사도신경 *The Apostles' Creed*

전능하사 천지를 만드신 하나님 아버지를 내가 믿사오며,
그 외아들 우리 주 예수 그리스도를 믿사오니,
이는 성령으로 잉태하사 동정녀 마리아에게 나시고,
본디오 빌라도에게 고난을 받으사, 십자가에 못 박혀 죽으시고,
장사한 지 사흘 만에 죽은 자 가운데서 다시 살아나시며,
하늘에 오르사, 전능하신 하나님 우편에 앉아 계시다가,
저리로서 산 자와 죽은 자를 심판하러 오시리라.
성령을 믿사오며, 거룩한 공회와, 성도가 서로 교통하는 것과,
죄를 사하여 주시는 것과, 몸이 다시 사는 것과,
영원히 사는 것을 믿사옵나이다. 아멘.

I believe in God the Father Almighty, Maker of heaven and earth,
and in Jesus Christ, His only Son our Lord,
who was conceived by the Holy Spirit, born of the Virgin Mary,
suffered under Pontius Pilate, was crucified, dead, and buried;
He descended into hell; The third day He rose again from the dead;
He ascended into heaven,
and sitteth on the right hand of God the Father Almighty;
from thence He shall come to judge the quick and the dead.
I believe in the Holy Spirit, the holy universal church,
the communion of saints, the forgiveness of sins,
the resurrection of the body, and the life everlasting. Amen.

새번역 [1]사도신경

나는 전능하신 아버지 하나님, 천지의 창조주를 믿습니다.
나는 그의 유일하신 아들, 우리 주 예수 그리스도를 믿습니다.
그는 성령으로 잉태되어 동정녀 마리아에게서 나시고,
본디오 빌라도에게 고난을 받아 십자가에 못 박혀 죽으시고,
장사된 지[2] 사흘 만에 죽은 자 가운데서 다시 살아나셨으며,
하늘에 오르시어 전능하신 아버지 하나님 우편에 앉아 계시다가,
거기로부터 살아 있는 자와 죽은 자를 심판하러 오십니다.
나는 성령을 믿으며, 거룩한 공교회와 성도의 교제와
죄를 용서받는 것과 몸의 부활과 영생을 믿습니다. 아멘.

1) '사도신조' 로도 번역할 수 있다.
2) '장사 되시어 지옥에 내려가신 지' 가 공인된 원문(Forma Recepta)에는 있으나, 대다수의 본문에는 없다.

개역개정

NEW INTERNATIONAL VERSION

New Korean Revised Version

Published by Agape Publishing Co., Ltd.
2082-33, Nambusunhwan-ro, #6th Floor, Gwanak-gu, Seoul, Republic of KOREA
Printed in Korea

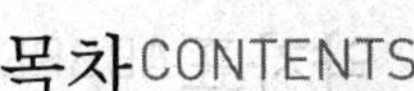

목차 CONTENTS

구약전서 THE OLD TESTAMENT

신약전서 THE NEW TESTAMENT

약자표 ABBREVIATIONS

창	창세기	**Ge**	Genesis	**나**	나훔	**Na**	Nahum
출	출애굽기	**Ex**	Exodus	**합**	하박국	**Hab**	Habakkuk
레	레위기	**Lev**	Leviticus	**습**	스바냐	**Zep**	Zephaniah
민	민수기	**Nu**	Numbers	**학**	학개	**Hag**	Haggai
신	신명기	**Dt**	Deuteronomy	**슥**	스가랴	**Zec**	Zechariah
수	여호수아	**Jos**	Joshua	**말**	말라기	**Mal**	Malachi
삿	사사기	**Jdg**	Judges	**마**	마태복음	**Mt**	Matthew
룻	룻기	**Ru**	Ruth	**막**	마가복음	**Mk**	Mark
삼상	사무엘상	**1Sa**	1 Samuel	**눅**	누가복음	**Lk**	Luke
삼하	사무엘하	**2Sa**	2 Samuel	**요**	요한복음	**Jn**	John
왕상	열왕기상	**1Ki**	1 Kings	**행**	사도행전	**Ac**	Acts
왕하	열왕기하	**2Ki**	2 Kings	**롬**	로마서	**Ro**	Romans
대상	역대상	**1Ch**	1 Chronicles	**고전**	고린도전서	**1Co**	1 Corinthians
대하	역대하	**2Ch**	2 Chronicles	**고후**	고린도후서	**2Co**	2 Corinthians
스	에스라	**Ezr**	Ezra	**갈**	갈라디아서	**Gal**	Galatians
느	느헤미야	**Ne**	Nehemiah	**엡**	에베소서	**Eph**	Ephesians
에	에스더	**Est**	Esther	**빌**	빌립보서	**Php**	Philippians
욥	욥기	**Job**	Job	**골**	골로새서	**Col**	Colossians
시	시편	**Ps**	Psalms	**살전**	데살로니가전서	**1Th**	1 Thessalonians
잠	잠언	**Pr**	Proverbs	**살후**	데살로니가후서	**2Th**	2 Thessalonians
전	전도서	**Ecc**	Ecclesiastes	**딤전**	디모데전서	**1Ti**	1 Timothy
아	아가	**SS**	Song of Songs	**딤후**	디모데후서	**2Ti**	2 Timothy
사	이사야	**Isa**	Isaiah	**딛**	디도서	**Tit**	Titus
렘	예레미야	**Jer**	Jeremiah	**몬**	빌레몬서	**Phm**	Philemon
애	예레미야애가	**La**	Lamentations	**히**	히브리서	**Heb**	Hebrews
겔	에스겔	**Eze**	Ezekiel	**약**	야고보서	**Jas**	James
단	다니엘	**Da**	Daniel	**벧전**	베드로전서	**1Pe**	1 Peter
호	호세아	**Hos**	Hosea	**벧후**	베드로후서	**2Pe**	2 Peter
욜	요엘	**Joel**	Joel	**요일**	요한 1서	**1Jn**	1 John
암	아모스	**Am**	Amos	**요이**	요한 2서	**2Jn**	2 John
옵	오바댜	**Ob**	Obadiah	**요삼**	요한 3서	**3Jn**	3 John
욘	요나	**Jnh**	Jonah	**유**	유다서	**Jude**	Jude
미	미가	**Mic**	Micah	**계**	요한계시록	**Rev**	Revelation

구약전서
THE OLD TESTAMENT

구약 전서 목록

Genesis | 창세기

● 저자 _ 모세 ● 저작 연대 _ B.C. 1450~1400년 사이
● 기록 대상 _ 이스라엘 백성 ● 핵심어 및 내용 _ 핵심어는 '시작', '인간', '언약' 등이다.

창세기는 하늘과 땅, 식물과 동물, 남자와 여자, 죄와 문명, 하나님의 구속 사역이 어떻게 시작되었는지를 설명해 주고 있다. 또한 아브라함과 맺으신 언약을 통해서 인류에 대한 하나님의 영원한 구속 계획이 제시되었다.

천지 창조

1 태초에 하나님이 천지를 창조하시니라
2 땅이 [1]혼돈하고 공허하며 흑암이 깊음 위에 있고 하나님의 영은 수면 위에 운행하시니라
3 하나님이 이르시되 빛이 있으라 하시니 빛이 있었고 (고후 4:6)
4 빛이 하나님이 보시기에 좋았더라 하나님이 빛과 어둠을 나누사
5 하나님이 빛을 낮이라 부르시고 어둠을 밤이라 부르시니라 저녁이 되고 아침이 되니 이는 첫째 날이니라
6 ●하나님이 이르시되 물 가운데에 궁창이 있어 물과 물로 나뉘라 하시고
7 하나님이 궁창을 만드사 궁창 아래의 물과 궁창 위의 물로 나뉘게 하시니 그대로 되니라
8 하나님이 궁창을 하늘이라 부르시니라 저녁이 되고 아침이 되니 이는 둘째 날이니라
9 ●하나님이 이르시되 천하의 물이 한 곳으로 모이고 뭍이 드러나라 하시니 그대로 되니라
10 하나님이 뭍을 땅이라 부르시고 모인 물을 바다라 부르시니 하나님이 보시기에 좋았더라
11 하나님이 이르시되 땅은 풀과 씨 맺는 채소와 각기 종류대로 씨 가진 열매 맺는 나무를 내라 하시니 그대로 되어
12 땅이 풀과 각기 종류대로 씨 맺는 채소와 각기 종류대로 씨 가진 열매 맺는 나무를 내니 하나님이 보시기에 좋았더라
13 저녁이 되고 아침이 되니 이는 셋째 날이니라
14 ●하나님이 이르시되 하늘의 궁창에 [2]광명체들이 있어 낮과 밤을 나뉘게 하고 그것들로 징조와 계절과 날과 해를 이루게 하라
15 또 광명체들이 하늘의 궁창에 있어 땅을 비추라 하시니 그대로 되니라
16 하나님이 두 큰 광명체를 만드사 큰 광명체로 낮을 주관하게 하시고 작은 광명체로 밤을 주관하게 하시며 또 별들을 만드시고
17 하나님이 그것들을 하늘의 궁창에 두어 땅을 비추게 하시며

The Beginning

1 In the beginning God created the heavens
2 and the earth. ●Now the earth was formless and empty, darkness was over the surface
of the deep, and the Spirit of God was hovering over the waters.
3 ●And God said, "Let there be light," and there
4 was light. ●God saw that the light was
good, and he separated the light from the
5 darkness. ●God called the light "day," and
the darkness he called "night." And there
was evening, and there was morning—the
first day.
6 ●And God said, "Let there be a vault between
the waters to separate water from water."
7 ●So God made the vault and separated
the water under the vault from the water
8 above it. And it was so. ●God called the
vault "sky." And there was evening, and
there was morning—the second day.
9 ●And God said, "Let the water under the sky
be gathered to one place, and let dry
10 ground appear." And it was so. ●God called
the dry ground "land," and the gathered
waters he called "seas." And God saw that
it was good.
11 ●Then God said, "Let the land produce
vegetation: seed-bearing plants and trees on
the land that bear fruit with seed in it,
according to their various kinds." And it
12 was so. ●The land produced vegetation:
plants bearing seed according to their kinds
and trees bearing fruit with seed in it
according to their kinds. And God saw that
13 it was good. ●And there was evening, and
there was morning—the third day.
14 ●And God said, "Let there be lights in the vault
of the sky to separate the day from the
night, and let them serve as signs to mark
15 sacred times, and days and years, ●and let
them be lights in the vault of the sky to give
16 light on the earth." And it was so. ●God
made two great lights—the greater light
to govern the day and the lesser light to
govern the night. He also made the stars.

1) 또는 형체가 없는 2) 히, 또는 발광체

18 낮과 밤을 주관하게 하시고 빛과 어둠을 나뉘게 하시니 하나님이 보시기에 좋았더라
19 저녁이 되고 아침이 되니 이는 넷째 날이니라
20 ● 하나님이 이르시되 물들은 생물을 번성하게 하라 땅 위 하늘의 궁창에는 새가 날으라 하시고
21 하나님이 큰 바다 짐승들과 물에서 번성하여 움직이는 모든 생물을 그 종류대로, 날개 있는 모든 새를 그 종류대로 창조하시니 하나님이 보시기에 좋았더라
22 하나님이 그들에게 복을 주시며 이르시되 생육하고 번성하여 여러 바닷물에 충만하라 새들도 땅에 번성하라 하시니라 8:17
23 저녁이 되고 아침이 되니 이는 다섯째 날이니라
24 ● 하나님이 이르시되 땅은 생물을 그 종류대로 내되 가축과 기는 것과 땅의 짐승을 종류대로 내라 하시니 그대로 되니라
25 하나님이 땅의 짐승을 그 종류대로, 가축을 그 종류대로, 땅에 기는 모든 것을 그 종류대로 만드시니 하나님이 보시기에 좋았더라
26 하나님이 이르시되 우리의 형상을 따라 우리의 모양대로 우리가 사람을 만들고 그들로 바다의 물고기와 하늘의 새와 가축과 1)온 땅과 땅에 기는 모든 것을 다스리게 하자 하시고
27 하나님이 자기 형상 곧 하나님의 형상대로 사람을 창조하시되 남자와 여자를 창조하시고
28 하나님이 그들에게 복을 주시며 하나님이 그들에게 이르시되 생육하고 번성하여 땅에 충만하라, 땅을 정복하라, 바다의 물고기와 하늘의 새와 땅에 움직이는 모든 생물을 다스리라 하시니라
29 하나님이 이르시되 내가 온 지면의 씨 맺는 모든 채소와 씨 가진 열매 맺는 모든 나무를 너희에게 주노니 너희의 먹을거리가 되리라
30 또 땅의 모든 짐승과 하늘의 모든 새와 생명이 있어 땅에 기는 모든 것에게는 내가 모든 푸른 풀을 먹을거리로 주노라 하시니 그대로 되니라
31 하나님이 지으신 그 모든 것을 보시니 보시기에 심히 좋았더라 저녁이 되고 아침이 되니 이는 여섯째 날이니라

17 ●God set them in the vault of the sky to
18 give light on the earth, ●to govern the day
and the night, and to separate light from
darkness. And God saw that it was good.
19 ●And there was evening, and there was
morning—the fourth day.
20 ●And God said, "Let the water teem with living
creatures, and let birds fly above the earth
21 across the vault of the sky." ●So God creat-
ed the great creatures of the sea and every
living thing with which the water teems
and that moves about in it, according to
their kinds, and every winged bird accord-
ing to its kind. And God saw that it was
22 good. ●God blessed them and said, "Be
fruitful and increase in number and fill the
water in the seas, and let the birds increase
23 on the earth." ●And there was evening,
and there was morning—the fifth day.
24 ●And God said, "Let the land produce living
creatures according to their kinds: the live-
stock, the creatures that move along the
ground, and the wild animals, each accord-
25 ing to its kind." And it was so. ●God made
the wild animals according to their kinds,
the livestock according to their kinds, and
all the creatures that move along the
ground according to their kinds. And God
saw that it was good.
26 ●Then God said, "Let us make mankind
in our image, in our likeness, so that they
may rule over the fish in the sea and the
birds in the sky, over the livestock and all
the wild animals,[a] and over all the crea-
tures that move along the ground."
27 ●So God created mankind in his own image,
in the image of God he created them;
male and female he created them.
28 ●God blessed them and said to them,
"Be fruitful and increase in number; fill the
earth and subdue it. Rule over the fish in
the sea and the birds in the sky and over
every living creature that moves on the
ground."
29 ●Then God said, "I give you every seed
-bearing plant on the face of the whole
earth and every tree that has fruit with seed
30 in it. They will be yours for food. ●And to
all the beasts of the earth and all the birds in
the sky and all the creatures that move

[a]26 Probable reading of the original Hebrew text (see Syriac); Masoretic Text *the earth*

1) 시리아어 역본에는 온 땅의 짐승과

beast [biːst] *n.* 짐승, 야수
bless [bles] *vt.* 복을 주다
creature [kríːtʃər] *n.* (신의) 창조물
female [fíːmeil] *n.* 여자
fruitful [frúːtfəl] *a.* 열매가 풍성한
image [ímidʒ] *n.* 형상
increase [inkríːs] *vi.* 증가하다
likeness [láiknis] *n.* 닮은 것
livestock [láivstὰk] *n.* 가축
male [meil] *n.* 남자
mankind [mæ̀nkáind] *n.* 인류
produce [prədjúːs] *vt.* 산출하다
subdue [səbdjúː] *vt.* 정복하다
teem [tiːm] *vi.* 충만하다
winged [wiŋd] *a.* 날개 달린

1:20 teem with...: …로 풍부하다
1:21 according to...: …에 따라
1:25 move along: 움직이다
1:26 rule over: 다스리다
1:26 over all: 전반적으로
1:28 increase in number: 수가 증가하다

2 천지와 만물이 다 이루어지니라
2 하나님이 그가 하시던 일을 일곱째 날에
마치시니 그가 하시던 모든 일을 그치고 일
곱째 날에 안식하시니라
3 하나님이 그 일곱째 날을 복되게 하사 거룩
하게 하셨으니 이는 하나님이 그 창조하시
며 만드시던 모든 일을 마치시고 그날에 안
식하셨음이니라

에덴 동산

4 •이것이 천지가 창조될 때에 하늘과 땅의
내력이니 여호와 하나님이 땅과 하늘을 만
드시던 날에
5 여호와 하나님이 땅에 비를 내리지 아니하
셨고 땅을 갈 사람도 없었으므로 들에는 초
목이 아직 없었고 밭에는 채소가 나지 아니
하였으며
6 안개만 땅에서 올라와 온 지면을 적셨더라
7 여호와 하나님이 땅의 흙으로 사람을 지으
시고 생기를 그 코에 불어넣으시니 사람이
1)생령이 되니라
8 여호와 하나님이 동방의 에덴에 동산을 창
설하시고 그 지으신 사람을 거기 두시니라
9 여호와 하나님이 그 땅에서 보기에 아름답
고 먹기에 좋은 나무가 나게 하시니 동산
가운데에는 생명 나무와 2)선악을 알게 하는
나무도 있더라
10 강이 에덴에서 흘러나와 동산을 적시고 거
기서부터 갈라져 네 근원이 되었으니
11 첫째의 이름은 비손이라 금이 있는 하윌라
온 땅을 둘렀으며
12 그 땅의 금은 순금이요 그곳에는 3)베델리엄
과 호마노도 있으며
13 둘째 강의 이름은 기혼이라 구스 온 땅을
둘렀고
14 셋째 강의 이름은 힛데겔이라 앗수르 동쪽
으로 흘렀으며 넷째 강은 유브라데더라
15 여호와 하나님이 그 사람을 이끌어 에덴 동
산에 두어 그것을 경작하며 지키게 하시고
16 여호와 하나님이 그 사람에게 명하여 이르
시되 동산 각종 나무의 열매는 네가 임의로
먹되
17 선악을 알게 하는 나무의 열매는 먹지 말라
네가 먹는 날에는 반드시 죽으리라 하시니
라
18 •여호와 하나님이 이르시되 사람이 혼자
사는 것이 좋지 아니하니 내가 그를 위하여
돕는 배필을 지으리라 하시니라

along the ground—everything that has the
breath of life in it—I give every green plant
for food." And it was so.
31 •God saw all that he had made, and it
was very good. And there was evening, and
there was morning—the sixth day.

2 Thus the heavens and the earth were completed in all their vast array.
2 •By the seventh day God had finished the
work he had been doing; so on the seventh
3 day he rested from all his work. •Then God
blessed the seventh day and made it holy,
because on it he rested from all the work of
creating that he had done.

Adam and Eve

4 •This is the account of the heavens and the
earth when they were created, when the LORD
God made the earth and the heavens.
5 •Now no shrub had yet appeared on the
earth[a] and no plant had yet sprung up, for the
LORD God had not sent rain on the earth and
6 there was no one to work the ground, •but
streams[b] came up from the earth and watered
7 the whole surface of the ground. •Then the
LORD God formed a man[c] from the dust of the
ground and breathed into his nostrils the breath
of life, and the man became a living being.
8 •Now the LORD God had planted a garden in
the east, in Eden; and there he put the man he
9 had formed. •The LORD God made all kinds of
trees grow out of the ground—trees that were
pleasing to the eye and good for food. In the
middle of the garden were the tree of life and
the tree of the knowledge of good and evil.
10 •A river watering the garden flowed from
Eden; from there it was separated into four head-
11 waters. •The name of the first is the Pishon; it
winds through the entire land of Havilah, where
12 there is gold. •(The gold of that land is good; aro-
13 matic resin[d] and onyx are also there.) •The
name of the second river is the Gihon; it winds
14 through the entire land of Cush.[e] •The name
of the third river is the Tigris; it runs along the
east side of Ashur. And the fourth river is the
Euphrates.
15 •The LORD God took the man and put him
in the Garden of Eden to work it and take care
16 of it. •And the LORD God commanded the

[a]5 Or *land*; also in verse 6 [b]6 Or *mist* [c]7 The Hebrew for *man (adam)* sounds like and may be related to the Hebrew for *ground (adamah)*; it is also the name *Adam* (see verse 20). [d]12 Or *good; pearls* [e]13 Possibly southeast Mesopotamia

1) 히, 생물 2) 선악 지식의 나무 3) 진주

account [əkáunt] *n.* 기술(記述), 이야기
array [əréi] *n.* 정렬, 배열
breath [breθ] *n.* 숨, 생명
command [kəmǽnd] *vt.* 명령하다
complete [kəmplíːt] *vt.* 완료하다
entire [intáiər] *a.* 전체의
form [fɔːrm] *vt.* 만들어내다
headwater [hédwɔ̀ːtər] *n.* 원류
nostril [nástrəl] *n.* 콧구멍
vast [væst] *a.* 광대한
onyx [ániks] *n.* 줄마노
resin [rézin] *n.* 송진(향료, 보석)
shrub [ʃrʌb] *n.* 초목
spring [spríŋ] *vi.* (식물이) 싹트다
stream [striːm] *n.* 안개

2:5 spring up: 갑자기 생겨나다
2:6 come up: 생기다, 발생하다
2:7 the breath of life: 호흡
2:8 plant A in B: A를 B에 심다
2:9 in the middle of...: …의 가운데
2:15 take care of...: …를 돌보다

창

19 여호와 하나님이 흙으로 각종 들짐승과 공중의 각종 새를 지으시고 아담이 무엇이라 고 부르나 보시려고 그것들을 그에게로 이끌어 가시니 아담이 각 생물을 부르는 것이 곧 그 이름이 되었더라
20 아담이 모든 가축과 공중의 새와 들의 모든 짐승에게 이름을 주니라 아담이 돕는 배필이 없으므로
21 여호와 하나님이 아담을 깊이 잠들게 하시니 잠들매 그가 그 갈빗대 하나를 취하고 살로 대신 채우시고
22 여호와 하나님이 아담에게서 취하신 그 갈빗대로 여자를 만드시고 그를 아담에게로 이끌어 오시니
23 아담이 이르되 이는 내 뼈 중의 뼈요 살 중의 살이라 이것을 남자에게서 취하였은즉 여자라 부르리라 하니라
24 이러므로 남자가 부모를 떠나 그의 아내와 합하여 둘이 한 몸을 이룰지로다
25 아담과 그의 아내 두 사람이 벌거벗었으나 부끄러워하지 아니하니라

사람의 불순종과 하나님의 심판 선언

3 그런데 뱀은 여호와 하나님이 지으신 들짐승 중에 가장 간교하니라 뱀이 여자에게 물어 이르되 하나님이 참으로 너희에게 동산 모든 나무의 열매를 먹지 말라 하시더냐
2 여자가 뱀에게 말하되 동산 나무의 열매를 우리가 먹을 수 있으나
3 동산 중앙에 있는 나무의 열매는 하나님의 말씀에 너희는 먹지도 말고 만지지도 말라 너희가 죽을까 하노라 하셨느니라
4 뱀이 여자에게 이르되 너희가 결코 죽지 아니하리라 요 8:44
5 너희가 그것을 먹는 날에는 너희 눈이 밝아져 하나님과 같이 되어 선악을 알 줄 하나님이 아심이니라
6 여자가 그 나무를 본즉 먹음직도 하고 보암직도 하고 지혜롭게 할 만큼 탐스럽기도 한 나무인지라 여자가 그 열매를 따먹고 자기와 함께 있는 남편에게도 주매 그도 먹은지라
7 이에 그들의 눈이 밝아져 자기들이 벗은 줄을 알고 무화과나무 잎을 엮어 치마로 삼았더라
8 그들이 그날 바람이 불 때 동산에 거니시는 여호와 하나님의 소리를 듣고 아담과 그의

man, "You are free to eat from any tree in the
17 garden; •but you must not eat from the tree of
the knowledge of good and evil, for when you
eat from it you will certainly die."
18 •The LORD God said, "It is not good for the
man to be alone. I will make a helper suitable
for him."
19 •Now the LORD God had formed out of the
ground all the wild animals and all the birds in
the sky. He brought them to the man to see what
he would name them; and whatever the man
called each living creature, that was its name.
20 •So the man gave names to all the livestock,
the birds in the sky and all the wild animals.
But for Adam[a] no suitable helper was found.
21 •So the LORD God caused the man to fall into a
deep sleep; and while he was sleeping, he took
one of the man's ribs[b] and then closed up the
22 place with flesh. •Then the LORD God made a
woman from the rib[c] he had taken out of the
man, and he brought her to the man.
23 •The man said,

"This is now bone of my bones
and flesh of my flesh;
she shall be called 'woman,'
for she was taken out of man."

24 •That is why a man leaves his father and mother and is united to his wife, and they become one flesh.
25 •Adam and his wife were both naked, and they felt no shame.

The Fall

3 Now the serpent was more crafty than any of the wild animals the LORD God had made. He said to the woman, "Did God really say, 'You must not eat from any tree in the garden'?"
2 •The woman said to the serpent, "We may
3 eat fruit from the trees in the garden, •but God
did say, 'You must not eat fruit from the tree
that is in the middle of the garden, and you
must not touch it, or you will die.' "
4 •"You will not certainly die," the serpent said
5 to the woman. •"For God knows that when
you eat from it your eyes will be opened, and
you will be like God, knowing good and evil."
6 •When the woman saw that the fruit of
the tree was good for food and pleasing to the
eye, and also desirable for gaining wisdom,

[a]20 Or *the man* [b]21 Or *took part of the man's side* [c]22 Or *part*

bone [boun] *n.* 뼈
certainly [sə́:rtnli] *ad.* 틀림없이
crafty [krǽfti] *a.* 간교한
desirable [dizáiərəbl] *a.* 탐나는
flesh [fleʃ] *n.* 살, 몸
gain [gein] *vt.* 얻다
knowledge [nálidʒ] *n.* 지식
leave [li:v] *vt.* 떠나다
naked [néikid] *a.* 벌거벗은
pleasing [plí:ziŋ] *a.* 즐거운
rib [rib] *n.* 갈비뼈
serpent [sə́:rpənt] *n.* 뱀
shame [ʃeim] *n.* 수치, 부끄러움
suitable [sú:təbl] *a.* 적당한
touch [tʌtʃ] *vt.* 만지다

2:18 suitable for: 어울리는
2:21 cause... to~: …으로 ~하게 하다
2:21 fall into sleep: 잠들다
2:22 take out of...: …로부터 꺼내다
2:24 be united: 연합되다
3:6 be good for...: …에 좋다

아내가 여호와 하나님의 낯을 피하여 동산
나무 사이에 숨은지라
9 여호와 하나님이 아담을 부르시며 그에게
이르시되 네가 어디 있느냐
10 이르되 내가 동산에서 하나님의 소리를 듣
고 내가 벗었으므로 두려워하여 숨었나이
다
11 이르시되 누가 너의 벗었음을 네게 알렸느
냐 내가 네게 먹지 말라 명한 그 나무 열매
를 네가 먹었느냐
12 아담이 이르되 하나님이 주셔서 나와 함께
있게 하신 여자 그가 그 나무 열매를 내게
주므로 내가 먹었나이다
13 여호와 하나님이 여자에게 이르시되 네가
어찌하여 이렇게 하였느냐 여자가 이르되
뱀이 나를 꾀므로 내가 먹었나이다
14 여호와 하나님이 뱀에게 이르시되 네가 이
렇게 하였으니 네가 모든 가축과 들의 모든
짐승보다 더욱 저주를 받아 배로 다니고 살
아 있는 동안 흙을 먹을지니라
15 내가 너로 여자와 원수가 되게 하고 네 후
손도 여자의 후손과 원수가 되게 하리니 여
자의 후손은 네 머리를 상하게 할 것이요
너는 그의 발꿈치를 상하게 할 것이니라 하
시고
16 또 여자에게 이르시되 내가 네게 임신하는
고통을 크게 더하리니 네가 수고하고 자식
을 낳을 것이며 너는 남편을 원하고 남편은
너를 다스릴 것이니라 하시고
17 아담에게 이르시되 네가 네 아내의 말을 듣
고 내가 네게 먹지 말라 한 나무의 열매를
먹었은즉 땅은 너로 말미암아 저주를 받고
너는 네 평생에 수고하여야 그 소산을 먹으
리라
18 땅이 네게 가시덤불과 엉겅퀴를 낼 것이라
네가 먹을 것은 밭의 채소인즉
19 네가 흙으로 돌아갈 때까지 얼굴에 땀을 흘
려야 먹을 것을 먹으리니 네가 그것에서 취
함을 입었음이라 너는 흙이니 흙으로 돌아
갈 것이니라 하시니라
2:7
20 아담이 그의 아내의 이름을 1)하와라 불렀으
니 그는 모든 산 자의 어머니가 됨이더라
21 여호와 하나님이 아담과 그의 아내를 위하
여 가죽 옷을 지어 입히시니라

아담과 하와를 쫓아내시다

22 ●여호와 하나님이 이르시되 보라 이 사람
이 선악을 아는 일에 우리 중 하나같이 되

she took some and ate it. She also gave some
to her husband, who was with her, and he ate
7 it. ●Then the eyes of both of them were open-
ed, and they realized they were naked; so they
sewed fig leaves together and made coverings
for themselves.
8 ●Then the man and his wife heard the
sound of the LORD God as he was walking in the
garden in the cool of the day, and they hid
from the LORD God among the trees of the gar-
9 den. ●But the LORD God called to the man,
"Where are you?"
10 ●He answered, "I heard you in the garden,
and I was afraid because I was naked; so I hid."
11 ●And he said, "Who told you that you were
naked? Have you eaten from the tree that I com-
manded you not to eat from?"
12 ●The man said, "The woman you put here
with me—she gave me some fruit from the
tree, and I ate it."
13 ●Then the LORD God said to the woman,
"What is this you have done?"
The woman said, "The serpent deceived me,
and I ate."
14 ●So the LORD God said to the serpent, "Be-
cause you have done this,

"Cursed are you above all livestock
and all wild animals!
You will crawl on your belly
and you will eat dust
all the days of your life.
15 ●And I will put enmity
between you and the woman,
and between your offspring[a] and hers;
he will crush[b] your head,
and you will strike his heel."
16 ●To the woman he said,

"I will make your pains in childbearing very
severe;
with painful labor you will give birth to chil-
dren.
Your desire will be for your husband,
and he will rule over you."
17 ●To Adam he said, "Because you listened
to your wife and ate fruit from the tree about
which I commanded you, 'You must not eat
from it,'

"Cursed is the ground because of you;
through painful toil you will eat food
from it

[a]15 Or *seed* [b]15 Or *strike* 1) 생명

afraid [əfréid] *a.* 두려워하는
belly [béli] *n.* 배
childbearing [tʃáildbὲəriŋ] *n.* 잉태
crawl [krɔːl] *vi.* 기다
crush [krʌʃ] *vt.* 짓밟다
cursed [kə́ːrsid] *a.* 저주받은
deceive [disíːv] *vt.* 속이다
dust [dʌst] *n.* 먼지, 티끌
enmity [énməti] *n.* 적의
fig [fig] *n.* 무화과나무
hide [haid] *vi.* 숨다
severe [sivíər] *a.* 엄한, 심한
sew [sou] *vt.* 바느질하다
strike [straik] *vt.* 치다
toil [tɔil] *n.* 수고

3:6 give A to B: B에게 A를 주다
3:7 both of...: …둘 다
3:7 make A for B: B를 위해 A를 만들다
3:16 give birth to...: …를 낳다
3:16 rule over: 다스리다
3:17 because of...: …때문에

었으니 그가 그의 손을 들어 생명 나무 열매도 따먹고 영생할까 하노라 하시고

23 여호와 하나님이 에덴 동산에서 그를 내보내어 그의 근원이 된 땅을 갈게 하시니라

24 이같이 하나님이 그 사람을 쫓아내시고 에덴 동산 동쪽에 그룹들과 두루 도는 불 칼을 두어 생명 나무의 길을 지키게 하시니라

가인과 아벨

4 아담이 그의 아내 하와와 1)동침하매 하와가 임신하여 2)가인을 낳고 이르되 내가 여호와로 말미암아 득남하였다 하니라

2 그가 또 가인의 아우 아벨을 낳았는데 아벨은 양 치는 자였고 가인은 농사하는 자였더라

3 세월이 지난 후에 가인은 땅의 소산으로 제물을 삼아 여호와께 드렸고

4 아벨은 자기도 양의 첫 새끼와 그 기름으로 드렸더니 여호와께서 아벨과 그의 제물은 받으셨으나

5 가인과 그의 제물은 받지 아니하신지라 가인이 몹시 분하여 안색이 변하니

6 여호와께서 가인에게 이르시되 네가 분하여 함은 어찌 됨이며 안색이 변함은 어찌 됨이냐

7 네가 선을 행하면 어찌 낯을 들지 못하겠느냐 선을 행하지 아니하면 죄가 문에 엎드려 있느니라 죄가 너를 원하나 너는 죄를 다스릴지니라

8 가인이 그의 아우 아벨에게 3)말하고 그들이 들에 있을 때에 가인이 그의 아우 아벨을 쳐죽이니라

9 여호와께서 가인에게 이르시되 네 아우 아벨이 어디 있느냐 그가 이르되 내가 알지 못하나이다 내가 내 아우를 지키는 자니이까

10 이르시되 네가 무엇을 하였느냐 네 아우의 핏소리가 땅에서부터 내게 호소하느니라

11 땅이 그 입을 벌려 네 손에서부터 네 아우의 피를 받았은즉 네가 땅에서 저주를 받으리니

12 네가 밭을 갈아도 땅이 다시는 그 효력을 네게 주지 아니할 것이요 너는 땅에서 피하며 유리하는 자가 되리라

13 가인이 여호와께 아뢰되 내 죄벌이 지기가 너무 무거우니이다

14 주께서 오늘 이 지면에서 나를 쫓아내시온

all the days of your life.
18 •It will produce thorns and thistles for you,
and you will eat the plants of the field.
19 •By the sweat of your brow
you will eat your food
until you return to the ground,
since from it you were taken;
for dust you are
and to dust you will return."
20 •Adam[a] named his wife Eve,[b] because she
would become the mother of all the living.
21 •The LORD God made garments of skin for
22 Adam and his wife and clothed them. •And the
LORD God said, "The man has now become like
one of us, knowing good and evil. He must not
be allowed to reach out his hand and take also
from the tree of life and eat, and live forever."
23 •So the LORD God banished him from the Gar-
den of Eden to work the ground from which he
24 had been taken. •After he drove the man out, he
placed on the east side[c] of the Garden of Eden
cherubim and a flaming sword flashing back
and forth to guard the way to the tree of life.

Cain and Abel

4 Adam[a] made love to his wife Eve, and she
became pregnant and gave birth to Cain.[d]
She said, "With the help of the LORD I have
2 brought forth[e] a man." •Later she gave birth to
his brother Abel.
Now Abel kept flocks, and Cain worked the
3 soil. •In the course of time Cain brought some
of the fruits of the soil as an offering to the LORD.
4 •And Abel also brought an offering—fat por-
tions from some of the firstborn of his flock. The
LORD looked with favor on Abel and his offer-
5 ing, •but on Cain and his offering he did not
look with favor. So Cain was very angry, and his
face was downcast.
6 •Then the LORD said to Cain, "Why are you
7 angry? Why is your face downcast? •If you do
what is right, will you not be accepted? But if
you do not do what is right, sin is crouching at
your door; it desires to have you, but you must
rule over it."
8 •Now Cain said to his brother Abel, "Let's go
out to the field."[f] While they were in the field,
Cain attacked his brother Abel and killed him.
9 •Then the LORD said to Cain, "Where is your

[a]20,1 Or *The Man* [b]20 *Eve* probably means *living.* [c]24 Or *placed in front* [d]1 *Cain* sounds like the Hebrew for *brought forth* or *acquired.* [e]1 Or *have acquired* [f]8 Samaritan Pentateuch, Septuagint, Vulgate and Syriac; Masoretic Text does not have "*Let's go out to the field.*"

1) 히, 알게 되매 2) 얻음 3) 고대 역본들에 의하면 '우리가 들로 나가자'가 있음

allow [əláu] *vt.* …을 허락하다
attack [ətǽk] *vt.* 공격하다
banish [bǽniʃ] *vt.* 추방하다
brow [brau] *n.* 이마
cherubim [tʃérəbim] *n.* pl. 천사
crouch [krautʃ] *vi.* 웅크리다
downcast [dáunkæ̀st] *a.* 풀죽은
firstborn [fə́:rstbɔ́ərn] *n.* 첫아이
flaming [fléimiŋ] *a.* 불타는
flock [flɑk] *n.* 떼, 무리
garment [gɑ́:rmənt] *n.* 의복
offering [ɔ́:fəriŋ] *n.* 제물
portion [pɔ́:rʃən] *n.* 부분
pregnant [prégnənt] *a.* 임신한
thistle [θísl] *n.* 엉겅퀴

3:22 reach out: (손 등을) 뻗다
3:23 banish from: ~에서 추방하다
3:24 drive... out: …를 쫓아내다
4:3 in the course of time: 시간이 지나
4:4 look with favor on...: …을 호의적으로 보다

즉 내가 주의 낯을 뵈옵지 못하리니 내가
땅에서 피하며 유리하는 자가 될지라 무릇
나를 만나는 자마다 나를 죽이겠나이다
15 여호와께서 그에게 이르시되 그렇지 아니
하다 가인을 죽이는 자는 벌을 칠 배나 받
으리라 하시고 가인에게 표를 주사 그를
만나는 모든 사람에게서 죽임을 면하게 하
시니라

가인의 자손

16 ●가인이 여호와 앞을 떠나서 에덴 동쪽
1)놋 땅에 거주하더니
17 아내와 동침하매 그가 임신하여 에녹을 낳
은지라 가인이 성을 쌓고 그의 아들의 이
름으로 성을 이름하여 에녹이라 하니라
18 에녹이 이랏을 낳고 이랏은 므후야엘을 낳
고 므후야엘은 므드사엘을 낳고 므드사엘
은 라멕을 낳았더라
19 라멕이 두 아내를 맞이하였으니 하나의 이
름은 아다요 하나의 이름은 씰라였더라
20 아다는 야발을 낳았으니 그는 장막에 거주
하며 가축을 치는 자의 조상이 되었고
21 그의 아우의 이름은 유발이니 그는 수금과
퉁소를 잡는 모든 자의 조상이 되었으며
22 씰라는 두발가인을 낳았으니 그는 구리와
쇠로 여러 가지 기구를 만드는 자요 두발
가인의 누이는 나아마였더라
23 라멕이 아내들에게 이르되
아다와 씰라여 내 목소리를 들으라 라멕
의 아내들이여 내 말을 들으라 나의 상처
로 말미암아 내가 사람을 죽였고 나의 상
함으로 말미암아 소년을 죽였도다
24 가인을 위하여는 벌이 칠 배일진대 라멕
을 위하여는 벌이 칠십칠 배이리로다
하였더라

셋과 에노스

25 ●아담이 다시 자기 아내와 동침하매 그가
아들을 낳아 그의 이름을 셋이라 하였으니
이는 하나님이 내게 가인이 죽인 아벨 대
신에 다른 씨를 주셨다 함이며
26 셋도 아들을 낳고 그의 이름을 에노스라
하였으며 그때에 사람들이 비로소 여호와
의 이름을 불렀더라

아담의 계보

5 이것은 아담의 계보를 적은 책이니라 하
나님이 사람을 창조하실 때에 하나님의
모양대로 지으시되
2 남자와 여자를 창조하셨고 그들이 창조되

brother Abel?"
"I don't know," he replied. "Am I my broth-
er's keeper?"
10 ●The LORD said, "What have you done? Lis-
ten! Your brother's blood cries out to me from
11 the ground. ●Now you are under a curse and dri-
ven from the ground, which opened its mouth
to receive your brother's blood from your hand.
12 ●When you work the ground, it will no longer
yield its crops for you. You will be a restless wan-
derer on the earth."
13 ●Cain said to the LORD, "My punishment is
14 more than I can bear. ●Today you are driving
me from the land, and I will be hidden from
your presence; I will be a restless wanderer on the
earth, and whoever finds me will kill me."
15 ●But the LORD said to him, "Not so[a]; anyone
who kills Cain will suffer vengeance seven times
over." Then the LORD put a mark on Cain so that
16 no one who found him would kill him. ●So
Cain went out from the LORD's presence and
lived in the land of Nod,[b] east of Eden.
17 ●Cain made love to his wife, and she became
pregnant and gave birth to Enoch. Cain was
then building a city, and he named it after his
18 son Enoch. ●To Enoch was born Irad, and Irad
was the father of Mehujael, and Mehujael was
the father of Methushael, and Methushael was
the father of Lamech.
19 ●Lamech married two women, one named
20 Adah and the other Zillah. ●Adah gave birth to
Jabal; he was the father of those who live in tents
21 and raise livestock. ●His brother's name was
Jubal; he was the father of all who play stringed
22 instruments and pipes. ●Zillah also had a son,
Tubal-Cain, who forged all kinds of tools out of[c]
bronze and iron. Tubal-Cain's sister was
Naamah.
23 ●Lamech said to his wives,

"Adah and Zillah, listen to me;
wives of Lamech, hear my words.
I have killed a man for wounding me,
a young man for injuring me.
24 ●If Cain is avenged seven times,
then Lamech seventy-seven times."

25 ●Adam made love to his wife again, and she
gave birth to a son and named him Seth,[d] say-
ing, "God has granted me another child in place
26 of Abel, since Cain killed him." ●Seth also had a

[a]15 Septuagint, Vulgate and Syriac; Hebrew *Very well* [b]16 *Nod* means *wandering* (see verses 12 and 14). [c]22 Or *who instructed all who work in* [d]25 *Seth* probably means *granted.*

1) 유리함

avenge [əvéndʒ] *vt.* 보복하다
bronze [branz] *n.* 청동
curse [kəːrs] *n.* 저주
forge [fɔːrdʒ] *vt.* (쇠를) 벼리다
grant [grænt] *vt.* 주다
injure [indʒər] *vt.* 다치게 하다
name [neim] *vt.* 명명하다
presence [prézns] *n.* 면전
punishment [pʌ́niʃmənt] *n.* 형벌
restless [réstlis] *a.* 쉼 없는
stringed [striŋd] *a.* 현악의
vengeance [véndʒəns] *n.* 복수
wanderer [wándərər] *n.* 유랑자
wound [wúːnd] *vt.* 상처입히다
yield [jiːld] *vt.* 산출하다

4:17 name after...: …의 이름을 따서 명명하다
4:20 give birth to...: …를 낳다
4:20 live in...: …에 살다
4:22 kind of...: …의 종류
4:25 in place of...: …대신에

던 날에 하나님이 그들에게 복을 주시고
그들의 이름을 사람이라 일컬으셨더라
3 아담은 백삼십 세에 자기의 모양 곧 자기
의 형상과 같은 아들을 낳아 이름을 셋이
라 하였고
4 아담은 셋을 낳은 후 팔백 년을 지내며 자
녀들을 낳았으며
5 그는 구백삼십 세를 살고 죽었더라
6 •셋은 백오 세에 에노스를 낳았고
7 에노스를 낳은 후 팔백칠 년을 지내며 자
녀들을 낳았으며
8 그는 구백십이 세를 살고 죽었더라
9 •에노스는 구십 세에 게난을 낳았고
10 게난을 낳은 후 팔백십오 년을 지내며 자
녀들을 낳았으며
11 그는 구백오 세를 살고 죽었더라
12 •게난은 칠십 세에 마할랄렐을 낳았고
13 마할랄렐을 낳은 후 팔백사십 년을 지내며
자녀들을 낳았으며
14 그는 구백십 세를 살고 죽었더라
15 •마할랄렐은 육십오 세에 야렛을 낳았고
16 야렛을 낳은 후 팔백삼십 년을 지내며 자
녀를 낳았으며
17 그는 팔백구십오 세를 살고 죽었더라
18 •야렛은 백육십이 세에 에녹을 낳았고
19 에녹을 낳은 후 팔백 년을 지내며 자녀들
을 낳았으며
20 그는 구백육십이 세를 살고 죽었더라
21 •에녹은 육십오 세에 므두셀라를 낳았고
22 므두셀라를 낳은 후 삼백 년을 하나님과
동행하며 자녀들을 낳았으며
23 그는 삼백육십오 세를 살았더라
24 에녹이 하나님과 동행하더니 하나님이 그
를 데려가시므로 세상에 있지 아니하였더
라
25 •므두셀라는 백팔십칠 세에 라멕을 낳았
고
26 라멕을 낳은 후 칠백팔십이 년을 지내며
자녀를 낳았으며
27 그는 구백육십구 세를 살고 죽었더라
28 •라멕은 백팔십이 세에 아들을 낳고
29 이름을 [1)]노아라 하여 이르되 여호와께서
땅을 저주하시므로 수고롭게 일하는 우리
를 이 아들이 안위하리라 하였더라
30 라멕은 노아를 낳은 후 오백구십오 년을
지내며 자녀들을 낳았으며
31 그는 칠백칠십칠 세를 살고 죽었더라

son, and he named him Enosh.
At that time people began to call on[a] the
name of the LORD.

From Adam to Noah

5 This is the written account of Adam's fami-
ly line.
When God created mankind, he made them
2 in the likeness of God. •He created them male
and female and blessed them. And he named
them "Mankind"[b] when they were created.
3 •When Adam had lived 130 years, he had a
son in his own likeness, in his own image; and
4 he named him Seth. •After Seth was born,
Adam lived 800 years and had other sons and
5 daughters. •Altogether, Adam lived a total of
930 years, and then he died.
6 •When Seth had lived 105 years, he became
7 the father[c] of Enosh. •After he became the
father of Enosh, Seth lived 807 years and had
8 other sons and daughters. •Altogether, Seth
lived a total of 912 years, and then he died.
9 •When Enosh had lived 90 years, he became
10 the father of Kenan. •After he became the father
of Kenan, Enosh lived 815 years and had other
11 sons and daughters. •Altogether, Enosh lived a
total of 905 years, and then he died.
12 •When Kenan had lived 70 years, he became
13 the father of Mahalalel. •After he became the
father of Mahalalel, Kenan lived 840 years and
14 had other sons and daughters. •Altogether, Ke-
nan lived a total of 910 years, and then he died.
15 •When Mahalalel had lived 65 years, he be-
16 came the father of Jared. •After he became the
father of Jared, Mahalalel lived 830 years and had
17 other sons and daughters. •Altogether, Maha-
lalel lived a total of 895 years, and then he died.
18 •When Jared had lived 162 years, he became
19 the father of Enoch. •After he became the father
of Enoch, Jared lived 800 years and had other
20 sons and daughters. •Altogether, Jared lived a
total of 962 years, and then he died.
21 •When Enoch had lived 65 years, he became
22 the father of Methuselah. •After he became the
father of Methuselah, Enoch walked faithfully
with God 300 years and had other sons and
23 daughters. •Altogether, Enoch lived a total of 365
24 years. •Enoch walked faithfully with God; then
he was no more, because God took him away.
25 •When Methuselah had lived 187 years, he
26 became the father of Lamech. •After he became

[a]26 Or *to proclaim* [b]2 Hebrew *adam* [c]6 *Father* may mean *ancestor;* also in verses 7-26

1) 안위함

account [əkáunt] *n.* 서술
altogether [ɔ̀:ltəgéðər] *ad.* 다 합하여
begin [bigín] *vt.* 시작하다
bless [bles] *vt.* 축복하다
create [kriéit] *vt.* 창조하다
die [dai] *vi.* 죽다
faithfully [féiθfəli] *ad.* 충실하게
likeness [láiknis] *n.* 형상
line [lain] *n.* 가계, 계보
live [liv] *vi.* 살다
mankind [mǽnkaind] *n.* 인류
male [meil] *n.* 남자
name [neim] *vt.* 명명하다
own [óun] *a.* 자기 자신의
walk [wɔ:k] *vi.* 걷다

4:26 **at that time**: 그 때에
4:26 **begin to...**: …를 시작하다
5:1 **in the likeness of...**: …와 닮게
5:5 **a total of...**: …의 총계
5:24 **no more**: 그 이상 …하지 않다.
5:24 **take away**: 데려가다

32 ●노아는 오백 세 된 후에 셈과 함과 야벳
을 낳았더라 10:21

사람의 죄악

6 사람이 땅 위에 번성하기 시작할 때에
그들에게서 딸들이 나니
2 하나님의 아들들이 사람의 딸들의 아름다
움을 보고 자기들이 좋아하는 모든 여자를
아내로 삼는지라
3 여호와께서 이르시되 나의 영이 영원히 사
람과 함께하지 아니하리니 이는 그들이 육
신이 됨이라 그러나 그들의 날은 백이십
년이 되리라 하시니라
4 당시에 땅에는 [1]네피림이 있었고 그 후에
도 하나님의 아들들이 사람의 딸들에게로
들어와 자식을 낳았으니 그들은 용사라 고
대에 명성이 있는 사람들이었더라
5 ●여호와께서 사람의 죄악이 세상에 가득
함과 그의 마음으로 생각하는 모든 계획이
항상 악할 뿐임을 보시고
6 땅 위에 사람 지으셨음을 한탄하사 마음에
근심하시고
7 이르시되 내가 창조한 사람을 내가 지면에
서 쓸어버리되 사람으로부터 가축과 기는
것과 공중의 새까지 그리하리니 이는 내가
그것들을 지었음을 한탄함이니라 하시니
라
8 그러나 노아는 여호와께 은혜를 입었더라

노아의 족보

9 ●이것이 노아의 족보니라 노아는 의인이
요 당대에 완전한 자라 그는 하나님과 동
행하였으며
10 세 아들을 낳았으니 셈과 함과 야벳이라
11 그때에 온 땅이 하나님 앞에 부패하여 포
악함이 땅에 가득한지라
12 하나님이 보신즉 땅이 부패하였으니 이는
땅에서 모든 혈육 있는 자의 행위가 부패
함이었더라
13 ●하나님이 노아에게 이르시되 모든 혈육
있는 자의 포악함이 땅에 가득하므로 그
끝날이 내 앞에 이르렀으니 내가 그들을
땅과 함께 멸하리라
14 너는 고페르 나무로 너를 위하여 방주를
만들되 그 안에 칸들을 막고 역청을 그 안
팎에 칠하라
15 네가 만들 방주는 이러하니 그 길이는 삼
백 [2]규빗, 너비는 오십 규빗, 높이는 삼십
규빗이라

the father of Lamech, Methuselah lived 782 years
27 and had other sons and daughters. ●Altogether,
Methuselah lived a total of 969 years, and then
he died.
28 ●When Lamech had lived 182 years, he had a
29 son. ●He named him Noah[a] and said, "He will
comfort us in the labor and painful toil of our
hands caused by the ground the LORD has cursed."
30 ●After Noah was born, Lamech lived 595 years and
31 had other sons and daughters. ●Altogether,
Lamech lived a total of 777 years, and then he died.
32 ●After Noah was 500 years old, he became the
father of Shem, Ham and Japheth.

Wickedness in the World

6 When human beings began to increase in
number on the earth and daughters were
2 born to them, ●the sons of God saw that the
daughters of humans were beautiful, and they
3 married any of them they chose. ●Then the LORD
said, "My Spirit will not contend with[b] humans
forever, for they are mortal[c]; their days will be a
hundred and twenty years."
4 ●The Nephilim were on the earth in those
days—and also afterward—when the sons of
God went to the daughters of humans and had
children by them. They were the heroes of old,
men of renown.
5 ●The LORD saw how great the wickedness of
the human race had become on the earth, and
that every inclination of the thoughts of the
6 human heart was only evil all the time. ●The
LORD regretted that he had made human beings
on the earth, and his heart was deeply troubled.
7 ●So the LORD said, "I will wipe from the face of
the earth the human race I have created—and
with them the animals, the birds and the crea-
tures that move along the ground—for I regret
8 that I have made them." ●But Noah found favor
in the eyes of the LORD.

Noah and the Flood

9 ●This is the account of Noah and his family.
Noah was a righteous man, blameless among
the people of his time, and he walked faithfully
10 with God. ●Noah had three sons: Shem, Ham
and Japheth.
11 ●Now the earth was corrupt in God's sight
12 and was full of violence. ●God saw how corrupt
the earth had become, for all the people on earth
13 had corrupted their ways. ●So God said to Noah,
"I am going to put an end to all people, for the

[a]29 *Noah* sounds like the Hebrew for *comfort* [b]3 Or *My spirit will not remain in* [c]3 Or *corrupt* 1) 장부가 2) 히, 암마

afterward [æftərwərd] *ad.* 그 후에
blameless [bléimlis] *a.* 결점 없는
comfort [kʌ́mfərt] *vt.* 위로하다
corrupt [kərʌ́pt] *a.* 부패한
curse [kə́:rs] *n.* 저주
inclination [inklənéiʃən] *n.* 경향
increase [inkrí:s] *vi.* 늘어나다
labor [léibər] *n.* 수고
mortal [mɔ́:rtl] *a.* 죽을 운명의
painful [péinfəl] *a.* 고통스러운
regret [rigrét] *vt.* 후회하다, 애도하다
renown [rináun] *n.* 명성
toil [tɔ́il] *n.* 수고, 고생
violence [váiələns] *n.* 폭력, 사나움
wickedness [wíkidnis] *n.* 사악함

6:3 **contend with...**: …와 다투다
6:4 **men of renown**: 유명한 사람들
6:5 **on (the) earth**: 지상에
6:8 **find favor in the eyes of...**: …의 총애를 받다, …의 마음에 들다
6:13 **put an end to...**: …을 끝내다

16 거기에 창을 내되 위에서부터 한 규빗에 내
고 그 문은 옆으로 내고 상중하 삼 층으로
할지니라
17 내가 홍수를 땅에 일으켜 무릇 생명의 기운
이 있는 모든 육체를 천하에서 멸절하리니
땅에 있는 것들이 다 죽으리라 7:4
18 그러나 너와는 내가 내 언약을 세우리니 너
는 네 아들들과 네 아내와 네 며느리들과
함께 그 방주로 들어가고
19 혈육 있는 모든 생물을 너는 각기 암수 한
쌍씩 방주로 이끌어들여 너와 함께 생명을
보존하게 하되
20 새가 그 종류대로, 가축이 그 종류대로, 땅
에 기는 모든 것이 그 종류대로 각기 둘씩
네게로 나아오리니 그 생명을 보존하게 하
라
21 너는 먹을 모든 양식을 네게로 가져다가 저
축하라 이것이 너와 그들의 먹을 것이 되리
라
22 노아가 그와 같이 하여 하나님이 자기에게
명하신 대로 다 준행하였더라

홍수

7 여호와께서 노아에게 이르시되 너와 네
온 집은 방주로 들어가라 이 세대에서 네
가 내 앞에 의로움을 내가 보았음이니라
2 너는 모든 정결한 짐승은 암수 일곱씩, 부
정한 것은 암수 둘씩을 네게로 데려오며
3 공중의 새도 암수 일곱씩을 데려와 그 씨를
온 지면에 유전하게 하라
4 지금부터 칠 일이면 내가 사십 주야를 땅에
비를 내려 내가 지은 모든 생물을 지면에서
쓸어버리리라
5 노아가 여호와께서 자기에게 명하신 대로
다 준행하였더라
6 ●홍수가 땅에 있을 때에 노아가 육백 세라
7 노아는 아들들과 아내와 며느리들과 함께
홍수를 피하여 방주에 들어갔고
8 정결한 짐승과 부정한 짐승과 새와 땅에 기
는 모든 것은
9 하나님이 노아에게 명하신 대로 암수 둘씩
노아에게 나아와 방주로 들어갔으며
10 칠 일 후에 홍수가 땅에 덮이니
11 노아가 육백 세 되던 해 둘째 달 곧 그달 열
이렛날이라 그날에 큰 깊음의 샘들이 터지
며 하늘의 창문들이 열려
12 사십 주야를 비가 땅에 쏟아졌더라
13 ●곧 그날에 노아와 그의 아들 셈, 함, 야벳

earth is filled with violence because of them. I
am surely going to destroy both them and the
14 earth. •So make yourself an ark of cypress[a]
wood; make rooms in it and coat it with pitch
15 inside and out. •This is how you are to build it:
The ark is to be three hundred cubits long, fifty
16 cubits wide and thirty cubits high.[b] •Make a
roof for it, leaving below the roof an opening
one cubit[c] high all around.[d] Put a door in the
side of the ark and make lower, middle and
17 upper decks. •I am going to bring floodwaters
on the earth to destroy all life under the heav-
ens, every creature that has the breath of life in
18 it. Everything on earth will perish. •But I will
establish my covenant with you, and you will
enter the ark—you and your sons and your wife
19 and your sons' wives with you. •You are to bring
into the ark two of all living creatures, male and
20 female, to keep them alive with you. •Two of
every kind of bird, of every kind of animal and
of every kind of creature that moves along the
21 ground will come to you to be kept alive. •You
are to take every kind of food that is to be eaten
and store it away as food for you and for them."
22 •Noah did everything just as God command-
ed him.

7 The LORD then said to Noah, "Go into the
ark, you and your whole family, because I
have found you righteous in this generation.
2 •Take with you seven pairs of every kind of
clean animal, a male and its mate, and one pair
of every kind of unclean animal, a male and its
3 mate, •and also seven pairs of every kind of bird,
male and female, to keep their various kinds
4 alive throughout the earth. •Seven days from
now I will send rain on the earth for forty days
and forty nights, and I will wipe from the face of
the earth every living creature I have made."
5 •And Noah did all that the LORD command-
ed him.
6 •Noah was six hundred years old when the
7 floodwaters came on the earth. •And Noah and
his sons and his wife and his sons' wives entered
8 the ark to escape the waters of the flood. •Pairs
of clean and unclean animals, of birds and of all
9 creatures that move along the ground, •male
and female, came to Noah and entered the ark,
10 as God had commanded Noah. •And after the
seven days the floodwaters came on the earth.

[a]14 The meaning of the Hebrew for this word is uncertain. [b]15 That is, about 450 feet long, 75 feet wide and 45 feet high or about 135 meters long, 23 meters wide and 14 meters high [c]16 That is, about 18 inches or about 45 centimeters [d]16 The meaning of the Hebrew for this clause is uncertain.

alive [əláiv] *a.* 살아 있는
ark [á:rk] *n.* 방주
coat [kout] *vt.* 칠하다
command [kəmǽnd] *vt.* 명령하다
cypress [sáipris] *n.* 삼(杉), 나무의 일종
deck [dek] *n.* 갑판
destroy [distrɔ́i] *vt.* 멸망시키다
establish [istǽbliʃ] *vt.* 세우다
mate [meit] *n.* 짝
perish [périʃ] *vi.* 멸망하다
pitch [pitʃ] *n.* 역청
righteous [ráitʃəs] *a.* 의로운
surely [ʃúərli] *ad.* 확실히, 분명히
violence [váiələns] *n.* 폭력
wipe [wáip] *vt.* 쓸어버리다

6:13 be filled with...: …로 가득차다
6:17 the breath of life: 호흡
6:19 bring into...: …로 이동시키다
6:21 store away: 저장하다
7:5 all that: 모든 것
7:8 move along~: ~따라 움직이다

과 노아의 아내와 세 며느리가 다 방주로
들어갔고
14 그들과 모든 들짐승이 그 종류대로, 모든
가축이 그 종류대로, 땅에 기는 모든 것이
그 종류대로, 모든 새가 그 종류대로
15 무릇 생명의 기운이 있는 육체가 둘씩 노아
에게 나아와 방주로 들어갔으니
16 들어간 것들은 모든 것의 암수라 하나님이
그에게 명하신 대로 들어가매 여호와께서
그를 들여보내고 문을 닫으시니라
17 홍수가 땅에 사십 일 동안 계속된지라 물이
많아져 방주가 땅에서 떠올랐고
18 물이 더 많아져 땅에 넘치매 방주가 물 위
에 떠다녔으며
19 물이 땅에 더욱 넘치매 천하의 높은 산이
다 잠겼더니
20 물이 불어서 십오 규빗이나 오르니 산들이
잠긴지라 시 104:6
21 땅 위에 움직이는 생물이 다 죽었으니 곧
새와 가축과 들짐승과 땅에 기는 모든 것과
모든 사람이라
22 육지에 있어 그 코에 생명의 기운의 숨이
있는 것은 다 죽었더라
23 지면의 모든 생물을 쓸어버리시니 곧 사람
과 가축과 기는 것과 공중의 새까지라 이들
은 땅에서 쓸어버림을 당하였으되 오직 노
아와 그와 함께 방주에 있던 자들만 남았더
라
24 물이 백오십 일을 땅에 넘쳤더라 8:3

홍수가 그치다

8 하나님이 노아와 그와 함께 방주에 있는
모든 들짐승과 가축을 기억하사 하나님
이 바람을 땅 위에 불게 하시매 물이 줄어
들었고
2 깊음의 샘과 하늘의 창문이 닫히고 하늘에
서 비가 그치매
3 물이 땅에서 물러가고 점점 물러가서 백오
십 일 후에 줄어들고
4 일곱째 달 곧 그달 열이렛날에 방주가 아라
랏 산에 머물렀으며
5 물이 점점 줄어들어 열째 달 곧 그달 초하
룻날에 산들의 봉우리가 보였더라
6 •사십 일을 지나서 노아가 그 방주에 낸
창문을 열고
7 까마귀를 내놓으매 까마귀가 물이 땅에서
마르기까지 날아 왕래하였더라
8 그가 또 비둘기를 내놓아 지면에서 물이 줄

11 •In the six hundredth year of Noah's life, on
the seventeenth day of the second month—on
that day all the springs of the great deep burst
forth, and the floodgates of the heavens were
12 opened. •And rain fell on the earth forty days
and forty nights.
13 •On that very day Noah and his sons, Shem,
Ham and Japheth, together with his wife and
the wives of his three sons, entered the ark.
14 •They had with them every wild animal
according to its kind, all livestock according to
their kinds, every creature that moves along the
ground according to its kind and every bird
according to its kind, everything with wings.
15 •Pairs of all creatures that have the breath of
life in them came to Noah and entered the ark.
16 •The animals going in were male and female of
every living thing, as God had commanded
Noah. Then the LORD shut him in.
17 •For forty days the flood kept coming on the
earth, and as the waters increased they lifted the
18 ark high above the earth. •The waters rose and
increased greatly on the earth, and the ark float-
19 ed on the surface of the water. •They rose great-
ly on the earth, and all the high mountains
20 under the entire heavens were covered. •The
waters rose and covered the mountains to a
21 depth of more than fifteen cubits.[a,b] •Every liv-
ing thing that moved on land perished—birds,
livestock, wild animals, all the creatures that
22 swarm over the earth, and all mankind. •Every-
thing on dry land that had the breath of life in
23 its nostrils died. •Every living thing on the face
of the earth was wiped out; people and animals
and the creatures that move along the ground
and the birds were wiped from the earth. Only
Noah was left, and those with him in the ark.
24 •The waters flooded the earth for a hundred
and fifty days.

8 But God remembered Noah and all the
wild animals and the livestock that were
with him in the ark, and he sent a wind over the
2 earth, and the waters receded. •Now the springs
of the deep and the floodgates of the heavens
had been closed, and the rain had stopped
3 falling from the sky. •The water receded steadi-
ly from the earth. At the end of the hundred
4 and fifty days the water had gone down, •and
on the seventeenth day of the seventh month the
ark came to rest on the mountains of Ararat.
5 •The waters continued to recede until the tenth
month, and on the first day of the tenth month

[a]*20* That is, about 23 feet or about 6.8 meters [b]*20* Or *rose more than fifteen cubits, and the mountains were covered*

breath [bréθ] *n.* 숨, 생명
burst [bə:rst] *vi.* 파열하다
continue [kəntínju:] *vt.* 계속하다
enter [éntər] *vt.* 들어가다
float [flout] *vi.* 뜨다

floodgate [flʌ́dgeit] *n.* 수문
mankind [mǽnkaind] *n.* 인류
nostril [nástrəl] *n.* 콧구멍
pair [pεər] *n.* 한 쌍
recede [risí:d] *vi.* 물러가다

shut [ʃʌ́t] *vt.* 닫다
remember [rimémbər] *vt.* 기억하다
steadily [stédili] *ad.* 꾸준히
surface [sə́:rfis] *n.* 표면
swarm [swɔ:rm] *vi.* 군집하다

7:11 burst forth: 분출하다
7:12 fall on: (비가) 내리다
7:13 on that very day: 바로 그날에
7:14 according to...: …를 따라서
7:21 swarm over: ~에 가득차다
7:23 wipe out: 쓸어버리다

어들었는지를 알고자 하매
9 온 지면에 물이 있으므로 비둘기가 발 붙
일 곳을 찾지 못하고 방주로 돌아와 그에
게로 오는지라 그가 손을 내밀어 방주 안
자기에게로 받아들이고
10 또 칠 일을 기다려 다시 비둘기를 방주에
서 내놓으매
11 저녁때에 비둘기가 그에게로 돌아왔는데
그 입에 감람나무 새 잎사귀가 있는지라
이에 노아가 땅에 물이 줄어든 줄을 알았
으며
12 또 칠 일을 기다려 비둘기를 내놓으매 다
시는 그에게로 돌아오지 아니하였더라
13 ●육백일 년 첫째 달 곧 그달 초하룻날에
땅 위에서 물이 걷힌지라 노아가 방주 뚜
껑을 제치고 본즉 지면에서 물이 걷혔더니
14 둘째 달 스무이렛날에 땅이 말랐더라
15 하나님이 노아에게 말씀하여 이르시되 7:1
16 너는 네 아내와 네 아들들과 네 며느리들
과 함께 방주에서 나오고 7:13
17 너와 함께한 모든 혈육 있는 생물 곧 새와
가축과 땅에 기는 모든 것을 다 이끌어내
라 이것들이 땅에서 생육하고 땅에서 번성
하리라 하시매
18 노아가 그 아들들과 그의 아내와 그 며느
리들과 함께 나왔고
19 땅 위의 동물 곧 모든 짐승과 모든 기는 것
과 모든 새도 그 종류대로 방주에서 나왔
더라

노아가 번제를 드리다

20 ●노아가 여호와께 제단을 쌓고 모든 정결
한[1] 짐승과 모든 정결한 새 중에서 제물을
취하여 번제로 제단에 드렸더니
21 여호와께서 그 향기를 받으시고 그 중심에
이르시되 내가 다시는 사람으로 말미암아
땅을 저주하지 아니하리니 이는 사람의 마
음이 계획하는 바가 어려서부터 악함이라
내가 전에 행한 것같이 모든 생물을 다시
멸하지 아니하리니
22 땅이 있을 동안에는 심음과 거둠과 추위와
더위와 여름과 겨울과 낮과 밤이 쉬지 아
니하리라

하나님이 노아와 언약을 세우시다

9 하나님이 노아와 그 아들들에게 복을 주
시며 그들에게 이르시되 생육하고 번성
하여 땅에 충만하라
2 땅의 모든 짐승과 공중의 모든 새와 땅에

the tops of the mountains became visible.
6 ●After forty days Noah opened a window he
7 had made in the ark ●and sent out a raven, and
it kept flying back and forth until the water had
8 dried up from the earth. ●Then he sent out a
dove to see if the water had receded from the sur-
9 face of the ground. ●But the dove could find
nowhere to perch because there was water over
all the surface of the earth; so it returned to Noah
in the ark. He reached out his hand and took the
dove and brought it back to himself in the ark.
10 ●He waited seven more days and again sent
11 out the dove from the ark. ●When the dove re-
turned to him in the evening, there in its beak
was a freshly plucked olive leaf! Then Noah knew
12 that the water had receded from the earth. ●He
waited seven more days and sent the dove out
again, but this time it did not return to him.
13 ●By the first day of the first month of Noah's
six hundred and first year, the water had dried up
from the earth. Noah then removed the covering
from the ark and saw that the surface of the
14 ground was dry. ●By the twenty-seventh day of
the second month the earth was completely dry.
15-16 ●Then God said to Noah, ●"Come out of the
ark, you and your wife and your sons and their
17 wives. ●Bring out every kind of living creature
that is with you—the birds, the animals, and all
the creatures that move along the ground—so
they can multiply on the earth and be fruitful
and increase in number on it."
18 ●So Noah came out, together with his sons
19 and his wife and his sons' wives. ●All the ani-
mals and all the creatures that move along
the ground and all the birds—everything that
moves on land—came out of the ark, one kind
after another.
20 ●Then Noah built an altar to the LORD and,
taking some of all the clean animals and clean
21 birds, he sacrificed burnt offerings on it. ●The
LORD smelled the pleasing aroma and said in
his heart: "Never again will I curse the ground
because of humans, even though[a] every inclina-
tion of the human heart is evil from childhood.
And never again will I destroy all living crea-
tures, as I have done.
22 ●"As long as the earth endures,
seedtime and harvest,
cold and heat,
summer and winter,
day and night
will never cease."

[a]21 Or *humans, for* 1) 히, 또는 가축

beak [biːk] *n.* 부리
cease [siːs] *vi.* 그치다
completely [kəmplíːtli] *ad.* 완전히
endure [indjúər] *vi.* 지속하다
freshly [fréʃli] *ad.* 새로이
inclination [inklənéiʃən] *n.* 경향
multiply [mʌltəplai] *vi.* 번식하다
pluck [plʌk] *vt.* 따다
raven [réivən] *n.* 까마귀
recede [risíːd] *vi.* 물러가다
sacrifice [sǽkrəfais] *vt.* 제물을 바치다
seedtime [síːdtaim] *n.* 파종기
smell [smel] *vi.* 냄새 맡다
surface [sə́ːrfis] *n.* 표면
visible [vízəbl] *a.* 보이는

8:7 **keep ~ing**: 계속 ~하다
8:7 **dry up**: 바싹 마르다
8:9 **reach out**: (손 등을) 뻗다
8:12 **send~ out**: ~을 보내다
8:17 **bring out**: 데리고 나가다
8:21 **even though**: 비록 ~일지라도

기는 모든 것과 바다의 모든 물고기가 너희를 두려워하며 너희를 무서워하리니 이것들은 너희의 손에 붙였음이니라
3 모든 산 동물은 너희의 먹을 것이 될지라 채소같이 내가 이것을 다 너희에게 주노라
4 그러나 고기를 그 생명 되는 피째 먹지 말 것이니라 레 17:10
5 내가 반드시 너희의 피 곧 너희의 생명의 피를 찾으리니 짐승이면 그 짐승에게서, 사람이나 사람의 형제면 그에게서 그의 생명을 찾으리라
6 다른 사람의 피를 흘리면 그 사람의 피도 흘릴 것이니 이는 하나님이 자기 형상대로 사람을 지으셨음이니라
7 너희는 생육하고 번성하며 땅에 가득하여 그 중에서 번성하라 하셨더라
8 ●하나님이 노아와 그와 함께한 아들들에게 말씀하여 이르시되
9 내가 내 언약을 너희와 너희 후손과
10 너희와 함께한 모든 생물 곧 너희와 함께한 새와 가축과 땅의 모든 생물에게 세우리니 방주에서 나온 모든 것 곧 땅의 모든 짐승에게니라
11 내가 너희와 언약을 세우리니 다시는 모든 생물을 홍수로 멸하지 아니할 것이라 땅을 멸할 홍수가 다시 있지 아니하리라 사 54:9
12 하나님이 이르시되 내가 나와 너희와 및 너희와 함께하는 모든 생물 사이에 대대로 영원히 세우는 언약의 증거는 이것이니라
13 내가 내 무지개를 구름 속에 두었나니 이것이 나와 세상 사이의 언약의 증거니라
14 내가 구름으로 땅을 덮을 때에 무지개가 구름 속에 나타나면
15 내가 나와 너희와 및 육체를 가진 모든 생물 사이의 내 언약을 기억하리니 다시는 물이 모든 육체를 멸하는 홍수가 되지 아니할지라
16 무지개가 구름 사이에 있으리니 내가 보고 나 하나님과 모든 육체를 가진 땅의 모든 생물 사이의 영원한 언약을 기억하리라
17 하나님이 노아에게 또 이르시되 내가 나와 땅에 있는 모든 생물 사이에 세운 언약의 증거가 이것이라 하셨더라

노아와 그 아들들

18 ●방주에서 나온 노아의 아들들은 셈과 함과 야벳이며 함은 가나안의 아버지라
19 노아의 이 세 아들로부터 사람들이 온 땅

God's Covenant With Noah

9 Then God blessed Noah and his sons, saying to them, "Be fruitful and increase in
2 number and fill the earth. •The fear and dread
of you will fall on all the beasts of the earth, and
on all the birds in the sky, on every creature that
moves along the ground, and on all the fish in
3 the sea; they are given into your hands. •Every-
thing that lives and moves about will be food
for you. Just as I gave you the green plants, I now
give you everything.
4 •"But you must not eat meat that has its
5 lifeblood still in it. •And for your lifeblood I will
surely demand an accounting. I will demand an
accounting from every animal. And from each
human being, too, I will demand an accounting
for the life of another human being.

6 •"Whoever sheds human blood,
by humans shall their blood be shed;
for in the image of God
has God made mankind.

7 •As for you, be fruitful and increase in number;
multiply on the earth and increase upon it."
8 •Then God said to Noah and to his sons with
9 him: •"I now establish my covenant with you
10 and with your descendants after you •and with
every living creature that was with you—the
birds, the livestock and all the wild animals,
all those that came out of the ark with you—
11 every living creature on earth. •I establish my
covenant with you: Never again will all life be
destroyed by the waters of a flood; never again
will there be a flood to destroy the earth."
12 •And God said, "This is the sign of the co-
venant I am making between me and you and
every living creature with you, a covenant for
13 all generations to come: •I have set my rain-
bow in the clouds, and it will be the sign of the
14 covenant between me and the earth. •When-
ever I bring clouds over the earth and the rain-
15 bow appears in the clouds, •I will remember
my covenant between me and you and all liv-
ing creatures of every kind. Never again will
the waters become a flood to destroy all life.
16 •Whenever the rainbow appears in the clouds,
I will see it and remember the everlasting co-
venant between God and all living creatures of
every kind on the earth."
17 •So God said to Noah, "This is the sign of the
covenant I have established between me and
all life on the earth."

The Sons of Noah

18 •The sons of Noah who came out of the ark

appear [əpíər] *vi.* 나타나다
beast [bi:st] *n.* 짐승
covenant [kʌ́vənənt] *n.* 언약
creature [krí:tʃər] *n.* (신의) 창조물
demand [dimǽnd] *vt.* 요구하다
descendant [diséndənt] *n.* 자손
establish [istǽbliʃ] *vt.* 세우다
destroy [distrɔ́i] *vt.* 멸하다
dread [dred] *n.* 공포
everlasting [evərlǽstiŋ] *a.* 영원한
generation [dʒenəréiʃən] *n.* 세대, 자손
increase [inkrí:s] *vi.* 증가하다
lifeblood [láifblʌd] *n.* 피, 혈액
rainbow [réinbòu] *n.* 무지개
shed [ʃed] *vt.* 흘리다

9:1 increase in number: 수가 증가하다
9:5 demand an account: 받을 돈을 청구하다
9:9 covenant with...: …와 계약하다
9:10 come out of...: …에서 나오다
9:11 never again...: 결코 …하지 않는다

에 퍼지니라 5:32
20 ● 노아가 농사를 시작하여 포도나무를 심
었더니 5:29
21 포도주를 마시고 취하여 그 장막 안에서
벌거벗은지라
22 가나안의 아버지 함이 그의 아버지의 하
체를 보고 밖으로 나가서 그의 두 형제에
게 알리매
23 셈과 야벳이 옷을 가져다가 자기들의 어
깨에 메고 뒷걸음쳐 들어가서 그들의 아
버지의 하체를 덮었으며 그들이 얼굴을
돌이키고 그들의 아버지의 하체를 보지
아니하였더라
24 노아가 술이 깨어 그의 [1]작은아들이 자기
에게 행한 일을 알고
25 이에 이르되

가나안은 저주를 받아 그의 형제의 종
들의 종이 되기를 원하노라

하고
26 또 이르되

셈의 하나님 여호와를 찬송하리로다 가
나안은 셈의 종이 되고
27 하나님이 야벳을 창대하게 하사 셈의
장막에 거하게 하시고 가나안은 그의
종이 되게 하시기를 원하노라

하였더라
28 ● 홍수 후에 노아가 삼백오십 년을 살았
고
29 그의 나이가 구백오십 세가 되어 죽었더
라

노아의 아들들의 족보(대상 1:5-23)

10 노아의 아들 셈과 함과 야벳의 족보
는 이러하니라 홍수 후에 그들이 아
들들을 낳았으니
2 야벳의 아들은 고멜과 마곡과 마대와 야
완과 두발과 메섹과 디라스요
3 고멜의 아들은 아스그나스와 리밧과 도갈
마요 겔 27:14
4 야완의 아들은 엘리사와 달시스와 깃딤과
도다님이라
5 이들로부터 여러 나라 백성으로 나뉘어서
각기 언어와 종족과 나라대로 바닷가의
땅에 머물렀더라 5:32
6 ● 함의 아들은 구스와 미스라임과 붓과
가나안이요 대상 1:8-10
7 구스의 아들은 스바와 하윌라와 삽다와
라아마와 삽드가요 라아마의 아들은 스바

were Shem, Ham and Japheth. (Ham was the
19 father of Canaan.) ● These were the three sons of
Noah, and from them came the people who were
scattered over the whole earth.
20 ● Noah, a man of the soil, proceeded[a] to plant a
21 vineyard. ● When he drank some of its wine, he
became drunk and lay uncovered inside his tent.
22 ● Ham, the father of Canaan, saw his father
23 naked and told his two brothers outside. ● But
Shem and Japheth took a garment and laid it
across their shoulders; then they walked in back-
ward and covered their father's naked body.
Their faces were turned the other way so that
they would not see their father naked.
24 ● When Noah awoke from his wine and found
25 out what his youngest son had done to him, ● he
said,

"Cursed be Canaan!
The lowest of slaves
will he be to his brothers."

26 ● He also said,

"Praise be to the LORD, the God of Shem!
May Canaan be the slave of Shem.
27 ● May God extend Japheth's[b] territory;
may Japheth live in the tents of Shem,
and may Canaan be the slave of Japheth."

28-29 ● After the flood Noah lived 350 years. ● Noah
lived a total of 950 years, and then he died.

The Table of Nations

10 This is the account of Shem, Ham and
Japheth, Noah's sons, who themselves
had sons after the flood.

The Japhethites

2 ● The sons[c] of Japheth:
Gomer, Magog, Madai, Javan, Tubal, Meshek
and Tiras.
3 ● The sons of Gomer:
Ashkenaz, Riphath and Togarmah.
4 ● The sons of Javan:
Elishah, Tarshish, the Kittites and the Rodan-
5 ites.[d] ● (From these the maritime peoples spread
out into their territories by their clans within
their nations, each with its own language.)

The Hamites

6 ● The sons of Ham:
Cush, Egypt, Put and Canaan.

[a]20 *Or soil, was the first* [b]27 *Japheth* sounds like the Hebrew for *extend.* [c]2 *Sons* may mean *descendants* or *successors* or *nations*; also in verses 3, 4, 6, 7, 20-23, 29 and 31. [d]4 Some manuscripts of the Masoretic Text and Samaritan Pentateuch (see also Septuagint and 1 Chron. 1:7); most manuscripts of the Masoretic Text *Dodanites* 1) 둘째

awake [əwéik] *vi.* 잠에서 깨어나다	**garment** [gá:rmənt] *n.* 의복	**proceed** [prəsí:d] *vi.* …하기 시작하다
backward [bǽkwərd] *ad.* 뒤로	**maritime** [mǽrətaim] *a.* 바다 가까이 사는	**scatter** [skǽtər] *vt.* 뿔뿔이 흩어지다
clan [klæn] *n.* 씨족	**naked** [néikid] *a.* 벌거벗은	**slave** [sleiv] *n.* 노예
cursed [kə́:rsid] *a.* 저주받은	**nation** [néiʃən] *n.* 국민, 국가	**territory** [térətɔ:ri] *n.* 영토
extend [iksténd] *vt.* 넓히다	**plant** [plænt] *vt.* 심다	**vineyard** [vínjərd] *n.* 포도원
9:19 **be scattered**: 뿔뿔이 흩어지다	9:20 **a man of the soil**: 농부	9:24 **find out**: ~을 알게 되다
9:19 **the whole earth**: 전세계의 사람	9:23 **so that...**: …하기 위하여	10:5 **spread out**: 퍼지다

와 드단이며
8 구스가 또 니므롯을 낳았으니 그는 세상
에 첫 용사라
9 그가 여호와 앞에서 용감한 사냥꾼이 되
었으므로 속담에 이르기를 아무는 여호와
앞에 니므롯같이 용감한 사냥꾼이로다 하
더라
10 그의 나라는 시날 땅의 바벨과 에렉과 악
갓과 갈레에서 시작되었으며
11 그가 그 땅에서 앗수르로 나아가 니느웨
와 르호보딜과 갈라와
12 및 니느웨와 갈라 사이의 레센을 건설하
였으니 이는 큰 성읍이라
13 미스라임은 루딤과 아나밈과 르하빔과 납
두힘과
대상 1:8,11
14 바드루심과 가슬루힘과 갑도림을 낳았더
라 (가슬루힘에게서 블레셋이 나왔더라)
15 ●가나안은 장자 시돈과 헷을 낳고
16 또 여부스 족속과 아모리 족속과 기르가
스 족속과
17 히위 족속과 알가 족속과 신 족속과
18 아르왓 족속과 스말 족속과 하맛 족속을
낳았더니 이후로 가나안 자손의 족속이
흩어져 나아갔더라
19 가나안의 경계는 시돈에서부터 그랄을 지
나 가사까지와 소돔과 고모라와 아드마와
스보임을 지나 라사까지였더라
20 이들은 함의 자손이라 각기 족속과 언어
와 지방과 나라대로였더라
21 ●셈은 에벨 온 자손의 조상이요 야벳의
형이라 그에게도 자녀가 출생하였으니
22 셈의 아들은 엘람과 앗수르와 아르박삿과
룻과 아람이요
23 아람의 아들은 우스와 훌과 게델과 마스
며
24 아르박삿은 셀라를 낳고 셀라는 에벨을
낳았으며
11:12
25 에벨은 두 아들을 낳고 하나의 이름을 1)벨
렉이라 하였으니 그때에 세상이 나뉘었음
이요 1)벨렉의 아우의 이름은 욕단이며
26 욕단은 알모닷과 셀렙과 하살마웻과 예라
와
27 하도람과 우살과 디글라와
28 오발과 아비마엘과 스바와
29 오빌과 하윌라와 요밥을 낳았으니 이들은
다 욕단의 아들이며
30 그들이 거주하는 곳은 메사에서부터 스발

7 •The sons of Cush:
Seba, Havilah, Sabtah, Raamah and Sabteka.
The sons of Raamah:
Sheba and Dedan.
8 •Cush was the father[a] of Nimrod, who became
9 a mighty warrior on the earth. •He was a mighty
hunter before the LORD; that is why it is said, "Like
10 Nimrod, a mighty hunter before the LORD." •The
first centers of his kingdom were Babylon, Uruk,
11 Akkad and kalneh, in[b] Shinar.[c] •From that land
he went to Assyria, where he built Nineveh, Re-
12 hoboth Ir,[d] Calah •and Resen, which is between
Nineveh and Calah—which is the great city.

13 •Egypt was the father of
the Ludites, Anamites, Lehabites, Naphtu-
14 hites, •Pathrusites, Kasluhites (from whom
the Philistines came) and Caphtorites.
15 •Canaan was the father of
Sidon his firstborn,[e] and of the Hittites,
16–17 •Jebusites, Amorites, Girgashites, •Hivites,
18 Arkites, Sinites, •Arvadites, Zemarites and
Hamathites.

19 Later the Canaanite clans scattered •and the
borders of Canaan reached from Sidon toward
Gerar as far as Gaza, and then toward Sodom,
Gomorrah, Admah and Zeboyim, as far as Lasha.
20 •These are the sons of Ham by their clans and
languages, in their territories and nations.

The Semites

21 •Sons were also born to Shem, whose older
brother was[f] Japheth; Shem was the ancestor of
all the sons of Eber.
22 •The sons of Shem:
Elam, Ashur, Arphaxad, Lud and Aram.
23 •The sons of Aram:
Uz, Hul, Gether and Meshek.[g]
24 •Arphaxad was the father of[h] Shelah,
and Shelah the father of Eber.
25 •Two sons were born to Eber:
One was named Peleg,[i] because in his time
the earth was divided; his brother was
named Joktan.
26 •Joktan was the father of
Almodad, Sheleph, Hazarmaveth, Jerah,
27–28 •Hadoram, Uzal, Diklah, •Obal, Abimael,

[a]8 *Father* may mean *ancestor* or *predecessor* or *founder;* also in verses 13, 15, 24 and 26. [b]10 Or *Uruk and Akkad—all of them in* [c]10 That is, Babylonia [d]11 Or *Nineveh with its city squares* [e]15 Or *of the Sidonians, the foremost* [f]21 Or *Shem, the older brother of* [g]23 See Septuagint and 1 Chron. 1:17; Hebrew *Mash.* [h]24 Hebrew; Septuagint *father of Cainan, and Cainan was the father of* [i]25 *Peleg* means *division.* 1) 나눔

ancestor [ǽnsestər] *n.* 조상
border [bɔ́:rdər] *n.* 국경
build [bild] *vt.* 세우다
Canaanite [kéinənait] *a.* 가나안 사람의
center [séntər] *a.* 중심의
divide [diváid] *vt.* 나누다
firstborn [fə:rstbɔ:rn] *n.* 장남
hunter [hʌ́ntər] *n.* 사냥꾼
language [lǽŋgwidʒ] *n.* 언어
mighty [máiti] *a.* 힘센
nation [néiʃən] *n.* 국민, 국가
reach [ri:tʃ] *vt.* 달하다, 이르다
territory [térətɔ:ri] *n.* 영토
toward [təwɔ́:d] *prep.* …쪽에
warrior [wɔ́:riər] *n.* 전사

10:7 **The sons of...**: …의 아들들
10:12 **between A and B**: A와 B 사이에
10:19 **from A toward B as far as C**: A에서부터 B를 거쳐 C에 이르기까지
10:21 **be born**: 태어나다
10:25 **in one's time**: …의 시대에는

로 가는 길의 동쪽 산이었더라
31 이들은 셈의 자손이니 그 족속과 언어와 지방과 나라대로였더라
32 ●이들은 그 백성들의 족보에 따르면 노아 자손의 족속들이요 홍수 후에 이들에게서 그 땅의 백성들이 나뉘었더라

바벨

11 온 땅의 언어가 하나요 말이 하나였더라
2 이에 그들이 동방으로 옮기다가 시날 평지를 만나 거기 거류하며
3 서로 말하되 자, 벽돌을 만들어 견고히 굽자 하고 이에 벽돌로 돌을 대신하며 역청으로 진흙을 대신하고
4 또 말하되 자, 성읍과 탑을 건설하여 그 탑 꼭대기를 하늘에 닿게 하여 우리 이름을 내고 온 지면에 흩어짐을 면하자 하였더니
5 여호와께서 사람들이 건설하는 그 성읍과 탑을 보려고 내려오셨더라
6 여호와께서 이르시되 이 무리가 한 족속이요 언어도 하나이므로 이같이 시작하였으니 이후로는 그 하고자 하는 일을 막을 수 없으리로다
7 자, 우리가 내려가서 거기서 그들의 언어를 혼잡하게 하여 그들이 서로 알아듣지 못하게 하자 하시고
8 여호와께서 거기서 그들을 온 지면에 흩으셨으므로 그들이 그 도시를 건설하기를 그쳤더라

눅 1:51

9 그러므로 그 이름을 바벨이라 하니 이는 여호와께서 거기서 온 땅의 언어를 혼잡하게 하셨음이니라 여호와께서 거기서 그들을 온 지면에 흩으셨더라

셈의 족보 (대상 1:24-27)

10 ●셈의 족보는 이러하니라 셈은 백 세 곧 홍수 후 이 년에 아르박삿을 낳았고
11 아르박삿을 낳은 후에 오백 년을 지내며 자녀를 낳았으며
12 아르박삿은 삼십오 세에 셀라를 낳았고
13 셀라를 낳은 후에 사백삼 년을 지내며 자녀를 낳았으며
14 셀라는 삼십 세에 에벨을 낳았고
15 에벨을 낳은 후에 사백삼 년을 지내며 자녀를 낳았으며
16 에벨은 삼십사 세에 벨렉을 낳았고
17 벨렉을 낳은 후에 사백삼십 년을 지내며

29 Sheba, •Ophir, Havilah and Jobab. All these
were sons of Joktan.
30 •The region where they lived stretched from Me-
sha toward Sephar, in the eastern hill country.
31 •These are the sons of Shem by their clans and
languages, in their territories and nations.
32 •These are the clans of Noah's sons, according
to their lines of descent, within their nations.
From these the nations spread out over the earth
after the flood.

The Tower of Babel

11 Now the whole world had one language
2 and a common speech. •As people moved
eastward,[a] they found a plain in Shinar[b] and set-
tled there.
3 •They said to each other, "Come, let's make
bricks and bake them thoroughly." They used
4 brick instead of stone, and tar for mortar. •Then
they said, "Come, let us build ourselves a city, with
a tower that reaches to the heavens, so that we may
make a name for ourselves; otherwise we will be
scattered over the face of the whole earth."
5 •But the LORD came down to see the city and the
6 tower the people were building. •The LORD said, "If
as one people speaking the same language they
have begun to do this, then nothing they plan to
7 do will be impossible for them. •Come, let us go
down and confuse their language so they will not
understand each other."
8 •So the LORD scattered them from there over
all the earth, and they stopped building the city.
9 •That is why it was called Babel[c] — because there
the LORD confused the language of the whole
world. From there the LORD scattered them over the
face of the whole earth.

From Shem to Abram

10 •This is the account of Shem's family line.
Two years after the flood, when Shem was 100
11 years old, he became the father[d] of Arphaxad. •And
after he became the father of Arphaxad, Shem
lived 500 years and had other sons and daughters.
12 •When Arphaxad had lived 35 years, he became
13 the father of Shelah. •And after he became the
father of Shelah, Arphaxad lived 403 years and had
other sons and daughters.[e]

[a]2 Or *from the east*; or *in the east* [b]2 That is, Babylonia [c]9 That is, Babylon; *Babel* sounds like the Hebrew for *confused*. [d]10 *Father* may mean *ancestor*; also in verses 11-25. [e]12,13 Hebrew; Septuagint (see also Luke 3:35, 36 and note at Gen. 10:24) *35 years, he became the father of Cainan. [13]And after he became the father of Cainan, Arphaxad lived 430 years and had other sons and daughters, and then he died. When Cainan had lived 130 years, he became the father of Shelah. And after he became the father of Shelah, Cainan lived 330 years and had other sons and daughters*

bake [beik] *vt.* 굽다
brick [brik] *n.* 벽돌
common [kámən] *a.* 공통의
confuse [kənfjú:z] *vt.* 혼란시키다
descent [disént] *n.* 혈통
impossible [impásəbl] *a.* 불가능한
mortar [mɔ́:rtər] *n.* 회반죽
plain [plein] *n.* 평원
region [rí:dʒən] *n.* 영역
scatter [skǽtər] *vt.* 흩어 버리다
settle [sétl] *vi.* 정착하다
speech [spi:tʃ] *n.* 언어
stretch [stretʃ] *vi.* 뻗다
tar [ta:r] *n.* 타르
thoroughly [θʌ́:rəli] *ad.* 철저히

10:32 **according to...**: …에 따라
10:32 **spread out**: 퍼지다
11:3 **instead of...**: …대신에
11:4 **make a name for oneself**: 명성을 떨치다, 유명해지다
11:6 **plan to do**: ~할 계획이다

자녀를 낳았으며
18 벨렉은 삼십 세에 르우를 낳았고
19 르우를 낳은 후에 이백구 년을 지내며
자녀를 낳았으며
20 르우는 삼십이 세에 스룩을 낳았고
21 스룩을 낳은 후에 이백칠 년을 지내며
자녀를 낳았으며
22 스룩은 삼십 세에 나홀을 낳았고
23 나홀을 낳은 후에 이백 년을 지내며 자
녀를 낳았으며
24 나홀은 이십구 세에 데라를 낳았고
25 데라를 낳은 후에 백십구 년을 지내며
자녀를 낳았으며
26 데라는 칠십 세에 아브람과 나홀과 하란
을 낳았더라

데라의 족보

27 ● 데라의 족보는 이러하니라 데라는 아
브람과 나홀과 하란을 낳고 하란은 롯을
낳았으며
28 하란은 그 아비 데라보다 먼저 [1]고향 갈
대아인의 우르에서 죽었더라
29 아브람과 나홀이 장가들었으니 아브람의
아내의 이름은 사래며 나홀의 아내의 이
름은 밀가니 하란의 딸이요 하란은 밀가
의 아버지이며 또 이스가의 아버지더라
30 사래는 임신하지 못하므로 자식이 없었
더라
31 데라가 그 아들 아브람과 하란의 아들인
그의 손자 롯과 그의 며느리 아브람의
아내 사래를 데리고 갈대아인의 우르를
떠나 가나안 땅으로 가고자 하더니 하란
에 이르러 거기 거류하였으며
32 데라는 나이가 이백오 세가 되어 하란에
서 죽었더라

여호와께서 아브람에게 이르시다

12 여호와께서 아브람에게 이르시되
너는 너의 고향과 친척과 아버지의
집을 떠나 내가 네게 보여줄 땅으로 가
라
2 내가 너로 큰 민족을 이루고 네게 복을
주어 네 이름을 창대하게 하리니 너는
복이 될지라
3 너를 축복하는 자에게는 내가 복을 내리
고 너를 저주하는 자에게는 내가 저주하
리니 땅의 모든 족속이 너로 말미암아
복을 얻을 것이라 하신지라
4 이에 아브람이 여호와의 말씀을 따라갔

14 ●When Shelah had lived 30 years, he became the
15 father of Eber. ●And after he became the father of
Eber, Shelah lived 403 years and had other sons
and daughters.
16 ●When Eber had lived 34 years, he became the
17 father of Peleg. ●And after he became the father of
Peleg, Eber lived 430 years and had other sons and
daughters.
18 ●When Peleg had lived 30 years, he became the
19 father of Reu. ●And after he became the father of
Reu, Peleg lived 209 years and had other sons and
daughters.
20 ●When Reu had lived 32 years, he became the
21 father of Serug. ●And after he became the father of
Serug, Reu lived 207 years and had other sons and
daughters.
22 ●When Serug had lived 30 years, he became the
23 father of Nahor. ●And after he became the father
of Nahor, Serug lived 200 years and had other sons
and daughters.
24 ●When Nahor had lived 29 years, he became the
25 father of Terah. ●And after he became the father of
Terah, Nahor lived 119 years and had other sons
and daughters.
26 ●After Terah had lived 70 years, he became the
father of Abram, Nahor and Haran.

Abram's Family

27 ●This is the account of Terah's family line.

Terah became the father of Abram, Nahor and
Haran. And Haran became the father of Lot.
28 ●While his father Terah was still alive, Haran died
in Ur of the Chaldeans, in the land of his birth.
29 ●Abram and Nahor both married. The name of
Abram's wife was Sarai, and the name of Nahor's
wife was Milkah; she was the daughter of Haran,
30 the father of both Milkah and Iskah. ●Now Sarai
was childless because she was not able to conceive.
31 ●Terah took his son Abram, his grandson Lot
son of Haran, and his daughter-in-law Sarai, the
wife of his son Abram, and together they set out
from Ur of the Chaldeans to go to Canaan. But
when they came to Harran, they settled there.
32 ●Terah lived 205 years, and he died in Harran.

The Call of Abram

12 The LORD had said to Abram, "Go from your
country, your people and your father's
household to the land I will show you.

2 ●"I will make you into a great nation,
and I will bless you;
I will make your name great,
and you will be a blessing.[a]

[a]2 Or *be seen as blessed* 1) 히, 그의 출생지

alive [əláiv] *a.* 살아있는
become [bikʌ́m] *vi.* …이 되다
birth [bəːrθ] *n.* 탄생
blessing [blésiŋ] *n.* 축복
both [bouθ] *ad.* 양쪽 다
conceive [kənsíːv] *vi.* 임신하다
country [kʌ́ntri] *n.* 고향, 향토
daughter-in-law [dɔ́ːtərinlɔː] *n.* 며느리
grandson [grǽndsʌn] *n.* 손자
great [greit] *a.* 큰
household [háushòuld] *n.* 가구(세대)
live [laiv] *a.* 살아있는
marry [mǽri] *vt.* 결혼하다
show [ʃou] *vt.* 보여 주다
while [hwáil] *n.* 동안

11:27 family line: 혈통
11:29 both A and B: A와 B 둘 다
11:30 be able to: 할 수 있다
11:31 set out: 출발하다
11:31 from A to B: A에서 B까지
12:2 make A into B: A를 B로 만들다

고 롯도 그와 함께 갔으며 아브람이 하란을
떠날 때에 칠십오 세였더라
5 아브람이 그의 아내 사래와 조카 롯과 하란
에서 모은 모든 소유와 얻은 사람들을 이끌
고 가나안 땅으로 가려고 떠나서 마침내 가
나안 땅에 들어갔더라
6 아브람이 그 땅을 지나 세겜 땅 모레 상수리
나무에 이르니 그때에 가나안 사람이 그 땅
에 거주하였더라
7 여호와께서 아브람에게 나타나 이르시되 내
가 이 땅을 네 자손에게 주리라 하신지라 자
기에게 나타나신 여호와께 그가 그곳에서 제
단을 쌓고
8 거기서 벧엘 동쪽 산으로 옮겨 장막을 치니
서쪽은 벧엘이요 동쪽은 아이라 그가 그곳에
서 여호와께 제단을 쌓고 여호와의 이름을
부르더니
9 점점 남방으로 옮겨갔더라

아브람이 애굽으로 내려가다

10 ●그 땅에 기근이 들었으므로 아브람이 애굽
에 거류하려고 그리로 내려갔으니 이는 그
땅에 기근이 심하였음이라
11 그가 애굽에 가까이 이르렀을 때에 그의 아
내 사래에게 말하되 내가 알기에 그대는 아
리따운 여인이라
12 애굽 사람이 그대를 볼 때에 이르기를 이는 그
의 아내라 하여 나는 죽이고 그대는 살리리니
13 원하건대 그대는 나의 누이라 하라 그러면
내가 그대로 말미암아 안전하고 내 목숨이
그대로 말미암아 보존되리라 하니라
14 아브람이 애굽에 이르렀을 때에 애굽 사람들
이 그 여인이 심히 아리따움을 보았고
15 바로의 고관들도 그를 보고 바로 앞에서 칭
찬하므로 그 여인을 바로의 궁으로 이끌어들
인지라
16 이에 바로가 그로 말미암아 아브람을 후대하
므로 아브람이 양과 소와 노비와 암수 나귀
와 낙타를 얻었더라
17 여호와께서 아브람의 아내 사래의 일로 바로
와 그 집에 큰 재앙을 내리신지라 대상 16:21
18 바로가 아브람을 불러서 이르되 네가 어찌하
여 나에게 이렇게 행하였느냐 네가 어찌하여
그를 네 아내라고 내게 말하지 아니하였느냐
19 네가 어찌 그를 누이라 하여 내가 그를 데려
다가 아내를 삼게 하였느냐 네 아내가 여기
있으니 이제 데려가라 하고
20 바로가 사람들에게 그의 일을 명하매 그들이

3 ●I will bless those who bless you,
and whoever curses you I will curse;
and all peoples on earth
will be blessed through you."[a]
4 ●So Abram went, as the LORD had told him;
and Lot went with him. Abram was seventy
-five years old when he set out from Harran.
5 ●He took his wife Sarai, his nephew Lot, all
the possessions they had accumulated and
the people they had acquired in Harran, and
they set out for the land of Canaan, and they
arrived there.
6 ●Abram traveled through the land as far as
the site of the great tree of Moreh at Shec-
hem. At that time the Canaanites were in the
7 land. ●The LORD appeared to Abram and said,
"To your offspring[b] I will give this land." So
he built an altar there to the LORD, who had
appeared to him.
8 ●From there he went on toward the hills
east of Bethel and pitched his tent, with Bethel
on the west and Ai on the east. There he built
an altar to the LORD and called on the name of
the LORD.
9 ●Then Abram set out and continued to-
ward the Negev.

Abram in Egypt

10 ●Now there was a famine in the land, and
Abram went down to Egypt to live there for a
11 while because the famine was severe. ●As he
was about to enter Egypt, he said to his wife
Sarai, "I know what a beautiful woman you
12 are. ●When the Egyptians see you, they will
say, 'This is his wife.' Then they will kill me
13 but will let you live. ●Say you are my sister, so
that I will be treated well for your sake and my
life will be spared because of you."
14 ●When Abram came to Egypt, the Egyp-
tians saw that Sarai was a very beautiful wo-
15 man. ●And when Pharaoh's officials saw
her, they praised her to Pharaoh, and she was
16 taken into his palace. ●He treated Abram well
for her sake, and Abram acquired sheep and
cattle, male and female donkeys, male and
female servants, and camels.
17 ●But the LORD inflicted serious diseases on
Pharaoh and his household because of
18 Abram's wife Sarai. ●So Pharaoh summoned
Abram. "What have you done to me?" he said.
"Why didn't you tell me she was your wife?
19 ●Why did you say, 'She is my sister,' so that I
took her to be my wife? Now then, here is your

[a]3 Or *earth / will use your name in blessings* (see 48:20) [b]7 Or *seed*

accumulate [əkjúːmjuleit] *vt.* 모으다
acquire [əkwáiər] *vt.* 얻다
altar [ɔ́ːltər] *n.* 제단
cattle [kǽtl] *n.* 소
famine [fǽmin] *n.* 기근
inflict [inflíkt] *vt.* (벌 등을) 주다
official [əfíʃəl] *n.* 관리
offspring [ɔ́ːfspriŋ] *n.* 자손
pitch [pitʃ] *vt.* (천막을) 치다
possession [pəzéʃən] *n.* 소유
praise [preiz] *vt.* 칭찬하다
severe [sivíər] *a.* 심한
spare [spεər] *vt.* 목숨을 살려 주다
summon [sʌ́mən] *vt.* 소환하다
treat [triːt] *vt.* 대접하다

12:6 at that time: 그때에
12:8 from there: 거기서부터
12:8 call on...: …을 부르다
12:10 for a while: 잠시 동안
12:11 be about to...: 막 …하려고 하다
12:13 for one's sake: …의 이름 때문에

그와 함께 그의 아내와 그의 모든 소유를 보
내었더라
잠 21:1

아브람과 롯이 서로 떠나다

13 아브람이 애굽에서 그와 그의 아내와 모
든 소유와 롯과 함께 네게브로 올라가니
2 아브람에게 가축과 은과 금이 풍부하였더라
3 그가 네게브에서부터 길을 떠나 벧엘에 이르
며 벧엘과 아이 사이 곧 전에 장막 쳤던 곳에
이르니
4 그가 처음으로 제단을 쌓은 곳이라 그가 거
기서 여호와의 이름을 불렀더라
5 아브람의 일행 롯도 양과 소와 장막이 있으
므로
12:4,5
6 그 땅이 그들이 동거하기에 넉넉하지 못하였
으니 이는 그들의 소유가 많아서 동거할 수
없었음이니라
7 그러므로 아브람의 가축의 목자와 롯의 가축
의 목자가 서로 다투고 또 가나안 사람과 브
리스 사람도 그 땅에 거주하였는지라
8 아브람이 롯에게 이르되 우리는 한 [1]친족이
라 나나 너나 내 목자나 네 목자나 서로 다투
게 하지 말자
9 네 앞에 온 땅이 있지 아니하냐 나를 떠나가
라 네가 좌하면 나는 우하고 네가 우하면 나
는 좌하리라
10 이에 롯이 눈을 들어 요단 지역을 바라본즉
소알까지 온 땅에 물이 넉넉하니 여호와께서
소돔과 고모라를 멸하시기 전이었으므로 여
호와의 동산 같고 애굽 땅과 같았더라
11 그러므로 롯이 요단 온 지역을 택하고 동으
로 옮기니 그들이 서로 떠난지라
12 아브람은 가나안 땅에 거주하였고 롯은 그
지역의 도시들에 머무르며 그 장막을 옮겨
소돔까지 이르렀더라
13 소돔 사람은 여호와 앞에 악하며 큰 죄인이
었더라
벧후 2:7,8

아브람이 헤브론으로 옮기다

14 ●롯이 아브람을 떠난 후에 여호와께서 아브
람에게 이르시되 너는 눈을 들어 너 있는 곳
에서 북쪽과 남쪽 그리고 동쪽과 서쪽을 바
라보라
15 보이는 땅을 내가 너와 네 자손에게 주리니
영원히 이르리라
16 내가 네 자손이 땅의 티끌 같게 하리니 사람
이 땅의 티끌을 능히 셀 수 있을진대 네 자손
도 세리라
17 너는 일어나 그 땅을 종과 횡으로 두루 다녀

20 wife. Take her and go!" •Then Pharaoh gave
orders about Abram to his men, and they sent
him on his way, with his wife and everything
he had.

Abram and Lot Separate

13 So Abram went up from Egypt to the
Negev, with his wife and everything
2 he had, and Lot went with him. •Abram had
become very wealthy in livestock and in silver
and gold.
3 •From the Negev he went from place to
place until he came to Bethel, to the place
between Bethel and Ai where his tent had been
4 earlier •and where he had first built an altar.
There Abram called on the name of the LORD.
5 •Now Lot, who was moving about with
Abram, also had flocks and herds and tents.
6 •But the land could not support them while
they stayed together, for their possessions were
so great that they were not able to stay togeth-
7 er. •And quarreling arose between Abram's
herders and Lot's. The Canaanites and Per-
izzites were also living in the land at that time.
8 •So Abram said to Lot, "Let's not have any
quarreling between you and me, or between
your herders and mine, for we are close rela-
9 tives. •Is not the whole land before you? Let's
part company. If you go to the left, I'll go to the
right; if you go to the right, I'll go to the left."
10 •Lot looked around and saw that the whole
plain of the Jordan toward Zoar was well
watered, like the garden of the LORD, like the
land of Egypt. (This was before the LORD des-
11 troyed Sodom and Gomorrah.) •So Lot chose
for himself the whole plain of the Jordan
and set out toward the east. The two men
12 parted company: •Abram lived in the land of
Canaan, while Lot lived among the cities of
the plain and pitched his tents near Sodom.
13 •Now the people of Sodom were wicked and
were sinning greatly against the LORD.
14 •The LORD said to Abram after Lot had part-
ed from him, "Look around from where you
are, to the north and south, to the east and
15 west. •All the land that you see I will give to
16 you and your offspring[a] forever. •I will make
your offspring like the dust of the earth, so that
if anyone could count the dust, then your off-
17 spring could be counted. •Go, walk through
the length and breadth of the land, for I am
giving it to you."

[a]15 Or *seed;* also in verse 16 1) 히, 형제들

arise [əráiz] *vi.* 일어나다
breadth [brédθ] *n.* 폭
company [kʌ́mpəni] *n.* 교제
destroy [distrɔ́i] *vt.* 멸하다
herder [hə́:rdər] *n.* 목자
length [leŋkθ] *n.* 길이
livestock [láivstɑk] *n.* 가축
part [pá:rt] *vi.* 갈라지다
pitch [pítʃ] *vt.* (천막을) 치다
plain [pléin] *n.* 들
quarreling [kwɔ́:rəliŋ] *n.* 싸움
relative [rélətiv] *n.* 친척
support [səpɔ́:rt] *vt.* 지원하다
wealthy [wélθi] *a.* 풍부한
wicked [wíkid] *a.* 사악한

13:5 **flocks and herds**: 양 떼와 소 떼
13:6 **be able to**: 할 수 있다
13:11 **set out**: 떠나다
13:14 **part from**: 헤어지다
13:14 **look around**: 주위를 살펴보다
13:17 **give A to B**: A를 B에게 주다

보라 내가 그것을 네게 주리라
18 이에 아브람이 장막을 옮겨 헤브론에 있는 마므레 상수리 수풀에 이르러 거주하며 거기서 여호와를 위하여 제단을 쌓았더라

아브람이 롯을 구하다

14 당시에 시날 왕 아므라벨과 엘라살 왕 아리옥과 엘람 왕 그돌라오멜과 고임 왕 디달이
2 소돔 왕 베라와 고모라 왕 비르사와 아드마 왕 시납과 스보임 왕 세메벨과 벨라 곧 소알 왕과 싸우니라
3 이들이 다 싯딤 골짜기 곧 지금의 염해에 모였더라
4 이들이 십이 년 동안 그돌라오멜을 섬기다가 제십삼 년에 배반한지라
5 제십사 년에 그돌라오멜과 그와 함께한 왕들이 나와서 아스드롯 가르나임에서 르바 족속을, 함에서 수스 족속을, [1]사웨 기랴다임에서 엠 족속을 치고
6 호리 족속을 그 산 세일에서 쳐서 광야 근방 엘바란까지 이르렀으며
7 그들이 돌이켜 엔미스밧 곧 가데스에 이르러 아말렉 족속의 온 땅과 하사손다말에 사는 아모리 족속을 친지라
8 소돔 왕과 고모라 왕과 아드마 왕과 스보임 왕과 벨라 곧 소알 왕이 나와서 싯딤 골짜기에서 그들과 전쟁을 하기 위하여 진을 쳤더니
9 엘람 왕 그돌라오멜과 고임 왕 디달과 시날 왕 아므라벨과 엘라살 왕 아리옥 네 왕이 곧 그 다섯 왕과 맞서니라
10 싯딤 골짜기에는 역청 구덩이가 많은지라 소돔 왕과 고모라 왕이 달아날 때에 그들이 거기 빠지고 그 나머지는 산으로 도망하매
11 네 왕이 소돔과 고모라의 모든 재물과 양식을 빼앗아 가고
12 소돔에 거주하는 아브람의 조카 롯도 사로잡고 그 재물까지 노략하여 갔더라
13 •도망한 자가 와서 히브리 사람 아브람에게 알리니 그때에 아브람이 아모리 족속 마므레의 상수리 수풀 근처에 거주하였더라 마므레는 에스골의 형제요 또 아넬의 형제라 이들은 아브람과 동맹한 사람들이더라
14 아브람이 그의 조카가 사로잡혔음을 듣고 집에서 길리고 훈련된 자 삼백십팔 명을 거느리고 단까지 쫓아가서
15 그와 그의 가신들이 나뉘어 밤에 그들을 쳐부수고 다메섹 왼편 호바까지 쫓아가

[1] 신 2:20

18 •So Abram went to live near the great trees
of Mamre at Hebron, where he pitched his
tents. There he built an altar to the LORD.

Abram Rescues Lot

14 At the time when Amraphel was king
of Shinar,[a] Arioch king of Ellasar,
Kedorlaomer king of Elam and Tidal king of
2 Goyim, •these kings went to war against Bera
king of Sodom, Birsha king of Gomorrah,
Shinab king of Admah, Shemeber king of
Zeboyim, and the king of Bela (that is, Zoar).
3 •All these latter kings joined forces in the Val-
4 ley of Siddim (that is, the Dead Sea Valley). •For
twelve years they had been subject to Kedor-
laomer, but in the thirteenth year they rebelled.
5 •In the fourteenth year, Kedorlaomer and
the kings allied with him went out and de-
feated the Rephaites in Ashteroth Karnaim,
the Zuzites in Ham, the Emites in Shaveh Kiri-
6 athaim •and the Horites in the hill country of
7 Seir, as far as El Paran near the desert. •Then
they turned back and went to En Mishpat (that
is, Kadesh), and they conquered the whole terri-
tory of the Amalekites, as well as the Amorites
who were living in Hazezon Tamar.
8 •Then the king of Sodom, the king of
Gomorrah, the king of Admah, the king of
Zeboyim and the king of Bela (that is, Zoar)
marched out and drew up their battle lines in
9 the Valley of Siddim •against Kedorlaomer
king of Elam, Tidal king of Goyim, Amraphel
king of Shinar and Arioch king of Ellasar—
10 four kings against five. •Now the Valley of
Siddim was full of tar pits, and when the kings
of Sodom and Gomorrah fled, some of the
men fell into them and the rest fled to the hills.
11 •The four kings seized all the goods of So-
dom and Gomorrah and all their food; then
12 they went away. •They also carried off Ab-
ram's nephew Lot and his possessions, since
he was living in Sodom.
13 •A man who had escaped came and report-
ed this to Abram the Hebrew. Now Abram was
living near the great trees of Mamre the Amor-
ite, a brother[b] of Eshkol and Aner, all of whom
14 were allied with Abram. •When Abram heard
that his relative had been taken captive, he
called out the 318 trained men born in his
household and went in pursuit as far as Dan.
15 •During the night Abram divided his men to

[a] 1 That is, Babylonia; also in verse 9 [b] 13 Or *a relative*; or *an ally* 1) 평지

ally [əlái] *vi.* 동맹하다
battle [bǽtl] *n.* 전투
captive [kǽptiv] *a.* 사로잡힌
conquer [káŋkər] *vt.* 정복하다
flee [fliː] *vi.* 달아나다
force [fɔːrs] *n.* 군대
goods [gudz] *n.* 재산
latter [lǽtər] *a.* 후반의
pit [pit] *n.* 구덩이
possession [pəzéʃən] *n.* 소유
pursuit [pərsúːt] *n.* 추격
rebel [ribél] *vi.* 모반[반역]하다
relative [rélətiv] *n.* 친척
rescue [réskjuː] *vt.* 구조하다
seize [siːz] *vt.* 빼앗다

14:4 **be subject to...**: …의 지배를 받다
14:5 **defeat... in~**: ~에서 …를 패배시키다
14:7 **as well as**: …와 같이
14:8 **draw up one's battle lines**: 전선을 정렬시키다
14:14 **take captive**: 포로로 하다

16 모든 빼앗겼던 재물과 자기의 조카 롯과 그의 재물과 또 부녀와 친척을 다 찾아왔더라

멜기세덱이 아브람에게 축복하다

17 ●아브람이 그돌라오멜과 그와 함께한 왕들을 쳐부수고 돌아올 때에 소돔 왕이 사웨 골짜기 곧 왕의 골짜기로 나와 그를 영접하였고

18 살렘 왕 멜기세덱이 떡과 포도주를 가지고 나왔으니 그는 지극히 높으신 하나님의 제사장이었더라

19 그가 아브람에게 축복하여 이르되 천지의 주재이시요 지극히 높으신 하나님이여 아브람에게 복을 주옵소서

20 너희 대적을 네 손에 붙이신 지극히 높으신 하나님을 찬송할지로다 하매 아브람이 그 얻은 것에서 십 분의 일을 멜기세덱에게 주었더라

21 소돔 왕이 아브람에게 이르되 사람은 내게 보내고 물품은 네가 가지라

22 아브람이 소돔 왕에게 이르되 천지의 주재이시요 지극히 높으신 하나님 여호와께 내가 손을 들어 맹세하노니

23 네 말이 내가 아브람으로 치부하게 하였다 할까 하여 네게 속한 것은 실 한 오라기나 들메끈 한 가닥도 내가 가지지 아니하리라

24 오직 젊은이들이 먹은 것과 나와 동행한 아넬과 에스골과 마므레의 분깃을 제할지니 그들이 그 분깃을 가질 것이니라

여호와께서 아브람과 언약을 세우시다

15 이후에 여호와의 말씀이 환상 중에 아브람에게 임하여 이르시되 아브람아 두려워하지 말라 나는 네 방패요 너의 지극히 큰 상급이니라

2 아브람이 이르되 주 여호와여 무엇을 내게 주시려 하나이까 나는 자식이 없사오니 나의 상속자는 이 다메섹 사람 엘리에셀이니이다

3 아브람이 또 이르되 주께서 내게 씨를 주지 아니하셨으니 내 집에서 길린 자가 내 상속자가 될 것이니이다

4 여호와의 말씀이 그에게 임하여 이르시되 그 사람이 네 상속자가 아니라 네 몸에서 날 자가 네 상속자가 되리라 하시고 갈 4:28

5 그를 이끌고 밖으로 나가 이르시되 하늘을 우러러 뭇별을 셀 수 있나 보라 또 그에게 이르시되 네 자손이 이와 같으리라

6 아브람이 여호와를 믿으니 여호와께서 이를 그의 의로 여기시고

attack them and he routed them, pursuing
them as far as Hobah, north of Damascus.
16 ●He recovered all the goods and brought back
his relative Lot and his possessions, together
with the women and the other people.
17 ●After Abram returned from defeating
Kedorlaomer and the kings allied with him,
the king of Sodom came out to meet him in
the Valley of Shaveh (that is, the King's Valley).
18 ●Then Melchizedek king of Salem brought
out bread and wine. He was priest of God Most
19 High, ●and he blessed Abram, saying,

"Blessed be Abram by God Most High,
Creator of heaven and earth.
20 ●And praise be to God Most High,
who delivered your enemies into your
hand."

Then Abram gave him a tenth of everything.
21 ●The king of Sodom said to Abram, "Give
me the people and keep the goods for yourself."
22 ●But Abram said to the king of Sodom,
"With raised hand I have sworn an oath to the
LORD, God Most High, Creator of heaven and
23 earth, ●that I will accept nothing belonging to
you, not even a thread or the strap of a sandal,
so that you will never be able to say, 'I made
24 Abram rich.' ●I will accept nothing but what
my men have eaten and the share that belongs
to the men who went with me—to Aner,
Eshkol and Mamre. Let them have their share."

The LORD's Covenant With Abram

15 After this, the word of the LORD came
to Abram in a vision:
"Do not be afraid, Abram.
I am your shield,[a]
your very great reward.[b]"
2 ●But Abram said, "Sovereign LORD, what
can you give me since I remain childless and
the one who will inherit[c] my estate is Eliez-
3 er of Damascus?" ●And Abram said, "You
have given me no children; so a servant in my
household will be my heir."
4 ●Then the word of the LORD came to him:
"This man will not be your heir, but a son who
is your own flesh and blood will be your heir."
5 ●He took him outside and said, "Look up at
the sky and count the stars—if indeed you can
count them." Then he said to him, "So shall
your offspring[d] be."

[a]1 Or *sovereign* [b]1 Or *shield; / your reward will be very great* [c]2 The meaning of the Hebrew for this phrase is uncertain. [d]5 Or *seed*

accept [æksépt] *vt.* 받다
creator [kriéitər] *n.* 창조주
defeat [difíːt] *vt.* 쳐부수다
estate [istéit] *n.* 재산
heir [ɛər] *n.* 상속인
indeed [indíːd] *ad.* 진실로
inherit [inhérit] *vt.* 상속하다
offspring [ɔ́ːfspriŋ] *n.* 자손
recover [rikʌ́vər] *vt.* 되찾다
reward [riwɔ́ːrd] *n.* 보답
route [ruːt] *vt.* (어떤 길로) 보내다
shield [ʃiːld] *n.* 방패
sovereign [sávərin] *a.* 주권을 가진
strap [stræp] *n.* 가죽 끈
thread [θred] *n.* 실

14:16 **bring back**: 데리고 돌아오다
14:22 **swear an oath**: 맹세하다
14:23 **belong to...**: …에 속하다
14:23 **so that...**: …하기 위하여
14:23 **be able to**: 할 수 있다
15:4 **will be...**: …할 것이다

7 또 그에게 이르시되 나는 이 땅을 네게 주어
소유를 삼게 하려고 너를 갈대아인의 우르에
서 이끌어낸 여호와니라
8 그가 이르되 주 여호와여 내가 이 땅을 소유
로 받을 것을 무엇으로 알리이까
9 여호와께서 그에게 이르시되 나를 위하여 삼
년 된 암소와 삼 년 된 암염소와 삼 년 된 숫양
과 산비둘기와 집비둘기 새끼를 가져올지니라
10 아브람이 그 모든 것을 가져다가 그 중간을
쪼개고 그 쪼갠 것을 마주 대하여 놓고 그 새
는 쪼개지 아니하였으며
11 솔개가 그 사체 위에 내릴 때에는 아브람이
쫓았더라
12 ●해 질 때에 아브람에게 깊은 잠이 임하고
큰 흑암과 두려움이 그에게 임하였더니 2:21
13 여호와께서 아브람에게 이르시되 너는 반드
시 알라 네 자손이 이방에서 객이 되어 그들
을 섬기겠고 그들은 사백 년 동안 네 자손을
괴롭히리니
14 그들이 섬기는 나라를 내가 징벌할지며 그
후에 네 자손이 큰 재물을 이끌고 나오리라
15 너는 장수하다가 평안히 조상에게로 돌아가
장사될 것이요
16 네 자손은 사대 만에 이 땅으로 돌아오리니
이는 아모리 족속의 죄악이 아직 가득 차지
아니함이니라 하시더니
17 해가 져서 어두울 때에 연기 나는 화로가 보
이며 타는 횃불이 쪼갠 고기 사이로 지나더라
18 그날에 여호와께서 아브람과 더불어 언약을
세워 이르시되 내가 이 땅을 애굽 강에서부터
그 큰 강 유브라데까지 네 자손에게 주노니
19 곧 겐 족속과 그니스 족속과 갓몬 족속과
20 헷 족속과 브리스 족속과 르바 족속과
21 아모리 족속과 가나안 족속과 기르가스 족속
과 여부스 족속의 땅이니라 하셨더라

하갈과 이스마엘

16 아브람의 아내 사래는 출산하지 못하였
고 그에게 한 여종이 있으니 애굽 사람
이요 이름은 하갈이라
2 사래가 아브람에게 이르되 여호와께서 내 출
산을 허락하지 아니하셨으니 원하건대 내 여
종에게 들어가라 내가 혹 그로 말미암아 자
녀를 얻을까 하노라 하매 아브람이 사래의
말을 들으니라
3 아브람의 아내 사래가 그 여종 애굽 사람 하
갈을 데려다가 그 남편 아브람에게 [1]첩으로
준 때는 아브람이 가나안 땅에 거주한 지 십

6 ●Abram believed the LORD, and he credited
it to him as righteousness.
7 ●He also said to him, "I am the LORD, who
brought you out of Ur of the Chaldeans to
give you this land to take possession of it."
8 ●But Abram said, "Sovereign LORD, how
can I know that I will gain possession of it?"
9 ●So the LORD said to him, "Bring me a
heifer, a goat and a ram, each three years old,
along with a dove and a young pigeon."
10 ●Abram brought all these to him, cut them
in two and arranged the halves opposite each
other; the birds, however, he did not cut in
11 half. ●Then birds of prey came down on the
carcasses, but Abram drove them away.
12 ●As the sun was setting, Abram fell into a
deep sleep, and a thick and dreadful dark-
13 ness came over him. ●Then the LORD said to
him, "Know for certain that for four hundred
years your descendants will be strangers in a
country not their own and that they will be
14 enslaved and mistreated there. ●But I will pun-
ish the nation they serve as slaves, and after-
ward they will come out with great posses-
15 sions. ●You, however, will go to your ances-
tors in peace and be buried at a good old age.
16 ●In the fourth generation your descendants
will come back here, for the sin of the Amor-
ites has not yet reached its full measure."
17 ●When the sun had set and darkness had
fallen, a smoking firepot with a blazing torch
appeared and passed between the pieces.
18 ●On that day the LORD made a covenant with
Abram and said, "To your descendants I give
this land, from the wadi[a] of Egypt to the great
19 river, the Euphrates— ●the land of the Ken-
20 ites, Kenizzites, Kadmonites, ●Hittites, Per-
21 izzites, Rephaites, ●Amorites, Canaanites, Gir-
gashites and Jebusites."

Hagar and Ishmael

16 Now Sarai, Abram's wife, had borne
him no children. But she had an Egypt-
2 ian slave named Hagar; ●so she said to Abram,
"The LORD has kept me from having children.
Go, sleep with my slave; perhaps I can build a
family through her."
3 Abram agreed to what Sarai said. ●So after
Abram had been living in Canaan ten years,
Sarai his wife took her Egyptian slave Hagar
and gave her to her husband to be his wife.
4 ●He slept with Hagar, and she conceived.

[a]18 Or *river* 1) 히, 아내

arrange [əréindʒ] *vt.* 배열하다	**dreadful** [drédfəl] *a.* 무서운	**pigeon** [pídʒən] *n.* 비둘기
blazing [bléiziŋ] *a.* 불타는	**enslave** [insléiv] *vt.* 노예로 만들다	**prey** [prei] *n.* 먹이
carcass [ká:rkəs] *n.* 사체	**firepot** [fáiərpàt] *n.* 화실(火室)	**ram** [ræm] *n.* 숫양
conceive [kənsí:v] *vi.* 임신하다	**measure** [méʒər] *n.* 한계, 척도	**righteousness** [ráitʃəsnis] *n.* 정의
descendant [diséndənt] *n.* 자손	**opposite** [ápəzit] *a.* 반대편의	**torch** [tɔ:rtʃ] *n.* 횃불

15:6 credit A to B: A를 B에게 돌리다 에 넣다
15:7 take possession of: ~을 손아귀
15:11 drive... away: …를 쫓아버리다
15:12 fall into...: …에 빠지다
15:13 for certain: 분명히

년 후였더라
4 아브람이 하갈과 동침하였더니 하갈이 임신
하매 그가 자기의 임신함을 알고 그의 여주
인을 멸시한지라
5 사래가 아브람에게 이르되 내가 받는 모욕은
당신이 받아야 옳도다 내가 나의 여종을 당
신의 품에 두었거늘 그가 자기의 임신함을
알고 나를 멸시하니 당신과 나 사이에 여호
와께서 판단하시기를 원하노라 31:53
6 아브람이 사래에게 이르되 당신의 여종은 당
신의 수중에 있으니 당신의 눈에 좋을 대로
그에게 행하라 하매 사래가 하갈을 학대하였
더니 하갈이 사래 앞에서 도망하였더라
7 여호와의 사자가 광야의 샘물 곁 곧 술 길 샘
곁에서 그를 만나
8 이르되 사래의 여종 하갈아 네가 어디서 왔
으며 어디로 가느냐 그가 이르되 나는 내 여
주인 사래를 피하여 도망하나이다
9 여호와의 사자가 그에게 이르되 네 여주인에
게로 돌아가서 그 수하에 복종하라
10 여호와의 사자가 또 그에게 이르되 내가 네
씨를 크게 번성하여 그 수가 많아 셀 수 없게
하리라 17:20
11 여호와의 사자가 또 그에게 이르되 네가 임
신하였은즉 아들을 낳으리니 그 이름을 1)이
스마엘이라 하라 이는 여호와께서 네 고통을
들으셨음이니라
12 그가 사람 중에 들나귀같이 되리니 그의 손
이 모든 사람을 치겠고 모든 사람의 손이 그
를 칠지며 그가 모든 형제와 대항해서 살리
라 하니라
13 하갈이 자기에게 이르신 여호와의 이름을 나
를 살피시는 하나님이라 하였으니 이는 내가
어떻게 여기서 나를 살피시는 하나님을 뵈었
는고 함이라
14 이러므로 그 샘을 2)브엘라해로이라 불렀으
며 그것은 가데스와 베렛 사이에 있더라
15 •하갈이 아브람의 아들을 낳으매 아브람이
하갈이 낳은 그 아들을 이름하여 이스마엘이
라 하였더라
16 하갈이 아브람에게 이스마엘을 낳았을 때에
아브람이 팔십육 세였더라

할례 : 언약의 표징

17 아브람이 구십구 세 때에 여호와께서 아
브람에게 나타나서 그에게 이르시되 나
는 전능한 하나님이라 너는 내 앞에서 행하
여 완전하라

When she knew she was pregnant, she
5 began to despise her mistress. •Then Sarai said
to Abram, "You are responsible for the wrong I
am suffering. I put my slave in your arms, and
now that she knows she is pregnant, she despis-
es me. May the LORD judge between you and
me."
6 •"Your slave is in your hands," Abram said.
"Do with her whatever you think best." Then
Sarai mistreated Hagar; so she fled from her.
7 •The angel of the LORD found Hagar near a
spring in the desert; it was the spring that is
8 beside the road to Shur. •And he said, "Hagar,
slave of Sarai, where have you come from, and
where are you going?"
"I'm running away from my mistress Sarai,"
she answered.
9 •Then the angel of the LORD told her, "Go
10 back to your mistress and submit to her." •The
angel added, "I will increase your descendants
so much that they will be too numerous to
count."
11 •The angel of the LORD also said to her:

"You are now pregnant
and you will give birth to a son.
You shall name him Ishmael,[a]
for the LORD has heard of your misery.
12 •He will be a wild donkey of a man;
his hand will be against everyone
and everyone's hand against him,
and he will live in hostility
toward[b] all his brothers."

13 •She gave this name to the LORD who spoke
to her: "You are the God who sees me," for she
said, "I have now seen[c] the One who sees me."
14 •That is why the well was called Beer Lahai
Roi[d]; it is still there, between Kadesh and Bered.
15 •So Hagar bore Abram a son, and Abram
gave the name Ishmael to the son she had
16 borne. •Abram was eighty-six years old when
Hagar bore him Ishmael.

The Covenant of Circumcision

17 When Abram was ninety-nine years
old, the LORD appeared to him and
said, "I am God Almighty[e]; walk before me
2 faithfully and be blameless. •Then I will make
my covenant between me and you and will

[a]11 *Ishmael* means *God hears.* [b]12 *Or live to the east / of* [c]13 *Or seen the back of* [d]14 *Beer Lahai Roi* means *well of the Living One who sees me.* [e]1 Hebrew *El-Shaddai* 1) 하나님이 들으심 2) 나를 살피시는 살아 계신 이의 우물이라

add [æd] *vt.* 보태다
almighty [ɔːlmáiti] *a.* 전능한
appear [əpíər] *vi.* 나타나다
blameless [bléimlis] *a.* 흠없는
despise [dispáiz] *vt.* 경멸하다
donkey [dáŋki] *n.* 들 나귀
hostility [hɑstíləti] *n.* 적의
increase [inkríːs] *vi.* 증가하다
misery [mízəri] *n.* 고통
mistreat [mìstríːt] *vt.* 학대하다
mistress [místris] *n.* 여주인
numerous [njúːmərəs] *a.* 매우 많은
pregnant [prégnənt] *a.* 잉태한
submit [səbmít] *vi.* 복종하다
well [wel] *n.* 우물

16:5 be responsible for...: …에 책임이 있다
16:6 do with...: …을 처리하다
16:8 run away from...: …로부터 도망하다
16:11 hear of: ~에 대해 듣다

2 내가 내 언약을 나와 너 사이에 두어 너를 크
게 번성하게 하리라 하시니
3 아브람이 엎드렸더니 하나님이 또 그에게 말
씀하여 이르시되
4 보라 내 언약이 너와 함께 있으니 너는 여러
민족의 아버지가 될지라
5 이제 후로는 네 이름을 아브람이라 하지 아니
하고 [1]아브라함이라 하리니 이는 내가 너를
여러 민족의 아버지가 되게 함이니라
6 내가 너로 심히 번성하게 하리니 내가 네게서
민족들이 나게 하며 왕들이 네게로부터 나오
리라
7 내가 내 언약을 나와 너 및 네 대대 후손 사이
에 세워서 영원한 언약을 삼고 너와 네 후손
의 하나님이 되리라
8 내가 너와 네 후손에게 네가 거류하는 이 땅
곧 가나안 온 땅을 주어 영원한 기업이 되게
하고 나는 그들의 하나님이 되리라
9 ● 하나님이 또 아브라함에게 이르시되 그런즉
너는 내 언약을 지키고 네 후손도 대대로 지키라
10 너희 중 남자는 다 할례를 받으라 이것이 나와
너희와 너희 후손 사이에 지킬 내 언약이니라
11 너희는 포피를 베어라 이것이 나와 너희 사이
의 언약의 표징이니라
12 너희의 대대로 모든 남자는 집에서 난 자나
또는 너희 자손이 아니라 이방 사람에게서 돈
으로 산 자를 막론하고 난 지 팔 일 만에 할례
를 받을 것이라
13 너희 집에서 난 자든지 너희 돈으로 산 자든
지 할례를 받아야 하리니 이에 내 언약이 너
희 살에 있어 영원한 언약이 되려니와
14 할례를 받지 아니한 남자 곧 그 포피를 베지
아니한 자는 백성 중에서 끊어지리니 그가 내
언약을 배반하였음이니라
15 ● 하나님이 또 아브라함에게 이르시되 네 아내
사래는 이름을 사래라 하지 말고 [2]사라라 하라
16 내가 그에게 복을 주어 그가 네게 아들을 낳
아 주게 하며 내가 그에게 복을 주어 그를 여
러 민족의 어머니가 되게 하리니 민족의 여러
왕이 그에게서 나리라
17 아브라함이 엎드려 웃으며 마음속으로 이르
되 백세 된 사람이 어찌 자식을 낳을까 사라
는 구십 세니 어찌 출산하리요 하고
18 아브라함이 이에 하나님께 아뢰되 이스마엘
이나 하나님 앞에 살기를 원하나이다
19 하나님이 이르시되 아니라 네 아내 사라가 네
게 아들을 낳으리니 너는 그 이름을 [3]이삭이

greatly increase your numbers."
3 ●Abram fell facedown, and God said to
4 him, ●"As for me, this is my covenant with
you: You will be the father of many nations.
5 ●No longer will you be called Abram[a]; your
name will be Abraham,[b] for I have made you
6 a father of many nations. ●I will make you
very fruitful; I will make nations of you, and
7 kings will come from you. ●I will establish my
covenant as an everlasting covenant between
me and you and your descendants after you for
the generations to come, to be your God and the
8 God of your descendants after you. ●The whole
land of Canaan, where you now reside as a for-
eigner, I will give as an everlasting possession to
you and your descendants after you; and I will
be their God."
9 ●Then God said to Abraham, "As for you,
you must keep my covenant, you and your
descendants after you for the generations to
10 come. ●This is my covenant with you and
your descendants after you, the covenant you
are to keep: Every male among you shall be
11 circumcised. ●You are to undergo circumci-
sion, and it will be the sign of the covenant
12 between me and you. ●For the generations to
come every male among you who is eight
days old must be circumcised, including
those born in your household or bought with
money from a foreigner—those who are not
13 your offspring. ●Whether born in your house-
hold or bought with your money, they must
be circumcised. My covenant in your flesh is
14 to be an everlasting covenant. ●Any uncir-
cumcised male, who has not been circum-
cised in the flesh, will be cut off from his peo-
ple; he has broken my covenant."
15 ●God also said to Abraham, "As for Sarai
your wife, you are no longer to call her Sarai;
16 her name will be Sarah. ●I will bless her and
will surely give you a son by her. I will bless
her so that she will be the mother of nations;
kings of peoples will come from her."
17 ●Abraham fell facedown; he laughed and
said to himself, "Will a son be born to a man a
hundred years old? Will Sarah bear a child at
18 the age of ninety?" ●And Abraham said to
God, "If only Ishmael might live under your
blessing!"
19 ●Then God said, "Yes, but your wife Sarah

[a]5 *Abram* means *exalted father.* [b]5 *Abraham* probably means *father of many.* 1) 많은 무리의 아버지 2) 여주인 3) 웃음

circumcise [sə́:rkəmsàiz] *vt.* 할례를 베풀다
covenant [kʌ́vənənt] *n.* 언약
establish [istǽbliʃ] *vt.* 세우다
everlasting [èvərlǽstiŋ] *a.* 영원한
facedown [féisdáun] *ad.* 얼굴을 숙이고
flesh [fleʃ] *n.* 살
fruitful [frú:tfəl] *a.* (자손이) 많은
foreigner [fɔ́:rinər] *n.* 외국인
generation [dʒènəréiʃən] *n.* 세대
include [inklú:d] *vt.* 포함하다
offspring [ɔ́:fspriŋ] *n.* 자손
possession [pəzéʃən] *n.* 소유물
reside [rizáid] *vi.* 살다
uncircumcised [ʌnsə́:rkəmsaizd] *a.* 할례받지 않은
undergo [ʌndərgóu] *vt.* 경험하다

17:4 **covenant with...**: …와 계약하다
17:9 **as for...**: …에 관해서는
17:9 **keep one's covenant**: ~와의 계약을 지키다
17:14 **cut off from**: ~에서 고립시키다
17:17 **say to oneself**: 혼잣말하다

라 하라 내가 그와 내 언약을 세우리니 그의
후손에게 영원한 언약이 되리라 18:10
20 이스마엘에 대하여는 내가 네 말을 들었나니
내가 그에게 복을 주어 그를 매우 크게 생육
하고 번성하게 할지라 그가 열두 두령을 낳으
리니 내가 그를 큰 나라가 되게 하려니와
21 내 언약은 내가 내년 이 시기에 사라가 네게
낳을 이삭과 세우리라
22 하나님이 아브라함과 말씀을 마치시고 그를
떠나 올라가셨더라
23 ●이에 아브라함이 하나님이 자기에게 말씀
하신 대로 이날에 그 아들 이스마엘과 집에서
태어난 모든 자와 돈으로 산 모든 자 곧 아브
라함의 집 사람 중 모든 남자를 데려다가 그
포피를 베었으니
24 아브라함이 그의 포피를 벤 때는 구십구 세였고
25 그의 아들 이스마엘이 그의 포피를 벤 때는
십삼 세였더라
26 그날에 아브라함과 그 아들 이스마엘이 할례
를 받았고
27 그 집의 모든 남자 곧 집에서 태어난 자와 돈
으로 이방 사람에게서 사온 자가 다 그와 함
께 할례를 받았더라

아브라함이 아들을 약속받다

18 여호와께서 마므레의 상수리나무들이 있
는 곳에서 아브라함에게 나타나시니라
날이 뜨거울 때에 그가 장막 문에 앉아 있다가
2 눈을 들어 본즉 사람 셋이 맞은편에 서 있는
지라 그가 그들을 보자 곧 장막 문에서 달려
나가 영접하며 몸을 땅에 굽혀
3 이르되 내 주여 내가 주께 은혜를 입었사오면
원하건대 종을 떠나 지나가지 마시옵고
4 물을 조금 가져오게 하사 당신들의 발을 씻으
시고 나무 아래에서 쉬소서
5 내가 떡을 조금 가져오리니 당신들의 마음을
상쾌하게 하신 후에 지나가소서 당신들이 종
에게 오셨음이니이다 그들이 이르되 네 말대
로 그리하라
6 아브라함이 급히 장막으로 가서 사라에게 이
르되 속히 고운 가루 세 스아를 가져다가 반
죽하여 떡을 만들라 하고
7 아브라함이 또 가축 떼 있는 곳으로 달려가서
기름지고 좋은 송아지를 잡아 하인에게 주니
그가 급히 요리한지라 삿 13:15
8 아브라함이 엉긴 젖과 우유와 하인이 요리한
송아지를 가져다가 그들 앞에 차려 놓고 나무
아래에 모셔 서매 그들이 먹으니라

will bear you a son, and you will call him
Isaac.[a] I will establish my covenant with him
as an everlasting covenant for his descen-
20 dants after him. •And as for Ishmael, I have
heard you: I will surely bless him; I will make
him fruitful and will greatly increase his num-
bers. He will be the father of twelve rulers, and
21 I will make him into a great nation. •But my
covenant I will establish with Isaac, whom
Sarah will bear to you by this time next year."
22 •When he had finished speaking with Abra-
ham, God went up from him.
23 •On that very day Abraham took his son
Ishmael and all those born in his household or
bought with his money, every male in his
household, and circumcised them, as God told
24 him. •Abraham was ninety-nine years old
25 when he was circumcised, •and his son Ish-
26 mael was thirteen; •Abraham and his son Ish-
mael were both circumcised on that very day.
27 •And every male in Abraham's household,
including those born in his household or bought
from a foreigner, was circumcised with him.

The Three Visitors

18 The LORD appeared to Abraham near
the great trees of Mamre while he was
sitting at the entrance to his tent in the heat of
2 the day. •Abraham looked up and saw three
men standing nearby. When he saw them, he
hurried from the entrance of his tent to meet
them and bowed low to the ground.
3 •He said, "If I have found favor in your
eyes, my lord,[b] do not pass your servant by.
4 •Let a little water be brought, and then you
may all wash your feet and rest under this
5 tree. •Let me get you something to eat, so you
can be refreshed and then go on your way
—now that you have come to your servant."
"Very well," they answered, "do as you say."
6 •So Abraham hurried into the tent to
Sarah. "Quick," he said, "get three seahs[c] of
the finest flour and knead it and bake some
bread."
7 •Then he ran to the herd and selected a
choice, tender calf and gave it to a servant,
8 who hurried to prepare it. •He then brought
some curds and milk and the calf that had
been prepared, and set these before them. Whi-
le they ate, he stood near them under a tree.

[a]19 *Isaac* means *he laughs.* [b]3 Or *eyes, Lord* [c]6 That is, probably about 36 pounds or about 16 kilograms

bear [bɛər] *vi.* 낳다
calf [kaːf] *n.* 송아지
circumcise [sɔ́ːrkəmsaiz] *vt.* 할례를 행하다
curd [kəːrd] *n.* 굳어진 우유
entrance [éntrəns] *n.* 입구
fine [fain] *a.* 고운
flour [fláuər] *n.* 밀가루
greatly [gréitli] *ad.* 아주, 몹시
herd [həːrd] *n.* (소, 양의)떼
knead [niːd] *vt.* 반죽하다
nearby [níərbai] *ad.* 가까이에
prepare [pripέər] *vt.* 준비하다
refresh [rifréʃ] *vt.* 상쾌하게 하다
select [silékt] *vt.* 고르다
tender [téndər] *a.* 부드러운

17:23 on that very day: 그날에
18:2 look up: 쳐다보다
18:2 bow low to the ground: 큰절을 하다
18:5 go on one's way: 출발하다, 가다
18:8 set before: (음식 등을) 내놓다

9 그들이 아브라함에게 이르되 네 아내 사라가 어디 있느냐 대답하되 장막에 있나이다
10 그가 이르시되 내년 이맘때 내가 반드시 네게로 돌아오리니 네 아내 사라에게 아들이 있으리라 하시니 사라가 그 뒤 장막 문에서 들었더라
11 아브라함과 사라는 나이가 많아 늙었고 사라에게는 여성의 생리가 끊어졌는지라 롬 4:19
12 사라가 속으로 웃고 이르되 내가 노쇠하였고 내 주인도 늙었으니 내게 무슨 즐거움이 있으리요
13 여호와께서 아브라함에게 이르시되 사라가 왜 웃으며 이르기를 내가 늙었거늘 어떻게 아들을 낳으리요 하느냐
14 여호와께 능하지 못한 일이 있겠느냐 기한이 이를 때에 내가 네게로 돌아오리니 사라에게 아들이 있으리라
15 사라가 두려워서 부인하여 이르되 내가 웃지 아니하였나이다 이르시되 아니라 네가 웃었느니라

아브라함이 소돔을 위하여 빌다

16 ● 그 사람들이 거기서 일어나서 소돔으로 향하고 아브라함은 그들을 전송하러 함께 나가니라
17 여호와께서 이르시되 내가 하려는 것을 아브라함에게 숨기겠느냐
18 아브라함은 강대한 나라가 되고 천하 만민은 그로 말미암아 복을 받게 될 것이 아니냐
19 내가 그로 그 자식과 권속에게 명하여 여호와의 도를 지켜 의와 공도를 행하게 하려고 그를 택하였나니 이는 나 여호와가 아브라함에게 대하여 말한 일을 이루려 함이니라
20 여호와께서 또 이르시되 소돔과 고모라에 대한 부르짖음이 크고 그 죄악이 심히 무거우니
21 내가 이제 내려가서 그 모든 행한 것이 과연 내게 들린 부르짖음과 같은지 그렇지 않은지 내가 보고 알려 하노라
22 ● 그 사람들이 거기서 떠나 소돔으로 향하여 가고 아브라함은 여호와 앞에 그대로 섰더니
23 아브라함이 가까이 나아가 이르되 주께서 의인을 악인과 함께 멸하려 하시나이까
24 그 성중에 의인 오십 명이 있을지라도 주께서 그곳을 멸하시고 그 오십 의인을 위하여 용서하지 아니하시리이까
25 주께서 이같이 하사 의인을 악인과 함께 죽이심은 부당하오며 의인과 악인을 같이 하심

9 ● "Where is your wife Sarah?" they asked him.
"There, in the tent," he said.
10 ● Then one of them said, "I will surely return
to you about this time next year, and Sarah
your wife will have a son."
Now Sarah was listening at the entrance to
11 the tent, which was behind him. ● Abraham
and Sarah were already very old, and Sarah
12 was past the age of childbearing. ● So Sarah
laughed to herself as she thought, "After I am
worn out and my lord is old, will I now have
this pleasure?"
13 ● Then the LORD said to Abraham, "Why did
Sarah laugh and say, 'Will I really have a child,
14 now that I am old?' ● Is anything too hard for
the LORD? I will return to you at the appointed
time next year, and Sarah will have a son."
15 ● Sarah was afraid, so she lied and said, "I
did not laugh."
But he said, "Yes, you did laugh."

Abraham Pleads for Sodom

16 ● When the men got up to leave, they looked
down toward Sodom, and Abraham walked
along with them to see them on their way.
17 ● Then the LORD said, "Shall I hide from Abra-
18 ham what I am about to do? ● Abraham will
surely become a great and powerful nation,
and all nations on earth will be blessed through
19 him.[a] ● For I have chosen him, so that he will
direct his children and his household after him
to keep the way of the LORD by doing what is
right and just, so that the LORD will bring about
for Abraham what he has promised him."
20 ● Then the LORD said, "The outcry against
Sodom and Gomorrah is so great and their sin
21 so grievous ● that I will go down and see if
what they have done is as bad as the outcry
that has reached me. If not, I will know."
22 ● The men turned away and went toward
Sodom, but Abraham remained standing
23 before the LORD.[b] ● Then Abraham approa-
ched him and said: "Will you sweep away the
24 righteous with the wicked? ● What if there are
fifty righteous people in the city? Will you real-
ly sweep it away and not spare[c] the place for
25 the sake of the fifty righteous people in it? ● Far
be it from you to do such a thing—to kill the
righteous with the wicked, treating the right-
eous and the wicked alike. Far be it from you!

[a]18 Or *will use his name in blessings* (see 48:20) [b]22 Masoretic Text; an ancient Hebrew scribal tradition *but the LORD remained standing before Abraham* [c]24 Or *forgive*; also in verse 26

alike [əláik] *ad.* 한결같이
appointed [əpɔ́intid] *a.* 정해진
approach [əpróutʃ] *vt.* 가까이 가다
behind [biháind] *ad.* 뒤에
direct [dirékt] *vt.* 지도하다
grievous [gríːvəs] *a.* 통탄할, 비통한
household [háushòuld] *n.* 가족
just [dʒʌst] *a.* 공정한
outcry [áutkrài] *n.* 부르짖음
plead [pliːd] *vi.* 탄원하다
pleasure [pléʒər] *n.* 즐거움
reach [riːtʃ] *vt.* …에 닿다
remain [riméin] *vi.* 여전히 있다
spare [spɛər] *vt.* 용서하다
wicked [wíkid] *a.* 악한

18:12 wear out: 못쓰게 되다, 지치다
18:16 along with: ~와 함께
18:19 bring about: 야기하다
18:20 outcry against: ~에 대한 부르짖음
18:23 sweep away: 소멸하다, 일소하다
18:24 for the sake of...: …를 위하여

도 부당하니이다 세상을 심판하시는 이가 정
의를 행하실 것이 아니니이까 욥 8:20
26 여호와께서 이르시되 내가 만일 소돔 성읍
가운데에서 의인 오십 명을 찾으면 그들을
위하여 온 지역을 용서하리라
27 아브라함이 대답하여 이르되 나는 티끌이나
재와 같사오나 감히 주께 아뢰나이다
28 오십 의인 중에 오 명이 부족하다면 그 오 명
이 부족함으로 말미암아 온 성읍을 멸하시리
이까 이르시되 내가 거기서 사십오 명을 찾
으면 멸하지 아니하리라
29 아브라함이 또 아뢰어 이르되 거기서 사십
명을 찾으시면 어찌하려 하시나이까 이르시
되 사십 명으로 말미암아 멸하지 아니하리라
30 아브라함이 이르되 내 주여 노하지 마시옵고
말씀하게 하옵소서 거기서 삼십 명을 찾으시
면 어찌하려 하시나이까 이르시되 내가 거기
서 삼십 명을 찾으면 그리하지 아니하리라
31 아브라함이 또 이르되 내가 감히 내 주께 아
뢰나이다 거기서 이십 명을 찾으시면 어찌
하려 하시나이까 이르시되 내가 이십 명으로
말미암아 그리하지 아니하리라
32 아브라함이 또 이르되 주는 노하지 마옵소서
내가 이번만 더 아뢰리이다 거기서 십 명을
찾으시면 어찌하려 하시나이까 이르시되 내
가 십 명으로 말미암아 멸하지 아니하리라
33 여호와께서 아브라함과 말씀을 마치시고 가
시니 아브라함도 자기 곳으로 돌아갔더라

소돔의 죄악

19 저녁 때에 그 두 천사가 소돔에 이르니
마침 롯이 소돔 성문에 앉아 있다가 그들
을 보고 일어나 영접하고 땅에 엎드려 절하며
2 이르되 내 주여 돌이켜 종의 집으로 들어와
발을 씻고 주무시고 일찍이 일어나 갈 길을
가소서 그들이 이르되 아니라 우리가 거리에
서 밤을 새우리라
3 롯이 간청하매 그제서야 돌이켜 그 집으로
들어오는지라 롯이 그들을 위하여 식탁을 베
풀고 무교병을 구우니 그들이 먹으니라
4 그들이 눕기 전에 그 성 사람 곧 소돔 백성들
이 노소를 막론하고 원근에서 다 모여 그 집
을 에워싸고
5 롯을 부르고 그에게 이르되 오늘 밤에 네게
온 사람들이 어디 있느냐 이끌어내라 우리가
그들을 상관하리라
6 롯이 문밖의 무리에게로 나가서 뒤로 문을
닫고

Will not the Judge of all the earth do right?"
26 • The LORD said, "If I find fifty righteous peo-
ple in the city of Sodom, I will spare the whole
place for their sake."
27 • Then Abraham spoke up again: "Now
that I have been so bold as to speak to the
Lord, though I am nothing but dust and ashes,
28 • what if the number of the righteous is five
less than fifty? Will you destroy the whole
city for lack of five people?"
"If I find forty-five there," he said, "I will not
destroy it."
29 • Once again he spoke to him, "What if only
forty are found there?"
He said, "For the sake of forty, I will not do it."
30 • Then he said, "May the Lord not be angry,
but let me speak. What if only thirty can be
found there?"
He answered, "I will not do it if I find thirty
there."
31 • Abraham said, "Now that I have been so
bold as to speak to the Lord, what if only twen-
ty can be found there?"
He said, "For the sake of twenty, I will not
destroy it."
32 • Then he said, "May the Lord not be angry,
but let me speak just once more. What if only
ten can be found there?"
He answered, "For the sake of ten, I will not
destroy it."
33 • When the LORD had finished speaking
with Abraham, he left, and Abraham returned
home.

Sodom and Gomorrah Destroyed

19 The two angels arrived at Sodom in
the evening, and Lot was sitting in the
gateway of the city. When he saw them, he
got up to meet them and bowed down with
2 his face to the ground. • "My lords," he said,
"please turn aside to your servant's house. You
can wash your feet and spend the night and
then go on your way early in the morning."
"No," they answered, "we will spend the
night in the square."
3 • But he insisted so strongly that they did
go with him and entered his house. He pre-
pared a meal for them, baking bread without
4 yeast, and they ate. • Before they had gone to
bed, all the men from every part of the city of
Sodom — both young and old — surrounded
5 the house. • They called to Lot, "Where are the
men who came to you tonight? Bring them

ash [æʃ] *n.* 재
aside [əsáid] *ad.* 곁에
bake [beik] *vt.* 굽다
bold [bould] *a.* 대담한
bow [bau] *vi.* 절하다
destroy [distrɔ́i] *vt.* 멸하다
dust [dʌst] *n.* 티끌
gateway [géitwèi] *n.* 통로
meal [mi:l] *n.* 음식
prepare [pripέər] *vi.* 준비하다
sake [seik] *n.* 목적, 동기
spend [spend] *vt.* 시간을 보내다
square [skwεər] *n.* 광장
surround [səráund] *vt.* 둘러싸다
yeast [ji:st] *n.* 효모

18:27 now that...: …이기 때문에
19:1 arrive at: 도착하다
19:2 turn aside: 옆길로 들어서다
19:3 prepare for~: ~를 준비하다
19:4 both A and B: A와 B 둘 다
19:5 bring out: 데리고 나오다

7 이르되 청하노니 내 형제들아 이런 악을 행
하지 말라 삿 19:23
8 내게 남자를 가까이하지 아니한 두 딸이 있
노라 청하건대 내가 그들을 너희에게로 이끌
어내리니 너희 눈에 좋을 대로 그들에게 행
하고 이 사람들은 내 집에 들어왔은즉 이 사
람들에게는 아무 일도 저지르지 말라
9 그들이 이르되 너는 물러나라 또 이르되 이
자가 들어와서 거류하면서 우리의 법관이 되
려 하는도다 이제 우리가 그들보다 너를 더
해하리라 하고 롯을 밀치며 가까이 가서 그
문을 부수려고 하는지라
10 그 사람들이 손을 내밀어 롯을 집으로 끌어
들이고 문을 닫고
11 문밖의 무리를 대소를 막론하고 그 눈을 어
둡게 하니 그들이 문을 찾느라고 헤매었더라

롯이 소돔을 떠나다

12 ●그 사람들이 롯에게 이르되 이외에 네게 속
한 자가 또 있느냐 네 사위나 자녀나 성중에
네게 속한 자들을 다 성 밖으로 이끌어내라
13 그들에 대한 부르짖음이 여호와 앞에 크므로
여호와께서 이곳을 멸하시려고 우리를 보내
셨나니 우리가 멸하리라
14 롯이 나가서 그 딸들과 결혼할 사위들에게
말하여 이르기를 여호와께서 이 성을 멸하실
터이니 너희는 일어나 이곳에서 떠나라 하되
그의 사위들은 농담으로 여겼더라
15 동틀 때에 천사가 롯을 재촉하여 이르되 일
어나 여기 있는 네 아내와 두 딸을 이끌어 내
라 이 성의 죄악 중에 함께 멸망할까 하노라
16 그러나 롯이 지체하매 그 사람들이 롯의 손
과 그 아내의 손과 두 딸의 손을 잡아 인도하
여 성 밖에 두니 여호와께서 그에게 자비를
더하심이었더라
17 그 사람들이 그들을 밖으로 이끌어 낸 후에
이르되 도망하여 생명을 보존하라 돌아보거
나 들에 머물지 말고 산으로 도망하여 멸망
함을 면하라
18 롯이 그들에게 이르되 내 주여 그리 마옵소서
19 주의 종이 주께 은혜를 입었고 주께서 큰 인
자를 내게 베푸사 내 생명을 구원하시오나
내가 도망하여 산에까지 갈 수 없나이다 두
렵건대 재앙을 만나 죽을까 하나이다
20 보소서 저 성읍은 도망하기에 가깝고 작기도
하오니 나를 그곳으로 도망하게 하소서 이는
작은 성읍이 아니니이까 내 생명이 보존되리
이다

out to us so that we can have sex with them."
6 •Lot went outside to meet them and shut
7 the door behind him •and said, "No, my
8 friends. Don't do this wicked thing. •Look, I
have two daughters who have never slept with
a man. Let me bring them out to you, and you
can do what you like with them. But don't do
anything to these men, for they have come
under the protection of my roof."
9 •"Get out of our way," they replied. "This fel-
low came here as a foreigner, and now he
wants to play the judge! We'll treat you worse
than them." They kept bringing pressure on
Lot and moved forward to break down the
door.
10 •But the men inside reached out and pulled
Lot back into the house and shut the door.
11 •Then they struck the men who were at the
door of the house, young and old, with blind-
ness so that they could not find the door.
12 •The two men said to Lot, "Do you have
anyone else here — sons-in-law, sons or daugh-
ters, or anyone else in the city who belongs to
13 you? Get them out of here, •because we are
going to destroy this place. The outcry to the
LORD against its people is so great that he has
sent us to destroy it."
14 •So Lot went out and spoke to his sons-
in-law, who were pledged to marry[a] his daugh-
ters. He said, "Hurry and get out of this place,
because the LORD is about to destroy the city!"
But his sons-in-law thought he was joking.
15 •With the coming of dawn, the angels
urged Lot, saying, "Hurry! Take your wife and
your two daughters who are here, or you will
be swept away when the city is punished."
16 •When he hesitated, the men grasped his
hand and the hands of his wife and of his two
daughters and led them safely out of the city,
17 for the LORD was merciful to them. •As soon as
they had brought them out, one of them said,
"Flee for your lives! Don't look back, and don't
stop anywhere in the plain! Flee to the moun-
tains or you will be swept away!"
18 •But Lot said to them, "No, my lords,[b] please!
19 •Your[c] servant has found favor in your[c] eyes,
and you[c] have shown great kindness to me in
sparing my life. But I can't flee to the moun-
tains; this disaster will overtake me, and I'll
20 die. •Look, here is a town near enough to run
to, and it is small. Let me flee to it — it is very

[a]14 Or *were married to* [b]18 Or *No, Lord*; or *No, my lord* [c]19 The Hebrew is singular.

blindness [bláindnis] *n.* 보지 못함
flee [fli:] *vi.* 도망치다
grasp [græsp] *vt.* 붙잡다
hesitate [hézətèit] *vi.* 주저하다
merciful [mə́:rsifəl] *a.* 자비로운
outcry [áutkrài] *n.* 부르짖음
outside [áutsáid] *ad.* 밖으로
overtake [òuvərtéik] *vt.* 덮치다
pledge [pledʒ] *vt.* 서약하다
pressure [préʃər] *n.* 압력
protection [prətékʃən] *n.* 보호
punish [pʌ́niʃ] *vt.* 벌하다
son-in-law [sʌ́ninlɔ̀:] *n.* 사위
urge [ə:rdʒ] *vt.* 재촉하다
wicked [wíkid] *a.* 악한

19:8 **sleep with...**: …와 동침하다
19:9 **get out of...**: …로부터 벗어나다
19:10 **reach out**: (손 등을) 내뻗다
19:17 **sweep away**: 쓸어버리다
19:19 **find favor in one's eyes**: …의 총애를 받다(=find favor with someone)

21 그가 그에게 이르되 내가 이 일에도 네 소원
을 들었은즉 네가 말하는 그 성읍을 멸하지
아니하리니
22 그리로 속히 도망하라 네가 거기 이르기까지
는 내가 아무 일도 행할 수 없노라 하였더라
그러므로 그 성읍 이름을 [1]소알이라 불렀더라

소돔과 고모라를 멸하시다

23 ● 롯이 소알에 들어갈 때에 해가 돋았더라
24 여호와께서 하늘 곧 여호와께로부터 유황과
불을 소돔과 고모라에 비같이 내리사
25 그 성들과 온 들과 성에 거주하는 모든 백성
과 땅에 난 것을 다 엎어 멸하셨더라 시 107:34
26 롯의 아내는 뒤를 돌아보았으므로 소금 기둥
이 되었더라
27 아브라함이 그 아침에 일찍이 일어나 여호와
앞에 서 있던 곳에 이르러
28 소돔과 고모라와 그 온 지역을 향하여 눈을
들어 연기가 옹기 가마의 연기같이 치솟음을
보았더라
29 ● 하나님이 그 지역의 성을 멸하실 때 곧 롯
이 거주하는 성을 엎으실 때에 하나님이 아
브라함을 생각하사 롯을 그 엎으시는 중에서
내보내셨더라

모압과 암몬 자손의 조상

30 ● 롯이 소알에 거주하기를 두려워하여 두 딸
과 함께 소알에서 나와 산에 올라가 거주하
되 그 두 딸과 함께 굴에 거주하였더니
31 큰딸이 작은딸에게 이르되 우리 아버지는 늙
으셨고 온 세상의 도리를 따라 우리의 배필
될 사람이 이 땅에는 없으니
32 우리가 우리 아버지에게 술을 마시게 하고
동침하여 우리 아버지로 말미암아 후손을 이
어가자 하고
33 그 밤에 그들이 아버지에게 술을 마시게 하
고 큰딸이 들어가서 그 아버지와 동침하니라
그러나 그 아버지는 그 딸이 눕고 일어나는
것을 깨닫지 못하였더라
34 이튿날 큰딸이 작은딸에게 이르되 어제 밤에
는 내가 우리 아버지와 동침하였으니 오늘
밤에도 우리가 아버지에게 술을 마시게 하고
네가 들어가 동침하고 우리가 아버지로 말미
암아 후손을 이어가자 하고
35 그 밤에도 그들이 아버지에게 술을 마시게
하고 작은딸이 일어나 아버지와 동침하니라
그러나 아버지는 그 딸이 눕고 일어나는 것
을 깨닫지 못하였더라
36 롯의 두 딸이 아버지로 말미암아 임신하고

small, isn't it? Then my life will be spared."
21 • He said to him, "Very well, I will grant this
request too; I will not overthrow the town you
22 speak of. • But flee there quickly, because I can-
not do anything until you reach it." (That is
why the town was called Zoar.[a])
23 • By the time Lot reached Zoar, the sun had
24 risen over the land. • Then the LORD rained
down burning sulfur on Sodom and Gomor-
25 rah — from the LORD out of the heavens. • Thus
he overthrew those cities and the entire plain,
destroying all those living in the cities — and
26 also the vegetation in the land. • But Lot's wife
looked back, and she became a pillar of salt.
27 • Early the next morning Abraham got up
and returned to the place where he had stood
28 before the LORD. • He looked down toward
Sodom and Gomorrah, toward all the land of
the plain, and he saw dense smoke rising from
the land, like smoke from a furnace.
29 • So when God destroyed the cities of the
plain, he remembered Abraham, and he
brought Lot out of the catastrophe that over-
threw the cities where Lot had lived.

Lot and His Daughters

30 • Lot and his two daughters left Zoar and set-
tled in the mountains, for he was afraid to stay
in Zoar. He and his two daughters lived in a
31 cave. • One day the older daughter said to the
younger, "Our father is old, and there is no
man around here to give us children — as is the
32 custom all over the earth. • Let's get our father
to drink wine and then sleep with him and pre-
serve our family line through our father."
33 • That night they got their father to drink
wine, and the older daughter went in and slept
with him. He was not aware of it when she lay
down or when she got up.
34 • The next day the older daughter said to the
younger, "Last night I slept with my father.
Let's get him to drink wine again tonight, and
you go in and sleep with him so we can pre-
35 serve our family line through our father." • So
they got their father to drink wine that night
also, and the younger daughter went in and
slept with him. Again he was not aware of it
when she lay down or when she got up.
36 • So both of Lot's daughters became preg-
37 nant by their father. • The older daughter
had a son, and she named him Moab[b]; he is

[a] 22 *Zoar* means *small.* [b] 37 *Moab* sounds like the Hebrew for *from father.*

1) 작음

catastrophe [kətǽstrəfi] *n.* 대참사
custom [kʌ́stəm] *n.* 관습
dense [dens] *a.* 빽빽한
entire [intáiər] *a.* 전체의
furnace [fə́ːrnis] *n.* 아궁이
name [neim] *vt.* 이름을 지어주다
overthrow [òuvərθróu] *vt.* 망하게 하다
pillar [pílər] *n.* 기둥
plain [plein] *n.* 들
pregnant [prégnənt] *a.* 임신한
preserve [prizə́ːrv] *vt.* 보존하다
request [rikwést] *n.* 의뢰, 요구
settle [sétl] *vi.* 거주하다
sulfur [sʌ́lfər] *n.* 유황
vegetation [vèdʒətéiʃən] *n.* 식물

19:19 spare one's life: 목숨을 살려주다
19:23 By the time: …할 때까지
19:27 get up: 일어나다
19:29 bring out: 데리고 나오다
19:30 be afraid to...: …을 두려워하다
19:33 be aware of...: …를 알다, 알아채다

37 큰딸은 아들을 낳아 이름을 모압이라 하였으
니 오늘날 모압의 조상이요
38 작은딸도 아들을 낳아 이름을 벤암미라 하였
으니 오늘날 암몬 자손의 조상이었더라

아브라함과 아비멜렉

20 아브라함이 거기서 네게브 땅으로 옮겨
가 가데스와 술 사이 그랄에 거류하며
2 그의 아내 사라를 자기 누이라 하였으므로 그
랄 왕 아비멜렉이 사람을 보내어 사라를 데려
갔더니
3 그 밤에 하나님이 아비멜렉에게 현몽하시고
그에게 이르시되 네가 데려간 이 여인으로 말
미암아 네가 죽으리니 그는 남편이 있는 여자
임이라
28:12
4 아비멜렉이 그 여인을 가까이하지 아니하였
으므로 그가 대답하되 주여 주께서 의로운 백
성도 멸하시나이까
5 그가 나에게 이는 내 누이라고 하지 아니하였
나이까 그 여인도 그는 내 오라비라 하였사오
니 나는 온전한 마음과 깨끗한 손으로 이렇게
하였나이다
12:17
6 하나님이 꿈에 또 그에게 이르시되 네가 온전한
마음으로 이렇게 한 줄을 나도 알았으므로 너
를 막아 내게 범죄하지 아니하게 하였나니 여
인에게 가까이하지 못하게 함이 이 때문이니라
7 이제 그 사람의 아내를 돌려보내라 그는 선지
자라 그가 너를 위하여 기도하리니 네가 살려
니와 네가 돌려보내지 아니하면 너와 네게 속
한 자가 다 반드시 죽을 줄 알지니라
8 ●아비멜렉이 그날 아침에 일찍이 일어나 모
든 종들을 불러 그 모든 일을 말하여 들려주
니 그들이 심히 두려워하였더라
9 아비멜렉이 아브라함을 불러서 그에게 이르
되 네가 어찌하여 우리에게 이렇게 하느냐 내
가 무슨 죄를 네게 범하였기에 네가 나와 내
나라가 큰 죄에 빠질 뻔하게 하였느냐 네가
합당하지 아니한 일을 내게 행하였도다 하고
10 아비멜렉이 또 아브라함에게 이르되 네가 무
슨 뜻으로 이렇게 하였느냐
11 아브라함이 이르되 이곳에서는 하나님을 두
려워함이 없으니 내 아내로 말미암아 사람들
이 나를 죽일까 생각하였음이요
12 또 그는 정말로 나의 이복 누이로서 내 아내
가 되었음이니라
13 하나님이 나를 내 아버지의 집을 떠나 두루
다니게 하실 때에 내가 아내에게 말하기를 이
후로 우리의 가는 곳마다 그대는 나를 그대의

38 the father of the Moabites of today. •The
younger daughter also had a son, and she
named him Ben-Ammi[a]; he is the father of
the Ammonites[b] of today.

Abraham and Abimelek

20 Now Abraham moved on from there
into the region of the Negev and lived
between Kadesh and Shur. For a while he
2 stayed in Gerar, •and there Abraham said of
his wife Sarah, "She is my sister." Then Abi-
melek king of Gerar sent for Sarah and took her.
3 •But God came to Abimelek in a dream
one night and said to him, "You are as good
as dead because of the woman you have
taken; she is a married woman."
4 •Now Abimelek had not gone near her, so
he said, "Lord, will you destroy an innocent
5 nation? •Did he not say to me, 'She is my sis-
ter,' and didn't she also say, 'He is my broth-
er'? I have done this with a clear conscience
and clean hands."
6 •Then God said to him in the dream, "Yes,
I know you did this with a clear conscience,
and so I have kept you from sinning against
me. That is why I did not let you touch her.
7 •Now return the man's wife, for he is a pro-
phet, and he will pray for you and you will
live. But if you do not return her, you may be
sure that you and all who belong to you will
die."
8 •Early the next morning Abimelek sum-
moned all his officials, and when he told
them all that had happened, they were very
9 much afraid. •Then Abimelek called Abra-
ham in and said, "What have you done to
us? How have I wronged you that you have
brought such great guilt upon me and my
kingdom? You have done things to me that
10 should never be done." •And Abimelek
asked Abraham, "What was your reason for
doing this?"
11 •Abraham replied, "I said to myself, 'There
is surely no fear of God in this place, and they
12 will kill me because of my wife.' •Besides, she
really is my sister, the daughter of my father
though not of my mother; and she became
13 my wife. •And when God had me wander
from my father's household, I said to her, 'This
is how you can show your love to me: Every-
where we go, say of me, "He is my brother." ' "

[a]38 *Ben-Ammi* means *son of my father's people.*
[b]38 Hebrew *Bene-Ammon*

belong [bilɔ́ːŋ] *vi.* …에 속하다
besides [bisáidz] *ad.* 게다가
clear [kliər] *a.* 깨끗한
conscience [kánʃəns] *n.* 양심
fear [fiər] *n.* 두려움
guilt [gilt] *n.* 죄
innocent [inəsənt] *a.* 죄 없는
official [əfiʃəl] *n.* 신하
prophet [práfit] *n.* 선지자
region [riːdʒən] *n.* 지방, 영역
stay [stei] *vi.* 머무르다
summon [sʌmən] *vt.* 부르다
touch [tʌtʃ] *vt.* 만지다
wander [wándər] *vi.* 유랑하다
wrong [rɔ́ːŋ] *vt.* 해를 끼치다

20:2 send for...: …를 데리러 (사람을) 보내다
20:3 as good as...: …이나 마찬가지
20:6 keep... from ~ing: …가 ~하지 못하게 하다
20:7 pray for: 간청하다
20:9 call in: (사람을) 불러들이다

오라비라 하라 이것이 그대가 내게 베풀 은혜
라 하였었노라
14 아비멜렉이 양과 소와 종들을 이끌어 아브라
함에게 주고 그의 아내 사라도 그에게 돌려보
내고 12:16
15 아브라함에게 이르되 내 땅이 네 앞에 있으니
네가 보기에 좋은 대로 거주하라 하고 13:9
16 사라에게 이르되 내가 은 천 개를 네 오라비
에게 주어서 그것으로 너와 함께한 여러 사람
앞에서 네 수치를 가리게 하였노니 네 일이
다 해결되었느니라
17 아브라함이 하나님께 기도하매 하나님이 아
비멜렉과 그의 아내와 여종을 치료하사 출산
하게 하셨으니
18 여호와께서 이왕에 아브라함의 아내 사라의 일
로 아비멜렉의 집의 모든 태를 닫으셨음이더라

사라가 이삭을 낳다

21 여호와께서 말씀하신 대로 사라를 돌보
셨고 여호와께서 말씀하신 대로 사라에
게 행하셨으므로
2 사라가 임신하고 하나님이 말씀하신 시기가
되어 노년의 아브라함에게 아들을 낳으니
3 아브라함이 그에게 태어난 아들 곧 사라가 자
기에게 낳은 아들을 이름하여 이삭이라 하였고
4 그 아들 이삭이 난 지 팔 일 만에 그가 하나님
이 명령하신 대로 할례를 행하였더라 17:12
5 아브라함이 그의 아들 이삭이 그에게 태어날
때에 백 세라 17:17
6 사라가 이르되 하나님이 나를 웃게 하시니 듣
는 자가 다 나와 함께 웃으리로다 시 126:2
7 또 이르되 사라가 자식들을 젖먹이겠다고 누
가 아브라함에게 말하였으리요마는 아브라
함의 노경에 내가 아들을 낳았도다 하니라

하갈과 이스마엘을 내쫓다

8 아이가 자라매 젖을 떼고 이삭이 젖을 떼는
날에 아브라함이 큰 잔치를 베풀었더라
9 사라가 본즉 아브라함의 아들 애굽 여인 하갈
의 아들이 이삭을 놀리는지라
10 그가 아브라함에게 이르되 이 여종과 그 아들
을 내쫓으라 이 종의 아들은 내 아들 이삭과
함께 기업을 얻지 못하리라 하므로
11 아브라함이 그의 아들로 말미암아 그 일이 매
우 근심이 되었더니
12 하나님이 아브라함에게 이르시되 네 아이나
네 여종으로 말미암아 근심하지 말고 사라가
네게 이른 말을 다 들으라 이삭에게서 나는
자라야 네 씨라 부를 것임이니라

14 Then Abimelek brought sheep and cattle
and male and female slaves and gave them to
Abraham, and he returned Sarah his wife to
15 him. And Abimelek said, "My land is before
you; live wherever you like."
16 To Sarah he said, "I am giving your broth-
er a thousand shekels[a] of silver. This is to
cover the offense against you before all who
are with you; you are completely vindicated."
17 Then Abraham prayed to God, and God
healed Abimelek, his wife and his female
18 slaves so they could have children again, for
the LORD had kept all the women in Abimelek's
household from conceiving because of Abra-
ham's wife Sarah.

The Birth of Isaac

21 Now the LORD was gracious to Sarah
as he had said, and the LORD did for
2 Sarah what he had promised. Sarah became
pregnant and bore a son to Abraham in his
old age, at the very time God had promised
3 him. Abraham gave the name Isaac[b] to the
4 son Sarah bore him. When his son Isaac was
eight days old, Abraham circumcised him, as
5 God commanded him. Abraham was a
hundred years old when his son Isaac was
born to him.
6 Sarah said, "God has brought me laughter,
and everyone who hears about this will laugh
7 with me." And she added, "Who would have
said to Abraham that Sarah would nurse chil-
dren? Yet I have borne him a son in his old
age."

Hagar and Ishmael Sent Away

8 The child grew and was weaned, and on
the day Isaac was weaned Abraham held a
9 great feast. But Sarah saw that the son
whom Hagar the Egyptian had borne to Abra-
10 ham was mocking, and she said to Abra-
ham, "Get rid of that slave woman and her
son, for that woman's son will never share in
the inheritance with my son Isaac."
11 The matter distressed Abraham greatly
12 because it concerned his son. But God said
to him, "Do not be so distressed about the boy
and your slave woman. Listen to whatever
Sarah tells you, because it is through Isaac
13 that your offspring[c] will be reckoned. I will
make the son of the slave into a nation also,

[a]16 That is, about 25 pounds or about 12 kilograms
[b]3 *Isaac* means *he laughs.* [c]12 Or *seed*

bear [bɛər] *vt.* 낳다
conceive [kənsíːv] *vi.* 아기를 배다
circumcise [sə́ːrkəmsaiz] *vt.* 할례를 행하다
distress [distrés] *vt.* 괴롭히다
feast [fíːst] *n.* 잔치
gracious [gréiʃəs] *a.* 자비로운
heal [híːl] *vt.* 치료하다
inheritance [inhérətəns] *n.* 상속
mock [mák] *vt.* 조롱하다
offense [əféns] *n.* 공격
offspring [ɔ́ːfspriŋ] *n.* 후손
pray [préi] *vi.* 기도하다
reckon [rékən] *vt.* 간주하다
vindicate [víndəkeit] *vt.* 결백을 입증하다
wean [wíːn] *vt.* 젖을 떼다

21:8 hold [give/make] a feast: 잔치를 베풀다
21:10 share A with B: B와 함께 A를 분배받다
21:10 get rid of...: …를 제거하다
21:13 make A into B: A를 B로 만들다

13 그러나 여종의 아들도 네 씨니 내가 그로 한
민족을 이루게 하리라 하신지라 21:18
14 아브라함이 아침에 일찍이 일어나 떡과 물 한
가죽부대를 가져다가 하갈의 어깨에 메워 주
고 그 아이를 데리고 가게 하니 하갈이 나가서
브엘세바 광야에서 방황하더니
15 가죽부대의 물이 떨어진지라 그 자식을 관목
덤불 아래에 두고
16 이르되 아이가 죽는 것을 차마 보지 못하겠다
하고 화살 한 바탕 거리 떨어져 마주 앉아 바
라보며 소리 내어 우니
17 하나님이 그 어린아이의 소리를 들으셨으므로
하나님의 사자가 하늘에서부터 하갈을 불러 이
르시되 하갈아 무슨 일이냐 두려워하지 말라
하나님이 저기 있는 아이의 소리를 들으셨나니
18 일어나 아이를 일으켜 네 손으로 붙들라 그가
큰 민족을 이루게 하리라 하시니라 21:13
19 하나님이 하갈의 눈을 밝히셨으므로 샘물을
보고 가서 가죽부대에 물을 채워다가 그 아이
에게 마시게 하였더라 민 22:31
20 하나님이 그 아이와 함께 계시매 그가 장성하
여 광야에서 거주하며 활 쏘는 자가 되었더니
21 그가 바란 광야에 거주할 때에 그의 어머니가
그를 위하여 애굽 땅에서 아내를 얻어 주었더라

아브라함과 아비멜렉의 언약

22 ●그때에 아비멜렉과 그 군대 장관 비골이 아
브라함에게 말하여 이르되 네가 무슨 일을 하
든지 하나님이 너와 함께 계시도다
23 그런즉 너는 나와 내 아들과 내 손자에게 거짓
되이 행하지 아니하기를 이제 여기서 하나님을
가리켜 내게 맹세하라 내가 네게 후대한 대로
너도 나와 네가 머무는 이 땅에 행할 것이니라
24 아브라함이 이르되 내가 맹세하리라 하고
25 아비멜렉의 종들이 아브라함의 우물을 빼앗
은 일에 관하여 아브라함이 아비멜렉을 책망
하매 26:15
26 아비멜렉이 이르되 누가 그리하였는지 내가
알지 못하노라 너도 내게 알리지 아니하였고
나도 듣지 못하였더니 오늘에야 들었노라
27 아브라함이 양과 소를 가져다가 아비멜렉에
게 주고 두 사람이 서로 언약을 세우니라
28 아브라함이 일곱 암양 새끼를 따로 놓으니
29 아비멜렉이 아브라함에게 이르되 이 일곱 암
양 새끼를 따로 놓음은 어찜이냐
30 아브라함이 이르되 너는 내 손에서 이 암양 새끼
일곱을 받아 내가 이 우물 판 증거를 삼으라 하고
31 두 사람이 거기서 서로 맹세하였으므로 그곳

because he is your offspring."
14 •Early the next morning Abraham took
some food and a skin of water and gave them
to Hagar. He set them on her shoulders and
then sent her off with the boy. She went on her
way and wandered in the Desert of Beersheba.
15 •When the water in the skin was gone,
she put the boy under one of the bushes.
16 •Then she went off and sat down about a
bowshot away, for she thought, "I cannot
watch the boy die." And as she sat there, she[a]
began to sob.
17 •God heard the boy crying, and the angel
of God called to Hagar from heaven and said
to her, "What is the matter, Hagar? Do not be
afraid; God has heard the boy crying as he lies
18 there. •Lift the boy up and take him by the
hand, for I will make him into a great nation."
19 •Then God opened her eyes and she saw a
well of water. So she went and filled the skin
with water and gave the boy a drink.
20 •God was with the boy as he grew up. He
lived in the desert and became an archer.
21 •While he was living in the Desert of Paran,
his mother got a wife for him from Egypt.

The Treaty at Beersheba

22 •At that time Abimelek and Phicol the
commander of his forces said to Abraham,
"God is with you in everything you do.
23 •Now swear to me here before God that you
will not deal falsely with me or my children
or my descendants. Show to me and the
country where you now reside as a foreigner
the same kindness I have shown to you."
24 •Abraham said, "I swear it."
25 •Then Abraham complained to Abimelek
about a well of water that Abimelek's ser-
26 vants had seized. •But Abimelek said, "I
don't know who has done this. You did not
tell me, and I heard about it only today."
27 •So Abraham brought sheep and cattle
and gave them to Abimelek, and the two
28 men made a treaty. •Abraham set apart
29 seven ewe lambs from the flock, •and Abi-
melek asked Abraham, "What is the mean-
ing of these seven ewe lambs you have set
apart by themselves?"
30 •He replied, "Accept these seven lambs fr-
om my hand as a witness that I dug this well."
31 •So that place was called Beersheba,[b]

[a]16 Hebrew; Septuagint *the child* [b]31 *Beersheba* can mean *well of seven* and *well of the oath.*

archer [á:rtʃər] *n.* 활쏘는 사람
bowshot [bóuʃat] *n.* 화살이 닿는 거리
bush [búʃ] *n.* 관목, 수풀
complain [kəmpléin] *vt.* 불평하다
dig [díg] *vt.* 파다
ewe [jú:] *n.* 암양
falsely [fɔ́:lsli] *ad.* 부당하게
force [fɔ́:rs] *n.* 군대
offspring [ɔ́:fspriŋ] *n.* 자손
reside [rizáid] *vt.* 거하다
sob [sáb] *vi.* 흐느껴 울다
wander [wándər] *vi.* 유랑하다
seize [sí:z] *vt.* 빼앗다
swear [swέər] *vt.* 맹세하다
treaty [trí:ti] *n.* 조약

21:16 about a bowshot away: 화살이 닿는 거리만큼 떨어져서
21:23 deal with: 처리하다
21:27 make a treaty: 약조하다
21:28 set apart: 따로 떼어놓다
21:29 by oneself: 혼자서, 따로

을 [1]브엘세바라 이름하였더라
32 그들이 브엘세바에서 언약을 세우매 아비멜
렉과 그 군대 장관 비골은 떠나 블레셋 사람의
땅으로 돌아갔고
33 아브라함은 브엘세바에 에셀 나무를 심고 거기
서 영원하신 하나님 여호와의 이름을 불렀으며
34 그가 블레셋 사람의 땅에서 여러 날을 지냈더라

이삭을 번제로 드리라 하시다

22 그 일 후에 하나님이 아브라함을 시험하
시려고 그를 부르시되 아브라함아 하시
니 그가 이르되 내가 여기 있나이다
2 여호와께서 이르시되 네 아들 네 사랑하는 독
자 이삭을 데리고 모리아 땅으로 가서 내가 네
게 일러 준 한 산 거기서 그를 번제로 드리라
3 아브라함이 아침에 일찍이 일어나 나귀에 안
장을 지우고 두 종과 그의 아들 이삭을 데리고
번제에 쓸 나무를 쪼개어 가지고 떠나 하나님
이 자기에게 일러 주신 곳으로 가더니
4 제삼 일에 아브라함이 눈을 들어 그곳을 멀리
바라본지라
5 이에 아브라함이 종들에게 이르되 너희는 나
귀와 함께 여기서 기다리라 내가 아이와 함께
저기 가서 예배하고 우리가 너희에게로 돌아
오리라 하고
6 아브라함이 이에 번제 나무를 가져다가 그의
아들 이삭에게 지우고 자기는 불과 칼을 손에
들고 두 사람이 동행하더니
7 이삭이 그 아버지 아브라함에게 말하여 이르
되 내 아버지여 하니 그가 이르되 내 아들아
내가 여기 있노라 이삭이 이르되 불과 나무는
있거니와 번제할 어린 양은 어디 있나이까
8 아브라함이 이르되 내 아들아 번제할 어린 양
은 하나님이 자기를 위하여 친히 준비하시리
라 하고 두 사람이 함께 나아가서
9 하나님이 그에게 일러 주신 곳에 이른지라 이
에 아브라함이 그곳에 제단을 쌓고 나무를 벌
여 놓고 그의 아들 이삭을 결박하여 제단 나무
위에 놓고
10 손을 내밀어 칼을 잡고 그 아들을 잡으려 하니
11 여호와의 사자가 하늘에서부터 그를 불러 이
르시되 아브라함아 아브라함아 하시는지라
아브라함이 이르되 내가 여기 있나이다 하매
12 사자가 이르시되 그 아이에게 네 손을 대지 말
라 그에게 아무 일도 하지 말라 네가 네 아들 네
독자까지도 내게 아끼지 아니하였으니 내가 이
제야 네가 하나님을 경외하는 줄을 아노라
13 아브라함이 눈을 들어 살펴본즉 한 숫양이 뒤

because the two men swore an oath there.
32 •After the treaty had been made at Beer-
sheba, Abimelek and Phicol the commander
of his forces returned to the land of the Phi-
33 listines. •Abraham planted a tamarisk tree
in Beersheba, and there he called on the
34 name of the LORD, the Eternal God. •And
Abraham stayed in the land of the Phili-
stines for a long time.

Abraham Tested

22 Some time later God tested Abra-
ham. He said to him, "Abraham!"
"Here I am," he replied.
2 •Then God said, "Take your son, your only
son, whom you love—Isaac—and go to the
region of Moriah. Sacrifice him there as a bur-
nt offering on a mountain I will show you."
3 •Early the next morning Abraham got up
and loaded his donkey. He took with him
two of his servants and his son Isaac. When
he had cut enough wood for the burnt offer-
ing, he set out for the place God had told him
4 about. •On the third day Abraham looked
5 up and saw the place in the distance. •He
said to his servants, "Stay here with the don-
key while I and the boy go over there. We will
worship and then we will come back to you."
6 •Abraham took the wood for the burnt
offering and placed it on his son Isaac, and
he himself carried the fire and the knife. As
7 the two of them went on together, •Isaac
spoke up and said to his father Abraham,
"Father?"
"Yes, my son?" Abraham replied.
"The fire and wood are here," Isaac said,
"but where is the lamb for the burnt offering?"
8 •Abraham answered, "God himself will
provide the lamb for the burnt offering, my
son." And the two of them went on together.
9 •When they reached the place God had
told him about, Abraham built an altar there
and arranged the wood on it. He bound his
son Isaac and laid him on the altar, on top of
10 the wood. •Then he reached out his hand
11 and took the knife to slay his son. •But the
angel of the LORD called out to him from
heaven, "Abraham! Abraham!"
"Here I am," he replied.
12 •"Do not lay a hand on the boy," he said.
"Do not do anything to him. Now I know
that you fear God, because you have not

1) 맹세의 우물

altar [ɔ́:ltər] *n.* 제단
arrange [əréindʒ] *vt.* 가지런히 놓다
bind [báind] *vt.* 묶다
commander [kəmǽndər] *n.* 사령관
distance [dístəns] *n.* 먼 곳
load [loud] *vt.* 짐을 싣다
oath [ouθ] *n.* 맹세, 서원
provide [prəváid] *vt.* 준비하다
region [rí:dʒən] *n.* 지방, 지역
reply [riplái] *vt.* 대답하다
sacrifice [sǽkrəfais] *vt.* 산제물을 바치다
stay [stei] *vi.* 머무르다
swear [swέər] *vt.* 맹세하다
tamarisk [tǽmərisk] *n.* 위성류(나무)
worship [wə́:rʃip] *vi.* 경배하다

21:34 for a long time: 오랫동안
22:3 set out for...: …를 향해 출발하다
22:7 speak up: 거리낌없이 말하다
22:9 on top of...: …의 위에
22:10 reach out: 손을 뻗치다
22:12 lay a hand on...: …에게 손을 대다

에 있는데 뿔이 수풀에 걸려 있는지라 아브
라함이 가서 그 숫양을 가져다가 아들을 대
신하여 번제로 드렸더라
14 아브라함이 그 땅 이름을 [1]여호와 이레라 하
였으므로 오늘날까지 사람들이 이르기를 여
호와의 산에서 준비되리라 하더라
15 여호와의 사자가 하늘에서부터 두 번째 아브
라함을 불러
16 이르시되 여호와께서 이르시기를 내가 나를
가리켜 맹세하노니 네가 이같이 행하여 네
아들 네 독자도 아끼지 아니하였은즉
17 내가 네게 큰 복을 주고 네 씨가 크게 번성하
여 하늘의 별과 같고 바닷가의 모래와 같게
하리니 네 씨가 그 대적의 성문을 차지하리라
18 또 네 씨로 말미암아 천하 만민이 복을 받으
리니 이는 네가 나의 말을 준행하였음이니라
하셨다 하니라
19 이에 아브라함이 그의 종들에게로 돌아가서 함
께 떠나 브엘세바에 이르러 거기 거주하였더라

나홀의 후예

20 ● 이 일 후에 어떤 사람이 아브라함에게 알
리어 이르기를 밀가가 당신의 형제 나홀에게
자녀를 낳았다 하였더라
21 그의 맏아들은 우스요 우스의 형제는 부스와
아람의 아버지 그므엘과
22 게셋과 하소와 빌다스와 이들랍과 브두엘이라
23 이 여덟 사람은 아브라함의 형제 나홀의 아내
밀가의 소생이며 브두엘은 리브가를 낳았고
24 나홀의 첩 르우마라 하는 자도 데바와 가함
과 다하스와 마아가를 낳았더라

아브라함이 막벨라 굴을 사다

23 사라가 백이십칠 세를 살았으니 이것
이 곧 사라가 누린 햇수라
2 사라가 가나안 땅 헤브론 곧 기럇아르바에서
죽으매 아브라함이 들어가서 사라를 위하여
슬퍼하며 애통하다가
3 그 시신 앞에서 일어나 나가서 헷 족속에게
말하여 이르되
4 나는 당신들 중에 나그네요 거류하는 자이니
당신들 중에서 내게 매장할 소유지를 주어
내가 나의 죽은 자를 내 앞에서 내어다가 장
사하게 하시오
5 헷 족속이 아브라함에게 대답하여 이르되
6 내 주여 들으소서 당신은 우리 가운데 있는
하나님이 세우신 지도자이시니 우리 묘실 중
에서 좋은 것을 택하여 당신의 죽은 자를 장
사하소서 우리 중에서 자기 묘실에 당신의

withheld from me your son, your only son."
13 ●Abraham looked up and there in a thicket
he saw a ram[a] caught by its horns. He went
over and took the ram and sacrificed it as a
14 burnt offering instead of his son. ●So Abra-
ham called that place The LORD Will Provide.
And to this day it is said, "On the mountain of
the LORD it will be provided."
15 ●The angel of the LORD called to Abraham
16 from heaven a second time ●and said, "I swear
by myself, declares the LORD, that because you
have done this and have not withheld your
17 son, your only son, ●I will surely bless you and
make your descendants as numerous as
the stars in the sky and as the sand on the
seashore. Your descendants will take pos-
18 session of the cities of their enemies, ●and
through your offspring[b] all nations on earth
will be blessed,[c] because you have obeyed me."
19 ●Then Abraham returned to his servants,
and they set off together for Beersheba. And
Abraham stayed in Beersheba.

Nahor's Sons

20 ●Some time later Abraham was told, "Mil-
kah is also a mother; she has borne sons to
21 your brother Nahor: ●Uz the firstborn, Buz
his brother, Kemuel (the father of Aram),
22 ●Kesed, Hazo, Pildash, Jidlaph and Bethuel."
23 ●Bethuel became the father of Rebekah.
Milkah bore these eight sons to Abraham's
24 brother Nahor. ●His concubine, whose name
was Reumah, also had sons: Tebah, Gaham,
Tahash and Maakah.

The Death of Sarah

23 Sarah lived to be a hundred and twen-
2 ty-seven years old. ●She died at
Kiriath Arba (that is, Hebron) in the land of
Canaan, and Abraham went to mourn for
Sarah and to weep over her.
3 ●Then Abraham rose from beside his dead
4 wife and spoke to the Hittites.[d] He said, ●"I am
a foreigner and stranger among you. Sell me
some property for a burial site here so I can
bury my dead."
5-6 ●The Hittites replied to Abraham, ●"Sir,
listen to us. You are a mighty prince among us.

[a]13 Many manuscripts of the Masoretic Text, Samaritan Pentateuch, Septuagint and Syriac; most manuscripts of the Masoretic Text *a ram behind him* [b]18 Or *seed* [c]18 Or *and all nations on earth will use the name of your offspring in blessings* (see 48:20) [d]3 Or *the descendants of Heth*; also in verses 5, 7, 10, 16, 18 and 20

1) 여호와께서 준비하심

burial [bériəl] *n.* 매장
concubine [káŋkjubàin] *n.* 첩
declare [dikléər] *vt.* 선언하다
horn [hɔːrn] *n.* 뿔
firstborn [fəːrstbɔːrn] *n.* 장남
mourn [mɔːrn] *vi.* 슬퍼하다
obey [oubéi] *vt.* 따르다
property [prápərti] *n.* 소유지
provide [prəváid] *vt.* 준비하다
ram [ræm] *n.* 숫양
sacrifice [sǽkrəfàis] *vt.* 산제물을 바치다
stranger [stréindʒər] *n.* 낯선 사람
swear [swɛər] *vt.* 맹세하다
thicket [θíkit] *n.* 수풀
withhold [wiθhóuld] *vt.* 유보하다

22:13 **look up**: 쳐다보다
22:17 **as...as~**: ~처럼 …한
22:17 **take possession of...**: …을 손에 넣다, 점령하다
22:19 **set off**: 출발하다
23:2 **weep over**: 슬퍼하며 울다

죽은 자 장사함을 금할 자가 없으리이다
7 아브라함이 일어나 그 땅 주민 헷 족속을 향
하여 몸을 굽히고
8 그들에게 말하여 이르되 나로 나의 죽은 자
를 내 앞에서 내어다가 장사하게 하는 일이
당신들의 뜻일진대 내 말을 듣고 나를 위하
여 소할의 아들 에브론에게 구하여 25:9
9 그가 그의 밭머리에 있는 그의 막벨라 굴을
내게 주도록 하되 충분한 대가를 받고 그 굴
을 내게 주어 당신들 중에서 매장할 소유지
가 되게 하기를 원하노라 하매
10 에브론이 헷 족속 중에 앉아 있더니 그가 헷
족속 곧 성문에 들어온 모든 자가 듣는 데서
아브라함에게 대답하여 이르되
11 내 주여 그리 마시고 내 말을 들으소서 내가
그 밭을 당신에게 드리고 그 속의 굴도 내가
당신에게 드리되 내가 내 동족 앞에서 당신
에게 드리오니 당신의 죽은 자를 장사하소서
12 아브라함이 이에 그 땅의 백성 앞에서 몸을
굽히고
13 그 땅의 백성이 듣는 데서 에브론에게 말하
여 이르되 당신이 합당히 여기면 청하건대
내 말을 들으시오 내가 그 밭 값을 당신에게
주리니 당신은 내게서 받으시오 내가 나의
죽은 자를 거기 장사하겠노라
14 에브론이 아브라함에게 대답하여 이르되
15 내 주여 내 말을 들으소서 땅 값은 은 사백
세겔이나 그것이 나와 당신 사이에 무슨 문
제가 되리이까 당신의 죽은 자를 장사하소서
16 아브라함이 에브론의 말을 따라 에브론이 헷
족속이 듣는 데서 말한 대로 상인이 통용하는
은 사백 세겔을 달아 에브론에게 주었더니
17 마므레 앞 막벨라에 있는 에브론의 밭 곧 그
밭과 거기에 속한 굴과 그 밭과 그 주위에 둘
린 모든 나무가
18 성문에 들어온 모든 헷 족속이 보는 데서 아
브라함의 소유로 확정된지라
19 그 후에 아브라함이 그 아내 사라를 가나안
땅 마므레 앞 막벨라 밭 굴에 장사하였더라
(마므레는 곧 헤브론이라)
20 이와 같이 그 밭과 거기에 속한 굴이 헷 족속
으로부터 아브라함이 매장할 소유지로 확정
되었더라

이삭이 리브가를 아내로 삼다

24 아브라함이 나이가 많아 늙었고 여호와
께서 그에게 범사에 복을 주셨더라
2 아브라함이 자기 집 모든 소유를 맡은 늙은

Bury your dead in the choicest of our tombs.
None of us will refuse you his tomb for bury-
ing your dead."
7 •Then Abraham rose and bowed down
8 before the people of the land, the Hittites. •He
said to them, "If you are willing to let me bury
my dead, then listen to me and intercede with
9 Ephron son of Zohar on my behalf •so he will
sell me the cave of Machpelah, which belongs
to him and is at the end of his field. Ask him to
sell it to me for the full price as a burial site
among you."
10 •Ephron the Hittite was sitting among his
people and he replied to Abraham in the hear-
ing of all the Hittites who had come to the gate
11 of his city. •"No, my lord," he said. "Listen to
me; I give[a] you the field, and I give[a] you the
cave that is in it. I give[a] it to you in the pres-
ence of my people. Bury your dead."
12 •Again Abraham bowed down before the
13 people of the land •and he said to Ephron in
their hearing, "Listen to me, if you will. I will
pay the price of the field. Accept it from me so
I can bury my dead there."
14-15 •Ephron answered Abraham, •"Listen to
me, my lord; the land is worth four hundred
shekels[b] of silver, but what is that between you
and me? Bury your dead."
16 •Abraham agreed to Ephron's terms and
weighed out for him the price he had named
in the hearing of the Hittites: four hundred
shekels of silver, according to the weight cur-
rent among the merchants.
17 •So Ephron's field in Machpelah near Ma-
mre—both the field and the cave in it, and
all the trees within the borders of the field
18 —was deeded •to Abraham as his property
in the presence of all the Hittites who had
19 come to the gate of the city. •Afterward Abra-
ham buried his wife Sarah in the cave in the
field of Machpelah near Mamre (which is at
20 Hebron) in the land of Canaan. •So the field
and the cave in it were deeded to Abraham
by the Hittites as a burial site.

Isaac and Rebekah

24 Abraham was now very old, and the
LORD had blessed him in every way.
2 •He said to the senior servant in his house-
hold, the one in charge of all that he had, "Put
3 your hand under my thigh. •I want you to

[a]11 Or *sell* [b]15 That is, about 10 pounds or about 4.6 kilograms

accept [æksépt] *vt.* 받다
border [bɔ́ːrdər] *n.* 경계
burial [bériəl] *n.* 매장
bury [béri] *vt.* 매장하다
choicest [tʃɔisist] *a.* 최상의
current [kə́ːrənt] *a.* 통용하는
deed [diːd] *vt.* (재산을) 양도하다
household [háushòuld] *n.* 식구
intercede [ìntərsíːd] *vi.* 중재하다
merchant [mə́ːrtʃənt] *n.* 상인
shekel [ʃékəl] *n.* 세겔
term [təːrm] *n.* 조건
thigh [θai] *n.* 넓적다리
tomb [tuːm] *n.* 무덤
weigh [wei] *vi.* (무게를) 달다

23:7 **bow down before...**: …앞에 엎드리다
23:8 **be willing to...**: 기꺼이 …하다
23:8 **on one's behalf**: …를 위하여
23:9 **belong to...**: …에 속하다
23:10 **in the hearing of...**: …가 듣는 데서
24:2 **in charge of...**: …를 맡아서

종에게 이르되 청하건대 내 허벅지 밑에 네 손을 넣으라

3 내가 너에게 하늘의 하나님, 땅의 하나님이신 여호와를 가리켜 맹세하게 하노니 너는 내가 거주하는 이 지방 가나안 족속의 딸 중에서 내 아들을 위하여 아내를 택하지 말고

4 내 고향 내 족속에게로 가서 내 아들 이삭을 위하여 아내를 택하라

5 종이 이르되 여자가 나를 따라 이 땅으로 오려고 하지 아니하거든 내가 주인의 아들을 주인이 나오신 땅으로 인도하여 돌아가리이까

6 아브라함이 그에게 이르되 내 아들을 그리로 데리고 돌아가지 아니하도록 하라

7 하늘의 하나님 여호와께서 나를 내 아버지의 집과 내 고향 땅에서 떠나게 하시고 내게 말씀하시며 내게 맹세하여 이르시기를 이 땅을 네 씨에게 주리라 하셨으니 그가 그 사자를 너보다 앞서 보내실지라 네가 거기서 내 아들을 위하여 아내를 택할지니라

8 만일 여자가 너를 따라오려고 하지 아니하면 나의 이 맹세가 너와 상관이 없나니 오직 내 아들을 데리고 그리로 가지 말지니라

9 그 종이 이에 그의 주인 아브라함의 허벅지 아래에 손을 넣고 이 일에 대하여 그에게 맹세하였더라

10 ●이에 종이 그 주인의 낙타 중 열 필을 끌고 떠났는데 곧 그의 주인의 모든 좋은 것을 가지고 떠나 메소보다미아로 가서 나홀의 성에 이르러

11 그 낙타를 성 밖 우물 곁에 꿇렸으니 저녁 때라 여인들이 물을 길으러 나올 때였더라

12 그가 이르되 우리 주인 아브라함의 하나님 여호와여 원하건대 오늘 나에게 순조롭게 만나게 하사 내 주인 아브라함에게 은혜를 베푸시옵소서

13 성중 사람의 딸들이 물 길으러 나오겠사오니 내가 우물 곁에 서 있다가

14 한 소녀에게 이르기를 청하건대 너는 물동이를 기울여 나로 마시게 하라 하리니 그의 대답이 마시라 내가 당신의 낙타에게도 마시게 하리라 하면 그는 주께서 주의 종 이삭을 위하여 정하신 자라 이로 말미암아 주께서 내 주인에게 은혜 베푸심을 내가 알겠나이다

15 말을 마치기도 전에 리브가가 물동이를 어깨에 메고 나오니 그는 아브라함의 동생 나홀의 아내 밀가의 아들 브두엘의 소생이라

16 그 소녀는 보기에 심히 아리땁고 지금까지 남자가 가까이하지 아니한 처녀더라 그가 우물

swear by the LORD, the God of heaven and
the God of earth, that you will not get a
wife for my son from the daughters of the
4 Canaanites, among whom I am living, ●but
will go to my country and my own relatives
and get a wife for my son Isaac."
5 ●The servant asked him, "What if the
woman is unwilling to come back with me
to this land? Shall I then take your son back
to the country you came from?"
6 ●"Make sure that you do not take my son
7 back there," Abraham said. ●"The LORD, the
God of heaven, who brought me out of my
father's household and my native land and
who spoke to me and promised me on oath,
saying, 'To your offspring[a] I will give this
land'—he will send his angel before you so
that you can get a wife for my son from
8 there. ●If the woman is unwilling to come
back with you, then you will be released
from this oath of mine. Only do not take my
9 son back there." ●So the servant put his hand
under the thigh of his master Abraham and
swore an oath to him concerning this matter.
10 ●Then the servant left, taking with him
ten of his master's camels loaded with all
kinds of good things from his master. He set
out for Aram Naharaim[b] and made his way
11 to the town of Nahor. ●He had the camels
kneel down near the well outside the town; it
was toward evening, the time the women go
out to draw water.
12 ●Then he prayed, "LORD, God of my mas-
ter Abraham, make me successful today, and
13 show kindness to my master Abraham. ●See,
I am standing beside this spring, and the
daughters of the townspeople are coming
14 out to draw water. ●May it be that when I
say to a young woman, 'Please let down your
jar that I may have a drink,' and she says,
'Drink, and I'll water your camels too'—let
her be the one you have chosen for your ser-
vant Isaac. By this I will know that you have
shown kindness to my master."
15 ●Before he had finished praying, Rebekah
came out with her jar on her shoulder. She
was the daughter of Bethuel son of Milkah,
who was the wife of Abraham's brother
16 Nahor. ●The woman was very beautiful, a
virgin; no man had ever slept with her. She
went down to the spring, filled her jar and
came up again.

[a]7 Or *seed* [b]10 That is, Northwest Mesopotamia

camel [kǽməl] *n.* 낙타
concerning [kənsə́:rniŋ] *prep.* …에 관하여
draw [drɔ:] *vt.* (물을) 긷다
household [háushòuld] *n.* 집안
jar [dʒa:r] *n.* 항아리
kindness [káindnis] *n.* 친절
kneel [ni:l] *vi.* 무릎을 꿇다
load [loud] *vt.* 짐을 싣다
native [néitiv] *a.* 출생지의
oath [ouθ] *n.* 맹세
offspring [ɔ́:fspriŋ] *n.* 자손
promise [prámis] *vt.* 약속하다
relative [rélətiv] *n.* 친척
release [rilí:s] *vt.* 풀어주다
spring [spriŋ] *n.* 샘

24:3 **swear by...**: …에 걸고 맹세하다
24:5 **be unwilling to...**: …하려 하지 않다
24:6 **make sure**: 확인하다, 확신하다
24:7 **so that... can~**: …가 ~하도록
24:10 **set out**: 출발하다
24:10 **make one's way**: 길을 나서다

로 내려가서 물을 그 물동이에 채워가지고 올
라오는지라
17 종이 마주 달려가서 이르되 청하건대 네 물동
이의 물을 내게 조금 마시게 하라
18 그가 이르되 내 주여 마시소서 하며 급히 그
물동이를 손에 내려 마시게 하고 24:14,16
19 마시게 하기를 다하고 이르되 당신의 낙타를
위하여서도 물을 길어 그것들도 배불리 마시
게 하리이다 하고
20 급히 물동이의 물을 구유에 붓고 다시 길으려고
우물로 달려가서 모든 낙타를 위하여 긷는지라
21 그 사람이 그를 묵묵히 주목하며 여호와께서
과연 평탄한 길을 주신 여부를 알고자 하더니
22 낙타가 마시기를 다하매 그가 반 세겔 무게의
금 코걸이 한 개와 열 세겔 무게의 금 손목고
리 한 쌍을 그에게 주며 24:47
23 이르되 네가 누구의 딸이냐 청하건대 내게 말
하라 네 아버지의 집에 우리가 유숙할 곳이 있
느냐
24 그 여자가 그에게 이르되 나는 밀가가 나홀에
게서 낳은 아들 브두엘의 딸이니이다 24:15
25 또 이르되 우리에게 짚과 사료가 족하며 유숙
할 곳도 있나이다 42:27
26 이에 그 사람이 머리를 숙여 여호와께 경배하
고 출 4:31
27 이르되 나의 주인 아브라함의 하나님 여호와
를 찬송하나이다 나의 주인에게 주의 사랑과
성실을 그치지 아니하셨사오며 여호와께서
길에서 나를 인도하사 내 주인의 동생 집에 이
르게 하셨나이다 하니라
28 ●소녀가 달려가서 이 일을 어머니 집에 알렸
더니 29:12
29 리브가에게 오라버니가 있어 그의 이름은 라반
이라 그가 우물로 달려가 그 사람에게 이르러
30 그의 누이의 코걸이와 그 손의 손목고리를 보고
또 그의 누이 리브가가 그 사람이 자기에게 이
같이 말하더라 함을 듣고 그 사람에게로 나아감
이라 그때에 그가 우물가 낙타 곁에 서 있더라
31 라반이 이르되 여호와께 복을 받은 자여 들어
오소서 어찌 밖에 서 있나이까 내가 방과 낙타
의 처소를 준비하였나이다
32 그 사람이 그 집으로 들어가매 라반이 낙타의
짐을 부리고 짚과 사료를 낙타에게 주고 그 사
람의 발과 그의 동행자들의 발 씻을 물을 주고
33 그 앞에 음식을 베푸니 그 사람이 이르되 내가
내 일을 진술하기 전에는 먹지 아니하겠나이
다 라반이 이르되 말하소서

17 ●The servant hurried to meet her and said,
"Please give me a little water from your jar."
18 ●"Drink, my lord," she said, and quickly
lowered the jar to her hands and gave him a
drink.
19 ●After she had given him a drink, she said,
"I'll draw water for your camels too, until
20 they have had enough to drink." ●So she
quickly emptied her jar into the trough, ran
back to the well to draw more water, and
21 drew enough for all his camels. ●Without
saying a word, the man watched her closely
to learn whether or not the LORD had made
his journey successful.
22 ●When the camels had finished drinking,
the man took out a gold nose ring weighing
a beka[a] and two gold bracelets weighing ten
23 shekels.[b] ●Then he asked, "Whose daughter
are you? Please tell me, is there room in your
father's house for us to spend the night?"
24 ●She answered him, "I am the daughter of
Bethuel, the son that Milkah bore to Nahor."
25 ●And she added, "We have plenty of straw
and fodder, as well as room for you to spend
the night."
26 ●Then the man bowed down and wor-
27 shiped the LORD, ●saying, "Praise be to the
LORD, the God of my master Abraham, who
has not abandoned his kindness and faithful-
ness to my master. As for me, the LORD has
led me on the journey to the house of my
master's relatives."
28 ●The young woman ran and told her
mother's household about these things.
29 ●Now Rebekah had a brother named La-
ban, and he hurried out to the man at the
30 spring. ●As soon as he had seen the nose
ring, and the bracelets on his sister's arms,
and had heard Rebekah tell what the man
said to her, he went out to the man and
found him standing by the camels near the
31 spring. ●"Come, you who are blessed by the
LORD," he said. "Why are you standing out
here? I have prepared the house and a place
for the camels."
32 ●So the man went to the house, and the
camels were unloaded. Straw and fodder
were brought for the camels, and water for
33 him and his men to wash their feet. ●Then
food was set before him, but he said, "I will not
eat until I have told you what I have to say."

[a]22 That is, about 1/5 ounce or about 5.7 grams [b]22 That is, about 4 ounces or about 115 grams

abandon [əbǽndən] *vt.* 버리다
bless [bles] *vt.* 축복하다
bracelet [bréislit] *n.* 팔찌
empty [émpti] *vt.* 비우다
faithfulness [féiθfəlnis] *n.* 진실, 성실
finish [fíniʃ] *vt.* 끝내다
fodder [fádər] *n.* 사료
journey [dʒə́ːrni] *n.* 여행
lower [lóuər] *vt.* (음식을) 삼키다
prepare [pripέər] *vt.* 준비하다, 예비하다
quickly [kwíkli] *ad.* 급히, 빨리
straw [strɔ́ː] *n.* 짚
successful [səksésfəl] *a.* 성공한
unload [ʌnlóud] *vt.* (짐을) 부리다
worship [wə́ːrʃip] *vt.* 경배하다

24:22 take out: 내가다, 꺼내다
24:25 plenty of: 충분한
24:25 A as well as B: B뿐만 아니라 A도
24:27 as for...: …에 관한 한
24:33 set before...: (음식 · 술 등을) … 앞에 내놓다

34 그가 이르되 나는 아브라함의 종이니이다
35 여호와께서 나의 주인에게 크게 복을 주시어
창성하게 하시되 소와 양과 은금과 종들과
낙타와 나귀를 그에게 주셨고
36 나의 주인의 아내 사라가 노년에 나의 주인
에게 아들을 낳으매 주인이 그의 모든 소유
를 그 아들에게 주었나이다
37 나의 주인이 나에게 맹세하게 하여 이르되
너는 내 아들을 위하여 내가 사는 땅 가나안
족속의 딸들 중에서 아내를 택하지 말고
38 내 아버지의 집, 내 족속에게로 가서 내 아들
을 위하여 아내를 택하라 하시기로
39 내가 내 주인에게 여쭈되 혹 여자가 나를 따
르지 아니하면 어찌하리이까 한즉 24:5
40 주인이 내게 이르되 내가 섬기는 여호와께서
그의 사자를 너와 함께 보내어 네게 평탄한
길을 주시리니 너는 내 족속 중 내 아버지 집
에서 내 아들을 위하여 아내를 택할 것이니라
41 네가 내 족속에게 이를 때에는 네가 내 맹세
와 상관이 없으리라 만일 그들이 네게 주지
아니할지라도 네가 내 맹세와 상관이 없으리
라 하시기로
42 내가 오늘 우물에 이르러 말하기를 내 주인
아브라함의 하나님 여호와여 만일 내가 행하
는 길에 형통함을 주실진대
43 내가 이 우물 곁에 서 있다가 젊은 여자가 물
을 길으러 오거든 내가 그에게 청하기를 너는
물동이의 물을 내게 조금 마시게 하라 하여
44 그의 대답이 당신은 마시라 내가 또 당신의
낙타를 위하여도 길으리라 하면 그 여자는
여호와께서 내 주인의 아들을 위하여 정하여
주신 자가 되리이다 하며
45 내가 마음속으로 말하기를 마치기도 전에 리
브가가 물동이를 어깨에 메고 나와서 우물로
내려와 긷기로 내가 그에게 이르기를 청하건
대 내게 마시게 하라 한즉
46 그가 급히 물동이를 어깨에서 내리며 이르되
마시라 내가 당신의 낙타에게도 마시게 하리
라 하기로 내가 마시매 그가 또 낙타에게도
마시게 한지라 24:18
47 내가 그에게 묻기를 네가 뉘 딸이냐 한즉 이
르되 밀가가 나홀에게서 낳은 브두엘의 딸이
라 하기로 내가 코걸이를 그 코에 꿰고 손목
고리를 그 손에 끼우고
48 내 주인 아브라함의 하나님 여호와께서 나를
바른 길로 인도하사 나의 주인의 동생의 딸
을 그의 아들을 위하여 택하게 하셨으므로

"Then tell us," Laban said.
34-35 •So he said, "I am Abraham's servant. •The
LORD has blessed my master abundantly, and
he has become wealthy. He has given him
sheep and cattle, silver and gold, male and
female servants, and camels and donkeys.
36 •My master's wife Sarah has borne him a son
in her old age, and he has given him every-
37 thing he owns. •And my master made me
swear an oath, and said, 'You must not get a
wife for my son from the daughters of the
38 Canaanites, in whose land I live, •but go to
my father's family and to my own clan, and
get a wife for my son.'
39 •"Then I asked my master, 'What if the
woman will not come back with me?'
40 •"He replied, 'The LORD, before whom I
have walked faithfully, will send his angel
with you and make your journey a success, so
that you can get a wife for my son from my
41 own clan and from my father's family. •You
will be released from my oath if, when you go
to my clan, they refuse to give her to you—
then you will be released from my oath.'
42 •"When I came to the spring today, I said,
'LORD, God of my master Abraham, if you will,
please grant success to the journey on which I
43 have come. •See, I am standing beside this
spring. If a young woman comes out to draw
water and I say to her, "Please let me drink a lit-
44 tle water from your jar," •and if she says to
me, "Drink, and I'll draw water for your ca-
mels too," let her be the one the LORD has cho-
sen for my master's son.'
45 •"Before I finished praying in my heart,
Rebekah came out, with her jar on her shoul-
der. She went down to the spring and drew
water, and I said to her, 'Please give me a
drink.'
46 •"She quickly lowered her jar from her
shoulder and said, 'Drink, and I'll water your
camels too.' So I drank, and she watered the
camels also.
47 •"I asked her, 'Whose daughter are you?'
"She said, 'The daughter of Bethuel son of
Nahor, whom Milkah bore to him.'
"Then I put the ring in her nose and the
48 bracelets on her arms, •and I bowed down
and worshiped the LORD. I praised the LORD,
the God of my master Abraham, who had led
me on the right road to get the granddaughter
49 of my master's brother for his son. •Now if

abundantly [əbʌndəntli] *ad.* 풍족하게
bracelet [bréislit] *n.* 팔찌
cattle [kǽtl] *n.* 소
clan [klæn] *n.* 씨족
draw [drɔː] *vt.* (물을) 긷다
granddaughter [grǽnddɔ̀ːtər] *n.* 손녀
praise [preiz] *vt.* 찬양하다
refuse [rifjúːz] *vt.* 거절하다
release [rilíːs] *vt.* 석방하다
reply [riplái] *vi.* 대답하다
servant [sə́ːrvənt] *n.* 신하
sheep [ʃiːp] *n.* 양
swear [swɛər] *vt.* 맹세하다
water [wɔ́ːtər] *vt.* 물주다
wealthy [wélθi] *a.* 부유한

24:36 bear someone a son: …의 아들을 낳다
24:37 swear an oath: 맹세하다
24:39 come back: 돌아오다
24:41 be released from...: …로부터 해방되다

내가 머리를 숙여 그에게 경배하고 찬송하였
나이다
49 이제 당신들이 인자함과 진실함으로 내 주인
을 대접하려거든 내게 알게 해 주시고 그렇
지 아니할지라도 내게 알게 해 주셔서 내가
우로든지 좌로든지 행하게 하소서 수 2:14
50 ● 라반과 브두엘이 대답하여 이르되 이 일이
여호와께로 말미암았으니 우리는 가부를 말
할 수 없노라
51 리브가가 당신 앞에 있으니 데리고 가서 여
호와의 명령대로 그를 당신의 주인의 아들의
아내가 되게 하라
52 아브라함의 종이 그들의 말을 듣고 땅에 엎
드려 여호와께 절하고 24:26
53 은금 패물과 의복을 꺼내어 리브가에게 주고
그의 오라버니와 어머니에게도 보물을 주니라
54 이에 그들 곧 종과 동행자들이 먹고 마시고
유숙하고 아침에 일어나서 그가 이르되 나를
보내어 내 주인에게로 돌아가게 하소서
55 리브가의 오라버니와 그의 어머니가 이르되
이 아이로 하여금 며칠 또는 열흘을 우리와
함께 머물게 하라 그 후에 그가 갈 것이니라
56 그 사람이 그들에게 이르되 나를 만류하지 마
소서 여호와께서 내게 형통한 길을 주셨으니
나를 보내어 내 주인에게로 돌아가게 하소서
57 그들이 이르되 우리가 소녀를 불러 그에게
물으리라 하고
58 리브가를 불러 그에게 이르되 네가 이 사람
과 함께 가려느냐 그가 대답하되 가겠나이다
59 그들이 그 누이 리브가와 그의 유모와 아브
라함의 종과 그 동행자들을 보내며 35:8
60 리브가에게 축복하여 이르되 우리 누이여 너
는 천만 인의 어머니가 될지어다 네 씨로 그
원수의 성문을 얻게 할지어다
61 ● 리브가가 일어나 여자 종들과 함께 낙타를
타고 그 사람을 따라가니 그 종이 리브가를
데리고 가니라
62 그때에 이삭이 브엘라해로이에서 왔으니 그
가 네게브 지역에 거주하였음이라 16:14
63 이삭이 저물 때에 들에 나가 묵상하다가 눈
을 들어 보매 낙타들이 오는지라
64 리브가가 눈을 들어 이삭을 바라보고 낙타에
서 내려
65 종에게 말하되 들에서 배회하다가 우리에게
로 마주 오는 자가 누구냐 종이 이르되 이는
내 주인이니이다 리브가가 너울을 가지고 자
기의 얼굴을 가리더라

you will show kindness and faithfulness to my
master, tell me; and if not, tell me, so I may
know which way to turn."
50 ● Laban and Bethuel answered, "This is
from the LORD; we can say nothing to you one
51 way or the other. ● Here is Rebekah; take her
and go, and let her become the wife of your
master's son, as the LORD has directed."
52 ● When Abraham's servant heard what
they said, he bowed down to the ground be-
53 fore the LORD. ● Then the servant brought out
gold and silver jewelry and articles of cloth-
ing and gave them to Rebekah; he also gave
costly gifts to her brother and to her mother.
54 ● Then he and the men who were with him
ate and drank and spent the night there.
When they got up the next morning, he
said, "Send me on my way to my master."
55 ● But her brother and her mother replied,
"Let the young woman remain with us ten
days or so; then you[a] may go."
56 ● But he said to them, "Do not detain me,
now that the LORD has granted success to my
journey. Send me on my way so I may go to
my master."
57 ● Then they said, "Let's call the young wom-
58 an and ask her about it." ● So they called Rebek-
ah and asked her, "Will you go with this man?"
"I will go," she said.
59 ● So they sent their sister Rebekah on her
way, along with her nurse and Abraham's ser-
60 vant and his men. ● And they blessed Rebekah
and said to her,

"Our sister, may you increase
to thousands upon thousands;
may your offspring possess
the cities of their enemies."

61 ● Then Rebekah and her attendants got
ready and mounted the camels and went back
with the man. So the servant took Rebekah
and left.
62 ● Now Isaac had come from Beer Lahai Roi,
63 for he was living in the Negev. ● He went out to
the field one evening to meditate,[b] and as he
64 looked up, he saw camels approaching. ● Re-
bekah also looked up and saw Isaac. She got
65 down from her camel ● and asked the servant,
"Who is that man in the field coming to meet us?"
"He is my master," the servant answered. So
she took her veil and covered herself.

[a]55 Or *she* [b]63 The meaning of the Hebrew for this word is uncertain.

approach [əpróutʃ] *vi.* 가까워지다
article [á:rtikl] *n.* 물품
attendant [əténdənt] *n.* 시중을 드는 자
costly [kɔ́:stli] *a.* 값비싼
detain [ditéin] *vt.* 못가게 붙들다
direct [dirékt] *vt.* 지도하다
ground [graund] *n.* 땅
increase [inkrí:s] *vi.* 증가하다
jewelry [dʒú:əlri] *n.* 보석
meditate [médətèit] *vi.* 묵상하다
nurse [nə:rs] *n.* 유모
offspring [ɔ́:fspriŋ] *n.* 자손
possess [pəzés] *vt.* 소유하다
remain [riméin] *vi.* 남다, 머무르다
servant [sə́:rvənt] *n.* 신하

24:53 **bring out...**: …을 내놓다
24:56 **now that...**: …이므로
24:56 **grant A to B**: A를 B에게 주다
24:59 **along with...**: …와 함께
24:61 **get ready**: 준비가 되다
24:64 **get down**: (말, 나무에서) 내리다

66 종이 그 행한 일을 다 이삭에게 아뢰매
67 이삭이 리브가를 인도하여 그의 어머니 사라
의 장막으로 들이고 그를 맞이하여 아내로
삼고 사랑하였으니 이삭이 그의 어머니를 장
례한 후에 위로를 얻었더라

아브라함이 죽다

25 아브라함이 후처를 맞이하였으니 그의
이름은 그두라라
2 그가 시므란과 욕산과 므단과 미디안과 이스
박과 수아를 낳고
3 욕산은 스바와 드단을 낳았으며 드단의 자손
은 앗수르 족속과 르두시 족속과 르움미 족
속이며
4 미디안의 아들은 에바와 에벨과 하녹과 아비
다와 엘다아이니 다 그두라의 자손이었더라
5 아브라함이 이삭에게 자기의 모든 소유를 주
었고 24:35,36
6 자기 서자들에게도 재산을 주어 자기 생전에
그들로 하여금 자기 아들 이삭을 떠나 동방
곧 동쪽 땅으로 가게 하였더라
7 아브라함의 향년이 백칠십오 세라
8 그의 나이가 높고 늙어서 기운이 다하여 죽
어 자기 열조에게로 돌아가매
9 그의 아들들인 이삭과 이스마엘이 그를 마므
레 앞 헷 족속 소할의 아들 에브론의 밭에 있
는 막벨라 굴에 장사하였으니
10 이것은 아브라함이 헷 족속에게서 산 밭이라
아브라함과 그의 아내 사라가 거기 장사되니라
11 아브라함이 죽은 후에 하나님이 그의 아들
이삭에게 복을 주셨고 이삭은 브엘라해로이
근처에 거주하였더라

이스마엘의 후예

12 •사라의 여종 애굽인 하갈이 아브라함에게
낳은 아들 이스마엘의 족보는 이러하고 16:15
13 이스마엘의 아들들의 이름은 그 이름과 그
세대대로 이와 같으니라 이스마엘의 장자는
느바욧이요 그 다음은 게달과 앗브엘과 밉삼
과
14 미스마와 두마와 맛사와
15 하닷과 데마와 여둘과 나비스와 게드마니
16 이들은 이스마엘의 아들들이요 그 촌과 부락
대로 된 이름이며 그 족속대로는 열두 지도
자들이었더라
17 이스마엘은 향년이 백삼십칠 세에 기운이 다
하여 죽어 자기 백성에게로 돌아갔고
18 그 자손들은 하윌라에서부터 앗수르로 통하
는 애굽 앞 술까지 이르러 그 모든 형제의 맞

66 •Then the servant told Isaac all he had
67 done. •Isaac brought her into the tent of his
mother Sarah, and he married Rebekah. So she
became his wife, and he loved her; and Isaac
was comforted after his mother's death.

The Death of Abraham

25 Abraham had taken another wife,
2 whose name was Keturah. •She bore
him Zimran, Jokshan, Medan, Midian, Ishbak
3 and Shuah. •Jokshan was the father of Sheba
and Dedan; the descendants of Dedan were
the Ashurites, the Letushites and the Leum-
4 mites. •The sons of Midian were Ephah,
Epher, Hanok, Abida and Eldaah. All these
were descendants of Keturah.
5 •Abraham left everything he owned to
6 Isaac. •But while he was still living, he gave
gifts to the sons of his concubines and sent
them away from his son Isaac to the land of
the east.
7 •Abraham lived a hundred and seventy-five
8 years. •Then Abraham breathed his last and
died at a good old age, an old man and full of
9 years; and he was gathered to his people. •His
sons Isaac and Ishmael buried him in the cave
of Machpelah near Mamre, in the field of
10 Ephron son of Zohar the Hittite, •the field
Abraham had bought from the Hittites.[a] There
Abraham was buried with his wife Sarah.
11 •After Abraham's death, God blessed his son
Isaac, who then lived near Beer Lahai Roi.

Ishmael's Sons

12 •This is the account of the family line of
Abraham's son Ishmael, whom Sarah's slave,
Hagar the Egyptian, bore to Abraham.
13 •These are the names of the sons of Ish-
mael, listed in the order of their birth: Nebaio-
th the firstborn of Ishmael, Kedar, Adbeel, Mib-
14-15 sam, •Mishma, Dumah, Massa, •Hadad,
16 Tema, Jetur, Naphish and Kedemah. •These
were the sons of Ishmael, and these are the
names of the twelve tribal rulers according to
17 their settlements and camps. •Ishmael lived a
hundred and thirty-seven years. He breathed
his last and died, and he was gathered to his
18 people. • His descendants settled in the area
from Havilah to Shur, near the eastern border
of Egypt, as you go toward Ashur. And they
lived in hostility toward[b] all the tribes related

[a]10 Or *the descendants of Heth* [b]18 Or *lived to the east of*

account [əkáunt] *n.* 서술
breathe [bri:ð] *vi.* (숨을)내쉬다
comfort [kʌmfərt] *vt.* 위로하다
concubine [káŋkjubàin] *n.* 첩
death [deθ] *n.* 죽음
descendant [diséndənt] *n.* 후손
firstborn [fə:rstbɔ:rn] *n.* 장자
gather [gǽðər] *vt.* 모으다
hostility [hastíləti] *n.* 반대
list [list] *vt.* 기입하다
own [oun] *vt.* 소유하다
relate [riléit] *vt.* 관련시키다
ruler [rú:lər] *n.* 지배자
settlement [sétlmənt] *n.* 촌락, 부락
tribal [tráibl] *a.* 종족의, 부족의

24:67 **bring... into~**: …를~로 들여오다
25:6 **send away**: 멀리 보내다
25:8 **full of years**: 년수를 다한
25:12 **the account of...**: …의 족보
25:16 **according to...**: …에 따라서
25:18 **settle in**: 자리잡고 살다

은편에 거주하였더라

에서와 야곱이 태어나다

19 ●아브라함의 아들 이삭의 족보는 이러하니
라 아브라함이 이삭을 낳았고
20 이삭은 사십 세에 리브가를 맞이하여 아내를
삼았으니 리브가는 밧단 아람의 아람 족속
중 브두엘의 딸이요 아람 족속 중 라반의 누
이였더라
21 이삭이 그의 아내가 임신하지 못하므로 그를
위하여 여호와께 간구하매 여호와께서 그의
간구를 들으셨으므로 그의 아내 리브가가 임
신하였더니
22 그 아들들이 그의 태 속에서 서로 싸우는지
라 그가 이르되 이럴 경우에는 내가 어찌할
꼬 하고 가서 여호와께 묻자온대
23 여호와께서 그에게 이르시되
두 국민이 네 태중에 있구나 두 민족이 네
복중에서부터 나누이리라 이 족속이 저 족
속보다 강하겠고 큰 자가 어린 자를 섬기
리라
하셨더라 민 20:14
24 그 해산 기한이 찬즉 태에 쌍둥이가 있었는
데
25 먼저 나온 자는 붉고 전신이 털옷 같아서 이
름을 에서라 하였고
26 후에 나온 아우는 손으로 에서의 발꿈치를
잡았으므로 그 이름을 [1]야곱이라 하였으며
리브가가 그들을 낳을 때에 이삭이 육십 세
였더라

에서가 장자의 명분을 팔다

27 ●그 아이들이 장성하매 에서는 익숙한 사냥
꾼이었으므로 들사람이 되고 야곱은 조용한
사람이었으므로 장막에 거주하니
28 이삭은 에서가 사냥한 고기를 좋아하므로 그
를 사랑하고 리브가는 야곱을 사랑하였더라
29 야곱이 죽을 쑤었더니 에서가 들에서 돌아와
서 심히 피곤하여
30 야곱에게 이르되 내가 피곤하니 그 붉은 것
을 내가 먹게 하라 한지라 그러므로 에서의
별명은 [2]에돔이더라
31 야곱이 이르되 형의 장자의 명분을 오늘 내
게 팔라
32 에서가 이르되 내가 죽게 되었으니 이 장자
의 명분이 내게 무엇이 유익하리요
33 야곱이 이르되 오늘 내게 맹세하라 에서가
맹세하고 장자의 명분을 야곱에게 판지라
34 야곱이 떡과 팥죽을 에서에게 주매 에서가

to them.

Jacob and Esau

19 ●This is the account of the family line of
Abraham's son Isaac.
20 Abraham became the father of Isaac, ●and
Isaac was forty years old when he married
Rebekah daughter of Bethuel the Aramean
from Paddan Aram[a] and sister of Laban the
Aramean.
21 ●Isaac prayed to the LORD on behalf of his
wife, because she was childless. The LORD
answered his prayer, and his wife Rebekah
22 became pregnant. ●The babies jostled each
other within her, and she said, "Why is this
happening to me?" So she went to inquire of
the LORD.
23 ●The LORD said to her,

"Two nations are in your womb,
and two peoples from within you will be separated;
one people will be stronger than the other,
and the older will serve the younger."

24 ●When the time came for her to give birth,
25 there were twin boys in her womb. ●The first
to come out was red, and his whole body was
like a hairy garment; so they named him
26 Esau.[b] ●After this, his brother came out, with
his hand grasping Esau's heel; so he was
named Jacob.[c] Isaac was sixty years old when
Rebekah gave birth to them.
27 ●The boys grew up, and Esau became a skill-
ful hunter, a man of the open country, while
Jacob was content to stay at home among the
28 tents. ●Isaac, who had a taste for wild game,
loved Esau, but Rebekah loved Jacob.
29 ●Once when Jacob was cooking some stew,
Esau came in from the open country, fam-
30 ished. ●He said to Jacob, "Quick, let me have
some of that red stew! I'm famished!" (That is
why he was also called Edom.[d])
31 ●Jacob replied, "First sell me your birthright."
32 ●"Look, I am about to die," Esau said.
"What good is the birthright to me?"
33 ●But Jacob said, "Swear to me first." So he
swore an oath to him, selling his birthright to
Jacob.
34 ●Then Jacob gave Esau some bread and
some lentil stew. He ate and drank, and then

[a]20 That is, Northwest Mesopotamia [b]25 *Esau* may mean *hairy.* [c]26 *Jacob* means *he grasps the heel,* a Hebrew idiom for *he deceives.* [d]30 *Edom* means *red.*

1) 발꿈치를 잡았다는 뜻 2) 붉음

account [əkáunt] *n.* 근거, 이유
birthright [bə́:rθrait] *n.* 장자권
content [kántent] *vt.* 만족을 주다
famish [fǽmiʃ] *vt.* 굶주리게 하다
grasp [græsp] *vt.* 붙잡다
hairy [hɛ́əri] *a.* 털 많은
inquire [inkwáiər] *vi.* 묻다
jostle [dʒásl] *vi.* 겨루다
lentil [léntil] *n.* 렌즈콩
pregnant [prégnənt] *a.* 임신한
separate [sépərèit] *vt.* 분리하다
skillful [skílfəl] *a.* 숙련된
stay [stei] *vi.* 머무르다, 머물다
twin [twin] *a.* 쌍둥이의
womb [wu:m] *n.* 자궁

25:21 on behalf of...: …를 위하여
25:22 each other: 서로
25:24 give birth: 출산하다
25:28 have a taste for...: …을 좋아하다
25:32 be about to...: 막 …하려 하다
25:33 swear an oath: 맹세하다

먹으며 마시고 일어나 갔으니 에서가 장자의 명분을 가볍게 여김이었더라

이삭이 그랄에 거주하다

26 아브라함 때에 첫 흉년이 들었더니 그 땅에 또 흉년이 들매 이삭이 그랄로 가서 블레셋 왕 아비멜렉에게 이르렀더니

2 여호와께서 이삭에게 나타나 이르시되 애굽으로 내려가지 말고 내가 네게 지시하는 땅에 거주하라

3 이 땅에 거류하면 내가 너와 함께 있어 네게 복을 주고 내가 이 모든 땅을 너와 네 자손에게 주리라 내가 네 아버지 아브라함에게 맹세한 것을 이루어

4 네 자손을 하늘의 별과 같이 번성하게 하며 이 모든 땅을 네 자손에게 주리니 네 자손으로 말미암아 천하 만민이 복을 받으리라

5 이는 아브라함이 내 말을 순종하고 내 명령과 내 계명과 내 율례와 내 법도를 지켰음이라 하시니라

6 이삭이 그랄에 거주하였더니

7 그곳 사람들이 그의 아내에 대하여 물으매 그가 말하기를 그는 내 누이라 하였으니 리브가는 보기에 아리따우므로 그곳 백성이 리브가로 말미암아 자기를 죽일까 하여 그는 내 아내라 하기를 두려워함이었더라

8 이삭이 거기 오래 거주하였더니 이삭이 그 아내 리브가를 껴안은 것을 블레셋 왕 아비멜렉이 창으로 내다본지라

9 이에 아비멜렉이 이삭을 불러 이르되 그가 분명히 네 아내거늘 어찌 네 누이라 하였느냐 이삭이 그에게 대답하되 내 생각에 그로 말미암아 내가 죽게 될까 두려워하였음이로라

10 아비멜렉이 이르되 네가 어찌 우리에게 이렇게 행하였느냐 백성 중 하나가 네 아내와 동침할 뻔하였도다 네가 죄를 우리에게 입혔으리라

11 아비멜렉이 이에 모든 백성에게 명하여 이르되 이 사람이나 그의 아내를 범하는 자는 죽이리라 하였더라

12 ●이삭이 그 땅에서 농사하여 그 해에 백 배나 얻었고 여호와께서 복을 주시므로

13 그 사람이 창대하고 왕성하여 마침내 거부가 되어

14 양과 소가 떼를 이루고 종이 심히 많으므로 블레셋 사람이 그를 시기하여

15 그 아버지 아브라함 때에 그 아버지의 종들이 판 모든 우물을 막고 흙으로 메웠더라

16 아비멜렉이 이삭에게 이르되 네가 우리보다

got up and left.
So Esau despised his birthright.

Isaac and Abimelek

26 Now there was a famine in the land
—besides the previous famine in
Abraham's time—and Isaac went to Abi-
2 melek king of the Philistines in Gerar. •The
LORD appeared to Isaac and said, "Do not go
down to Egypt; live in the land where I tell
3 you to live. •Stay in this land for a while,
and I will be with you and will bless you. For
to you and your descendants I will give all
these lands and will confirm the oath I swore
4 to your father Abraham. •I will make your
descendants as numerous as the stars in the
sky and will give them all these lands, and
through your offspring[a] all nations on earth
5 will be blessed,[b] •because Abraham obeyed
me and did everything I required of him,
keeping my commands, my decrees and my
6 instructions." •So Isaac stayed in Gerar.
7 •When the men of that place asked him
about his wife, he said, "She is my sister,"
because he was afraid to say, "She is my
wife." He thought, "The men of this place
might kill me on account of Rebekah, be-
cause she is beautiful."
8 •When Isaac had been there a long time,
Abimelek king of the Philistines looked
down from a window and saw Isaac caress-
9 ing his wife Rebekah. •So Abimelek sum-
moned Isaac and said, "She is really your
wife! Why did you say, 'She is my sister'?"
Isaac answered him, "Because I thought I
might lose my life on account of her."
10 •Then Abimelek said, "What is this you
have done to us? One of the men might well
have slept with your wife, and you would
have brought guilt upon us."
11 •So Abimelek gave orders to all the peo-
ple: "Anyone who harms this man or his
wife shall surely be put to death."
12 •Isaac planted crops in that land and the
same year reaped a hundredfold, because the
13 LORD blessed him. •The man became rich,
and his wealth continued to grow until he
14 became very wealthy. •He had so many
flocks and herds and servants that the
15 Philistines envied him. •So all the wells that
his father's servants had dug in the time of his

[a]4 Or *seed* [b]4 Or *and all nations on earth will use the name of your offspring in blessings* (see 48:20)

appear [əpíər] *vi.* 나타나다, 드러나다
birthright [bəːrθrait] *n.* 장자권
caress [kərés] *vt.* 껴안다
command [kəmǽnd] *n.* 명령
continue [kəntínjuː] *vt.* 지속하다
decree [dikríː] *n.* 법령
descendant [diséndənt] *n.* 자손
despise [dispáiz] *vt.* 경멸하다
envy [énvi] *vt.* 시기하다
famine [fǽmin] *n.* 기근
hundredfold [hʌndrədfòuld] *n.* 100배
numerous [njúːmərəs] *a.* 수많은
previous [príːviəs] *a.* 이전의
reap [riːp] *vt.* 수확하다
summon [sʌmən] *vt.* 부르다

26:3 for a while: 잠시 동안
26:7 on account of...: …때문에
26:11 Anyone who...: …하는 사람은 누구든지
26:11 put to death: 사형에 처하다
26:14 so... that: 너무 …해서 ~하다

크게 강성한즉 우리를 떠나라

17 이삭이 그곳을 떠나 그랄 골짜기에 장막을 치고 거기 거류하며

18 그 아버지 아브라함 때에 팠던 우물들을 다시 팠으니 이는 아브라함이 죽은 후에 블레셋 사람이 그 우물들을 메웠음이라 이삭이 그 우물들의 이름을 그의 아버지가 부르던 이름으로 불렀더라

19 이삭의 종들이 골짜기를 파서 샘 근원을 얻었더니

20 그랄 목자들이 이삭의 목자와 다투어 이르되 이 물은 우리의 것이라 하매 이삭이 그 다툼으로 말미암아 그 우물 이름을 [1]에섹이라 하였으며

21 또 다른 우물을 팠더니 그들이 또 다투므로 그 이름을 [2]싯나라 하였으며

22 이삭이 거기서 옮겨 다른 우물을 팠더니 그들이 다투지 아니하였으므로 그 이름을 [3]르호봇이라 하여 이르되 이제는 여호와께서 우리를 위하여 넓게 하셨으니 이 땅에서 우리가 번성하리로다 하였더라

23 ●이삭이 거기서부터 브엘세바로 올라갔더니

24 그 밤에 여호와께서 그에게 나타나 이르시되 나는 네 아버지 아브라함의 하나님이니 두려워하지 말라 내 종 아브라함을 위하여 내가 너와 함께 있어 네게 복을 주어 네 자손이 번성하게 하리라 하신지라

25 이삭이 그곳에 제단을 쌓고, 여호와의 이름을 부르며 거기 장막을 쳤더니 이삭의 종들이 거기서도 우물을 팠더라

이삭과 아비멜렉의 계약

26 ●아비멜렉이 그 친구 아훗삿과 군대 장관 비골과 더불어 그랄에서부터 이삭에게로 온지라

27 이삭이 그들에게 이르되 너희가 나를 미워하여 나에게 너희를 떠나게 하였거늘 어찌하여 내게 왔느냐

28 그들이 이르되 여호와께서 너와 함께 계심을 우리가 분명히 보았으므로 우리의 사이 곧 우리와 너 사이에 맹세하여 너와 계약을 맺으리라 말하였노라

29 너는 우리를 해하지 말라 이는 우리가 너를 범하지 아니하고 선한 일만 네게 행하여 네가 평안히 가게 하였음이니라 이제 너는 여호와께 복을 받은 자니라

30 이삭이 그들을 위하여 잔치를 베풀매 그들이 먹고 마시고

31 아침에 일찍이 일어나 서로 맹세한 후에 이삭

father Abraham, the Philistines stopped up,
filling them with earth.
16 •Then Abimelek said to Isaac, "Move
away from us; you have become too power-
ful for us."
17 •So Isaac moved away from there and
encamped in the Valley of Gerar, where he
18 settled. •Isaac reopened the wells that had
been dug in the time of his father Abraham,
which the Philistines had stopped up after
Abraham died, and he gave them the same
names his father had given them.
19 •Isaac's servants dug in the valley and dis-
20 covered a well of fresh water there. •But the
herders of Gerar quarreled with those of Isaac
and said, "The water is ours!" So he named
the well Esek, [a] because they disputed with
21 him. •Then they dug another well, but they
quarreled over that one also; so he named it
22 Sitnah. [b] •He moved on from there and dug
another well, and no one quarreled over it.
He named it Rehoboth, [c] saying, "Now the
LORD has given us room and we will flourish
in the land."
23 •From there he went up to Beersheba.
24 •That night the LORD appeared to him and
said, "I am the God of your father Abraham.
Do not be afraid, for I am with you; I will
bless you and will increase the number of
your descendants for the sake of my servant
Abraham."
25 •Isaac built an altar there and called on
the name of the LORD. There he pitched his
tent, and there his servants dug a well.
26 •Meanwhile, Abimelek had come to him
from Gerar, with Ahuzzath his personal advis-
er and Phicol the commander of his forces.
27 •Isaac asked them, "Why have you come to
me, since you were hostile to me and sent me
away?"
28 •They answered, "We saw clearly that the
LORD was with you; so we said, 'There ought
to be a sworn agreement between us'— bet-
ween us and you. Let us make a treaty with
29 you •that you will do us no harm, just as we
did not harm you but always treated you
well and sent you away peacefully. And now
you are blessed by the LORD."
30 •Isaac then made a feast for them, and
31 they ate and drank. •Early the next morn-

[a]20 *Esek* means *dispute.* [b]21 *Sitnah* means *opposition.* [c]22 *Rehoboth* means *room.*

1) 다툼 2) 대적함 3) 장소가 넓음

adviser [ədváizər] *n.* 조언자
agreement [əgrí:mənt] *n.* 동의, 합의
altar [ɔ́:ltər] *n.* 제단
command [kəmǽnd] *n.* 명령
dig [dig] *vt.* 파다
dispute [dispjú:t] *vi.* 다투다
encamp [inkǽmp] *vi.* 야영하다
flourish [flə́:riʃ] *vi.* 번성하다
force [fɔ:rs] *n.* 군대
harm [ha:rm] *n.* 해, 손해
herder [hə́:rdər] *n.* 목자
hostile [hástl] *a.* 적대적인
meanwhile [mí:nhwail] *ad.* 한편
pitch [pitʃ] *vt.* (장막을) 치다
treaty [trí:ti] *n.* 조약

26:18 **stop up**: (구멍 등을) 막다
26:20 **quarrel with**: 다투다
26:24 **appear to**: …에게 나타나다
26:24 **for the sake of...**: …를 위하여
26:28 **ought to...**: …해야 한다
26:30 **make a feast**: 잔치를 열다

이 그들을 보내매 그들이 평안히 갔더라
32 그날에 이삭의 종들이 자기들이 판 우물에
대하여 이삭에게 와서 알리어 이르되 우리가
물을 얻었나이다 하매
33 그가 그 이름을 세바라 한지라 그러므로 그
성읍 이름이 오늘까지 브엘세바더라 21:31

에서의 이방인 아내들

34 ● 에서가 사십 세에 헷 족속 브에리의 딸 유
딧과 헷 족속 엘론의 딸 바스맛을 아내로 맞
이하였더니
35 그들이 이삭과 리브가의 마음에 근심이 되었
더라 27:46

이삭이 야곱에게 축복하다

27 이삭이 나이가 많아 눈이 어두워 잘 보
지 못하더니 맏아들 에서를 불러 이르
되 내 아들아 하매 그가 이르되 내가 여기 있
나이다 하니
2 이삭이 이르되 내가 이제 늙어 어느 날 죽을
는지 알지 못하니
3 그런즉 네 기구 곧 화살통과 활을 가지고 들
에 가서 나를 위하여 사냥하여
4 내가 즐기는 별미를 만들어 내게로 가져와서
먹게 하여 내가 죽기 전에 내 마음껏 네게 축
복하게 하라
5 ● 이삭이 그의 아들 에서에게 말할 때에 리
브가가 들었더니 에서가 사냥하여 오려고 들
로 나가매
6 리브가가 그의 아들 야곱에게 말하여 이르되
네 아버지가 네 형 에서에게 말씀하시는 것
을 내가 들으니 이르시기를
7 나를 위하여 사냥하여 가져다가 별미를 만들
어 내가 먹게 하여 죽기 전에 여호와 앞에서
네게 축복하게 하라 하셨으니
8 그런즉 내 아들아 내 말을 따라 내가 네게 명
하는 대로
9 염소 떼에 가서 거기서 좋은 염소 새끼 두 마
리를 내게로 가져오면 내가 그것으로 네 아버
지를 위하여 그가 즐기시는 별미를 만들리니
10 네가 그것을 네 아버지께 가져다 드려서 그가
죽기 전에 네게 축복하기 위하여 잡수시게 하라
11 야곱이 그 어머니 리브가에게 이르되 내 형
에서는 털이 많은 사람이요 나는 매끈매끈한
사람인즉
12 아버지께서 나를 만지실진대 내가 아버지의
눈에 속이는 자로 보일지라 복은 고사하고
저주를 받을까 하나이다
13 어머니가 그에게 이르되 내 아들아 너의 저

ing the men swore an oath to each other. Then
Isaac sent them on their way, and they went
away peacefully.
32 • That day Isaac's servants came and told
him about the well they had dug. They said,
33 "We've found water!" • He called it Shibah,[a]
and to this day the name of the town has been
Beersheba.[b]

Jacob Takes Esau's Blessing

34 • When Esau was forty years old, he married
Judith daughter of Beeri the Hittite, and also
35 Basemath daughter of Elon the Hittite. • They
were a source of grief to Isaac and Rebekah.

27 When Isaac was old and his eyes
were so weak that he could no longer
see, he called for Esau his older son and said to
him, "My son."
"Here I am," he answered.
2 • Isaac said, "I am now an old man and
3 don't know the day of my death. • Now then,
get your equipment—your quiver and bow
—and go out to the open country to hunt
4 some wild game for me. • Prepare me the kind
of tasty food I like and bring it to me to eat, so
that I may give you my blessing before I die."
5 • Now Rebekah was listening as Isaac
spoke to his son Esau. When Esau left for the
open country to hunt game and bring it back,
6 • Rebekah said to her son Jacob, "Look, I over-
heard your father say to your brother Esau,
7 • 'Bring me some game and prepare me some
tasty food to eat, so that I may give you my
blessing in the presence of the LORD before I
8 die.' • Now, my son, listen carefully and do
9 what I tell you: • Go out to the flock and bring
me two choice young goats, so I can prepare
some tasty food for your father, just the way he
10 likes it. • Then take it to your father to eat, so
that he may give you his blessing before he
dies."
11 • Jacob said to Rebekah his mother, "But my
brother Esau is a hairy man while I have
12 smooth skin. • What if my father touches me?
I would appear to be tricking him and would
bring down a curse on myself rather than a
blessing."
13 • His mother said to him, "My son, let the
curse fall on me. Just do what I say; go and get
them for me."

[a]33 *Shibah* can mean *oath* or *seven.* [b]33 *Beersheba* can mean *well of the oath* and *well of seven.*

blessing [blésiŋ] *n.* 축복
bow [bau] *n.* 활
curse [kəːrs] *n.* 저주
flock [flak] *n.* 짐승 떼
game [geim] *n.* 사냥감
grief [griːf] *n.* 슬픔
hairy [héəri] *a.* 털이 많은
overhear [óuvərhíər] *vt.* 우연히 듣다
prepare [pripέər] *vt.* 준비하다
quiver [kwívər] *n.* 화살통
smooth [smuːð] *a.* 매끄러운
source [sɔːrs] *n.* 근원
tasty [téisti] *a.* 맛있는
trick [trik] *vt.* 속이다
weak [wiːk] *a.* 약한

27:1 so... that A could no (longer)~: 너무 …해서 A가 더 이상 ~할 수 없다
27:7 in the presence of...: …앞에서
27:9 prepare A for B: B를 위해 A를 준비하다
27:9 just the way: 꼭 같이
27:12 bring down: 파멸시키다

주는 내게로 돌리리니 내 말만 따르고 가서
가져오라
14 그가 가서 끌어다가 어머니에게로 가져왔더
니 그의 어머니가 그의 아버지가 즐기는 별
미를 만들었더라
15 리브가가 집 안 자기에게 있는 그의 맏아들
에서의 좋은 의복을 가져다가 그의 작은아들
야곱에게 입히고
16 또 염소 새끼의 가죽을 그의 손과 목의 매끈
매끈한 곳에 입히고
17 자기가 만든 별미와 떡을 자기 아들 야곱의
손에 주니
18 야곱이 아버지에게 나아가서 내 아버지여 하
고 부르니 이르되 내가 여기 있노라 내 아들
아 네가 누구냐
19 야곱이 아버지에게 대답하되 나는 아버지의
맏아들 에서로소이다 아버지께서 내게 명하
신 대로 내가 하였사오니 원하건대 일어나
앉아서 내가 사냥한 고기를 잡수시고 아버지
마음껏 내게 축복하소서 27:4
20 이삭이 그의 아들에게 이르되 내 아들아 네
가 어떻게 이같이 속히 잡았느냐 그가 이르
되 아버지의 하나님 여호와께서 나로 순조롭
게 만나게 하셨음이니이다
21 이삭이 야곱에게 이르되 내 아들아 가까이
오라 네가 과연 내 아들 에서인지 아닌지 내
가 너를 만져보려 하노라
22 야곱이 그 아버지 이삭에게 가까이 가니 이
삭이 만지며 이르되 음성은 야곱의 음성이나
손은 에서의 손이로다 하며
23 그의 손이 형 에서의 손과 같이 털이 있으므
로 분별하지 못하고 축복하였더라 27:16
24 이삭이 이르되 네가 참 내 아들 에서냐 그가
대답하되 그러하니이다
25 이삭이 이르되 내게로 가져오라 내 아들이
사냥한 고기를 먹고 내 마음껏 네게 축복하
리라 야곱이 그에게로 가져가매 그가 먹고
또 포도주를 가져가매 그가 마시고
26 그의 아버지 이삭이 그에게 이르되 내 아들
아 가까이 와서 내게 입맞추라
27 그가 가까이 가서 그에게 입맞추니 아버지가
그의 옷의 향취를 맡고 그에게 축복하여 이
르되

내 아들의 향취는 여호와께서 복 주신 밭
의 향취로다

28 하나님은 하늘의 이슬과 땅의 기름짐이며
풍성한 곡식과 포도주를 네게 주시기를 원

14 •So he went and got them and brought
them to his mother, and she prepared some
tasty food, just the way his father liked it.
15 •Then Rebekah took the best clothes of Esau
her older son, which she had in the house,
16 and put them on her younger son Jacob. •She
also covered his hands and the smooth part
17 of his neck with the goatskins. •Then she
handed to her son Jacob the tasty food and
the bread she had made.
18 •He went to his father and said, "My father."
"Yes, my son," he answered. "Who is it?"
19 •Jacob said to his father, "I am Esau your
firstborn. I have done as you told me. Please sit
up and eat some of my game, so that you may
give me your blessing."
20 •Isaac asked his son, "How did you find it so
quickly, my son?"
"The LORD your God gave me success," he
replied.
21 •Then Isaac said to Jacob, "Come near so I
can touch you, my son, to know whether you
really are my son Esau or not."
22 •Jacob went close to his father Isaac, who
touched him and said, "The voice is the voice
of Jacob, but the hands are the hands of Esau."
23 •He did not recognize him, for his hands were
hairy like those of his brother Esau; so he pro-
24 ceeded to bless him. •"Are you really my son
Esau?" he asked.
"I am," he replied.
25 •Then he said, "My son, bring me some of
your game to eat, so that I may give you my
blessing."
Jacob brought it to him and he ate; and he
26 brought some wine and he drank. •Then his
father Isaac said to him, "Come here, my son,
and kiss me."
27 •So he went to him and kissed him. When
Isaac caught the smell of his clothes, he blessed
him and said,

"Ah, the smell of my son
is like the smell of a field
that the LORD has blessed.
28 •May God give you heaven's dew
and earth's richness—
an abundance of grain and new wine.
29 •May nations serve you
and peoples bow down to you.
Be lord over your brothers,
and may the sons of your mother bow
down to you.

abundance [əbʌndəns] *n.* 풍성함
bring [briŋ] *vt.* 가져오다
cover [kʌvər] *vt.* 덮다
dew [dju:] *n.* 이슬
firstborn [fə:rstbɔ:rn] *n.* 장자
goatskin [goutskin] *n.* 염소 가죽
grain [grein] *n.* 곡식
hairy [hέəri] *a.* 털이 많은
hand [hænd] *vt.* 건네 주다
quickly [kwíkli] *ad.* 급히, 빨리
recognize [rékəgnàiz] *vt.* 알아채다
richness [rítʃnis] *n.* 풍부함
serve [sə:rv] *vt.* 섬기다
smell [smel] *n.* 냄새
smooth [smu:ð] *a.* 매끈한

27:15 put on: (옷을) 입다
27:17 hand to: 주다
27:19 sit up: 일어나 앉다
27:21 whether... or not: …인지 아닌지
27:23 proceed to: (…하기) 시작하다
27:29 lord over: 지배하다

하노라
29 만민이 너를 섬기고 열국이 네게 굴복하리니
네가 형제들의 주가 되고 네 어머니의 아들
들이 네게 굴복하며 너를 저주하는 자는 저
주를 받고 너를 축복하는 자는 복을 받기를
원하노라
30 이삭이 야곱에게 축복하기를 마치매 야곱이
그의 아버지 이삭 앞에서 나가자 곧 그의 형 에
서가 사냥하여 돌아온지라
31 그가 별미를 만들어 아버지에게로 가지고 가
서 이르되 아버지여 일어나서 아들이 사냥한
고기를 잡수시고 마음껏 내게 축복하소서
32 그의 아버지 이삭이 그에게 이르되 너는 누구
냐 그가 대답하되 나는 아버지의 아들 곧 아버
지의 맏아들 에서로소이다
33 이삭이 심히 크게 떨며 이르되 그러면 사냥한
고기를 내게 가져온 자가 누구냐 네가 오기 전
에 내가 다 먹고 그를 위하여 축복하였은즉 그
가 반드시 복을 받을 것이니라
34 에서가 그의 아버지의 말을 듣고 소리 질러 슬
피 울며 아버지에게 이르되 내 아버지여 내게
축복하소서 내게도 그리하소서
35 이삭이 이르되 네 아우가 와서 속여 네 복을 빼
앗았도다
36 에서가 이르되 그의 이름을 야곱이라 함이 합
당하지 아니하니이까 그가 나를 속임이 이것
이 두 번째니이다 전에는 나의 장자의 명분을
빼앗고 이제는 내 복을 빼앗았나이다 또 이르
되 아버지께서 나를 위하여 빌 복을 남기지 아
니하셨나이까
37 이삭이 에서에게 대답하여 이르되 내가 그를 너
의 주로 세우고 그의 모든 형제를 내가 그에게
종으로 주었으며 곡식과 포도주를 그에게 주었
으니 내 아들아 내가 네게 무엇을 할 수 있으랴
38 에서가 아버지에게 이르되 내 아버지여 아버
지가 빌 복이 이 하나뿐이리이까 내 아버지여
내게 축복하소서 내게도 그리하소서 하고 소
리를 높여 우니
39 그 아버지 이삭이 그에게 대답하여 이르되
네 주소는 땅의 기름짐에서 멀고 내리는 하
늘 이슬에서 멀 것이며
40 너는 칼을 믿고 생활하겠고 네 아우를 섬길
것이며 네가 매임을 벗을 때에는 그 멍에를
네 목에서 떨쳐버리리라
하였더라
41 그의 아버지가 야곱에게 축복한 그 축복으로
말미암아 에서가 야곱을 미워하여 심중에 이

May those who curse you be cursed
and those who bless you be blessed."
30 • After Isaac finished blessing him, and
Jacob had scarcely left his father's presence,
31 his brother Esau came in from hunting. • He
too prepared some tasty food and brought it
to his father. Then he said to him, "My father,
please sit up and eat some of my game, so
that you may give me your blessing."
32 • His father Isaac asked him, "Who are
you?"
"I am your son," he answered, "your first-
born, Esau."
33 • Isaac trembled violently and said, "Who
was it, then, that hunted game and brought
it to me? I ate it just before you came and
I blessed him—and indeed he will be
blessed!"
34 • When Esau heard his father's words, he
burst out with a loud and bitter cry and said
to his father, "Bless me—me too, my father!"
35 • But he said, "Your brother came deceit-
fully and took your blessing."
36 • Esau said, "Isn't he rightly named Jaco-
b[a]? This is the second time he has taken
advantage of me: He took my birthright,
and now he's taken my blessing!" Then he
asked, "Haven't you reserved any blessing
for me?"
37 • Isaac answered Esau, "I have made him
lord over you and have made all his rela-
tives his servants, and I have sustained him
with grain and new wine. So what can I pos-
sibly do for you, my son?"
38 • Esau said to his father, "Do you have
only one blessing, my father? Bless me too,
my father!" Then Esau wept aloud.
39 • His father Isaac answered him,

"Your dwelling will be
away from the earth's richness,
away from the dew of heaven above.
40 • You will live by the sword
and you will serve your brother.
But when you grow restless,
you will throw his yoke
from off your neck."

41 • Esau held a grudge against Jacob be-
cause of the blessing his father had given
him. He said to himself, "The days of mourn-
ing for my father are near; then I will kill

[a]36 *Jacob* means *he grasps the heel,* a Hebrew idiom for *he takes advantage of* or *he deceives.*

bitter [bítər] *a.* 고통스러운
curse [kəːrs] *vt.* 저주하다
deceitfully [disíːtfəli] *ad.* 속여서
dwelling [dwéliŋ] *n.* 거주지
grudge [grʌdʒ] *n.* 원한
indeed [indíːd] *ad.* 진실로
loud [laud] *a.* 소리가 큰
reserve [rizə́ːrv] *vt.* 남겨두다
restless [réstlis] *a.* 활동적인
scarcely [skɛ́ərsli] *ad.* 간신히
sustain [səstéin] *vt.* 부양하다
sword [sɔːrd] *n.* 칼
tremble [trémbl] *vi.* 떨다
violently [váiələntli] *ad.* 격렬하게
yoke [jouk] *n.* 멍에

27:34 burst out: 절규하다
27:38 weep aloud: 큰소리로 울다
27:39 be away from...: …로부터 먼
27:40 throw off: 벗어 던지다
27:41 hold a grudge against...: …에게 원한을 품다

르기를 아버지를 곡할 때가 가까웠은즉 내가
내 아우 야곱을 죽이리라 하였더니
42 맏아들 에서의 이 말이 리브가에게 들리매 이에
사람을 보내어 작은아들 야곱을 불러 그에게 이
르되 네 형 에서가 너를 죽여 그 한을 풀려 하니
43 내 아들아 내 말을 따라 일어나 하란으로 가서
내 오라버니 라반에게로 피신하여 24:29
44 네 형의 노가 풀리기까지 몇 날 동안 그와 함께
거주하라
45 네 형의 분노가 풀려 네가 자기에게 행한 것을
잊어버리거든 내가 곧 사람을 보내어 너를 거기
서 불러오리라 어찌 하루에 너희 둘을 잃으랴

이삭이 야곱을 라반에게 보내다

46 ●리브가가 이삭에게 이르되 내가 헷 사람의
딸들로 말미암아 내 삶이 싫어졌거늘 야곱이
만일 이 땅의 딸들 곧 그들과 같은 헷 사람의
딸들 중에서 아내를 맞이하면 내 삶이 내게 무
슨 재미가 있으리이까

28 이삭이 야곱을 불러 그에게 축복하고 또
당부하여 이르되 너는 가나안 사람의 딸
들 중에서 아내를 맞이하지 말고
2 일어나 밧단아람으로 가서 네 외조부 브두엘
의 집에 이르러 거기서 네 외삼촌 라반의 딸 중
에서 아내를 맞이하라
3 전능하신 하나님이 네게 복을 주시어 네가 생
육하고 번성하게 하여 네가 여러 족속을 이루
게 하시고
4 아브라함에게 허락하신 복을 네게 주시되 너
와 너와 함께 네 자손에게도 주사 하나님이 아
브라함에게 주신 땅 곧 네가 거류하는 땅을 네
가 차지하게 하시기를 원하노라
5 이에 이삭이 야곱을 보내매 그가 밧단아람으
로 가서 라반에게 이르렀으니 라반은 아람 사
람 브두엘의 아들이요 야곱과 에서의 어머니
리브가의 오라비더라

에서가 다른 아내를 맞이하다

6 ●에서가 본즉 이삭이 야곱에게 축복하고 그를
밧단아람으로 보내어 거기서 아내를 맞이하게
하였고 또 그에게 축복하고 명하기를 너는 가
나안 사람의 딸들 중에서 아내를 맞이하지 말
라 하였고 28:1
7 또 야곱이 부모의 명을 따라 밧단아람으로 갔
으며 27:8
8 에서가 또 본즉 가나안 사람의 딸들이 그의 아
버지 이삭을 기쁘게 하지 못하는지라
9 이에 에서가 이스마엘에게 가서 그 본처들 외
에 아브라함의 아들 이스마엘의 딸이요 느바

my brother Jacob."
42 ●When Rebekah was told what her older
son Esau had said, she sent for her younger
son Jacob and said to him, "Your brother
Esau is planning to avenge himself by kill-
43 ing you. ●Now then, my son, do what I say:
Flee at once to my brother Laban in Har-
44 ran. ●Stay with him for a while until your
45 brother's fury subsides. ●When your broth-
er is no longer angry with you and forgets
what you did to him, I'll send word for you
to come back from there. Why should I lose
both of you in one day?"
46 ●Then Rebekah said to Isaac, "I'm dis-
gusted with living because of these Hittite
women. If Jacob takes a wife from among
the women of this land, from Hittite women
like these, my life will not be worth living."

28 So Isaac called for Jacob and blessed
him. Then he commanded him:
2 "Do not marry a Canaanite woman. ●Go
at once to Paddan Aram,[a] to the house of
your mother's father Bethuel. Take a wife
for yourself there, from among the daugh-
3 ters of Laban, your mother's brother. ●May
God Almighty[b] bless you and make you
fruitful and increase your numbers until you
4 become a community of peoples. ●May he
give you and your descendants the blessing
given to Abraham, so that you may take pos-
session of the land where you now reside as
a foreigner, the land God gave to Abra-
5 ham." ●Then Isaac sent Jacob on his way,
and he went to Paddan Aram, to Laban
son of Bethuel the Aramean, the brother of
Rebekah, who was the mother of Jacob and
Esau.
6 ●Now Esau learned that Isaac had blessed
Jacob and had sent him to Paddan Aram to
take a wife from there, and that when he
blessed him he commanded him, "Do not
7 marry a Canaanite woman," ●and that
Jacob had obeyed his father and mother
8 and had gone to Paddan Aram. ●Esau then
realized how displeasing the Canaanite
9 women were to his father Isaac; ●so he went
to Ishmael and married Mahalath, the sis-
ter of Nebaioth and daughter of Ishmael
son of Abraham, in addition to the wives he
already had.

[a]2 That is, Northwest Mesopotamia; also in verses 5, 6 and 7 [b]3 Hebrew *El-Shaddai*

almighty [ɔːlmáiti] *a.* 전능한
avenge [əvéndʒ] *vt.* …의 복수를 시작하다
bless [bles] *vt.* 축복하다
command [kəmǽnd] *vt.* 명령하다
community [kəmjúːnəti] *n.* 집단
descendant [diséndənt] *n.* 자손
disgust [disgʌst] *vt.* …에 넌더리 나다
displeasing [displíːziŋ] *a.* 불쾌하게 하는
flee [fliː] *vi.* 달아나다
fruitful [frúːtfəl] *a.* (자손이) 많은
fury [fjúəri] *n.* 격노
obey [oubéi] *vt.* 복종하다
realize [ríːəlàiz] *vt.* 깨닫다
reside [rizáid] *vi.* (장기간) 거주하다
subside [səbsáid] *vi.* 가라앉다

27:43 at once: 즉시, 곧바로
27:44 for a while: 잠시 동안
27:46 be worth ~ing: ~할 가치가 있다
28:1 call for: 부르다
28:4 take possession of: 차지하다
28:9 in addition to...: …외에

욧의 누이인 마할랏을 아내로 맞이하였더라

야곱이 벧엘에서 꿈을 꾸다

10 야곱이 브엘세바에서 떠나 하란으로 향하
여 가더니
11 한 곳에 이르러는 해가 진지라 거기서 유숙
하려고 그곳의 한 돌을 가져다가 베개로 삼
고 거기 누워 자더니
12 꿈에 본즉 사닥다리가 땅 위에 서 있는데 그
꼭대기가 하늘에 닿았고 또 본즉 하나님의
사자들이 그 위에서 오르락내리락 하고
13 또 본즉 여호와께서 그 위에 서서 이르시되
나는 여호와니 너의 조부 아브라함의 하나님
이요 이삭의 하나님이라 네가 누워 있는 땅
을 내가 너와 네 자손에게 주리니
14 네 자손이 땅의 티끌같이 되어 네가 서쪽과
동쪽과 북쪽과 남쪽으로 퍼져나갈지며 땅의
모든 족속이 너와 네 자손으로 말미암아 복
을 받으리라
15 내가 너와 함께 있어 네가 어디로 가든지 너
를 지키며 너를 이끌어 이 땅으로 돌아오게
할지라 내가 네게 허락한 것을 다 이루기까
지 너를 떠나지 아니하리라 하신지라
16 야곱이 잠이 깨어 이르되 여호와께서 과연
여기 계시거늘 내가 알지 못하였도다 수 5:15
17 이에 두려워하여 이르되 두렵도다 이곳이여
이것은 다름 아닌 하나님의 집이요 이는 하
늘의 문이로다 하고
18 야곱이 아침에 일찍이 일어나 베개로 삼았던
돌을 가져다가 기둥으로 세우고 그 위에 기
름을 붓고
19 그곳 이름을 1)벧엘이라 하였더라 이 성의 옛
이름은 루스더라
20 야곱이 서원하여 이르되 하나님이 나와 함께
계셔서 내가 가는 이 길에서 나를 지키시고
먹을 떡과 입을 옷을 주시어
21 내가 평안히 아버지 집으로 돌아가게 하시오
면 여호와께서 나의 하나님이 되실 것이요
22 내가 기둥으로 세운 이 돌이 하나님의 집이
될 것이요 하나님께서 내게 주신 모든 것에
서 십분의 일을 내가 반드시 하나님께 드리
겠나이다 하였더라

야곱이 라반의 집에 이르다

29 야곱이 길을 떠나 동방 사람의 땅에 이
르러
2 본즉 들에 우물이 있고 그 곁에 양 세 떼가
누워 있으니 이는 목자들이 그 우물에서 양
떼에게 물을 먹임이라 큰 돌로 우물 아귀를

1) 하나님의 집

Jacob's Dream at Bethel

10 Jacob left Beersheba and set out for Har-
11 ran. When he reached a certain place, he
stopped for the night because the sun had set.
Taking one of the stones there, he put it under
12 his head and lay down to sleep. He had a
dream in which he saw a stairway resting on
the earth, with its top reaching to heaven, and
the angels of God were ascending and descend-
13 ing on it. There above it[a] stood the LORD, and
he said: "I am the LORD, the God of your father
Abraham and the God of Isaac. I will give you
and your descendants the land on which you
14 are lying. Your descendants will be like the
dust of the earth, and you will spread out to
the west and to the east, to the north and to
the south. All peoples on earth will be blessed
15 through you and your offspring.[b] I am with
you and will watch over you wherever you
go, and I will bring you back to this land. I
will not leave you until I have done what I
have promised you."
16 When Jacob awoke from his sleep, he th-
ought, "Surely the LORD is in this place, and I
17 was not aware of it." He was afraid and said,
"How awesome is this place! This is none other
than the house of God; this is the gate of heav-
en."
18 Early the next morning Jacob took the
stone he had placed under his head and set it
19 up as a pillar and poured oil on top of it. He
called that place Bethel,[c] though the city used
to be called Luz.
20 Then Jacob made a vow, saying, "If God
will be with me and will watch over me on
this journey I am taking and will give me food
21 to eat and clothes to wear so that I return safe-
ly to my father's household, then the Lord[d]
22 will be my God and[e] this stone that I have set
up as a pillar will be God's house, and of all
that you give me I will give you a tenth."

Jacob Arrives in Paddan Aram

29 Then Jacob continued on his journey
and came to the land of the eastern
2 peoples. There he saw a well in the open coun-
try, with three flocks of sheep lying near it
because the flocks were watered from that well.

[a]13 Or *There beside him* [b]14 Or *will use your name and the name of your offspring in blessings* (see 48:20) [c]19 *Bethel* means *house of God.* [d]20,21 Or *Since God . . . father's household, the LORD* [e]21,22 Or *household, and the LORD will be my God,* [22]*then*

ascend [əsénd] *vi.* 올라가다
awake [əwéik] *vi.* 깨어나다
awesome [ɔ́:səm] *a.* 장엄한
certain [sə́:rtn] *a.* 어떤
descend [disénd] *vi.* 내려가다
dust [dʌst] *n.* 티끌
flock [flak] *n.* 떼
journey [dʒə́:rni] *n.* 여행
offspring [ɔ́:fspriŋ] *n.* 자손
pillar [pílər] *n.* 기둥
pour [pɔ:r] *vt.* 붓다
stairway [stɛərwei] *n.* 층계
vow [vau] *n.* 맹세
water [wɔ́:tər] *vt.* 물 주다
well [wel] *n.* 우물

28:10 set out for...: …를 향해 출발하다
28:12 rest on: (물건 등이) 고정되다
28:12 reach to...: …에 닿다
28:14 spread out: 퍼지다
28:15 watch over: 돌보아주다
28:16 be aware of...: …를 알다

덮었다가

3 모든 떼가 모이면 그들이 우물 아귀에서 돌을 옮기고 그 양 떼에게 물을 먹이고는 우물 아귀 그 자리에 다시 그 돌을 덮더라

4 야곱이 그들에게 이르되 내 형제여 어디서 왔느냐 그들이 이르되 하란에서 왔노라 28:10

5 야곱이 그들에게 이르되 너희가 나홀의 손자 라반을 아느냐 그들이 이르되 아노라

6 야곱이 그들에게 이르되 그가 평안하냐 이르되 평안하니라 그의 딸 라헬이 지금 양을 몰고 오느니라

7 야곱이 이르되 해가 아직 높은즉 가축 모일 때가 아니니 양에게 물을 먹이고 가서 풀을 뜯게 하라

8 그들이 이르되 우리가 그리하지 못하겠노라 떼가 다 모이고 목자들이 우물 아귀에서 돌을 옮겨야 우리가 양에게 물을 먹이느니라

9 야곱이 그들과 말하는 동안에 라헬이 그의 아버지의 양과 함께 오니 그가 그의 양들을 치고 있었기 때문이더라

10 야곱이 그의 외삼촌 라반의 딸 라헬과 그의 외삼촌의 양을 보고 나아가 우물 아귀에서 돌을 옮기고 외삼촌 라반의 양 떼에게 물을 먹이고

11 그가 라헬에게 입맞추고 소리 내어 울며

12 그에게 자기가 그의 아버지의 생질이요 리브가의 아들 됨을 말하였더니 라헬이 달려가서 그 아버지에게 알리매

13 라반이 그의 생질 야곱의 소식을 듣고 달려와서 그를 영접하여 안고 입맞추며 자기 집으로 인도하여 들이니 야곱이 자기의 모든 일을 라반에게 말하매

14 라반이 이르되 너는 참으로 내 혈육이로다 하였더라 야곱이 한 달을 그와 함께 거주하더니

15 라반이 야곱에게 이르되 네가 비록 내 생질이나 어찌 그저 내 일을 하겠느냐 네 품삯을 어떻게 할지 내게 말하라

16 라반에게 두 딸이 있으니 언니의 이름은 레아요 아우의 이름은 라헬이라

17 레아는 시력이 약하고 라헬은 곱고 아리따우니

18 야곱이 라헬을 더 사랑하므로 대답하되 내가 외삼촌의 작은딸 라헬을 위하여 외삼촌에게 칠 년을 섬기리이다

19 라반이 이르되 그를 네게 주는 것이 타인에게 주는 것보다 나으니 나와 함께 있으라

The stone over the mouth of the well was large.
3 •When all the flocks were gathered there, the
shepherds would roll the stone away from the
well's mouth and water the sheep. Then they
would return the stone to its place over the
mouth of the well.
4 •Jacob asked the shepherds, "My brothers,
where are you from?"
"We're from Harran," they replied.
5 •He said to them, "Do you know Laban,
Nahor's grandson?"
"Yes, we know him," they answered.
6 •Then Jacob asked them, "Is he well?"
"Yes, he is," they said, "and here comes his
daughter Rachel with the sheep."
7 •"Look," he said, "the sun is still high; it is
not time for the flocks to be gathered. Water
the sheep and take them back to pasture."
8 •"We can't," they replied, "until all the
flocks are gathered and the stone has been
rolled away from the mouth of the well. Then
we will water the sheep."
9 •While he was still talking with them,
Rachel came with her father's sheep, for she
10 was a shepherd. •When Jacob saw Rachel
daughter of his uncle Laban, and Laban's
sheep, he went over and rolled the stone away
from the mouth of the well and watered his
11 uncle's sheep. •Then Jacob kissed Rachel and
12 began to weep aloud. •He had told Rachel
that he was a relative of her father and a son of
Rebekah. So she ran and told her father.
13 •As soon as Laban heard the news about
Jacob, his sister's son, he hurried to meet him.
He embraced him and kissed him and
brought him to his home, and there Jacob told
14 him all these things. •Then Laban said to him,
"You are my own flesh and blood."

Jacob Marries Leah and Rachel

After Jacob had stayed with him for a
15 whole month, •Laban said to him, "Just
because you are a relative of mine, should you
work for me for nothing? Tell me what your
wages should be."
16 •Now Laban had two daughters; the name
of the older was Leah, and the name of the
17 younger was Rachel. •Leah had weak[a] eyes,
but Rachel had a lovely figure and was beau-
18 tiful. •Jacob was in love with Rachel and
said, "I'll work for you seven years in return
for your younger daughter Rachel."

[a]17 Or *delicate*

blood [blʌd] *n.* 혈통, 가문
embrace [imbréis] *vt.* 껴안다
figure [fígjər] *n.* 형상
flesh [fleʃ] *n.* 육친
gather [gǽðər] *vt.* 모으다
grandson [grǽndsʌn] *n.* 손자
mouth [mauθ] *n.* 입구
pasture [pǽstʃər] *n.* 목초지
relative [rélətiv] *n.* 친척
return [ritə́ːrn] *vt.* 돌려주다
roll [roul] *vt.* 굴리다
shepherd [ʃépərd] *n.* 양치기
wage [weidʒ] *n.* 보수, 급료
weep [wiːp] *vi.* 울다
well [wel] *n.* 우물

29:10 go over: 건너가다, 넘어가다
29:13 hurry to...: …하려고 서두르다
29:14 stay with: (손님으로서) 머무르다
29:15 for nothing: 공짜로
29:18 be in love with...: …과 사랑에 빠지다
29:18 in return for...: …에 대한 보답으로

20 야곱이 라헬을 위하여 칠 년 동안 라반을 섬
겼으나 그를 사랑하는 까닭에 칠 년을 며칠
같이 여겼더라

야곱이 레아와 라헬을 아내로 맞다

21 ●야곱이 라반에게 이르되 내 기한이 찼으니
내 아내를 내게 주소서 내가 그에게 들어가
겠나이다
22 라반이 그곳 사람을 다 모아 잔치하고
23 저녁에 그의 딸 레아를 야곱에게로 데려가매
야곱이 그에게로 들어가니라
24 라반이 또 그의 여종 실바를 그의 딸 레아에
게 시녀로 주었더라
25 야곱이 아침에 보니 레아라 라반에게 이르되
외삼촌이 어찌하여 내게 이같이 행하셨나이
까 내가 라헬을 위하여 외삼촌을 섬기지 아
니하였나이까 외삼촌이 나를 속이심은 어찌
됨이니이까 12:18
26 라반이 이르되 언니보다 아우를 먼저 주는
것은 우리 지방에서 하지 아니하는 바이라
27 이를 위하여 칠 일을 채우라 우리가 그도 네
게 주리니 네가 또 나를 칠 년 동안 섬길지니
라
28 야곱이 그대로 하여 그 칠 일을 채우매 라반
이 딸 라헬도 그에게 아내로 주고
29 라반이 또 그의 여종 빌하를 그의 딸 라헬에
게 주어 시녀가 되게 하매
30 야곱이 또한 라헬에게로 들어갔고 그가 레아
보다 라헬을 더 사랑하여 다시 칠 년 동안 라
반을 섬겼더라

야곱에게 아이들이 생기다

31 ●여호와께서 레아가 사랑받지 못함을 보시
고 그의 태를 여셨으나 라헬은 자녀가 없었
더라
32 레아가 임신하여 아들을 낳고 그 이름을 [1]르
우벤이라 하여 이르되 여호와께서 나의 괴로
움을 돌보셨으니 이제는 내 남편이 나를 사
랑하리로다 하였더라 16:11
33 그가 다시 임신하여 아들을 낳고 이르되 여
호와께서 내가 사랑받지 못함을 들으셨으므
로 내게 이 아들도 주셨도다 하고 그의 이름
을 [2]시므온이라 하였으며
34 그가 또 임신하여 아들을 낳고 이르되 내가
그에게 세 아들을 낳았으니 내 남편이 지금부
터 나와 연합하리로다 하고 그의 이름을 [3]레
위라 하였으며
35 그가 또 임신하여 아들을 낳고 이르되 내가
이제는 여호와를 찬송하리로다 하고 이로 말

19 ●Laban said, "It's better that I give her to
you than to some other man. Stay here with
20 me." ●So Jacob served seven years to get
Rachel, but they seemed like only a few days to
him because of his love for her.
21 ●Then Jacob said to Laban, "Give me my
wife. My time is completed, and I want to
make love to her."
22 ●So Laban brought together all the people
23 of the place and gave a feast. ●But when
evening came, he took his daughter Leah and
brought her to Jacob, and Jacob made love to
24 her. ●And Laban gave his servant Zilpah to his
daughter as her attendant.
25 ●When morning came, there was Leah! So
Jacob said to Laban, "What is this you have
done to me? I served you for Rachel, didn't I?
Why have you deceived me?"
26 ●Laban replied, "It is not our custom here to
give the younger daughter in marriage before
27 the older one. ●Finish this daughter's bridal
week; then we will give you the younger one
also, in return for another seven years of work."
28 ●And Jacob did so. He finished the week
with Leah, and then Laban gave him his
29 daughter Rachel to be his wife. ●Laban gave
his servant Bilhah to his daughter Rachel as
30 her attendant. ●Jacob made love to Rachel also,
and his love for Rachel was greater than his love
for Leah. And he worked for Laban another
seven years.

Jacob's Children

31 ●When the LORD saw that Leah was not
loved, he enabled her to conceive, but Rachel
32 remained childless. ●Leah became pregnant
and gave birth to a son. She named him
Reuben,[a] for she said, "It is because the LORD has
seen my misery. Surely my husband will love
me now."
33 ●She conceived again, and when she gave
birth to a son she said, "Because the LORD heard
that I am not loved, he gave me this one too."
So she named him Simeon.[b]
34 ●Again she conceived, and when she gave
birth to a son she said, "Now at last my husband
will become attached to me, because I have
borne him three sons." So he was named Levi.[c]
35 ●She conceived again, and when she gave

[a]32 *Reuben* sounds like the Hebrew for *he has seen my misery*; the name means *see, a son.* [b]33 *Simeon* probably means *one who hears.* [c]34 *Levi* sounds like and may be derived from the Hebrew for *attached.* 1) 보라 아들이라 2) 들으심 3) 연합함

attach [ətǽtʃ] *vt.* 애착을 갖다
attendant [əténdənt] *n.* 시종
bridal [bráidl] *a.* 혼례의
complete [kəmplí:t] *vt.* 완성하다
conceive [kənsí:v] *vt.* 잉태하다
custom [kʌstəm] *n.* 풍습, 풍속
deceive [disí:v] *vt.* 속이다
enable [inéibl] *vt.* 할 수 있게 하다
misery [mízəri] *n.* 비참함
name [neim] *vt.* 이름을 붙이다
pregnant [prégnənt] *a.* 임신한
remain [riméin] *vi.* 여전히 …이다
servant [sə́:rvənt] *n.* 종, 하인
serve [sə:rv] *vt.* 섬기다
surely [ʃúərli] *ad.* 확실히

29:20 **because of...**: …때문에
29:22 **give a feast**: 잔치를 열다
29:27 **in return for...**: …에 대한 보답으로
29:32 **give birth to...**: …를 낳다
29:34 **become attached to...**: …에 애착을 가지게 되다

미암아 그가 그의 이름을 [1]유다라 하였고 그
의 출산이 멈추었더라

30 라헬이 자기가 야곱에게서 아들을 낳
지 못함을 보고 그의 언니를 시기하여
야곱에게 이르되 내게 자식을 낳게 하라 그
렇지 아니하면 내가 죽겠노라
2 야곱이 라헬에게 성을 내어 이르되 그대를
임신하지 못하게 하시는 이는 하나님이시니
내가 하나님을 대신하겠느냐
3 라헬이 이르되 내 여종 빌하에게로 들어가라
그가 아들을 낳아 내 무릎에 두리니 그러면
나도 그로 말미암아 자식을 얻겠노라 하고
4 그의 시녀 빌하를 남편에게 아내로 주매 야
곱이 그에게로 들어갔더니
5 빌하가 임신하여 야곱에게 아들을 낳은지라
6 라헬이 이르되 하나님이 내 억울함을 푸시려
고 내 호소를 들으사 내게 아들을 주셨다 하
고 이로 말미암아 그의 이름을 [2]단이라 하였
으며
7 라헬의 시녀 빌하가 다시 임신하여 둘째 아
들을 야곱에게 낳으매
8 라헬이 이르되 내가 언니와 크게 경쟁하여
이겼다 하고 그의 이름을 [3]납달리라 하였더
라
9 ●레아가 자기의 출산이 멈춤을 보고 그의
시녀 실바를 데려다가 야곱에게 주어 아내로
삼게 하였더니
10 레아의 시녀 실바가 야곱에게서 아들을 낳으
매
11 레아가 이르되 복되도다 하고 그의 이름을
[4]갓이라 하였으며
12 레아의 시녀 실바가 둘째 아들을 야곱에게
낳으매
13 레아가 이르되 기쁘도다 모든 딸들이 나를
기쁜 자라 하리로다 하고 그의 이름을 [5]아셀
이라 하였더라
14 ●밀 거둘 때 르우벤이 나가서 들에서 합환
채를 얻어 그의 어머니 레아에게 드렸더니
라헬이 레아에게 이르되 언니의 아들의 합환
채를 청구하노라
15 레아가 그에게 이르되 네가 내 남편을 빼앗
은 것이 작은 일이냐 그런데 네가 내 아들의
합환채도 빼앗고자 하느냐 라헬이 이르되 그
러면 언니의 아들의 합환채 대신에 오늘 밤
에 내 남편이 언니와 동침하리라 하니라
16 저물 때에 야곱이 들에서 돌아오매 레아가
나와서 그를 영접하며 이르되 내게로 들어오

birth to a son she said, "This time I will praise
the LORD." So she named him Judah.[a] Then she
stopped having children.

30 When Rachel saw that she was not
bearing Jacob any children, she be-
came jealous of her sister. So she said to Jacob,
"Give me children, or I'll die!"
2 •Jacob became angry with her and said,
"Am I in the place of God, who has kept you
from having children?"
3 •Then she said, "Here is Bilhah, my servant.
Sleep with her so that she can bear children for
me and I too can build a family through her."
4 •So she gave him her servant Bilhah as a
5 wife. Jacob slept with her, •and she became
6 pregnant and bore him a son. •Then Rachel
said, "God has vindicated me; he has listened
to my plea and given me a son." Because of
this she named him Dan.[b]
7 •Rachel's servant Bilhah conceived again
8 and bore Jacob a second son. •Then Rachel
said, "I have had a great struggle with my sis-
ter, and I have won." So she named him Naph-
tali.[c]
9 •When Leah saw that she had stopped hav-
ing children, she took her servant Zilpah and
10 gave her to Jacob as a wife. •Leah's servant Zil-
11 pah bore Jacob a son. •Then Leah said, "What
good fortune!"[d] So she named him Gad.[e]
12 •Leah's servant Zilpah bore Jacob a second
13 son. •Then Leah said, "How happy I am! The
women will call me happy." So she named
him Asher.[f]
14 •During wheat harvest, Reuben went out
into the fields and found some mandrake
plants, which he brought to his mother Leah.
Rachel said to Leah, "Please give me some of
your son's mandrakes."
15 •But she said to her, "Wasn't it enough that
you took away my husband? Will you take
my son's mandrakes too?"
"Very well," Rachel said, "he can sleep with
you tonight in return for your son's man-
drakes."
16 •So when Jacob came in from the fields
that evening, Leah went out to meet him.
"You must sleep with me," she said. "I have
hired you with my son's mandrakes." So he

[a]35 *Judah* sounds like and may be derived from the Hebrew for *praise.* [b]6 *Dan* here means *he has vindicated.* [c]8 *Naphtali* means *my struggle.* [d]11 Or *"A troop is coming!"* [e]11 *Gad* can mean *good fortune* or *a troop.* [f]13 *Asher* means *happy.* 1) 찬송함 2) 억울함을 푸심 3) 경쟁함 4) 복됨 5) 기쁨

bear [bɛər] *vt.* (아이를) 낳다
conceive [kənsíːv] *vt.* 잉태하다
fortune [fɔ́ːrtʃən] *n.* 행운
harvest [háːrvist] *n.* 추수
hire [haiər] *vt.* 고용하다
jealous [dʒéləs] *a.* 시기하는
mandrake [mǽndreik] *n.* 합환채
name [neim] *vt.* 이름을 붙이다
or [ɔ́r] *conj.* 그렇지 않으면
plea [pliː] *n.* 탄원
praise [preiz] *vt.* 찬양하다
pregnant [prégnənt] *a.* 임신한
servant [sɔ́ːrvənt] *n.* 종
struggle [strʌgl] *n.* 고투
vindicate [víndəkèit] *vt.* …의 혐의를 풀다

30:1 become jealous of: 질투하여
30:2 angry with...: …에게 화난
30:2 in the place of...: …를 대신하는
30:2 keep... from ~ing: …를 ~못하게 막다
30:15 take away: 가져가다
30:15 in return for...: …의 보답으로

라 내가 내 아들의 합환채로 당신을 샀노라
그 밤에 야곱이 그와 동침하였더라
17 하나님이 레아의 소원을 들으셨으므로 그가
임신하여 다섯째 아들을 야곱에게 낳은지라
18 레아가 이르되 내가 내 시녀를 내 남편에게
주었으므로 하나님이 내게 그 값을 주셨다
하고 그의 이름을 [1]잇사갈이라 하였으며
19 레아가 다시 임신하여 여섯째 아들을 야곱에
게 낳은지라
20 레아가 이르되 하나님이 내게 후한 선물을
주시도다 내가 남편에게 여섯 아들을 낳았으
니 이제는 그가 나와 함께 살리라 하고 그의
이름을 [2]스불론이라 하였으며
21 그 후에 그가 딸을 낳고 그의 이름을 디나라
하였더라
22 하나님이 라헬을 생각하신지라 하나님이 그
의 소원을 들으시고 그의 태를 여셨으므로
23 그가 임신하여 아들을 낳고 이르되 하나님이
내 부끄러움을 씻으셨다 하고 사 4:1
24 그 이름을 [3]요셉이라 하니 여호와는 다시 다
른 아들을 내게 더하시기를 원하노라 하였더
라

야곱이 라반과 품삯을 정하다

25 ●라헬이 요셉을 낳았을 때에 야곱이 라반에
게 이르되 나를 보내어 내 고향 나의 땅으로
가게 하시되
26 내가 외삼촌에게서 일하고 얻은 처자를 내게
주시어 나로 가게 하소서 내가 외삼촌에게
한 일은 외삼촌이 아시나이다
27 라반이 그에게 이르되 여호와께서 너로 말미
암아 내게 복 주신 줄을 내가 깨달았노니 네
가 나를 사랑스럽게 여기거든 그대로 있으라
28 또 이르되 네 품삯을 정하라 내가 그것을 주
리라 29:15
29 야곱이 그에게 이르되 내가 어떻게 외삼촌을
섬겼는지, 어떻게 외삼촌의 가축을 쳤는지
외삼촌이 아시나이다
30 내가 오기 전에는 외삼촌의 소유가 적더니 번
성하여 떼를 이루었으니 내 발이 이르는 곳마
다 여호와께서 외삼촌에게 복을 주셨나이다
그러나 나는 언제나 내 집을 세우리이까
31 라반이 이르되 내가 무엇으로 네게 주랴 야곱
이 이르되 외삼촌께서 내게 아무것도 주시지
않아도 나를 위하여 이 일을 행하시면 내가
다시 외삼촌의 양 떼를 먹이고 지키리이다
32 오늘 내가 외삼촌의 양 떼에 두루 다니며 그
양 중에 아롱진 것과 점 있는 것과 검은 것을

slept with her that night.
17 ●God listened to Leah, and she became preg-
18 nant and bore Jacob a fifth son. ●Then Leah
said, "God has rewarded me for giving my ser-
vant to my husband." So she named him
Issachar.[a]
19 ●Leah conceived again and bore Jacob a
20 sixth son. ●Then Leah said, "God has present-
ed me with a precious gift. This time my hus-
band will treat me with honor, because I have
borne him six sons." So she named him Zebu-
lun.[b]
21 ●Some time later she gave birth to a daugh-
ter and named her Dinah.
22 ●Then God remembered Rachel; he listen-
23 ed to her and enabled her to conceive. ●She
became pregnant and gave birth to a son and
24 said, "God has taken away my disgrace." ●She
named him Joseph,[c] and said, "May the LORD
add to me another son."

Jacob's Flocks Increase

25 ●After Rachel gave birth to Joseph, Jacob said
to Laban, "Send me on my way so I can go
26 back to my own homeland. ●Give me my
wives and children, for whom I have served
you, and I will be on my way. You know how
much work I've done for you."
27 ●But Laban said to him, "If I have found
favor in your eyes, please stay. I have learned
by divination that the LORD has blessed me
28 because of you." ●He added, "Name your
wages, and I will pay them."
29 ●Jacob said to him, "You know how I have
worked for you and how your livestock has
30 fared under my care. ●The little you had
before I came has increased greatly, and the
LORD has blessed you wherever I have been.
But now, when may I do something for my
own household?"
31 ●"What shall I give you?" he asked.
"Don't give me anything," Jacob replied.
"But if you will do this one thing for me, I will
go on tending your flocks and watching over
32 them: ●Let me go through all your flocks
today and remove from them every speckled
or spotted sheep, every dark-colored lamb and
every spotted or speckled goat. They will be
33 my wages. ●And my honesty will testify for
me in the future, whenever you check on the
wages you have paid me. Any goat in my pos-

[a]*18 Issachar* sounds like the Hebrew for *reward.* [b]*20 Zebulun* probably means *honor.* [c]*24 Joseph* means *may he add.* 1) 값 2) 거함 3) 더함

conceive [kənsíːv] *vt.* 잉태하다
disgrace [disgréis] *n.* 불명예
divination [divənéiʃən] *n.* 예언, 점
fare [fɛər] *vi.* 지내다
flock [flak] *n.* 양 떼
greatly [gréitli] *ad.* 매우
homeland [hóumlænd] *n.* 고국
livestock [láivstɑk] *n.* 가축
precious [préʃəs] *a.* 귀한
reward [riwɔ́ːrd] *vt.* 보상하다
speckled [spékld] *a.* 얼룩덜룩한
spotted [spátid] *a.* 점이 있는
tend [tend] *vt.* 돌보다
testify [téstəfai] *vi.* 증명하다
wage [weidʒ] *n.* 임금

30:20 present... with~: …에게(사람) ~를 선물하다
30:27 find favor in one's eyes: …의 눈에 들다, 총애를 받다
30:31 watch over: 돌보다, 감시하다
30:32 go through: 조사하다, 검사하다

가려내며 또 염소 중에 점 있는 것과 아롱진
것을 가려내리니 이 같은 것이 내 품삯이 되
리이다
33 후일에 외삼촌께서 오셔서 내 품삯을 조사하
실 때에 나의 의가 내 대답이 되리이다 내게
혹시 염소 중 아롱지지 아니한 것이나 점이
없는 것이나 양 중에 검지 아니한 것이 있거
든 다 도둑질한 것으로 인정하소서
34 라반이 이르되 내가 네 말대로 하리라 하고
35 그날에 그가 숫염소 중 얼룩무늬 있는 것과
점 있는 것을 가리고 암염소 중 흰 바탕에 아
롱진 것과 점 있는 것을 가리고 양 중의 검은
것들을 가려 자기 아들들의 손에 맡기고
36 자기와 야곱의 사이를 사흘 길이 뜨게 하였
고 야곱은 라반의 남은 양 떼를 치니라
37 •야곱이 버드나무와 살구나무와 신풍나무
의 푸른 가지를 가져다가 그것들의 껍질을
벗겨 흰 무늬를 내고
38 그 껍질 벗긴 가지를 양 떼가 와서 먹는 개천
의 물 구유에 세워 양 떼를 향하게 하매 그
떼가 물을 먹으러 올 때에 새끼를 배니
39 가지 앞에서 새끼를 배므로 얼룩얼룩한 것과
점이 있고 아롱진 것을 낳은지라
40 야곱이 새끼 양을 구분하고 그 얼룩무늬와
검은 빛 있는 것을 라반의 양과 서로 마주 보
게 하며 자기 양을 따로 두어 라반의 양과 섞
이지 않게 하며
41 튼튼한 양이 새끼 밸 때에는 야곱이 개천에
다가 양 떼의 눈앞에 그 가지를 두어 양이 그
가지 곁에서 새끼를 배게 하고
42 약한 양이면 그 가지를 두지 아니하니 그렇
게 함으로 약한 것은 라반의 것이 되고 튼튼
한 것은 야곱의 것이 된지라
43 이에 그 사람이 매우 번창하여 양 떼와 노비
와 낙타와 나귀가 많았더라

야곱이 라반을 떠나다

31 야곱이 라반의 아들들이 하는 말을 들
은즉 야곱이 우리 아버지의 소유를 다
빼앗고 우리 아버지의 소유로 말미암아 이
모든 재물을 모았다 하는지라
2 야곱이 라반의 안색을 본즉 자기에게 대하여
전과 같지 아니하더라
3 여호와께서 야곱에게 이르시되 네 조상의 땅
네 족속에게로 돌아가라 내가 너와 함께 있
으리라 하신지라
4 야곱이 사람을 보내어 라헬과 레아를 자기
양 떼가 있는 들로 불러다가

session that is not speckled or spotted, or any
lamb that is not dark-colored, will be consid-
ered stolen."
34 •"Agreed," said Laban. "Let it be as you have
35 said." •That same day he removed all the
male goats that were streaked or spotted, and
all the speckled or spotted female goats (all
that had white on them) and all the dark-col-
ored lambs, and he placed them in the care of
36 his sons. •Then he put a three-day journey
between himself and Jacob, while Jacob con-
tinued to tend the rest of Laban's flocks.
37 •Jacob, however, took fresh-cut branches
from poplar, almond and plane trees and
made white stripes on them by peeling the
bark and exposing the white inner wood of
38 the branches. •Then he placed the peeled
branches in all the watering troughs, so that
they would be directly in front of the flocks
when they came to drink. When the flocks
39 were in heat and came to drink, •they mated
in front of the branches. And they bore young
that were streaked or speckled or spotted.
40 •Jacob set apart the young of the flock by
themselves, but made the rest face the streaked
and dark-colored animals that belonged to
Laban. Thus he made separate flocks for him-
self and did not put them with Laban's ani-
41 mals. •Whenever the stronger females were in
heat, Jacob would place the branches in the
troughs in front of the animals so they would
42 mate near the branches, •but if the animals
were weak, he would not place them there. So
the weak animals went to Laban and the
43 strong ones to Jacob. •In this way the man
grew exceedingly prosperous and came to
own large flocks, and female and male ser-
vants, and camels and donkeys.

Jacob Flees From Laban

31 Jacob heard that Laban's sons were
saying, "Jacob has taken everything
our father owned and has gained all this
wealth from what belonged to our father."
2 •And Jacob noticed that Laban's attitude
toward him was not what it had been.
3 •Then the LORD said to Jacob, "Go back to
the land of your fathers and to your relatives,
and I will be with you."
4 •So Jacob sent word to Rachel and Leah to
come out to the fields where his flocks were.

attitude [ǽtətjùːd] *n.* 태도
bark [baːrk] *n.* 나무 껍질
consider [kənsídər] *vt.* …로 여기다
exceedingly [iksíːdiŋli] *ad.* 대단히
expose [ikspóuz] *vt.* 노출시키다
face [feis] *vt.* 마주보다
peel [piːl] *vt.* 껍질을 벗기다
possession [pəzéʃən] *n.* 소유(물)
prosperous [prɑ́spərəs] *a.* 부유한
rest [rest] *n.* 나머지
separate [sépərèit] *a.* 분리된
speakled [spékld] *a.* 얼룩덜룩한
spotted [spɑ́tid] *a.* 점이 있는
streaked [striːkt] *a.* 줄무늬 있는
trough [trɔ(ː)f] *n.* 여물통

30:35 in the care of...: …의 보살핌 아래
30:38 in front of...: …의 앞에서
30:40 set apart: 따로 떼어놓다
30:40 belong to...: …에 속하다
30:41 be in heat: 발정나다
31:4 send word: 전언하다, 전해 보내다

5 그들에게 이르되 내가 그대들의 아버지의 안색을 본즉 내게 대하여 전과 같지 아니하도다 그러할지라도 내 아버지의 하나님은 나와 함께 계셨느니라

6 그대들도 알거니와 내가 힘을 다하여 그대들의 아버지를 섬겼거늘

7 그대들의 아버지가 나를 속여 품삯을 열 번이나 변경하였느니라 그러나 하나님이 그를 막으사 나를 해치지 못하게 하셨으며

8 그가 이르기를 점 있는 것이 네 삯이 되리라 하면 온 양 떼가 낳은 것이 점 있는 것이요 또 얼룩무늬 있는 것이 네 삯이 되리라 하면 온 양 떼가 낳은 것이 얼룩무늬 있는 것이니

9 하나님이 이같이 그대들의 아버지의 가축을 빼앗아 내게 주셨느니라

10 그 양 떼가 새끼 밸 때에 내가 꿈에 눈을 들어 보니 양 떼를 탄 숫양은 다 얼룩무늬 있는 것과 점 있는 것과 아롱진 것이었더라

11 꿈에 하나님의 사자가 내게 말씀하시기를 야곱아 하기로 내가 대답하기를 여기 있나이다 하매

12 이르시되 네 눈을 들어 보라 양 떼를 탄 숫양은 다 얼룩무늬 있는 것, 점 있는 것과 아롱진 것이니라 라반이 네게 행한 모든 것을 내가 보았노라

13 나는 벧엘의 하나님이라 네가 거기서 기둥에 기름을 붓고 거기서 내게 서원하였으니 지금 일어나 이곳을 떠나서 네 출생지로 돌아가라 하셨느니라 28:13

14 라헬과 레아가 그에게 대답하여 이르되 우리가 우리 아버지 집에서 무슨 분깃이나 유산이 있으리요

15 아버지가 우리를 팔고 우리의 돈을 다 먹어버렸으니 아버지가 우리를 외국인처럼 여기는 것이 아닌가

16 하나님이 우리 아버지에게서 취하여 가신 재물은 우리와 우리 자식의 것이니 이제 하나님이 당신에게 이르신 일을 다 준행하라

17 ●야곱이 일어나 자식들과 아내들을 낙타들에게 태우고

18 그 모은 바 모든 가축과 모든 소유물 곧 그가 밧단아람에서 모은 가축을 이끌고 가나안 땅에 있는 그의 아버지 이삭에게로 가려 할새

19 그때에 라반이 양털을 깎으러 갔으므로 라헬은 그의 아버지의 드라빔을 도둑질하고

20 야곱은 그 거취를 아람 사람 라반에게 말하지 아니하고 가만히 떠났더라

21 그가 그의 모든 소유를 이끌고 강을 건너 길르

5 ●He said to them, "I see that your father's
attitude toward me is not what it was before,
but the God of my father has been with me.
6 ●You know that I've worked for your father
7 with all my strength, ●yet your father has
cheated me by changing my wages ten
times. However, God has not allowed him
8 to harm me. ●If he said, 'The speckled ones
will be your wages,' then all the flocks gave
birth to speckled young; and if he said, 'The
streaked ones will be your wages,' then all
9 the flocks bore streaked young. ●So God has
taken away your father's livestock and has
given them to me.

10 ●"In breeding season I once had a dream
in which I looked up and saw that the male
goats mating with the flock were streaked,
11 speckled or spotted. ●The angel of God said
to me in the dream, 'Jacob.' I answered, 'Here
12 I am.' ●And he said, 'Look up and see that all
the male goats mating with the flock are
streaked, speckled or spotted, for I have seen
13 all that Laban has been doing to you. ●I am
the God of Bethel, where you anointed a pil-
lar and where you made a vow to me. Now
leave this land at once and go back to your
native land.'"

14 ●Then Rachel and Leah replied, "Do we
still have any share in the inheritance of our
15 father's estate? ●Does he not regard us as for-
eigners? Not only has he sold us, but he has
16 used up what was paid for us. ●Surely all the
wealth that God took away from our father
belongs to us and our children. So do what-
ever God has told you."

17 ●Then Jacob put his children and his
18 wives on camels, ●and he drove all his live-
stock ahead of him, along with all the goods
he had accumulated in Paddan Aram,[a] to go
to his father Isaac in the land of Canaan.

19 ●When Laban had gone to shear his
sheep, Rachel stole her father's household
20 gods. ●Moreover, Jacob deceived Laban the
Aramean by not telling him he was running
21 away. ●So he fled with all he had, crossed the
Euphrates River, and headed for the hill coun-
try of Gilead.

Laban Pursues Jacob

22 ●On the third day Laban was told that
23 Jacob had fled. ●Taking his relatives with
him, he pursued Jacob for seven days and

[a]*18* That is, Northwest Mesopotamia

accumulate [əkjú:mjulèit] *vt.* 축적하다
allow [əláu] *vt.* 허락하다
anoint [ənɔ́int] *vt.* (…에)기름을 붓다
breeding [brí:diŋ] *n.* 번식
cheat [tʃi:t] *vt.* 속이다
deceive [disí:v] *vt.* 속이다
flee [fli:] *vi.* 도망치다
head [hed] *vi.* 나아가다
inheritance [inhérətəns] *n.* 유산
livestock [láivstɑk] *n.* 가축
mate [meit] *vi.* 짝짓다
pillar [pílər] *n.* 기둥
pursue [pərsú:] *vt.* 좇다
share [ʃεər] *n.* 몫
shear [ʃiər] *vt.* 깎다, 자르다

31:9 take away: 가져가다
31:13 vow to: 서원하다
31:15 regard... as~: …를 ~로 간주하다
31:15 not only... but (also)~: …뿐만 아니라 ~도 역시
31:15 use...up: …을 다 쓰다

앗 산을 향하여 도망한 지
22 삼 일 만에 야곱이 도망한 것이 라반에게 들린
지라 30:36
23 라반이 그의 형제를 거느리고 칠 일 길을 쫓아
가 길르앗 산에서 그에게 이르렀더니
24 밤에 하나님이 아람 사람 라반에게 현몽하여
이르시되 너는 삼가 야곱에게 선악 간에 말하
지 말라 하셨더라
25 라반이 야곱을 뒤쫓아 이르렀으니 야곱이 그
산에 장막을 친지라 라반이 그 형제와 더불어
길르앗 산에 장막을 치고
26 라반이 야곱에게 이르되 네가 나를 속이고 내
딸들을 칼에 사로잡힌 자같이 끌고 갔으니 어
찌 이같이 하였느냐
27 내가 즐거움과 노래와 북과 수금으로 너를 보
내겠거늘 어찌하여 네가 나를 속이고 가만히
도망하고 내게 알리지 아니하였으며
28 내가 내 손자들과 딸들에게 입맞추지 못하게
하였으니 네 행위가 참으로 어리석도다
29 너를 해할 만한 능력이 내 손에 있으나 너희
아버지의 하나님이 어제 밤에 내게 말씀하시
기를 너는 삼가 야곱에게 선악 간에 말하지 말
라 하셨느니라
30 이제 네가 네 아버지 집을 사모하여 돌아가려는
것은 옳거니와 어찌 내 신을 도둑질하였느냐
31 야곱이 라반에게 대답하여 이르되 내가 생각
하기를 외삼촌이 외삼촌의 딸들을 내게서 억
지로 빼앗으리라 하여 두려워하였음이니이다
32 외삼촌의 신을 누구에게서 찾든지 그는 살지
못할 것이요 우리 형제들 앞에서 무엇이든지
외삼촌의 것이 발견되거든 외삼촌에게로 가
져가소서 하니 야곱은 라헬이 그것을 도둑질
한 줄을 알지 못함이었더라
33 라반이 야곱의 장막에 들어가고 레아의 장막
에 들어가고 두 여종의 장막에 들어갔으나 찾
지 못하고 레아의 장막에서 나와 라헬의 장막
에 들어가매
34 라헬이 그 드라빔을 가져 낙타 안장 아래에 넣
고 그 위에 앉은지라 라반이 그 장막에서 찾다
가 찾아내지 못하매
35 라헬이 그의 아버지에게 이르되 마침 생리가
있어 일어나서 영접할 수 없사오니 내 주는 노
하지 마소서 하니라 라반이 그 드라빔을 두루
찾다가 찾아내지 못한지라
36 야곱이 노하여 라반을 책망할새 야곱이 라반
에게 대답하여 이르되 내 허물이 무엇이니이
까 무슨 죄가 있기에 외삼촌께서 내 뒤를 급히

caught up with him in the hill country of
24 Gilead. •Then God came to Laban the
Aramean in a dream at night and said to
him, "Be careful not to say anything to Jacob,
either good or bad."
25 •Jacob had pitched his tent in the hill
country of Gilead when Laban overtook him,
and Laban and his relatives camped there
26 too. •Then Laban said to Jacob, "What have
you done? You've deceived me, and you've
carried off my daughters like captives in war.
27 •Why did you run off secretly and deceive
me? Why didn't you tell me, so I could send
you away with joy and singing to the music
28 of timbrels and harps? •You didn't even let
me kiss my grandchildren and my daughters
29 good-bye. You have done a foolish thing. •I
have the power to harm you; but last night
the God of your father said to me, 'Be careful
not to say anything to Jacob, either good or
30 bad.' •Now you have gone off because you
longed to return to your father's household.
But why did you steal my gods?"
31 •Jacob answered Laban, "I was afraid,
because I thought you would take your
32 daughters away from me by force. •But if
you find anyone who has your gods, that per-
son shall not live. In the presence of our rela-
tives, see for yourself whether there is any-
thing of yours here with me; and if so, take
it." Now Jacob did not know that Rachel had
stolen the gods.
33 •So Laban went into Jacob's tent and into
Leah's tent and into the tent of the two
female servants, but he found nothing. After
he came out of Leah's tent, he entered Ra-
34 chel's tent. •Now Rachel had taken the
household gods and put them inside her
camel's saddle and was sitting on them.
Laban searched through everything in the
tent but found nothing.
35 •Rachel said to her father, "Don't be
angry, my lord, that I cannot stand up in
your presence; I'm having my period." So he
searched but could not find the household
gods.
36 •Jacob was angry and took Laban to
task. "What is my crime?" he asked Laban.
"How have I wronged you that you hunt
37 me down? •Now that you have searched
through all my goods, what have you found
that belongs to your household? Put it here

captive [kǽptiv] *n.* 포로
crime [kraim] *n.* 범죄
deceive [disíːv] *vt.* 속이다
foolish [fúːliʃ] *a.* 어리석은
force [fɔːrs] *n.* 힘, 무력
harm [haːrm] *vt.* 해를 끼치다
overtake [óuvərteik] *vt.* 따라잡다
period [píəriəd] *n.* 월경
pitch [pitʃ] *vt.* (장막을) 치다
presence [prézns] *n.* 면전
relative [rélətiv] *n.* 친지
saddle [sǽdl] *n.* 안장
secretly [síːkritli] *ad.* 몰래
steal [stiːl] *vt.* 훔치다
wrong [rɔ́ːŋ] *vt.* 나쁜 짓을 하다

31:23 **catch up with**: 따라잡다
31:26 **carry off**: 유괴하다
31:30 **long to...**: …하기를 갈망하다
31:36 **take... to task**: …를 꾸짖다
31:36 **hunt down**: 추적해 잡다
31:37 **now that...**: …했으니, …이니까

추격하나이까
37 외삼촌께서 내 물건을 다 뒤져보셨으니 외삼
촌의 집안 물건 중에서 무엇을 찾아내었나이
까 여기 내 형제와 외삼촌의 형제 앞에 그것을
두고 우리 둘 사이에 판단하게 하소서
38 내가 이 이십 년을 외삼촌과 함께하였거니와
외삼촌의 암양들이나 암염소들이 낙태하지 아
니하였고 또 외삼촌의 양 떼의 숫양을 내가 먹
지 아니하였으며
39 물려 찢긴 것은 내가 외삼촌에게로 가져가지
아니하고 낮에 도둑을 맞았든지 밤에 도둑을
맞았든지 외삼촌이 그것을 내 손에서 찾았으
므로 내가 스스로 그것을 보충하였으며
40 내가 이와 같이 낮에는 더위와 밤에는 추위를
무릅쓰고 눈 붙일 겨를도 없이 지냈나이다
41 내가 외삼촌의 집에 있는 이 이십 년 동안 외삼
촌의 두 딸을 위하여 십사 년, 외삼촌의 양 떼
를 위하여 육 년을 외삼촌에게 봉사하였거니와
외삼촌께서 내 품삯을 열 번이나 바꾸셨으며
42 우리 아버지의 하나님, 아브라함의 하나님 곧
이삭이 경외하는 이가 나와 함께 계시지 아니
하셨더라면 외삼촌께서 이제 나를 빈손으로
돌려보내셨으리이다마는 하나님이 내 고난과
내 손의 수고를 보시고 어제 밤에 외삼촌을 책
망하셨나이다

야곱과 라반의 언약

43 ● 라반이 야곱에게 대답하여 이르되 딸들은 내
딸이요 자식들은 내 자식이요 양 떼는 내 양 떼
요 네가 보는 것은 다 내 것이라 내가 오늘 내
딸들과 그들이 낳은 자식들에게 무엇을 하겠
느냐
44 이제 오라 나와 네가 언약을 맺고 그것으로 너
와 나 사이에 증거를 삼을 것이니라
45 이에 야곱이 돌을 가져다가 기둥으로 세우고
46 또 그 형제들에게 돌을 모으라 하니 그들이 돌
을 가져다가 무더기를 이루매 무리가 거기 무
더기 곁에서 먹고
47 라반은 그것을 [1]여갈사하두다라 불렀고 야곱
은 그것을 [2]갈르엣이라 불렀으니
48 라반의 말에 오늘 이 무더기가 너와 나 사이에
증거가 된다 하였으므로 그 이름을 갈르엣이
라 불렀으며
49 또 미스바라 하였으니 이는 그의 말에 우리가
서로 떠나 있을 때에 여호와께서 나와 너 사이
를 살피시옵소서 함이라
50 만일 네가 내 딸을 박대하거나 내 딸들 외에 다
른 아내들을 맞이하면 우리와 함께할 사람은

in front of your relatives and mine, and let
them judge between the two of us.
38 ● "I have been with you for twenty years
now. Your sheep and goats have not miscar-
ried, nor have I eaten rams from your flocks.
39 ● I did not bring you animals torn by wild
beasts; I bore the loss myself. And you
demanded payment from me for whatever
40 was stolen by day or night. ● This was my sit-
uation: The heat consumed me in the day-
time and the cold at night, and sleep fled
41 from my eyes. ● It was like this for the twen-
ty years I was in your household. I worked
for you fourteen years for your two daugh-
ters and six years for your flocks, and you
42 changed my wages ten times. ● If the God of
my father, the God of Abraham and the Fear
of Isaac, had not been with me, you would
surely have sent me away empty-handed.
But God has seen my hardship and the toil
of my hands, and last night he rebuked
you."

43 ● Laban answered Jacob, "The women are
my daughters, the children are my children,
and the flocks are my flocks. All you see is
mine. Yet what can I do today about these
daughters of mine, or about the children
44 they have borne? ● Come now, let's make a
covenant, you and I, and let it serve as a wit-
ness between us."

45 ● So Jacob took a stone and set it up as a
46 pillar. ● He said to his relatives, "Gather
some stones." So they took stones and piled
them in a heap, and they ate there by the
47 heap. ● Laban called it Jegar Sahadutha, and
Jacob called it Galeed.[a]

48 ● Laban said, "This heap is a witness
between you and me today." That is why it
49 was called Galeed. ● It was also called Miz-
pah,[b] because he said, "May the LORD keep
watch between you and me when we are
50 away from each other. ● If you mistreat my
daughters or if you take any wives besides
my daughters, even though no one is with
us, remember that God is a witness between
you and me."

51 ● Laban also said to Jacob, "Here is this
heap, and here is this pillar I have set up

[a]47 The Aramaic *Jegar Sahadutha* and the Hebrew *Galeed* both mean *witness heap.* [b]49 *Mizpah* means *watchtower.*

1) 아람 방언이니 증거의 무더기
2) 히브리 방언이니 증거의 무더기

beast [biːst] *n.* 야수
consume [kənsúːm] *vt.* 소진시키다
flock [flak] *n.* 양 떼
hardship [háːrdʃip] *n.* 고난
heap [hiːp] *n.* 무더기
judge [dʒʌdʒ] *vt.* 재판하다
miscarry [miskǽri] *vi.* 유산하다
mistreat [mistríːt] *vt.* 박대하다
pile [pail] *vt.* 쌓아올리다
pillar [pílər] *n.* 기둥
ram [ræm] *n.* 숫양
rebuke [ribjúːk] *vt.* 책망하다
tear [tiər] *vt.* 찢다, 뜯다
toil [tɔil] *n.* 수고
witness [wítnis] *n.* 증거

31:37 in front of...: …의 앞에
31:40 flee from: 달아나다
31:44 make a covenant: 언약을 맺다
31:45 set up...: …을 세우다
31:49 keep watch: 계속 감시하다
31:49 away from: …에서 떠나서

없어도 보라 하나님이 나와 너 사이에 증인이
되시느니라 함이었더라
51 라반이 또 야곱에게 이르되 내가 나와 너 사이
에 둔 이 무더기를 보라 또 이 기둥을 보라
52 이 무더기가 증거가 되고 이 기둥이 증거가 되
나니 내가 이 무더기를 넘어 네게로 가서 해하
지 않을 것이요 네가 이 무더기, 이 기둥을 넘
어 내게로 와서 해하지 아니할 것이라
53 아브라함의 하나님, 나홀의 하나님, 그들의 조
상의 하나님은 우리 사이에 판단하옵소서 하
매 야곱이 그의 아버지 이삭이 경외하는 이를
가리켜 맹세하고
54 야곱이 또 산에서 제사를 드리고 형제들을 불
러 떡을 먹이니 그들이 떡을 먹고 산에서 밤을
지내고
55 라반이 아침에 일찍이 일어나 손자들과 딸들
에게 입맞추며 그들에게 축복하고 떠나 고향
으로 돌아갔더라

야곱이 에서를 만날 준비를 하다

32 야곱이 길을 가는데 하나님의 사자들이
그를 만난지라
2 야곱이 그들을 볼 때에 이르기를 이는 하나님
의 군대라 하고 그 땅 이름을 마하나임이라 하
였더라
3 ●야곱이 세일 땅 에돔 들에 있는 형 에서에게
로 자기보다 앞서 사자들을 보내며 33:14
4 그들에게 명령하여 이르되 너희는 내 주 에서
에게 이같이 말하라 주의 종 야곱이 이같이 말
하기를 내가 라반과 함께 거류하며 지금까지
머물러 있었사오며
5 내게 소와 나귀와 양 떼와 노비가 있으므로 사
람을 보내어 내 주께 알리고 내 주께 은혜 받기
를 원하나이다 하라 하였더니 30:43
6 사자들이 야곱에게 돌아와 이르되 우리가 주
인의 형 에서에게 이른즉 그가 사백 명을 거느
리고 주인을 만나려고 오더이다 33:1
7 야곱이 심히 두렵고 답답하여 자기와 함께한
동행자와 양과 소와 낙타를 두 떼로 나누고
8 이르되 에서가 와서 한 떼를 치면 남은 한 떼는
피하리라 하고
9 야곱이 또 이르되 내 조부 아브라함의 하나님,
내 아버지 이삭의 하나님 여호와여 주께서 전
에 내게 명하시기를 네 고향, 네 족속에게로 돌
아가라 내가 네게 은혜를 베풀리라 하셨나이다
10 나는 주께서 주의 종에게 베푸신 모든 은총과
모든 진실하심을 조금도 감당할 수 없사오나
내가 내 지팡이만 가지고 이 요단을 건넜더니

52 between you and me. •This heap is a wit-
ness, and this pillar is a witness, that I will
not go past this heap to your side to harm
you and that you will not go past this heap
53 and pillar to my side to harm me. •May the
God of Abraham and the God of Nahor, the
God of their father, judge between us."
So Jacob took an oath in the name of the
54 Fear of his father Isaac. •He offered a sacri-
fice there in the hill country and invited his
relatives to a meal. After they had eaten,
they spent the night there.
55 •Early the next morning Laban kissed his
grandchildren and his daughters and
blessed them. Then he left and returned
home.[a]

Jacob Prepares to Meet Esau

32 [b]Jacob also went on his way, and
2 the angels of God met him. •When
Jacob saw them, he said, "This is the camp of
God!" So he named that place Mahanaim.[c]
3 •Jacob sent messengers ahead of him to
his brother Esau in the land of Seir, the coun-
4 try of Edom. •He instructed them: "This is
what you are to say to my lord Esau: 'Your
servant Jacob says, I have been staying with
Laban and have remained there till now.
5 •I have cattle and donkeys, sheep and goats,
male and female servants. Now I am send-
ing this message to my lord, that I may find
favor in your eyes.' "
6 •When the messengers returned to Jacob,
they said, "We went to your brother Esau,
and now he is coming to meet you, and four
hundred men are with him."
7 •In great fear and distress Jacob divided
the people who were with him into two
groups,[d] and the flocks and herds and camels
8 as well. •He thought, "If Esau comes and
attacks one group,[e] the group[e] that is left
may escape."
9 •Then Jacob prayed, "O God of my father
Abraham, God of my father Isaac, LORD, you
who said to me, 'Go back to your country
and your relatives, and I will make you pros-
10 per,' •I am unworthy of all the kindness
and faithfulness you have shown your ser-
vant. I had only my staff when I crossed this
Jordan, but now I have become two camps.

[a]55 In Hebrew texts this verse (31:55) is numbered 32:1. [b] In Hebrew texts 32:1-32 is numbered 32:2-33. [c]2 *Mahanaim* means *two camps.* [d]7 Or *camps* [e]8 Or *camp*

attack [ətǽk] *vt.* 공격하다
cattle [kǽtl] *n.* 소 떼
distress [distrés] *n.* 고뇌
divide [diváid] *vt.* 나누다
escape [iskéip] *vi.* 도망가다
favor [féivər] *n.* 호의
goat [gout] *n.* 염소
heap [hi:p] *n.* 무더기
herd [hə:rd] *n.* 가축의 떼
instruct [instrʌ́kt] *vt.* 지시하다
meal [mi:l] *n.* 식사
prepare [pripέər] *vi.* 준비하다
prosper [prάspər] *vi.* 번영하다
remain [riméin] *vi.* 남아있다
sacrifice [sǽkrəfàis] *vt.* 제물을 바치다

31:52 **go past**: 지나가다
31:53 **take an oath**: 맹세하다
31:53 **in the name of...**: …의 이름으로
32:3 **ahead of...**: …보다 앞서
32:7 **divide... into~**: …를 ~로 나누다
32:7 **...as well**: …도 역시

지금은 두 떼나 이루었나이다
11 내가 주께 간구하오니 내 형의 손에서, 에서의 손에서 나를 건져내시옵소서 내가 그를 두려워함은 그가 와서 나와 내 처자들을 칠까 겁이 나기 때문이니이다
12 주께서 말씀하시기를 내가 반드시 네게 은혜를 베풀어 네 씨로 바다의 셀 수 없는 모래와 같이 많게 하리라 하셨나이다

야곱이 브니엘에서 씨름을 하다

13 야곱이 거기서 밤을 지내고 그 소유 중에서 형 에서를 위하여 예물을 택하니 잠 18:16
14 암염소가 이백이요 숫염소가 이십이요 암양이 이백이요 숫양이 이십이요
15 젖 나는 낙타 삼십과 그 새끼요 암소가 사십이요 황소가 열이요 암나귀가 이십이요 그 새끼 나귀가 열이라
16 그것을 각각 떼로 나누어 종들의 손에 맡기고 그의 종에게 이르되 나보다 앞서 건너가서 각 떼로 거리를 두게 하라 하고
17 그가 또 앞선 자에게 명령하여 이르되 내 형 에서가 너를 만나 묻기를 네가 누구의 사람이며 어디로 가느냐 네 앞의 것은 누구의 것이냐 하거든
18 대답하기를 주의 종 야곱의 것이요 자기 주 에서에게로 보내는 예물이오며 야곱도 우리 뒤에 있나이다 하라 하고
19 그 둘째와 셋째와 각 떼를 따라가는 자에게 명령하여 이르되 너희도 에서를 만나거든 곧 이같이 그에게 말하고
20 또 너희는 말하기를 주의 종 야곱이 우리 뒤에 있다 하라 하니 이는 야곱이 말하기를 내가 내 앞에 보내는 예물로 형의 감정을 푼 후에 대면하면 형이 혹시 나를 받아 주리라 함이었더라
21 그 예물은 그에 앞서 보내고 그는 무리 가운데서 밤을 지내다가
22 밤에 일어나 두 아내와 두 여종과 열한 아들을 인도하여 얍복 나루를 건널새 신 3:16
23 그들을 인도하여 시내를 건너가게 하며 그의 소유도 건너가게 하고
24 야곱은 홀로 남았더니 어떤 사람이 날이 새도록 야곱과 씨름하다가
25 자기가 야곱을 이기지 못함을 보고 그가 야곱의 허벅지 관절을 치매 야곱의 허벅지 관절이 그 사람과 씨름할 때에 어긋났더라
26 그가 이르되 날이 새려 하니 나로 가게 하라 야곱이 이르되 당신이 내게 축복하지 아니하면 가게 하지 아니하겠나이다

11 Save me, I pray, from the hand of my broth-
er Esau, for I am afraid he will come and attack
me, and also the mothers with their children.
12 But you have said, 'I will surely make you
prosper and will make your descendants like
the sand of the sea, which cannot be counted.'"
13 He spent the night there, and from what
he had with him he selected a gift for his broth-
14 er Esau: two hundred female goats and twen-
ty male goats, two hundred ewes and twenty
15 rams, thirty female camels with their young,
forty cows and ten bulls, and twenty female
16 donkeys and ten male donkeys. He put them
in the care of his servants, each herd by itself,
and said to his servants, "Go ahead of me, and
keep some space between the herds."
17 He instructed the one in the lead: "When
my brother Esau meets you and asks, 'Who do
you belong to, and where are you going, and
who owns all these animals in front of you?'
18 then you are to say, 'They belong to your ser-
vant Jacob. They are a gift sent to my lord
Esau, and he is coming behind us.'"
19 He also instructed the second, the third and
all the others who followed the herds: "You are
to say the same thing to Esau when you meet
20 him. And be sure to say, 'Your servant Jacob is
coming behind us.'" For he thought, "I will
pacify him with these gifts I am sending on
ahead; later, when I see him, perhaps he will
21 receive me." So Jacob's gifts went on ahead of
him, but he himself spent the night in the
camp.

Jacob Wrestles With God

22 That night Jacob got up and took his two
wives, his two female servants and his eleven
23 sons and crossed the ford of the Jabbok. After
he had sent them across the stream, he sent
24 over all his possessions. So Jacob was left
alone, and a man wrestled with him till day-
25 break. When the man saw that he could not
overpower him, he touched the socket of
Jacob's hip so that his hip was wrenched as he
26 wrestled with the man. Then the man said,
"Let me go, for it is daybreak."
But Jacob replied, "I will not let you go
unless you bless me."
27 The man asked him, "What is your name?"
"Jacob," he answered.
28 Then the man said, "Your name will no
longer be Jacob, but Israel,[a] because you have

[a]28 *Israel* probably means *he struggles with God.*

bull [bul] *n.* 황소
daybreak [déibrèik] *n.* 새벽
descendant [diséndənt] *n.* 자손
ford [fɔːrd] *n.* 얕은 물
overpower [ouvərpáuər] *vt.* 이기다
pacify [pǽsəfài] *vt.* 달래다
possession [pəzéʃən] *n.* 소유
prosper [práspər] *vi.* 번영하다
ram [ræm] *n.* 숫양
receive [risíːv] *vt.* 받아들이다
socket [sákit] *n.* 꽂는[끼우는] 구멍
stream [striːm] *n.* 시내
unless [ənlés] *conj.* …가 아닌 한
wrenched [rentʃt] *a.* 위골된
wrestle [résl] *vi.* 씨름하다

32:16 in the care of...: …의 보살핌 아래
32:17 in front of...: …의 앞에
32:18 belong to...: …에 속하다
32:24 wrestle with...: …과 씨름하다
32:25 so...that: ~하도록 …하다
32:28 no longer: 더이상 …아닌

27 그 사람이 그에게 이르되 네 이름이 무엇이
냐 그가 이르되 야곱이니이다
28 그가 이르되 네 이름을 다시는 야곱이라 부
를 것이 아니요 [1]이스라엘이라 부를 것이니
이는 네가 하나님과 및 사람들과 겨루어 이
겼음이니라
29 야곱이 청하여 이르되 당신의 이름을 알려주
소서 그 사람이 이르되 어찌하여 내 이름을
묻느냐 하고 거기서 야곱에게 축복한지라
30 그러므로 야곱이 그곳 이름을 [2]브니엘이라 하
였으니 그가 이르기를 내가 하나님과 대면하
여 보았으나 내 생명이 보전되었다 함이더라
31 그가 브니엘을 지날 때에 해가 돋았고 그의
허벅다리로 말미암아 절었더라
32 그 사람이 야곱의 허벅지 관절에 있는 둔부
의 힘줄을 쳤으므로 이스라엘 사람들이 지금
까지 허벅지 관절에 있는 둔부의 힘줄을 먹
지 아니하더라

야곱이 에서를 만나다

33 야곱이 눈을 들어 보니 에서가 사백 명
의 장정을 거느리고 오고 있는지라 그
의 자식들을 나누어 레아와 라헬과 두 여종
에게 맡기고
2 여종들과 그들의 자식들은 앞에 두고 레아와
그의 자식들은 다음에 두고 라헬과 요셉은
뒤에 두고
3 자기는 그들 앞에서 나아가되 몸을 일곱 번
땅에 굽히며 그의 형 에서에게 가까이 가니
4 에서가 달려와서 그를 맞이하여 안고 목을
어긋맞추어 그와 입맞추고 서로 우니라 45:14
5 에서가 눈을 들어 여인들과 자식들을 보고
묻되 너와 함께한 이들은 누구냐 야곱이 이
르되 하나님이 주의 종에게 은혜로 주신 자
식들이니이다
6 그때에 여종들이 그의 자식들과 더불어 나아
와 절하고
7 레아도 그의 자식들과 더불어 나아와 절하고
그 후에 요셉이 라헬과 더불어 나아와 절하니
8 에서가 또 이르되 내가 만난 바 이 모든 떼는
무슨 까닭이냐 야곱이 이르되 내 주께 은혜
를 입으려 함이니이다
9 에서가 이르되 내 동생아 내게 있는 것이 족
하니 네 소유는 네게 두라
10 야곱이 이르되 그렇지 아니하니이다 내가 형
님의 눈앞에서 은혜를 입었사오면 청하건대
내 손에서 이 예물을 받으소서 내가 형님의
얼굴을 뵈온즉 하나님의 얼굴을 본 것 같사

struggled with God and with humans and
have overcome."
29 • Jacob said, "Please tell me your name."
But he replied, "Why do you ask my name?"
Then he blessed him there.
30 • So Jacob called the place Peniel,[a] saying, "It
is because I saw God face to face, and yet my
life was spared."
31 • The sun rose above him as he passed
Peniel,[b] and he was limping because of his hip.
32 • Therefore to this day the Israelites do not eat
the tendon attached to the socket of the hip,
because the socket of Jacob's hip was touched
near the tendon.

Jacob Meets Esau

33 Jacob looked up and there was Esau,
coming with his four hundred men;
so he divided the children among Leah, Ra-
2 chel and the two female servants. • He put the
female servants and their children in front,
Leah and her children next, and Rachel and
3 Joseph in the rear. • He himself went on ahead
and bowed down to the ground seven times as
he approached his brother.
4 • But Esau ran to meet Jacob and embraced
him; he threw his arms around his neck and
5 kissed him. And they wept. • Then Esau
looked up and saw the women and children.
"Who are these with you?" he asked.
Jacob answered, "They are the children God
has graciously given your servant."
6 • Then the female servants and their chil-
7 dren approached and bowed down. • Next,
Leah and her children came and bowed
down. Last of all came Joseph and Rachel, and
they too bowed down.
8 • Esau asked, "What's the meaning of all
these flocks and herds I met?"
"To find favor in your eyes, my lord," he
said.
9 • But Esau said, "I already have plenty, my
brother. Keep what you have for yourself."
10 • "No, please!" said Jacob. "If I have found
favor in your eyes, accept this gift from me.
For to see your face is like seeing the face of
God, now that you have received me favor-
11 ably. • Please accept the present that was
brought to you, for God has been gracious to
me and I have all I need." And because Jacob
insisted, Esau accepted it.

[a]30 *Peniel* means *face of God.* [b]31 Hebrew *Penuel,* a variant of *Peniel*
1) 하나님과 겨루어 이김 2) 하나님의 얼굴

accept [æksépt] *vt.* 받아들이다
attach [ətǽtʃ] *vt.* 붙이다
embrace [imbréis] *vt.* 껴안다
favorably [féivərəbli] *ad.* 호의적으로
graciously [gréiʃəsli] *ad.* 자비롭게
insist [insíst] *vi.* 강요하다, 주장하다
limp [limp] *vt.* 절다
overcome [òuvərkʌm] *vt.* 이기다
plenty [plénti] *n.* 많음
rear [riər] *n.* 뒤
socket [sákit] *n.* 꽂는 구멍
spare [spɛər] *vt.* 살려 주다
struggle [strʌgl] *vi.* 겨루다
tendon [téndən] *n.* 힘줄
weep [wi:p] *vi.* 울다

33:1 come with: 동행하다
33:3 bow down: 절하다
33:7 last of all: 최후로, 마지막으로
33:8 find favor in one's eyes: …의 총애를 받다
33:10 now that...: …이므로

오며 형님도 나를 기뻐하심이니이다
11 하나님이 내게 은혜를 베푸셨고 내 소유도 족
하오니 청하건대 내가 형님께 드리는 예물을
받으소서 하고 그에게 강권하매 받으니라
12 에서가 이르되 우리가 떠나자 내가 너와 동행
하리라
13 야곱이 그에게 이르되 내 주도 아시거니와 자
식들은 연약하고 내게 있는 양 떼와 소가 새끼
를 데리고 있은즉 하루만 지나치게 몰면 모든
떼가 죽으리니
14 청하건대 내 주는 종보다 앞서 가소서 나는 앞
에 가는 가축과 자식들의 걸음대로 천천히 인
도하여 세일로 가서 내 주께 나아가리이다
15 에서가 이르되 내가 내 종 몇 사람을 네게 머물
게 하리라 야곱이 이르되 어찌하여 그리하리이
까 나로 내 주께 은혜를 얻게 하소서 하매
16 이날에 에서는 세일로 돌아가고
17 야곱은 숙곳에 이르러 자기를 위하여 집을 짓
고 그의 가축을 위하여 1)우릿간을 지었으므로
그 땅 이름을 2)숙곳이라 부르더라
18 ●야곱이 밧단아람에서부터 평안히 가나안
땅 세겜 성읍에 이르러 그 성읍 앞에 장막을
치고
19 그가 장막을 친 밭을 세겜의 아버지 하몰의 아
들들의 손에서 백 3)크시타에 샀으며
20 거기에 제단을 쌓고 그 이름을 4)엘엘로헤이스
라엘이라 불렀더라

디나가 부끄러운 일을 당하다

34 레아가 야곱에게 낳은 딸 디나가 그 땅의
딸들을 보러 나갔더니 30:21
2 히위 족속 중 하몰의 아들 그 땅의 추장 세겜이
그를 보고 끌어들여 강간하여 욕되게 하고
3 그 마음이 깊이 야곱의 딸 디나에게 연연하며
그 소녀를 사랑하여 그의 마음을 말로 위로하고
4 그의 아버지 하몰에게 청하여 이르되 이 소녀
를 내 아내로 얻게 하여 주소서 하였더라
5 야곱이 그 딸 디나를 그가 더럽혔다 함을 들었
으나 자기의 아들들이 들에서 목축하므로 그
들이 돌아오기까지 잠잠하였고
6 세겜의 아버지 하몰은 야곱에게 말하러 왔으며
7 야곱의 아들들은 들에서 이를 듣고 돌아와서
그들 모두가 근심하고 심히 노하였으니 이는
세겜이 야곱의 딸을 강간하여 이스라엘에게
부끄러운 일 곧 행하지 못할 일을 행하였음이
더라
8 하몰이 그들에게 이르되 내 아들 세겜이 마음
으로 너희 딸을 연연하여 하니 원하건대 그를

12 •Then Esau said, "Let us be on our way; I'll
accompany you."
13 •But Jacob said to him, "My lord knows
that the children are tender and that I must
care for the ewes and cows that are nursing
their young. If they are driven hard just one
14 day, all the animals will die. •So let my lord
go on ahead of his servant, while I move
along slowly at the pace of the flocks and
herds before me and the pace of the chil-
dren, until I come to my lord in Seir."
15 •Esau said, "Then let me leave some of my
men with you."
"But why do that?" Jacob asked. "Just let
me find favor in the eyes of my lord."
16 •So that day Esau started on his way back
17 to Seir. •Jacob, however, went to Sukkoth,
where he built a place for himself and made
shelters for his livestock. That is why the
place is called Sukkoth.[a]
18 •After Jacob came from Paddan Aram,[b]
he arrived safely at the city of Shechem in
Canaan and camped within sight of the
19 city. •For a hundred pieces of silver,[c] he
bought from the sons of Hamor, the father
of Shechem, the plot of ground where he
20 pitched his tent. •There he set up an altar
and called it El Elohe Israel.[d]

Dinah and the Shechemites

34 Now Dinah, the daughter Leah had
borne to Jacob, went out to visit the
2 women of the land. •When Shechem son of
Hamor the Hivite, the ruler of that area, saw
3 her, he took her and raped her. •His heart
was drawn to Dinah daughter of Jacob; he
loved the young woman and spoke tenderly
4 to her. •And Shechem said to his father
Hamor, "Get me this girl as my wife."
5 •When Jacob heard that his daughter
Dinah had been defiled, his sons were in the
fields with his livestock; so he did nothing
about it until they came home.
6 •Then Shechem's father Hamor went out
7 to talk with Jacob. •Meanwhile, Jacob's sons
had come in from the fields as soon as they
heard what had happened. They were
shocked and furious, because Shechem had

[a]*17 Sukkoth* means *shelters.* [b]*18* That is, Northwest Mesopotamia [c]*19* Hebrew *hundred kesitahs;* a kesitah was a unit of money of unknown weight and value. [d]*20 El Elohe Israel* can mean *El is the God of Israel* or *mighty is the God of Israel.*

1) 히, 막 2) 막들 3) 히, 화폐 단위임 4) 하나님, 이스라엘의 하나님

accompany [əkʌ́mpəni] *vt.* 동행하다
altar [ɔ́:ltər] *n.* 제단
defile [difáil] *vt.* 더럽히다
draw [drɔ:] *vt.* 끌어당기다
ewe [ju:] *n.* 암양
flock [flak] *n.* (동물의) 떼
furious [fjúriəs] *a.* 분노한
herd [hə:rd] *n.* (동물의) 떼
livestock [láivstak] *n.* 가축
pitch [pitʃ] *vt.* (텐트)를 치다
plot [plat] *n.* 작은 땅
rape [reip] *vt.* 강간하다
ruler [rú:lər] *n.* 통치자
shelter [ʃéltər] *n.* 보호물, 피신처
tender [téndər] *a.* 유약한

33:14 ahead of...: …보다 앞에
33:14 at the pace of...: …에 보조를 맞추어
33:17 That is why: (결과) 그래서
33:20 set up: 세우다
34:7 as soon as...: …하자마자

세겜에게 주어 아내로 삼게 하라
9 너희가 우리와 통혼하여 너희 딸을 우리에게
주며 우리 딸을 너희가 데려가고
10 너희가 우리와 함께 거주하되 땅이 너희 앞에
있으니 여기 머물러 매매하며 여기서 기업을
얻으라 하고
11 세겜도 디나의 아버지와 그의 남자 형제들에
게 이르되 나로 너희에게 은혜를 입게 하라 너
희가 내게 말하는 것은 내가 다 주리니
12 이 소녀만 내게 주어 아내가 되게 하라 아무리
큰 혼수와 예물을 청할지라도 너희가 내게 말
한 대로 주리라
13 야곱의 아들들이 세겜과 그의 아버지 하몰에
게 속여 대답하였으니 이는 세겜이 그 누이 디
나를 더럽혔음이라
14 야곱의 아들들이 그들에게 말하되 우리는 그
리하지 못하겠노라 할례받지 아니한 사람에
게 우리 누이를 줄 수 없노니 이는 우리의 수
치가 됨이니라
15 그런즉 이같이 하면 너희에게 허락하리라 만
일 너희 중 남자가 다 할례를 받고 우리같이
되면
16 우리 딸을 너희에게 주며 너희 딸을 우리가 데
려오며 너희와 함께 거주하여 한 민족이 되려
니와
17 너희가 만일 우리 말을 듣지 아니하고 할례를
받지 아니하면 우리는 곧 우리 딸을 데리고 가
리라
18 ●그들의 말을 하몰과 그의 아들 세겜이 좋게
여기므로
19 이 소년이 그 일 행하기를 지체하지 아니하였
으니 그가 야곱의 딸을 사랑함이며 그는 그의
아버지 집에서 가장 존귀하였더라
20 하몰과 그의 아들 세겜이 그들의 성읍 문에 이
르러 그들의 성읍 사람들에게 말하여 이르되
21 이 사람들은 우리와 친목하고 이 땅은 넓어 그
들을 용납할 만하니 그들이 여기서 거주하며
매매하게 하고 우리가 그들의 딸들을 아내로
데려오고 우리 딸들도 그들에게 주자
22 그러나 우리 중의 모든 남자가 그들이 할례를
받음같이 할례를 받아야 그 사람들이 우리와
함께 거주하여 한 민족 되기를 허락할 것이라
23 그러면 그들의 가축과 재산과 그들의 모든 짐
승이 우리의 소유가 되지 않겠느냐 다만 그들
의 말대로 하자 그러면 그들이 우리와 함께 거
주하리라
24 성문으로 출입하는 모든 자가 하몰과 그의 아

done an outrageous thing in[a] Israel by sleep-
ing with Jacob's daughter—a thing that
should not be done.
8 ●But Hamor said to them, "My son She-
chem has his heart set on your daughter.
9 Please give her to him as his wife. ●Intermar-
ry with us; give us your daughters and take
10 our daughters for yourselves. ●You can settle
among us; the land is open to you. Live in it,
trade[b] in it, and acquire property in it."
11 ●Then Shechem said to Dinah's father
and brothers, "Let me find favor in your eyes,
12 and I will give you whatever you ask. ●Make
the price for the bride and the gift I am to
bring as great as you like, and I'll pay what-
ever you ask me. Only give me the young
woman as my wife."
13 ●Because their sister Dinah had been
defiled, Jacob's sons replied deceitfully as
they spoke to Shechem and his father Ha-
14 mor. ●They said to them, "We can't do such
a thing; we can't give our sister to a man
who is not circumcised. That would be a dis-
15 grace to us. ●We will enter into an agree-
ment with you on one condition only: that
you become like us by circumcising all your
16 males. ●Then we will give you our daugh-
ters and take your daughters for ourselves.
We'll settle among you and become one peo-
17 ple with you. ●But if you will not agree to be
circumcised, we'll take our sister and go."
18 ●Their proposal seemed good to Hamor
19 and his son Shechem. ●The young man, who
was the most honored of all his father's fam-
ily, lost no time in doing what they said,
because he was delighted with Jacob's daugh-
20 ter. ●So Hamor and his son Shechem went to
the gate of their city to speak to the men of
21 their city. ●"These men are friendly toward
us," they said. "Let them live in our land and
trade in it; the land has plenty of room for
them. We can marry their daughters and
22 they can marry ours. ●But the men will
agree to live with us as one people only on
the condition that our males be circumcised,
23 as they themselves are. ●Won't their live-
stock, their property and all their other ani-
mals become ours? So let us agree to their
terms, and they will settle among us."
24 ●All the men who went out of the city
gate agreed with Hamor and his son She-

[a]7 Or *against* [b]10 Or *move about freely*; also in verse 21

acquire [əkwáiər] *vt.* 얻다
bride [braid] *n.* 신부
circumcise [sə́:rkəmsàiz] *vt.* 할례를 행하다
condition [kəndíʃən] *n.* 조건
deceitfully [disí:tfəli] *ad.* 속여서
defile [difáil] *vt.* 더럽히다
delight [diláit] *vt.* 기쁘게 하다
disgrace [disgréis] *n.* 불명예
livestock [láivstak] *n.* 가축
outrageous [əutréidʒəs] *a.* 괘씸한
plenty [plénti] *n.* 많음
property [prápərti] *n.* 재산
proposal [prəpóuzəl] *n.* 제안
settle [sétl] *vi.* 정착하다
trade [treid] *vi.* 매매하다

34:15 enter into an agreement: 계약을 맺다
34:19 lose no time in -ing: …하는 데 시간을 지체하지 않다, 신속하게 …하다
34:19 delight with...: …로 기쁘게 하다
34:24 agree with...: …에 동의하다

들 세겜의 말을 듣고 성문으로 출입하는 그
모든 남자가 할례를 받으니라
25 제삼 일에 아직 그들이 아파할 때에 야곱의
두 아들 디나의 오라버니 시므온과 레위가
각기 칼을 가지고 가서 몰래 그 성읍을 기습
하여 그 모든 남자를 죽이고
26 칼로 하몰과 그의 아들 세겜을 죽이고 디나
를 세겜의 집에서 데려오고
27 야곱의 여러 아들이 그 시체 있는 성읍으로
가서 노략하였으니 이는 그들이 그들의 누이
를 더럽힌 까닭이라
28 그들이 양과 소와 나귀와 그 성읍에 있는 것
과 들에 있는 것과
29 그들의 모든 재물을 빼앗으며 그들의 자녀와
그들의 아내들을 사로잡고 집 속의 물건을
다 노략한지라
30 야곱이 시므온과 레위에게 이르되 너희가 내
게 화를 끼쳐 나로 하여금 이 땅의 주민 곧
가나안 족속과 브리스 족속에게 악취를 내게
하였도다 나는 수가 적은즉 그들이 모여 나
를 치고 나를 죽이리니 그러면 나와 내 집이
멸망하리라
31 그들이 이르되 그가 우리 누이를 창녀같이
대우함이 옳으니이까

하나님이 야곱에게 복을 주시다

35 하나님이 야곱에게 이르시되 일어나
벧엘로 올라가서 거기 거주하며 네가
네 형 에서의 낯을 피하여 도망하던 때에 네
게 나타났던 하나님께 거기서 제단을 쌓으라
하신지라
2 야곱이 이에 자기 집안 사람과 자기와 함께
한 모든 자에게 이르되 너희 중에 있는 이방
신상들을 버리고 자신을 정결하게 하고 너희
들의 의복을 바꾸어 입으라
3 우리가 일어나 벧엘로 올라가자 내 환난날에
내게 응답하시며 내가 가는 길에서 나와 함
께하신 하나님께 내가 거기서 제단을 쌓으려
하노라 하매 28:15
4 그들이 자기 손에 있는 모든 이방 신상들과
자기 귀에 있는 귀고리들을 야곱에게 주는지
라 야곱이 그것들을 세겜 근처 상수리나무
아래에 묻고
5 그들이 떠났으나 하나님이 그 사면 고을들로
크게 두려워하게 하셨으므로 야곱의 아들들
을 추격하는 자가 없었더라
6 야곱과 그와 함께한 모든 사람이 가나안 땅
루스 곧 벧엘에 이르고

chem, and every male in the city was circum-
cised.
25 •Three days later, while all of them were
still in pain, two of Jacob's sons, Simeon and
Levi, Dinah's brothers, took their swords and
attacked the unsuspecting city, killing every
26 male. •They put Hamor and his son Shechem
to the sword and took Dinah from Shechem's
27 house and left. •The sons of Jacob came upon
the dead bodies and looted the city where[a]
28 their sister had been defiled. •They seized their
flocks and herds and donkeys and everything
else of theirs in the city and out in the fields.
29 •They carried off all their wealth and all their
women and children, taking as plunder every-
thing in the houses.
30 •Then Jacob said to Simeon and Levi, "You
have brought trouble on me by making me
obnoxious to the Canaanites and Perizzites,
the people living in this land. We are few in
number, and if they join forces against me
and attack me, I and my household will be
destroyed."
31 •But they replied, "Should he have treated
our sister like a prostitute?"

Jacob Returns to Bethel

35 Then God said to Jacob, "Go up to
Bethel and settle there, and build an
altar there to God, who appeared to you when
you were fleeing from your brother Esau."
2 •So Jacob said to his household and to all
who were with him, "Get rid of the foreign
gods you have with you, and purify your-
3 selves and change your clothes. •Then come,
let us go up to Bethel, where I will build an
altar to God, who answered me in the day of
my distress and who has been with me wher-
4 ever I have gone." •So they gave Jacob all the
foreign gods they had and the rings in their
ears, and Jacob buried them under the oak at
5 Shechem. •Then they set out, and the terror of
God fell on the towns all around them so that
no one pursued them.
6 •Jacob and all the people with him came to
Luz (that is, Bethel) in the land of Canaan.
7 •There he built an altar, and he called the
place El Bethel,[b] because it was there that God
revealed himself to him when he was fleeing
from his brother.
8 •Now Deborah, Rebekah's nurse, died and

[a] 27 Or *because* [b] 7 *El Bethel* means *God of Bethel.*

circumcise [sə́:rkəmsàiz] *vt.* 할례를 행하다
defile [difáil] *vt.* 더럽히다
distress [distrés] *n.* 고뇌
flee [fli:] *vi.* 도망가다
join [dʒɔin] *vt.* 결합하다
loot [lu:t] *vt.* 노략하다
obnoxious [əbnákʃəs] *a.* 비위 상하는
plunder [plʌ́ndər] *n.* 약탈물
prostitute [prástətjù:t] *n.* 창녀
purify [pjúərəfai] *vt.* 정결케 하다
pursue [pərsú:] *vt.* 쫓다
reveal [rivíːl] *vt.* 드러내다
seize [si:z] *vt.* 사로잡다
treat [tri:t] *vt.* 대우하다
unsuspecting [ʌnsəspéktiŋ] *a.* 의심하지 않는

34:26 put... to the sword: …를 죽이다
35:1 appear to...: …에게 나타나다
35:2 get rid of: 제거하다
35:3 in the day of...: … 시절에
35:5 set out: 출발하다
35:5 fall upon[on]...: …위에 떨어지다

7 그가 거기서 제단을 쌓고 그곳을 1)엘벧엘이
라 불렀으니 이는 그의 형의 낯을 피할 때에
하나님이 거기서 그에게 나타나셨음이더라
8 리브가의 유모 드보라가 죽으매 그를 벧엘
아래에 있는 상수리나무 밑에 장사하고 그
나무 이름을 2)알론바굿이라 불렀더라
9 ●야곱이 밧단아람에서 돌아오매 하나님이
다시 야곱에게 나타나사 그에게 복을 주시고
10 하나님이 그에게 이르시되 네 이름이 야곱이
지마는 네 이름을 다시는 야곱이라 부르지
않겠고 이스라엘이 네 이름이 되리라 하시고
그가 그의 이름을 이스라엘이라 부르시고
11 하나님이 그에게 이르시되 나는 전능한 하나
님이라 생육하며 번성하라 한 백성과 백성들
의 총회가 네게서 나오고 왕들이 네 허리에
서 나오리라
12 내가 아브라함과 이삭에게 준 땅을 네게 주고
내가 네 후손에게도 그 땅을 주리라 하시고
13 하나님이 그와 말씀하시던 곳에서 그를 떠나
올라가시는지라
14 야곱이 하나님이 자기와 말씀하시던 곳에 기
둥 곧 돌기둥을 세우고 그 위에 전제물을 붓
고 또 그 위에 기름을 붓고
15 하나님이 자기와 말씀하시던 곳의 이름을 벧
엘이라 불렀더라

라헬이 산고로 죽다

16 ●그들이 벧엘에서 길을 떠나 에브랏에 이르
기까지 얼마간 거리를 둔 곳에서 라헬이 해
산하게 되어 심히 고생하여
17 그가 난산할 즈음에 산파가 그에게 이르되
두려워하지 말라 지금 네가 또 득남하느니라
하매
18 그가 죽게 되어 그의 혼이 떠나려 할 때에 아
들의 이름을 3)베노니라 불렀으나 그의 아버
지는 그를 4)베냐민이라 불렀더라
19 라헬이 죽으매 에브랏 곧 베들레헴 길에 장
사 되었고 마 2:6
20 야곱이 라헬의 묘에 비를 세웠더니 지금까지
라헬의 묘비라 일컫더라
21 이스라엘이 다시 길을 떠나 에델 망대를 지
나 장막을 쳤더라
22 이스라엘이 그 땅에 거주할 때에 르우벤이
가서 그 아버지의 첩 빌하와 동침하매 이스
라엘이 이를 들었더라

야곱의 아들들 (대상 2:1-2)

●야곱의 아들은 열둘이라
23 레아의 아들들은 야곱의 장자 르우벤과 그

was buried under the oak outside Bethel. So it
was named Allon Bakuth.[a]
9 ●After Jacob returned from Paddan Aram,[b]
God appeared to him again and blessed him.
10 ●God said to him, "Your name is Jacob,[c] but
you will no longer be called Jacob; your name
will be Israel.[d]" So he named him Israel.
11 ●And God said to him, "I am God Almi-
ghty[e]; be fruitful and increase in number. A
nation and a community of nations will come
from you, and kings will be among your
12 descendants. ●The land I gave to Abraham
and Isaac I also give to you, and I will give this
13 land to your descendants after you." ●Then
God went up from him at the place where he
had talked with him.
14 ●Jacob set up a stone pillar at the place
where God had talked with him, and he
poured out a drink offering on it; he also
15 poured oil on it. ●Jacob called the place where
God had talked with him Bethel.[f]

The Deaths of Rachel and Isaac

16 ●Then they moved on from Bethel. While
they were still some distance from Ephrath,
Rachel began to give birth and had great diffi-
17 culty. ●And as she was having great difficul-
ty in childbirth, the midwife said to her,
18 "Don't despair, for you have another son." ●As
she breathed her last — for she was dying
— she named her son Ben-Oni.[g] But his father
named him Benjamin.[h]
19 ●So Rachel died and was buried on the way
20 to Ephrath (that is, Bethlehem). ●Over her
tomb Jacob set up a pillar, and to this day that
pillar marks Rachel's tomb.
21 ●Israel moved on again and pitched his
22 tent beyond Migdal Eder. ●While Israel was
living in that region, Reuben went in and
slept with his father's concubine Bilhah, and
Israel heard of it.

Jacob had twelve sons:
23 ●The sons of Leah:
Reuben the firstborn of Jacob,
Simeon, Levi, Judah, Issachar and
Zebulun.

---

[a]8 *Allon Bakuth* means *oak of weeping.* [b]9 That is, Northwest Mesopotamia; also in verse 26 [c]10 *Jacob* means *he grasps the heel,* a Hebrew idiom for *he deceives.* [d]10 *Israel* probably means *he struggles with God.* [e]11 Hebrew *El-Shaddai* [f]15 *Bethel* means *house of God.* [g]18 *Ben-Oni* means *son of my trouble.* [h]18 *Benjamin* means *son of my right hand.* 1) 벧엘의 하나님 2) 곡함의 상수리 3) 슬픔의 아들 4) 오른손의 아들

appear [əpíər] *vi.* 나타나다
beyond [bijánd] *prep.* …를 넘어서
bless [bles] *vt.* 축복하다
bury [béri]] *vt.* 묻다, 장사지내다
childbirth [tʃaildbə:rθ] *n.* 분만
concubine [káŋkjubàin] *n.* 첩
descendant [diséndənt] *n.* 후손
difficulty [dífikʌlti] *n.* 어려움
fruitful [frú:tfəl] *a.* 결실 있는
midwife [mídwaif] *n.* 산파
offering [ɔ́:fəriŋ] *n.* 제물
pillar [pilər] *n.* 기둥
pitch [pitʃ] *vt.* (장막을) 치다
region [rí:dʒən] *n.* 지역
tomb [tu:m] *n.* 무덤

35:14 **pour out**: 쏟아붓다
35:16 **move on**: 옮기다
35:16 **be distance from**: ~에서 떨어진
35:18 **breath one's last(breath)**: 숨을 거두다
35:19 **on the way to...**: …로 가는 중에

다음 시므온과 레위와 유다와 잇사갈과 스
불론이요
24 라헬의 아들들은 요셉과 베냐민이며
25 라헬의 여종 빌하의 아들들은 단과 납달리
요
26 레아의 여종 실바의 아들들은 갓과 아셀이
니 이들은 야곱의 아들들이요 밧단아람에
서 그에게 낳은 자더라

이삭이 죽다

27 ●야곱이 기럇아르바의 마므레로 가서 그
의 아버지 이삭에게 이르렀으니 기럇아르
바는 곧 아브라함과 이삭이 거류하던 헤브
론이더라
28 이삭의 나이가 백팔십 세라
29 이삭이 나이가 많고 늙어 기운이 다하매
죽어 자기 열조에게로 돌아가니 그의 아들
에서와 야곱이 그를 장사하였더라

에서의 자손 (대상 1:34-37)

36 에서 곧 에돔의 족보는 이러하니라
2 에서가 가나안 여인 중 헷 족속 엘
론의 딸 아다와 히위 족속 시브온의 딸인
아나의 딸 오홀리바마를 자기 아내로 맞이
하고
3 또 이스마엘의 딸 느바욧의 누이 바스맛을
맞이하였더니
4 아다는 엘리바스를 에서에게 낳았고 바스
맛은 르우엘을 낳았고
5 오홀리바마는 여우스와 얄람과 고라를 낳
았으니 이들은 에서의 아들들이요 가나안
땅에서 그에게 태어난 자들이더라
6 에서가 자기 아내들과 자기 자녀들과 자기
집의 모든 사람과 자기의 가축과 자기의
모든 짐승과 자기가 가나안 땅에서 모은
모든 재물을 이끌고 그의 동생 야곱을 떠
나 다른 곳으로 갔으니
7 두 사람의 소유가 풍부하여 함께 거주할
수 없음이러라 그들이 거주하는 땅이 그들
의 가축으로 말미암아 그들을 용납할 수
없었더라
8 이에 에서 곧 에돔이 세일 산에 거주하니
라
9 ●세일 산에 있는 에돔 족속의 조상 에서
의 족보는 이러하고
10 그 자손의 이름은 이러하니라 에서의 아내
아다의 아들은 엘리바스요 에서의 아내 바
스맛의 아들은 르우엘이며
11 엘리바스의 아들들은 데만과 오말과 스보

24 ●The sons of Rachel:
Joseph and Benjamin.
25 ●The sons of Rachel's servant Bilhah:
Dan and Naphtali.
26 ●The sons of Leah's servant Zilpah:
Gad and Asher.
These were the sons of Jacob, who were born
to him in Paddan Aram.
27 ●Jacob came home to his father Isaac in
Mamre, near Kiriath Arba (that is, Hebron),
28 where Abraham and Isaac had stayed. ●Isaac
29 lived a hundred and eighty years. ●Then he
breathed his last and died and was gathered to
his people, old and full of years. And his sons
Esau and Jacob buried him.

Esau's Descendants

36 This is the account of the family line of
Esau (that is, Edom).
2 ●Esau took his wives from the women of
Canaan: Adah daughter of Elon the Hittite,
and Oholibamah daughter of Anah and
3 granddaughter of Zibeon the Hivite — ●also
Basemath daughter of Ishmael and sister of
Nebaioth.
4 ●Adah bore Eliphaz to Esau, Basemath
5 bore Reuel, ●and Oholibamah bore Jeush,
Jalam and Korah. These were the sons of
Esau, who were born to him in Canaan.
6 ●Esau took his wives and sons and daugh-
ters and all the members of his household,
as well as his livestock and all his other ani-
mals and all the goods he had acquired in
Canaan, and moved to a land some distance
7 from his brother Jacob. ●Their possessions
were too great for them to remain togeth-
er; the land where they were staying could
not support them both because of their live-
8 stock. ●So Esau (that is, Edom) settled in
the hill country of Seir.
9 ●This is the account of the family line of Esau
the father of the Edomites in the hill country of
Seir.
10 ●These are the names of Esau's sons:
Eliphaz, the son of Esau's wife Adah, and
Reuel, the son of Esau's wife Basemath.
11 ●The sons of Eliphaz:
Teman, Omar, Zepho, Gatam and Kenaz.
12 ●Esau's son Eliphaz also had a concubine
named Timna, who bore him Amalek.
These were grandsons of Esau's wife
Adah.

account [əkáunt] *n.* 서술
acquire [əkwáiər] *vt.* 얻다
bear [bɛər] *vt.* 낳다
bury [béri] *vt.* 매장하다
concubine [káŋkjubàin] *n.* 첩
distance [dístəns] *n.* 거리
gather [gǽðər] *vt.* 모이다
hill [hil] *n.* 낮은 산
household [háushòuld] *n.* 가족의
livestock [láivstak] *n.* 가축
possession [pəzéʃən] *n.* 소유
remain [riméin] *vi.* 남아있다
settle [sétl] *vi.* 정착하다
stay [stei] *vi.* 머무르다
support [səpɔ́ːrt] *vt.* 부양하다

36:2 take from...: …에서 취하다
36:5 be born: 태어나다
36:6 as well as: …에 더하여
36:7 too...to~: 너무…해서 ~할 수 없다
36:7 because of...: … 때문에
36:8 settle in: 적응하다

와 가담과 그나스요
12 에서의 아들 엘리바스의 첩 딤나는 아말렉을 엘리바스에게 낳았으니 이들은 에서의 아내 아다의 자손이며
13 르우엘의 아들들은 나핫과 세라와 삼마와 미사니 이들은 에서의 아내 바스맛의 자손이며
14 시브온의 손녀 아나의 딸 에서의 아내 오홀리바마의 아들들은 이러하니 그가 여우스와 얄람과 고라를 에서에게 낳았더라
15 ●에서 자손 중 족장은 이러하니라 에서의 장자 엘리바스의 자손으로는 데만 족장, 오말 족장, 스보 족장, 그나스 족장과
16 고라 족장, 가담 족장, 아말렉 족장이니 이들은 에돔 땅에 있는 엘리바스의 족장들이요 이들은 아다의 자손이며
17 에서의 아들 르우엘의 자손으로는 나핫 족장, 세라 족장, 삼마 족장, 미사 족장이니 이들은 에돔 땅에 있는 르우엘의 족장들이요 이들은 에서의 아내 바스맛의 자손이며
18 에서의 아내인 오홀리바마의 아들들은 여우스 족장, 얄람 족장, 고라 족장이니 이들은 아나의 딸이요 에서의 아내인 오홀리바마로 말미암아 나온 족장들이라
19 에서 곧 에돔의 자손으로서 족장 된 자들이 이러하였더라

세일의 자손 (대상 1:38-41)

20 ●그 땅의 주민 호리 족속 세일의 자손은 로단과 소발과 시브온과 아나와 신 2:12,22
21 디손과 에셀과 디산이니 이들은 에돔 땅에 있는 세일의 자손 중 호리 족속의 족장들이요
22 로단의 자녀는 호리와 헤맘과 로단의 누이 딤나요 대상 1:39
23 소발의 자녀는 알완과 마나핫과 에발과 스보와 오남이요
24 시브온의 자녀는 아야와 아나며 이 아나는 그 아버지 시브온의 나귀를 칠 때에 광야에서 온천을 발견하였고
25 아나의 자녀는 디손과 오홀리바마니 오홀리바마는 아나의 딸이며
26 디손의 자녀는 헴단과 에스반과 이드란과 그란이요
27 에셀의 자녀는 빌한과 사아완과 아간이요
28 디산의 자녀는 우스와 아란이니
29 호리 족속의 족장들은 곧 로단 족장, 소발 족장, 시브온 족장, 아나 족장,

13 ●The sons of Reuel:
Nahath, Zerah, Shammah and Mizzah. These were grandsons of Esau's wife Basemath.
14 ●The sons of Esau's wife Oholibamah daughter of Anah and granddaughter of Zibeon, whom she bore to Esau:
Jeush, Jalam and Korah.
15 ●These were the chiefs among Esau's descendants:
The sons of Eliphaz the firstborn of Esau:
Chiefs Teman, Omar, Zepho, Kenaz,
16 ●Korah,[a] Gatam and Amalek. These were the chiefs descended from Eliphaz in Edom; they were grandsons of Adah.
17 ●The sons of Esau's son Reuel:
Chiefs Nahath, Zerah, Shammah and Mizzah. These were the chiefs descended from Reuel in Edom; they were grandsons of Esau's wife Basemath.
18 ●The sons of Esau's wife Oholibamah:
Chiefs Jeush, Jalam and Korah. These were the chiefs descended from Esau's wife Oholibamah daughter of Anah.
19 ●These were the sons of Esau (that is, Edom), and these were their chiefs.
20 ●These were the sons of Seir the Horite, who were living in the region:
21 Lotan, Shobal, Zibeon, Anah, ●Dishon, Ezer and Dishan. These sons of Seir in Edom were Horite chiefs.
22 ●The sons of Lotan:
Hori and Homam.[b] Timna was Lotan's sister.
23 ●The sons of Shobal:
Alvan, Manahath, Ebal, Shepho and Onam.
24 ●The sons of Zibeon:
Aiah and Anah. This is the Anah who discovered the hot springs[c] in the desert while he was grazing the donkeys of his father Zibeon.
25 ●The children of Anah:
Dishon and Oholibamah daughter of Anah.
26 ●The sons of Dishon[d]:
Hemdan, Eshban, Ithran and Keran.
27 ●The sons of Ezer:

[a]*16* Masoretic Text; Samaritan Pentateuch (also verse 11 and 1 Chron. 1:36) does not have *Korah.* [b]*22* Hebrew *Hemam,* a variant of *Homam* (see 1 Chron. 1:39) [c]*24* Vulgate; Syriac *discovered water;* the meaning of the Hebrew for this word is uncertain [d]*26* Hebrew *Dishan,* a variant of *Dishon*

among [əmʌŋ] *prep.* …중에서
bear [bɛər] *vt.* 낳다
chief [tʃiːf] *n.* 우두머리
descend [disénd] *vi.* 자손이다
descendant [diséndənt] *n.* 자손
desert [dézərt] *n.* 사막
discover [diskʌvər] *vt.* 발견하다
donkey [dáŋki] *n.* 나귀
firstborn [fəːrstbɔːrn] *n.* 장자
granddaughter [grǽnddɔ̀ːtər] *n.* 손녀
grandson [grǽndsʌn] *n.* 손자
graze [greiz] *vt.* 풀을 뜯게 하다
region [riːdʒən] *n.* 지역
spring [spriŋ] *n.* 샘
while [hwail] *conj.* …하는 동안

36:13 The sons of...: …의 아들들
36:14 bear to...: …와의 사이에 (자녀를) 낳다
36:16 descend from: …의 자손이다
36:20 live in...: …에서 살다
36:24 hot spring: 온천

30 디손 족장, 에셀 족장, 디산 족장이라 이들
은 그들의 족속들에 따라 세일 땅에 있는
호리 족속의 족장들이었더라

에돔의 왕들 (대상 1:43-54)

31 ●이스라엘 자손을 다스리는 왕이 있기 전
에 에돔 땅을 다스리던 왕들은 이러하니라
32 브올의 아들 벨라가 에돔의 왕이 되었으니
그 도성의 이름은 딘하바며
33 벨라가 죽고 보스라 사람 세라의 아들 요밥
이 그를 대신하여 왕이 되었고
34 요밥이 죽고 데만 족속의 땅의 후삼이 그를
대신하여 왕이 되었고
35 후삼이 죽고 브닷의 아들 곧 모압 들에서
미디안 족속을 친 하닷이 그를 대신하여 왕
이 되었으니 그 도성 이름은 아윗이며
36 하닷이 죽고 마스레가의 삼라가 그를 대신
하여 왕이 되었고
37 삼라가 죽고 유브라데 강변 르호봇의 사울
이 그를 대신하여 왕이 되었고
38 사울이 죽고 악볼의 아들 바알하난이 그를
대신하여 왕이 되었고
39 악볼의 아들 바알하난이 죽고 하달이 그를
대신하여 왕이 되었으니 그 도성 이름은 바
우며 그의 아내의 이름은 므헤다벨이니 마
드렛의 딸이요 메사합의 손녀더라
40 ●에서에게서 나온 족장들의 이름은 그 종
족과 거처와 이름을 따라 나누면 이러하니
딤나 족장, 알와 족장, 여뎃 족장,
41 오홀리바마 족장, 엘라 족장, 비논 족장,
42 그나스 족장, 데만 족장, 밉살 족장,
43 막디엘 족장, 이람 족장이라 이들은 그 구
역과 거처를 따른 에돔 족장들이며 에돔 족
속의 조상은 에서더라

요셉과 형제들

37 야곱이 가나안 땅 곧 그의 아버지가
거류하던 땅에 거주하였으니
2 야곱의 족보는 이러하니라 요셉이 십칠 세
의 소년으로서 그의 형들과 함께 양을 칠
때에 그의 아버지의 아내들 빌하와 실바의
아들들과 더불어 함께 있었더니 그가 그들
의 잘못을 아버지에게 말하더라
3 요셉은 노년에 얻은 아들이므로 이스라엘
이 여러 아들들보다 그를 더 사랑하므로 그
를 위하여 채색옷을 지었더니 44:20
4 그의 형들이 아버지가 형들보다 그를 더 사
랑함을 보고 그를 미워하여 그에게 편안하
게 말할 수 없었더라

Bilhan, Zaavan and Akan.
28 ●The sons of Dishan:
Uz and Aran.
29 ●These were the Horite chiefs:
30 Lotan, Shobal, Zibeon, Anah, ●Dishon,
Ezer and Dishan. These were the Horite
chiefs, according to their divisions, in the
land of Seir.

The Rulers of Edom

31 ●These were the kings who reigned in Edom
before any Israelite king reigned:
32 ●Bela son of Beor became king of Edom. His
city was named Dinhabah.
33 ●When Bela died, Jobab son of Zerah from
Bozrah succeeded him as king.
34 ●When Jobab died, Husham from the land
of the Temanites succeeded him as king.
35 ●When Husham died, Hadad son of Bedad,
who defeated Midian in the country of
Moab, succeeded him as king. His city
was named Avith.
36 ●When Hadad died, Samlah from Masrekah
succeeded him as king.
37 ●When Samlah died, Shaul from Rehoboth
on the river succeeded him as king.
38 ●When Shaul died, Baal-Hanan son of
Akbor succeeded him as king.
39 ●When Baal-Hanan son of Akbor died,
Hadad[a] succeeded him as king. His city
was named Pau, and his wife's name
was Mehetabel daughter of Matred, the
daughter of Me-Zahab.

40 ●These were the chiefs descended from Esau,
by name, according to their clans and regions:
41 Timna, Alvah, Jetheth, ●Oholibamah,
42 Elah, Pinon, ●Kenaz, Teman, Mibzar,
43 ●Magdiel and Iram. These were the
chiefs of Edom, according to their settle-
ments in the land they occupied.

This is the family line of Esau, the father of the
Edomites.

Joseph's Dreams

37 Jacob lived in the land where his father
had stayed, the land of Canaan.

2 ●This is the account of Jacob's family line.

Joseph, a young man of seventeen, was tend-
ing the flocks with his brothers, the sons of Bil-
hah and the sons of Zilpah, his father's wives, and

[a]39 Many manuscripts of the Masoretic Text, Samaritan Pentateuch and Syriac (see also 1 Chron. 1:50); most manuscripts of the Masoretic Text *Hadar*

account [əkáunt] *n.* 서술
become [bikʌ́m] *vt.* …이 되다
chief [tʃiːf] *n.* 족장
city [síti] *n.* 도시
clan [klæn] *n.* 씨족
defeat [difíːt] *vt.* 패배시키다
division [divíʒən] *n.* 구분
flock [flak] *n.* 짐승의 떼
occupy [ákjupai] *vt.* 차지하다
region [ríːdʒən] *n.* 지역, 영역
reign [rein] *vi.* 통치하다
ruler [rúːlər] *n.* 통치자
settlement [sétlmənt] *n.* 거처
succeed [səksíːd] *vt.* 계승하다
tend [tend] *vt.* 가축을 치다

36:32 be named: …로 명명되다
36:35 in the country: ~의 지방에서
36:40 descend from: …의 자손이다
36:40 by name: 이름에 따라
36:40 according to...: …을 따라
36:43 family line: 혈통

5 ●요셉이 꿈을 꾸고 자기 형들에게 말하매 그들이 그를 더욱 미워하였더라
6 요셉이 그들에게 이르되 청하건대 내가 꾼 꿈을 들으시오
7 우리가 밭에서 곡식 단을 묶더니 내 단은 일어서고 당신들의 단은 내 단을 둘러서서 절하더이다 42:6,9
8 그의 형들이 그에게 이르되 네가 참으로 우리의 왕이 되겠느냐 참으로 우리를 다스리게 되겠느냐 하고 그의 꿈과 그의 말로 말미암아 그를 더욱 미워하더니
9 요셉이 다시 꿈을 꾸고 그의 형들에게 말하여 이르되 내가 또 꿈을 꾼즉 해와 달과 열한 별이 내게 절하더이다 하니라
10 그가 그의 꿈을 아버지와 형들에게 말하매 아버지가 그를 꾸짖고 그에게 이르되 네가 꾼 꿈이 무엇이냐 나와 네 어머니와 네 형들이 참으로 가서 땅에 엎드려 네게 절하겠느냐
11 그의 형들은 시기하되 그의 아버지는 그 말을 간직해 두었더라

요셉이 애굽으로 팔려가다

12 ●그의 형들이 세겜에 가서 아버지의 양 떼를 칠 때에 33:18
13 이스라엘이 요셉에게 이르되 네 형들이 세겜에서 양을 치지 아니하느냐 너를 그들에게로 보내리라 요셉이 아버지에게 대답하되 내가 그리하겠나이다
14 이스라엘이 그에게 이르되 가서 네 형들과 양 떼가 다 잘 있는지를 보고 돌아와 내게 말하라 하고 그를 헤브론 골짜기에서 보내니 그가 세겜으로 가니라 35:27
15 어떤 사람이 그를 만난즉 그가 들에서 방황하는지라 그 사람이 그에게 물어 이르되 네가 무엇을 찾느냐
16 그가 이르되 내가 내 형들을 찾으오니 청하건대 그들이 양치는 곳을 내게 가르쳐 주소서
17 그 사람이 이르되 그들이 여기서 떠났느니라 내가 그들의 말을 들으니 도단으로 가자 하더라 하니라 요셉이 그의 형들의 뒤를 따라가서 도단에서 그들을 만나니라 왕하 6:13
18 ●요셉이 그들에게 가까이 오기 전에 그들이 요셉을 멀리서 보고 죽이기를 꾀하여
19 서로 이르되 꿈꾸는 자가 오는도다
20 자, 그를 죽여 한 구덩이에 던지고 우리가 말하기를 악한 짐승이 그를 잡아먹었다 하

he brought their father a bad report about them.
3 ●Now Israel loved Joseph more than any of
his other sons, because he had been born to him
in his old age; and he made an ornate[a] robe for
4 him. ●When his brothers saw that their father
loved him more than any of them, they hated
him and could not speak a kind word to him.
5 ●Joseph had a dream, and when he told it to
6 his brothers, they hated him all the more. ●He
7 said to them, "Listen to this dream I had: ●We
were binding sheaves of grain out in the field
when suddenly my sheaf rose and stood upright,
while your sheaves gathered around mine and
bowed down to it."
8 ●His brothers said to him, "Do you intend to
reign over us? Will you actually rule us?" And
they hated him all the more because of his
dream and what he had said.
9 ●Then he had another dream, and he told it
to his brothers. "Listen," he said, "I had another
dream, and this time the sun and moon and
eleven stars were bowing down to me."
10 ●When he told his father as well as his brothers,
his father rebuked him and said, "What is
this dream you had? Will your mother and I
and your brothers actually come and bow
11 down to the ground before you?" ●His brothers
were jealous of him, but his father kept the matter
in mind.

Joseph Sold by His Brothers

12 ●Now his brothers had gone to graze their
13 father's flocks near Shechem, ●and Israel said to
Joseph, "As you know, your brothers are grazing
the flocks near Shechem. Come, I am going
to send you to them."
"Very well," he replied.
14 ●So he said to him, "Go and see if all is well
with your brothers and with the flocks, and
bring word back to me." Then he sent him off
from the Valley of Hebron.
15 When Joseph arrived at Shechem, ●a man
found him wandering around in the fields and
asked him, "What are you looking for?"
16 ●He replied, "I'm looking for my brothers.
Can you tell me where they are grazing their
flocks?"
17 ●"They have moved on from here," the man
answered. "I heard them say, 'Let's go to Dothan.'"
So Joseph went after his brothers and found
18 them near Dothan. ●But they saw him in the

[a]3 The meaning of the Hebrew for this word is uncertain; also in verses 23 and 32.

actually [ǽktʃuəli] *ad.* 참으로
bind [baind] *vt.* 묶다
bow [bau] *vi.* 절하다
grain [grein] *n.* 곡식
graze [greiz] *vt.* 방목하다
intend [inténd] *vt.* 의도하다
matter [mǽtər] *n.* 일, 사건
ornate [ɔːrnéit] *a.* 화려하게 장식한
rebuke [ribjúːk] *vt.* 꾸짖다
reign [rein] *vi.* 통치하다
robe [roub] *n.* 옷
report [ripɔ́ːrt] *n.* 소문, 세평
rule [ruːl] *vt.* 지배하다
sheaf [ʃiːf] *n.* (곡물의) 단
wander [wάndər] *vi.* 방황하다

37:11 be jealous of...: …를 시기하다
37:11 keep... in mind: …를 마음에 두다
37:13 as you know: 알다시피
37:14 send off: 전송하다, 보내다
37:15 look for: 찾다
37:17 move on: 옮기다

자 그의 꿈이 어떻게 되는지를 우리가 볼 것
이니라 하는지라
21 르우벤이 듣고 요셉을 그들의 손에서 구원하
려 하여 이르되 우리가 그의 생명은 해치지
말자
22 르우벤이 또 그들에게 이르되 피를 흘리지
말라 그를 광야 그 구덩이에 던지고 손을 그
에게 대지 말라 하니 이는 그가 요셉을 그들
의 손에서 구출하여 그의 아버지에게로 돌려
보내려 함이었더라
23 요셉이 형들에게 이르매 그의 형들이 요셉의
옷 곧 그가 입은 채색옷을 벗기고
24 그를 잡아 구덩이에 던지니 그 구덩이는 빈
것이라 그 속에 물이 없었더라
25 ●그들이 앉아 음식을 먹다가 눈을 들어 본
즉 한 무리의 이스마엘 사람들이 길르앗에서
오는데 그 낙타들에 향품과 유향과 몰약을
싣고 애굽으로 내려가는지라 렘 8:22
26 유다가 자기 형제에게 이르되 우리가 우리
동생을 죽이고 그의 피를 덮어둔들 무엇이
유익할까 욥 16:18
27 자 그를 이스마엘 사람들에게 팔고 그에게
우리 손을 대지 말자 그는 우리의 동생이요
우리의 혈육이니라 하매 그의 형제들이 청종
하였더라
28 그때에 미디안 사람 상인들이 지나가고 있는
지라 형들이 요셉을 구덩이에서 끌어올리고
은 이십에 그를 이스마엘 사람들에게 팔매
그 상인들이 요셉을 데리고 애굽으로 갔더라
29 ●르우벤이 돌아와 구덩이에 이르러 본즉 거
기 요셉이 없는지라 옷을 찢고 44:13
30 아우들에게로 되돌아와서 이르되 아이가 없
도다 나는 어디로 갈까
31 그들이 요셉의 옷을 가져다가 숫염소를 죽여
그 옷을 피에 적시고
32 그의 채색옷을 보내어 그의 아버지에게로 가
지고 가서 이르기를 우리가 이것을 발견하였
으니 아버지 아들의 옷인가 보소서 하매
33 아버지가 그것을 알아보고 이르되 내 아들의
옷이라 악한 짐승이 그를 잡아먹었도다 요셉
이 분명히 찢겼도다 하고 44:28
34 자기 옷을 찢고 굵은 베로 허리를 묶고 오래
도록 그의 아들을 위하여 애통하니 삼하 3:31
35 그의 모든 자녀가 위로하되 그가 그 위로를
받지 아니하여 이르되 내가 슬퍼하며 스올로
내려가 아들에게로 가리라 하고 그의 아버지
가 그를 위하여 울었더라

distance, and before he reached them, they
plotted to kill him.
19 ●"Here comes that dreamer!" they said to
20 each other. ●"Come now, let's kill him and
throw him into one of these cisterns and say
that a ferocious animal devoured him. Then
we'll see what comes of his dreams."
21 ●When Reuben heard this, he tried to res-
cue him from their hands. "Let's not take his
22 life," he said. ●"Don't shed any blood. Throw
him into this cistern here in the wilderness, but
don't lay a hand on him." Reuben said this to
rescue him from them and take him back to
his father.
23 ●So when Joseph came to his brothers,
they stripped him of his robe — the ornate
24 robe he was wearing— ●and they took him
and threw him into the cistern. The cistern
was empty; there was no water in it.
25 ●As they sat down to eat their meal, they
looked up and saw a caravan of Ishmaelites
coming from Gilead. Their camels were loaded
with spices, balm and myrrh, and they were
on their way to take them down to Egypt.
26 ●Judah said to his brothers, "What will we
gain if we kill our brother and cover up his
27 blood? ●Come, let's sell him to the Ishmae-
lites and not lay our hands on him; after all,
he is our brother, our own flesh and blood."
His brothers agreed.
28 ●So when the Midianite merchants came
by, his brothers pulled Joseph up out of the cis-
tern and sold him for twenty shekels[a] of silver
to the Ishmaelites, who took him to Egypt.
29 ●When Reuben returned to the cistern and
saw that Joseph was not there, he tore his
30 clothes. ●He went back to his brothers and said,
"The boy isn't there! Where can I turn now?"
31 ●Then they got Joseph's robe, slaughtered a
32 goat and dipped the robe in the blood. ●They
took the ornate robe back to their father and
said, "We found this. Examine it to see whe-
ther it is your son's robe."
33 ●He recognized it and said, "It is my son's
robe! Some ferocious animal has devoured
him. Joseph has surely been torn to pieces."
34 ●Then Jacob tore his clothes, put on sack-
cloth and mourned for his son many days.
35 ●All his sons and daughters came to comfort
him, but he refused to be comforted. "No," he
said, "I will continue to mourn until I join my
son in the grave." So his father wept for him.

[a]28 That is, about 8 ounces or about 230 grams

balm [baːm] *n.* 유향
caravan [kǽrəvæn] *n.* 여행자단, 대열
cistern [sístərn] *n.* 웅덩이
devour [diváuər] *vt.* 삼키다
dip [dip] *vt.* 적시다
ferocious [fəróuʃəs] *a.* 사나운
flesh [fleʃ] *n.* 살, 육체
mourn [mɔːrn] *vi.* 애곡하다
myrrh [məːr] *n.* 몰약
ornate [ɔːrnéit] *a.* 화려하게 장식한
plot [plat] *vt.* 모의하다
robe [roub] *n.* 옷, 의복
sackcloth [sǽkklɔːθ] *n.* 베옷, 상복
slaughter [slɔ́ːtər] *vt.* 학살하다
spice [spais] *n.* 향품

37:22 **throw into...**: …에 던져넣다
37:22 **lay a hand on**: 손을 대다
37:22 **rescue from...**: …로부터 구출하다
37:25 **load with...**: …에게 짐지우다
37:28 **pull up**: 끌어올리다
37:32 **take back**: 돌려주다

36 그 미디안 사람들은 그를 애굽에서 바로의
신하 친위대장 보디발에게 팔았더라 39:1

유다와 다말

38 그 후에 유다가 자기 형제들로부터 떠
나 내려가서 아둘람 사람 히라와 가까
이하니라
2 유다가 거기서 가나안 사람 수아라 하는 자
의 딸을 보고 그를 데리고 동침하니
3 그가 임신하여 아들을 낳으매 유다가 그의
이름을 엘이라 하니라
4 그가 다시 임신하여 아들을 낳고 그의 이름
을 오난이라 하고
5 그가 또다시 아들을 낳고 그의 이름을 셀라
라 하니라 그가 셀라를 낳을 때에 유다는 거
십에 있었더라
6 유다가 장자 엘을 위하여 아내를 데려오니
그의 이름은 다말이더라
7 유다의 장자 엘이 여호와가 보시기에 악하므
로 여호와께서 그를 죽이신지라
8 유다가 오난에게 이르되 네 형수에게로 들어
가서 남편의 아우 된 본분을 행하여 네 형을
위하여 씨가 있게 하라
9 오난이 그 씨가 자기 것이 되지 않을 줄 알므
로 형수에게 들어갔을 때에 그의 형에게 씨
를 주지 아니하려고 땅에 설정하매
10 그 일이 여호와가 보시기에 악하므로 여호와
께서 그도 죽이시니
11 유다가 그의 며느리 다말에게 이르되 수절하
고 네 아버지 집에 있어 내 아들 셀라가 장성
하기를 기다리라 하니 셀라도 그 형들같이
죽을까 염려함이라 다말이 가서 그의 아버지
집에 있으니라
12 ●얼마 후에 유다의 아내 수아의 딸이 죽은
지라 유다가 위로를 받은 후에 그의 친구 아
둘람 사람 히라와 함께 딤나로 올라가서 자
기의 양털 깎는 자에게 이르렀더니
13 어떤 사람이 다말에게 말하되 네 시아버지가
자기의 양털을 깎으려고 딤나에 올라왔다 한
지라
14 그가 그 과부의 의복을 벗고 너울로 얼굴을
가리고 몸을 휩싸고 딤나 길 곁 에나임 문에
앉으니 이는 셀라가 장성함을 보았어도 자기
를 그의 아내로 주지 않음으로 말미암음이라
15 그가 얼굴을 가리었으므로 유다가 그를 보고
창녀로 여겨
16 길 곁으로 그에게 나아가 이르되 청하건대
나로 네게 들어가게 하라 하니 그의 며느리

36 •Meanwhile, the Midianites[a] sold Joseph in
Egypt to Potiphar, one of Pharaoh's officials,
the captain of the guard.

Judah and Tamar

38 At that time, Judah left his brothers
and went down to stay with a man
2 of Adullam named Hirah. •There Judah met
the daughter of a Canaanite man named
Shua. He married her and made love to her;
3 •she became pregnant and gave birth to a
4 son, who was named Er. •She conceived
again and gave birth to a son and named him
5 Onan. •She gave birth to still another son and
named him Shelah. It was at Kezib that she
gave birth to him.
6 •Judah got a wife for Er, his firstborn, and
7 her name was Tamar. •But Er, Judah's first-
born, was wicked in the LORD's sight; so the
LORD put him to death.
8 •Then Judah said to Onan, "Sleep with
your brother's wife and fulfill your duty to her
as a brother-in-law to raise up offspring for
9 your brother." •But Onan knew that the child
would not be his; so whenever he slept with
his brother's wife, he spilled his semen on the
ground to keep from providing offspring for
10 his brother. •What he did was wicked in the
LORD's sight; so the LORD put him to death also.
11 •Judah then said to his daughter-in-law
Tamar, "Live as a widow in your father's
household until my son Shelah grows up."
For he thought, "He may die too, just like his
brothers." So Tamar went to live in her fa-
ther's household.
12 •After a long time Judah's wife, the daugh-
ter of Shua, died. When Judah had recovered
from his grief, he went up to Timnah, to the
men who were shearing his sheep, and his
friend Hirah the Adullamite went with him.
13 •When Tamar was told, "Your father-in-
law is on his way to Timnah to shear his
14 sheep," •she took off her widow's clothes,
covered herself with a veil to disguise herself,
and then sat down at the entrance to Enaim,
which is on the road to Timnah. For she saw
that, though Shelah had now grown up, she
had not been given to him as his wife.
15 •When Judah saw her, he thought she was
16 a prostitute, for she had covered her face. •Not
realizing that she was his daughter-in-law, he

[a]36 Samaritan Pentateuch, Septuagint, Vulgate and Syriac (see also verse 28); Masoretic Text *Medanites*

conceive [kənsíːv] *vi.* 아기를 배다
disguise [disgáiz] *vt.* 변장하다
duty [djúːti] *n.* 본분, 책임
fulfill [fulfíl] *vt.* (의무 · 약속) 이행하다
grief [griːf] *n.* 비탄, 슬픔
offspring [ɔ́ːfspriŋ] *n.* 자손
pregnant [prégnənt] *a.* 임신한
prostitute [prástətjùːt] *n.* 창녀
realize [ríːəlàiz] *vt.* 깨닫다
recover[rikʌ́vər] *vt.* (기운, 균형을)되찾다
semen [síːmən] *n.* 정액
shear [ʃiər] *vt.* 털을 깎다
spill [spil] *vt.* 흘리다
wicked [wíkid] *a.* 사악한
widow [wídou] *n.* 과부

38:1 at that time: 그 때에
38:7 in one's sight: …의 견해에 따라
38:7 put to death: 죽이다
38:9 keep from ... ing: …하는 것을 막다
38:11 grow up: 성장하다
38:14 take off: (의복 따위를) 벗다

인 줄을 알지 못하였음이라 그가 이르되 당
신이 무엇을 주고 내게 들어오려느냐
17 유다가 이르되 내가 내 떼에서 염소 새끼를
주리라 그가 이르되 당신이 그것을 줄 때까
지 담보물을 주겠느냐
18 유다가 이르되 무슨 담보물을 네게 주랴 그
가 이르되 당신의 도장과 그 끈과 당신의 손
에 있는 지팡이로 하라 유다가 그것들을 그
에게 주고 그에게로 들어갔더니 그가 유다로
말미암아 임신하였더라
19 그가 일어나 떠나가서 그 너울을 벗고 과부
의 의복을 도로 입으니라
20 유다가 그 친구 아둘람 사람의 손에 부탁하
여 염소 새끼를 보내고 그 여인의 손에서 담
보물을 찾으려 하였으나 그가 그 여인을 찾
지 못한지라
21 그가 그곳 사람에게 물어 이르되 길 곁 에나
임에 있던 [1]창녀가 어디 있느냐 그들이 이르
되 여기는 [1]창녀가 없느니라
22 그가 유다에게로 돌아와 이르되 내가 그를
찾지 못하였고 그곳 사람도 이르기를 거기에
는 창녀가 없다 하더이다 하더라
23 유다가 이르되 그로 그것을 가지게 두라 우
리가 부끄러움을 당할까 하노라 내가 이 염
소 새끼를 보냈으나 그대가 그를 찾지 못하
였느니라
24 석 달쯤 후에 어떤 사람이 유다에게 일러 말
하되 네 며느리 다말이 행음하였고 그 행음
함으로 말미암아 임신하였느니라 유다가 이
르되 그를 끌어내어 불사르라
25 여인이 끌려나갈 때에 사람을 보내어 시아버
지에게 이르되 이 물건 임자로 말미암아 임
신하였나이다 청하건대 보소서 이 도장과 그
끈과 지팡이가 누구의 것이니이까 한지라
26 유다가 그것들을 알아보고 이르되 그는 나보
다 옳도다 내가 그를 내 아들 셀라에게 주지
아니하였음이로다 하고 다시는 그를 가까이
하지 아니하였더라 삼상 24:17
27 해산할 때에 보니 쌍태라
28 해산할 때에 손이 나오는지라 산파가 이르되
이는 먼저 나온 자라 하고 홍색 실을 가져다
가 그 손에 매었더니
29 그 손을 도로 들이며 그의 아우가 나오는지
라 산파가 이르되 네가 어찌하여 터뜨리고
나오느냐 하였으므로 그 이름을 [2]베레스라
불렀고
30 그의 형 곧 손에 홍색 실 있는 자가 뒤에 나

went over to her by the roadside and said,
"Come now, let me sleep with you."
"And what will you give me to sleep with
you?" she asked.
17 •"I'll send you a young goat from my
flock," he said.
"Will you give me something as a pledge
until you send it?" she asked.
18 •He said, "What pledge should I give you?"
"Your seal and its cord, and the staff in your
hand," she answered. So he gave them to her
and slept with her, and she became pregnant
19 by him. •After she left, she took off her veil
and put on her widow's clothes again.
20 •Meanwhile Judah sent the young goat by
his friend the Adullamite in order to get his
pledge back from the woman, but he did not
21 find her. •He asked the men who lived there,
"Where is the shrine prostitute who was beside
the road at Enaim?"
"There hasn't been any shrine prostitute
here," they said.
22 •So he went back to Judah and said, "I didn't
find her. Besides, the men who lived there said,
'There hasn't been any shrine prostitute here.'"
23 •Then Judah said, "Let her keep what she
has, or we will become a laughingstock. After
all, I did send her this young goat, but you
didn't find her."
24 •About three months later Judah was told,
"Your daughter-in-law Tamar is guilty of pros-
titution, and as a result she is now pregnant."
Judah said, "Bring her out and have her
burned to death!"
25 •As she was being brought out, she sent a
message to her father-in-law. "I am pregnant
by the man who owns these," she said. And
she added, "See if you recognize whose seal
and cord and staff these are."
26 •Judah recognized them and said, "She is
more righteous than I, since I wouldn't give
her to my son Shelah." And he did not sleep
with her again.
27 •When the time came for her to give birth,
28 there were twin boys in her womb. •As she
was giving birth, one of them put out his hand;
so the midwife took a scarlet thread and tied it
on his wrist and said, "This one came out first."
29 •But when he drew back his hand, his brother
came out, and she said, "So this is how you
have broken out!" And he was named Perez.[a]

[a]29 *Perez* means *breaking out.*

1) 히. 크데사. 가나안 이방 성소의 창녀 2) 터뜨림

cord [kɔːrd] *n.* 끈
guilty [gílti] *a.* 유죄의
laughingstock [lǽfiŋstak] *n.* 웃음거리
midwife [mídwàif] *n.* 산파
pledge [pledʒ] *n.* 담보물
prostitute [prástətjùːt] *n.* 창녀
recognize [rékəgnàiz] *vt.* 알아채다
righteous [ráitʃəs] *a.* 의로운
scarlet [skáːrlit] *n.* 주홍빛
seal [siːl] *n.* 도장
shrine [ʃrain] *n.* 성당, 성지
staff [stæf] *n.* 지팡이
thread [θred] *n.* 실
widow [wídou] *n.* 과부
wrist [rist] *n.* 손목

38:18 sleep with...: …와 동침하다
38:20 in order to: …하기 위해
38:23 after all: 결국
38:24 as a result: 그 결과로
38:24 burn to death: 불에 타 죽다
38:29 draw back: 도로 집어넣다

오니 그의 이름을 세라라 불렀더라

요셉과 보디발의 아내

39 요셉이 이끌려 애굽에 내려가매 바로의 신하 친위대장 애굽 사람 보디발이 그를 그리로 데려간 이스마엘 사람의 손에서 요셉을 사니라

2 여호와께서 요셉과 함께하시므로 그가 형통한 자가 되어 그의 주인 애굽 사람의 집에 있으니

3 그의 주인이 여호와께서 그와 함께하심을 보며 또 여호와께서 그의 범사에 형통하게 하심을 보았더라

4 요셉이 그의 주인에게 은혜를 입어 섬기매 그가 요셉을 가정 총무로 삼고 자기의 소유를 다 그의 손에 위탁하니

5 그가 요셉에게 자기의 집과 그의 모든 소유물을 주관하게 한 때부터 여호와께서 요셉을 위하여 그 애굽 사람의 집에 복을 내리시므로 여호와의 복이 그의 집과 밭에 있는 모든 소유에 미친지라

6 주인이 그의 소유를 다 요셉의 손에 위탁하고 자기가 먹는 음식 외에는 간섭하지 아니하였더라 요셉은 용모가 빼어나고 아름다웠더라

7 •그 후에 그의 주인의 아내가 요셉에게 눈짓하다가 동침하기를 청하니

8 요셉이 거절하며 자기 주인의 아내에게 이르되 내 주인이 집안의 모든 소유를 간섭하지 아니하고 다 내 손에 위탁하였으니

9 이 집에는 나보다 큰 이가 없으며 주인이 아무것도 내게 금하지 아니하였어도 금한 것은 당신뿐이니 당신은 그의 아내임이라 그런즉 내가 어찌 이 큰 악을 행하여 하나님께 죄를 지으리이까

10 여인이 날마다 요셉에게 청하였으나 요셉이 듣지 아니하여 동침하지 아니할 뿐더러 함께 있지도 아니하니라

11 그러할 때에 요셉이 그의 일을 하러 그 집에 들어갔더니 그 집 사람들은 하나도 거기에 없었더라

12 그 여인이 그의 옷을 잡고 이르되 나와 동침하자 그러나 요셉이 자기의 옷을 그 여인의 손에 버려두고 밖으로 나가매

13 그 여인이 요셉이 그의 옷을 자기 손에 버려두고 도망하여 나감을 보고

14 그 여인의 집 사람들을 불러서 그들에게 이르되 보라 주인이 히브리 사람을 우리에게 데려다가 우리를 희롱하게 하는도다 그가 나

30 •Then his brother, who had the scarlet thread
on his wrist, came out. And he was named
Zerah.[a]

Joseph and Potiphar's Wife

39 Now Joseph had been taken down to
Egypt. Potiphar, an Egyptian who
was one of Pharaoh's officials, the captain of
the guard, bought him from the Ishmaelites
who had taken him there.
2 •The LORD was with Joseph so that he pros-
pered, and he lived in the house of his Egypt-
3 ian master. •When his master saw that the
LORD was with him and that the LORD gave
4 him success in everything he did, •Joseph
found favor in his eyes and became his atten-
dant. Potiphar put him in charge of his house-
hold, and he entrusted to his care everything
5 he owned. •From the time he put him in
charge of his household and of all that he
owned, the LORD blessed the household of the
Egyptian because of Joseph. The blessing of the
LORD was on everything Potiphar had, both
6 in the house and in the field. •So Potiphar
left everything he had in Joseph's care; with
Joseph in charge, he did not concern himself
with anything except the food he ate.
Now Joseph was well-built and handsome,
7 •and after a while his master's wife took
notice of Joseph and said, "Come to bed with
me!"
8 •But he refused. "With me in charge," he
told her, "my master does not concern himself
with anything in the house; everything he
9 owns he has entrusted to my care. •No one is
greater in this house than I am. My master
has withheld nothing from me except you,
because you are his wife. How then could I do
such a wicked thing and sin against God?"
10 •And though she spoke to Joseph day after
day, he refused to go to bed with her or even
be with her.
11 •One day he went into the house to attend
to his duties, and none of the household ser-
12 vants was inside. •She caught him by his
cloak and said, "Come to bed with me!" But he
left his cloak in her hand and ran out of the
house.
13 •When she saw that he had left his cloak in
14 her hand and had run out of the house, •she
called her household servants. "Look," she said
to them, "this Hebrew has been brought to us

[a]30 *Zerah* can mean *scarlet* or *brightness.*

attendant [əténdənt] *n.* 수행원
captain [kǽptən] *n.* 대장
care [kɛər] *n.* 관리, 돌봄
cloak [klouk] *n.* 겉옷
concern [kənsə́ːrn] *vt.* 관여하다
duty [djúːti] *n.* 의무
entrust [intrʌ́st] *vt.* 맡기다
except [iksépt] *prep.* …을 제외하고는
household [háushòuld] *n.* 가족의
prosper [prάspər] *vi.* 번영하다
refuse [rifjúːz] *vt.* 거절하다
servant [sə́ːrvənt] *n.* 종, 하인
well-built [wélbilt] *a.* 체격이 좋은
wicked [wíkid] *a.* 악한
withhold [wiðhóuld] *vt.* 허락하지 않다

39:4 put... in charge of~: …에게 ~의 책임을 맡기다
39:5 because of...: …때문에
39:7 take notice of...: …를 주의하다
39:10 day after day: 날마다, 하루하루
39:11 attend to: …을 처리하다, 돌보다

와 동침하고자 내게로 들어오므로 내가 크게
소리 질렀더니
15 그가 나의 소리 질러 부름을 듣고 그의 옷을
내게 버려두고 도망하여 나갔느니라 하고
16 그의 옷을 곁에 두고 자기 주인이 집으로 돌
아오기를 기다려
17 이 말로 그에게 말하여 이르되 당신이 우리
에게 데려온 히브리 종이 나를 희롱하려고
내게로 들어왔으므로
18 내가 소리 질러 불렀더니 그가 그의 옷을 내
게 버려두고 밖으로 도망하여 나갔나이다
19 ●그의 주인이 자기 아내가 자기에게 이르기
를 당신의 종이 내게 이같이 행하였다 하는
말을 듣고 심히 노한지라
20 이에 요셉의 주인이 그를 잡아 옥에 가두니
그 옥은 왕의 죄수를 가두는 곳이었더라 요
셉이 옥에 갇혔으나
21 여호와께서 요셉과 함께하시고 그에게 인자
를 더하사 간수장에게 은혜를 받게 하시매
22 간수장이 옥중 죄수를 다 요셉의 손에 맡기
므로 그 제반 사무를 요셉이 처리하고 39:4
23 간수장은 그의 손에 맡긴 것을 무엇이든지
살펴보지 아니하였으니 이는 여호와께서 요
셉과 함께하심이라 여호와께서 그를 범사에
형통하게 하셨더라 39:2,3,8

요셉이 관원장의 꿈을 해석하다

40 그 후에 애굽 왕의 술 맡은 자와 떡 굽
는 자가 그들의 주인 애굽 왕에게 범죄
한지라
2 바로가 그 두 관원장 곧 술 맡은 관원장과 떡
굽는 관원장에게 노하여
3 그들을 친위대장의 집 안에 있는 옥에 가두
니 곧 요셉이 갇힌 곳이라
4 친위대장이 요셉에게 그들을 수종 들게 하매
요셉이 그들을 섬겼더라 그들이 갇힌 지 여
러 날이라 37:36
5 옥에 갇힌 애굽 왕의 술 맡은 자와 떡 굽는
자 두 사람이 하룻밤에 꿈을 꾸니 각기 그 내
용이 다르더라
6 아침에 요셉이 들어가 보니 그들에게 근심의
빛이 있는지라
7 요셉이 그 주인의 집에 자기와 함께 갇힌 바
로의 신하들에게 묻되 어찌하여 오늘 당신들
의 얼굴에 근심의 빛이 있나이까
8 그들이 그에게 이르되 우리가 꿈을 꾸었으나
이를 해석할 자가 없도다 요셉이 그들에게
이르되 해석은 하나님께 있지 아니하니이까

to make sport of us! He came in here to sleep
15 with me, but I screamed. ●When he heard me
scream for help, he left his cloak beside me and
ran out of the house."
16 ●She kept his cloak beside her until his mas-
17 ter came home. ●Then she told him this story:
"That Hebrew slave you brought us came to
18 me to make sport of me. ●But as soon as I
screamed for help, he left his cloak beside me
and ran out of the house."
19 ●When his master heard the story his wife
told him, saying, "This is how your slave treat-
20 ed me," he burned with anger. ●Joseph's mas-
ter took him and put him in prison, the place
where the king's prisoners were confined.
But while Joseph was there in the prison,
21 ●the LORD was with him; he showed him kind-
ness and granted him favor in the eyes of the
22 prison warden. ●So the warden put Joseph in
charge of all those held in the prison, and he
was made responsible for all that was done
23 there. ●The warden paid no attention to any-
thing under Joseph's care, because the LORD
was with Joseph and gave him success in what-
ever he did.

The Cupbearer and the Baker

40 Some time later, the cupbearer and
the baker of the king of Egypt offend-
2 ed their master, the king of Egypt. ●Pharaoh
was angry with his two officials, the chief cup-
3 bearer and the chief baker, ●and put them in
custody in the house of the captain of the
guard, in the same prison where Joseph was
4 confined. ●The captain of the guard assigned
them to Joseph, and he attended them.
After they had been in custody for some time,
5 ●each of the two men — the cupbearer and the
baker of the king of Egypt, who were being
held in prison — had a dream the same night,
and each dream had a meaning of its own.
6 ●When Joseph came to them the next
7 morning, he saw that they were dejected. ●So
he asked Pharaoh's officials who were in cus-
tody with him in his master's house, "Why do
you look so sad today?"
8 ●"We both had dreams," they answered,
"but there is no one to interpret them."
Then Joseph said to them, "Do not interpre-
tations belong to God? Tell me your dreams."
9 ●So the chief cupbearer told Joseph his

attention [əténʃən] *n.* 주의, 관심
cloak [klouk] *n.* 겉옷
confine [kənfáin] *vt.* 감금하다
cupbearer [kʌpbɛərər] *n.* 술 담당자
dejected [didʒéktid] *a.* 풀이 죽은
grant [grænt] *vt.* 주다
interpret [intə́:rprit] *vt.* 해석하다
master [mǽstər] *n.* 주인
offend [əfénd] *vt.* …에게 죄를 범하다
prisoner [prízənər] *n.* 죄수
responsible [rispánsəbl] *a.* 책임있는
scream [skri:m] *vi.* 비명을 지르다
sport [spɔ:rt] *n.* 웃음거리, 희롱
treat [tri:t] *vt.* 취급하다
warden [wɔ́:rdn] *n.* 간수

39:14 make sport of...: …을 조롱하다
39:20 put... in prison: …를 감옥에 가두다
40:3 in custody: 감금되어
40:4 assign to: 소속시키다
40:8 belong to...: …에 속하다

청하건대 내게 이르소서

9 ●술 맡은 관원장이 그의 꿈을 요셉에게 말하여 이르되 내가 꿈에 보니 내 앞에 포도나무가 있는데

10 그 나무에 세 가지가 있고 싹이 나서 꽃이 피고 포도송이가 익었고

11 내 손에 바로의 잔이 있기로 내가 포도를 따서 그 즙을 바로의 잔에 짜서 그 잔을 바로의 손에 드렸노라

12 요셉이 그에게 이르되 그 해석이 이러하니 세 가지는 사흘이라

13 지금부터 사흘 안에 바로가 당신의 머리를 들고 당신의 전직을 회복시키리니 당신이 그 전에 술 맡은 자가 되었을 때에 하던 것같이 바로의 잔을 그의 손에 드리게 되리이다

14 당신이 잘 되시거든 나를 생각하고 내게 은혜를 베풀어서 내 사정을 바로에게 아뢰어 이 집에서 나를 건져 주소서

15 나는 히브리 땅에서 끌려온 자요 여기서도 옥에 갇힐 일은 행하지 아니하였나이다

16 ●떡 굽는 관원장이 그 해석이 좋은 것을 보고 요셉에게 이르되 나도 꿈에 보니 흰 떡 세 광주리가 내 머리에 있고

17 맨 윗광주리에 바로를 위하여 만든 각종 구운 음식이 있는데 새들이 내 머리의 광주리에서 그것을 먹더라

18 요셉이 대답하여 이르되 그 해석은 이러하니 세 광주리는 사흘이라

19 지금부터 사흘 안에 바로가 당신의 머리를 들고 당신을 나무에 달리니 새들이 당신의 고기를 뜯어먹으리이다 하더니

20 제삼 일은 바로의 생일이라 바로가 그의 모든 신하를 위하여 잔치를 베풀 때에 술 맡은 관원장과 떡 굽는 관원장에게 그의 신하들 중에 머리를 들게 하니라

21 바로의 술 맡은 관원장은 전직을 회복하매 그가 잔을 바로의 손에 받들어 드렸고 40:13

22 떡 굽는 관원장은 매달리니 요셉이 그들에게 해석함과 같이 되었으나

23 술 맡은 관원장이 요셉을 기억하지 못하고 그를 잊었더라 40:14

요셉이 바로의 꿈을 해석하다

41 만 이 년 후에 바로가 꿈을 꾼즉 자기가 나일 강가에 서 있는데

2 보니 아름답고 살진 일곱 암소가 강가에서 올라와 갈밭에서 뜯어먹고

3 그 뒤에 또 흉하고 파리한 다른 일곱 암소가

dream. He said to him, "In my dream I saw a
10 vine in front of me, ●and on the vine were
three branches. As soon as it budded, it blos-
somed, and its clusters ripened into grapes.
11 ●Pharaoh's cup was in my hand, and I took
the grapes, squeezed them into Pharaoh's cup
and put the cup in his hand."
12 ●"This is what it means," Joseph said to
him. "The three branches are three days.
13 ●Within three days Pharaoh will lift up your
head and restore you to your position, and you
will put Pharaoh's cup in his hand, just as
you used to do when you were his cupbearer.
14 ●But when all goes well with you, remember
me and show me kindness; mention me to
15 Pharaoh and get me out of this prison. ●I was
forcibly carried off from the land of the
Hebrews, and even here I have done nothing
to deserve being put in a dungeon."
16 ●When the chief baker saw that Joseph had
given a favorable interpretation, he said to
Joseph, "I too had a dream: On my head were
17 three baskets of bread.[a] ●In the top basket
were all kinds of baked goods for Pharaoh, but
the birds were eating them out of the basket
on my head."
18 ●"This is what it means," Joseph said. "The
19 three baskets are three days. ●Within three
days Pharaoh will lift off your head and
impale your body on a pole. And the birds will
eat away your flesh."
20 ●Now the third day was Pharaoh's birth-
day, and he gave a feast for all his officials. He
lifted up the heads of the chief cupbearer and
the chief baker in the presence of his officials:
21 ●He restored the chief cupbearer to his posi-
tion, so that he once again put the cup into
22 Pharaoh's hand— ●but he impaled the chief
baker, just as Joseph had said to them in his
interpretation.
23 ●The chief cupbearer, however, did not
remember Joseph; he forgot him.

Pharaoh's Dreams

41 When two full years had passed,
Pharaoh had a dream: He was stand-
2 ing by the Nile, ●when out of the river there
came up seven cows, sleek and fat, and they
3 grazed among the reeds. ●After them, seven
other cows, ugly and gaunt, came up out of the
Nile and stood beside those on the riverbank.

[a]16 Or *three wicker baskets*

blossom [blάsəm] *vi.* 꽃이 피다
bud [bʌd] *vi.* 싹 트다
cluster [klʌstər] *n.* 송이
deserve [dizə́:rv] *vt.* …할 만하다
dungeon [dʌndʒən] *n.* 지하 감옥
forcibly [fɔ́:rsəbli] *ad.* 강제로
gaunt [gɔ:nt] *a.* 여윈, 말라빠진
graze [greiz] *vi.* 풀을 뜯다
impale [impéil] *vt.* 꼼짝 못하게 하다
reed [ri:d] *n.* 갈대
restore [ristɔ́:r] *vt.* 회복(복귀)시키다
ripen [ráipən] *vi.* (과일 등이) 익다
riverbank [rívərbæŋk] *n.* 강둑, 강기슭
sleek [sli:k] *a.* 윤기가 흐르는
squeeze [skwi:z] *vt.* 짜내다

40:13 **just as...**: …과 마찬가지로
40:13 **used to**: …하곤 했다
40:15 **carry off**: …을 실어나르다
40:20 **give a feast**: 잔치를 베풀다
40:20 **in the presence of...**: …의 면전에서
41:2 **out of...**: …의 바깥에

나일 강가에서 올라와 그 소와 함께 나일 강
가에 서 있더니
4 그 흉하고 파리한 소가 그 아름답고 살진 일
곱 소를 먹은지라 바로가 곧 깨었다가
5 다시 잠이 들어 꿈을 꾸니 한 줄기에 무성하
고 충실한 일곱 이삭이 나오고
6 그 후에 또 가늘고 동풍에 마른 일곱 이삭이
나오더니
7 그 가는 일곱 이삭이 무성하고 충실한 일곱
이삭을 삼킨지라 바로가 깬즉 꿈이라
8 아침에 그의 마음이 번민하여 사람을 보내어
애굽의 점술가와 현인들을 모두 불러 그들에
게 그의 꿈을 말하였으나 그것을 바로에게
해석하는 자가 없었더라
9 ●술 맡은 관원장이 바로에게 말하여 이르되
내가 오늘 내 죄를 기억하나이다
10 바로께서 종들에게 노하사 나와 떡 굽는 관
원장을 친위대장의 집에 가두셨을 때에
11 나와 그가 하룻밤에 꿈을 꾼즉 각기 뜻이 있
는 꿈이라
12 그곳에 친위대장의 종 된 히브리 청년이 우
리와 함께 있기로 우리가 그에게 말하매 그
가 우리의 꿈을 풀되 그 꿈대로 각 사람에게
해석하더니
13 그 해석한 대로 되어 나는 복직되고 그는 매
달렸나이다
14 ●이에 바로가 사람을 보내어 요셉을 부르매
그들이 급히 그를 옥에서 내놓은지라 요셉이
곧 수염을 깎고 그의 옷을 갈아입고 바로에
게 들어가니
15 바로가 요셉에게 이르되 내가 한 꿈을 꾸었
으나 그것을 해석하는 자가 없더니 들은즉
너는 꿈을 들으면 능히 푼다 하더라
16 요셉이 바로에게 대답하여 이르되 내가 아니
라 하나님께서 바로에게 편안한 대답을 하시
리이다
17 바로가 요셉에게 이르되 내가 꿈에 나일 강
가에 서서 41:1-7
18 보니 살지고 아름다운 일곱 암소가 나일 강
가에 올라와 갈밭에서 뜯어먹고
19 그 뒤에 또 약하고 심히 흉하고 파리한 일곱
암소가 올라오니 그같이 흉한 것들은 애굽
땅에서 내가 아직 보지 못한 것이라
20 그 파리하고 흉한 소가 처음의 일곱 살진 소
를 먹었으며
21 먹었으나 먹은 듯하지 아니하고 여전히 흉하
더라 내가 곧 깨었다가

4 •And the cows that were ugly and gaunt ate
up the seven sleek, fat cows. Then Pharaoh
woke up.
5 •He fell asleep again and had a second
dream: Seven heads of grain, healthy and good,
6 were growing on a single stalk. •After them,
seven other heads of grain sprouted—thin and
7 scorched by the east wind. •The thin heads of
grain swallowed up the seven healthy, full
heads. Then Pharaoh woke up; it had been a
dream.
8 •In the morning his mind was troubled, so
he sent for all the magicians and wise men of
Egypt. Pharaoh told them his dreams, but no
one could interpret them for him.
9 •Then the chief cupbearer said to Pharaoh,
"Today I am reminded of my shortcomings.
10 •Pharaoh was once angry with his servants,
and he imprisoned me and the chief baker in
11 the house of the captain of the guard. •Each of
us had a dream the same night, and each
12 dream had a meaning of its own. •Now a
young Hebrew was there with us, a servant of
the captain of the guard. We told him our
dreams, and he interpreted them for us, giving
each man the interpretation of his dream.
13 •And things turned out exactly as he interpret-
ed them to us: I was restored to my position,
and the other man was impaled."
14 •So Pharaoh sent for Joseph, and he was
quickly brought from the dungeon. When he
had shaved and changed his clothes, he came
before Pharaoh.
15 •Pharaoh said to Joseph, "I had a dream,
and no one can interpret it. But I have heard it
said of you that when you hear a dream you
can interpret it."
16 •"I cannot do it," Joseph replied to Pharaoh,
"but God will give Pharaoh the answer he
desires."
17 •Then Pharaoh said to Joseph, "In my
dream I was standing on the bank of the Nile,
18 •when out of the river there came up seven
cows, fat and sleek, and they grazed among
19 the reeds. •After them, seven other cows came
up—scrawny and very ugly and lean. I had
never seen such ugly cows in all the land of
20 Egypt. •The lean, ugly cows ate up the seven
21 fat cows that came up first. •But even after
they ate them, no one could tell that they had
done so; they looked just as ugly as before.
Then I woke up.

cupbearer [kʌpbɛərər] *n.* 술 담당자
dungeon [dʌndʒən] *n.* 지하 감옥
gaunt [gɔ:nt] *a.* 여윈, 말라빠진
graze [greiz] *vi.* 풀을 뜯다
impale [impéil] *vt.* 꼼짝 못하게 하다
imprison [imprízn] *vt.* 투옥하다
lean [li:n] *a.* 마른
reed [ri:d] *n.* 갈대
scorched [skɔ:rtʃt] *a.* 말라붙은, 그을은
scrawny [skrɔ:ni] *a.* 수척한
shave [ʃeiv] *vi.* 면도하다
shortcoming [ʃɔ́:rtkʌmiŋ] *n.* 단점
sleek [sli:k] *a.* 윤기가 흐르는
sprout [spraut] *vi.* 싹트다
stalk [stɔ:k] *n.* 줄기

41:7 swallow up: 삼키다
41:9 remind... of~: …에게 ~를 생각나게 하다
41:13 turn out...: …로 판명되다
41:14 send for...: …를 부르다
41:20 eat up: 다 먹어버리다, 소비하다

22 다시 꿈에 보니 한 줄기에 무성하고 충실한 일곱 이삭이 나오고
23 그 후에 또 가늘고 동풍에 마른 일곱 이삭이 나더니
24 그 가는 이삭이 좋은 일곱 이삭을 삼키더라 내가 그 꿈을 점술가에게 말하였으나 그것을 내게 풀이해 주는 자가 없느니라 41:8
25 ●요셉이 바로에게 아뢰되 바로의 꿈은 하나라 하나님이 그가 하실 일을 바로에게 보이심이니이다 41:28,32
26 일곱 좋은 암소는 일곱 해요 일곱 좋은 이삭도 일곱 해니 그 꿈은 하나라
27 그 후에 올라온 파리하고 흉한 일곱 소는 칠 년이요 동풍에 말라 속이 빈 일곱 이삭도 일곱 해 흉년이니
28 내가 바로에게 이르기를 하나님이 그가 하실 일을 바로에게 보이신다 함이 이것이라
29 온 애굽 땅에 일곱 해 큰 풍년이 있겠고 41:47
30 후에 일곱 해 흉년이 들므로 애굽 땅에 있던 풍년을 다 잊어버리게 되고 이 땅이 그 기근으로 망하리니
31 후에 든 그 흉년이 너무 심하므로 이전 풍년을 이 땅에서 기억하지 못하게 되리이다
32 바로께서 꿈을 두 번 겹쳐 꾸신 것은 하나님이 이 일을 정하셨음이라 하나님이 속히 행하시리니
33 이제 바로께서는 명철하고 지혜 있는 사람을 택하여 애굽 땅을 다스리게 하시고
34 바로께서는 또 이같이 행하사 나라 안에 감독관들을 두어 그 일곱 해 풍년에 애굽 땅의 오분의 일을 거두되
35 그들로 장차 올 풍년의 모든 곡물을 거두고 그 곡물을 바로의 손에 돌려 양식을 위하여 각 성읍에 쌓아 두게 하소서
36 이와 같이 그 곡물을 이 땅에 저장하여 애굽 땅에 임할 일곱 해 흉년에 대비하시면 땅이 이 흉년으로 말미암아 망하지 아니하리이다

요셉이 애굽의 총리가 되다

37 ●바로와 그의 모든 신하가 이 일을 좋게 여긴지라 행 7:10
38 바로가 그의 신하들에게 이르되 이와 같이 하나님의 영에 감동된 사람을 우리가 어찌 찾을 수 있으리요 하고
39 요셉에게 이르되 하나님이 이 모든 것을 네게 보이셨으니 너와 같이 명철하고 지혜 있는 자가 없도다
40 너는 내 집을 다스리라 내 백성이 다 네 명령

22 •"In my dream I saw seven heads of grain,
23 full and good, growing on a single stalk. •After
them, seven other heads sprouted—withered
24 and thin and scorched by the east wind. •The
thin heads of grain swallowed up the seven
good heads. I told this to the magicians, but
none of them could explain it to me."
25 •Then Joseph said to Pharaoh, "The dreams
of Pharaoh are one and the same. God has
revealed to Pharaoh what he is about to do.
26 •The seven good cows are seven years, and the
seven good heads of grain are seven years; it is
27 one and the same dream. •The seven lean,
ugly cows that came up afterward are seven
years, and so are the seven worthless heads of
grain scorched by the east wind: They are
seven years of famine.
28 •"It is just as I said to Pharaoh: God has
29 shown Pharaoh what he is about to do. •Se-
ven years of great abundance are coming
30 throughout the land of Egypt, •but seven
years of famine will follow them. Then all the
abundance in Egypt will be forgotten, and the
31 famine will ravage the land. •The abundance
in the land will not be remembered, because
the famine that follows it will be so severe.
32 •The reason the dream was given to Pharaoh
in two forms is that the matter has been firm-
ly decided by God, and God will do it soon.
33 •"And now let Pharaoh look for a discern-
ing and wise man and put him in charge of
34 the land of Egypt. •Let Pharaoh appoint com-
missioners over the land to take a fifth of the
harvest of Egypt during the seven years of
35 abundance. •They should collect all the food
of these good years that are coming and store
up the grain under the authority of Pharaoh,
36 to be kept in the cities for food. •This food
should be held in reserve for the country, to be
used during the seven years of famine that will
come upon Egypt, so that the country may
not be ruined by the famine."
37 •The plan seemed good to Pharaoh and to
38 all his officials. •So Pharaoh asked them, "Can
we find anyone like this man, one in whom is
the spirit of God[a]?"
39 •Then Pharaoh said to Joseph, "Since God
has made all this known to you, there is no
40 one so discerning and wise as you. •You shall
be in charge of my palace, and all my people
are to submit to your orders. Only with respect
to the throne will I be greater than you."

[a]38 Or *of the gods*

abundance [əbʌndəns] *n.* 풍요
appoint [əpɔ́int] *vt.* 임명하다
authority [əθɔ́:rəti] *n.* 권위
commissioner [kəmíʃənər] *n.* 정부 관리
discerning [disə́:rniŋ] *a.* 명철한
famine [fǽmin] *n.* 기근
firmly [fə́:rmli] *ad.* 확고하게
ravage [rǽvidʒ] *vt.* 파괴하다
reserve [rizə́:rv] *n.* 저장
ruin [rú:in] *vt.* 파멸시키다
scorched [skɔ́:rtʃt] *a.* 말라붙은, 그을은
severe [sivíər] *a.* 심한, 가혹한
submit [səbmít] *vi.* 복종하다
throne [θroun] *n.* 왕좌
withered [wíðərd] *a.* 시든

41:25 one and the same: 똑같은
41:25 be about to...: 막 …하려 하다
41:33 look for: 찾다
41:33 in charge of...: …담당의
41:35 store up: 비축하다
41:40 with respect to...: …에 관하여는

에 복종하리니 내가 너보다 높은 것은 내 왕
좌뿐이니라
41 바로가 또 요셉에게 이르되 내가 너를 애굽
온 땅의 총리가 되게 하노라 하고
42 자기의 인장 반지를 빼어 요셉의 손에 끼우
고 그에게 세마포 옷을 입히고 금사슬을 목
에 걸고
43 자기에게 있는 버금 수레에 그를 태우매 무
리가 그의 앞에서 소리 지르기를 엎드리라
하더라 바로가 그에게 애굽 전국을 총리로
다스리게 하였더라
44 바로가 요셉에게 이르되 나는 바로라 애굽
온 땅에서 네 허락이 없이는 수족을 놀릴 자
가 없으리라 하고
45 그가 요셉의 이름을 사브낫바네아라 하고 또
온의 제사장 보디베라의 딸 아스낫을 그에게
주어 아내로 삼게 하니라 요셉이 나가 애굽
온 땅을 순찰하니라
46 ●요셉이 애굽 왕 바로 앞에 설 때에 삼십 세라
그가 바로 앞을 떠나 애굽 온 땅을 순찰하니
47 일곱 해 풍년에 토지 소출이 심히 많은지라
48 요셉이 애굽 땅에 있는 그 칠 년 곡물을 거두
어 각 성에 저장하되 각 성읍 주위의 밭의 곡
물을 그 성읍 중에 쌓아두매
49 쌓아둔 곡식이 바다 모래같이 심히 많아 세
기를 그쳤으니 그 수가 한이 없음이었더라
50 흉년이 들기 전에 요셉에게 두 아들이 나되
곧 온의 제사장 보디베라의 딸 아스낫이 그
에게서 낳은지라
51 요셉이 그의 장남의 이름을 [1)]므낫세라 하였
으니 하나님이 내게 내 모든 고난과 내 아버
지의 온 집 일을 잊어버리게 하셨다 함이요
52 차남의 이름을 [2)]에브라임이라 하였으니 하
나님이 나를 내가 수고한 땅에서 번성하게
하셨다 함이었더라
53 애굽 땅에 일곱 해 풍년이 그치고
54 요셉의 말과 같이 일곱 해 흉년이 들기 시작
하매 각국에는 기근이 있으나 애굽 온 땅에
는 먹을 것이 있더니
55 애굽 온 땅이 굶주리매 백성이 바로에게 부
르짖어 양식을 구하는지라 바로가 애굽 모든
백성에게 이르되 요셉에게 가서 그가 너희에
게 이르는 대로 하라 하니라
56 온 지면에 기근이 있으매 요셉이 모든 창고
를 열고 애굽 백성에게 팔새 애굽 땅에 기근
이 심하며
57 각국 백성도 양식을 사려고 애굽으로 들어와

Joseph in Charge of Egypt

41 ●So Pharaoh said to Joseph, "I hereby put
you in charge of the whole land of Egypt."
42 ●Then Pharaoh took his signet ring from his
finger and put it on Joseph's finger. He dressed
him in robes of fine linen and put a gold chain
43 around his neck. ●He had him ride in a chari-
ot as his second-in-command,[a] and people
shouted before him, "Make way[b]!" Thus he
put him in charge of the whole land of Egypt.
44 ●Then Pharaoh said to Joseph, "I am
Pharaoh, but without your word no one will
45 lift hand or foot in all Egypt." ●Pharaoh gave
Joseph the name Zaphenath-Paneah and gave
him Asenath daughter of Potiphera, priest of
On,[c] to be his wife. And Joseph went through-
out the land of Egypt.
46 ●Joseph was thirty years old when he
entered the service of Pharaoh king of Egypt.
And Joseph went out from Pharaoh's presence
47 and traveled throughout Egypt. ●During the
seven years of abundance the land produced
48 plentifully. ●Joseph collected all the food pro-
duced in those seven years of abundance in
Egypt and stored it in the cities. In each city he
put the food grown in the fields surround-
49 ing it. ●Joseph stored up huge quantities of
grain, like the sand of the sea; it was so much
that he stopped keeping records because it
was beyond measure.
50 ●Before the years of famine came, two sons
were born to Joseph by Asenath daughter of
51 Potiphera, priest of On. ●Joseph named his
firstborn Manasseh[d] and said, "It is because
God has made me forget all my trouble and all
52 my father's household." ●The second son he
named Ephraim[e] and said, "It is because God
has made me fruitful in the land of my suffer-
ing."
53 ●The seven years of abundance in Egypt
54 came to an end, ●and the seven years of fa-
mine began, just as Joseph had said. There
was famine in all the other lands, but in the
55 whole land of Egypt there was food. ●When
all Egypt began to feel the famine, the people
cried to Pharaoh for food. Then Pharaoh told
all the Egyptians, "Go to Joseph and do what
he tells you."

[a]43 Or *in the chariot of his second-in-command*; or *in his second chariot* [b]43 Or *Bow down* [c]45 That is, Heliopolis; also in verse 50 [d]51 *Manasseh* sounds like and may be derived from the Hebrew for *forget.* [e]52 *Ephraim* sounds like the Hebrew for *twice fruitful.* 1) 잊어버림 2) 창성함

abundance [əbʌndəns] *n.* 풍요, 풍부
chariot [tʃǽriət] *n.* 전차, 마차
collect [kəlékt] *vt.* 모으다
famine [fǽmin] *n.* 기근, 식량 부족
fruitful [frú:tfəl] *a.* 결실 있는
plentifully [pléntifəli] *ad.* 풍부하게
priest [pri:st] *n.* 제사장
produce [prədjú:s] *vt.* …을 생산하다
quantity [kwántəti] *n.* 분량, 수량
robe [roub] *n.* 예복, 관복
signet [sígnit] *n.* 인장
store [stɔ:r] *vt.* 비축하다
suffering [sʌfəriŋ] *n.* 고생
surround [səráund] *vt.* 둘러싸다
travel [trǽvəl] *vi.* 여행하다

41:43 second-in-command: 부사령관, 차장
41:43 make way: 길을 비켜 주다
41:49 keep records: 기록하다
41:49 beyond measure: 셀 수 없을 정도로 많은

요셉에게 이르렀으니 기근이 온 세상에 심함
이었더라

요셉의 형들이 애굽으로 가다

42 그때에 야곱이 애굽에 곡식이 있음을
보고 아들들에게 이르되 너희는 어찌
하여 서로 바라보고만 있느냐
2 야곱이 또 이르되 내가 들은즉 저 애굽에 곡
식이 있다 하니 너희는 그리로 가서 거기서
우리를 위하여 사오라 그러면 우리가 살고
죽지 아니하리라 하매 43:8
3 요셉의 형 열 사람이 애굽에서 곡식을 사려
고 내려갔으나
4 야곱이 요셉의 아우 베냐민은 그의 형들과
함께 보내지 아니하였으니 이는 그의 생각에
재난이 그에게 미칠까 두려워함이었더라
5 이스라엘의 아들들이 양식 사러 간 자 중에
있으니 가나안 땅에 기근이 있음이라 행 7:11
6 때에 요셉이 나라의 총리로서 그 땅 모든 백
성에게 곡식을 팔더니 요셉의 형들이 와서
그 앞에서 땅에 엎드려 절하매
7 요셉이 보고 형들인 줄을 아나 모르는 체하
고 엄한 소리로 그들에게 말하여 이르되 너
희가 어디서 왔느냐 그들이 이르되 곡물을
사려고 가나안에서 왔나이다 42:30
8 요셉은 그의 형들을 알아보았으나 그들은 요
셉을 알아보지 못하더라
9 요셉이 그들에게 대하여 꾼 꿈을 생각하고
그들에게 이르되 너희는 정탐꾼들이라 이 나
라의 틈을 엿보려고 왔느니라
10 그들이 그에게 이르되 내 주여 아니니이다
당신의 종들은 곡물을 사러 왔나이다
11 우리는 다 한 사람의 아들들로서 확실한 자
들이니 당신의 종들은 정탐꾼이 아니니이다
12 요셉이 그들에게 이르되 아니라 너희가 이
나라의 틈을 엿보러 왔느니라
13 그들이 이르되 당신의 종 우리들은 열두 형
제로서 가나안 땅 한 사람의 아들들이라 막
내아들은 오늘 아버지와 함께 있고 또 하나
는 없어졌나이다 37:30
14 요셉이 그들에게 이르되 내가 너희에게 이르기
를 너희는 정탐꾼들이라 한 말이 이것이니라
15 너희는 이같이 하여 너희 진실함을 증명할
것이라 바로의 생명으로 맹세하노니 너희 막
내아우가 여기 오지 아니하면 너희가 여기서
나가지 못하리라
16 너희 중 하나를 보내어 너희 아우를 데려오
게 하고 너희는 갇히어 있으라 내가 너희의

56 •When the famine had spread over the
whole country, Joseph opened all the store-
houses and sold grain to the Egyptians, for the
57 famine was severe throughout Egypt. •And all
the world came to Egypt to buy grain from
Joseph, because the famine was severe every-
where.

Joseph's Brothers Go to Egypt

42 When Jacob learned that there was
grain in Egypt, he said to his sons,
"Why do you just keep looking at each other?"
2 •He continued, "I have heard that there is
grain in Egypt. Go down there and buy some
for us, so that we may live and not die."
3 •Then ten of Joseph's brothers went down
4 to buy grain from Egypt. •But Jacob did not
send Benjamin, Joseph's brother, with the oth-
ers, because he was afraid that harm might
5 come to him. •So Israel's sons were among
those who went to buy grain, for there was
famine in the land of Canaan also.
6 •Now Joseph was the governor of the land,
the person who sold grain to all its people. So
when Joseph's brothers arrived, they bowed
down to him with their faces to the ground.
7 •As soon as Joseph saw his brothers, he recog-
nized them, but he pretended to be a stranger
and spoke harshly to them. "Where do you
come from?" he asked.
"From the land of Canaan," they replied, "to
buy food."
8 •Although Joseph recognized his brothers,
9 they did not recognize him. •Then he remem-
bered his dreams about them and said to
them, "You are spies! You have come to see
where our land is unprotected."
10 •"No, my lord," they answered. "Your ser-
11 vants have come to buy food. •We are all the
sons of one man. Your servants are honest
men, not spies."
12 •"No!" he said to them. "You have come to
see where our land is unprotected."
13 •But they replied, "Your servants were
twelve brothers, the sons of one man, who
lives in the land of Canaan. The youngest is
now with our father, and one is no more."
14 •Joseph said to them, "It is just as I told you:
15 You are spies! •And this is how you will be test-
ed: As surely as Pharaoh lives, you will not
leave this place unless your youngest brother
16 comes here. •Send one of your number to get
your brother; the rest of you will be kept in

afraid [əfréid] *a.* 두려워하는
arrive [əráiv] *vi.* 도착하다
harm [hɑːrm] *n.* 해, 손해
harshly [hάːrʃli] *ad.* 엄하게
honest [άnist] *a.* 정직한
governor [gʌvərnər] *n.* 지배자
pretend [priténd] *vt.* …인 척하다
recognize [rékəgnàiz] *vt.* 깨닫다
rest [rest] *n.* 나머지
spread [spred] *vi.* 퍼지다
storehouse [stɔːrhaus] *n.* 창고
stranger [stréindʒər] *n.* 낯선 사람
unless [ənlés] *conj.* …가 아닌 한
unprotected [ʌnprətéktid] *a.* 무방비의
youngest [jʌŋgiist] *a.* 막내의

41:56 spread over: 퍼지다
42:2 go down: 내려가다
42:6 sell A to B: A를 B에게 팔다
42:6 bow down to...: …에게 절하다
42:15 as surely as...: …와 마찬가지로
42:16 keep... in prison: …를 감옥에 가두다

말을 시험하여 너희 중에 진실이 있는지 보리
라 바로의 생명으로 맹세하노니 그리하지 아
니하면 너희는 과연 정탐꾼이니라 하고
17 그들을 다 함께 삼 일을 가두었더라
18 ●사흘 만에 요셉이 그들에게 이르되 나는 하
나님을 경외하노니 너희는 이같이 하여 생명
을 보전하라
19 너희가 확실한 자들이면 너희 형제 중 한 사람
만 그 옥에 갇히게 하고 너희는 곡식을 가지고
가서 너희 집안의 굶주림을 구하고
20 너희 막내아우를 내게로 데리고 오라 그러면
너희 말이 진실함이 되고 너희가 죽지 아니하
리라 하니 그들이 그대로 하니라
21 그들이 서로 말하되 우리가 아우의 일로 말미
암아 범죄하였도다 그가 우리에게 애걸할 때
에 그 마음의 괴로움을 보고도 듣지 아니하였
으므로 이 괴로움이 우리에게 임하도다
22 르우벤이 그들에게 대답하여 이르되 내가 너
희에게 그 아이에 대하여 죄를 짓지 말라고 하
지 아니하였더냐 그래도 너희가 듣지 아니하
였느니라 그러므로 그의 핏값을 치르게 되었
도다 하니 37:22
23 그들 사이에 통역을 세웠으므로 그들은 요셉
이 듣는 줄을 알지 못하였더라
24 요셉이 그들을 떠나가서 울고 다시 돌아와서
그들과 말하다가 그들 중에서 시므온을 끌어
내어 그들의 눈앞에서 결박하고
25 명하여 곡물을 그 그릇에 채우게 하고 각 사람
의 돈은 그의 자루에 도로 넣게 하고 또 길 양
식을 그들에게 주게 하니 그대로 행하였더라

요셉의 형들이 가나안으로 돌아오다

26 ●그들이 곡식을 나귀에 싣고 그곳을 떠났더니
27 한 사람이 여관에서 나귀에게 먹이를 주려고 자
루를 풀고 본즉 그 돈이 자루 아귀에 있는지라
28 그가 그 형제에게 말하되 내 돈을 도로 넣었도
다 보라 자루 속에 있도다 이에 그들이 혼이
나서 떨며 서로 돌아보며 말하되 하나님이 어
찌하여 이런 일을 우리에게 행하셨는가 하고
29 그들이 가나안 땅에 돌아와 그들의 아버지 야
곱에게 이르러 그들이 당한 일을 자세히 알리
어 아뢰되
30 그 땅의 주인인 그 사람이 엄하게 우리에게 말씀
하고 우리를 그 땅에 대한 정탐꾼으로 여기기로
31 우리가 그에게 이르되 우리는 확실한 자들이
요 정탐꾼이 아니니이다
32 우리는 한 아버지의 아들 열두 형제로서 하나
는 없어지고 막내는 오늘 우리 아버지와 함께

prison, so that your words may be tested to
see if you are telling the truth. If you are not,
then as surely as Pharaoh lives, you are spies!"
17 ●And he put them all in custody for three
days.
18 ●On the third day, Joseph said to them,
19 "Do this and you will live, for I fear God: ●If
you are honest men, let one of your brothers
stay here in prison, while the rest of you go
and take grain back for your starving house-
20 holds. ●But you must bring your youngest
brother to me, so that your words may be ver-
ified and that you may not die." This they
proceeded to do.
21 ●They said to one another, "Surely we are
being punished because of our brother. We
saw how distressed he was when he pleaded
with us for his life, but we would not listen;
that's why this distress has come on us."
22 ●Reuben replied, "Didn't I tell you not to
sin against the boy? But you wouldn't listen!
Now we must give an accounting for his
23 blood." ●They did not realize that Joseph
could understand them, since he was using
an interpreter.
24 ●He turned away from them and began to
weep, but then came back and spoke to
them again. He had Simeon taken from
them and bound before their eyes.
25 ●Joseph gave orders to fill their bags with
grain, to put each man's silver back in his
sack, and to give them provisions for their
26 journey. After this was done for them, ●they
loaded their grain on their donkeys and left.
27 ●At the place where they stopped for the
night one of them opened his sack to get feed
for his donkey, and he saw his silver in the
28 mouth of his sack. ●"My silver has been
returned," he said to his brothers. "Here it is
in my sack."
Their hearts sank and they turned to each
other trembling and said, "What is this that
God has done to us?"
29 ●When they came to their father Jacob in
the land of Canaan, they told him all that
30 had happened to them. They said, ●"The
man who is lord over the land spoke harshly
to us and treated us as though we were spy-
31 ing on the land. ●But we said to him, 'We are
32 honest men; we are not spies. ●We were
twelve brothers, sons of one father. One is no
more, and the youngest is now with our

before [bifɔ́:r] *prep.* 앞에
bind [baind] *vt.* 묶다
distressed [distrést] *a.* 괴로운
feed [fi:d] *n.* 먹이, 여물
load [loud] *vt.* 싣다
lord [lɔ:rd] *n.* 주인
mouth [mauθ] *n.* (물건 · 장소) 입구
plead [pli:d] *vi.* 간청하다
proceed [prəsí:d] *vi.* 시작하다
provision [prəvíʒən] *n.* 양식, 준비
sack [sæk] *n.* 자루
sink [siŋk] *vi.* (마음이) 가라앉다, 철렁하다
tremble [trémbl] *vi.* 떨다
verify [vérəfai] *vt.* 증명하다
weep [wi:p] *vi.* 울다

42:17 in custody: 감금되어
42:21 come (up) on: (질병 등이) 엄습하다
42:22 give an accounting for...: …에 대한 책임을 지다
42:24 turn away: 떠나다
42:30 as though...: 마치 …인 것처럼

가나안 땅에 있나이다 하였더니
33 그 땅의 주인인 그 사람이 우리에게 이르되 내
가 이같이 하여 너희가 확실한 자들임을 알리
니 너희 형제 중의 하나를 내게 두고 양식을
가지고 가서 너희 집안의 굶주림을 구하고
34 너희 막내아우를 내게로 데려오라 그러면 너
희가 정탐꾼이 아니요 확실한 자들임을 내가
알고 너희 형제를 너희에게 돌리리니 너희가
이 나라에서 무역하리라 하더이다 하고
35 각기 자루를 쏟고 본즉 각 사람의 돈뭉치가 그
자루 속에 있는지라 그들과 그들의 아버지가
돈뭉치를 보고 다 두려워하더니
36 그들의 아버지 야곱이 그들에게 이르되 너희가
나에게 내 자식들을 잃게 하도다 요셉도 없어
졌고 시므온도 없어졌거늘 베냐민을 또 빼앗
아 가고자 하니 이는 다 나를 해롭게 함이로다
37 르우벤이 그의 아버지에게 말하여 이르되 내
가 그를 아버지께로 데리고 오지 아니하거든
내 두 아들을 죽이소서 그를 내 손에 맡기소서
내가 그를 아버지께로 데리고 돌아오리이다
38 야곱이 이르되 내 아들은 너희와 함께 내려가
지 못하리니 그의 형은 죽고 그만 남았음이라
만일 너희가 가는 길에서 재난이 그에게 미치
면 너희가 내 흰 머리를 슬퍼하며 스올로 내려
가게 함이 되리라

형들이 베냐민을 데리고 애굽으로 가다

43 그 땅에 기근이 심하고
2 그들이 애굽에서 가져온 곡식을 다 먹
으매 그 아버지가 그들에게 이르되 다시 가서
우리를 위하여 양식을 조금 사오라
3 유다가 아버지에게 말하여 이르되 그 사람이
우리에게 엄히 경고하여 이르되 너희 아우가
너희와 함께 오지 아니하면 너희가 내 얼굴을
보지 못하리라 하였으니
4 아버지께서 우리 아우를 우리와 함께 보내시
면 우리가 내려가서 아버지를 위하여 양식을
사려니와
5 아버지께서 만일 그를 보내지 아니하시면 우
리는 내려가지 아니하리니 그 사람이 우리에
게 말하기를 너희의 아우가 너희와 함께 오지
아니하면 너희가 내 얼굴을 보지 못하리라 하
였음이니이다
6 이스라엘이 이르되 너희가 어찌하여 너희에
게 또 다른 아우가 있다고 그 사람에게 말하여
나를 괴롭게 하였느냐
7 그들이 이르되 그 사람이 우리와 우리의 친족
에 대하여 자세히 질문하여 이르기를 너희 아

father in Canaan.'
33 •"Then the man who is lord over the land
said to us, 'This is how I will know whether
you are honest men: Leave one of your broth-
ers here with me, and take food for your starv-
34 ing households and go. •But bring your
youngest brother to me so I will know that
you are not spies but honest men. Then I will
give your brother back to you, and you can
trade[a] in the land.' "
35 •As they were emptying their sacks, there
in each man's sack was his pouch of silver!
When they and their father saw the money
36 pouches, they were frightened. •Their father
Jacob said to them, "You have deprived me
of my children. Joseph is no more and Sime-
on is no more, and now you want to take
Benjamin. Everything is against me!"
37 •Then Reuben said to his father, "You
may put both of my sons to death if I do not
bring him back to you. Entrust him to my
care, and I will bring him back."
38 •But Jacob said, "My son will not go down
there with you; his brother is dead and he is
the only one left. If harm comes to him on
the journey you are taking, you will bring my
gray head down to the grave in sorrow."

The Second Journey to Egypt

43 Now the famine was still severe in
2 the land. •So when they had eaten
all the grain they had brought from Egypt,
their father said to them, "Go back and buy
us a little more food."
3 •But Judah said to him, "The man warned
us solemnly, 'You will not see my face again
4 unless your brother is with you.' •If you will
send our brother along with us, we will go
5 down and buy food for you. •But if you will
not send him, we will not go down, because
the man said to us, 'You will not see my face
again unless your brother is with you.' "
6 •Israel asked, "Why did you bring this
trouble on me by telling the man you had
another brother?"
7 •They replied, "The man questioned us
closely about ourselves and our family. 'Is
your father still living?' he asked us. 'Do you
have another brother?' We simply answered
his questions. How were we to know he
would say, 'Bring your brother down here'?"

[a]34 Or *move about freely*

closely [klóusli] *ad.* 주의깊게
empty [émpti] *vt.* 비우다
entrust [intrʌ́st] *vt.* 맡기다
famine [fǽmin] *n.* 기근, 식량 부족
frightened [fráitnd] *a.* 겁먹은
harm [hɑːrm] *n.* 해
grave [greiv] *n.* 무덤
pouch [pautʃ] *n.* 주머니
question [kwéstʃən] *vt.* 묻다
simply [símpli] *ad.* 다만
solemnly [sáləmli] *ad.* 진지하게
sorrow [sárou] *n.* 슬픔
starving [stáːrviŋ] *a.* 굶주리는
trade [treid] *vi.* 무역하다
warn [wɔːrn] *vt.* 경고하다

42:36 deprive... of~: …에게서 ~를 빼앗다
42:37 put... to death: …를 죽이다
43:4 along with...: …과 함께
43:6 bring this trouble on...: …에게 괴로움을 가져오다

버지가 아직 살아 계시느냐 너희에게 아우가
있느냐 하기로 그 묻는 말에 따라 그에게 대답
한 것이니 그가 너희의 아우를 데리고 내려오
라 할 줄을 우리가 어찌 알았으리이까
8 유다가 그의 아버지 이스라엘에게 이르되 저
아이를 나와 함께 보내시면 우리가 곧 가리니
그러면 우리와 아버지와 우리 어린아이들이
다 살고 죽지 아니하리이다 42:2
9 내가 그를 위하여 담보가 되오리니 아버지께
서 내 손에서 그를 찾으소서 내가 만일 그를 아
버지께 데려다가 아버지 앞에 두지 아니하면
내가 영원히 죄를 지리이다 44:32
10 우리가 지체하지 아니하였더라면 벌써 두 번
갔다 왔으리이다
11 그들의 아버지 이스라엘이 그들에게 이르되
그러할진대 이렇게 하라 너희는 이 땅의 아름
다운 소산을 그릇에 담아 가지고 내려가서 그
사람에게 예물로 드릴지니 곧 유향 조금과 꿀
조금과 향품과 몰약과 유향나무 열매와 감복
숭아이니라
12 너희 손에 갑절의 돈을 가지고 너희 자루 아귀
에 도로 넣어져 있던 그 돈을 다시 가지고 가
라 혹 잘못이 있었을까 두렵도다
13 네 아우도 데리고 떠나 다시 그 사람에게로 가라
14 전능하신 하나님께서 그 사람 앞에서 너희에
게 은혜를 베푸사 그 사람으로 너희 다른 형제
와 베냐민을 돌려보내게 하시기를 원하노라
내가 자식을 잃게 되면 잃으리로다
15 그 형제들이 예물을 마련하고 갑절의 돈을 자
기들의 손에 가지고 베냐민을 데리고 애굽에
내려가서 요셉 앞에 서니라
16 ●요셉은 베냐민이 그들과 함께 있음을 보고
자기의 청지기에게 이르되 이 사람들을 집으
로 인도해 들이고 짐승을 잡고 준비하라 이 사
람들이 정오에 나와 함께 먹을 것이니라
17 청지기가 요셉의 명대로 하여 그 사람들을 요
셉의 집으로 인도하니
18 그 사람들이 요셉의 집으로 인도되매 두려워
하여 이르되 전번에 우리 자루에 들어 있던 돈
의 일로 우리가 끌려드는도다 이는 우리를 억
류하고 달려들어 우리를 잡아 노예로 삼고 우
리의 나귀를 빼앗으려 함이로다 하고
19 그들이 요셉의 집 청지기에게 가까이 나아가
그 집 문 앞에서 그에게 말하여
20 이르되 내 주여 우리가 전번에 내려와서 양식
을 사가지고
21 여관에 이르러 자루를 풀어본즉 각 사람의 돈

8 ●Then Judah said to Israel his father,
"Send the boy along with me and we will go
at once, so that we and you and our children
9 may live and not die. ●I myself will guaran-
tee his safety; you can hold me personally
responsible for him. If I do not bring him
back to you and set him here before you, I
will bear the blame before you all my life.
10 ●As it is, if we had not delayed, we could
have gone and returned twice."
11 ●Then their father Israel said to them, "If it
must be, then do this: Put some of the best
products of the land in your bags and take
them down to the man as a gift—a little
balm and a little honey, some spices and
myrrh, some pistachio nuts and almonds.
12 ●Take double the amount of silver with you,
for you must return the silver that was put
back into the mouths of your sacks. Perhaps
13 it was a mistake. ●Take your brother also
14 and go back to the man at once. ●And may
God Almighty[a] grant you mercy before the
man so that he will let your other brother
and Benjamin come back with you. As for
me, if I am bereaved, I am bereaved."
15 ●So the men took the gifts and double the
amount of silver, and Benjamin also. They
hurried down to Egypt and presented them-
16 selves to Joseph. ●When Joseph saw Ben-
jamin with them, he said to the steward of
his house, "Take these men to my house,
slaughter an animal and prepare a meal; they
are to eat with me at noon."
17 ●The man did as Joseph told him and
18 took the men to Joseph's house. ●Now the
men were frightened when they were ta-
ken to his house. They thought, "We were
brought here because of the silver that was
put back into our sacks the first time. He
wants to attack us and overpower us and
seize us as slaves and take our donkeys."
19 ●So they went up to Joseph's steward and
spoke to him at the entrance to the house.
20 ●"We beg your pardon, our lord," they said,
"we came down here the first time to buy
21 food. ●But at the place where we stopped for
the night we opened our sacks and each of
us found his silver—the exact weight—in
the mouth of his sack. So we have brought
22 it back with us. ●We have also brought ad-
ditional silver with us to buy food. We don't
know who put our silver in our sacks."

[a]14 Hebrew *El-Shaddai*

amount [əmáunt] *n.* 양, 액수
balm [ba:m] *n.* 유향
bereave [birí:v] *vt.* 앗아가다
delay [diléi] *vi.* 지체하다
exact [igzǽkt] *a.* 정확한
guarantee [gærəntí:] *vt.* 보증하다
hurry [hə́:ri] *vi.* 서둘러 …하다
myrrh [mə:r] *n.* 몰약
overpower [ouvərpáuər] *vt.* 압도하다
personally [pə́:rsənəli] *ad.* 개인적으로
prepare [pripɛ́ər] *vt.* 준비하다
safety [séifti] *n.* 안전
slaughter [slɔ́:tər] *vt.* 죽이다
spice [spais] *n.* 향품
steward [stjú:ərd] *n.* 집사

43:8 **at once**: 즉시, 곧
43:9 **hold... responsible for~**: …에게 ~의 책임을 지우다
43:9 **bear the blame**: 책임을 지다
43:19 **go up to...**: …에 다가가다
43:19 **at the entrance to...**: …의 입구에서

이 전액 그대로 자루 아귀에 있기로 우리가 도로 가져왔고

22 양식 살 다른 돈도 우리가 가지고 내려왔나이다 우리의 돈을 우리 자루에 넣은 자는 누구인지 우리가 알지 못하나이다

23 그가 이르되 너희는 안심하라 두려워하지 말라 너희 하나님, 너희 아버지의 하나님이 재물을 너희 자루에 넣어 너희에게 주신 것이니라 너희 돈은 내가 이미 받았느니라 하고 시므온을 그들에게로 이끌어내고

24 그들을 요셉의 집으로 인도하고 물을 주어 발을 씻게 하며 그들의 나귀에게 먹이를 주더라

25 그들이 거기서 음식을 먹겠다 함을 들었으므로 예물을 정돈하고 요셉이 정오에 오기를 기다리더니

26 요셉이 집으로 오매 그들이 집으로 들어가서 예물을 그에게 드리고 땅에 엎드려 절하니

27 요셉이 그들의 안부를 물으며 이르되 너희 아버지 너희가 말하던 그 노인이 안녕하시냐 아직도 생존해 계시느냐

28 그들이 대답하되 주의 종 우리 아버지가 평안하고 지금까지 생존하였나이다 하고 머리 숙여 절하더라

29 요셉이 눈을 들어 자기 어머니의 아들 자기 동생 베냐민을 보고 이르되 너희가 내게 말하던 너희 작은동생이 이 아이냐 그가 또 이르되 소자여 하나님이 네게 은혜 베푸시기를 원하노라

30 요셉이 아우를 사랑하는 마음이 복받쳐 급히 울 곳을 찾아 안방으로 들어가서 울고

31 얼굴을 씻고 나와서 그 정을 억제하고 음식을 차리라 하매

32 그들이 요셉에게 따로 차리고 그 형제들에게 따로 차리고 그와 함께 먹는 애굽 사람에게도 따로 차리니 애굽 사람은 히브리 사람과 같이 먹으면 부정을 입음이었더라 46:34

33 그들이 요셉 앞에 앉되 그들의 나이에 따라 앉히게 되니 그들이 서로 이상히 여겼더라

34 요셉이 자기 음식을 그들에게 주되 베냐민에게는 다른 사람보다 다섯 배나 주매 그들이 마시며 요셉과 함께 즐거워하였더라

은잔이 없어지다

44 요셉이 그의 집 청지기에게 명하여 이르되 양식을 각자의 자루에 운반할 수 있을 만큼 채우고 각자의 돈을 그 자루에 넣고

2 또 내 잔 곧 은잔을 그 청년의 자루 아귀에 넣고 그 양식 값 돈도 함께 넣으라 하매 그가 요셉의 명령대로 하고

23 •"It's all right," he said. "Don't be afraid.
Your God, the God of your father, has given
you treasure in your sacks; I received your sil-
ver." Then he brought Simeon out to them.
24 •The steward took the men into Joseph's
house, gave them water to wash their feet
and provided fodder for their donkeys.
25 •They prepared their gifts for Joseph's
arrival at noon, because they had heard that
they were to eat there.
26 •When Joseph came home, they present-
ed to him the gifts they had brought into the
house, and they bowed down before him to
27 the ground. •He asked them how they
were, and then he said, "How is your aged
father you told me about? Is he still living?"
28 •They replied, "Your servant our father is
still alive and well." And they bowed down,
prostrating themselves before him.
29 •As he looked about and saw his brother
Benjamin, his own mother's son, he asked,
"Is this your youngest brother, the one you
told me about?" And he said, "God be gra-
30 cious to you, my son." •Deeply moved at
the sight of his brother, Joseph hurried out
and looked for a place to weep. He went
into his private room and wept there.
31 •After he had washed his face, he came
out and, controlling himself, said, "Serve the
food."
32 •They served him by himself, the broth-
ers by themselves, and the Egyptians who
ate with him by themselves, because Egyp-
tians could not eat with Hebrews, for that
33 is detestable to Egyptians. •The men had
been seated before him in the order of their
ages, from the firstborn to the youngest; and
they looked at each other in astonishment.
34 •When portions were served to them from
Joseph's table, Benjamin's portion was five
times as much as anyone else's. So they
feasted and drank freely with him.

A Silver Cup in a Sack

44 Now Joseph gave these instruc-
tions to the steward of his house:
"Fill the men's sacks with as much food as
they can carry, and put each man's silver in
2 the mouth of his sack. •Then put my cup,
the silver one, in the mouth of the youngest
one's sack, along with the silver for his
grain." And he did as Joseph said.

aged [éidʒid] *a.* 나이 많은
astonishment [əstániʃmənt] *n.* 놀람
detestable [ditéstəbl] *a.* 혐오스러운
feast [fiːst] *vi.* 마음껏 즐기다
fodder [fádər] *n.* 사료
gracious [gréiʃəs] *a.* 자비로운
instruction [instrʌkʃən] *n.* 지시
move [muːv] *vt.* 감동시키다
portion [pɔ́ːrʃən] *n.* (음식의) 1인분
private [práivət] *a.* 사적인
prostrate [prástreit] *vt.* 엎드리게 하다
receive [risíːv] *vt.* 받다
seat [siːt] *vt.* 앉히다
treasure [tréʒər] *n.* 재물
weep [wiːp] *vi.* 울다

43:24 provide... for~: …에게 ~를 공급하다
43:26 bow down: 절하다
43:30 look for: 찾다
43:33 in order of age: 연령 순으로
44:1 fill with: 채우다

3 아침이 밝을 때에 사람들과 그들의 나귀들을
보내니라
4 그들이 성읍에서 나가 멀리 가기 전에 요셉이
청지기에게 이르되 일어나 그 사람들의 뒤를
따라가서 그들에게 이르기를 너희가 어찌하여
선을 악으로 갚느냐
5 이것은 내 주인이 가지고 마시며 늘 점치는 데
에 쓰는 것이 아니냐 너희가 이같이 하니 악하
도다 하라
6 청지기가 그들에게 따라가서 그대로 말하니
7 그들이 그에게 대답하되 내 주여 어찌 이렇게
말씀하시나이까 당신의 종들이 이런 일은 결단
코 아니하나이다
8 우리 자루에 있던 돈도 우리가 가나안 땅에서
부터 당신에게로 가져왔거늘 우리가 어찌 당신
의 주인의 집에서 은 금을 도둑질하리이까
9 당신의 종들 중 누구에게서 발견되든지 그는
죽을 것이요 우리는 내 주의 종들이 되리이다
10 그가 이르되 그러면 너희의 말과 같이 하리라
그것이 누구에게서든지 발견되면 그는 내게 종
이 될 것이요 너희는 죄가 없으리라
11 그들이 각각 급히 자루를 땅에 내려놓고 자루
를 각기 푸니
12 그가 나이 많은 자에게서부터 시작하여 나이
적은 자에게까지 조사하매 그 잔이 베냐민의
자루에서 발견된지라
13 그들이 옷을 찢고 각기 짐을 나귀에 싣고 성으
로 돌아가니라

유다가 베냐민을 위하여 인질을 청하다

14 •유다와 그의 형제들이 요셉의 집에 이르니
요셉이 아직 그곳에 있는지라 그의 앞에서 땅
에 엎드리니
15 요셉이 그들에게 이르되 너희가 어찌하여 이런
일을 행하였느냐 나 같은 사람이 점을 잘 치는
줄을 너희는 알지 못하였느냐 44:5
16 유다가 말하되 우리가 내 주께 무슨 말을 하오
리이까 무슨 설명을 하오리이까 우리가 어떻게
우리의 정직함을 나타내리이까 하나님이 종들
의 죄악을 찾아내셨으니 우리와 이 잔이 발견
된 자가 다 내 주의 노예가 되겠나이다
17 요셉이 이르되 내가 결코 그리하지 아니하리라
잔이 그 손에서 발견된 자만 내 종이 되고 너희
는 평안히 너희 아버지께로 도로 올라갈 것이
니라
18 유다가 그에게 가까이 가서 이르되 내 주여 원
하건대 당신의 종에게 내 주의 귀에 한 말씀을
아뢰게 하소서 주의 종에게 노하지 마소서 주

3 •As morning dawned, the men were
sent on their way with their donkeys.
4 •They had not gone far from the city
when Joseph said to his steward, "Go after
those men at once, and when you catch up
with them, say to them, 'Why have you
5 repaid good with evil? •Isn't this the cup
my master drinks from and also uses for
divination? This is a wicked thing you
have done.' "
6 •When he caught up with them, he
7 repeated these words to them. •But they
said to him, "Why does my lord say such
things? Far be it from your servants to do
8 anything like that! •We even brought
back to you from the land of Canaan the
silver we found inside the mouths of our
sacks. So why would we steal silver or
9 gold from your master's house? •If any of
your servants is found to have it, he will
die; and the rest of us will become my
lord's slaves."
10 •"Very well, then," he said, "let it be as
you say. Whoever is found to have it will
become my slave; the rest of you will be
free from blame."
11 •Each of them quickly lowered his sack
12 to the ground and opened it. •Then the
steward proceeded to search, beginning
with the oldest and ending with the
youngest. And the cup was found in Ben-
13 jamin's sack. •At this, they tore their
clothes. Then they all loaded their don-
keys and returned to the city.
14 •Joseph was still in the house when
Judah and his brothers came in, and they
threw themselves to the ground before him.
15 •Joseph said to them, "What is this you
have done? Don't you know that a man
like me can find things out by divination?"
16 •"What can we say to my lord?" Judah
replied. "What can we say? How can we
prove our innocence? God has uncovered
your servants' guilt. We are now my lord's
slaves — we ourselves and the one who
was found to have the cup."
17 •But Joseph said, "Far be it from me to
do such a thing! Only the man who was
found to have the cup will become my
slave. The rest of you, go back to your fa-
ther in peace."
18 •Then Judah went up to him and said:

dawn [dɔːn] *vi.* 밝아오다
divination [dìvənéiʃən] *n.* 점, 점을 침
guilt [gilt] *n.* 죄
innocence [ínəsəns] *n.* 무죄
load [loud] *vt.* 짐을 싣다
lower [lóuər] *vt.* 내리다
proceed [prəsíːd] *vi.* 계속하다
prove [pruːv] *vt.* 증명하다
repay [ripéi] *vt.* 갚다
repeat [ripíːt] *vt.* 반복하다
rest [rest] *n.* 나머지
steal [stiːl] *vt.* 훔치다
throw [θrou] *vt.* 던지다
uncover [ʌnkʌvər] *vt.* 발견하다
wicked [wíkid] *a.* 악한

44:4 go far from...: …로부터 멀리 가다
44:4 catch up with: 따라잡다
44:7 It be far from...: …할 리 없다, …로부터 멀다
44:10 be free from...: …가 없는, …를 면한
44:15 find out: 알아내다

는 바로와 같으심이니이다
19 이전에 내 주께서 종들에게 물으시되 너희는 아버지가 있느냐 아우가 있느냐 하시기에
20 우리가 내 주께 아뢰되 우리에게 아버지가 있으니 노인이요 또 그가 노년에 얻은 아들 청년이 있으니 그의 형은 죽고 그의 어머니가 남긴 것은 그뿐이므로 그의 아버지가 그를 사랑하나이다 하였더니 37:33
21 주께서 또 종들에게 이르시되 그를 내게로 데리고 내려와서 내가 그를 보게 하라 하시기로
22 우리가 내 주께 말씀드리기를 그 아이는 그의 아버지를 떠나지 못할지니 떠나면 그의 아버지가 죽겠나이다
23 주께서 또 주의 종들에게 말씀하시되 너희 막내아우가 너희와 함께 내려오지 아니하면 너희가 다시 내 얼굴을 보지 못하리라 하시기로
24 우리가 주의 종 우리 아버지에게로 도로 올라가서 내 주의 말씀을 그에게 아뢰었나이다
25 그 후에 우리 아버지가 다시 가서 곡물을 조금 사오라 하시기로
26 우리가 이르되 우리가 내려갈 수 없나이다 우리 막내아우가 함께 가면 내려가려니와 막내아우가 우리와 함께 가지 아니하면 그 사람의 얼굴을 볼 수 없음이니이다
27 주의 종 우리 아버지가 우리에게 이르되 너희도 알거니와 내 아내가 내게 두 아들을 낳았으나
28 하나는 내게서 나갔으므로 내가 말하기를 틀림없이 찢겨 죽었다 하고 내가 지금까지 그를 보지 못하거늘
29 너희가 이 아이도 내게서 데려가려 하니 만일 재해가 그 몸에 미치면 나의 흰 머리를 슬퍼하며 스올로 내려가게 하리라 하니
30 아버지의 생명과 아이의 생명이 서로 하나로 묶여 있거늘 이제 내가 주의 종 우리 아버지에게 돌아갈 때에 아이가 우리와 함께 가지 아니하면
31 아버지가 아이의 없음을 보고 죽으리니 이같이 되면 종들이 주의 종 우리 아버지가 흰 머리로 슬퍼하며 스올로 내려가게 함이니이다
32 주의 종이 내 아버지에게 아이를 담보하기를 내가 이를 아버지께로 데리고 돌아오지 아니하면 영영히 아버지께 죄짐을 지리이다 하였사오니
33 이제 주의 종으로 그 아이를 대신하여 머물러 있어 내 주의 종이 되게 하시고 그 아이는 그의 형제들과 함께 올려 보내소서
34 그 아이가 나와 함께 가지 아니하면 내가 어찌 내 아버지에게로 올라갈 수 있으리이까 두렵건대 재해가 내 아버지에게 미침을 보리이다

"Pardon your servant, my lord, let me speak
a word to my lord. Do not be angry with
your servant, though you are equal to
19 Pharaoh himself. •My lord asked his ser-
vants, 'Do you have a father or a brother?'
20 •And we answered, 'We have an aged
father, and there is a young son born to him
in his old age. His brother is dead, and he is
the only one of his mother's sons left, and
his father loves him.'
21 •"Then you said to your servants, 'Bring
him down to me so I can see him for my-
22 self.' •And we said to my lord, 'The boy
cannot leave his father; if he leaves him, his
23 father will die.' •But you told your ser-
vants, 'Unless your youngest brother comes
down with you, you will not see my face
24 again.' •When we went back to your ser-
vant my father, we told him what my lord
had said.
25 •"Then our father said, 'Go back and buy
26 a little more food.' •But we said, 'We can-
not go down. Only if our youngest brother
is with us will we go. We cannot see the
man's face unless our youngest brother is
with us.'
27 •"Your servant my father said to us, 'You
28 know that my wife bore me two sons. •One
of them went away from me, and I said, "He
has surely been torn to pieces." And I have
29 not seen him since. •If you take this one
from me too and harm comes to him, you
will bring my gray head down to the grave
in misery.'
30 •"So now, if the boy is not with us when
I go back to your servant my father, and if
my father, whose life is closely bound up
31 with the boy's life, •sees that the boy isn't
there, he will die. Your servants will bring
the gray head of our father down to the
32 grave in sorrow. •Your servant guaran-
teed the boy's safety to my father. I said, 'If
I do not bring him back to you, I will bear
the blame before you, my father, all my
life!'
33 •"Now then, please let your servant
remain here as my lord's slave in place of
the boy, and let the boy return with his
34 brothers. •How can I go back to my father
if the boy is not with me? No! Do not let me
see the misery that would come on my
father."

bear [bɛər] *vt.* (의무, 책임을) 지다
blame [bleim] *n.* 책임
closely [klóusli] *ad.* 밀접하게
grave [greiv] *n.* 무덤
gray [grei] *a.* 백발의
guarantee [gærəntíː] *vt.* 보증하다
harm [haːrm] *n.* 해, 손해
misery [mízəri] *n.* 불행
remain [riméin] *vi.* 머무르다
return [ritə́ːrn] *vi.* 돌아오다
slave [sleiv] *n.* 노예, 종
sorrow [sárou] *n.* 슬픔
surely [ʃúərli] *ad.* 확실히
tear [téər] *vt.* 찢다, 뜯다
unless [ənlés] *conj.* …가 아닌 한

44:26 only if...: …해야만
44:28 tear to pieces: 갈갈이 찢다
44:30 bound up with...: …과 밀접한 관계에 있는
44:32 bear the blame: 책임을 지다
44:33 in place of...: …대신에

요셉이 형제들에게 자기를 밝히다

45 요셉이 시종하는 자들 앞에서 그 정을
억제하지 못하여 소리 질러 모든 사람
을 자기에게서 물러가라 하고 그 형제들에게
자기를 알리니 그때에 그와 함께한 다른 사
람이 없었더라
2 요셉이 큰 소리로 우니 애굽 사람에게 들리
며 바로의 궁중에 들리더라
3 요셉이 그 형들에게 이르되 나는 요셉이라
내 아버지께서 아직 살아 계시니이까 형들이
그 앞에서 놀라서 대답하지 못하더라
4 요셉이 형들에게 이르되 내게로 가까이 오소
서 그들이 가까이 가니 이르되 나는 당신들
의 아우 요셉이니 당신들이 애굽에 판 자라
5 당신들이 나를 이곳에 팔았다고 해서 근심하
지 마소서 한탄하지 마소서 하나님이 생명을
구원하시려고 나를 당신들보다 먼저 보내셨
나이다
6 이 땅에 이 년 동안 흉년이 들었으나 아직 오
년은 밭갈이도 못하고 추수도 못할지라
7 하나님이 큰 구원으로 당신들의 생명을 보존
하고 당신들의 후손을 세상에 두시려고 나를
당신들보다 먼저 보내셨나니
8 그런즉 나를 이리로 보낸 이는 당신들이 아
니요 하나님이시라 하나님이 나를 바로에게
아버지로 삼으시고 그 온 집의 주로 삼으시
며 애굽 온 땅의 통치자로 삼으셨나이다
9 당신들은 속히 아버지께로 올라가서 아뢰기
를 아버지의 아들 요셉의 말에 하나님이 나
를 애굽 전국의 주로 세우셨으니 지체 말고
내게로 내려오사
10 아버지의 아들들과 아버지의 손자들과 아버
지의 양과 소와 모든 소유가 고센 땅에 머물
며 나와 가깝게 하소서
11 흉년이 아직 다섯 해가 있으니 내가 거기서
아버지를 봉양하리이다 아버지와 아버지의
가족과 아버지께 속한 모든 사람에게 부족함
이 없도록 하겠나이다 하더라고 전하소서
12 당신들의 눈과 내 아우 베냐민의 눈이 보는
바 당신들에게 이 말을 하는 것은 내 입이라
13 당신들은 내가 애굽에서 누리는 영화와 당신
들이 본 모든 것을 다 내 아버지께 아뢰고 속
히 모시고 내려오소서 하며
14 자기 아우 베냐민의 목을 안고 우니 베냐민
도 요셉의 목을 안고 우니라
15 요셉이 또 형들과 입맞추며 안고 우니 형들
이 그제서야 요셉과 말하니라

Joseph Makes Himself Known

45 Then Joseph could no longer control
himself before all his attendants, and
he cried out, "Have everyone leave my pres-
ence!" So there was no one with Joseph when
2 he made himself known to his brothers. •And
he wept so loudly that the Egyptians heard
him, and Pharaoh's household heard about it.
3 •Joseph said to his brothers, "I am Joseph! Is
my father still living?" But his brothers were
not able to answer him, because they were ter-
rified at his presence.
4 •Then Joseph said to his brothers, "Come
close to me." When they had done so, he said,
"I am your brother Joseph, the one you sold
5 into Egypt! •And now, do not be distressed
and do not be angry with yourselves for selling
me here, because it was to save lives that God
6 sent me ahead of you. •For two years now
there has been famine in the land, and for the
next five years there will be no plowing and
7 reaping. •But God sent me ahead of you to
preserve for you a remnant on earth and to
save your lives by a great deliverance.[a]
8 •"So then, it was not you who sent me here,
but God. He made me father to Pharaoh, lord
of his entire household and ruler of all Egypt.
9 •Now hurry back to my father and say to
him, 'This is what your son Joseph says: God
has made me lord of all Egypt. Come down to
10 me; don't delay. •You shall live in the region
of Goshen and be near me—you, your chil-
dren and grandchildren, your flocks and
11 herds, and all you have. •I will provide for
you there, because five years of famine are still
to come. Otherwise you and your household
and all who belong to you will become desti-
tute.'
12 •"You can see for yourselves, and so can my
brother Benjamin, that it is really I who am
13 speaking to you. •Tell my father about all the
honor accorded me in Egypt and about every-
thing you have seen. And bring my father
down here quickly."
14 •Then he threw his arms around his broth-
er Benjamin and wept, and Benjamin em-
15 braced him, weeping. •And he kissed all his
brothers and wept over them. Afterward his
brothers talked with him.
16 •When the news reached Pharaoh's palace
that Joseph's brothers had come, Pharaoh

[a]7 Or *save you as a great band of survivors*

accord [əkɔ́:rd] *vt.* 주다, 허용하다	**embrace** [imbréis] *vt.* 껴안다	**presence** [prézns] *n.* 앞, 면전
delay [diléi] *vi.* 지체하다	**entire** [intáiər] *a.* 전체의	**preserve** [prizə́:rv] *vt.* 보전하다
deliverance [dilívərəns] *n.* 구원	**famine** [fǽmin] *n.* 기근	**reap** [ri:p] *vi.* 추수하다
destitute [déstətjù:t] *a.* 빈곤한	**otherwise** [ʌ́ðərwàiz] *ad.* 만약 그렇지 않으면	**remnant** [rémnənt] *n.* 남은 자
distressed [distrést] *a.* 고민하는	**plow** [plau] *vi.* 밭을 갈다	**weep** [wi:p] *vi.* 울다

45:1 **control oneself**: 자제하다
45:3 **be terrified at~**: ~에 공포를 느끼다
45:5 **send A ahead of B**: A를 B의 앞에 보내다
45:11 **provide for**: 부양하다
45:11 **belong to...**: …에 속하다

16 ●요셉의 형들이 왔다는 소문이 바로의 궁에
들리매 바로와 그의 신하들이 기뻐하고
17 바로는 요셉에게 이르되 네 형들에게 명령하
기를 너희는 이렇게 하여 너희 양식을 싣고
가서 가나안 땅에 이르거든
18 너희 아버지와 너희 가족을 이끌고 내게로
오라 내가 너희에게 애굽의 좋은 땅을 주리
니 너희가 나라의 기름진 것을 먹으리라
19 이제 명령을 받았으니 이렇게 하라 너희는
애굽 땅에서 수레를 가져다가 너희 자녀와
아내를 태우고 너희 아버지를 모셔 오라
20 또 너희의 기구를 아끼지 말라 온 애굽 땅의
좋은 것이 너희 것임이니라
21 ●이스라엘의 아들들이 그대로 할새 요셉이
바로의 명령대로 그들에게 수레를 주고 길
양식을 주며
22 또 그들에게 다 각기 옷 한 벌씩을 주되 베냐
민에게는 은 삼백과 옷 다섯 벌을 주고
23 그가 또 이와 같이 그 아버지에게 보내되 수
나귀 열 필에 애굽의 아름다운 물품을 실리
고 암나귀 열 필에는 아버지에게 길에서 드
릴 곡식과 떡과 양식을 실리고
24 이에 형들을 돌려보내며 그들에게 이르되 당
신들은 길에서 다투지 말라 하였더라
25 그들이 애굽에서 올라와 가나안 땅으로 들어
가서 아버지 야곱에게 이르러
26 알리어 이르되 요셉이 지금까지 살아 있어
애굽 땅 총리가 되었더이다 야곱이 그들의
말을 믿지 못하여 어리둥절하더니
27 그들이 또 요셉이 자기들에게 부탁한 모든
말로 그에게 말하매 그들의 아버지 야곱은
요셉이 자기를 태우려고 보낸 수레를 보고서
야 기운이 소생한지라
28 이스라엘이 이르되 족하도다 내 아들 요셉이
지금까지 살아 있으니 내가 죽기 전에 가서
그를 보리라 하니라

야곱 가족이 애굽으로 내려가다

46 이스라엘이 모든 소유를 이끌고 떠나
브엘세바에 이르러 그의 아버지 이삭
의 하나님께 희생제사를 드리니
2 그 밤에 하나님이 이상 중에 이스라엘에게
나타나 이르시되 야곱아 야곱아 하시는지라
야곱이 이르되 내가 여기 있나이다 하매
3 하나님이 이르시되 나는 하나님이라 네 아버
지의 하나님이니 애굽으로 내려가기를 두려
워하지 말라 내가 거기서 너로 큰 민족을 이
루게 하리라

17 and all his officials were pleased. •Pharaoh
said to Joseph, "Tell your brothers, 'Do this:
Load your animals and return to the land of
18 Canaan, •and bring your father and your
families back to me. I will give you the best of
the land of Egypt and you can enjoy the fat of
the land.'
19 •"You are also directed to tell them, 'Do
this: Take some carts from Egypt for your chil-
dren and your wives, and get your father and
20 come. •Never mind about your belongings,
because the best of all Egypt will be yours.' "
21 •So the sons of Israel did this. Joseph gave
them carts, as Pharaoh had commanded, and
he also gave them provisions for their journey.
22 •To each of them he gave new clothing, but
to Benjamin he gave three hundred shekels[a]
23 of silver and five sets of clothes. •And this is
what he sent to his father: ten donkeys load-
ed with the best things of Egypt, and ten fe-
male donkeys loaded with grain and bread
24 and other provisions for his journey. •Then he
sent his brothers away, and as they were leav-
ing he said to them, "Don't quarrel on the way!"
25 •So they went up out of Egypt and came
to their father Jacob in the land of Canaan.
26 •They told him, "Joseph is still alive! In fact, he
is ruler of all Egypt." Jacob was stunned; he did
27 not believe them. •But when they told him
everything Joseph had said to them, and when
he saw the carts Joseph had sent to carry him
back, the spirit of their father Jacob revived.
28 •And Israel said, "I'm convinced! My son
Joseph is still alive. I will go and see him before
I die."

Jacob Goes to Egypt

46 So Israel set out with all that was his,
and when he reached Beersheba, he
offered sacrifices to the God of his father Isaac.
2 •And God spoke to Israel in a vision at
night and said, "Jacob! Jacob!"
"Here I am," he replied.
3 •"I am God, the God of your father," he
said. "Do not be afraid to go down to Egypt, for
4 I will make you into a great nation there. •I
will go down to Egypt with you, and I will sure-
ly bring you back again. And Joseph's own
hand will close your eyes."
5 •Then Jacob left Beersheba, and Israel's sons
took their father Jacob and their children and

[a]22 That is, about 7 1/2 pounds or about 3.5 kilograms

belonging [bilɔ́:ŋiŋ] *n.* 소유물
cart [ka:rt] *n.* 마차
command [kəmǽnd] *vi.* 명령하다
convince [kənvíns] *vt.* 납득시키다
direct [dirékt] *vt.* 지시하다, 명령하다
load [loud] *vt.* 싣다
pleased [pli:zd] *a.* 기뻐하는
provision [prəvíʒən] *n.* 식량, 공급
quarrel [kwɔ́:rəl] *vi.* 싸우다
reach [ri:tʃ] *vt.* 도착하다
revive [riváiv] *vi.* 소생하다
ruler [rú:lər] *n.* 지도자
sacrifice [sǽkəfàis] *n.* 제사, 제물
spirit [spírit] *n.* 기운, 원기
stun [stʌ́n] *vt.* 어리벙벙하게 하다

45:18 the fat of the land: 비옥한 땅
45:20 never mind: 신경쓰지 말아라
46:1 set out: 출발하다, 길을 떠나다
46:2 in a vision: 환상 속에
46:3 make A into B: A를 B가 되게 만들다

4 내가 너와 함께 애굽으로 내려가겠고 반드
시 너를 인도하여 다시 올라올 것이며 요
셉이 그의 손으로 네 눈을 감기리라 하셨
더라
5 야곱이 브엘세바에서 떠날새 이스라엘의
아들들이 바로가 그를 태우려고 보낸 수레
에 자기들의 아버지 야곱과 자기들의 처자
들을 태우고
6 그들의 가축과 가나안 땅에서 얻은 재물을
이끌었으며 야곱과 그의 자손들이 다 함께
애굽으로 갔더라
7 이와 같이 야곱이 그 아들들과 손자들과 딸
들과 손녀들 곧 그의 모든 자손을 데리고
애굽으로 갔더라
8 ●애굽으로 내려간 이스라엘 가족의 이름
은 이러하니라 야곱과 그의 아들들 곧 야곱
의 맏아들 르우벤과
9 르우벤의 아들 하녹과 발루와 헤스론과 갈
미요 민 26:5
10 시므온의 아들은 여무엘과 야민과 오핫과
야긴과 스할과 가나안 여인의 아들 사울이
요
11 레위의 아들은 게르손과 그핫과 므라리요
12 유다의 아들 곧 엘과 오난과 셀라와 베레스
와 세라니 엘과 오난은 가나안 땅에서 죽었
고 베레스의 아들은 헤스론과 하물이요
13 잇사갈의 아들은 돌라와 부와와 욥과 시므
론이요 30:18
14 스불론의 아들은 세렛과 엘론과 얄르엘이
니
15 이들은 레아가 밧단아람에서 야곱에게 난
자손들이라 그 딸 디나를 합하여 남자와 여
자가 삼십삼 명이며
16 갓의 아들은 시뵨과 학기와 수니와 에스본
과 에리와 아로디와 아렐리요
17 아셀의 아들은 임나와 이스와와 이스위와
브리아와 그들의 누이 세라며 또 브리아의
아들은 헤벨과 말기엘이니
18 이들은 라반이 그의 딸 레아에게 준 실바가
야곱에게 낳은 자손들이니 모두 십육 명이
라
19 야곱의 아내 라헬의 아들 곧 요셉과 베냐민
이요 44:27
20 애굽 땅에서 온의 제사장 보디베라의 딸 아
스낫이 요셉에게 낳은 므낫세와 에브라임
이요
21 베냐민의 아들 곧 벨라와 베겔과 아스벨과

their wives in the carts that Pharaoh had sent to
6 transport him. ●So Jacob and all his offspring
went to Egypt, taking with them their livestock
and the possessions they had acquired in
7 Canaan. ●Jacob brought with him to Egypt his
sons and grandsons and his daughters and
granddaughters—all his offspring.

8 ●These are the names of the sons of Israel
(Jacob and his descendants) who went to Egypt:
Reuben the firstborn of Jacob.
9 ●The sons of Reuben:
Hanok, Pallu, Hezron and Karmi.
10 ●The sons of Simeon:
Jemuel, Jamin, Ohad, Jakin, Zohar and
Shaul the son of a Canaanite woman.
11 ●The sons of Levi:
Gershon, Kohath and Merari.
12 ●The sons of Judah:
Er, Onan, Shelah, Perez and Zerah (but
Er and Onan had died in the land of
Canaan).
The sons of Perez:
Hezron and Hamul.
13 ●The sons of Issachar:
Tola, Puah,[a] Jashub[b] and Shimron.
14 ●The sons of Zebulun:
Sered, Elon and Jahleel.
15 ●These were the sons Leah bore to Jacob in
Paddan Aram,[c] besides his daughter Dinah.
These sons and daughters of his were thirty-
three in all.

16 ●The sons of Gad:
Zephon,[d] Haggi, Shuni, Ezbon, Eri, Arodi
and Areli.
17 ●The sons of Asher:
Imnah, Ishvah, Ishvi and Beriah.
Their sister was Serah.
The sons of Beriah:
Heber and Malkiel.

18 ●These were the children born to Jacob by
Zilpah, whom Laban had given to his daugh-
ter Leah—sixteen in all.
19 ●The sons of Jacob's wife Rachel:
20 Joseph and Benjamin. ●In Egypt, Man-
asseh and Ephraim were born to Joseph
by Asenath daughter of Potiphera, priest

[a] *13* Samaritan Pentateuch and Syriac (see also 1 Chron. 7:1); Masoretic Text *Puvah* [b] *13* Samaritan Pentateuch and some Septuagint manuscripts (see also Num. 26:24 and 1 Chron. 7:1); Masoretic Text *Iob* [c] *15* That is, Northwest Mesopotamia [d] *16* Samaritan Pentateuch and Septuagint (see also Num. 26:15); Masoretic Text *Ziphion*

acquire [əkwáiər] *vt.* 얻다
bear [bɛər] *vt.* 낳다
besides [bisáidz] *prep.* …외에
cart [ka:rt] *n.* 마차
Canaanite [kéinənàit] *n.* 가나안 사람
children [tʃíldrən] *n.* 자녀들
descendant [diséndənt] *n.* 후손
firstborn [fə:rstbɔ:rn] *n.* 장자
granddaughter [grǽnddɔ̀:tər] *n.* 손녀
livestock [láivstak] *n.* 가축
offspring [ɔ:fspriŋ] *n.* 자손
possession [pəzéʃən] *n.* 재물
priest [pri:st] *n.* 제사장
send [send] *vi.* 보내다
transport [trænspɔ́:rt] *vt.* 수송하다

46:6 take with: 데리고 가다
46:7 bring with: 데려가다
46:15 bear to...: …와의 사이에 (자녀를) 낳다, 두다
46:15 in all: 모두 합해서
46:18 give to...: …에게 주다

게라와 나아만과 에히와 로스와 뭅빔과 훕
빔과 아릇이니
22 이들은 라헬이 야곱에게 낳은 자손들이니
모두 십사 명이요
35:24
23 단의 아들 후심이요
대상 7:12
24 납달리의 아들 곧 야스엘과 구니와 예셀과
실렘이라
25 이들은 라반이 그의 딸 라헬에게 준 빌하가
야곱에게 낳은 자손들이니 모두 칠 명이라
26 야곱과 함께 애굽에 들어간 자는 야곱의 며
느리들 외에 육십육 명이니 이는 다 야곱의
몸에서 태어난 자이며
27 애굽에서 요셉이 낳은 아들은 두 명이니 야
곱의 집 사람으로 애굽에 이른 자가 모두
칠십 명이었더라

야곱 일행이 애굽에 이르다

28 ●야곱이 유다를 요셉에게 미리 보내어 자
기를 고센으로 인도하게 하고 다 고센 땅에
이르니
29 요셉이 그의 수레를 갖추고 고센으로 올라
가서 그의 아버지 이스라엘을 맞으며 그에
게 보이고 그의 목을 어긋맞춰 안고 얼마
동안 울매
30 이스라엘이 요셉에게 이르되 네가 지금까
지 살아 있고 내가 네 얼굴을 보았으니 지
금 죽어도 족하도다
31 요셉이 그의 형들과 아버지의 가족에게 이
르되 내가 올라가서 바로에게 아뢰어 이르
기를 가나안 땅에 있던 내 형들과 내 아버
지의 가족이 내게로 왔는데
32 그들은 목자들이라 목축하는 사람들이므
로 그들의 양과 소와 모든 소유를 이끌고
왔나이다 하리니
33 바로가 당신들을 불러서 너희의 직업이 무
엇이냐 묻거든
34 당신들은 이르기를 주의 종들은 어렸을 때
부터 지금까지 목축하는 자들이온데 우리
와 우리 선조가 다 그러하니이다 하소서 애
굽 사람은 다 목축을 가증히 여기나니 당신
들이 고센 땅에 살게 되리이다

47 요셉이 바로에게 가서 고하여 이르되
내 아버지와 내 형들과 그들의 양과
소와 모든 소유가 가나안 땅에서 와서 고센
땅에 있나이다 하고
2 그의 형들 중 다섯 명을 택하여 바로에게
보이니
3 바로가 요셉의 형들에게 묻되 너희 생업이

of On.[a]
21 •The sons of Benjamin:
Bela, Beker, Ashbel, Gera, Naaman, Ehi,
Rosh, Muppim, Huppim and Ard.
22 •These were the sons of Rachel who were
born to Jacob — fourteen in all.
23 •The son of Dan:
Hushim.
24 •The sons of Naphtali:
Jahziel, Guni, Jezer and Shillem.
25 •These were the sons born to Jacob by Bil-
hah, whom Laban had given to his daughter
Rachel — seven in all.

26 •All those who went to Egypt with Jacob —
those who were his direct descendants, not
counting his sons' wives — numbered sixty-six
27 persons. •With the two sons[b] who had been
born to Joseph in Egypt, the members of Ja-
cob's family, which went to Egypt, were seven-
ty[c] in all.

28 •Now Jacob sent Judah ahead of him to
Joseph to get directions to Goshen. When they
29 arrived in the region of Goshen, •Joseph had
his chariot made ready and went to Goshen
to meet his father Israel. As soon as Joseph
appeared before him, he threw his arms around
his father[d] and wept for a long time.
30 •Israel said to Joseph, "Now I am ready to die,
since I have seen for myself that you are still
alive."
31 •Then Joseph said to his brothers and to his
father's household, "I will go up and speak to
Pharaoh and will say to him, 'My brothers and
my father's household, who were living in the
32 land of Canaan, have come to me. •The men
are shepherds; they tend livestock, and they
have brought along their flocks and herds and
33 everything they own.' •When Pharaoh calls
you in and asks, 'What is your occupation?'
34 •you should answer, 'Your servants have tend-
ed livestock from our boyhood on, just as our
fathers did.' Then you will be allowed to settle in
the region of Goshen, for all shepherds are
detestable to the Egyptians."

47 Joseph went and told Pharaoh, "My
father and brothers, with their flocks
and herds and everything they own, have come
from the land of Canaan and are now in

[a]20 That is, Heliopolis [b]27 Hebrew; Septuagint *the nine children* [c]27 Hebrew (see also Exodus 1:5 and note); Septuagint (see also Acts 7:14) *seventy-five* [d]29 Hebrew *around him*

allow [əláu] *vt.* 허락하다
appear [əpíər] *vi.* 나타나다
boyhood [bɔihud] *n.* 어린 시절
chariot [tʃǽriət] *n.* 수레
detestable [ditéstəbl] *a.* 몹시 싫은
direction [dirékʃən] *n.* 방향
flock [flak] *n.* 양 떼
herd [hə:rd] *n.* 소 떼
occupation [àkjupéiʃən] *n.* 직업
own [oun] *a.* 자신의
region [rí:dʒən] *n.* 지역
settle [sétl] *vi.* 거주하다
shepherd [ʃépərd] *n.* 목자
tend [tend] *vt.* (가축을) 치다
weep [wi:p] *vi.* 울다

46:29 make ready: 준비하다
46:29 throw one's arms around...: …을 얼싸안다
46:32 bring along: 데려가다
46:33 call in: (사람을) 불러들이다
46:34 just as...: …와 마찬가지로

무엇이냐 그들이 바로에게 대답하되 종들은
목자이온데 우리와 선조가 다 그러하니이다
하고
4 그들이 또 바로에게 고하되 가나안 땅에 기
근이 심하여 종들의 양 떼를 칠 곳이 없기로
종들이 이곳에 거류하고자 왔사오니 원하건
대 종들로 고센 땅에 살게 하소서
5 바로가 요셉에게 말하여 이르되 네 아버지와
형들이 네게 왔은즉
6 애굽 땅이 네 앞에 있으니 땅의 좋은 곳에 네
아버지와 네 형들이 거주하게 하되 그들이
고센 땅에 거주하고 그들 중에 능력 있는 자
가 있거든 그들로 내 가축을 관리하게 하라
7 요셉이 자기 아버지 야곱을 인도하여 바로
앞에 서게 하니 야곱이 바로에게 축복하매
8 바로가 야곱에게 묻되 네 나이가 얼마냐
9 야곱이 바로에게 아뢰되 내 나그네 길의 세
월이 백삼십 년이니이다 내 나이가 얼마 못
되니 우리 조상의 나그네 길의 연조에 미치
지 못하나 험악한 세월을 보내었나이다 하고
10 야곱이 바로에게 축복하고 그 앞에서 나오니
라
11 요셉이 바로의 명령대로 그의 아버지와 그의
형들에게 거주할 곳을 주되 애굽의 좋은 땅
라암셋을 그들에게 주어 소유로 삼게 하고
12 또 그의 아버지와 그의 형들과 그의 아버지
의 온 집에 그 식구를 따라 먹을 것을 주어
봉양하였더라

기근이 더욱 심해지다

13 ●기근이 더욱 심하여 사방에 먹을 것이 없
고 애굽 땅과 가나안 땅이 기근으로 황폐하
니
14 요셉이 곡식을 팔아 애굽 땅과 가나안 땅에
있는 돈을 모두 거두어들이고 그 돈을 바로
의 궁으로 가져가니
15 애굽 땅과 가나안 땅에 돈이 떨어진지라 애
굽 백성이 다 요셉에게 와서 이르되 돈이 떨
어졌사오니 우리에게 먹을거리를 주소서 어
찌 주 앞에서 죽으리이까
16 요셉이 이르되 너희의 가축을 내라 돈이 떨
어졌은즉 내가 너희의 가축과 바꾸어 주리라
17 그들이 그들의 가축을 요셉에게 끌어오는지
라 요셉이 그 말과 양 떼와 소 떼와 나귀를
받고 그들에게 먹을 것을 주되 곧 그 모든 가
축과 바꾸어서 그 해 동안에 먹을 것을 그들
에게 주니라
18 그 해가 다 가고 새해가 되매 무리가 요셉에

2 Goshen." •He chose five of his brothers and
presented them before Pharaoh.
3 •Pharaoh asked the brothers, "What is your
occupation?"
"Your servants are shepherds," they replied to
4 Pharaoh, "just as our fathers were." •They also
said to him, "We have come to live here for a
while, because the famine is severe in Canaan
and your servants' flocks have no pasture. So
now, please let your servants settle in Goshen."
5 •Pharaoh said to Joseph, "Your father and
6 your brothers have come to you, •and the
land of Egypt is before you; settle your father
and your brothers in the best part of the land.
Let them live in Goshen. And if you know of
any among them with special ability, put
them in charge of my own livestock."
7 •Then Joseph brought his father Jacob in
and presented him before Pharaoh. After
8 Jacob blessed[a] Pharaoh, •Pharaoh asked him,
"How old are you?"
9 •And Jacob said to Pharaoh, "The years of
my pilgrimage are a hundred and thirty. My
years have been few and difficult, and they do
not equal the years of the pilgrimage of my
10 fathers." •Then Jacob blessed[b] Pharaoh and
went out from his presence.
11 •So Joseph settled his father and his brothers
in Egypt and gave them property in the best
part of the land, the district of Rameses, as
12 Pharaoh directed. •Joseph also provided his
father and his brothers and all his father's
household with food, according to the number
of their children.

Joseph and the Famine

13 •There was no food, however, in the whole
region because the famine was severe; both
Egypt and Canaan wasted away because of the
14 famine. •Joseph collected all the money that
was to be found in Egypt and Canaan in pay-
ment for the grain they were buying, and he
15 brought it to Pharaoh's palace. •When the
money of the people of Egypt and Canaan was
gone, all Egypt came to Joseph and said, "Give
us food. Why should we die before your eyes?
Our money is all gone."
16 •"Then bring your livestock," said Joseph. "I
will sell you food in exchange for your live-
17 stock, since your money is gone." •So they
brought their livestock to Joseph, and he gave
them food in exchange for their horses, their

[a]7 Or *greeted* [b]10 Or *said farewell to*

ability [əbíləti] *n.* 능력
collect [kəlékt] *vt.* 징수하다
direct [dirékt] *vi.* 지시하다
district [dístrikt] *n.* 지역
famine [fǽmin] *n.* 기근
household [háushòuld] *n.* 가족
occupation [àkjupéiʃən] *n.* 직업
pasture [pǽstʃər] *n.* 목초지
payment [péimənt] *n.* 지불
pilgrimage [pílgrəmidʒ] *n.* 인생 행로
present [préznt] *vt.* 소개하다
property [prápərti] *n.* 재산
provide [prəváid] *vt.* 제공하다
severe [sivíər] *a.* 심한
shepherd [ʃépərd] *n.* 양치기

47:4 **for a while**: 한동안
47:6 **put... in charge of~**: …에게 ~의 책임을 맡기다
47:12 **according to...**: …에 따라
47:13 **waste away**: 황폐해지다
47:16 **in exchange for...**: …과 교환하여

게 와서 그에게 말하되 우리가 주께 숨기지
아니하나이다 우리의 돈이 다하였고 우리의
가축 떼가 주께로 돌아갔사오니 주께 낼 것
이 아무것도 남지 아니하고 우리의 몸과 토
지뿐이라
19 우리가 어찌 우리의 토지와 함께 주의 목전
에 죽으리이까 우리 몸과 우리 토지를 먹을
것을 주고 사소서 우리가 토지와 함께 바로
의 종이 되리니 우리에게 종자를 주시면 우
리가 살고 죽지 아니하며 토지도 황폐하게
되지 아니하리이다
20 ●그러므로 요셉이 애굽의 모든 토지를 다
사서 바로에게 바치니 애굽의 모든 사람들이
기근에 시달려 각기 토지를 팔았음이라 땅이
바로의 소유가 되니라
21 요셉이 애굽 땅 이 끝에서 저 끝까지의 백성
을 성읍들에 옮겼으나
22 제사장들의 토지는 사지 아니하였으니 제사
장들은 바로에게서 녹을 받음이라 바로가 주
는 녹을 먹으므로 그들이 토지를 팔지 않음
이었더라
23 요셉이 백성에게 이르되 오늘 내가 바로를
위하여 너희 몸과 너희 토지를 샀노라 여기
종자가 있으니 너희는 그 땅에 뿌리라
24 추수의 오분의 일을 바로에게 상납하고 오분
의 사는 너희가 가져서 토지의 종자로도 삼
고 너희의 양식으로도 삼고 너희 가족과 어
린아이의 양식으로도 삼으라
25 그들이 이르되 주께서 우리를 살리셨사오니
우리가 주께 은혜를 입고 바로의 종이 되겠
나이다
26 요셉이 애굽 토지법을 세우매 그 오분의 일
이 바로에게 상납되나 제사장의 토지는 바로
의 소유가 되지 아니하여 오늘날까지 이르니
라

야곱의 마지막 청

27 ●이스라엘 족속이 애굽 고센 땅에 거주하며
거기서 생업을 얻어 생육하고 번성하였더라
28 야곱이 애굽 땅에 십칠 년을 거주하였으니
그의 나이가 백사십칠 세라
29 이스라엘이 죽을 날이 가까우매 그의 아들
요셉을 불러 그에게 이르되 이제 내가 네게
은혜를 입었거든 청하노니 네 손을 내 허벅
지 아래에 넣고 인애와 성실함으로 내게 행
하여 애굽에 나를 장사하지 아니하도록 하라
30 내가 조상들과 함께 눕거든 너는 나를 애굽
에서 메어다가 조상의 묘지에 장사하라 요셉

sheep and goats, their cattle and donkeys. And
he brought them through that year with food
in exchange for all their livestock.
18 ●When that year was over, they came to
him the following year and said, "We can-
not hide from our lord the fact that since our
money is gone and our livestock belongs to
you, there is nothing left for our lord except
19 our bodies and our land. ●Why should we per-
ish before your eyes — we and our land as
well? Buy us and our land in exchange for
food, and we with our land will be in bondage
to Pharaoh. Give us seed so that we may live
and not die, and that the land may not be-
come desolate."
20 ●So Joseph bought all the land in Egypt for
Pharaoh. The Egyptians, one and all, sold their
fields, because the famine was too severe for
21 them. The land became Pharaoh's, ●and
Joseph reduced the people to servitude,[a] from
22 one end of Egypt to the other. ●However, he
did not buy the land of the priests, because
they received a regular allotment from Pha-
raoh and had food enough from the allot-
ment Pharaoh gave them. That is why they
did not sell their land.
23 ●Joseph said to the people, "Now that I
have bought you and your land today for
Pharaoh, here is seed for you so you can plant
24 the ground. ●But when the crop comes in,
give a fifth of it to Pharaoh. The other four-
fifths you may keep as seed for the fields and
as food for yourselves and your households
and your children."
25 ●"You have saved our lives," they said. "May
we find favor in the eyes of our lord; we will be
in bondage to Pharaoh."
26 ●So Joseph established it as a law concern-
ing land in Egypt — still in force today — that
a fifth of the produce belongs to Pharaoh. It
was only the land of the priests that did not
become Pharaoh's.
27 ●Now the Israelites settled in Egypt in the
region of Goshen. They acquired property
there and were fruitful and increased greatly
in number.
28 ●Jacob lived in Egypt seventeen years, and
the years of his life were a hundred and forty
29 -seven. ●When the time drew near for Israel to
die, he called for his son Joseph and said to
him, "If I have found favor in your eyes, put

[a] 21 Samaritan Pentateuch and Septuagint (see also Vulgate); Masoretic Text *and he moved the people into the cities*

acquire [əkwáiər] *vt.* 얻다
allotment [əlátmənt] *n.* 수당
bondage [bándidʒ] *n.* 노예
concerning [kənsə́:rniŋ] *prep.* …에 관하여
desolate [désələt] *a.* 황폐한
draw [drɔ:] *vi.* 끌어당기다
establish [istǽbliʃ] *vt.* 세우다
except [iksépt] *prep.* …외에는
fruitful [frú:tfəl] *a.* (자손이) 많은
perish [périʃ] *vi.* 죽다
plant [plænt] *vt.* 경작하다, 심다
produce [prədjú:s] *vt.* 생산하다
reduce [ridjú:s] *vt.* 격하시키다
seed [si:d] *n.* 씨앗
servitude [sə́:rvətjù:d] *n.* 노예 상태

47:19 as well: 역시
47:23 now that...: …이기 때문에
47:24 four-fifths: 오분의 사
47:25 in bondage to: ~의 노예가 되어
47:26 in force: 유효하여, 시행 중인
47:29 call for: 큰소리로 부르다

이 이르되 내가 아버지의 말씀대로 행하리
이다
31 야곱이 또 이르되 내게 맹세하라 하매 그가
맹세하니 이스라엘이 침상 머리에서 하나
님께 경배하니라

야곱이 에브라임과 므낫세에게 축복하다

48 이 일 후에 어떤 사람이 요셉에게 말
하기를 네 아버지가 병들었다 하므로
그가 곧 두 아들 므낫세와 에브라임과 함께
이르니
2 어떤 사람이 야곱에게 말하되 네 아들 요셉
이 네게 왔다 하매 이스라엘이 힘을 내어
침상에 앉아
3 요셉에게 이르되 이전에 가나안 땅 루스에
서 전능하신 하나님이 내게 나타나사 복을
주시며
4 내게 이르시되 내가 너로 생육하고 번성하
게 하여 네게서 많은 백성이 나게 하고 내
가 이 땅을 네 후손에게 주어 영원한 소유
가 되게 하리라 하셨느니라
5 내가 애굽으로 와서 네게 이르기 전에 애굽
에서 네가 낳은 두 아들 에브라임과 므낫세
는 내 것이라 르우벤과 시므온처럼 내 것이
될 것이요
6 이들 후의 네 소생은 네 것이 될 것이며 그
들의 유산은 그들의 형의 이름으로 함께 받
으리라
7 내게 대하여는 내가 이전에 밧단에서 올 때
에 라헬이 나를 따르는 도중 가나안 땅에서
죽었는데 그곳은 에브랏까지 길이 아직도
먼 곳이라 내가 거기서 그를 에브랏 길에
장사하였느니라 (에브랏은 곧 베들레헴이
라)
8 ● 이스라엘이 요셉의 아들들을 보고 이르
되 이들은 누구냐
9 요셉이 그의 아버지에게 아뢰되 이는 하나
님이 여기서 내게 주신 아들들이니이다 아
버지가 이르되 그들을 데리고 내 앞으로 나
아오라 내가 그들에게 축복하리라
10 이스라엘의 눈이 나이로 말미암아 어두워
서 보지 못하더라 요셉이 두 아들을 이끌어
아버지 앞으로 나아가니 이스라엘이 그들
에게 입맞추고 그들을 안고
11 요셉에게 이르되 내가 네 얼굴을 보리라고
는 생각하지 못하였더니 하나님이 내게 네
자손까지도 보게 하셨도다 45:26
12 요셉이 아버지의 무릎 사이에서 두 아들을

your hand under my thigh and promise that
you will show me kindness and faithfulness.
30 Do not bury me in Egypt, ● but when I rest with
my fathers, carry me out of Egypt and bury me
where they are buried."
"I will do as you say," he said.
31 ● "Swear to me," he said. Then Joseph swore
to him, and Israel worshiped as he leaned on
the top of his staff.[a]

Manasseh and Ephraim

48 Some time later Joseph was told, "Your
father is ill." So he took his two sons
Manasseh and Ephraim along with him.
2 ● When Jacob was told, "Your son Joseph has
come to you," Israel rallied his strength and sat
up on the bed.
3 ● Jacob said to Joseph, "God Almighty[b]
appeared to me at Luz in the land of Canaan,
4 and there he blessed me ● and said to me, 'I am
going to make you fruitful and increase your
numbers. I will make you a community of peo-
ples, and I will give this land as an everlasting pos-
session to your descendants after you.'
5 ● "Now then, your two sons born to you in
Egypt before I came to you here will be reck-
oned as mine; Ephraim and Manasseh will be
mine, just as Reuben and Simeon are mine.
6 ● Any children born to you after them will be
yours; in the territory they inherit they will be
7 reckoned under the names of their brothers. ● As
I was returning from Paddan,[c] to my sorrow
Rachel died in the land of Canaan while we
were still on the way, a little distance from
Ephrath. So I buried her there beside the road to
Ephrath" (that is, Bethlehem).
8 ● When Israel saw the sons of Joseph, he
asked, "Who are these?"
9 ● "They are the sons God has given me here,"
Joseph said to his father.
Then Israel said, "Bring them to me so I may
bless them."
10 ● Now Israel's eyes were failing because of old
age, and he could hardly see. So Joseph brought
his sons close to him, and his father kissed them
and embraced them.
11 ● Israel said to Joseph, "I never expected to see
your face again, and now God has allowed me
to see your children too."
12 ● Then Joseph removed them from Israel's
knees and bowed down with his face to the

[a]31 Or *Israel bowed down at the head of his bed* [b]3 Hebrew *El-Shaddai* [c]7 That is, Northwest Mesopotamia

embrace [imbréis] *vt.* 껴안다
everlasting [èvərlǽstiŋ] *a.* 영원한
expect [ikspékt] *vt.* 기대하다
fail [feil] *vi.* (시력) 약해지다
hardly [há:rdli] *ad.* 거의 …않다
ill [il] *a.* 병든
increase [inkrí:s] *vi.* 늘어나다
inherit [inhérit] *vt.* 상속하다
possession [pəzéʃən] *n.* 소유, 재산
rally [rǽli] *vt.* 회복하다
reckon [rékən] *vt.* 세다, 열거하다
remove [rimú:v] *vt.* 옮기다
swear [swεər] *vt.* 맹세하다
territory [térətɔ̀:ri] *n.* 영토
thigh [θai] *n.* 허벅지

47:31 lean on...: …에 기대다
48:5 just as...: …과 마찬가지로
48:7 to one's sorrow: 슬프게도
48:7 on the way: 도중에
48:7 a little: 조금(있는), 약간의
48:10 because of...: …때문에

물러나게 하고 땅에 엎드려 절하고
13 오른손으로는 에브라임을 이스라엘의 왼
손을 향하게 하고 왼손으로는 므낫세를 이
스라엘의 오른손을 향하게 하여 이끌어 그
에게 가까이 나아가매
14 이스라엘이 오른손을 펴서 차남 에브라임
의 머리에 얹고 왼손을 펴서 므낫세의 머리
에 얹으니 므낫세는 장자라도 팔을 엇바꾸
어 얹었더라
15 그가 요셉을 위하여 축복하여 이르되 내 조
부 아브라함과 아버지 이삭이 섬기던 하나
님, 나의 출생으로부터 지금까지 나를 기
르신 하나님,
16 나를 모든 환난에서 건지신 여호와의 사자
께서 이 아이들에게 복을 주시오며 이들로
내 이름과 내 조상 아브라함과 이삭의 이름
으로 칭하게 하시오며 이들이 세상에서 번
식되게 하시기를 원하나이다
17 요셉이 그 아버지가 오른손을 에브라임의
머리에 얹은 것을 보고 기뻐하지 아니하여
아버지의 손을 들어 에브라임의 머리에서
므낫세의 머리로 옮기고자 하여
18 그의 아버지에게 이르되 아버지여 그리 마
옵소서 이는 장자이니 오른손을 그의 머리
에 얹으소서 하였으나
19 그의 아버지가 허락하지 아니하며 이르되
나도 안다 내 아들아 나도 안다 그도 한 족
속이 되며 그도 크게 되려니와 그의 아우가
그보다 큰 자가 되고 그의 자손이 여러 민
족을 이루리라 하고
20 그날에 그들에게 축복하여 이르되 이스라
엘이 너로 말미암아 축복하기를 하나님이
네게 에브라임 같고 므낫세 같게 하시리라
하며 에브라임을 므낫세보다 앞세웠더라
21 이스라엘이 요셉에게 또 이르되 나는 죽으
나 하나님이 너희와 함께 계시사 너희를 인
도하여 너희 조상의 땅으로 돌아가게 하시
려니와
22 내가 네게 네 형제보다 [1]세겜 땅을 더 주었
나니 이는 내가 내 칼과 활로 아모리 족속
의 손에서 빼앗은 것이니라

야곱의 유언과 죽음

49 야곱이 그 아들들을 불러 이르되 너
희는 모이라 너희가 후일에 당할 일
을 내가 너희에게 이르리라
2 너희는 모여 들으라 야곱의 아들들아 너
희 아버지 이스라엘에게 들을지어다 잠 1:8

13 ground. • And Joseph took both of them,
Ephraim on his right toward Israel's left hand
and Manasseh on his left toward Israel's right
14 hand, and brought them close to him. • But
Israel reached out his right hand and put it on
Ephraim's head, though he was the younger,
and crossing his arms, he put his left hand on
Manasseh's head, even though Manasseh was
the firstborn.
15 • Then he blessed Joseph and said,

"May the God before whom my fathers
 Abraham and Isaac walked faithfully,
the God who has been my shepherd
 all my life to this day,
16 • the Angel who has delivered me from all harm
 — may he bless these boys.
May they be called by my name
 and the names of my fathers Abraham
  and Isaac,
and may they increase greatly
 on the earth."

17 • When Joseph saw his father placing his right
hand on Ephraim's head he was displeased;
so he took hold of his father's hand to move
it from Ephraim's head to Manasseh's head.
18 • Joseph said to him, "No, my father, this one is
the firstborn; put your right hand on his head."
19 • But his father refused and said, "I know, my
son, I know. He too will become a people, and
he too will become great. Nevertheless, his
younger brother will be greater than he, and his
descendants will become a group of nations."
20 • He blessed them that day and said,

"In your[a] name will Israel pronounce this
 blessing:
'May God make you like Ephraim and
 Manasseh.' "

So he put Ephraim ahead of Manasseh.
21 • Then Israel said to Joseph, "I am about to die,
but God will be with you[b] and take you[b] back to
22 the land of your[b] fathers. • And to you I give one
more ridge of land[c] than to your brothers, the
ridge I took from the Amorites with my sword
and my bow."

Jacob Blesses His Sons

49 Then Jacob called for his sons and said:
"Gather around so I can tell you what
will happen to you in days to come.

[a]*20* The Hebrew is singular. [b]*21* The Hebrew is plural. [c]*22* The Hebrew for *ridge of land* is identical with the place name Shechem. 1) 또는 한 몫을

ahead [ahéd] *ad.* 앞서서
bow [bau] *n.* 활
deliver [dilívər] *vt.* 구해내다
descendant [diséndənt] *n.* 자손
displeased [displí:zd] *a.* 불쾌한
firstborn [fə́:rstbɔ̀:rn] *n.* 장자
greatly [gréitli] *ad.* 매우, 심히
nevertheless [nèvərðəlés] *ad.* 그럼에도 불구하고
place [pleis] *vt.* 놓다, 두다
pronounce [prənáuns] *vt.* 공표하다
refuse [rifjú:z] *vi.* 거절하다
ridge [ridʒ] *n.* 산마루, (밭의) 이랑
shepherd [ʃépərd] *n.* 목자
sword [sɔ:rd] *n.* 칼, 검
though [ðou] *conj.* …이지만

48:14 reach out: (손 등을) 뻗다
48:14 even though: …에도 불구하고
48:15 walk faithfully: 신앙생활을 하다
48:17 take hold of...: …를 붙잡다
48:18 put A on B: A를 B 위에 놓다
48:21 be about to...: 막 …하려 하다

3 르우벤아 너는 내 장자요 내 능력이요
내 기력의 시작이라 위풍이 월등하고 권
능이 탁월하다마는
4 물의 끓음 같았은즉 너는 탁월하지 못하
리니 네가 아버지의 침상에 올라 더럽혔
음이로다 그가 내 침상에 올랐었도다
5 시므온과 레위는 형제요 그들의 칼은 폭
력의 도구로다 29:33,34
6 내 혼아 그들의 모의에 상관하지 말지어
다 내 영광아 그들의 집회에 참여하지
말지어다 그들이 그들의 분노대로 사람
을 죽이고 그들의 혈기대로 소의 발목
힘줄을 끊었음이로다
7 그 노여움이 혹독하니 저주를 받을 것이
요 분기가 맹렬하니 저주를 받을 것이라
내가 그들을 야곱 중에서 나누며 이스라
엘 중에서 흩으리로다
8 유다야 너는 네 형제의 찬송이 될지라
네 손이 네 원수의 목을 잡을 것이요 네
아버지의 아들들이 네 앞에 절하리로다
9 유다는 사자 새끼로다 내 아들아 너는
움킨 것을 찢고 올라갔도다 그가 엎드리
고 웅크림이 수사자 같고 암사자 같으니
누가 그를 범할 수 있으랴
10 규가 유다를 떠나지 아니하며 통치자의
지팡이가 그 발 사이에서 떠나지 아니하
기를 실로가 오시기까지 이르리니 그에
게 모든 백성이 복종하리로다
11 그의 나귀를 포도나무에 매며 그의 암나
귀 새끼를 아름다운 포도나무에 맬 것이
며 또 그 옷을 포도주에 빨며 그의 복장
을 포도즙에 빨리로다
12 그의 눈은 포도주로 인하여 붉겠고 그의
이는 우유로 말미암아 희리로다
13 스불론은 해변에 거주하리니 그곳은 배
매는 해변이라 그의 경계가 시돈까지리
로다
14 잇사갈은 양의 우리 사이에 꿇어앉은 건
장한 나귀로다
15 그는 쉴 곳을 보고 좋게 여기며 토지를
보고 아름답게 여기고 어깨를 내려 짐을
메고 압제 아래에서 섬기리로다
16 단은 이스라엘의 한 지파같이 그의 백성
을 심판하리로다
17 단은 길섶의 뱀이요 샛길의 독사로다 말
굽을 물어서 그 탄 자를 뒤로 떨어지게
하리로다

2 •"Assemble and listen, sons of Jacob;
listen to your father Israel.
3 •"Reuben, you are my firstborn,
my might, the first sign of my strength,
excelling in honor, excelling in power.
4 •Turbulent as the waters, you will no longer
excel,
for you went up onto your father's bed,
onto my couch and defiled it.
5 •"Simeon and Levi are brothers—
their swords[a] are weapons of violence.
6 •Let me not enter their council,
let me not join their assembly,
for they have killed men in their anger
and hamstrung oxen as they pleased.
7 •Cursed be their anger, so fierce,
and their fury, so cruel!
I will scatter them in Jacob
and disperse them in Israel.
8 •"Judah,[b] your brothers will praise you;
your hand will be on the neck of your enemies;
your father's sons will bow down to you.
9 •You are a lion's cub, Judah;
you return from the prey, my son.
Like a lion he crouches and lies down,
like a lioness—who dares to rouse him?
10 •The scepter will not depart from Judah,
nor the ruler's staff from between his feet,[c]
until he to whom it belongs[d] shall come
and the obedience of the nations shall be his.
11 •He will tether his donkey to a vine,
his colt to the choicest branch;
he will wash his garments in wine,
his robes in the blood of grapes.
12 •His eyes will be darker than wine,
his teeth whiter than milk.[e]
13 •"Zebulun will live by the seashore
and become a haven for ships;
his border will extend toward Sidon.
14 •"Issachar is a rawboned[f] donkey
lying down among the sheep pens.[g]
15 •When he sees how good is his resting place
and how pleasant is his land,
he will bend his shoulder to the burden
and submit to forced labor.
16 •"Dan[h] will provide justice for his people

[a]5 The meaning of the Hebrew for this word is uncertain. [b]8 *Judah* sounds like and may be derived from the Hebrew for *praise.* [c]10 Or *from his descendants* [d]10 Or *to whom tribute belongs;* the meaning of the Hebrew for this phrase is uncertain. [e]12 Or *will be dull from wine, / his teeth white from milk* [f]14 Or *strong* [g]14 Or *the campfires;* or *the saddlebags* [h]16 *Dan* here means *he provides justice.*

choicest [tʃɔ́isest] *a.* 최상의
council [káunsəl] *n.* 모의
crouch [krautʃ] *vi.* 웅크리다
curse [kəːrs] *vt.* 저주하다
disperse [dispə́ːrs] *vt.* 흩다
excel [iksél] *vi.* 뛰어나다
fierce [fiərs] *a.* 격렬한
fury [fjúəri] *n.* 분노
garment [gáːrmənt] *n.* 옷
hamstring [hǽmstriŋ] *vt.* 불구로 만들다
obedience [oubíːdiəns] *n.* 복종
scatter [skǽtər] *vi.* 뿔뿔이 흩어지다
scepter [séptər] *n.* 홀, 주권
tether [téðər] *vt.* 밧줄로 매다
turbulent [tə́ːrbjulənt] *a.* 격한

49:4 **no longer...**: 더 이상 …않다
49:8 **bow down**: 절하다
49:9 **lie down**: 눕다
49:9 **dare to...**: 감히 …하다
49:10 **depart from...**: …에서 출발하다
49:15 **submit to**: 복종시키다

18 여호와여 나는 주의 구원을 기다리나이다
19 갓은 군대의 추격을 받으나 도리어 그 뒤를 추격하리로다
20 아셀에게서 나는 먹을 것은 기름진 것이라 그가 왕의 수라상을 차리리로다
21 납달리는 놓인 암사슴이라 아름다운 소리를 발하는도다
22 요셉은 무성한 가지 곧 샘 곁의 무성한 가지라 그 가지가 담을 넘었도다
23 활 쏘는 자가 그를 학대하며 적개심을 가지고 그를 쏘았으나
24 요셉의 활은 도리어 굳세며 그의 팔은 힘이 있으니 이는 야곱의 전능자 이스라엘의 반석인 목자의 손을 힘입음이라
25 네 아버지의 하나님께로 말미암나니 그가 너를 도우실 것이요 전능자로 말미암나니 그가 네게 복을 주실 것이라 위로 하늘의 복과 아래로 깊은 샘의 복과 젖 먹이는 복과 태의 복이리로다
26 네 아버지의 축복이 내 선조의 축복보다 나아서 영원한 산이 한없음같이 이 축복이 요셉의 머리로 돌아오며 그 형제 중 뛰어난 자의 정수리로 돌아오리로다
27 베냐민은 물어뜯는 이리라 아침에는 빼앗은 것을 먹고 저녁에는 움킨 것을 나누리로다
28 이들은 이스라엘의 열두 지파라 이와 같이 그들의 아버지가 그들에게 말하고 그들에게 축복하였으니 곧 그들 각 사람의 분량대로 축복하였더라
29 그가 그들에게 명하여 이르되 내가 내 조상들에게로 돌아가리니 나를 헷 사람 에브론의 밭에 있는 굴에 우리 선조와 함께 장사하라
30 이 굴은 가나안 땅 마므레 앞 막벨라 밭에 있는 것이라 아브라함이 헷 사람 에브론에게서 밭과 함께 사서 그의 매장지를 삼았으므로
31 아브라함과 그의 아내 사라가 거기 장사되었고 이삭과 그의 아내 리브가도 거기 장사되었으며 나도 레아를 그곳에 장사하였노라
32 이 밭과 거기 있는 굴은 헷 사람에게서 산 것이니라
33 야곱이 아들에게 명하기를 마치고 그 발을 침상에 모으고 숨을 거두니 그의 [1)]백성에

as one of the tribes of Israel.
17 Dan will be a snake by the roadside,
a viper along the path,
that bites the horse's heels
so that its rider tumbles backward.

18 "I look for your deliverance, LORD.

19 "Gad[a] will be attacked by a band of raiders,
but he will attack them at their heels.

20 "Asher's food will be rich;
he will provide delicacies fit for a king.

21 "Naphtali is a doe set free
that bears beautiful fawns.[b]

22 "Joseph is a fruitful vine,
a fruitful vine near a spring,
whose branches climb over a wall.[c]
23 With bitterness archers attacked him;
they shot at him with hostility.
24 But his bow remained steady,
his strong arms stayed[d] limber,
because of the hand of the Mighty One of Jacob,
because of the Shepherd, the Rock of Israel,
25 because of your father's God, who helps you,
because of the Almighty,[e] who blesses you
with blessings of the skies above,
blessings of the deep springs below,
blessings of the breast and womb.
26 Your father's blessings are greater
than the blessings of the ancient mountains,
than[f] the bounty of the age-old hills.
Let all these rest on the head of Joseph,
on the brow of the prince among[g] his brothers.

27 "Benjamin is a ravenous wolf;
in the morning he devours the prey,
in the evening he divides the plunder."

28 All these are the twelve tribes of Israel, and
this is what their father said to them when he
blessed them, giving each the blessing appropri-
ate to him.

The Death of Jacob

29 Then he gave them these instructions: "I am
about to be gathered to my people. Bury me with
my fathers in the cave in the field of Ephron the
30 Hittite, the cave in the field of Machpelah, near

[a]19 *Gad* sounds like the Hebrew for *attack* and also for *band of raiders.* [b]21 Or *free; / he utters beautiful words* [c]22 Or *Joseph is a wild colt, / a wild colt near a spring, / a wild donkey on a terraced hill* [d]23,24 Or *archers will attack . . . will shoot . . . will remain . . . will stay* [e]25 Hebrew *Shaddai* [f]26 Or *of my progenitors, / as great as* [g]26 Or *of the one separated from*

1) 또는 열조에게로

appropriate [əpróupriət] *a.* 적합한
archer [á:rtʃər] *n.* 궁수
bitterness [bítərnis] *n.* 신랄
bounty [báunti] *n.* 관대함, 박애
delicacy [délikəsi] *n.* 맛있는 음식
deliverance [dilívərəns] *n.* 구원
devour [diváuər] *vt.* 몽땅 삼키다
doe [dou] *n.* 암사슴
fawn [fɔ:n] *n.* 새끼 사슴
hostility [hastíləti] *n.* 적의
instruction [instrʌ́kʃən] *n.* 교훈, 명령
limber [límbər] *a.* (근육 등이)유연한
ravenous [rǽvənəs] *a.* 굶주린
tumble [tʌmbl] *vi.* 넘어지다
viper [váipər] *n.* 독사

49:18 look for...: …을 찾다
49:19 a band of: 한 무리의
49:20 fit for...: …에 적합한
49:21 set free: 자유롭게 하다, 석방하다
49:22 climb over: 타고넘다
49:29 be about to...: 막 …하려는 참이다

계로 돌아갔더라
50 요셉이 그의 아버지 얼굴에 구푸려
울며 입맞추고
2 그 수종 드는 의원에게 명하여 아버지의
몸을 향으로 처리하게 하매 의원이 이스라
엘에게 그대로 하되
3 사십 일이 걸렸으니 향으로 처리하는 데는
이 날수가 걸림이며 애굽 사람들은 칠십
일 동안 그를 위하여 곡하였더라
4 ●곡하는 기한이 지나매 요셉이 바로의 궁
에 말하여 이르되 내가 너희에게 은혜를
입었으면 원하건대 바로의 귀에 아뢰기를
5 우리 아버지가 나로 맹세하게 하여 이르되
내가 죽거든 가나안 땅에 내가 파 놓은 묘
실에 나를 장사하라 하였나니 나로 올라가
서 아버지를 장사하게 하소서 내가 다시
오리이다 하라 하였더니
6 바로가 이르되 그가 네게 시킨 맹세대로
올라가서 네 아버지를 장사하라
7 요셉이 자기 아버지를 장사하러 올라가니
바로의 모든 신하와 바로 궁의 원로들과
애굽 땅의 모든 원로와
8 요셉의 온 집과 그의 형제들과 그의 아버
지의 집이 그와 함께 올라가고 그들의 어
린아이들과 양 떼와 소 떼만 고센 땅에 남
겼으며
9 병거와 기병이 요셉을 따라 올라가니 그
떼가 심히 컸더라
10 그들이 요단 강 건너편 아닷 타작마당에
이르러 거기서 크게 울고 애통하며 요셉이
아버지를 위하여 칠 일 동안 애곡하였더니
11 그 땅 거민 가나안 백성들이 아닷 마당의
애통을 보고 이르되 이는 애굽 사람의 큰
애통이라 하였으므로 그 땅 이름을 [1]아벨
미스라임이라 하였으니 곧 요단 강 건너편
이더라
12 야곱의 아들들이 아버지가 그들에게 명령
한 대로 그를 위해 따라 행하여
13 그를 가나안 땅으로 메어다가 마므레 앞
막벨라 밭 굴에 장사하였으니 이는 아브라
함이 헷 족속 에브론에게 밭과 함께 사서
매장지를 삼은 곳이더라
14 요셉이 아버지를 장사한 후에 자기 형제와
호상꾼과 함께 애굽으로 돌아왔더라

요셉이 형들을 위로하다

15 ●요셉의 형제들이 그들의 아버지가 죽었
음을 보고 말하되 요셉이 혹시 우리를 미

Mamre in Canaan, which Abraham bought
along with the field as a burial place from
31 Ephron the Hittite. ●There Abraham and his
wife Sarah were buried, there Isaac and his wife
Rebekah were buried, and there I buried Leah.
32 ●The field and the cave in it were bought from
the Hittites.[a]"
33 ●When Jacob had finished giving instructions
to his sons, he drew his feet up into the bed,
breathed his last and was gathered to his people.

50 Joseph threw himself on his father and
2 wept over him and kissed him. ●Then
Joseph directed the physicians in his service to
embalm his father Israel. So the physicians
3 embalmed him, ●taking a full forty days, for that
was the time required for embalming. And the
Egyptians mourned for him seventy days.
4 ●When the days of mourning had passed,
Joseph said to Pharaoh's court, "If I have found
favor in your eyes, speak to Pharaoh for me. Tell
5 him, ●'My father made me swear an oath and
said, "I am about to die; bury me in the tomb I
dug for myself in the land of Canaan." Now let me
go up and bury my father; then I will return.' "
6 ●Pharaoh said, "Go up and bury your father,
as he made you swear to do."
7 ●So Joseph went up to bury his father. All
Pharaoh's officials accompanied him — the
dignitaries of his court and all the dignitaries of
8 Egypt— ●besides all the members of Joseph's
household and his brothers and those belonging
to his father's household. Only their children
and their flocks and herds were left in Goshen.
9 ●Chariots and horsemen[b] also went up with
him. It was a very large company.
10 ●When they reached the threshing floor of
Atad, near the Jordan, they lamented loudly and
bitterly; and there Joseph observed a seven-day
11 period of mourning for his father. ●When the
Canaanites who lived there saw the mourning at
the threshing floor of Atad, they said, "The Egyp-
tians are holding a solemn ceremony of mourn-
ing." That is why that place near the Jordan is
called Abel Mizraim.[c]
12 ●So Jacob's sons did as he had commanded
13 them: ●They carried him to the land of Canaan
and buried him in the cave in the field of Mach-
pelah, near Mamre, which Abraham had bought
along with the field as a burial place from
14 Ephron the Hittite. ●After burying his father,

[a] 32 Or *the descendants of Heth* [b] 9 Or *charioteers* [c] 11 *Abel Mizraim* means *mourning of the Egyptians.* 1) 애굽인의 곡함

accompany [əkʌmpəni] *vt.* 동행하다
bitterly [bítərli] *ad.* 통렬히
cave [keiv] *n.* 동굴
chariot [tʃǽriət] *n.* 마차
command [kəmǽnd] *vt.* 명령하다
ceremony [sérəmòuni] *n.* 의식
court [kɔːrt] *n.* 궁정
dignitary [dígnitèri] *n.* 고관
embalm [imbáːm] *vt.* 방부 처리하다
lament [ləmént] *vi.* 애도하다
mourn [mɔːrn] *vi.* 애곡하다
physician [fizíʃən] *n.* 내과 의사
solemn [sáləm] *a.* 엄숙한
thresh [θreʃ] *vi.* 타작하다
tomb [tuːm] *n.* 무덤

49:33 breath one's last: 숨을 거두다
50:1 throw (up) on...: …에 내맡기다
50:2 in one's service: …에게 고용되어 애를 받다
50:4 find favor in one's eyes: …의 총애를 받다
50:5 swear an oath: 맹세하다

워하여 우리가 그에게 행한 모든 악을 다 갚지나 아니할까 하고
16 요셉에게 말을 전하여 이르되 당신의 아버지가 돌아가시기 전에 명령하여 이르시기를
17 너희는 이같이 요셉에게 이르라 네 형들이 네게 악을 행하였을지라도 이제 바라건대 그들의 허물과 죄를 용서하라 하셨나니 당신 아버지의 하나님의 종들인 우리 죄를 이제 용서하소서 하매 요셉이 그들이 그에게 하는 말을 들을 때에 울었더라
18 그의 형들이 또 친히 와서 요셉의 앞에 엎드려 이르되 우리는 당신의 종들이니이다
19 요셉이 그들에게 이르되 두려워하지 마소서 내가 하나님을 대신하리이까
20 당신들은 나를 해하려 하였으나 하나님은 그것을 선으로 바꾸사 오늘과 같이 많은 백성의 생명을 구원하게 하시려 하셨나니
21 당신들은 두려워하지 마소서 내가 당신들과 당신들의 자녀를 기르리이다 하고 그들을 간곡한 말로 위로하였더라

요셉이 죽다

22 ● 요셉이 그의 아버지의 가족과 함께 애굽에 거주하여 백십 세를 살며
23 에브라임의 자손 삼대를 보았으며 므낫세의 아들 마길의 아들들도 요셉의 슬하에서 양육되었더라
24 요셉이 그의 형제들에게 이르되 나는 죽을 것이나 하나님이 당신들을 돌보시고 당신들을 이 땅에서 인도하여 내사 아브라함과 이삭과 야곱에게 맹세하신 땅에 이르게 하시리라 하고
25 요셉이 또 이스라엘 자손에게 맹세시켜 이르기를 하나님이 반드시 당신들을 돌보시리니 당신들은 여기서 내 해골을 메고 올라가겠다 하라 하였더라
26 요셉이 백십 세에 죽으매 그들이 그의 몸에 향 재료를 넣고 애굽에서 입관하였더라

Joseph returned to Egypt, together with his brothers and all the others who had gone with him to bury his father.

Joseph Reassures His Brothers

15 •When Joseph's brothers saw that their father
was dead, they said, "What if Joseph holds a
grudge against us and pays us back for all the
16 wrongs we did to him?" •So they sent word to
Joseph, saying, "Your father left these instructions
17 before he died: •'This is what you are to say to
Joseph: I ask you to forgive your brothers the sins and the wrongs they committed in treating you so badly.' Now please forgive the sins of the servants of the God of your father." When their message came to him, Joseph wept.
18 •His brothers then came and threw themselves down before him. "We are your slaves," they said.
19 •But Joseph said to them, "Don't be afraid.
20 Am I in the place of God? •You intended to
harm me, but God intended it for good to accomplish what is now being done, the saving of
21 many lives. •So then, don't be afraid. I will provide for you and your children." And he reassured them and spoke kindly to them.

The Death of Joseph

22 •Joseph stayed in Egypt, along with all his
father's family. He lived a hundred and ten years
23 •and saw the third generation of Ephraim's children. Also the children of Makir son of Manasseh were placed at birth on Joseph's knees.[a]
24 •Then Joseph said to his brothers, "I am about to die. But God will surely come to your aid and take you up out of this land to the land he promised on oath to Abraham, Isaac and Jacob."
25 •And Joseph made the Israelites swear an oath and said, "God will surely come to your aid, and then you must carry my bones up from this place."
26 •So Joseph died at the age of a hundred and ten. And after they embalmed him, he was placed in a coffin in Egypt.

[a] 23 That is, were counted as his

accomplish [əkámpliʃ] *vt.* 이루다
afraid [əfréid] *a.* 두려워하는
aid [éid] *n.* 도움
commit [kəmít] *vt.* 범하다
forgive [fərgív] *vt.* 용서하다
generation [dʒènəréiʃən] *n.* 세대
grudge [grʌdʒ] *n.* 원한
harm [haːrm] *vt.* 해치다
instruction [instrʌkʃən] *n.* 명령
place [pleis] *vt.* 놓다
reassure [riːəʃúər] *vt.* 안심시키다
saving [séiviŋ] *n.* 구원, 구제
swear [swɛər] *vt.* 맹세하다
treat [triːt] *vt.* 대우하다
weep [wiːp] *vi.* 흐느껴 울다

50:15 what if...: …라면 어찌 되는가?
50:15 hold a grudge against...: …에게 원한을 품다
50:15 pay back: 되갚다
50:20 intend to...: …할 작정이다
50:24 be about to...: 막 …하려 하다

출애굽기 | Exodus

● 저자 _ 모세 ● 저작 연대 _ B.C. 1450-1400년경 ● 기록 장소 _ 시내 산
● 기록 대상 _ 이스라엘 백성 ● 핵심어 및 내용 _ 핵심어는 '구출', '구속', '계명' 등이다.

노예의 신분으로 억압받고 있던 이스라엘 민족을 구출해 낸 사건과 십계명과 다른 율법들을 통해 어떻게 사는 것이 하나님께서 바라시는 삶인가를 가르쳐 주고 있다.

이스라엘 자손이 학대를 받다

1 야곱과 함께 각각 자기 가족을 데리고 애굽에 이른 이스라엘 아들들의 이름은 이러하니
2 르우벤과 시므온과 레위와 유다와
3 잇사갈과 스불론과 베냐민과
4 단과 납달리와 갓과 아셀이요
5 야곱의 허리에서 나온 사람이 모두 칠십이요 요셉은 애굽에 있었더라
6 요셉과 그의 모든 형제와 그 시대의 사람은 다 죽었고
창 50:26
7 이스라엘 자손은 생육하고 불어나 번성하고 매우 강하여 온 땅에 가득하게 되었더라
8 ●요셉을 알지 못하는 새 왕이 일어나 애굽을 다스리더니
9 그가 그 백성에게 이르되 이 백성 이스라엘 자손이 우리보다 많고 강하도다
10 자, 우리가 그들에게 대하여 지혜롭게 하자 두렵건대 그들이 더 많게 되면 전쟁이 일어날 때에 우리 대적과 합하여 우리와 싸우고 이 땅에서 나갈까 하노라 하고
11 감독들을 그들 위에 세우고 그들에게 무거운 짐을 지워 괴롭게 하여 그들에게 바로를 위하여 국고성 비돔과 라암셋을 건축하게 하니라
12 그러나 학대를 받을수록 더욱 번성하여 퍼져 나가니 애굽 사람이 이스라엘 자손으로 말미암아 근심하여
13 이스라엘 자손에게 일을 엄하게 시켜
14 어려운 노동으로 그들의 생활을 괴롭게 하니 곧 흙 이기기와 벽돌 굽기와 농사의 여러 가지 일이라 그 시키는 일이 모두 엄하였더라
15 ●애굽 왕이 히브리 산파 십브라라 하는 사람과 부아라 하는 사람에게 말하여
16 이르되 너희는 히브리 여인을 위하여 해산을 도울 때에 그 자리를 살펴서 아들이거든 그를 죽이고 딸이거든 살려두라
17 그러나 산파들이 하나님을 두려워하여 애굽 왕의 명령을 어기고 남자 아기들을 살린지라
18 애굽 왕이 산파를 불러 그들에게 이르되 너희가 어찌하여 이같이 남자 아기들을 살렸느냐
19 산파가 바로에게 대답하되 히브리 여인은 애

The Israelites Oppressed

1 These are the names of the sons of Israel
who went to Egypt with Jacob, each with
2 his family: •Reuben, Simeon, Levi and Judah;
3-4 •Issachar, Zebulun and Benjamin; •Dan and
5 Naphtali; Gad and Asher. •The descendants of
Jacob numbered seventy[a] in all; Joseph was
already in Egypt.
6 •Now Joseph and all his brothers and all
7 that generation died, •but the Israelites were
exceedingly fruitful; they multiplied greatly,
increased in numbers and became so numerous that the land was filled with them.
8 •Then a new king, to whom Joseph meant
9 nothing, came to power in Egypt. •"Look," he
said to his people, "the Israelites have become
10 far too numerous for us. •Come, we must deal
shrewdly with them or they will become even
more numerous and, if war breaks out, will
join our enemies, fight against us and leave the
country."
11 •So they put slave masters over them to
oppress them with forced labor, and they
built Pithom and Rameses as store cities for
12 Pharaoh. •But the more they were oppressed,
the more they multiplied and spread; so the
13 Egyptians came to dread the Israelites •and
14 worked them ruthlessly. •They made their
lives bitter with harsh labor in brick and mortar and with all kinds of work in the fields; in
all their harsh labor the Egyptians worked
them ruthlessly.
15 •The king of Egypt said to the Hebrew midwives, whose names were Shiphrah and Puah,
16 •"When you are helping the Hebrew women
during childbirth on the delivery stool, if you
see that the baby is a boy, kill him; but if it is a
17 girl, let her live." •The midwives, however,
feared God and did not do what the king of
Egypt had told them to do; they let the boys
18 live. •Then the king of Egypt summoned the
midwives and asked them, "Why have you
done this? Why have you let the boys live?"
19 •The midwives answered Pharaoh,

[a]5 Masoretic Text (see also Gen. 46:27); Dead Sea Scrolls and Septuagint (see also Acts 7:14 and note at Gen. 46:27) *seventy-five*

굽 여인과 같지 아니하고 건장하여 산파가
그들에게 이르기 전에 해산하였더이다 하매
20 하나님이 그 산파들에게 은혜를 베푸시니 그
백성은 번성하고 매우 강해지니라
21 그 산파들은 하나님을 경외하였으므로 하나
님이 그들의 집안을 흥왕하게 하신지라
22 그러므로 바로가 그의 모든 백성에게 명령하
여 이르되 아들이 태어나거든 너희는 그를
나일 강에 던지고 딸이거든 살려두라 하였더
라

모세가 태어나다 — B.C. 1530년경

2 레위 가족 중 한 사람이 가서 레위 여자에
게 장가들어
2 그 여자가 임신하여 아들을 낳으니 그가 잘
생긴 것을 보고 석 달 동안 그를 숨겼으나
3 더 숨길 수 없게 되매 그를 위하여 갈대 상자
를 가져다가 역청과 나무진을 칠하고 아기를
거기 담아 나일 강가 갈대 사이에 두고
4 그의 누이가 어떻게 되는지를 알려고 멀리
섰더니
5 바로의 딸이 목욕하러 나일 강으로 내려오고
시녀들은 나일 강가를 거닐 때에 그가 갈대
사이의 상자를 보고 시녀를 보내어 가져다가
6 열고 그 아기를 보니 아기가 우는지라 그가
그를 불쌍히 여겨 이르되 이는 히브리 사람
의 아기로다
7 그의 누이가 바로의 딸에게 이르되 내가 가
서 당신을 위하여 히브리 여인 중에서 유모
를 불러다가 이 아기에게 젖을 먹이게 하리
이까
8 바로의 딸이 그에게 이르되 가라 하매 그 소
녀가 가서 그 아기의 어머니를 불러오니
9 바로의 딸이 그에게 이르되 이 아기를 데려다
가 나를 위하여 젖을 먹이라 내가 그 삯을 주
리라 여인이 아기를 데려다가 젖을 먹이더니
10 그 아기가 자라매 바로의 딸에게로 데려가니
그가 그의 아들이 되니라 그가 그의 이름을
1)모세라 하여 이르되 이는 내가 그를 물에서
건져내었음이라 하였더라 삼하 22:17

모세가 미디안으로 피하다

11 ●모세가 장성한 후에 한번은 자기 형제들에
게 나가서 그들이 고되게 노동하는 것을 보
더니 어떤 애굽 사람이 한 히브리 사람 곧 자
기 형제를 치는 것을 본지라 행 7:23
12 좌우를 살펴 사람이 없음을 보고 그 애굽 사
람을 쳐죽여 모래 속에 감추니라
13 이튿날 다시 나가니 두 히브리 사람이 서로

"Hebrew women are not like Egyptian
women; they are vigorous and give birth
before the midwives arrive."
20 •So God was kind to the midwives and the
people increased and became even more
21 numerous. •And because the midwives feared
God, he gave them families of their own.
22 •Then Pharaoh gave this order to all his
people: "Every Hebrew boy that is born you
must throw into the Nile, but let every girl
live."

The Birth of Moses

2 Now a man of the tribe of Levi married a
2 Levite woman, •and she became preg-
nant and gave birth to a son. When she saw
that he was a fine child, she hid him for three
3 months. •But when she could hide him no
longer, she got a papyrus basket[a] for him and
coated it with tar and pitch. Then she placed
the child in it and put it among the reeds
4 along the bank of the Nile. •His sister stood at
a distance to see what would happen to him.
5 •Then Pharaoh's daughter went down to
the Nile to bathe, and her attendants were
walking along the riverbank. She saw the bas-
ket among the reeds and sent her female slave
6 to get it. •She opened it and saw the baby. He
was crying, and she felt sorry for him. "This is
one of the Hebrew babies," she said.
7 •Then his sister asked Pharaoh's daughter,
"Shall I go and get one of the Hebrew women
to nurse the baby for you?"
8 •"Yes, go," she answered. So the girl went
9 and got the baby's mother. •Pharaoh's daugh-
ter said to her, "Take this baby and nurse him
for me, and I will pay you." So the woman
10 took the baby and nursed him. •When the
child grew older, she took him to Pharaoh's
daughter and he became her son. She named
him Moses,[b] saying, "I drew him out of the
water."

Moses Flees to Midian

11 •One day, after Moses had grown up, he
went out to where his own people were and
watched them at their hard labor. He saw an
Egyptian beating a Hebrew, one of his own
12 people. •Looking this way and that and see-
ing no one, he killed the Egyptian and hid
13 him in the sand. •The next day he went out

[a]3 The Hebrew can also mean *ark*, as in Gen. 6:14.
[b]10 *Moses* sounds like the Hebrew for *draw out*. 1) 건져냄

arrive [əráiv] *vi.* 도착하다
attendant [əténdənt] *n.* 수행원
bank [bæŋk] *n.* 둑
beat [biːt] *vt.* 치다
fear [fiər] *vt.* 두려워하다
hide [haid] *vt.* 숨기다
nurse [nəːrs] *vt.* 젖을 먹이다, 돌보다
pregnant [prégnənt] *a.* 임신한
pitch [pitʃ] *n.* 역청
reed [riːd] *n.* 갈대
tar [tɑːr] *n.* 타르
throw [θrou] *vt.* 던지다
tribe [traib] *n.* 종족, 부족
slave [sleiv] *n.* 노예
vigorous [vígərəs] *a.* 기운이 좋은

2:2 give birth to...: …를 낳다
2:3 no longer: 더 이상 …하지 않다
2:3 coat with...: …를 입히다
2:4 at a distance: 거리를 두고
2:6 feel sorry for...: …를 가엾게 여기다
2:10 draw out: 꺼내다

출

싸우는지라 그 잘못한 사람에게 이르되 네가
어찌하여 동포를 치느냐 하매
14 그가 이르되 누가 너를 우리를 다스리는 자
와 재판관으로 삼았느냐 네가 애굽 사람을
죽인 것처럼 나도 죽이려느냐 모세가 두려워
하여 이르되 일이 탄로되었도다
15 바로가 이 일을 듣고 모세를 죽이고자 하여
찾는지라 모세가 바로의 낯을 피하여 미디안
땅에 머물며 하루는 우물 곁에 앉았더라
16 ●미디안 제사장에게 일곱 딸이 있었더니 그
들이 와서 물을 길어 구유에 채우고 그들의
아버지의 양 떼에게 먹이려 하는데
17 목자들이 와서 그들을 쫓는지라 모세가 일어
나 그들을 도와 그 양 떼에게 먹이니라
18 그들이 그들의 아버지 르우엘에게 이를 때에
아버지가 이르되 너희가 오늘은 어찌하여 이
같이 속히 돌아오느냐
19 그들이 이르되 한 애굽 사람이 우리를 목자
들의 손에서 건져내고 우리를 위하여 물을
길어 양 떼에게 먹였나이다
20 아버지가 딸들에게 이르되 그 사람이 어디에
있느냐 너희가 어찌하여 그 사람을 버려두고
왔느냐 그를 청하여 음식을 대접하라 하였더라
21 모세가 그와 동거하기를 기뻐하매 그가 그의
딸 십보라를 모세에게 주었더니
22 그가 아들을 낳으매 모세가 그의 이름을 게
르솜이라 하여 이르되 내가 타국에서 나그네
가 되었음이라 하였더라 18:3
23 ●여러 해 후에 애굽 왕은 죽었고 이스라엘
자손은 고된 노동으로 말미암아 탄식하며 부
르짖으니 그 고된 노동으로 말미암아 부르짖
는 소리가 하나님께 상달된지라
24 하나님이 그들의 고통 소리를 들으시고 하나
님이 아브라함과 이삭과 야곱에게 세운 그의
언약을 기억하사
25 하나님이 이스라엘 자손을 돌보셨고 하나님
이 그들을 기억하셨더라

여호와께서 모세를 부르시다 (♪ 14, 68장)

3 모세가 그의 장인 미디안 제사장 이드로의
양 떼를 치더니 그 떼를 광야 서쪽으로 인
도하여 하나님의 산 호렙에 이르매 2:18
2 여호와의 사자가 떨기나무 가운데로부터 나
오는 불꽃 안에서 그에게 나타나시니라 그가
보니 떨기나무에 불이 붙었으나 그 떨기나무
가 사라지지 아니하는지라
3 이에 모세가 이르되 내가 돌이켜 가서 이 큰
광경을 보리라 떨기나무가 어찌하여 타지 아

and saw two Hebrews fighting. He asked the
one in the wrong, "Why are you hitting your
fellow Hebrew?"
14 ●The man said, "Who made you ruler and
judge over us? Are you thinking of killing me
as you killed the Egyptian?" Then Moses was
afraid and thought, "What I did must have
become known."
15 ●When Pharaoh heard of this, he tried to
kill Moses, but Moses fled from Pharaoh and
went to live in Midian, where he sat down
16 by a well. ●Now a priest of Midian had seven
daughters, and they came to draw water and
fill the troughs to water their father's flock.
17 ●Some shepherds came along and drove them
away, but Moses got up and came to their res-
cue and watered their flock.
18 ●When the girls returned to Reuel their
father, he asked them, "Why have you re-
turned so early today?"
19 ●They answered, "An Egyptian rescued us
from the shepherds. He even drew water for us
and watered the flock."
20 ●"And where is he?" Reuel asked his daugh-
ters. "Why did you leave him? Invite him to
have something to eat."
21 ●Moses agreed to stay with the man, who
gave his daughter Zipporah to Moses in mar-
22 riage. ●Zipporah gave birth to a son, and
Moses named him Gershom,[a] saying, "I have
become a foreigner in a foreign land."
23 ●During that long period, the king of Egypt
died. The Israelites groaned in their slavery
and cried out, and their cry for help because
24 of their slavery went up to God. ●God heard
their groaning and he remembered his co-
venant with Abraham, with Isaac and with
25 Jacob. ●So God looked on the Israelites and
was concerned about them.

Moses and the Burning Bush

3 Now Moses was tending the flock of
Jethro his father-in-law, the priest of Midi-
an, and he led the flock to the far side of the
wilderness and came to Horeb, the mountain
2 of God. ●There the angel of the LORD appeared
to him in flames of fire from within a bush.
Moses saw that though the bush was on fire it
3 did not burn up. ●So Moses thought, "I will go
over and see this strange sight—why the bush

[a]22 *Gershom* sounds like the Hebrew for *a foreigner there.*

bush [buʃ] *n.* 덤불
covenant [kʌvənənt] *n.* 언약
fellow [félou] *n.* 동료
flock [flak] *n.* 양 떼
flame [fleim] *n.* 불꽃
groan [groun] *vi.* 신음하다
judge [dʒʌdʒ] *n.* 재판관
priest [priːst] *n.* 성직자
ruler [rúːlər] *n.* 통치자
shepherd [ʃépərd] *n.* 목자
slavery [sléivəri] *n.* 노예상태
strange [streindʒ] *a.* 이상한
tend [tend] *vt.* 돌보다
trough [trɔ́ːf] *n.* 구유
well [wel] *n.* 우물

2:15 flee from...: …로부터 도망치다
2:17 drive away: 몰아내다
2:21 agree to...: …하기로 합의하다
2:23 go up to...: …로 (가까이) 가다
2:25 look on: 관찰하다
2:25 be concerned about...: …를 걱정하다

니하는고 하니 그때에 행 7:31
4 여호와께서 그가 보려고 돌이켜 오는 것을
보신지라 하나님이 떨기나무 가운데서 그를
불러 이르시되 모세야 모세야 하시매 그가
이르되 내가 여기 있나이다
5 하나님이 이르시되 이리로 가까이 오지 말라
네가 선 곳은 거룩한 땅이니 네 발에서 신을
벗으라
6 또 이르시되 나는 네 조상의 하나님이니 아
브라함의 하나님, 이삭의 하나님, 야곱의 하
나님이니라 모세가 하나님 뵈옵기를 두려워
하여 얼굴을 가리매
7 여호와께서 이르시되 내가 애굽에 있는 내
백성의 고통을 분명히 보고 그들이 그들의
감독자로 말미암아 부르짖음을 듣고 그 근심
을 알고 행 7:34
8 내가 내려가서 그들을 애굽인의 손에서 건져
내고 그들을 그 땅에서 인도하여 아름답고
광대한 땅, 젖과 꿀이 흐르는 땅 곧 가나안
족속, 헷 족속, 아모리 족속, 브리스 족속, 히
위 족속, 여부스 족속의 지방에 데려가려 하
노라
9 이제 가라 이스라엘 자손의 부르짖음이 내게
달하고 애굽 사람이 그들을 괴롭히는 학대도
내가 보았으니 2:23
10 이제 내가 너를 바로에게 보내어 너에게 내
백성 이스라엘 자손을 애굽에서 인도하여 내
게 하리라
11 모세가 하나님께 아뢰되 내가 누구이기에 바
로에게 가며 이스라엘 자손을 애굽에서 인도
하여 내리이까
12 하나님이 이르시되 내가 반드시 너와 함께
있으리라 네가 그 백성을 애굽에서 인도하여
낸 후에 너희가 이 산에서 하나님을 섬기리
니 이것이 내가 너를 보낸 증거니라
13 ●모세가 하나님께 아뢰되 내가 이스라엘 자
손에게 가서 이르기를 너희의 조상의 하나님
이 나를 너희에게 보내셨다 하면 그들이 내
게 묻기를 그의 이름이 무엇이냐 하리니 내
가 무엇이라고 그들에게 말하리이까 15:3
14 하나님이 모세에게 이르시되 나는 1)스스로
있는 자이니라 또 이르시되 너는 이스라엘
자손에게 이같이 이르기를 1)스스로 있는 자
가 나를 너희에게 보내셨다 하라
15 ●하나님이 또 모세에게 이르시되 너는 이스
라엘 자손에게 이같이 이르기를 너희 조상의
하나님 여호와 곧 아브라함의 하나님, 이삭

does not burn up."
4 ●When the LORD saw that he had gone over
to look, God called to him from within the
bush, "Moses! Moses!"
And Moses said, "Here I am."
5 ●"Do not come any closer," God said. "Take
off your sandals, for the place where you are
6 standing is holy ground." ●Then he said, "I am
the God of your father,[a] the God of Abraham,
the God of Isaac and the God of Jacob." At this,
Moses hid his face, because he was afraid to
look at God.
7 ●The LORD said, "I have indeed seen the mis-
ery of my people in Egypt. I have heard them
crying out because of their slave drivers, and I
8 am concerned about their suffering. ●So I
have come down to rescue them from the
hand of the Egyptians and to bring them up
out of that land into a good and spacious land,
a land flowing with milk and honey—the
home of the Canaanites, Hittites, Amorites,
9 Perizzites, Hivites and Jebusites. ●And now
the cry of the Israelites has reached me, and I
have seen the way the Egyptians are oppress-
10 ing them. ●So now, go. I am sending you to
Pharaoh to bring my people the Israelites out
of Egypt."
11 ●But Moses said to God, "Who am I that I
should go to Pharaoh and bring the Israelites
out of Egypt?"
12 ●And God said, "I will be with you. And this
will be the sign to you that it is I who have sent
you: When you have brought the people out
of Egypt, you[b] will worship God on this moun-
tain."
13 ●Moses said to God, "Suppose I go to the
Israelites and say to them, 'The God of your
fathers has sent me to you,' and they ask me,
'What is his name?' Then what shall I tell
them?"
14 ●God said to Moses, "I AM WHO I AM.[c] This is
what you are to say to the Israelites: 'I AM has
sent me to you.'"
15 ●God also said to Moses, "Say to the Israeli-
tes, 'The LORD,[d] the God of your fathers—the
God of Abraham, the God of Isaac and the
God of Jacob—has sent me to you.'

"This is my name forever,
the name you shall call me

[a]6 Masoretic Text; Samaritan Pentateuch (see Acts 7:32) *fathers* [b]12 The Hebrew is plural. [c]14 Or *I WILL BE WHAT I WILL BE* [d]15 The Hebrew for *LORD* sounds like and may be related to the Hebrew for *I AM* in verse 14. 1) 히, 나는 나다

burn [bə:rn] *vi.* 불에 타다
concern [kənsə́:rn] *vt.* 관심을 갖다
cry [krai] *n.* 고함
hide [haid] *vt.* 숨기다
indeed [indí:d] *ad.* 진실로
misery [mízəri] *n.* 비참
oppress [əprés] *vt.* 학대하다
reach [ri:tʃ] *vt.* 도착하다
rescue [réskju:] *vt.* 구원하다
sign [sain] *n.* 표적
slave driver [sléiv dràivər] *n.* 노예 감시인
spacious [spéiʃəs] *a.* 넓은
suffering [sʌ́fəriŋ] *n.* 고통
suppose [səpóuz] *vt.* 가정하다
stand [stænd] *vi.* 서다

3:5 take off: 벗다
3:6 be afraid to...: …하기를 두려워하다
3:8 rescue A from B: B로부터 A를 구출하다
3:8 flow with...: …가 흐르다
3:10 bring out: 꺼내다
3:12 It is I who...: ~한 사람은 바로 '나' 이다

의 하나님, 야곱의 하나님께서 나를 너희에
게 보내셨다 하라 이는 나의 영원한 이름이
요 대대로 기억할 나의 칭호니라
16 너는 가서 이스라엘의 장로들을 모으고 그들
에게 이르기를 여호와 너희 조상의 하나님
곧 아브라함과 이삭과 야곱의 하나님이 내게
나타나 이르시되 내가 너희를 돌보아 너희가
애굽에서 당한 일을 확실히 보았노라
17 내가 말하였거니와 내가 너희를 애굽의 고난
중에서 인도하여 내어 젖과 꿀이 흐르는 땅
곧 가나안 족속, 헷 족속, 아모리 족속, 브리
스 족속, 히위 족속, 여부스 족속의 땅으로
올라가게 하리라 하셨다 하면
18 그들이 네 말을 들으리니 너는 그들의 장로
들과 함께 애굽 왕에게 이르기를 히브리 사
람의 하나님 여호와께서 우리에게 임하셨은
즉 우리가 우리 하나님 여호와께 제사를 드
리려 하오니 사흘길쯤 광야로 가도록 허락하
소서 하라
19 내가 아노니 강한 손으로 치기 전에는 애굽 왕
이 너희가 가도록 허락하지 아니하다가 5:2
20 내가 내 손을 들어 애굽 중에 여러 가지 이적
으로 그 나라를 친 후에야 그가 너희를 보내
리라
21 내가 애굽 사람으로 이 백성에게 은혜를 입
히게 할지라 너희가 나갈 때에 빈손으로 가
지 아니하리니
22 여인들은 모두 그 이웃 사람과 및 자기 집에
거류하는 여인에게 은 패물과 금 패물과 의
복을 구하여 너희의 자녀를 꾸미라 너희는
애굽 사람들의 물품을 1)취하리라

여호와께서 모세에게 능력을 주시다

4 모세가 대답하여 이르되 그러나 그들이 나
를 믿지 아니하며 내 말을 듣지 아니하고 이
르기를 여호와께서 네게 나타나지 아니하셨다
하리이다
2 여호와께서 그에게 이르시되 네 손에 있는
것이 무엇이냐 그가 이르되 지팡이니이다
3 여호와께서 이르시되 그것을 땅에 던지라 하
시매 곧 땅에 던지니 그것이 뱀이 된지라 모
세가 뱀 앞에서 피하매 7:10
4 여호와께서 모세에게 이르시되 네 손을 내밀
어 그 꼬리를 잡으라 그가 손을 내밀어 그것
을 잡으니 그의 손에서 지팡이가 된지라
5 이는 그들에게 그들의 조상의 하나님 곧 아
브라함의 하나님, 이삭의 하나님, 야곱의 하
나님 여호와가 네게 나타난 줄을 믿게 하려

from generation to generation.
16 •"Go, assemble the elders of Israel and say
to them, 'The LORD, the God of your fathers
—the God of Abraham, Isaac and Jacob —
appeared to me and said: I have watched
over you and have seen what has been done
17 to you in Egypt. •And I have promised to
bring you up out of your misery in Egypt into
the land of the Canaanites, Hittites, Amor-
ites, Perizzites, Hivites and Jebusites — a land
flowing with milk and honey.'
18 •"The elders of Israel will listen to you.
Then you and the elders are to go to the king
of Egypt and say to him, 'The LORD, the God
of the Hebrews, has met with us. Let us take
a three-day journey into the wilderness to
19 offer sacrifices to the LORD our God.' •But I
know that the king of Egypt will not let you
20 go unless a mighty hand compels him. •So I
will stretch out my hand and strike the Egyp-
tians with all the wonders that I will per-
form among them. After that, he will let you
go.
21 •"And I will make the Egyptians favorably
disposed toward this people, so that when you
22 leave you will not go empty-handed. •Every
woman is to ask her neighbor and any wo-
man living in her house for articles of silver
and gold and for clothing, which you will put
on your sons and daughters. And so you will
plunder the Egyptians."

Signs for Moses

4 Moses answered, "What if they do not
believe me or listen to me and say, 'The
LORD did not appear to you'?"
2 •Then the LORD said to him, "What is that
in your hand?"
"A staff," he replied.
3 •The LORD said, "Throw it on the ground."
Moses threw it on the ground and it became
4 a snake, and he ran from it. •Then the LORD
said to him, "Reach out your hand and take it
by the tail." So Moses reached out and took
hold of the snake and it turned back into a
5 staff in his hand. •"This," said the LORD, "is so
that they may believe that the LORD, the God
of their fathers — the God of Abraham, the
God of Isaac and the God of Jacob — has
appeared to you."

1) '약탈'의 뜻이 있음

assemble [əsémbl] *vt.* 모으다
compel [kəmpél] *vt.* 강요하다
disposed [dispóuzd] *a.* (…한) 마음이 있는
elder [éldər] *n.* 연장자
favorably [féivərəbli] *ad.* 호의적으로
generation [dʒènəréiʃən] *n.* 세대
journey [dʒə́:rni] *n.* 여행
misery [mízəri] *n.* 비참
offer [ɔ́:fər] *vt.* (제물을) 바치다
perform [pərfɔ́:rm] *vt.* 행하다
plunder [plʌ́ndər] *vt.* 약탈하다
reply [riplái] *vt.* 대답하다
sacrifice [sǽkrəfàis] *n.* 희생제물
staff [stæf] *n.* 지팡이
wonder [wʌ́ndər] *n.* 경이, 기적

3:16 appear to...: …에게 나타나다
3:16 watch over: 돌보다
3:18 listen to...: …를 귀담아 듣다
3:20 stretch out: 뻗다
3:20 after that: 그후
3:22 articles of...: …몇 개(같은 종류의 물건)

함이라 하시고

6 여호와께서 또 그에게 이르시되 네 손을 품에 넣으라 하시매 그가 손을 품에 넣었다가 내어보니 그의 손에 나병이 생겨 눈같이 된지라

7 이르시되 네 손을 다시 품에 넣으라 하시매 그가 다시 손을 품에 넣었다가 내어보니 그의 손이 본래의 살로 되돌아왔더라

8 여호와께서 이르시되 만일 그들이 너를 믿지 아니하며 그 처음 표적의 [1]표징을 받지 아니하여도 나중 표적의 [2]표징은 믿으리라

9 그들이 이 두 이적을 믿지 아니하며 네 말을 듣지 아니하거든 너는 나일 강 물을 조금 떠다가 땅에 부으라 네가 떠온 나일 강 물이 땅에서 피가 되리라

10 ●모세가 여호와께 아뢰되 오 주여 나는 본래 말을 잘 하지 못하는 자니이다 주께서 주의 종에게 명령하신 후에도 역시 그러하니 나는 입이 뻣뻣하고 혀가 둔한 자니이다 렘 1:6

11 여호와께서 그에게 이르시되 누가 사람의 입을 지었느냐 누가 말 못 하는 자나 못 듣는 자나 눈 밝은 자나 맹인이 되게 하였느냐 나 여호와가 아니냐

12 이제 가라 내가 네 입과 함께 있어서 할 말을 가르치리라

13 모세가 이르되 오 주여 보낼 만한 자를 보내소서

14 여호와께서 모세를 향하여 노하여 이르시되 레위 사람 네 형 아론이 있지 아니하냐 그가 말 잘 하는 것을 내가 아노라 그가 너를 만나러 나오나니 그가 너를 볼 때에 그의 마음에 기쁨이 있을 것이라

15 너는 그에게 말하고 그의 입에 할 말을 주라 내가 네 입과 그의 입에 함께 있어서 너희들이 행할 일을 가르치리라

16 그가 너를 대신하여 백성에게 말할 것이니 그는 네 입을 대신할 것이요 너는 그에게 하나님같이 되리라

17 너는 이 지팡이를 손에 잡고 이것으로 이적을 행할지니라

모세가 애굽으로 돌아가다

18 ●모세가 그의 장인 이드로에게로 돌아가서 그에게 이르되 내가 애굽에 있는 내 형제들에게로 돌아가서 그들이 아직 살아 있는지 알아보러 하오니 나로 가게 하소서 이드로가 모세에게 평안히 가라 하니라

19 여호와께서 미디안에서 모세에게 이르시되

6 ●Then the LORD said, "Put your hand inside
your cloak." So Moses put his hand into his
cloak, and when he took it out, the skin was
leprous[a]—it had become as white as snow.
7 ●"Now put it back into your cloak," he said.
So Moses put his hand back into his cloak, and
when he took it out, it was restored, like the
rest of his flesh.
8 ●Then the LORD said, "If they do not believe
you or pay attention to the first sign, they may
9 believe the second. ●But if they do not believe
these two signs or listen to you, take some
water from the Nile and pour it on the dry
ground. The water you take from the river will
become blood on the ground."
10 ●Moses said to the LORD, "Pardon your ser-
vant, Lord. I have never been eloquent, nei-
ther in the past nor since you have spoken to
your servant. I am slow of speech and tongue."
11 ●The LORD said to him, "Who gave human
beings their mouths? Who makes them deaf
or mute? Who gives them sight or makes
12 them blind? Is it not I, the LORD? ●Now go; I
will help you speak and will teach you what to
say."
13 ●But Moses said, "Pardon your servant,
Lord. Please send someone else."
14 ●Then the LORD's anger burned against
Moses and he said, "What about your brother,
Aaron the Levite? I know he can speak well.
He is already on his way to meet you, and he
15 will be glad to see you. ●You shall speak to
him and put words in his mouth; I will help
both of you speak and will teach you what to
16 do. ●He will speak to the people for you, and
it will be as if he were your mouth and as if
17 you were God to him. ●But take this staff in
your hand so you can perform the signs with
it."

Moses Returns to Egypt

18 ●Then Moses went back to Jethro his fa-
ther-in-law and said to him, "Let me return to
my own people in Egypt to see if any of them
are still alive."
Jethro said, "Go, and I wish you well."
19 ●Now the LORD had said to Moses in Midi-
an, "Go back to Egypt, for all those who want-
20 ed to kill you are dead." ●So Moses took his
wife and sons, put them on a donkey and start-
ed back to Egypt. And he took the staff of God

[a]6 The Hebrew word for *leprous* was used for various diseases affecting the skin. 1) 히, 소리를 듣지 2) 히, 소리는

alive [əláiv] *a.* 살아있는
attention [əténʃən] *n.* 주의
blind [blaind] *a.* 눈 먼
cloak [klóuk] *n.* 망토
dead [ded] *a.* 죽은
deaf [def] *a.* 귀가 먹은
eloquent [éləkwənt] *a.* 능변인
father-in-law [fá:ðərinlɔ̀:] *n.* 장인
flesh [fleʃ] *n.* 살
glad [glæd] *a.* 기쁜
leprous [léprəs] *a.* 문둥병에 걸린
mute [mju:t] *a.* 말 못하는
restore [ristɔ́:r] *vt.* 회복(복귀)시키다
sight [sait] *n.* 시력
staff [stæf] *n.* 지팡이

4:6 **take out**: 꺼내다
4:7 **put into**: 끼워넣다
4:9 **pour on**: 쏟다
4:14 **what about...**: …는 어떤가
4:15 **both of...**: …의 양쪽 모두
4:18 **go back to...**: …로 돌아가다

애굽으로 돌아가라 네 목숨을 노리던 자가
다 죽었느니라
20 모세가 그의 아내와 아들들을 나귀에 태우고
애굽으로 돌아가는데 모세가 하나님의 지팡
이를 손에 잡았더라 17:9
21 여호와께서 모세에게 이르시되 네가 애굽으
로 돌아가거든 내가 네 손에 준 이적을 바로
앞에서 다 행하라 그러나 내가 그의 마음을
완악하게 한즉 그가 백성을 보내 주지 아니
하리니
22 너는 바로에게 이르기를 여호와의 말씀에 이
스라엘은 내 아들 내 장자라
23 내가 네게 이르기를 내 아들을 보내 주어 나
를 섬기게 하라 하여도 네가 보내 주기를 거
절하니 내가 네 아들 네 장자를 죽이리라 하
셨다 하라 하시니라
24 모세가 길을 가다가 숙소에 있을 때에 여호
와께서 그를 만나사 그를 죽이려 하신지라
25 십보라가 돌칼을 가져다가 그의 아들의 포피
를 베어 그의 발에 갖다 대며 이르되 당신은
참으로 내게 피 남편이로다 하니
26 여호와께서 그를 놓아 주시니라 그때에 십보
라가 피 남편이라 함은 할례 때문이었더라
27 ●여호와께서 아론에게 이르시되 광야에 가
서 모세를 맞으라 하시매 그가 가서 하나님
의 산에서 모세를 만나 그에게 입맞추니
28 모세가 여호와께서 자기에게 분부하여 보내
신 모든 말씀과 여호와께서 자기에게 명령하
신 모든 이적을 아론에게 알리니라 4:15,16
29 모세와 아론이 가서 이스라엘 자손의 모든
장로를 모으고
30 아론이 여호와께서 모세에게 이르신 모든 말
씀을 전하고 그 백성 앞에서 이적을 행하니
31 백성이 믿으며 여호와께서 이스라엘 자손을
찾으시고 그들의 고난을 살피셨다 함을 듣고
머리 숙여 경배하였더라

모세와 아론이 바로 앞에 서다

5 그 후에 모세와 아론이 바로에게 가서 이
르되 이스라엘의 하나님 여호와께서 이렇
게 말씀하시기를 내 백성을 보내라 그러면
그들이 광야에서 내 앞에 절기를 지킬 것이
니라 하셨나이다
2 바로가 이르되 여호와가 누구이기에 내가 그
의 목소리를 듣고 이스라엘을 보내겠느냐 나
는 여호와를 알지 못하니 이스라엘을 보내지
아니하리라
3 그들이 이르되 히브리인의 하나님이 우리에

in his hand.
21 •The LORD said to Moses, "When you
return to Egypt, see that you perform before
Pharaoh all the wonders I have given you the
power to do. But I will harden his heart so
22 that he will not let the people go. •Then say
to Pharaoh, 'This is what the LORD says: Israel
23 is my firstborn son, •and I told you, "Let my
son go, so he may worship me." But you
refused to let him go; so I will kill your first-
born son.'"
24 •At a lodging place on the way, the LORD
25 met Moses[a] and was about to kill him. •But
Zipporah took a flint knife, cut off her son's
foreskin and touched Moses' feet with it.[b]
"Surely you are a bridegroom of blood to me,"
26 she said. •So the LORD let him alone. (At that
time she said "bridegroom of blood," referring
to circumcision.)
27 •The LORD said to Aaron, "Go into the
wilderness to meet Moses." So he met Moses
at the mountain of God and kissed him.
28 •Then Moses told Aaron everything the
LORD had sent him to say, and also about all
the signs he had commanded him to per-
form.
29 •Moses and Aaron brought together all
30 the elders of the Israelites, •and Aaron told
them everything the LORD had said to Moses.
He also performed the signs before the peo-
31 ple, •and they believed. And when they
heard that the LORD was concerned about
them and had seen their misery, they bowed
down and worshiped.

Bricks Without Straw

5 Afterward Moses and Aaron went to
Pharaoh and said, "This is what the LORD,
the God of Israel, says: 'Let my people go, so
that they may hold a festival to me in the
wilderness.'"
2 •Pharaoh said, "Who is the LORD, that I
should obey him and let Israel go? I do not
know the LORD and I will not let Israel go."
3 •Then they said, "The God of the Hebrews
has met with us. Now let us take a three-day
journey into the wilderness to offer sacrifices
to the LORD our God, or he may strike us with
plagues or with the sword."

[a]24 Hebrew *him* [b]25 The meaning of the Hebrew for this clause is uncertain.

brick [brick] *n.* 벽돌
bridegroom [bráidgrùm] *n.* 신랑
circumcision [sə̀ːrkəmsíʒən] *n.* 할례
command [kəmǽnd] *vt.* 명령하다
concern [kənsə́ːrn] *vt.* 관심갖다
elder [éldər] *n.* 장로
firstborn [fə́ːrstbɔ̀ːrn] *a.* 최초로 태어난
flint [flint] *n.* 부싯돌
foreskin [fɔ́ːrskìn] *n.* (음경의) 포피
harden [háːrdn] *vt.* 완고하게 하다
lodge [ladʒ] *vi.* 숙박하다
perform [pərfɔ́ːrm] *vt.* 행하다
plague [pleig] *n.* 전염병
refuse [rifjúːz] *vt.* 거절하다
sacrifice [sǽkrəfàis] *n.* 희생 제물

4:21 see that...: 확실히 (틀림없이) …하다
4:24 be about to...: 지금 막 …하려 하다
4:25 cut off: 베어내다
4:26 refer to...: …와 관련 있다
4:31 bow down: 절하다
5:1 hold a festival: 축제일을 지키다

게 나타나셨은즉 우리가 광야로 사흘길쯤 가서 우리 하나님 여호와께 제사를 드리려 하오니 가도록 허락하소서 여호와께서 전염병이나 칼로 우리를 치실까 두려워하나이다

4 애굽 왕이 그들에게 이르되 모세와 아론아 너희가 어찌하여 백성의 노역을 쉬게 하려느냐 가서 너희의 노역이나 하라

5 바로가 또 이르되 이제 이 땅의 백성이 많아졌거늘 너희가 그들로 노역을 쉬게 하는도다 하고

6 바로가 그날에 백성의 감독들과 기록원들에게 명령하여 이르되

7 너희는 백성에게 다시는 벽돌에 쓸 짚을 전과 같이 주지 말고 그들이 가서 스스로 짚을 줍게 하라

8 또 그들이 전에 만든 벽돌 수효대로 그들에게 만들게 하고 감하지 말라 그들이 게으르므로 소리 질러 이르기를 우리가 가서 우리 하나님께 제사를 드리자 하나니

9 그 사람들의 노동을 무겁게 함으로 수고롭게 하여 그들로 거짓말을 듣지 않게 하라

10 ● 백성의 감독들과 기록원들이 나가서 백성에게 말하여 이르되 바로가 이렇게 말하기를 내가 너희에게 짚을 주지 아니하리니 5:6

11 너희는 짚을 찾을 곳으로 가서 주우라 그러나 너희 일은 조금도 감하지 아니하리라 하셨느니라

12 백성이 애굽 온 땅에 흩어져 곡초 그루터기를 거두어다가 짚을 대신하니

13 감독들이 그들을 독촉하여 이르되 너희는 짚이 있을 때와 같이 그날의 일을 그날에 마치라 하며

14 바로의 감독들이 자기들이 세운 바 이스라엘 자손의 기록원들을 때리며 이르되 너희가 어찌하여 어제와 오늘에 만드는 벽돌의 수효를 전과 같이 채우지 아니하였느냐 하니라

15 ● 이스라엘 자손의 기록원들이 가서 바로에게 호소하여 이르되 왕은 어찌하여 당신의 종들에게 이같이 하시나이까

16 당신의 종들에게 짚을 주지 아니하고 그들이 우리에게 벽돌을 만들라 하나이다 당신의 종들이 매를 맞사오니 이는 당신의 백성의 죄니이다

17 바로가 이르되 너희가 게으르다 게으르다 그러므로 너희가 이르기를 우리가 가서 여호와께 제사를 드리자 하는도다

18 이제 가서 일하라 짚은 너희에게 주지 않을지라도 벽돌은 너희가 수량대로 바칠지니라

4 ●But the king of Egypt said, "Moses and
Aaron, why are you taking the people away
from their labor? Get back to your work!"
5 ●Then Pharaoh said, "Look, the people of
the land are now numerous, and you are stop-
ping them from working."
6 ●That same day Pharaoh gave this order to
the slave drivers and overseers in charge of
7 the people: ●"You are no longer to supply
the people with straw for making bricks; let
8 them go and gather their own straw. ●But
require them to make the same number of
bricks as before; don't reduce the quota.
They are lazy; that is why they are crying
out, 'Let us go and sacrifice to our God.'
9 ●Make the work harder for the people so
that they keep working and pay no atten-
tion to lies."
10 ●Then the slave drivers and the overseers
went out and said to the people, "This is what
Pharaoh says: 'I will not give you any more
11 straw. ●Go and get your own straw wherever
you can find it, but your work will not be
12 reduced at all.' " ●So the people scattered all
over Egypt to gather stubble to use for straw.
13 ●The slave drivers kept pressing them, say-
ing, "Complete the work required of you for
14 each day, just as when you had straw." ●And
Pharaoh's slave drivers beat the Israelite over-
seers they had appointed, demanding, "Why
haven't you met your quota of bricks yester-
day or today, as before?"
15 ●Then the Israelite overseers went and
appealed to Pharaoh: "Why have you treated
16 your servants this way? ●Your servants are
given no straw, yet we are told, 'Make bricks!'
Your servants are being beaten, but the fault is
with your own people."
17 ●Pharaoh said, "Lazy, that's what you are
—lazy! That is why you keep saying, 'Let us
18 go and sacrifice to the LORD.' ●Now get to
work. You will not be given any straw, yet
you must produce your full quota of bricks."
19 ●The Israelite overseers realized they were
in trouble when they were told, "You are not
to reduce the number of bricks required of
20 you for each day." ●When they left Pharaoh,
they found Moses and Aaron waiting to
21 meet them, ●and they said, "May the LORD
look on you and judge you! You have made
us obnoxious to Pharaoh and his officials
and have put a sword in their hand to kill
us."

appoint [əpɔ́int] *vt.* 임명하다
beat [biːt] *vt.* 때리다
complete [kəmplíːt] *vt.* 완결하다
judge [dʒʌdʒ] *vt.* 판단하다
numerous [njúːmərəs] *a.* 수많은
obnoxious [əbnɑ́kʃəs] *a.* 비위 상하는
official [əfíʃəl] *n.* 관리
overseer [óuvəsìːər] *n.* 감독
quota [kwóutə] *n.* 할당량
reduce [ridjúːs] *vt.* 감소시키다
require [rikwáiər] *vt.* 요구하다
scatter [skǽtər] *vi.* 흩어지다
straw [strɔː] *n.* 짚
stubble [stʌbl] *n.* 그루터기
treat [triːt] *vt.* 대우하다

5:4 get back to...: …로 돌아가다
5:6 in charge of...: …를 책임지고 있는
5:7 supply A with B: A에게 B를 공급하다
5:13 keep ~ing: 계속 ~하다
5:19 be in trouble: 곤란에 처하다

19 기록하는 일을 맡은 이스라엘 자손들이 너희
가 매일 만드는 벽돌을 조금도 감하지 못하리
라 함을 듣고 화가 몸에 미친 줄 알고
20 그들이 바로를 떠나 나올 때에 모세와 아론이
길에 서 있는 것을 보고
21 그들에게 이르되 너희가 우리를 바로의 눈과
그의 신하의 눈에 [1]미운 것이 되게 하고 그들의
손에 칼을 주어 우리를 죽이게 하는도다 여호
와는 너희를 살피시고 판단하시기를 원하노라

모세가 여호와께 아뢰다

22 ●모세가 여호와께 돌아와서 아뢰되 주여 어
찌하여 이 백성이 학대를 당하게 하셨나이까
어찌하여 나를 보내셨나이까
23 내가 바로에게 들어가서 주의 이름으로 말한
후로부터 그가 이 백성을 더 학대하며 주께서
도 주의 백성을 구원하지 아니하시나이다

6 여호와께서 모세에게 이르시되 이제 내가
바로에게 하는 일을 네가 보리라 강한 손으
로 말미암아 바로가 그들을 보내리라 강한 손
으로 말미암아 바로가 그들을 그의 땅에서 쫓
아내리라

하나님이 모세를 부르시다

2 ●하나님이 모세에게 말씀하여 이르시되 나
는 여호와이니라
3 내가 아브라함과 이삭과 야곱에게 [2]전능의 하
나님으로 나타났으나 나의 이름을 여호와로
는 그들에게 알리지 아니하였고 시 68:4
4 가나안 땅 곧 그들이 거류하는 땅을 그들에게
주기로 그들과 언약하였더니
5 이제 애굽 사람이 종으로 삼은 이스라엘 자손
의 신음 소리를 내가 듣고 나의 언약을 기억하
노라
6 그러므로 이스라엘 자손에게 말하기를 나는 여
호와라 내가 애굽 사람의 무거운 짐 밑에서 너
희를 빼내며 그들의 노역에서 너희를 건지며
편 팔과 여러 큰 심판들로써 너희를 속량하여
7 너희를 내 백성으로 삼고 나는 너희의 하나님
이 되리니 나는 애굽 사람의 무거운 짐 밑에서
너희를 빼낸 너희의 하나님 여호와인 줄 너희
가 알지라
8 내가 아브라함과 이삭과 야곱에게 주기로 맹
세한 땅으로 너희를 인도하고 그 땅을 너희에
게 주어 기업을 삼게 하리라 나는 여호와라 하
셨다 하라
9 모세가 이와 같이 이스라엘 자손에게 전하나
그들이 마음의 상함과 가혹한 노역으로 말미
암아 모세의 말을 듣지 아니하였더라

God Promises Deliverance

22 ●Moses returned to the LORD and said,
"Why, Lord, why have you brought trouble
on this people? Is this why you sent me?
23 ●Ever since I went to Pharaoh to speak in
your name, he has brought trouble on this
people, and you have not rescued your peo-
ple at all."

6 Then the LORD said to Moses, "Now
you will see what I will do to Pharaoh:
Because of my mighty hand he will let
them go; because of my mighty hand he
will drive them out of his country."
2 ●God also said to Moses, "I am the LORD.
3 ●I appeared to Abraham, to Isaac and to
Jacob as God Almighty,[a] but by my name
the LORD[b] I did not make myself fully known
4 to them. ●I also established my covenant
with them to give them the land of Ca-
naan, where they resided as foreigners.
5 ●Moreover, I have heard the groaning of
the Israelites, whom the Egyptians are en-
slaving, and I have remembered my cove-
nant.
6 ●"Therefore, say to the Israelites: 'I am the
LORD, and I will bring you out from under
the yoke of the Egyptians. I will free you
from being slaves to them, and I will re-
deem you with an outstretched arm and
7 with mighty acts of judgment. ●I will take
you as my own people, and I will be your
God. Then you will know that I am the
LORD your God, who brought you out from
8 under the yoke of the Egyptians. ●And I
will bring you to the land I swore with
uplifted hand to give to Abraham, to Isaac
and to Jacob. I will give it to you as a posses-
sion. I am the LORD.' "
9 ●Moses reported this to the Israelites, but
they did not listen to him because of their
discouragement and harsh labor.
10-11 ●Then the LORD said to Moses, ●"Go, tell
Pharaoh king of Egypt to let the Israelites
go out of his country."
12 ●But Moses said to the LORD, "If the Isra-
elites will not listen to me, why would Pha-
raoh listen to me, since I speak with falter-
ing lips[c]?"

[a]3 Hebrew *El-Shaddai* [b]3 See note at 3:15. [c]12 Hebrew *I am uncircumcised of lips*; also in verse 30

1) 히, 나쁜 냄새 2) 히, 엘샤다이

almighty [ɔ:lmáiti] *a.* 전능한
covenant [kʌvənənt] *n.* 서약
deliverance [dilívərəns] *n.* 구출
discouragement [diskə́:ridʒmənt] *n.* 낙심, 낙담
establish [istǽbliʃ] *vt.* 제정하다
faltering [fɔ́:ltəriŋ] *a.* 중얼거리는
groan [groun] *vi.* 신음하다
judgment [dʒʌdʒmənt] *n.* 심판, 판단
mighty [máiti] *a.* 강력한, 거대한
outstretched [àutstrétʃt] *a.* 뻗친
promise [prámis] *vt.* 약속하다
redeem [ridí:m] *vt.* 구해내다
rescue [réskju:] *vt.* 구출하다
reside [rizáid] *vi.* 살다
yoke [jouk] *n.* 멍에

6:1 drive... out of~: …를 ~에서 몰아내다
6:6 free... from~: …를 ~로부터 자유롭게 하다
6:7 take A as B: A를 B로 여기다
6:8 bring A to B: A를 B로 데리고 가다
6:11 go out of...: …에서 나가다

10 ● 여호와께서 모세에게 말씀하여 이르시되
11 들어가서 애굽 왕 바로에게 말하여 이스라엘
자손을 그 땅에서 내보내게 하라
12 모세가 여호와 앞에 아뢰어 이르되 이스라엘
자손도 내 말을 듣지 아니하였거든 바로가 어
찌 들으리이까 나는 입이 둔한 자니이다
13 ● 여호와께서 모세와 아론에게 말씀하사 그
들로 이스라엘 자손과 애굽 왕 바로에게 명령
을 전하고 이스라엘 자손을 애굽 땅에서 인도
하여 내게 하시니라

모세와 아론의 조상

14 ● 그들의 조상을 따라 집의 어른은 이러하니
라 이스라엘의 장자 르우벤의 아들들은 하녹과
발루와 헤스론과 갈미니 이들은 르우벤의 족
장이요
15 시므온의 아들들은 여무엘과 야민과 오핫과
야긴과 소할과 가나안 여인의 아들 사울이니
이들은 시므온의 가족이요
16 레위의 아들들의 이름은 그들의 족보대로 이
러하니 게르손과 고핫과 므라리요 레위의 나
이는 백삼십칠 세였으며
17 게르손의 아들들은 그들의 가족대로 립니와
시므이요
18 고핫의 아들들은 아므람과 이스할과 헤브론
과 웃시엘이요 고핫의 나이는 백삼십삼 세였
으며
19 므라리의 아들들은 마흘리와 무시니 이들은
그들의 족보대로 레위의 족장이요
20 아므람은 그들의 아버지의 누이 요게벳을 아
내로 맞이하였고 그는 아론과 모세를 낳았으
며 아므람의 나이는 백삼십칠 세였으며 2:1
21 이스할의 아들들은 고라와 네벡과 시그리요
22 웃시엘의 아들들은 미사엘과 엘사반과 시드
리요
23 아론은 암미나답의 딸 나손의 누이 엘리세바
를 아내로 맞이하였고 그는 나답과 아비후와
엘르아살과 이다말을 낳았으며
24 고라의 아들들은 앗실과 엘가나와 아비아삽
이니 이들은 고라 사람의 족장이요 민 26:11
25 아론의 아들 엘르아살은 부디엘의 딸 중에서
아내를 맞이하였고 그는 비느하스를 낳았으
니 이들은 레위 사람의 조상을 따라 가족의 어
른들이라
26 이스라엘 자손을 그들의 군대대로 애굽 땅에
서 인도하라 하신 여호와의 명령을 받은 자는
이 아론과 모세요
27 애굽 왕 바로에게 이스라엘 자손을 애굽에서

Family Record of Moses and Aaron

13 ●Now the LORD spoke to Moses and Aaron
about the Israelites and Pharaoh king of
Egypt, and he commanded them to bring
the Israelites out of Egypt.

14 ●These were the heads of their families[a]:

The sons of Reuben the firstborn son
of Israel were Hanok and Pallu, Hezron
and Karmi. These were the clans of
Reuben.

15 ●The sons of Simeon were Jemuel,
Jamin, Ohad, Jakin, Zohar and Shaul the
son of a Canaanite woman. These were
the clans of Simeon.

16 ●These were the names of the sons of
Levi according to their records: Gershon,
Kohath and Merari. Levi lived 137 years.

17 ●The sons of Gershon, by clans, were
Libni and Shimei.

18 ●The sons of Kohath were Amram,
Izhar, Hebron and Uzziel. Kohath lived
133 years.

19 ●The sons of Merari were Mahli and
Mushi.

These were the clans of Levi according to their records.

20 ●Amram married his father's sister
Jochebed, who bore him Aaron and
Moses. Amram lived 137 years.

21 ●The sons of Izhar were Korah,
Nepheg and Zikri.

22 ●The sons of Uzziel were Mishael,
Elzaphan and Sithri.

23 ●Aaron married Elisheba, daughter of
Amminadab and sister of Nahshon, and
she bore him Nadab and Abihu, Eleazar
and Ithamar.

24 ●The sons of Korah were Assir, Elka-
nah and Abiasaph. These were the
Korahite clans.

25 ●Eleazar son of Aaron married one of
the daughters of Putiel, and she bore
him Phinehas.

These were the heads of the Levite families, clan by clan.

26 ●It was this Aaron and Moses to whom
the LORD said, "Bring the Israelites out of
27 Egypt by their divisions." ●They were the
ones who spoke to Pharaoh king of Egypt

[a]14 The Hebrew for *families* here and in verse 25 refers to units larger than clans.

bear [bɛər] *vt.* 출산하다
bring [briŋ] *vt.* 데려오다, 가져오다
clan [klǽn] *n.* 씨족, 집안
command [kəmǽnd] *vt.* 명령하다
daughter [dɔ́:tər] *n.* 딸
division [divíʒən] *n.* (육군) 사단
family [fǽməli] *n.* 가족
firstborn [fə́:rstbɔ́:rn] *a.* 처음 난
head [hed] *n.* 우두머리
live [liv] *vi.* 살다
marry [mǽri] *vt.* …와 결혼하다
record [rékərd] *n.* 기록
son [sʌn] *n.* 아들
speak [spi:k] *vi.* 이야기하다, 말하다
year [jiər] *n.* 해, 1년

6:13 command to...: …를 명령하다
6:14 the heads of: 최고 자리의, 수뇌부의
6:16 according to...: …에 따라
6:25 one of...: …중 한 사람(하나)
6:25 clan by clan: 조상을 따라
6:27 speak to...: …에게 말하다

내보내라 말한 사람도 이 모세와 아론이었더
라

여호와께서 모세와 아론에게 명령하시다

28 **●여호와께서 애굽 땅에서 모세에게 말씀하**
시던 날에 6:2
29 **여호와께서 모세에게 말씀하여 이르시되 나**
는 여호와라 내가 네게 이르는 바를 너는 애
굽 왕 바로에게 다 말하라 7:16
30 **모세가 여호와 앞에서 아뢰되 나는 입이 둔**
한 자이오니 바로가 어찌 나의 말을 들으리
이까

7 여호와께서 모세에게 이르시되 볼지어다
내가 너를 바로에게 신같이 되게 하였은즉
네 형 아론은 네 [1]대언자가 되리니
2 **내가 네게 명령한 바를 너는 네 형 아론에게**
말하고 그는 바로에게 말하여 그에게 이스라
엘 자손을 그 땅에서 내보내게 할지니라
3 **내가 바로의 마음을 완악하게 하고 내 표징**
과 내 이적을 애굽 땅에서 많이 행할 것이나
4 **바로가 너희의 말을 듣지 아니할 터인즉 내**
가 내 손을 애굽에 뻗쳐 여러 큰 심판을 내리
고 내 군대, 내 백성 이스라엘 자손을 그 땅
에서 인도하여 낼지라
5 **내가 내 손을 애굽 위에 펴서 이스라엘 자손**
을 그 땅에서 인도하여 낼 때에야 애굽 사람
이 나를 여호와인 줄 알리라 하시매
6 **모세와 아론이 여호와께서 자기들에게 명령**
하신 대로 행하였더라
7 **그들이 바로에게 말할 때에 모세는 팔십 세**
였고 아론은 팔십삼 세였더라

뱀이 된 아론의 지팡이

8 **●여호와께서 모세와 아론에게 말씀하여 이**
르시되
9 **바로가 너희에게 이르기를 너희는 이적을 보**
이라 하거든 너는 아론에게 말하기를 너의
지팡이를 들어서 바로 앞에 던지라 하라 그
것이 뱀이 되리라
10 **모세와 아론이 바로에게 가서 여호와께서 명**
령하신 대로 행하여 아론이 바로와 그의 신
하 앞에 지팡이를 던지니 뱀이 된지라
11 **바로도 현인들과 마술사들을 부르매 그 애굽**
요술사들도 그들의 요술로 그와 같이 행하되
12 **각 사람이 지팡이를 던지매 뱀이 되었으나**
아론의 지팡이가 그들의 지팡이를 삼키니
라
13 **그러나 바로의 마음이 완악하여 그들의 말을**
듣지 아니하니 여호와의 말씀과 같더라 4:21

about bringing the Israelites out of Egypt—
this same Moses and Aaron.

Aaron to Speak for Moses

28 •Now when the LORD spoke to Moses in
29 Egypt, •he said to him, "I am the LORD. Tell
Pharaoh king of Egypt everything I tell you."
30 •But Moses said to the LORD, "Since I speak
with faltering lips, why would Pharaoh listen
to me?"

7 Then the LORD said to Moses, "See, I have
made you like God to Pharaoh, and your
2 brother Aaron will be your prophet. •You are
to say everything I command you, and your
brother Aaron is to tell Pharaoh to let the
3 Israelites go out of his country. •But I will
harden Pharaoh's heart, and though I multi-
4 ply my signs and wonders in Egypt, •he will
not listen to you. Then I will lay my hand on
Egypt and with mighty acts of judgment I
will bring out my divisions, my people the
5 Israelites. •And the Egyptians will know that
I am the LORD when I stretch out my hand
against Egypt and bring the Israelites out of
it."
6 •Moses and Aaron did just as the LORD
7 commanded them. •Moses was eighty years
old and Aaron eighty-three when they spoke
to Pharaoh.

Aaron's Staff Becomes a Snake

8 •The LORD said to Moses and Aaron,
9 •"When Pharaoh says to you, 'Perform a mir-
acle,' then say to Aaron, 'Take your staff and
throw it down before Pharaoh,' and it will
become a snake."
10 •So Moses and Aaron went to Pharaoh
and did just as the LORD commanded. Aaron
threw his staff down in front of Pharaoh and
11 his officials, and it became a snake. •Pha-
raoh then summoned wise men and sorcer-
ers, and the Egyptian magicians also did the
12 same things by their secret arts: •Each one
threw down his staff and it became a snake.
But Aaron's staff swallowed up their staffs.
13 •Yet Pharaoh's heart became hard and he
would not listen to them, just as the LORD had
said.

The Plague of Blood

14 •Then the LORD said to Moses, "Pharaoh's

1) 히, 예언자가

division [divíʒən] *n.* (육군) 사단
faltering [fɔ́:ltəriŋ] *a.* 중얼거리는
harden [há:rdn] *vt.* 완고하게 하다
magician [mədʒíʃən] *n.* 마술사
miracle [mírəkl] *n.* 기적
multiply [mʌltəplài] *vt.* 증가시키다
official [əfíʃəl] *n.* 신하, 관공리
perform [pərfɔ́:rm] *vt.* 실행하다
plague [pleig] *n.* 재앙
prophet [práfit] *n.* 예언자
secret [sí:krit] *a.* 은밀한
staff [stæf] *n.* 지팡이
summon [sʌmən] *vt.* 불러들이다
swallow [swálou] *vi.* 삼키다
throw [θrou] *vt.* 던지다

6:30 **listen to**: 귀담아 듣다
7:2 **go out of...**: …에서 나가다
7:5 **stretch out**: 앞으로 내밀다, 쭉 뻗다
7:6 **just as...**: …처럼, …대로
7:10 **throw down**: 내던지다
7:12 **swallow up**: (꿀꺽) 삼키다

첫째 재앙 : 물이 피가 되다

14 ●여호와께서 모세에게 이르시되 바로의 마음이 완강하여 백성 보내기를 거절하는도다
15 아침에 너는 바로에게로 가라 보라 그가 물 있는 곳으로 나오리니 너는 나일 강가에 서서 그를 맞으며 그 뱀 되었던 지팡이를 손에 잡고
16 그에게 이르기를 히브리 사람의 하나님 여호와께서 나를 왕에게 보내어 이르시되 내 백성을 보내라 그러면 그들이 광야에서 나를 섬길 것이니라 하였으나 이제까지 네가 듣지 아니하도다
17 여호와가 이같이 이르노니 네가 이로 말미암아 나를 여호와인 줄 알리라 볼지어다 내가 내 손의 지팡이로 나일 강을 치면 그것이 피로 변하고
18 나일 강의 고기가 죽고 그 물에서는 악취가 나리니 애굽 사람들이 그 강물 마시기를 싫어하리라 하라
19 여호와께서 또 모세에게 이르시되 아론에게 명령하기를 네 지팡이를 잡고 네 팔을 애굽의 물들과 강들과 운하와 못과 모든 호수 위에 내밀라 하라 그것들이 피가 되리니 애굽 온 땅과 나무 그릇과 돌 그릇 안에 모두 피가 있으리라
20 ●모세와 아론이 여호와께서 명령하신 대로 행하여 바로와 그의 신하의 목전에서 지팡이를 들어 나일 강을 치니 그 물이 다 피로 변하고
21 나일 강의 고기가 죽고 그 물에서는 악취가 나니 애굽 사람들이 나일 강 물을 마시지 못하며 애굽 온 땅에는 피가 있으나
22 애굽 요술사들도 자기들의 요술로 그와 같이 행하므로 바로의 마음이 완악하여 그들의 말을 듣지 아니하니 여호와의 말씀과 같더라
23 바로가 돌이켜 궁으로 들어가고 그 일에 관심을 가지지도 아니하였고
24 애굽 사람들은 나일 강 물을 마실 수 없으므로 나일 강가를 두루 파서 마실 물을 구하였더라
25 여호와께서 나일 강을 치신 후 이레가 지나니라

둘째 재앙 : 개구리가 올라오다 (♪401, 430장)

8 여호와께서 모세에게 이르시되 너는 바로에게 가서 그에게 이르기를 여호와의 말씀에 내 백성을 보내라 그들이 나를 섬길 것이니라
2 네가 만일 보내기를 거절하면 내가 개구리로

heart is unyielding; he refuses to let the peo-
15 ple go. ●Go to Pharaoh in the morning as he
goes out to the river. Confront him on the
bank of the Nile, and take in your hand the
16 staff that was changed into a snake. ●Then
say to him, 'The LORD, the God of the He-
brews, has sent me to say to you: Let my peo-
ple go, so that they may worship me in the
wilderness. But until now you have not lis-
17 tened. ●This is what the LORD says: By this
you will know that I am the LORD: With the
staff that is in my hand I will strike the water
of the Nile, and it will be changed into
18 blood. ●The fish in the Nile will die, and the
river will stink; the Egyptians will not be able
to drink its water.' "
19 ●The LORD said to Moses, "Tell Aaron, 'Take
your staff and stretch out your hand over the
waters of Egypt—over the streams and canals,
over the ponds and all the reservoirs—and
they will turn to blood.' Blood will be every-
where in Egypt, even in vessels[a] of wood and
stone."
20 ●Moses and Aaron did just as the LORD
had commanded. He raised his staff in the
presence of Pharaoh and his officials and
struck the water of the Nile, and all the
21 water was changed into blood. ●The fish in
the Nile died, and the river smelled so bad
that the Egyptians could not drink its water.
Blood was everywhere in Egypt.
22 ●But the Egyptian magicians did the same
things by their secret arts, and Pharaoh's
heart became hard; he would not listen to
Moses and Aaron, just as the LORD had said.
23 ●Instead, he turned and went into his palace,
24 and did not take even this to heart. ●And all
the Egyptians dug along the Nile to get drink-
ing water, because they could not drink the
water of the river.

The Plague of Frogs

25 ●Seven days passed after the LORD struck the
Nile.
1 **8** ●[b]Then the LORD said to Moses, "Go to
Pharaoh and say to him, 'This is what the
LORD says: Let my people go, so that they may
2 worship me. ●If you refuse to let them go, I
will send a plague of frogs on your whole coun-
3 try. ●The Nile will teem with frogs. They will

[a]19 Or *even on their idols* [b]1 In Hebrew texts 8:1-4 is numbered 7:26-29, and 8:5-32 is numbered 8:1-28.

bank [bæŋk] *n.* 강둑
canal [kənǽl] *n.* 운하
command [kəmǽnd] *vt.* 명령하다
confront [kənfrʌnt] *vt.* 직면하다
instead [instéd] *ad.* 그 대신에
pass [pæs] *vi.* 지나가다
pond [pand] *n.* 연못
refuse [rifjú:z] *vt.* 거절하다
smell [smel] *vi.* 냄새맡다
stink [stiŋk] *vi.* 악취가 나다
strike [straik] *vt.* 치다
unyielding [ʌnjí:ldiŋ] *a.* 굽히지 않는
vessel [vésəl] *n.* 그릇
whole [houl] *a.* 전체의
worship [wə́:rʃip] *vt.* 예배하다

7:15 **be changed into...**: …로 변하다
7:19 **stretch out**: 손발을 뻗다
7:19 **turn to...**: …로 변하다
7:20 **in the presence of...**: …의 면전에서
8:1 **so that A may...**: A가 …하도록
8:3 **teem with...**: …로 가득 차다

너의 온 땅을 치리라

3 개구리가 나일 강에서 무수히 생기고 올라와서 네 궁과 네 침실과 네 침상 위와 네 신하의 집과 네 백성과 네 화덕과 네 떡 반죽 그릇에 들어갈 것이며

4 개구리가 너와 네 백성과 네 모든 신하에게 기어오르리라 하셨다 하라

5 여호와께서 모세에게 이르시되 아론에게 명령하기를 네 지팡이를 잡고 네 팔을 강들과 운하들과 못 위에 펴서 개구리들이 애굽 땅에 올라오게 하라 할지니라

6 아론이 애굽 물들 위에 그의 손을 내밀매 개구리가 올라와서 애굽 땅에 덮이니 시 78:45

7 요술사들도 자기 요술대로 그와 같이 행하여 개구리가 애굽 땅에 올라오게 하였더라 7:11

8 ● 바로가 모세와 아론을 불러 이르되 여호와께 구하여 나와 내 백성에게서 개구리를 떠나게 하라 내가 이 백성을 보내리니 그들이 여호와께 제사를 드릴 것이니라

9 모세가 바로에게 이르되 내가 왕과 왕의 신하와 왕의 백성을 위하여 이 개구리를 왕과 왕궁에서 끊어 나일 강에만 있도록 언제 간구하는 것이 좋을는지 내게 분부하소서

10 그가 이르되 내일이니라 모세가 이르되 왕의 말씀대로 하여 왕에게 우리 하나님 여호와와 같은 이가 없는 줄을 알게 하리니

11 개구리가 왕과 왕궁과 왕의 신하와 왕의 백성을 떠나서 나일 강에만 있으리이다 하고

12 모세와 아론이 바로를 떠나 나가서 바로에게 내리신 개구리에 대하여 모세가 여호와께 간구하매

13 여호와께서 모세의 말대로 하시니 개구리가 집과 마당과 밭에서부터 나와서 죽은지라

14 사람들이 모아 무더기로 쌓으니 땅에서 악취가 나더라

15 그러나 바로가 숨을 쉴 수 있게 됨을 보았을 때에 그의 마음을 완강하게 하여 그들의 말을 듣지 아니하였으니 여호와께서 말씀하신 것과 같더라

셋째 재앙 : 티끌이 이가 되다

16 ● 여호와께서 모세에게 이르시되 아론에게 명령하기를 네 지팡이를 들어 땅의 티끌을 치라 하라 그것이 애굽 온 땅에서 이가 되리라

17 그들이 그대로 행할새 아론이 지팡이를 잡고 손을 들어 땅의 티끌을 치매 애굽 온 땅의 티끌이 다 이가 되어 사람과 가축에게 오르니

come up into your palace and your bedroom
and onto your bed, into the houses of your offi-
cials and on your people, and into your ovens
4 and kneading troughs. ● The frogs will come
up on you and your people and all your offi-
cials.' "
5 ● Then the LORD said to Moses, "Tell Aaron,
'Stretch out your hand with your staff over the
streams and canals and ponds, and make frogs
come up on the land of Egypt.' "
6 ● So Aaron stretched out his hand over the
waters of Egypt, and the frogs came up and
7 covered the land. ● But the magicians did the
same things by their secret arts; they also made
frogs come up on the land of Egypt.
8 ● Pharaoh summoned Moses and Aaron
and said, "Pray to the LORD to take the frogs
away from me and my people, and I will let
your people go to offer sacrifices to the LORD."
9 ● Moses said to Pharaoh, "I leave to you the
honor of setting the time for me to pray for
you and your officials and your people that
you and your houses may be rid of the frogs,
except for those that remain in the Nile."
10 ● "Tomorrow," Pharaoh said.
Moses replied, "It will be as you say, so that
you may know there is no one like the LORD
11 our God. ● The frogs will leave you and your
houses, your officials and your people; they
will remain only in the Nile."
12 ● After Moses and Aaron left Pharaoh,
Moses cried out to the LORD about the frogs he
13 had brought on Pharaoh. ● And the LORD did
what Moses asked. The frogs died in the hous-
14 es, in the courtyards and in the fields. ● They
were piled into heaps, and the land reeked of
15 them. ● But when Pharaoh saw that there
was relief, he hardened his heart and would
not listen to Moses and Aaron, just as the
LORD had said.

The Plague of Gnats

16 ● Then the LORD said to Moses, "Tell Aaron,
'Stretch out your staff and strike the dust of
the ground,' and throughout the land of
17 Egypt the dust will become gnats." ● They did
this, and when Aaron stretched out his hand
with the staff and struck the dust of the
ground, gnats came on people and animals.
All the dust throughout the land of Egypt
18 became gnats. ● But when the magicians tried
to produce gnats by their secret arts, they
could not.

courtyard [kɔ́:rtjà:rd] *n.* 안마당
dust [dʌst] *n.* 먼지
frog [frɔ:g] *n.* 개구리
gnat [næt] *n.* 하루살이
harden [há:rdn] *vt.* 굳게 하다
heap [hi:p] *n.* 더미
honor [ánər] *n.* 영광
knead [ni:d] *vt.* 반죽하다
official [əfíʃəl] *n.* 신하, 관공리
pile [pail] *vt.* 쌓아 올리다
relief [rilí:f] *n.* (고통 등의) 제거
remain [riméin] *vi.* 남아있다
staff [stæf] *n.* 지팡이
throughout [θru:áut] *ad.* 두루
trough [trɔ:f] *n.* 반죽 그릇

8:8 take away: 없애다, 제거하다
8:9 leave to...: …에게 맡기다
8:9 pray for: 기원하다
8:9 be rid of...: …에서 해방되다
8:14 reek of...: …가 지독한 악취를 내뿜다
8:17 stretch out: 뻗다, 내밀다

18 요술사들도 자기 요술로 그같이 행하여 [1]이
를 생기게 하려 하였으나 못 하였고 이가 사
람과 가축에게 생긴지라 7:11
19 요술사가 바로에게 말하되 이는 하나님의
[2]권능이니이다 하였으나 바로의 마음이 완
악하게 되어 그들의 말을 듣지 아니하였으니
여호와의 말씀과 같더라

넷째 재앙 : 파리가 가득하다 (♪70, 260장)

20 ●여호와께서 모세에게 이르시되 아침에 일
찍이 일어나 바로 앞에 서라 그가 물 있는 곳
으로 나오리니 그에게 이르기를 여호와께서
이와 같이 말씀하시기를 내 백성을 보내라
그러면 그들이 나를 섬길 것이니라
21 네가 만일 내 백성을 보내지 아니하면 내가 너
와 네 신하와 네 백성과 네 집들에 파리 떼를
보내리니 애굽 사람의 집집에 파리 떼가 가득
할 것이며 그들이 사는 땅에도 그러하리라
22 그날에 나는 내 백성이 거주하는 고센 땅을
구별하여 그곳에는 파리가 없게 하리니 이로
말미암아 이 땅에서 내가 여호와인 줄을 네
가 알게 될 것이라
23 내가 내 백성과 네 백성 사이를 구별하리니
내일 이 표징이 있으리라 하셨다 하라 하시고
24 여호와께서 그와 같이 하시니 무수한 파리가
바로의 궁과 그의 신하의 집과 애굽 온 땅에 이
르니 파리로 말미암아 그 땅이 황폐하였더라
25 ●바로가 모세와 아론을 불러 이르되 너희는
가서 이 땅에서 너희 하나님께 제사를 드리라
26 모세가 이르되 그리함은 부당하니이다 우리
가 우리 하나님 여호와께 제사를 드리는 것
은 애굽 사람이 싫어하는 바인즉 우리가 만
일 애굽 사람의 목전에서 제사를 드리면 그
들이 그것을 미워하여 우리를 돌로 치지 아
니하리이까
27 우리가 사흘길쯤 광야로 들어가서 우리 하나
님 여호와께 제사를 드리되 우리에게 명령하
시는 대로 하려 하나이다
28 바로가 이르되 내가 너희를 보내리니 너희가
너희의 하나님 여호와께 광야에서 제사를 드
릴 것이나 너무 멀리 가지는 말라 그런즉 너
희는 나를 위하여 간구하라
29 모세가 이르되 내가 왕을 떠나가서 여호와께
간구하리니 내일이면 파리 떼가 바로와 바로
의 신하와 바로의 백성을 떠나려니와 바로는
이 백성을 보내어 여호와께 제사를 드리는
일에 다시 거짓을 행하지 마소서 하고 8:8,15
30 모세가 바로를 떠나 나와서 여호와께 간구하

Since the gnats were on people and ani-
19 mals everywhere, •the magicians said to
Pharaoh, "This is the finger of God." But
Pharaoh's heart was hard and he would not
listen, just as the LORD had said.

The Plague of Flies

20 •Then the LORD said to Moses, "Get up
early in the morning and confront Pharaoh
as he goes to the river and say to him, 'This is
what the LORD says: Let my people go, so that
21 they may worship me. •If you do not let my
people go, I will send swarms of flies on you
and your officials, on your people and into
your houses. The houses of the Egyptians will
be full of flies; even the ground will be cov-
ered with them.
22 •" 'But on that day I will deal differently
with the land of Goshen, where my people
live; no swarms of flies will be there, so that
you will know that I, the LORD, am in this
23 land. •I will make a distinction[a] between my
people and your people. This sign will occur
tomorrow.' "
24 •And the LORD did this. Dense swarms of
flies poured into Pharaoh's palace and into
the houses of his officials; throughout Egypt
the land was ruined by the flies.
25 •Then Pharaoh summoned Moses and
Aaron and said, "Go, sacrifice to your God
here in the land."
26 •But Moses said, "That would not be right.
The sacrifices we offer the LORD our God
would be detestable to the Egyptians. And if
we offer sacrifices that are detestable in their
27 eyes, will they not stone us? •We must take a
three-day journey into the wilderness to offer
sacrifices to the LORD our God, as he com-
mands us."
28 •Pharaoh said, "I will let you go to offer sac-
rifices to the LORD your God in the wilder-
ness, but you must not go very far. Now pray
for me."
29 •Moses answered, "As soon as I leave you,
I will pray to the LORD, and tomorrow the
flies will leave Pharaoh and his officials and
his people. Only let Pharaoh be sure that he
does not act deceitfully again by not letting
the people go to offer sacrifices to the LORD."

[a]23 Septuagint and Vulgate; Hebrew *will put a deliverance* 1) 각다귀 종류로 볼 수 있음 2) 히, 손가락

command [kəmǽnd] *vt.* 명령하다
confront [kənfrʌnt] *vt.* 직면하다
cover [kʌvər] *vt.* 덮다
deceitfully [disíːtfəli] *ad.* 허위로
differently [dífərəntli] *ad.* 다르게
detestable [ditéstəbl] *a.* 몹시 싫은
fly [flai] *n.* 파리
leave [liːv] *vt.* 떠나다
occur [əkə́ːr] *vi.* 발생하다
plague [pleig] *n.* 재앙
ruin [rúːin] *n.* 파멸시키다
sacrifice [sǽkrəfàis] *n.* 희생제물
summon [sʌmən] *vt.* 불러들이다
swarm [swɔːrm] *n.* 무리, 떼
worship [wə́ːrʃip] *vi.* 경배하다

8:19 **just as...**: …과 마찬가지로
8:21 **be full of...**: …로 가득 차다
8:22 **deal with...**: …를 다루다
8:23 **make a distinction**: 구별하다
8:24 **pour into**: 쏟다
8:29 **as soon as...**: …하자마자

니
31 여호와께서 모세의 말대로 하시니 그 파리
떼가 바로와 그의 신하와 그의 백성에게서
떠나니 하나도 남지 아니하였더라
32 그러나 바로가 이때에도 그의 마음을 완강하
게 하여 그 백성을 보내지 아니하였더라

다섯째 재앙 : 가축의 죽음 (♪ 342, 354장)

9 여호와께서 모세에게 이르시되 바로에게
들어가서 그에게 이르라 히브리 사람의
하나님 여호와께서 말씀하시기를 내 백성을
보내라 그들이 나를 섬길 것이니라
2 네가 만일 보내기를 거절하고 억지로 잡아두
면
3 여호와의 손이 들에 있는 네 가축 곧 말과 나
귀와 낙타와 소와 양에게 더하리니 심한 돌
림병이 있을 것이며
4 여호와가 이스라엘의 가축과 애굽의 가축을
구별하리니 이스라엘 자손에게 속한 것은 하
나도 죽지 아니하리라 하셨다 하라 하시고
5 여호와께서 기한을 정하여 이르시되 여호와
가 내일 이 땅에서 이 일을 행하리라 하시더니
6 이튿날에 여호와께서 이 일을 행하시니 애굽
의 모든 가축은 죽었으나 이스라엘 자손의
가축은 하나도 죽지 아니한지라
7 바로가 사람을 보내어 본즉 이스라엘의 가축
은 하나도 죽지 아니하였더라 그러나 바로의
마음이 완강하여 백성을 보내지 아니하니라

여섯째 재앙 : 악성 종기가 생기다

8 ● 여호와께서 모세와 아론에게 이르시되 너
희는 화덕의 재 두 움큼을 가지고 모세가 바
로의 목전에서 하늘을 향하여 날리라
9 그 재가 애굽 온 땅의 티끌이 되어 애굽 온
땅의 사람과 짐승에게 붙어서 악성 종기가
생기리라
10 그들이 화덕의 재를 가지고 바로 앞에 서서
모세가 하늘을 향하여 날리니 사람과 짐승에
게 붙어 악성 종기가 생기고
11 요술사들도 악성 종기로 말미암아 모세 앞에
서지 못하니 악성 종기가 요술사들로부터 애
굽 모든 사람에게 생겼음이라 8:18
12 그러나 여호와께서 바로의 마음을 완악하게
하셨으므로 그들의 말을 듣지 아니하였으니
여호와께서 모세에게 말씀하심과 같더라

일곱째 재앙 : 우박이 내리다 (♪ 498, 499장)

13 ● 여호와께서 모세에게 이르시되 아침에 일
찍이 일어나 바로 앞에 서서 그에게 이르기
를 히브리 사람의 하나님 여호와의 말씀에

30 ● Then Moses left Pharaoh and prayed to
31 the LORD, ● and the LORD did what Moses
asked. The flies left Pharaoh and his officials
32 and his people; not a fly remained. ● But this
time also Pharaoh hardened his heart and
would not let the people go.

The Plague on Livestock

9 Then the LORD said to Moses, "Go to
Pharaoh and say to him, 'This is what
the LORD, the God of the Hebrews, says: "Let
my people go, so that they may worship me."
2 ● If you refuse to let them go and continue to
3 hold them back, ● the hand of the LORD will
bring a terrible plague on your livestock in
the field—on your horses, donkeys and ca-
mels and on your cattle, sheep and goats.
4 ● But the LORD will make a distinction bet-
ween the livestock of Israel and that of Egypt,
so that no animal belonging to the Israelites
will die.' "
5 ● The LORD set a time and said, "Tomorrow
6 the LORD will do this in the land." ● And the
next day the LORD did it: All the livestock of
the Egyptians died, but not one animal be-
7 longing to the Israelites died. ● Pharaoh inves-
tigated and found that not even one of the
animals of the Israelites had died. Yet his
heart was unyielding and he would not let
the people go.

The Plague of Boils

8 ● Then the LORD said to Moses and Aaron,
"Take handfuls of soot from a furnace and
have Moses toss it into the air in the presence
9 of Pharaoh. ● It will become fine dust over the
whole land of Egypt, and festering boils will
break out on people and animals throughout
the land."
10 ● So they took soot from a furnace and stood
before Pharaoh. Moses tossed it into the air,
and festering boils broke out on people and
11 animals. ● The magicians could not stand
before Moses because of the boils that were on
12 them and on all the Egyptians. ● But the LORD
hardened Pharaoh's heart and he would not
listen to Moses and Aaron, just as the LORD had
said to Moses.

The Plague of Hail

13 ● Then the LORD said to Moses, "Get up early
in the morning, confront Pharaoh and say to

boil [bɔil] *n.* 부스럼
confront [kənfrʌnt] *vt.* 대면하다
distinction [distíŋkʃən] *n.* 구별
fester [féstər] *vt.* 곪게 하다
fine [fain] *a.* 입자가 미세한
furnace [fə́:rnis] *n.* 아궁이
harden [há:rdn] *vt.* 굳게 하다
investigate [invéstəgèit] *vt.* 조사하다
livestock [láivstàk] *n.* 가축
magician [mədʒíʃən] *n.* 마술사
plague [pleig] *n.* 재앙
remain [riméin] *vi.* 남다
soot [sut] *n.* 검댕, 재
toss [tɔ:s] *vt.* 던지다
unyielding [ʌnjí:ldiŋ] *a.* 굽히지 않는

9:2 continue to: 계속하다
9:2 hold back: 막다, 저지하다
9:3 bring on: (질병 등이) 나게 하다
9:4 belong to...: …에게 속하다
9:8 a handful of...: …의 한 움큼
9:9 break out: 발생하다

내 백성을 보내라 그들이 나를 섬길 것이니
라
14 내가 이번에는 모든 재앙을 1)너와 네 신하와
네 백성에게 내려 온 천하에 나와 같은 자가
없음을 네가 알게 하리라
15 내가 손을 펴서 돌림병으로 너와 네 백성을
쳤더라면 네가 세상에서 끊어졌을 것이나
16 내가 너를 세웠음은 나의 능력을 네게 보이
고 내 이름이 온 천하에 전파되게 하려 하였
음이니라
17 네가 여전히 내 백성 앞에 교만하여 그들을
보내지 아니하느냐
18 내일 이맘때면 내가 무거운 우박을 내리리니
애굽 나라가 세워진 그날로부터 지금까지 그
와 같은 일이 없었더라
19 이제 사람을 보내어 네 가축과 네 들에 있는
것을 다 모으라 사람이나 짐승이나 무릇 들
에 있어서 집에 돌아오지 않는 것들에게는
우박이 그 위에 내리리니 그것들이 죽으리라
하셨다 하라 하시니라
20 바로의 신하 중에 여호와의 말씀을 두려워하
는 자들은 그 종들과 가축을 집으로 피하여
들였으나
21 여호와의 말씀을 마음에 두지 아니하는 사람
은 그의 종들과 가축을 들에 그대로 두었더라
22 ●여호와께서 모세에게 이르시되 너는 하늘
을 향하여 손을 들어 애굽 전국에 우박이 애
굽 땅의 사람과 짐승과 밭의 모든 채소에 내
리게 하라
23 모세가 하늘을 향하여 지팡이를 들매 여호와
께서 우렛소리와 우박을 보내시고 불을 내려
땅에 달리게 하시니라 여호와께서 우박을 애
굽 땅에 내리시매
24 우박이 내림과 불덩이가 우박에 섞여 내림이
심히 맹렬하니 나라가 생긴 그때로부터 애굽
온 땅에는 그와 같은 일이 없었더라
25 우박이 애굽 온 땅에서 사람과 짐승을 막론
하고 밭에 있는 모든 것을 쳤으며 우박이 또
밭의 모든 채소를 치고 들의 모든 나무를 꺾
었으되
26 이스라엘 자손들이 있는 그곳 고센 땅에는
우박이 없었더라
27 ●바로가 사람을 보내어 모세와 아론을 불러
그들에게 이르되 이번은 내가 범죄하였노라
여호와는 의로우시고 나와 나의 백성은 악하
도다
28 여호와께 구하여 이 우렛소리와 우박을 그만

him, 'This is what the LORD, the God of the
Hebrews, says: Let my people go, so that they
14 may worship me, •or this time I will send the
full force of my plagues against you and
against your officials and your people, so you
may know that there is no one like me in all
15 the earth. •For by now I could have stretched
out my hand and struck you and your people
with a plague that would have wiped you
16 off the earth. •But I have raised you up[a] for
this very purpose, that I might show you my
power and that my name might be pro-
17 claimed in all the earth. •You still set yourself
against my people and will not let them go.
18 •Therefore, at this time tomorrow I will send
the worst hailstorm that has ever fallen on
Egypt, from the day it was founded till now.
19 •Give an order now to bring your livestock
and everything you have in the field to a
place of shelter, because the hail will fall on
every person and animal that has not been
brought in and is still out in the field, and
they will die.' "
20 •Those officials of Pharaoh who feared the
word of the LORD hurried to bring their slaves
21 and their livestock inside. •But those who
ignored the word of the LORD left their slaves
and livestock in the field.
22 •Then the LORD said to Moses, "Stretch out
your hand toward the sky so that hail will
fall all over Egypt—on people and animals
and on everything growing in the fields of
23 Egypt." •When Moses stretched out his staff
toward the sky, the LORD sent thunder and
hail, and lightning flashed down to the
ground. So the LORD rained hail on the land
24 of Egypt; •hail fell and lightning flashed
back and forth. It was the worst storm in all
the land of Egypt since it had become a na-
25 tion. •Throughout Egypt hail struck every-
thing in the fields—both people and ani-
mals; it beat down everything growing in
26 the fields and stripped every tree. •The only
place it did not hail was the land of Goshen,
where the Israelites were.
27 •Then Pharaoh summoned Moses and
Aaron. "This time I have sinned," he said to
them. "The LORD is in the right, and I and my
28 people are in the wrong. •Pray to the LORD, for
we have had enough thunder and hail. I will
let you go; you don't have to stay any longer."

[a]16 Or *have spared you* 1) 히, 네 마음과

fear [fiər] *vt.* 두려워하다
flash [flæʃ] *vi.* 번쩍이다, 확 불붙다
force [fɔ́:rs] *n.* 힘, 무력
hailstorm [héilstɔ̀:rm] *n.* 우박을 동반한 폭풍
ignore [ignɔ́:r] *vt.* 무시하다
lightning [láitniŋ] *n.* 번개
livestock [láivstàk] *n.* 가축
official [əfíʃəl] *n.* 관리
proclaim [proukléim] *vt.* 선언(선포)하다
purpose [pə́:rpəs] *n.* 목표
shelter [ʃéltər] *n.* 피난처, 집
stretch [stretʃ] *vt.* 내밀다, 뻗치다
strip [strip] *vt.* 껍질을 벗기다
summon [sʌmən] *vt.* 소환하다
thunder [θʌndər] *n.* 천둥

9:15 **by now**: 지금쯤은, 벌써
9:15 **wipe off**: 쓸어버리다
9:22 **all over...**: … 도처에
9:24 **back and forth**: 앞뒤로
9:25 **beat down**: 때려눕히다
9:27 **in the wrong**: 나쁜

그치게 하라 내가 너희를 보내리니 너희가
다시는 머물지 아니하리라
29 모세가 그에게 이르되 내가 성에서 나가서
곧 내 손을 여호와를 향하여 펴리니 그리하
면 우렛소리가 그치고 우박이 다시 있지 아
니할지라 세상이 여호와께 속한 줄을 왕이
알리이다
30 그러나 왕과 왕의 신하들이 여호와 하나님을
아직도 두려워하지 아니할 줄을 내가 아나이다
31 그때에 보리는 이삭이 나왔고 삼은 꽃이 피
었으므로 삼과 보리가 상하였으나
32 그러나 밀과 쌀보리는 자라지 아니한 고로
상하지 아니하였더라
33 모세가 바로를 떠나 성에서 나가 여호와를
향하여 손을 펴매 우렛소리와 우박이 그치고
비가 땅에 내리지 아니하니라
34 바로가 비와 우박과 우렛소리가 그친 것을
보고 다시 범죄하여 마음을 완악하게 하니
그와 그의 신하가 꼭 같더라
35 바로의 마음이 완악하여 이스라엘 자손을 내
보내지 아니하였으니 여호와께서 모세에게
말씀하심과 같더라
4:21

여덟째 재앙 : 메뚜기가 땅을 덮다 (♪ 104, 535장)

10 여호와께서 모세에게 이르시되 바로에
게로 들어가라 내가 그의 마음과 그의
신하들의 마음을 완강하게 함은 나의 표징을
그들 중에 보이기 위함이며
2 네게 내가 애굽에서 행한 일들 곧 내가 그들
가운데에서 행한 표징을 네 아들과 네 자손
의 귀에 전하기 위함이라 너희는 내가 여호
와인 줄을 알리라
3 모세와 아론이 바로에게 들어가서 그에게 이
르되 히브리 사람의 하나님 여호와께서 말씀
하시기를 네가 어느 때까지 내 앞에 겸비하
지 아니하겠느냐 내 백성을 보내라 그들이
나를 섬길 것이라
4 네가 만일 내 백성 보내기를 거절하면 내일
내가 메뚜기를 네 경내에 들어가게 하리니
5 메뚜기가 지면을 덮어서 사람이 땅을 볼 수
없을 것이라 메뚜기가 네게 남은 그것 곧 우
박을 면하고 남은 것을 먹으며 너희를 위하여
들에서 자라나는 모든 나무를 먹을 것이며
6 또 네 집들과 네 모든 신하의 집들과 모든 애
굽 사람의 집들에 가득하리니 이는 네 아버
지와 네 조상이 이 땅에 있었던 그날로부터
오늘까지 보지 못하였던 것이리라 하셨다 하
고 돌이켜 바로에게서 나오니

29 •Moses replied, "When I have gone out of
the city, I will spread out my hands in prayer
to the LORD. The thunder will stop and there
will be no more hail, so you may know that
30 the earth is the LORD's. •But I know that you
and your officials still do not fear the LORD
God."
31 •(The flax and barley were destroyed,
since the barley had headed and the flax
32 was in bloom. •The wheat and spelt, how-
ever, were not destroyed, because they ripen
later.)
33 •Then Moses left Pharaoh and went out
of the city. He spread out his hands toward
the LORD; the thunder and hail stopped, and
the rain no longer poured down on the land.
34 •When Pharaoh saw that the rain and hail
and thunder had stopped, he sinned again:
He and his officials hardened their hearts.
35 •So Pharaoh's heart was hard and he would
not let the Israelites go, just as the LORD had
said through Moses.

The Plague of Locusts

10 Then the LORD said to Moses, "Go to
Pharaoh, for I have hardened his
heart and the hearts of his officials so that I
may perform these signs of mine among
2 them •that you may tell your children and
grandchildren how I dealt harshly with the
Egyptians and how I performed my signs
among them, and that you may know that I
am the LORD."
3 •So Moses and Aaron went to Pharaoh and
said to him, "This is what the LORD, the God of
the Hebrews, says: 'How long will you refuse
to humble yourself before me? Let my people
4 go, so that they may worship me. •If you
refuse to let them go, I will bring locusts into
5 your country tomorrow. •They will cover the
face of the ground so that it cannot be seen.
They will devour what little you have left after
the hail, including every tree that is growing
6 in your fields. •They will fill your houses and
those of all your officials and all the Egyp-
tians—something neither your parents nor
your ancestors have ever seen from the day
they settled in this land till now.' " Then
Moses turned and left Pharaoh.
7 •Pharaoh's officials said to him, "How long
will this man be a snare to us? Let the people

ancestor [ǽnsestər] *n.* 조상
barley [báərli] *n.* 보리
devour [diváuər] *vt.* 먹다
flax [flæks] *n.* 아마, 리넨
harden [há:rdn] *vt.* 강퍅하게 하다
harshly [há:rʃli] *ad.* 거칠게
humble [hʌmbl] *vt.* 낮추다
including [inklú:diŋ] *prep.* …를 포함하여
locust [lóukəst] *n.* 메뚜기
perform [pərfɔ́:rm] *vt.* 수행하다
pour [pɔər] *vi.* 퍼붓다
ripen [ráipən] *vi.* (과일 등이) 익다
snare [snɛər] *n.* 함정
spelt [spelt] *n.* 스펠트 밀
wheat [hwi:t] *n.* 밀

9:29 spread out: 펼치다
9:31 in bloom: 개화하여
10:2 deal with...: …를 다루다, 대하다
10:4 bring into: 몰고 오다
10:6 neither A nor B: A도 B도 아닌
10:6 from A till B: A에서 B까지

7 바로의 신하들이 그에게 말하되 어느 때까지
이 사람이 우리의 함정이 되리이까 그 사람
들을 보내어 그들의 하나님 여호와를 섬기게
하소서 왕은 아직도 애굽이 망한 줄을 알지
못하시나이까 하고
8 모세와 아론을 바로에게로 다시 데려오니 바
로가 그들에게 이르되 가서 너희의 하나님
여호와를 섬기라 갈 자는 누구누구냐
9 모세가 이르되 우리가 여호와 앞에 절기를
지킬 것인즉 우리가 남녀노소와 양과 소를
데리고 가겠나이다 12:37,38
10 바로가 그들에게 이르되 내가 너희와 너희의
어린아이들을 보내면 여호와가 너희와 함께
함과 같으니라 보라 그것이 너희에게는 나쁜
것이니라
11 그렇게 하지 말고 너희 장정만 가서 여호와
를 섬기라 이것이 너희가 구하는 바니라 이
에 그들이 바로 앞에서 쫓겨나니라
12 ●여호와께서 모세에게 이르시되 애굽 땅 위
에 네 손을 내밀어 메뚜기를 애굽 땅에 올라
오게 하여 우박에 상하지 아니한 밭의 모든
채소를 먹게 하라
13 모세가 애굽 땅 위에 그 지팡이를 들매 여호
와께서 동풍을 일으켜 온 낮과 온 밤에 불게
하시니 아침이 되매 동풍이 메뚜기를 불어
들인지라
14 메뚜기가 애굽 온 땅에 이르러 그 사방에 내
리매 그 피해가 심하니 이런 메뚜기는 전에
도 없었고 후에도 없을 것이라
15 메뚜기가 온 땅을 덮어 땅이 어둡게 되었으
며 메뚜기가 우박에 상하지 아니한 밭의 채
소와 나무 열매를 다 먹었으므로 애굽 온 땅
에서 나무나 밭의 채소나 푸른 것은 남지 아
니하였더라
16 바로가 모세와 아론을 급히 불러 이르되 내
가 너희의 하나님 여호와와 너희에게 죄를
지었으니
17 바라건대 이번만 나의 죄를 용서하고 너희의
하나님 여호와께 구하여 이 죽음만은 내게서
떠나게 하라
18 그가 바로에게서 나가서 여호와께 구하매
19 여호와께서 돌이켜 강렬한 서풍을 불게 하사
메뚜기를 홍해에 몰아넣으시니 애굽 온 땅에
메뚜기가 하나도 남지 아니하니라
20 그러나 여호와께서 바로의 마음을 완악하게
하셨으므로 이스라엘 자손을 보내지 아니하
였더라

go, so that they may worship the LORD their
God. Do you not yet realize that Egypt is
ruined?"
8 ●Then Moses and Aaron were brought
back to Pharaoh. "Go, worship the LORD
your God," he said. "But tell me who will be
going."
9 ●Moses answered, "We will go with our
young and our old, with our sons and our
daughters, and with our flocks and herds,
because we are to celebrate a festival to the
LORD."
10 ●Pharaoh said, "The LORD be with you—if
I let you go, along with your women and chil-
11 dren! Clearly you are bent on evil.[a] ●No!
Have only the men go and worship the LORD,
since that's what you have been asking for."
Then Moses and Aaron were driven out of
Pharaoh's presence.
12 ●And the LORD said to Moses, "Stretch out
your hand over Egypt so that locusts swarm
over the land and devour everything grow-
ing in the fields, everything left by the hail."
13 ●So Moses stretched out his staff over
Egypt, and the LORD made an east wind blow
across the land all that day and all that night.
By morning the wind had brought the lo-
14 custs; ●they invaded all Egypt and settled
down in every area of the country in great
numbers. Never before had there been such a
plague of locusts, nor will there ever be again.
15 ●They covered all the ground until it was
black. They devoured all that was left after
the hail—everything growing in the fields
and the fruit on the trees. Nothing green
remained on tree or plant in all the land of
Egypt.
16 ●Pharaoh quickly summoned Moses and
Aaron and said, "I have sinned against the
17 LORD your God and against you. ●Now for-
give my sin once more and pray to the LORD
your God to take this deadly plague away
from me."
18 ●Moses then left Pharaoh and prayed to
19 the LORD. ●And the LORD changed the wind
to a very strong west wind, which caught
up the locusts and carried them into the
Red Sea.[b] Not a locust was left anywhere in
20 Egypt. ●But the LORD hardened Pharaoh's
heart, and he would not let the Israelites go.

[a]*10* Or *Be careful, trouble is in store for you!* [b]*19* Or *the Sea of Reeds*

area [έəriə] *n.* 지역, 면적
celebrate [séləbrèit] *vt.* 거행하다
clearly [klíərli] *ad.* 분명하게
deadly [dédli] *a.* 죽음과 같은
devour [diváuər] *vt.* 탐식하다
flock [flak] *n.* (양, 소) 떼
hail [heil] *n.* 우박
herd [həːrd] *n.* (동물의) 떼
invade [invéid] *vt.* 침범하다
plague [pleig] *n.* 재앙
plant [plænt] *n.* 식물
ruin [rúːin] *vt.* 파괴하다
staff [stæf] *n.* 지팡이
summon [sʌmən] *vt.* 소환하다
swarm [swɔːrm] *vi.* 떼를 짓다

10:10 be bent on...: …에 열중하다
10:11 drive out: 쫓아내다
10:14 settle down: 자리잡다
10:17 take away: 제거하다, 없애다
10:19 change A to B: A를 B로 바꾸다
10:19 catch up: 따라가다

아홉째 재앙 : 흑암이 땅에 있다

21 ● 여호와께서 모세에게 이르시되 하늘을 향하여 네 손을 내밀어 애굽 땅 위에 흑암이 있게 하라 곧 더듬을 만한 흑암이리라

22 모세가 하늘을 향하여 손을 내밀매 캄캄한 흑암이 삼 일 동안 애굽 온 땅에 있어서

23 그동안은 사람들이 서로 볼 수 없으며 자기 처소에서 일어나는 자가 없으되 온 이스라엘 자손들이 거주하는 곳에는 빛이 있었더라

24 바로가 모세를 불러서 이르되 너희는 가서 여호와를 섬기되 너희의 양과 소는 머물러 두고 너희 어린 것들은 너희와 함께 갈지니라

25 모세가 이르되 왕이라도 우리 하나님 여호와께 드릴 제사와 번제물을 우리에게 주어야 하겠고

26 우리의 가축도 우리와 함께 가고 한 마리도 남길 수 없으니 이는 우리가 그 중에서 가져다가 우리 하나님 여호와를 섬길 것임이며 또 우리가 거기에 이르기까지는 어떤 것으로 여호와를 섬길는지 알지 못함이니이다 하나

27 여호와께서 바로의 마음을 완악하게 하셨으므로 그들 보내기를 기뻐하지 아니하고 10:20

28 바로가 모세에게 이르되 너는 나를 떠나가고 스스로 삼가 다시 내 얼굴을 보지 말라 네가 내 얼굴을 보는 날에는 죽으리라

29 모세가 이르되 당신이 말씀하신 대로 내가 다시는 당신의 얼굴을 보지 아니하리이다

처음 난 것의 죽음을 경고하다 — B.C. 1450년경

11 여호와께서 모세에게 이르시기를 내가 이제 한 가지 재앙을 바로와 애굽에 내린 후에야 그가 너희를 여기서 내보내리라 그가 너희를 내보낼 때에는 여기서 반드시 다 쫓아내리니

2 백성에게 말하여 사람들에게 각기 이웃들에게 은금 패물을 구하게 하라 하시더니 3:22

3 여호와께서 그 백성으로 애굽 사람의 은혜를 받게 하셨고 또 그 사람 모세는 애굽 땅에 있는 바로의 신하와 백성의 눈에 아주 위대하게 보였더라

4 ● 모세가 바로에게 이르되 여호와께서 이와 같이 말씀하시기를 밤중에 내가 애굽 가운데로 들어가리니

5 애굽 땅에 있는 모든 처음 난 것은 왕위에 앉아 있는 바로의 장자로부터 맷돌 뒤에 있는 몸종의 장자와 모든 가축의 처음 난 것까지 죽으리니

The Plague of Darkness

21 ● Then the LORD said to Moses, "Stretch out
your hand toward the sky so that darkness
spreads over Egypt — darkness that can be felt."
22 ● So Moses stretched out his hand toward the
sky, and total darkness covered all Egypt for
23 three days. ● No one could see anyone else or
move about for three days. Yet all the Israel-
ites had light in the places where they lived.
24 ● Then Pharaoh summoned Moses and
said, "Go, worship the LORD. Even your wo-
men and children may go with you; only
leave your flocks and herds behind."
25 ● But Moses said, "You must allow us to
have sacrifices and burnt offerings to present
26 to the LORD our God. ● Our livestock too must
go with us; not a hoof is to be left behind. We
have to use some of them in worshiping the
LORD our God, and until we get there we will
not know what we are to use to worship the
LORD."
27 ● But the LORD hardened Pharaoh's heart,
28 and he was not willing to let them go. ● Pha-
raoh said to Moses, "Get out of my sight! Make
sure you do not appear before me again! The
day you see my face you will die."
29 ● "Just as you say," Moses replied. "I will
never appear before you again."

The Plague on the Firstborn

11 Now the LORD had said to Moses, "I will
bring one more plague on Pharaoh
and on Egypt. After that, he will let you go
from here, and when he does, he will drive
2 you out completely. ● Tell the people that
men and women alike are to ask their neigh-
3 bors for articles of silver and gold." ● (The LORD
made the Egyptians favorably disposed
toward the people, and Moses himself was
highly regarded in Egypt by Pharaoh's offi-
cials and by the people.)
4 ● So Moses said, "This is what the LORD says:
'About midnight I will go throughout Egypt.
5 ● Every firstborn son in Egypt will die, from
the firstborn son of Pharaoh, who sits on the
throne, to the firstborn son of the female slave,
who is at her hand mill, and all the firstborn of
6 the cattle as well. ● There will be loud wailing
throughout Egypt — worse than there has ever
7 been or ever will be again. ● But among the
Israelites not a dog will bark at any person or
animal.' Then you will know that the LORD

bark [ba:rk] *vi.* (개가) 짖다
completely [kəmplí:tli] *ad.* 완전히
disposed [dispóuzd] *a.* (…한) 마음을 품은
favorably [féivərəbli] *ad.* 호의를 가지고
firstborn [fə́:rstbɔ́:rn] *n.* 초태생
herd [hə:rd] *n.* (동물의) 떼
hoof [huf] *n.* (소, 말 등의) 발굽
midnight [mídnàit] *n.* 한밤중
official [əfíʃəl] *n.* 관리
plague [pleig] *n.* 재앙
regard [rigá:rd] *vt.* …로 여기다
stretch [stretʃ] *vt.* 내뻗치다
summon [sʌmən] *vt.* 불러들이다
throne [θroun] *n.* 왕좌
wail [weil] *vi.* 울부짖다

10:21 **spread over**: 퍼지다
10:24 **leave behind**: 두고 가다
10:28 **make sure**: 확신하다
11:1 **bring A on B**: A를 B에게 초래하다
11:2 **articles of...**: …몇 개(같은 종류의 물건)
11:5 **as well**: 또한, 역시

6 애굽 온 땅에 전무후무한 큰 부르짖음이 있으리라
7 그러나 이스라엘 자손에게는 사람에게나 짐승에게나 개 한 마리도 그 혀를 움직이지 아니하리니 여호와께서 애굽 사람과 이스라엘 사이를 구별하는 줄을 너희가 알리라 하셨나니
8 왕의 이 모든 신하가 내게 내려와 내게 절하며 이르기를 너와 너를 따르는 온 백성은 나가라 한 후에야 내가 나가리라 하고 심히 노하여 바로에게서 나오니라
9 ●여호와께서 모세에게 이르시기를 바로가 너희의 말을 듣지 아니하리라 그러므로 내가 애굽 땅에서 나의 기적을 더하리라 하셨고
10 모세와 아론이 이 모든 기적을 바로 앞에서 행하였으나 여호와께서 바로의 마음을 완악하게 하셨으므로 그가 이스라엘 자손을 그 나라에서 보내지 아니하였더라

유월절 (♪ 265장) — B.C. 1450년경

12 여호와께서 애굽 땅에서 모세와 아론에게 일러 말씀하시되
2 이달을 너희에게 달의 시작 곧 해의 첫 달이 되게 하고
3 너희는 이스라엘 온 회중에게 말하여 이르라 이달 열흘에 너희 각자가 어린 양을 취할지니 각 가족대로 그 식구를 위하여 어린 양을 취하되
4 그 어린 양에 대하여 식구가 너무 적으면 그 집의 이웃과 함께 사람 수를 따라서 하나를 취하며 각 사람이 먹을 수 있는 분량에 따라서 너희 어린 양을 계산할 것이며
5 너희 어린 양은 흠 없고 일 년 된 수컷으로 하되 양이나 염소 중에서 취하고
6 이달 열나흗날까지 간직하였다가 해 질 때에 이스라엘 회중이 그 양을 잡고
7 그 피를 양을 먹을 집 좌우 문설주와 인방에 바르고
8 그 밤에 그 고기를 불에 구워 무교병과 쓴 나물과 아울러 먹되
9 날것으로나 물에 삶아서 먹지 말고 머리와 다리와 내장을 다 불에 구워 먹고
10 아침까지 남겨 두지 말며 아침까지 남은 것은 곧 불사르라
11 너희는 그것을 이렇게 먹을지니 허리에 띠를 띠고 발에 신을 신고 손에 지팡이를 잡고 급히 먹으라 이것이 여호와의 유월절이니라
12 내가 그 밤에 애굽 땅에 두루 다니며 사람이나 짐승을 막론하고 애굽 땅에 있는 모든 처

makes a distinction between Egypt and Israel.
8 ●All these officials of yours will come to me,
bowing down before me and saying, 'Go, you
and all the people who follow you!' After that
I will leave." Then Moses, hot with anger, left
Pharaoh.
9 ●The LORD had said to Moses, "Pharaoh will
refuse to listen to you—so that my wonders
10 may be multiplied in Egypt." ●Moses and
Aaron performed all these wonders before
Pharaoh, but the LORD hardened Pharaoh's
heart, and he would not let the Israelites go out
of his country.

The Passover and the Festival of Unleavened Bread

12 The LORD said to Moses and Aaron in
2 Egypt, ●"This month is to be for you
the first month, the first month of your year.
3 ●Tell the whole community of Israel that on
the tenth day of this month each man is to
take a lamb[a] for his family, one for each house-
4 hold. ●If any household is too small for a
whole lamb, they must share one with their
nearest neighbor, having taken into account
the number of people there are. You are to
determine the amount of lamb needed in
accordance with what each person will eat.
5 ●The animals you choose must be year-old
males without defect, and you may take them
6 from the sheep or the goats. ●Take care of
them until the fourteenth day of the month,
when all the members of the community of
7 Israel must slaughter them at twilight. ●Then
they are to take some of the blood and put it
on the sides and tops of the doorframes of the
8 houses where they eat the lambs. ●That same
night they are to eat the meat roasted over the
fire, along with bitter herbs, and bread made
9 without yeast. ● Do not eat the meat raw or
boiled in water, but roast it over a fire—with
10 the head, legs and internal organs. ●Do not
leave any of it till morning; if some is left till
11 morning, you must burn it. ●This is how you
are to eat it: with your cloak tucked into your
belt, your sandals on your feet and your staff in
your hand. Eat it in haste; it is the LORD's
Passover.
12 ●"On that same night I will pass through
Egypt and strike down every firstborn of both

[a]3 The Hebrew word can mean *lamb* or *kid*; also in verse 4.

bitter [bítər] *a.* 쓴
cloak [klouk] *n.* 망토
defect [difékt] *n.* 흠
doorframe [dɔ́:rfrèim] *n.* 문틀
goat [gout] *n.* 염소
household [háushòuld] *n.* 식솔
multiply [mʌltəplài] *vt.* 증가시키다
Passover [pǽsòuvər] *n.* 유월절
raw [rɔ:] *a.* 날것의
refuse [rifjú:z] *vt.* 거절하다
slaughter [slɔ́:tər] *vt.* 죽이다
tuck [tʌk] *vt.* 밀어넣다
twilight [twáilàit] *n.* 황혼
unleavened [ʌnlévənd] *a.* 발효시키지 않은
wonder [wʌndər] *n.* 기적

11:7 make a distinction: 구별짓다
12:4 take into account: 고려하다
12:4 in accordance with...: …대로
12:6 take care of...: …를 돌보다
12:8 along with...: …와 함께, 같이
12:11 in haste: 급히, 서둘러

음 난 것을 다 치고 애굽의 모든 신을 내가
심판하리라 나는 여호와라
13 내가 애굽 땅을 칠 때에 그 피가 너희가 사는
집에 있어서 너희를 위하여 표적이 될지라
내가 피를 볼 때에 너희를 넘어가리니 재앙
이 너희에게 내려 멸하지 아니하리라
14 너희는 이날을 기념하여 여호와의 절기를 삼
아 영원한 규례로 대대로 지킬지니라 13:9,10

무교절

15 ●너희는 이레 동안 무교병을 먹을지니 그
첫날에 누룩을 너희 집에서 제하라 무릇 첫
날부터 일곱째 날까지 유교병을 먹는 자는
이스라엘에서 끊어지리라
16 너희에게 첫날에도 성회요 일곱째 날에도 성
회가 되리니 너희는 이 두 날에는 아무 일도
하지 말고 각자의 먹을 것만 갖출 것이니라
17 너희는 무교절을 지키라 이날에 내가 너희
군대를 애굽 땅에서 인도하여 내었음이니라
그러므로 너희가 영원한 규례로 삼아 대대로
이날을 지킬지니라
18 첫째 달 그달 열나흗날 저녁부터 이십일 일
저녁까지 너희는 무교병을 먹을 것이요
19 이레 동안은 누룩이 너희 집에서 발견되지
아니하도록 하라 무릇 유교물을 먹는 자는
타국인이든지 본국에서 난 자든지를 막론하
고 이스라엘 회중에서 끊어지리니
20 너희는 아무 유교물이든지 먹지 말고 너희
모든 유하는 곳에서 무교병을 먹을지니라

첫 유월절

21 ●모세가 이스라엘 모든 장로를 불러서 그들
에게 이르되 너희는 나가서 너희의 가족대로
어린 양을 택하여 유월절 양으로 잡고
22 우슬초 묶음을 가져다가 그릇에 담은 피에
적셔서 그 피를 문 인방과 좌우 설주에 뿌리
고 아침까지 한 사람도 자기 집 문밖에 나가
지 말라
23 여호와께서 애굽 사람들에게 재앙을 내리려
고 지나가실 때에 문 인방과 좌우 문설주의
피를 보시면 여호와께서 그 문을 넘으시고
멸하는 자에게 너희 집에 들어가서 너희를
치지 못하게 하실 것임이니라
24 너희는 이 일을 규례로 삼아 너희와 너희 자
손이 영원히 지킬 것이니 13:5
25 너희는 여호와께서 허락하신 대로 너희에게
주시는 땅에 이를 때에 이 예식을 지킬 것이
라
26 이후에 너희의 자녀가 묻기를 이 예식이 무

people and animals, and I will bring judg-
ment on all the gods of Egypt. I am the LORD.
13 •The blood will be a sign for you on the hous-
es where you are, and when I see the blood, I
will pass over you. No destructive plague will
touch you when I strike Egypt.
14 •"This is a day you are to commemorate;
for the generations to come you shall cele-
brate it as a festival to the LORD—a lasting
15 ordinance. •For seven days you are to eat
bread made without yeast. On the first day
remove the yeast from your houses, for who-
ever eats anything with yeast in it from the
first day through the seventh must be cut off
16 from Israel. •On the first day hold a sacred
assembly, and another one on the seventh
day. Do no work at all on these days, except to
prepare food for everyone to eat; that is all
you may do.
17 •"Celebrate the Festival of Unleavened
Bread, because it was on this very day that I
brought your divisions out of Egypt. Cele-
brate this day as a lasting ordinance for the
18 generations to come. •In the first month you
are to eat bread made without yeast, from
the evening of the fourteenth day until the
19 evening of the twenty-first day. •For seven
days no yeast is to be found in your houses.
And anyone, whether foreigner or native-
born, who eats anything with yeast in it must
20 be cut off from the community of Israel. •Eat
nothing made with yeast. Wherever you live,
you must eat unleavened bread."
21 •Then Moses summoned all the elders of
Israel and said to them, "Go at once and select
the animals for your families and slaughter
22 the Passover lamb. •Take a bunch of hyssop,
dip it into the blood in the basin and put
some of the blood on the top and on both
sides of the doorframe. None of you shall go
out of the door of your house until morning.
23 •When the LORD goes through the land to
strike down the Egyptians, he will see the
blood on the top and sides of the doorframe
and will pass over that doorway, and he will
not permit the destroyer to enter your houses
and strike you down.
24 •"Obey these instructions as a lasting
ordinance for you and your descendants.
25 •When you enter the land that the LORD will
give you as he promised, observe this cere-
26 mony. •And when your children ask you,

assembly [əsémbli] *n.* 집회
basin [béisn] *n.* 대야
commemorate [kəmémərèit] *vt.* 기념하다
descendant [diséndənt] *n.* 자손
destructive [distrʌktiv] *a.* 파괴적인
division [divíʒən] *n.* (육군) 사단
hyssop [hísəp] *n.* 우슬초
instruction [instrʌkʃən] *n.* 명령
observe [əbzə́:rv] *vt.* 지키다
ordinance [ɔ́:rdənəns] *n.* 법규
permit [pərmít] *vt.* 허락하다
plague [pleig] *n.* 재앙
sacred [séikrid] *a.* 신성한
slaughter [slɔ́:tər] *vt.* 죽이다
unleavened [ʌnlévənd] *a.* 누룩을 안 넣은

12:15 from A through B: A부터 B까지
12:15 cut off from...: …로부터 고립시키다
12:16 except to...: …를 제외하고
12:19 whether... or~: …이건 ~이건
12:22 a bunch of: 한 다발의, 한 묶음의
12:23 strike down: 죽이다

은 뜻이냐 하거든

27 너희는 이르기를 이는 여호와의 유월절 제사라 여호와께서 애굽 사람에게 재앙을 내리실 때에 애굽에 있는 이스라엘 자손의 집을 넘으사 우리의 집을 구원하셨느니라 하라 하매 백성이 머리 숙여 경배하니라

28 이스라엘 자손이 물러가서 그대로 행하되 여호와께서 모세와 아론에게 명령하신 대로 행하니라

열째 재앙 : 처음 난 것들의 죽음

29 ●밤중에 여호와께서 애굽 땅에서 모든 처음 난 것 곧 왕위에 앉은 바로의 장자로부터 옥에 갇힌 사람의 장자까지와 가축의 처음 난 것을 다 치시매

30 그 밤에 바로와 그 모든 신하와 모든 애굽 사람이 일어나고 애굽에 큰 부르짖음이 있었으니 이는 그 나라에 죽임을 당하지 아니한 집이 하나도 없었음이었더라

31 밤에 바로가 모세와 아론을 불러서 이르되 너희와 이스라엘 자손은 일어나 내 백성 가운데에서 떠나 너희의 말대로 가서 여호와를 섬기며

32 너희가 말한 대로 너희 양과 너희 소도 몰아가고 나를 위하여 축복하라 하며

33 애굽 사람들은 말하기를 우리가 다 죽은 자가 되도다 하고 그 백성을 재촉하여 그 땅에서 속히 내보내려 하므로

34 그 백성이 발교되지 못한 반죽 담은 그릇을 옷에 싸서 어깨에 메니라

35 이스라엘 자손이 모세의 말대로 하여 애굽 사람에게 은금 패물과 의복을 구하매 3:21, 22

36 여호와께서 애굽 사람들에게 이스라엘 백성에게 은혜를 입히게 하사 그들이 구하는 대로 주게 하시므로 그들이 애굽 사람의 물품을 [1]취하였더라

이스라엘이 애굽 땅에서 나오다

37 ●이스라엘 자손이 라암셋을 떠나서 숙곳에 이르니 유아 외에 보행하는 장정이 육십만 가량이요

38 수많은 잡족과 양과 소와 심히 많은 가축이 그들과 함께하였으며

39 그들이 애굽으로부터 가지고 나온 발교되지 못한 반죽으로 무교병을 구웠으니 이는 그들이 애굽에서 쫓겨나므로 지체할 수 없었음이며 아무 양식도 준비하지 못하였음이었더라

40 이스라엘 자손이 애굽에 거주한 지 사백삼십 년이라 행 7:6

'What does this ceremony mean to you?'
27 •then tell them, 'It is the Passover sacrifice
to the LORD, who passed over the houses of
the Israelites in Egypt and spared our homes
when he struck down the Egyptians.' " Then
the people bowed down and worshiped.
28 •The Israelites did just what the LORD com-
manded Moses and Aaron.
29 •At midnight the LORD struck down all the
firstborn in Egypt, from the firstborn of
Pharaoh, who sat on the throne, to the first-
born of the prisoner, who was in the dun-
geon, and the firstborn of all the livestock as
30 well. •Pharaoh and all his officials and all
the Egyptians got up during the night, and
there was loud wailing in Egypt, for there was
not a house without someone dead.

The Exodus

31 •During the night Pharaoh summoned
Moses and Aaron and said, "Up! Leave my peo-
ple, you and the Israelites! Go, worship the
32 LORD as you have requested. •Take your flocks
and herds, as you have said, and go. And also
bless me."
33 •The Egyptians urged the people to hurry
and leave the country. "For otherwise," they
34 said, "we will all die!" •So the people took
their dough before the yeast was added,
and carried it on their shoulders in kneading
35 troughs wrapped in clothing. •The Israelites
did as Moses instructed and asked the Egyp-
tians for articles of silver and gold and for cloth-
36 ing. •The LORD had made the Egyptians favor-
ably disposed toward the people, and they
gave them what they asked for; so they plun-
dered the Egyptians.
37 •The Israelites journeyed from Rameses
to Sukkoth. There were about six hundred
thousand men on foot, besides women and
38 children. •Many other people went up with
them, and also large droves of livestock, both
39 flocks and herds. •With the dough the Isra-
elites had brought from Egypt, they baked
loaves of unleavened bread. The dough was
without yeast because they had been driven
out of Egypt and did not have time to prepare
food for themselves.
40 •Now the length of time the Israelite people
41 lived in Egypt[a] was 430 years. •At the end of

[a]40 Masoretic Text; Samaritan Pentateuch and Septuagint *Egypt and Canaan* 1) '약탈'의 뜻이 있음

command [kəmǽnd] *vt.* 명령하다
disposed [dispóuzd] *a.* …한 마음을 품은
dough [dou] *n.* 반죽
dungeon [dʌ́ndʒən] *n.* 감옥
exodus [éksədəs] *n.* 출애굽
favorably [féivərəbli] *ad.* 호의적으로
knead [niːd] *vt.* 반죽하다
length [léŋkθ] *n.* 길이, 기간
Passover [pǽsòuvər] *n.* 유월절
plunder [plʌ́ndər] *vt.* 약탈하다
prisoner [príznər] *n.* 죄수
request [rikwést] *vt.* 요구하다
spare [spɛər] *vt.* 용서하다
summon [sʌ́mən] *vt.* 불러들이다
wail [weil] *vi.* 울다

12:27 bow down: 절하다
12:29 at midnight: 자정에
12:33 urge... to~: …에게 ~하도록 재촉하다
12:34 wrap in: 돌돌 말다
12:35 ask for: 요청하다
12:35 articles of...: …몇 개(같은 종류의 물건)

41 사백삼십 년이 끝나는 그날에 여호와의 군대
가 다 애굽 땅에서 나왔은즉
42 이 밤은 그들을 애굽 땅에서 인도하여 내심
으로 말미암아 여호와 앞에 지킬 것이니 이
는 여호와의 밤이라 이스라엘 자손이 다 대
대로 지킬 것이니라

유월절 규례 (♪ 347, 585장)

43 ●여호와께서 모세와 아론에게 이르시되 유
월절 규례는 이러하니라 이방 사람은 먹지
못할 것이나
44 각 사람이 돈으로 산 종은 할례를 받은 후에
먹을 것이며
45 거류인과 타국 품꾼은 먹지 못하리라
46 한 집에서 먹되 그 고기를 조금도 집 밖으로
내지 말고 뼈도 꺾지 말지며
47 이스라엘 회중이 다 이것을 지킬지니라
48 너희와 함께 거류하는 타국인이 여호와의 유
월절을 지키고자 하거든 그 모든 남자는 할
례를 받은 후에야 가까이하여 지킬지니 곧
그는 본토인과 같이 될 것이나 할례받지 못
한 자는 먹지 못할 것이니라
49 본토인에게나 너희 중에 거류하는 이방인에
게 이 법이 동일하니라 하셨으므로 민 15:15
50 온 이스라엘 자손이 이와 같이 행하되 여호
와께서 모세와 아론에게 명령하신 대로 행하
였으며
51 바로 그날에 여호와께서 이스라엘 자손을 그
무리대로 애굽 땅에서 인도하여 내셨더라

무교절 — B.C. 1450년경

13 여호와께서 모세에게 일러 이르시되
2 이스라엘 자손 중에서 사람이나 짐승
을 막론하고 태에서 처음 난 모든 것은 다 거
룩히 구별하여 내게 돌리라 이는 내 것이니
라 하시니라
3 모세가 백성에게 이르되 너희는 애굽 곧 종
되었던 집에서 나온 그날을 기념하여 유교병
을 먹지 말라 여호와께서 그 손의 권능으로
너희를 그곳에서 인도해 내셨음이니라
4 아빕 월 이날에 너희가 나왔으니
5 여호와께서 너를 인도하여 가나안 사람과 헷
사람과 아모리 사람과 히위 사람과 여부스
사람의 땅 곧 네게 주시려고 네 조상들에게
맹세하신 바 젖과 꿀이 흐르는 땅에 이르게
하시거든 너는 이달에 이 예식을 지켜
6 이레 동안 무교병을 먹고 일곱째 날에는 여
호와께 절기를 지키라
7 이레 동안에는 무교병을 먹고 유교병을 네게

the 430 years, to the very day, all the LORD's
42 divisions left Egypt. ●Because the LORD kept
vigil that night to bring them out of Egypt,
on this night all the Israelites are to keep
vigil to honor the LORD for the generations to
come.

Passover Restrictions

43 ●The LORD said to Moses and Aaron, "These
are the regulations for the Passover meal:
44 "No foreigner may eat it. ●Any slave you
have bought may eat it after you have circum-
45 cised him, ●but a temporary resident or a
hired worker may not eat it.
46 ●"It must be eaten inside the house; take
none of the meat outside the house. Do not
47 break any of the bones. ●The whole commu-
nity of Israel must celebrate it.
48 ●"A foreigner residing among you who
wants to celebrate the LORD's Passover must
have all the males in his household circum-
cised; then he may take part like one born in
the land. No uncircumcised male may eat it.
49 ●The same law applies both to the native-
born and to the foreigner residing among
you."
50 ●All the Israelites did just what the LORD
51 had commanded Moses and Aaron. ●And on
that very day the LORD brought the Israelites
out of Egypt by their divisions.

Consecration of the Firstborn

13 1-2 The LORD said to Moses, ●"Conse-
crate to me every firstborn male. The
first offspring of every womb among the
Israelites belongs to me, whether human or
animal."
3 ●Then Moses said to the people, "Com-
memorate this day, the day you came out of
Egypt, out of the land of slavery, because the
LORD brought you out of it with a mighty
4 hand. Eat nothing containing yeast. ●Today,
5 in the month of Aviv, you are leaving. ●When
the LORD brings you into the land of the Ca-
naanites, Hittites, Amorites, Hivites and Je-
busites—the land he swore to your ancestors
to give you, a land flowing with milk and
honey—you are to observe this ceremony in
6 this month: ●For seven days eat bread made
without yeast and on the seventh day hold a
7 festival to the LORD. ●Eat unleavened bread

celebrate [séləbrèit] *vt.* 거행하다
ceremony [sérəmòuni] *n.* 의식, 의례
circumcise [sɔ́:rkəmsàiz] *vt.* 할례를 행하다
commemorate [kəmémərèit] *vt.* 기념하다
consecration [kὰnsəkréiʃən] *n.* 헌신
division [divíʒən] *n.* 군대
firstborn [fɔ́:rstbɔ̀:rn] *n.* 초태생
offspring [ɔ́:fsprìŋ] *n.* 후손
Passover [pǽsòuvər] *n.* 유월절
regulation [règjuléiʃən] *n.* 규례
resident [rézədnt] *n.* 거주자
restriction [ristríkʃən] *n.* 규정
temporary [témpərèri] *a.* 일시적인
unleavened [ʌnlévənd] *a.* 누룩을 안 넣은
womb [wu:m] *n.* 자궁

12:42 keep vigil: 불침번을 서다, 밤새우다
13:2 belong to...: …에 속하다
13:2 whether A or B: A이든 B이든
13:5 swear to...: …에게 맹세하다
13:5 flow with...: …가 넘쳐 흐르다
13:6 hold a festival: 축제를 벌이다

보이지 아니하게 하며 네 땅에서 누룩을 네
게 보이지 아니하게 하라
8 너는 그날에 네 아들에게 보여 이르기를 이
예식은 내가 애굽에서 나올 때에 여호와께서
나를 위하여 행하신 일로 말미암음이라 하고
9 이것으로 네 손의 기호와 네 미간의 표를 삼
고 여호와의 율법이 네 입에 있게 하라 이는
여호와께서 강하신 손으로 너를 애굽에서 인
도하여 내셨음이니
10 해마다 절기가 되면 이 규례를 지킬지니라

태에서 처음 난 것

11 ●여호와께서 너와 네 조상에게 맹세하신 대
로 너를 가나안 사람의 땅에 인도하시고 그
땅을 네게 주시거든 13:5
12 너는 태에서 처음 난 모든 것과 네게 있는 가
축의 태에서 처음 난 것을 다 구별하여 여호
와께 돌리라 수컷은 여호와의 것이니라 신 15:19
13 나귀의 첫 새끼는 다 어린 양으로 대속할 것
이요 그렇게 하지 아니하려면 그 목을 꺾을
것이며 네 아들 중 처음 난 모든 자는 대속할
지니라
14 후일에 네 아들이 네게 묻기를 이것이 어찌
됨이냐 하거든 너는 그에게 이르기를 여호와
께서 그 손의 권능으로 우리를 애굽에서 곧
종이 되었던 집에서 인도하여 내실새 12:26
15 그때에 바로가 완악하여 우리를 보내지 아니
하매 여호와께서 애굽 나라 가운데 처음 난
모든 것은 사람의 장자로부터 가축의 처음
난 것까지 다 죽이셨으므로 태에서 처음 난
모든 수컷들은 내가 여호와께 제사를 드려서
내 아들 중에 모든 처음 난 자를 다 대속하리
니
16 이것이 네 손의 기호와 네 미간의 표가 되리
라 이는 여호와께서 그 손의 권능으로 우리
를 애굽에서 인도하여 내셨음이니라 할지니
라

구름 기둥과 불 기둥 (♪ 237, 246장)

17 ●바로가 백성을 보낸 후에 블레셋 사람의
땅의 길은 가까울지라도 하나님이 그들을 그
길로 인도하지 아니하셨으니 이는 하나님이
말씀하시기를 이 백성이 전쟁을 하게 되면
마음을 돌이켜 애굽으로 돌아갈까 하셨음이
라
18 그러므로 하나님이 홍해의 광야 길로 돌려
백성을 인도하시매 이스라엘 자손이 애굽 땅
에서 대열을 지어 나올 때에
19 모세가 요셉의 유골을 가졌으니 이는 요셉이

during those seven days; nothing with yeast
in it is to be seen among you, nor shall any
yeast be seen anywhere within your borders.
8 ●On that day tell your son, 'I do this because
of what the LORD did for me when I came out
9 of Egypt.' ●This observance will be for you
like a sign on your hand and a reminder on
your forehead that this law of the LORD is to
be on your lips. For the LORD brought you out
10 of Egypt with his mighty hand. ●You must
keep this ordinance at the appointed time
year after year.
11 ●"After the LORD brings you into the land
of the Canaanites and gives it to you, as he
promised on oath to you and your ances-
12 tors, ●you are to give over to the LORD the
first offspring of every womb. All the first-
born males of your livestock belong to the
13 LORD. ●Redeem with a lamb every firstborn
donkey, but if you do not redeem it, break its
neck. Redeem every firstborn among your
sons.
14 ●"In days to come, when your son asks
you, 'What does this mean?' say to him,
'With a mighty hand the LORD brought us out
15 of Egypt, out of the land of slavery. ●When
Pharaoh stubbornly refused to let us go, the
LORD killed the firstborn of both people and
animals in Egypt. This is why I sacrifice to the
LORD the first male offspring of every womb
16 and redeem each of my firstborn sons.' ●And
it will be like a sign on your hand and a sym-
bol on your forehead that the LORD brought
us out of Egypt with his mighty hand."

Crossing the Sea

17 ●When Pharaoh let the people go, God did
not lead them on the road through the Philis-
tine country, though that was shorter. For
God said, "If they face war, they might change
18 their minds and return to Egypt." ●So God
led the people around by the desert road
toward the Red Sea.[a] The Israelites went up
out of Egypt ready for battle.
19 ●Moses took the bones of Joseph with him
because Joseph had made the Israelites swear
an oath. He had said, "God will surely come
to your aid, and then you must carry my
bones up with you from this place."[b]
20 ●After leaving Sukkoth they camped at

[a]18 *Or the Sea of Reeds* [b]19 See Gen. 50:25.

ancestor [ǽnsestər] *n.* 조상
appointed [əpɔ́intid] *a.* 정해진
border [bɔ́:rdər] *n.* 경계
face [feis] *vt.* 직면하다
forehead [fɔ́:rid] *n.* 이마
livestock [láivstàk] *n.* 가축
oath [ouθ] *n.* 서약
observance [əbzə́:rvəns] *n.* 준수
ordinance [ɔ́:rdənəns] *n.* 법규
redeem [ridí:m] *vt.* 구속(救贖)하다
reminder [rimáindər] *n.* 신호
sacrifice [sǽkrəfàis] *vt.* 제물을 바치다
slavery [sléivəri] *n.* 노예
stubbornly [stʌbərnli] *ad.* 완고하게
swear [swɛər] *vt.* 맹세하다

13:11 **on oath**: 맹세코, 틀림없이
13:11 **give A to B**: A를 B에게 주다
13:12 **belong to...**: …에 속하다
13:14 **out of...**: …의 안에서 밖으로
13:16 **a sign that...**: …라는 표시
13:19 **carry... with ~**: (~가) …을 옮기다

이스라엘 자손으로 단단히 맹세하게 하여 이
르기를 하나님이 반드시 너희를 찾아오시리
니 너희는 내 유골을 여기서 가지고 나가라 하
였음이더라
20 그들이 숙곳을 떠나서 광야 끝 에담에 장막을
치니
21 여호와께서 그들 앞에서 가시며 낮에는 구름
기둥으로 그들의 길을 인도하시고 밤에는 불
기둥을 그들에게 비추사 낮이나 밤이나 진행
하게 하시니
22 낮에는 구름 기둥, 밤에는 불 기둥이 백성 앞
에서 떠나지 아니하니라

홍해를 건너다

14 여호와께서 모세에게 말씀하여 이르시되
2 이스라엘 자손에게 명령하여 돌이켜 바
다와 믹돌 사이의 비하히롯 앞 곧 바알스본 맞
은편 바닷가에 장막을 치게 하라
3 바로가 이스라엘 자손에 대하여 말하기를 그
들이 그 땅에서 멀리 떠나 광야에 갇힌 바 되
었다 하리라
4 내가 바로의 마음을 완악하게 한즉 바로가 그
들의 뒤를 따르리니 내가 그와 그의 온 군대로
말미암아 영광을 얻어 애굽 사람들이 나를 여
호와인 줄 알게 하리라 하시매 무리가 그대로
행하니라
5 그 백성이 도망한 사실이 애굽 왕에게 알려지
매 바로와 그의 신하들이 그 백성에 대하여 마
음이 변하여 이르되 우리가 어찌 이같이 하여
이스라엘을 우리를 섬김에서 놓아 보내었는
가 하고
6 바로가 곧 그의 병거를 갖추고 그의 백성을 데
리고 갈새
7 선발된 병거 육백 대와 애굽의 모든 병거를 동
원하니 지휘관들이 다 거느렸더라 14:23
8 여호와께서 애굽 왕 바로의 마음을 완악하게
하셨으므로 그가 이스라엘 자손의 뒤를 따르
니 이스라엘 자손이 1)담대히 나갔음이라
9 애굽 사람들과 바로의 말들, 병거들과 그 마병
과 그 군대가 그들의 뒤를 따라 바알스본 맞은
편 비하히롯 곁 해변 그들이 장막 친 데에 미
치니라
10 ●바로가 가까이 올 때에 이스라엘 자손이 눈
을 들어 본즉 애굽 사람들이 자기들 뒤에 이른
지라 이스라엘 자손이 심히 두려워하여 여호
와께 부르짖고
11 그들이 또 모세에게 이르되 애굽에 매장지가
없어서 당신이 우리를 이끌어내어 이 광야에

21 Etham on the edge of the desert. ●By day
the LORD went ahead of them in a pillar of
cloud to guide them on their way and by
night in a pillar of fire to give them light,
so that they could travel by day or night.
22 ●Neither the pillar of cloud by day nor the
pillar of fire by night left its place in front of
the people.

1-2 **14** Then the LORD said to Moses, ●"Tell
the Israelites to turn back and en-
camp near Pi Hahiroth, between Migdol
and the sea. They are to encamp by the sea,
3 directly opposite Baal Zephon. ●Pharaoh
will think, 'The Israelites are wandering
around the land in confusion, hemmed in
4 by the desert.' ●And I will harden Phara-
oh's heart, and he will pursue them. But I
will gain glory for myself through Pharaoh
and all his army, and the Egyptians will
know that I am the LORD." So the Israelites
did this.
5 ●When the king of Egypt was told that
the people had fled, Pharaoh and his offi-
cials changed their minds about them and
said, "What have we done? We have let the
6 Israelites go and have lost their services!" ●So
he had his chariot made ready and took his
7 army with him. ●He took six hundred of
the best chariots, along with all the other
chariots of Egypt, with officers over all of
8 them. ●The LORD hardened the heart of
Pharaoh king of Egypt, so that he pursued
the Israelites, who were marching out bold-
9 ly. ●The Egyptians — all Pharaoh's horses
and chariots, horsemen[a] and troops — pur-
sued the Israelites and overtook them as
they camped by the sea near Pi Hahiroth,
opposite Baal Zephon.

10 ●As Pharaoh approached, the Israelites
looked up, and there were the Egyptians,
marching after them. They were terrified
11 and cried out to the LORD. ●They said to
Moses, "Was it because there were no gra-
ves in Egypt that you brought us to the
desert to die? What have you done to us by
12 bringing us out of Egypt? ●Didn't we say to
you in Egypt, 'Leave us alone; let us serve
the Egyptians'? It would have been better
for us to serve the Egyptians than to die in
the desert!"

a9 Or *charioteers;* also in verses 17, 18, 23, 26 and 28 1) 히, 높은 손으로

approach [əpróutʃ] *vt.* 접근하다
boldly [bóuldli] *ad.* 담대하게
chariot [tʃǽriət] *n.* 병거
directly [diréktli] *ad.* 똑바로
encamp [inkǽmp] *vi.* 야영하다
grave [gréiv] *n.* 무덤
harden [há:rdn] *vt.* 굳게 하다
horseman [hɔ́:rsmən] *n.* 기병
opposite [ápəzit] *a.* 반대편의
overtake [òuvərtéik] *vt.* 따라잡다
pillar [pílər] *n.* 기둥
pursue [pərsú:] *vt.* 뒤좇다
terrified [térəfàid] *a.* 겁먹은
troop [tru:p] *n.* 군대
wander [wándər] *vi.* 유랑하다

13:21 **go ahead of...**: …보다 앞서 가다
14:3 **in confusion**: 당황하여
14:3 **be hemmed in...**: …에 둘러싸이다
14:7 **along with...**: …와 함께
14:8 **march out**: 행군시키다
14:10 **cry out**: 소리치다

서 죽게 하느냐 어찌하여 당신이 우리를 애굽
에서 이끌어내어 우리에게 이같이 하느냐
12 우리가 애굽에서 당신에게 이른 말이 이것이
아니냐 이르기를 우리를 내버려 두라 우리가
애굽 사람을 섬길 것이라 하지 아니하더냐 애
굽 사람을 섬기는 것이 광야에서 죽는 것보다
낫겠노라
13 모세가 백성에게 이르되 너희는 두려워하지
말고 가만히 서서 여호와께서 오늘 너희를 위
하여 행하시는 구원을 보라 너희가 오늘 본 애
굽 사람을 영원히 다시 보지 아니하리라
14 여호와께서 너희를 위하여 싸우시리니 너희
는 가만히 있을지니라 15:3
15 ●여호와께서 모세에게 이르시되 너는 어찌
하여 내게 부르짖느냐 이스라엘 자손에게 명
령하여 앞으로 나아가게 하고
16 지팡이를 들고 손을 바다 위로 내밀어 그것이
갈라지게 하라 이스라엘 자손이 바다 가운데
서 마른 땅으로 행하리라
17 내가 애굽 사람들의 마음을 완악하게 할 것인
즉 그들이 그 뒤를 따라 들어갈 것이라 내가
바로와 그의 모든 군대와 그의 병거와 마병으
로 말미암아 영광을 얻으리니
18 내가 바로와 그의 병거와 마병으로 말미암아
영광을 얻을 때에야 애굽 사람들이 나를 여호
와인 줄 알리라 하시더니
19 이스라엘 진 앞에 가던 하나님의 사자가 그들
의 뒤로 옮겨 가매 구름 기둥도 앞에서 그 뒤
로 옮겨
20 애굽 진과 이스라엘 진 사이에 이르러 서니 저
쪽에는 구름과 흑암이 있고 이쪽에는 밤이 밝
으므로 밤새도록 저쪽이 이쪽에 가까이 못하
였더라
21 ●모세가 바다 위로 손을 내밀매 여호와께서
큰 동풍이 밤새도록 바닷물을 물러가게 하시
니 물이 갈라져 바다가 마른 땅이 된지라
22 이스라엘 자손이 바다 가운데를 육지로 걸어
가고 물은 그들의 좌우에 벽이 되니
23 애굽 사람들과 바로의 말들, 병거들과 그 마병
들이 다 그들의 뒤를 추격하여 바다 가운데로
들어오는지라
24 새벽에 여호와께서 불과 구름 기둥 가운데서
애굽 군대를 보시고 애굽 군대를 어지럽게 하
시며
25 그들의 병거 바퀴를 벗겨서 달리기가 어렵게
하시니 애굽 사람들이 이르되 이스라엘 앞에
서 우리가 도망하자 여호와가 그들을 위하여

13 ●Moses answered the people, "Do not be
afraid. Stand firm and you will see the deliv-
erance the LORD will bring you today. The
Egyptians you see today you will never see
14 again. ●The LORD will fight for you; you need
only to be still."
15 ●Then the LORD said to Moses, "Why are
you crying out to me? Tell the Israelites to
16 move on. ●Raise your staff and stretch out
your hand over the sea to divide the water
so that the Israelites can go through the sea
17 on dry ground. ●I will harden the hearts
of the Egyptians so that they will go in
after them. And I will gain glory through
Pharaoh and all his army, through his char-
18 iots and his horsemen. ●The Egyptians will
know that I am the LORD when I gain glory
through Pharaoh, his chariots and his
horsemen."
19 ●Then the angel of God, who had been
traveling in front of Israel's army, withdrew
and went behind them. The pillar of cloud
also moved from in front and stood behind
20 them, ●coming between the armies of Egypt
and Israel. Throughout the night the cloud
brought darkness to the one side and light to
the other side; so neither went near the other
all night long.
21 ●Then Moses stretched out his hand over
the sea, and all that night the LORD drove the
sea back with a strong east wind and turned
it into dry land. The waters were divided,
22 ●and the Israelites went through the sea on
dry ground, with a wall of water on their
right and on their left.
23 ●The Egyptians pursued them, and all
Pharaoh's horses and chariots and horse-
24 men followed them into the sea. ●During
the last watch of the night the LORD looked
down from the pillar of fire and cloud at the
Egyptian army and threw it into confusion.
25 ●He jammed[a] the wheels of their chariots so
that they had difficulty driving. And the
Egyptians said, "Let's get away from the
Israelites! The LORD is fighting for them
against Egypt."
26 ●Then the LORD said to Moses, "Stretch out
your hand over the sea so that the waters
may flow back over the Egyptians and their

[a]25 See Samaritan Pentateuch, Septuagint and Syriac; Masoretic Text *removed*

army [ɑ́:rmi] *n.* 군대
chariot [tʃǽriət] *n.* 병거
confusion [kənfjú:ʒən] *n.* 혼란
darkness [dɑ́:rknis] *n.* 어둠
deliverance [dilívərəns] *n.* 구원
difficulty [dífikʌ̀lti] *n.* 곤란
divide [diváid] *vt.* 나누다
firm [fə:rm] *ad.* 단단히, 굳게
gain [gein] *vt.* 얻다
pillar [pílər] *n.* 기둥
pursue [pərsú:] *vt.* 뒤쫓다
staff [stæf] *n.* 지팡이
still [stil] *a.* 조용한
wheel [hwi:l] *n.* 바퀴
withdraw [wiðdrɔ́:] *vi.* 물러가다

14:18 **gain A through B**: B로 A를 얻다
14:21 **stretch out**: 뻗다, 내밀다
14:21 **turn... into~**: …를 ~로 변화시키다
14:24 **throw into...**: …에 빠뜨리다
14:25 **have difficult ~ing**: ~하기 어렵다
14:25 **get away**: 도망치다, 벗어나다

싸워 애굽 사람들을 치는도다
26 ● 여호와께서 모세에게 이르시되 네 손을 바
다 위로 내밀어 물이 애굽 사람들과 그들의
병거들과 마병들 위에 다시 흐르게 하라 하
시니
27 모세가 곧 손을 바다 위로 내밀매 새벽이 되
어 바다의 힘이 회복된지라 애굽 사람들이
물을 거슬러 도망하나 여호와께서 애굽 사람
들을 바다 가운데 엎으시니
28 물이 다시 흘러 병거들과 기병들을 덮되 그
들의 뒤를 따라 바다에 들어간 바로의 군대
를 다 덮으니 하나도 남지 아니하였더라
29 그러나 이스라엘 자손은 바다 가운데를 육지
로 행하였고 물이 좌우에 벽이 되었더라
30 그날에 여호와께서 이같이 이스라엘을 애굽
사람의 손에서 구원하시매 이스라엘이 바닷
가에서 애굽 사람들이 죽어 있는 것을 보았
더라
31 이스라엘이 여호와께서 애굽 사람들에게 행
하신 그 큰[1]능력을 보았으므로 백성이 여호
와를 경외하며 여호와와 그의 종 모세를 믿
었더라

모세의 노래 — B.C. 1450년경

15 이때에 모세와 이스라엘 자손이 이 노래
로 여호와께 노래하니 일렀으되
내가 여호와를 찬송하리니 그는 높고 영화
로우심이요 말과 그 탄 자를 바다에 던지
셨음이로다
2 여호와는 나의 힘이요 노래시며 나의 구원
이시로다 그는 나의 하나님이시니 내가 그
를 찬송할 것이요 내 아버지의 하나님이시
니 내가 그를 높이리로다
3 여호와는 용사시니 여호와는 그의 이름이
시로다
4 그가 바로의 병거와 그의 군대를 바다에
던지시니 최고의 지휘관들이 홍해에 잠겼
고
5 깊은 물이 그들을 덮으니 그들이 돌처럼
깊음 속에 가라앉았도다
6 여호와여 주의 오른손이 권능으로 영광을
나타내시니이다 여호와여 주의 오른손이
원수를 부수시니이다
7 주께서 주의 큰 위엄으로 주를 거스르는
자를 엎으시니이다 주께서 진노를 발하시
니 그 진노가 그들을 지푸라기같이 사르니
이다
8 주의 콧김에 물이 쌓이되 파도가 언덕같

27 chariots and horsemen." ● Moses stretched out
his hand over the sea, and at daybreak the sea
went back to its place. The Egyptians were flee-
ing toward[a] it, and the LORD swept them into
28 the sea. ● The water flowed back and covered
the chariots and horsemen—the entire army
of Pharaoh that had followed the Israelites
into the sea. Not one of them survived.
29 ● But the Israelites went through the sea on
dry ground, with a wall of water on their right
30 and on their left. ● That day the LORD saved
Israel from the hands of the Egyptians, and
Israel saw the Egyptians lying dead on the
31 shore. ● And when the Israelites saw the
mighty hand of the LORD displayed against the
Egyptians, the people feared the LORD and put
their trust in him and in Moses his servant.

The Song of Moses and Miriam

15 Then Moses and the Israelites sang this
song to the LORD:

"I will sing to the LORD,
for he is highly exalted.
Both horse and driver
he has hurled into the sea.

2 ● "The LORD is my strength and my defense[b];
he has become my salvation.
He is my God, and I will praise him,
my father's God, and I will exalt him.
3 ● The LORD is a warrior;
the LORD is his name.
4 ● Pharaoh's chariots and his army
he has hurled into the sea.
The best of Pharaoh's officers
are drowned in the Red Sea.[c]
5 ● The deep waters have covered them;
they sank to the depths like a stone.
6 ● Your right hand, LORD,
was majestic in power.
Your right hand, LORD,
shattered the enemy.

7 ● "In the greatness of your majesty
you threw down those who opposed you.
You unleashed your burning anger;
it consumed them like stubble.
8 ● By the blast of your nostrils
the waters piled up.
The surging waters stood up like a wall;
the deep waters congealed in the heart of
the sea.

[a] 27 Or *from* [b] 2 Or *song* [c] 4 Or *the Sea of Reeds*; also in verse 22 1) 히, 손

blast [blæst] *n.* 돌풍
congeal [kəndʒíːl] *vi.* 굳다
consume [kənsúːm] *vt.* 소멸시키다
daybreak [déibrèik] *n.* 새벽
display [displéi] *vt.* 나타내다
drown [draun] *vi.* 익사하다
exalt [igzɔ́ːlt] *vt.* 찬양하다
flee [fliː] *vi.* 도망치다
majestic [mədʒéstik] *a.* 장엄한
nostril [nástrəl] *n.* 콧구멍
shatter [ʃǽtər] *vt.* 부수다
sink [siŋk] *vi.* 가라앉다
stubble [stʌbl] *n.* 그루터기
surge [səːrdʒ] *vi.* 밀려들다
sweep [swiːp] *vt.* 쓸어버리다

14:27 stretch out: (손 등을) 뻗다
14:31 put one's trust in...: …를 신뢰하다
15:1 hurl into...: …에 던지다
15:8 pile up: 쌓이다
15:8 stand up: 일어서다
15:8 in the heart of: …의 가운데

이 일어서고 큰물이 바다 가운데 엉기니
이다
9 원수가 말하기를 내가 뒤쫓아 따라잡아 탈
취물을 나누리라, 내가 그들로 말미암아
내 욕망을 채우리라, 내가 내 칼을 빼리니
내 손이 그들을 멸하리라 하였으나
10 주께서 바람을 일으키시매 바다가 그들을
덮으니 그들이 거센 물에 납같이 잠겼나이
다
11 여호와여 신 중에 주와 같은 자가 누구니
이까 주와 같이 거룩함으로 영광스러우며
찬송할 만한 위엄이 있으며 기이한 일을
행하는 자가 누구니이까
12 주께서 오른손을 드신즉 땅이 그들을 삼켰
나이다
13 주의 인자하심으로 주께서 구속하신 백성
을 인도하시되 주의 힘으로 그들을 주의
거룩한 처소에 들어가게 하시나이다
14 여러 나라가 듣고 떨며 블레셋 주민이 두
려움에 잡히며
15 에돔 두령들이 놀라고 모압 영웅이 떨림에
잡히며 가나안 주민이 다 낙담하나이다
16 놀람과 두려움이 그들에게 임하매 주의
팔이 크므로 그들이 돌같이 침묵하였사오
니 여호와여 주의 백성이 통과하기까지
곧 주께서 사신 백성이 통과하기까지였나
이다
17 주께서 백성을 인도하사 그들을 주의 기업
의 산에 심으시리이다 여호와여 이는 주의
처소를 삼으시려고 예비하신 것이라 주여
이것이 주의 손으로 세우신 성소로소이다
18 여호와께서 영원무궁 하도록 다스리시도
다
하였더라

미리암의 노래

19 ●바로의 말과 병거와 마병이 함께 바다에
들어가매 여호와께서 바닷물을 그들 위에 되
돌려 흐르게 하셨으나 이스라엘 자손은 바다
가운데서 마른 땅으로 지나간지라
20 아론의 누이 선지자 미리암이 손에 소고를
잡으매 모든 여인도 그를 따라 나오며 소고
를 잡고 춤추니
21 미리암이 그들에게 화답하여 이르되
너희는 여호와를 찬송하라 그는 높고 영화
로우심이요 말과 그 탄 자를 바다에 던지
셨음이로다
하였더라

9 ●The enemy boasted,
'I will pursue, I will overtake them.
I will divide the spoils;
I will gorge myself on them.
I will draw my sword
and my hand will destroy them.'
10 ●But you blew with your breath,
and the sea covered them.
They sank like lead
in the mighty waters.
11 ●Who among the gods
is like you, LORD?
Who is like you—
majestic in holiness,
awesome in glory,
working wonders?
12 ●"You stretch out your right hand,
and the earth swallows your enemies.
13 ●In your unfailing love you will lead
the people you have redeemed.
In your strength you will guide them
to your holy dwelling.
14 ●The nations will hear and tremble;
anguish will grip the people of Philistia.
15 ●The chiefs of Edom will be terrified,
the leaders of Moab will be seized with
trembling,
the people[a] of Canaan will melt away;
16 ●terror and dread will fall on them.
By the power of your arm
they will be as still as a stone—
until your people pass by, LORD,
until the people you bought[b] pass by.
17 ●You will bring them in and plant them
on the mountain of your inheritance—
the place, LORD, you made for your dwelling,
the sanctuary, Lord, your hands
established.

18 ●"The LORD reigns
for ever and ever."

19 ●When Pharaoh's horses, chariots and
horsemen[c] went into the sea, the LORD brought
the waters of the sea back over them, but
the Israelites walked through the sea on dry
20 ground. ●Then Miriam the prophet, Aaron's
sister, took a timbrel in her hand, and all the
women followed her, with timbrels and danc-
21 ing. ●Miriam sang to them:

"Sing to the LORD,
for he is highly exalted.

[a]15 Or *rulers* [b]16 Or *created* [c]19 Or *charioteers*

anguish [æŋgwiʃ] *n.* 고통
awesome [ɔ́:səm] *a.* 두려운
dwelling [dwéliŋ] *n.* 거처
establish [istǽbliʃ] *vt.* 설립하다
exalt [igzɔ́:lt] *vt.* 찬양하다
grip [grip] *vt.* 꽉 잡다
holiness [hóulinis] *n.* 거룩함
inheritance [inhérətəns] *n.* 상속
lead [li:d] *n.* 납
melt [melt] *vi.* 녹다
overtake [óuvərtéik] *vt.* 따라잡다
reign [rein] *vi.* 지배하다
spoil [spɔil] *n.* 전리품
swallow [swɑ́lou] *vt.* 삼키다
unfailing [ʌnféiliŋ] *a.* 틀림없는

15:9 gorge oneself: 게걸스럽게 먹다
15:15 be seized with: 사로잡히다
15:15 melt away: 서서히 사라지다
15:16 as...as~: ~만큼 …하다
15:18 for ever and ever: …의 가운데
15:19 bring... back: …를 되돌려 주다

단 물로 변한 마라의 쓴 물 (♪301, 417장)

22 ●모세가 홍해에서 이스라엘을 인도하매 그들이 나와서 수르 광야로 들어가서 거기서 사흘길을 걸었으나 물을 얻지 못하고
23 마라에 이르렀더니 그곳 물이 써서 마시지 못하겠으므로 그 이름을 1)마라라 하였더라
24 백성이 모세에게 원망하여 이르되 우리가 무엇을 마실까 하매 14:11
25 모세가 여호와께 부르짖었더니 여호와께서 그에게 한 나무를 가리키시니 그가 물에 던지니 물이 달게 되었더라 거기서 여호와께서 그들을 위하여 법도와 율례를 정하시고 그들을 시험하실새
26 이르시되 너희가 너희 하나님 나 여호와의 말을 들어 순종하고 내가 보기에 의를 행하며 내 계명에 귀를 기울이며 내 모든 규례를 지키면 내가 애굽 사람에게 내린 모든 질병 중 하나도 너희에게 내리지 아니하리니 나는 너희를 치료하는 여호와임이라 신 7:12
27 ●그들이 엘림에 이르니 거기에 물 샘 열둘과 종려나무 일흔 그루가 있는지라 거기서 그들이 그 물 곁에 장막을 치니라

만나와 메추라기 — B.C. 1450년경

16 이스라엘 자손의 온 회중이 엘림에서 떠나 엘림과 시내 산 사이에 있는 신 광야에 이르니 애굽에서 나온 후 둘째 달 십오일이라
2 이스라엘 자손 온 회중이 그 광야에서 모세와 아론을 원망하여
3 이스라엘 자손이 그들에게 이르되 우리가 애굽 땅에서 고기 가마 곁에 앉아 있던 때와 떡을 배불리 먹던 때에 여호와의 손에 죽었더라면 좋았을 것을 너희가 이 광야로 우리를 인도해 내어 이 온 회중이 주려 죽게 하는도다 2:23
4 ●그때에 여호와께서 모세에게 이르시되 보라 내가 너희를 위하여 하늘에서 양식을 비같이 내리리니 백성이 나가서 일용할 것을 날마다 거둘 것이라 이같이 하여 그들이 내 율법을 준행하나 아니하나 내가 시험하리라 요 6:31
5 여섯째 날에는 그들이 그 거둔 것을 준비할지니 날마다 거두던 것의 갑절이 되리라 16:22
6 모세와 아론이 온 이스라엘 자손에게 이르되 저녁이 되면 너희가 여호와께서 너희를 애굽 땅에서 인도하여 내셨음을 알 것이요
7 아침에는 너희가 여호와의 영광을 보리니 이

Both horse and driver
he has hurled into the sea."

The Waters of Marah and Elim

22 ●Then Moses led Israel from the Red Sea
and they went into the Desert of Shur. For
three days they traveled in the desert without
23 finding water. ●When they came to Marah,
they could not drink its water because it was
bitter. (That is why the place is called Marah.[a])
24 ●So the people grumbled against Moses, say-
ing, "What are we to drink?"
25 ●Then Moses cried out to the LORD, and the
LORD showed him a piece of wood. He threw it
into the water, and the water became fit to
drink.
There the LORD issued a ruling and instruc-
26 tion for them and put them to the test. ●He
said, "If you listen carefully to the LORD your
God and do what is right in his eyes, if you pay
attention to his commands and keep all his
decrees, I will not bring on you any of the dis-
eases I brought on the Egyptians, for I am the
LORD, who heals you."
27 ●Then they came to Elim, where there were
twelve springs and seventy palm trees, and
they camped there near the water.

Manna and Quail

16 The whole Israelite community set out
from Elim and came to the Desert of
Sin, which is between Elim and Sinai, on the
fifteenth day of the second month after they
2 had come out of Egypt. ●In the desert the
whole community grumbled against Moses
3 and Aaron. ●The Israelites said to them, "If
only we had died by the LORD's hand in Egypt!
There we sat around pots of meat and ate all
the food we wanted, but you have brought us
out into this desert to starve this entire assem-
bly to death."
4 ●Then the LORD said to Moses, "I will rain
down bread from heaven for you. The people
are to go out each day and gather enough for
that day. In this way I will test them and see
whether they will follow my instructions.
5 ●On the sixth day they are to prepare what
they bring in, and that is to be twice as much
as they gather on the other days."
6 ●So Moses and Aaron said to all the Isra-
elites, "In the evening you will know that it

[a]23 *Marah* means *bitter.* 1) 쓴 것

assembly [əsémbli] *n.* 회중
bitter [bítər] *a.* 쓰디쓴
camp [kæmp] *vi.* 천막을 치다
command [kəmǽnd] *n.* 명령
community [kəmjú:nəti] *n.* 공동체
decree [dikrí:] *n.* 법령
disease [dizí:z] *n.* 질병
entire [intáiər] *a.* 전체의
fit [fit] *a.* 적당한
gather [gǽðər] *vt.* 모으다
heal [hi:l] *vt.* 치료하다
instruction [instrʌ́kʃən] *n.* 지시
palm [pa:m] *n.* 종려
pot [pat] *n.* 항아리
prepare [pripέər] *vt.* 준비하다

15:24 **grumble against...**: …에게 불평하다
15:26 **pay attention to...**: …에 주의를 기울이다
16:1 **set out**: 출발하다, 길을 떠나다
16:1 **come out of...**: …에서 나오다
16:3 **if only...**: …라면 좋을텐데

는 여호와께서 너희가 자기를 향하여 원망함
을 들으셨음이라 우리가 누구이기에 너희가
우리에게 대하여 원망하느냐
8 모세가 또 이르되 여호와께서 저녁에는 너희
에게 고기를 주어 먹이시고 아침에는 떡으로
배불리시리니 이는 여호와께서 자기를 향하
여 너희가 원망하는 그 말을 들으셨음이라
우리가 누구냐 너희의 원망은 우리를 향하여
함이 아니요 여호와를 향하여 함이로다
9 모세가 또 아론에게 이르되 이스라엘 자손의
온 회중에게 말하기를 여호와께 가까이 나아
오라 여호와께서 너희의 원망함을 들으셨느
니라 하라
10 아론이 이스라엘 자손의 온 회중에게 말하매
그들이 광야를 바라보니 여호와의 영광이 구
름 속에 나타나더라
11 여호와께서 모세에게 말씀하여 이르시되
12 내가 이스라엘 자손의 원망함을 들었노라 그
들에게 말하여 이르기를 너희가 해질 때에는
고기를 먹고 아침에는 떡으로 배부르리니 내
가 여호와 너희의 하나님인 줄 알리라 하라
하시니라
13 ●저녁에는 메추라기가 와서 진에 덮이고
아침에는 이슬이 진 주위에 있더니
14 그 이슬이 마른 후에 광야 지면에 작고 둥글
며 서리같이 가는 것이 있는지라
15 이스라엘 자손이 보고 그것이 무엇인지 알지
못하여 서로 이르되 이것이 무엇이냐 하니
모세가 그들에게 이르되 이는 여호와께서 너
희에게 주어 먹게 하신 양식이라 16:4
16 여호와께서 이같이 명령하시기를 너희 각 사
람은 먹을 만큼만 이것을 거둘지니 곧 너희
사람 수효대로 한 사람에 한 1)오멜씩 거두되
각 사람이 그의 장막에 있는 자들을 위하여
거둘지니라 하셨느니라
17 이스라엘 자손이 그같이 하였더니 그 거둔
것이 많기도 하고 적기도 하나
18 오멜로 되어 본즉 많이 거둔 자도 남음이 없
고 적게 거둔 자도 부족함이 없이 각 사람은
먹을 만큼만 거두었더라
19 모세가 그들에게 이르기를 아무든지 아침까
지 그것을 남겨 두지 말라 하였으나
20 그들이 모세에게 순종하지 아니하고 더러는
아침까지 두었더니 벌레가 생기고 냄새가 난
지라 모세가 그들에게 노하니라
21 ●무리가 아침마다 각 사람은 먹을 만큼만
거두었고 햇볕이 뜨겁게 쬐면 그것이 스러졌

was the LORD who brought you out of Egypt,
7 •and in the morning you will see the glory of
the LORD, because he has heard your grum-
bling against him. Who are we, that you
8 should grumble against us?" •Moses also said,
"You will know that it was the LORD when he
gives you meat to eat in the evening and all
the bread you want in the morning, because
he has heard your grumbling against him.
Who are we? You are not grumbling against
us, but against the LORD."
9 •Then Moses told Aaron, "Say to the entire
Israelite community, 'Come before the LORD,
for he has heard your grumbling.' "
10 •While Aaron was speaking to the whole
Israelite community, they looked toward the
desert, and there was the glory of the LORD
appearing in the cloud.
11-12 •The LORD said to Moses, •"I have heard the
grumbling of the Israelites. Tell them, 'At twi-
light you will eat meat, and in the morning
you will be filled with bread. Then you will
know that I am the LORD your God.' "
13 •That evening quail came and covered the
camp, and in the morning there was a layer of
14 dew around the camp. •When the dew was
gone, thin flakes like frost on the ground
15 appeared on the desert floor. •When the Isra-
elites saw it, they said to each other, "What is
it?" For they did not know what it was.
Moses said to them, "It is the bread the LORD
16 has given you to eat. •This is what the LORD
has commanded: 'Everyone is to gather as
much as they need. Take an omer[a] for each
person you have in your tent.' "
17 •The Israelites did as they were told; some
18 gathered much, some little. •And when they
measured it by the omer, the one who gath-
ered much did not have too much, and the
one who gathered little did not have too little.
Everyone had gathered just as much as they
needed.
19 •Then Moses said to them, "No one is to
keep any of it until morning."
20 •However, some of them paid no attention
to Moses; they kept part of it until morning,
but it was full of maggots and began to smell.
So Moses was angry with them.
21 •Each morning everyone gathered as
much as they needed, and when the sun grew

[a] 16 That is, possibly about 3 pounds or about 1.4 kilograms; also in verses 18, 32, 33 and 36 1) 한 오멜은 약 2리터임

appear [əpíər] *vi.* 나타나다
attention [əténʃən] *n.* 주의
bread [bred] *n.* 빵
command [kəmǽnd] *vt.* 명령하다
dew [djuː] *n.* 이슬
flake [fleik] *n.* 얇은 조각
floor [flɔːr] *n.* 바닥
frost [frɔːst] *n.* 서리
grumbling [grʌmbliŋ] *n.* 불평
layer [léiər] *n.* 층
maggot [mǽgət] *n.* 구더기
measure [méʒər] *vt.* 재다
omer [óumər] *n.* 오멜
quail [kweil] *n.* 메추라기
twilight [twáilàit] *n.* 황혼

16:12 be filled with...: …으로 가득차다
16:15 each other: 서로
16:18 as much as: …할 만큼의
16:20 pay attention to...: …에 주의를 기울이다
16:20 be full of...: …로 가득 차다
16:20 be angry with...: …에게 화나다

더라
22 여섯째 날에는 각 사람이 갑절의 식물 곧 하
나에 두 오멜씩 거둔지라 회중의 모든 지도
자가 와서 모세에게 알리매
23 모세가 그들에게 이르되 여호와께서 이같이
말씀하셨느니라 내일은 휴일이니 여호와께
거룩한 안식일이라 너희가 구울 것은 굽고
삶을 것은 삶고 그 나머지는 다 너희를 위하
여 아침까지 간수하라
24 그들이 모세의 명령대로 아침까지 간수하였
으나 냄새도 나지 아니하고 벌레도 생기지
아니한지라
25 모세가 이르되 오늘은 그것을 먹으라 오늘은
여호와의 안식일인즉 오늘은 너희가 들에서
그것을 얻지 못하리라
26 엿새 동안은 너희가 그것을 거두되 일곱째
날은 안식일인즉 그날에는 없으리라 하였으
나
27 일곱째 날에 백성 중 어떤 사람들이 거두러
나갔다가 얻지 못하니라
28 여호와께서 모세에게 이르시되 어느 때까지
너희가 내 계명과 내 율법을 지키지 아니하
려느냐
29 볼지어다 여호와가 너희에게 안식일을 줌으
로 여섯째 날에는 이틀 양식을 너희에게 주는
것이니 너희는 각기 처소에 있고 일곱째 날에
는 아무도 그의 처소에서 나오지 말지니라
30 그러므로 백성이 일곱째 날에 안식하니라
31 ●이스라엘 족속이 그 이름을 [1)]만나라 하였
으며 [2)]깟씨같이 희고 맛은 꿀 섞은 과자 같
았더라
32 모세가 이르되 여호와께서 이같이 명령하시
기를 이것을 오멜에 채워서 너희의 대대 후
손을 위하여 간수하라 이는 내가 너희를 애
굽 땅에서 인도하여 낼 때에 광야에서 너희
에게 먹인 양식을 그들에게 보이기 위함이니
라 하셨다 하고
33 또 모세가 아론에게 이르되 항아리를 가져다
가 그 속에 만나 한 오멜을 담아 여호와 앞에
두어 너희 대대로 간수하라
34 아론이 여호와께서 모세에게 명령하신 대로
그것을 증거판 앞에 두어 간수하게 하였고
35 사람이 사는 땅에 이르기까지 이스라엘 자손
이 사십 년 동안 만나를 먹었으니 곧 가나안
땅 접경에 이르기까지 그들이 만나를 먹었더
라
36 오멜은 십분의 일 에바이더라

22 hot, it melted away. •On the sixth day, they
gathered twice as much—two omers[a] for
each person—and the leaders of the commu-
23 nity came and reported this to Moses. •He
said to them, "This is what the LORD com-
manded: 'Tomorrow is to be a day of sab-
bath rest, a holy sabbath to the LORD. So bake
what you want to bake and boil what you
want to boil. Save whatever is left and keep it
until morning.' "
24 •So they saved it until morning, as Moses
commanded, and it did not stink or get mag-
25 gots in it. •"Eat it today," Moses said, "be-
cause today is a sabbath to the LORD. You
will not find any of it on the ground today.
26 •Six days you are to gather it, but on the
seventh day, the Sabbath, there will not be
any."
27 •Nevertheless, some of the people went
out on the seventh day to gather it, but they
28 found none. •Then the LORD said to Moses,
"How long will you[b] refuse to keep my com-
29 mands and my instructions? •Bear in mind
that the LORD has given you the Sabbath;
that is why on the sixth day he gives you
bread for two days. Everyone is to stay where
they are on the seventh day; no one is to go
30 out." •So the people rested on the seventh
day.
31 •The people of Israel called the bread
manna.[c] It was white like coriander seed and
32 tasted like wafers made with honey. •Moses
said, "This is what the LORD has command-
ed: 'Take an omer of manna and keep it for
the generations to come, so they can see the
bread I gave you to eat in the wilderness
when I brought you out of Egypt.' "
33 •So Moses said to Aaron, "Take a jar and
put an omer of manna in it. Then place it
before the LORD to be kept for the generations
to come."
34 •As the LORD commanded Moses, Aaron
put the manna with the tablets of the co-
venant law, so that it might be preserved.
35 •The Israelites ate manna forty years, until
they came to a land that was settled; they ate
manna until they reached the border of Ca-
naan.
36 •(An omer is one-tenth of an ephah.)

[a]22 That is, possibly about 6 pounds or about 2.8 kilograms [b]28 The Hebrew is plural. [c]31 *Manna* sounds like the Hebrew for *What is it?* (see verse 15).

1) 히, 만 2) 깟은 식물의 일종

bake [beik] *vt.* 굽다
boil [bɔil] *vt.* 끓이다
border [bɔ́:rdər] *n.* 경계, 국경
command [kəmǽnd] *n.* 명령
coriander [kɔ́:riændər] *n.* 고수풀
instruction [instrʌ́kʃən] *n.* 지시
nevertheless [nèvərðəlés] *ad.* 그런데도
one tenth [wʌn tenθ] *n.* 십분의 일
refuse [rifjú:z] *vt.* 거절하다
sabbath [sǽbəθ] *n.* 안식일
seed [si:d] *n.* 씨앗
settled [sétld] *a.* 거주민이 있는
stink [stiŋk] *vi.* 악취 나다
taste [teist] *vi.* …한 맛이 나다
wafer [wéifər] *n.* 과자

16:21 melt away: 서서히 사라지다
16:22 as much: 그만큼
16:22 twice as much: ~보다 …배 ~한 이든
16:23 whatever is left: 남은 것은 무엇
16:29 bear in mind...: …를 명심하다

반석에서 물이 나오다 (민 20:1-13 ♪526장)

17 이스라엘 자손의 온 회중이 여호와의 명
령대로 신 광야에서 떠나 그 노정대로
행하여 르비딤에 장막을 쳤으나 백성이 마실
물이 없는지라
2 백성이 모세와 다투어 이르되 우리에게 물을
주어 마시게 하라 모세가 그들에게 이르되
너희가 어찌하여 나와 다투느냐 너희가 어찌
하여 여호와를 시험하느냐
3 거기서 백성이 목이 말라 물을 찾으매 그들
이 모세에게 대하여 원망하여 이르되 당신이
어찌하여 우리를 애굽에서 인도해 내어서 우
리와 우리 자녀와 우리 가축이 목말라 죽게
하느냐
4 모세가 여호와께 부르짖어 이르되 내가 이
백성에게 어떻게 하리이까 그들이 조금 있으
면 내게 돌을 던지겠나이다
5 여호와께서 모세에게 이르시되 백성 앞을 지
나서 이스라엘 장로들을 데리고 나일 강을
치던 네 지팡이를 손에 잡고 가라
6 내가 호렙 산에 있는 그 반석 위 거기서 네
앞에 서리니 너는 그 반석을 치라 그것에서
물이 나오리니 백성이 마시리라 모세가 이스
라엘 장로들의 목전에서 그대로 행하니라
7 그가 그곳 이름을 맛사 또는 므리바라 불렀
으니 이는 이스라엘 자손이 다투었음이요 또
는 그들이 여호와를 시험하여 이르기를 여호
와께서 우리 중에 계신가 안 계신가 하였음
이더라

아말렉과 싸우다

8 ●그때에 아말렉이 와서 이스라엘과 르비딤
에서 싸우니라
9 모세가 여호수아에게 이르되 우리를 위하여
사람들을 택하여 나가서 아말렉과 싸우라 내
일 내가 하나님의 지팡이를 손에 잡고 산꼭
대기에 서리라
10 여호수아가 모세의 말대로 행하여 아말렉과
싸우고 모세와 아론과 훌은 산꼭대기에 올라
가서
11 모세가 손을 들면 이스라엘이 이기고 손을
내리면 아말렉이 이기더니
12 모세의 팔이 피곤하매 그들이 돌을 가져다가
모세의 아래에 놓아 그가 그 위에 앉게 하고
아론과 훌이 한 사람은 이쪽에서, 한 사람은
저쪽에서 모세의 손을 붙들어 올렸더니 그
손이 해가 지도록 내려오지 아니한지라
13 여호수아가 칼날로 아말렉과 그 백성을 쳐서

Water From the Rock

17 The whole Israelite community set
out from the Desert of Sin, traveling
from place to place as the LORD commanded.
They camped at Rephidim, but there was no
2 water for the people to drink. •So they quar-
reled with Moses and said, "Give us water to
drink."
Moses replied, "Why do you quarrel with
me? Why do you put the LORD to the test?"
3 •But the people were thirsty for water there,
and they grumbled against Moses. They said,
"Why did you bring us up out of Egypt to
make us and our children and livestock die of
thirst?"
4 •Then Moses cried out to the LORD, "What
am I to do with these people? They are almost
ready to stone me."
5 •The LORD answered Moses, "Go out in
front of the people. Take with you some of
the elders of Israel and take in your hand the
staff with which you struck the Nile, and go.
6 •I will stand there before you by the rock at
Horeb. Strike the rock, and water will come
out of it for the people to drink." So Moses
did this in the sight of the elders of Israel.
7 •And he called the place Massah[a] and Merib-
ah[b] because the Israelites quarreled and be-
cause they tested the LORD saying, "Is the LORD
among us or not?"

The Amalekites Defeated

8 •The Amalekites came and attacked the
9 Israelites at Rephidim. •Moses said to Joshua,
"Choose some of our men and go out to
fight the Amalekites. Tomorrow I will stand
on top of the hill with the staff of God in my
hands."
10 •So Joshua fought the Amalekites as Moses
had ordered, and Moses, Aaron and Hur went
11 to the top of the hill. •As long as Moses held
up his hands, the Israelites were winning, but
whenever he lowered his hands, the Amalek-
12 ites were winning. •When Moses' hands grew
tired, they took a stone and put it under him
and he sat on it. Aaron and Hur held his hands
up—one on one side, one on the other—so
that his hands remained steady till sunset.
13 •So Joshua overcame the Amalekite army
with the sword.

[a]7 *Massah* means *testing.* [b]7 *Meribah* means *quarreling.*

almost [ɔ́:lmoust] *ad.* 거의
attack [ətǽk] *vt.* 공격하다
elder [éldər] *n.* 장로
grumble [grʌmbl] *vi.* 불평하다
livestock [láivstɑk] *n.* 가축
lower [lóuər] *vt.* 낮추다
overcome [òuvərkʌ́m] *vt.* 이기다
quarrel [kwɔ́:rəl] *vi.* 싸우다
remain [riméin] *vi.* …채로 있다
staff [stæf] *n.* 지팡이
steady [stédi] *ad.* 흔들리지 않게
strike [straik] *vt.* 치다
sword [sɔ:rd] *n.* 칼
thirsty [θə́:rsti] *a.* 목마른
travel [trǽvəl] *vi.* 이동하다

17:1 **from place to place**: 여기저기로
17:1 **camp at...**: …에 장막을 치다
17:2 **put... to the test**: …를 시험하다
17:3 **die of...**: …로 죽다
17:6 **come out of...**: …에서 나오다
17:6 **in the sight of...**: …의 목전에서

무찌르니라
14 여호와께서 모세에게 이르시되 이것을 책에
기록하여 기념하게 하고 여호수아의 귀에 외
워 들리라 내가 아말렉을 없이하여 천하에서
기억도 못하게 하리라
15 모세가 제단을 쌓고 그 이름을 여호와 [1]닛시
라 하고
16 이르되 [2]여호와께서 맹세하시기를 여호와가
아말렉과 더불어 대대로 싸우리라 하셨다 하
였더라

이드로가 모세를 방문하다 — B.C. 1450년경

18 모세의 장인이며 미디안 제사장인 이드
로가 하나님이 모세에게와 자기 백성
이스라엘에게 하신 일 곧 여호와께서 이스라
엘을 애굽에서 인도하여 내신 모든 일을 들
으니라
2 모세의 장인 이드로가 모세가 돌려 보냈던
그의 아내 십보라와
3 그의 두 아들을 데리고 왔으니 그 하나의 이
름은 [3]게르솜이라 이는 모세가 이르기를 내
가 이방에서 나그네가 되었다 함이요
4 하나의 이름은 [4]엘리에셀이라 이는 내 아버
지의 하나님이 나를 도우사 바로의 칼에서
구원하셨다 함이더라
5 모세의 장인 이드로가 모세의 아들들과 그의
아내와 더불어 광야에 들어와 모세에게 이르
니 곧 모세가 하나님의 산에 진친 곳이라
6 그가 모세에게 말을 전하되 네 장인 나 이드
로가 네 아내와 그와 함께한 그의 두 아들과
더불어 네게 왔노라
7 모세가 나가서 그의 장인을 맞아 절하고 그
에게 입 맞추고 그들이 서로 문안하고 함께
장막에 들어가서 창 43:26-28
8 모세가 여호와께서 이스라엘을 위하여 바로
와 애굽 사람에게 행하신 모든 일과 길에서
그들이 당한 모든 고난과 여호와께서 그들을
구원하신 일을 다 그 장인에게 말하매
9 이드로가 여호와께서 이스라엘에게 큰 은혜
를 베푸사 애굽 사람의 손에서 구원하심을
기뻐하여
10 이드로가 이르되 여호와를 찬송하리로다 너
희를 애굽 사람의 손에서와 바로의 손에서
건져내시고 백성을 애굽 사람의 손 아래에서
건지셨도다
11 이제 내가 알았도다 여호와는 모든 신보다
크시므로 이스라엘에게 교만하게 행하는 그
들을 이기셨도다 하고 15:11

14 •Then the LORD said to Moses, "Write this
on a scroll as something to be remembered
and make sure that Joshua hears it, because I
will completely blot out the name of Amalek
from under heaven."
15 •Moses built an altar and called it The LORD
16 is my Banner. •He said, "Because hands were
lifted up against[a] the throne of the LORD,[b] the
LORD will be at war against the Amalekites
from generation to generation."

Jethro Visits Moses

18 Now Jethro, the priest of Midian and
father-in-law of Moses, heard of every-
thing God had done for Moses and for his
people Israel, and how the LORD had brought
Israel out of Egypt.
2 •After Moses had sent away his wife Zippo-
rah, his father-in-law Jethro received her
3 •and her two sons. One son was named Ger-
shom,[c] for Moses said, "I have become a for-
4 eigner in a foreign land"; •and the other was
named Eliezer,[d] for he said, "My father's God
was my helper; he saved me from the sword
of Pharaoh."
5 •Jethro, Moses' father-in-law, together
with Moses' sons and wife, came to him in
the wilderness, where he was camped near
6 the mountain of God. •Jethro had sent
word to him, "I, your father-in-law Jethro,
am coming to you with your wife and her
two sons."
7 •So Moses went out to meet his father-
in-law and bowed down and kissed him.
They greeted each other and then went into
8 the tent. •Moses told his father-in-law about
everything the LORD had done to Pharaoh
and the Egyptians for Israel's sake and about
all the hardships they had met along the
way and how the LORD had saved them.
9 •Jethro was delighted to hear about all the
good things the LORD had done for Israel in res-
cuing them from the hand of the Egyptians.
10 •He said, "Praise be to the LORD, who rescued
you from the hand of the Egyptians and of
Pharaoh, and who rescued the people from
11 the hand of the Egyptians. •Now I know that

[a]16 Or *to* [b]16 The meaning of the Hebrew for this clause is uncertain. [c]3 *Gershom* sounds like the Hebrew for *a foreigner there.* [d]4 *Eliezer* means *my God is helper.* 1) 나의 기 2) 여호와의 보좌를 향해 손을 들었으니 3) 객이라는 뜻 4) 하나님이 도우심

altar [ɔ́:ltər] *n.* 제단
banner [bǽnər] *n.* 깃발
completely [kəmplí:tli] *ad.* 완전히
delight [diláit] *vi.* 기뻐하다
generation [dʒènəréiʃən] *n.* 세대
greet [gri:t] *vt.* 인사하다
hardship [há:rdʃip] *n.* 고난, 시련
helper [hélpər] *n.* 조력자
priest [pri:st] *n.* 제사장
receive [risí:v] *vt.* 받아들이다
remember [rimémbər] *vt.* 기억하다
rescue [réskju:] *vt.* 구원하다
scroll [skroul] *n.* 두루마리(책)
throne [θroun] *n.* 왕좌
wilderness [wíldərnis] *n.* 광야

18:1 hear of...: …에 대한 소식을 듣다
18:1 bring A out of B: A를 B에서 데려오다
18:2 send away: 멀리 보내다
18:4 save... from~: …를 ~에서 구하다
18:5 together with...: …와 함께, 더불어
18:6 send A to B: A를 B에게 보내다

12 모세의 장인 이드로가 번제물과 희생제물들을 하나님께 가져오매 아론과 이스라엘 모든 장로가 와서 모세의 장인과 함께 하나님 앞에서 떡을 먹으니라

우두머리를 세워 재판하게 하다 (신 1:9-18)

13 ●이튿날 모세가 백성을 재판하느라고 앉아 있고 백성은 아침부터 저녁까지 모세 곁에 서 있는지라
14 모세의 장인이 모세가 백성에게 행하는 모든 일을 보고 이르되 네가 이 백성에게 행하는 이 일이 어찌 됨이냐 어찌하여 네가 홀로 앉아 있고 백성은 아침부터 저녁까지 네 곁에 서 있느냐
15 모세가 그의 장인에게 대답하되 백성이 하나님께 물으려고 내게로 옴이라
16 그들이 일이 있으면 내게로 오나니 내가 그 양쪽을 재판하여 하나님의 율례와 법도를 알게 하나이다
17 모세의 장인이 그에게 이르되 네가 하는 것이 옳지 못하도다
18 너와 또 너와 함께한 이 백성이 필경 기력이 쇠하리니 이 일이 네게 너무 중함이라 네가 혼자 할 수 없으리라
19 이제 내 말을 들으라 내가 네게 방침을 가르치리니 하나님이 너와 함께 계실지로다 너는 하나님 앞에서 그 백성을 위하여 그 사건들을 하나님께 가져오며
20 그들에게 율례와 법도를 가르쳐서 마땅히 갈 길과 할 일을 그들에게 보이고
21 너는 또 온 백성 가운데서 능력 있는 사람들 곧 하나님을 두려워하며 진실하며 불의한 이익을 미워하는 자를 살펴서 백성 위에 세워 천부장과 백부장과 오십부장과 십부장을 삼아
22 그들이 때를 따라 백성을 재판하게 하라 큰 일은 모두 네게 가져갈 것이요 작은 일은 모두 그들이 스스로 재판할 것이니 그리하면 그들이 너와 함께 담당할 것인즉 일이 네게 쉬우리라
23 네가 만일 이 일을 하고 하나님께서도 네게 허락하시면 네가 이 일을 감당하고 이 모든 백성도 자기 곳으로 평안히 가리라
24 이에 모세가 자기 장인의 말을 듣고 그 모든 말대로 하여
25 모세가 이스라엘 무리 중에서 능력 있는 사람들을 택하여 그들을 백성의 우두머리 곧 천부장과 백부장과 오십부장과 십부장을 삼으매

the LORD is greater than all other gods, for he
did this to those who had treated Israel arro-
12 gantly." •Then Jethro, Moses' father-in-law,
brought a burnt offering and other sacrifices to
God, and Aaron came with all the elders of
Israel to eat a meal with Moses' father-in-law
in the presence of God.
13 •The next day Moses took his seat to serve
as judge for the people, and they stood around
14 him from morning till evening. •When his
father-in-law saw all that Moses was doing for
the people, he said, "What is this you are
doing for the people? Why do you alone sit as
judge, while all these people stand around
you from morning till evening?"
15 •Moses answered him, "Because the peo-
16 ple come to me to seek God's will. •When-
ever they have a dispute, it is brought to me,
and I decide between the parties and inform
them of God's decrees and instructions."
17 •Moses' father-in-law replied, "What you
18 are doing is not good. •You and these peo-
ple who come to you will only wear your-
selves out. The work is too heavy for you; you
19 cannot handle it alone. •Listen now to me
and I will give you some advice, and may
God be with you. You must be the people's
representative before God and bring their dis-
20 putes to him. •Teach them his decrees and
instructions, and show them the way they
21 are to live and how they are to behave. •But
select capable men from all the people—
men who fear God, trustworthy men who
hate dishonest gain—and appoint them as
officials over thousands, hundreds, fifties and
22 tens. •Have them serve as judges for the peo-
ple at all times, but have them bring every dif-
ficult case to you; the simple cases they can
decide themselves. That will make your load
lighter, because they will share it with you.
23 •If you do this and God so commands, you
will be able to stand the strain, and all these
people will go home satisfied."
24 •Moses listened to his father-in-law and
25 did everything he said. •He chose capable
men from all Israel and made them leaders
of the people, officials over thousands, hun-
26 dreds, fifties and tens. •They served as judges
for the people at all times. The difficult cases
they brought to Moses, but the simple ones
they decided themselves.

arrogantly [ǽrəgəntli] *ad.* 거만하게
capable [kéipəbl] *a.* 능력 있는
decide [disáid] *vt.* 결심하다
decree [dikríː] *n.* 법령
dishonest [disánist] *a.* 부정직한
dispute [dispjúːt] *n.* 분쟁
handle [hǽndl] *vt.* 다루다
inform [infɔ́ːrm] *vt.* 알리다
instruction [instrʌ́kʃən] *n.* 명령
judge [dʒʌdʒ] *n.* 재판관
offering [ɔ́ːfəriŋ] *n.* 제물
party [páːrti] *n.* 동료, 일행
representative [rèprizéntətiv] *n.* 대표
sacrifice [sǽkrəfàis] *n.* 희생 제물
satisfy [sǽtisfài] *vt.* 만족시키다

18:14 stand around: 아무 일도 않고 우두커니 서 있다
18:16 inform of...: …를 통지하다
18:18 wear oneself out: 지치다
18:19 listen to: 귀를 기울이다
18:22 share A with B: A를 B와 나누다

26 그들이 때를 따라 백성을 재판하되 어려운 일은 모세에게 가져오고 모든 작은 일은 스스로 재판하더라
27 모세가 그의 장인을 보내니 그가 자기 땅으로 가니라

이스라엘 자손이 시내 산에 이르다 (♪ 583장)

19 이스라엘 자손이 애굽 땅을 떠난 지 삼 개월이 되던 날 그들이 시내 광야에 이르니라
2 그들이 르비딤을 떠나 시내 광야에 이르러 그 광야에 장막을 치되 이스라엘이 거기 산 앞에 장막을 치니라
3 모세가 하나님 앞에 올라가니 여호와께서 산에서 그를 불러 말씀하시되 너는 이같이 야곱의 집에 말하고 이스라엘 자손들에게 말하라
4 내가 애굽 사람에게 어떻게 행하였음과 내가 어떻게 독수리 날개로 너희를 업어 내게로 인도하였음을 너희가 보았느니라
5 세계가 다 내게 속하였나니 너희가 내 말을 잘 듣고 내 언약을 지키면 너희는 모든 민족 중에서 내 소유가 되겠고
6 너희가 내게 대하여 제사장 나라가 되며 거룩한 백성이 되리라 너는 이 말을 이스라엘 자손에게 전할지니라
7 ●모세가 내려와서 백성의 장로들을 불러 여호와께서 자기에게 명령하신 그 모든 말씀을 그들 앞에 진술하니
8 백성이 일제히 응답하여 이르되 여호와께서 명령하신 대로 우리가 다 행하리이다 모세가 백성의 말을 여호와께 전하매 24:3, 7
9 여호와께서 모세에게 이르시되 내가 빽빽한 구름 가운데서 네게 임함은 내가 너와 말하는 것을 백성들이 듣게 하며 또한 너를 영영히 믿게 하려 함이니라 모세가 백성의 말을 여호와께 아뢰었으므로
10 여호와께서 모세에게 이르시되 너는 백성에게로 가서 오늘과 내일 그들을 성결하게 하며 그들에게 옷을 빨게 하고
11 준비하게 하여 셋째 날을 기다리게 하라 이는 셋째 날에 나 여호와가 온 백성의 목전에서 시내 산에 강림할 것임이니
12 너는 백성을 위하여 주위에 경계를 정하고 이르기를 너희는 삼가 산에 오르거나 그 경계를 침범하지 말지니 산을 침범하는 자는 반드시 죽임을 당할 것이라
13 그런 자에게는 손을 대지 말고 돌로 쳐죽이

27 ●Then Moses sent his father-in-law on his
way, and Jethro returned to his own coun-
try.

At Mount Sinai

19 On the first day of the third month
after the Israelites left Egypt—on that
very day—they came to the Desert of Sinai.
2 ●After they set out from Rephidim, they
entered the Desert of Sinai, and Israel camped
there in the desert in front of the mountain.
3 ●Then Moses went up to God, and the LORD
called to him from the mountain and said,
"This is what you are to say to the descen-
dants of Jacob and what you are to tell the peo-
4 ple of Israel: ●'You yourselves have seen what I
did to Egypt, and how I carried you on eagles'
5 wings and brought you to myself. ●Now if
you obey me fully and keep my covenant,
then out of all nations you will be my trea-
sured possession. Although the whole earth is
6 mine, ●you[a] will be for me a kingdom of
priests and a holy nation.' These are the words
you are to speak to the Israelites."
7 ●So Moses went back and summoned the
elders of the people and set before them all
the words the LORD had commanded him to
8 speak. ●The people all responded together,
"We will do everything the LORD has said."
So Moses brought their answer back to the
LORD.
9 ●The LORD said to Moses, "I am going to
come to you in a dense cloud, so that the peo-
ple will hear me speaking with you and will
always put their trust in you." Then Moses
told the LORD what the people had said.
10 ●And the LORD said to Moses, "Go to the peo-
ple and consecrate them today and tomor-
11 row. Have them wash their clothes ●and be
ready by the third day, because on that day the
LORD will come down on Mount Sinai in the
12 sight of all the people. ●Put limits for the peo-
ple around the mountain and tell them, 'Be
careful that you do not approach the moun-
tain or touch the foot of it. Whoever touches
13 the mountain is to be put to death. ●They are
to be stoned or shot with arrows; not a hand is
to be laid on them. No person or animal shall
be permitted to live.' Only when the ram's
horn sounds a long blast may they approach
the mountain."

[a]5,6 Or possession, for the whole earth is mine. [6]You

approach [əpróuʃ] *vi.* 가까이 가다
arrow [ǽrou] *n.* 화살
blast [blæst] *n.* 경적
consecrate [kánsəkrèit] *vt.* 정화하다
covenant [kʌvənənt] *n.* 언약
dense [dens] *a.* 짙은
descendant [diséndənt] *n.* 자손
fully [fúlli] *ad.* 완전히
limit [límit] *n.* 한계, 경계
permit [pərmít] *vt.* 허락하다
possession [pəzéʃən] *n.* 소유, 재산
ram [ræm] *n.* 숫양
respond [rispánd] *vt.* 대답하다
summon [sʌmən] *vt.* 소환하다
treasure [tréʒər] *vt.* 소중히 여기다

18:27 return to...: …로 돌아가다
19:1 the very day: 바로 그날
19:2 set out: 출발하다
19:3 call to: (주의를 끌기 위해) 소리치다
19:9 put trust in...: …를 믿다[신뢰하다]
19:11 in the sight of...: …의 목전에서

거나 화살로 쏘아 죽여야 하리니 짐승이나
사람을 막론하고 살아남지 못하리라 하고 나
팔을 길게 불거든 산 앞에 이를 것이니라 하
라
14 모세가 산에서 내려와 백성에게 이르러 백성
을 성결하게 하니 그들이 자기 옷을 빨더라
15 모세가 백성에게 이르되 준비하여 셋째 날을
기다리고 여인을 가까이하지 말라 하니라
16 ●셋째 날 아침에 우레와 번개와 빽빽한 구
름이 산 위에 있고 나팔 소리가 매우 크게 들
리니 진중에 있는 모든 백성이 다 떨더라
17 모세가 하나님을 맞으려고 백성을 거느리고
진에서 나오매 그들이 산기슭에 서 있는데
18 시내 산에 연기가 자욱하니 여호와께서 불
가운데서 거기 강림하심이라 그 연기가 옹기
가마 연기같이 떠오르고 온 산이 크게 진동
하며
19 나팔 소리가 점점 커질 때에 모세가 말한즉
하나님이 음성으로 대답하시더라
20 여호와께서 시내 산 곧 그 산꼭대기에 강림
하시고 모세를 그리로 부르시니 모세가 올라
가매
21 여호와께서 모세에게 이르시되 내려가서 백
성을 경고하라 백성이 밀고 들어와 나 여호
와에게로 와서 보려고 하다가 많이 죽을까
하노라
22 또 여호와에게 가까이 하는 제사장들에게 그
몸을 성결히 하게 하라 나 여호와가 그들을
칠까 하노라
23 모세가 여호와께 아뢰되 주께서 우리에게 명
령하여 이르시기를 산 주위에 경계를 세워
산을 거룩하게 하라 하셨사온즉 백성이 시내
산에 오르지 못하리이다 19:12
24 여호와께서 그에게 이르시되 가라 너는 내려
가서 아론과 함께 올라오고 제사장들과 백성
에게는 경계를 넘어 나 여호와에게로 올라오
지 못하게 하라 내가 그들을 칠까 하노라
25 모세가 백성에게 내려가서 그들에게 알리니
라

십계명 (신 5:1-21 ♪47, 285장)

20 하나님이 이 모든 말씀으로 말씀하여
이르시되
2 나는 너를 애굽 땅, 종 되었던 집에서 인도하
여 낸 네 하나님 여호와니라
3 ●너는 [1]나 외에는 다른 신들을 네게 두지 말
라
4 ●너를 위하여 새긴 우상을 만들지 말고 또

14 ●After Moses had gone down the mountain
to the people, he consecrated them, and they
15 washed their clothes. ●Then he said to the
people, "Prepare yourselves for the third day.
Abstain from sexual relations."
16 ●On the morning of the third day there was
thunder and lightning, with a thick cloud over
the mountain, and a very loud trumpet blast.
17 Everyone in the camp trembled. ●Then Moses
led the people out of the camp to meet with
God, and they stood at the foot of the moun-
18 tain. ● Mount Sinai was covered with smoke,
because the LORD descended on it in fire. The
smoke billowed up from it like smoke from a
furnace, and the whole mountain[a] trembled
19 violently. ●As the sound of the trumpet grew
louder and louder, Moses spoke and the voice
of God answered him.[b]
20 ●The LORD descended to the top of Mount
Sinai and called Moses to the top of the moun-
21 tain. So Moses went up ●and the LORD said to
him, "Go down and warn the people so they
do not force their way through to see the LORD
22 and many of them perish. ●Even the priests,
who approach the LORD, must consecrate
themselves, or the LORD will break out against
them."
23 ●Moses said to the LORD, "The people can-
not come up Mount Sinai, because you your-
self warned us, 'Put limits around the moun-
tain and set it apart as holy.' "
24 ●The LORD replied, "Go down and bring
Aaron up with you. But the priests and the peo-
ple must not force their way through to come
up to the LORD, or he will break out against
them."
25 ●So Moses went down to the people and
told them.

The Ten Commandments

20 And God spoke all these words:
2 ●"I am the LORD your God, who
brought you out of Egypt, out of the
land of slavery.
3 ●"You shall have no other gods before[c] me.
4 ●"You shall not make for yourself an
image in the form of anything in
heaven above or on the earth
beneath or in the waters below.

[a]18 Most Hebrew manuscripts; a few Hebrew manuscripts and Septuagint *and all the people* [b]19 Or *and God answered him with thunder* [c]3 Or *besides*

1) 히, 내 앞에

approach [əpróutʃ] *vt.* 접근하다
commandment [kəmǽndmənt] *n.* 명령
consecrate [kánsəkrèit] *vt.* 신성하게 하다
descend [disénd] *vi.* 내려오다
furnace [fə́:rnis] *n.* 용광로
lightning [láitniŋ] *n.* 번개
perish [périʃ] *vi.* 죽다
priest [pri:st] *n.* 제사장
relation [riléiʃən] *n.* 관계
slavery [sléivəri] *n.* 노예
thick [θik] *a.* 빽빽한
tremble [trémbl] *vi.* 떨다
trumpet [trʌmpit] *n.* 나팔
violently [váiələntli] *ad.* 심하게
warn [wɔ:rn] *vt.* 경고하다

19:18 **be covered with...**: …로 덮여 있다
19:18 **billow up**: 소용돌이치다
19:19 **louder and louder**: 점점 더 커지는
19:22 **break out**: 부수다
19:23 **set... apart**: …를 따로 제쳐두다
19:24 **come up**: 오르다

위로 하늘에 있는 것이나 아래로 땅에 있는
것이나 땅 아래 물 속에 있는 것의 어떤 형상
도 만들지 말며
5 그것들에게 절하지 말며 그것들을 섬기지 말
라 나 네 하나님 여호와는 질투하는 하나님
인즉 나를 미워하는 자의 죄를 갚되 아버지
로부터 아들에게로 삼사 대까지 이르게 하거
니와
6 나를 사랑하고 내 계명을 지키는 자에게는
천 대까지 은혜를 베푸느니라
7 ●너는 네 하나님 여호와의 이름을 망령되게
부르지 말라 여호와는 그의 이름을 망령되게
부르는 자를 죄 없다 하지 아니하리라 마 5:33
8 ●안식일을 기억하여 거룩하게 지키라
9 엿새 동안은 힘써 네 모든 일을 행할 것이나
10 일곱째 날은 네 하나님 여호와의 안식일인즉
너나 네 아들이나 네 딸이나 네 남종이나 네
여종이나 네 가축이나 네 문안에 머무는 객
이라도 아무 일도 하지 말라
11 이는 엿새 동안에 나 여호와가 하늘과 땅과
바다와 그 가운데 모든 것을 만들고 일곱째
날에 쉬었음이라 그러므로 나 여호와가 안식
일을 복되게 하여 그날을 거룩하게 하였느니
라
12 ●네 부모를 공경하라 그리하면 네 하나님
여호와가 네게 준 땅에서 네 생명이 길리라
13 ●살인하지 말라
14 ●간음하지 말라 신 5:18
15 ●도둑질하지 말라
16 ●네 이웃에 대하여 거짓 증거하지 말라
17 ●네 이웃의 집을 탐내지 말라 네 이웃의 아
내나 그의 남종이나 그의 여종이나 그의 소
나 그의 나귀나 무릇 네 이웃의 소유를 탐내
지 말라

백성이 두려워 떨다 (신 5:22-33)

18 ●뭇 백성이 우레와 번개와 나팔 소리와 산
의 연기를 본지라 그들이 볼 때에 떨며 멀리
서서
19 모세에게 이르되 당신이 우리에게 말씀하소
서 우리가 들으리이다 하나님이 우리에게 말
씀하시지 말게 하소서 우리가 죽을까 하나이
다
20 모세가 백성에게 이르되 두려워하지 말라 하
나님이 임하심은 너희를 시험하고 너희로 경
외하여 범죄하지 않게 하려 하심이니라
21 백성은 멀리 서 있고 모세는 하나님이 계신
흑암으로 가까이 가니라

5 ●You shall not bow down to
them or worship them; for I, the
LORD your God, am a jealous God,
punishing the children for the sin
of the parents to the third and
fourth generation of those who
6 hate me, ●but showing love to a
thousand generations of those
who love me and keep my com-
mandments.
7 ●"You shall not misuse the name of the
LORD your God, for the LORD will
not hold anyone guiltless who
misuses his name.
8 ●"Remember the Sabbath day by keep-
9 ing it holy. ●Six days you shall
10 labor and do all your work, ●but
the seventh day is a sabbath to the
LORD your God. On it you shall not
do any work, neither you, nor your
son or daughter, nor your male or
female servant, nor your animals,
nor any foreigner residing in your
11 towns. ●For in six days the LORD
made the heavens and the earth,
the sea, and all that is in them, but
he rested on the seventh day.
Therefore the LORD blessed the
Sabbath day and made it holy.
12 ●"Honor your father and your mother,
so that you may live long in the
land the LORD your God is giving
you.
13 ●"You shall not murder.
14 ●"You shall not commit adultery.
15 ●"You shall not steal.
16 ●"You shall not give false testimony
against your neighbor.
17 ●"You shall not covet your neighbor's
house. You shall not covet your
neighbor's wife, or his male or
female servant, his ox or donkey,
or anything that belongs to your
neighbor."
18 ●When the people saw the thunder and
lightning and heard the trumpet and saw the
mountain in smoke, they trembled with fear.
19 They stayed at a distance ●and said to Moses,
"Speak to us yourself and we will listen. But do
not have God speak to us or we will die."
20 ●Moses said to the people, "Do not be afraid.
God has come to test you, so that the fear of

adultery [ədʌltəri] *n.* 간통
covet [kʌvit] *vt.* 탐내다
generation [dʒènəréiʃən] *n.* 세대
guiltless [gíltlis] *a.* 죄 없는
jealous [dʒéləs] *a.* 질투하는
labor [léibər] *vi.* 노동하다
lightning [láitniŋ] *n.* 번개
misuse [mìsjú:z] *vt.* 악용하다
murder [mə́:rdər] *vt.* 살인하다
neighbor [néibər] *n.* 이웃
punish [pʌniʃ] *vt.* 처벌하다
reside [rizáid] *vt.* 거하다
Sabbath [sǽbəθ] *n.* 안식일
testimony [téstəmòuni] *n.* 증거
worship [wə́:rʃip] *vt.* 숭배하다

20:5 **bow down to...**: …에게 절하다
20:10 **neither A nor B**: A도 B도 아니다
20:10 **reside in**: …에 있다
20:12 **so that... may~**: …가 ~하기 위해
20:18 **at a distance**: 멀리서
20:20 **be afraid**: 두려워하다

제단에 관한 법 (♪ 94, 322장)

22 ●여호와께서 모세에게 이르시되 너는 이스라엘 자손에게 이같이 이르라 내가 하늘로부터 너희에게 말하는 것을 너희 스스로 보았으니
23 너희는 나를 비겨서 은으로나 금으로나 너희를 위하여 신상을 만들지 말고
24 내게 토단을 쌓고 그 위에 네 양과 소로 네 번제와 화목제를 드리라 내가 내 이름을 기념하게 하는 모든 곳에서 네게 임하여 복을 주리라
25 네가 내게 돌로 제단을 쌓거든 다듬은 돌로 쌓지 말라 네가 정으로 그것을 쪼면 부정하게 함이니라
26 너는 층계로 내 제단에 오르지 말라 네 하체가 그 위에서 드러날까 함이니라

종에 관한 법 (신 15:12-18) — B.C. 1450년경

21 네가 백성 앞에 세울 법규는 이러하니라
2 ●네가 히브리 종을 사면 그는 여섯 해 동안 섬길 것이요 일곱째 해에는 몸값을 물지 않고 나가 자유인이 될 것이며
3 만일 그가 단신으로 왔으면 단신으로 나갈 것이요 장가 들었으면 그의 아내도 그와 함께 나가려니와
4 만일 상전이 그에게 아내를 주어 그의 아내가 아들이나 딸을 낳았으면 그의 아내와 그의 자식들은 상전에게 속할 것이요 그는 단신으로 나갈 것이로되
5 만일 종이 분명히 말하기를 내가 상전과 내 처자를 사랑하니 나가서 자유인이 되지 않겠노라 하면
6 상전이 그를 데리고 [1)]재판장에게로 갈 것이요 또 그를 문이나 문설주 앞으로 데리고 가서 그것에다가 송곳으로 그의 귀를 뚫을 것이라 그는 종신토록 그 상전을 섬기리라
7 ●사람이 자기의 딸을 여종으로 팔았으면 그는 남종같이 나오지 못할지며
8 만일 상전이 그를 기뻐하지 아니하여 상관하지 아니하면 그를 속량하게 할 것이나 상전이 그 여자를 속인 것이 되었으니 외국인에게는 팔지 못할 것이요
9 만일 그를 자기 아들에게 주기로 하였으면 그를 딸같이 대우할 것이요
10 만일 상전이 다른 여자에게 장가 들지라도 그 여자의 음식과 의복과 동침하는 것은 끊지 말 것이요
11 그가 이 세 가지를 시행하지 아니하면, 여자

God will be with you to keep you from sinning."
21 ●The people remained at a distance, while Moses approached the thick darkness where God was.

Idols and Altars

22 ●Then the LORD said to Moses, "Tell the Israelites this: 'You have seen for yourselves
23 that I have spoken to you from heaven: ●Do not make any gods to be alongside me; do not make for yourselves gods of silver or gods of gold.
24 ●" 'Make an altar of earth for me and sacrifice on it your burnt offerings and fellowship offerings, your sheep and goats and your cattle. Wherever I cause my name to be honored,
25 I will come to you and bless you. ●If you make an altar of stones for me, do not build it with dressed stones, for you will defile it if you use a
26 tool on it. ●And do not go up to my altar on steps, or your private parts may be exposed.'

21 "These are the laws you are to set before them:

Hebrew Servants

2 ●"If you buy a Hebrew servant, he is to serve you for six years. But in the seventh year, he
3 shall go free, without paying anything. ●If he comes alone, he is to go free alone; but if he has a wife when he comes, she is to go with him.
4 ●If his master gives him a wife and she bears him sons or daughters, the woman and her children shall belong to her master, and only the man shall go free.
5 ●"But if the servant declares, 'I love my master and my wife and children and do not want
6 to go free,' ●then his master must take him before the judges.[a] He shall take him to the door or the doorpost and pierce his ear with an awl. Then he will be his servant for life.
7 ●"If a man sells his daughter as a servant,
8 she is not to go free as male servants do. ●If she does not please the master who has selected her for himself,[b] he must let her be redeemed. He has no right to sell her to foreigners, be-
9 cause he has broken faith with her. ●If he selects her for his son, he must grant her the
10 rights of a daughter. ●If he marries another woman, he must not deprive the first one of
11 her food, clothing and marital rights. ●If he

[a]6 Or *before God* [b]8 Or *master so that he does not choose her* 1) 하나님

altar [ɔ́:ltər] *n.* 제단
awl [ɔ:l] *n.* 송곳
declare [diklέər] *vt.* 단언하다
defile [difáil] *vt.* 더럽히다
deprive [dipráiv] *vt.* 삼가다
doorpost [dɔ́:rpòust] *n.* 문설주
expose [ikspóuz] *vt.* 드러내다
fellowship [félouʃip] *n.* 화목
goat [gout] *n.* 염소
marital [mǽritəl] *a.* 부부의
master [mǽstər] *n.* 주인
pierce [piərs] *vt.* 찌르다
remain [riméin] *vi.* 머무르다
sacrifice [sǽkrəfàis] *vt.* 희생 제물로 바치다
tool [tu:l] *n.* 도구

20:25 build with...: …로 짓다
20:26 go up to: …으로 (가까이)가다
21:3 go alone: 홀로 가다
21:4 belong to...: …에 속하다
21:8 have no right to~: ~할 권리가 없다
21:10 deprive...of~: …에게서 ~를 빼앗다

는 속전을 내지 않고 거저 나가게 할 것이니
라

폭행에 관한 법

12 ●사람을 쳐죽인 자는 반드시 죽일 것이나
13 만일 사람이 고의적으로 한 것이 아니라 나
하나님이 사람을 그의 손에 넘긴 것이면 내
가 그를 위하여 한 곳을 정하리니 그 사람이
그리로 도망할 것이며
14 사람이 그의 이웃을 고의로 죽였으면 너는
그를 내 제단에서라도 잡아내려 죽일지니라
15 ●자기 아버지나 어머니를 치는 자는 반드시
죽일지니라
16 ●사람을 납치한 자가 그 사람을 팔았든지
자기 수하에 두었든지 그를 반드시 죽일지니
라
17 ●자기의 아버지나 어머니를 저주하는 자는
반드시 죽일지니라 레 20:9
18 ●사람이 서로 싸우다가 하나가 돌이나 주먹
으로 그의 상대방을 쳤으나 그가 죽지 않고
자리에 누웠다가
19 지팡이를 짚고 일어나 걸으면 그를 친 자가
형벌은 면하되 그간의 손해를 배상하고 그가
완치되게 할 것이니라
20 ●사람이 매로 그 남종이나 여종을 쳐서 당
장에 죽으면 반드시 형벌을 받으려니와
21 그가 하루나 이틀을 연명하면 형벌을 면하리
니 그는 상전의 재산임이라
22 ●사람이 서로 싸우다가 임신한 여인을 쳐서
낙태하게 하였으나 다른 해가 없으면 그 남
편의 청구대로 반드시 벌금을 내되 재판장의
판결을 따라 낼 것이니라
23 그러나 다른 해가 있으면 갚되 생명은 생명
으로,
24 눈은 눈으로, 이는 이로, 손은 손으로, 발은
발로,
25 덴 것은 덴 것으로, 상하게 한 것은 상함으
로, 때린 것은 때림으로 갚을지니라
26 ●사람이 그 남종의 한 눈이나 여종의 한 눈
을 쳐서 상하게 하면 그 눈에 대한 보상으로
그를 놓아 줄 것이며
27 그 남종의 이나 여종의 이를 쳐서 빠뜨리면
그 이에 대한 보상으로 그를 놓아 줄지니라

임자의 책임

28 ●소가 남자나 여자를 받아서 죽이면 그 소
는 반드시 돌로 쳐서 죽일 것이요 그 고기는
먹지 말 것이며 임자는 형벌을 면하려니와
29 소가 본래 받는 버릇이 있고 그 임자는 그로

does not provide her with these three things,
she is to go free, without any payment of
money.

Personal Injuries

12 ●"Anyone who strikes a person with a fatal
13 blow is to be put to death. ●However, if it is
not done intentionally, but God lets it hap-
pen, they are to flee to a place I will designate.
14 ●But if anyone schemes and kills someone
deliberately, that person is to be taken from
my altar and put to death.
15 ●"Anyone who attacks[a] their father or
mother is to be put to death.
16 ●"Anyone who kidnaps someone is to be
put to death, whether the victim has been sold
or is still in the kidnapper's possession.
17 ●"Anyone who curses their father or moth-
er is to be put to death.
18 ●"If people quarrel and one person hits
another with a stone or with their fist[b] and the
19 victim does not die but is confined to bed, ●the
one who struck the blow will not be held liable
if the other can get up and walk around out-
side with a staff; however, the guilty party must
pay the injured person for any loss of time and
see that the victim is completely healed.
20 ●"Anyone who beats their male or female
slave with a rod must be punished if the slave
21 dies as a direct result, ●but they are not to be
punished if the slave recovers after a day or
two, since the slave is their property.
22 ●"If people are fighting and hit a pregnant
woman and she gives birth prematurely[c] but
there is no serious injury, the offender must
be fined whatever the woman's husband
23 demands and the court allows. ●But if there is
24 serious injury, you are to take life for life, ●eye
for eye, tooth for tooth, hand for hand, foot for
25 foot, ●burn for burn, wound for wound,
bruise for bruise.
26 ●"An owner who hits a male or female slave
in the eye and destroys it must let the slave
27 go free to compensate for the eye. ●And an
owner who knocks out the tooth of a male or
female slave must let the slave go free to com-
pensate for the tooth.
28 ●"If a bull gores a man or woman to death,
the bull is to be stoned to death, and its meat
must not be eaten. But the owner of the bull
29 will not be held responsible. ●If, however, the

[a]15 Or *kills* [b]18 Or *with a tool* [c]22 Or *she has a miscarriage*

allow [əláu] *vt.* 허락하다
blow [blou] *n.* 강타, 타격
compensate [kámpənsèit] *vt.* 보상하다
completely [kəmplí:tli] *ad.* 완전히
curse [kə:rs] *vt.* 저주하다
deliberately [dilíbərətli] *ad.* 고의적으로
designate [dézignèit] *vt.* 지정하다
gore [gɔ:r] *vt.* 뿔로 받다
intentionally [inténʃənəli] *ad.* 고의적으로
kidnap [kídnæp] *vt.* 납치하다
offender [əféndər] *n.* 범죄자
pregnant [prégnənt] *a.* 임신한
prematurely [pri:mətjúərli] *ad.* 때 이르게
quarrel [kwɔ́:rəl] *vi.* 싸우다
scheme [ski:m] *vi.* 계획하다

21:11 provide with...: …를 제공하다
21:14 put... to death: …를 처형하다
21:18 hit with...: …로 때리다
21:18 not... but~: …가 아니라~
21:20 as a direct result: 직접적인 결과로
21:22 give birth: (아기를) 낳다

말미암아 경고를 받았으되 단속하지 아니하
여 남녀를 막론하고 받아 죽이면 그 소는 돌
로 쳐죽일 것이고 임자도 죽일 것이며
30 만일 그에게 속죄금을 부과하면 무릇 그 명
령한 것을 생명의 대가로 낼 것이요
31 아들을 받든지 딸을 받든지 이 법규대로 그
임자에게 행할 것이며
32 소가 만일 남종이나 여종을 받으면 소 임자
가 은 삼십 세겔을 그의 상전에게 줄 것이요
소는 돌로 쳐서 죽일지니라
33 ●사람이 구덩이를 열어두거나 구덩이를 파
고 덮지 아니하므로 소나 나귀가 거기에 빠
지면
34 그 구덩이 주인이 잘 보상하여 짐승의 임자
에게 돈을 줄 것이요 죽은 것은 그가 차지할
것이니라
35 ●이 사람의 소가 저 사람의 소를 받아 죽이
면 살아 있는 소를 팔아 그 값을 반으로 나누
고 또한 죽은 것도 반으로 나누려니와
36 그 소가 본래 받는 버릇이 있는 줄을 알고도
그 임자가 단속하지 아니하였으면 그는 소로
소를 갚을 것이요 죽은 것은 그가 차지할지
니라

배상에 관한 법 — B.C. 1450년경

22 사람이 소나 양을 도둑질하여 잡거나
팔면 그는 소 한 마리에 소 다섯 마리로
갚고 양 한 마리에 양 네 마리로 갚을지니라
2 도둑이 뚫고 들어오는 것을 보고 그를 쳐죽
이면 피 흘린 죄가 없으나
3 해 돋은 후에는 피 흘린 죄가 있으리라 도둑
은 반드시 배상할 것이나 배상할 것이 없으
면 그 몸을 팔아 그 도둑질한 것을 배상할 것
이요
4 도둑질한 것이 살아 그의 손에 있으면 소나
나귀나 양을 막론하고 갑절을 배상할지니
라
5 ●사람이 밭에서나 포도원에서 짐승을 먹이
다가 자기의 짐승을 놓아 남의 밭에서 먹게
하면 자기 밭의 가장 좋은 것과 자기 포도원
의 가장 좋은 것으로 배상할지니라
6 ●불이 나서 가시나무에 댕겨 낟가리나 거두
지 못한 곡식이나 밭을 태우면 불 놓은 자가
반드시 배상할지니라
7 ●사람이 돈이나 물품을 이웃에게 맡겨 지
키게 하였다가 그 이웃 집에서 도둑을 맞았
는데 그 도둑이 잡히면 갑절을 배상할 것이
요

bull has had the habit of goring and the owner
has been warned but has not kept it penned
up and it kills a man or woman, the bull is to
be stoned and its owner also is to be put to
30 death. ●However, if payment is demanded,
the owner may redeem his life by the pay-
31 ment of whatever is demanded. ●This law also
32 applies if the bull gores a son or daughter. ●If
the bull gores a male or female slave, the
owner must pay thirty shekels[a] of silver to the
master of the slave, and the bull is to be stoned
to death.
33 ●"If anyone uncovers a pit or digs one and
fails to cover it and an ox or a donkey falls into
34 it, ●the one who opened the pit must pay the
owner for the loss and take the dead animal in
exchange.
35 ●"If anyone's bull injures someone else's
bull and it dies, the two parties are to sell the
live one and divide both the money and the
36 dead animal equally. ●However, if it was
known that the bull had the habit of goring,
yet the owner did not keep it penned up, the
owner must pay, animal for animal, and take
the dead animal in exchange.

Protection of Property

22 [b]"Whoever steals an ox or a sheep
and slaughters it or sells it must pay
back five head of cattle for the ox and four
sheep for the sheep.
2 ●"If a thief is caught breaking in at night
and is struck a fatal blow, the defender is not
3 guilty of bloodshed; ●but if it happens after
sunrise, the defender is guilty of bloodshed.
"Anyone who steals must certainly make
restitution, but if they have nothing, they must
4 be sold to pay for their theft. ●If the stolen ani-
mal is found alive in their possession—whet-
her ox or donkey or sheep—they must pay
back double.
5 ●"If anyone grazes their livestock in a field
or vineyard and lets them stray and they graze
in someone else's field, the offender must
make restitution from the best of their own
field or vineyard.
6 ●"If a fire breaks out and spreads into thorn-
bushes so that it burns shocks of grain or stand-
ing grain or the whole field, the one who start-
ed the fire must make restitution.

[a]*32* That is, about 12 ounces or about 345 grams
[b]In Hebrew texts 22:1 is numbered 21:37, and 22:2-31 is numbered 22:1-30.

apply [əplái] *vi.* 적용하다
bloodshed [blʌ́dʃèd] *n.* 피 흘림
defender [diféndər] *n.* 방어자
divide [diváid] *vt.* 나누다
grain [grein] *n.* 곡식
graze [greiz] *vt.* 풀을 먹이다
guilty [gílti] *a.* 유죄의
injure [índʒər] *vt.* 상하게 하다
ox [aks] *n.* 황소
party [pá:rti] *n.* 동료, 일행
pit [pit] *n.* 구덩이
possession [pəzéʃən] *n.* 소유물
property [prápərti] *n.* 재산, 소유물
redeem [ridí:m] *vt.* 값주고 다시 사다
theft [θeft] *n.* 도둑질

21:33 fail to...: …하지 않다
21:33 fall into...: …로 빠지다(떨어지다)
21:35 both A and B: A, B 둘 다
21:36 pen up: 감금하다
22:1 pay back: 갚다, 배상하다
22:6 break out: 발생하다, 일어나다

8 도둑이 잡히지 아니하면 그 집 주인이 [1)]재판
장 앞에 가서 자기가 그 이웃의 물품에 손 댄
여부의 조사를 받을 것이며
9 어떤 잃은 물건 즉 소나 나귀나 양이나 의복
이나 또는 다른 잃은 물건에 대하여 어떤 사
람이 이르기를 이것이 그것이라 하면 양편이
[1)]재판장 앞에 나아갈 것이요 재판장이 죄 있
다고 하는 자가 그 상대편에게 갑절을 배상
할지니라
10 ●사람이 나귀나 소나 양이나 다른 짐승을
이웃에게 맡겨 지키게 하였다가 죽거나 상하
거나 끌려가도 본 사람이 없으면
11 두 사람 사이에 맡은 자가 이웃의 것에 손을
대지 아니하였다고 여호와께 맹세할 것이요
그 임자는 그대로 믿을 것이며 그 사람은 배
상하지 아니하려니와
12 만일 자기에게서 도둑 맞았으면 그 임자에게
배상할 것이며
13 만일 찢겼으면 그것을 가져다가 증언할 것이
요 그 찢긴 것에 대하여 배상하지 아니할지
니라
14 ●만일 이웃에게 빌려온 것이 그 임자가 함
께 있지 아니할 때에 상하거나 죽으면 반드
시 배상하려니와
15 그 임자가 그것과 함께 있었으면 배상하지
아니할지니라 만일 세 낸 것이면 세로 족하
니라

도덕에 관한 법 (♪ 325, 370장)

16 ●사람이 약혼하지 아니한 처녀를 꾀어 동침
하였으면 납폐금을 주고 아내로 삼을 것이요
17 만일 처녀의 아버지가 딸을 그에게 주기를
거절하면 그는 처녀에게 납폐금으로 돈을 낼
지니라
18 ●너는 무당을 살려두지 말라
19 ●짐승과 행음하는 자는 반드시 죽일지니라
20 ●여호와 외에 다른 신에게 제사를 드리는
자는 멸할지니라
21 너는 이방 나그네를 압제하지 말며 그들을
학대하지 말라 너희도 애굽 땅에서 나그네였
음이라
22 너는 과부나 고아를 해롭게 하지 말라
23 네가 만일 그들을 해롭게 하므로 그들이 내
게 부르짖으면 내가 반드시 그 부르짖음을
들으리라
24 나의 노가 맹렬하므로 내가 칼로 너희를 죽
이리니 너희의 아내는 과부가 되고 너희 자
녀는 고아가 되리라

시 69:24

7 ●"If anyone gives a neighbor silver or goods
for safekeeping and they are stolen from the
neighbor's house, the thief, if caught, must
8 pay back double. ●But if the thief is not
found, the owner of the house must appear
before the judges, and they must[a] determine
whether the owner of the house has laid
9 hands on the other person's property. ●In all
cases of illegal possession of an ox, a donkey, a
sheep, a garment, or any other lost property
about which somebody says, 'This is mine,'
both parties are to bring their cases before the
judges.[b] The one whom the judges declare[c]
guilty must pay back double to the other.
10 ●"If anyone gives a donkey, an ox, a sheep
or any other animal to their neighbor for safe-
keeping and it dies or is injured or is taken
11 away while no one is looking, ●the issue
between them will be settled by the taking of
an oath before the LORD that the neighbor did
not lay hands on the other person's property.
The owner is to accept this, and no restitution
12 is required. ●But if the animal was stolen from
the neighbor, restitution must be made to the
13 owner. ●If it was torn to pieces by a wild ani-
mal, the neighbor shall bring in the remains as
evidence and shall not be required to pay for
the torn animal.
14 ●"If anyone borrows an animal from their
neighbor and it is injured or dies while the
owner is not present, they must make restitu-
15 tion. ●But if the owner is with the animal, the
borrower will not have to pay. If the animal
was hired, the money paid for the hire covers
the loss.

Social Responsibility

16 ●"If a man seduces a virgin who is not
pledged to be married and sleeps with her, he
must pay the bride-price, and she shall be his
17 wife. ●If her father absolutely refuses to give
her to him, he must still pay the bride-price
for virgins.
18 ●"Do not allow a sorceress to live.
19 ●"Anyone who has sexual relations with
an animal is to be put to death.
20 ●"Whoever sacrifices to any god other
than the LORD must be destroyed.[d]
21 ●"Do not mistreat or oppress a foreigner,
for you were foreigners in Egypt.

[a]8 Or *before God, and he will* [b]9 Or *before God* [c]9 Or *whom God declares* [d]20 The Hebrew term refers to the irrevocable giving over of things or persons to the LORD, often by totally destroying them. 1) 하나님

declare [dikléər] *vt.* 선언하다
determine [ditə́:rmin] *vt.* 결정하다
evidence [évədəns] *n.* 증거물
garment [gɑ́:rmənt] *n.* 의복
illegal [ilí:gəl] *a.* 불법의
mistreat [mìstrí:t] *vt.* 학대하다
oppress [əprés] *vt.* 억압하다
pledge [pledʒ] *n.* 맹세
property [prɑ́pərti] *n.* 재산, 소유
refuse [rifjú:z] *vt.* 거절하다
restitution [rèstətjú:ʃən] *n.* 보상
sacrifice [sǽkrəfàis] *vt.* 희생 제사를 드리다
safekeeping [séifkí:piŋ] *n.* 보관, 보호
sorceress [sɔ́:rsəris] *n.* 여자 마법사
torn [tɔ:rn] *a.* 찢겨진

22:7 be stolen from...: …에서 도둑맞다
22:11 be settled: 해결되다
22:11 take an oath: 맹세하다
22:13 was torn to pieces: 찢겨서 조각나다
22:15 not have to...: …할 필요가 없다
22:20 other than...: …이외의

25 ●네가 만일 너와 함께 한 내 백성 중에서 가
난한 자에게 돈을 꾸어 주면 너는 그에게 채
권자같이 하지 말며 이자를 받지 말 것이며
26 네가 만일 이웃의 옷을 전당 잡거든 해가 지
기 전에 그에게 돌려보내라
27 그것이 유일한 옷이라 그것이 그의 알몸을
가릴 옷인즉 그가 무엇을 입고 자겠느냐 그
가 내게 부르짖으면 내가 들으리니 나는 자
비로운 자임이니라
28 ●너는 재판장을 모독하지 말며 백성의 지도
자를 저주하지 말지니라
29 너는 네가 추수한 것과 네가 짜낸 즙을 바치
기를 더디하지 말지며 네 처음 난 아들들을
내게 줄지며
30 네 소와 양도 그와 같이 하되 이레 동안 어미
와 함께 있게 하다가 여드레 만에 내게 줄지
니라
31 너희는 내게 거룩한 사람이 될지니 들에서
짐승에게 찢긴 동물의 고기를 먹지 말고 그
것을 개에게 던질지니라

공평에 관한 법 — B.C. 1450년경

23 너는 거짓된 풍설을 퍼뜨리지 말며 악
인과 연합하여 위증하는 증인이 되지
말며
2 다수를 따라 악을 행하지 말며 송사에 다수
를 따라 부당한 증언을 하지 말며 잠 1:10
3 가난한 자의 송사라고 해서 편벽되이 두둔하
지 말지니라
4 ●네가 만일 네 원수의 길 잃은 소나 나귀를
보거든 반드시 그 사람에게로 돌릴지며
5 네가 만일 너를 미워하는 자의 나귀가 짐을
싣고 엎드러짐을 보거든 그것을 버려두지 말
고 그것을 도와 그 짐을 부릴지니라
6 ●너는 가난한 자의 송사라고 정의를 굽게
하지 말며 전 5:8
7 거짓 일을 멀리하며 무죄한 자와 의로운 자
를 죽이지 말라 나는 악인을 의롭다 하지 아
니하겠노라
8 너는 뇌물을 받지 말라 뇌물은 밝은 자의 눈
을 어둡게 하고 의로운 자의 말을 굽게 하느
니라
9 너는 이방 나그네를 압제하지 말라 너희가
애굽 땅에서 나그네 되었었은즉 나그네의 사
정을 아느니라 22:21

안식년과 안식일에 관한 법

10 ●너는 여섯 해 동안은 너의 땅에 파종하여
그 소산을 거두고

22 ●"Do not take advantage of the widow or
23 the fatherless. ●If you do and they cry out to
24 me, I will certainly hear their cry. ●My anger
will be aroused, and I will kill you with the
sword; your wives will become widows and
your children fatherless.
25 ●"If you lend money to one of my people
among you who is needy, do not treat it like a
26 business deal; charge no interest. ●If you take
your neighbor's cloak as a pledge, return it by
27 sunset, ●because that cloak is the only cover-
ing your neighbor has. What else can they
sleep in? When they cry out to me, I will hear,
for I am compassionate.
28 ●"Do not blaspheme God[a] or curse the ruler
of your people.
29 ●"Do not hold back offerings from your gra-
naries or your vats.[b]
"You must give me the firstborn of your sons.
30 ●Do the same with your cattle and your sheep.
Let them stay with their mothers for seven
days, but give them to me on the eighth day.
31 ●"You are to be my holy people. So do not
eat the meat of an animal torn by wild beasts;
throw it to the dogs.

Laws of Justice and Mercy

23 "Do not spread false reports. Do not
help a guilty person by being a mali-
cious witness.
2 ●"Do not follow the crowd in doing wrong.
When you give testimony in a lawsuit, do not
3 pervert justice by siding with the crowd, ●and
do not show favoritism to a poor person in a
lawsuit.
4 ●"If you come across your enemy's ox or
5 donkey wandering off, be sure to return it. ●If
you see the donkey of someone who hates you
fallen down under its load, do not leave it
there; be sure you help them with it.
6 ●"Do not deny justice to your poor people
7 in their lawsuits. ●Have nothing to do with a
false charge and do not put an innocent or
honest person to death, for I will not acquit the
guilty.
8 ●"Do not accept a bribe, for a bribe blinds
those who see and twists the words of the inno-
cent.
9 ●"Do not oppress a foreigner; you your-
selves know how it feels to be foreigners, be-
cause you were foreigners in Egypt.

[a]28 Or *Do not revile the judges* [b]29 The meaning of the Hebrew for this phrase is uncertain.

acquit [əkwít] *vt.* 사면하다
blaspheme [blæsfíːm] *vt.* 모독하다
bribe [braib] *n.* 뇌물
charge [tʃɑːrdʒ] *n.* 고소
cloak [klouk] *n.* 겉옷
compassionate [kəmpǽʃənət] *a.* 인정 많은
curse [kəːrs] *vt.* 저주하다
favoritism [féivəritìzm] *n.* 편애
granary [gréinəri] *n.* 곡창
lawsuit [lɔ́ːsùːt] *n.* 소송
malicious [məlíʃəs] *a.* 악의 있는
pervert [pərvə́ːrt] *vt.* 왜곡하다
spread [spred] *vt.* 퍼뜨리다
testimony [téstimòuni] *n.* 증거
widow [wídou] *n.* 과부

22:22 take advantage of...: …를 이용하다
22:29 hold back: 주저하다
23:2 side with...: …편을 지지하다
23:4 come across: 우연히 만나다
23:4 be sure to...: 반드시 …하다
23:8 those who...: …하는 사람들

11 일곱째 해에는 갈지 말고 묵혀두어서 네 백성의 가난한 자들이 먹게 하라 그 남은 것은 들짐승이 먹으리라 네 포도원과 감람원도 그리할지니라

12 너는 엿새 동안에 네 일을 하고 일곱째 날에는 쉬라 네 소와 나귀가 쉴 것이며 네 여종의 자식과 나그네가 숨을 돌리리라

13 내가 네게 이른 모든 일을 삼가 지키고 다른 신들의 이름은 부르지도 말며 네 입에서 들리게도 하지 말지니라 시 39:1

세 가지 절기에 관한 법 (출 34:18-26; 신 16:1-17)

14 ●너는 매년 세 번 내게 절기를 지킬지니라

15 너는 무교병의 절기를 지키라 내가 네게 명령한 대로 아빕 월의 정한 때에 이레 동안 무교병을 먹을지니 이는 그달에 네가 애굽에서 나왔음이라 빈 손으로 내 앞에 나오지 말지니라

16 맥추절을 지키라 이는 네가 수고하여 밭에 뿌린 것의 첫 열매를 거둠이니라 수장절을 지키라 이는 네가 수고하여 이룬 것을 연말에 밭에서부터 거두어 저장함이니라 34:22

17 네 모든 남자는 매년 세 번씩 주 여호와께 보일지니라

18 ●너는 네 제물의 피를 유교병과 함께 드리지 말며 내 절기 제물의 기름을 아침까지 남겨두지 말지니라 34:25

19 네 토지에서 처음 거둔 열매의 가장 좋은 것을 가져다가 너의 하나님 여호와의 전에 드릴지니라 너는 염소 새끼를 그 어미의 젖으로 삶지 말지니라

명령과 약속 (♪ 349, 351장)

20 ●내가 사자를 네 앞서 보내어 길에서 너를 보호하여 너를 내가 예비한 곳에 이르게 하리니

21 너희는 삼가 그의 목소리를 청종하고 그를 노엽게 하지 말라 그가 너희의 허물을 용서하지 아니할 것은 내 이름이 그에게 있음이니라

22 네가 그의 목소리를 잘 청종하고 내 모든 말대로 행하면 내가 네 원수에게 원수가 되고 네 대적에게 대적이 될지라

23 내 사자가 네 앞서 가서 너를 아모리 사람과 헷 사람과 브리스 사람과 가나안 사람과 히위 사람과 여부스 사람에게로 인도하고 나는 그들을 끊으리니

24 너는 그들의 신을 경배하지 말며 섬기지 말며 그들의 행위를 본받지 말고 그것들을 다

Sabbath Laws

10 •"For six years you are to sow your fields
11 and harvest the crops, •but during the sev-
enth year let the land lie unplowed and
unused. Then the poor among your people
may get food from it, and the wild animals
may eat what is left. Do the same with your
vineyard and your olive grove.
12 •"Six days do your work, but on the sev-
enth day do not work, so that your ox and
your donkey may rest, and so that the slave
born in your household and the foreigner liv-
ing among you may be refreshed.
13 •"Be careful to do everything I have said to
you. Do not invoke the names of other gods;
do not let them be heard on your lips.

The Three Annual Festivals

14 •"Three times a year you are to celebrate a
festival to me.
15 •"Celebrate the Festival of Unleavened
Bread; for seven days eat bread made without
yeast, as I commanded you. Do this at the
appointed time in the month of Aviv, for in
that month you came out of Egypt.
"No one is to appear before me empty-
handed.
16 •"Celebrate the Festival of Harvest with the
firstfruits of the crops you sow in your field.
"Celebrate the Festival of Ingathering at the
end of the year, when you gather in your crops
from the field.
17 •"Three times a year all the men are to
appear before the Sovereign LORD.
18 •"Do not offer the blood of a sacrifice to me
along with anything containing yeast.
"The fat of my festival offerings must not be
kept until morning.
19 •"Bring the best of the firstfruits of your soil
to the house of the LORD your God.
"Do not cook a young goat in its mother's
milk.

God's Angel to Prepare the Way

20 •"See, I am sending an angel ahead of you
to guard you along the way and to bring you
21 to the place I have prepared. •Pay attention to
him and listen to what he says. Do not rebel
against him; he will not forgive your rebellion,
22 since my Name is in him. •If you listen care-
fully to what he says and do all that I say, I will
be an enemy to your enemies and will oppose
23 those who oppose you. •My angel will go
ahead of you and bring you into the land of

appear [əpíər] *vi.* 나타나다
appoint [əpɔ́int] *vt.* 지정하다
celebrate [séləbrèit] *vt.* 거행하다
crop [krap] *n.* 작물
firstfruits [fə́:rstfrù:ts] *n.* 첫수확
grove [grouv] *n.* 작은 과수원
harvest [há:rvist] *n.* 수확
ingather [íngæ̀ðər] *vt.* 수확하다
invoke [invóuk] *vt.* 불러내다
oppose [əpóuz] *vt.* 대적하다
rebellion [ribéljən] *n.* 반역
sacrifice [sǽkrəfàis] *n.* 희생 제물
sovereign [sávərin] *n.* 주권자
unleavened [ʌnlévənd] *a.* 발효되지 않은
vineyard [vínjərd] *n.* 포도원

23:12 so that~may...: …하기 위해
23:13 be careful to...: 주의하여 …하다
23:16 gather in...: …를 거두어들이다
23:20 ahead of...: …의 앞에서
23:21 pay attention to...: …에 주의를 기울이다

깨뜨리며 그들의 주상을 부수고
25 네 하나님 여호와를 섬기라 그리하면 여호와
가 너희의 양식과 물에 복을 내리고 너희 중
에서 병을 제하리니
26 네 나라에 낙태하는 자가 없고 임신하지 못
하는 자가 없을 것이라 내가 너의 날 수를 채
우리라
27 내가 내 위엄을 네 앞서 보내어 네가 이를 곳
의 모든 백성을 물리치고 네 모든 원수들이
네게 등을 돌려 도망하게 할 것이며
28 내가 왕벌을 네 앞에 보내리니 그 벌이 히위
족속과 가나안 족속과 헷 족속을 네 앞에서
쫓아내리라
29 그러나 그 땅이 황폐하게 됨으로 들짐승이
번성하여 너희를 해할까 하여 일 년 안에는
그들을 네 앞에서 쫓아내지 아니하고
30 네가 번성하여 그 땅을 기업으로 얻을 때까
지 내가 그들을 네 앞에서 조금씩 쫓아내리
라
31 내가 네 경계를 홍해에서부터 블레셋 바다까
지, 광야에서부터 [1]강까지 정하고 그 땅의 주
민을 네 손에 넘기리니 네가 그들을 네 앞에
서 쫓아낼지라
32 너는 그들과 그들의 신들과 언약하지 말라
33 그들이 네 땅에 머무르지 못할 것은 그들이
너를 내게 범죄하게 할까 두려움이라 네가
그 신들을 섬기면 그것이 너의 올무가 되리
라

시내 산에서 언약을 세우다 — B.C. 1450년경

24 또 모세에게 이르시되 너는 아론과 나
답과 아비후와 이스라엘 장로 칠십 명
과 함께 여호와께로 올라와 멀리서 경배하고
2 너 모세만 여호와께 가까이 나아오고 그들은
가까이 나아오지 말며 백성은 너와 함께 올
라오지 말지니라
3 모세가 와서 여호와의 모든 말씀과 그의 모
든 율례를 백성에게 전하매 그들이 한 소리
로 응답하여 이르되 여호와께서 말씀하신 모
든 것을 우리가 준행하리이다 신 5:27
4 모세가 여호와의 모든 말씀을 기록하고 이른
아침에 일어나 산 아래에 제단을 쌓고 이스
라엘 열두 지파대로 열두 기둥을 세우고
5 이스라엘 자손의 청년들을 보내어 여호와께
소로 번제와 화목제를 드리게 하고
6 모세가 피를 가지고 반은 여러 양푼에 담고
반은 제단에 뿌리고
7 언약서를 가져다가 백성에게 낭독하여 듣게

the Amorites, Hittites, Perizzites, Canaanites,
Hivites and Jebusites, and I will wipe them out.
24 •Do not bow down before their gods or wor-
ship them or follow their practices. You must
demolish them and break their sacred stones
25 to pieces. •Worship the LORD your God, and
his blessing will be on your food and water. I
will take away sickness from among you,
26 •and none will miscarry or be barren in your
land. I will give you a full life span.
27 •"I will send my terror ahead of you and
throw into confusion every nation you
encounter. I will make all your enemies turn
28 their backs and run. •I will send the hornet
ahead of you to drive the Hivites, Canaanites
29 and Hittites out of your way. •But I will not
drive them out in a single year, because the
land would become desolate and the wild ani-
30 mals too numerous for you. •Little by little I
will drive them out before you, until you have
increased enough to take possession of the land.
31 •"I will establish your borders from the Red
Sea[a] to the Mediterranean Sea,[b] and from the
desert to the Euphrates River. I will give into
your hands the people who live in the land,
32 and you will drive them out before you. •Do
not make a covenant with them or with their
33 gods. •Do not let them live in your land or
they will cause you to sin against me, because
the worship of their gods will certainly be a
snare to you."

The Covenant Confirmed

24 Then the LORD said to Moses, "Come
up to the LORD, you and Aaron, Nadab
and Abihu, and seventy of the elders of Israel.
2 You are to worship at a distance, •but Moses
alone is to approach the LORD; the others must
not come near. And the people may not come
up with him."
3 •When Moses went and told the people all
the LORD's words and laws, they responded
with one voice, "Everything the LORD has said
4 we will do." •Moses then wrote down every-
thing the LORD had said.
He got up early the next morning and built
an altar at the foot of the mountain and set up
twelve stone pillars representing the twelve
5 tribes of Israel. •Then he sent young Israelite
men, and they offered burnt offerings and sac-
rificed young bulls as fellowship offerings to

[a]31 Or *the Sea of Reeds* [b]31 Hebrew *to the Sea of the Philistines* 1) 유브라데 강

altar [ɔ́:ltər] *n.* 제단
approach [əpróutʃ] *vt.* 접근하다
barren [bǽrən] *a.* 불임의
confusion [kənfjú:ʒən] *n.* 혼란
covenant [kʌvənənt] *n.* 언약
demolish [dimáliʃ] *vt.* 파괴하다
desolate [désələt] *a.* 황폐한
elder [éldər] *n.* 장로
establish [istǽbliʃ] *vt.* 세우다
fellowship [félouʃìp] *n.* 화목
miscarry [mìskǽri] *vi.* 실패하다
offer [ɔ́:fər] *vt.* 제공하다
possession [pəzéʃən] *n.* 소유
snare [snɛər] *n.* 덫, 올무
worship [wə́:rʃip] *vi.* 경배하다

23:24 bow down: 절하다
23:24 break to pieces: 산산조각내다
23:27 turn one's back: 등을 돌리다
24:1 at a distance: 멀리서
24:2 come up: 오르다
24:4 at the foot: (산 등의) 기슭에

하니 그들이 이르되 여호와의 모든 말씀을
우리가 준행하리이다
8 모세가 그 피를 가지고 백성에게 뿌리며 이
르되 이는 여호와께서 이 모든 말씀에 대하
여 너희와 세우신 언약의 피니라 히 9:19, 20
9 ●모세와 아론과 나답과 아비후와 이스라
엘 장로 칠십 인이 올라가서 24:1
10 이스라엘의 하나님을 보니 그의 발 아래에
는 청옥을 편 듯하고 하늘같이 청명하더라
11 하나님이 이스라엘 자손들의 존귀한 자들
에게 손을 대지 아니하셨고 그들은 하나님
을 뵙고 먹고 마셨더라 19:21

시내 산에서 사십 일을 있다

12 ●여호와께서 모세에게 이르시되 너는 산
에 올라 내게로 와서 거기 있으라 네가 그
들을 가르치도록 내가 율법과 계명을 친히
기록한 돌판을 네게 주리라
13 모세가 그의 부하 여호수아와 함께 일어나
모세가 하나님의 산으로 올라가며
14 장로들에게 이르되 너희는 여기서 우리가
너희에게로 돌아오기까지 기다리라 아론
과 훌이 너희와 함께하리니 무릇 일이 있는
자는 그들에게로 나아갈지니라 하고
15 모세가 산에 오르매 구름이 산을 가리며 19:9
16 여호와의 영광이 시내 산 위에 머무르고 구
름이 엿새 동안 산을 가리더니 일곱째 날에
여호와께서 구름 가운데서 모세를 부르시
니라
17 산 위의 여호와의 영광이 이스라엘 자손의
눈에 맹렬한 불같이 보였고
18 모세는 구름 속으로 들어가서 산 위에 올랐
으며 모세가 사십 일 사십 야를 산에 있으
니라

성소를 지을 예물 — B.C. 1450년경

25 여호와께서 모세에게 말씀하여 이르
시되
2 이스라엘 자손에게 명령하여 내게 예물을
가져오라 하고 기쁜 마음으로 내는 자가 내
게 바치는 모든 것을 너희는 받을지니라
3 너희가 그들에게서 받을 예물은 이러하니
금과 은과 놋과
4 청색 자색 홍색 실과 가는 베실과 염소털과
5 붉은 물들인 숫양의 가죽과 [1]해달의 가죽과
[2]조각목과
6 등유와 관유에 드는 향료와 분향할 향을 만
들 향품과 27:20
7 호마노며 에봇과 흉패에 물릴 보석이니라

6 the LORD. ●Moses took half of the blood and put
it in bowls, and the other half he splashed
7 against the altar. ●Then he took the Book of
the Covenant and read it to the people. They
responded, "We will do everything the LORD has
said; we will obey."
8 ●Moses then took the blood, sprinkled it on
the people and said, "This is the blood of the
covenant that the LORD has made with you in
accordance with all these words."
9 ●Moses and Aaron, Nadab and Abihu, and
10 the seventy elders of Israel went up ●and saw
the God of Israel. Under his feet was something
like a pavement made of lapis lazuli, as bright
11 blue as the sky. ●But God did not raise his hand
against these leaders of the Israelites; they saw
God, and they ate and drank.
12 ●The LORD said to Moses, "Come up to me on
the mountain and stay here, and I will give you
the tablets of stone with the law and command-
ments I have written for their instruction."
13 ●Then Moses set out with Joshua his aide, and
14 Moses went up on the mountain of God. ●He
said to the elders, "Wait here for us until we come
back to you. Aaron and Hur are with you, and
anyone involved in a dispute can go to them."
15 ●When Moses went up on the mountain, the
16 cloud covered it, ●and the glory of the LORD set-
tled on Mount Sinai. For six days the cloud cov-
ered the mountain, and on the seventh day the
LORD called to Moses from within the cloud.
17 ●To the Israelites the glory of the LORD looked
like a consuming fire on top of the mountain.
18 ●Then Moses entered the cloud as he went on
up the mountain. And he stayed on the moun-
tain forty days and forty nights.

Offerings for the Tabernacle

25 1-2 The LORD said to Moses, ●"Tell the
Israelites to bring me an offering. You
are to receive the offering for me from everyone
3 whose heart prompts them to give. ●These are
the offerings you are to receive from them:
4 gold, silver and bronze; ●blue, purple and scar-
5 let yarn and fine linen; goat hair; ●ram skins
dyed red and another type of durable leather[a];
6 acacia wood; ●olive oil for the light; spices for
the anointing oil and for the fragrant incense;
7 ●and onyx stones and other gems to be mount-
ed on the ephod and breastpiece.
8 ●"Then have them make a sanctuary for me,

[a]5 Possibly the hides of large aquatic mammals 1) 또는 돌고래 2) 또는 아카시아 나무

accordance [əkɔ́:rdəns] *n.* 일치
breastpiece [bréstpi:s] *n.* 흉패
consuming [kənsú:miŋ] *a.* 태워 버리는
dispute [dispjú:t] *n.* 분쟁
fragrant [fréigrənt] *a.* 향기로운
incense [ínsens] *n.* 향
instruction [instrʌ́kʃən] *n.* 지시
involve [inválv] *vt.* 연루시키다
pavement [péivmənt] *n.* 포장도로
respond [rispánd] *vt.* 대답하다
sanctuary [sǽŋktʃuèri] *n.* 지성소
scarlet [ská:rlit] *a.* 진홍색의
sprinkle [spríŋkl] *vt.* 뿌리다
tabernacle [tǽbərnækl] *n.* 성막
tablet [tǽblit] *n.* 판

24:8 **make with...**: …와 함께 만들다
24:9 **go up**: 오르다
24:13 **set out**: 출발하다
24:16 **settle on...**: …에 내리다
25:2 **prompt to...**: …하도록 재촉하다
25:7 **mount... on~**: …를 ~에 박아 넣다

8 내가 그들 중에 거할 성소를 그들이 나를
위하여 짓되
9 무릇 내가 네게 보이는 모양대로 장막을 짓
고 기구들도 그 모양을 따라 지을지니라

증거궤 (출 37:1-9 ♪ 209장)

10 ●그들은 조각목으로 궤를 짜되 길이는
두 [1]규빗 반, 너비는 한 규빗 반, 높이는 한
규빗 반이 되게 하고
11 너는 순금으로 그것을 싸되 그 안팎을 싸고
위쪽 가장자리로 돌아가며 금테를 두르고
12 금고리 넷을 부어 만들어 그 네 발에 달되
이쪽에 두 고리 저쪽에 두 고리를 달며
13 조각목으로 채를 만들어 금으로 싸고
14 그 채를 궤 양쪽 고리에 꿰어서 궤를 메게
하며
15 채를 궤의 고리에 꿴 대로 두고 빼내지 말
지며
16 내가 네게 줄 [2]증거판을 궤 속에 둘지며
17 순금으로 [3]속죄소를 만들되 길이는 두 규
빗 반, 너비는 한 규빗 반이 되게 하고
18 금으로 그룹 둘을 [3]속죄소 두 끝에 쳐서 만
들되
19 한 그룹은 이 끝에, 또 한 그룹은 저 끝에 곧
[3]속죄소 두 끝에 [3]속죄소와 한 덩이로 연결
할지며
20 그룹들은 그 날개를 높이 펴서 그 날개로
[3]속죄소를 덮으며 그 얼굴을 서로 대하여
[3]속죄소를 향하게 하고 왕상 8:7
21 [3]속죄소를 궤 위에 얹고 내가 네게 줄 [2]증
거판을 궤 속에 넣으라
22 거기서 내가 너와 만나고 [3]속죄소 위 곧
[4]증거궤 위에 있는 두 그룹 사이에서 내가
이스라엘 자손을 위하여 네게 명령할 모든
일을 네게 이르리라

진설병을 두는 상 (출 37:10-16)

23 ●너는 조각목으로 상을 만들되 길이는 두
규빗, 너비는 한 규빗, 높이는 한 규빗 반이
되게 하고
24 순금으로 싸고 주위에 금테를 두르고
25 그 주위에 손바닥 넓이만한 턱을 만들고 그
턱 주위에 금으로 테를 만들고
26 그것을 위하여 금고리 넷을 만들어 그 네
발 위 네 모퉁이에 달되
27 턱 곁에 붙이라 이는 상을 멜 채를 꿸 곳이며
28 또 조각목으로 그 채를 만들고 금으로 싸라
상을 이것으로 멜 것이니라
29 너는 대접과 숟가락과 병과 붓는 잔을 만들

9 and I will dwell among them. ●Make this taber-
nacle and all its furnishings exactly like the pat-
tern I will show you.

The Ark

10 ●"Have them make an ark[a] of acacia wood
—two and a half cubits long, a cubit and a half
11 wide, and a cubit and a half high.[b] ●Overlay it
with pure gold, both inside and out, and make a
12 gold molding around it. ●Cast four gold rings
for it and fasten them to its four feet, with two
rings on one side and two rings on the other.
13 ●Then make poles of acacia wood and overlay
14 them with gold. ●Insert the poles into the rings
15 on the sides of the ark to carry it. ●The poles are
to remain in the rings of this ark; they are not to
16 be removed. ●Then put in the ark the tablets of
the covenant law, which I will give you.
17 ●"Make an atonement cover of pure gold
—two and a half cubits long and a cubit and a
18 half wide. ●And make two cherubim out of
19 hammered gold at the ends of the cover. ●Make
one cherub on one end and the second cherub
on the other; make the cherubim of one piece
20 with the cover, at the two ends. ●The cherubim
are to have their wings spread upward, over-
shadowing the cover with them. The cherubim
are to face each other, looking toward the cover.
21 ●Place the cover on top of the ark and put in
the ark the tablets of the covenant law that I
22 will give you. ●There, above the cover between
the two cherubim that are over the ark of the
covenant law, I will meet with you and give you
all my commands for the Israelites.

The Table

23 ●"Make a table of acacia wood—two cu-
bits long, a cubit wide and a cubit and a half
24 high.[c] ●Overlay it with pure gold and make a
25 gold molding around it. ●Also make around it
a rim a handbreadth[d] wide and put a gold
26 molding on the rim. ●Make four gold rings for
the table and fasten them to the four corners,
27 where the four legs are. ●The rings are to be
close to the rim to hold the poles used in carry-
28 ing the table. ●Make the poles of acacia wood,
overlay them with gold and carry the table
29 with them. ●And make its plates and dishes of

[a]*10* That is, a chest [b]*10* That is, about 3 3/4 feet long and 2 1/4 feet wide and high or about 1.1 meters long and 68 centimeters wide and high; similarly in verse 17 [c]*23* That is, about 3 feet long, 1 1/2 feet wide and 2 1/4 feet high or about 90 centimeters long, 45 centimeters wide and 68 centimeters high [d]*25* That is, about 3 inches or about 7.5 centimeters

1) 히, 암마 2) 법 3) 시은좌 곧 은혜의 자리 4) 법궤

ark [ɑ:rk] *n.* 궤
atonement [ətóunmənt] *n.* 속죄소
cherubim [tʃérəbim] *n.* 그룹
cubit [kjú:bit] *n.* 규빗(약 50cm)
exactly [igzǽktli] *ad.* 정확하게
fasten [fǽsn] *vt.* 단단히 매다
hammered [hǽmərd] *a.* 두드려 만든
handbreadth [hǽndbrèdθ] *n.* 손바닥 넓이
insert [insə́:rt] *vt.* 끼워 넣다
molding [móuldiŋ] *n.* 조형
overlay [òuvərléi] *vt.* 씌우다
overshadow [òuvərʃǽdou] *vt.* 가리다
pole [poul] *n.* 막대기
rim [rim] *n.* 가장자리
upward [ʌpwərd] *ad.* 위쪽으로

25:11 overlay... with~: …를 ~로 씌우다
25:11 both inside and out: 안 · 바깥쪽 다
25:12 on the other: 다른 쪽에는
25:18 make A out of B: A를 B로 만들다
25:21 cover on: 덮다
25:21 put in: 넣어두다

되 순금으로 만들며
30 상 위에 진설병을 두어 항상 내 앞에 있게 할
지니라

등잔대와 기구들 (출 37:17-24)

31 ●너는 순금으로 등잔대를 쳐 만들되 그 밑
판과 줄기와 잔과 꽃받침과 꽃을 한 덩이로
연결하고
32 가지 여섯을 등잔대 곁에서 나오게 하되 다
른 세 가지는 이쪽으로 나오고 다른 세 가지
는 저쪽으로 나오게 하며
33 이쪽 가지에 살구꽃 형상의 잔 셋과 꽃받침
과 꽃이 있게 하고 저쪽 가지에도 살구꽃 형
상의 잔 셋과 꽃받침과 꽃이 있게 하여 등잔
대에서 나온 가지 여섯을 같게 할지며
34 등잔대 줄기에는 살구꽃 형상의 잔 넷과 꽃
받침과 꽃이 있게 하고
35 등잔대에서 나온 가지 여섯을 위하여 꽃받침
이 있게 하되 두 가지 아래에 한 꽃받침이 있
어 줄기와 연결하며 또 두 가지 아래에 한 꽃
받침이 있어 줄기와 연결하며 또 두 가지 아
래에 한 꽃받침이 있어 줄기와 연결하게 하고
36 그 꽃받침과 가지를 줄기와 연결하여 전부를
순금으로 쳐 만들고
37 등잔 일곱을 만들어 그 위에 두어 앞을 비추
게 하며
38 그 불집게와 불똥 그릇도 순금으로 만들지니
39 등잔대와 이 모든 기구를 순금 한 달란트로
만들되
40 너는 삼가 이 산에서 네게 보인 양식대로 할
지니라

성막 (출 36:8-38 ♪ 304, 310장)

26 너는 성막을 만들되 가늘게 꼰 베실과
청색 자색 홍색 실로 그룹을 정교하게
수놓은 열 폭의 휘장을 만들지니 36:8
2 매 폭의 길이는 스물여덟 규빗, 너비는 네 규
빗으로 각 폭의 장단을 같게 하고
3 그 휘장 다섯 폭을 서로 연결하며 다른 다섯
폭도 서로 연결하고
4 그 휘장을 이을 끝폭 가에 청색 고를 만들며
이어질 다른 끝폭 가에도 그와 같이 하고
5 휘장 끝폭 가에 고 쉰 개를 달며 다른 휘장
끝폭 가에도 고 쉰 개를 달고 그 고들을 서로
마주 보게 하고
6 금갈고리 쉰 개를 만들고 그 갈고리로 휘장
을 연결하여 한 성막을 이룰지며
7 그 성막을 덮는 막 곧 휘장을 염소털로 만들
되 열한 폭을 만들지며 36:14

pure gold, as well as its pitchers and bowls for
30 the pouring out of offerings. •Put the bread
of the Presence on this table to be before me
at all times.

The Lampstand

31 •"Make a lampstand of pure gold. Hamm-
er out its base and shaft, and make its flower-
like cups, buds and blossoms of one piece
32 with them. •Six branches are to extend from
the sides of the lampstand—three on one side
33 and three on the other. •Three cups shaped
like almond flowers with buds and blossoms
are to be on one branch, three on the next
branch, and the same for all six branches
34 extending from the lampstand. •And on the
lampstand there are to be four cups shaped
like almond flowers with buds and blossoms.
35 •One bud shall be under the first pair of
branches extending from the lampstand, a
second bud under the second pair, and a
third bud under the third pair—six branches
36 in all. •The buds and branches shall all be of
one piece with the lampstand, hammered
out of pure gold.
37 •"Then make its seven lamps and set them
up on it so that they light the space in front of
38 it. •Its wick trimmers and trays are to be of
39 pure gold. •A talent[a] of pure gold is to be used
for the lampstand and all these accessories.
40 •See that you make them according to the pat-
tern shown you on the mountain.

The Tabernacle

26 "Make the tabernacle with ten cur-
tains of finely twisted linen and
blue, purple and scarlet yarn, with cherubim
2 woven into them by a skilled worker. •All
the curtains are to be the same size—twen-
ty-eight cubits long and four cubits wide.[b]
3 •Join five of the curtains together, and do
4 the same with the other five. •Make loops of
blue material along the edge of the end cur-
tain in one set, and do the same with the end
5 curtain in the other set. •Make fifty loops on
one curtain and fifty loops on the end cur-
tain of the other set, with the loops opposite
6 each other. •Then make fifty gold clasps
and use them to fasten the curtains together

[a]39 That is, about 75 pounds or about 34 kilograms
[b]2 That is, about 42 feet long and 6 feet wide or about 13 meters long and 1.8 meters wide

accessory [æksésəri] *n.* 부속물
almond [ɑ́:mənd] *n.* 아몬드
blossom [blɑ́səm] *n.* 꽃
branch [bræntʃ] *n.* 가지
bud [bʌd] *n.* 봉오리
clasp [klæsp] *n.* 걸쇠
curtain [kə́:rtn] *n.* 휘장
edge [edʒ] *n.* 가장자리
extend [iksténd] *vi.* 뻗다
lampstand [lǽmpstænd] *n.* 등대
pitcher [pítʃər] *n.* 물주전자
shaft [ʃæft] *n.* 기둥
tray [trei] *n.* 쟁반
trimmer [trímər] *n.* 가위, 식칼
yarn [ja:rn] *n.* 실, 꼰실

25:29 pour out: 쏟다
25:35 in all: 모두 합하여(=altogether)
25:37 set up: 배치하다
25:37 in front of...: …의 앞에
25:40 see that...: …하도록 주의를 기울이다

8 각 폭의 길이는 서른 규빗, 너비는 네 규빗으로 열한 폭의 길이를 같게 하고
9 그 휘장 다섯 폭을 서로 연결하며 또 여섯 폭을 서로 연결하고 그 여섯째 폭 절반은 성막 전면에 접어 드리우고
10 휘장을 이을 끝폭 가에 고 쉰 개를 달며 다른 이을 끝폭 가에도 고 쉰 개를 달고
11 놋 갈고리 쉰 개를 만들고 그 갈고리로 그 고를 꿰어 연결하여 한 막이 되게 하고
12 그 막 곧 휘장의 그 나머지 반 폭은 성막 뒤에 늘어뜨리고
13 막 곧 휘장의 길이의 남은 것은 이쪽에 한 규빗, 저쪽에 한 규빗씩 성막 좌우 양쪽에 덮어 늘어뜨리고
14 붉은 물들인 숫양의 가죽으로 막의 덮개를 만들고 [1)]해달의 가죽으로 그 윗덮개를 만들지니라
15 ●너는 조각목으로 성막을 위하여 널판을 만들어 세우되
16 각 판의 길이는 열 규빗, 너비는 한 규빗 반으로 하고
17 각 판에 두 촉씩 내어 서로 연결하게 하되 너는 성막 널판을 다 그와 같이 하라
18 너는 성막을 위하여 널판을 만들되 남쪽을 위하여 널판 스무 개를 만들고
19 스무 널판 아래에 은 받침 마흔 개를 만들지니 이쪽 널판 아래에도 그 두 촉을 위하여 두 받침을 만들고 저쪽 널판 아래에도 그 두 촉을 위하여 두 받침을 만들지며
20 성막 다른 쪽 곧 그 북쪽을 위하여도 널판 스무 개로 하고 36:23
21 은 받침 마흔 개를 이쪽 널판 아래에도 두 받침, 저쪽 널판 아래에도 두 받침으로 하며
22 성막 뒤 곧 그 서쪽을 위하여는 널판 여섯 개를 만들고
23 성막 뒤 두 모퉁이 쪽을 위하여는 널판 두 개를 만들되
24 아래에서부터 위까지 각기 두 겹 두께로 하여 윗고리에 이르게 하고 두 모퉁이 쪽을 다 그리하며
25 그 여덟 널판에는 은 받침이 열여섯이니 이쪽 판 아래에도 두 받침이요 저쪽 판 아래에도 두 받침이니라
26 너는 조각목으로 띠를 만들지니 성막 이쪽 널판을 위하여 다섯 개요
27 성막 저쪽 널판을 위하여 다섯 개요 성막 뒤 곧 서쪽 널판을 위하여 다섯 개이며

so that the tabernacle is a unit.
7 ●"Make curtains of goat hair for the tent
8 over the tabernacle—eleven altogether. ●All
eleven curtains are to be the same size—thirty
9 cubits long and four cubits wide.[a] ●Join five of
the curtains together into one set and the other
six into another set. Fold the sixth curtain dou-
10 ble at the front of the tent. ●Make fifty loops
along the edge of the end curtain in one set
and also along the edge of the end curtain in
11 the other set. ●Then make fifty bronze clasps
and put them in the loops to fasten the tent
12 together as a unit. ●As for the additional
length of the tent curtains, the half curtain that
is left over is to hang down at the rear of the
13 tabernacle. ●The tent curtains will be a cubit[b]
longer on both sides; what is left will hang
over the sides of the tabernacle so as to cover it.
14 ●Make for the tent a covering of ram skins
dyed red, and over that a covering of the other
durable leather.[c]
15 ●"Make upright frames of acacia wood for
16 the tabernacle. ●Each frame is to be ten
cubits long and a cubit and a half wide,[d]
17 ●with two projections set parallel to each
other. Make all the frames of the tabernacle
18 in this way. ●Make twenty frames for the
19 south side of the tabernacle ●and make forty
silver bases to go under them—two bases for
20 each frame, one under each projection. ●For
the other side, the north side of the taberna-
21 cle, make twenty frames ●and forty silver
22 bases—two under each frame. ●Make six
frames for the far end, that is, the west end of
23 the tabernacle, ●and make two frames for
24 the corners at the far end. ●At these two cor-
ners they must be double from the bottom
all the way to the top and fitted into a single
25 ring; both shall be like that. ●So there will be
eight frames and sixteen silver bases—two
under each frame.
26 ●"Also make crossbars of acacia wood: five
for the frames on one side of the tabernacle,
27 ●five for those on the other side, and five for
the frames on the west, at the far end of the
28 tabernacle. ●The center crossbar is to extend
from end to end at the middle of the frames.

[a]8 That is, about 45 feet long and 6 feet wide or about 13.5 meters long and 1.8 meters wide [b]13 That is, about 18 inches or about 45 centimeters [c]14 Possibly the hides of large aquatic mammals (see 25:5) [d]16 That is, about 15 feet long and 2 1/4 feet wide or about 4.5 meters long and 68 centimeters wide 1) 또는 돌고래

additional [ədíʃənl] *a.* 추가의
altogether [ɔ̀:ltəgéðər] *ad.* 전부 합해
base [beis] *n.* 기반, 토대
bottom [bátəm] *n.* 바닥
clasp [klæsp] *n.* 걸쇠
crossbar [krɔ́:sbà:r] *n.* 가로장, 빗장
durable [djúrəbl] *a.* 영속성 있는
fasten [fǽsn] *vt.* 붙이다
frame [freim] *n.* 틀
length [leŋkθ] *n.* 길이, 기간
loop [lu:p] *n.* 고리
parallel [pǽrəlèl] *ad.* 평행으로
projection [prədʒékʃən] *n.* 돌출
ram [ræm] *n.* 숫양
tabernacle [tǽbərnækl] *n.* 성막

26:9 join together: 서로 연결하다
26:9 at the front of...: …의 앞에
26:11 as a unit: 하나의 (구성)단위로
26:12 as for...: …에 관하여[말하자면]
26:12 at the rear of...: …의 뒤에
26:24 fit into...: …에 일치시키다

28 널판 가운데에 있는 중간 띠는 이 끝에서 저 끝에 미치게 하고
29 그 널판들을 금으로 싸고 그 널판들의 띠를 꿸 금 고리를 만들고 그 띠를 금으로 싸라
30 너는 산에서 보인 양식대로 성막을 세울지니라
31 ●너는 청색 자색 홍색 실과 가늘게 꼰 베 실로 짜서 휘장을 만들고 그 위에 그룹들을 정교하게 수 놓아서
32 금 갈고리를 네 기둥 위에 늘어뜨리되 그 네 기둥을 조각목으로 만들고 금으로 싸서 네 은 받침 위에 둘지며
33 그 휘장을 갈고리 아래에 늘어뜨린 후에 [1]증거궤를 그 휘장 안에 들여놓으라 그 휘장이 너희를 위하여 성소와 지성소를 구분하리라
34 너는 지성소에 있는 [1]증거궤 위에 [2]속죄소를 두고
35 그 휘장 바깥 북쪽에 상을 놓고 남쪽에 등잔대를 놓아 상과 마주하게 할지며
36 청색 자색 홍색 실과 가늘게 꼰 베 실로 수 놓아 짜서 성막 문을 위하여 휘장을 만들고
37 그 휘장 문을 위하여 기둥 다섯을 조각목으로 만들어 금으로 싸고 그 갈고리도 금으로 만들지며 또 그 기둥을 위하여 받침 다섯 개를 놋으로 부어 만들지니라

제단 (출 38:1-7 ♪ 241, 491장)

27 너는 조각목으로 길이가 다섯 규빗, 너비가 다섯 규빗의 제단을 만들되 네모 반듯하게 하며 높이는 삼 규빗으로 하고
2 그 네 모퉁이 위에 뿔을 만들되 그 뿔이 그것에 이어지게 하고 그 제단을 놋으로 싸고
3 재를 담는 통과 부삽과 대야와 고기 갈고리와 불 옮기는 그릇을 만들되 제단의 그릇을 다 놋으로 만들지며 민 4:14
4 제단을 위하여 놋으로 그물을 만들고 그 위 네 모퉁이에 놋 고리 넷을 만들고
5 그물은 제단 주위 가장자리 아래 곧 제단 절반에 오르게 할지며
6 또 그 제단을 위하여 채를 만들되 조각목으로 만들고 놋으로 쌀지며
7 제단 양쪽 고리에 그 채를 꿰어 제단을 메게 할지며
8 제단은 널판으로 속이 비게 만들되 산에서 네게 보인 대로 그들이 만들게 하라

성막의 뜰 (출 38:9-20)

9 ●너는 성막의 뜰을 만들지니 남쪽을 향하여 뜰 남쪽에 너비가 백 규빗의 세마포 휘장을

29 ●Overlay the frames with gold and make gold
rings to hold the crossbars. Also overlay the
crossbars with gold.
30 ●"Set up the tabernacle according to the
plan shown you on the mountain.
31 ●"Make a curtain of blue, purple and scarlet
yarn and finely twisted linen, with cherubim
32 woven into it by a skilled worker. ●Hang it
with gold hooks on four posts of acacia wood
overlaid with gold and standing on four silver
33 bases. ●Hang the curtain from the clasps and
place the ark of the covenant law behind the
curtain. The curtain will separate the Holy
34 Place from the Most Holy Place. ●Put the
atonement cover on the ark of the covenant
35 law in the Most Holy Place. ●Place the table
outside the curtain on the north side of the
tabernacle and put the lampstand opposite it
on the south side.
36 ●"For the entrance to the tent make a curtain of blue, purple and scarlet yarn and finely
twisted linen—the work of an embroiderer.
37 ●Make gold hooks for this curtain and five
posts of acacia wood overlaid with gold. And
cast five bronze bases for them.

The Altar of Burnt Offering

27 "Build an altar of acacia wood, three
cubits[a] high; it is to be square, five
2 cubits long and five cubits wide.[b] ●Make a
horn at each of the four corners, so that the
horns and the altar are of one piece, and over-
3 lay the altar with bronze. ●Make all its utensils
of bronze—its pots to remove the ashes, and its
shovels, sprinkling bowls, meat forks and
4 firepans. ●Make a grating for it, a bronze net-
work, and make a bronze ring at each of the
5 four corners of the network. ●Put it under the
ledge of the altar so that it is halfway up the
6 altar. ●Make poles of acacia wood for the altar
7 and overlay them with bronze. ●The poles are
to be inserted into the rings so they will be on
8 two sides of the altar when it is carried. ●Make
the altar hollow, out of boards. It is to be made
just as you were shown on the mountain.

The Courtyard

9 ●"Make a courtyard for the tabernacle. The
south side shall be a hundred cubits[c] long and
is to have curtains of finely twisted linen,

[a]1 That is, about 4 1/2 feet or about 1.4 meters [b]1 That is, about 7 1/2 feet or about 2.3 meters long and wide [c]9 That is, about 150 feet or about 45 meters; also in verse 11 1) 법궤 2) 시은좌 곧 은혜의 자리

altar [ɔ́ːltər] *n.* 제단
atonement [ətóunmənt] *n.* 속죄
cherubim [tʃérəb] *n.* 그룹
embroiderer [imbrɔ́idərər] *n.* 수놓는 사람
finely [fáinli] *ad.* 가늘게
hang [hæŋ] *vt.* 걸다, 달다
hook [huk] *n.* 갈고리
opposite [ápəzit] *ad.* 맞은편에
overlay [òuvərléi] *vt.* 씌우다
post [poust] *n.* 기둥
scarlet [skáːrlit] *a.* 진홍색의
separate [sépərèit] *vt.* 가르다
square [skwεər] *n.* 정사각형
tabernacle [tǽbərnækl] *n.* 성막
twisted [twístid] *a.* 꼬인

26:32 hang on: 매달리다
27:3 make A of B: B로 A를 만들다
27:5 put under....: …의 아래에 두다
27:6 overlay... with~: …를 ~로 씌우다
27:7 insert into: 끼워 넣다
27:8 be show on...: …에서 보다

쳐서 그 한 쪽을 당하게 할지니
10 그 기둥이 스물이며 그 받침 스물은 놋으로
하고 그 기둥의 갈고리와 가름대는 은으로
할지며
11 그 북쪽에도 너비가 백 규빗의 포장을 치되
그 기둥이 스물이며 그 기둥의 받침 스물은
놋으로 하고 그 기둥의 갈고리와 가름대는
은으로 할지며
12 뜰의 옆 곧 서쪽에 너비 쉰 규빗의 포장을 치
되 그 기둥이 열이요 받침이 열이며
13 동쪽을 향하여 뜰 동쪽의 너비도 쉰 규빗이
될지며
14 문 이쪽을 위하여 포장이 열다섯 규빗이며
그 기둥이 셋이요 받침이 셋이요
15 문 저쪽을 위하여도 포장이 열다섯 규빗이며
그 기둥이 셋이요 받침이 셋이며
16 뜰 문을 위하여는 청색 자색 홍색 실과 가늘
게 꼰 베 실로 수 놓아 짠 스무 규빗의 휘장
이 있게 할지니 그 기둥이 넷이요 받침이 넷
이며
17 뜰 주위 모든 기둥의 가름대와 갈고리는 은
이요 그 받침은 놋이며
18 뜰의 길이는 백 규빗이요 너비는 쉰 규빗이
요 세마포 휘장의 높이는 다섯 규빗이요 그
받침은 놋이며
19 성막에서 쓰는 모든 기구와 그 말뚝과 뜰의
포장 말뚝을 다 놋으로 할지니라

등불 관리 (레 24:1-4)

20 ●너는 또 이스라엘 자손에게 명령하여 감
람으로 짠 순수한 기름을 등불을 위하여 네
게로 가져오게 하고 끊이지 않게 등불을 켜
되
21 아론과 그의 아들들로 회막 안 [1)]증거궤 앞 휘
장 밖에서 저녁부터 아침까지 항상 여호와
앞에 그 등불을 보살피게 하라 이는 이스라
엘 자손이 대대로 지킬 규례이니라

제사장의 옷 (출 39:1-7 ♪ 366, 428장)

28 너는 이스라엘 자손 중 네 형 아론과 그
의 아들들 곧 아론과 아론의 아들들 나
답과 아비후와 엘르아살과 이다말을 그와 함
께 네게로 나아오게 하여 나를 섬기는 제사
장 직분을 행하게 하되
2 네 형 아론을 위하여 거룩한 옷을 지어 영화
롭고 아름답게 할지니
3 너는 무릇 마음에 지혜 있는 모든 자 곧 내가
지혜로운 영으로 채운 자들에게 말하여 아론
의 옷을 지어 그를 거룩하게 하여 내게 제사

10 •with twenty posts and twenty bronze bases
and with silver hooks and bands on the posts.
11 •The north side shall also be a hundred cubits
long and is to have curtains, with twenty posts
and twenty bronze bases and with silver hooks
and bands on the posts.
12 •"The west end of the courtyard shall be
fifty cubits[a] wide and have curtains, with ten
13 posts and ten bases. •On the east end, toward
the sunrise, the courtyard shall also be fifty
14 cubits wide. •Curtains fifteen cubits[b] long are
to be on one side of the entrance, with three
15 posts and three bases, •and curtains fifteen
cubits long are to be on the other side, with
three posts and three bases.
16 •"For the entrance to the courtyard, pro-
vide a curtain twenty cubits[c] long, of blue, pur-
ple and scarlet yarn and finely twisted linen
—the work of an embroiderer—with four
17 posts and four bases. •All the posts around the
courtyard are to have silver bands and hooks,
18 and bronze bases. •The courtyard shall be a
hundred cubits long and fifty cubits wide,[d]
with curtains of finely twisted linen five
19 cubits[e] high, and with bronze bases. •All the
other articles used in the service of the taberna-
cle, whatever their function, including all the
tent pegs for it and those for the courtyard, are
to be of bronze.

Oil for the Lampstand

20 •"Command the Israelites to bring you
clear oil of pressed olives for the light so that
21 the lamps may be kept burning. •In the tent
of meeting, outside the curtain that shields the
ark of the covenant law, Aaron and his sons
are to keep the lamps burning before the LORD
from evening till morning. This is to be a last-
ing ordinance among the Israelites for the gen-
erations to come.

The Priestly Garments

28 "Have Aaron your brother brought to
you from among the Israelites, along
with his sons Nadab and Abihu, Eleazar and
Ithamar, so they may serve me as priests.
2 •Make sacred garments for your brother
3 Aaron to give him dignity and honor. •Tell all

[a]*12* That is, about 75 feet or about 23 meters; also in verse 13 [b]*14* That is, about 23 feet or about 6.8 meters; also in verse 15 [c]*16* That is, about 30 feet or about 9 meters [d]*18* That is, about 150 feet long and 75 feet wide or about 45 meters long and 23 meters wide [e]*18* That is, about 7 1/2 feet or about 2.3 meters 1) 법궤

article [á:rtikl] *n.* 물품
band [bænd] *n.* 끈, 대
bronze [branz] *n.* 청동
courtyard [kɔ́:rtjà:rd] *n.* 안마당
curtain [kə́:rtn] *n.* 휘장
embroiderer [imbrɔ́idərər] *n.* 수놓는 사람
entrance [éntrəns] *n.* 입구
function [fʌ́ŋkʃən] *n.* 기능
ordinance [ɔ́:rdənəns] *n.* 규례
peg [peg] *n.* 말뚝
provide [prəváid] *vt.* …을 장치하다
purple [pə́:rpl] *a.* 자주빛의
sacred [séikrid] *a.* 거룩한
sunrise [sʌnraiz] *n.* 해돋이
yarn [ja:rn] *n.* 털실

27:15 on the other side: 다른편
27:19 used in...: …에 쓰이는
27:20 so that...: …하기 위하여
27:21 keep...ing: 계속 …하다
27:21 before the LORD: 여호와 앞에
28:1 along with...: …와 함께

장 직분을 행하게 하라
4 그들이 지을 옷은 이러하니 곧 흉패와 에봇과 겉옷과 반포 속옷과 관과 띠라 그들이 네 형 아론과 그 아들들을 위하여 거룩한 옷을 지어 아론이 내게 제사장 직분을 행하게 하라
5 그들이 쓸 것은 금 실과 청색 자색 홍색 실과 가늘게 꼰 베 실이니라
6 ●그들이 금 실과 청색 자색 홍색 실과 가늘게 꼰 베 실로 정교하게 짜서 에봇을 짓되
7 그것에 어깨받이 둘을 달아 그 두 끝을 이어지게 하고
8 에봇 위에 매는 띠는 에봇 짜는 법으로 금 실과 청색 자색 홍색 실과 가늘게 꼰 베 실로 에봇에 정교하게 붙여 짤지며
9 호마노 두 개를 가져다가 그 위에 이스라엘 아들들의 이름을 새기되
10 그들의 나이대로 여섯 이름을 한 보석에, 나머지 여섯 이름은 다른 보석에 새기라
11 보석을 새기는 자가 도장에 새김같이 너는 이스라엘 아들들의 이름을 그 두 보석에 새겨 금 테에 물리고
12 그 두 보석을 에봇의 두 어깨받이에 붙여 이스라엘 아들들의 기념 보석을 삼되 아론이 여호와 앞에서 그들의 이름을 그 두 어깨에 메워서 기념이 되게 할지며
13 너는 금으로 테를 만들고
14 순금으로 노끈처럼 두 사슬을 땋고 그 땋은 사슬을 그 테에 달지니라

판결 흉패 (출 39:8-21)

15 ●너는 판결 흉패를 에봇 짜는 방법으로 금 실과 청색 자색 홍색 실과 가늘게 꼰 베 실로 정교하게 짜서 만들되 39:8
16 길이와 너비가 한 뼘씩 두 겹으로 네모 반듯하게 하고
17 그것에 네 줄로 보석을 물리되 첫 줄은 홍보석 황옥 녹주옥이요
18 둘째 줄은 석류석 [1]남보석 [2]홍마노요
19 셋째 줄은 호박 백마노 자수정이요
20 넷째 줄은 녹보석 호마노 벽옥으로 다 금 테에 물릴지니
21 이 보석들은 이스라엘 아들들의 이름대로 열둘이라 보석마다 열두 지파의 한 이름씩 도장을 새기는 법으로 새기고
22 순금으로 노끈처럼 땋은 사슬을 흉패 위에 붙이고
23 또 금 고리 둘을 만들어 흉패 위 곧 흉패 두

the skilled workers to whom I have given wis-
dom in such matters that they are to make
garments for Aaron, for his consecration, so he
4 may serve me as priest. ●These are the garments
they are to make: a breastpiece, an ephod, a robe,
a woven tunic, a turban and a sash. They are to
make these sacred garments for your brother
Aaron and his sons, so they may serve me as
5 priests. ●Have them use gold, and blue, purple
and scarlet yarn, and fine linen.

The Ephod

6 ●"Make the ephod of gold, and of blue, pur-
ple and scarlet yarn, and of finely twisted
7 linen—the work of skilled hands. ●It is to have
two shoulder pieces attached to two of its cor-
8 ners, so it can be fastened. ●Its skillfully woven
waistband is to be like it—of one piece with
the ephod and made with gold, and with blue,
purple and scarlet yarn, and with finely twisted
linen.
9 ●"Take two onyx stones and engrave on
10 them the names of the sons of Israel ●in the
order of their birth—six names on one stone
11 and the remaining six on the other. ●Engrave
the names of the sons of Israel on the two
stones the way a gem cutter engraves a seal.
Then mount the stones in gold filigree settings
12 ●and fasten them on the shoulder pieces of the
ephod as memorial stones for the sons of Israel.
Aaron is to bear the names on his shoulders as a
13 memorial before the LORD. ●Make gold filigree
14 settings ●and two braided chains of pure gold,
like a rope, and attach the chains to the settings.

The Breastpiece

15 ●"Fashion a breastpiece for making deci-
sions—the work of skilled hands. Make it like
the ephod: of gold, and of blue, purple and scar-
16 let yarn, and of finely twisted linen. ●It is to be
square—a span[a] long and a span wide—and
17 folded double. ●Then mount four rows of pre-
cious stones on it. The first row shall be car-
18 nelian, chrysolite and beryl; ●the second row
19 shall be turquoise, lapis lazuli and emerald; ●the
third row shall be jacinth, agate and amethyst;
20 ●the fourth row shall be topaz, onyx and
jasper.[b] Mount them in gold filigree settings.
21 ●There are to be twelve stones, one for each of
the names of the sons of Israel, each engraved
like a seal with the name of one of the twelve

[a]*16* That is, about 9 inches or about 23 centimeters
[b]*20* The precise identification of some of these precious stones is uncertain.

1) 청보석 2) 금강석

attach [ətǽtʃ] *vt.* 붙이다
bear [bɛər] *vt.* 몸에 지니다
braided [bréidid] *a.* (머리를) 땋은
breastpiece [bréstpìːs] *n.* 흉패
engrave [ingréiv] *vt.* 새기다
ephod [éfad] *n.* 제사장의 제의(祭衣)
filigree [fíləgrìː] *n.* 금(은)세공
garment [gάːrmənt] *n.* 옷, 의복
priest [priːst] *n.* 제사장
rope [roup] *n.* 끈
sacred [séikrid] *a.* 신성한
sash [sæʃ] *n.* 장식띠
skillfully [skílfəli] *ad.* 정교하게
twisted [twístid] *a.* 꼬인
woven [wóuvən] *vt.* 짜다

28:9 engrave... on~: …를 ~에 새기다
28:10 in the order of...: …의 순서대로
28:11 the way: …라는 방식대로
28:12 fasten A on B: A를 B에 묶다
28:15 make a decision: 결정을 내리다
28:15 make like: 본따다

끝에 그 두 고리를 달고
24 땋은 두 금 사슬로 흉패 두 끝 두 고리에 꿰어 매고
25 두 땋은 사슬의 다른 두 끝을 에봇 앞 두 어깨받이의 금 테에 매고
26 또 금 고리 둘을 만들어 흉패 아래 양쪽 가 안쪽 곧 에봇에 닿은 곳에 달고
27 또 금 고리 둘을 만들어 에봇 앞 두 어깨받이 아래 매는 자리 가까운 쪽 곧 정교하게 짠 띠 위쪽에 달고
28 청색 끈으로 흉패 고리와 에봇 고리에 꿰어 흉패로 정교하게 짠 에봇 띠 위에 붙여 떨어지지 않게 하라
29 아론이 성소에 들어갈 때에는 이스라엘 아들들의 이름을 기록한 이 판결 흉패를 가슴에 붙여 여호와 앞에 영원한 기념을 삼을 것이니라
30 너는 [1]우림과 [2]둠밈을 판결 흉패 안에 넣어 아론이 여호와 앞에 들어갈 때에 그의 가슴에 붙이게 하라 아론은 여호와 앞에서 이스라엘 자손의 흉패를 항상 그의 가슴에 붙일지니라

제사장의 또 다른 옷
(출 39:22-31 ♪442장)

31 ●너는 에봇 받침 겉옷을 전부 청색으로 하되
32 두 어깨 사이에 머리 들어갈 구멍을 내고 그 주위에 갑옷 깃같이 깃을 짜서 찢어지지 않게 하고
33 그 옷 가장자리로 돌아가며 청색 자색 홍색 실로 석류를 수 놓고 금 방울을 간격을 두어 달되
34 그 옷 가장자리로 돌아가며 한 금 방울, 한 석류, 한 금 방울, 한 석류가 있게 하라
35 아론이 입고 여호와를 섬기러 성소에 들어갈 때와 성소에서 나올 때에 그 소리가 들릴 것이라 그리하면 그가 죽지 아니하리라
36 ●너는 또 순금으로 패를 만들어 도장을 새기는 법으로 그 위에 새기되 '여호와께 성결'이라 하고
37 그 패를 청색 끈으로 관 위에 매되 곧 관 전면에 있게 하라
38 이 패를 아론의 이마에 두어 그가 이스라엘 자손이 거룩하게 드리는 성물과 관련된 죄책을 담당하게 하라 그 패가 아론의 이마에 늘 있으므로 그 성물을 여호와께서 받으시게 되리라

tribes.
22 ●"For the breastpiece make braided chains
23 of pure gold, like a rope. ●Make two gold rings
for it and fasten them to two corners of the
24 breastpiece. ●Fasten the two gold chains to the
25 rings at the corners of the breastpiece, ●and the
other ends of the chains to the two settings,
attaching them to the shoulder pieces of the
26 ephod at the front. ●Make two gold rings and
attach them to the other two corners of the
breastpiece on the inside edge next to the
27 ephod. ●Make two more gold rings and attach
them to the bottom of the shoulder pieces on
the front of the ephod, close to the seam just
28 above the waistband of the ephod. ●The rings
of the breastpiece are to be tied to the rings of
the ephod with blue cord, connecting it to the
waistband, so that the breastpiece will not
swing out from the ephod.
29 ●"Whenever Aaron enters the Holy Place, he
will bear the names of the sons of Israel over his
heart on the breastpiece of decision as a contin-
30 uing memorial before the LORD. ●Also put the
Urim and the Thummim in the breastpiece, so
they may be over Aaron's heart whenever he
enters the presence of the LORD. Thus Aaron will
always bear the means of making decisions for
the Israelites over his heart before the LORD.

Other Priestly Garments

31 ●"Make the robe of the ephod entirely of
32 blue cloth, ●with an opening for the head in
its center. There shall be a woven edge like a col-
lar[a] around this opening, so that it will not tear.
33 ●Make pomegranates of blue, purple and scar-
let yarn around the hem of the robe, with gold
34 bells between them. ●The gold bells and the
pomegranates are to alternate around the hem
35 of the robe. ●Aaron must wear it when he min-
isters. The sound of the bells will be heard when
he enters the Holy Place before the LORD and
when he comes out, so that he will not die.
36 ●"Make a plate of pure gold and engrave on
37 it as on a seal: HOLY TO THE LORD. ●Fasten a blue
cord to it to attach it to the turban; it is to be on
38 the front of the turban. ●It will be on Aaron's
forehead, and he will bear the guilt involved in
the sacred gifts the Israelites consecrate, whatev-
er their gifts may be. It will be on Aaron's fore-
head continually so that they will be accept-
able to the LORD.

[a]32 The meaning of the Hebrew for this word is uncertain.

1) 빛 2) 완전함

acceptable [əkséptəbl] *a.* 받아들일 수 있는
alternate [ɔ́:ltərnèit] *vi.* 번갈아 하다
bear [bɛər] *vt.* 몸에 지니다
bottom [bátəm] *n.* 아래
connect [kənékt] *vt.* 연결시키다
decision [disíʒən] *n.* 결정
entirely [intáiərli] *ad.* 완전히
fasten [fǽsn] *vt.* 묶다
memorial [məmɔ́:riəl] *n.* 기념물
pomegranate [páməgrænət] *n.* 석류
rope [roup] *n.* 끈
seal [si:l] *n.* 도장
swing [swiŋ] *vi.* 흔들리다
waistband [wéistbænd] *n.* 허리띠
yarn [ja:rn] *n.* 실

28:24 at the corner of...: …의 모퉁이에
28:25 attach to...: …에 부착시키다
28:26 next to...: …의 옆에
28:27 on the front of...: …의 앞에
28:28 tie to...: …와 연결하다
28:28 so that... : …하기 위하여

39 너는 가는 베 실로 반포 속옷을 짜고 가는 베
실로 관을 만들고 띠를 수 놓아 만들지니라
40 ● 너는 아론의 아들들을 위하여 속옷을 만들
며 그들을 위하여 띠를 만들며 그들을 위하
여 관을 만들어 영화롭고 아름답게 하되 39:27
41 너는 그것들로 네 형 아론과 그와 함께 한 그
의 아들들에게 입히고 그들에게 기름을 부어
위임하고 거룩하게 하여 그들이 제사장 직분
을 내게 행하게 할지며
42 또 그들을 위하여 베로 속바지를 만들어 허
리에서부터 두 넓적다리까지 이르게 하여 하
체를 가리게 하라 39:28
43 아론과 그의 아들들이 회막에 들어갈 때에나
제단에 가까이 하여 거룩한 곳에서 섬길 때
에 그것들을 입어야 죄를 짊어진 채 죽지 아
니하리니 그와 그의 후손이 영원히 지킬 규
례니라

제사장 직분 위임 (레 8:1-36) — B.C. 1450년경

29 네가 그들에게 나를 섬길 제사장 직분
을 위임하여 그들을 거룩하게 할 일은
이러하니 곧 어린 수소 하나와 흠 없는 숫양
둘을 택하고
2 무교병과 기름 섞인 무교 과자와 기름 바른
무교 전병을 모두 고운 밀가루로 만들고
3 그것들을 한 광주리에 담고 그것을 광주리에
담은 채 그 송아지와 두 양과 함께 가져오라
4 너는 아론과 그의 아들들을 회막문으로 데려
다가 물로 씻기고
5 의복을 가져다가 아론에게 속옷과 에봇 받침
겉옷과 에봇을 입히고 흉패를 달고 에봇에
정교하게 짠 띠를 띠게 하고
6 그의 머리에 관을 씌우고 그 위에 거룩한 패
를 더하고 28:36
7 관유를 가져다가 그의 머리에 부어 바르고
8 그의 아들들을 데려다가 그들에게 속옷을 입
히고
9 아론과 그의 아들들에게 띠를 띠우며 관을
씌워 그들에게 제사장의 직분을 맡겨 영원한
규례가 되게 하라 너는 이같이 아론과 그의
아들들에게 위임하여 거룩하게 할지니라
10 ● 너는 수송아지를 회막 앞으로 끌어오고 아
론과 그의 아들들은 그 송아지 머리에 안수
할지며
11 너는 회막문 여호와 앞에서 그 송아지를 잡고
12 그 피를 네 손가락으로 제단 뿔들에 바르고
그 피 전부를 제단 밑에 쏟을지며
13 내장에 덮인 모든 기름과 간 위에 있는 꺼풀

39 ●"Weave the tunic of fine linen and make
the turban of fine linen. The sash is to be the
40 work of an embroiderer. ●Make tunics, sashes
and caps for Aaron's sons to give them dignity
41 and honor. ●After you put these clothes on
your brother Aaron and his sons, anoint and
ordain them. Consecrate them so they may
serve me as priests.
42 ●"Make linen undergarments as a covering
for the body, reaching from the waist to the
43 thigh. ●Aaron and his sons must wear them
whenever they enter the tent of meeting or
approach the altar to minister in the Holy
Place, so that they will not incur guilt and die.
"This is to be a lasting ordinance for Aaron
and his descendants.

Consecration of the Priests

29 "This is what you are to do to conse-
crate them, so they may serve me as
priests: Take a young bull and two rams with-
2 out defect. ●And from the finest wheat flour
make round loaves without yeast, thick loaves
without yeast and with olive oil mixed in, and
thin loaves without yeast and brushed with
3 olive oil. ●Put them in a basket and present
them along with the bull and the two rams.
4 ●Then bring Aaron and his sons to the
entrance to the tent of meeting and wash them
5 with water. ●Take the garments and dress
Aaron with the tunic, the robe of the ephod,
the ephod itself and the breastpiece. Fasten the
ephod on him by its skillfully woven waist-
6 band. ●Put the turban on his head and attach
7 the sacred emblem to the turban. ●Take the
anointing oil and anoint him by pouring it on
8 his head. ●Bring his sons and dress them in
9 tunics ●and fasten caps on them. Then tie sash-
es on Aaron and his sons.[a] The priesthood is
theirs by a lasting ordinance.
"Then you shall ordain Aaron and his sons.
10 ●"Bring the bull to the front of the tent of
meeting, and Aaron and his sons shall lay
11 their hands on its head. ●Slaughter it in the
LORD's presence at the entrance to the tent of
12 meeting. ●Take some of the bull's blood and
put it on the horns of the altar with your fin-
ger, and pour out the rest of it at the base of the
13 altar. ●Then take all the fat on the internal
organs, the long lobe of the liver, and both kid-
neys with the fat on them, and burn them on

[a]9 Hebrew; Septuagint *on them*

altar [ɔ́:ltər] *n.* 제단
anoint [ənɔ́int] *vt.* 기름을 바르다
consecrate [kɑ́nsəkrèit] *vt.* 신성하게 하다
defect [dí:fekt] *n.* 흠
dignity [dígnəti] *n.* 위엄
embroiderer [imbrɔ́idərər] *n.* 수놓는 사람
incur [inkə́:r] *vt.* 초래하다
linen [línən] *n.* 세마포
minister [mínistər] *vi.* (임무를) 수행하다
ordain [ɔ:rdéin] *vt.* 성직을 주다
ordinance [ɔ́:rdənəns] *n.* 규정, 규례
sash [sæʃ] *n.* 장식띠
thigh [θai] *n.* 넓적다리
tunic [tjú:nik] *n.* 겉옷
turban [tə́:rbən] *n.* 터번(머리에 쓰는 것)

28:39 weave A of B: B로 A를 짜다
28:41 put... on~: …를 ~에게 입히다
28:42 reach from A to B: A에서 B로 뻗어나가다
29:3 put A in B: A를 B에 넣다
29:12 pour out: 쏟아붓다

과 두 콩팥과 그 위의 기름을 가져다가 제단
위에 불사르고 레 4:11
14 그 수소의 고기와 가죽과 똥을 진 밖에서 불
사르라 이는 속죄제니라
15 ●너는 또 숫양 한 마리를 끌어오고 아론과 그
의 아들들은 그 숫양의 머리 위에 안수할지며
16 너는 그 숫양을 잡고 그 피를 가져다가 제단
위의 주위에 뿌리고
17 그 숫양의 각을 뜨고 그 장부와 다리는 씻어
각을 뜬 고기와 그 머리와 함께 두고
18 그 숫양 전부를 제단 위에 불사르라 이는 여
호와께 드리는 번제요 이는 향기로운 냄새니
여호와께 드리는 화제니라
19 ●너는 다른 숫양을 택하고 아론과 그 아들
들은 그 숫양의 머리 위에 안수할지며
20 너는 그 숫양을 잡고 그것의 피를 가져다가
아론의 오른쪽 귓부리와 그의 아들들의 오른
쪽 귓부리에 바르고 그 오른손 엄지와 오른발
엄지에 바르고 그 피를 제단 주위에 뿌리고
21 제단 위의 피와 관유를 가져다가 아론과 그
의 옷과 그의 아들들과 그의 아들들의 옷에
뿌리라 그와 그의 옷과 그의 아들들과 그의
아들들의 옷이 거룩하리라
22 또 너는 그 숫양의 기름과 기름진 꼬리와 그
것의 내장에 덮인 기름과 간 위의 꺼풀과 두
콩팥과 그것들 위의 기름과 오른쪽 넓적다리
를 가지라 이는 위임식의 숫양이라
23 또 여호와 앞에 있는 무교병 광주리에서 떡
한 개와 기름 바른 과자 한 개와 전병 한 개
를 가져다가
24 그 전부를 아론의 손과 그의 아들들의 손에
주고 그것을 흔들어 여호와 앞에 요제를 삼
을지며
25 너는 그것을 그들의 손에서 가져다가 제단
위에서 번제물을 더하여 불사르라 이는 여호
와 앞에 향기로운 냄새니 곧 여호와께 드리
는 화제니라
26 ●너는 아론의 위임식 숫양의 가슴을 가져다
가 여호와 앞에 흔들어 요제를 삼으라 이것
이 네 분깃이니라
27 너는 그 흔든 요제물 곧 아론과 그의 아들들
의 위임식 숫양의 가슴과 넓적다리를 거룩하
게 하라
28 이는 이스라엘 자손이 아론과 그의 자손에게
돌릴 영원한 분깃이요 거제물이니 곧 이스라
엘 자손이 화목제의 제물 중에서 취한 거제
물로서 여호와께 드리는 거제물이니라

14 the altar. ●But burn the bull's flesh and its
hide and its intestines outside the camp. It is a
sin offering.[a]
15 ●"Take one of the rams, and Aaron and his
16 sons shall lay their hands on its head. ●Slaugh-
ter it and take the blood and splash it against
17 the sides of the altar. ●Cut the ram into pieces
and wash the internal organs and the legs,
putting them with the head and the other
18 pieces. ●Then burn the entire ram on the altar.
It is a burnt offering to the LORD, a pleasing
aroma, a food offering presented to the LORD.
19 ●"Take the other ram, and Aaron and his
20 sons shall lay their hands on its head. ●Slaugh-
ter it, take some of its blood and put it on the
lobes of the right ears of Aaron and his sons, on
the thumbs of their right hands, and on the
big toes of their right feet. Then splash blood
21 against the sides of the altar. ●And take some
blood from the altar and some of the anoint-
ing oil and sprinkle it on Aaron and his gar-
ments and on his sons and their garments.
Then he and his sons and their garments will
be consecrated.
22 ●"Take from this ram the fat, the fat tail, the
fat on the internal organs, the long lobe of the
liver, both kidneys with the fat on them, and
the right thigh. (This is the ram for the ordina-
23 tion.) ●From the basket of bread made with-
out yeast, which is before the LORD, take one
round loaf, one thick loaf with olive oil mixed
24 in, and one thin loaf. ●Put all these in the
hands of Aaron and his sons and have them
wave them before the LORD as a wave offering.
25 ●Then take them from their hands and burn
them on the altar along with the burnt offer-
ing for a pleasing aroma to the LORD, a food
26 offering presented to the LORD. ●After you take
the breast of the ram for Aaron's ordination,
wave it before the LORD as a wave offering, and
it will be your share.
27 ●"Consecrate those parts of the ordination
ram that belong to Aaron and his sons: the
breast that was waved and the thigh that was
28 presented. ●This is always to be the perpetual
share from the Israelites for Aaron and his
sons. It is the contribution the Israelites are to
make to the LORD from their fellowship offer-
ings.
29 ●"Aaron's sacred garments will belong to
his descendants so that they can be anointed

[a]14 Or *purification offering*; also in verse 36

aroma [əróumə] *n.* 향기
breast [brest] *n.* 가슴
consecrate [kɑ́nsəkrèit] *vt.* 신성하게 하다
fellowship [félouʃip] *n.* 화목
garment [gɑ́:rmənt] *n.* 의복
kidney [kídni] *n.* 콩팥
lobe [loub] *n.* 둥근 돌출부, 귓불
ordination [ɔ̀:rdənéiʃən] *n.* 서품식
pleasing [plí:ziŋ] *a.* 만족스러운
ram [ræm] *n.* 숫양
sacred [séikrid] *a.* 거룩한
share [ʃɛər] *n.* 분깃
slaughter [slɔ́:tər] *vt.* 도살하다
thumb [θʌm] *n.* 엄지손가락
toe [tou] *n.* 발가락

29:14 outside the camp: 진영 밖에서
29:17 cut... into pieces: …를 조각내다
29:17 internal organs: 대장
29:19 lay... on~: …를 ~위에 올려놓다
29:20 splash against...: …에 뿌리다
29:27 belong to...: …에게 속하다

29 ●아론의 성의는 후에 아론의 아들들에게 돌
릴지니 그들이 그것을 입고 기름부음으로 위
임을 받을 것이며
30 그를 이어 제사장이 되는 아들이 회막에 들
어가서 성소에서 섬길 때에는 이레 동안 그
것을 입을지니라 민 20:28
31 ●너는 위임식 숫양을 가져다가 거룩한 곳에
서 그 고기를 삶고
32 아론과 그의 아들들은 회막문에서 그 숫양의
고기와 광주리에 있는 떡을 먹을지라 마 12:4
33 그들은 속죄물 곧 그들을 위임하며 그들을
거룩하게 하는 데 쓰는 것을 먹되 타인은 먹
지 못할지니 그것이 거룩하기 때문이라
34 위임식 고기나 떡이 아침까지 남아 있으면
그것을 불에 사를지니 이는 거룩한즉 먹지
못할지니라
35 ●너는 내가 네게 한 모든 명령대로 아론과
그의 아들들에게 그같이 하여 이레 동안 위
임식을 행하되
36 매일 수송아지 하나로 속죄하기 위하여 속죄
제를 드리며 또 제단을 위하여 속죄하여 깨
끗하게 하고 그것에 기름을 부어 거룩하게
하라
37 너는 이레 동안 제단을 위하여 속죄하여 거
룩하게 하라 그리하면 지극히 거룩한 제단이
되리니 제단에 접촉하는 모든 것이 거룩하리
라

매일 드릴 번제 (민 28:1-8)

38 ●네가 제단 위에 드릴 것은 이러하니라 매
일 일 년 된 어린 양 두 마리니
39 한 어린 양은 아침에 드리고 한 어린 양은 저
녁 때에 드릴지며
40 한 어린 양에 고운 밀가루 십분의 일 에바와
찧은 기름 사분의 일 힌을 더하고 또 전제로
포도주 사분의 일 힌을 더할지며
41 한 어린 양은 저녁 때에 드리되 아침에 한 것
처럼 소제와 전제를 그것과 함께 드려 향기
로운 냄새가 되게 하여 여호와께 화제로 삼
을지니
42 이는 너희가 대대로 여호와 앞 회막문에서
늘 드릴 번제라 내가 거기서 너희와 만나고
네게 말하리라
43 내가 거기서 이스라엘 자손을 만나리니 내
영광으로 말미암아 회막이 거룩하게 될지라
44 내가 그 회막과 제단을 거룩하게 하며 아론
과 그의 아들들도 거룩하게 하여 내게 제사
장 직분을 행하게 하며

30 and ordained in them. ●The son who suc-
ceeds him as priest and comes to the tent of
meeting to minister in the Holy Place is to
wear them seven days.
31 ●"Take the ram for the ordination and
32 cook the meat in a sacred place. ●At the
entrance to the tent of meeting, Aaron and his
sons are to eat the meat of the ram and the
33 bread that is in the basket. ●They are to eat
these offerings by which atonement was
made for their ordination and consecration.
But no one else may eat them, because they
34 are sacred. ●And if any of the meat of the ordi-
nation ram or any bread is left over till morn-
ing, burn it up. It must not be eaten, because it
is sacred.
35 ●"Do for Aaron and his sons everything I
have commanded you, taking seven days to
36 ordain them. ●Sacrifice a bull each day as a sin
offering to make atonement. Purify the altar
by making atonement for it, and anoint it to
37 consecrate it. ●For seven days make atone-
ment for the altar and consecrate it. Then the
altar will be most holy, and whatever touches
it will be holy.
38 ●"This is what you are to offer on the altar
regularly each day: two lambs a year old.
39 ●Offer one in the morning and the other at
40 twilight. ●With the first lamb offer a tenth of
an ephah[a] of the finest flour mixed with a
quarter of a hin[b] of oil from pressed olives,
and a quarter of a hin of wine as a drink offer-
41 ing. ●Sacrifice the other lamb at twilight
with the same grain offering and its drink
offering as in the morning—a pleasing
aroma, a food offering presented to the LORD.
42 ●"For the generations to come this burnt
offering is to be made regularly at the entrance
to the tent of meeting, before the LORD. There
43 I will meet you and speak to you; ●there also
I will meet with the Israelites, and the place
will be consecrated by my glory.
44 ●"So I will consecrate the tent of meeting
and the altar and will consecrate Aaron and
45 his sons to serve me as priests. ●Then I will
dwell among the Israelites and be their God.
46 ●They will know that I am the LORD their
God, who brought them out of Egypt so that
I might dwell among them. I am the LORD
their God.

[a]40 That is, probably about 3 1/2 pounds or about 1.6 kilograms [b]40 That is, probably about 1 quart or about 1 liter

anoint [ənɔ́int] *vt.* 기름을 바르다, 붓다
atonement [ətóunmənt] *n.* 속죄
consecration [kɑ̀nsəkréiʃən] *n.* 성결
dwell [dwel] *vi.* 거하다
entrance [éntrəns] *n.* 입구
flour [fláuər] *n.* 밀가루
minister [mínəstər] *vi.* (임무를) 수행하다
offering [ɔ́:fəriŋ] *n.* 봉헌물
ordain [ɔrdéin] *vt.* 성직을 주다
pressed [prest] *a.* 눌린
purify [pjúərəfài] *vt.* 깨끗이 하다
regularly [régjulərli] *ad.* 규칙적으로
sacred [séikrid] *a.* 거룩한
sacrifice [sǽkrəfàis] *vt.* (제물을) 바치다
succeed [səksí:d] *vt.* 계승하다

29:34 leave over: 남기다
29:34 burn up: 태워버리다, 불살라버리다
29:40 mix with...: …와 섞다
29:40 a quarter of...: …의 사분의 일
29:41 at twilight: 황혼 때
29:45 dwell among...: …중에 살다

45 내가 이스라엘 자손 중에 거하여 그들의 하나님이 되리니
46 그들은 내가 그들의 하나님 여호와로서 그들 중에 거하려고 그들을 애굽 땅에서 인도하여 낸 줄을 알리라 나는 그들의 하나님 여호와니라

분향할 제단 (출 37:25-28) — B.C. 1450년경

30 너는 분향할 제단을 만들지니 곧 조각목으로 만들되
2 길이가 한 규빗, 너비가 한 규빗으로 네모가 반듯하게 하고 높이는 두 규빗으로 하며 그 뿔을 그것과 이어지게 하고
3 제단 상면과 전후 좌우 면과 뿔을 순금으로 싸고 주위에 금 테를 두를지며
4 금 테 아래 양쪽에 금 고리 둘을 만들되 곧 그 양쪽에 만들지니 이는 제단을 메는 채를 꿸 곳이며
5 그 채를 조각목으로 만들고 금으로 싸고
6 그 제단을 1)증거궤 위 2)속죄소 맞은편 곧 증거궤 앞에 있는 휘장 밖에 두라 그 속죄소는 내가 너와 만날 곳이며 25:21
7 아론이 아침마다 그 위에 향기로운 향을 사르되 등불을 손질할 때에 사를지며
8 또 저녁 때 등불을 켤 때에 사를지니 이 향은 너희가 대대로 여호와 앞에 끊지 못할지며
9 너희는 그 위에 다른 향을 사르지 말며 번제나 소제를 드리지 말며 전제의 술을 붓지 말며
10 아론이 일 년에 한 번씩 이 향단 뿔을 위하여 속죄하되 속죄제의 피로 일 년에 한 번씩 대대로 속죄할지니라 이 제단은 여호와께 지극히 거룩하니라

회막 봉사에 쓰는 속전

11 ●여호와께서 모세에게 말씀하여 이르시되
12 네가 이스라엘 자손의 수효를 조사할 때에 조사 받은 각 사람은 그들을 계수할 때에 자기의 생명의 속전을 여호와께 드릴지니 이는 그들을 계수할 때에 그들 중에 질병이 없게 하려 함이라
13 무릇 계수 중에 드는 자마다 성소의 세겔로 반 세겔을 낼지니 한 세겔은 이십 게라라 그 반 세겔을 여호와께 드릴지며
14 계수 중에 드는 모든 자 곧 스무 살 이상 된 자가 여호와께 드리되
15 너희의 생명을 대속하기 위하여 여호와께 드릴 때에 부자라고 반 세겔에서 더 내지 말고 가난한 자라고 덜 내지 말지며

The Altar of Incense

30 "Make an altar of acacia wood for
2 burning incense. •It is to be square,
a cubit long and a cubit wide, and two cubits
3 high[a]—its horns of one piece with it. •Over-
lay the top and all the sides and the horns
with pure gold, and make a gold molding
4 around it. •Make two gold rings for the altar
below the molding—two on each of the oppo-
site sides—to hold the poles used to carry it.
5 •Make the poles of acacia wood and overlay
6 them with gold. •Put the altar in front of the
curtain that shields the ark of the covenant
law—before the atonement cover that is over
the tablets of the covenant law—where I will
meet with you.
7 •"Aaron must burn fragrant incense on the
altar every morning when he tends the lamps.
8 •He must burn incense again when he lights
the lamps at twilight so incense will burn reg-
ularly before the LORD for the generations to
9 come. •Do not offer on this altar any other
incense or any burnt offering or grain offer-
ing, and do not pour a drink offering on it.
10 •Once a year Aaron shall make atonement
on its horns. This annual atonement must be
made with the blood of the atoning sin offer-
ing[b] for the generations to come. It is most
holy to the LORD."

Atonement Money

11-12 •Then the LORD said to Moses, •"When you
take a census of the Israelites to count them,
each one must pay the LORD a ransom for his
life at the time he is counted. Then no plague
will come on them when you number them.
13 •Each one who crosses over to those already
counted is to give a half shekel,[c] according to
the sanctuary shekel, which weighs twenty ger-
ahs. This half shekel is an offering to the LORD.
14 •All who cross over, those twenty years old or
15 more, are to give an offering to the LORD. •The
rich are not to give more than a half shekel
and the poor are not to give less when you
make the offering to the LORD to atone for your
16 lives. •Receive the atonement money from
the Israelites and use it for the service of the
tent of meeting. It will be a memorial for the

[a]2 That is, about 1 1/2 feet long and wide and 3 feet high or about 45 centimeters long and wide and 90 centimeters high [b]10 Or *purification offering* [c]13 That is, about 1/5 ounce or about 5.8 grams; also in verse 15 1) 법궤 2) 시은좌 곧 은혜의 자리

annual [ǽnjuəl] *a.* 매년(의)
ark [ɑ́ːrk] *n.* 법궤
fragrant [fréigrənt] *a.* 향기로운
horn [hɔ́ːrn] *n.* 뿔
incense [ínsens] *n.* 향기
molding [móuldiŋ] *n.* 조형
offering [ɔ́ːfəriŋ] *n.* 제물
opposite [ɑ́pəzit] *a.* 반대편의
overlay [ouvərléi] *vt.* 씌우다
plague [pléig] *n.* 재앙
pole [póul] *n.* 장대
ransom [rǽnsəm] *n.* 몸값
regularly [régjulərli] *ad.* 규칙적으로
square [skwɛ́ər] *n.* 정사각형
tablet [tǽblit] *n.* 서판

30:3 all the sides: 사방(에)
30:6 in front of...: …의 앞에
30:8 for the generations to come: 대대로
30:10 once a year: 1년에 한 번
30:12 take a census: 인구 조사하다
30:13 according to...: …에 따라서

16 너는 이스라엘 자손에게서 속전을 취하여 회막 봉사에 쓰라 이것이 여호와 앞에서 이스라엘 자손의 기념이 되어서 너희의 생명을 대속하리라

놋 물두멍 (♪ 426, 552장)

17 ●여호와께서 모세에게 말씀하여 이르시되
18 너는 물두멍을 놋으로 만들고 그 받침도 놋으로 만들어 씻게 하되 그것을 회막과 제단 사이에 두고 그 속에 물을 담으라
19 아론과 그의 아들들이 그 두멍에서 수족을 씻되
20 그들이 회막에 들어갈 때에 물로 씻어 죽기를 면할 것이요 제단에 가까이 가서 그 직분을 행하여 여호와 앞에 화제를 사를 때에도 그리 할지니라
21 이와 같이 그들이 그 수족을 씻어 죽기를 면할지니 이는 그와 그의 자손이 대대로 영원히 지킬 규례니라 28:43

거룩한 향기름

22 ●여호와께서 모세에게 또 말씀하여 이르시되
23 너는 상등 향품을 가지되 액체 몰약 오백 세겔과 그 반수의 향기로운 육계 이백오십 세겔과 향기로운 창포 이백오십 세겔과
24 계피 오백 세겔을 성소의 세겔로 하고 감람기름 한 힌을 가지고
25 그것으로 거룩한 관유를 만들되 향을 제조하는 법대로 향기름을 만들지니 그것이 거룩한 관유가 될지라 37:29
26 너는 그것을 회막과 [1]증거궤에 바르고
27 상과 그 모든 기구이며 등잔대와 그 기구이며 분향단과
28 및 번제단과 그 모든 기구와 물두멍과 그 받침에 발라
29 그것들을 지극히 거룩한 것으로 구별하라 [2]이것에 접촉하는 것은 모두 거룩하리라
30 너는 아론과 그의 아들들에게 기름을 발라 그들을 거룩하게 하고 그들이 내게 제사장 직분을 행하게 하고
31 이스라엘 자손에게 말하여 이르기를 이것은 너희 대대로 내게 거룩한 관유니
32 사람의 몸에 붓지 말며 이 방법대로 이와 같은 것을 만들지 말라 이는 거룩하니 너희는 거룩히 여기라 30:25, 37
33 이와 같은 것을 만드는 모든 자와 이것을 타인에게 붓는 모든 자는 그 백성 중에서 끊어지리라 하라

Israelites before the LORD, making atonement
for your lives."

Basin for Washing

17-18 •Then the LORD said to Moses, •"Make a
bronze basin, with its bronze stand, for wash-
ing. Place it between the tent of meeting and
19 the altar, and put water in it. •Aaron and his
sons are to wash their hands and feet with
20 water from it. •Whenever they enter the tent
of meeting, they shall wash with water so that
they will not die. Also, when they approach
the altar to minister by presenting a food offer-
21 ing to the LORD, •they shall wash their hands
and feet so that they will not die. This is to be a
lasting ordinance for Aaron and his descen-
dants for the generations to come."

Anointing Oil

22-23 •Then the LORD said to Moses, •"Take the
following fine spices: 500 shekels[a] of liquid
myrrh, half as much (that is, 250 shekels) of fra-
grant cinnamon, 250 shekels[b] of fragrant cala-
24 mus, •500 shekels of cassia—all according to
the sanctuary shekel—and a hin[c] of olive oil.
25 •Make these into a sacred anointing oil, a fra-
grant blend, the work of a perfumer. It will be
26 the sacred anointing oil. •Then use it to anoint
the tent of meeting, the ark of the covenant
27 law, •the table and all its articles, the lamp-
stand and its accessories, the altar of incense,
28 •the altar of burnt offering and all its utensils,
29 and the basin with its stand. •You shall conse-
crate them so they will be most holy, and
whatever touches them will be holy.
30 •"Anoint Aaron and his sons and consecrate
31 them so they may serve me as priests. •Say to
the Israelites, 'This is to be my sacred anointing
32 oil for the generations to come. •Do not pour
it on anyone else's body and do not make any
other oil using the same formula. It is sacred,
33 and you are to consider it sacred.•Whoever
makes perfume like it and puts it on anyone
other than a priest must be cut off from their
people.' "

Incense

34 •Then the LORD said to Moses, "Take fra-
grant spices—gum resin, onycha and galba-
num—and pure frankincense, all in equal

[a]23 That is, about 12 1/2 pounds or about 5.8 kilograms; also in verse 24 [b]23 That is, about 6 1/4 pounds or about 2.9 kilograms [c]24 That is, probably about 1 gallon or about 3.8 liters

1) 법궤 2) 이것을 만지는 자가

accessory [æksésəri] *n.* 부속물
anoint [ənɔ́int] *vt.* (…에) 기름을 붓다
approach [əpróutʃ] *vt.* 가까이 가다
basin [béisn] *n.* 대야
blend [blend] *n.* 혼합
cassia [kǽʃə] *n.* 계피
consecrate [kánsəkrèit] *vt.* 신성하게 하다
descendant [diséndənt] *n.* 자손
fragrant [fréigrənt] *a.* 향기로운
liquid [líkwid] *a.* 액체의
myrrh [məːr] *n.* 몰약
ordinance [ɔ́ːrdənəns] *n.* 규례
sacred [séikrid] *a.* 신성한
sanctuary [sǽŋktʃuèri] *n.* 성소
spice [spáis] *n.* 향료

30:18 put A in B: A를 B에 넣다
30:20 so that: 그래서
30:23 half as much: 그와 같은 양의 절반
30:24 according to...: …에 따라서
30:25 make into...: …로 변화시키다
30:33 other than...: …이외에, …가 아닌

거룩한 향

34 ●여호와께서 모세에게 이르시되 너는 소합
향과 나감향과 풍자향의 향품을 가져다가 그
향품을 유향에 섞되 각기 같은 분량으로 하고
35 그것으로 향을 만들되 향 만드는 법대로 만
들고 그것에 소금을 쳐서 성결하게 하고
36 그 향 얼마를 곱게 찧어 내가 너와 만날 회막
안 1)증거궤 앞에 두라 이 향은 너희에게 지극
히 거룩하니라 레 16:12
37 네가 여호와를 위하여 만들 향은 거룩한 것이
니 너희를 위하여는 그 방법대로 만들지 말라
38 냄새를 맡으려고 이같은 것을 만드는 모든
자는 그 백성 중에서 끊어지리라

회막 기구를 만들게 하라 (출 35:30-36:1 ♪ 435장)

31 여호와께서 모세에게 말씀하여 이르시
되
2 내가 유다 지파 훌의 손자요 우리의 아들인
브살렐을 지명하여 부르고
3 하나님의 영을 그에게 충만하게 하여 지혜와
총명과 지식과 여러 가지 재주로
4 정교한 일을 연구하여 금과 은과 놋으로 만
들게 하며
5 보석을 깎아 물리며 여러 가지 기술로 나무
를 새겨 만들게 하리라
6 내가 또 단 지파 아히사막의 아들 오홀리압
을 세워 그와 함께 하게 하며 지혜로운 마음
이 있는 모든 자에게 내가 지혜를 주어 그들
이 내가 네게 명령한 것을 다 만들게 할지니
7 곧 회막과 1)증거궤와 그 위의 2)속죄소와 회
막의 모든 기구와
8 상과 그 기구와 순금 등잔대와 그 모든 기구
와 분향단과 25:31
9 번제단과 그 모든 기구와 물두멍과 그 받침
과
10 제사직을 행할 때에 입는 정교하게 짠 의복
곧 제사장 아론의 성의와 그의 아들들의 옷과
11 관유와 성소의 향기로운 향이라 무릇 내가
네게 명령한 대로 그들이 만들지니라

안식일

12 ●여호와께서 모세에게 말씀하여 이르시되
13 너는 이스라엘 자손에게 말하여 이르기를 너
희는 나의 안식일을 지키라 이는 나와 너희
사이에 너희 대대의 표징이니 나는 너희를 거
룩하게 하는 여호와인 줄 너희가 알게 함이라
14 너희는 안식일을 지킬지니 이는 너희에게 거
룩한 날이 됨이니라 그날을 더럽히는 자는
모두 죽일지며 그날에 일하는 자는 모두 그

35 amounts, •and make a fragrant blend of
incense, the work of a perfumer. It is to be salt-
36 ed and pure and sacred. •Grind some of it to
powder and place it in front of the ark of the
covenant law in the tent of meeting, where I
will meet with you. It shall be most holy to
37 you. •Do not make any incense with this for-
mula for yourselves; consider it holy to the
38 LORD. •Whoever makes incense like it to
enjoy its fragrance must be cut off from their
people."

Bezalel and Oholiab

31 1-2 Then the LORD said to Moses, •"See,
I have chosen Bezalel son of Uri, the
3 son of Hur, of the tribe of Judah, •and I have
filled him with the Spirit of God, with wis-
dom, with understanding, with knowledge
4 and with all kinds of skills— •to make
artistic designs for work in gold, silver and
5 bronze, •to cut and set stones, to work in
wood, and to engage in all kinds of crafts.
6 •Moreover, I have appointed Oholiab son of
Ahisamak, of the tribe of Dan, to help him.
Also I have given ability to all the skilled
workers to make everything I have com-
7 manded you: •the tent of meeting, the ark of
the covenant law with the atonement cover
on it, and all the other furnishings of the
8 tent— •the table and its articles, the pure
gold lampstand and all its accessories, the
9 altar of incense, •the altar of burnt offering
and all its utensils, the basin with its stand—
10 •and also the woven garments, both the
sacred garments for Aaron the priest and the
garments for his sons when they serve as
11 priests, •and the anointing oil and fragrant
incense for the Holy Place. They are to make
them just as I commanded you."

The Sabbath

12-13 •Then the LORD said to Moses, •"Say to
the Israelites, 'You must observe my Sab-
baths. This will be a sign between me and
you for the generations to come, so you may
know that I am the LORD, who makes you
holy.
14 •" 'Observe the Sabbath, because it is holy
to you. Anyone who desecrates it is to be put
to death; those who do any work on that day

1) 법궤 2) 시은좌 곧 은혜의 자리

altar [ɔ́:ltər] *n.* 제단
appoint [əpɔ́int] *vt.* 임명하다
atonement [ətóunmənt] *n.* 속죄
consider [kənsídər] *vt.* …라고 여기다
craft [kræft] *n.* 재주
formula [fɔ́:rmjulə] *n.* 방법
furnishing [fə́:rniʃiŋ] *n.* 가구
garment [gɑ́:rmənt] *n.* 옷
incense [ínsens] *n.* 향
perfumer [pərfjú:mər] *n.* 향수 제조자
priest [prí:st] *n.* 성직자
skill [skil] *n.* 기술
tribe [traib] *n.* 지파
utensil [juténsəl] *n.* 기구
woven [wóuvən] *vt.* 짜다

30:36 **grind... to powder**: …를 가루로 빻다
30:36 **in front of...**: …의 앞에
31:3 **fill A with B**: B로 A를 채우다
31:5 **engage in...**: …에 종사하다
31:10 **serve as~**: ~로서 섬기다
31:11 **just as...**: …처럼

백성 중에서 그 생명이 끊어지리라
15 엿새 동안은 일할 것이나 일곱째 날은 큰 안
식일이니 여호와께 거룩한 것이라 안식일에
일하는 자는 누구든지 반드시 죽일지니라
16 이같이 이스라엘 자손이 안식일을 지켜서 그
것으로 대대로 영원한 언약을 삼을 것이니
17 이는 나와 이스라엘 자손 사이에 영원한 표
징이며 나 여호와가 엿새 동안에 천지를 창
조하고 일곱째 날에 일을 마치고 쉬었음이니
라 하라

증거판

18 ● 여호와께서 시내 산 위에서 모세에게 이르
시기를 마치신 때에 [1]증거판 둘을 모세에게
주시니 이는 돌판이요 하나님이 [2]친히 쓰신
것이더라

금 송아지 (신 9:6-29)

32 백성이 모세가 산에서 내려옴이 더딤
을 보고 모여 백성이 아론에게 이르러
말하되 일어나라 우리를 위하여 우리를 인도
할 신을 만들라 이 모세 곧 우리를 애굽 땅에
서 인도하여 낸 사람은 어찌 되었는지 알지
못함이니라
2 아론이 그들에게 이르되 너희의 아내와 자녀
의 귀에서 금 고리를 빼어 내게로 가져오라
3 모든 백성이 그 귀에서 금 고리를 빼어 아론
에게로 가져가매
4 아론이 그들의 손에서 금 고리를 받아 부어
서 조각칼로 새겨 송아지 형상을 만드니 그
들이 말하되 이스라엘아 이는 너희를 애굽
땅에서 인도하여 낸 너희의 신이로다 하는지
라
5 아론이 보고 그 앞에 제단을 쌓고 이에 아론
이 공포하여 이르되 내일은 여호와의 절일이
니라 하니
6 이튿날에 그들이 일찍이 일어나 번제를 드리
며 화목제를 드리고 백성이 앉아서 먹고 마
시며 일어나서 뛰놀더라
7 ● 여호와께서 모세에게 이르시되 너는 내려
가라 네가 애굽 땅에서 인도하여 낸 네 백성
이 부패하였도다 신 9:12
8 그들이 내가 그들에게 명령한 길을 속히 떠
나 자기를 위하여 송아지를 부어 만들고 그
것을 예배하며 그것에게 제물을 드리며 말하
기를 이스라엘아 이는 너희를 애굽 땅에서
인도하여 낸 너희 신이라 하였도다
9 여호와께서 또 모세에게 이르시되 내가 이
백성을 보니 목이 뻣뻣한 백성이로다

15 must be cut off from their people. ● For six
days work is to be done, but the seventh day is
a day of sabbath rest, holy to the LORD. Whoev-
er does any work on the Sabbath day is to be
16 put to death. ● The Israelites are to observe the
Sabbath, celebrating it for the generations to
17 come as a lasting covenant. ● It will be a sign
between me and the Israelites forever, for in
six days the LORD made the heavens and the
earth, and on the seventh day he rested and
was refreshed.' "
18 ● When the LORD finished speaking to Moses
on Mount Sinai, he gave him the two tablets of
the covenant law, the tablets of stone inscribed
by the finger of God.

The Golden Calf

32 When the people saw that Moses was
so long in coming down from the
mountain, they gathered around Aaron and
said, "Come, make us gods[a] who will go be-
fore us. As for this fellow Moses who brought
us up out of Egypt, we don't know what has
happened to him."
2 ● Aaron answered them, "Take off the gold
earrings that your wives, your sons and your
daughters are wearing, and bring them to
3 me." ● So all the people took off their earrings
4 and brought them to Aaron. ● He took what
they handed him and made it into an idol cast
in the shape of a calf, fashioning it with a tool.
Then they said, "These are your gods,[b] Israel,
who brought you up out of Egypt."
5 ● When Aaron saw this, he built an altar in
front of the calf and announced, "Tomorrow
6 there will be a festival to the LORD." ● So the
next day the people rose early and sacrificed
burnt offerings and presented fellowship offer-
ings. Afterward they sat down to eat and drink
and got up to indulge in revelry.
7 ● Then the LORD said to Moses, "Go down,
because your people, whom you brought up
8 out of Egypt, have become corrupt. ● They
have been quick to turn away from what I
commanded them and have made them-
selves an idol cast in the shape of a calf. They
have bowed down to it and sacrificed to it and
have said, 'These are your gods, Israel, who
brought you up out of Egypt.'
9 ● "I have seen these people," the LORD said to
Moses, "and they are a stiff-necked people.

[a]1 Or *a god*; also in verses 23 and 31 [b]4 Or *This is your god*; also in verse 8 1) 법 2) 손가락으로

afterward [ǽftərwərd] *ad.* 나중에
altar [ɔ́:ltər] *n.* 제단
announce [ənáuns] *vt.* 공표하다
calf [kæf] *n.* 송아지
cast [kæst] *n.* 주조물
covenant [kʌvənənt] *n.* 언약
fellowship [félouʃip] *n.* 화목
indulge [indʌldʒ] *vt.* 탐닉하다
inscribe [inskráib] *vt.* 새기다
observe [əbzə́:rv] *vt.* 준수하다
revelry [révəlri] *n.* 환락
Sabbath [sǽbəθ] *n.* 안식일
sacrifice [sǽkrəfais] *vt.* 희생물을 바치다
tablet [tǽblit] *n.* 서판
tool [tu:l] *n.* 연장

32:2 take off...: …를 벗다
32:4 make into...: …으로 만들다
32:5 in front of...: …의 앞에(서)
32:6 indulge in...: …에 탐닉하다
32:8 turn away from...: …를 외면하다
32:8 bow down: 절하다

10 그런즉 내가 하는 대로 두라 내가 그들에게
진노하여 그들을 진멸하고 너를 큰 나라가
되게 하리라
11 모세가 그의 하나님 여호와께 구하여 이르되
여호와여 어찌하여 그 큰 권능과 강한 손으
로 애굽 땅에서 인도하여 내신 주의 백성에
게 진노하시나이까
12 어찌하여 애굽 사람들이 이르기를 여호와가
자기의 백성을 산에서 죽이고 지면에서 진멸
하려는 악한 의도로 인도해 내었다고 말하게
하시려 하나이까 주의 맹렬한 노를 그치시고
뜻을 돌이키사 주의 백성에게 이 화를 내리
지 마옵소서
13 주의 종 아브라함과 이삭과 이스라엘을 기억
하소서 주께서 그들을 위하여 주를 가리켜
맹세하여 이르시기를 내가 너희의 자손을 하
늘의 별처럼 많게 하고 내가 허락한 이 온 땅
을 너희의 자손에게 주어 영원한 기업이 되
게 하리라 하셨나이다
14 여호와께서 뜻을 돌이키사 말씀하신 화를 그
백성에게 내리지 아니하시니라
15 ● 모세가 돌이켜 산에서 내려오는데 두 [1]증
거판이 그의 손에 있고 그 판의 양면 이쪽 저
쪽에 글자가 있으니
16 그 판은 하나님이 만드신 것이요 글자는 하
나님이 쓰셔서 판에 새기신 것이더라
17 여호수아가 백성들의 요란한 소리를 듣고 모
세에게 말하되 진중에서 싸우는 소리가 나나
이다
18 모세가 이르되 이는 승전가도 아니요 패하여
부르짖는 소리도 아니라 내가 듣기에는 노래
하는 소리로다 하고
19 진에 가까이 이르러 그 송아지와 그 춤 추는
것들을 보고 크게 노하여 손에서 그 판들을
산 아래로 던져 깨뜨리니라
20 모세가 그들이 만든 송아지를 가져다가 불살
라 부수어 가루를 만들어 물에 뿌려 이스라
엘 자손에게 마시게 하니라
21 ● 모세가 아론에게 이르되 이 백성이 당신에
게 어떻게 하였기에 당신이 그들을 큰 죄에
빠지게 하였느냐
22 아론이 이르되 내 주여 노하지 마소서 이 백
성의 악함을 당신이 아나이다
23 그들이 내게 말하기를 우리를 위하여 우리를
인도할 신을 만들라 이 모세 곧 우리를 애굽
땅에서 인도하여 낸 사람은 어찌 되었는지
알 수 없노라 하기에

10 ● Now leave me alone so that my anger may
burn against them and that I may destroy
them. Then I will make you into a great
nation."
11 ● But Moses sought the favor of the LORD his
God. "LORD," he said, "why should your anger
burn against your people, whom you brought
out of Egypt with great power and a mighty
12 hand? ● Why should the Egyptians say, 'It was
with evil intent that he brought them out, to
kill them in the mountains and to wipe them
off the face of the earth'? Turn from your fierce
anger; relent and do not bring disaster on your
13 people. ● Remember your servants Abraham,
Isaac and Israel, to whom you swore by your
own self: 'I will make your descendants as
numerous as the stars in the sky and I will give
your descendants all this land I promised
them, and it will be their inheritance forever.' "
14 ● Then the LORD relented and did not bring
on his people the disaster he had threatened.
15 ● Moses turned and went down the moun-
tain with the two tablets of the covenant law
in his hands. They were inscribed on both
16 sides, front and back. ● The tablets were the
work of God; the writing was the writing of
God, engraved on the tablets.
17 ● When Joshua heard the noise of the peo-
ple shouting, he said to Moses, "There is the
sound of war in the camp."
18 ● Moses replied:

"It is not the sound of victory,
it is not the sound of defeat;
it is the sound of singing that I hear."

19 ● When Moses approached the camp and
saw the calf and the dancing, his anger burned
and he threw the tablets out of his hands,
breaking them to pieces at the foot of the
20 mountain. ● And he took the calf the people
had made and burned it in the fire; then he
ground it to powder, scattered it on the water
and made the Israelites drink it.
21 ● He said to Aaron, "What did these people
do to you, that you led them into such great
sin?"
22 ● "Do not be angry, my lord," Aaron an-
swered. "You know how prone these people
23 are to evil. ● They said to me, 'Make us gods
who will go before us. As for this fellow Moses
who brought us up out of Egypt, we don't

1) 법

approach [əpróutʃ] *vt.* 접근하다
calf [kǽf] *n.* 송아지
defeat [difíːt] *n.* 패배
descendant [diséndənt] *n.* 자손
disaster [dizǽstər] *n.* 재앙
engrave [ingréiv] *vt.* 새기다
fierce [fíərs] *a.* 맹렬한
inheritance [inhérətəns] *n.* 유산
intent [intént] *n.* 의도
numerous [njúːmərəs] *a.* 매우 많은
relent [rilént] *vi.* 마음이 풀리다
scatter [skǽtər] *vt.* 흩뿌리다
seek [siːk] *vt.* 찾다, 구하다
swear [swɛər] *vt.* 맹세하다, 약속하다
threaten [θrétn] *vt.* 위협하다

32:12 **bring out**: 내보내다
32:15 **be inscribed on...**: …에 새겨져 있다
32:19 **throw A out of B**: B에서 A를 던지다
32:21 **lead A into B**: A를 B로 이끌다
32:22 **be prone to...**: …하기 쉽다
32:23 **as for...**: …에 관하여[말하자면]

24 내가 그들에게 이르기를 금이 있는 자는 빼
내라 한즉 그들이 그것을 내게로 가져왔기로
내가 불에 던졌더니 이 송아지가 나왔나이다
25 ●모세가 본즉 백성이 방자하니 이는 아론이
그들을 방자하게 하여 원수에게 조롱거리가
되게 하였음이라
26 이에 모세가 진 문에 서서 이르되 누구든지
여호와의 편에 있는 자는 내게로 나아오라 하
매 레위 자손이 다 모여 그에게로 가는지라
27 모세가 그들에게 이르되 이스라엘의 하나님
여호와께서 이렇게 말씀하시기를 너희는 각
각 허리에 칼을 차고 진 이 문에서 저 문까지
왕래하며 각 사람이 그 형제를, 각 사람이 자
기의 친구를, 각 사람이 자기의 이웃을 죽이
라 하셨느니라
28 레위 자손이 모세의 말대로 행하매 이날에
백성 중에 삼천 명 가량이 죽임을 당하니라
29 모세가 이르되 각 사람이 자기의 아들과 자기
의 형제를 쳤으니 오늘 여호와께 헌신하게 되
었느니라 그가 오늘 너희에게 복을 내리시리라
30 ●이튿날 모세가 백성에게 이르되 너희가 큰
죄를 범하였도다 내가 이제 여호와께로 올라
가노니 혹 너희를 위하여 속죄가 될까 하노
라 하고
31 모세가 여호와께로 다시 나아가 여짜오되 슬
프도소이다 이 백성이 자기들을 위하여 금
신을 만들었사오니 큰 죄를 범하였나이다
32 그러나 이제 그들의 죄를 사하시옵소서 그렇
지 아니하시오면 원하건대 주께서 기록하신
책에서 내 이름을 지워 버려 주옵소서 시 139:16
33 여호와께서 모세에게 이르시되 누구든지 내
게 범죄하면 내가 내 책에서 그를 지워 버리
리라
34 이제 가서 내가 네게 말한 곳으로 백성을 인
도하라 내 사자가 네 앞서 가리라 그러나 내
가 보응할 날에는 그들의 죄를 보응하리라
35 여호와께서 백성을 치시니 이는 그들이 아론
이 만든 바 그 송아지를 만들었음이더라

시내 산을 떠나라고 명하시다 — B.C. 1450년경

33 여호와께서 모세에게 이르시되 너는
네가 애굽 땅에서 인도하여 낸 백성과
함께 여기를 떠나서 내가 아브라함과 이삭과
야곱에게 맹세하여 네 자손에게 주기로 한
그 땅으로 올라가라
2 내가 사자를 너보다 앞서 보내어 가나안 사
람과 아모리 사람과 헷 사람과 브리스 사람
과 히위 사람과 여부스 사람을 쫓아내고

24 know what has happened to him.' ●So I
told them, 'Whoever has any gold jewelry,
take it off.' Then they gave me the gold, and
I threw it into the fire, and out came this
calf!"
25 ●Moses saw that the people were running
wild and that Aaron had let them get out of
control and so become a laughingstock to
26 their enemies. ●So he stood at the entrance to
the camp and said, "Whoever is for the LORD,
come to me." And all the Levites rallied to
him.
27 ●Then he said to them, "This is what the
LORD, the God of Israel, says: 'Each man strap a
sword to his side. Go back and forth through
the camp from one end to the other, each
killing his brother and friend and neighbor.' "
28 ●The Levites did as Moses commanded, and
that day about three thousand of the people
29 died. ●Then Moses said, "You have been set
apart to the LORD today, for you were against
your own sons and brothers, and he has
blessed you this day."
30 ●The next day Moses said to the people,
"You have committed a great sin. But now I
will go up to the LORD; perhaps I can make
atonement for your sin."
31 ●So Moses went back to the LORD and said,
"Oh, what a great sin these people have com-
mitted! They have made themselves gods of
32 gold. ●But now, please forgive their sin—but if
not, then blot me out of the book you have
written."
33 ●The LORD replied to Moses, "Whoever has
sinned against me I will blot out of my book.
34 ●Now go, lead the people to the place I spoke
of, and my angel will go before you. However,
when the time comes for me to punish, I will
punish them for their sin."
35 ●And the LORD struck the people with a
plague because of what they did with the calf
Aaron had made.

33 Then the LORD said to Moses, "Leave
this place, you and the people you
brought up out of Egypt, and go up to the land
I promised on oath to Abraham, Isaac and
Jacob, saying, 'I will give it to your descen-
2 dants.' ●I will send an angel before you and
drive out the Canaanites, Amorites, Hittites,
3 Perizzites, Hivites and Jebusites. ●Go up to the
land flowing with milk and honey. But I will

atonement [ətóunmənt] *n.* 속죄
bless [bles] *vt.* 축복하다
command [kəmǽnd] *vt.* 명령하다
commit [kəmít] *vt.* 범하다
enemy [énəmi] *n.* 적
forgive [fərgív] *vt.* 용서하다
jewelry [dʒúːəlri] *n.* 보석류
laughingstock [lǽfiŋstɑk] *n.* 웃음거리
perhaps [pərhǽps] *ad.* 혹시
plague [pleig] *n.* 전염병
punish [pʌniʃ] *vt.* 벌하다
rally [rǽli] *vt.* 모집하다
reply [riplái] *vt.* 대답하다
sin [sin] *vi.* 죄를 짓다
strap [stræp] *vt.* 끈으로 묶다

32:24 **whoever has...**: …하는 사람은 누구든지
32:24 **take off**: 벗다, 벗기다
32:24 **throw A into B**: A를 B로 던지다
32:25 **get out of control**: 통제할 수 없다
32:33 **blot out**: 지우다

3 너희를 젖과 꿀이 흐르는 땅에 이르게 하려니와 나는 너희와 함께 올라가지 아니하리니 너희는 목이 곧은 백성인즉 내가 길에서 너희를 진멸할까 염려함이니라 하시니

4 백성이 이 준엄한 말씀을 듣고 슬퍼하여 한 사람도 자기의 몸을 단장하지 아니하니 민 14:1

5 여호와께서 모세에게 이르시기를 이스라엘 자손에게 이르라 너희는 목이 곧은 백성인즉 내가 한 순간이라도 너희 가운데에 이르면 너희를 진멸하리니 너희는 장신구를 떼어 내라 그리하면 내가 너희에게 어떻게 할 것인지 정하겠노라 하셨음이라

6 이스라엘 자손이 호렙 산에서부터 그들의 장신구를 떼어 내니라

회막

7 ●모세가 항상 장막을 취하여 진 밖에 쳐서 진과 멀리 떠나게 하고 회막이라 이름하니 여호와를 앙모하는 자는 다 진 바깥 회막으로 나아가며

8 모세가 회막으로 나아갈 때에는 백성이 다 일어나 자기 장막 문에 서서 모세가 회막에 들어가기까지 바라보며

9 모세가 회막에 들어갈 때에 구름 기둥이 내려 회막문에 서며 여호와께서 모세와 말씀하시니

10 모든 백성이 회막문에 구름 기둥이 서 있는 것을 보고 다 일어나 각기 장막 문에 서서 예배하며

11 사람이 자기의 친구와 이야기함같이 여호와께서는 모세와 대면하여 말씀하시며 모세는 진으로 돌아오나 눈의 아들 젊은 수종자 여호수아는 회막을 떠나지 아니하니라 민 12:8

여호와께서 친히 가리라 하시다

12 ●모세가 여호와께 아뢰되 보시옵소서 주께서 내게 이 백성을 인도하여 올라가라 하시면서 나와 함께 보낼 자를 내게 지시하지 아니하시나이다 주께서 전에 말씀하시기를 나는 이름으로도 너를 알고 너도 내 앞에 은총을 입었다 하셨사온즉

13 내가 참으로 주의 목전에 은총을 입었사오면 원하건대 주의 길을 내게 보이사 내게 주를 알리시고 나로 주의 목전에 은총을 입게 하시며 이 족속을 주의 백성으로 여기소서

14 여호와께서 이르시되 내가 친히 가리라 내가 너를 쉬게 하리라

15 모세가 여호와께 아뢰되 주께서 친히 가지 아니하시려거든 우리를 이곳에서 올려 보내

not go with you, because you are a stiff-necked
people and I might destroy you on the way."
4 ●When the people heard these distressing
words, they began to mourn and no one put
5 on any ornaments. ●For the LORD had said to
Moses, "Tell the Israelites, 'You are a stiff-
necked people. If I were to go with you even
for a moment, I might destroy you. Now take
off your ornaments and I will decide what to
6 do with you.' " ●So the Israelites stripped off
their ornaments at Mount Horeb.

The Tent of Meeting

7 ●Now Moses used to take a tent and pitch it
outside the camp some distance away, calling
it the "tent of meeting." Anyone inquiring of
the LORD would go to the tent of meeting out-
8 side the camp. ●And whenever Moses went
out to the tent, all the people rose and stood at
the entrances to their tents, watching Moses
9 until he entered the tent. ●As Moses went into
the tent, the pillar of cloud would come down
and stay at the entrance, while the LORD spoke
10 with Moses. ●Whenever the people saw the
pillar of cloud standing at the entrance to the
tent, they all stood and worshiped, each at the
11 entrance to their tent. ●The LORD would speak
to Moses face to face, as one speaks to a friend.
Then Moses would return to the camp, but his
young aide Joshua son of Nun did not leave
the tent.

Moses and the Glory of the LORD

12 ●Moses said to the LORD, "You have been
telling me, 'Lead these people,' but you have
not let me know whom you will send with
me. You have said, 'I know you by name and
13 you have found favor with me.' ●If you are
pleased with me, teach me your ways so I may
know you and continue to find favor with
you. Remember that this nation is your peo-
ple."
14 ●The LORD replied, "My Presence will go
with you, and I will give you rest."
15 ●Then Moses said to him, "If your Presence
does not go with us, do not send us up from
16 here. ●How will anyone know that you are
pleased with me and with your people unless
you go with us? What else will distinguish me
and your people from all the other people on
the face of the earth?"

aide [eid] *n.* 조력자
decide [disáid] *vt.* 결심하다
destroy [distrɔ́i] *vt.* 파괴하다
distressing [distrésiŋ] *a.* 괴로움을 주는
entrance [éntrəns] *n.* 입구
glory [glɔ́:ri] *n.* 영광
inquire [inkwáiər] *vi.* 묻다
mourn [mɔ:rn] *vi.* 슬퍼하다
ornament [ɔ́:rnəmənt] *n.* 장식품
pillar [pílər] *n.* 기둥
pitch [pitʃ] *vt.* (천막을) 치다
rise [raiz] *vi.* 일어나다
send [send] *vt.* 보내다
stiff-necked [stífnekt] *a.* 완고한
worship [wə́:rʃip] *vt.* 경배하다

33:7 used to...: …하곤 했다
33:7 some distance away: 다소 떨어져서
33:10 stand at...: …에 서 있다
33:11 face to face: 얼굴을 맞대고
33:13 be pleased with...: …에 만족하다
33:16 distinguish... from~: …를 ~과 구별하다

지 마옵소서
16 나와 주의 백성이 주의 목전에 은총 입은 줄
을 무엇으로 알리이까 주께서 우리와 함께
행하심으로 나와 주의 백성을 천하 만민 중
에 구별하심이 아니니이까
17 ●여호와께서 모세에게 이르시되 네가 말하
는 이 일도 내가 하리니 너는 내 목전에 은총
을 입었고 내가 이름으로도 너를 앎이니라
18 모세가 이르되 원하건대 주의 영광을 내게
보이소서 시 4:6
19 여호와께서 이르시되 내가 내 모든 선한 것
을 네 앞으로 지나가게 하고 여호와의 이름
을 네 앞에 선포하리라 나는 은혜 베풀 자에
게 은혜를 베풀고 긍휼히 여길 자에게 긍휼
을 베푸느니라
20 또 이르시되 네가 내 얼굴을 보지 못하리니
나를 보고 살 자가 없음이니라
21 여호와께서 또 이르시기를 보라 내 곁에 한
장소가 있으니 너는 그 반석 위에 서라
22 내 영광이 지나갈 때에 내가 너를 반석 틈에
두고 내가 지나도록 내 손으로 너를 덮었다가
23 손을 거두리니 네가 내 등을 볼 것이요 얼굴
은 보지 못하리라

두 번째 돌판 (신 10:1-5 ♪ 202장)

34 여호와께서 모세에게 이르시되 너는
돌판 둘을 처음 것과 같이 다듬어 만들
라 네가 깨뜨린 처음 판에 있던 말을 내가 그
판에 쓰리니
2 아침까지 준비하고 아침에 시내 산에 올라와
산 꼭대기에서 내게 보이되
3 아무도 너와 함께 오르지 말며 온 산에 아무
도 나타나지 못하게 하고 양과 소도 산 앞에
서 먹지 못하게 하라
4 모세가 돌판 둘을 처음 것과 같이 깎아 만들
고 아침에 일찍이 일어나 그 두 돌판을 손에
들고 여호와의 명령대로 시내 산에 올라가니
5 여호와께서 구름 가운데에 강림하사 그와 함
께 거기 서서 여호와의 이름을 선포하실새
6 여호와께서 그의 앞으로 지나시며 선포하시되
여호와라 여호와라 자비롭고 은혜롭고 노하기
를 더디하고 인자와 진실이 많은 하나님이라
7 인자를 천 대까지 베풀며 악과 과실과 죄를
용서하리라 그러나 벌을 면제하지는 아니하
고 아버지의 악행을 자손 삼사 대까지 보응
하리라
8 모세가 급히 땅에 엎드려 경배하며
9 이르되 주여 내가 주께 은총을 입었거든 원

17 ●And the LORD said to Moses, "I will do the
very thing you have asked, because I am
pleased with you and I know you by name."
18 ●Then Moses said, "Now show me your
glory."
19 ●And the LORD said, "I will cause all my
goodness to pass in front of you, and I will
proclaim my name, the LORD, in your pres-
ence. I will have mercy on whom I will have
mercy, and I will have compassion on whom
20 I will have compassion. ●But," he said, "you
cannot see my face, for no one may see me
and live."
21 ●Then the LORD said, "There is a place near
22 me where you may stand on a rock. ●When
my glory passes by, I will put you in a cleft in
the rock and cover you with my hand until I
23 have passed by. ●Then I will remove my hand
and you will see my back; but my face must
not be seen."

The New Stone Tablets

34 The LORD said to Moses, "Chisel out
two stone tablets like the first ones,
and I will write on them the words that were
2 on the first tablets, which you broke. ●Be
ready in the morning, and then come up on
Mount Sinai. Present yourself to me there on
3 top of the mountain. ●No one is to come with
you or be seen anywhere on the mountain;
not even the flocks and herds may graze in
front of the mountain."
4 ●So Moses chiseled out two stone tablets like
the first ones and went up Mount Sinai early in
the morning, as the LORD had commanded
him; and he carried the two stone tablets in his
5 hands. ●Then the LORD came down in the
cloud and stood there with him and pro-
6 claimed his name, the LORD. ●And he passed
in front of Moses, proclaiming, "The LORD, the
LORD, the compassionate and gracious God,
slow to anger, abounding in love and faithful-
7 ness, ●maintaining love to thousands, and for-
giving wickedness, rebellion and sin. Yet he
does not leave the guilty unpunished; he pun-
ishes the children and their children for the sin
of the parents to the third and fourth genera-
tion."
8 ●Moses bowed to the ground at once and
9 worshiped. ●"Lord," he said, "if I have found
favor in your eyes, then let the Lord go with us.
Although this is a stiff-necked people, forgive

bow [bau] *vi.* 절하다, 경배하다
cleft [kléft] *n.* 갈라진 틈
compassion [kəmpǽʃən] *n.* 긍휼
flock [flák] *n.* 짐승의 떼
goodness [gúdnis] *n.* 선함
gracious [gréiʃəs] *a.* 자비로운
graze [greiz] *vi.* 풀을 뜯다
guilty [gílti] *n.* 죄, 유죄
maintain [meintéin] *vt.* 유지하다
mercy [mə́:rsi] *n.* 자비
proclaim [prəkléim] *vt.* 선포하다
punish [pʌ́niʃ] *vt.* 벌하다
rebellion [ribéljən] *n.* 반역
remove [rimú:v] *vt.* 치우다
tablet [tǽblit] *n.* 서판

33:19 **in one's presence**: …의 면전에서
34:1 **chisel out...**: …를 조각하다
34:2 **present oneself to...**: …에게로 나가다
34:5 **come down**: 내려오다
34:6 **abound in...**: …가 넘치다
34:8 **at once**: 즉시, 곧바로

하건대 주는 우리와 동행하옵소서 이는 목이
뻣뻣한 백성이니이다 우리의 악과 죄를 사하
시고 우리를 주의 기업으로 삼으소서

다시 언약을 세우시다

(출 23:14-19; 신 7:1-5; 16:1-17)

10 ●여호와께서 이르시되 보라 내가 언약을 세
우나니 곧 내가 아직 온 땅 아무 국민에게도
행하지 아니한 이적을 너희 전체 백성 앞에
행할 것이라 네가 머무는 나라 백성이 다 여
호와의 행하심을 보리니 내가 너를 위하여
행할 일이 두려운 것임이니라
11 너는 내가 오늘 네게 명령하는 것을 삼가 지
키라 보라 내가 네 앞에서 아모리 사람과 가
나안 사람과 헷 사람과 브리스 사람과 히위
사람과 여부스 사람을 쫓아내리니
12 너는 스스로 삼가 네가 들어가는 땅의 주민
과 언약을 세우지 말라 그것이 너희에게 올
무가 될까 하노라 23:32, 33
13 너희는 도리어 그들의 제단들을 헐고 그들의
주상을 깨뜨리고 그들의 아세라 상을 찍을지
어다
14 너는 다른 신에게 절하지 말라 여호와는 질
투라 이름하는 질투의 하나님임이니라 신 4:24
15 너는 삼가 그 땅의 주민과 언약을 세우지 말
지니 이는 그들이 모든 신을 음란하게 섬기
며 그들의 신들에게 제물을 드리고 너를 청
하면 네가 그 제물을 먹을까 함이며
16 또 네가 그들의 딸들을 네 아들들의 아내로
삼음으로 그들의 딸들이 그들의 신들을 음란
하게 섬기며 네 아들에게 그들의 신들을 음
란하게 섬기게 할까 함이니라
17 너는 신상들을 부어 만들지 말지니라
18 ●너는 무교절을 지키되 내가 네게 명령한
대로 아빕 월 그 절기에 이레 동안 무교병을
먹으라 이는 네가 아빕 월에 애굽에서 나왔
음이니라
19 모든 첫 태생은 다 내 것이며 네 가축의 모든
처음 난 수컷인 소와 양도 다 그러하며 13:2
20 나귀의 첫 새끼는 어린 양으로 대속할 것이
요 그렇게 하지 아니하려면 그 목을 꺾을 것
이며 네 아들 중 장자는 다 대속할지며 빈 손
으로 내 얼굴을 보지 말지니라
21 ●너는 엿새 동안 일하고 일곱째 날에는 쉴
지니 밭 갈 때에나 거둘 때에도 쉴지며 20:9
22 칠칠절 곧 맥추의 초실절을 지키고 세말에는
수장절을 지키라
23 너희의 모든 남자는 매년 세 번씩 주 여호와

our wickedness and our sin, and take us as
your inheritance."
10 ●Then the LORD said: "I am making a
covenant with you. Before all your people I
will do wonders never before done in any
nation in all the world. The people you live
among will see how awesome is the work that
11 I, the LORD, will do for you. ●Obey what I com-
mand you today. I will drive out before you
the Amorites, Canaanites, Hittites, Perizzites,
12 Hivites and Jebusites. ●Be careful not to make
a treaty with those who live in the land where
you are going, or they will be a snare among
13 you. ●Break down their altars, smash their
sacred stones and cut down their Asherah
14 poles.[a] ●Do not worship any other god, for
the LORD, whose name is Jealous, is a jealous
God.
15 ●"Be careful not to make a treaty with those
who live in the land; for when they prostitute
themselves to their gods and sacrifice to them,
they will invite you and you will eat their sacri-
16 fices. ●And when you choose some of their
daughters as wives for your sons and those
daughters prostitute themselves to their gods,
they will lead your sons to do the same.
17 ●"Do not make any idols.
18 ●"Celebrate the Festival of Unleavened
Bread. For seven days eat bread made without
yeast, as I commanded you. Do this at the
appointed time in the month of Aviv, for in
that month you came out of Egypt.
19 ●"The first offspring of every womb belongs
to me, including all the firstborn males of your
livestock, whether from herd or flock.
20 ●Redeem the firstborn donkey with a lamb,
but if you do not redeem it, break its neck.
Redeem all your firstborn sons.
"No one is to appear before me empty-
handed.
21 ●"Six days you shall labor, but on the sev-
enth day you shall rest; even during the plow-
ing season and harvest you must rest.
22 ●"Celebrate the Festival of Weeks with the
firstfruits of the wheat harvest, and the Festival
23 of Ingathering at the turn of the year.[b] ●Three
times a year all your men are to appear before
24 the Sovereign LORD, the God of Israel. ●I will
drive out nations before you and enlarge your
territory, and no one will covet your land

[a]13 That is, wooden symbols of the goddess Asherah
[b]22 That is, in the autumn

awesome [ɔ́:səm] *a.* 두려운
command [kəmǽnd] *vt.* 명령하다
covenant [kʌvənənt] *n.* 언약
enlarge [inlɑ́:rdʒ] *vt.* 넓히다
inheritance [inhérətəns] *n.* 상속
offspring [ɔ́:fspriŋ] *n.* 자손
plow [plau] *vt.* 쟁기로 갈다
prostitute [prɑ́stətjù:t] *vt.* 몸을 팔다
redeem [ridí:m] *vt.* 속량하다
smash [smæʃ] *vt.* 박살내다
snare [snεər] *n.* 덫, 함정
territory [térətɔ̀:ri] *n.* 영토
treaty [trí:ti] *n.* 조약
unleavened [ʌnlévənd] *a.* 발효하지 않은
wickedness [wíkidnis] *n.* 악함

34:11 **drive out**: 몰아내다
34:12 **make a treaty with...**: …과 조약을 맺다
34:13 **break down**: 무너뜨리다
34:13 **cut down**: 베어 넘어뜨리다
34:19 **belong to...**: …에게 속하다

이스라엘의 하나님 앞에 보일지라
24 내가 이방 나라들을 네 앞에서 쫓아내고 네 지경을 넓히리니 네가 매년 세 번씩 여호와 네 하나님을 뵈려고 올 때에 아무도 네 땅을 탐내지 못하리라
25 ●너는 내 제물의 피를 유교병과 함께 드리지 말며 유월절 제물을 아침까지 두지 말지며
26 네 토지 소산의 처음 익은 것을 가져다가 네 하나님 여호와의 전에 드릴지며 너는 염소 새끼를 그 어미의 젖으로 삶지 말지니라 23:19
27 ●여호와께서 모세에게 이르시되 너는 이 말들을 기록하라 내가 이 말들의 뜻대로 너와 이스라엘과 언약을 세웠음이니라 하시니라
28 모세가 여호와와 함께 사십 일 사십 야를 거기 있으면서 떡도 먹지 아니하였고 물도 마시지 아니하였으며 여호와께서는 언약의 말씀 곧 십계명을 그 판들에 기록하셨더라

모세가 시내 산에서 내려오다

29 ●모세가 그 증거의 두 판을 모세의 손에 들고 시내 산에서 내려오니 그 산에서 내려올 때에 모세는 자기가 여호와와 말하였음으로 말미암아 얼굴 피부에 광채가 나나 깨닫지 못하였더라
30 아론과 온 이스라엘 자손이 모세를 볼 때에 모세의 얼굴 피부에 광채가 남을 보고 그에게 가까이 하기를 두려워하더니
31 모세가 그들을 부르매 아론과 회중의 모든 어른이 모세에게로 오고 모세가 그들과 말하니
32 그 후에야 온 이스라엘 자손이 가까이 오는지라 모세가 여호와께서 시내 산에서 자기에게 이르신 말씀을 다 그들에게 명령하고 24:3
33 모세가 그들에게 말하기를 마치고 수건으로 자기 얼굴을 가렸더라
34 그러나 모세가 여호와 앞에 들어가서 함께 말할 때에는 나오기까지 수건을 벗고 있다가 나와서는 그 명령하신 일을 이스라엘 자손에게 전하며
35 이스라엘 자손이 모세의 얼굴의 광채를 보므로 모세가 여호와께 말하러 들어가기까지 다시 수건으로 자기 얼굴을 가렸더라 34:32

안식일 규례 (♪ 43, 44장) — B.C. 1450년경

35 모세가 이스라엘 자손의 온 회중을 모으고 그들에게 이르되 여호와께서 너희에게 명령하사 행하게 하신 말씀이 이러하니라

when you go up three times each year to
appear before the LORD your God.
25 •"Do not offer the blood of a sacrifice to
me along with anything containing yeast,
and do not let any of the sacrifice from the
Passover Festival remain until morning.
26 •"Bring the best of the firstfruits of your
soil to the house of the LORD your God.
"Do not cook a young goat in its mother's
milk."
27 •Then the LORD said to Moses, "Write down
these words, for in accordance with these
words I have made a covenant with you and
28 with Israel." •Moses was there with the LORD
forty days and forty nights without eating
bread or drinking water. And he wrote on the
tablets the words of the covenant—the Ten
Commandments.

The Radiant Face of Moses

29 •When Moses came down from Mount
Sinai with the two tablets of the covenant
law in his hands, he was not aware that his
face was radiant because he had spoken with
30 the LORD. •When Aaron and all the Israelites
saw Moses, his face was radiant, and they
31 were afraid to come near him. •But Moses
called to them; so Aaron and all the leaders
of the community came back to him, and he
32 spoke to them. •Afterward all the Israelites
came near him, and he gave them all the
commands the LORD had given him on
Mount Sinai.
33 •When Moses finished speaking to them,
34 he put a veil over his face. •But whenever he
entered the LORD's presence to speak with
him, he removed the veil until he came out.
And when he came out and told the Israelites
35 what he had been commanded, •they saw
that his face was radiant. Then Moses would
put the veil back over his face until he went
in to speak with the LORD.

Sabbath Regulations

35 Moses assembled the whole Israelite
community and said to them, "These
are the things the LORD has commanded you
2 to do: •For six days, work is to be done, but
the seventh day shall be your holy day, a day
of sabbath rest to the LORD. Whoever does any

accordance [əkɔ́:rdəns] *n.* 일치
appear [əpíər] *vi.* 나타나다
assemble [əsémbl] *vt.* 모으다
community [kəmjú:nəti] *n.* 공동체
contain [kəntéin] *vt.* 포함하다
covenant [kʌvənənt] *n.* 언약
firstfruits [fə́:rstfrú:ts] *n.* 첫 수확
goat [gout] *n.* 염소
offer [ɔ́:fər] *vt.* 바치다
Passover [pæsouvə(r)] *n.* 유월절
radiant [réidiənt] *a.* 광채가 나는
remain [riméin] *vi.* 남아 있다
remove [rimú:v] *vt.* 벗기다
veil [veil] *n.* 너울
yeast [ji:st] *n.* 효모

34:25 along with...: …와 함께
34:27 write down: 받아 적다
34:27 in accordance with...: …와 일치하여
34:29 be aware that...: …를 알다
34:33 put A over B: A로 B를 가리다
34:34 come out: 나오다

2 엿새 동안은 일하고 일곱째 날은 너희를 위한 거룩한 날이니 여호와께 엄숙한 안식일이라 누구든지 이날에 일하는 자는 죽일지니
3 안식일에는 너희의 모든 처소에서 불도 피우지 말지니라

여호와께 드릴 것들 (출 25:1-9 ♪ 327장)

4 ●모세가 이스라엘 자손의 온 회중에게 말하여 이르되 여호와께서 명령하신 일이 이러하니라 이르시기를 25:1-9
5 너희의 소유 중에서 너희는 여호와께 드릴 것을 택하되 마음에 원하는 자는 누구든지 그것을 가져다가 여호와께 드릴지니 곧 금과 은과 놋과
6 청색 자색 홍색 실과 가는 베 실과 염소 털과
7 붉은 물 들인 숫양의 가죽과 [1]해달의 가죽과 조각목과
8 등유와 및 관유에 드는 향품과 분향할 향을 만드는 향품과
9 호마노며 에봇과 흉패에 물릴 보석이니라
10 ●무릇 너희 중 마음이 지혜로운 자는 와서 여호와께서 명령하신 것을 다 만들지니 31:6
11 곧 성막과 천막과 그 덮개와 그 갈고리와 그 널판과 그 띠와 그 기둥과 그 받침과 26:1-37
12 증거궤와 그 채와 속죄소와 그 가리는 휘장과
13 상과 그 채와 그 모든 기구와 진설병과
14 불 켜는 등잔대와 그 기구와 그 등잔과 등유와
15 분향단과 그 채와 관유와 분향할 향품과 성막 문의 휘장과
16 번제단과 그 놋 그물과 그 채와 그 모든 기구와 물두멍과 그 받침과
17 뜰의 포장과 그 기둥과 그 받침과 뜰 문의 휘장과
18 장막 말뚝과 뜰의 말뚝과 그 줄과
19 성소에서 섬기기 위하여 정교하게 만든 옷 곧 제사 직분을 행할 때에 입는 제사장 아론의 거룩한 옷과 그의 아들들의 옷이니라

여호와께 자원하여 드린 예물

20 ●이스라엘 자손의 온 회중이 모세 앞에서 물러갔더니
21 마음이 감동된 모든 자와 자원하는 모든 자가 와서 회막을 짓기 위하여 그 속에서 쓸 모든 것을 위하여, 거룩한 옷을 위하여 예물을 가져다가 여호와께 드렸으니
22 곧 마음에 원하는 남녀가 와서 팔찌와 귀고리와 가락지와 [2]목걸이와 여러 가지 금품을

3 work on it is to be put to death. ●Do not light
a fire in any of your dwellings on the Sabbath
day."

Materials for the Tabernacle

4 ●Moses said to the whole Israelite communi-
ty, "This is what the LORD has commanded:
5 ●From what you have, take an offering for the
LORD. Everyone who is willing is to bring to the
LORD an offering of gold, silver and bronze;
6 ●blue, purple and scarlet yarn and fine linen;
7 goat hair; ●ram skins dyed red and another
8 type of durable leather[a]; acacia wood; ●olive
oil for the light; spices for the anointing oil and
9 for the fragrant incense; ●and onyx stones and
other gems to be mounted on the ephod and
breastpiece.
10 ●"All who are skilled among you are to
come and make everything the LORD has com-
11 manded: ●the tabernacle with its tent and its
covering, clasps, frames, crossbars, posts and
12 bases; ●the ark with its poles and the atone-
ment cover and the curtain that shields it;
13 ●the table with its poles and all its articles and
14 the bread of the Presence; ●the lampstand that
is for light with its accessories, lamps and oil
15 for the light; ●the altar of incense with its
poles, the anointing oil and the fragrant
incense; the curtain for the doorway at the
16 entrance to the tabernacle; ●the altar of burnt
offering with its bronze grating, its poles and
all its utensils; the bronze basin with its stand;
17 ●the curtains of the courtyard with its posts
and bases, and the curtain for the entrance to
18 the courtyard; ●the tent pegs for the taberna-
19 cle and for the courtyard, and their ropes; ●the
woven garments worn for ministering in the
sanctuary—both the sacred garments for
Aaron the priest and the garments for his sons
when they serve as priests."
20 ●Then the whole Israelite community with-
21 drew from Moses' presence, ●and everyone
who was willing and whose heart moved
them came and brought an offering to the
LORD for the work on the tent of meeting, for
22 all its service, and for the sacred garments. ●All
who were willing, men and women alike,
came and brought gold jewelry of all kinds:
brooches, earrings, rings and ornaments. They
all presented their gold as a wave offering to

[a]7 Possibly the hides of large aquatic mammals; also in verse 23

1) 또는 돌고래 2) 팔고리

anoint [ənɔ́int] *vt.* 기름을 바르다
atonement [ətóunmənt] *n.* 속죄
clasp [klæsp] *n.* 걸쇠
crossbar [krɔ́ːsbɑː(r)] *n.* 빗장
dwelling [dwéliŋ] *n.* 거주지
fragrant [fréigrənt] *a.* 향기로운
frame [fréim] *n.* 틀
incense [ínsens] *n.* 향기
material [mətíəriəl] *n.* 재료
onyx [ániks] *n.* 마노
peg [peg] *n.* 말뚝
Sabbath [sǽbəθ] *n.* 안식일
shield [ʃiːld] *vt.* 감추다
tabernacle [tǽbəːrnækl] *n.* 성막
utensil [juːténsəl] *n.* 기구

35:2 **put to death**: 죽이다
35:5 **take an offering**: 제사지내다
35:5 **be willing to...**: 기꺼이 …하다
35:9 **mount on...**: …에 박다
35:19 **both A and B**: A와 B 둘 다
35:20 **withdraw from...**: …로부터 물러나다

가져다가 사람마다 여호와께 금 예물을 드렸으며

23 무릇 청색 자색 홍색 실과 가는 베실과 염소 털과 붉은 물들인 숫양의 가죽과 [1]해달의 가죽이 있는 자도 가져왔으며

24 은과 놋으로 예물을 삼는 모든 자가 가져다가 여호와께 드렸으며 섬기는 일에 소용되는 조각목이 있는 모든 자는 가져왔으며

25 마음이 슬기로운 모든 여인은 손수 실을 빼고 그 뺀 청색 자색 홍색 실과 가는 베실을 가져왔으며

26 마음에 감동을 받아 슬기로운 모든 여인은 염소 털로 실을 뽑았으며

27 모든 족장은 호마노와 및 에봇과 흉패에 물릴 보석을 가져왔으며

28 등불과 관유와 분향할 향에 소용되는 기름과 향품을 가져왔으니

29 마음에 자원하는 남녀는 누구나 여호와께서 모세의 손을 빌어 명령하신 모든 것을 만들기 위하여 물품을 드렸으니 이것이 이스라엘 자손이 여호와께 자원하여 드린 예물이니라

성막 일군 (출 31:1-11)

30 ●모세가 이스라엘 자손에게 이르되 볼지어다 여호와께서 유다 지파 훌의 손자요 우리의 아들인 브살렐을 지명하여 부르시고

31 하나님의 영을 그에게 충만하게 하여 지혜와 총명과 지식으로 여러 가지 일을 하게 하시되

32 금과 은과 놋으로 제작하는 기술을 고안하게 하시며

33 보석을 깎아 물리며 나무를 새기는 여러 가지 정교한 일을 하게 하셨고

34 또 그와 단 지파 아히사막의 아들 오홀리압을 감동시키사 가르치게 하시며

35 지혜로운 마음을 그들에게 충만하게 하사 여러 가지 일을 하게 하시되 조각하는 일과 세공하는 일과 청색 자색 홍색 실과 가는 베 실로 수 놓는 일과 짜는 일과 그 외에 여러 가지 일을 하게 하시고 정교한 일을 고안하게 하셨느니라

36 브살렐과 오홀리압과 및 마음이 지혜로운 사람 곧 여호와께서 지혜와 총명을 부으사 성소에 쓸 모든 일을 할 줄 알게 하신 자들은 모두 여호와께서 명령하신 대로 할 것이니라

예물로 드린 재료가 넉넉하다

2 ●모세가 브살렐과 오홀리압과 및 마음이 지혜로운 사람 곧 그 마음에 여호와께로부터 지

23 the LORD. ●Everyone who had blue, purple or
scarlet yarn or fine linen, or goat hair, ram
skins dyed red or the other durable leather
24 brought them. ●Those presenting an offering
of silver or bronze brought it as an offering to
the LORD, and everyone who had acacia wood
25 for any part of the work brought it. ●Every
skilled woman spun with her hands and
brought what she had spun—blue, purple or
26 scarlet yarn or fine linen. ●And all the women
who were willing and had the skill spun the
27 goat hair. ●The leaders brought onyx stones
and other gems to be mounted on the ephod
28 and breastpiece. ●They also brought spices
and olive oil for the light and for the anoint-
29 ing oil and for the fragrant incense. ●All the
Israelite men and women who were willing
brought to the LORD freewill offerings for all
the work the LORD through Moses had com-
manded them to do.

Bezalel and Oholiab

30 ●Then Moses said to the Israelites, "See, the
LORD has chosen Bezalel son of Uri, the son of
31 Hur, of the tribe of Judah, ●and he has filled
him with the Spirit of God, with wisdom,
with understanding, with knowledge and
32 with all kinds of skills— ●to make artistic
designs for work in gold, silver and bronze,
33 ●to cut and set stones, to work in wood and
34 to engage in all kinds of artistic crafts. ●And
he has given both him and Oholiab son of
Ahisamak, of the tribe of Dan, the ability to
35 teach others. ●He has filled them with skill
to do all kinds of work as engravers, design-
ers, embroiderers in blue, purple and scarlet
yarn and fine linen, and weavers—all of
them skilled workers and designers.

36 ●So Bezalel, Oholiab and every
skilled person to whom the LORD has
given skill and ability to know how to carry
out all the work of constructing the sanctu-
ary are to do the work just as the LORD has
commanded."
2 ●Then Moses summoned Bezalel and Oho-
liab and every skilled person to whom the
LORD had given ability and who was willing
3 to come and do the work. ●They received
from Moses all the offerings the Israelites had
brought to carry out the work of construct-
ing the sanctuary. And the people continued

1) 또는 돌고래

artistic [ɑːrtístik] *a.* 예술적인
construct [kənstrʌkt] *vt.* 건설하다
continue [kəntínju] *vt.* 계속하다
craft [kræft] *n.* 기능
dye [dai] *vt.* 물들이다
embroiderer [imbrɔ́idərər] *n.* 수놓는 사람
fragrant [fréigrənt] *a.* 향기로운
knowledge [nálidʒ] *n.* 지식
receive [risíːv] *vt.* 받다
sanctuary [sǽŋktʃuèri] *n.* 성소
scarlet [skɑ́ːrlit] *n.* 진홍색, 주홍
skilled [skíld] *a.* 숙련된
spin [spín] *vt.* 실을 잣다
summon [sʌmən] *vt.* 호출하다
yarn [jɑːrn] *n.* 실, 꼰실

35:27 **be mounted on...**: …에 박히다
35:31 **fill with...**: …으로 채우다
35:33 **work in**: 세공하다
35:33 **engage in**: 수행하다
36:1 **carry out**: 수행[실행]하다
36:2 **be willing to...**: 기꺼이 …하다

혜를 얻고 와서 그 일을 하려고 마음에 원하
는 모든 자를 부르매 대상 29:5
3 그들이 이스라엘 자손의 성소의 모든 것을 만
들기 위하여 가져온 예물을 모세에게서 받으
니라 그러나 백성이 아침마다 자원하는 예물
을 연하여 가져왔으므로 35:27
4 성소의 모든 일을 하는 지혜로운 자들이 각기
하는 일을 중지하고 와서
5 모세에게 말하여 이르되 백성이 너무 많이 가
져오므로 여호와께서 명령하신 일에 쓰기에
남음이 있나이다
6 모세가 명령을 내리매 그들이 진중에 공포하
여 이르되 남녀를 막론하고 성소에 드릴 예물
을 다시 만들지 말라 하매 백성이 가져오기를
그치니
7 있는 재료가 모든 일을 하기에 넉넉하여 남음
이 있었더라

성막을 만들다 (출 26:1-37 ♪ 445장)

8 ●일하는 사람 중에 마음이 지혜로운 모든 사
람이 열 폭 휘장으로 성막을 지었으니 곧 가
늘게 꼰 베 실과 청색 자색 홍색 실로 그룹들
을 무늬 놓아 짜서 지은 것이라
9 매 폭의 길이는 스물여덟 규빗, 너비는 네 규
빗으로 각 폭의 장단을 같게 하여
10 그 다섯 폭을 서로 연결하며 또 그 다섯 폭을
서로 연결하고
11 연결할 끝폭 가에 청색 [1]고를 만들며 다른 연
결할 끝폭 가에도 [1]고를 만들되
12 그 연결할 한 폭에 고리 쉰 개를 달고 다른 연
결할 한 폭의 가에도 고리 쉰 개를 달아 그 고
들이 서로 대하게 하고
13 금 갈고리 쉰 개를 만들어 그 갈고리로 두 휘
장을 연결하여 한 막을 이루었더라
14 ●그 성막을 덮는 막 곧 휘장을 염소 털로 만
들되 열한 폭을 만들었으니 26:7
15 각 폭의 길이는 서른 규빗, 너비는 네 규빗으
로 열한 폭의 장단을 같게 하여
16 그 휘장 다섯 폭을 서로 연결하며 또 여섯 폭
을 서로 연결하고
17 휘장을 연결할 끝폭 가에 고리 쉰 개를 달며
다른 연결할 끝폭 가에도 고리 쉰 개를 달고
18 놋 갈고리 쉰 개를 만들어 그 휘장을 연결하
여 한 막이 되게 하고
19 붉은 물 들인 숫양의 가죽으로 막의 덮개를
만들고 [2]해달의 가죽으로 그 웃덮개를 만들었
더라
20 ●그가 또 조각목으로 성막에 세울 널판들을

to bring freewill offerings morning after
4 morning. •So all the skilled workers who
were doing all the work on the sanctuary left
5 what they were doing •and said to Moses,
"The people are bringing more than enough
for doing the work the LORD commanded to
be done."
6 •Then Moses gave an order and they sent
this word throughout the camp: "No man or
woman is to make anything else as an offer-
ing for the sanctuary." And so the people
were restrained from bringing more,
7 •because what they already had was more
than enough to do all the work.

The Tabernacle

8 •All those who were skilled among the
workers made the tabernacle with ten cur-
tains of finely twisted linen and blue, purple
and scarlet yarn, with cherubim woven into
9 them by expert hands. •All the curtains were
the same size—twenty-eight cubits long and
10 four cubits wide.[a] •They joined five of the
curtains together and did the same with the
11 other five. •Then they made loops of blue
material along the edge of the end curtain in
one set, and the same was done with the end
12 curtain in the other set. •They also made fifty
loops on one curtain and fifty loops on the
end curtain of the other set, with the loops
13 opposite each other. •Then they made fifty
gold clasps and used them to fasten the two
sets of curtains together so that the tabernacle
was a unit.
14 •They made curtains of goat hair for the
tent over the tabernacle—eleven altogether.
15 •All eleven curtains were the same size— thir-
16 ty cubits long and four cubits wide.[b] •They
joined five of the curtains into one set and the
17 other six into another set. •Then they made
fifty loops along the edge of the end curtain
in one set and also along the edge of the end
18 curtain in the other set. •They made fifty
bronze clasps to fasten the tent together as a
19 unit. •Then they made for the tent a cover-
ing of ram skins dyed red, and over that a cov-
ering of the other durable leather.[c]
20 •They made upright frames of acacia

[a]9 That is, about 42 feet long and 6 feet wide or about 13 meters long and 1.8 meters wide [b]15 That is, about 45 feet long and 6 feet wide or about 14 meters long and 1.8 meters wide [c]19 Possibly the hides of large aquatic mammals (see 35:7) 1) 또는 고리 2) 또는 돌고래

clasp [klǽsp] *n.* 걸쇠
command [kəmǽnd] *vt.* 명령하다
curtain [kə́:rtn] *n.* 휘장
fasten [|fæsn] *vt.* 묶다
freewill [frí:wíl] *a.* 자발적인
join [dʒɔin] *vt.* 잇다, 연결하다
leather [léðər] *n.* 가죽
loop [lú:p] *n.* 고리
offering [ɔ́:fəriŋ] *n.* 제물
opposite [ápəzit] *prep.* …의 맞은편에
sanctuary [sǽŋktʃueri] *n.* 성소
tabernacle [tǽbə:rnækl] *n.* 성막
throughout [θru:áut] *ad.* 도처에
worker [wə́:rkər] *n.* 일하는 사람
woven [wóuvən] *a.* (실 등으로) 짠

36:6 **give an order**: 명령을 내리다
36:6 **be restrained from...**: …를 그치다
36:10 **join together**: 함께 결합시키다
36:11 **the edge of...**: …의 가장자리에
36:11 **in one set**: 한 세트로
36:18 **as a unit**: 하나로

만들었으니
21 각 판의 길이는 열 규빗, 너비는 한 규빗 반이며
22 각 판에 두 촉이 있어 서로 연결하게 하였으니 성막의 모든 판이 그러하며
23 성막을 위하여 널판을 만들었으되 남으로는 남쪽에 널판이 스무 개라
24 그 스무 개 널판 밑에 은 받침 마흔 개를 만들었으되 곧 이 널판 밑에도 두 받침이 그 두 촉을 받게 하였고 저 널판 밑에도 두 받침이 그 두 촉을 받게 하였으며
25 성막 다른 쪽 곧 북쪽을 위하여도 널판 스무 개를 만들고
26 또 은 받침 마흔 개를 만들었으니 곧 이 판 밑에도 받침이 둘이요 저 판 밑에도 받침이 둘이며
27 장막 뒤 곧 서쪽을 위하여는 널판 여섯 개를 만들었고 26:22
28 장막 뒤 두 모퉁이 편을 위하여는 널판 두 개를 만들되
29 아래에서부터 위까지 각기 두 겹 두께로 하여 윗고리에 이르게 하고 두 모퉁이 쪽을 다 그리하며
30 그 널판은 여덟 개요 그 받침은 은 받침 열여섯 개라 각 널판 밑에 두 개씩이었더라
31 ●그가 또 조각목으로 띠를 만들었으니 곧 성막 이쪽 널판을 위하여 다섯 개요 26:26
32 성막 저쪽 널판을 위하여 다섯 개요 성막 뒤 곧 서쪽 널판을 위하여 다섯 개며
33 그 중간 띠를 만들되 널판 중간 이 끝에서 저 끝에 미치게 하였으며
34 그 널판들을 금으로 싸고 그 널판에 띠를 꿸 금 고리를 만들고 그 띠도 금으로 쌌더라
35 ●그가 또 청색 자색 홍색 실과 가늘게 꼰 베 실로 휘장을 짜고 그 위에 그룹들을 정교하게 수 놓고
36 조각목으로 네 기둥을 만들어 금으로 쌌으며 그 갈고리는 금으로 기둥의 네 받침은 은으로 부어 만들었으며
37 청색 자색 홍색 실과 가늘게 꼰 베 실로 수 놓아 장막 문을 위하여 휘장을 만들고
38 휘장 문의 기둥 다섯과 그 갈고리를 만들고 기둥 머리와 그 가름대를 금으로 쌌으며 그 다섯 받침은 놋이었더라

언약궤를 만들다 (출 25:10-22) — B.C. 1450년경

37 브살렐이 조각목으로 궤를 만들었으니 길이가 두 규빗 반, 너비가 한 규빗 반,

21 wood for the tabernacle. •Each frame was ten
22 cubits long and a cubit and a half wide,[a] •with
two projections set parallel to each other. They
made all the frames of the tabernacle in this
23 way. •They made twenty frames for the south
24 side of the tabernacle •and made forty silver
bases to go under them—two bases for each
25 frame, one under each projection. •For the
other side, the north side of the tabernacle,
26 they made twenty frames •and forty silver
27 bases—two under each frame. •They made
six frames for the far end, that is, the west end
28 of the tabernacle, •and two frames were made
for the corners of the tabernacle at the far end.
29 •At these two corners the frames were double
from the bottom all the way to the top and fitted into a single ring; both were made alike.
30 •So there were eight frames and sixteen silver
bases—two under each frame.
31 •They also made crossbars of acacia wood:
five for the frames on one side of the taberna-
32 cle, •five for those on the other side, and five
for the frames on the west, at the far end of the
33 tabernacle. •They made the center crossbar so
that it extended from end to end at the mid-
34 dle of the frames. •They overlaid the frames
with gold and made gold rings to hold the
crossbars. They also overlaid the crossbars with
gold.
35 •They made the curtain of blue, purple and
scarlet yarn and finely twisted linen, with
cherubim woven into it by a skilled worker.
36 •They made four posts of acacia wood for it
and overlaid them with gold. They made gold
hooks for them and cast their four silver bases.
37 •For the entrance to the tent they made a cur-
tain of blue, purple and scarlet yarn and finely
twisted linen—the work of an embroiderer;
38 •and they made five posts with hooks for
them. They overlaid the tops of the posts and
their bands with gold and made their five
bases of bronze.

The Ark

37 Bezalel made the ark of acacia
wood—two and a half cubits long, a
cubit and a half wide, and a cubit and a half
2 high.[b] •He overlaid it with pure gold, both
inside and out, and made a gold molding

[a]21 That is, about 15 feet long and 2 1/4 feet wide or about 4.5 meters long and 68 centimeters wide [b]1 That is, about 3 3/4 feet long and 2 1/4 feet wide and high or about 1.1 meters long and 68 centimeters wide and high; similarly in verse 6

base [béis] *n.* 받침대
bottom [bátəm] *n.* 바닥
cherubim [tʃérəbim] *n.* 그룹
crossbar [krɔ́:sbɑər] *n.* 빗장
embroiderer [imbrɔ́idərər] *n.* 수놓는 사람
entrance [éntrəns] *n.* 입구
extend [iksténd] *vi.* 뻗다
finely [fáinli] *ad.* 가늘게
frame [fréim] *n.* 틀
hook [huk] *n.* 갈고리
overlay [ouvərléi] *vt.* 씌우다
projection [prədʒékʃən] *n.* 돌출부
tabernacle [tǽbəːrnækl] *n.* 성막
twisted [twístid] *a.* 꼬인
woven [wóuvən] *a.* (실 등으로) 짠

36:22 **parallel to...**: …과 평행하여
36:27 **that is**: 즉, 다시 말해
36:28 **at the far end**: 저쪽(먼 쪽) 끝에
36:29 **all the way**: 내내, 줄곧
36:29 **fit into...**: …에 꼭 맞다
37:2 **both inside and out**: 안과 밖 모두

높이가 한 규빗 반이며
2 순금으로 안팎을 싸고 위쪽 가장자리로 돌아가며 금테를 만들었으며
3 금고리 넷을 부어 만들어 네 발에 달았으니 곧 이쪽에 두 고리요 저쪽에 두 고리이며
4 조각목으로 채를 만들어 금으로 싸고
5 그 채를 궤 양쪽 고리에 꿰어 궤를 메게 하였으며
6 순금으로 1)속죄소를 만들었으니 길이가 두 규빗 반, 너비가 한 규빗 반이며
7 금으로 그룹 둘을 1)속죄소 양쪽에 쳐서 만들었으되
8 한 그룹은 이쪽 끝에, 한 그룹은 저쪽 끝에 곧 1)속죄소와 한 덩이로 그 양쪽에 만들었으니
9 그룹들이 그 날개를 높이 펴서 그 날개로 1)속죄소를 덮었으며 그 얼굴은 서로 대하여 1)속죄소를 향하였더라

상을 만들다 (출 25:23-30)

10 ●그가 또 조각목으로 상을 만들었으니 길이가 두 규빗, 너비가 한 규빗, 높이가 한 규빗 반이며
11 순금으로 싸고 위쪽 가장자리로 돌아가며 금테를 둘렀으며
12 그 주위에 손바닥 넓이만한 턱을 만들고 그 턱 주위에 금으로 테를 만들었고
13 상을 위하여 금고리 넷을 부어 만들어 네 발 위, 네 모퉁이에 달았으니 25:23-29
14 그 고리가 턱 곁에 있어서 상을 메는 채를 꿰게 하였으며
15 또 조각목으로 상 멜 채를 만들어 금으로 쌌으며
16 상 위의 기구 곧 대접과 숟가락과 잔과 따르는 병을 순금으로 만들었더라

등잔대를 만들다 (출 25:31-40)

17 ●그가 또 순금으로 등잔대를 만들되 그것을 쳐서 만들었으니 그 밑판과 줄기와 잔과 꽃받침과 꽃이 그것과 한 덩이로 되었고
18 가지 여섯이 그 곁에서 나왔으니 곧 등잔대의 세 가지는 저쪽으로 나왔고 등잔대의 세 가지는 이쪽으로 나왔으며
19 이쪽 가지에 살구꽃 형상의 잔 셋과 꽃받침과 꽃이 있고 저쪽 가지에 살구꽃 형상의 잔 셋과 꽃받침과 꽃이 있어 등잔대에서 나온 가지 여섯이 그러하며
20 등잔대 줄기에는 살구꽃 형상의 잔 넷과 꽃받침과 꽃이 있고

3 around it. •He cast four gold rings for it
and fastened them to its four feet, with two
rings on one side and two rings on the other.
4 •Then he made poles of acacia wood and over-
5 laid them with gold. •And he inserted the
poles into the rings on the sides of the ark to
carry it.
6 •He made the atonement cover of pure
gold—two and a half cubits long and a cubit
7 and a half wide. •Then he made two cheru-
bim out of hammered gold at the ends of the
8 cover. •He made one cherub on one end and
the second cherub on the other; at the two
ends he made them of one piece with the
9 cover. •The cherubim had their wings spread
upward, overshadowing the cover with them.
The cherubim faced each other, looking
toward the cover.

The Table

10 •They[a] made the table of acacia wood—
two cubits long, a cubit wide and a cubit and a
11 half high.[b] •Then they overlaid it with pure
gold and made a gold molding around it.
12 •They also made around it a rim a hand-
breadth[c] wide and put a gold molding on the
13 rim. •They cast four gold rings for the table
and fastened them to the four corners, where
14 the four legs were. •The rings were put close to
the rim to hold the poles used in carrying the
15 table. •The poles for carrying the table were
made of acacia wood and were overlaid with
16 gold. •And they made from pure gold the arti-
cles for the table—its plates and dishes and
bowls and its pitchers for the pouring out of
drink offerings.

The Lampstand

17 • They made the lampstand of pure gold.
They hammered out its base and shaft, and
made its flowerlike cups, buds and blossoms of
18 one piece with them. •Six branches extended
from the sides of the lampstand—three on
19 one side and three on the other. •Three cups
shaped like almond flowers with buds and
blossoms were on one branch, three on the
next branch and the same for all six branches
20 extending from the lampstand. •And on the
lampstand were four cups shaped like almond

[a]*10* Or *He;* also in verses 11-29 [b]*10* That is, about 3 feet long, 1 1/2 feet wide and 2 1/4 feet high or about 90 centimeters long, 45 centimeters wide and 68 centimeters high [c]*12* That is, about 3 inches or about 7.5 centimeters

1) 시은좌 곧 은혜의 자리

article [ɑ:rtikl] *n.* 물건, 물품
atonement [ətóunmənt] *n.* 속죄소
blossom [blɑ́səm] *n.* 꽃
bud [bʌ́d] *n.* 봉오리
cast [kæst] *vt.* 주조하다
cherub [tʃérəb] *n.* 그룹
handbreadth [hǽndbredθ] *n.* 손의 폭
molding [móuldiŋ] *n.* 조형
overshadow [ouvərʃǽdou] *vt.* 그늘지게 하다
pitcher [pítʃər] *n.* 주전자
plate [pleit] *n.* 쟁반
pole [poul] *n.* 장대
rim [rim] *n.* 가장자리
shaft [ʃæft] *n.* 기둥
upward [ʌpwərd] *ad.* 위쪽으로

37:3 fasten... to~: …를 ~에 고정시키다
37:5 insert... into~: …를 ~에 끼워넣다
37:9 face each other: 서로 마주보다
37:11 overlay with...: …로 씌우다
37:16 pour out: 쏟다
37:17 hammer out: (망치로) 두들겨 펴다

21 등잔대에서 나온 가지 여섯을 위하여는 꽃받
침이 있게 하였으되 두 가지 아래에 한 꽃받
침이 있어 줄기와 연결하였고 또 두 가지 아
래에 한 꽃받침이 있어 줄기와 연결하였고
또 다시 두 가지 아래에 한 꽃받침이 있어 줄
기와 연결되게 하였으니
22 이 꽃받침과 가지들을 줄기와 연결하여 전부
를 순금으로 쳐서 만들었으며
23 등잔 일곱과 그 불 집게와 불 똥 그릇을 순금
으로 만들었으니
24 등잔대와 그 모든 기구는 순금 한 달란트로
만들었더라

분향할 제단을 만들다
(출 30:1-5; 30:22-38)

25 ●그가 또 조각목으로 분향할 제단을 만들었
으니 길이는 한 규빗이요 너비도 한 규빗이
라 네모가 반듯하고 높이는 두 규빗이며 그
뿔들이 제단과 연결되었으며
26 제단 상면과 전후 좌우면과 그 뿔을 순금으
로 싸고 주위에 금테를 둘렀고
27 그 테 아래 양쪽에 금고리 둘을 만들었으되
곧 그 양쪽에 만들어 제단을 메는 채를 꿰게
하였으며
28 조각목으로 그 채를 만들어 금으로 쌌으며
29 거룩한 관유와 향품으로 정결한 향을 만들었
으되 향을 만드는 법대로 하였더라 30:23, 24

번제단을 만들다 (출 27:1-8)

38 그가 또 조각목으로 번제단을 만들었
으니 길이는 다섯 규빗이요 너비도 다
섯 규빗이라 네모가 반듯하고 높이는 세 규
빗이며
2 그 네 모퉁이 위에 그 뿔을 만들되 그 뿔을
제단과 연결하게 하고 제단을 놋으로 쌌으며
3 제단의 모든 기구 곧 통과 부삽과 대야와 고
기 갈고리와 불 옮기는 그릇을 다 놋으로 만
들고
4 제단을 위하여 놋 그물을 만들어 제단 주위
가장자리 아래에 두되 제단 절반에 오르게
하고
5 그 놋 그물 네 모퉁이에 채를 꿸 고리 넷을
부어 만들었으며
6 채를 조각목으로 만들어 놋으로 싸고
7 제단 양쪽 고리에 그 채를 꿰어 메게 하였으
며 제단은 널판으로 속이 비게 만들었더라

놋 물두멍을 만들다 (출 30:18)

8 ●그가 놋으로 물두멍을 만들고 그 받침도
놋으로 하였으니 곧 회막문에서 수종드는 여

21 flowers with buds and blossoms. ●One bud
was under the first pair of branches extending
from the lampstand, a second bud under the
second pair, and a third bud under the third
22 pair—six branches in all. ●The buds and the
branches were all of one piece with the lamp-
stand, hammered out of pure gold.
23 ●They made its seven lamps, as well as its
24 wick trimmers and trays, of pure gold. ●They
made the lampstand and all its accessories
from one talent[a] of pure gold.

The Altar of Incense

25 ●They made the altar of incense out of aca-
cia wood. It was square, a cubit long and a
cubit wide and two cubits high[b]—its horns of
26 one piece with it. ●They overlaid the top and
all the sides and the horns with pure gold, and
27 made a gold molding around it. ●They made
two gold rings below the molding—two on
each of the opposite sides—to hold the poles
28 used to carry it. ●They made the poles of aca-
cia wood and overlaid them with gold.
29 ●They also made the sacred anointing oil
and the pure, fragrant incense—the work of a
perfumer.

The Altar of Burnt Offering

38 They[c] built the altar of burnt offering
of acacia wood, three cubits[d] high; it
was square, five cubits long and five cubits
2 wide.[e] ●They made a horn at each of the four
corners, so that the horns and the altar were of
one piece, and they overlaid the altar with
3 bronze. ●They made all its utensils of bronze
—its pots, shovels, sprinkling bowls, meat
4 forks and firepans. ●They made a grating for
the altar, a bronze network, to be under its
5 ledge, halfway up the altar. ●They cast bronze
rings to hold the poles for the four corners of
6 the bronze grating. ●They made the poles of
acacia wood and overlaid them with bronze.
7 ●They inserted the poles into the rings so they
would be on the sides of the altar for carrying
it. They made it hollow, out of boards.

The Basin for Washing

8 ●They made the bronze basin and its bronze
stand from the mirrors of the women who

[a]24 That is, about 75 pounds or about 34 kilograms
[b]25 That is, about 1 1/2 feet long and wide and 3 feet high or about 45 centimeters long and wide and 90 centimeters high
[c]1 Or *He*; also in verses 2-9
[d]1 That is, about 4 1/2 feet or about 1.4 meters
[e]1 That is, about 7 1/2 feet or about 2.3 meters long and wide

accessory [æksésəri] *n.* 부속물
branch [bræntʃ] *n.* 가지
extend [iksténd] *vi.* 미치다
firepan [fáiərpæn] *n.* 화로
fragrant [fréigrənt] *a.* 향기로운
grating [gréitiŋ] *n.* 창살
hollow [hɑ̀lou] *a.* 속이 빈, 공허한
incense [ínsens] *n.* 향
lampstand [lǽmpstænd] *n.* 등잔대
opposite [ɑ́pəzit] *a.* 맞은편의
perfumer [pərfjúːmər] *n.* 향수 제조자
shovel [ʃʌvəl] *n.* 삽
sprinkle [spriŋkl] *vt.* 뿌리다
square [skwɛər] *n.* 정사각형
trimmer [trímər] *n.* 베는 기구

37:21 **in all**: 전부
37:23 **as well as...**: …은 물론
37:26 **overlay... with~**: …를 ~로 씌우다
37:26 **mold around**: 본뜨다
38:3 **make... of~**: …를 ~로 만들다
38:7 **insert... into~**: …를 ~에 끼워 넣다

인들의 거울로 만들었더라

성막 울타리를 만들다

(출 27:9-19 ♪ 359, 433장)

9 ●그가 또 뜰을 만들었으니 남으로 뜰의 남
쪽에는 세마포 포장이 백 규빗이라
10 그 기둥이 스물이며 그 받침이 스물이니 놋
이요 기둥의 갈고리와 가름대는 은이며
11 그 북쪽에도 백 규빗이라 그 기둥이 스물이
며 그 받침이 스물이니 놋이요 기둥의 갈고
리와 가름대는 은이며 27:11
12 서쪽에 포장은 쉰 규빗이라 그 기둥이 열이
요 받침이 열이며 기둥의 갈고리와 가름대는
은이며
13 동으로 동쪽에도 쉰 규빗이라
14 문 이쪽의 포장이 열다섯 규빗이요 그 기둥
이 셋이요 받침이 셋이며
15 문 저쪽도 그와 같으니 뜰 문 이쪽, 저쪽의
포장이 열다섯 규빗씩이요 그 기둥이 셋씩,
받침이 셋씩이라
16 뜰 주위의 포장은 세마포요
17 기둥 받침은 놋이요 기둥의 갈고리와 가름대
는 은이요 기둥 머리 싸개는 은이며 뜰의 모
든 기둥에 은 가름대를 꿰었으며
18 뜰의 휘장 문을 청색 자색 홍색 실과 가늘게
꼰 베 실로 수 놓아 짰으니 길이는 스무 규빗
이요 너비와 높이는 뜰의 포장과 같이 다섯
규빗이며
19 그 기둥은 넷인데 그 받침 넷은 놋이요 그 갈
고리는 은이요 그 머리 싸개와 가름대도 은
이며
20 성막 말뚝과 뜰 주위의 말뚝은 모두 놋이더
라

성막 재료의 물자 목록

21 ●성막 곧 [1)]증거막을 위하여 레위 사람이 쓴
재료의 물목은 제사장 아론의 아들 이다말이
모세의 명령대로 계산하였으며
22 유다 지파 훌의 손자요 우리의 아들인 브살
렐은 여호와께서 모세에게 명령하신 모든 것
을 만들었고
23 단 지파 아히사막의 아들 오홀리압이 그와
함께 하였으니 오홀리압은 재능이 있어서 조
각하며 또 청색 자색 홍색 실과 가는 베 실로
수 놓은 자더라
24 ●성소 건축 비용으로 들인 금은 성소의 세
겔로 스물아홉 달란트와 칠백삼십 세겔이며
25 계수된 회중이 드린 은은 성소의 세겔로 백
달란트와 천칠백칠십오 세겔이니

served at the entrance to the tent of meeting.

The Courtyard

9 •Next they made the courtyard. The south
side was a hundred cubits[a] long and had cur-
10 tains of finely twisted linen, •with twenty
posts and twenty bronze bases, and with silver
11 hooks and bands on the posts. •The north
side was also a hundred cubits long and had
twenty posts and twenty bronze bases, with sil-
ver hooks and bands on the posts.
12 •The west end was fifty cubits[b] wide and
had curtains, with ten posts and ten bases,
with silver hooks and bands on the posts.
13 •The east end, toward the sunrise, was also
14 fifty cubits wide. •Curtains fifteen cubits[c] long
were on one side of the entrance, with three
15 posts and three bases, •and curtains fifteen
cubits long were on the other side of the
entrance to the courtyard, with three posts and
16 three bases. •All the curtains around the court-
17 yard were of finely twisted linen. •The bases
for the posts were bronze. The hooks and
bands on the posts were silver, and their tops
were overlaid with silver; so all the posts of the
courtyard had silver bands.
18 •The curtain for the entrance to the court-
yard was made of blue, purple and scarlet yarn
and finely twisted linen — the work of an
embroiderer. It was twenty cubits[d] long and,
like the curtains of the courtyard, five cubits[e]
19 high, •with four posts and four bronze bases.
Their hooks and bands were silver, and their
20 tops were overlaid with silver. •All the tent
pegs of the tabernacle and of the surrounding
courtyard were bronze.

The Materials Used

21 •These are the amounts of the materials
used for the tabernacle, the tabernacle of the
covenant law, which were recorded at Moses'
command by the Levites under the direction
22 of Ithamar son of Aaron, the priest. •(Beza-
lel son of Uri, the son of Hur, of the tribe of
Judah, made everything the LORD command-
23 ed Moses; •with him was Oholiab son of
Ahisamak, of the tribe of Dan — an engraver
and designer, and an embroiderer in blue, pur-
24 ple and scarlet yarn and fine linen.) •The total
amount of the gold from the wave offering

[a]9 That is, about 150 feet or about 45 meters [b]12 That is, about 75 feet or about 23 meters [c]14 That is, about 22 feet or about 6.8 meters [d]18 That is, about 30 feet or about 9 meters [e]18 That is, about 7 1/2 feet or about 2.3 meters 1) 법

base [beis] *n.* 받침
bronze [brɑnz] *a.* 청동의
command [kəmǽnd] *vt.* 명령하다
courtyard [kɔ́ːrtjɑːrd] *n.* 안뜰
direction [dirékʃən] *n.* 방향
embroiderer [imbrɔ́idərər] *n.* 수놓는 사람
hook [huk] *n.* 갈고리
material [mətíəriəl] *n.* 재료
peg [peg] *n.* 말뚝
post [poust] *n.* 기둥
record [rikɔ́ːrd] *vt.* 기록하다
surrounding [səːráundiŋ] *a.* 주변의
tabernacle [tǽbəːrnækl] *n.* 성막
tribe [traib] *n.* 종족
twist [twist] *v.* 뒤틀다, 비틀다

38:13 **toward the sunrise**: 해 뜨는 곳을 향하여
38:15 **on the other side**: 반대편에
38:18 **the entrance to...**: …의 입구
38:18 **be made of...**: …으로 만들어졌다
38:19 **be overlaid with...**: …로 씌워져 있다

26 계수된 자가 이십 세 이상으로 육십만 삼천오백오십 명인즉 성소의 세겔로 각 사람에게 은 한 베가 곧 반 세겔씩이라 민 1:46

27 은 백 달란트로 성소의 받침과 휘장 문의 기둥 받침을 모두 백 개를 부어 만들었으니 각 받침마다 한 달란트씩 모두 백 달란트요

28 천칠백칠십오 세겔로 기둥 갈고리를 만들고 기둥 머리를 싸고 기둥 가름대를 만들었으며

29 드린 놋은 칠십 달란트와 이천사백 세겔이라

30 이것으로 회막문 기둥 받침과 놋 제단과 놋 그물과 제단의 모든 기구를 만들었으며

31 뜰 주위의 기둥 받침과 그 휘장 문의 기둥 받침이며 성막의 모든 말뚝과 뜰 주위의 모든 말뚝을 만들었더라

제사장의 옷을 만들다 (출 28:1-14)

39 그들은 여호와께서 모세에게 명령하신 대로 청색 자색 홍색 실로 성소에서 섬길 때 입을 정교한 옷을 만들고 또 아론을 위해 거룩한 옷을 만들었더라 35:23

2 ●그는 또 금 실과 청색 자색 홍색 실과 가늘게 꼰 베 실로 에봇을 만들었으되

3 금을 얇게 쳐서 오려서 실을 만들어 청색 자색 홍색 실과 가는 베 실에 섞어 정교하게 짜고

4 에봇에는 어깨받이를 만들어 그 두 끝에 달아 서로 연결되게 하고

5 에봇 위에 에봇을 매는 띠를 에봇과 같은 모양으로 금 실과 청색 자색 홍색 실과 가늘게 꼰 베 실로 에봇에 붙여 짰으니 여호와께서 모세에게 명령하신 대로 하였더라

6 ●그들은 또 호마노를 깎아 금테에 물려 도장을 새김같이 이스라엘의 아들들의 이름을 그것에 새겨

7 에봇 어깨받이에 달아 이스라엘의 아들들을 기념하는 보석을 삼았으니 여호와께서 모세에게 명령하신 대로 하였더라

흉패를 짜다 (출 28:15-30)

8 ●그가 또 흉패를 정교하게 짜되 에봇과 같은 모양으로 금 실과 청색 자색 홍색 실과 가늘게 꼰 베 실로 하였으니

9 그것의 길이가 한 뼘, 너비가 한 뼘으로 네모가 반듯하고 두 겹이며

10 그것에 네 줄 보석을 물렸으니 곧 홍보석

used for all the work on the sanctuary was 29 tal-
ents and 730 shekels,[a] according to the sanctuary
shekel.
25 ●The silver obtained from those of the com-
munity who were counted in the census was 100
talents[b] and 1,775 shekels,[c] according to the sanc-
26 tuary shekel — ●one beka per person, that is, half
a shekel,[d] according to the sanctuary shekel, from
everyone who had crossed over to those count-
ed, twenty years old or more, a total of 603,550
27 men. ●The 100 talents of silver were used to cast
the bases for the sanctuary and for the curtain
— 100 bases from the 100 talents, one talent for
28 each base. ●They used the 1,775 shekels to make
the hooks for the posts, to overlay the tops of the
posts, and to make their bands.
29 ●The bronze from the wave offering was 70 tal-
30 ents and 2,400 shekels.[e] ●They used it to make
the bases for the entrance to the tent of meeting,
the bronze altar with its bronze grating and all its
31 utensils, ●the bases for the surrounding court-
yard and those for its entrance and all the tent
pegs for the tabernacle and those for the sur-
rounding courtyard.

The Priestly Garments

39 From the blue, purple and scarlet yarn
they made woven garments for minister-
ing in the sanctuary. They also made sacred gar-
ments for Aaron, as the LORD commanded Moses.

The Ephod

2 ●They[f] made the ephod of gold, and of blue,
purple and scarlet yarn, and of finely twisted
3 linen. ●They hammered out thin sheets of gold
and cut strands to be worked into the blue, pur-
ple and scarlet yarn and fine linen — the work of
4 skilled hands. ●They made shoulder pieces for
the ephod, which were attached to two of its cor-
5 ners, so it could be fastened. ●Its skillfully woven
waistband was like it — of one piece with the
ephod and made with gold, and with blue, pur-
ple and scarlet yarn, and with finely twisted
linen, as the LORD commanded Moses.
6 ●They mounted the onyx stones in gold fili-
gree settings and engraved them like a seal with
7 the names of the sons of Israel. ●Then they fas-
tened them on the shoulder pieces of the ephod

[a]*24* The weight of the gold was a little over a ton or about 1 metric ton. [b]*25* That is, about 3 3/4 tons or about 3.4 metric tons; also in verse 27 [c]*25* That is, about 44 pounds or about 20 kilograms; also in verse 28 [d]*26* That is, about 1/5 ounce or about 5.7 grams [e]*29* The weight of the bronze was about 2 1/2 tons or about 2.4 metric tons. [f]*2* Or *He*; also in verses 7, 8 and 22

census [sénsəs] *n.* 인구 조사
engrave [ingréiv] *vt.* 새기다
filigree [fíləgriː] *n.* 금세공
finely [fáinli] *ad.* 정교하게
garment [gáːrmənt] *n.* 옷
grating [gréitiŋ] *n.* 창살
linen [línən] *n.* 세마포
minister [mínəstər] *vi.* (임무를) 수행하다
obtain [əbtéin] *vt.* 얻다
sanctuary [sǽŋktʃuèri] *n.* 지성소
scarlet [skáːrlit] *a.* 진홍색의
skillfully [skílfəli] *ad.* 능숙하게
tabernacle [tǽbəːrnækl] *n.* 성막
twist [twist] *vt.* 꼬다
utensil [juːténsəl] *n.* 기구

38:24 according to...: …를 따라
39:2 make of...: …으로 만들다
39:3 hammer out: (망치로) 두드려 만들다
39:3 cut strand: 가닥줄을 끊다
39:4 be attached to...: …에 부착되다
39:5 be like...: …와 같다

황옥 녹주옥이 첫 줄이요
11 둘째 줄은 석류석 [1]남보석 [2]홍마노요
12 셋째 줄은 호박 백마노 자수정이요
13 넷째 줄은 녹보석 호마노 벽옥이라 다 금테에 물렸으니
14 이 보석들은 이스라엘의 아들들의 이름 곧 그들의 이름대로 열둘이라 도장을 새김같이 그 열두 지파의 각 이름을 새겼으며
15 그들이 또 순금으로 노끈처럼 사슬을 땋아 흉패에 붙이고
16 또 금테 둘과 금고리 둘을 만들어 그 두 고리를 흉패 두 끝에 달고
17 그 땋은 두 금 사슬을 흉패 끝 두 고리에 꿰매었으며
18 그 땋은 두 사슬의 다른 두 끝을 에봇 앞 두 어깨받이의 금테에 매고
19 또 금고리 둘을 만들어 흉패 두 끝에 달았으니 곧 그 에봇을 마주한 안쪽 가장자리에 달았으며
20 또 금고리 둘을 만들어 에봇 앞 두 어깨받이 아래 매는 자리 가까운 쪽 곧 정교하게 짠 에봇 띠 위쪽에 달고
21 청색 끈으로 흉패 고리와 에봇 고리에 꿰어 흉패로 정교하게 짠 에봇 띠 위에 붙여서 에봇에서 벗어지지 않게 하였으니 여호와께서 모세에게 명령하신 대로 하였더라

제사장의 또 다른 옷을 만들다 (출 28:31-43)

22 ●그가 에봇 받침 긴 옷을 전부 청색으로 짜서 만들되
23 그 옷의 두 어깨 사이에 구멍을 내고 갑옷 깃같이 그 구멍 주위에 깃을 짜서 찢어지지 않게 하고
24 청색 자색 홍색 실과 가는 베 실로 그 옷 가장자리에 석류를 수 놓고
25 순금으로 방울을 만들어 그 옷 가장자리로 돌아가며 석류 사이사이에 달되
26 방울과 석류를 서로 간격을 두고 번갈아 그 옷 가장자리로 돌아가며 달았으니 여호와께서 모세에게 명령하신 대로 하였더라
27 ●그들이 또 직조한 가는 베로 아론과 그의 아들들을 위하여 속옷을 짓고
28 세마포로 두건을 짓고 세마포로 빛난 관을 만들고 가는 베 실로 짜서 세마포 속바지들을 만들고

as memorial stones for the sons of Israel, as the
LORD commanded Moses.

The Breastpiece

8 •They fashioned the breastpiece—the work of
a skilled craftsman. They made it like the ephod:
of gold, and of blue, purple and scarlet yarn,
9 and of finely twisted linen. •It was square—a
span[a] long and a span wide—and folded dou-
10 ble. •Then they mounted four rows of precious
stones on it. The first row was carnelian, chrysolite
11 and beryl; •the second row was turquoise, lapis
12 lazuli and emerald; •the third row was jacinth,
13 agate and amethyst; •the fourth row was topaz,
onyx and jasper.[b] They were mounted in gold fil-
14 igree settings. •There were twelve stones, one for
each of the names of the sons of Israel, each
engraved like a seal with the name of one of the
twelve tribes.
15 •For the breastpiece they made braided chains
16 of pure gold, like a rope. •They made two gold fil-
igree settings and two gold rings, and fastened
the rings to two of the corners of the breastpiece.
17 •They fastened the two gold chains to the rings
18 at the corners of the breastpiece, •and the other
ends of the chains to the two settings, attaching
them to the shoulder pieces of the ephod at the
19 front. •They made two gold rings and attached
them to the other two corners of the breastpiece
20 on the inside edge next to the ephod. •Then they
made two more gold rings and attached them to
the bottom of the shoulder pieces on the front of
the ephod, close to the seam just above the waist-
21 band of the ephod. •They tied the rings of the
breastpiece to the rings of the ephod with blue
cord, connecting it to the waistband so that the
breastpiece would not swing out from the
ephod—as the LORD commanded Moses.

Other Priestly Garments

22 •They made the robe of the ephod entirely of
23 blue cloth—the work of a weaver— •with an
opening in the center of the robe like the open-
ing of a collar,[c] and a band around this opening,
24 so that it would not tear. •They made pome-
granates of blue, purple and scarlet yarn and fine-
ly twisted linen around the hem of the robe.
25 •And they made bells of pure gold and attached
them around the hem between the pomegran-
26 ates. •The bells and pomegranates alternated

a9 That is, about 9 inches or about 23 centimeters b13 The precise identification of some of these precious stones is uncertain. c23 The meaning of the Hebrew for this word is uncertain.

1) 청보석 2) 금강석

braided [bréidid] *a.* 짠, 땋아내린
breastpiece [bréstpiːs] *n.* 흉패
connect [kənékt] *vt.* 결합하다
craftsman [krǽftsmən] *n.* 장인
fasten [fǽsn] *vt.* 고정시키다
filigree [fíləgriː] *n.* 금세공
fold [fould] *vt.* 접다, 포개다
mount [maunt] *vt.* 박아 넣다
pomegranate [pάməgrænət] *n.* 석류
precious [préʃəs] *a.* 귀중한
robe [roub] *n.* 길고 헐거운 겉옷
seam [siːm] *n.* 꿰맨 자리
square [skwεər] *a.* 사각의
topaz [tóupæz] *n.* 황옥
turquoise [tə́ːrkwɔiz] *n.* 터키옥(玉)

39:9 a span long: 길이가 한 뼘
39:14 each of...: …의 각각
39:19 next to...: …의 옆에
39:20 close to...: …의 가까이에
39:21 tie... to~: …를 ~에 묶다
39:23 in the center of...: …의 한가운데

29 가는 베 실과 청색 자색 홍색 실로 수 놓아 띠를 만들었으니 여호와께서 모세에게 명령하신 대로 하였더라
30 ●그들이 또 순금으로 거룩한 [1]패를 만들고 도장을 새김같이 그 위에 '여호와께 성결' 이라 새기고
31 그 패를 청색 끈으로 관 전면에 달았으니 여호와께서 모세에게 명령하신 대로 하였더라

성막의 모든 역사를 마치다
(출 35:10-19 ♪ 323, 575장)

32 ●이스라엘 자손이 이와 같이 성막 곧 회막의 모든 역사를 마치되 여호와께서 모세에게 명령하신 대로 다 행하고
33 그들이 성막을 모세에게로 가져왔으니 곧 막과 그 모든 기구와 그 갈고리들과 그 널판들과 그 띠들과 그 기둥들과 그 받침들과
34 붉은 물을 들인 숫양의 가죽 덮개와 [2]해달의 가죽 덮개와 가리는 휘장과
35 [3]증거궤와 그 채들과 [4]속죄소와
36 상과 그 모든 기구와 진설병과
37 순금 등잔대와 그 잔 곧 벌여놓는 등잔대와 그 모든 기구와 등유와
38 금 제단과 관유와 향기로운 향과 장막 휘장 문과
39 놋 제단과 그 놋 그물과 그 채들과 그 모든 기구와 물두멍과 그 받침과
40 뜰의 포장들과 그 기둥들과 그 받침들과 뜰 문의 휘장과 그 줄들과 그 말뚝들과 성막 곧 회막에서 사용할 모든 기구와
41 성소에서 섬기기 위한 정교한 옷 곧 제사 직분을 행할 때에 입는 제사장 아론의 거룩한 옷과 그의 아들들의 옷이라
42 여호와께서 모세에게 명령하신 대로 이스라엘 자손이 모든 역사를 마치매
43 모세가 그 마친 모든 것을 본즉 여호와께서 명령하신 대로 되었으므로 모세가 그들에게 축복하였더라

성막 봉헌

40 여호와께서 모세에게 말씀하여 이르시되
2 너는 첫째 달 초하루에 성막 곧 회막을 세우고
3 또 [5]증거궤를 들여놓고 또 휘장으로 그 궤를 가리고
4 또 상을 들여놓고 그 위에 물품을 진설하고 등잔대를 들여놓아 불을 켜고
5 또 금 향단을 [5]증거궤 앞에 두고 성막 문에

around the hem of the robe to be worn for
ministering, as the LORD commanded Moses.
27 ●For Aaron and his sons, they made tunics
28 of fine linen—the work of a weaver— ●and
the turban of fine linen, the linen caps and the
29 undergarments of finely twisted linen. ●The
sash was made of finely twisted linen and
blue, purple and scarlet yarn—the work of an
embroiderer—as the LORD commanded Moses.
30 ●They made the plate, the sacred emblem,
out of pure gold and engraved on it, like an
31 inscription on a seal: HOLY TO THE LORD. ●Then
they fastened a blue cord to it to attach it to the
turban, as the LORD commanded Moses.

Moses Inspects the Tabernacle

32 ●So all the work on the tabernacle, the tent
of meeting, was completed. The Israelites did
everything just as the LORD commanded
33 Moses. ●Then they brought the tabernacle
to Moses: the tent and all its furnishings, its
34 clasps, frames, crossbars, posts and bases; ●the
covering of ram skins dyed red and the cover-
ing of another durable leather[a] and the shield-
35 ing curtain; ●the ark of the covenant law with
36 its poles and the atonement cover; ●the table
with all its articles and the bread of the Pres-
37 ence; ●the pure gold lampstand with its row
of lamps and all its accessories, and the olive oil
38 for the light; ●the gold altar, the anointing oil,
the fragrant incense, and the curtain for the
39 entrance to the tent; ●the bronze altar with its
bronze grating, its poles and all its utensils; the
40 basin with its stand; ●the curtains of the court-
yard with its posts and bases, and the curtain
for the entrance to the courtyard; the ropes
and tent pegs for the courtyard; all the furnish-
ings for the tabernacle, the tent of meeting;
41 ●and the woven garments worn for minister-
ing in the sanctuary, both the sacred garments
for Aaron the priest and the garments for his
sons when serving as priests.
42 ●The Israelites had done all the work just as
43 the LORD had commanded Moses. ●Moses
inspected the work and saw that they had
done it just as the LORD had commanded. So
Moses blessed them.

Setting Up the Tabernacle

40 1-2 Then the LORD said to Moses: ●"Set
up the tabernacle, the tent of meet-
3 ing, on the first day of the first month. ●Place

[a]34 Possibly the hides of large aquatic mammals

1) 히, 면류관의 패 2) 또는 돌고래 3) 법궤 4) 시은좌 곧 은혜의 자리 5) 법궤

accessory [æksésəri] *n.* 부속물
altar [ɔ́:ltər] *n.* 제단
anoint [ənɔ́int] *vt.* 기름을 바르다
ark [ɑ:rk] *n.* 궤
basin [béisn] *n.* 대야
courtyard [kɔ́:rtjɑ:rd] *n.* 안마당
furnishing [fə́:rniʃiŋ] *n.* 기구
hem [hem] *n.* 옷의 가장자리
inscription [inskrípʃən] *n.* 새겨진 것
inspect [inspékt] *vt.* 조사하다
priest [pri:st] *n.* 제사장
sanctuary [sǽŋktʃuèri] *n.* 지성소
tabernacle [tǽbə:rnækl] *n.* 성막
tunic [tjú:nik] *n.* 겉옷
undergarment [ʌ́ndərgɑ:rmənt] *n.* 속옷

39:30 **make A out of B**: B로 A를 만들다
39:30 **engrave on**: 새기다
39:31 **fasten... to~**: …를 ~에 고정시키다
39:32 **just as...**: …처럼, …같이
39:38 **the entrance to...**: …로 들어가는 입구
40:2 **set up**: 세우다

휘장을 달고
6 또 번제단을 회막의 성막 문 앞에 놓고
7 또 물두멍을 회막과 제단 사이에 놓고 그 속에 물을 담고
8 또 뜰 주위에 포장을 치고 뜰 문에 휘장을 달고
9 또 관유를 가져다가 성막과 그 안에 있는 모든 것에 발라 그것과 그 모든 기구를 거룩하게 하라 그것이 거룩하리라
10 너는 또 번제단과 그 모든 기구에 발라 그 안을 거룩하게 하라 그 제단이 지극히 거룩하리라
11 너는 또 물두멍과 그 받침에 발라 거룩하게 하고
12 너는 또 아론과 그 아들들을 회막문으로 데려다가 물로 씻기고
13 아론에게 거룩한 옷을 입히고 그에게 기름을 [1]부어 거룩하게 하여 그가 내게 제사장의 직분을 행하게 하라 28:41
14 너는 또 그 아들들을 데려다가 그들에게 겉옷을 입히고
15 그 아버지에게 기름을 부음같이 그들에게도 부어서 그들이 내게 제사장의 직분을 행하게 하라 그들이 기름부음을 받았은즉 대대로 영영히 제사장이 되리라 하시매
16 모세가 그같이 행하되 곧 여호와께서 자기에게 명령하신 대로 다 행하였더라
17 •둘째 해 첫째 달 곧 그달 초하루에 성막을 세우니라
18 모세가 성막을 세우되 그 받침들을 놓고 그 널판들을 세우고 그 띠를 띠우고 그 기둥들을 세우고
19 또 성막 위에 막을 펴고 그 위에 덮개를 덮으니 여호와께서 모세에게 명령하신 대로 되니라
20 그는 또 증거판을 궤 속에 넣고 채를 궤에 꿰고 속죄소를 궤 위에 두고
21 또 그 궤를 성막에 들여놓고 가리개 휘장을 늘어뜨려 그 증거궤를 가리니 여호와께서 모세에게 명령하신 대로 되니라
22 그는 또 회막 안 곧 성막 북쪽으로 휘장 밖에 상을 놓고 26:35
23 또 여호와 앞 그 상 위에 떡을 진설하니 여호와께서 모세에게 명령하신 대로 되니라 40:4
24 그는 또 회막 안 곧 성막 남쪽에 등잔대를 놓아 상과 마주하게 하고
25 또 여호와 앞에 등잔대에 불을 켜니 여호와

the ark of the covenant law in it and shield the
4 ark with the curtain. •Bring in the table and
set out what belongs on it. Then bring in the
5 lampstand and set up its lamps. •Place the
gold altar of incense in front of the ark of the
covenant law and put the curtain at the
entrance to the tabernacle.
6 •"Place the altar of burnt offering in front of
the entrance to the tabernacle, the tent of meet-
7 ing; •place the basin between the tent of meet-
8 ing and the altar and put water in it. •Set up
the courtyard around it and put the curtain at
the entrance to the courtyard.
9 •"Take the anointing oil and anoint the
tabernacle and everything in it; consecrate it
and all its furnishings, and it will be holy.
10 •Then anoint the altar of burnt offering and
all its utensils; consecrate the altar, and it will
11 be most holy. •Anoint the basin and its stand
and consecrate them.
12 •"Bring Aaron and his sons to the entrance
to the tent of meeting and wash them with
13 water. •Then dress Aaron in the sacred gar-
ments, anoint him and consecrate him so he
14 may serve me as priest. •Bring his sons and
15 dress them in tunics. •Anoint them just as you
anointed their father, so they may serve me as
priests. Their anointing will be to a priesthood
that will continue throughout their genera-
16 tions." •Moses did everything just as the LORD
commanded him.
17 •So the tabernacle was set up on the first day
18 of the first month in the second year. •When
Moses set up the tabernacle, he put the bases in
place, erected the frames, inserted the cross-
19 bars and set up the posts. •Then he spread the
tent over the tabernacle and put the covering
over the tent, as the LORD commanded him.
20 •He took the tablets of the covenant law and
placed them in the ark, attached the poles to
the ark and put the atonement cover over it.
21 •Then he brought the ark into the tabernacle
and hung the shielding curtain and shielded
the ark of the covenant law, as the LORD com-
manded him.
22 •Moses placed the table in the tent of meet-
ing on the north side of the tabernacle outside
23 the curtain •and set out the bread on it before
the LORD, as the LORD commanded him.
24 •He placed the lampstand in the tent of
meeting opposite the table on the south side of
25 the tabernacle •and set up the lamps before

1) 또는 '발라'

atonement [ətóunmənt] *n.* 속죄소
consecrate [kánsəkrèit] *vt.* 신성하게 하다
erect [irékt] *vt.* 세우다
frame [freim] *n.* 구조
garment [gá:rmənt] *n.* 의복
incense [insens] *n.* 향
insert [insə́:rt] *vt.* 끼워넣다
pole [poul] *n.* 채
post [poust] *n.* 기둥
priesthood [prí:sthud] *n.* 제사장직
shield [ʃi:ld] *vt.* 가리다
spread [spred] *vi.* 펴지다
tabernacle [tǽbə:rnækl] *n.* 성막
tunic [tjú:nik] *n.* 겉옷
utensil [ju:ténsəl] *n.* 기구

40:4 set out: (음식 등을) 차려 놓다
40:18 put... in place: …를 제자리에 두다
40:19 put over: 씌우다
40:20 attach... to~: …를 ~에 붙들어매다
40:20 cover over: 가리다

께서 모세에게 명령하신 대로 되니라 25:37
26 그가 또 금 향단을 회막 안 휘장 앞에 두고
27 그 위에 향기로운 향을 사르니 여호와께서
모세에게 명령하신 대로 되니라
28 그는 또 성막 문에 휘장을 달고
29 또 회막의 성막 문 앞에 번제단을 두고 번제
와 소제를 그 위에 드리니 여호와께서 모세
에게 명령하신 대로 되니라
30 그는 또 물두멍을 회막과 제단 사이에 두고
거기 씻을 물을 담으니라
31 모세와 아론과 그 아들들이 거기서 수족을
씻되
32 그들이 회막에 들어갈 때와 제단에 가까이
갈 때에 씻었으니 여호와께서 모세에게 명령
하신 대로 되니라 30:19,20
33 그는 또 성막과 제단 주위 뜰에 포장을 치고
뜰 문에 휘장을 다니라 모세가 이같이 역사
를 마치니

여호와의 영광이 성막에 충만하다 (민 9:15-23)

34 ●구름이 회막에 덮이고 여호와의 영광이 성
막에 충만하매
35 모세가 회막에 들어갈 수 없었으니 이는 구
름이 회막 위에 덮이고 여호와의 영광이 성
막에 충만함이었으며
36 구름이 성막 위에서 떠오를 때에는 이스라엘
자손이 그 모든 행진하는 길에 앞으로 나아
갔고
37 구름이 떠오르지 않을 때에는 떠오르는 날까
지 나아가지 아니하였으며
38 낮에는 여호와의 구름이 성막 위에 있고 밤
에는 불이 그 구름 가운데에 있음을 이스라
엘의 온 족속이 그 모든 행진하는 길에서 그
들의 눈으로 보았더라

the LORD, as the LORD commanded him.
26 •Moses placed the gold altar in the tent of
27 meeting in front of the curtain •and burned
fragrant incense on it, as the LORD command-
ed him.
28 •Then he put up the curtain at the en-
29 trance to the tabernacle. •He set the altar of
burnt offering near the entrance to the taber-
nacle, the tent of meeting, and offered on it
burnt offerings and grain offerings, as the
LORD commanded him.
30 •He placed the basin between the tent of
meeting and the altar and put water in it for
31 washing, •and Moses and Aaron and his
sons used it to wash their hands and feet.
32 •They washed whenever they entered the
tent of meeting or approached the altar, as
the LORD commanded Moses.
33 •Then Moses set up the courtyard around
the tabernacle and altar and put up the cur-
tain at the entrance to the courtyard. And so
Moses finished the work.

The Glory of the LORD

34 •Then the cloud covered the tent of meet-
ing, and the glory of the LORD filled the taber-
35 nacle. •Moses could not enter the tent of
meeting because the cloud had settled on
it, and the glory of the LORD filled the taber-
nacle.
36 •In all the travels of the Israelites, whenev-
er the cloud lifted from above the taberna-
37 cle, they would set out; •but if the cloud did
not lift, they did not set out—until the day it
38 lifted. •So the cloud of the LORD was over the
tabernacle by day, and fire was in the cloud
by night, in the sight of all the Israelites dur-
ing all their travels.

altar [ɔ́:ltər] *n.* 제단
approach [əpróutʃ] *vt.* 접근하다
basin [béisn] *n.* 대야
burnt [bə:rnt] *a.* 탄, 그을은
command [kəmǽnd] *vt.* 명령하다
courtyard [kɔ́:rtjɑ:rd] *n.* 안뜰
curtain [kə́:rtn] *n.* 휘장
entrance [éntrəns] *n.* 입구
fragrant [fréigrənt] *a.* 향기로운
lift [lift] *vt.* 들어올리다
offering [ɔ́:fəriŋ] *n.* 제물
settle [sétl] *vi.* 자리잡다
tabernacle [tǽbə:rnækl] *n.* 성막
travel [trǽvəl] *n.* 여행
whenever [hwenévər] *conj.* …할 때는 언제나

40:28 put up: (천막, 커튼을) 치다
40:28 at the entrance to...: …의 입구에
40:30 between A and B: A과 B 사이에
40:30 put in...: …안에 담다
40:36 set out: 출발하다
40:38 in the sight of...: …의 목전에서

Leviticus | 레위기

● 저자 _ 모세 ● 저작 연대 _ B.C. 1450-1400년경 ● 기록 장소 _ 시내 산
● 기록 대상 _ 이스라엘 백성 ● 핵심어 및 내용 _ 핵심어는 '성별', '거룩' 등이다.

레위인들 가운데에서 특별히 제사장들은 온전한 예배를 위하여 구별되었고, 모든 백성들에게 거룩한 삶의 본보기를 보여주기 위하여 성별된 자들이었다.

번제 (♪ 254, 587장)

1 여호와께서 회막에서 모세를 부르시고 그
에게 말씀하여 이르시되
2 이스라엘 자손에게 말하여 이르라 너희 중에
누구든지 여호와께 예물을 드리려거든 가축
중에서 소나 양으로 예물을 드릴지니라
3 ●그 예물이 소의 번제이면 흠 없는 수컷으
로 회막문에서 여호와 앞에 기쁘게 받으시도
록 드릴지니라
4 그는 번제물의 머리에 안수할지니 그를 위하
여 기쁘게 받으심이 되어 그를 위하여 속죄
가 될 것이라
5 그는 여호와 앞에서 그 수송아지를 잡을 것
이요 아론의 자손 제사장들은 그 피를 가져
다가 회막문 앞 제단 사방에 뿌릴 것이며
6 그는 또 그 번제물의 가죽을 벗기고 각을 뜰
것이요
7 제사장 아론의 자손들은 제단 위에 불을 붙
이고 불 위에 나무를 벌여 놓고 6:8-13
8 아론의 자손 제사장들은 그 뜬 각과 머리와
기름을 제단 위의 불 위에 있는 나무에 벌여
놓을 것이며
9 그 내장과 정강이를 물로 씻을 것이요 제사
장은 그 전부를 제단 위에서 불살라 번제를
드릴지니 이는 화제라 여호와께 향기로운 냄
새니라
10 ●만일 그 예물이 가축 떼의 양이나 염소의
번제이면 흠 없는 수컷으로 드릴지니
11 그가 제단 북쪽 여호와 앞에서 그것을 잡을
것이요 아론의 자손 제사장들은 그것의 피를
제단 사방에 뿌릴 것이며
12 그는 그것의 각을 뜨고 그것의 머리와 그것
의 기름을 베어낼 것이요 제사장은 그것을
다 제단 위의 불 위에 있는 나무 위에 벌여
놓을 것이며
13 그 내장과 그 정강이를 물로 씻을 것이요 제
사장은 그 전부를 가져다가 제단 위에서 불
살라 번제를 드릴지니 이는 화제라 여호와께
향기로운 냄새니라
14 ●만일 여호와께 드리는 예물이 새의 번제이
면 산비둘기나 집비둘기 새끼로 예물을 드릴
것이요

The Burnt Offering

1 The LORD called to Moses and spoke to
him from the tent of meeting. He said,
2 ●"Speak to the Israelites and say to them:
'When anyone among you brings an offering
to the LORD, bring as your offering an animal
from either the herd or the flock.
3 ●" 'If the offering is a burnt offering from the
herd, you are to offer a male without defect.
You must present it at the entrance to the tent
of meeting so that it will be acceptable to the
4 LORD. ●You are to lay your hand on the head
of the burnt offering, and it will be accepted on
5 your behalf to make atonement for you. ●You
are to slaughter the young bull before the LORD,
and then Aaron's sons the priests shall bring
the blood and splash it against the sides of the
altar at the entrance to the tent of meeting.
6 ●You are to skin the burnt offering and cut it
7 into pieces. ●The sons of Aaron the priest are to
put fire on the altar and arrange wood on the
fire.
8 ●Then Aaron's sons the priests shall arrange
the pieces, including the head and the fat, on
9 the wood that is burning on the altar. ●You are
to wash the internal organs and the legs with
water, and the priest is to burn all of it on the
altar. It is a burnt offering, a food offering, an
aroma pleasing to the LORD.
10 ●" 'If the offering is a burnt offering from the
flock, from either the sheep or the goats, you
11 are to offer a male without defect. ●You are to
slaughter it at the north side of the altar before
the LORD, and Aaron's sons the priests shall
splash its blood against the sides of the altar.
12 ●You are to cut it into pieces, and the priest
shall arrange them, including the head and the
fat, on the wood that is burning on the altar.
13 ●You are to wash the internal organs and the
legs with water, and the priest is to bring all of
them and burn them on the altar. It is a burnt
offering, a food offering, an aroma pleasing to
the LORD.
14 ●" 'If the offering to the LORD is a burnt
offering of birds, you are to offer a dove or a
15 young pigeon. ●The priest shall bring it to the

15 제사장은 그것을 제단으로 가져다가 그것의
머리를 비틀어 끊고 제단 위에서 불사르고
피는 제단 곁에 흘릴 것이며
16 그것의 모이주머니와 1)그 더러운 것은 제거
하여 제단 동쪽 재 버리는 곳에 던지고
17 또 그 날개 자리에서 그 몸을 찢되 아주 찢지
말고 제사장이 그것을 제단 위의 불 위에 있
는 나무 위에서 불살라 번제를 드릴지니 이
는 화제라 여호와께 향기로운 냄새니라

소제의 예물 (♪ 211, 575장)

2 누구든지 소제의 예물을 여호와께 드리려
거든 고운 가루로 예물을 삼아 그 위에 기
름을 붓고 또 그 위에 유향을 놓아
2 아론의 자손 제사장들에게로 가져갈 것이요
제사장은 그 고운 가루 한 움큼과 기름과 그
모든 유향을 가져다가 기념물로 제단 위에서
불사를지니 이는 화제라 여호와께 향기로운
냄새니라
3 그 소제물의 남은 것은 아론과 그의 자손에
게 돌릴지니 이는 여호와의 화제물 중에 지
극히 거룩한 것이니라 10:12, 13
4 ●네가 화덕에 구운 것으로 소제의 예물을
드리려거든 고운 가루에 기름을 섞어 만든
무교병이나 기름을 바른 무교전병을 드릴 것
이요
5 철판에 부친 것으로 소제의 예물을 드리려거
든 고운 가루에 누룩을 넣지 말고 기름을 섞어
6 조각으로 나누고 그 위에 기름을 부을지니
이는 소제니라
7 네가 냄비의 것으로 소제를 드리려거든 고운
가루와 기름을 섞어 만들지니라
8 너는 이것들로 만든 소제물을 여호와께로 가
져다가 제사장에게 줄 것이요 제사장은 그것
을 제단으로 가져가서
9 그 소제물 중에서 기념할 것을 가져다가 제
단 위에서 불사를지니 이는 화제라 여호와께
향기로운 냄새니라
10 소제물의 남은 것은 아론과 그의 아들들에게
돌릴지니 이는 여호와의 화제물 중에 지극히
거룩한 것이니라 2:3
11 ●너희가 여호와께 드리는 모든 소제물에는
누룩을 넣지 말지니 너희가 누룩이나 꿀을
여호와께 화제로 드려 사르지 못할지니라
12 처음 익은 것으로는 그것을 여호와께 드릴지
나 향기로운 냄새를 위하여는 제단에 올리지
말지며
13 네 모든 소제물에 소금을 치라 네 하나님의

altar, wring off the head and burn it on the
altar; its blood shall be drained out on the side
16 of the altar. ●He is to remove the crop and the
feathers[a] and throw them down east of the
17 altar where the ashes are. ●He shall tear it
open by the wings, not dividing it completely,
and then the priest shall burn it on the wood
that is burning on the altar. It is a burnt offer-
ing, a food offering, an aroma pleasing to the
LORD.

The Grain Offering

2 " 'When anyone brings a grain offering
to the LORD, their offering is to be of the
finest flour. They are to pour olive oil on it, put
2 incense on it ●and take it to Aaron's sons the
priests. The priest shall take a handful of the
flour and oil, together with all the incense, and
burn this as a memorial[b] portion on the altar, a
food offering, an aroma pleasing to the LORD.
3 ●The rest of the grain offering belongs to
Aaron and his sons; it is a most holy part of the
food offerings presented to the LORD.
4 ●" 'If you bring a grain offering baked in an
oven, it is to consist of the finest flour: either
thick loaves made without yeast and with olive
oil mixed in or thin loaves made without yeast
5 and brushed with olive oil. ●If your grain offer-
ing is prepared on a griddle, it is to be made of
the finest flour mixed with oil, and without
6 yeast. ●Crumble it and pour oil on it; it is a
7 grain offering. ●If your grain offering is cooked
in a pan, it is to be made of the finest flour and
8 some olive oil. ●Bring the grain offering made
of these things to the LORD; present it to the
9 priest, who shall take it to the altar. ●He shall
take out the memorial portion from the grain
offering and burn it on the altar as a food offer-
10 ing, an aroma pleasing to the LORD. ●The rest
of the grain offering belongs to Aaron and his
sons; it is a most holy part of the food offerings
presented to the LORD.
11 ●" 'Every grain offering you bring to the
LORD must be made without yeast, for you are
not to burn any yeast or honey in a food offer-
12 ing presented to the LORD. ●You may bring
them to the LORD as an offering of the first-
fruits, but they are not to be offered on the altar
13 as a pleasing aroma. ●Season all your grain
offerings with salt. Do not leave the salt of the

[a]16 Or *crop with its contents;* the meaning of the Hebrew for this word is uncertain. [b]2 Or *representative;* also in verses 9 and 16

1) 또는 깃털

ash [æʃ] *n.* 재
burn [bəːrn] *vt.* 불사르다
completely [kəmplíːtli] *ad.* 완전히
crumble [krʌmbl] *vt.* 잘게 찢다
drain [drein] *vt.* 흘려버리다
fine [fáin] *a.* 고운, 미세한
firstfruits [fə́ːrstfruːts] *n.* 햇것, 첫 수확
flour [fláuər] *n.* 가루
grain [gréin] *n.* 곡물
griddle [grídl] *n.* (과자 등을 굽는) 번철
incense [ínsens] *n.* 향
memorial [məmɔ́ːriəl] *a.* 기념의
offering [ɔ́ːfəriŋ] *n.* 제물
portion [pɔ́ːrʃən] *n.* 부분
yeast [jiːst] *n.* 효모

1:15 wring off: 비틀어 떼다
2:3 belong to...: …에 속하다
2:4 consist of...: …으로 구성되다
2:5 be made of...: …로 구성되다
2:5 mix with...: …와 섞다
2:9 take out: 취하다, 선택하다

언약의 소금을 네 소제에 빼지 못할지니 네
모든 예물에 소금을 드릴지니라
14 ●너는 첫 이삭의 소제를 여호와께 드리거든
첫 이삭을 볶아 찧은 것으로 네 소제를 삼되
15 그 위에 기름을 붓고 그 위에 유향을 더할지
니 이는 소제니라
16 제사장은 찧은 곡식과 기름을 모든 유향과
함께 기념물로 불사를지니 이는 여호와께 드
리는 화제니라

화목제의 예물 (♪ 211, 304장)

3 사람이 만일 [1)]화목제의 제물을 예물로 드
리되 소로 드리려면 수컷이나 암컷이나
흠 없는 것으로 여호와 앞에 드릴지니
2 그 예물의 머리에 안수하고 회막문에서 잡을
것이요 아론의 자손 제사장들은 그 피를 제
단 사방에 뿌릴 것이며
3 그는 또 그 화목제의 제물 중에서 여호와께
화제를 드릴지니 곧 내장에 덮인 기름과 내
장에 붙은 모든 기름과
4 두 콩팥과 그 위의 기름 곧 허리 쪽에 있는
것과 간에 덮인 꺼풀을 콩팥과 함께 떼어낼
것이요
5 아론의 자손은 그것을 제단 위의 불 위에 있
는 나무 위의 번제물 위에서 사를지니 이는
화제라 여호와께 향기로운 냄새니라
6 ●만일 여호와께 예물로 드리는 화목제의 제
물이 양이면 수컷이나 암컷이나 흠 없는 것
으로 드릴지며
7 만일 그의 예물로 드리는 것이 어린양이면
그것을 여호와 앞으로 끌어다가
8 그 예물의 머리에 안수하고 회막 앞에서 잡
을 것이요 아론의 자손은 그 피를 제단 사방
에 뿌릴 것이며
9 그는 그 화목제의 제물 중에서 여호와께 화
제를 드릴지니 그 기름 곧 미골에서 벤 기름
진 꼬리와 내장에 덮인 기름과 내장에 붙은
모든 기름과
10 두 콩팥과 그 위의 기름 곧 허리 쪽에 있는 것
과 간에 덮인 꺼풀을 콩팥과 함께 떼어낼 것
이요
11 제사장은 그것을 제단 위에서 불사를지니 이
는 화제로 여호와께 드리는 음식이니라
12 ●만일 그의 예물이 염소면 그것을 여호와
앞으로 끌어다가
13 그것의 머리에 안수하고 회막 앞에서 잡을
것이요 아론의 자손은 그 피를 제단 사방에
뿌릴 것이며

covenant of your God out of your grain offer-
ings; add salt to all your offerings.
14 •" 'If you bring a grain offering of firstfruits
to the LORD, offer crushed heads of new grain
15 roasted in the fire. •Put oil and incense on it; it
16 is a grain offering. •The priest shall burn the
memorial portion of the crushed grain and the
oil, together with all the incense, as a food offer-
ing presented to the LORD.

The Fellowship Offering

3 " 'If your offering is a fellowship offering,
and you offer an animal from the herd,
whether male or female, you are to present
before the LORD an animal without defect.
2 •You are to lay your hand on the head of your
offering and slaughter it at the entrance to the
tent of meeting. Then Aaron's sons the priests
shall splash the blood against the sides of the
3 altar. •From the fellowship offering you are to
bring a food offering to the LORD: the internal
organs and all the fat that is connected to
4 them, •both kidneys with the fat on them
near the loins, and the long lobe of the liver,
which you will remove with the kidneys.
5 •Then Aaron's sons are to burn it on the altar
on top of the burnt offering that is lying on the
burning wood; it is a food offering, an aroma
pleasing to the LORD.
6 •" 'If you offer an animal from the flock as a
fellowship offering to the LORD, you are to offer
7 a male or female without defect. •If you offer a
lamb, you are to present it before the LORD,
8 •lay your hand on its head and slaughter it in
front of the tent of meeting. Then Aaron's sons
shall splash its blood against the sides of the
9 altar. •From the fellowship offering you are to
bring a food offering to the LORD: its fat, the
entire fat tail cut off close to the backbone, the
internal organs and all the fat that is connected
10 to them, •both kidneys with the fat on them
near the loins, and the long lobe of the liver,
11 which you will remove with the kidneys. •The
priest shall burn them on the altar as a food
offering presented to the LORD.
12 •" 'If your offering is a goat, you are to pre-
13 sent it before the LORD, •lay your hand on its
head and slaughter it in front of the tent of
meeting. Then Aaron's sons shall splash its
14 blood against the sides of the altar. •From
what you offer you are to present this food

1) 또는 감사제

backbone [bǽkbòun] *n.* 등뼈
crush [krʌʃ] *vt.* 눌러부수다
defect [dífekt] *n.* 흠, 결점
fellowship offering [féloujìpɔ́:fəriŋ] *n.* 화목제
female [fí:meil] *n.* 암컷
internal [intə́:rnl] *a.* 내부의
kidney [kídni] *n.* 신장
lamb [lǽm] *n.* 어린 양
liver [lívər] *n.* 간
loin [lɔin] *n.* 허리
present [préznt] *vt.* 드리다
remove [rimú:v] *vt.* 제거하다
roast [roust] *vt.* 굽다
splash [splæʃ] *vt.* 튀기다
slaughter [slɔ́:tər] *vt.* 도살하다

2:13 **add A to B**: B에 A를 섞다
3:2 **lay hands on...**: …에 손을 얹어 안수하다
3:3 **connect to...**: …와 결합하다
3:8 **in front of...**: …의 앞에서
3:9 **cut off**: 잘라내다
3:9 **close to...**: …의 가까이에

14 그는 그 중에서 예물을 가져다가 여호와께 화제를 드릴지니 곧 내장에 덮인 기름과 내장에 붙은 모든 기름과
15 두 콩팥과 그 위의 기름 곧 허리 쪽에 있는 것과 간에 덮인 꺼풀을 콩팥과 함께 떼어낼 것이요
16 제사장은 그것을 제단 위에서 불사를지니 이는 화제로 드리는 음식이요 향기로운 냄새라 모든 기름은 여호와의 것이니라
17 너희는 기름과 피를 먹지 말라 이는 너희의 모든 처소에서 너희 대대로 지킬 영원한 규례니라

속죄제를 드리는 규례 (♪ 261, 274장)

4 여호와께서 모세에게 말씀하여 이르시되
2 이스라엘 자손에게 말하여 이르라 누구든지 여호와의 계명 중 하나라도 그릇 범하였으되
3 만일 기름부음을 받은 제사장이 범죄하여 백성의 허물이 되었으면 그가 범한 죄로 말미암아 흠 없는 수송아지로 속죄제물을 삼아 여호와께 드릴지니
4 그 수송아지를 회막문 여호와 앞으로 끌어다가 그 수송아지의 머리에 안수하고 그것을 여호와 앞에서 잡을 것이요
5 기름부음을 받은 제사장은 그 수송아지의 피를 가지고 회막에 들어가서
6 그 제사장이 손가락에 그 피를 찍어 여호와 앞 곧 성소의 휘장 앞에 일곱 번 뿌릴 것이며
7 제사장은 또 그 피를 여호와 앞 곧 회막 안 향단 뿔들에 바르고 그 송아지의 피 전부를 회막문 앞 번제단 밑에 쏟을 것이며 9:9
8 또 그 속죄제물이 된 수송아지의 모든 기름을 떼어낼지니 곧 내장에 덮인 기름과 내장에 붙은 모든 기름과 3:3-5
9 두 콩팥과 그 위의 기름 곧 허리쪽에 있는 것과 간에 덮인 꺼풀을 콩팥과 함께 떼어내되
10 화목제 제물의 소에게서 떼어냄같이 할 것이요 제사장은 그것을 번제단 위에서 불사를 것이며
11 그 수송아지의 가죽과 그 모든 고기와 그것의 머리와 정강이와 내장과
12 똥 곧 그 송아지의 전체를 진영 바깥 재 버리는 곳인 정결한 곳으로 가져다가 불로 나무 위에서 사르되 곧 재 버리는 곳에서 불사를지니라
13 ●만일 이스라엘 온 회중이 여호와의 계명 중 하나라도 부지중에 범하여 허물이 있으나

offering to the LORD: the internal organs and
15 all the fat that is connected to them, ●both
kidneys with the fat on them near the loins,
and the long lobe of the liver, which you will
16 remove with the kidneys. ●The priest shall
burn them on the altar as a food offering, a
pleasing aroma. All the fat is the LORD's.
17 ●" 'This is a lasting ordinance for the generations to come, wherever you live: You must
not eat any fat or any blood.' "

The Sin Offering

4 1-2 The LORD said to Moses, ●"Say to the
Israelites: 'When anyone sins unintentionally and does what is forbidden in any of
the LORD's commands—
3 ●" 'If the anointed priest sins, bringing guilt
on the people, he must bring to the LORD a
young bull without defect as a sin offering[a] for
4 the sin he has committed. ●He is to present
the bull at the entrance to the tent of meeting
before the LORD. He is to lay his hand on its
head and slaughter it there before the LORD.
5 ●Then the anointed priest shall take some of
the bull's blood and carry it into the tent of
6 meeting. ●He is to dip his finger into the blood
and sprinkle some of it seven times before the
LORD, in front of the curtain of the sanctuary.
7 ●The priest shall then put some of the blood
on the horns of the altar of fragrant incense
that is before the LORD in the tent of meeting.
The rest of the bull's blood he shall pour out
at the base of the altar of burnt offering at the
8 entrance to the tent of meeting. ●He shall
remove all the fat from the bull of the sin offering—all the fat that is connected to the inter-
9 nal organs, ●both kidneys with the fat on
them near the loins, and the long lobe of the
liver, which he will remove with the kidneys
10 — ●just as the fat is removed from the ox[b]
sacrificed as a fellowship offering. Then the
priest shall burn them on the altar of burnt
11 offering. ●But the hide of the bull and all its
flesh, as well as the head and legs, the inter-
12 nal organs and the intestines— ●that is, all
the rest of the bull—he must take outside the
camp to a place ceremonially clean, where
the ashes are thrown, and burn it there in a
wood fire on the ash heap.

[a]3 Or *purification offering;* here and throughout this chapter [b]10 The Hebrew word can refer to either male or female.

anointed [ənɔ́intid] *a.* 기름부음을 받은
burnt offering [bəːrnt ɔ́ːfəriŋ] *n.* 번제
ceremonially [serəmóuniəli] *ad.* 의식적으로
commit [kəmít] *vt.* 범하다
forbidden [fərbídn] *a.* 금지된
guilt [gilt] *n.* 죄를 범함
hide [haid] *n.* 가죽
horn [hɔːrn] *n.* 뿔
incense [ínsens] *n.* 향
kidney [kídni] *n.* 콩팥
loin [lɔin] *n.* 허리
ordinance [ɔ́ːrdənəns] *n.* 규례
sanctuary [sǽŋktʃuèri] *n.* 지성소
sprinkle [spriŋkl] *vt.* 끼얹다
unintentionally [ʌninténʃənəli] *ad.* 무심코

3:17 wherever you live: 어디에 살든지
4:6 dip... into~: …를 ~에 담그다
4:6 in front of ...: …의 정면에
4:7 put... on~: …를 ~에 놓다
4:8 remove... from~: …를 ~에서 제거하다

스스로 깨닫지 못하다가
14 그 범한 죄를 깨달으면 회중은 수송아지를 속죄제로 드릴지니 그것을 회막 앞으로 끌어다가
15 회중의 장로들이 여호와 앞에서 그 수송아지 머리에 안수하고 그것을 여호와 앞에서 잡을 것이요
16 기름부음을 받은 제사장은 그 수송아지의 피를 가지고 회막에 들어가서
17 그 제사장이 손가락으로 그 피를 찍어 여호와 앞, 휘장 앞에 일곱 번 뿌릴 것이며
18 또 그 피로 회막 안 여호와 앞에 있는 제단 뿔들에 바르고 그 피 전부는 회막문 앞 번제단 밑에 쏟을 것이며
19 그것의 기름은 다 떼어 제단 위에서 불사르되
20 그 송아지를 속죄제의 수송아지에게 한 것같이 할지며 제사장이 그것으로 회중을 위하여 속죄한즉 그들이 사함을 받으리라
21 그는 그 수송아지를 진영 밖으로 가져다가 첫번 수송아지를 사름같이 불사를지니 이는 회중의 속죄제니라
22 ●만일 족장이 그의 하나님 여호와의 계명 중 하나라도 부지중에 범하여 허물이 있었는데
23 그가 범한 죄를 누가 그에게 깨우쳐 주면 그는 흠 없는 숫염소를 예물로 가져다가
24 그 숫염소의 머리에 안수하고 여호와 앞 번제물을 잡는 곳에서 잡을지니 이는 속죄제라
25 제사장은 그 속죄제물의 피를 손가락에 찍어 번제단 뿔들에 바르고 그 피는 번제단 밑에 쏟고
26 그 모든 기름은 화목제 제물의 기름같이 제단 위에서 불사를지니 이같이 제사장이 그 범한 죄에 대하여 그를 위하여 속죄한즉 그가 사함을 얻으리라
27 ●만일 평민의 한 사람이 여호와의 계명 중 하나라도 부지중에 범하여 허물이 있었는데
28 그가 범한 죄를 누가 그에게 깨우쳐 주면 그는 흠 없는 암염소를 끌고 와서 그 범한 죄로 말미암아 그것을 예물로 삼아
29 그 속죄제물의 머리에 안수하고 그 제물을 번제물을 잡는 곳에서 잡을 것이요
30 제사장은 손가락으로 그 피를 찍어 번제단 뿔들에 바르고 그 피 전부를 제단 밑에 쏟고
31 그 모든 기름을 화목제물의 기름을 떼어낸

13 ●" 'If the whole Israelite community sins
unintentionally and does what is forbidden in
any of the LORD's commands, even though the
community is unaware of the matter, when
14 they realize their guilt ●and the sin they com-
mitted becomes known, the assembly must
bring a young bull as a sin offering and present
15 it before the tent of meeting. ●The elders of
the community are to lay their hands on the
bull's head before the LORD, and the bull shall
16 be slaughtered before the LORD. ●Then the
anointed priest is to take some of the bull's
17 blood into the tent of meeting. ●He shall dip
his finger into the blood and sprinkle it before
the LORD seven times in front of the curtain.
18 ●He is to put some of the blood on the horns
of the altar that is before the LORD in the tent
of meeting. The rest of the blood he shall pour
out at the base of the altar of burnt offering at
19 the entrance to the tent of meeting. ●He shall
remove all the fat from it and burn it on the
20 altar, ●and do with this bull just as he did
with the bull for the sin offering. In this way
the priest will make atonement for the com-
21 munity, and they will be forgiven. ●Then he
shall take the bull outside the camp and burn
it as he burned the first bull. This is the sin
offering for the community.

22 ●" 'When a leader sins unintentionally and
does what is forbidden in any of the com-
mands of the LORD his God, when he realizes
23 his guilt ●and the sin he has committed be-
comes known, he must bring as his offering
24 a male goat without defect. ●He is to lay his
hand on the goat's head and slaughter it at
the place where the burnt offering is slaugh-
25 tered before the LORD. It is a sin offering. ●Then
the priest shall take some of the blood of the
sin offering with his finger and put it on the
horns of the altar of burnt offering and pour
out the rest of the blood at the base of the altar.
26 ●He shall burn all the fat on the altar as he
burned the fat of the fellowship offering. In
this way the priest will make atonement for
the leader's sin, and he will be forgiven.

27 ●" 'If any member of the community sins
unintentionally and does what is forbidden
in any of the LORD's commands, when they
28 realize their guilt ●and the sin they have com-
mitted becomes known, they must bring as
their offering for the sin they committed a
29 female goat without defect. ●They are to lay

assembly [əsémbli] *n.* 회중
atonement [ətóunmənt] *n.* 속죄
community [kəmjú:nəti] *n.* 회중
curtain [kə́:rtn] *n.* 휘장
defect [dí:fekt] *n.* 결함
dip [díp] *vt.* 담그다
elder [éldər] *n.* 장로
entrance [éntrəns] *n.* 입구
offering [ɔ́:fəriŋ] *n.* 제물
priest [pri:st] *n.* 제사장
remove [rimú:v] *vt.* 제거하다
rest [rest] *n.* 나머지
slaughter [slɔ́:tər] *vt.* 도살하다
unaware [ʌnəwέər] *a.* 모르는, 알지 못하는
unintentionally [ʌninténʃənəli] *ad.* 우연히

4:13 **even though:** 비록 …이지만
4:16 **take... into~:** …를 취하여 ~안으로 가져가다
4:18 **pour out:** 쏟다, 붓다
4:20 **make atonement for...:** …를 위해 속죄하다

것같이 떼어내 제단 위에서 불살라 여호와
께 향기롭게 할지니 제사장이 그를 위하여
속죄한즉 그가 사함을 받으리라
32 ●그가 만일 어린양을 속죄제물로 가져오
려거든 흠 없는 암컷을 끌어다가
33 그 속죄제 제물의 머리에 안수하고 번제물
을 잡는 곳에서 속죄제물로 잡을 것이요
34 제사장은 그 속죄제물의 피를 손가락으로
찍어 번제단 뿔들에 바르고 그 피는 전부
제단 밑에 쏟고
35 그 모든 기름을 화목제 어린양의 기름을
떼낸 것같이 떼내어 제단 위 여호와의 화
제물 위에서 불사를지니 이같이 제사장이
그가 범한 죄에 대하여 그를 위하여 속죄
한즉 그가 사함을 받으리라

5 만일 누구든지 저주하는 소리를 듣고서
도 증인이 되어 그가 본 것이나 알고 있
는 것을 알리지 아니하면 그는 자기의 죄
를 져야 할 것이요 그 허물이 그에게로 돌
아갈 것이며
2 만일 누구든지 부정한 것들 곧 부정한 들
짐승의 사체나 부정한 가축의 사체나 부정
한 곤충의 사체를 만졌으면 부지중이라고
할지라도 그 몸이 더러워져서 허물이 있을
것이요
3 만일 부지중에 어떤 사람의 부정에 닿았는
데 그 사람의 부정이 어떠한 부정이든지
그것을 깨달았을 때에는 허물이 있을 것이
요
4 만일 누구든지 입술로 맹세하여 악한 일이
든지 선한 일이든지 하리라고 함부로 말하
면 그 사람이 함부로 말하여 맹세한 것이
무엇이든지 그가 깨닫지 못하다가 그것을
깨닫게 되었을 때에는 그 중 하나에 그에
게 허물이 있을 것이니
5 이 중 하나에 허물이 있을 때에는 아무 일
에 잘못하였노라 자복하고
6 그 잘못으로 말미암아 여호와께 [1)]속죄제
를 드리되 양 떼의 암컷 어린양이나 염소
를 끌어다가 속죄제를 드릴 것이요 제사장
은 그의 허물을 위하여 속죄할지니라
7 ●만일 그의 힘이 어린양을 바치는 데에
미치지 못하면 그가 지은 죄를 속죄하기
위하여 산비둘기 두 마리나 집비둘기 새
끼 두 마리를 여호와께로 가져가되 하나
는 속죄제물을 삼고 하나는 번제물을 삼
아

their hand on the head of the sin offering and
slaughter it at the place of the burnt offering.
30 ●Then the priest is to take some of the blood
with his finger and put it on the horns of the altar
of burnt offering and pour out the rest of the
31 blood at the base of the altar. ●They shall remove
all the fat, just as the fat is removed from the fel-
lowship offering, and the priest shall burn it on
the altar as an aroma pleasing to the LORD. In
this way the priest will make atonement for
them, and they will be forgiven.
32 ●" 'If someone brings a lamb as their sin offer-
ing, they are to bring a female without defect.
33 ●They are to lay their hand on its head and
slaughter it for a sin offering at the place where
34 the burnt offering is slaughtered. ●Then the priest
shall take some of the blood of the sin offering
with his finger and put it on the horns of the altar
of burnt offering and pour out the rest of the
35 blood at the base of the altar. ●They shall remove
all the fat, just as the fat is removed from the lamb
of the fellowship offering, and the priest shall
burn it on the altar on top of the food offerings
presented to the LORD. In this way the priest will
make atonement for them for the sin they have
committed, and they will be forgiven.

5 " 'If anyone sins because they do not speak
up when they hear a public charge to testify
regarding something they have seen or learned
about, they will be held responsible.
2 ●" 'If anyone becomes aware that they are
guilty—if they unwittingly touch anything
ceremonially unclean (whether the carcass of an
unclean animal, wild or domestic, or of any
unclean creature that moves along the ground)
and they are unaware that they have become
unclean, but then they come to realize their guilt;
3 ●or if they touch human uncleanness (anything
that would make them unclean) even though
they are unaware of it, but then they learn of it
4 and realize their guilt; ●or if anyone thoughtless-
ly takes an oath to do anything, whether good or
evil (in any matter one might carelessly swear
about) even though they are unaware of it, but
then they learn of it and realize their guilt—
5 ●when anyone becomes aware that they are
guilty in any of these matters, they must confess
6 in what way they have sinned. ●As a penalty for
the sin they have committed, they must bring to
the LORD a female lamb or goat from the flock as
a sin offering[a]; and the priest shall make atone-

[a]6 Or *purification offering;* here and throughout this chapter 1) 히, 벌금

aroma [əróumə] *n.* 향기
carcass [ká:rkəs] *n.* (짐승의) 시체
commit [kəmít] *vt.* (죄를) 범하다
confess [kənfés] *vt.* 고백하다
domestic [dəméstik] *a.* 가정의
guilty [gílti] *a.* 유죄의
lamb [læm] *n.* 어린 양
matter [mǽtər] *n.* 일, 사건
penalty [pénəlti] *n.* 벌금
pleasing [plí:ziŋ] *a.* 기쁘게 하는
priest [pri:st] *n.* 제사장
regarding [rigá:rdiŋ] *prep.* …에 관하여
testify [téstəfài] *vt.* 증언하다
uncleanness [ʌnklí:nnis] *n.* 부정
unwittingly [ʌnwítiŋli] *ad.* 부지중에

4:35 just as...: 꼭 …처럼
5:1 speak up: 터놓고 말하다
5:2 whether A or B: A든지 B든지
5:3 be unaware of...: …를 깨닫지 못하다
5:4 take an oath: 선서하다
5:4 swear about...: …에 대해 맹세하다

8 제사장에게로 가져갈 것이요 제사장은 그 속죄제물을 먼저 드리되 그 머리를 목에서 비틀어 끊고 몸은 아주 쪼개지 말며

9 그 속죄제물의 피를 제단 곁에 뿌리고 그 남은 피는 제단 밑에 흘릴지니 이는 속죄제요

10 그 다음 것은 규례대로 번제를 드릴지니 제사장이 그의 잘못을 위하여 속죄한즉 그가 사함을 받으리라

11 ●만일 그의 손이 산비둘기 두 마리나 집비둘기 두 마리에도 미치지 못하면 그의 범죄로 말미암아 고운 가루 십분의 일 [1]에바를 예물로 가져다가 속죄제물로 드리되 이는 속죄제인즉 그 위에 기름을 붓지 말며 유향을 놓지 말고

12 그것을 제사장에게로 가져갈 것이요 제사장은 그것을 기념물로 한 움큼을 가져다가 제단 위 여호와의 화제물 위에서 불사를지니 이는 속죄제라

13 제사장이 그가 이 중에서 하나를 범하여 얻은 허물을 위하여 속죄한즉 그가 사함을 받으리라 그 나머지는 소제물같이 제사장에게 돌릴지니라 4:26

속건제를 드리는 규례
(♪ 259, 283장)

14 ●여호와께서 모세에게 말씀하여 이르시되

15 누구든지 여호와의 성물에 대하여 부지중에 범죄하였으면 여호와께 속건제를 드리되 네가 지정한 가치를 따라 성소의 [2]세겔로 몇 [2]세겔 은에 상당한 흠 없는 숫양을 양 떼 중에서 끌어다가 속건제로 드려서

16 성물에 대한 잘못을 보상하되 그것에 오분의 일을 더하여 제사장에게 줄 것이요 제사장은 그 속건제의 숫양으로 그를 위하여 속죄한즉 그가 사함을 받으리라

17 ●만일 누구든지 여호와의 계명 중 하나를 부지중에 범하여도 허물이라 벌을 당할 것이니

18 그는 네가 지정한 가치대로 양 떼 중 흠 없는 숫양을 속건제물로 제사장에게로 가져갈 것이요 제사장은 그가 부지중에 범죄한 허물을 위하여 속죄한즉 그가 사함을 받으리라

19 이는 속건제니 그가 여호와 앞에 참으로 잘못을 저질렀음이니라

ment for them for their sin.
7 ●" 'Anyone who cannot afford a lamb is to
bring two doves or two young pigeons to the
LORD as a penalty for their sin—one for a sin offer-
8 ing and the other for a burnt offering. ●They are
to bring them to the priest, who shall first offer
the one for the sin offering. He is to wring its head
9 from its neck, not dividing it completely, ●and is
to splash some of the blood of the sin offering
against the side of the altar; the rest of the blood
must be drained out at the base of the altar. It is a
10 sin offering. ●The priest shall then offer the other
as a burnt offering in the prescribed way and
make atonement for them for the sin they have
committed, and they will be forgiven.
11 ●" 'If, however, they cannot afford two doves or
two young pigeons, they are to bring as an offer-
ing for their sin a tenth of an ephah[a] of the finest
flour for a sin offering. They must not put olive
oil or incense on it, because it is a sin offering.
12 ●They are to bring it to the priest, who shall take
a handful of it as a memorial[b] portion and burn
it on the altar on top of the food offerings present-
13 ed to the LORD. It is a sin offering. ●In this way the
priest will make atonement for them for any of
these sins they have committed, and they will be
forgiven. The rest of the offering will belong to
the priest, as in the case of the grain offering.' "

The Guilt Offering

14-15 ●The LORD said to Moses: ●"When anyone is
unfaithful to the LORD by sinning unintentional-
ly in regard to any of the LORD's holy things, they
are to bring to the LORD as a penalty a ram from
the flock, one without defect and of the proper
value in silver, according to the sanctuary shekel.[c]
16 It is a guilt offering. ●They must make restitu-
tion for what they have failed to do in regard to
the holy things, pay an additional penalty of a
fifth of its value and give it all to the priest. The
priest will make atonement for them with the
ram as a guilt offering, and they will be forgiven.
17 ●"If anyone sins and does what is forbidden in
any of the LORD's commands, even though they
do not know it, they are guilty and will be held
18 responsible. ●They are to bring to the priest as a
guilt offering a ram from the flock, one without
defect and of the proper value. In this way the
priest will make atonement for them for the
wrong they have committed unintentionally,
19 and they will be forgiven. ●It is a guilt offering;

[a]*11* That is, probably about 3 1/2 pounds or about 1.6 kilograms [b]*12* Or *representative* [c]*15* That is, about 2/5 ounce or about 12 grams 1) 1에바는 22리터 2) 1세겔은 11.4그램

afford [əfɔ́:rd] *vt.* …할 수 있다
defect [dí:fekt] *n.* 결점
dove [dʌv] *n.* 비둘기
flock [flɑk] *n.* (양, 소) 떼
forbidden [fərbídn] *a.* 금지된
handful [hǽndful] *n.* 한 움큼
offering [ɔ́:fəriŋ] *n.* 제물
pigeon [pídʒən] *n.* 비둘기
portion [pɔ́ərʃən] *n.* 몫, 분깃
prescribed [priskráibd] *a.* 규정된
proper [prɑ́pər] *a.* 고유의, 적절한
ram [ræm] *n.* 숫양
restitution [rèstətjú:ʃən] *n.* 보상
sanctuary [sǽŋktʃuèri] *n.* 지성소
unfaithful [ʌnféiθfəl] *a.* 불충실한

5:9 drain out: 배수하다, 쏟아내다
5:12 a handful of: 한 줌의
5:13 belong to...: …에 속하다
5:13 in the case of: …에 관해서는
5:15 in regard to...: …에 관하여
5:17 even though...: 비록 …일지라도

6 여호와께서 모세에게 말씀하여 이르시되
2 누구든지 여호와께 신실하지 못하여 범죄하되 곧 이웃이 맡긴 물건이나 전당물을 속이거나 도둑질하거나 착취하고도 사실을 부인하거나
3 남의 잃은 물건을 줍고도 사실을 부인하여 거짓 맹세하는 등 사람이 이 모든 일 중의 하나라도 행하여 범죄하면
4 이는 죄를 범하였고 죄가 있는 자니 그 훔친 것이나 착취한 것이나 맡은 것이나 잃은 물건을 주운 것이나
5 그 거짓 맹세한 모든 물건을 돌려보내되 곧 그 본래 물건에 오분의 일을 더하여 돌려보낼 것이니 그 죄가 드러나는 날에 그 임자에게 줄 것이요 민 5:7,8
6 그는 또 그 속건제물을 여호와께 가져갈지니 곧 네가 지정한 가치대로 양 떼 중 흠 없는 숫양을 속건제물을 위하여 제사장에게로 끌고 갈 것이요
7 제사장은 여호와 앞에서 그를 위하여 속죄한즉 그는 무슨 허물이든지 사함을 받으리라

번제를 드리는 규례

8 ●여호와께서 모세에게 말씀하여 이르시되
9 아론과 그의 자손에게 명령하여 이르라 번제의 규례는 이러하니라 번제물은 아침까지 제단 위에 있는 석쇠 위에 두고 제단의 불이 그 위에서 꺼지지 않게 할 것이요
10 제사장은 세마포 긴 옷을 입고 세마포 속바지로 하체를 가리고 제단 위에서 불태운 번제의 재를 가져다가 제단 곁에 두고
11 그 옷을 벗고 다른 옷을 입고 그 재를 진영 바깥 정결한 곳으로 가져갈 것이요
12 제단 위의 불은 항상 피워 꺼지지 않게 할지니 제사장은 아침마다 나무를 그 위에서 태우고 번제물을 그 위에 벌여 놓고 화목제의 기름을 그 위에서 불사를지며 6:9
13 불은 끊임이 없이 제단 위에 피워 꺼지지 않게 할지니라

소제를 드리는 규례

14 ●소제의 규례는 이러하니라 아론의 자손은 그것을 제단 앞 여호와 앞에 드리되 2:1,2
15 그 소제의 고운 가루 한 움큼과 기름과 소제물 위의 유향을 다 가져다가 기념물로 제단 위에서 불살라 여호와 앞에 향기로운 냄새가 되게 하고

they have been guilty of[a] wrongdoing against the LORD."

6 [b]1-2 The LORD said to Moses: ●"If anyone
sins and is unfaithful to the LORD by deceiving a neighbor about something entrusted to
them or left in their care or about something
3 stolen, or if they cheat their neighbor, ●or if
they find lost property and lie about it, or if they
swear falsely about any such sin that people
4 may commit— ●when they sin in any of these
ways and realize their guilt, they must return
what they have stolen or taken by extortion, or
what was entrusted to them, or the lost proper-
5 ty they found, ●or whatever it was they swore
falsely about. They must make restitution in
full, add a fifth of the value to it and give it all to
the owner on the day they present their guilt
6 offering. ●And as a penalty they must bring to
the priest, that is, to the LORD, their guilt offering,
a ram from the flock, one without defect and of
7 the proper value. ●In this way the priest will
make atonement for them before the LORD, and
they will be forgiven for any of the things they
did that made them guilty."

The Burnt Offering

8-9 ●The LORD said to Moses: ●"Give Aaron and
his sons this command: 'These are the regulations for the burnt offering: The burnt offering
is to remain on the altar hearth throughout the
night, till morning, and the fire must be kept
10 burning on the altar. ●The priest shall then put
on his linen clothes, with linen undergarments
next to his body, and shall remove the ashes of
the burnt offering that the fire has consumed
on the altar and place them beside the altar.
11 ●Then he is to take off these clothes and put on
others, and carry the ashes outside the camp to
12 a place that is ceremonially clean. ●The fire on
the altar must be kept burning; it must not go
out. Every morning the priest is to add firewood
and arrange the burnt offering on the fire and
burn the fat of the fellowship offerings on it.
13 ●The fire must be kept burning on the altar continuously; it must not go out.

The Grain Offering

14 ●" 'These are the regulations for the grain offer-
ing: Aaron's sons are to bring it before the LORD,
15 in front of the altar. ●The priest is to take a hand-

[a]19 Or *offering; atonement has been made for their* [b]In Hebrew texts 6:1-7 is numbered 5:20-26, and 6:8-30 is numbered 6:1-23.

arrange [əréindʒ] *vt.* 배열하다
ceremonially [sèrəmóuniəli] *ad.* 의식적으로
cheat [tʃi:t] *vt.* 속이다
consume [kənsú:m] *vt.* 태우다
continuously [kəntínjuəsli] *ad.* 끊임없이
deceive [disí:v] *vt.* 속이다
extortion [ikstɔ́:rʃən] *n.* 강요
falsely [fɔ́:lsli] *ad.* 거짓으로
firewood [fáiərwùd] *n.* 장작
guilt [gilt] *n.* 죄
linen [línən] *n.* 아마포
property [prɑ́pərti] *n.* 재산, 소유
regulation [règjuléiʃən] *n.* 규례
undergarment [ʌ́ndərgɑ̀:rmənt] *n.* 속옷
wrongdoing [rɔ́:ŋdù:iŋ] *n.* 잘못된 행위

6:2 **entrust to~**: 맡기다, 위탁하다
6:7 **make atonement for...**: …를 위해 속죄하다
6:9 **keep ~ing**: 끊임없이 ~하다
6:11 **take~ off**: 벗다, 떼내다
6:11 **put on**: 입다

16 그 나머지는 아론과 그의 자손이 먹되 누룩을 넣지 말고 거룩한 곳 회막뜰에서 먹을지니라
17 그것에 누룩을 넣어 굽지 말라 이는 나의 화제물 중에서 내가 그들에게 주어 그들의 소득이 되게 하는 것이라 속죄제와 속건제 같이 지극히 거룩한즉
18 아론 자손의 남자는 모두 이를 먹을지니 이는 여호와의 화제물 중에서 대대로 그들의 영원한 소득이 됨이라 이를 만지는 자마다 거룩하리라
19 ●여호와께서 모세에게 말씀하여 이르시되
20 아론과 그의 자손이 기름부음을 받는 날에 여호와께 드릴 예물은 이러하니라 고운 가루 십분의 일 에바를 항상 드리는 소제물로 삼아 그 절반은 아침에, 절반은 저녁에 드리되
21 그것을 기름으로 반죽하여 철판에 굽고 기름에 적셔 썰어서 소제로 여호와께 드려 향기로운 냄새가 되게 하라
22 이 소제는 아론의 자손 중 기름부음을 받고 그를 이어 제사장 된 자가 드릴 것이요 영원한 규례로 여호와께 온전히 불사를 것이니
23 제사장의 모든 소제물은 온전히 불사르고 먹지 말지니라

속죄제를 드리는 규례 (♪ 258, 259장)

24 ●여호와께서 모세에게 말씀하여 이르시되
25 아론과 그의 아들들에게 말하여 이르라 속죄제의 규례는 이러하니라 속죄제 제물은 지극히 거룩하니 여호와 앞 번제물을 잡는 곳에서 그 속죄제 제물을 잡을 것이요
26 죄를 위하여 제사 드리는 제사장이 그것을 먹되 곧 회막뜰 거룩한 곳에서 먹을 것이며
27 그 고기에 접촉하는 모든 자는 거룩할 것이며 그 피가 어떤 옷에든지 묻었으면 묻은 그것을 거룩한 곳에서 빨 것이요
28 그 고기를 토기에 삶았으면 그 그릇을 깨뜨릴 것이요 유기에 삶았으면 그 그릇을 닦고 물에 씻을 것이며
29 제사장인 남자는 모두 그것을 먹을지니 그것은 지극히 거룩하니라
30 그러나 피를 가지고 회막에 들어가 성소에서 속죄하게 한 속죄제 제물의 고기는 먹지 못할지니 불사를지니라

ful of the finest flour and some olive oil, together with all the incense on the grain offering, and burn the memorial[a] portion on the altar as
16 an aroma pleasing to the LORD. •Aaron and his
sons shall eat the rest of it, but it is to be eaten
without yeast in the sanctuary area; they are to
eat it in the courtyard of the tent of meeting.
17 •It must not be baked with yeast; I have given
it as their share of the food offerings presented
to me. Like the sin offering[b] and the guilt offer-
18 ing, it is most holy. • Any male descendant of
Aaron may eat it. For all generations to come it
is his perpetual share of the food offerings pre-
sented to the LORD. Whatever touches them
will become holy.[c] ”
19–20 •The LORD also said to Moses, •“This is the
offering Aaron and his sons are to bring to the
LORD on the day he[d] is anointed: a tenth of an
ephah[e] of the finest flour as a regular grain offer-
ing, half of it in the morning and half in the
21 evening. •It must be prepared with oil on a grid-
dle; bring it well-mixed and present the grain
offering broken[f] in pieces as an aroma pleasing
22 to the LORD. •The son who is to succeed him as
anointed priest shall prepare it. It is the LORD's
perpetual share and is to be burned completely.
23 •Every grain offering of a priest shall be burned
completely; it must not be eaten.”

The Sin Offering

24–25 •The LORD said to Moses, •“Say to Aaron and
his sons: ‘These are the regulations for the sin
offering: The sin offering is to be slaughtered
before the LORD in the place the burnt offering
26 is slaughtered; it is most holy. •The priest who
offers it shall eat it; it is to be eaten in the sanc-
tuary area, in the courtyard of the tent of meet-
27 ing. •Whatever touches any of the flesh will
become holy, and if any of the blood is spat-
tered on a garment, you must wash it in the
28 sanctuary area. •The clay pot the meat is cook-
ed in must be broken; but if it is cooked in a
bronze pot, the pot is to be scoured and rinsed
29 with water. •Any male in a priest's family may
30 eat it; it is most holy. •But any sin offering
whose blood is brought into the tent of meet-
ing to make atonement in the Holy Place must
not be eaten; it must be burned up.

[a]*15* Or *representative* [b]*17* Or *purification offering;* also in verses 25 and 30 [c]*18* Or *Whoever touches them must be holy;* similarly in verse 27 [d]*20* Or *each* [e]*20* That is, probably about 3 1/2 pounds or about 1.6 kilograms [f]*21* The meaning of the Hebrew for this word is uncertain.

atonement [ətóunmənt] *n.* 속죄
completely [kəmplí:tli] *ad.* 완전히
flour [fláuər] *n.* 가루
garment [gá:rmənt] *n.* 옷
incense [ínsens] *n.* 향료
offering [ɔ́:fəriŋ] *n.* 제물
perpetual [pərpétʃuəl] *a.* 영구한
portion [pɔ́:rʃən] *n.* 일부, 부분
priest [pri:st] *n.* 제사장
regulation [règjuléiʃən] *n.* 규례
rins [rins] *vt.* 헹구다
sanctuary [sǽŋktʃuèri] *n.* 성막
scour [skauər] *vt.* 문질러 닦다
slaughter [slɔ́:tər] *vt.* 도살하다
spatter [spǽtər] *vt.* (물 등이) 튀다

6:15 a handful of~: 한 움큼의
6:16 the rest: 나머지
6:20 on the day: 그 날에는
6:20 half of...: …의 반
6:22 succeed as...: 뒤이어 …로 되다
6:30 burn up: 불살라 버리다

속건제를 드리는 규례

7 속건제의 규례는 이러하니라 이는 지극히 거룩하니 5:14-19
2 번제물을 잡는 곳에서 속건제의 번제물을 잡을 것이요 제사장은 그 피를 제단 사방에 뿌릴 것이며
3 그 기름을 모두 드리되 곧 그 기름진 꼬리와 내장에 덮인 기름과
4 두 콩팥과 그 위의 기름 곧 허리 쪽에 있는 것과 간에 덮인 꺼풀을 콩팥과 함께 떼어내고
5 제사장은 그것을 다 제단 위에서 불살라 여호와께 화제로 드릴 것이니 이는 속건제니라
6 제사장인 남자는 모두 그것을 먹되 거룩한 곳에서 먹을지니라 그것은 지극히 거룩하니라
7 속죄제와 속건제는 규례가 같으니 그 제물은 속죄하는 제사장에게로 돌아갈 것이요
8 사람을 위하여 번제를 드리는 제사장 곧 그 제사장은 그 드린 번제물의 가죽을 자기가 가질 것이며
9 화덕에 구운 소제물과 냄비에나 철판에서 만든 소제물은 모두 그 드린 제사장에게로 돌아갈 것이니
10 소제물은 기름 섞은 것이나 마른 것이나 모두 아론의 모든 자손이 균등하게 분배할 것이니라

화목제물을 드리는 규례 (♪259, 261장)

11 ●여호와께 드릴 화목제물의 규례는 이러하니라
12 만일 그것을 감사함으로 드리려면 기름 섞은 무교병과 기름 바른 무교전병과 고운 가루에 기름 섞어 구운 과자를 그 감사제물과 함께 드리고
13 또 유교병을 화목제의 감사제물과 함께 그 예물로 드리되
14 그 전체의 예물 중에서 하나씩 여호와께 거제로 드리고 그것을 화목제의 피를 뿌린 제사장들에게로 돌릴지니라
15 ●감사함으로 드리는 화목제물의 고기는 드리는 그날에 먹을 것이요 조금이라도 이튿날 아침까지 두지 말 것이니라
16 그러나 그의 예물의 제물이 서원이나 자원하는 것이면 그 제물을 드린 날에 먹을 것이요 그 남은 것은 이튿날에도 먹되
17 그 제물의 고기가 셋째 날까지 남았으면 불사를지니

The Guilt Offering

7 " 'These are the regulations for the guilt
2 offering, which is most holy: ●The guilt
offering is to be slaughtered in the place where
the burnt offering is slaughtered, and its blood
is to be splashed against the sides of the altar.
3 ● All its fat shall be offered: the fat tail and
4 the fat that covers the internal organs, ●both
kidneys with the fat on them near the loins,
and the long lobe of the liver, which is to be re-
5 moved with the kidneys. ●The priest shall
burn them on the altar as a food offering pre-
6 sented to the LORD. It is a guilt offering. ●Any
male in a priest's family may eat it, but it must
be eaten in the sanctuary area; it is most holy.
7 ●" 'The same law applies to both the sin
offering[a] and the guilt offering: They belong to
the priest who makes atonement with them.
8 ●The priest who offers a burnt offering for
9 anyone may keep its hide for himself. ●Every
grain offering baked in an oven or cooked in a
pan or on a griddle belongs to the priest who
10 offers it, ●and every grain offering, whether
mixed with olive oil or dry, belongs equally to
all the sons of Aaron.

The Fellowship Offering

11 ●" 'These are the regulations for the fellow-
ship offering anyone may present to the LORD:
12 ●" 'If they offer it as an expression of thank-
fulness, then along with this thank offering
they are to offer thick loaves made without
yeast and with olive oil mixed in, thin loaves
made without yeast and brushed with oil, and
thick loaves of the finest flour well-kneaded
13 and with oil mixed in. ●Along with their fel-
lowship offering of thanksgiving they are to
present an offering with thick loaves of bread
14 made with yeast. ●They are to bring one of
each kind as an offering, a contribution to the
LORD; it belongs to the priest who splashes the
blood of the fellowship offering against the
15 altar. ●The meat of their fellowship offering of
thanksgiving must be eaten on the day it is
offered; they must leave none of it till morning.
16 ●" 'If, however, their offering is the result of
a vow or is a freewill offering, the sacrifice shall
be eaten on the day they offer it, but anything
17 left over may be eaten on the next day. ●Any
meat of the sacrifice left over till the third day
18 must be burned up. ●If any meat of the fel-

[a] 7 Or *purification offering;* also in verse 37

altar [ɔ́:ltər] *n.* 제단
atonement [ətóunmənt] *n.* 보상, 죄값
contribution [kɑ̀ntrəbjú:ʃən] *n.* 기부
equally [i:kwəli] *ad.* 균등하게
expression [ikspréʃən] *n.* 표현
grain [grein] *n.* 곡식
griddle [grídl] *n.* (과자 등을 굽는) 번철
kidney [kídni] *n.* 콩팥
present [prizént] *vt.* 바치다
regulation [regjuléiʃən] *n.* 규례
sacrifice [sǽkrəfàis] *n.* 제물
slaughter [slɔ́:tər] *vt.* 도살하다
thankfulness [θǽŋkfəlnis] *n.* 감사
thanksgiving [θæ̀ŋksgíviŋ] *n.* 감사의 표시
vow [vau] *n.* 서약

7:4 **both A and B**: A와 B 모두
7:7 **apply to...**: …에 적용되다
7:12 **along with...**: …와 함께
7:14 **belong to...**: …에 속하다
7:16 **leave over**: 남기다, 미루다
7:17 **burn up**: 태워버리다, 다 태우다

18 만일 그 화목제물의 고기를 셋째 날에 조금
이라도 먹으면 그 제사는 기쁘게 받아들여지
지 않을 것이라 드린 자에게도 예물답게 되
지 못하고 도리어 가증한 것이 될 것이며 그
것을 먹는 자는 그 죄를 짊어지리라
19 ●그 고기가 부정한 물건에 접촉되었으면 먹
지 말고 불사를 것이라 그 고기는 깨끗한 자
만 먹을 것이니
20 만일 몸이 부정한 자가 여호와께 속한 화목
제물의 고기를 먹으면 그 사람은 자기 백성
중에서 끊어질 것이요
21 만일 누구든지 부정한 것 곧 사람의 부정이
나 부정한 짐승이나 부정하고 가증한 무슨
물건을 만지고 여호와께 속한 화목제물의 고
기를 먹으면 그 사람도 자기 백성 중에서 끊
어지리라

피와 기름은 먹지 말라

22 ●여호와께서 모세에게 말씀하여 이르시되
23 이스라엘 자손에게 말하여 이르라 너희는 소
나 양이나 염소의 기름을 먹지 말 것이요
24 스스로 죽은 것의 기름이나 짐승에게 찢긴
것의 기름은 다른 데는 쓰려니와 결단코 먹
지는 말지니라
25 사람이 여호와께 화제로 드리는 제물의 기름
을 먹으면 그 먹는 자는 자기 백성 중에서 끊
어지리라
26 너희가 사는 모든 곳에서 새나 짐승의 피나
무슨 피든지 먹지 말라
27 무슨 피든지 먹는 사람이 있으면 그 사람은
다 자기 백성 중에서 끊어지리라

화목제물 중에서 제사장이 받을 소득

28 ●여호와께서 모세에게 말씀하여 이르시되
29 이스라엘 자손에게 말하여 이르라 화목제물
을 여호와께 드리려는 자는 그 화목제물 중
에서 그의 예물을 여호와께 가져오되 3:1
30 여호와의 화제물은 그 사람이 자기 손으로
가져올지니 곧 그 제물의 기름과 가슴을 가
져올 것이요 제사장은 그 가슴을 여호와 앞
에 흔들어 요제를 삼고
31 그 기름은 제단 위에서 불사를 것이며 가슴
은 아론과 그의 자손에게 돌릴 것이며 7:34
32 또 너희는 그 화목제물의 오른쪽 뒷다리를
제사장에게 주어 거제를 삼을지니
33 아론의 자손 중에서 화목제물의 피와 기름을
드리는 자는 그 오른쪽 뒷다리를 자기의 소
득으로 삼을 것이니라
34 내가 이스라엘 자손의 화목제물 중에서 그

lowship offering is eaten on the third day, the
one who offered it will not be accepted. It
will not be reckoned to their credit, for it has
become impure; the person who eats any of it
will be held responsible.
19 ●" 'Meat that touches anything ceremoni-
ally unclean must not be eaten; it must be
burned up. As for other meat, anyone ceremo-
20 nially clean may eat it. ●But if anyone who is
unclean eats any meat of the fellowship offer-
ing belonging to the LORD, they must be cut
21 off from their people. ●Anyone who touches
something unclean — whether human un-
cleanness or an unclean animal or any unclean
creature that moves along the ground[a]— and
then eats any of the meat of the fellowship
offering belonging to the LORD must be cut off
from their people.' "

Eating Fat and Blood Forbidden

22-23 ●The LORD said to Moses, ●"Say to the Isra-
elites: 'Do not eat any of the fat of cattle,
24 sheep or goats. ●The fat of an animal found
dead or torn by wild animals may be used for
any other purpose, but you must not eat it.
25 ●Anyone who eats the fat of an animal from
which a food offering may be[b] presented to
the LORD must be cut off from their people.
26 ●And wherever you live, you must not eat the
27 blood of any bird or animal. ●Anyone who
eats blood must be cut off from their people.' "

The Priests' Share

28-29 ●The LORD said to Moses, ●"Say to the Isra-
elites: 'Anyone who brings a fellowship offer-
ing to the LORD is to bring part of it as their sac-
30 rifice to the LORD. ●With their own hands they
are to present the food offering to the LORD;
they are to bring the fat, together with the
breast, and wave the breast before the LORD as a
31 wave offering. ●The priest shall burn the fat on
the altar, but the breast belongs to Aaron and
32 his sons. ●You are to give the right thigh of
your fellowship offerings to the priest as a con-
33 tribution. ●The son of Aaron who offers the
blood and the fat of the fellowship offering
34 shall have the right thigh as his share. ●From
the fellowship offerings of the Israelites, I have
taken the breast that is waved and the thigh

[a]21 A few Hebrew manuscripts, Samaritan Pentateuch, Syriac and Targum (see 5:2); most Hebrew manuscripts *any unclean, detestable thing* [b]25 Or *offering is*

breast [brest] *n.* 가슴
cattle [kǽtl] *n.* 소
ceremonially [sèrəmóuniəli] *ad.* 의례적으로
fellowship [félouʃip] *n.* 친교
forbidden [fərbídn] *a.* 금지된
goat [gout] *n.* 염소
impure [impjúər] *a.* 불결한
offering [ɔ́:fəriŋ] *n.* 제물
priest [pri:st] *n.* 제사장
reckon [rékən] *vt.* 간주하다
responsible [rispánsəbl] *a.* 책임있는
share [ʃɛər] *n.* 몫
thigh [θai] *n.* 넓적다리
tear [tiər] *vt.* 찢다
wave offering [wéivɔ̀:fəriŋ] *n.* 요제

7:18 **be accepted:** 심사에 합격하다
7:18 **will be:** 할 것이다
7:19 **as for...:** …에 관해 말하면
7:20 **cut off:** 자르다, 끊다
7:24 **be used:** 소용되다
7:30 **one's own:** 자기의

흔든 가슴과 든 뒷다리를 가져다가 제사장
아론과 그의 자손에게 주었나니 이는 이스라
엘 자손에게서 받을 영원한 소득이니라

맺는 말(1)

35 ●이는 여호와의 화제물 중에서 아론에게 돌
릴 것과 그의 아들들에게 돌릴 것이니 그들
을 세워 여호와의 제사장의 직분을 행하게
한 날
36 곧 그들에게 기름부은 날에 여호와께서 명령
하사 이스라엘 자손 중에서 그들에게 돌리게
하신 것이라 대대로 영원히 받을 소득이니라

맺는 말(2)

37 ●이는 번제와 소제와 속죄제와 속건제와 위
임식과 화목제의 규례라
38 여호와께서 시내 광야에서 이스라엘 자손에
게 그 예물을 여호와께 드리라 명령하신 날에
시내 산에서 이같이 모세에게 명령하셨더라

아론과 그의 아들들의 제사장 위임식 (♪ 287, 519장)

8 여호와께서 모세에게 말씀하여 이르시되
2 너는 아론과 그의 아들들과 함께 그 의복
과 관유와 속죄제의 수송아지와 숫양 두 마
리와 무교병 한 광주리를 가지고
3 온 회중을 회막문에 모으라
4 모세가 여호와께서 자기에게 명령하신 대로
하매 회중이 회막문에 모인지라
5 모세가 회중에게 이르되 여호와께서 행하라
고 명령하신 것이 이러하니라 하고
6 모세가 아론과 그의 아들들을 데려다가 물로
그들을 씻기고 출 29:4-6
7 아론에게 속옷을 입히며 띠를 띠우고 겉옷을
입히며 에봇을 걸쳐 입히고 에봇의 장식 띠
를 띠워서 에봇을 몸에 매고
8 흉패를 붙이고 흉패에 우림과 둠밈을 넣고
9 그의 머리에 관을 씌우고 그 관 위 전면에 금
패를 붙이니 곧 거룩한 관이라 여호와께서
모세에게 명령하신 것과 같았더라
10 ●모세가 관유를 가져다가 성막과 그 안에 있
는 모든 것에 발라 거룩하게 하고 출 30:25-33
11 또 제단에 일곱 번 뿌리고 또 그 제단과 그
모든 기구와 물두멍과 그 받침에 발라 거룩
하게 하고
12 또 관유를 아론의 머리에 붓고 그에게 발라
거룩하게 하고 출 30:30
13 모세가 또 아론의 아들들을 데려다가 그들에
게 속옷을 입히고 띠를 띠우며 관을 씌웠으
니 여호와께서 모세에게 명령하신 것과 같았
더라

that is presented and have given them to
Aaron the priest and his sons as their perpet-
ual share from the Israelites.' "
35 ●This is the portion of the food offerings pre-
sented to the LORD that were allotted to Aaron
and his sons on the day they were presented to
36 serve the LORD as priests. ●On the day they
were anointed, the LORD commanded that the
Israelites give this to them as their perpetual
share for the generations to come.
37 ●These, then, are the regulations for the
burnt offering, the grain offering, the sin offer-
ing, the guilt offering, the ordination offering
38 and the fellowship offering, ●which the LORD
gave Moses at Mount Sinai in the Desert of
Sinai on the day he commanded the Israelites
to bring their offerings to the LORD.

The Ordination of Aaron and His Sons

8 1-2 The LORD said to Moses, ●"Bring Aaron
and his sons, their garments, the anointing
oil, the bull for the sin offering,[a] the two rams
and the basket containing bread made without
3 yeast, ●and gather the entire assembly at the
4 entrance to the tent of meeting." ●Moses did as
the LORD commanded him, and the assembly
gathered at the entrance to the tent of meeting.
5 ●Moses said to the assembly, "This is what
6 the LORD has commanded to be done" ●Then
Moses brought Aaron and his sons forward
7 and washed them with water. ●He put the
tunic on Aaron, tied the sash around him,
clothed him with the robe and put the ephod
on him. He also fastened the ephod with a dec-
orative waistband, which he tied around him.
8 ●He placed the breastpiece on him and put
the Urim and Thummim in the breastpiece.
9 ●Then he placed the turban on Aaron's head
and set the gold plate, the sacred emblem, on
the front of it, as the LORD commanded Moses.
10 ●Then Moses took the anointing oil and
anointed the tabernacle and everything in it,
11 and so consecrated them. ●He sprinkled some
of the oil on the altar seven times, anointing
the altar and all its utensils and the basin with
12 its stand, to consecrate them. ●He poured some
of the anointing oil on Aaron's head and
13 anointed him to consecrate him. ●Then he
brought Aaron's sons forward, put tunics on
them, tied sashes around them and fastened
caps on them, as the LORD commanded Moses.

[a]2 Or *purification offering;* also in verse 14

allot [əlát] *vt.* 할당하다
anoint [ənɔ́int] *vt.* 기름붓다
assembly [əsémbli] *n.* 회중
basin [béisn] *n.* 대야
consecrate [kánsəkrèit] *vt.* 신성하게 하다
contain [kəntéin] *vt.* 담고 있다
ephod [éfɑd] *n.* 제의(祭衣)
fasten [fǽsn] *vt.* 매다
garment [gɑ́ːrmənt] *n.* 옷
generation [dʒènəréiʃən] *n.* 세대
perpetual [pərpétʃuəl] *a.* 영구한
portion [pɔ́ːrʃən] *n.* 부분
robe [roub] *n.* 예복
tabernacle [tǽbərnækl] *n.* 장막
tunic [tjúːnik] *n.* 겉옷

7:34 give A to B: B에게 A를 주다
7:35 allotted to...: …에 할당되다
7:36 on the day: 그 날에는
8:3 at the entrance: 입구에서
8:7 put on: 입다
8:14 lay hands on...: …에 손을 얹다

14 ●모세가 또 속죄제의 수송아지를 끌어오니 아론과 그의 아들들이 그 속죄제의 수송아지 머리에 안수하매 16:6
15 모세가 잡고 그 피를 가져다가 손가락으로 그 피를 제단의 네 귀퉁이 뿔에 발라 제단을 깨끗하게 하고 그 피는 제단 밑에 쏟아 제단을 속하여 거룩하게 하고
16 또 내장에 덮인 모든 기름과 간 꺼풀과 두 콩팥과 그 기름을 가져다가 모세가 제단 위에 불사르고
17 그 수송아지 곧 그 가죽과 고기와 똥은 진영 밖에서 불살랐으니 여호와께서 모세에게 명령하심과 같았더라 4:11,12
18 ●또 번제의 숫양을 드릴새 아론과 그의 아들들이 그 숫양의 머리에 안수하매
19 모세가 잡아 그 피를 제단 사방에 뿌리고
20 그 숫양의 각을 뜨고 모세가 그 머리와 각 뜬 것과 기름을 불사르고
21 물로 내장과 정강이들을 씻고 모세가 그 숫양의 전부를 제단 위에서 불사르니 이는 향기로운 냄새를 위하여 드리는 번제로 여호와께 드리는 화제라 여호와께서 모세에게 명령하심과 같았더라
22 ●또 다른 숫양 곧 위임식의 숫양을 드릴새 아론과 그의 아들들이 그 숫양의 머리에 안수하매
23 모세가 잡고 그 피를 가져다가 아론의 오른쪽 귓부리와 그의 오른쪽 엄지 손가락과 그의 오른쪽 엄지 발가락에 바르고
24 아론의 아들들을 데려다가 모세가 그 오른쪽 귓부리와 그들의 손의 오른쪽 엄지 손가락과 그들의 발의 오른쪽 엄지 발가락에 그 피를 바르고 또 모세가 그 피를 제단 사방에 뿌리고
25 그가 또 그 기름과 기름진 꼬리와 내장에 덮인 모든 기름과 간 꺼풀과 두 콩팥과 그 기름과 오른쪽 뒷다리를 떼어내고
26 여호와 앞 무교병 광주리에서 무교병 한 개와 기름 섞은 떡 한 개와 전병 한 개를 가져다가 그 기름 위에와 오른쪽 뒷다리 위에 놓아
27 그 전부를 아론의 손과 그의 아들들의 손에 두어 여호와 앞에 흔들어 요제를 삼게 하고
28 모세가 그것을 그들의 손에서 가져다가 제단 위에 있는 번제물 위에 불사르니 이는 향기로운 냄새를 위하여 드리는 위임식 제사로 여호와께 드리는 화제라
29 이에 모세가 그 가슴을 가져다가 여호와 앞

14 ●He then presented the bull for the sin offer-
ing, and Aaron and his sons laid their hands on
15 its head. ●Moses slaughtered the bull and took
some of the blood, and with his finger he put it
on all the horns of the altar to purify the altar.
He poured out the rest of the blood at the base
of the altar. So he consecrated it to make atone-
16 ment for it. ●Moses also took all the fat around
the internal organs, the long lobe of the liver,
and both kidneys and their fat, and burned it
17 on the altar. ●But the bull with its hide and its
flesh and its intestines he burned up outside the
camp, as the LORD commanded Moses.
18 ●He then presented the ram for the burnt
offering, and Aaron and his sons laid their
19 hands on its head. ●Then Moses slaughtered
the ram and splashed the blood against the
20 sides of the altar. ●He cut the ram into pieces
and burned the head, the pieces and the fat.
21 ●He washed the internal organs and the legs
with water and burned the whole ram on the
altar. It was a burnt offering, a pleasing aroma,
a food offering presented to the LORD, as the
LORD commanded Moses.
22 ●He then presented the other ram, the ram
for the ordination, and Aaron and his sons laid
23 their hands on its head. ●Moses slaughtered
the ram and took some of its blood and put it
on the lobe of Aaron's right ear, on the thumb
of his right hand and on the big toe of his right
24 foot. ●Moses also brought Aaron's sons for-
ward and put some of the blood on the lobes
of their right ears, on the thumbs of their right
hands and on the big toes of their right feet.
Then he splashed blood against the sides of the
25 altar. ●After that, he took the fat, the fat tail, all
the fat around the internal organs, the long
lobe of the liver, both kidneys and their fat and
26 the right thigh. ●And from the basket of bread
made without yeast, which was before the
LORD, he took one thick loaf, one thick loaf
with olive oil mixed in, and one thin loaf, and
he put these on the fat portions and on the
27 right thigh. ● He put all these in the hands of
Aaron and his sons, and they waved them
28 before the LORD as a wave offering. ● Then
Moses took them from their hands and burn-
ed them on the altar on top of the burnt offer-
ing as an ordination offering, a pleasing
aroma, a food offering presented to the LORD.
29 ●Moses also took the breast, which was his
share of the ordination ram, and waved it

altar [ɔ́:ltər] *n.* 제단
atonement [ətóunmənt] *n.* 보상
fat [fæt] *n.* 기름
intestine [intéstin] *n.* 창자
kidney [kídni] *n.* 콩팥
lobe [loub] *n.* 둥근 돌출부, 귓불
offering [ɔ́:fəriŋ] *n.* 제물
ordination [ɔ̀:rdənéiʃən] *n.* 성직 수임식
organ [ɔ́:rgən] *n.* 기관, 장기
pleasing [plí:ziŋ] *a.* 기쁘게 하는
ram [ræm] *n.* 숫양
splash [splæʃ] *vt.* 튀기다
tail [teil] *n.* 꼬리
thumb [θʌm] *n.* 엄지손가락
toe [tou] *n.* 발가락

8:15 pour out: 쏟다, 붓다
8:15 consecrate to: ~에 바치다
8:17 burn up: 태워버리다, 다 태우다
8:20 cut... into pieces: …를 조각내다
8:25 after that: 그후
8:25 both A and B: A, B 모두

에 흔들어 요제를 삼았으니 이는 위임식에서
잡은 숫양 중 모세의 몫이라 여호와께서 모
세에게 명령하심과 같았더라 8:22
30 ● 모세가 관유와 제단 위의 피를 가져다가
아론과 그의 옷과 그의 아들들과 그의 아들
들의 옷에 뿌려서 아론과 그의 옷과 그의
아들들과 그의 아들들의 옷을 거룩하게 하
고
31 모세가 아론과 그의 아들들에게 이르되 내게
이미 명령하시기를 아론과 그의 아들들은 먹
으라 하셨은즉 너희는 회막문에서 그 고기를
삶아 위임식 광주리 안의 떡과 아울러 그곳
에서 먹고
32 고기와 떡의 나머지는 불사를지며
33 위임식은 이레 동안 행하나니 위임식이 끝나
는 날까지 이레 동안은 회막문에 나가지 말
라
34 오늘 행한 것은 여호와께서 너희를 위하여
속죄하게 하시려고 명령하신 것이니
35 너희는 칠 주야를 회막문에 머물면서 여호와
께서 지키라고 하신 것을 지키라 그리하면
사망을 면하리라 내가 이같이 명령을 받았느
니라
36 아론과 그의 아들들이 여호와께서 모세를 통
하여 명령하신 모든 일을 준행하니라

아론이 첫 제사를 드리다 (♪ 31, 64장)

9 여덟째 날에 모세가 아론과 그의 아들들
과 이스라엘 장로들을 불러다가
2 아론에게 이르되 속죄제를 위하여 흠 없는
송아지를 가져오고 번제를 위하여 흠 없는
숫양을 여호와 앞에 가져다 드리고
3 이스라엘 자손에게 말하여 이르기를 너희는
속죄제를 위하여 숫염소를 가져오고 또 번제
를 위하여 일 년 되고 흠 없는 송아지와 어린
양을 가져오고
4 또 화목제를 위하여 여호와 앞에 드릴 수소
와 숫양을 가져오고 또 기름 섞은 소제물을
가져오라 하라 오늘 여호와께서 너희에게 나
타나실 것임이니라 하매
5 그들이 모세가 명령한 모든 것을 회막 앞으
로 가져오고 온 회중이 나아와 여호와 앞에
선지라
6 모세가 이르되 이는 여호와께서 너희에게 하
라고 명령하신 것이니 여호와의 영광이 너희
에게 나타나리라 9:23
7 모세가 또 아론에게 이르되 너는 제단에 나
아가 네 속죄제와 네 번제를 드려서 너를 위

before the LORD as a wave offering, as the LORD
commanded Moses.
30 ● Then Moses took some of the anointing oil
and some of the blood from the altar and sprin-
kled them on Aaron and his garments and on
his sons and their garments. So he consecrated
Aaron and his garments and his sons and their
garments.
31 ● Moses then said to Aaron and his sons,
"Cook the meat at the entrance to the tent of
meeting and eat it there with the bread from
the basket of ordination offerings, as I was
commanded: 'Aaron and his sons are to eat it.'
32 ● Then burn up the rest of the meat and the
33 bread. ● Do not leave the entrance to the tent of
meeting for seven days, until the days of your
ordination are completed, for your ordination
34 will last seven days. ● What has been done
today was commanded by the LORD to make
35 atonement for you. ● You must stay at the
entrance to the tent of meeting day and night
for seven days and do what the LORD requires,
so you will not die; for that is what I have been
commanded."
36 ● So Aaron and his sons did everything the
LORD commanded through Moses.

The Priests Begin Their Ministry

9 On the eighth day Moses summoned
Aaron and his sons and the elders of Israel.
2 ● He said to Aaron, "Take a bull calf for your
sin offering[a] and a ram for your burnt offering,
both without defect, and present them before
3 the LORD. ● Then say to the Israelites: 'Take a
male goat for a sin offering, a calf and a lamb
—both a year old and without defect—for a
4 burnt offering, ● and an ox[b] and a ram for a fel-
lowship offering to sacrifice before the LORD,
together with a grain offering mixed with olive
oil. For today the LORD will appear to you.' "
5 ● They took the things Moses commanded
to the front of the tent of meeting, and the
entire assembly came near and stood before the
6 LORD. ● Then Moses said, "This is what the LORD
has commanded you to do, so that the glory of
the LORD may appear to you."
7 ● Moses said to Aaron, "Come to the altar
and sacrifice your sin offering and your burnt
offering and make atonement for yourself
and the people; sacrifice the offering that is for

[a]2 Or *purification offering*; here and throughout this chapter [b]4 The Hebrew word can refer to either male or female; also in verses 18 and 19.

appear [əpíər] *vi.* 나타나다
assembly [əsémbli] *n.* 회중
atonement [ətóunmənt] *n.* 속죄
bull [bul] *n.* 수송아지
calf [kaːf] *n.* 송아지
command [kəmǽnd] *vt.* 명령하다
complete [kəmplíːt] *vt.* 마치다
defect [difékt] *n.* 결함
garment [gáːrmənt] *n.* 의복
lamb [læm] *n.* 어린 양
ministry [mínəstri] *n.* 직무
ox [ɑks] *n.* 황소
require [rikwáiər] *vt.* 요구하다
sprinkle [spríŋkl] *vt.* 뿌리다
summon [sʌ́mən] *vt.* 호출하다

8:30 sprinkle A on B: A를 B에 뿌리다
8:32 burn up: 태워버리다, 다 태우다
8:34 make atonement for...: …를 위해 속죄하다
8:35 day and night: 밤낮으로, 온종일
9:4 mix with...: …와 섞다

하여, 백성을 위하여 속죄하고 또 백성의 예
물을 드려서 그들을 위하여 속죄하되 여호와
의 명령대로 하라
8 ●이에 아론이 제단에 나아가 자기를 위한
속죄제 송아지를 잡으매
9 아론의 아들들이 그 피를 아론에게 가져오니
아론이 손가락으로 그 피를 찍어 제단 뿔들
에 바르고 그 피는 제단 밑에 쏟고
10 그 속죄제물의 기름과 콩팥과 간 꺼풀을 제
단 위에서 불사르니 여호와께서 모세에게 명
령하심과 같았고
11 그 고기와 가죽은 진영 밖에서 불사르니라
12 ●아론이 또 번제물을 잡으매 아론의 아들들
이 그 피를 그에게로 가져오니 그가 그 피를
제단 사방에 뿌리고
13 그들이 또 번제의 제물 곧 그의 각과 머리를
그에게로 가져오매 그가 제단 위에서 불사르
고
14 또 내장과 정강이는 씻어서 단 위에 있는 번
제물 위에서 불사르니라
15 ●그가 또 백성의 예물을 드리되 곧 백성을
위한 속죄제의 염소를 가져다가 잡아 전과
같이 죄를 위하여 드리고
16 또 번제물을 드리되 규례대로 드리고
17 또 소제를 드리되 그 중에서 그의 손에 한 움
큼을 채워서 아침 번제물에 더하여 제단 위
에서 불사르고
18 또 백성을 위하는 화목제물의 수소와 숫양을
잡으매 아론의 아들들이 그 피를 그에게로
가져오니 그가 제단 사방에 뿌리고 3:1-11
19 그들이 또 수소와 숫양의 기름과 기름진 꼬
리와 내장에 덮인 것과 콩팥과 간 꺼풀을 아
론에게로 가져다가
20 그 기름을 가슴들 위에 놓으매 아론이 그 기
름을 제단 위에서 불사르고
21 가슴들과 오른쪽 뒷다리를 그가 여호와 앞
에 요제로 흔드니 모세가 명령한 것과 같았
더라
22 ●아론이 백성을 향하여 손을 들어 축복함으
로 속죄제와 번제와 화목제를 마치고 내려오
니라
23 모세와 아론이 회막에 들어갔다가 나와서 백
성에게 축복하매 여호와의 영광이 온 백성에
게 나타나며
24 불이 여호와 앞에서 나와 제단 위의 번제물
과 기름을 사른지라 온 백성이 이를 보고 소
리 지르며 엎드렸더라

the people and make atonement for them, as
the LORD has commanded.”
8 •So Aaron came to the altar and slaughtered
9 the calf as a sin offering for himself. •His sons
brought the blood to him, and he dipped his
finger into the blood and put it on the horns of
the altar; the rest of the blood he poured out at
10 the base of the altar. •On the altar he burned
the fat, the kidneys and the long lobe of the
liver from the sin offering, as the LORD com-
11 manded Moses; •the flesh and the hide he
burned up outside the camp.
12 •Then he slaughtered the burnt offering.
His sons handed him the blood, and he spla-
13 shed it against the sides of the altar. •They
handed him the burnt offering piece by piece,
including the head, and he burned them on
14 the altar. •He washed the internal organs and
the legs and burned them on top of the burnt
offering on the altar.
15 •Aaron then brought the offering that was
for the people. He took the goat for the people's
sin offering and slaughtered it and offered it
for a sin offering as he did with the first one.
16 •He brought the burnt offering and offered
17 it in the prescribed way. •He also brought the
grain offering, took a handful of it and burned
it on the altar in addition to the morning's
burnt offering.
18 •He slaughtered the ox and the ram as the
fellowship offering for the people. His sons
handed him the blood, and he splashed it
19 against the sides of the altar. •But the fat por-
tions of the ox and the ram—the fat tail, the
layer of fat, the kidneys and the long lobe of
20 the liver— •these they laid on the breasts, and
21 then Aaron burned the fat on the altar. •Aaron
waved the breasts and the right thigh before
the LORD as a wave offering, as Moses com-
manded.
22 •Then Aaron lifted his hands toward the
people and blessed them. And having sacri-
ficed the sin offering, the burnt offering and
the fellowship offering, he stepped down.
23 •Moses and Aaron then went into the tent
of meeting. When they came out, they blessed
the people; and the glory of the LORD appeared
24 to all the people. •Fire came out from the pres-
ence of the LORD and consumed the burnt
offering and the fat portions on the altar. And
when all the people saw it, they shouted for
joy and fell facedown.

consume [kənsú:m] *vt.* 태우다
dip [dip] *vt.* 적시다
facedown [feisdáun] *ad.* 얼굴을 숙이고
flesh [fleʃ] *n.* 살, 몸
hand [hǽnd] *vt.* 건네주다
handful [hǽndfùl] *n.* 한줌
hide [haid] *n.* (짐승의) 가죽
horn [hɔ:rn] *n.* 뿔
kidney [kídni] *n.* 콩팥
liver [lívər] *n.* 간
presence [prézns] *n.* 존재
prescribed [priskráibd] *a.* 규정된
rest [rest] *n.* 나머지
sacrifice [sǽkrəfàis] *vt.* 희생물을 바치다
slaughter [slɔ́:tər] *vt.* 도살하다

9:9 dip... into~: …를 ~에 담그다
9:9 at the base of...: …의 근거가 되어
9:13 piece by piece: 조금씩
9:17 in addition to...: …에 더하여
9:22 step down: 물러나다
9:24 shout for joy: 기쁨으로 외치다

나답과 아비후가 벌을 받아 죽다

10 아론의 아들 나답과 아비후가 각기 향로를 가져다가 여호와께서 명령하시지 아니하신 다른 불을 담아 여호와 앞에 분향하였더니

2 불이 여호와 앞에서 나와 그들을 삼키매 그들이 여호와 앞에서 죽은지라

3 모세가 아론에게 이르되 이는 여호와의 말씀이라 이르시기를 나는 나를 가까이하는 자 중에서 내 거룩함을 나타내겠고 온 백성 앞에서 내 영광을 나타내리라 하셨느니라 아론이 잠잠하니

4 모세가 아론의 삼촌 웃시엘의 아들 미사엘과 엘사반을 불러 그들에게 이르되 나아와 너희 형제들을 성소 앞에서 진영 밖으로 메고 나가라 하매

5 그들이 나와 모세가 말한 대로 그들을 옷 입은 채 진영 밖으로 메어 내니

6 모세가 아론과 그의 아들 엘르아살과 이다말에게 이르되 너희는 머리를 풀거나 옷을 찢지 말라 그리하여 너희가 죽음을 면하고 여호와의 진노가 온 회중에게 미침을 면하게 하라 오직 너희 형제 이스라엘 온 족속은 여호와께서 치신 불로 말미암아 슬퍼할 것이니라

7 여호와의 관유가 너희에게 있은즉 너희는 회막문에 나가지 말라 그리하면 죽음을 면하리라 그들이 모세의 말대로 하니라

제사장이 회막에 들어갈 때의 규례

8 ●여호와께서 아론에게 말씀하여 이르시되

9 너와 네 자손들이 회막에 들어갈 때에는 포도주나 독주를 마시지 말라 그리하여 너희 죽음을 면하라 이는 너희 대대로 지킬 영영한 규례라

10 그리하여야 너희가 거룩하고 속된 것을 분별하며 부정하고 정한 것을 분별하고 겔 22:26

11 또 나 여호와가 모세를 통하여 모든 규례를 이스라엘 자손에게 가르치리라

제사장이 거룩한 곳에서 먹을 제물

12 ●모세가 아론과 그 남은 아들 엘르아살에게와 이다말에게 이르되 여호와께 드린 화제물 중 소제의 남은 것은 지극히 거룩하니 너희는 그것을 취하여 누룩을 넣지 말고 제단 곁에서 먹되

13 이는 여호와의 화제물 중 네 소득과 네 아들들의 소득인즉 너희는 그것을 거룩한 곳에서 먹으라 내가 명령을 받았느니라

The Death of Nadab and Abihu

10 Aaron's sons Nadab and Abihu took
their censers, put fire in them and
added incense; and they offered unauthorized
fire before the LORD, contrary to his command.
2 •So fire came out from the presence of the
LORD and consumed them, and they died
3 before the LORD. •Moses then said to Aaron,
"This is what the LORD spoke of when he said:

" 'Among those who approach me
I will be proved holy;
in the sight of all the people
I will be honored.' "

Aaron remained silent.
4 •Moses summoned Mishael and Elzaphan,
sons of Aaron's uncle Uzziel, and said to them,
"Come here; carry your cousins outside the
camp, away from the front of the sanctuary."
5 •So they came and carried them, still in their
tunics, outside the camp, as Moses ordered.
6 • Then Moses said to Aaron and his sons
Eleazar and Ithamar, "Do not let your hair
become unkempt[a] and do not tear your
clothes, or you will die and the LORD will be
angry with the whole community. But your
relatives, all the Israelites, may mourn for those
7 the LORD has destroyed by fire. •Do not leave
the entrance to the tent of meeting or you will
die, because the LORD's anointing oil is on you."
So they did as Moses said.
8–9 •Then the LORD said to Aaron, •"You and
your sons are not to drink wine or other fer-
mented drink whenever you go into the tent of
meeting, or you will die. This is a lasting ordi-
10 nance for the generations to come, •so that
you can distinguish between the holy and
the common, between the unclean and the
11 clean, •and so you can teach the Israelites all
the decrees the LORD has given them through
Moses."
12 •Moses said to Aaron and his remaining
sons, Eleazar and Ithamar, "Take the grain
offering left over from the food offerings pre-
pared without yeast and presented to the LORD
and eat it beside the altar, for it is most holy.
13 •Eat it in the sanctuary area, because it is your
share and your sons' share of the food offerings
presented to the LORD; for so I have been com-
14 manded. •But you and your sons and your
daughters may eat the breast that was waved

[a]6 Or *Do not uncover your heads*

approach [əpróutʃ] *vt.* 가까이 가다
censer [sénsər] *n.* 흔들향로
ferment [fəːrmént] *vt.* 발효시키다
honored [ánərd] *a.* 명예로운
incense [ínsens] *n.* 향
lasting [lǽstiŋ] *a.* 영원한
ordinance [ɔ́ːrdənəns] *n.* 규례
prepare [pripɛ́ər] *vt.* 준비하다
present [préznt] *vt.* 바치다
relative [rélətiv] *n.* 친척
remain [riméin] *vi.* …인채로 있다
sanctuary [sǽŋktʃuèri] *n.* 지성소
unauthorized [ʌ̀nɔ́ːθəraizd] *a.* 권한이 없는
unclean [ʌ̀nklíːn] *a.* 부정한
unkempt [ʌnkémpt] *a.* 너저분한

10:1 **contrary to...**: …에 반대되는
10:1 **put... in~**: …을 ~에 집어넣다
10:2 **come out**: 나오다
10:3 **in the sight of...**: …가 보는 앞에서
10:6 **be angry with...**: …에게 화내다
10:10 **distinguish between**: ~을 구별하다

14 흔든 가슴과 들어올린 뒷다리는 너와 네 자녀가 너와 함께 정결한 곳에서 먹을지니 이는 이스라엘 자손의 화목제물 중에서 네 소득과 네 아들들의 소득으로 주신 것임이니라
15 그 들어올린 뒷다리와 흔든 가슴을 화제물의 기름과 함께 가져다가 여호와 앞에 흔들어 요제를 삼을지니 이는 여호와의 명령대로 너와 네 자손의 영원한 소득이니라
16 ●모세가 속죄제 드린 염소를 찾은즉 이미 불살랐는지라 그가 아론의 남은 아들 엘르아살과 이다말에게 노하여 이르되
17 이 속죄제물은 지극히 거룩하거늘 너희가 어찌하여 거룩한 곳에서 먹지 아니하였느냐 이는 너희로 회중의 죄를 담당하여 그들을 위하여 여호와 앞에 속죄하게 하려고 너희에게 주신 것이니라
18 그 피는 성소에 들여오지 아니하는 것이었으니 그 제물은 너희가 내가 명령한 대로 거룩한 곳에서 먹었어야 했을 것이니라
19 아론이 모세에게 이르되 오늘 그들이 그 속죄제와 번제를 여호와께 드렸어도 이런 일이 내게 임하였거늘 오늘 내가 속죄제물을 먹었더라면 여호와께서 어찌 좋게 여기셨으리요
20 모세가 그 말을 듣고 좋게 여겼더라

정한 짐승과 부정한 짐승

11 여호와께서 모세와 아론에게 말씀하여 이르시되
2 이스라엘 자손에게 말하여 이르라 육지의 모든 짐승 중 너희가 먹을 만한 생물은 이러하니
3 모든 짐승 중 굽이 갈라져 쪽발이 되고 새김질하는 것은 너희가 먹되
4 새김질하는 것이나 굽이 갈라진 짐승 중에도 너희가 먹지 못할 것은 이러하니 낙타는 새김질은 하되 굽이 갈라지지 아니하였으므로 너희에게 부정하고
5 사반도 새김질은 하되 굽이 갈라지지 아니하였으므로 너희에게 부정하고
6 토끼도 새김질은 하되 굽이 갈라지지 아니하였으므로 너희에게 부정하고
7 돼지는 굽이 갈라져 쪽발이로되 새김질을 못하므로 너희에게 부정하니
8 너희는 이러한 고기를 먹지 말고 그 주검도 만지지 말라 이것들은 너희에게 부정하니라
9 ●물에 있는 모든 것 중에서 너희가 먹을 만한 것은 이것이니 강과 바다와 다른 물에 있는 모든 것 중에서 지느러미와 비늘 있는 것은 너희가 먹되

and the thigh that was presented. Eat them in
a ceremonially clean place; they have been
given to you and your children as your share of
15 the Israelites' fellowship offerings. ●The thigh
that was presented and the breast that was
waved must be brought with the fat portions of
the food offerings, to be waved before the LORD
as a wave offering. This will be the perpetual
share for you and your children, as the LORD
has commanded."
16 ●When Moses inquired about the goat of
the sin offering[a] and found that it had been
burned up, he was angry with Eleazar and
Ithamar, Aaron's remaining sons, and asked,
17 ●"Why didn't you eat the sin offering in the
sanctuary area? It is most holy; it was given to
you to take away the guilt of the community
by making atonement for them before the
18 LORD. ●Since its blood was not taken into the
Holy Place, you should have eaten the goat in
the sanctuary area, as I commanded."
19 ●Aaron replied to Moses, "Today they sacrificed their sin offering and their burnt offering
before the LORD, but such things as this have
happened to me. Would the LORD have been
pleased if I had eaten the sin offering today?"
20 ●When Moses heard this, he was satisfied.

Clean and Unclean Food

11 The LORD said to Moses and Aaron,
2 ●"Say to the Israelites: 'Of all the animals that live on land, these are the ones you
3 may eat: ●You may eat any animal that has a
divided hoof and that chews the cud.
4 ●" 'There are some that only chew the cud
or only have a divided hoof, but you must not
eat them. The camel, though it chews the cud,
does not have a divided hoof; it is ceremoni-
5 ally unclean for you. ●The hyrax, though it
chews the cud, does not have a divided hoof;
6 it is unclean for you. ●The rabbit, though it
chews the cud, does not have a divided hoof;
7 it is unclean for you. ●And the pig, though
it has a divided hoof, does not chew the cud;
8 it is unclean for you. ●You must not eat their
meat or touch their carcasses; they are unclean for you.
9 ●" 'Of all the creatures living in the water
of the seas and the streams you may eat any
10 that have fins and scales. ●But all creatures in
the seas or streams that do not have fins and

[a]16 Or *purification offering;* also in verses 17 and 19

atonement [ətóunmənt] *n.* 속죄
camel [kǽməl] *n.* 낙타
carcass [kɑ́:rkəs] *n.* (짐승의) 시체
ceremonially [sèrəmóuniəli] *ad.* 의식적으로
chew [tʃu:] *vt.* 씹다
cud [kʌd] *n.* 새김질
divide [diváid] *vi.* 갈라지다
fin [fin] *n.* 지느러미
goat [gout] *n.* 염소
hoof [huf] *n.* (소, 말 등의) 발굽
inquire [inkwáiər] *vt.* 문의하다
perpetual [pərpétʃuəl] *a.* 영구의
portion [pɔ́:rʃən] *n.* 부분
thigh [θai] *n.* 허벅다리
unclean [ʌnklí:n] *a.* 불결한

10:16 inquire about: …에 관하여 묻다
10:17 take away: 제거하다, 없애다
10:19 such... as~: ~와 같은 …
10:19 happen to...: …에게 일어나다
11:2 of all ...: 모든 …중에
11:3 chew the cud: 새김질하다

10 물에서 움직이는 모든 것과 물에서 사는 모든 것 곧 강과 바다에 있는 것으로서 지느러미와 비늘 없는 모든 것은 너희에게 가증한 것이라
11 이들은 너희에게 가증한 것이니 너희는 그 고기를 먹지 말고 그 주검을 가증히 여기라
12 수중 생물에 지느러미와 비늘 없는 것은 너희가 혐오할 것이니라
13 ●새 중에 너희가 가증히 여길 것은 이것이라 이것들이 가증한즉 먹지 말지니 곧 독수리와 솔개와 물수리와
14 말똥가리와 말똥가리 종류와
15 까마귀 종류와
16 타조와 [1]타흐마스와 갈매기와 새매 종류와
17 올빼미와 가마우지와 부엉이와
18 흰 올빼미와 사다새와 너새와
19 황새와 백로 종류와 오디새와 박쥐니라
20 ●날개가 있고 네 발로 기어다니는 곤충은 너희가 혐오할 것이로되
21 다만 날개가 있고 네 발로 기어다니는 모든 곤충 중에 그 발에 뛰는 다리가 있어서 땅에서 뛰는 것은 너희가 먹을지니
22 곧 그 중에 메뚜기 종류와 베짱이 종류와 귀뚜라미 종류와 팥중이 종류는 너희가 먹으려니와
23 오직 날개가 있고 기어다니는 곤충은 다 너희가 혐오할 것이니라
24 ●이런 것은 너희를 부정하게 하나니 누구든지 이것들의 주검을 만지면 저녁까지 부정할 것이며
25 그 주검을 옮기는 모든 자는 그 옷을 빨지니 저녁까지 부정하리라 11:40
26 굽이 갈라진 모든 짐승 중에 쪽발이 아닌 것이나 새김질 아니하는 것의 주검은 다 네게 부정하니 만지는 자는 부정할 것이요
27 네 발로 다니는 모든 짐승 중 발바닥으로 다니는 것은 다 네게 부정하니 그 주검을 만지는 자는 저녁까지 부정할 것이며
28 그 주검을 옮기는 자는 그 옷을 빨지니 저녁까지 부정하리라 그것들이 네게 부정하니라
29 ●땅에 기는 길짐승 중에 네게 부정한 것은 이러하니 곧 두더지와 쥐와 큰 도마뱀 종류와
30 도마뱀붙이와 육지 악어와 도마뱀과 사막 도마뱀과 카멜레온이라
31 모든 기는 것 중 이것들은 네게 부정하니 그 주검을 만지는 모든 자는 저녁까지 부정할

scales — whether among all the swarming
things or among all the other living creatures
in the water — you are to regard as unclean.
11 ●And since you are to regard them as unclean,
you must not eat their meat; you must regard
12 their carcasses as unclean. ●Anything living in
the water that does not have fins and scales is
to be regarded as unclean by you.
13 ●" 'These are the birds you are to regard as
unclean and not eat because they are unclean:
14 the eagle,[a] the vulture, the black vulture, ●the
15 red kite, any kind of black kite, ●any kind of
16 raven, ●the horned owl, the screech owl, the
17 gull, any kind of hawk, ●the little owl, the cor-
18 morant, the great owl, ●the white owl, the
19 desert owl, the osprey, ●the stork, any kind of
heron, the hoopoe and the bat.
20 ●" 'All flying insects that walk on all fours
21 are to be regarded as unclean by you. ●There
are, however, some flying insects that walk
on all fours that you may eat: those that have
22 jointed legs for hopping on the ground. ●Of
these you may eat any kind of locust, katydid,
23 cricket or grasshopper. ●But all other flying
insects that have four legs you are to regard as
unclean.
24 ●" 'You will make yourselves unclean by
these; whoever touches their carcasses will be
25 unclean till evening. ●Whoever picks up one
of their carcasses must wash their clothes, and
they will be unclean till evening.
26 ●" 'Every animal that does not have a di-
vided hoof or that does not chew the cud is
unclean for you; whoever touches the carcass
27 of any of them will be unclean. ●Of all the
animals that walk on all fours, those that walk
on their paws are unclean for you; whoever
touches their carcasses will be unclean till
28 evening. ●Anyone who picks up their carcass-
es must wash their clothes, and they will be
unclean till evening. These animals are unclean
for you.
29 ●" 'Of the animals that move along the
ground, these are unclean for you: the weasel,
30 the rat, any kind of great lizard, ●the gecko,
the monitor lizard, the wall lizard, the skink
31 and the chameleon. ●Of all those that move
along the ground, these are unclean for you.
Whoever touches them when they are dead
32 will be unclean till evening. ●When one of

[a]13 The precise identification of some of the birds, insects and animals in this chapter is uncertain.

1) 히, 새의 일종

carcass [kɑ́:rkəs] *n.* (짐승의) 시체
chew [tʃu:] *vt.* 씹다
cormorant [kɔ́:rmərənt] *n.* 가마우지
grasshopper [grǽshɑ̀pər] *n.* 메뚜기
gull [gʌl] *n.* 갈매기
hawk [hɔ:k] *n.* 매
heron [hérən] *n.* 백조과의 총칭
hoopoe [hú:pu:] *n.* (새의 일종) 후투티
insect [ínsekt] *n.* 곤충
katydid [kéitidid] *n.* 여칫과의 총칭
locust [lóukəst] *n.* 메뚜기
osprey [ɑ́spri] *n.* 물수리
scale [skeil] *n.* 비늘
stork [stɔ:rk] *n.* 황새
vulture [vʌ́ltʃər] *n.* 독수리

11:10 whether A or B: A이든 B이든
11:14 kind of: 약간의
11:21 walk on: (발로)걷다
11:25 pick up: 집어 올리다
11:27 of all ...: 모든 …중에
11:29 move along: 움직이다, 이동하다

것이며
32 이런 것 중 어떤 것의 주검이 나무 그릇에든지 의복에든지 가죽에든지 자루에든지 무엇에 쓰는 그릇에든지 떨어지면 부정하여지리니 물에 담그라 저녁까지 부정하다가 정할 것이며
33 그것 중 어떤 것이 어느 질그릇에 떨어지면 그 속에 있는 것이 다 부정하여지나니 너는 그 그릇을 깨뜨리라 6:28
34 먹을 만한 축축한 식물이 거기 담겼으면 부정하여질 것이요 그 같은 그릇에 담긴 마실 것도 부정할 것이며
35 이런 것의 주검이 물건 위에 떨어지면 그것이 모두 부정하여지리니 화덕이든지 화로이든지 깨뜨려버리라 이것이 부정하여져서 너희에게 부정한 것이 되리라
36 샘물이나 물이 고인 웅덩이는 부정하여지지 아니하되 그 주검에 닿는 것은 모두 부정하여질 것이요
37 이것들의 주검이 심을 종자에 떨어지면 그것이 정하거니와
38 만일 종자에 물이 묻었을 때에 그것이 그 위에 떨어지면 너희에게 부정하리라
39 ●너희가 먹을 만한 짐승이 죽은 때에 그 주검을 만지는 자는 저녁까지 부정할 것이며
40 그것을 먹는 자는 그 옷을 빨 것이요 저녁까지 부정할 것이며 그 주검을 옮기는 자도 그의 옷을 빨 것이요 저녁까지 부정하리라
41 ●땅에 기어다니는 모든 길짐승은 가증한즉 먹지 못할지니
42 곧 땅에 기어다니는 모든 기는 것 중에 배로 밀어 다니는 것이나 네 발로 걷는 것이나 여러 발을 가진 것이라 너희가 먹지 말지니 이것들은 가증함이니라
43 너희는 기는 바 기어다니는 것 때문에 자기를 가증하게 되게 하지 말며 또한 그것 때문에 스스로 더럽혀 부정하게 되게 하지 말라
44 나는 여호와 너희의 하나님이라 내가 거룩하니 너희도 몸을 구별하여 거룩하게 하고 땅에 기는 길짐승으로 말미암아 스스로 더럽히지 말라
45 나는 너희의 하나님이 되려고 너희를 애굽 땅에서 인도하여 낸 여호와라 내가 거룩하니 너희도 거룩할지어다
46 ●이는 짐승과 새와 물에서 움직이는 모든 생물과 땅에 기는 모든 길짐승에 대한 규례니

them dies and falls on something, that
article, whatever its use, will be unclean,
whether it is made of wood, cloth, hide or
sackcloth. Put it in water; it will be unclean
33 till evening, and then it will be clean. ●If
one of them falls into a clay pot, everything
in it will be unclean, and you must break the
34 pot. ●Any food you are allowed to eat that
has come into contact with water from any
such pot is unclean, and any liquid that is
35 drunk from such a pot is unclean. ●Any-
thing that one of their carcasses falls on
becomes unclean; an oven or cooking pot
must be broken up. They are unclean, and
36 you are to regard them as unclean. ●A spring,
however, or a cistern for collecting water re-
mains clean, but anyone who touches one
37 of these carcasses is unclean. ●If a carcass
falls on any seeds that are to be planted, they
38 remain clean. ●But if water has been put on
the seed and a carcass falls on it, it is unclean
for you.
39 ●" 'If an animal that you are allowed to
eat dies, anyone who touches its carcass will
40 be unclean till evening. ●Anyone who eats
some of its carcass must wash their clothes,
and they will be unclean till evening. Any-
one who picks up the carcass must wash
their clothes, and they will be unclean till
evening.
41 ●" 'Every creature that moves along the
ground is to be regarded as unclean; it is not
42 to be eaten. ●You are not to eat any creature
that moves along the ground, whether it
moves on its belly or walks on all fours or on
43 many feet; it is unclean. ●Do not defile your-
selves by any of these creatures. Do not make
yourselves unclean by means of them or be
44 made unclean by them. ●I am the LORD your
God; consecrate yourselves and be holy, be-
cause I am holy. Do not make yourselves un-
clean by any creature that moves along the
45 ground. ●I am the LORD, who brought you
up out of Egypt to be your God; therefore be
holy, because I am holy.
46 ●" 'These are the regulations concerning
animals, birds, every living thing that moves
about in the water and every creature that
47 moves along the ground. ●You must distin-
guish between the unclean and the clean,
between living creatures that may be eaten and
those that may not be eaten.' "

allow [əláu] *vt.* 허락하다
article [á:rtikl] *n.* 물품
belly [béli] *n.* 배
cistern [sístərn] *n.* 저수지
concerning [kənsə́:rniŋ] *prep.* …에 관하여
consecrate [kánsəkrèit] *vt.* 신성하게 하다
contact [kántækt] *n.* 접촉
creature [krí:tʃər] *n.* 생물
defile [difáil] *vt.* 더럽히다
distinguish [distíŋgwiʃ] *vt.* 구별하다
liquid [líkwid] *n.* 액체
plant [plænt] *vt.* (씨를) 심다
sackcloth [sǽkklɔ̀:θ] *n.* 질긴 삼베옷
till [təl] *prep.* …까지
unclean [ʌnklí:n] *a.* 부정한

11:32 **be made of...**: …로 구성되다
11:33 **fall into...**: …에 빠지다
11:34 **contact with~**: ~와의 접촉
11:35 **break up**: 깨뜨리다
11:35 **regard... as~**: …를 ~로 여기다
11:43 **by means of...**: …에 의하여

47 부정하고 정한 것과 먹을 생물과 먹지 못할
생물을 분별한 것이니라 10:10

아이를 낳은 여인에 대한 규례

12 여호와께서 모세에게 말씀하여 이르시
되
2 이스라엘 자손에게 말하여 이르라 여인이 임
신하여 남자를 낳으면 그는 이레 동안 부정
하리니 곧 월경할 때와 같이 부정할 것이며
3 여덟째 날에는 그 아이의 포피를 벨 것이요
4 그 여인은 아직도 삼십삼 일을 지내야 산혈
이 깨끗하리니 정결하게 되는 기한이 차기
전에는 성물을 만지지도 말며 성소에 들어가
지도 말 것이며
5 여자를 낳으면 그는 두 이레 동안 부정하리
니 월경할 때와 같을 것이며 산혈이 깨끗하
게 됨은 육십육 일을 지내야 하리라
6 ●아들이나 딸이나 정결하게 되는 기한이 차
면 그 여인은 번제를 위하여 일 년 된 어린
양을 가져가고 속죄제를 위하여 집비둘기 새
끼나 산비둘기를 회막문 제사장에게로 가져
갈 것이요
7 제사장은 그것을 여호와 앞에 드려서 그 여
인을 위하여 속죄할지니 그리하면 산혈이 깨
끗하리라 이는 아들이나 딸을 생산한 여인에
게 대한 규례니라
8 그 여인이 어린양을 바치기에 힘이 미치지
못하면 산비둘기 두 마리나 집비둘기 새끼
두 마리를 가져다가 하나는 번제물로, 하나
는 속죄제물로 삼을 것이요 제사장은 그를
위하여 속죄할지니 그가 정결하리라

피부에 나병 같은 것이 생기거든 (♪ 268장)

13 여호와께서 모세와 아론에게 말씀하여
이르시되
2 만일 사람이 그의 피부에 무엇이 돋거나 뾰
루지가 나거나 색점이 생겨서 그의 피부에
[1]나병 같은 것이 생기거든 그를 곧 제사장 아
론에게나 그의 아들 중 한 제사장에게로 데
리고 갈 것이요
3 제사장은 그 피부의 병을 진찰할지니 환부의
털이 희어졌고 환부가 피부보다 우묵하여졌
으면 이는 나병의 환부라 제사장이 그를 진
찰하여 그를 부정하다 할 것이요
4 피부에 색점이 희나 우묵하지 아니하고 그
털이 희지 아니하면 제사장은 그 환자를 이
레 동안 가두어둘 것이며 13:21
5 이레 만에 제사장이 그를 진찰할지니 그가
보기에 그 환부가 변하지 아니하고 병색이

Purification After Childbirth

12 1-2 The LORD said to Moses, ●"Say to the
Israelites: 'A woman who becomes
pregnant and gives birth to a son will be cere-
monially unclean for seven days, just as she is
3 unclean during her monthly period. ●On the
4 eighth day the boy is to be circumcised. ●Then
the woman must wait thirty-three days to be
purified from her bleeding. She must not touch
anything sacred or go to the sanctuary until the
5 days of her purification are over. ●If she gives
birth to a daughter, for two weeks the woman
will be unclean, as during her period. Then
she must wait sixty-six days to be purified
from her bleeding.
6 ●" 'When the days of her purification for a
son or daughter are over, she is to bring to the
priest at the entrance to the tent of meeting a
year-old lamb for a burnt offering and a young
7 pigeon or a dove for a sin offering.[a] ●He shall
offer them before the LORD to make atone-
ment for her, and then she will be ceremonial-
ly clean from her flow of blood.
" 'These are the regulations for the woman
8 who gives birth to a boy or a girl. ●But if she
cannot afford a lamb, she is to bring two
doves or two young pigeons, one for a burnt
offering and the other for a sin offering. In
this way the priest will make atonement for
her, and she will be clean.' "

Regulations About Defiling Skin Diseases

13 The LORD said to Moses and Aaron,
2 ●"When anyone has a swelling or a
rash or a shiny spot on their skin that may be a
defiling skin disease,[b] they must be brought to
Aaron the priest or to one of his sons[c] who is a
3 priest. ●The priest is to examine the sore on the
skin, and if the hair in the sore has turned
white and the sore appears to be more than
skin deep, it is a defiling skin disease. When the
priest examines that person, he shall pro-
4 nounce them ceremonially unclean. ●If the
shiny spot on the skin is white but does not
appear to be more than skin deep and the hair
in it has not turned white, the priest is to isolate
5 the affected person for seven days. ●On the sev-
enth day the priest is to examine them, and if
he sees that the sore is unchanged and has not

[a]6 Or *purification offering*; also in verse 8 [b]2 The Hebrew word for *defiling skin disease*, traditionally translated "leprosy," was used for various diseases affecting the skin; here and throughout verses 3-46. [c]2 Or *descendants* 1) 넓은 의미로 악성 피부병을 뜻함

afford [əfɔ́:rd] *vt.* …할 수 있다
appear [əpíər] *vi.* 나타나다, 드러나다
bleeding [blí:diŋ] *n.* 출혈
ceremonially [sèrəmóuniəli] *ad.* 의식적으로
childbirth [tʃáildbə̀:rθ] *n.* 출산
circumcise [sə́:rkəmsàiz] *vt.* 할례를 베풀다
disease [dizí:z] *n.* 병
examine [igzǽmin] *vt.* 살펴보다
pregnant [prégnənt] *a.* 임신한
purification [pjùərəfikéiʃən] *n.* 정화
rash [ræʃ] *n.* 발진
regulation [règjuléiʃən] *n.* 규칙
sanctuary [sǽŋktʃuèri] *n.* 성소
spot [spɑt] *n.* (색)점
swelling [swéliŋ] *n.* 종기

12:2 give birth to...: …를 낳다
12:2 just as...: …와 꼭 마찬가지로
12:6 be over...: …이 끝나다, 마치다
12:7 make atonement for ...: …를 위해 속죄하다
13:3 more than~: ~보다 많이

피부에 퍼지지 아니하였으면 제사장이 그를
또 이레 동안을 가두어둘 것이며
6 이레 만에 제사장이 또 진찰할지니 그 환부
가 엷어졌고 병색이 피부에 퍼지지 아니하였
으면 피부병이라 제사장이 그를 정하다 할
것이요 그의 옷을 빨 것이라 그리하면 정하
리라
7 그러나 그가 정결한지를 제사장에게 보인 후
에 병이 피부에 퍼지면 제사장에게 다시 보
일 것이요
8 제사장은 진찰할지니 그 병이 피부에 퍼졌으
면 그를 부정하다 할지니라 이는 나병임이니
라
9 ●사람에게 나병이 들었거든 그를 제사장에
게로 데려갈 것이요
10 제사장은 진찰할지니 피부에 흰 점이 돋고
털이 희어지고 거기 생살이 생겼으면
11 이는 그의 피부의 오랜 나병이라 제사장이
부정하다 할 것이요 그가 이미 부정하였은즉
가두어두지는 않을 것이며
12 제사장이 보기에 나병이 그 피부에 크게 발
생하였으되 그 환자의 머리부터 발끝까지 퍼
졌으면
눅 5:12
13 그가 진찰할 것이요 나병이 과연 그의 전신
에 퍼졌으면 그 환자를 정하다 할지니 다 희
어진 자인즉 정하거니와
14 아무 때든지 그에게 생살이 보이면 그는 부
정한즉
15 제사장이 생살을 진찰하고 그를 부정하다 할
지니 그 생살은 부정한 것인즉 이는 나병이
며
16 그 생살이 변하여 다시 희어지면 제사장에게
로 갈 것이요
17 제사장은 그를 진찰하여서 그 환부가 희어졌
으면 환자를 정하다 할지니 그는 정하니라
18 ●피부에 종기가 생겼다가 나았고
19 그 종처에 흰 점이 돋거나 희고 불그스름한
색점이 생겼으면 제사장에게 보일 것이요
20 그는 진찰하여 피부보다 얕고 그 털이 희면
그를 부정하다 할지니 이는 종기로 된 나병
의 환부임이니라
21 그러나 제사장이 진찰하여 거기 흰 털이 없
고 피부보다 얕지 아니하고 빛이 엷으면 제
사장은 그를 이레 동안 가두어둘 것이며
22 그 병이 크게 피부에 퍼졌으면 제사장은 그
를 부정하다 할지니 이는 환부임이니라
23 그러나 그 색점이 여전하고 퍼지지 아니하였

spread in the skin, he is to isolate them for
6 another seven days. •On the seventh day the
priest is to examine them again, and if the sore
has faded and has not spread in the skin, the
priest shall pronounce them clean; it is only a
rash. They must wash their clothes, and they
7 will be clean. •But if the rash does spread in
their skin after they have shown themselves to
the priest to be pronounced clean, they must
8 appear before the priest again. •The priest is to
examine that person, and if the rash has
spread in the skin, he shall pronounce them
unclean; it is a defiling skin disease.
9 •"When anyone has a defiling skin dis-
10 ease, they must be brought to the priest. •The
priest is to examine them, and if there is a white
swelling in the skin that has turned the hair
white and if there is raw flesh in the swelling,
11 •it is a chronic skin disease and the priest shall
pronounce them unclean. He is not to isolate
them, because they are already unclean.
12 •"If the disease breaks out all over their
skin and, so far as the priest can see, it covers
all the skin of the affected person from head
13 to foot, •the priest is to examine them, and if
the disease has covered their whole body, he
shall pronounce them clean. Since it has all
14 turned white, they are clean. •But whenever
raw flesh appears on them, they will be un-
15 clean. •When the priest sees the raw flesh, he
shall pronounce them unclean. The raw flesh
16 is unclean; they have a defiling disease. •If
the raw flesh changes and turns white, they
17 must go to the priest. •The priest is to exam-
ine them, and if the sores have turned white,
the priest shall pronounce the affected person
clean; then they will be clean.
18 •"When someone has a boil on their skin
19 and it heals, •and in the place where the boil
was, a white swelling or reddish-white spot
appears, they must present themselves to the
20 priest. •The priest is to examine it, and if it
appears to be more than skin deep and the
hair in it has turned white, the priest shall pro-
nounce that person unclean. It is a defiling
skin disease that has broken out where the boil
21 was. •But if, when the priest examines it, there
is no white hair in it and it is not more than
skin deep and has faded, then the priest is to
22 isolate them for seven days. •If it is spreading
in the skin, the priest shall pronounce them
23 unclean; it is a defiling disease. •But if the spot

boil [bɔil] *n.* 부스럼
chronic [kránik] *a.* 장기간에 걸친
cover [kʌ́vər] *vt.* (범위에) 이르다
fade [feid] *vi.* (빛이) 바래다
flesh [fleʃ] *n.* 살
hair [hɛər] *n.* 머리털
isolation [àisəléiʃən] *n.* 격리
priest [priːst] *n.* 제사장
pronounce [prənáuns] *vt.* 선언하다
raw [rɔː] *a.* 날것의
reddish-white [rédiʃhwait] *a.* 불그스름하게 흰
sore [sɔːr] *n.* 아픈 부위
spread [spred] *vi.* 퍼지다
swelling [swéliŋ] *n.* 종기
whenever [hwenévər] *conj.* …할 때마다

13:10 raw flesh: 벗겨진 살
13:12 break out: 발생하다
13:12 so far as...: …까지
13:12 from head to foot: 머리부터 발끝까지
13:18 have a boil: 종기가 나다

으면 이는 종기 흔적이니 제사장은 그를 정
하다 할지니라
24 ●피부가 불에 데었는데 그 덴 곳에 불그스
름하고 희거나 순전히 흰 색점이 생기면
25 제사장은 진찰할지니 그 색점의 털이 희고
그 자리가 피부보다 우묵하면 이는 화상에서
생긴 나병인즉 제사장이 그를 부정하다 할
것은 나병의 환부가 됨이니라 13:15
26 그러나 제사장이 보기에 그 색점에 흰 털이
없으며 그 자리가 피부보다 얕지 아니하고
빛이 엷으면 그는 그를 이레 동안 가두어둘
것이며
27 이레 만에 제사장이 그를 진찰할지니 만일
병이 크게 피부에 퍼졌으면 그가 그를 부정
하다 할 것은 나병의 환부임이니라 신 24:8
28 만일 색점이 여전하여 피부에 퍼지지 아니하
고 빛이 엷으면 화상으로 부은 것이니 제사
장이 그를 정하다 할 것은 이는 화상의 흔적
임이니라
29 ●남자나 여자의 머리에나 수염에 환부가 있
으면
30 제사장은 진찰할지니 환부가 피부보다 우묵
하고 그 자리에 누르스름하고 가는 털이 있
으면 그가 그를 부정하다 할 것은 이는 옴이
니라 머리에나 수염에 발생한 나병임이니라
31 만일 제사장이 보기에 그 옴의 환부가 피부
보다 우묵하지 아니하고 그 자리에 검은 털
이 없으면 제사장은 그 옴 환자를 이레 동안
가두어둘 것이며
32 이레 만에 제사장은 그 환부를 진찰할지니
그 옴이 퍼지지 아니하고 그 자리에 누르스
름한 털이 없고 피부보다 우묵하지 아니하면
33 그는 모발을 밀되 환부는 밀지 말 것이요 제
사장은 옴 환자를 또 이레 동안 가두어둘 것
이며
34 이레 만에 제사장은 그 옴을 또 진찰할지니
그 옴이 피부에 퍼지지 아니하고 피부보다
우묵하지 아니하면 그는 그를 정하다 할 것
이요 그는 자기의 옷을 빨아서 정하게 되려
니와
35 깨끗한 후에라도 옴이 크게 피부에 퍼지면
36 제사장은 그를 진찰할지니 과연 옴이 피부에
퍼졌으면 누른 털을 찾을 것 없이 그는 부정
하니라
37 그러나 제사장이 보기에 옴이 여전하고 그 자
리에 검은 털이 났으면 그 옴은 나았고 그 사
람은 정하니 제사장은 그를 정하다 할지니라

is unchanged and has not spread, it is only a
scar from the boil, and the priest shall pro-
nounce them clean.
24 •"When someone has a burn on their
skin and a reddish-white or white spot appears
25 in the raw flesh of the burn, •the priest is to
examine the spot, and if the hair in it has
turned white, and it appears to be more than
skin deep, it is a defiling disease that has broken
out in the burn. The priest shall pronounce
26 them unclean; it is a defiling skin disease. •But
if the priest examines it and there is no white
hair in the spot and if it is not more than skin
deep and has faded, then the priest is to isolate
27 them for seven days. •On the seventh day the
priest is to examine that person, and if it is
spreading in the skin, the priest shall pro-
nounce them unclean; it is a defiling skin dis-
28 ease. •If, however, the spot is unchanged and
has not spread in the skin but has faded, it is a
swelling from the burn, and the priest shall
pronounce them clean; it is only a scar from
the burn.
29 •"If a man or woman has a sore on their
30 head or chin, •the priest is to examine the
sore, and if it appears to be more than skin
deep and the hair in it is yellow and thin, the
priest shall pronounce them unclean; it is a
31 defiling skin disease on the head or chin. •But
if, when the priest examines the sore, it does
not seem to be more than skin deep and there
is no black hair in it, then the priest is to iso-
32 late the affected person for seven days. •On
the seventh day the priest is to examine the
sore, and if it has not spread and there is no yel-
low hair in it and it does not appear to be more
33 than skin deep, •then the man or woman
must shave themselves, except for the affected
area, and the priest is to keep them isolated
34 another seven days. •On the seventh day the
priest is to examine the sore, and if it has not
spread in the skin and appears to be no more
than skin deep, the priest shall pronounce
them clean. They must wash their clothes, and
35 they will be clean. •But if the sore does spread
in the skin after they are pronounced clean,
36 •the priest is to examine them, and if he finds
that the sore has spread in the skin, he does not
need to look for yellow hair; they are unclean.
37 •If, however, the sore is unchanged so far as
the priest can see, and if black hair has grown
in it, the affected person is healed. They are

affected [əféktid] *a.* 감염된
area [éəriə] *n.* 영역
burn [bəːrn] *n.* 화상
chin [tʃin] *n.* 턱
defile [difáil] *vt.* 더럽히다
heal [hiːl] *vt.* 낫게 하다
however [hauévər] *ad.* 그렇지만
scar [skɑːr] *n.* 흉터
shave [ʃeiv] *vt.* 깎다
skin [skín] *n.* 피부
sore [sɔːr] *n.* 종기, 상처
spot [spɑt] *n.* 반점
swelling [swéliŋ] *n.* 종기
unchanged [ʌ̀ntʃéindʒd] *a.* 바뀌지 않는
unclean [ʌ̀nklíːn] *a.* 부정한

13:24 **have a burn:** 화상을 입다
13:25 **appear to:** ~에게 나타나다
13:26 **look for:** 구하다
13:31 **seem to...:** …한 모양이다
13:33 **except for...:** …는 제외하고
13:34 **more than~:** ~보다 많이

38 ●남자나 여자의 피부에 색점 곧 흰 색점이 있으면
39 제사장은 진찰할지니 그 피부의 색점이 부유스름하면 이는 피부에 발생한 어루러기라 그는 정하니라
40 ●누구든지 그 머리털이 빠지면 그는 대머리니 정하고
41 앞머리가 빠져도 그는 이마 대머리니 정하니라
42 그러나 대머리나 이마 대머리에 희고 불그스름한 색점이 있으면 이는 나병이 대머리에나 이마 대머리에 발생함이라
43 제사장은 그를 진찰할지니 그 대머리에나 이마 대머리에 돋은 색점이 희고 불그스름하여 피부에 발생한 나병과 같으면
44 이는 나병 환자라 부정하니 제사장이 그를 확실히 부정하다고 할 것은 그 환부가 그 머리에 있음이니라
45 ●나병 환자는 옷을 찢고 머리를 풀며 윗입술을 가리고 외치기를 부정하다 부정하다 할 것이요
46 병 있는 날 동안은 늘 부정할 것이라 그가 부정한즉 혼자 살되 진영 밖에서 살지니라

의복이나 가죽에 생기는 곰팡이

47 ●만일 의복에 나병 색점이 발생하여 털옷에나 베옷에나
48 베나 털의 [1]날에나 씨에나 혹 가죽에나 가죽으로 만든 모든 것에 있으되
49 그 의복에나 가죽에나 그 날에나 씨에나 가죽으로 만든 모든 것에 병색이 푸르거나 붉으면 이는 나병의 색점이라 제사장에게 보일 것이요
50 제사장은 그 색점을 진찰하고 그것을 이레 동안 간직하였다가
51 이레 만에 그 색점을 살필지니 그 색점이 그 의복의 날에나 씨에나 가죽에나 가죽으로 만든 것에 퍼졌으면 이는 악성 나병이라 그것이 부정하므로
52 그는 그 색점 있는 의복이나 털이나 베의 날이나 씨나 모든 가죽으로 만든 것을 불사를지니 이는 악성 나병인즉 그것을 불사를지니라
53 ●그러나 제사장이 보기에 그 색점이 그 의복의 날에나 씨에나 모든 가죽으로 만든 것에 퍼지지 아니하였으면
54 제사장은 명령하여 그 색점 있는 것을 빨게 하고 또 이레 동안 간직하였다가
55 그 빤 곳을 볼지니 그 색점의 빛이 변하지 아

clean, and the priest shall pronounce them
clean.
38 ●"When a man or woman has white spots
39 on the skin, ●the priest is to examine them,
and if the spots are dull white, it is a harmless
rash that has broken out on the skin; they are
clean.
40 ●"A man who has lost his hair and is bald is
41 clean. ●If he has lost his hair from the front of
his scalp and has a bald forehead, he is clean.
42 ●But if he has a reddish-white sore on his bald
head or forehead, it is a defiling disease break-
43 ing out on his head or forehead. ●The priest is
to examine him, and if the swollen sore on his
head or forehead is reddish-white like a defil-
44 ing skin disease, ●the man is diseased and is
unclean. The priest shall pronounce him un-
clean because of the sore on his head.
45 ●"Anyone with such a defiling disease must
wear torn clothes, let their hair be unkempt,[a]
cover the lower part of their face and cry out,
46 'Unclean! Unclean!' ●As long as they have the
disease they remain unclean. They must live
alone; they must live outside the camp.

Regulations About Defiling Molds

47 ●"As for any fabric that is spoiled with a
defiling mold—any woolen or linen cloth-
48 ing, ●any woven or knitted material of linen
or wool, any leather or anything made of
49 leather— ●if the affected area in the fabric, the
leather, the woven or knitted material, or any
leather article, is greenish or reddish, it is a defil-
ing mold and must be shown to the priest.
50 ●The priest is to examine the affected area and
51 isolate the article for seven days. ●On the sev-
enth day he is to examine it, and if the mold
has spread in the fabric, the woven or knitted
material, or the leather, whatever its use, it is
a persistent defiling mold; the article is un-
52 clean. ●He must burn the fabric, the woven
or knitted material of wool or linen, or any
leather article that has been spoiled; because
the defiling mold is persistent, the article must
be burned.
53 ●"But if, when the priest examines it, the
mold has not spread in the fabric, the woven or
54 knitted material, or the leather article, ●he
shall order that the spoiled article be washed.
Then he is to isolate it for another seven days.
55 ●After the article has been washed, the priest is
to examine it again, and if the mold has not

[a]45 Or *clothes, uncover their head*　1) 직조한 것에나 편물

affected [əféktid] *a.* 감염된, 영향을 받은
article [á:rtikl] *n.* 물건
bald [bɔ:ld] *a.* 대머리의
forehead [fɔ́:rid] *n.* 이마
greenish [grí:niʃ] *a.* 초록빛의
knitted material [nítidmətíəriəl] *n.* 편물
leather [léðər] *n.* 가죽
material [mətíəriəl] *n.* 옷감, 직물
mold [mould] *n.* 곰팡이
pronounce [prənáuns] *vt.* 선언하다
rash [ræʃ] *n.* 발진
reddish [rédiʃ] *a.* 붉은빛의
swollen [swóulən] *a.* 부푼
torn [tɔ:rn] *a.* 찢겨진
unkempt [ʌnkémpt] *a.* 텁수룩한

13:42 break out: 탈출하다, 별안간 …하기 시작하다, (여드름 등이) 나다
13:45 cry out: 외치다, 소리치다
13:46 as long as...: …하는 한
13:47 as for: ~에 관해 말하면
13:48 make of~: ~로 만들다

니하고 그 색점이 퍼지지 아니하였으면 부정
하니 너는 그것을 불사르라 이는 거죽에 있
든지 속에 있든지 악성 나병이니라
56 ●빤 후에 제사장이 보기에 그 색점이 엷으
면 그 의복에서나 가죽에서나 그 날에서나
씨에서나 그 색점을 찢어 버릴 것이요 14:8
57 그 의복의 날에나 씨에나 가죽으로 만든 모
든 것에 색점이 여전히 보이면 재발하는 것
이니 너는 그 색점 있는 것을 불사를지니라
58 네가 빤 의복의 날에나 씨에나 가죽으로 만
든 모든 것에 그 색점이 벗겨졌으면 그것을
다시 빨아야 정하리라
59 ●이는 털옷에나 베옷에나 그 날에나 씨에나
가죽으로 만든 모든 것에 발생한 나병 색점
의 정하고 부정한 것을 진단하는 규례니라

환자가 정결하게 되는 날의 규례 (♪539장)

14 여호와께서 모세에게 말씀하여 이르시
되
2 나병 환자가 정결하게 되는 날의 규례는 이
러하니 곧 그 사람을 제사장에게로 데려갈
것이요
3 제사장은 진영에서 나가 진찰할지니 그 환자
에게 있던 나병 환부가 나았으면
4 제사장은 그 정결함을 받을 자를 위하여 명
령하여 살아 있는 정결한 새 두 마리와 백향
목과 홍색 실과 우슬초를 가져오게 하고
5 제사장은 또 명령하여 그 새 하나는 흐르는
물 위 질그릇 안에서 잡게 하고
6 다른 새는 산 채로 가져다가 백향목과 홍색
실과 우슬초와 함께 가져다가 흐르는 물 위
에서 잡은 새의 피를 찍어
7 나병에서 정결함을 받을 자에게 일곱 번 뿌
려 정하다 하고 그 살아 있는 새는 들에 놓을
지며
8 정결함을 받는 자는 그의 옷을 빨고 모든 털
을 밀고 물로 몸을 씻을 것이라 그리하면 정
하리니 그 후에 진영에 들어올 것이나 자기
장막 밖에 이레를 머물 것이요
9 일곱째 날에 그는 모든 털을 밀되 머리털과
수염과 눈썹을 다 밀고 그의 옷을 빨고 몸을
물에 씻을 것이라 그리하면 정하리라 13:34
10 ●여덟째 날에 그는 흠 없는 어린 숫양 두 마
리와 일 년 된 흠 없는 어린 암양 한 마리와
또 고운 가루 십분의 삼 에바에 기름 섞은 소
제물과 기름 한 [1]록을 취할 것이요 막 1:44
11 정결하게 하는 제사장은 정결함을 받을 자와
그 물건들을 회막문 여호와 앞에 두고

changed its appearance, even though it has
not spread, it is unclean. Burn it, no matter
56 which side of the fabric has been spoiled. ●If,
when the priest examines it, the mold has
faded after the article has been washed, he is
to tear the spoiled part out of the fabric, the
57 leather, or the woven or knitted material. ●But
if it reappears in the fabric, in the woven or
knitted material, or in the leather article, it is
a spreading mold; whatever has the mold
58 must be burned. ●Any fabric, woven or knit-
ted material, or any leather article that has
been washed and is rid of the mold, must be
washed again. Then it will be clean."
59 ●These are the regulations concerning defil-
ing molds in woolen or linen clothing, woven
or knitted material, or any leather article, for
pronouncing them clean or unclean.

Cleansing From Defiling Skin Diseases

14 1-2 The LORD said to Moses, ●"These are
the regulations for any diseased per-
son at the time of their ceremonial cleansing,
3 when they are brought to the priest: ●The
priest is to go outside the camp and examine
them. If they have been healed of their defil-
4 ing skin disease,[a] ●the priest shall order that
two live clean birds and some cedar wood, scar-
let yarn and hyssop be brought for the person
5 to be cleansed. ●Then the priest shall order
that one of the birds be killed over fresh water
6 in a clay pot. ●He is then to take the live bird
and dip it, together with the cedar wood, the
scarlet yarn and the hyssop, into the blood of
the bird that was killed over the fresh water.
7 ●Seven times he shall sprinkle the one to be
cleansed of the defiling disease, and then pro-
nounce them clean. After that, he is to release
the live bird in the open fields.
8 ●"The person to be cleansed must wash their
clothes, shave off all their hair and bathe with
water; then they will be ceremonially clean.
After this they may come into the camp, but
they must stay outside their tent for seven days.
9 ●On the seventh day they must shave off all
their hair; they must shave their head, their
beard, their eyebrows and the rest of their hair.
They must wash their clothes and bathe them-
selves with water, and they will be clean.
10 ●"On the eighth day they must bring two

[a] 3 The Hebrew word for *defiling skin disease*, traditionally translated "leprosy," was used for various diseases affecting the skin; also in verses 7, 32, 54 and 57.

1) 약 0.31리터

appearance [əpíərəns] *n.* 외관
beard [biərd] *n.* 턱수염
cedar wood [síːdər wud] *n.* 백향목
clay pot [klei pɑt] *n.* 질그릇
fabric [fǽbrik] *n.* 천
hyssop [hísəp] *n.* 우슬초
linen [línən] *n.* 아마포
reappear [rìːəpíər] *vi.* 재발하다
regulation [règjuléiʃən] *n.* 규례
release [rilíːs] *vt.* 석방하다
scarlet [skáːrlit] *a.* 진홍색의
sprinkle [spríŋkl] *vt.* 뿌리다
woolen [wúlən] *a.* 양모의
weave [wiːv] *vi.* 천을 짜다
yarn [jaːrn] *n.* 털실

13:56 tear... out of~: ~에서 …를 찢어내다
13:58 be rid of: (원치 않는 것을) 면하다
14:3 heal of: ~를 고치다
14:6 dip... into~: …를 ~에 담그다
14:9 shave off: 깎다

12 어린 숫양 한 마리를 가져다가 기름 한 록과 아울러 속건제로 드리되 여호와 앞에 흔들어 요제를 삼고
13 그 어린 숫양은 거룩한 장소 곧 속죄제와 번제물 잡는 곳에서 잡을 것이며 속건제물은 속죄제물과 마찬가지로 제사장에게 돌릴지니 이는 지극히 거룩한 것이니라 1:11–13
14 제사장은 그 속건제물의 피를 취하여 정결함을 받을 자의 오른쪽 귓부리와 오른쪽 엄지 손가락과 오른쪽 엄지 발가락에 바를 것이요
15 제사장은 또 그 한 록의 기름을 취하여 자기 왼쪽 손바닥에 따르고
16 오른쪽 손가락으로 왼쪽 손의 기름을 찍어 그 손가락으로 그것을 여호와 앞에 일곱 번 뿌릴 것이요
17 손에 남은 기름은 제사장이 정결함을 받을 자의 오른쪽 귓부리와 오른쪽 엄지 손가락과 오른쪽 엄지 발가락 곧 속건제물의 피 위에 바를 것이며
18 아직도 그 손에 남은 기름은 제사장이 그 정결함을 받는 자의 머리에 바르고 제사장은 여호와 앞에서 그를 위하여 속죄하고
19 또 제사장은 속죄제를 드려 그 부정함으로 말미암아 정결함을 받을 자를 위하여 속죄하고 그 후에 번제물을 잡을 것이요
20 제사장은 그 번제와 소제를 제단에 드려 그를 위하여 속죄할 것이라 그리하면 그가 정결하리라
21 ●만일 그가 가난하여 그의 힘이 미치지 못하면 그는 흔들어 자기를 속죄할 속건제를 위하여 어린 숫양 한 마리와 소제를 위하여 고운 가루 십분의 일 에바에 기름 섞은 것과 기름 한 록을 취하고
22 그의 힘이 미치는 대로 산비둘기 둘이나 집비둘기 새끼 둘을 가져다가 하나는 속죄제물로, 하나는 번제물로 삼아
23 여덟째 날에 그 결례를 위하여 그것들을 회막문 여호와 앞 제사장에게로 가져갈 것이요
24 제사장은 속건제의 어린양과 기름 한 록을 가져다가 여호와 앞에 흔들어 요제를 삼고
25 속건제의 어린양을 잡아서 제사장은 그 속건제물의 피를 가져다가 정결함을 받을 자의 오른쪽 귓부리와 오른쪽 엄지 손가락과 오른쪽 엄지 발가락에 바를 것이요
26 제사장은 그 기름을 자기 왼쪽 손바닥에 따르고

male lambs and one ewe lamb a year old, each
without defect, along with three-tenths of an
ephah[a] of the finest flour mixed with olive oil for
11 a grain offering, and one log[b] of oil. •The priest
who pronounces them clean shall present both
the one to be cleansed and their offerings before
the LORD at the entrance to the tent of meeting.
12 •"Then the priest is to take one of the male
lambs and offer it as a guilt offering, along
with the log of oil; he shall wave them before
13 the LORD as a wave offering. •He is to slaugh-
ter the lamb in the sanctuary area where the
sin offering[c] and the burnt offering are slaugh-
tered. Like the sin offering, the guilt offering
14 belongs to the priest; it is most holy. •The
priest is to take some of the blood of the guilt
offering and put it on the lobe of the right
ear of the one to be cleansed, on the thumb of
their right hand and on the big toe of their
15 right foot. •The priest shall then take some of
the log of oil, pour it in the palm of his own left
16 hand, •dip his right forefinger into the oil in
his palm, and with his finger sprinkle some of
17 it before the LORD seven times. •The priest is to
put some of the oil remaining in his palm on
the lobe of the right ear of the one to be
cleansed, on the thumb of their right hand and
on the big toe of their right foot, on top of the
18 blood of the guilt offering. •The rest of the oil
in his palm the priest shall put on the head of
the one to be cleansed and make atonement
for them before the LORD.
19 •"Then the priest is to sacrifice the sin offer-
ing and make atonement for the one to be
cleansed from their uncleanness. After that,
the priest shall slaughter the burnt offering
20 •and offer it on the altar, together with the
grain offering, and make atonement for them,
and they will be clean.
21 •"If, however, they are poor and cannot
afford these, they must take one male lamb as
a guilt offering to be waved to make atone-
ment for them, together with a tenth of an
ephah[d] of the finest flour mixed with olive oil
22 for a grain offering, a log of oil, •and two
doves or two young pigeons, such as they can
afford, one for a sin offering and the other for a
burnt offering.
23 •"On the eighth day they must bring them

[a]10 That is, probably about 11 pounds or about 5 kilograms [b]10 That is, about 1/3 quart or about 0.3 liter; also in verses 12, 15, 21 and 24 [c]13 Or *purification offering*; also in verses 19, 22 and 31 [d]21 That is, probably about 3 1/2 pounds or about 1.6 kilograms

atonement [ətóunmənt] *n.* 속죄
big toe [bíg tóu] *n.* 엄지발가락
burnt offering [bə:rnt ɔ́:fəriŋ] *n.* 번제
defect [dí:fekt] *n.* 결함
dip [dip] *vt.* 적시다
dove [dʌv] *n.* 비둘기
entrance [éntrəns] *n.* 입구
ewe [ju:] *n.* 암양
forefinger [fɔ́:rfiŋgər] *n.* 집게손가락
lamb [læm] *n.* 어린 양
lobe [loub] *n.* 둥근 돌출부, 귓불
palm [pɑ:m] *n.* 손바닥
pigeon [pídʒən] *n.* 비둘기
slaughter [slɔ́:tər] *vt.* 도살하다
thumb [θʌm] *n.* 엄지손가락

14:10 along with...: …와 함께
14:10 mix with...: …와 섞다
14:18 make atonement for...: …를 위해 속죄하다
14:22 one... for the other~ for: 하나는…, 다른 하나는 ~를 위해

27 오른쪽 손가락으로 왼쪽 손의 기름을 조금
찍어 여호와 앞에 일곱 번 뿌릴 것이요
28 그 손의 기름은 제사장이 정결함을 받을
자의 오른쪽 귓부리와 오른쪽 엄지 손가락
과 오른쪽 엄지 발가락 곧 속건제물의 피
를 바른 곳에 바를 것이며
29 또 그 손에 남은 기름은 제사장이 그 정결
함을 받는 자의 머리에 발라 여호와 앞에
서 그를 위하여 속죄할 것이며 5:6
30 그는 힘이 미치는 대로 산비둘기 한 마리
나 집비둘기 새끼 한 마리를 드리되
31 곧 그의 힘이 미치는 대로 한 마리는 속죄
제로, 한 마리는 소제와 함께 번제로 드릴
것이요 제사장은 정결함을 받을 자를 위하
여 여호와 앞에 속죄할지니
32 나병 환자로서 그 정결예식에 그의 힘이
미치지 못한 자의 규례가 그러하니라

집에 생기는 곰팡이

33 ●여호와께서 모세와 아론에게 말씀하여
이르시되
34 내가 네게 기업으로 주는 가나안 땅에 너
희가 이를 때에 너희 기업의 땅에서 어떤
집에 나병 색점을 발생하게 하거든
35 그 집 주인은 제사장에게 가서 말하여 알
리기를 무슨 색점이 집에 생겼다 할 것이
요
36 제사장은 그 색점을 살펴보러 가기 전에
그 집안에 있는 모든 것이 부정을 면하게
하기 위하여 그 집을 비우도록 명령한 후
에 들어가서 그 집을 볼지니
37 그 색점을 볼 때에 그 집 벽에 푸르거나 붉
은 무늬의 색점이 있어 벽보다 우묵하면
38 제사장은 그 집 문으로 나와 그 집을 이레
동안 폐쇄하였다가
39 이레 만에 또 가서 살펴볼 것이요 그 색점
이 벽에 퍼졌으면
40 그는 명령하여 색점 있는 돌을 빼내어 성
밖 부정한 곳에 버리게 하고 14:45
41 또 집 안 사방을 긁게 하고 그 긁은 흙을 성
밖 부정한 곳에 쏟아버리게 할 것이요
42 그들은 다른 돌로 그 돌을 대신하며 다른
흙으로 집에 바를지니라
43 ●돌을 빼내며 집을 긁고 고쳐 바른 후에
색점이 집에 재발하면
44 제사장은 또 가서 살펴볼 것이요 그 색점
이 만일 집에 퍼졌으면 악성 나병인즉 이
는 부정하니

for their cleansing to the priest at the entrance
24 to the tent of meeting, before the LORD. •The
priest is to take the lamb for the guilt offering,
together with the log of oil, and wave them
25 before the LORD as a wave offering. •He shall
slaughter the lamb for the guilt offering and
take some of its blood and put it on the lobe of
the right ear of the one to be cleansed, on the
thumb of their right hand and on the big toe
26 of their right foot. •The priest is to pour some
of the oil into the palm of his own left hand,
27 •and with his right forefinger sprinkle some of
the oil from his palm seven times before the
28 LORD. •Some of the oil in his palm he is to put
on the same places he put the blood of the guilt
offering—on the lobe of the right ear of the
one to be cleansed, on the thumb of their right
hand and on the big toe of their right foot.
29 •The rest of the oil in his palm the priest shall
put on the head of the one to be cleansed, to
make atonement for them before the LORD.
30 •Then he shall sacrifice the doves or the young
31 pigeons, such as the person can afford, •one as
a sin offering and the other as a burnt offering,
together with the grain offering. In this way the
priest will make atonement before the LORD on
behalf of the one to be cleansed."
32 •These are the regulations for anyone who
has a defiling skin disease and who cannot
afford the regular offerings for their cleansing.

Cleansing From Defiling Molds

33-34 •The LORD said to Moses and Aaron, •"When
you enter the land of Canaan, which I am giving
you as your possession, and I put a spreading
35 mold in a house in that land, •the owner of the
house must go and tell the priest, 'I have seen
something that looks like a defiling mold in my
36 house.' •The priest is to order the house to be
emptied before he goes in to examine the mold,
so that nothing in the house will be pronounced
unclean. After this the priest is to go in and
37 inspect the house. •He is to examine the mold
on the walls, and if it has greenish or reddish
depressions that appear to be deeper than the sur-
38 face of the wall, •the priest shall go out the door-
way of the house and close it up for seven days.
39 •On the seventh day the priest shall return to
inspect the house. If the mold has spread on
40 the walls, •he is to order that the contaminated
stones be torn out and thrown into an unclean
41 place outside the town. •He must have all the
inside walls of the house scraped and the mate-

afford [əfɔ́:rd] *vt.* 제공하다
contaminated [kəntǽmənèitid] *a.* 오염된
depression [dipréʃən] *n.* 함몰
disease [dizí:z] *n.* 병
examine [igzǽmin] *vt.* 살펴보다, 조사하다
guilt [gilt] *n.* 죄
inspect [inspékt] *vt.* 검사하다
mold [mould] *n.* 곰팡이
order [ɔ́:rdər] *vt.* 명령하다
palm [pɑ:m] *n.* 손바닥
possession [pəzéʃən] *n.* 소유물
regulation [règjuléiʃən] *n.* 규례
scrape [skreip] *vt.* 긁어내다
spread [spred] *vi.* 퍼지다
thumb [θʌm] *n.* 엄지손가락

14:31 **in this way**: 이와 같은 방법으로
14:31 **on behalf of...**: …을 위하여
14:35 **look like...**: …처럼 보이다
14:38 **close up**: 닫다, 출입을 금하다
14:40 **tear out**: 잡아채다
14:40 **throw into**: (어떤 상태에) 빠뜨리다

45 그는 그 집을 헐고 돌과 그 재목과 그 집의 모든 흙을 성 밖 부정한 곳으로 내어 갈 것이며
46 그 집을 폐쇄한 날 동안에 들어가는 자는 저녁까지 부정할 것이요
47 그 집에서 자는 자는 그의 옷을 빨 것이요 그 집에서 먹는 자도 그의 옷을 빨 것이니라
48 •그 집을 고쳐 바른 후에 제사장이 들어가 살펴보아서 색점이 집에 퍼지지 아니하였으면 이는 색점이 나은 것이니 제사장은 그 집을 정하다 하고
49 그는 그 집을 정결하게 하기 위하여 새 두 마리와 백향목과 홍색 실과 우슬초를 가져다가
50 그 새 하나를 흐르는 물 위 질그릇 안에서 잡고
51 백향목과 우슬초와 홍색 실과 살아 있는 새를 가져다가 잡은 새의 피와 흐르는 물을 찍어 그 집에 일곱 번 뿌릴 것이요
52 그는 새의 피와 흐르는 물과 살아 있는 새와 백향목과 우슬초와 홍색 실로 집을 정결하게 하고
53 그 살아 있는 새는 성 밖 들에 놓아 주고 그 집을 위하여 속죄할 것이라 그러면 정결하리라
54 •이는 각종 나병 환부에 대한 규례니 곧 옴과
55 의복과 가옥의 나병과
56 돋는 것과 뾰루지와 색점이
57 어느 때는 부정하고 어느 때는 정함을 가르치는 것이니 나병의 규례가 이러하니라

몸에 유출병이 있으면

15 여호와께서 모세와 아론에게 말씀하여 이르시되
2 이스라엘 자손에게 말하여 이르라 누구든지 그의 몸에 유출병이 있으면 그 유출병으로 말미암아 부정한 자라
3 그의 유출병으로 말미암아 부정함이 이러하니 곧 그의 몸에서 흘러 나오든지 그의 몸에서 흘러 나오는 것이 막혔든지 부정한즉
4 유출병 있는 자가 눕는 침상은 다 부정하고 그가 앉았던 자리도 다 부정하니
5 그의 침상에 접촉하는 자는 그의 옷을 빨고 물로 몸을 씻을 것이며 저녁까지 부정하리라

rial that is scraped off dumped into an unclean
42 place outside the town. •Then they are to take
other stones to replace these and take new clay
and plaster the house.
43 •"If the defiling mold reappears in the house
after the stones have been torn out and the
44 house scraped and plastered, •the priest is to go
and examine it and, if the mold has spread in
the house, it is a persistent defiling mold; the
45 house is unclean. •It must be torn down—its
stones, timbers and all the plaster—and taken
out of the town to an unclean place.
46 •"Anyone who goes into the house while it is
47 closed up will be unclean till evening. •Anyone
who sleeps or eats in the house must wash their
clothes.
48 •"But if the priest comes to examine it and
the mold has not spread after the house has
been plastered, he shall pronounce the house
49 clean, because the defiling mold is gone. •To
purify the house he is to take two birds and
50 some cedar wood, scarlet yarn and hyssop. •He
shall kill one of the birds over fresh water in a
51 clay pot. •Then he is to take the cedar wood,
the hyssop, the scarlet yarn and the live bird,
dip them into the blood of the dead bird and the
fresh water, and sprinkle the house seven times.
52 •He shall purify the house with the bird's blood,
the fresh water, the live bird, the cedar wood, the
53 hyssop and the scarlet yarn. •Then he is to
release the live bird in the open fields outside the
town. In this way he will make atonement for
the house, and it will be clean."
54 •These are the regulations for any defiling
55 skin disease, for a sore, •for defiling molds in
56 fabric or in a house, •and for a swelling, a rash
57 or a shiny spot, •to determine when something
is clean or unclean.
These are the regulations for defiling skin diseases and defiling molds.

Discharges Causing Uncleanness

15 The LORD said to Moses and Aaron,
2 •"Speak to the Israelites and say to
them: 'When any man has an unusual bodily
3 discharge, such a discharge is unclean. •Whether it continues flowing from his body or is
blocked, it will make him unclean. This is how
his discharge will bring about uncleanness:
4 •" 'Any bed the man with a discharge lies on
will be unclean, and anything he sits on will be
5 unclean. •Anyone who touches his bed must
wash their clothes and bathe with water, and

cedar [síːdər] *n.* 백향목
clay pot [klei pɑt] *n.* 질그릇
determine [ditə́ːrmin] *vt.* 정하다
dump [dʌmp] *vt.* 내버리다
fabric [fǽbrik] *n.* 천
flow [flou] *vt.* 흐르다
hyssop [hísəp] *n.* 우슬초
persistent [pərsístənt] *a.* 끈기 있는
plaster [plǽstər] *n.* 회반죽
pronounce [prənáuns] *vt.* 선언하다
purify [pjúərəfài] *vt.* 정결케 하다
release [rilíːs] *vt.* 석방하다
timber [tímbər] *n.* 재목
tear [tɛər] *vt.* 찢다
yarn [jaːrn] *n.* 털실

14:41 **be scraped**: 까지다, 긁히다
14:45 **tear down**: …을 파괴하다
14:45 **take out**: ~을 데리고 나가다
14:51 **dip... into~**: …를 ~에 담그다
15:3 **whether A or B**: A이든지 B이든지
15:4 **lie on**: 눕다

6 유출병이 있는 자가 앉았던 자리에 앉는 자는 그의 옷을 빨고 물로 씻을 것이요 저녁까지 부정하리라
7 유출병이 있는 자의 몸에 접촉하는 자는 그의 옷을 빨고 물로 몸을 씻을 것이며 저녁까지 부정하리라
8 유출병이 있는 자가 정한 자에게 침을 뱉으면 정한 자는 그의 옷을 빨고 물로 몸을 씻을 것이며 저녁까지 부정하리라
9 유출병이 있는 자가 탔던 안장은 다 부정하며
10 그의 몸 아래에 닿았던 것에 접촉한 자는 다 저녁까지 부정하며 그런 것을 옮기는 자는 그의 옷을 빨고 물로 몸을 씻을 것이며 저녁까지 부정하리라
11 유출병이 있는 자가 물로 그의 손을 씻지 아니하고 아무든지 만지면 그 자는 그의 옷을 빨고 물로 몸을 씻을 것이며 저녁까지 부정하리라
12 유출병이 있는 자가 만진 질그릇은 깨뜨리고 나무 그릇은 다 물로 씻을지니라
13 ●유출병이 있는 자는 그의 유출이 깨끗해지거든 그가 정결하게 되기 위하여 이레를 센 후에 옷을 빨고 흐르는 물에 그의 몸을 씻을 것이라 그러면 그가 정하리니
14 여덟째 날에 산비둘기 두 마리나 집비둘기 새끼 두 마리를 자기를 위하여 가져다가 회막문 여호와 앞으로 가서 제사장에게 줄 것이요
15 제사장은 그 한 마리는 속죄제로, 다른 한 마리는 번제로 드려 그의 유출병으로 말미암아 여호와 앞에서 속죄할지니라 14:30, 31
16 ●설정한 자는 전신을 물로 씻을 것이며 저녁까지 부정하리라
17 정수가 묻은 모든 옷과 가죽은 물에 빨 것이며 저녁까지 부정하리라
18 남녀가 동침하여 설정하였거든 둘 다 물로 몸을 씻을 것이며 저녁까지 부정하리라

여인이 유출을 하면

19 ●어떤 여인이 유출을 하되 그의 몸에 그의 유출이 피이면 이레 동안 불결하니 그를 만지는 자마다 저녁까지 부정할 것이요
20 그가 불결할 동안에는 그가 누웠던 자리도 다 부정하며 그가 앉았던 자리도 다 부정한즉
21 그의 침상을 만지는 자는 다 그의 옷을 빨고 물로 몸을 씻을 것이요 저녁까지 부정할 것

6 they will be unclean till evening. ●Whoever
sits on anything that the man with a discharge sat on must wash their clothes and bathe with water, and they will be unclean till evening.
7 ●" 'Whoever touches the man who has a discharge must wash their clothes and bathe with water, and they will be unclean till evening.
8 ●" 'If the man with the discharge spits on anyone who is clean, they must wash their clothes and bathe with water, and they will be unclean till evening.
9 ●" 'Everything the man sits on when riding
10 will be unclean, ●and whoever touches any of the things that were under him will be unclean till evening; whoever picks up those things must wash their clothes and bathe with water, and they will be unclean till evening.
11 ●" 'Anyone the man with a discharge touches without rinsing his hands with water must wash their clothes and bathe with water, and they will be unclean till evening.
12 ●" 'A clay pot that the man touches must be broken, and any wooden article is to be rinsed with water.
13 ●" 'When a man is cleansed from his discharge, he is to count off seven days for his ceremonial cleansing; he must wash his clothes and bathe himself with fresh water, and he
14 will be clean. ●On the eighth day he must take two doves or two young pigeons and come before the LORD to the entrance to the tent of
15 meeting and give them to the priest. ●The priest is to sacrifice them, the one for a sin offering[a] and the other for a burnt offering. In this way he will make atonement before the LORD for the man because of his discharge.
16 ●" 'When a man has an emission of semen, he must bathe his whole body with water,
17 and he will be unclean till evening. ●Any clothing or leather that has semen on it must be washed with water, and it will be unclean
18 till evening. ●When a man has sexual relations with a woman and there is an emission of semen, both of them must bathe with water, and they will be unclean till evening.
19 ●" 'When a woman has her regular flow of blood, the impurity of her monthly period will last seven days, and anyone who touches her will be unclean till evening.
20 ●" 'Anything she lies on during her period will be unclean, and anything she sits on will

[a]15 Or *purification offering;* also in verse 30

article [áːrtikl] *n.* 기구
atonement [ətóunmənt] *n.* 속죄
burnt offering [bəːrnt ɔ́ːfəriŋ] *n.* 번제
ceremonial [serəmóuniəl] *a.* 의례적인
discharge [distʃáːrdʒ] *n.* 유출(병)
dove [dʌv] *n.* 산비둘기
emission [imíʃən] *n.* 사정
entrance [éntrəns] *n.* 문간
impurity [impjúərəti] *n.* 불결
priest [priːst] *n.* 제사장
ride [raid] *vi.* (말, 탈 것 등에) 타다
sacrifice [sǽkrəfàis] *vt.* 바치다
semen [síːmən] *n.* 정액
sexual [sékʃuəl] *a.* 성적인
unclean [ʌnklíːn] *a.* 부정한

15:8 spit on: …에 침을 뱉다
15:10 any of: ~의 어느것도
15:12 be rinsed with...: …로 씻어내다
15:13 clean from...: ~에서 깨끗이 닦아내다
15:13 count off: 세어서 따로하다

이며
22 그가 앉은 자리를 만지는 자도 다 그들의 옷
을 빨고 물로 몸을 씻을 것이요 저녁까지 부
정할 것이며
23 그의 침상 위에나 그가 앉은 자리 위에 있는
것을 만지는 모든 자도 저녁까지 부정할 것
이며
24 누구든지 이 여인과 동침하여 그의 불결함에
전염되면 이레 동안 부정할 것이라 그가 눕
는 침상은 다 부정하니라
25 ●만일 여인의 피의 유출이 그의 [1]불결기가
아닌데도 여러 날이 간다든지 그 유출이 그
의 [1]불결기를 지나도 계속되면 그 부정을 유
출하는 모든 날 동안은 그 불결한 때와 같이
부정한즉
26 그의 유출이 있는 모든 날 동안에 그가 눕는
침상은 그에게 불결한 때의 침상과 같고 그
가 앉는 모든 자리도 부정함이 불결한 때의
부정과 같으니
27 그것들을 만지는 자는 다 부정한즉 그의 옷
을 빨고 물로 몸을 씻을 것이며 저녁까지 부
정할 것이요
28 그의 유출이 그치면 이레를 센 후에야 정하
리니
29 그는 여덟째 날에 산비둘기 두 마리나 집비
둘기 새끼 두 마리를 자기를 위하여 가져다
가 회막문 앞 제사장에게로 가져갈 것이요
30 제사장은 그 한 마리는 속죄제로, 다른 한 마
리는 번제로 드려 유출로 부정한 여인을 위
하여 여호와 앞에서 속죄할지니라
31 ●너희는 이와 같이 이스라엘 자손이 그들의
부정에서 떠나게 하여 그들 가운데에 있는
내 성막을 그들이 더럽히고 그들이 부정한
중에서 죽지 않도록 할지니라
32 ●이 규례는 유출병이 있는 자와 설정함으로
부정하게 된 자와
33 불결기의 앓는 여인과 유출병이 있는 남녀와
그리고 불결한 여인과 동침한 자에 대한 것
이니라

속죄일 (♪ 282장)

16 아론의 두 아들이 여호와 앞에 나아가
다가 죽은 후에 여호와께서 모세에게
말씀하시니라 10:1,2
2 여호와께서 모세에게 이르시되 네 형 아론
에게 이르라 성소의 휘장 안 법궤 위 속죄소
앞에 아무 때나 들어오지 말라 그리하여 죽
지 않도록 하라 이는 내가 구름 가운데에서

21 be unclean. ●Anyone who touches her bed will
be unclean; they must wash their clothes and
bathe with water, and they will be unclean till
22 evening. ●Anyone who touches anything she
sits on will be unclean; they must wash their
clothes and bathe with water, and they will be
23 unclean till evening. ●Whether it is the bed or
anything she was sitting on, when anyone
touches it, they will be unclean till evening.
24 ●" 'If a man has sexual relations with her
and her monthly flow touches him, he will be
unclean for seven days; any bed he lies on will
be unclean.
25 ●" 'When a woman has a discharge of blood
for many days at a time other than her month-
ly period or has a discharge that continues
beyond her period, she will be unclean as long
as she has the discharge, just as in the days of
26 her period. ●Any bed she lies on while her dis-
charge continues will be unclean, as is her bed
during her monthly period, and anything she
sits on will be unclean, as during her period.
27 ●Anyone who touches them will be unclean;
they must wash their clothes and bathe with
water, and they will be unclean till evening.
28 ●" 'When she is cleansed from her discharge,
she must count off seven days, and after that
29 she will be ceremonially clean. ●On the eighth
day she must take two doves or two young
pigeons and bring them to the priest at the
30 entrance to the tent of meeting. ●The priest is
to sacrifice one for a sin offering and the other
for a burnt offering. In this way he will make
atonement for her before the LORD for the
uncleanness of her discharge.
31 ●" 'You must keep the Israelites separate
from things that make them unclean, so they
will not die in their uncleanness for defiling my
dwelling place,[a] which is among them.' "
32 ●These are the regulations for a man with a
discharge, for anyone made unclean by an emis-
33 sion of semen, ● for a woman in her monthly
period, for a man or a woman with a dis-
charge, and for a man who has sexual relations
with a woman who is ceremonially unclean.

The Day of Atonement

16 The LORD spoke to Moses after the
death of the two sons of Aaron who
2 died when they approached the LORD. ●The
LORD said to Moses: "Tell your brother Aaron
that he is not to come whenever he chooses

[a]31 Or *my tabernacle* 1) 또는 생리 기간

approach [əpróutʃ] *vt.* 다가가다
bathe [beɪð] *vi.* 목욕하다
beyond [biάnd] *prep.* …를 넘어서
ceremonially [sèrəmóuniəli] *ad.* 의식적으로
cleanse [klenz] *vt.* 정결케 하다
defile [difáil] *vt.* 더럽히다
dwelling [dwéliŋ] *n.* 거주
monthly [mʌ́nθli] *a.* 매달의
offering [ɔ́:fəriŋ] *n.* 제물
period [pí:əriəd] *n.* 월경
pigeon [pídʒən] *n.* 집비둘기
regulation [règjuléiʃən] *n.* 규례
till [til] *prep.* …까지
uncleanness [ʌnklí:nnis] *n.* 부정함
whenever [hwenévər] *conj.* …할 때는 언제나

15:23 **whether A or B**: A이든 B이든
15:23 **sit on**: …의 위에 있다
15:25 **as long as...**: …하는 한
15:28 **after that**: 그후
15:30 **make atonement for...**: …을 위해 속죄하다

속죄소 위에 나타남이니라
3 아론이 성소에 들어오려면 수송아지를 속죄제물로 삼고 숫양을 번제물로 삼고
4 거룩한 세마포 속옷을 입으며 세마포 속바지를 몸에 입고 세마포 띠를 띠며 세마포 관을 쓸지니 이것들은 거룩한 옷이라 물로 그의 몸을 씻고 입을 것이며
5 이스라엘 자손의 회중에게서 속죄제물로 삼기 위하여 숫염소 두 마리와 번제물로 삼기 위하여 숫양 한 마리를 가져갈지니라
6 ●아론은 자기를 위한 속죄제의 수송아지를 드리되 자기와 집안을 위하여 속죄하고
7 또 그 두 염소를 가지고 회막문 여호와 앞에 두고
8 두 염소를 위하여 제비 뽑되 한 제비는 여호와를 위하고 한 제비는 [1]아사셀을 위하여 할지며
9 아론은 여호와를 위하여 제비 뽑은 염소를 속죄제로 드리고
10 아사셀을 위하여 제비 뽑은 염소는 산 채로 여호와 앞에 두었다가 그것으로 속죄하고 아사셀을 위하여 광야로 보낼지니라
11 ●아론은 자기를 위한 속죄제의 수송아지를 드리되 자기와 집안을 위하여 속죄하고 자기를 위한 그 속죄제 수송아지를 잡고
12 향로를 가져다가 여호와 앞 제단 위에서 피운 불을 그것에 채우고 또 곱게 간 향기로운 향을 두 손에 채워 가지고 휘장 안에 들어가서
13 여호와 앞에서 분향하여 향연으로 [2]증거궤 위 [3]속죄소를 가리게 할지니 그리하면 그가 죽지 아니할 것이며
14 그는 또 수송아지의 피를 가져다가 손가락으로 [3]속죄소 동쪽에 뿌리고 또 손가락으로 그 피를 [3]속죄소 앞에 일곱 번 뿌릴 것이며
15 또 백성을 위한 속죄제 염소를 잡아 그 피를 가지고 휘장 안에 들어가서 그 수송아지 피로 행함같이 그 피로 행하여 [3]속죄소 위와 [3]속죄소 앞에 뿌릴지니
16 곧 이스라엘 자손의 부정과 그들이 범한 모든 죄로 말미암아 지성소를 위하여 속죄하고 또 그들의 부정한 중에 있는 회막을 위하여 그같이 할 것이요
17 그가 지성소에 속죄하러 들어가서 자기와 그의 집안과 이스라엘 온 회중을 위하여 속죄하고 나오기까지는 누구든지 회막에 있

into the Most Holy Place behind the curtain
in front of the atonement cover on the ark, or
else he will die. For I will appear in the cloud
over the atonement cover.
3 ●"This is how Aaron is to enter the Most
Holy Place: He must first bring a young bull for
a sin offering[a] and a ram for a burnt offering.
4 ●He is to put on the sacred linen tunic, with
linen undergarments next to his body; he is to
tie the linen sash around him and put on the
linen turban. These are sacred garments; so he
must bathe himself with water before he puts
5 them on. ●From the Israelite community he is
to take two male goats for a sin offering and a
ram for a burnt offering.
6 ●"Aaron is to offer the bull for his own sin
offering to make atonement for himself and
7 his household. ●Then he is to take the two
goats and present them before the LORD at the
8 entrance to the tent of meeting. ●He is to cast
lots for the two goats—one lot for the LORD
9 and the other for the scapegoat.[b] ●Aaron shall
bring the goat whose lot falls to the LORD and
10 sacrifice it for a sin offering. ●But the goat cho-
sen by lot as the scapegoat shall be presented
alive before the LORD to be used for making
atonement by sending it into the wilderness as
a scapegoat.
11 ●"Aaron shall bring the bull for his own sin
offering to make atonement for himself and
his household, and he is to slaughter the bull
12 for his own sin offering. ●He is to take a censer
full of burning coals from the altar before the
LORD and two handfuls of finely ground fra-
grant incense and take them behind the cur-
13 tain. ●He is to put the incense on the fire before
the LORD, and the smoke of the incense will con-
ceal the atonement cover above the tablets of
14 the covenant law, so that he will not die. ●He is
to take some of the bull's blood and with his
finger sprinkle it on the front of the atonement
cover; then he shall sprinkle some of it with his
finger seven times before the atonement cover.
15 ●"He shall then slaughter the goat for the sin
offering for the people and take its blood behind
the curtain and do with it as he did with the
bull's blood: He shall sprinkle it on the atone-
16 ment cover and in front of it. ●In this way he
will make atonement for the Most Holy Place
because of the uncleanness and rebellion of the

[a] 3 Or *purification offering*; here and throughout this chapter [b] 8 The meaning of the Hebrew for this word is uncertain; also in verses 10 and 26.

1) 내보내는 염소 2) 법궤 3) 시은좌 곧 은혜의 자리

burnt [bə:rnt] *a.* 불에 태운
censer [sénsər] *n.* 흔들향로
curtain [kə́:rtn] *n.* 휘장
fragrant [fréigrənt] *a.* 향기로운
garment [gɑ́:rmənt] *n.* 옷, 의복
present [préznt] *vt.* 드리다
ram [ræm] *n.* 숫양
rebellion [ribéljən] *n.* 반역
scapegoat [skéipgòut] *n.* 속죄 염소
slaughter [slɔ́:tər] *vt.* 도살하다
sprinkle [spríŋkl] *vt.* 뿌리다
tablet [tǽblit] *n.* 판, 현판
tunic [tjú:nik] *n.* 겉옷
turban [tə́:rbən] *n.* 터번
undergarment [ʌ́ndərgɑ̀:rmənt] *n.* 속옷

16:2 in front of: ~의 앞에
16:4 put on: 입다, 걸치다
16:8 cast lots: 제비를 뽑다
16:9 fall to...: ~의 몫이 되다, 해당되다
16:10 used for: ~을 위해 사용하다
16:13 so that: ~하도록 …하다

지 못할 것이며
18 그는 여호와 앞 제단으로 나와서 그것을 위하여 속죄할지니 곧 그 수송아지의 피와 염소의 피를 가져다가 제단 귀퉁이 뿔들에 바르고
19 또 손가락으로 그 피를 그 위에 일곱 번 뿌려 이스라엘 자손의 부정에서 제단을 성결하게 할 것이요
20 그 지성소와 회막과 제단을 위하여 속죄하기를 마친 후에 살아 있는 염소를 드리되
21 아론은 그의 두 손으로 살아 있는 염소의 머리에 안수하여 이스라엘 자손의 모든 불의와 그 범한 모든 죄를 아뢰고 그 죄를 염소의 머리에 두어 미리 정한 사람에게 맡겨 광야로 보낼지니
22 염소가 그들의 모든 불의를 지고 접근하기 어려운 땅에 이르거든 그는 그 염소를 광야에 놓을지니라
23 ●아론은 회막에 들어가서 지성소에 들어갈 때에 입었던 세마포 옷을 벗어 거기 두고
24 거룩한 곳에서 물로 그의 몸을 씻고 자기 옷을 입고 나와서 자기의 번제와 백성의 번제를 드려 자기와 백성을 위하여 속죄하고
25 속죄제물의 기름을 제단에서 불사를 것이요
26 염소를 아사셀에게 보낸 자는 그의 옷을 빨고 물로 그의 몸을 씻은 후에 진영에 들어갈 것이며
27 속죄제 수송아지와 속죄제 염소의 피를 성소로 들여다가 속죄하였은즉 그 가죽과 고기와 똥을 밖으로 내다가 불사를 것이요
28 불사른 자는 그의 옷을 빨고 물로 그의 몸을 씻은 후에 진영에 들어갈지니라
29 ●너희는 영원히 이 규례를 지킬지니라 일곱째 달 곧 그달 십 일에 너희는 스스로 괴롭게 하고 아무 일도 하지 말되 본토인이든지 너희 중에 거류하는 거류민이든지 그리하라
30 이날에 너희를 위하여 속죄하여 너희를 정결하게 하리니 너희의 모든 죄에서 너희가 여호와 앞에 정결하리라
31 이는 너희에게 안식일 중의 안식일인즉 너희는 스스로 괴롭게 할지니 영원히 지킬 규례라
32 기름부음을 받고 위임되어 자기의 아버지

Israelites, whatever their sins have been. He is to
do the same for the tent of meeting, which is
among them in the midst of their uncleanness.
17 ●No one is to be in the tent of meeting from the
time Aaron goes in to make atonement in the
Most Holy Place until he comes out, having
made atonement for himself, his household and
the whole community of Israel.
18 ●"Then he shall come out to the altar that is
before the LORD and make atonement for it. He
shall take some of the bull's blood and some of
the goat's blood and put it on all the horns of
19 the altar. ●He shall sprinkle some of the blood
on it with his finger seven times to cleanse it
and to consecrate it from the uncleanness of
the Israelites.
20 ●"When Aaron has finished making atone-
ment for the Most Holy Place, the tent of meet-
ing and the altar, he shall bring forward the live
21 goat. ●He is to lay both hands on the head of the
live goat and confess over it all the wickedness
and rebellion of the Israelites — all their sins
— and put them on the goat's head. He shall
send the goat away into the wilderness in the care
22 of someone appointed for the task. ●The goat
will carry on itself all their sins to a remote place;
and the man shall release it in the wilderness.
23 ●"Then Aaron is to go into the tent of meeting
and take off the linen garments he put on before
he entered the Most Holy Place, and he is to
24 leave them there. ●He shall bathe himself with
water in the sanctuary area and put on his regu-
lar garments. Then he shall come out and sacri-
fice the burnt offering for himself and the burnt
offering for the people, to make atonement for
25 himself and for the people. ●He shall also burn
the fat of the sin offering on the altar.
26 ●"The man who releases the goat as a scape-
goat must wash his clothes and bathe himself
with water; afterward he may come into the
27 camp. ●The bull and the goat for the sin offer-
ings, whose blood was brought into the Most
Holy Place to make atonement, must be taken
outside the camp; their hides, flesh and intestines
28 are to be burned up. ●The man who burns them
must wash his clothes and bathe himself with
water; afterward he may come into the camp.
29 ●"This is to be a lasting ordinance for you: On
the tenth day of the seventh month you must
deny yourselves[a] and not do any work — whet-
her native-born or a foreigner residing among
30 you — ●because on this day atonement will be

[a]29 Or *must fast*; also in verse 31

altar [ɔ́:ltər] *n.* 제단
appoint [əpɔ́int] *vt.* 정하다
bull [bul] *n.* 수송아지
consecrate [kánsəkrèit] *vt.* 신성하게 하다
horn [hɔ:rn] *n.* 뿔
household [háushould] *n.* 온 집안
intestine [intéstin] *n.* 창자
linen [línən] *n.* 세마포
ordinance [ɔ́:rdənəns] *n.* 규례
release [rilí:s] *vt.* 풀어주다
remote [rimóut] *a.* 외딴
sacrifice [sǽkrəfàis] *vt.* 제물을 바치다
sin [sin] *n.* 죄
task [tæsk] *n.* 일
wickedness [wíkidnis] *n.* 악함

16:21 lay hands on...: …에 손을 얹다
16:21 confess over...: …를 고백하다
16:21 in the care of...: …의 보호하에
16:23 go into: ~에 들어가다
16:27 burn up: ~을 깡그리 태우다
16:29 deny oneself: 자제하다, 극기하다

를 대신하여 제사장의 직분을 행하는 제사장
은 속죄하되 세마포 옷 곧 거룩한 옷을 입고
33 지성소를 [1)]속죄하며 회막과 제단을 속죄하
고 또 제사장들과 백성의 회중을 위하여 속
죄할지니
34 이는 너희가 영원히 지킬 규례라 이스라엘
자손의 모든 죄를 위하여 일 년에 한 번 속죄
할 것이니라 아론이 여호와께서 모세에게 명
령하신 대로 행하니라

제물을 드릴 곳

17 여호와께서 모세에게 말씀하여 이르시
되
2 아론과 그의 아들들과 이스라엘의 모든 자손
에게 말하여 그들에게 이르기를 여호와의 명
령이 이러하시다 하라
3 이스라엘 집의 모든 사람이 소나 어린 양이
나 염소를 진영 안에서 잡든지 진영 밖에서
잡든지
4 먼저 회막문으로 끌고 가서 여호와의 성막
앞에서 여호와께 예물로 드리지 아니하는 자
는 피 흘린 자로 여길 것이라 그가 피를 흘
렸은즉 자기 백성 중에서 끊어지리라
5 그런즉 이스라엘 자손이 들에서 잡던 그들의
제물을 회막문 여호와께로 끌고 가서 제사장
에게 주어 화목제로 여호와께 드려야 할 것
이요
6 제사장은 그 피를 회막문 여호와의 제단에
뿌리고 그 기름을 불살라 여호와께 향기로운
냄새가 되게 할 것이라
7 그들은 전에 음란하게 섬기던 숫염소에게 다
시 제사하지 말 것이니라 이는 그들이 대대
로 지킬 영원한 규례니라
8 ●너는 또 그들에게 이르라 이스라엘 집 사
람이나 혹은 그들 중에 거류하는 거류민이
번제나 제물을 드리되
9 회막문으로 가져다가 여호와께 드리지 아니
하면 그는 백성 중에서 끊어지리라

피를 먹지 말라

10 ●이스라엘 집 사람이나 그들 중에 거류하는
거류민 중에 무슨 피든지 먹는 자가 있으면
내가 그 피를 먹는 그 사람에게는 내 얼굴을
대하여 그를 백성 중에서 끊으리니
11 육체의 생명은 피에 있음이라 내가 이 피를
너희에게 주어 제단에 뿌려 너희의 생명을
위하여 속죄하게 하였나니 생명이 피에 있으
므로 피가 죄를 속하느니라 히 9:22
12 그러므로 내가 이스라엘 자손에게 말하기를

made for you, to cleanse you. Then, before the
31 LORD, you will be clean from all your sins. •It is
a day of sabbath rest, and you must deny your-
32 selves; it is a lasting ordinance. •The priest who
is anointed and ordained to succeed his father
as high priest is to make atonement. He is to
33 put on the sacred linen garments •and make
atonement for the Most Holy Place, for the tent
of meeting and the altar, and for the priests and
all the members of the community.
34 •"This is to be a lasting ordinance for you:
Atonement is to be made once a year for all
the sins of the Israelites."
And it was done, as the LORD commanded
Moses.

Eating Blood Forbidden

17 1-2 The LORD said to Moses, •"Speak to
Aaron and his sons and to all the Isra-
elites and say to them: 'This is what the LORD
3 has commanded: •Any Israelite who sacrifices
an ox,[a] a lamb or a goat in the camp or outside
4 of it •instead of bringing it to the entrance to
the tent of meeting to present it as an offering
to the LORD in front of the tabernacle of the
LORD — that person shall be considered guilty
of bloodshed; they have shed blood and must
5 be cut off from their people. •This is so the
Israelites will bring to the LORD the sacrifices
they are now making in the open fields. They
must bring them to the priest, that is, to the
LORD, at the entrance to the tent of meeting
and sacrifice them as fellowship offerings.
6 •The priest is to splash the blood against the
altar of the LORD at the entrance to the tent of
meeting and burn the fat as an aroma pleasing
7 to the LORD. •They must no longer offer any of
their sacrifices to the goat idols[b] to whom they
prostitute themselves. This is to be a lasting
ordinance for them and for the generations
to come.'
8 •"Say to them: 'Any Israelite or any foreign-
er residing among them who offers a burnt
9 offering or sacrifice •and does not bring it to
the entrance to the tent of meeting to sacrifice
it to the LORD must be cut off from the people
of Israel.
10 •" 'I will set my face against any Israelite or
any foreigner residing among them who eats
blood, and I will cut them off from the peo-
11 ple. •For the life of a creature is in the blood,

[a]3 The Hebrew word can refer to either male or female. [b]7 Or *the demons* 1) 또는 정결하게 하고

anoint [ənɔ́int] *vt.* (…에) 기름을 붓다
atonement [ətóunmənt] *n.* 속죄
bloodshed [blʌ́dʃèd] *n.* 피 흘림
cleanse [klenz] *vt.* 정화하다
creature [kríːtʃər] *n.* 창조물
entrance [éntrəns] *n.* 입구
fellowship [félouʃip] *n.* 화목
forbidden [fərbídn] *a.* 금지된
foreigner [fɔ́ːrənər] *n.* 외국인
ordain [ɔːrdéin] *vt.* 임명하다
priest [priːst] *n.* 제사장
prostitute [prástətjùːt] *vt.* 매춘부
sabbath [sǽbəθ] *n.* 안식일
sacrifice [sǽkrəfàis] *vt.* 제물을 바치다
tabernacle [tǽbərnæ̀kl] *n.* 성막

17:4 instead of...: …대신에
17:5 that is: 즉, 말하자면
17:7 no longer...: 더 이상 …않다
17:9 cut off from...: …에서 고립시키다
17:10 set one's face against...: …를 외면하다, 진노하다

너희 중에 아무도 피를 먹지 말며 너희 중에
거류하는 거류민이라도 피를 먹지 말라 하였
나니
13 모든 이스라엘 자손이나 그들 중에 거류하는
거류민이 먹을 만한 짐승이나 새를 사냥하여
잡거든 그것의 피를 흘리고 흙으로 덮을지니
라
14 모든 생물은 그 피가 생명과 일체라 그러므
로 내가 이스라엘 자손에게 이르기를 너희는
어떤 육체의 피든지 먹지 말라 하였나니 모
든 육체의 생명은 그것의 피인즉 그 피를 먹
는 모든 자는 끊어지리라
15 또 스스로 죽은 것이나 들짐승에게 찢겨 죽은
것을 먹은 모든 자는 본토인이거나 거류민이
거나 그의 옷을 빨고 물로 몸을 씻을 것이며
저녁까지 부정하고 그 후에는 정하려니와
16 그가 빨지 아니하거나 그의 몸을 물로 씻지
아니하면 그가 죄를 담당하리라

가증한 풍속을 따르지 말라

18 여호와께서 모세에게 말씀하여 이르시
되
2 너는 이스라엘 자손에게 말하여 이르라 나는
여호와 너희의 하나님이니라
3 너희는 너희가 거주하던 애굽 땅의 풍속을
따르지 말며 내가 너희를 인도할 가나안 땅
의 풍속과 규례도 행하지 말고
4 너희는 내 법도를 따르며 내 규례를 지켜 그
대로 행하라 나는 너희의 하나님 여호와이니
라
5 너희는 내 규례와 법도를 지키라 사람이 이
를 행하면 그로 말미암아 살리라 나는 여호
와이니라
6 ●각 사람은 자기의 살붙이를 가까이 하여
그의 하체를 범하지 말라 나는 여호와이니라
7 네 어머니의 하체는 곧 네 아버지의 하체이
니 너는 범하지 말라 그는 네 어머니인즉 너
는 그의 하체를 범하지 말지니라 20:11
8 너는 네 아버지의 아내의 하체를 범하지 말
라 이는 네 아버지의 하체니라
9 너는 네 자매 곧 네 아버지의 딸이나 네 어머
니의 딸이나 집에서나 다른 곳에서 출생하였
음을 막론하고 그들의 하체를 범하지 말지니
라
10 네 손녀나 네 외손녀의 하체를 범하지 말라
이는 네 하체니라
11 네 아버지의 아내가 네 아버지에게 낳은 딸
은 네 누이니 너는 그의 하체를 범하지 말지

and I have given it to you to make atone-
ment for yourselves on the altar; it is the
blood that makes atonement for one's life.[a]
12 •Therefore I say to the Israelites, "None of
you may eat blood, nor may any foreigner
residing among you eat blood."
13 •" 'Any Israelite or any foreigner residing
among you who hunts any animal or bird that
may be eaten must drain out the blood and
14 cover it with earth, •because the life of every
creature is its blood. That is why I have said to
the Israelites, "You must not eat the blood of
any creature, because the life of every creature
is its blood; anyone who eats it must be cut off."
15 •" 'Anyone, whether native-born or foreign-
er, who eats anything found dead or torn by
wild animals must wash their clothes and
bathe with water, and they will be ceremonial-
ly unclean till evening; then they will be clean.
16 •But if they do not wash their clothes and
bathe themselves, they will be held responsi-
ble.' "

Unlawful Sexual Relations

18 1-2 The LORD said to Moses, •"Speak to
the Israelites and say to them: 'I am the
3 LORD your God. •You must not do as they do
in Egypt, where you used to live, and you must
not do as they do in the land of Canaan, where
I am bringing you. Do not follow their prac-
4 tices. •You must obey my laws and be careful
to follow my decrees. I am the LORD your God.
5 •Keep my decrees and laws, for the person
who obeys them will live by them. I am the
LORD.
6 •" 'No one is to approach any close relative
to have sexual relations. I am the LORD.
7 •" 'Do not dishonor your father by having
sexual relations with your mother. She is your
mother; do not have relations with her.
8 •" 'Do not have sexual relations with your
father's wife; that would dishonor your father.
9 •" 'Do not have sexual relations with your
sister, either your father's daughter or your
mother's daughter, whether she was born in
the same home or elsewhere.
10 •" 'Do not have sexual relations with your
son's daughter or your daughter's daughter;
that would dishonor you.
11 •" 'Do not have sexual relations with the
daughter of your father's wife, born to your

[a]11 Or *atonement by the life in the blood*

among [əmʌ́ŋ] *prep.* …의 사이에
approach [əpróutʃ] *vt.* 접근하다
born [bɔːrn] *a.* 태어난
bring [briŋ] *vt.* 데려오다
dishonor [disɑ́nər] *n.* 불명예
either [iːðər] *ad.* …또는 ~든가
elsewhere [élshwɛ̀ər] *ad.* 다른 곳에서
obey [oubéi] *vt.* 준수하다
practice [prǽktis] *n.* 습관, 관습
relation [riléiʃən] *n.* 관계
relative [rélətiv] *n.* 친척
reside [rizáid] *vt.* 거하다
responsible [rispɑ́nsəbl] *a.* 책임 있는
sexual [sékʃuəl] *a.* 성적인
unlawful [ʌnlɔ́ːfəl] *a.* 불법적인

17:14 cut off: ~을 단절시키다
18:3 used to...: 과거에는 …였다(지금은 아니다)
18:4 obey a law: 법을 준수하다
18:7 have relations with...: …과 성교하다, …과 관계를 갖다

니라
12 너는 네 고모의 하체를 범하지 말라 그는 네
아버지의 살붙이니라
13 너는 네 이모의 하체를 범하지 말라 그는 네
어머니의 살붙이니라
14 너는 네 아버지 형제의 아내를 가까이 하여
그의 하체를 범하지 말라 그는 네 숙모니라
15 너는 네 며느리의 하체를 범하지 말라 그는
네 아들의 아내이니 그의 하체를 범하지 말
지니라 20:12
16 너는 네 형제의 아내의 하체를 범하지 말라
이는 네 형제의 하체니라
17 너는 여인과 그 여인의 딸의 하체를 아울러
범하지 말며 또 그 여인의 손녀나 외손녀를
아울러 데려다가 그의 하체를 범하지 말라
그들은 그의 살붙이이니 이는 악행이니라
18 너는 아내가 생존할 동안에 그의 자매를 데
려다가 그의 하체를 범하여 그로 질투하게
하지 말지니라
19 ●너는 여인이 월경으로 불결한 동안에 그에
게 가까이 하여 그의 하체를 범하지 말지니라
20 너는 네 이웃의 아내와 동침하여 설정하므로
그 여자와 함께 자기를 더럽히지 말지니라
21 너는 결단코 자녀를 몰렉에게 주어 불로 통
과하게 함으로 네 하나님의 이름을 욕되게
하지 말라 나는 여호와이니라
22 너는 여자와 동침함같이 남자와 동침하지 말
라 이는 가증한 일이니라
23 너는 짐승과 교합하여 자기를 더럽히지 말며
여자는 짐승 앞에 서서 그것과 교접하지 말
라 이는 문란한 일이니라
24 ●너희는 이 모든 일로 스스로 더럽히지 말
라 내가 너희 앞에서 쫓아내는 족속들이 이
모든 일로 말미암아 더러워졌고
25 그 땅도 더러워졌으므로 내가 그 악으로 말
미암아 벌하고 그 땅도 스스로 그 주민을 토
하여 내느니라
26 그러므로 너희 곧 너희의 동족이나 혹은 너
희 중에 거류하는 거류민이나 내 규례와 내
법도를 지키고 이런 가증한 일의 하나라도
행하지 말라
27 너희 전에 있던 그 땅 주민이 이 모든 가증한
일을 행하였고 그 땅도 더러워졌느니라
28 너희도 더럽히면 그 땅이 너희가 있기 전 주
민을 토함같이 너희를 토할까 하노라
29 이 가증한 모든 일을 행하는 자는 그 백성 중
에서 끊어지리라

father; she is your sister.
12 ●" 'Do not have sexual relations with your
father's sister; she is your father's close relative.
13 ●" 'Do not have sexual relations with your
mother's sister, because she is your mother's
close relative.
14 ●" 'Do not dishonor your father's brother by
approaching his wife to have sexual relations;
she is your aunt.
15 ●" 'Do not have sexual relations with your
daughter-in-law. She is your son's wife; do not
have relations with her.
16 ●" 'Do not have sexual relations with your
brother's wife; that would dishonor your
brother.
17 ●" 'Do not have sexual relations with both a
woman and her daughter. Do not have sexual
relations with either her son's daughter or her
daughter's daughter; they are her close rela-
tives. That is wickedness.
18 ●" 'Do not take your wife's sister as a rival
wife and have sexual relations with her while
your wife is living.
19 ●" 'Do not approach a woman to have sex-
ual relations during the uncleanness of her
monthly period.
20 ●" 'Do not have sexual relations with your
neighbor's wife and defile yourself with her.
21 ●" 'Do not give any of your children to be
sacrificed to Molek, for you must not profane
the name of your God. I am the LORD.
22 ●" 'Do not have sexual relations with a man
as one does with a woman; that is detestable.
23 ●" 'Do not have sexual relations with an ani-
mal and defile yourself with it. A woman must
not present herself to an animal to have sexual
relations with it; that is a perversion.
24 ●" 'Do not defile yourselves in any of these
ways, because this is how the nations that I am
going to drive out before you became defiled.
25 ●Even the land was defiled; so I punished it for
its sin, and the land vomited out its inhabi-
26 tants. ●But you must keep my decrees and my
laws. The native-born and the foreigners re-
siding among you must not do any of these
27 detestable things, ●for all these things were
done by the people who lived in the land
before you, and the land became defiled.
28 ●And if you defile the land, it will vomit you
out as it vomited out the nations that were
before you.
29 ●" 'Everyone who does any of these dete-

approach [əpróutʃ] *vt.* 접근하다
aunt [ænt] *n.* 이모
decree [dikríː] *n.* 규례
defile [difáil] *vt.* 더럽히다
detestable [ditéstəbl] *a.* 가증한
inhabitant [inhǽbətənt] *n.* 주민
native-born [néitivbɔ́ːrn] *n.* 본국인
perversion [pərvə́ːrʒən] *n.* 성도착
profane [prəféin] *vt.* 모독하다
punish [pʌ́niʃ] *vt.* 벌하다
rival [ráivəl] *vt.* …과 맞먹다
sacrifice [sǽkrəfàis] *vt.* 희생물로 바치다
vomit [vámit] *vt.* 토하다
while [hwail] *n.* …동안에
wickedness [wíkidnis] *n.* 악함

18:14 by …ing: …함으로써
18:17 both A and B: A와 B 둘 다
18:17 either A or B: A도 B도 ~아니다
18:24 drive out: 쫓아내다
18:25 punish for: ~때문에 벌주다
18:27 live in: 들어가 살다

30 그러므로 너희는 내 명령을 지키고 너희가
들어가기 전에 행하던 가증한 풍속을 하나라
도 따름으로 스스로 더럽히지 말라 나는 너
희의 하나님 여호와이니라

너희는 거룩하라

19 여호와께서 모세에게 말씀하여 이르시
되
2 너는 이스라엘 자손의 온 회중에게 말하여
이르라 너희는 거룩하라 이는 나 여호와 너
희 하나님이 거룩함이니라
3 너희 각 사람은 부모를 경외하고 나의 안식
일을 지키라 나는 너희의 하나님 여호와이니
라
4 너희는 헛된 것들에게로 향하지 말며 너희를
위하여 신상들을 부어 만들지 말라 나는 너
희의 하나님 여호와이니라
5 ●너희는 화목제물을 여호와께 드릴 때에 기
쁘게 받으시도록 드리고
6 그 제물은 드리는 날과 이튿날에 먹고 셋째
날까지 남았거든 불사르라
7 셋째 날에 조금이라도 먹으면 가증한 것이
되어 기쁘게 받으심이 되지 못하고
8 그것을 먹는 자는 여호와의 성물을 더럽힘으
로 말미암아 죄를 담당하리니 그가 그의 백
성 중에서 끊어지리라
9 ●너희가 너희의 땅에서 곡식을 거둘 때에
너는 밭 모퉁이까지 다 거두지 말고 네 떨어
진 이삭도 줍지 말며
10 네 포도원의 열매를 다 따지 말며 네 포도원
에 떨어진 열매도 줍지 말고 가난한 사람과
거류민을 위하여 버려두라 나는 너희의 하나
님 여호와이니라
11 ●너희는 도둑질하지 말며 속이지 말며 서로
거짓말하지 말며
12 너희는 내 이름으로 거짓 맹세함으로 네 하
나님의 이름을 욕되게 하지 말라 나는 여호
와이니라
13 ●너는 네 이웃을 억압하지 말며 착취하지
말며 품꾼의 삯을 아침까지 밤새도록 네게
두지 말며

약 5:4

14 너는 귀먹은 자를 저주하지 말며 맹인 앞에
장애물을 놓지 말고 네 하나님을 경외하라
나는 여호와이니라

신 27:18

15 ●너희는 재판할 때에 불의를 행하지 말며
가난한 자의 편을 들지 말며 세력 있는 자라
고 두둔하지 말고 공의로 사람을 재판할지며
16 너는 네 백성 중에 돌아다니며 사람을 비방

stable things—such persons must be cut off
30 from their people. ●Keep my requirements
and do not follow any of the detestable cus-
toms that were practiced before you came
and do not defile yourselves with them. I am
the LORD your God.' "

Various Laws

19 1-2 The LORD said to Moses, ●"Speak
to the entire assembly of Israel and
say to them: 'Be holy because I, the LORD
your God, am holy.
3 ●" 'Each of you must respect your mother
and father, and you must observe my Sab-
baths. I am the LORD your God.
4 ●" 'Do not turn to idols or make metal
gods for yourselves. I am the LORD your God.
5 ●" 'When you sacrifice a fellowship offering
to the LORD, sacrifice it in such a way that it will
6 be accepted on your behalf. ●It shall be eaten
on the day you sacrifice it or on the next day;
anything left over until the third day must be
7 burned up. ●If any of it is eaten on the third
day, it is impure and will not be accepted.
8 ●Whoever eats it will be held responsible
because they have desecrated what is holy to
the LORD; they must be cut off from their people.
9 ●" 'When you reap the harvest of your land,
do not reap to the very edges of your field or
10 gather the gleanings of your harvest. ●Do not
go over your vineyard a second time or pick
up the grapes that have fallen. Leave them for
the poor and the foreigner. I am the LORD your
God.
11 ●" 'Do not steal.
" 'Do not lie.
" 'Do not deceive one another.
12 ●" 'Do not swear falsely by my name and so
profane the name of your God. I am the LORD.
13 ●" 'Do not defraud or rob your neighbor.
" 'Do not hold back the wages of a hired
worker overnight.
14 ●" 'Do not curse the deaf or put a stumbling
block in front of the blind, but fear your God. I
am the LORD.
15 ●" 'Do not pervert justice; do not show par-
tiality to the poor or favoritism to the great, but
judge your neighbor fairly.
16 ●" 'Do not go about spreading slander
among your people.
" 'Do not do anything that endangers your
neighbor's life. I am the LORD.

accept [æksépt] *vt.* 받다
assembly [əsémbli] *n.* 회중
defraud [difrɔ́:d] *vt.* 빼앗다
desecrate [désikrèit] *vt.* 더럽히다
favoritism [féivəritìzm] *n.* 편애
fairly [féərli] *ad.* 공정히
harvest [há:rvist] *vt.* 수확하다
impure [impjúər] *a.* 불결한
observe [əbzə́:rv] *vt.* 준수하다
reap [ri:p] *vi.* 추수하다
requirement [rikwáiərmənt] *n.* 요구
rob [rɑb] *vt.* 약탈하다
slander [slǽndər] *n.* 비방
swear [swɛər] *vi, vt.* 맹세하다
various [vɛ́əriəs] *a.* 다양한

19:4 turn to...: ~에 의지하다, 향하다
19:6 leave over: 남기다
19:6 burn up: 태워버리다
19:8 cut off: ~을 단절시키다
19:10 go over...: …를 초과하다, 검사하다
19:13 hold back: 주저하다, 지연하다

하지 말며 네 이웃의 피를 흘려 이익을 도모
하지 말라 나는 여호와이니라
17 ●너는 네 형제를 마음으로 미워하지 말며
네 이웃을 반드시 견책하라 그러면 네가 그
에 대하여 죄를 담당하지 아니하리라 눅 17:3
18 원수를 갚지 말며 동포를 원망하지 말며 네
이웃 사랑하기를 네 자신과 같이 사랑하라
나는 여호와이니라
19 ●너희는 내 규례를 지킬지어다 네 가축을
다른 종류와 교미시키지 말며 네 밭에 두 종
자를 섞어 뿌리지 말며 두 재료로 직조한 옷
을 입지 말지며
20 만일 어떤 사람이 다른 사람과 정혼한 여종
곧 아직 속량되거나 해방되지 못한 여인과 동
침하여 설정하면 그것은 책망을 받을 일이니
라 그러나 그들은 죽임을 당하지는 아니하리
니 그 여인이 해방되지 못하였기 때문이니라
21 그 남자는 그 속건제물 곧 속건제 숫양을 회
막문 여호와께로 끌고 올 것이요 5:15
22 제사장은 그가 범한 죄를 위하여 그 속건제
의 숫양으로 여호와 앞에 속죄할 것이요 그
리하면 그가 범한 죄를 사함 받으리라
23 ●너희가 그 땅에 들어가 각종 과목을 심거
든 그 열매는 아직 할례 받지 못한 것으로 여
기되 곧 삼 년 동안 너희는 그것을 할례 받지
못한 것으로 여겨 먹지 말 것이요
24 넷째 해에는 그 모든 과실이 거룩하니 여호
와께 드려 찬송할 것이며 잠 3:9
25 다섯째 해에는 그 열매를 먹을지니 그리하면
너희에게 그 소산이 풍성하리라 나는 너희의
하나님 여호와이니라
26 ●너희는 무엇이든지 피째 먹지 말며 점을
치지 말며 술법을 행하지 말며
27 머리 가를 둥글게 깎지 말며 수염 끝을 손상
하지 말며
28 죽은 자 때문에 너희의 살에 문신을 하지 말
며 무늬를 놓지 말라 나는 여호와이니라 21:5
29 ●네 딸을 더럽혀 창녀가 되게 하지 말라 음
행이 전국에 퍼져 죄악이 가득할까 하노라
30 내 안식일을 지키고 내 성소를 귀히 여기라
나는 여호와이니라
31 ●너희는 신접한 자와 박수를 믿지 말며 그
들을 추종하여 스스로 더럽히지 말라 나는
너희 하나님 여호와이니라
32 ●너는 센 머리 앞에서 일어서고 노인의 얼
굴을 공경하며 네 하나님을 경외하라 나는
여호와이니라

17 ●" 'Do not hate a fellow Israelite in your
heart. Rebuke your neighbor frankly so you
will not share in their guilt.
18 ●" 'Do not seek revenge or bear a grudge
against anyone among your people, but love
your neighbor as yourself. I am the LORD.
19 ●" 'Keep my decrees.
" 'Do not mate different kinds of animals.
" 'Do not plant your field with two kinds of
seed.
" 'Do not wear clothing woven of two kinds
of material.
20 ●" 'If a man sleeps with a female slave who
is promised to another man but who has not
been ransomed or given her freedom, there
must be due punishment.[a] Yet they are not to
be put to death, because she had not been
21 freed. ●The man, however, must bring a ram
to the entrance to the tent of meeting for a guilt
22 offering to the LORD. ●With the ram of the guilt
offering the priest is to make atonement for
him before the LORD for the sin he has com-
mitted, and his sin will be forgiven.
23 ●" 'When you enter the land and plant any
kind of fruit tree, regard its fruit as forbidden.[b]
For three years you are to consider it forbid-
24 den[b]; it must not be eaten. ●In the fourth year
all its fruit will be holy, an offering of praise to
25 the LORD. ●But in the fifth year you may eat its
fruit. In this way your harvest will be increased.
I am the LORD your God.
26 ●" 'Do not eat any meat with the blood still
in it.
" 'Do not practice divination or seek omens.
27 ●" 'Do not cut the hair at the sides of your
head or clip off the edges of your beard.
28 ●" 'Do not cut your bodies for the dead or
put tattoo marks on yourselves. I am the LORD.
29 ●" 'Do not degrade your daughter by mak-
ing her a prostitute, or the land will turn to
prostitution and be filled with wickedness.
30 ●" 'Observe my Sabbaths and have rever-
ence for my sanctuary. I am the LORD.
31 ●" 'Do not turn to mediums or seek out spiri-
tists, for you will be defiled by them. I am the
LORD your God.
32 ●" 'Stand up in the presence of the aged,
show respect for the elderly and revere your
God. I am the LORD.
33 ●" 'When a foreigner resides among you in
34 your land, do not mistreat them. ●The foreign-

[a]20 Or *be an inquiry* [b]23 Hebrew *uncircumcised*

commit [kəmít] *vt.* (죄를) 범하다
degrade [digréid] *vt.* 지위를 낮추다
elder [éldər] *n.* 연장자
frankly [frǽŋkli] *ad.* 솔직히
omen [óumən] *n.* 조짐
practice [prǽktis] *n.* 관습
prostitute [prástətjùːt] *n.* 창녀
ransom [rǽnsəm] *vt.* 속량하다
reside [rizáid] *vi.* 거하다
revere [rivíər] *vt.* 경외하다
sanctuary [sǽŋktʃuèri] *n.* 성소
seek [siːk] *vt.* 추구하다
spiritist [spíritist] *n.* 박수 (무당)
tattoo [tætúː] *n.* 문신
weave [wiːv] *vi.* 직물을 짜다

19:18 **seek revenge (against)...**: …에게 보복하다
19:18 **bear a grudge**: 원망하는 마음을 갖다
19:20 **put to death**: 죽이다
19:23 **regard... as~**: …를 ~로 여기다
19:27 **clip off**: 자르다, 다듬다

33 ●거류민이 너희의 땅에 거류하여 함께 있거
든 너희는 그를 학대하지 말고
34 너희와 함께 있는 거류민을 너희 중에서 낳
은 자 같이 여기며 자기같이 사랑하라 너희
도 애굽 땅에서 거류민이 되었었느니라 나는
너희의 하나님 여호와이니라 신 10:19
35 ●너희는 재판할 때나 길이나 무게나 양을
잴 때 불의를 행하지 말고
36 공평한 저울과 공평한 추와 공평한 에바와
공평한 [1)]힌을 사용하라 나는 너희를 인도하
여 애굽 땅에서 나오게 한 너희의 하나님 여
호와이니라
37 너희는 내 모든 규례와 내 모든 법도를 지켜
행하라 나는 여호와이니라

반드시 죽여야 하는 죄

20 여호와께서 모세에게 말씀하여 이르시
되
2 너는 이스라엘 자손에게 또 이르라 그가 이
스라엘 자손이든지 이스라엘에 거류하는 거
류민이든지 그의 자식을 몰렉에게 주면 반
드시 죽이되 그 지방 사람이 돌로 칠 것이요
3 나도 그 사람에게 진노하여 그를 그의 백성
중에서 끊으리니 이는 그가 그의 자식을 몰
렉에게 주어서 내 성소를 더럽히고 내 성호
를 욕되게 하였음이라
4 그가 그의 자식을 몰렉에게 주는 것을 그 지
방 사람이 못 본 체하고 그를 죽이지 아니하
면
5 내가 그 사람과 그의 권속에게 진노하여 그
와 그를 본받아 몰렉을 음란하게 섬기는 모
든 사람을 그들의 백성 중에서 끊으리라
6 ●접신한 자와 박수무당을 음란하게 따르는
자에게는 내가 진노하여 그를 그의 백성 중
에서 끊으리니
7 너희는 스스로 깨끗하게 하여 거룩할지어다
나는 너희의 하나님 여호와이니라
8 너희는 내 규례를 지켜 행하라 나는 너희를
거룩하게 하는 여호와이니라
9 만일 누구든지 자기의 아버지나 어머니를 저
주하는 자는 반드시 죽일지니 그가 자기의
아버지나 어머니를 저주하였은즉 그의 피가
자기에게로 돌아가리라
10 ●누구든지 남의 아내와 간음하는 자 곧 그
의 이웃의 아내와 간음하는 자는 그 간부와
음부를 반드시 죽일지니라
11 누구든지 그의 아버지의 아내와 동침하는 자
는 그의 아버지의 하체를 범하였은즉 둘 다

er residing among you must be treated as your
native-born. Love them as yourself, for you
were foreigners in Egypt. I am the LORD your
God.
35 ●" 'Do not use dishonest standards when
36 measuring length, weight or quantity. ●Use
honest scales and honest weights, an honest
ephah[a] and an honest hin.[b] I am the LORD your
God, who brought you out of Egypt.
37 ●" 'Keep all my decrees and all my laws and
follow them. I am the LORD.' "

Punishments for Sin

20 1-2 The LORD said to Moses, ●"Say to
the Israelites: 'Any Israelite or any for-
eigner residing in Israel who sacrifices any of
his children to Molek is to be put to death. The
members of the community are to stone him.
3 ●I myself will set my face against him and will
cut him off from his people; for by sacrificing
his children to Molek, he has defiled my sanc-
4 tuary and profaned my holy name. ●If the
members of the community close their eyes
when that man sacrifices one of his children to
5 Molek and if they fail to put him to death, ●I
myself will set my face against him and his
family and will cut them off from their people
together with all who follow him in prostitut-
ing themselves to Molek.
6 ●" 'I will set my face against anyone who
turns to mediums and spiritists to prostitute
themselves by following them, and I will cut
them off from their people.
7 ●" 'Consecrate yourselves and be holy,
8 because I am the LORD your God. ●Keep my
decrees and follow them. I am the LORD, who
makes you holy.
9 ●" 'Anyone who curses their father or moth-
er is to be put to death. Because they have
cursed their father or mother, their blood will
be on their own head.
10 ●" 'If a man commits adultery with another
man's wife—with the wife of his neighbor—
both the adulterer and the adulteress are to be
put to death.
11 ●" 'If a man has sexual relations with his
father's wife, he has dishonored his father.
Both the man and the woman are to be put to
death; their blood will be on their own heads.

[a]*36* An ephah was a dry measure having the capacity of about 3/5 of a bushel or about 22 liters. [b]*36* A hin was a liquid measure having the capacity of about 1 gallon or about 3.8 liters. 1) 한 힌은 3.67리터

adulterer [adʌ́ltərər] *n.* 간통자, 간부
consecrate [kánsəkrèit] *vt.* 성화하다
decree [dikríː] *n.* 규례
defile [difáil] *vt.* 더럽히다
honest [ánist] *a.* 정직한
measure [méʒər] *vt.* 측량하다
native-born [néitivbɔ́ːrn] *n.* 본토인
neighbor [néibər] *n.* 이웃
profane [prəféin] *vt.* 모독하다
punishment [pʌ́niʃmənt] *n.* 형벌
quantity [kwántəti] *n.* 양
sacrifice [sǽkrəfàis] *vt.* 희생물로 바치다
sanctuary [sǽŋktʃueri] *n.* 성소
sin [sin] *n.* 죄
treat [triːt] *vt.* 대우하다

20:4 **close one's eyes**: 모른 체하다, 외면하다, 눈감아 주다
20:4 **cut off from**: ~에서 고립시키다
20:6 **prostitute oneself**: 몸을 팔다
20:10 **commit adultery (with)...**: …과 간통하다

반드시 죽일지니 그들의 피가 자기들에게로
돌아가리라
12 누구든지 그의 며느리와 동침하거든 둘 다 반
드시 죽일지니 그들이 가증한 일을 행하였음
이라 그들의 피가 자기들에게로 돌아가리라
13 누구든지 여인과 동침하듯 남자와 동침하면
둘 다 가증한 일을 행함인즉 반드시 죽일지
니 자기의 피가 자기에게로 돌아가리라 18:22
14 누구든지 아내와 자기의 장모를 함께 데리고
살면 악행인즉 그와 그들을 함께 불사를지니
이는 너희 중에 악행이 없게 하려 함이니라
15 남자가 짐승과 교합하면 반드시 죽이고 너희
는 그 짐승도 죽일 것이며 18:23
16 여자가 짐승에게 가까이 하여 교합하면 너는
여자와 짐승을 죽이되 그들을 반드시 죽일지
니 그들의 피가 자기들에게로 돌아가리라
17 ●누구든지 그의 자매 곧 그의 아버지의 딸
이나 그의 어머니의 딸을 데려다가 그 여자
의 하체를 보고 여자는 그 남자의 하체를 보
면 부끄러운 일이라 그들의 민족 앞에서 그
들이 끊어질지니 그가 자기의 자매의 하체를
범하였은즉 그가 그의 죄를 담당하리라
18 누구든지 월경 중의 여인과 동침하여 그의
하체를 범하면 남자는 그 여인의 근원을 드
러냈고 여인은 자기의 피 근원을 드러내었음
인즉 둘 다 백성 중에서 끊어지리라 18:19
19 네 이모나 고모의 하체를 범하지 말지니 이
는 살붙이의 하체인즉 그들이 그들의 죄를
담당하리라
20 누구든지 그의 숙모와 동침하면 그의 숙부의
하체를 범함이니 그들은 그들의 죄를 담당
하여 자식이 없이 죽으리라
21 누구든지 그의 형제의 아내를 데리고 살면
더러운 일이라 그가 그의 형제의 하체를 범
함이니 그들에게 자식이 없으리라 18:16
22 ●너희는 나의 모든 규례와 법도를 지켜 행
하라 그리하여야 내가 너희를 인도하여 거주
하게 하는 땅이 너희를 토하지 아니하리라
23 너희는 내가 너희 앞에서 쫓아내는 족속의
풍속을 따르지 말라 그들이 이 모든 일을 행
하므로 내가 그들을 가증히 여기노라
24 내가 전에 너희에게 이르기를 너희가 그들의
땅을 기업으로 받을 것이라 내가 그 땅 곧 젖
과 꿀이 흐르는 땅을 너희에게 주어 유업을
삼게 하리라 하였노라 나는 너희를 만민 중
에서 구별한 너희의 하나님 여호와이니라
25 너희는 짐승이 정하고 부정함과 새가 정하고

12 ●" 'If a man has sexual relations with his
daughter-in-law, both of them are to be put to
death. What they have done is a perversion;
their blood will be on their own heads.
13 ●" 'If a man has sexual relations with a man
as one does with a woman, both of them have
done what is detestable. They are to be put to
death; their blood will be on their own heads.
14 ●" 'If a man marries both a woman and her
mother, it is wicked. Both he and they must be
burned in the fire, so that no wickedness will
be among you.
15 ●" 'If a man has sexual relations with an ani-
mal, he is to be put to death, and you must kill
the animal.
16 ●" 'If a woman approaches an animal to
have sexual relations with it, kill both the
woman and the animal. They are to be put to
death; their blood will be on their own heads.
17 ●" 'If a man marries his sister, the daughter
of either his father or his mother, and they
have sexual relations, it is a disgrace. They are
to be publicly removed from their people. He
has dishonored his sister and will be held
responsible.
18 ●" 'If a man has sexual relations with a
woman during her monthly period, he has
exposed the source of her flow, and she has also
uncovered it. Both of them are to be cut off
from their people.
19 ●" 'Do not have sexual relations with the sis-
ter of either your mother or your father, for that
would dishonor a close relative; both of you
would be held responsible.
20 ●" 'If a man has sexual relations with his
aunt, he has dishonored his uncle. They will be
held responsible; they will die childless.
21 ●" 'If a man marries his brother's wife, it is
an act of impurity; he has dishonored his
brother. They will be childless.
22 ●" 'Keep all my decrees and laws and follow
them, so that the land where I am bringing
23 you to live may not vomit you out. ●You must
not live according to the customs of the nations
I am going to drive out before you. Because
24 they did all these things, I abhorred them. ●But
I said to you, "You will possess their land; I will
give it to you as an inheritance, a land flowing
with milk and honey." I am the LORD your
God, who has set you apart from the nations.
25 ●" 'You must therefore make a distinction
between clean and unclean animals and

abhor [æbhɔ́:r] *vt.* 증오하다
childless [tʃáildlis] *a.* 아이가 없는
daughter-in-law [dɔ́:tərinlɔ̀:] *n.* 며느리
detestable [ditéstəbl] *a.* 혐오스러운
disgrace [disgréis] *n.* 망신
expose [ikspóuz] *vt.* 드러내다
impurity [impjúərəti] *n.* 불결
perversion [pərvə́:rʒən] *n.* 성도착
period [pí:əriəd] *n.* 월경
possess [pəzés] *vt.* 소유하다
publicly [pʌ́blikli] *ad.* 공개적으로
sexual [sékʃuəl] *a.* 성적인
uncover [ʌnkʌ́vər] *vt.* 치우다, 벗기다
vomit [vámit] *vi.* 토하다
wicked [wíkid] *a.* 악한

20:13 **put to death**: 죽이다
20:15 **have (sexual) relations with...**: …과 성교하다, 교합하다
20:23 **drive out**: 쫓아내다
20:25 **make a distinction between A and B**: A와 B 사이에 구별을 짓다

부정함을 구별하고 내가 너희를 위하여 부정
한 것으로 구별한 짐승이나 새나 땅에 기는
것들로 너희의 몸을 더럽히지 말라
26 너희는 나에게 거룩할지어다 이는 나 여호와
가 거룩하고 내가 또 너희를 나의 소유로 삼으
려고 너희를 만민 중에서 구별하였음이니라
27 ●남자나 여자가 접신하거나 박수무당이 되
거든 반드시 죽일지니 곧 돌로 그를 치라 그
들의 피가 자기들에게로 돌아가리라

제사장이 지켜야 할 규례(♪ 212, 595장)

21 여호와께서 모세에게 이르시되 아론의
자손 제사장들에게 말하여 이르라 그의
백성 중에서 죽은 자를 만짐으로 말미암아
스스로를 더럽히지 말려니와
2 그의 살붙이인 그의 어머니나 그의 아버지나
그의 아들이나 그의 딸이나 그의 형제나
3 출가하지 아니한 처녀인 그의 자매로 말미암
아서는 몸을 더럽힐 수 있느니라
4 제사장은 그의 백성의 [1]어른인즉 자신을 더
럽혀 속되게 하지 말지니라
5 제사장들은 머리털을 깎아 대머리 같게 하지
말며 자기의 수염 양쪽을 깎지 말며 살을 베
지 말고
6 그들의 하나님께 대하여 거룩하고 그들의 하
나님의 이름을 욕되게 하지 말 것이며 그들
은 여호와의 화제 곧 그들의 하나님의 음식
을 드리는 자인즉 거룩할 것이라
7 그들은 부정한 창녀나 이혼 당한 여인을 취
하지 말지니 이는 그가 여호와 하나님께 거
룩함이니라
8 너는 그를 거룩히 여기라 그는 네 하나님의
음식을 드림이니라 너는 그를 거룩히 여기라
너희를 거룩하게 하는 나 여호와는 거룩함이
니라
9 어떤 제사장의 딸이든지 행음하여 자신을 속
되게 하면 그의 아버지를 속되게 함이니 그
를 불사를지니라
10 ●자기의 형제 중 관유로 부음을 받고 위임
되어 그 예복을 입은 대제사장은 그의 머리
를 풀지 말며 그의 옷을 찢지 말며
11 어떤 시체에든지 가까이 하지 말지니 그의
부모로 말미암아서도 더러워지게 하지 말며
12 그 성소에서 나오지 말며 그의 하나님의 성
소를 속되게 하지 말라 이는 하나님께서 성
별하신 관유가 그 위에 있음이니라 나는 여
호와이니라
13 그는 처녀를 데려다가 아내를 삼을지니

between unclean and clean birds. Do not defile
yourselves by any animal or bird or anything
that moves along the ground—those that I
26 have set apart as unclean for you. ●You are to
be holy to me because I, the LORD, am holy,
and I have set you apart from the nations to be
my own.
27 ●" 'A man or woman who is a medium or
spiritist among you must be put to death. You
are to stone them; their blood will be on their
own heads.' "

Rules for Priests

21 The LORD said to Moses, "Speak to the
priests, the sons of Aaron, and say to
them: 'A priest must not make himself cere-
monially unclean for any of his people who
2 die, ●except for a close relative, such as his
mother or father, his son or daughter, his
3 brother, ●or an unmarried sister who is depen-
dent on him since she has no husband—for
4 her he may make himself unclean. ●He must
not make himself unclean for people related to
him by marriage,[a] and so defile himself.
5 ●" 'Priests must not shave their heads or
shave off the edges of their beards or cut their
6 bodies. ●They must be holy to their God and
must not profane the name of their God.
Because they present the food offerings to the
LORD, the food of their God, they are to be holy.
7 ●" 'They must not marry women defiled by
prostitution or divorced from their husbands,
8 because priests are holy to their God. ●Regard
them as holy, because they offer up the food of
your God. Consider them holy, because I the
LORD am holy—I who make you holy.
9 ●" 'If a priest's daughter defiles herself by
becoming a prostitute, she disgraces her father;
she must be burned in the fire.
10 ●" 'The high priest, the one among his
brothers who has had the anointing oil poured
on his head and who has been ordained to
wear the priestly garments, must not let his
11 hair become unkempt[b] or tear his clothes. ●He
must not enter a place where there is a dead
body. He must not make himself unclean, even
12 for his father or mother, ●nor leave the sanctu-
ary of his God or desecrate it, because he has
been dedicated by the anointing oil of his God.
I am the LORD.
13 ●" 'The woman he marries must be a virgin.

[a] 4 Or *unclean as a leader among his people* [b] 10 Or *not uncover his head* 1) 또는 남편

anointing [ənɔ́intiŋ] *n.* 기름부음
apart [əpɑ́:rt] *ad.* 따로
beard [biərd] *n.* 수염
ceremonially [sèrəmóuniəli] *ad.* 의식적으로
desecrate [désikrèit] *vt.* 더럽히다
divorce [divɔ́:rs] *vt.* 이혼하다
ordain [ɔ:rdéin] *vt.* 임명하다
pour [pɔ:r] *vt.* 붓다
priest [pri:st] *n.* 제사장
prostitute [prɑ́stətjù:t] *n.* 창녀
relate [riléit] *vt.* 관련시키다
shave [ʃeiv] *vt.* 면도하다
spiritist [spíritist] *n.* 박수(무당)
unclean [ʌnkli:n] *a.* 부정한
virgin [vǝ́:rdʒin] *n.* 처녀

20:26 set apart from...: …로부터 구별하다, 제쳐두다
21:2 except for...: …를 제외하고
21:3 be dependent on[upon]...: …에 의존하다, 의지하다
21:8 offer up: (제물을) 바치다, 드리다

14 과부나 이혼 당한 여자나 창녀 짓을 하는 더러운 여인을 취하지 말고 자기 백성 중에서 처녀를 취하여 아내를 삼아
15 그의 자손이 그의 백성 중에서 속되게 하지 말지니 나는 그를 거룩하게 하는 여호와임이니라
16 ●여호와께서 모세에게 말씀하여 이르시되
17 아론에게 말하여 이르라 누구든지 너의 자손 중 대대로 육체에 흠이 있는 자는 그 하나님의 음식을 드리려고 가까이 오지 못할 것이니라
18 누구든지 흠이 있는 자는 가까이하지 못할지니 곧 맹인이나 다리 저는 자나 코가 불완전한 자나 지체가 더한 자나
19 발 부러진 자나 손 부러진 자나
20 등 굽은 자나 키 못 자란 자나 눈에 백막이 있는 자나 습진이나 버짐이 있는 자나 고환 상한 자나
21 제사장 아론의 자손 중에 흠이 있는 자는 나와 여호와께 화제를 드리지 못할지니 그는 흠이 있은즉 나와서 그의 하나님께 음식을 드리지 못하느니라
22 그는 그의 하나님의 음식이 지성물이든지 성물이든지 먹을 것이나
23 휘장 안에 들어가지 못할 것이요 제단에 가까이하지 못할지니 이는 그가 흠이 있음이니라 이와 같이 그가 내 성소를 더럽히지 못할 것은 나는 그들을 거룩하게 하는 여호와임이니라
24 이와 같이 모세가 아론과 그의 아들들과 온 이스라엘 자손에게 말하였더라

성물을 먹는 규례

22 여호와께서 모세에게 말씀하여 이르시되
2 아론과 그의 아들들에게 말하여 그들로 이스라엘 자손이 내게 드리는 그 성물에 대하여 스스로 구별하여 내 성호를 욕되게 함이 없게 하라 나는 여호와이니라
3 그들에게 이르라 누구든지 네 자손 중에 대대로 그의 몸이 부정하면서도 이스라엘 자손이 구별하여 여호와께 드리는 성물에 가까이하는 자는 내 앞에서 끊어지리라 나는 여호와이니라
4 아론의 자손 중 나병 환자나 유출병자는 그가 정결하기 전에는 그 성물을 먹지 말 것이요 시체의 부정에 접촉된 자나 설정한 자나
5 무릇 사람을 부정하게 하는 벌레에 접촉된 모든 사람과 무슨 부정이든지 사람을 더럽힐 만한 것에게 접촉된 자

14 •He must not marry a widow, a divorced
woman, or a woman defiled by prostitution,
15 but only a virgin from his own people, •so that
he will not defile his offspring among his peo-
ple. I am the LORD, who makes him holy.' "

16-17 •The LORD said to Moses, •"Say to Aaron:
'For the generations to come none of your
descendants who has a defect may come near
18 to offer the food of his God. •No man who has
any defect may come near: no man who is
19 blind or lame, disfigured or deformed; •no
20 man with a crippled foot or hand, •or who is
a hunchback or a dwarf, or who has any eye
defect, or who has festering or running sores or
21 damaged testicles. •No descendant of Aaron
the priest who has any defect is to come near to
present the food offerings to the LORD. He has a
defect; he must not come near to offer the food
22 of his God. •He may eat the most holy food of
23 his God, as well as the holy food; •yet because
of his defect, he must not go near the curtain or
approach the altar, and so desecrate my sanc-
tuary. I am the LORD, who makes them holy.' "

24 •So Moses told this to Aaron and his sons
and to all the Israelites.

22 1-2 The LORD said to Moses, •"Tell
Aaron and his sons to treat with res-
pect the sacred offerings the Israelites conse-
crate to me, so they will not profane my holy
name. I am the LORD.

3 •"Say to them: 'For the generations to come,
if any of your descendants is ceremonially
unclean and yet comes near the sacred offer-
ings that the Israelites consecrate to the LORD,
that person must be cut off from my presence.
I am the LORD.

4 •" 'If a descendant of Aaron has a defiling
skin disease[a] or a bodily discharge, he may not
eat the sacred offerings until he is cleansed. He
will also be unclean if he touches something
defiled by a corpse or by anyone who has an
5 emission of semen, •or if he touches any
crawling thing that makes him unclean, or any
person who makes him unclean, whatever the
6 uncleanness may be. •The one who touches
any such thing will be unclean till evening. He
must not eat any of the sacred offerings unless
7 he has bathed himself with water. •When the
sun goes down, he will be clean, and after that

[a]4 The Hebrew word for *defiling skin disease,* traditionally translated "leprosy," was used for various diseases affecting the skin.

crawling [krɔ́:liŋ] *a.* 부정하게 하는
crippled [krípld] *a.* 불구의
defect [di:fekt] *n.* 흠
deformed [difɔ́:rmd] *a.* 기형의
discharge [distʃɑ́:rdʒ] *n.* 유출(병)
disfigure [disfígjər] *a.* 흠이 있는
divorce [divɔ́:rs] *vt.* 이혼하다
dwarf [dwɔ:rf] *a.* 난쟁이의
emission [imíʃən] *n.* 사정
festering [féstəriŋ] *a.* 지겨운
hunchback [hʌ́ntʃbæk] *n.* 꼽추
lame [leim] *a.* 절름발이의
profane [prəféin] *vt.* 모독하다
prostitution [prɑ̀stətjú:ʃən] *n.* 매춘
semen [sí:mən] *n.* 정액

21:17 come near: 가까이 오다
21:20 running sore: 진물이 나는 부스럼
21:22 A as well as B: B뿐만 아니라 A도
22:2 treat with respect: 공손히 대하다
22:3 consecrate to: …에게 바치다
22:3 cut off: …에서 단절시키다

6 곧 이런 것에 접촉된 자는 저녁까지 부정하
니 그의 몸을 물로 씻지 아니하면 그 성물을
먹지 못할지며
7 해 질 때에야 정하리니 그 후에야 그 성물을
먹을 것이니라 이는 자기의 음식이 됨이니라
8 시체나 찢겨 죽은 짐승을 먹음으로 자기를
더럽히지 말라 나는 여호와이니라
9 그들은 내 명령을 지킬 것이니라 그것을 속
되게 하면 그로 말미암아 죄를 짓고 그 가운
데에서 죽을까 하노라 나는 그들을 거룩하게
하는 여호와이니라
10 ●일반인은 성물을 먹지 못할 것이며 제사장
의 객이나 품꾼도 다 성물을 먹지 못할 것이
니라
11 그러나 제사장이 그의 돈으로 어떤 사람을
샀으면 그는 그것을 먹을 것이며 그의 집에
서 출생한 자도 그렇게 하여 그들이 제사장
의 음식을 먹을 것이며
12 제사장의 딸이 일반인에게 출가하였으면 거
제의 성물을 먹지 못하되
13 만일 그가 과부가 되든지 이혼을 당하든지
자식이 없이 그의 친정에 돌아와서 젊었을
때와 같으면 그는 그의 아버지 몫의 음식을
먹을 것이나 일반인은 먹지 못할 것이니라
14 만일 누가 부지중에 성물을 먹으면 그 성물
에 그것의 오분의 일을 더하여 제사장에게
줄지니라
15 이스라엘 자손이 여호와께 드리는 성물을 그
들은 속되게 하지 말지니
16 그들이 성물을 먹으면 그 죄로 인하여 형벌
을 받게 할 것이니라 나는 그 음식을 거룩하
게 하는 여호와이니라

22:9

여호와께서 기쁘게 받으시는 제물

17 ●여호와께서 모세에게 말씀하여 이르시되
18 아론과 그의 아들들과 이스라엘 온 족속에게
말하여 이르라 이스라엘 자손이나 그 중에
거류하는 자가 서원제물이나 자원제물로 번
제와 더불어 여호와께 예물로 드리려거든
19 기쁘게 받으심이 되도록 소나 양이나 염소의
흠 없는 수컷으로 드릴지니
20 흠 있는 것은 무엇이나 너희가 드리지 말 것
은 그것이 기쁘게 받으심이 되지 못할 것임
이니라
21 만일 누구든지 서원한 것을 갚으려 하든지
자의로 예물을 드리려 하여 소나 양으로 화
목제물을 여호와께 드리는 자는 기쁘게 받으
심이 되도록 아무 흠이 없는 온전한 것으로

he may eat the sacred offerings, for they are his
8 food. ●He must not eat anything found dead
or torn by wild animals, and so become
unclean through it. I am the LORD.
9 ●" 'The priests are to perform my service in
such a way that they do not become guilty and
die for treating it with contempt. I am the
LORD, who makes them holy.
10 ●" 'No one outside a priest's family may eat
the sacred offering, nor may the guest of a
11 priest or his hired worker eat it. ●But if a priest
buys a slave with money, or if slaves are born in
12 his household, they may eat his food. ●If a
priest's daughter marries anyone other than a
priest, she may not eat any of the sacred con-
13 tributions. ●But if a priest's daughter becomes
a widow or is divorced, yet has no children,
and she returns to live in her father's house-
hold as in her youth, she may eat her father's
food. No unauthorized person, however, may
eat it.
14 ●" 'Anyone who eats a sacred offering by
mistake must make restitution to the priest for
the offering and add a fifth of the value to it.
15 ●The priests must not desecrate the sacred
16 offerings the Israelites present to the LORD ●by
allowing them to eat the sacred offerings and
so bring upon them guilt requiring payment. I
am the LORD, who makes them holy.' "

Unacceptable Sacrifices

17-18 ●The LORD said to Moses, ●"Speak to Aaron
and his sons and to all the Israelites and say to
them: 'If any of you—whether an Israelite or
a foreigner residing in Israel—presents a gift
for a burnt offering to the LORD, either to ful-
19 fill a vow or as a freewill offering, ●you must
present a male without defect from the cattle,
sheep or goats in order that it may be accepted
20 on your behalf. ●Do not bring anything with
a defect, because it will not be accepted on your
21 behalf. ●When anyone brings from the herd or
flock a fellowship offering to the LORD to fulfill
a special vow or as a freewill offering, it must be
without defect or blemish to be acceptable.
22 ●Do not offer to the LORD the blind, the injured
or the maimed, or anything with warts or fes-
tering or running sores. Do not place any of
these on the altar as a food offering present-
23 ed to the LORD. ●You may, however, present as
a freewill offering an ox[a] or a sheep that is

[a]23 The Hebrew word can refer to either male or female.

accept [æksépt] *vt.* 받아들이다
blemish [blémiʃ] *n.* 흠
contempt [kəntémpt] *n.* 멸시, 치욕
contribution [kàntrəbjúːʃən] *n.* 헌물
maimed [meimd] *a.* 손상된
offering [ɔ́ːfəriŋ] *n.* 봉헌물
present [prizént] *vt.* 바치다
require [rikwáiər] *vt.* 필요로 하다
reside [rizáid] *vi.* 거류하다
sacred [séikrid] *a.* 신성한
sacrifice [sǽkrəfàis] *n.* 제물
tear [tiər] *vt.* 찢다, 뜯다
unauthorized [ʌnɔ́ːθəraizd] *a.* 권한이 없는
wart [wɔːrt] *n.* 종기
widow [wídou] *n.* 과부

22:12 other than...: …과는 다른, 이외에
22:14 make restitution to: 반환, 배상하다
22:18 either A or B: A 또는 B
22:19 in order that: …할 수 있도록
22:19 on one's behalf: …를 위하여, 대신하여

할지니
22 너희는 눈먼 것이나 상한 것이나 지체에 베
임을 당한 것이나 종기 있는 것이나 습진 있
는 것이나 비루먹은 것을 여호와께 드리지
말며 이런 것들은 제단 위에 화제물로 여호
와께 드리지 말라
23 소나 양의 지체가 더하거나 덜하거나 한 것
은 너희가 자원제물로는 쓰려니와 서원제물
로 드리면 기쁘게 받으심이 되지 못하리라
24 너희는 고환이 상하였거나 치었거나 터졌거
나 베임을 당한 것은 여호와께 드리지 말며
너희의 땅에서는 이런 일을 행하지도 말지며
25 너희는 외국인에게서도 이런 것을 받아 너희
의 하나님의 음식으로 드리지 말라 이는 결점
이 있고 흠이 있는 것인즉 너희를 위하여 기
쁘게 받으심이 되지 못할 것임이니라 21:6, 17
26 ● 여호와께서 모세에게 말씀하여 이르시되
27 수소나 양이나 염소가 나거든 이레 동안 그
것의 어미와 같이 있게 하라 여덟째 날 이후
로는 여호와께 화제로 예물을 드리면 기쁘게
받으심이 되리라
28 암소나 암양을 막론하고 어미와 새끼를 같은
날에 잡지 말지니라
29 너희가 여호와께 감사제물을 드리려거든 너
희가 기쁘게 받으심이 되도록 드릴지며 7:12
30 그 제물은 그날에 먹고 이튿날까지 두지 말
라 나는 여호와이니라
31 너희는 내 계명을 지키며 행하라 나는 여호
와이니라
32 너희는 내 성호를 속되게 하지 말라 나는 이
스라엘 자손 중에서 거룩하게 함을 받을 것
이니라 나는 너희를 거룩하게 하는 여호와요
33 너희의 하나님이 되려고 너희를 애굽 땅에서
인도하여 낸 자니 나는 여호와이니라 출 6:7

성회를 삼을 여호와의 절기

23 여호와께서 모세에게 말씀하여 이르시
되
2 이스라엘 자손에게 말하여 이르라 이것이 나
의 절기들이니 너희가 성회로 공포할 여호와
의 절기들이니라
3 엿새 동안은 일할 것이요 일곱째 날은 쉴 안
식일이니 성회의 날이라 너희는 아무 일도
하지 말라 이는 너희가 거주하는 각처에서
지킬 여호와의 안식일이니라

유월절과 무교절

4 ● 이것이 너희가 그 정한 때에 성회로 공포
할 여호와의 절기들이니라

deformed or stunted, but it will not be accept-
24 ed in fulfillment of a vow. ● You must not
offer to the LORD an animal whose testicles are
bruised, crushed, torn or cut. You must not do
25 this in your own land, ● and you must not
accept such animals from the hand of a for-
eigner and offer them as the food of your
God. They will not be accepted on your be-
half, because they are deformed and have
defects.' "
26-27 ● The LORD said to Moses, ● "When a calf, a
lamb or a goat is born, it is to remain with its
mother for seven days. From the eighth day
on, it will be acceptable as a food offering
28 presented to the LORD. ● Do not slaughter a
cow or a sheep and its young on the same
day.
29 ● "When you sacrifice a thank offering to the
LORD, sacrifice it in such a way that it will be
30 accepted on your behalf. ● It must be eaten that
same day; leave none of it till morning. I am
the LORD.
31 ● "Keep my commands and follow them. I
32 am the LORD. ● Do not profane my holy name,
for I must be acknowledged as holy by the
Israelites. I am the LORD, who made you holy
33 ● and who brought you out of Egypt to be your
God. I am the LORD."

The Appointed Festivals

23 1-2 The LORD said to Moses, ● "Speak
to the Israelites and say to them:
'These are my appointed festivals, the appo-
inted festivals of the LORD, which you are to
proclaim as sacred assemblies.

The Sabbath

3 ● " 'There are six days when you may work,
but the seventh day is a day of sabbath rest, a
day of sacred assembly. You are not to do any
work; wherever you live, it is a sabbath to the
LORD.

The Passover and the Festival of Unleavened Bread

4 ● " 'These are the LORD's appointed festivals,
the sacred assemblies you are to proclaim at
5 their appointed times: ● The LORD's Passover
begins at twilight on the fourteenth day of the
6 first month. ● On the fifteenth day of that
month the LORD's Festival of Unleavened Bread
begins; for seven days you must eat bread made

accept [æksépt] *vt.* 받아들이다
acknowledge [æknálidʒ] *vt.* 인정하다
appointed [əpɔ́intid] *a.* 정해진
bruised [bru:zd] *a.* 상처 입은
calf [kæf] *n.* 송아지
goat [gout] *n.* 염소
lamb [læm] *n.* 새끼 양
passover [pǽsouvər] *n.* 유월절
proclaim [proukléim] *vt.* 공포하다
profane [prəféin] *vt.* 모독하다
sabbath [sǽbəθ] *n.* 안식일
slaughter [slɔ́:tər] *vt.* 도살하다
stunted [stʌ́ntid] *a.* 왜소한
unleavened [ʌnlévənd] *a.* 누룩이 없는
vow [vau] *n.* 서원, 맹세

22:25 **on one's behalf**: …를 위하여
22:28 **on the same day**: 같은 날에
22:33 **bring out**: 끄집어내다
23:4 **at the appointed time**: 정해진(약속된) 시간에
23:5 **begin at...**: …에 시작하다

5 첫째 달 열나흗날 저녁은 여호와의 유월절이
요
6 이달 열닷샛날은 여호와의 무교절이니 이레
동안 너희는 무교병을 먹을 것이요
7 그 첫날에는 너희가 성회로 모이고 아무 노
동도 하지 말지며
8 너희는 이레 동안 여호와께 화제를 드릴 것
이요 일곱째 날에도 성회로 모이고 아무 노
동도 하지 말지니라 23:21

첫 이삭 한 단을 바치는 절기

9 ●여호와께서 모세에게 말씀하여 이르시되
10 이스라엘 자손에게 말하여 이르라 너희는 내
가 너희에게 주는 땅에 들어가서 너희의 곡
물을 거둘 때에 너희의 곡물의 첫 이삭 한 단
을 제사장에게로 가져갈 것이요
11 제사장은 너희를 위하여 그 단을 여호와 앞
에 기쁘게 받으심이 되도록 흔들되 안식일
이튿날에 흔들 것이며
12 너희가 그 단을 흔드는 날에 일 년 되고 흠
없는 숫양을 여호와께 번제로 드리고
13 그 소제로는 기름 섞은 고운 가루 십분의 이
에바를 여호와께 드려 화제로 삼아 향기로운
냄새가 되게 하고 전제로는 포도주 사분의
일 힌을 쓸 것이며
14 너희는 너희 하나님께 예물을 가져오는 그날
까지 떡이든지 볶은 곡식이든지 생 이삭이든
지 먹지 말지니 이는 너희가 거주하는 각처
에서 대대로 지킬 영원한 규례니라

두 번째 거둔 곡식을 바치는 절기

15 ●안식일 이튿날 곧 너희가 요제로 곡식단을
가져온 날부터 세어서 일곱 안식일의 수효를
채우고
16 일곱 안식일 이튿날까지 합하여 오십 일을
계수하여 새 소제를 여호와께 드리되 민 28:26
17 너희의 처소에서 십분의 이 에바로 만든 떡
두 개를 가져다가 흔들지니 이는 고운 가루
에 누룩을 넣어서 구운 것이요 이는 첫 요제
로 여호와께 드리는 것이며
18 너희는 또 이 떡과 함께 일 년 된 흠 없는 어
린 양 일곱 마리와 어린 수소 한 마리와 숫양
두 마리를 드리되 이것들을 그 소제와 그 전
제제물과 함께 여호와께 드려서 번제로 삼을
지니 이는 화제라 여호와께 향기로운 냄새며
19 또 숫염소 하나로 속죄제를 드리며 일 년 된
어린 숫양 두 마리를 화목제물로 드릴 것이요
20 제사장은 그 첫 이삭의 떡과 함께 그 두 마리
어린 양을 여호와 앞에 흔들어서 요제를 삼

7 without yeast. •On the first day hold a sacred
8 assembly and do no regular work. •For seven
days present a food offering to the LORD. And
on the seventh day hold a sacred assembly and
do no regular work.' "

Offering the Firstfruits

9-10 •The LORD said to Moses, •"Speak to the
Israelites and say to them: 'When you enter
the land I am going to give you and you reap
its harvest, bring to the priest a sheaf of the
11 first grain you harvest. •He is to wave the
sheaf before the LORD so it will be accepted on
your behalf; the priest is to wave it on the day
12 after the Sabbath. •On the day you wave the
sheaf, you must sacrifice as a burnt offering
to the LORD a lamb a year old without defect,
13 •together with its grain offering of two-
tenths of an ephah[a] of the finest flour mixed
with olive oil—a food offering presented to
the LORD, a pleasing aroma—and its drink
14 offering of a quarter of a hin[b] of wine. •You
must not eat any bread, or roasted or new
grain, until the very day you bring this offer-
ing to your God. This is to be a lasting ordi-
nance for the generations to come, wherever
you live.

The Festival of Weeks

15 •" 'From the day after the Sabbath, the day
you brought the sheaf of the wave offering,
16 count off seven full weeks. •Count off fifty
days up to the day after the seventh Sabbath,
and then present an offering of new grain to
17 the LORD. •From wherever you live, bring two
loaves made of two-tenths of an ephah of the
finest flour, baked with yeast, as a wave offer-
18 ing of firstfruits to the LORD. •Present with this
bread seven male lambs, each a year old and
without defect, one young bull and two rams.
They will be a burnt offering to the LORD,
together with their grain offerings and drink
offerings—a food offering, an aroma pleasing
19 to the LORD. •Then sacrifice one male goat for
a sin offering[c] and two lambs, each a year old,
20 for a fellowship offering. •The priest is to wave
the two lambs before the LORD as a wave offer-
ing, together with the bread of the firstfruits.
They are a sacred offering to the LORD for the
21 priest. •On that same day you are to proclaim

[a]13 That is, probably about 7 pounds or about 3.2 kilograms; also in verse 17 [b]13 That is, about 1 quart or about 1 liter [c]19 Or *purification offering*

bull [bul] *n.* 수송아지
burnt [bəːrnt] *a.* 불에 탄
ephah [íːfə] *n.* 에바 (약 22ℓ)
flour [fláuər] *n.* 고운 가루
harvest [háːrvist] *n.* 수확물
hin [hin] *n.* 힌 (약 3.6ℓ)
loaf [louf] *n.* 한 덩어리 빵
male [meil] *a.* 수컷의
offering [ɔ́ːfəriŋ] *n.* 봉헌물
ordinance [ɔ́ːrdənəns] *n.* 규례
ram [ræm] *n.* 숫양
reap [riːp] *vt.* 수확하다
sheaf [ʃiːf] *n.* (곡물의) 단
wave [weiv] *vt.* 흔들다
yeast [jiːst] *n.* 누룩, 효모

23:7 hold a assembly: 집회를 열다
23:11 the day after...: …의 이튿날
23:13 mix with...: …과 섞다
23:15 count off: 세다
23:16 up to...: (최고) …까지
23:18 together with...: …과 함께

을 것이요 이것들은 여호와께 드리는 성물이
니 제사장에게 돌릴 것이며
21 이날에 너희는 너희 중에 성회를 공포하고 어
떤 노동도 하지 말지니 이는 너희가 그 거주
하는 각처에서 대대로 지킬 영원한 규례니라
22 ●너희 땅의 곡물을 벨 때에 밭 모퉁이까지
다 베지 말며 떨어진 것을 줍지 말고 그것을
가난한 자와 거류민을 위하여 남겨두라 나는
너희의 하나님 여호와이니라

일곱째 달 첫날은 쉬는 날

23 ●여호와께서 모세에게 말씀하여 이르시되
24 이스라엘 자손에게 말하여 이르라 일곱째 달
곧 그달 첫날은 너희에게 쉬는 날이 될지니
이는 나팔을 불어 기념할 날이요 성회라
25 어떤 노동도 하지 말고 여호와께 화제를 드
릴지니라 23:7

속죄일

26 ●여호와께서 모세에게 말씀하여 이르시되
27 일곱째 달 열흘날은 속죄일이니 너희는 성회
를 열고 스스로 괴롭게 하며 여호와께 화제
를 드리고
28 이날에는 어떤 일도 하지 말 것은 너희를 위
하여 너희 하나님 여호와 앞에 속죄할 속죄
일이 됨이니라
29 이날에 스스로 괴롭게 하지 아니하는 자는
그 백성 중에서 끊어질 것이라
30 이날에 누구든지 어떤 일이라도 하는 자는
내가 그의 백성 중에서 멸절시키리니
31 너희는 아무 일도 하지 말라 이는 너희가 거주
하는 각처에서 대대로 지킬 영원한 규례니라
32 이는 너희가 쉴 안식일이라 너희는 스스로
괴롭게 하고 이달 아흐렛날 저녁 곧 그 저녁
부터 이튿날 저녁까지 안식을 지킬지니라

초막절

33 ●여호와께서 모세에게 말씀하여 이르시되
34 이스라엘 자손에게 말하여 이르라 일곱째 달
열닷샛날은 초막절이니 여호와를 위하여 이
레 동안 지킬 것이라
35 첫날에는 성회로 모일지니 너희는 아무 노동
도 하지 말지며
36 이레 동안에 너희는 여호와께 화제를 드릴
것이요 여덟째 날에도 너희는 성회로 모여서
여호와께 화제를 드릴지니 이는 거룩한 대회
라 너희는 어떤 노동도 하지 말지니라
37 ●이것들은 여호와의 절기라 너희는 공포하
여 성회를 열고 여호와께 화제를 드릴지니
번제와 소제와 희생제물과 전제를 각각 그날

a sacred assembly and do no regular work. This
is to be a lasting ordinance for the generations
to come, wherever you live.
22 ●" 'When you reap the harvest of your land,
do not reap to the very edges of your field or
gather the gleanings of your harvest. Leave
them for the poor and for the foreigner residing
among you. I am the LORD your God.' "

The Festival of Trumpets

23-24 ●The LORD said to Moses, ●"Say to the
Israelites: 'On the first day of the seventh
month you are to have a day of sabbath rest,
a sacred assembly commemorated with trum-
25 pet blasts. ●Do no regular work, but present a
food offering to the LORD.' "

The Day of Atonement

26-27 ●The LORD said to Moses, ●"The tenth day
of this seventh month is the Day of Atone-
ment. Hold a sacred assembly and deny your-
selves,[a] and present a food offering to the LORD.
28 ●Do not do any work on that day, because it
is the Day of Atonement, when atonement
is made for you before the LORD your God.
29 ●Those who do not deny themselves on that
30 day must be cut off from their people. ●I will
destroy from among their people anyone who
31 does any work on that day. ●You shall do no
work at all. This is to be a lasting ordinance for
the generations to come, wherever you live.
32 ●It is a day of sabbath rest for you, and you
must deny yourselves. From the evening of the
ninth day of the month until the following
evening you are to observe your sabbath."

The Festival of Tabernacles

33-34 ●The LORD said to Moses, ●"Say to the Isra-
elites: 'On the fifteenth day of the seventh
month the LORD's Festival of Tabernacles
35 begins, and it lasts for seven days. ●The first
day is a sacred assembly; do no regular work.
36 ● For seven days present food offerings to the
LORD, and on the eighth day hold a sacred
assembly and present a food offering to the
LORD. It is the closing special assembly; do no
regular work.
37 ●(" 'These are the LORD's appointed festivals,
which you are to proclaim as sacred assemblies
for bringing food offerings to the LORD—the
burnt offerings and grain offerings, sacrifices
and drink offerings required for each day.

[a]27 Or *and fast;* similarly in verses 29 and 32

atonement [ətóunmənt] *n.* 속죄
blast [blæst] *n.* 경적
commemorate [kəmémərèit] *vt.* 기념하다
destroy [distrɔ́i] *vt.* 멸하다
festival [féstəvəl] *n.* 절기, 잔치
gleaning [glí:niŋ] *n.* (이삭 등) 주워 모은 것
grain [grein] *n.* 곡물
lasting [lǽstiŋ] *a.* 영구적인
observe [əbzə́:rv] *vt.* 준수하다
offering [ɔ́:fəriŋ] *n.* 봉헌물
ordinance [ɔ́:rdənəns] *n.* 규례
reside [rizáid] *vi.* 거류하다
rest [rest] *n.* 안식일, 휴식
sabbath [sǽbəθ] *n.* 안식일
tabernacle [tǽbə:rnækl] *n.* 초막(절)

23:22 to the very edges of...: …의 맨 끝까지
23:27 hold a assembly: 집회를 열다
23:29 deny oneself: (쾌락 등을) 자제하다
23:29 cut off: …에게서 단절시키다
23:31 at all...: (부정문에서) 조금도 …아니다

에 드릴지니
38 이는 여호와의 안식일 외에, 너희의 헌물 외
에, 너희의 모든 서원제물 외에 또 너희의 모
든 자원제물 외에 너희가 여호와께 드리는
것이니라
39 ●너희가 토지 소산 거두기를 마치거든 일곱
째 달 열닷샛날부터 이레 동안 여호와의 절
기를 지키되 첫날에도 안식하고 여덟째 날에
도 안식할 것이요
40 첫날에는 너희가 아름다운 나무 실과와 종려
나무 가지와 무성한 나무 가지와 시내 버들
을 취하여 너희의 하나님 여호와 앞에서 이
레 동안 즐거워할 것이라
41 너희는 매년 이레 동안 여호와께 이 절기를
지킬지니 너희 대대의 영원한 규례라 너희는
일곱째 달에 이를 지킬지니라
42 너희는 이레 동안 초막에 거주하되 이스라엘
에서 난 자는 다 초막에 거주할지니 느 8:14-17
43 이는 내가 이스라엘 자손을 애굽 땅에서 인
도하여 내던 때에 초막에 거주하게 한 줄을
너희 대대로 알게 함이니라 나는 너희의 하
나님 여호와이니라
44 모세는 이와 같이 여호와의 절기를 이스라엘
자손에게 공포하였더라

계속해서 켜 둘 등잔불 (♪419장)

24 여호와께서 모세에게 말씀하여 이르시
되
2 이스라엘 자손에게 명령하여 불을 켜기 위하
여 감람을 찧어낸 순결한 기름을 네게로 가
져오게 하여 계속해서 등잔불을 켜 둘지며
3 아론은 회막 안 [1)]증거궤 휘장 밖에서 저녁부
터 아침까지 여호와 앞에 항상 등잔불을 정
리할지니 이는 너희 대대로 지킬 영원한 규
례라
4 그는 여호와 앞에서 [2)]순결한 등잔대 위의 등
잔들을 항상 정리할지니라

여호와 앞에 진설할 떡

5 ●너는 고운 가루를 가져다가 떡 열두 개를
굽되 각 덩이를 십분의 이 에바로 하여
6 여호와 앞 [2)]순결한 상 위에 두 줄로 한 줄에
여섯씩 진설하고
7 너는 또 정결한 유향을 그 각 줄 위에 두어
기념물로 여호와께 화제를 삼을 것이며
8 안식일마다 이 떡을 여호와 앞에 항상 진설
할지니 이는 이스라엘 자손을 위한 것이요
영원한 언약이니라 민 4:7
9 이 떡은 아론과 그의 자손에게 돌리고 그들

38 ●These offerings are in addition to those for
the LORD's Sabbaths and[a] in addition to your
gifts and whatever you have vowed and all the
freewill offerings you give to the LORD.)
39 ●" 'So beginning with the fifteenth day of
the seventh month, after you have gathered
the crops of the land, celebrate the festival to
the LORD for seven days; the first day is a day
of sabbath rest, and the eighth day also is a
40 day of sabbath rest. ●On the first day you are
to take branches from luxuriant trees—from
palms, willows and other leafy trees—and re-
joice before the LORD your God for seven days.
41 ●Celebrate this as a festival to the LORD for
seven days each year. This is to be a lasting ordi-
nance for the generations to come; celebrate it
42 in the seventh month. ●Live in temporary
shelters for seven days: All native-born Israelites
43 are to live in such shelters ●so your descen-
dants will know that I had the Israelites live in
temporary shelters when I brought them out of
Egypt. I am the LORD your God.' "
44 ●So Moses announced to the Israelites the
appointed festivals of the LORD.

Olive Oil and Bread Set Before the LORD

24 1-2 The LORD said to Moses, ●"Com-
mand the Israelites to bring you clear
oil of pressed olives for the light so that the
lamps may be kept burning continually.
3 ●Outside the curtain that shields the ark of
the covenant law in the tent of meeting, Aa-
ron is to tend the lamps before the LORD from
evening till morning, continually. This is to be
a lasting ordinance for the generations to
4 come. ●The lamps on the pure gold lamp-
stand before the LORD must be tended continu-
ally.
5 ●"Take the finest flour and bake twelve
loaves of bread, using two-tenths of an ephah[b]
6 for each loaf. ●Arrange them in two stacks, six
in each stack, on the table of pure gold before
7 the LORD. ●By each stack put some pure in-
cense as a memorial[c] portion to represent the
bread and to be a food offering presented to the
8 LORD. ●This bread is to be set out before the
LORD regularly, Sabbath after Sabbath, on
behalf of the Israelites, as a lasting covenant.
9 ●It belongs to Aaron and his sons, who are to

[a]38 Or *These festivals are in addition to the LORD's Sabbaths, and these offerings are* [b]5 That is, probably about 7 pounds or about 3.2 kilograms [c]7 Or *representative* 1) 법궤 2) 또는 순금

announce [ənáuns] *vt.* 공포하다
ark [a:rk] *n.* 궤
arrange [əréindʒ] *vt.* 배열하다
branch [bræntʃ] *n.* 가지
command [kəmǽnd] *vt.* 명령하다
covenant [kʌ́vənənt] *n.* 언약
crop [krap] *n.* 수확물
freewill offering [fri:wíl ɔ́:fəriŋ] *n.* 낙헌제
luxuriant [lʌgʒúəriənt] *a.* 무성한
memorial [məmɔ́:riəl] *a.* 기념의
native-born [néitiv bɔ:rn] *a.* 본토박이의
rejoice [ridʒɔ́is] *vi.* 기뻐하다
shelter [ʃéltər] *n.* 집, 피난처
shield [ʃi:ld] *vt.* 가리다
temporary [témpərèri] *a.* 일시적인

23:38 in addition to...: …외에도
23:43 bring out: 데리고 나가다
24:2 keep ~ing: ~한 상태를 유지하다
24:5 for each loaf: 매 덩이마다
24:8 set out: (음식 등을) 내다, 차리다
24:8 on behalf of...: …를 위하여

은 그것을 거룩한 곳에서 먹을지니 이는 여호와의 화제 중 그에게 돌리는 것으로서 지극히 거룩함이니라 이는 영원한 규례니라

여호와의 이름을 모독하면

10 • 이스라엘 자손 중에 그의 어머니가 이스라엘 여인이요 그의 아버지는 애굽 사람인 어떤 사람이 나가서 한 이스라엘 사람과 진영 중에서 싸우다가
11 그 이스라엘 여인의 아들이 여호와의 이름을 모독하며 저주하므로 무리가 끌고 모세에게로 가니라 그의 어머니의 이름은 슬로밋이요 단 지파 디브리의 딸이었더라
12 그들이 그를 가두고 여호와의 명령을 기다리더니
13 여호와께서 모세에게 말씀하여 이르시되
14 그 저주한 사람을 진영 밖으로 끌어내어 그것을 들은 모든 사람이 그들의 손을 그의 머리에 얹게 하고 온 회중이 돌로 그를 칠지니라
15 너는 이스라엘 자손에게 말하여 이르라 누구든지 그의 하나님을 저주하면 죄를 담당할 것이요
16 여호와의 이름을 모독하면 그를 반드시 죽일지니 온 회중이 돌로 그를 칠 것이니라 거류민이든지 본토인이든지 여호와의 이름을 모독하면 그를 죽일지니라
17 사람을 쳐죽인 자는 반드시 죽일 것이요
18 짐승을 쳐죽인 자는 짐승으로 짐승을 갚을 것이며
19 사람이 만일 그의 이웃에게 상해를 입혔으면 그가 행한 대로 그에게 행할 것이니
20 상처에는 상처로, 눈에는 눈으로, 이에는 이로 갚을지라 남에게 상해를 입힌 그대로 그에게 그렇게 할 것이며
21 짐승을 죽인 자는 그것을 물어 줄 것이요 사람을 죽인 자는 죽일지니
22 거류민에게든지 본토인에게든지 그 법을 동일하게 할 것은 나는 너희의 하나님 여호와임이니라
23 모세가 이스라엘 자손에게 말하니 그들이 그 저주한 자를 진영 밖으로 끌어내어 돌로 쳤더라 이스라엘 자손이 여호와께서 모세에게 명령하신 대로 행하였더라

안식년 (♪ 46장)

25 여호와께서 시내 산에서 모세에게 말씀하여 이르시되
2 이스라엘 자손에게 말하여 이르라 너희는 내가 너희에게 주는 땅에 들어간 후에 그 땅으로 여호와 앞에 안식하게 하라

eat it in the sanctuary area, because it is a
most holy part of their perpetual share of
the food offerings presented to the LORD."

A Blasphemer Put to Death

10 • Now the son of an Israelite mother and
an Egyptian father went out among the
Israelites, and a fight broke out in the camp
11 between him and an Israelite. • The son of
the Israelite woman blasphemed the Name
with a curse; so they brought him to Moses.
(His mother's name was Shelomith, the
12 daughter of Dibri the Danite.) • They put
him in custody until the will of the LORD
should be made clear to them.
13-14 • Then the LORD said to Moses: • "Take
the blasphemer outside the camp. All those
who heard him are to lay their hands on his
head, and the entire assembly is to stone
15 him. • Say to the Israelites: 'Anyone who
curses their God will be held responsible;
16 • anyone who blasphemes the name of the
LORD is to be put to death. The entire assembly must stone them. Whether foreigner or
native-born, when they blaspheme the
Name they are to be put to death.
17 • " 'Anyone who takes the life of a human
18 being is to be put to death. • Anyone who
takes the life of someone's animal must
19 make restitution — life for life. • Anyone
who injures their neighbor is to be injured in
20 the same manner: • fracture for fracture, eye
for eye, tooth for tooth. The one who has
inflicted the injury must suffer the same
21 injury. • Whoever kills an animal must make
restitution, but whoever kills a human being
22 is to be put to death. • You are to have the
same law for the foreigner and the native-born. I am the LORD your God.' "
23 • Then Moses spoke to the Israelites, and
they took the blasphemer outside the camp
and stoned him. The Israelites did as the
LORD commanded Moses.

The Sabbath Year

25 The LORD said to Moses at Mount
2 Sinai, • "Speak to the Israelites and
say to them: 'When you enter the land I am
going to give you, the land itself must observe
3 a sabbath to the LORD. • For six years sow
your fields, and for six years prune your vine-
4 yards and gather their crops. • But in the sev-

assembly [əsémbli] *n.* 회중
blaspheme [blæsfíːm] *vt.* 모독하다
curse [kəːrs] *n.* 저주
custody [kʌstədi] *n.* 감금
fracture [frǽktʃər] *n.* 골절
inflict [inflíkt] *vt.* (고통 등을) 가하다
injury [índʒəri] *n.* 상해
observe [əbzə́ːrv] *vt.* 준수하다
perpetual [pərpétʃuəl] *a.* 영속하는
sabbath [sǽbəθ] *n.* 안식일
sanctuary [sǽŋktʃuèri] *n.* 성소
stone [stoun] *vt.* 돌로 치다
suffer [sʌ́fər] *vt.* (고통을) 겪다
vineyard [vínjərd] *n.* 포도원
will [wil] *n.* 뜻, 의지

24:10 break out...: 별안간 …하기 시작하다, (전쟁이) 발발하다
24:15 be held responsible: 책임을 지다
24:16 whether A or B: A이든 B이든
24:16 put to death: 죽이다, 처형하다
24:18 make restitution: 보상하다

3 너는 육 년 동안 그 밭에 파종하며 육 년 동안
그 포도원을 가꾸어 그 소출을 거둘 것이나
4 일곱째 해에는 그 땅이 쉬어 안식하게 할지니
여호와께 대한 안식이라 너는 그 밭에 파종하
거나 포도원을 가꾸지 말며
5 네가 거둔 후에 자라난 것을 거두지 말고 가꾸
지 아니한 포도나무가 맺은 열매를 거두지 말
라 이는 땅의 안식년임이니라
6 안식년의 소출은 너희가 먹을 것이니 너와 네
남종과 네 여종과 네 품꾼과 너와 함께 거류하
는 자들과
7 네 가축과 네 땅에 있는 들짐승들이 다 그 소
출로 먹을 것을 삼을지니라

희년 (♪419장)

8 ●너는 일곱 안식년을 계수할지니 이는 칠 년
이 일곱 번인즉 안식년 일곱 번 동안 곧 사십
구 년이라
9 일곱째 달 열흘날은 속죄일이니 너는 뿔나팔
소리를 내되 전국에서 뿔나팔을 크게 불지며
10 너희는 오십 년째 해를 거룩하게 하여 그 땅에
있는 모든 주민을 위하여 자유를 공포하라 이
해는 너희에게 희년이니 너희는 각각 자기의
[1]소유지로 돌아가며 각각 자기의 가족에게로
돌아갈지며
11 그 오십 년째 해는 너희의 희년이니 너희는 파
종하지 말며 스스로 난 것을 거두지 말며 가꾸
지 아니한 포도를 거두지 말라
12 이는 희년이니 너희에게 거룩함이니라 너희
는 밭의 소출을 먹으리라

부당한 이익을 취하지 말라

13 ●이 희년에는 너희가 각기 자기의 소유지로
돌아갈지라
14 네 이웃에게 팔든지 네 이웃의 손에서 사거든
너희 각 사람은 그의 형제를 속이지 말라
15 그 희년 후의 연수를 따라서 너는 이웃에게서
살 것이요 그도 소출을 얻을 연수를 따라서 네
게 팔 것인즉 27:18,23
16 연수가 많으면 너는 그것의 값을 많이 매기고
연수가 적으면 너는 그것의 값을 적게 매길지니
곧 그가 소출의 다소를 따라서 네게 팔 것이라
17 너희 각 사람은 자기 이웃을 속이지 말고 네
하나님을 경외하라 나는 너희의 하나님 여호
와이니라
18 ●너희는 내 규례를 행하며 내 법도를 지켜 행
하라 그리하면 너희가 그 땅에 안전하게 거주
할 것이라
19 땅은 그것의 열매를 내리니 너희가 배불리 먹

enth year the land is to have a year of sab-
bath rest, a sabbath to the LORD. Do not sow
5 your fields or prune your vineyards. ●Do not
reap what grows of itself or harvest the
grapes of your untended vines. The land is
6 to have a year of rest. ●Whatever the land
yields during the sabbath year will be food
for you—for yourself, your male and female
servants, and the hired worker and tempo-
7 rary resident who live among you, ●as well
as for your livestock and the wild animals in
your land. Whatever the land produces may
be eaten.

The Year of Jubilee

8 ●" 'Count off seven sabbath years—seven
times seven years—so that the seven sab-
bath years amount to a period of forty-nine
9 years. ●Then have the trumpet sounded
everywhere on the tenth day of the seventh
month; on the Day of Atonement sound the
10 trumpet throughout your land. ●Conse-
crate the fiftieth year and proclaim liberty
throughout the land to all its inhabitants. It
shall be a jubilee for you; each of you is to
return to your family property and to your
11 own clan. ●The fiftieth year shall be a jubilee
for you; do not sow and do not reap what
grows of itself or harvest the untended vines.
12 ●For it is a jubilee and is to be holy for you;
eat only what is taken directly from the
fields.
13 ●" 'In this Year of Jubilee everyone is to
return to their own property.
14 ●" 'If you sell land to any of your own peo-
ple or buy land from them, do not take
15 advantage of each other. ●You are to buy
from your own people on the basis of the
number of years since the Jubilee. And they
are to sell to you on the basis of the number of
16 years left for harvesting crops. ●When the
years are many, you are to increase the price,
and when the years are few, you are to de-
crease the price, because what is really being
17 sold to you is the number of crops. ●Do not
take advantage of each other, but fear your
God. I am the LORD your God.
18 ●" 'Follow my decrees and be careful to
obey my laws, and you will live safely in the
19 land. ●Then the land will yield its fruit, and
you will eat your fill and live there in safety.
20 ●You may ask, "What will we eat in the sev-

1) 분배 받은 토지

atonement [ətóunmənt] *n.* 속죄
consecrate [kánsəkrèit] *vt.* 신성하게 하다
decree [dikríː] *n.* 규례
fear [fiər] *vt.* 두려워하다
inhabitant [inhǽbətənt] *n.* 거주자
jubilee [dʒúːbəlìː] *n.* 희년, 환희
livestock [láivstak] *n.* 가축
obey [oubéi] *vt.* 순종하다
property [prápərti] *n.* 토지, 소유
prune [pruːn] *vt.* 가지 치다
resident [rézədnt] *n.* 거주자
sow [sou] *vt.* 씨를 뿌리다
temporary [témpərèri] *a.* 일시적인
untended [ʌnténdid] *a.* 돌봄 받지 않는
yield [jiːld] *vt.* 산출하다

25:7 as well as...: …뿐만 아니라
25:8 amount to: (수량)…와 마찬가지이다
25:14 take advantage of...: …을 이용하다
25:15 on the basis of...: …에 기초하여
25:19 eat one's fill: 잔뜩 먹다

고 거기 안전하게 거주하리라
20 만일 너희가 말하기를 우리가 만일 일곱째 해
에 심지도 못하고 소출을 거두지도 못하면 우
리가 무엇을 먹으리요 하겠으나 25:4,5
21 내가 명령하여 여섯째 해에 내 복을 너희에게 주
어 그 소출이 삼 년 동안 쓰기에 족하게 하리라
22 너희가 여덟째 해에는 파종하려니와 묵은 소출
을 먹을 것이며 아홉째 해에 그 땅에 소출이 들
어오기까지 너희는 묵은 것을 먹으리라 26:10
23 ●토지를 영구히 팔지 말 것은 토지는 다 내 것
임이니라 너희는 1)거류민이요 동거하는 자로
서 나와 함께 있느니라
24 너희 기업의 온 땅에서 그 토지 무르기를 허락
할지니
25 만일 네 형제가 가난하여 그의 기업 중에서 얼
마를 팔았으면 그에게 가까운 기업 무를 자가
와서 그의 형제가 판 것을 무를 것이요
26 만일 그것을 무를 사람이 없고 자기가 부유하
게 되어 무를 힘이 있으면
27 그 판 해를 계수하여 그 남은 값을 산 자에게
주고 자기의 소유지로 돌릴 것이니라 25:50-52
28 그러나 자기가 무를 힘이 없으면 그 판 것이 희
년에 이르기까지 산 자의 손에 있다가 희년에
이르러 돌아올지니 그것이 곧 그의 기업으로
돌아갈 것이니라
29 ●성벽 있는 성 내의 가옥을 팔았으면 판 지 만
일 년 안에는 무를 수 있나니 곧 그 기한 안에
무르려니와
30 일 년 안에 무르지 못하면 그 성 안의 가옥은
산 자의 소유로 확정되어 대대로 영구히 그에
게 속하고 희년에라도 돌려보내지 아니할 것
이니라
31 그러나 성벽이 둘리지 아니한 촌락의 가옥은
나라의 전토와 같이 물러 주기도 할 것이요 희
년에 돌려보내기도 할 것이니라
32 레위 족속의 성읍 곧 그들의 소유의 성읍의 가
옥은 레위 사람이 언제든지 무를 수 있으나
33 만일 레위 사람이 무르지 아니하면 그의 소유
성읍의 판 가옥은 희년에 돌려보낼지니 이는
레위 사람의 성읍의 가옥은 이스라엘 자손 중
에서 받은 그들의 기업이 됨이니라
34 그러나 그들의 성읍 주위에 있는 들판은 그들
의 영원한 소유지이니 팔지 못할지니라
35 ●네 형제가 가난하게 되어 빈손으로 네 곁에
있거든 너는 그를 도와 거류민이나 동거인처
럼 너와 함께 생활하게 하되
36 너는 그에게 이자를 받지 말고 네 하나님을 경

enth year if we do not plant or harvest our
21 crops?" ●I will send you such a blessing in
the sixth year that the land will yield enough
22 for three years. ●While you plant during the
eighth year, you will eat from the old crop
and will continue to eat from it until the har-
vest of the ninth year comes in.
23 ●" 'The land must not be sold perma-
nently, because the land is mine and you
reside in my land as foreigners and stran-
24 gers. ●Throughout the land that you hold
as a possession, you must provide for the
redemption of the land.
25 ●" 'If one of your fellow Israelites be-
comes poor and sells some of their proper-
ty, their nearest relative is to come and re-
26 deem what they have sold. ●If, however,
there is no one to redeem it for them but
later on they prosper and acquire sufficient
27 means to redeem it themselves, ●they are to
determine the value for the years since they
sold it and refund the balance to the one to
whom they sold it; they can then go back to
28 their own property. ●But if they do not
acquire the means to repay, what was sold
will remain in the possession of the buyer
until the Year of Jubilee. It will be returned
in the Jubilee, and they can then go back to
their property.
29 ●" 'Anyone who sells a house in a walled
city retains the right of redemption a full
year after its sale. During that time the seller
30 may redeem it. ●If it is not redeemed be-
fore a full year has passed, the house in the
walled city shall belong permanently to the
buyer and the buyer's descendants. It is not
31 to be returned in the Jubilee. ●But houses in
villages without walls around them are to be
considered as belonging to the open coun-
try. They can be redeemed, and they are to
be returned in the Jubilee.
32 ●" 'The Levites always have the right to
redeem their houses in the Levitical towns,
33 which they possess. ●So the property of the
Levites is redeemable — that is, a house
sold in any town they hold — and is to be
returned in the Jubilee, because the houses
in the towns of the Levites are their proper-
34 ty among the Israelites. ●But the pasture-
land belonging to their towns must not be
sold; it is their permanent possession.
35 ●" 'If any of your fellow Israelites become

1) 또는 소작인

acquire [əkwáiər] *vt.* 얻다
balance [bǽləns] *n.* 차액
descendant [diséndənt] *n.* 후손
determine [ditə́:rmin] *vt.* 결정하다
enough [inʌ́f] *a.* 충분한
means [mi:nz] *n.* 부, 재산
permanently [pə́:rmənəntli] *ad.* 영구히
possession [pəzéʃən] *n.* 소유, 재산
prosper [prɑ́spər] *vi.* 번영하다
redeem [ridí:m] *vt.* 되찾다, 회복하다
refund [rifʌ́nd] *vt.* 갚다, 환불하다
remain [riméin] *vi.* …인 채로 있다
sufficient [səfíʃənt] *a.* (…하기) 충분한
value [vǽlju:] *n.* 값, 가치
walled [wɔ:ld] *a.* 벽이 있는

25:21 **such... that~**: …해서 ~하다
25:24 **provide for...**: …에 대비하다, …를 생각해두다
25:30 **belong to...**: …에 속하다
25:31 **consider as...**: …으로서 생각하다
25:33 **that is**: 즉, 말하자면

외하여 네 형제로 너와 함께 생활하게 할 것인
즉
37 너는 그에게 이자를 위하여 돈을 꾸어 주지 말
고 이익을 위하여 네 양식을 꾸어 주지 말라
38 나는 너희의 하나님이 되며 또 가나안 땅을 너
희에게 주려고 애굽 땅에서 너희를 인도하여
낸 너희의 하나님 여호와이니라 11:45
39 ●너와 함께 있는 네 형제가 가난하게 되어 네게
몸이 팔리거든 너는 그를 종으로 부리지 말고
40 품꾼이나 동거인과 같이 함께 있게 하여 희년
까지 너를 섬기게 하라
41 그때에는 그와 그의 자녀가 함께 네게서 떠나
그의 가족과 그의 조상의 기업으로 돌아가게
하라
42 그들은 내가 애굽 땅에서 인도하여 낸 내 종들
이니 종으로 팔지 말 것이라
43 너는 그를 엄하게 부리지 말고 네 하나님을 경
외하라
44 네 종은 남녀를 막론하고 네 사방 이방인 중에
서 취할지니 남녀 종은 이런 자 중에서 사올 것
이며
45 또 너희 중에 거류하는 동거인들의 자녀 중에
서도 너희가 사올 수 있고 또 그들이 너희와 함
께 있어서 너희 땅에서 가정을 이룬 자들 중에
서도 그리 할 수 있은즉 그들이 너희의 소유가
될지니라
46 너희는 그들을 너희 후손에게 기업으로 주어 소
유가 되게 할 것이라 이방인 중에서는 너희가
영원한 종을 삼으려니와 너희 동족 이스라엘
자손은 너희가 피차 엄하게 부리지 말지니라
47 ●만일 너와 함께 있는 거류민이나 동거인은
부유하게 되고 그와 함께 있는 네 형제는 가난
하게 되므로 그가 너와 함께 있는 거류민이나
동거인 또는 거류민의 가족의 후손에게 팔리면
48 그가 팔린 후에 그에게는 속량 받을 권리가 있
나니 그의 형제 중 하나가 그를 속량하거나
49 또는 그의 삼촌이나 그의 삼촌의 아들이 그를
속량하거나 그의 가족 중 그의 살붙이 중에서
그를 속량할 것이요 그가 부유하게 되면 스스
로 속량하되
50 자기 몸이 팔린 해로부터 희년까지를 그 산 자
와 계산하여 그 연수를 따라서 그 몸의 값을 정
할 때에 그 사람을 섬긴 날을 그 사람에게 고용
된 날로 여길 것이라
51 만일 남은 해가 많으면 그 연수대로 팔린 값에
서 속량하는 값을 그 사람에게 도로 주고
52 만일 희년까지 남은 해가 적으면 그 사람과 계

poor and are unable to support themselves
among you, help them as you would a for-
eigner and stranger, so they can continue to
36 live among you. ●Do not take interest or any
profit from them, but fear your God, so that
37 they may continue to live among you. ●You
must not lend them money at interest or sell
38 them food at a profit. ●I am the LORD your
God, who brought you out of Egypt to give
you the land of Canaan and to be your God.
39 ●" 'If any of your fellow Israelites become
poor and sell themselves to you, do not
40 make them work as slaves. ●They are to be
treated as hired workers or temporary resi-
dents among you; they are to work for you
41 until the Year of Jubilee. ●Then they and
their children are to be released, and they
will go back to their own clans and to the
42 property of their ancestors. ●Because the
Israelites are my servants, whom I brought
out of Egypt, they must not be sold as slaves.
43 ●Do not rule over them ruthlessly, but fear
your God.
44 ●" 'Your male and female slaves are to
come from the nations around you; from
45 them you may buy slaves. ●You may also
buy some of the temporary residents living
among you and members of their clans
born in your country, and they will be-
46 come your property. ●You can bequeath
them to your children as inherited proper-
ty and can make them slaves for life, but
you must not rule over your fellow Isra-
elites ruthlessly.
47 ●" 'If a foreigner residing among you
becomes rich and any of your fellow Isra-
elites become poor and sell themselves to the
foreigner or to a member of the foreigner's
48 clan, ●they retain the right of redemption
after they have sold themselves. One of their
49 relatives may redeem them: ●An uncle or a
cousin or any blood relative in their clan
may redeem them. Or if they prosper, they
50 may redeem themselves. ●They and their
buyer are to count the time from the year
they sold themselves up to the Year of
Jubilee. The price for their release is to be
based on the rate paid to a hired worker for
51 that number of years. ●If many years re-
main, they must pay for their redemption a
52 larger share of the price paid for them. ●If
only a few years remain until the Year of

ancestor [ǽnsestər] *n.* 조상
bequeath [bikwíːð] *vt.* 후세에 남기다
clan [klæn] *n.* 씨족
fellow [félou] *a.* 동료의
lend [lend] *vt.* 빌려주다
profit [práfit] *n.* 이윤
rate [reit] *n.* 비율
relative [rélətiv] *n.* 친척
release [rilíːs] *vt.* 놓아주다
resident [rézədnt] *n.* 거주자
retain [ritéin] *vt.* 계속 유지하다
ruthlessly [rúːθlisli] *ad.* 무자비하게
sell [sel] *vt.* 팔다
share [ʃεər] *n.* 몫, 할당
temporary [témpərèri] *a.* 일시적인

25:35 continue to: 계속해서 …하다
25:36 take interest: 관심을 가지다
25:42 bring out: (데리고) 나가다
25:43 rule over: 지배하다
25:46 for life: 평생 동안
23:50 be based on: …에 근거하다

산하여 그 연수대로 속량하는 그 값을 그에
게 도로 줄지며
53 주인은 그를 매년의 삯꾼과 같이 여기고 네
목전에서 엄하게 부리지 말지니라
54 그가 이같이 속량되지 못하면 희년에 이르러
는 그와 그의 자녀가 자유하리니
55 이스라엘 자손은 나의 종들이 됨이라 그들은
내가 애굽 땅에서 인도하여 낸 내 종이요 나
는 너희의 하나님 여호와이니라

26 너희는 자기를 위하여 우상을 만들지
말지니 조각한 것이나 주상을 세우지
말며 너희 땅에 조각한 석상을 세우고 그에
게 경배하지 말라 나는 너희의 하나님 여호
와임이니라
2 너희는 내 안식일을 지키며 내 성소를 경외
하라 나는 여호와이니라 19:30

상과 벌 (♪ 524, 569장)

3 ●너희가 내 규례와 계명을 준행하면
4 내가 너희에게 철따라 비를 주리니 땅은 그
산물을 내고 밭의 나무는 열매를 맺으리라
5 너희의 타작은 포도 딸 때까지 미치며 너희
의 포도 따는 것은 파종할 때까지 미치리니
너희가 음식을 배불리 먹고 너희의 땅에 안
전하게 거주하리라
6 내가 그 땅에 평화를 줄 것인즉 너희가 누울
때 너희를 두렵게 할 자가 없을 것이며 내가
사나운 짐승을 그 땅에서 제할 것이요 칼이
너희의 땅에 두루 행하지 아니할 것이며
7 너희의 원수들을 쫓으리니 그들이 너희 앞에
서 칼에 엎드러질 것이라
8 또 너희 다섯이 백을 쫓고 너희 백이 만을 쫓
으리니 너희 대적들이 너희 앞에서 칼에 엎
드러질 것이며
9 내가 너희를 돌보아 너희를 번성하게 하고
너희를 창대하게 할 것이며 내가 너희와 함
께 한 내 언약을 이행하리라
10 너희는 오래 두었던 묵은 곡식을 먹다가 새
곡식으로 말미암아 묵은 곡식을 치우게 될
것이며
11 내가 내 성막을 너희 중에 세우리니 내 마음
이 너희를 싫어하지 아니할 것이며
12 나는 너희 중에 행하여 너희의 하나님이 되
고 너희는 내 백성이 될 것이니라
13 나는 너희를 애굽 땅에서 인도해 내어 그들
에게 종된 것을 면하게 한 너희의 하나님 여
호와이니라 내가 너희의 멍에의 빗장을 부수
고 너희를 바로 서서 걷게 하였느니라

Jubilee, they are to compute that and pay for
53 their redemption accordingly. •They are to
be treated as workers hired from year to
year; you must see to it that those to whom
they owe service do not rule over them ruth-
lessly.
54 •" 'Even if someone is not redeemed in any
of these ways, they and their children are to
55 be released in the Year of Jubilee, •for the
Israelites belong to me as servants. They are
my servants, whom I brought out of Egypt. I
am the LORD your God.

Reward for Obedience

26 " 'Do not make idols or set up an
image or a sacred stone for your-
selves, and do not place a carved stone in
your land to bow down before it. I am the
LORD your God.
2 •" 'Observe my Sabbaths and have rever-
ence for my sanctuary. I am the LORD.
3 •" 'If you follow my decrees and are careful
4 to obey my commands, •I will send you rain
in its season, and the ground will yield its
5 crops and the trees their fruit. •Your thresh-
ing will continue until grape harvest and the
grape harvest will continue until planting,
and you will eat all the food you want and
live in safety in your land.
6 •" 'I will grant peace in the land, and you
will lie down and no one will make you afraid.
I will remove wild beasts from the land, and
the sword will not pass through your country.
7 •You will pursue your enemies, and they will
8 fall by the sword before you. •Five of you will
chase a hundred, and a hundred of you will
chase ten thousand, and your enemies will fall
by the sword before you.
9 •" 'I will look on you with favor and make
you fruitful and increase your numbers, and I
10 will keep my covenant with you. •You will
still be eating last year's harvest when you will
have to move it out to make room for the
11 new. •I will put my dwelling place[a] among
12 you, and I will not abhor you. •I will walk
among you and be your God, and you will be
13 my people. •I am the LORD your God, who
brought you out of Egypt so that you would
no longer be slaves to the Egyptians; I broke
the bars of your yoke and enabled you to
walk with heads held high.

[a]11 Or *my tabernacle*

accordingly [əkɔ́:rdiŋli] *ad.* 그에 알맞게
afraid [əfréid] *a.* 두려워하는
carved [ka:rvd] *a.* 조각된
chase [tʃeis] *vt.* 쫓다
compute [kəmpjú:t] *vt.* 계산하다, 산정하다
grant [grænt] *vt.* 주다
obedience [oubí:diəns] *n.* 순종
observe [əbzə́:rv] *vt.* 준수하다
owe [ou] *vt.* 빚지다
pursue [pərsú:] *vt.* 쫓다
redemption [ridémpʃən] *n.* 되찾기
reward [riwɔ́:rd] *n.* 보상
sabbath [sǽbəθ] *n.* 안식일
sanctuary [sǽŋktʃuèri] *n.* 성소
threshing [θréʃiŋ] *n.* 타작

26:3 be careful to...: …에 주의하다
26:10 move out: 치우다, 옮기다
26:10 make room for...: …를 위해 자리를 내주다, 양보하다, 길을 비켜 주다
26:13 enable... to~: …로 하여금 ~할 수 있게 하다

14 ● 그러나 너희가 내게 청종하지 아니하여 이 모든 명령을 준행하지 아니하며
15 내 규례를 멸시하며 마음에 내 법도를 싫어하여 내 모든 계명을 준행하지 아니하며 내 언약을 배반할진대
16 내가 이같이 너희에게 행하리니 곧 내가 너희에게 놀라운 재앙을 내려 폐병과 열병으로 눈이 어둡고 생명이 쇠약하게 할 것이요 너희가 파종한 것은 헛되리니 너희의 대적이 그것을 먹을 것임이며
17 내가 너희를 치리니 너희가 너희의 대적에게 패할 것이요 너희를 미워하는 자가 너희를 다스릴 것이며 너희는 쫓는 자가 없어도 도망하리라
18 또 만일 너희가 그렇게까지 되어도 내게 청종하지 아니하면 너희의 죄로 말미암아 내가 너희를 일곱 배나 더 징벌하리라
19 내가 너희의 세력으로 말미암은 교만을 꺾고 너희의 하늘을 철과 같게 하며 너희 땅을 놋과 같게 하리니
20 너희의 수고가 헛될지라 땅은 그 산물을 내지 아니하고 땅의 나무는 그 열매를 맺지 아니하리라
21 ● 너희가 나를 거슬러 내게 청종하지 아니할진대 내가 너희의 죄대로 너희에게 일곱 배나 더 재앙을 내릴 것이라
22 내가 들짐승을 너희 중에 보내리니 그것들이 너희의 자녀를 움키고 너희 가축을 멸하며 너희의 수효를 줄이리니 너희의 길들이 황폐하리라
23 ● 이런 일을 당하여도 너희가 내게로 돌아오지 아니하고 내게 대항할진대
24 나 곧 나도 너희에게 대항하여 너희 죄로 말미암아 너희를 칠 배나 더 치리라
25 내가 칼을 너희에게로 가져다가 언약을 어긴 원수를 갚을 것이며 너희가 성읍에 모일지라도 너희 중에 염병을 보내고 너희를 대적의 손에 넘길 것이며
26 내가 너희가 의뢰하는 양식을 끊을 때에 열 여인이 한 화덕에서 너희 떡을 구워 저울에 달아 주리니 너희가 먹어도 배부르지 아니하리라
27 ● 너희가 이같이 될지라도 내게 청종하지 아니하고 내게 대항할진대
28 내가 진노로 너희에게 대항하되 너희의 죄로 말미암아 칠 배나 더 징벌하리니
29 너희가 아들의 살을 먹을 것이요 딸의 살을

Punishment for Disobedience

14 ●" 'But if you will not listen to me and carry
15 out all these commands, ●and if you reject my
decrees and abhor my laws and fail to carry
out all my commands and so violate my
16 covenant, ●then I will do this to you: I will
bring on you sudden terror, wasting diseases
and fever that will destroy your sight and sap
your strength. You will plant seed in vain,
17 because your enemies will eat it. ●I will set my
face against you so that you will be defeated by
your enemies; those who hate you will rule
over you, and you will flee even when no one
is pursuing you.
18 ●" 'If after all this you will not listen to me,
I will punish you for your sins seven times
19 over. ●I will break down your stubborn pride
and make the sky above you like iron and
20 the ground beneath you like bronze. ●Your
strength will be spent in vain, because your
soil will not yield its crops, nor will the trees of
your land yield their fruit.
21 ●" 'If you remain hostile toward me and
refuse to listen to me, I will multiply your afflic-
22 tions seven times over, as your sins deserve. ●I
will send wild animals against you, and they
will rob you of your children, destroy your cat-
tle and make you so few in number that your
roads will be deserted.
23 ●" 'If in spite of these things you do not
accept my correction but continue to be hos-
24 tile toward me, ●I myself will be hostile to-
ward you and will afflict you for your sins
25 seven times over. ●And I will bring the sword
on you to avenge the breaking of the co-
venant. When you withdraw into your cities, I
will send a plague among you, and you will be
26 given into enemy hands. ●When I cut off your
supply of bread, ten women will be able to
bake your bread in one oven, and they will
dole out the bread by weight. You will eat, but
you will not be satisfied.
27 ●" 'If in spite of this you still do not listen to
me but continue to be hostile toward me,
28 ●then in my anger I will be hostile toward you,
and I myself will punish you for your sins
29 seven times over. ●You will eat the flesh of
30 your sons and the flesh of your daughters. ●I
will destroy your high places, cut down your
incense altars and pile your dead bodies[a] on the
lifeless forms of your idols, and I will abhor

[a]30 Or *your funeral offerings*

abhor [æbhɔ́:r] *vt.* 몹시 싫어하다
afflict [əflíkt] *vt.* 괴롭히다
avenge [əvéndʒ] *vt.* 보복하다
bronze [branz] *a.* 청동의
command [kəmǽnd] *n.* 명령
covenant [kʌ́vənənt] *n.* 언약
decree [dikri:] *n.* 규례
defeat [difí:t] *vt.* 패배시키다
hostile [hástl] *a.* 적대적인
punishment [pʌ́niʃmənt] *n.* 징벌
reject [ridʒékt] *vt.* 거부하다
sap [sæp] *vt.* …의 활력을 잃게 하다
stubborn [stʌ́bərn] *a.* 완고한
violate [váiəlèit] *vt.* 위반하다
withdraw [wiðdrɔ́:] *vi.* 물러가다

26:14 **carry out:** (약속 · 의무) 이행하다
26:19 **break down**: 무너뜨리다
26:20 **in vain**: 헛되이
26:22 **rob... of~**: ~를 …에게서 빼앗다
26:26 **dole out**: 베풀다, 조금씩 나눠 주다
26:27 **in spite of...**: …에도 불구하고

먹을 것이며
30 내가 너희의 산당들을 헐며 너희의 분향단들
을 부수고 너희의 시체들을 부서진 우상들
위에 던지고 내 마음이 너희를 싫어할 것이
며
31 내가 너희의 성읍을 황폐하게 하고 너희의
성소들을 황량하게 할 것이요 너희의 향기로
운 냄새를 내가 흠향하지 아니하고 시 74:7
32 그 땅을 황무하게 하리니 거기 거주하는 너희
의 원수들이 그것으로 말미암아 놀랄 것이며
33 내가 너희를 여러 민족 중에 흩을 것이요 내
가 칼을 빼어 너희를 따르게 하리니 너희의
땅이 황무하며 너희의 성읍이 황폐하리라
34 ●너희가 원수의 땅에 살 동안에 너희의 본
토가 황무할 것이므로 땅이 안식을 누릴 것
이라 그때에 땅이 안식을 누리리니
35 너희가 그 땅에 거주하는 동안 너희가 안식
할 때에 땅은 쉬지 못하였으나 그 땅이 황무
할 동안에는 쉬게 되리라
36 너희 남은 자에게는 그 원수들의 땅에서 내
가 그들의 마음을 약하게 하리니 그들은 바
람에 불린 잎사귀 소리에도 놀라 도망하기를
칼을 피하여 도망하듯 할 것이요 쫓는 자가
없어도 엎드러질 것이라
37 그들은 쫓는 자가 없어도 칼 앞에 있음같이
서로 짓밟혀 넘어지리니 너희가 원수들을 맞
설 힘이 없을 것이요 수 7:12,13
38 너희가 여러 민족 중에서 망하리니 너희의
원수들의 땅이 너희를 삼킬 것이라
39 너희 남은 자가 너희의 원수들의 땅에서 자
기의 죄로 말미암아 쇠잔하며 그 조상의 죄
로 말미암아 그 조상같이 쇠잔하리라
40 ●그들이 나를 거스른 잘못으로 자기의 죄악
과 그들의 조상의 죄악을 자복하고 또 그들
이 내게 대항하므로
41 나도 그들에게 대항하여 내가 그들을 그들의
원수들의 땅으로 끌어 갔음을 깨닫고 그 할
례받지 아니한 그들의 마음이 낮아져서 그들
의 죄악의 형벌을 기쁘게 받으면
42 내가 야곱과 맺은 내 언약과 이삭과 맺은 내
언약을 기억하며 아브라함과 맺은 내 언약을
기억하고 그 땅을 기억하리라
43 그들이 내 법도를 싫어하며 내 규례를 멸시
하였으므로 그 땅을 떠나서 사람이 없을 때
에 그 땅은 황폐하여 안식을 누릴 것이요 그
들은 자기 죄악의 형벌을 기쁘게 받으리라
44 그런즉 그들이 그들의 원수들의 땅에 있을

31 you. •I will turn your cities into ruins and lay
waste your sanctuaries, and I will take no
delight in the pleasing aroma of your offerings.
32 •I myself will lay waste the land, so that your
33 enemies who live there will be appalled. •I will
scatter you among the nations and will draw
out my sword and pursue you. Your land will
be laid waste, and your cities will lie in ruins.
34 •Then the land will enjoy its sabbath years all
the time that it lies desolate and you are in the
country of your enemies; then the land will rest
35 and enjoy its sabbaths. •All the time that it lies
desolate, the land will have the rest it did not
have during the sabbaths you lived in it.
36 •" 'As for those of you who are left, I will
make their hearts so fearful in the lands of their
enemies that the sound of a windblown leaf
will put them to flight. They will run as though
fleeing from the sword, and they will fall, even
37 though no one is pursuing them. •They will
stumble over one another as though fleeing
from the sword, even though no one is pursu-
ing them. So you will not be able to stand
38 before your enemies. •You will perish among
the nations; the land of your enemies will
39 devour you. •Those of you who are left will
waste away in the lands of their enemies
because of their sins; also because of their
ancestors' sins they will waste away.
40 •" 'But if they will confess their sins and the
sins of their ancestors—their unfaithfulness
41 and their hostility toward me, •which made
me hostile toward them so that I sent them
into the land of their enemies—then when
their uncircumcised hearts are humbled and
42 they pay for their sin, •I will remember my
covenant with Jacob and my covenant with
Isaac and my covenant with Abraham, and I
43 will remember the land. •For the land will be
deserted by them and will enjoy its sabbaths
while it lies desolate without them. They will
pay for their sins because they rejected my
44 laws and abhorred my decrees. •Yet in spite of
this, when they are in the land of their ene-
mies, I will not reject them or abhor them so as
to destroy them completely, breaking my
covenant with them. I am the LORD their God.
45 •But for their sake I will remember the co-
venant with their ancestors whom I brought
out of Egypt in the sight of the nations to be
their God. I am the LORD.' "
46 •These are the decrees, the laws and the reg-

appall [əpɔ́:l] *vt.* 놀라게 하다
confess [kənfés] *vt.* 고백하다
covenant [kʌ́vənənt] *n.* 언약
desert [dézərt] *vt.* 버리다
desolate [désələt] *a.* 황량한
devour [diváuər] *vt.* 삼켜버리다
flee [fli:] *vi.* 도망하다
humble [hʌ́mbl] *vt.* 겸허하게 하다
perish [périʃ] *vi.* 망하다
ruin [rú:in] *n.* 황폐
sabbath [sǽbəθ] *n.* 안식
scatter [skǽtər] *vt.* 흩어버리다
stumble [stʌ́mbl] *vi.* 넘어지다
uncircumcised [ʌnsə́:rkəmsàizd] *a.* 할례받지 않은
unfaithfulness [ʌnféiθfəlnis] *n.* 불충실

26:31 **lay waste**: 황폐하게 하다
26:36 **as for...**: …에 관해 (말하자면)
26:36 **so... that~**: (너무) …해서 ~하다
26:36 **put... to flight**: …를 패주시키다
26:37 **be able to...**: …할 수 있다
26:39 **waste away**: 쇠약해지다

때에 내가 그들을 내버리지 아니하며 미워하
지 아니하며 아주 멸하지 아니하고 그들과
맺은 내 언약을 폐하지 아니하리니 나는 여
호와 그들의 하나님이 됨이니라
45 내가 그들의 하나님이 되기 위하여 민족들이
보는 앞에서 애굽 땅으로부터 그들을 인도하
여 낸 그들의 조상과의 언약을 그들을 위하
여 기억하리라 나는 여호와이니라 25:38
46 ●이것은 여호와께서 시내 산에서 자기와 이
스라엘 자손 사이에 모세를 통하여 세우신
규례와 법도와 율법이니라

서원 예물의 값

27 여호와께서 모세에게 말씀하여 이르시
되
2 이스라엘 자손에게 말하여 이르라 만일 어떤
사람이 사람의 값을 여호와께 드리기로 분명
히 서원하였으면 너는 그 값을 정할지니
3 네가 정한 값은 스무 살로부터 예순 살까지는
남자면 성소의 세겔로 은 오십 세겔로 하고
4 여자면 그 값을 삼십 세겔로 하며
5 다섯 살로부터 스무 살까지는 남자면 그 값
을 이십 세겔로 하고 여자면 열 세겔로 하며
6 일 개월로부터 다섯 살까지는 남자면 그 값
을 은 다섯 세겔로 하고 여자면 그 값을 은
삼 세겔로 하며
7 예순 살 이상은 남자면 그 값을 십오 세겔로
하고 여자는 열 세겔로 하라
8 그러나 서원자가 가난하여 네가 정한 값을
감당하지 못하겠으면 그를 제사장 앞으로 데
리고 갈 것이요 제사장은 그 값을 정하되 그
서원자의 형편대로 값을 정할지니라 27:12
9 ●사람이 서원하는 예물로 여호와께 드리는
것이 가축이면 여호와께 드릴 때는 다 거룩
하니
10 그것을 변경하여 우열간 바꾸지 못할 것이요
혹 가축으로 가축을 바꾸면 둘 다 거룩할 것
이며
11 부정하여 여호와께 예물로 드리지 못할 가축
이면 그 가축을 제사장 앞으로 끌어갈 것이요
12 제사장은 우열간에 값을 정할지니 그 값이
제사장의 정한 대로 될 것이며
13 만일 그가 그것을 무르려면 네가 정한 값에
그 오분의 일을 더할지니라
14 ●만일 어떤 사람이 자기 집을 성별하여 여
호와께 드리려 하면 제사장이 그 우열간에
값을 정할지니 그 값은 제사장이 정한 대로
될 것이며

ulations that the LORD established at Mount
Sinai between himself and the Israelites
through Moses.

Redeeming What Is the LORD's

27 1-2 The LORD said to Moses, ●"Speak to
the Israelites and say to them: 'If any-
one makes a special vow to dedicate a person
to the LORD by giving the equivalent value,
3 ●set the value of a male between the ages of
twenty and sixty at fifty shekels[a] of silver,
4 according to the sanctuary shekel[b]; ●for a
5 female, set her value at thirty shekels[c]; ●for a
person between the ages of five and twenty, set
the value of a male at twenty shekels[d] and of a
6 female at ten shekels[e]; ●for a person between
one month and five years, set the value of a
male at five shekels[f] of silver and that of a
7 female at three shekels[g] of silver; ●for a person
sixty years old or more, set the value of a male
at fifteen shekels[h] and of a female at ten she-
8 kels. ●If anyone making the vow is too poor to
pay the specified amount, the person being
dedicated is to be presented to the priest, who
will set the value according to what the one
making the vow can afford.
9 ●" 'If what they vowed is an animal that is
acceptable as an offering to the LORD, such an
10 animal given to the LORD becomes holy. ●They
must not exchange it or substitute a good one
for a bad one, or a bad one for a good one; if
they should substitute one animal for another,
11 both it and the substitute become holy. ●If
what they vowed is a ceremonially unclean
animal — one that is not acceptable as an offer-
ing to the LORD — the animal must be present-
12 ed to the priest, ●who will judge its quality as
good or bad. Whatever value the priest then
13 sets, that is what it will be. ●If the owner wish-
es to redeem the animal, a fifth must be added
to its value.
14 ●" 'If anyone dedicates their house as some-
thing holy to the LORD, the priest will judge its
quality as good or bad. Whatever value the
15 priest then sets, so it will remain. ●If the one
who dedicates their house wishes to redeem it,

[a]3 That is, about 1 1/4 pounds or about 575 grams; also in verse 16 [b]3 That is, about 2/5 ounce or about 12 grams; also in verse 25 [c]4 That is, about 12 ounces or about 345 grams [d]5 That is, about 8 ounces or about 230 grams [e]5 That is, about 4 ounces or about 115 grams; also in verse 7 [f]6 That is, about 2 ounces or about 58 grams [g]6 That is, about 1 1/4 ounces or about 35 grams [h]7 That is, about 6 ounces or about 175 grams

acceptable [əkséptəbl] *a.* 받아들일만한
afford [əfɔ́:rd] *vt.* …할 여유가 있다
amount [əmáunt] *n.* 양, 액수
ceremonially [sèrəmóuniəli] *ad.* 형식적으로
dedicate [dédikèit] *vt.* 바치다
equivalent [ikwívələnt] *a.* 같은 가치의
establish [istǽbliʃ] *vt.* 정하다
exchange [ikstʃéindʒ] *vt.* 교환하다
offering [ɔ́:fəriŋ] *n.* 봉헌물
priest [pri:st] *n.* 제사장
quality [kwáləti] *n.* 질, 품질
redeem [ridí:m] *vt.* 되찾다, 회복하다
sanctuary [sǽŋktʃuèri] *n.* 성소
specified [spésəfàid] *a.* 지정된
vow [vau] *vt.* 맹세하다

27:3 according to: …에 따라
27:8 too... to~: 너무 …해서 ~할 수 없다
27:10 substitute A for B: B를 A로 대치하다
27:11 be presented to: …에게 수여되다
27:13 be added to: ~에 추가되다

15 만일 그 사람이 자기 집을 무르려면 네가 값
을 정한 돈에 그 오분의 일을 더할지니 그리
하면 자기 소유가 되리라
16 ●만일 어떤 사람이 자기 기업 된 밭 얼마를
성별하여 여호와께 드리려 하면 마지기 수대
로 네가 값을 정하되 보리 한 호멜지기에는
은 오십 세겔로 계산할지며
17 만일 그가 그 밭을 희년부터 성별하여 드렸
으면 그 값을 네가 정한 대로 할 것이요
18 만일 그 밭을 희년 후에 성별하여 드렸으면
제사장이 다음 희년까지 남은 연수를 따라
그 값을 계산하고 정한 값에서 그 값에 상당
하게 감할 것이며
19 만일 밭을 성별하여 드린 자가 그것을 무르
려면 네가 값을 정한 돈에 그 오분의 일을 더
할지니 그리하면 그것이 자기 소유가 될 것
이요
20 만일 그가 그 밭을 무르지 아니하려거나 타
인에게 팔았으면 다시는 무르지 못하고
21 희년이 되어서 그 밭이 돌아오게 될 때에는
여호와께 바친 성물이 되어 영영히 드린 땅
과 같이 제사장의 기업이 될 것이며 민 18:14
22 만일 사람에게 샀고 자기 기업이 아닌 밭을
여호와께 성별하여 드렸으면
23 너는 값을 정하고 제사장은 그를 위하여 희
년까지 계산하고 그는 네가 값을 정한 돈을
그날에 여호와께 드려 성물로 삼을지며
24 그가 판 밭은 희년에 그 판 사람 곧 그 땅의
원주인에게로 되돌아갈지니라
25 또 네가 정한 모든 값은 성소의 세겔로 하되
이십 게라를 한 세겔로 할지니라

처음 난 가축

26 ●오직 가축 중의 처음 난 것은 여호와께 드
릴 첫 것이라 소나 양은 여호와의 것이니 누
구든지 그것으로는 성별하여 드리지 못할 것
이며
27 만일 부정한 짐승이면 네가 정한 값에 그 오
분의 일을 더하여 무를 것이요 만일 무르지
아니하려면 네가 정한 값대로 팔지니라

여호와께 온전히 바친 것

28 ●어떤 사람이 자기 소유 중에서 오직 여호
와께 온전히 바친 모든 것은 사람이든지 가
축이든지 기업의 밭이든지 팔지도 못하고
무르지도 못하나니 바친 것은 다 여호와께
지극히 거룩함이며
29 온전히 바쳐진 그 사람은 다시 무르지 못하
나니 반드시 죽일지니라

they must add a fifth to its value, and the house
will again become theirs.
16 •" 'If anyone dedicates to the LORD part of
their family land, its value is to be set accord-
ing to the amount of seed required for it—
fifty shekels of silver to a homer[a] of barley
17 seed. •If they dedicate a field during the Year
of Jubilee, the value that has been set remains.
18 •But if they dedicate a field after the Jubilee,
the priest will determine the value according
to the number of years that remain until the
next Year of Jubilee, and its set value will be
19 reduced. •If the one who dedicates the field
wishes to redeem it, they must add a fifth to
its value, and the field will again become
20 theirs. •If, however, they do not redeem the
field, or if they have sold it to someone else, it
21 can never be redeemed. •When the field is
released in the Jubilee, it will become holy,
like a field devoted to the LORD; it will become
priestly property.
22 •" 'If anyone dedicates to the LORD a field
they have bought, which is not part of their
23 family land, •the priest will determine its
value up to the Year of Jubilee, and the ow-
ner must pay its value on that day as some-
24 thing holy to the LORD. •In the Year of Ju-
bilee the field will revert to the person from
whom it was bought, the one whose land it
25 was. •Every value is to be set according to
the sanctuary shekel, twenty gerahs to the
shekel.
26 •" 'No one, however, may dedicate the first-
born of an animal, since the firstborn already
belongs to the LORD; whether an ox[b] or a sheep,
27 it is the LORD's. •If it is one of the unclean ani-
mals, it may be bought back at its set value,
adding a fifth of the value to it. If it is not
redeemed, it is to be sold at its set value.
28 •" 'But nothing that a person owns and
devotes[c] to the LORD—whether a human being
or an animal or family land—may be sold or
redeemed; everything so devoted is most holy
to the LORD.
29 •" 'No person devoted to destruction[d] may
be ransomed; they are to be put to death.
30 •" 'A tithe of everything from the land,

[a]*16* That is, probably about 300 pounds or about 135 kilograms [b]*26* The Hebrew word can refer to either male or female. [c]*28* The Hebrew term refers to the irrevocable giving over of things or persons to the LORD. [d]*29* The Hebrew term refers to the irrevocable giving over of things or persons to the LORD, often by totally destroying them.

barley [bá:rli] *n.* 보리
dedicate [dédikèit] *vt.* 바치다
destruction [distrʌ́kʃən] *n.* 멸망
determine [ditə́:rmin] *vt.* 결정하다
devote [divóut] *vt.* 바치다
firstborn [fə́:rstbɔ̀:rn] *n.* 초태생
Jubilee [dʒú:bəli:] *n.* 희년
own [oun] *vt.* 소유하다
ox [aks] *n.* 황소
priestly [prí:stli] *a.* 성직자의
property [prápərti] *n.* 재산, 소유
ransom [rǽnsəm] *vt.* 몸값을 치르고 되찾다
redeem [ridí:m] *vt.* 되사다, 회복하다
reduce [ridjú:s] *vt.* 삭감하다
release [rilí:s] *vt.* 자유롭게 하다

27:18 **set value**: 정해진 가격
27:24 **revert to...**: …로 되돌아가다
27:26 **belong to...**: …에 속하다
27:27 **add... to~**: ~에 …를 더하다
27:28 **whether A or B**: A이든 B이든
27:29 **put to death**: 죽이다

십분의 일은 여호와의 것 (♪49장)

30 ●그리고 그 땅의 십분의 일 곧 그 땅의 곡식
이나 나무의 열매는 그 십분의 일은 여호와
의 것이니 여호와의 성물이라
31 또 만일 어떤 사람이 그의 십일조를 무르려
면 그것에 오분의 일을 더할 것이요
32 모든 소나 양의 십일조는 목자의 지팡이 아
래로 통과하는 것의 열 번째의 것마다 여호
와의 성물이 되리라
33 그 우열을 가리거나 바꾸거나 하지 말라 바
꾸면 둘 다 거룩하리니 무르지 못하리라
34 ●이것은 여호와께서 시내 산에서 이스라엘
자손을 위하여 모세에게 명령하신 계명이니
라

whether grain from the soil or fruit from the
trees, belongs to the LORD; it is holy to the
31 LORD. ●Whoever would redeem any of their
32 tithe must add a fifth of the value to it. ●Every
tithe of the herd and flock—every tenth ani-
mal that passes under the shepherd's rod
33 —will be holy to the LORD. ●No one may pick
out the good from the bad or make any sub-
stitution. If anyone does make a substitution,
both the animal and its substitute become
holy and cannot be redeemed.' "

34 ●These are the commands the LORD gave
Moses at Mount Sinai for the Israelites.

become [bikʌ́m] *vi.* …이 되다
command [kəmǽnd] *n.* 명령
flock [flak] *n.* (동물의) 떼
grain [grein] *n.* 곡물
herd [həːrd] *n.* (동물의) 떼
holy [hóuli] *a.* 신성한
rod [rad] *n.* 지팡이
shepherd [ʃépərd] *n.* 목자
soil [sɔil] *n.* 토양, 흙
substitution [sʌbstətjúːʃən] *n.* 대체
value [vǽljuː] *n.* (경제적인) 가치

27:30 belong to: …에 속하다
27:33 pick out: 가려내다
27:33 make substitution: 대신하다

민수기 | Numbers

● 저자 _ 모세 ● 저작 연대 _ B.C. 1450-1400년 사이 ● 기록 장소 _ 시내 산과 광야
● 기록 대상 _ 이스라엘 백성 ● 핵심어 및 내용 _ 핵심어는 '방황', '인구 조사' 등이다.

출애굽 제 1세대에게 인구 조사를 실시했던 때부터 출애굽 제 2세대에게 인구 조사를 실시하던 시기까지 광야에서 계속되는 이스라엘 백성의 방황을 주된 내용으로 한다.

싸움에 나갈 만한 자를 계수하다 (♪ 348, 585장)

1 이스라엘 자손이 애굽 땅에서 나온 후 둘째
해 둘째 달 첫째 날에 여호와께서 시내 광
야 회막에서 모세에게 말씀하여 이르시되
2 너희는 이스라엘 자손의 모든 회중 각 남자
의 수를 그들의 종족과 조상의 가문에 따라
그 명수대로 계수할지니
3 이스라엘 중 이십 세 이상으로 싸움에 나갈
만한 모든 자를 너와 아론은 그 진영별로 계
수하되
4 각 지파의 각 조상의 가문의 우두머리 한 사
람씩을 너희와 함께하게 하라
5 너희와 함께 설 사람들의 이름은 이러하니
르우벤 지파에서는 스데울의 아들 엘리술이
요
6 시므온 지파에서는 수리삿대의 아들 슬루미
엘이요
7 유다 지파에서는 암미나답의 아들 나손이요
8 잇사갈 지파에서는 수알의 아들 느다넬이요
9 스불론 지파에서는 헬론의 아들 엘리압이요
10 요셉의 자손들 중 에브라임 지파에서는 암미
훗의 아들 엘리사마요 므낫세 지파에서는 브
다술의 아들 가말리엘이요
11 베냐민 지파에서는 기드오니의 아들 아비단
이요
12 단 지파에서는 암미삿대의 아들 아히에셀이
요
13 아셀 지파에서는 오그란의 아들 바기엘이요
14 갓 지파에서는 [1]드우엘의 아들 엘리아삽이
요
15 납달리 지파에서는 에난의 아들 아히라이니
라 하시니
16 그들은 회중에서 부름을 받은 자요 그 조상
지파의 지휘관으로서 이스라엘 종족들의 우
두머리라
17 모세와 아론이 지명된 이 사람들을 데리고
18 둘째 달 첫째 날에 온 회중을 모으니 그들이
각 종족과 조상의 가문에 따라 이십 세 이상
인 남자의 이름을 자기 계통별로 신고하매
19 여호와께서 모세에게 명령하신 대로 그가 시
내 광야에서 그들을 계수하였더라
20 ●이스라엘의 장자 르우벤의 아들들에게서

The Census

1 The LORD spoke to Moses in the tent of
meeting in the Desert of Sinai on the first
day of the second month of the second year
after the Israelites came out of Egypt. He said:
2 ●"Take a census of the whole Israelite com-
munity by their clans and families, listing
3 every man by name, one by one. ●You and
Aaron are to count according to their divisions
all the men in Israel who are twenty years old
4 or more and able to serve in the army. ●One
man from each tribe, each of them the head
5 of his family, is to help you. ●These are the
names of the men who are to assist you:

from Reuben, Elizur son of Shedeur;
6 ●from Simeon, Shelumiel son of Zurishaddai;
7 ●from Judah, Nahshon son of Amminadab;
8 ●from Issachar, Nethanel son of Zuar;
9 ●from Zebulun, Eliab son of Helon;
10 ●from the sons of Joseph:
from Ephraim, Elishama son of Ammi-
hud;
from Manasseh, Gamaliel son of Peda-
hzur;
11 ●from Benjamin, Abidan son of Gideoni;
12 ●from Dan, Ahiezer son of Ammishaddai;
13 ●from Asher, Pagiel son of Okran;
14 ●from Gad, Eliasaph son of Deuel;
15 ●from Naphtali, Ahira son of Enan."

16 ●These were the men appointed from the
community, the leaders of their ancestral
tribes. They were the heads of the clans of
Israel.
17 ●Moses and Aaron took these men whose
18 names had been specified, ●and they called
the whole community together on the first day
of the second month. The people registered
their ancestry by their clans and families, and
the men twenty years old or more were listed
19 by name, one by one, ●as the LORD command-
ed Moses. And so he counted them in the
Desert of Sinai:

20 ●From the descendants of Reuben the first-
born son of Israel:

1) 2:14 '르우엘'

난 자를 그들의 종족과 조상의 가문에 따라
이십 세 이상으로 싸움에 나갈 만한 각 남자
를 그 명수대로 다 계수하니 26:5-11
21 르우벤 지파에서 계수된 자는 사만 육천오백
명이었더라
22 ●시므온의 아들들에게서 난 자를 그들의 종
족과 조상의 가문에 따라 이십 세 이상으로
싸움에 나갈 만한 각 남자를 그 명수대로 다
계수하니
23 시므온 지파에서 계수된 자는 오만 구천삼백
명이었더라
24 ●갓의 아들들에게서 난 자를 그들의 종족과
조상의 가문에 따라 이십 세 이상으로 싸움
에 나갈 만한 자를 그 명수대로 다 계수하니
25 갓 지파에서 계수된 자는 사만 오천육백오십
명이었더라
26 ●유다의 아들들에게서 난 자를 그들의 종족
과 조상의 가문에 따라 이십 세 이상으로 싸
움에 나갈 만한 자를 그 명수대로 다 계수하
니
27 유다 지파에서 계수된 자는 칠만 사천육백
명이었더라
28 ●잇사갈의 아들들에게서 난 자를 그들의 종
족과 조상의 가문에 따라 이십 세 이상으로
싸움에 나갈 만한 자를 그 명수대로 다 계수
하니
29 잇사갈 지파에서 계수된 자는 오만 사천사백
명이었더라
30 ●스불론의 아들들에게서 난 자를 그들의 종
족과 조상의 가문에 따라 이십 세 이상으로
싸움에 나갈 만한 자를 그 명수대로 다 계수
하니
31 스불론 지파에서 계수된 자는 오만 칠천사백
명이었더라
32 ●요셉의 아들 에브라임의 아들들에게서 난
자를 그들의 종족과 조상의 가문에 따라 이
십 세 이상으로 싸움에 나갈 만한 자를 그 명
수대로 다 계수하니
33 에브라임 지파에서 계수된 자는 사만 오백
명이었더라
34 ●므낫세의 아들들에게서 난 자를 그들의 종
족과 조상의 가문에 따라 이십 세 이상으로
싸움에 나갈 만한 자를 그 명수대로 다 계수
하니
35 므낫세 지파에서 계수된 자는 삼만 이천이백
명이었더라
36 ●베냐민의 아들들에게서 난 자를 그들의 종

All the men twenty years old or more
who were able to serve in the army
were listed by name, one by one,
according to the records of their clans
21 and families. •The number from the
tribe of Reuben was 46,500.
22 •From the descendants of Simeon:
All the men twenty years old or more
who were able to serve in the army
were counted and listed by name, one
by one, according to the records of
23 their clans and families. •The number
from the tribe of Simeon was 59,300.
24 •From the descendants of Gad:
All the men twenty years old or more
who were able to serve in the army
were listed by name, according to the
records of their clans and families.
25 •The number from the tribe of Gad
was 45,650.
26 •From the descendants of Judah:
All the men twenty years old or more
who were able to serve in the army
were listed by name, according to the
records of their clans and families.
27 •The number from the tribe of Judah
was 74,600.
28 •From the descendants of Issachar:
All the men twenty years old or more
who were able to serve in the army
were listed by name, according to the
records of their clans and families.
29 •The number from the tribe of Issa-
char was 54,400.
30 •From the descendants of Zebulun:
All the men twenty years old or more
who were able to serve in the army
were listed by name, according to the
records of their clans and families.
31 •The number from the tribe of Zebu-
lun was 57,400.
32 •From the sons of Joseph:
From the descendants of Ephraim:
All the men twenty years old or more
who were able to serve in the army
were listed by name, according to the
records of their clans and families.
33 •The number from the tribe of Eph-
raim was 40,500.
34 •From the descendants of Manasseh:

able [éibl] *a.* 할 수 있는
according [əkɔ́:rdiŋ] *ad.* …에 따라
army [ɑ́:rmi] *n.* 군대
clan [klǽn] *n.* 종족
descendant [diséndənt] *n.* 후손
family [fǽməli] *n.* 가족
list [list] *vt.* 목록에 올리다
more [mɔ:r] *a.* 그 이상의
name [neim] *n.* 이름
number [nʌ́mbər] *n.* 수
record [rikɔ́:rd] *n.* 기록
serve [sə:rv] *vi.* 복무하다
son [sʌn] *n.* 아들
tribe [traib] *n.* 지파
year [jiər] *n.* 해, 1년

1:20 be able to...: …할 수 있다
1:20 according to...: …에 의해
1:22 serve in the army: 군대에 복무하다
1:22 list by name: 명단에 올리다
1:26 clan, family, tribe: 일족, 가문, 지파

족과 조상의 가문에 따라 이십 세 이상으로
싸움에 나갈 만한 자를 그 명수대로 다 계수
하니
37 베냐민 지파에서 계수된 자는 삼만 오천사백
명이었더라
38 ●단의 아들들에게서 난 자를 그들의 종족과
조상의 가문에 따라 이십 세 이상으로 싸움
에 나갈 만한 자를 그 명수대로 다 계수하니
39 단 지파에서 계수된 자는 육만 이천칠백 명
이었더라
40 ●아셀의 아들들에게서 난 자를 그들의 종족
과 조상의 가문에 따라 이십 세 이상으로 싸움
에 나갈 만한 자를 그 명수대로 다 계수하니
41 아셀 지파에서 계수된 자는 사만 천오백 명
이었더라
42 ●납달리의 아들들에게서 난 자를 그들의 종
족과 조상의 가문에 따라 이십 세 이상으로
싸움에 나갈 만한 자를 그 명수대로 다 계수
하니
43 납달리 지파에서 계수된 자는 오만 삼천사백
명이었더라
44 ●이 계수함을 받은 자는 모세와 아론과 각
기 이스라엘 조상의 가문을 대표한 열두 지
휘관이 계수하였더라 26:64
45 이같이 이스라엘 자손이 그 조상의 가문을
따라 이십 세 이상으로 싸움에 나갈 만한 이
스라엘 자손이 다 계수되었으니
46 계수된 자의 총계는 육십만 삼천오백오십 명
이었더라

레위 지파는 계수하지 말라

47 ●그러나 레위인은 그들의 조상의 지파대로
그 계수에 들지 아니하였으니 2:33
48 이는 여호와께서 모세에게 말씀하여 이르시
되
49 너는 레위 지파만은 계수하지 말며 그들을
이스라엘 자손 계수 중에 넣지 말고
50 그들에게 증거의 성막과 그 모든 기구와 그
모든 부속품을 관리하게 하라 그들은 그 성
막과 그 모든 기구를 운반하며 거기서 봉사
하며 성막 주위에 진을 칠지며
51 성막을 운반할 때에는 레위인이 그것을 걷고
성막을 세울 때에는 레위인이 그것을 세울
것이요 외인이 가까이 오면 죽일지며
52 이스라엘 자손은 막사를 치되 그 진영별로
각각 그 진영과 군기 곁에 칠 것이나 2:2
53 레위인은 증거의 성막 사방에 진을 쳐서 이
스라엘 자손의 회중에게 진노가 임하지 않게

All the men twenty years old or more
who were able to serve in the army
were listed by name, according to the
records of their clans and families.
35 •The number from the tribe of Manasseh was 32,200.

36 •From the descendants of Benjamin:
All the men twenty years old or more
who were able to serve in the army
were listed by name, according to the
records of their clans and families.
37 •The number from the tribe of Benjamin was 35,400.

38 •From the descendants of Dan:
All the men twenty years old or more
who were able to serve in the army
were listed by name, according to the
records of their clans and families.
39 •The number from the tribe of Dan
was 62,700.

40 •From the descendants of Asher:
All the men twenty years old or more
who were able to serve in the army
were listed by name, according to the
records of their clans and families.
41 •The number from the tribe of Asher
was 41,500.

42 •From the descendants of Naphtali:
All the men twenty years old or more
who were able to serve in the army
were listed by name, according to the
records of their clans and families.
43 •The number from the tribe of Naphtali was 53,400.

44 •These were the men counted by Moses and
Aaron and the twelve leaders of Israel, each one
45 representing his family. •All the Israelites twen-
ty years old or more who were able to serve in
Israel's army were counted according to their
46 families. •The total number was 603,550.
47 •The ancestral tribe of the Levites, however,
48 was not counted along with the others. •The
49 LORD had said to Moses: •"You must not count
the tribe of Levi or include them in the census
50 of the other Israelites. •Instead, appoint the
Levites to be in charge of the tabernacle of the
covenant law — over all its furnishings and
everything belonging to it. They are to carry
the tabernacle and all its furnishings; they
are to take care of it and encamp around it.
51 •Whenever the tabernacle is to move, the

ancestral [ænséstrəl] *a.* 조상의
appoint [əpɔ́int] *vt.* 임명하다
census [sénsəs] *n.* 인구 조사
clan [klæn] *n.* 종족
covenant [kʌ́vənənt] *n.* 언약, 계약
descendant [diséndənt] *n.* 후손
encamp [inkǽmp] *vi.* 진을 치다
furnishing [fə́:rniʃiŋ] *n.* 비품
however [hauévər] *conj.* 그러나
include [inklú:d] *vt.* 포함하다
instead [instéd] *ad.* 그 대신에
number [nʌ́mbər] *vi.* 총계 …가 되다
represent [rèprizént] *vt.* 대표하다
tabernacle [tǽbə:rnækl] *n.* 성막
tribe [traib] *n.* 지파

1:42 **be able to...**: …할 수 있다
1:45 **according to**: …에 따라
1:47 **along with...**: …과 함께
1:50 **be in charge of...**: …를 맡다
1:50 **belong to...**: …에 속하다
1:50 **take care of...**: …를 관리하다

할 것이라 레위인은 증거의 성막에 대한 책
임을 지킬지니라 하셨음이라
54 이스라엘 자손이 그대로 행하되 여호와께서
모세에게 명령하신 대로 행하였더라

진 편성 및 행군 순서 — B.C. 1450년경

2 여호와께서 모세와 아론에게 말씀하여 이
르시되
2 이스라엘 자손은 각각 자기의 진영의 군기와
자기의 조상의 가문의 기호 곁에 진을 치되
회막을 향하여 사방으로 치라
3 동방 해 돋는 쪽에 진칠 자는 그 진영별로 유
다의 진영의 군기에 속한 자라 유다 자손의
지휘관은 암미나답의 아들 나손이요 10:14
4 그의 군대로 계수된 자가 칠만 사천육백 명
이며
5 그 곁에 진칠 자는 잇사갈 지파라 잇사갈 자
손의 지휘관은 수알의 아들 느다넬이요 1:8
6 그의 군대로 계수된 자가 오만 사천사백 명
이라
7 그리고 스불론 지파라 스불론 자손의 지휘관
은 헬론의 아들 엘리압이요
8 그의 군대로 계수된 자가 오만 칠천사백 명
이니
9 유다 진영에 속한 군대로 계수된 군인의 총
계는 십팔만 육천사백 명이라 그들은 제일대
로 행진할지니라 10:14
10 ●남쪽에는 르우벤 군대 진영의 군기가 있을
것이라 르우벤 자손의 지휘관은 스데울의 아
들 엘리술이요 1:5
11 그의 군대로 계수된 자가 사만 육천오백 명
이며
12 그 곁에 진칠 자는 시므온 지파라 시므온 자
손의 지휘관은 수리삿대의 아들 슬루미엘이
요
13 그의 군대로 계수된 자가 오만 구천삼백 명
이며
14 또 갓 지파라 갓 자손의 지휘관은 1)르우엘의
아들 엘리아삽이요
15 그의 군대로 계수된 자가 사만 오천육백오십
명이니
16 르우벤 진영에 속하여 계수된 군인의 총계는
십오만 천사백오십 명이라 그들은 제이대로
행진할지니라
17 ●그 다음에 회막이 레위인의 진영과 함께
모든 진영의 중앙에 있어 행진하되 그들의
진친 순서대로 각 사람은 자기의 위치에서
자기들의 기를 따라 앞으로 행진할지니라

Levites are to take it down, and whenever the
tabernacle is to be set up, the Levites shall do it.
Anyone else who approaches it is to be put to
52 death. •The Israelites are to set up their tents
by divisions, each of them in their own camp
53 under their standard. •The Levites, however,
are to set up their tents around the tabernacle
of the covenant law so that my wrath will not
fall on the Israelite community. The Levites are
to be responsible for the care of the tabernacle
of the covenant law."
54 •The Israelites did all this just as the LORD
commanded Moses.

The Arrangement of the Tribal Camps

2 The LORD said to Moses and Aaron:
2 •"The Israelites are to camp around the
tent of meeting some distance from it, each of
them under their standard and holding the
banners of their family."
3 •On the east, toward the sunrise, the divi-
sions of the camp of Judah are to encamp
under their standard. The leader of the peo-
ple of Judah is Nahshon son of Ammi-
4 nadab. •His division numbers 74,600.
5 •The tribe of Issachar will camp next to
them. The leader of the people of Issachar is
6 Nethanel son of Zuar. •His division num-
bers 54,400.
7 •The tribe of Zebulun will be next. The
leader of the people of Zebulun is Eliab son
8 of Helon. •His division numbers 57,400.
9 •All the men assigned to the camp of
Judah, according to their divisions, number
186,400. They will set out first.
10 •On the south will be the divisions of the
camp of Reuben under their standard. The
leader of the people of Reuben is Elizur son
11 of Shedeur. •His division numbers 46,500.
12 •The tribe of Simeon will camp next to
them. The leader of the people of Simeon is
13 Shelumiel son of Zurishaddai. •His divi-
sion numbers 59,300.
14 •The tribe of Gad will be next. The
leader of the people of Gad is Eliasaph son
15 of Deuel.[a] •His division numbers 45,650.
16 •All the men assigned to the camp of
Reuben, according to their divisions, num-
ber 151,450. They will set out second.
17 •Then the tent of meeting and the camp

a14 Many manuscripts of the Masoretic Text, Samaritan Pentateuch and Vulgate (see also 1:14); most manuscripts of the Masoretic Text *Reuel*

1) 1:14 '드우엘'

approach [əpróutʃ] *vt.* 접근하다
banner [bǽnər] *n.* 깃발
camp [kæmp] *vi.* 진치다
command [kəmǽnd] *vt.* 명령하다
community [kəmjúːnəti] *n.* 공동체
distance [dístəns] *n.* 거리
division [divíʒən] *n.* 군대, 분할
leader [líːdər] *n.* 지도자
Levite [líːvait] *n.* 레위인
next [nekst] *a.* 다음의
number [nʌ́mbər] *vi.* 총계 …가 되다
responsible [rispɑ́nsəbl] *a.* 책임 있는
standard [stǽndərd] *n.* 군기
sunrise [sʌnraiz] *n.* 해돋이
wrath [ræθ] *n.* 분노

1:51 set up: 세우다
1:51 put to death: 죽이다
2:3 toward the sunrise: 해뜨는 쪽을 향하여
2:5 next to...: …의 옆에
2:9 assign to...: …에게 할당하다

18 ●서쪽에는 에브라임의 군대의 진영의 군기
가 있을 것이라 에브라임 자손의 지휘관은
암미훗의 아들 엘리사마요
19 그의 군대로 계수된 자가 사만 오백 명이며
20 그 곁에는 므낫세 지파가 있을 것이라 므낫
세 자손의 지휘관은 브다술의 아들 가말리엘
이요
21 그의 군대로 계수된 자가 삼만 이천이백 명
이며
22 또 베냐민 지파라 베냐민 자손의 지휘관은
기드오니의 아들 아비단이요
23 그의 군대로 계수된 자가 삼만 오천사백 명
이니
24 에브라임 진영에 속하여 계수된 군인의 총계
는 십만 팔천백 명이라 그들은 제삼대로 행
진할지니라
25 ●북쪽에는 단 군대 진영의 군기가 있을 것
이라 단 자손의 지휘관은 암미삿대의 아들
아히에셀이요
26 그의 군대로 계수된 자가 육만 이천칠백 명
이며
27 그 곁에 진칠 자는 아셀 지파라 아셀 자손의
지휘관은 오그란의 아들 바기엘이요 1:13
28 그의 군대로 계수된 자가 사만 천오백 명이며
29 또 납달리 지파라 납달리 자손의 지휘관은
에난의 아들 아히라요
30 그의 군대로 계수된 자가 오만 삼천사백 명
이니
31 단의 진영에 속하여 계수함을 받은 군인의
총계는 십오만 칠천육백 명이라 그들은 기를
따라 후대로 행진할지니라 하시니라
32 ●이상은 이스라엘 자손이 그들의 조상의 가
문을 따라 계수된 자니 모든 진영의 군인 곧
계수된 자의 총계는 육십만 삼천오백오십 명
이며
33 레위인은 이스라엘 자손과 함께 계수되지 아
니하였으니 여호와께서 모세에게 명령하심
과 같았느니라
34 이스라엘 자손이 여호와께서 모세에게 명령
하신 대로 다 준행하여 각기 종족과 조상의
가문에 따르며 자기들의 기를 따라 진 치기
도 하며 행진하기도 하였더라

아론의 아들들 (♪ 218, 450장) — B.C. 1450년경

3 여호와께서 시내 산에서 모세와 말씀하실
때에 아론과 모세가 낳은 자는 이러하니라
2 아론의 아들들의 이름은 이러하니 장자는 나
답이요 다음은 아비후와 엘르아살과 이다말

of the Levites will set out in the middle of
the camps. They will set out in the same
order as they encamp, each in their own
place under their standard.
18 ●On the west will be the divisions of the
camp of Ephraim under their standard.
The leader of the people of Ephraim is
19 Elishama son of Ammihud. ●His division
numbers 40,500.
20 ●The tribe of Manasseh will be next to
them. The leader of the people of Manasseh
21 is Gamaliel son of Pedahzur. ●His division
numbers 32,200.
22 ●The tribe of Benjamin will be next. The
leader of the people of Benjamin is Abidan
23 son of Gideoni. ●His division numbers
35,400.
24 ●All the men assigned to the camp of
Ephraim, according to their divisions,
number 108,100. They will set out third.
25 ●On the north will be the divisions of
the camp of Dan under their standard. The
leader of the people of Dan is Ahiezer son of
26 Ammishaddai. ●His division numbers
62,700.
27 ●The tribe of Asher will camp next to
them. The leader of the people of Asher is
28 Pagiel son of Okran. ●His division num-
bers 41,500.
29 ●The tribe of Naphtali will be next. The
leader of the people of Naphtali is Ahira son
30 of Enan. ●His division numbers 53,400.
31 ●All the men assigned to the camp of
Dan number 157,600. They will set out last,
under their standards.
32 ●These are the Israelites, counted accord-
ing to their families. All the men in the
camps, by their divisions, number 603,550.
33 ●The Levites, however, were not counted
along with the other Israelites, as the LORD
commanded Moses.
34 ●So the Israelites did everything the LORD
commanded Moses; that is the way they en-
camped under their standards, and that is the
way they set out, each of them with their clan
and family.

The Levites

3 This is the account of the family of Aaron
and Moses at the time the LORD spoke to
Moses at Mount Sinai.

account [əkáunt] *n.* 서술, 설명
assign [əsáin] *vt.* 배치하다
camp [kæmp] *n.* 진영
division [divíʒən] *n.* 군대, 분할
encamp [inkǽmp] *vi.* 진을 치다
family [fǽməli] *n.* 가족, 가문
Israelite [ízriəlàit] *n.* 이스라엘 사람
leader [lí:dər] *n.* 지도자
Levite [lí:vait] *n.* 레위인
number [nʌ́mbər] *vi.* 총계 …가 되다
order [ɔ́:rdər] *n.* 순서
own [oun] *a.* 자신의
set [set] *vt.* 정하다
standard [stǽndərd] *n.* 군기
tribe [traib] *n.* 지파

2:20 next to...: …의 옆에
2:24 assign to: 할당하다
2:24 according to...: …에 따라
2:24 set out: 출발하다
2:33 along with...: …과 함께
3:1 at the time: 그때

이니
3 이는 아론의 아들들의 이름이며 그들은 기름
부음을 받고 거룩하게 구별되어 제사장 직분
을 위임받은 제사장들이라
4 나답과 아비후는 시내 광야에서 여호와 앞에
다른 불을 드리다가 여호와 앞에서 죽어 자식
이 없었으며 엘르아살과 이다말이 그의 아버
지 아론 앞에서 제사장의 직분을 행하였더라

제사장을 돕는 레위 사람

5 ●여호와께서 또 모세에게 말씀하여 이르시되
6 레위 지파는 나아가 제사장 아론 앞에 서서
그에게 시종하게 하라
7 그들이 회막 앞에서 아론의 직무와 온 회중
의 직무를 위하여 회막에서 시무하되
8 곧 회막의 모든 기구를 맡아 지키며 이스라엘
자손의 직무를 위하여 성막에서 시무할지니
9 너는 레위인을 아론과 그의 아들들에게 맡기
라 그들은 이스라엘 자손 중에서 아론에게
온전히 맡겨진 자들이니라
10 너는 아론과 그의 아들들을 세워 제사장 직
무를 행하게 하라 외인이 가까이하면 죽임을
당할 것이니라 출 29:9
11 ●여호와께서 모세에게 말씀하여 이르시되
12 보라 내가 이스라엘 자손 중에서 레위인을
택하여 이스라엘 자손 중에 태를 열어 태어
난 모든 맏이를 대신하게 하였은즉 레위인은
내 것이라
13 처음 태어난 자는 다 내 것임은 내가 애굽 땅
에서 그 처음 태어난 자를 다 죽이던 날에 이
스라엘의 처음 태어난 자는 사람이나 짐승을
다 거룩하게 구별하였음이니 그들은 내 것이
될 것임이니라 나는 여호와이니라

레위 자손 인구 조사

14 ●여호와께서 시내 광야에서 모세에게 말씀
하여 이르시되
15 레위 자손을 그들의 조상의 가문과 종족을
따라 계수하되 일 개월 이상된 남자를 다 계
수하라
16 모세가 여호와의 말씀을 따라 그 명령하신
대로 계수하니라
17 레위의 아들들의 이름은 이러하니 게르손과
고핫과 므라리요
18 게르손의 아들들의 이름은 그들의 종족대로
이러하니 립니와 시므이요
19 고핫의 아들들은 그들의 종족대로 이러하니
아므람과 이스할과 헤브론과 웃시엘이요
20 므라리의 아들들은 그들의 종족대로 말리와

2 ●The names of the sons of Aaron were
Nadab the firstborn and Abihu, Eleazar and
3 Ithamar. ●Those were the names of Aaron's
sons, the anointed priests, who were ordained
4 to serve as priests. ●Nadab and Abihu, howev-
er, died before the LORD when they made an
offering with unauthorized fire before him
in the Desert of Sinai. They had no sons, so
Eleazar and Ithamar served as priests during
the lifetime of their father Aaron.
5-6 ●The LORD said to Moses, ●"Bring the tribe
of Levi and present them to Aaron the priest to
7 assist him. ●They are to perform duties for
him and for the whole community at the tent
of meeting by doing the work of the taberna-
8 cle. ●They are to take care of all the furnish-
ings of the tent of meeting, fulfilling the oblig-
ations of the Israelites by doing the work of the
9 tabernacle. ●Give the Levites to Aaron and his
sons; they are the Israelites who are to be given
10 wholly to him.[a] ●Appoint Aaron and his sons
to serve as priests; anyone else who approach-
es the sanctuary is to be put to death."
11-12 ●The LORD also said to Moses, ●"I have
taken the Levites from among the Israelites in
place of the first male offspring of every
13 Israelite woman. The Levites are mine, ●for
all the firstborn are mine. When I struck
down all the firstborn in Egypt, I set apart for
myself every firstborn in Israel, whether
human or animal. They are to be mine. I am
the LORD."
14 ●The LORD said to Moses in the Desert of
15 Sinai, ●"Count the Levites by their families
and clans. Count every male a month old or
16 more." ●So Moses counted them, as he was
commanded by the word of the LORD.
17 ●These were the names of the sons of Levi:
Gershon, Kohath and Merari.
18 ●These were the names of the Gershonite
clans:
Libni and Shimei.
19 ●The Kohathite clans:
Amram, Izhar, Hebron and Uzziel.
20 ●The Merarite clans:
Mahli and Mushi.
These were the Levite clans, according to
their families.
21 ●To Gershon belonged the clans of the Lib-
nites and Shimeites; these were the Gershonite

[a] 9 Most manuscripts of the Masoretic Text; some manuscripts of the Masoretic Text, Samaritan Pentateuch and Septuagint (see also 8:16) *to me*

anoint [ənɔ́int] *vt.* 기름붓다
appoint [əpɔ́int] *vt.* 지정하다
approach [əpróutʃ] *vt.* 접근하다
community [kəmjú:nəti] *n.* 공동체
fulfill [fulfíl] *vt.* 수행하다
furnishing [fə́:rniʃiŋ] *n.* 비품
lifetime [laiftaim] *n.* 생애
obligation [ɑ̀bləgéiʃən] *n.* 의무
offering [ɔ́:fəriŋ] *n.* 제물
offspring [ɔ:fspriŋ] *n.* 자손
ordain [ɔ:rdéin] *vt.* 임명하다
priest [prí:st] *n.* 제사장
sanctuary [sǽŋktʃuèri] *n.* 성소
tabernacle [tǽbə:rnækl] *n.* 성막
unauthorized [ʌnɔ́:θəraizd] *a.* 허락받지 않은

3:3 serve as...: …의 역할을 하다
3:4 so ... as: …만큼
3:7 perform duty: 임무를 수행하다
3:10 put to death: 죽이다
3:12 in place of...: …대신에
3:13 set apart: 구별하다

무시이니 이는 그의 종족대로 된 레위인의
조상의 가문들이니라
21 ●게르손에게서는 립니 종족과 시므이 종족
이 났으니 이들이 곧 게르손의 조상의 가문
들이라
22 계수된 자 곧 일 개월 이상 된 남자의 수효
합계는 칠천오백 명이며
23 게르손 종족들은 성막 뒤 곧 서쪽에 진을 칠
것이요
24 라엘의 아들 엘리아삽은 게르손 사람의 조
상의 가문의 지휘관이 될 것이며
25 게르손 자손이 회막에서 맡을 일은 성막과
장막과 그 덮개와 회막 휘장 문과
26 뜰의 휘장과 및 성막과 제단 사방에 있는 뜰
의 휘장 문과 그 모든 것에 쓰는 줄들이니라
27 ●고핫에게서는 아므람 종족과 이스할 종족
과 헤브론 종족과 웃시엘 종족이 났으니 이
들은 곧 고핫 종족들이라
28 계수된 자로서 출생 후 일 개월 이상 된 남자
는 모두 팔천육백 명인데 성소를 맡을 것이
며
29 고핫 자손의 종족들은 성막 남쪽에 진을 칠
것이요
30 웃시엘의 아들 엘리사반은 고핫 사람의 종
족과 조상의 가문의 지휘관이 될 것이며
31 그들이 맡을 것은 [1]증거궤와 상과 등잔대와
제단들과 성소에서 봉사하는 데 쓰는 기구
들과 휘장과 그것에 쓰는 모든 것이며
32 제사장 아론의 아들 엘르아살은 레위인의
지휘관들의 어른이 되고 또 성소를 맡을 자
를 통할할 것이니라
33 ●므라리에게서는 말리 종족과 무시 종족이
났으니 이들은 곧 므라리 종족들이라
34 그 계수된 자 곧 일 개월 이상 된 남자는 모
두 육천이백 명이며
35 아비하일의 아들 수리엘은 므라리 종족과
조상의 가문의 지휘관이 될 것이요 이 종족
은 성막 북쪽에 진을 칠 것이며
36 므라리 자손이 맡을 것은 성막의 널판과 그
띠와 그 기둥과 그 받침과 그 모든 기구와 그
것에 쓰는 모든 것이며
37 뜰 사방 기둥과 그 받침과 그 말뚝과 그 줄들
이니라
38 ●성막 앞 동쪽 곧 회막 앞 해돋는 쪽에는 모
세와 아론과 아론의 아들들이 진을 치고 이
스라엘 자손의 직무를 위하여 성소의 직무
를 수행할 것이며 외인이 가까이하면 죽일

22 clans. •The number of all the males a month
old or more who were counted was 7,500.
23 •The Gershonite clans were to camp on the
24 west, behind the tabernacle. •The leader of the
families of the Gershonites was Eliasaph son of
25 Lael. •At the tent of meeting the Gershonites
were responsible for the care of the tabernacle
and tent, its coverings, the curtain at the
26 entrance to the tent of meeting, •the curtains
of the courtyard, the curtain at the entrance to
the courtyard surrounding the tabernacle and
altar, and the ropes — and everything related
to their use.

27 •To Kohath belonged the clans of the Am-
ramites, Izharites, Hebronites and Uzzielites;
28 these were the Kohathite clans. •The number
of all the males a month old or more was
8,600.[a] The Kohathites were responsible for
29 the care of the sanctuary. •The Kohathite
clans were to camp on the south side of the
30 tabernacle. •The leader of the families of the
Kohathite clans was Elizaphan son of Uzziel.
31 •They were responsible for the care of the ark,
the table, the lampstand, the altars, the arti-
cles of the sanctuary used in ministering, the
curtain, and everything related to their use.
32 •The chief leader of the Levites was Eleazar
son of Aaron, the priest. He was appointed
over those who were responsible for the care
of the sanctuary.

33 •To Merari belonged the clans of the Ma-
hlites and the Mushites; these were the Mer-
34 arite clans. •The number of all the males a
month old or more who were counted was
35 6,200. •The leader of the families of the Mer-
arite clans was Zuriel son of Abihail; they were
to camp on the north side of the tabernacle.
36 •The Merarites were appointed to take care of
the frames of the tabernacle, its crossbars,
posts, bases, all its equipment, and everything
37 related to their use, •as well as the posts of the
surrounding courtyard with their bases, tent
pegs and ropes.

38 •Moses and Aaron and his sons were to
camp to the east of the tabernacle, toward the
sunrise, in front of the tent of meeting. They
were responsible for the care of the sanctuary
on behalf of the Israelites. Anyone else who
approached the sanctuary was to be put to

[a]28 Hebrew; some Septuagint manuscripts *8,300*

1) 법궤

altar [ɔ́:ltər] *n.* 제단
ark [a:rk] *n.* 궤
article [á:rtikl] *n.* 물건
courtyard [kɔ́:rtjà:rd] *n.* 안뜰
covering [kʌ́vəriŋ] *n.* 덮개
crossbar [krɔ:sba:r] *n.* 빗장
curtain [kə́:rtn] *n.* 휘장
entrance [éntrəns] *n.* 입구
equipment [ikwípmənt] *n.* 장비, 용품
minister [mínəstər] *vi.* 봉사하다
peg [peg] *n.* 말뚝
responsible [rispánsəbl] *a.* 책임있는
sanctuary [sǽŋktʃuèri] *n.* 성소
surrounding [səráundiŋ] *a.* 주위의
tabernacle [tǽbərnækl] *n.* 성막

3:26 relate to...: …와 관련 있다
3:36 take care of...: …를 돌보다
3:37 as well as...: …와 같이
3:38 in front of...: …의 앞에
3:38 on behalf of...: …를 대신하여
3:38 put to death: 죽이다

지니라
39 모세와 아론이 여호와의 명령을 따라 레위인을 각 종족대로 계수한즉 일 개월 이상 된 남자는 모두 이만 이천 명이었더라

레위 사람이 맏아들 구실을 하다

40 ●여호와께서 또 모세에게 이르시되 이스라엘 자손의 처음 태어난 남자를 일 개월 이상으로 다 계수하여 그 명수를 기록하라
41 나는 여호와라 이스라엘 자손 중 모든 처음 태어난 자 대신에 레위인을 내게 돌리고 또 이스라엘 자손의 가축 중 모든 처음 태어난 것 대신에 레위인의 가축을 내게 돌리라
42 모세가 여호와께서 자기에게 명령하신 대로 이스라엘 자손 중 모든 처음 태어난 자를 계수하니
43 일 개월 이상으로 계수된 처음 태어난 남자의 총계는 이만 이천이백칠십삼 명이었더라
44 ●여호와께서 모세에게 말씀하여 이르시되
45 이스라엘 자손 중 모든 처음 태어난 자 대신에 레위인을 취하고 또 그들의 가축 대신에 레위인의 가축을 취하라 레위인은 내 것이라 나는 여호와니라
46 이스라엘 자손의 처음 태어난 자가 레위인보다 이백칠십삼 명이 더 많은즉 속전으로
47 한 사람에 다섯 세겔씩 받되 성소의 세겔로 받으라 한 세겔은 이십 게라니라
48 그 더한 자의 속전을 아론과 그의 아들들에게 줄 것이니라
49 모세가 레위인으로 대속한 이외의 사람에게서 속전을 받았으니
50 곧 이스라엘 자손의 처음 태어난 자에게서 받은 돈이 성소의 세겔로 천삼백육십오 세겔이라
51 모세가 이 속전을 여호와의 말씀대로 아론과 그의 아들들에게 주었으니 여호와께서 모세에게 명령하심과 같았느니라

고핫 자손의 임무 — B.C. 1450년경

4 또 여호와께서 모세와 아론에게 말씀하여 이르시되
2 레위 자손 중에서 고핫 자손을 그들의 종족과 조상의 가문에 따라 집계할지니
3 곧 삼십 세 이상으로 오십 세까지 회막의 일을 하기 위하여 그 역사에 참가할 만한 모든 자를 계수하라
4 고핫 자손이 회막 안의 지성물에 대하여 할 일은 이러하니라
5 진영이 전진할 때에 아론과 그의 아들들이

death.
39 •The total number of Levites counted at the
LORD's command by Moses and Aaron accord-
ing to their clans, including every male a
month old or more, was 22,000.
40 •The LORD said to Moses, "Count all the first-
born Israelite males who are a month old or
41 more and make a list of their names. •Take
the Levites for me in place of all the firstborn of
the Israelites, and the livestock of the Levites in
place of all the firstborn of the livestock of the
Israelites. I am the LORD."
42 •So Moses counted all the firstborn of the
43 Israelites, as the LORD commanded him. •The
total number of firstborn males a month old or
more, listed by name, was 22,273.
44-45 •The LORD also said to Moses, •"Take the
Levites in place of all the firstborn of Israel,
and the livestock of the Levites in place of
their livestock. The Levites are to be mine. I
46 am the LORD. •To redeem the 273 firstborn
Israelites who exceed the number of the Le-
47 vites, •collect five shekels[a] for each one,
according to the sanctuary shekel, which
48 weighs twenty gerahs. •Give the money for
the redemption of the additional Israelites
to Aaron and his sons."
49 •So Moses collected the redemption mo-
ney from those who exceeded the number
50 redeemed by the Levites. •From the firstborn
of the Israelites he collected silver weighing
1,365 shekels,[b] according to the sanctuary
51 shekel. •Moses gave the redemption money to
Aaron and his sons, as he was commanded by
the word of the LORD.

The Kohathites

4 The LORD said to Moses and Aaron:
2 •"Take a census of the Kohathite branch
of the Levites by their clans and families.
3 •Count all the men from thirty to fifty years of
age who come to serve in the work at the tent
of meeting.
4 •"This is the work of the Kohathites at the
tent of meeting: the care of the most holy
5 things. •When the camp is to move, Aaron
and his sons are to go in and take down the
shielding curtain and put it over the ark of the
6 covenant law. •Then they are to cover the cur-

[a]47 That is, about 2 ounces or about 58 grams [b]50 That is, about 35 pounds or about 16 kilograms

additional [ədíʃənl] *a.* 추가의
branch [bræntʃ] *n.* 자손, 가지
camp [kæmp] *n.* 진영
clan [klæn] *n.* 씨족, 집안
collect [kəlékt] *vt.* 모으다
command [kəmǽnd] *vt.* 명령하다
exceed [iksíːd] *vt.* 초과하다
firstborn [fəːrstbɔ́ːrn] *n.* 장자
livestock [láivstak] *n.* 가축
male [meil] *n.* 남성, 수컷
redeem [ridíːm] *vt.* 대속하다
redemption [ridémpʃən] *n.* 속죄
sanctuary [sǽŋktʃuèri] *n.* 성소
shield [ʃíːld] *vt.* 가리다
weigh [wei] *vi.* 무게가 …이다

3:39 at one's command: …의 명령에 따라
3:40 make a list: 목록을 만들다
3:41 in place of...: …의 대신에
3:50 according to...: …에 따라
4:2 take a census: 인구 조사하다
4:5 take down...: …를 내리다

들어가서 칸 막는 휘장을 걷어 [1]증거궤를 덮
고
6 그 위를 해달의 가죽으로 덮고 그 위에 순청
색 보자기를 덮은 후에 그 채를 꿰고
7 진설병의 상에 청색 보자기를 펴고 대접들과
숟가락들과 주발들과 붓는 잔들을 그 위에
두고 또 항상 진설하는 떡을 그 위에 두고
8 홍색 보자기를 그 위에 펴고 그것을 해달의
가죽 덮개로 덮은 후에 그 채를 꿰고
9 청색 보자기를 취하여 등잔대와 등잔들과 불
집게들과 불똥 그릇들과 그 쓰는 바 모든 기
름 그릇을 덮고
10 등잔대와 그 모든 기구를 해달의 가죽 덮개
안에 넣어 메는 틀 위에 두고
11 금제단 위에 청색 보자기를 펴고 해달의 가
죽 덮개로 덮고 그 채를 꿰고
12 성소에서 봉사하는 데에 쓰는 모든 기구를
취하여 청색 보자기에 싸서 해달의 가죽 덮
개로 덮어 메는 틀 위에 두고
13 제단의 재를 버리고 그 제단 위에 자색 보자
기를 펴고
14 봉사하는 데에 쓰는 모든 기구 곧 불 옮기는
그릇들과 고기 갈고리들과 부삽들과 대야들
과 제단의 모든 기구를 두고 해달의 가죽 덮
개를 그 위에 덮고 그 채를 꿸 것이며
15 진영을 떠날 때에 아론과 그의 아들들이 [2]성
소와 성소의 모든 기구 덮는 일을 마치거든
고핫 자손들이 와서 멜 것이니라 그러나 성
물은 만지지 말라 그들이 죽으리라 회막 물
건 중에서 이것들은 고핫 자손이 멜 것이며
16 제사장 아론의 아들 엘르아살이 맡을 것은
등유와 태우는 향과 항상 드리는 소제물과
관유이며 또 장막 전체와 그 중에 있는 모든
것과 성소와 그 모든 기구니라
17 ●여호와께서 또 모세와 아론에게 말씀하여
이르시되
18 너희는 고핫 족속의 지파를 레위인 중에서
끊어지게 하지 말지니
19 그들이 지성물에 접근할 때에 그들의 생명을
보존하고 죽지 않게 하기 위하여 이같이 하
라 아론과 그의 아들들이 들어가서 각 사람
에게 그가 할 일과 그가 멜 것을 지휘하게 할
지니라
20 그들은 잠시라도 들어가서 [2]성소를 보지 말
라 그들이 죽으리라

게르손 자손의 임무

21 ●여호와께서 또 모세에게 말씀하여 이르시

tain with a durable leather,[a] spread a cloth of
solid blue over that and put the poles in place.
7 ●"Over the table of the Presence they are to
spread a blue cloth and put on it the plates,
dishes and bowls, and the jars for drink offer-
ings; the bread that is continually there is to
8 remain on it. ●They are to spread a scarlet
cloth over them, cover that with the durable
leather and put the poles in place.
9 ●"They are to take a blue cloth and cover
the lampstand that is for light, together with
its lamps, its wick trimmers and trays, and all
10 its jars for the olive oil used to supply it. ●Then
they are to wrap it and all its accessories in a
covering of the durable leather and put it on a
carrying frame.
11 ●"Over the gold altar they are to spread a
blue cloth and cover that with the durable
leather and put the poles in place.
12 ●"They are to take all the articles used for
ministering in the sanctuary, wrap them in a
blue cloth, cover that with the durable leather
and put them on a carrying frame.
13 ●"They are to remove the ashes from the
bronze altar and spread a purple cloth over it.
14 ●Then they are to place on it all the utensils
used for ministering at the altar, including the
firepans, meat forks, shovels and sprinkling
bowls. Over it they are to spread a covering of
the durable leather and put the poles in place.
15 ●"After Aaron and his sons have finished
covering the holy furnishings and all the holy
articles, and when the camp is ready to move,
only then are the Kohathites to come and do
the carrying. But they must not touch the holy
things or they will die. The Kohathites are to
carry those things that are in the tent of meet-
ing.
16 ●"Eleazar son of Aaron, the priest, is to have
charge of the oil for the light, the fragrant
incense, the regular grain offering and the
anointing oil. He is to be in charge of the entire
tabernacle and everything in it, including its
holy furnishings and articles."
17-18 ●The LORD said to Moses and Aaron, ●"See
that the Kohathite tribal clans are not des-
19 troyed from among the Levites. ●So that they
may live and not die when they come near the
most holy things, do this for them: Aaron and
his sons are to go into the sanctuary and assign
to each man his work and what he is to carry.

[a]6 Possibly the hides of large aquatic mammals; also in verses 8, 10, 11, 12, 14 and 25

1) 법궤 2) 성물

anoint [ənɔ́int] *vt.* 기름붓다
fragrant [fréigrənt] *a.* 향기로운
furnishings [fə́:rniʃiŋz] *n.* 비품
grain [grein] *n.* 곡물
incense [ínsens] *n.* 향
minister [mínəstər] *vi.* 봉사하다
pole [poul] *n.* 장대, 채
sanctuary [sǽŋktʃuèri] *n.* 성소
shovel [ʃʌ́vəl] *n.* 삽
sprinkle [spríŋkl] *vt.* 뿌리다
tabernacle [tǽbə:rnækl] *n.* 성막
trimmer [trímər] *n.* 심지 자르는 기구
utensil [ju:ténsəl] *n.* 기구, 용구
wick [wik] *n.* 양초 심지
wrap [ræp] *vt.* 싸다

4:8 cover with...: …로 덮다
4:13 remove A from B: B에서 A를 제거하다
4:15 be ready to...: …할 준비가 되다
4:16 have charge of...: …를 맡다
4:18 see that...: 확실히 …하다
4:19 assign to...: …에게 할당하다

되
22 게르손 자손도 그 조상의 가문과 종족에 따라 계수하되
23 삼십 세 이상으로 오십 세까지 회막에서 복무하고 봉사할 모든 자를 계수하라
24 게르손 종족의 할 일과 멜 것은 이러하니
25 곧 그들이 성막의 휘장들과 회막과 그 덮개와 그 위의 해달의 가죽 덮개와 회막 휘장 문을 메며 3:25-26
26 뜰의 휘장과 성막과 제단 사방에 있는 뜰의 휘장 문과 그 줄들과 그것에 사용하는 모든 기구를 메며 이 모든 것을 이렇게 맡아 처리할 것이라
27 게르손 자손은 그들의 모든 일 곧 멜 것과 처리할 것을 아론과 그의 아들들의 명령대로 할 것이니 너희는 그들이 멜 짐을 그들에게 맡길 것이니라 3:21
28 게르손 자손의 종족들이 회막에서 할 일은 이러하며 그들의 직무는 제사장 아론의 아들 이다말이 감독할지니라

므라리 자손의 임무

29 ●너는 므라리 자손도 그 조상의 가문과 종족에 따라 계수하되
30 삼십 세부터 오십 세까지 회막에서 복무하고 봉사할 모든 자를 계수하라
31 그들이 직무를 따라 회막에서 할 모든 일 곧 그 멜 것은 이러하니 곧 장막의 널판들과 그 띠들과 그 기둥들과 그 받침들과
32 뜰 둘레의 기둥들과 그 받침들과 그 말뚝들과 그 줄들과 그 모든 기구들과 그것에 쓰는 모든 것이라 너희는 그들이 맡아 멜 모든 기구의 품목을 지정하라
33 이는 제사장 아론의 아들 이다말의 수하에 있을 므라리 자손의 종족들이 그 모든 직무대로 회막에서 행할 일이니라

레위 사람 인구 조사

34 ●모세와 아론과 회중의 지도자들이 고핫 자손들을 그 종족과 조상의 가문에 따라 계수하니
35 삼십 세부터 오십 세까지 회막에서 복무하고 봉사할 모든 자
36 곧 그 종족대로 계수된 자가 이천칠백오십 명이니
37 이는 모세와 아론이 여호와께서 모세에게 명령하신 대로 회막에서 종사하는 고핫인의 모든 종족 중 계수된 자이니라
38 ●게르손 자손 중 그 종족과 조상의 가문을

20 ●But the Kohathites must not go in to look at
the holy things, even for a moment, or they
will die."

The Gershonites

21-22 ●The LORD said to Moses, ●"Take a census
also of the Gershonites by their families and
23 clans. ●Count all the men from thirty to fifty
years of age who come to serve in the work at
the tent of meeting.
24 ●"This is the service of the Gershonite clans
25 in their carrying and their other work: ●They
are to carry the curtains of the tabernacle, that
is, the tent of meeting, its covering and its outer
covering of durable leather, the curtains for the
26 entrance to the tent of meeting, ●the curtains
of the courtyard surrounding the tabernacle
and altar, the curtain for the entrance to the
courtyard, the ropes and all the equipment
used in the service of the tent. The Gershon-
ites are to do all that needs to be done with
27 these things. ●All their service, whether carry-
ing or doing other work, is to be done under
the direction of Aaron and his sons. You shall
assign to them as their responsibility all they
28 are to carry. ●This is the service of the Ger-
shonite clans at the tent of meeting. Their
duties are to be under the direction of Ithamar
son of Aaron, the priest.

The Merarites

29 ●"Count the Merarites by their clans and
30 families. ●Count all the men from thirty to
fifty years of age who come to serve in the
31 work at the tent of meeting. ●As part of all
their service at the tent, they are to carry the
frames of the tabernacle, its crossbars, posts
32 and bases, ●as well as the posts of the sur-
rounding courtyard with their bases, tent pegs,
ropes, all their equipment and everything
related to their use. Assign to each man the spe-
33 cific things he is to carry. ●This is the service of
the Merarite clans as they work at the tent of
meeting under the direction of Ithamar son of
Aaron, the priest."

The Numbering of the Levite Clans

34 ●Moses, Aaron and the leaders of the com-
munity counted the Kohathites by their clans
35 and families. ●All the men from thirty to fifty
years of age who came to serve in the work at
36 the tent of meeting, ●counted by clans, were
37 2,750. ●This was the total of all those in the
Kohathite clans who served at the tent of meet-

altar [ɔ́:ltər] *n.* 제단
census [sénsəs] *n.* 인구 조사
courtyard [kɔ́:rtjɑ̀:rd] *n.* 안마당
crossbar [krɔ:sbɑ:r] *n.* 빗장
direction [dirékʃən] *n.* 지시
durable [djúərəbl] *a.* 영속성 있는
entrance [éntrəns] *n.* 입구
equipment [ikwípmənt] *n.* 장비
number [nʌ́mbər] *vt.* 계수하다
peg [peg] *n.* 말뚝
post [poust] *n.* 기둥
responsibility [rispɑ̀nsəbíləti] *n.* 책임
specific [spisífik] *a.* 특정의
surrounding [səráundiŋ] *a.* 주변의
tabernacle [tǽbə:rnækl] *n.* 성막

4:20 look at...: …을 보다
4:20 for a moment: 잠깐 동안
4:27 whether A or B: A이든 B이든
4:30 serve in...: …에서 근무하다
4:32 as well as...: …같이
4:32 relate to...: …와 관련이 있다

따라 계수된 자는
39 삼십 세부터 오십 세까지 회막 봉사에 참여
하여 일할 만한 모든 자라
40 그 종족과 조상의 가문을 따라 계수된 자는
이천육백삼십 명이니
41 이는 모세와 아론이 여호와의 명령대로 회막
에서 종사하는 게르손 자손의 모든 종족 중
계수된 자니라
42 ●므라리 자손의 종족 중 그 종족과 조상의
가문을 따라 계수된 자는
43 삼십 세부터 오십 세까지 회막에서 복무하고
봉사할 모든 자라
44 그 종족을 따라 계수된 자는 삼천이백 명이
니
45 이는 모세와 아론이 여호와께서 모세에게 명
령하신 대로 므라리 자손들의 종족 중 계수
된 자니라
46 ●모세와 아론과 이스라엘 지휘관들이 레위
인을 그 종족과 조상의 가문에 따라 다 계수
하니
47 삼십 세부터 오십 세까지 회막 봉사와 메는
일에 참여하여 일할 만한 모든 자
48 곧 그 계수된 자는 팔천오백팔십 명이라
49 그들이 할 일과 짐을 메는 일을 따라 모세에
게 계수되었으되 여호와께서 모세에게 명령
하신 대로 그들이 계수되었더라

부정한 사람의 처리 (♪ 539장) — B.C. 1450년경

5 여호와께서 모세에게 말씀하여 이르시되
2 이스라엘 자손에게 명령하여 모든 나병
환자와 유출증이 있는 자와 주검으로 부정하
게 된 자를 다 진영 밖으로 내보내되
3 남녀를 막론하고 다 진영 밖으로 내보내어
그들이 진영을 더럽히게 하지 말라 내가 그
진영 가운데에 거하느니라 하시매
4 이스라엘 자손이 그같이 행하여 그들을 진영
밖으로 내보냈으니 곧 여호와께서 모세에게
이르신 대로 이스라엘 자손이 행하였더라

죄에 대한 값

5 ●여호와께서 모세에게 말씀하여 이르시되
6 이스라엘 자손에게 이르라 남자나 여자나 사
람들이 범하는 죄를 범하여 여호와께 거역함
으로 죄를 지으면
7 그 지은 죄를 자복하고 그 죄 값을 온전히 갚
되 오분의 일을 더하여 그가 죄를 지었던 그
사람에게 돌려줄 것이요
8 만일 죄 값을 받을 만한 친척이 없으면 그 죄
값을 여호와께 드려 제사장에게로 돌릴 것이

ing. Moses and Aaron counted them accord-
ing to the LORD's command through Moses.
38 ●The Gershonites were counted by their
39 clans and families. ●All the men from thirty to
fifty years of age who came to serve in the
40 work at the tent of meeting, ●counted by their
41 clans and families, were 2,630. ●This was the
total of those in the Gershonite clans who
served at the tent of meeting. Moses and Aaron
counted them according to the LORD's com-
mand.
42 ●The Merarites were counted by their clans
43 and families. ●All the men from thirty to fifty
years of age who came to serve in the work at
44 the tent of meeting, ●counted by their clans,
45 were 3,200. ●This was the total of those in the
Merarite clans. Moses and Aaron counted
them according to the LORD's command
through Moses.
46 ●So Moses, Aaron and the leaders of Israel
counted all the Levites by their clans and
47 families. ●All the men from thirty to fifty years
of age who came to do the work of serving and
48 carrying the tent of meeting ●numbered
49 8,580. ●At the LORD's command through
Moses, each was assigned his work and told
what to carry.
Thus they were counted, as the LORD com-
manded Moses.

The Purity of the Camp

5 1-2 The LORD said to Moses, ●"Command
the Israelites to send away from the camp
anyone who has a defiling skin disease[a] or a
discharge of any kind, or who is ceremonially
3 unclean because of a dead body. ●Send away
male and female alike; send them outside
the camp so they will not defile their camp,
4 where I dwell among them." ●The Israelites
did so; they sent them outside the camp. They
did just as the LORD had instructed Moses.

Restitution for Wrongs

5-6 ●The LORD said to Moses, ●"Say to the Isra-
elites: 'Any man or woman who wrongs an-
other in any way[b] and so is unfaithful to the
7 LORD is guilty ●and must confess the sin they
have committed. They must make full restitu-
tion for the wrong they have done, add a fifth
of the value to it and give it all to the person

[a]2 The Hebrew word for *defiling skin disease*, traditionally translated "leprosy," was used for various diseases affecting the skin. [b]6 Or *woman who commits any wrong common to mankind*

alike [əláik] *ad.* 똑같이
assign [əsáin] *vt.* 할당하다
ceremonially [sèrəmóuniəli] *ad.* 의식적으로
clan [klæn] *n.* 종족
command [kəmǽnd] *n.* 명령
commit [kəmít] *vt.* (죄를) 짓다
confess [kənfés] *vt.* 자백하다
defile [difáil] *vt.* 더럽히다
discharge [distʃáːrdʒ] *n.* 유출, 배출
disease [diziːz] *n.* 질병
dwell [dwel] *vi.* 거하다
instruct [instrʌ́kt] *vt.* 지시하다
restitution [rèstətjúːʃən] *n.* 보상
value [vǽljuː] *n.* 값
wrong [rɔ́ːŋ] *n.* 나쁜 짓, 악행

4:37 according to...: …에 따라
4:41 total of...: …의 합계
5:2 send away: 추방하다
5:6 be unfaithful to...: …에 불성실하다
5:7 make restitution for...: …에 대해 보상하다

니 이는 그를 위하여 속죄할 속죄의 숫양과
함께 돌릴 것이니라
9 이스라엘 자손이 거제로 제사장에게 가져오
는 모든 성물은 그의 것이 될 것이라 레 6:17
10 각 사람이 구별한 물건은 그의 것이 되나니
누구든지 제사장에게 주는 것은 그의 것이
되느니라

아내의 간통을 밝히는 절차

11 ●여호와께서 모세에게 말씀하여 이르시되
12 이스라엘 자손에게 말하여 그들에게 이르라
만일 어떤 사람의 아내가 탈선하여 남편에게
신의를 저버렸고 출 20:14
13 한 남자가 그 여자와 동침하였으나 그의 남
편의 눈에 숨겨 드러나지 아니하였고 그 여
자의 더러워진 일에 증인도 없고 그가 잡히
지도 아니하였어도
14 그 남편이 의심이 생겨 그 아내를 의심하였
는데 그의 아내가 더럽혀졌거나 또는 그 남
편이 의심이 생겨 그 아내를 의심하였으나
그 아내가 더럽혀지지 아니하였든지
15 그의 아내를 데리고 제사장에게로 가서 그를
위하여 보리 가루 십분의 일 에바를 헌물로
드리되 그것에 기름도 붓지 말고 유향도 두
지 말라 이는 의심의 소제요 죄악을 기억나
게 하는 기억의 소제라
16 ●제사장은 그 여인을 가까이 오게 하여 여
호와 앞에 세우고
17 토기에 거룩한 물을 담고 성막 바닥의 티끌
을 취하여 물에 넣고
18 여인을 여호와 앞에 세우고 그의 머리를 풀
게 하고 기억나게 하는 소제물 곧 의심의 소
제물을 그의 두 손에 두고 제사장은 저주가
되게 할 쓴 물을 자기 손에 들고
19 여인에게 맹세하게 하여 그에게 이르기를 네
가 네 남편을 두고 탈선하여 다른 남자와 동
침하여 더럽힌 일이 없으면 저주가 되게 하
는 이 쓴 물의 해독을 면하리라
20 그러나 네가 네 남편을 두고 탈선하여 몸을
더럽혀서 네 남편 아닌 사람과 동침하였으면
21 (제사장이 그 여인에게 저주의 맹세를 하게
하고 그 여인에게 말할지니라) 여호와께서
네 넓적다리가 마르고 네 배가 부어서 네가
네 백성 중에 저줏거리, 맹셋거리가 되게 하
실지라
22 이 저주가 되게 하는 이 물이 네 창자에 들어
가서 네 배를 붓게 하고 네 넓적다리를 마르
게 하리라 할 것이요 여인은 아멘 아멘 할지

8 they have wronged. •But if that person has no
close relative to whom restitution can be made
for the wrong, the restitution belongs to the
LORD and must be given to the priest, along
with the ram with which atonement is made
9 for the wrongdoer. •All the sacred contribu-
tions the Israelites bring to a priest will belong
10 to him. •Sacred things belong to their owners,
but what they give to the priest will belong to
the priest.' "

The Test for an Unfaithful Wife

11-12 •Then the LORD said to Moses, •"Speak to
the Israelites and say to them: 'If a man's wife
13 goes astray and is unfaithful to him •so that
another man has sexual relations with her,
and this is hidden from her husband and her
impurity is undetected (since there is no wit-
ness against her and she has not been caught
14 in the act), •and if feelings of jealousy come
over her husband and he suspects his wife and
she is impure—or if he is jealous and suspects
15 her even though she is not impure— •then
he is to take his wife to the priest. He must also
take an offering of a tenth of an ephah[a] of bar-
ley flour on her behalf. He must not pour olive
oil on it or put incense on it, because it is a
grain offering for jealousy, a reminder-offering
to draw attention to wrongdoing.
16 •" 'The priest shall bring her and have her
17 stand before the LORD. •Then he shall take
some holy water in a clay jar and put some
dust from the tabernacle floor into the water.
18 •After the priest has had the woman stand
before the LORD, he shall loosen her hair and
place in her hands the reminder-offering, the
grain offering for jealousy, while he himself
holds the bitter water that brings a curse.
19 •Then the priest shall put the woman under
oath and say to her, "If no other man has had
sexual relations with you and you have not
gone astray and become impure while mar-
ried to your husband, may this bitter water
20 that brings a curse not harm you. •But if you
have gone astray while married to your hus-
band and you have made yourself impure by
having sexual relations with a man other than
21 your husband"— •here the priest is to put the
woman under this curse—"may the LORD
cause you to become a curse[b] among your peo-

[a]*15* That is, probably about 3 1/2 pounds or about 1.6 kilograms [b]*21* That is, may he cause your name to be used in cursing (see Jer. 29:22); or, may others see that you are cursed; similarly in verse 27.

atonement [ətóunmənt] *n.* 보상, 속죄
bitter [bítər] *a.* 쓴
contribution [kàntrəbjú:ʃən] *n.* 헌물
curse [kə:rs] *n.* 저주
impure [impjúər] *a.* 불결한
incense [ínsens] *n.* 향
jealousy [dʒéləsi] *n.* 질투
oath [ouθ] *n.* 맹세
ram [ræm] *n.* 숫양
reminder [rimáindər] *n.* 생각나게 하는 것
sacred [séikrid] *a.* 신성한
suspect [səspékt] *vt.* 의심하다
tabernacle [tǽbə:rnækl] *n.* 성막
undetect [ʌnditékt] *vt.* 발견 못하다
unfaithful [ʌnféiθfəl] *a.* 불충실한

5:8 belong to...: …에 속하다
5:13 hide from...: …로부터 숨다
5:14 even though...: …에도 불구하고
5:15 on one's behalf: …를 위하여
5:15 draw attention to...: …에 대하여 주의를 환기시키다

니라
23 ●제사장이 저주의 말을 두루마리에 써서 그
글자를 그 쓴 물에 빨아 넣고
24 여인에게 그 저주가 되게 하는 쓴 물을 마시
게 할지니 그 저주가 되게 하는 물이 그의 속
에 들어가서 쓰리라
25 제사장이 먼저 그 여인의 손에서 의심의 소
제물을 취하여 그 소제물을 여호와 앞에 흔
들고 제단으로 가지고 가서
26 제사장은 그 소제물 중에서 한 움큼을 취하
여 그 여자에게 기억나게 하는 소제물로 제
단 위에 불사르고 그 후에 여인에게 그 물을
마시게 할지라
27 그 물을 마시게 한 후에 만일 여인이 몸을 더
럽혀서 그 남편에게 범죄하였으면 그 저주가
되게 하는 물이 그의 속에 들어가서 쓰게 되
어 그의 배가 부으며 그의 넓적다리가 마르
리니 그 여인이 그 백성 중에서 저줏거리가
될 것이니라
28 그러나 여인이 더럽힌 일이 없고 정결하면
해를 받지 않고 임신하리라
29 ●이는 의심의 법이니 아내가 그의 남편을
두고 탈선하여 더럽힌 때나 5:12
30 또는 그 남편이 의심이 생겨서 자기의 아내
를 의심할 때에 여인을 여호와 앞에 두고 제
사장이 이 법대로 행할 것이라
31 남편은 무죄할 것이요 여인은 죄가 있으면
당하리라

나실인의 법 (♪317, 549장)

— B.C. 1450년경

6 여호와께서 모세에게 말씀하여 이르시되
2 이스라엘 자손에게 전하여 그들에게 이
르라 남자나 여자가 특별한 서원 곧 1)나실인
의 서원을 하고 자기 몸을 구별하여 여호와
께 드리려고 하면
3 포도주와 독주를 멀리하며 포도주로 된 초나
독주로 된 초를 마시지 말며 포도즙도 마시
지 말며 생포도나 건포도도 먹지 말지니
4 자기 몸을 구별하는 모든 날 동안에는 포도
나무 소산은 씨나 껍질이라도 먹지 말지며
5 그 서원을 하고 구별하는 모든 날 동안은 삭
도를 절대로 그의 머리에 대지 말 것이라 자
기 몸을 구별하여 여호와께 드리는 날이 차
기까지 그는 거룩한즉 그의 머리털을 길게
자라게 할 것이며
6 자기의 몸을 구별하여 여호와께 드리는 모든
날 동안은 시체를 가까이하지 말 것이요

ple when he makes your womb miscarry and
22 your abdomen swell. ●May this water that
brings a curse enter your body so that your
abdomen swells or your womb miscarries."
" 'Then the woman is to say, "Amen. So be it."
23 ●" 'The priest is to write these curses on a
scroll and then wash them off into the bitter
24 water. ●He shall make the woman drink the
bitter water that brings a curse, and this water
that brings a curse and causes bitter suffering
25 will enter her. ●The priest is to take from her
hands the grain offering for jealousy, wave it
26 before the LORD and bring it to the altar. ●The
priest is then to take a handful of the grain
offering as a memorial[a] offering and burn it on
the altar; after that, he is to have the woman
27 drink the water. ●If she has made herself
impure and been unfaithful to her husband,
this will be the result: When she is made to
drink the water that brings a curse and causes
bitter suffering, it will enter her, her abdomen
will swell and her womb will miscarry, and
28 she will become a curse. ●If, however, the
woman has not made herself impure, but is
clean, she will be cleared of guilt and will be
able to have children.
29 ●" 'This, then, is the law of jealousy when a
woman goes astray and makes herself impure
30 while married to her husband, ●or when feel-
ings of jealousy come over a man because he
suspects his wife. The priest is to have her stand
before the LORD and is to apply this entire law
31 to her. ●The husband will be innocent of any
wrongdoing, but the woman will bear the
consequences of her sin.' "

The Nazirite

6 1-2 The LORD said to Moses, ●"Speak to
the Israelites and say to them: 'If a man or
woman wants to make a special vow, a vow of
3 dedication to the LORD as a Nazirite, ●they
must abstain from wine and other fermented
drink and must not drink vinegar made from
wine or other fermented drink. They must not
4 drink grape juice or eat grapes or raisins. ●As
long as they remain under their Nazirite vow,
they must not eat anything that comes from
the grapevine, not even the seeds or skins.
5 ●" 'During the entire period of their Nazirite
vow, no razor may be used on their head. They
must be holy until the period of their dedica-
tion to the LORD is over; they must let their hair

[a]26 Or *representative* 1) 구별

abdomen [ǽbdəmən] *n.* 배
alter [ɔ́:ltər] *n.* 제단
astray [əstréi] *ad.* 못된 길에 빠져
consequence [kɑ́nsəkwèns] *n.* 결과
curse [kə:rs] *n.* 저주
fermented [fə́:rmentid] *a.* 발효시킨
grapevine [gréipvàin] *n.* 포도 덩굴
memorial [məmɔ́:riəl] *a.* 기념의
miscarry [mìskǽri] *vi.* 유산하다
scroll [skroul] *n.* 두루마리
suffering [sʌ́fəriŋ] *n.* 고통
swell [swel] *vi.* 팽창하다
vinegar [vínəgər] *n.* (식)초
vow [vau] *n. v.* 맹세(하다)
womb [wu:m] *n.* 태내, 자궁

5:22 **so be it:** 그것이 그렇게 되기를
5:28 **be able to ...:** …할 수 있다
5:30 **apply to:** 적용하다
6:3 **abstain from...:** …를 삼가다
6:4 **as long as...:** …하는 동안은, …하는 한
6:5 **be over:** 끝나다

7 그의 부모 형제 자매가 죽은 때에라도 그로 말미암아 몸을 더럽히지 말 것이니 이는 자기의 몸을 구별하여 하나님께 드리는 표가 그의 머리에 있음이라
8 자기의 몸을 구별하는 모든 날 동안 그는 여호와께 거룩한 자니라
9 누가 갑자기 그 곁에서 죽어서 스스로 구별한 자의 머리를 더럽히면 그의 몸을 정결하게 하는 날에 머리를 밀 것이니 곧 일곱째 날에 밀 것이며
10 여덟째 날에 산비둘기 두 마리나 집비둘기 새끼 두 마리를 가지고 회막문에 와서 제사장에게 줄 것이요 레 5:7
11 제사장은 그 하나를 속죄제물로, 하나를 번제물로 드려서 그의 시체로 말미암아 얻은 죄를 속하고 또 그는 그날에 그의 머리를 성결하게 할 것이며
12 자기 몸을 구별하여 여호와께 드릴 날을 새로 정하고 일 년 된 숫양을 가져다가 속건제물로 드릴지니라 자기의 몸을 구별한 때에 그의 몸을 더럽혔은즉 지나간 기간은 무효니라
13 ●나실인의 법은 이러하니라 자기의 몸을 구별한 날이 차면 그 사람을 회막문으로 데리고 갈 것이요
14 그는 여호와께 헌물을 드리되 번제물로 일 년 된 흠 없는 숫양 한 마리와 속죄제물로 일 년 된 흠 없는 어린 암양 한 마리와 화목제물로 흠 없는 숫양 한 마리와 15:27
15 무교병 한 광주리와 고운 가루에 기름 섞은 과자들과 기름 바른 무교전병들과 그 소제물과 전제물을 드릴 것이요
16 제사장은 그것들을 여호와 앞에 가져다가 속죄제와 번제를 드리고 15:1-7
17 화목제물로 숫양에 무교병 한 광주리를 아울러 여호와께 드리고 그 소제와 전제를 드릴 것이요
18 자기의 몸을 구별한 나실인은 회막문에서 자기의 머리털을 밀고 그것을 화목제물 밑에 있는 불에 둘지며 행 21:24
19 자기의 몸을 구별한 나실인이 그의 머리털을 민 후에 제사장이 삶은 숫양의 어깨와 광주리 가운데 무교병 하나와 무교전병 하나를 취하여 나실인의 두 손에 두고
20 여호와 앞에 요제로 흔들 것이며 그것과 흔든 가슴과 받들어 올린 [1]넓적다리는 성물이라 다 제사장에게 돌릴 것이니라 그 후에는

grow long.
6 ●" 'Throughout the period of their dedication to the LORD, the Nazirite must not go near
7 a dead body. ●Even if their own father or
mother or brother or sister dies, they must not
make themselves ceremonially unclean on
account of them, because the symbol of their
8 dedication to God is on their head. ●Through-
out the period of their dedication, they are
consecrated to the LORD.
9 ●" 'If someone dies suddenly in the
Nazirite's presence, thus defiling the hair that
symbolizes their dedication, they must shave
their head on the seventh day—the day of
10 their cleansing. ●Then on the eighth day they
must bring two doves or two young pigeons to
the priest at the entrance to the tent of meet-
11 ing. ●The priest is to offer one as a sin offering[a]
and the other as a burnt offering to make
atonement for the Nazirite because they
sinned by being in the presence of the dead
body. That same day they are to consecrate
12 their head again. ●They must rededicate
themselves to the LORD for the same period of
dedication and must bring a year-old male
lamb as a guilt offering. The previous days do
not count, because they became defiled during
their period of dedication.
13 ●" 'Now this is the law of the Nazirite when
the period of their dedication is over. They
are to be brought to the entrance to the tent
14 of meeting. ●There they are to present their
offerings to the LORD: a year-old male lamb
without defect for a burnt offering, a year-old
ewe lamb without defect for a sin offering, a
ram without defect for a fellowship offering,
15 ●together with their grain offerings and
drink offerings, and a basket of bread made
with the finest flour and without yeast—
thick loaves with olive oil mixed in, and thin
loaves brushed with olive oil.
16 ●" 'The priest is to present all these before
the LORD and make the sin offering and the
17 burnt offering. ●He is to present the basket of
unleavened bread and is to sacrifice the ram as
a fellowship offering to the LORD, together with
its grain offering and drink offering.
18 ●" 'Then at the entrance to the tent of meet-
ing, the Nazirite must shave off the hair that
symbolizes their dedication. They are to take
the hair and put it in the fire that is under the

[a]11 Or *purification offering;* also in verses 14 and 16
1) 어깨

ceremonially [sèrəmóuniəli] *ad.* 의식적으로
consecrate [kánsəkrèit] *vt.* 신성하게 하다
dedication [dèdikéiʃən] *n.* 헌납
defect [dí:fekt] *n.* 흠
defile [difáil] *vt.* 더럽히다
ewe [ju:] *n.* 암양
fellowship [félouʃìp] *n.* 화목, 친교
offering [ɔ́:fəriŋ] *n.* 제물
period [pí:əriəd] *n.* 기간
pigeon [pídʒən] *n.* 비둘기
priest [pri:st] *n.* 제사장
ram [ræm] *n.* 숫양
sacrifice [sǽkrəfàis] *n.* 희생제물
shave [ʃeiv] *vt.* 깎다
unleavened [ʌnlévənd] *a.* 누룩을 넣지 않은

6:7 on account of...: …때문에
6:9 in one's presence: …의 목전에서
6:11 make atonement for...: …를 보상하다
6:14 present A to B: A를 B에게 주다
6:15 mix... in~: …을 ~에 넣다
6:18 put in: …에 두다

나실인이 포도주를 마실 수 있느니라
21 ●이는 곧 서원한 나실인이 자기의 몸을 구
별한 일로 말미암아 여호와께 헌물을 드림
과 행할 법이며 이외에도 힘이 미치는 대로
하려니와 그가 서원한 대로 자기의 몸을 구
별하는 법을 따라 할 것이니라

제사장의 축복 (♪638장)

22 ●여호와께서 모세에게 말씀하여 이르시
되
23 아론과 그의 아들들에게 말하여 이르기를
너희는 이스라엘 자손을 위하여 이렇게 축
복하여 이르되
24 여호와는 네게 복을 주시고 너를 지키시기
를 원하며
25 여호와는 그의 얼굴을 네게 비추사 은혜 베
푸시기를 원하며
26 여호와는 그 얼굴을 네게로 향하여 드사 평
강 주시기를 원하노라 할지니라 하라 시 4:6
27 ●그들은 이같이 내 이름으로 이스라엘 자
손에게 축복할지니 내가 그들에게 복을 주
리라

감독된 자들이 드린 헌물
— B.C. 1450년경

7 모세가 장막 세우기를 끝내고 그것에 기
름을 발라 거룩히 구별하고 또 그 모든
기구와 제단과 그 모든 기물에 기름을 발라
거룩히 구별한 날에
2 이스라엘 지휘관들 곧 그들의 조상의 가문
의 우두머리들이요 그 지파의 지휘관으로
서 그 계수함을 받은 자의 감독된 자들이
헌물을 드렸으니
3 그들이 여호와께 드린 헌물은 [1]덮개 있는
수레 여섯 대와 소 열두 마리이니 지휘관
두 사람에 수레가 하나씩이요 지휘관 한 사
람에 소가 한 마리씩이라 그것들을 장막 앞
에 드린지라
4 여호와께서 모세에게 말씀하여 이르시되
5 그것을 그들에게서 받아 레위인에게 주어
각기 직임대로 회막 봉사에 쓰게 할지니라
6 모세가 수레와 소를 받아 레위인에게 주었
으니
7 곧 게르손 자손들에게는 그들의 직임대로
수레 둘과 소 네 마리를 주었고
8 므라리 자손들에게는 그들의 직임대로 수
레 넷과 소 여덟 마리를 주고 제사장 아론
의 아들 이다말에게 감독하게 하였으나
9 고핫 자손에게는 주지 아니하였으니 그들

sacrifice of the fellowship offering.
19 ●" 'After the Nazirite has shaved off the hair
that symbolizes their dedication, the priest is to
place in their hands a boiled shoulder of the
ram, and one thick loaf and one thin loaf from
20 the basket, both made without yeast. ●The
priest shall then wave these before the LORD as a
wave offering; they are holy and belong to the
priest, together with the breast that was waved
and the thigh that was presented. After that, the
Nazirite may drink wine.
21 ●" 'This is the law of the Nazirite who vows
offerings to the LORD in accordance with their
dedication, in addition to whatever else they can
afford. They must fulfill the vows they have
made, according to the law of the Nazirite.' "

The Priestly Blessing

22-23 ●The LORD said to Moses, ●"Tell Aaron and
his sons, 'This is how you are to bless the
Israelites. Say to them:
24 ●" ' "The LORD bless you
and keep you;
25 ●the LORD make his face shine on you
and be gracious to you;
26 ●the LORD turn his face toward you
and give you peace." '
27 ●"So they will put my name on the Israelites,
and I will bless them."

Offerings at the Dedication of the Tabernacle

7 When Moses finished setting up the taber-
nacle, he anointed and consecrated it and
all its furnishings. He also anointed and conse-
2 crated the altar and all its utensils. ●Then the
leaders of Israel, the heads of families who
were the tribal leaders in charge of those who
3 were counted, made offerings. ●They brought
as their gifts before the LORD six covered carts
and twelve oxen — an ox from each leader and
a cart from every two. These they presented
before the tabernacle.
4-5 ●The LORD said to Moses, ●"Accept these
from them, that they may be used in the work
at the tent of meeting. Give them to the Levites
as each man's work requires."
6 ●So Moses took the carts and oxen and gave
7 them to the Levites. ●He gave two carts and four
oxen to the Gershonites, as their work required,
8 ●and he gave four carts and eight oxen to the Mer-
arites, as their work required. They were all under
the direction of Ithamar son of Aaron, the priest.

1) 짐차

accept [æksépt] *vt.* 받아들이다
afford [əfɔ́:rd] *vt.* …할 여유가 있다
anoint [ənɔ́int] *vt.* 기름을 바르다
consecrate [kánsəkrèit] *vt.* 신성하게 하다
dedication [dèdikéiʃən] *n.* 헌납
direction [dirékʃən] *n.* 지시
fulfill [fulfíl] *vt.* 지키다, 이행하다
furnishing [fə́:rniʃiŋ] *n.* 기구
gracious [gréiʃəs] *a.* 은혜로운
require [rikwáiər] *vt.* 필요로 하다
sacrifice [sǽkrəfàis] *n.,vt.* (제물)을 바치다
thigh [θai] *n.* 허벅지
tabernacle [tǽbə:rnækl] *n.* 이동신전
utensil [ju:ténsəl] *n.* 기구
wave [weiv] *vt.* 흔들다

6:19 shave off: 깎아버리다
6:20 belong to...: …에 속하다
6:21 in accordance with...: …과 일치하여
6:21 in addition to: 게다가, 더구나
7:1 set up: 세우다
7:2 in charge of...: …에 책임있는

의 성소의 직임은 그 어깨로 메는 일을 하
는 까닭이었더라
10 제단에 기름을 바르던 날에 지휘관들이 제
단의 봉헌을 위하여 헌물을 가져다가 그 헌
물을 제단 앞에 드리니라
11 여호와께서 모세에게 이르시기를 지휘관
들은 하루 한 사람씩 제단의 봉헌물을 드릴
지니라 하셨더라
12 ●첫째 날에 헌물을 드린 자는 유다 지파
암미나답의 아들 나손이라
13 그의 헌물은 성소의 세겔로 백삼십 세겔 무
게의 은반 하나와 칠십 세겔 무게의 은 바
리 하나라 이 두 그릇에는 소제물로 기름
섞은 고운 가루를 채웠고
14 또 열 세겔 무게의 금 그릇 하나라 그것에
는 향을 채웠고
15 또 번제물로 수송아지 한 마리와 숫양 한
마리와 일 년 된 어린 숫양 한 마리이며
16 속죄제물로 숫염소 한 마리이며
17 화목제물로 소 두 마리와 숫양 다섯 마리와
숫염소 다섯 마리와 일 년 된 어린 숫양 다
섯 마리라 이는 암미나답의 아들 나손의 헌
물이었더라
18 ●둘째 날에는 잇사갈의 지휘관 수알의 아
들 느다넬이 헌물을 드렸으니 1:8
19 그가 드린 헌물도 성소의 세겔로 백삼십 세
겔 무게의 은반 하나와 칠십 세겔 무게의
은 바리 하나라 이 두 그릇에는 소제물로
기름 섞은 고운 가루를 채웠고
20 또 열 세겔 무게의 금 그릇 하나라 그것에
는 향을 채웠고
21 또 번제물로 수송아지 한 마리와 숫양 한
마리와 일 년 된 어린 숫양 한 마리이며
22 속죄제물로 숫염소 한 마리이며
23 화목제물로 소 두 마리와 숫양 다섯 마리와
숫염소 다섯 마리와 일 년 된 어린 숫양 다
섯 마리라 이는 수알의 아들 느다넬의 헌물
이었더라
24 ●셋째 날에는 스불론 자손의 지휘관 헬론
의 아들 엘리압이 헌물을 드렸으니 1:9
25 그의 헌물도 성소의 세겔로 백삼십 세겔 무
게의 은반 하나와 칠십 세겔 무게의 은 바
리 하나라 이 두 그릇에는 소제물로 기름
섞은 고운 가루를 채웠고
26 또 열 세겔 무게의 금 그릇 하나라 이것에
는 향을 채웠고
27 또 번제물로 수송아지 한 마리와 숫양 한

9 ●But Moses did not give any to the Kohathites,
because they were to carry on their shoulders the
holy things, for which they were responsible.
10 ●When the altar was anointed, the leaders
brought their offerings for its dedication and
11 presented them before the altar. ●For the LORD
had said to Moses, "Each day one leader is to
bring his offering for the dedication of the altar."
12 ●The one who brought his offering on the first
day was Nahshon son of Amminadab of the
tribe of Judah.
13 ●His offering was one silver plate weighing
a hundred and thirty shekels[a] and one silver
sprinkling bowl weighing seventy shekels,[b]
both according to the sanctuary shekel, each
filled with the finest flour mixed with olive
14 oil as a grain offering; ●one gold dish weigh-
15 ing ten shekels,[c] filled with incense; ●one
young bull, one ram and one male lamb a
16 year old for a burnt offering; ●one male goat
17 for a sin offering[d]; ●and two oxen, five
rams, five male goats and five male lambs a
year old to be sacrificed as a fellowship offer-
ing. This was the offering of Nahshon son of
Amminadab.
18 ●On the second day Nethanel son of Zuar, the
leader of Issachar, brought his offering.
19 ●The offering he brought was one silver
plate weighing a hundred and thirty shekels
and one silver sprinkling bowl weighing
seventy shekels, both according to the sanc-
tuary shekel, each filled with the finest flour
mixed with olive oil as a grain offering;
20 ●one gold dish weighing ten shekels, filled
21 with incense; ●one young bull, one ram
and one male lamb a year old for a burnt
22 offering; ●one male goat for a sin offering;
23 ●and two oxen, five rams, five male goats
and five male lambs a year old to be sacri-
ficed as a fellowship offering. This was the
offering of Nethanel son of Zuar.
24 ●On the third day, Eliab son of Helon, the leader
of the people of Zebulun, brought his offering.
25 ●His offering was one silver plate weighing a
hundred and thirty shekels and one silver
sprinkling bowl weighing seventy shekels,
both according to the sanctuary shekel, each

[a]*13* That is, about 3 1/4 pounds or about 1.5 kilograms; also elsewhere in this chapter [b]*13* That is, about 1 3/4 pounds or about 800 grams; also elsewhere in this chapter [c]*14* That is, about 4 ounces or about 115 grams; also elsewhere in this chapter [d]*16* Or *purification offering;* also elsewhere in this chapter

altar [ɔ́:ltər] *n.* 제단
bowl [boul] *n.* 주발
bull [bul] *n.* 황소
fine [fain] *a.* 고운
goat [gout] *n.* 염소
incense [ínsens] *n.* 향
lamb [læm] *n.* 어린 양
male [meil] *n.* 수컷
oxen [áksn] *n.* 황소(들)
plate [pleit] *n.* 쟁반
ram [ræm] *n.* 숫양
sanctuary [sǽŋktʃuèri] *n.* 성소
sprinkle [spríŋkl] *vt.* 뿌리다
tribe [traib] *n.* 지파, 종족
weigh [wei] *vi.* 무게가 …이다

7:13 **fill with...**: …로 채우다
7:13 **mix with...**: …과 섞다
7:19 **grain offering**: 소제물
7:21 **burnt offering**: 번제물
7:22 **sin offering**: 속죄제물
7:23 **fellowship offering**: 화목제물

마리와 일 년 된 어린 숫양 한 마리이며
28 속죄제물로 숫염소 한 마리이며
29 화목제물로 소 두 마리와 숫양 다섯 마리와 숫염소 다섯 마리와 일 년 된 어린 숫양 다섯 마리라 이는 헬론의 아들 엘리압의 헌물이었더라
30 ●넷째 날에는 르우벤 자손의 지휘관 스데울의 아들 엘리술이 헌물을 드렸으니 1:5
31 그의 헌물도 성소의 세겔로 백삼십 세겔 무게의 은 쟁반 하나와 칠십 세겔 무게의 은 바리 하나라 이 두 그릇에는 소제물로 기름 섞은 고운 가루를 채웠고
32 또 열 세겔 무게의 금 그릇 하나라 이것에는 향을 채웠고
33 또 번제물로 수송아지 한 마리와 숫양 한 마리와 일 년 된 어린 숫양 한 마리이며
34 속죄제물로 숫염소 한 마리이며
35 화목제물로 소 두 마리와 숫양 다섯 마리와 숫염소 다섯 마리와 일 년 된 어린 숫양 다섯 마리라 이는 스데울의 아들 엘리술의 헌물이었더라
36 ●다섯째 날에는 시므온 자손의 지휘관 수리삿대의 아들 슬루미엘이 헌물을 드렸으니 1:6
37 그 헌물도 성소의 세겔로 백삼십 세겔 무게의 은 쟁반 하나와 칠십 세겔 무게의 은 바리 하나라 이 두 그릇에는 소제물로 기름 섞은 고운 가루를 채웠고
38 또 열 세겔 무게의 금 그릇 하나라 이것에는 향을 채웠고
39 또 번제물로 수송아지 한 마리와 숫양 한 마리와 일 년 된 어린 숫양 한 마리이며
40 속죄제물로 숫염소 한 마리이며
41 화목제물로 소 두 마리와 숫양 다섯 마리와 숫염소 다섯 마리와 일 년 된 어린 숫양 다섯 마리라 이는 수리삿대의 아들 슬루미엘의 헌물이었더라
42 ●여섯째 날에는 갓 자손의 지휘관 드우엘의 아들 엘리아삽이 헌물을 드렸으니 1:14
43 그의 헌물도 성소의 세겔로 백삼십 세겔 무게의 은 쟁반 하나와 칠십 세겔 무게의 은 바리 하나라 이 두 그릇에는 소제물로 기름 섞은 고운 가루를 채웠고
44 또 열 세겔 무게의 금 그릇 하나라 이것에는 향을 채웠고
45 또 번제물로 수송아지 한 마리와 숫양 한 마리와 일 년 된 어린 숫양 한 마리이며

filled with the finest flour mixed with
26 olive oil as a grain offering; •one gold
dish weighing ten shekels, filled with
27 incense; •one young bull, one ram and
one male lamb a year old for a burnt
28 offering; •one male goat for a sin offer-
29 ing; •and two oxen, five rams, five male
goats and five male lambs a year old to be
sacrificed as a fellowship offering. This
was the offering of Eliab son of Helon.
30 •On the fourth day Elizur son of Shedeur, the
leader of the people of Reuben, brought his
offering.
31 •His offering was one silver plate weigh-
ing a hundred and thirty shekels and one
silver sprinkling bowl weighing seventy
shekels, both according to the sanctuary
shekel, each filled with the finest flour
mixed with olive oil as a grain offering;
32 •one gold dish weighing ten shekels, filled
33 with incense; •one young bull, one ram
and one male lamb a year old for a burnt
34 offering; •one male goat for a sin offer-
35 ing; •and two oxen, five rams, five male
goats and five male lambs a year old to be
sacrificed as a fellowship offering. This
was the offering of Elizur son of Shedeur.
36 •On the fifth day Shelumiel son of Zuris-
haddai, the leader of the people of Simeon,
brought his offering.
37 •His offering was one silver plate weigh-
ing a hundred and thirty shekels and one
silver sprinkling bowl weighing seventy
shekels, both according to the sanctuary
shekel, each filled with the finest flour
mixed with olive oil as a grain offering;
38 •one gold dish weighing ten shekels,
39 filled with incense; •one young bull, one
ram and one male lamb a year old for a
40 burnt offering; •one male goat for a sin
41 offering; •and two oxen, five rams, five
male goats and five male lambs a year
old to be sacrificed as a fellowship offer-
ing. This was the offering of Shelumiel
son of Zurishaddai.
42 •On the sixth day Eliasaph son of Deuel, the
leader of the people of Gad, brought his offering.
43 •His offering was one silver plate weigh-
ing a hundred and thirty shekels and one
silver sprinkling bowl weighing seventy
shekels, both according to the sanctuary
shekel, each filled with the finest flour

bowl [bóul] *n.* 주발
bull [búl] *n.* 황소
burnt [bə́:rnt] *a.* 불에 탄
fellowship [félouʃip] *n.* 화목, 친교
fine [fáin] *a.* 고운
flour [fláuər] *n.* 가루
goat [gout] *n.* 염소
grain [gréin] *n.* 곡물
incense [ínsens] *n.* 향
lamb [lǽm] *n.* 어린 양
offering [ɔ́:fəriŋ] *n.* 제물
oxen [ɑ́ksn] *n.* 황소(들)
plate [pléit] *n.* 쟁반
ram [rǽm] *n.* 숫양
sanctuary [sǽŋktʃueri] *n.* 성소

7:25 mix with ...: …과 섞다
7:25 grain offering: 소제물
7:26 fill with...: …로 가득 차 있다
7:29 be sacrificed as...: …로 바쳐지다
7:29 fellowship offering: 화목제물
7:31 according to...: …에 따라

46 속죄제물로 숫염소 한 마리이며
47 화목제물로 소 두 마리와 숫양 다섯 마리와 숫염소 다섯 마리와 일 년 된 어린 숫양 다섯 마리라 이는 드우엘의 아들 엘리아삽의 헌물이었더라
48 ●일곱째 날에는 에브라임 자손의 지휘관 암미훗의 아들 엘리사마가 헌물을 드렸으니
49 그의 헌물도 성소의 세겔로 백삼십 세겔 무게의 은 쟁반 하나와 칠십 세겔 무게의 은 바리 하나라 이 두 그릇에는 소제물로 기름 섞은 고운 가루를 채웠고
50 또 열 세겔 무게의 금 그릇 하나라 이것에는 향을 채웠고
51 또 번제물로 수송아지 한 마리와 숫양 한 마리와 일 년 된 어린 숫양 한 마리이며
52 속죄제물로 숫염소 한 마리이며
53 화목제물로 소 두 마리와 숫양 다섯 마리와 숫염소 다섯 마리와 일 년 된 어린 숫양 다섯 마리라 이는 암미훗의 아들 엘리사마의 헌물이었더라
54 ●여덟째 날에는 므낫세 자손의 지휘관 브다술의 아들 가말리엘이 헌물을 드렸으니 1:10
55 그 헌물도 성소의 세겔로 백삼십 세겔 무게의 은 쟁반 하나와 칠십 세겔 무게의 은 바리 하나라 이 두 그릇에는 소제물로 기름 섞은 고운 가루를 채웠고
56 또 열 세겔 무게의 금 그릇 하나라 이것에는 향을 채웠고
57 또 번제물로 수송아지 한 마리와 숫양 한 마리와 일 년 된 어린 숫양 한 마리이며
58 속죄제물로 숫염소 한 마리이며
59 화목제물로 소 두 마리와 숫양 다섯 마리와 숫염소 다섯 마리와 일 년 된 어린 숫양 다섯 마리라 이는 브다술의 아들 가말리엘의 헌물이었더라
60 ●아홉째 날에는 베냐민 자손의 지휘관 기드오니의 아들 아비단이 헌물을 드렸으니 1:11
61 그의 헌물도 성소의 세겔로 백삼십 세겔 무게의 은 쟁반 하나와 칠십 세겔 무게의 은 바리 하나라 이 두 그릇에는 소제물로 기름 섞은 고운 가루를 채웠고
62 또 열 세겔 무게의 금 그릇 하나라 이것에는 향을 채웠고
63 또 번제물로 수송아지 한 마리와 숫양 한 마리와 일 년 된 어린 숫양 한 마리이며
64 속죄제물로 숫염소 한 마리이며

mixed with olive oil as a grain offering;
44 •one gold dish weighing ten shekels, filled
45 with incense; •one young bull, one ram
and one male lamb a year old for a burnt
46 offering; •one male goat for a sin offer-
47 ing; •and two oxen, five rams, five male
goats and five male lambs a year old to be
sacrificed as a fellowship offering. This
was the offering of Eliasaph son of Deuel.
48 •On the seventh day Elishama son of Ammi-
hud, the leader of the people of Ephraim,
brought his offering.
49 •His offering was one silver plate weigh-
ing a hundred and thirty shekels and one
silver sprinkling bowl weighing seventy
shekels, both according to the sanctuary
shekel, each filled with the finest flour
mixed with olive oil as a grain offering;
50 •one gold dish weighing ten shekels, filled
51 with incense; •one young bull, one ram
and one male lamb a year old for a burnt
52 offering; •one male goat for a sin offering;
53 •and two oxen, five rams, five male goats
and five male lambs a year old to be sacri-
ficed as a fellowship offering. This was the
offering of Elishama son of Ammihud.
54 •On the eighth day Gamaliel son of Pedahzur,
the leader of the people of Manasseh, brought
his offering.
55 •His offering was one silver plate weigh-
ing a hundred and thirty shekels and one
silver sprinkling bowl weighing seventy
shekels, both according to the sanctuary
shekel, each filled with the finest flour
mixed with olive oil as a grain offering;
56 •one gold dish weighing ten shekels, filled
57 with incense; •one young bull, one ram
and one male lamb a year old for a burnt
58 offering; •one male goat for a sin offering;
59 •and two oxen, five rams, five male goats
and five male lambs a year old to be sacri-
ficed as a fellowship offering. This was the
offering of Gamaliel son of Pedahzur.
60 •On the ninth day Abidan son of Gideoni, the
leader of the people of Benjamin, brought his
offering.
61 •His offering was one silver plate weigh-
ing a hundred and thirty shekels and one
silver sprinkling bowl weighing seventy
shekels, both according to the sanctuary
shekel, each filled with the finest flour
mixed with olive oil as a grain offering;

both [bouθ] *pron.* 둘 다
bring [briŋ] *vt.* 가져오다
dish [diʃ] *n.* 접시
incense [ínsens] *n.* 향기
lamb [lǽm] *n.* 어린 양
leader [líːdər] *n.* 지도자
male [méil] *n.* 수컷
oil [ɔ́il] *n.* 기름
oxen [ɑ́ksən] *n.* 황소(들)
ram [rǽm] *n.* 숫양
sacrifice [sǽkrəfais] *vt.* 희생을 바치다
sanctuary [sǽŋktʃueri] *n.* 성소
shekel [ʃékl] *n.* 세겔
sprinkle [spríŋkl] *vt.* 뿌리다
weigh [wéi] *vi.* 무게가 …이다

7:45 year old: …세의
7:45 burnt offering: 번제물
7:47 son of...: …자손의
7:58 sin offering: 속죄제물
7:61 fill with...: …로 채우다
7:61 mix with...: …과 섞다

65 화목제물로 소 두 마리와 숫양 다섯 마리와 숫염소 다섯 마리와 일 년 된 어린 숫양 다섯 마리라 이는 기드오니의 아들 아비단의 헌물이었더라

66 ● 열째 날에는 단 자손의 지휘관 암미삿대의 아들 아히에셀이 헌물을 드렸으니 1:12

67 그의 헌물도 성소의 세겔로 백삼십 세겔 무게의 은 쟁반 하나와 칠십 세겔 무게의 은 바리 하나라 이 두 그릇에는 소제물로 기름 섞은 고운 가루를 채웠고

68 또 열 세겔 무게의 금 그릇 하나라 이것에는 향을 채웠고

69 또 번제물로 수송아지 한 마리와 숫양 한 마리와 일 년 된 어린 숫양 한 마리이며

70 속죄제물로 숫염소 한 마리이며

71 화목제물로 소 두 마리와 숫양 다섯 마리와 숫염소 다섯 마리와 일 년 된 어린 숫양 다섯 마리라 이는 암미삿대의 아들 아히에셀의 헌물이었더라

72 ● 열한째 날에는 아셀 자손의 지휘관 오그란의 아들 바기엘이 헌물을 드렸으니 1:13

73 그의 헌물도 성소의 세겔로 백삼십 세겔 무게의 은 쟁반 하나와 칠십 세겔 무게의 은 바리 하나라 이 두 그릇에는 소제물로 기름 섞은 고운 가루를 채웠고

74 또 열 세겔 무게의 금 그릇 하나라 이것에는 향을 채웠고

75 또 번제물로 수송아지 한 마리와 숫양 한 마리와 일 년 된 어린 숫양 한 마리이며

76 속죄제물로 숫염소 한 마리이며

77 화목제물로 소 두 마리와 숫양 다섯 마리와 숫염소 다섯 마리와 일 년 된 어린 숫양 다섯 마리라 이는 오그란의 아들 바기엘의 헌물이었더라

78 ● 열두째 날에는 납달리 자손의 지휘관 에난의 아들 아히라가 헌물을 드렸으니 1:15

79 그의 헌물도 성소의 세겔로 백삼십 세겔 무게의 은 쟁반 하나와 칠십 세겔 무게의 은 바리 하나라 이 두 그릇에는 소제물로 기름 섞은 고운 가루를 채웠고

80 또 열 세겔 무게의 금 그릇 하나라 이것에는 향을 채웠고

81 또 번제물로 수송아지 한 마리와 숫양 한 마리와 일 년 된 어린 숫양 한 마리이며

82 속죄제물로 숫염소 한 마리이며

83 화목제물로 소 두 마리와 숫양 다섯 마리와 숫염소 다섯 마리와 일 년 된 어린 숫양

62 • one gold dish weighing ten shekels, filled
63 with incense; • one young bull, one ram
and one male lamb a year old for a burnt
64 offering; • one male goat for a sin offering;
65 • and two oxen, five rams, five male goats
and five male lambs a year old to be sacrificed as a fellowship offering. This was the
offering of Abidan son of Gideoni.

66 • On the tenth day Ahiezer son of Ammishaddai,
the leader of the people of Dan, brought his offering.

67 • His offering was one silver plate weighing
a hundred and thirty shekels and one silver
sprinkling bowl weighing seventy shekels,
both according to the sanctuary shekel,
each filled with the finest flour mixed with
68 olive oil as a grain offering; • one gold dish
weighing ten shekels, filled with incense;
69 • one young bull, one ram and one male
70 lamb a year old for a burnt offering; • one
71 male goat for a sin offering; • and two oxen,
five rams, five male goats and five male
lambs a year old to be sacrificed as a fellowship offering. This was the offering of Ahiezer son of Ammishaddai.

72 • On the eleventh day Pagiel son of Okran, the
leader of the people of Asher, brought his offering.

73 • His offering was one silver plate weighing
a hundred and thirty shekels and one silver
sprinkling bowl weighing seventy shekels,
both according to the sanctuary shekel,
each filled with the finest flour mixed with
74 olive oil as a grain offering; • one gold dish
weighing ten shekels, filled with incense;
75 • one young bull, one ram and one male
76 lamb a year old for a burnt offering; • one
77 male goat for a sin offering; • and two oxen,
five rams, five male goats and five male
lambs a year old to be sacrificed as a fellowship offering. This was the offering of Pagiel
son of Okran.

78 • On the twelfth day Ahira son of Enan, the
leader of the people of Naphtali, brought his
offering.

79 • His offering was one silver plate weighing
a hundred and thirty shekels and one silver
sprinkling bowl weighing seventy shekels,
both according to the sanctuary shekel,
each filled with the finest flour mixed with
80 olive oil as a grain offering; • one gold dish
weighing ten shekels, filled with incense;

bull [bul] *n.* 황소
each [iːtʃ] *a.* 각각의
fellowship [félouʃip] *n.* 화목
flour [fláuər] *n.* 가루
goat [gout] *n.* 염소
grain [grein] *n.* 곡물
incense [ínsens] *n.* 향기
leader [líːdər] *n.* 지도자
offering [ɔ́ːfəriŋ] *n.* 제물
oxen [áksn] *n.* 소(복수형)
ram [ræm] *n.* 숫양
sanctuary [sǽŋktʃuèri] *n.* 성소
silver [sílvər] *n.* 은
sprinkle [spríŋkl] *vt.* 뿌리다
weigh [wei] *vi.* 무게가 …이다

7:62 fill with...: …로 채우다
7:63 burnt offering: 번제물
7:64 sin offering: 속죄제물
7:65 be sacrificed as...: …로 제사지내다
7:67 according to...: …에 따라
7:79 mix with...: …과 섞다

다섯 마리라 이는 에난의 아들 아히라의
헌물이었더라
84 ●이는 곧 제단에 기름 바르던 날에 이스
라엘 지휘관들이 드린 바 제단의 봉헌물이
라 은 쟁반이 열둘이요 은 바리가 열둘이
요 금 그릇이 열둘이니
85 은 쟁반은 각각 백삼십 세겔 무게요 은 바
리는 각각 칠십 세겔 무게라 성소의 세겔
로 모든 기구의 은이 모두 이천사백 세겔
이요
86 또 향을 채운 금 그릇이 열둘이니 성소의
세겔로 각각 열 세겔 무게라 그 그릇의 금
이 모두 백이십 세겔이요
87 또 번제물로 수송아지가 열두 마리요 숫양
이 열두 마리요 일 년 된 어린 숫양이 열두
마리요 그 소제물이며 속죄제물로 숫염소
가 열두 마리이며
88 화목제물로 수소가 스물네 마리요 숫양이
육십 마리요 숫염소가 육십 마리요 일 년
된 어린 숫양이 육십 마리라 이는 제단에
기름 바른 후에 드린 바 제단의 봉헌물이
었더라
89 ●모세가 회막에 들어가서 여호와께 말하
려 할 때에 1)증거궤 위 2)속죄소 위의 두 그
룹 사이에서 자기에게 말씀하시는 목소리
를 들었으니 여호와께서 그에게 말씀하심
이었더라

등잔을 차려 놓는 방식 — B.C. 1450년경

8 여호와께서 또 모세에게 말씀하여 이르
시되
2 아론에게 말하여 이르라 등불을 켤 때에는
일곱 등잔을 등잔대 앞으로 비추게 할지니
라 하시매
3 아론이 그리하여 등불을 등잔대 앞으로 비
추도록 켰으니 여호와께서 모세에게 명령
하심과 같았더라
4 이 등잔대의 제작법은 이러하니 곧 금을
쳐서 만든 것인데 밑판에서 그 꽃까지 쳐
서 만든 것이라 모세가 여호와께서 자기에
게 보이신 양식을 따라 이 등잔대를 만들
었더라

레위인을 요제로 여호와께 드리다
(♪ 321, 575장)

5 ●여호와께서 모세에게 말씀하여 이르시
되
6 이스라엘 자손 중에서 레위인을 데려다가
정결하게 하라

81 ●one young bull, one ram and one male
82 lamb a year old for a burnt offering; ●one
83 male goat for a sin offering; ●and two oxen,
five rams, five male goats and five male
lambs a year old to be sacrificed as a fellow-
ship offering. This was the offering of Ahira
son of Enan.

84 ●These were the offerings of the Israelite lead-
ers for the dedication of the altar when it was
anointed: twelve silver plates, twelve silver sprin-
85 kling bowls and twelve gold dishes. ●Each silver
plate weighed a hundred and thirty shekels, and
each sprinkling bowl seventy shekels. Altogether,
the silver dishes weighed two thousand four
hundred shekels,[a] according to the sanctuary
86 shekel. ●The twelve gold dishes filled with
incense weighed ten shekels each, according to
the sanctuary shekel. Altogether, the gold dishes
87 weighed a hundred and twenty shekels.[b] ●The
total number of animals for the burnt offering
came to twelve young bulls, twelve rams and
twelve male lambs a year old, together with their
grain offering. Twelve male goats were used for
88 the sin offering. ●The total number of animals
for the sacrifice of the fellowship offering came to
twenty-four oxen, sixty rams, sixty male goats
and sixty male lambs a year old. These were the
offerings for the dedication of the altar after it
was anointed.
89 ●When Moses entered the tent of meeting to
speak with the LORD, he heard the voice speaking
to him from between the two cherubim above
the atonement cover on the ark of the covenant
law. In this way the LORD spoke to him.

Setting Up the Lamps

8 1-2 The LORD said to Moses, ●"Speak to
Aaron and say to him, 'When you set up the
lamps, see that all seven light up the area in front
of the lampstand.' "
3 ●Aaron did so; he set up the lamps so that
they faced forward on the lampstand, just as
4 the LORD commanded Moses. ●This is how the
lampstand was made: It was made of ham-
mered gold — from its base to its blossoms. The
lampstand was made exactly like the pattern
the LORD had shown Moses.

The Setting Apart of the Levites

5-6 ●The LORD said to Moses: ●"Take the Levites

[a]85 That is, about 60 pounds or about 28 kilograms
[b]86 That is, about 3 pounds or about 1.4 kilograms
1) 법궤 2) 시은좌 곧 은혜의 자리

altar [ɔ́:ltər] *n.* 제단
anoint [ənɔ́int] *vt.* 기름을 바르다
ark [ɑ:rk] *n.* 법궤
atonement [ətóunmənt] *n.* 속죄
blossom [blɑ́səm] *n.* 꽃
cherubim [tʃérəbim] *n.* 그룹, 천사
command [kəmǽnd] *vt.* 명령하다
covenant [kʌvənənt] *n.* 언약
dedication [dèdikéiʃən] *n.* 헌납
exactly [igzǽktli] *ad.* 정확하게
hammer [hǽmər] *vt.* 망치로 두드리다
lampstand [lǽmpstænd] *n.* 촛대
levite [lí:vait] *n.* 레위인
pattern [pǽtərn] *n.* 모형
weigh [wei] *vi.* 무게가 …이다

7:87 come to...: (합계가) …에 이르다
7:89 speak with...: …와 말하다
7:89 In this way: 이런 방법으로
8:2 set up: 세우다
8:2 in front of...: …앞에
8:4 be made of...: …로 구성되다

7 너는 이같이 하여 그들을 정결하게 하되 곧
속죄의 물을 그들에게 뿌리고 그들에게 그들
의 전신을 삭도로 밀게 하고 그 의복을 빨게
하여 몸을 정결하게 하고
8 또 그들에게 수송아지 한 마리를 번제물로,
기름 섞은 고운 가루를 그 소제물로 가져오
게 하고 그 외에 너는 또 수송아지 한 마리를
속죄제물로 가져오고
9 레위인을 회막 앞에 나오게 하고 이스라엘
자손의 온 회중을 모으고 레 8:3
10 레위인을 여호와 앞에 나오게 하고 이스라엘
자손이 그들에게 안수하게 한 후에
11 아론이 이스라엘 자손을 위하여 레위인을 흔들
어 바치는 제물로 여호와 앞에 드릴지니 이는
그들에게 여호와께 봉사하게 하기 위함이라
12 레위인으로 수송아지들의 머리에 안수하게
하고 네가 그 하나는 속죄제물로, 하나는 번
제물로 여호와께 드려 레위인을 속죄하고
13 레위인을 아론과 그의 아들들 앞에 세워 여
호와께 요제로 드릴지니라
14 ● 너는 이같이 이스라엘 자손 중에서 레위인을
구별하라 그리하면 그들이 내게 속할 것이라
15 네가 그들을 정결하게 하여 요제로 드린 후
에 그들이 회막에 들어가서 봉사할 것이니라
16 그들은 이스라엘 자손 중에서 내게 온전히
드린 바 된 자라 이스라엘 자손 중 모든 초태
생 곧 모든 처음 태어난 자 대신 내가 그들을
취하였나니
17 이스라엘 자손 중에 처음 태어난 것은 사람
이든지 짐승이든지 다 내게 속하였음은 내가
애굽 땅에서 모든 처음 태어난 자를 치던 날
에 그들을 내게 구별하였음이라
18 이러므로 내가 이스라엘 자손 중 모든 처음
태어난 자 대신 레위인을 취하였느니라
19 내가 이스라엘 자손 중에서 레위인을 취하여
그들을 아론과 그의 아들들에게 주어 그들로
회막에서 이스라엘 자손을 대신하여 봉사하
게 하며 또 이스라엘 자손을 위하여 속죄하
게 하였나니 이는 이스라엘 자손이 성소에
가까이 할 때에 그들 중에 재앙이 없게 하려
하였음이니라
20 ● 모세와 아론과 이스라엘 자손의 온 회중이
여호와께서 레위인에 대하여 모세에게 명령
하신 것을 다 따라 레위인에게 행하였으되
곧 이스라엘 자손이 그와 같이 그들에게 행
하였더라
21 레위인이 이에 죄에서 스스로 깨끗하게 하고

from among all the Israelites and make them
7 ceremonially clean. • To purify them, do this:
Sprinkle the water of cleansing on them; then
have them shave their whole bodies and
wash their clothes. And so they will purify
8 themselves. • Have them take a young bull
with its grain offering of the finest flour mixed
with olive oil; then you are to take a second
9 young bull for a sin offering.[a] • Bring the
Levites to the front of the tent of meeting and
assemble the whole Israelite community.
10 • You are to bring the Levites before the LORD,
and the Israelites are to lay their hands on
11 them. • Aaron is to present the Levites before
the LORD as a wave offering from the Israelites,
so that they may be ready to do the work of
the LORD.
12 • "Then the Levites are to lay their hands on
the heads of the bulls, using one for a sin offer-
ing to the LORD and the other for a burnt offer-
13 ing, to make atonement for the Levites. • Have
the Levites stand in front of Aaron and his
sons and then present them as a wave offering
14 to the LORD. • In this way you are to set the
Levites apart from the other Israelites, and the
Levites will be mine.
15 • "After you have purified the Levites and
presented them as a wave offering, they are to
come to do their work at the tent of meeting.
16 • They are the Israelites who are to be given
wholly to me. I have taken them as my own
in place of the firstborn, the first male off-
17 spring from every Israelite woman. • Every
firstborn male in Israel, whether human or
animal, is mine. When I struck down all the
firstborn in Egypt, I set them apart for myself.
18 • And I have taken the Levites in place of all
19 the firstborn sons in Israel. • From among all
the Israelites, I have given the Levites as gifts to
Aaron and his sons to do the work at the tent
of meeting on behalf of the Israelites and to
make atonement for them so that no plague
will strike the Israelites when they go near the
sanctuary."
20 • Moses, Aaron and the whole Israelite com-
munity did with the Levites just as the LORD
21 commanded Moses. • The Levites purified
themselves and washed their clothes. Then
Aaron presented them as a wave offering
before the LORD and made atonement for
22 them to purify them. • After that, the Levites

[a]8 Or *purification offering*; also in verse 12

assemble [əsémbl] *vt.* 모으다
bull [bul] *n.* 황소
ceremonially [sèrəmóuniəli] *ad.* 의식적으로
command [kəmǽnd] *vt.* 명령하다
community [kəmjú:nəti] *n.* 공동체
firstborn [fə́:rstbɔ́:rn] *n.* 장자
offspring [ɔ́:fsprìŋ] *n.* 후손
plague [pleig] *n.* 전염병
present [préznt] *vt.* 주다
purify [pjúərəfài] *vt.* 정결케 하다
sanctuary [sǽŋktʃuèri] *n.* 성소
sprinkle [spríŋkl] *vt.* 뿌리다
strike [straik] *vt.* 치다
wave [weiv] *n.* 흔들기
wholly [hóulli] *ad.* 전적으로

8:10 **lay one's hands on**: 안수하다
8:12 **make atonement for...**: …를 위해 속죄하다
8:14 **set... apart from~**: …를 ~과 따로 두다
8:16 **take A as B**: A를 B로 여기다
8:16 **in place of...**: …대신에

그들의 옷을 빨매 아론이 그들을 여호와 앞
에 요제로 드리고 그가 또 그들을 위하여 속
죄하여 정결하게 한
22 후에 레위인이 회막에 들어가서 아론과 그의
아들들 앞에서 봉사하니라 여호와께서 레위
인의 일에 대하여 모세에게 명령하게 하신
것을 따라 그와 같이 그들에게 행하였더라
23 ●여호와께서 또 모세에게 말씀하여 이르시되
24 레위인은 이같이 할지니 곧 이십오 세 이상으
로는 회막에 들어가서 복무하고 봉사할 것이요
25 오십 세부터는 그 일을 쉬어 봉사하지 아니
할 것이나
26 그의 형제와 함께 회막에서 돕는 직무를 지
킬 것이요 일하지 아니할 것이라 너는 레위
인의 직무에 대하여 이같이 할지니라

두 번째 유월절 (♪ 232장) — B.C. 1450년경

9 애굽 땅에서 나온 다음 해 첫째 달에 여호
와께서 시내 광야에서 모세에게 말씀하여
이르시되
2 이스라엘 자손에게 유월절을 그 정한 기일에
지키게 하라

출 12:1-14

3 그 정한 기일 곧 이달 열넷째 날 해 질 때에
너희는 그것을 지키되 그 모든 율례와 그 모
든 규례대로 지킬지니라
4 모세가 이스라엘 자손에게 명령하여 유월절
을 지키라 하매
5 그들이 첫째 달 열넷째 날 해 질 때에 시내
광야에서 유월절을 지켰으되 이스라엘 자손
이 여호와께서 모세에게 명령하신 것을 다
따라 행하였더라
6 그때에 사람의 시체로 말미암아 부정하게 되
어서 유월절을 지킬 수 없는 사람들이 있었는
데 그들이 그날에 모세와 아론 앞에 이르러
7 그에게 이르되 우리가 사람의 시체로 말미암
아 부정하게 되었거니와 우리를 금지하여 이
스라엘 자손과 함께 정한 기일에 여호와께 헌
물을 드리지 못하게 하심은 어찌함이니이까
8 모세가 그들에게 이르되 기다리라 여호와께
서 너희에게 대하여 어떻게 명령하시는지 내
가 들으리라
9 ●여호와께서 모세에게 말씀하여 이르시되
10 이스라엘 자손에게 말하여 이르라 너희나 너
희 후손 중에 시체로 말미암아 부정하게 되
든지 먼 여행 중에 있다 할지라도 다 여호와
앞에 마땅히 유월절을 지키되
11 둘째 달 열넷째 날 해 질 때에 그것을 지켜서
어린 양에 무교병과 쓴 나물을 아울러 먹을

came to do their work at the tent of meeting
under the supervision of Aaron and his sons.
They did with the Levites just as the LORD com-
manded Moses.
23-24 ●The LORD said to Moses, ●"This applies to
the Levites: Men twenty-five years old or more
shall come to take part in the work at the tent
25 of meeting, ●but at the age of fifty, they must
retire from their regular service and work no
26 longer. ●They may assist their brothers in per-
forming their duties at the tent of meeting, but
they themselves must not do the work. This,
then, is how you are to assign the responsibili-
ties of the Levites."

The Passover

9 The LORD spoke to Moses in the Desert of
Sinai in the first month of the second
year after they came out of Egypt. He said,
2 ●"Have the Israelites celebrate the Passover at
3 the appointed time. ●Celebrate it at the
appointed time, at twilight on the fourteenth
day of this month, in accordance with all its
rules and regulations."
4 ●So Moses told the Israelites to celebrate
5 the Passover, ●and they did so in the Desert
of Sinai at twilight on the fourteenth day of
the first month. The Israelites did everything
just as the LORD commanded Moses.
6 ●But some of them could not celebrate the
Passover on that day because they were cere-
monially unclean on account of a dead body.
So they came to Moses and Aaron that same
7 day ●and said to Moses, "We have become
unclean because of a dead body, but why
should we be kept from presenting the LORD's
offering with the other Israelites at the
appointed time?"
8 ●Moses answered them, "Wait until I find
out what the LORD commands concerning
you."
9-10 ●Then the LORD said to Moses, ●"Tell the
Israelites: 'When any of you or your descen-
dants are unclean because of a dead body or
are away on a journey, they are still to cele-
11 brate the LORD's Passover, ●but they are to do
it on the fourteenth day of the second month
at twilight. They are to eat the lamb, together
with unleavened bread and bitter herbs.
12 ●They must not leave any of it till morning or
break any of its bones. When they celebrate
the Passover, they must follow all the regula-

appoint [əpɔ́int] *vt.* 지정하다
assign [əsáin] *vt.* 부여하다
assist [əsíst] *vt.* 돕다
bitter [bítər] *a.* 쓴
celebrate [séləbrèit] *vt.* (의식,축전)거행하다
concerning [kənsə́ːrniŋ] *prep.* …에 관해
descendant [diséndənt] *n.* 후손
duty [djúːti] *n.* 업무
offering [ɔ́ːfəriŋ] *n.* 제물
Passover [pǽsóuvər] *n.* 유월절
regulation [règjuléiʃən] *n.* 규정
responsibility [rispὰnsəbíləti] *n.* 책임
supervision [sùːpərvíʒən] *n.* 감독
twilight [twáilàit] *n.* 해질녘
unleavened [ʌnlévənd] *a.* 발효시키지 않은

8:24 take part in...: …에 참가하다
8:25 retire from...: …에서 은퇴하다
9:3 in accordance with...: …과 일치하여
9:6 on account of...: …때문에
9:7 keep from ~ing: ~하는 것을 금하다
9:10 be away: 부재중이다

것이요
12 아침까지 그것을 조금도 남겨두지 말며 그 뼈를 하나도 꺾지 말아서 유월절 모든 율례대로 지킬 것이니라
13 그러나 사람이 정결하기도 하고 여행 중에도 있지 아니하면서 유월절을 지키지 아니하는 자는 그 백성 중에서 끊어지리니 이런 사람은 그 정한 기일에 여호와께 헌물을 드리지 아니하였은즉 그의 죄를 담당할지며
14 만일 타국인이 너희 중에 거류하여 여호와 앞에 유월절을 지키고자 하면 유월절 율례대로 그 규례를 따라서 행할지니 거류민에게나 본토인에게나 그 율례는 동일할 것이니라

길을 안내한 구름 (출 40:34-38 ♪ 263장)

15 ●성막을 세운 날에 구름이 성막 곧 증거의 성막을 덮었고 저녁이 되면 성막 위에 불 모양 같은 것이 나타나서 아침까지 이르렀으되
16 항상 그러하여 낮에는 구름이 그것을 덮었고 밤이면 불 모양이 있었는데
17 구름이 성막에서 떠오르는 때에는 이스라엘 자손이 곧 행진하였고 구름이 머무는 곳에 이스라엘 자손이 진을 쳤으니
18 이스라엘 자손이 여호와의 명령을 따라 행진하였고 여호와의 명령을 따라 진을 쳤으며 구름이 성막 위에 머무는 동안에는 그들이 진영에 머물렀고
19 구름이 성막 위에 머무는 날이 오랠 때에는 이스라엘 자손이 여호와의 명령을 지켜 행진하지 아니하였으며 1:53
20 혹시 구름이 성막 위에 머무는 날이 적을 때에도 그들이 다만 여호와의 명령을 따라 진영에 머물고 여호와의 명령을 따라 행진하였으며
21 혹시 구름이 저녁부터 아침까지 있다가 아침에 그 구름이 떠오를 때에는 그들이 행진하였고 구름이 밤낮 있다가 떠오르면 곧 행진하였으며
22 이틀이든지 한 달이든지 일 년이든지 구름이 성막 위에 머물러 있을 동안에는 이스라엘 자손이 진영에 머물고 행진하지 아니하다가 떠오르면 행진하였으니 출 40:33-37
23 곧 그들이 여호와의 명령을 따라 진을 치며 여호와의 명령을 따라 행진하고 또 모세를 통하여 이르신 여호와의 명령을 따라 여호와의 직임을 지켰더라

나팔 신호 (♪ 360장) — B.C. 1450년경

10 여호와께서 모세에게 말씀하여 이르시되
2 은 나팔 둘을 만들되 두들겨 만들어서 그것으로 회중을 소집하며 진영을 출발하게 할

13 tions. ●But if anyone who is ceremonially
clean and not on a journey fails to celebrate
the Passover, they must be cut off from their
people for not presenting the LORD's offer-
ing at the appointed time. They will bear
the consequences of their sin.
14 ●" 'A foreigner residing among you is
also to celebrate the LORD's Passover in
accordance with its rules and regulations.
You must have the same regulations for
both the foreigner and the native-born.' "

The Cloud Above the Tabernacle

15 ●On the day the tabernacle, the tent of
the covenant law, was set up, the cloud cov-
ered it. From evening till morning the cloud
16 above the tabernacle looked like fire. ●That
is how it continued to be; the cloud covered
17 it, and at night it looked like fire.●When-
ever the cloud lifted from above the tent,
the Israelites set out; wherever the cloud
18 settled, the Israelites encamped. ●At the
LORD's command the Israelites set out, and
at his command they encamped. As long
as the cloud stayed over the tabernacle,
19 they remained in camp. ●When the cloud
remained over the tabernacle a long time,
the Israelites obeyed the LORD's order and
20 did not set out. ●Sometimes the cloud was
over the tabernacle only a few days; at the
LORD's command they would encamp, and
then at his command they would set out.
21 ●Sometimes the cloud stayed only from
evening till morning, and when it lifted in
the morning, they set out. Whether by day
or by night, whenever the cloud lifted, they
22 set out. ●Whether the cloud stayed over the
tabernacle for two days or a month or a
year, the Israelites would remain in camp
and not set out; but when it lifted, they
23 would set out. ●At the LORD's command
they encamped, and at the LORD's com-
mand they set out. They obeyed the LORD's
order, in accordance with his command
through Moses.

The Silver Trumpets

10 1-2 The LORD said to Moses: ●"Make
two trumpets of hammered silver,
and use them for calling the community
together and for having the camps set out.
3 ●When both are sounded, the whole com-

bear [bɛər] *vt.* 참다
command [kəmǽnd] *n.* 명령
consequence [kánsəkwèns] *n.* 결과
covenant [kʌvənənt] *n.* 계약
encamp [inkǽmp] *vi.* 진을 치다
hammered [hǽmərd] *a.* 두드려 만든
native-born [néitivbɔ́:rn] *a.* 본토박이의
obey [oubéi] *vt.* 순종하다
order [ɔ́:rdər] *n.* 명령, 순서
Passover [pǽsòuvər] *n.* 유월절
remain [riméin] *vi.* 머무르다
reside [rizáid] *vt.* 거하다
tabernacle [tǽbərnækl] *n.* 성막
trumpet [trʌmpit] *n.* 나팔
whole [houl] *a.* 모든

9:13 fail to...: …하지 않다
9:13 cut off... from~: …를 ~로부터 단절시키다
9:13 at the appointed time: 정해진 때에
9:18 as long as...: …하는 한, …하는 동안
10:2 set out: 출발하다

것이라
3 나팔 두 개를 불 때에는 온 회중이 회막문 앞에
모여서 네게로 나아올 것이요
4 하나만 불 때에는 이스라엘의 천부장 된 지휘
관들이 모여서 네게로 나아올 것이며
5 너희가 그것을 크게 불 때에는 동쪽 진영들이
행진할 것이며
6 두 번째로 크게 불 때에는 남쪽 진영들이 행진
할 것이라 떠나려 할 때에는 나팔 소리를 크게
불 것이며
7 또 회중을 모을 때에도 나팔을 불 것이나 소리
를 크게 내지 말며
8 그 나팔은 아론의 자손인 제사장들이 불지니
이는 너희 대대에 영원한 율례니라 31:6
9 또 너희 땅에서 너희가 자기를 압박하는 대적
을 치러 나갈 때에는 나팔을 크게 불지니 그리
하면 너희 하나님 여호와가 너희를 기억하고
너희를 너희의 대적에게서 구원하시리라
10 또 너희의 희락의 날과 너희가 정한 절기와 초
하루에는 번제물을 드리고 화목제물을 드리며
나팔을 불라 그로 말미암아 너희의 하나님이
너희를 기억하시리라 나는 너희의 하나님 여호
와니라

이스라엘 자손이 진행하기를 시작하다

11 ● 둘째 해 둘째 달 스무날에 구름이 증거의 성
막에서 떠오르매
12 이스라엘 자손이 시내 광야에서 출발하여 자기
길을 가더니 바란 광야에 구름이 머무니라
13 이와 같이 그들이 여호와께서 모세에게 명령하
신 것을 따라 행진하기를 시작하였는데
14 선두로 유다 자손의 진영의 군기에 속한 자들
이 그들의 진영별로 행진하였으니 유다 군대는
암미나답의 아들 나손이 이끌었고
15 잇사갈 자손 지파의 군대는 수알의 아들 느다
넬이 이끌었고
16 스불론 자손 지파의 군대는 헬론의 아들 엘리
압이 이끌었더라
17 ● 이에 성막을 걷으매 게르손 자손과 므라리
자손이 성막을 메고 출발하였으며 4:21-33
18 다음으로 르우벤 진영의 군기에 속한 자들이
그들의 진영별로 출발하였으니 르우벤의 군대
는 스데울의 아들 엘리술이 이끌었고
19 시므온 자손 지파의 군대는 수리삿대의 아들
슬루미엘이 이끌었고
20 갓 자손 지파의 군대는 드우엘의 아들 엘리아
삽이 이끌었더라
21 ● 고핫인은 성물을 메고 행진하였고 그들이 이

munity is to assemble before you at the
4 entrance to the tent of meeting. • If only
one is sounded, the leaders—the heads of
the clans of Israel—are to assemble before
5 you. • When a trumpet blast is sounded, the
tribes camping on the east are to set out.
6 • At the sounding of a second blast, the
camps on the south are to set out. The blast
7 will be the signal for setting out. • To gather
the assembly, blow the trumpets, but not
with the signal for setting out.
8 • "The sons of Aaron, the priests, are to
blow the trumpets. This is to be a lasting
ordinance for you and the generations to
9 come. • When you go into battle in your
own land against an enemy who is oppress-
ing you, sound a blast on the trumpets.
Then you will be remembered by the LORD
your God and rescued from your enemies.
10 • Also at your times of rejoicing—your
appointed festivals and New Moon feasts
—you are to sound the trumpets over your
burnt offerings and fellowship offerings,
and they will be a memorial for you before
your God. I am the LORD your God."

The Israelites Leave Sinai

11 • On the twentieth day of the second
month of the second year, the cloud lifted
from above the tabernacle of the covenant
12 law. • Then the Israelites set out from the
Desert of Sinai and traveled from place to
place until the cloud came to rest in the
13 Desert of Paran. • They set out, this first
time, at the LORD's command through
Moses.
14 • The divisions of the camp of Judah
went first, under their standard. Nahs-
hon son of Amminadab was in command.
15 • Nethanel son of Zuar was over the division
16 of the tribe of Issachar, • and Eliab son of
Helon was over the division of the tribe of
17 Zebulun. • Then the tabernacle was taken
down, and the Gershonites and Merarites,
who carried it, set out.
18 • The divisions of the camp of Reuben
went next, under their standard. Elizur son
19 of Shedeur was in command. • Shelumiel
son of Zurishaddai was over the division of
20 the tribe of Simeon, • and Eliasaph son of
Deuel was over the division of the tribe of
21 Gad. • Then the Kohathites set out, carrying
the holy things. The tabernacle was to be set

assembly [əsémbli] *n.* 집회, 모임
blast [blæst] *n.* (나팔) 소리
clan [klæn] *n.* 종족
desert [dézərt] *n.* 광야
division [divíʒən] *n.* 군대
entrance [éntrəns] *n.* 입구
feast [fi:st] *n.* 절기
fellowship [félouʃìp] *n.* 화목, 친교
memorial [məmɔ́:riəl] *n.* 기념물
oppress [əprés] *vt.* 억압하다
ordinance [ɔ́:rdənəns] *n.* 법령
priest [pri:st] *n.* 제사장
rejoice [ridʒɔ́is] *vi.* 기뻐하다
standard [stǽndərd] *n.* 군기
tribe [traib] *n.* 지파, 일족

10:9 rescue from...: …에서 구출하다
10:11 lift from...: …에서 오르다
10:12 from place to place: 이리저리
10:14 be in command: 지휘하다
10:17 take down: 내리다, 헐다
10:21 set up: 세우다

르기 전에 성막을 세웠으며
22 다음으로 에브라임 자손 진영의 군기에 속한
자들이 그들의 진영별로 행진하였으니 에브라
임 군대는 암미훗의 아들 엘리사마가 이끌었고
23 므낫세 자손 지파의 군대는 브다술의 아들
가말리엘이 이끌었고
24 베냐민 자손 지파의 군대는 기드오니의 아들
아비단이 이끌었더라
25 ●다음으로 단 자손 진영의 군기에 속한 자
들이 그들의 진영별로 행진하였으니 이 군대
는 모든 진영의 마지막 진영이었더라 단 군
대는 암미삿대의 아들 아히에셀이 이끌었고
26 아셀 자손 지파의 군대는 오그란의 아들 바
기엘이 이끌었고
27 납달리 자손 지파의 군대는 에난의 아들 아
히라가 이끌었더라
28 이스라엘 자손이 행진할 때에 이와 같이 그
들의 군대를 따라 나아갔더라
29 ●모세가 모세의 장인 미디안 사람 르우엘의
아들 호밥에게 이르되 여호와께서 주마 하신
곳으로 우리가 행진하나니 우리와 동행하자
그리하면 선대하리라 여호와께서 이스라엘
에게 복을 내리리라 하셨느니라 창 12:7
30 호밥이 그에게 이르되 나는 가지 아니하고
내 고향 내 친족에게로 가리라
31 모세가 이르되 청하건대 우리를 떠나지 마소
서 당신은 우리가 광야에서 어떻게 진칠지를
아나니 우리의 눈이 되리이다
32 우리와 동행하면 여호와께서 우리에게 복을
내리시는 대로 우리도 당신에게 행하리이다
33 ●그들이 여호와의 산에서 떠나 삼 일 길을
갈 때에 여호와의 언약궤가 그 삼 일 길에 앞
서 가며 그들의 쉴 곳을 찾았고
34 그들이 진영을 떠날 때에 낮에는 여호와의
구름이 그 위에 덮였었더라
35 ●궤가 떠날 때에는 모세가 말하되 여호와여
일어나사 주의 대적들을 흩으시고 주를 미워
하는 자가 주 앞에서 도망하게 하소서 하였고
36 궤가 쉴 때에는 말하되 여호와여 이스라엘
종족들에게로 돌아오소서 하였더라

다베라 — B.C. 1450년경

11 여호와께서 들으시기에 백성이 악한 말
로 원망하매 여호와께서 들으시고 진노
하사 여호와의 불을 그들 중에 붙여서 진영
끝을 사르게 하시매
2 백성이 모세에게 부르짖으므로 모세가 여호
와께 기도하니 불이 꺼졌더라

up before they arrived.
22 •The divisions of the camp of Ephraim
went next, under their standard. Elishama
23 son of Ammihud was in command. •Gama-
liel son of Pedahzur was over the division of
24 the tribe of Manasseh, •and Abidan son of
Gideoni was over the division of the tribe of
Benjamin.
25 •Finally, as the rear guard for all the units,
the divisions of the camp of Dan set out under
their standard. Ahiezer son of Ammishaddai
26 was in command. •Pagiel son of Okran was
27 over the division of the tribe of Asher, •and
Ahira son of Enan was over the division of
28 the tribe of Naphtali. •This was the order of
march for the Israelite divisions as they set
out.
29 •Now Moses said to Hobab son of Reuel
the Midianite, Moses' father-in-law, "We are
setting out for the place about which the
LORD said, 'I will give it to you.' Come with us
and we will treat you well, for the LORD has
promised good things to Israel."
30 •He answered, "No, I will not go; I am going
back to my own land and my own people."
31 •But Moses said, "Please do not leave us.
You know where we should camp in the
32 wilderness, and you can be our eyes. •If you
come with us, we will share with you whatev-
er good things the LORD gives us."
33 •So they set out from the mountain of the
LORD and traveled for three days. The ark of the
covenant of the LORD went before them during
those three days to find them a place to rest.
34 •The cloud of the LORD was over them by day
when they set out from the camp.
35 •Whenever the ark set out, Moses said,

"Rise up, LORD!
May your enemies be scattered;
may your foes flee before you."

36 •Whenever it came to rest, he said,

"Return, LORD,
to the countless thousands of Israel."

Fire From the LORD

11 Now the people complained about
their hardships in the hearing of the
LORD, and when he heard them his anger was
aroused. Then fire from the LORD burned
among them and consumed some of the out-
2 skirts of the camp. •When the people cried
out to Moses, he prayed to the LORD and the

ark [a:rk] *n.* 궤
camp [kæmp] *n.* 진영
consume [kənsú:m] *vt.* 불사르다
covenant [kʌvənənt] *n.* 언약
father-in-law [fá:ðərinlɔ:] *n.* 장인
flee [fli:] *vi.* 달아나다
foe [fou] *n.* 원수
order [ɔ́:rdər] *n.* 명령, 순서
outskirts [áutskə̀:rts] *n.* 변두리
scatter [skǽtər] *vt.* 흩어지게 하다
standard [stǽndərd] *n.* 군기
treat [tri:t] *vt.* 대우하다
tribe [traib] *n.* 지파
unit [jú:nit] *n.* 집단, 단위
wilderness [wíldərnis] *n.* 광야

10:25 **rear guard**: 후위, 보수파
10:25 **be in command**: 지휘하다
10:32 **share with...**: …와 나누다
10:35 **rise up**: 일어나다
10:36 **thousands of**: 수천의
11:2 **cry out**: 절규하다

3 그곳 이름을 1)다베라라 불렀으니 이는 여호
와의 불이 그들 중에 붙은 까닭이었더라

모세가 장로 칠십 인을 뽑다

4 ●그들 중에 섞여 사는 다른 인종들이 탐욕
을 품으매 이스라엘 자손도 다시 울며 이르
되 누가 우리에게 고기를 주어 먹게 하랴
5 우리가 애굽에 있을 때에는 값없이 생선과
오이와 참외와 부추와 파와 마늘들을 먹은
것이 생각나거늘 출 16:3
6 이제는 우리의 기력이 다하여 이 만나 외에
는 보이는 것이 아무것도 없도다 하니
7 만나는 2)깟씨와 같고 모양은 진주와 같은 것
이라
8 백성이 두루 다니며 그것을 거두어 맷돌에
갈기도 하며 절구에 찧기도 하고 가마에 삶
기도 하여 과자를 만들었으니 그 맛이 기름
섞은 과자 맛 같았더라
9 밤에 이슬이 진영에 내릴 때에 만나도 함께
내렸더라
10 ●백성의 온 종족들이 각기 자기 장막 문에
서 우는 것을 모세가 들으니라 이러므로 여
호와의 진노가 심히 크고 모세도 기뻐하지
아니하여
11 모세가 여호와께 여짜오되 어찌하여 주께서
종을 괴롭게 하시나이까 어찌하여 내게 주의
목전에서 은혜를 입게 아니하시고 이 모든
백성을 내게 맡기사 내가 그 짐을 지게 하시
나이까
12 이 모든 백성을 내가 배었나이까 내가 그들
을 낳았나이까 어찌 주께서 내게 양육하는
아버지가 젖 먹는 아이를 품듯 그들을 품에
품고 주께서 그들의 열조에게 맹세하신 땅으
로 가라 하시나이까
13 이 모든 백성에게 줄 고기를 내가 어디서 얻
으리이까 그들이 나를 향하여 울며 이르되
우리에게 고기를 주어 먹게 하라 하온즉
14 책임이 심히 중하여 나 혼자는 이 모든 백성
을 감당할 수 없나이다
15 주께서 내게 이같이 행하실진대 구하옵나니
내게 은혜를 베푸사 즉시 나를 죽여 내가 고
난 당함을 내가 보지 않게 하옵소서
16 ●여호와께서 모세에게 이르시되 이스라엘
노인 중에 네가 알기로 백성의 장로와 지도자
가 될 만한 자 칠십 명을 모아 내게 데리고 와
회막에 이르러 거기서 너와 함께 서게 하라
17 내가 강림하여 거기서 너와 말하고 네게 임
한 영을 그들에게도 임하게 하리니 그들이

3 fire died down. ●So that place was called
Taberah,[a] because fire from the LORD had
burned among them.

Quail From the LORD

4 ●The rabble with them began to crave other
food, and again the Israelites started wail-
ing and said, "If only we had meat to eat!
5 ●We remember the fish we ate in Egypt at
no cost—also the cucumbers, melons, leeks,
6 onions and garlic. ●But now we have lost
our appetite; we never see anything but this
manna!"
7 ●The manna was like coriander seed and
8 looked like resin. ●The people went around
gathering it, and then ground it in a hand mill
or crushed it in a mortar. They cooked it in a
pot or made it into loaves. And it tasted like
9 something made with olive oil. ●When the
dew settled on the camp at night, the manna
also came down.
10 ●Moses heard the people of every family
wailing at the entrance to their tents. The LORD
became exceedingly angry, and Moses was
11 troubled. ●He asked the LORD, "Why have you
brought this trouble on your servant? What
have I done to displease you that you put the
12 burden of all these people on me? ●Did I con-
ceive all these people? Did I give them birth?
Why do you tell me to carry them in my arms,
as a nurse carries an infant, to the land you
13 promised on oath to their ancestors? ●Where
can I get meat for all these people? They keep
14 wailing to me, 'Give us meat to eat!' ●I cannot
carry all these people by myself; the burden is
15 too heavy for me. ●If this is how you are going
to treat me, please go ahead and kill me—if I
have found favor in your eyes—and do not let
me face my own ruin."
16 ●The LORD said to Moses: "Bring me seventy
of Israel's elders who are known to you as lead-
ers and officials among the people. Have them
come to the tent of meeting, that they may
17 stand there with you. ●I will come down and
speak with you there, and I will take some of
the power of the Spirit that is on you and put
it on them. They will share the burden of the
people with you so that you will not have to
carry it alone.
18 ●"Tell the people: 'Consecrate yourselves in
preparation for tomorrow, when you will eat

[a]3 *Taberah* means *burning*. 1) 불사름 2) 식물의 일종

burden [bə́:rdn] *n.* 짐
coriander [kɔ́:riændər] *n.* 고수풀(미나리과)
crave [kreiv] *vt.* 갈망하다
dew [dju:] *n.* 이슬
displease [displí:z] *vt.* 화나게 하다
exceedingly [iksí:diŋli] *ad.* 몹시
favor [féivər] *n.* 은혜, 혜택
handmill [hǽndmìl] *n.* 맷돌
leek [li:k] *n.* 부추
mortar [mɔ́:rtər] *n.* 절구
oath [ouθ] *n.* 맹세
rabble [rǽbl] *n.* 폭도
resin [rézin] *n.* 송진
settle [sétl] *vi.* 자리 잡다
wail [weil] *vi.* 울부짖다

11:2 **die down**: 사라져 버리다
11:5 **at no cost**: 공짜로
11:6 **lose one's appetite**: 식욕을 잃다
11:8 **make A into B**: A를 B로 만들다
11:12 **give birth**: 낳다
11:18 **in preparation for...**: …에 대비하여

너와 함께 백성의 짐을 담당하고 너 혼자 담
당하지 아니하리라
18 또 백성에게 이르기를 너희의 몸을 거룩히
하여 내일 고기 먹기를 기다리라 너희가 울
며 이르기를 누가 우리에게 고기를 주어 먹
게 하랴 애굽에 있을 때가 우리에게 좋았다
하는 말이 여호와께 들렸으므로 여호와께서
너희에게 고기를 주어 먹게 하실 것이라
19 하루나 이틀이나 닷새나 열흘이나 스무 날만
먹을 뿐 아니라
20 냄새도 싫어하기까지 한 달 동안 먹게 하시리
니 이는 너희가 너희 중에 계시는 여호와를
멸시하고 그 앞에서 울며 이르기를 우리가 어
찌하여 애굽에서 나왔던가 함이라 하라
21 모세가 이르되 나와 함께 있는 이 백성의 보
행자가 육십만 명이온데 주의 말씀이 한 달
동안 고기를 주어 먹게 하겠다 하시오니
22 그들을 위하여 양 떼와 소 떼를 잡은들 족하
오며 바다의 모든 고기를 모은들 족하오리이
까
23 여호와께서 모세에게 이르시되 여호와의 손
이 짧으냐 네가 이제 내 말이 네게 응하는 여
부를 보리라
24 ●모세가 나가서 여호와의 말씀을 백성에게
알리고 백성의 장로 칠십 인을 모아 장막에
둘러 세우매
25 여호와께서 구름 가운데 강림하사 모세에게
말씀하시고 그에게 임한 영을 칠십 장로에게
도 임하게 하시니 영이 임하신 때에 그들이
예언을 하다가 다시는 하지 아니하였더라
26 ●그 기명된 자 중 엘닷이라 하는 자와 메닷
이라 하는 자 두 사람이 진영에 머물고 장막
에 나아가지 아니하였으나 그들에게도 영이
임하였으므로 진영에서 예언한지라
27 한 소년이 달려와서 모세에게 전하여 이르되
엘닷과 메닷이 진중에서 예언하나이다 하매
28 택한 자 중 한 사람 곧 모세를 섬기는 눈의
아들 여호수아가 말하여 이르되 내 주 모세
여 그들을 말리소서
29 모세가 그에게 이르되 네가 나를 두고 시기
하느냐 여호와께서 그의 영을 그의 모든 백
성에게 주사 다 선지자가 되게 하시기를 원
하노라
30 모세와 이스라엘 장로들이 진중으로 돌아왔
더라

여호와께서 메추라기를 보내시다

31 ●바람이 여호와에게서 나와 바다에서부터

meat. The LORD heard you when you wailed,
"If only we had meat to eat! We were better
off in Egypt!" Now the LORD will give you
19 meat, and you will eat it. ●You will not eat it
for just one day, or two days, or five, ten or
20 twenty days, ●but for a whole month—until
it comes out of your nostrils and you loathe
it—because you have rejected the LORD, who
is among you, and have wailed before him,
saying, "Why did we ever leave Egypt?" ' "
21 ●But Moses said, "Here I am among six
hundred thousand men on foot, and you
say, 'I will give them meat to eat for a whole
22 month!' ●Would they have enough if flocks
and herds were slaughtered for them? Would
they have enough if all the fish in the sea were
caught for them?"
23 ●The LORD answered Moses, "Is the LORD's
arm too short? Now you will see whether or
not what I say will come true for you."
24 ●So Moses went out and told the people
what the LORD had said. He brought together
seventy of their elders and had them stand
25 around the tent. ●Then the LORD came down
in the cloud and spoke with him, and he took
some of the power of the Spirit that was on
him and put it on the seventy elders. When
the Spirit rested on them, they prophesied—
but did not do so again.
26 ●However, two men, whose names were
Eldad and Medad, had remained in the
camp. They were listed among the elders, but
did not go out to the tent. Yet the Spirit also
rested on them, and they prophesied in the
27 camp. ●A young man ran and told Moses,
"Eldad and Medad are prophesying in the
camp."
28 ●Joshua son of Nun, who had been Moses'
aide since youth, spoke up and said, "Moses,
my lord, stop them!"
29 ●But Moses replied, "Are you jealous for my
sake? I wish that all the LORD's people were
prophets and that the LORD would put his Spir-
30 it on them!" ●Then Moses and the elders of
Israel returned to the camp.
31 ●Now a wind went out from the LORD and
drove quail in from the sea. It scattered them
up to two cubits[a] deep all around the camp, as
32 far as a day's walk in any direction. ●All that
day and night and all the next day the people
went out and gathered quail. No one gathered

[a]31 That is, about 3 feet or about 90 centimeters

aide [eid] n. 조력자
direction [dirékʃən] n. 방향
elder [éldər] n. 장로
flock [flak] n. (양) 떼
herd [həːrd] n. (소 · 돼지) 떼
jealous [dʒéləs] a. 질투하는
list [list] vt. 목록에 올리다
loathe [louð] vt. 몹시 싫어하다
nostril [nástrəl] n. 콧구멍
prophesy [práfəsài] vi. 예언하다
prophet [práfit] n. 예언자
quail [kweil] n. 메추라기
reject [ridʒékt] vt. 거부하다
slaughter [slɔ́ːtər] vt. 도살하다
Spirit [spírit] n. 성령

11:18 be better off: 더 잘 살다
11:21 on foot: 걸어서
11:23 come true: 실현되다
11:25 rest on...: …위에 머물다
11:29 for one's sake: …를 위하여
11:30 return to...: …로 돌아가다

메추라기를 몰아 진영 곁 이쪽 저쪽 곧 진영
사방으로 각기 하룻길 되는 지면 위 두 [1]규빗
쯤에 내리게 한지라
32 백성이 일어나 그날 종일 종야와 그 이튿날
종일토록 메추라기를 모으니 적게 모은 자도
열 [2]호멜이라 그들이 자기들을 위하여 진영
사면에 펴 두었더라
33 고기가 아직 이 사이에 있어 씹히기 전에 여
호와께서 백성에게 대하여 진노하사 심히 큰
재앙으로 치셨으므로
34 그곳 이름을 [3]기브롯 핫다아와라 불렀으니
욕심을 낸 백성을 거기 장사함이었더라
35 백성이 기브롯 핫다아와에서 행진하여 하세
롯에 이르러 거기 거하니라

미리암이 벌을 받다 — B.C. 1450년경

12 모세가 구스 여자를 취하였더니 그 구
스 여자를 취하였으므로 미리암과 아론
이 모세를 비방하니라
2 그들이 이르되 여호와께서 모세와만 말씀하
셨느냐 우리와도 말씀하지 아니하셨느냐 하
매 여호와께서 이 말을 들으셨더라 16:3
3 이 사람 모세는 온유함이 지면의 모든 사람
보다 더하더라
4 ●여호와께서 갑자기 모세와 아론과 미리암
에게 이르시되 너희 세 사람은 회막으로 나
아오라 하시니 그 세 사람이 나아가매
5 여호와께서 구름 기둥 가운데로부터 강림하
사 장막 문에 서시고 아론과 미리암을 부르
시는지라 그 두 사람이 나아가매
6 이르시되 내 말을 들으라 너희 중에 선지자
가 있으면 나 여호와가 환상으로 나를 그에
게 알리기도 하고 꿈으로 그와 말하기도 하
거니와
7 내 종 모세와는 그렇지 아니하니 그는 내 온
집에 충성함이라
8 그와는 내가 대면하여 명백히 말하고 은밀한
말로 하지 아니하며 그는 또 여호와의 형상
을 보거늘 너희가 어찌하여 내 종 모세 비방
하기를 두려워하지 아니하느냐
9 여호와께서 그들을 향하여 진노하시고 떠나
시매
10 구름이 장막 위에서 떠나갔고 미리암은 나병
에 걸려 눈과 같더라 아론이 미리암을 본즉
나병에 걸렸는지라
11 아론이 이에 모세에게 이르되 슬프도다 내
주여 우리가 어리석은 일을 하여 죄를 지었

less than ten homers.[a] Then they spread them
33 out all around the camp. ●But while the meat
was still between their teeth and before it
could be consumed, the anger of the LORD
burned against the people, and he struck them
34 with a severe plague. ●Therefore the place was
named Kibroth Hattaavah,[b] because there they
buried the people who had craved other food.
35 ●From Kibroth Hattaavah the people trav-
eled to Hazeroth and stayed there.

Miriam and Aaron Oppose Moses

12 Miriam and Aaron began to talk
against Moses because of his Cushite
2 wife, for he had married a Cushite. ●"Has the
LORD spoken only through Moses?" they
asked. "Hasn't he also spoken through us?"
And the LORD heard this.
3 ●(Now Moses was a very humble man,
more humble than anyone else on the face of
the earth.)
4 ●At once the LORD said to Moses, Aaron and
Miriam, "Come out to the tent of meeting, all
three of you." So the three of them went out.
5 ●Then the LORD came down in a pillar of
cloud; he stood at the entrance to the tent and
summoned Aaron and Miriam. When the two
6 of them stepped forward, ●he said, "Listen to
my words:

"When there is a prophet among you,
I, the LORD, reveal myself to them in
visions,
I speak to them in dreams.
7 ●But this is not true of my servant Moses;
he is faithful in all my house.
8 ●With him I speak face to face,
clearly and not in riddles;
he sees the form of the LORD.
Why then were you not afraid
to speak against my servant Moses?"

9 ●The anger of the LORD burned against
them, and he left them.
10 ●When the cloud lifted from above the tent,
Miriam's skin was leprous[c]—it became as
white as snow. Aaron turned toward her and
11 saw that she had a defiling skin disease, ●and
he said to Moses, "Please, my lord, I ask you
not to hold against us the sin we have so fool-

[a]32 That is, possibly about 1 3/4 tons or about 1.6 metric tons [b]34 *Kibroth Hattaavah* means *graves of craving.* [c]10 The Hebrew for *leprous* was used for various diseases affecting the skin.

1) 히, 암마 2) 1호멜은 약 220리터 3) 탐욕의 무덤

clearly [klíərli] *ad.* 분명하게
consume [kənsúːm] *vt.* 다 먹다
crave [kreiv] *vt.* 갈망하다
faithful [féiθfəl] *a.* 성실한
foolishly [fúːliʃli] *ad.* 어리석게
form [fɔːrm] *n.* 형상
humble [hʌmbl] *a.* 겸손한
leprosy [léprəsi] *n.* 문둥병, 나병
oppose [əpóuz] *vt.* 반대하다
pillar [pílər] *n.* 기둥
plague [pleig] *n.* 전염병
riddle [rídl] *n.* 수수께끼
severe [sivíər] *a.* 엄한, 심한
summon [sʌmən] *vt.* 소환하다
vision [víʒən] *n.* 환상

11:32 spread out: 널리 퍼지다
12:4 at once: 즉시
12:6 reveal to...: …에게 드러내다
12:7 be true of...: …에게 들어맞다
12:8 face to face: 얼굴을 맞대고
12:11 hold against...: …를 원망하다

으나 청하건대 그 벌을 우리에게 돌리지 마
소서
12 그가 살이 반이나 썩어 모태로부터 죽어서
나온 자같이 되지 않게 하소서
13 모세가 여호와께 부르짖어 이르되 하나님이
여 원하건대 그를 고쳐 주옵소서
14 여호와께서 모세에게 이르시되 그의 아버지
가 그의 얼굴에 침을 뱉었을지라도 그가 이
레 동안 부끄러워하지 않겠느냐 그런즉 그를
진영 밖에 이레 동안 가두고 그 후에 들어오
게 할지니라 하시니
15 이에 미리암이 진영 밖에 이레 동안 갇혀 있
었고 백성은 그를 다시 들어오게 하기까지
행진하지 아니하다가
16 그 후에 백성이 하세롯을 떠나 바란 광야에
진을 치니라

가나안 땅 정탐 (신 1:19-33 ♪ 347장)
— B.C. 1450년경

13 여호와께서 모세에게 말씀하여 이르시
되
2 사람을 보내어 내가 이스라엘 자손에게 주는
가나안 땅을 정탐하게 하되 그들의 조상의
가문 각 지파 중에서 지휘관 된 자 한 사람씩
보내라 신 1:22
3 모세가 여호와의 명령을 따라 바란 광야에서
그들을 보냈으니 그들은 다 이스라엘 자손의
수령된 사람이라
4 그들의 이름은 이러하니라 르우벤 지파에서
는 삭굴의 아들 삼무아요
5 시므온 지파에서는 호리의 아들 사밧이요
6 유다 지파에서는 여분네의 아들 갈렙이요
7 잇사갈 지파에서는 요셉의 아들 이갈이요
8 에브라임 지파에서는 눈의 아들 호세아요
9 베냐민 지파에서는 라부의 아들 발디요
10 스불론 지파에서는 소디의 아들 갓디엘이요
11 요셉 지파 곧 므낫세 지파에서는 수시의 아
들 갓디요
12 단 지파에서는 그말리의 아들 암미엘이요
13 아셀 지파에서는 미가엘의 아들 스둘이요
14 납달리 지파에서는 웝시의 아들 나비요
15 갓 지파에서는 마기의 아들 그우엘이니
16 이는 모세가 땅을 정탐하러 보낸 자들의 이
름이라 모세가 눈의 아들 호세아를 여호수아
라 불렀더라
17 ●모세가 가나안 땅을 정탐하러 그들을 보내
며 이르되 너희는 네겝 길로 행하여 산지로
올라가서

12 ishly committed. ●Do not let her be like a still-
born infant coming from its mother's womb
with its flesh half eaten away."
13 ●So Moses cried out to the LORD, "Please,
God, heal her!"
14 ●The LORD replied to Moses, "If her father
had spit in her face, would she not have been
in disgrace for seven days? Confine her outside
the camp for seven days; after that she can be
15 brought back." ●So Miriam was confined out-
side the camp for seven days, and the people
did not move on till she was brought back.
16 ●After that, the people left Hazeroth and
encamped in the Desert of Paran.

Exploring Canaan

13 1-2 The LORD said to Moses, ●"Send some
men to explore the land of Canaan,
which I am giving to the Israelites. From each
ancestral tribe send one of its leaders."
3 ●So at the LORD's command Moses sent
them out from the Desert of Paran. All of them
4 were leaders of the Israelites. ●These are their
names:

from the tribe of Reuben, Shammua son of Zakkur;
5 ●from the tribe of Simeon, Shaphat son of Hori;
6 ●from the tribe of Judah, Caleb son of Jephunneh;
7 ●from the tribe of Issachar, Igal son of Joseph;
8 ●from the tribe of Ephraim, Hoshea son of Nun;
9 ●from the tribe of Benjamin, Palti son of Raphu;
10 ●from the tribe of Zebulun, Gaddiel son of Sodi;
11 ●from the tribe of Manasseh (a tribe of Joseph), Gaddi son of Susi;
12 ●from the tribe of Dan, Ammiel son of Gemalli;
13 ●from the tribe of Asher, Sethur son of Michael;
14 ●from the tribe of Naphtali, Nahbi son of Vophsi;
15 ●from the tribe of Gad, Geuel son of Maki.

16 ●These are the names of the men Moses sent
to explore the land. (Moses gave Hoshea son of
Nun the name Joshua.)
17 ●When Moses sent them to explore Canaan,

ancestral [ænséstrəl] *a.* 조상의
command [kəmǽnd] *n.* 명령
commit [kəmít] *vt.* 범하다
camp [kæmp] *n.* 진영
confine [kənfáin] *vt.* 구류하다
disgrace [disgréis] *n.* 불명예
encamp [inkǽmp] *vi.* 진을 치다
explore [ikspló:r] *vt.* 정탐하다
flesh [fleʃ] *n.* 살
infant [ínfənt] *n.* 유아
outside [áutsáid] *ad.* 밖으로
spit [spit] *vi.* 침뱉다
stillborn [stílbɔ́:rn] *a.* 사산의
tribe [traib] *n.* 지파
womb [wu:m] *n.* 태내, 자궁

12:12 come from...: …에서 나오다
12:13 cry out: 절규하다
12:14 reply to...: …에게 대답하다
12:15 move on: 계속 나아가다
12:15 bring back: 되돌리다
13:3 send out: 파견하다

18 그 땅이 어떠한지 정탐하라 곧 그 땅 거민이 강한지 약한지 많은지 적은지와
19 그들이 사는 땅이 좋은지 나쁜지와 사는 성읍이 진영인지 산성인지와
20 토지가 비옥한지 메마른지 나무가 있는지 없는지를 탐지하라 담대하라 또 그 땅의 실과를 가져오라 하니 그때는 포도가 처음 익을 즈음이었더라
21 ●이에 그들이 올라가서 땅을 정탐하되 신 광야에서부터 하맛 어귀 르홉에 이르렀고
22 또 네겝으로 올라가서 헤브론에 이르렀으니 헤브론은 애굽 소안보다 칠 년 전에 세운 곳이라 그곳에 아낙 자손 아히만과 세새와 달매가 있었더라
23 또 에스골 골짜기에 이르러 거기서 포도송이가 달린 가지를 베어 둘이 막대기에 꿰어 메고 또 석류와 무화과를 따니라
24 이스라엘 자손이 거기서 포도를 베었으므로 그곳을 에스골 골짜기라 불렀더라
25 ●사십 일 동안 땅을 정탐하기를 마치고 돌아와
26 바란 광야 가데스에 이르러 모세와 아론과 이스라엘 자손의 온 회중에게 나아와 그들에게 보고하고 그 땅의 과일을 보이고
27 모세에게 말하여 이르되 당신이 우리를 보낸 땅에 간즉 과연 그 땅에 젖과 꿀이 흐르는데 이것은 그 땅의 과일이니이다 출 3:8
28 그러나 그 땅 거주민은 강하고 성읍은 견고하고 심히 클 뿐 아니라 거기서 아낙 자손을 보았으며
29 아말렉인은 남방 땅에 거주하고 헷인과 여부스인과 아모리인은 산지에 거주하고 가나안인은 해변과 요단 가에 거주하더이다
30 ●갈렙이 모세 앞에서 백성을 조용하게 하고 이르되 우리가 곧 올라가서 그 땅을 취하자 능히 이기리라 하나 14:6,24
31 그와 함께 올라갔던 사람들은 이르되 우리는 능히 올라가서 그 백성을 치지 못하리라 그들은 우리보다 강하니라 하고
32 이스라엘 자손 앞에서 그 정탐한 땅을 악평하여 이르되 우리가 두루 다니며 정탐한 땅은 그 거주민을 삼키는 땅이요 거기서 본 모든 백성은 신장이 장대한 자들이며
33 거기서 네피림 후손인 아낙 자손의 [1]거인들을 보았나니 우리는 스스로 보기에도 메뚜기 같으니 그들이 보기에도 그와 같았을 것이니라

he said, "Go up through the Negev and on into
18 the hill country. ●See what the land is like and
whether the people who live there are strong or
19 weak, few or many. ●What kind of land do
they live in? Is it good or bad? What kind of
towns do they live in? Are they unwalled or
20 fortified? ●How is the soil? Is it fertile or poor?
Are there trees in it or not? Do your best to
bring back some of the fruit of the land." (It
was the season for the first ripe grapes.)
21 ●So they went up and explored the land
from the Desert of Zin as far as Rehob, toward
22 Lebo Hamath. ●They went up through the
Negev and came to Hebron, where Ahiman,
Sheshai and Talmai, the descendants of Anak,
lived. (Hebron had been built seven years before
23 Zoan in Egypt.) ●When they reached the Valley
of Eshkol,[a] they cut off a branch bearing a single
cluster of grapes. Two of them carried it on a
pole between them, along with some pome-
24 granates and figs. ●That place was called the
Valley of Eshkol because of the cluster of grapes
25 the Israelites cut off there. ●At the end of forty
days they returned from exploring the land.

Report on the Exploration

26 ●They came back to Moses and Aaron and
the whole Israelite community at Kadesh in
the Desert of Paran. There they reported to
them and to the whole assembly and showed
27 them the fruit of the land. ●They gave Moses
this account: "We went into the land to which
you sent us, and it does flow with milk and
28 honey! Here is its fruit. ●But the people who
live there are powerful, and the cities are forti-
fied and very large. We even saw descendants
29 of Anak there. ●The Amalekites live in the
Negev; the Hittites, Jebusites and Amorites live
in the hill country; and the Canaanites live
near the sea and along the Jordan."
30 ●Then Caleb silenced the people before
Moses and said, "We should go up and take pos-
session of the land, for we can certainly do it."
31 ●But the men who had gone up with him
said, "We can't attack those people; they are
32 stronger than we are." ●And they spread
among the Israelites a bad report about the
land they had explored. They said, "The land
we explored devours those living in it. All the
33 people we saw there are of great size. ●We saw
the Nephilim there (the descendants of Anak
come from the Nephilim). We seemed like

[a]23 *Eshkol* means *cluster;* also in verse 24.

1) 히, '네피림'

assembly [əsémbli] *n.* 회중
attack [ətǽk] *vt.* 공격하다
cluster [klʌstər] *n.* (꽃, 열매의) 송이
community [kəmjú:nəti] *n.* 공동체
descendant [diséndənt] *n.* 자손
devour [diváuər] *vt.* 삼키다
fertile [fə́:rtl] *a.* 비옥한
fig [fig] *n.* 무화과
fortify [fɔ́:rtəfài] *vt.* 요새화 하다
poor [puər] *a.* (질이) 나쁜
pole [poul] *n.* 막대기
pomegranate [pámәgrænit] *n.* 석류
ripe [raip] *a.* 익은
silence [sáiləns] *vt.* 조용하게 하다
unwalled [ʌnwɔ́:ld] *a.* 성벽이 없는

13:20 **do one's best**: 최선을 다하다
13:21 **as far as...**: …까지
13:23 **cut off**: 베어내다
13:27 **flow with...**: …이 넘쳐 흐르다
13:30 **take possession of...**: …를 소유하다
13:32 **be of great size**: 크기가 엄청나다

백성의 원망 — B.C. 1450년경

14 온 회중이 소리를 높여 부르짖으며 백성
이 밤새도록 통곡하였더라
2 이스라엘 자손이 다 모세와 아론을 원망하며
온 회중이 그들에게 이르되 우리가 애굽 땅에서
죽었거나 이 광야에서 죽었으면 좋았을 것을
3 어찌하여 여호와가 우리를 그 땅으로 인도하
여 칼에 쓰러지게 하려 하는가 우리 처자가 사
로잡히리니 애굽으로 돌아가는 것이 낫지 아
니하랴
4 ●이에 서로 말하되 우리가 한 지휘관을 세우
고 애굽으로 돌아가자 하매
5 모세와 아론이 이스라엘 자손의 온 회중 앞에
서 엎드린지라
6 그 땅을 정탐한 자 중 눈의 아들 여호수아와
여분네의 아들 갈렙이 자기들의 옷을 찢고
7 이스라엘 자손의 온 회중에게 말하여 이르되
우리가 두루 다니며 정탐한 땅은 심히 아름다
운 땅이라
8 여호와께서 우리를 기뻐하시면 우리를 그 땅
으로 인도하여 들이시고 그 땅을 우리에게 주
시리라 이는 과연 젖과 꿀이 흐르는 땅이니라
9 다만 여호와를 거역하지는 말라 또 그 땅 백성
을 두려워하지 말라 그들은 우리의 먹이라 그
들의 보호자는 그들에게서 떠났고 여호와는
우리와 함께하시느니라 그들을 두려워하지
말라 하나
10 온 회중이 그들을 돌로 치려 하는데 그때에 여
호와의 영광이 회막에서 이스라엘 모든 자손
에게 나타나시니라
레 9:23

모세가 백성을 두고 기도하다

11 ●여호와께서 모세에게 이르시되 이 백성이
어느 때까지 나를 멸시하겠느냐 내가 그들 중
에 많은 이적을 행하였으나 어느 때까지 나를
믿지 않겠느냐
12 내가 전염병으로 그들을 쳐서 멸하고 네게 그
들보다 크고 강한 나라를 이루게 하리라
13 ●모세가 여호와께 여짜오되 애굽인 중에서
주의 능력으로 이 백성을 인도하여 내셨거늘
그리하시면 그들이 듣고
14 이 땅 거주민에게 전하리이다 주 여호와께서
이 백성 중에 계심을 그들도 들었으니 곧 주
여호와께서 대면하여 보이시며 주의 구름이
그들 위에 섰으며 주께서 낮에는 구름 기둥 가
운데에서, 밤에는 불 기둥 가운데에서 그들 앞
에 행하시는 것이니이다
15 이제 주께서 이 백성을 하나같이 죽이시면 주

grasshoppers in our own eyes, and we looked
the same to them."

The People Rebel

14 That night all the members of the
community raised their voices and
2 wept aloud. ●All the Israelites grumbled
against Moses and Aaron, and the whole
assembly said to them, "If only we had died
3 in Egypt! Or in this wilderness! ●Why is the
LORD bringing us to this land only to let us
fall by the sword? Our wives and children
will be taken as plunder. Wouldn't it be bet-
4 ter for us to go back to Egypt?" ●And they
said to each other, "We should choose a
leader and go back to Egypt."
5 ●Then Moses and Aaron fell facedown in
front of the whole Israelite assembly gath-
6 ered there. ●Joshua son of Nun and Caleb
son of Jephunneh, who were among those
who had explored the land, tore their
7 clothes ●and said to the entire Israelite
assembly, "The land we passed through
8 and explored is exceedingly good. ●If the
LORD is pleased with us, he will lead us into
that land, a land flowing with milk and
9 honey, and will give it to us. ●Only do not
rebel against the LORD. And do not be afraid
of the people of the land, because we will
devour them. Their protection is gone, but
the LORD is with us. Do not be afraid of
them."
10 ●But the whole assembly talked about
stoning them. Then the glory of the LORD
appeared at the tent of meeting to all the
11 Israelites. ●The LORD said to Moses, "How
long will these people treat me with con-
tempt? How long will they refuse to believe
in me, in spite of all the signs I have per-
12 formed among them? ●I will strike them
down with a plague and destroy them, but I
will make you into a nation greater and
stronger than they."
13 ●Moses said to the LORD, "Then the Egyp-
tians will hear about it! By your power you
brought these people up from among them.
14 ●And they will tell the inhabitants of this
land about it. They have already heard that
you, LORD, are with these people and that
you, LORD, have been seen face to face, that
your cloud stays over them, and that you go
before them in a pillar of cloud by day and a

appear [əpíər] *vi.* 나타나다
assembly [əsémbli] *n.* 회중
contempt [kəntémpt] *n.* 경멸, 멸시
destroy [distrɔ́i] *vt.* 멸하다
entire [intáiər] *a.* 온, 전체의
exceedingly [iksíːdiŋli] *ad.* 몹시
grasshopper [grǽshɑ̀pər] *n.* 메뚜기
grumble [grʌmbl] *vi.* 불평하다
inhabitant [inhǽbətənt] *n.* 거주민
plague [pleig] *n.* 전염병
plunder [plʌndər] *n.* 약탈(품)
protection [prətékʃən] *n.* 보호
refuse [rifjúːz] *vt.* 거절하다
tear [tiər] *vt.* 찢다
weep [wiːp] *vi.* 울다

14:5 fall facedown: 엎드리다
14:8 be pleased with...: …를 기뻐하다
14:8 flow with...: …이 넘쳐 흐르다
14:9 rebel against...: …에 대항하다
14:11 treat... with~: …를 ~로 대하다
14:11 in spite of...: …에도 불구하고

의 명성을 들은 여러 나라가 말하여 이르기를
16 여호와가 이 백성에게 주기로 맹세한 땅에 인
도할 능력이 없었으므로 광야에서 죽였다 하
리이다
17 이제 구하옵나니 이미 말씀하신 대로 주의 큰
권능을 나타내옵소서 이르시기를
18 여호와는 노하기를 더디하시고 인자가 많아 죄
악과 허물을 사하시나 형벌 받을 자는 결단코
사하지 아니하시고 아버지의 죄악을 자식에게
갚아 삼사대까지 이르게 하리라 하셨나이다
19 구하옵나니 주의 인자의 광대하심을 따라 이
백성의 죄악을 사하시되 애굽에서부터 지금
까지 이 백성을 사하신 것같이 사하시옵소서
20 ●여호와께서 이르시되 내가 네 말대로 사하
노라
21 그러나 진실로 내가 살아 있는 것과 여호와의
영광이 온 세계에 충만할 것을 두고 맹세하노니
22 내 영광과 애굽과 광야에서 행한 내 이적을 보
고서도 이같이 열 번이나 나를 시험하고 내 목
소리를 청종하지 아니한 그 사람들은
23 내가 그들의 조상들에게 맹세한 땅을 결단코
보지 못할 것이요 또 나를 멸시하는 사람은 한
사람도 그것을 보지 못하리라
24 그러나 내 종 갈렙은 그 마음이 그들과 달라서
나를 온전히 따랐은즉 그가 갔던 땅으로 내가
그를 인도하여 들이리니 그의 자손이 그 땅을
차지하리라
25 아말렉인과 가나안인이 골짜기에 거주하나니
너희는 내일 돌이켜 홍해 길을 따라 광야로 들
어갈지니라

여호와께서 원망하는 백성을 벌하시다

26 ●여호와께서 모세와 아론에게 말씀하여 이
르시되
27 나를 원망하는 이 악한 회중에게 내가 어느 때
까지 참으랴 이스라엘 자손이 나를 향하여 원
망하는 바 그 원망하는 말을 내가 들었노라
28 그들에게 이르기를 여호와의 말씀에 내 삶을
두고 맹세하노라 너희 말이 내 귀에 들린 대로
내가 너희에게 행하리니
29 너희 시체가 이 광야에 엎드러질 것이라 너희
중에서 이십 세 이상으로서 계수된 자 곧 나를
원망한 자 전부가
30 여분네의 아들 갈렙과 눈의 아들 여호수아 외
에는 내가 [1]맹세하여 너희에게 살게 하리라
한 땅에 결단코 들어가지 못하리라 신 1:36
31 너희가 사로잡히겠다고 말하던 너희의 유아
들은 내가 인도하여 들이리니 그들은 너희가

15 pillar of fire by night. •If you put all these
people to death, leaving none alive, the
nations who have heard this report about
16 you will say, •'The LORD was not able to
bring these people into the land he promised
them on oath, so he slaughtered them in the
wilderness.'
17 •"Now may the Lord's strength be dis-
18 played, just as you have declared: •'The LORD
is slow to anger, abounding in love and for-
giving sin and rebellion. Yet he does not leave
the guilty unpunished; he punishes the chil-
dren for the sin of the parents to the third
19 and fourth generation.' •In accordance with
your great love, forgive the sin of these peo-
ple, just as you have pardoned them from the
time they left Egypt until now."
20 •The LORD replied, "I have forgiven them,
21 as you asked. •Nevertheless, as surely as I live
and as surely as the glory of the LORD fills the
22 whole earth, •not one of those who saw my
glory and the signs I performed in Egypt and
in the wilderness but who disobeyed me and
23 tested me ten times— •not one of them will
ever see the land I promised on oath to their
ancestors. No one who has treated me with
24 contempt will ever see it. •But because my
servant Caleb has a different spirit and fol-
lows me wholeheartedly, I will bring him
into the land he went to, and his descendants
25 will inherit it. •Since the Amalekites and the
Canaanites are living in the valleys, turn back
tomorrow and set out toward the desert
along the route to the Red Sea.[a]"
26 •The LORD said to Moses and Aaron:
27 •"How long will this wicked community
grumble against me? I have heard the com-
28 plaints of these grumbling Israelites. •So
tell them, 'As surely as I live, declares the
LORD, I will do to you the very thing I heard
29 you say: •In this wilderness your bodies will
fall—every one of you twenty years old or
more who was counted in the census and
30 who has grumbled against me. •Not one of
you will enter the land I swore with uplifted
hand to make your home, except Caleb son
31 of Jephunneh and Joshua son of Nun. •As
for your children that you said would be
taken as plunder, I will bring them in to
32 enjoy the land you have rejected. •But as for
you, your bodies will fall in this wilderness.

[a]25 *Or the Sea of Reeds* 1) 손을 들어

ancestor [ǽnsestər] *n.* 조상
census [sénsəs] *n.* 인구 조사
complaint [kəmpléint] *n.* 불평
declare [diklɛ́ər] *vt.* 선언하다
disobey [disəbéi] *vt.* 거역하다
inherit [inhérit] *vt.* 상속하다
pardon [pá:rdn] *vt.* 용서하다
pillar [pílər] *n.* 기둥
plunder [plʌndər] *n.* 약탈(품)
rebellion [ribéljən] *n.* 반항, 저항
reject [ridʒékt] *vt.* 거부하다
slaughter [slɔ́:tər] *vt.* 도륙하다
treat [tri:t] *vt.* 대접하다
wholeheartedly [hóulhá:rtidli] *ad.* 전심으로
wicked [wíkid] *a.* 악한

14:15 put to death: 죽이다
14:16 on oath: 맹세코, 틀림없이
14:18 be slow to...: 좀처럼 …하지 않다
14:18 abound in...: …이 풍부하다
14:19 in accordance with...: …에 따라서
14:25 turn back: 되돌아가다

싫어하던 땅을 보려니와
32 너희의 시체는 이 광야에 엎드러질 것이요
33 너희의 자녀들은 너희 반역한 죄를 지고 너
희의 시체가 광야에서 소멸되기까지 사십 년
을 광야에서 [1]방황하는 자가 되리라 시 107:40
34 너희는 그 땅을 정탐한 날 수인 사십 일의 하
루를 일 년으로 쳐서 그 사십 년간 너희의 죄
악을 담당할지니 너희는 그제서야 내가 싫어
하면 어떻게 되는지를 알리라 하셨다 하라
35 나 여호와가 말하였거니와 모여 나를 거역하
는 이 악한 온 회중에게 내가 반드시 이같이
행하리니 그들이 이 광야에서 소멸되어 거기
서 죽으리라
36 ●모세의 보냄을 받고 땅을 정탐하고 돌아와
서 그 땅을 악평하여 온 회중이 모세를 원망
하게 한 사람
37 곧 그 땅에 대하여 악평한 자들은 여호와 앞
에서 재앙으로 죽었고
38 그 땅을 정탐하러 갔던 사람들 중에서 오직
눈의 아들 여호수아와 여분네의 아들 갈렙은
생존하니라

첫 번째 점령 시도 (신 1:41-46)

39 ●모세가 이 말로 이스라엘 모든 자손에게
알리매 백성이 크게 슬퍼하여
40 아침에 일찍이 일어나 산꼭대기로 올라가며
이르되 보소서 우리가 여기 있나이다 우리가
여호와께서 허락하신 곳으로 올라가리니 우
리가 범죄하였음이니이다
41 모세가 이르되 너희가 어찌하여 이제 여호와
의 명령을 범하느냐 이 일이 형통하지 못하
리라
42 여호와께서 너희 중에 계시지 아니하니 올라
가지 말라 너희의 대적 앞에서 패할까 하노
라
43 아말렉인과 가나안인이 너희 앞에 있으니 너
희가 그 칼에 망하리라 너희가 여호와를 배
반하였으니 여호와께서 너희와 함께하지 아
니하시리라 하나
44 그들이 그래도 산꼭대기로 올라갔고 여호와
의 언약궤와 모세는 진영을 떠나지 아니하였
더라
45 아말렉인과 산간지대에 거주하는 가나안인
이 내려와 그들을 무찌르고 호르마까지 이르
렀더라

여호와께 드리는 제물 (♪254장) — B.C. 1450년경

15 여호와께서 모세에게 말씀하여 이르시
되

33 ●Your children will be shepherds here for
forty years, suffering for your unfaithfulness,
until the last of your bodies lies in the wilder-
34 ness. ●For forty years—one year for each of
the forty days you explored the land—you
will suffer for your sins and know what it is
35 like to have me against you.' ●I, the LORD, have
spoken, and I will surely do these things to this
whole wicked community, which has band-
ed together against me. They will meet their
end in this wilderness; here they will die."
36 ●So the men Moses had sent to explore the
land, who returned and made the whole com-
munity grumble against him by spreading a
37 bad report about it— ●these men who were
responsible for spreading the bad report about
the land were struck down and died of a
38 plague before the LORD. ●Of the men who
went to explore the land, only Joshua son of
Nun and Caleb son of Jephunneh survived.
39 ●When Moses reported this to all the
40 Israelites, they mourned bitterly. ●Early the
next morning they set out for the highest
point in the hill country, saying, "Now we are
ready to go up to the land the LORD promised.
Surely we have sinned!"
41 ●But Moses said, "Why are you disobeying
the LORD's command? This will not succeed!
42 ●Do not go up, because the LORD is not with
you. You will be defeated by your enemies,
43 ●for the Amalekites and the Canaanites will
face you there. Because you have turned away
from the LORD, he will not be with you and
you will fall by the sword."
44 ●Nevertheless, in their presumption they
went up toward the highest point in the hill
country, though neither Moses nor the ark of
the LORD's covenant moved from the camp.
45 ●Then the Amalekites and the Canaanites
who lived in that hill country came down and
attacked them and beat them down all the
way to Hormah.

Supplementary Offerings

15 1-2 The LORD said to Moses, ●"Speak to
the Israelites and say to them: 'After
you enter the land I am giving you as a home
3 ●and you present to the LORD food offerings
from the herd or the flock, as an aroma pleas-
ing to the LORD—whether burnt offerings or
sacrifices, for special vows or freewill offerings

1) 목자

attack [ətǽk] *vt.* 공격하다
bitterly [bítərli] *ad.* 비통하게
community [kəmjúːnəti] *n.* 집단
covenant [kʌvənənt] *n.* 언약
defeat [difíːt] *vt.* 패배시키다
explore [iksplɔ́ːr] *vt.* 정탐하다
flock [flak] *n.* 양 떼
grumble [grʌmbl] *vi.* 불평하다
mourn [mɔːrn] *vi.* 슬퍼하다
plague [pleig] *n.* 전염병
spreading [sprédiŋ] *a.* 퍼져 있는
supplementary [sʌpləméntəri] *a.* 추가의
survive [sərváiv] *vi.* 살아남다
unfaithfulness [ʌnféiθfəlnis] *n.* 불성실함
wilderness [wildərnis] *n.* 광야

14:33 **suffer for...**: …로 고통받다
14:35 **band together**: 단결하다
14:37 **responsible for...**: …에 대해 책임이 있는
14:37 **strike down**: 때려눕히다
14:43 **turn away**: 돌아서다
14:44 **in one's presumption**: …의 추측대로

2 이스라엘 자손에게 말하여 그들에게 이르라 너희는 내가 주어 살게 할 땅에 들어가서
3 여호와께 화제나 번제나 [1]서원을 갚는 제사나 낙헌제나 정한 절기제에 소나 양을 여호와께 향기롭게 드릴 때에
4 그러한 헌물을 드리는 자는 고운 가루 십분의 일에 기름 사분의 일 힌을 섞어 여호와께 소제로 드릴 것이며
5 번제나 다른 제사로 드리는 제물이 어린 양이면 전제로 포도주 사분의 일 힌을 준비할 것이요
6 숫양이면 소제로 고운 가루 십분의 이에 기름 삼분의 일 힌을 섞어 준비하고
7 전제로 포도주 삼분의 일 힌을 드려 여호와 앞에 향기롭게 할 것이요
8 번제로나 서원을 갚는 제사로나 화목제로 수송아지를 예비하여 여호와께 드릴 때에는
9 소제로 고운 가루 십분의 삼 에바에 기름 반 힌을 섞어 그 수송아지와 함께 드리고
10 전제로 포도주 반 힌을 드려 여호와 앞에 향기로운 화제를 삼을지니라
11 ●수송아지나 숫양이나 어린 숫양이나 어린 염소에는 그 마리 수마다 위와 같이 행하되
12 너희가 준비하는 수효를 따라 각기 수효에 맞게 하라
13 누구든지 본토 소생이 여호와께 향기로운 화제를 드릴 때에는 이 법대로 할 것이요
14 너희 중에 거류하는 타국인이나 너희 중에 대대로 있는 자나 누구든지 여호와께 향기로운 화제를 드릴 때에는 너희가 하는 대로 그도 그리할 것이라
15 회중 곧 너희에게나 거류하는 타국인에게나 같은 율례이니 너희의 대대로 영원한 율례라 너희가 어떠한 대로 타국인도 여호와 앞에 그러하리라
9:14
16 너희에게나 너희 중에 거류하는 타국인에게나 같은 법도, 같은 규례이니라
17 ●여호와께서 모세에게 말씀하여 이르시되
18 이스라엘 자손에게 말하여 이르라 너희는 내가 인도하는 땅에 들어가거든
19 그 땅의 양식을 먹을 때에 여호와께 거제를 드리되
20 너희의 처음 익은 곡식 [2]가루 떡을 거제로 타작마당의 거제같이 들어 드리라
21 너희의 처음 익은 곡식 [2]가루 떡을 대대에 여호와께 거제로 드릴지니라
22 ●너희가 그릇 범죄하여 여호와가 모세에게

4 or festival offerings—●then the person who
brings an offering shall present to the LORD a
grain offering of a tenth of an ephah[a] of the
finest flour mixed with a quarter of a hin[b] of
5 olive oil. ●With each lamb for the burnt offer-
ing or the sacrifice, prepare a quarter of a hin of
wine as a drink offering.
6 ●" 'With a ram prepare a grain offering of
two-tenths of an ephah[c] of the finest flour
7 mixed with a third of a hin[d] of olive oil, ●and
a third of a hin of wine as a drink offering.
Offer it as an aroma pleasing to the LORD.
8 ●" 'When you prepare a young bull as a
burnt offering or sacrifice, for a special vow or
9 a fellowship offering to the LORD, ●bring with
the bull a grain offering of three-tenths of an
ephah[e] of the finest flour mixed with half a
10 hin[f] of olive oil, ●and also bring half a hin of
wine as a drink offering. This will be a food
11 offering, an aroma pleasing to the LORD. ●Each
bull or ram, each lamb or young goat, is to be
12 prepared in this manner. ●Do this for each
one, for as many as you prepare.
13 ●" 'Everyone who is native-born must do
these things in this way when they present a
food offering as an aroma pleasing to the LORD.
14 ●For the generations to come, whenever a for-
eigner or anyone else living among you pre-
sents a food offering as an aroma pleasing to
the LORD, they must do exactly as you do.
15 ●The community is to have the same rules for
you and for the foreigner residing among you;
this is a lasting ordinance for the generations to
come. You and the foreigner shall be the same
16 before the LORD: ●The same laws and regula-
tions will apply both to you and to the for-
eigner residing among you.' "
17-18 ●The LORD said to Moses, ●"Speak to the
Israelites and say to them: 'When you enter the
19 land to which I am taking you ●and you eat
the food of the land, present a portion as an
20 offering to the LORD. ●Present a loaf from the
first of your ground meal and present it as an
21 offering from the threshing floor. ●Through-
out the generations to come you are to give
this offering to the LORD from the first of your
ground meal.

[a]4 That is, probably about 3 1/2 pounds or about 1.6 kilograms [b]4 That is, about 1 quart or about 1 liter; also in verse 5 [c]6 That is, probably about 7 pounds or about 3.2 kilograms [d]6 That is, about 1 1/3 quarts or about 1.3 liters; also in verse 7 [e]9 That is, probably about 11 pounds or about 5 kilograms [f]9 That is, about 2 quarts or about 1.9 liters; also in verse 10

1) 특별 서원하는 2) 거친 먹을거리

aroma [əróumə] *n.* 향기
grain [grein] *n.* 곡식
native-born [néitivbɔ́:rn] *a.* 본토박이의
offering [ɔ́:fəriŋ] *n.* 제물
ordinance [ɔ́:rdənəns] *n.* 법규
pleasing [plí:ziŋ] *a.* 기쁘게 하는
portion [pɔ́:rʃən] *n.* 일부
prepare [pripέər] *vt.* 준비하다
quarter [kwɔ́:rtər] *n.* 4분의 1
ram [rǽm] *n.* 숫양
regulation [règjuléiʃən] *n.* 규정
reside [rizáid] *vt.* 거하다
sacrifice [sǽkrəfàis] *n.* 희생제물
thresh [θreʃ] *vt.* 타작하다
vow [vau] *n.* 서약, 맹세

15:4 a tenth: 10분의 1
15:4 mix with...: …과 섞다
15:11 in this manner: 이와 같이
15:12 as many as...: …한 만큼
15:13 in this way: 이렇게, 이런 식으로
15:16 apply to...: …에 적용되다

말씀하신 이 모든 명령을 지키지 못하되 레 4:2
23 곧 여호와께서 모세를 통하여 너희에게 명령
한 모든 것을 여호와께서 명령한 날 이후부
터 너희 대대에 지키지 못하여
24 회중이 부지중에 범죄하였거든 온 회중은 수
송아지 한 마리를 여호와께 향기로운 화제로
드리고 규례대로 소제와 전제를 드리고 숫염
소 한 마리를 속죄제로 드릴 것이라
25 제사장이 이스라엘 자손의 온 회중을 위하여
속죄하면 그들이 사함을 받으리니 이는 그가
부지중에 범죄함이며 또 부지중에 범죄함으
로 말미암아 헌물 곧 화제와 속죄제를 여호
와께 드렸음이라
26 이스라엘 자손의 온 회중과 그들 중에 거류
하는 타국인도 사함을 받을 것은 온 백성이
부지중에 범죄하였음이니라
27 ●만일 한 사람이 부지중에 범죄하면 일 년
된 암염소로 속죄제를 드릴 것이요 레 4:27,28
28 제사장은 그 부지중에 범죄한 사람이 부지중
에 여호와 앞에 범한 죄를 위하여 속죄하여
그 죄를 속할지니 그리하면 사함을 얻으리라
29 이스라엘 자손 중 본토 소생이든지 그들 중
에 거류하는 타국인이든지 누구든 부지중에
범죄한 자에 대한 법이 동일하거니와 15:15
30 본토인이든지 타국인이든지 고의로 무엇을
범하면 누구나 여호와를 비방하는 자니 그의
백성 중에서 끊어질 것이라
31 그런 사람은 여호와의 말씀을 멸시하고 그의
명령을 파괴하였은즉 그의 죄악이 자기에게
로 돌아가서 온전히 끊어지리라

안식일에 일을 한 사람

32 ●이스라엘 자손이 광야에 거류할 때에 안식
일에 어떤 사람이 나무하는 것을 발견한지라
33 그 나무하는 자를 발견한 자들이 그를 모세
와 아론과 온 회중 앞으로 끌어왔으나
34 어떻게 처치할는지 지시하심을 받지 못한 고
로 가두었더니
35 여호와께서 모세에게 이르시되 그 사람을 반
드시 죽일지니 온 회중이 진영 밖에서 돌로
그를 칠지니라
36 온 회중이 곧 그를 진영 밖으로 끌어내고 돌
로 그를 쳐죽여서 여호와께서 모세에게 명령
하신 대로 하니라

옷단 귀에 다는 술

37 ●여호와께서 모세에게 말씀하여 이르시되
38 이스라엘 자손에게 명령하여 대대로 그들의
옷단 귀에 술을 만들고 청색 끈을 그 귀의 술

Offerings for Unintentional Sins

22 ●" 'Now if you as a community uninten-
tionally fail to keep any of these commands
23 the LORD gave Moses — ●any of the LORD's
commands to you through him, from the day
the LORD gave them and continuing through
24 the generations to come — ●and if this is do-
ne unintentionally without the community
being aware of it, then the whole community
is to offer a young bull for a burnt offering as
an aroma pleasing to the LORD, along with its
prescribed grain offering and drink offering,
25 and a male goat for a sin offering.[a] ●The priest
is to make atonement for the whole Israelite
community, and they will be forgiven, for it
was not intentional and they have presented
to the LORD for their wrong a food offering and
26 a sin offering. ●The whole Israelite communi-
ty and the foreigners residing among them
will be forgiven, because all the people were
involved in the unintentional wrong.
27 ●" 'But if just one person sins unintentional-
ly, that person must bring a year-old female
28 goat for a sin offering. ●The priest is to make
atonement before the LORD for the one who
erred by sinning unintentionally, and when
atonement has been made, that person will be
29 forgiven. ●One and the same law applies to
everyone who sins unintentionally, whether a
native-born Israelite or a foreigner residing
among you.
30 ●" 'But anyone who sins defiantly, whether
native-born or foreigner, blasphemes the LORD
and must be cut off from the people of Israel.
31 ●Because they have despised the LORD's word
and broken his commands, they must surely
be cut off; their guilt remains on them.' "

The Sabbath-Breaker Put to Death

32 ●While the Israelites were in the wilderness,
a man was found gathering wood on the Sab-
33 bath day. ●Those who found him gathering
wood brought him to Moses and Aaron and
34 the whole assembly, ●and they kept him in
custody, because it was not clear what should
35 be done to him. ●Then the LORD said to
Moses, "The man must die. The whole assem-
36 bly must stone him outside the camp." ●So
the assembly took him outside the camp and
stoned him to death, as the LORD commanded
Moses.

[a]24 Or *purification offering;* also in verses 25 and 27

blaspheme [blæsfíːm] *vt.* 모독하다
command [kəmǽnd] *n. vt.* 명령(하다)
community [kəmjúːnəti] *n.* 공동체
defiantly [difáiəntli] *ad.* 반항적으로
despise [dispáiz] *vt.* 무시(멸시)하다
err [əːr] *vi.* 잘못하다
generation [dʒènəréiʃən] *n.* 대
intentional [inténʃənl] *a.* 고의적인
native-born [néitivbɔ́ːrn] *a.* 본토박이의
prescribed [priskráibd] *a.* 규정된
present [prézənt] *vt.* 드리다
Sabbath [sǽbəθ] *n.* 안식일
stone [stoun] *vt.* 돌로 치다
unintentionally [ʌninténʃənəli] *ad.* 무심코
wilderness [wíldərnis] *n.* 광야

15:22 fail to...: …하지 못하다
15:24 be aware of: 인식하다
15:25 make atonement for...: …를 위해 속죄하다
15:26 be involved in...: …에 말려들다
15:31 cut off: 잘라내다
15:34 keep... in custody: …를 감금하다

에 더하라
39 이 술은 너희가 보고 여호와의 모든 계명을
기억하여 준행하고 너희를 방종하게 하는 자
신의 마음과 눈의 욕심을 따라 음행하지 않
게 하기 위함이라
40 그리하여 너희가 내 모든 계명을 기억하고
행하면 너희의 하나님 앞에 거룩하리라
41 나는 여호와 너희 하나님이라 나는 너희의 하
나님이 되려고 너희를 애굽 땅에서 인도해 내
었느니라 나는 여호와 너희의 하나님이니라

고라와 다단과 아비람의 반역 (♪274장)

16 레위의 증손 고핫의 손자 이스할의 아들
고라와 르우벤 자손 엘리압의 아들 다단
과 아비람과 벨렛의 아들 온이 당을 짓고
2 이스라엘 자손 총회에서 택함을 받은 자 곧
회중 가운데에서 이름 있는 지휘관 이백오십
명과 함께 일어나서 모세를 거스르니라
3 그들이 모여서 모세와 아론을 거슬러 그들에
게 이르되 너희가 분수에 지나도다 회중이
다 각각 거룩하고 여호와께서도 그들 중에
계시거늘 너희가 어찌하여 여호와의 총회 위
에 스스로 높이느냐
4 ●모세가 듣고 엎드렸다가
5 고라와 그의 모든 무리에게 말하여 이르되
아침에 여호와께서 자기에게 속한 자가 누구
인지, 거룩한 자가 누구인지 보이시고 그 사
람을 자기에게 가까이 나아오게 하시되 곧
그가 택하신 자를 자기에게 가까이 나아오게
하시리니
6 이렇게 하라 너 고라와 네 모든 무리는 향로
를 가져다가
7 내일 여호와 앞에서 그 향로에 불을 담고 그
위에 향을 두라 그때에 여호와께서 택하신
자는 거룩하게 되리라 레위 자손들아 너희가
너무 분수에 지나치느니라
8 모세가 또 고라에게 이르되 너희 레위 자손
들아 들으라
9 이스라엘의 하나님이 이스라엘 회중에서 너
희를 구별하여 자기에게 가까이하게 하사 여
호와의 성막에서 봉사하게 하시며 회중 앞에
서서 그들을 대신하여 섬기게 하심이 너희에
게 작은 일이겠느냐
10 하나님이 너와 네 모든 형제 레위 자손으로
너와 함께 가까이 오게 하셨거늘 너희가 오
히려 제사장의 직분을 구하느냐
11 이를 위하여 너와 너의 무리가 다 모여서 여
호와를 거스르는도다 아론이 어떠한 사람이

Tassels on Garments

37-38 ●The LORD said to Moses, ●"Speak to the
Israelites and say to them: 'Throughout the
generations to come you are to make tassels on
the corners of your garments, with a blue cord
39 on each tassel. ●You will have these tassels to
look at and so you will remember all the com-
mands of the LORD, that you may obey them
and not prostitute yourselves by chasing after
40 the lusts of your own hearts and eyes. ●Then
you will remember to obey all my commands
41 and will be consecrated to your God. ●I am
the LORD your God, who brought you out of
Egypt to be your God. I am the LORD your
God.' "

Korah, Dathan and Abiram

16 Korah son of Izhar, the son of Kohath,
the son of Levi, and certain Reubenites
—Dathan and Abiram, sons of Eliab, and
2 On son of Peleth—became insolent[a] ●and
rose up against Moses. With them were 250
Israelite men, well-known community leaders
who had been appointed members of the
3 council. ●They came as a group to oppose
Moses and Aaron and said to them, "You
have gone too far! The whole community is
holy, every one of them, and the LORD is with
them. Why then do you set yourselves above
the LORD's assembly?"
4 ●When Moses heard this, he fell facedown.
5 ●Then he said to Korah and all his followers:
"In the morning the LORD will show who
belongs to him and who is holy, and he will
have that person come near him. The man he
6 chooses he will cause to come near him. ●You,
Korah, and all your followers are to do this:
7 Take censers ●and tomorrow put burning
coals and incense in them before the LORD. The
man the LORD chooses will be the one who is
holy. You Levites have gone too far!"
8 ●Moses also said to Korah, "Now listen, you
9 Levites! ●Isn't it enough for you that the God
of Israel has separated you from the rest of the
Israelite community and brought you near
himself to do the work at the LORD's taberna-
cle and to stand before the community and
10 minister to them? ●He has brought you and
all your fellow Levites near himself, but now
11 you are trying to get the priesthood too. ●It is
against the LORD that you and all your follow-

[a]1 Or *Peleth—took men*

appoint [əpɔ́int] *vt.* 임명하다
assembly [əsémbli] *n.* 회중
censer [sénsər] *n.* 향로
consecrate [kánsəkrèit] *vt.* 성결하게 하다
cord [kɔːrd] *n.* 끈
council [káunsəl] *n.* 회의
facedown [feisdaun] *ad.* 엎드려
garment [gáːrmənt] *n.* 옷
incense [ínsens] *n.* 향
insolent [ínsələnt] *a.* 오만한
minister [mínəstər] *vi.* 봉사하다
priesthood [príːsthùd] *n.* 제사장직
prostitute [prástətjùːt] *vt.* 매춘하다
tabernacle [tǽbəːrnækl] *n.* 성막
tassel [tǽsəl] *n.* (장식)술

15:39 chase after...: …를 쫓다
16:2 rise up: 일어나다
16:2 well-known: 유명한
16:3 go too far: 도를 지나치다
16:5 cause to...: …하게 하다
16:9 separate A from B: B로부터 A를 나누다

기에 너희가 그를 원망하느냐
12 ● 모세가 엘리압의 아들 다단과 아비람을 부
르러 사람을 보냈더니 그들이 이르되 우리는
올라가지 않겠노라
13 네가 우리를 젖과 꿀이 흐르는 땅에서 이끌어
내어 광야에서 죽이려 함이 어찌 작은 일이기
에 오히려 스스로 우리 위에 왕이 되려 하느냐
14 이뿐 아니라 네가 우리를 젖과 꿀이 흐르는 땅
으로 인도하여 들이지도 아니하고 밭도 포도
원도 우리에게 기업으로 주지 아니하니 네가
이 사람들의 눈을 1)빼려느냐 우리는 올라가지
아니하겠노라
15 ● 모세가 심히 노하여 여호와께 여짜오되 주
는 그들의 헌물을 돌아보지 마옵소서 나는 그
들의 나귀 한 마리도 빼앗지 아니하였고 그들
중의 한 사람도 해하지 아니하였나이다 하고
16 이에 모세가 고라에게 이르되 너와 너의 온 무
리는 아론과 함께 내일 여호와 앞으로 나아오
되
17 너희는 제각기 향로를 들고 그 위에 향을 얹고
각 사람이 그 향로를 여호와 앞으로 가져오라
향로는 모두 이백오십 개라 너와 아론도 각각
향로를 가지고 올지니라
18 그들이 제각기 향로를 가져다가 불을 담고 향
을 그 위에 얹고 모세와 아론과 더불어 회막문
에 서니라
19 고라가 온 회중을 회막문에 모아 놓고 그 두
사람을 대적하려 하매 여호와의 영광이 온 회
중에게 나타나시니라
20 ● 여호와께서 모세와 아론에게 말씀하여 이
르시되
21 너희는 이 회중에게서 떠나라 내가 순식간에
그들을 멸하려 하노라 16:45
22 그 두 사람이 엎드려 이르되 하나님이여 모든
육체의 생명의 하나님이여 한 사람이 범죄하
였거늘 온 회중에게 진노하시나이까
23 여호와께서 모세에게 말씀하여 이르시되
24 회중에게 명령하여 이르기를 너희는 고라와
다단과 아비람의 장막 사방에서 떠나라 하라
25 ● 모세가 일어나 다단과 아비람에게로 가니
이스라엘 장로들이 따랐더라
26 모세가 회중에게 말하여 이르되 이 악인들의
장막에서 떠나고 그들의 물건은 아무것도 만
지지 말라 그들의 모든 죄중에서 너희도 멸망
할까 두려워하노라 하매
27 무리가 고라와 다단과 아비람의 장막 사방을
떠나고 다단과 아비람은 그들의 처자와 유아

ers have banded together. Who is Aaron that
you should grumble against him?"
12 ● Then Moses summoned Dathan and Abi-
ram, the sons of Eliab. But they said, "We will
13 not come! ● Isn't it enough that you have
brought us up out of a land flowing with
milk and honey to kill us in the wilderness?
And now you also want to lord it over us!
14 ● Moreover, you haven't brought us into a
land flowing with milk and honey or given
us an inheritance of fields and vineyards. Do
you want to treat these men like slaves[a]? No,
we will not come!"
15 ● Then Moses became very angry and said
to the LORD, "Do not accept their offering. I
have not taken so much as a donkey from
them, nor have I wronged any of them."
16 ● Moses said to Korah, "You and all your
followers are to appear before the LORD to-
17 morrow—you and they and Aaron. ● Each
man is to take his censer and put incense in
it—250 censers in all—and present it before
the LORD. You and Aaron are to present your
18 censers also." ● So each of them took his
censer, put burning coals and incense in it,
and stood with Moses and Aaron at the
19 entrance to the tent of meeting. ● When
Korah had gathered all his followers in oppo-
sition to them at the entrance to the tent of
meeting, the glory of the LORD appeared to
20 the entire assembly. ● The LORD said to Moses
21 and Aaron, ● "Separate yourselves from this
assembly so I can put an end to them at
once."
22 ● But Moses and Aaron fell facedown and
cried out, "O God, the God who gives breath
to all living things, will you be angry with the
entire assembly when only one man sins?"
23-24 ● Then the LORD said to Moses, ● "Say to
the assembly, 'Move away from the tents of
Korah, Dathan and Abiram.' "
25 ● Moses got up and went to Dathan and
Abiram, and the elders of Israel followed
26 him. ● He warned the assembly, "Move back
from the tents of these wicked men! Do not
touch anything belonging to them, or you
will be swept away because of all their sins."
27 ● So they moved away from the tents of
Korah, Dathan and Abiram. Dathan and Abi-
ram had come out and were standing with
their wives, children and little ones at the

[a]14 *Or to deceive these men;* Hebrew *Will you gouge out the eyes of these men* 1) 꿰뚫으려

accept [æksépt] *vt.* 받아들이다
assembly [əsémbli] *n.* 회중
band [bænd] *vi.* 단결하다
censer [sénsər] *n.* 향로
entire [intáiər] *a.* 전체의
entrance [éntrəns] *n.* 입구
follower [fálouər] *n.* 추종자
gather [gǽðər] *vt.* 모으다
grumble [grʌmbl] *vi.* 불평하다
inheritance [inhérətəns] *n.* 유산
present [préznt] *vt.* 바치다
summon [sʌmən] *vt.* 소환하다
vineyard [vínjərd] *n.* 포도원
wicked [wíkid] *a.* 사악한
wrong [rɔ́:ŋ] *vt.* 나쁜짓을 하다

16:13 **lord over...**: …에 군림하다
16:15 **not ... so much as**: (심지어) … 조차 않다
16:19 **in opposition to...**: …에 반대하여
16:21 **put an end to...**: …를 끝내다
16:26 **sweep away**: 쓸어버리다

들과 함께 나와서 자기 장막문에 선지라
28 모세가 이르되 여호와께서 나를 보내사 이 모
든 일을 행하게 하신 것이요 나의 임의로 함이
아닌 줄을 이 일로 말미암아 알리라
29 곧 이 사람들의 죽음이 모든 사람과 같고 그들
이 당하는 벌이 모든 사람이 당하는 벌과 같으
면 여호와께서 나를 보내심이 아니거니와
30 만일 여호와께서 새 일을 행하사 땅이 입을 열
어 이 사람들과 그들의 모든 소유물을 삼켜 산
채로 스올에 빠지게 하시면 이 사람들이 과연
여호와를 멸시한 것인 줄을 너희가 알리라
31 ●그가 이 모든 말을 마치자마자 그들이 섰던
땅바닥이 갈라지니라
32 땅이 그 입을 열어 그들과 그들의 집과 고라에
게 속한 모든 사람과 그들의 재물을 삼키매
33 그들과 그의 모든 재물이 산 채로 스올에 빠지
며 땅이 그 위에 덮이니 그들이 회중 가운데서
망하니라
34 그 주위에 있는 온 이스라엘이 그들의 부르짖
음을 듣고 도망하며 이르되 땅이 우리도 삼킬
까 두렵다 하였고
35 여호와께로부터 불이 나와서 분향하는 이백
오십 명을 불살랐더라 11:1–3

향로

36 ●여호와께서 모세에게 말씀하여 이르시되
37 너는 제사장 아론의 아들 엘르아살에게 명령
하여 붙는 불 가운데에서 향로를 가져다가 그
불을 다른 곳에 쏟으라 그 향로는 거룩함이니
라
38 사람들은 범죄하여 그들의 생명을 스스로 해
하였거니와 그들이 향로를 여호와 앞에 드렸
으므로 그 향로가 거룩하게 되었나니 그 향로
를 쳐서 제단을 싸는 철판을 만들라 이스라엘
자손에게 표가 되리라 하신지라 26:10
39 제사장 엘르아살이 불탄 자들이 드렸던 놋 향
로를 가져다가 쳐서 제단을 싸서
40 이스라엘 자손의 기념물이 되게 하였으니 이
는 아론 자손이 아닌 다른 사람은 여호와 앞에
분향하러 가까이 오지 못하게 함이며 또 고라
와 그의 무리와 같이 되지 않게 하기 위함이라
여호와께서 모세를 시켜 그에게 명령하신 대
로 하였더라

아론이 백성을 구하다

41 ●이튿날 이스라엘 자손의 온 회중이 모세와
아론을 원망하여 이르되 너희가 여호와의 백
성을 죽였도다 하고
42 회중이 모여 모세와 아론을 칠 때에 회막을 바

entrances to their tents.
28 ●Then Moses said, "This is how you will
know that the LORD has sent me to do all
29 these things and that it was not my idea: ●If
these men die a natural death and suffer the
fate of all mankind, then the LORD has not
30 sent me. ●But if the LORD brings about some-
thing totally new, and the earth opens its
mouth and swallows them, with everything
that belongs to them, and they go down alive
into the realm of the dead, then you will
know that these men have treated the LORD
with contempt."
31 ●As soon as he finished saying all this, the
32 ground under them split apart ●and the
earth opened its mouth and swallowed them
and their households, and all those associat-
ed with Korah, together with their posses-
33 sions. ●They went down alive into the realm
of the dead, with everything they owned; the
earth closed over them, and they perished
34 and were gone from the community. ●At
their cries, all the Israelites around them fled,
shouting, "The earth is going to swallow us
too!"
35 ●And fire came out from the LORD and
consumed the 250 men who were offering
the incense.
36-37 ●The LORD said to Moses, ●"Tell Eleazar
son of Aaron, the priest, to remove the
censers from the charred remains and scatter
the coals some distance away, for the censers
38 are holy— ●the censers of the men who
sinned at the cost of their lives. Hammer the
censers into sheets to overlay the altar, for
they were presented before the LORD and
have become holy. Let them be a sign to the
Israelites."
39 ●So Eleazar the priest collected the bronze
censers brought by those who had been
burned to death, and he had them ham-
40 mered out to overlay the altar, ●as the LORD
directed him through Moses. This was to
remind the Israelites that no one except a
descendant of Aaron should come to burn
incense before the LORD, or he would become
like Korah and his followers.
41 ●The next day the whole Israelite commu-
nity grumbled against Moses and Aaron.
"You have killed the LORD's people," they
said.
42 ●But when the assembly gathered in

altar [ɔ́:ltər] *n.* 제단
censer [sénsər] *n.* 향로
char [tʃa:ər] *vt.* 까맣게 태우다
consume [kənsú:m] *vt.* 불사르다
contempt [kəntémpt] *n.* 경멸
household [háushòuld] *n.* 가족
incense [ínsens] *n.* 향
mankind [mænkaind] *n.* 인류
overlay [òuvərléi] *vt.* 입히다, 깔다
perish [périʃ] *vt.* 죽다
possession [pəzéʃən] *n.* 소유(물)
realm [relm] *n.* 영역
split [split] *vi.* 갈라지다
suffer [sʌfər] *vt.* (고통을) 겪다
swallow [swálou] *vt.* 삼키다

16:30 **bring about**: 성취하다
16:30 **go down**: 내려가다, 삼켜지다
16:30 **treat... with~**: …를 ~로 대하다
16:31 **as soon as...**: …하자마자
16:38 **at the cost of...**: …를 희생하여
16:39 **hammer out**: 망치로 두드리다

라본즉 구름이 회막을 덮었고 여호와의 영광
이 나타났더라
43 모세와 아론이 회막 앞에 이르매
44 여호와께서 모세에게 말씀하여 이르시되
45 너희는 이 회중에게서 떠나라 내가 순식간에
그들을 멸하려 하노라 하시매 그 두 사람이
엎드리니라
46 이에 모세가 아론에게 이르되 너는 향로를
가져다가 제단의 불을 그것에 담고 그 위에
향을 피워 가지고 급히 회중에게로 가서 그
들을 위하여 속죄하라 여호와께서 진노하셨
으므로 염병이 시작되었음이니라
47 아론이 모세의 명령을 따라 향로를 가지고
회중에게로 달려간즉 백성 중에 염병이 시작
되었는지라 이에 백성을 위하여 속죄하고
48 죽은 자와 산 자 사이에 섰을 때에 염병이 그
치니라
49 고라의 일로 죽은 자 외에 염병에 죽은 자가
만 사천칠백 명이었더라
50 염병이 그치매 아론이 회막문 모세에게로 돌
아오니라

아론의 지팡이 — B.C. 1430년경

17 여호와께서 모세에게 말씀하여 이르시되
2 너는 이스라엘 자손에게 말하여 그들
중에서 각 조상의 가문을 따라 지팡이 하나
씩을 취하되 곧 그들의 조상의 가문대로 그
모든 지휘관에게서 지팡이 열둘을 취하고 그
사람들의 이름을 각각 그 지팡이에 쓰되
3 레위의 지팡이에는 아론의 이름을 쓰라 이는
그들의 조상의 가문의 각 수령이 지팡이 하
나씩 있어야 할 것임이니라
4 그 지팡이를 회막 안에서 내가 너희와 만나
는 곳인 1)증거궤 앞에 두라
5 내가 택한 자의 지팡이에는 싹이 나리니 이
것으로 이스라엘 자손이 너희에게 대하여 원
망하는 말을 내 앞에서 그치게 하리라 16:5,11
6 모세가 이스라엘 자손에게 말하매 그들의 지
휘관들이 각 지파대로 지팡이 하나씩을 그에
게 주었으니 그 지팡이가 모두 열둘이라 그
중에 아론의 지팡이가 있었더라
7 모세가 그 지팡이들을 1)증거의 장막 안 여호
와 앞에 두었더라
8 ●이튿날 모세가 증거의 장막에 들어가 본즉
레위 집을 위하여 낸 아론의 지팡이에 움이
돋고 순이 나고 꽃이 피어서 살구열매가 열
렸더라
9 모세가 그 지팡이 전부를 여호와 앞에서 이

opposition to Moses and Aaron and turned
toward the tent of meeting, suddenly the
cloud covered it and the glory of the LORD
43 appeared. •Then Moses and Aaron went to
44 the front of the tent of meeting, •and the LORD
45 said to Moses, •"Get away from this assembly
so I can put an end to them at once." And they
fell facedown.
46 •Then Moses said to Aaron, "Take your
censer and put incense in it, along with burn-
ing coals from the altar, and hurry to the
assembly to make atonement for them.
Wrath has come out from the LORD; the
47 plague has started." •So Aaron did as Moses
said, and ran into the midst of the assembly.
The plague had already started among the
people, but Aaron offered the incense and
48 made atonement for them. •He stood
between the living and the dead, and the
49 plague stopped. •But 14,700 people died
from the plague, in addition to those who
50 had died because of Korah. •Then Aaron
returned to Moses at the entrance to the tent
of meeting, for the plague had stopped.[a]

The Budding of Aaron's Staff

17 [b]1-2 The LORD said to Moses, •"Speak
to the Israelites and get twelve staffs
from them, one from the leader of each of
their ancestral tribes. Write the name of
3 each man on his staff. •On the staff of Levi
write Aaron's name, for there must be one
staff for the head of each ancestral tribe.
4 •Place them in the tent of meeting in front
of the ark of the covenant law, where I meet
5 with you. •The staff belonging to the man I
choose will sprout, and I will rid myself of
this constant grumbling against you by the
Israelites."
6 •So Moses spoke to the Israelites, and their
leaders gave him twelve staffs, one for the
leader of each of their ancestral tribes, and
7 Aaron's staff was among them. •Moses placed
the staffs before the LORD in the tent of the
covenant law.
8 •The next day Moses entered the tent and
saw that Aaron's staff, which represented the
tribe of Levi, had not only sprouted but had
budded, blossomed and produced almonds.
9 •Then Moses brought out all the staffs from

[a]50 In Hebrew texts 16:36-50 is numbered 17:1-15.
[b]In Hebrew texts 17:1-13 is numbered 17:16-28.

1) 법궤

appear [əpíər] *vi.* 나타나다
assembly [əsémbli] *n.* 회중
blossom [blásəm] *vi.* 꽃피다
bud [bʌd] *vi.* 싹이 나다
censer [sénsər] *n.* 향로
constant [kánstənt] *a.* 끊임없는
covenant [kʌvənənt] *n.* 언약
grumble [grʌmbl] *vi.* 불평하다
incense [insens] *n.* 향
midst [midst] *n.* 중앙
plague [pleig] *n.* 전염병
represent [rèprizént] *vt.* 대표하다
sprout [spraut] *vi.* 싹트다
staff [stæf] *n.* 지팡이
tribe [traib] *n.* 지파, 일족

16:45 **get away**: 멀리 도망가다
16:45 **fall facedown**: 엎드리다
16:46 **make atonement for...**: …를 위해 속죄하다
16:49 **in addition to...**: …에 더하여
17:5 **rid A of B**: A에게서 B를 제거하다
17:9 **bring out**: 내놓다

스라엘 모든 자손에게로 가져오매 그들이 보
고 각각 자기 지팡이를 집어들었더라
10 여호와께서 또 모세에게 이르시되 아론의 지
팡이는 증거궤 앞으로 도로 가져다가 거기
간직하여 반역한 자에 대한 표징이 되게 하
여 그들로 내게 대한 원망을 그치고 죽지 않
게 할지니라
11 모세가 곧 그같이 하되 여호와께서 자기에게
명령하신 대로 하였더라
12 •이스라엘 자손이 모세에게 말하여 이르되
보소서 우리는 죽게 되었나이다 망하게 되었
나이다 다 망하게 되었나이다
13 가까이 나아가는 자 곧 여호와의 성막에 가
까이 나아가는 자마다 다 죽사오니 우리가
다 망하여야 하리이까

제사장과 레위인의 직무 (♪575장)

— B.C. 1430년경

18 여호와께서 아론에게 이르시되 너와
네 아들들과 네 조상의 가문은 성소에
대한 죄를 함께 담당할 것이요 너와 네 아들
들은 너희의 제사장 직분에 대한 죄를 함께
담당할 것이니라
2 너는 네 형제 레위 지파 곧 네 조상의 지파를
데려다가 너와 함께 있게 하여 너와 네 아들
들이 [1]증거의 장막 앞에 있을 때 그들이 너를
돕게 하라
3 레위인은 네 직무와 장막의 모든 직무를 지
키려니와 성소의 기구와 제단에는 가까이하
지 못하리니 두렵건대 그들과 너희가 죽을까
하노라
4 레위인은 너와 합동하여 장막의 모든 일과
회막의 직무를 다할 것이요 다른 사람은 너
희에게 가까이하지 못할 것이니라
5 이와 같이 너희는 성소의 직무와 제단의 직
무를 다하라 그리하면 여호와의 진노가 다시
는 이스라엘 자손에게 미치지 아니하리라
6 보라 내가 이스라엘 자손 중에서 너희의 형
제 레위인을 택하여 내게 돌리고 너희에게
선물로 주어 회막의 일을 하게 하였나니 3:9
7 너와 네 아들들은 제단과 휘장 안의 모든 일
에 대하여 제사장의 직분을 지켜 섬기라 내가
제사장의 직분을 너희에게 선물로 주었은즉
거기 가까이하는 외인은 죽임을 당할지니라

제사장의 몫

8 •여호와께서 또 아론에게 이르시되 보라 내
가 내 거제물 곧 이스라엘 자손이 거룩하게
한 모든 헌물을 네가 주관하게 하고 네가 기

the LORD's presence to all the Israelites. They
looked at them, and each of the leaders took
his own staff.
10 •The LORD said to Moses, "Put back Aaron's
staff in front of the ark of the covenant law,
to be kept as a sign to the rebellious. This will
put an end to their grumbling against me, so
11 that they will not die." •Moses did just as the
LORD commanded him.
12 •The Israelites said to Moses, "We will die!
13 We are lost, we are all lost! •Anyone who
even comes near the tabernacle of the LORD
will die. Are we all going to die?"

Duties of Priests and Levites

18 The LORD said to Aaron, "You, your
sons and your family are to bear the
responsibility for offenses connected with
the sanctuary, and you and your sons alone
are to bear the responsibility for offenses con-
2 nected with the priesthood. •Bring your fel-
low Levites from your ancestral tribe to join
you and assist you when you and your sons
minister before the tent of the covenant law.
3 •They are to be responsible to you and are to
perform all the duties of the tent, but they
must not go near the furnishings of the sanc-
tuary or the altar. Otherwise both they and
4 you will die. •They are to join you and be
responsible for the care of the tent of meet-
ing—all the work at the tent—and no one
else may come near where you are.
5 •"You are to be responsible for the care of
the sanctuary and the altar, so that my
wrath will not fall on the Israelites again.
6 •I myself have selected your fellow Levites
from among the Israelites as a gift to you,
dedicated to the LORD to do the work at the
7 tent of meeting. •But only you and your
sons may serve as priests in connection with
everything at the altar and inside the cur-
tain. I am giving you the service of the
priesthood as a gift. Anyone else who comes
near the sanctuary is to be put to death."

Offerings for Priests and Levites

8 •Then the LORD said to Aaron, "I myself
have put you in charge of the offerings pre-
sented to me; all the holy offerings the
Israelites give me I give to you and your sons

1) 법궤

ancestral [ænséstrəl] *a.* 조상의
assist [əsíst] *vt.* 돕다
dedicate [dédikèit] *vt.* 바치다
duty [djúːti] *n.* 임무
furnishing [fə́ːrniʃiŋ] *n.* 비품
minister [mínəstər] *vi.* 봉사하다
offense [əféns] *n.* 위반, 범죄
offering [ɔ́ːfəriŋ] *n.* 제물
perform [pərfɔ́ːrm] *vt.* 수행(이행)하다
priesthood [príːsthùd] *n.* 제사장직
rebellious [ribéljəs] *a.* 반항적인
responsibility [rispὰnsəbíləti] *n.* 책임
sanctuary [sǽŋktʃuèri] *n.* 성소
tabernacle [tǽbəːrnækl] *n.* 성막
wrath [ræθ] *n.* 분노

17:10 put an end to...: …를 끝내다
17:12 be lost: 길을 잃다, 멸망하다
18:4 be responsible for...: …에 책임이 있다
18:7 in connection with...: …과 관련하여
18:7 put to death: 처형하다, 죽이다
18:8 in charge of...: …를 책임지는

름부음을 받았음으로 말미암아 그것을 너와
네 아들들에게 영구한 몫의 음식으로 주노라
9 지성물 중에 불사르지 아니한 것은 네 것이
라 그들이 내게 드리는 모든 헌물의 모든 소
제와 속죄제와 속건제물은 다 지극히 거룩한
즉 너와 네 아들들에게 돌리리니
10 지극히 거룩하게 여김으로 먹으라 이는 네게
성물인즉 남자들이 다 먹을지니라
11 네게 돌릴 것은 이것이니 곧 이스라엘 자손이
드리는 거제물과 모든 요제물이라 내가 그것
을 너와 네 자녀에게 영구한 몫의 음식으로 주
었은즉 네 집의 정결한 자마다 먹을 것이니라
12 그들이 여호와께 드리는 첫 소산 곧 제일 좋
은 기름과 제일 좋은 포도주와 곡식을 네게
주었은즉
13 그들이 여호와께 드리는 그 땅의 처음 익은
모든 열매는 네 것이니 네 집에서 정결한 자
마다 먹을 것이라
14 이스라엘 중에서 특별히 드린 모든 것은 네
것이 되리라
15 여호와께 드리는 모든 생물의 처음 나는 것
은 사람이나 짐승이나 다 네 것이로되 처음
태어난 사람은 반드시 대속할 것이요 처음
태어난 부정한 짐승도 대속할 것이며
16 그 사람을 대속할 때에는 난 지 한 달 이후에
네가 정한 대로 성소의 세겔을 따라 은 다섯
세겔로 대속하라 한 세겔은 이십 게라이니라
17 오직 처음 태어난 소나 처음 태어난 양이나 처
음 태어난 염소는 대속하지 말지니 그것들은
거룩한즉 그 피는 제단에 뿌리고 그 기름은 불
살라 여호와께 향기로운 화제로 드릴 것이며
18 그 고기는 네게 돌릴지니 흔든 가슴과 오른
쪽 넓적다리같이 네게 돌릴 것이니라
19 이스라엘 자손이 여호와께 거제로 드리는 모
든 성물은 내가 영구한 몫의 음식으로 너와
네 자녀에게 주노니 이는 여호와 앞에 너와
네 후손에게 영원한 소금 언약이니라
20 여호와께서 또 아론에게 이르시되 너는 이스
라엘 자손의 땅에 기업도 없겠고 그들 중에
아무 분깃도 없을 것이나 내가 이스라엘 자
손 중에 네 분깃이요 네 기업이니라

레위인의 몫

21 ●내가 이스라엘의 십일조를 레위 자손에게
기업으로 다 주어서 그들이 하는 일 곧 회막
에서 하는 일을 갚나니
22 이후로는 이스라엘 자손이 회막에 가까이하
지 말 것이라 죄값으로 죽을까 하노라 1:51

9 as your portion, your perpetual share. •You
are to have the part of the most holy offerings
that is kept from the fire. From all the gifts they
bring me as most holy offerings, whether grain
or sin[a] or guilt offerings, that part belongs to
10 you and your sons. •Eat it as something most
holy; every male shall eat it. You must regard
it as holy.
11 •"This also is yours: whatever is set aside
from the gifts of all the wave offerings of the
Israelites. I give this to you and your sons and
daughters as your perpetual share. Everyone in
your household who is ceremonially clean
may eat it.
12 •"I give you all the finest olive oil and all the
finest new wine and grain they give the LORD
13 as the firstfruits of their harvest. •All the land's
firstfruits that they bring to the LORD will be
yours. Everyone in your household who is cer-
emonially clean may eat it.
14 •"Everything in Israel that is devoted[b] to the
15 LORD is yours. •The first offspring of every
womb, both human and animal, that is
offered to the LORD is yours. But you must
redeem every firstborn son and every firstborn
16 male of unclean animals. •When they are a
month old, you must redeem them at the
redemption price set at five shekels[c] of silver,
according to the sanctuary shekel, which
weighs twenty gerahs.
17 •"But you must not redeem the firstborn of
a cow, a sheep or a goat; they are holy. Splash
their blood against the altar and burn their fat
as a food offering, an aroma pleasing to the
18 LORD. •Their meat is to be yours, just as the
breast of the wave offering and the right thigh
19 are yours. •Whatever is set aside from the holy
offerings the Israelites present to the LORD I give
to you and your sons and daughters as your
perpetual share. It is an everlasting covenant of
salt before the LORD for both you and your off-
spring."
20 •The LORD said to Aaron, "You will have no
inheritance in their land, nor will you have
any share among them; I am your share and
your inheritance among the Israelites.
21 •"I give to the Levites all the tithes in Israel
as their inheritance in return for the work they
22 do while serving at the tent of meeting. •From
now on the Israelites must not go near the tent

[a]9 Or *purification* [b]14 The Hebrew term refers to the irrevocable giving over of things or persons to the LORD. [c]16 That is, about 2 ounces or about 58 grams

ceremonially [sèrəmóuniəli] *ad.* 의식적으로
covenant [kʌvənənt] *n.* 언약, 계약
everlasting [èvərlǽstiŋ] *a.* 영속되는
firstborn [fə́:rstbɔ́:rn] *a.* 초태생의
firstfruit [fə́:rstfrú:t] *n.* 첫열매
household [háushòuld] *n.* 가족
inheritance [inhérətəns] *n.* 유산
offering [ɔ́:fəriŋ] *n.* 제물
offspring [ɔ́:fspriŋ] *n.* 자녀
perpetual [pərpétʃuəl] *a.* 영구한
redeem [ridí:m] *vt.* 구속하다
sanctuary [sǽŋktʃuèri] *n.* 성소
thigh [θai] *n.* 넓적다리
weigh [wei] *vi.* 무게가 …이다
womb [wu:m] *n.* 자궁

18:9 keep from: 금하다, 억제하다, 삼가다
18:10 regard... as~: …를 ~로 여기다
18:11 set aside: 따로 떼어놓다
18:14 devote to...: …에 바치다
18:16 according to...: …에 따라
18:21 in return for...: …의 답례로서

23 그러나 레위인은 회막에서 봉사하며 자기들
의 죄를 담당할 것이요 이스라엘 자손 중에
는 기업이 없을 것이니 이는 너희 대대에 영
원한 율례라
24 이스라엘 자손이 여호와께 거제로 드리는 십
일조를 레위인에게 기업으로 주었으므로 내
가 그들에 대하여 말하기를 이스라엘 자손
중에 기업이 없을 것이라 하였노라

레위인의 십일조

25 ● 여호와께서 모세에게 말씀하여 이르시되
26 너는 레위인에게 말하여 그에게 이르라 내가
이스라엘 자손에게 받아 너희에게 기업으로 준
십일조를 너희가 그들에게서 받을 때에 그 십
일조의 십일조를 거제로 여호와께 드릴 것이라
27 내가 너희의 거제물을 타작마당에서 드리는 곡
물과 포도즙 틀에서 드리는 즙같이 여기리니
28 너희는 이스라엘 자손에게서 받는 모든 것의
십일조 중에서 여호와께 거제로 드리고 여호
와께 드린 그 거제물은 제사장 아론에게로
돌리되
29 너희가 받은 모든 헌물 중에서 너희는 그 아
름다운 것 곧 거룩하게 한 부분을 가져다가
여호와께 거제로 드릴지니라
30 이러므로 너는 그들에게 이르라 너희가 그
중에서 아름다운 것을 가져다가 드리고 남은
것은 너희 레위인에게는 타작마당의 소출과
포도즙 틀의 소출같이 되리니
31 너희와 너희의 권속이 어디서든지 이것을 먹
을 수 있음은 이는 회막에서 일한 너희의 보
수임이니라
32 너희가 그중 아름다운 것을 받들어 드린즉
이로 말미암아 죄를 담당하지 아니할 것이라
너희는 이스라엘 자손의 성물을 더럽히지 말
라 그리하여야 죽지 아니하리라

붉은 암송아지의 재 (♪ 255장) — B.C. 1430년경

19 여호와께서 모세와 아론에게 말씀하여
이르시되
2 여호와께서 명령하시는 법의 율례를 이제 이
르노니 이스라엘 자손에게 일러서 온전하여
흠이 없고 아직 멍에 메지 아니한 붉은 암송
아지를 네게로 끌어오게 하고 신 21:3
3 너는 그것을 제사장 엘르아살에게 줄 것이요
그는 그것을 진영 밖으로 끌어내어서 자기
목전에서 잡게 할 것이며
4 제사장 엘르아살은 손가락에 그 피를 찍고
그 피를 회막 앞을 향하여 일곱 번 뿌리고
5 그 암소를 자기 목전에서 불사르게 하되 그

of meeting, or they will bear the consequences
23 of their sin and will die. ●It is the Levites who
are to do the work at the tent of meeting and
bear the responsibility for any offenses they
commit against it. This is a lasting ordinance
for the generations to come. They will receive
24 no inheritance among the Israelites. ●Instead,
I give to the Levites as their inheritance the
tithes that the Israelites present as an offering
to the LORD. That is why I said concerning
them: 'They will have no inheritance among
the Israelites.' "
25-26 ●The LORD said to Moses, ●"Speak to the
Levites and say to them: 'When you receive
from the Israelites the tithe I give you as your
inheritance, you must present a tenth of that
27 tithe as the LORD's offering. ●Your offering
will be reckoned to you as grain from the
threshing floor or juice from the winepress.
28 ●In this way you also will present an offering
to the LORD from all the tithes you receive
from the Israelites. From these tithes you must
give the LORD's portion to Aaron the priest.
29 ●You must present as the LORD's portion the
best and holiest part of everything given to
you.'
30 ●"Say to the Levites: 'When you present the
best part, it will be reckoned to you as the
product of the threshing floor or the wine-
31 press. ●You and your households may eat the
rest of it anywhere, for it is your wages for
32 your work at the tent of meeting. ●By pre-
senting the best part of it you will not be
guilty in this matter; then you will not defile
the holy offerings of the Israelites, and you
will not die.' "

The Water of Cleansing

19 The LORD said to Moses and Aaron:
2 ●"This is a requirement of the law that
the LORD has commanded: Tell the Israelites to
bring you a red heifer without defect or blem-
ish and that has never been under a yoke.
3 ●Give it to Eleazar the priest; it is to be taken
outside the camp and slaughtered in his pres-
4 ence. ●Then Eleazar the priest is to take some
of its blood on his finger and sprinkle it seven
times toward the front of the tent of meet-
5 ing. ●While he watches, the heifer is to be
burned—its hide, flesh, blood and intestines.
6 ●The priest is to take some cedar wood, hys-
sop and scarlet wool and throw them onto the

blemish [blémiʃ] *n.* 흠
cedar [síːdər] *n.* 백향(목)
concerning [kənsə́ːrniŋ] *prep.* …에 관하여
consequence [kánsəkwèns] *n.* 결과
defect [difékt] *n.* 결점
heifer [héfər] *n.* 암소
ordinance [ɔ́ːrdənəns] *n.* 법규
portion [pɔ́ːrʃən] *n.* 몫
responsibility [rispɑ̀nsəbíləti] *n.* 책임
slaughter [slɔ́ːtər] *vt.* 도살하다
sprinkle [spríŋkl] *vt.* 뿌리다
thresh [θreʃ] *vt.* 타작하다
tithe [taið] *n.* 십일조
winepress [wáinprès] *n.* 포도 짜는 기구
yoke [jouk] *n.* 멍에

18:26 **a tenth:** 십분의 일
18:27 **reckon... as~:** …를 ~로 간주하다
18:28 **in this way:** 이와 같은 방법으로
18:31 **the rest of...:** …의 나머지
18:32 **be guilty:** 죄가 있다
19:3 **in one's presence:** …의 목전에서

가죽과 고기와 피와 똥을 불사르게 하고
6 동시에 제사장은 백향목과 우슬초와 홍색 실
을 가져다가 암송아지를 사르는 불 가운데에
던질 것이며
7 제사장은 자기의 옷을 빨고 물로 몸을 씻은
후에 진영에 들어갈 것이라 그는 저녁까지
부정하리라
8 송아지를 불사른 자도 자기의 옷을 물로 빨
고 물로 그 몸을 씻을 것이라 그도 저녁까지
부정하리라
9 이에 정결한 자가 암송아지의 재를 거두어
진영 밖 정한 곳에 둘지니 이것은 이스라엘
자손 회중을 위하여 간직하였다가 부정을 씻
는 물을 위해 간직할지니 그것은 속죄제니라
10 암송아지의 재를 거둔 자도 자기의 옷을 빨
것이며 저녁까지 부정하리라 이는 이스라엘
자손과 그중에 거류하는 외인에게 영원한 율
례니라

시체를 만진 자

11 ● 사람의 시체를 만진 자는 이레 동안 부정
하리니
12 그는 [1]셋째 날과 일곱째 날에 잿물로 자신을
정결하게 할 것이라 그리하면 정하려니와 셋
째 날과 일곱째 날에 자신을 정결하게 하지
아니하면 그냥 부정하니
13 누구든지 죽은 사람의 시체를 만지고 자신을
정결하게 하지 아니하는 자는 여호와의 성막
을 더럽힘이라 그가 이스라엘에서 끊어질 것
은 정결하게 하는 물을 그에게 뿌리지 아니
하므로 깨끗하게 되지 못하고 그 부정함이
그대로 있음이니라
14 ● 장막에서 사람이 죽을 때의 법은 이러하니
누구든지 그 장막에 들어가는 자와 그 장막
에 있는 자가 이레 동안 부정할 것이며
15 뚜껑을 열어 놓고 덮지 아니한 그릇은 모두
부정하니라
16 누구든지 들에서 칼에 죽은 자나 시체나 사람
의 뼈나 무덤을 만졌으면 이레 동안 부정하리니
17 그 부정한 자를 위하여 죄를 깨끗하게 하려
고 불사른 재를 가져다가 흐르는 물과 함께
그릇에 담고
18 정결한 자가 우슬초를 가져다가 그 물을 찍
어 장막과 그 모든 기구와 거기 있는 사람들
에게 뿌리고 또 뼈나 죽임을 당한 자나 시체
나 무덤을 만진 자에게 뿌리되
19 그 정결한 자가 셋째 날과 일곱째 날에 그 부
정한 자에게 뿌려서 일곱째 날에 그를 정결

7 burning heifer. ● After that, the priest must
wash his clothes and bathe himself with
water. He may then come into the camp, but
he will be ceremonially unclean till evening.
8 ● The man who burns it must also wash his
clothes and bathe with water, and he too will
be unclean till evening.
9 ● "A man who is clean shall gather up the
ashes of the heifer and put them in a ceremo-
nially clean place outside the camp. They are
to be kept by the Israelite community for use
in the water of cleansing; it is for purification
10 from sin. ● The man who gathers up the ashes
of the heifer must also wash his clothes, and he
too will be unclean till evening. This will be a
lasting ordinance both for the Israelites and for
the foreigners residing among them.
11 ● "Whoever touches a human corpse will be
12 unclean for seven days. ● They must purify
themselves with the water on the third day
and on the seventh day; then they will be
clean. But if they do not purify themselves on
the third and seventh days, they will not be
13 clean. ● If they fail to purify themselves after
touching a human corpse, they defile the
LORD's tabernacle. They must be cut off from
Israel. Because the water of cleansing has not
been sprinkled on them, they are unclean;
their uncleanness remains on them.
14 ● "This is the law that applies when a person
dies in a tent: Anyone who enters the tent and
anyone who is in it will be unclean for seven
15 days, ● and every open container without a lid
fastened on it will be unclean.
16 ● "Anyone out in the open who touches
someone who has been killed with a sword or
someone who has died a natural death, or any-
one who touches a human bone or a grave,
will be unclean for seven days.
17 ● "For the unclean person, put some ashes
from the burned purification offering into a jar
18 and pour fresh water over them. ● Then a man
who is ceremonially clean is to take some hys-
sop, dip it in the water and sprinkle the tent
and all the furnishings and the people who
were there. He must also sprinkle anyone who
has touched a human bone or a grave or any-
one who has been killed or anyone who has
19 died a natural death. ● The man who is clean
is to sprinkle those who are unclean on the
third and seventh days, and on the seventh

1) 제삼 일에 이 물로 정결하게 하면 제칠 일에 정하려니와 제삼 일에 스스로 정결하게 아니하면 제칠 일에 정하지 못하며

ceremonially [sèrəmóuniəli] *ad.* 의식적으로
cleanse [klenz] *vt.* 깨끗이 하다
community [kəmjú:nəti] *n.* 공동체
container [kəntéinər] *n.* 용기, 그릇
defile [difáil] *vt.* 더럽히다
fasten [fæsn] *vt.* 잠그다, 채우다
hyssop [hísəp] *n.* 우슬초
jar [dʒa:r] *n.* 단지
lasting [læstiŋ] *a.* 영원불변의
lid [lid] *n.* 뚜껑
ordinance [ɔ́:rdənəns] *n.* 법령
purification [pjùərəfikéiʃən] *n.* 정화
purify [pjúərəfài] *vt.* 정화시키다
remain [riméin] *vi.* 남아 있다
unclean [ʌnklí:n] *a.* 부정한

19:7 after that: 그 후에
19:7 come into...: …에 들어가다
19:9 put in: 넣다
19:12 purify oneself with...: …로 정결케 하다
19:13 fail to...: …하지 않다
19:13 cut off: 끊어지다, 베어내다

하게 할 것이며 그는 자기 옷을 빨고 물로 몸
을 씻을 것이라 저녁이면 정결하리라
20 ●사람이 부정하고도 자신을 정결하게 하지
아니하면 여호와의 성소를 더럽힘이니 그러
므로 회중 가운데에서 끊어질 것이니라 그는
정결하게 하는 물로 뿌림을 받지 아니하였은
즉 부정하니라
21 이는 그들의 영구한 율례니라 정결하게 하는
물을 뿌린 자는 자기의 옷을 빨 것이며 정결
하게 하는 물을 만지는 자는 저녁까지 부정
할 것이며
22 부정한 자가 만진 것은 무엇이든지 부정할 것
이며 그것을 만지는 자도 저녁까지 부정하리라

가데스의 다툼과 므리바 물
(출 17:1-7 ♪ 276, 280장)

20 첫째 달에 이스라엘 자손 곧 온 회중이
신 광야에 이르러 백성이 가데스에 머
물더니 미리암이 거기서 죽으매 거기에 장사
되니라
2 ●회중이 물이 없으므로 모세와 아론에게로
모여드니라
3 백성이 모세와 다투어 말하여 이르되 우리
형제들이 여호와 앞에서 죽을 때에 우리도
죽었더라면 좋을 뻔하였도다
4 너희가 어찌하여 여호와의 회중을 이 광야로
인도하여 우리와 우리 짐승이 다 여기서 죽
게 하느냐
5 너희가 어찌하여 우리를 애굽에서 나오게 하
여 이 나쁜 곳으로 인도하였느냐 이곳에는
파종할 곳이 없고 무화과도 없고 포도도 없
고 석류도 없고 마실 물도 없도다
6 모세와 아론이 회중 앞을 떠나 회막문에 이
르러 엎드리매 여호와의 영광이 그들에게 나
타나며
7 여호와께서 모세에게 말씀하여 이르시되
8 지팡이를 가지고 네 형 아론과 함께 회중을 모
으고 그들의 목전에서 너희는 반석에게 명령하
여 물을 내라 하라 네가 그 반석이 물을 내게 하
여 회중과 그들의 짐승에게 마시게 할지니라
9 모세가 그 명령대로 여호와 앞에서 지팡이를
잡으니라
10 ●모세와 아론이 회중을 그 반석 앞에 모으
고 모세가 그들에게 이르되 반역한 너희여
들으라 우리가 너희를 위하여 이 반석에서
물을 내랴 하고
11 모세가 그의 손을 들어 그의 지팡이로 반석
을 두 번 치니 물이 많이 솟아나오므로 회중

day he is to purify them. Those who are being
cleansed must wash their clothes and bathe
with water, and that evening they will be
20 clean. ●But if those who are unclean do not
purify themselves, they must be cut off from
the community, because they have defiled the
sanctuary of the LORD. The water of cleansing
has not been sprinkled on them, and they are
21 unclean. ●This is a lasting ordinance for them.
"The man who sprinkles the water of cleans-
ing must also wash his clothes, and anyone
who touches the water of cleansing will be
22 unclean till evening. ●Anything that an
unclean person touches becomes unclean, and
anyone who touches it becomes unclean till
evening."

Water From the Rock

20 In the first month the whole Israelite
community arrived at the Desert of
Zin, and they stayed at Kadesh. There Miriam
died and was buried.
2 ●Now there was no water for the commu-
nity, and the people gathered in opposition to
3 Moses and Aaron. ●They quarreled with
Moses and said, "If only we had died when our
4 brothers fell dead before the LORD! ●Why did
you bring the LORD's community into this
wilderness, that we and our livestock should
5 die here? ●Why did you bring us up out of
Egypt to this terrible place? It has no grain or
figs, grapevines or pomegranates. And there is
no water to drink!"
6 ●Moses and Aaron went from the assembly
to the entrance to the tent of meeting and fell
facedown, and the glory of the LORD appeared
7-8 to them. ●The LORD said to Moses, ●"Take the
staff, and you and your brother Aaron gather
the assembly together. Speak to that rock
before their eyes and it will pour out its water.
You will bring water out of the rock for the
community so they and their livestock can
drink."
9 ●So Moses took the staff from the LORD's
10 presence, just as he commanded him. ●He
and Aaron gathered the assembly together in
front of the rock and Moses said to them,
"Listen, you rebels, must we bring you water
11 out of this rock?" ●Then Moses raised his arm
and struck the rock twice with his staff. Water
gushed out, and the community and their live-
stock drank.

assembly [əsémbli] *n.* 회중
command [kəmǽnd] *vt.* 명령하다
community [kəmjú:nəti] *n.* 공동체
entrance [éntrəns] *n.* 입구
fig [fig] *n.* 무화과나무
grapevine [greipvain] *n.* 포도나무
gush [gʌʃ] *vi.* 세차게 흘러나오다
livestock [láivstak] *n.* 가축
pomegranate [pámәgrænәt] *n.* 석류
presence [prézns] *n.* 임재
rebel [rebə́l] *n.* 반역자
sanctuary [sǽŋktʃuèri] *n.* 성소
sprinkle [spríŋkl] *vt.* 뿌리다
staff [stæf] *n.* 지팡이
terrible [térəbl] *a.* 끔찍한

19:20 **cut off from:** …로부터 잘라내다
20:2 **in opposition to...:** …에 반대하여
20:3 **quarrel with...:** …과 다투다
20:3 **if only ...:** …이면 좋을텐데
20:6 **fall facedown:** 엎드리다
20:10 **in front of...:** …의 앞에

과 그들의 짐승이 마시니라
12 여호와께서 모세와 아론에게 이르시되 너희
가 나를 믿지 아니하고 이스라엘 자손의 목
전에서 내 거룩함을 나타내지 아니한 고로
너희는 이 회중을 내가 그들에게 준 땅으로
인도하여 들이지 못하리라 하시니라
13 이스라엘 자손이 여호와와 다투었으므로 이
를 1)므리바 물이라 하니라 여호와께서 그들
중에서 그 거룩함을 나타내셨더라 시 95:8

에돔이 이스라엘이 지나감을 거절하다

14 ●모세가 가데스에서 에돔 왕에게 사신을 보
내며 이르되 당신의 형제 이스라엘의 말에
우리가 당한 모든 고난을 당신도 아시거니와
15 우리 조상들이 애굽으로 내려갔으므로 우리
가 애굽에 오래 거주하였더니 애굽인이 우리
조상들과 우리를 학대하였으므로
16 우리가 여호와께 부르짖었더니 우리 소리를
들으시고 천사를 보내사 우리를 애굽에서 인
도하여 내셨나이다 이제 우리가 당신의 변방
모퉁이 한 성읍 가데스에 있사오니 출 2:23
17 청하건대 우리에게 당신의 땅을 지나가게 하
소서 우리가 밭으로나 포도원으로 지나가지
아니하고 우물물도 마시지 아니하고 왕의 큰
길로만 지나가고 당신의 지경에서 나가기까
지 왼쪽으로나 오른쪽으로나 치우치지 아니
하리이다 한다고 하라 하였더니
18 에돔 왕이 대답하되 너는 우리 가운데로 지
나가지 못하리라 내가 칼을 들고 나아가 너
를 대적할까 하노라
19 이스라엘 자손이 이르되 우리가 큰길로만 지
나가겠고 우리나 우리 짐승이 당신의 물을
마시면 그 값을 낼 것이라 우리가 도보로 지
나갈 뿐인즉 아무 일도 없으리이다 하나
20 그는 이르되 너는 지나가지 못하리라 하고
에돔 왕이 많은 백성을 거느리고 나와서 강
한 손으로 막으니
21 에돔 왕이 이같이 이스라엘이 그의 영토로
지나감을 용납하지 아니하므로 이스라엘이
그들에게서 돌이키니라

아론의 죽음

22 ●이스라엘 자손 곧 온 회중이 가데스를 떠
나 호르 산에 이르렀더니 33:37
23 여호와께서 에돔 땅 변경 호르 산에서 모세
와 아론에게 말씀하시니라 이르시되
24 아론은 그 조상들에게로 돌아가고 내가 이스
라엘 자손에게 준 땅에는 들어가지 못하리니
이는 너희가 므리바 물에서 내 말을 거역한

12 ●But the LORD said to Moses and Aaron,
"Because you did not trust in me enough to
honor me as holy in the sight of the Israelites,
you will not bring this community into the
land I give them."
13 ●These were the waters of Meribah,[a] where
the Israelites quarreled with the LORD and
where he was proved holy among them.

Edom Denies Israel Passage

14 ●Moses sent messengers from Kadesh to the
king of Edom, saying:

"This is what your brother Israel says:
You know about all the hardships that
15 have come on us. ●Our ancestors went
down into Egypt, and we lived there
many years. The Egyptians mistreated us
16 and our ancestors, ●but when we cried
out to the LORD, he heard our cry and sent
an angel and brought us out of Egypt.

"Now we are here at Kadesh, a town on
17 the edge of your territory. ●Please let us
pass through your country. We will not
go through any field or vineyard, or drink
water from any well. We will travel along
the King's Highway and not turn to the
right or to the left until we have passed
through your territory."

18 ●But Edom answered:

"You may not pass through here; if you
try, we will march out and attack you
with the sword."

19 ●The Israelites replied:

"We will go along the main road, and if
we or our livestock drink any of your
water, we will pay for it. We only want to
pass through on foot—nothing else."

20 ●Again they answered:

"You may not pass through."

Then Edom came out against them with a
21 large and powerful army. ●Since Edom
refused to let them go through their territory,
Israel turned away from them.

The Death of Aaron

22 ●The whole Israelite community set out
23 from Kadesh and came to Mount Hor. ●At
Mount Hor, near the border of Edom, the LORD
24 said to Moses and Aaron, ●"Aaron will be

[a]13 *Meribah* means *quarreling.* 1) 다툼

ancestor [ǽnsestər] *n.* 조상
attack [ətǽk] *vt.* 공격하다
border [bɔ́:rdər] *n.* 국경
community [kəmjú:nəti] *n.* 공동체
hardship [há:rdʃip] *n.* 시련, 고난
highway [háiwèi] *n.* 대로
honor [ánər] *vt.* 영화롭게 하다
livestock [láivstak] *n.* 가축
mistreat [mistrí:t] *vt.* 학대하다
pass [pæs] *vi.* 지나가다
quarrel [kwɔ́:rəl] *vi.* 다투다
refuse [rifjú:z] *vt.* 거절하다
reply [riplái] *vt.* 대답하다
territory [térətɔ̀:ri] *n.* 영토
vineyard [vínjərd] *n.* 포도원

20:12 **trust in...**: …를 신뢰하다
20:14 **come on**: 닥쳐오다, 당하다
20:16 **on the edge of...**: …의 가장자리에
20:19 **go along**: (활동을) 계속하다
20:19 **on foot**: 걸어서
20:22 **set out**: 출발하다, 여행을 떠나다

까닭이니라
25 너는 아론과 그의 아들 엘르아살을 데리고 호르 산에 올라
26 아론의 옷을 벗겨 그의 아들 엘르아살에게 입히라 아론은 거기서 죽어 그 조상에게로 돌아가리라
27 모세가 여호와의 명령을 따라 그들과 함께 회중의 목전에서 호르 산에 오르니라
28 모세가 아론의 옷을 벗겨 그의 아들 엘르아살에게 입히매 아론이 그 산꼭대기에서 죽으니라 모세와 엘르아살이 산에서 내려오니
29 온 회중 곧 이스라엘 온 족속이 아론이 죽은 것을 보고 그를 위하여 삼십 일 동안 애곡하였더라

호르마를 점령하다 (♪ 545, 546장)

B.C. 1410년경

21 네겝에 거주하는 가나안 사람 곧 아랏의 왕이 이스라엘이 [1]아다림 길로 온다 함을 듣고 이스라엘을 쳐서 그중 몇 사람을 사로잡은지라
2 이스라엘이 여호와께 서원하여 이르되 주께서 만일 이 백성을 내 손에 넘기시면 내가 그들의 성읍을 다 멸하리이다
3 여호와께서 이스라엘의 목소리를 들으시고 가나안 사람을 그들의 손에 넘기시매 그들과 그들의 성읍을 다 멸하니라 그러므로 그곳 이름을 [2]호르마라 하였더라

놋뱀으로 백성을 구하다

4 ●백성이 호르 산에서 출발하여 홍해 길을 따라 에돔 땅을 우회하려 하였다가 길로 말미암아 백성의 마음이 상하니라
5 백성이 하나님과 모세를 향하여 원망하되 어찌하여 우리를 애굽에서 인도해 내어 이 광야에서 죽게 하는가 이곳에는 먹을 것도 없고 물도 없도다 우리 마음이 이 하찮은 음식을 싫어하노라 하매
6 여호와께서 불뱀들을 백성 중에 보내어 백성을 물게 하시므로 이스라엘 백성 중에 죽은 자가 많은지라
7 백성이 모세에게 이르러 말하되 우리가 여호와와 당신을 향하여 원망함으로 범죄하였사오니 여호와께 기도하여 이 뱀들을 우리에게서 떠나게 하소서 모세가 백성을 위하여 기도하매
8 여호와께서 모세에게 이르시되 불뱀을 만들어 장대 위에 매달아라 물린 자마다 그것을 보면 살리라

gathered to his people. He will not enter the
land I give the Israelites, because both of you
rebelled against my command at the waters of
25 Meribah. •Get Aaron and his son Eleazar and
26 take them up Mount Hor. •Remove Aaron's
garments and put them on his son Eleazar, for
Aaron will be gathered to his people; he will
die there."
27 •Moses did as the LORD commanded: They
went up Mount Hor in the sight of the whole
28 community. •Moses removed Aaron's garments and put them on his son Eleazar. And
Aaron died there on top of the mountain.
Then Moses and Eleazar came down from the
29 mountain, •and when the whole community
learned that Aaron had died, all the Israelites
mourned for him thirty days.

Arad Destroyed

21 When the Canaanite king of Arad,
who lived in the Negev, heard that
Israel was coming along the road to Atharim,
he attacked the Israelites and captured some of
2 them. •Then Israel made this vow to the LORD:
"If you will deliver these people into our
hands, we will totally destroy[a] their cities."
3 •The LORD listened to Israel's plea and gave
the Canaanites over to them. They completely
destroyed them and their towns; so the place
was named Hormah.[b]

The Bronze Snake

4 •They traveled from Mount Hor along the
route to the Red Sea,[c] to go around Edom. But
5 the people grew impatient on the way; •they
spoke against God and against Moses, and
said, "Why have you brought us up out of
Egypt to die in the wilderness? There is no
bread! There is no water! And we detest this
miserable food!"
6 •Then the LORD sent venomous snakes
among them; they bit the people and many
7 Israelites died. •The people came to Moses and
said, "We sinned when we spoke against the
LORD and against you. Pray that the LORD will
take the snakes away from us." So Moses
prayed for the people.
8 •The LORD said to Moses, "Make a snake
and put it up on a pole; anyone who is bitten

[a]2 The Hebrew term refers to the irrevocable giving over of things or persons to the LORD, often by totally destroying them; also in verse 3. [b]3 *Hormah* means *destruction.* [c]4 Or *the Sea of Reeds*

1) 정탐 2) 완전히 멸함

capture [kǽptʃər] *vt.* 붙잡다
command [kəmǽnd] *vt.* 명령하다
completely [kəmplí:tli] *ad.* 완전히
deliver [dilívər] *vt.* 넘겨 주다
destroy [distrɔ́i] *vt.* 파괴하다
detest [ditést] *vt.* 몹시 싫어하다
garment [gá:rmənt] *n.* 옷, 의복
impatient [impéiʃənt] *a.* 참을성없는
miserable [mízərəbl] *a.* 형편없는
mourn [mɔ́:rn] *vi.* 슬퍼하다
plea [pli:] *n.* 탄원
pole [poul] *n.* 막대기
rebel [ribél] *vi.* 반역하다
route [ru:t] *n.* 길
venomous [vénəməs] *a.* 유독한

20:27 in the sight of...: …의 목전에서
20:28 on top of...: …의 꼭대기에
21:2 make (a) vow: 맹세하다, 서원하다
21:3 give... over to~: …를 ~에게 맡기다
21:4 on the way: 도중에
21:7 take... away: …를 제거하다

9 모세가 놋뱀을 만들어 장대 위에 다니 뱀에
게 물린 자가 놋뱀을 쳐다본즉 모두 살더라

이스라엘 자손이 모압으로 떠나다

10 ●이스라엘 자손이 그곳을 떠나 오봇에 진을
쳤고
11 오봇을 떠나 모압 앞쪽 해 돋는 쪽 광야 이예
아바림에 진을 쳤고
12 거기를 떠나 세렛 골짜기에 진을 쳤고
13 거기를 떠나 아모리인의 영토에서 흘러나와
서 광야에 이른 아르논 강 건너편에 진을 쳤
으니 아르논은 모압과 아모리 사이에서 모압
의 경계가 된 곳이라
14 이러므로 여호와의 전쟁기에 일렀으되
[1]수바의 와협과 아르논 골짜기와
15 모든 골짜기의 비탈은 아르 고을을 향하여
기울어지고 모압의 경계에 닿았도다
하였더라 21:28
16 거기서 [2]브엘에 이르니 브엘은 여호와께서
모세에게 명령하시기를 백성을 모으라 내가
그들에게 물을 주리라 하시던 우물이라
17 그때에 이스라엘이 노래하여 이르되
우물물아 솟아나라 너희는 그것을 노래하
라
18 이 우물은 지휘관들이 팠고 백성의 귀인들
이 규와 지팡이로 판 것이로다
하였더라 그들은 광야에서 맛다나에 이르렀
고
19 맛다나에서 나할리엘에 이르렀고 나할리엘
에서 바못에 이르렀고
20 바못에서 모압 들에 있는 골짜기에 이르러
[3]광야가 내려다 보이는 비스가 산 꼭대기에
이르렀더라

요단 동쪽을 점령하다 (신 2:26-3:11)

21 ●이스라엘이 아모리 왕 시혼에게 사신을 보
내어 이르되
22 우리에게 당신의 땅을 지나가게 하소서 우리
가 밭에든지 포도원에든지 들어가지 아니하
며 우물물도 마시지 아니하고 당신의 지경에
서 다 나가기까지 왕의 큰길로만 지나가리이
다 하나
23 시혼이 이스라엘이 자기 영토로 지나감을 용
납하지 아니하고 그의 백성을 다 모아 이스
라엘을 치러 광야로 나와서 야하스에 이르러
이스라엘을 치므로
24 이스라엘이 칼날로 그들을 쳐서 무찌르고 그
땅을 아르논에서부터 얍복까지 점령하여 암
몬 자손에게까지 미치니 암몬 자손의 경계는

9 can look at it and live." •So Moses made a
bronze snake and put it up on a pole. Then
when anyone was bitten by a snake and
looked at the bronze snake, they lived.

The Journey to Moab

10 •The Israelites moved on and camped at
11 Oboth. •Then they set out from Oboth and
camped in Iye Abarim, in the wilderness that
12 faces Moab toward the sunrise. •From there
they moved on and camped in the Zered Val-
13 ley. •They set out from there and camped
alongside the Arnon, which is in the wilder-
ness extending into Amorite territory. The
Arnon is the border of Moab, between Moab
14 and the Amorites. •That is why the Book of
the Wars of the LORD says:

"... Zahab[a] in Suphah and the ravines,
15 the Arnon •and[b] the slopes of the ravines
that lead to the settlement of Ar
and lie along the border of Moab."

16 •From there they continued on to Beer, the
well where the LORD said to Moses, "Gather the
people together and I will give them water."
17 •Then Israel sang this song:

"Spring up, O well!
Sing about it,
18 •about the well that the princes dug,
that the nobles of the people sank—
the nobles with scepters and staffs."

Then they went from the wilderness to Mat-
19 tanah, •from Mattanah to Nahaliel, from
20 Nahaliel to Bamoth, •and from Bamoth to the
valley in Moab where the top of Pisgah over-
looks the wasteland.

Defeat of Sihon and Og

21 •Israel sent messengers to say to Sihon king
of the Amorites:

22 •"Let us pass through your country. We
will not turn aside into any field or vine-
yard, or drink water from any well. We will
travel along the King's Highway until we
have passed through your territory."

23 •But Sihon would not let Israel pass through
his territory. He mustered his entire army and
marched out into the wilderness against Israel.
When he reached Jahaz, he fought with Israel.
24 •Israel, however, put him to the sword and

[a]14 Septuagint; Hebrew *Waheb* [b]15 Or *"I have been given from Suphah and the ravines / of the Arnon* [15]*to*

1) 폭풍우 2) 우물 3) 여시몬

alongside [əlɔ́:ŋsaid] *ad.* 옆에
border [bɔ́:rdər] *n.* 경계선
bronze [branz] *a.* 청동의
defeat [difí:t] *n.* 결점, 패배
entire [intáiər] *a.* 전체의
extend [iksténd] *vi.* 뻗다, 넓어지다
highway [háiwèi] *n.* 대로
muster [mʌ́stər] *vt.* 집합시키다
noble [nóubl] *n.* 귀인
overlook [ouvərluk] *vt.* 내려다보다
ravine [rəví:n] *n.* 계곡
scepter [séptər] *n.* (왕이 지니는) 홀
settlement [sétlmənt] *n.* 촌락, 부락
territory [térətɔ̀:ri] *n.* 영토
wasteland [wéistlæ̀nd] *n.* 황무지

21:11 set out: 출발하다
21:12 move on: 옮기다
21:15 lead to...: …로 이어지다
21:23 fight with...: …와 싸우다
21:24 put... to the sword: …를 베어 죽이다
21:24 take over: 인계받다, 접수하다

견고하더라
25 이스라엘이 이같이 그 모든 성읍을 빼앗고
그 아모리인의 모든 성읍 헤스본과 그 모든
촌락에 거주하였으니
26 헤스본은 아모리인의 왕 시혼의 도성이라 시
혼이 그 전 모압 왕을 치고 그의 모든 땅을
아르논까지 그의 손에서 빼앗았더라
27 그러므로 시인이 읊어 이르되
너희는 헤스본으로 올지어다 시혼의 성을
세워 견고히 할지어다
28 헤스본에서 불이 나오며 시혼의 성에서 화
염이 나와서 모압의 아르를 삼키며 아르논
높은 곳의 주인을 멸하였도다
29 모압아 네가 화를 당하였도다 그모스의 백
성아 네가 멸망하였도다 그가 그의 아들들
을 도망하게 하였고 그의 딸들을 아모리인
의 왕 시혼의 포로가 되게 하였도다
30 우리가 그들을 쏘아서 헤스본을 디본까지
멸하였고 메드바에 가까운 노바까지 황폐
하게 하였도다
하였더라 32:3, 4
31 이스라엘이 아모리인의 땅에 거주하였더니
32 모세가 또 사람을 보내어 야셀을 정탐하게
하고 그 촌락들을 빼앗고 그곳에 있던 아모
리인을 몰아내었더라
33 ●그들이 돌이켜 바산 길로 올라가매 바산
왕 옥이 그의 백성을 다 거느리고 나와서 그
들을 맞아 에드레이에서 싸우려 하는지라
34 여호와께서 모세에게 이르시되 그를 두려워
하지 말라 내가 그와 그의 백성과 그의 땅을
네 손에 넘겼나니 너는 헤스본에 거주하던
아모리인의 왕 시혼에게 행한 것같이 그에게
도 행할지니라
35 이에 그와 그의 아들들과 그의 백성을 다 쳐
서 한 사람도 남기지 아니하고 그의 땅을 점
령하였더라

모압의 왕이 발람을 불러오다
— B.C. 1410년경

22 이스라엘 자손이 또 길을 떠나 모압 평
지에 진을 쳤으니 요단 건너편 곧 여리
고 맞은편이더라 33:48
2 ●십볼의 아들 발락이 이스라엘이 아모리인
에게 행한 모든 일을 보았으므로
3 모압이 심히 두려워하였으니 이스라엘 백성
이 많음으로 말미암아 모압이 이스라엘 자손
때문에 번민하더라
4 미디안 장로들에게 이르되 이제 이 무리가

took over his land from the Arnon to the Jab-
bok, but only as far as the Ammonites, because
25 their border was fortified. ●Israel captured all
the cities of the Amorites and occupied them,
including Heshbon and all its surrounding set-
26 tlements. ●Heshbon was the city of Sihon
king of the Amorites, who had fought against
the former king of Moab and had taken from
him all his land as far as the Arnon.
27 ●That is why the poets say:
"Come to Heshbon and let it be rebuilt;
let Sihon's city be restored.
28 ●"Fire went out from Heshbon,
a blaze from the city of Sihon.
It consumed Ar of Moab,
the citizens of Arnon's heights.
29 ●Woe to you, Moab!
You are destroyed, people of Chemosh!
He has given up his sons as fugitives
and his daughters as captives
to Sihon king of the Amorites.
30 ●"But we have overthrown them;
Heshbon's dominion has heen destroyed
all the way to Dibon.
We have demolished them as far as Nophah,
which extends to Medeba."
31 ●So Israel settled in the land of the Amorites.
32 ●After Moses had sent spies to Jazer, the
Israelites captured its surrounding settlements
and drove out the Amorites who were there.
33 ●Then they turned and went up along the
road toward Bashan, and Og king of Bashan
and his whole army marched out to meet
them in battle at Edrei.
34 ●The LORD said to Moses, "Do not be afraid
of him, for I have delivered him into your
hands, along with his whole army and his
land. Do to him what you did to Sihon king of
the Amorites, who reigned in Heshbon."
35 ●So they struck him down, together with
his sons and his whole army, leaving them no
survivors. And they took possession of his land.

Balak Summons Balaam

22 Then the Israelites traveled to the
plains of Moab and camped along the
Jordan across from Jericho.
2 ●Now Balak son of Zippor saw all that Israel
3 had done to the Amorites, ●and Moab was ter-
rified because there were so many people.
Indeed, Moab was filled with dread because of
the Israelites.

blaze [bleiz] *n.* 불꽃, 화염
captive [kǽptiv] *n.* 포로
consume [kənsúːm] *vt.* 소멸시키다
demolish [dimáliʃ] *vt.* 쳐부수다
dread [dred] *n.* 두려움
fortify [fɔ́ːrtəfài] *vt.* 강화하다
fugitive [fjúːdʒətiv] *n.* 도망자
occupy [ákjupài] *vt.* 점령하다
overthrow [óuvərθrou] *vt.* 전복시키다
possession [pəzéʃən] *n.* 소유물
rebuild [riːbíld] *vt.* 재건하다
reign [rein] *vi.* 통치하다
summon [sʌ́mən] *vt.* 소환하다
surrounding [səráundiŋ] *a.* 주위의
woe [wou] *n.* 재앙

21:26 **as far as...**: …까지
21:29 **give up... to~**: …를 ~에게 넘겨주다
21:30 **all the way**: 줄곧, 내내
21:32 **drive out...**: …를 몰아내다
21:34 **along with ...**: …와 함께
22:1 **across from ...**: …바로 맞은편에

소가 밭의 풀을 뜯어먹음같이 우리 사방에
있는 것을 다 뜯어먹으리로다 하니 그때에
십볼의 아들 발락이 모압 왕이었더라
5 그가 사신을 브올의 아들 발람의 고향인 1)강
가 브돌에 보내어 발람을 부르게 하여 이르
되 보라 한 민족이 애굽에서 나왔는데 그들
이 지면에 덮여서 우리 맞은편에 거주하였고
6 우리보다 강하니 청하건대 와서 나를 위하여
이 백성을 저주하라 내가 혹 그들을 쳐서 이
겨 이 땅에서 몰아내리라 그대가 복을 비는
자는 복을 받고 저주하는 자는 저주를 받을
줄을 내가 앎이니라
7 ●모압 장로들과 미디안 장로들이 손에 2)복
채를 가지고 떠나 발람에게 이르러 발락의
말을 그에게 전하매
8 발람이 그들에게 이르되 이 밤에 여기서 유
숙하라 여호와께서 내게 이르시는 대로 너희
에게 대답하리라 모압 귀족들이 발람에게서
유숙하니라
9 하나님이 발람에게 임하여 말씀하시되 너와
함께 있는 이 사람들이 누구냐
10 발람이 하나님께 아뢰되 모압 왕 십볼의 아
들 발락이 내게 보낸 자들이니이다 이르기를
11 보라 애굽에서 나온 민족이 지면에 덮였으니
이제 와서 나를 위하여 그들을 저주하라 내
가 혹 그들을 쳐서 몰아낼 수 있으리라 하나
이다
12 하나님이 발람에게 이르시되 너는 그들과 함
께 가지도 말고 그 백성을 저주하지도 말라
그들은 복을 받은 자들이니라
13 발람이 아침에 일어나서 발락의 귀족들에게
이르되 너희는 너희의 땅으로 돌아가라 여호
와께서 내가 너희와 함께 가기를 허락하지
아니하시느니라
14 모압 귀족들이 일어나 발락에게로 가서 전하
되 발람이 우리와 함께 오기를 거절하더이다
15 ●발락이 다시 그들보다 더 높은 고관들을
더 많이 보내매
16 그들이 발람에게로 나아가서 그에게 이르되
십볼의 아들 발락의 말씀에 청하건대 아무것
에도 거리끼지 말고 내게로 오라
17 내가 그대를 높여 크게 존귀하게 하고 그대
가 내게 말하는 것은 무엇이든지 시행하리니
청하건대 와서 나를 위하여 이 백성을 저주
하라 하시더이다
18 발람이 발락의 신하들에게 대답하여 이르되
발락이 그 집에 가득한 은금을 내게 줄지라

4 ●The Moabites said to the elders of Midian,
"This horde is going to lick up everything
around us, as an ox licks up the grass of the
field."

So Balak son of Zippor, who was king of
5 Moab at that time, ●sent messengers to sum-
mon Balaam son of Beor, who was at Pethor,
near the Euphrates River, in his native land.
Balak said:

"A people has come out of Egypt; they
cover the face of the land and have settled
6 next to me. ●Now come and put a curse
on these people, because they are too
powerful for me. Perhaps then I will be
able to defeat them and drive them out of
the land. For I know that whoever you
bless is blessed, and whoever you curse is
cursed."

7 ●The elders of Moab and Midian left, taking
with them the fee for divination. When they
came to Balaam, they told him what Balak
had said.

8 ●"Spend the night here," Balaam said to
them, "and I will report back to you with the
answer the LORD gives me." So the Moabite
officials stayed with him.

9 ●God came to Balaam and asked, "Who are
these men with you?"

10 ●Balaam said to God, "Balak son of Zippor,
11 king of Moab, sent me this message: ●'A peo-
ple that has come out of Egypt covers the face
of the land. Now come and put a curse on
them for me. Perhaps then I will be able to
fight them and drive them away.' "

12 ●But God said to Balaam, "Do not go with
them. You must not put a curse on those peo-
ple, because they are blessed."

13 ●The next morning Balaam got up and said
to Balak's officials, "Go back to your own
country, for the LORD has refused to let me go
with you."

14 ●So the Moabite officials returned to Balak
and said, "Balaam refused to come with us."

15 ●Then Balak sent other officials, more nu-
merous and more distinguished than the first.
16 ●They came to Balaam and said:

"This is what Balak son of Zippor says:
Do not let anything keep you from coming
17 to me, ●because I will reward you hand-
somely and do whatever you say. Come

1) 히, 나할, 유브라데 강 2) 히, 점괘

bless [bles] *vt.* 축복하다
curse [kəːrs] *n.* 저주
defeat [difíːt] *vt.* 쳐부수다
distinguished [distíŋgwiʃt] *a.* 유명한
divination [divənéiʃən] *n.* 예언, 점
elder [éldər] *n.* 장로
handsomely [hǽnsəmli] *ad.* 후하게
horde [hɔːrd] *n.* 큰 무리
messenger [mésəndʒər] *n.* 전령
numerous [njúːmərəs] *a.* 수많은
official [əfíʃəl] *n.* 관리자
refuse [rifjúːz] *vt.* 거절하다
reward [riwɔ́ːrd] *vt.* 보상하다
spend [spend] *vt.* 보내다
summon [sʌ́mən] *vt.* 소환하다

22:4 **lick up**: 모조리 핥아 먹다
22:5 **come out of...**: …에서 나오다
22:5 **next to ...**: …바로 옆에
22:6 **be able to ...**: …할 수 있다
22:11 **put a curse on...**: …를 저주하다
22:16 **keep from -ing**: …를 하지 못하다

도 내가 능히 여호와 내 하나님의 말씀을 어
겨 덜하거나 더하지 못하겠노라
19 그런즉 이제 너희도 이 밤에 여기서 유숙하
라 여호와께서 내게 무슨 말씀을 더하실는지
알아보리라
20 밤에 하나님이 발람에게 임하여 이르시되 그
사람들이 너를 부르러 왔거든 일어나 함께
가라 그러나 내가 네게 이르는 말만 준행할
지니라

발람과 그 나귀

21 ●발람이 아침에 일어나서 자기 나귀에 안장
을 지우고 모압 고관들과 함께 가니
22 그가 감으로 말미암아 하나님이 진노하시므
로 여호와의 사자가 그를 막으려고 길에 서
니라 발람은 자기 나귀를 탔고 그의 두 종은
그와 함께 있더니
23 나귀가 여호와의 사자가 칼을 빼어 손에 들
고 길에 선 것을 보고 길에서 벗어나 밭으로
들어간지라 발람이 나귀를 길로 돌이키려고
채찍질하니
24 여호와의 사자는 포도원 사이 좁은 길에 섰
고 좌우에는 담이 있더라
25 나귀가 여호와의 사자를 보고 몸을 담에 대
고 발람의 발을 그 담에 짓누르매 발람이 다
시 채찍질하니
26 여호와의 사자가 더 나아가서 좌우로 피할
데 없는 좁은 곳에 선지라
27 나귀가 여호와의 사자를 보고 발람 밑에 엎
드리니 발람이 노하여 자기 지팡이로 나귀를
때리는지라
28 여호와께서 나귀 입을 여시니 발람에게 이르
되 내가 당신에게 무엇을 하였기에 나를 이
같이 세 번을 때리느냐 벧후 2:16
29 발람이 나귀에게 말하되 네가 나를 거역하기
때문이니 내 손에 칼이 있었더면 곧 너를 죽
였으리라
30 나귀가 발람에게 이르되 나는 당신이 오늘까
지 당신의 일생 동안 탄 나귀가 아니냐 내가
언제 당신에게 이같이 하는 버릇이 있었더냐
그가 말하되 없었느니라
31 ●그때에 여호와께서 발람의 눈을 밝히시매
여호와의 사자가 손에 칼을 빼들고 길에 선
것을 그가 보고 머리를 숙이고 엎드리니
32 여호와의 사자가 그에게 이르되 너는 어찌하
여 네 나귀를 이같이 세 번 때렸느냐 보라 내
앞에서 네 길이 사악하므로 내가 너를 막으
려고 나왔더니

and put a curse on these people for me."
18 •But Balaam answered them, "Even if
Balak gave me all the silver and gold in his
palace, I could not do anything great or small
to go beyond the command of the LORD my
19 God. •Now spend the night here so that I can
find out what else the LORD will tell me."
20 •That night God came to Balaam and said,
"Since these men have come to summon you,
go with them, but do only what I tell you."

Balaam's Donkey

21 •Balaam got up in the morning, saddled his
donkey and went with the Moabite officials.
22 •But God was very angry when he went, and
the angel of the LORD stood in the road to
oppose him. Balaam was riding on his don-
key, and his two servants were with him.
23 •When the donkey saw the angel of the LORD
standing in the road with a drawn sword in
his hand, it turned off the road into a field. Bal-
aam beat it to get it back on the road.
24 •Then the angel of the LORD stood in a nar-
row path through the vineyards, with walls on
25 both sides. •When the donkey saw the angel
of the LORD, it pressed close to the wall, crush-
ing Balaam's foot against it. So he beat the
donkey again.
26 •Then the angel of the LORD moved on
ahead and stood in a narrow place where there
was no room to turn, either to the right or to
27 the left. •When the donkey saw the angel of
the LORD, it lay down under Balaam, and he
28 was angry and beat it with his staff. •Then the
LORD opened the donkey's mouth, and it said
to Balaam, "What have I done to you to make
you beat me these three times?"
29 •Balaam answered the donkey, "You have
made a fool of me! If only I had a sword in my
hand, I would kill you right now."
30 •The donkey said to Balaam, "Am I not
your own donkey, which you have always rid-
den, to this day? Have I been in the habit of
doing this to you?"
"No," he said.
31 •Then the LORD opened Balaam's eyes, and
he saw the angel of the LORD standing in the
road with his sword drawn. So he bowed low
and fell facedown.
32 •The angel of the LORD asked him, "Why
have you beaten your donkey these three
times? I have come here to oppose you because

beat [biːt] *vi.* 때리다
bow [bau] *vi.* 절하다
command [kəmǽnd] *n.* 명령
crush [krʌʃ] *vt.* 으깨다
donkey [dáŋki] *n.* 나귀
draw [drɔː] *vi.* 잡아 빼다
facedown [feisdáun] *ad.* 엎드려
narrow [nǽrou] *a.* 좁은
oppose [əpóuz] *vt.* 반대하다
palace [pǽlis] *n.* 궁전
path [pæθ] *n.* 길
ride [raid] *vt.* 말을 타다
saddle [sǽdl] *vt.* 안장을 얹다
summon [sʌ́mən] *n.* 호출, 소환
vineyard [vínjərd] *n.* 포도원

22:18 **to go beyond...**: …의 범위를 넘어서는
22:19 **find out**: 알아내다
22:23 **turn off**: 옆길로 빠지다
22:29 **make a fool of...**: …를 놀리다
22:30 **be in the habit of...**: …하는 버릇이 있다

33 나귀가 나를 보고 이같이 세 번을 돌이켜 내 앞에서 피하였느니라 나귀가 만일 돌이켜 나를 피하지 아니하였더면 내가 벌써 너를 죽이고 나귀는 살렸으리라
34 발람이 여호와의 사자에게 말하되 내가 범죄하였나이다 당신이 나를 막으려고 길에 서신 줄을 내가 알지 못하였나이다 당신이 이를 기뻐하지 아니하시면 나는 돌아가겠나이다
35 여호와의 사자가 발람에게 이르되 그 사람들과 함께 가라 내가 네게 이르는 말만 말할지니라 발람이 발락의 고관들과 함께 가니라

발락이 발람을 대접하다

36 ●발락은 발람이 온다 함을 듣고 모압 변경의 끝 아르논 가에 있는 성읍까지 가서 그를 영접하고
37 발락은 발람에게 이르되 내가 특별히 사람을 보내어 그대를 부르지 아니하였느냐 그대가 어찌 내게 오지 아니하였느냐 내가 어찌 그대를 높여 존귀하게 하지 못하겠느냐
38 발람이 발락에게 이르되 내가 오기는 하였으나 무엇을 말할 능력이 있으리이까 하나님이 내 입에 주시는 말씀 그것을 말할 뿐이니이다
39 발람이 발락과 동행하여 기럇후솟에 이르러서는
40 발락이 소와 양을 잡아 발람과 그와 함께한 고관들을 대접하였더라

발람의 첫 번째 예언

41 ●아침에 발락이 발람과 함께하고 그를 인도하여 바알의 산당에 오르매 발람이 거기서 이스라엘 백성의 진 끝까지 보니라 신 12:2

23 발람이 발락에게 이르되 나를 위하여 여기 제단 일곱을 쌓고 거기 수송아지 일곱 마리와 숫양 일곱 마리를 준비하소서 하매
2 발락이 발람의 말대로 준비한 후에 발락과 발람이 제단에 수송아지와 숫양을 드리니라
3 발람이 발락에게 이르되 당신의 번제물 곁에 서소서 나는 저리로 가리이다 여호와께서 혹시 오셔서 나를 만나시리니 그가 내게 지시하시는 것은 다 당신에게 알리리이다 하고 언덕길로 가니
4 하나님이 발람에게 임하시는지라 발람이 아뢰되 내가 일곱 제단을 쌓고 각 제단에 수송아지와 숫양을 드렸나이다
5 여호와께서 발람의 입에 말씀을 주시며 이르시되 발락에게 돌아가서 이렇게 말할지니라

33 your path is a reckless one before me.[a] ●The
donkey saw me and turned away from me
these three times. If it had not turned away, I
would certainly have killed you by now, but I
would have spared it."
34 ●Balaam said to the angel of the LORD, "I
have sinned. I did not realize you were stand-
ing in the road to oppose me. Now if you are
displeased, I will go back."
35 ●The angel of the LORD said to Balaam, "Go
with the men, but speak only what I tell you."
So Balaam went with Balak's officials.
36 ●When Balak heard that Balaam was com-
ing, he went out to meet him at the Moabite
town on the Arnon border, at the edge of his
37 territory. ●Balak said to Balaam, "Did I not
send you an urgent summons? Why didn't
you come to me? Am I really not able to
reward you?"
38 ●"Well, I have come to you now," Balaam
replied. "But I can't say whatever I please. I
must speak only what God puts in my
mouth."
39 ●Then Balaam went with Balak to Kiriath
40 Huzoth. ●Balak sacrificed cattle and sheep,
and gave some to Balaam and the officials
41 who were with him. ●The next morning
Balak took Balaam up to Bamoth Baal, and
from there he could see the outskirts of the
Israelite camp.

Balaam's First Message

23 Balaam said, "Build me seven altars
here, and prepare seven bulls and
2 seven rams for me." ●Balak did as Balaam
said, and the two of them offered a bull and a
ram on each altar.
3 ●Then Balaam said to Balak, "Stay here
beside your offering while I go aside. Perhaps
the LORD will come to meet with me. Whatev-
er he reveals to me I will tell you." Then he
went off to a barren height.
4 ●God met with him, and Balaam said, "I
have prepared seven altars, and on each
altar I have offered a bull and a ram."
5 ●The LORD put a word in Balaam's mouth
and said, "Go back to Balak and give him
this word."
6 ●So he went back to him and found him
standing beside his offering, with all the
7 Moabite officials. ●Then Balaam spoke his

[a]32 The meaning of the Hebrew for this clause is uncertain.

altar [ɔ́:ltər] *n.* 제단
barren [bǽrən] *a.* 불모의
bull [bul] *n.* 황소
cattle [kǽtl] *n.* 소 떼
certainly [sə́:rtnli] *ad.* 확실히
displeased [displí:zd] *a.* 불쾌한
height [hait] *n.* 고지
offering [ɔ́:fəriŋ] *n.* 제물
ram [ræm] *n.* 숫양
realize [rí:əlàiz] *vt.* 깨닫다
reckless [réklis] *a.* 분별없는
sacrifice [sǽkrəfàis] *vt.* 희생물로 바치다
spare [spɛər] *vt.* 살려 주다
territory [térətɔ̀:ri] *n.* 영토
urgent [ə́:rdʒənt] *a.* 긴급한

22:33 turn away: 돌아서다
22:33 by now: 지금쯤은 벌써
22:34 go back: 되돌아가다
22:38 put in: 놓다, 꽂다
23:3 reveal to...: …에게 드러내다
23:3 go off: (떠나)가 버리다

6 그가 발락에게로 돌아간즉 발락과 모압의 모
든 고관이 번제물 곁에 함께 섰더라
7 발람이 예언을 전하여 말하되
발락이 나를 아람에서, 모압 왕이 동쪽 산
에서 데려다가 이르기를 와서 나를 위하여
야곱을 저주하라, 와서 이스라엘을 꾸짖으
라 하도다
8 하나님이 저주하지 않으신 자를 내가 어찌
저주하며 여호와께서 꾸짖지 않으신 자를
내가 어찌 꾸짖으랴 22:18
9 내가 바위 위에서 그들을 보며 작은 산에
서 그들을 바라보니 이 백성은 홀로 살 것
이라 그를 여러 민족 중의 하나로 여기지
않으리로다
10 야곱의 티끌을 누가 능히 세며 이스라엘
사분의 일을 누가 능히 셀고 나는 의인의
죽음을 죽기 원하며 나의 종말이 그와 같
기를 바라노라
하매
11 발락이 발람에게 이르되 그대가 어찌 내게
이같이 행하느냐 나의 원수를 저주하라고 그
대를 데려왔거늘 그대가 오히려 축복하였도
다
12 발람이 대답하여 이르되 여호와께서 내 입에
주신 말씀을 내가 어찌 말하지 아니할 수 있
으리이까

발람의 두 번째 예언

13 ●발락이 말하되 나와 함께 그들을 달리 볼
곳으로 가자 거기서는 그들을 다 보지 못하
고 그들의 끝만 보리니 거기서 나를 위하여
그들을 저주하라 하고
14 소빔 들로 인도하여 비스가 꼭대기에 이르러
일곱 제단을 쌓고 각 제단에 수송아지와 숫
양을 드리니
15 발람이 발락에게 이르되 내가 저기서 여호와
를 만나뵐 동안에 여기 당신의 번제물 곁에
서소서 하니라
16 여호와께서 발람에게 임하사 그의 입에 말씀
을 주시며 이르시되 발락에게로 돌아가서 이
렇게 말할지니라 22:20
17 발람이 가서 본즉 발락이 번제물 곁에 섰고
모압 고관들이 함께 있더라 발락이 발람에게
이르되 여호와께서 무슨 말씀을 하시더냐
18 발람이 예언하여 이르기를
발락이여 일어나 들을지어다 십볼의 아들
이여 내게 자세히 들으라
19 하나님은 사람이 아니시니 거짓말을 하지

message:
"Balak brought me from Aram,
the king of Moab from the eastern
mountains.
'Come,' he said, 'curse Jacob for me;
come, denounce Israel.'
8 ●How can I curse
those whom God has not cursed?
How can I denounce
those whom the LORD has not
denounced?
9 ●From the rocky peaks I see them,
from the heights I view them.
I see a people who live apart
and do not consider themselves one of
the nations.
10 ●Who can count the dust of Jacob
or number even a fourth of Israel?
Let me die the death of the righteous,
and may my final end be like theirs!"
11 ●Balak said to Balaam, "What have you
done to me? I brought you to curse my ene-
mies, but you have done nothing but bless
them!"
12 ●He answered, "Must I not speak what the
LORD puts in my mouth?"

Balaam's Second Message

13 ●Then Balak said to him, "Come with me to
another place where you can see them; you
will not see them all but only the outskirts of
their camp. And from there, curse them for
14 me." ●So he took him to the field of Zophim
on the top of Pisgah, and there he built seven
altars and offered a bull and a ram on each
altar.
15 ●Balaam said to Balak, "Stay here beside
your offering while I meet with him over
there."
16 ●The LORD met with Balaam and put a
word in his mouth and said, "Go back to
Balak and give him this word."
17 ●So he went to him and found him stand-
ing beside his offering, with the Moabite offi-
cials. Balak asked him, "What did the LORD
say?"
18 ●Then he spoke his message:
"Arise, Balak, and listen;
hear me, son of Zippor.
19 ●God is not human, that he should lie,
not a human being, that he should

bless [bles] *vt.* 축복하다
consider [kənsídər] *vt.* …로 간주하다
curse [kəːrs] *vt.* 저주하다
denounce [dináuns] *vt.* 비난하다
dust [dʌst] *n.* 먼지, 티끌
eastern [íːstərn] *a.* 동쪽의
enemy [énəmi] *n.* 원수
field [fiːld] *n.* 들판
number [nʌ́mbər] *vt.* 세다
offer [ɔ́ːfər] *vt.* 바치다
outskirts [autskəːrts] *n.* 바깥
peak [piːk] *n.* 산꼭대기, 정상
ram [ræm] *n.* 숫양
righteous [ráitʃəs] *a.* 의로운
rocky [ráki] *a.* 바위로 된

23:9 live apart: 별거하다
23:11 nothing but: 오직, 단지
23:13 come with: …에 으레 따르다
23:13 the outskirts of ...: …의 변두리
23:14 on the top of ...: …의 꼭대기에
23:15 over there: 저쪽에, 저기에

않으시고 인생이 아니시니 후회가 없으시
도다 어찌 그 말씀하신 바를 행하지 않으
시며 하신 말씀을 실행하지 않으시랴
20 내가 축복할 것을 받았으니 그가 주신 복
을 내가 돌이키지 않으리라
21 야곱의 허물을 보지 아니하시며 이스라엘
의 반역을 보지 아니하시는도다 여호와 그
들의 하나님이 그들과 함께 계시니 왕을
부르는 소리가 그중에 있도다
22 하나님이 그들을 애굽에서 인도하여 내셨
으니 그의 힘이 들소와 같도다
23 야곱을 해할 점술이 없고 이스라엘을 해할
복술이 없도다 이때에 야곱과 이스라엘에
대하여 논할진대 하나님께서 행하신 일이
어찌 그리 크냐 하리로다
24 이 백성이 암사자같이 일어나고 수사자같
이 일어나서 움킨 것을 먹으며 죽인 피를
마시기 전에는 눕지 아니하리로다
하매
25 발락이 발람에게 이르되 그들을 저주하지도
말고 축복하지도 말라
26 발람이 발락에게 대답하여 이르되 내가 당신
에게 말하여 이르기를 여호와께서 말씀하신
것은 내가 그대로 하지 않을 수 없다고 하지
아니하더이까

발람의 세 번째 예언

27 ●발락이 발람에게 또 이르되 오라 내가 너
를 다른 곳으로 인도하리니 네가 거기서 나
를 위하여 그들을 저주하기를 하나님이 혹시
기뻐하시리라 하고
28 발락이 발람을 인도하여 [1)]광야가 내려다 보
이는 브올 산 꼭대기에 이르니
29 발람이 발락에게 이르되 나를 위하여 여기
일곱 제단을 쌓고 거기 수송아지 일곱 마리
와 숫양 일곱 마리를 준비하소서
30 발락이 발람의 말대로 행하여 각 제단에 수
송아지와 숫양을 드리니라

24 발람이 자기가 이스라엘을 축복하는
것을 여호와께서 선히 여기심을 보고
전과 같이 점술을 쓰지 아니하고 그의 낯을
광야로 향하여
2 눈을 들어 이스라엘이 그 지파대로 천막 친
것을 보는데 그때에 하나님의 영이 그 위에
임하신지라
3 그가 예언을 전하여 말하되
브올의 아들 발람이 말하며 눈을 [2)]감았던
자가 말하며

change his mind.
Does he speak and then not act?
Does he promise and not fulfill?
20 ●I have received a command to bless;
he has blessed, and I cannot change it.
21 ●"No misfortune is seen in Jacob,
no misery observed[a] in Israel.
The LORD their God is with them;
the shout of the King is among them.
22 ●God brought them out of Egypt;
they have the strength of a wild ox.
23 ●There is no divination against[b] Jacob,
no evil omens against[b] Israel.
It will now be said of Jacob
and of Israel, 'See what God has done!'
24 ●The people rise like a lioness;
they rouse themselves like a lion
that does not rest till it devours its prey
and drinks the blood of its victims."

25 ●Then Balak said to Balaam, "Neither curse
them at all nor bless them at all!"
26 ●Balaam answered, "Did I not tell you I
must do whatever the LORD says?"

Balaam's Third Message

27 ●Then Balak said to Balaam, "Come, let
me take you to another place. Perhaps it will
please God to let you curse them for me from
28 there." ●And Balak took Balaam to the top
of Peor, overlooking the wasteland.
29 ●Balaam said, "Build me seven altars here,
and prepare seven bulls and seven rams for
30 me." ●Balak did as Balaam had said, and
offered a bull and a ram on each altar.

24 Now when Balaam saw that it pleas-
ed the LORD to bless Israel, he did not
resort to divination as at other times, but
2 turned his face toward the wilderness. ●When
Balaam looked out and saw Israel encamped
tribe by tribe, the Spirit of God came on him
3 ●and he spoke his message:
"The prophecy of Balaam son of Beor,
the prophecy of one whose eye sees clearly,
4 ●the prophecy of one who hears the words
of God,
who sees a vision from the Almighty,[c]
who falls prostrate, and whose eyes are
opened:

[a]21 *Or He has not looked on Jacob's offenses / or on the wrongs found* [b]23 *Or in* [c]4 *Hebrew Shaddai;* also in verse 16 1) 여시몬 2) 뜬 자

altar [ɔ́:ltər] *n.* 제단
command [kəmǽnd] *n.* 명령
devour [diváuər] *vt.* 게걸스레 먹다
divination [divənéiʃən] *n.* 점, 예언
fulfill [fulfíl] *vt.* 이행하다
lioness [láiənis] *n.* 암사자
misery [mízəri] *n.* 불행
misfortune [misfɔ́:rtʃən] *n.* 불운
observe [əbzə́:rv] *vt.* 목격하다
overlook [ouvərluk] *vt.* 내려다보다
prepare [pripɛ́ər] *vt.* 준비하다
prey [prei] *n.* (짐승의) 먹이
prostrate [prástreit] *a.* 엎드린
strength [streŋθ] *n.* 힘
victim [víktim] *n.* 희생물

23:19 change one's mind: 생각을 바꾸다
23:22 out of ...: …의 안에서 밖으로
23:24 rouse oneself: 분기(분발)하다
23:25 neither A nor B: A도 B도 아니다
24:1 resort to...: …에 의지하다
24:2 look out: 바깥을 내다보다

4 하나님의 말씀을 듣는 자, 전능자의 환상을 보는 자, 엎드려서 눈을 뜬 자가 말하기를
5 야곱이여 네 장막들이, 이스라엘이여 네 거처들이 어찌 그리 아름다운고
6 그 벌어짐이 골짜기 같고 강가의 동산 같으며 여호와께서 심으신 침향목들 같고 물가의 백향목들 같도다
7 그 물통에서는 물이 넘치겠고 그 씨는 많은 물가에 있으리로다 그의 왕이 아각보다 높으니 그의 나라가 흥왕하리로다
8 하나님이 그를 애굽에서 인도하여 내셨으니 그 힘이 들소와 같도다 그의 적국을 삼키고 그들의 뼈를 꺾으며 화살로 쏘아 꿰뚫으리로다
9 꿇어 앉고 누움이 수사자와 같고 암사자와도 같으니 일으킬 자 누구이랴 너를 축복하는 자마다 복을 받을 것이요 너를 저주하는 자마다 저주를 받을지로다 창 49:9

발람의 마지막 예언

10 ●발락이 발람에게 노하여 손뼉을 치며 말하되 내가 그대를 부른 것은 내 원수를 저주하라는 것이어늘 그대가 이같이 세 번 그들을 축복하였도다
11 그러므로 그대는 이제 그대의 곳으로 달아나라 내가 그대를 높여 심히 존귀하게 하기로 뜻하였더니 여호와께서 그대를 막아 존귀하지 못하게 하셨도다
12 발람이 발락에게 이르되 당신이 내게 보낸 사신들에게 내가 말하여 이르지 아니하였나이까
13 가령 발락이 그 집에 가득한 은금을 내게 줄지라도 나는 여호와의 말씀을 어기고 선악간에 내 마음대로 행하지 못하고 여호와께서 말씀하신 대로 말하리라 하지 아니하였나이까
14 이제 나는 내 백성에게로 돌아가거니와 들으소서 내가 이 백성이 후일에 당신의 백성에게 어떻게 할지를 당신에게 말하리이다 하고
15 예언하여 이르기를
브올의 아들 발람이 말하며 눈을 [1]감았던 자가 말하며
16 하나님의 말씀을 듣는 자가 말하며 지극히 높으신 자의 지식을 아는 자, 전능자의 환상을 보는 자, 엎드려서 눈을 뜬 자가 말하기를
17 내가 그를 보아도 이때의 일이 아니며 내

5 ●"How beautiful are your tents, Jacob,
your dwelling places, Israel!
6 ●"Like valleys they spread out,
like gardens beside a river,
like aloes planted by the LORD,
like cedars beside the waters.
7 ●Water will flow from their buckets;
their seed will have abundant water.
"Their king will be greater than Agag;
their kingdom will be exalted.
8 ●"God brought them out of Egypt;
they have the strength of a wild ox.
They devour hostile nations
and break their bones in pieces;
with their arrows they pierce them.
9 ●Like a lion they crouch and lie down,
like a lioness—who dares to rouse them?
"May those who bless you be blessed
and those who curse you be cursed!"

10 ●Then Balak's anger burned against Bal-
aam. He struck his hands together and said to
him, "I summoned you to curse my enemies,
but you have blessed them these three times.
11 ●Now leave at once and go home! I said I
would reward you handsomely, but the LORD
has kept you from being rewarded."
12 ●Balaam answered Balak, "Did I not tell the
13 messengers you sent me, ●'Even if Balak gave
me all the silver and gold in his palace, I could
not do anything of my own accord, good or
bad, to go beyond the command of the LORD
—and I must say only what the LORD says'?
14 ●Now I am going back to my people, but
come, let me warn you of what this people will
do to your people in days to come."

Balaam's Fourth Message

15 ●Then he spoke his message:
"The prophecy of Balaam son of Beor,
the prophecy of one whose eye sees clearly,
16 ●the prophecy of one who hears the words
of God,
who has knowledge from the Most High,
who sees a vision from the Almighty,
who falls prostrate, and whose eyes are
opened:
17 ●"I see him, but not now;
I behold him, but not near.
A star will come out of Jacob;
a scepter will rise out of Israel.

1) 뜬 자

abundant [əbʌ́ndənt] *a.* 풍족한
accord [əkɔ́:rd] *n.* 일치
behold [bihóuld] *vt.* 바라보다
cedar [sí:dər] *n.* 백향목
crouch [krautʃ] *vi.* 웅크리다
dwell [dwel] *vi.* 거주하다
exalt [igzɔ́:lt] *vt.* 높이다
hostile [hástl] *a.* 적대하는
knowledge [nálidʒ] *n.* 지식
pierce [piərs] *vt.* 꿰뚫다
prostrate [prástreit] *a.* 엎드린
reward [riwɔ́:rd] *vt.* 보답하다
scepter [séptər] *n.* 왕위
spread [spred] *vi.* 퍼지다
vision [víʒən] *n.* 환상

24:9 **dare to...**: 감히 …하다
24:11 **at once**: 즉시(= immediately)
24:13 **even if**: 비록 …할지라도
24:13 **go beyond...**: …를 넘어서다
24:14 **warn of...**: …에 대해 경고하다
24:17 **come out of...**: …에서 나오다

가 그를 바라보아도 가까운 일이 아니로다
한 별이 야곱에게서 나오며 한 규가 이스
라엘에게서 일어나서 모압을 이쪽에서 저
쪽까지 쳐서 무찌르고 또 셋의 자식들을
다 멸하리로다
18 그의 원수 에돔은 그들의 유산이 되며 그
의 원수 세일도 그들의 유산이 되고 그와
동시에 이스라엘은 용감히 행동하리로다
19 주권자가 야곱에게서 나서 남은 자들을 그
성읍에서 멸절하리로다
하고 창 49:10
20 또 아말렉을 바라보며 예언하여 이르기를
이말렉은 민족들의 으뜸이나 그의 종말은
멸망에 이르리로다
하고 출 17:14,16
21 또 겐 족속을 바라보며 예언하여 이르기를
네 거처가 견고하고 네 보금자리는 바위에
있도다
22 그러나 가인이 쇠약하리니 나중에는 앗수
르의 포로가 되리로다
하고
23 또 예언하여 이르기를
슬프다 하나님이 이 일을 행하시리니 그때
에 살 자가 누구이랴
24 깃딤 해변에서 배들이 와서 앗수르를 학대
하며 에벨을 괴롭힐 것이나 그도 멸망하리
로다
하고
25 발람이 일어나 자기 곳으로 돌아가고 발락도
자기 길로 갔더라

브올에서 생긴 일 — B.C. 1410년경

25 이스라엘이 싯딤에 머물러 있더니 그
백성이 모압 여자들과 음행하기를 시
작하니라
2 그 여자들이 자기 신들에게 제사할 때에 이
스라엘 백성을 청하매 백성이 먹고 그들의
신들에게 절하므로
3 이스라엘이 바알브올에게 가담한지라 여호
와께서 이스라엘에게 진노하시니라 호 9:10
4 여호와께서 모세에게 이르시되 백성의 수령
들을 잡아 태양을 향하여 여호와 앞에 목매
어 달라 그리하면 여호와의 진노가 이스라엘
에게서 떠나리라
5 모세가 이스라엘 재판관들에게 이르되 너희
는 각각 바알브올에게 가담한 사람들을 죽이
라 하니라
6 ● 이스라엘 자손의 온 회중이 회막문에서 울

He will crush the foreheads of Moab,
the skulls[a] of[b] all the people of Sheth.[c]
18 ● Edom will be conquered;
Seir, his enemy, will be conquered,
but Israel will grow strong.
19 ● A ruler will come out of Jacob
and destroy the survivors of the city."

Balaam's Fifth Message

20 ● Then Balaam saw Amalek and spoke his
message:
"Amalek was first among the nations,
but their end will be utter destruction."

Balaam's Sixth Message

21 ● Then he saw the Kenites and spoke his
message:
"Your dwelling place is secure,
your nest is set in a rock;
22 ● yet you Kenites will be destroyed
when Ashur takes you captive."

Balaam's Seventh Message

23 ● Then he spoke his message:
"Alas! Who can live when God does this?[d]
24 ● Ships will come from the shores of Cyprus;
they will subdue Ashur and Eber,
but they too will come to ruin."
25 ● Then Balaam got up and returned home,
and Balak went his own way.

Moab Seduces Israel

25 While Israel was staying in Shittim,
the men began to indulge in sexual
2 immorality with Moabite women, ● who
invited them to the sacrifices to their gods. The
people ate the sacrificial meal and bowed
3 down before these gods. ● So Israel yoked
themselves to the Baal of Peor. And the LORD's
anger burned against them.
4 ● The LORD said to Moses, "Take all the lead-
ers of these people, kill them and expose them
in broad daylight before the LORD, so that the
LORD's fierce anger may turn away from
Israel."
5 ● So Moses said to Israel's judges, "Each of
you must put to death those of your people
who have yoked themselves to the Baal of
Peor."

[a]17 Samaritan Pentateuch (see also Jer. 48:45); the meaning of the word in the Masoretic Text is uncertain. [b]17 Or possibly *Moab, / batter* [c]17 Or *all the noisy boasters* [d]23 Masoretic Text; with a different word division of the Hebrew *The people from the islands will gather from the north.*

conquer [káŋkər] *vt.* 정복하다
destroy [distrɔ́i] *vt.* 파괴하다
destruction [distrʌ́kʃən] *n.* 멸망
dwell [dwel] *vi.* 거주하다
expose [ikspóuz] *vt.* 드러내다
fierce [fiərs] *a.* 맹렬한
forehead [fɔ́:rid] *n.* 이마
immorality [imərǽləti] *n.* 음란
judge [dʒʌdʒ] *n.* 재판관
ruin [rú:in] *vt.* 파멸시키다
sacrifice [sǽkrəfàis] *n.* 희생물
secure [sikjúər] *a.* 안전한
subdue [səbdjú:] *vt.* 정복하다
survivor [sərváivər] *n.* 생존자
utter [ʌ́tər] *vt.* 말하다

24:18 grow strong: 강해지다
24:22 take... captive: …를 체포하다
24:25 go one's own way: 자신의 길을 가다
25:1 indulge in...: …에 빠지다
25:4 broad daylight: 백주 대낮에
25:5 put to death: 죽이다

때에 이스라엘 자손 한 사람이 모세와 온 회
중의 눈앞에 미디안의 한 여인을 데리고 그
의 형제에게로 온지라
7 제사장 아론의 손자 엘르아살의 아들 비느하
스가 보고 회중 가운데에서 일어나 손에 창
을 들고
8 그 이스라엘 남자를 따라 그의 막사에 들어
가 이스라엘 남자와 그 여인의 배를 꿰뚫어
서 두 사람을 죽이니 염병이 이스라엘 자손
에게서 그쳤더라
9 그 염병으로 죽은 자가 이만 사천 명이었더라
10 ● 여호와께서 모세에게 말씀하여 이르시되
11 제사장 아론의 손자 엘르아살의 아들 비느하
스가 내 질투심으로 질투하여 이스라엘 자손
중에서 내 노를 돌이켜서 내 질투심으로 그
들을 소멸하지 않게 하였도다
12 그러므로 말하라 내가 그에게 내 평화의 언
약을 주리니
13 그와 그의 후손에게 영원한 제사장 직분의
언약이라 그가 그의 하나님을 위하여 질투하
여 이스라엘 자손을 속죄하였음이니라
14 ● 죽임을 당한 이스라엘 남자 곧 미디안 여
인과 함께 죽임을 당한 자의 이름은 시므리
니 살루의 아들이요 시므온인의 조상의 가문
중 한 지도자이며
15 죽임을 당한 미디안 여인의 이름은 고스비이
니 수르의 딸이라 수르는 미디안 백성의 한
조상의 가문의 수령이었더라
16 ● 여호와께서 모세에게 말씀하여 이르시되
17 미디안인들을 대적하여 그들을 치라
18 이는 그들이 속임수로 너희를 대적하되 브올
의 일과 미디안 지휘관의 딸 곧 브올의 일로
염병이 일어난 날에 죽임을 당한 그들의 자
매 고스비의 사건으로 너희를 유혹하였음이
니라

두 번째 인구 조사 (♪ 237장) — B.C. 1410년경

26 염병 후에 여호와께서 모세와 제사장
아론의 아들 엘르아살에게 말씀하여
이르시되
2 이스라엘 자손의 온 회중의 총수를 그들의
조상의 가문을 따라 조사하되 이스라엘 중에
이십 세 이상으로 능히 전쟁에 나갈 만한 모
든 자를 계수하라 하시니
3 모세와 제사장 엘르아살이 여리고 맞은편 요
단 가 모압 평지에서 그들에게 전하여 이르되
4 여호와께서 애굽 땅에서 나온 모세와 이스라
엘 자손에게 명령하신 대로 너희는 이십 세

6 ● Then an Israelite man brought into the
camp a Midianite woman right before the eyes
of Moses and the whole assembly of Israel
while they were weeping at the entrance to the
7 tent of meeting. ● When Phinehas son of
Eleazar, the son of Aaron, the priest, saw this,
he left the assembly, took a spear in his hand
8 ● and followed the Israelite into the tent. He
drove the spear into both of them, right
through the Israelite man and into the
woman's stomach. Then the plague against
9 the Israelites was stopped; ● but those who
died in the plague numbered 24,000.
10–11 ● The LORD said to Moses, ● "Phinehas son of
Eleazar, the son of Aaron, the priest, has turned
my anger away from the Israelites. Since he
was as zealous for my honor among them as
I am, I did not put an end to them in my
12 zeal. ● Therefore tell him I am making my
13 covenant of peace with him. ● He and his
descendants will have a covenant of a lasting
priesthood, because he was zealous for the
honor of his God and made atonement for the
Israelites."
14 ● The name of the Israelite who was killed
with the Midianite woman was Zimri son of
15 Salu, the leader of a Simeonite family. ● And
the name of the Midianite woman who was
put to death was Kozbi daughter of Zur, a trib-
al chief of a Midianite family.
16–17 ● The LORD said to Moses, ● "Treat the Midi-
18 anites as enemies and kill them. ● They treated
you as enemies when they deceived you in the
Peor incident involving their sister Kozbi, the
daughter of a Midianite leader, the woman
who was killed when the plague came as a
result of that incident."

The Second Census

26 After the plague the LORD said to
Moses and Eleazar son of Aaron, the
2 priest, ● "Take a census of the whole Israelite
community by families—all those twenty
years old or more who are able to serve in the
3 army of Israel." ● So on the plains of Moab by
the Jordan across from Jericho, Moses and
Eleazar the priest spoke with them and said,
4 ● "Take a census of the men twenty years old
or more, as the LORD commanded Moses."

These were the Israelites who came out of
Egypt:
5 ● The descendants of Reuben, the firstborn son

assembly [əsémbli] *n.* 회중
command [kəmǽnd] *vt.* 명령하다
community [kəmjú:nəti] *n.* 공동체
covenant [kʌ́vənənt] *n.* 언약
descendant [diséndənt] *n.* 후손
honor [ánər] *n.* 명예
Israelite [ízriəlàit] *a.* 이스라엘의
plague [pleig] *n.* 전염병
plain [plein] *n.* 평원
priesthood [prí:sthud] *n.* 제사장직
result [rizʌ́lt] *n.* 결과
serve [sə:rv] *vt.* 섬기다
weep [wi:p] *vi.* 울다
zeal [zi:l] *n.* 열정
zealous [zéləs] *a.* 열렬한

25:13 **make atonement for...**: …를 위해 속죄하다
25:18 **as a result of...**: …의 결과로
26:2 **take a census**: 인구 조사를 하다
26:2 **be able to...**: …할 수 있다
26:2 **serve in the army**: 군대에 복무하다
26:3 **across from...**: …의 맞은편에

이상 된 자를 계수하라 하니라
5 ●이스라엘의 장자는 르우벤이라 르우벤
자손은 하녹에게서 난 하녹 종족과 발루에
게서 난 발루 종족과 출 6:14
6 헤스론에게서 난 헤스론 종족과 갈미에게
서 난 갈미 종족이니
7 이는 르우벤 종족들이라 계수된 자가 사만
삼천칠백삼십 명이었더라
8 발루의 아들은 엘리압이요
9 엘리압의 아들은 느무엘과 다단과 아비람
이라 이 다단과 아비람은 회중 가운데서
부름을 받은 자들이니 고라의 무리에 들
어가서 모세와 아론을 거슬러 여호와께
반역할 때에 16:2
10 땅이 그 입을 벌려서 그 무리와 고라를 삼
키매 그들이 죽었고 당시에 불이 이백오십
명을 삼켜 징표가 되게 하였으나
11 고라의 아들들은 죽지 아니하였더라
12 ●시므온 자손의 종족들은 이러하니 [1]느무
엘에게서 난 느무엘 종족과 야민에게서 난
야민 종족과 [2]야긴에게서 난 야긴 종족과
13 [3]세라에게서 난 세라 종족과 사울에게서
난 사울 종족이라
14 이는 시므온의 종족들이니 계수된 자가 이
만 이천이백 명이었더라
15 ●갓 자손의 종족들은 이러하니 [4]스본에게
서 난 스본 종족과 학기에게서 난 학기 종
족과 수니에게서 난 수니 종족과
16 [5]오스니에게서 난 오스니 종족과 에리에
게서 난 에리 종족과
17 [6]아롯에게서 난 아롯 종족과 아렐리에게
서 난 아렐리 종족이라
18 이는 갓 자손의 종족들이니 계수된 자가
사만 오백 명이었더라 1:25
19 ●유다의 아들들은 에르와 오난이라 이 에
르와 오난은 가나안 땅에서 죽었고
20 유다 자손의 종족들은 이러하니 셀라에
게서 난 셀라 종족과 베레스에게서 난 베
레스 종족과 세라에게서 난 세라 종족이
며
21 또 베레스 자손은 이러하니 헤스론에게서
난 헤스론 종족과 하물에게서 난 하물 종
족이라
22 이는 유다 종족들이니 계수된 자가 칠만
육천오백 명이었더라 1:27
23 ●잇사갈 자손의 종족들은 이러하니 돌라
에게서 난 돌라 종족과 부와에게서 난 부

of Israel, were:
through Hanok, the Hanokite clan;
through Pallu, the Palluite clan;
6 •through Hezron, the Hezronite clan;
through Karmi, the Karmite clan.
7 •These were the clans of Reuben; those num-
bered were 43,730.
8–9 •The son of Pallu was Eliab, •and the sons of
Eliab were Nemuel, Dathan and Abiram. The
same Dathan and Abiram were the community
officials who rebelled against Moses and Aaron
and were among Korah's followers when they
10 rebelled against the LORD. •The earth opened its
mouth and swallowed them along with Korah,
whose followers died when the fire devoured the
250 men. And they served as a warning sign.
11 •The line of Korah, however, did not die out.
12 •The descendants of Simeon by their clans were:
through Nemuel, the Nemuelite clan;
through Jamin, the Jaminite clan;
through Jakin, the Jakinite clan;
13 •through Zerah, the Zerahite clan;
through Shaul, the Shaulite clan.
14 •These were the clans of Simeon; those num-
bered were 22,200.
15 •The descendants of Gad by their clans were:
through Zephon, the Zephonite clan;
through Haggi, the Haggite clan;
through Shuni, the Shunite clan;
16 •through Ozni, the Oznite clan;
through Eri, the Erite clan;
17 •through Arodi,[a] the Arodite clan;
through Areli, the Arelite clan.
18 •These were the clans of Gad; those numbered
were 40,500.
19 •Er and Onan were sons of Judah, but they died
in Canaan.
20 •The descendants of Judah by their clans were:
through Shelah, the Shelanite clan;
through Perez, the Perezite clan;
through Zerah, the Zerahite clan.
21 •The descendants of Perez were:
through Hezron, the Hezronite clan;
through Hamul, the Hamulite clan.
22 •These were the clans of Judah; those numbered
were 76,500.
23 •The descendants of Issachar by their clans were:
through Tola, the Tolaite clan;

[a]17 Samaritan Pentateuch and Syriac (see also Gen. 46:16); Masoretic Text Arod

1) 창 46:10; 출 6:15, 여므엘 2) 대상 4:24, 야립 3) 창 46:10, 소할 4) 창 46:16, 시본 5) 창 46:16, 에스본 6) 창 46:16, 아로디

Canaan [kéinən] *n.* 가나안
clan [klæn] *n.* 종족
descendant [diséndənt] *n.* 후손
devour [diváuər] *vt.* 삼키다
die [dai] *vi.* 죽다
follower [fálouər] *n.* 추종자
Gad [gæd] *n.* 갓
Issachar [ísəkɑ̀:r] *n.* 잇사갈
Judah [dʒú:də] *n.* 유다
number [nʌ́mbər] *vt.* 세다
official [əfíʃəl] *n.* 관리
rebel [rebə́l] *vi.* 반역하다
son [sʌ́n] *n.* 아들
swallow [swálou] *vi.* 삼키다
warn [wɔ:rn] *vt.* 경고하다

26:9 rebel against...: …에 반항하다
26:10 along with...: …과 함께
26:10 serve as...: …의 역할을 하다
26:11 die out: 죽어 없어지다
26:19 die in...: …에서 죽다
26:23 by their clans: 종족 단위로

니 종족과
24 [1)]야숩에게서 난 야숩 종족과 시므론에게서
난 시므론 종족이라
25 이는 잇사갈 종족들이니 계수된 자가 육만
사천삼백 명이었더라
26 ●스불론 자손의 종족들은 이러하니 세렛
에게서 난 세렛 종족과 엘론에게서 난 엘
론 종족과 얄르엘에게서 난 얄르엘 종족이
라
27 이는 스불론 종족들이니 계수된 자가 육만
오백 명이었더라 1:31
28 ●요셉의 아들들의 종족들은 므낫세와 에
브라임이요
29 므낫세의 자손 중 마길에게서 난 자손은
마길 종족이라 마길이 길르앗을 낳았고
길르앗에게서 난 자손은 길르앗 종족이
라
30 길르앗 자손은 이러하니 이에셀에게서 난
이에셀 종족과 헬렉에게서 난 헬렉 종족
과
31 아스리엘에게서 난 아스리엘 종족과 세겜
에게서 난 세겜 종족과
32 스미다에게서 난 스미다 종족과 헤벨에게
서 난 헤벨 종족이며
33 헤벨의 아들 슬로브핫은 아들이 없고 딸뿐
이라 그 딸의 이름은 말라와 노아와 호글
라와 밀가와 디르사니
34 이는 므낫세의 종족들이라 계수된 자가 오
만 이천칠백 명이었더라
35 ●에브라임 자손의 종족들은 이러하니 수
델라에게서 난 수델라 종족과 [2)]베겔에게
서 난 베겔 종족과 다한에게서 난 다한 종
족이며
36 수델라 자손은 이러하니 에란에게서 난 에
란 종족이라
37 이는 에브라임 자손의 종족들이니 계수된
자가 삼만 이천오백 명이라 이상은 그 종
족을 따른 요셉 자손이었더라
38 ●베냐민 자손의 종족들은 이러하니 벨라
에게서 난 벨라 종족과 아스벨에게서 난
아스벨 종족과 [3)]아히람에게서 난 아히람
종족과
39 [4)]스부밤에게서 난 스부밤 종족과 후밤에
게서 난 후밤 종족이며
40 벨라의 아들들은 [5)]아릇과 나아만이라 아
릇에게서 아릇 종족과 나아만에게서 나아
만 종족이 났으니

through Puah, the Puite[a] clan;
24 ●through Jashub, the Jashubite clan;
through Shimron, the Shimronite clan.
25 ●These were the clans of Issachar; those num-
bered were 64,300.
26 ●The descendants of Zebulun by their clans were:
through Sered, the Seredite clan;
through Elon, the Elonite clan;
through Jahleel, the Jahleelite clan.
27 ●These were the clans of Zebulun; those num-
bered were 60,500.
28 ●The descendants of Joseph by their clans
through Manasseh and Ephraim were:
29 ●The descendants of Manasseh:
through Makir, the Makirite clan
(Makir was the father of Gilead);
through Gilead, the Gileadite clan.
30 ●These were the descendants of Gilead:
through Iezer, the Iezerite clan;
through Helek, the Helekite clan;
31 ●through Asriel, the Asrielite clan;
through Shechem, the Shechemite clan;
32 ●through Shemida, the Shemidaite clan;
through Hepher, the Hepherite clan.
33 ●(Zelophehad son of Hepher had no sons; he
had only daughters, whose names were
Mahlah, Noah, Hoglah, Milkah and Tirzah.)
34 ●These were the clans of Manasseh; those num-
bered were 52,700.
35 ●These were the descendants of Ephraim by
their clans:
through Shuthelah, the Shuthelahite clan;
through Beker, the Bekerite clan;
through Tahan, the Tahanite clan.
36 ●These were the descendants of Shuthelah:
through Eran, the Eranite clan.
37 ●These were the clans of Ephraim; those num-
bered were 32,500.
These were the descendants of Joseph by their
clans.
38 ●The descendants of Benjamin by their clans
were:
through Bela, the Belaite clan;
through Ashbel, the Ashbelite clan;
through Ahiram, the Ahiramite clan;
39 ●through Shupham,[b] the Shuphamite clan;

[a]23 Samaritan Pentateuch, Septuagint, Vulgate and Syriac (see also 1 Chron. 7:1); Masoretic Text *through Puvah, the Punite* [b]39 A few manuscripts of the Masoretic Text, Samaritan Pentateuch, Vulgate and Syriac (see also Septuagint); most manuscripts of the Masoretic Text *Shephupham* 1) 창 46:13, 욥 2) 대상 7:20, 베렛 3) 대상 8:1, 아하라, 창 46:21, 에히 4) 창 46:21, 뭅빔과 훕빔 5) 대상 8:3, 앗달

Benjamin [béndʒəmən] *n.* 베냐민
by [bai] *prep.* …에 의하여
clan [klæn] *n.* 종족
daughter [dɔ́:tər] *n.* 딸
descendant [diséndənt] *n.* 후손
Ephraim [í:friəm] *n.* 에브라임
Joseph [dʒóuzəf] *n.* 요셉
Manasseh [mənǽsə] *n.* 므낫세
name [neim] *n.* 이름
number [nʌ́mbər] *vt.* 세다
only [óunli] *a.* 유일한
son [sʌn] *n.* 아들
their [ðər] *pro.* 그들의
these [ði:z] *n.* 이 사람들
Zebulun [zébjulən] *n.* 스불론

26:25 be the clan of...: …의 종족이 되다
26:26 the descendant of...: …의 자손, …으로부터 유래한 것
26:33 son of...: …의 아들
26:33 have no: 가지지 못하다

41 이는 그들의 종족을 따른 베냐민 자손이
라 계수된 자가 사만 오천육백 명이었더
라
42 ●단 자손의 종족들은 이러하니라 1)수함
에게서 수함 종족이 났으니 이는 그들의
종족을 따른 단 종족들이라
43 수함 모든 종족의 계수된 자가 육만 사천
사백 명이었더라
44 ●아셀 자손의 종족들은 이러하니 임나에
게서 난 임나 종족과 이스위에게서 난 이
스위 종족과 브리아에게서 난 브리아 종
족이며
45 브리아의 자손 중 헤벨에게서 난 헤벨 종
족과 말기엘에게서 난 말기엘 종족이며
46 아셀의 딸의 이름은 세라라
47 이는 아셀 자손의 종족들이니 계수된 자
가 오만 삼천사백 명이었더라 1:41
48 ●납달리 자손은 그들의 종족대로 이러하
니 야셀에게서 난 야셀 종족과 구니에게
서 난 구니 종족과
49 예셀에게서 난 예셀 종족과 실렘에게서
난 실렘 종족이라
50 이는 그들의 종족을 따른 납달리 종족들
이니 계수된 자가 사만 오천사백 명이었
더라
51 ●이스라엘 자손의 계수된 자가 육십만
천칠백삼십 명이었더라
52 ●여호와께서 모세에게 말씀하여 이르시
되
53 이 명수대로 땅을 나눠 주어 기업을 삼게
하라
54 수가 많은 자에게는 기업을 많이 줄 것이
요 수가 적은 자에게는 기업을 적게 줄 것
이니 그들이 계수된 수대로 각기 기업을
주되 33:54
55 오직 그 땅을 제비 뽑아 나누어 그들의 조
상 지파의 이름을 따라 얻게 할지니라
56 그 다소를 막론하고 그들의 기업을 제비
뽑아 나눌지니라
57 ●레위인으로 계수된 자들의 종족들은 이
러하니 게르손에게서 난 게르손 종족과
고핫에게서 난 고핫 종족과 므라리에게서
난 므라리 종족이며
58 레위 종족들은 이러하니 립니 종족과 헤
브론 종족과 말리 종족과 무시 종족과 고
라 종족이라 고핫은 아므람을 낳았으며
59 아므람의 처의 이름은 요게벳이니 레위의

through Hupham, the Huphamite clan.
40 •The descendants of Bela through Ard and
Naaman were:
through Ard,[a] the Ardite clan;
through Naaman, the Naamite clan.
41 •These were the clans of Benjamin; those num-
bered were 45,600.
42 •These were the descendants of Dan by their
clans:
through Shuham, the Shuhamite clan.
43 These were the clans of Dan: •All of them were
Shuhamite clans; and those numbered were
64,400.
44 •The descendants of Asher by their clans were:
through Imnah, the Imnite clan;
through Ishvi, the Ishvite clan;
through Beriah, the Beriite clan;
45 •and through the descendants of Beriah:
through Heber, the Heberite clan;
through Malkiel, the Malkielite clan.
46 •(Asher had a daughter named Serah.)
47 •These were the clans of Asher; those numbered
were 53,400.
48 •The descendants of Naphtali by their clans
were:
through Jahzeel, the Jahzeelite clan;
through Guni, the Gunite clan;
49 •through Jezer, the Jezerite clan;
through Shillem, the Shillemite clan.
50 •These were the clans of Naphtali; those num-
bered were 45,400.
51 •The total number of the men of Israel was
601,730.
52–53 •The LORD said to Moses, •"The land is to be
allotted to them as an inheritance based on the
54 number of names. •To a larger group give a larg-
er inheritance, and to a smaller group a smaller
one; each is to receive its inheritance according to
55 the number of those listed. •Be sure that the land
is distributed by lot. What each group inherits
will be according to the names for its ancestral
56 tribe. •Each inheritance is to be distributed by lot
among the larger and smaller groups."
57 •These were the Levites who were counted by
their clans:
through Gershon, the Gershonite clan;
through Kohath, the Kohathite clan;
through Merari, the Merarite clan.
58 •These also were Levite clans:

[a]40 Samaritan Pentateuch and Vulgate (see also Septuagint); Masoretic Text does not have *through Ard*.

1) 창 46:23, 후심

Asher [ǽʃər] *n.* 아셀
allot [əlát] *vt.* 분배하다
ancestral [ænséstrəl] *a.* 조상의
Dan [dæn] *n.* 단
distribute [distríbjuːt] *vt.* 분배하다
group [gruːp] *n.* 무리
inherit [inhérit] *vt.* 상속받다
inheritance [inhérətəns] *n.* 유산
land [lænd] *n.* 땅
list [list] *vt.* 목록에 올리다
lot [lat] *n.* 제비뽑기
number [nʌ́mbər] *vt.* 세다
receive [risíːv] *vt.* 받다
through [θruː] *prep.* …를 통하여
tribe [traib] *n.* 지파

26:46 a daughter named...: …라는 딸
26:53 allot to...: …에게 분배하다
26:53 base on...: …에 바탕을 두다
26:54 according to...: …에 따라
26:55 be sure that...: 반드시 …하다
26:55 by lot: 제비뽑기로

딸이요 애굽에서 레위에게서 난 자라 그
가 아므람에게서 아론과 모세와 그의 누
이 미리암을 낳았고 출 6:20
60 아론에게서는 나답과 아비후와 엘르아살
과 이다말이 났더니
61 나답과 아비후는 다른 불을 여호와 앞에
드리다가 죽었더라
62 일 개월 이상으로 계수된 레위인의 모든
남자는 이만 삼천 명이었더라 그들은 이
스라엘 자손 중 계수에 들지 아니하였으
니 이는 이스라엘 자손 중에서 그들에게
준 기업이 없음이었더라
63 ●이는 모세와 제사장 엘르아살이 계수한
자라 그들이 여리고 맞은편 요단 가 모압
평지에서 이스라엘 자손을 계수한 중에
는
64 모세와 제사장 아론이 시내 광야에서 계
수한 이스라엘 자손은 한 사람도 들지 못
하였으니
65 이는 여호와께서 그들에게 대하여 말씀하
시기를 그들이 반드시 광야에서 죽으리라
하셨음이라 이러므로 여분네의 아들 갈렙
과 눈의 아들 여호수아 외에는 한 사람도
남지 아니하였더라

슬로브핫의 딸들 — B.C. 1410년경

27 요셉의 아들 므낫세 종족들에게 므
낫세의 현손 마길의 증손 길르앗의
손자 헤벨의 아들 슬로브핫의 딸들이 찾
아왔으니 그의 딸들의 이름은 말라와 노
아와 호글라와 밀가와 디르사라 26:33
2 그들이 회막문에서 모세와 제사장 엘르아
살과 지휘관들과 온 회중 앞에 서서 이르
되
3 우리 아버지가 광야에서 죽었으나 여호와
를 거슬러 모인 고라의 무리에 들지 아니
하고 자기 죄로 죽었고 아들이 없나이다
4 어찌하여 아들이 없다고 우리 아버지의
이름이 그의 종족 중에서 삭제되리이까
우리 아버지의 형제 중에서 우리에게 기
업을 주소서 하매
5 모세가 그 사연을 여호와께 아뢰니라
6 ●여호와께서 모세에게 말씀하여 이르시
되
7 슬로브핫 딸들의 말이 옳으니 너는 반드
시 그들의 아버지의 형제 중에서 그들에
게 기업을 주어 받게 하되 그들의 아버지
의 기업을 그들에게 돌릴지니라

the Libnite clan,
the Hebronite clan,
the Mahlite clan,
the Mushite clan,
the Korahite clan.
(Kohath was the forefather of Amram;
59 ●the name of Amram's wife was Jochebed,
a descendant of Levi, who was born to the
Levites[a] in Egypt. To Amram she bore Aa-
60 ron, Moses and their sister Miriam. ●Aaron
was the father of Nadab and Abihu, Eleazar
61 and Ithamar. ●But Nadab and Abihu died
when they made an offering before the
LORD with unauthorized fire.)
62 ●All the male Levites a month old or more num-
bered 23,000. They were not counted along with
the other Israelites because they received no
inheritance among them.
63 ●These are the ones counted by Moses and
Eleazar the priest when they counted the
Israelites on the plains of Moab by the Jordan
64 across from Jericho. ●Not one of them was
among those counted by Moses and Aaron the
priest when they counted the Israelites in the
65 Desert of Sinai. ●For the LORD had told those
Israelites they would surely die in the wilderness,
and not one of them was left except Caleb son
of Jephunneh and Joshua son of Nun.

Zelophehad's Daughters

27 The daughters of Zelophehad son of
Hepher, the son of Gilead, the son of
Makir, the son of Manasseh, belonged to the
clans of Manasseh son of Joseph. The names of
the daughters were Mahlah, Noah, Hoglah,
2 Milkah and Tirzah. They came forward ●and
stood before Moses, Eleazar the priest, the leaders
and the whole assembly at the entrance to the
3 tent of meeting and said, ●"Our father died in
the wilderness. He was not among Korah's fol-
lowers, who banded together against the LORD,
but he died for his own sin and left no sons.
4 ●Why should our father's name disappear from
his clan because he had no son? Give us property
among our father's relatives."
5 ●So Moses brought their case before the LORD,
6-7 ●and the LORD said to him, ●"What Zelophe-
had's daughters are saying is right. You must cer-
tainly give them property as an inheritance
among their father's relatives and give their
father's inheritance to them.

[a]59 Or *Jochebed, a daughter of Levi, who was born to Levi*

assembly [əsémbli] *n.* 회중, 회합
clan [klæn] *n.* 종족
count [kaunt] *vt.* 세다
entrance [éntrəns] *n.* 출입구
except [iksépt] *prep.* …외에는
forefather [fɔːrfɑːðər] *n.* 조상
inheritance [inhérətəns] *n.* 유산
leader [líːdər] *n.* 지도자
Levite [líːvait] *n.* 레위인
plain [plein] *n.* 평원
priest [priːst] *n.* 제사장
property [prápərti] *n.* 재산, 소유물
relative [rélətiv] *n.* 친척
surely [ʃúərli] *ad.* 확실히
unauthorized [ʌnɔ́ːθəràizd] *a.* 권한이 없는

26:62 **along with...**: …과 함께
27:1 **belong to...**: …에 속하다
27:3 **band together against...**: 결속(동맹)하여 …에 대항하다
27:3 **die for...**: …을 위해 죽다
27:4 **disappear from...**: …에서 사라지다

8 너는 이스라엘 자손에게 말하여 이르기를 사람이 죽고 아들이 없으면 그의 기업을 그의 딸에게 돌릴 것이요

9 딸도 없으면 그의 기업을 그의 형제에게 줄 것이요

10 형제도 없으면 그의 기업을 그의 아버지의 형제에게 줄 것이요

11 그의 아버지의 형제도 없으면 그의 기업을 가장 가까운 친족에게 주어 받게 할지니라 하고 나 여호와가 너 모세에게 명령한 대로 이스라엘 자손에게 판결의 규례가 되게 할지니라

모세의 후계자 여호수아
(신 31:1-8 ♪ 347, 352장)

12 ●여호와께서 모세에게 이르시되 너는 이 아바림 산에 올라가서 내가 이스라엘 자손에게 준 땅을 바라보라 신 32:49

13 본 후에는 네 형 아론이 돌아간 것같이 너도 [1]조상에게로 돌아가리니

14 이는 신 광야에서 회중이 분쟁할 때에 너희가 내 명령을 거역하고 그 물가에서 내 거룩함을 그들의 목전에 나타내지 아니하였음이니라 이 물은 신 광야 가데스의 므리바 물이니라

15 모세가 여호와께 여짜와 이르되

16 여호와, 모든 육체의 생명의 하나님이시여 원하건대 한 사람을 이 회중 위에 세워서

17 그로 그들 앞에 출입하며 그들을 인도하여 출입하게 하사 여호와의 회중이 목자 없는 양과 같이 되지 않게 하옵소서

18 여호와께서 모세에게 이르시되 눈의 아들 여호수아는 그 안에 영이 머무는 자니 너는 데려다가 그에게 안수하고

19 그를 제사장 엘르아살과 온 회중 앞에 세우고 그들의 목전에서 그에게 위탁하여

20 네 존귀를 그에게 돌려 이스라엘 자손의 온 회중을 그에게 복종하게 하라

21 그는 제사장 엘르아살 앞에 설 것이요 엘르아살은 그를 위하여 우림의 판결로써 여호와 앞에 물을 것이며 그와 온 이스라엘 자손 곧 온 회중은 엘르아살의 말을 따라 나가며 들어올 것이니라

22 모세가 여호와께서 자기에게 명령하신 대로 하여 여호수아를 데려다가 제사장 엘르아살과 온 회중 앞에 세우고

23 그에게 안수하여 위탁하되 여호와께서 모세에게 명령하신 대로 하였더라

8 ●"Say to the Israelites, 'If a man dies and
leaves no son, give his inheritance to his
9 daughter. ●If he has no daughter, give his
10 inheritance to his brothers. ●If he has no
brothers, give his inheritance to his father's
11 brothers. ●If his father had no brothers, give
his inheritance to the nearest relative in his
clan, that he may possess it. This is to have the
force of law for the Israelites, as the LORD commanded Moses.'"

Joshua to Succeed Moses

12 ●Then the LORD said to Moses, "Go up this
mountain in the Abarim Range and see the
13 land I have given the Israelites. ●After you
have seen it, you too will be gathered to your
14 people, as your brother Aaron was, ●for when
the community rebelled at the waters in the
Desert of Zin, both of you disobeyed my command to honor me as holy before their eyes."
(These were the waters of Meribah Kadesh, in
the Desert of Zin.)
15-16 ●Moses said to the LORD, ●"May the LORD,
the God who gives breath to all living things,
17 appoint someone over this community ●to
go out and come in before them, one who
will lead them out and bring them in, so the
LORD's people will not be like sheep without a
shepherd."
18 ●So the LORD said to Moses, "Take Joshua
son of Nun, a man in whom is the spirit of
19 leadership,[a] and lay your hand on him. ●Have
him stand before Eleazar the priest and the
entire assembly and commission him in their
20 presence. ●Give him some of your authority
so the whole Israelite community will obey
21 him. ●He is to stand before Eleazar the priest,
who will obtain decisions for him by inquiring of the Urim before the LORD. At his command he and the entire community of the
Israelites will go out, and at his command
they will come in."
22 ●Moses did as the LORD commanded him. He
took Joshua and had him stand before Eleazar
23 the priest and the whole assembly. ●Then he
laid his hands on him and commissioned
him, as the LORD instructed through Moses.

Daily Offerings

28 1-2 The LORD said to Moses, ●"Give this
command to the Israelites and say to
them: 'Make sure that you present to me at the

[a]18 Or *the Spirit* 1) 백성

appoint [əpɔ́int] *vt.* 임명하다
authority [əθɔ́:rəti] *n.* 권세
breath [breθ] *n.* 숨, 호흡
commission [kəmíʃən] *vt.* 위임하다
community [kəmjú:nəti] *n.* 공동체
disobey [disəbéi] *vt.* 불복종하다
inheritance [inhérətəns] *n.* 유산
obey [oubéi] *vt.* 순종하다
obtain [əbtéin] *vt.* 얻다
possess [pəzés] *vt.* 소유하다
presence [prézns] *n.* 면전, 현존
range [reindʒ] *n.* 산맥
rebel [rebə́l] *vi.* 반역하다
relative [rélətiv] *n.* 친척
shepherd [ʃépərd] *n.* 목자

27:13 **be gathered to one's people (fathers)**: 죽어서 묻히다
27:17 **lead out**: 이끌어내다
27:17 **bring in**: 들여오다
27:18 **lay one's hand on**: 안수하다
27:21 **inquire of...**: …에게 묻다

날마다 바치는 번제물 (출 29:38-46 ♪ 347장)

28 여호와께서 모세에게 말씀하여 이르시되
2 이스라엘 자손에게 명령하여 그들에게 이르라 내 헌물, 내 음식인 화제물 내 향기로운 것은 너희가 그 정한 시기에 삼가 내게 바칠지니라
3 또 그들에게 이르라 너희가 여호와께 드릴 화제는 이러하니 일 년 되고 흠 없는 숫양을 매일 두 마리씩 상번제로 드리되
4 어린 양 한 마리는 아침에 드리고 어린 양 한 마리는 해 질 때에 드릴 것이요
5 또 고운 가루 십분의 일 에바에 빻아 낸 기름 사분의 일 힌을 섞어서 소제로 드릴 것이니
6 이는 시내 산에서 정한 상번제로서 여호와께 드리는 향기로운 화제며
7 또 그 전제는 어린 양 한 마리에 사분의 일 힌을 드리되 거룩한 곳에서 여호와께 독주의 전제를 부어 드릴 것이며
8 해 질 때에는 두 번째 어린 양을 드리되 아침에 드린 소제와 전제와 같이 여호와께 향기로운 화제로 드릴 것이니라

안식일

9 ●안식일에는 일 년 되고 흠 없는 숫양 두 마리와 고운 가루 십분의 이에 기름 섞은 소제와 그 전제를 드릴 것이니
10 이는 상번제와 그 전제 외에 매 안식일의 번제니라

초하루

11 ●초하루에는 수송아지 두 마리와 숫양 한 마리와 일 년 되고 흠 없는 숫양 일곱 마리로 여호와께 번제를 드리되
12 매 수송아지에는 고운 가루 십분의 삼에 기름 섞은 소제와 숫양 한 마리에는 고운 가루 십분의 이에 기름 섞은 소제와
13 매 어린 양에는 고운 가루 십분의 일에 기름 섞은 소제를 향기로운 번제로 여호와께 화제를 드릴 것이며
14 그 전제는 수송아지 한 마리에 포도주 반 힌이요 숫양 한 마리에 삼분의 일 힌이요 어린 양 한 마리에 사분의 일 힌이니 이는 일 년 중 매월 초하루의 번제며
15 또 상번제와 그 전제 외에 숫염소 한 마리를 속죄제로 여호와께 드릴 것이니라

유월절 (레 23:5-14)

16 ●첫째 달 열넷째 날은 여호와를 위하여 지킬 유월절이며

레 23:5

appointed time my food offerings, as an
3 aroma pleasing to me.' ●Say to them: 'This is
the food offering you are to present to the
LORD: two lambs a year old without defect, as a
4 regular burnt offering each day. ●Offer one
lamb in the morning and the other at twilight,
5 ●together with a grain offering of a tenth of an
ephah[a] of the finest flour mixed with a quarter
6 of a hin[b] of oil from pressed olives. ●This is the
regular burnt offering instituted at Mount
Sinai as a pleasing aroma, a food offering pre-
7 sented to the LORD. ●The accompanying drink
offering is to be a quarter of a hin of fermented
drink with each lamb. Pour out the drink
8 offering to the LORD at the sanctuary. ●Offer
the second lamb at twilight, along with the
same kind of grain offering and drink offering
that you offer in the morning. This is a food
offering, an aroma pleasing to the LORD.

Sabbath Offerings

9 ●" 'On the Sabbath day, make an offering
of two lambs a year old without defect, togeth-
er with its drink offering and a grain offering
of two-tenths of an ephah[c] of the finest flour
10 mixed with olive oil. ●This is the burnt offer-
ing for every Sabbath, in addition to the regu-
lar burnt offering and its drink offering.

Monthly Offerings

11 ●" 'On the first of every month, present to
the LORD a burnt offering of two young bulls,
one ram and seven male lambs a year old, all
12 without defect. ●With each bull there is to be
a grain offering of three-tenths of an ephah[d]
of the finest flour mixed with oil; with the
ram, a grain offering of two-tenths of an
13 ephah of the finest flour mixed with oil; ●and
with each lamb, a grain offering of a tenth of
an ephah of the finest flour mixed with oil.
This is for a burnt offering, a pleasing aroma,
14 a food offering presented to the LORD. ●With
each bull there is to be a drink offering of half
a hin[e] of wine; with the ram, a third of a hin[f];
and with each lamb, a quarter of a hin. This is
the monthly burnt offering to be made at
15 each new moon during the year. ●Besides the

[a]5 That is, probably about 3 1/2 pounds or about 1.6 kilograms; also in verses 13, 21 and 29 [b]5 That is, about 1 quart or about 1 liter; also in verses 7 and 14 [c]9 That is, probably about 7 pounds or about 3.2 kilograms; also in verses 12, 20 and 28 [d]12 That is, probably about 11 pounds or about 5 kilograms; also in verses 20 and 28 [e]14 That is, about 2 quarts or about 1.9 liters [f]14 That is, about 1 1/3 quarts or about 1.3 liters

accompany [əkʌ́mpəni] *vt.* 동반하다
aroma [əróumə] *n.* 향기
bull [bul] *n.* 황소
burnt [bəːrnt] *a.* 탄, 그을은
defect [difékt] *n.* 결점, 흠
ferment [fə́ːrment] *vt.* 발효시키다
flour [fláuər] *n.* 밀가루
institute [ínstətjùːt] *vt.* 제정하다
lamb [læm] *n.* 어린 양
please [pliːz] *vt.* 기쁘게 하다
present [préznt] *vt.* 드리다
ram [ræm] *n.* 숫양
regular [régjulər] *a.* 정기적인
sanctuary [sǽŋktʃuèri] *n.* 성소
twilight [twáilàit] *n.* 황혼

28:5 **mix with...**: …과 섞다
28:7 **pour out**: 따르다, 붓다, 쏟다
28:8 **in the morning**: 아침에
28:10 **in addition to...**: …이외에도
28:13 **a tenth of...**: …의 십분의 일
28:13 **present... to ~**: …를 ~에게 주다

17 또 그달 열다섯째 날부터는 명절이니 이레
동안 무교병을 먹을 것이며
18 그 첫날에는 성회로 모일 것이요 아무 일도
하지 말 것이며
19 수송아지 두 마리와 숫양 한 마리와 일 년 된
숫양 일곱 마리를 다 흠 없는 것으로 여호와
께 화제를 드려 번제가 되게 할 것이며
20 그 소제로는 고운 가루에 기름을 섞어서 쓰
되 수송아지 한 마리에는 십분의 삼이요 숫
양 한 마리에는 십분의 이를 드리고
21 어린 양 일곱에는 어린 양 한 마리마다 십분
의 일을 드릴 것이며
22 또 너희를 속죄하기 위하여 숫염소 한 마리
로 속죄제를 드리되
23 아침의 번제 곧 상번제 외에 그것들을 드릴
것이니라 28:3
24 너희는 이 순서대로 이레 동안 매일 여호와
께 향기로운 화제의 음식을 드리되 상번제와
그 전제 외에 드릴 것이며
25 일곱째 날에는 성회로 모일 것이요 아무 일
도 하지 말 것이니라

칠칠절

26 ● 칠칠절 처음 익은 열매를 드리는 날에 너
희가 여호와께 새 소제를 드릴 때에도 성회
로 모일 것이요 아무 일도 하지 말 것이며
27 수송아지 두 마리와 숫양 한 마리와 일 년 된
숫양 일곱 마리로 여호와께 향기로운 번제를
드릴 것이며
28 그 소제로는 고운 가루에 기름을 섞어서 쓰
되 수송아지 한 마리마다 십분의 삼이요 숫
양 한 마리에는 십분의 이요
29 어린 양 일곱 마리에는 어린 양 한 마리마다
십분의 일을 드릴 것이며
30 또 너희를 속죄하기 위하여 숫염소 한 마리
를 드리되
31 너희는 다 흠 없는 것으로 상번제와 그 소제
와 전제 외에 그것들을 드릴 것이니라

일곱째 달 초하루 (레 23:23-25)

29 일곱째 달에 이르러는 그달 초하루에
성회로 모이고 아무 노동도 하지 말라
이는 너희가 나팔을 불 날이니라 10:10
2 너희는 수송아지 한 마리와 숫양 한 마리와
일 년 되고 흠 없는 숫양 일곱 마리를 여호와
께 향기로운 번제로 드릴 것이며
3 그 소제로는 고운 가루에 기름을 섞어서 쓰
되 수송아지에는 십분의 삼이요 숫양에는 십
분의 이요

regular burnt offering with its drink offering,
one male goat is to be presented to the LORD
as a sin offering.[a]

The Passover

16 • " 'On the fourteenth day of the first month
17 the LORD's Passover is to be held. • On the fif-
teenth day of this month there is to be a festi-
val; for seven days eat bread made without
18 yeast. • On the first day hold a sacred assembly
19 and do no regular work. • Present to the LORD
a food offering consisting of a burnt offering of
two young bulls, one ram and seven male
20 lambs a year old, all without defect. • With
each bull offer a grain offering of three-tenths
of an ephah of the finest flour mixed with oil;
21 with the ram, two-tenths; • and with each of
22 the seven lambs, one-tenth. • Include one
male goat as a sin offering to make atonement
23 for you. • Offer these in addition to the regular
24 morning burnt offering. • In this way present
the food offering every day for seven days as an
aroma pleasing to the LORD; it is to be offered
in addition to the regular burnt offering and its
25 drink offering. • On the seventh day hold a
sacred assembly and do no regular work.

The Festival of Weeks

26 • " 'On the day of firstfruits, when you pre-
sent to the LORD an offering of new grain dur-
ing the Festival of Weeks, hold a sacred assem-
27 bly and do no regular work. • Present a burnt
offering of two young bulls, one ram and
seven male lambs a year old as an aroma pleas-
28 ing to the LORD. • With each bull there is to be
a grain offering of three-tenths of an ephah of
the finest flour mixed with oil; with the ram,
29 two-tenths; • and with each of the seven
30 lambs, one-tenth. • Include one male goat to
31 make atonement for you. • Offer these togeth-
er with their drink offerings, in addition to the
regular burnt offering and its grain offering. Be
sure the animals are without defect.

The Festival of Trumpets

29 " ' On the first day of the seventh
month hold a sacred assembly and do
no regular work. It is a day for you to sound
2 the trumpets. • As an aroma pleasing to the
LORD, offer a burnt offering of one young bull,
one ram and seven male lambs a year old, all
3 without defect. • With the bull offer a grain
offering of three-tenths of an ephah[b] of the

[a] 15 Or *purification offering;* also in verse 22 [b] 3 That is, probably about 11 pounds or about 5 kilograms; also in verses 9 and 14

aroma [əróumə] *n.* 향기
assembly [əsémbli] *n.* 모임
defect [di:fekt] *n.* 결점
festival [féstəvəl] *n.* 절기
firstfruit [fə:rstfrú:t] *n.* 첫 수확
goat [gout] *n.* 염소
grain [grein] *n.* 곡물
hold [hould] *vt.* 모으다
include [inklú:d] *vt.* 포함하다
lamb [læm] *n.* 어린 양
offering [ɔ́:fəriŋ] *n.* 제물
Passover [pæsóuvər] *n.* 유월절
ram [ræm] *n.* 숫양
regular [régjulər] *a.* 정기적인
sacred [séikrid] *a.* 거룩한

28:22 **make atonement for...:** …를 위해 속죄하다
28:24 **pleasing to...:** …를 기쁘게 하는
28:31 **in addition to...:** …이외에도, …에 더하여(=besides)
28:31 **be sure (that):** 반드시 …하다

4 어린 양 일곱 마리에는 어린 양 한 마리마다
십분의 일을 드릴 것이며
5 또 너희를 속죄하기 위하여 숫염소 한 마리
로 속죄제를 드리되
6 그달의 번제와 그 소제와 상번제와 그 소제
와 그 전제 외에 그 규례를 따라 향기로운 냄
새로 화제를 여호와께 드릴 것이니라

속죄일 (레 23:26-32)

7 ●일곱째 달 열흘 날에는 너희가 성회로 모
일 것이요 너희의 심령을 괴롭게 하며 아무
일도 하지 말 것이니라
8 너희는 수송아지 한 마리와 숫양 한 마리와
일 년 된 숫양 일곱 마리를 다 흠 없는 것
으로 여호와께 향기로운 번제를 드릴 것이
며
9 그 소제로는 고운 가루에 기름을 섞어서 쓰
되 수송아지 한 마리에는 십분의 삼이요 숫
양 한 마리에는 십분의 이요
10 어린 양 일곱 마리에는 어린 양 한 마리마다
십분의 일을 드릴 것이며
11 속죄제와 상번제와 그 소제와 그 전제 외에
숫염소 한 마리를 속죄제로 드릴 것이니라

장막절 (레 23:33-44)

12 ●일곱째 달 열다섯째 날에는 너희가 성회로
모일 것이요 아무 일도 하지 말 것이며 이레
동안 여호와 앞에 절기를 지킬 것이라
13 너희 번제로 여호와께 향기로운 화제를 드리
되 수송아지 열세 마리와 숫양 두 마리와 일
년 된 숫양 열네 마리를 다 흠 없는 것으로
드릴 것이며
14 그 소제로는 고운 가루에 기름을 섞어서 수
송아지 열세 마리에는 각기 십분의 삼이요
숫양 두 마리에는 각기 십분의 이요
15 어린 양 열네 마리에는 각기 십분의 일을 드
릴 것이며
16 상번제와 그 소제와 그 전제 외에 숫염소 한
마리를 속죄제로 드릴 것이니라 29:11
17 ●둘째 날에는 수송아지 열두 마리와 숫양
두 마리와 일 년 되고 흠 없는 숫양 열네 마
리를 드릴 것이며
18 그 소제와 전제는 수송아지와 숫양과 어린
양의 수효를 따라서 규례대로 할 것이며
19 상번제와 그 소제와 그 전제 외에 숫염소 한
마리를 속죄제로 드릴 것이니라
20 ●셋째 날에는 수송아지 열한 마리와 숫양
두 마리와 일 년 되고 흠 없는 숫양 열네 마
리를 드릴 것이며

finest flour mixed with olive oil; with the ram,
4 two-tenths[a]; ●and with each of the seven
5 lambs, one-tenth.[b] ●Include one male goat as a
sin offering[c] to make atonement for you.
6 ●These are in addition to the monthly and
daily burnt offerings with their grain offer-
ings and drink offerings as specified. They are
food offerings presented to the LORD, a pleas-
ing aroma.

The Day of Atonement

7 ●" 'On the tenth day of this seventh month
hold a sacred assembly. You must deny your-
8 selves[d] and do no work. ●Present as an aroma
pleasing to the LORD a burnt offering of one
young bull, one ram and seven male lambs a
9 year old, all without defect. ●With the bull offer
a grain offering of three-tenths of an ephah of
the finest flour mixed with oil; with the ram,
10 two-tenths; ●and with each of the seven lambs,
11 one-tenth. ●Include one male goat as a sin
offering, in addition to the sin offering for
atonement and the regular burnt offering with
its grain offering, and their drink offerings.

The Festival of Tabernacles

12 ●" 'On the fifteenth day of the seventh
month, hold a sacred assembly and do no reg-
ular work. Celebrate a festival to the LORD for
13 seven days. ●Present as an aroma pleasing to
the LORD a food offering consisting of a burnt
offering of thirteen young bulls, two rams and
fourteen male lambs a year old, all without
14 defect. ●With each of the thirteen bulls offer a
grain offering of three-tenths of an ephah of
the finest flour mixed with oil; with each of
15 the two rams, two-tenths; ●and with each of
16 the fourteen lambs, one-tenth. ●Include one
male goat as a sin offering, in addition to the
regular burnt offering with its grain offering
and drink offering.
17 ●" 'On the second day offer twelve young
bulls, two rams and fourteen male lambs a
18 year old, all without defect. ●With the bulls,
rams and lambs, offer their grain offerings and
drink offerings according to the number speci-
19 fied. ●Include one male goat as a sin offering,
in addition to the regular burnt offering with
its grain offering, and their drink offerings.
20 ●" 'On the third day offer eleven bulls, two
rams and fourteen male lambs a year old, all

[a]3 That is, probably about 7 pounds or about 3.2 kilograms; also in verses 9 and 14 [b]4 That is, probably about 3 1/2 pounds or about 1.6 kilograms; also in verses 10 and 15 [c]5 Or *purification offering;* also elsewhere in this chapter [d]7 Or *must fast*

aroma [əróumə] *n.* 향기
assembly [əsémbli] *n.* 모임
atonement [ətóunmənt] *n.* 속죄
bull [bul] *n.* 황소
burnt [bə:rnt] *a.* 탄, 그을은
celebrate [séləbrèit] *vt.* 거행하다
fine [fain] *a.* 고운, 미세한
flour [fláuər] *n.* 가루
male [meil] *a.* 수컷의
please [pli:z] *vt.* 기쁘게 하다
present [préznt] *vt.* 주다
ram [ræm] *n.* 숫양
sacred [séikrid] *a.* 거룩한
specify [spésəfài] *vt.* 지정하다
tabernacle [tǽbə:rnæ̀kl] *n.* 성막

29:3 **mix with...**: …과 섞다
29:6 **present to...**: …에게 주다
29:7 **deny oneself**: 자제하다, 극기하다
29:8 **without defect**: 흠이 없는
29:10 **each of...**: …의 각각
29:18 **according to...**: …에 따라서

21 그 소제와 전제는 수송아지와 숫양과 어린
양의 수효를 따라서 규례대로 할 것이며
22 상번제와 그 소제와 그 전제 외에 숫염소 한
마리를 속죄제로 드릴 것이니라
23 ● 넷째 날에는 수송아지 열 마리와 숫양 두
마리와 일 년 되고 흠 없는 숫양 열네 마리를
드릴 것이며
24 그 소제와 전제는 수송아지와 숫양과 어린
양의 수효를 따라 규례대로 할 것이며
25 상번제와 그 소제와 그 전제 외에 숫염소 한
마리를 속죄제로 드릴 것이니라
26 ● 다섯째 날에는 수송아지 아홉 마리와 숫양
두 마리와 일 년 되고 흠 없는 숫양 열네 마
리를 드릴 것이며
27 그 소제와 전제는 수송아지와 숫양과 어린
양의 수효를 따라서 규례대로 할 것이며
28 상번제와 그 소제와 그 전제 외에 숫염소 한
마리를 속죄제로 드릴 것이니라
29 ● 여섯째 날에는 수송아지 여덟 마리와 숫양
두 마리와 일 년 되고 흠 없는 숫양 열네 마
리를 드릴 것이며
30 그 소제와 전제는 수송아지와 숫양과 어린
양의 수효를 따라서 규례대로 할 것이며
31 상번제와 그 소제와 그 전제 외에 숫염소 한
마리를 속죄제로 드릴 것이니라
32 ● 일곱째 날에는 수송아지 일곱 마리와 숫양
두 마리와 일 년 되고 흠 없는 숫양 열네 마
리를 드릴 것이며
33 그 소제와 전제는 수송아지와 숫양과 어린
양의 수효를 따라 규례대로 할 것이며
34 상번제와 그 소제와 그 전제 외에 숫염소 한
마리를 속죄제로 드릴 것이니라
35 ● 여덟째 날에는 장엄한 대회로 모일 것이요
아무 일도 하지 말 것이며
36 번제로 여호와께 향기로운 화제를 드리되 수
송아지 한 마리와 숫양 한 마리와 일 년 되고
흠 없는 숫양 일곱 마리를 드릴 것이며
37 그 소제와 전제는 수송아지와 숫양과 어린
양의 수효를 따라 규례대로 할 것이며
38 상번제와 그 소제와 그 전제 외에 숫염소 한
마리를 속죄제로 드릴 것이니라
39 ● 너희가 이 절기를 당하거든 여호와께 이같
이 드릴지니 이는 너희의 서원제나 낙헌제로
드리는 번제, 소제, 전제, 화목제 외에 드릴
것이니라
40 모세가 여호와께서 모세에게 명령하신 모든
일을 이스라엘 자손에게 말하니라

21 without defect. ● With the bulls, rams and
lambs, offer their grain offerings and drink
offerings according to the number specified.
22 ● Include one male goat as a sin offering, in
addition to the regular burnt offering with its
grain offering and drink offering.
23 ● " 'On the fourth day offer ten bulls, two
rams and fourteen male lambs a year old, all
24 without defect. ● With the bulls, rams and
lambs, offer their grain offerings and drink
offerings according to the number specified.
25 ● Include one male goat as a sin offering, in
addition to the regular burnt offering with its
grain offering and drink offering.
26 ● " 'On the fifth day offer nine bulls, two
rams and fourteen male lambs a year old, all
27 without defect. ● With the bulls, rams and
lambs, offer their grain offerings and drink
offerings according to the number specified.
28 ● Include one male goat as a sin offering, in
addition to the regular burnt offering with its
grain offering and drink offering.
29 ● " 'On the sixth day offer eight bulls, two
rams and fourteen male lambs a year old, all
30 without defect. ● With the bulls, rams and
lambs, offer their grain offerings and drink
offerings according to the number specified.
31 ● Include one male goat as a sin offering, in
addition to the regular burnt offering with its
grain offering and drink offering.
32 ● " 'On the seventh day offer seven bulls, two
rams and fourteen male lambs a year old, all
33 without defect. ● With the bulls, rams and
lambs, offer their grain offerings and drink
offerings according to the number specified.
34 ● Include one male goat as a sin offering, in
addition to the regular burnt offering with its
grain offering and drink offering.
35 ● " 'On the eighth day hold a closing special
36 assembly and do no regular work. ● Present as
an aroma pleasing to the LORD a food offering
consisting of a burnt offering of one bull, one
ram and seven male lambs a year old, all with-
37 out defect. ● With the bull, the ram and the
lambs, offer their grain offerings and drink
offerings according to the number specified.
38 ● Include one male goat as a sin offering, in
addition to the regular burnt offering with its
grain offering and drink offering.
39 ● " 'In addition to what you vow and your
freewill offerings, offer these to the LORD at
your appointed festivals: your burnt offerings,

appointed [əpɔ́intid] *a.* 정해진
aroma [əróumə] *n.* 향기
assembly [əsémbli] *n.* 회중
bull [bul] *n.* 황소
defect [díːfekt] *n.* 흠, 결점
festival [féstəvəl] *n.* 절기
freewill [fríːwíl] *a.* 자발적인
goat [gout] *n.* 염소
grain [grein] *n.* 곡물
include [inklúːd] *vt.* 포함시키다
lamb [læm] *n.* 어린 양
offering [ɔ́ːfəriŋ] *n.* 제물
ram [ræm] *n.* 숫양
regular [régjulər] *a.* 정기적인
specify [spésəfài] *vt.* 지정하다

29:21 according to...: …에 따라서
29:21 the number specified: 지정된 수효
29:22 in addition to...: …이외에도, …에 더하여 (=besides)
29:23 without defect: 흠이 없는

여호와께 서원한 것
(♪ 213, 575장) — B.C. 1410년경

30 모세가 이스라엘 자손 지파의 수령들
에게 말하여 이르되 여호와의 명령이
이러하니라
2 사람이 여호와께 서원하였거나 결심하고 서
약하였으면 깨뜨리지 말고 그가 입으로 말한
대로 다 이행할 것이니라 전 5:4
3 또 여자가 만일 어려서 그 아버지 집에 있을
때에 여호와께 서원한 일이나 스스로 결심하
려고 한 일이 있다고 하자
4 그의 아버지가 그의 서원이나 그가 결심한
서약을 듣고도 그에게 아무 말이 없으면 그
의 모든 서원을 행할 것이요 그가 결심한 서
약을 지킬 것이니라
5 그러나 그의 아버지가 그것을 듣는 날에 허
락하지 아니하면 그의 서원과 결심한 서약을
이루지 못할 것이니 그의 아버지가 허락하지
아니하였은즉 여호와께서 사하시리라
6 ●또 혹시 남편을 맞을 때에 서원이나 결심
한 서약을 경솔하게 그의 입술로 말하였으면
7 그의 남편이 그것을 듣고 그 듣는 날에 그에
게 아무 말이 없으면 그 서원을 이행할 것이
요 그가 결심한 서약을 지킬 것이니라
8 그러나 그의 남편이 그것을 듣는 날에 허락
하지 아니하면 그 서원과 결심하려고 경솔하
게 입술로 말한 서약은 무효가 될 것이니 여
호와께서 그 여자를 사하시리라
9 ●과부나 이혼당한 여자의 서원이나 그가 결
심한 모든 서약은 지킬 것이니라
10 부녀가 혹시 그의 남편의 집에서 서원을 하
였다든지 결심하고 서약을 하였다 하자
11 그의 남편이 그것을 듣고도 아무 말이 없고
금하지 않으면 그 서원은 다 이행할 것이요
그가 결심한 서약은 다 지킬 것이니라
12 그러나 그의 남편이 그것을 듣는 날에 무효
하게 하면 그 서원과 결심한 일에 대하여 입
술로 말한 것을 아무것도 이루지 못하나니
그의 남편이 그것을 무효하게 하였은즉 여호
와께서 그 부녀를 사하시느니라
13 ●모든 서원과 마음을 자제하기로 한 모든
서약은 그의 남편이 그것을 지키게도 할 수
있고 무효하게도 할 수 있으니 엡 5:22
14 그의 남편이 여러 날이 지나도록 말이 없으
면 아내의 서원과 스스로 결심한 일을 지키
게 하는 것이니 이는 그가 그것을 들을 때에
그의 아내에게 아무 말도 아니하였으므로 지

grain offerings, drink offerings and fellowship
offerings.' "
40 ●Moses told the Israelites all that the LORD
commanded him.[a]

Vows

30 [b]Moses said to the heads of the tribes
of Israel: "This is what the LORD com-
2 mands: ●When a man makes a vow to the
LORD or takes an oath to obligate himself by a
pledge, he must not break his word but must
do everything he said.
3 ●"When a young woman still living in her
father's household makes a vow to the LORD
4 or obligates herself by a pledge ●and her
father hears about her vow or pledge but says
nothing to her, then all her vows and every
pledge by which she obligated herself will
5 stand. ●But if her father forbids her when he
hears about it, none of her vows or the pledges
by which she obligated herself will stand; the
LORD will release her because her father has
forbidden her.
6 ●"If she marries after she makes a vow or
after her lips utter a rash promise by which she
7 obligates herself ●and her husband hears
about it but says nothing to her, then her vows
or the pledges by which she obligated herself
8 will stand. ●But if her husband forbids her
when he hears about it, he nullifies the vow
that obligates her or the rash promise by
which she obligates herself, and the LORD will
release her.
9 ●"Any vow or obligation taken by a widow
or divorced woman will be binding on her.
10 ●"If a woman living with her husband
makes a vow or obligates herself by a pledge
11 under oath ●and her husband hears about it
but says nothing to her and does not forbid
her, then all her vows or the pledges by which
12 she obligated herself will stand. ●But if her
husband nullifies them when he hears about
them, then none of the vows or pledges that
came from her lips will stand. Her husband
has nullified them, and the LORD will release
13 her. ●Her husband may confirm or nullify
any vow she makes or any sworn pledge to
14 deny herself.[c] ●But if her husband says noth-
ing to her about it from day to day, then he
confirms all her vows or the pledges binding

[a]*40* In Hebrew texts this verse (29:40) is numbered 30:1. [b]In Hebrew texts 30:1-16 is numbered 30:2-17. [c]*13* Or *to fast*

binding [báindiŋ] *a.* 구속력 있는
confirm [kənfə́:rm] *vt.* 확실하게 하다
divorce [divɔ́:rs] *vt.* 이혼하다
forbid [fərbíd] *vt.* 금하다
nullify [nʌ́ləfài] *vt.* 무효로 하다
oath [ouθ] *n.* 맹세
obligate [ɑ́bləgèit] *vt.* 의무를 지우다
obligation [ɑ̀bləgéiʃən] *n.* 의무
pledge [pledʒ] *n.* 서약
rash [ræʃ] *a.* 경솔한
release [rilí:s] *vt.* 자유롭게 하다
tribe [traib] *n.* 지파
utter [ʌ́tər] *vt.* 말하다
vow [vau] *n.* 서원
widow [wídou] *n.* 과부

30:2 **make a vow**: 맹세하다
30:2 **take an oath**: 선서하다
30:2 **not A but B**: A가 아니라 B이다
30:2 **break one's word**: 약속을 어기다
30:13 **deny oneself**: 자제하다, 극기하다
30:14 **from day to day**: 날마다

키게 됨이니라
15 그러나 그의 남편이 들은 지 얼마 후에 그것을 무효하게 하면 그가 아내의 죄를 담당할 것이니라
16 이는 여호와께서 모세에게 명령하신 규례니 남편이 아내에게, 아버지가 자기 집에 있는 어린 딸에 대한 것이니라

미디안에게 여호와의 원수를 갚다 (♪ 358장)

31 여호와께서 모세에게 말씀하여 이르시되
2 이스라엘 자손의 원수를 미디안에게 갚으라 그 후에 네가 네 [1]조상에게로 돌아가리라
3 모세가 백성에게 말하여 이르되 너와 함께 있는 사람들 가운데서 전쟁에 나갈 사람들을 무장시키고 미디안을 치러 보내어 여호와의 원수를 갚되
4 이스라엘 모든 지파에게 각 지파에서 천 명씩을 전쟁에 보낼지니라 하매
5 각 지파에서 천 명씩 이스라엘 [2]백만 명 중에서 만 이천 명을 택하여 무장을 시킨지라
6 모세가 각 지파에 천 명씩 싸움에 보내되 제사장 엘르아살의 아들 비느하스에게 성소의 기구와 신호 나팔을 들려서 그들과 함께 전쟁에 보내매
7 그들이 여호와께서 모세에게 명령하신 대로 미디안을 쳐서 남자를 다 죽였고
8 그 죽인 자 외에 미디안의 다섯 왕을 죽였으니 미디안의 왕들은 에위와 레겜과 수르와 후르와 레바이며 또 브올의 아들 발람을 칼로 죽였더라
9 이스라엘 자손이 미디안의 부녀들과 그들의 아이들을 사로잡고 그들의 가축과 양 떼와 재물을 다 탈취하고
10 그들이 거처하는 성읍들과 촌락을 다 불사르고
11 탈취한 것, 노략한 것, 사람과 짐승을 다 빼앗으니라 신 20:14
12 그들이 사로잡은 자와 노략한 것과 탈취한 것을 가지고 여리고 맞은편 요단 강가 모압 평지의 진영에 이르러 모세와 제사장 엘르아살과 이스라엘 자손의 회중에게로 나아오니라

군대가 이기고 돌아오다

13 ●모세와 제사장 엘르아살과 회중의 지도자들이 다 진영 밖에 나가서 영접하다가
14 모세가 군대의 지휘관 곧 싸움에서 돌아온 천부장들과 백부장들에게 노하니라
15 모세가 그들에게 이르되 너희가 여자들을 다 살려두었느냐

on her. He confirms them by saying nothing
15 to her when he hears about them. ●If, however, he nullifies them some time after he
hears about them, then he must bear the
consequences of her wrongdoing."
16 ●These are the regulations the LORD gave
Moses concerning relationships between a
man and his wife, and between a father and
his young daughter still living at home.

Vengeance on the Midianites

31 1-2 The LORD said to Moses, ●"Take
vengeance on the Midianites for the
Israelites. After that, you will be gathered to
your people."
3 ●So Moses said to the people, "Arm some
of your men to go to war against the Midianites so that they may carry out the LORD's
4 vengeance on them. ●Send into battle a
thousand men from each of the tribes of
5 Israel." ●So twelve thousand men armed
for battle, a thousand from each tribe, were
6 supplied from the clans of Israel. ●Moses
sent them into battle, a thousand from each
tribe, along with Phinehas son of Eleazar,
the priest, who took with him articles from
the sanctuary and the trumpets for signaling.
7 ●They fought against Midian, as the LORD
commanded Moses, and killed every man.
8 ●Among their victims were Evi, Rekem, Zur,
Hur and Reba—the five kings of Midian.
They also killed Balaam son of Beor with the
9 sword. ●The Israelites captured the Midianite
women and children and took all the Midianite herds, flocks and goods as plunder.
10 ●They burned all the towns where the Midianites had settled, as well as all their camps.
11 ●They took all the plunder and spoils,
12 including the people and animals, ●and
brought the captives, spoils and plunder to
Moses and Eleazar the priest and the Israelite
assembly at their camp on the plains of
Moab, by the Jordan across from Jericho.
13 ●Moses, Eleazar the priest and all the leaders of the community went to meet them
14 outside the camp. ●Moses was angry with
the officers of the army—the commanders
of thousands and commanders of hundreds—who returned from the battle.
15 ●"Have you allowed all the women to

1) 히, 백성 2) 히, 천천인의

assembly [əsémbli] *n.* 회중
battle [bǽtl] *n.* 전투
captive [kǽptiv] *n.* 포로
commander [kəmǽndər] *n.* 지휘관
concerning [kənsə́ːrniŋ] *prep.* …에 관하여
gather [gǽðər] *vt.* 모으다
herd [həːrd] *n.* 가축의 떼
plunder [plʌ́ndər] *n.* 약탈(품)
regulation [règjuléiʃən] *n.* 규정
relationship [riléiʃənʃip] *n.* 관계
sanctuary [sǽŋktʃuèri] *n.* 성소
signal [sígnəl] *vi.* 신호하다
spoil [spɔil] *n.* 전리품
vengeance [véndʒəns] *n.* 복수
victim [víktim] *n.* 희생자

30:16 **between A and B:** A와 B 사이
31:2 **take vengeance on:** 원수를 갚다
31:3 **go to war:** 출전하다
31:3 **carry out:** 실행하다, 수행하다
31:10 **as well as…:** …뿐만 아니라
31:15 **allow… to~:** …가 ~을 허락하다

16 보라 이들이 발람의 꾀를 따라 이스라엘 자손
을 브올의 사건에서 여호와 앞에 범죄하게 하
여 여호와의 회중 가운데에 염병이 일어나게
하였느니라
17 그러므로 아이들 중에서 남자는 다 죽이고 남
자와 동침하여 사내를 아는 여자도 다 죽이고
18 남자와 동침하지 아니하여 사내를 알지 못하는
여자들은 다 너희를 위하여 살려둘 것이니라
19 너희는 이레 동안 진영 밖에 주둔하라 누구든
지 살인자나 죽임을 당한 사체를 만진 자는 셋
째 날과 일곱째 날에 몸을 깨끗하게 하고 너희
의 포로도 깨끗하게 할 것이며
20 모든 의복과 가죽으로 만든 모든 것과 염소 털
로 만든 모든 것과 나무로 만든 모든 것을 다
깨끗하게 할지니라
21 ● 제사장 엘르아살이 싸움에 나갔던 군인들
에게 이르되 이는 여호와께서 모세에게 명령
하신 율법이니라
22 금, 은, 동, 철과 주석과 납 등의
23 불에 견딜 만한 모든 물건은 불을 지나게 하라
그리하면 깨끗하려니와 다만 정결하게 하는
물로 그것을 깨끗하게 할 것이며 불에 견디지
못할 모든 것은 물을 지나게 할 것이니라
24 너희는 일곱째 날에 옷을 빨아서 깨끗하게 한
후에 진영에 들어올지니라

전리품 분배

25 ● 여호와께서 모세에게 말씀하여 이르시되
26 너는 제사장 엘르아살과 회중의 수령들과 더불
어 이 사로잡은 사람들과 짐승들을 계수하고
27 그 얻은 물건을 반분하여 그 절반은 전쟁에 나
갔던 군인들에게 주고 절반은 회중에게 주고
28 전쟁에 나갔던 군인들은 사람이나 소나 나귀
나 양 떼의 오백분의 일을 여호와께 드릴지니
라
29 곧 이를 그들의 절반에서 가져다가 여호와의
거제로 제사장 엘르아살에게 주고
30 또 이스라엘 자손이 받은 절반에서는 사람이
나 소나 나귀나 양 떼나 각종 짐승 오십분의
일을 가져다가 여호와의 성막을 맡은 레위인
에게 주라
31 모세와 제사장 엘르아살이 여호와께서 모세
에게 명령하신 대로 하니라
32 ● 그 탈취물 곧 군인들의 다른 탈취물 외에 양
이 육십칠만 오천 마리요
33 소가 칠만 이천 마리요
34 나귀가 육만 천 마리요
35 사람은 남자와 동침하지 아니하여서 사내를

16 live?" he asked them. ● "They were the ones
who followed Balaam's advice and enticed
the Israelites to be unfaithful to the LORD in
the Peor incident, so that a plague struck
17 the LORD's people. ● Now kill all the boys.
And kill every woman who has slept with a
18 man, ● but save for yourselves every girl
who has never slept with a man.
19 ● "Anyone who has killed someone or
touched someone who was killed must stay
outside the camp seven days. On the third
and seventh days you must purify yourselves
20 and your captives. ● Purify every garment as
well as everything made of leather, goat hair
or wood."
21 ● Then Eleazar the priest said to the sol-
diers who had gone into battle, "This is
what is required by the law that the LORD
22 gave Moses: ● Gold, silver, bronze, iron, tin,
23 lead ● and anything else that can withstand
fire must be put through the fire, and then
it will be clean. But it must also be purified
with the water of cleansing. And whatever
cannot withstand fire must be put through
24 that water. ● On the seventh day wash your
clothes and you will be clean. Then you
may come into the camp."

Dividing the Spoils

25-26 ● The LORD said to Moses, ● "You and
Eleazar the priest and the family heads of the
community are to count all the people and
27 animals that were captured. ● Divide the
spoils equally between the soldiers who took
part in the battle and the rest of the commu-
28 nity. ● From the soldiers who fought in the
battle, set apart as tribute for the LORD one
out of every five hundred, whether people,
29 cattle, donkeys or sheep. ● Take this tribute
from their half share and give it to Eleazar
30 the priest as the LORD's part. ● From the
Israelites' half, select one out of every fifty,
whether people, cattle, donkeys, sheep or
other animals. Give them to the Levites, who
are responsible for the care of the LORD's
31 tabernacle." ● So Moses and Eleazar the
priest did as the LORD commanded Moses.
32 ● The plunder remaining from the sp-
oils that the soldiers took was 675,000
33-34 sheep, ● 72,000 cattle, ● 61,000 donkeys
35 ● and 32,000 women who had never slept
with a man.

bronze [branz] *n.* 청동
capture [kǽptʃər] *vt.* 사로잡다
command [kəmǽnd] *vt.* 명령하다
divide [diváid] *vt.* 나누다
garment [gáːrmənt] *n.* 옷
plague [pleig] *n.* 전염병
purify [pjúərəfài] *vt.* 정결케 하다
remain [riméin] *vi.* 남아 있다
require [rikwáiər] *vt.* 요구하다
responsible [rispánsəbl] *a.* 책임있는
spoil [spɔil] *n.* 전리품
tabernacle [tǽbəːrnækl] *n.* 성막
tin [tin] *n.* 주석
tribute [tríbjuːt] *n.* 공물
withstand [wiθstǽnd] *vt.* 잘 견디다

31:20 **B as well as A**: A뿐만 아니라 B도
31:20 **make of...**: …로 만들어지다
31:23 **put through...**: …로 통과시키다
31:27 **take part in...**: …에 참가[참여]하다
31:28 **set apart...**: …를 제쳐놓다
31:30 **be responsible for...**: …에 책임있다

알지 못하는 여자가 도합 삼만 이천 명이니
36 그 절반 곧 전쟁에 나갔던 자들의 소유가 양이
삼십삼만 칠천오백 마리라
37 여호와께 공물로 드린 양이 육백칠십오요
38 소가 삼만 육천 마리라 그중에서 여호와께 공
물로 드린 것이 칠십이 마리요
39 나귀가 삼만 오백 마리라 그중에서 여호와께
공물로 드린 것이 육십일 마리요
40 사람이 만 육천 명이라 그중에서 여호와께 공
물로 드린 자가 삼십이 명이니
41 여호와께 거제의 공물로 드린 것을 모세가 제
사장 엘르아살에게 주었으니 여호와께서 모세
에게 명령하심과 같았더라
42 ●모세가 전쟁에 나갔던 자에게서 나누어 이
스라엘 자손에게 준 절반
43 곧 회중이 받은 절반은 양이 삼십삼만 칠천오
백 마리요
44 소가 삼만 육천 마리요
45 나귀가 삼만 오백 마리요
46 사람이 만 육천 명이라
47 이스라엘 자손의 그 절반에서 모세가 사람이
나 짐승의 오십분의 일을 취하여 여호와의 장
막을 맡은 레위인에게 주었으니 여호와께서
모세에게 명령하심과 같았더라 31:30
48 ●군대의 지휘관들 곧 천부장과 백부장들이
모세에게 나아와서
49 모세에게 말하되 당신의 종들이 이끈 군인을
계수한즉 우리 중 한 사람도 축나지 아니하였
기로
50 우리 각 사람이 받은 바 금 패물 곧 발목고리,
손목고리, 인장반지, 귀고리, 목걸이들을 여호
와께 헌금으로 우리의 생명을 위하여 여호와
앞에 속죄하려고 가져왔나이다
51 모세와 제사장 엘르아살이 그들에게서 그 금
으로 만든 모든 패물을 취한즉
52 천부장과 백부장들이 여호와께 드린 거제의
금의 도합이 만 육천칠백오십 세겔이니
53 군인들이 각기 자기를 위하여 탈취한 것이니라
54 모세와 제사장 엘르아살이 천부장과 백부장들
에게서 금을 취하여 회막에 드려 여호와 앞에
서 이스라엘 자손의 기념을 삼았더라

요단 강 동쪽 지파들 (신 3:12-22)
— B.C. 1410년경

32 르우벤 자손과 갓 자손은 심히 많은 가축
떼를 가졌더라 그들이 야셀 땅과 길르앗
땅을 본즉 그곳은 목축할 만한 장소인지라
2 갓 자손과 르우벤 자손이 와서 모세와 제사장

36 ●The half share of those who fought in
the battle was:
37 337,500 sheep, ●of which the tribute for
the LORD was 675;
38 ●36,000 cattle, of which the tribute for the
LORD was 72;
39 ●30,500 donkeys, of which the tribute for
the LORD was 61;
40 ●16,000 people, of whom the tribute for
the LORD was 32.
41 ●Moses gave the tribute to Eleazar the
priest as the LORD's part, as the LORD com-
manded Moses.
42 ●The half belonging to the Israelites,
which Moses set apart from that of the
43 fighting men— ●the community's half
44 —was 337,500 sheep, ●36,000 cattle,
45-46 ●30,500 donkeys ●and 16,000 people.
47 ●From the Israelites' half, Moses selected
one out of every fifty people and animals,
as the LORD commanded him, and gave
them to the Levites, who were responsible
for the care of the LORD's tabernacle.
48 ●Then the officers who were over the
units of the army—the commanders of
thousands and commanders of hundreds
49 —went to Moses ●and said to him, "Your
servants have counted the soldiers under our
50 command, and not one is missing. ●So we
have brought as an offering to the LORD the
gold articles each of us acquired—armlets,
bracelets, signet rings, earrings and neck-
laces—to make atonement for ourselves
before the LORD."
51 ●Moses and Eleazar the priest accepted
from them the gold—all the crafted articles.
52 ●All the gold from the commanders of thou-
sands and commanders of hundreds that
Moses and Eleazar presented as a gift to the
53 LORD weighed 16,750 shekels.[a] ●Each soldier
54 had taken plunder for himself. ●Moses and
Eleazar the priest accepted the gold from the
commanders of thousands and comman-
ders of hundreds and brought it into the tent
of meeting as a memorial for the Israelites
before the LORD.

The Transjordan Tribes

32 The Reubenites and Gadites, who
had very large herds and flocks, saw
that the lands of Jazer and Gilead were suit-

[a]52 That is, about 420 pounds or about 190 kilograms

acquire [əkwáiər] *vt.* 얻다
armlet [á:rmlit] *n.* 팔찌
article [á:rtikl] *n.* 물품
bracelet [bréislit] *n.* 팔찌
cattle [kǽtl] *n.* 소 떼
commander [kəmǽndər] *n.* 사령관
craft [kræft] *vt.* 세공하다
flock [flak] *n.* 양 떼
herd [hə:rd] *n.* 가축의 떼
memorial [məmɔ́:riəl] *n.* 기념물
plunder [plʌ́ndər] *n.* 약탈(품)
share [ʃεər] *vt.* 분배하다
signet [sígnit] *n.* 도장
tabernacle [tǽbərnækl] *n.* 성막
tribute [tríbju:t] *n.* 공물

31:42 **belong to...:** …에 속하다
31:47 **select out of...:** …에서 뽑다
31:47 **be responsible for...:** …에 책임이 있다
31:50 **make atonement for...:** …를 위해 속죄하다

엘르아살과 회중 지휘관들에게 말하여 이르되
3 아다롯과 디본과 야셀과 니므라와 헤스본과
엘르알레와 스밤과 느보와 브온
4 곧 여호와께서 이스라엘 회중 앞에서 쳐서 멸
하신 땅은 목축할 만한 장소요 당신의 종들에
게는 가축이 있나이다
5 또 이르되 우리가 만일 당신에게 은혜를 입었으
면 이 땅을 당신의 종들에게 그들의 소유로 주
시고 우리에게 요단 강을 건너지 않게 하소서
6 ● 모세가 갓 자손과 르우벤 자손에게 이르되
너희 형제들은 싸우러 가거늘 너희는 여기 앉
아 있고자 하느냐
7 너희가 어찌하여 이스라엘 자손에게 낙심하게
하여서 여호와께서 그들에게 주신 땅으로 건
너갈 수 없게 하려 하느냐
8 너희 조상들도 내가 가데스바네아에서 그 땅
을 보라고 보냈을 때에 그리 하였었나니
9 그들이 에스골 골짜기에 올라가서 그 땅을 보
고 이스라엘 자손을 낙심하게 하여서 여호와
께서 그들에게 주신 땅으로 갈 수 없게 하였었
느니라 13:24
10 그때에 여호와께서 진노하사 맹세하여 이르시되
11 애굽에서 나온 자들이 이십 세 이상으로는 한
사람도 내가 아브라함과 이삭과 야곱에게 맹
세한 땅을 결코 보지 못하리니 이는 그들이 나
를 온전히 따르지 아니하였음이니라
12 그러나 그나스 사람 여분네의 아들 갈렙과 눈
의 아들 여호수아는 여호와를 온전히 따랐느
니라 하시고
13 여호와께서 이스라엘에게 진노하사 그들에게
사십 년 동안 광야에 방황하게 하셨으므로 여
호와의 목전에 악을 행한 그 세대가 마침내는
다 끊어졌느니라
14 보라 너희는 너희의 조상의 대를 이어 일어난
죄인의 무리로서 이스라엘을 향하신 여호와의
노를 더욱 심하게 하는도다
15 너희가 만일 돌이켜 여호와를 떠나면 여호와
께서 다시 이 백성을 광야에 버리시리니 그리
하면 너희가 이 모든 백성을 멸망시키리라
16 ● 그들이 모세에게 가까이 나아와 이르되 우
리가 이곳에 우리 가축을 위하여 우리를 짓고
우리 어린아이들을 위하여 성읍을 건축하고
17 이 땅의 원주민이 있으므로 우리 어린아이들
을 그 견고한 성읍에 거주하게 한 후에 우리는
무장하고 이스라엘 자손을 그곳으로 인도하기
까지 그들의 앞에서 가고
18 이스라엘 자손이 각기 기업을 받기까지 우리

2 able for livestock. ● So they came to Moses
and Eleazar the priest and to the leaders of
3 the community, and said, ● "Ataroth,
Dibon, Jazer, Nimrah, Heshbon, Elealeh,
4 Sebam, Nebo and Beon— ● the land the
LORD subdued before the people of Israel
—are suitable for livestock, and your ser-
5 vants have livestock. ● If we have found
favor in your eyes," they said, "let this land
be given to your servants as our possession.
Do not make us cross the Jordan."
6 ● Moses said to the Gadites and Reuben-
ites, "Should your fellow Israelites go to war
7 while you sit here? ● Why do you discourage
the Israelites from crossing over into the land
8 the LORD has given them? ● This is what your
fathers did when I sent them from Kadesh
9 Barnea to look over the land. ● After they
went up to the Valley of Eshkol and viewed
the land, they discouraged the Israelites from
entering the land the LORD had given them.
10 ● The LORD's anger was aroused that day and
11 he swore this oath: ● 'Because they have not
followed me wholeheartedly, not one of
those who were twenty years old or more
when they came up out of Egypt will see the
land I promised on oath to Abraham, Isaac
12 and Jacob— ● not one except Caleb son of
Jephunneh the Kenizzite and Joshua son of
Nun, for they followed the LORD wholeheart-
13 edly.' ● The LORD's anger burned against
Israel and he made them wander in the
wilderness forty years, until the whole gener-
ation of those who had done evil in his sight
was gone.
14 ● "And here you are, a brood of sinners,
standing in the place of your fathers and
making the LORD even more angry with
15 Israel. ● If you turn away from following
him, he will again leave all this people in the
wilderness, and you will be the cause of their
destruction."
16 ● Then they came up to him and said,
"We would like to build pens here for our
livestock and cities for our women and chil-
17 dren. ● But we will arm ourselves for battle[a]
and go ahead of the Israelites until we have
brought them to their place. Meanwhile our
women and children will live in fortified
cities, for protection from the inhabitants of
18 the land. ● We will not return to our homes

[a]17 Septuagint; Hebrew *will be quick to arm ourselves*

arouse [əráuz] *vt.* 자극하다
brood [bru:d] *n.* (한 집안의) 자식들
cause [kɔ:z] *n.* (소송의) 사유
destruction [distrʌ́kʃən] *n.* 파멸
discourage [diskə́:ridʒ] *vt.* 낙담시키다
fortify [fɔ́:rtəfài] *vt.* 요새화하다
livestock [láivstɑk] *n.* 가축
oath [ouθ] *n.* 맹세
possession [pəzéʃən] *n.* 소유
protection [prətékʃən] *n.* 보호
subdue [səbdjú:] *vt.* 굴복시키다
suitable [sú:təbl] *a.* 적합한
swear [swɛər] *vt.* 맹세하다
wander [wɑ́ndər] *vi.* 방랑하다
wholeheartedly [houlhá:rtidli] *ad.* 진심으로

32:4 be suitable for...: …에 적합한
32:5 find favor in one's eyes: …의 총애를 받다, …의 눈에 들다
32:13 in one's sight: …의 목전에서
32:14 in the place of...: …를 대신하여
32:15 turn away from...: …를 외면하다

집으로 돌아오지 아니하겠사오며 수 22:1-4
19 우리는 요단 이쪽 곧 동쪽에서 기업을 받았
사오니 그들과 함께 요단 저쪽에서는 기업을
받지 아니하겠나이다 32:33
20 ●모세가 그들에게 이르되 너희가 만일 이
일을 행하여 무장하고 여호와 앞에서 가서
싸우되
21 너희가 다 무장하고 여호와 앞에서 요단을
건너가서 여호와께서 그의 원수를 자기 앞에
서 쫓아내시고
22 그 땅이 여호와 앞에 복종하게 하시기까지
싸우면 여호와 앞에서나 이스라엘 앞에서나
무죄하여 돌아오겠고 이 땅은 여호와 앞에서
너희의 소유가 되리라마는 신 3:12-20
23 너희가 만일 그같이 아니하면 여호와께 범죄
함이니 너희 죄가 반드시 너희를 찾아낼 줄
알라
24 너희는 어린아이들을 위하여 성읍을 건축하
고 양을 위하여 우리를 지으라 그리하고 너
희의 입이 말한 대로 행하라 32:16-19
25 갓 자손과 르우벤 자손이 모세에게 대답하여
이르되 주의 종들인 우리는 우리 주의 명령
대로 행할 것이라
26 우리의 어린아이들과 아내와 양 떼와 모든
가축은 이곳 길르앗 성읍들에 두고
27 종들은 우리 주의 말씀대로 무장하고 여호와
앞에서 다 건너가서 싸우리이다
28 ●이에 모세가 그들에 대하여 제사장 엘르아
살과 눈의 아들 여호수아와 이스라엘 자손
지파의 수령들에게 명령하니라
29 모세가 그들에게 이르되 갓 자손과 르우벤
자손이 만일 각각 무장하고 너희와 함께 요
단을 건너가서 여호와 앞에서 싸워서 그 땅
이 너희 앞에 항복하기에 이르면 길르앗 땅
을 그들의 소유로 줄 것이니라
30 그러나 만일 그들이 너희와 함께 무장하고
건너지 아니하면 그들은 가나안 땅에서 너희
와 함께 땅을 소유할 것이니라
31 갓 자손과 르우벤 자손이 대답하여 이르되
여호와께서 당신의 종들에게 명령하신 대로
우리가 행할 것이라
32 우리가 무장하고 여호와 앞에서 가나안 땅에
건너가서 요단 이쪽을 우리가 소유할 기업이
되게 하리이다
33 ●모세가 갓 자손과 르우벤 자손과 요셉의
아들 므낫세 반 지파에게 아모리인의 왕 시
혼의 나라와 바산 왕 옥의 나라를 주되 곧 그

until each of the Israelites has received their
19 inheritance. ●We will not receive any inheri-
tance with them on the other side of the Jor-
dan, because our inheritance has come to us
on the east side of the Jordan."
20 ●Then Moses said to them, "If you will do
this — if you will arm yourselves before the
21 LORD for battle ●and if all of you who are
armed cross over the Jordan before the LORD
until he has driven his enemies out before
22 him — ●then when the land is subdued be-
fore the LORD, you may return and be free from
your obligation to the LORD and to Israel. And
this land will be your possession before the
LORD.
23 ●"But if you fail to do this, you will be sin-
ning against the LORD; and you may be sure
24 that your sin will find you out. ●Build cities for
your women and children, and pens for your
flocks, but do what you have promised."
25 ●The Gadites and Reubenites said to Moses,
"We your servants will do as our lord com-
26 mands. ●Our children and wives, our flocks
and herds will remain here in the cities of
27 Gilead. ●But your servants, every man who is
armed for battle, will cross over to fight before
the LORD, just as our lord says."
28 ●Then Moses gave orders about them to
Eleazar the priest and Joshua son of Nun and
29 to the family heads of the Israelite tribes. ●He
said to them, "If the Gadites and Reubenites,
every man armed for battle, cross over the Jor-
dan with you before the LORD, then when the
land is subdued before you, you must give
them the land of Gilead as their possession.
30 ●But if they do not cross over with you armed,
they must accept their possession with you in
Canaan."
31 ●The Gadites and Reubenites answered,
"Your servants will do what the LORD has said.
32 ●We will cross over before the LORD into
Canaan armed, but the property we inherit
will be on this side of the Jordan."
33 ●Then Moses gave to the Gadites, the
Reubenites and the half-tribe of Manasseh son
of Joseph the kingdom of Sihon king of the
Amorites and the kingdom of Og king of
Bashan — the whole land with its cities and
the territory around them.
34 ●The Gadites built up Dibon, Ataroth,
35 Aroer, ●Atroth Shophan, Jazer, Jogbehah,
36 ●Beth Nimrah and Beth Haran as fortified

accept [æksépt] vt. 받아들이다
arm [ɑ:rm] vi. 무장하다
battle [bǽtl] n. 싸움
flock [flak] n. 양 떼
fortify [fɔ́:rtəfài] vt. 요새화 하다
herd [hə:rd] n. 가축의 떼
inherit [inhérit] vt. 상속하다
inheritance [inhérətəns] n. 유산
obligation [àbləgéiʃən] n. 의무
pen [pen] n. 우리
possession [pəzéʃən] n. 소유
property [prápərti] n. 토지, 재산
remain [riméin] vi. 남아있다
subdue [səbdjú:] vt. 정복하다
territory [térətɔ̀:ri] n. 영토

32:19 on the other side of...: …맞은 편에
32:22 be free from...: …이 없다
32:23 fail to...: …하지 않다
32:27 cross over: 건너가다
32:28 give order: 명령을 내리다
32:34 build up: 쌓아 올리다

땅과 그 경내의 성읍들과 그 성읍들의 사방
땅을 그들에게 주매
34 갓 자손은 디본과 아다롯과 아로엘과
35 아다롯소반과 야셀과 욕브하와
36 벧니므라와 벧하란들의 견고한 성읍을 건축
하였고 또 양을 위하여 우리를 지었으며
37 르우벤 자손은 헤스본과 엘르알레와 기랴다
임과
38 느보와 바알므온들을 건축하고 그 이름을 바
꾸었고 또 십마를 건축하고 건축한 성읍들에
새 이름을 주었고
39 므낫세의 아들 마길의 자손은 가서 길르앗을
쳐서 빼앗고 거기 있는 아모리인을 쫓아내매
40 모세가 길르앗을 므낫세의 아들 마길에게 주
매 그가 거기 거주하였고
41 므낫세의 아들 야일은 가서 그 촌락들을 빼
앗고 [1)]하봇야일이라 불렀으며
42 노바는 가서 그낫과 그 마을들을 빼앗고 자
기 이름을 따라서 노바라 불렀더라

애굽에서 모압까지 (♪ 395장) — B.C. 1410년경

33 모세와 아론의 인도로 대오를 갖추어
애굽을 떠난 이스라엘 자손들의 노정
은 이러하니라 미 6:4
2 모세가 여호와의 명령대로 그 노정을 따라
그들이 행진한 것을 기록하였으니 그들이 행
진한 대로의 노정은 이러하니라
3 그들이 첫째 달 열다섯째 날에 라암셋을 떠
났으니 곧 유월절 다음날이라 이스라엘 자손
이 애굽 모든 사람의 목전에서 큰 권능으로
나왔으니
4 애굽인은 여호와께서 그들 중에 치신 그 모
든 장자를 장사하는 때라 여호와께서 그들의
신들에게도 벌을 주셨더라
5 ●이스라엘 자손이 라암셋을 떠나 숙곳에 진
을 치고 출 12:37
6 숙곳을 떠나 광야 끝 에담에 진을 치고
7 에담을 떠나 바알스본 앞 비하히롯으로 돌아
가서 믹돌 앞에 진을 치고
8 하히롯 앞을 떠나 광야를 바라보고 바다 가
운데를 지나 에담 광야로 사흘 길을 가서 마
라에 진을 치고
9 마라를 떠나 엘림에 이르니 엘림에는 샘물
열둘과 종려 칠십 그루가 있으므로 거기에
진을 치고
10 엘림을 떠나 홍해 가에 진을 치고
11 홍해 가를 떠나 신 광야에 진을 치고
12 신 광야를 떠나

37 cities, and built pens for their flocks. •And the
Reubenites rebuilt Heshbon, Elealeh and
38 Kiriathaim, •as well as Nebo and Baal Meon
(these names were changed) and Sibmah.
They gave names to the cities they rebuilt.
39 •The descendants of Makir son of Man-
asseh went to Gilead, captured it and drove out
40 the Amorites who were there. •So Moses gave
Gilead to the Makirites, the descendants of
41 Manasseh, and they settled there. •Jair, a
descendant of Manasseh, captured their settle-
42 ments and called them Havvoth Jair.[a] •And
Nobah captured Kenath and its surrounding
settlements and called it Nobah after himself.

Stages in Israel's Journey

33 Here are the stages in the journey of
the Israelites when they came out of
Egypt by divisions under the leadership of
2 Moses and Aaron. •At the LORD's command
Moses recorded the stages in their journey. This
is their journey by stages:

3 •The Israelites set out from Rameses on the fifteenth day of the first month, the day after the Passover. They marched out defiantly in full view of all the Egyptians,
4 •who were burying all their firstborn, whom the LORD had struck down among them; for the LORD had brought judgment on their gods.

5 •The Israelites left Rameses and camped at Sukkoth.

6 •They left Sukkoth and camped at Etham, on the edge of the desert.

7 •They left Etham, turned back to Pi Hahiroth, to the east of Baal Zephon, and camped near Migdol.

8 •They left Pi Hahiroth[b] and passed through the sea into the desert, and when they had traveled for three days in the Desert of Etham, they camped at Marah.

9 •They left Marah and went to Elim, where there were twelve springs and seventy palm trees, and they camped there.

10 •They left Elim and camped by the Red Sea.[c]

11 •They left the Red Sea and camped in the Desert of Sin.

12 •They left the Desert of Sin and camped at

[a]41 Or *them the settlements of Jair* [b]8 Many manuscripts of the Masoretic Text, Samaritan Pentateuch and Vulgate; most manuscripts of the Masoretic Text *left from before Hahiroth* [c]10 Or *the Sea of Reeds;* also in verse 11 1) 야일의 촌락

bury [béri] *vt.* 묻다
camp [kæmp] *n.* 진영
capture [kǽptʃər] *vt.* 사로잡다
defiantly [difáiəntli] *ad.* 오만하게
descendant [diséndənt] *n.* 후손
division [divíʒən] *n.* 구획, 사단
firstborn [fəːrstbɔːrn] *n.* 장남
journey [dʒəːrni] *n.* 여행
palm [paːm] *n.* 종려
rebuild [riːbild] *vt.* 재건하다
record [rikɔ́ːrd] *vt.* 기록하다
settlement [sétlmənt] *n.* 촌락, 부락
stage [stéidʒ] *n.* 여정
surrounding [səráundiŋ] *a.* 주변의
travel [trǽvəl] *vi.* 여행하다

32:39 drive out: 몰아내다
32:42 call A after B: B의 이름을 따서 A라고 이름 붙이다
33:4 strike down: 때려눕히다, 죽이다
33:4 bring judgment on: 벌을 내리다
33:8 pass through: 횡단하다

13 돕가에 진을 치고 돕가를 떠나 알루스에
진을 치고
14 알루스를 떠나 르비딤에 진을 쳤는데 거
기는 백성이 마실 물이 없었더라
15 르비딤을 떠나 시내 광야에 진을 치고
16 시내 광야를 떠나 기브롯핫다아와에 진
을 치고
17 기브롯핫다아와를 떠나 하세롯에 진을
치고
18 하세롯을 떠나 릿마에 진을 치고
19 릿마를 떠나 림몬베레스에 진을 치고
20 림몬베레스를 떠나 립나에 진을 치고
21 립나를 떠나 릿사에 진을 치고
22 릿사를 떠나 그헬라다에 진을 치고
23 그헬라다를 떠나 세벨 산에 진을 치고
24 세벨 산을 떠나 하라다에 진을 치고
25 하라다를 떠나 막헬롯에 진을 치고
26 막헬롯을 떠나 다핫에 진을 치고
27 다핫을 떠나 데라에 진을 치고
28 데라를 떠나 밋가에 진을 치고
29 밋가를 떠나 하스모나에 진을 치고
30 하스모나를 떠나 모세롯에 진을 치고
31 모세롯을 떠나 브네야아간에 진을 치고
32 브네야아간을 떠나 홀하깃갓에 진을 치
고
33 홀하깃갓을 떠나 욧바다에 진을 치고
34 욧바다를 떠나 아브로나에 진을 치고
35 아브로나를 떠나 에시온게벨에 진을 치
고
36 에시온게벨을 떠나 신 광야 곧 가데스에
진을 치고
37 가데스를 떠나 에돔 땅 변경의 호르 산에
진을 쳤더라 20:22
38 ●이스라엘 자손이 애굽 땅에서 나온 지
사십 년째 오월 초하루에 제사장 아론이
여호와의 명령으로 호르 산에 올라가 거
기서 죽었으니
39 아론이 호르 산에서 죽던 때의 나이는 백
이십삼 세였더라
40 ●가나안 땅 남방에 살고 있는 가나안 사
람 아랏 왕은 이스라엘 자손이 온다는 소
식을 들었더라 21:1
41 ●그들이 호르 산을 떠나 살모나에 진을
치고
42 살모나를 떠나 부논에 진을 치고
43 부논을 떠나 오봇에 진을 치고
44 오봇을 떠나 모압 변경 이예아바림에 진

Dophkah.
13 ●They left Dophkah and camped at Alush.
14 ●They left Alush and camped at Rephidim,
where there was no water for the people to
drink.
15 ●They left Rephidim and camped in the
Desert of Sinai.
16 ●They left the Desert of Sinai and camped at
Kibroth Hattaavah.
17 ●They left Kibroth Hattaavah and camped at
Hazeroth.
18 ●They left Hazeroth and camped at Rithmah.
19 ●They left Rithmah and camped at Rimmon
Perez.
20 ●They left Rimmon Perez and camped at Lib-
nah.
21 ●They left Libnah and camped at Rissah.
22 ●They left Rissah and camped at Kehelathah.
23 ●They left Kehelathah and camped at Mount
Shepher.
24 ●They left Mount Shepher and camped at
Haradah.
25 ●They left Haradah and camped at Makh-
eloth.
26 ●They left Makheloth and camped at Tahath.
27 ●They left Tahath and camped at Terah.
28 ●They left Terah and camped at Mithkah.
29 ●They left Mithkah and camped at Hash-
monah.
30 ●They left Hashmonah and camped at
Moseroth.
31 ●They left Moseroth and camped at Bene
Jaakan.
32 ●They left Bene Jaakan and camped at Hor
Haggidgad.
33 ●They left Hor Haggidgad and camped at Jot-
bathah.
34 ●They left Jotbathah and camped at Abronah.
35 ●They left Abronah and camped at Ezion
Geber.
36 ●They left Ezion Geber and camped at
Kadesh, in the Desert of Zin.
37 ●They left Kadesh and camped at Mount
38 Hor, on the border of Edom. ●At the LORD's
command Aaron the priest went up Mount
Hor, where he died on the first day of the fifth
month of the fortieth year after the Israelites
39 came out of Egypt. ●Aaron was a hundred
and twenty-three years old when he died on
Mount Hor.
40 ●The Canaanite king of Arad, who lived in
the Negev of Canaan, heard that the Israelites
were coming.

border [bɔ́:rdər] *n.* 경계
camp [kæmp] *vi.* 진을 치다
Canaanite [kéinənàit] *a.* 가나안의
desert [dézərt] *n.* 사막
die [dai] *vi.* 죽다
fifth [fifθ] *n.* 다섯 번째
fortieth [fɔ́:rtiəθ] *a.* 40번째의
hear [hiər] *vt.* 듣다
hundred [hʌ́ndrəd] *n.* 100
Israelite [ízriəlàit] *n.* 이스라엘 사람
leave [lí:v] *vt.* 떠나다
live [lív] *vi.* 살다
priest [pri:st] *n.* 제사장
Sinai [sáinài] *n.* 시나이 반도
year [jiər] *n.* 해

33:37 on the border of...: ...의 경계에 서서
33:38 At the LORD's command: 여호와의 명령에 따라
33:38 go up: 올라가다
33:38 come out of...: ...에서 나오다
33:40 live in...: ...에 살다

을 치고
45 이임을 떠나 디본갓에 진을 치고
46 디본갓을 떠나 알몬디블라다임에 진을 치고
47 알몬디블라다임을 떠나 느보 앞 아바림 산에 진을 치고
48 아바림 산을 떠나 여리고 맞은편 요단 강가 모압 평지에 진을 쳤으니
49 요단 강가 모압 평지의 진영이 벧여시못에서부터 아벨싯딤에 이르렀더라

가나안 땅을 제비 뽑아 나누다 (♪523장)

50 여리고 맞은편 요단 강가 모압 평지에서 여호와께서 모세에게 말씀하여 이르시되
51 이스라엘 자손에게 말하여 그들에게 이르라 너희가 요단 강을 건너 가나안 땅에 들어가거든
52 그 땅의 원주민을 너희 앞에서 다 몰아내고 그 새긴 석상과 부어 만든 우상을 다 깨뜨리며 산당을 다 헐고
53 그 땅을 점령하여 거기 거주하라 내가 그 땅을 너희 소유로 너희에게 주었음이라
54 너희의 종족을 따라 그 땅을 제비 뽑아 나눌 것이니 수가 많으면 많은 기업을 주고 적으면 적은 기업을 주되 각기 제비 뽑은 대로 그 소유가 될 것인즉 너희 조상의 지파를 따라 기업을 받을 것이니라
55 너희가 만일 그 땅의 원주민을 너희 앞에서 몰아내지 아니하면 너희가 남겨둔 자들이 너희의 눈에 가시와 너희의 옆구리에 찌르는 것이 되어 너희가 거주하는 땅에서 너희를 괴롭게 할 것이요
56 나는 그들에게 행하기로 생각한 것을 너희에게 행하리라

가나안 땅의 경계 — B.C. 1410년경

34 여호와께서 모세에게 말씀하여 이르시되
2 너는 이스라엘 자손에게 명령하여 그들에게 이르라 너희가 가나안 땅에 들어가는 때에 그 땅은 너희의 기업이 되리니 곧 가나안 사방 지경이라
3 너희 남쪽은 에돔 곁에 접근한 신 광야니 너희의 남쪽 경계는 동쪽으로 염해 끝에서 시작하여
4 돌아서 아그랍빔 언덕 남쪽에 이르고 신을 지나 가데스바네아 남쪽에 이르고 또

41 They left Mount Hor and camped at Zalmonah.
42 They left Zalmonah and camped at Punon.
43 They left Punon and camped at Oboth.
44 They left Oboth and camped at Iye Abarim, on the border of Moab.
45 They left Iye Abarim and camped at Dibon Gad.
46 They left Dibon Gad and camped at Almon Diblathaim.
47 They left Almon Diblathaim and camped in the mountains of Abarim, near Nebo.
48 They left the mountains of Abarim and camped on the plains of Moab by the Jordan
49 across from Jericho. There on the plains of Moab they camped along the Jordan from Beth Jeshimoth to Abel Shittim.

50 On the plains of Moab by the Jordan across
51 from Jericho the LORD said to Moses, "Speak to
the Israelites and say to them: 'When you cross the
52 Jordan into Canaan, drive out all the inhabitants
of the land before you. Destroy all their carved
images and their cast idols, and demolish all their
53 high places. Take possession of the land and set-
tle in it, for I have given you the land to possess.
54 Distribute the land by lot, according to your
clans. To a larger group give a larger inheritance,
and to a smaller group a smaller one. Whatever
falls to them by lot will be theirs. Distribute it
according to your ancestral tribes.
55 " 'But if you do not drive out the inhabitants
of the land, those you allow to remain will
become barbs in your eyes and thorns in your
sides. They will give you trouble in the land where
56 you will live. And then I will do to you what I
plan to do to them.' "

Boundaries of Canaan

34 1-2 The LORD said to Moses, "Command the Israelites and say to them: 'When you enter Canaan, the land that will be allotted to you as an inheritance is to have these boundaries:
3 " 'Your southern side will include some of the
Desert of Zin along the border of Edom. Your
southern boundary will start in the east from the
4 southern end of the Dead Sea, cross south of
Scorpion Pass, continue on to Zin and go south of
Kadesh Barnea. Then it will go to Hazar Addar
5 and over to Azmon, where it will turn, join the
Wadi of Egypt and end at the Mediterranean Sea.

ancestral [ænséstrəl] *a.* 조상의
barb [bɑːrb] *n.* 갈고리
boundary [báundəri] *n.* 경계
carve [kɑːrv] *vt.* 새기다
cast [kæst] *vt.* 주조하다
clan [klæn] *n.* 종족
continue [kəntínjuː] *vt.* 계속하다
demolish [dimáliʃ] *vt.* 파괴하다
distribute [distríbjuːt] *vt.* 나누다
idol [áidl] *n.* 우상
inhabitant [inhǽbətənt] *n.* 거주민
inheritance [inhérətəns] *n.* 유산
plain [plein] *n.* 평원
throne [θroun] *n.* 보좌
tribe [traib] *n.* 부족, 지파

33:53 take possession of...: …를 소유하다
33:54 by lot: 제비뽑기로
33:54 according to...: …에 따라서
33:55 drive out: 몰아내다
33:56 plan to do: …할 계획이다
34:2 allot to...: …에게 할당하다

하살아달을 지나 아스몬에 이르고
5 아스몬에서 돌아서 애굽 시내를 지나 바다까
지 이르느니라
6 ● 서쪽 경계는 [1]대해가 경계가 되나니 이는
너희의 서쪽 경계니라
7 ● 북쪽 경계는 이러하니 대해에서부터 호르
산까지 그어라
8 호르 산에서 그어 하맛 어귀에 이르러 스닷
에 이르고 13:21
9 그 경계가 또 시브론을 지나 하살에난에 이
르나니 이는 너희의 북쪽 경계니라
10 ● 너희의 동쪽 경계는 하살에난에서 그어 스
밤에 이르고
11 그 경계가 또 스밤에서 리블라로 내려가서
아인 동쪽에 이르고 또 내려가서 긴네렛 동
쪽 해변에 이르고
12 그 경계가 또 요단으로 내려가서 염해에 이
르나니 너희 땅의 사방 경계가 이러하니라
13 ● 모세가 이스라엘 자손에게 명령하여 이르
되 이는 너희가 제비 뽑아 받을 땅이라 여호
와께서 이것을 아홉 지파 반 쪽에게 주라고
명령하셨나니
14 이는 르우벤 자손의 지파와 갓 자손의 지파
가 함께 그들의 조상의 가문에 따라 그들의
기업을 받을 것이며 므낫세의 반쪽도 기업을
받았음이니라
15 이 두 지파와 그 반 지파는 여리고 맞은편 요
단 건너편 곧 해 돋는 쪽에서 그들의 기업을
받으리라

각 지파의 기업 분할 책임자

16 ● 여호와께서 또 모세에게 말씀하여 이르시되
17 너희에게 땅을 기업으로 나눌 자의 이름은
이러하니 제사장 엘르아살과 눈의 아들 여호
수아니라
18 너희는 또 기업의 땅을 나누기 위하여 각 지
파에 한 지휘관씩 택하라 1:4
19 그 사람들의 이름은 이러하니 유다 지파에서
는 여분네의 아들 갈렙이요
20 시므온 지파에서는 암미훗의 아들 스므엘이요
21 베냐민 지파에서는 기슬론의 아들 엘리닷이요
22 단 자손 지파에서는 지휘관 요글리의 아들
북기요
23 요셉 자손 중 므낫세 자손 지파에서는 지휘
관 에봇의 아들 한니엘이요
24 에브라임 자손 지파에서는 지휘관 십단의 아
들 그므엘이요
25 스불론 자손 지파에서는 지휘관 바르낙의 아

6 ● " 'Your western boundary will be the coast
of the Mediterranean Sea. This will be your
boundary on the west.
7 ● " 'For your northern boundary, run a line
from the Mediterranean Sea to Mount Hor
8 ● and from Mount Hor to Lebo Hamath. Then
9 the boundary will go to Zedad, ● continue to
Ziphron and end at Hazar Enan. This will be
your boundary on the north.
10 ● " 'For your eastern boundary, run a line
11 from Hazar Enan to Shepham. ● The bound-
ary will go down from Shepham to Riblah on
the east side of Ain and continue along the
12 slopes east of the Sea of Galilee.[a] ● Then the
boundary will go down along the Jordan and
end at the Dead Sea.
" 'This will be your land, with its boundaries
on every side.' "
13 ● Moses commanded the Israelites: "Assign
this land by lot as an inheritance. The LORD
has ordered that it be given to the nine and a
14 half tribes, ● because the families of the tribe of
Reuben, the tribe of Gad and the half-tribe of
Manasseh have received their inheritance.
15 ● These two and a half tribes have received
their inheritance east of the Jordan across from
Jericho, toward the sunrise."
16-17 ● The LORD said to Moses, ● "These are the
names of the men who are to assign the land
for you as an inheritance: Eleazar the priest
18 and Joshua son of Nun. ● And appoint one
leader from each tribe to help assign the land.
19 ● These are their names:

Caleb son of Jephunneh,
from the tribe of Judah;
20 ● Shemuel son of Ammihud,
from the tribe of Simeon;
21 ● Elidad son of Kislon,
from the tribe of Benjamin;
22 ● Bukki son of Jogli,
the leader from the tribe of Dan;
23 ● Hanniel son of Ephod,
the leader from the tribe of Manasseh
son of Joseph;
24 ● Kemuel son of Shiphtan,
the leader from the tribe of Ephraim son
of Joseph;
25 ● Elizaphan son of Parnak,
the leader from the tribe of Zebulun;
26 ● Paltiel son of Azzan,
the leader from the tribe of Issachar;

[a]11 Hebrew *Kinnereth* 1) 대해로 경계를 삼을지니

appoint [əpɔ́int] *vt.* 임명하다
assign [əsáin] *vt.* 분배하다
boundary [báundəri] *n.* 경계
command [kəmǽnd] *vt.* 명령하다
eastern [í:stərn] *a.* 동(쪽)의
family [fǽməli] *n.* 가족
Israelite [ízriəlàit] *n.* 이스라엘 사람
leader [lí:dər] *n.* 지도자
mount [maunt] *n.* 산
order [ɔ́:rdər] *vt.* 명령하다
priest [pri:st] *n.* 제사장
receive [risí:v] *vt.* 받다
side [said] *n.* 편, 쪽
slope [sloup] *n.* 비탈
sunrise [sʌ́nràiz] *n.* 해돋이

34:7 run a line: 선을 긋다
34:7 from A to B: A에서 B까지
34:9 continue to...: …까지 계속되다
34:12 go down: 내려가다
34:13 by lot: 제비뽑기로
34:15 across from...: …의 맞은편에

들 엘리사반이요
26 잇사갈 자손 지파에서는 지휘관 앗산의 아들
발디엘이요
27 아셀 자손 지파에서는 지휘관 슬로미의 아들
아히훗이요
28 납달리 자손 지파에서는 지휘관 암미훗의 아
들 브다헬이니라 하셨느니라
29 이들이 여호와께서 명령하사 가나안 땅에서 이
스라엘 자손에게 기업을 받게 하신 자들이니라

레위 사람에게 준 성읍 (♪ 214, 272장)

35 여호와께서 여리고 맞은편 요단 강가
모압 평지에서 모세에게 말씀하여 이
르시되
2 이스라엘 자손에게 명령하여 그들이 받은 기
업에서 레위인에게 거주할 성읍들을 주게 하
고 너희는 또 그 성읍들을 두르고 있는 초장
을 레위인에게 주어서
3 성읍은 그들의 거처가 되게 하고 초장은 그
들의 재산인 가축과 짐승들을 둘 곳이 되게
할 것이라
4 너희가 레위인에게 줄 성읍들의 들은 성벽에
서부터 밖으로 사방 천 규빗이라
5 성을 중앙에 두고 성 밖 동쪽으로 이천 규빗,
남쪽으로 이천 규빗, 서쪽으로 이천 규빗, 북
쪽으로 이천 규빗을 측량할지니 이는 그들의
성읍의 들이며
6 너희가 레위인에게 줄 성읍은 살인자들이 피
하게 할 도피성으로 여섯 성읍이요 그 외에
사십이 성읍이라
7 너희가 레위인에게 모두 사십팔 성읍을 주고
그 초장도 함께 주되
8 너희가 이스라엘 자손의 소유에서 레위인에
게 너희가 성읍을 줄 때에 많이 받은 자에게
서는 많이 떼어서 주고 적게 받은 자에게서
는 적게 떼어 줄 것이라 각기 받은 기업을 따
라서 그 성읍들을 레위인에게 줄지니라

도피성 (신 19:1-13; 수 20:1-9)

9 ●여호와께서 또 모세에게 말씀하여 이르시되
10 이스라엘 자손에게 말하여 그들에게 이르라 너
희가 요단 강을 건너 가나안 땅에 들어가거든
11 너희를 위하여 성읍을 도피성으로 정하여 부
지중에 살인한 자가 그리로 피하게 하라
12 이는 너희가 복수할 자에게서 도피하는 성을
삼아 살인자가 회중 앞에 서서 판결을 받기
까지 죽지 않게 하기 위함이니라
13 너희가 줄 성읍 중에 여섯을 도피성이 되게
하되

27 •Ahihud son of Shelomi,
the leader from the tribe of Asher;
28 •Pedahel son of Ammihud,
the leader from the tribe of Naphtali."
29 •These are the men the LORD commanded
to assign the inheritance to the Israelites in the
land of Canaan.

Towns for the Levites

35 On the plains of Moab by the Jordan
across from Jericho, the LORD said to
2 Moses, •"Command the Israelites to give the
Levites towns to live in from the inheritance
the Israelites will possess. And give them pas-
3 turelands around the towns. •Then they
will have towns to live in and pasturelands
for the cattle they own and all their other
animals.
4 •"The pasturelands around the towns that
you give the Levites will extend a thousand
5 cubits[a] from the town wall. •Outside the
town, measure two thousand cubits[b] on the
east side, two thousand on the south side, two
thousand on the west and two thousand on
the north, with the town in the center. They
will have this area as pastureland for the
towns.

Cities of Refuge

6 •"Six of the towns you give the Levites will
be cities of refuge, to which a person who has
killed someone may flee. In addition, give
7 them forty-two other towns. •In all you must
give the Levites forty-eight towns, together
8 with their pasturelands. •The towns you give
the Levites from the land the Israelites possess
are to be given in proportion to the inheri-
tance of each tribe: Take many towns from a
tribe that has many, but few from one that
has few."
9–10 •Then the LORD said to Moses: •"Speak to
the Israelites and say to them: 'When you cross
11 the Jordan into Canaan, •select some towns to
be your cities of refuge, to which a person who
has killed someone accidentally may flee.
12 •They will be places of refuge from the
avenger, so that anyone accused of murder
may not die before they stand trial before the
13 assembly. •These six towns you give will be
14 your cities of refuge. •Give three on this side of
the Jordan and three in Canaan as cities of

[a]4 That is, about 1,500 feet or about 450 meters [b]5 That is, about 3,000 feet or about 900 meters

accidentally [æksədéntəli] *ad.* 우연히
accuse [əkjúːz] *vt.* 고소하다
assembly [əsémbli] *n.* 회중
avenger [əvéndʒər] *n.* 복수자
cattle [kǽtl] *n.* 소 떼
extend [iksténd] *vi.* …까지 미치다
flee [fliː] *vi.* 도망치다
inheritance [inhérətəns] *n.* 유산
measure [méʒər] *vt.* 측정하다
murder [mə́ːrdər] *n.* 살인
pastureland [pǽstʃərlænd] *n.* 목초지
possess [pəzés] *vt.* 소유하다
refuge [réfjuːdʒ] *n.* 피난, 도피
select [silékt] *vt.* 선택하다
trial [tráiəl] *n.* 공판, 재판

35:6 **cities of refuge:** 도피성
35:6 **in addition**: 그 외에, 게다가
35:7 **in all:** 모두 합하여(= altogether)
35:7 **together with:** …와 함께
35:8 **in proportion to...**: …에 비례하여
35:12 **accuse of...**: …의 죄로 고소하다

14 세 성읍은 요단 이쪽에 두고 세 성읍은 가나
안 땅에 두어 도피성이 되게 하라
15 이 여섯 성읍은 이스라엘 자손과 타국인과
이스라엘 중에 거류하는 자의 도피성이 되리
니 부지중에 살인한 모든 자가 그리로 도피
할 수 있으리라
16 ●만일 철 연장으로 사람을 쳐죽이면 그는
살인자니 그 살인자를 반드시 죽일 것이요
17 만일 사람을 죽일 만한 돌을 손에 들고 사람
을 쳐죽이면 이는 살인한 자니 그 살인자는
반드시 죽일 것이요
18 만일 사람을 죽일 만한 나무 연장을 손에 들
고 사람을 쳐죽이면 그는 살인한 자니 그 살
인자는 반드시 죽일 것이니라
19 피를 보복하는 자는 그 살인한 자를 자신이
죽일 것이니 그를 만나면 죽일 것이요
20 만일 미워하는 까닭에 밀쳐 죽이거나 기회를
엿보아 무엇을 던져 죽이거나
21 악의를 가지고 손으로 쳐죽이면 그 친 자는
반드시 죽일 것이니 이는 살인하였음이라 피
를 보복하는 자는 살인자를 만나면 죽일 것
이니라
22 ●악의가 없이 우연히 사람을 밀치거나 기회
를 엿봄이 없이 무엇을 던지거나
23 보지 못하고 사람을 죽일 만한 돌을 던져서
죽였을 때에 이는 악의도 없고 해하려 한 것
도 아닌즉
24 회중이 친 자와 피를 보복하는 자 간에 이 규
례대로 판결하여
25 피를 보복하는 자의 손에서 살인자를 건져내
어 그가 피하였던 도피성으로 돌려보낼 것이
요 그는 거룩한 기름부음을 받은 대제사장이
죽기까지 거기 거주할 것이니라
26 그러나 살인자가 어느 때든지 그 피하였던
도피성 지경 밖에 나가면
27 피를 보복하는 자가 도피성 지경 밖에서 그
살인자를 만나 죽일지라도 피 흘린 죄가 없
나니
28 이는 살인자가 대제사장이 죽기까지 그 도피
성에 머물러야 할 것임이라 대제사장이 죽은
후에는 그 살인자가 자기 소유의 땅으로 돌
아갈 수 있느니라
29 ●이는 너희의 대대로 거주하는 곳에서 판결
하는 규례라
30 사람을 죽인 모든 자 곧 살인한 자는 증인들
의 말을 따라서 죽일 것이나 한 증인의 증거
만 따라서 죽이지 말 것이요

15 refuge. •These six towns will be a place of
refuge for Israelites and for foreigners residing
among them, so that anyone who has killed
another accidentally can flee there.
16 •" 'If anyone strikes someone a fatal blow
with an iron object, that person is a murderer;
17 the murderer is to be put to death. •Or if any-
one is holding a stone and strikes someone a
fatal blow with it, that person is a murderer;
18 the murderer is to be put to death. •Or if any-
one is holding a wooden object and strikes
someone a fatal blow with it, that person is a
murderer; the murderer is to be put to death.
19 •The avenger of blood shall put the murderer
to death; when the avenger comes upon the
murderer, the avenger shall put the murderer
20 to death. •If anyone with malice aforethought
shoves another or throws something at them
21 intentionally so that they die •or if out of
enmity one person hits another with their
fist so that the other dies, that person is to be
put to death; that person is a murderer. The
avenger of blood shall put the murderer to
death when they meet.
22 •" 'But if without enmity someone sudden-
ly pushes another or throws something at
23 them unintentionally •or, without seeing
them, drops on them a stone heavy enough to
kill them, and they die, then since that other
person was not an enemy and no harm was
24 intended, •the assembly must judge between
the accused and the avenger of blood accord-
25 ing to these regulations. •The assembly must
protect the one accused of murder from the
avenger of blood and send the accused back to
the city of refuge to which they fled. The ac-
cused must stay there until the death of the high
priest, who was anointed with the holy oil.
26 •" 'But if the accused ever goes outside the
limits of the city of refuge to which they fled
27 •and the avenger of blood finds them outside
the city, the avenger of blood may kill the
28 accused without being guilty of murder. •The
accused must stay in the city of refuge until the
death of the high priest; only after the death of
the high priest may they return to their own
property.
29 •" 'This is to have the force of law for you
throughout the generations to come, wherever
you live.
30 •" 'Anyone who kills a person is to be put to
death as a murderer only on the testimony of

aforethought [əfɔ́:rθɔ̀:t] *a.* 계획적인
anoint [ənɔ́int] *vt.* 기름을 바르다
enmity [énməti] *n.* 적의
fatal [féitl] *a.* 치명적인
foreigner [fɔ́:rənər] *n.* 외국인
harm [há:rm] *vt.* 해치다
intentionally [inténʃənəli] *ad.* 고의적으로
judge [dʒʌdʒ] *vt.* 재판하다
malice [mǽlis] *n.* 악의
murder [mə́:rdər] *n.* 살인
protect [prətékt] *vt.* 보호하다
regulation [règjuléiʃən] *n.* 규정
shove [ʃʌv] *vt.* 밀다
strike [straik] *vt.* 치다
testimony [téstəmòuni] *n.* 증거

35:16 put to death: 죽이다
35:20 with malice aforethought: 미리 계획된 살의를 품고
35:23 enough to...: …하기에 충분하다
35:24 according to...: …에 따라서
35:25 accuse of...: …의 죄로 고발하다

31 고의로 살인죄를 범한 살인자는 생명의 속전
을 받지 말고 반드시 죽일 것이며
32 또 도피성에 피한 자는 대제사장이 죽기 전
에는 속전을 받고 그의 땅으로 돌아가 거주
하게 하지 말 것이니라
33 너희는 너희가 거주하는 땅을 더럽히지 말라
피는 땅을 더럽히나니 피 흘림을 받은 땅은
그 피를 흘리게 한 자의 피가 아니면 [1]속함을
받을 수 없느니라 창 9:6
34 너희는 너희가 거주하는 땅 곧 내가 거주하
는 땅을 더럽히지 말라 나 여호와는 이스라
엘 자손 중에 있음이니라

시집간 여자의 유산

36 요셉 자손의 종족 중 므낫세의 손자 마
길의 아들 길르앗 자손 종족들의 수령
들이 나아와 모세와 이스라엘 자손의 수령
된 지휘관들 앞에 말하여
2 이르되 여호와께서 우리 주에게 명령하사 이
스라엘 자손에게 제비 뽑아 그 기업의 땅을
주게 하셨고 여호와께서 또 우리 주에게 명
령하사 우리 형제 슬로브핫의 기업을 그의
딸들에게 주게 하셨은즉
3 그들이 만일 이스라엘 자손의 다른 지파들의
남자들의 아내가 되면 그들의 기업은 우리
조상의 기업에서 떨어져 나가고 그들이 속할
그 지파의 기업에 첨가되리니 그러면 우리가
제비 뽑은 기업에서 떨어져 나갈 것이요
4 이스라엘 자손의 희년을 당하여 그 기업이
그가 속한 지파에 첨가될 것이라 그런즉 그
들의 기업은 우리 조상 지파의 기업에서 아
주 삭감되리이다
5 ●모세가 여호와의 말씀으로 이스라엘 자손
에게 명령하여 이르되 요셉 자손 지파의 말
이 옳도다
6 슬로브핫의 딸들에게 대한 여호와의 명령이
이러하니라 이르시되 슬로브핫의 딸들은 마
음대로 시집가려니와 오직 그 조상 지파의
종족에게로만 시집갈지니 36:12
7 그리하면 이스라엘 자손의 기업이 이 지파에
서 저 지파로 옮기지 않고 이스라엘 자손이
다 각기 조상 지파의 기업을 지킬 것이니라
하셨나니
8 이스라엘 자손의 지파 중 그 기업을 이은 딸
들은 모두 자기 조상 지파의 종족되는 사람
의 아내가 될 것이라 그리하면 이스라엘 자
손이 각기 조상의 기업을 보전하게 되어
9 그 기업이 이 지파에서 저 지파로 옮기게 하

witnesses. But no one is to be put to death on
the testimony of only one witness.
31 ●" 'Do not accept a ransom for the life of a
murderer, who deserves to die. They are to be
put to death.
32 ●" 'Do not accept a ransom for anyone who
has fled to a city of refuge and so allow them
to go back and live on their own land before
the death of the high priest.
33 ●" 'Do not pollute the land where you are.
Bloodshed pollutes the land, and atonement
cannot be made for the land on which blood
has been shed, except by the blood of the one
34 who shed it. ●Do not defile the land where
you live and where I dwell, for I, the LORD,
dwell among the Israelites.' "

Inheritance of Zelophehad's Daughters

36 The family heads of the clan of Gilead
son of Makir, the son of Manasseh,
who were from the clans of the descendants of
Joseph, came and spoke before Moses and the
leaders, the heads of the Israelite families.
2 ●They said, "When the LORD commanded my
lord to give the land as an inheritance to the
Israelites by lot, he ordered you to give the
inheritance of our brother Zelophehad to his
3 daughters. ●Now suppose they marry men
from other Israelite tribes; then their inheri-
tance will be taken from our ancestral inheri-
tance and added to that of the tribe they marry
into. And so part of the inheritance allotted to
4 us will be taken away. ●When the Year of
Jubilee for the Israelites comes, their inheritance
will be added to that of the tribe into which
they marry, and their property will be taken
from the tribal inheritance of our ancestors."
5 ●Then at the LORD's command Moses gave
this order to the Israelites: "What the tribe of
the descendants of Joseph is saying is right.
6 ●This is what the LORD commands for
Zelophehad's daughters: They may marry
anyone they please as long as they marry with-
7 in their father's tribal clan. ●No inheritance in
Israel is to pass from one tribe to another, for
every Israelite shall keep the tribal inheritance
8 of their ancestors. ●Every daughter who inher-
its land in any Israelite tribe must marry some-
one in her father's tribal clan, so that every
Israelite will possess the inheritance of their
9 ancestors. ●No inheritance may pass from one

1) 히, 속죄할

allot [əlɑ́t] *vt.* 할당하다
allow [əláu] *vt.* 허가하다
ancestral [ænséstrəl] *a.* 조상의
clan [klæn] *n.* 종족
defile [difáil] *vt.* 더럽히다
deserve [dizə́:rv] *vt.* …할 만하다
inheritance [inhérətəns] *n.* 유산
order [ɔ́:rdər] *vt.* 명령하다
pollute [pəlú:t] *vt.* 더럽히다
possess [pəzés] *vt.* 소유하다
property [prɑ́pərti] *n.* 재산
ransom [rǽnsəm] *n.* 몸값
shed [ʃed] *vt.* 흘리다
suppose [səpóuz] *vt.* 가정하다
witness [wítnis] *n.* 증인

35:31 ransom for...: …의 몸값
36:3 add to...: …에 더하다
36:3 allot to...: …에 할당하다
36:3 take away: 떨어져 나가다
36:5 give order to...: …에게 명령하다
36:6 as long as...: …하는 한

지 아니하고 이스라엘 자손 지파가 각각 자
기 기업을 지키리라
10 ●슬로브핫의 딸들이 여호와께서 모세에게
명령하신 대로 행하니라
11 슬로브핫의 딸 말라와 디르사와 호글라와 밀
가와 노아가 다 그들의 숙부의 아들들의 아
내가 되니라 27:1
12 그들이 요셉의 아들 므낫세 자손의 종족 사
람의 아내가 되었으므로 그들의 종족 지파에
그들의 기업이 남아 있었더라
13 ●이는 여리고 맞은편 요단 가 모압 평지에
서 여호와께서 모세를 통하여 이스라엘 자손
에게 명령하신 계명과 규례니라 22:1

tribe to another, for each Israelite tribe is to
keep the land it inherits."
10 •So Zelophehad's daughters did as the LORD
11 commanded Moses. •Zelophehad's daugh-
ters—Mahlah, Tirzah, Hoglah, Milkah and
Noah—married their cousins on their father's
12 side. •They married within the clans of the
descendants of Manasseh son of Joseph, and
their inheritance remained in their father's
tribe and clan.

13 •These are the commands and regulations
the LORD gave through Moses to the Israelites
on the plains of Moab by the Jordan across
from Jericho.

command [kəmǽnd] *n.* 명령
cousin [kʌzn] *n.* 사촌
descendant [diséndənt] *n.* 자손
inherit [inhérit] *vt.* 몫으로 받다
remain [riméin] *vi.* 남아 있다

36:13 across from: …의 맞은편에

Deuteronomy | 신명기

● 저자 _ 모세 ● 저작 연대 _ B.C. 1410–1395년 사이 ● 기록 장소 _ 요단 강 근처의 평원
● 기록 대상 _ 가나안 땅에 들어가게 될 이스라엘 백성 ● 핵심어 및 내용 _ 핵심어는 '기억하라', '언약', '순종' 등이다.

모세는 억압 상태에서 구원해 주시고 광야에서 지켜 주신 하나님, 그리고 하나님과 족장들이 맺었던 언약을 잊지 말고 지키라고 이스라엘 백성에게 권면한다.

서론 (♪ 200, 202장) — B.C. 1410년경

1 이는 모세가 요단 저쪽 숩 맞은편의 아라바 광야 곧 바란과 도벨과 라반과 하세롯과 디사합 사이에서 이스라엘 무리에게 선포한 말씀이니라
2 호렙 산에서 세일 산을 지나 가데스 바네아까지 열 하룻길이었더라
3 마흔째 해 열한째 달 그달 첫째 날에 모세가 이스라엘 자손에게 여호와께서 그들을 위하여 자기에게 주신 명령을 다 알렸으니
4 그때는 모세가 헤스본에 거주하는 아모리 왕 시혼을 쳐죽이고 에드레이에서 아스다롯에 거주하는 바산 왕 옥을 쳐죽인 후라
5 모세가 요단 저쪽 모압 땅에서 이 율법을 설명하기 시작하였더라 일렀으되
6 우리 하나님 여호와께서 호렙 산에서 우리에게 말씀하여 이르시기를 너희가 이 산에 거주한 지 오래니 출 3:1
7 방향을 돌려 행진하여 아모리 족속의 산지로 가고 그 근방 곳곳으로 가고 아라바와 산지와 평지와 네겝과 해변과 가나안 족속의 땅과 레바논과 큰 강 유브라데까지 가라
8 내가 너희의 조상 아브라함과 이삭과 야곱에게 맹세하여 그들과 그들의 후손에게 주리라 한 땅이 너희 앞에 있으니 들어가서 그 땅을 차지할지니라

모세가 수령을 세우다 (출 18:13-17 ♪ 25, 37장)

9 ●그때에 내가 너희에게 말하여 이르기를 나는 홀로 너희의 짐을 질 수 없도다
10 너희의 하나님 여호와께서 너희를 번성하게 하셨으므로 너희가 오늘날 하늘의 별같이 많거니와
11 너희 조상의 하나님 여호와께서 너희를 현재보다 천 배나 많게 하시며 너희에게 허락하신 것과 같이 너희에게 복 주시기를 원하노라
12 그런즉 나 홀로 어찌 능히 너희의 괴로운 일과 너희의 힘겨운 일과 너희의 다투는 일을 담당할 수 있으랴 출 18:13,14
13 너희의 각 지파에서 지혜와 지식이 있는 인정받는 자들을 택하라 내가 그들을 세워 너희 수령을 삼으리라 한즉
14 너희가 내게 대답하여 이르기를 당신의 말씀

The Command to Leave Horeb

1 These are the words Moses spoke to all
Israel in the wilderness east of the Jor-
dan—that is, in the Arabah—opposite Suph,
between Paran and Tophel, Laban, Hazeroth
2 and Dizahab. ●(It takes eleven days to go
from Horeb to Kadesh Barnea by the Mount
Seir road.)
3 ●In the fortieth year, on the first day of the
eleventh month, Moses proclaimed to the
Israelites all that the LORD had commanded
4 him concerning them. ●This was after he had
defeated Sihon king of the Amorites, who
reigned in Heshbon, and at Edrei had defeat-
ed Og king of Bashan, who reigned in Ashta-
roth.
5 ●East of the Jordan in the territory of Moab,
Moses began to expound this law, saying:
6 ●The LORD our God said to us at Horeb, "You
have stayed long enough at this mountain.
7 ●Break camp and advance into the hill coun-
try of the Amorites; go to all the neighboring
peoples in the Arabah, in the mountains, in
the western foothills, in the Negev and along
the coast, to the land of the Canaanites and
to Lebanon, as far as the great river, the
8 Euphrates. ●See, I have given you this land.
Go in and take possession of the land the
LORD swore he would give to your fathers—to
Abraham, Isaac and Jacob—and to their
descendants after them."

The Appointment of Leaders

9 ●At that time I said to you, "You are too
10 heavy a burden for me to carry alone. ●The
LORD your God has increased your numbers so
that today you are as numerous as the stars in
11 the sky. ●May the LORD, the God of your ances-
tors, increase you a thousand times and bless
12 you as he has promised! ●But how can I bear
your problems and your burdens and your
13 disputes all by myself? ●Choose some wise,
understanding and respected men from each
of your tribes, and I will set them over you."
14 ●You answered me, "What you propose to
do is good."
15 ●So I took the leading men of your tribes,

대로 하는 것이 좋다 하기에
15 내가 너희 지파의 수령으로 지혜가 있고 인정
받는 자들을 취하여 너희의 수령을 삼되 곧 각
지파를 따라 천부장과 백부장과 오십부장과
십부장과 조장을 삼고
16 내가 그때에 너희의 재판장들에게 명하여 이
르기를 너희가 너희의 형제 중에서 송사를 들
을 때에 쌍방 간에 공정히 판결할 것이며 그들
중에 있는 타국인에게도 그리할 것이라
17 재판은 하나님께 속한 것인즉 너희는 재판할
때에 외모를 보지 말고 귀천을 차별 없이 듣고
사람의 낯을 두려워하지 말 것이며 스스로 결
단하기 어려운 일이 있거든 내게로 돌리라 내
가 들으리라 하였고
18 내가 너희의 행할 모든 일을 그때에 너희에게
다 명령하였느니라

정탐할 사람을 보내다 (민 13:1-33 ♪ 379, 390장)

19 ●우리 하나님 여호와께서 우리에게 명령하
신 대로 우리가 호렙 산을 떠나 너희가 보았던
그 크고 두려운 광야를 지나 아모리 족속의 산
지 길로 가데스 바네아에 이른 때에 1:2
20 내가 너희에게 이르기를 우리 하나님 여호와
께서 우리에게 주신 아모리 족속의 산지에 너
희가 이르렀나니
21 너희의 하나님 여호와께서 이 땅을 너희 앞에
두셨은즉 너희 조상의 하나님 여호와께서 너
희에게 이르신 대로 올라가서 차지하라 두려
워하지 말라 주저하지 말라 한즉
22 너희가 다 내 앞으로 나아와 말하기를 우리가
사람을 우리보다 먼저 보내어 우리를 위하여
그 땅을 정탐하고 어느 길로 올라가야 할 것과
어느 성읍으로 들어가야 할 것을 우리에게 알
리게 하자 하기에
23 내가 그 말을 좋게 여겨 너희 중 각 지파에서
한 사람씩 열둘을 택하매
24 그들이 돌이켜 산지에 올라 에스골 골짜기에
이르러 그곳을 정탐하고
25 그 땅의 열매를 손에 가지고 우리에게로 돌아
와서 우리에게 말하여 이르되 우리의 하나님
여호와께서 우리에게 주시는 땅이 좋더라 하
였느니라
26 그러나 너희가 올라가기를 원하지 아니하고
너희의 하나님 여호와의 명령을 거역하여
27 장막 중에서 원망하여 이르기를 여호와께서
우리를 미워하시므로 아모리 족속의 손에 넘
겨 멸하시려고 우리를 애굽 땅에서 인도하여
내셨도다

wise and respected men, and appointed
them to have authority over you—as com-
manders of thousands, of hundreds, of fifties
16 and of tens and as tribal officials. ●And I
charged your judges at that time, "Hear the
disputes between your people and judge fair-
ly, whether the case is between two Israelites
or between an Israelite and a foreigner resid-
17 ing among you. ●Do not show partiality in
judging; hear both small and great alike.
Do not be afraid of anyone, for judgment
belongs to God. Bring me any case too hard
18 for you, and I will hear it." ●And at that time
I told you everything you were to do.

Spies Sent Out

19 ●Then, as the LORD our God commanded
us, we set out from Horeb and went toward
the hill country of the Amorites through all
that vast and dreadful wilderness that you
have seen, and so we reached Kadesh Barnea.
20 ●Then I said to you, "You have reached the
hill country of the Amorites, which the LORD
21 our God is giving us. ●See, the LORD your God
has given you the land. Go up and take pos-
session of it as the LORD, the God of your
ancestors, told you. Do not be afraid; do not
be discouraged."
22 ●Then all of you came to me and said, "Let
us send men ahead to spy out the land for us
and bring back a report about the route we
are to take and the towns we will come to."
23 ●The idea seemed good to me; so I select-
ed twelve of you, one man from each tribe.
24 ●They left and went up into the hill coun-
try, and came to the Valley of Eshkol and
25 explored it. ●Taking with them some of the
fruit of the land, they brought it down to us
and reported, "It is a good land that the
LORD our God is giving us."

Rebellion Against the LORD

26 ●But you were unwilling to go up; you
rebelled against the command of the LORD
27 your God. ●You grumbled in your tents and
said, "The LORD hates us; so he brought us out
of Egypt to deliver us into the hands of the
28 Amorites to destroy us. ●Where can we go?
Our brothers have made our hearts melt in
fear. They say, 'The people are stronger and
taller than we are; the cities are large, with
walls up to the sky. We even saw the Ana-
kites there.' "

appoint [əpɔ́int] *vt.* 임명하다
authority [əθɔ́ːrəti] *n.* 권위
charge [tʃɑ́ːrdʒ] *vt.* 요구하다
discouraged [diskə́ːridʒd] *a.* 낙심한
dreadful [drédfəl] *a.* 두려운
explore [iksplɔ́ːr] *vt.* 정탐하다
fairly [fέərli] *ad.* 공정히
grumble [grʌ́mbl] *vi.* 불평하다
official [əfíʃəl] *n.* 관리
partiality [pɑ̀ːrʃiǽləti] *n.* 불공평, 편애
reside [rizáid] *vi.* 거류하다
respected [rispéktid] *a.* 훌륭한
route [ruːt] *n.* 길
tribe [traib] *n.* 부족, 지파
vast [væst] *a.* 광대한

1:16 **whether A or B**: A든 B든 상관없이
1:17 **belong to...**: …에 속하다
1:19 **set out**: (여행을) 떠나다, 출발하다
1:22 **spy out**: 염탐하다
1:26 **be unwilling to...**: …하기를 꺼려하다

28 우리가 어디로 가랴 우리의 형제들이 우리를
낙심하게 하여 말하기를 그 백성은 우리보다
장대하며 그 성읍들은 크고 성곽은 하늘에 닿
았으며 우리가 또 거기서 아낙 자손을 보았노
라 하는도다 하기로 9:1,2
29 내가 너희에게 말하기를 그들을 무서워하지
말라 두려워하지 말라
30 너희보다 먼저 가시는 너희의 하나님 여호와
께서 애굽에서 너희를 위하여 너희 목전에서
모든 일을 행하신 것같이 이제도 너희를 위하
여 싸우실 것이며
31 광야에서도 너희가 당하였거니와 사람이 자
기의 아들을 안는 것같이 너희의 하나님 여호
와께서 너희가 걸어온 길에서 너희를 안으사
이곳까지 이르게 하셨느니라 하나
32 이 일에 너희가 너희의 하나님 여호와를 믿지
아니하였도다
33 그는 너희보다 먼저 그 길을 가시며 장막 칠
곳을 찾으시고 밤에는 불로, 낮에는 구름으로
너희가 갈 길을 지시하신 자이시니라

여호와께서 이스라엘을 벌하시다 (민 14:20-45)

34 ●여호와께서 너희의 말소리를 들으시고 노
하사 맹세하여 이르시되
35 이 악한 세대 사람들 중에는 내가 그들의 조상
에게 주기로 맹세한 좋은 땅을 볼 자가 하나도
없으리라
36 오직 여분네의 아들 갈렙은 온전히 여호와께 순
종하였은즉 그는 그것을 볼 것이요 그가 밟은
땅을 내가 그와 그의 자손에게 주리라 하시고
37 여호와께서 너희 때문에 내게도 진노하사 이
르시되 너도 그리로 들어가지 못하리라
38 네 앞에 서 있는 눈의 아들 여호수아는 그리로
들어갈 것이니 너는 그를 담대하게 하라 그가 이
스라엘에게 그 땅을 기업으로 차지하게 하리라
39 또 너희가 사로잡히리라 하던 너희의 아이들
과 당시에 선악을 분별하지 못하던 너희의 자
녀들도 그리로 들어갈 것이라 내가 그 땅을 그
들에게 주어 산업이 되게 하리라
40 너희는 방향을 돌려 홍해 길을 따라 광야로 들
어갈지니라 하시매 민 14:25
41 너희가 대답하여 내게 이르기를 우리가 여호
와께 범죄하였사오니 우리 하나님께서 우리
에게 명령하신 대로 우리가 올라가서 싸우리
이다 하고 너희가 각각 무기를 가지고 경솔히
산지로 올라가려 할 때에
42 여호와께서 내게 이르시되 너는 그들에게 이
르기를 너희는 올라가지 말라 싸우지도 말라

29 •Then I said to you, "Do not be terrified;
30 do not be afraid of them. •The LORD your
God, who is going before you, will fight for
you, as he did for you in Egypt, before your
31 very eyes, •and in the wilderness. There you
saw how the LORD your God carried you, as a
father carries his son, all the way you went
until you reached this place."
32 •In spite of this, you did not trust in the
33 LORD your God, •who went ahead of you on
your journey, in fire by night and in a cloud
by day, to search out places for you to camp
and to show you the way you should go.
34 •When the LORD heard what you said, he
35 was angry and solemnly swore: •"No one
from this evil generation shall see the good
36 land I swore to give your ancestors, •except
Caleb son of Jephunneh. He will see it, and I
will give him and his descendants the land
he set his feet on, because he followed the
LORD wholeheartedly."
37 •Because of you the LORD became angry
with me also and said, "You shall not enter it,
38 either. •But your assistant, Joshua son of
Nun, will enter it. Encourage him, because he
39 will lead Israel to inherit it. •And the little
ones that you said would be taken captive,
your children who do not yet know good
from bad—they will enter the land. I will
give it to them and they will take possession
40 of it. •But as for you, turn around and set out
toward the desert along the route to the Red
Sea.[a]"
41 •Then you replied, "We have sinned
against the LORD. We will go up and fight, as
the LORD our God commanded us." So every
one of you put on his weapons, thinking it
easy to go up into the hill country.
42 •But the LORD said to me, "Tell them, 'Do
not go up and fight, because I will not be
with you. You will be defeated by your ene-
mies.'"
43 •So I told you, but you would not listen.
You rebelled against the LORD's command
and in your arrogance you marched up into
44 the hill country. •The Amorites who lived in
those hills came out against you; they chased
you like a swarm of bees and beat you down
45 from Seir all the way to Hormah. •You came
back and wept before the LORD, but he paid
no attention to your weeping and turned a

[a] 40 Or *the Sea of Reeds*

arrogance [ǽrəgəns] *n.* 거만
assistant [əsístənt] *n.* 조수
captive [kǽptiv] *n.* 포로
chase [tʃeis] *vt.* 추적하다
command [kəmǽnd] *vt.* 명령하다
defeat [difíːt] *vt.* 패배시키다
encourage [inkə́ːridʒ] *vt.* 격려하다
generation [dʒènəréiʃən] *n.* 세대
inherit [inhérit] *vt.* 상속하다
march [mɑːrtʃ] *vi.* 행군하다
reach [riːtʃ] *vt.* 도착하다
rebel [rébəl] *vi.* 반역하다
solemnly [sɑ́ləmli] *ad.* 엄숙하게
swarm [swɔːrm] *n.* (곤충의) 떼
terrify [térəfài] *vt.* 무섭게 하다

1:29 be afraid of...: …를 두려워하다
1:30 fight for: …을 위해 싸우다
1:32 in spite of...: …에도 불구하고
1:33 search out: 찾다
1:37 because of: … 때문에
1:39 take possession of...: …을 점유하다

내가 너희 중에 있지 아니하니 너희가 대적에
게 패할까 하노라 하시기로
43 내가 너희에게 말하였으나 너희가 듣지 아니
하고 여호와의 명령을 거역하고 거리낌 없이
산지로 올라가매
44 그 산지에 거주하는 아모리 족속이 너희에게
마주 나와 벌 떼같이 너희를 쫓아 세일 산에서
쳐서 호르마까지 이른지라 시 118:12
45 너희가 돌아와 여호와 앞에서 통곡하나 여호
와께서 너희의 소리를 듣지 아니하시며 너희
에게 귀를 기울이지 아니하셨으므로
46 너희가 가데스에 여러 날 동안 머물렀나니 곧
너희가 그곳에 머물던 날수대로니라

이스라엘이 광야에서 보낸 해 — B.C. 1410년경

2 우리가 방향을 돌려 여호와께서 내게 명령
하신 대로 홍해 길로 광야에 들어가서 여러
날 동안 세일 산을 두루 다녔더니
2 여호와께서 내게 말씀하여 이르시되
3 너희가 이 산을 두루 다닌 지 오래니 돌이켜
북으로 나아가라
4 너는 또 백성에게 명령하여 이르기를 너희는
세일에 거주하는 너희 동족 에서의 자손이 사
는 지역으로 지날진대 그들이 너희를 두려워
하리니 너희는 스스로 깊이 삼가고
5 그들과 다투지 말라 그들의 땅은 한 발자국도
너희에게 주지 아니하리니 이는 내가 세일 산
을 에서에게 기업으로 주었음이라
6 너희는 돈으로 그들에게서 양식을 사서 먹고
돈으로 그들에게서 물을 사서 마시라
7 네 하나님 여호와께서 네가 하는 모든 일에 네
게 복을 주시고 네가 이 큰 광야에 두루 다님
을 알고 네 하나님 여호와께서 이 사십 년 동
안을 너와 함께하셨으므로 네게 부족함이 없
었느니라 하시기로 8:2-4
8 우리가 세일 산에 거주하는 우리 동족 에서의
자손을 떠나서 아라바를 지나며 엘랏과 에시
온 게벨 곁으로 지나 행진하고 돌이켜 모압 광
야 길로 지날 때에
9 여호와께서 내게 이르시되 모압을 괴롭히지
말라 그와 싸우지도 말라 그 땅을 내가 네게
기업으로 주지 아니하리니 이는 내가 롯 자손
에게 아르를 기업으로 주었음이라
10 (이전에는 에밈 사람이 거기 거주하였는데 아
낙 족속같이 강하고 많고 키가 크므로
11 그들을 아낙 족속과 같이 르바임이라 불렀으
나 모압 사람은 그들을 에밈이라 불렀으며
12 호리 사람도 세일에 거주하였는데 에서의 자

46 deaf ear to you. •And so you stayed in
Kadesh many days—all the time you spent
there.

Wanderings in the Wilderness

2 Then we turned back and set out to-
ward the wilderness along the route to
the Red Sea,[a] as the LORD had directed me.
For a long time we made our way around
the hill country of Seir.
2-3 •Then the LORD said to me, •"You have
made your way around this hill country long
4 enough; now turn north. •Give the people
these orders: 'You are about to pass through
the territory of your relatives the descendants
of Esau, who live in Seir. They will be afraid
5 of you, but be very careful. •Do not provoke
them to war, for I will not give you any of
their land, not even enough to put your foot
on. I have given Esau the hill country of Seir
6 as his own. •You are to pay them in silver for
the food you eat and the water you drink.' "
7 •The LORD your God has blessed you in all
the work of your hands. He has watched
over your journey through this vast wilder-
ness. These forty years the LORD your God has
been with you, and you have not lacked any-
thing.
8 •So we went on past our relatives the
descendants of Esau, who live in Seir. We
turned from the Arabah road, which comes
up from Elath and Ezion Geber, and trav-
eled along the desert road of Moab.
9 •Then the LORD said to me, "Do not ha-
rass the Moabites or provoke them to war,
for I will not give you any part of their land.
I have given Ar to the descendants of Lot
as a possession."
10 •(The Emites used to live there—a peo-
ple strong and numerous, and as tall as the
11 Anakites. •Like the Anakites, they too were
considered Rephaites, but the Moabites
12 called them Emites. •Horites used to live in
Seir, but the descendants of Esau drove
them out. They destroyed the Horites from
before them and settled in their place, just
as Israel did in the land the LORD gave them
as their possession.)
13 •And the LORD said, "Now get up and
cross the Zered Valley." So we crossed the
valley.

[a]1 *Or the Sea of Reeds*

cross [krɔːs] *vt.* 건너다
deaf [def] *a.* 귀가 먼
descendant [diséndənt] *n.* 후손
direct [dirékt] *vt.* 지시하다
journey [dʒə́ːrni] *n.* 여행
lack [læk] *vt.* 부족하다
possession [pəzéʃən] *n.* 소유, 재산
provoke [prəvóuk] *vt.* 야기하다
relative [rélətiv] *n.* 친척
settle [sétl] *vi.* 자리잡다
spend [spend] *vt.* (시간을) 보내다
territory [térətɔ̀ːri] *n.* 영토
vast [væst] *a.* 광대한
wander [wándər] *vi.* 방랑하다
wilderness [wíldərnis] *n.* 광야

2:1 make one's way: (앞으로) 나아가다
2:4 give orders: 명령하다
2:4 be about to...: 막 …하려 하다
2:7 watch over: 보살펴주다
2:10 used to...: 이전에는 …이었다
2:12 just as...: …와 꼭 마찬가지로

손이 그들을 멸하고 그 땅에 거주하였으니 이스라엘이 여호와께서 주신 기업의 땅에서 행한 것과 같았느니라)
13 이제 너희는 일어나서 세렛 시내를 건너가라 하시기로 우리가 세렛 시내를 건넜으니
14 가데스 바네아에서 떠나 세렛 시내를 건너기까지 삼십팔 년 동안이라 이때에는 그 시대의 모든 군인들이 여호와께서 그들에게 맹세하신 대로 진영 중에서 다 멸망하였나니
15 여호와께서 손으로 그들을 치사 진영 중에서 멸하신 고로 마침내는 다 멸망되었느니라
16 ●모든 군인이 사망하여 백성 중에서 멸망한 후에
17 여호와께서 내게 말씀하여 이르시되
18 네가 오늘 모압 변경 아르를 지나리니
19 암몬 족속에게 가까이 이르거든 그들을 괴롭히지 말고 그들과 다투지도 말라 암몬 족속의 땅은 내가 네게 기업으로 주지 아니하리니 이는 내가 그것을 롯 자손에게 기업으로 주었음이라
20 (이곳도 르바임의 땅이라 하였나니 전에 르바임이 거기 거주하였음이요 암몬 족속은 그들을 삼숨밈이라 일컬었으며
21 그 백성은 아낙 족속과 같이 강하고 많고 키가 컸으나 여호와께서 암몬 족속 앞에서 그들을 멸하셨으므로 암몬 족속이 대신하여 그 땅에 거주하였으니
22 마치 세일에 거주한 에서 자손 앞에 호리 사람을 멸하심과 같으니 그들이 호리 사람을 쫓아내고 대신하여 오늘까지 거기에 거주하였으며
23 또 갑돌에서 나온 갑돌 사람이 가사까지 각 촌에 거주하는 아위 사람을 멸하고 그들을 대신하여 거기에 거주하였느니라) 암 9:7
24 너희는 일어나 행진하여 아르논 골짜기를 건너라 내가 헤스본 왕 아모리 사람 시혼과 그의 땅을 네 손에 넘겼은즉 이제 더불어 싸워서 그 땅을 차지하라
25 오늘부터 내가 천하 만민이 너를 무서워하며 너를 두려워하게 하리니 그들이 네 명성을 듣고 떨며 너로 말미암아 근심하리라 하셨느니라

이스라엘이 헤스본 왕 시혼을 치다
(민 21:21-30 ♪ 352, 358장)

26 ●내가 그데못 광야에서 헤스본 왕 시혼에게 사자를 보내어 평화의 말로 이르기를 20:10
27 나를 네 땅으로 통과하게 하라 내가 큰길로만 행하고 좌로나 우로나 치우치지 아니하리라
28 너는 돈을 받고 양식을 팔아 내가 먹게 하고 돈을 받고 물을 주어 내가 마시게 하라 나는

14 •Thirty-eight years passed from the time
we left Kadesh Barnea until we crossed the
Zered Valley. By then, that entire generation
of fighting men had perished from the
15 camp, as the LORD had sworn to them. •The
LORD's hand was against them until he had
completely eliminated them from the camp.
16 •Now when the last of these fighting men
17 among the people had died, •the LORD said
18 to me, •"Today you are to pass by the region
19 of Moab at Ar. •When you come to the Ammonites, do not harass them or provoke
them to war, for I will not give you possession of any land belonging to the Ammonites. I have given it as a possession to the
descendants of Lot."
20 •(That too was considered a land of the
Rephaites, who used to live there; but the
Ammonites called them Zamzummites.
21 •They were a people strong and numerous, and as tall as the Anakites. The LORD
destroyed them from before the Ammonites,
who drove them out and settled in their
22 place. •The LORD had done the same for the
descendants of Esau, who lived in Seir, when
he destroyed the Horites from before them.
They drove them out and have lived in their
23 place to this day. •And as for the Avvites
who lived in villages as far as Gaza, the Caphtorites coming out from Caphtor [a] destroyed
them and settled in their place.)

Defeat of Sihon King of Heshbon

24 •"Set out now and cross the Arnon Gorge.
See, I have given into your hand Sihon the
Amorite, king of Heshbon, and his country.
Begin to take possession of it and engage him
25 in battle. •This very day I will begin to put
the terror and fear of you on all the nations
under heaven. They will hear reports of you
and will tremble and be in anguish because
of you."
26 •From the Desert of Kedemoth I sent messengers to Sihon king of Heshbon offering
27 peace and saying, •"Let us pass through
your country. We will stay on the main road;
we will not turn aside to the right or to the
28 left. •Sell us food to eat and water to drink
for their price in silver. Only let us pass
29 through on foot— •as the descendants of
Esau, who live in Seir, and the Moabites, who
live in Ar, did for us—until we cross the Jor-

a23 That is, Crete

anguish [ǽŋgwiʃ] *n.* 고뇌
completely [kəmplíːtli] *ad.* 완전히
consider [kənsídər] *vt.* 간주하다
destroy [distrɔ́i] *vt.* 파괴하다
eliminate [ilímәneit] *vt.* 제거하다
engage [ingéidʒ] *vt.* 종사시키다
entire [intáiər] *a.* 모든
gorge [gɔ́ːrdʒ] *n.* 골짜기
harass [hərǽs] *vt.* 괴롭히다
messenger [mésəndʒər] *n.* 심부름꾼
numerous [njúːmərəs] *a.* 무수히 많은
perish [périʃ] *vi.* 죽다
provoke [prəvóuk] *vt.* 선동하다
region [ríːdʒən] *n.* 지역
tremble [trémbl] *vi.* 떨다

2:18 **pass by**: 지나가다
2:21 **drive out**: 쫓아내다
2:24 **set out**: 출발하다
2:24 **take possession of...**: …을 손에 넣다, …을 점유하다
2:27 **turn aside**: 벗어나다

걸어서 지날 뿐인즉
29 세일에 거주하는 에서 자손과 아르에 거주하
는 모압 사람이 내게 행한 것같이 하라 그리하
면 내가 요단을 건너서 우리 하나님 여호와께
서 우리에게 주시는 땅에 이르리라 하였으나
30 헤스본 왕 시혼이 우리가 통과하기를 허락하
지 아니하였으니 이는 네 하나님 여호와께서
그를 네 손에 넘기시려고 그의 성품을 완강하
게 하셨고 그의 마음을 완고하게 하셨음이 오
늘날과 같으니라
31 그때에 여호와께서 내게 이르시되 내가 이제 시
혼과 그의 땅을 네게 넘기노니 너는 이제부터
그의 땅을 차지하여 기업으로 삼으라 하시더니
32 시혼이 그의 모든 백성을 거느리고 나와서 우
리를 대적하여 야하스에서 싸울 때에
33 우리 하나님 여호와께서 그를 우리에게 넘기
시매 우리가 그와 그의 아들들과 그의 모든 백
성을 쳤고
34 그때에 우리가 그의 모든 성읍을 점령하고 그
의 각 성읍을 그 남녀와 유아와 함께 하나도
남기지 아니하고 진멸하였고
35 다만 그 가축과 성읍에서 탈취한 것은 우리의
소유로 삼았으며
36 우리 하나님 여호와께서 그 모든 땅을 우리에
게 넘겨주심으로 아르논 골짜기 가장자리에
있는 아로엘과 골짜기 가운데에 있는 성읍으
로부터 길르앗까지 우리가 모든 높은 성읍을
점령하지 못한 것이 하나도 없었으나
37 오직 암몬 족속의 땅 얍복 강가와 산지에 있는
성읍들과 우리 하나님 여호와께서 우리가 가
기를 금하신 모든 곳은 네가 가까이하지 못하
였느니라

이스라엘이 바산 왕 옥을 치다 (민 21:21-35)

3 우리가 돌이켜 바산으로 올라가매 바산 왕 옥
이 그의 모든 백성을 거느리고 나와서 우리를
대적하여 에드레이에서 싸우고자 하는지라
2 여호와께서 내게 이르시되 그를 두려워하지
말라 내가 그와 그의 모든 백성과 그의 땅을
네 손에 넘겼으니 네가 헤스본에 거주하던 아
모리 족속의 왕 시혼에게 행한 것과 같이 그에
게도 행할 것이니라 하시고
3 우리 하나님 여호와께서 바산 왕 옥과 그의 모
든 백성을 우리 손에 넘기시매 우리가 그들을
쳐서 한 사람도 남기지 아니하였느니라
4 그때에 우리가 그들에게서 빼앗지 아니한 성
읍이 하나도 없이 다 빼앗았는데 그 성읍이 육
십이니 곧 아르곱 온 지방이요 바산에 있는 옥

dan into the land the LORD our God is giv-
30 ing us." • But Sihon king of Heshbon re-
fused to let us pass through. For the LORD
your God had made his spirit stubborn and
his heart obstinate in order to give him into
your hands, as he has now done.
31 • The LORD said to me, "See, I have begun
to deliver Sihon and his country over to you.
Now begin to conquer and possess his land."
32 • When Sihon and all his army came out
33 to meet us in battle at Jahaz, • the LORD our
God delivered him over to us and we struck
him down, together with his sons and his
34 whole army. • At that time we took all his
towns and completely destroyed[a] them —
men, women and children. We left no sur-
35 vivors. • But the livestock and the plunder
from the towns we had captured we carried
36 off for ourselves. • From Aroer on the rim of
the Arnon Gorge, and from the town in the
gorge, even as far as Gilead, not one town
was too strong for us. The LORD our God gave
37 us all of them. • But in accordance with the
command of the LORD our God, you did not
encroach on any of the land of the Am-
monites, neither the land along the course of
the Jabbok nor that around the towns in the
hills.

Defeat of Og King of Bashan

3 Next we turned and went up along the
road toward Bashan, and Og king of
Bashan with his whole army marched out to
2 meet us in battle at Edrei. • The LORD said to
me, "Do not be afraid of him, for I have
delivered him into your hands, along with
his whole army and his land. Do to him
what you did to Sihon king of the Amorites,
who reigned in Heshbon."
3 • So the LORD our God also gave into our
hands Og king of Bashan and all his army.
We struck them down, leaving no survivors.
4 • At that time we took all his cities. There was
not one of the sixty cities that we did not take
from them — the whole region of Argob,
5 Og's kingdom in Bashan. • All these cities
were fortified with high walls and with gates
and bars, and there were also a great many
6 unwalled villages. • We completely destroye-

[a]34 The Hebrew term refers to the irrevocable giving over of things or persons to the LORD, often by totally destroying them.

capture [kǽptʃər] vt. 포획하다
conquer [káŋkər] vt. 정복하다
course [kɔːrs] n. 진로
deliver [dilívər] vt. 넘겨 주다
encroach [inkróutʃ] vi. 침입하다
fortify [fɔ́ːrtəfài] vt. 요새화하다
livestock [láivstɑ̀k] n. 가축
march [mɑːrtʃ] vi. 행군하다
obstinate [ábstənət] a. 고집센
refuse [rifjúːz] vt. 거절하다
reign [rein] vi. 통치하다
rim [rim] n. 가장자리
stubborn [stʌ́bərn] a. 완고한
survivor [sərváivər] n. 생존자
unwalled [ʌnwɔ́ːld] a. 성벽이 없는

2:30 in order to...: …하기 위하여
2:35 carry off: 획득하다, 채가다
2:37 in accordance with...: …과 일치하여
2:37 neither A nor B: A도 B도 아니다
3:2 be afraid of...: …를 두려워하다
3:2 along with: …와 함께

의 나라이니라
5 그 모든 성읍이 높은 성벽으로 둘려 있고 문과 빗장이 있어 견고하며 그 외에 성벽 없는 고을이 심히 많았느니라
6 우리가 헤스본 왕 시혼에게 행한 것과 같이 그 성읍들을 멸망시키되 각 성읍의 남녀와 유아를 멸망시켰으나
7 다만 모든 가축과 그 성읍들에서 탈취한 것은 우리의 소유로 삼았으며
8 그때에 우리가 요단 강 이쪽 땅을 아르논 골짜기에서부터 헤르몬 산에까지 아모리 족속의 두 왕에게서 빼앗았으니
9 (헤르몬 산을 시돈 사람은 시룐이라 부르고 아모리 족속은 스닐이라 불렀느니라) 시 29:6
10 우리가 빼앗은 것은 평원의 모든 성읍과 길르앗 온 땅과 바산의 온 땅 곧 옥의 나라 바산의 성읍 살르가와 에드레이까지이니라
11 (르바임 족속의 남은 자는 바산 왕 옥뿐이었으며 그의 침상은 철 침상이라 아직도 암몬 족속의 랍바에 있지 아니하냐 그것을 사람의 보통 [1]규빗으로 재면 그 길이가 아홉 규빗이요 너비가 네 규빗이니라) 삼하 12:26

요단 강 동쪽에 자리잡은 지파들 (민 32:1-42)

12 ●그때에 우리가 이 땅을 얻으매 아르논 골짜기 곁의 아로엘에서부터 길르앗 산지 절반과 그 성읍들을 내가 르우벤 자손과 갓 자손에게 주었고
13 길르앗의 남은 땅과 옥의 나라였던 아르곱 온 지방 곧 온 바산으로는 내가 므낫세 반 지파에게 주었노라 (바산을 옛적에는 르바임의 땅이라 부르더니
14 므낫세의 아들 야일이 그술 족속과 마아갓 족속의 경계까지의 아르곱 온 지방을 점령하고 자기의 이름으로 이 바산을 오늘날까지 하봇야일이라 불러오느니라)
15 내가 마길에게 길르앗을 주었고
16 르우벤 자손과 갓 자손에게는 길르앗에서부터 아르논 골짜기까지 주었으되 그 골짜기의 중앙으로 지역을 정하였으니 곧 암몬 자손의 지역 얍복 강까지며
17 또는 아라바와 요단과 그 지역이요 긴네렛에서 아라바 바다 곧 염해와 비스가 산기슭에 이르기까지의 동쪽 지역이니라
18 ●그때에 내가 너희에게 명령하여 이르기를 너희의 하나님 여호와께서 이 땅을 너희에게 주어 기업이 되게 하셨은즉 너희의 군인들은 무장하고 너희의 형제 이스라엘 자손의 선봉이 되어 건너가되

d[a] them, as we had done with Sihon king of
Heshbon, destroying[a] every city—men,
7 women and children. •But all the livestock
and the plunder from their cities we carried
off for ourselves.
8 •So at that time we took from these two
kings of the Amorites the territory east of the
Jordan, from the Arnon Gorge as far as
9 Mount Hermon. •(Hermon is called Sirion
by the Sidonians; the Amorites call it Senir.)
10 •We took all the towns on the plateau,
and all Gilead, and all Bashan as far as
Salekah and Edrei, towns of Og's kingdom
11 in Bashan. •(Og king of Bashan was the last
of the Rephaites. His bed was decorated with
iron and was more than nine cubits long
and four cubits wide.[b] It is still in Rabbah of
the Ammonites.)

Division of the Land

12 •Of the land that we took over at that
time, I gave the Reubenites and the Gadites
the territory north of Aroer by the Arnon
Gorge, including half the hill country of
13 Gilead, together with its towns. •The rest of
Gilead and also all of Bashan, the kingdom
of Og, I gave to the half-tribe of Manasseh.
(The whole region of Argob in Bashan used
14 to be known as a land of the Rephaites. •Jair,
a descendant of Manasseh, took the whole
region of Argob as far as the border of the
Geshurites and the Maakathites; it was
named after him, so that to this day Bashan
15 is called Havvoth Jair.[c]) •And I gave Gilead
16 to Makir. •But to the Reubenites and the
Gadites I gave the territory extending from
Gilead down to the Arnon Gorge (the middle
of the gorge being the border) and out to the
Jabbok River, which is the border of the
17 Ammonites. •Its western border was the Jordan in the Arabah, from Kinnereth to the Sea
of the Arabah (that is, the Dead Sea), below
the slopes of Pisgah.
18 •I commanded you at that time: "The
LORD your God has given you this land to
take possession of it. But all your able-bodied
men, armed for battle, must cross over ahead
19 of the other Israelites. •However, your wives,
your children and your livestock (I know

[a]6 The Hebrew term refers to the irrevocable giving over of things or persons to the LORD, often by totally destroying them. [b]11 That is, about 14 feet long and 6 feet wide or about 4 meters long and 1.8 meters wide [c]14 Or *called the settlements of Jair* 1) 히, 암마

able-bodied [éiblbádid] *a.* 건장한
armed [ɑ:rmd] *a.* 무장한
border [bɔ́:rdər] *n.* 경계
destroy [distrɔ́i] *vt.* 파괴하다
division [divíʒən] *n.* 분할
extend [iksténd] *vi.* 포괄하다
include [inklú:d] *vt.* 포함하다
iron [áiərn] *n.* 쇠
kingdom [kíŋdəm] *n.* 왕국
plateau [plætóu] *n.* 고원
plunder [plʌ́ndər] *vt.* 약탈하다
region [rí:dʒən] *n.* 지역
rest [rest] *n.* 나머지
slope [sloup] *n.* 비탈
territory [térətɔ̀:ri] *n.* 영토

3:8 as far as: ~까지
3:14 name after...: …의 이름을 따서 부르다
3:18 take possession of...: …를 소유하다, 손에 넣다
3:18 ahead of...: …의 앞에

19 너희에게 가축이 많은 줄 내가 아노니 너희의
처자와 가축은 내가 너희에게 준 성읍에 머무
르게 하라
수 1:14
20 여호와께서 너희에게 주신 것같이 너희의 형제
에게도 안식을 주시리니 그들도 요단 저쪽에서
너희의 하나님 여호와께서 그들에게 주시는 땅
을 받아 기업을 삼기에 이르거든 너희는 각기 내
가 준 기업으로 돌아갈 것이니라 하고
21 그때에 내가 여호수아에게 명령하여 이르기를
너희의 하나님 여호와께서 이 두 왕에게 행하신
모든 일을 네 눈으로 보았거니와 네가 가는 모
든 나라에도 여호와께서 이와 같이 행하시리니
22 너희는 그들을 두려워하지 말라 너희의 하나
님 여호와께서 친히 너희를 위하여 싸우시리
라 하였노라
1:30

모세가 요단을 건너지 못하다

23 ● 그때에 내가 여호와께 간구하기를
24 주 여호와여 주께서 주의 크심과 주의 권능을 주
의 종에게 나타내시기를 시작하셨사오니 천지
간에 어떤 신이 능히 주께서 행하신 일 곧 주의
큰 능력으로 행하신 일같이 행할 수 있으리이까
25 구하옵나니 나를 건너가게 하사 요단 저쪽에
있는 아름다운 땅, 아름다운 [1]산과 레바논을
보게 하옵소서 하되
26 여호와께서 너희 때문에 내게 진노하사 내 말
을 듣지 아니하시고 내게 이르시기를 그만해
도 족하니 이 일로 다시 내게 말하지 말라
27 너는 비스가 산 꼭대기에 올라가서 눈을 들어
동서남북을 바라고 네 눈으로 그 땅을 바라보
라 너는 이 요단을 건너지 못할 것임이니라
28 너는 여호수아에게 명령하고 그를 담대하게
하며 그를 강하게 하라 그는 이 백성을 거느리
고 건너가서 네가 볼 땅을 그들이 기업으로 얻
게 하리라 하셨느니라
29 그때에 우리가 벳브올 맞은편 골짜기에 거주
하였느니라
4:46

지켜야 할 하나님의 규례들

4 이스라엘아 이제 내가 너희에게 가르치는
규례와 법도를 듣고 준행하라 그리하면 너
희가 살 것이요 너희 조상의 하나님 여호와께
서 너희에게 주시는 땅에 들어가서 그것을 얻
게 되리라
8:1
2 내가 너희에게 명령하는 말을 너희는 가감하
지 말고 내가 너희에게 내리는 너희 하나님 여
호와의 명령을 지키라
3 여호와께서 바알브올의 일로 말미암아 행하
신 바를 너희가 눈으로 보았거니와 바알브올

you have much livestock) may stay in the
20 towns I have given you, ● until the LORD
gives rest to your fellow Israelites as he has
to you, and they too have taken over the
land that the LORD your God is giving them
across the Jordan. After that, each of you
may go back to the possession I have given
you."

Moses Forbidden to Cross the Jordan

21 ● At that time I commanded Joshua: "You
have seen with your own eyes all that the
LORD your God has done to these two kings.
The LORD will do the same to all the king-
22 doms over there where you are going. ● Do
not be afraid of them; the LORD your God
himself will fight for you."
23 ● At that time I pleaded with the LORD:
24 ● "Sovereign LORD, you have begun to show
to your servant your greatness and your
strong hand. For what god is there in heaven
or on earth who can do the deeds and
25 mighty works you do? ● Let me go over and
see the good land beyond the Jordan—that
fine hill country and Lebanon."
26 ● But because of you the LORD was angry
with me and would not listen to me. "That is
enough," the LORD said. "Do not speak to me
27 anymore about this matter. ● Go up to the
top of Pisgah and look west and north and
south and east. Look at the land with your
own eyes, since you are not going to cross this
28 Jordan. ● But commission Joshua, and en-
courage and strengthen him, for he will lead
this people across and will cause them to
29 inherit the land that you will see." ● So we
stayed in the valley near Beth Peor.

Obedience Commanded

4 Now, Israel, hear the decrees and laws I
am about to teach you. Follow them so
that you may live and may go in and take
possession of the land the LORD, the God of
2 your ancestors, is giving you. ● Do not add to
what I command you and do not subtract
from it, but keep the commands of the LORD
your God that I give you.
3 ● You saw with your own eyes what the
LORD did at Baal Peor. The LORD your God
destroyed from among you everyone who
4 followed the Baal of Peor, ● but all of you

1) 산지

beyond [bijánd] *prep.* …을 넘어서
command [kəmǽnd] *vt.* 명령하다
decree [dikríː] *n.* 법령
deed [díːd] *n.* 행위
encourage [inkə́ːridʒ] *vt.* 격려하다
follow [fálou] *vt.* 따르다
forbid [fərbíd] *vt.* 금지하다
greatness [gréitnis] *n.* 위대함, 큼
inherit [inhérit] *vt.* 상속하다
matter [mǽtər] *n.* 일
mighty [máiti] *a.* 강력한
obedience [oubíːdiəns] *n.* 순종
plead [plíːd] *vi.* 탄원하다
sovereign [sávərin] *a.* 주권을 가진
valley [vǽli] *n.* 골짜기

3:20 take over: 인계받다, 떠맡다
3:23 plead with: 간곡히 부탁하다
3:26 not... anymore: 더 이상 …않다
4:1 be about to...: 막 …하려 하다
4:1 so that... may~: …가 ~하기 위해
4:2 subtract from: …에서 빼다

을 따른 모든 사람을 너희의 하나님 여호와께
서 너희 가운데에서 멸망시키셨으되
4 오직 너희의 하나님 여호와께 붙어 떠나지 않
은 너희는 오늘까지 다 생존하였느니라
5 내가 나의 하나님 여호와께서 명령하신 대로
규례와 법도를 너희에게 가르쳤나니 이는 너
희가 들어가서 기업으로 차지할 땅에서 그대
로 행하게 하려 함인즉
6 너희는 지켜 행하라 이것이 여러 민족 앞에서
너희의 지혜요 너희의 지식이라 그들이 이 모
든 규례를 듣고 이르기를 이 큰 나라 사람은 과
연 지혜와 지식이 있는 백성이로다 하리라
7 우리 하나님 여호와께서 우리가 그에게 기도
할 때마다 우리에게 가까이하심과 같이 그 신
이 가까이함을 얻은 큰 나라가 어디 있느냐
8 오늘 내가 너희에게 선포하는 이 율법과 같이 그
규례와 법도가 공의로운 큰 나라가 어디 있느냐
9 ● 오직 너는 스스로 삼가며 네 마음을 힘써 지
키라 그리하여 네가 눈으로 본 그 일을 잊어버
리지 말라 네가 생존하는 날 동안에 그 일들이
네 마음에서 떠나지 않도록 조심하라 너는 그
일들을 네 아들들과 네 손자들에게 알게 하라
10 네가 호렙 산에서 네 하나님 여호와 앞에 섰던
날에 여호와께서 내게 이르시기를 나에게 백성
을 모으라 내가 그들에게 내 말을 들려주어 그
들이 세상에 사는 날 동안 나를 경외함을 배우
게 하며 그 자녀에게 가르치게 하리라 하시매
11 너희가 가까이 나아와서 산 아래에 서니 그 산
에 불이 붙어 불길이 충천하고 어둠과 구름과
흑암이 덮였는데
12 여호와께서 불길 중에서 너희에게 말씀하시
되 음성뿐이므로 너희가 그 말소리만 듣고 형
상은 보지 못하였느니라
13 여호와께서 그의 언약을 너희에게 반포하시
고 너희에게 지키라 명령하셨으니 곧 십계명
이며 두 돌판에 친히 쓰신 것이라
14 그때에 여호와께서 내게 명령하사 너희에게
규례와 법도를 교훈하게 하셨나니 이는 너희
가 거기로 건너가 받을 땅에서 행하게 하려 하
심이니라

우상을 만들어 섬기지 말라

15 ● 여호와께서 호렙 산 불길 중에서 너희에게
말씀하시던 날에 너희가 어떤 형상도 보지 못
하였은즉 너희는 깊이 삼가라 출 19:9, 18
16 그리하여 스스로 부패하여 자기를 위해 어떤
형상대로든지 우상을 새겨 만들지 말라 남자
의 형상이든지, 여자의 형상이든지,

who held fast to the LORD your God are still
alive today.
5 ● See, I have taught you decrees and laws as
the LORD my God commanded me, so that
you may follow them in the land you are
6 entering to take possession of it. ● Observe
them carefully, for this will show your wis-
dom and understanding to the nations, who
will hear about all these decrees and say,
"Surely this great nation is a wise and under-
7 standing people." ● What other nation is so
great as to have their gods near them the way
the LORD our God is near us whenever we
8 pray to him? ● And what other nation is so
great as to have such righteous decrees and
laws as this body of laws I am setting before
you today?
9 ● Only be careful, and watch yourselves
closely so that you do not forget the things
your eyes have seen or let them fade from
your heart as long as you live. Teach them to
your children and to their children after
10 them. ● Remember the day you stood before
the LORD your God at Horeb, when he said to
me, "Assemble the people before me to hear
my words so that they may learn to revere
me as long as they live in the land and may
11 teach them to their children." ● You came
near and stood at the foot of the mountain
while it blazed with fire to the very heavens,
12 with black clouds and deep darkness. ● Then
the LORD spoke to you out of the fire. You
heard the sound of words but saw no form;
13 there was only a voice. ● He declared to you
his covenant, the Ten Commandments,
which he commanded you to follow and
14 then wrote them on two stone tablets. ● And
the LORD directed me at that time to teach
you the decrees and laws you are to follow
in the land that you are crossing the Jordan
to possess.

Idolatry Forbidden

15 ● You saw no form of any kind the day the
LORD spoke to you at Horeb out of the fire.
Therefore watch yourselves very carefully,
16 ● so that you do not become corrupt and
make for yourselves an idol, an image of any
shape, whether formed like a man or a
17 woman, ● or like any animal on earth or any
18 bird that flies in the air, ● or like any creature
that moves along the ground or any fish in

assemble [əsémbl] *vt.* 모으다
blaze [bleiz] *vi.* 타오르다
carefully [kέərfəli] *ad.* 주의깊게
command [kəmǽnd] *n.* 명
corrupt [kərʌ́pt] *a.* 타락한
covenant [kʌ́vənənt] *n.* 언약
declare [diklέər] *vt.* 선언하다
direct [dirékt] *vt.* 지시하다
forget [fərgét] *vt.* 잊다
observe [əbzə́ːrv] *vt.* 준수하다
pray [prei] *vi.* 기도하다
revere [rivíər] *vt.* 경외하다
righteous [ráitʃəs] *a.* 공의로운
tablet [tǽblit] *n.* 서판
wisdom [wízdəm] *n.* 지혜

4:4 **hold fast to...**: …에 꼭 매달리다
4:5 **so that...**: …하기 위하여
4:9 **watch oneself**: 신중히 행동하다
4:9 **fade from**: …에서 희미해지다
4:9 **as long as...**: …하는 한, …하는 동안
4:16 **whether A or B**: A이든 B이든

17 땅 위에 있는 어떤 짐승의 형상이든지, 하늘을 나는 날개 가진 어떤 새의 형상이든지,
18 땅 위에 기는 어떤 곤충의 형상이든지, 땅 아래 물속에 있는 어떤 어족의 형상이든지 만들지 말라
19 또 그리하여 네가 하늘을 향하여 눈을 들어 해와 달과 별들, 하늘 위의 모든 천체 곧 너희의 하나님 여호와께서 천하 만민을 위하여 배정하신 것을 보고 미혹하여 그것에 경배하며 섬기지 말라
20 여호와께서 너희를 택하시고 너희를 쇠 풀무불 곧 애굽에서 인도하여 내사 자기 기업의 백성을 삼으신 것이 오늘과 같아도 왕상 8:51
21 여호와께서 너희로 말미암아 내게 진노하사 내게 요단을 건너지 못하며 네 하나님 여호와께서 네게 기업으로 주신 그 아름다운 땅에 들어가지 못하게 하리라고 맹세하셨은즉
22 나는 이 땅에서 죽고 요단을 건너지 못하려니와 너희는 건너가서 그 아름다운 땅을 얻으리니
23 너희는 스스로 삼가 너희의 하나님 여호와께서 너희와 세우신 언약을 잊지 말고 네 하나님 여호와께서 금하신 어떤 형상의 우상도 조각하지 말라
24 네 하나님 여호와는 소멸하는 불이시요 질투하시는 하나님이시니라
25 ●네가 그 땅에서 아들을 낳고 손자를 얻으며 오래 살 때에 만일 스스로 부패하여 무슨 형상의 우상이든지 조각하여 네 하나님 여호와 앞에 악을 행함으로 그의 노를 일으키면
26 내가 오늘 천지를 불러 증거를 삼노니 너희가 요단을 건너가서 얻는 땅에서 속히 망할 것이라 너희가 거기서 너희의 날이 길지 못하고 전멸될 것이니라
27 여호와께서 너희를 여러 민족 중에 흩으실 것이요 여호와께서 너희를 쫓아 보내실 그 여러 민족 중에 너희의 남은 수가 많지 못할 것이며
28 너희는 거기서 사람의 손으로 만든 바 보지도 못하며 듣지도 못하며 먹지도 못하며 냄새도 맡지 못하는 목석의 신들을 섬기리라
29 그러나 네가 거기서 네 하나님 여호와를 찾게 되리니 만일 마음을 다하고 뜻을 다하여 그를 찾으면 만나리라
30 이 모든 일이 네게 임하여 환난을 당하다가 끝날에 네가 네 하나님 여호와께로 돌아와서 그의 말씀을 청종하리니
31 네 하나님 여호와는 자비하신 하나님이심이라 그가 너를 버리지 아니하시며 너를 멸하

19 the waters below. •And when you look up to
the sky and see the sun, the moon and the
stars—all the heavenly array—do not be
enticed into bowing down to them and wor-
shiping things the LORD your God has appor-
20 tioned to all the nations under heaven. •But
as for you, the LORD took you and brought
you out of the iron-smelting furnace, out of
Egypt, to be the people of his inheritance, as
you now are.
21 •The LORD was angry with me because of
you, and he solemnly swore that I would not
cross the Jordan and enter the good land the
LORD your God is giving you as your inheri-
22 tance. •I will die in this land; I will not cross
the Jordan; but you are about to cross over
23 and take possession of that good land. •Be
careful not to forget the covenant of the LORD
your God that he made with you; do not
make for yourselves an idol in the form of
anything the LORD your God has forbidden.
24 •For the LORD your God is a consuming fire,
a jealous God.
25 •After you have had children and grand-
children and have lived in the land a long
time—if you then become corrupt and make
any kind of idol, doing evil in the eyes of the
26 LORD your God and arousing his anger, •I call
the heavens and the earth as witnesses against
you this day that you will quickly perish from
the land that you are crossing the Jordan to
possess. You will not live there long but will
27 certainly be destroyed. •The LORD will scatter
you among the peoples, and only a few of you
will survive among the nations to which the
28 LORD will drive you. •There you will worship
man-made gods of wood and stone, which
29 cannot see or hear or eat or smell. •But if from
there you seek the LORD your God, you will
find him if you seek him with all your heart
30 and with all your soul. •When you are in dis-
tress and all these things have happened to
you, then in later days you will return to the
31 LORD your God and obey him. •For the LORD
your God is a merciful God; he will not aban-
don or destroy you or forget the covenant with
your ancestors, which he confirmed to them
by oath.

The LORD Is God

32 •Ask now about the former days, long
before your time, from the day God created
human beings on the earth; ask from one end

abandon [əbǽndən] *vt.* 버리다
apportion [əpɔ́:rʃən] *vt.* 배분하다
array [əréi] *n.* 배열
confirm [kənfə́:rm] *vt.* 확증하다
consume [kənsú:m] *vt.* 소멸하다
covenant [kʌ́vənənt] *n.* 언약
furnace [fə́:rnis] *n.* 용광로
inheritance [inhérətəns] *n.* 기업
jealous [dʒéləs] *a.* 질투하는
merciful [mə́:rsifəl] *a.* 자비로운
obey [oubéi] *vt.* 복종하다
perish [périʃ] *vi.* 멸망하다
scatter [skǽtər] *vt.* 흩뜨리다
solemnly [sɑ́ləmli] *ad.* 엄숙하게
witness [wítnis] *n.* 증거

4:19 **bow down**: 절하다
4:20 **as for...**: …에 관해 말하면
4:22 **take possession of...**: …을 점유하다
4:26 **not A but B**: A가 아니라 B이다
4:27 **only a few**: 극히 소수의, 약간명의
4:29 **with all one's heart**: 전심으로

지 아니하시며 네 조상들에게 맹세하신 언약을 잊지 아니하시리라
32 ●**네가 있기 전 하나님이 사람을 세상에 창조하신 날부터 지금까지 지나간 날을 상고하여 보라 하늘 이 끝에서 저 끝까지 이런 큰 일이 있었느냐 이런 일을 들은 적이 있었느냐**
33 **어떤 국민이 불 가운데에서 말씀하시는 하나님의 음성을 너처럼 듣고 생존하였느냐**
34 **어떤 [1]신이 와서 시험과 이적과 기사와 전쟁과 강한 손과 편 팔과 크게 두려운 일로 한 민족을 다른 민족에게서 인도하여 낸 일이 있느냐 이는 다 너희의 하나님 여호와께서 애굽에서 너희를 위하여 너희의 목전에서 행하신 일이라**
35 **이것을 네게 나타내심은 여호와는 하나님이시요 그 외에는 다른 신이 없음을 네게 알게 하려 하심이니라**
36 **여호와께서 너를 교훈하시려고 하늘에서부터 그의 음성을 네게 듣게 하시며 땅에서는 그의 큰 불을 네게 보이시고 네가 불 가운데서 나오는 그의 말씀을 듣게 하셨느니라**
37 **여호와께서 네 조상들을 사랑하신 고로 그 후손인 너를 택하시고 큰 권능으로 친히 인도하여 애굽에서 나오게 하시며**
38 **너보다 강대한 여러 민족을 네 앞에서 쫓아내고 너를 그들의 땅으로 인도하여 들여서 그것을 네게 기업으로 주려 하심이 오늘과 같으니라**
39 **그런즉 너는 오늘 위로 하늘에나 아래로 땅에 오직 여호와는 하나님이시요 다른 신이 없는 줄을 알아 명심하고**
40 **오늘 내가 네게 명령하는 여호와의 규례와 명령을 지키라 너와 네 후손이 복을 받아 네 하나님 여호와께서 네게 주시는 땅에서 한없이 오래 살리라**

요단 강 동쪽의 도피성 (♪ 204, 546장)

41 ●**그때에 모세가 요단 이쪽 해 돋는 쪽에서 세 성읍을 구별하였으니**
42 **이는 과거에 원한이 없이 부지중에 살인한 자가 그곳으로 도피하게 하기 위함이며 그 중 한 성읍으로 도피한 자가 그의 생명을 보전하게 하기 위함이라**
43 **하나는 광야 평원에 있는 베셀이라 르우벤 지파를 위한 것이요 하나는 길르앗 라못이라 갓 지파를 위한 것이요 하나는 바산 골란이라 므낫세 지파를 위한 것이었더라**

모세가 선포한 율법

44 ●**모세가 이스라엘 자손에게 선포한 율법은**

of the heavens to the other. Has anything so
great as this ever happened, or has anything
33 like it ever been heard of? ●Has any other peo-
ple heard the voice of God[a] speaking out of
34 fire, as you have, and lived? ●Has any god ever
tried to take for himself one nation out of
another nation, by testings, by signs and won-
ders, by war, by a mighty hand and an out-
stretched arm, or by great and awesome deeds,
like all the things the LORD your God did for
you in Egypt before your very eyes?
35 ●You were shown these things so that you
might know that the LORD is God; besides him
36 there is no other. ●From heaven he made you
hear his voice to discipline you. On earth he
showed you his great fire, and you heard his
37 words from out of the fire. ●Because he loved
your ancestors and chose their descendants
after them, he brought you out of Egypt by his
38 Presence and his great strength, ●to drive out
before you nations greater and stronger than
you and to bring you into their land to give it
to you for your inheritance, as it is today.
39 ●Acknowledge and take to heart this day
that the LORD is God in heaven above and on
40 the earth below. There is no other. ●Keep his
decrees and commands, which I am giving
you today, so that it may go well with you and
your children after you and that you may live
long in the land the LORD your God gives you
for all time.

Cities of Refuge

41 ●Then Moses set aside three cities east of
42 the Jordan, ●to which anyone who had
killed a person could flee if they had unin-
tentionally killed a neighbor without malice
aforethought. They could flee into one of
43 these cities and save their life. ●The cities were
these: Bezer in the wilderness plateau, for the
Reubenites; Ramoth in Gilead, for the Gadites;
and Golan in Bashan, for the Manassites.

Introduction to the Law

44 ●This is the law Moses set before the Isra-
45 elites. ●These are the stipulations, decrees
and laws Moses gave them when they came
46 out of Egypt ●and were in the valley near
Beth Peor east of the Jordan, in the land of
Sihon king of the Amorites, who reigned in
Heshbon and was defeated by Moses and the

[a]33 Or *of a god* 1) 히, 하나님

acknowledge [əknálidʒ] *vt.* 인정하다
aforethought [əfɔ́ːrθɔ̀ːt] *a.* 계획적인
awesome [ɔ́ːsəm] *a.* 두려움을 느끼게 하는
decree [dikríː] *n.* 규례
deed [diːd] *n.* 행위
discipline [dísəplin] *vt.* (정신을) 훈련하다
flee [fliː] *vi.* 도망치다
inheritance [inhérətəns] *n.* 유업
malice [mǽlis] *n.* 악의
outstretched [àutstrétʃt] *a.* 뻗친
plateau [plætóu] *n.* 고원
refuge [réfjuːdʒ] *n.* 피난처
reign [réin] *vi.* 통치하다
stipulation [stìpjuléiʃən] *n.* 규정
unintentionally [ʌ̀ninténʃənəli] *ad.* 무심코

4:34 try to...: …하려 힘쓰다
4:38 drive out: 쫓아내다
4:39 take to heart: 마음에 새기다
4:40 go well: 잘 되다
4:40 for all time: 항상, 영원히
4:41 set aside: 옆에 두다, 챙겨 놓다

이러하니라
45 이스라엘 자손이 애굽에서 나온 후에 모세가
증언과 규례와 법도를 선포하였으니
46 요단 동쪽 벳브올 맞은편 골짜기에서 그리하
였더라 이 땅은 헤스본에 사는 아모리 족속
의 왕 시혼에게 속하였더니 모세와 이스라엘
자손이 애굽에서 나온 후에 그를 쳐서 멸하고
47 그 땅을 기업으로 얻었고 또 바산 왕 옥의 땅
을 얻었으니 그 두 사람은 아모리 족속의 왕
으로서 요단 이쪽 해 돋는 쪽에 살았으며
48 그 얻은 땅은 아르논 골짜기 가장자리의 아
로엘에서부터 시온 산 곧 헤르몬 산까지요
49 요단 이쪽 곧 그 동쪽 온 아라바니 비스가 기
슭 아래 아라바의 바다까지이니라

십계명 (출 20:1-17) — B.C. 1410년경

5 모세가 온 이스라엘을 불러 그들에게 이르
되 이스라엘아 오늘 내가 너희의 귀에 말
하는 규례와 법도를 듣고 그것을 배우며 지
켜 행하라
2 우리 하나님 여호와께서 호렙 산에서 우리와
언약을 세우셨나니
3 이 언약은 여호와께서 우리 조상들과 세우신
것이 아니요 오늘 여기 살아 있는 우리 곧 우
리와 세우신 것이라
4 여호와께서 산 위 불 가운데에서 너희와 대
면하여 말씀하시매
5 그때에 너희가 불을 두려워하여 산에 오르지
못하므로 내가 여호와와 너희 중간에 서서
여호와의 말씀을 너희에게 전하였노라 여호
와께서 이르시되
6 나는 너를 애굽 땅, 종 되었던 집에서 인도하
여 낸 네 하나님 여호와라
7 •나 외에는 다른 신들을 네게 두지 말지니라
8 •너는 자기를 위하여 새긴 우상을 만들지
말고 위로 하늘에 있는 것이나 아래로 땅에
있는 것이나 땅밑 물속에 있는 것의 어떤 형
상도 만들지 말며
9 그것들에게 절하지 말며 그것들을 섬기지 말
라 나 네 하나님 여호와는 질투하는 하나님인
즉 나를 미워하는 자의 죄를 갚되 아버지로부
터 아들에게로 삼사 대까지 이르게 하거니와
10 나를 사랑하고 내 계명을 지키는 자에게는
천 대까지 은혜를 베푸느니라
11 •너는 네 하나님 여호와의 이름을 망령되이
일컫지 말라 나 여호와는 내 이름을 망령되
이 일컫는 자를 죄 없는 줄로 인정하지 아니
하리라

47 Israelites as they came out of Egypt. •They
took possession of his land and the land of Og
king of Bashan, the two Amorite kings east of
48 the Jordan. •This land extended from Aroer
on the rim of the Arnon Gorge to Mount Siri-
49 on [a] (that is, Hermon), •and included all the
Arabah east of the Jordan, as far as the Dead
Sea, [b] below the slopes of Pisgah.

The Ten Commandments

5 Moses summoned all Israel and said:
Hear, Israel, the decrees and laws I declare
in your hearing today. Learn them and be sure
2 to follow them. •The LORD our God made a
3 covenant with us at Horeb. •It was not with
our ancestors [c] that the LORD made this
covenant, but with us, with all of us who are
4 alive here today. •The LORD spoke to you face
5 to face out of the fire on the mountain. •(At
that time I stood between the LORD and you to
declare to you the word of the LORD, because
you were afraid of the fire and did not go up
the mountain.) And he said:

6 •"I am the LORD your God, who
brought you out of Egypt, out of the
land of slavery.
7 •"You shall have no other gods before [d] me.
8 •"You shall not make for yourself an image
in the form of anything in heaven
above or on the earth beneath or in the
9 waters below. •You shall not bow
down to them or worship them; for I,
the LORD your God, am a jealous God,
punishing the children for the sin of the
parents to the third and fourth genera-
10 tion of those who hate me, •but show-
ing love to a thousand generations of
those who love me and keep my com-
mandments.
11 •"You shall not misuse the name of the
LORD your God, for the LORD will not
hold anyone guiltless who misuses his
name.
12 •"Observe the Sabbath day by keeping it
holy, as the LORD your God has com-
13 manded you. •Six days you shall labor
14 and do all your work, •but the seventh
day is a sabbath to the LORD your God.
On it you shall not do any work, nei-

[a] 48 Syriac (see also 3:9); Hebrew *Siyon* [b] 49 Hebrew *the Sea of the Arabah* [c] 3 Or *not only with our parents* [d] 7 Or *besides*

alive [əláiv] *a.* 살아있는
beneath [biní:θ] *prep.* …밑에
command [kəmǽnd] *vt.* 명령하다
declare [dikléər] *vt.* 선언하다
extend [iksténd] *vi.* …에 이르다
generation [dʒènəréiʃən] *n.* 세대
guiltless [gíltlis] *a.* 죄없는
include [inklú:d] *vt.* 포함하다
jealous [dʒéləs] *a.* 질투하는
misuse [mìsjú:z] *vt.* 오용하다
observe [əbzə́:rv] *vt.* 준수하다
Sabbath [sǽbəθ] *n.* 안식일
slavery [sléivəri] *n.* 노예 상태
slope [sloup] *n.* 경사
summon [sʌ́mən] *vt.* 소집하다

4:47 take possession of...: …를 손에 넣다
5:4 face to face: 얼굴을 맞대고
5:5 be afraid of...: …를 두려워하다
5:9 bow down: 절하다
5:14 neither A nor B: A도 B도 아니다

12 ●네 하나님 여호와가 네게 명령한 대로 안
식일을 지켜 거룩하게 하라
13 엿새 동안은 힘써 네 모든 일을 행할 것이나
14 일곱째 날은 네 하나님 여호와의 안식일인즉
너나 네 아들이나 네 딸이나 네 남종이나 네
여종이나 네 소나 네 나귀나 네 모든 가축이
나 네 문 안에 유하는 객이라도 아무 일도 하
지 못하게 하고 네 남종이나 네 여종에게 너
같이 안식하게 할지니라 창 2:2
15 너는 기억하라 네가 애굽 땅에서 종이 되었
더니 네 하나님 여호와가 강한 손과 편 팔로
거기서 너를 인도하여 내었나니 그러므로 네
하나님 여호와가 네게 명령하여 안식일을 지
키라 하느니라
16 ●너는 네 하나님 여호와께서 명령한 대로
네 부모를 공경하라 그리하면 네 하나님 여
호와가 네게 준 땅에서 네 생명이 길고 복을
누리리라
17 ●살인하지 말지니라
18 ●간음하지 말지니라
19 ●도둑질하지 말지니라
20 ●네 이웃에 대하여 거짓 증거하지 말지니라
21 ●네 이웃의 아내를 탐내지 말지니라 네 이
웃의 집이나 그의 밭이나 그의 남종이나 그
의 여종이나 그의 소나 그의 나귀나 네 이웃
의 모든 소유를 탐내지 말지니라 롬 7:7

여호와의 음성 듣기를 두려워하다 (출 20:18-21)

22 ●여호와께서 이 모든 말씀을 산 위 불 가운데,
구름 가운데, 흑암 가운데에서 큰 음성으로 너
희 총회에 이르신 후에 더 말씀하지 아니하시
고 그것을 두 돌판에 써서 내게 주셨느니라
23 산이 불에 타며 캄캄한 가운데에서 나오는
그 소리를 너희가 듣고 너희 지파의 수령과
장로들이 내게 나아와
24 말하되 우리 하나님 여호와께서 그의 영광과
위엄을 우리에게 보이시매 불 가운데에서 나
오는 음성을 우리가 들었고 하나님이 사람과
말씀하시되 그 사람이 생존하는 것을 오늘
우리가 보았나이다
25 이제 우리가 죽을 까닭이 무엇이니이까 이 큰
불이 우리를 삼킬 것이요 만일 우리가 우리 하
나님 여호와의 음성을 다시 들으면 죽을 것이라
26 육신을 가진 자로서 우리처럼 살아 계시는
하나님의 음성이 불 가운데에서 발함을 듣고
생존한 자가 누구니이까
27 당신은 가까이 나아가서 우리 하나님 여호와
께서 하시는 말씀을 다 듣고 우리 하나님 여

ther you, nor your son or daughter,
nor your male or female servant, nor
your ox, your donkey or any of your
animals, nor any foreigner residing in
your towns, so that your male and
female servants may rest, as you do.
15 ●Remember that you were slaves in
Egypt and that the LORD your God
brought you out of there with a
mighty hand and an outstretched arm.
Therefore the LORD your God has com-
manded you to observe the Sabbath
day.
16 ●"Honor your father and your mother, as
the LORD your God has commanded
you, so that you may live long and that
it may go well with you in the land the
LORD your God is giving you.
17 ●"You shall not murder.
18 ●"You shall not commit adultery.
19 ●"You shall not steal.
20 ●"You shall not give false testimony against
your neighbor.
21 ●"You shall not covet your neighbor's wife.
You shall not set your desire on your
neighbor's house or land, his male or
female servant, his ox or donkey, or
anything that belongs to your neigh-
bor."

22 ●These are the commandments the LORD
proclaimed in a loud voice to your whole
assembly there on the mountain from out of
the fire, the cloud and the deep darkness; and
he added nothing more. Then he wrote them
on two stone tablets and gave them to me.
23 ●When you heard the voice out of the dark-
ness, while the mountain was ablaze with fire,
all the leaders of your tribes and your elders
24 came to me. ●And you said, "The LORD our
God has shown us his glory and his majesty,
and we have heard his voice from the fire.
Today we have seen that a person can live
25 even if God speaks with them. ●But now, why
should we die? This great fire will consume us,
and we will die if we hear the voice of the LORD
26 our God any longer. ●For what mortal has
ever heard the voice of the living God speaking
27 out of fire, as we have, and survived? ●Go near
and listen to all that the LORD our God says.
Then tell us whatever the LORD our God tells
you. We will listen and obey."
28 ●The LORD heard you when you spoke to

ablaze [əbléiz] *a.* 불타는
adultery [ədʌ́ltəri] *n.* 간통
commit [kəmít] *vt.* (죄를) 범하다
consume [kənsú:m] *vt.* 불사르다
covet [kʌ́vit] *vt.* 턱없이 탐내다
false [fɔ:ls] *a.* 그릇된
majesty [mǽdʒəsti] *n.* 장엄
mighty [máiti] *a.* 전능한
mortal [mɔ́:rtl] *a.* 죽어야 할 운명의
murder [mə́:rdər] *vt.* 살인하다
obey [oubéi] *vt.* 순종하다
outstretched [àutstrétʃt] *a.* 뻗친
proclaim [proukléim] *vt.* 선포하다
tablet [tǽblit] *n.* 서판
testimony [téstəmòuni] *n.* 증언

5:16 **go well**: 잘 되다
5:21 **belong to:** …에 속하다
5:21 **set... on~**: …를 ~에 두다
5:22 **out of:** …로 부터
5:24 **even if...**: 비록 …라 할지라도
5:25 **any longer:** 이제는, 더 이상

호와께서 당신에게 이르시는 것을 다 우리에게
전하소서 우리가 듣고 행하겠나이다 하였느니라
28 ●여호와께서 너희가 내게 말할 때에 너희가 말
하는 소리를 들으신지라 여호와께서 내게 이르
시되 이 백성이 네게 말하는 그 말소리를 내가
들은즉 그 말이 다 옳도다 18:17
29 다만 그들이 항상 이 같은 마음을 품어 나를 경
외하며 내 모든 명령을 지켜서 그들과 그 자손이
영원히 복 받기를 원하노라
30 가서 그들에게 각기 장막으로 돌아가라 이르고
31 너는 여기 내 곁에 서 있으라 내가 모든 명령과
규례와 법도를 네게 이르리니 너는 그것을 그들
에게 가르쳐서 내가 그들에게 기업으로 주는 땅
에서 그들에게 이것을 행하게 하라 하셨나니
32 그런즉 너희 하나님 여호와께서 너희에게 명령
하신 대로 너희는 삼가 행하여 좌로나 우로나 치
우치지 말고 수 1:7
33 너희 하나님 여호와께서 너희에게 명령하신 모
든 도를 행하라 그리하면 너희가 살 것이요 복이
너희에게 있을 것이며 너희가 차지한 땅에서 너
희의 날이 길리라

여호와의 명령과 규례와 법도 — B.C. 1410년경

6 이는 곧 너희의 하나님 여호와께서 너희에게
가르치라고 명하신 명령과 규례와 법도라 너
희가 건너가서 차지할 땅에서 행할 것이니
2 곧 너와 네 아들과 네 손자들이 평생에 네 하나
님 여호와를 경외하며 내가 너희에게 명한 그 모
든 규례와 명령을 지키게 하기 위한 것이며 또
네 날을 장구하게 하기 위한 것이라
3 이스라엘아 듣고 삼가 그것을 행하라 그리하면
네가 복을 받고 네 조상들의 하나님 여호와께서
네게 허락하심같이 젖과 꿀이 흐르는 땅에서 네
가 크게 번성하리라 출 3:8
4 ●이스라엘아 들으라 우리 하나님 여호와는 오
직 유일한 여호와이시니 요 17:3
5 너는 마음을 다하고 뜻을 다하고 힘을 다하여 네
하나님 여호와를 사랑하라
6 오늘 내가 네게 명하는 이 말씀을 너는 마음에
새기고
7 네 자녀에게 부지런히 가르치며 집에 앉았을 때
에든지 길을 갈 때에든지 누워 있을 때에든지 일
어날 때에든지 이 말씀을 강론할 것이며
8 너는 또 그것을 네 손목에 매어 기호를 삼으며
네 미간에 붙여 표로 삼고
9 또 네 집 문설주와 바깥 문에 기록할지니라

불순종에 대한 경고

10 ●네 하나님 여호와께서 네 조상 아브라함과 이

me, and the LORD said to me, "I have heard
what this people said to you. Everything
29 they said was good. ●Oh, that their hearts
would be inclined to fear me and keep all
my commands always, so that it might go
well with them and their children forever!
30 ●"Go, tell them to return to their tents.
31 ●But you stay here with me so that I may
give you all the commands, decrees and
laws you are to teach them to follow in the
land I am giving them to possess."
32 ●So be careful to do what the LORD your
God has commanded you; do not turn
33 aside to the right or to the left. ●Walk in
obedience to all that the LORD your God
has commanded you, so that you may live
and prosper and prolong your days in the
land that you will possess.

Love the LORD Your God

6 These are the commands, decrees and
laws the LORD your God directed me to
teach you to observe in the land that you
2 are crossing the Jordan to possess, ●so that
you, your children and their children after
them may fear the LORD your God as long
as you live by keeping all his decrees and
commands that I give you, and so that you
3 may enjoy long life. ●Hear, Israel, and be
careful to obey so that it may go well with
you and that you may increase greatly in
a land flowing with milk and honey, just
as the LORD, the God of your ancestors, pro-
mised you.
4 ●Hear, O Israel: The LORD our God, the
5 LORD is one.[a] ●Love the LORD your God
with all your heart and with all your soul
6 and with all your strength. ●These com-
mandments that I give you today are to be
7 on your hearts. ●Impress them on your
children. Talk about them when you sit at
home and when you walk along the road,
when you lie down and when you get up.
8 ●Tie them as symbols on your hands and
9 bind them on your foreheads. ●Write
them on the doorframes of your houses
and on your gates.
10 ●When the LORD your God brings you
into the land he swore to your fathers, to
Abraham, Isaac and Jacob, to give you — a

[a]4 Or *The LORD our God is one LORD;* or *The LORD is our God, the LORD is one;* or *The LORD is our God, the LORD alone*

commandment [kəmǽndmənt] *n.* 명령
decree [dikríː] *n.* 규례
direct [dirékt] *vi.* 지시하다
doorframe [dɔ́ːrfrèim] *n.* 문틀
fear [fiər] *vt.* 경외하다
flow [flou] *vi.* 넘쳐흐르다
forehead [fɔ́ːrhèd] *n.* 이마
greatly [gréitli] *ad.* 크게
impress [imprés] *vt.* 깊은 인상을 주다
observe [əbzə́ːrv] *vt.* 거행하다
possess [pəzés] *vt.* 소유하다
prolong [prəlɔ́ːŋ] *vt.* 길게 하다
promise [prámis] *vt.* 약속하다
prosper [práspər] *vi.* 번영[성공]하다
symbol [símbəl] *n.* 상징, 표

5:29 **be inclined to...**: …하고 싶어하다
5:29 **go well**: 잘되다
5:32 **be careful**: 조심하다
5:32 **turn aside**: 벗어나다
5:33 **in obedience to:** …에 복종하여
6:2 **as long as...**: …하는 한, …하는 동안

삭과 야곱을 향하여 네게 주리라 맹세하신 땅으
로 너를 들어가게 하시고 네가 건축하지 아니한
크고 아름다운 성읍을 얻게 하시며
11 네가 채우지 아니한 아름다운 물건이 가득한 집
을 얻게 하시며 네가 파지 아니한 우물을 차지하
게 하시며 네가 심지 아니한 포도원과 감람나무
를 차지하게 하사 네게 배불리 먹게 하실 때에
12 너는 조심하여 너를 애굽 땅 종 되었던 집에서
인도하여 내신 여호와를 잊지 말고
13 네 하나님 여호와를 경외하며 그를 섬기며 그의
이름으로 맹세할 것이니라
14 너희는 다른 신들 곧 네 사면에 있는 백성의 신
들을 따르지 말라
15 너희 중에 계신 너희의 하나님 여호와는 질투하
시는 하나님이신즉 너희의 하나님 여호와께서
네게 진노하사 너를 지면에서 멸절시키실까 두
려워하노라
16 ●너희가 맛사에서 시험한 것같이 너희의 하나
님 여호와를 시험하지 말고
17 너희의 하나님 여호와께서 너희에게 명하신 명
령과 증거와 규례를 삼가 지키며
18-19 여호와께서 보시기에 정직하고 선량한 일을
행하라 그리하면 네가 복을 받고 그 땅에 들어가
서 여호와께서 모든 대적을 네 앞에서 쫓아내시
겠다고 네 조상들에게 맹세하신 아름다운 땅을
차지하리니 여호와의 말씀과 같으니라
20 ●후일에 네 아들이 네게 묻기를 우리 하나님 여
호와께서 명령하신 증거와 규례와 법도가 무슨
뜻이냐 하거든
21 너는 네 아들에게 이르기를 우리가 옛적에 애굽
에서 바로의 종이 되었더니 여호와께서 권능의
손으로 우리를 애굽에서 인도하여 내셨나니
22 곧 여호와께서 우리의 목전에서 크고 두려운 이적
과 기사를 애굽과 바로와 그의 온 집에 베푸시고
23 우리 조상들에게 맹세하신 땅을 우리에게 주어 들
어가게 하시려고 우리를 거기서 인도하여 내시고
24 여호와께서 우리에게 이 모든 규례를 지키라 명령
하셨으니 이는 우리가 우리 하나님 여호와를 경외
하여 항상 복을 누리게 하기 위하심이며 또 여호
와께서 우리를 오늘과 같이 살게 하려 하심이라
25 우리가 그 명령하신 대로 이 모든 명령을 우리
하나님 여호와 앞에서 삼가 지키면 그것이 곧 우
리의 의로움이니라 할지니라

여호와께서 택하신 민족 (출 34:11-16)

7 네 하나님 여호와께서 너를 인도하사 네가 가
서 차지할 땅으로 들이시고 네 앞에서 여러 민
족 헷 족속과 기르가스 족속과 아모리 족속과 가

land with large, flourishing cities you did
11 not build, ●houses filled with all kinds of
good things you did not provide, wells you
did not dig, and vineyards and olive groves
you did not plant—then when you eat
12 and are satisfied, ●be careful that you do
not forget the LORD, who brought you out
of Egypt, out of the land of slavery.
13 ●Fear the LORD your God, serve him
14 only and take your oaths in his name. ●Do
not follow other gods, the gods of the peo-
15 ples around you; ●for the LORD your God,
who is among you, is a jealous God and his
anger will burn against you, and he will
16 destroy you from the face of the land. ●Do
not put the LORD your God to the test as
17 you did at Massah. ●Be sure to keep the
commands of the LORD your God and the
stipulations and decrees he has given you.
18 ●Do what is right and good in the LORD's
sight, so that it may go well with you and
you may go in and take over the good
land the LORD promised on oath to your
19 ancestors, ●thrusting out all your enemies
before you, as the LORD said.
20 ●In the future, when your son asks you,
"What is the meaning of the stipulations,
decrees and laws the LORD our God has
21 commanded you?" ●tell him: "We were
slaves of Pharaoh in Egypt, but the LORD
brought us out of Egypt with a mighty
22 hand. ●Before our eyes the LORD sent signs
and wonders—great and terrible—on
Egypt and Pharaoh and his whole house-
23 hold. ●But he brought us out from there
to bring us in and give us the land he
24 promised on oath to our ancestors. ●The
LORD commanded us to obey all these
decrees and to fear the LORD our God, so
that we might always prosper and be kept
25 alive, as is the case today. ●And if we are
careful to obey all this law before the LORD
our God, as he has commanded us, that
will be our righteousness."

Driving Out the Nations

7 When the LORD your God brings you
into the land you are entering to pos-
sess and drives out before you many
nations—the Hittites, Girgashites, Amor-
ites, Canaanites, Perizzites, Hivites and
Jebusites, seven nations larger and stronger

command [kəmǽnd] *n.* 명령
destroy [distrɔ́i] *vt.* 파괴하다
flourishing [flɔ́ːriʃiŋ] *a.* 번영한
grove [grouv] *n.* 작은 숲
household [háushòuld] *n.* 집안
jealous [dʒéləs] *a.* 질투하는
oath [ouθ] *n.* 서약
obey [oubéi] *vt.* 순종하다
righteousness [ráitʃəsnis] *n.* 의로움
satisfy [sǽtisfài] *vt.* 만족시키다
stipulation [stìpjuléiʃən] *n.* 규정
terrible [térəbl] *a.* 무시무시한
thrust [θrʌst] *vt.* 밀치다
vineyard [vínjərd] *n.* 포도원
wonder [wʌ́ndər] *n.* 경이

6:11 **fill with...**: …로 채우다
6:12 **bring out**: 데리고 나오다
6:17 **be sure to...**: 반드시 …하다
6:18 **in one's sight**: 보는 데서
6:18 **take over**: 떠맡다
7:1 **drive out**: 쫓아내다

나안 족속과 브리스 족속과 히위 족속과 여부
스 족속 곧 너보다 많고 힘이 센 일곱 족속을 쫓
아내실 때에
출 3:8
2 네 하나님 여호와께서 그들을 네게 넘겨 네게
치게 하시리니 그때에 너는 그들을 진멸할 것
이라 그들과 어떤 언약도 하지 말 것이요 그들
을 불쌍히 여기지도 말 것이며
3 또 그들과 혼인하지도 말지니 네 딸을 그들의
아들에게 주지 말 것이요 그들의 딸도 네 며느
리로 삼지 말 것은
4 그가 네 아들을 유혹하여 그가 여호와를 떠나
고 다른 신들을 섬기게 하므로 여호와께서 너
희에게 진노하사 갑자기 너희를 멸하실 것임이
니라
5 오직 너희가 그들에게 행할 것은 이러하니 그
들의 제단을 헐며 주상을 깨뜨리며 아세라 목
상을 찍으며 조각한 우상들을 불사를 것이니라
6 너는 여호와 네 하나님의 성민이라 네 하나님
여호와께서 지상 만민 중에서 너를 자기 기업
의 백성으로 택하셨나니
7 여호와께서 너희를 기뻐하시고 너희를 택하심
은 너희가 다른 민족보다 수효가 많기 때문이
아니니라 너희는 오히려 모든 민족 중에 가장
적으니라
8 여호와께서 다만 너희를 사랑하심으로 말미암
아, 또는 너희의 조상들에게 하신 맹세를 지키
려 하심으로 말미암아 자기의 권능의 손으로
너희를 인도하여 내시되 너희를 그 종 되었던
집에서 애굽 왕 바로의 손에서 속량하셨나니
9 그런즉 너는 알라 오직 네 하나님 여호와는 하
나님이시요 신실하신 하나님이시라 그를 사랑
하고 그의 계명을 지키는 자에게는 천 대까지
그의 언약을 이행하시며 인애를 베푸시되
10 그를 미워하는 자에게는 당장에 보응하여 멸하
시나니 여호와는 자기를 미워하는 자에게 지체
하지 아니하시고 당장에 그에게 보응하시느니라
11 그런즉 너는 오늘 내가 네게 명하는 명령과 규
례와 법도를 지켜 행할지니라

법도를 듣고 지켜 행하면 (신 28:1-14 ♪ 325, 390장)

12 ● 너희가 이 모든 법도를 듣고 지켜 행하면 네
하나님 여호와께서 네 조상들에게 맹세하신 언
약을 지켜 네게 인애를 베푸실 것이라
13 곧 너를 사랑하시고 복을 주사 너를 번성하게
하시되 네게 주리라고 네 조상들에게 맹세하신
땅에서 네 소생에게 은혜를 베푸시며 네 토지
소산과 곡식과 포도주와 기름을 풍성하게 하시
고 네 소와 양을 번식하게 하시리니

2 than you — ● and when the LORD your God
has delivered them over to you and you
have defeated them, then you must destroy
them totally.[a] Make no treaty with them,
3 and show them no mercy. ● Do not inter-
marry with them. Do not give your daugh-
ters to their sons or take their daughters for
4 your sons, ● for they will turn your children
away from following me to serve other
gods, and the LORD's anger will burn against
5 you and will quickly destroy you. ● This is
what you are to do to them: Break down
their altars, smash their sacred stones, cut
down their Asherah poles[b] and burn their
6 idols in the fire. ● For you are a people holy
to the LORD your God. The LORD your God
has chosen you out of all the peoples on the
face of the earth to be his people, his trea-
sured possession.
7 ● The LORD did not set his affection on
you and choose you because you were
more numerous than other peoples, for
8 you were the fewest of all peoples. ● But it
was because the LORD loved you and kept
the oath he swore to your ancestors that he
brought you out with a mighty hand and
redeemed you from the land of slavery,
from the power of Pharaoh king of Egypt.
9 ● Know therefore that the LORD your God
is God; he is the faithful God, keeping his
covenant of love to a thousand genera-
tions of those who love him and keep his
10 commandments. ● But

those who hate him he will repay to their
face by destruction;
he will not be slow to repay to their
face those who hate him.

11 ● Therefore, take care to follow the com-
mands, decrees and laws I give you today.
12 ● If you pay attention to these laws and
are careful to follow them, then the LORD
your God will keep his covenant of love
with you, as he swore to your ancestors.
13 ● He will love you and bless you and in-
crease your numbers. He will bless the fruit
of your womb, the crops of your land
— your grain, new wine and olive oil —
the calves of your herds and the lambs of

[a]2 The Hebrew term refers to the irrevocable giving over of things or persons to the LORD, often by totally destroying them; also in verse 26. [b]5 That is, wooden symbols of the goddess Asherah; here and elsewhere in Deuteronomy

affection [əfékʃən] *n.* 애정
commandment [kəmǽndmənt] *n.* 명령
decree [dikríː] *n.* 규례
defeat [difíːt] *vt.* 패배시키다
deliver [dilívər] *vt.* 넘겨주다
destruction [distrʌ́kʃən] *n.* 파괴
intermarry [ìntərmǽri] *vi.* (타종족과) 결혼하다
lamb [læm] *n.* 어린 양
numerous [njúːmərəs] *a.* 수많은
redeem [ridíːm] *vt.* 도로 찾다
sacred [séikrid] *a.* 신성한
slavery [sléivəri] *n.* 노예 상태
smash [smæʃ] *vt.* 깨뜨리다
treasure [tréʒər] *vt.* 소중히 하다
womb [wuːm] *n.* 태내, 자궁

7:2 **deliver over**: 인도하다
7:4 **turn away**: 외면하다
7:10 **repay to**: …에게 갚다
7:11 **take care**: 조심하다
7:12 **pay attention to...**: …에 주의를 기울이다

14 네가 복을 받음이 만민보다 훨씬 더하여 너희
중의 남녀와 너희의 짐승의 암수에 생육하지
못함이 없을 것이며
15 여호와께서 또 모든 질병을 네게서 멀리 하사
너희가 아는 애굽의 악질에 걸리지 않게 하시고
너를 미워하는 모든 자에게 걸리게 하실 것이라
16 네 하나님 여호와께서 네게 넘겨 주신 모든 민
족을 네 눈이 긍휼히 여기지 말고 진멸하며 그
들의 신을 섬기지 말라 그것이 네게 올무가 되
리라
17 ●네가 혹시 심중에 이르기를 이 민족들이 나
보다 많으니 내가 어찌 그를 쫓아낼 수 있으리
요 하리라마는
18 그들을 두려워하지 말고 네 하나님 여호와께서
바로와 온 애굽에 행하신 것을 잘 기억하되
19 네 하나님 여호와께서 너를 인도하여 내실 때
에 네가 본 큰 시험과 이적과 기사와 강한 손과
편 팔을 기억하라 네 하나님 여호와께서 네가
두려워하는 모든 민족에게 그와 같이 행하실
것이요
20 네 하나님 여호와께서 또 왕벌을 그들 중에 보
내어 그들의 남은 자와 너를 피하여 숨은 자를
멸하시리니
수 24:12
21 너는 그들을 두려워하지 말라 너희의 하나님
여호와 곧 크고 두려운 하나님이 너희 중에 계
심이니라
22 네 하나님 여호와께서 이 민족들을 네 앞에서
조금씩 쫓아내시리니 너는 그들을 급히 멸하지
말라 들짐승이 번성하여 너를 해할까 하노라
23 네 하나님 여호와께서 그들을 네게 넘기시고
그들을 크게 혼란하게 하여 마침내 진멸하시고
24 그들의 왕들을 네 손에 넘기시리니 너는 그들
의 이름을 천하에서 제하여 버리라 너를 당할
자가 없이 네가 마침내 그들을 진멸하리라
25 너는 그들이 조각한 신상들을 불사르고 그것에
입힌 은이나 금을 탐내지 말며 취하지 말라 네
가 그것으로 말미암아 올무에 걸릴까 하노니
이는 네 하나님 여호와께서 가증히 여기시는
것임이니라
26 너는 가증한 것을 네 집에 들이지 말라 너도 그
것과 같이 진멸 당할까 하노라 너는 그것을 멀
리하며 심히 미워하라 그것은 진멸 당할 것임
이니라

이스라엘이 차지할 아름다운 땅 (♪334장)

8 내가 오늘 명하는 모든 명령을 너희는 지켜
행하라 그리하면 너희가 살고 번성하고 여호
와께서 너희의 조상들에게 맹세하신 땅에 들어

your flocks in the land he swore to your
14 ancestors to give you. ●You will be blessed
more than any other people; none of your
men or women will be childless, nor will
any of your livestock be without young.
15 ●The LORD will keep you free from every
disease. He will not inflict on you the horri-
ble diseases you knew in Egypt, but he will
16 inflict them on all who hate you. ●You
must destroy all the peoples the LORD your
God gives over to you. Do not look on them
with pity and do not serve their gods, for
that will be a snare to you.
17 ●You may say to yourselves, "These
nations are stronger than we are. How can
18 we drive them out?" ●But do not be afraid
of them; remember well what the LORD
your God did to Pharaoh and to all Egypt.
19 ●You saw with your own eyes the great tri-
als, the signs and wonders, the mighty
hand and outstretched arm, with which
the LORD your God brought you out. The
LORD your God will do the same to all the
20 peoples you now fear. ●Moreover, the LORD
your God will send the hornet among
them until even the survivors who hide
21 from you have perished. ●Do not be terri-
fied by them, for the LORD your God, who is
among you, is a great and awesome God.
22 ●The LORD your God will drive out those
nations before you, little by little. You will
not be allowed to eliminate them all at
once, or the wild animals will multiply
23 around you. ●But the LORD your God will
deliver them over to you, throwing them
into great confusion until they are des-
24 troyed. ●He will give their kings into your
hand, and you will wipe out their names
from under heaven. No one will be able to
stand up against you; you will destroy
25 them. ●The images of their gods you are to
burn in the fire. Do not covet the silver
and gold on them, and do not take it for
yourselves, or you will be ensnared by it,
for it is detestable to the LORD your God.
26 ●Do not bring a detestable thing into your
house or you, like it, will be set apart for
destruction. Regard it as vile and utterly
detest it, for it is set apart for destruction.

Do Not Forget the LORD

8 Be careful to follow every command I
am giving you today, so that you may

awesome [ɔ́:səm] *a.* 장엄한
confusion [kənfjú:ʒən] *n.* 혼란, 당황
covet [kʌ́vit] *vt.* 탐내다
detestable [ditéstəbl] *a.* 혐오할 만한
eliminate [ilímənèit] *vt.* 제거하다
ensnare [insnέər] *vt.* 유혹하다
hornet [hɔ́:rnit] *n.* 호박벌
horrible [hɔ́:rəbl] *a.* 무시무시한
livestock [láivstàk] *n.* 가축
moreover [mɔ:róuvər] *ad.* 게다가
multiply [mʌ́ltəplai] *vi.* 늘다
perish [périʃ] *vi.* 죽다
snare [snεər] *n.* 올가미, 덫
trial [tráiəl] *n.* 시험
utterly [ʌ́tərli] *ad.* 전적으로

7:15 not A but B: A가 아니라 B
7:16 give over to: ~에 넘기다
7:16 look on: 바라보다
7:18 be afraid of...: …를 두려워하다
7:22 all at once: 갑자기
7:26 set apart: 제쳐두다, 떼어놓다

가서 그것을 차지하리라
2 네 하나님 여호와께서 이 사십 년 동안에 네게 광야 길을 걷게 하신 것을 기억하라 이는 너를 낮추시며 너를 시험하사 네 마음이 어떠한지 그 명령을 지키는지 지키지 않는지 알려 하심이라
3 너를 낮추시며 너를 주리게 하시며 또 너도 알지 못하며 네 조상들도 알지 못하던 만나를 네게 먹이신 것은 사람이 떡으로만 사는 것이 아니요 여호와의 입에서 나오는 모든 말씀으로 사는 줄을 네가 알게 하려 하심이니라
4 이 사십 년 동안에 네 의복이 해어지지 아니하였고 네 발이 부르트지 아니하였느니라 29:5
5 너는 사람이 그 아들을 징계함같이 네 하나님 여호와께서 너를 징계하시는 줄 마음에 생각하고
6 네 하나님 여호와의 명령을 지켜 그의 길을 따라가며 그를 경외할지니라
7 네 하나님 여호와께서 너를 아름다운 땅에 이르게 하시나니 그곳은 골짜기든지 산지든지 시내와 분천과 샘이 흐르고
8 밀과 보리의 소산지요 포도와 무화과와 석류와 감람나무와 꿀의 소산지라
9 네가 먹을 것에 모자람이 없고 네게 아무 부족함이 없는 땅이며 그 땅의 돌은 철이요 산에서는 동을 캘 것이라
10 네가 먹어서 배부르고 네 하나님 여호와께서 옥토를 네게 주셨음으로 말미암아 그를 찬송하리라

여호와를 잊지 말라

11 ●내가 오늘 네게 명하는 여호와의 명령과 법도와 규례를 지키지 아니하고 네 하나님 여호와를 잊어버리지 않도록 삼갈지어다
12 네가 먹어서 배부르고 아름다운 집을 짓고 거주하게 되며
13 또 네 소와 양이 번성하며 네 은금이 증식되며 네 소유가 다 풍부하게 될 때에
14 네 마음이 교만하여 네 하나님 여호와를 잊어버릴까 염려하노라 여호와는 너를 애굽 땅 종 되었던 집에서 이끌어내시고
15 너를 인도하여 그 광대하고 위험한 광야 곧 불뱀과 전갈이 있고 물이 없는 간조한 땅을 지나게 하셨으며 또 너를 위하여 단단한 반석에서 물을 내셨으며
16 네 조상들도 알지 못하던 만나를 광야에서 네게 먹이셨나니 이는 다 너를 낮추시며 너를 시험하사 마침내 네게 복을 주려 하심이

live and increase and may enter and possess
the land the LORD promised on oath to your
2 ancestors. ●Remember how the LORD your
God led you all the way in the wilderness
these forty years, to humble and test you in
order to know what was in your heart,
whether or not you would keep his com-
3 mands. ●He humbled you, causing you to
hunger and then feeding you with manna,
which neither you nor your ancestors had
known, to teach you that man does not live
on bread alone but on every word that comes
4 from the mouth of the LORD. ●Your clothes
did not wear out and your feet did not swell
5 during these forty years. ●Know then in your
heart that as a man disciplines his son, so the
LORD your God disciplines you.
6 ●Observe the commands of the LORD your
God, walking in obedience to him and rever-
7 ing him. ●For the LORD your God is bringing
you into a good land—a land with brooks,
streams, and deep springs gushing out into
8 the valleys and hills; ●a land with wheat and
barley, vines and fig trees, pomegranates,
9 olive oil and honey; ●a land where bread
will not be scarce and you will lack nothing;
a land where the rocks are iron and you can
dig copper out of the hills.
10 ●When you have eaten and are satisfied,
praise the LORD your God for the good land he
11 has given you. ●Be careful that you do not for-
get the LORD your God, failing to observe his
commands, his laws and his decrees that I am
12 giving you this day. ●Otherwise, when you eat
and are satisfied, when you build fine houses
13 and settle down, ●and when your herds and
flocks grow large and your silver and gold
14 increase and all you have is multiplied, ●then
your heart will become proud and you will for-
get the LORD your God, who brought you out
15 of Egypt, out of the land of slavery. ●He led
you through the vast and dreadful wilderness,
that thirsty and waterless land, with its ven-
omous snakes and scorpions. He brought you
16 water out of hard rock. ●He gave you manna
to eat in the wilderness, something your ances-
tors had never known, to humble and test you
so that in the end it might go well with you.
17 ●You may say to yourself, "My power and the
strength of my hands have produced this
18 wealth for me." ●But remember the LORD
your God, for it is he who gives you the abili-

ancestor [ǽnsestər] *n.* 조상
barley [báːrli] *n.* 보리
copper [kápər] *n.* 구리
decree [dikríː] *n.* 규례
discipline [dísəplin] *vt.* 징계하다
dreadful [drédfəl] *a.* 두려운
humble [hʌ́mbl] *vt.* 낮추다
obedience [oubíːdiəns] *n.* 순종
pomegranate [páməgræ̀nət] *n.* 석류
scarce [skɛərs] *a.* 드문
slavery [sléivəri] *n.* 노예상태
spring [spriŋ] *n.* 샘물
stream [striːm] *n.* 시내
venomous [vénəməs] *a.* 독이 있는
wilderness [wíldərnis] *n.* 광야

8:2 in order to: ~위하여
8:3 neither A nor B: A도 B도 아니다
8:4 wear out: 해지다, 닳다
8:12 settle down: 정착하다
8:16 in the end: 마침내, 결국
8:16 go well: 잘되다

었느니라
17 그러나 네가 마음에 이르기를 내 능력과 내 손
의 힘으로 내가 이 재물을 얻었다 말할 것이라
18 네 하나님 여호와를 기억하라 그가 네게 재
물 얻을 능력을 주셨음이라 이같이 하심은
네 조상들에게 맹세하신 언약을 오늘과 같이
이루려 하심이니라
19 네가 만일 네 하나님 여호와를 잊어버리고
다른 신들을 따라 그들을 섬기며 그들에게
절하면 내가 너희에게 증거하노니 너희가 반
드시 멸망할 것이라
20 여호와께서 너희 앞에서 멸망시키신 민족들같
이 너희도 멸망하리니 이는 너희가 너희의 하
나님 여호와의 소리를 청종하지 아니함이니라

백성의 불순종 — B.C. 1410년경

9 이스라엘아 들으라 네가 오늘 요단을 건너
너보다 강대한 나라들로 들어가서 그것을
차지하리니 그 성읍들은 크고 성벽은 하늘에
닿았으며
2 크고 많은 백성은 네가 아는 아낙 자손이라
그에 대한 말을 네가 들었나니 이르기를 누
가 아낙 자손을 능히 당하리요 하거니와
3 오늘 너는 알라 네 하나님 여호와께서 맹렬
한 불과 같이 네 앞에 나아가신즉 여호와께
서 그들을 멸하사 네 앞에 엎드러지게 하시
리니 여호와께서 네게 말씀하신 것같이 너는
그들을 쫓아내며 속히 멸할 것이라 시 78:52, 53
4 네 하나님 여호와께서 그들을 네 앞에서 쫓
아내신 후에 네가 심중에 이르기를 내 공의
로움으로 말미암아 여호와께서 나를 이 땅으
로 인도하여 들여서 그것을 차지하게 하셨다
하지 말라 이 민족들이 악함으로 말미암아 여
호와께서 그들을 네 앞에서 쫓아내심이니라
5 네가 가서 그 땅을 차지함은 네 공의로 말미
암음도 아니며 네 마음이 정직함으로 말미암
음도 아니요 이 민족들이 악함으로 말미암아
네 하나님 여호와께서 그들을 네 앞에서 쫓
아내심이라 여호와께서 이같이 하심은 네 조
상 아브라함과 이삭과 야곱에게 하신 맹세를
이루려 하심이니라
6 그러므로 네가 알 것은 네 하나님 여호와
께서 네게 이 아름다운 땅을 기업으로 주신
것이 네 공의로 말미암음이 아니니라 너는
목이 곧은 백성이니라
7 너는 광야에서 네 하나님 여호와를 격노하게
하던 일을 잊지 말고 기억하라 네가 애굽 땅
에서 나오던 날부터 이곳에 이르기까지 늘

ty to produce wealth, and so confirms his
covenant, which he swore to your ancestors,
as it is today.
19 If you ever forget the LORD your God and
follow other gods and worship and bow
down to them, I testify against you today
20 that you will surely be destroyed. Like the
nations the LORD destroyed before you, so
you will be destroyed for not obeying the
LORD your God.

Not Because of Israel's Righteousness

9 Hear, Israel: You are now about to cross
the Jordan to go in and dispossess nations
greater and stronger than you, with large cities
2 that have walls up to the sky. The people are
strong and tall—Anakites! You know about
them and have heard it said: "Who can stand
3 up against the Anakites?" But be assured
today that the LORD your God is the one who
goes across ahead of you like a devouring fire.
He will destroy them; he will subdue them
before you. And you will drive them out and
annihilate them quickly, as the LORD has
promised you.
4 After the LORD your God has driven them
out before you, do not say to yourself, "The
LORD has brought me here to take possession
of this land because of my righteousness." No,
it is on account of the wickedness of these
nations that the LORD is going to drive them
5 out before you. It is not because of your right-
eousness or your integrity that you are going
in to take possession of their land; but on
account of the wickedness of these nations,
the LORD your God will drive them out before
you, to accomplish what he swore to your
6 fathers, to Abraham, Isaac and Jacob. Under-
stand, then, that it is not because of your right-
eousness that the LORD your God is giving you
this good land to possess, for you are a stiff-
necked people.

The Golden Calf

7 Remember this and never forget how you
aroused the anger of the LORD your God in the
wilderness. From the day you left Egypt until
you arrived here, you have been rebellious
8 against the LORD. At Horeb you aroused the
LORD's wrath so that he was angry enough to
9 destroy you. When I went up on the moun-
tain to receive the tablets of stone, the tablets

accomplish [əkɑ́mpliʃ] *vt.* 성취하다
arouse [əráuz] *vt.* 깨우다
confirm [kənfə́:rm] *vt.* 승인하다
covenant [kʌ́vənənt] *n.* 언약
destroy [distrɔ́i] *vt.* 멸망시키다
devouring [diváuəriŋ] *a.* 맹렬한
obey [oubéi] *vt.* 순종하다
rebellious [ribéljəs] *a.* 반항하는
righteousness [ráitʃəsnis] *n.* 정의
stiff-necked [stífnékt] *a.* 완고한
subdue [səbdjú:] *vt.* 정복하다
swear [swɛər] *vt.* 맹세하다
tablet [tǽblit] *n.* 서판
wickedness [wíkidnis] *n.* 사악
worship [wə́:rʃip] *vt.* 경배하다, 예배하다

8:18 **swear to**: 맹세하다
9:3 **be assured that...**: …를 확신하다
9:3 **ahead of...**: …의 앞에
9:4 **on account of...**: …이유로
9:5 **take possession of...**: …을 점유하다
9:7 **arouse anger**: 화나게 하다

여호와를 거역하였으되
8 호렙 산에서 너희가 여호와를 격노하게 하였으므로 여호와께서 진노하사 너희를 멸하려 하셨느니라 출 32:7
9 그때에 내가 돌판들 곧 여호와께서 너희와 세우신 언약의 돌판들을 받으려고 산에 올라가서 사십 주 사십 야를 산에 머물며 떡도 먹지 아니하고 물도 마시지 아니하였더니 출 24:12
10 여호와께서 두 돌판을 내게 주셨나니 그 돌판의 글은 하나님이 손으로 기록하신 것이요 너희의 총회 날에 여호와께서 산상 불 가운데서 너희에게 이르신 모든 말씀이니라 4:13
11 사십 주 사십 야를 지난 후에 여호와께서 내게 돌판 곧 언약의 두 돌판을 주시고
12 내게 이르시되 일어나 여기서 속히 내려가라 네가 애굽에서 인도하여 낸 네 백성이 스스로 부패하여 내가 그들에게 명령한 도를 속히 떠나 자기를 위하여 우상을 부어 만들었느니라
13 여호와께서 또 내게 말씀하여 이르시되 내가 이 백성을 보았노라 보라 이는 목이 곧은 백성이니라
14 나를 막지 말라 내가 그들을 멸하여 그들의 이름을 천하에서 없애고 너를 그들보다 강대한 나라가 되게 하리라 하시기로
15 내가 돌이켜 산에서 내려오는데 산에는 불이 붙었고 언약의 두 돌판은 내 두 손에 있었느니라
16 내가 본즉 너희가 너희의 하나님 여호와께 범죄하여 자기를 위하여 송아지를 부어 만들어서 여호와께서 명령하신 도를 빨리 떠났기로
17 내가 그 두 돌판을 내 두 손으로 들어 던져 너희의 목전에서 깨뜨렸노라
18 그리고 내가 전과 같이 사십 주 사십 야를 여호와 앞에 엎드려서 떡도 먹지 아니하고 물도 마시지 아니하였으니 이는 너희가 여호와의 목전에 악을 행하여 그를 격노하게 하여 크게 죄를 지었음이라
19 여호와께서 심히 분노하사 너희를 멸하려 하셨으므로 내가 두려워하였노라 그러나 여호와께서 그때에도 내 말을 들으셨고
20 여호와께서 또 아론에게 진노하사 그를 멸하려 하셨으므로 내가 그때에도 아론을 위하여 기도하고
21 너희의 죄 곧 너희가 만든 송아지를 가져다가 불살라 찧고 티끌같이 가늘게 갈아 그 가루를 산에서 흘러내리는 시내에 뿌렸느니라
22 ● 너희가 다베라와 맛사와 기브롯 핫다아와에서도 여호와를 격노하게 하였느니라 민 11:3

of the covenant that the LORD had made with
you, I stayed on the mountain forty days and
forty nights; I ate no bread and drank no
10 water. ●The LORD gave me two stone tablets
inscribed by the finger of God. On them were
all the commandments the LORD proclaimed
to you on the mountain out of the fire, on the
day of the assembly.
11 ●At the end of the forty days and forty
nights, the LORD gave me the two stone tablets,
12 the tablets of the covenant. ●Then the LORD
told me, "Go down from here at once, because
your people whom you brought out of Egypt
have become corrupt. They have turned away
quickly from what I commanded them and
have made an idol for themselves."
13 ●And the LORD said to me, "I have seen this
people, and they are a stiff-necked people
14 indeed! ●Let me alone, so that I may destroy
them and blot out their name from under
heaven. And I will make you into a nation
stronger and more numerous than they."
15 ●So I turned and went down from the
mountain while it was ablaze with fire. And
the two tablets of the covenant were in my
16 hands. ●When I looked, I saw that you had
sinned against the LORD your God; you had
made for yourselves an idol cast in the shape of
a calf. You had turned aside quickly from the
17 way that the LORD had commanded you. ●So
I took the two tablets and threw them out of
my hands, breaking them to pieces before
your eyes.
18 ●Then once again I fell prostrate before the
LORD for forty days and forty nights; I ate no
bread and drank no water, because of all the
sin you had committed, doing what was evil
in the LORD's sight and so arousing his anger.
19 ●I feared the anger and wrath of the LORD,
for he was angry enough with you to destroy
20 you. But again the LORD listened to me. ●And
the LORD was angry enough with Aaron to
destroy him, but at that time I prayed for
21 Aaron too. ●Also I took that sinful thing of
yours, the calf you had made, and burned it
in the fire. Then I crushed it and ground it to
powder as fine as dust and threw the dust
into a stream that flowed down the mountain.
22 ●You also made the LORD angry at Taberah,
at Massah and at Kibroth Hattaavah.
23 ●And when the LORD sent you out from

ablaze [əbléiz] *a.* 불타는
calf [kæf] *n.* 송아지
cast [kæst] *vt.* 주조하다
corrupt [kərʌ́pt] *a.* 타락한
covenant [kʌ́vənənt] *n.* 언약
crush [krʌʃ] *vt.* 눌러 부수다
dust [dʌst] *n.* 먼지
indeed [indí:d] *ad.* 참으로
inscribe [inskráib] *vt.* 새기다
numerous [njú:mərəs] *a.* 수많은
prostrate [prástreit] *a.* 엎드린
sinful [sínfəl] *a.* 죄가 있는
stiff-necked [stífnékt] *a.* 완고한
tablet [tǽblit] *n.* 서판
wrath [ræθ] *n.* 분노

9:12 **at once**: 즉시
9:14 **blot out...**: …를 지우다, 없애다
9:14 **make... into~**: …을 ~로 만들다
9:19 **be angry with...**: …에게 화나다
9:20 **at that time**: 그 때에
9:21 **flow down**: 흘러 내리다

23 여호와께서 너희를 가데스 바네아에서 떠나
게 하실 때에 이르시기를 너희는 올라가서 내
가 너희에게 준 땅을 차지하라 하시되 너희가
너희의 하나님 여호와의 명령을 거역하여 믿
지 아니하고 그 말씀을 듣지 아니하였나니
24 내가 너희를 알던 날부터 너희가 항상 여호
와를 거역하여 왔느니라 9:7
25 ● 그때에 여호와께서 너희를 멸하겠다 하셨
으므로 내가 여전히 사십 주 사십 야를 여호
와 앞에 엎드리고 9:18
26 여호와께 간구하여 이르되 주 여호와여 주께
서 큰 위엄으로 속량하시고 강한 손으로 애
굽에서 인도하여 내신 주의 백성 곧 주의 기
업을 멸하지 마옵소서
27 주의 종 아브라함과 이삭과 야곱을 생각하사
이 백성의 완악함과 악과 죄를 보지 마옵소서
28 주께서 우리를 인도하여 내신 그 땅 백성이
말하기를 여호와께서 그들에게 허락하신 땅
으로 그들을 인도하여 들일 만한 능력도 없
고 그들을 미워하기도 하사 광야에서 죽이려
고 인도하여 내셨다 할까 두려워하나이다
29 그들은 주의 큰 능력과 펴신 팔로 인도하여
내신 주의 백성 곧 주의 기업이로소이다 하
였노라

모세가 십계명을 다시 받다 (출 34:1-10)

10 그때에 여호와께서 내게 이르시기를 너
는 처음과 같은 두 돌판을 다듬어 가지
고 산에 올라 내게로 나아오고 또 나무궤 하
나를 만들라
2 네가 깨뜨린 처음 판에 쓴 말을 내가 그 판에
쓰리니 너는 그것을 그 궤에 넣으라 하시기로
3 내가 조각목으로 궤를 만들고 처음 것과 같
은 돌판 둘을 다듬어 손에 들고 산에 오르매
4 여호와께서 그 총회 날에 산 위 불 가운데에
서 너희에게 이르신 십계명을 처음과 같이
그 판에 쓰시고 그것을 내게 주시기로
5 내가 돌이켜 산에서 내려와서 여호와께서 내
게 명령하신 대로 그 판을 내가 만든 궤에 넣
었더니 지금까지 있느니라
6 (이스라엘 자손이 [1]브에롯 브네야아간에서
길을 떠나 모세라에 이르러 아론이 거기서
죽어 장사되었고 그의 아들 엘르아살이 그를
이어 제사장의 직임을 행하였으며
7 또 거기를 떠나 굿고다에 이르고 굿고다를
떠나 욧바다에 이른즉 그 땅에는 시내가 많
았으며
8 그때에 여호와께서 레위 지파를 구별하여 여

Kadesh Barnea, he said, "Go up and take pos-
session of the land I have given you." But you
rebelled against the command of the LORD
your God. You did not trust him or obey him.
24 ●You have been rebellious against the LORD
ever since I have known you.
25 ●I lay prostrate before the LORD those forty
days and forty nights because the LORD had
26 said he would destroy you. ●I prayed to the
LORD and said, "Sovereign LORD, do not destroy
your people, your own inheritance that you
redeemed by your great power and brought
27 out of Egypt with a mighty hand. ●Remember
your servants Abraham, Isaac and Jacob. Over-
look the stubbornness of this people, their
28 wickedness and their sin. ●Otherwise, the
country from which you brought us will say,
'Because the LORD was not able to take them
into the land he had promised them, and
because he hated them, he brought them out
29 to put them to death in the wilderness.' ●But
they are your people, your inheritance that
you brought out by your great power and your
outstretched arm."

Tablets Like the First Ones

10 At that time the LORD said to me, "Chi-
sel out two stone tablets like the first
ones and come up to me on the mountain.
2 Also make a wooden ark.[a] ●I will write on the
tablets the words that were on the first tablets,
which you broke. Then you are to put them in
the ark."
3 ●So I made the ark out of acacia wood and
chiseled out two stone tablets like the first
ones, and I went up on the mountain with the
4 two tablets in my hands. ●The LORD wrote on
these tablets what he had written before, the
Ten Commandments he had proclaimed to
you on the mountain, out of the fire, on the
day of the assembly. And the LORD gave them
5 to me. ●Then I came back down the moun-
tain and put the tablets in the ark I had made,
as the LORD commanded me, and they are
there now.
6 ●(The Israelites traveled from the wells of
Bene Jaakan to Moserah. There Aaron died
and was buried, and Eleazar his son succeeded
7 him as priest. ●From there they traveled to
Gudgodah and on to Jotbathah, a land with

[a]1 That is, a chest 1) 야아간의 아들들의 우물들

ark [ɑ:rk] *n.* 법궤
assembly [əsémbli] *n.* 집회
chisel [tʃízəl] *vt.* 끌로 파다[새기다]
commandment [kəmǽndmənt] *n.* 명령
destroy [distrɔ́i] *vt.* 멸하다
inheritance [inhérətəns] *n.* 유산
outstretched [àutstrétʃt] *a.* 펼친
pray [prei] *vi.* 기도하다, 빌다
proclaim [prəkléim] *vt.* 선포하다
rebellious [ribéljəs] *a.* 반항적인
redeem [ridí:m] *vt.* 구속하다
sin [sin] *n.* 죄
stubbornness [stʌ́bərnis] *n.* 완고
wickedness [wíkidnis] *n.* 사악함
wilderness [wíldərnis] *n.* 광야

9:28 **be able to...**: …할 수 있다
9:28 **take... into~**: …를 ~로 데리고 들어가다
9:28 **put to death**: 죽이다
10:1 **come up to...**: …에게 도달하다
10:3 **go up**: 올라가다, 들어서다

호와의 언약궤를 메게 하며 여호와 앞에 서
서 그를 섬기며 또 여호와의 이름으로 축복
하게 하셨으니 그 일은 오늘까지 이르느니라
9 그러므로 레위는 그의 형제 중에 분깃이 없으
며 기업이 없고 네 하나님 여호와께서 그에게
말씀하심같이 여호와가 그의 기업이시니라)
10 내가 처음과 같이 사십 주 사십 야를 산에 머
물렀고 그때에도 여호와께서 내 말을 들으사
너를 참아 멸하지 아니하시고
11 여호와께서 내게 이르시되 일어나서 백성보
다 먼저 길을 떠나라 내가 그들에게 주리라
고 그들의 조상들에게 맹세한 땅에 그들이
들어가서 그것을 차지하리라 하셨느니라

여호와께서 요구하시는 것 (♪ 285, 436장)

12 ●이스라엘아 네 하나님 여호와께서 네게 요
구하시는 것이 무엇이냐 곧 네 하나님 여호
와를 경외하여 그의 모든 도를 행하고 그를
사랑하며 마음을 다하고 뜻을 다하여 네 하
나님 여호와를 섬기고
13 내가 오늘 네 행복을 위하여 네게 명하는 여
호와의 명령과 규례를 지킬 것이 아니냐
14 하늘과 모든 하늘의 하늘과 땅과 그 위의 만
물은 본래 네 하나님 여호와께 속한 것이로되
15 여호와께서 오직 네 조상들을 기뻐하시고 그
들을 사랑하사 그들의 후손인 너희를 만민
중에서 택하셨음이 오늘과 같으니라 4:37
16 그러므로 너희는 마음에 할례를 행하고 다시
는 목을 곧게 하지 말라 렘 4:4
17 너희의 하나님 여호와는 신 가운데 신이시며
주 가운데 주시요 크고 능하시며 두려우신
하나님이시라 사람을 외모로 보지 아니하시
며 뇌물을 받지 아니하시고
18 고아와 과부를 위하여 정의를 행하시며 나그
네를 사랑하여 그에게 떡과 옷을 주시나니
19 너희는 나그네를 사랑하라 전에 너희도 애굽
땅에서 나그네 되었음이니라
20 네 하나님 여호와를 경외하여 그를 섬기며
그에게 의지하고 그의 이름으로 맹세하라
21 그는 네 찬송이시요 네 하나님이시라 네 눈
으로 본 이같이 크고 두려운 일을 너를 위하
여 행하셨느니라 출 15:2
22 애굽에 내려간 네 조상들이 겨우 칠십 인이
었으나 이제는 네 하나님 여호와께서 너를
하늘의 별같이 많게 하셨느니라 창 46:27

여호와께서 행하신 큰 일 — B.C. 1410년경

11 그런즉 네 하나님 여호와를 사랑하여 그
가 주신 책무와 법도와 규례와 명령을

8 streams of water. ●At that time the LORD set
apart the tribe of Levi to carry the ark of the
covenant of the LORD, to stand before the LORD
to minister and to pronounce blessings in his
9 name, as they still do today. ●That is why the
Levites have no share or inheritance among
their fellow Israelites; the LORD is their inheri-
tance, as the LORD your God told them.)
10 ●Now I had stayed on the mountain forty
days and forty nights, as I did the first time,
and the LORD listened to me at this time also. It
11 was not his will to destroy you. ●"Go," the
LORD said to me, "and lead the people on their
way, so that they may enter and possess the
land I swore to their ancestors to give them."

Fear the LORD

12 ●And now, Israel, what does the LORD your
God ask of you but to fear the LORD your God,
to walk in obedience to him, to love him, to
serve the LORD your God with all your heart
13 and with all your soul, ●and to observe the
LORD's commands and decrees that I am giv-
ing you today for your own good?
14 ●To the LORD your God belong the heav-
ens, even the highest heavens, the earth and
15 everything in it. ●Yet the LORD set his affec-
tion on your ancestors and loved them, and
he chose you, their descendants, above all the
16 nations — as it is today. ●Circumcise your
hearts, therefore, and do not be stiff-necked
17 any longer. ●For the LORD your God is God of
gods and Lord of lords, the great God, mighty
and awesome, who shows no partiality and
18 accepts no bribes. ●He defends the cause of
the fatherless and the widow, and loves the
foreigner residing among you, giving them
19 food and clothing. ●And you are to love
those who are foreigners, for you yourselves
20 were foreigners in Egypt. ●Fear the LORD your
God and serve him. Hold fast to him and take
21 your oaths in his name. ●He is the one you
praise; he is your God, who performed for
you those great and awesome wonders you
22 saw with your own eyes. ●Your ancestors
who went down into Egypt were seventy in
all, and now the LORD your God has made
you as numerous as the stars in the sky.

Love and Obey the LORD

11 Love the LORD your God and keep his
requirements, his decrees, his laws and

affection [əfékʃən] *n.* 애정
ark [a:rk] *n.* 법궤
awesome [ɔ́:səm] *a.* 장엄한
circumcise [sə́:rkʌmsàiz] *vt.* 할례하다
decree [dikrí:] *n.* 법령
fatherless [fá:ðərlis] *a.* 아버지가 없는
inheritance [inhérətəns] *n.* 유산
minister [mínəstər] *vi.* 섬기다
numerous [njú:mərəs] *a.* 수많은
partiality [pà:rʃiǽləti] *n.* 불공평
perform [pərfɔ́:rm] *vt.* 수행하다
pronounce [prənáuns] *vt.* 선언하다
requirement [rikwáiərmənt] *n.* 요구
stiff-necked [stifnekt] *a.* 완고한
tribe [traib] *n.* 부족

10:8 **set apart...**: …를 제쳐놓다
10:11 **so that... may~**: …가 ~하도록, ~하기 위하여
10:12 **in obedience to**: …을 따라서
10:16 **not... any longer**: 더 이상 …않다
10:20 **hold fast to...**: …에 꼭 매달리다

항상 지키라

2 너희의 자녀는 알지도 못하고 보지도 못하였으나 너희가 오늘날 기억할 것은 너희의 하나님 여호와의 교훈과 그의 위엄과 그의 강한 손과 펴신 팔과

3 애굽에서 그 왕 바로와 그 전국에 행하신 이적과 기사와

4 또 여호와께서 애굽 군대와 그 말과 그 병거에 행하신 일 곧 그들이 너희를 뒤쫓을 때에 홍해 물로 그들을 덮어 멸하사 오늘까지 이른 것과 출 14:27

5 또 너희가 이곳에 이르기까지 광야에서 너희에게 행하신 일과

6 르우벤 자손 엘리압의 아들 다단과 아비람에게 하신 일 곧 땅이 입을 벌려서 그들과 그들의 가족과 그들의 장막과 그들을 따르는 온 이스라엘의 한가운데에서 모든 것을 삼키게 하신 일이라

7 너희가 여호와께서 행하신 이 모든 큰 일을 너희의 눈으로 보았느니라

주리라고 맹세하신 땅

8 ●그러므로 너희는 내가 오늘 너희에게 명하는 모든 명령을 지키라 그리하면 너희가 강성할 것이요 너희가 건너가 차지할 땅에 들어가서 그것을 차지할 것이며

9 또 여호와께서 너희의 조상들에게 맹세하여 그들과 그들의 후손에게 주리라고 하신 땅 곧 젖과 꿀이 흐르는 땅에서 너희의 날이 장구하리라 출 3:8

10 네가 들어가 차지하려 하는 땅은 네가 나온 애굽 땅과 같지 아니하니 거기에서는 너희가 파종한 후에 발로 물 대기를 채소밭에 댐과 같이 하였거니와

11 너희가 건너가서 차지할 땅은 산과 골짜기가 있어서 하늘에서 내리는 비를 흡수하는 땅이요

12 네 하나님 여호와께서 돌보아 주시는 땅이라 연초부터 연말까지 네 하나님 여호와의 눈이 항상 그 위에 있느니라

13 ●내가 오늘 너희에게 명하는 내 명령을 너희가 만일 청종하고 너희의 하나님 여호와를 사랑하여 마음을 다하고 뜻을 다하여 섬기면

14 [1]여호와께서 너희의 땅에 이른 비, 늦은 비를 적당한 때에 내리시리니 너희가 곡식과 포도주와 기름을 얻을 것이요

15 또 가축을 위하여 들에 풀이 나게 하시리니 네가 먹고 배부를 것이라 6:11

2 his commands always. ●Remember today
that your children were not the ones who saw
and experienced the discipline of the LORD
your God: his majesty, his mighty hand, his
3 outstretched arm; ●the signs he performed
and the things he did in the heart of Egypt,
both to Pharaoh king of Egypt and to his
4 whole country; ●what he did to the Egyptian
army, to its horses and chariots, how he over-
whelmed them with the waters of the Red
Sea[a] as they were pursuing you, and how the
5 LORD brought lasting ruin on them. ●It was
not your children who saw what he did for
you in the wilderness until you arrived at this
6 place, ●and what he did to Dathan and Abi-
ram, sons of Eliab the Reubenite, when the
earth opened its mouth right in the middle of
all Israel and swallowed them up with their
households, their tents and every living thing
7 that belonged to them. ●But it was your own
eyes that saw all these great things the LORD
has done.

8 ●Observe therefore all the commands I am
giving you today, so that you may have the
strength to go in and take over the land that
9 you are crossing the Jordan to possess, ●and so
that you may live long in the land the LORD
swore to your ancestors to give to them and
their descendants, a land flowing with milk
10 and honey. ●The land you are entering to
take over is not like the land of Egypt, from
which you have come, where you planted
your seed and irrigated it by foot as in a veg-
11 etable garden. ●But the land you are crossing
the Jordan to take possession of is a land of
mountains and valleys that drinks rain from
12 heaven. ●It is a land the LORD your God cares
for; the eyes of the LORD your God are contin-
ually on it from the beginning of the year to
its end.

13 ●So if you faithfully obey the commands I
am giving you today—to love the LORD your
God and to serve him with all your heart and
14 with all your soul— ●then I will send rain on
your land in its season, both autumn and
spring rains, so that you may gather in your
15 grain, new wine and olive oil. ●I will provide
grass in the fields for your cattle, and you will
eat and be satisfied.

16 ●Be careful, or you will be enticed to turn
away and worship other gods and bow down

[a]4 *Or the Sea of Reeds* 1) 히, 내가

autumn [ɔ́:təm] *n.* 가을
chariot [tʃǽriət] *n.* 이륜 전차
discipline [dísəplin] *n.* 질서, 징계
entice [intáis] *vt.* 유혹하다
faithfully [féiθfəli] *ad.* 충실히
household [háushòuld] *n.* 가족
irrigate [írəgèit] *vt.* 물을 대다
majesty [mǽdʒəsti] *n.* 위엄
overwhelm [òuvərhwélm] *vt.* 전복시키다
pursue [pərsjú:] *vt.* 추적하다
satisfy [sǽtisfài] *vt.* 만족시키다
seed [si:d] *n.* 씨, 씨앗, 종자
swallow [swɑ́lou] *vi.* 삼키다
valley [vǽli] *n.* 골짜기
wilderness [wíldərnis] *n.* 광야

11:3 **in the heart of...**: …의 중심부에
11:6 **belong to...**: …에 속하다
11:8 **take over**: 인계받다, 떠맡다
11:11 **take possession of...**: …을 점유하다
11:14 **in season**: 제철 때에, 때에 알맞게
11:14 **both A and B**: A, B 둘다

16 너희는 스스로 삼가라 두렵건대 마음에 미혹
하여 돌이켜 다른 신들을 섬기며 그것에게 절
하므로
17 여호와께서 너희에게 진노하사 하늘을 닫아
비를 내리지 아니하여 땅이 소산을 내지 않게
하시므로 너희가 여호와께서 주신 아름다운
땅에서 속히 멸망할까 하노라 왕상 8:35
18 ●이러므로 너희는 나의 이 말을 너희의 마음
과 뜻에 두고 또 그것을 너희의 손목에 매어
기호를 삼고 너희 미간에 붙여 표를 삼으며
19 또 그것을 너희의 자녀에게 가르치며 집에 앉아
있을 때에든지, 길을 갈 때에든지, 누워 있을 때
에든지, 일어날 때에든지 이 말씀을 강론하고
20 또 네 집 문설주와 바깥 문에 기록하라
21 그리하면 여호와께서 너희 조상들에게 주리라
고 맹세하신 땅에서 너희의 날과 너희의 자녀의
날이 많아서 하늘이 땅을 덮는 날과 같으리라
22 너희가 만일 내가 너희에게 명하는 이 모든 명
령을 잘 지켜 행하여 너희의 하나님 여호와를
사랑하고 그의 모든 도를 행하여 그에게 의지
하면
23 여호와께서 그 모든 나라 백성을 너희 앞에서
다 쫓아내실 것이라 너희가 너희보다 강대한
나라들을 차지할 것인즉
24 너희의 발바닥으로 밟는 곳은 다 너희의 소유
가 되리니 너희의 경계는 곧 광야에서부터 레
바논까지와 유브라데 강에서부터 서해까지라
25 너희의 하나님 여호와께서 너희에게 말씀하
신 대로 너희가 밟는 모든 땅 사람들에게 너희
를 두려워하고 무서워하게 하시리니 너희를
능히 당할 사람이 없으리라
26 ●내가 오늘 복과 저주를 너희 앞에 두나니
27 너희가 만일 내가 오늘 너희에게 명하는 너희의
하나님 여호와의 명령을 들으면 복이 될 것이요
28 너희가 만일 내가 오늘 너희에게 명령하는 도
에서 돌이켜 떠나 너희의 하나님 여호와의 명
령을 듣지 아니하고 본래 알지 못하던 다른 신
들을 따르면 저주를 받으리라
29 네 하나님 여호와께서 네가 가서 차지할 땅으로
너를 인도하여 들이실 때에 너는 그리심 산에서
축복을 선포하고 에발 산에서 저주를 선포하라
30 이 두 산은 요단 강 저쪽 곧 해지는 쪽으로 가
는 길 뒤 길갈 맞은편 모레 상수리나무 곁의
아라바에 거주하는 가나안 족속의 땅에 있지
아니하냐
31 너희가 요단을 건너 너희의 하나님 여호와께
서 너희에게 주시는 땅에 들어가서 그 땅을 차

17 to them. ●Then the LORD's anger will burn
against you, and he will shut up the heavens
so that it will not rain and the ground will
yield no produce, and you will soon perish
from the good land the LORD is giving you.
18 ●Fix these words of mine in your hearts and
minds; tie them as symbols on your hands
19 and bind them on your foreheads. ●Teach
them to your children, talking about them
when you sit at home and when you walk
along the road, when you lie down and
20 when you get up. ●Write them on the door-
21 frames of your houses and on your gates, ●so
that your days and the days of your children
may be many in the land the LORD swore to
give your ancestors, as many as the days that
the heavens are above the earth.
22 ●If you carefully observe all these com-
mands I am giving you to follow — to love
the LORD your God, to walk in obedience to
23 him and to hold fast to him— ●then the
LORD will drive out all these nations before
you, and you will dispossess nations larger
24 and stronger than you. ●Every place where
you set your foot will be yours: Your terri-
tory will extend from the desert to Lebanon,
and from the Euphrates River to the
25 Mediterranean Sea. ●No one will be able to
stand against you. The LORD your God, as
he promised you, will put the terror and
fear of you on the whole land, wherever
you go.
26 ●See, I am setting before you today a bless-
27 ing and a curse — ●the blessing if you obey
the commands of the LORD your God that I
28 am giving you today; ●the curse if you dis-
obey the commands of the LORD your God
and turn from the way that I command you
today by following other gods, which you
29 have not known. ●When the LORD your God
has brought you into the land you are enter-
ing to possess, you are to proclaim on Mount
Gerizim the blessings, and on Mount Ebal the
30 curses. ●As you know, these mountains are
across the Jordan, westward, toward the set-
ting sun, near the great trees of Moreh, in the
territory of those Canaanites living in the
31 Arabah in the vicinity of Gilgal. ●You are
about to cross the Jordan to enter and take
possession of the land the LORD your God is
giving you. When you have taken it over and
32 are living there, ●be sure that you obey all

ancestor [ǽnsestər] *n.* 조상
curse [kəːrs] *n.* 저주
disobey [disəbéi] *vt.* 불복종하다
dispossess [dìspəzés] *vt.* 빼앗다
doorframe [dɔ́ːrfrèim] *n.* 문틀
extend [iksténd] *vt.* 뻗치다
forefather [fɔ́ːrfɑ̀ːðər] *n.* 선조
forehead [fɔ́ːrid] *n.* 이마
perish [périʃ] *vi.* 멸망하다
possess [pəzés] *vt.* 소유하다
proclaim [prəkléim] *vt.* 선포하다
swear [swɛər] *vt.* 맹세하다
territory [térətɔ̀ːri] *n.* 영역
tie [tai] *vt.* 매다
vicinity [visínəti] *n.* 근처

11:19 **lie down**: 눕다
11:22 **hold fast to...**: …에 꼭 매달리다
11:23 **drive out**: 몰아내다
11:24 **extend from**: …에서 늘리다
11:25 **stand against...**: …에 반대하다
11:31 **be about to...**: 막 …하려고 하다

지하려 하나니 반드시 그것을 차지하여 거기 거주할지라
32 내가 오늘 너희 앞에 베푸는 모든 규례와 법도를 너희는 지켜 행할지니라

택하신 예배 처소 — B.C. 1410년경

12 네 조상의 하나님 여호와께서 네게 주셔서 차지하게 하신 땅에서 너희가 평생에 지켜 행할 규례와 법도는 이러하니라
2 너희가 쫓아낼 민족들이 그들의 신들을 섬기는 곳은 높은 산이든지 작은 산이든지 푸른 나무 아래든지를 막론하고 그 모든 곳을 너희가 마땅히 파멸하며
3 그 제단을 헐며 주상을 깨뜨리며 아세라 상을 불사르고 또 그 조각한 신상들을 찍어 그 이름을 그곳에서 멸하라
4 너희의 하나님 여호와께는 너희가 그처럼 행하지 말고
5 오직 너희의 하나님 여호와께서 자기의 이름을 두시려고 너희 모든 지파 중에서 택하신 곳인 그 계실 곳으로 찾아 나아가서
6 너희의 번제와 너희의 제물과 너희의 십일조와 너희 손의 거제와 너희의 서원제와 낙헌 예물과 너희 소와 양의 처음 난 것들을 너희는 그리로 가져다가 드리고 레 17:3, 4
7 거기 곧 너희의 하나님 여호와 앞에서 먹고 너희의 하나님 여호와께서 너희의 손으로 수고한 일에 복 주심으로 말미암아 너희와 너희의 가족이 즐거워할지니라
8 우리가 오늘 여기에서는 각기 소견대로 하였거니와 너희가 거기에서는 그렇게 하지 말지니라
9 너희가 너희 하나님 여호와께서 주시는 안식과 기업에 아직은 이르지 못하였거니와
10 너희가 요단을 건너 너희 하나님 여호와께서 너희에게 기업으로 주시는 땅에 거주하게 될 때 또는 여호와께서 너희에게 너희 주위의 모든 대적을 이기게 하시고 너희에게 안식을 주사 너희를 평안히 거주하게 하실 때에 수 3:17
11 너희는 너희의 하나님 여호와께서 자기 이름을 두시려고 택하실 그곳으로 내가 명령하는 것을 모두 가지고 갈지니 곧 너희의 번제와 너희의 희생과 너희의 십일조와 너희 손의 거제와 너희가 여호와께 서원하는 모든 아름다운 서원물을 가져가고
12 너희와 너희의 자녀와 노비와 함께 너희의 하나님 여호와 앞에서 즐거워할 것이요 네 성중에 있는 레위인과도 그리할지니 레위인은 너희 중에 분깃이나 기업이 없음이니라 10:9

the decrees and laws I am setting before you today.

The One Place of Worship

12 These are the decrees and laws you must be careful to follow in the land that the LORD, the God of your ancestors, has given you to possess—as long as you
2 live in the land. Destroy completely all the places on the high mountains, on the hills and under every spreading tree, where the nations you are dispossessing worship
3 their gods. Break down their altars, smash their sacred stones and burn their Asherah poles in the fire; cut down the idols of their gods and wipe out their names from those places.
4 You must not worship the LORD your
5 God in their way. But you are to seek the place the LORD your God will choose from among all your tribes to put his Name there for his dwelling. To that place you must go;
6 there bring your burnt offerings and sacrifices, your tithes and special gifts, what you have vowed to give and your freewill offerings, and the firstborn of your herds and
7 flocks. There, in the presence of the LORD your God, you and your families shall eat and shall rejoice in everything you have put your hand to, because the LORD your God has blessed you.
8 You are not to do as we do here today,
9 everyone doing as they see fit, since you have not yet reached the resting place and the inheritance the LORD your God is giving
10 you. But you will cross the Jordan and settle in the land the LORD your God is giving you as an inheritance, and he will give you rest from all your enemies around you so that
11 you will live in safety. Then to the place the LORD your God will choose as a dwelling for his Name—there you are to bring everything I command you: your burnt offerings and sacrifices, your tithes and special gifts, and all the choice possessions you have vowed to
12 the LORD. And there rejoice before the LORD your God—you, your sons and daughters, your male and female servants, and the Levites from your towns who have no allot-
13 ment or inheritance of their own. Be careful not to sacrifice your burnt offerings any-
14 where you please. Offer them only at the

allotment [əlátmənt] *n.* 할당
altar [ɔ́:ltər] *n.* 제단
dwelling [dwéliŋ] *n.* 거주
freewill [frí:wíl] *a.* 자발적인
herd [hə:rd] *n.* 떼
inheritance [inhérətəns] *n.* 기업, 상속
presence [prézns] *n.* 존재
sacred [séikrid] *a.* 신성한
sacrifice [sǽkrəfàis] *n.* 희생물
seek [si:k] *vt.* 찾다
smash [smæʃ] *vt.* 깨뜨리다
spread [spred] *vt.* 뻗다
tithe [táið] *n.* 십일조
tribe [traib] *n.* 지파, 일족
vow [vau] *vt.* 서원하다

12:1 as long as...: …하는 동안
12:3 break down: 파괴하다
12:3 wipe out: 전멸하다
12:10 in safety: 안전하게
12:13 be careful not to...: …하지 않도록 주의하다

13 너는 삼가서 네게 보이는 아무 곳에서나 번제를 드리지 말고
14 오직 너희의 한 지파 중에 여호와께서 택하실 그곳에서 번제를 드리고 또 내가 네게 명령하는 모든 것을 거기서 행할지니라
15 ● 그러나 네 하나님 여호와께서 네게 주신 복을 따라 각 성에서 네 마음에 원하는 대로 가축을 잡아 그 고기를 먹을 수 있나니 곧 정한 자나 부정한 자를 막론하고 노루나 사슴을 먹는 것같이 먹으려니와
16 오직 그 피는 먹지 말고 물같이 땅에 쏟을 것이며
17 너는 곡식과 포도주와 기름의 십일조와 네 소와 양의 처음 난 것과 네 서원을 갚는 예물과 네 낙헌 예물과 네 손의 거제물은 네 각 성에서 먹지 말고
18 오직 네 하나님 여호와께서 택하실 곳에서 네 하나님 여호와 앞에서 너는 네 자녀와 노비와 성중에 거주하는 레위인과 함께 그것을 먹고 또 네 손으로 수고한 모든 일로 말미암아 네 하나님 여호와 앞에서 즐거워하되 12:5
19 너는 삼가 네 땅에 거주하는 동안에 레위인을 저버리지 말지니라
20 ● 네 하나님 여호와께서 네게 허락하신 대로 네 지경을 넓히신 후에 네 마음에 고기를 먹고자 하여 이르기를 내가 고기를 먹으리라 하면 네가 언제나 마음에 원하는 만큼 고기를 먹을 수 있으리니
21 만일 네 하나님 여호와께서 자기 이름을 두시려고 택하신 곳이 네게서 멀거든 내가 네게 명령한 대로 너는 여호와께서 주신 소와 양을 잡아 네 각 성에서 네가 마음에 원하는 모든 것을 먹되
22 정한 자나 부정한 자를 막론하고 노루나 사슴을 먹는 것같이 먹을 수 있거니와
23 다만 크게 삼가서 그 피는 먹지 말라 피는 그 생명인즉 네가 그 생명을 고기와 함께 먹지 못하리니
24 너는 그것을 먹지 말고 물같이 땅에 쏟으라
25 너는 피를 먹지 말라 네가 이같이 여호와께서 의롭게 여기시는 일을 행하면 너와 네 후손이 복을 누리리라 13:18
26 오직 네 성물과 서원물을 여호와께서 택하신 곳으로 가지고 가라
27 네가 번제를 드릴 때에는 그 고기와 피를 네 하나님 여호와의 제단에 드릴 것이요 네 제물의 피는 네 하나님 여호와의 제단 위에 붓

place the LORD will choose in one of your
tribes, and there observe everything I com-
mand you.
15 ● Nevertheless, you may slaughter your ani-
mals in any of your towns and eat as much of
the meat as you want, as if it were gazelle or
deer, according to the blessing the LORD your
God gives you. Both the ceremonially unclean
16 and the clean may eat it. ● But you must not
eat the blood; pour it out on the ground like
17 water. ● You must not eat in your own towns
the tithe of your grain and new wine and
olive oil, or the firstborn of your herds and
flocks, or whatever you have vowed to give,
or your freewill offerings or special gifts.
18 ● Instead, you are to eat them in the presence
of the LORD your God at the place the LORD
your God will choose—you, your sons and
daughters, your male and female servants,
and the Levites from your towns—and you
are to rejoice before the LORD your God in
19 everything you put your hand to. ● Be careful
not to neglect the Levites as long as you live
in your land.
20 ● When the LORD your God has enlarged
your territory as he promised you, and you
crave meat and say, "I would like some meat,"
then you may eat as much of it as you want.
21 ● If the place where the LORD your God choos-
es to put his Name is too far away from you,
you may slaughter animals from the herds
and flocks the LORD has given you, as I have
commanded you, and in your own towns you
22 may eat as much of them as you want. ● Eat
them as you would gazelle or deer. Both the
ceremonially unclean and the clean may eat.
23 ● But be sure you do not eat the blood, be-
cause the blood is the life, and you must not
24 eat the life with the meat. ● You must not eat
the blood; pour it out on the ground like
25 water. ● Do not eat it, so that it may go well
with you and your children after you, be-
cause you will be doing what is right in the
eyes of the LORD.
26 ● But take your consecrated things and
whatever you have vowed to give, and go to
27 the place the LORD will choose. ● Present your
burnt offerings on the altar of the LORD your
God, both the meat and the blood. The blood
of your sacrifices must be poured beside the
altar of the LORD your God, but you may eat
28 the meat. ● Be careful to obey all these regula-

ceremonially [sèrəmóuniəli] *ad.* 의식적으로
consecrated [kánsəkrèitid] *a.* 신성한
crave [kreiv] *vt.* 갈망하다
deer [diər] *n.* 사슴
enlarge [inlá:rdʒ] *vt.* 넓히다
gazelle [gəzél] *n.* 영양
grain [grein] *n.* 곡식
neglect [niglékt] *vt.* 무시하다
nevertheless [nèvərðəlés] *conj.* 그럼에도 불구하고
offering [ɔ́:fəriŋ] *n.* 봉헌물
pour [pɔ:r] *vt.* 붓다
present [préznt] *vt.* 드리다
regulation [règjuléiʃən] *n.* 규정
servant [sə́:rvənt] *n.* 종, 하인
slaughter [slɔ́:tər] *vt.* 도살하다

12:15 according to...: …에 따라서
12:15 both A and B: A도 B도, 둘 다
12:18 put one's hand to...: …에 착수하다, …를 붙잡다
12:19 as long as...: …하는 한
12:20 as much: 바로 그만큼

고 그 고기는 먹을지니라
28 내가 네게 명령하는 이 모든 말을 너는 듣고
지키라 네 하나님 여호와의 목전에 선과 의
를 행하면 너와 네 후손에게 영구히 복이 있
으리라 4:40

다른 신들을 섬기지 말라

29 ●네 하나님 여호와께서 네가 들어가서 쫓아
낼 그 민족들을 네 앞에서 멸절하시고 네가
그 땅을 차지하여 거기에 거주하게 하실 때에
30 너는 스스로 삼가 네 앞에서 멸망한 그들의
자취를 밟아 올무에 걸리지 말라 또 그들의
신을 탐구하여 이르기를 이 민족들은 그 신
들을 어떻게 섬겼는고 나도 그와 같이 하겠
다 하지 말라
31 네 하나님 여호와께는 네가 그와 같이 행하
지 못할 것이라 그들은 여호와께서 꺼리시며
가증히 여기시는 일을 그들의 신들에게 행하
여 심지어 자기들의 자녀를 불살라 그들의
신들에게 드렸느니라
32 ●내가 너희에게 명령하는 이 모든 말을 너
희는 지켜 행하고 그것에 가감하지 말지니라

13 너희 중에 선지자나 꿈 꾸는 자가 일어
나서 이적과 기사를 네게 보이고
2 그가 네게 말한 그 이적과 기사가 이루어지
고 너희가 알지 못하던 다른 신들을 우리가
따라 섬기자고 말할지라도
3 너는 그 선지자나 꿈 꾸는 자의 말을 청종하
지 말라 이는 너희의 하나님 여호와께서 너
희가 마음을 다하고 뜻을 다하여 너희의 하
나님 여호와를 사랑하는 여부를 알려 하사
너희를 시험하심이니라
4 너희는 너희의 하나님 여호와를 따르며 그를
경외하며 그의 명령을 지키며 그의 목소리를
청종하며 그를 섬기며 그를 의지하며
5 그런 선지자나 꿈 꾸는 자는 죽이라 이는 그
가 너희에게 너희를 애굽 땅에서 인도하여
내시며 종 되었던 집에서 속량하신 너희의
하나님 여호와를 배반하게 하려 하며 너희의
하나님 여호와께서 네게 행하라 명령하신 도
에서 너를 꾀어내려고 말하였음이라 너는 이
같이 하여 너희 중에서 악을 제할지니라
6 ●네 어머니의 아들 곧 네 형제나 네 자녀나
네 품의 아내나 너와 생명을 함께 하는 친구
가 가만히 너를 꾀어 이르기를 너와 네 조상
들이 알지 못하던 다른 신들
7 곧 네 사방을 둘러싸고 있는 민족 혹 네게서
가깝든지 네게서 멀든지 땅 이 끝에서 저 끝

tions I am giving you, so that it may always go
well with you and your children after you,
because you will be doing what is good and
right in the eyes of the LORD your God.
29 ●The LORD your God will cut off before you
the nations you are about to invade and dis-
possess. But when you have driven them out
30 and settled in their land, ●and after they have
been destroyed before you, be careful not to
be ensnared by inquiring about their gods,
saying, "How do these nations serve their
31 gods? We will do the same." ●You must not
worship the LORD your God in their way,
because in worshiping their gods, they do all
kinds of detestable things the LORD hates.
They even burn their sons and daughters in
the fire as sacrifices to their gods.
32 ●See that you do all I command you; do not
add to it or take away from it.[a]

Worshiping Other Gods

13 [b]If a prophet, or one who foretells
by dreams, appears among you and
2 announces to you a sign or wonder, ●and if
the sign or wonder spoken of takes place, and
the prophet says, "Let us follow other gods"
(gods you have not known) "and let us wor-
3 ship them," ●you must not listen to the words
of that prophet or dreamer. The LORD your
God is testing you to find out whether you
love him with all your heart and with all your
4 soul. ●It is the LORD your God you must follow,
and him you must revere. Keep his commands
and obey him; serve him and hold fast to him.
5 ●That prophet or dreamer must be put to
death for inciting rebellion against the LORD
your God, who brought you out of Egypt and
redeemed you from the land of slavery. That
prophet or dreamer tried to turn you from the
way the LORD your God commanded you to
follow. You must purge the evil from among
you.
6 ●If your very own brother, or your son or
daughter, or the wife you love, or your closest
friend secretly entices you, saying, "Let us go
and worship other gods" (gods that neither
7 you nor your ancestors have known, ●gods of
the peoples around you, whether near or far,
8 from one end of the land to the other), ●do
not yield to them or listen to them. Show

[a]32 In Hebrew texts this verse (12:32) is numbered 13:1.
[b]In Hebrew texts 13:1-18 is numbered 13:2-19.

announce [ənáuns] *vt.* 나타내다
detestable [ditéstəbl] *a.* 혐오스러운
ensnare [insnέər] *vt.* 덫에 걸리게 하다
entice [intáis] *vt.* 유혹하다
foretell [fɔːrtél] *vt.* 예언하다
incite [insáit] *vt.* 선동하다
inquire [inkwáiər] *vi.* 질문하다
invade [invéid] *vi.* 침입하다
prophet [práfit] *n.* 예언자
purge [pəːrdʒ] *vt.* 제거하다
rebellion [ribéljən] *n.* 반역
redeem [ridíːm] *vt.* 속량하다
revere [rivíər] *vt.* 경외하다
secretly [síːkrətli] *ad.* 몰래, 은밀히
settle [sétl] *vi.* 정착하다

12:28 go well: 잘 되다
12:32 take away: 가져가다
13:2 take place: 발생하다
13:3 find out: 알아내다
13:7 whether A or B: A나 B중 어느 쪽이든지

까지에 있는 민족의 신들을 우리가 가서 섬기
자 할지라도
8 너는 그를 따르지 말며 듣지 말며 긍휼히 여기
지 말며 애석히 여기지 말며 덮어 숨기지 말고
9 너는 용서 없이 그를 죽이되 죽일 때에 네가 먼
저 그에게 손을 대고 후에 뭇 백성이 손을 대라
10 그는 애굽 땅 종 되었던 집에서 너를 인도하여
내신 네 하나님 여호와에게서 너를 꾀어 떠나
게 하려 한 자이니 너는 돌로 쳐죽이라
11 그리하면 온 이스라엘이 듣고 두려워하여 이
같은 악을 다시는 너희 중에서 행하지 못하리
라 19:20
12 ● 네 하나님 여호와께서 네게 주어 거주하게 하
시는 한 성읍에 대하여 네게 소문이 들리기를
13 너희 가운데서 어떤 불량배가 일어나서 그 성
읍 주민을 유혹하여 이르기를 너희가 알지 못
하던 다른 신들을 우리가 가서 섬기자 한다 하
거든
14 너는 자세히 묻고 살펴 보아서 이런 가증한 일
이 너희 가운데에 있다는 것이 확실한 사실로
드러나면
15 너는 마땅히 그 성읍 주민을 칼날로 죽이고 그
성읍과 그 가운데에 거주하는 모든 것과 그 가
축을 칼날로 진멸하고
16 또 그 속에서 빼앗아 차지한 물건을 다 거리에
모아 놓고 그 성읍과 그 탈취물 전부를 불살라
네 하나님 여호와께 드릴지니 그 성읍은 영구히
폐허가 되어 다시는 건축되지 아니할 것이라
17 너는 이 진멸할 물건을 조금도 네 손에 대지
말라 그리하면 여호와께서 그의 진노를 그치
시고 너를 긍휼히 여기시고 자비를 더하사 네
조상들에게 맹세하심같이 너를 번성하게 하실
것이라
18 네가 만일 네 하나님 여호와의 말씀을 듣고 오
늘 내가 네게 명하는 그 모든 명령을 지켜 네
하나님 여호와의 목전에서 정직하게 행하면
이같이 되리라

금지된 애도법 — B.C. 1410년경

14 너희는 너희 하나님 여호와의 자녀이니
죽은 자를 위하여 자기 몸을 베지 말며 눈
썹 사이 이마 위의 털을 밀지 말라
2 너는 네 하나님 여호와의 성민이라 여호와께
서 지상 만민 중에서 너를 택하여 자기 기업의
백성으로 삼으셨느니라

정한 짐승과 부정한 짐승 (레 11:1-47)

3 ● 너는 가증한 것은 무엇이든지 먹지 말라
4 너희가 먹을 만한 짐승은 이러하니 곧 소와 양

them no pity. Do not spare them or shield
9 them. ● You must certainly put them to
death. Your hand must be the first in putting
them to death, and then the hands of all the
10 people. ● Stone them to death, because they
tried to turn you away from the LORD your
God, who brought you out of Egypt, out of
11 the land of slavery. ● Then all Israel will hear
and be afraid, and no one among you will do
such an evil thing again.
12 ● If you hear it said about one of the towns
the LORD your God is giving you to live in
13 ● that troublemakers have arisen among you
and have led the people of their town astray,
saying, "Let us go and worship other gods"
14 (gods you have not known), ● then you must
inquire, probe and investigate it thoroughly.
And if it is true and it has been proved that
this detestable thing has been done among
15 you, ● you must certainly put to the sword
all who live in that town. You must destroy
it completely,[a] both its people and its live-
16 stock. ● You are to gather all the plunder of
the town into the middle of the public
square and completely burn the town and all
its plunder as a whole burnt offering to the
LORD your God. That town is to remain a
17 ruin forever, never to be rebuilt, ● and none
of the condemned things[a] are to be found in
your hands. Then the LORD will turn from his
fierce anger, will show you mercy, and will
have compassion on you. He will increase
your numbers, as he promised on oath to
18 your ancestors — ● because you obey the
LORD your God by keeping all his commands
that I am giving you today and doing what
is right in his eyes.

Clean and Unclean Food

14 You are the children of the LORD your
God. Do not cut yourselves or shave
2 the front of your heads for the dead, ● for
you are a people holy to the LORD your God.
Out of all the peoples on the face of the earth,
the LORD has chosen you to be his treasured
possession.
3-4 ● Do not eat any detestable thing. ● These
are the animals you may eat: the ox, the
5 sheep, the goat, ● the deer, the gazelle, the roe
deer, the wild goat, the ibex, the antelope

[a]*15,17* The Hebrew term refers to the irrevocable giving over of things or persons to the LORD, often by totally destroying them.

arise [əráiz] *vi.* 일어나다
astray [əstréi] *ad.* 타락하여
fierce [fiərs] *a.* 맹렬한
investigate [invéstəgèit] *vt.* 조사하다
oath [ouθ] *n.* 맹세
pity [píti] *n.* 동정
plunder [plʌndər] *n.* 약탈물
probe [proub] *vt.* 정밀 조사하다
ruin [rú:in] *n.* 파멸
shave [ʃeiv] *vt.* 밀다
shield [ʃi:ld] *vt.* 가리다
slavery [sléivəri] *n.* 노예
spare [spɛər] *vt.* 용서하다
thoroughly [θə́:rouli] *ad.* 완전히
treasure [tréʒər] *n.* 보물

13:9 **put... to death**: …를 죽이다, 처형하다
13:10 **turn away**: 외면하다
13:15 **put to the sword...**: …를 베어 죽이다
13:15 **both A and B**: A, B 둘다

과 염소와
5 사슴과 노루와 불그스름한 사슴과 산 염소와
볼기가 흰 노루와 뿔이 긴 사슴과 산양들이라
6 짐승 중에 굽이 갈라져 쪽발도 되고 새김질도
하는 모든 것은 너희가 먹을 것이니라
7 다만 새김질을 하거나 굽이 갈라진 짐승 중에
도 너희가 먹지 못할 것은 이것이니 곧 낙타와
토끼와 사반, 그것들은 새김질은 하나 굽이 갈
라지지 아니하였으니 너희에게 부정하고
8 돼지는 굽은 갈라졌으나 새김질을 못하므로 너
희에게 부정하니 너희는 이런 것의 고기를 먹지
말 것이며 그 사체도 만지지 말 것이니라
9 ●물에 있는 모든 것 중에서 이런 것은 너희가
먹을 것이니 지느러미와 비늘 있는 모든 것은
너희가 먹을 것이요
10 지느러미와 비늘이 없는 모든 것은 너희가 먹
지 말지니 이는 너희에게 부정함이니라
11 정한 새는 모두 너희가 먹으려니와
12 이런 것은 먹지 못할지니 곧 독수리와 솔개와
물수리와
13 매와 새매와 매의 종류와
14 까마귀 종류와
15 타조와 타흐마스와 갈매기와 새매 종류와
16 올빼미와 부엉이와 흰 올빼미와
17 당아와 올응과 노자와
18 학과 황새 종류와 대승과 박쥐며
19 또 날기도 하고 기어다니기도 하는 것은 너희
에게 부정하니 너희는 먹지 말 것이나
20 정한 새는 모두 너희가 먹을지니라
21 ●너희는 너희의 하나님 여호와의 성민이라
스스로 죽은 모든 것은 먹지 말 것이나 그것을
성중에 거류하는 객에게 주어 먹게 하거나 이
방인에게 파는 것은 가하니라 너는 염소 새끼
를 그 어미의 젖에 삶지 말지니라

십일조 규례 (♪ 213, 321장)

22 ●너는 마땅히 매년 토지 소산의 십일조를 드
릴 것이며
23 네 하나님 여호와 앞 곧 여호와께서 그의 이름
을 두시려고 택하신 곳에서 네 곡식과 포도주
와 기름의 십일조를 먹으며 또 네 소와 양의
처음 난 것을 먹고 네 하나님 여호와 경외하기
를 항상 배울 것이니라
24 그러나 네 하나님 여호와께서 자기의 이름을
두시려고 택하신 곳이 네게서 너무 멀고 행로
가 어려워서 네 하나님 여호와께서 그 풍부히
주신 것을 가지고 갈 수 없거든
25 그것을 돈으로 바꾸어 그 돈을 싸 가지고 네

6 and the mountain sheep.[a] •You may eat
any animal that has a divided hoof and that
7 chews the cud. •However, of those that
chew the cud or that have a divided hoof
you may not eat the camel, the rabbit or the
hyrax. Although they chew the cud, they do
not have a divided hoof; they are ceremo-
8 nially unclean for you. •The pig is also
unclean; although it has a divided hoof, it
does not chew the cud. You are not to eat
their meat or touch their carcasses.
9 •Of all the creatures living in the water,
you may eat any that has fins and scales.
10 •But anything that does not have fins and
scales you may not eat; for you it is unclean.
11-12 •You may eat any clean bird. •But these
you may not eat: the eagle, the vulture, the
13 black vulture, •the red kite, the black kite,
14-15 any kind of falcon, •any kind of raven, •the
horned owl, the screech owl, the gull, any
16 kind of hawk, •the little owl, the great owl,
17 the white owl, •the desert owl, the osprey,
18 the cormorant, •the stork, any kind of
heron, the hoopoe and the bat.
19 •All flying insects are unclean to you; do
20 not eat them. •But any winged creature that
is clean you may eat.
21 •Do not eat anything you find already
dead. You may give it to the foreigner resid-
ing in any of your towns, and they may eat
it, or you may sell it to any other foreigner.
But you are a people holy to the LORD your
God.

Do not cook a young goat in its mother's
milk.

Tithes

22 •Be sure to set aside a tenth of all that your
23 fields produce each year. •Eat the tithe of
your grain, new wine and olive oil, and the
firstborn of your herds and flocks in the pres-
ence of the LORD your God at the place he
will choose as a dwelling for his Name, so
that you may learn to revere the LORD your
24 God always. •But if that place is too distant
and you have been blessed by the LORD your
God and cannot carry your tithe (because the
place where the LORD will choose to put his
25 Name is so far away), •then exchange your
tithe for silver, and take the silver with you
and go to the place the LORD your God will

[a]5 The precise identification of some of the birds and animals in this chapter is uncertain.

carcass [káːrkəs] *n.* 시체
cormorant [kɔ́ːrmərənt] *n.* 가마우지
cud [kʌd] *n.* 새김질
distant [dístənt] *a.* 거리가 먼
falcon [fɔ́ːlkən] *n.* 매
fin [fin] *n.* 지느러미
gull [gʌl] *n.* 갈매기
hoof [huːf] *n.* 발굽
kite [kait] *n.* 매
owl [aul] *n.* 올빼미
presence [prézns] *n.* 앞
raven [réivn] *n.* 까마귀
revere [rivíər] *vt.* 경외하다
scale [skeil] *n.* 비늘
vulture [vʌltʃər] *n.* 독수리

14:7 chew the cud: 새김질하다
14:22 be sure to...: 반드시 …하다
14:22 set aside: 옆으로 제쳐놓다
14:23 in the presence of...: …의 목전에서
14:24 far away: 멀리

하나님 여호와께서 택하신 곳으로 가서
26 네 마음에 원하는 모든 것을 그 돈으로 사되
소나 양이나 포도주나 독주 등 네 마음에 원
하는 모든 것을 구하고 거기 네 하나님 여호
와 앞에서 너와 네 권속이 함께 먹고 즐거워
할 것이며
27 네 성읍에 거주하는 레위인은 너희 중에 분
깃이나 기업이 없는 자이니 또한 저버리지
말지니라
28 ●매 삼 년 끝에 그 해 소산의 십분의 일을
다 내어 네 성읍에 저축하여 26:12
29 너희 중에 분깃이나 기업이 없는 레위인과
네 성중에 거류하는 객과 및 고아와 과부들
이 와서 먹고 배부르게 하라 그리하면 네 하
나님 여호와께서 네 손으로 하는 범사에 네
게 복을 주시리라

빚을 면제해 주는 해 (레 25:1-7) — B.C. 1410년경

15 매 칠 년 끝에는 면제하라
2 면제의 규례는 이러하니라 그의 이웃에
게 꾸어준 모든 채주는 그것을 면제하고 그의
이웃에게나 그 형제에게 독촉하지 말지니 이
는 여호와를 위하여 면제를 선포하였음이라
3 이방인에게는 네가 독촉하려니와 네 형제에
게 꾸어준 것은 네 손에서 면제하라
4-5 네가 만일 네 하나님 여호와의 말씀만 듣고
내가 오늘 네게 내리는 그 명령을 다 지켜 행
하면 네 하나님 여호와께서 네게 기업으로
주신 땅에서 네가 반드시 복을 받으리니 너
희 중에 가난한 자가 없으리라 28:1
6 네 하나님 여호와께서 네게 허락하신 대로
네게 복을 주시리니 네가 여러 나라에 꾸어
줄지라도 너는 꾸지 아니하겠고 네가 여러
나라를 통치할지라도 너는 통치를 당하지 아
니하리라
7 ●네 하나님 여호와께서 네게 주신 땅 어느
성읍에서든지 가난한 형제가 너와 함께 거주
하거든 그 가난한 형제에게 네 마음을 완악
하게 하지 말며 네 손을 움켜 쥐지 말고
8 반드시 네 손을 그에게 펴서 그에게 필요한
대로 쓸 것을 넉넉히 꾸어주라
9 삼가 너는 마음에 악한 생각을 품지 말라 곧
이르기를 일곱째 해 면제년이 가까이 왔다
하고 네 궁핍한 형제를 악한 눈으로 바라보
며 아무것도 주지 아니하면 그가 너를 여호
와께 호소하리니 그것이 네게 죄가 되리라
10 너는 반드시 그에게 줄 것이요, 줄 때에는 아
끼는 마음을 품지 말 것이니라 이로 말미암

26 choose. ●Use the silver to buy whatever you
like: cattle, sheep, wine or other fermented
drink, or anything you wish. Then you and
your household shall eat there in the presence
27 of the LORD your God and rejoice. ●And do not
neglect the Levites living in your towns, for
they have no allotment or inheritance of their
own.
28 ●At the end of every three years, bring all
the tithes of that year's produce and store it in
29 your towns, ●so that the Levites (who have no
allotment or inheritance of their own) and the
foreigners, the fatherless and the widows who
live in your towns may come and eat and be
satisfied, and so that the LORD your God may
bless you in all the work of your hands.

The Year for Canceling Debts

15 At the end of every seven years you
2 must cancel debts. ●This is how it is to
be done: Every creditor shall cancel any loan
they have made to a fellow Israelite. They shall
not require payment from anyone among
their own people, because the LORD's time for
3 canceling debts has been proclaimed. ●You
may require payment from a foreigner, but
you must cancel any debt your fellow Israelite
4 owes you. ●However, there need be no poor
people among you, for in the land the LORD
your God is giving you to possess as your
5 inheritance, he will richly bless you, ●if only
you fully obey the LORD your God and are
careful to follow all these commands I am giv-
6 ing you today. ●For the LORD your God will
bless you as he has promised, and you will
lend to many nations but will borrow from
none. You will rule over many nations but
none will rule over you.
7 ●If anyone is poor among your fellow
Israelites in any of the towns of the land the
LORD your God is giving you, do not be hard-
8 hearted or tightfisted toward them. ●Rather,
be openhanded and freely lend them whatev-
9 er they need. ●Be careful not to harbor this
wicked thought: "The seventh year, the year
for canceling debts, is near," so that you do not
show ill will toward the needy among your fel-
low Israelites and give them nothing. They
may then appeal to the LORD against you, and
10 you will be found guilty of sin. ●Give gener-
ously to them and do so without a grudging
heart; then because of this the LORD your God

appeal [əpíːl] *vt.* 호소하다
cancel [kǽnsəl] *vt.* 지워버리다
creditor [kréditər] *n.* 채권자
debt [det] *n.* 빚, 부채
ferment [fə́ːrment] *vt.* 발효시키다
generously [dʒénərəsli] *ad.* 관대하게
grudging [grʌdʒiŋ] *a.* 마지못해 하는
guilty [gílti] *a.* 유죄의
harbor [háːrbər] *vt.* (감정 등을) 품다
hardhearted [háːrdháːrtid] *a.* 냉혹한
inheritance [inhérətəns] *n.* 유산, 기업
loan [loun] *n.* 대부
needy [níːdi] *a.* 매우 가난한
openhanded [óupənhǽndid] *a.* 아낌없이 주는
tightfisted [táitfístid] *a.* 인색한

14:26 or anything: …나 뭔가
14:28 at the end: 마침내
14:29 so that... may~: …가 ~하도록
15:5 if only...: …하기만 하면
15:6 rule over: 통치하다
15:8 lend A B: A에게 B를 빌려주다

아 네 하나님 여호와께서 네가 하는 모든 일과
네 손이 닿는 모든 일에 네게 복을 주시리라
11 땅에는 언제든지 가난한 자가 그치지 아니하
겠으므로 내가 네게 명령하여 이르노니 너는
반드시 네 땅 안에 네 형제 중 곤란한 자와
궁핍한 자에게 네 손을 펼지니라

종을 대우하는 법 (출 21:1-11)

12 ●네 동족 히브리 남자나 히브리 여자가 네
게 팔렸다 하자 만일 여섯 해 동안 너를 섬겼
거든 일곱째 해에 너는 그를 놓아 자유롭게
할 것이요
13 그를 놓아 자유하게 할 때에는 빈 손으로 가
게 하지 말고
14 네 양 무리 중에서와 타작마당에서와 포도주
틀에서 그에게 후히 줄지니 곧 네 하나님 여호
와께서 네게 복을 주신 대로 그에게 줄지니라
15 너는 애굽 땅에서 종 되었던 것과 네 하나님
여호와께서 너를 속량하셨음을 기억하라 그
것으로 말미암아 내가 오늘 이같이 네게 명
령하노라
16 종이 만일 너와 네 집을 사랑하므로 너와 동
거하기를 좋게 여겨 네게 향하여 내가 주인
을 떠나지 아니하겠노라 하거든
17 송곳을 가져다가 그의 귀를 문에 대고 뚫으
라 그리하면 그가 영구히 네 종이 되리라 네
여종에게도 그같이 할지니라
18 그가 여섯 해 동안에 품꾼의 삯의 배나 받을
만큼 너를 섬겼은즉 너는 그를 놓아 자유하게
하기를 어렵게 여기지 말라 그리하면 네 하나
님 여호와께서 네 범사에 네게 복을 주시리라

처음 난 소와 양의 새끼

19 ●네 소와 양의 처음 난 수컷은 구별하여 네
하나님 여호와께 드릴 것이니 네 소의 첫 새
끼는 부리지 말고 네 양의 첫 새끼의 털은 깎
지 말고

출 34:19

20 너와 네 가족은 매년 여호와께서 택하신 곳
네 하나님 여호와 앞에서 먹을지니라
21 그러나 그 짐승이 흠이 있어서 절거나 눈이
멀었거나 무슨 흠이 있으면 네 하나님 여호
와께 잡아 드리지 못할지니
22 네 성중에서 먹되 부정한 자나 정한 자가 다 같
이 먹기를 노루와 사슴을 먹음같이 할 것이요
23 오직 피는 먹지 말고 물같이 땅에 쏟을지니라

유월절 (출 12:1-20) — B.C. 1410년경

16 아빕 월을 지켜 네 하나님 여호와께 유
월절을 행하라 이는 아빕 월에 네 하나
님 여호와께서 밤에 너를 애굽에서 인도하여

will bless you in all your work and in every-
11 thing you put your hand to. ●There will
always be poor people in the land. Therefore I
command you to be openhanded toward
your fellow Israelites who are poor and needy
in your land.

Freeing Servants

12 ●If any of your people—Hebrew men or
women—sell themselves to you and serve
you six years, in the seventh year you must let
13 them go free. ●And when you release them,
do not send them away empty-handed.
14 ●Supply them liberally from your flock, your
threshing floor and your winepress. Give to
them as the LORD your God has blessed you.
15 ●Remember that you were slaves in Egypt
and the LORD your God redeemed you. That
is why I give you this command today.
16 ●But if your servant says to you, "I do not
want to leave you," because he loves you and
17 your family and is well off with you, ●then
take an awl and push it through his earlobe
into the door, and he will become your servant
for life. Do the same for your female servant.
18 ●Do not consider it a hardship to set your
servant free, because their service to you these
six years has been worth twice as much as that
of a hired hand. And the LORD your God will
bless you in everything you do.

The Firstborn Animals

19 ●Set apart for the LORD your God every first-
born male of your herds and flocks. Do not put
the firstborn of your cows to work, and do
20 not shear the firstborn of your sheep. ●Each
year you and your family are to eat them in
the presence of the LORD your God at the place
21 he will choose. ●If an animal has a defect, is
lame or blind, or has any serious flaw, you
must not sacrifice it to the LORD your God.
22 ●You are to eat it in your own towns. Both the
ceremonially unclean and the clean may eat it,
23 as if it were gazelle or deer. ●But you must not
eat the blood; pour it out on the ground like
water.

The Passover

16 Observe the month of Aviv and cele-
brate the Passover of the LORD your
God, because in the month of Aviv he brought
2 you out of Egypt by night. ●Sacrifice as the
Passover to the LORD your God an animal

awl [ɔːl] *n.* 송곳
blind [blaind] *a.* 눈 먼
defect [difékt] *n.* 결함
flaw [flɔː] *n.* 흠
hardship [háːrdʃip] *n.* 곤란
hired [haiərd] *a.* 고용된
lame [leim] *a.* 절름발이의
liberally [líbərəli] *ad.* 후하게
redeem [ridíːm] *vt.* 속량하다
release [rilíːs] *vt.* 놓아 주다
serious [síəriəs] *a.* 심각한
shear [ʃiər] *vt.* (털을) 깎다
supply [səplái] *vt.* 공급하다
thresh [θreʃ] *vt.* 타작하다
winepress [wáinprès] *n.* 즙짜는 틀

15:10 **put one's hand to...**: …에 착수하다, …를 붙잡다
15:16 **be well off**: 만사가 순탄하다
15:18 **set free**: 놓아 주다
15:19 **set apart...**: …를 제쳐놓다
15:22 **both A and B**: A, B 둘다

내셨음이라
2 여호와께서 자기의 이름을 두시려고 택하신
곳에서 소와 양으로 네 하나님 여호와께 유
월절 제사를 드리되 12:5
3 유교병을 그것과 함께 먹지 말고 이레 동안
은 무교병 곧 고난의 떡을 그것과 함께 먹으
라 이는 네가 애굽 땅에서 급히 나왔음이니
이같이 행하여 네 평생에 항상 네가 애굽 땅
에서 나온 날을 기억할 것이니라
4 그 이레 동안에는 네 모든 지경 가운데에 누
룩이 보이지 않게 할 것이요 또 네가 첫날 해
질 때에 제사 드린 고기를 밤을 지내 아침까
지 두지 말 것이며
5 유월절 제사를 네 하나님 여호와께서 네게
주신 각 성에서 드리지 말고
6 오직 네 하나님 여호와께서 자기의 이름을
두시려고 택하신 곳에서 네가 애굽에서 나오
던 시각 곧 초저녁 해 질 때에 유월절 제물을
드리고
7 네 하나님 여호와께서 택하신 곳에서 그 고
기를 구워 먹고 아침에 네 장막으로 돌아갈
것이니라
8 너는 엿새 동안은 무교병을 먹고 일곱째 날
에 네 하나님 여호와 앞에 성회로 모이고 일
하지 말지니라

칠칠절 (출 34:22; 레 23:15-21)

9 ●일곱 주를 셀지니 곡식에 낫을 대는 첫날
부터 일곱 주를 세어
10 네 하나님 여호와 앞에 칠칠절을 지키되 네
하나님 여호와께서 네게 복을 주신 대로 네
힘을 헤아려 자원하는 예물을 드리고
11 너와 네 자녀와 노비와 네 성중에 있는 레위
인과 및 너희 중에 있는 객과 고아와 과부가
함께 네 하나님 여호와께서 자기의 이름을
두시려고 택하신 곳에서 네 하나님 여호와
앞에서 즐거워할지니라
12 너는 애굽에서 종 되었던 것을 기억하고 이
규례를 지켜 행할지니라

초막절 (레 23:33-43)

13 ●너희 타작마당과 포도주 틀의 소출을 거두
어 들인 후에 이레 동안 초막절을 지킬 것이요
14 절기를 지킬 때에는 너와 네 자녀와 노비와
네 성중에 거주하는 레위인과 객과 고아와
과부가 함께 즐거워하되
15 네 하나님 여호와께서 택하신 곳에서 너는
이레 동안 네 하나님 여호와 앞에서 절기를
지키고 네 하나님 여호와께서 네 모든 소출

from your flock or herd at the place the LORD
3 will choose as a dwelling for his Name. ●Do
not eat it with bread made with yeast, but for
seven days eat unleavened bread, the bread of
affliction, because you left Egypt in haste—so
that all the days of your life you may remem-
ber the time of your departure from Egypt.
4 ●Let no yeast be found in your possession in
all your land for seven days. Do not let any of
the meat you sacrifice on the evening of the
first day remain until morning.
5 ●You must not sacrifice the Passover in any
6 town the LORD your God gives you ●except in
the place he will choose as a dwelling for his
Name. There you must sacrifice the Passover in
the evening, when the sun goes down, on the
anniversary[a] of your departure from Egypt.
7 ●Roast it and eat it at the place the LORD your
God will choose. Then in the morning return
8 to your tents. ●For six days eat unleavened
bread and on the seventh day hold an assem-
bly to the LORD your God and do no work.

The Festival of Weeks

9 ●Count off seven weeks from the time you
begin to put the sickle to the standing grain.
10 ●Then celebrate the Festival of Weeks to the
LORD your God by giving a freewill offering
in proportion to the blessings the LORD your
11 God has given you. ●And rejoice before the
LORD your God at the place he will choose as a
dwelling for his Name—you, your sons and
daughters, your male and female servants, the
Levites in your towns, and the foreigners, the
fatherless and the widows living among you.
12 ●Remember that you were slaves in Egypt,
and follow carefully these decrees.

The Festival of Tabernacles

13 ●Celebrate the Festival of Tabernacles for
seven days after you have gathered the pro-
duce of your threshing floor and your wine-
14 press. ●Be joyful at your festival—you, your
sons and daughters, your male and female
servants, and the Levites, the foreigners, the
fatherless and the widows who live in your
15 towns. ●For seven days celebrate the festival to
the LORD your God at the place the LORD will
choose. For the LORD your God will bless you in
all your harvest and in all the work of your
hands, and your joy will be complete.
16 ●Three times a year all your men must

[a]6 Or *down, at the time of day*

affliction [əflíkʃən] *n.* 고난
anniversary [ænəvə́:rsəri] *n.* 기념제
assembly [əsémbli] *n.* 집회
celebrate [séləbrèit] *vt.* 거행하다
decree [dikrí:] *n.* 규례
dwelling [dwéliŋ] *n.* 거주
freewill [frí:wìl] *a.* 자발적인
observe [əbzə́:rv] *vt.* 준수하다
Passover [pǽsòuvər] *n.* 유월절
proportion [prəpɔ́:rʃən] *n.* 비례
roast [roust] *vt.* 굽다
sacrifice [sǽkrəfàis] *vi.* 산제물을 바치다
sickle [síkl] *n.* 낫
unleavened [ʌnlévənd] *a.* 누룩을 넣지 않은
widow [wídou] *n.* 과부

16:3 not A but B: A가 아니라 B
16:3 in haste: 서둘러서, 급히
16:3 all the days of one's life: 살아 있는 동안에는
16:9 count off: 세다
16:10 in proportion to...: …에 비례하여

과 네 손으로 행한 모든 일에 복 주실 것이니
너는 온전히 즐거워할지니라
16 너의 가운데 모든 남자는 일 년에 세 번 곧
무교절과 칠칠절과 초막절에 네 하나님 여호
와께서 택하신 곳에서 여호와를 뵈옵되 빈손
으로 여호와를 뵈옵지 말고
17 각 사람이 네 하나님 여호와께서 주신 복을
따라 그 힘대로 드릴지니라

공의로 재판하라 (♪ 213, 317장)

18 ● 네 하나님 여호와께서 네게 주시는 각 성
에서 네 지파를 따라 재판장들과 지도자들을
둘 것이요 그들은 공의로 백성을 재판할 것
이니라 1:16
19 너는 재판을 굽게 하지 말며 사람을 외모로
보지 말며 또 뇌물을 받지 말라 뇌물은 지혜
자의 눈을 어둡게 하고 의인의 말을 굽게 하
느니라
20 너는 마땅히 공의만을 따르라 그리하면 네가
살겠고 네 하나님 여호와께서 네게 주시는
땅을 차지하리라
21 ● 네 하나님 여호와를 위하여 쌓은 제단 곁에
어떤 나무로든지 아세라 상을 세우지 말며
22 자기를 위하여 주상을 세우지 말라 네 하나
님 여호와께서 미워하시느니라

17 흠이나 악질이 있는 소와 양은 아무것도
네 하나님 여호와께 드리지 말지니 이는
네 하나님 여호와께 가증한 것이 됨이니라
2 ● 네 하나님 여호와께서 네게 주시는 어느
성중에서든지 너희 가운데에 어떤 남자나 여
자가 네 하나님 여호와의 목전에 악을 행하
여 그 언약을 어기고
3 가서 다른 신들을 섬겨 그것에게 절하며 내가
명령하지 아니한 일월성신에게 절한다 하자
4 그것이 네게 알려지므로 네가 듣거든 자세히
조사해 볼지니 만일 그 일과 말이 확실하여
이스라엘 중에 이런 가증한 일을 행함이 있
으면
5 너는 그 악을 행한 남자나 여자를 네 성문으
로 끌어내고 그 남자나 여자를 돌로 쳐죽이되
6 죽일 자를 두 사람이나 세 사람의 증언으로
죽일 것이요 한 사람의 증언으로는 죽이지
말 것이며
7 이런 자를 죽이기 위하여는 증인이 먼저 그에
게 손을 댄 후에 뭇 백성이 손을 댈지니라 너는
이와 같이 하여 너희 중에서 악을 제할지니라
8 ● 네 성중에서 서로 피를 흘렸거나 다투었거
나 구타하였거나 서로 간에 고소하여 네가 판

appear before the LORD your God at the place
he will choose: at the Festival of Unleavened
Bread, the Festival of Weeks and the Festival
of Tabernacles. No one should appear before
17 the LORD empty-handed: ●Each of you must
bring a gift in proportion to the way the LORD
your God has blessed you.

Judges

18 ●Appoint judges and officials for each of
your tribes in every town the LORD your God is
giving you, and they shall judge the people
19 fairly. ●Do not pervert justice or show partiali-
ty. Do not accept a bribe, for a bribe blinds the
eyes of the wise and twists the words of the
20 innocent. ●Follow justice and justice alone, so
that you may live and possess the land the
LORD your God is giving you.

Worshiping Other Gods

21 ●Do not set up any wooden Asherah pole
beside the altar you build to the LORD your
22 God, ●and do not erect a sacred stone, for
these the LORD your God hates.

17 Do not sacrifice to the LORD your God
an ox or a sheep that has any defect or
flaw in it, for that would be detestable to him.
2 ●If a man or woman living among you
in one of the towns the LORD gives you is
found doing evil in the eyes of the LORD your
3 God in violation of his covenant, ●and con-
trary to my command has worshiped other
gods, bowing down to them or to the sun or
4 the moon or the stars in the sky, ●and this has
been brought to your attention, then you must
investigate it thoroughly. If it is true and it has
been proved that this detestable thing has
5 been done in Israel, ●take the man or woman
who has done this evil deed to your city gate
6 and stone that person to death. ●On the testi-
mony of two or three witnesses a person is
to be put to death, but no one is to be put to
death on the testimony of only one witness.
7 ●The hands of the witnesses must be the first
in putting that person to death, and then the
hands of all the people. You must purge the
evil from among you.

Law Courts

8 ●If cases come before your courts that are
too difficult for you to judge—whether blood-
shed, lawsuits or assaults—take them to the
9 place the LORD your God will choose. ●Go to

appoint [əpɔ́int] *vt.* 임명하다
bribe [braib] *n.* 뇌물
contrary [kántreri] *n.* 반대
covenant [kʌvənənt] *n.* 언약
deed [diːd] *n.* 행위
empty-handed [émptihǽndid] *a.* 빈손의
erect [irékt] *vt.* 세우다
investigate [invéstəgèit] *vt.* 조사하다
partiality [pàːrʃiǽləti] *n.* 편파
pervert [pərvə́ːrt] *vt.* 곡해하다
purge [pəːrdʒ] *vt.* 제거하다
tabernacle [tǽbəːrnækl] *n.* 성막
testimony [téstimòuni] *n.* 증언
thoroughly [θə́ːrouli] *ad.* 완전히
violation [vàiəléiʃən] *n.* 위반

16:21 **set up**: 세우다
17:1 **be detestable to...**: …에게 미움받다
17:2 **in the eyes of...**: …이 보는 바에서
17:2 **in violation of...**: …을 위반하여
17:3 **contrary to...**: …과는 정반대로
17:3 **bow down to...**: …에게 절하다

결하기 어려운 일이 생기거든 너는 일어나 네
하나님 여호와께서 택하실 곳으로 올라가서
9 레위 사람 제사장과 당시 재판장에게 나아가
서 물으라 그리하면 그들이 어떻게 판결할지
를 네게 가르치리니
10 여호와께서 택하신 곳에서 그들이 네게 보이
는 판결의 뜻대로 네가 행하되 그들이 네게
가르치는 대로 삼가 행할 것이니
11 곧 그들이 네게 가르치는 율법의 뜻대로, 그
들이 네게 말하는 판결대로 행할 것이요 그
들이 네게 보이는 판결을 어겨 좌로나 우로
나 치우치지 말 것이니라
12 사람이 만일 무법하게 행하고 네 하나님 여
호와 앞에 서서 섬기는 제사장이나 재판장에
게 듣지 아니하거든 그 사람을 죽여 이스라
엘 중에서 악을 제하여 버리라
13 그리하면 온 백성이 듣고 두려워하여 다시는
무법하게 행하지 아니하리라

이스라엘의 왕

14 ●네가 네 하나님 여호와께서 네게 주시는
땅에 이르러 그 땅을 차지하고 거주할 때에
만일 우리도 우리 주위의 모든 민족들같이
우리 위에 왕을 세워야겠다는 생각이 나거든
15 반드시 네 하나님 여호와께서 택하신 자를 네
위에 왕으로 세울 것이며 네 위에 왕을 세우려
면 네 형제 중에서 한 사람을 할 것이요 네 형
제 아닌 타국인을 네 위에 세우지 말 것이며
16 그는 병마를 많이 두지 말 것이요 병마를 많
이 얻으려고 그 백성을 애굽으로 돌아가게
하지 말 것이니 이는 여호와께서 너희에게
이르시기를 너희가 이 후에는 그 길로 다시
돌아가지 말 것이라 하셨음이며
17 그에게 아내를 많이 두어 그의 마음이 미혹
되게 하지 말 것이며 자기를 위하여 은금을
많이 쌓지 말 것이니라
18 ●그가 왕위에 오르거든 이 율법서의 등사본
을 레위 사람 제사장 앞에서 책에 기록하여
19 평생에 자기 옆에 두고 읽어 그의 하나님 여
호와 경외하기를 배우며 이 율법의 모든 말
과 이 규례를 지켜 행할 것이라
20 그리하면 그의 마음이 그의 형제 위에 교만하
지 아니하고 이 명령에서 떠나 좌로나 우로나
치우치지 아니하리니 이스라엘 중에서 그와
그의 자손이 왕위에 있는 날이 장구하리라

제사장과 레위 사람의 몫 — B.C. 1410년경

18 레위 사람 제사장과 레위의 온 지파는
이스라엘 중에 분깃도 없고 기업도 없

the Levitical priests and to the judge who is
in office at that time. Inquire of them and
10 they will give you the verdict. ●You must act
according to the decisions they give you at
the place the LORD will choose. Be careful to
11 do everything they instruct you to do. ●Act
according to whatever they teach you and the
decisions they give you. Do not turn aside
from what they tell you, to the right or to the
12 left. ●Anyone who shows contempt for the
judge or for the priest who stands ministering
there to the LORD your God is to be put to
death. You must purge the evil from Israel.
13 ●All the people will hear and be afraid, and
will not be contemptuous again.

The King

14 ●When you enter the land the LORD your
God is giving you and have taken possession
of it and settled in it, and you say, "Let us set
a king over us like all the nations around us,"
15 ●be sure to appoint over you a king the LORD
your God chooses. He must be from among
your fellow Israelites. Do not place a foreign-
16 er over you, one who is not an Israelite. ●The
king, moreover, must not acquire great num-
bers of horses for himself or make the people
return to Egypt to get more of them, for the
LORD has told you, "You are not to go back
17 that way again." ●He must not take many
wives, or his heart will be led astray. He must
not accumulate large amounts of silver and
gold.
18 ●When he takes the throne of his kingdom,
he is to write for himself on a scroll a copy of
this law, taken from that of the Levitical
19 priests. ●It is to be with him, and he is to read
it all the days of his life so that he may learn to
revere the LORD his God and follow carefully
all the words of this law and these decrees
20 ●and not consider himself better than his fel-
low Israelites and turn from the law to the
right or to the left. Then he and his descen-
dants will reign a long time over his kingdom
in Israel.

Offerings for Priests and Levites

18 The Levitical priests — indeed, the
whole tribe of Levi — are to have no
allotment or inheritance with Israel. They
shall live on the food offerings presented to
2 the LORD, for that is their inheritance. ●They

accumulate [əkjúːmjulèit] *vt.* 축적하다
acquire [əkwáiər] *vt.* 얻다
appoint [əpɔ́int] *vt.* 임명(지명)하다
astray [əstréi] *a.* 길을 잃은
contemptuous [kəntémptʃuəs] *a.* 멸시하는
decision [disíʒən] *n.* 결정
inheritance [inhérətəns] *n.* 기업
minister [mínistər] *vi.* 섬기다
priest [priːst] *n.* 제사장
reign [rein] *vt.* 다스리다
revere [rivíər] *vt.* 경외하다
scroll [skroul] *n.* 두루마리
testimony [téstəmòuni] *n.* 증거
throne [θroun] *n.* 왕위
verdict [vɔ́ːrdikt] *n.* 판정

17:9 **be in office**: 재직하다
17:10 **according to...**: …에 따라서
17:11 **turn aside**: 옆으로 비키다
17:14 **take possession of...**: …을 점유하다
17:17 **lead astray**: 타락시키다
17:20 **reign over...**: …를 통치하다

을지니 그들은 여호와의 화제물과 그 기업을
먹을 것이라
2 그들이 그들의 형제 중에서 기업을 가지지
않을 것은 여호와께서 그들의 기업이 되심이
니 그들에게 말씀하심 같으니라
3 제사장이 백성에게서 받을 몫은 이러하니 곧
그 드리는 제물의 소나 양이나 그 앞다리와
두 볼과 위라 이것을 제사장에게 줄 것이요
4 또 네가 처음 거둔 곡식과 포도주와 기름과 네
가 처음 깎은 양털을 네가 그에게 줄 것이니
5 이는 네 하나님 여호와께서 네 모든 지파 중
에서 그를 택하여 내시고 그와 그의 자손에
게 항상 여호와의 이름으로 서서 섬기게 하
셨음이니라
6 ●이스라엘 온 땅 어떤 성읍에든지 거주하는
레위인이 간절한 소원이 있어 그가 사는 곳을
떠날지라도 여호와께서 택하신 곳에 이르면
7 여호와 앞에 선 그의 모든 형제 레위인과 같
이 그의 하나님 여호와의 이름으로 섬길 수
있나니
8 그 사람의 몫은 그들과 같을 것이요 그가 조
상의 것을 판 것은 별도의 소유이니라 느 12:44

다른 민족들의 가증한 행위

9 ●네 하나님 여호와께서 네게 주시는 땅에
들어가거든 너는 그 민족들의 가증한 행위를
본받지 말 것이니 12:29-31
10 그의 아들이나 딸을 불 가운데로 지나게 하
는 자나 점쟁이나 길흉을 말하는 자나 요술
하는 자나 무당이나
11 진언자나 신접자나 박수나 초혼자를 너희 가
운데에 용납하지 말라
12 이런 일을 행하는 모든 자를 여호와께서 가
증히 여기시나니 이런 가증한 일로 말미암아
네 하나님 여호와께서 그들을 네 앞에서 쫓
아내시느니라 9:4
13 너는 네 하나님 여호와 앞에서 완전하라
14 네가 쫓아낼 이 민족들은 길흉을 말하는 자
나 점쟁이의 말을 듣거니와 네게는 네 하나
님 여호와께서 이런 일을 용납하지 아니하시
느니라

선지자를 일으키실 약속

15 ●네 하나님 여호와께서 너희 가운데 네 형제
중에서 너를 위하여 나와 같은 선지자 하나를
일으키시리니 너희는 그의 말을 들을지니라
16 이것이 곧 네가 총회의 날에 호렙 산에서 네
하나님 여호와께 구한 것이라 곧 네가 말하
기를 내가 다시는 내 하나님 여호와의 음성

shall have no inheritance among their fellow
Israelites; the LORD is their inheritance, as he
promised them.
3 ●This is the share due the priests from the
people who sacrifice a bull or a sheep: the
shoulder, the internal organs and the meat
4 from the head. ●You are to give them the first-
fruits of your grain, new wine and olive oil,
and the first wool from the shearing of your
5 sheep, ●for the LORD your God has chosen
them and their descendants out of all your
tribes to stand and minister in the LORD's name
always.
6 ●If a Levite moves from one of your towns
anywhere in Israel where he is living, and
comes in all earnestness to the place the LORD
7 will choose, ●he may minister in the name of
the LORD his God like all his fellow Levites
who serve there in the presence of the LORD.
8 ●He is to share equally in their benefits, even
though he has received money from the sale
of family possessions.

Occult Practices

9 ●When you enter the land the LORD your
God is giving you, do not learn to imitate the
10 detestable ways of the nations there. ●Let no
one be found among you who sacrifices their
son or daughter in the fire, who practices div-
ination or sorcery, interprets omens, engages
11 in witchcraft, ●or casts spells, or who is a
medium or spiritist or who consults the dead.
12 ●Anyone who does these things is detestable
to the LORD; because of these same detestable
practices the LORD your God will drive out
13 those nations before you. ●You must be
blameless before the LORD your God.

The Prophet

14 ●The nations you will dispossess listen to
those who practice sorcery or divination. But
as for you, the LORD your God has not per-
15 mitted you to do so. ●The LORD your God will
raise up for you a prophet like me from
among you, from your fellow Israelites. You
16 must listen to him. ●For this is what you
asked of the LORD your God at Horeb on the
day of the assembly when you said, "Let us
not hear the voice of the LORD our God nor
see this great fire anymore, or we will die."
17 ●The LORD said to me: "What they say is
18 good. ●I will raise up for them a prophet like
you from among their fellow Israelites, and I

assembly [əsémbli] *n.* 집회, 회합
benefit [bénəfit] *n.* 이익
blameless [bléimlis] *a.* 완전한
divination [divənéiʃən] *n.* 점
earnestness [ə́:rnistnəs] *n.* 진지함
equally [í:kwəli] *ad.* 똑같이
imitate [ímətèit] *vi.* 본받다
interpret [intə́:rprit] *vt.* 해석하다
omen [óumən] *n.* 전조
permit [pərmít] *vt.* 허가하다
practice [prǽktis] *vt.* 업으로 하다
shear [ʃiər] *vt.* 털을 깎다
spell [spel] *n.* 주문
sorcery [sɔ́:rsəri] *n.* 마법
witchcraft [wítʃkræ̀ft] *n.* 마법

18:5 **choose... out of~**: ~중에서 …를 선택하다
18:7 **in the presence of ...**: …의 목전에서
18:10 **engage in...**: …에 종사하다
18:11 **cast spells**: 마법[마술]을 걸다

을 듣지 않게 하시고 다시는 이 큰 불을 보지
않게 하소서 두렵건대 내가 죽을까 하나이다
하매
17 여호와께서 내게 이르시되 그들의 말이 옳도다
18 내가 그들의 형제 중에서 너와 같은 선지자 하
나를 그들을 위하여 일으키고 내 말을 그 입에
두리니 내가 그에게 명령하는 것을 그가 무리
에게 다 말하리라
19 누구든지 내 이름으로 전하는 내 말을 듣지 아
니하는 자는 내게 벌을 받을 것이요
20 만일 어떤 선지자가 내가 전하라고 명령하지
아니한 말을 제 마음대로 내 이름으로 전하든
지 다른 신들의 이름으로 말하면 그 선지자는
죽임을 당하리라 하셨느니라 13:1
21 네가 마음속으로 이르기를 그 말이 여호와께서
이르신 말씀인지 우리가 어떻게 알리요 하리라
22 만일 선지자가 있어 여호와의 이름으로 말한
일에 증험도 없고 성취함도 없으면 이는 여호
와께서 말씀하신 것이 아니요 그 선지자가 제
마음대로 한 말이니 너는 그를 두려워하지 말
지니라

도피성 (민 35:9-28; 수 20:1-9 ♪300, 374장)

19 네 하나님 여호와께서 이 여러 민족을 멸
절하시고 네 하나님 여호와께서 그 땅을
네게 주시므로 네가 그것을 받고 그들의 성읍
과 가옥에 거주할 때에 6:10–12
2 네 하나님 여호와께서 네게 기업으로 주신 땅
가운데에서 세 성읍을 너를 위하여 구별하고
3 네 하나님 여호와께서 네게 기업으로 주시는
땅 전체를 세 구역으로 나누어 길을 닦고 모든
살인자를 그 성읍으로 도피하게 하라
4 살인자가 그리로 도피하여 살 만한 경우는 이
러하니 곧 누구든지 본래 원한이 없이 부지중
에 그의 이웃을 죽인 일,
5 가령 사람이 그 이웃과 함께 벌목하러 삼림에
들어가서 손에 도끼를 들고 벌목하려고 찍을 때
에 도끼가 자루에서 빠져 그의 이웃을 맞춰 그
를 죽게 함과 같은 것이라 이런 사람은 그 성읍
중 하나로 도피하여 생명을 보존할 것이니라
6 그 사람이 그에게 본래 원한이 없으니 죽이기
에 합당하지 아니하나 두렵건대 그 피를 보복
하는 자의 마음이 복수심에 불타서 살인자를
뒤쫓는데 그 가는 길이 멀면 그를 따라 잡아
죽일까 하노라
7 그러므로 내가 네게 명령하기를 세 성읍을 너
를 위하여 구별하라 하노라
8 네 하나님 여호와께서 네 조상들에게 맹세하

will put my words in his mouth. He will tell
19 them everything I command him. •I my-
self will call to account anyone who does
not listen to my words that the prophet
20 speaks in my name. •But a prophet who
presumes to speak in my name anything I
have not commanded, or a prophet who
speaks in the name of other gods, is to be
put to death."
21 •You may say to yourselves, "How can we
know when a message has not been spoken
22 by the LORD?" •If what a prophet proclaims
in the name of the LORD does not take place
or come true, that is a message the LORD has
not spoken. That prophet has spoken pre-
sumptuously, so do not be alarmed.

Cities of Refuge

19 When the LORD your God has
destroyed the nations whose land he
is giving you, and when you have driven
them out and settled in their towns and
2 houses, •then set aside for yourselves three
cities in the land the LORD your God is giv-
3 ing you to possess. •Determine the dis-
tances involved and divide into three parts
the land the LORD your God is giving you as
an inheritance, so that a person who kills
someone may flee for refuge to one of these
cities.
4 •This is the rule concerning anyone who
kills a person and flees there for safety — any-
one who kills a neighbor unintentionally,
5 without malice aforethought. •For instance,
a man may go into the forest with his neigh-
bor to cut wood, and as he swings his ax to
fell a tree, the head may fly off and hit his
neighbor and kill him. That man may flee to
6 one of these cities and save his life. •Other-
wise, the avenger of blood might pursue him
in a rage, overtake him if the distance is too
great, and kill him even though he is not
deserving of death, since he did it to his
neighbor without malice aforethought.
7 •This is why I command you to set aside for
yourselves three cities.
8 •If the LORD your God enlarges your terri-
tory, as he promised on oath to your ances-
tors, and gives you the whole land he pro-
9 mised them, •because you carefully follow
all these laws I command you today — to
love the LORD your God and to walk always

aforethought [əfɔ́:rθɔ̀:t] *n.* 사전숙고
avenger [əvéndʒər] *n.* 복수자
ax [æks] *n.* 도끼
deserve [dizə́:rv] *vt.* …을 받을만하다
fell [fel] *vt.* 찍어 넘어뜨리다
flee [fli:] *vt.* 도망치다
malice [mǽlis] *n.* 악의
overtake [òuvərtéik] *vt.* 덮치다
presume [prizú:m] *vt.* 가정하다
presumptuously [prizʌ́mptʃuəsli] *ad.* 건방지게
pursue [pərsú:] *vt.* 뒤쫓다
rage [reidʒ] *n.* 격노
refuge [réfju:dʒ] *n.* 도피
swing [swiŋ] *vi.* 흔들리다
unintentionally [ʌ̀ninténʃənəli] *ad.* 무심코

18:19 call... to account: …에게 책임을 묻다, 힐난하다
18:22 take place: 일어나다
18:22 come true: 이루어지다
19:2 set aside: 따로 제쳐놓다
19:5 for instance: 이를테면

신 대로 네 지경을 넓혀 네 조상들에게 주리라
고 말씀하신 땅을 다 네게 주실 때
9 또 너희가 오늘 내가 너희에게 명하는 이 모든
명령을 지켜 행하여 네 하나님 여호와를 사랑
하고 항상 그의 길로 행할 때에는 이 셋 외에
세 성읍을 더하여
10 네 하나님 여호와께서 네게 기업으로 주시는
땅에서 무죄한 피를 흘리지 말라 이같이 하면
그의 피가 네게로 돌아가지 아니하리라
11 ●그러나 만일 어떤 사람이 그의 이웃을 미워
하여 엎드려 그를 기다리다가 일어나 상처를
입혀 죽게 하고 이 한 성읍으로 도피하면
12 그 본 성읍 장로들이 사람을 보내어 그를 거기
서 잡아다가 보복자의 손에 넘겨 죽이게 할 것
이라
13 네 눈이 그를 긍휼히 여기지 말고 무죄한 피를
흘린 죄를 이스라엘에서 제하라 그리하면 네
게 복이 있으리라 7:2

이웃의 경계표를 옮기지 말라

14 ●네 하나님 여호와께서 네게 주어 차지하게
하시는 땅 곧 네 소유가 된 기업의 땅에서 조상
이 정한 네 이웃의 경계표를 옮기지 말지니라

두 세 증인의 입으로 하라 (♪ 310, 393장)

15 ●사람의 모든 악에 관하여 또한 모든 죄에 관
하여는 한 증인으로만 정할 것이 아니요 두 증
인의 입으로나 또는 세 증인의 입으로 그 사건
을 확정할 것이며
16 만일 위증하는 자가 있어 어떤 사람이 악을 행
하였다고 말하면 시 27:12
17 그 논쟁하는 쌍방이 같이 하나님 앞에 나아가
그 당시의 제사장과 재판장 앞에 설 것이요
18 재판장은 자세히 조사하여 그 증인이 거짓 증
거하여 그 형제를 거짓으로 모함한 것이 판명
되면
19 그가 그의 형제에게 행하려고 꾀한 그대로 그
에게 행하여 너희 중에서 악을 제하라
20 그리하면 그 남은 자들이 듣고 두려워하여 다시
는 그런 악을 너희 중에서 행하지 아니하리라
21 네 눈이 긍휼히 여기지 말라 생명에는 생명으
로, 눈에는 눈으로, 이에는 이로, 손에는 손으
로, 발에는 발로이니라

적군과 싸우려 할 때에 — B.C. 1410년경

20 네가 나가서 적군과 싸우려 할 때에 말
과 병거와 백성이 너보다 많음을 볼지라
도 그들을 두려워하지 말라 애굽 땅에서 너를
인도하여 내신 네 하나님 여호와께서 너와 함
께하시느니라 1:29, 30

in obedience to him — then you are to set
10 aside three more cities. •Do this so that inno-
cent blood will not be shed in your land,
which the LORD your God is giving you as
your inheritance, and so that you will not be
guilty of bloodshed.
11 •But if out of hate someone lies in wait,
assaults and kills a neighbor, and then flees
12 to one of these cities, •the killer shall be
sent for by the town elders, be brought back
from the city, and be handed over to the
13 avenger of blood to die. •Show no pity. You
must purge from Israel the guilt of shedding
innocent blood, so that it may go well with
you.
14 •Do not move your neighbor's boundary
stone set up by your predecessors in the
inheritance you receive in the land the LORD
your God is giving you to possess.

Witnesses

15 •One witness is not enough to convict
anyone accused of any crime or offense they
may have committed. A matter must be
established by the testimony of two or three
witnesses.
16 •If a malicious witness takes the stand to
17 accuse someone of a crime, •the two people
involved in the dispute must stand in the
presence of the LORD before the priests and
18 the judges who are in office at the time. •The
judges must make a thorough investigation,
and if the witness proves to be a liar, giving
false testimony against a fellow Israelite,
19 •then do to the false witness as that witness
intended to do to the other party. You must
20 purge the evil from among you. •The rest of
the people will hear of this and be afraid, and
never again will such an evil thing be done
21 among you. •Show no pity: life for life, eye
for eye, tooth for tooth, hand for hand, foot
for foot.

Going to War

20 When you go to war against your
enemies and see horses and chariots
and an army greater than yours, do not be
afraid of them, because the LORD your God,
who brought you up out of Egypt, will be
2 with you. •When you are about to go into
battle, the priest shall come forward and
3 address the army. •He shall say: "Hear,

accuse [əkjúːz] *vt.* 고발하다
address [ədrés] *vt.* 연설하다
assault [əsɔ́ːlt] *n.* 폭행
bloodshed [blʌ́dʃèd] *n.* 유혈
boundary [báundəri] *n.* 경계
chariot [tʃǽriət] *n.* 이륜 전차
convict [kənvíkt] *vt.* 유죄를 선고하다
dispute [dispjúːt] *vi.* 논쟁하다
elder [éldər] *n.* 장로
evil [íːvəl] *n.* 악
investigation [invèstigéiʃən] *n.* 조사
pity [píti] *n.* 동정
predecessor [prédəsèsər] *n.* 조상
prove [pruːv] *vt.* 입증하다
shed [ʃed] *vt.* (피를) 흘리다

19:11 **lie in wait**: 숨어서 기다리다
19:12 **hand over**: 넘겨주다
19:14 **set up**: 세우다
19:15 **accuse of...**: …로 고소하다
19:17 **in the presence of...**: …앞에
20:2 **be about to...**: 막 …하려고 하다

2 너희가 싸울 곳에 가까이 가면 제사장은 백성
에게 나아가서 고하여 그들에게
3 말하여 이르기를 이스라엘아 들으라 너희가
오늘 너희의 대적과 싸우려고 나아왔으니 마
음에 겁내지 말며 두려워하지 말며 떨지 말며
그들로 말미암아 놀라지 말라
4 너희 하나님 여호와는 너희와 함께 행하시며
너희를 위하여 너희 적군과 싸우시고 구원하
실 것이라 할 것이며
5 책임자들은 백성에게 말하여 이르기를 새 집
을 건축하고 낙성식을 행하지 못한 자가 있느
냐 그는 집으로 돌아갈지니 전사하면 타인이
낙성식을 행할까 하노라
6 포도원을 만들고 그 과실을 먹지 못한 자가 있
느냐 그는 집으로 돌아갈지니 전사하면 타인
이 그 과실을 먹을까 하노라
7 여자와 약혼하고 그와 결혼하지 못한 자가 있
느냐 그는 집으로 돌아갈지니 전사하면 타인
이 그를 데려갈까 하노라 하고
8 책임자들은 또 백성에게 말하여 이르기를 두
려워서 마음이 허약한 자가 있느냐 그는 집으
로 돌아갈지니 그의 형제들의 마음도 그의 마
음과 같이 낙심될까 하노라 하고
9 백성에게 이르기를 마친 후에 군대의 지휘관
들을 세워 무리를 거느리게 할지니라
10 ● 네가 어떤 성읍으로 나아가서 치려 할 때에
는 그 성읍에 먼저 화평을 선언하라
11 그 성읍이 만일 화평하기로 회답하고 너를 향
하여 성문을 열거든 그 모든 주민들에게 네게
조공을 바치고 너를 섬기게 할 것이요
12 만일 너와 화평하기를 거부하고 너를 대적하여
싸우려 하거든 너는 그 성읍을 에워쌀 것이며
13 네 하나님 여호와께서 그 성읍을 네 손에 넘기시
거든 너는 칼날로 그 안의 남자를 다 쳐죽이고
14 너는 오직 여자들과 유아들과 가축들과 성읍
가운데에 있는 모든 것을 너를 위하여 탈취물
로 삼을 것이며 너는 네 하나님 여호와께서 네
게 주신 적군에게서 빼앗은 것을 먹을지니라
15 네가 네게서 멀리 떠난 성읍들 곧 이 민족들에
게 속하지 아니한 성읍들에게는 이같이 행하
려니와
16 오직 네 하나님 여호와께서 네게 기업으로 주
시는 이 민족들의 성읍에서는 호흡 있는 자를
하나도 살리지 말지니
17 곧 헷 족속과 아모리 족속과 가나안 족속과 브
리스 족속과 히위 족속과 여부스 족속을 네가
진멸하되 네 하나님 여호와께서 네게 명령하

Israel: Today you are going into battle
against your enemies. Do not be faintheart-
ed or afraid; do not panic or be terrified by
4 them. ● For the LORD your God is the one
who goes with you to fight for you against
your enemies to give you victory."
5 ● The officers shall say to the army: "Has
anyone built a new house and not yet
begun to live in it? Let him go home, or he
may die in battle and someone else may
6 begin to live in it. ● Has anyone planted
a vineyard and not begun to enjoy it?
Let him go home, or he may die in battle
7 and someone else enjoy it. ● Has anyone
become pledged to a woman and not mar-
ried her? Let him go home, or he may die in
8 battle and someone else marry her." ● Then
the officers shall add, "Is anyone afraid or
fainthearted? Let him go home so that his
fellow soldiers will not become disheart-
9 ened too." ● When the officers have fin-
ished speaking to the army, they shall
appoint commanders over it.
10 ● When you march up to attack a city,
11 make its people an offer of peace. ● If they
accept and open their gates, all the people in
it shall be subject to forced labor and shall
12 work for you. ● If they refuse to make peace
and they engage you in battle, lay siege to
13 that city. ● When the LORD your God delivers
it into your hand, put to the sword all the
14 men in it. ● As for the women, the children,
the livestock and everything else in the city,
you may take these as plunder for your-
selves. And you may use the plunder the
LORD your God gives you from your ene-
15 mies. ● This is how you are to treat all the
cities that are at a distance from you and do
not belong to the nations nearby.
16 ● However, in the cities of the nations the
LORD your God is giving you as an inheri-
tance, do not leave alive anything that
17 breathes. ● Completely destroy[a] them — the
Hittites, Amorites, Canaanites, Perizzites,
Hivites and Jebusites — as the LORD your God
18 has commanded you. ● Otherwise, they will
teach you to follow all the detestable things
they do in worshiping their gods, and you
will sin against the LORD your God.
19 ● When you lay siege to a city for a long

[a]17 The Hebrew term refers to the irrevocable giving over of things or persons to the LORD, often by totally destroying them.

accept [æksépt] *vt.* 받아들이다
attack [ətǽk] *vt.* 공격하다
commander [kəmǽndər] *n.* 지휘관
deliver [dilívər] *vt.* 넘겨주다
dishearten [dishɑ́:rtn] *vt.* 낙심시키다
else [els] *a.* 그 밖의
engage [ingéidʒ] *vt.* 교전하다
fainthearted [féinthɑ̀rtid] *a.* 소심한
officer [ɔ́:fisər] *n.* 관리
panic [pǽnik] *n.* 공포
pledge [pledʒ] *vt.* 서약하다
plunder [plʌ́ndər] *n.* 약탈물
siege [si:dʒ] *n.* 포위 공격
terrified [térəfàid] *a.* 무서운
vineyard [vínjərd] *n.* 포도원

20:11 be subject to...: …에 복종하다
20:13 put to the sword: 칼로 베어 죽이다
20:14 as for...: …에 관해서는
20:15 at a distance: 좀 떨어져
20:15 belong to...: …에 속하다

신 대로 하라
18 이는 그들이 그 신들에게 행하는 모든 가증한
일을 너희에게 가르쳐 본받게 하여 너희가 너
희의 하나님 여호와께 범죄하게 할까 함이니라
19 ●너희가 어떤 성읍을 오랫동안 에워싸고 그
성읍을 쳐서 점령하려 할 때에도 도끼를 둘러
그곳의 나무를 찍어내지 말라 이는 너희가 먹
을 것이 될 것임이니 찍지 말라 들의 수목이 사
람이냐 너희가 어찌 그것을 에워싸겠느냐
20 다만 과목이 아닌 수목은 찍어내어 너희와 싸
우는 그 성읍을 치는 기구를 만들어 그 성읍을
함락시킬 때까지 쓸지니라

죽인 자를 알지 못하거든

21 네 하나님 여호와께서 네게 주어 차지하
게 하신 땅에서 피살된 시체가 들에 엎드
러진 것을 발견하고 그 쳐죽인 자가 누구인지
알지 못하거든
2 너희의 장로들과 재판장들은 나가서 그 피살
된 곳의 사방에 있는 성읍의 원근을 잴 것이요
3 그 피살된 곳에서 제일 가까운 성읍의 장로들
이 그 성읍에서 아직 부리지 아니하고 멍에를
메지 아니한 암송아지를 취하여
4 그 성읍의 장로들이 물이 항상 흐르고 갈지도
않고 씨를 뿌린 일도 없는 골짜기로 그 송아지
를 끌고 가서 그 골짜기에서 그 송아지의 목을
꺾을 것이요
5 레위 자손 제사장들도 그리로 갈지니 그들은
네 하나님 여호와께서 택하사 자기를 섬기게
하시며 또 여호와의 이름으로 축복하게 하신
자라 모든 소송과 모든 투쟁이 그들의 말대로
판결될 것이니라
6 그 피살된 곳에서 제일 가까운 성읍의 모든 장
로들은 그 골짜기에서 목을 꺾은 암송아지 위
에 손을 씻으며 시 26:6
7 말하기를 우리의 손이 이 피를 흘리지 아니하
였고 우리의 눈이 이것을 보지도 못하였나이다
8 여호와여 주께서 속량하신 주의 백성 이스라
엘을 사하시고 무죄한 피를 주의 백성 이스라
엘 중에 머물러 두지 마옵소서 하면 그 피 흘린
죄가 사함을 받으리니
9 너는 이와 같이 여호와께서 보시기에 정직한
일을 행하여 무죄한 자의 피 흘린 죄를 너희 중
에서 제할지니라 19:13

여자 포로를 아내로 삼는 규정 (♪219, 465장)

10 ●네가 나가서 적군과 싸울 때에 네 하나님 여
호와께서 그들을 네 손에 넘기시므로 네가 그
들을 사로잡은 후에

time, fighting against it to capture it, do
not destroy its trees by putting an ax to
them, because you can eat their fruit. Do
not cut them down. Are the trees people,
20 that you should besiege them?[a] ●However,
you may cut down trees that you know
are not fruit trees and use them to build
siege works until the city at war with you
falls.

Atonement for an Unsolved Murder

21 If someone is found slain, lying in a
field in the land the LORD your God
is giving you to possess, and it is not known
2 who the killer was, ●your elders and judges
shall go out and measure the distance from
3 the body to the neighboring towns. ●Then
the elders of the town nearest the body
shall take a heifer that has never been
4 worked and has never worn a yoke ●and
lead it down to a valley that has not been
plowed or planted and where there is a
flowing stream. There in the valley they are
5 to break the heifer's neck. ●The Levitical
priests shall step forward, for the LORD your
God has chosen them to minister and to
pronounce blessings in the name of the
LORD and to decide all cases of dispute and
6 assault. ●Then all the elders of the town
nearest the body shall wash their hands
over the heifer whose neck was broken in
7 the valley, ●and they shall declare: "Our
hands did not shed this blood, nor did our
8 eyes see it done. ●Accept this atonement
for your people Israel, whom you have
redeemed, LORD, and do not hold your people
guilty of the blood of an innocent person."
Then the bloodshed will be atoned
9 for, ●and you will have purged from yourselves
the guilt of shedding innocent blood,
since you have done what is right in the
eyes of the LORD.

Marrying a Captive Woman

10 ●When you go to war against your enemies
and the LORD your God delivers them
11 into your hands and you take captives, ●if
you notice among the captives a beautiful
woman and are attracted to her, you may
12 take her as your wife. ●Bring her into your

[a]19 *Or down to use in the siege, for the fruit trees are for the benefit of people.*

atonement [ətóunmənt] *n.* 죄값
besiege [bisíːdʒ] *vt.* 공격하다
captive [kǽptiv] *n.* 포로
capture [kǽptʃər] *a.* 사로잡힌
case [keis] *n.* 소송사건
declare [diklέər] *vt.* 선언하다
distance [dístəns] *n.* 거리
heifer [héfər] *n.* 암소
measure [méʒər] *vt.* 측정하다
plow [plau] *vt.* 쟁기로 갈다
pronounce [prənáuns] *vt.* 선언하다
purge [pəːrdʒ] *vt.* 제거하다
slay [slei] *vt.* 살해하다
valley [vǽli] *n.* 골짜기
yoke [jouk] *n.* 멍에

20:19 **cut down:** 베다
21:2 **go out:** 나가다
21:5 **step forward:** 앞으로 나가다
21:7 **not A nor B:** A도 B도 둘 다 아니다
21:9 **purge from:** …에서 일소(축출)하다
21:10 **war against...:** …와 전쟁하다

11 네가 만일 그 포로 중의 아리따운 여자를 보고
그에게 연연하여 아내를 삼고자 하거든
12 그를 네 집으로 데려갈 것이요 그는 그 머리를
밀고 손톱을 베고
13 또 포로의 의복을 벗고 네 집에 살며 그 부모를
위하여 한 달 동안 애곡한 후에 네가 그에게로
들어가서 그의 남편이 되고 그는 네 아내가 될
것이요
14 그 후에 네가 그를 기뻐하지 아니하거든 그의 마
음대로 가게 하고 결코 돈을 받고 팔지 말지라
네가 그를 욕보였은즉 종으로 여기지 말지니라

장자의 상속권

15 ● 어떤 사람이 두 아내를 두었는데 하나는 사
랑을 받고 하나는 미움을 받다가 그 사랑을 받
는 자와 미움을 받는 자가 둘 다 아들을 낳았다
하자 그 미움을 받는 자의 아들이 장자이면
16 자기의 소유를 그의 아들들에게 기업으로 나
누는 날에 그 사랑을 받는 자의 아들을 장자로
삼아 참 장자 곧 미움을 받는 자의 아들보다 앞
세우지 말고
17 반드시 그 미움을 받는 자의 아들을 장자로 인
정하여 자기의 소유에서 그에게는 두 몫을 줄
것이니 그는 자기의 기력의 시작이라 장자의
권리가 그에게 있음이니라

패역한 아들에게 내리는 벌

18 ● 사람에게 완악하고 패역한 아들이 있어 그의
아버지의 말이나 그 어머니의 말을 순종하지 아
니하고 부모가 징계하여도 순종하지 아니하거든
19 그의 부모가 그를 끌고 성문에 이르러 그 성읍
장로들에게 나아가서
20 그 성읍 장로들에게 말하기를 우리의 이 자식
은 완악하고 패역하여 우리 말을 듣지 아니하
고 방탕하며 술에 잠긴 자라 하면
21 그 성읍의 모든 사람들이 그를 돌로 쳐죽일지
니 이같이 네가 너희 중에서 악을 제하라 그리
하면 온 이스라엘이 듣고 두려워하리라 13:5

기타 규정

22 ● 사람이 만일 죽을 죄를 범하므로 네가 그를
죽여 나무 위에 달거든
23 그 시체를 나무 위에 밤새도록 두지 말고 그날
에 장사하여 네 하나님 여호와께서 네게 기업
으로 주시는 땅을 더럽히지 말라 나무에 달린
자는 하나님께 저주를 받았음이니라

22

네 형제의 소나 양이 길 잃은 것을 보거든
못 본 체하지 말고 너는 반드시 그것들을
끌어다가 네 형제에게 돌릴 것이요
2 네 형제가 네게서 멀거나 또는 네가 그를 알지

home and have her shave her head, trim her
13 nails ● and put aside the clothes she was
wearing when captured. After she has lived
in your house and mourned her father and
mother for a full month, then you may go
to her and be her husband and she shall be
14 your wife. ● If you are not pleased with her,
let her go wherever she wishes. You must
not sell her or treat her as a slave, since you
have dishonored her.

The Right of the Firstborn

15 ● If a man has two wives, and he loves
one but not the other, and both bear him
sons but the firstborn is the son of the wife
16 he does not love, ● when he wills his prop-
erty to his sons, he must not give the rights
of the firstborn to the son of the wife he
loves in preference to his actual firstborn,
17 the son of the wife he does not love. ● He
must acknowledge the son of his unloved
wife as the firstborn by giving him a double
share of all he has. That son is the first sign
of his father's strength. The right of the first-
born belongs to him.

A Rebellious Son

18 ● If someone has a stubborn and rebel-
lious son who does not obey his father and
mother and will not listen to them when
19 they discipline him, ● his father and mother
shall take hold of him and bring him to the
20 elders at the gate of his town. ● They shall
say to the elders, "This son of ours is stub-
born and rebellious. He will not obey us. He
21 is a glutton and a drunkard." ● Then all the
men of his town are to stone him to death.
You must purge the evil from among you.
All Israel will hear of it and be afraid.

Various Laws

22 ● If someone guilty of a capital offense is
put to death and their body is exposed on a
23 pole, ● you must not leave the body hanging
on the pole overnight. Be sure to bury it that
same day, because anyone who is hung on a
pole is under God's curse. You must not des-
ecrate the land the LORD your God is giving
you as an inheritance.

22

If you see your fellow Israelite's ox
or sheep straying, do not ignore it
2 but be sure to take it back to its owner. ● If
they do not live near you or if you do not

acknowledge [əknálidʒ] *vt.* 인정하다
capital [kǽpətl] *a.* 치명적인
discipline [dísəplin] *vt.* 징계하다
dishonor [disánər] *vt.* 욕보이다
drunkard [drʌŋkərd] *n.* 술고래
firstborn [fə́:rstbɔ́:rn] *n.* 장자
glutton [glʌtn] *n.* 폭식가
ignore [ignɔ́:r] *vt.* 무시하다
mourn [mɔ:rn] *vi.* 슬퍼하다
offense [əféns] *n.* 범죄
property [prápərti] *n.* 재산, 소유
rebellious [ribéljəs] *a.* 반항적인
stray [strei] *vi.* 길을 잃다
stubborn [stʌbərn] *a.* 완고한
trim [trim] *vt.* 다듬다

21:14 **be pleased with...**: …에 만족하다
21:14 **treat as...**: …로 취급하다
21:16 **in preference to...**: …보다는 오히려
21:17 **belong to...**: …에 속하다
21:19 **take hold of...**: …를 붙잡다
21:23 **be sure to...**: 반드시 …하다

못하거든 그 짐승을 네 집으로 끌고 가서 네 형
제가 찾기까지 네게 두었다가 그에게 돌려 줄
지니
3 나귀라도 그리하고 의복이라도 그리하고 형제
가 잃어버린 어떤 것이든지 네가 얻거든 다 그
리하고 못 본 체하지 말 것이며
4 네 형제의 나귀나 소가 길에 넘어진 것을 보거
든 못 본 체하지 말고 너는 반드시 형제를 도와
그것들을 일으킬지니라
5 ● 여자는 남자의 의복을 입지 말 것이요 남자
는 여자의 의복을 입지 말 것이라 이같이 하는
자는 네 하나님 여호와께 가증한 자이니라
6 ● 길을 가다가 나무에나 땅에 있는 새의 보금
자리에 새 새끼나 알이 있고 어미 새가 그의 새
끼나 알을 품은 것을 보거든 그 어미 새와 새끼
를 아울러 취하지 말고
7 어미는 반드시 놓아 줄 것이요 새끼는 취하여
도 되나니 그리하면 네가 복을 누리고 장수하
리라 4:40
8 ● 네가 새 집을 지을 때에 지붕에 난간을 만들
어 사람이 떨어지지 않게 하라 그 피가 네 집에
돌아갈까 하노라
9 ● 네 포도원에 두 종자를 섞어 뿌리지 말라 그
리하면 네가 뿌린 씨의 열매와 포도원의 소산
을 다[1] 빼앗길까 하노라
10 너는 소와 나귀를 겨리하여 갈지 말며
11 양 털과 베 실로 섞어 짠 것을 입지 말지니라
12 ● 너희는 너희가 입는 겉옷의 네 귀에 술을 만
들지니라 마 23:5

순결에 관한 법

13 ● 누구든지 아내를 맞이하여 그에게 들어간 후
에 그를 미워하여
14 비방거리를 만들어 그에게 누명을 씌워 이르
되 내가 이 여자를 맞이하였더니 그와 동침할
때에 그가 처녀임을 보지 못하였노라 하면
15 그 처녀의 부모가 그 처녀의 처녀인 표를 얻어
가지고 그 성문 장로들에게로 가서 22:23
16 처녀의 아버지가 장로들에게 말하기를 내 딸
을 이 사람에게 아내로 주었더니 그가 미워하
여
17 비방거리를 만들어 말하기를 내가 네 딸에게
서 처녀임을 보지 못하였노라 하나 보라 내 딸
의 처녀의 표적이 이것이라 하고 그 부모가 그
자리옷을 그 성읍 장로들 앞에 펼 것이요
18 그 성읍 장로들은 그 사람을 잡아 때리고
19 이스라엘 처녀에게 누명을 씌움으로 말미암아
그에게서 은 일백 세겔을 벌금으로 받아 여자

know who owns it, take it home with you
and keep it until they come looking for it.
3 Then give it back. ● Do the same if you find
their donkey or cloak or anything else they
have lost. Do not ignore it.
4 ● If you see your fellow Israelite's donkey
or ox fallen on the road, do not ignore it.
Help the owner get it to its feet.
5 ● A woman must not wear men's cloth-
ing, nor a man wear women's clothing, for
the LORD your God detests anyone who does
this.
6 ● If you come across a bird's nest beside
the road, either in a tree or on the ground,
and the mother is sitting on the young or on
the eggs, do not take the mother with the
7 young. ● You may take the young, but be
sure to let the mother go, so that it may go
well with you and you may have a long life.
8 ● When you build a new house, make a
parapet around your roof so that you may
not bring the guilt of bloodshed on your
house if someone falls from the roof.
9 ● Do not plant two kinds of seed in your
vineyard; if you do, not only the crops you
plant but also the fruit of the vineyard will
be defiled.[a]
10 ● Do not plow with an ox and a donkey
yoked together.
11 ● Do not wear clothes of wool and linen
woven together.
12 ● Make tassels on the four corners of the
cloak you wear.

Marriage Violations

13 ● If a man takes a wife and, after sleeping
14 with her, dislikes her ● and slanders her and
gives her a bad name, saying, "I married this
woman, but when I approached her, I did
15 not find proof of her virginity," ● then the
young woman's father and mother shall
bring to the town elders at the gate proof
16 that she was a virgin. ● Her father will say to
the elders, "I gave my daughter in marriage
17 to this man, but he dislikes her. ● Now he
has slandered her and said, 'I did not find
your daughter to be a virgin.' But here is the
proof of my daughter's virginity." Then her
parents shall display the cloth before the
18 elders of the town, ● and the elders shall take
19 the man and punish him. ● They shall fine

[a]9 Or *be forfeited to the sanctuary* 1) 히, 성물이

cloak [klouk] *n.* 덮개, 외투
crop [krap] *n.* 수확물
defile [difáil] *vt.* 더럽히다
detest [ditést] *vt.* 몹시 싫어하다
guilt [gilt] *n.* 죄
linen [línən] *n.* 세마포
parapet [pǽrəpit] *n.* 난간
proof [pruːf] *n.* 증거
punish [pʌniʃ] *vt.* 벌주다
roof [ruːf] *n.* 옥상, 지붕
slander [slǽndər] *vt.* 중상하다
tassel [tǽsəl] *n.* (장식)술
virgin [vəːrdʒin] *n.* 처녀
virginity [vərdʒínəti] *n.* 처녀성
weave [wiːv] *vt.* (천, 피륙을) 짜다

22:2 **look for**: 찾다
22:6 **come across**: 우연히 만나다
22:6 **either A or B**: A거나 B거나
22:9 **not only A but also B**: A뿐만 아니라 B도 또한
22:13 **sleep with ...**: …와 동침하다

의 아버지에게 주고 그 여자는 그 남자가 평
생에 버릴 수 없는 아내가 되게 하려니와
20 그 일이 참되어 그 처녀에게 처녀의 표적이
없거든
21 그 처녀를 그의 아버지 집 문에서 끌어내고
그 성읍 사람들이 그를 돌로 쳐죽일지니 이
는 그가 그의 아버지 집에서 창기의 행동을
하여 이스라엘 중에서 악을 행하였음이라 너
는 이와 같이 하여 너희 가운데서 악을 제할
지니라
22 ●어떤 남자가 유부녀와 동침한 것이 드러나
거든 그 동침한 남자와 그 여자를 둘 다 죽여
이스라엘 중에 악을 제할지니라 레 20:10
23 ●처녀인 여자가 남자와 약혼한 후에 어떤
남자가 그를 성읍 중에서 만나 동침하면
24 너희는 그들을 둘 다 성읍 문으로 끌어내고
그들을 돌로 쳐죽일 것이니 그 처녀는 성안
에 있으면서도 소리지르지 아니하였음이요
그 남자는 그 이웃의 아내를 욕보였음이라
너는 이같이 하여 너희 가운데에서 악을 제
할지니라
25 ●만일 남자가 어떤 약혼한 처녀를 들에서
만나서 강간하였으면 그 강간한 남자만 죽일
것이요
26 처녀에게는 아무것도 행하지 말 것은 처녀에
게는 죽일 죄가 없음이라 이 일은 사람이 일
어나 그 이웃을 쳐죽인 것과 같은 것이라
27 남자가 처녀를 들에서 만난 까닭에 그 약혼
한 처녀가 소리질러도 구원할 자가 없었음이
니라
28 ●만일 남자가 약혼하지 아니한 처녀를 만나
그를 붙들고 동침하는 중에 그 두 사람이 발
견되면
29 그 동침한 남자는 그 처녀의 아버지에게 은
오십 세겔을 주고 그 처녀를 아내로 삼을 것
이라 그가 그 처녀를 욕보였은즉 평생에 그
를 버리지 못하리라
30 ●사람이 그의 아버지의 아내를 취하여 아버
지의 하체를 드러내지 말지니라

총회에 들어오지 못하는 사람들

23 고환이 상한 자나 음경이 잘린 자는 여
호와의 총회에 들어오지 못하리라
2 ●사생자는 여호와의 총회에 들어오지 못하
리니 십 대에 이르기까지도 여호와의 총회에
들어오지 못하리라
3 ●암몬 사람과 모압 사람은 여호와의 총회에
들어오지 못하리니 그들에게 속한 자는 십

him a hundred shekels[a] of silver and give
them to the young woman's father, because
this man has given an Israelite virgin a bad
name. She shall continue to be his wife; he
must not divorce her as long as he lives.
20 ●If, however, the charge is true and no proof
of the young woman's virginity can be found,
21 ●she shall be brought to the door of her fa-
ther's house and there the men of her town
shall stone her to death. She has done an out-
rageous thing in Israel by being promiscuous
while still in her father's house. You must
purge the evil from among you.
22 ●If a man is found sleeping with another
man's wife, both the man who slept with her
and the woman must die. You must purge the
evil from Israel.
23 ●If a man happens to meet in a town a vir-
gin pledged to be married and he sleeps with
24 her, ●you shall take both of them to the gate
of that town and stone them to death—the
young woman because she was in a town and
did not scream for help, and the man because
he violated another man's wife. You must
purge the evil from among you.
25 ●But if out in the country a man happens to
meet a young woman pledged to be married
and rapes her, only the man who has done
26 this shall die. ●Do nothing to the woman; she
has committed no sin deserving death. This
case is like that of someone who attacks and
27 murders a neighbor, ●for the man found the
young woman out in the country, and though
the betrothed woman screamed, there was no
one to rescue her.
28 ●If a man happens to meet a virgin who is
not pledged to be married and rapes her and
29 they are discovered, ●he shall pay her father
fifty shekels[b] of silver. He must marry the
young woman, for he has violated her. He can
never divorce her as long as he lives.
30 ●A man is not to marry his father's wife; he
must not dishonor his father's bed.[c]

Exclusion From the Assembly

23 [d]No one who has been emasculated
by crushing or cutting may enter the
assembly of the LORD.
2 ●No one born of a forbidden marriage[e] nor

[a]*19* That is, about 2 1/2 pounds or about 1.2 kilograms
[b]*29* That is, about 1 1/4 pounds or about 575 grams
[c]*30* In Hebrew texts this verse (22:30) is numbered 23:1. [d]In Hebrew texts 23:1-25 is numbered 23:2-26.
[e]*2* Or *one of illegitimate birth*

attack [ətǽk] *n.* 공격
betrothed [bitróuðd] *a.* 약혼한
charge [tʃaːrdʒ] *n.* 비난, 고발
commit [kəmít] *vt.* (죄를) 짓다
crush [krʌʃ] *vt.* 눌러 부수다
deserve [dizə́ːrv] *vt.* …할 만하다
dishonor [disɑ́nər] *vt.* 명예를 손상시키다
divorce [divɔ́ːrs] *vt.* 이혼하다
emasculate [imǽskjulèit] *vt.* 거세하다
outrageous [autréidʒəs] *a.* 괘씸한
promiscuous [prəmískjuəs] *a.* 난잡한
rape [reip] *vt.* 강간하다
rescue [réskjuː] *vt.* 구조하다
scream [skriːm] *vi.* 소리치다
violate [váiəlèit] *vt.* 욕보이다

22:19 **as long as...**: …하는 동안
22:21 **stone to death**: 돌로 쳐 죽이다
22:22 **both A and B**: A, B 둘다
22:23 **happen to...**: 우연히 …하다
22:23 **pledge to...**: …을 맹세하다
23:1 **no one**: 아무도 …않다

대뿐 아니라 영원히 여호와의 총회에 들어오
지 못하리라
4 그들은 너희가 애굽에서 나올 때에 떡과 물
로 너희를 길에서 영접하지 아니하고 메소보
다미아의 브돌 사람 브올의 아들 발람에게
뇌물을 주어 너희를 저주하게 하려 하였으나
5 네 하나님 여호와께서 너를 사랑하시므로 네
하나님 여호와께서 발람의 말을 듣지 아니하
시고 네 하나님 여호와께서 그 저주를 변하
여 복이 되게 하셨나니
6 네 평생에 그들의 평안함과 형통함을 영원히
구하지 말지니라
7 ●너는 에돔 사람을 미워하지 말라 그는 네
형제임이니라 애굽 사람을 미워하지 말라 네
가 그의 땅에서 객이 되었음이니라
8 그들의 삼 대 후 자손은 여호와의 총회에 들
어올 수 있느니라

진영을 거룩하게 하는 법

9 ●네가 적군을 치러 출진할 때에 모든 악한
일을 스스로 삼갈지니
10 너희 중에 누가 밤에 몽설함으로 부정하거든
진영 밖으로 나가고 진영 안에 들어오지 아
니하다가
11 해 질 때에 목욕하고 해 진 후에 진에 들어올
것이요
12 네 진영 밖에 변소를 마련하고 그리로 나가
되
13 네 기구에 작은 삽을 더하여 밖에 나가서 대
변을 볼 때에 그것으로 땅을 팔 것이요 몸을
돌려 그 배설물을 덮을지니
14 이는 네 하나님 여호와께서 너를 구원하시고
적군을 네게 넘기시려고 네 진영 중에 행하
심이라 그러므로 네 진영을 거룩히 하라 그
리하면 네게서 불결한 것을 보시지 않으므로
너를 떠나지 아니하시리라

기타 규정

15 ●종이 그의 주인을 피하여 네게로 도망하거
든 너는 그의 주인에게 돌려주지 말고
16 그가 네 성읍 중에서 원하는 곳을 택하는 대
로 너와 함께 네 가운데에 거주하게 하고 그
를 압제하지 말지니라
17 ●이스라엘 여자 중에 창기가 있지 못할 것
이요 이스라엘 남자 중에 남창이 있지 못할
지니
18 창기가 번 돈과 개 같은 자의 소득은 어떤 서
원하는 일로든지 네 하나님 여호와의 전에
가져오지 말라 이 둘은 다 네 하나님 여호와

any of their descendants may enter the assem-
bly of the LORD, not even in the tenth genera-
tion.
3 ●No Ammonite or Moabite or any of their
descendants may enter the assembly of the
4 LORD, not even in the tenth generation. ●For
they did not come to meet you with bread and
water on your way when you came out of
Egypt, and they hired Balaam son of Beor
from Pethor in Aram Naharaim[a] to pro-
5 nounce a curse on you. ●However, the LORD
your God would not listen to Balaam but
turned the curse into a blessing for you,
6 because the LORD your God loves you. ●Do not
seek a treaty of friendship with them as long
as you live.
7 ●Do not despise an Edomite, for the
Edomites are related to you. Do not despise
an Egyptian, because you resided as foreign-
8 ers in their country. ●The third generation of
children born to them may enter the assem-
bly of the LORD.

Uncleanness in the Camp

9 ●When you are encamped against your
enemies, keep away from everything impure.
10 ●If one of your men is unclean because of a
nocturnal emission, he is to go outside the
11 camp and stay there. ●But as evening appro-
aches he is to wash himself, and at sunset he
may return to the camp.
12 ●Designate a place outside the camp where
13 you can go to relieve yourself. ●As part of your
equipment have something to dig with, and
when you relieve yourself, dig a hole and cover
14 up your excrement. ●For the LORD your God
moves about in your camp to protect you and
to deliver your enemies to you. Your camp
must be holy, so that he will not see among
you anything indecent and turn away from
you.

Miscellaneous Laws

15 ●If a slave has taken refuge with you, do not
16 hand them over to their master. ●Let them
live among you wherever they like and in
whatever town they choose. Do not oppress
them.
17 ●No Israelite man or woman is to become a
18 shrine prostitute. ●You must not bring the
earnings of a female prostitute or of a male

[a]4 That is, Northwest Mesopotamia

designate [dézignèit] vt. (분명히) 나타내다
earn [əːrn] vt. 벌다
emission [imíʃən] n. 방사
encamp [inkǽmp] vi. 야영하다
equipment [ikwípmənt] n. 장비
excrement [ékskrəmənt] n. 배설물
impure [impjúər] a. 불결한
indecent [indíːsnt] a. 점잖지 못한
nocturnal [naktə́ːrnl] a. 밤의
oppress [əprés] vt. 억압하다
pronounce [prənáuns] vt. 선언하다
prostitute [prástətjùːt] n. 매춘부
reside [rizáid] vt. 거하다
shrine [ʃrain] n. 성소
treaty [tríːti] n. 조약

23:5 not A but B: A가 아니라 B이다
23:5 turn... into~: …가 ~로 변하다
23:9 keep away from...: …를 멀리하다
23:12 relieve oneself: 배변하다
23:14 so that... will~: …가 ~하기 위하여
23:15 take refuge with...: …에게 도피하다

께 가증한 것임이니라
19 ●네가 형제에게 꾸어주거든 이자를 받지 말
지니 곧 돈의 이자, 식물의 이자, 이자를 낼 만
한 모든 것의 이자를 받지 말 것이라
20 타국인에게 네가 꾸어주면 이자를 받아도 되
거니와 네 형제에게 꾸어주거든 이자를 받지
말라 그리하면 네 하나님 여호와께서 네가 들
어가서 차지할 땅에서 네 손으로 하는 범사에
복을 내리시리라
21 ●네 하나님 여호와께 서원하거든 갚기를 더
디하지 말라 네 하나님 여호와께서 반드시 그
것을 네게 요구하시리니 더디면 그것이 네게
죄가 될 것이라
22 네가 서원하지 아니하였으면 무죄하리라 그러나
23 네 입으로 말한 것은 그대로 실행하도록 유의
하라 무릇 자원한 예물은 네 하나님 여호와께
네가 서원하여 입으로 언약한 대로 행할지니라
24 ●네 이웃의 포도원에 들어갈 때에는 마음대
로 그 포도를 배불리 먹어도 되느니라 그러나
그릇에 담지는 말 것이요
25 네 이웃의 곡식밭에 들어갈 때에는 네가 손으
로 그 이삭을 따도 되느니라 그러나 네 이웃의
곡식밭에 낫을 대지는 말지니라

이혼과 재혼 — B.C. 1410년경

24 사람이 아내를 맞이하여 데려온 후에 그
에게 수치되는 일이 있음을 발견하고 그
를 기뻐하지 아니하면 이혼 증서를 써서 그의
손에 주고 그를 자기 집에서 내보낼 것이요
2 그 여자는 그의 집에서 나가서 다른 사람의 아
내가 되려니와
3 그의 둘째 남편도 그를 미워하여 이혼 증서를
써서 그의 손에 주고 그를 자기 집에서 내보냈
거나 또는 그를 아내로 맞이한 둘째 남편이 죽
었다 하자
4 그 여자는 이미 몸을 더럽혔은즉 그를 내보낸
전남편이 그를 다시 아내로 맞이하지 말지니
이 일은 여호와 앞에 가증한 것이라 너는 네
하나님 여호와께서 네게 기업으로 주시는 땅
을 범죄하게 하지 말지니라
렘 3:1

기타 규정

5 ●사람이 새로이 아내를 맞이하였으면 그를 군
대로 내보내지 말 것이요 아무 직무도 그에게 맡
기지 말 것이며 그는 일 년 동안 한가하게 집에
있으면서 그가 맞이한 아내를 즐겁게 할지니라
6 ●사람이 맷돌이나 그 위짝을 전당 잡지 말지
니 이는 그 생명을 전당 잡음이니라
7 ●사람이 자기 형제 곧 이스라엘 자손 중 한

prostitute[a] into the house of the LORD your
God to pay any vow, because the LORD your
God detests them both.
19 ●Do not charge a fellow Israelite interest,
whether on money or food or anything else
20 that may earn interest. ●You may charge a
foreigner interest, but not a fellow Israelite, so
that the LORD your God may bless you in
everything you put your hand to in the land
you are entering to possess.
21 ●If you make a vow to the LORD your God,
do not be slow to pay it, for the LORD your
God will certainly demand it of you and
22 you will be guilty of sin. ●But if you refrain
from making a vow, you will not be guilty.
23 ●Whatever your lips utter you must be sure
to do, because you made your vow freely to
the LORD your God with your own mouth.
24 ●If you enter your neighbor's vineyard,
you may eat all the grapes you want, but do
25 not put any in your basket. ●If you enter
your neighbor's grainfield, you may pick
kernels with your hands, but you must not
put a sickle to their standing grain.

24 If a man marries a woman who
becomes displeasing to him because
he finds something indecent about her, and
he writes her a certificate of divorce, gives it to
2 her and sends her from his house, ●and if
after she leaves his house she becomes the
3 wife of another man, ●and her second hus-
band dislikes her and writes her a certificate
of divorce, gives it to her and sends her from
4 his house, or if he dies, ●then her first hus-
band, who divorced her, is not allowed to
marry her again after she has been defiled.
That would be detestable in the eyes of the
LORD. Do not bring sin upon the land the
LORD your God is giving you as an inheri-
tance.
5 ●If a man has recently married, he must
not be sent to war or have any other duty laid
on him. For one year he is to be free to stay at
home and bring happiness to the wife he has
married.
6 ●Do not take a pair of millstones—not
even the upper one—as security for a debt,
because that would be taking a person's
livelihood as security.
7 ●If someone is caught kidnapping a fellow
Israelite and treating or selling them as a

[a]18 Hebrew *of a dog*

certificate [səːrtífikət] *n.* 증명서
debt [det] *n.* 빚
defile [difáil] *vt.* 더럽히다
demand [dimǽnd] *vt.* 요구하다
detest [ditést] *vt.* 혐오하다
duty [djúːti] *n.* 의무
interest [íntərəst] *n.* 이익
kernel [kə́ːrnl] *n.* 낟알
kidnap [kídnæp] *vt.* 유괴하다
millstone [mílstòun] *n.* 맷돌
recently [ríːsntli] *ad.* 최근에
security [sikjúərəti] *n.* 담보
sickle [síkl] *n.* 낫
utter [ʌtər] *vt.* 발언하다, 공포하다
vow [vau] *n.* 맹세

23:19 **whether A or B**: A이든 B이든 가 (다른)
23:19 **anything else**: 그밖에 또 무엇인
23:20 **so that ... may~**: …가 ~하도록
23:20 **put one's hand to...**: …에 착수하다, …에 손을 대다

사람을 유인하여 종으로 삼거나 판 것이 발견
되면 그 유인한 자를 죽일지니 이같이 하여 너
희 중에서 악을 제할지니라
8 ●너는 나병에 대하여 삼가서 레위 사람 제사
장들이 너희에게 가르치는 대로 네가 힘써 다
지켜 행하되 너희는 내가 그들에게 명령한 대
로 지켜 행하라
9 너희는 애굽에서 나오는 길에서 네 하나님 여호
와께서 미리암에게 행하신 일을 기억할지니라
10 ●네 이웃에게 무엇을 꾸어줄 때에 너는 그의
집에 들어가서 전당물을 취하지 말고 15:8
11 너는 밖에 서 있고 네게 꾸는 자가 전당물을
밖으로 가지고 나와서 네게 줄 것이며
12 그가 가난한 자이면 너는 그의 전당물을 가지
고 자지 말고
13 해 질 때에 그 전당물을 반드시 그에게 돌려줄
것이라 그리하면 그가 그 옷을 입고 자며 너를
위하여 축복하리니 그 일이 네 하나님 여호와
앞에서 네 공의로움이 되리라
14 ●곤궁하고 빈한한 품꾼은 너희 형제든지 네
땅 성문 안에 우거하는 객이든지 그를 학대하
지 말며
15 그 품삯을 당일에 주고 해 진 후까지 미루지 말
라 이는 그가 가난하므로 그 품삯을 간절히 바
람이라 그가 너를 여호와께 호소하지 않게 하라
그렇지 않으면 그것이 네게 죄가 될 것임이라
16 ●아버지는 그 자식들로 말미암아 죽임을 당
하지 않을 것이요 자식들은 그 아버지로 말미
암아 죽임을 당하지 않을 것이니 각 사람은 자
기 죄로 말미암아 죽임을 당할 것이니라
17 ●너는 객이나 고아의 송사를 억울하게 하지
말며 과부의 옷을 전당 잡지 말라
18 너는 애굽에서 종 되었던 일과 네 하나님 여호
와께서 너를 거기서 속량하신 것을 기억하라 이
러므로 내가 네게 이 일을 행하라 명령하노라
19 ●네가 밭에서 곡식을 벨 때에 그 한 뭇을 밭
에 잊어버렸거든 다시 가서 가져오지 말고 나
그네와 고아와 과부를 위하여 남겨두라 그리
하면 네 하나님 여호와께서 네 손으로 하는 모
든 일에 복을 내리시리라
20 네가 네 감람나무를 떤 후에 그 가지를 다시
살피지 말고 그 남은 것은 객과 고아와 과부를
위하여 남겨두며
레 19:10
21 네가 네 포도원의 포도를 딴 후에 그 남은 것
을 다시 따지 말고 객과 고아와 과부를 위하여
남겨두라
22 너는 애굽 땅에서 종 되었던 것을 기억하라 이

slave, the kidnapper must die. You must
purge the evil from among you.
8 ●In cases of defiling skin diseases,[a] be very
careful to do exactly as the Levitical priests
instruct you. You must follow carefully what
9 I have commanded them. ●Remember what
the LORD your God did to Miriam along the
way after you came out of Egypt.
10 ●When you make a loan of any kind to
your neighbor, do not go into their house to
11 get what is offered to you as a pledge. ●Stay
outside and let the neighbor to whom you
are making the loan bring the pledge out to
12 you. ●If the neighbor is poor, do not go to
sleep with their pledge in your possession.
13 ●Return their cloak by sunset so that your
neighbor may sleep in it. Then they will
thank you, and it will be regarded as a right-
eous act in the sight of the LORD your God.
14 ●Do not take advantage of a hired worker
who is poor and needy, whether that worker
is a fellow Israelite or a foreigner residing in
15 one of your towns. ●Pay them their wages
each day before sunset, because they are poor
and are counting on it. Otherwise they may
cry to the LORD against you, and you will be
guilty of sin.
16 ●Parents are not to be put to death for their
children, nor children put to death for their
parents; each will die for their own sin.
17 ●Do not deprive the foreigner or the
fatherless of justice, or take the cloak of the
18 widow as a pledge. ●Remember that you
were slaves in Egypt and the LORD your God
redeemed you from there. That is why I com-
mand you to do this.
19 ●When you are harvesting in your field
and you overlook a sheaf, do not go back to
get it. Leave it for the foreigner, the fatherless
and the widow, so that the LORD your God
may bless you in all the work of your hands.
20 ●When you beat the olives from your trees,
do not go over the branches a second time.
Leave what remains for the foreigner, the
21 fatherless and the widow. ●When you har-
vest the grapes in your vineyard, do not go
over the vines again. Leave what remains for
the foreigner, the fatherless and the widow.
22 ●Remember that you were slaves in Egypt.
That is why I command you to do this.

[a]8 The Hebrew word for *defiling skin diseases,* traditionally translated "leprosy," was used for various diseases affecting the skin.

branch [bræntʃ] *n.* 가지
cloak [klouk] *n.* 겉옷
deprive [dipráiv] *vt.* 박탈하다
exactly [igzǽktli] *ad.* 정확하게
fatherless [fáːðərlis] *a.* 아버지가 없는
harvest [háːrvist] *vt.* 수확하다
instruct [instrʌkt] *vt.* 가르치다
needy [níːdi] *a.* 매우 가난한
overlook [òuvərlúk] *vt.* 되사다, 되찾다
pledge [pledʒ] *n.* 담보, 저당
possession [pəzéʃən] *n.* 소유, 재산
remain [riméin] *vi.* 남다
sheaf [ʃiːf] *n.* (곡식의) 다발
slave [sleiv] *n.* 노예
wage [weidʒ] *n.* 임금

24:10 **make a loan**: 돈을 꾸어 주다
24:13 **regard as...**: …으로 여기다
24:14 **take advantage of...**: …를 이용하다
24:15 **count on...**: …를 의지하다, 기대다
24:20 **go over...**: …를 재점검하다

러므로 내가 네게 이 일을 행하라 명령하노라
25 사람들 사이에 시비가 생겨 재판을 청
하면 재판장은 그들을 재판하여 의인
은 의롭다 하고 악인은 정죄할 것이며
2 악인에게 태형이 합당하면 재판장은 그를 엎
드리게 하고 그 앞에서 그의 죄에 따라 수를
맞추어 때리게 하라
3 사십까지는 때리려니와 그것을 넘기지는 못
할지니 만일 그것을 넘겨 매를 지나치게 때
리면 네가 네 형제를 경히 여기는 것이 될까
하노라
4 ●곡식 떠는 소에게 망을 씌우지 말지니라

죽은 형제에 대한 의무

5 ●형제들이 함께 사는데 그 중 하나가 죽고
아들이 없거든 그 죽은 자의 아내는 나가서
타인에게 시집가지 말 것이요 그의 남편의
형제가 그에게로 들어가서 그를 맞이하여 아
내로 삼아 그의 남편의 형제 된 의무를 그에
게 다 행할 것이요
6 그 여인이 낳은 첫 아들이 그 죽은 형제의 이
름을 잇게 하여 그 이름이 이스라엘 중에서
끊어지지 않게 할 것이니라 룻 4:10
7 그러나 그 사람이 만일 그 형제의 아내 맞이
하기를 즐겨하지 아니하면 그 형제의 아내는
그 성문으로 장로들에게로 나아가서 말하기
를 내 남편의 형제가 그의 형제의 이름을 이
스라엘 중에 잇기를 싫어하여 남편의 형제 된
의무를 내게 행하지 아니하나이다 할 것이요
8 그 성읍 장로들은 그를 불러다가 말할 것이며
그가 이미 정한 뜻대로 말하기를 내가 그 여
자를 맞이하기를 즐겨하지 아니하노라 하면
9 그의 형제의 아내가 장로들 앞에서 그에게
나아가서 그의 발에서 신을 벗기고 그의 얼
굴에 침을 뱉으며 이르기를 그의 형제의 집
을 세우기를 즐겨 아니하는 자에게는 이같이
할 것이라 하고
10 이스라엘 중에서 그의 이름을 신 벗김 받은
자의 집이라 부를 것이니라

다른 법

11 ●두 사람이 서로 싸울 때에 한 사람의 아내
가 그 치는 자의 손에서 그의 남편을 구하려
하여 가까이 가서 손을 벌려 그 사람의 음낭
을 잡거든
12 너는 그 여인의 손을 찍어버릴 것이고 네 눈
이 그를 불쌍히 여기지 말지니라
13 ●너는 네 주머니에 두 종류의 저울추 곧 큰
것과 작은 것을 넣지 말 것이며

25 When people have a dispute, they are
to take it to court and the judges will
decide the case, acquitting the innocent and
2 condemning the guilty. ●If the guilty person
deserves to be beaten, the judge shall make
them lie down and have them flogged in his
presence with the number of lashes the crime
3 deserves, ●but the judge must not impose
more than forty lashes. If the guilty party is
flogged more than that, your fellow Israelite
will be degraded in your eyes.
4 ●Do not muzzle an ox while it is treading
out the grain.
5 ●If brothers are living together and one of
them dies without a son, his widow must not
marry outside the family. Her husband's
brother shall take her and marry her and fulfill
6 the duty of a brother-in-law to her. ●The first
son she bears shall carry on the name of the
dead brother so that his name will not be blot-
ted out from Israel.
7 ●However, if a man does not want to marry
his brother's wife, she shall go to the elders at
the town gate and say, "My husband's bro-
ther refuses to carry on his brother's name in
Israel. He will not fulfill the duty of a brother-
8 in-law to me." ●Then the elders of his town
shall summon him and talk to him. If he per-
sists in saying, "I do not want to marry her,"
9 ●his brother's widow shall go up to him in
the presence of the elders, take off one of his
sandals, spit in his face and say, "This is what
is done to the man who will not build up his
10 brother's family line." ●That man's line
shall be known in Israel as The Family of the
Unsandaled.
11 ●If two men are fighting and the wife of one
of them comes to rescue her husband from his
assailant, and she reaches out and seizes him
12 by his private parts, ●you shall cut off her
hand. Show her no pity.
13 ●Do not have two differing weights in your
14 bag—one heavy, one light. ●Do not have
two differing measures in your house—one
15 large, one small. ●You must have accurate
and honest weights and measures, so that
you may live long in the land the LORD your
16 God is giving you. ●For the LORD your God
detests anyone who does these things, any-
one who deals dishonestly.
17 ●Remember what the Amalekites did to
you along the way when you came out of

accurate [ǽkjurət] *a.* 정확한
acquit [əkwít] *vt.* 석방하다
assailant [əséilənt] *n.* 공격자
brother-in-law [brʌ́ðərinlɔ̀:] *n.* 시숙
condemn [kəndém] *vt.* 유죄 판결을 하다
degrade [digréid] *vt.* 가치를 떨어뜨리다
detest [ditést] *vt.* 혐오하다
fatherless [fɑ́:ðərlis] *a.* 아버지가 없는
flog [flag] *vt.* (매질하는) 체형을 과하다
fulfill [fulfíl] *vt.* 완수하다
innocent [ínəsənt] *a.* 순결한, 결백한
measure [méʒər] *n.* 계량
muzzle [mʌzl] *vt.* 재갈을 물리다
summon [sʌmən] *vt.* 소환하다
unsandaled [ʌnsǽndld] *a.* 샌들을 벗기운

25:6 **blot out**: 지우다
25:8 **persist in...**: …를 고집하다
25:9 **in the presence of...**: …의 면전에서
25:9 **take off...**: …를 벗다
25:11 **reach out**: (손을) 뻗다, 내밀다
25:12 **cut off**: 잘라버리다

14 네 집에 두 종류의 되 곧 큰 것과 작은 것을
두지 말 것이요
15 오직 온전하고 공정한 저울추를 두며 온전하고
공정한 되를 둘 것이라 그리하면 네 하나님 여
호와께서 네게 주시는 땅에서 네 날이 길리라
16 이런 일들을 행하는 모든 자, 악을 행하는 모
든 자는 네 하나님 여호와께 가증하니라

아말렉에 대한 기억을 지워버리라

17 ●너희는 애굽에서 나오는 길에 아말렉이 네
게 행한 일을 기억하라 출 17:8
18 곧 그들이 너를 길에서 만나 네가 피곤할 때
에 네 뒤에 떨어진 약한 자들을 쳤고 하나님
을 두려워하지 아니하였느니라
19 그러므로 네 하나님 여호와께서 네게 기업으
로 주어 차지하게 하시는 땅에서 네 하나님 여
호와께서 사방에 있는 모든 적군으로부터 네
게 안식을 주실 때에 너는 천하에서 아말렉에
대한 기억을 지워버리라 너는 잊지 말지니라

토지 소산 — B.C. 1410년경

26 네 하나님 여호와께서 네게 기업으로
주어 차지하게 하실 땅에 네가 들어가
서 거기에 거주할 때에
2 네 하나님 여호와께서 네게 주신 땅에서 그
토지의 모든 소산의 만물을 거둔 후에 그것
을 가져다가 광주리에 담고 네 하나님 여호
와께서 그의 이름을 두시려고 택하신 곳으로
그것을 가지고 가서
3 그때의 제사장에게 나아가 그에게 이르기를
내가 오늘 당신의 하나님 여호와께 아뢰나이
다 내가 여호와께서 우리에게 주시겠다고 우
리 조상들에게 맹세하신 땅에 이르렀나이다
할 것이요
4 제사장은 네 손에서 그 광주리를 받아서 네
하나님 여호와의 제단 앞에 놓을 것이며
5 너는 또 네 하나님 여호와 앞에 아뢰기를 내
조상은 방랑하는 아람 사람으로서 애굽에 내
려가 거기에서 소수로 거류하였더니 거기에
서 크고 강하고 번성한 민족이 되었는데 1:10
6 애굽 사람이 우리를 학대하며 우리를 괴롭히
며 우리에게 중노동을 시키므로
7 우리가 우리 조상의 하나님 여호와께 부르짖
었더니 여호와께서 우리 음성을 들으시고 우
리의 고통과 신고와 압제를 보시고
8 여호와께서 강한 손과 편 팔과 큰 위엄과 이적
과 기사로 우리를 애굽에서 인도하여 내시고
9 이곳으로 인도하사 이 땅 곧 젖과 꿀이 흐르
는 땅을 주셨나이다

18 Egypt. ●When you were weary and worn
out, they met you on your journey and
attacked all who were lagging behind; they
19 had no fear of God. ●When the LORD your
God gives you rest from all the enemies
around you in the land he is giving you to
possess as an inheritance, you shall blot out
the name of Amalek from under heaven. Do
not forget!

Firstfruits and Tithes

26 When you have entered the land the
LORD your God is giving you as an
inheritance and have taken possession of it
2 and settled in it, ●take some of the firstfruits
of all that you produce from the soil of the
land the LORD your God is giving you and
put them in a basket. Then go to the place
the LORD your God will choose as a dwelling
3 for his Name ●and say to the priest in office
at the time, "I declare today to the LORD
your God that I have come to the land the
4 LORD swore to our ancestors to give us." ●The
priest shall take the basket from your hands
and set it down in front of the altar of the
5 LORD your God. ●Then you shall declare
before the LORD your God: "My father was a
wandering Aramean, and he went down
into Egypt with a few people and lived there
and became a great nation, powerful and
6 numerous. ●But the Egyptians mistreated us
and made us suffer, subjecting us to harsh
7 labor. ●Then we cried out to the LORD, the
God of our ancestors, and the LORD heard our
voice and saw our misery, toil and oppres-
8 sion. ●So the LORD brought us out of Egypt
with a mighty hand and an outstretched
arm, with great terror and with signs and
9 wonders. ●He brought us to this place and
gave us this land, a land flowing with milk
10 and honey; ●and now I bring the firstfruits
of the soil that you, LORD, have given me."
Place the basket before the LORD your God
11 and bow down before him. ●Then you and
the Levites and the foreigners residing among
you shall rejoice in all the good things the
LORD your God has given to you and your
household.
12 ●When you have finished setting aside a
tenth of all your produce in the third year, the
year of the tithe, you shall give it to the Levite,
the foreigner, the fatherless and the widow, so

altar [ɔ́:ltər] *n.* 제단
blot [blat] *vt.* 지우다
lag [læg] *vi.* 뒤떨어지다
misery [mízəri] *n.* 불행
mistreat [mìstrí:t] *vt.* 학대하다
numerous [njú:mərəs] *a.* 수많은
oppression [əpréʃən] *n.* 억압
outstretched [àutstrétʃt] *a.* 뻗친
possession [pəzéʃən] *n.* 소유, 재산
rejoice [ridʒɔ́is] *vi.* 기뻐하다
tithe [taið] *n.* 십일조
toil [tɔil] *n.* 수고
wander [wándər] *vi.* 유랑하다
weary [wíəri] *a.* 피곤한
wonder [wʌndər] *n.* 경이

25:18 **wear out:** 지치다, 탈진하다
25:19 **blot out:** (쓴 것을) 지우다, (기억을) 없애다
26:1 **take possession of...:** …를 손에 넣다, 점유하다
26:4 **in front of...:** …의 앞에서

10 여호와여 이제 내가 주께서 내게 주신 토지
소산의 맏물을 가져왔나이다 하고 너는 그것
을 네 하나님 여호와 앞에 두고 네 하나님 여
호와 앞에 경배할 것이며
11 네 하나님 여호와께서 너와 네 집에 주신 모
든 복으로 말미암아 너는 레위인과 너희 가
운데에 거류하는 객과 함께 즐거워할지니라
12 ●셋째 해 곧 십일조를 드리는 해에 네 모든
소산의 십일조 내기를 마친 후에 그것을 레
위인과 객과 고아와 과부에게 주어 네 성읍
안에서 먹고 배부르게 하라 14:28, 29
13 그리 할 때에 네 하나님 여호와 앞에 아뢰기
를 내가 성물을 내 집에서 내어 레위인과 객
과 고아와 과부에게 주기를 주께서 내게 명령
하신 명령대로 하였사오니 내가 주의 명령을
범하지도 아니하였고 잊지도 아니하였나이다
14 내가 애곡하는 날에 이 성물을 먹지 아니하
였고 부정한 몸으로 이를 떼어두지 아니하였
고 죽은 자를 위하여 이를 쓰지 아니하였고
내 하나님 여호와의 말씀을 청종하여 주께서
내게 명령하신 대로 다 행하였사오니 레 7:20
15 원하건대 주의 거룩한 처소 하늘에서 보시고
주의 백성 이스라엘에게 복을 주시며 우리
조상들에게 맹세하여 우리에게 주신 젖과 꿀
이 흐르는 땅에 복을 내리소서 할지니라

하나님의 보배로운 백성

16 ●오늘 네 하나님 여호와께서 이 규례와 법
도를 행하라고 네게 명령하시나니 그런즉 너
는 마음을 다하고 뜻을 다하여 지켜 행하라
17 네가 오늘 여호와를 네 하나님으로 인정하고
또 그 도를 행하고 그의 규례와 명령과 법도
를 지키며 그의 소리를 들으리라 확언하였고
18 여호와께서도 네게 말씀하신 대로 오늘 너를
그의 보배로운 백성이 되게 하시고 그의 모
든 명령을 지키라 확언하셨느니라 7:6
19 그런즉 여호와께서 너를 그 지으신 모든 민
족 위에 뛰어나게 하사 찬송과 명예와 영광
을 삼으시고 그가 말씀하신 대로 너를 네 하
나님 여호와의 성민이 되게 하시리라

돌 위에 기록한 율법 (♪ 336장) — B.C. 1410년경

27 모세와 이스라엘 장로들이 백성에게 명
령하여 이르되 내가 오늘 너희에게 명
령하는 이 명령을 너희는 다 지킬지니라
2 너희가 요단을 건너 네 하나님 여호와께서
네게 주시는 땅에 들어가는 날에 큰 돌들을
세우고 석회를 바르라
3 요단을 건넌 후에 이 율법의 모든 말씀을 그

that they may eat in your towns and be satis-
13 fied. ●Then say to the LORD your God: "I have
removed from my house the sacred portion
and have given it to the Levite, the foreigner,
the fatherless and the widow, according to all
you commanded. I have not turned aside
from your commands nor have I forgotten
14 any of them. ●I have not eaten any of the
sacred portion while I was in mourning, nor
have I removed any of it while I was unclean,
nor have I offered any of it to the dead. I have
obeyed the LORD my God; I have done every-
15 thing you commanded me. ●Look down
from heaven, your holy dwelling place, and
bless your people Israel and the land you have
given us as you promised on oath to our
ancestors, a land flowing with milk and
honey."

Follow the LORD's Commands

16 ●The LORD your God commands you this
day to follow these decrees and laws; carefully
observe them with all your heart and with all
17 your soul. ●You have declared this day that
the LORD is your God and that you will walk in
obedience to him, that you will keep his
decrees, commands and laws—that you will
18 listen to him. ●And the LORD has declared this
day that you are his people, his treasured pos-
session as he promised, and that you are to
19 keep all his commands. ●He has declared that
he will set you in praise, fame and honor high
above all the nations he has made and that
you will be a people holy to the LORD your
God, as he promised.

The Altar on Mount Ebal

27 Moses and the elders of Israel com-
manded the people: "Keep all these
2 commands that I give you today. ●When you
have crossed the Jordan into the land the LORD
your God is giving you, set up some large
3 stones and coat them with plaster. ●Write on
them all the words of this law when you have
crossed over to enter the land the LORD your
God is giving you, a land flowing with milk
and honey, just as the LORD, the God of your
4 ancestors, promised you. ●And when you
have crossed the Jordan, set up these stones on
Mount Ebal, as I command you today, and
5 coat them with plaster. ●Build there an altar
to the LORD your God, an altar of stones. Do

altar [ɔ́:ltər] *n.* 제단
command [kəmǽnd] *n.* 명령 *vt.* 명령하다
cross [krɔ:s] *vt.* 건너다
declare [dikléər] *vt.* 선언하다
decree [dikrí:] *n.* 법령
fame [feim] *n.* 명예
law [lɔ:] *n.* 법
mourning [mɔ́:rniŋ] *n.* 애도
obey [oubéi] *vt.* 순종하다
observe [əbzə́:rv] *vt.* 준수하다
plaster [plǽstər] *n.* 석고
portion [pɔ́:rʃən] *n.* 몫
remove [rimú:v] *vt.* 제거하다
soul [soul] *n.* 영혼
treasure [tréʒər] *vt.* 소중히 여기다

26:13 **according to...**: …에 따라서
26:13 **turn aside**: 외면하다
26:16 **with all one's heart**: 진심으로
27:2 **set up**: 세우다
27:2 **coat.... with~**: …에 ~를 바르다
27:3 **cross over**: 건너가다

위에 기록하라 그리하면 네 하나님 여호와께
서 네게 주시는 땅 곧 젖과 꿀이 흐르는 땅에
네가 들어가기를 네 조상들의 하나님 여호와
께서 네게 말씀하신 대로 하리라 26:9
4 너희가 요단을 건너거든 내가 오늘 너희에게
명령하는 이 돌들을 에발 산에 세우고 그 위
에 석회를 바를 것이며
5 또 거기서 네 하나님 여호와를 위하여 제단 곧
돌단을 쌓되 그것에 쇠 연장을 대지 말지니라
6 너는 다듬지 않은 돌로 네 하나님 여호와의
제단을 쌓고 그 위에 네 하나님 여호와께 번
제를 드릴 것이며
7 또 화목제를 드리고 거기에서 먹으며 네 하
나님 여호와 앞에서 즐거워하라
8 너는 이 율법의 모든 말씀을 그 돌들 위에 분
명하고 정확하게 기록할지니라
9 •모세와 레위 제사장들이 온 이스라엘에게 말
하여 이르되 이스라엘아 잠잠하여 들으라 오늘
네가 네 하나님 여호와의 백성이 되었으니
10 그런즉 네 하나님 여호와의 말씀을 청종하여
내가 오늘 네게 명령하는 그 명령과 규례를
행할지니라

에발 산에서 선포한 저주

11 •모세가 그날 백성에게 명령하여 이르되
12 너희가 요단을 건넌 후에 시므온과 레위와
유다와 잇사갈과 요셉과 베냐민은 백성을 축
복하기 위하여 그리심 산에 서고
13 르우벤과 갓과 아셀과 스불론과 단과 납달리
는 저주하기 위하여 에발 산에 서고
14 레위 사람은 큰 소리로 이스라엘 모든 사람
에게 말하여 이르기를
15 장색의 손으로 조각하였거나 부어 만든 우상
은 여호와께 가증하니 그것을 만들어 은밀히
세우는 자는 저주를 받을 것이라 할 것이요
모든 백성은 응답하여 말하되 아멘 할지니라
16 •그의 부모를 경홀히 여기는 자는 저주를
받을 것이라 할 것이요 모든 백성은 아멘 할
지니라
17 •그의 이웃의 경계표를 옮기는 자는 저주를
받을 것이라 할 것이요 모든 백성은 아멘 할
지니라
18 •맹인에게 길을 잃게 하는 자는 저주를 받을
것이라 할 것이요 모든 백성은 아멘 할지니라
19 •객이나 고아나 과부의 송사를 억울하게 하
는 자는 저주를 받을 것이라 할 것이요 모든
백성은 아멘 할지니라
20 •그의 아버지의 아내와 동침하는 자는 그의

6 not use any iron tool on them. •Build the
altar of the LORD your God with fieldstones
and offer burnt offerings on it to the LORD
7 your God. •Sacrifice fellowship offerings
there, eating them and rejoicing in the pres-
8 ence of the LORD your God. •And you shall
write very clearly all the words of this law on
these stones you have set up."

Curses From Mount Ebal

9 •Then Moses and the Levitical priests said
to all Israel, "Be silent, Israel, and listen! You
have now become the people of the LORD
10 your God. •Obey the LORD your God and fol-
low his commands and decrees that I give
you today."
11 •On the same day Moses commanded the
people:
12 •When you have crossed the Jordan, these
tribes shall stand on Mount Gerizim to bless
the people: Simeon, Levi, Judah, Issachar,
13 Joseph and Benjamin. •And these tribes shall
stand on Mount Ebal to pronounce curses:
Reuben, Gad, Asher, Zebulun, Dan and Naph-
tali.
14 •The Levites shall recite to all the people of
Israel in a loud voice:
15 •"Cursed is anyone who makes an
idol—a thing detestable to the LORD, the
work of skilled hands—and sets it up in
secret."
Then all the people shall say, "Amen!"
16 •"Cursed is anyone who dishonors
their father or mother."
Then all the people shall say, "Amen!"
17 •"Cursed is anyone who moves their
neighbor's boundary stone."
Then all the people shall say, "Amen!"
18 •"Cursed is anyone who leads the
blind astray on the road."
Then all the people shall say, "Amen!"
19 •"Cursed is anyone who withholds
justice from the foreigner, the fatherless
or the widow."
Then all the people shall say, "Amen!"
20 •"Cursed is anyone who sleeps with
his father's wife, for he dishonors his
father's bed."
Then all the people shall say, "Amen!"
21 •"Cursed is anyone who has sexual
relations with any animal."
Then all the people shall say, "Amen!"

astray [əstréi] *ad.* 길을 잃어
boundary [báundəri] *n.* 경계
burnt [bəːrnt] *a.* 불에 태운
cast [kæst] *vt.* 주조하다
carve [kɑːrv] *vt.* 새기다
curse [kəːrs] *n.* 저주
dishonor [disάnər] *vt.* 이름을 더럽히다
fellowship [félòuʃip] *n.* 친교
fieldstone [fíːldstoun] *n.* 자연석
iron [áiərn] *n.* 쇠, 철
offering [ɔ́ːfəriŋ] *n.* 제물
recite [risáit] *vt.* 낭독하다
sexual [sékʃuəl] *a.* 성적인
silent [sáilənt] *a.* 조용한
tool [tuːl] *n.* 연장

27:7 **in the presence of...**: …의 앞에서
27:8 **write on**: 새기다
27:11 **on the same day**: 같은 날에
27:15 **in secret**: 남몰래
27:21 **have relation with...**: …와 관계를 가지다

아버지의 하체를 드러냈으니 저주를 받을 것
이라 할 것이요 모든 백성은 아멘 할지니라
21 ●짐승과 교합하는 모든 자는 저주를 받을 것
이라 할 것이요 모든 백성은 아멘 할지니라
22 ●그의 자매 곧 그의 아버지의 딸이나 어머
니의 딸과 동침하는 자는 저주를 받을 것이
라 할 것이요 모든 백성은 아멘 할지니라
23 ●장모와 동침하는 자는 저주를 받을 것이라
할 것이요 모든 백성은 아멘 할지니라
24 ●그의 이웃을 암살하는 자는 저주를 받을 것
이라 할 것이요 모든 백성은 아멘 할지니라
25 ●무죄한 자를 죽이려고 뇌물을 받는 자는
저주를 받을 것이라 할 것이요 모든 백성은
아멘 할지니라 출 23:7
26 ●이 율법의 말씀을 실행하지 아니하는 자는
저주를 받을 것이라 할 것이요 모든 백성은
아멘 할지니라

순종하여 받는 복
(레 26:3-13; 신 7:12-24 ♪ 287장)

28 네가 네 하나님 여호와의 말씀을 삼가
듣고 내가 오늘 네게 명령하는 그의 모
든 명령을 지켜 행하면 네 하나님 여호와께
서 너를 세계 모든 민족 위에 뛰어나게 하실
것이라
2 네가 네 하나님 여호와의 말씀을 청종하면
이 모든 복이 네게 임하며 네게 이르리니
3 성읍에서도 복을 받고 들에서도 복을 받을
것이며
4 네 몸의 자녀와 네 토지의 소산과 네 짐승의
새끼와 소와 양의 새끼가 복을 받을 것이며
5 네 광주리와 떡 반죽 그릇이 복을 받을 것이며
6 네가 들어와도 복을 받고 나가도 복을 받을
것이니라
7 ●여호와께서 너를 대적하기 위해 일어난 적
군들을 네 앞에서 패하게 하시리라 그들이
한 길로 너를 치러 들어왔으나 네 앞에서 일
곱 길로 도망하리라
8 여호와께서 명령하사 네 창고와 네 손으로
하는 모든 일에 복을 내리시고 네 하나님 여
호와께서 네게 주시는 땅에서 네게 복을 주
실 것이며
9 여호와께서 네게 맹세하신 대로 너를 세워
자기의 성민이 되게 하시리니 이는 네가 네
하나님 여호와의 명령을 지켜 그 길로 행할
것임이니라 7:6
10 땅의 모든 백성이 여호와의 이름이 너를 위
하여 불리는 것을 보고 너를 두려워하리라

22 ●"Cursed is anyone who sleeps with his
sister, the daughter of his father or the
daughter of his mother."
Then all the people shall say, "Amen!"
23 ●"Cursed is anyone who sleeps with his
mother-in-law."
Then all the people shall say, "Amen!"
24 ●"Cursed is anyone who kills their
neighbor secretly."
Then all the people shall say, "Amen!"
25 ●"Cursed is anyone who accepts a
bribe to kill an innocent person."
Then all the people shall say, "Amen!"
26 ●"Cursed is anyone who does not
uphold the words of this law by carrying
them out."
Then all the people shall say, "Amen!"

Blessings for Obedience

28 If you fully obey the LORD your God
and carefully follow all his com-
mands I give you today, the LORD your God
will set you high above all the nations on
2 earth. ●All these blessings will come on you
and accompany you if you obey the LORD
your God:
3 ●You will be blessed in the city and
blessed in the country.
4 ●The fruit of your womb will be bless-
ed, and the crops of your land and the
young of your livestock — the calves of
your herds and the lambs of your flocks.
5 ●Your basket and your kneading
trough will be blessed.
6 ●You will be blessed when you come
in and blessed when you go out.
7 ●The LORD will grant that the enemies who
rise up against you will be defeated before you.
They will come at you from one direction but
flee from you in seven.
8 ●The LORD will send a blessing on your
barns and on everything you put your hand
to. The LORD your God will bless you in the
land he is giving you.
9 ●The LORD will establish you as his holy
people, as he promised you on oath, if you
keep the commands of the LORD your God
10 and walk in obedience to him. ●Then all the
peoples on earth will see that you are called by
the name of the LORD, and they will fear you.
11 ●The LORD will grant you abundant prosperi-

abundant [əbʌndənt] *a.* 풍부한
accompany [əkʌmpəni] *vt.* 수반하다
barn [ba:rn] *n.* 창고
bribe [braib] *n.* 뇌물
direction [dirékʃən] *n.* 방향
establish [istǽbliʃ] *vt.* 세우다
flee [fli:] *vi.* 도망하다
flock [flak] *n.* (양 · 소) 떼
herd [hə:rd] *n.* (소 · 돼지) 떼
innocent [ínəsənt] *a.* 죄없는
knead [ni:d] *vt.* 반죽하다
mother-in-law [mʌ́ðərinlɔ̀:] *n.* 장모
obedience [oubí:diəns] *n.* 복종
secretly [sí:krətli] *ad.* 비밀히
trough [trɔ́(:)f] *n.* 반죽통

27:26 **carry out**: 수행하다
28:7 **grant that ...**: …라는 것을 인정하다
28:7 **flee from...**: …에게서 달아나다
28:8 **put one's hand to ...**: …에 착수하다, 손을 대다
28:9 **on oath**: 맹세코, 틀림없이

11 여호와께서 네게 주리라고 네 조상들에게 맹
세하신 땅에서 네게 복을 주사 네 몸의 소생
과 가축의 새끼와 토지의 소산을 많게 하시며
12 여호와께서 너를 위하여 하늘의 아름다운 보
고를 여시사 네 땅에 때를 따라 비를 내리시
고 네 손으로 하는 모든 일에 복을 주시리니
네가 많은 민족에게 꾸어줄지라도 너는 꾸지
아니할 것이요
13 여호와께서 너를 머리가 되고 꼬리가 되지 않
게 하시며 위에만 있고 아래에 있지 않게 하
시리니 오직 너는 내가 오늘 네게 명령하는
네 하나님 여호와의 명령을 듣고 지켜 행하며
14 내가 오늘 너희에게 명령하는 그 말씀을 떠
나 좌로나 우로나 치우치지 아니하고 다른
신을 따라 섬기지 아니하면 이와 같으리라
15 네가 만일 네 하나님 여호와의 말씀을 순종
하지 아니하여 내가 오늘 네게 명령하는 그
의 모든 명령과 규례를 지켜 행하지 아니하
면 이 모든 저주가 네게 임하며 네게 이를 것
이니 27:15
16 네가 성읍에서도 저주를 받으며 들에서도 저
주를 받을 것이요
17 또 네 광주리와 떡 반죽 그릇이 저주를 받을
것이요
18 네 몸의 소생과 네 토지의 소산과 네 소와 양
의 새끼가 저주를 받을 것이며
19 네가 들어와도 저주를 받고 나가도 저주를
받으리라

불순종하여 받는 저주

20 ● 네가 악을 행하여 [1]그를 잊으므로 네 손으
로 하는 모든 일에 여호와께서 저주와 혼란
과 책망을 내리사 망하며 속히 파멸하게 하
실 것이며
21 여호와께서 네 몸에 염병이 들게 하사 네가
들어가 차지할 땅에서 마침내 너를 멸하실
것이며
22 여호와께서 폐병과 열병과 염증과 학질과 한
재와 풍재와 썩는 재앙으로 너를 치시리니
이 재앙들이 너를 따라서 너를 진멸하게 할
것이라
23 네 머리 위의 하늘은 놋이 되고 네 아래의 땅
은 철이 될 것이며
24 여호와께서 비 대신에 티끌과 모래를 네 땅
에 내리시리니 그것들이 하늘에서 네 위에
내려 마침내 너를 멸하리라
25 ● 여호와께서 네 적군 앞에서 너를 패하게
하시리니 네가 그들을 치러 한 길로 나가서

ty—in the fruit of your womb, the young of
your livestock and the crops of your ground
—in the land he swore to your ancestors to
give you.
12 ●The LORD will open the heavens, the store-
house of his bounty, to send rain on your
land in season and to bless all the work of
your hands. You will lend to many nations
13 but will borrow from none. ●The LORD will
make you the head, not the tail. If you pay
attention to the commands of the LORD your
God that I give you this day and carefully fol-
low them, you will always be at the top,
14 never at the bottom. ●Do not turn aside from
any of the commands I give you today, to the
right or to the left, following other gods and
serving them.

Curses for Disobedience

15 ●However, if you do not obey the LORD your
God and do not carefully follow all his com-
mands and decrees I am giving you today, all
these curses will come on you and overtake
you:

16 ●You will be cursed in the city and
cursed in the country.
17 ●Your basket and your kneading trough
will be cursed.
18 ●The fruit of your womb will be cursed,
and the crops of your land, and the calves
of your herds and the lambs of your flocks.
19 ●You will be cursed when you come in
and cursed when you go out.

20 ●The LORD will send on you curses, confu-
sion and rebuke in everything you put your
hand to, until you are destroyed and come to
sudden ruin because of the evil you have done
21 in forsaking him.[a] ●The LORD will plague you
with diseases until he has destroyed you from
22 the land you are entering to possess. ●The
LORD will strike you with wasting disease, with
fever and inflammation, with scorching heat
and drought, with blight and mildew, which
23 will plague you until you perish. ●The sky
over your head will be bronze, the ground
24 beneath you iron. ●The LORD will turn the rain
of your country into dust and powder; it will
come down from the skies until you are
destroyed.
25 ●The LORD will cause you to be defeated
before your enemies. You will come at them

[a]20 Hebrew *me* 1) 히, 나

blight [blait] *n.* 마름병
bounty [báunti] *n.* 하사품
confusion [kənfjúːʒən] *n.* 혼란, 당황
disobedience [dìsəbíːdiəns] *n.* 불순종
fester [féstər] *vi.* 곪다
forsake [fərséik] *vt.* (습관,신앙 따위를)버리다
inflammation [infləméiʃən] *n.* 염증
lend [lend] *vt.* 빌려주다
livestock [láivstɑ̀k] *n.* 가축
mildew [míldjuː] *n.* 버짐병
overtake [òuvərtéik] *vt.* 덮치다
perish [périʃ] *vi.* 죽다
rebuke [ribjúːk] *n.* 책망
scorching [skɔ́ːrtʃiŋ] *a.* 몹시 뜨거운
storehouse [stɔ́ːrhàus] *n.* 보물창고

28:12 in season: 때 맞추어
28:12 borrow from...: …로부터 빌리다
28:13 pay attention to...: …에 주의하다
28:14 turn aside: 옆으로 빗나가다
28:17 kneading though: 반죽 통
28:21 plague... with~: …를 ~로 괴롭히다

그들 앞에서 일곱 길로 도망할 것이며 네가 또
땅의 모든 나라 중에 흩어지고
26 네 시체가 공중의 모든 새와 땅의 짐승들의 밥이
될 것이나 그것들을 쫓아줄 자가 없을 것이며
27 여호와께서 애굽의 종기와 치질과 괴혈병과
피부병으로 너를 치시리니 네가 치유 받지 못
할 것이며 28:60, 61
28 여호와께서 또 너를 미치는 것과 눈 머는 것과
정신병으로 치시리니
29 맹인이 어두운 데에서 더듬는 것과 같이 네가
백주에도 더듬고 네 길이 형통하지 못하여 항
상 압제와 노략을 당할 뿐이리니 너를 구원할
자가 없을 것이며
30 네가 여자와 약혼하였으나 다른 사람이 그 여
자와 같이 동침할 것이요 집을 건축하였으나
거기에 거주하지 못할 것이요 포도원을 심었
으나 네가 그 열매를 따지 못할 것이며
31 네 소를 네 목전에서 잡았으나 네가 먹지 못할
것이며 네 나귀를 네 목전에서 빼앗겨도 도로
찾지 못할 것이며 네 양을 원수에게 빼앗길 것
이나 너를 [1]도와줄 자가 없을 것이며
32 네 자녀를 다른 민족에게 빼앗기고 종일 생각
하고 찾음으로 눈이 피곤하여지나 네 손에 힘
이 없을 것이며 28:41
33 네 토지 소산과 네 수고로 얻은 것을 네가 알지
못하는 민족이 먹겠고 너는 항상 압제와 학대
를 받을 뿐이리니
34 이러므로 네 눈에 보이는 일로 말미암아 네가
미치리라 28:28
35 여호와께서 네 무릎과 다리를 쳐서 고치지 못
할 심한 종기를 생기게 하여 발바닥에서부터
정수리까지 이르게 하시리라
36 ●여호와께서 너와 네가 세울 네 임금을 너와
네 조상들이 알지 못하던 나라로 끌어 가시리
니 네가 거기서 목석으로 만든 다른 신들을 섬
길 것이며
37 여호와께서 너를 끌어 가시는 모든 민족 중에
서 네가 놀람과 속담과 비방거리가 될 것이라
38 네가 많은 종자를 들에 뿌릴지라도 메뚜기가
먹으므로 거둘 것이 적을 것이며
39 네가 포도원을 심고 가꿀지라도 벌레가 먹으
므로 포도를 따지 못하고 포도주를 마시지 못
할 것이며
40 네 모든 경내에 감람나무가 있을지라도 그 열
매가 떨어지므로 그 기름을 네 몸에 바르지 못
할 것이며
41 네가 자녀를 낳을지라도 그들이 포로가 되므

from one direction but flee from them in
seven, and you will become a thing of hor-
26 ror to all the kingdoms on earth. ●Your car-
casses will be food for all the birds and
the wild animals, and there will be no one
27 to frighten them away. ●The LORD will
afflict you with the boils of Egypt and with
tumors, festering sores and the itch, from
28 which you cannot be cured. ●The LORD will
afflict you with madness, blindness and con-
29 fusion of mind. ●At midday you will grope
about like a blind person in the dark. You
will be unsuccessful in everything you do;
day after day you will be oppressed and
robbed, with no one to rescue you.
30 ●You will be pledged to be married to a
woman, but another will take her and rape
her. You will build a house, but you will not
live in it. You will plant a vineyard, but you
31 will not even begin to enjoy its fruit. ●Your
ox will be slaughtered before your eyes, but
you will eat none of it. Your donkey will be
forcibly taken from you and will not be
returned. Your sheep will be given to your
enemies, and no one will rescue them.
32 ●Your sons and daughters will be given to
another nation, and you will wear out your
eyes watching for them day after day, pow-
33 erless to lift a hand. ●A people that you do
not know will eat what your land and labor
produce, and you will have nothing but
34 cruel oppression all your days. ●The sights
35 you see will drive you mad. ●The LORD will
afflict your knees and legs with painful boils
that cannot be cured, spreading from the
soles of your feet to the top of your head.
36 ●The LORD will drive you and the king
you set over you to a nation unknown to
you or your ancestors. There you will wor-
ship other gods, gods of wood and stone.
37 ●You will become a thing of horror, a
byword and an object of ridicule among all
the peoples where the LORD will drive you.
38 ●You will sow much seed in the field but
you will harvest little, because locusts will
39 devour it. ●You will plant vineyards and
cultivate them but you will not drink the
wine or gather the grapes, because worms
40 will eat them. ●You will have olive trees
throughout your country but you will not
use the oil, because the olives will drop off.

1) 히, 구원할

afflict [əflíkt] *vt.* 괴롭히다
boil [bɔil] *n.* 종기
carcass [ká:rkəs] *n.* 시체
grope [group] *vi.* 더듬다
itch [itʃ] *n.* 가려움
oppression [əpréʃən] *n.* 억압
pledge [pledʒ] *vi.* 서약하다
rape [reip] *vt.* 강간하다
rescue [réskju:] *n.* 구원
ridicule [rídikjù:l] *n.* 멸시
rob [rɑb] *vt.* 강탈하다
sole [soul] *n.* 발바닥
sore [sɔ:r] *n.* 상처, 종기
tumor [tjú:mər] *n.* 종양
vineyard [vínjərd] *n.* 포도원

28:26 frighten... away: …를 겁을 주어 내쫓다
28:29 grope about: 손으로 더듬으며 찾다(나아가다)
28:32 wear out: 지치다
28:33 nothing but: 오직, 단지

로 너와 함께 있지 못할 것이며
42 네 모든 나무와 토지 소산은 메뚜기가 먹을 것
이며
43 너의 중에 우거하는 이방인은 점점 높아져서
네 위에 뛰어나고 너는 점점 낮아질 것이며
44 그는 네게 꾸어줄지라도 너는 그에게 꾸어주
지 못하리니 그는 머리가 되고 너는 꼬리가 될
것이라
45 네가 네 하나님 여호와의 말씀을 청종하지 아
니하고 네게 명령하신 그의 명령과 규례를 지
키지 아니하므로 이 모든 저주가 네게 와서 너
를 따르고 네게 이르러 마침내 너를 멸하리니
46 이 모든 저주가 너와 네 자손에게 영원히 있어
서 표징과 훈계가 되리라
47 ● 네가 모든 것이 풍족하여도 기쁨과 즐거운
마음으로 네 하나님 여호와를 섬기지 아니함
으로 말미암아 32:15
48 네가 주리고 목마르고 헐벗고 모든 것이 부족
한 중에서 여호와께서 보내사 너를 치게 하실
적군을 섬기게 될 것이니 그가 철 멍에를 네 목
에 메워 마침내 너를 멸할 것이라
49 곧 여호와께서 멀리 땅끝에서 한 민족을 독수
리가 날아오는 것같이 너를 치러 오게 하시리
니 이는 네가 그 언어를 알지 못하는 민족이
요
50 그 용모가 흉악한 민족이라 노인을 보살피지
아니하며 유아를 불쌍히 여기지 아니하며
51 네 가축의 새끼와 네 토지의 소산을 먹어 마침
내 너를 멸망시키며 또 곡식이나 포도주나 기
름이나 소의 새끼나 양의 새끼를 너를 위하여
남기지 아니하고 마침내 너를 멸절시키리라
52 그들이 전국에서 네 모든 성읍을 에워싸고 네
가 의뢰하는 높고 견고한 성벽을 다 헐며 네 하
나님 여호와께서 네게 주시는 땅의 모든 성읍
에서 너를 에워싸리니
53 네가 적군에게 에워싸이고 맹렬한 공격을 받
아 곤란을 당하므로 네 하나님 여호와께서 네
게 주신 자녀 곧 네 몸의 소생의 살을 먹을 것
이라
54 너희 중에 온유하고 연약한 남자까지도 그의
형제와 그의 품의 아내와 그의 남은 자녀를 미
운 눈으로 바라보며
55 자기가 먹는 그 자녀의 살을 그 중 누구에게든
지 주지 아니하리니 이는 네 적군이 네 모든 성
읍을 에워싸고 맹렬히 너를 쳐서 곤란하게 하
므로 아무것도 그에게 남음이 없는 까닭일 것
이며

41 ● You will have sons and daughters but you
will not keep them, because they will go
42 into captivity. ● Swarms of locusts will take
over all your trees and the crops of your
land.
43 ● The foreigners who reside among you
will rise above you higher and higher, but
44 you will sink lower and lower. ● They will
lend to you, but you will not lend to them.
They will be the head, but you will be the
tail.
45 ● All these curses will come on you. They
will pursue you and overtake you until you
are destroyed, because you did not obey the
LORD your God and observe the commands
46 and decrees he gave you. ● They will be a
sign and a wonder to you and your descen-
47 dants forever. ● Because you did not serve
the LORD your God joyfully and gladly in
48 the time of prosperity, ● therefore in hunger
and thirst, in nakedness and dire poverty,
you will serve the enemies the LORD sends
against you. He will put an iron yoke on
your neck until he has destroyed you.
49 ● The LORD will bring a nation against you
from far away, from the ends of the earth,
like an eagle swooping down, a nation
whose language you will not understand,
50 ● a fierce-looking nation without respect for
51 the old or pity for the young. ● They will
devour the young of your livestock and the
crops of your land until you are destroyed.
They will leave you no grain, new wine or
olive oil, nor any calves of your herds or
lambs of your flocks until you are ruined.
52 ● They will lay siege to all the cities through-
out your land until the high fortified walls
in which you trust fall down. They will
besiege all the cities throughout the land the
LORD your God is giving you.
53 ● Because of the suffering your enemy will
inflict on you during the siege, you will eat
the fruit of the womb, the flesh of the sons
and daughters the LORD your God has given
54 you. ● Even the most gentle and sensitive
man among you will have no compassion
on his own brother or the wife he loves or
55 his surviving children, ● and he will not give
to one of them any of the flesh of his chil-
dren that he is eating. It will be all he has left
because of the suffering your enemy will
inflict on you during the siege of all your

besiege [bisíːdʒ] *vt.* 에워싸다
calf [kæf] *n.* 송아지
captivity [kæptívəti] *n.* 포로
compassion [kəmpǽʃən] *n.* 동정심, 연민
devour [diváuər] *vt.* 먹어치우다
fierce [fiərs] *a.* 흉포한
fortify [fɔ́ːrtəfài] *vt.* 요새화하다
livestock [láivstɑ̀k] *n.* 가축
locust [lóukəst] *n.* 메뚜기
poverty [pɑ́vərti] *n.* 가난
prosperity [prɑspérəti] *n.* 번영
pursue [pərsjúː] *vt.* 뒤쫓다
respect [rispékt] *n.* 존경
sensitive [sénsitiv] *a.* 예민한, 여린
swarm [swɔːrm] *n.* (곤충의) 떼

28:42 **take over:** 접수하다, 인계받다
28:43 **higher and higher:** 높이 더 높이
28:44 **lend to...**: …에게 빌려주다
28:49 **far away**: 멀리
28:49 **swoop down**: 덤벼들다
28:52 **lay siege to...**: …를 포위하다

56 또 너희 중에 온유하고 연약한 부녀 곧 온유하
고 연약하여 자기 발바닥으로 땅을 밟아 보지
도 아니하던 자라도 자기 품의 남편과 자기 자
녀를 미운 눈으로 바라보며 28:54
57 자기 다리 사이에서 나온 태와 자기가 낳은 어
린 자식을 남몰래 먹으리니 이는 네 적군이 네
생명을 에워싸고 맹렬히 쳐서 곤란하게 하므
로 아무것도 얻지 못함이리라
58 ●네가 만일 이 책에 기록한 이 율법의 모든
말씀을 지켜 행하지 아니하고 네 하나님 여호
와라 하는 영화롭고 두려운 이름을 경외하지
아니하면
59 여호와께서 네 재앙과 네 자손의 재앙을 극렬
하게 하시리니 그 재앙이 크고 오래고 그 질병
이 중하고 오랠 것이라
60 여호와께서 네가 두려워하던 애굽의 모든 질
병을 네게로 가져다가 네 몸에 들어붙게 하실
것이며
61 또 이 율법책에 기록하지 아니한 모든 질병과
모든 재앙을 네가 멸망하기까지 여호와께서
네게 내리실 것이니
62 너희가 하늘의 별같이 많을지라도 네 하나님
여호와의 말씀을 청종하지 아니하므로 남는
자가 얼마 되지 못할 것이라
63 여호와께서 너희에게 선을 행하시고 너희를
번성하게 하시기를 기뻐하시던 것같이 이제
는 여호와께서 너희를 망하게 하시며 멸하시
기를 기뻐하시리니 너희가 들어가 차지할 땅
에서 뽑힐 것이요 렘 12:14
64 여호와께서 너를 땅 이 끝에서 저 끝까지 만민
중에 흩으시리니 네가 그곳에서 너와 네 조상
들이 알지 못하던 목석 우상을 섬길 것이라
65 그 여러 민족 중에서 네가 평안함을 얻지 못하
며 네 발바닥이 쉴 곳도 얻지 못하고 여호와께
서 거기에서 네 마음을 떨게 하고 눈을 쇠하게
하고 정신을 산란하게 하시리니
66 네 생명이 위험에 처하고 주야로 두려워하며
네 생명을 확신할 수 없을 것이라
67 네 마음의 두려움과 눈이 보는 것으로 말미암
아 아침에는 이르기를 아하 저녁이 되었으면
좋겠다 할 것이요 저녁에는 이르기를 아하 아
침이 되었으면 좋겠다 하리라 28:34
68 여호와께서 너를 배에 싣고 전에 네게 말씀하
여 이르시기를 네가 다시는 그 길을 보지 아니
하리라 하시던 그 길로 너를 애굽으로 끌어 가
실 것이라 거기서 너희가 너희 몸을 적군에게 남
녀 종으로 팔려 하나 너희를 살 자가 없으리라

56 cities. ●The most gentle and sensitive
woman among you—so sensitive and gen-
tle that she would not venture to touch the
ground with the sole of her foot—will
begrudge the husband she loves and her
57 own son or daughter ●the afterbirth from
her womb and the children she bears. For
in her dire need she intends to eat them
secretly because of the suffering your ene-
my will inflict on you during the siege of
your cities.
58 ●If you do not carefully follow all the
words of this law, which are written in this
book, and do not revere this glorious and
awesome name—the LORD your God—
59 ●the LORD will send fearful plagues on
you and your descendants, harsh and pro-
longed disasters, and severe and lingering
60 illnesses. ●He will bring on you all the dis-
eases of Egypt that you dreaded, and they
61 will cling to you. ●The LORD will also bring
on you every kind of sickness and disaster
not recorded in this Book of the Law, until
62 you are destroyed. ●You who were as nu-
merous as the stars in the sky will be left but
few in number, because you did not obey
63 the LORD your God. ●Just as it pleased the
LORD to make you prosper and increase in
number, so it will please him to ruin and
destroy you. You will be uprooted from the
land you are entering to possess.
64 ●Then the LORD will scatter you among
all nations, from one end of the earth to
the other. There you will worship other
gods—gods of wood and stone, which nei-
ther you nor your ancestors have known.
65 ●Among those nations you will find no
repose, no resting place for the sole of your
foot. There the LORD will give you an anxious
mind, eyes weary with longing, and a des-
66 pairing heart. ●You will live in constant
suspense, filled with dread both night and
67 day, never sure of your life. ●In the morning
you will say, "If only it were evening!" and in
the evening, "If only it were morning!"—
because of the terror that will fill your hearts
68 and the sights that your eyes will see. ●The
LORD will send you back in ships to Egypt
on a journey I said you should never make
again. There you will offer yourselves for
sale to your enemies as male and female
slaves, but no one will buy you.

afterbirth [æftərbəːrθ] *n.* 후산
awesome [ɔ́ːsəm] *a.* 장엄한
dire [daiər] *a.* 무시무시한
disease [dizíːz] *n.* 질병
dread [dred] *n.* 두려움
linger [líŋgər] *vi.* 오래 머무르다
prolong [prəlɔ́ːŋ] *vt.* 연장하다
repose [ripóuz] *n.* 평안
revere [rivíər] *vt.* 경외하다
scatter [skǽtər] *vt.* 흩다
sensitive [sénsitiv] *a.* 예민한, 여린
sole [soul] *n.* 발바닥
survive [sərváiv] *vt.* 생존하다
uproot [ʌprúːt] *vt.* 뿌리째 뽑다
womb [wuːm] *n.* 모태

28:56 **so... that~**: ~하도록 …하다
28:56 **venture to...**: 감히 …하다
28:57 **intend to...**: …할 작정이다
28:57 **inflict on**: 타격을 주다
28:60 **cling to...**: …에 달라붙다, 집착하다
28:61 **every kind of ...**: 모든 종류의

모압 땅에서 세우신 언약

29 호렙에서 이스라엘 자손과 세우신 언약 외에 여호와께서 모세에게 명령하여 모압 땅에서 그들과 세우신 언약의 말씀은 이러하니라

2 ● 모세가 온 이스라엘을 소집하고 그들에게 이르되 여호와께서 애굽 땅에서 너희의 목전에 바로와 그의 모든 신하와 그의 온 땅에 행하신 모든 일을 너희가 보았나니

3 곧 그 큰 시험과 이적과 큰 기사를 네 눈으로 보았느니라 4:34

4 그러나 깨닫는 마음과 보는 눈과 듣는 귀는 오늘까지 여호와께서 너희에게 주지 아니하셨느니라

5 [1]주께서 사십 년 동안 너희를 광야에서 인도하셨거니와 너희 몸의 옷이 낡아지지 아니하였고 너희 발의 신이 해어지지 아니하였으며

6 너희에게 떡도 먹지 못하며 포도주나 독주를 마시지 못하게 하셨음은 [2]주는 너희의 하나님 여호와이신 줄을 알게 하려 하심이니라 8:3

7 너희가 이곳에 올 때에 헤스본 왕 시혼과 바산 왕 옥이 우리와 싸우러 나왔으므로 우리가 그들을 치고

8 그 땅을 차지하여 르우벤과 갓과 므낫세 반 지파에게 기업으로 주었나니

9 그런즉 너희는 이 언약의 말씀을 지켜 행하라 그리하면 너희가 하는 모든 일이 형통하리라

10 ● 오늘 너희 곧 너희의 수령과 너희의 지파와 너희의 장로들과 너희의 지도자와 이스라엘 모든 남자와

11 너희의 유아들과 너희의 아내와 및 네 진중에 있는 객과 너를 위하여 나무를 패는 자로부터 물 긷는 자까지 다 너희의 하나님 여호와 앞에 서 있는 것은

12 네 하나님 여호와의 언약에 참여하며 또 네 하나님 여호와께서 오늘 네게 하시는 맹세에 참여하여

13 여호와께서 네게 말씀하신 대로 또 네 조상 아브라함과 이삭과 야곱에게 맹세하신 대로 오늘 너를 세워 자기 백성을 삼으시고 그는 친히 네 하나님이 되시려 함이니라

14 ● 내가 이 언약과 맹세를 너희에게만 세우는 것이 아니라

15 오늘 우리 하나님 여호와 앞에서 우리와 함께 여기 서 있는 자와 오늘 우리와 함께 여기 있지 아니한 자에게까지이니

16 (우리가 애굽 땅에서 살았던 것과 너희가 여러

Renewal of the Covenant

29 [a]These are the terms of the coven-
ant the LORD commanded Moses to
make with the Israelites in Moab, in addi-
tion to the covenant he had made with
them at Horeb.
2 ●Moses summoned all the Israelites and
said to them:

Your eyes have seen all that the LORD did in
Egypt to Pharaoh, to all his officials and to all
3 his land. ●With your own eyes you saw those
great trials, those signs and great wonders.
4 ●But to this day the LORD has not given you
a mind that understands or eyes that see or
5 ears that hear. ●Yet the LORD says, "During
the forty years that I led you through the
wilderness, your clothes did not wear out,
6 nor did the sandals on your feet. ●You ate no
bread and drank no wine or other fermented
drink. I did this so that you might know that
I am the LORD your God."
7 ●When you reached this place, Sihon king
of Heshbon and Og king of Bashan came out
to fight against us, but we defeated them.
8 ●We took their land and gave it as an inher-
itance to the Reubenites, the Gadites and the
half-tribe of Manasseh.
9 ●Carefully follow the terms of this cove-
nant, so that you may prosper in everything
10 you do. ●All of you are standing today in the
presence of the LORD your God—your leaders
and chief men, your elders and officials, and
11 all the other men of Israel, ●together with
your children and your wives, and the for-
eigners living in your camps who chop your
12 wood and carry your water. ●You are stand-
ing here in order to enter into a covenant
with the LORD your God, a covenant the LORD
is making with you this day and sealing with
13 an oath, ●to confirm you this day as his peo-
ple, that he may be your God as he promised
you and as he swore to your fathers, Abra-
14 ham, Isaac and Jacob. ●I am making this
covenant, with its oath, not only with you
15 ●who are standing here with us today in
the presence of the LORD our God but also
with those who are not here today.
16 ●You yourselves know how we lived in
Egypt and how we passed through the coun-
17 tries on the way here. ●You saw among

[a]In Hebrew texts 29:1 is numbered 28:69, and 29:2-29 is numbered 29:1-28. 1) 히, 내가 2) 히, 나는

against [əgénst] *prep.* …에 대하여
chop [tʃɑp] *vt.* 쪼개다
confirm [kənfə́ːrm] *vt.* 확인하다
covenant [kʌ́vənənt] *n.* 언약
fermented [fə́ːrment] *n.* 발효
inheritance [inhérətəns] *n.* 기업, 상속
oath [ouθ] *n.* 맹세, 서원
official [əfíʃəl] *n.* 신하
presence [prézns] *n.* 앞
prosper [prɑ́spər] *vi.* 번영하다
seal [siːl] *vt.* 인증하다
summon [sʌ́mən] *vt.* 소환하다
swear [swɛər] *vt.* 맹세하다
term [təːrm] *n.* 협약
trial [tráiəl] *n.* 시련

29:1 **in addition to...**: …일 뿐 아니라 또
29:5 **wear out**: 해어지다
29:7 **fight against...**: …와 싸우다
29:10 **in the presence of...**: …의 면전에서, …가 있는 데서
29:11 **together with...**: …와 함께

나라를 통과한 것을 너희가 알며
17 너희가 또 그들 중에 있는 가증한 것과 목석
과 은금의 우상을 보았느니라)
18 너희 중에 남자나 여자나 가족이나 지파나 오
늘 그 마음이 우리 하나님 여호와를 떠나서
그 모든 민족의 신들에게 가서 섬길까 염려하
며 독초와 쑥의 뿌리가 너희 중에 생겨서
19 이 저주의 말을 듣고도 심중에 스스로 복을
빌어 이르기를 내가 내 마음이 완악하여 젖
은 것과 마른 것이 멸망할지라도 내게는 평
안이 있으리라 할까 함이라
20 여호와는 이런 자를 사하지 않으실 뿐 아니
라 그 위에 여호와의 분노와 질투의 불을 부
으시며 또 이 책에 기록된 모든 저주를 그에
게 더하실 것이라 여호와께서 그의 이름을
천하에서 지워버리시되 시 74:1
21 여호와께서 곧 이스라엘 모든 지파 중에서
그를 구별하시고 이 율법책에 기록된 모든
언약의 저주대로 그에게 화를 더하시리라
22 ●너희 뒤에 일어나는 너희의 자손과 멀리서
오는 객이 그 땅의 재앙과 여호와께서 그 땅
에 유행시키시는 질병을 보며
23 그 온 땅이 유황이 되며 소금이 되며 또 불에
타서 심지도 못하며 결실함도 없으며 거기에
는 아무 풀도 나지 아니함이 옛적에 여호와
께서 진노와 격분으로 멸하신 소돔과 고모라
와 아드마와 스보임의 무너짐과 같음을 보고
물을 것이요
24 여러 나라 사람들도 묻기를 여호와께서 어찌
하여 이 땅에 이같이 행하셨느냐 이같이 크
고 맹렬하게 노하심은 무슨 뜻이냐 하면
25 그때에 사람들이 대답하기를 그 무리가 자기
조상의 하나님 여호와께서 그들의 조상을 애
굽에서 인도하여 내실 때에 더불어 세우신
언약을 버리고
26 가서 자기들이 알지도 못하고 여호와께서 그
들에게 주시지도 아니한 다른 신들을 따라가
서 그들을 섬기고 절한 까닭이라
27 이러므로 여호와께서 이 땅에 진노하사 이
책에 기록된 모든 저주대로 재앙을 내리시고
28 여호와께서 또 진노와 격분과 크게 통한하심
으로 그들을 이 땅에서 뽑아내사 다른 나라
에 내던지심이 오늘과 같다 하리라
29 감추어진 일은 우리 하나님 여호와께 속하였
거니와 나타난 일은 영원히 우리와 우리 자
손에게 속하였나니 이는 우리에게 이 율법의
모든 말씀을 행하게 하심이니라

them their detestable images and idols of
18 wood and stone, of silver and gold. •Make
sure there is no man or woman, clan or tribe
among you today whose heart turns away
from the LORD our God to go and worship the
gods of those nations; make sure there is no
root among you that produces such bitter poi-
son.
19 •When such a person hears the words of
this oath and they invoke a blessing on them-
selves, thinking, "I will be safe, even though I
persist in going my own way," they will bring
disaster on the watered land as well as the
20 dry. •The LORD will never be willing to for-
give them; his wrath and zeal will burn
against them. All the curses written in this
book will fall on them, and the LORD will blot
21 out their names from under heaven. •The
LORD will single them out from all the tribes
of Israel for disaster, according to all the curs-
es of the covenant written in this Book of the
Law.
22 •Your children who follow you in later gen-
erations and foreigners who come from dis-
tant lands will see the calamities that have fall-
en on the land and the diseases with which
23 the LORD has afflicted it. •The whole land will
be a burning waste of salt and sulfur—noth-
ing planted, nothing sprouting, no vegeta-
tion growing on it. It will be like the destruc-
tion of Sodom and Gomorrah, Admah and
Zeboyim, which the LORD overthrew in fierce
24 anger. •All the nations will ask: "Why has
the LORD done this to this land? Why this
fierce, burning anger?"
25 •And the answer will be: "It is because this
people abandoned the covenant of the LORD,
the God of their ancestors, the covenant he
made with them when he brought them out
26 of Egypt. •They went off and worshiped
other gods and bowed down to them, gods
they did not know, gods he had not given
27 them. •Therefore the LORD's anger burned
against this land, so that he brought on it all
28 the curses written in this book. •In furious
anger and in great wrath the LORD uprooted
them from their land and thrust them into
another land, as it is now."
29 •The secret things belong to the LORD our
God, but the things revealed belong to us and
to our children forever, that we may follow all
the words of this law.

abandon [əbǽndən] *vt.* 버리다
calamity [kəlǽməti] *n.* 재난
clan [klæn] *n.* 씨족
detestable [ditéstəbl] *a.* 혐오스러운
disaster [dizǽstər] *n.* 재앙
furious [fjúəriəs] *a.* 맹렬한
invoke [invóuk] *vt.* 불러서 빌다
overthrow [òuvərθróu] *vt.* 전복시키다
poison [pɔ́izn] *n.* 독
sprout [spraut] *vi.* 싹이 트다
sulfur [sʌ́lfər] *n.* 유황
uproot [ʌprúːt] *vt.* 뿌리째 뽑다
vegetation [vedʒətéiʃən] *n.* 식물, 초목
wrath [ræːθ] *n.* 분노
zeal [ziːl] *n.* 열정

29:18 **make sure**: 확신하게 하다
29:19 **persist in....**: …를 고집하다
29:19 **as well as...**: …에 더하여
29:20 **be willing to...**: 기꺼이 …하다
29:21 **single out ...**: …를 선출(선발)하다
29:26 **bow down**: 절하다

복 받는 길 ― B.C. 1410년경

30 내가 네게 진술한 모든 복과 저주가 네
게 임하므로 네가 네 하나님 여호와로
부터 쫓겨간 모든 나라 가운데서 이 일이 마
음에서 기억이 나거든
2 너와 네 자손이 네 하나님 여호와께로 돌아
와 내가 오늘 네게 명령한 것을 온전히 따라
마음을 다하고 뜻을 다하여 여호와의 말씀을
청종하면 4:29
3 네 하나님 여호와께서 마음을 돌이키시고 너
를 긍휼히 여기사 포로에서 돌아오게 하시되
네 하나님 여호와께서 흩으신 그 모든 백성
중에서 너를 모으시리니
4 네 쫓겨간 자들이 하늘가에 있을지라도 네
하나님 여호와께서 거기서 너를 모으실 것이
며 거기서부터 너를 이끄실 것이라 느 1:9
5 네 하나님 여호와께서 너를 네 조상들이 차
지한 땅으로 돌아오게 하사 네게 다시 그것
을 차지하게 하실 것이며 여호와께서 또 네
게 선을 행하사 너를 네 조상들보다 더 번성
하게 하실 것이며
6 네 하나님 여호와께서 네 마음과 네 자손의
마음에 할례를 베푸사 너로 마음을 다하며
뜻을 다하여 네 하나님 여호와를 사랑하게
하사 너로 생명을 얻게 하실 것이며
7 네 하나님 여호와께서 네 적군과 너를 미워
하고 핍박하던 자에게 이 모든 저주를 내리
게 하시리니
8 너는 돌아와 다시 여호와의 말씀을 청종하고
내가 오늘 네게 명령하는 그 모든 명령을 행
할 것이라
9-10 네가 네 하나님 여호와의 말씀을 청종하여
이 율법책에 기록된 그의 명령과 규례를 지
키고 네 마음을 다하며 뜻을 다하여 여호와
네 하나님께 돌아오면 네 하나님 여호와께서
네 손으로 하는 모든 일과 네 몸의 소생과 네
가축의 새끼와 네 토지 소산을 많게 하시고
네게 복을 주시되 곧 여호와께서 네 조상들
을 기뻐하신 것과 같이 너를 다시 기뻐하사
네게 복을 주시리라
11 •내가 오늘 네게 명령한 이 명령은 네게 어
려운 것도 아니요 먼 것도 아니라
12 하늘에 있는 것이 아니니 네가 이르기를 누
가 우리를 위하여 하늘에 올라가 그의 명령
을 우리에게로 가지고 와서 우리에게 들려
행하게 하랴 할 것이 아니요
13 이것이 바다 밖에 있는 것이 아니니 네가 이

Prosperity After Turning to the Lord

30 When all these blessings and curses I
have set before you come on you and
you take them to heart wherever the LORD
your God disperses you among the nations,
2 •and when you and your children return to
the LORD your God and obey him with all
your heart and with all your soul according to
3 everything I command you today, •then the
LORD your God will restore your fortunes [a] and
have compassion on you and gather you
again from all the nations where he scattered
4 you. •Even if you have been banished to the
most distant land under the heavens, from
there the LORD your God will gather you and
5 bring you back. •He will bring you to the
land that belonged to your ancestors, and you
will take possession of it. He will make you
more prosperous and numerous than your
6 ancestors. •The LORD your God will circum-
cise your hearts and the hearts of your descen-
dants, so that you may love him with all your
7 heart and with all your soul, and live. •The
LORD your God will put all these curses on
your enemies who hate and persecute you.
8 •You will again obey the LORD and follow all
9 his commands I am giving you today. •Then
the LORD your God will make you most pros-
perous in all the work of your hands and in
the fruit of your womb, the young of your
livestock and the crops of your land. The LORD
will again delight in you and make you pros-
perous, just as he delighted in your ancestors,
10 •if you obey the LORD your God and keep his
commands and decrees that are written in
this Book of the Law and turn to the LORD
your God with all your heart and with all
your soul.

The Offer of Life or Death

11 •Now what I am commanding you today
is not too difficult for you or beyond your
12 reach. •It is not up in heaven, so that you have
to ask, "Who will ascend into heaven to get it
and proclaim it to us so we may obey it?"
13 •Nor is it beyond the sea, so that you have to
ask, "Who will cross the sea to get it and pro-
14 claim it to us so we may obey it?" •No, the
word is very near you; it is in your mouth and
in your heart so you may obey it.
15 •See, I set before you today life and prosper-

[a] 3 Or *will bring you back from captivity*

ascend [əsénd] *vi.* 올라가다
banish [bǽniʃ] *vt.* 추방하다
circumcise [sə́ːrkəmsàiz] *vt.* 할례하다
decree [dikríː] *n.* 법령
descendant [diséndənt] *n.* 자손
distant [dístənt] *a.* 거리가 먼
fortune [fɔ́ːrtʃən] *n.* 재산
gather [gǽðər] *vt.* 모으다
livestock [láivstɑ̀k] *n.* 가축
persecute [pə́ːrsikjùːt] *vt.* 박해하다
proclaim [prəkléim] *vt.* 선포하다
prosperous [prɑ́spərəs] *a.* 번창하는
restore [ristɔ́ːr] *vt.* 되돌려 주다
scatter [skǽtər] *vt.* 흩뜨리다
womb [wuːm] *n.* 태내, 자궁

30:1 set before...: …내놓다
30:1 take... to heart: …을 마음에 새기다
30:2 according to...: …에 따라서
30:5 belong to...: …에 속하다
30:9 delight in...: …를 기뻐하다
30:11 be difficult for: ~에게 힘든

르기를 누가 우리를 위하여 바다를 건너가서
그의 명령을 우리에게로 가지고 와서 우리에
게 들려 행하게 하랴 할 것도 아니니라
14 오직 그 말씀이 네게 매우 가까워서 네 입에
있으며 네 마음에 있은즉 네가 이를 행할 수
있느니라
15 ●보라 내가 오늘 생명과 복과 사망과 화를
네 앞에 두었나니
16 곧 내가 오늘 네게 명령하여 네 하나님 여호
와를 사랑하고 그 모든 길로 행하며 그의 명
령과 규례와 법도를 지키라 하는 것이라 그
리하면 네가 생존하며 번성할 것이요 또 네
하나님 여호와께서 네가 가서 차지할 땅에서
네게 복을 주실 것임이니라 6:5
17 그러나 네가 만일 마음을 돌이켜 듣지 아니
하고 유혹을 받아 다른 신들에게 절하고 그
를 섬기면
18 내가 오늘 너희에게 선언하노니 너희가 반드
시 망할 것이라 너희가 요단을 건너가서 차지
할 땅에서 너희의 날이 길지 못할 것이니라
19 내가 오늘 하늘과 땅을 불러 너희에게 증거
를 삼노라 내가 생명과 사망과 복과 저주를
네 앞에 두었은즉 너와 네 자손이 살기 위하
여 생명을 택하고
20 네 하나님 여호와를 사랑하고 그의 말씀을
청종하며 또 그를 의지하라 [1]그는 네 생명이
시요 네 장수이시니 여호와께서 네 조상 아
브라함과 이삭과 야곱에게 주리라고 맹세하
신 땅에 네가 거주하리라

여호수아가 모세의 뒤를 잇다 (♪450장)

31 또 모세가 가서 온 이스라엘에게 이 말
씀을 전하여
2 그들에게 이르되 이제 내 나이 백이십 세라
내가 더 이상 출입하지 못하겠고 여호와께서
도 내게 이르시기를 너는 이 요단을 건너지
못하리라 하셨느니라
3 여호와께서 이미 말씀하신 것과 같이 네 하
나님 여호와께서 너보다 먼저 건너가사 이
민족들을 네 앞에서 멸하시고 네가 그 땅을
차지하게 할 것이며 여호수아는 네 앞에서
건너갈지라 3:28
4 또한 여호와께서 이미 멸하신 아모리 왕 시
혼과 옥과 및 그 땅에 행하신 것과 같이 그들
에게도 행하실 것이라
5 또한 여호와께서 그들을 너희 앞에 넘기시리
니 너희는 내가 너희에게 명한 모든 명령대
로 그들에게 행할 것이라

16 ity, death and destruction. ●For I command
you today to love the LORD your God, to walk
in obedience to him, and to keep his com-
mands, decrees and laws; then you will live
and increase, and the LORD your God will
bless you in the land you are entering to pos-
sess.
17 ●But if your heart turns away and you are
not obedient, and if you are drawn away to
bow down to other gods and worship them,
18 ●I declare to you this day that you will cer-
tainly be destroyed. You will not live long in
the land you are crossing the Jordan to enter
and possess.
19 ●This day I call the heavens and the earth
as witnesses against you that I have set before
you life and death, blessings and curses. Now
choose life, so that you and your children
20 may live ●and that you may love the LORD
your God, listen to his voice, and hold fast
to him. For the LORD is your life, and he will
give you many years in the land he swore to
give to your fathers, Abraham, Isaac and
Jacob.

Joshua to Succeed Moses

31 Then Moses went out and spoke
2 these words to all Israel: ●"I am now
a hundred and twenty years old and I am no
longer able to lead you. The LORD has said to
3 me, 'You shall not cross the Jordan.' ●The
LORD your God himself will cross over ahead
of you. He will destroy these nations before
you, and you will take possession of their
land. Joshua also will cross over ahead of
4 you, as the LORD said. ●And the LORD will do
to them what he did to Sihon and Og, the
kings of the Amorites, whom he destroyed
5 along with their land. ●The LORD will deliv-
er them to you, and you must do to them all
6 that I have commanded you. ●Be strong
and courageous. Do not be afraid or terrified
because of them, for the LORD your God goes
with you; he will never leave you nor forsake
you."
7 ●Then Moses summoned Joshua and said
to him in the presence of all Israel, "Be strong
and courageous, for you must go with this
people into the land that the LORD swore to
their ancestors to give them, and you must
divide it among them as their inheritance.

1) 그것이

certainly [sə́ːrtnli] *ad.* 반드시
command [kəmǽnd] *n.* 명령
courageous [kəréidʒəs] *a.* 용감한
declare [dikléər] *vt.* 선언하다
decree [dikríː] *n.* 법령
destruction [distrʌ́kʃən] *n.* 파멸
draw [drɔː] *vt.* (흥미등을) 끌다
forsake [fərséik] *vt.* 저버리다
increase [inkríːs] *vt.* 늘리다
inheritance [inhérətəns] *n.* 유산
obedient [oubíːdiənt] *a.* 순종하는
possession [pəzéʃən] *n.* 소유
summon [sʌ́mən] *vt.* 호출하다
witness [wítnis] *n.* 증인
worship [wə́ːrʃip] *vt.* 예배(숭배)하다

30:17 **turn away**: 외면하다
30:17 **draw away**: ~에서 떠나가다
30:20 **hold fast**: 단단히 붙잡다
31:2 **no longer...**: 더 이상 …않다
31:3 **take possession of...**: …을 손에 넣다, 점유하다

6 너희는 강하고 담대하라 두려워하지 말라 그
들 앞에서 떨지 말라 이는 네 하나님 여호와
그가 너와 함께 가시며 결코 너를 떠나지 아
니하시며 버리지 아니하실 것임이라 하고
7 모세가 여호수아를 불러 온 이스라엘의 목전
에서 그에게 이르되 너는 강하고 담대하라
너는 이 백성을 거느리고 여호와께서 그들의
조상에게 주리라고 맹세하신 땅에 들어가서
그들에게 그 땅을 차지하게 하라 3:28
8 그리하면 여호와 그가 네 앞에서 가시며 너와
함께 하사 너를 떠나지 아니하시며 버리지 아
니하시리니 너는 두려워하지 말라 놀라지 말라

일곱 해마다 율법을 낭독하여 주라

9 ●또 모세가 이 율법을 써서 여호와의 언약
궤를 메는 레위 자손 제사장들과 이스라엘
모든 장로에게 주고 10:8
10 모세가 그들에게 명령하여 이르기를 매 칠
년 끝 해 곧 면제년의 초막절에 15:1
11 온 이스라엘이 네 하나님 여호와 앞 그가 택
하신 곳에 모일 때에 이 율법을 낭독하여 온
이스라엘에게 듣게 할지니
12 곧 백성의 남녀와 어린이와 네 성읍 안에 거
류하는 타국인을 모으고 그들에게 듣고 배우
고 네 하나님 여호와를 경외하며 이 율법의
모든 말씀을 지켜 행하게 하고 4:10
13 또 너희가 요단을 건너가서 차지할 땅에 거
주할 동안에 이 말씀을 알지 못하는 그들의
자녀에게 듣고 네 하나님 여호와 경외하기를
배우게 할지니라

여호와께서 모세에게 하신 마지막 지시

14 ●여호와께서 모세에게 이르시되 네가 죽을 기
한이 가까웠으니 여호수아를 불러서 함께 회막
으로 나아오라 내가 그에게 명령을 내리리라
모세와 여호수아가 나아가서 회막에 서니
15 여호와께서 구름 기둥 가운데에서 장막에 나
타나시고 구름 기둥은 장막 문 위에 머물러
있더라
16 또 여호와께서 모세에게 이르시되 너는 네
조상과 함께 누우려니와 이 백성은 그 땅으
로 들어가 음란히 그 땅의 이방 신들을 따르
며 일어날 것이요 나를 버리고 내가 그들과
맺은 언약을 어길 것이라 4:25
17 내가 그들에게 진노하여 그들을 버리며 내 얼
굴을 숨겨 그들에게 보이지 않게 할 것인즉
그들이 삼킴을 당하여 허다한 재앙과 환난이
그들에게 임할 그때에 그들이 말하기를 이 재
앙이 우리에게 내림은 우리 하나님이 우리 가

8 ●The LORD himself goes before you and will
be with you; he will never leave you nor for-
sake you. Do not be afraid; do not be discour-
aged."

Public Reading of the Law

9 ●So Moses wrote down this law and gave it
to the Levitical priests, who carried the ark of
the covenant of the LORD, and to all the elders
10 of Israel. ●Then Moses commanded them:
"At the end of every seven years, in the year
for canceling debts, during the Festival of
11 Tabernacles, ●when all Israel comes to appear
before the LORD your God at the place he will
choose, you shall read this law before them in
12 their hearing. ●Assemble the people—men,
women and children, and the foreigners resid-
ing in your towns—so they can listen and
learn to fear the LORD your God and follow
13 carefully all the words of this law. ●Their chil-
dren, who do not know this law, must hear it
and learn to fear the LORD your God as long
as you live in the land you are crossing the
Jordan to possess."

Israel's Rebellion Predicted

14 ●The LORD said to Moses, "Now the day of
your death is near. Call Joshua and present
yourselves at the tent of meeting, where I will
commission him." So Moses and Joshua came
and presented themselves at the tent of meet-
ing.
15 ●Then the LORD appeared at the tent in a
pillar of cloud, and the cloud stood over the
16 entrance to the tent. ●And the LORD said to
Moses: "You are going to rest with your ances-
tors, and these people will soon prostitute
themselves to the foreign gods of the land
they are entering. They will forsake me and
17 break the covenant I made with them. ●And
in that day I will become angry with them
and forsake them; I will hide my face from
them, and they will be destroyed. Many disas-
ters and calamities will come on them, and in
that day they will ask, 'Have not these disas-
ters come on us because our God is not with
18 us?' ●And I will certainly hide my face in that
day because of all their wickedness in turning
to other gods.
19 ●"Now write down this song and teach it
to the Israelites and have them sing it, so
that it may be a witness for me against them.

appear [əpíər] *vi.* 나타나다
ark [ɑ́:rk] *n.* 법궤
assemble [əsémbl] *vt.* 모으다
cancel [kǽnsəl] *vt.* 말소하다
commission [kəmíʃən] *vt.* 위임하다
debt [det] *n.* 빚
discouraged [diskə́:ridʒd] *a.* 낙심한
entrance [éntrəns] *n.* 입구
foreign [fɔ́:rən] *a.* 외국의
forsake [fərséik] *vt.* 저버리다
pillar [pílər] *n.* 기둥
prostitute [prástətjù:t] *vt.* 몸을 팔다
reside [rizáid] *vi.* 거주하다
wickedness [wíkidnis] *n.* 사악함
witness [wítnis] *n.* 증인

31:9 write down: 기록하다
31:12 learn to~: ~하는 것을 배우다
31:13 as long as...: …하는 동안
31:14 present oneself at ...: …에 나가다
31:16 be going to...: …할 것이다
31:18 turn to ...: …를 의지하다

운데에 계시지 않은 까닭이 아니냐 할 것이라
18 또 그들이 돌이켜 다른 신들을 따르는 모든 악
행으로 말미암아 내가 그때에 반드시 내 얼굴
을 숨기리라
19 그러므로 이제 너희는 이 노래를 써서 이스라
엘 자손들에게 가르쳐 그들의 입으로 부르게
하여 이 노래로 나를 위하여 이스라엘 자손들
에게 증거가 되게 하라
20 내가 그들의 조상들에게 맹세한 바 젖과 꿀이
흐르는 땅으로 그들을 인도하여 들인 후에 그
들이 먹어 배부르고 살찌면 돌이켜 다른 신들
을 섬기며 나를 멸시하여 내 언약을 어기리니
21 그들이 수많은 재앙과 환난을 당할 때에 그들
의 자손이 부르기를 잊지 아니한 이 노래가 그
들 앞에 증인처럼 되리라 나는 내가 맹세한 땅
으로 그들을 인도하여 들이기 전 오늘 나는 그
들이 생각하는 바를 아노라
22 그러므로 모세가 그날 이 노래를 써서 이스라
엘 자손들에게 가르쳤더라
23 여호와께서 또 눈의 아들 여호수아에게 명령
하여 이르시되 너는 이스라엘 자손들을 인도
하여 내가 그들에게 맹세한 땅으로 들어가게
하리니 강하고 담대하라 내가 너와 함께 하리
라 하시니라
24 ● 모세가 이 율법의 말씀을 다 책에 써서 마친
후에
25 모세가 여호와의 언약궤를 메는 레위 사람에
게 명령하여 이르되 31:9
26 이 율법책을 가져다가 너희 하나님 여호와의
언약궤 곁에 두어 너희에게 증거가 되게 하라
27 내가 너희의 반역함과 목이 곧은 것을 아나니
오늘 내가 살아서 너희와 함께 있어도 너희가
여호와를 거역하였거든 하물며 내가 죽은 후
의 일이랴
28 너희 지파 모든 장로와 관리들을 내 앞에 모으
라 내가 이 말씀을 그들의 귀에 들려주고 그들
에게 하늘과 땅을 증거로 삼으리라
29 내가 알거니와 내가 죽은 후에 너희가 스스로
부패하여 내가 너희에게 명령한 길을 떠나 여
호와의 목전에 악을 행하여 너희의 손으로 하
는 일로 그를 격노하게 하므로 너희가 후일에
재앙을 당하리라 하니라 28:15

모세의 노래 (♪ 501, 516장) — B.C. 1410년경

30 ● 그리고 모세가 이스라엘 총회에 이 노래의
말씀을 끝까지 읽어 들리니라

32 하늘이여 귀를 기울이라 내가 말하리라
땅은 내 입의 말을 들을지어다

20 ● When I have brought them into the land
flowing with milk and honey, the land I
promised on oath to their ancestors, and when
they eat their fill and thrive, they will turn to
other gods and worship them, rejecting me
21 and breaking my covenant. ● And when
many disasters and calamities come on them,
this song will testify against them, because
it will not be forgotten by their descendants.
I know what they are disposed to do, even
before I bring them into the land I promised
22 them on oath." ● So Moses wrote down this
song that day and taught it to the Israelites.
23 ● The LORD gave this command to Joshua
son of Nun: "Be strong and courageous, for
you will bring the Israelites into the land I
promised them on oath, and I myself will be
with you."
24 ● After Moses finished writing in a book
the words of this law from beginning to end,
25 ● he gave this command to the Levites who
carried the ark of the covenant of the LORD:
26 ● "Take this Book of the Law and place it
beside the ark of the covenant of the LORD
your God. There it will remain as a witness
27 against you. ● For I know how rebellious and
stiff-necked you are. If you have been rebel-
lious against the LORD while I am still alive
and with you, how much more will you
28 rebel after I die! ● Assemble before me all the
elders of your tribes and all your officials, so
that I can speak these words in their hearing
and call the heavens and the earth to testify
29 against them. ● For I know that after my
death you are sure to become utterly corrupt
and to turn from the way I have command-
ed you. In days to come, disaster will fall on
you because you will do evil in the sight of
the LORD and arouse his anger by what your
hands have made."

The Song of Moses

30 ● And Moses recited the words of this song
from beginning to end in the hearing of the
whole assembly of Israel:

32 Listen, you heavens, and I will speak;
hear, you earth, the words of my
mouth.
2 ● Let my teaching fall like rain
and my words descend like dew,
like showers on new grass,
like abundant rain on tender plants.

abundant [əbʌ́ndənt] *a.* 풍부한
arouse [əráuz] *vt.* 자극하다, 깨우다
calamity [kəlǽməti] *n.* 재난, 재앙
covenant [kʌ́vənənt] *n.* 언약
corrupt [kərʌ́pt] *a.* 부패한
descendant [diséndənt] *n.* 자손
disaster [dizǽstər] *n.* 재앙
dispose [dispóuz] *vt.* …할 마음을 갖다
fill [fil] *n.* 배부를 만큼의 양
rebellious [ribéljəs] *a.* 반항적인
recite [risáit] *vt.* 낭독하다
remain [riméin] *vi.* 남아있다
stiff-necked [stífnékt] *a.* 고집센
utterly [ʌ́tərli] *ad.* 전적으로
witness [wítnis] *n.* 증인

31:21 **testify against**: ~에게 불리한 증언을 하다
31:22 **write down**: 써 두다, 기록하다
31:23 **on oath**: 맹세코, 틀림없이
31:27 **much more**: 하물며
31:29 **be sure to...**: 반드시 …하다

2 내 교훈은 비처럼 내리고 내 말은 이슬처럼
맺히나니 연한 풀 위의 가는 비 같고 채소
위의 단비 같도다
3 내가 여호와의 이름을 전파하리니 너희는
우리 하나님께 위엄을 돌릴지어다 출 33:19
4 그는 반석이시니 그가 하신 일이 완전하고
그의 모든 길이 정의롭고 진실하고 거짓이
없으신 하나님이시니 공의로우시고 바르시
도다
5 그들이 여호와를 향하여 악을 행하니 하나
님의 자녀가 아니요 흠이 있고 삐뚤어진 세
대로다
6 어리석고 지혜 없는 백성아 여호와께 이같
이 보답하느냐 그는 네 아버지시요 너를 지
으신 이가 아니시냐 그가 너를 만드시고 너
를 세우셨도다
7 옛날을 기억하라 역대의 연대를 생각하라
네 아버지에게 물으라 그가 네게 설명할 것
이요 네 어른들에게 물으라 그들이 네게 말
하리로다
8 지극히 높으신 자가 민족들에게 기업을 주
실 때에, 인종을 나누실 때에 이스라엘 자손
의 수효대로 백성들의 경계를 정하셨도다
9 여호와의 분깃은 자기 백성이라 야곱은 그
가 택하신 기업이로다
10 여호와께서 그를 황무지에서, 짐승이 부르
짖는 광야에서 만나시고 호위하시며 보호하
시며 자기의 눈동자같이 지키셨도다
11 마치 독수리가 자기의 보금자리를 어지럽게
하며 자기의 새끼 위에 너풀거리며 그의 날
개를 펴서 새끼를 받으며 그의 날개 위에 그
것을 업는 것같이
12 여호와께서 홀로 그를 인도하셨고 그와 함
께 한 다른 신이 없었도다
13 여호와께서 그가 땅의 높은 곳을 타고 다니
게 하시며 밭의 소산을 먹게 하시며 반석에
서 꿀을, 굳은 반석에서 기름을 빨게 하시
며
14 소의 엉긴 젖과 양의 젖과 어린 양의 기름과
바산에서 난 숫양과 염소와 지극히 아름다
운 밀을 먹이시며 또 포도즙의 붉은 술을 마
시게 하셨도다
15 그런데 여수룬이 기름지매 발로 찼도다 네
가 살찌고 비대하고 윤택하매 자기를 지으
신 하나님을 버리고 자기를 구원하신 반석
을 업신여겼도다
16 그들이 다른 신으로 그의 질투를 일으키며

3 I will proclaim the name of the LORD.
Oh, praise the greatness of our God!
4 He is the Rock, his works are perfect,
and all his ways are just.
A faithful God who does no wrong,
upright and just is he.
5 They are corrupt and not his children;
to their shame they are a warped and
crooked generation.
6 Is this the way you repay the LORD,
you foolish and unwise people?
Is he not your Father, your Creator,[a]
who made you and formed you?
7 Remember the days of old;
consider the generations long past.
Ask your father and he will tell you,
your elders, and they will explain to you.
8 When the Most High gave the nations
their inheritance,
when he divided all mankind,
he set up boundaries for the peoples
according to the number of the sons of
Israel.[b]
9 For the LORD's portion is his people,
Jacob his allotted inheritance.
10 In a desert land he found him,
in a barren and howling waste.
He shielded him and cared for him;
he guarded him as the apple of his eye,
11 like an eagle that stirs up its nest
and hovers over its young,
that spreads its wings to catch them
and carries them aloft.
12 The LORD alone led him;
no foreign god was with him.
13 He made him ride on the heights of the land
and fed him with the fruit of the fields.
He nourished him with honey from the rock,
and with oil from the flinty crag,
14 with curds and milk from herd and flock
and with fattened lambs and goats,
with choice rams of Bashan
and the finest kernels of wheat.
You drank the foaming blood of the grape.
15 Jeshurun[c] grew fat and kicked;
filled with food, they became heavy and

[a]6 Or *Father, who bought you* [b]8 Masoretic Text; Dead Sea Scrolls (see also Septuagint) *sons of God* [c]15 *Jeshurun* means *the upright one*, that is, Israel.

aloft [əlɔ́:ft] *ad.* 공중에, 높은 곳에
barren [bǽrən] *a.* 불모의
crooked [krúkid] *a.* 비뚤어진
curd [kə:rd] *n.* [종종 pl.] 굳어진 우유
eagle [í:gl] *n.* 독수리
flinty [flínti] *a.* 단단한
greatness [gréitnis] *n.* 위대함
howling [háuliŋ] *a.* 황량한
mankind [mǽnkàind] *n.* 인류
nourish [nə́:riʃ] *vt.* 영양을 공급하다
proclaim [prəkléim] *vt.* 전파하다
portion [pɔ́:rʃən] *n.* 부분, 몫
shield [ʃi:ld] *vt.* 감추다
upright [ʌ́pràit] *a.* 정직한
warped [wɔ:rpt] *a.* 뒤틀린

32:5 no longer...: 더 이상 …않다
32:8 according to: …에 따르면
32:11 stir up: 뒤흔들다
32:11 hover over...: …위에 떠돌다
32:13 ride on: ~을 타다
32:13 feed with...: …를 제공하다

가증한 것으로 그의 진노를 격발하였도다

17 그들은 하나님께 제사하지 아니하고 귀신들에게 하였으니 곧 그들이 알지 못하던 신들, 근래에 들어온 새로운 신들 너희의 조상들이 두려워하지 아니하던 것들이로다

18 너를 낳은 반석을 네가 상관하지 아니하고 너를 내신 하나님을 네가 잊었도다

19 그러므로 여호와께서 보시고 미워하셨으니 그 자녀가 그를 격노하게 한 까닭이로다

20 그가 말씀하시기를 내가 내 얼굴을 그들에게서 숨겨 그들의 종말이 어떠함을 보리니 그들은 심히 패역한 세대요 진실이 없는 자녀임이로다

21 그들이 하나님이 아닌 것으로 내 질투를 일으키며 허무한 것으로 내 진노를 일으켰으니 나도 백성이 아닌 자로 그들에게 시기가 나게 하며 어리석은 민족으로 그들의 분노를 일으키리로다

22 그러므로 내 분노의 불이 일어나서 스올의 깊은 곳까지 불사르며 땅과 그 소산을 삼키며 산들의 터도 불타게 하는도다

23 내가 재앙을 그들 위에 쌓으며 내 화살이 다할 때까지 그들을 쏘리로다

24 그들이 주리므로 쇠약하며 불 같은 더위와 독한 질병에 삼켜질 것이라 내가 들짐승의 이와 티끌에 기는 것의 독을 그들에게 보내리로다

25 밖으로는 칼에, 방안에서는 놀람에 멸망하리니 젊은 남자도 처녀도 백발 노인과 함께 젖 먹는 아이까지 그러하리로다

26 내가 그들을 흩어서 사람들 사이에서 그들에 대한 기억이 끊어지게 하리라 하였으나

27 혹시 내가 원수를 자극하여 그들의 원수가 잘못 생각할까 걱정하였으니 원수들이 말하기를 우리의 수단이 높으며 여호와가 이 모든 것을 행함이 아니라 할까 염려함이라

28 그들은 모략이 없는 민족이라 그들 중에 분별력이 없도다

29 만일 그들이 지혜가 있어 이것을 깨달았으면 자기들의 종말을 분별하였으리라

30 그들의 반석이 그들을 팔지 아니하였고 여호와께서 그들을 내주지 아니하셨더라

sleek.
They abandoned the God who made them
and rejected the Rock their Savior.
16 • They made him jealous with their foreign
gods
and angered him with their detestable idols.
17 • They sacrificed to false gods, which are
not God—
gods they had not known,
gods that recently appeared,
gods your ancestors did not fear.
18 • You deserted the Rock, who fathered you;
you forgot the God who gave you birth.
19 • The LORD saw this and rejected them
because he was angered by his sons
and daughters.
20 • "I will hide my face from them," he said,
"and see what their end will be;
for they are a perverse generation,
children who are unfaithful.
21 • They made me jealous by what is no god
and angered me with their worthless idols.
I will make them envious by those who are
not a people;
I will make them angry by a nation that
has no understanding.
22 • For a fire will be kindled by my wrath,
one that burns down to the realm of
the dead below.
It will devour the earth and its harvests
and set afire the foundations of the
mountains.
23 • "I will heap calamities on them
and spend my arrows against them.
24 • I will send wasting famine against them,
consuming pestilence and deadly plague;
I will send against them the fangs of wild
beasts,
the venom of vipers that glide in the dust.
25 • In the street the sword will make them
childless;
in their homes terror will reign.
The young men and young women will perish,
the infants and those with gray hair.
26 • I said I would scatter them
and erase their name from human memory,
27 • but I dreaded the taunt of the enemy,
lest the adversary misunderstand
and say, 'Our hand has triumphed;
the LORD has not done all this.' "
28 • They are a nation without sense,
there is no discernment in them.

abandon [əbǽndən] *vt.* 버리다
adversary [ǽdvərsèri] *n.* 적
calamity [kəlǽməti] *n.* 재앙
desert [dizə́:rt] *vt.* 버리다
discernment [disə́:rnmənt] *n.* 식별력
fang [fæŋ] *n.* (육식 동물의) 송곳니
harvest [há:rvist] *n.* 수확물
kindle [kíndl] *vt.* 불붙이다
perverse [pərvə́:rs] *a.* 비뚤어진, 심술궂은
pestilence [péstələns] *n.* (악성) 유행병
realm [relm] *n.* 왕국
reject [ridʒékt] *vt.* 거부하다
sword [sɔ:rd] *n.* 칼
venom [vénəm] *n.* 독
viper [váipər] *n.* 독사

32:16 **make with**: ~를 만들어 내다
32:20 **hide... from~**: ~에게 …을 숨기다
32:22 **burn down**: 태워 버리다
32:22 **set afire**: 불지르다
32:26 **erase one's name from...**: …에서 이름을 삭제하다

면 어찌 하나가 천을 쫓으며 둘이 만을 도
망하게 하였으리요
31 진실로 그들의 반석이 우리의 반석과 같
지 아니하니 우리의 원수들이 스스로 판
단하도다
32 이는 그들의 포도나무는 소돔의 포도나무
요 고모라의 밭의 소산이라 그들의 포도
는 독이 든 포도이니 그 송이는 쓰며
33 그들의 포도주는 뱀의 독이요 독사의 맹
독이라
34 이것이 내게 쌓여 있고 내 곳간에 봉하여
있지 아니한가
35 그들이 실족할 그때에 내가 보복하리라
그들의 환난날이 가까우니 그들에게 닥칠
그 일이 속히 오리로다
36 참으로 여호와께서 자기 백성을 판단하시
고 그 종들을 불쌍히 여기시리니 곧 그들
의 무력함과 갇힌 자나 놓인 자가 없음을
보시는 때에로다
37 또한 그가 말씀하시기를 그들의 신들이
어디 있으며 그들이 피하던 반석이 어디
있느냐
38 그들의 제물의 기름을 먹고 그들의 전제
의 제물인 포도주를 마시던 자들이 일어
나 너희를 돕게 하고 너희를 위해 피난처
가 되게 하라
39 이제는 나 곧 내가 그인 줄 알라 나 외에
는 신이 없도다 나는 죽이기도 하며 살리
기도 하며 상하게도 하며 낫게도 하나니
내 손에서 능히 빼앗을 자가 없도다
40 이는 내가 하늘을 향하여 내 손을 들고 말
하기를 내가 영원히 살리라 하였노라
41 내가 내 번쩍이는 칼을 갈며 내 손이 정의
를 붙들고 내 대적들에게 복수하며 나를
미워하는 자들에게 보응할 것이라
42 내 화살이 피에 취하게 하고 내 칼이 그
고기를 삼키게 하리니 곧 피살자와 포로
된 자의 피요 [1]대적의 우두머리의 머리로
다
43 너희 민족들아 주의 백성과 즐거워하라
주께서 그 종들의 피를 갚으사 그 대적들
에게 복수하시고 자기 땅과 자기 백성을
위하여 속죄하시리로다
44 모세와 눈의 아들 호세아가 와서 이 노래의
모든 말씀을 백성에게 말하여 들리니라
45 모세가 이 모든 말씀을 온 이스라엘에게 말
하기를 마치고

29 If only they were wise and would
understand this
and discern what their end will be!
30 How could one man chase a thousand,
or two put ten thousand to flight,
unless their Rock had sold them,
unless the LORD had given them up?
31 For their rock is not like our Rock,
as even our enemies concede.
32 Their vine comes from the vine of Sodom
and from the fields of Gomorrah.
Their grapes are filled with poison,
and their clusters with bitterness.
33 Their wine is the venom of serpents,
the deadly poison of cobras.
34 "Have I not kept this in reserve
and sealed it in my vaults?
35 It is mine to avenge; I will repay.
In due time their foot will slip;
their day of disaster is near
and their doom rushes upon them."
36 The LORD will vindicate his people
and relent concerning his servants
when he sees their strength is gone
and no one is left, slave or free.[a]
37 He will say: "Now where are their gods,
the rock they took refuge in,
38 the gods who ate the fat of their sacrifices
and drank the wine of their drink offerings?
Let them rise up to help you!
Let them give you shelter!
39 "See now that I myself am he!
There is no god besides me.
I put to death and I bring to life,
I have wounded and I will heal,
and no one can deliver out of my hand.
40 I lift my hand to heaven and solemnly swear:
As surely as I live forever,
41 when I sharpen my flashing sword
and my hand grasps it in judgment,
I will take vengeance on my adversaries
and repay those who hate me.
42 I will make my arrows drunk with blood,
while my sword devours flesh:
the blood of the slain and the captives,
the heads of the enemy leaders."
43 Rejoice, you nations, with his people,[b, c]
for he will avenge the blood of his servants;
he will take vengeance on his enemies

[a] 36 Or *and they are without a ruler or leader* [b] 43 Or *Make his people rejoice, you nations* [c] 43 Masoretic Text; Dead Sea Scrolls (see also Septuagint) *people, / and let all the angels worship him, /*

1) 히. 또는 장발한

avenge [əvéndʒ] *vi.* 복수하다
captive [kǽptiv] *a.* 포로의
chase [tʃeis] *vt.* 뒤쫓다
cluster [klʌ́stər] *n.* (포도)송이
concede [kənsí:d] *vi.* 인정하다
doom [du:m] *n.* 최후의 심판
due [dju:] *a.* 적절한
serpent [sə́:rpənt] *n.* 뱀
servant [sə́:rvənt] *n.* 종, 하인
shelter [ʃéltər] *n.* 피난처, 피신처
sharpen [ʃá:rpən] *vt.* 예리하게 하다
solemnly [sáləmli] *ad.* 엄숙하게
vengeance [véndʒəns] *n.* 보복
venom [vénəm] *n.* 독
vine [vain] *n.* 포도나무

32:29 **If only ...**: 오직 …하기만 하면 좋으련만 (소망을 강조하는 표현)
32:30 **put... to flight**: …를 패주시키다
32:37 **take refuge in...**: …에 피난하다
32:39 **put to death**: 죽이다
32:41 **take vengeance on...**: …에게 복수하다

46 그들에게 이르되 내가 오늘 너희에게 증언한 모든 말을 너희의 마음에 두고 너희의 자녀에게 명령하여 이 율법의 모든 말씀을 지켜 행하게 하라 6:6

47 이는 너희에게 헛된 일이 아니라 너희의 생명이니 이 일로 말미암아 너희가 요단을 건너가 차지할 그 땅에서 너희의 날이 장구하리라

48 ●바로 그날에 여호와께서 모세에게 말씀하여 이르시되

49 너는 여리고 맞은편 모압 땅에 있는 아바림 산에 올라가 느보 산에 이르러 내가 이스라엘 자손에게 기업으로 주는 가나안 땅을 바라보라

50 네 형 아론이 호르 산에서 죽어 그의 [1)]조상에게로 돌아간 것같이 너도 올라가는 이 산에서 죽어 네 조상에게로 돌아가리니 창 25:17

51 이는 너희가 신 광야 가데스의 므리바 물가에서 이스라엘 자손 중 내게 범죄하여 내 거룩함을 이스라엘 자손 중에서 나타내지 아니한 까닭이라

52 네가 비록 내가 이스라엘 자손에게 주는 땅을 맞은편에서 바라보기는 하려니와 그리로 들어가지는 못하리라 하시니라 34:1-4

모세의 축복 (♪ 405장) — B.C. 1410년경

33 하나님의 사람 모세가 죽기 전에 이스라엘 자손을 위하여 축복함이 이러하니라

2 그가 일렀으되
여호와께서 시내 산에서 오시고 세일 산에서 일어나시고 바란 산에서 비추시고 일만 성도 가운데에 강림하셨고 그의 오른손에는 그들을 위해 [2)]번쩍이는 불이 있도다

3 여호와께서 백성을 사랑하시나니 모든 성도가 그의 수중에 있으며 주의 발 아래에 앉아서 주의 말씀을 받는도다

4 모세가 우리에게 율법을 명령하였으니 곧 야곱의 총회의 기업이로다

5 여수룬에 왕이 있었으니 곧 백성의 수령이 모이고 이스라엘 모든 지파가 함께 한 때에로다

6 르우벤은 죽지 아니하고 살기를 원하며 그 사람 수가 적지 아니하기를 원하나이다

7 유다에 대한 축복은 이러하니라 일렀으되 여호와여 유다의 음성을 들으시고 그의

and make atonement for his land and people.
44 ●Moses came with Joshua[a] son of Nun and
spoke all the words of this song in the hearing of
45 the people. ●When Moses finished reciting all
46 these words to all Israel, ●he said to them, "Take
to heart all the words I have solemnly declared
to you this day, so that you may command your
children to obey carefully all the words of this
47 law. ●They are not just idle words for you—
they are your life. By them you will live long in
the land you are crossing the Jordan to possess."

Moses to Die on Mount Nebo

48 ●On that same day the LORD told Moses,
49 ●"Go up into the Abarim Range to Mount Nebo
in Moab, across from Jericho, and view Canaan,
the land I am giving the Israelites as their own
50 possession. ●There on the mountain that you
have climbed you will die and be gathered to
your people, just as your brother Aaron died on
Mount Hor and was gathered to his people.
51 ●This is because both of you broke faith with
me in the presence of the Israelites at the waters
of Meribah Kadesh in the Desert of Zin and
because you did not uphold my holiness among
52 the Israelites. ●Therefore, you will see the land
only from a distance; you will not enter the land
I am giving to the people of Israel."

Moses Blesses the Tribes

33 This is the blessing that Moses the man
of God pronounced on the Israelites
2 before his death. ●He said:

"The LORD came from Sinai
and dawned over them from Seir;
he shone forth from Mount Paran.
He came with[b] myriads of holy ones
from the south, from his mountain slopes.[c]
3 ●Surely it is you who love the people;
all the holy ones are in your hand.
At your feet they all bow down,
and from you receive instruction,
4 ●the law that Moses gave us,
the possession of the assembly of Jacob.
5 ●He was king over Jeshurun[d]
when the leaders of the people assembled,
along with the tribes of Israel.

6 ●"Let Reuben live and not die,

[a]44 Hebrew *Hoshea,* a variant of *Joshua* [b]2 Or *from* [c]2 The meaning of the Hebrew for this phrase is uncertain. [d]5 *Jeshurun* means *the upright one,* that is, Israel; also in verse 26. 1) 히, 백성 2) 불가타 역과 몇 사본에는 '불타는 율례'

dawn [dɔːn] *vi.* 나타나기 시작하다
declare [diklέər] *vt.* 선언하다
faith [feiθ] *n.* 신뢰
gather [gǽðər] *vt.* 모으다
holiness [hóulinis] *n.* 거룩함
instruction [instrʌ́kʃən] *n.* 명령
myriad [míriəd] *n.* 무수(한 사람, 한 것)
possession [pəzéʃən] *n.* 소유, 재산
pronounce [prənáuns] *vt.* 선포하다
recite [risáit] *vt.* 낭독하다
shine [ʃain] *vi.* 빛나다
slope [sloup] *n.* 경사
solemnly [sáləmli] *ad.* 엄숙하게
tribe [traib] *n.* 지파, 족속
uphold [ʌphóuld] *vt.* 들어 올리다

32:43 make atonement for...: …에 보상하다, …을 갚다
32:50 just as...: 꼭 …처럼
32:51 in the presence of...: …가 있는 데서
32:52 from a distance: 멀리서
33:1 pronounce on...: 발표하다

백성에게로 인도하시오며 그의 손으로
자기를 위하여 싸우게 하시고 주께서 도
우사 그가 그 대적을 치게 하시기를 원하
나이다
8 레위에 대하여는 일렀으되
주의 둠밈과 우림이 주의 경건한 자에게
있도다 주께서 그를 맛사에서 시험하시
고 므리바 물가에서 그와 다투셨도다
9 그는 그의 부모에게 대하여 이르기를
내가 그들을 보지 못하였다 하며 그의
형제들을 인정하지 아니하며 그의 자녀
를 알지 아니한 것은 주의 말씀을 준행
하고 주의 언약을 지킴으로 말미암음이
로다
10 주의 법도를 야곱에게, 주의 율법을 이
스라엘에게 가르치며 주 앞에 분향하고
온전한 번제를 주의 제단 위에 드리리로
다
11 여호와여 그의 재산을 풍족하게 하시고
그의 손의 일을 받으소서 그를 대적하여
일어나는 자와 미워하는 자의 허리를 꺾
으사 다시 일어나지 못하게 하옵소서
12 베냐민에 대하여는 일렀으되
여호와의 사랑을 입은 자는 그 곁에 안전
히 살리로다 여호와께서 그를 날이 마치
도록 보호하시고 그를 자기 어깨 사이에
있게 하시리로다
13 요셉에 대하여는 일렀으되
원하건대 그 땅이 여호와께 복을 받아 하
늘의 보물인 이슬과 땅 아래에 저장한 물
과
14 태양이 결실하게 하는 선물과 태음이 자
라게 하는 선물과
15 옛 산의 좋은 산물과 영원한 작은 언덕의
선물과
16 땅의 선물과 거기 충만한 것과 가시떨기
나무 가운데에 계시던 이의 은혜로 말미
암아 복이 요셉의 머리에, 그의 형제 중
[1]구별한 자의 정수리에 임할지로다
17 그는 첫 수송아지같이 위엄이 있으니 그
뿔이 들소의 뿔 같도다 이것으로 민족들
을 받아 땅끝까지 이르리니 곧 에브라임
의 자손은 만만이요 므낫세의 자손은 천
천이리로다 민 24:22
18 스불론에 대하여는 일렀으되
스불론이여 너는 밖으로 나감을 기뻐하
라 잇사갈이여 너는 장막에 있음을 즐거

nor[a] his people be few."
7 And this he said about Judah:
"Hear, LORD, the cry of Judah;
bring him to his people.
With his own hands he defends his cause.
Oh, be his help against his foes!"
8 About Levi he said:
"Your Thummim and Urim belong
to your faithful servant.
You tested him at Massah;
you contended with him at the waters
of Meribah.
9 He said of his father and mother,
'I have no regard for them.'
He did not recognize his brothers
or acknowledge his own children,
but he watched over your word
and guarded your covenant.
10 He teaches your precepts to Jacob
and your law to Israel.
He offers incense before you
and whole burnt offerings on your altar.
11 Bless all his skills, LORD,
and be pleased with the work of his hands.
Strike down those who rise against him,
his foes till they rise no more."
12 About Benjamin he said:
"Let the beloved of the LORD rest secure in him,
for he shields him all day long,
and the one the LORD loves rests between
his shoulders."
13 About Joseph he said:
"May the LORD bless his land
with the precious dew from heaven above
and with the deep waters that lie below;
14 with the best the sun brings forth
and the finest the moon can yield;
15 with the choicest gifts of the ancient mountains
and the fruitfulness of the everlasting hills;
16 with the best gifts of the earth and its fullness
and the favor of him who dwelt in the
burning bush.
Let all these rest on the head of Joseph,
on the brow of the prince among[b] his brothers.
17 In majesty he is like a firstborn bull;
his horns are the horns of a wild ox.
With them he will gore the nations,
even those at the ends of the earth.
Such are the ten thousands of Ephraim;

[a]6 Or *but let* [b]16 Or *of the one separated from* 1) 귀한

acknowledge [æknálidʒ] *vt.* 인정하다
beloved [bilʌ́vid] *a.* 사랑하는
brow [brau] *n.* 이마
bull [bul] *n.* 수소
defend [difénd] *vt.* 변호하다
dew [dju:] *n.* 이슬
firstborn [fə́:rstbɔ́:rn] *n.* 장자
foe [fou] *n.* 원수
fruitfulness [frú:tfəlnis] *n.* 열매가 풍성함
horn [hɔ:rn] *n.* 뿔
incense [ínsens] *n.* 향
majesty [mǽdʒəsti] *n.* 장엄함
precept [prí:sept] *n.* 교훈
precious [préʃəs] *a.* 소중한
secure [sikjúər] *a.* 안전한

33:8 belong to...: …에 속하다
33:9 have no regard for: 중히 여기지 않다
33:9 watch over: ~을 지키다
33:11 be pleased with...: …에 만족하다
33:11 no more: 더 이상 …않다

워하라
19 그들이 백성들을 불러 산에 이르게 하고
거기에서 의로운 제사를 드릴 것이며 바
다의 풍부한 것과 모래에 감추어진 보배
를 흡수하리로다
20 갓에 대하여는 일렀으되
갓을 광대하게 하시는 이에게 찬송을 부
를지어다 갓이 암사자같이 엎드리고 팔
과 정수리를 찢는도다
21 그가 자기를 위하여 먼저 기업을 택하였
으니 곧 입법자의 분깃으로 준비된 것이
로다 그가 백성의 수령들과 함께 와서 여
호와의 공의와 이스라엘과 세우신 법도
를 행하도다
22 단에 대하여는 일렀으되
단은 바산에서 뛰어나오는 사자의 새끼
로다
23 납달리에 대하여는 일렀으되
은혜가 풍성하고 여호와의 복이 가득한
납달리여 너는 [1]서쪽과 남쪽을 차지할지
로다
24 아셀에 대하여는 일렀으되
아셀은 아들들 중에 더 복을 받으며 그의
형제에게 기쁨이 되며 그의 발이 기름에
잠길지로다
25 네 문빗장은 철과 놋이 될 것이니 네가
사는 날을 따라서 능력이 있으리로다
26 여수룬이여 하나님 같은 이가 없도다 그
가 너를 도우시려고 하늘을 타고 궁창에
서 위엄을 나타내시는도다
27 영원하신 하나님이 네 처소가 되시니 그
의 영원하신 팔이 네 아래에 있도다 그가
네 앞에서 대적을 쫓으시며 멸하라 하시
도다
28 이스라엘이 안전히 거하며 야곱의 샘은
곡식과 새 포도주의 땅에 홀로 있나니 곧
그의 하늘이 이슬을 내리는 곳에로다
29 이스라엘이여 너는 행복한 사람이로다
여호와의 구원을 너같이 얻은 백성이 누
구냐 그는 너를 돕는 방패시요 네 영광
의 칼이시로다 네 대적이 네게 복종하
리니 네가 그들의 높은 곳을 밟으리로
다

모세의 죽음 (♪333, 342장) — B.C. 1410년경

34 모세가 모압 평지에서 느보 산에 올
라가 여리고 맞은편 비스가 산꼭대
기에 이르매 여호와께서 길르앗 온 땅을

such are the thousands of Manasseh."
18 About Zebulun he said:
"Rejoice, Zebulun, in your going out,
and you, Issachar, in your tents.
19 They will summon peoples to the mountain
and there offer the sacrifices of the righteous;
they will feast on the abundance of the seas,
on the treasures hidden in the sand."
20 About Gad he said:
"Blessed is he who enlarges Gad's domain!
Gad lives there like a lion,
tearing at arm or head.
21 He chose the best land for himself;
the leader's portion was kept for him.
When the heads of the people assembled,
he carried out the LORD's righteous will,
and his judgments concerning Israel."
22 About Dan he said:
"Dan is a lion's cub,
springing out of Bashan."
23 About Naphtali he said:
"Naphtali is abounding with the favor of
the LORD
and is full of his blessing;
he will inherit southward to the lake."
24 About Asher he said:
"Most blessed of sons is Asher;
let him be favored by his brothers,
and let him bathe his feet in oil.
25 The bolts of your gates will be iron and bronze,
and your strength will equal your days.
26 "There is no one like the God of Jeshurun,
who rides across the heavens to help you
and on the clouds in his majesty.
27 The eternal God is your refuge,
and underneath are the everlasting arms.
He will drive out your enemies before you,
saying, 'Destroy them!'
28 So Israel will live in safety;
Jacob will dwell[a] secure
in a land of grain and new wine,
where the heavens drop dew.
29 Blessed are you, Israel!
Who is like you,
a people saved by the LORD?
He is your shield and helper
and your glorious sword.
Your enemies will cower before you,
and you will tread on their heights."

[a]28 Septuagint; Hebrew *Jacob's spring is*

1) 바다 쪽

bathe [beið] *vt.* 담그다, 적시다
bolt [boult] *n.* 빗장
bronze [brɑnz] *n.* 청동
dew [dju:] *n.* 이슬
domain [douméin] *n.* 영토
drop [drɑp] *vt.* 떨어뜨리다
enlarge [inlá:rdʒ] *vt.* 확장하다
equal [í:kwəl] *a.* 동일한
eternal [itə́:rnəl] *a.* 영원(영구)한
favor [féivər] *vt.* 소중히 하다
portion [pɔ́:rʃən] *n.* 몫
righteous [ráitʃəs] *a.* 의로운
secure [sikjúər] *vt.* 안전하게 하다
southward [sáuθwərd] *ad.* 남쪽으로
tear [tɛər] *vt.* 찢다

33:21 **for oneself**: 자기를 위하여, 스스로
33:21 **carry out**: 수행하다, 실행하다
33:23 **abound with...**: …가 풍부하다
33:23 **be full of...**: …로 가득차다
33:27 **drive out**: 몰아내다
33:29 **tread on**: 발로 밟다

단까지 보이시고
2 또 온 납달리와 에브라임과 므낫세의 땅과 서해까지의 유다 온 땅과
3 네겝과 종려나무의 성읍 여리고 골짜기 평지를 소알까지 보이시고
4 여호와께서 그에게 이르시되 이는 내가 아브라함과 이삭과 야곱에게 맹세하여 그의 후손에게 주리라 한 땅이라 내가 네 눈으로 보게 하였거니와 너는 그리로 건너가지 못하리라 하시매
5 이에 여호와의 종 모세가 여호와의 말씀대로 모압 땅에서 죽어
6 벳브올 맞은편 모압 땅에 있는 골짜기에 장사되었고 오늘까지 그의 묻힌 곳을 아는 자가 없느니라
7 모세가 죽을 때 나이 백이십 세였으나 그의 눈이 흐리지 아니하였고 기력이 쇠하지 아니하였더라
8 이스라엘 자손이 모압 평지에서 모세를 위하여 애곡하는 기간이 끝나도록 모세를 위하여 삼십 일을 애곡하니라
9 •모세가 눈의 아들 여호수아에게 안수하였으므로 그에게 지혜의 영이 충만하니 이스라엘 자손이 여호와께서 모세에게 명령하신 대로 여호수아의 말을 순종하였더라
민 27:18, 23
10 그 후에는 이스라엘에 모세와 같은 선지자가 일어나지 못하였나니 모세는 여호와께서 대면하여 아시던 자요
11 여호와께서 그를 애굽 땅에 보내사 바로와 그의 모든 신하와 그의 온 땅에 모든 이적과 기사와
12 모든 큰 권능과 위엄을 행하게 하시매 온 이스라엘의 목전에서 그것을 행한 자이더라

The Death of Moses

34 Then Moses climbed Mount Nebo from
the plains of Moab to the top of Pisgah,
across from Jericho. There the LORD showed him
2 the whole land—from Gilead to Dan, •all of
Naphtali, the territory of Ephraim and Man-
asseh, all the land of Judah as far as the Mediter-
3 ranean Sea, •the Negev and the whole region
from the Valley of Jericho, the City of Palms, as
4 far as Zoar. •Then the LORD said to him, "This is
the land I promised on oath to Abraham, Isaac
and Jacob when I said, 'I will give it to your
descendants.' I have let you see it with your
eyes, but you will not cross over into it."
5 •And Moses the servant of the LORD died
6 there in Moab, as the LORD had said. •He buried
him[a] in Moab, in the valley opposite Beth Peor,
but to this day no one knows where his grave is.
7 •Moses was a hundred and twenty years old
when he died, yet his eyes were not weak nor
8 his strength gone. •The Israelites grieved for
Moses in the plains of Moab thirty days, until
the time of weeping and mourning was over.
9 •Now Joshua son of Nun was filled with
the spirit[b] of wisdom because Moses had laid
his hands on him. So the Israelites listened to
him and did what the LORD had commanded
Moses.
10 •Since then, no prophet has risen in Israel
like Moses, whom the LORD knew face to face,
11 •who did all those signs and wonders the
LORD sent him to do in Egypt—to Pharaoh
and to all his officials and to his whole land.
12 •For no one has ever shown the mighty po-
wer or performed the awesome deeds that
Moses did in the sight of all Israel.

[a]6 Or *He was buried* [b]9 Or *Spirit*

awesome [ɔ́:səm] *a.* 두렵게 하는
climb [klaim] *vi.* 등산하다
descendant [diséndənt] *n.* 자손
grave [greiv] *n.* 무덤
mourn [mɔ:rn] *vi.* 울다
oath [ouθ] *n.* 맹세
official [əfíʃəl] *n.* 신하
opposite [ápəzit] *prep.* …맞은편에
plain [pléin] *n.* 평야
prophet [práfit] *n.* 선지자
region [rí:dʒən] *n.* 지역
territory [térətɔ̀:ri] *n.* 영토
valley [vǽli] *n.* 골짜기
wisdom [wízdəm] *n.* 지혜
whole [houl] *a.* 전체의

34:2 as far as...: …까지
34:3 the Negev: 네게브 지방은 가나안 남쪽에 있는 지역 이름이다
34:8 grieve for...: …를 위하여 슬퍼하다
34:10 face to face: 마주 대하여
34:12 in the sight of...: …의 앞에서

여호수아 | Joshua

● 저자 _ 여호수아 ● 저작 연대 _ B.C. 1370-1330년 사이 ● 기록 장소 _ 요단 강 동편(정복 전쟁 이전), 요단 강 서편 가나안 땅(정복 전쟁 이후) ● 기록 대상 _ 이스라엘 백성 ● 핵심어 및 내용 _ 핵심어는 '선택하라' 와 '섬겨라' 이다.

"너희 섬길 자를 오늘날 택하라 오직 나와 내 집은 여호와를 섬기겠노라"(24:15).

여호와께서 여호수아에게 말씀하시다 (♪ 336장)

1 여호와의 종 모세가 죽은 후에 여호와께서
모세의 수종자 눈의 아들 여호수아에게 말
씀하여 이르시되
2 내 종 모세가 죽었으니 이제 너는 이 모든 백
성과 더불어 일어나 이 요단을 건너 내가 그들
곧 이스라엘 자손에게 주는 그 땅으로 가라
3 내가 모세에게 말한 바와 같이 너희 발바닥으
로 밟는 곳은 모두 내가 너희에게 주었노니
4 곧 광야와 이 레바논에서부터 큰 강 곧 유브
라데 강까지 헷 족속의 온 땅과 또 해 지는
쪽 대해까지 너희의 영토가 되리라
5 네 평생에 너를 능히 대적할 자가 없으리니
내가 모세와 함께 있었던 것같이 너와 함께
있을 것임이니라 내가 너를 떠나지 아니하
며 버리지 아니하리니
6 강하고 담대하라 너는 내가 그들의 조상에
게 맹세하여 그들에게 주리라 한 땅을 이 백
성에게 차지하게 하리라
7 오직 강하고 극히 담대하여 나의 종 모세가
네게 명령한 그 율법을 다 지켜 행하고 우로
나 좌로나 치우치지 말라 그리하면 어디로
가든지 형통하리니
8 이 율법책을 네 입에서 떠나지 말게 하며 주
야로 그것을 묵상하여 그 안에 기록된 대로
다 지켜 행하라 그리하면 네 길이 평탄하게
될 것이며 네가 형통하리라
9 내가 네게 명령한 것이 아니냐 강하고 담대
하라 두려워하지 말며 놀라지 말라 네가 어
디로 가든지 네 하나님 여호와가 너와 함께
하느니라 하시니라

여호수아가 백성에게 명령을 내리다

10 ●이에 여호수아가 그 백성의 관리들에게
명령하여 이르되
11 진중에 두루 다니며 그 백성에게 명령하여
이르기를 양식을 준비하라 사흘 안에 너희
가 이 요단을 건너 너희의 하나님 여호와께
서 너희에게 주사 차지하게 하시는 땅을 차
지하기 위하여 들어갈 것임이니라 하라
12 ●여호수아가 또 르우벤 지파와 갓 지파와
므낫세 반 지파에게 말하여 이르되
13 여호와의 종 모세가 너희에게 명령하여 이

Joshua Installed as Leader

1 After the death of Moses the servant of the
LORD, the LORD said to Joshua son of Nun,
2 Moses' aide: ●"Moses my servant is dead. Now
then, you and all these people, get ready to
cross the Jordan River into the land I am about
3 to give to them — to the Israelites. ●I will give
you every place where you set your foot, as I
4 promised Moses. ●Your territory will extend
from the desert to Lebanon, and from the
great river, the Euphrates — all the Hittite
country — to the Mediterranean Sea in the
5 west. ●No one will be able to stand against you
all the days of your life. As I was with Moses, so
I will be with you; I will never leave you nor
6 forsake you. ●Be strong and courageous,
because you will lead these people to inherit
the land I swore to their ancestors to give
them.
7 ●"Be strong and very courageous. Be careful
to obey all the law my servant Moses gave you;
do not turn from it to the right or to the left,
that you may be successful wherever you go.
8 ●Keep this Book of the Law always on your
lips; meditate on it day and night, so that you
may be careful to do everything written in it.
Then you will be prosperous and successful.
9 ●Have I not commanded you? Be strong and
courageous. Do not be afraid; do not be dis-
couraged, for the LORD your God will be with
you wherever you go."
10 ●So Joshua ordered the officers of the peo-
11 ple: ●"Go through the camp and tell the peo-
ple, 'Get your provisions ready. Three days
from now you will cross the Jordan here to go
in and take possession of the land the LORD
your God is giving you for your own.' "
12 ●But to the Reubenites, the Gadites and the
13 half-tribe of Manasseh, Joshua said, ●"Remem-
ber the command that Moses the servant of
the LORD gave you after he said, 'The LORD
your God will give you rest by giving you this
14 land.' ●Your wives, your children and your
livestock may stay in the land that Moses gave
you east of the Jordan, but all your fighting
men, ready for battle, must cross over ahead of

르기를 너희의 하나님 여호와께서 너희에게
안식을 주시며 이 땅을 너희에게 주시리라
하였나니 너희는 그 말을 기억하라
14 너희의 처자와 가축은 모세가 너희에게 준
요단 이쪽 땅에 머무르려니와 너희 모든 용
사들은 무장하고 너희의 형제보다 앞서 건
너가서 그들을 돕되
15 여호와께서 너희를 안식하게 하신 것같이
너희의 형제도 안식하며 그들도 너희의 하
나님 여호와께서 주시는 그 땅을 차지하기
까지 하라 그리고 너희는 너희 소유지 곧 여
호와의 종 모세가 너희에게 준 요단 이쪽 해
돋는 곳으로 돌아와서 그것을 차지할지니라
16 그들이 여호수아에게 대답하여 이르되 당신
이 우리에게 명령하신 것은 우리가 다 행할
것이요 당신이 우리를 보내시는 곳에는 우
리가 가리이다
17 우리는 범사에 모세에게 순종한 것같이 당
신에게 순종하려니와 오직 당신의 하나님
여호와께서 모세와 함께 계시던 것같이 당
신과 함께 계시기를 원하나이다
18 누구든지 당신의 명령을 거역하며 당신의
말씀을 순종하지 아니하는 자는 죽임을 당
하리니 오직 강하고 담대하소서

여호수아가 여리고에 정탐꾼을 보내다

2 눈의 아들 여호수아가 싯딤에서 두 사람을
정탐꾼으로 보내며 이르되 가서 그 땅과
여리고를 엿보라 하매 그들이 가서 라합이라
하는 기생의 집에 들어가 거기서 유숙하더니
2 어떤 사람이 여리고 왕에게 말하여 이르되
보소서 이 밤에 이스라엘 자손 중의 몇 사람
이 이 땅을 정탐하러 이리로 들어왔나이다
3 여리고 왕이 라합에게 사람을 보내어 이르
되 네게로 와서 네 집에 들어간 그 사람들을
끌어내라 그들은 이 온 땅을 정탐하러 왔느
니라
4 그 여인이 그 두 사람을 이미 숨긴지라 이르
되 과연 그 사람들이 내게 왔었으나 그들이
어디에서 왔는지 나는 알지 못하였고
5 그 사람들이 어두워 성문을 닫을 때쯤 되어
나갔으니 어디로 갔는지 내가 알지 못하나
급히 따라가라 그리하면 그들을 따라잡으리
라 하였으나
6 그가 이미 그들을 이끌고 지붕에 올라가서
그 지붕에 벌여 놓은 삼대에 숨겼더라
7 그 사람들은 요단 나루터까지 그들을 쫓아
갔고 그들을 뒤쫓는 자들이 나가자 곧 성문

your fellow Israelites. You are to help them
15 until the LORD gives them rest, as he has
done for you, and until they too have taken
possession of the land the LORD your God is
giving them. After that, you may go back and
occupy your own land, which Moses the ser-
vant of the LORD gave you east of the Jordan
toward the sunrise."
16 Then they answered Joshua, "Whatever
you have commanded us we will do, and
17 wherever you send us we will go. Just as we
fully obeyed Moses, so we will obey you. Only
may the LORD your God be with you as he was
18 with Moses. Whoever rebels against your
word and does not obey it, whatever you may
command them, will be put to death. Only be
strong and courageous!"

Rahab and the Spies

2 Then Joshua son of Nun secretly sent
two spies from Shittim. "Go, look over
the land," he said, "especially Jericho." So
they went and entered the house of a prosti-
tute named Rahab and stayed there.
2 The king of Jericho was told, "Look, Some
of the Israelites have come here tonight to spy
3 out the land." So the king of Jericho sent
this message to Rahab: "Bring out the men
who came to you and entered your house,
because they have come to spy out the whole
land."
4 But the woman had taken the two men
and hidden them. She said, "Yes, the men
came to me, but I did not know where they
5 had come from. At dusk, when it was time to
close the city gate, they left. I don't know
which way they went. Go after them quickly.
6 You may catch up with them." (But she had
taken them up to the roof and hidden them
under the stalks of flax she had laid out on the
7 roof.) So the men set out in pursuit of the
spies on the road that leads to the fords of the
Jordan, and as soon as the pursuers had gone
out, the gate was shut.
8 Before the spies lay down for the night, she
9 went up on the roof and said to them, "I
know that the LORD has given you this land
and that a great fear of you has fallen on us, so
that all who live in this country are melting in
10 fear because of you. We have heard how the
LORD dried up the water of the Red Sea[a] for

[a]10 Or *the Sea of Reeds*

dusk [dʌsk] *n.* 어둑어둑함
flax [flæks] *n.* 아마(亞麻)
ford [fɔːrd] *n.* 여울
hide [haid] *vt.* 숨기다
occupy [ɑ́kjupài] *vt.* 점령하다
prostitute [prɑ́stətjùːt] *n.* 매춘부
pursuer [pərsúːər] *n.* 추적자
rebel [ribél] *vi.* 반역하다
roof [ruːf] *n.* 지붕, 꼭대기
secretly [síːkrətli] *ad.* 몰래, 은밀히
shut [ʃʌt] *vt.* 닫다
spy [spai] *n.* (군사)탐정
stalk [stɔːk] *n.* 줄기
sunrise [sʌnraiz] *n.* 해돋이
whatever [hwɑtévər] *pron.* 무엇이든지

2:3 **bring out**: 꺼내다, 내다
2:5 **catch up with...**: …를 따라잡다
2:7 **set out**: 길을 떠나다
2:7 **in pursuit of...**: …를 추격하여
2:7 **as soon as...**: …하자마자
2:8 **lie down**: (휴식하려고) 눕다

을 닫았더라
8 ●또 그들이 눕기 전에 라합이 지붕에 올라가
서 그들에게 이르러
9 말하되 여호와께서 이 땅을 너희에게 주신 줄
을 내가 아노라 우리가 너희를 심히 두려워하고
이 땅 주민들이 다 너희 앞에서 간담이 녹나니
10 이는 너희가 애굽에서 나올 때에 여호와께서
너희 앞에서 홍해 물을 마르게 하신 일과 너
희가 요단 저쪽에 있는 아모리 사람의 두 왕
시혼과 옥에게 행한 일 곧 그들을 전멸시킨
일을 우리가 들었음이니라
11 우리가 듣자 곧 마음이 녹았고 너희로 말미암
아 사람이 정신을 잃었나니 너희의 하나님 여
호와는 위로는 하늘에서도 아래로는 땅에서
도 하나님이시니라
12 그러므로 이제 청하노니 내가 너희를 선대하
였은즉 너희도 내 아버지의 집을 선대하도록
여호와로 내게 맹세하고 내게 증표를 내라
13 그리고 나의 부모와 나의 남녀 형제와 그들에
게 속한 모든 사람을 살려 주어 우리 목숨을
죽음에서 건져내라
14 그 사람들이 그에게 이르되 네가 우리의 이
일을 누설하지 아니하면 우리의 목숨으로 너
희를 대신할 것이요 여호와께서 우리에게 이
땅을 주실 때에는 인자하고 진실하게 너를 대
우하리라

삿 1:24

15 ●라합이 그들을 창문에서 줄로 달아 내리니
그의 집이 성벽 위에 있으므로 그가 성벽 위
에 거주하였음이라
16 라합이 그들에게 이르되 두렵건대 뒤쫓는 사
람들이 너희와 마주칠까 하노니 너희는 산으
로 가서 거기서 사흘 동안 숨어 있다가 뒤쫓
는 자들이 돌아간 후에 너희의 길을 갈지니라
17 그 사람들이 그에게 이르되 네가 우리에게 서
약하게 한 이 맹세에 대하여 우리가 허물이
없게 하리니
18 우리가 이 땅에 들어올 때에 우리를 달아 내
린 창문에 이 붉은 줄을 매고 네 부모와 형제
와 네 아버지의 가족을 다 네 집에 모으라
19 누구든지 네 집 문을 나가서 거리로 가면 그
의 피가 그의 머리로 돌아갈 것이요 우리는
허물이 없으리라 그러나 누구든지 너와 함께
집에 있는 자에게 손을 대면 그의 피는 우리
의 머리로 돌아오려니와
20 네가 우리의 이 일을 누설하면 네가 우리에게
서약하게 한 맹세에 대하여 우리에게 허물이
없으리라 하니

you when you came out of Egypt, and what
you did to Sihon and Og, the two kings of
the Amorites east of the Jordan, whom you
11 completely destroyed.[a] ●When we heard of
it, our hearts melted in fear and everyone's
courage failed because of you, for the LORD
your God is God in heaven above and on
the earth below.
12 ●"Now then, please swear to me by the
LORD that you will show kindness to my fam-
ily, because I have shown kindness to you.
13 Give me a sure sign ●that you will spare the
lives of my father and mother, my brothers
and sisters, and all who belong to them—
and that you will save us from death."
14 ●"Our lives for your lives!" the men
assured her. "If you don't tell what we are
doing, we will treat you kindly and faithfully
when the LORD gives us the land."
15 ●So she let them down by a rope through
the window, for the house she lived in was
16 part of the city wall. ●She said to them, "Go
to the hills so the pursuers will not find you.
Hide yourselves there three days until they
return, and then go on your way."
17 ●Now the men had said to her, "This oath
you made us swear will not be binding on us
18 ●unless, when we enter the land, you have
tied this scarlet cord in the window through
which you let us down, and unless you have
brought your father and mother, your broth-
19 ers and all your family into your house. ●If
any of them go outside your house into the
street, their blood will be on their own
heads; we will not be responsible. As for
those who are in the house with you, their
blood will be on our head if a hand is laid on
20 them. ●But if you tell what we are doing, we
will be released from the oath you made us
swear."
21 ●"Agreed," she replied. "Let it be as you
say."
So she sent them away, and they departed.
And she tied the scarlet cord in the window.
22 ●When they left, they went into the hills
and stayed there three days, until the pur-
suers had searched all along the road and
23 returned without finding them. ●Then the
two men started back. They went down out
of the hills, forded the river and came to

[a]10 The Hebrew term refers to the irrevocable giving over of things or persons to the LORD, often by totally destroying them.

assure [əʃúər] *vt.* 보장하다
below [bilóu] *prep.* 아래에
bind [baind] *vi.* 구속력이 있다
completely [kəmplí:tli] *ad.* 완전히
cord [kɔ:rd] *n.* 끈
depart [dipá:rt] *vi.* 출발하다
destroy [distrɔ́i] *vt.* 파괴하다
faithfully [féiθfəli] *ad.* 성실하게
melt [melt] *vi.* 녹다, 누그러지다
oath [ouθ] *n.* 맹세, 서원
release [rilí:s] *vt.* 해체하다
responsible [rispánsəbl] *a.* 책임있는
rope [roup] *n.* 새끼, 밧줄
scarlet [ská:rlit] *a.* 진홍색의
spare [spɛər] *vt.* 목숨을 살려 주다

2:10 **come out of...**: …에서 나오다
2:11 **hear of:** …의 기별 (소식)을 듣다
2:12 **swear to...**: …에게 맹세하다
2:13 **belong to...**: …에 속한
2:18 **let... down**: …을 내리다
2:22 **all along the road:** 연도일대에

21 라합이 이르되 너희의 말대로 할 것이라 하고
그들을 보내어 가게 하고 붉은 줄을 창문에
매니라
22 ●그들이 가서 산에 이르러 뒤쫓는 자들이 돌
아가기까지 사흘을 거기 머물매 뒤쫓는 자들
이 그들을 길에서 두루 찾다가 찾지 못하니라
23 그 두 사람이 돌이켜 산에서 내려와 강을 건
너 눈의 아들 여호수아에게 나아가서 그들이
겪은 모든 일을 고하고
24 또 여호수아에게 이르되 진실로 여호와께서
그 온 땅을 우리 손에 주셨으므로 그 땅의 모든
주민이 우리 앞에서 간담이 녹더이다 하더라

이스라엘 백성이 요단을 건너다 — B.C. 1406년경

3 또 여호수아가 아침에 일찍이 일어나서 그
와 모든 이스라엘 자손들과 더불어 싯딤에
서 떠나 요단에 이르러 건너가기 전에 거기서
유숙하니라
2 사흘 후에 관리들이 진중으로 두루 다니며
3 백성에게 명령하여 이르되 너희는 레위 사람
제사장들이 너희 하나님 여호와의 언약궤 메
는 것을 보거든 너희가 있는 곳을 떠나 그 뒤
를 따르라
4 그러나 너희와 그 사이 거리가 이천 [1]규빗쯤
되게 하고 그것에 가까이하지는 말라 그리하
면 너희가 행할 길을 알리니 너희가 이전에
이 길을 지나보지 못하였음이니라 하니라
5 여호수아가 또 백성에게 이르되 너희는 자신
을 성결하게 하라 여호와께서 내일 너희 가운
데에 기이한 일들을 행하시리라 출 19:10
6 여호수아가 또 제사장들에게 말하여 이르되
언약궤를 메고 백성에 앞서 건너라 하매 곧
언약궤를 메고 백성에 앞서 나아가니라
7 ●여호와께서 여호수아에게 이르시되 내가 오
늘부터 시작하여 너를 온 이스라엘의 목전에
서 크게 하여 내가 모세와 함께 있었던 것같이
너와 함께 있는 것을 그들이 알게 하리라
8 너는 언약궤를 멘 제사장들에게 명령하여 이
르기를 너희가 요단 물가에 이르거든 요단에
들어서라 하라
9 여호수아가 이스라엘 자손에게 이르되 이리 와
서 너희의 하나님 여호와의 말씀을 들으라 하고
10 또 말하되 살아 계신 하나님이 너희 가운데에
계시사 가나안 족속과 헷 족속과 히위 족속과
브리스 족속과 기르가스 족속과 아모리 족속
과 여부스 족속을 너희 앞에서 반드시 쫓아내
실 줄을 이것으로서 너희가 알리라 신 7:1
11 보라 온 땅의 주의 언약궤가 너희 앞에서 요

Joshua son of Nun and told him everything
24 that had happened to them. ●They said to
Joshua, "The LORD has surely given the whole
land into our hands; all the people are melt-
ing in fear because of us."

Crossing the Jordan

3 Early in the morning Joshua and all the
Israelites set out from Shittim and went
to the Jordan, where they camped before
2 crossing over. ●After three days the officers
3 went throughout the camp, ●giving orders
to the people: "When you see the ark of the
covenant of the LORD your God, and the
Levitical priests carrying it, you are to move
out from your positions and follow it.
4 ●Then you will know which way to go,
since you have never been this way before.
But keep a distance of about two thousand
cubits[a] between you and the ark; do not go
near it."
5 ●Joshua told the people, "Consecrate your-
selves, for tomorrow the LORD will do amaz-
ing things among you."
6 ●Joshua said to the priests, "Take up the
ark of the covenant and pass on ahead of the
people." So they took it up and went ahead
of them.
7 ●And the LORD said to Joshua, "Today I
will begin to exalt you in the eyes of all Israel,
so they may know that I am with you as
8 I was with Moses. ●Tell the priests who carry
the ark of the covenant: 'When you reach
the edge of the Jordan's waters, go and stand
in the river.' "
9 ●Joshua said to the Israelites, "Come here
and listen to the words of the LORD your God.
10 ●This is how you will know that the living
God is among you and that he will certainly
drive out before you the Canaanites, Hittites,
Hivites, Perizzites, Girgashites, Amorites and
11 Jebusites. ●See, the ark of the covenant of the
Lord of all the earth will go into the Jordan
12 ahead of you. ●Now then, choose twelve
men from the tribes of Israel, one from each
13 tribe. ●And as soon as the priests who carry
the ark of the LORD — the Lord of all the
earth — set foot in the Jordan, its waters flow-
ing downstream will be cut off and stand up
in a heap."

[a]4 That is, about 3,000 feet or about 900 meters
1) 히, 암마

ark [ɑ:rk] *n.* 법궤
carry [kǽri] *vt.* 들고 가다
certainly [sə́:rtnli] *ad.* 틀림없이
consecrate [kánsəkrèit] *vt.* 성별하다
covenant [kʌ́vənənt] *n.* 계약
distance [dístəns] *n.* 거리
downstream [dáunstrí:m] *a.* 하류의
edge [edʒ] *n.* 가장자리
exalt [igzɔ́:lt] *vt.* 높이다, 칭찬하다
follow [fálou] *vt.* 따르다
heap [hi:p] *n.* 더미, 무더기
position [pəzíʃən] *n.* 위치
priest [prí:st] *n.* 제사장
surely [ʃúərli] *ad.* 확실히
tribe [traib] *n.* 지파

3:1 **set out**: 길을 떠나다
3:4 **keep a distance of...**: …와 먼 거리를 유지하다
3:6 **take up**: 들어 올리다
3:7 **in the eyes of...**: …의 눈앞에서
3:10 **drive out**: 쫓아내다

단을 건너가나니
12 이제 이스라엘 지파 중에서 각 지파에 한 사
람씩 열두 명을 택하라
13 온 땅의 주 여호와의 궤를 멘 제사장들의 발
바닥이 요단 물을 밟고 멈추면 요단 물 곧 위
에서부터 흘러내리던 물이 끊어지고 한 곳
에 쌓여 서리라
14 ● 백성이 요단을 건너려고 자기들의 장막을
떠날 때에 제사장들은 언약궤를 메고 백성
앞에서 나아가니라
15 요단이 곡식 거두는 시기에는 항상 언덕에
넘치더라 궤를 멘 자들이 요단에 이르며 궤
를 멘 제사장들의 발이 물가에 잠기자
16 곧 위에서부터 흘러내리던 물이 그쳐서 사
르단에 가까운 매우 멀리 있는 아담 성읍 변
두리에 일어나 한 곳에 쌓이고 아라바의 바
다 염해로 향하여 흘러가는 물은 온전히 끊
어지매 백성이 여리고 앞으로 바로 건널새
17 여호와의 언약궤를 멘 제사장들은 요단 가
운데 마른 땅에 굳게 섰고 그 모든 백성이 요
단을 건너기를 마칠 때까지 모든 이스라엘
은 그 마른 땅으로 건너갔더라

길갈에 세운 열두 돌 — B.C. 1406년경

4 그 모든 백성이 요단을 건너가기를 마치매 여
호와께서 여호수아에게 말씀하여 이르시되
2 백성의 각 지파에 한 사람씩 열두 사람을 택
하고 3:12
3 그들에게 명령하여 이르기를 요단 가운데
제사장들의 발이 굳게 선 그곳에서 돌 열둘
을 택하여 그것을 가져다가 오늘밤 너희가
유숙할 그곳에 두게 하라 하시니라
4 여호수아가 이스라엘 자손 중에서 각 지파
에 한 사람씩 준비한 그 열두 사람을 불러
5 그들에게 이르되 요단 가운데로 들어가 너
희 하나님 여호와의 궤 앞으로 가서 이스라
엘 자손들의 지파 수대로 각기 돌 한 개씩 가
져다가 어깨에 메라
6 이것이 너희 중에 표징이 되리라 후일에 너
희의 자손들이 물어 이르되 이 돌들은 무슨
뜻이냐 하거든
7 그들에게 이르기를 요단 물이 여호와의 언
약궤 앞에서 끊어졌나니 곧 언약궤가 요단
을 건널 때에 요단 물이 끊어졌으므로 이 돌
들이 이스라엘 자손에게 영원히 기념이 되
리라 하라 하니라
8 이스라엘 자손들이 여호수아가 명령한 대로
행하되 여호와께서 여호수아에게 이르신 대

14 ● So when the people broke camp to cross
the Jordan, the priests carrying the ark of the
15 covenant went ahead of them. ● Now the Jor-
dan is at flood stage all during harvest. Yet as
soon as the priests who carried the ark reached
the Jordan and their feet touched the water's
16 edge, ● the water from upstream stopped flow-
ing. It piled up in a heap a great distance away,
at a town called Adam in the vicinity of
Zarethan, while the water flowing down to the
Sea of the Arabah (that is, the Dead Sea) was
completely cut off. So the people crossed over
17 opposite Jericho. ● The priests who carried the
ark of the covenant of the LORD stopped in the
middle of the Jordan and stood on dry ground,
while all Israel passed by until the whole
nation had completed the crossing on dry
ground.

4 When the whole nation had finished
crossing the Jordan, the LORD said to
2 Joshua, ● "Choose twelve men from among
3 the people, one from each tribe, ● and tell
them to take up twelve stones from the middle
of the Jordan, from right where the priests are
standing, and carry them over with you and
put them down at the place where you stay
tonight."
4 ● So Joshua called together the twelve men
he had appointed from the Israelites, one
5 from each tribe, ● and said to them, "Go over
before the ark of the LORD your God into the
middle of the Jordan. Each of you is to take up
a stone on his shoulder, according to the
6 number of the tribes of the Israelites, ● to serve
as a sign among you. In the future, when your
children ask you, 'What do these stones
7 mean?' ● tell them that the flow of the Jordan
was cut off before the ark of the covenant of
the LORD. When it crossed the Jordan, the
waters of the Jordan were cut off. These stones
are to be a memorial to the people of Israel for-
ever."
8 ● So the Israelites did as Joshua command-
ed them. They took twelve stones from the
middle of the Jordan, according to the num-
ber of the tribes of the Israelites, as the LORD
had told Joshua; and they carried them over
with them to their camp, where they put
9 them down. ● Joshua set up the twelve stones
that had been[a] in the middle of the Jordan at

[a]9 *Or Joshua also set up twelve stones*

appoint [əpɔ́int] *vt.* 지명하다
completely [kəmplí:tli] *ad.* 완전히
cross [krɔ:s] *vt.* 건너다
flood [flʌd] *n.* 홍수
flow [flou] *vi.* 흐르다
forever [fərévər] *ad.* 영원히
harvest [há:rvist] *n.* 추수
memorial [məmɔ́:riəl] *n.* 기념물
opposite [ápəzit] *prep.* …의 맞은편에
pile [pail] *vt.* 쌓아 올리다
reach [ri:tʃ] *vt.* 도착하다
shoulder [ʃóuldər] *n.* 어깨
stage [steidʒ] *n.* 단계, 수위
upstream [ʌ́pstrí:m] *ad.* 상류로
vicinity [visínəti] *n.* 근접

3:14 **ahead of...**: …의 앞에
3:17 **pass by**: 지나가다
4:3 **take up**: 들어 올리다
4:5 **according to...**: …에 따라
4:8 **carry over**: 넘기다, 넘겨주다
4:8 **put down**: 내려놓다

로 이스라엘 자손들의 지파의 수를 따라 요
단 가운데에서 돌 열둘을 택하여 자기들이
유숙할 곳으로 가져다가 거기에 두었더라
9 여호수아가 또 요단 가운데 곧 언약궤를 멘
제사장들의 발이 선 곳에 돌 열둘을 세웠더
니 오늘까지 거기에 있더라
10 또 여호와께서 여호수아에게 명령하사 백성에
게 말하게 하신 일 곧 모세가 여호수아에게 명
령한 일이 다 마치기까지 궤를 멘 제사장들이
요단 가운데에 서 있고 백성은 속히 건넜으며
11 모든 백성이 건너기를 마친 후에 여호와의
궤와 제사장들이 백성의 목전에서 건넜으며
12 르우벤 자손과 갓 자손과 므낫세 반 지파는
모세가 그들에게 이른 것같이 무장하고 이
스라엘 자손들보다 앞서 건너갔으니
13 무장한 사만 명 가량이 여호와 앞에서 건너
가 싸우려고 여리고 평지에 이르니라
14 그날에 여호와께서 모든 이스라엘의 목전에
서 여호수아를 크게 하시매 그가 생존한 날
동안에 백성이 그를 두려워하기를 모세를
두려워하던 것같이 하였더라 3:7
15 ● 여호와께서 여호수아에게 말씀하여 이르
시되
16 증거궤를 멘 제사장들에게 명령하여 요단에
서 올라오게 하라 하신지라
17 여호수아가 제사장들에게 명령하여 이르기
를 요단에서 올라오라 하매
18 여호와의 언약궤를 멘 제사장들이 요단 가
운데에서 나오며 그 발바닥으로 육지를 밟
는 동시에 요단 물이 본 곳으로 도로 흘러서
전과 같이 언덕에 넘쳤더라 3:15
19 ● 첫째 달 십일에 백성이 요단에서 올라와
여리고 동쪽 경계 길갈에 진치매 5:9
20 여호수아가 요단에서 가져온 그 열두 돌을
길갈에 세우고
21 이스라엘 자손들에게 말하여 이르되 후일에
너희의 자손들이 그들의 아버지에게 묻기를
이 돌들은 무슨 뜻이니이까 하거든 4:6
22 너희는 너희의 자손들에게 알게 하여 이르
기를 이스라엘이 마른 땅을 밟고 이 요단을
건넜음이라
23 너희의 하나님 여호와께서 요단 물을 너희 앞
에서 마르게 하사 너희를 건너게 하신 것이
너희의 하나님 여호와께서 우리 앞에 홍해를
말리시고 우리를 건너게 하심과 같았나니
24 이는 땅의 모든 백성에게 여호와의 손이 강
하신 것을 알게 하며 너희가 너희의 하나님

the spot where the priests who carried the ark
of the covenant had stood. And they are there
to this day.
10 ● Now the priests who carried the ark
remained standing in the middle of the Jordan
until everything the LORD had commanded
Joshua was done by the people, just as Moses
had directed Joshua. The people hurried over,
11 ● and as soon as all of them had crossed, the
ark of the LORD and the priests came to the
12 other side while the people watched. ● The
men of Reuben, Gad and the half-tribe of
Manasseh crossed over, ready for battle, in
front of the Israelites, as Moses had directed
13 them. ● About forty thousand armed for bat-
tle crossed over before the LORD to the plains
of Jericho for war.
14 ● That day the LORD exalted Joshua in the
sight of all Israel; and they stood in awe of
him all the days of his life, just as they had
stood in awe of Moses.
15–16 ● Then the LORD said to Joshua, ● "Com-
mand the priests carrying the ark of the co-
venant law to come up out of the Jordan."
17 ● So Joshua commanded the priests, "Come
up out of the Jordan."
18 ● And the priests came up out of the river
carrying the ark of the covenant of the LORD.
No sooner had they set their feet on the dry
ground than the waters of the Jordan re-
turned to their place and ran at flood stage as
before.
19 ● On the tenth day of the first month the
people went up from the Jordan and cam-
ped at Gilgal on the eastern border of Jeri-
20 cho. ● And Joshua set up at Gilgal the twelve
21 stones they had taken out of the Jordan. ● He
said to the Israelites, "In the future when
your descendants ask their parents, 'What
22 do these stones mean?' ● tell them, 'Israel
23 crossed the Jordan on dry ground.' ● For the
LORD your God dried up the Jordan before
you until you had crossed over. The LORD
your God did to the Jordan what he had
done to the Red Sea[a] when he dried it up
24 before us until we had crossed over. ● He did
this so that all the peoples of the earth might
know that the hand of the LORD is powerful
and so that you might always fear the LORD
your God."

[a]23 Or *the Sea of Reeds*

armed [á:rmd] *a.* 무장한
awe [ɔ:] *n.* 두려움
battle [bǽtl] *n.* 전쟁
border [bɔ́:rdər] *n.* 경계
camp [kæmp] *vi.* 천막을 치고 야영하다
command [kəmǽnd] *vt.* 명령하다
direct [dirékt] *vt.* 지휘하다
descendant [diséndənt] *n.* 자손
fear [fiər] *vt.* 경외하다
feet [fi:t] *n.* 발
plain [plein] *n.* 평지
powerful [páuərfəl] *a.* 강력한
remain [riméin] *vi.* 머무르다
return [ritə́:rn] *vi.* 되돌아가다
spot [spɑt] *n.* 장소

4:10 **hurry over:** 허둥지둥 끝마치다
4:11 **as soon as...:** …하자마자
4:14 **just as...:** …한 것과 같이
4:18 **no sooner than...:** …하자마자
4:23 **dry up:** 말리다, 그치다
4:23 **cross over:** 건너다

여호와를 항상 경외하게 하려 하심이라 하라
5 요단 서쪽의 아모리 사람의 모든 왕들과
해변의 가나안 사람의 모든 왕들이 여호
와께서 요단 물을 이스라엘 자손들 앞에서
말리시고 [1)]우리를 건너게 하셨음을 듣고 마
음이 녹았고 이스라엘 자손들 때문에 정신
을 잃었더라

이스라엘이 길갈에서 할례를 받다

2 ●그때에 여호와께서 여호수아에게 이르시
되 너는 부싯돌로 칼을 만들어 이스라엘 자
손들에게 다시 할례를 행하라 하시매
3 여호수아가 부싯돌로 칼을 만들어 [2)]할례 산
에서 이스라엘 자손들에게 할례를 행하니라
4 여호수아가 할례를 시행한 까닭은 이것이니
애굽에서 나온 모든 백성 중 남자 곧 모든
군사는 애굽에서 나온 후 광야 길에서 죽었
는데
5 그 나온 백성은 다 할례를 받았으나 다만 애
굽에서 나온 후 광야 길에서 난 자는 할례를
받지 못하였음이라
6 이스라엘 자손들이 여호와의 음성을 청종하
지 아니하므로 여호와께서 그들에게 대하여
맹세하사 그들의 조상들에게 맹세하여 우리
에게 주리라고 하신 땅 곧 젖과 꿀이 흐르는
땅을 그들이 보지 못하게 하리라 하시매 애
굽에서 나온 족속 곧 군사들이 다 멸절하기
까지 사십 년 동안을 광야에서 헤매었더니
7 그들의 대를 잇게 하신 이 자손에게 여호수
아가 할례를 행하였으니 길에서는 그들에게
할례를 행하지 못하였으므로 할례 없는 자
가 되었음이었더라
8 또 그 모든 백성에게 할례 행하기를 마치매
백성이 진중 각 처소에 머물며 낫기를 기다
릴 때에
9 여호와께서 여호수아에게 이르시되 내가 오
늘 애굽의 수치를 너희에게서 떠나가게 하
였다 하셨으므로 그곳 이름을 오늘까지 [3)]길
갈이라 하느니라
10 ●또 이스라엘 자손들이 길갈에 진쳤고 그
달 십사일 저녁에는 여리고 평지에서 유월
절을 지켰으며
11 유월절 이튿날에 그 땅의 소산물을 먹되 그
날에 무교병과 볶은 곡식을 먹었더라
12 또 그 땅의 소산물을 먹은 다음 날에 만나가
그쳤으니 이스라엘 사람들이 다시는 만나를
얻지 못하였고 그 해에 가나안 땅의 소출을
먹었더라

5 Now when all the Amorite kings west of
the Jordan and all the Canaanite kings
along the coast heard how the LORD had dried
up the Jordan before the Israelites until they[a]
had crossed over, their hearts melted in fear
and they no longer had the courage to face the
Israelites.

Circumcision and Passover at Gilgal

2 ●At that time the LORD said to Joshua,
"Make flint knives and circumcise the Isra-
3 elites again." ●So Joshua made flint knives
and circumcised the Israelites at Gibeath
Haaraloth.[b]
4 ●Now this is why he did so: All those who
came out of Egypt—all the men of military
age—died in the wilderness on the way after
5 leaving Egypt. ●All the people that came out
had been circumcised, but all the people born
in the wilderness during the journey from
6 Egypt had not. ●The Israelites had moved
about in the wilderness forty years until all
the men who were of military age when
they left Egypt had died, since they had not
obeyed the LORD. For the LORD had sworn to
them that they would not see the land he had
solemnly promised their ancestors to give us,
7 a land flowing with milk and honey. ●So he
raised up their sons in their place, and these
were the ones Joshua circumcised. They were
still uncircumcised because they had not
8 been circumcised on the way. ●And after the
whole nation had been circumcised, they
remained where they were in camp until
they were healed.
9 ●Then the LORD said to Joshua, "Today I
have rolled away the reproach of Egypt from
you." So the place has been called Gilgal[c] to
this day.
10 ●On the evening of the fourteenth day of
the month, while camped at Gilgal on the
plains of Jericho, the Israelites celebrated the
11 Passover. ●The day after the Passover, that very
day, they ate some of the produce of the land:
12 unleavened bread and roasted grain. ●The
manna stopped the day after[d] they ate this
food from the land; there was no longer any
manna for the Israelites, but that year they ate
the produce of Canaan.

[a]1 Another textual tradition *we* [b]3 *Gibeath Haaraloth* means *the hill of foreskins.* [c]9 *Gilgal* sounds like the Hebrew for *roll.* [d]12 Or *the day* 1) 그들 2) 기브앗 하아랄롯 3) 굴러간다

celebrate [séləbrèit] *vt.* 기념하다
circumcise [sə́ːrkəmsàiz] *vt.* 할례를 베풀다
coast [kóust] *n.* 연안
flint [flint] *n.* 부싯돌
grain [grein] *n.* 곡물, 곡류
heal [hiːl] *vt.* 고치다
military [mílitèri] *a.* 군대의
Passover [pǽsòuvər] *n.* 유월절
raise [reiz] *vt.* 일으키다
remain [riméin] *vi.* 머무르다
reproach [ripróutʃ] *n.* 불명예
roast [roust] *a.* 볶은
solemnly [sáləmli] *ad.* 진지하게
swear [swɛər] *vt.* 맹세하다
unleavened [ʌnlévənd] *a.* 발효되지 않은

5:1 cross over: 건너다
5:1 melt in...: …에 녹다
5:1 no longer...: 더 이상 …않다
5:4 come out of...: …에서 나오다
5:7 on the way: 도중에
5:11 some of...: …중의 조금

칼을 든 여호와의 군대 대장

13 ●여호수아가 여리고에 가까이 이르렀을 때
에 눈을 들어 본즉 한 사람이 칼을 빼어 손
에 들고 마주 서 있는지라 여호수아가 나아
가서 그에게 묻되 너는 우리를 위하느냐 우
리의 적들을 위하느냐 하니
14 그가 이르되 아니라 나는 여호와의 군대 대
장으로 지금 왔느니라 하는지라 여호수아가
얼굴을 땅에 대고 엎드려 절하고 그에게 이
르되 내 주여 종에게 무슨 말씀을 하려 하시
나이까
15 여호와의 군대 대장이 여호수아에게 이르되
네 발에서 신을 벗으라 네가 선 곳은 거룩하
니라 하니 여호수아가 그대로 행하니라

여리고 성이 무너지다

6 이스라엘 자손들로 말미암아 여리고는 굳
게 닫혔고 출입하는 자가 없더라
2 여호와께서 여호수아에게 이르시되 보라 내
가 여리고와 그 왕과 용사들을 네 손에 넘겨
주었으니
3 너희 모든 군사는 그 성을 둘러 성 주위를
매일 한 번씩 돌되 엿새 동안을 그리하라
4 제사장 일곱은 일곱 양각 나팔을 잡고 언약
궤 앞에서 나아갈 것이요 일곱째 날에는 그
성을 일곱 번 돌며 그 제사장들은 나팔을 불
것이며
5 제사장들이 양각 나팔을 길게 불어 그 나팔
소리가 너희에게 들릴 때에는 백성은 다 큰
소리로 외쳐 부를 것이라 그리하면 그 성벽
이 무너져 내리리니 백성은 각기 앞으로 올
라갈지니라 하시매
6 눈의 아들 여호수아가 제사장들을 불러 그
들에게 이르되 너희는 언약궤를 메고 제사
장 일곱은 양각 나팔 일곱을 잡고 여호와의
궤 앞에서 나아가라 하고
7 또 백성에게 이르되 나아가서 그 성을 돌되
무장한 자들이 여호와의 궤 앞에서 나아갈
지니라 하니라
8 ●여호수아가 백성에게 이르기를 마치매 제
사장 일곱은 양각 나팔 일곱을 잡고 여호와
앞에서 나아가며 나팔을 불고 여호와의 언
약궤는 그 뒤를 따르며
9 그 무장한 자들은 나팔 부는 제사장들 앞에
서 행진하며 후군은 궤 뒤를 따르고 제사장
들은 나팔을 불며 행진하더라
10 여호수아가 백성에게 명령하여 이르되 너희
는 외치지 말며 너희 음성을 들리게 하지 말

The Fall of Jericho

13 ●Now when Joshua was near Jericho, he
looked up and saw a man standing in front of
him with a drawn sword in his hand. Joshua
went up to him and asked, "Are you for us or
for our enemies?"
14 ●"Neither," he replied, "but as commander
of the army of the LORD I have now come."
Then Joshua fell facedown to the ground in
reverence, and asked him, "What message does
my Lord[a] have for his servant?"
15 ●The commander of the LORD's army
replied, "Take off your sandals, for the place
where you are standing is holy." And Joshua
did so.
6 Now the gates of Jericho were securely
barred because of the Israelites. No one
went out and no one came in.
2 ●Then the LORD said to Joshua, "See, I have
delivered Jericho into your hands, along with
3 its king and its fighting men. ●March around
the city once with all the armed men. Do this
4 for six days. ●Have seven priests carry trum-
pets of rams' horns in front of the ark. On the
seventh day, march around the city seven
times, with the priests blowing the trumpets.
5 ●When you hear them sound a long blast on
the trumpets, have the whole army give a loud
shout; then the wall of the city will collapse
and the army will go up, everyone straight in."
6 ●So Joshua son of Nun called the priests and
said to them, "Take up the ark of the covenant
of the LORD and have seven priests carry trum-
7 pets in front of it." ●And he ordered the army,
"Advance! March around the city, with an
armed guard going ahead of the ark of the
LORD."
8 ●When Joshua had spoken to the people,
the seven priests carrying the seven trumpets
before the LORD went forward, blowing their
trumpets, and the ark of the LORD's covenant
9 followed them. ●The armed guard marched
ahead of the priests who blew the trumpets,
and the rear guard followed the ark. All this
10 time the trumpets were sounding. ●But Joshua
had commanded the army, "Do not give a war
cry, do not raise your voices, do not say a word
until the day I tell you to shout. Then shout!"
11 ●So he had the ark of the LORD carried around
the city, circling it once. Then the army re-
turned to camp and spent the night there.

[a]14 Or *lord*

advance [ədvǽns] *vi.* 나아가다
bar [bɑːr] *vt.* 빗장을 질러 잠그다
blast [blæst] *vt.* (악기 등의) 소리
blow [blou] *vt.* 불다
collapse [kəlǽps] *vi.* 무너지다
commander [kəmǽndər] *n.* 지휘관
deliver [dilívər] *vt.* 넘겨주다
draw [drɔ́ː] *vt.* 뽑다
facedown [féisdáun] *ad.* 엎드려
horn [hɔːrn] *n.* (사슴, 노루 등의) 뿔
march [mɑːrtʃ] *vi.* 행진하다
ram [ræm] *n.* 숫양
rear [riər] *a.* 후방의
reverence [révərəns] *n.* 경외하는 마음
trumpet [trʌmpit] *n.* 나팔

5:15 take off: (의복, 신, 모자 등을) 벗다
6:2 deliver... into~: …을 ~에 넘겨주다
6:2 along with...: …와 함께, 같이
6:4 in front of...: …의 앞에
6:7 ahead of...: …의 앞에
6:8 go forward: 전진하다

며 너희 입에서 아무 말도 내지 말라 그리하
다가 내가 너희에게 명령하여 외치라 하는
날에 외칠지니라 하고
11 여호와의 궤가 그 성을 한 번 돌게 하고 그들
이 진영으로 들어와서 진영에서 자니라
12 ●또 여호수아가 아침에 일찍이 일어나니
제사장들이 여호와의 궤를 메고
13 제사장 일곱은 양각 나팔 일곱을 잡고 여호
와의 궤 앞에서 계속 행진하며 나팔을 불고
무장한 자들은 그 앞에 행진하며 후군은 여
호와의 궤 뒤를 따르고 제사장들은 나팔을
불며 행진하니라
14 그 둘째 날에도 그 성을 한 번 돌고 진영으로
돌아오니라 엿새 동안을 이같이 행하니라
15 ●일곱째 날 새벽에 그들이 일찍이 일어나
서 전과 같은 방식으로 그 성을 일곱 번 도니
그 성을 일곱 번 돌기는 그날뿐이었더라
16 일곱 번째에 제사장들이 나팔을 불 때에 여
호수아가 백성에게 이르되 외치라 여호와께
서 너희에게 이 성을 주셨느니라
17 이 성과 그 가운데에 있는 모든 것은 여호와
께 온전히 바치되 기생 라합과 그 집에 동거
하는 자는 모두 살려 주라 이는 우리가 보낸
사자들을 그가 숨겨 주었음이니라
18 너희는 온전히 바치고 그 바친 것 중에서 어
떤 것이든지 취하여 너희가 이스라엘 진영
으로 바치는 것이 되게 하여 고통을 당하게
되지 아니하도록 오직 너희는 그 바친 물건
에 손대지 말라
19 은금과 동철 기구들은 다 여호와께 구별될
것이니 그것을 여호와의 곳간에 들일지니라
하니라
20 이에 백성은 외치고 제사장들은 나팔을 불
매 백성이 나팔 소리를 들을 때에 크게 소리
질러 외치니 성벽이 무너져 내린지라 백성
이 각기 앞으로 나아가 그 성에 들어가서 그
성을 점령하고
21 그 성안에 있는 모든 것을 온전히 바치되 남녀
노소와 소와 양과 나귀를 칼날로 멸하니라
22 ●여호수아가 그 땅을 정탐한 두 사람에게
이르되 그 기생의 집에 들어가서 너희가 그
여인에게 맹세한 대로 그와 그에게 속한 모
든 것을 이끌어내라 하매
히 11:31
23 정탐한 젊은이들이 들어가서 라합과 그의
부모와 그의 형제와 그에게 속한 모든 것을
이끌어내고 또 그의 친족도 다 이끌어내어
그들을 이스라엘의 진영 밖에 두고

12 ●Joshua got up early the next morning and
13 the priests took up the ark of the LORD. ●The
seven priests carrying the seven trumpets went
forward, marching before the ark of the LORD
and blowing the trumpets. The armed men
went ahead of them and the rear guard fol-
lowed the ark of the LORD, while the trumpets
14 kept sounding. ●So on the second day they
marched around the city once and returned to
the camp. They did this for six days.
15 ●On the seventh day, they got up at day-
break and marched around the city seven
times in the same manner, except that on that
16 day they circled the city seven times. ●The sev-
enth time around, when the priests sounded
the trumpet blast, Joshua commanded the
army, "Shout! For the LORD has given you the
17 city! ●The city and all that is in it are to be
devoted[a] to the LORD. Only Rahab the prosti-
tute and all who are with her in her house
shall be spared, because she hid the spies we
18 sent. ●But keep away from the devoted things,
so that you will not bring about your own
destruction by taking any of them. Otherwise
you will make the camp of Israel liable to
19 destruction and bring trouble on it. ●All the
silver and gold and the articles of bronze and
iron are sacred to the LORD and must go into
his treasury."
20 ●When the trumpets sounded, the army
shouted, and at the sound of the trumpet,
when the men gave a loud shout, the wall col-
lapsed; so everyone charged straight in, and
21 they took the city. ●They devoted the city to
the LORD and destroyed with the sword every
living thing in it—men and women, young
and old, cattle, sheep and donkeys.
22 ●Joshua said to the two men who had spied
out the land, "Go into the prostitute's house
and bring her out and all who belong to her, in
23 accordance with your oath to her." ●So the
young men who had done the spying went
in and brought out Rahab, her father and
mother, her brothers and sisters and all who
belonged to her. They brought out her entire
family and put them in a place outside the
camp of Israel.
24 ●Then they burned the whole city and
everything in it, but they put the silver and
gold and the articles of bronze and iron into

[a] *17* The Hebrew term refers to the irrevocable giving over of things or persons to the LORD, often by totally destroying them; also in verses 18 and 21.

article [ɑ́:rtikl] *n.* 물품
cattle [kǽtl] *n.* 소
circle [sə́:rkl] *vt.* …의 둘레를 돌다
collapse [kəlǽps] *vi.* 무너지다
daybreak [déibrèik] *n.* 새벽
destruction [distrʌ́kʃən] *n.* 파괴
devote [divóut] *vt.* 헌신하다, 바치다
entire [intáiər] *a.* 전체의
liable [láiəbl] *a.* …의 영향을 받기 쉬운
manner [mǽnər] *n.* 방식
otherwise [ʌ́ðərwàiz] *ad.* 그렇지 않으면
sacred [séikrid] *a.* 신성한
spare [spεər] *vt.* 목숨을 살려 주다
sword [sɔ:rd] *n.* (칼날이 긴)검
treasury [tréʒəri] *n.* 보고, 국고

6:12 take up: 들어올리다
6:17 devote to...: …에게 바치다
6:18 keep away from: 가까이하지 않다
6:18 bring about...: …을 야기하다
6:22 in accordance with: …에 따라서, …에 부합되게

24 무리가 그 성과 그 가운데에 있는 모든 것을
불로 사르고 은금과 동철 기구는 여호와의
집 곳간에 두었더라 6:19
25 여호수아가 기생 라합과 그의 아버지의 가
족과 그에게 속한 모든 것을 살렸으므로 그
가 오늘까지 이스라엘 중에 거주하였으니
이는 여호수아가 여리고를 정탐하려고 보낸
사자들을 숨겼음이었더라
26 여호수아가 그때에 맹세하게 하여 이르되
누구든지 일어나서 이 여리고 성을 건축하
는 자는 여호와 앞에서 저주를 받을 것이라
그 기초를 쌓을 때에 그의 맏아들을 잃을 것
이요 그 문을 세울 때에 그의 막내아들을 잃
으리라 하였더라
27 여호와께서 여호수아와 함께하시니 여호수
아의 소문이 그 온 땅에 퍼지니라

아간의 범죄 (♪ 261장) — B.C. 1406년경

7 이스라엘 자손들이 온전히 바친 물건으로
말미암아 범죄하였으니 이는 유다 지파 세
라의 증손 삽디의 손자 갈미의 아들 아간이
온전히 바친 물건을 가졌음이라 여호와께서
이스라엘 자손들에게 진노하시니라
2 ●여호수아가 여리고에서 사람을 벧엘 동쪽
벧아웬 곁에 있는 아이로 보내며 그들에게
말하여 이르되 올라가서 그 땅을 정탐하라
하매 그 사람들이 올라가서 아이를 정탐하고
3 여호수아에게로 돌아와 그에게 이르되 백성
을 다 올라가게 하지 말고 이삼천 명만 올라
가서 아이를 치게 하소서 그들은 소수이니
모든 백성을 그리로 보내어 수고롭게 하지
마소서 하므로
4 백성 중 삼천 명쯤 그리로 올라갔다가 아이
사람 앞에서 도망하니
5 아이 사람이 그들을 삼십육 명쯤 쳐죽이고
성문 앞에서부터 스바림까지 쫓아가 내려가
는 비탈에서 쳤으므로 백성의 마음이 녹아
물같이 된지라
6 여호수아가 옷을 찢고 이스라엘 장로들과
함께 여호와의 궤 앞에서 땅에 엎드려 머리
에 티끌을 뒤집어쓰고 저물도록 있다가
7 이르되 슬프도소이다 주 여호와여 어찌하여
이 백성을 인도하여 요단을 건너게 하시고
우리를 아모리 사람의 손에 넘겨 멸망시키
려 하셨나이까 우리가 요단 저쪽을 만족하
게 여겨 거주하였더면 좋을 뻔하였나이다
8 주여 이스라엘이 그의 원수들 앞에서 돌아
섰으니 내가 무슨 말을 하오리이까

25 the treasury of the LORD's house. ●But
Joshua spared Rahab the prostitute, with her
family and all who belonged to her, because
she hid the men Joshua had sent as spies to
Jericho—and she lives among the Israelites
to this day.
26 ●At that time Joshua pronounced this
solemn oath: "Cursed before the LORD is the
one who undertakes to rebuild this city, Jeri-
cho:

"At the cost of his firstborn son
he will lay its foundations;
at the cost of his youngest
he will set up its gates."

27 ●So the LORD was with Joshua, and his fame
spread throughout the land.

Achan's Sin

7 But the Israelites were unfaithful in regard
to the devoted things[a]; Achan son of
Karmi, the son of Zimri,[b] the son of Zerah, of
the tribe of Judah, took some of them. So the
LORD's anger burned against Israel.
2 ●Now Joshua sent men from Jericho to Ai,
which is near Beth Aven to the east of Be-
thel, and told them, "Go up and spy out the
region." So the men went up and spied out Ai.
3 ●When they returned to Joshua, they said,
"Not all the army will have to go up against Ai.
Send two or three thousand men to take it and
do not weary the whole army, for only a few
4 people live there." ●So about three thousand
went up; but they were routed by the men of
5 Ai, ●who killed about thirty-six of them. They
chased the Israelites from the city gate as far as
the stone quarries and struck them down on
the slopes. At this the hearts of the people melt-
ed in fear and became like water.
6 ●Then Joshua tore his clothes and fell face-
down to the ground before the ark of the LORD,
remaining there till evening. The elders of
Israel did the same, and sprinkled dust on
7 their heads. ●And Joshua said, "Alas, Sovereign
LORD, why did you ever bring this people
across the Jordan to deliver us into the hands
of the Amorites to destroy us? If only we had
been content to stay on the other side of the
8 Jordan! ●Pardon your servant, Lord. What can

[a]1 The Hebrew term refers to the irrevocable giving over of things or persons to the LORD, often by totally destroying them; also in verses 11, 12, 13 and 15. [b]1 See Septuagint and 1 Chron. 2:6; Hebrew *Zabdi*; also in verses 17 and 18.

chase [tʃeis] *vt.* 뒤쫓다
curse [kəːrs] *vt.* 저주하다
fame [feim] *n.* 명성
firstborn [fəːrstbɔ́ːrn] *n.* 첫아이, 장남
pronounce [prənáuns] *vt.* 선언하다
quarry [kwɔ́ːri] *n.* 채석장
rebuild [riːbíld] *vt.* 재건하다
rout [raut] *vt.* 패주(敗走)시키다
slope [sloup] *n.* 경사(傾斜), 비탈
solemn [sáləm] *a.* 엄숙한
sovereign [sávərin] *n.* 주권자
spread [spred] *vi.* 퍼지다
sprinkle [spríŋkl] *vt.* 뿌리다
undertake [ʌ̀ndərtéik] *vt.* 맡다
weary [wíəri] *vt.* 지치게 하다

7:1 in regard to...: …에 관해서는
7:2 spy out: 염탐하다
7:3 only a few: 소수의, 약간명의
7:5 as far as...: …에까지
7:5 strike down: 때려 넘어뜨리다
7:7 be content to...: 기꺼이 …하다

9 가나안 사람과 이 땅의 모든 사람들이 듣고 우리를 둘러싸고 우리 이름을 세상에서 끊으리니 주의 크신 이름을 위하여 어떻게 하시려 하나이까 하니

10 여호와께서 여호수아에게 이르시되 일어나라 어찌하여 이렇게 엎드렸느냐

11 이스라엘이 범죄하여 내가 그들에게 명령한 나의 언약을 어겼으며 또한 그들이 온전히 바친 물건을 가져가고 도둑질하며 속이고 그것을 그들의 물건들 가운데에 두었느니라

12 그러므로 이스라엘 자손들이 그들의 원수 앞에 능히 맞서지 못하고 그 앞에서 돌아섰나니 이는 그들도 온전히 바친 것이 됨이라 그 온전히 바친 물건을 너희 중에서 멸하지 아니하면 내가 다시는 너희와 함께 있지 아니하리라

13 너는 일어나서 백성을 거룩하게 하여 이르기를 너희는 내일을 위하여 스스로 거룩하게 하라 이스라엘의 하나님 여호와의 말씀에 이스라엘아 너희 가운데에 온전히 바친 물건이 있나니 너희가 그 온전히 바친 물건을 너희 가운데에서 제하기까지는 네 원수들 앞에 능히 맞서지 못하리라 3:5

14 너희는 아침에 너희의 지파대로 가까이 나아오라 여호와께 뽑히는 그 지파는 그 족속대로 가까이 나아올 것이요 여호와께 뽑히는 족속은 그 가족대로 가까이 나아올 것이요 여호와께 뽑히는 그 가족은 그 남자들이 가까이 나아올 것이며

15 온전히 바친 물건을 가진 자로 뽑힌 자를 불사르되 그와 그의 모든 소유를 그리하라 이는 여호와의 언약을 어기고 이스라엘 가운데에서 망령된 일을 행하였음이라 하셨다 하라

16 •이에 여호수아가 아침 일찍이 일어나서 이스라엘을 그의 지파대로 가까이 나아오게 하였더니 유다 지파가 뽑혔고

17 유다 족속을 가까이 나아오게 하였더니 세라 족속이 뽑혔고 세라 족속의 각 남자를 가까이 나아오게 하였더니 삽디가 뽑혔고

18 삽디의 가족 각 남자를 가까이 나아오게 하였더니 유다 지파 세라의 증손이요 삽디의 손자요 갈미의 아들인 아간이 뽑혔더라

19 그러므로 여호수아가 아간에게 이르되 내 아들아 청하노니 이스라엘의 하나님 여호와께 영광을 돌려 그 앞에 자복하고 네가 행한 일을 내게 알게 하라 그 일을 내게 숨기지 말라 하니

20 아간이 여호수아에게 대답하여 이르되 참으로 나는 이스라엘의 하나님 여호와께 범죄하여

I say, now that Israel has been routed by its
9 enemies? •The Canaanites and the other
people of the country will hear about this
and they will surround us and wipe out our
name from the earth. What then will you do
for your own great name?"
10 •The LORD said to Joshua, "Stand up!
What are you doing down on your face?
11 •Israel has sinned; they have violated my
covenant, which I commanded them to
keep. They have taken some of the devoted
things; they have stolen, they have lied, they
have put them with their own possessions.
12 •That is why the Israelites cannot stand
against their enemies; they turn their backs
and run because they have been made liable
to destruction. I will not be with you any-
more unless you destroy whatever among
you is devoted to destruction.
13 •"Go, consecrate the people. Tell them,
'Consecrate yourselves in preparation for
tomorrow; for this is what the LORD, the God
of Israel, says: There are devoted things
among you, Israel. You cannot stand against
your enemies until you remove them.
14 •" 'In the morning, present yourselves
tribe by tribe. The tribe the LORD chooses
shall come forward clan by clan; the clan the
LORD chooses shall come forward family by
family; and the family the LORD chooses
15 shall come forward man by man. •Whoev-
er is caught with the devoted things shall be
destroyed by fire, along with all that belongs
to him. He has violated the covenant of the
LORD and has done an outrageous thing in
Israel!' "
16 •Early the next morning Joshua had
Israel come forward by tribes, and Judah was
17 chosen. •The clans of Judah came forward,
and the Zerahites were chosen. He had the
clan of the Zerahites come forward by fami-
18 lies, and Zimri was chosen. •Joshua had his
family come forward man by man, and
Achan son of Karmi, the son of Zimri, the
son of Zerah, of the tribe of Judah, was cho-
sen.
19 •Then Joshua said to Achan, "My son,
give glory to the LORD, the God of Israel,
and honor him. Tell me what you have
done; do not hide it from me."
20 •Achan replied, "It is true! I have sinned
against the LORD, the God of Israel. This is

clan [klæn] *n.* 종족
consecrate [kánsəkrèit] *vt.* 신성하게 하다
destruction [distrʌ́kʃən] *n.* 파괴
enemy [énəmi] *n.* 원수
forward [fɔ́:rwərd] *ad.* 앞으로
honor [ánər] *n.* 영광
outrageous [autréidʒəs] *a.* 괘씸한
possession [pəzéʃən] *n.* 소유물
preparation [prèpəréiʃən] *n.* 준비
present [prizént] *vt.* 출석하다
remove [rimú:v] *vt.* 제거하다
reply [riplái] *vt.* 대답하다
surround [səráund] *vt.* 둘러싸다
violate [váiəlèit] *vt.* 위반하다
wipe [waip] *vt.* 닦다, 소탕하다

7:12 stand against...: …(주로 적의 공격)에 대항하여 맞서다
7:13 in preparation for...: …를 준비하여
7:15 along with...: …과 함께, 같이
7:15 belong to...: …에 속하다
7:20 sin against...: …에 대해 죄를 짓다

이러이러하게 행하였나이다
21 내가 노략한 물건 중에 시날 산의 아름다운 외
투 한 벌과 은 이백 세겔과 그 무게가 오십 세
겔 되는 금덩이 하나를 보고 탐내어 가졌나이
다 보소서 이제 그 물건들을 내 장막 가운데
땅 속에 감추었는데 은은 그 밑에 있나이다 하
더라
22 •이에 여호수아가 사자들을 보내매 그의 장
막에 달려가 본즉 물건이 그의 장막 안에 감추
어져 있는데 은은 그 밑에 있는지라
23 그들이 그것을 장막 가운데서 취하여 여호수
아와 이스라엘 모든 자손에게 가지고 오매 그
들이 그것을 여호와 앞에 쏟아 놓으니라
24 여호수아가 이스라엘 모든 사람과 더불어 세라
의 아들 아간을 잡고 그 은과 그 외투와 그 금
덩이와 그의 아들들과 그의 딸들과 그의 소들
과 그의 나귀들과 그의 [1]양들과 그의 장막과 그
에게 속한 모든 것을 이끌고 아골 골짜기로 가서
25 여호수아가 이르되 네가 어찌하여 우리를 괴
롭게 하였느냐 여호와께서 오늘 너를 괴롭게
하시리라 하니 온 이스라엘이 그를 돌로 치고
물건들도 돌로 치고 불사르고
26 그 위에 돌 무더기를 크게 쌓았더니 오늘까지
있더라 여호와께서 그의 맹렬한 진노를 그치
시니 그러므로 그곳 이름을 오늘까지 [2]아골 골
짜기라 부르더라

아이 성을 점령하다 — B.C. 1406년경

8 여호와께서 여호수아에게 이르시되 두려워
하지 말라 놀라지 말라 군사를 다 거느리고
일어나 아이로 올라가라 보라 내가 아이 왕과
그의 백성과 그의 성읍과 그의 땅을 다 네 손
에 넘겨 주었으니
2 너는 여리고와 그 왕에게 행한 것같이 아이와
그 왕에게 행하되 오직 거기서 탈취할 물건과
가축은 스스로 가지라 너는 아이 성 뒤에 복병
을 둘지니라 하시니
3 •이에 여호수아가 일어나서 군사와 함께 아
이로 올라가려 하여 용사 삼만 명을 뽑아 밤에
보내며
4 그들에게 명령하여 이르되 너희는 성읍 뒤로
가서 성읍을 향하여 매복하되 그 성읍에서 너
무 멀리하지 말고 다 스스로 준비하라
5 나와 나를 따르는 모든 백성은 다 성읍으로 가
까이 가리니 그들이 처음과 같이 우리에게로
쳐 올라올 것이라 그리할 때에 우리가 그들 앞
에서 도망하면
6 그들이 나와서 우리를 추격하며 이르기를 그

21 what I have done: •When I saw in the plun-
der a beautiful robe from Babylonia,[a] two
hundred shekels[b] of silver and a bar of gold
weighing fifty shekels,[c] I coveted them and
took them. They are hidden in the ground
inside my tent, with the silver underneath."
22 •So Joshua sent messengers, and they ran
to the tent, and there it was, hidden in his
23 tent, with the silver underneath. •They took
the things from the tent, brought them to
Joshua and all the Israelites and spread them
out before the LORD.
24 •Then Joshua, together with all Israel,
took Achan son of Zerah, the silver, the robe,
the gold bar, his sons and daughters, his cat-
tle, donkeys and sheep, his tent and all that
25 he had, to the Valley of Achor. •Joshua said,
"Why have you brought this trouble on us?
The LORD will bring trouble on you today."
Then all Israel stoned him, and after they
had stoned the rest, they burned them.
26 •Over Achan they heaped up a large pile of
rocks, which remains to this day. Then the
LORD turned from his fierce anger. Therefore
that place has been called the Valley of
Achor[d] ever since.

Ai Destroyed

8 Then the LORD said to Joshua, "Do not
be afraid; do not be discouraged. Take
the whole army with you, and go up and
attack Ai. For I have delivered into your
hands the king of Ai, his people, his city and
2 his land. •You shall do to Ai and its king as
you did to Jericho and its king, except that
you may carry off their plunder and live-
stock for yourselves. Set an ambush behind
the city."
3 •So Joshua and the whole army moved
out to attack Ai. He chose thirty thousand of
his best fighting men and sent them out at
4 night •with these orders: "Listen carefully.
You are to set an ambush behind the city.
Don't go very far from it. All of you be on the
5 alert. •I and all those with me will advance
on the city, and when the men come out
against us, as they did before, we will flee
6 from them. •They will pursue us until we
have lured them away from the city, for they

[a]21 Hebrew *Shinar* [b]21 That is, about 5 pounds or about 2.3 kilograms [c]21 That is, about 1 1/4 pounds or about 575 grams [d]26 *Achor* means *trouble.*

1) 히, 양과 염소의 떼 2) 괴로움

alert [əlɔ́ːrt] *n.* 경계
ambush [ǽmbuʃ] *n.* 매복
covet [kʌ́vit] *vt.* 몹시 탐내다
discourage [diskɔ́ːridʒ] *vt.* 용기를 잃게 하다
fierce [fiərs] *a.* 맹렬한
flee [fliː] *vi.* 달아나다, 도망치다
heap [hiːp] *vt.* 쌓아올리다
livestock [láivstɑ̀k] *n.* 가축
lure [luər] *vt.* 유혹하다, 꾀하다
pile [pail] *n.* 더미
plunder [plʌ́ndər] *n.* 약탈품
pursue [pərsúː] *vt.* 추적하다
robe [roub] *n.* 길고 헐거운 겉옷
underneath [ʌ̀ndərníːθ] *prep.* 아래의
weigh [wei] *vi.* 무게가 …이다

7:26 **turn from...**: …을 그만두다
8:1 **deliver into**: 넘겨주다
8:2 **carry off**: (상품 등을) 획득하다
8:4 **on the alert**: 빈틈없이 경계하여
8:6 **lure away from...**: …에서 유인해내다

들이 처음과 같이 우리 앞에서 도망한다 하
고 우리의 유인을 받아 그 성읍에서 멀리 떠
날 것이라 우리가 그들 앞에서 도망하거든
7 너희는 매복한 곳에서 일어나 그 성읍을 점
령하라 너희 하나님 여호와께서 그 성읍을
너희 손에 주시리라
8 너희가 그 성읍을 취하거든 그것을 불살라
여호와의 말씀대로 행하라 보라 내가 너희
에게 명령하였느니라 하고
9 그들을 보내매 그들이 매복할 곳으로 가서
아이 서쪽 벧엘과 아이 사이에 매복하였고
여호수아는 그 밤에 백성 가운데에서 잤더
라
10 ●여호수아가 아침에 일찍이 일어나 백성을
점호하고 이스라엘 장로들과 더불어 백성에
앞서 아이로 올라가매
11 그와 함께한 군사가 다 올라가서 그 성읍 앞
에 가까이 이르러 아이 북쪽에 진치니 그와
아이 사이에는 한 골짜기가 있더라
12 그가 약 오천 명을 택하여 성읍 서쪽 벧엘과
아이 사이에 매복시키니
13 이와 같이 성읍 북쪽에는 온 군대가 있고 성
읍 서쪽에는 복병이 있었더라 여호수아가
그 밤에 골짜기 가운데로 들어가니
14 아이 왕이 이를 보고 그 성읍 백성과 함께 일
찍이 일어나 급히 나가 아라바 앞에 이르러
정한 때에 이스라엘과 싸우려 하나 성읍 뒤
에 복병이 있는 줄은 알지 못하였더라
15 여호수아와 온 이스라엘이 그들 앞에서 거
짓으로 패한 척하여 광야 길로 도망하매
16 그 성읍에 있는 모든 백성이 그들을 추격하
려고 모여 여호수아를 추격하며 유인함을
받아 아이 성읍을 멀리 떠나니
17 아이와 벧엘에 이스라엘을 따라가지 아니한
자가 하나도 없으며 성문을 열어 놓고 이스
라엘을 추격하였더라
18 ●여호와께서 여호수아에게 이르시되 네 손
에 잡은 단창을 들어 아이를 가리키라 내가
이 성읍을 네 손에 넘겨 주리라 여호수아가
그의 손에 잡은 단창을 들어 그 성읍을 가리
키니
19 그의 손을 드는 순간에 복병이 그들의 자리
에서 급히 일어나 성읍으로 달려 들어가서
점령하고 곧 성읍에 불을 놓았더라
20 아이 사람이 뒤를 돌아본즉 그 성읍에 연기
가 하늘에 닿은 것이 보이니 이 길로도 저 길
로도 도망할 수 없이 되었고 광야로 도망하

will say, 'They are running away from us as
they did before.' So when we flee from them,
7 •you are to rise up from ambush and take the
city. The LORD your God will give it into your
8 hand. •When you have taken the city, set it
on fire. Do what the LORD has commanded.
See to it; you have my orders."
9 •Then Joshua sent them off, and they went
to the place of ambush and lay in wait
between Bethel and Ai, to the west of Ai—but
Joshua spent that night with the people.
10 •Early the next morning Joshua muster-
ed his army, and he and the leaders of Isra-
11 el marched before them to Ai. •The entire
force that was with him marched up and
approached the city and arrived in front of it.
They set up camp north of Ai, with the valley
12 between them and the city. •Joshua had
taken about five thousand men and set them
in ambush between Bethel and Ai, to the west
13 of the city. •So the soldiers took up their posi-
tions—with the main camp to the north of
the city and the ambush to the west of it. That
night Joshua went into the valley.
14 •When the king of Ai saw this, he and all
the men of the city hurried out early in the
morning to meet Israel in battle at a certain
place overlooking the Arabah. But he did not
know that an ambush had been set against
15 him behind the city. •Joshua and all Israel let
themselves be driven back before them, and
16 they fled toward the wilderness. •All the men
of Ai were called to pursue them, and they pur-
sued Joshua and were lured away from the
17 city. •Not a man remained in Ai or Bethel
who did not go after Israel. They left the city
open and went in pursuit of Israel.
18 •Then the LORD said to Joshua, "Hold out
toward Ai the javelin that is in your hand, for
into your hand I will deliver the city." So
Joshua held out toward the city the javelin
19 that was in his hand. •As soon as he did this,
the men in the ambush rose quickly from
their position and rushed forward. They
entered the city and captured it and quickly
set it on fire.
20 •The men of Ai looked back and saw the
smoke of the city rising up into the sky, but
they had no chance to escape in any direction;
the Israelites who had been fleeing toward the
wilderness had turned back against their pur-
21 suers. •For when Joshua and all Israel saw that

ambush [ǽmbuʃ] *n.* 매복
approach [əpróutʃ] *vt.* …에 다가가다
arrive [əráiv] *vi.* 도착하다
capture [kǽptʃər] *vt.* 사로잡다
escape [iskéip] *vi.* 달아나다
javelin [dʒǽvəlin] *n.* 투창
march [mɑːrtʃ] *vi.* 행군하다
muster [mʌ́stər] *vt.* 소집하다
overlook [òuvərlúk] *vt.* 내려다보다
position [pəzíʃən] *n.* 위치
pursuit [pərsúːt] *n.* 추적
quickly [kwíkli] *ad.* 급히, 빨리
rush [rʌʃ] *vi.* 돌진하다
valley [vǽli] *n.* 골짜기
wilderness [wíldərnis] *n.* 광야

8:8 **see to...**: …을 처리하다
8:9 **lie in wait (for)**: 숨어서 기다리다
8:11 **set up...**: …을 설치하다
8:12 **set... in**: …를 안으로 들이다
8:13 **take up**: (시간, 장소를) 차지하다
8:15 **drive back**: 물리치다, 격퇴하다

던 이스라엘 백성은 그 추격하던 자에게로
돌아섰더라
21 여호수아와 온 이스라엘이 그 복병이 성읍
을 점령함과 성읍에 연기가 오름을 보고 다
시 돌이켜 아이 사람들을 쳐죽이고
22 복병도 성읍에서 나와 그들을 치매 그들이
이스라엘 중간에 든지라 어떤 사람들은 이
쪽에서 어떤 사람들은 저쪽에서 쳐죽여서
한 사람도 남거나 도망하지 못하게 하였고
23 아이 왕을 사로잡아 여호수아 앞으로 끌어
왔더라
24 ●이스라엘이 자기들을 광야로 추격하던 모
든 아이 주민을 들에서 죽이되 그들을 다 칼
날에 엎드러지게 하여 진멸하기를 마치고
온 이스라엘이 아이로 돌아와서 칼날로 죽
이매
25 그날에 엎드러진 아이 사람들은 남녀가 모
두 만 이천 명이라
26 아이 주민들을 진멸하여 바치기까지 여호수
아가 단창을 잡아 든 손을 거두지 아니하였
고
27 오직 그 성읍의 가축과 노략한 것은 여호와
께서 여호수아에게 명령하신 대로 이스라엘
이 탈취하였더라
8:2
28 이에 여호수아가 아이를 불살라 그것으로
영원한 무더기를 만들었더니 오늘까지 황폐
하였으며
29 그가 또 아이 왕을 저녁 때까지 나무에 달았
다가 해 질 때에 명령하여 그의 시체를 나무
에서 내려 그 성문 어귀에 던지고 그 위에 돌
로 큰 무더기를 쌓았더니 그것이 오늘까지
있더라

에발 산에서 율법을 낭독하다

30 ●그때에 여호수아가 이스라엘의 하나님 여
호와를 위하여 에발 산에 한 제단을 쌓았으
니
31 이는 여호와의 종 모세가 이스라엘 자손에
게 명령한 것과 모세의 율법책에 기록된 대
로 쇠 연장으로 다듬지 아니한 새 돌로 만든
제단이라 무리가 여호와께 번제물과 화목제
물을 그 위에 드렸으며
32 여호수아가 거기서 모세가 기록한 율법을
이스라엘 자손의 목전에서 그 돌에 기록하
매
33 온 이스라엘과 그 장로들과 관리들과 재판
장들과 본토인뿐 아니라 이방인까지 여호와
의 언약궤를 멘 레위 사람 제사장들 앞에서

the ambush had taken the city and that smoke
was going up from it, they turned around and
22 attacked the men of Ai. ●Those in the ambush
also came out of the city against them, so that
they were caught in the middle, with Israelites
on both sides. Israel cut them down, leaving
23 them neither survivors nor fugitives. ●But they
took the king of Ai alive and brought him to
Joshua.
24 ●When Israel had finished killing all the
men of Ai in the fields and in the wilderness
where they had chased them, and when every
one of them had been put to the sword, all
the Israelites returned to Ai and killed those
25 who were in it. ●Twelve thousand men and
women fell that day—all the people of Ai.
26 ●For Joshua did not draw back the hand that
held out his javelin until he had destroyed[a] all
27 who lived in Ai. ●But Israel did carry off for
themselves the livestock and plunder of this
city, as the LORD had instructed Joshua.
28 ●So Joshua burned Ai[b] and made it a per-
manent heap of ruins, a desolate place to this
29 day. ●He impaled the body of the king of Ai
on a pole and left it there until evening. At sun-
set, Joshua ordered them to take the body from
the pole and throw it down at the entrance of
the city gate. And they raised a large pile of
rocks over it, which remains to this day.

The Covenant Renewed at Mount Ebal

30 ●Then Joshua built on Mount Ebal an altar
31 to the LORD, the God of Israel, ●as Moses the
servant of the LORD had commanded the
Israelites. He built it according to what is writ-
ten in the Book of the Law of Moses—an altar
of uncut stones, on which no iron tool had
been used. On it they offered to the LORD burnt
offerings and sacrificed fellowship offerings.
32 ●There, in the presence of the Israelites, Joshua
wrote on stones a copy of the law of Moses.
33 ●All the Israelites, with their elders, officials
and judges, were standing on both sides of
the ark of the covenant of the LORD, facing
the Levitical priests who carried it. Both the
foreigners living among them and the
native-born were there. Half of the people
stood in front of Mount Gerizim and half of
them in front of Mount Ebal, as Moses the ser-
vant of the LORD had formerly commanded

[a] *26* The Hebrew term refers to the irrevocable giving over of things or persons to the LORD, often by totally destroying them. [b] *28* *Ai* means *the ruin.*

attack [ətǽk] *vt.* 공격하다
chase [tʃeis] *vt.* 쫓다, 추적하다
copy [kápi] *vt.* 모방하다
desolate [désələt] *a.* 황량한
fellowship [félouʃìp] *n.* 화목
foreigner [fɔ́:rənər] *n.* 외국인
formerly [fɔ́:rmərli] *ad.* 이전에
fugitive [fjú:dʒətiv] *n.* 도망자
instruct [instrʌ́kt] *vt.* 지시하다
judge [dʒʌdʒ] *n.* 재판장
permanent [pə́:rmənənt] *a.* 영속하는
remain [riméin] *vi.* 남다, 존속하다
ruin [rú:in] *n.* 폐허
survivor [sərváivər] *n.* 생존자
uncut [ʌ̀nkʌ́t] *a.* 자르지 않은

8:22 so that: …하도록
8:24 put to the sword: 검으로 베어 죽이다, (전쟁에서) 살육하다
8:26 draw back: ~에서 물러나다
8:31 according to...: …에 따라
8:32 in the presence of...: …의 면전에서

궤의 좌우에 서되 절반은 그리심 산 앞에, 절
반은 에발 산 앞에 섰으니 이는 전에 여호와
의 종 모세가 이스라엘 백성에게 축복하라
고 명령한 대로 함이라
34 그 후에 여호수아가 율법책에 기록된 모든
것 대로 축복과 저주하는 율법의 모든 말씀
을 낭독하였으니
35 모세가 명령한 것은 여호수아가 이스라엘
온 회중과 여자들과 아이와 그들 중에 동행
하는 거류민들 앞에서 낭독하지 아니한 말
이 하나도 없었더라

기브온 주민들이 여호수아를 속이다

9 이 일 후에 요단 서쪽 산지와 평지와 레바논
앞 대해 연안에 있는 헷 사람과 아모리 사람
과 가나안 사람과 브리스 사람과 히위 사람과
여부스 사람의 모든 왕들이 이 일을 듣고
2 모여서 일심으로 여호수아와 이스라엘에 맞
서서 싸우려 하더라
3 ●기브온 주민들이 여호수아가 여리고와 아
이에 행한 일을 듣고
4 꾀를 내어 사신의 모양을 꾸미되 해어진 전
대와 해어지고 찢어져서 기운 가죽 포도주
부대를 나귀에 싣고
5 그 발에는 낡아서 기운 신을 신고 낡은 옷을
입고 다 마르고 곰팡이가 난 떡을 준비하고
6 그들이 길갈 진영으로 가서 여호수아에게
이르러 그와 이스라엘 사람들에게 이르되
우리는 먼 나라에서 왔나이다 이제 우리와
조약을 맺읍시다 하니
7 이스라엘 사람들이 히위 사람에게 이르되 너
희가 우리 가운데에 거주하는 듯하니 우리가
어떻게 너희와 조약을 맺을 수 있으랴 하나
8 그들이 여호수아에게 이르되 우리는 당신의
종들이니이다 하매 여호수아가 그들에게 묻
되 너희는 누구며 어디서 왔느냐 하니
9 그들이 여호수아에게 대답하되 종들은 당신
의 하나님 여호와의 이름으로 말미암아 심히
먼 나라에서 왔사오니 이는 우리가 그의 소문
과 그가 애굽에서 행하신 모든 일을 들으며
10 또 그가 요단 동쪽에 있는 아모리 사람의 두 왕
들 곧 헤스본 왕 시혼과 아스다롯에 있는 바산
왕 옥에게 행하신 모든 일을 들었음이니이다
11 그러므로 우리 장로들과 우리 나라의 모든
주민이 우리에게 말하여 이르되 너희는 여
행할 양식을 손에 가지고 가서 그들을 만나
서 그들에게 이르기를 우리는 당신들의 종
들이니 이제 우리와 조약을 맺읍시다 하라

when he gave instructions to bless the people
of Israel.
34 ●Afterward, Joshua read all the words of
the law—the blessings and the curses—just
35 as it is written in the Book of the Law. ●There
was not a word of all that Moses had com-
manded that Joshua did not read to the whole
assembly of Israel, including the women and
children, and the foreigners who lived among
them.

The Gibeonite Deception

9 Now when all the kings west of the Jor-
dan heard about these things—the kings
in the hill country, in the western foothills,
and along the entire coast of the Mediter-
ranean Sea as far as Lebanon (the kings of the
Hittites, Amorites, Canaanites, Perizzites,
2 Hivites and Jebusites)— ●they came together
to wage war against Joshua and Israel.
3 ●However, when the people of Gibeon
heard what Joshua had done to Jericho and Ai,
4 ●they resorted to a ruse: They went as a dele-
gation whose donkeys were loaded[a] with
worn-out sacks and old wineskins, cracked
5 and mended. ●They put worn and patched
sandals on their feet and wore old clothes.
All the bread of their food supply was dry
6 and moldy. ●Then they went to Joshua in
the camp at Gilgal and said to him and the
Israelites, "We have come from a distant coun-
try; make a treaty with us."
7 ●The Israelites said to the Hivites, "But per-
haps you live near us, so how can we make a
treaty with you?"
8 ●"We are your servants," they said to Joshua.
But Joshua asked, "Who are you and where
do you come from?"
9 ●They answered: "Your servants have come
from a very distant country because of the
fame of the LORD your God. For we have heard
10 reports of him: all that he did in Egypt, ●and
all that he did to the two kings of the Amorites
east of the Jordan—Sihon king of Heshbon,
and Og king of Bashan, who reigned in
11 Ashtaroth. ●And our elders and all those living
in our country said to us, 'Take provisions for
your journey; go and meet them and say to
them, "We are your servants; make a treaty

[a]4 Most Hebrew manuscripts; some Hebrew manuscripts, Vulgate and Syriac (see also Septuagint) *They prepared provisions and loaded their donkeys*

assembly [əsémbli] *n.* 회중
crack [kræk] *vi.* 못쓰게 되다
deception [disépʃən] *n.* 속임수
delegation [dèligéiʃən] *n.* 대표단
entire [intáiər] *a.* 전체의
foothill [fúthìl] *n.* 산기슭
instruction [instrʌkʃən] *n.* 명령
mend [mend] *vt.* 수선하다
moldy [móuldi] *a.* 곰팡내나는
patch [pætʃ] *n.* 헝겊조각
provision [prəvíʒən] *n.* [*pl.*] 식량, 양식
reign [rein] *vi.* 통치하다
resort [rizɔ́:rt] *vi.* 의지하다
ruse [ru:z] *n.* 책략
wineskin [wáinskìn] *n.* 포도주 담는 가죽 부대

8:34 **just as ...**: 꼭 …처럼, …같이
9:2 **wage war against ...**: …에 대항하여 전쟁을 일으키다
9:5 **put on**: (의복, 신, 등을) 입다, 신다
9:6 **make a treaty with...**: …와 조약(협정)을 체결하다

하였나이다
12 우리의 이 떡은 우리가 당신들에게로 오려
고 떠나던 날에 우리들의 집에서 아직도 뜨
거운 것을 양식으로 가지고 왔으나 보소서
이제 말랐고 곰팡이가 났으며
13 또 우리가 포도주를 담은 이 가죽 부대도 새
것이었으나 찢어지게 되었으며 우리의 이
옷과 신도 여행이 매우 길었으므로 낡아졌
나이다 한지라
14 무리가 그들의 양식을 취하고는 어떻게 할
지를 여호와께 묻지 아니하고
15 여호수아가 곧 그들과 화친하여 그들을 살
리리라는 조약을 맺고 회중 족장들이 그들
에게 맹세하였더라 출 23:32
16 ●그들과 조약을 맺은 후 사흘이 지나서야
그들이 이웃에서 자기들 중에 거주하는 자
들이라 함을 들으니라
17 이스라엘 자손이 행군하여 셋째 날에 그들의
여러 성읍들에 이르렀으니 그들의 성읍들은
기브온과 그비라와 브에롯과 기럇여아림이라
18 그러나 회중 족장들이 이스라엘의 하나님
여호와로 그들에게 맹세했기 때문에 이스라
엘 자손이 그들을 치지 못한지라 그러므로
회중이 다 족장들을 원망하니 전 5:2
19 모든 족장이 온 회중에게 이르되 우리가 이
스라엘의 하나님 여호와로 그들에게 맹세하
였은즉 이제 그들을 건드리지 못하리라
20 우리가 그들에게 맹세한 맹약으로 말미암아
진노가 우리에게 임할까 하노니 이렇게 행
하여 그들을 살리리라 하고
21 무리에게 이르되 그들을 살리라 하니 족장들
이 그들에게 이른 대로 그들이 온 회중을 위
하여 나무를 패며 물을 긷는 자가 되었더라
22 ●여호수아가 그들을 불러다가 말하여 이르
되 너희가 우리 가운데에 거주하면서 어찌
하여 심히 먼 곳에서 왔다고 하여 우리를 속
였느냐 9:6,9
23 그러므로 너희가 저주를 받나니 너희가 대
를 이어 종이 되어 다 내 하나님의 집을 위하
여 나무를 패며 물을 긷는 자가 되리라 하니
24 그들이 여호수아에게 대답하여 이르되 당신
의 하나님 여호와께서 그의 종 모세에게 명
령하사 이 땅을 다 당신들에게 주고 이 땅의
모든 주민을 당신들 앞에서 멸하라 하신 것
이 당신의 종들에게 분명히 들리므로 당신
들로 말미암아 우리의 목숨을 잃을까 심히
두려워하여 이같이 하였나이다

12 with us." ' ●This bread of ours was warm
when we packed it at home on the day we left
to come to you. But now see how dry and
13 moldy it is. ●And these wineskins that we
filled were new, but see how cracked they are.
And our clothes and sandals are worn out by
the very long journey."
14 ●The Israelites sampled their provisions but
15 did not inquire of the LORD. ●Then Joshua
made a treaty of peace with them to let them
live, and the leaders of the assembly ratified it
by oath.
16 ●Three days after they made the treaty with
the Gibeonites, the Israelites heard that they
17 were neighbors, living near them. ●So the
Israelites set out and on the third day came to
their cities: Gibeon, Kephirah, Beeroth and
18 Kiriath Jearim. ●But the Israelites did not
attack them, because the leaders of the assem-
bly had sworn an oath to them by the LORD,
the God of Israel.
The whole assembly grumbled against the
19 leaders, ●but all the leaders answered, "We
have given them our oath by the LORD, the
God of Israel, and we cannot touch them now.
20 ●This is what we will do to them: We will let
them live, so that God's wrath will not fall on
us for breaking the oath we swore to them."
21 ●They continued, "Let them live, but let them
be woodcutters and water carriers in the ser-
vice of the whole assembly." So the leaders'
promise to them was kept.
22 ●Then Joshua summoned the Gibeonites
and said, "Why did you deceive us by saying,
'We live a long way from you,' while actually
23 you live near us? ●You are now under a curse:
You will never be released from service as
woodcutters and water carriers for the house of
my God."
24 ●They answered Joshua, "Your servants
were clearly told how the LORD your God had
commanded his servant Moses to give you the
whole land and to wipe out all its inhabitants
from before you. So we feared for our lives
because of you, and that is why we did this.
25 ●We are now in your hands. Do to us whatev-
er seems good and right to you."
26 ●So Joshua saved them from the Israelites,
27 and they did not kill them. ●That day he
made the Gibeonites woodcutters and water
carriers for the assembly, to provide for the
needs of the altar of the LORD at the place the

altar [ɔ́:ltər] *n.* 제단
command [kəmǽnd] *vt.* 명령하다
curse [kə́:rs] *n.* 저주
deceive [disí:v] *vt.* 속이다
grumble [grʌmbl] *vi.* 투덜거리다
inhabitant [inhǽbətənt] *n.* 주민
journey [dʒə́:rni] *n.* 여행
oath [ouθ] *n.* 맹세
ratify [rǽtəfài] *vt.* 비준하다
release [rilí:s] *vt.* 놓아주다
summon [sʌmən] *vt.* 소환하다
treaty [trí:ti] *n.* 조약
woodcutter [wúdkʌ̀tər] *n.* 나무꾼
worn-out [wɔ́:rnáut] *a.* 닳아 해진
wrath [ræθ] *n.* 격노

9:14 inquire of...: …에게 묻다
9:15 treaty of peace: 평화조약
9:17 set out: 출발하다, 착수하다
9:20 fall on: 마주치다, 닥치다
9:24 wipe out: 죽이다, 파괴하다
9:25 be in one's hand: 손아귀에 있다

25 보소서 이제 우리가 당신의 손에 있으니 당신
의 의향에 좋고 옳은 대로 우리에게 행하소서
한지라
26 여호수아가 곧 그대로 그들에게 행하여 그들
을 이스라엘 자손의 손에서 건져서 죽이지 못
하게 하니라
27 그날에 여호수아가 그들을 여호와께서 택하신
곳에서 회중을 위하며 여호와의 제단을 위하
여 나무를 패며 물을 긷는 자들로 삼았더니 오
늘까지 이르니라

여호수아가 기브온을 구하다 — B.C. 1406년경

10 그때에 여호수아가 아이를 빼앗아 진멸
하되 여리고와 그 왕에게 행한 것같이 아
이와 그 왕에게 행한 것과 또 기브온 주민이 이
스라엘과 화친하여 그중에 있다 함을 예루살
렘 왕 아도니세덱이 듣고
2 크게 두려워하였으니 이는 기브온은 왕도와
같은 큰 성임이요 아이보다 크고 그 사람들은
다 강함이라

대상 21:29

3 예루살렘 왕 아도니세덱이 헤브론 왕 호함과
야르뭇 왕 비람과 라기스 왕 야비아와 에글론
왕 드빌에게 보내어 이르되
4 내게로 올라와 나를 도우라 우리가 기브온을
치자 이는 기브온이 여호수아와 이스라엘 자
손과 더불어 화친하였음이니라 하매
5 아모리 족속의 다섯 왕들 곧 예루살렘 왕과 헤
브론 왕과 야르뭇 왕과 라기스 왕과 에글론 왕
이 함께 모여 자기들의 모든 군대를 거느리고
올라와 기브온에 대진하고 싸우니라
6 ●기브온 사람들이 길갈 진영에 사람을 보내
어 여호수아에게 전하되 당신의 종들 돕기를
더디게 하지 마시고 속히 우리에게 올라와 우
리를 구하소서 산지에 거주하는 아모리 사람
의 왕들이 다 모여 우리를 치나이다 하매
7 여호수아가 모든 군사와 용사와 더불어 길갈
에서 올라가니라
8 그때에 여호와께서 여호수아에게 이르시되 그
들을 두려워하지 말라 내가 그들을 네 손에 넘
겨 주었으니 그들 중에서 한 사람도 너를 당할
자 없으리라 하신지라
9 여호수아가 길갈에서 밤새도록 올라가 갑자기
그들에게 이르니
10 여호와께서 그들을 이스라엘 앞에서 패하게
하시므로 여호수아가 그들을 기브온에서 크게
살륙하고 벧호론에 올라가는 비탈에서 추격하
여 아세가와 막게다까지 이르니라
11 그들이 이스라엘 앞에서 도망하여 벧호론의

LORD would choose. And that is what they
are to this day.

The Sun Stands Still

10 Now Adoni-Zedek king of Jerusalem
heard that Joshua had taken Ai and
totally destroyed[a] it, doing to Ai and its king
as he had done to Jericho and its king, and
that the people of Gibeon had made a treaty
of peace with Israel and had become their
2 allies. ●He and his people were very much
alarmed at this, because Gibeon was an
important city, like one of the royal cities; it
was larger than Ai, and all its men were
3 good fighters. ●So Adoni-Zedek king of
Jerusalem appealed to Hoham king of
Hebron, Piram king of Jarmuth, Japhia king
of Lachish and Debir king of Eglon.
4 ●"Come up and help me attack Gibeon,"
he said, "because it has made peace with
Joshua and the Israelites."
5 ●Then the five kings of the Amorites—
the kings of Jerusalem, Hebron, Jarmuth,
Lachish and Eglon—joined forces. They
moved up with all their troops and took
up positions against Gibeon and attacked
it.
6 ●The Gibeonites then sent word to Jo-
shua in the camp at Gilgal: "Do not aban-
don your servants. Come up to us quickly
and save us! Help us, because all the Amor-
ite kings from the hill country have joined
forces against us."
7 ●So Joshua marched up from Gilgal with
his entire army, including all the best fight-
8 ing men. ●The LORD said to Joshua, "Do not
be afraid of them; I have given them into
your hand. Not one of them will be able to
withstand you."
9 ●After an all-night march from Gilgal,
10 Joshua took them by surprise. ●The LORD
threw them into confusion before Israel, so
Joshua and the Israelites defeated them
completely at Gibeon. Israel pursued them
along the road going up to Beth Horon and
cut them down all the way to Azekah and
11 Makkedah. ●As they fled before Israel on
the road down from Beth Horon to Azekah,
the LORD hurled large hailstones down on
them, and more of them died from the hail

[a]1 The Hebrew term refers to the irrevocable giving over of things or persons to the LORD, often by totally destroying them; also in verses 28, 35, 37, 39 and 40.

abandon [əbǽndən] *vt.* 내버리다
alarm [əláːrm] *vt.* 놀라게 하다
ally [əlái] *n.* 동맹국
appeal [əpíːl] *vi.* 호소하다
confusion [kənfjúːʒən] *n.* 혼란
defeat [difíːt] *vt.* 패배시키다
flee [fliː] *vi.* 도망치다
hurl [həːrl] *vt.* 퍼붓다
including [inklúːdiŋ] *prep.* …를 포함하다
join [dʒɔin] *vt.* 결합하다
royal [rɔ́iəl] *a.* 왕의
servant [sə́ːrvənt] *n.* 종, 하인
totally [tóutəli] *ad.* 전적으로
troop [truːp] *n.* 무리
withstand [wiðstǽnd] *vt.* 이겨내다 함락시키다

10:4 make peace with...: …와 화해하다
10:5 join forces: 힘을 합치다
10:8 be afraid of...: …를 두려워하다
10:9 take... by surprise: …를 기습하여
10:10 cut down: (적을) 베어 죽이다

비탈에서 내려갈 때에 여호와께서 하늘에서
큰 우박 덩이를 아세가에 이르기까지 내리시
매 그들이 죽었으니 이스라엘 자손의 칼에 죽
은 자보다 우박에 죽은 자가 더 많았더라
12 ●여호와께서 아모리 사람을 이스라엘 자손에
게 넘겨 주시던 날에 여호수아가 여호와께 아
뢰어 이스라엘의 목전에서 이르되
태양아 너는 기브온 위에 머무르라 달아 너
도 아얄론 골짜기에서 그리할지어다
하매 합 3:11
13 태양이 머물고 달이 멈추기를 백성이 그 대적에
게 원수를 갚기까지 하였느니라 야살의 책에 태
양이 중천에 머물러서 거의 종일토록 속히 내
려가지 아니하였다고 기록되지 아니하였느냐
14 여호와께서 사람의 목소리를 들으신 이 같은
날은 전에도 없었고 후에도 없었나니 이는 여
호와께서 이스라엘을 위하여 싸우셨음이니라
15 ●여호수아가 온 이스라엘과 더불어 길갈 진
영으로 돌아왔더라

아모리의 모든 왕과 땅을 취하다

16 ●그 다섯 왕들이 도망하여 막게다의 굴에 숨
었더니
17 어떤 사람이 여호수아에게 고하여 이르되 막
게다의 굴에 그 다섯 왕들이 숨은 것을 발견하
였나이다 하니
18 여호수아가 이르되 굴 어귀에 큰 돌을 굴려 막
고 사람을 그 곁에 두어 그들을 지키게 하고
19 너희는 지체하지 말고 너희 대적의 뒤를 따라
가 그 후군을 쳐서 그들이 자기들의 성읍에 들
어가지 못하게 하라 너희 하나님 여호와께서
그들을 너희 손에 넘겨 주셨느니라 하고
20 여호수아와 이스라엘 자손이 그들을 크게 살
륙하여 거의 멸하였고 그 남은 몇 사람은 견고
한 성들로 들어간 고로
21 모든 백성이 평안히 막게다 진영으로 돌아와
여호수아에게 이르렀더니 혀를 놀려 이스라엘
자손을 대적하는 자가 없었더라 출 11:7
22 ●그때에 여호수아가 이르되 굴 어귀를 열고 그
굴에서 그 다섯 왕들을 내게로 끌어내라 하매
23 그들이 그대로 하여 그 다섯 왕들 곧 예루살렘
왕과 헤브론 왕과 야르뭇 왕과 라기스 왕과 에
글론 왕을 굴에서 그에게로 끌어내니라
24 그 왕들을 여호수아에게로 끌어내매 여호수아
가 이스라엘 모든 사람을 부르고 자기와 함께
갔던 지휘관들에게 이르되 가까이 와서 이 왕
들의 목을 발로 밟으라 하매 그들이 가까이 가
서 그들의 목을 밟으매

than were killed by the swords of the Isra-
elites.
12 ●On the day the LORD gave the Amorites
over to Israel, Joshua said to the LORD in the
presence of Israel:

"Sun, stand still over Gibeon,
and you, moon, over the Valley of
Aijalon."
13 ●So the sun stood still,
and the moon stopped,
till the nation avenged itself on[a]
its enemies,

as it is written in the Book of Jashar.
The sun stopped in the middle of the sky
and delayed going down about a full day.
14 ●There has never been a day like it before or
since, a day when the LORD listened to a
human being. Surely the LORD was fighting
for Israel!
15 ●Then Joshua returned with all Israel to
the camp at Gilgal.

Five Amorite Kings Killed

16 ●Now the five kings had fled and hidden
17 in the cave at Makkedah. ●When Joshua
was told that the five kings had been found
18 hiding in the cave at Makkedah, ●he said,
"Roll large rocks up to the mouth of the
cave, and post some men there to guard it.
19 ●But don't stop; Pursue your enemies!
Attack them from the rear and don't let
them reach their cities, for the LORD your
God has given them into your hand."
20 ●So Joshua and the Israelites defeated
them completely, but a few survivors man-
21 aged to reach their fortified cities. ●The
whole army then returned safely to Joshua
in the camp at Makkedah, and no one
uttered a word against the Israelites.
22 ●Joshua said, "Open the mouth of the
cave and bring those five kings out to me."
23 ●So they brought the five kings out of the
cave—the kings of Jerusalem, Hebron, Jar-
24 muth, Lachish and Eglon. ●When they had
brought these kings to Joshua, he sum-
moned all the men of Israel and said to the
army commanders who had come with
him, "Come here and put your feet on the
necks of these kings." So they came forward
and placed their feet on their necks.

[a]13 Or *nation triumphed over*

attack [ətǽk] *vt.* 공격하다
cave [keiv] *n.* 동굴
commander [kəmǽndər] *n.* 지휘자
completely [kəmplíːtli] *ad.* 완전히
fortify [fɔ́ːrtəfài] *vt.* 요새화하다
hide [haid] *vi.* 숨다
manage [mǽnidʒ] *vt.* 해내다
presence [prézns] *n.* 면전
pursue [pərsúː] *vt.* 추적하다
reach [riːtʃ] *vi.* 뻗다
rear [riər] *n.* 뒤편
safely [séifli] *ad.* 안전하게
summon [sʌmən] *vt.* 부르다
survivor [səváivər] *n.* 생존자
utter [ʌtər] *vt.* 발언하다

10:13 avenge oneself on...: …에게 복수하다
10:13 in the middle of ...: …의 중앙에
10:13 go down: 내려가다
10:14 fight for...: …를 위해 싸우다
10:18 up to...: …까지

25 여호수아가 그들에게 이르되 두려워하지 말
며 놀라지 말고 강하고 담대하라 너희가 맞
서서 싸우는 모든 대적에게 여호와께서 다
이와 같이 하시리라 하고 10:8
26 그 후에 여호수아가 그 왕들을 쳐죽여 다섯
나무에 매달고 저녁까지 나무에 달린 채로
두었다가
27 해 질 때에 여호수아가 명령하매 그들의 시
체를 나무에서 내려 그들이 숨었던 굴 안에
던지고 굴 어귀를 큰 돌로 막았더니 오늘까
지 그대로 있더라
28 ●그날에 여호수아가 막게다를 취하고 칼날
로 그 성읍과 왕을 쳐서 그 성읍과 그 중에
있는 모든 사람을 진멸하여 바치고 한 사람
도 남기지 아니하였으니 막게다 왕에게 행
한 것이 여리고 왕에게 행한 것과 같았더라
29 ●여호수아가 온 이스라엘과 더불어 막게다
에서 립나로 나아가서 립나와 싸우매 대상 6:57
30 여호와께서 또 그 성읍과 그 왕을 이스라엘
의 손에 붙이신지라 칼날로 그 성읍과 그 중
의 모든 사람을 쳐서 멸하여 한 사람도 남기
지 아니하였으니 그 왕에게 행한 것이 여리
고 왕에게 행한 것과 같았더라
31 ●여호수아가 또 온 이스라엘과 더불어 립나
에서 라기스로 나아가서 대진하고 싸우더니
32 여호와께서 라기스를 이스라엘의 손에 넘겨
주신지라 이튿날에 그 성읍을 점령하고 칼
날로 그것과 그 안의 모든 사람을 쳐서 멸하
였으니 립나에 행한 것과 같았더라
33 ●그때에 게셀 왕 호람이 라기스를 도우려
고 올라오므로 여호수아가 그와 그의 백성
을 쳐서 한 사람도 남기지 아니하였더라
34 ●여호수아가 온 이스라엘과 더불어 라기스
에서 에글론으로 나아가서 대진하고 싸워
35 그날에 그 성읍을 취하고 칼날로 그것을 쳐
서 그중에 있는 모든 사람을 당일에 진멸하
여 바쳤으니 라기스에 행한 것과 같았더라
36 ●여호수아가 또 온 이스라엘과 더불어 에
글론에서 헤브론으로 올라가서 싸워 삿 1:10
37 그 성읍을 점령하고 그것과 그 왕과 그 속한
성읍들과 그 중의 모든 사람을 칼날로 쳐서
하나도 남기지 아니하였으니 그 성읍들과
그 중의 모든 사람을 진멸하여 바친 것이 에
글론에 행한 것과 같았더라
38 ●여호수아가 온 이스라엘과 더불어 돌아와
서 드빌에 이르러 싸워 삿 1:11
39 그 성읍과 그 왕과 그 속한 성읍들을 점령하

25 ●Joshua said to them, "Do not be afraid; do
not be discouraged. Be strong and courageous.
This is what the LORD will do to all the enemies
26 you are going to fight." ●Then Joshua put the
kings to death and exposed their bodies on
five poles, and they were left hanging on the
poles until evening.
27 ●At sunset Joshua gave the order and they
took them down from the poles and threw
them into the cave where they had been hid-
ing. At the mouth of the cave they placed large
rocks, which are there to this day.

Southern Cities Conquered

28 ●That day Joshua took Makkedah. He put
the city and its king to the sword and totally
destroyed everyone in it. He left no survivors.
And he did to the king of Makkedah as he had
done to the king of Jericho.
29 ●Then Joshua and all Israel with him
moved on from Makkedah to Libnah and
30 attacked it. ●The LORD also gave that city and
its king into Israel's hand. The city and every-
one in it Joshua put to the sword. He left no
survivors there. And he did to its king as he
had done to the king of Jericho.
31 ●Then Joshua and all Israel with him
moved on from Libnah to Lachish; he took up
32 positions against it and attacked it. ●The LORD
gave Lachish into Israel's hands, and Joshua
took it on the second day. The city and every-
one in it he put to the sword, just as he had
33 done to Libnah. ●Meanwhile, Horam king of
Gezer had come up to help Lachish, but
Joshua defeated him and his army—until no
survivors were left.
34 ●Then Joshua and all Israel with him
moved on from Lachish to Eglon; they took
35 up positions against it and attacked it. ●They
captured it that same day and put it to the
sword and totally destroyed everyone in it, just
as they had done to Lachish.
36 ●Then Joshua and all Israel with him went
up from Eglon to Hebron and attacked it.
37 ●They took the city and put it to the sword,
together with its king, its villages and everyone
in it. They left no survivors. Just as at Eglon,
they totally destroyed it and everyone in it.
38 ●Then Joshua and all Israel with him
39 turned around and attacked Debir. ●They
took the city, its king and its villages, and put
them to the sword. Everyone in it they totally

capture [kǽptʃər] *vt.* 붙잡다, 생포하다
conquer [káŋkər] *vt.* 정복하다
defeat [difíːt] *vt.* 패배시키다
destroy [distrɔ́i] *vt.* 진멸하다
discouraged [diskə́ːridʒd] *a.* 낙심한
enemy [énəmi] *n.* 적
expose [ikspóuz] *vt.* 드러내다
fight [fait] *vi.* 싸우다
meanwhile [míːnhwàil] *ad.* 한편으로
order [ɔ́ːrdər] *n.* 명령
pole [poul] *n.* 장대
position [pəzíʃən] *n.* 위치
survivor [sərváivər] *n.* 생존자
totally [tóutəli] *ad.* 전적으로
village [vílidʒ] *n.* 마을, 촌락

10:25 be going to...: …할 것이다
10:26 hang on: 매달다, 걸다
10:27 at sunset: 해질녘에
10:28 put to the sword: 대학살하다
10:33 come up to...: …에 동참하다
10:37 just as...: …한 것처럼(똑같이)

고 칼날로 그 성읍을 쳐서 그 안의 모든 사람
을 진멸하여 바치고 하나도 남기지 아니하
였으니 드빌과 그 왕에게 행한 것이 헤브론
에 행한 것과 같았으며 립나와 그 왕에게 행
한 것과 같았더라
40 ●이와 같이 여호수아가 그 온 땅 곧 산지와
네겝과 평지와 경사지와 그 모든 왕을 쳐서
하나도 남기지 아니하고 호흡이 있는 모든
자는 다 진멸하여 바쳤으니 이스라엘의 하
나님 여호와께서 명령하신 것과 같았더라
41 여호수아가 또 가데스 바네아에서 가사까지
와 온 고센 땅을 기브온에 이르기까지 치매
42 이스라엘의 하나님 여호와께서 이스라엘을
위하여 싸우셨으므로 여호수아가 이 모든
왕들과 그들의 땅을 단번에 빼앗으니라
43 여호수아가 온 이스라엘과 더불어 길갈 진
영으로 돌아왔더라

가나안 북방을 취하다 (♪ 382장)

11 하솔 왕 야빈이 이 소식을 듣고 마돈 왕
요밥과 시므론 왕과 악삽 왕과 11:10
2 및 북쪽 산지와 긴네롯 남쪽 아라바와 평지
와 서쪽 돌의 높은 곳에 있는 왕들과
3 동쪽과 서쪽의 가나안 족속과 아모리 족속
과 헷 족속과 브리스 족속과 산지의 여부스
족속과 미스바 땅 헤르몬 산 아래 히위 족속
에게 사람을 보내매
4 그들이 그 모든 군대를 거느리고 나왔으니
백성이 많아 해변의 수많은 모래같고 말과
병거도 심히 많았으며
5 이 왕들이 모두 모여 나아와서 이스라엘과
싸우려고 메롬 물가에 함께 진쳤더라
6 ●여호와께서 여호수아에게 이르시되 그들
로 말미암아 두려워하지 말라 내일 이맘때
에 내가 그들을 이스라엘 앞에 넘겨 주어 몰
살시키리니 너는 그들의 말 뒷발의 힘줄을
끊고 그들의 병거를 불사르라 하시니라
7 이에 여호수아가 모든 군사와 함께 메롬 물
가로 가서 갑자기 습격할 때에
8 여호와께서 그들을 이스라엘의 손에 넘겨
주셨기 때문에 그들을 격파하고 큰 시돈과
미스르봇 마임까지 추격하고 동쪽으로는 미
스바 골짜기까지 추격하여 한 사람도 남기
지 아니하고 쳐죽이고
9 여호수아가 여호와께서 자기에게 명령하신
대로 행하여 그들의 말 뒷발의 힘줄을 끊고
그들의 병거를 불로 살랐더라
10 ●하솔은 본래 그 모든 나라의 머리였더니

destroyed. They left no survivors. They did to
Debir and its king as they had done to Libnah
and its king and to Hebron.
40 ●So Joshua subdued the whole region,
including the hill country, the Negev, the
western foothills and the mountain slopes,
together with all their kings. He left no sur-
vivors. He totally destroyed all who breathed,
just as the LORD, the God of Israel, had com-
41 manded. ●Joshua subdued them from
Kadesh Barnea to Gaza and from the whole
42 region of Goshen to Gibeon. ●All these kings
and their lands Joshua conquered in one cam-
paign, because the LORD, the God of Israel,
fought for Israel.
43 ●Then Joshua returned with all Israel to the
camp at Gilgal.

Northern Kings Defeated

11 When Jabin king of Hazor heard of
this, he sent word to Jobab king of
Madon, to the kings of Shimron and Ak-
2 shaph, ●and to the northern kings who were
in the mountains, in the Arabah south of
Kinnereth, in the western foothills and in
3 Naphoth Dor on the west; ●to the Canaanites
in the east and west; to the Amorites, Hittites,
Perizzites and Jebusites in the hill country; and
to the Hivites below Hermon in the region of
4 Mizpah. ●They came out with all their troops
and a large number of horses and chariots—a
huge army, as numerous as the sand on the
5 seashore. ●All these kings joined forces and
made camp together at the Waters of Merom
to fight against Israel.
6 ●The LORD said to Joshua, "Do not be afraid
of them, because by this time tomorrow I
will hand all of them, slain, over to Israel. You
are to hamstring their horses and burn their
chariots."
7 ●So Joshua and his whole army came
against them suddenly at the Waters of Me-
8 rom and attacked them, ●and the LORD gave
them into the hand of Israel. They defeated
them and pursued them all the way to Gre-
ater Sidon, to Misrephoth Maim, and to the
Valley of Mizpah on the east, until no sur-
9 vivors were left. ●Joshua did to them as the
LORD had directed: He hamstrung their hors-
es and burned their chariots.
10 ●At that time Joshua turned back and cap-
tured Hazor and put its king to the sword.

below [bilóu] *prep.* …아래에
breathe [breθ] *vi.* 호흡하다
campaign [kæmpéin] *n.* 군사행동
chariot [tʃǽriət] *n.* 전차
direct [dirékt] *vt.* 지시하다
foothill [fúthìl] *n.* 산기슭
hamstring [hǽmstrìŋ] *vt.* 불구로 만들다
including [inklúːdiŋ] *prep.* …을 포함하여
numerous [njúːmərəs] *a.* 수많은
region [ríːdʒən] *n.* 지역
seashore [síːʃɔ̀ːr] *n.* 해변
slope [sloup] *n.* 비탈
subdue [səbdjúː] *vt.* 정복하다
suddenly [sʌdnli] *ad.* 갑자기
troop [truːp] *n.* 군대

11:1 **send word**: 전언하다
11:6 **be afraid of...**: …를 두려워하다
11:6 **by this time tomorrow:** 내일 이맘때까지
11:8 **all the way**: 도중 내내
11:10 **turn back**: 돌아오다

그때에 여호수아가 돌아와서 하솔을 취하고 그 왕을 칼날로 쳐죽이고

11 그 가운데 모든 사람을 칼날로 쳐서 진멸하여 호흡이 있는 자는 하나도 남기지 아니하였고 또 하솔을 불로 살랐고

12 여호수아가 그 왕들의 모든 성읍과 그 모든 왕을 붙잡아 칼날로 쳐서 진멸하여 바쳤으니 여호와의 종 모세가 명령한 것과 같이 하였으되

13 여호수아가 하솔만 불살랐고 산 위에 세운 성읍들은 이스라엘이 불사르지 아니하였으며

14 이 성읍들의 모든 재물과 가축은 이스라엘 자손들이 탈취하고 모든 사람은 칼날로 쳐서 멸하여 호흡이 있는 자는 하나도 남기지 아니하였으니

15 여호와께서 그의 종 모세에게 명령하신 것을 모세는 여호수아에게 명령하였고 여호수아는 그대로 행하여 여호와께서 모세에게 명령하신 모든 것을 하나도 행하지 아니한 것이 없었더라

여호수아가 취한 지역 (♪ 352, 586장)

16 ●여호수아가 이같이 그 온 땅 곧 산지와 온 네겝과 고센 온 땅과 평지와 아라바와 이스라엘 산지와 평지를 점령하였으니

17 곧 세일로 올라가는 할락 산에서부터 헤르몬 산 아래 레바논 골짜기의 바알갓까지라 그들의 왕들을 모두 잡아 쳐죽였으며 신 7:24

18 여호수아가 그 모든 왕들과 싸운 지가 오랫동안이라

19 기브온 주민 히위 족속 외에는 이스라엘 자손과 화친한 성읍이 하나도 없고 이스라엘 자손이 싸워서 다 점령하였으니

20 그들의 마음이 완악하여 이스라엘을 대적하여 싸우러 온 것은 여호와께서 그리하게 하신 것이라 그들을 진멸하여 바치게 하여 은혜를 입지 못하게 하시고 여호와께서 모세에게 명령하신 대로 그들을 멸하려 하심이었더라

21 ●그때에 여호수아가 가서 산지와 헤브론과 드빌과 아납과 유다 온 산지와 이스라엘의 온 산지에서 아낙 사람들을 멸절하고 그가 또 그들의 성읍들을 [1]진멸하여 바쳤으므로

22 이스라엘 자손의 땅에는 아낙 사람들이 하나도 남지 아니하였고 가사와 가드와 아스돗에만 남았더라

23 이와 같이 여호수아가 여호와께서 모세에게

(Hazor had been the head of all these king-
11 doms.) •Everyone in it they put to the sword.
They totally destroyed[a] them, not sparing
anyone that breathed, and he burned Hazor
itself.
12 •Joshua took all these royal cities and
their kings and put them to the sword. He
totally destroyed them, as Moses the servant
13 of the LORD had commanded. •Yet Israel did
not burn any of the cities built on their moun-
ds — except Hazor, which Joshua burned.
14 •The Israelites carried off for themselves all
the plunder and livestock of these cities, but
all the people they put to the sword until they
completely destroyed them, not sparing any-
15 one that breathed. •As the LORD commanded
his servant Moses, so Moses commanded Jo-
shua, and Joshua did it; he left nothing
undone of all that the LORD commanded
Moses.
16 •So Joshua took this entire land: the hill
country, all the Negev, the whole region of
Goshen, the western foothills, the Arabah and
the mountains of Israel with their foothills,
17 •from Mount Halak, which rises toward Seir,
to Baal Gad in the Valley of Lebanon below
Mount Hermon. He captured all their kings
18 and put them to death. •Joshua waged war
against all these kings for a long time.
19 •Except for the Hivites living in Gibeon, not
one city made a treaty of peace with the
20 Israelites, who took them all in battle. •For it
was the LORD himself who hardened their
hearts to wage war against Israel, so that he
might destroy them totally, exterminating
them without mercy, as the LORD had com-
manded Moses.
21 •At that time Joshua went and destroyed
the Anakites from the hill country: from
Hebron, Debir and Anab, from all the hill
country of Judah, and from all the hill country
of Israel. Joshua totally destroyed them and
22 their towns. •No Anakites were left in Israelite
territory; only in Gaza, Gath and Ashdod did
23 any survive. •So Joshua took the entire land,
just as the LORD had directed Moses, and he
gave it as an inheritance to Israel according to
their tribal divisions. Then the land had rest
from war.

[a] *11* The Hebrew term refers to the irrevocable giving over of things or persons to the LORD, often by totally destroying them; also in verses 12, 20 and 21.

1) 히, 바쳤으므로

capture [kǽptʃər] *vt.* 포획하다
command [kəmǽnd] *vt.* 명령하다
division [divíʒən] *n.* 분할, 분배
exterminate [ikstə́ːrmənèit] *vt.* 근절하다
harden [háːrdn] *vt.* 굳게 하다
inheritance [inhérətəns] *n.* 상속 재산
livestock [láivstàk] *n.* 가축
mound [maund] *n.* 흙 무더기, 고분
plunder [plʌndər] *n.* 약탈품
region [ríːdʒən] *n.* 지역
spare [spɛər] *vt.* 살려 주다
territory [térətɔ̀ːri] *n.* 영토
totally [tóutəli] *ad.* 전적으로
treaty [tríːti] *n.* 조약
undone [ʌndʌ́n] *a.* 하지 않은

11:13 **not... any of~**: ~중에서 아무것도 …하지 않다
11:14 **carry off**: 채가다
11:19 **except for...**: …를 제외하면
11:20 **wage war against ...**: …에 대항하여 전쟁을 일으키다

말씀하신 대로 그 온 땅을 점령하여 이스라
엘 지파의 구분에 따라 기업으로 주매 그 땅
에 전쟁이 그쳤더라

모세가 정복한 왕들

12 이스라엘 자손이 요단 저편 해 돋는 쪽
곧 아르논 골짜기에서 헤르몬 산까지의
동쪽 온 아라바를 차지하고 그 땅에서 쳐죽
인 왕들은 이러하니라 신 3:8,9
2 시혼은 헤스본에 거주하던 아모리 족속의
왕이라 그가 다스리던 땅은 아르논 골짜기
가에 있는 아로엘에서부터 골짜기 가운데
성읍과 길르앗 절반 곧 암몬 자손의 경계 얍
복 강까지이며
3 또 동방 아라바 긴네롯 바다까지이며 또 동
방 아라바의 바다 곧 염해의 벧여시못으로
통한 길까지와 남쪽으로 비스가 산기슭까지
이며
4 옥은 르바의 남은 족속으로서 아스다롯과
에드레이에 거주하던 바산의 왕이라
5 그가 다스리던 땅은 헤르몬 산과 살르가와
온 바산과 및 그술 사람과 마아가 사람의 경
계까지의 길르앗 절반이니 헤스본 왕 시혼
의 경계에 접한 곳이라
6 여호와의 종 모세와 이스라엘 자손이 그들
을 치고 여호와의 종 모세가 그 땅을 르우벤
사람과 갓 사람과 므낫세 반 지파에게 기업
으로 주었더라

여호수아가 정복한 왕들

7 ●여호수아와 이스라엘 자손이 요단 이편
곧 서쪽 레바논 골짜기의 바알갓에서부터
세일로 올라가는 곳 할락 산까지 쳐서 멸한
그 땅의 왕들은 이러하니라 (그 땅을 여호수
아가 이스라엘의 지파들에게 구분에 따라
소유로 주었으니 11:17,23
8 곧 산지와 평지와 아라바와 경사지와 광야
와 네겝 곧 헷 족속과 아모리 족속과 가나안
족속과 브리스 족속과 히위 족속과 여부스
족속의 땅이라)
9 하나는 여리고 왕이요 하나는 벧엘 곁의 아
이 왕이요 6:2
10 하나는 예루살렘 왕이요 하나는 헤브론 왕
이요 하나는 야르뭇 왕이요
11 하나는 라기스 왕이요
12 하나는 에글론 왕이요 하나는 게셀 왕이요
13 하나는 드빌 왕이요 하나는 게델 왕이요
14 하나는 호르마 왕이요 하나는 아랏 왕이요
15 하나는 립나 왕이요 하나는 아둘람 왕이요

List of Defeated Kings

12 These are the kings of the land whom
the Israelites had defeated and whose
territory they took over east of the Jordan,
from the Arnon Gorge to Mount Hermon,
including all the eastern side of the Arabah:
2 •Sihon king of the Amorites, who reigned
in Heshbon.
He ruled from Aroer on the rim of the
Arnon Gorge — from the middle of
the gorge — to the Jabbok River, which
is the border of the Ammonites. This
3 included half of Gilead. •He also rul-
ed over the eastern Arabah from the
Sea of Galilee[a] to the Sea of the Arabah
(that is, the Dead Sea), to Beth Jeshi-
moth, and then southward below the
slopes of Pisgah.
4 •And the territory of Og king of Bashan,
one of the last of the Rephaites, who
reigned in Ashtaroth and Edrei.
5 •He ruled over Mount Hermon,
Salekah, all of Bashan to the border of
the people of Geshur and Maakah,
and half of Gilead to the border of
Sihon king of Heshbon.
6 •Moses, the servant of the LORD, and the
Israelites conquered them. And Moses the ser-
vant of the LORD gave their land to the Reuben-
ites, the Gadites and the half-tribe of Manasseh
to be their possession.
7 •Here is a list of the kings of the land that
Joshua and the Israelites conquered on the
west side of the Jordan, from Baal Gad in the
Valley of Lebanon to Mount Halak, which
rises toward Seir. Joshua gave their lands as an
inheritance to the tribes of Israel according to
8 their tribal divisions. •The lands included the
hill country, the western foothills, the Arabah,
the mountain slopes, the wilderness and the
Negev. These were the lands of the Hittites,
Amorites, Canaanites, Perizzites, Hivites and
Jebusites. These were the kings:

9 •the king of Jericho one
the king of Ai (near Bethel) one
10 •the king of Jerusalem one
the king of Hebron one
11 •the king of Jarmuth one
the king of Lachish one
12 •the king of Eglon one

[a]3 Hebrew *Kinnereth*

border [bɔ́:rdər] *n.* 경계
conquer [káŋkər] *vt.* 정복하다
defeat [difí:t] *vt.* 패배시키다
eastern [í:stərn] *a.* 동쪽의
foothill [fúthìl] *n.* 산기슭
gorge [gɔ:rdʒ] *n.* 골짜기
half [hæf] *a.* 절반의
include [inklú:d] *vt.* 포함하다
possession [pəzéʃən] *n.* 소유물
reign [rein] *vi.* 통치하다
rise [raiz] *vi.* (산, 비탈길을) 올라가다
slope [sloup] *n.* 경사
southward [sáuθwərd] *ad.* 남쪽으로
tribe [traib] *n.* 종족
western [wéstərn] *a.* 서쪽의

12:1 take over...: …을 양도받다
12:1 from A to B: A에서 B까지
12:2 on the rim of...: …의 가장자리에 있는
12:2 half of ...: …의 절반
12:5 rule over: 통치(지배)하다
12:7 according to...: …에 따라서

16 하나는 막게다 왕이요 하나는 벧엘 왕이요
17 하나는 답부아 왕이요 하나는 헤벨 왕이요
18 하나는 아벡 왕이요 하나는 랏사론 왕이요
19 하나는 마돈 왕이요 하나는 하솔 왕이요
20 하나는 시므론 므론 왕이요 하나는 악삽 왕이요
21 하나는 다아낙 왕이요 하나는 므깃도 왕이요
22 하나는 게데스 왕이요 하나는 갈멜의 욕느암 왕이요 19:37
23 하나는 돌의 높은 곳의 돌 왕이요 하나는 길갈의 고임 왕이요
24 하나는 디르사 왕이라 모두 서른한 왕이었더라

정복하지 못한 지역 — B.C. 1400년경

13 여호수아가 나이가 많아 늙으매 여호와께서 그에게 이르시되 너는 나이가 많아 늙었고 얻을 땅이 매우 많이 남아 있도다
2 이 남은 땅은 이러하니 블레셋 사람의 모든 지역과 그술 족속의 모든 지역
3 곧 애굽 앞 시홀 시내에서부터 가나안 사람에게 속한 북쪽 에그론 경계까지와 블레셋 사람의 다섯 통치자들의 땅 곧 가사 족속과 아스돗 족속과 아스글론 족속과 가드 족속과 에그론 족속과 또 남쪽 아위 족속의 땅과
4 또 가나안 족속의 모든 땅과 시돈 사람에게 속한 므아라와 아모리 족속의 경계 아벡까지와
5 또 그발 족속의 땅과 해 뜨는 곳의 온 레바논 곧 헤르몬 산 아래 바알갓에서부터 하맛에 들어가는 곳까지와
6 또 레바논에서부터 미스르봇마임까지 산지의 모든 주민 곧 모든 시돈 사람의 땅이라 내가 그들을 이스라엘 자손 앞에서 쫓아내리니 너는 내가 명령한 대로 그 땅을 이스라엘에게 분배하여 기업이 되게 하되 11:8
7 너는 이 땅을 아홉 지파와 므낫세 반 지파에게 나누어 기업이 되게 하라 하셨더라

요단 동쪽 기업의 분배

8 ●므낫세 반 지파와 함께 르우벤 족속과 갓 족속은 요단 저편 동쪽에서 그들의 기업을 모세에게 받았는데 여호와의 종 모세가 그들에게 준 것은 이러하니
9 곧 아르논 골짜기가에 있는 아로엘에서부터 골짜기 가운데에 있는 성읍과 디본까지 이르는 메드바 온 평지와

the king of Gezer one
13 ●the king of Debir one
the king of Geder one
14 ●the king of Hormah one
the king of Arad one
15 ●the king of Libnah one
the king of Adullam one
16 ●the king of Makkedah one
the king of Bethel one
17 ●the king of Tappuah one
the king of Hepher one
18 ●the king of Aphek one
the king of Lasharon one
19 ●the king of Madon one
the king of Hazor one
20 ●the king of Shimron Meron one
the king of Akshaph one
21 ●the king of Taanach one
the king of Megiddo one
22 ●the king of Kedesh one
the king of Jokneam in Carmel one
23 ●the king of Dor (in Naphoth Dor) one
the king of Goyim in Gilgal one
24 ●the king of Tirzah one
thirty-one kings in all.

Land Still to Be Taken

13 When Joshua had grown old, the LORD said to him, "You are now very old, and there are still very large areas of land to be taken over.
2 ●"This is the land that remains: all the regions of the Philistines and Geshurites,
3 ●from the Shihor River on the east of Egypt to the territory of Ekron on the north, all of it counted as Canaanite though held by the five Philistine rulers in Gaza, Ashdod, Ashkelon, Gath and
4 Ekron; the territory of the Avvites ●on the south; all the land of the Canaanites, from Arah of the Sidonians as far as Aphek and
5 the border of the Amorites; ●the area of Byblos; and all Lebanon to the east, from Baal Gad below Mount Hermon to Lebo Hamath.
6 ●"As for all the inhabitants of the mountain regions from Lebanon to Misrephoth Maim, that is, all the Sidonians, I myself will drive them out before the Israelites. Be sure to allocate this land to Israel for an inheritance, as I
7 have instructed you, ●and divide it as an inheritance among the nine tribes and half of the tribe of Manasseh."

allocate [ǽləkèit] *vt.* 할당하다
area [ɛ́əriə] *n.* 영역
below [bilóu] *ad.* …아래에
border [bɔ́ːrdər] *n.* 경계
divide [diváid] *vt.* 나누다
drive [draiv] *vt.* 쫓아내다
grow [grou] *vi.* 자라다
inhabitant [inhǽbətənt] *n.* 주민
inheritance [inhérətəns] *n.* 유산
instruct [instrʌ́kt] *vt.* 지시하다
region [ríːdʒən] *n.* 지역
remain [riméin] *vi.* 남아있다
rule [ruːl] *vt.* 다스리다
territory [térətɔ̀ːri] *n.* 영토
tribe [traib] *n.* 지파, 일족

12:24 in all: 모두 합하여
13:1 take over: 양도받다
13:3 count as...: …로 여기다
13:4 as far as...: …까지
13:6 as for...: …에 관하여서는
13:6 be sure to...: 반드시(꼭) …하다

10 헤스본에서 다스리던 아모리 족속의 왕 시혼의 모든 성읍 곧 암몬 자손의 경계까지와
11 길르앗과 및 그술 족속과 마아갓 족속의 지역과 온 헤르몬 산과 살르가까지 온 바산
12 곧 르바의 남은 족속으로서 아스다롯과 에드레이에서 다스리던 바산 왕 옥의 온 나라라 모세가 이 땅의 사람들을 쳐서 쫓아냈어도
13 그술 족속과 마아갓 족속은 이스라엘 자손이 쫓아내지 아니하였으므로 그술과 마아갓이 오늘까지 이스라엘 가운데에서 거주하니라
14 오직 레위 지파에게는 여호수아가 기업으로 준 것이 없었으니 이는 그에게 말씀하신 것과 같이 이스라엘의 하나님 여호와께 드리는 화제물이 그들의 기업이 되었음이더라 신 18:1

르우벤 자손의 기업

15 ●모세가 르우벤 자손의 지파에게 그들의 가족을 따라서 기업을 주었으니
16 그들의 지역은 아르논 골짜기가에 있는 아로엘에서부터 골짜기 가운데 있는 성읍과 메드바 곁에 있는 온 평지와
17 헤스본과 그 평지에 있는 모든 성읍 곧 디본과 바못 바알과 벧 바알 므온과
18 야하스와 그데못과 메바앗과
19 기랴다임과 십마와 골짜기의 언덕에 있는 세렛 사할과
20 벳브올과 비스가 산기슭과 벧여시못과
21 평지 모든 성읍과 헤스본에서 다스리던 아모리 족속의 왕 시혼의 온 나라라 모세가 시혼을 그 땅에 거주하는 시혼의 군주들 곧 미디안의 귀족 에위와 레겜과 술과 훌과 레바와 함께 죽였으며 민 31:8
22 이스라엘 자손이 그들을 살륙하는 중에 브올의 아들 점술가 발람도 칼날로 죽였더라
23 르우벤 자손의 서쪽 경계는 요단과 그 강가라 이상은 르우벤 자손의 기업으로 그 가족대로 받은 성읍들과 주변 마을들이니라

갓 자손의 기업

24 ●모세가 갓 지파 곧 갓 자손에게도 그들의 가족을 따라서 기업을 주었으니
25 그들의 지역은 야셀과 길르앗 모든 성읍과 암몬 자손의 땅 절반 곧 랍바 앞의 아로엘까지와
26 헤스본에서 라맛 미스베와 브도님까지와 마

Division of the Land East of the Jordan

8 ●The other half of Manasseh,[a] the Reubenites
and the Gadites had received the inheritance
that Moses had given them east of the Jordan,
as he, the servant of the LORD, had assigned it
to them.

9 ●It extended from Aroer on the rim of the
Arnon Gorge, and from the town in the
middle of the gorge, and included the
whole plateau of Medeba as far as Dibon,
10 ●and all the towns of Sihon king of the
Amorites, who ruled in Heshbon, out to
11 the border of the Ammonites. ●It also
included Gilead, the territory of the
people of Geshur and Maakah, all of
Mount Hermon and all Bashan as far as
12 Salekah— ●that is, the whole kingdom
of Og in Bashan, who had reigned in
Ashtaroth and Edrei. (He was the last of
the Rephaites.) Moses had defeated them
13 and taken over their land. ●But the
Israelites did not drive out the people of
Geshur and Maakah, so they continue to
live among the Israelites to this day.

14 ●But to the tribe of Levi he gave no inheri-
tance, since the food offerings presented to the
LORD, the God of Israel, are their inheritance, as
he promised them.

15 ●This is what Moses had given to the tribe of
Reuben, according to its clans:

16 ●The territory from Aroer on the rim of
the Arnon Gorge, and from the town in
the middle of the gorge, and the whole
17 plateau past Medeba ●to Heshbon and all
its towns on the plateau, including Dibon,
18 Bamoth Baal, Beth Baal Meon, ●Jahaz,
19 Kedemoth, Mephaath, ●Kiriathaim,
Sibmah, Zereth Shahar on the hill in the
20 valley, ●Beth Peor, the slopes of Pisgah,
21 and Beth Jeshimoth— ●all the towns on
the plateau and the entire realm of Sihon
king of the Amorites, who ruled at Hesh-
bon. Moses had defeated him and the
Midianite chiefs, Evi, Rekem, Zur, Hur
and Reba—princes allied with Sihon—
22 who lived in that country. ●In addition
to those slain in battle, the Israelites had
put to the sword Balaam son of Beor, who
23 practiced divination. ●The boundary of

[a]8 Hebrew *With it* (that is, with the other half of Manasseh)

assign [əsáin] *vt.* 할당하다
clan [klæn] *n.* 씨족
defeat [difíːt] *vt.* 패배시키다
divination [divənéiʃən] *n.* 점(占)
extend [iksténd] *vi.* 뻗다, 퍼지다
gorge [gɔːrdʒ] *n.* 골짜기
offering [ɔ́ːfəriŋ] *n.* 봉헌
plateau [plætóu] *n.* 고원
practice [prǽktis] *vt.* 실행하다
realm [relm] *n.* 국토
receive [risíːv] *vt.* 받다
reign [rein] *vi.* 통치하다
rim [rim] *n.* 가장자리
slay [slei] *vt.* 살해하다
slope [sloup] *n.* 경사(傾斜), 비탈

13:13 drive out: 쫓아내다
13:13 to this day: 오늘날까지
13:15 according to ...: …에 따라
13:21 ally with...: …와 동맹하다
13:22 in addition to...: …에 더하여
13:22 put to the sword: 검으로 베어 죽이다

하나임에서 드빌 지역까지와
27 골짜기에 있는 벧 하람과 벧니므라와 숙곳
과 사본 곧 헤스본 왕 시혼의 나라의 남은
땅 요단과 그 강가에서부터 요단 동쪽 긴
네렛 바다의 끝까지라
28 이는 갓 자손의 기업으로 그들의 가족대로
받은 성읍들과 주변 마을들이니라

동쪽 므낫세 자손의 기업

29 ●모세가 므낫세 반 지파에게 기업을 주었
으되 므낫세 자손의 반 지파에게 그들의
가족대로 주었으니
30 그 지역은 마하나임에서부터 온 바산 곧
바산 왕 옥의 온 나라와 바산에 있는 야일
의 모든 고을 육십 성읍과 민 32:41
31 길르앗 절반과 바산 왕 옥의 나라 성읍 아
스다롯과 에드레이라 이는 므낫세의 아들
마길의 자손에게 돌린 것이니 곧 마길 자
손의 절반이 그들의 가족대로 받으니라
32 ●요단 동쪽 여리고 맞은편 모압 평지에서
모세가 분배한 기업이 이러하여도
33 오직 레위 지파에게는 모세가 기업을 주지
아니하였으니 이는 그들에게 말씀하신 것
과 같이 이스라엘의 하나님 여호와께서 그
들의 기업이 되심이었더라

요단 서쪽 기업의 분배 (♪ 435장)

14 이것은 이스라엘 자손이 가나안 땅에
서 받은 기업 곧 제사장 엘르아살과
눈의 아들 여호수아와 이스라엘 자손 지파
의 족장들이 분배한 것이니라
2 여호와께서 모세에게 명령하신 대로 그들
의 기업을 제비 뽑아 아홉 지파와 반 지파
에게 주었으니
3 이는 두 지파와 반 지파의 기업은 모세가
요단 저쪽에서 주었음이요 레위 자손에게
는 그들 가운데에서 기업을 주지 아니하였
으니 민 32:33
4 이는 요셉의 자손이 므낫세와 에브라임의
두 지파가 되었음이라 이 땅에서 레위 사
람에게 아무 분깃도 주지 아니하고 다만
거주할 성읍들과 가축과 재산을 위한 목초
지만 주었으니
5 이스라엘 자손이 여호와께서 모세에게 명
령하신 것과 같이 행하여 그 땅을 나누었
더라

갈렙이 헤브론을 기업으로 받다

6 ●그때에 유다 자손이 길갈에 있는 여호수
아에게 나아오고 그니스 사람 여분네의 아

the Reubenites was the bank of the Jordan.
These towns and their villages were the
inheritance of the Reubenites, according to
their clans.
24 ●This is what Moses had given to the tribe of
Gad, according to its clans:
25 ●The territory of Jazer, all the towns of
Gilead and half the Ammonite country as
26 far as Aroer, near Rabbah; ●and from Hes-
hbon to Ramath Mizpah and Betonim,
and from Mahanaim to the territory of
27 Debir; ●and in the valley, Beth Haram,
Beth Nimrah, Sukkoth and Zaphon with
the rest of the realm of Sihon king of Hesh-
bon (the east side of the Jordan, the territo-
ry up to the end of the Sea of Galilee[a]).
28 ●These towns and their villages were the
inheritance of the Gadites, according to
their clans.
29 ●This is what Moses had given to the half-tribe
of Manasseh, that is, to half the family of the
descendants of Manasseh, according to its clans:
30 ●The territory extending from Mahanaim
and including all of Bashan, the entire
realm of Og king of Bashan—all the settle-
31 ments of Jair in Bashan, sixty towns, ●half
of Gilead, and Ashtaroth and Edrei (the
royal cities of Og in Bashan). This was for
the descendants of Makir son of Manasseh
—for half of the sons of Makir, according
to their clans.
32 ●This is the inheritance Moses had given
when he was in the plains of Moab across the
33 Jordan east of Jericho. ●But to the tribe of Levi,
Moses had given no inheritance; the LORD, the
God of Israel, is their inheritance, as he promised
them.

Division of the Land West of the Jordan

14 Now these are the areas the Israelites
received as an inheritance in the land of
Canaan, which Eleazar the priest, Joshua son of
Nun and the heads of the tribal clans of Israel
2 allotted to them. ●Their inheritances were
assigned by lot to the nine and a half tribes, as
the LORD had commanded through Moses.
3 ●Moses had granted the two and a half tribes
their inheritance east of the Jordan but had not
granted the Levites an inheritance among the
4 rest, ●for Joseph's descendants had become two

[a]27 Hebrew *Kinnereth*

bank [bæŋk] *n.* 제방
clan [klæn] *n.* 씨족
descendant [diséndənt] *n.* 자손
entire [intáiər] *a.* 온
grant [grænt] *vt.* 주다
inheritance [inhérətəns] *n.* 상속
plain [plein] *n.* 평지
priest [priːst] *n.* 제사장
promise [prámis] *vt.* 약속하다
realm [relm] *n.* 왕국
settlement [sétlmənt] *n.* 정착
territory [térətɔ̀ːri] *n.* 영토
tribe [traib] *n.* 종족
valley [vǽli] *n.* 골짜기
village [vílidʒ] *n.* 마을, 촌락

13:23 **according to ...**: …에 따라
13:25 **as far as...**: …까지
13:27 **up to...**: …에 이르기까지
13:29 **that is**: 즉, 다시 말해
13:31 **half of ...**: …의 절반
14:2 **by lot**: 제비 뽑기로

들 갈렙이 여호수아에게 말하되 여호와께
서 가데스 바네아에서 나와 당신에게 대하
여 하나님의 사람 모세에게 이르신 일을
당신이 아시는 바라
7 내 나이 사십 세에 여호와의 종 모세가 가
데스 바네아에서 나를 보내어 이 땅을 정
탐하게 하였으므로 내가 성실한 마음으로
그에게 보고하였고
8 나와 함께 올라갔던 내 형제들은 백성의
간담을 녹게 하였으나 나는 내 하나님 여
호와께 충성하였으므로
9 그날에 모세가 맹세하여 이르되 네가 내
하나님 여호와께 충성하였은즉 네 발로 밟
는 땅은 영원히 너와 네 자손의 기업이 되
리라 하였나이다
10 이제 보소서 여호와께서 이 말씀을 모세에
게 이르신 때로부터 이스라엘이 광야에서
방황한 이 사십오 년 동안을 여호와께서
말씀하신 대로 나를 생존하게 하셨나이다
오늘 내가 팔십오 세로되
11 모세가 나를 보내던 날과 같이 오늘도 내
가 여전히 강건하니 내 힘이 그때나 지금
이나 같아서 싸움에나 출입에 감당할 수
있으니
12 그날에 여호와께서 말씀하신 이 산지를 지
금 내게 주소서 당신도 그날에 들으셨거니
와 그곳에는 아낙 사람이 있고 그 성읍들
은 크고 견고할지라도 여호와께서 나와 함
께하시면 내가 여호와께서 말씀하신 대로
그들을 쫓아내리이다 하니
13 ●여호수아가 여분네의 아들 갈렙을 위하
여 축복하고 헤브론을 그에게 주어 기업을
삼게 하매
14 헤브론이 그니스 사람 여분네의 아들 갈렙
의 기업이 되어 오늘까지 이르렀으니 이는
그가 이스라엘의 하나님 여호와를 온전히
좇았음이라
14:8,9
15 헤브론의 옛 이름은 기럇 아르바라 아르바
는 아낙 사람 가운데에서 가장 큰 사람이
었더라 그리고 그 땅에 전쟁이 그쳤더라

유다 자손의 땅 — B.C. 1400년경

15 또 유다 자손의 지파가 그들의 가족
대로 제비 뽑은 땅의 남쪽으로는 에
돔 경계에 이르고 또 남쪽 끝은 신 광야까
지라
2 또 그들의 남쪽 경계는 염해의 끝 곧 남향
한 해만에서부터
민 34:3

tribes — Manasseh and Ephraim. The Levites
received no share of the land but only towns to
live in, with pasturelands for their flocks and
5 herds. •So the Israelites divided the land, just as
the LORD had commanded Moses.

Allotment for Caleb

6 •Now the people of Judah approached Joshua at Gilgal, and Caleb son of Jephunneh
the Kenizzite said to him, "You know what the
LORD said to Moses the man of God at Kadesh
7 Barnea about you and me. •I was forty years old
when Moses the servant of the LORD sent me
from Kadesh Barnea to explore the land. And I
brought him back a report according to my
8 convictions, •but my fellow Israelites who went
up with me made the hearts of the people melt
in fear. I, however, followed the LORD my God
9 wholeheartedly. •So on that day Moses swore to
me, 'The land on which your feet have walked
will be your inheritance and that of your children forever, because you have followed the
LORD my God wholeheartedly.'[a]
10 •"Now then, just as the LORD promised, he has
kept me alive for forty-five years since the time
he said this to Moses, while Israel moved about
in the wilderness. So here I am today, eighty-five
11 years old! •I am still as strong today as the day
Moses sent me out; I'm just as vigorous to go out
12 to battle now as I was then. •Now give me this
hill country that the LORD promised me that day.
You yourself heard then that the Anakites were
there and their cities were large and fortified, but,
the LORD helping me, I will drive them out just as
he said."
13 •Then Joshua blessed Caleb son of Jephunneh and gave him Hebron as his inheritance.
14 •So Hebron has belonged to Caleb son of
Jephunneh the Kenizzite ever since, because
he followed the LORD, the God of Israel, whole-
15 heartedly. •(Hebron used to be called Kiriath
Arba after Arba, who was the greatest man
among the Anakites.)
Then the land had rest from war.

Allotment for Judah

15 The allotment for the tribe of Judah,
according to its clans, extended down to
the territory of Edom, to the Desert of Zin in the
extreme south.
2 •Their southern boundary started from
the bay at the southern end of the Dead Sea,

[a]9 Deut. 1:36

allotment [əlátmənt] *n.* 할당, 몫
approach [əpróutʃ] *vt.* …에 다가가다
bay [bei] *n.* 만(灣)
boundary [báundəri] *n.* 경계선
conviction [kənvíkʃən] *n.* 확신
explore [ikspló:r] *vt.* 답사하다
extreme [ikstrí:m] *a.* 극단의
flock [flak] *n.* 짐승의 떼
fortified [fɔ́:rtəfàid] *a.* 견고한
melt [melt] *vi.* 녹다, 약해지다
pastureland [pǽstʃərlæ̀nd] *n.* 목초지
share [ʃɛər] *n.* 할당몫
swear [swɛər] *vi.* 맹세하다
vigorous [vígərəs] *a.* 강건한
wholeheartedly [hóulhá:rtidli] *ad.* 전심으로

14:5 just as...: …한 것처럼(똑같이)
14:7 bring... back~: …에게 ~를 가져다 주다
14:10 move about: 이곳 저곳 돌아다니다
14:14 belong to...: …에 속하다
14:15 used to...: (과거에) …하곤 했다

3 아그랍빔 비탈 남쪽으로 지나 신에 이르고 가데스 바네아 남쪽으로 올라가서 헤스론을 지나며 아달로 올라가서 돌이켜 갈가에 이르고
4 거기서 아스몬에 이르러 애굽 시내로 나아가 바다에 이르러 경계의 끝이 되나니 이것이 너희 남쪽 경계가 되리라
5 그 동쪽 경계는 염해이니 요단 끝까지요 그 북쪽 경계는 요단 끝에 있는 해만에서부터
6 벧 호글라로 올라가서 벧 아라바 북쪽을 지나 르우벤 자손 보한의 돌에 이르고
7 또 아골 골짜기에서부터 드빌을 지나 북쪽으로 올라가서 그 강 남쪽에 있는 아둠밈 비탈 맞은편 길갈을 향하고 나아가 엔 세메스 물들을 지나 엔로겔에 이르며
8 또 힌놈의 아들의 골짜기로 올라가서 여부스 곧 예루살렘 남쪽 어깨에 이르며 또 힌놈의 골짜기 앞 서쪽에 있는 산꼭대기로 올라가나니 이곳은 르바임 골짜기 북쪽 끝이며
9 또 이 산꼭대기에서부터 넵도아 샘물까지 이르러 에브론 산 성읍들로 나아가고 또 바알라 곧 기럇 여아림으로 접어들며
10 또 바알라에서부터 서쪽으로 돌이켜 세일 산에 이르러 여아림 산 곧 그살론 곁 북쪽에 이르고 또 벧 세메스로 내려가서 딤나를 지나고
11 또 에그론 비탈 북쪽으로 나아가 식그론으로 접어들어 바알라 산을 지나고 얍느엘에 이르나니 그 끝은 바다며
12 서쪽 경계는 대해와 그 해안이니 유다 자손이 그들의 가족대로 받은 사방 경계가 이러하니라 15:47

갈렙이 헤브론과 드빌을 정복하다 (삿 1:11-15)

13 ●여호와께서 여호수아에게 명령하신 대로 여호수아가 기럇 아르바 곧 헤브론을 유다 자손 중에서 분깃으로 여분네의 아들 갈렙에게 주었으니 아르바는 아낙의 아버지였더라
14 갈렙이 거기서 아낙의 소생 그 세 아들 곧 세새와 아히만과 달매를 쫓아내었고
15 거기서 올라가서 드빌 주민을 쳤는데 드빌의 본 이름은 기럇 세벨이라
16 갈렙이 말하기를 기럇 세벨을 쳐서 그것을 점령하는 자에게는 내가 내 딸 악사를 아내로 주리라 하였더니 삿 1:12
17 갈렙의 아우 그나스의 아들인 옷니엘이 그것을 점령함으로 갈렙이 자기 딸 악사를 그

3 •crossed south of Scorpion Pass, continued on to Zin and went over to the south of Kadesh Barnea. Then it ran past Hezron up to Addar and curved around to Karka.
4 •It then passed along to Azmon and joined the Wadi of Egypt, ending at the Mediterranean Sea. This is their[a] southern boundary.
5 •The eastern boundary is the Dead Sea as far as the mouth of the Jordan.
The northern boundary started from the bay of the sea at the mouth of the Jor-
6 dan, •went up to Beth Hoglah and continued north of Beth Arabah to the Stone
7 of Bohan son of Reuben. •The boundary then went up to Debir from the Valley of Achor and turned north to Gilgal, which faces the Pass of Adummim south of the gorge. It continued along to the waters of En Shemesh and came out at En Rogel.
8 •Then it ran up the Valley of Ben Hinnom along the southern slope of the Jebusite city (that is, Jerusalem). From there it climbed to the top of the hill west of the Hinnom Valley at the northern
9 end of the Valley of Rephaim. •From the hilltop the boundary headed toward the spring of the waters of Nephtoah, came out at the towns of Mount Ephron and went down toward Baalah (that is,
10 Kiriath Jearim). •Then it curved westward from Baalah to Mount Seir, ran along the northern slope of Mount Jearim (that is, Kesalon), continued down to Beth Shemesh and crossed to Timnah.
11 •It went to the northern slope of Ekron, turned toward Shikkeron, passed along to Mount Baalah and reached Jabneel. The boundary ended at the sea.
12 •The western boundary is the coastline of the Mediterranean Sea.

These are the boundaries around the people of Judah by their clans.

13 •In accordance with the LORD's command to him, Joshua gave to Caleb son of Jephunneh a portion in Judah—Kiriath Arba, that is, Hebron. (Arba was the forefather of Anak.)
14 •From Hebron Caleb drove out the three Anakites—Sheshai, Ahiman and Talmai, the
15 sons of Anak. •From there he marched against the people living in Debir (formerly called

[a]4 Septuagint; Hebrew *your*

climb [kleim] *vi.* 오르다
coastline [kóustlàin] *n.* 해안선
curve [kəːrv] *vi.* 구부러지다
formerly [fɔ́ːrmərli] *ad.* 이전에
forefather [fɔ́ːrfɑ̀ːðər] *n.* 선조
gorge [gɔːrdʒ] *n.* 계곡, 유역
hilltop [híltɑ̀p] *n.* 언덕 꼭대기
march [maːrtʃ] *vi.* 진군하다
mouth [mauθ] *n.* 강 어귀
portion [pɔ́ːrʃən] *n.* 일부
scorpion [skɔ́ːrpiən] *n.* 전갈, 아그랍빔
slope [sloup] *n.* 경사
spring [spriŋ] *n.* 샘
valley [vǽli] *n.* 골짜기
westward [wéstwərd] *a.* 서쪽으로 향하는

15:4 pass along: 지나가다
15:7 come out at...: …이 되다
15:8 that is: 즉, 다시 말해서
15:9 head toward...: …를 향해 나아가다
15:13 in accordance with...: …에 따라서
15:14 drive out: 쫓아내다

에게 아내로 주었더라
18 악사가 출가할 때에 그에게 청하여 자기 아
버지에게 밭을 구하자 하고 나귀에서 내리
매 갈렙이 그에게 묻되 네가 무엇을 원하느
냐 하니
19 이르되 내게 복을 주소서 아버지께서 나를
네겝 땅으로 보내시오니 샘물도 내게 주소
서 하매 갈렙이 윗샘과 아랫샘을 그에게 주
었더라

유다 자손의 기업

20 •유다 자손의 지파가 그들의 가족대로 받
은 기업은 이러하니라
21 •유다 자손의 지파의 남쪽 끝 에돔 경계에
접근한 성읍들은 갑스엘과 에델과 야굴과
22 기나와 디모나와 아다다와
23 게데스와 하솔과 잇난과
24 십과 델렘과 브알롯과
25 하솔 하닷다와 그리욧 헤스론 곧 하솔과
26 아맘과 세마와 몰라다와
27 하살갓다와 헤스몬과 벧 벨렛과
28 하살 수알과 브엘세바와 비스요다와
29 바알라와 이임과 에셈과
30 엘돌랏과 그실과 홀마와 19:4
31 시글락과 맛만나와 산산나와
32 르바옷과 실힘과 아인과 림몬이니 모두 스
물아홉 성읍과 그 마을들이었으며
33 평지에는 에스다올과 소라와 아스나와
34 사노아와 엔간님과 답부아와 에남과
35 야르뭇과 아둘람과 소고와 아세가와
36 사아라임과 아디다임과 그데라와 그데로다
임이니 열네 성읍과 그 마을들이었으며
37 스난과 하다사와 믹달갓과
38 딜르안과 미스베와 욕드엘과
39 라기스와 보스갓과 에글론과
40 갑본과 라맘과 기들리스와
41 그데롯과 벧다곤과 나아마와 막게다이니 열
여섯 성읍과 그 마을들이었으며
42 립나와 에델과 아산과
43 입다와 아스나와 느십과
44 그일라와 악십과 마레사니 아홉 성읍과 그
마을들이었으며
45 에그론과 그 촌락들과 그 마을들과
46 에그론에서부터 바다까지 아스돗 곁에 있는
모든 성읍과 그 마을들이었으며
47 아스돗과 그 촌락들과 그 마을들과 가사와
그 촌락들과 그 마을들이니 애굽 시내와 대
해의 경계에까지 이르렀으며

16 Kiriath Sepher). •And Caleb said, "I will give
my daughter Aksah in marriage to the man
who attacks and captures Kiriath Sepher."
17 •Othniel son of Kenaz, Caleb's brother, took
it; so Caleb gave his daughter Aksah to him in
marriage.
18 •One day when she came to Othniel, she
urged him[a] to ask her father for a field. When
she got off her donkey, Caleb asked her,
"What can I do for you?"
19 •She replied, "Do me a special favor. Since
you have given me land in the Negev, give me
also springs of water." So Caleb gave her the
upper and lower springs.
20 •This is the inheritance of the tribe of Judah,
according to its clans:
21 •The southernmost towns of the tribe of
Judah in the Negev toward the boundary of
Edom were:
22 Kabzeel, Eder, Jagur, •Kinah, Dimon-
23 ah, Adadah, •Kedesh, Hazor, Ithnan,
24–25 •Ziph, Telem, Bealoth, •Hazor Hadattah,
26 Kerioth Hezron (that is, Hazor), •Amam,
27 Shema, Moladah, •Hazar Gaddah, Hesh-
28 mon, Beth Pelet, •Hazar Shual, Beershe-
29 ba, Biziothiah, •Baalah, Iyim, Ezem,
30–31 •Eltolad, Kesil, Hormah, •Ziklag, Mad-
32 mannah, Sansannah, •Lebaoth, Shil-
him, Ain and Rimmon—a total of twen-
ty-nine towns and their villages.
33 •In the western foothills:
34 Eshtaol, Zorah, Ashnah, •Zanoah, En
35 Gannim, Tappuah, Enam, •Jarmuth,
36 Adullam, Sokoh, Azekah, •Shaaraim,
Adithaim and Gederah (or Gederothai-
m)[b]—fourteen towns and their villages.
37 •Zenan, Hadashah, Migdal Gad,
38–39 •Dilean, Mizpah, Joktheel, •Lachish,
40 Bozkath, Eglon, •Kabbon, Lahmas, Kit-
41 lish, •Gederoth, Beth Dagon, Naamah
and Makkedah—sixteen towns and their
villages.
42–43 •Libnah, Ether, Ashan, •Iphtah, Ash-
44 nah, Nezib, •Keilah, Akzib and Mare-
shah—nine towns and their villages.
45 •Ekron, with its surrounding settle-
46 ments and villages; •west of Ekron, all
that were in the vicinity of Ashdod,
47 together with their villages; •Ashdod, its

[a]18 Hebrew and some Septuagint manuscripts; other Septuagint manuscripts (see also note at Judges 1:14) *Othniel, he urged her* [b]36 Or *Gederah and Gederothaim*

attack [ətǽk] *vt.* 공격하다
capture [kǽptʃər] *vt.* 점령하다
clan [klæn] *n.* 씨족
foothill [fúthìl] *n.* 산기슭의 작은 언덕
inheritance [inhérətəns] *n.* 상속
lower [lóuər] *a.* 아래쪽의
reply [riplái] *vt.* 대답하다
settlement [sétlmənt] *n.* 정착지
southernmost [sʌðərnmòust] *a.* 극남의
surrounding [səráundiŋ] *a.* 주변의
town [taun] *n.* 도시보다 큰 시
tribe [traib] *n.* 부족
upper [ʌpər] *a.* 위쪽의
urge [ə:rdʒ] *vt.* 열심히 권하다
village [vílidʒ] *n.* 마을

15:18 **ask A for B**: A에게 B를 구하다
15:18 **get off**: (말, 교통수단에서) 내리다
15:19 **do A a favor**: A에게 호의를 베풀다
15:32 **a total of**: 전부, 합하여
15:46 **in the vicinity of...**: …의 부근에
15:46 **together with...**: …과 더불어

48 산지는 사밀과 얏딜과 소고와
49 단나와 기럇 산나 곧 드빌과
50 아납과 에스드모와 아님과
51 고센과 홀론과 길로이니 열한 성읍과 그 마을들이었으며
52 아랍과 두마와 에산과
53 야님과 벧 답부아와 아베가와
54 훔다와 기럇 아르바 곧 헤브론과 시올이니 아홉 성읍과 그 마을들이었으며
55 마온과 갈멜과 십과 윳다와
56 이스르엘과 욕드암과 사노아와
57 가인과 기브아와 딤나니 열 성읍과 그 마을들이었으며
58 할훌과 벧술과 그돌과
59 마아랏과 벧 아놋과 엘드곤이니 여섯 성읍과 그 마을들이었으며
60 기럇 바알 곧 기럇 여아림과 랍바이니 두 성읍과 그 마을들이었으며
61 광야에는 벧 아라바와 밋딘과 스가가와
62 닙산과 소금 성읍과 엔 게디니 여섯 성읍과 그 마을들이었더라
63 ●예루살렘 주민 여부스 족속을 유다 자손이 쫓아내지 못하였으므로 여부스 족속이 오늘까지 유다 자손과 함께 예루살렘에 거주하니라

에브라임과 서쪽 므낫세 자손의 기업

16 요셉 자손이 제비 뽑은 것은 여리고 샘 동쪽 곧 여리고 곁 요단으로부터 광야로 들어가 여리고로부터 벧엘 산지로 올라가고
2 벧엘에서부터 루스로 나아가 아렉 족속의 경계를 지나 아다롯에 이르고
3 서쪽으로 내려가서 야블렛 족속의 경계와 아래 벧호론과 게셀에까지 이르고 그 끝은 바다라
4 요셉의 자손 므낫세와 에브라임이 그들의 기업을 받았더라

에브라임 자손의 기업

5 ●에브라임 자손이 그들의 가족대로 받은 지역은 이러하니라 그들의 기업의 경계는 동쪽으로 아다롯 앗달에서 윗 벧호론에 이르고
6 또 서쪽으로 나아가 북쪽 믹므다에 이르고 동쪽으로 돌아 다아낫 실로에 이르러 야노아 동쪽을 지나고 17:7
7 야노아에서부터 아다롯과 나아라로 내려가 여리고를 만나서 요단으로 나아가고

surrounding settlements and villages; and Gaza, its settlements and villages, as far as the Wadi of Egypt and the coastline of the Mediterranean Sea.

48 ●In the hill country:
49 Shamir, Jattir, Sokoh, ●Dannah, Ki-
50 riath Sannah (that is, Debir), ●Anab,
51 Eshtemoh, Anim, ●Goshen, Holon and
Giloh — eleven towns and their villages.
52–53 ●Arab, Dumah, Eshan, ●Janim, Beth
54 Tappuah, Aphekah, ●Humtah, Kiriath
Arba (that is, Hebron) and Zior — nine
towns and their villages.
55–56 ●Maon, Carmel, Ziph, Juttah, ●Jezreel,
57 Jokdeam, Zanoah, ●Kain, Gibeah and
Timnah — ten towns and their villages.
58–59 ●Halhul, Beth Zur, Gedor, ●Maarath,
Beth Anoth and Eltekon — six towns and
their villages.[a]
60 ●Kiriath Baal (that is, Kiriath Jearim)
and Rabbah — two towns and their villages.
61 ●In the wilderness:
62 Beth Arabah, Middin, Sekakah, ●Nib-
shan, the City of Salt and En Gedi — six
towns and their villages.
63 ●Judah could not dislodge the Jebusites,
who were living in Jerusalem; to this day the
Jebusites live there with the people of Judah.

Allotment for Ephraim and Manasseh

16 The allotment for Joseph began at the
Jordan, east of the springs of Jericho,
and went up from there through the desert
2 into the hill country of Bethel. ●It went on
from Bethel (that is, Luz),[b] crossed over to the
3 territory of the Arkites in Ataroth, ●descended
westward to the territory of the Japhletites as
far as the region of Lower Beth Horon and on
to Gezer, ending at the Mediterranean Sea.
4 ●So Manasseh and Ephraim, the descendants
of Joseph, received their inheritance.
5 ●This was the territory of Ephraim, accord-
ing to its clans:
The boundary of their inheritance went
from Ataroth Addar in the east to Upper
6 Beth Horon ●and continued to the Me-
diterranean Sea. From Mikmethath on
the north it curved eastward to Taanath
Shiloh, passing by it to Janoah on the east.

[a]59 The Septuagint adds another district of eleven towns, including Tekoa and Ephrathah (Bethlehem).
[b]2 Septuagint; Hebrew *Bethel to Luz*

allotment [əlátmənt] *n.* 할당, 몫
coastline [kóustlàin] *n.* 해안선
continue [kəntínjuː] *vt.* 지속하다
country [kʌntri] *n.* 지역
curve [kəːrv] *vi.* 구부러지다
descend [disénd] *vi.* 내려가다
descendant [diséndənt] *n.* 자손
desert [dézərt] *n.* 황무지
dislodge [dislɑ́dʒ] *vt.* 몰아내다
eastward [íːstwərd] *ad.* 동쪽으로
hill [hil] *n.* 언덕
region [ríːdʒən] *n.* 지방
territory [térətɔ̀ːri] *n.* 영토
through [θruː] *prep.* …를 통하여
wilderness [wíldərnis] *n.* 광야

15:47 **as far as...**: …까지
15:63 **to this day**: 오늘날까지
16:2 **go on**: 나아가다, 계속하다
16:2 **cross over**: 지나가다, 건너다
16:5 **according to ...**: …에 따라
16:6 **pass by...**: …를 지나가다

8 또 답부아에서부터 서쪽으로 지나서 가나
시내에 이르나니 그 끝은 바다라 에브라임
자손의 지파가 그들의 가족대로 받은 기업
이 이러하였고 17:8,9
9 그 외에 므낫세 자손의 기업 중에서 에브라
임 자손을 위하여 구분한 모든 성읍과 그 마
을들도 있었더라
10 그들이 게셀에 거주하는 가나안 족속을 쫓
아내지 아니하였으므로 가나안 족속이 오늘
까지 에브라임 가운데에 거주하며 노역하는
종이 되니라

서쪽 므낫세 자손의 기업 (♪ 65, 435장)

17 므낫세 지파를 위하여 제비 뽑은 것은
이러하니라 므낫세는 요셉의 장자였고
므낫세의 장자 마길은 길르앗의 아버지라
그는 용사였기 때문에 길르앗과 바산을 받
았으므로
2 므낫세의 남은 자손을 위하여 그들의 가족
대로 제비를 뽑았는데 그들은 곧 아비에셀
의 자손과 헬렉의 자손과 아스리엘의 자손
과 세겜의 자손과 헤벨의 자손과 스미다의
자손이니 그들의 가족대로 요셉의 아들 므
낫세의 남자 자손들이며
3 헤벨의 아들 길르앗의 손자 마길의 증손 므
낫세의 현손 슬로브핫은 아들이 없고 딸뿐
이요 그 딸들의 이름은 말라와 노아와 호글
라와 밀가와 디르사라
4 그들이 제사장 엘르아살과 눈의 아들 여호
수아와 지도자들 앞에 나아와서 말하기를
여호와께서 모세에게 명령하사 우리 형제
중에서 우리에게 기업을 주라 하셨다 하매
여호와의 명령을 따라 그들에게 그들의 아
버지 형제들 중에서 기업을 주므로
5 요단 동쪽 길르앗과 바산 외에 므낫세에게
열 분깃이 돌아갔으니
6 므낫세의 여자 자손들이 그의 남자 자손들
중에서 기업을 받은 까닭이었으며 길르앗
땅은 므낫세의 남은 자손들에게 속하였더라
7 ●므낫세의 경계는 아셀에서부터 세겜 앞
믹므닷까지이며 그 오른쪽으로 가서 엔답부
아 주민의 경계에 이르나니
8 답부아 땅은 므낫세에게 속하였으되 므낫세
경계에 있는 답부아는 에브라임 자손에게
속하였으며
9 또 그 경계가 가나 시내로 내려가서 그 시내
남쪽에 이르나니 므낫세의 성읍 중에 이 성
읍들은 에브라임에게 속하였으며 므낫세의

7 ●Then it went down from Janoah to
Ataroth and Naarah, touched Jericho
8 and came out at the Jordan. ●From Tap-
puah the border went west to the Kanah
Ravine and ended at the Mediterranean
Sea. This was the inheritance of the tribe
of the Ephraimites, according to its
9 clans. ●It also included all the towns
and their villages that were set aside for
the Ephraimites within the inheritance
of the Manassites.
10 ●They did not dislodge the Canaanites living
in Gezer; to this day the Canaanites live
among the people of Ephraim but are required
to do forced labor.

17 This was the allotment for the tribe of
Manasseh as Joseph's firstborn, that is,
for Makir, Manasseh's firstborn. Makir was the
ancestor of the Gileadites, who had received
Gilead and Bashan because the Makirites
2 were great soldiers. ●So this allotment was
for the rest of the people of Manasseh—the
clans of Abiezer, Helek, Asriel, Shechem, Hep-
her and Shemida. These are the other male
descendants of Manasseh son of Joseph by
their clans.
3 ●Now Zelophehad son of Hepher, the son
of Gilead, the son of Makir, the son of Man-
asseh, had no sons but only daughters, whose
names were Mahlah, Noah, Hoglah, Milkah
4 and Tirzah. ●They went to Eleazar the priest,
Joshua son of Nun, and the leaders and said,
"The LORD commanded Moses to give us an
inheritance among our relatives." So Joshua
gave them an inheritance along with the
brothers of their father, according to the
5 LORD's command. ●Manasseh's share consist-
ed of ten tracts of land besides Gilead and
6 Bashan east of the Jordan, ●because the
daughters of the tribe of Manasseh received an
inheritance among the sons. The land of
Gilead belonged to the rest of the descendants
of Manasseh.
7 ●The territory of Manasseh extended
from Asher to Mikmethath east of
Shechem. The boundary ran southward
from there to include the people living
8 at En Tappuah. ●(Manasseh had the
land of Tappuah, but Tappuah itself, on
the boundary of Manasseh, belonged to
9 the Ephraimites.) ●Then the boundary
continued south to the Kanah Ravine.

ancestor [ǽnsestər] *n.* 선조
border [bɔ́:rdər] *n.* 가장자리
command [kəmǽnd] *n.* 명령
extend [iksténd] *vi.* …까지 이르다
firstborn [fə́:rstbɔ́:rn] *n.* 첫아이
forced [fɔ:rst] *a.* 강요된
include [inklú:d] *vt.* 포함하다
inheritance [inhérətəns] *n.* 상속재산
labor [léibər] *n.* 노동
priest [pri:st] *n.* 제사장
relative [rélətiv] *n.* 친척
require [rikwáiər] *vt.* 요구하다
rest [rest] *n.* 나머지
soldier [sóuldʒər] *n.* 군인
tract [trækt] *n.* 넓이

16:7 **go down:** 내려가다
16:7 **come out:** 나오다
16:9 **set aside:** 따로 떼어두다
17:4 **according to...:** …에 따라
17:5 **consist of...:** …로 이루어져 있다
17:6 **belong to...:** …에 속하다

경계는 그 시내 북쪽이요 그 끝은 바다이며
10 남쪽으로는 에브라임에 속하였고 북쪽으로
는 므낫세에 속하였고 바다가 그 경계가 되
었으며 그들의 땅의 북쪽은 아셀에 이르고
동쪽은 잇사갈에 이르렀으며
11 잇사갈과 아셀에도 므낫세의 소유가 있으니
곧 벧 스안과 그 마을들과 이블르암과 그 마
을들과 돌의 주민과 그 마을들이요 또 엔돌
주민과 그 마을들과 다아낙 주민과 그 마을
들과 므깃도 주민과 그 마을들 세 언덕 지역
이라
12 그러나 므낫세 자손이 그 성읍들의 주민을
쫓아내지 못하매 가나안 족속이 결심하고
그 땅에 거주하였더니
13 이스라엘 자손이 강성한 후에야 가나안 족
속에게 노역을 시켰고 다 쫓아내지 아니하
였더라

에브라임과 므낫세 지파가 땅을 더 요구함

14 ●요셉 자손이 여호수아에게 말하여 이르되
여호와께서 지금까지 내게 복을 주시므로
내가 큰 민족이 되었거늘 당신이 나의 기업
을 위하여 한 제비, 한 분깃으로만 내게 주심
은 어찌함이니이까 하니
15 여호수아가 그들에게 이르되 네가 큰 민족
이 되므로 에브라임 산지가 네게 너무 좁을
진대 브리스 족속과 르바임 족속의 땅 삼림
에 올라가서 스스로 개척하라 하니라
16 요셉 자손이 이르되 그 산지는 우리에게 넉
넉하지도 못하고 골짜기 땅에 거주하는 모
든 가나안 족속에게는 벧 스안과 그 마을들
에 거주하는 자이든지 이스르엘 골짜기에
거주하는 자이든지 다 철 병거가 있나이다
하니
17 여호수아가 다시 요셉의 족속 곧 에브라임
과 므낫세에게 말하여 이르되 너는 큰 민족
이요 큰 권능이 있은즉 한 분깃만 가질 것이
아니라
18 그 산지도 네 것이 되리니 비록 삼림이라도
네가 개척하라 그 끝까지 네 것이 되리라 가
나안 족속이 비록 철 병거를 가졌고 강할지
라도 네가 능히 그를 쫓아내리라 하였더라

나머지 땅 분배 — B.C. 1400년경

18 이스라엘 자손의 온 회중이 실로에 모
여서 거기에 회막을 세웠으며 그 땅은
그들 앞에서 돌아와 정복되었더라
2 그러나 이스라엘 자손 중에 그 기업의 분배
를 받지 못한 자가 아직도 일곱 지파라

There were towns belonging to Ephraim
lying among the towns of Manasseh, but
the boundary of Manasseh was the north-
ern side of the ravine and ended at the
10 Mediterranean Sea. ●On the south the
land belonged to Ephraim, on the north
to Manasseh. The territory of Manasseh
reached the Mediterranean Sea and bor-
dered Asher on the north and Issachar on
the east.
11 ●Within Issachar and Asher, Manasseh
also had Beth Shan, Ibleam and the peo-
ple of Dor, Endor, Taanach and Megiddo,
together with their surrounding settle-
ments (the third in the list is Naphoth[a]).
12 ●Yet the Manassites were not able to occupy
these towns, for the Canaanites were deter-
13 mined to live in that region. ●However, when
the Israelites grew stronger, they subjected the
Canaanites to forced labor but did not drive
them out completely.
14 ●The people of Joseph said to Joshua, "Why
have you given us only one allotment and one
portion for an inheritance? We are a numer-
ous people, and the LORD has blessed us abun-
dantly."
15 ●"If you are so numerous," Joshua answer-
ed, "and if the hill country of Ephraim is too
small for you, go up into the forest and clear
land for yourselves there in the land of the
Perizzites and Rephaites."
16 ●The people of Joseph replied, "The hill
country is not enough for us, and all the
Canaanites who live in the plain have chari-
ots fitted with iron, both those in Beth Shan
and its settlements and those in the Valley of
Jezreel."
17 ●But Joshua said to the tribes of Joseph
—to Ephraim and Manasseh—"You are nu-
merous and very powerful. You will have not
18 only one allotment ●but the forested hill
country as well. Clear it, and its farthest lim-
its will be yours; though the Canaanites have
chariots fitted with iron and though they are
strong, you can drive them out."

Division of the Rest of the Land

18 The whole assembly of the Israelites
gathered at Shiloh and set up the tent
of meeting there. The country was brought
2 under their control, ●but there were still seven
Israelite tribes who had not yet received their

[a]*11* That is, Naphoth Dor

abundantly [əbʌndəntli] *ad.* 풍족하게
assembly [əsémbli] *n.* 회중
chariot [tʃǽriət] *n.* 이륜 전차
completely [kəmplíːtli] *ad.* 완전히
determined [ditə́ːrmind] *a.* 확고한
farthest [fáːrðist] *a.* 가장 먼
forested [fɔ́ːristid] *a.* 수목으로 뒤덮인
gather [gǽðər] *vi.* 모이다
iron [áiərn] *n.* 철
limit [límit] *n.* 한계선
numerous [njúːmərəs] *a.* 셀 수 없이 많은
occupy [ákjupài] *vt.* 점령하다
portion [pɔ́ːrʃən] *n.* 부분
ravine [rəvíːn] *n.* 좁은 골짜기
subject [sʌbdʒikt] *vt.* 정복하다

17:12 be able to...: …할 수 있다
17:13 drive out: 쫓아내다, 배격하다
17:15 go up: 오르다
17:16 both A and B: A, B 둘 다
17:18 as well: 또한, 게다가
18:1 set up: 세우다, 짜맞추다

3 여호수아가 이스라엘 자손에게 이르되 너희
가 너희 조상의 하나님 여호와께서 너희에
게 주신 땅을 점령하러 가기를 어느 때까지
지체하겠느냐
4 너희는 각 지파에 세 사람씩 선정하라 내가
그들을 보내리니 그들은 일어나서 그 땅에
두루 다니며 그들의 기업에 따라 그 땅을 그
려 가지고 내게로 돌아올 것이라
5 그들이 그 땅을 일곱 부분으로 나누되 유다
는 남쪽 자기 지역에 있고 요셉의 족속은 북
쪽에 있는 그들의 지역에 있으니 15:1
6 그 땅을 일곱 부분으로 그려서 이곳 내게로
가져오라 그러면 내가 여기서 너희를 위하
여 우리 하나님 여호와 앞에서 제비를 뽑으
리라
7 레위 사람은 너희 중에 분깃이 없나니 여호
와의 제사장 직분이 그들의 기업이 됨이며
갓과 르우벤과 므낫세 반 지파는 요단 저편
동쪽에서 이미 기업을 받았나니 이는 여호
와의 종 모세가 그들에게 준 것이니라 하더
라
8 ●그 사람들이 일어나 떠나니 여호수아가
그 땅을 그리러 가는 사람들에게 명령하여
이르되 가서 그 땅으로 두루 다니며 그것을
그려 가지고 내게로 돌아오라 내가 여기 실
로의 여호와 앞에서 너희를 위하여 제비를
뽑으리라 하니
9 그 사람들이 가서 그 땅으로 두루 다니며 성
읍들을 따라서 일곱 부분으로 책에 그려서
실로 진영에 돌아와 여호수아에게 나아오니
10 여호수아가 그들을 위하여 실로의 여호와
앞에서 제비를 뽑고 그가 거기서 이스라엘
자손의 분파대로 그 땅을 분배하였더라

베냐민 자손의 기업

11 ●베냐민 자손 지파를 위하여 그들의 가족
대로 제비를 뽑았으니 그 제비 뽑은 땅의 경
계는 유다 자손과 요셉 자손의 중간이라
12 그들의 북방 경계는 요단에서부터 여리고
북쪽으로 올라가서 서쪽 산지를 넘어서 또
올라가서 벧아웬 황무지에 이르며
13 또 그 경계가 거기서부터 루스로 나아가서
루스 남쪽에 이르나니 루스는 곧 벧엘이며
또 그 경계가 아다롯 앗달로 내려가서 아래
벧호론 남쪽 산 곁으로 지나고
14 벧호론 앞 남쪽 산에서부터 서쪽으로 돌아
남쪽으로 향하여 유다 자손의 성읍 기럇 바
알 곧 기럇 여아림에 이르러 끝이 되나니 이

inheritance.
3 ●So Joshua said to the Israelites: "How long
will you wait before you begin to take posses-
sion of the land that the LORD, the God of your
4 ancestors, has given you? ●Appoint three
men from each tribe. I will send them out to
make a survey of the land and to write a
description of it, according to the inheritance
5 of each. Then they will return to me. ●You are
to divide the land into seven parts. Judah is to
remain in its territory on the south and the
tribes of Joseph in their territory on the north.
6 ●After you have written descriptions of the
seven parts of the land, bring them here to me
and I will cast lots for you in the presence of
7 the LORD our God. ●The Levites, however, do
not get a portion among you, because the
priestly service of the LORD is their inheritance.
And Gad, Reuben and the half-tribe of Man-
asseh have already received their inheritance
on the east side of the Jordan. Moses the ser-
vant of the LORD gave it to them."
8 ●As the men started on their way to map
out the land, Joshua instructed them, "Go and
make a survey of the land and write a descrip-
tion of it. Then return to me, and I will cast lots
for you here at Shiloh in the presence of the
9 LORD." ●So the men left and went through the
land. They wrote its description on a scroll,
town by town, in seven parts, and returned to
10 Joshua in the camp at Shiloh. ●Joshua then
cast lots for them in Shiloh in the presence of
the LORD, and there he distributed the land to
the Israelites according to their tribal divisions.

Allotment for Benjamin

11 ●The first lot came up for the tribe of Ben-
jamin according to its clans. Their allotted ter-
ritory lay between the tribes of Judah and
Joseph:
12 ●On the north side their boundary
began at the Jordan, passed the northern
slope of Jericho and headed west into
the hill country, coming out at the
13 wilderness of Beth Aven. ●From there it
crossed to the south slope of Luz (that is,
Bethel) and went down to Ataroth
Addar on the hill south of Lower Beth
Horon.
14 ●From the hill facing Beth Horon on
the south the boundary turned south
along the western side and came out at
Kiriath Baal (that is, Kiriath Jearim), a

allotment [əlátmənt] *n.* 할당, 몫
ancestor [ǽnsestər] *n.* 조상
appoint [əpɔ́int] *vt.* 지명하다
description [diskrípʃən] *n.* 서술, 묘사
distribute [distríbju:t] *vt.* 분배하다
divide [diváid] *vt.* 나누다
division [divíʒən] *n.* 분할, 분배
inheritance [inhérətəns] *n.* 상속재산
instruct [instrʌkt] *vt.* 지시[명령]하다
map [mæp] *vt.* …의 지도를 만들다
possession [pəzéʃən] *n.* 소유
priestly [prí:stli] *a.* 성직자의
scroll [skroul] *n.* 두루마리 (책)
slope [sloup] *n.* 비탈
territory [térətɔ̀:ri] *n.* 영토

18:4 make a survey of...: …를 개관하다, 살펴보다
18:4 according to...: …에 따라
18:6 cast lots: 제비 뽑다
18:6 in the presence of...: …의 면전에서
18:8 map out: (지도에) 상세히 나타내다

는 서쪽 경계며 15:9
15 남쪽 경계는 기럇 여아림 끝에서부터 서쪽으로 나아가 넵도아 물 근원에 이르고
16 르바임 골짜기 북쪽 힌놈의 아들 골짜기 앞에 있는 산 끝으로 내려가고 또 힌놈의 골짜기로 내려가서 여부스 남쪽에 이르러 엔 로겔로 내려가고
17 또 북쪽으로 접어들어 엔 세메스로 나아가서 아둠밈 비탈 맞은편 글릴롯으로 나아가서 르우벤 자손 보한의 돌까지 내려가고
18 북으로 아라바 맞은편을 지나 아라바로 내려가고
19 또 북으로 벧 호글라 곁을 지나서 요단 남쪽 끝에 있는 염해의 북쪽 해만이 그 경계의 끝이 되나니 이는 남쪽 경계며
20 동쪽 경계는 요단이니 이는 베냐민 자손이 그들의 가족대로 받은 기업의 사방 경계였더라
21 ● 베냐민 자손의 지파가 그들의 가족대로 받은 성읍들은 여리고와 벧 호글라와 에멕 그시스와
22 벧 아라바와 스마라임과 벧엘과
23 아윔과 바라와 오브라와
24 그발 암모니와 오브니와 게바이니 열두 성읍과 또 그 마을들이며
25 기브온과 라마와 브에롯과
26 미스베와 그비라와 모사와
27 레겜과 이르브엘과 다랄라와
28 셀라와 엘렙과 여부스 곧 예루살렘과 기부앗과 기럇이니 열네 성읍이요 또 그 마을들이라 이는 베냐민 자손이 그들의 가족대로 받은 기업이었더라

시므온 자손의 기업 — B.C. 1400년경

19 둘째로 시므온 곧 시므온 자손의 지파를 위하여 그들의 가족대로 제비를 뽑았으니 그들의 기업은 유다 자손의 기업 중에서라
2 그들이 받은 기업은 브엘세바 곧 세바와 몰라다와
3 하살 수알과 발라와 에셈과
4 엘돌랏과 브둘과 호르마와
5 시글락과 벧 말가봇과 하살수사와
6 벧 르바옷과 사루헨이니 열세 성읍이요 또 그 마을들이며
7 또 아인과 림몬과 에델과 아산이니 네 성읍이요 또 그 마을들이며
8 또 네겝의 라마 곧 바알랏 브엘까지 이 성읍

town of the people of Judah. This was the
western side.
15 •The southern side began at the out-
skirts of Kiriath Jearim on the west, and
the boundary came out at the spring of
16 the waters of Nephtoah. •The boundary
went down to the foot of the hill facing
the Valley of Ben Hinnom, north of the
Valley of Rephaim. It continued down
the Hinnom Valley along the southern
slope of the Jebusite city and so to En
17 Rogel. •It then curved north, went to En
Shemesh, continued to Geliloth, which
faces the Pass of Adummim, and ran
down to the Stone of Bohan son of
18 Reuben. •It continued to the northern
slope of Beth Arabah[a] and on down into
19 the Arabah. •It then went to the north-
ern slope of Beth Hoglah and came out at
the northern bay of the Dead Sea, at the
mouth of the Jordan in the south. This
was the southern boundary.
20 •The Jordan formed the boundary
on the eastern side.
These were the boundaries that marked out the inheritance of the clans of Benjamin on all sides.

21 •The tribe of Benjamin, according to its
clans, had the following towns:
Jericho, Beth Hoglah, Emek Keziz,
22 •Beth Arabah, Zemaraim, Bethel,
23-24 •Avvim, Parah, Ophrah, •Kephar
Ammoni, Ophni and Geba — twelve
towns and their villages.
25-26 •Gibeon, Ramah, Beeroth, •Mizpah,
27 Kephirah, Mozah, •Rekem, Irpeel,
28 Taralah, •Zelah, Haeleph, the Jebusite city
(that is, Jerusalem), Gibeah and Kiriath
— fourteen towns and their villages.
This was the inheritance of Benjamin for its clans.

Allotment for Simeon

19 The second lot came out for the tribe of Simeon according to its clans. Their inheritance lay within the territory of Judah.
2 •It included:
3 Beersheba (or Sheba),[b] Moladah, •Hazar
4 Shual, Balah, Ezem, •Eltolad, Bethul,
5 Hormah, •Ziklag, Beth Markaboth, Hazar

[a]18 Septuagint; Hebrew *slope facing the Arabah* [b]2 Or *Beersheba, Sheba*; 1 Chron. 4:28 does not have *Sheba*.

bay [bei] *n.* 만(灣)
boundary [báundəri] *n.* 경계
clan [klæn] *n.* 씨족
continue [kəntínju:] *vt.* 계속하다
curve [kə:rv] *vi.* 구부러지다
face [feis] *vt.* 향하다
following [fálouiŋ] *a.* 다음의
include [inklú:d] *vt.* 포함하다
inheritance [inhérətəns] *n.* 상속
mouth [mauθ] *n.* 강 어귀
outskirts [áutskə:rts] *n.* 변두리
side [said] *n.* 편, 쪽
spring [spriŋ] *n.* 샘, 원천
tribe [traib] *n.* 지파
valley [væli] *n.* 골짜기

18:16 the foot of the hill: 언덕의 발치
18:17 run down: 뛰어 내려오다
18:20 mark out: 한계를 정하다
18:28 that is: 즉, 다시 말해서
19:1 come out for...: …를 지지하다
19:1 lie within...: …안에 놓여 있다

들을 둘러 있는 모든 마을들이니 이는 시므
온 자손의 지파가 그들의 가족대로 받은 기
업이라
9 시므온 자손의 이 기업은 유다 자손의 기업
중에서 취하였으니 이는 유다 자손의 분깃
이 자기들에게 너무 많으므로 시므온 자손
이 자기의 기업을 그들의 기업 중에서 받음
이었더라

스불론 자손의 기업

10 ●셋째로 스불론 자손을 위하여 그들의 가
족대로 제비를 뽑았으니 그들의 기업의 경
계는 사릿까지이며
11 서쪽으로 올라가서 마랄라에 이르러 답베셋
을 만나 욕느암 앞 시내를 만나고 21:34
12 사릿에서부터 동쪽으로 돌아 해 뜨는 쪽을
향하여 기슬롯 다볼의 경계에 이르고 다브
랏으로 나가서 야비아로 올라가고
13 또 거기서부터 동쪽으로 가드 헤벨을 지나
엣 가신에 이르고 네아까지 연결된 림몬으
로 나아가서
14 북쪽으로 돌아 한나돈에 이르고 입다엘 골
짜기에 이르러 끝이 되며
15 또 갓닷과 나할랄과 시므론과 이달라와 베
들레헴이니 모두 열두 성읍과 그 마을들이
라
16 스불론 자손이 그들의 가족대로 받은 기업
은 이 성읍들과 그 마을들이었더라

잇사갈 자손의 기업

17 ●넷째로 잇사갈 곧 잇사갈 자손을 위하여
그들의 가족대로 제비를 뽑았으니 창 49:14-15
18 그들의 지역은 이스르엘과 그술롯과 수넴과
19 하바라임과 시온과 아나하랏과
20 랍빗과 기시온과 에베스와
21 레멧과 엔 간님과 엔핫다와 벧 바세스이며
22 그 경계는 다볼과 사하수마와 벧 세메스에
이르고 그 끝은 요단이니 모두 열여섯 성읍
과 그 마을들이라
23 잇사갈 자손 지파가 그 가족대로 받은 기업
은 이 성읍들과 그 마을들이었더라

아셀 자손의 기업

24 ●다섯째로 아셀 자손의 지파를 위하여 그
가족대로 제비를 뽑았으니
25 그들의 지역은 헬갓과 할리와 베덴과 악삽
과
26 알람멜렉과 아맛과 미살이며 그 경계의 서
쪽은 갈멜을 만나 시홀 림낫에 이르고
27 해 뜨는 쪽으로 돌아 벧 다곤에 이르며 스불

6 Susah, ●Beth Lebaoth and Sharuhen
—thirteen towns and their villages;
7 ●Ain, Rimmon, Ether and Ashan —
8 four towns and their villages — ●and all
the villages around these towns as far
as Baalath Beer (Ramah in the Negev).
This was the inheritance of the tribe of the
9 Simeonites, according to its clans. ●The inher-
itance of the Simeonites was taken from the
share of Judah, because Judah's portion was
more than they needed. So the Simeonites
received their inheritance within the territory
of Judah.

Allotment for Zebulun

10 ●The third lot came up for Zebulun according
to its clans:
The boundary of their inheritance
11 went as far as Sarid. ●Going west it ran
to Maralah, touched Dabbesheth, and
extended to the ravine near Jokneam.
12 ●It turned east from Sarid toward the
sunrise to the territory of Kisloth Tabor
and went on to Daberath and up to
13 Japhia. ●Then it continued eastward to
Gath Hepher and Eth Kazin; it came out
at Rimmon and turned toward Neah.
14 ●There the boundary went around on
the north to Hannathon and ended at
15 the Valley of Iphtah El. ●Included were
Kattath, Nahalal, Shimron, Idalah and
Bethlehem. There were twelve towns
and their villages.
16 ●These towns and their villages were the
inheritance of Zebulun, according to its clans.

Allotment for Issachar

17 ●The fourth lot came out for Issachar accord-
18 ing to its clans. ●Their territory included:
19 Jezreel, Kesulloth, Shunem, ●Hapha-
20 raim, Shion, Anaharath, ●Rabbith, Kish-
21 ion, Ebez, ●Remeth, En Gannim, En
22 Haddah and Beth Pazzez. ●The bound-
ary touched Tabor, Shahazumah and
Beth Shemesh, and ended at the Jordan.
There were sixteen towns and their vil-
lages.
23 ●These towns and their villages were the
inheritance of the tribe of Issachar, according
to its clans.

Allotment for Asher

24 ●The fifth lot came out for the tribe of Asher
25 according to its clans. ●Their territory included:

allotment [əlátmənt] *n.* 할당, 몫
eastward [íːstwərd] *ad.* 동쪽으로
extend [iksténd] *vi.* 이르다
lot [lat] *n.* 제비(뽑기)
need [niːd] *vt.* 필요로 하다
portion [pɔ́ːrʃən] *n.* 일부
ravine [rəvíːn] *n.* 좁은 골짜기
receive [risíːv] *vt.* 받다
share [ʃɛər] *n.* 몫
sunrise [sʌnraiz] *n.* 해돋이
territory [térətɔ̀ːri] *n.* 영토
turn [təːrn] *vi.* 돌다, 향하다
touch [tʌtʃ] *vi.* 맞닿다
town [taun] *n.* 성읍
village [vílidʒ] *n.* 마을

19:8 **as far as...**: …까지
19:8 **according to its clans**: 종족별로
19:9 **more than...**: …이상의(으로)
19:12 **up to...**: …까지
19:14 **go around**: 돌아가다
19:17 **come out for...**: …를 지지하다

론을 만나고 북쪽으로 입다 엘 골짜기를 만
나 벧에멕과 느이엘에 이르고 가불 왼쪽으
로 나아가서
28 에브론과 르홉과 함몬과 가나를 지나 큰 시
돈까지 이르고
29 돌아서 라마와 견고한 성읍 두로에 이르고
돌아서 호사에 이르고 악십 지방 곁 바다가
끝이 되며
30 또 움마와 아벡과 르홉이니 모두 스물두 성
읍과 그 마을들이라 21:31
31 아셀 자손의 지파가 그 가족대로 받은 기업
은 이 성읍들과 그 마을들이었더라

납달리 자손의 기업

32 ● 여섯째로 납달리 자손을 위하여 납달리
자손의 가족대로 제비를 뽑았으니
33 그들의 지역은 헬렙과 사아난님의 상수리나
무에서부터 아다미 네겝과 얍느엘을 지나
락굼까지요 그 끝은 요단이며
34 서쪽으로 돌아 아스놋 다볼에 이르고 그곳
에서부터 훅곡으로 나아가 남쪽은 스불론에
이르고 서쪽은 아셀에 이르며 해 뜨는 쪽은
요단에서 유다에 이르고
35 그 견고한 성읍들은 싯딤과 세르와 함맛과
락갓과 긴네렛과
36 아다마와 라마와 하솔과
37 게데스와 에드레이와 엔 하솔과
38 이론과 믹다렐과 호렘과 벧 아낫과 벧 세메
스니 모두 열아홉 성읍과 그 마을들이라
39 납달리 자손의 지파가 그 가족대로 받은 기
업은 이 성읍들과 그 마을들이었더라

단 자손의 기업

40 ● 일곱째로 단 자손의 지파를 위하여 그들
의 가족대로 제비를 뽑았으니
41 그들의 기업의 지역은 소라와 에스다올과
이르세메스와
42 사알랍빈과 아얄론과 이들라와
43 엘론과 딤나와 에그론과 삿 1:18
44 엘드게와 깁브돈과 바알랏과
45 여훗과 브네브락과 가드 림몬과
46 메얄곤과 락곤과 욥바 맞은편 경계까지라
47 그런데 단 자손의 경계는 더욱 확장되었으
니 이는 단 자손이 올라가서 레셈과 싸워 그
것을 점령하여 칼날로 치고 그것을 차지하
여 거기 거주하였음이라 그들의 조상 단의
이름을 따라서 레셈을 단이라 하였더라
48 단 자손의 지파가 그에 딸린 가족대로 받
은 기업은 이 성읍들과 그들의 마을들이었

26 Helkath, Hali, Beten, Akshaph, • Allam-
melek, Amad and Mishal. On the west
the boundary touched Carmel and Shi-
27 hor Libnath. • It then turned east toward
Beth Dagon, touched Zebulun and the
Valley of Iphtah El, and went north to
Beth Emek and Neiel, passing Kabul on
28 the left. • It went to Abdon,[a] Rehob, Ham-
mon and Kanah, as far as Greater Sidon.
29 • The boundary then turned back toward
Ramah and went to the fortified city of
Tyre, turned toward Hosah and came out
at the Mediterranean Sea in the region of
30 Akzib, • Ummah, Aphek and Rehob.
There were twenty-two towns and their
villages.
31 • These towns and their villages were the
inheritance of the tribe of Asher, according to
its clans.

Allotment for Naphtali

32 • The sixth lot came out for Naphtali accord-
ing to its clans:
33 • Their boundary went from Heleph
and the large tree in Zaanannim, passing
Adami Nekeb and Jabneel to Lakkum and
34 ending at the Jordan. • The boundary ran
west through Aznoth Tabor and came out
at Hukkok. It touched Zebulun on the
south, Asher on the west and the Jordan[b]
35 on the east. • The fortified towns were
Ziddim, Zer, Hammath, Rakkath, Kinne-
36-37 reth, • Adamah, Ramah, Hazor, • Kedesh,
38 Edrei, En Hazor, • Iron, Migdal El, Horem,
Beth Anath and Beth Shemesh. There
were nineteen towns and their villages.
39 • These towns and their villages were the
inheritance of the tribe of Naphtali, according
to its clans.

Allotment for Dan

40 • The seventh lot came out for the tribe of Dan
41 according to its clans. • The territory of their
inheritance included:
42 Zorah, Eshtaol, Ir Shemesh, • Shaalab-
43 bin, Aijalon, Ithlah, • Elon, Timnah,
44 Ekron, • Eltekeh, Gibbethon, Baalath,
45-46 • Jehud, Bene Berak, Gath Rimmon, • Me
Jarkon and Rakkon, with the area facing
Joppa.
47 • (When the territory of the Danites was lost

[a]28 Some Hebrew manuscripts (see also 21:30); most Hebrew manuscripts *Ebron* [b]34 Septuagint; Hebrew *west, and Judah, the Jordan,*

allotment [əlátmənt] *n.* 할당, 몫
area [έəriə] *n.* 지역, 면적
boundary [báundəri] *n.* 경계
face [feis] *vt.* …에 면하다
fortify [fɔ́:rtəfài] *vt.* 요새화하다, 강화하다
include [inklú:d] *vt.* 포함하다
inheritance [inhérətəns] *n.* 유산
pass [pæs] *vi.* 지나가다
region [rí:dʒən] *n.* 지역
territory [térətɔ̀:ri] *n.* 영토
touch [tʌtʃ] *vi.* 맞닿다
toward [təwɔ́:d] *prep.* …쪽으로
town [taun] *n.* 성읍
valley [vǽli] *n.* 골짜기
village [vílidʒ] *n.* 마을

19:27 turn toward...: …쪽으로 향하다
19:28 as far as: …까지
19:29 turn back: 되돌아가다
19:29 come out: 나오다
19:31 according to its clans: 종족별로
19:47 be lost to: 이미 …의 것이 아니다

더라

기업의 땅 나누기를 마치다

49 ●이스라엘 자손이 그들의 경계를 따라서
기업의 땅 나누기를 마치고 자기들 중에서
눈의 아들 여호수아에게 기업을 주었으니
50 곧 여호와의 명령대로 여호수아가 요구한
성읍 에브라임 산지 딤낫 세라를 주매 여호
수아가 그 성읍을 건설하고 거기 거주하였
더라
51 ●제사장 엘르아살과 눈의 아들 여호수아와
이스라엘 자손의 지파의 족장들이 실로에
있는 회막문 여호와 앞에서 제비 뽑아 나눈
기업이 이러하니라 이에 땅 나누는 일을 마
쳤더라

도피성 (♪ 290장) — B.C. 1400년경

20 여호와께서 여호수아에게 말씀하여 이
르시되
2 이스라엘 자손에게 말하여 이르기를 내가
모세를 통하여 너희에게 말한 도피성들을
너희를 위해 정하여
3 부지중에 실수로 사람을 죽인 자를 그리로
도망하게 하라 이는 너희를 위해 피의 보복
자를 피할 곳이니라
4 이 성읍들 중의 하나에 도피하는 자는 그 성
읍에 들어가는 문어귀에 서서 그 성읍의 장
로들의 귀에 자기의 사건을 말할 것이요 그
들은 그를 성읍에 받아들여 한 곳을 주어 자
기들 중에 거주하게 하고
5 피의 보복자가 그의 뒤를 따라온다 할지라
도 그들은 그 살인자를 그의 손에 내주지 말
지니 이는 본래 미워함이 없이 부지중에 그
의 이웃을 죽였음이라
6 그 살인자는 회중 앞에 서서 재판을 받기까
지 또는 그 당시 대제사장이 죽기까지 그 성
읍에 거주하다가 그후에 그 살인자는 그 성
읍 곧 자기가 도망하여 나온 자기 성읍 자기
집으로 돌아갈지니라 하라 하시니라
7 ●이에 그들이 납달리의 산지 갈릴리 게데
스와 에브라임 산지의 세겜과 유다 산지의
기럇 아르바 곧 헤브론과
8 여리고 동쪽 요단 저쪽 르우벤 지파 중에서
평지 광야의 베셀과 갓 지파 중에서 길르앗
라못과 므낫세 지파 중에서 바산 골란을 구
별하였으니 21:36
9 이는 곧 이스라엘 모든 자손과 그들 중에 거
류하는 거류민을 위하여 선정된 성읍들로서
누구든지 부지중에 살인한 자가 그리로 도

to them, they went up and attacked Leshem,
took it, put it to the sword and occupied it.
They settled in Leshem and named it Dan
after their ancestor.)
48 ●These towns and their villages were the
inheritance of the tribe of Dan, according to its
clans.

Allotment for Joshua

49 ●When they had finished dividing the land
into its allotted portions, the Israelites gave
Joshua son of Nun an inheritance among
50 them, ●as the LORD had commanded. They
gave him the town he asked for—Timnath
Serah[a] in the hill country of Ephraim. And he
built up the town and settled there.
51 ●These are the territories that Eleazar the
priest, Joshua son of Nun and the heads of the
tribal clans of Israel assigned by lot at Shiloh in
the presence of the LORD at the entrance to the
tent of meeting. And so they finished dividing
the land.

Cities of Refuge

20 Then the LORD said to Joshua:
2 ●"Tell the Israelites to designate the
cities of refuge, as I instructed you through
3 Moses, ●so that anyone who kills a person
accidentally and unintentionally may flee
there and find protection from the avenger of
4 blood. ●When they flee to one of these cities,
they are to stand in the entrance of the city
gate and state their case before the elders of
that city. Then the elders are to admit the fugi-
tive into their city and provide a place to live
5 among them. ●If the avenger of blood comes
in pursuit, the elders must not surrender the
fugitive, because the fugitive killed their neigh-
bor unintentionally and without malice afore-
6 thought. ●They are to stay in that city until
they have stood trial before the assembly and
until the death of the high priest who is serv-
ing at that time. Then they may go back to
their own home in the town from which they
fled."
7 ●So they set apart Kedesh in Galilee in the
hill country of Naphtali, Shechem in the hill
country of Ephraim, and Kiriath Arba (that is,
8 Hebron) in the hill country of Judah. ●East of
the Jordan (on the other side from Jericho)
they designated Bezer in the wilderness on the
plateau in the tribe of Reuben, Ramoth in
Gilead in the tribe of Gad, and Golan in

[a]50 Also known as *Timnath Heres* (see Judges 2:9)

accidentally [æksidéntli] *ad.* 우연히
admit [ədmít] *vt.* 받아들이다
aforethought [əfɔ́ːrθɔ̀ːt] *a.* 고의의
avenger [əvéndʒər] *n.* 보복자
designate [dézignèit] *vt.* 지명하다
flee [fliː] *vi.* 도망치다
fugitive [fjúːdʒətiv] *n.* 도망자
malice [mǽlis] *n.* 악의
occupy [ákjupài] *vt.* 점령하다
plateau [plætóu] *n.* 고원
provide [prəváid] *vt.* 제공하다
pursuit [pərsúːt] *n.* 추격
refuge [réfjuːdʒ] *n.* 피난처
surrender [səréndər] *vt.* 넘겨주다
unintentionally [ʌninténʃənəli] *ad.* 무심코

19:50 build up: 건물로 둘러싸다
19:51 in the presence of...: …의 앞에서
20:3 so that...: …하기 위하여, 그래서
20:5 must not...: …해서는 안 된다
20:6 stand [take] trial: 재판 받다
20:7 set apart: 따로 떼어두다

망하여 그가 회중 앞에 설 때까지 피의 보복
자의 손에 죽지 아니하게 하기 위함이라

레위 사람의 성읍 — B.C. 1400년경

21 그때에 레위 사람의 족장들이 제사장
엘르아살과 눈의 아들 여호수아와 이스
라엘 자손의 지파 족장들에게 나아와
2 가나안 땅 실로에서 그들에게 말하여 이르
되 여호와께서 모세에게 명령하사 우리가
거주할 성읍들과 우리 가축을 위해 그 목초
지들을 우리에게 주라 하셨나이다 하매
3 이스라엘 자손이 여호와의 명령을 따라 자
기의 기업에서 이 성읍들과 그 목초지들을
레위 사람에게 주니라
4 ● 그핫 가족을 위하여 제비를 뽑았는데 레
위 사람 중 제사장 아론의 자손들은 유다 지
파와 시므온 지파와 베냐민 지파 중에서 제
비 뽑은 대로 열세 성읍을 받았고
5 그핫 자손들 중에 남은 자는 에브라임 지파
의 가족과 단 지파와 므낫세 반 지파 중에서
제비 뽑은 대로 열 성읍을 받았으며
6 게르손 자손들은 잇사갈 지파의 가족들과
아셀 지파와 납달리 지파와 바산에 있는 므
낫세 반 지파 중에서 제비 뽑은 대로 열세 성
읍을 받았더라
7 ● 므라리 자손들은 그 가족대로 르우벤 지
파와 갓 지파와 스불론 지파 중에서 열두 성
읍을 받았더라
8 ● 여호와께서 모세에게 명령하신 대로 이스
라엘 자손이 제비 뽑아 레위 사람에게 준 성
읍들과 그 목초지들이 이러하니라
9 유다 자손의 지파와 시므온 자손의 지파 중
에서는 이 아래에 기명한 성읍들을 주었는
데
10 레위 자손 중 그핫 가족들에 속한 아론 자손
이 첫째로 제비 뽑혔으므로
11 아낙의 아버지 아르바의 성읍 유다 산지 기
럇 아르바 곧 헤브론과 그 주위의 목초지를
그들에게 주었고
12 그 성읍의 밭과 그 촌락들은 여분네의 아들
갈렙에게 주어 소유가 되게 하였더라
13 ● 제사장 아론의 자손에게 준 것은 살인자
의 도피성 헤브론과 그 목초지이요 또 립나
와 그 목초지와
14 얏딜과 그 목초지와 에스드모아와 그 목초
지와
15 홀론과 그 목초지와 드빌과 그 목초지와
16 아인과 그 목초지와 윳다와 그 목초지와 벧

9 Bashan in the tribe of Manasseh. ● Any of the
Israelites or any foreigner residing among
them who killed someone accidentally could
flee to these designated cities and not be killed
by the avenger of blood prior to standing trial
before the assembly.

Towns for the Levites

21 Now the family heads of the Levites
approached Eleazar the priest, Joshua
son of Nun, and the heads of the other tribal
2 families of Israel ● at Shiloh in Canaan and
said to them, "The LORD commanded through
Moses that you give us towns to live in, with
3 pasturelands for our livestock." ● So, as the
LORD had commanded, the Israelites gave the
Levites the following towns and pasturelands
out of their own inheritance:
4 ● The first lot came out for the Kohathites,
according to their clans. The Levites who were
descendants of Aaron the priest were allotted
thirteen towns from the tribes of Judah, Sime-
5 on and Benjamin. ● The rest of Kohath's
descendants were allotted ten towns from the
clans of the tribes of Ephraim, Dan and half of
Manasseh.
6 ● The descendants of Gershon were allotted
thirteen towns from the clans of the tribes of
Issachar, Asher, Naphtali and the half-tribe of
Manasseh in Bashan.
7 ● The descendants of Merari, according to
their clans, received twelve towns from the
tribes of Reuben, Gad and Zebulun.
8 ● So the Israelites allotted to the Levites these
towns and their pasturelands, as the LORD had
commanded through Moses.
9 ● From the tribes of Judah and Simeon they
10 allotted the following towns by name ● (these
towns were assigned to the descendants of
Aaron who were from the Kohathite clans of
the Levites, because the first lot fell to them):
11 ● They gave them Kiriath Arba (that
is, Hebron), with its surrounding pas-
tureland, in the hill country of Judah.
12 (Arba was the forefather of Anak.) ● But
the fields and villages around the city
they had given to Caleb son of Jephun-
neh as his possession.
13 ● So to the descendants of Aaron the
priest they gave Hebron (a city of refuge
for one accused of murder), Libnah,
14-16 ● Jattir, Eshtemoa,● Holon, Debir, ● Ain,

allot [əlάt] *vt.* 할당하다
approach [əpróutʃ] *vt.* 다가가다
assembly [əsémbli] *n.* 회중
assign [əsáin] *vt.* 할당하다
command [kəmǽnd] *vt.* 명령하다
descendant [diséndənt] *n.* 자손
forefather [fɔ́:rfὰ:ðər] *n.* 선조
half-tribe [hæ:ftráib] *n.* 반쪽 지파
head [hed] *n.* 지도자
livestock [láivstὰk] *n.* 가축
pastureland [pǽstʃərlæ̀nd] *n.* 목초지
possession [pəzéʃən] *n.* 소유물
priest [pri:st] *n.* 제사장
reside [rizáid] *vt.* 거하다
surrounding [səráundiŋ] *a.* 주변의

20:9 prior to...: …하기에 앞서
21:3 out of...: …로부터
21:4 according to...: …에 따라
21:9 by name: 이름에 따라, 지명하여
21:11 that is: 즉
21:13 accused of...: …로 고소당한

세메스와 그 목초지이니 이 두 지파에서 아
홉 성읍을 냈고 대상 6:59
17 또 베냐민 지파 중에서는 기브온과 그 목초
지와 게바와 그 목초지와
18 아나돗과 그 목초지와 알몬과 그 목초지 곧
네 성읍을 냈으니
19 제사장 아론 자손의 성읍은 모두 열세 성읍
과 그 목초지들이었더라
20 ● 레위 사람인 그핫 자손 중에 남은 자들의
가족들 곧 그핫 자손에게는 제비 뽑아 에브
라임 지파 중에서 그 성읍들을 주었으니
21 곧 살인자의 도피성 에브라임 산지 세겜과
그 목초지이요 또 게셀과 그 목초지와 20:7
22 깁사임과 그 목초지와 벧호론과 그 목초지
이니 네 성읍이요
23 또 단 지파 중에서 준 것은 엘드게와 그 목초
지와 깁브돈과 그 목초지와
24 아얄론과 그 목초지와 가드 림몬과 그 목초
지이니 네 성읍이요
25 또 므낫세 반 지파 중에서 준 것은 다아낙과
그 목초지와 가드 림몬과 그 목초지이니 두
성읍이라
26 그핫 자손의 남은 가족들을 위한 성읍들은
모두 열 성읍과 그 목초지들이었더라
27 ● 레위 가족의 게르손 자손에게는 므낫세
반 지파 중에서 살인자의 도피성 바산 골란
과 그 목초지를 주었고 또 브에스드라와 그
목초지를 주었으니 두 성읍이요 21:6
28 잇사갈 지파 중에서는 기시온과 그 목초지
와 다브랏과 그 목초지와
29 야르뭇과 그 목초지와 엔 간님과 그 목초지
를 주었으니 네 성읍이요
30 아셀 지파 중에서는 미살과 그 목초지와 압
돈과 그 목초지와
31 헬갓과 그 목초지와 르홉과 그 목초지를 주
었으니 네 성읍이요
32 납달리 지파 중에서는 살인자의 도피성 갈
릴리 게데스와 그 목초지를 주었고 또 함못
돌과 그 목초지와 가르단과 그 목초지를 주
었으니 세 성읍이라
33 게르손 사람이 그 가족대로 받은 성읍은 모
두 열세 성읍과 그 목초지들이었더라
34 ● 그 남은 레위 사람 므라리 자손의 가족들
에게 준 것은 스불론 지파 중에서 욕느암과
그 목초지와 가르다와 그 목초지와 21:7
35 딤나와 그 목초지와 나할랄과 그 목초지이
니 네 성읍이요

Juttah and Beth Shemesh, together with
their pasturelands — nine towns from
these two tribes.
17 ● And from the tribe of Benjamin they
18 gave them Gibeon, Geba, ● Anathoth
and Almon, together with their pasture-
lands — four towns.
19 ● The total number of towns for the priests,
the descendants of Aaron, came to thirteen,
together with their pasturelands.
20 ● The rest of the Kohathite clans of the Levites
were allotted towns from the tribe of Ephraim:
21 ● In the hill country of Ephraim they
were given Shechem (a city of refuge for
one accused of murder) and Gezer,
22 ● Kibzaim and Beth Horon, together
with their pasturelands — four towns.
23 ● Also from the tribe of Dan they
24 received Eltekeh, Gibbethon, ● Aijalon
and Gath Rimmon, together with their
pasturelands — four towns.
25 ● From half the tribe of Manasseh
they received Taanach and Gath Rim-
mon, together with their pasturelands
— two towns.
26 ● All these ten towns and their pasturelands
were given to the rest of the Kohathite clans.
27 ● The Levite clans of the Gershonites were
given:
from the half-tribe of Manasseh, Golan in
Bashan (a city of refuge for one accused
of murder) and Be Eshterah, together
with their pasturelands — two towns;
28 ● from the tribe of Issachar,
29 Kishion, Daberath, ● Jarmuth and En
Gannim, together with their pasture-
lands — four towns;
30 ● from the tribe of Asher,
31 Mishal, Abdon, ● Helkath and Rehob,
together with their pasturelands — four
towns;
32 ● from the tribe of Naphtali,
Kedesh in Galilee (a city of refuge for one
accused of murder), Hammoth Dor and
Kartan, together with their pasturelands
— three towns.
33 ● The total number of towns of the Gershonite
clans came to thirteen, together with their pas-
turelands.
34 ● The Merarite clans (the rest of the Levites)
were given:
from the tribe of Zebulun,

allot [əlɑ́t] *vt.* 할당하다
also [ɔ́:lsou] *ad.* 또한
city [síti] *n.* 도시
clan [klæn] *n.* 씨족
country [kʌntri] *n.* 지역, 토지
give [giv] *vt.* 주다
hill [hil] *n.* 언덕
murder [mə́:rdər] *n.* 살인
receive [risí:v] *vt.* 받다
refuge [réfju:dʒ] *n.* 피난처
rest [rest] *n.* 나머지
together [təgéðər] *ad.* 함께
total [tóutl] *a.* 총계
town [taun] *n.* 성읍
tribe [traib] *n.* 지파, 일족

21:16 **together with...**: …에 더해서, …와 더불어
21:19 **the total number of towns**: 총 성읍
21:19 **come to**: 합계가 …이 되다
21:21 **hill country**: 산지, 산간지대
21:21 **accused of...**: …로 고발당한

36 르우벤 지파 중에서 준 것은 베셀과 그 목초
지와 야하스와 그 목초지와
37 그데못과 그 목초지와 므바앗과 그 목초지
이니 네 성읍이요
38 갓 지파 중에서 준 것은 살인자의 도피성 길
르앗 라못과 그 목초지이요 또 마하나임과
그 목초지와
39 헤스본과 그 목초지와 야셀과 그 목초지이
니 모두 네 성읍이라
40 이는 레위 가족의 남은 자 곧 므라리 자손이
그들의 가족대로 받은 성읍이니 그들이 제
비 뽑아 얻은 성읍이 열두 성읍이었더라
41 •레위 사람들이 이스라엘 자손의 기업 중
에서 받은 성읍은 모두 마흔여덟 성읍이요
또 그 목초지들이라 민 35:7
42 이 각 성읍의 주위에 목초지가 있었고 모든
성읍이 다 그러하였더라

약속하신 온 땅을 차지하다

43 •여호와께서 이스라엘의 조상들에게 맹세
하사 주리라 하신 온 땅을 이와 같이 이스라
엘에게 다 주셨으므로 그들이 그것을 차지
하여 거기에 거주하였으니
44 여호와께서 그들의 주위에 안식을 주셨으되
그 조상들에게 맹세하신 대로 하셨으므로 그
들의 모든 원수들 중에 그들과 맞선 자가 하
나도 없었으니 이는 여호와께서 그들의 모든
원수들을 그들의 손에 넘겨 주셨음이니라
45 여호와께서 이스라엘 족속에게 말씀하신 선
한 말씀이 하나도 남음이 없이 다 응하였더라

여호수아가 동쪽 지파들을 보내다 (♪ 450장)

22 그때에 여호수아가 르우벤 사람과 갓
사람과 므낫세 반 지파를 불러서
2 그들에게 이르되 여호와의 종 모세가 너희
에게 명령한 것을 너희가 다 지키며 또 내가
너희에게 명령한 모든 일에 너희가 내 말을
순종하여
3 오늘까지 날이 오래도록 너희가 너희 형제
를 떠나지 아니하고 오직 너희의 하나님 여
호와께서 명령하신 그 책임을 지키도다
4 이제는 너희의 하나님 여호와께서 이미 말
씀하신 대로 너희 형제에게 안식을 주셨으
니 그런즉 이제 너희는 여호와의 종 모세가
요단 저쪽에서 너희에게 준 소유지로 가서
너희의 장막으로 돌아가되
5 오직 여호와의 종 모세가 너희에게 명령한
명령과 율법을 반드시 행하여 너희의 하나
님 여호와를 사랑하고 그의 모든 길로 행하

35 Jokneam, Kartah, •Dimnah and Naha-
lal, together with their pasturelands—
four towns;
36 •from the tribe of Reuben,
37 Bezer, Jahaz, •Kedemoth and Mepha-
ath, together with their pasturelands—
four towns;
38 •from the tribe of Gad,
Ramoth in Gilead (a city of refuge for
one accused of murder), Mahanaim,
39 •Heshbon and Jazer, together with
their pasturelands—four towns in all.
40 •The total number of towns allotted to the
Merarite clans, who were the rest of the Levites,
came to twelve.
41 •The towns of the Levites in the territory
held by the Israelites were forty-eight in all,
42 together with their pasturelands. •Each of
these towns had pasturelands surrounding
it; this was true for all these towns.
43 •So the LORD gave Israel all the land he had
sworn to give their ancestors, and they took
44 possession of it and settled there. •The LORD
gave them rest on every side, just as he had
sworn to their ancestors. Not one of their
enemies withstood them; the LORD gave all
45 their enemies into their hands. •Not one of
all the LORD's good promises to Israel failed;
every one was fulfilled.

Eastern Tribes Return Home

22 Then Joshua summoned the Reuben-
ites, the Gadites and the half-tribe of
2 Manasseh •and said to them, "You have
done all that Moses the servant of the LORD
commanded, and you have obeyed me in
3 everything I commanded. •For a long time
now—to this very day—you have not de-
serted your fellow Israelites but have car-
ried out the mission the LORD your God gave
4 you. •Now that the LORD your God has given
them rest as he promised, return to your
homes in the land that Moses the servant of
the LORD gave you on the other side of the Jor-
5 dan. •But be very careful to keep the com-
mandment and the law that Moses the ser-
vant of the LORD gave you: to love the LORD
your God, to walk in obedience to him, to
keep his commands, to hold fast to him and
to serve him with all your heart and with all
your soul."

accused [əkjúːzd] *a.* 고발당한
ancestor [ǽnsestər] *n.* 조상
commandment [kəmǽndmənt] *n.* 명령
desert [dézəːrt] *vt.* 버리다
enemy [énəmi] *n.* 적
fail [feil] *vi.* 안 지키다
fulfill [fulfíl] *vt.* 완성하다
law [lɔː] *n.* 율법
mission [míʃən] *n.* 사명
obey [oubéi] *vt.* 복종하다
servant [sə́ːrvənt] *n.* 종, 하인
soul [soul] *n.* 영혼
summon [sʌ́mən] *vt.* 부르다
swear [swɛər] *vi.* 맹세하다
withstand [wiθstǽnd] *vt.* 저항하다

21:41 in all: 전부하여, 총계해서
21:43 take possession of...: …를 소유하다
22:3 to this very day: 바로 오늘날까지
22:3 not A but B: A가 아니라 B를 하다
22:3 carry out: 수행하다
22:4 now that...: (이제) …이니까

며 그의 계명을 지켜 그에게 친근히 하고 너
희의 마음을 다하며 성품을 다하여 그를 섬
길지니라 하고
6 여호수아가 그들에게 축복하여 보내매 그들
이 자기 장막으로 갔더라
7 ●므낫세 반 지파에게는 모세가 바산에서
기업을 주었고 그 남은 반 지파에게는 여호
수아가 요단 이쪽 서쪽에서 그들의 형제들
과 함께 기업을 준지라 여호수아가 그들을
그들의 장막으로 돌려보낼 때에 그들에게
축복하고 17:1
8 말하여 이르되 너희는 많은 재산과 심히 많
은 가축과 은과 금과 구리와 쇠와 심히 많은
의복을 가지고 너희의 장막으로 돌아가서
너희의 원수들에게서 탈취한 것을 너희의
형제와 나눌지니라 하매
9 르우벤 자손과 갓 자손과 므낫세 반 지파가
가나안 땅 실로에서 이스라엘 자손을 떠나
여호와께서 모세에게 명령하신 대로 받은
땅 곧 그들의 소유지 길르앗으로 가니라

요단 가에 제단을 쌓다

10 ●르우벤 자손과 갓 자손과 므낫세 반 지파
가 가나안 땅 요단 언덕가에 이르자 거기서
요단 가에 제단을 쌓았는데 보기에 큰 제단
이었더라
11 이스라엘 자손이 들은즉 이르기를 르우벤
자손과 갓 자손과 므낫세 반 지파가 가나안
땅의 맨 앞쪽 요단 언덕가 이스라엘 자손에
게 속한 쪽에 제단을 쌓았다 하는지라 22:19
12 이스라엘 자손이 이를 듣자 곧 이스라엘 자
손의 온 회중이 실로에 모여서 그들과 싸우
러 가려 하니라
13 ●이스라엘 자손이 제사장 엘르아살의 아들
비느하스를 길르앗 땅으로 보내어 르우벤 자
손과 갓 자손과 므낫세 반 지파를 보게 하되
14 이스라엘 각 지파에서 한 지도자씩 열 지도
자들을 그와 함께하게 하니 그들은 각기 그
들의 조상들의 가문의 수령으로서 이스라엘
중에서 천부장들이라
15 그들이 길르앗 땅에 이르러 르우벤 자손과
갓 자손과 므낫세 반 지파에게 나아가서 그
들에게 말하여 이르되
16 여호와의 온 회중이 말하기를 너희가 어찌
하여 이스라엘 하나님께 범죄하여 오늘 여
호와를 따르는 데서 돌아서서 너희를 위하
여 제단을 쌓아 너희가 오늘 여호와께 거역
하고자 하느냐

6 ●Then Joshua blessed them and sent them
7 away, and they went to their homes. ●(To
the half-tribe of Manasseh Moses had given
land in Bashan, and to the other half of the
tribe Joshua gave land on the west side of the
Jordan along with their fellow Israelites.)
When Joshua sent them home, he blessed
8 them, ●saying, "Return to your homes with
your great wealth — with large herds of live-
stock, with silver, gold, bronze and iron, and
a great quantity of clothing — and divide the
plunder from your enemies with your fellow
Israelites."
9 ●So the Reubenites, the Gadites and the
half-tribe of Manasseh left the Israelites at
Shiloh in Canaan to return to Gilead, their
own land, which they had acquired in accor-
dance with the command of the LORD through
Moses.
10 ●When they came to Geliloth near the Jor-
dan in the land of Canaan, the Reubenites, the
Gadites and the half-tribe of Manasseh built an
11 imposing altar there by the Jordan. ●And
when the Israelites heard that they had built
the altar on the border of Canaan at Geliloth
12 near the Jordan on the Israelite side, ●the
whole assembly of Israel gathered at Shiloh
to go to war against them.
13 ●So the Israelites sent Phinehas son of
Eleazar, the priest, to the land of Gilead — to
Reuben, Gad and the half-tribe of Manasseh.
14 ●With him they sent ten of the chief men,
one from each of the tribes of Israel, each the
head of a family division among the Israelite
clans.
15 ●When they went to Gilead — to Reuben,
Gad and the half-tribe of Manasseh — they
16 said to them: ●"The whole assembly of the
LORD says: 'How could you break faith with
the God of Israel like this? How could you turn
away from the LORD and build yourselves an
17 altar in rebellion against him now? ●Was not
the sin of Peor enough for us? Up to this very
day we have not cleansed ourselves from that
sin, even though a plague fell on the commu-
18 nity of the LORD! ●And are you now turning
away from the LORD?
" 'If you rebel against the LORD today,
tomorrow he will be angry with the whole
19 community of Israel. ●If the land you possess
is defiled, come over to the LORD's land, where
the LORD's tabernacle stands, and share the

acquire [əkwáiər] *vt.* 취득하다
altar [ɔ́:ltər] *n.* 제단
bronze [branz] *n.* 청동
chief [tʃi:f] *n.* 장(長), 우두머리
community [kəmjú:nəti] *n.* 공동체
defile [difáil] *vt.* 더럽히다
gather [gǽðər] *vi.* 모이다
herd [hə:rd] *n.* 가축의 떼
imposing [impóuziŋ] *a.* 남의 눈을 끄는
plague [pleig] *n.* 역병
plunder [plʌ́ndər] *n.* 약탈물
quantity [kwántəti] *n.* 분량
rebellion [ribéljən] *n.* 반란
tabernacle [tǽbə:rnækl] *n.* 성막
wealth [welθ] *n.* 재산

22:9 in accordance with...: …에 따라서
22:17 fall on...: …에 (불행이) 닥치다
22:18 turn away from...: …를 외면하다
22:18 rebel against...: …를 반역하다
22:19 come over to...: 멀리서 …로 오다
22:19 share A with B: B와 A를 공유하다

17 브올의 죄악으로 말미암아 여호와의 회중에 재
앙이 내렸으나 오늘까지 우리가 그 죄에서 정
결함을 받지 못하였거늘 그 죄악이 우리에게
부족하여서
18 오늘 너희가 돌이켜 여호와를 따르지 아니하려
고 하느냐 너희가 오늘 여호와를 배역하면 내
일은 그가 이스라엘 온 회중에게 진노하시리라
19 그런데 너희의 소유지가 만일 깨끗하지 아니하
거든 여호와의 성막이 있는 여호와의 소유지로
건너와 우리 중에서 소유지를 나누어 가질 것
이니라 오직 우리 하나님 여호와의 제단 외에
다른 제단을 쌓음으로 여호와를 거역하지 말며
우리에게도 거역하지 말라
20 세라의 아들 아간이 온전히 바친 물건에 대하
여 범죄하므로 이스라엘 온 회중에 진노가 임
하지 아니하였느냐 그의 죄악으로 멸망한 자가
그 한 사람만이 아니었느니라 하니라 7:1-26
21 ●르우벤 자손과 갓 자손과 므낫세 반 지파가
이스라엘 천천의 수령들에게 대답하여 이르되
22 전능하신 자 하나님 여호와, 전능하신 자 하나님
여호와께서 아시나니 이스라엘도 장차 알리라
이 일이 만일 여호와를 거역함이거나 범죄함이
거든 주께서는 오늘 우리를 구원하지 마시옵소서
23 우리가 제단을 쌓은 것이 돌이켜 여호와를 따
르지 아니하려 함이거나 또는 그 위에 번제나
소제를 드리려 함이거나 또는 화목제물을 드리
려 함이거든 여호와는 친히 벌하시옵소서
24 우리가 목적이 있어서 주의하고 이같이 하였노
라 곧 생각하기를 후일에 너희의 자손이 우리
자손에게 말하여 이르기를 너희가 이스라엘 하
나님 여호와와 무슨 상관이 있느냐
25 너희 르우벤 자손 갓 자손아 여호와께서 우리
와 너희 사이에 요단으로 경계를 삼으셨나니
너희는 여호와께 받을 분깃이 없느니라 하여
너희의 자손이 우리 자손에게 여호와 경외하기
를 그치게 할까 하여
26 우리가 말하기를 우리가 이제 한 제단 쌓기를
준비하자 하였노니 이는 번제를 위함도 아니요
다른 제사를 위함도 아니라
27 우리가 여호와 앞에서 우리의 번제와 우리의
다른 제사와 우리의 화목제로 섬기는 것을 우
리와 너희 사이와 우리의 후대 사이에 증거가
되게 할 뿐으로서 너희 자손들이 후일에 우리
자손들에게 이르기를 너희는 여호와께 받을 분
깃이 없다 하지 못하게 하려 함이라 24:27
28 우리가 말하였거니와 만일 그들이 후일에 우리
에게나 우리 후대에게 이같이 말하면 우리가

land with us. But do not rebel against the
LORD or against us by building an altar for
yourselves, other than the altar of the LORD
20 our God. ●When Achan son of Zerah was
unfaithful in regard to the devoted things,[a]
did not wrath come on the whole commu-
nity of Israel? He was not the only one who
died for his sin.' "
21 ●Then Reuben, Gad and the half-tribe of
Manasseh replied to the heads of the clans
22 of Israel: ●"The Mighty One, God, the LORD!
The Mighty One, God, the LORD! He knows!
And let Israel know! If this has been in rebel-
lion or disobedience to the LORD, do not
23 spare us this day. ●If we have built our own
altar to turn away from the LORD and to
offer burnt offerings and grain offerings, or
to sacrifice fellowship offerings on it, may
the LORD himself call us to account.
24 ●"No! We did it for fear that some day
your descendants might say to ours, 'What
do you have to do with the LORD, the God
25 of Israel? ●The LORD has made the Jordan
a boundary between us and you — you
Reubenites and Gadites! You have no share
in the LORD.' So your descendants might
cause ours to stop fearing the LORD.
26 ●"That is why we said, 'Let us get ready
and build an altar — but not for burnt
27 offerings or sacrifices.' ●On the contrary, it
is to be a witness between us and you and
the generations that follow, that we will
worship the LORD at his sanctuary with our
burnt offerings, sacrifices and fellowship
offerings. Then in the future your descen-
dants will not be able to say to ours, 'You
have no share in the LORD.'
28 ●"And we said, 'If they ever say this to
us, or to our descendants, we will answer:
Look at the replica of the LORD's altar,
which our ancestors built, not for burnt
offerings and sacrifices, but as a witness
between us and you.'
29 ●"Far be it from us to rebel against the
LORD and turn away from him today by
building an altar for burnt offerings, grain
offerings and sacrifices, other than the altar
of the LORD our God that stands before his
tabernacle."

[a]20 The Hebrew term refers to the irrevocable giving over of things or persons to the LORD, often by totally destroying them.

burnt [bəːrnt] *a.* 불에 태운
descendant [diséndənt] *n.* 자손
devote [divóut] *vt.* 바치다
disobedience [disəbíːdiəns] *n.* 불순종
fear [fíər] *vt.* 경외하다
fellowship [félouʃip] *n.* 화목
future [fjúːtʃər] *n.* 장래
offer [ɔ́ːfər] *vt.* 바치다
offering [ɔ́ːfəriŋ] *n.* 제물
replica [réplikə] *n.* 복제(품)
sacrifice [sǽkrəfàis] *n.* 산 제물
sanctuary [sǽŋktʃuèri] *n.* 성소
spare [spεər] *vt.* 살려주다
witness [wítnis] *n.* 증거
wrath [ræθ] *n.* 진노

22:23 call... to account: …의 책임을 추궁하다
22:24 have to do with...: …와 관련있다
22:25 cause... to~: …로 ~하게 하다
22:27 on the contrary: 그러하기는 커녕
22:27 be able to...: …할 수 있다
22:28 not A but B: A가 아니라 B

말하기를 우리 조상이 지은 여호와의 제단 모
형을 보라 이는 번제를 위한 것도 아니요 다른
제사를 위한 것도 아니라 오직 우리와 너희 사
이에 증거만 되게 할 뿐이라
29 우리가 번제나 소제나 다른 제사를 위하여 우
리 하나님 여호와의 성막 앞에 있는 제단 외에
제단을 쌓음으로 여호와를 거역하고 오늘 여호
와를 따르는 데에서 돌아서려는 것은 결단코
아니라 하리라
30 ●제사장 비느하스와 그와 함께한 회중의 지도
자들 곧 이스라엘 천천의 수령들이 르우벤 자
손과 갓 자손과 므낫세 자손의 말을 듣고 좋게
여긴지라
31 제사장 엘르아살의 아들 비느하스가 르우벤 자
손과 갓 자손과 므낫세 자손에게 이르되 우리
가 오늘 여호와께서 우리 중에 계신 줄을 아노
니 이는 너희가 이 죄를 여호와께 범하지 아니
하였음이니라 너희가 이제 이스라엘 자손을 여
호와의 손에서 건져내었느니라 하고
32 제사장 엘르아살의 아들 비느하스와 지도자들
이 르우벤 자손과 갓 자손을 떠나 길르앗 땅에
서 가나안 땅 이스라엘 자손에게 돌아와 그들
에게 보고하매
33 그 일이 이스라엘 자손을 즐겁게 한지라 이스
라엘 자손이 하나님을 찬송하고 르우벤 자손과
갓 자손이 거주하는 땅에 가서 싸워 그것을 멸
하자 하는 말을 다시는 하지 아니하였더라
34 르우벤 자손과 갓 자손이 그 제단을 엣이라 불
렀으니 우리 사이에 이 제단은 여호와께서 하
나님이 되시는 증거라 함이었더라 24:27

여호수아의 마지막 말 — B.C. 1390년경

23 여호와께서 주위의 모든 원수들로부터
이스라엘을 쉬게 하신 지 오랜 후에 여호
수아가 나이 많아 늙은지라
2 여호수아가 온 이스라엘 곧 그들의 장로들과
수령들과 재판장들과 관리들을 불러다가 그들
에게 이르되 나는 나이가 많아 늙었도다
3 너희의 하나님 여호와께서 너희를 위하여 이
모든 나라에 행하신 일을 너희가 다 보았거니
와 너희의 하나님 여호와 그는 너희를 위하여
싸우신 이시니라
4 보라 내가 요단에서부터 해 지는 쪽 대해까지
의 남아 있는 나라들과 이미 멸한 모든 나라를
내가 너희를 위하여 제비 뽑아 너희의 지파에
게 기업이 되게 하였느니라
5 너희의 하나님 여호와 그가 너희 앞에서 그들
을 쫓아내사 너희 목전에서 그들을 떠나게 하

30 ●When Phinehas the priest and the
leaders of the community — the heads of
the clans of the Israelites — heard what
Reuben, Gad and Manasseh had to say,
31 they were pleased. ●And Phinehas son of
Eleazar, the priest, said to Reuben, Gad
and Manasseh, "Today we know that the
LORD is with us, because you have not been
unfaithful to the LORD in this matter. Now
you have rescued the Israelites from the
LORD's hand."
32 ●Then Phinehas son of Eleazar, the priest,
and the leaders returned to Canaan from
their meeting with the Reubenites and
Gadites in Gilead and reported to the Isra-
33 elites. ●They were glad to hear the report
and praised God. And they talked no more
about going to war against them to devas-
tate the country where the Reubenites and
the Gadites lived.
34 ●And the Reubenites and the Gadites
gave the altar this name: A Witness Bet-
ween Us — that the LORD is God.

Joshua's Farewell to the Leaders

23 After a long time had passed and
the LORD had given Israel rest from
all their enemies around them, Joshua,
2 by then a very old man, ●summoned all
Israel — their elders, leaders, judges and
officials — and said to them: "I am very
3 old. ●You yourselves have seen everything
the LORD your God has done to all these
nations for your sake; it was the LORD your
4 God who fought for you. ●Remember
how I have allotted as an inheritance
for your tribes all the land of the nations
that remain — the nations I conquered —
between the Jordan and the Mediterra-
5 nean Sea in the west. ●The LORD your God
himself will push them out for your sake.
He will drive them out before you, and you
will take possession of their land, as the
LORD your God promised you.
6 ●"Be very strong; be careful to obey all
that is written in the Book of the Law of
Moses, without turning aside to the right or
7 to the left. ●Do not associate with these
nations that remain among you; do not
invoke the names of their gods or swear by
them. You must not serve them or bow

associate [əsóuʃièit] *vi.* 연합하다
bow [bau] *vi.* 절하다
conquer [káŋkər] *vt.* 정복하다
devastate [dévəstèit] *vt.* 황폐시키다
elder [éldər] *n.* 장로
glad [glæd] *a.* 기쁜
invoke [invóuk] *vt.* 빌다, 기원하다
judge [dʒʌdʒ] *n.* 재판장
matter [mǽtər] *n.* 문제
official [əfíʃəl] *n.* 관리(인)
pleased [pli:zd] *a.* 좋아하는
praise [preiz] *n.* 찬양
report [ripɔ́:rt] *vt.* 보고하다
rescue [réskju:] *vt.* 구출하다
summon [sʌmən] *vt.* 소환하다

22:33 no more...: 그 이상 …하지 않다
23:1 after a long time: 오랜만에
23:3 for one's sake: …를 위하여
23:5 drive... out: …를 몰아내다
23:6 turn aside: 비키다, 빗나가다
23:7 associate with...: …와 연합하다

시리니 너희의 하나님 여호와께서 너희에게 말
씀하신 대로 너희가 그 땅을 차지할 것이라
6 그러므로 너희는 크게 힘써 모세의 율법책에
기록된 것을 다 지켜 행하라 그것을 떠나 우로
나 좌로나 치우치지 말라
7 너희 중에 남아 있는 이 민족들 중에 들어가지
말라 그들의 신들의 이름을 부르지 말라 그것
들을 가리켜 맹세하지 말라 또 그것을 섬겨서
그것들에게 절하지 말라 시 16:4
8 오직 너희의 하나님 여호와께 가까이하기를 오
늘까지 행한 것같이 하라
9 이는 여호와께서 강대한 나라들을 너희의 앞에
서 쫓아내셨으므로 오늘까지 너희에게 맞선 자
가 하나도 없었느니라
10 너희 중 한 사람이 천 명을 쫓으리니 이는 너희
의 하나님 여호와 그가 너희에게 말씀하신 것
같이 너희를 위하여 싸우심이라
11 그러므로 스스로 조심하여 너희의 하나님 여호
와를 사랑하라
12 너희가 만일 돌아서서 너희 중에 남아 있는 이
민족들을 가까이하여 더불어 혼인하며 서로 왕
래하면 신 7:3
13 확실히 알라 너희의 하나님 여호와께서 이 민족
들을 너희 목전에서 다시는 쫓아내지 아니하시
리니 그들이 너희에게 올무가 되며 덫이 되며 너
희의 옆구리에 채찍이 되며 너희의 눈에 가시가
되어서 너희가 마침내 너희의 하나님 여호와께
서 너희에게 주신 이 아름다운 땅에서 멸하리라
14 • 보라 나는 오늘 온 세상이 가는 길로 가려니와
너희의 하나님 여호와께서 너희에게 대하여 말
씀하신 모든 선한 말씀이 하나도 틀리지 아니하
고 다 너희에게 응하여 그 중에 하나도 어김이 없
음을 너희 모든 사람은 마음과 뜻으로 아는 바라
15 너희의 하나님 여호와께서 너희에게 말씀하신
모든 선한 말씀이 너희에게 임한 것같이 여호
와께서 모든 불길한 말씀도 너희에게 임하게
하사 너희의 하나님 여호와께서 너희에게 주신
이 아름다운 땅에서 너희를 멸절하기까지 하실
것이라
16 만일 너희가 너희의 하나님 여호와께서 너희에
게 명령하신 언약을 범하고 가서 다른 신들을
섬겨 그들에게 절하면 여호와의 진노가 너희에
게 미치리니 너희에게 주신 아름다운 땅에서
너희가 속히 멸망하리라 하니라

여호수아가 세겜에 모인 백성에게 이르다 (♪ 347장)

24 여호수아가 이스라엘 모든 지파를 세겜에
모으고 이스라엘 장로들과 그들의 수령들

8 down to them. •But you are to hold fast
to the LORD your God, as you have until
now.
9 •"The LORD has driven out before you
great and powerful nations; to this day no
10 one has been able to withstand you. •One
of you routs a thousand, because the LORD
your God fights for you, just as he promised.
11 •So be very careful to love the LORD your
God.
12 •"But if you turn away and ally your-
selves with the survivors of these nations
that remain among you and if you inter-
marry with them and associate with them,
13 •then you may be sure that the LORD your
God will no longer drive out these nations
before you. Instead, they will become snares
and traps for you, whips on your backs and
thorns in your eyes, until you perish from
this good land, which the LORD your God
has given you.
14 •"Now I am about to go the way of all
the earth. You know with all your heart and
soul that not one of all the good promises
the LORD your God gave you has failed.
Every promise has been fulfilled; not one
15 has failed. •But just as all the good things
the LORD your God has promised you have
come to you, so he will bring on you all the
evil things he has threatened, until the LORD
your God has destroyed you from this good
16 land he has given you. •If you violate the
covenant of the LORD your God, which he
commanded you, and go and serve other
gods and bow down to them, the LORD's
anger will burn against you, and you will
quickly perish from the good land he has
given you."

The Covenant Renewed at Shechem

24 Then Joshua assembled all the
tribes of Israel at Shechem. He sum-
moned the elders, leaders, judges and offi-
cials of Israel, and they presented them-
selves before God.
2 •Joshua said to all the people, "This is
what the LORD, the God of Israel, says:
'Long ago your ancestors, including Terah
the father of Abraham and Nahor, lived
beyond the Euphrates River and wor-
3 shiped other gods. •But I took your father

assemble [əsémbl] *vt.* 모으다
covenant [kʌvənənt] *n.* 언약
fulfill [fulfíl] *vt.* 이행하다
intermarry [intərmǽri] *vi.* (타 종족과) 결혼하다
perish [périʃ] *vi.* 멸망하다
rout [raut] *vt.* 패주시키다
serve [səːrv] *vt.* 섬기다
snare [snɛər] *n.* 덫
survivor [sərváivər] *n.* 생존자
thorn [θɔːrn] *n.* 가시
threaten [θrétn] *vt.* 위협하다
trap [træp] *n.* 올가미
violate [váiəlèit] *vt.* 위반하다
whip [hwip] *n.* 채찍
withstand [wiðstǽnd] *vt.* 이겨내다

23:8 hold fast to...: …을 고수하다
23:8 until now: 오늘에 이르기까지
23:12 turn away: 떠나다, 방향을 돌리다
23:12 ally A with B: A와 B가 동맹을 맺다
23:13 no longer...: 더 이상 …하지 않다
23:15 just as...: 꼭 …처럼

과 재판장들과 관리들을 부르매 그들이 하나님
앞에 나와 선지라
2 여호수아가 모든 백성에게 이르되 이스라엘의
하나님 여호와께서 이같이 말씀하시기를 옛적
에 너희의 조상들 곧 아브라함의 아버지, 나홀
의 아버지 데라가 강 저쪽에 거주하여 다른 신
들을 섬겼으나
3 내가 너희의 조상 아브라함을 강 저쪽에서 이끌
어내어 가나안 온 땅에 두루 행하게 하고 그의
씨를 번성하게 하려고 그에게 이삭을 주었으며
4 이삭에게는 야곱과 에서를 주었고 에서에게는
세일 산을 소유로 주었으나 야곱과 그의 자손
들은 애굽으로 내려갔으므로
5 내가 모세와 아론을 보내었고 또 애굽에 재앙
을 내렸나니 곧 내가 그들 가운데 행한 것과 같
고 그 후에 너희를 인도하여 내었노라
6 내가 너희의 조상들을 애굽에서 인도하여 내어
바다에 이르게 한즉 애굽 사람들이 병거와 마
병을 거느리고 너희의 조상들을 홍해까지 쫓아
오므로
7 너희의 조상들이 나 여호와께 부르짖기로 내가
너희와 애굽 사람들 사이에 흑암을 두고 바다
를 이끌어 그들을 덮었나니 내가 애굽에서 행
한 일을 너희의 눈이 보았으며 또 너희가 많은
날을 광야에서 거주하였느니라
8 내가 또 너희를 인도하여 요단 저쪽에 거주하
는 아모리 족속의 땅으로 들어가게 하매 그들
이 너희와 싸우기로 내가 그들을 너희 손에 넘
겨 주매 너희가 그 땅을 점령하였고 나는 그들
을 너희 앞에서 멸절시켰으며
9 또한 모압 왕 십볼의 아들 발락이 일어나 이스
라엘과 싸우더니 사람을 보내어 브올의 아들 발
람을 불러다가 너희를 저주하게 하려 하였으나
10 내가 발람을 위해 듣기를 원하지 아니하였으므
로 그가 오히려 너희를 축복하였고 나는 너희
를 그의 손에서 건져내었으며
11 너희가 요단을 건너 여리고에 이른즉 여리고
주민들 곧 아모리 족속과 브리스 족속과 가나
안 족속과 헷 족속과 기르가스 족속과 히위 족
속과 여부스 족속이 너희와 싸우기로 내가 그
들을 너희의 손에 넘겨 주었으며
12 내가 왕벌을 너희 앞에 보내어 그 아모리 족속의
두 왕을 너희 앞에서 쫓아내게 하였나니 너희의
칼이나 너희의 활로써 이같이 한 것이 아니며
13 내가 또 너희가 수고하지 아니한 땅과 너희가
건설하지 아니한 성읍들을 너희에게 주었더니
너희가 그 가운데에 거주하며 너희는 또 너희

Abraham from the land beyond the
Euphrates and led him throughout
Canaan and gave him many descendants.
4 I gave him Isaac, •and to Isaac I gave Jacob
and Esau. I assigned the hill country of Seir
to Esau, but Jacob and his family went
down to Egypt.
5 •" 'Then I sent Moses and Aaron, and I
afflicted the Egyptians by what I did there,
6 and I brought you out. •When I brought
your people out of Egypt, you came to the
sea, and the Egyptians pursued them with
chariots and horsemen[a] as far as the Red
7 Sea.[b] •But they cried to the LORD for help,
and he put darkness between you and
the Egyptians; he brought the sea over
them and covered them. You saw with
your own eyes what I did to the Egyptians.
Then you lived in the wilderness for a long
time.
8 •" 'I brought you to the land of the
Amorites who lived east of the Jordan. They
fought against you, but I gave them into
your hands. I destroyed them from before
you, and you took possession of their land.
9 •When Balak son of Zippor, the king of
Moab, prepared to fight against Israel, he
sent for Balaam son of Beor to put a curse
10 on you. •But I would not listen to Balaam,
so he blessed you again and again, and I
delivered you out of his hand.
11 •" 'Then you crossed the Jordan and
came to Jericho. The citizens of Jericho
fought against you, as did also the Amorites,
Perizzites, Canaanites, Hittites, Girgashites,
Hivites and Jebusites, but I gave them into
12 your hands. •I sent the hornet ahead of
you, which drove them out before you
—also the two Amorite kings. You did not
13 do it with your own sword and bow. •So I
gave you a land on which you did not toil
and cities you did not build; and you live in
them and eat from vineyards and olive
groves that you did not plant.'
14 •"Now fear the LORD and serve him with
all faithfulness. Throw away the gods your
ancestors worshiped beyond the Euphrates
River and in Egypt, and serve the LORD.
15 •But if serving the LORD seems undesirable
to you, then choose for yourselves this day

[a]6 Or *charioteers* [b]6 Or *the Sea of Reeds*

afflict [əflíkt] *vt.* 괴롭히다
assign [əsáin] *vt.* 할당하다
chariot [tʃǽriət] *n.* 병거
deliver [dilívər] *vt.* 구원하다
destroy [distrɔ́i] *vt.* 멸망시키다
fear [fiər] *n.* 경외
grove [grouv] *n.* 작은 숲, 과수원
hornet [hɔ́ːrnit] *n.* 말벌
horseman [hɔ́ːrsmən] *n.* 승마자
prepare [pripέər] *vi.* 준비하다
pursue [pərsúː] *vt.* 좇다
sword [sɔːrd] *n.* 칼
throughout [θruːáut] *ad.* 두루
toil [tɔil] *vi.* 힘써 일하다
undesirable [ʌ̀ndizáiərəbl] *a.* 탐탁지 않은

24:5 bring out: 데리고 나가다
24:8 take possession of...: …를 점령(소유)하다
24:9 put a curse on...: …를 저주하다
24:10 again and again: 몇 번이고
24:12 drive...out: …를 몰아내다

가 심지 아니한 포도원과 감람원의 열매를 먹
는다 하셨느니라
14 ●그러므로 이제는 여호와를 경외하며 온전함
과 진실함으로 그를 섬기라 너희의 조상들이
강 저쪽과 애굽에서 섬기던 신들을 치워 버리
고 여호와만 섬기라
15 만일 여호와를 섬기는 것이 너희에게 좋지 않
게 보이거든 너희 조상들이 강 저쪽에서 섬기
던 신들이든지 또는 너희가 거주하는 땅에 있
는 아모리 족속의 신들이든지 너희가 섬길 자
를 오늘 택하라 오직 나와 내 집은 여호와를 섬
기겠노라 하니
16 백성이 대답하여 이르되 우리가 결단코 여호와
를 버리고 다른 신들을 섬기기를 하지 아니하
오리니
17 이는 우리 하나님 여호와께서 친히 우리와 우리
조상들을 인도하여 애굽 땅 종 되었던 집에서
올라오게 하시고 우리 목전에서 그 큰 이적들을
행하시고 우리가 행한 모든 길과 우리가 지나온
모든 백성들 중에서 우리를 보호하셨음이며
18 여호와께서 또 모든 백성들과 이 땅에 거주하
던 아모리 족속을 우리 앞에서 쫓아내셨음이라
그러므로 우리도 여호와를 섬기리니 그는 우리
하나님이심이니이다 하니라
19 ●여호수아가 백성에게 이르되 너희가 여호와
를 능히 섬기지 못할 것은 그는 거룩하신 하나
님이시요 질투하시는 하나님이시니 너희의 잘
못과 죄들을 사하지 아니하실 것임이라
20 만일 너희가 여호와를 버리고 이방 신들을 섬기
면 너희에게 복을 내리신 후에라도 돌이켜 너희
에게 재앙을 내리시고 너희를 멸하시리라 하니
21 백성이 여호수아에게 말하되 아니니이다 우리
가 여호와를 섬기겠나이다 하는지라
22 여호수아가 백성에게 이르되 너희가 여호와를
택하고 그를 섬기리라 하였으니 스스로 증인이
되었느니라 하니 그들이 이르되 우리가 증인이
되었나이다 하더라
23 여호수아가 이르되 그러면 이제 너희 중에 있
는 이방 신들을 치워 버리고 너희의 마음을 이
스라엘의 하나님 여호와께로 향하라 하니
24 백성이 여호수아에게 말하되 우리 하나님 여호
와를 우리가 섬기고 그의 목소리를 우리가 청
종하리이다 하는지라 신 5:26,27
25 그날에 여호수아가 세겜에서 백성과 더불어 언
약을 맺고 그들을 위하여 율례와 법도를 제정
하였더라
26 여호수아가 이 모든 말씀을 하나님의 율법책에

whom you will serve, whether the gods
your ancestors served beyond the Euph-
rates, or the gods of the Amorites, in whose
land you are living. But as for me and my
household, we will serve the LORD."
16 ●Then the people answered, "Far be it
from us to forsake the LORD to serve other
17 gods! ●It was the LORD our God himself
who brought us and our parents up out of
Egypt, from that land of slavery, and per-
formed those great signs before our eyes.
He protected us on our entire journey and
among all the nations through which we
18 traveled. ●And the LORD drove out before us
all the nations, including the Amorites, who
lived in the land. We too will serve the LORD,
because he is our God."
19 ●Joshua said to the people, "You are not
able to serve the LORD. He is a holy God; he
is a jealous God. He will not forgive your
20 rebellion and your sins. ●If you forsake
the LORD and serve foreign gods, he will
turn and bring disaster on you and make
an end of you, after he has been good to
you."
21 ●But the people said to Joshua, "No! We
will serve the LORD."
22 ●Then Joshua said, "You are witnesses
against yourselves that you have chosen to
serve the LORD."
"Yes, we are witnesses," they replied.
23 ●"Now then," said Joshua, "throw away
the foreign gods that are among you and
yield your hearts to the LORD, the God of
Israel."
24 ●And the people said to Joshua, "We will
serve the LORD our God and obey him."
25 ●On that day Joshua made a covenant
for the people, and there at Shechem he
reaffirmed for them decrees and laws.
26 ●And Joshua recorded these things in the
Book of the Law of God. Then he took a
large stone and set it up there under the
oak near the holy place of the LORD.
27 ●"See!" he said to all the people. "This
stone will be a witness against us. It has
heard all the words the LORD has said to us.
It will be a witness against you if you are
untrue to your God."
28 ●Then Joshua dismissed the people,
each to their own inheritance.

decree [dikríː] *n.* 규례
disaster [dizǽstər] *n.* 재앙
dismiss [dismís] *vt.* 해산시키다
entire [intáiər] *a.* 모든
forgive [fərgív] *vt.* 용서하다
forsake [fərséik] *vt.* 저버리다
household [háushòuld] *n.* 가족
jealous [dʒéləs] *a.* 질투하는
oak [ouk] *n.* 상수리나무
perform [pərfɔ́ːrm] *vt.* 이행하다
protect [prətékt] *vt.* 보호하다
reaffirm [rìːəfə́ːrm] *vt.* 다시 확인하다
slavery [sléivəri] *n.* 노예상태
untrue [ʌntrúː] *a.* 충실하지 않은
yield [jíːld] *vi.* 복종하다

24:15 **as for...**: …에 관하여서는
24:16 **Far be it from...**: …할 마음은 조금도 없지만
24:19 **be able to...**: …할 수 있다
24:20 **make an end of...**: …와의 관계를 끝내다, 그만두다

기록하고 큰 돌을 가져다가 거기 여호와의 성
소 곁에 있는 상수리나무 아래에 세우고
27 모든 백성에게 이르되 보라 이 돌이 우리에게
증거가 되리니 이는 여호와께서 우리에게 하신
모든 말씀을 이 돌이 들었음이니라 그런즉 너
희가 너희의 하나님을 부인하지 못하도록 이
돌이 증거가 되리라 하고
28 백성을 보내어 각기 기업으로 돌아가게 하였더라

여호수아와 엘르아살이 죽다 (♪ 236, 489장)

29 ●이 일 후에 여호와의 종 눈의 아들 여호수아
가 백십 세에 죽으매 삿 2:8
30 그들이 그를 그의 기업의 경내 딤낫 세라에 장
사하였으니 딤낫 세라는 에브라임 산지 가아스
산 북쪽이었더라
31 이스라엘이 여호수아가 사는 날 동안과 여호수
아 뒤에 생존한 장로들 곧 여호와께서 이스라
엘을 위하여 행하신 모든 일을 아는 자들이 사
는 날 동안 여호와를 섬겼더라 삿 2:7
32 ●또 이스라엘 자손이 애굽에서 가져온 요셉의
뼈를 세겜에 장사하였으니 이곳은 야곱이 백
[1]크시타를 주고 세겜의 아버지 하몰의 자손들
에게서 산 밭이라 그것이 요셉 자손의 기업이
되었더라
33 아론의 아들 엘르아살도 죽으매 그들이 그를
그의 아들 비느하스가 에브라임 산지에서 받은
산에 장사하였더라 2:13

Buried in the Promised Land

29 ●After these things, Joshua son of Nun,
the servant of the LORD, died at the age of a
30 hundred and ten. ●And they buried him in
the land of his inheritance, at Timnath Ser-
ah[a] in the hill country of Ephraim, north of
Mount Gaash.
31 ●Israel served the LORD throughout the
lifetime of Joshua and of the elders who
outlived him and who had experienced
everything the LORD had done for Israel.
32 ●And Joseph's bones, which the Israelites
had brought up from Egypt, were buried at
Shechem in the tract of land that Jacob
bought for a hundred pieces of silver[b] from
the sons of Hamor, the father of Shechem.
This became the inheritance of Joseph's
descendants.
33 ●And Eleazar son of Aaron died and was
buried at Gibeah, which had been allotted
to his son Phinehas in the hill country of
Ephraim.

[a] *30* Also known as *Timnath Heres* (see Judges 2:9)
[b] *32* Hebrew *hundred kesitahs;* a kesitah was a unit of money of unknown weight and value.
1) 크시타는 옛 무게 단위로서 정확한 중량은 불분명함

allot [əlát] *vt.* 할당하다
bone [boun] *n.* 뼈
bury [béri] *vt.* 매장하다
country [kʌ́ntri] *n.* 지역
descendant [diséndənt] *n.* 자손
elder [éldər] *n.* 장로
experience [ikspíəriəns] *vt.* 경험하다
inheritance [inhérətəns] *n.* 상속
lifetime [láiftàim] *n.* 일생
outlive [àutlív] *vt.* …보다 더(오래) 살다
piece [pi:s] *n.* 조각
servant [sə́:rvənt] *n.* 종, 하인
serve [sə:rv] *vt.* 섬기다
throughout [θru:áut] *prep.* …동안
tract [trækt] *n.* 지역

24:29 at the age of...: …의 나이에
24:32 piece of silver: 은화
24:32 bring up: 꺼내다, 가져오다

사사기 | Judges

● 저자 _ 사무엘(확실치 않음) ● 저작 연대 _ 왕정 수립 이후 다윗의 예루살렘 점령 이전 ● 기록 장소 _ 가나안
● 기록 대상 _ 이스라엘 백성 ● 핵심어 및 내용 _ 핵심어는 '불순종', '심판', '회개', '자비' 등이다.

이스라엘 백성의 범죄와 타락으로 하나님의 심판이 임하나, 고통 가운데서 회개하자 하나님께서 이스라엘 백성을 회복시킬 지도자를 세워 주셨다.

유다와 시므온 지파가 아도니 베섹을 잡다

1 여호수아가 죽은 후에 이스라엘 자손이 여호와께 여쭈어 이르되 우리 가운데 누가 먼저 올라가서 가나안 족속과 싸우리이까
2 여호와께서 이르시되 유다가 올라갈지니라 보라 내가 이 땅을 그의 손에 넘겨 주었노라 하시니라
3 유다가 그의 형제 시므온에게 이르되 내가 제비 뽑아 얻은 땅에 나와 함께 올라가서 가나안 족속과 싸우자 그리하면 나도 네가 제비 뽑아 얻은 땅에 함께 가리라 하니 이에 시므온이 그와 함께 가니라
4 유다가 올라가매 여호와께서 가나안 족속과 브리스 족속을 그들의 손에 넘겨 주시니 그들이 베섹에서 만 명을 죽이고
5 또 베섹에서 아도니 베섹을 만나 그와 싸워서 가나안 족속과 브리스 족속을 죽이니
6 아도니 베섹이 도망하는지라 그를 쫓아가서 잡아 그의 엄지손가락과 엄지발가락을 자르매
7 아도니 베섹이 이르되 옛적에 칠십 명의 왕들이 그들의 엄지손가락과 엄지발가락이 잘리고 내 상 아래에서 먹을 것을 줍더니 하나님이 내가 행한 대로 내게 갚으심이로다 하니라 무리가 그를 끌고 예루살렘에 이르렀더니 그가 거기서 죽었더라

유다 지파가 예루살렘과 헤브론을 치다

8 ●유다 자손이 예루살렘을 쳐서 점령하여 칼날로 치고 그 성을 불살랐으며
9 그 후에 유다 자손이 내려가서 산지와 남방과 평지에 거주하는 가나안 족속과 싸웠고
10 유다가 또 가서 헤브론에 거주하는 가나안 족속을 쳐서 세새와 아히만과 달매를 죽였더라 헤브론의 본 이름은 기럇 아르바였더라

옷니엘이 드빌을 치다 (수 15:13-19)

11 ●거기서 나아가서 드빌의 주민들을 쳤으니 드빌의 본 이름은 기럇 세벨이라 수 15:15
12 갈렙이 말하기를 기럇 세벨을 쳐서 그것을 점령하는 자에게는 내 딸 악사를 아내로 주리라 하였더니
13 갈렙의 아우 그나스의 아들인 옷니엘이 그것을 점령하였으므로 갈렙이 그의 딸 악사를

Israel Fights the Remaining Canaanites

1 After the death of Joshua, the Israelites
asked the LORD, "Who of us is to go up first
to fight against the Canaanites?"
2 •The LORD answered, "Judah shall go up; I
have given the land into their hands."
3 •The men of Judah then said to the Sime-
onites their fellow Israelites, "Come up with
us into the territory allotted to us, to fight
against the Canaanites. We in turn will go
with you into yours." So the Simeonites went
with them.
4 •When Judah attacked, the LORD gave the
Canaanites and Perizzites into their hands, and
they struck down ten thousand men at Bezek.
5 •It was there that they found Adoni-Bezek
and fought against him, putting to rout the
6 Canaanites and Perizzites. •Adoni-Bezek fled,
but they chased him and caught him, and cut
off his thumbs and big toes.
7 •Then Adoni-Bezek said, "Seventy kings
with their thumbs and big toes cut off have
picked up scraps under my table. Now God
has paid me back for what I did to them."
They brought him to Jerusalem, and he died
there.
8 •The men of Judah attacked Jerusalem
also and took it. They put the city to the
sword and set it on fire.
9 •After that, Judah went down to fight
against the Canaanites living in the hill coun-
10 try, the Negev and the western foothills. •They
advanced against the Canaanites living in
Hebron (formerly called Kiriath Arba) and
11 defeated Sheshai, Ahiman and Talmai. •From
there they advanced against the people liv-
ing in Debir (formerly called Kiriath Sepher).
12 •And Caleb said, "I will give my daughter
Aksah in marriage to the man who attacks
13 and captures Kiriath Sepher." •Othniel son of
Kenaz, Caleb's younger brother, took it; so
Caleb gave his daughter Aksah to him in mar-
riage.
14 •One day when she came to Othniel, she
urged him[a] to ask her father for a field. When

[a]14 Hebrew; Septuagint and Vulgate *Othniel, he urged her*

그에게 아내로 주었더라

14 악사가 출가할 때에 그에게 청하여 자기 아버지에게 밭을 구하자 하고 나귀에서 내리매 갈렙이 묻되 네가 무엇을 원하느냐 하니

15 이르되 내게 복을 주소서 아버지께서 나를 남방으로 보내시니 샘물도 내게 주소서 하매 갈렙이 윗샘과 아랫샘을 그에게 주었더라

유다와 베냐민 지파의 승리

16 ●모세의 장인은 겐 사람이라 그의 자손이 유다 자손과 함께 종려나무 성읍에서 올라가서 아랏 남방의 유다 황무지에 이르러 그 백성 중에 거주하니라

17 유다가 그의 형제 시므온과 함께 가서 스밧에 거주하는 가나안 족속을 쳐서 그곳을 1)진멸하였으므로 그 성읍의 이름을 호르마라 하니라

18 유다가 또 가사 및 그 지역과 아스글론 및 그 지역과 에그론 및 그 지역을 점령하였고

19 여호와께서 유다와 함께 계셨으므로 그가 산지 주민을 쫓아내었으나 골짜기의 주민들은 철 병거가 있으므로 그들을 쫓아내지 못하였으며

20 그들이 모세가 명령한 대로 헤브론을 갈렙에게 주었더니 그가 거기서 아낙의 세 아들을 쫓아내었고

21 베냐민 자손은 예루살렘에 거주하는 여부스 족속을 쫓아내지 못하였으므로 여부스 족속이 베냐민 자손과 함께 오늘까지 예루살렘에 거주하니라

에브라임과 므낫세 지파가 벧엘을 치다 (♪ 93, 352장)

22 ●요셉 가문도 벧엘을 치러 올라가니 여호와께서 그와 함께하시니라

23 요셉 가문이 벧엘을 정탐하게 하였는데 그 성읍의 본 이름은 루스라

24 정탐꾼들이 그 성읍에서 한 사람이 나오는 것을 보고 그에게 이르되 청하노니 이 성읍의 입구를 우리에게 보이라 그리하면 우리가 네게 선대하리라 하매

25 그 사람이 성읍의 입구를 가리킨지라 이에 그들이 칼날로 그 성읍을 쳤으되 오직 그 사람과 그의 가족을 놓아 보내매

26 그 사람이 헷 사람들의 땅에 가서 성읍을 건축하고 그것의 이름을 루스라 하였더니 오늘까지 그곳의 이름이 되니라

쫓아내지 못한 가나안 족속

27 ●므낫세가 벧스안과 그에 딸린 마을들의 주민과 다아낙과 그에 딸린 마을들의 주민과

she got off her donkey, Caleb asked her, "What
can I do for you?"
15 ●She replied, "Do me a special favor. Since
you have given me land in the Negev, give me
also springs of water." So Caleb gave her the
upper and lower springs.
16 ●The descendants of Moses' father-in-law,
the Kenite, went up from the City of Palms[a]
with the people of Judah to live among the
inhabitants of the Desert of Judah in the Negev
near Arad.
17 ●Then the men of Judah went with the
Simeonites their fellow Israelites and attacked
the Canaanites living in Zephath, and they
totally destroyed[b] the city. Therefore it was
18 called Hormah.[c] ●Judah also took[d] Gaza,
Ashkelon and Ekron—each city with its territory.
19 ●The LORD was with the men of Judah. They
took possession of the hill country, but they
were unable to drive the people from the
plains, because they had chariots fitted with
20 iron. ●As Moses had promised, Hebron was
given to Caleb, who drove from it the three
21 sons of Anak. ●The Benjamites, however, did
not drive out the Jebusites, who were living in
Jerusalem; to this day the Jebusites live there
with the Benjamites.
22 ●Now the tribes of Joseph attacked Bethel,
23 and the LORD was with them. ●When they
sent men to spy out Bethel (formerly called
24 Luz), ●the spies saw a man coming out of the
city and they said to him, "Show us how to get
into the city and we will see that you are treat-
25 ed well." ●So he showed them, and they put
the city to the sword but spared the man and
26 his whole family. ●He then went to the land
of the Hittites, where he built a city and called
it Luz, which is its name to this day.
27 ●But Manasseh did not drive out the people
of Beth Shan or Taanach or Dor or Ibleam or
Megiddo and their surrounding settlements,
for the Canaanites were determined to live in
28 that land. ●When Israel became strong, they
pressed the Canaanites into forced labor but
29 never drove them out completely. ●Nor did
Ephraim drive out the Canaanites living in
Gezer, but the Canaanites continued to live

[a]*16* That is, Jericho [b]*17* The Hebrew term refers to the irrevocable giving over of things or persons to the LORD, often by totally destroying them. [c]*17* *Hormah* means *destruction.* [d]*18* Hebrew; Septuagint *Judah did not take*

1) 여호와께 드릴 목적으로 멸망시킴을 뜻함

chariot [tʃǽriət] *n.* 병거
completely [kəmplíːtli] *ad.* 완전히
descendant [diséndənt] *n.* 자손
destroy [distrɔ́i] *vt.* 파괴하다
determine [ditə́ːrmin] *vt.* 결심하다
father-in-law [fáːðərinlɔ̀ː] *n.* 시아버지, 장인
favor [féivər] *n.* 부탁
fit [fit] *a.* 적합한
inhabitant [inhǽbətənt] *n.* 주민
plain [plein] *n.* 평원
settlement [sétlmənt] *n.* 식민지
spare [spɛər] *vt.* 살려주다
spring [spriŋ] *n.* 샘
surrounding [səráundiŋ] *a.* 주변의
treat [triːt] *vt.* 대우하다

1:14 get off: 내리다
1:19 be unable to...: …할 수 없다
1:21 drive out: 몰아내다
1:23 spy out: 염탐하다
1:28 press into ...: 눌러서 …을 만들다
1:29 continue to...: …를 계속하다

돌과 그에 딸린 마을들의 주민과 이블르암과
그에 딸린 마을들의 주민과 므깃도와 그에 딸
린 마을들의 주민들을 쫓아내지 못하매 가나
안 족속이 결심하고 그 땅에 거주하였더니
28 이스라엘이 강성한 후에야 가나안 족속에게
노역을 시켰고 다 쫓아내지 아니하였더라
29 ●에브라임이 게셀에 거주하는 가나안 족속
을 쫓아내지 못하매 가나안 족속이 게셀에서
그들 중에 거주하였더라
30 ●스불론은 기드론 주민과 나할롤 주민을 쫓
아내지 못하였으므로 가나안 족속이 그들 중
에 거주하면서 노역을 하였더라
31 ●아셀이 악고 주민과 시돈 주민과 알랍과 악
십과 헬바와 아빅과 르홉 주민을 쫓아내지 못
하고
32 아셀 족속이 그 땅의 주민 가나안 족속 가운데
거주하였으니 이는 그들을 쫓아내지 못함이
었더라
33 ●납달리는 벧세메스 주민과 벧아낫 주민을
쫓아내지 못하고 그 땅의 주민 가나안 족속 가
운데 거주하였으나 벧세메스와 벧아낫 주민
들이 그들에게 노역을 하였더라
34 ●아모리 족속이 단 자손을 산지로 몰아넣고
골짜기에 내려오기를 용납하지 아니하였으며
35 결심하고 헤레스 산과 아얄론과 사알빔에 거
주하였더니 요셉의 가문의 힘이 강성하매 아
모리 족속이 마침내는 노역을 하였으며
36 아모리 족속의 경계는 아그랍빔 비탈의 바위
부터 위쪽이었더라 수 15:3

여호와의 사자가 보김에 나타나다

2 여호와의 사자가 길갈에서부터 보김으로
올라와 말하되 내가 너희를 애굽에서 올라
오게 하여 내가 너희의 조상들에게 맹세한 땅
으로 들어가게 하였으며 또 내가 이르기를 내
가 너희와 함께한 언약을 영원히 어기지 아니
하리니
2 너희는 이 땅의 주민과 언약을 맺지 말며 그들
의 제단들을 헐라 하였거늘 너희가 내 목소리
를 듣지 아니하였으니 어찌하여 그리하였느냐
3 그러므로 내가 또 말하기를 내가 그들을 너희
앞에서 쫓아내지 아니하리니 그들이 너희 옆
구리에 가시가 될 것이며 그들의 신들이 너희
에게 올무가 되리라 하였노라
4 여호와의 사자가 이스라엘 모든 자손에게 이
말씀을 이르매 백성이 소리를 높여 운지라
5 그러므로 그곳을 이름하여 [1]보김이라 하고 그
들이 거기서 여호와께 제사를 드렸더라

30 there among them. ●Neither did Zebulun
drive out the Canaanites living in Kitron or
Nahalol, so these Canaanites lived among
them, but Zebulun did subject them to forced
31 labor. ●Nor did Asher drive out those living
in Akko or Sidon or Ahlab or Akzib or Hel-
32 bah or Aphek or Rehob. ●The Asherites lived
among the Canaanite inhabitants of the
land because they did not drive them out.
33 ●Neither did Naphtali drive out those living
in Beth Shemesh or Beth Anath; but the
Naphtalites too lived among the Canaanite
inhabitants of the land, and those living in
Beth Shemesh and Beth Anath became
34 forced laborers for them. ●The Amorites con-
fined the Danites to the hill country, not
allowing them to come down into the plain.
35 ●And the Amorites were determined also to
hold out in Mount Heres, Aijalon and Shaal-
bim, but when the power of the tribes of
Joseph increased, they too were pressed into
36 forced labor. ●The boundary of the Amor-
ites was from Scorpion Pass to Sela and
beyond.

The Angel of the Lord at Bokim

2 The angel of the LORD went up from
Gilgal to Bokim and said, "I brought
you up out of Egypt and led you into the
land I swore to give to your ancestors. I
said, 'I will never break my covenant with
2 you, ●and you shall not make a covenant
with the people of this land, but you shall
break down their altars.' Yet you have dis-
obeyed me. Why have you done this?
3 ●And I have also said 'I will not drive them
out before you; they will become traps for
you, and their gods will become snares to
you.'"
4 ●When the angel of the LORD had spoken
these things to all the Israelites, the people
5 wept aloud, ●and they called that place
Bokim.[a] There they offered sacrifices to the
LORD.

Disobedience and Defeat

6 ●After Joshua had dismissed the Israelites,
they went to take possession of the land, each
7 to their own inheritance. ●The people served
the LORD throughout the lifetime of Joshua
and of the elders who outlived him and who

[a]5 *Bokim* means *weepers.* [1] 우는 자들

allow [əláu] *vt.* 허락하다
altar [ɔ́:ltər] *n.* 제단
boundary [báundəri] *n.* 경계
confine [kənfáin] *vt.* 가두다
covenant [kʌ́vənənt] *n.* 계약
defeat [difí:t] *vt.* 패배시키다
dismiss [dismís] *vt.* 해산시키다
disobey [dìsəbéi] *vt.* 불순종하다
forced [fɔ:rst] *a.* 강요된
inhabitant [inhǽbətənt] *n.* 주민
outlive [àutlív] *vt.* …보다 더(오래) 살다
possession [pəzéʃən] *n.* 소유
snare [snɛər] *n.* 덫, 함정
subject [sʌbdʒíkt] *vt.* 복종시키다
trap [træp] *n.* 올가미

1:31 drive out: 쫓아내다
1:35 hold out: 버티다
1:35 press into: 강요하다
2:1 lead into...: …(으)로 이끌다
2:1 swear to...: …를 맹세하다
2:2 break down: 파괴하다

여호수아가 죽다 (♪516, 586장)

6 ● 전에 여호수아가 백성을 보내매 이스라엘
자손이 각기 그들의 기업으로 가서 땅을 차지
하였고
7 백성이 여호수아가 사는 날 동안과 여호수아
뒤에 생존한 장로들 곧 여호와께서 이스라엘
을 위하여 행하신 모든 큰 일을 본 자들이 사
는 날 동안에 여호와를 섬겼더라
8 여호와의 종 눈의 아들 여호수아가 백십 세에
죽으매
9 무리가 그의 기업의 경내 에브라임 산지 가아
스 산 북쪽 딤낫 헤레스에 장사하였고
10 그 세대의 사람도 다 그 조상들에게로 돌아갔
고 그 후에 일어난 다른 세대는 여호와를 알지
못하며 여호와께서 이스라엘을 위하여 행하
신 일도 알지 못하였더라

이스라엘이 여호와를 버리다

11 ● 이스라엘 자손이 여호와의 목전에 악을 행
하여 바알들을 섬기며 3:7
12 애굽 땅에서 그들을 인도하여 내신 그들의 조
상들의 하나님 여호와를 버리고 다른 신들 곧
그들의 주위에 있는 백성의 신들을 따라 그들
에게 절하여 여호와를 진노하시게 하였으되
13 곧 그들이 여호와를 버리고 바알과 아스다롯
을 섬겼으므로
14 여호와께서 이스라엘에게 진노하사 노략하는
자의 손에 넘겨 주사 그들이 노략을 당하게 하
시며 또 주위에 있는 모든 대적의 손에 팔아
넘기시매 그들이 다시는 대적을 당하지 못하
였으며
15 그들이 어디로 가든지 여호와의 손이 그들에
게 재앙을 내리시니 곧 여호와께서 말씀하신
것과 같고 여호와께서 그들에게 맹세하신 것
과 같아서 그들의 괴로움이 심하였더라
16 ● 여호와께서 사사들을 세우사 노략자의 손
에서 그들을 구원하게 하셨으나
17 그들이 그 사사들에게도 순종하지 아니하고
오히려 다른 신들을 따라가 음행하며 그들에
게 절하고 여호와의 명령을 순종하던 그들의
조상들이 행하던 길에서 속히 치우쳐 떠나서
그와 같이 행하지 아니하였더라
18 여호와께서 그들을 위하여 사사들을 세우실
때에는 그 사사와 함께하셨고 그 사사가 사는
날 동안에는 여호와께서 그들을 대적의 손에
서 구원하셨으니 이는 그들이 대적에게 압박
과 괴롭게 함을 받아 슬피 부르짖으므로 여호
와께서 뜻을 돌이키셨음이거늘

had seen all the great things the LORD had
done for Israel.
8 ●Joshua son of Nun, the servant of the
LORD, died at the age of a hundred and ten.
9 ● And they buried him in the land of his
inheritance, at Timnath Heres[a] in the hill
country of Ephraim, north of Mount Gaash.
10 ●After that whole generation had been
gathered to their ancestors, another genera-
tion grew up who knew neither the LORD nor
11 what he had done for Israel. ●Then the
Israelites did evil in the eyes of the LORD and
12 served the Baals. ●They forsook the LORD, the
God of their ancestors, who had brought
them out of Egypt. They followed and wor-
shiped various gods of the peoples around
them. They aroused the LORD's anger
13 ●because they forsook him and served Baal
14 and the Ashtoreths. ●In his anger against
Israel the LORD gave them into the hands of
raiders who plundered them. He sold them
into the hands of their enemies all around,
whom they were no longer able to resist.
15 ●Whenever Israel went out to fight, the hand
of the LORD was against them to defeat them,
just as he had sworn to them. They were in
great distress.
16 ●Then the LORD raised up judges,[b] who
saved them out of the hands of these raiders.
17 ●Yet they would not listen to their judges
but prostituted themselves to other gods and
worshiped them. They quickly turned from
the ways of their ancestors, who had been
18 obedient to the LORD's commands. ●When-
ever the LORD raised up a judge for them, he
was with the judge and saved them out of
the hands of their enemies as long as the
judge lived; for the LORD relented because of
their groaning under those who oppressed
19 and afflicted them. ●But when the judge
died, the people returned to ways even more
corrupt than those of their ancestors, follow-
ing other gods and serving and worshiping
them. They refused to give up their evil prac-
tices and stubborn ways.
20 ●Therefore the LORD was very angry with
Israel and said, "Because this nation has vio-
lated the covenant I ordained for their ances-
21 tors and has not listened to me, ●I will no
longer drive out before them any of the
22 nations Joshua left when he died. ●I will use

[a]9 Also known as *Timnath Serah* (see Joshua 19:50 and 24:30) [b]16 Or *leaders;* similarly in verses 17-19

afflict [əflíkt] *vt.* 괴롭히다
corrupt [kərʌ́pt] *a.* 타락한
distress [distrés] *n.* 고통
forsake [fərséik] *vt.* 저버리다
inheritance [inhérətəns] *n.* 상속
oppress [əprés] *vt.* 억압하다
ordain [ɔːrdéin] *vt.* (신이) 정하다
plunder [plʌ́ndər] *vt.* 노략질하다
prostitute [prástətjùːt] *vt.* 몸을 팔다
raider [réidər] *n.* 침입자
refuse [rifjúːz] *vt.* 거절하다
resist [rizíst] *vt.* 저항하다
stubborn [stʌ́bərn] *a.* 완고한
various [vέəriəs] *a.* 가지각색의
violate [váiəlèit] *vt.* 위반하다

2:10 **neither A nor B**: A도 B도 아니다
2:14 **no longer...**: 더이상 …아니다
2:15 **just as**: 꼭 ~처럼
2:16 **raise up**: 세우다
2:18 **as long as...**: …하는 동안
2:19 **give up**: 그만두다

19 그 사사가 죽은 후에는 그들이 돌이켜 그들의
조상들보다 더욱 타락하여 다른 신들을 따라
섬기며 그들에게 절하고 그들의 행위와 패역
한 길을 그치지 아니하였으므로
20 여호와께서 이스라엘에게 진노하여 이르시되 이
백성이 내가 그들의 조상들에게 명령한 언약을
어기고 나의 목소리를 순종하지 아니하였은즉
21 나도 여호수아가 죽을 때에 남겨 둔 이방 민족
들을 다시는 그들 앞에서 하나도 쫓아내지 아
니하리니
22 이는 이스라엘이 그들의 조상들이 지킨 것같
이 나 여호와의 도를 지켜 행하나 아니하나 그
들을 시험하려 함이라 하시니라 3:1, 4
23 여호와께서 그 이방 민족들을 머물러 두사 그
들을 속히 쫓아내지 아니하셨으며 여호수아의
손에 넘겨 주지 아니하셨더라

그 땅에 남겨 두신 사람들

3 여호와께서 가나안의 모든 전쟁들을 알지
못한 이스라엘을 시험하려 하시며 2:21, 22
2 이스라엘 자손의 세대 중에 아직 전쟁을 알지
못하는 자들에게 그것을 가르쳐 알게 하려 하
사 남겨 두신 이방 민족들은
3 블레셋의 다섯 군주들과 모든 가나안 족속과
시돈 족속과 바알 헤르몬 산에서부터 하맛 입
구까지 레바논 산에 거주하는 히위 족속이라
4 남겨 두신 이 이방 민족들로 이스라엘을 시험하
사 여호와께서 모세를 통하여 그들의 조상들에게
이르신 명령들을 순종하는지 알고자 하셨더라
5 그러므로 이스라엘 자손은 가나안 족속과 헷
족속과 아모리 족속과 브리스 족속과 히위 족
속과 여부스 족속 가운데에 거주하면서
6 그들의 딸들을 맞아 아내로 삼으며 자기 딸들
을 그들의 아들들에게 주고 또 그들의 신들을
섬겼더라

사사 옷니엘 — B.C. 1390년경

7 ●이스라엘 자손이 여호와의 목전에 악을 행하
여 자기들의 하나님 여호와를 잊어버리고 바
알들과 아세라들을 섬긴지라 2:11–13
8 여호와께서 이스라엘에게 진노하사 그들을 [1)]메
소보다미아 왕 구산 리사다임의 손에 파셨으
므로 이스라엘 자손이 구산 리사다임을 팔 년
동안 섬겼더니
9 이스라엘 자손이 여호와께 부르짖으매 여호와
께서 이스라엘 자손을 위하여 한 구원자를 세
워 그들을 구원하게 하시니 그는 곧 갈렙의 아
우 그나스의 아들 옷니엘이라
10 여호와의 영이 그에게 임하셨으므로 그가 이

them to test Israel and see whether they will
keep the way of the LORD and walk in it as
23 their ancestors did." ●The LORD had allowed
those nations to remain; he did not drive
them out at once by giving them into the
hands of Joshua.

3 These are the nations the LORD left to
test all those Israelites who had not
2 experienced any of the wars in Canaan ●(he
did this only to teach warfare to the descen-
dants of the Israelites who had not had
3 previous battle experience): ●the five rulers
of the Philistines, all the Canaanites, the
Sidonians, and the Hivites living in the
Lebanon mountains from Mount Baal Her-
4 mon to Lebo Hamath. ●They were left to
test the Israelites to see whether they would
obey the LORD's commands, which he had
given their ancestors through Moses.
5 ●The Israelites lived among the Cana-
anites, Hittites, Amorites, Perizzites, Hivites
6 and Jebusites. ●They took their daughters
in marriage and gave their own daughters
to their sons, and served their gods.

Othniel

7 ●The Israelites did evil in the eyes of the
LORD; they forgot the LORD their God and
8 served the Baals and the Asherahs. ●The
anger of the LORD burned against Israel so
that he sold them into the hands of Cushan-
Rishathaim king of Aram Naharaim,[a] to
whom the Israelites were subject for eight
9 years. ●But when they cried out to the LORD,
he raised up for them a deliverer, Othniel
son of Kenaz, Caleb's younger brother, who
10 saved them. ●The Spirit of the LORD came
on him, so that he became Israel's judge[b]
and went to war. The LORD gave Cushan-
Rishathaim king of Aram into the hands of
11 Othniel, who overpowered him. ●So the
land had peace for forty years, until Othniel
son of Kenaz died.

Ehud

12 ●Again the Israelites did evil in the eyes
of the LORD, and because they did this evil
the LORD gave Eglon king of Moab power
13 over Israel. ●Getting the Ammonites and
Amalekites to join him, Eglon came and

[a]8 That is, Northwest Mesopotamia [b]10 Or *leader* 1) 히, 아람 나하라임

allow [əláu] *vt.* 허가하다
ancestor [ǽnsestər] *n.* 조상, 선조
battle [bǽtl] *n.* 전쟁
become [bikʌ́m] *vi.* …이 되다
command [kəmǽnd] *n.* 명령
deliverer [dilívərər] *n.* 구원자
descendant [diséndənt] *n.* 자손
experience [ikspíəriəns] *vt.* 경험하다
judge [dʒʌdʒ] *n.* 사사
obey [oubéi] *vt.* 순종하다
overpower [òuvərpáuər] *vt.* 능가하다
previous [príːviəs] *a.* 이전의
remain [riméin] *vi.* 남아 있다
ruler [rúːlər] *n.* 지도자
warfare [wɔ́ːrfɛ̀ər] *n.* 전쟁

2:23 drive out: 내쫓다
2:23 at once: 즉시
3:8 sell into...: …로 팔아버리다
3:10 so that: 그러므로
3:10 ...into the hands of: …의 손에 맡겨지다

스라엘의 사사가 되어 나가서 싸울 때에 여호
와께서 메소보다미아 왕 구산 리사다임을 그
의 손에 넘겨 주시매 옷니엘의 손이 구산 리사
다임을 이기니라
11 그 땅이 평온한 지 사십 년에 그나스의 아들 옷
니엘이 죽었더라

사사 에훗 (♪ 449, 524장)

12 ● 이스라엘 자손이 또 여호와의 목전에 악을
행하니라 이스라엘 자손이 여호와의 목전에
악을 행하므로 여호와께서 모압 왕 에글론을
강성하게 하사 그들을 대적하게 하시매
13 에글론이 암몬과 아말렉 자손들을 모아 가지
고 와서 이스라엘을 쳐서 종려나무 성읍을 점
령한지라
14 이에 이스라엘 자손이 모압 왕 에글론을 열여
덟 해 동안 섬기니라
15 ● 이스라엘 자손이 여호와께 부르짖으매 여호
와께서 그들을 위하여 한 구원자를 세우셨으
니 그는 곧 베냐민 사람 게라의 아들 왼손잡이
에훗이라 이스라엘 자손이 그를 통하여 모압
왕 에글론에게 공물을 바칠 때에
16 에훗이 길이가 한 [1]규빗 되는 좌우에 날선 칼을
만들어 그의 오른쪽 허벅지 옷 속에 차고
17 공물을 모압 왕 에글론에게 바쳤는데 에글론
은 매우 비둔한 자였더라
18 에훗이 공물 바치기를 마친 후에 공물을 메고
온 자들을 보내고
19 자기는 길갈 근처 돌 뜨는 곳에서부터 돌아와
서 이르되 왕이여 내가 은밀한 일을 왕에게 아
뢰려 하나이다 하니 왕이 명령하여 조용히 하
라 하매 모셔 선 자들이 다 물러간지라
20 에훗이 그에게로 들어가니 왕은 서늘한 다락
방에 홀로 앉아 있는 중이라 에훗이 이르되 내
가 하나님의 명령을 받들어 왕에게 아뢸 일이
있나이다 하매 왕이 그의 좌석에서 일어나니
21 에훗이 왼손을 뻗쳐 그의 오른쪽 허벅지 위에
서 칼을 빼어 왕의 몸을 찌르매
22 칼자루도 날을 따라 들어가서 그 끝이 등 뒤까
지 나갔고 그가 칼을 그의 몸에서 빼내지 아니
하였으므로 기름이 칼날에 엉겼더라
23 에훗이 현관에 나와서 다락문들을 뒤에서 닫
아 잠그니라
24 ● 에훗이 나간 후에 왕의 신하들이 들어와서
다락문들이 잠겼음을 보고 이르되 왕이 분명
히 서늘한 방에서 그의 [2]발을 가리우신다 하고
25 그들이 [3]오래 기다려도 왕이 다락문들을 열지
아니하는지라 열쇠를 가지고 열어 본즉 그들

attacked Israel, and they took possession of
14 the City of Palms.[a] ● The Israelites were sub-
ject to Eglon king of Moab for eighteen
years.
15 ● Again the Israelites cried out to the LORD,
and he gave them a deliverer — Ehud, a
left-handed man, the son of Gera the Ben-
jamite. The Israelites sent him with tribute
16 to Eglon king of Moab. ● Now Ehud had
made a double-edged sword about a cubit[b]
long, which he strapped to his right thigh
17 under his clothing. ● He presented the trib-
ute to Eglon king of Moab, who was a very
18 fat man. ● After Ehud had presented the trib-
ute, he sent on their way those who had car-
19 ried it. ● But on reaching the stone images
near Gilgal he himself went back to Eglon
and said, "Your Majesty, I have a secret mes-
sage for you."
The king said to his attendants, "Leave
us!" And they all left.
20 ● Ehud then approached him while he
was sitting alone in the upper room of his
palace[c] and said, "I have a message from
God for you." As the king rose from his seat,
21 ● Ehud reached with his left hand, drew the
sword from his right thigh and plunged it
22 into the king's belly. ● Even the handle sank
in after the blade, and his bowels dis-
charged. Ehud did not pull the sword out,
23 and the fat closed in over it. ● Then Ehud
went out to the porch[d]; he shut the doors of
the upper room behind him and locked
them.
24 ● After he had gone, the servants came
and found the doors of the upper room
locked. They said, "He must be relieving
himself in the inner room of the palace."
25 ● They waited to the point of embarrass-
ment, but when he did not open the doors
of the room, they took a key and unlocked
them. There they saw their lord fallen to the
floor, dead.
26 ● While they waited, Ehud got away. He
passed by the stone images and escaped to
27 Seirah. ● When he arrived there, he blew a
trumpet in the hill country of Ephraim, and
the Israelites went down with him from the
hills, with him leading them.

[a] *13* That is, Jericho [b] *16* That is, about 18 inches or about 45 centimeters [c] *20* The meaning of the Hebrew for this word is uncertain; also in verse 24. [d] *23* The meaning of the Hebrew for this word is uncertain.

1) 히, 암마 2) 용변을 보신다 3) 히, 부끄러울 때까지

사

approach [əpróutʃ] *vt.* 가까이 가다
attack [ətǽk] *vt.* 공격하다
attendant [əténdənt] *n.* 시중드는 자
belly [béli] *n.* 배
blade [bleid] *n.* 칼날
discharge [distʃáːrdʒ] *vt.* 방출하다
double-edged [dʌ́bléʤd] *a.* 양날이 선
embarrassment [imbǽrəsmənt] *n.* 당황
left-handed [léfthǽndid] *a.* 왼손잡이의
plunge [plʌndʒ] *vt.* 찌르다
present [prizént] *vt.* 바치다
sink [síŋk] *vi.* 쑥 들어가다, 침투하다
strap [stræp] *vt.* 가죽끈으로 매다
thigh [θái] *n.* 넓적다리
tribute [tríbjuːt] *n.* 공물

3:13 take possession of...: …을 점유하다
3:14 be subject to: 지배를 받다
3:22 pull out: 당기다
3:24 relieve oneself: (화장실) 볼일보다
3:25 fall to: …로 떨어지다
3:26 get away: 탈출하다

의 군주가 이미 땅에 엎드러져 죽었더라
26 ●그들이 기다리는 동안에 에훗이 피하여 돌
뜨는 곳을 지나 스이라로 도망하니라
27 그가 이르러 에브라임 산지에서 나팔을 불매
이스라엘 자손이 산지에서 그를 따라 내려오니
에훗이 앞서 가며
28 그들에게 이르되 나를 따르라 여호와께서 너희
의 원수들인 모압을 너희의 손에 넘겨 주셨느
니라 하매 무리가 에훗을 따라 내려가 모압 맞
은편 요단 강 나루를 장악하여 한 사람도 건너
지 못하게 하였고
29 그때에 모압 사람 약 만 명을 죽였으니 모두 장사
요 모두 용사라 한 사람도 도망하지 못하였더라
30 그날에 모압이 이스라엘 수하에 굴복하매 그
땅이 팔십 년 동안 평온하였더라

사사 삼갈

31 ●에훗 후에는 아낫의 아들 삼갈이 있어 소 모
는 막대기로 블레셋 사람 육백 명을 죽였고 그
도 이스라엘을 구원하였더라

사사 드보라 (♪ 430장) — B.C. 1200년경

4 에훗이 죽으니 이스라엘 자손이 또 여호와의
목전에 악을 행하매
2 여호와께서 하솔에서 통치하는 가나안 왕 야빈
의 손에 그들을 파셨으니 그의 군대 장관은 하
로셋 학고임에 거주하는 시스라요
3 야빈 왕은 철 병거 구백 대가 있어 이십 년 동
안 이스라엘 자손을 심히 학대했으므로 이스라
엘 자손이 여호와께 부르짖었더라
4 ●그때에 랍비돗의 아내 여선지자 드보라가 이
스라엘의 사사가 되었는데
5 그는 에브라임 산지 라마와 벧엘 사이 드보라
의 종려나무 아래에 거주하였고 이스라엘 자손
은 그에게 나아가 재판을 받더라
6 드보라가 사람을 보내어 아비노암의 아들 바락
을 납달리 게데스에서 불러다가 그에게 이르되
이스라엘의 하나님 여호와께서 이같이 명령하
지 아니하셨느냐 너는 납달리 자손과 스불론
자손 만 명을 거느리고 다볼 산으로 가라
7 내가 야빈의 군대 장관 시스라와 그의 병거들
과 그의 무리를 기손 강으로 이끌어 네게 이르
게 하고 그를 네 손에 넘겨 주리라 하셨느니라
8 바락이 그에게 이르되 만일 당신이 나와 함께
가면 내가 가려니와 만일 당신이 나와 함께 가
지 아니하면 나도 가지 아니하겠노라 하니
9 이르되 내가 반드시 너와 함께 가리라 그러나
네가 이번에 가는 길에서는 영광을 얻지 못하
리니 이는 여호와께서 시스라를 여인의 손에

28 ●"Follow me," he ordered, "for the LORD
has given Moab, your enemy, into your
hands." So they followed him down and
took possession of the fords of the Jordan
that led to Moab; they allowed no one to
29 cross over. ●At that time they struck down
about ten thousand Moabites, all vigorous
30 and strong; not one escaped. ●That day
Moab was made subject to Israel, and the
land had peace for eighty years.

Shamgar

31 ●After Ehud came Shamgar son of Anath,
who struck down six hundred Philistines
with an oxgoad. He too saved Israel.

Deborah

4 Again the Israelites did evil in the eyes
of the LORD, now that Ehud was dead.
2 ●So the LORD sold them into the hands of
Jabin king of Canaan, who reigned in
Hazor. Sisera, the commander of his army,
was based in Harosheth Haggoyim.
3 ●Because he had nine hundred chariots fit-
ted with iron and had cruelly oppressed the
Israelites for twenty years, they cried to the
LORD for help.
4 ●Now Deborah, a prophet, the wife of
Lappidoth, was leading[a] Israel at that time.
5 ●She held court under the Palm of Deborah
between Ramah and Bethel in the hill coun-
try of Ephraim, and the Israelites went up
6 to her to have their disputes decided. ●She
sent for Barak son of Abinoam from Kedesh
in Naphtali and said to him, "The LORD, the
God of Israel, commands you: 'Go, take
with you ten thousand men of Naphtali
and Zebulun and lead them up to Mount
7 Tabor. ●I will lead Sisera, the commander
of Jabin's army, with his chariots and his
troops to the Kishon River and give him
into your hands.'"
8 ●Barak said to her, "If you go with me, I
will go; but if you don't go with me, I won't
go."
9 ●"Certainly I will go with you," said Deb-
orah. "But because of the course you are tak-
ing, the honor will not be yours, for the
LORD will deliver Sisera into the hands of a
woman." So Deborah went with Barak to
10 Kedesh. ●There Barak summoned Zebulun

[a]4 Traditionally *judging*

allow [əláu] *vt.* 허락하다
chariot [tʃǽriət] *n.* 병거
commander [kəmǽndər] *n.* 사령관
cruelly [krúːəli] *ad.* 잔인하게
decide [disáid] *vt.* 해결하다
dispute [dispjúːt] *n.* 분쟁
ford [fɔːrd] *n.* 나루
honor [ánər] *n.* 영광
oppress [əprés] *vt.* 억압하다
oxgoad [áksgoud] *n.* 소 모는 막대기
possession [pəzéʃən] *n.* 소유
prophet [práfit] *n.* 선지자
reign [réin] *vi.* 통치하다
summon [sʌ́mən] *vt.* 소집하다
vigorous [vígərəs] *a.* 원기 왕성한

3:28 cross over: 건너다
3:29 strike down: 죽이다
4:1 now that: …이므로, …이기 때문에
4:3 cry for help: 도와(구해)달라고 외치다, 소리쳐 도움을 청하다
4:5 hold court: 재판을 열다

파실 것임이니라 하고 드보라가 일어나 바락과
함께 게데스로 가니라
10 바락이 스불론과 납달리를 게데스로 부르니 만
명이 그를 따라 올라가고 드보라도 그와 함께
올라가니라
5:15
11 ●모세의 [1]장인 [2]호밥의 자손 중 겐 사람 헤벨
이 자기 족속을 떠나 게데스에 가까운 사아난
님 상수리나무 곁에 이르러 장막을 쳤더라
12 ●아비노암의 아들 바락이 다볼 산에 오른 것
을 사람들이 시스라에게 알리매
13 시스라가 모든 병거 곧 철 병거 구백 대와 자기
와 함께 있는 모든 백성을 하로셋학고임에서부
터 기손 강으로 모은지라
14 드보라가 바락에게 이르되 일어나라 이는 여호
와께서 시스라를 네 손에 넘겨 주신 날이라 여
호와께서 너에 앞서 나가지 아니하시느냐 하는
지라 이에 바락이 만 명을 거느리고 다볼 산에
서 내려가니
15 여호와께서 바락 앞에서 시스라와 그의 모든 병
거와 그의 온 군대를 칼날로 혼란에 빠지게 하시
매 시스라가 병거에서 내려 걸어서 도망한지라
16 바락이 그의 병거들과 군대를 추격하여 하로셋
학고임에 이르니 시스라의 온 군대가 다 칼에
엎드러졌고 한 사람도 남은 자가 없었더라
17 ●시스라가 걸어서 도망하여 겐 사람 헤벨의
아내 야엘의 장막에 이르렀으니 이는 하솔 왕
야빈과 겐 사람 헤벨의 집 사이에는 화평이 있
음이라
18 야엘이 나가 시스라를 영접하며 그에게 말하되
나의 주여 들어오소서 내게로 들어오시고 두려
워하지 마소서 하매 그가 그 장막에 들어가니
야엘이 이불로 그를 덮으니라
19 시스라가 그에게 말하되 청하노니 내게 물을
조금 마시게 하라 내가 목이 마르다 하매 우유
부대를 열어 그에게 마시게 하고 그를 덮으니
20 그가 또 이르되 장막 문에 섰다가 만일 사람이
와서 네게 묻기를 여기 어떤 사람이 있느냐 하
거든 너는 없다 하라 하고
21 그가 깊이 잠드니 헤벨의 아내 야엘이 장막 말
뚝을 가지고 손에 방망이를 들고 그에게로 가만
히 가서 말뚝을 그의 관자놀이에 박으매 말뚝이
꿰뚫고 땅에 박히니 그가 기절하여 죽으니라
22 바락이 시스라를 추격할 때에 야엘이 나가서
그를 맞아 그에게 이르되 오라 네가 찾는 그 사
람을 내가 네게 보이리라 하매 바락이 그에게
들어가 보니 시스라가 엎드러져 죽었고 말뚝이
그의 관자놀이에 박혔더라

and Naphtali, and ten thousand men went
up under his command. Deborah also went
up with him.
11 •Now Heber the Kenite had left the other
Kenites, the descendants of Hobab, Moses'
brother-in-law,[a] and pitched his tent by the
great tree in Zaanannim near Kedesh.
12 •When they told Sisera that Barak son of
Abinoam had gone up to Mount Tabor,
13 •Sisera summoned from Harosheth Hag-
goyim to the Kishon River all his men and
his nine hundred chariots fitted with iron.
14 •Then Deborah said to Barak, "Go! This is
the day the LORD has given Sisera into your
hands. Has not the LORD gone ahead of
you?" So Barak went down Mount Tabor,
15 with ten thousand men following him. •At
Barak's advance, the LORD routed Sisera and
all his chariots and army by the sword, and
Sisera got down from his chariot and fled
on foot.
16 •Barak pursued the chariots and army
as far as Harosheth Haggoyim, and all Sis-
era's troops fell by the sword; not a man
17 was left. •Sisera, meanwhile, fled on foot
to the tent of Jael, the wife of Heber the Ke-
nite, because there was an alliance between
Jabin king of Hazor and the family of
Heber the Kenite.
18 •Jael went out to meet Sisera and said to
him, "Come, my lord, come right in. Don't
be afraid." So he entered her tent, and she
covered him with a blanket.
19 •"I'm thirsty," he said. "Please give me
some water." She opened a skin of milk,
gave him a drink, and covered him up.
20 •"Stand in the doorway of the tent," he
told her. "If someone comes by and asks
you, 'Is anyone in there?' say 'No.' "
21 •But Jael, Heber's wife, picked up a tent
peg and a hammer and went quietly to
him while he lay fast asleep, exhausted. She
drove the peg through his temple into the
ground, and he died.
22 •Just then Barak came by in pursuit of
Sisera, and Jael went out to meet him.
"Come," she said, "I will show you the man
you're looking for." So he went in with her,
and there lay Sisera with the tent peg
through his temple—dead.
23 •On that day God subdued Jabin king

[a]11 Or *father-in-law*

1) 히, 처남이란 뜻도 있음 2) 민 10:29를 보라

advance [ədvǽns] *n.* 진격
alliance [əláiəns] *n.* 동맹
brother-in-law [brʌ́ðərinlɔ̀:] *n.* 자형, 처남, 시숙
doorway [dɔ́:rwèi] *n.* 대문간
exhausted [igzɔ́:stid] *a.* 몹시 지친
fit [fit] *vi.* 설비하다
peg [peg] *n.* 말뚝
pitch [pitʃ] *vt.* 설치하다
pursue [pərsú:] *vt.* 추격하다
rout [raut] *vt.* 패주시키다
skin [skin] *n.* 가죽부대
subdue [səbdjú:] *vt.* 정복하다
temple [témpl] *n.* 성전
thirsty [θə́:rsti] *a.* 목마른
troop [tru:p] *n.* 군대

4:14 **ahead of...**: …에 앞서
4:15 **on foot**: 걸어서
4:16 **as far as...**: …까지
4:19 **cover~ up**: ~을 완전히 덮다
4:21 **lie fast asleep**: 깊이 잠들다
4:22 **in pursuit of...**: …을 쫓아서

23 ● 이와 같이 이날에 하나님이 가나안 왕 야
빈을 이스라엘 자손 앞에 굴복하게 하신지
라
24 이스라엘 자손의 손이 가나안 왕 야빈을 점
점 더 눌러서 마침내 가나안 왕 야빈을 진멸
하였더라

드보라와 바락의 노래

5 이날에 드보라와 아비노암의 아들 바락이
노래하여 이르되 출 15:1, 21
2 이스라엘의 영솔자들이 영솔하였고 백성
이 즐거이 헌신하였으니 여호와를 찬송하
라
3 너희 왕들아 들으라 통치자들아 귀를 기울
이라 나 곧 내가 여호와를 노래할 것이요
이스라엘의 하나님 여호와를 찬송하리로
다
4 여호와여 주께서 세일에서부터 나오시고
에돔 들에서부터 진행하실 때에 땅이 진동
하고 하늘이 물을 내리고 구름도 물을 내
렸나이다
5 산들이 여호와 앞에서 진동하니 저 시내
산도 이스라엘의 하나님 여호와 앞에서 진
동하였도다
6 아낫의 아들 삼갈의 날에 또는 야엘의 날
에는 대로가 비었고 길의 행인들은 오솔길
로 다녔도다
7 이스라엘에는 마을[1] 사람들이 그쳤으니 나
드보라가 일어나 이스라엘의 어머니가 되
기까지 그쳤도다
8 무리가 새 신들을 택하였으므로 그때에 전
쟁이 성문에 이르렀으나 이스라엘의 사만
명 중에 방패와 창이 보였던가
9 내 마음이 이스라엘의 방백을 사모함은 그
들이 백성 중에서 즐거이 헌신하였음이니
여호와를 찬송하라
10 흰 나귀를 탄 자들, 양탄자에 앉은 자들, 길
에 행하는 자들아 전파할지어다
11 활 쏘는 자들의 소리로부터 멀리 떨어진
물 긷는 곳에서도 여호와의 공의로우신 일
을 전하라 이스라엘에서 마을 사람들을 위
한 의로우신 일을 노래하라 그때에 여호와
의 백성이 성문에 내려갔도다
12 깰지어다 깰지어다 드보라여 깰지어다 깰
지어다 너는 노래할지어다 일어날지어다
바락이여 아비노암의 아들이여 네가 사로
잡은 자를 끌고 갈지어다
13 그때에 남은 귀인과 백성이 내려왔고 여호

24 of Canaan before the Israelites. ● And the
hand of the Israelites pressed harder and
harder against Jabin king of Canaan until
they destroyed him.

The Song of Deborah

5 On that day Deborah and Barak son of
Abinoam sang this song:

2 ● "When the princes in Israel take the lead,
when the people willingly offer
themselves —
praise the LORD!

3 ● "Hear this, you kings! Listen, you rulers!
I, even I, will sing to[a] the LORD;
I will praise the LORD, the God of Israel,
in song.

4 ● "When you, LORD, went out from Seir,
when you marched from the land of
Edom,
the earth shook, the heavens poured,
the clouds poured down water.
5 ● The mountains quaked before the LORD,
the One of Sinai,
before the LORD, the God of Israel.

6 ● "In the days of Shamgar son of Anath,
in the days of Jael, the highways were
abandoned;
travelers took to winding paths.
7 ● Villagers in Israel would not fight;
they held back until I, Deborah, arose,
until I arose, a mother in Israel.
8 ● God chose new leaders
when war came to the city gates,
but not a shield or spear was seen
among forty thousand in Israel.
9 ● My heart is with Israel's princes,
with the willing volunteers among the
people.
Praise the LORD!

10 ● "You who ride on white donkeys,
sitting on your saddle blankets,
and you who walk along the road,
11 consider ● the voice of the singers[b] at the
watering places.
They recite the victories of the LORD,
the victories of his villagers in Israel.

"Then the people of the LORD
went down to the city gates.
12 ● 'Wake up, wake up, Deborah!
Wake up, wake up, break out in song!

[a]3 Or *of* [b]11 The meaning of the Hebrew for this word is uncertain. 1) 또는 지도자들이

abandon [əbǽndən] *vt.* 포기하다
arise [əráiz] *vi.* 일어나다
consider [kənsídər] *vt.* 인정하다
march [mɑːrtʃ] *vi.* 행진하다
path [pæθ] *n.* 길
pour [pɔːr] *vi.* 퍼붓다
praise [preiz] *vt.* 찬양하다
press [pres] *vi.* 밀어붙이다
quake [kweik] *vi.* 흔들리다
recite [risáit] *vt.* 읊다
ruler [rúːlər] *n.* 통치자
shield [ʃiːld] *n.* 방패
spear [spiər] *n.* 창
willingly [wíliŋli] *ad.* 기꺼이, 쾌히
winding [wáindiŋ] *a.* 꾸불꾸불한

5:2 take the lead: 선두에 서다
5:3 sing to: ~에 맞추어 노래하다
5:6 in the days: …의 시대에
5:7 hold back: (활동에) 참여하지 않다
5:10 ride on: 타다
5:12 break out: 별안간 시작하다

와께서 나를 위하여 용사를 치시려고 내려
오셨도다
14 에브라임에게서 나온 자들은 아말렉에 뿌
리 박힌 자들이요 베냐민은 백성들 중에
서 너를 따르는 자들이요 마길에게서는
명령하는 자들이 내려왔고 스불론에게서
는 [1)]대장군의 지팡이를 잡은 자들이 내려
왔도다
15 잇사갈의 방백들이 드보라와 함께하니 잇
사갈과 같이 바락도 그의 뒤를 따라 골짜
기로 달려 내려가니 르우벤 시냇가에서 큰
결심이 있었도다
16 네가 양의 우리 가운데에 앉아서 목자의
피리 부는 소리를 들음은 어찌 됨이냐 르
우벤 시냇가에서 큰 결심이 있었도다
17 길르앗은 요단 강 저쪽에 거주하며 단은
배에 머무름이 어찌 됨이냐 아셀은 해변에
앉으며 자기 항만에 거주하도다
18 스불론은 죽음을 무릅쓰고 목숨을 아끼지
아니한 백성이요 납달리도 들의 높은 곳에
서 그러하도다
19 왕들이 와서 싸울 때에 가나안 왕들이 므
깃도 물가 다아낙에서 싸웠으나 은을 탈취
하지 못하였도다
20 별들이 하늘에서부터 싸우되 그들이 다니
는 길에서 시스라와 싸웠도다
21 기손 강은 그 무리를 표류시켰으니 이 기
손 강은 옛 강이라 내 영혼아 네가 힘 있는
자를 밟았도다
22 그때에 군마가 빨리 달리니 말굽 소리가
땅을 울리도다
23 여호와의 사자의 말씀에 메로스를 저주하
라 너희가 거듭거듭 그 주민들을 저주할
것은 그들이 와서 여호와를 돕지 아니하며
여호와를 도와 용사를 치지 아니함이니라
하시도다
24 겐 사람 헤벨의 아내 야엘은 다른 여인들
보다 복을 받을 것이니 장막에 있는 여인
들보다 더욱 복을 받을 것이로다
25 시스라가 물을 구하매 우유를 주되 곧 엉
긴 우유를 귀한 그릇에 담아 주었고
26 손으로 장막 말뚝을 잡으며 오른손에 일꾼
들의 방망이를 들고 시스라를 쳐서 그의
머리를 뚫되 곧 그의 관자놀이를 꿰뚫었도
다
27 그가 그의 발 앞에 꾸부러지며 엎드러지고
쓰러졌고 그의 발 앞에 꾸부러져 엎드러져

Arise, Barak!
Take captive your captives, son of Abinoam.'
13 ●"The remnant of the nobles came down;
the people of the LORD came down to me against the mighty.
14 ●Some came from Ephraim, whose roots were in Amalek;
Benjamin was with the people who followed you.
From Makir captains came down,
from Zebulun those who bear a commander's[a] staff.
15 ●The princes of Issachar were with Deborah;
yes, Issachar was with Barak,
sent under his command into the valley.
In the districts of Reuben
there was much searching of heart.
16 ●Why did you stay among the sheep pens[b]
to hear the whistling for the flocks?
In the districts of Reuben
there was much searching of heart.
17 ●Gilead stayed beyond the Jordan.
And Dan, why did he linger by the ships?
Asher remained on the coast
and stayed in his coves.
18 ●The people of Zebulun risked their very lives;
so did Naphtali on the terraced fields.
19 ●"Kings came, they fought,
the kings of Canaan fought.
At Taanach, by the waters of Megiddo,
they took no plunder of silver.
20 ●From the heavens the stars fought,
from their courses they fought against Sisera.
21 ●The river Kishon swept them away,
the age-old river, the river Kishon.
March on, my soul; be strong!
22 ●Then thundered the horses' hooves —
galloping, galloping go his mighty steeds.
23 ●'Curse Meroz,' said the angel of the LORD.
'Curse its people bitterly,
because they did not come to help the LORD,
to help the LORD against the mighty.'
24 ●"Most blessed of women be Jael,
the wife of Heber the Kenite,
most blessed of tent-dwelling women.
25 ●He asked for water, and she gave him milk;
in a bowl fit for nobles she brought him

[a]14 The meaning of the Hebrew for this word is uncertain. [b]16 Or *the campfires;* or *the saddlebags*

1) 히, 기록하는 자의

bitterly [bítərli] *ad.* 심하게
cove [kouv] *n.* (만 안의)후미
curse [kəːrs] *vt.* 저주하다
district [dístrikt] *n.* 지역
dwell [dwel] *vi.* 거하다
gallop [gǽləp] *vi.* 빨리 달리다
hoof [huf] *n.* (소, 말 등의) 발굽
linger [líŋgər] *vi.* 오래 머무르다
noble [nóubl] *n.* 귀인, 귀족
plunder [plʌ́ndər] *n.* 약탈품
remnant [rémnənt] *n.* 나머지
staff [stæf] *n.* 지휘봉
steed [stiːd] *n.* 군마
thunder [θʌ́ndər] *n.* 천둥
whistling [hwísliŋ] *n.* 휘파람 소리

5:12 take captive: 포로로 하다
5:14 come down: 내려오다
5:15 under one's command: 수하에
5:18 risk one's life: 목숨을 걸다
5:21 sweep away: 쓸어버리다
5:25 fit for...: …에게 알맞는, 적합한

서 그 꾸부러진 곳에 엎드러져 죽었도다
28 시스라의 어머니가 창문을 통하여 바라보며 창살을 통하여 부르짖기를 그의 병거가 어찌하여 더디 오는가 그의 병거들의 걸음이 어찌하여 늦어지는가 하매
29 그의 지혜로운 시녀들이 대답하였겠고 그도 스스로 대답하기를
30 그들이 어찌 노략물을 얻지 못하였으랴 그것을 나누지 못하였으랴 사람마다 한두 처녀를 얻었으리로다 시스라는 채색 옷을 노략하였으리니 그것은 수놓은 채색 옷이리로다 곧 양쪽에 수놓은 채색 옷이리니 노략한 자의 목에 꾸미리로다 하였으리라
31 여호와여 주의 원수들은 다 이와 같이 망하게 하시고 주를 사랑하는 자들은 해가 힘 있게 돋음 같게 하시옵소서
하니라 그 땅이 사십 년 동안 평온하였더라

사사 기드온 (♪ 323, 341장) — B.C. 1150년경

6 이스라엘 자손이 또 여호와의 목전에 악을 행하였으므로 여호와께서 칠 년 동안 그들을 미디안의 손에 넘겨 주시니
2 미디안의 손이 이스라엘을 이긴지라 이스라엘 자손이 미디안으로 말미암아 산에서 웅덩이와 굴과 산성을 자기들을 위하여 만들었으며
3 이스라엘이 파종한 때면 미디안과 아말렉과 동방 사람들이 치러 올라와서
4 진을 치고 가사에 이르도록 토지 소산을 멸하여 이스라엘 가운데에 먹을 것을 남겨 두지 아니하며 양이나 소나 나귀도 남기지 아니하니
5 이는 그들이 그들의 짐승과 장막을 가지고 올라와 메뚜기 떼같이 많이 들어오니 그 사람과 낙타가 무수함이라 그들이 그 땅에 들어와 멸하려 하니
6 이스라엘이 미디안으로 말미암아 궁핍함이 심한지라 이에 이스라엘 자손이 여호와께 부르짖었더라
7 ● 이스라엘 자손이 미디안으로 말미암아 여호와께 부르짖었으므로
8 여호와께서 이스라엘 자손에게 한 선지자를 보내시니 그가 그들에게 이르되 여호와께서 이같이 말씀하시기를 이스라엘의 하나님 내가 너희를 애굽에서 인도하여 내며 너희를 그 종 되었던 집에서 나오게 하여
9 애굽 사람의 손과 너희를 학대하는 모든 자의 손에서 너희를 건져내고 그들을 너희 앞에서 쫓아내고 그 땅을 너희에게 주었으며
10 내가 또 너희에게 이르기를 나는 너희의 하

curdled milk.
26 ● Her hand reached for the tent peg,
her right hand for the workman's hammer.
She struck Sisera, she crushed his head,
she shattered and pierced his temple.
27 ● At her feet he sank,
he fell; there he lay.
At her feet he sank, he fell;
where he sank, there he fell — dead.

28 ● "Through the window peered Sisera's mother;
behind the lattice she cried out,
'Why is his chariot so long in coming?
Why is the clatter of his chariots delayed?'
29 ● The wisest of her ladies answer her;
indeed, she keeps saying to herself,
30 ● 'Are they not finding and dividing the spoils:
a woman or two for each man,
colorful garments as plunder for Sisera,
colorful garments embroidered,
highly embroidered garments for my neck —
all this as plunder?'

31 ● "So may all your enemies perish, LORD!
But may all who love you be like the sun
when it rises in its strength."

Then the land had peace forty years.

Gideon

6 The Israelites did evil in the eyes of the LORD, and for seven years he gave them
2 into the hands of the Midianites. ● Because
the power of Midian was so oppressive, the
Israelites prepared shelters for themselves
in mountain clefts, caves and strongholds.
3 ● Whenever the Israelites planted their crops,
the Midianites, Amalekites and other eastern
4 peoples invaded the country. ● They camped
on the land and ruined the crops all the way
to Gaza and did not spare a living thing for
Israel, neither sheep nor cattle nor donkeys.
5 ● They came up with their livestock and their
tents like swarms of locusts. It was impossible
to count them or their camels; they invaded
6 the land to ravage it. ● Midian so impoverished the Israelites that they cried out to the
LORD for help.
7 ● When the Israelites cried out to the LORD

clatter [klǽtər] *n.* 달가닥달가닥 하는 소리
cleft [kleft] *n.* 갈라진 틈
curdle [kɔ́:rdl] *vi.* 응고시키다
embroider [imbrɔ́idər] *vt.* 수놓다
garment [gɑ́:rmənt] *n.* 의복
impoverish [impɑ́vəriʃ] *vt.* 가난하게 하다
invade [invéid] *vt.* 침략하다
lattice [lǽtis] *n.* 격자창
locust [lóukəst] *n.* 메뚜기
oppressive [əprésiv] *a.* 억압적인
peer [piər] *vi.* 응시하다
ravage [rǽvidʒ] *vt.* 파괴하다
shatter [ʃǽtər] *vt.* 산산이 부수다
spare [spɛər] *vt.* 내주다, 할애하다
spoil [spɔil] *n.* 전리품

5:26 hand reach for: ~쪽으로 손을 뻗치다
5:28 cry out: ~을 외치다
5:29 say to oneself: 독백하다
6:4 neither A nor B nor C: A도 B도 C도 아니다
6:5 a swarm of locusts: 메뚜기 떼

나님 여호와이니 너희가 거주하는 아모리 사
람의 땅의 신들을 두려워하지 말라 하였으나
너희가 내 목소리를 듣지 아니하였느니라 하
셨다 하니라
11 ●여호와의 사자가 아비에셀 사람 요아스에
게 속한 오브라에 이르러 상수리나무 아래에
앉으니라 마침 요아스의 아들 기드온이 미디
안 사람에게 알리지 아니하려 하여 밀을 포
도주 틀에서 타작하더니
12 여호와의 사자가 기드온에게 나타나 이르되
큰 용사여 여호와께서 너와 함께 계시도다
하매
13 기드온이 그에게 대답하되 오 나의 주여 여
호와께서 우리와 함께 계시면 어찌하여 이
모든 일이 우리에게 일어났나이까 또 우리
조상들이 일찍이 우리에게 이르기를 여호와
께서 우리를 애굽에서 올라오게 하신 것이
아니냐 한 그 모든 이적이 어디 있나이까 이
제 여호와께서 우리를 버리사 미디안의 손에
우리를 넘겨 주셨나이다 하니
14 여호와께서 그를 향하여 이르시되 너는 가서
이 너의 힘으로 이스라엘을 미디안의 손에서
구원하라 내가 너를 보낸 것이 아니냐 하시
니라
15 그러나 기드온이 그에게 대답하되 오 주여 내
가 무엇으로 이스라엘을 구원하리이까 보소
서 나의 집은 므낫세 중에 극히 약하고 나는
내 아버지 집에서 가장 작은 자니이다 하니
16 여호와께서 그에게 이르시되 내가 반드시 너
와 함께 하리니 네가 미디안 사람 치기를 한
사람을 치듯 하리라 하시니라
17 기드온이 그에게 대답하되 만일 내가 주께
은혜를 얻었사오면 나와 말씀하신 이가 주
되시는 표징을 내게 보이소서
18 내가 예물을 가지고 다시 주께로 와서 그것
을 주 앞에 드리기까지 이곳을 떠나지 마시
기를 원하나이다 하니 그가 이르되 내가 너
돌아올 때까지 머무르리라 하니라
19 ●기드온이 가서 염소 새끼 하나를 준비하고
가루 한 에바로 무교병을 만들고 고기를 소
쿠리에 담고 국을 양푼에 담아 상수리나무
아래 그에게로 가져다가 드리매
20 하나님의 사자가 그에게 이르되 고기와 무교
병을 가져다가 이 바위 위에 놓고 국을 부으
라 하니 기드온이 그대로 하니라
21 여호와의 사자가 손에 잡은 지팡이 끝을 내
밀어 고기와 무교병에 대니 불이 바위에서

8 because of Midian, ●he sent them a prophet,
who said, "This is what the LORD, the God of
Israel, says: I brought you up out of Egypt, out
9 of the land of slavery. ●I rescued you from the
hand of the Egyptians. And I delivered you
from the hand of all your oppressors; I drove
them out before you and gave you their land.
10 ●I said to you, 'I am the LORD your God; do not
worship the gods of the Amorites, in whose
land you live.' But you have not listened to
me."
11 ●The angel of the LORD came and sat down
under the oak in Ophrah that belonged to
Joash the Abiezrite, where his son Gideon was
threshing wheat in a winepress to keep it from
12 the Midianites. ●When the angel of the LORD
appeared to Gideon, he said, "The LORD is with
you, mighty warrior."
13 ●"Pardon me, my lord," Gideon replied,
"but if the LORD is with us, why has all this hap-
pened to us? Where are all his wonders that
our ancestors told us about when they said,
'Did not the LORD bring us up out of Egypt?'
But now the LORD has abandoned us and
given us into the hand of Midian."
14 ●The LORD turned to him and said, "Go in
the strength you have and save Israel out of
Midian's hand. Am I not sending you?"
15 ●"Pardon me, my lord," Gideon replied,
"but how can I save Israel? My clan is the
weakest in Manasseh, and I am the least in my
family."
16 ●The LORD answered, "I will be with you,
and you will strike down all the Midianites,
leaving none alive."
17 ●Gideon replied, "If now I have found favor
in your eyes, give me a sign that it is really you
18 talking to me. ●Please do not go away until I
come back and bring my offering and set it
before you."
And the LORD said, "I will wait until you
return."
19 ●Gideon went inside, prepared a young
goat, and from an ephah[a] of flour he made
bread without yeast. Putting the meat in a bas-
ket and its broth in a pot, he brought them out
and offered them to him under the oak.
20 ●The angel of God said to him, "Take the
meat and the unleavened bread, place them
on this rock, and pour out the broth." And
21 Gideon did so. ●Then the angel of the LORD

[a] 19 That is, probably about 36 pounds or about 16 kilograms

abandon [əbǽndən] *vt.* 버리다
broth [brɔ:θ] *n.* 국, 묽은 수프
goat [gout] *n.* 염소
oak [ouk] *n.* 상수리나무
offering [ɔ́:fəriŋ] *n.* 제물
oppressor [əprésər] *n.* 억압자
pot [pɑt] *n.* 항아리
slavery [sléivəri] *n.* 노예의 신세
thresh [θreʃ] *vt.* 타작하다
unleavened [ʌnlévənd] *a.* 누룩을 넣지 않은
warrior [wɔ́:riər] *n.* 전사
wheat [hwí:t] *n.* 밀
winepress [wáinprès] *n.* 포도즙 짜는 기구
wonder [wʌ́ndər] *n.* 기적
yeast [ji:st] *n.* 누룩, 효모

6:11 belong to...: …에 속하다
6:11 keep A from B: A에게 B 못하게 하다
6:13 bring up: 불러 일으키다
6:16 strike down: 때려 눕히다
6:17 find favor in one's eyes: …의 총애를 받다
6:20 pour out: 쏟아붓다

나와 고기와 무교병을 살랐고 여호와의 사자
는 떠나서 보이지 아니한지라
레 9:24
22 기드온이 그가 여호와의 사자인 줄을 알고
이르되 슬프도소이다 주 여호와여 내가 여호
와의 사자를 대면하여 보았나이다 하니
23 여호와께서 그에게 이르시되 너는 안심하라
두려워하지 말라 죽지 아니하리라 하시니라
24 기드온이 여호와를 위하여 거기서 제단을 쌓
고 그것을 [1)]여호와 살롬이라 하였더라 그것
이 오늘까지 아비에셀 사람에게 속한 오브라
에 있더라
25 ●그날 밤에 여호와께서 기드온에게 이르시
되 네 아버지에게 있는 수소 곧 칠 년 된 둘
째 수소를 끌어 오고 네 아버지에게 있는 바
알의 제단을 헐며 그 곁의 아세라 상을 찍고
26 또 이 산성 꼭대기에 네 하나님 여호와를 위
하여 규례대로 한 제단을 쌓고 그 둘째 수소
를 잡아 네가 찍은 아세라 나무로 번제를 드
릴지니라 하시니라
27 이에 기드온이 종 열 사람을 데리고 여호와께
서 그에게 말씀하신 대로 행하되 그의 아버지
의 가문과 그 성읍 사람들을 두려워하므로 이
일을 감히 낮에 행하지 못하고 밤에 행하니라
28 ●그 성읍 사람들이 아침에 일찍이 일어나
본즉 바알의 제단이 파괴되었으며 그 곁의
아세라가 찍혔고 새로 쌓은 제단 위에 그 둘
째 수소를 드렸는지라
29 서로 물어 이르되 이것이 누구의 소행인가
하고 그들이 캐어 물은 후에 이르되 요아스
의 아들 기드온이 이를 행하였도다 하고
30 성읍 사람들이 요아스에게 이르되 네 아들을
끌어내라 그는 당연히 죽을지니 이는 바알의
제단을 파괴하고 그 곁의 아세라를 찍었음이
니라 하니
31 요아스가 자기를 둘러선 모든 자에게 이르되
너희가 바알을 위하여 다투느냐 너희가 바알
을 구원하겠느냐 그를 위하여 다투는 자는
아침까지 죽임을 당하리라 바알이 과연 신일
진대 그의 제단을 파괴하였은즉 그가 자신을
위해 다툴 것이니라 하니라
32 그날에 기드온을 여룹바알이라 불렀으니 이
는 그가 바알의 제단을 파괴하였으므로 바알
이 그와 더불어 다툴 것이라 함이었더라
33 ●그때에 미디안과 아말렉과 동방 사람들이
다 함께 모여 요단 강을 건너와서 이스르엘
골짜기에 진을 친지라
34 여호와의 영이 기드온에게 임하시니 기드온

touched the meat and the unleavened bread
with the tip of the staff that was in his hand.
Fire flared from the rock, consuming the meat
and the bread. And the angel of the LORD dis-
22 appeared. ●When Gideon realized that it was
the angel of the LORD, he exclaimed, "Alas, Sov-
ereign LORD! I have seen the angel of the LORD
face to face!"
23 ●But the LORD said to him, "Peace! Do not be
afraid. You are not going to die."
24 ●So Gideon built an altar to the LORD there
and called it The LORD Is Peace. To this day it
stands in Ophrah of the Abiezrites.
25 ●That same night the LORD said to him,
"Take the second bull from your father's herd,
the one seven years old.[a] Tear down your
father's altar to Baal and cut down the Asher-
26 ah pole[b] beside it. ●Then build a proper kind
of[c] altar to the LORD your God on the top of
this height. Using the wood of the Asherah
pole that you cut down, offer the second[d] bull
as a burnt offering."
27 ●So Gideon took ten of his servants and did
as the LORD told him. But because he was
afraid of his family and the townspeople, he
did it at night rather than in the daytime.
28 ●In the morning when the people of the
town got up, there was Baal's altar, demol-
ished, with the Asherah pole beside it cut
down and the second bull sacrificed on the
newly built altar!
29 ●They asked each other, "Who did this?"
When they carefully investigated, they were
told, "Gideon son of Joash did it."
30 ●The people of the town demanded of Joa-
sh, "Bring out your son. He must die, because
he has broken down Baal's altar and cut
down the Asherah pole beside it."
31 ●But Joash replied to the hostile crowd
around him, "Are you going to plead Baal's
cause? Are you trying to save him? Whoever
fights for him shall be put to death by morn-
ing! If Baal really is a god, he can defend him-
self when someone breaks down his altar."
32 ●So because Gideon broke down Baal's altar,
they gave him the name Jerub-Baal[e] that day,
saying, "Let Baal contend with him."
33 ●Now all the Midianites, Amalekites and

[a]25 Or *Take a full-grown, mature bull from your father's herd* [b]25 That is, a wooden symbol of the goddess Asherah; also in verses 26, 28 and 30 [c]26 Or *build with layers of stone an* [d]26 Or *full-grown*; also in verse 28 [e]32 *Jerub-Baal* probably means *let Baal contend.*

1) 여호와는 평강이라

altar [ɔ́:ltər] *n.* 제단
consume [kənsú:m] *vt.* 소멸시키다
defend [difénd] *vt.* 방어하다
demolish [dimáliʃ] *vt.* 헐다
disappear [dìsəpíər] *vi.* 사라지다
exclaim [ikskléim] *vt.* 외치다
flare [flεər] *vi.* 활활 타오르다
hostile [hástl] *a.* 적대적인
investigate [invéstəgèit] *vi.* 조사하다
plead [pli:d] *vt.* 변호하다, 변론하다
pole [poul] *n.* 막대기
proper [prápər] *a.* 적합한, 알맞은
sacrifice [sǽkrəfàis] *vt.* 희생 제물로 바치다
sovereign [sávərin] *a.* 주권을 가진
tip [tip] *n.* 끝

6:22 face to face: 마주보고, 대면하여
6:27 be afraid of...: …을 두려워하다
6:27 A rather than B: B가 아니라 A
6:30 break down: 쳐부수다
6:31 put to death: 죽이다
6:32 contend with...: …에 투쟁하다

이 나팔을 불매 아비에셀이 그의 뒤를 따라
부름을 받으니라
35 기드온이 또 사자들을 온 므낫세에 두루 보
내매 그들도 모여서 그를 따르고 또 사자들
을 아셀과 스불론과 납달리에 보내매 그 무
리도 올라와 그를 영접하더라
36 ●기드온이 하나님께 여쭈되 주께서 이미 말
씀하심같이 내 손으로 이스라엘을 구원하시
려거든
37 보소서 내가 양털 한 뭉치를 타작마당에 두
리니 만일 이슬이 양털에만 있고 주변 땅은
마르면 주께서 이미 말씀하심같이 내 손으로
이스라엘을 구원하실 줄을 내가 알겠나이다
하였더니
38 그대로 된지라 이튿날 기드온이 일찍이 일어
나서 양털을 가져다가 그 양털에서 이슬을
짜니 물이 그릇에 가득하더라
39 기드온이 또 하나님께 여쭈되 주여 내게 노
하지 마옵소서 내가 이번만 말하리이다 구하
옵나니 내게 이번만 양털로 시험하게 하소서
원하건대 양털만 마르고 그 주변 땅에는 다
이슬이 있게 하옵소서 하였더니
40 그 밤에 하나님이 그대로 행하시니 곧 양털만
마르고 그 주변 땅에는 다 이슬이 있었더라

기드온이 미디안을 치다 — B.C. 1150년경

7 여룹바알이라 하는 기드온과 그를 따르는
모든 백성이 일찍이 일어나 하롯 샘 곁에
진을 쳤고 미디안의 진영은 그들의 북쪽이요
모레 산 앞 골짜기에 있었더라
2 ●여호와께서 기드온에게 이르시되 너를 따
르는 백성이 너무 많은즉 내가 그들의 손에
미디안 사람을 넘겨 주지 아니하리니 이는
이스라엘이 나를 거슬러 스스로 자랑하기를
내 손이 나를 구원하였다 할까 함이니라
3 이제 너는 백성의 귀에 외쳐 이르기를 누구
든지 두려워 떠는 자는 길르앗 산을 떠나 돌
아가라 하라 하시니 이에 돌아간 백성이 이
만 이천 명이요 남은 자가 만 명이었더라
4 ●여호와께서 또 기드온에게 이르시되 백성
이 아직도 많으니 그들을 인도하여 물가로
내려가라 거기서 내가 너를 위하여 그들을
시험하리라 내가 누구를 가리켜 네게 이르기
를 이 사람이 너와 함께 가리라 하면 그는 너
와 함께 갈 것이요 내가 누구를 가리켜 네게
이르기를 이 사람은 너와 함께 가지 말 것이
니라 하면 그는 가지 말 것이니라 하신지라
5 이에 백성을 인도하여 물가에 내려가매 여호

other eastern peoples joined forces and
crossed over the Jordan and camped in the
34 Valley of Jezreel. ●Then the Spirit of the LORD
came on Gideon, and he blew a trumpet,
summoning the Abiezrites to follow him.
35 ●He sent messengers throughout Manasseh,
calling them to arms, and also into Asher,
Zebulun and Naphtali, so that they too went
up to meet them.
36 ●Gideon said to God, "If you will save Israel
37 by my hand as you have promised— ●look,
I will place a wool fleece on the threshing
floor. If there is dew only on the fleece and
all the ground is dry, then I will know that
you will save Israel by my hand, as you said."
38 ●And that is what happened. Gideon rose
early the next day; he squeezed the fleece and
wrung out the dew—a bowlful of water.
39 ●Then Gideon said to God, "Do not be
angry with me. Let me make just one more
request. Allow me one more test with the
fleece, but this time make the fleece dry and
40 let the ground be covered with dew." ●That
night God did so. Only the fleece was dry; all
the ground was covered with dew.

Gideon Defeats the Midianites

7 Early in the morning, Jerub-Baal (that is,
Gideon) and all his men camped at the
spring of Harod. The camp of Midian was
north of them in the valley near the hill of
2 Moreh. ●The LORD said to Gideon, "You have
too many men. I cannot deliver Midian into
their hands, or Israel would boast against
3 me, 'My own strength has saved me.' ●Now
announce to the army, 'Anyone who trembles
with fear may turn back and leave Mount
Gilead.'" So twenty-two thousand men left,
while ten thousand remained.
4 ●But the LORD said to Gideon, "There are still
too many men. Take them down to the water,
and I will thin them out for you there. If I say,
'This one shall go with you,' he shall go; but if
I say, 'This one shall not go with you,' he shall
not go."
5 ●So Gideon took the men down to the
water. There the LORD told him, "Separate
those who lap the water with their tongues
as a dog laps from those who kneel down
6 to drink." ●Three hundred of them drank
from cupped hands, lapping like dogs. All
the rest got down on their knees to drink.

announce [ənáuns] *vt.* 알리다
boast [boust] *vi.* 자랑하며 말하다
bowlful [bóulfùl] *n.* 한 사발
defeat [difíːt] *vt.* 패배시키다
dew [djuː] *n.* 이슬
fleece [fliːs] *n.* 양털
lap [læp] *vt.* 핥다
remain [riméin] *vi.* 남아 있다
request [rikwést] *n.* 요청
spring [spriŋ] *n.* 샘
squeeze [skwiːz] *vt.* 죄다, 짜내다
summon [sʌ́mən] *vt.* 부르다, 소환하다
thresh [θreʃ] *vi.* 타작하다
tremble [trémbl] *vi.* 떨다
wring [riŋ] *vt.* 비틀어 짜다

6:33 **join forces**: 합세하다
6:34 **come on...**: …위에 임하다
6:40 **be covered with...**: …로 덮이다
7:1 **camp at...**: …에 진치다
7:4 **thin out**: 솎다
7:5 **separate A from B**: A를 B와 구별하다

와께서 기드온에게 이르시되 누구든지 개가 핥
는 것같이 혀로 물을 핥는 자들을 너는 따로 세
우고 또 누구든지 무릎을 꿇고 마시는 자들도
그와 같이 하라 하시더니
6 손으로 움켜 입에 대고 핥는 자의 수는 삼백 명
이요 그 외의 백성은 다 무릎을 꿇고 물을 마신
지라
7 여호와께서 기드온에게 이르시되 내가 이 물을
핥아 먹은 삼백 명으로 너희를 구원하며 미디
안을 네 손에 넘겨 주리니 남은 백성은 각각 자
기의 처소로 돌아갈 것이니라 하시니
8 이에 백성이 양식과 나팔을 손에 든지라 기드온
이 이스라엘 모든 백성을 각각 그의 장막으로
돌려보내고 그 삼백 명은 머물게 하니라 미디안
진영은 그 아래 골짜기 가운데에 있었더라
9 •그 밤에 여호와께서 기드온에게 이르시되 일
어나 진영으로 내려가라 내가 그것을 네 손에
넘겨 주었느니라
10 만일 네가 내려가기를 두려워하거든 네 부하
부라와 함께 그 진영으로 내려가서
11 그들이 하는 말을 들으라 그 후에 네 손이 강하
여져서 그 진영으로 내려가리라 하시니 기드온
이 이에 그의 부하 부라와 함께 군대가 있는 진
영 근처로 내려간즉
12 미디안과 아말렉과 동방의 모든 사람들이 골짜
기에 누웠는데 메뚜기의 많은 수와 같고 그들의
낙타의 수가 많아 해변의 모래가 많음 같은지라
13 기드온이 그곳에 이른즉 어떤 사람이 그의 친
구에게 꿈을 말하여 이르기를 보라 내가 한 꿈
을 꾸었는데 꿈에 보리떡 한 덩어리가 미디안
진영으로 굴러 들어와 한 장막에 이르러 그것
을 쳐서 무너뜨려 위쪽으로 엎으니 그 장막이
쓰러지더라
14 그의 친구가 대답하여 이르되 이는 다른 것이
아니라 이스라엘 사람 요아스의 아들 기드온의
칼이라 하나님이 미디안과 그 모든 진영을 그
의 손에 넘겨 주셨느니라 하더라
15 •기드온이 그 꿈과 해몽하는 말을 듣고 경배
하며 이스라엘 진영으로 돌아와 이르되 일어나
라 여호와께서 미디안과 그 모든 진영을 너희
손에 넘겨 주셨느니라 하고
삼상 15:31
16 삼백 명을 세 대로 나누어 각 손에 나팔과 빈 항
아리를 들리고 항아리 안에는 횃불을 감추게
하고
17 그들에게 이르되 너희는 나만 보고 내가 하는
대로 하되 내가 그 진영 근처에 이르러서 내가
하는 대로 너희도 그리하여

7 •The LORD said to Gideon, "With the
three hundred men that lapped I will save
you and give the Midianites into your
8 hands. Let all the others go home." •So
Gideon sent the rest of the Israelites home
but kept the three hundred, who took over
the provisions and trumpets of the others.
Now the camp of Midian lay below him
9 in the valley. •During that night the LORD
said to Gideon, "Get up, go down against
the camp, because I am going to give it into
10 your hands. •If you are afraid to attack, go
down to the camp with your servant Purah
11 •and listen to what they are saying. After-
ward, you will be encouraged to attack the
camp." So he and Purah his servant went
12 down to the outposts of the camp. •The
Midianites, the Amalekites and all the other
eastern peoples had settled in the valley,
thick as locusts. Their camels could no more
be counted than the sand on the seashore.
13 •Gideon arrived just as a man was telling
a friend his dream. "I had a dream," he was
saying. "A round loaf of barley bread came
tumbling into the Midianite camp. It struck
the tent with such force that the tent over-
turned and collapsed."
14 •His friend responded, "This can be
nothing other than the sword of Gideon
son of Joash, the Israelite. God has given the
Midianites and the whole camp into his
hands."
15 •When Gideon heard the dream and its
interpretation, he bowed down and wor-
shiped. He returned to the camp of Israel
and called out, "Get up! The LORD has given
the Midianite camp into your hands."
16 •Dividing the three hundred men into
three companies, he placed trumpets and
empty jars in the hands of all of them, with
torches inside.
17 •"Watch me," he told them. "Follow my
lead. When I get to the edge of the camp, do
18 exactly as I do. •When I and all who are
with me blow our trumpets, then from all
around the camp blow yours and shout,
'For the LORD and for Gideon.'"
19 •Gideon and the hundred men with
him reached the edge of the camp at the
beginning of the middle watch, just after
they had changed the guard. They blew
their trumpets and broke the jars that were

attack [ətǽk] *vt.* 공격하다
barley [bɑ́ːrli] *n.* 보리
collapse [kəlǽps] *vi.* 무너지다
encourage [inkə́ːridʒ] *vt.* 용기를 돋우다
interpretation [intəːrprətéiʃən] *n.* 해석
jar [dʒɑːr] *n.* 항아리
lap [lǽp] *vt.* 핥다
locust [lóukəst] *n.* 메뚜기
outpost [áutpòust] *n.* 군대기지
overturn [óuvərtəːrn] *vi.* 뒤집히다
provision [prəvíʒən] *n.* 양식
respond [rispɑ́nd] *vt.* 대답하다
thick [θik] *a.* 아주 많은
torch [tɔːrtʃ] *n.* 횃불
tumble [tʌ́mbl] *vi.* 굴러 떨어지다

7:8 the rest: 나머지
7:8 take over: 떠맡다
7:12 settle in...: …에 정착하다
7:13 just as...: 마침 …할 때
7:14 nothing other than...: 단지 …일 뿐이다
7:16 place A in B: A를 B에 위치시키다

18 나와 나를 따르는 자가 다 나팔을 불거든 너희
도 모든 진영 주위에서 나팔을 불며 이르기를
여호와를 위하라, 기드온을 위하라 하라 하니라
19 ●기드온과 그와 함께한 백 명이 이경 초에 진
영 근처에 이른즉 바로 파수꾼들을 교대한 때
라 그들이 나팔을 불며 손에 가졌던 항아리를
부수니라
20 세 대가 나팔을 불며 항아리를 부수고 왼손에
횃불을 들고 오른손에 나팔을 들어 불며 외쳐
이르되 여호와와 기드온의 칼이다 하고
21 각기 제자리에 서서 그 진영을 에워싸매 그 온
진영의 군사들이 뛰고 부르짖으며 도망하였는데
22 삼백 명이 나팔을 불 때에 여호와께서 그 온 진
영에서 친구끼리 칼로 치게 하시므로 적군이
도망하여 스레라의 벧 싯다에 이르고 또 답밧
에 가까운 아벨므홀라의 경계에 이르렀으며
23 이스라엘 사람들은 납달리와 아셀과 온 므낫세
에서부터 부름을 받고 미디안을 추격하였더라
24 ●기드온이 사자들을 보내서 에브라임 온 산지
로 두루 다니게 하여 이르기를 내려와서 미디
안을 치고 그들을 앞질러 벧 바라와 요단 강에
이르는 수로를 점령하라 하매 이에 에브라임
사람들이 다 모여 벧 바라와 요단 강에 이르는
수로를 점령하고
25 또 미디안의 두 방백 오렙과 스엡을 사로잡아
오렙은 오렙 바위에서 죽이고 스엡은 스엡 포
도주 틀에서 죽이고 미디안을 추격하였고 오렙
과 스엡의 머리를 요단 강 건너편에서 기드온
에게 가져왔더라

기드온이 죽인 미디안 왕들

8 에브라임 사람들이 기드온에게 이르되 네가
미디안과 싸우러 갈 때에 우리를 부르지 아
니하였으니 우리를 이같이 대접함은 어찌 됨이
냐 하고 그와 크게 다투는지라
2 기드온이 그들에게 이르되 내가 이제 행한 일
이 너희가 한 것에 비교되겠느냐 에브라임의
끝물 포도가 아비에셀의 맏물 포도보다 낫지
아니하냐
3 하나님이 미디안의 방백 오렙과 스엡을 너희 손
에 넘겨 주셨으니 내가 한 일이 어찌 능히 너희
가 한 것에 비교되겠느냐 하니라 기드온이 이
말을 하매 그때에 그들의 노여움이 풀리니라
4 ●기드온과 그와 함께한 자 삼백 명이 요단 강
에 이르러 건너고 비록 피곤하나 추격하며
5 그가 숙곳 사람들에게 이르되 나를 따르는 백
성이 피곤하니 청하건대 그들에게 떡덩이를 주
라 나는 미디안의 왕들인 세바와 살문나의 뒤

20 in their hands. ●The three companies blew
the trumpets and smashed the jars. Grasp-
ing the torches in their left hands and hold-
ing in their right hands the trumpets they
were to blow, they shouted, "A sword for
21 the LORD and for Gideon!" ●While each
man held his position around the camp, all
the Midianites ran, crying out as they fled.
22 ●When the three hundred trumpets
sounded, the LORD caused the men through-
out the camp to turn on each other with
their swords. The army fled to Beth Shittah
toward Zererah as far as the border of Abel
23 Meholah near Tabbath. ●Israelites from
Naphtali, Asher and all Manasseh were
called out, and they pursued the Midian-
24 ites. ●Gideon sent messengers through-
out the hill country of Ephraim, saying,
"Come down against the Midianites and
seize the waters of the Jordan ahead of
them as far as Beth Barah."
So all the men of Ephraim were called out
and they seized the waters of the Jordan as
25 far as Beth Barah. ●They also captured two
of the Midianite leaders, Oreb and Zeeb.
They killed Oreb at the rock of Oreb, and
Zeeb at the winepress of Zeeb. They pursued
the Midianites and brought the heads of
Oreb and Zeeb to Gideon, who was by the
Jordan.

Zebah and Zalmunna

8 Now the Ephraimites asked Gideon,
"Why have you treated us like this?
Why didn't you call us when you went to
fight Midian?" And they challenged him
vigorously.
2 ●But he answered them, "What have I
accomplished compared to you? Aren't the
gleanings of Ephraim's grapes better than
3 the full grape harvest of Abiezer? ●God gave
Oreb and Zeeb, the Midianite leaders, into
your hands. What was I able to do com-
pared to you?" At this, their resentment
against him subsided.
4 ●Gideon and his three hundred men,
exhausted yet keeping up the pursuit, came
5 to the Jordan and crossed it. ●He said to
the men of Sukkoth, "Give my troops some
bread; they are worn out, and I am still pur-
suing Zebah and Zalmunna, the kings of
Midian."

accomplish [əkámpliʃ] *vt.* 이루다
border [bɔ́:rdər] *n.* 경계
capture [kǽptʃər] *vt.* 사로잡다
exhausted [igzɔ́:stid] *a.* 지친
flee [fli:] *vi.* 달아나다
gleaning [glí:niŋ] *n.* 이삭 줍기, 수집
grasp [græsp] *vt.* 붙잡다, 움켜쥐다
pursue [pərsú:] *vt.* 좇다
resentment [rizéntmənt] *n.* 분노
seize [si:z] *vt.* 몰수하다
smash [smǽʃ] *vt.* 박살내다
subside [səbsáid] *vi.* 가라앉다, 진정되다
troop [tru:p] *n.* 군대
vigorously [vígərəsli] *ad.* 힘 있게
winepress [wáinprès] *n.* 포도즙 짜는 틀

7:22 **turn on**: 공격하다
7:23 **call out**: (군대를) 출동시키다
7:24 **ahead of...**: …보다 앞서
8:2 **compared to...**: …와 비교하여
8:4 **keep up**: 유지하다
8:5 **wear out**: 지치게 하다

를 추격하고 있노라 하니
6 숙곳의 방백들이 이르되 세바와 살문나의 손
이 지금 네 손 안에 있다는 거냐 어찌 우리가
네 군대에게 떡을 주겠느냐 하는지라 8:15
7 기드온이 이르되 그러면 여호와께서 세바와
살문나를 내 손에 넘겨 주신 후에 내가 들가
시와 찔레로 너희 살을 찢으리라 하고 7:15
8 거기서 브누엘로 올라가서 그들에게도 그같
이 구한즉 브누엘 사람들의 대답도 숙곳 사
람들의 대답과 같은지라
9 기드온이 또 브누엘 사람들에게 말하여 이르
되 내가 평안히 돌아올 때에 이 망대를 헐리
라 하니라
10 ●이때에 세바와 살문나가 갈골에 있는데 동
방 사람의 모든 군대 중에 칼 든 자 십이만
명이 죽었고 그 남은 만 오천 명 가량은 그들
을 따라와서 거기에 있더라
11 적군이 안심하고 있는 중에 기드온이 노바와
욕브하 동쪽 장막에 거주하는 자의 길로 올
라가서 그 적진을 치니
12 세바와 살문나가 도망하는지라 기드온이 그
들의 뒤를 추격하여 미디안의 두 왕 세바와
살문나를 사로잡고 그 온 진영을 격파하니라
13 ●요아스의 아들 기드온이 헤레스 비탈 전장
에서 돌아오다가
14 숙곳 사람 중 한 소년을 잡아 그를 심문하매
그가 숙곳의 방백들과 장로들 칠십칠 명을
그에게 적어 준지라
15 기드온이 숙곳 사람들에게 이르러 말하되 너
희가 전에 나를 희롱하여 이르기를 세바와
살문나의 손이 지금 네 손 안에 있다는 거냐
어찌 우리가 네 피곤한 사람들에게 떡을 주
겠느냐 한 그 세바와 살문나를 보라 하고 8:6
16 그 성읍의 장로들을 붙잡아 들가시와 찔레로
숙곳 사람들을 징벌하고
17 브누엘 망대를 헐며 그 성읍 사람들을 죽이
니라
18 ●이에 그가 세바와 살문나에게 말하되 너희
가 다볼에서 죽인 자들은 어떠한 사람들이더
냐 하니 대답하되 그들이 너와 같아서 하나
같이 왕자들의 모습과 같더라 하니라
19 그가 이르되 그들은 내 형제들이며 내 어머니
의 아들들이니라 여호와께서 살아 계심을 두
고 맹세하노니 너희가 만일 그들을 살렸더라
면 나도 너희를 죽이지 아니하였으리라 하고
20 그의 맏아들 여델에게 이르되 일어나 그들을
죽이라 하였으나 그 소년이 그의 칼을 빼지

6 ●But the officials of Sukkoth said, "Do you
already have the hands of Zebah and Zal-
munna in your possession? Why should we
give bread to your troops?"
7 ●Then Gideon replied, "Just for that, when
the LORD has given Zebah and Zalmunna into
my hand, I will tear your flesh with desert
thorns and briers."
8 ●From there he went up to Peniel[a] and
made the same request of them, but they
9 answered as the men of Sukkoth had. ●So he
said to the men of Peniel, "When I return in tri-
umph, I will tear down this tower."
10 ●Now Zebah and Zalmunna were in Kar-
kor with a force of about fifteen thousand
men, all that were left of the armies of the
eastern peoples; a hundred and twenty thou-
11 sand swordsmen had fallen. ●Gideon went
up by the route of the nomads east of Nobah
and Jogbehah and attacked the unsuspecting
12 army. ●Zebah and Zalmunna, the two kings
of Midian, fled, but he pursued them and
captured them, routing their entire army.
13 ●Gideon son of Joash then returned from
14 the battle by the Pass of Heres. ●He caught a
young man of Sukkoth and questioned
him, and the young man wrote down for
him the names of the seventy-seven officials
15 of Sukkoth, the elders of the town. ●Then
Gideon came and said to the men of Suk-
koth, "Here are Zebah and Zalmunna, about
whom you taunted me by saying, 'Do you
already have the hands of Zebah and Zal-
munna in your possession? Why should we
16 give bread to your exhausted men?' " ●He
took the elders of the town and taught the
men of Sukkoth a lesson by punishing them
17 with desert thorns and briers. ●He also pulled
down the tower of Peniel and killed the men
of the town.
18 ●Then he asked Zebah and Zalmunna,
"What kind of men did you kill at Tabor?"
"Men like you," they answered, "each one
with the bearing of a prince."
19 ●Gideon replied, "Those were my brothers,
the sons of my own mother. As surely as the
LORD lives, if you had spared their lives, I would
20 not kill you." ●Turning to Jether, his oldest
son, he said, "Kill them!" But Jether did not
draw his sword, because he was only a boy
and was afraid.

[a]8 Hebrew *Penuel*, a variant of *Peniel*; also in verses 9 and 17

afraid [əfréid] *a.* 두려워하는
bearing [bέəriŋ] *n.* 태도, 거동
brier [bráiər] *n.* 찔레
capture [kǽptʃər] *vt.* 생포하다
draw [drɔː] *vt.* 잡아 빼다
exhausted [igzɔ́ːstid] *a.* 기진맥진한
flee [fliː] *vi.* 달아나다
force [fɔːrs] *n.* 군대
official [əfíʃəl] *n.* 관원
request [rikwést] *n.* 요청
rout [ráut] *vt.* 패주시키다
spare [spεər] *vt.* 살려두다
taunt [tɔːnt] *vt.* 조롱하다
thorn [θɔːrn] *n.* 가시
troop [[truːp] *n.* 군대

8:9 tear down: 헐다
8:14 write down: …을 적다
8:16 teach somebody a lesson: …에 게 교훈을 가르치다
8:17 pull down: 허물어뜨리다
8:19 as surely as...: …와 마찬가지로 틀림없이

못하였으니 이는 아직 어려서 두려워함이었
더라
21 세바와 살문나가 이르되 네가 일어나 우리를
치라 사람이 어떠하면 그의 힘도 그러하니라
하니 기드온이 일어나 세바와 살문나를 죽이
고 그들의 낙타 목에 있던 초승달 장식들을
떼어서 가지니라
22 ●그때에 이스라엘 사람들이 기드온에게 이
르되 당신이 우리를 미디안의 손에서 구원하
셨으니 당신과 당신의 아들과 당신의 손자가
우리를 다스리소서 하는지라
23 기드온이 그들에게 이르되 내가 너희를 다스
리지 아니하겠고 나의 아들도 너희를 다스리
지 아니할 것이요 여호와께서 너희를 다스리
시리라 하니라
24 기드온이 또 그들에게 이르되 내가 너희에게
요청할 일이 있으니 너희는 각기 탈취한 귀고
리를 내게 줄지니라 하였으니 이는 그들이 이
스마엘 사람들이므로 금 귀고리가 있었음이라
25 무리가 대답하되 우리가 즐거이 드리리이다
하고 겉옷을 펴고 각기 탈취한 귀고리를 그
가운데에 던지니
26 기드온이 요청한 금 귀고리의 무게가 금 천
칠백 세겔이요 그 외에 또 초승달 장식들과
패물과 미디안 왕들이 입었던 자색 의복과
또 그 외에 그들의 낙타 목에 둘렀던 사슬이
있었더라
27 기드온이 그 금으로 에봇 하나를 만들어 자
기의 성읍 오브라에 두었더니 온 이스라엘이
그것을 음란하게 위하므로 그것이 기드온과
그의 집에 올무가 되니라
28 미디안이 이스라엘 자손 앞에 복종하여 다시
는 그 머리를 들지 못하였으므로 기드온이
사는 사십 년 동안 그 땅이 평온하였더라

기드온이 죽다

29 ●요아스의 아들 여룹바알이 돌아가서 자기
집에 거주하였는데
30 기드온이 아내가 많으므로 그의 몸에서 낳은
아들이 칠십 명이었고
31 세겜에 있는 그의 첩도 아들을 낳았으므로
그 이름을 아비멜렉이라 하였더라
32 요아스의 아들 기드온이 나이가 많아 죽으매
아비에셀 사람의 오브라에 있는 그의 아버지
요아스의 묘실에 장사되었더라
33 ●기드온이 이미 죽으매 이스라엘 자손이 돌
아서서 바알들을 따라가 음행하였으며 또 바
알브릿을 자기들의 신으로 삼고

21 ●Zebah and Zalmunna said, "Come, do it
yourself. 'As is the man, so is his strength.' "
So Gideon stepped forward and killed them,
and took the ornaments off their camels'
necks.

Gideon's Ephod

22 ●The Israelites said to Gideon, "Rule over
us—you, your son and your grandson—
because you have saved us from the hand of
Midian."
23 ●But Gideon told them, "I will not rule over
you, nor will my son rule over you. The LORD
24 will rule over you." ●And he said, "I do have
one request, that each of you give me an ear-
ring from your share of the plunder." (It was
the custom of the Ishmaelites to wear gold ear-
rings.)
25 ●They answered, "We'll be glad to give
them." So they spread out a garment, and
each of them threw a ring from his plunder
26 onto it. ●The weight of the gold rings he
asked for came to seventeen hundred she-
kels,[a] not counting the ornaments, the pen-
dants and the purple garments worn by the
kings of Midian or the chains that were on
27 their camels' necks. ●Gideon made the gold
into an ephod, which he placed in Ophrah,
his town. All Israel prostituted themselves by
worshiping it there, and it became a snare to
Gideon and his family.

Gideon's Death

28 ●Thus Midian was subdued before the
Israelites and did not raise its head again. Dur-
ing Gideon's lifetime, the land had peace forty
years.
29 ●Jerub-Baal son of Joash went back home
30 to live. ●He had seventy sons of his own, for
31 he had many wives. ●His concubine, who
lived in Shechem, also bore him a son, whom
32 he named Abimelek. ●Gideon son of Joash
died at a good old age and was buried in the
tomb of his father Joash in Ophrah of the
Abiezrites.
33 ●No sooner had Gideon died than the
Israelites again prostituted themselves to the
Baals. They set up Baal-Berith as their god
34 ●and did not remember the LORD their God,
who had rescued them from the hands of all

[a]26 That is, about 43 pounds or about 20 kilograms

bury [béri] *vt.* 장사지내다
camel [kǽməl] *n.* 낙타
concubine [káŋkjubàin] *n.* 첩
custom [kʌ́stəm] *n.* 풍습, 풍속
garment [gá:rmənt] *n.* 의복
ornament [ɔ́:rnəmənt] *n.* 장식품
pendant [péndənt] *n.* 장식
plunder [plʌ́ndər] *n.* 약탈물
prostitute [prástətju:t] *vt.* 매춘하다
request [rikwést] *n.* 요청
rescue [réskju:] *vt.* 구출하다
share [ʃɛər] *n.* 몫
snare [snɛər] *n.* 덫, 올무
subdue [səbdjú:] *vt.* 복종시키다
tomb [tu:m] *n.* 무덤

8:21 take off: 떼내다
8:23 rule over: 다스리다
8:25 each of: ~의 각각
8:25 spread out: 펼치다
8:26 ask for: 요청하다
8:33 no sooner A than B: A하자마자 B하다

34 이스라엘 자손이 주위의 모든 원수들의 손에
서 자기들을 건져내신 여호와 자기들의 하나
님을 기억하지 아니하며
35 또 여룹바알이라 하는 기드온이 이스라엘에
베푼 모든 은혜를 따라 그의 집을 후대하지
도 아니하였더라

아비멜렉 (♪ 10장) — B.C. 1115년경

9 여룹바알의 아들 아비멜렉이 세겜에 가서
그의 어머니의 형제에게 이르러 그들과 그
의 외조부의 집의 온 가족에게 말하여 이르되
2 청하노니 너희는 세겜의 모든 사람들의 귀에
말하라 여룹바알의 아들 칠십 명이 다 너희
를 다스림과 한 사람이 너희를 다스림이 어
느 것이 너희에게 나으냐 또 나는 너희와 골
육임을 기억하라 하니
3 그의 어머니의 형제들이 그를 위하여 이 모
든 말을 세겜의 모든 사람들의 귀에 말하매
그들의 마음이 아비멜렉에게로 기울어서 이
르기를 그는 우리 형제라 하고
4 바알브릿 신전에서 은 칠십 개를 내어 그에
게 주매 아비멜렉이 그것으로 방탕하고 경박
한 사람들을 사서 자기를 따르게 하고
5 오브라에 있는 그의 아버지의 집으로 가서
여룹바알의 아들 곧 자기 형제 칠십 명을 한
바위 위에서 죽였으되 다만 여룹바알의 막내
아들 요담은 스스로 숨었으므로 남으니라
6 세겜의 모든 사람과 밀로 모든 족속이 모여
서 세겜에 있는 상수리나무 기둥 곁에서 아
비멜렉을 왕으로 삼으니라
7 ●사람들이 요담에게 그 일을 알리매 요담이
그리심 산 꼭대기로 가서 서서 그의 목소리
를 높여 그들에게 외쳐 이르되 세겜 사람들
아 내 말을 들으라 그리하여야 하나님이 너
희의 말을 들으시리라
8 하루는 나무들이 나가서 기름을 부어 자신들
위에 왕으로 삼으려 하여 감람나무에게 이르
되 너는 우리 위에 왕이 되라 하매
9 감람나무가 그들에게 이르되 내게 있는 나의
기름은 하나님과 사람을 영화롭게 하나니 내
가 어찌 그것을 버리고 가서 나무들 위에 우
쭐대리요 한지라
10 나무들이 또 무화과나무에게 이르되 너는 와
서 우리 위에 왕이 되라 하매
11 무화과나무가 그들에게 이르되 나의 단 것과
나의 아름다운 열매를 내가 어찌 버리고 가
서 나무들 위에 우쭐대리요 한지라
12 나무들이 또 포도나무에게 이르되 너는 와서

35 their enemies on every side. •They also failed
to show any loyalty to the family of Jerub-Baal
(that is, Gideon) in spite of all the good things
he had done for them.

Abimelek

9 Abimelek son of Jerub-Baal went to his
mother's brothers in Shechem and said to
2 them and to all his mother's clan, •"Ask all
the citizens of Shechem, 'Which is better for
you: to have all seventy of Jerub-Baal's sons
rule over you, or just one man?' Remember, I
am your flesh and blood."
3 •When the brothers repeated all this to the
citizens of Shechem, they were inclined to fol-
low Abimelek, for they said, "He is related to
4 us." •They gave him seventy shekels[a] of silver
from the temple of Baal-Berith, and Abimelek
used it to hire reckless scoundrels, who be-
5 came his followers. •He went to his father's
home in Ophrah and on one stone murdered
his seventy brothers, the sons of Jerub-Baal.
But Jotham, the youngest son of Jerub-Baal,
6 escaped by hiding. •Then all the citizens of
Shechem and Beth Millo gathered beside the
great tree at the pillar in Shechem to crown
Abimelek king.
7 •When Jotham was told about this, he
climbed up on the top of Mount Gerizim and
shouted to them, "Listen to me, citizens of
8 Shechem, so that God may listen to you. •One
day the trees went out to anoint a king for
themselves. They said to the olive tree, 'Be our
king.'
9 •"But the olive tree answered, 'Should I
give up my oil, by which both gods and hu-
mans are honored, to hold sway over the
trees?'
10 •"Next, the trees said to the fig tree, 'Come
and be our king.'
11 •"But the fig tree replied, 'Should I give up
my fruit, so good and sweet, to hold sway over
the trees?'
12 •"Then the trees said to the vine, 'Come and
be our king.'
13 •"But the vine answered, 'Should I give
up my wine, which cheers both gods and hu-
mans, to hold sway over the trees?'
14 •"Finally all the trees said to the thornbush,
'Come and be our king.'
15 •"The thornbush said to the trees, 'If you

[a]4 That is, about 1 3/4 pounds or about 800 grams

anoint [ənɔ́int] *vt.* 기름을 바르다
citizen [sítəzən] *n.* 시민
flesh [fléʃ] *n.* 육친, 골육
honor [ɑ́nər] *vt.* 영예를 주다
loyalty [lɔ́iəlti] *n.* 충성
murder [mə́:rdər] *vt.* 살해하다
pillar [pílər] *n.* 기둥
reckless [réklis] *a.* 무모한
relate [riléit] *vt.* 관련시키다
remember [rimémbər] *vt.* 생각해내다
repeat [ripí:t] *vt.* 되풀이하다
rule [ru:l] *vi.* 다스리다
scoundrel [skáundrəl] *n.* 악당
temple [témpl] *n.* 신전
thornbush [θɔ́:rnbùʃ] *n.* 가시나무 덤불

8:35 in spite of: …에도 불구하고
9:3 be inclined to: 의향이 있다
9:7 climb up: …에 오르다
9:7 so that: 그래서, 그러므로
9:9 give up: 포기하다
9:9 hold sway over…: …을 지배하다

우리 위에 왕이 되라 하매
13 포도나무가 그들에게 이르되 하나님과 사람을 기쁘게 하는 내 포도주를 내가 어찌 버리고 가서 나무들 위에 우쭐대리요 한지라
14 이에 모든 나무가 가시나무에게 이르되 너는 와서 우리 위에 왕이 되라 하매
15 가시나무가 나무들에게 이르되 만일 너희가 참으로 내게 기름을 부어 너희 위에 왕으로 삼겠거든 와서 내 그늘에 피하라 그리하지 아니하면 불이 가시나무에서 나와서 레바논의 백향목을 사를 것이니라 하였느니라
16 이제 너희가 아비멜렉을 세워 왕으로 삼았으니 너희가 행한 것이 과연 진실하고 의로우냐 이것이 여룹바알과 그의 집을 선대함이냐 이것이 그의 손이 행한 대로 그에게 보답함이냐
17 우리 아버지가 전에 죽음을 무릅쓰고 너희를 위하여 싸워 미디안의 손에서 너희를 건져냈거늘
18 너희가 오늘 일어나 우리 아버지의 집을 쳐서 그의 아들 칠십 명을 한 바위 위에서 죽이고 그의 여종의 아들 아비멜렉이 너희 형제가 된다고 그를 세워 세겜 사람들 위에 왕으로 삼았도다
19 만일 너희가 오늘 여룹바알과 그의 집을 대접한 것이 진실하고 의로운 일이면 너희가 아비멜렉으로 말미암아 기뻐할 것이요 아비멜렉도 너희로 말미암아 기뻐하려니와
20 그렇지 아니하면 아비멜렉에게서 불이 나와서 세겜 사람들과 밀로의 집을 사를 것이요 세겜 사람들과 밀로의 집에서도 불이 나와 아비멜렉을 사를 것이니라 하고
21 요담이 그의 형제 아비멜렉 앞에서 도망하여 피해서 브엘로 가서 거기에 거주하니라
22 ●아비멜렉이 이스라엘을 다스린 지 삼 년에
23 하나님이 아비멜렉과 세겜 사람들 사이에 악한 영을 보내시매 세겜 사람들이 아비멜렉을 배반하였으니 삼상 16:14
24 이는 여룹바알의 아들 칠십 명에게 저지른 포학한 일을 갚되 그들을 죽여 피 흘린 죄를 그들의 형제 아비멜렉과 아비멜렉의 손을 도와 그의 형제들을 죽이게 한 세겜 사람들에게로 돌아가게 하심이라
25 세겜 사람들이 산들의 꼭대기에 사람을 매복시켜 아비멜렉을 엿보게 하고 그 길로 지나는 모든 자를 다 강탈하게 하니 어떤 사람이 그것을 아비멜렉에게 알리니라
26 ●에벳의 아들 가알이 그의 형제와 더불어 세겜에 이르니 세겜 사람들이 그를 신뢰하니라

really want to anoint me king over you, come
and take refuge in my shade; but if not, then
let fire come out of the thornbush and con-
sume the cedars of Lebanon!'
16 ●"Have you acted honorably and in good
faith by making Abimelek king? Have you
been fair to Jerub-Baal and his family? Have
17 you treated him as he deserves? ●Remember
that my father fought for you and risked his
life to rescue you from the hand of Midian.
18 ●But today you have revolted against my
father's family. You have murdered his seven-
ty sons on a single stone and have made
Abimelek, the son of his female slave, king
over the citizens of Shechem because he is
19 related to you. ●So have you acted honorably
and in good faith toward Jerub-Baal and his
family today? If you have, may Abimelek be
20 your joy, and may you be his, too! ●But if you
have not, let fire come out from Abimelek and
consume you, the citizens of Shechem and
Beth Millo, and let fire come out from you, the
citizens of Shechem and Beth Millo, and con-
sume Abimelek!"
21 ●Then Jotham fled, escaping to Beer, and he
lived there because he was afraid of his broth-
er Abimelek.
22 ●After Abimelek had governed Israel three
23 years, ●God stirred up animosity between
Abimelek and the citizens of Shechem so that
they acted treacherously against Abimelek.
24 ●God did this in order that the crime against
Jerub-Baal's seventy sons, the shedding of their
blood, might be avenged on their brother
Abimelek and on the citizens of Shechem,
who had helped him murder his brothers.
25 ●In opposition to him these citizens of She-
chem set men on the hilltops to ambush and
rob everyone who passed by, and this was
reported to Abimelek.
26 ●Now Gaal son of Ebed moved with his
clan into Shechem, and its citizens put their
27 confidence in him. ●After they had gone
out into the fields and gathered the grapes
and trodden them, they held a festival in the
temple of their god. While they were eating
28 and drinking, they cursed Abimelek. ●Then
Gaal son of Ebed said, "Who is Abimelek,
and why should we Shechemites be subject
to him? Isn't he Jerub-Baal's son, and isn't
Zebul his deputy? Serve the family of Hamor,
Shechem's father! Why should we serve

ambush [æmbuʃ] *vt.* 매복하여 습격하다
animosity [ænəmásəti] *n.* 증오
cedar [síːdər] *n.* 삼나무
consume [kənsúːm] *vt.* 소멸시키다
deputy [dépjuti] *n.* 대리자
deserve [dizə́ːrv] *vt.* …할[받을] 만하다
govern [gʌ́vərn] *vt.* 다스리다
honorably [ánərəbli] *ad.* 훌륭하게
revolt [rivóult] *vi.* 반란을 일으키다
risk [rísk] *vt.* (위험 등을)각오하고 하다
rob [rab] *vt.* 약탈하다
shade [ʃeid] *n.* 그늘
shedding [ʃediŋ] *n.* 흘리기
treacherously [trétʃərəsli] *ad.* 배반하여
tread [tred] *vt.* 밟다

9:15 take refuge in...: …에 피난하다
9:17 rescue from...: …로부터 구하다
9:23 stir up: 선동하다
9:24 in order that...: …하기 위해
9:24 be avenged on...: …에 복수하다
9:25 in opposition to...: …에 반대하여

27 그들이 밭에 가서 포도를 거두어다가 밟아 짜
서 연회를 베풀고 그들의 신당에 들어가서 먹
고 마시며 아비멜렉을 저주하니
28 에벳의 아들 가알이 이르되 아비멜렉은 누구며
세겜은 누구기에 우리가 아비멜렉을 섬기리요
그가 여룹바알의 아들이 아니냐 그의 신복은 스
불이 아니냐 차라리 세겜의 아버지 하몰의 후손을
섬길 것이라 우리가 어찌 아비멜렉을 섬기리요
29 이 백성이 내 수하에 있었더라면 내가 아비멜
렉을 제거하였으리라 하고 아비멜렉에게 이르
되 네 군대를 증원해서 나오라 하니라
30 ● 그 성읍의 방백 스불이 에벳의 아들 가알의
말을 듣고 노하여
31 사자들을 아비멜렉에게 가만히 보내어 이르되
보소서 에벳의 아들 가알과 그의 형제들이 세
겜에 이르러 그 성읍이 당신을 대적하게 하니
32 당신은 당신과 함께 있는 백성과 더불어 밤에
일어나 밭에 매복하였다가
33 아침 해 뜰 때에 당신이 일찍 일어나 이 성읍을
엄습하면 가알 및 그와 함께 있는 백성이 나와
서 당신을 대적하리니 당신은 기회를 보아 그
에게 행하소서 하니
34 ● 아비멜렉과 그와 함께 있는 모든 백성이 밤에
일어나 네 떼로 나누어 세겜에 맞서 매복하였더니
35 에벳의 아들 가알이 나와서 성읍 문 입구에 설
때에 아비멜렉과 그와 함께 있는 백성이 매복
하였던 곳에서 일어난지라
36 가알이 그 백성을 보고 스불에게 이르되 보라
백성이 산꼭대기에서부터 내려오는도다 하니
스불이 그에게 이르되 네가 산 그림자를 사람
으로 보았느니라 하는지라
37 가알이 다시 말하여 이르되 보라 백성이 밭 가
운데를 따라 내려오고 또 한 떼는 므오느님 상
수리나무 길을 따라 오는도다 하니
38 스불이 그에게 이르되 네가 전에 말하기를 아
비멜렉이 누구이기에 우리가 그를 섬기리요 하
던 그 입이 이제 어디 있느냐 이들이 네가 업신
여기던 그 백성이 아니냐 청하노니 이제 나가
서 그들과 싸우라 하니 9:28, 29
39 가알이 세겜 사람들보다 앞에 서서 나가 아비
멜렉과 싸우다가
40 아비멜렉이 그를 추격하니 그 앞에서 도망하였
고 부상하여 엎드러진 자가 많아 성문 입구까
지 이르렀더라
41 아비멜렉은 아루마에 거주하고 스불은 가알과
그의 형제들을 쫓아내어 세겜에 거주하지 못하
게 하더니

29 Abimelek? ● If only this people were under
my command! Then I would get rid of
him. I would say to Abimelek, 'Call out
your whole army!' "[a]
30 ● When Zebul the governor of the city
heard what Gaal son of Ebed said, he was
31 very angry. ● Under cover he sent messen-
gers to Abimelek, saying, "Gaal son of Ebed
and his clan have come to Shechem and are
32 stirring up the city against you. ● Now then,
during the night you and your men should
33 come and lie in wait in the fields. ● In the
morning at sunrise, advance against the
city. When Gaal and his men come out
against you, seize the opportunity to attack
them."
34 ● So Abimelek and all his troops set out
by night and took up concealed positions
35 near Shechem in four companies. ● Now
Gaal son of Ebed had gone out and was
standing at the entrance of the city gate just
as Abimelek and his troops came out from
their hiding place.
36 ● When Gaal saw them, he said to Zebul,
"Look, people are coming down from the
tops of the mountains!"
Zebul replied, "You mistake the shadows
of the mountains for men."
37 ● But Gaal spoke up again: "Look, people
are coming down from the central hill,[b]
and a company is coming from the direc-
tion of the diviners' tree."
38 ● Then Zebul said to him, "Where is your
big talk now, you who said, 'Who is Abi-
melek that we should be subject to him?'
Aren't these the men you ridiculed? Go out
and fight them!"
39 ● So Gaal led out[c] the citizens of Shechem
40 and fought Abimelek. ● Abimelek chased
him all the way to the entrance of the gate,
41 and many were killed as they fled. ● Then
Abimelek stayed in Arumah, and Zebul
drove Gaal and his clan out of Shechem.
42 ● The next day the people of Shechem
went out to the fields, and this was reported
43 to Abimelek. ● So he took his men, divided
them into three companies and set an
ambush in the fields. When he saw the peo-
ple coming out of the city, he rose to attack

[a]29 Septuagint; Hebrew *him." Then he said to Abimelek, "Call out your whole army!"* [b]37 The Hebrew for this phrase means *the navel of the earth.* [c]39 Or *Gaal went out in the sight of*

advance [ədvǽns] *vi.* 진격하다
ambush [ǽmbuʃ] *n.* 매복
chase [tʃeis] *vt.* 뒤쫓다
command [kəmǽnd] *n.* 명령
company [kʌ́mpəni] *n.* 일행
conceal [kənsíːl] *vt.* 숨기다
direction [dirékʃən] *n.* 방향
diviner [diváinər] *n.* 점쟁이
entrance [éntrəns] *n.* 입구
governor [gʌ́vənər] *n.* 통치자
position [pəzíʃən] *n.* 위치
ridicule [rídikjùːl] *vt.* 비웃다
seize [siːz] *vt.* 붙잡다
subject [sʌ́bdʒikt] *a.* 복종하는
troop [truːp] *n.* 군대

9:29 get rid of...: …을 없애다
9:31 under cover: 위장을 하고
9:31 stir up: 선동하다
9:34 set out: (일 · 과제 등에) 착수하다
9:36 mistake A for B: A를 B로 착각하다
9:38 big talk: 호언장담, 허풍

42 이튿날 백성이 밭으로 나오매 사람들이 그것을
아비멜렉에게 알리니라
43 아비멜렉이 자기 백성을 세 무리로 나누어 밭
에 매복시켰더니 백성이 성에서 나오는 것을
보고 일어나 그들을 치되
44 아비멜렉과 그 떼는 돌격하여 성문 입구에 서
고 두 무리는 밭에 있는 자들에게 돌격하여 그
들을 죽이니
45 아비멜렉이 그날 종일토록 그 성을 쳐서 마침
내는 점령하고 거기 있는 백성을 죽이며 그 성
을 헐고 소금을 뿌리니라
46 ●세겜 망대의 모든 사람들이 이를 듣고 엘브
릿 신전의 보루로 들어갔더니
47 세겜 망대의 모든 사람들이 모인 것이 아비멜
렉에게 알려지매
48 아비멜렉 및 그와 함께 있는 모든 백성이 살몬
산에 오르고 아비멜렉이 손에 도끼를 들고 나뭇
가지를 찍어 그것을 들어올려 자기 어깨에 메고
그와 함께 있는 백성에게 이르되 너희는 내가 행
하는 것을 보나니 빨리 나와 같이 행하라 하니
49 모든 백성들도 각각 나뭇가지를 찍어서 아비멜
렉을 따라 보루 위에 놓고 그것들이 얹혀 있는
보루에 불을 놓으매 세겜 망대에 있는 사람들
이 다 죽었으니 남녀가 약 천 명이었더라
50 ●아비멜렉이 데베스에 가서 데베스에 맞서 진
치고 그것을 점령하였더니
51 성읍 중에 견고한 망대가 있으므로 그 성읍 백
성의 남녀가 모두 그리로 도망하여 들어가서
문을 잠그고 망대 꼭대기로 올라간지라
52 아비멜렉이 망대 앞에 이르러 공격하며 망대의
문에 가까이 나아가서 그것을 불사르려 하더니
53 한 여인이 맷돌 위짝을 아비멜렉의 머리 위에
내려 던져 그의 두개골을 깨뜨리니
54 아비멜렉이 자기의 무기를 든 청년을 급히 불러 그
에게 이르되 너는 칼을 빼어 나를 죽이라 사람들이
나를 가리켜 이르기를 여자가 그를 죽였다 할까
하노라 하니 그 청년이 그를 찌르매 그가 죽은지라
55 이스라엘 사람들이 아비멜렉이 죽은 것을 보고
각각 자기 처소로 떠나갔더라
56 아비멜렉이 그의 형제 칠십 명을 죽여 자기 아버
지에게 행한 악행을 하나님이 이같이 갚으셨고
57 또 세겜 사람들의 모든 악행을 하나님이 그들
의 머리에 갚으셨으니 여룹바알의 아들 요담의
저주가 그들에게 응하니라

사사 돌라 (♪ 369장) — B.C. 1115년경

10 아비멜렉의 뒤를 이어서 잇사갈 사람 도
도의 손자 부아의 아들 돌라가 일어나서

44 them. •Abimelek and the companies with
him rushed forward to a position at the
entrance of the city gate. Then two compa-
nies attacked those in the fields and struck
45 them down. •All that day Abimelek
pressed his attack against the city until he
had captured it and killed its people. Then
he destroyed the city and scattered salt
over it.
46 •On hearing this, the citizens in the
tower of Shechem went into the strong-
47 hold of the temple of El-Berith. •When
Abimelek heard that they had assembled
48 there, •he and all his men went up Mount
Zalmon. He took an ax and cut off some
branches, which he lifted to his shoulders.
He ordered the men with him, "Quick! Do
49 what you have seen me do!" •So all the
men cut branches and followed Abime-
lek. They piled them against the stronghold
and set it on fire with the people still inside.
So all the people in the tower of Shechem,
about a thousand men and women, also
died.
50 •Next Abimelek went to Thebez and
51 besieged it and captured it. •Inside the city,
however, was a strong tower, to which all
the men and women—all the people of
the city—had fled. They had locked them-
selves in and climbed up on the tower roof.
52 •Abimelek went to the tower and attacked
it. But as he approached the entrance to the
53 tower to set it on fire, •a woman dropped
an upper millstone on his head and cracked
his skull.
54 •Hurriedly he called to his armor-bearer,
"Draw your sword and kill me, so that
they can't say, 'A woman killed him.'" So
his servant ran him through, and he died.
55 •When the Israelites saw that Abimelek
was dead, they went home.
56 •Thus God repaid the wickedness that
Abimelek had done to his father by mur-
57 dering his seventy brothers. •God also
made the people of Shechem pay for all
their wickedness. The curse of Jotham son
of Jerub-Baal came on them.

Tola

10 After the time of Abimelek, a man of
Issachar named Tola son of Puah,
the son of Dodo, rose to save Israel. He lived
in Shamir, in the hill country of Ephraim.

approach [əpróutʃ] *vt.* 접근하다
armor-bearer [ɑ́:rmərbɛ̀ərər] *n.* 기사의 갑옷시종
assemble [əsémbl] *vi.* 집합하다
attack [ətǽk] *vt.* 공격하다
besiege [bisí:dʒ] *vt.* 포위하다
branch [bræntʃ] *n.* 가지
capture [kǽptʃər] *vt.* 사로잡다
crack [kræk] *vt.* 부수다
curse [kə:rs] *n.* 저주
millstone [mílstòun] *n.* 맷돌
repay [ripéi] *vt.* 갚다
scatter [skǽtər] *vt.* 흩뿌리다
skull [skʌl] *n.* 두개골
stronghold [strɔ́:ŋhòuld] *n.* 요새
wickedness [wíkidnis] *n.* 사악

9:43 divide into...: …로 나누다
9:44 rush forward: …에게 돌격하다
9:49 set on fire: 불을 지르다
9:51 climb up: 오르다
9:54 so that...: …하기 위하여
9:57 pay for: (돈 · 대가를) 치르다

이스라엘을 구원하니라 그가 에브라임 산지
사밀에 거주하면서
2 이스라엘의 사사가 된 지 이십삼 년 만에 죽으
매 사밀에 장사되었더라

사사 야일

3 ● 그 후에 길르앗 사람 야일이 일어나서 이십
이 년 동안 이스라엘의 사사가 되니라
4 그에게 아들 삼십 명이 있어 어린 나귀 삼십을
탔고 성읍 삼십을 가졌는데 그 성읍들은 길르앗
땅에 있고 오늘까지[1)] 하봇야일이라 부르더라
5 야일이 죽으매 가몬에 장사되었더라

사사 입다

6 ● 이스라엘 자손이 다시 여호와의 목전에 악을
행하여 바알들과 아스다롯과 아람의 신들과
시돈의 신들과 모압의 신들과 암몬 자손의 신
들과 블레셋 사람들의 신들을 섬기고 여호와
를 버리고 그를 섬기지 아니하므로
7 여호와께서 이스라엘에게 진노하사 블레셋 사
람들의 손과 암몬 자손의 손에 그들을 파시매
8 그 해에 그들이 요단 강 저쪽 길르앗에 있는 아
모리 족속의 땅에 있는 모든 이스라엘 자손을
쳤으며 열여덟 해 동안 억압하였더라
9 암몬 자손이 또 요단을 건너서 유다와 베냐민
과 에브라임 족속과 싸우므로 이스라엘의 곤
고가 심하였더라
10 ● 이스라엘 자손이 여호와께 부르짖어 이르되
우리가 우리 하나님을 버리고 바알들을 섬김
으로 주께 범죄하였나이다 하니
11 여호와께서 이스라엘 자손에게 이르시되 내가
애굽 사람과 아모리 사람과 암몬 자손과 블레
셋 사람에게서 너희를 구원하지 아니하였느냐
12 또 시돈 사람과 아말렉 사람과 마온 사람이 너
희를 압제할 때에 너희가 내게 부르짖으므로
내가 너희를 그들의 손에서 구원하였거늘
13 너희가 나를 버리고 다른 신들을 섬기니 그러
므로 내가 다시는 너희를 구원하지 아니하리라
14 가서 너희가 택한 신들에게 부르짖어 너희의 환
난 때에 그들이 너희를 구원하게 하라 하신지라
15 이스라엘 자손이 여호와께 여쭈되 우리가 범
죄하였사오니 주께서 보시기에 좋은 대로 우
리에게 행하시려니와 오직 주께 구하옵나니
오늘 우리를 건져내옵소서 하고 삼상 3:18
16 자기 가운데에서 이방 신들을 제하여 버리고
여호와를 섬기매 여호와께서 이스라엘의 곤고
로 말미암아 마음에 근심하시니라
17 ● 그때에 암몬 자손이 모여서 길르앗에 진을
쳤으므로 이스라엘 자손도 모여서 미스바에

2 ● He led[a] Israel twenty-three years; then
he died, and was buried in Shamir.

Jair

3 ● He was followed by Jair of Gilead, who
4 led Israel twenty-two years. ● He had thirty
sons, who rode thirty donkeys. They con-
trolled thirty towns in Gilead, which to
5 this day are called Havvoth Jair[b] ● When
Jair died, he was buried in Kamon.

Jephthah

6 ● Again the Israelites did evil in the eyes of
the LORD. They served the Baals and the Ash-
toreths, and the gods of Aram, the gods of
Sidon, the gods of Moab, the gods of the
Ammonites and the gods of the Philistines.
And because the Israelites forsook the LORD
7 and no longer served him, ● he became
angry with them. He sold them into the
hands of the Philistines and the Ammonites,
8 ● who that year shattered and crushed
them. For eighteen years they oppressed all
the Israelites on the east side of the Jordan
9 in Gilead, the land of the Amorites. ● The
Ammonites also crossed the Jordan to fight
against Judah, Benjamin and Ephraim;
10 Israel was in great distress. ● Then the
Israelites cried out to the LORD, "We have
sinned against you, forsaking our God and
serving the Baals."
11 ● The LORD replied, "When the Egyptians,
the Amorites, the Ammonites, the Phil-
12 istines, ● the Sidonians, the Amalekites and
the Maonites[c] oppressed you and you cried
to me for help, did I not save you from their
13 hands? ● But you have forsaken me and
served other gods, so I will no longer save
14 you. ● Go and cry out to the gods you have
chosen. Let them save you when you are in
trouble!"
15 ● But the Israelites said to the LORD, "We
have sinned. Do with us whatever you think
16 best, but please rescue us now." ● Then they
got rid of the foreign gods among them and
served the LORD. And he could bear Israel's
misery no longer.
17 ● When the Ammonites were called to
arms and camped in Gilead, the Israelites

a2 Traditionally *judged*; also in verse 3 *b4* Or *called the settlements of Jair* *c12* Hebrew; some Septuagint manuscripts *Midianites*

1) 야일의 동네

bear [bɛər] *vt.* 참다, 견디다
bury [béri] *vt.* 장사지내다
control [kəntróul] *vt.* 지배하다
crush [krʌʃ] *vt.* 눌러 부수다
distress [distrés] *n.* 고통
foreign [fɔ́:rən] *a.* 외국의
forsake [fərséik] *vt.* 저버리다
misery [mízəri] *n.* 고통
oppress [əprés] *vt.* 억압하다
rescue [réskju:] *vt.* 구원하다
ride [raid] *vt.* 타다
serve [sə:rv] *vt.* 섬기다
shatter [ʃǽtər] *vt.* 산산이 부수다
sin [sín] *vi.* 죄를 짓다
trouble [trʌ́bl] *n.* 곤경

10:3 followed by: 뒤이어, 잇달아
10:6 no longer...: 더 이상 …않다
10:7 become angry with...: …에게 화나다
10:15 do with...: …을 처리하다
10:16 get rid of...: …을 제거하다

진을 치고
18 길르앗 백성과 방백들이 서로 이르되 누가 먼저 나가서 암몬 자손과 싸움을 시작하랴 그가 길르앗 모든 주민의 머리가 되리라 하니라

11 길르앗 사람 입다는 큰 용사였으니 기생이 길르앗에게서 낳은 아들이었고
2 길르앗의 아내도 그의 아들들을 낳았더라 그 아내의 아들들이 자라매 입다를 쫓아내며 그에게 이르되 너는 다른 여인의 자식이니 우리 아버지의 집에서 기업을 잇지 못하리라 한지라
3 이에 입다가 그의 형제들을 피하여 돕 땅에 거주하매 잡류가 그에게로 모여 와서 그와 함께 출입하였더라
4 ● 얼마 후에 암몬 자손이 이스라엘을 치려 하니라
5 암몬 자손이 이스라엘을 치려 할 때에 길르앗 장로들이 입다를 데려오려고 돕 땅에 가서
6 입다에게 이르되 우리가 암몬 자손과 싸우려 하니 당신은 와서 우리의 장관이 되라 하니
7 입다가 길르앗 장로들에게 이르되 너희가 전에 나를 미워하여 내 아버지 집에서 쫓아내지 아니하였느냐 이제 너희가 환난을 당하였다고 어찌하여 내게 왔느냐 하니라
8 그러므로 길르앗 장로들이 입다에게 이르되 이제 우리가 당신을 찾아온 것은 우리와 함께 가서 암몬 자손과 싸우게 하려 함이니 그리하면 당신이 우리 길르앗 모든 주민의 머리가 되리라 하매
9 입다가 길르앗 장로들에게 이르되 너희가 나를 데리고 고향으로 돌아가서 암몬 자손과 싸우게 할 때에 만일 여호와께서 그들을 내게 넘겨 주시면 내가 과연 너희의 머리가 되겠느냐 하니
10 길르앗 장로들이 입다에게 이르되 여호와는 우리 사이의 증인이시니 당신의 말대로 우리가 그렇게 행하리이다 하니라
11 이에 입다가 길르앗 장로들과 함께 가니 백성이 그를 자기들의 머리와 장관을 삼은지라 입다가 미스바에서 자기의 말을 다 여호와 앞에 아뢰니라
12 ● 입다가 암몬 자손의 왕에게 사자들을 보내 이르되 네가 나와 무슨 상관이 있기에 내 땅을 치러 내게 왔느냐 하니
13 암몬 자손의 왕이 입다의 사자들에게 대답하되 이스라엘이 애굽에서 올라올 때에 아르논에서부터 얍복과 요단까지 내 땅을 점령했기 때문이니 이제 그것을 평화롭게 돌려 달라 하니라
14 입다가 암몬 자손의 왕에게 다시 사자들을 보내

18 assembled and camped at Mizpah. ● The
leaders of the people of Gilead said to each
other, "Whoever will take the lead in attack-
ing the Ammonites will be head over all
who live in Gilead."

11 Jephthah the Gileadite was a mighty
warrior. His father was Gilead; his
2 mother was a prostitute. ● Gilead's wife also
bore him sons, and when they were grown
up, they drove Jephthah away. "You are not
going to get any inheritance in our family,"
they said, "because you are the son of an-
3 other woman." ● So Jephthah fled from his
brothers and settled in the land of Tob,
where a gang of scoundrels gathered around
him and followed him.
4 ● Some time later, when the Ammonites
5 were fighting against Israel, ● the elders of
Gilead went to get Jephthah from the land
6 of Tob. ● "Come," they said, "be our com-
mander, so we can fight the Ammonites."
7 ● Jephthah said to them, "Didn't you hate
me and drive me from my father's house?
Why do you come to me now, when you're
in trouble?"
8 ● The elders of Gilead said to him, "Never-
theless, we are turning to you now; come
with us to fight the Ammonites, and you
will be head over all of us who live in
Gilead."
9 ● Jephthah answered, "Suppose you take
me back to fight the Ammonites and the
LORD gives them to me — will I really be
your head?"
10 ● The elders of Gilead replied, "The LORD
is our witness; we will certainly do as you
11 say." ● So Jephthah went with the elders
of Gilead, and the people made him head
and commander over them. And he re-
peated all his words before the LORD in Miz-
pah.
12 ● Then Jephthah sent messengers to the
Ammonite king with the question: "What
do you have against me that you have
attacked my country?"
13 ● The king of the Ammonites answered
Jephthah's messengers, "When Israel
came up out of Egypt, they took away my
land from the Arnon to the Jabbok, all the
way to the Jordan. Now give it back pea-
ceably."
14 ● Jephthah sent back messengers to the

assemble [əsémbl] *vi.* 모이다
attack [ətǽk] *vt.* 공격하다
commander [kəmǽndər] *n.* 사령관
elder [éldər] *n.* 장로
inheritance [inhérətəns] *n.* 상속
messenger [mésəndʒər] *n.* 심부름꾼
nevertheless [nèvərðəlés] *ad.* 그렇지만
peaceably [píːsəbli] *ad.* 평화롭게
prostitute [prástətjùːt] *n.* 매춘부
repeat [ripíːt] *vt.* 되풀이하다
scoundrel [skáundrəl] *n.* 악당
settle [sétl] *vt.* 정착시키다, 해결하다
suppose [səpóuz] *vt.* 만약 …이면
warrior [wɔ́ːriər] *n.* 전사
witness [wítnis] *n.* 증인

11:2 **grow up**: 성장하다
11:2 **drive away**: 몰아내다
11:3 **flee from...**: …로부터 도망치다
11:4 **fight against**: …에 대항해 싸우다
11:13 **take away**: 가져가다
11:13 **give back**: 되돌려주다

15 그에게 이르되 입다가 이같이 말하노라 이스
라엘이 모압 땅과 암몬 자손의 땅을 점령하
지 아니하였느니라
16 이스라엘이 애굽에서 올라올 때에 광야로 행
하여 홍해에 이르고 가데스에 이르러서는
17 이스라엘이 사자들을 에돔 왕에게 보내어 이
르기를 청하건대 나를 네 땅 가운데로 지나
게 하라 하였으나 에돔 왕이 이를 듣지 아니
하였고 또 그와 같이 사람을 모압 왕에게도
보냈으나 그도 허락하지 아니하므로 이스라
엘이 가데스에 머물렀더니
18 그 후에 광야를 지나 에돔 땅과 모압 땅을 돌
아서 모압 땅의 해 뜨는 쪽으로 들어가 아르
논 저쪽에 진쳤고 아르논은 모압의 경계이므
로 모압 지역 안에는 들어가지 아니하였으며
19 이스라엘이 헤스본 왕 곧 아모리 족속의 왕
시혼에게 사자들을 보내어 그에게 이르되 청
하건대 우리를 당신의 땅으로 지나 우리의
곳에 이르게 하라 하였으나
20 시혼이 이스라엘을 믿지 아니하여 그의 지역
으로 지나지 못하게 할 뿐 아니라 그의 모든
백성을 모아 야하스에 진치고 이스라엘을 치
므로
21 이스라엘의 하나님 여호와께서 시혼과 그의
모든 백성을 이스라엘의 손에 넘겨 주시매
이스라엘이 그들을 쳐서 그 땅 주민 아모리
족속의 온 땅을 점령하되
22 아르논에서부터 얍복까지와 광야에서부터
요단까지 아모리 족속의 온 지역을 점령하였
느니라
23 이스라엘의 하나님 여호와께서 이같이 아모
리 족속을 자기 백성 이스라엘 앞에서 쫓아내
셨거늘 네가 그 땅을 얻고자 하는 것이 옳으냐
24 네 신 그모스가 네게 주어 차지하게 한 것을
네가 차지하지 아니하겠느냐 우리 하나님 여
호와께서 우리 앞에서 어떤 사람이든지 쫓아
내시면 그것을 우리가 차지하리라
25 이제 네가 모압 왕 십볼의 아들 발락보다 더
나은 것이 있느냐 그가 이스라엘과 더불어
다툰 일이 있었느냐 싸운 일이 있었느냐
26 이스라엘이 헤스본과 그 마을들과 아로엘과
그 마을들과 아르논 강가에 있는 모든 성읍
에 거주한 지 삼백 년이거늘 그 동안에 너희
가 어찌하여 도로 찾지 아니하였느냐 신 2:36
27 내가 네게 죄를 짓지 아니하였거늘 네가 나
를 쳐서 내게 악을 행하고자 하는도다 원하
건대 심판하시는 여호와께서 오늘 이스라엘

15 Ammonite king, •saying:
"This is what Jephthah says: Israel did
not take the land of Moab or the land
16 of the Ammonites. •But when they
came up out of Egypt, Israel went
through the wilderness to the Red Sea[a]
17 and on to Kadesh. •Then Israel sent
messengers to the king of Edom, say-
ing, 'Give us permission to go through
your country,' but the king of Edom
would not listen. They sent also to the
king of Moab, and he refused. So Israel
stayed at Kadesh.
18 •"Next they traveled through the
wilderness, skirted the lands of Edom
and Moab, passed along the eastern side
of the country of Moab, and camped on
the other side of the Arnon. They did
not enter the territory of Moab, for the
Arnon was its border.
19 •"Then Israel sent messengers to Sihon
king of the Amorites, who ruled in Hes-
hbon, and said to him, 'Let us pass
through your country to our own place.'
20 •Sihon, however, did not trust Israel[b]
to pass through his territory. He mus-
tered all his troops and encamped at
Jahaz and fought with Israel.
21 •"Then the LORD, the God of Israel,
gave Sihon and his whole army into
Israel's hands, and they defeated them.
Israel took over all the land of the
Amorites who lived in that country,
22 •capturing all of it from the Arnon to
the Jabbok and from the desert to the
Jordan.
23 •"Now since the LORD, the God of
Israel, has driven the Amorites out before
his people Israel, what right have you to
24 take it over? •Will you not take what
your god Chemosh gives you? Likewise,
whatever the LORD our God has given us,
25 we will possess. •Are you any better than
Balak son of Zippor, king of Moab? Did
he ever quarrel with Israel or fight with
26 them? •For three hundred years Israel
occupied Heshbon, Aroer, the surround-
ing settlements and all the towns along
the Arnon. Why didn't you retake them
27 during that time? •I have not wronged

[a]16 *Or the Sea of Reeds* [b]20 *Or however, would not make an agreement for Israel*

capture [kǽptʃər] *vt.* 점령하다
defeat [difíːt] *vt.* 패배시키다
encamp [inkǽmp] *vi.* 진을 치다
likewise [láikwàiz] *ad.* 마찬가지로
muster [mʌ́stər] *vt.* 집합시키다
occupy [ákjupài] *vt.* 차지하다
permission [pərmíʃən] *n.* 허가
possess [pəzés] *vt.* 소유하다
quarrel [kwɔ́ːrəl] *vi.* 싸우다
refuse [rifjúːz] *vt.* 거절하다
retake [rìːtéik] *vt.* 도로 찾다
settlement [sétlmənt] *n.* 정착지
surrounding [səráundiŋ] *a.* 주변의
territory [térətɔ̀ːri] *n.* 영토
wilderness [wíldərnis] *n.* 광야

11:18 pass along: (~을 따라) 나아가다
11:19 pass through: 통과하다
11:21 take over: 떠맡다, 접수하다
11:23 drive out: 내쫓다
11:25 quarrel with...: …와 언쟁하다
11:25 fight with ...: …와 싸우다

자손과 암몬 자손 사이에 판결하시옵소서 하였으나

28 암몬 자손의 왕이 입다가 사람을 보내어 말한 것을 듣지 아니하였더라

29 ●이에 여호와의 영이 입다에게 임하시니 입다가 길르앗과 므낫세를 지나서 길르앗의 미스베에 이르고 길르앗의 미스베에서부터 암몬 자손에게로 나아갈 때에 3:10

30 그가 여호와께 서원하여 이르되 주께서 과연 암몬 자손을 내 손에 넘겨 주시면

31 내가 암몬 자손에게서 평안히 돌아올 때에 누구든지 내 집 문에서 나와서 나를 영접하는 그는 여호와께 돌릴 것이니 내가 그를 번제물로 드리겠나이다 하니라

32 이에 입다가 암몬 자손에게 이르러 그들과 싸우더니 여호와께서 그들을 그의 손에 넘겨 주시매

33 아로엘에서부터 민닛에 이르기까지 이십 성읍을 치고 또 아벨 그라밈까지 매우 크게 무찌르니 이에 암몬 자손이 이스라엘 자손 앞에 항복하였더라

입다의 딸

34 ●입다가 미스바에 있는 자기 집에 이를 때에 보라 그의 딸이 소고를 잡고 춤추며 나와서 영접하니 이는 그의 무남독녀라 렘 31:4

35 입다가 이를 보고 자기 옷을 찢으며 이르되 어찌할꼬 내 딸이여 너는 나를 참담하게 하는 자요 너는 나를 괴롭게 하는 자 중의 하나로다 내가 여호와를 향하여 입을 열었으니 능히 돌이키지 못하리로다 하니

36 딸이 그에게 이르되 나의 아버지여 아버지께서 여호와를 향하여 입을 여셨으니 아버지의 입에서 낸 말씀대로 내게 행하소서 이는 여호와께서 아버지를 위하여 아버지의 대적 암몬 자손에게 원수를 갚으셨음이니이다 하니라

37 또 그의 아버지에게 이르되 이 일만 내게 허락하사 나를 두 달만 버려 두소서 내가 내 여자 친구들과 산에 가서 나의 처녀로 죽음을 인하여 애곡하겠나이다 하니

38 그가 이르되 가라 하고 두 달을 기한하고 그를 보내니 그가 그 여자 친구들과 가서 산 위에서 처녀로 죽음을 인하여 애곡하고

39 두 달 만에 그의 아버지에게로 돌아온지라 그는 자기가 서원한 대로 딸에게 행하니 딸이 남자를 알지 못하였더라 이것이 이스라엘에 관습이 되어

40 이스라엘의 딸들이 해마다 가서 길르앗 사람

you, but you are doing me wrong by
waging war against me. Let the LORD,
the Judge, decide the dispute this day
between the Israelites and the Ammonites."

28 ●The king of Ammon, however, paid no
attention to the message Jephthah sent
him.

29 ●Then the Spirit of the LORD came on
Jephthah. He crossed Gilead and Manasseh,
passed through Mizpah of Gilead, and from
there he advanced against the Ammonites.
30 ●And Jephthah made a vow to the LORD: "If
you give the Ammonites into my hands,
31 ●whatever comes out of the door of my
house to meet me when I return in triumph
from the Ammonites will be the LORD's, and
I will sacrifice it as a burnt offering."
32 ●Then Jephthah went over to fight the
Ammonites, and the LORD gave them into
33 his hands. ●He devastated twenty towns
from Aroer to the vicinity of Minnith, as far
as Abel Keramim. Thus Israel subdued Ammon.

34 ●When Jephthah returned to his home in
Mizpah, who should come out to meet him
but his daughter, dancing to the sound of
timbrels! She was an only child. Except for
35 her he had neither son nor daughter. ●When
he saw her, he tore his clothes and cried,
"Oh! no, my daughter! You have brought
me down and I am devastated. I have made
a vow to the LORD that I cannot break."
36 ●"My father," she replied, "you have given
your word to the LORD. Do to me just as you
promised, now that the LORD has avenged
37 you of your enemies, the Ammonites. ●But
grant me this one request," she said. "Give
me two months to roam the hills and weep
with my friends, because I will never marry."
38 ●"You may go," he said. And he let her go
for two months. She and her friends went
into the hills and wept because she would
39 never marry. ●After the two months, she
returned to her father, and he did to her as
he had vowed. And she was a virgin.
From this comes the Israelite tradition
40 ●that each year the young women of Israel
go out for four days to commemorate the
daughter of Jephthah the Gileadite.

avenge [əvéndʒ] *vt.* 복수하다
commemorate [kəmémərèit] *vt.* 기념하다
decide [disáid] *vi.* 판결을 하다
devastate [dévəstèit] *vt.* 황폐시키다
dispute [dispjú:t] *n.* 분쟁
grant [grænt] *vt.* 허가하다
request [rikwést] *n.* 의뢰, 요구
roam [roum] *vi.* 돌아다니다
sacrifice [sǽkrəfàis] *n.* 제물
subdue [səbdjú:] *vt.* 정복하다
triumph [tráiəmf] *n.* 승리
vicinity [visínəti] *n.* 근접
virgin [və́:rdʒin] *n.* 처녀
vow [vau] *n.* 맹세, 서원
weep [wi:p] *vi.* 울다

11:28 **pay attention to**: 유의하다
11:30 **make a vow**: 맹세하다
11:33 **as far as...**: …까지
11:34 **except for...**: …외에는
11:34 **neither A nor B**: A도 B도 아닌
11:36 **now that...**: …이기 때문에

입다의 딸을 위하여 나흘씩 애곡하더라

입다와 에브라임 사람들 — B.C. 1075년경

12 에브라임 사람들이 모여 북쪽으로 가서
입다에게 이르되 네가 암몬 자손과 싸우
러 건너갈 때에 어찌하여 우리를 불러 너와 함
께 가게 하지 아니하였느냐 우리가 반드시 너
와 네 집을 불사르리라 하니 8:1
2 입다가 그들에게 이르되 나와 내 백성이 암몬
자손과 크게 싸울 때에 내가 너희를 부르되 너
희가 나를 그들의 손에서 구원하지 아니한 고로
3 나는 너희가 도와주지 아니하는 것을 보고 내
목숨을 돌보지 아니하고 건너가서 암몬 자손
을 쳤더니 여호와께서 그들을 내 손에 넘겨 주
셨거늘 너희가 어찌하여 오늘 내게 올라와서
나와 더불어 싸우고자 하느냐 하니라
4 입다가 길르앗 사람을 다 모으고 에브라임과
싸웠으며 길르앗 사람들이 에브라임을 쳐서
무찔렀으니 이는 에브라임의 말이 너희 길르
앗 사람은 본래 에브라임에서 도망한 자로서
에브라임과 므낫세 중에 있다 하였음이라
5 길르앗 사람이 에브라임 사람보다 앞서 요단
강 나루턱을 장악하고 에브라임 사람의 도망하
는 자가 말하기를 청하건대 나를 건너가게 하
라 하면 길르앗 사람이 그에게 묻기를 네가 에
브라임 사람이냐 하여 그가 만일 아니라 하면
6 그에게 이르기를 쉽볼렛이라 발음하라 하여 에
브라임 사람이 그렇게 바로 말하지 못하고 십볼
렛이라 발음하면 길르앗 사람이 곧 그를 잡아
서 요단 강 나루턱에서 죽였더라 그때에 에브
라임 사람의 죽은 자가 사만 이천 명이었더라
7 ●입다가 이스라엘의 사사가 된 지 육 년이라
길르앗 사람 입다가 죽으매 길르앗에 있는 그
의 성읍에 장사되었더라

사사 입산

8 ●그 뒤를 이어 베들레헴의 입산이 이스라엘
의 사사가 되었더라
9 그가 아들 삼십 명과 딸 삼십 명을 두었더니
그가 딸들을 밖으로 시집 보냈고 아들들을 위
하여는 밖에서 여자 삼십 명을 데려왔더라 그
가 이스라엘의 사사가 된 지 칠 년이라
10 입산이 죽으매 베들레헴에 장사되었더라
11 ●그 뒤를 이어 스불론 사람 엘론이 이스라엘의
사사가 되어 십 년 동안 이스라엘을 다스렸더라
12 스불론 사람 엘론이 죽으매 스불론 땅 아얄론
에 장사되었더라

사사 압돈

13 ●그 뒤를 이어 비라돈 사람 힐렐의 아들 압돈

Jephthah and Ephraim

12 The Ephraimite forces were called out,
and they crossed over to Zaphon.
They said to Jephthah, "Why did you go to
fight the Ammonites without calling us to go
with you? We're going to burn down your
house over your head."
2 ●Jephthah answered, "I and my people
were engaged in a great struggle with the
Ammonites, and although I called, you
3 didn't save me out of their hands. ●When I
saw that you wouldn't help, I took my life
in my hands and crossed over to fight the
Ammonites, and the LORD gave me the vic-
tory over them. Now why have you come up
today to fight me?"
4 ●Jephthah then called together the men
of Gilead and fought against Ephraim. The
Gileadites struck them down because the
Ephraimites had said, "You Gileadites are
renegades from Ephraim and Manasseh."
5 ●The Gileadites captured the fords of the
Jordan leading to Ephraim, and whenever
a survivor of Ephraim said, "Let me cross
over," the men of Gilead asked him, "Are
you an Ephraimite?" If he replied, "No,"
6 ●they said, "All right, say 'Shibboleth.'" If he
said, "Sibboleth," because he could not pro-
nounce the word correctly, they seized him
and killed him at the fords of the Jordan.
Forty-two thousand Ephraimites were killed
at that time.
7 ●Jephthah led[a] Israel six years. Then
Jephthah the Gileadite died and was buried
in a town in Gilead.

Ibzan, Elon and Abdon

8 ●After him, Ibzan of Bethlehem led Isra-
9 el. ●He had thirty sons and thirty daugh-
ters. He gave his daughters away in mar-
riage to those outside his clan, and for his
sons he brought in thirty young women as
wives from outside his clan. Ibzan led Israel
10 seven years. ●Then Ibzan died and was
buried in Bethlehem.
11 ●After him, Elon the Zebulunite led Israel
12 ten years. ●Then Elon died and was buried in
Aijalon in the land of Zebulun.
13 ●After him, Abdon son of Hillel, from
14 Pirathon, led Israel. ●He had forty sons and
thirty grandsons, who rode on seventy don-

[a]7 Traditionally *judged;* also in verses 8-14

although [ɔːlðóu] *conj.* 비록 …일지라도
bury [béri] *vt.* 묻다
capture [kǽptʃər] *vt.* 점령하다
correctly [kəréktli] *ad.* 바르게
force [fɔ́ːrs] *n.* 군대
ford [fɔːrd] *n.* 여울
grandson [grǽndsʌ̀n] *n.* 손자
marriage [mǽridʒ] *n.* 결혼
outside [áutsáid] *prep.* …의 밖에
pronounce [prənáuns] *vt.* 발음하다
renegade [rénigèid] *vi.* 배반하다
reply [ripláí] *vt.* 대답하다
seize [siːz] *vt.* 붙잡다
survivor [sərváivər] *n.* 생존자
victory [víktəri] *n.* 승리

12:2 be engaged in…: …에 관여하다
12:2 struggle with…: …로 고심하다
12:4 call together: 소집하다
12:4 strike down: 때려눕히다
12:6 at that time: 그때에
12:14 ride on…: …에 타다

이 이스라엘의 사사가 되었더라
14 그에게 아들 사십 명과 손자 삼십 명이 있어
어린 나귀 칠십 마리를 탔더라 압돈이 이스라
엘의 사사가 된 지 팔 년이라
15 비라돈 사람 힐렐의 아들 압돈이 죽으매 에브
라임 땅 아말렉 사람의 산지 비라돈에 장사되
었더라

삼손이 태어나다

13 이스라엘 자손이 다시 여호와의 목전에
악을 행하였으므로 여호와께서 그들을 사
십 년 동안 블레셋 사람의 손에 넘겨 주시니라
2 ●소라 땅에 단 지파의 가족 중에 마노아라 이
름하는 자가 있더라 그의 아내가 임신하지 못
하므로 출산하지 못하더니
3 여호와의 사자가 그 여인에게 나타나서 그에
게 이르시되 보라 네가 본래 임신하지 못하므
로 출산하지 못하였으나 이제 임신하여 아들
을 낳으리니
4 그러므로 너는 삼가 포도주와 독주를 마시지
말며 어떤 부정한 것도 먹지 말지니라
5 보라 네가 임신하여 아들을 낳으리니 그의 머
리 위에 삭도를 대지 말라 이 아이는 태에서
나옴으로부터 하나님께 바쳐진 나실인이 됨
이라 그가 블레셋 사람의 손에서 이스라엘을
구원하기 시작하리라 하시니
6 이에 그 여인이 가서 그의 남편에게 말하여 이르
되 하나님의 사람이 내게 오셨는데 그의 모습이
하나님의 사자의 용모 같아서 심히 두려우므로
어디서부터 왔는지를 내가 묻지 못하였고 그도
자기 이름을 내게 이르지 아니하였으며
7 그가 내게 이르기를 보라 네가 임신하여 아들
을 낳으리니 이제 포도주와 독주를 마시지 말
며 어떤 부정한 것도 먹지 말라 이 아이는 태
에서부터 그가 죽는 날까지 하나님께 바쳐진
나실인이 됨이라 하더이다 하니라
8 ●마노아가 여호와께 기도하여 이르되 주여
구하옵나니 주께서 보내셨던 하나님의 사람
을 우리에게 다시 오게 하사 우리가 그 낳을
아이에게 어떻게 행할지를 우리에게 가르치
게 하소서 하니 13:3, 7
9 하나님이 마노아의 목소리를 들으시니라 여
인이 밭에 앉았을 때에 하나님의 사자가 다시
그에게 임하였으나 그의 남편 마노아는 함께
있지 아니한지라
10 여인이 급히 달려가서 그의 남편에게 알리어
이르되 보소서 전일에 내게 오셨던 그 사람이
내게 나타났나이다 하매

15 keys. He led Israel eight years. ●Then Abdon
son of Hillel died and was buried at Pira-
thon in Ephraim, in the hill country of the
Amalekites.

The Birth of Samson

13 Again the Israelites did evil in the
eyes of the LORD, so the LORD deliv-
ered them into the hands of the Philistines
for forty years.
2 ●A certain man of Zorah, named Ma-
noah, from the clan of the Danites, had a
wife who was childless, unable to give birth.
3 ●The angel of the LORD appeared to her and
said, "You are barren and childless, but you
are going to become pregnant and give birth
4 to a son. ●Now see to it that you drink no
wine or other fermented drink and that you
5 do not eat anything unclean. ●You will
become pregnant and have a son whose
head is never to be touched by a razor be-
cause the boy is to be a Nazirite, dedicated to
God from the womb. He will take the lead in
delivering Israel from the hands of the
Philistines."
6 ●Then the woman went to her husband
and told him, "A man of God came to me.
He looked like an angel of God, very awe-
some. I didn't ask him where he came
7 from, and he didn't tell me his name. ●But
he said to me, 'You will become pregnant
and have a son. Now then, drink no wine
or other fermented drink and do not eat
anything unclean, because the boy will be a
Nazirite of God from the womb until the
day of his death.' "
8 ●Then Manoah prayed to the LORD:
"Pardon your servant, Lord. I beg you to let
the man of God you sent to us come again to
teach us how to bring up the boy who is to be
born."
9 ●God heard Manoah, and the angel of
God came again to the woman while she
was out in the field; but her husband Ma-
10 noah was not with her. ●The woman hur-
ried to tell her husband, "He's here! The
man who appeared to me the other day!"
11 ●Manoah got up and followed his wife.
When he came to the man, he said, "Are you
the man who talked to my wife?"
"I am," he said.

appear [əpíər] *vi.* 나타나다
awesome [ɔ́:səm] *a.* 두려운
barren [bǽrən] *a.* 불임의
beg [beg] *vt.* 간청하다
certain [sə́:rtn] *a.* 어떤
childless [tʃaíldlis] *a.* 아이가 없는
clan [klæn] *n.* 씨족
dedicated [dédikèitid] *a.* 바친
deliver [dilívər] *vt.* 건네 주다
ferment [fərmént] *vt.* 발효시키다
follow [fálou] *vt.* 뒤따르다
pregnant [prégnənt] *a.* 잉태한
razor [réizər] *n.* 칼날
unclean [ʌ̀nklí:n] *a.* 더러운
womb [wu:m] *n.* 태

13:3 **appear to**: …에게 나타나다
13:3 **give birth to**: 아이를 낳다
13:4 **see that...**: 꼭 …시키다, …하도록 주선하다
13:6 **look like...**: …처럼 보이다
13:8 **bring up**: 훈육하다

11 마노아가 일어나 아내를 따라가서 그 사람에
게 이르러 그에게 묻되 당신이 이 여인에게 말
씀하신 그 사람이니이까 하니 이르되 내가 그
로다 하니라
12 마노아가 이르되 이제 당신의 말씀대로 되기
를 원하나이다 이 아이를 어떻게 기르며 우리
가 그에게 어떻게 행하리이까
13 여호와의 사자가 마노아에게 이르되 내가 여
인에게 말한 것들을 그가 다 삼가서 민 6:4
14 포도나무의 소산을 먹지 말며 포도주와 독주를
마시지 말며 어떤 부정한 것도 먹지 말고 내가
그에게 명령한 것은 다 지킬 것이니라 하니라
15 ●마노아가 여호와의 사자에게 말하되 구하
옵나니 당신은 우리에게 머물러서 우리가 당
신을 위하여 염소 새끼 하나를 준비하게 하소
서 하니
16 여호와의 사자가 마노아에게 이르되 네가 비
록 나를 머물게 하나 내가 네 음식을 먹지 아
니하리라 번제를 준비하려거든 마땅히 여호
와께 드릴지니라 하니 이는 그가 여호와의 사
자인 줄을 마노아가 알지 못함이었더라
17 마노아가 또 여호와의 사자에게 말하되 당신의
이름이 무엇이니이까 당신의 말씀이 이루어질
때에 우리가 당신을 존귀히 여기리이다 하니
18 여호와의 사자가 그에게 이르되 어찌하여 내
이름을 묻느냐 내 이름은 기묘자라 하니라
19 이에 마노아가 염소 새끼와 소제물을 가져다
가 바위 위에서 여호와께 드리매 이적이 일어
난지라 마노아와 그의 아내가 본즉 6:19
20 불꽃이 제단에서부터 하늘로 올라가는 동시
에 여호와의 사자가 제단 불꽃에 휩싸여 올라
간지라 마노아와 그의 아내가 그것을 보고 그
들의 얼굴을 땅에 대고 엎드리니라
21 ●여호와의 사자가 마노아와 그의 아내에게
다시 나타나지 아니하니 마노아가 그제야 그
가 여호와의 사자인 줄 알고 13:16
22 그의 아내에게 이르되 우리가 하나님을 보았
으니 반드시 죽으리로다 하니
23 그의 아내가 그에게 이르되 여호와께서 우리
를 죽이려 하셨더라면 우리 손에서 번제와 소
제를 받지 아니하셨을 것이요 이 모든 일을 보
이지 아니하셨을 것이며 이제 이런 말씀도 우
리에게 이르지 아니하셨으리이다 하였더라
24 그 여인이 아들을 낳으매 그의 이름을 삼손이
라 하니라 그 아이가 자라매 여호와께서 그에
게 복을 주시더니
25 소라와 에스다올 사이 마하네단에서 여호와

12 ●So Manoah asked him, "When your
words are fulfilled, what is to be the rule
that governs the boy's life and work?"
13 ●The angel of the LORD answered, "Your
14 wife must do all that I have told her. ●She
must not eat anything that comes from the
grapevine, nor drink any wine or other fer-
mented drink nor eat anything unclean. She
must do everything I have commanded
her."
15 ●Manoah said to the angel of the LORD,
"We would like you to stay until we prepare
a young goat for you."
16 ●The angel of the LORD replied, "Even
though you detain me, I will not eat any
of your food. But if you prepare a burnt
offering, offer it to the LORD." (Manoah did
not realize that it was the angel of the
LORD.)
17 ●Then Manoah inquired of the angel of
the LORD "What is your name, so that we
may honor you when your word comes
true?"
18 ●He replied, "Why do you ask my name?
19 It is beyond understanding.[a]" ●Then
Manoah took a young goat, together with
the grain offering, and sacrificed it on a rock
to the LORD. And the LORD did an amazing
thing while Manoah and his wife watched:
20 ●As the flame blazed up from the altar
toward heaven, the angel of the LORD ascend-
ed in the flame. Seeing this, Manoah and his
wife fell with their faces to the ground.
21 ●When the angel of the LORD did not show
himself again to Manoah and his wife,
Manoah realized that it was the angel of the
LORD.
22 ●"We are doomed to die!" he said to his
wife. "We have seen God!"
23 ●But his wife answered, "If the LORD had
meant to kill us, he would not have accept-
ed a burnt offering and grain offering from
our hands, nor shown us all these things or
now told us this."
24 ●The woman gave birth to a boy and
named him Samson. He grew and the
25 LORD blessed him, ●and the Spirit of the
LORD began to stir him while he was in
Mahaneh Dan, between Zorah and Esh-
taol.

[a]18 Or *is wonderful*

accept [æksépt] *vt.* 받아들이다	**doom** [du:m] *vt.* 운명짓다	**grapevine** [greipvain] *n.* 포도 덩굴
ascend [əsénd] *vi.* 오르다	**ferment** [fə́:rment] *vt.* 발효시키다	**prepare** [pripέər] *vt.* 준비하다
bless [bles] *vt.* 축복하다	**flame** [fleim] *n.* 불꽃	**realize** [rí:əlàiz] *vt.* 깨닫다
command [kəmǽnd] *vt.* 명령하다	**goat** [gout] *n.* 염소	**sacrifice** [sǽkrəfàis] *vt.* 제물을 바치다
detain [ditéin] *vt.* 붙들다	**grain** [grein] *n.* 곡식	**stir** [stə:r] *vt.* 감동시키다
13:15 would like to...: …하고 싶어하다	**13:17 so that ... may ~**: …가 ~하도록	**13:20 blaze up**: 확 타오르다
13:17 inquire of...: …에게 묻다	**13:17 come true**: 실현되다	**13:24 give birth to**: 아이를 낳다

의 영이 그를 움직이기 시작하셨더라 3:10

삼손과 딤나의 여자 — B.C. 1060년경

14 삼손이 딤나에 내려가서 거기서 블레셋
사람의 딸들 중에서 한 여자를 보고
2 올라와서 자기 부모에게 말하여 이르되 내가
딤나에서 블레셋 사람의 딸들 중에서 한 여자
를 보았사오니 이제 그를 맞이하여 내 아내로
삼게 하소서 하매
3 그의 부모가 그에게 이르되 네 형제들의 딸들
중에나 내 백성 중에 어찌 여자가 없어서 네가
할례받지 아니한 블레셋 사람에게 가서 아내
를 맞으려 하느냐 하니 삼손이 그의 아버지에
게 이르되 내가 그 여자를 좋아하오니 나를 위
하여 그 여자를 데려오소서 하니라
4 그때에 블레셋 사람이 이스라엘을 다스린 까
닭에 삼손이 틈을 타서 블레셋 사람을 치려 함
이었으나 그의 부모는 이 일이 여호와께로부
터 나온 것인 줄은 알지 못하였더라
5 ●삼손이 그의 부모와 함께 딤나에 내려가 딤
나의 포도원에 이른즉 젊은 사자가 그를 보고
소리 지르는지라
6 여호와의 영이 삼손에게 강하게 임하니 그가
손에 아무것도 없이 그 사자를 염소 새끼를
찢는 것같이 찢었으나 그는 자기가 행한 일을
부모에게 알리지 아니하였더라 13:25
7 그가 내려가서 그 여자와 말하니 그 여자가 삼
손의 눈에 들었더라 14:3
8 얼마 후에 삼손이 그 여자를 맞이하려고 다시
가다가 돌이켜 그 사자의 주검을 본즉 사자의
몸에 벌 떼와 꿀이 있는지라
9 손으로 그 꿀을 떠서 걸어가며 먹고 그의 부모
에게 이르러 그들에게 그것을 드려서 먹게 하
였으나 그 꿀을 사자의 몸에서 떠왔다고는 알
리지 아니하였더라
10 ●삼손의 아버지가 여자에게로 내려가매 삼
손이 거기서 잔치를 베풀었으니 청년들은 이
렇게 행하는 풍속이 있음이더라
11 무리가 삼손을 보고 삼십 명을 데려와서 친구
를 삼아 그와 함께하게 한지라
12 삼손이 그들에게 이르되 이제 내가 너희에게
수수께끼를 내리니 잔치하는 이레 동안에 너
희가 그것을 풀어 내게 말하면 내가 베옷 삼십
벌과 겉옷 삼십 벌을 너희에게 주리라 겔 17:2
13 그러나 그것을 능히 내게 말하지 못하면 너희
가 내게 베옷 삼십 벌과 겉옷 삼십 벌을 줄지
니라 하니 그들이 이르되 네가 수수께끼를 내
면 우리가 그것을 들으리라 하매

Samson's Marriage

14 Samson went down to Timnah and
saw there a young Philistine woman.
2 ●When he returned, he said to his father
and mother, "I have seen a Philistine wo-
man in Timnah; now get her for me as my
wife."
3 ●His father and mother replied, "Isn't
there an acceptable woman among your
relatives or among all our people? Must you
go to the uncircumcised Philistines to get a
wife?"
But Samson said to his father, "Get her for
4 me. She's the right one for me." ●(His parents
did not know that this was from the LORD,
who was seeking an occasion to confront
the Philistines; for at that time they were
ruling over Israel.)
5 ●Samson went down to Timnah toge-
ther with his father and mother. As they
approached the vineyards of Timnah, sud-
denly a young lion came roaring toward
6 him. ●The Spirit of the LORD came powerful-
ly upon him so that he tore the lion apart
with his bare hands as he might have torn a
young goat. But he told neither his father nor
7 his mother what he had done. ●Then he
went down and talked with the woman,
and he liked her.
8 ●Some time later, when he went back to
marry her, he turned aside to look at the
lion's carcass, and in it he saw a swarm of
9 bees and some honey. ●He scooped out the
honey with his hands and ate as he went
along. When he rejoined his parents, he gave
them some, and they too ate it. But he did
not tell them that he had taken the honey
from the lion's carcass.
10 ●Now his father went down to see the
woman. And there Samson held a feast, as
11 was customary for young men. ●When the
people saw him, they chose thirty men to be
his companions.
12 ●"Let me tell you a riddle," Samson said to
them. "If you can give me the answer within
the seven days of the feast, I will give you thir-
ty linen garments and thirty sets of clothes.
13 ●If you can't tell me the answer, you must
give me thirty linen garments and thirty sets
of clothes."
"Tell us your riddle," they said. "Let's hear
it."

carcass [káːrkəs] *n.* 시체
confront [kənfrʌ́nt] *vt.* 맞서다
customary [kʌ́stəmèri] *a.* 습관적인
garment [gáːrmənt] *n.* 의복
goat [gout] *n.* 염소
linen [línən] *n.* 세마포
marry [mǽri] *vt.* …와 결혼하다
occasion [əkéiʒən] *n.* 기회
rejoin [riːdʒɔ́in] *vt.* 재회하다
riddle [rídl] *n.* 수수께끼
roaring [rɔ́ːriŋ] *a.* 포효하는
scoop [skuːp] *vt.* 푸다
spirit [spírit] *n.* 영
swarm [swɔːrm] *n.* (벌, 개미 등의)떼
vineyard [vínjərd] *n.* 포도원

14:1 go down: 내려가다
14:4 rule over...: …을 다스리다
14:5 together with...: …와 함께
14:6 neither A nor B: A도 B도 아닌
14:8 turn aside: (얼굴을) 돌리다
14:8 a swarm of...: …의 무리

14 삼손이 그들에게 이르되 먹는 자에게서 먹는
것이 나오고 강한 자에게서 단 것이 나왔느
니라 하니라 그들이 사흘이 되도록 수수께끼
를 풀지 못하였더라
15 ● 일곱째 날에 이르러 그들이 삼손의 아내에
게 이르되 너는 네 남편을 꾀어 그 수수께끼
를 우리에게 알려 달라 하라 그렇지 아니하
면 너와 네 아버지의 집을 불사르리라 너희
가 우리의 소유를 빼앗고자 하여 우리를 청
한 것이 아니냐 그렇지 아니하냐 하니 15:6
16 삼손의 아내가 그의 앞에서 울며 이르되 당
신이 나를 미워할 뿐이요 사랑하지 아니하는
도다 우리 민족에게 수수께끼를 말하고 그
뜻을 내게 알려 주지 아니하도다 하는지라
삼손이 그에게 이르되 보라 내가 그것을 나
의 부모에게도 알려 주지 아니하였거든 어찌
그대에게 알게 하리요 하였으나
17 칠 일 동안 그들이 잔치할 때 그의 아내가 그
앞에서 울며 그에게 강요함으로 일곱째 날에
는 그가 그의 아내에게 수수께끼를 알려 주
매 그의 아내가 그것을 자기 백성들에게 알
려 주었더라
18 일곱째 날 해 지기 전에 성읍 사람들이 삼손
에게 이르되 무엇이 꿀보다 달겠으며 무엇이
사자보다 강하겠느냐 한지라 삼손이 그들에
게 이르되 너희가 내 암송아지로 밭 갈지 아
니하였더라면 내 수수께끼를 능히 풀지 못하
였으리라 하니라 14:14
19 ● 여호와의 영이 삼손에게 갑자기 임하시매
삼손이 아스글론에 내려가서 그곳 사람 삼십
명을 쳐죽이고 노략하여 수수께끼 푼 자들에
게 옷을 주고 심히 노하여 그의 아버지의 집
으로 올라갔고
20 삼손의 아내는 삼손의 친구였던 그의 친구에
게 준 바 되었더라

15 얼마 후 밀 거둘 때에 삼손이 염소 새끼
를 가지고 그의 아내에게로 찾아가서
이르되 내가 방에 들어가 내 아내를 보고자
하노라 하니 장인이 들어오지 못하게 하고
2 이르되 네가 그를 심히 미워하는 줄 알고 그
를 네 친구에게 주었노라 그의 동생이 그보
다 더 아름답지 아니하냐 청하노니 너는 그
를 대신하여 동생을 아내로 맞이하라 하니
3 삼손이 그들에게 이르되 이번은 내가 블레셋
사람들을 해할지라도 그들에게 대하여 내게
허물이 없을 것이니라 하고
4 삼손이 가서 여우 삼백 마리를 붙들어서 그

14 ● He replied,

"Out of the eater, something to eat;
out of the strong, something sweet."

For three days they could not give the answer.
15 ● On the fourth[a] day, they said to Samson's
wife, "Coax your husband into explaining the
riddle for us, or we will burn you and your
father's household to death. Did you invite
us here to steal our property?"
16 ● Then Samson's wife threw herself on him,
sobbing, "You hate me! You don't really love
me. You've given my people a riddle, but you
haven't told me the answer."
"I haven't even explained it to my father or
mother," he replied, "so why should I explain
17 it to you?" ● She cried the whole seven days of
the feast. So on the seventh day he finally told
her, because she continued to press him. She in
turn explained the riddle to her people.
18 ● Before sunset on the seventh day the men
of the town said to him,

"What is sweeter than honey?
What is stronger than a lion?"

Samson said to them,

"If you had not plowed with my heifer,
you would not have solved my riddle."

19 ● Then the Spirit of the LORD came power-
fully upon him. He went down to Ashkelon,
struck down thirty of their men, stripped
them of everything and gave their clothes to
those who had explained the riddle. Burning
with anger, he returned to his father's home.
20 ● And Samson's wife was given to one of his
companions who had attended him at the
feast.

Samson's Vengeance on the Philistines

15 Later on, at the time of wheat harvest,
Samson took a young goat and went
to visit his wife. He said, "I'm going to my
wife's room." But her father would not let
him go in.
2 ● "I was so sure you hated her," he said,
"that I gave her to your companion. Isn't her
younger sister more attractive? Take her
instead."
3 ● Samson said to them, "This time I have
a right to get even with the Philistines; I will
4 really harm them." ● So he went out and

[a] *15* Some Septuagint manuscripts and Syriac; Hebrew *seventh*

attend [əténd] *vt.* (의식에)참석하다
attractive [ətrǽktiv] *a.* 매혹적인
burn [bəːrn] *vt.* 태우다
coax [kouks] *vt.* 부추기다
companion [kəmpǽnjən] *n.* 친구
harm [haːrm] *vt.* 해치다
harvest [háːrvist] *n.* 수확
heifer [héfər] *n.* 암소
household [haushould] *n.* 집
husband [hʌ́zbənd] *n.* 남편
property [prɑ́pərti] *n.* 재산, 소유
riddle [rídl] *n.* 수수께끼
steal [stiːl] *vi.* 도둑질하다
sob [sab] *vi.* 흐느껴 울다
strip [strip] *vt.* 빼앗다

14:14 **out of...**: …로부터(밖으로)
14:17 **continue to...**: …를 계속하다
14:19 **come upon**: 갑자기 나타나다
14:19 **strike down**: 죽이다
15:1 **be going to**: …할 셈이다
15:3 **get even with...**: …에게 보복하다

꼬리와 꼬리를 매고 홰를 가지고 그 두 꼬리
사이에 한 홰를 달고
5 홰에 불을 붙이고 그것을 블레셋 사람들의
곡식 밭으로 몰아 들여서 곡식 단과 아직 베
지 아니한 곡식과 포도원과 감람나무들을 사
른지라
6 블레셋 사람들이 이르되 누가 이 일을 행하
였느냐 하니 사람들이 대답하되 딤나 사람의
사위 삼손이니 장인이 삼손의 아내를 빼앗아
그의 친구에게 준 까닭이라 하였더라 블레셋
사람들이 올라가서 그 여인과 그의 아버지를
불사르니라
7 삼손이 그들에게 이르되 너희가 이같이 행하였
은즉 내가 너희에게 원수를 갚고야 말리라 하고
8 블레셋 사람들의 정강이와 넓적다리를 크게
쳐서 죽이고 내려가서 에담 바위틈에 머물렀
더라

삼손이 블레셋을 치다

9 ●이에 블레셋 사람들이 올라와 유다에 진을
치고 레히에 가득한지라 15:19
10 유다 사람들이 이르되 너희가 어찌하여 올라
와서 우리를 치느냐 그들이 대답하되 우리가
올라온 것은 삼손을 결박하여 그가 우리에게
행한 대로 그에게 행하려 함이로라 하는지라
11 유다 사람 삼천 명이 에담 바위틈에 내려가
서 삼손에게 이르되 너는 블레셋 사람이 우
리를 다스리는 줄을 알지 못하느냐 네가 어
찌하여 우리에게 이같이 행하였느냐 하니 삼
손이 그들에게 이르되 그들이 내게 행한 대
로 나도 그들에게 행하였노라 하니라 13:1
12 그들이 삼손에게 이르되 우리가 너를 결박하
여 블레셋 사람의 손에 넘겨 주려고 내려왔
노라 하니 삼손이 그들에게 이르되 너희가
나를 치지 아니하겠다고 내게 맹세하라 하매
13 그들이 삼손에게 말하여 이르되 아니라 우리
가 다만 너를 단단히 결박하여 그들의 손에
넘겨 줄 뿐이요 우리가 결단코 너를 죽이지
아니하리라 하고 새 밧줄 둘로 결박하고 바
위틈에서 그를 끌어내니라
14 ●삼손이 레히에 이르매 블레셋 사람들이 그
에게로 마주 나가며 소리 지를 때 여호와의
영이 삼손에게 갑자기 임하시매 그의 팔 위
의 밧줄이 불탄 삼과 같이 그의 결박되었던
손에서 떨어진지라
15 삼손이 나귀의 새 턱뼈를 보고 손을 내밀어
집어들고 그것으로 천 명을 죽이고
16 이르되

caught three hundred foxes and tied them
tail to tail in pairs. He then fastened a torch
5 to every pair of tails, •lit the torches and let
the foxes loose in the standing grain of the
Philistines. He burned up the shocks and
standing grain, together with the vineyards
and olive groves.
6 •When the Philistines asked, "Who did
this?" they were told, "Samson, the Timnite's
son-in-law, because his wife was given to his
companion."
So the Philistines went up and burned her
7 and her father to death. •Samson said to
them, "Since you've acted like this, I swear that
I won't stop until I get my revenge on you."
8 •He attacked them viciously and slaughtered
many of them. Then he went down and
stayed in a cave in the rock of Etam.
9 •The Philistines went up and camped in
10 Judah, spreading out near Lehi. •The people
of Judah asked, "Why have you come to fight
us?"
"We have come to take Samson prisoner,"
they answered, "to do to him as he did to us."
11 •Then three thousand men from Judah
went down to the cave in the rock of Etam
and said to Samson, "Don't you realize that
the Philistines are rulers over us? What have
you done to us?"
He answered, "I merely did to them what
they did to me."
12 •They said to him, "We've come to tie you
up and hand you over to the Philistines."
Samson said, "Swear to me that you won't
kill me yourselves."
13 •"Agreed," they answered. "We will only tie
you up and hand you over to them. We will
not kill you." So they bound him with two
14 new ropes and led him up from the rock. •As
he approached Lehi, the Philistines came
toward him shouting. The Spirit of the LORD
came powerfully upon him. The ropes on his
arms became like charred flax, and the bind-
15 ings dropped from his hands. •Finding a
fresh jawbone of a donkey, he grabbed it and
struck down a thousand men.
16 •Then Samson said,

"With a donkey's jawbone
I have made donkeys of them.[a]
With a donkey's jawbone

[a]16 Or *made a heap or two*; the Hebrew for *donkey* sounds like the Hebrew for *heap*.

cave [keiv] *n.* 굴
fasten [fæsn] *vt.* 묶다
flax [flæks] *n.* 아마(亞麻)
grab [græb] *vt.* 움켜 쥐다
grove [grouv] *n.* 작은 숲
jawbone [dʒɔːboun] *n.* 턱뼈
merely [míərli] *ad.* 단지
revenge [rivéndʒ] *n.* 복수
rope [roup] *n.* 밧줄
shock [ʃak] *n.* 볏가리
slaughter [slɔ́ːtər] *vt.* 학살하다
tail [teil] *n.* 꼬리
torch [tɔːrtʃ] *n.* 횃불
viciously [víʃəsli] *ad.* 심하게
vineyard [vínjərd] *n.* 포도원

15:4 in pairs: 짝을 지어
15:5 burn up: 태워버리다
15:9 camp in...: …에 진치다
15:12 tie up: 결박하다
15:12 swear to...: …에게 맹세하다
15:13 hand over: 넘겨주다

나귀의 턱뼈로 한 더미, 두 더미를 쌓았음
이여 나귀의 턱뼈로 내가 천 명을 죽였도다
하니라
17 그가 말을 마치고 턱뼈를 자기 손에서 내던
지고 그곳을 [1]라맛 레히라 이름하였더라
18 삼손이 심히 목이 말라 여호와께 부르짖어 이
르되 주께서 종의 손을 통하여 이 큰 구원을
베푸셨사오나 내가 이제 목말라 죽어서 할례
받지 못한 자들의 손에 떨어지겠나이다 하니
19 하나님이 레히에서 한 우묵한 곳을 터뜨리시
니 거기서 물이 솟아나오는지라 삼손이 그것
을 마시고 정신이 회복되어 소생하니 그러므
로 그 샘 이름을 [2]엔학고레라 불렀으며 그
샘이 오늘까지 레히에 있더라
20 블레셋 사람의 때에 삼손이 이스라엘의 사사
로 이십 년 동안 지냈더라

삼손이 가사에 가다 (♪ 546장) — B.C. 1060년경

16 삼손이 가사에 가서 거기서 한 기생을
보고 그에게로 들어갔더니 수 15:47
2 가사 사람들에게 삼손이 왔다고 알려지매 그
들이 곧 그를 에워싸고 밤새도록 성문에 매
복하고 밤새도록 조용히 하며 이르기를 새벽
이 되거든 그를 죽이리라 하였더라
3 삼손이 밤중까지 누워 있다가 그 밤중에 일
어나 성 문짝들과 두 문설주와 문빗장을 빼
어 가지고 그것을 모두 어깨에 메고 헤브론
앞산 꼭대기로 가니라

삼손과 들릴라

4 ●이후에 삼손이 소렉 골짜기의 들릴라라 이
름하는 여인을 사랑하매
5 블레셋 사람의 방백들이 그 여인에게로 올라
가서 그에게 이르되 삼손을 꾀어서 무엇으로
말미암아 그 큰 힘이 생기는지 그리고 우리
가 어떻게 하면 능히 그를 결박하여 굴복하
게 할 수 있을는지 알아보라 그리하면 우리
가 각각 은 천백 개씩을 네게 주리라 하니
6 들릴라가 삼손에게 말하되 청하건대 당신의
큰 힘이 무엇으로 말미암아 생기며 어떻게
하면 능히 당신을 결박하여 굴복하게 할 수
있을는지 내게 말하라 하니
7 삼손이 그에게 이르되 만일 마르지 아니한
새 활줄 일곱으로 나를 결박하면 내가 약해
져서 다른 사람과 같으리라
8 블레셋 사람의 방백들이 마르지 아니한 새
활줄 일곱을 여인에게로 가져오매 그가 그것
으로 삼손을 결박하고
9 이미 사람을 방 안에 매복시켰으므로 삼손에

I have killed a thousand men."
17 ●When he finished speaking, he threw away
the jawbone; and the place was called Ramath
Lehi.[a]
18 ●Because he was very thirsty, he cried out
to the LORD, "You have given your servant
this great victory. Must I now die of thirst and
fall into the hands of the uncircumcised?"
19 ●Then God opened up the hollow place in
Lehi, and water came out of it. When Samson
drank, his strength returned and he revived.
So the spring was called En Hakkore,[b] and it
is still there in Lehi.
20 ●Samson led[c] Israel for twenty years in the
days of the Philistines.

Samson and Delilah

16 One day Samson went to Gaza, where
he saw a prostitute. He went in to spend
2 the night with her. ●The people of Gaza were
told, "Samson is here!" So they surrounded the
place and lay in wait for him all night at the
city gate. They made no move during the
night, saying, "At dawn we'll kill him."
3 ●But Samson lay there only until the mid-
dle of the night. Then he got up and took hold
of the doors of the city gate, together with the
two posts, and tore them loose, bar and all. He
lifted them to his shoulders and carried them
to the top of the hill that faces Hebron.
4 ●Some time later, he fell in love with a
woman in the Valley of Sorek whose name
5 was Delilah. ●The rulers of the Philistines went
to her and said, "See if you can lure him into
showing you the secret of his great strength
and how we can overpower him so we may tie
him up and subdue him. Each one of us will
give you eleven hundred shekels[d] of silver."
6 ●So Delilah said to Samson, "Tell me the
secret of your great strength and how you
can be tied up and subdued."
7 ●Samson answered her, "If anyone ties me
with seven fresh bowstrings that have not
been dried, I'll become as weak as any other
man."
8 ●Then the rulers of the Philistines brought
her seven fresh bowstrings that had not been
9 dried, and she tied him with them. ●With
men hidden in the room, she called to him,

[a] *17 Ramath Lehi* means *jawbone hill.* [b] *19 En Hakkore* means *caller's spring.* [c] *20* Traditionally *judged* [d] *5* That is, about 28 pounds or about 13 kilograms

1) 턱뼈의 산 2) 부르짖은 자의 샘

dawn [dɔːn] *n.* 새벽
dry [drai] *a.* 마른
hollow [hálou] *a.* 우묵한, 움푹 패인
lay [lei] *vt.* 눕히다
lure [luər] *vt.* 유혹하다
overpower [ouvərpáuər] *vt.* 이기다
post [poust] *n.* 기둥
prostitute [prástətjùːt] *n.* 창녀
revive [riváiv] *vi.* 소생하다
strength [streŋkθ] *n.* 힘
subdue [səbdjúː] *vt.* 굴복시키다
surround [səráund] *vt.* 둘러싸다
thirsty [θə́ːrsti] *a.* 목마른
uncircumcised [ʌnsə́ːrkəmsàizd] *a.* 할례받지 않은
valley [vǽli] *n.* 골짜기

15:19 open up: 행동을 시작하다
15:20 Philistines: 팔레스타인 사람
16:2 lie in wait for: 잠복하다
16:3 take hold of...: …를 붙잡다
16:4 fall in love with...: …와 사랑에 빠지다
16:5 tie up: 결박하다

게 말하되 삼손이여 블레셋 사람들이 당신에
게 들이닥쳤느니라 하니 삼손이 그 줄들을
끊기를 불탄 삼실을 끊음같이 하였고 그의
힘의 근원은 알아내지 못하니라
10 ●들릴라가 삼손에게 이르되 보라 당신이 나
를 희롱하여 내게 거짓말을 하였도다 청하건
대 무엇으로 당신을 결박할 수 있을는지 이
제는 내게 말하라 하니
11 삼손이 그에게 이르되 만일 쓰지 아니한 새
밧줄들로 나를 결박하면 내가 약해져서 다른
사람과 같으리라 하니라
12 들릴라가 새 밧줄들을 가져다가 그것들로 그
를 결박하고 그에게 이르되 삼손이여 블레셋
사람이 당신에게 들이닥쳤느니라 하니 삼손
이 팔 위의 줄 끊기를 실을 끊음같이 하였고
그때에도 사람이 방 안에 매복하였더라
13 ●들릴라가 삼손에게 이르되 당신이 이때까
지 나를 희롱하여 내게 거짓말을 하였도다
내가 무엇으로 당신을 결박할 수 있을는지
내게 말하라 하니 삼손이 그에게 이르되 그
대가 만일 나의 머리털 일곱 가닥을 베틀의
날실에 섞어 짜면 되리라 하는지라
14 들릴라가 바디로 그 머리털을 단단히 짜고
그에게 이르되 삼손이여 블레셋 사람들이 당
신에게 들이닥쳤느니라 하니 삼손이 잠을 깨
어 베틀의 바디와 날실을 다 빼내니라
15 ●들릴라가 삼손에게 이르되 당신의 마음이
내게 있지 아니하면서 당신이 어찌 나를 사랑
한다 하느냐 당신이 이로써 세 번이나 나를
희롱하고 당신의 큰 힘이 무엇으로 말미암아
생기는지를 내게 말하지 아니하였도다 하며
16 날마다 그 말로 그를 재촉하여 조르매 삼손
의 마음이 번뇌하여 죽을 지경이라
17 삼손이 진심을 드러내어 그에게 이르되 내
머리 위에는 삭도를 대지 아니하였나니 이는
내가 모태에서부터 하나님의 나실인이 되었
음이라 만일 내 머리가 밀리면 내 힘이 내게
서 떠나고 나는 약해져서 다른 사람과 같으
리라 하니라
18 ●들릴라가 삼손이 진심을 다 알려 주므로
사람을 보내어 블레셋 사람들의 방백들을 불
러 이르되 삼손이 내게 진심을 알려 주었으
니 이제 한 번만 올라오라 하니 블레셋 방백
들이 손에 은을 가지고 그 여인에게로 올라
오니라
19 들릴라가 삼손에게 자기 무릎을 베고 자게
하고 사람을 불러 그의 머리털 일곱 가닥을

"Samson, the Philistines are upon you!" But
he snapped the bowstrings as easily as a piece
of string snaps when it comes close to a
flame. So the secret of his strength was not
discovered.
10 •Then Delilah said to Samson, "You have
made a fool of me; you lied to me. Come now,
tell me how you can be tied."
11 •He said, "If anyone ties me securely with
new ropes that have never been used, I'll
become as weak as any other man."
12 •So Delilah took new ropes and tied him
with them. Then, with men hidden in the
room, she called to him, "Samson, the Phili-
stines are upon you!" But he snapped the
ropes off his arms as if they were threads.
13 •Delilah then said to Samson, "All this time
you have been making a fool of me and lying
to me. Tell me how you can be tied."
He replied, "If you weave the seven braids of
my head into the fabric on the loom and tight-
en it with the pin, I'll become as weak as any
other man." So while he was sleeping, Delilah
took the seven braids of his head, wove them
14 into the fabric •and[a] tightened it with the pin.
Again she called to him, "Samson, the Phil-
istines are upon you!" He awoke from his
sleep and pulled up the pin and the loom,
with the fabric.
15 •Then she said to him, "How can you say, 'I
love you,' when you won't confide in me?
This is the third time you have made a fool of
me and haven't told me the secret of your
16 great strength." •With such nagging she prod-
ded him day after day until he was sick to
death of it.
17 •So he told her everything. "No razor has
ever been used on my head," he said, "because
I have been a Nazirite dedicated to God from
my mother's womb. If my head were shaved,
my strength would leave me, and I would
become as weak as any other man."
18 •When Delilah saw that he had told her
everything, she sent word to the rulers of the
Philistines, "Come back once more; he has
told me everything." So the rulers of the
Philistines returned with the silver in their
19 hands. •After putting him to sleep on her lap,
she called for someone to shave off the seven
braids of his hair, and so began to subdue

[a]13,14 Some Septuagint manuscripts; Hebrew *replied, "I can if you weave the seven braids of my head into the fabric on the loom"* [14]*So she*

braid [breid] *n.* 땋은 머리
confide [kənfáid] *vi.* 신임하다
discover [diskʌ́vər] *vt.* 발견하다
fabric [fǽbrik] *n.* 편물, 직물
flame [fleim] *n.* 화염
lap [læp] *n.* 무릎
nag [næg] *vt.* 귀찮게 조르다
razor [réizər] *n.* 면도칼
rope [roup] *n.* 밧줄
securely [sikjúərli] *ad.* 확실하게
shave [ʃéiv] *vt.* 깎다
snap [snæp] *vt.* 툭 끊다
string [striŋ] *n.* 끈, 줄
subdue [səbdjú:] *vt.* 굴복시키다
weak [wi:k] *a.* 약한

16:12 as if...: 마치 …인 것처럼
16:13 weave into...: …와 엮어 짜다
16:15 confide in: 신뢰하다
16:16 day after day: 매일
16:19 call for...: …을 요구하다
16:19 shave off: 깎다

밀고 괴롭게 하여 본즉 그의 힘이 없어졌더라
20 들릴라가 이르되 삼손이여 블레셋 사람이 당
신에게 들이닥쳤느니라 하니 삼손이 잠을 깨
며 이르기를 내가 전과 같이 나가서 몸을 떨
치리라 하였으나 여호와께서 이미 자기를 떠
나신 줄을 깨닫지 못하였더라
21 블레셋 사람들이 그를 붙잡아 그의 눈을 빼
고 끌고 가사에 내려가 놋줄로 매고 그에게
옥에서 맷돌을 돌리게 하였더라
22 그의 머리털이 밀린 후에 다시 자라기 시작
하니라

삼손이 죽다 (♪ 381, 432장)

23 ●블레셋 사람의 방백들이 이르되 우리의 신
이 우리 원수 삼손을 우리 손에 넘겨 주었다
하고 다 모여 그들의 신 다곤에게 큰 제사를
드리고 즐거워하고
24 백성들도 삼손을 보았으므로 이르되 우리의
땅을 망쳐 놓고 우리의 많은 사람을 죽인 원
수를 우리의 신이 우리 손에 넘겨 주었다 하
고 자기들의 신을 찬양하며
25 그들의 마음이 즐거울 때에 이르되 삼손을
불러다가 우리를 위하여 재주를 부리게 하자
하고 옥에서 삼손을 불러내매 삼손이 그들을
위하여 재주를 부리니라 그들이 삼손을 두
기둥 사이에 세웠더니
26 삼손이 자기 손을 붙든 소년에게 이르되 나
에게 이 집을 버틴 기둥을 찾아 그것을 의지
하게 하라 하니라
27 그 집에는 남녀가 가득하니 블레셋 모든 방백
들도 거기에 있고 지붕에 있는 남녀도 삼천 명
가량이라 다 삼손이 재주 부리는 것을 보더라
28 ●삼손이 여호와께 부르짖어 이르되 주 여호
와여 구하옵나니 나를 생각하옵소서 하나님
이여 구하옵나니 이번만 나를 강하게 하사
나의 두 눈을 뺀 블레셋 사람에게 원수를 단
번에 갚게 하옵소서 하고
29 삼손이 집을 버틴 두 기둥 가운데 하나는 왼
손으로 하나는 오른손으로 껴 의지하고
30 삼손이 이르되 블레셋 사람과 함께 죽기를
원하노라 하고 힘을 다하여 몸을 굽히매 그
집이 곧 무너져 그 안에 있는 모든 방백들과
온 백성에게 덮이니 삼손이 죽을 때에 죽인
자가 살았을 때에 죽인 자보다 더욱 많았더라
31 그의 형제와 아버지의 온 집이 다 내려가서
그의 시체를 가지고 올라가서 소라와 에스다
올 사이 그의 아버지 마노아의 장지에 장사
하니라 삼손이 이스라엘의 사사로 이십 년

him.[a] And his strength left him.
20 ●Then she called, "Samson, the Philistines
are upon you!"
He awoke from his sleep and thought, "I'll
go out as before and shake myself free." But
he did not know that the LORD had left him.
21 ●Then the Philistines seized him, gouged
out his eyes and took him down to Gaza.
Binding him with bronze shackles, they set
22 him to grinding grain in the prison. ●But the
hair on his head began to grow again after it
had been shaved.

The Death of Samson

23 ●Now the rulers of the Philistines assembled
to offer a great sacrifice to Dagon their god and
to celebrate, saying, "Our god has delivered
Samson, our enemy, into our hands."
24 ●When the people saw him, they praised
their god, saying,

"Our god has delivered our enemy
into our hands,
the one who laid waste our land
and multiplied our slain."

25 ●While they were in high spirits, they shout-
ed, "Bring out Samson to entertain us." So they
called Samson out of the prison, and he per-
formed for them.
When they stood him among the pillars,
26 ●Samson said to the servant who held his
hand, "Put me where I can feel the pillars that
support the temple, so that I may lean against
27 them." ●Now the temple was crowded with
men and women; all the rulers of the Phili-
stines were there, and on the roof were about
three thousand men and women watching
28 Samson perform. ●Then Samson prayed to
the LORD, "Sovereign LORD, remember me.
Please, God, strengthen me just once more,
and let me with one blow get revenge on the
29 Philistines for my two eyes." ●Then Samson
reached toward the two central pillars on
which the temple stood. Bracing himself
against them, his right hand on the one and
30 his left hand on the other, ●Samson said, "Let
me die with the Philistines!" Then he pushed
with all his might, and down came the tem-
ple on the rulers and all the people in it. Thus
he killed many more when he died than
while he lived.

[a]19 Hebrew; some Septuagint manuscripts *and he began to weaken*

assemble [əsémbl] *vi.* 모이다
brace [breis] *vt.* 떠받치다
celebrate [séləbrèit] *vi.* 축하하다
central [séntrəl] *a.* 중심의
crowd [kraud] *vt.* 붐비다
gouge [gaudʒ] *vt.* 후벼내다
grind [graind] *vt.* (맷돌로) 빻다
multiply [mʌ́ltəplài] *vt.* 증가시키다
perform [pərfɔ́:rm] *vi.* 재주를 부리다
revenge [rivéndʒ] *n.* 복수
sacrifice [sǽkrəfàis] *vt.* 희생 제물로 바치다
seize [si:z] *vt.* 사로잡다
shave [ʃeiv] *vt.* 깎다
support [səpɔ́:rt] *vt.* 받치다
temple [témpl] *n.* 신전

16:24 lay waste: 망쳐놓다
16:25 bring out: 내놓다
16:26 so that A may B: A가 B하도록
16:26 lean against...: …에 기대다
16:27 crowded with: …로 복잡한 (붐비는)

동안 지냈더라

미가 집의 제사장 — B.C. 1350년경

17 에브라임 산지에 미가라 이름하는 사람
이 있더니
2 그의 어머니에게 이르되 어머니께서 은 천백
을 잃어버리셨으므로 저주하시고 내 귀에도
말씀하셨더니 보소서 그 은이 내게 있나이다
내가 그것을 가졌나이다 하니 그의 어머니가
이르되 내 아들이 여호와께 복 받기를 원하
노라 하니라
3 미가가 은 천백을 그의 어머니에게 도로 주
매 그의 어머니가 이르되 내가 내 아들을 위
하여 한 신상을 새기며 한 신상을 부어 만들
기 위해 내 손에서 이 은을 여호와께 거룩히
드리노라 그러므로 내가 이제 이 은을 네게
도로 주리라
4 미가가 그 은을 그의 어머니에게 도로 주었으
므로 어머니가 그 은 이백을 가져다 은장색에
게 주어 한 신상을 새기고 한 신상을 부어 만
들었더니 그 신상이 미가의 집에 있더라
5 그 사람 미가에게 신당이 있으므로 그가 에
봇과 드라빔을 만들고 한 아들을 세워 그의
제사장으로 삼았더라
6 그때에는 이스라엘에 왕이 없었으므로 사람
마다 자기 소견에 옳은 대로 행하였더라 신 12:8
7 ● 유다 가족에 속한 유다 베들레헴에 한 청
년이 있었으니 그는 레위인으로서 거기서 거
류하였더라
8 그 사람이 거주할 곳을 찾고자 하여 그 성읍
유다 베들레헴을 떠나 가다가 에브라임 산지
로 가서 미가의 집에 이르매
9 미가가 그에게 묻되 너는 어디서부터 오느냐
하니 그가 이르되 나는 유다 베들레헴의 레위
인으로서 거류할 곳을 찾으러 가노라 하는지라
10 미가가 그에게 이르되 네가 나와 함께 거주
하며 나를 위하여 아버지와 제사장이 되라
내가 해마다 은 열과 의복 한 벌과 먹을 것을
주리라 하므로 그 레위인이 들어갔더라
11 그 레위인이 그 사람과 함께 거주하기를 만
족하게 생각했으니 이는 그 청년이 미가의
아들 중 하나같이 됨이라
12 미가가 그 레위인을 거룩하게 구별하매 그
청년이 미가의 제사장이 되어 그 집에 있었
더라
13 이에 미가가 이르되 레위인이 내 제사장이
되었으니 이제 여호와께서 내게 복 주실 줄
을 아노라 하니라

31 ● Then his brothers and his father's whole
family went down to get him. They brought
him back and buried him between Zorah
and Eshtaol in the tomb of Manoah his
father. He had led[a] Israel twenty years.

Micah's Idols

17 Now a man named Micah from the
2 hill country of Ephraim ● said to his
mother, "The eleven hundred shekels[b] of
silver that were taken from you and about
which I heard you utter a curse—I have that
silver with me; I took it."
Then his mother said, "The LORD bless you,
my son!"
3 ● When he returned the eleven hundred
shekels of silver to his mother, she said, "I
solemnly consecrate my silver to the LORD for
my son to make an image overlaid with silver.
I will give it back to you."
4 ● So after he returned the silver to his moth-
er, she took two hundred shekels[c] of silver and
gave them to a silversmith, who used them to
make the idol. And it was put in Micah's
house.
5 ● Now this man Micah had a shrine, and he
made an ephod and some household gods
6 and installed one of his sons as his priest. ● In
those days Israel had no king; everyone did as
they saw fit.
7 ● A young Levite from Bethlehem in Judah,
who had been living within the clan of Judah,
8 ● left that town in search of some other place
to stay. On his way[d] he came to Micah's house
in the hill country of Ephraim.
9 ● Micah asked him, "Where are you from?"
"I'm a Levite from Bethlehem in Judah,"
he said, "and I'm looking for a place to stay."
10 ● Then Micah said to him, "Live with me
and be my father and priest, and I'll give you
ten shekels[e] of silver a year, your clothes and
11 your food." ● So the Levite agreed to live with
him, and the young man became like one of
12 his sons to him. ● Then Micah installed the
Levite, and the young man became his priest
13 and lived in his house. ● And Micah said,
"Now I know that the LORD will be good to me,
since this Levite has become my priest."

[a]*31* Traditionally *judged* [b]*2* That is, about 28 pounds or about 13 kilograms [c]*4* That is, about 5 pounds or about 2.3 kilograms [d]*8* Or *To carry on his profession* [e]*10* That is, about 4 ounces or about 115 grams

clan [klæn] *n.* 씨족, 집안
consecrate [kánsəkrèit] *vt.* 봉헌하다
curse [kə:rs] *n.* 저주
household [háushòuld] *a.* 가족의
hill [hil] *n.* 낮은 산, 언덕
idol [áidl] *n.* 우상
image [ímidʒ] *n.* 형상
install [instɔ́:l] *vt.* 취임시키다
priest [prí:st] *n.* 제사장
shrine [ʃrain] *n.* 산당, 신당
silversmith [sílvərsmiθ] *n.* 은 세공인
solemnly [sáləmli] *ad.* 장엄하게
tomb [tu:m] *n.* 무덤
utter [ʌ́tər] *vt.* 공포하다
within [wiðín] *prep.* …이내에

16:31 bring back: 다시 데려오다
17:3 give back: 되돌려주다
17:4 put in: …를 들여놓다
17:8 in search of...: …을 찾아서
17:9 look for: 구하다, 찾다
17:11 agree to...: …에 동의하다

미가와 단 지파 (♪ 570장) — B.C. 1350년경

18 그때에 이스라엘에 왕이 없었고 단 지파는 그때에 거주할 기업의 땅을 구하는
중이었으니 이는 그들이 이스라엘 지파 중에
서 그때까지 기업을 분배받지 못하였음이라
2 단 자손이 소라와 에스다올에서부터 그들의
가족 가운데 용맹스런 다섯 사람을 보내어
땅을 정탐하고 살피게 하며 그들에게 이르되
너희는 가서 땅을 살펴보라 하매 그들이 에
브라임 산지에 가서 미가의 집에 이르러 거
기서 유숙하니라 수 2:1
3 그들이 미가의 집에 있을 때에 그 레위 청년
의 음성을 알아듣고 그리로 돌아가서 그에게
이르되 누가 너를 이리로 인도하였으며 네가
여기서 무엇을 하며 여기서 무엇을 얻었느냐
하니
4 그가 그들에게 이르되 미가가 이러이러하게
나를 대접하고 나를 고용하여 나를 자기의
제사장으로 삼았느니라 하니라
5 그들이 그에게 이르되 청하건대 우리를 위하
여 하나님께 물어보아서 우리가 가는 길이
형통할는지 우리에게 알게 하라 하니
6 그 제사장이 그들에게 이르되 평안히 가라 너
희가 가는 길은 여호와 앞에 있느니라 하니라
7 ●이에 다섯 사람이 떠나 라이스에 이르러
거기 있는 백성을 본즉 염려 없이 거주하며
시돈 사람들이 사는 것처럼 평온하며 안전하
니 그 땅에는 부족한 것이 없으며 부를 누리
며 시돈 사람들과 거리가 멀고 어떤 사람과
도 상종하지 아니함이라
8 그들이 소라와 에스다올에 돌아가서 그들의
형제들에게 이르매 형제들이 그들에게 묻되
너희가 보기에 어떠하더냐 하니 18:2
9 이르되 일어나 그들을 치러 올라가자 우리가
그 땅을 본즉 매우 좋더라 너희는 가만히 있느
냐 나아가서 그 땅 얻기를 게을리하지 말라
10 너희가 가면 평화로운 백성을 만날 것이요
그 땅은 넓고 그곳에는 세상에 있는 것이 하
나도 부족함이 없느니라 하나님이 그 땅을
너희 손에 넘겨 주셨느니라 하는지라
11 ●단 지파의 가족 중 육백 명이 무기를 지니
고 소라와 에스다올에서 출발하여
12 올라가서 유다에 있는 기럇여아림에 진치니
그러므로 그곳 이름이 오늘까지 마하네 단이
며 그곳은 기럇여아림 뒤에 있더라
13 무리가 거기서 떠나 에브라임 산지 미가의
집에 이르니라

The Danites Settle in Laish

18 In those days Israel had no king.
And in those days the tribe of the Dan-
ites was seeking a place of their own where
they might settle, because they had not yet
come into an inheritance among the tribes of
2 Israel. •So the Danites sent five of their leading
men from Zorah and Eshtaol to spy out the
land and explore it. These men represented all
the Danites. They told them, "Go, explore the
land."
So they entered the hill country of Ephraim
and came to the house of Micah, where they
3 spent the night. •When they were near
Micah's house, they recognized the voice of
the young Levite; so they turned in there and
asked him, "Who brought you here? What are
you doing in this place? Why are you here?"
4 •He told them what Micah had done for
him, and said, "He has hired me and I am his
priest."
5 •Then they said to him, "Please inquire of
God to learn whether our journey will be suc-
cessful."
6 •The priest answered them, "Go in peace.
Your journey has the LORD's approval."
7 •So the five men left and came to Laish,
where they saw that the people were living
in safety, like the Sidonians, at peace and
secure. And since their land lacked nothing,
they were prosperous.[a] Also, they lived a
long way from the Sidonians and had no
relationship with anyone else.[b]
8 •When they returned to Zorah and Eshtaol,
their fellow Danites asked them, "How did
you find things?"
9 •They answered, "Come on, let's attack
them! We have seen the land, and it is very
good. Aren't you going to do something?
Don't hesitate to go there and take it over.
10 •When you get there, you will find an unsus-
pecting people and a spacious land that God
has put into your hands, a land that lacks
nothing whatever."
11 •Then six hundred men of the Danites,
armed for battle, set out from Zorah and Esh-
12 taol. •On their way they set up camp near
Kiriath Jearim in Judah. This is why the place
west of Kiriath Jearim is called Mahaneh Dan[c]

[a]7 The meaning of the Hebrew for this clause is uncertain. [b]7 Hebrew; some Septuagint manuscripts *with the Arameans* [c]12 *Mahaneh Dan* means *Dan's camp.*

approval [əprúːvəl] *n.* 증인, 동의
battle [bǽtl] *n.* 전투
explore [iksplɔ́ːr] *vt.* 탐사하다
hesitate [hézətèit] *vi.* 주저하다
hire [haiər] *vt.* 고용하다
inheritance [inhérətəns] *n.* 기업
journey [dʒə́ːrni] *n.* 여행
prosperous [práspərəs] *a.* 번영하는
recognize [rékəgnàiz] *vt.* 알아듣다
relationship [riléiʃənʃip] *n.* 관계
represent [rèprizént] *vt.* 대표하다
secure [sikjúər] *a.* 안전한, 위험 없는
spacious [spéiʃəs] *a.* 드넓은
tribe [traib] *n.* 지파
unsuspecting [ʌnsəspéktiŋ] *a.* 신용하는

18:1 come into: (재산을) 물려 받다
18:2 spy out: 염탐하다
18:5 inquire of...: …에게 묻다
18:9 take over: 떠맡다, 인계받다
18:11 set out: 출발하다
18:12 on one's way: 도중에

14 ● 전에 라이스 땅을 정탐하러 갔던 다섯 사
람이 그 형제들에게 말하여 이르되 이 집에
에봇과 드라빔과 새긴 신상과 부어 만든 신
상이 있는 줄을 너희가 아느냐 그런즉 이제
너희는 마땅히 행할 것을 생각하라 하고
15 다섯 사람이 그쪽으로 향하여 그 청년 레위
사람의 집 곧 미가의 집에 이르러 그에게 문
안하고
16 단 자손 육백 명은 무기를 지니고 문 입구에
서니라
17 그 땅을 정탐하러 갔던 다섯 사람이 그리로
들어가서 새긴 신상과 에봇과 드라빔과 부어
만든 신상을 가져갈 때에 그 제사장은 무기
를 지닌 육백 명과 함께 문 입구에 섰더니
18 그 다섯 사람이 미가의 집에 들어가서 그 새
긴 신상과 에봇과 드라빔과 부어 만든 신상
을 가지고 나오매 그 제사장이 그들에게 묻
되 너희가 무엇을 하느냐 하니
19 그들이 그에게 이르되 잠잠하라 네 손을 입
에 대라 우리와 함께 가서 우리의 아버지와
제사장이 되라 네가 한 사람의 집의 제사장
이 되는 것과 이스라엘의 한 지파 한 족속의
제사장이 되는 것 중에서 어느 것이 낫겠느
냐 하는지라
20 그 제사장이 마음에 기뻐하여 에봇과 드라빔
과 새긴 우상을 받아 가지고 그 백성 가운데
로 들어가니라
21 ● 그들이 돌이켜서 어린아이들과 가축과 값
진 물건들을 앞세우고 길을 떠나더니
22 그들이 미가의 집을 멀리 떠난 때에 미가의 이
웃집 사람들이 모여서 단 자손을 따라 붙어서
23 단 자손을 부르는지라 그들이 얼굴을 돌려
미가에게 이르되 네가 무슨 일로 이같이 모
아 가지고 왔느냐 하니
24 미가가 이르되 내가 만든 신들과 제사장을
빼앗아 갔으니 이제 내게 오히려 남은 것이
무엇이냐 너희가 어찌하여 나더러 무슨 일이
냐고 하느냐 하는지라
25 단 자손이 그에게 이르되 네 목소리를 우리
에게 들리게 하지 말라 노한 자들이 너희를
쳐서 네 생명과 네 가족의 생명을 잃게 할까
하노라 하고
26 단 자손이 자기 길을 간지라 미가가 단 자손
이 자기보다 강한 것을 보고 돌이켜 집으로
돌아갔더라
27 ● 단 자손이 미가가 만든 것과 그 제사장을
취하여 라이스에 이르러 한가하고 걱정 없이

13 to this day. ● From there they went on to the
hill country of Ephraim and came to Micah's
house.
14 ● Then the five men who had spied out the
land of Laish said to their fellow Danites, "Do
you know that one of these houses has an
ephod, some household gods and an image
overlaid with silver? Now you know what to
15 do." ● So they turned in there and went to the
house of the young Levite at Micah's place and
16 greeted him. ● The six hundred Danites,
armed for battle, stood at the entrance of the
17 gate. ● The five men who had spied out the
land went inside and took the idol, the ephod
and the household gods while the priest and
the six hundred armed men stood at the
entrance of the gate.
18 ● When the five men went into Micah's
house and took the idol, the ephod and the
household gods, the priest said to them, "What
are you doing?"
19 ● They answered him, "Be quiet! Don't say a
word. Come with us, and be our father and
priest. Isn't it better that you serve a tribe and
clan in Israel as priest rather than just one
20 man's household?" ● The priest was very
pleased. He took the ephod, the household
gods and the idol and went along with the
21 people. ● Putting their little children, their live-
stock and their possessions in front of them,
they turned away and left.
22 ● When they had gone some distance
from Micah's house, the men who lived near
Micah were called together and overtook the
23 Danites. ● As they shouted after them, the
Danites turned and said to Micah, "What's the
matter with you that you called out your men
to fight?"
24 ● He replied, "You took the gods I made, and
my priest, and went away. What else do I
have? How can you ask, 'What's the matter
with you?' "
25 ● The Danites answered, "Don't argue with
us, or some of the men may get angry and
attack you, and you and your family will lose
26 your lives." ● So the Danites went their way,
and Micah, seeing that they were too strong
for him, turned around and went back home.
27 ● Then they took what Micah had made,
and his priest, and went on to Laish, against a
people at peace and secure. They attacked
them with the sword and burned down their

attack [ətǽk] *vt.* 공격하다
battle [bǽtl] *n.* 전투
clan [klæn] *n.* 씨족, 집안
distance [dístəns] *n.* 거리
entrance [éntrəns] *n.* 입구
greet [griːt] *vt.* 인사하다
household [háushòuld] *a.* 가족의
idol [áidl] *n.* 우상
image [ímidʒ] *n.* 형상
livestock [láivstak] *n.* 가축
overlay [ouvərlei] *vt.* 바르다, 입히다
overtake [ouvərteik] *vt.* 따라잡다
possession [pəzéʃən] *n.* 소유
secure [sikjúər] *a.* 안전한, 위험 없는
tribe [traib] *n.* 지파, 족속

18:19 rather than...: …보다는(대신에)
18:21 in front of...: …의 앞에
18:22 call together: 소집하다
18:23 call out: 소집하다
18:24 go away: 가져가 버리다
18:27 burn down: 태워버리다

사는 백성을 만나 칼날로 그들을 치며 그 성
읍을 불사르되
28 그들을 구원할 자가 없었으니 그 성읍이 베
드르홉 가까운 골짜기에 있어서 시돈과 거리
가 멀고 상종하는 사람도 없음이었더라 단
자손이 성읍을 세우고 거기 거주하면서
29 이스라엘에게서 태어난 그들의 조상 단의 이
름을 따라 그 성읍을 단이라 하니라 그 성읍
의 본 이름은 라이스였더라
30 단 자손이 자기들을 위하여 그 새긴 신상을
세웠고 1)모세의 손자요 게르솜의 아들인 요
나단과 그의 자손은 단 지파의 제사장이 되
어 그 땅 백성이 사로잡히는 날까지 이르렀
더라
31 하나님의 집이 실로에 있을 동안에 미가가
만든 바 새긴 신상이 단 자손에게 있었더라

어떤 레위 사람과 그의 첩 (♪ 500장)

19 이스라엘에 왕이 없을 그때에 에브라
임 산지 구석에 거류하는 어떤 레위 사
람이 유다 베들레헴에서 첩을 맞이하였더니
2 그 첩이 행음하고 남편을 떠나 유다 베들레
헴 그의 아버지의 집에 돌아가서 거기서 넉
달 동안을 지내매
3 그의 남편이 그 여자에게 다정하게 말하고
그를 데려오고자 하여 하인 한 사람과 나귀
두 마리를 데리고 그에게로 가매 여자가 그
를 인도하여 아버지의 집에 들어가니 그 여
자의 아버지가 그를 보고 기뻐하니라
4 그의 장인 곧 그 여자의 아버지가 그를 머물
게 하매 그가 삼 일 동안 그와 함께 머물며
먹고 마시며 거기서 유숙하다가
5 넷째 날 아침에 일찍이 일어나 떠나고자 하
매 그 여자의 아버지가 그의 사위에게 이르
되 떡을 조금 먹고 그대의 기력을 돋운 후에
그대의 길을 가라 하니라
6 두 사람이 앉아서 함께 먹고 마시매 그 여자
의 아버지가 그 사람에게 이르되 청하노니
이 밤을 여기서 유숙하여 그대의 마음을 즐
겁게 하라 하니
7 그 사람이 일어나서 가고자 하되 그의 장인
의 간청으로 거기서 다시 유숙하더니
8 다섯째 날 아침에 일찍이 일어나 떠나고자
하매 그 여자의 아버지가 이르되 청하노니
그대의 기력을 돋우고 해가 기울도록 머물라
하므로 두 사람이 함께 먹고
9 그 사람이 첩과 하인과 더불어 일어나 떠나
고자 하매 그의 장인 곧 그 여자의 아버지가

28 city. •There was no one to rescue them be-
cause they lived a long way from Sidon and
had no relationship with anyone else. The
city was in a valley near Beth Rehob.
The Danites rebuilt the city and settled
29 there. •They named it Dan after their ances-
tor Dan, who was born to Israel — though the
30 city used to be called Laish. •There the Dan-
ites set up for themselves the idol, and Jona-
than son of Gershom, the son of Moses,[a] and
his sons were priests for the tribe of Dan
until the time of the captivity of the land.
31 •They continued to use the idol Micah had
made, all the time the house of God was in
Shiloh.

A Levite and His Concubine

19 In those days Israel had no king.
Now a Levite who lived in a remote
area in the hill country of Ephraim took a
2 concubine from Bethlehem in Judah. •But
she was unfaithful to him. She left him and
went back to her parents' home in Bethle-
hem, Judah. After she had been there four
3 months, •her husband went to her to per-
suade her to return. He had with him his ser-
vant and two donkeys. She took him into her
parents' home, and when her father saw
4 him, he gladly welcomed him. •His father
-in-law, the woman's father, prevailed on
him to stay; so he remained with him three
days, eating and drinking, and sleeping there.
5 •On the fourth day they got up early and
he prepared to leave, but the woman's father
said to his son-in-law, "Refresh yourself with
6 something to eat; then you can go." •So the
two of them sat down to eat and drink to-
gether. Afterward the woman's father said,
"Please stay tonight and enjoy yourself."
7 •And when the man got up to go, his father
-in-law persuaded him, so he stayed there
8 that night. •On the morning of the fifth day,
when he rose to go, the woman's father said,
"Refresh yourself. Wait till afternoon!" So the
two of them ate together.
9 •Then when the man, with his concubine
and his servant, got up to leave, his father-
in-law, the woman's father, said, "Now look,
it's almost evening. Spend the night here; the

[a]30 Many Hebrew manuscripts, some Septuagint manuscripts and Vulgate; many other Hebrew manuscripts and some other Septuagint manuscripts *Manasseh*

1) 또는 므낫세의

captivity [kæptívəti] *n.* 포로
concubine [káŋkjubàin] *n.* 첩
father-in-law [fá:ðərinlɔ̀:] *n.* 장인
gladly [glǽdli] *ad.* 즐거이
idol [áidl] *n.* 우상
persuade [pərswéid] *vt.* 설득하다
prevail [privéil] *vi.* 설득하다
refresh [rifréʃ] *vt.* 원기를 회복하다
relationship [riléiʃənʃip] *n.* 관계
remote [rimóut] *a.* 멀리 떨어진
rescue [réskju:] *vt.* 구원하다
servant [sə́:rvənt] *n.* 하인
settle [sétl] *vi.* 정하다
son-in-law [sʌ́ninlɔ̀:] *n.* 사위
unfaithful [ʌnféiθfəl] *a.* 부정한

18:30 set up: …을 세우다
18:31 all the time: 내내, 줄곧
19:1 live in: 살다
19:3 take into...: …로 데려가다
19:9 get up: (앉거나 누워 있다가) 일어나다, 일어서다

그에게 이르되 보라 이제 날이 저물어 가니
청하건대 이 밤도 유숙하라 보라 해가 기울
었느니라 그대는 여기서 유숙하여 그대의 마
음을 즐겁게 하고 내일 일찍이 그대의 길을
가서 그대의 집으로 돌아가라 하니
10 ●그 사람이 다시 밤을 지내고자 하지 아니
하여 일어나서 떠나 여부스 맞은편에 이르렀
으니 여부스는 곧 예루살렘이라 안장 지운
나귀 두 마리와 첩이 그와 함께하였더라
11 그들이 여부스에 가까이 갔을 때에 해가 지
려 하는지라 종이 주인에게 이르되 청하건대
우리가 돌이켜 여부스 사람의 이 성읍에 들
어가서 유숙하십시다 하니
12 주인이 그에게 이르되 우리가 돌이켜 이스라
엘 자손에게 속하지 아니한 이방 사람의 성
읍으로 들어갈 것이 아니니 기브아로 나아가
리라 하고 20:4
13 또 그 종에게 이르되 우리가 기브아나 라마
중 한 곳에 가서 거기서 유숙하자 하고
14 모두 앞으로 나아가더니 베냐민에 속한 기브
아에 가까이 이르러 해가 진지라
15 기브아에 가서 유숙하려고 그리로 돌아 들어
가서 성읍 넓은 거리에 앉아 있으나 그를 집
으로 영접하여 유숙하게 하는 자가 없었더라
16 ●저녁 때에 한 노인이 밭에서 일하다가 돌
아오니 그 사람은 본래 에브라임 산지 사람
으로서 기브아에 거류하는 자요 그곳 사람들
은 베냐민 자손이더라
17 노인이 눈을 들어 성읍 넓은 거리에 나그네
가 있는 것을 본지라 노인이 묻되 그대는 어
디로 가며 어디서 왔느냐 하니
18 그가 그에게 이르되 우리는 유다 베들레헴에
서 에브라임 산지 구석으로 가나이다 나는
그곳 사람으로서 유다 베들레헴에 갔다가 이
제 여호와의 집으로 가는 중인데 나를 자기
집으로 영접하는 사람이 없나이다
19 우리에게는 나귀들에게 먹일 짚과 여물이 있
고 나와 당신의 여종과 당신의 종인 우리들
과 함께한 청년에게 먹을 양식과 포도주가
있어 무엇이든지 부족함이 없나이다 하는지
라
20 그 노인이 이르되 그대는 안심하라 그대의
쓸 것은 모두 내가 담당할 것이니 거리에서
는 유숙하지 말라 하고
21 그를 데리고 자기 집에 들어가서 나귀에게
먹이니 그들이 발을 씻고 먹고 마시니라
22 ●그들이 마음을 즐겁게 할 때에 그 성읍의

day is nearly over. Stay and enjoy yourself.
Early tomorrow morning you can get up and
10 be on your way home." •But, unwilling to
stay another night, the man left and went
toward Jebus (that is, Jerusalem), with his
two saddled donkeys and his concubine.
11 •When they were near Jebus and the day
was almost gone, the servant said to his mas-
ter, "Come, let's stop at this city of the Jebusites
and spend the night."
12 •His master replied, "No. We won't go into
any city whose people are not Israelites. We
13 will go on to Gibeah." •He added, "Come, let's
try to reach Gibeah or Ramah and spend the
14 night in one of those places." •So they went
on, and the sun set as they neared Gibeah in
15 Benjamin. •There they stopped to spend the
night. They went and sat in the city square,
but no one took them in for the night.
16 •That evening an old man from the hill
country of Ephraim, who was living in Gibeah
(the inhabitants of the place were Benjamites),
17 came in from his work in the fields. •When he
looked and saw the traveler in the city square,
the old man asked, "Where are you going?
Where did you come from?"
18 •He answered, "We are on our way from
Bethlehem in Judah to a remote area in the
hill country of Ephraim where I live. I have
been to Bethlehem in Judah and now I am
going to the house of the LORD. [a] No one has
19 taken me in for the night. •We have both
straw and fodder for our donkeys and bread
and wine for ourselves your servants—me, the
woman and the young man with us. We don't
need anything."
20 •"You are welcome at my house," the old
man said. "Let me supply whatever you need.
Only don't spend the night in the square."
21 •So he took him into his house and fed his
donkeys. After they had washed their feet,
they had something to eat and drink.
22 •While they were enjoying themselves,
some of the wicked men of the city surround-
ed the house. Pounding on the door, they
shouted to the old man who owned the house,
"Bring out the man who came to your house
so we can have sex with him."
23 •The owner of the house went outside and
said to them, "No, my friends, don't be so vile.

[a] *18* Hebrew, Vulgate, Syriac and Targum; Septuagint *going home*

add [æd] *vt.* 덧붙여 말하다
concubine [káŋkjubàin] *n.* 첩
donkey [dáŋki] *n.* 나귀
fodder [fádər] *n.* 사료
remote [rimóut] *a.* 멀리 떨어진
reply [riplái] *vt.* 대답하다
saddle [sǽdl] *vt.* 안장을 얹다
straw [strɔː] *n.* 짚
square [skwɛər] *n.* 광장
supply [səplái] *vt.* 공급하다
surround [səráund] *vt.* 둘러싸다
traveler [trǽvələr] *n.* 여행자
unwilling [ʌnwíliŋ] *a.* 꺼려하는
vile [vail] *a.* 비열한
wicked [wíkid] *a.* 사악한

19:10 unwilling to...: …하고 싶어하지 않다
19:12 go on: (계속해서) 나아가다
19:15 stop to...: …하려고 멈추다
19:18 on one's way: 도중에
19:22 pound on: 세게 치다
19:22 bring out: 내보내다

불량배들이 그 집을 에워싸고 문을 두들기며 집
주인 노인에게 말하여 이르되 네 집에 들어온
사람을 끌어내라 우리가 그와 관계하리라 하니
23 집주인 그 사람이 그들에게로 나와서 이르되
아니라 내 형제들아 청하노니 이 같은 악행을
저지르지 말라 이 사람이 내 집에 들어왔으니
이런 망령된 일을 행하지 말라
24 보라 여기 내 처녀 딸과 이 사람의 첩이 있은즉
내가 그들을 끌어내리니 너희가 그들을 욕보
이든지 너희 눈에 좋은 대로 행하되 오직 이 사
람에게는 이런 망령된 일을 행하지 말라 하나
25 무리가 듣지 아니하므로 그 사람이 자기 첩을
붙잡아 그들에게 밖으로 끌어내매 그들이 그
여자와 관계하였고 밤새도록 그 여자를 능욕
하다가 새벽 미명에 놓은지라
26 동틀 때에 여인이 자기의 주인이 있는 그 사람
의 집 문에 이르러 엎드러져 밝기까지 거기 엎
드러져 있더라
27 ●그의 주인이 일찍이 일어나 집 문을 열고 떠
나고자 하더니 그 여인이 집 문에 엎드러져 있
고 그의 두 손이 문지방에 있는 것을 보고
28 그에게 이르되 일어나라 우리가 떠나가자 하
나 아무 대답이 없는지라 이에 그의 시체를 나
귀에 싣고 행하여 자기 곳에 돌아가서
29 그 집에 이르러서는 칼을 가지고 자기 첩의 시
체를 거두어 그 마디를 찍어 열두 덩이에 나누
고 그것을 이스라엘 사방에 두루 보내매
30 그것을 보는 자가 다 이르되 이스라엘 자손이
애굽 땅에서 올라온 날부터 오늘까지 이런 일
은 일어나지도 아니하였고 보지도 못하였도다
이 일을 생각하고 상의한 후에 말하자 하니라

이스라엘이 전쟁 준비를 하다

20 이에 모든 이스라엘 자손이 단에서부터
브엘세바까지와 길르앗 땅에서 나와서
그 회중이 일제히 미스바에서 여호와 앞에 모
였으니
2 온 백성의 어른 곧 이스라엘 모든 지파의 어른
들은 하나님 백성의 총회에 섰고 칼을 빼는
보병은 사십만 명이었으며
3 이스라엘 자손이 미스바에 올라간 것을 베냐
민 자손이 들었더라 이스라엘 자손이 이르되
이 악한 일이 어떻게 일어났는지 우리에게 말
하라 하니
4 레위 사람 곧 죽임을 당한 여인의 남편이 대답
하여 이르되 내가 내 첩과 더불어 베냐민에 속
한 기브아에 유숙하러 갔더니
5 기브아 사람들이 나를 치러 일어나서 밤에 내

Since this man is my guest, don't do this
24 outrageous thing. ●Look, here is my virgin
daughter, and his concubine. I will bring
them out to you now, and you can use
them and do to them whatever you wish.
But as for this man, don't do such an outra-
geous thing."
25 ●But the men would not listen to him. So
the man took his concubine and sent her
outside to them, and they raped her and
abused her throughout the night, and at
26 dawn they let her go. ●At daybreak the
woman went back to the house where her
master was staying, fell down at the door
and lay there until daylight.
27 ●When her master got up in the morning
and opened the door of the house and
stepped out to continue on his way, there
lay his concubine, fallen in the doorway of
the house, with her hands on the threshold.
28 ●He said to her, "Get up; let's go." But there
was no answer. Then the man put her on
his donkey and set out for home.
29 ●When he reached home, he took a knife
and cut up his concubine, limb by limb, into
twelve parts and sent them into all the areas
30 of Israel. ●Everyone who saw it was saying
to one another, "Such a thing has never been
seen or done, not since the day the Israelites
came up out of Egypt. Just imagine! We
must do something! So speak up!"

The Israelites Punish the Benjamites

20 Then all Israel from Dan to Beer-
sheba and from the land of Gilead
came together as one and assembled before
2 the LORD in Mizpah. ●The leaders of all the
people of the tribes of Israel took their places
in the assembly of God's people, four hun-
dred thousand men armed with swords.
3 ●(The Benjamites heard that the Israelites
had gone up to Mizpah.) Then the Israelites
said, "Tell us how this awful thing hap-
pened."
4 ●So the Levite, the husband of the mur-
dered woman, said, "I and my concubine
came to Gibeah in Benjamin to spend the
5 night. ●During the night the men of Gi-
beah came after me and surrounded the
house, intending to kill me. They raped my
6 concubine, and she died. ●I took my con-
cubine, cut her into pieces and sent one

abuse [əbjúːz] *vt.* 욕보이다
assemble [əsémbl] *vi.* 모이다
awful [ɔ́ːfəl] *a.* 무시무시한
concubine [káŋkjubàin] *n.* 첩
daybreak [déibrèik] *n.* 새벽
daylight [deilait] *n.* 낮
doorway [dɔ́ːrwèi] *n.* 통로
intend [inténd] *vt.* 의도하다
limb [lim] *n.* 사지
murder [mɔ́ːrdər] *vt.* 살인하다
outrageous [autréidʒəs] *a.* 괘씸한
rape [reip] *vt.* 강간하다
surround [səráund] *vt.* 둘러싸다
threshold [θréʃhould] *n.* 문지방
virgin [vɔ́ːrdʒin] *n.* 처녀

19:26 fall down: 엎드리다
19:27 step out: 나가다
19:28 set out: 출발하다
19:29 limb by limb: 마디마다
20:2 take one's place: 자리를 차지하다
20:6 cut into pieces: 조각으로 자르다

가 묵고 있던 집을 에워싸고 나를 죽이려 하고
내 첩을 욕보여 그를 죽게 한지라
6 내가 내 첩의 시체를 거두어 쪼개서 이스라엘
기업의 온 땅에 보냈나니 이는 그들이 이스라엘
중에서 음행과 망령된 일을 행하였기 때문이라
7 이스라엘 자손들아 너희가 다 여기 있은즉 너
희의 의견과 방책을 낼지니라 하니라
8 ●모든 백성이 일제히 일어나 이르되 우리가
한 사람도 자기 장막으로 돌아가지 말며 한 사
람도 자기 집으로 들어가지 말고
9 우리가 이제 기브아 사람에게 이렇게 행하리
니 곧 제비를 뽑아서 그들을 치되
10 우리가 이스라엘 모든 지파 중에서 백 명에 열
명, 천 명에 백 명, 만 명에 천 명을 뽑아 그 백
성을 위하여 양식을 준비하고 그들에게 베냐민
의 기브아에 가서 그 무리가 이스라엘 중에서
망령된 일을 행한 대로 징계하게 하리라 하니라
11 이와 같이 이스라엘 모든 사람이 하나같이 합
심하여 그 성읍을 치려고 모였더라
12 ●이스라엘 지파들이 베냐민 온 지파에 사람
들을 보내어 두루 다니며 이르기를 너희 중에
서 생긴 이 악행이 어찌 됨이냐
13 그런즉 이제 기브아 사람들 곧 그 불량배들을
우리에게 넘겨 주어서 우리가 그들을 죽여 이
스라엘 중에서 악을 제거하여 버리게 하라 하
나 베냐민 자손이 그들의 형제 이스라엘 자손
의 말을 듣지 아니하고
14 도리어 성읍들로부터 기브아에 모이고 나가
서 이스라엘 자손과 싸우고자 하니라
15 그때에 그 성읍들로부터 나온 베냐민 자손의
수는 칼을 빼는 자가 모두 이만 육천 명이요 그
외에 기브아 주민 중 택한 자가 칠백 명인데
16 이 모든 백성 중에서 택한 칠백 명은 다 왼손
잡이라 물매로 돌을 던지면 조금도 틀림이 없
는 자들이더라

이스라엘과 베냐민 자손이 싸우다 (♪ 375, 382장)

17 ●베냐민 자손 외에 이스라엘 사람으로서 칼
을 빼는 자의 수는 사십만 명이니 다 전사라
18 이스라엘 자손이 일어나 벧엘에 올라가서 하나
님께 여쭈어 이르되 우리 중에 누가 먼저 올라
가서 베냐민 자손과 싸우리이까 하니 여호와께
서 말씀하시되 유다가 먼저 갈지니라 하시니라
19 ●이스라엘 자손이 아침에 일어나 기브아를
대하여 진을 치니라
20 이스라엘 사람이 나가 베냐민과 싸우려고 전열
을 갖추고 기브아에서 그들과 싸우고자 하매
21 베냐민 자손이 기브아에서 나와서 당일에 이

piece to each region of Israel's inheritance,
because they committed this lewd and
7 outrageous act in Israel. •Now, all you
Israelites, speak up and tell me what you
have decided to do."
8 •All the men rose up together as one, say-
ing, "None of us will go home. No, not one of
9 us will return to his house. •But now this is
what we'll do to Gibeah: We'll go up against
10 it in the order decided by casting lots. •We'll
take ten men out of every hundred from all
the tribes of Israel, and a hundred from a
thousand, and a thousand from ten thou-
sand, to get provisions for the army. Then,
when the army arrives at Gibeah[a] in Ben-
jamin, it can give them what they deserve for
11 this outrageous act done in Israel." •So all the
Israelites got together and united as one
against the city.
12 •The tribes of Israel sent messengers
throughout the tribe of Benjamin, saying,
"What about this awful crime that was
13 committed among you? •Now turn those
wicked men of Gibeah over to us so that we
may put them to death and purge the evil
from Israel."
But the Benjamites would not listen to
14 their fellow Israelites. •From their towns
they came together at Gibeah to fight against
15 the Israelites. •At once the Benjamites mo-
bilized twenty-six thousand swordsmen
from their towns, in addition to seven hun-
dred able young men from those living in
16 Gibeah. •Among all these soldiers there
were seven hundred select troops who were
left-handed, each of whom could sling a
stone at a hair and not miss.
17 •Israel, apart from Benjamin, mustered
four hundred thousand swordsmen, all of
them fit for battle.
18 •The Israelites went up to Bethel[b] and
inquired of God. They said, "Who of us is to
go up first to fight against the Benjamites?"
The LORD replied, "Judah shall go first."
19 •The next morning the Israelites got up
20 and pitched camp near Gibeah. •The Isra-
elites went out to fight the Benjamites and
took up battle positions against them at
21 Gibeah. •The Benjamites came out of Gi-
beah and cut down twenty-two thousand

[a]10 One Hebrew manuscript; most Hebrew manuscripts *Geba,* a variant of *Gibeah* [b]18 Or *to the house of God*; also in verse 26

army [ɑ́ːrmi] *n.* 무리, 군대
commit [kəmít] *vt.* 범하다
crime [kraim] *n.* 범죄, 죄악
deserve [dizəːrv] *vt.* …할 만하다
inheritance [inhérətəns] *n.* 기업
inquire [inkwáiər] *vt.* 묻다
lewd [luːd] *a.* 외설의, 음란한
lot [lat] *n.* 제비뽑기
muster [mʌ́stər] *vi.* (군대가)모이다
outrageous [autréidʒəs] *a.* 괘씸한
pitch [pitʃ] *vt.* 설치하다
purge [pəːrdʒ] *vt.* 제거하다
sling [sliŋ] *vt.* 투석기로 던지다
swordsmen [sɔːrdzmen] *n.* 검객
troop [truːp] *n.* 군대

20:13 put to death: 죽이다
20:14 fight against...: …에 대항해 싸우다
20:15 in addition to...: …외에
20:17 apart from...: …는 제쳐놓고
20:18 inquire of...: …에게 묻다
20:20 take up: (시간, 장소 등을) 차지하다

스라엘 사람 이만 이천 명을 땅에 엎드러뜨
렸으나
22 이스라엘 사람들이 스스로 용기를 내어 첫날
전열을 갖추었던 곳에서 다시 전열을 갖추니라
23 이스라엘 자손이 올라가 여호와 앞에서 저물
도록 울며 여호와께 여쭈어 이르되 내가 다
시 나아가서 내 형제 베냐민 자손과 싸우리
이까 하니 여호와께서 말씀하시되 올라가서
치라 하시니라
24 ● 그 이튿날에 이스라엘 자손이 베냐민 자손
을 치러 나아가매
25 베냐민도 그 이튿날에 기브아에서 그들을 치
러 나와서 다시 이스라엘 자손 만 팔천 명을
땅에 엎드러뜨렸으니 다 칼을 빼는 자였더라
26 이에 온 이스라엘 자손 모든 백성이 올라가
벧엘에 이르러 울며 거기서 여호와 앞에 앉
아서 그날이 저물도록 금식하고 번제와 화목
제를 여호와 앞에 드리고
27 이스라엘 자손이 여호와께 물으니라 그때에
는 하나님의 언약궤가 거기 있고
28 아론의 손자인 엘르아살의 아들 비느하스가
그 앞에 모시고 섰더라 이스라엘 자손들이
여쭈기를 우리가 다시 나아가 내 형제 베냐
민 자손과 싸우리이까 말리이까 하니 여호와
께서 이르시되 올라가라 내일은 내가 그를
네 손에 넘겨 주리라 하시는지라
29 ● 이스라엘이 기브아 주위에 군사를 매복하
니라
30 이스라엘 자손이 셋째 날에 베냐민 자손을
치러 올라가서 전과 같이 기브아에 맞서 전
열을 갖추매
31 베냐민 자손이 나와서 백성을 맞더니 꾀임에
빠져 성읍을 떠났더라 그들이 큰 길 곧 한쪽
은 벧엘로 올라가는 길이요 한쪽은 기브아의
들로 가는 길에서 백성을 쳐서 전과 같이 이
스라엘 사람 삼십 명가량을 죽이기 시작하며
32 베냐민 자손이 스스로 이르기를 이들이 처음
과 같이 우리 앞에서 패한다 하나 이스라엘
자손은 이르기를 우리가 도망하여 그들을 성
읍에서 큰 길로 꾀어내자 하고
33 이스라엘 사람이 모두 그들의 처소에서 일어
나서 바알다말에서 전열을 갖추었고 이스라
엘의 복병은 그 장소 곧 기브아 초장에서 쏟
아져 나왔더라
34 온 이스라엘 사람 중에서 택한 사람 만 명이
기브아에 이르러 치매 싸움이 치열하나 베냐
민 사람은 화가 자기에게 미친 줄을 알지 못

22 Israelites on the battlefield that day. ● But the
Israelites encouraged one another and again
took up their positions where they had sta-
23 tioned themselves the first day. ● The Israelites
went up and wept before the LORD until
evening, and they inquired of the LORD. They
said, "Shall we go up again to fight against
the Benjamites, our fellow Israelites?"
The LORD answered, "Go up against them."
24 ● Then the Israelites drew near to Ben-
25 jamin the second day. ● This time, when the
Benjamites came out from Gibeah to oppose
them, they cut down another eighteen thou-
sand Israelites, all of them armed with
swords.
26 ● Then all the Israelites, the whole army,
went up to Bethel, and there they sat weeping
before the LORD. They fasted that day until
evening and presented burnt offerings and
27 fellowship offerings to the LORD. ● And the
Israelites inquired of the LORD. (In those days
the ark of the covenant of God was there,
28 ● with Phinehas son of Eleazar, the son of
Aaron, ministering before it.) They asked,
"Shall we go up again to fight against the
Benjamites, our fellow Israelites, or not?"
The LORD responded, "Go, for tomorrow I
will give them into your hands."
29 ● Then Israel set an ambush around Gibe-
30 ah. ● They went up against the Benjamites on
the third day and took up positions against
31 Gibeah as they had done before. ● The Ben-
jamites came out to meet them and were
drawn away from the city. They began to
inflict casualties on the Israelites as before, so
that about thirty men fell in the open field
and on the roads—the one leading to Bethel
32 and the other to Gibeah. ● While the Ben-
jamites were saying, "We are defeating them
as before," the Israelites were saying, "Let's
retreat and draw them away from the city to
the roads."
33 ● All the men of Israel moved from their
places and took up positions at Baal Tamar,
and the Israelite ambush charged out of its
34 place on the west[a] of Gibeah.[b] ● Then ten
thousand of Israel's able young men made a
frontal attack on Gibeah. The fighting was so
heavy that the Benjamites did not realize how
35 near disaster was. ● The LORD defeated Ben-

[a]33 Some Septuagint manuscripts and Vulgate; the meaning of the Hebrew for this word is uncertain. [b]33 Hebrew *Geba,* a variant of *Gibeah*

ambush [ǽmbuʃ] *n.* 매복
casualty [kǽʒuəlti] *n.* 사상(자)
covenant [kʌ́vənənt] *n.* 언약
defeat [difíːt] *vt.* 패배시키다
disaster [dizǽstər] *n.* 재앙
encourage [inkə́ːridʒ] *vt.* 용기를 북돋우다
fast [fæst] *vi.* 금식하다
fellowship [félouʃip] *n.* 화목
frontal [frʌ́ntl] *a.* 정면의
inflict [inflíkt] *vt.* 가하다
minister [mínəstər] *vi.* 섬기다
oppose [əpóuz] *vt.* 대항하다
respond [rispɑ́nd] *vi.* 응답하다
retreat [ritríːt] *vi.* 후퇴하다
sword [sɔːrd] *n.* 칼

20:23 **go up(to...):** …로 올라가다
20:25 **come out:** (밖으로) 나오다
20:25 **cut down:** …를 죽이다
20:31 **draw away from:** 떠나다
20:33 **charge out of...:** …로부터 나와서 돌격하다

하였더라
35 여호와께서 이스라엘 앞에서 베냐민을 치시
매 당일에 이스라엘 자손이 베냐민 사람 이만
오천백 명을 죽였으니 다 칼을 빼는 자였더라

이스라엘이 승리한 방법

36 ●이에 베냐민 자손이 자기가 패한 것을 깨달
았으니 이는 이스라엘 사람이 기브아에 매복
한 군사를 믿고 잠깐 베냐민 사람 앞을 피하매
37 복병이 급히 나와 기브아로 돌격하고 나아가
며 칼날로 온 성읍을 쳤음이더라
38 처음에 이스라엘 사람과 복병 사이에 약속하
기를 성읍에서 큰 연기가 치솟는 것으로 군
호를 삼자 하고
39 이스라엘 사람은 싸우다가 물러가고 베냐민
사람은 이스라엘 사람 삼십 명가량을 쳐죽이
기를 시작하며 이르기를 이들이 틀림없이 처
음 싸움같이 우리에게 패한다 하다가 20:32
40 연기 구름이 기둥같이 성읍 가운데에서 치솟
을 때에 베냐민 사람이 뒤를 돌아보매 온 성
읍에 연기가 하늘에 닿았고
41 이스라엘 사람은 돌아서는지라 베냐민 사람
들이 화가 자기들에게 미친 것을 보고 심히
놀라
42 이스라엘 사람 앞에서 몸을 돌려 광야 길로
향하였으나 군사가 급히 추격하며 각 성읍에
서 나온 자를 그 가운데에서 진멸하니라
43 그들이 베냐민 사람을 에워싸고 기브아 앞
동쪽까지 추격하며 그 쉬는 곳에서 짓밟으매
44 베냐민 중에서 엎드러진 자가 만 팔천 명이
니 다 용사더라
45 그들이 몸을 돌려 광야로 도망하였으나 림몬
바위에 이르는 큰 길에서 이스라엘이 또 오천
명을 이삭 줍듯 하고 또 급히 그 뒤를 따라 기
돔에 이르러 또 이천 명을 죽였으니 21:13
46 이날에 베냐민 사람으로서 칼을 빼는 자가
엎드러진 것이 모두 이만 오천 명이니 다 용
사였더라
47 베냐민 사람 육백 명이 돌이켜 광야로 도망
하여 림몬 바위에 이르러 거기에서 넉 달 동
안을 지냈더라
48 이스라엘 사람이 베냐민 자손에게로 돌아와
서 온 성읍과 가축과 만나는 자를 다 칼날로
치고 닥치는 성읍은 모두 다 불살랐더라

베냐민 자손의 아내 — B.C. 1350년경

21 이스라엘 사람들이 미스바에서 맹세하
여 이르기를 우리 중에 누구든지 딸을
베냐민 사람에게 아내로 주지 아니하리라 하

jamin before Israel, and on that day the
Israelites struck down 25,100 Benjamites, all
36 armed with swords. •Then the Benjamites
saw that they were beaten.

Now the men of Israel had given way
before Benjamin, because they relied on the
37 ambush they had set near Gibeah. •Those
who had been in ambush made a sudden
dash into Gibeah, spread out and put the
38 whole city to the sword. •The Israelites had
arranged with the ambush that they should
send up a great cloud of smoke from the city,
39 •and then the Israelites would counterat-
tack.

The Benjamites had begun to inflict casu-
alties on the Israelites (about thirty), and they
said, "We are defeating them as in the first
40 battle." •But when the column of smoke
began to rise from the city, the Benjamites
turned and saw the whole city going up in
41 smoke. •Then the Israelites counterattacked,
and the Benjamites were terrified, because
they realized that disaster had come on them.
42 •So they fled before the Israelites in the direc-
tion of the wilderness, but they could not
escape the battle. And the Israelites who
came out of the towns cut them down there.
43 •They surrounded the Benjamites, chased
them and easily[a] overran them in the vicini-
44 ty of Gibeah on the east. •Eighteen thousand
Benjamites fell, all of them valiant fighters.
45 •As they turned and fled toward the wilder-
ness to the rock of Rimmon, the Israelites cut
down five thousand men along the roads.
They kept pressing after the Benjamites as far
as Gidom and struck down two thousand
more.
46 •On that day twenty-five thousand Ben-
jamite swordsmen fell, all of them valiant
47 fighters. •But six hundred of them turned and
fled into the wilderness to the rock of Rim-
48 mon, where they stayed four months. •The
men of Israel went back to Benjamin and put
all the towns to the sword, including the ani-
mals and everything else they found. All the
towns they came across they set on fire.

Wives for the Benjamites

21 The men of Israel had taken an oath
at Mizpah: "Not one of us will give his

[a]43 The meaning of the Hebrew for this word is uncertain.

ambush [ǽmbuʃ] *n.* 매복
arm [a:rm] *vt.* 무장시키다
arrange [əréindʒ] *vi.* 협정하다
casualty [kǽʒuəlti] *n.* 사상(자)
column [káləm] *n.* 기둥
chase [tʃeis] *vt.* 뒤쫓다
defeat [difí:t] *vt.* 패배시키다
disaster [dizǽstər] *n.* 재앙
escape [iskéip] *vi.* 달아나다
overrun [ouvərʌ́n] *vt.* 침략하다
rely [rilái] *vi.* 의지하다
sword [sɔ:rd] *n.* 칼
swordsman [sɔ́:rdzmen] *n.* 검객
valiant [vǽljənt] *a.* 용맹스러운
vicinity [visínəti] *n.* 근처

20:35 **strike down**: 죽이다
20:36 **give way**: 물러가다, 양보하다
20:37 **spread out**: 널리 펴지다
20:45 **as far as**: …에 까지
20:48 **set on fire**: 불 지르다
21:1 **take an oath**: 맹세하다

였더라
2 백성이 벧엘에 이르러 거기서 저녁까지 하나
님 앞에 앉아서 큰 소리로 울며
3 이르되 이스라엘의 하나님 여호와여 어찌하여
이스라엘에 이런 일이 생겨서 오늘 이스라엘
중에 한 지파가 없어지게 하시나이까 하더니
4 이튿날에 백성이 일찍이 일어나 거기에 한 제
단을 쌓고 번제와 화목제를 드렸더라
5 이스라엘 자손이 이르되 이스라엘 온 지파 중
에 총회와 함께하여 여호와 앞에 올라오지 아
니한 자가 누구냐 하니 이는 그들이 크게 맹세
하기를 미스바에 와서 여호와 앞에 이르지 아
니하는 자는 반드시 죽일 것이라 하였음이라
6 이스라엘 자손이 그들의 형제 베냐민을 위하
여 뉘우쳐 이르되 오늘 이스라엘 중에 한 지파
가 끊어졌도다
7 그 남은 자들에게 우리가 어떻게 하면 아내를
얻게 하리요 우리가 전에 여호와로 맹세하여
우리의 딸을 그들의 아내로 주지 아니하리라
하였도다
8 ●또 이르되 이스라엘 지파 중 미스바에 올라
와서 여호와께 이르지 아니한 자가 누구냐 하
고 본즉 야베스 길르앗에서는 한 사람도 진영
에 이르러 총회에 참여하지 아니하였으니
9 백성을 계수할 때에 야베스 길르앗 주민이 하
나도 거기 없음을 보았음이라
10 회중이 큰 용사 만 이천 명을 그리로 보내며
그들에게 명령하여 이르되 가서 야베스 길르
앗 주민과 부녀와 어린아이를 칼날로 치라
11 너희가 행할 일은 모든 남자 및 남자와 잔 여
자를 진멸하여 바칠 것이니라 하였더라
12 그들이 야베스 길르앗 주민 중에서 젊은 처녀
사백 명을 얻었으니 이는 아직 남자와 동침한
일이 없어 남자를 알지 못하는 자라 그들을 실
로 진영으로 데려오니 이곳은 가나안 땅이더라
13 ●온 회중이 림몬 바위에 있는 베냐민 자손에
게 사람을 보내어 평화를 공포하게 하였더니
14 그때에 베냐민이 돌아온지라 이에 이스라엘 사
람이 야베스 길르앗 여자들 중에서 살려 둔 여
자들을 그들에게 주었으나 아직도 부족하므로
15 백성들이 베냐민을 위하여 뉘우쳤으니 이는
여호와께서 이스라엘 지파들 중에 한 지파가
빠지게 하셨음이었더라
16 ●회중의 장로들이 이르되 베냐민의 여인이
다 멸절되었으니 이제 그 남은 자들에게 어떻
게 하여야 아내를 얻게 할까 하고
17 또 이르되 베냐민 중 도망하여 살아남은 자에

daughter in marriage to a Benjamite."
2 •The people went to Bethel,[a] where they
sat before God until evening, raising their
3 voices and weeping bitterly. •"LORD, God of
Israel," they cried, "why has this happened to
Israel? Why should one tribe be missing from
Israel today?"
4 •Early the next day the people built an
altar and presented burnt offerings and fel-
lowship offerings.
5 •Then the Israelites asked, "Who from
all the tribes of Israel has failed to assem-
ble before the LORD?" For they had taken a
solemn oath that anyone who failed to
assemble before the LORD at Mizpah was to
be put to death.
6 •Now the Israelites grieved for the tribe of
Benjamin, their fellow Israelites. "Today one
7 tribe is cut off from Israel," they said. •"How
can we provide wives for those who are left,
since we have taken an oath by the LORD not
to give them any of our daughters in mar-
8 riage?" •Then they asked, "Which one of the
tribes of Israel failed to assemble before the
LORD at Mizpah?" They discovered that no
one from Jabesh Gilead had come to the
9 camp for the assembly. •For when they
counted the people, they found that none
of the people of Jabesh Gilead were there.
10 •So the assembly sent twelve thousand
fighting men with instructions to go to
Jabesh Gilead and put to the sword those liv-
ing there, including the women and chil-
11 dren. •"This is what you are to do," they said.
"Kill every male and every woman who is
12 not a virgin." •They found among the peo-
ple living in Jabesh Gilead four hundred
young women who had never slept with a
man, and they took them to the camp at
Shiloh in Canaan.
13 •Then the whole assembly sent an offer of
peace to the Benjamites at the rock of Rim-
14 mon. •So the Benjamites returned at that
time and were given the women of Jabesh
Gilead who had been spared. But there were
not enough for all of them.
15 •The people grieved for Benjamin, because
the LORD had made a gap in the tribes of
16 Israel. •And the elders of the assembly said,
"With the women of Benjamin destroyed,
how shall we provide wives for the men who

[a]2 Or *to the house of God*

assembly [əsémbli] *n.* 집회
bitterly [bítərli] *ad.* 격하게
destroy [distrɔ́i] *vt.* 진멸하다
discover [diskʌ́vər] *vt.* 발견하다
fellowship [félouʃip] *n.* 화목
grieve [gri:v] *vi.* 근심하다, 슬퍼하다
include [inklú:d] *vt.* 포함하다
instruction [instrʌ́kʃən] *n.* 명령
offer [ɔ́:fər] *vt.* 바치다
provide [prəváid] *vt.* 공급하다
solemn [sáləm] *a.* 엄숙한
spare [spɛər] *vt.* 목숨을 살려주다
tribe [traib] *n.* 지파, 족속
virgin [və́:rdʒin] *n.* 처녀
weep [wi:p] *vi.* 울다

21:1 give in marriage: 시집보내다
21:5 fail to...: …하는 데 실패하다
21:5 put to death: 죽이다
21:6 cut off: 자르다
21:10 put to the sword: 베어 죽이다
21:14 at that time: 그 때에

게 마땅히 기업이 있어야 하리니 그리하면 이
스라엘 중에 한 지파가 사라짐이 없으리라
18 그러나 우리가 우리의 딸을 그들의 아내로 주
지 못하리니 이는 이스라엘 자손이 맹세하여
이르기를 딸을 베냐민에게 아내로 주는 자는
저주를 받으리라 하였음이로다 하니라
19 또 이르되 보라 벧엘 북쪽 르보나 남쪽 벧엘에
서 세겜으로 올라가는 큰 길 동쪽 실로에 매년
여호와의 명절이 있도다 하고 18:31
20 베냐민 자손에게 명령하여 이르되 가서 포도
원에 숨어
21 보다가 실로의 여자들이 춤을 추러 나오거든
너희는 포도원에서 나와서 실로의 딸 중에서
각각 하나를 붙들어 가지고 자기의 아내로 삼
아 베냐민 땅으로 돌아가라
22 만일 그의 아버지나 형제가 와서 우리에게 시
비하면 우리가 그에게 말하기를 청하건대 너
희는 우리에게 은혜를 베풀어 그들을 우리에
게 줄지니라 이는 우리가 전쟁할 때에 각 사람
을 위하여 그의 아내를 얻어 주지 못하였고 너
희가 자의로 그들에게 준 것이 아니니 너희에
게 죄가 없을 것임이니라 하겠노라 하매
23 베냐민 자손이 그같이 행하여 춤추는 여자들
중에서 자기들의 숫자대로 붙들어 아내로 삼
아 자기 기업에 돌아가서 성읍들을 건축하고
거기에 거주하였더라
24 그때에 이스라엘 자손이 그곳에서 각기 자기의
지파, 자기의 가족에게로 돌아갔으니 곧 각기
그곳에서 나와서 자기의 기업으로 돌아갔더라
25 ● 그때에 이스라엘에 왕이 없으므로 사람이
각기 자기의 소견에 옳은 대로 행하였더라

17 are left? ● The Benjamite survivors must
have heirs," they said, "so that a tribe of
18 Israel will not be wiped out. ● We can't give
them our daughters as wives, since we
Israelites have taken this oath: 'Cursed be
anyone who gives a wife to a Benjamite.'
19 ● But look, there is the annual festival of the
LORD in Shiloh, which lies north of Bethel,
east of the road that goes from Bethel to
Shechem, and south of Lebonah."
20 ● So they instructed the Benjamites, say-
21 ing, "Go and hide in the vineyards ● and
watch. When the young women of Shiloh
come out to join in the dancing, rush from
the vineyards and each of you seize one of
them to be your wife. Then return to the
22 land of Benjamin. ● When their fathers or
brothers complain to us, we will say to
them, 'Do us the favor of helping them,
because we did not get wives for them dur-
ing the war. You will not be guilty of break-
ing your oath because you did not give your
daughters to them.' "
23 ● So that is what the Benjamites did.
While the young women were dancing,
each man caught one and carried her off to
be his wife. Then they returned to their
inheritance and rebuilt the towns and set-
tled in them.
24 ● At that time the Israelites left that place
and went home to their tribes and clans,
each to his own inheritance.
25 ● In those days Israel had no king; every-
one did as they saw fit.

annual [ǽnjuəl] *a.* 해마다의
complain [kəmpléin] *vi.* 불평하다
clan [klæn] *n.* 씨족, 가족
favor [féivər] *vt.* 은혜, 호의를 베풀다
fit [fit] *a.* 적절한, 꼭 맞는
guilty [gílti] *a.* 죄 있는
hide [haid] *vt.* 숨기다
inheritance [inhérətəns] *n.* 상속
rebuild [ri:bild] *vt.* 재건하다
return [ritə́:rn] *vi.* 되돌아가다, 돌아오다
rush [rʌ́ʃ] *vi.* 돌진하다
seize [si:z] *vt.* 빼앗다
settle [sétl] *vi.* 정착하다
survivor [sərváivər] *n.* 생존자
vineyard [vínjərd] *n.* 포도원

21:17 wipe out: 일소하다, 지우다
21:20 hide in...: …에 숨다
21:21 come out: (밖으로) 나오다
21:21 join in: 참가하다
21:23 carry off: 유괴하다, 채가다
21:23 return to: 돌아가다

룻기 | Ruth

● 저자 _ 미상 ● 저작 연대 _ B.C. 1011-931년 사이(확실치 않음)
● 기록 대상 _ 이스라엘 백성 ● 핵심어 및 내용 _ 핵심어는 '기업 무를 자', '조상' 등이다.

보아스는 나오미의 친척으로서 나오미의 기업에 대한 권리를 회복시켜 주기 위하여 기꺼이 기업 무를 자가 되었다. 그리하여 룻은 다윗의 족보 속에 들어가고 보아스와 룻은 다윗의 증조부와 증조모가 되었다.

엘리멜렉과 그 가족의 모압 이주 (♪ 575장)
—B.C. 1100년경

1 **사사들이 치리하던 때에 그 땅에 흉년이 드니라 유다 베들레헴에 한 사람이 그의 아내와 두 아들을 데리고 모압 지방에 가서 거류하였는데**
2 **그 사람의 이름은 엘리멜렉이요 그의 아내의 이름은 나오미요 그의 두 아들의 이름은 말론과 기룐이니 유다 베들레헴 에브랏 사람들이더라 그들이 모압 지방에 들어가서 거기 살더니** 창 35:19
3 **나오미의 남편 엘리멜렉이 죽고 나오미와 그의 두 아들이 남았으며**
4 **그들은 모압 여자 중에서 그들의 아내를 맞이하였는데 하나의 이름은 오르바요 하나의 이름은 룻이더라 그들이 거기에 거주한 지 십 년쯤에**
5 **말론과 기룐 두 사람이 다 죽고 그 여인은 두 아들과 남편의 뒤에 남았더라**

나오미와 룻이 베들레헴으로 오다

6 **●그 여인이 모압 지방에서 여호와께서 자기 백성을 돌보시사 그들에게 양식을 주셨다 함을 듣고 이에 두 며느리와 함께 일어나 모압 지방에서 돌아오려 하여**
7 **있던 곳에서 나오고 두 며느리도 그와 함께 하여 유다 땅으로 돌아오려고 길을 가다가**
8 **나오미가 두 며느리에게 이르되 너희는 각기 너희 어머니의 집으로 돌아가라 너희가 죽은 자들과 나를 선대한 것같이 여호와께서 너희를 선대하시기를 원하며**
9 **여호와께서 너희에게 허락하사 각기 남편의 집에서 위로를 받게 하시기를 원하노라 하고 그들에게 입 맞추매 그들이 소리를 높여 울며**
10 **나오미에게 이르되 아니니이다 우리는 어머니와 함께 어머니의 백성에게로 돌아가겠나이다 하는지라**
11 **나오미가 이르되 내 딸들아 돌아가라 너희가 어찌 나와 함께 가려느냐 내 태중에 너희의 남편 될 아들들이 아직 있느냐** 신 25:5
12 **내 딸들아 되돌아 가라 나는 늙었으니 남편을 두지 못할지라 가령 내가 소망이 있다고 말한다든지 오늘 밤에 남편을 두어 아들들을**

Naomi Loses Her Husband and Sons

1 In the days when the judges ruled,[a] there
was a famine in the land. So a man from
Bethlehem in Judah, together with his wife
and two sons, went to live for a while in the
2 country of Moab. •The man's name was
Elimelek, his wife's name was Naomi, and the
names of his two sons were Mahlon and Kil-
ion. They were Ephrathites from Bethlehem,
Judah. And they went to Moab and lived
there.
3 •Now Elimelek, Naomi's husband, died,
4 and she was left with her two sons. •They
married Moabite women, one named Orpah
and the other Ruth. After they had lived there
5 about ten years, •both Mahlon and Kilion
also died, and Naomi was left without her two
sons and her husband.

Naomi and Ruth Return to Bethlehem

6 •When Naomi heard in Moab that the
LORD had come to the aid of his people by pro-
viding food for them, she and her dau-
ghters-in-law prepared to return home from
7 there. •With her two daughters-in-law she left
the place where she had been living and set
out on the road that would take them back to
the land of Judah.
8 •Then Naomi said to her two daughters-
in-law, "Go back, each of you, to your moth-
er's home. May the LORD show you kindness,
as you have shown kindness to your dead hus-
9 bands and to me. •May the LORD grant that
each of you will find rest in the home of
another husband."
Then she kissed them goodbye and they
10 wept aloud •and said to her, "We will go back
with you to your people."
11 •But Naomi said, "Return home, my daugh-
ters. Why would you come with me? Am I
going to have any more sons, who could be-
12 come your husbands? •Return home, my
daughters; I am too old to have another hus-
band. Even if I thought there was still hope
for me—even if I had a husband tonight and

[a]1 Traditionally *judged*

낳는다 하더라도
13 너희가 어찌 그들이 자라기를 기다리겠으며
어찌 남편 없이 지내겠다고 결심하겠느냐 내
딸들아 그렇지 아니하니라 여호와의 손이 나
를 치셨으므로 나는 너희로 말미암아 더욱
마음이 아프도다 하매 삿 2:15
14 그들이 소리를 높여 다시 울더니 오르바는
그의 시어머니에게 입 맞추되 룻은 그를 붙
좇았더라
15 ●나오미가 또 이르되 보라 네 동서는 그의
백성과 그의 신들에게로 돌아가나니 너도 너
의 동서를 따라 돌아가라 하니
16 룻이 이르되 내게 어머니를 떠나며 어머니를
따르지 말고 돌아가라 강권하지 마옵소서 어
머니께서 가시는 곳에 나도 가고 어머니께서
머무시는 곳에서 나도 머물겠나이다 어머니
의 백성이 나의 백성이 되고 어머니의 하나
님이 나의 하나님이 되시리니
17 어머니께서 죽으시는 곳에서 나도 죽어 거기
묻힐 것이라 만일 내가 죽는 일 외에 어머니
를 떠나면 여호와께서 내게 벌을 내리시고
더 내리시기를 원하나이다 하는지라
18 나오미가 룻이 자기와 함께 가기로 굳게 결
심함을 보고 그에게 말하기를 그치니라
19 ●이에 그 두 사람이 베들레헴까지 갔더라
베들레헴에 이를 때에 온 성읍이 그들로 말
미암아 떠들며 이르기를 이이가 [1]나오미냐
하는지라
20 나오미가 그들에게 이르되 나를 나오미라 부
르지 말고 나를 [2]마라라 부르라 이는 전능자
가 나를 심히 괴롭게 하셨음이니라
21 내가 풍족하게 나갔더니 여호와께서 내게 비
어 돌아오게 하셨느니라 여호와께서 나를 징
벌하셨고 전능자가 나를 괴롭게 하셨거늘 너
희가 어찌 나를 나오미라 부르느냐 하니라
22 나오미가 모압 지방에서 그의 며느리 모압
여인 룻과 함께 돌아왔는데 그들이 보리 추
수 시작할 때에 베들레헴에 이르렀더라

룻이 보아스를 만나다 — B.C. 1100년경

2 나오미의 남편 엘리멜렉의 친족으로 [3]유
력한 자가 있으니 그의 이름은 보아스더라
2 모압 여인 룻이 나오미에게 이르되 원하건대
내가 밭으로 가서 내가 누구에게 은혜를 입으
면 그를 따라서 이삭을 줍겠나이다 하니 나오
미가 그에게 이르되 내 딸아 갈지어다 하매
3 룻이 가서 베는 자를 따라 밭에서 이삭을 줍
는데 우연히 엘리멜렉의 친족 보아스에게 속

13 then gave birth to sons — ●would you wait
until they grew up? Would you remain un-
married for them? No, my daughters. It is
more bitter for me than for you, because the
LORD's hand has turned against me!"
14 ●At this they wept aloud again. Then
Orpah kissed her mother-in-law goodbye, but
Ruth clung to her.
15 ●"Look," said Naomi, "your sister-in-law is
going back to her people and her gods. Go
back with her."
16 ●But Ruth replied, "Don't urge me to leave
you or to turn back from you. Where you go I
will go, and where you stay I will stay. Your
people will be my people and your God my
17 God. ●Where you die I will die, and there I
will be buried. May the LORD deal with me, be
it ever so severely, if even death separates you
18 and me." ●When Naomi realized that Ruth
was determined to go with her, she stopped
urging her.
19 ●So the two women went on until they
came to Bethlehem. When they arrived in
Bethlehem, the whole town was stirred be-
cause of them, and the women exclaimed,
"Can this be Naomi?"
20 ●"Don't call me Naomi,[a]" she told them.
"Call me Mara,[b] because the Almighty[c] has
21 made my life very bitter. ●I went away full,
but the LORD has brought me back empty.
Why call me Naomi? The LORD has afflicted[d]
me; the Almighty has brought misfortune
upon me."
22 ●So Naomi returned from Moab accompa-
nied by Ruth the Moabite, her daughter-in
-law, arriving in Bethlehem as the barley har-
vest was beginning.

Ruth Meets Boaz in the Grain Field

2 Now Naomi had a relative on her hus-
band's side, a man of standing from the
clan of Elimelek, whose name was Boaz.
2 ●And Ruth the Moabite said to Naomi, "Let
me go to the fields and pick up the leftover
grain behind anyone in whose eyes I find
favor."
Naomi said to her, "Go ahead, my daugh-
3 ter." ●So she went out, entered a field and
began to glean behind the harvesters. As it
turned out, she was working in a field belong-

[a]20 *Naomi* means *pleasant.* [b]20 *Mara* means *bitter.* [c]20 Hebrew *Shaddai*; also in verse 21 [d]21 Or *has testified against* 1) 희락 2) 괴로움 3) 부호

룻

accompany [əkʌ́mpəni] *vt.* 동반하다
afflict [əflíkt] *vt.* 괴롭히다
almighty [ɔːlmáiti] *a.* 전능한
barley [bɑ́ːrli] *n.* 보리
bitter [bítər] *a.* 고통스러운
bury [béri] *vt.* 파묻다
cling [kliŋ] *vi.* 달라붙다
exclaim [ikskléim] *vt.* 외치다
misfortune [misfɔ́ːrtʃən] *n.* 불운
realize [ríːəlàiz] *vt.* 깨닫다, 이해하다
relative [rélətiv] *n.* 친척
separate [sépərèit] *vt.* 가르다
severely [sivíərli] *ad.* 엄하게
sister-in-law [sistərinlɔ̀ː] *n.* 동서
stir [stəːr] *vt.* 흥분시키다

1:13 more than...: …보다 더
1:16 urge to: 강권하다
1:17 deal with: 다루다
1:18 be determined to...: …하기로 결심하다
2:2 pick up: 줍다
2:3 go out: 나가다

한 밭에 이르렀더라
4 마침 보아스가 베들레헴에서부터 와서 베는 자들에게 이르되 여호와께서 너희와 함께 하시기를 원하노라 하니 그들이 대답하되 여호와께서 당신에게 복 주시기를 원하나이다 하니라
5 보아스가 베는 자들을 거느린 사환에게 이르되 이는 누구의 소녀냐 하니
6 베는 자를 거느린 사환이 대답하여 이르되 이는 나오미와 함께 모압 지방에서 돌아온 모압 소녀인데 1:22
7 그의 말이 나로 베는 자를 따라 단 사이에서 이삭을 줍게 하소서 하였고 아침부터 와서는 잠시 집에서 쉰 외에 지금까지 계속하는 중이니이다
8 ●보아스가 룻에게 이르되 내 딸아 들으라 이삭을 주우러 다른 밭으로 가지 말며 여기서 떠나지 말고 나의 소녀들과 함께 있으라
9 그들이 베는 밭을 보고 그들을 따라라 내가 그 소년들에게 명령하여 너를 건드리지 말라 하였느니라 목이 마르거든 그릇에 가서 소년들이 길어 온 것을 마실지니라 하는지라
10 룻이 엎드려 얼굴을 땅에 대고 절하며 그에게 이르되 나는 이방 여인이거늘 당신이 어찌하여 내게 은혜를 베푸시며 나를 돌보시나이까 하니
11 보아스가 그에게 대답하여 이르되 네 남편이 죽은 후로 네가 시어머니에게 행한 모든 것과 네 부모와 고국을 떠나 전에 알지 못하던 백성에게로 온 일이 내게 분명히 알려졌느니라
12 여호와께서 네가 행한 일에 보답하시기를 원하며 이스라엘의 하나님 여호와께서 그의 날개 아래에 보호를 받으러 온 네게 온전한 상 주시기를 원하노라 하는지라
13 룻이 이르되 내 주여 내가 당신께 은혜 입기를 원하나이다 나는 당신의 하녀 중의 하나와도 같지 못하오나 당신이 이 하녀를 위로하시고 마음을 기쁘게 하는 말씀을 하셨나이다 하니라
14 ●식사할 때에 보아스가 룻에게 이르되 이리로 와서 떡을 먹으며 네 떡 조각을 초에 찍으라 하므로 룻이 곡식 베는 자 곁에 앉으니 [1]그가 볶은 곡식을 주매 룻이 배불리 먹고 남았더라
15 룻이 이삭을 주우러 일어날 때에 보아스가 자기 소년들에게 명령하여 이르되 그에게 곡

ing to Boaz, who was from the clan of Elimelek.
4 ●Just then Boaz arrived from Bethlehem
and greeted the harvesters, "The LORD be with
you!"
"The LORD bless you!" they answered.
5 ●Boaz asked the overseer of his harvesters,
"Who does that young woman belong to?"
6 ●The overseer replied, "She is the Moabite
who came back from Moab with Naomi.
7 ●She said, 'Please let me glean and gather
among the sheaves behind the harvesters.'
She came into the field and has remained
here from morning till now, except for a
short rest in the shelter."
8 ●So Boaz said to Ruth, "My daughter, listen
to me. Don't go and glean in another field
and don't go away from here. Stay here with
9 the women who work for me. ●Watch the
field where the men are harvesting, and follow along after the women. I have told the
men not to lay a hand on you. And whenever
you are thirsty, go and get a drink from the
water jars the men have filled."
10 ●At this, she bowed down with her face
to the ground. She asked him, "Why have I
found such favor in your eyes that you notice
me—a foreigner?"
11 ●Boaz replied, "I've been told all about
what you have done for your mother-in-law
since the death of your husband—how you
left your father and mother and your homeland and came to live with a people you did
12 not know before. ●May the LORD repay you
for what you have done. May you be richly
rewarded by the LORD, the God of Israel, under
whose wings you have come to take refuge."
13 ●"May I continue to find favor in your eyes,
my lord," she said. "You have put me at ease
by speaking kindly to your servant—though
I do not have the standing of one of your servants."
14 ●At mealtime Boaz said to her, "Come
over here. Have some bread and dip it in the
wine vinegar."
When she sat down with the harvesters, he
offered her some roasted grain. She ate all she
15 wanted and had some left over. ●As she got up
to glean, Boaz gave orders to his men, "Let her
gather among the sheaves and don't repri-
16 mand her. ●Even pull out some stalks for her

1) 그들이

룻

glean [gli:n] *vt.* (이삭을) 줍다
greet [gri:t] *vt.* 인사하다
harvester [há:rvistər] *n.* 거두는 일꾼
jar [dʒa:r] *n.* 항아리
mealtime [mi:ltaim] *n.* 식사시간
mother-in-law [mʌ́ðərinlɔ:] *n.* 시어머니
overseer [óuvərsi:ər] *n.* 감독
repay [ripéi] *vt.* 갚다
reward [riwɔ́:rd] *vt.* 보상하다
sheaf [ʃi:f] *n.* (곡물의) 단
shelter [ʃéltər] *n.* 안식처
stalk [stɔ:k] *n.* 줄기
thirsty [θə́:rsti] *a.* 목마른
till [tíl] *prep.* …까지
vinegar [vínəgər] *n.* 식초

2:7 **except for...**: …을 제외한
2:10 **bow down**: (몸, 뜻을) 굽히다
2:10 **find favor in a person's eyes**: …의 총애를 받다
2:12 **take refuge**: 피난처를 얻다
2:14 **dip in...**: …에 담그다

식 단 사이에서 줍게 하고 책망하지 말며
16 또 그를 위하여 곡식 다발에서 조금씩 뽑아
버려서 그에게 줍게 하고 꾸짖지 말라 하니
라
17 ●룻이 밭에서 저녁까지 줍고 그 주운 것을
떠니 보리가 한 에바쯤 되는지라
18 그것을 가지고 성읍에 들어가서 시어머니에
게 그 주운 것을 보이고 그가 배불리 먹고 남
긴 것을 내어 시어머니에게 드리매 2:14
19 시어머니가 그에게 이르되 오늘 어디서 주웠
느냐 어디서 일을 하였느냐 너를 돌본 자에
게 복이 있기를 원하노라 하니 룻이 누구에
게서 일했는지를 시어머니에게 알게 하여 이
르되 오늘 일하게 한 사람의 이름은 보아스
니이다 하는지라 2:10
20 나오미가 자기 며느리에게 이르되 그가 여호
와로부터 복 받기를 원하노라 그가 살아 있
는 자와 죽은 자에게 은혜 베풀기를 그치지
아니하도다 하고 나오미가 또 그에게 이르되
그 사람은 우리와 가까우니 우리 1)기업을 무
를 자 중의 하나이니라 하니라
21 모압 여인 룻이 이르되 그가 내게 또 이르기
를 내 추수를 다 마치기까지 너는 내 소년들
에게 가까이 있으라 하더이다 하니
22 나오미가 며느리 룻에게 이르되 내 딸아 너
는 그의 소녀들과 함께 나가고 다른 밭에서
사람을 만나지 아니하는 것이 좋으니라 하는
지라
23 이에 룻이 보아스의 소녀들에게 가까이 있어
서 보리 추수와 밀 추수를 마치기까지 이삭
을 주우며 그의 시어머니와 함께 거주하니라

룻이 보아스와 가까워지다 ＝ B.C. 1100년경

3 룻의 시어머니 나오미가 그에게 이르되
내 딸아 내가 너를 위하여 안식할 곳을 구
하여 너를 복되게 하여야 하지 않겠느냐
2 네가 함께 하던 하녀들을 둔 보아스는 우리
의 친족이 아니냐 보라 그가 오늘 밤에 타작
마당에서 보리를 까불리라
3 그런즉 너는 목욕하고 기름을 바르고 의복을
입고 타작마당에 내려가서 그 사람이 먹고
마시기를 다 하기까지는 그에게 보이지 말고
4 그가 누울 때에 너는 그가 눕는 곳을 알았다
가 들어가서 그의 발치 이불을 들고 거기 누
우라 그가 네 할 일을 네게 알게 하리라 하
니
5 룻이 시어머니에게 이르되 어머니의 말씀대
로 내가 다 행하리이다 하니라

from the bundles and leave them for her to
pick up, and don't rebuke her."
17 ●So Ruth gleaned in the field until evening.
Then she threshed the barley she had gath-
ered, and it amounted to about an ephah.[a]
18 ●She carried it back to town, and her mother-
in-law saw how much she had gathered. Ruth
also brought out and gave her what she had
left over after she had eaten enough.
19 ●Her mother-in-law asked her, "Where
did you glean today? Where did you work?
Blessed be the man who took notice of you!"
Then Ruth told her mother-in-law about
the one at whose place she had been work-
ing. "The name of the man I worked with
today is Boaz," she said.
20 ●"The LORD bless him!" Naomi said to her
daughter-in-law. "He has not stopped show-
ing his kindness to the living and the dead."
She added, "That man is our close relative;
he is one of our guardian-redeemers.[b]"
21 ●Then Ruth the Moabite said, "He even said
to me, 'Stay with my workers until they fin-
ish harvesting all my grain.' "
22 ●Naomi said to Ruth her daughter-in-law,
"It will be good for you, my daughter, to go
with the women who work for him, because
in someone else's field you might be harmed."
23 ●So Ruth stayed close to the women of
Boaz to glean until the barley and wheat har-
vests were finished. And she lived with her
mother-in-law.

Ruth and Boaz at the Threshing Floor

3 One day Ruth's mother-in-law Naomi
said to her, "My daughter, I must find a
home[c] for you, where you will be well pro-
2 vided for. ●Now Boaz, with whose women
you have worked, is a relative of ours. Tonight
he will be winnowing barley on the thresh-
3 ing floor. ●Wash, put on perfume, and get
dressed in your best clothes. Then go down to
the threshing floor, but don't let him know
you are there until he has finished eating
4 and drinking. ●When he lies down, note
the place where he is lying. Then go and un-
cover his feet and lie down. He will tell you
what to do."
5 ●"I will do whatever you say," Ruth an-

[a]*17* That is, probably about 30 pounds or about 13 kilograms [b]*20* The Hebrew word for *guardian-redeemer* is a legal term for one who has the obligation to redeem a relative in serious difficulty (see Lev. 25:25-55). [c]*1* Hebrew *find rest* (see 1:9)

1) 레 25:25를 보라

룻

barley [bá:rli] *n.* 보리
bundle [bʌ́ndl] *n.* 묶음
floor [flɔ:r] *n.* 마당
gather [gǽðər] *vt.* 모으다
glean [gli:n] *vt.* (이삭을) 줍다
harm [ha:rm] *vt.* 상하게 하다
harvest [há:rvist] *vt.* 수확하다
perfume [pərfjú:m] *vt.* 향수를 바르다
provide [prəváid] *vt.* 제공하다
rebuke [ribjú:k] *vt.* 꾸짖다
redeemer [ridí:mər] *n.* 도로 사는 사람
relative [rélətiv] *n.* 친척
thresh [θreʃ] *vt.* 타작하다
uncover [ʌnkʌ́vər] *vt.* 벗기다
winnow [wínou] *vt.* 까부르다

2:16 pick up: 줍다
2:17 amount to...: 합계가 …에 이르다
2:18 bring out: …꺼내다
2:19 take notice of...: …에게 호의를 베풀다
3:3 put on: 바르다
3:4 lie down: 눕다

6 ●그가 타작마당으로 내려가서 시어머니의 명령대로 다 하니라
7 보아스가 먹고 마시고 마음이 즐거워 가서 곡식 단 더미의 끝에 눕는지라 룻이 가만히 가서 그의 발치 이불을 들고 거기 누웠더라
8 밤중에 그가 놀라 몸을 돌이켜 본즉 한 여인이 자기 발치에 누워 있는지라
9 이르되 네가 누구냐 하니 대답하되 나는 당신의 여종 룻이오니 당신의 옷자락을 펴 당신의 여종을 덮으소서 이는 당신이 기업을 무를 자가 됨이니이다 하니
10 그가 이르되 내 딸아 여호와께서 네게 복 주시기를 원하노라 네가 가난하건 부하건 젊은 자를 따르지 아니하였으니 네가 베푼 인애가 처음보다 나중이 더하도다
11 그리고 이제 내 딸아 두려워하지 말라 내가 네 말대로 네게 다 행하리라 네가 현숙한 여자인 줄을 나의 성읍 백성이 다 아느니라
12 참으로 나는 기업을 무를 자이나 기업 무를 자로서 나보다 더 가까운 사람이 있으니 4:1
13 이 밤에 여기서 머무르라 아침에 그가 기업 무를 자의 책임을 네게 이행하려 하면 좋으니 그가 그 기업 무를 자의 책임을 행할 것이니라 만일 그가 기업 무를 자의 책임을 네게 이행하기를 기뻐하지 아니하면 여호와께서 살아 계심을 두고 맹세하노니 내가 기업 무를 자의 책임을 네게 이행하리라 아침까지 누워 있을지니라 하는지라
14 ●룻이 새벽까지 그의 발치에 누웠다가 사람이 서로 알아보기 어려울 때에 일어났으니 보아스가 말하기를 여인이 타작마당에 들어온 것을 사람이 알지 못하여야 할 것이라 하였음이라
15 보아스가 이르되 네 겉옷을 가져다가 그것을 펴서 잡으라 하매 그것을 펴서 잡으니 보리를 여섯 번 되어 룻에게 [1]지워 주고 성읍으로 들어가니라
16 룻이 시어머니에게 가니 그가 이르되 내 딸아 [2]어떻게 되었느냐 하니 룻이 그 사람이 자기에게 행한 것을 다 알리고
17 이르되 그가 내게 이 보리를 여섯 번 되어 주며 이르기를 빈 손으로 네 시어머니에게 가지 말라 하더이다 하니라
18 이에 시어머니가 이르되 내 딸아 이 사건이 어떻게 될지 알기까지 앉아 있으라 그 사람이 오늘 이 일을 성취하기 전에는 쉬지 아니하리라 하니라

6 swered. ●So she went down to the threshing
floor and did everything her mother- in-law
told her to do.
7 ●When Boaz had finished eating and drink-
ing and was in good spirits, he went over to lie
down at the far end of the grain pile. Ruth
approached quietly, uncovered his feet and
8 lay down. ●In the middle of the night some-
thing startled the man; he turned—and there
was a woman lying at his feet!
9 ●"Who are you?" he asked.
"I am your servant Ruth," she said. "Spread
the corner of your garment over me, since you
are a guardian-redeemer[a] of our family."
10 ●"The LORD bless you, my daughter," he
replied. "This kindness is greater than that
which you showed earlier: You have not run
after the younger men, whether rich or poor.
11 ●And now, my daughter, don't be afraid. I
will do for you all you ask. All the people of
my town know that you are a woman of
12 noble character. ●Although it is true that I am
a guardian-redeemer of our family, there is
another who is more closely related than I.
13 ●Stay here for the night, and in the morning
if he wants to do his duty as your guardian-
redeemer, good; let him redeem you. But if he
is not willing, as surely as the LORD lives I will
do it. Lie here until morning."
14 ●So she lay at his feet until morning, but
got up before anyone could be recognized;
and he said, "No one must know that a wo-
man came to the threshing floor."
15 ●He also said, "Bring me the shawl you are
wearing and hold it out." When she did so,
he poured into it six measures of barley and
placed the bundle on her. Then he[b] went
back to town.
16 ●When Ruth came to her mother-in-law,
Naomi asked, "How did it go, my daughter?"
Then she told her everything Boaz had
17 done for her ●and added, "He gave me these
six measures of barley, saying, 'Don't go back
to your mother-in-law empty-handed.' "
18 ●Then Naomi said, "Wait, my daughter,
until you find out what happens. For the
man will not rest until the matter is settled
today."

[a]9 The Hebrew word for *guardian-redeemer* is a legal term for one who has the obligation to redeem a relative in serious difficulty (see Lev. 25:25-55); also in verses 12 and 13. [b]15 Most Hebrew manuscripts; many Hebrew manuscripts, Vulgate and Syriac *she*

1) 수리아와 라틴 번역에는, 이워 주니 그가 성으로 돌아가니라 2) 너는 누구냐

approach [əpróutʃ] *vt.* …에 다가가다
character [kǽriktər] *n.* 인격
closely [klóusli] *ad.* 밀접하게
empty-handed [émptihǽndid] *a.* 빈손의
garment [gá:rmənt] *n.* 긴 웃옷
measure [méʒər] *n.* 일정한 액수(양)
pile [pail] *n.* 더미
pour [pɔ:r] *vt.* 쏟아 붓다
quietly [kwáiətli] *ad.* 조용히
recognize [rékəgnàiz] *vt.* 인지하다
redeem [ridí:m] *vt.* (채무, 채권을) 변제하다
settle [sétl] *vt.* 해결하다
shawl [ʃɔ:l] *n.* 숄, 어깨 걸이
startle [stá:rtl] *vi.* 깜짝 놀라다
uncover [ʌnkʌ́vər] *vt.* 벗기다

3:6 go down: 내려가다
3:10 run after...: …를 뒤쫓다
3:13 as surely as...: …와 마찬가지로 틀림없이
3:15 hold out: 잡다
3:18 find out: 알아내다

룻이 보아스와 결혼하다

4 보아스가 성문으로 올라가서 거기 앉아 있더니 마침 보아스가 말하던 기업 무를 자가 지나가는지라 보아스가 그에게 이르되 아무개여 이리로 와서 앉으라 하니 그가 와서 앉으매

2 보아스가 그 성읍 장로 열 명을 청하여 이르되 당신들은 여기 앉으라 하니 그들이 앉으매

3 보아스가 그 기업 무를 자에게 이르되 모압 지방에서 돌아온 나오미가 우리 형제 엘리멜렉의 소유지를 팔려 하므로 레 25:25

4 내가 여기 앉은 이들과 내 백성의 장로들 앞에서 그것을 사라고 네게 말하여 알게 하려 하였노라 만일 네가 무르려면 무르려니와 만일 네가 무르지 아니하려거든 내게 고하여 알게 하라 네 다음은 나요 그 외에는 무를 자가 없느니라 하니 그가 이르되 내가 무르리라 하는지라 렘 32:7, 8

5 보아스가 이르되 네가 나오미의 손에서 그 밭을 사는 날에 곧 죽은 자의 아내 모압 여인 룻에게서 사서 그 죽은 자의 기업을 그의 이름으로 세워야 할지니라 하니

6 그 기업 무를 자가 이르되 나는 내 기업에 손해가 있을까 하여 나를 위하여 무르지 못하노니 내가 무를 것을 네가 무르라 나는 무르지 못하겠노라 하는지라

7 ●옛적 이스라엘 중에는 모든 것을 무르거나 교환하는 일을 확정하기 위하여 사람이 그의 신을 벗어 그의 이웃에게 주더니 이것이 이스라엘 중에 증명하는 전례가 된지라

8 이에 그 기업 무를 자가 보아스에게 이르되 네가 너를 위하여 사라 하고 그의 신을 벗는지라

9 보아스가 장로들과 모든 백성에게 이르되 내가 엘리멜렉과 기룐과 말론에게 있던 모든 것을 나오미의 손에서 산 일에 너희가 오늘 증인이 되었고

10 또 말론의 아내 모압 여인 룻을 사서 나의 아내로 맞이하고 그 죽은 자의 기업을 그의 이름으로 세워 그의 이름이 그의 형제 중과 그곳 성문에서 끊어지지 아니하게 함에 너희가 오늘 증인이 되었느니라 하니

11 성문에 있는 모든 백성과 장로들이 이르되 우리가 증인이 되나니 여호와께서 네 집에 들어가는 여인으로 이스라엘의 집을 세운 라헬과 레아 두 사람과 같게 하시고 네가 에브

Boaz Marries Ruth

4 Meanwhile Boaz went up to the town
gate and sat down there just as the guar-
dian-redeemer [a] he had mentioned came
along. Boaz said, "Come over here, my friend,
and sit down." So he went over and sat down.
2 •Boaz took ten of the elders of the town
3 and said, "Sit here," and they did so. •Then he
said to the guardian-redeemer, "Naomi, who
has come back from Moab, is selling the piece
of land that belonged to our relative Elime-
4 lek. •I thought I should bring the matter to
your attention and suggest that you buy it in
the presence of these seated here and in the
presence of the elders of my people. If you will
redeem it, do so. But if you [b] will not, tell me,
so I will know. For no one has the right to do
it except you, and I am next in line."
"I will redeem it," he said.
5 •Then Boaz said, "On the day you buy
the land from Naomi, you also acquire Ru-
th the Moabite, the [c] dead man's widow, in
order to maintain the name of the dead
with his property."
6 •At this, the guardian-redeemer said,
"Then I cannot redeem it because I might
endanger my own estate. You redeem it your-
self. I cannot do it."
7 •(Now in earlier times in Israel, for the
redemption and transfer of property to be-
come final, one party took off his sandal and
gave it to the other. This was the method of
legalizing transactions in Israel.)
8 •So the guardian-redeemer said to Boaz,
"Buy it yourself." And he removed his sandal.
9 •Then Boaz announced to the elders and
all the people, "Today you are witnesses that
I have bought from Naomi all the property
10 of Elimelek, Kilion and Mahlon. •I have also
acquired Ruth the Moabite, Mahlon's widow,
as my wife, in order to maintain the name of
the dead with his property, so that his name
will not disappear from among his family
or from his hometown. Today you are wit-
nesses!"
11 •Then the elders and all the people at the

[a] *1* The Hebrew word for *guardian-redeemer* is a legal term for one who has the obligation to redeem a relative in serious difficulty (see Lev. 25:25-55); also in verses 3, 6, 8 and 14. [b] *4* Many Hebrew manuscripts, Septuagint, Vulgate and Syriac; most Hebrew manuscripts *he* [c] *5* Vulgate and Syriac; Hebrew (see also Septuagint) *Naomi and from Ruth the Moabite, you acquire the*

acquire [əkwáiər] *vt.* 얻다
attention [əténʃən] *n.* 주목
endanger [indéindʒər] *vt.* 위험에 빠뜨리다
estate [istéit] *n.* 재산
legalize [líːgəlàiz] *vt.* 합법화하다
maintain [meintéin] *vt.* 유지하다
mention [ménʃən] *vt.* 언급하다
property [prápərti] *n.* 재산
redeemer [ridíːmər] *n.* 도로 사는 사람
redemption [ridémpʃən] *n.* 되찾음
suggest [səgdʒést] *vt.* 제안하다
transaction [trænsǽkʃən] *n.* 계약
transfer [trænsfə́ːr] *n.* 이전, 양도
widow [wídou] *n.* 미망인
witness [wítnis] *n.* 증인

4:1 sit down: 앉다
4:1 just as: 반드시 …처럼
4:3 belong to...: …에 속하다
4:4 in the presence of...: …의 면전에서
4:5 in order to...: …하기 위하여
4:7 take off: 벗다

랏에서 유력하고 베들레헴에서 유명하게 하
시기를 원하며
12 여호와께서 이 젊은 여자로 말미암아 네게
상속자를 주사 네 집이 다말이 유다에게 낳
아준 베레스의 집과 같게 하시기를 원하노라
하니라 창 38:29
13 ● 이에 보아스가 룻을 맞이하여 아내로 삼고
그에게 들어갔더니 여호와께서 그에게 임신
하게 하시므로 그가 아들을 낳은지라
14 여인들이 나오미에게 이르되 찬송할지로다
여호와께서 오늘 네게 기업 무를 자가 없게
하지 아니하셨도다 이 아이의 이름이 이스라
엘 중에 유명하게 되기를 원하노라
15 이는 네 생명의 회복자이며 네 노년의 봉양
자라 곧 너를 사랑하며 일곱 아들보다 귀한
네 며느리가 낳은 자로다 하니라 1:16
16 나오미가 아기를 받아 품에 품고 그의 양육
자가 되니
17 그의 이웃 여인들이 그에게 이름을 지어 주
되 나오미에게 아들이 태어났다 하여 그의
이름을 오벳이라 하였는데 그는 다윗의 아버
지인 이새의 아버지였더라
18 ● 베레스의 계보는 이러하니라 베레스는 헤
스론을 낳고
19 헤스론은 람을 낳았고 람은 암미나답을 낳았
고
20 암미나답은 나손을 낳았고 나손은 살몬을 낳
았고
21 살몬은 보아스를 낳았고 보아스는 오벳을 낳
았고
22 오벳은 이새를 낳고 이새는 다윗을 낳았더라

gate said, "We are witnesses. May the LORD
make the woman who is coming into your
home like Rachel and Leah, who together
built up the family of Israel. May you have
standing in Ephrathah and be famous in Beth-
12 lehem. ● Through the offspring the LORD gives
you by this young woman, may your family
be like that of Perez, whom Tamar bore to
Judah."

Naomi Gains a Son

13 ● So Boaz took Ruth and she became his
wife. When he made love to her, the LORD en-
abled her to conceive, and she gave birth to a
14 son. ● The women said to Naomi: "Praise be
to the LORD, who this day has not left you
without a guardian-redeemer. May he be-
15 come famous throughout Israel! ● He will
renew your life and sustain you in your old
age. For your daughter-in-law, who loves you
and who is better to you than seven sons, has
given him birth."
16 ● Then Naomi took the child in her arms
17 and cared for him. ● The women living there
said, "Naomi has a son!" And they named
him Obed. He was the father of Jesse, the
father of David.

The Genealogy of David

18 ● This, then, is the family line of Perez:

Perez was the father of Hezron,
19 ● Hezron the father of Ram,
Ram the father of Amminadab,
20 ● Amminadab the father of Nahshon,
Nahshon the father of Salmon,[a]
21 ● Salmon the father of Boaz,
Boaz the father of Obed,
22 ● Obed the father of Jesse,
and Jesse the father of David.

[a]20 A few Hebrew manuscripts, some Septuagint manuscripts and Vulgate (see also verse 21 and Septuagint of 1 Chron. 2:11); most Hebrew manuscripts *Salma*

bear [bɛər] *vt.* (아이를) 낳다
conceive [kənsíːv] *vi.* 임신하다
enable [inéibl] *vt.* …할 수 있게 하다
gain [gein] *vt.* 얻다
genealogy [dʒiːniǽlədʒi] *n.* 족보
offspring [ɔ́ːfspriŋ] *n.* 자손
renew [rinjúː] *vt.* 회복하다
sustain [səstéin] *vt.* 부양하다

4:11 build up: 세우다 **4:11 be famous in...**: …에서 유명하다 **4:16 care for**: 돌보다

1 Samuel | 사무엘상

● 저자 _ 사무엘로 추정 ● 저작 연대 _ B.C. 1050-931년 사이 ● 기록 장소 _ 이스라엘로 추정
● 기록 대상 _ 이스라엘 백성 ● 핵심어 및 내용 _ 핵심어는 '시기'와 '마음'이다.

이스라엘은 이웃 나라의 왕권제도를, 사울은 다윗의 승리를 시기하였다. 하지만 사람의 마음을 감찰하시는 하나님이 사람을 세우시는 방법은 인간의 생각과 다르다.

엘가나의 실로 순례 — B.C. 1070년경

1 에브라임 산지 라마다임소빔에 에브라임
사람 엘가나라 하는 사람이 있었으니 그는
여로함의 아들이요 엘리후의 손자요 도후의
증손이요 숩의 현손이더라
2 그에게 두 아내가 있었으니 한 사람의 이름
은 한나요 한 사람의 이름은 브닌나라 브닌
나에게는 자식이 있고 한나에게는 자식이 없
었더라
3 이 사람이 매년 자기 성읍에서 나와서 실로
에 올라가서 만군의 여호와께 예배하며 제사
를 드렸는데 엘리의 두 아들 홉니와 비느하
스가 여호와의 제사장으로 거기에 있었더라
4 엘가나가 제사를 드리는 날에는 제물의 분깃을
그의 아내 브닌나와 그의 모든 자녀에게 주고
5 한나에게는 갑절을 주니 이는 그를 사랑함이
라 그러나 여호와께서 그에게 임신하지 못하
게 하시니 창 16:1
6 여호와께서 그에게 임신하지 못하게 하시므
로 그의 적수인 브닌나가 그를 심히 격분하
게 하여 괴롭게 하더라
7 매년 한나가 여호와의 집에 올라갈 때마다
남편이 그같이 하매 브닌나가 그를 격분시키
므로 그가 울고 먹지 아니하니
8 그의 남편 엘가나가 그에게 이르되 한나여
어찌하여 울며 어찌하여 먹지 아니하며 어찌
하여 그대의 마음이 슬프냐 내가 그대에게
열 아들보다 낫지 아니하냐 하니라 룻 4:15

한나와 엘리

9 ●그들이 실로에서 먹고 마신 후에 한나가
일어나니 그때에 제사장 엘리는 여호와의 전
문설주 곁 의자에 앉아 있었더라 3:3
10 한나가 마음이 괴로워서 여호와께 기도하고
통곡하며
11 서원하여 이르되 만군의 여호와여 만일 주의
여종의 고통을 돌보시고 나를 기억하사 주의
여종을 잊지 아니하시고 주의 여종에게 아들을
주시면 내가 그의 평생에 그를 여호와께 드리
고 삭도를 그의 머리에 대지 아니하겠나이다
12 ●그가 여호와 앞에 오래 기도하는 동안에
엘리가 그의 입을 주목한즉
13 한나가 속으로 말하매 입술만 움직이고 음성

The Birth of Samuel

1 There was a certain man from Rama-
thaim, a Zuphite [a] from the hill country of
Ephraim, whose name was Elkanah son of
Jeroham, the son of Elihu, the son of Tohu, the
2 son of Zuph, an Ephraimite. •He had two
wives; one was called Hannah and the other
Peninnah. Peninnah had children, but Han-
nah had none.
3 •Year after year this man went up from
his town to worship and sacrifice to the LORD
Almighty at Shiloh, where Hophni and Phine-
has, the two sons of Eli, were priests of the
4 LORD. •Whenever the day came for Elkanah
to sacrifice, he would give portions of the
meat to his wife Peninnah and to all her sons
5 and daughters. •But to Hannah he gave a
double portion because he loved her, and the
6 LORD had closed her womb. •Because the
LORD had closed Hannah's womb, her rival
kept provoking her in order to irritate her.
7 •This went on year after year. Whenever Han-
nah went up to the house of the LORD, her
rival provoked her till she wept and would
8 not eat. •Her husband Elkanah would say
to her, "Hannah, why are you weeping? Why
don't you eat? Why are you downhearted?
Don't I mean more to you than ten sons?"
9 •Once when they had finished eating and
drinking in Shiloh, Hannah stood up. Now
Eli the priest was sitting on his chair by the
10 doorpost of the LORD's house. •In her deep
anguish Hannah prayed to the LORD, weeping
11 bitterly. •And she made a vow, saying, "LORD
Almighty, if you will only look on your ser-
vant's misery and remember me, and not for-
get your servant but give her a son, then I will
give him to the LORD for all the days of his life,
and no razor will ever be used on his head."
12 •As she kept on praying to the LORD, Eli
13 observed her mouth. •Hannah was praying
in her heart, and her lips were moving but
her voice was not heard. Eli thought she was
14 drunk •and said to her, "How long are you
going to stay drunk? Put away your wine."

[a] *1* See Septuagint and 1 Chron. 6:26-27,33-35; or *from Ramathaim Zuphim.*

은 들리지 아니하므로 엘리는 그가 취한 줄
로 생각한지라
14 엘리가 그에게 이르되 네가 언제까지 취하여
있겠느냐 포도주를 끊으라 하니
15 한나가 대답하여 이르되 내 주여 그렇지 아
니하니이다 나는 마음이 슬픈 여자라 포도주
나 독주를 마신 것이 아니요 여호와 앞에 내
심정을 통한 것뿐이오니
16 당신의 여종을 악한 여자로 여기지 마옵소서
내가 지금까지 말한 것은 나의 원통함과 격
분됨이 많기 때문이니이다 하는지라
17 엘리가 대답하여 이르되 평안히 가라 이스라
엘의 하나님이 네가 기도하여 구한 것을 허
락하시기를 원하노라 하니 시 20:3
18 이르되 당신의 여종이 당신께 은혜 입기를
원하나이다 하고 가서 먹고 얼굴에 다시는
근심 빛이 없더라

사무엘의 출생과 봉헌

19 ● 그들이 아침에 일찍이 일어나 여호와 앞에
경배하고 돌아가 라마의 자기 집에 이르니라
엘가나가 그의 아내 한나와 동침하매 여호와
께서 그를 생각하신지라
20 한나가 임신하고 때가 이르매 아들을 낳아
사무엘이라 이름하였으니 이는 내가 여호와
께 그를 구하였다 함이더라
21 ● 그 사람 엘가나와 그의 온 집이 여호와께
매년제와 서원제를 드리러 올라갈 때에
22 오직 한나는 올라가지 아니하고 그의 남편에
게 이르되 아이를 젖 떼거든 내가 그를 데리
고 가서 여호와 앞에 뵙게 하고 거기에 영원
히 있게 하리이다 하니
23 그의 남편 엘가나가 그에게 이르되 그대의
소견에 좋은 대로 하여 그를 젖 떼기까지 기
다리라 오직 여호와께서 그의 말씀대로 이루
시기를 원하노라 하니라 이에 그 여자가 그
의 아들을 양육하며 그가 젖 떼기까지 기다
리다가
24 젖을 뗀 후에 그를 데리고 올라갈새 수소 세
마리와 밀가루 한 에바와 포도주 한 가죽부
대를 가지고 실로 여호와의 집에 나아갔는데
아이가 어리더라
25 그들이 수소를 잡고 아이를 데리고 엘리에게
가서 레 1:5
26 한나가 이르되 내 주여 당신의 사심으로 맹
세하나이다 나는 여기서 내 주 당신 곁에 서
서 여호와께 기도하던 여자라
27 이 아이를 위하여 내가 기도하였더니 내가

삼상

15 ● "Not so, my lord," Hannah replied, "I am a
woman who is deeply troubled. I have not
been drinking wine or beer; I was pouring out
16 my soul to the LORD. ● Do not take your ser-
vant for a wicked woman; I have been pray-
ing here out of my great anguish and grief."
17 ● Eli answered, "Go in peace, and may the
God of Israel grant you what you have asked
of him."
18 ● She said, "May your servant find favor in
your eyes." Then she went her way and ate
something, and her face was no longer down-
cast.
19 ● Early the next morning they arose and
worshiped before the LORD and then went
back to their home at Ramah. Elkanah made
love to his wife Hannah, and the LORD remem-
20 bered her. ● So in the course of time Hannah
became pregnant and gave birth to a son. She
named him Samuel,[a] saying, "Because I asked
the LORD for him."

Hannah Dedicates Samuel

21 ● When her husband Elkanah went up
with all his family to offer the annual sacrifice
22 to the LORD and to fulfill his vow, ● Hannah
did not go. She said to her husband, "After the
boy is weaned, I will take him and present
him before the LORD, and he will live there
always."[b]
23 ● "Do what seems best to you," her husband
Elkanah told her. "Stay here until you have
weaned him; only may the LORD make good
his[c] word." So the woman stayed at home and
nursed her son until she had weaned him.
24 ● After he was weaned, she took the boy
with her, young as he was, along with a three-
year-old bull,[d] an ephah[e] of flour and a skin of
wine, and brought him to the house of the
25 LORD at Shiloh. ● When the bull had been
26 sacrificed, they brought the boy to Eli, ● and
she said to him, "Pardon me, my lord. As sure-
ly as you live, I am the woman who stood here
27 beside you praying to the LORD. ● I prayed for
this child, and the LORD has granted me what
28 I asked of him. ● So now I give him to the
LORD. For his whole life he will be given over

[a]20 *Samuel* sounds like the Hebrew for *heard by God.* [b]22 Masoretic Text; Dead Sea Scrolls *always. I have dedicated him as a Nazirite—all the days of his life.*" [c]23 Masoretic Text; Dead Sea Scrolls, Septuagint and Syriac *your* [d]24 Dead Sea Scrolls, Septuagint and Syriac; Masoretic Text *with three bulls* [e]24 That is, probably about 36 pounds or about 16 kilograms

annual [ǽnjuəl] *a.* 해마다의
arise [əráiz] *vi.* 일어나다
beside [bisáid] *prep.* …의 곁에
bull [bul] *n.* 황소
dedicate [dédikèit] *vt.* 바치다
downcast [dáunkæ̀st] *n.* 풀이 죽은 모양
fulfill [fulfíl] *vt.* 이행하다
grant [grænt] *vt.* 허락하다
grief [griːf] *n.* 큰 슬픔, 비통
nurse [nəːrs] *vt.* 기르다
pregnant [prégnənt] *a.* 잉태
present [prizént] *vt.* 보이다
servant [sə́ːrvənt] *n.* 종, 하인
wicked [wíkid] *a.* 악한
worship [wə́ːrʃip] *vt.* 경배하다

1:16 take A for B: A를 B라고 생각하다
1:18 find favor in one's eyes: …의 총애를 받다, …의 눈에 들다
1:23 make good: (약속을) 이행하다
1:24 along with...: …와 함께
1:24 bring to...: …에 데려오다

구하여 기도한 바를 여호와께서 내게 허락하
신지라
28 그러므로 나도 그를 여호와께 드리되 그의
평생을 여호와께 드리나이다 하고 그가 거기
서 여호와께 경배하니라

한나의 기도 (♪ 214, 279장) — B.C. 1070년경

2 한나가 기도하여 이르되
내 마음이 여호와로 말미암아 즐거워하며
내 뿔이 여호와로 말미암아 높아졌으며
내 입이 내 원수들을 향하여 크게 열렸으
니 이는 내가 주의 구원으로 말미암아 기
뻐함이니이다
2 여호와와 같이 거룩하신 이가 없으시니 이
는 주 밖에 다른 이가 없고 우리 하나님 같
은 반석도 없으심이니이다
3 심히 교만한 말을 다시 하지 말 것이며 오
만한 말을 너희의 입에서 내지 말지어다
여호와는 지식의 하나님이시라 행동을 달
아 보시느니라
4 용사의 활은 꺾이고 넘어진 자는 힘으로
띠를 띠도다
5 풍족하던 자들은 양식을 위하여 품을 팔고
주리던 자들은 다시 주리지 아니하도다 전
에 임신하지 못하던 자는 일곱을 낳았고
많은 자녀를 둔 자는 쇠약하도다
6 여호와는 죽이기도 하시고 살리기도 하시
며 스올에 내리게도 하시고 거기에서 올리
기도 하시는도다
7 여호와는 가난하게도 하시고 부하게도 하
시며 낮추기도 하시고 높이기도 하시는도
다
8 가난한 자를 진토에서 일으키시며 빈궁한
자를 거름더미에서 올리사 귀족들과 함께
앉게 하시며 영광의 자리를 차지하게 하
시는도다 땅의 기둥들은 여호와의 것이라
여호와께서 세계를 그것들 위에 세우셨도
다
9 그가 그의 거룩한 자들의 발을 지키실 것
이요 악인들을 흑암 중에서 잠잠하게 하시
리니 힘으로는 이길 사람이 없음이로다
10 여호와를 대적하는 자는 산산이 깨어질 것
이라 하늘에서 우레로 그들을 치시리로다
여호와께서 땅끝까지 심판을 내리시고 자
기 왕에게 힘을 주시며 자기의 기름부음을
받은 자의 뿔을 높이시리로다
하니라

시 2:9

11 엘가나는 라마의 자기 집으로 돌아가고 그

to the LORD." And he worshiped the LORD
there.

Hannah's Prayer

2 Then Hannah prayed and said:

"My heart rejoices in the LORD;
in the LORD my horn[a] is lifted high.
My mouth boasts over my enemies,
for I delight in your deliverance.

2 • "There is no one holy like the LORD;
there is no one besides you;
there is no Rock like our God.

3 • "Do not keep talking so proudly
or let your mouth speak such arrogance,
for the LORD is a God who knows,
and by him deeds are weighed.

4 • "The bows of the warriors are broken,
but those who stumbled are armed
with strength.
5 • Those who were full hire themselves out
for food,
but those who were hungry are hungry no
more.
She who was barren has borne seven chil-
dren,
but she who has had many sons pines
away.

6 • "The LORD brings death and makes alive;
he brings down to the grave and raises
up.
7 • The LORD sends poverty and wealth;
he humbles and he exalts.
8 • He raises the poor from the dust
and lifts the needy from the ash heap;
he seats them with princes
and has them inherit a throne of honor.
"For the foundations of the earth are the
LORD's;
on them he has set the world.
9 • He will guard the feet of his faithful servants,
but the wicked will be silenced in the place
of darkness.

"It is not by strength that one prevails;
10 • those who oppose the LORD will be bro-
ken.
The Most High will thunder from heaven;
the LORD will judge the ends of the earth.
"He will give strength to his king

[a]1 *Horn* here symbolizes strength; also in verse 10.

삼상

arrogance [ǽrəgəns] *n.* 오만, 불손
barren [bǽrən] *a.* 불임의
boast [boust] *vi.* 자랑하다
deed [diːd] *n.* 행위
delight [diláit] *vi.* 즐거워하다
deliverance [dilívərəns] *n.* 구원
grave [greiv] *n.* 무덤
humble [hʌ́mbl] *vt.* 낮추다
inherit [inhérit] *vt.* 상속하다
oppose [əpóuz] *vt.* 대적하다
proudly [práudli] *ad.* 거만하게
stumble [stʌ́mbl] *vi.* 비틀거리다
throne [θroun] *n.* 왕좌
thunder [θʌ́ndər] *vi.* 천둥치다
warrior [wɔ́ːriər] *n.* 전사

1:28 give over to...: …에게 맡기다
2:1 rejoice in: 기뻐하다, 즐거워하다
2:5 hire oneself out: 고용되다
2:5 pine away: 수척해지다
2:6 bring down: 내리다
2:6 raise up: 올리다

아이는 제사장 엘리 앞에서 여호와를 섬기니
라

행실이 나쁜 엘리의 아들들 (♪144, 311장)

12 ●엘리의 아들들은 행실이 나빠 여호와를 알
지 못하더라
13 그 제사장들이 백성에게 행하는 관습은 이러
하니 곧 어떤 사람이 제사를 드리고 그 고기
를 삶을 때에 제사장의 사환이 손에 세 살 갈
고리를 가지고 와서
14 그것으로 냄비에나 솥에나 큰 솥에나 가마에
찔러 넣어 갈고리에 걸려 나오는 것은 제사
장이 자기 것으로 가지되 실로에서 그곳에
온 모든 이스라엘 사람에게 이같이 할 뿐 아
니라
15 기름을 태우기 전에도 제사장의 사환이 와서
제사 드리는 사람에게 이르기를 제사장에게
구워 드릴 고기를 내라 그가 네게 삶은 고기
를 원하지 아니하고 날 것을 원하신다 하다가
16 그 사람이 이르기를 반드시 [1]먼저 기름을 태
운 후에 네 마음에 원하는 대로 가지라 하면
그가 말하기를 아니라 지금 내게 내라 그렇
지 아니하면 내가 억지로 빼앗으리라 하였으
니
17 이 소년들의 죄가 여호와 앞에 심히 큰은 그
들이 여호와의 제사를 멸시함이었더라

실로에 머문 사무엘

18 ●사무엘은 어렸을 때에 세마포 에봇을 입고
여호와 앞에서 섬겼더라 3:1
19 그의 어머니가 매년 드리는 제사를 드리러
그의 남편과 함께 올라갈 때마다 작은 겉옷
을 지어다가 그에게 주었더니
20 엘리가 엘가나와 그의 아내에게 축복하여 이
르되 여호와께서 이 여인으로 말미암아 네게
다른 후사를 주사 이가 여호와께 간구하여
얻어 바친 아들을 대신하게 하시기를 원하노
라 하였더니 그들이 자기 집으로 돌아가매
21 여호와께서 한나를 돌보시사 그로 하여금 임
신하여 세 아들과 두 딸을 낳게 하셨고 아이
사무엘은 여호와 앞에서 자라니라

엘리와 그의 아들들

22 ●엘리가 매우 늙었더니 그의 아들들이 온
이스라엘에게 행한 모든 일과 회막문에서 수
종 드는 여인들과 동침하였음을 듣고
23 그들에게 이르되 너희가 어찌하여 이런 일을
하느냐 내가 너희의 악행을 이 모든 백성에
게서 듣노라
24 내 아들들아 그리하지 말라 내게 들리는 소

and exalt the horn of his anointed."
11 •Then Elkanah went home to Ramah, but
the boy ministered before the LORD under Eli
the priest.

Eli's Wicked Sons

12 •Eli's sons were scoundrels; they had no
13 regard for the LORD. •Now it was the practice
of the priests that, whenever any of the people
offered a sacrifice, the priest's servant would
come with a three-pronged fork in his hand
14 while the meat was being boiled •and would
plunge the fork into the pan or kettle or cal-
dron or pot. Whatever the fork brought up
the priest would take for himself. This is how
they treated all the Israelites who came to
15 Shiloh. •But even before the fat was burned,
the priest's servant would come and say to
the person who was sacrificing, "Give the
priest some meat to roast; he won't accept
boiled meat from you, but only raw."
16 •If the person said to him, "Let the fat be
burned first, and then take whatever you
want," the servant would answer, "No, hand it
over now; if you don't, I'll take it by force."
17 •This sin of the young men was very great
in the LORD's sight, for they[a] were treating the
LORD's offering with contempt.
18 •But Samuel was ministering before the
19 LORD—a boy wearing a linen ephod. •Each
year his mother made him a little robe and
took it to him when she went up with her hus-
20 band to offer the annual sacrifice. •Eli would
bless Elkanah and his wife, saying, "May the
LORD give you children by this woman to take
the place of the one she prayed for and gave
to[b] the LORD." Then they would go home.
21 •And the LORD was gracious to Hannah; she
gave birth to three sons and two daughters.
Meanwhile, the boy Samuel grew up in the
presence of the LORD.
22 •Now Eli, who was very old, heard about
everything his sons were doing to all Israel and
how they slept with the women who served at
23 the entrance to the tent of meeting. •So he
said to them, "Why do you do such things? I
hear from all the people about these wicked
24 deeds of yours. •No, my sons; the report I hear
spreading among the LORD's people is not
25 good. •If one person sins against another,

[a]17 Dead Sea Scrolls and Septuagint; Masoretic Text *people* [b]20 Dead Sea Scrolls; Masoretic Text *and asked from* 1) 히, 오늘날

accept [æksépt] *vt.* 받아들이다
anoint [ənɔ́int] *vt.* 머리에 기름을 부어 성별하다
boil [bɔil] *vt.* 삶다
caldron [kɔ́ːldrən] *n.* 가마솥
contempt [kəntémpt] *n.* 경멸
exalt [igzɔ́ːlt] *vt.* 높이다
gracious [gréiʃəs] *a.* 자비로우신
kettle [kétl] *n.* 솥
linen [línən] *n.* 세마포
minister [mínəstər] *vi.* 섬기다
offer [ɔ́ːfər] *vt.* (제물을) 바치다
plunge [plʌndʒ] *vt.* 던져 넣다
presence [prézns] *n.* 앞, 면전
pronged [prɔːŋd] *a.* 가닥이 진
roast [roust] *vt.* 굽다

2:12 have no regard for...: …를 중히 여기지 않다, 존경하지 않다
2:16 hand over: 건네주다, 양도하다
2:16 take by force: 억지로 빼앗다
2:20 take the place of...: …을 대신하다
2:25 sin against...: …에게 죄를 짓다

문이 좋지 아니하니라 너희가 여호와의 백성
으로 범죄하게 하는도다
25 사람이 사람에게 범죄하면 [1]하나님이 심판하
시려니와 만일 사람이 여호와께 범죄하면 누
가 그를 위하여 간구하겠느냐 하되 그들이 자
기 아버지의 말을 듣지 아니하였으니 이는 여
호와께서 그들을 죽이기로 뜻하셨음이더라
26 아이 사무엘이 점점 자라매 여호와와 사람들
에게 은총을 더욱 받더라

엘리의 집에 내린 저주

27 ●하나님의 사람이 엘리에게 와서 그에게 이
르되 여호와의 말씀에 너희 조상의 집이 애
굽에서 바로의 집에 속하였을 때에 내가 그
들에게 나타나지 아니하였느냐
28 이스라엘 모든 지파 중에서 내가 그를 택하
여 내 제사장으로 삼아 그가 내 제단에 올라
분향하며 내 앞에서 에봇을 입게 하지 아니
하였느냐 이스라엘 자손이 드리는 모든 화제
를 내가 네 조상의 집에 주지 아니하였느냐
29 너희는 어찌하여 내가 내 처소에서 명령한
내 제물과 예물을 밟으며 네 아들들을 나보
다 더 중히 여겨 내 백성 이스라엘이 드리는
가장 좋은 것으로 너희들을 살지게 하느냐
30 그러므로 이스라엘의 하나님 나 여호와가 말
하노라 내가 전에 네 집과 네 조상의 집이 내
앞에 영원히 행하리라 하였으나 이제 나 여
호와가 말하노니 결단코 그렇게 하지 아니하
리라 나를 존중히 여기는 자를 내가 존중히
여기고 나를 멸시하는 자를 내가 경멸하리라
31 보라 내가 네 팔과 네 조상의 집 팔을 끊어
네 집에 노인이 하나도 없게 하는 날이 이를
지라
32 이스라엘에게 모든 복을 내리는 중에 너는
내 처소의 [2]환난을 볼 것이요 네 집에 영원
토록 노인이 없을 것이며
33 내 제단에서 내가 끊어 버리지 아니할 네 사
람이 네 눈을 쇠잔하게 하고 네 마음을 슬프
게 할 것이요 네 집에서 출산되는 모든 자가
젊어서 죽으리라
34 네 두 아들 홉니와 비느하스가 한 날에 죽으리
니 그 둘이 당할 그 일이 네게 표징이 되리라
35 내가 나를 위하여 충실한 제사장을 일으키리
니 그 사람은 내 마음, 내 뜻대로 행할 것이
라 내가 그를 위하여 견고한 집을 세우리니
그가 나의 기름부음을 받은 자 앞에서 영구
히 행하리라
36 그리고 네 집에 남은 사람이 각기 와서 은 한

God[a] may mediate for the offender; but if
anyone sins against the LORD, who will inter-
cede for them?" His sons, however, did not
listen to their father's rebuke, for it was the
LORD's will to put them to death.
26 ●And the boy Samuel continued to grow
in stature and in favor with the LORD and
with people.

Prophecy Against the House of Eli

27 ●Now a man of God came to Eli and said to
him, "This is what the LORD says: 'Did I not
clearly reveal myself to your ancestor's family
28 when they were in Egypt under Pharaoh? ●I
chose your ancestor out of all the tribes of Israel
to be my priest, to go up to my altar, to burn
incense, and to wear an ephod in my presence.
I also gave your ancestor's family all the food
29 offerings presented by the Israelites. ●Why do
you[b] scorn my sacrifice and offering that I
prescribed for my dwelling? Why do you
honor your sons more than me by fattening
yourselves on the choice parts of every offer-
ing made by my people Israel?'
30 ●"Therefore the LORD, the God of Israel,
declares: 'I promised that members of your
family would minister before me forever.' But
now the LORD declares: 'Far be it from me!
Those who honor me I will honor, but those
31 who despise me will be disdained. ●The time
is coming when I will cut short your strength
and the strength of your priestly house, so that
32 no one in it will reach old age, ●and you will
see distress in my dwelling. Although good
will be done to Israel, no one in your family
33 line will ever reach old age. ●Every one of you
that I do not cut off from serving at my altar I
will spare only to destroy your sight and sap
your strength, and all your descendants will
die in the prime of life.
34 ●" 'And what happens to your two sons,
Hophni and Phinehas, will be a sign to you
35 —they will both die on the same day. ●I will
raise up for myself a faithful priest, who will do
according to what is in my heart and mind. I
will firmly establish his priestly house, and
they will minister before my anointed one
36 always. ●Then everyone left in your family
line will come and bow down before him for
a piece of silver and a loaf of bread and plead,
"Appoint me to some priestly office so I can

[a]25 Or *the judges* [b]29 The Hebrew is plural.
1) 법관 2) 대적

삼상

appoint [əpɔ́int] *vt.* 지명하다
despise [dispáiz] *vt.* 경멸하다
disdain [disdéin] *vt.* 멸시하다
dwelling [dwéliŋ] *n.* 거처
establish [istǽbliʃ] *vt.* 설립하다
fatten [fǽtn] *vt.* 살찌우다
honor [ɑ́nər] *vt.* 존중하다
intercede [intərsíːd] *vi.* 중재하다
mediate [míːdièit] *vi.* 조정하다
offering [ɔ́ːfəriŋ] *n.* 제물
prescribe [priskráib] *vi.* 명령하다
prophecy [prɑ́fəsi] *n.* 예언
rebuke [ribjúːk] *n.* 질책
reveal [rivíːl] *vt.* 드러내다
stature [stǽtʃər] *n.* 키, 신장

2:25 put to death: 처형하다, 죽이다
2:26 in favor with...: …의 마음에 들어
2:28 choose A out of B: B중에서 A를 선택하다
2:30 far be it from me (to...): (…하려는 생각 따위는) 내게는 전혀 없다

조각과 떡 한 덩이를 위하여 그에게 엎드려
이르되 청하노니 내게 제사장의 직분 하나를
맡겨 내게 떡 조각을 먹게 하소서 하리라 하
셨다 하니라

여호와께서 사무엘을 부르시다 (♪ 329, 505장)

3 아이 사무엘이 엘리 앞에서 여호와를 섬길
때에는 여호와의 말씀이 희귀하여 이상이
흔히 보이지 않았더라
2 엘리의 눈이 점점 어두워 가서 잘 보지 못하
는 그때에 그가 자기 처소에 누웠고 4:15
3 하나님의 등불은 아직 꺼지지 아니하였으며
사무엘은 하나님의 궤 있는 여호와의 전 안에
누웠더니 레 24:2-4
4 여호와께서 사무엘을 부르시는지라 그가 대
답하되 내가 여기 있나이다 하고
5 엘리에게로 달려가서 이르되 당신이 나를 부
르셨기로 내가 여기 있나이다 하니 그가 이르
되 나는 부르지 아니하였으니 다시 누우라 하
는지라 그가 가서 누웠더니
6 여호와께서 다시 사무엘을 부르시는지라 사
무엘이 일어나 엘리에게로 가서 이르되 당신
이 나를 부르셨기로 내가 여기 있나이다 하니
그가 대답하되 내 아들아 내가 부르지 아니하
였으니 다시 누우라 하니라
7 사무엘이 아직 여호와를 알지 못하고 여호와
의 말씀도 아직 그에게 나타나지 아니한 때라
8 여호와께서 세 번째 사무엘을 부르시는지라 그
가 일어나 엘리에게로 가서 이르되 당신이 나
를 부르셨기로 내가 여기 있나이다 하니 엘리
가 여호와께서 이 아이를 부르신 줄을 깨닫고
9 엘리가 사무엘에게 이르되 가서 누웠다가 그
가 너를 부르시거든 네가 말하기를 여호와여
말씀하옵소서 주의 종이 듣겠나이다 하라 하
니 이에 사무엘이 가서 자기 처소에 누우니라
10 ●여호와께서 임하여 서서 전과 같이 사무엘
아 사무엘아 부르시는지라 사무엘이 이르되
말씀하옵소서 주의 종이 듣겠나이다 하니
11 여호와께서 사무엘에게 이르시되 보라 내가
이스라엘 중에 한 일을 행하리니 그것을 듣는
자마다 두 귀가 울리리라
12 내가 엘리의 집에 대하여 말한 것을 처음부터
끝까지 그날에 그에게 다 이루리라
13 내가 그의 집을 영원토록 심판하겠다고 그에
게 말한 것은 그가 아는 죄악 때문이니 이는
그가 자기의 아들들이 저주를 자청하되 금하
지 아니하였음이니라
14 그러므로 내가 엘리의 집에 대하여 맹세하기

have food to eat." ' "

The LORD Calls Samuel

3 The boy Samuel ministered before the
LORD under Eli. In those days the word of
the LORD was rare; there were not many
visions.
2 •One night Eli, whose eyes were becom-
ing so weak that he could barely see, was
3 lying down in his usual place. •The lamp of
God had not yet gone out, and Samuel was
lying down in the house of the LORD, where
4 the ark of God was. •Then the LORD called
Samuel.
5 Samuel answered, "Here I am." •And he
ran to Eli and said, "Here I am; you called
me."
But Eli said, "I did not call; go back and lie
down." So he went and lay down.
6 •Again the LORD called, "Samuel!" And
Samuel got up and went to Eli and said,
"Here I am; you called me."
"My son," Eli said, "I did not call; go back
and lie down."
7 •Now Samuel did not yet know the LORD:
The word of the LORD had not yet been
revealed to him.
8 •A third time the LORD called, "Samuel!"
And Samuel got up and went to Eli and said,
"Here I am; you called me."
Then Eli realized that the LORD was call-
9 ing the boy. •So Eli told Samuel, "Go and lie
down, and if he calls you, say, 'Speak, LORD,
for your servant is listening.' " So Samuel
went and lay down in his place.
10 •The LORD came and stood there, calling
as at the other times, "Samuel! Samuel!"
Then Samuel said, "Speak, for your servant
is listening."
11 •And the LORD said to Samuel: "See, I am
about to do something in Israel that will
make the ears of everyone who hears about it
12 tingle. •At that time I will carry out against
Eli everything I spoke against his family—
13 from beginning to end. •For I told him that
I would judge his family forever because of
the sin he knew about; his sons blasphemed
14 God,[a] and he failed to restrain them. •There-
fore I swore to the house of Eli, 'The guilt of
Eli's house will never be atoned for by sacri-

[a]*13* An ancient Hebrew scribal tradition (see also Septuagint); Masoretic Text *sons made themselves contemptible*

ark [a:rk] *n.* 궤
atone [ətóun] *vi.* 속죄하다
barely [bɛ́ərli] *ad.* 거의 …않다
blaspheme [blæsfí:m] *vi.* 신성모독하다
guilt [gilt] *n.* 죄
judge [dʒʌdʒ] *vt.* 심판하다
minister [mínəstər] *vi.* 봉사하다
rare [rɛər] *a.* 드문
realize [rí:əlàiz] *vt.* 깨닫다
restrain [ristréin] *vt.* 억제하다
reveal [riví:l] *vt.* 드러내다
servant [sə́:rvənt] *n.* 종, 하인
sin [sin] *n.* 죄악
tingle [tíŋgl] *vi.* 귀가 멍멍하다
weak [wi:k] *a.* 약한

3:1 in those days: 그 당시에(는)
3:3 lie down: 잠깐 자다
3:11 be about to...: 막 …하려 하다
3:12 carry out: 실행하다
3:13 fail to...: …하지 않다
3:14 swear to...: …에 맹세하다

를 엘리 집의 죄악은 제물로나 예물로나 영원
히 속죄함을 받지 못하리라 하였노라 하셨더라
15 ●사무엘이 아침까지 누웠다가 여호와의 집
의 문을 열었으나 그 이상을 엘리에게 알게
하기를 두려워하더니
16 엘리가 사무엘을 불러 이르되 내 아들 사무엘
아 하니 그가 대답하되 내가 여기 있나이다
하니 그가
17 이르되 네게 무엇을 말씀하셨느냐 청하노니
내게 숨기지 말라 네게 말씀하신 모든 것을
하나라도 숨기면 하나님이 네게 벌을 내리시
고 또 내리시기를 원하노라 하는지라
18 사무엘이 그것을 그에게 자세히 말하고 조금
도 숨기지 아니하니 그가 이르되 이는 여호와
이시니 선하신 대로 하실 것이니라 하니라
19 ●사무엘이 자라매 여호와께서 그와 함께 계
셔서 그의 말이 하나도 땅에 떨어지지 않게
하시니
20 단에서부터 브엘세바까지의 온 이스라엘이
사무엘은 여호와의 선지자로 세우심을 입은
줄을 알았더라
삿 20:1
21 여호와께서 실로에서 다시 나타나시되 여호
와께서 실로에서 여호와의 말씀으로 사무엘
에게 자기를 나타내시니라

4 사무엘의 말이 온 이스라엘에 전파되니라
언약궤를 빼앗기다 (♪ 322장) — B.C. 1050년경
●이스라엘은 나가서 블레셋 사람들과 싸우
려고 에벤에셀 곁에 진치고 블레셋 사람들은
아벡에 진쳤더니
2 블레셋 사람들이 이스라엘에 대하여 전열을
벌이니라 그 둘이 싸우다가 이스라엘이 블레
셋 사람들 앞에서 패하여 그들에게 전쟁에서
죽임을 당한 군사가 사천 명 가량이라
3 백성이 진영으로 돌아오매 이스라엘 장로들
이 이르되 여호와께서 어찌하여 우리에게 오
늘 블레셋 사람들 앞에 패하게 하셨는고 여호
와의 언약궤를 실로에서 우리에게로 가져다
가 우리 중에 있게 하여 그것으로 우리를 우
리 원수들의 손에서 구원하게 하자 하니
4 이에 백성이 실로에 사람을 보내어 그룹 사이
에 계신 만군의 여호와의 언약궤를 거기서 가
져왔고 엘리의 두 아들 홉니와 비느하스는 하
나님의 언약궤와 함께 거기에 있었더라
5 ●여호와의 언약궤가 진영에 들어올 때에 온
이스라엘이 큰 소리로 외치매 땅이 울린지라
6 블레셋 사람이 그 외치는 소리를 듣고 이르되
히브리 진영에서 큰 소리로 외침은 어찌 됨이

fice or offering.' "
15 ●Samuel lay down until morning and
then opened the doors of the house of the
16 LORD. He was afraid to tell Eli the vision, ●but
Eli called him and said, "Samuel, my son."
Samuel answered, "Here I am."
17 ●"What was it he said to you?" Eli asked.
"Do not hide it from me. May God deal with
you, be it ever so severely, if you hide from
18 me anything he told you." ●So Samuel told
him everything, hiding nothing from him.
Then Eli said, "He is the LORD; let him do
what is good in his eyes."
19 ●The LORD was with Samuel as he grew up,
and he let none of Samuel's words fall to
20 the ground. ●And all Israel from Dan to Beer-
sheba recognized that Samuel was attested
21 as a prophet of the LORD. ●The LORD contin-
ued to appear at Shiloh, and there he reveal-
ed himself to Samuel through his word.

4 And Samuel's word came to all Israel.

The Philistines Capture the Ark

Now the Israelites went out to fight
against the Philistines. The Israelites camp-
ed at Ebenezer, and the Philistines at Aphek.
2 ●The Philistines deployed their forces to
meet Israel, and as the battle spread, Israel
was defeated by the Philistines, who killed
about four thousand of them on the battle-
3 field. ●When the soldiers returned to camp,
the elders of Israel asked, "Why did the LORD
bring defeat on us today before the Phili-
stines? Let us bring the ark of the LORD's
covenant from Shiloh, so that he may go
with us and save us from the hand of our
enemies."
4 ●So the people sent men to Shiloh, and
they brought back the ark of the covenant
of the LORD Almighty, who is enthroned
between the cherubim. And Eli's two sons,
Hophni and Phinehas, were there with the
ark of the covenant of God.
5 ●When the ark of the LORD's covenant
came into the camp, all Israel raised such a
6 great shout that the ground shook. ●Hearing
the uproar, the Philistines asked, "What's all
this shouting in the Hebrew camp?"
When they learned that the ark of the LORD
7 had come into the camp, ●the Philistines
were afraid. "A god has[a] come into the
camp," they said. "Oh no! Nothing like this

[a]7 Or "*Gods have* (see Septuagint)

ark [a:rk] *n.* 궤
attest [ətést] *vt.* 증명하다
battle [bǽtl] *n.* 전쟁
cherubim [tʃérəbim] *n.* 그룹, 천사
covenant [kʌ́vənənt] *n.* 언약
defeat [difí:t] *vt.* 쳐부수다
deploy [diplɔ́i] *vt.* 배치하다
enthrone [inθróun] *vt.* 왕좌에 앉히다
hide [haid] *vt.* 숨기다
prophet [práfit] *n.* 예언자
recognize [rékəgnàiz] *vt.* 인정하다
reveal [rivíːl] *vt.* 드러내다
severely [sivíərli] *ad.* 엄격하게
uproar [ʌ́prɔ̀:r] *n.* 소동
vision [víʒən] *n.* 이상, 환영

3:15 be afraid to: …을 두려워하다
3:17 deal with…: …을 다루다
4:1 fight against…: …대항하여 싸우다
4:3 save A from B: A를 B로부터 구원하다
4:4 bring back…: …을 되돌리다
4:5 come into: 들어가다

냐 하다가 여호와의 궤가 진영에 들어온 줄을
깨달은지라
7 블레셋 사람이 두려워하여 이르되 신이 진영
에 이르렀도다 하고 또 이르되 우리에게 화로
다 전날에는 이런 일이 없었도다 출 15:14
8 우리에게 화로다 누가 우리를 이 능한 신들의
손에서 건지리요 그들은 광야에서 여러 가지
재앙으로 애굽인을 친 신들이니라
9 너희 블레셋 사람들아 강하게 되며 대장부가
되라 너희가 히브리 사람의 종이 되기를 그들
이 너희의 종이 되었던 것같이 되지 말고 대장
부같이 되어 싸우라 하고
10 블레셋 사람들이 쳤더니 이스라엘이 패하여
각기 장막으로 도망하였고 살륙이 심히 커서
이스라엘 보병의 엎드러진 자가 삼만 명이었
으며
11 하나님의 궤는 빼앗겼고 엘리의 두 아들 홉니
와 비느하스는 죽임을 당하였더라

엘리가 죽다 (♪ 274, 426장)

12 ●당일에 어떤 베냐민 사람이 진영에서 달려
나와 자기의 옷을 찢고 자기의 머리에 티끌을
덮어쓰고 실로에 이르니라 느 9:1
13 그가 이를 때는 엘리가 길 옆 자기의 의자에
앉아 기다리며 그의 마음이 하나님의 궤로 말
미암아 떨릴 즈음이라 그 사람이 성읍에 들어
오며 알리매 온 성읍이 부르짖는지라
14 엘리가 그 부르짖는 소리를 듣고 이르되 이 떠
드는 소리는 어찌 됨이냐 그 사람이 빨리 가서
엘리에게 말하니
15 그때에 엘리의 나이가 구십팔 세라 그의 눈이
어두워서 보지 못하더라
16 그 사람이 엘리에게 말하되 나는 진중에서 나
온 자라 내가 오늘 진중에서 도망하여 왔나이
다 엘리가 이르되 내 아들아 일이 어떻게 되었
느냐
17 소식을 전하는 자가 대답하여 이르되 이스라
엘이 블레셋 사람들 앞에서 도망하였고 백성
중에는 큰 살륙이 있었고 당신의 두 아들 홉니
와 비느하스도 죽임을 당하였고 하나님의 궤
는 빼앗겼나이다
18 하나님의 궤를 말할 때에 엘리가 자기 의자에
서 뒤로 넘어져 문 곁에서 목이 부러져 죽었으
니 나이가 많고 비대한 까닭이라 그가 이스라
엘의 사사가 된 지 사십 년이었더라

비느하스의 아내가 죽다

19 ●그의 며느리인 비느하스의 아내가 임신하
여 해산 때가 가까웠더니 하나님의 궤를 빼앗

8 has happened before. ●We're doomed! Who
will deliver us from the hand of these mighty
gods? They are the gods who struck the Egyp-
tians with all kinds of plagues in the wilder-
9 ness. ●Be strong, Philistines! Be men, or you
will be subject to the Hebrews, as they have
been to you. Be men, and fight!"
10 ●So the Philistines fought, and the Isra-
elites were defeated and every man fled to his
tent. The slaughter was very great; Israel lost
11 thirty thousand foot soldiers. ●The ark of
God was captured, and Eli's two sons, Hoph-
ni and Phinehas, died.

Death of Eli

12 ●That same day a Benjamite ran from
the battle line and went to Shiloh with his
13 clothes torn and dust on his head. ●When
he arrived, there was Eli sitting on his chair
by the side of the road, watching, because
his heart feared for the ark of God. When
the man entered the town and told what
had happened, the whole town sent up a
cry.
14 ●Eli heard the outcry and asked, "What is
the meaning of this uproar?"
15 The man hurried over to Eli, ●who was
ninety-eight years old and whose eyes had
16 failed so that he could not see. ●He told Eli, "I
have just come from the battle line; I fled
from it this very day."
Eli asked, "What happened, my son?"
17 ●The man who brought the news replied,
"Israel fled before the Philistines, and the
army has suffered heavy losses. Also your two
sons, Hophni and Phinehas, are dead, and
the ark of God has been captured."
18 ●When he mentioned the ark of God, Eli
fell backward off his chair by the side of the
gate. His neck was broken and he died, for
he was an old man, and he was heavy. He
had led[a] Israel forty years.
19 ●His daughter-in-law, the wife of Phine-
has, was pregnant and near the time of
delivery. When she heard the news that the
ark of God had been captured and that her
father-in-law and her husband were dead,
she went into labor and gave birth, but was
20 overcome by her labor pains. ●As she was
dying, the women attending her said,
"Don't despair; you have given birth to a

[a]18 Traditionally *judged*

backward [bǽkwərd] *ad.* 뒤쪽으로
delivery [dilívəri] *n.* 해산
despair [dispέər] *vi.* 절망하다
flee [fli:] *vi.* 도망치다
labor [léibər] *n.* 진통
loss [lɔ:s] *n.* [군사]사망자, 손해
mention [ménʃən] *vt.* 언급하다
outcry [autkrai] *n.* 부르짖음
overcome [ouvərkʌ́m] *vt.* 극복하다
plague [pleig] *n.* 재앙
pregnant [prégnənt] *a.* 임신한
slaughter [slɔ́:tər] *n.* 살육
strike [straik] *vt.* 치다
subject [sʌ́bdʒikt] *a.* 지배를 받는
tear [tεər] *vt.* 찢다, 뜯다

4:8 deliver A from B: B에서 A를 구출하다
4:8 all kinds of...: 모든 종류의…
4:13 fear for: …을 염려하다
4:16 this very day: 바로 오늘(이날)
4:18 by the side of: …곁에
4:20 give birth to...: …를 낳다

긴 것과 그의 시아버지와 남편이 죽은 소식을
듣고 갑자기 아파서 몸을 구푸려 해산하고
20 죽어갈 때에 곁에 서 있던 여인들이 그에게 이
르되 두려워하지 말라 네가 아들을 낳았다 하
되 그가 대답하지도 아니하며 관념하지도 아
니하고
21 이르기를 영광이 이스라엘에서 떠났다 하고
아이 이름을 1)이가봇이라 하였으니 하나님의
궤가 빼앗겼고 그의 시아버지와 남편이 죽었
기 때문이며
22 또 이르기를 하나님의 궤를 빼앗겼으므로 영
광이 이스라엘에서 떠났다 하였더라

블레셋 사람에게 빼앗긴 언약궤
— B.C. 1050년경

5 블레셋 사람들이 하나님의 궤를 빼앗아 가
지고 에벤에셀에서부터 아스돗에 이르니라
2 블레셋 사람들이 하나님의 궤를 가지고 다곤
의 신전에 들어가서 다곤 곁에 두었더니
3 아스돗 사람들이 이튿날 일찍이 일어나 본즉
다곤이 여호와의 궤 앞에서 엎드러져 그 얼굴
이 땅에 닿았는지라 그들이 다곤을 일으켜 다
시 그 자리에 세웠더니
4 그 이튿날 아침에 그들이 일찍이 일어나 본즉
다곤이 여호와의 궤 앞에서 또다시 엎드러져
얼굴이 땅에 닿았고 그 머리와 두 손목은 끊어
져 문지방에 있고 다곤의 몸뚱이만 남았더라
5 그러므로 다곤의 제사장들이나 다곤의 신전
에 들어가는 자는 오늘까지 아스돗에 있는 다
곤의 문지방을 밟지 아니하더라
6 ●여호와의 손이 아스돗 사람에게 엄중히 더
하사 독한 종기의 재앙으로 아스돗과 그 지역
을 쳐서 망하게 하니
7 아스돗 사람들이 이를 보고 이르되 이스라엘
신의 궤를 우리와 함께 있지 못하게 할지라 그
의 손이 우리와 우리 신 다곤을 친다 하고
8 이에 사람을 보내어 블레셋 사람들의 모든 방
백을 모으고 이르되 우리가 이스라엘 신의 궤
를 어찌하랴 하니 그들이 대답하되 이스라엘
신의 궤를 가드로 옮겨 가라 하므로 이스라엘
신의 궤를 옮겨 갔더니
9 그것을 옮겨 간 후에 여호와의 손이 심히 큰
환난을 그 성읍에 더하사 성읍 사람들의 작은
자와 큰 자를 다 쳐서 독한 종기가 나게 하신
지라
10 이에 그들이 하나님의 궤를 에그론으로 보내
니라 하나님의 궤가 에그론에 이른즉 에그론
사람이 부르짖어 이르되 그들이 이스라엘 신

1) 영광이 없다 함

son." But she did not respond or pay any
attention.
21 ●She named the boy Ichabod,[a] saying,
"The Glory has departed from Israel" —
because of the capture of the ark of God and
the deaths of her father-in-law and her hus-
22 band. ●She said, "The Glory has departed
from Israel, for the ark of God has been cap-
tured."

The Ark in Ashdod and Ekron

5 After the Philistines had captured the ark
of God, they took it from Ebenezer to
2 Ashdod. ●Then they carried the ark into
Dagon's temple and set it beside Dagon.
3 ●When the people of Ashdod rose early the
next day, there was Dagon, fallen on his face
on the ground before the ark of the LORD!
They took Dagon and put him back in his
4 place. ●But the following morning when
they rose, there was Dagon, fallen on his face
on the ground before the ark of the LORD! His
head and hands had been broken off and
were lying on the threshold; only his body
5 remained. ●That is why to this day neither
the priests of Dagon nor any others who
enter Dagon's temple at Ashdod step on the
threshold.
6 ●The LORD's hand was heavy on the peo-
ple of Ashdod and its vicinity; he brought
devastation on them and afflicted them with
7 tumors.[b] ●When the people of Ashdod saw
what was happening, they said, "The ark of
the god of Israel must not stay here with us,
because his hand is heavy on us and on
8 Dagon our god." ●So they called together all
the rulers of the Philistines and asked them,
"What shall we do with the ark of the god of
Israel?"

They answered, "Have the ark of the god of
Israel moved to Gath." So they moved the ark
of the God of Israel.
9 ●But after they had moved it, the LORD's
hand was against that city, throwing it into
a great panic. He afflicted the people of the
city, both young and old, with an outbreak
10 of tumors.[c] ●So they sent the ark of God to
Ekron.

[a]21 *Ichabod* means *no glory.* [b]6 Hebrew; Septuagint and Vulgate *tumors. And rats appeared in their land, and there was death and destruction throughout the city* [c]9 Or *with tumors in the groin* (see Septuagint)

beside [bisáid] *prep.* …의 곁에
capture [kǽptʃər] *vt.* 획득하다
depart [dipá:rt] *vi.* 떠나다
devastation [dèvəstéiʃən] *n.* 황폐
glory [glɔ́:ri] *n.* 영광
neither [ní:ðər] *ad.* …도 ~도 아니다
outbreak [autbreik] *n.* 발생, 돌발
panic [pǽnik] *n.* 돌연한 공포
remain [riméin] *vi.* 남다
respond [rispánd] *vt.* 대답하다
rise [raiz] *vi.* 일어나다
temple [témpl] *n.* 신전
threshold [θréʃhould] *n.* 문지방
throw [θrou] *vt.* 던지다
vicinity [visínəti] *n.* 근처

4:20 **pay attention**: 주의를 기울이다
5:4 **fall on one's face**: 엎드리다
5:4 **break off**: (억지로) 분리되다
5:5 **neither A nor B**: A도 B도 아니다
5:5 **step on...**: …을 밟다
5:8 **call together**: 소집하다

의 궤를 우리에게로 가져다가 우리와 우리
백성을 죽이려 한다 하고
11 이에 사람을 보내어 블레셋 모든 방백을 모
으고 이르되 이스라엘 신의 궤를 보내어 그
있던 곳으로 돌아가게 하고 우리와 우리 백
성이 죽임 당함을 면하게 하자 하니 이는 온
성읍이 사망의 환난을 당함이라 거기서 하나
님의 손이 엄중하시므로
12 죽지 아니한 사람들은 독한 종기로 치심을
당해 성읍의 부르짖음이 하늘에 사무쳤더라

언약궤가 돌아오다 (♪ 537장) — B.C. 1050년경

6 여호와의 궤가 블레셋 사람들의 1)지방에
있은 지 일곱 달이라 5:1
2 블레셋 사람들이 제사장들과 복술자들을 불
러서 이르되 우리가 여호와의 궤를 어떻게
할까 그것을 어떻게 그 있던 곳으로 보낼 것
인지 우리에게 가르치라
3 그들이 이르되 이스라엘 신의 궤를 보내려거
든 거저 보내지 말고 그에게 속건제를 드려야
할지니라 그리하면 병도 낫고 그의 손을 너희
에게서 옮기지 아니하는 이유도 알리라 하니
4 그들이 이르되 무엇으로 그에게 드릴 속건제
를 삼을까 하니 이르되 블레셋 사람의 방백
의 수효대로 금 독종 다섯과 금 쥐 다섯 마리
라야 하리니 너희와 너희 통치자에게 내린
재앙이 같음이니라
5 그러므로 너희는 너희의 독한 종기의 형상과
땅을 해롭게 하는 쥐의 형상을 만들어 이스
라엘 신께 영광을 돌리라 그가 혹 그의 손을
너희와 너희의 신들과 너희 땅에서 가볍게
하실까 하노라
6 애굽인과 바로가 그들의 마음을 완악하게 한
것 같이 어찌하여 너희가 너희의 마음을 완
악하게 하겠느냐 그가 그들 중에서 재앙을
내린 후에 그들이 백성을 가게 하므로 백성
이 떠나지 아니하였느냐
7 그러므로 새 수레를 하나 만들고 멍에를 메
어 보지 아니한 젖 나는 소 두 마리를 끌어다
가 소에 수레를 메우고 그 송아지들은 떼어
집으로 돌려보내고
8 여호와의 궤를 가져다가 수레에 싣고 속건제
로 드릴 금으로 만든 물건들은 상자에 담아
궤 곁에 두고 그것을 보내어 가게 하고 6:3-5
9 보고 있다가 만일 궤가 그 본 지역 길로 올라
가서 벧세메스로 가면 이 큰 재앙은 그가 우
리에게 내린 것이요 그렇지 아니하면 우리를
친 것이 그의 손이 아니요 우연히 당한 것인

As the ark of God was entering Ekron, the
people of Ekron cried out, "They have brought
the ark of the god of Israel around to us to kill
11 us and our people." •So they called together
all the rulers of the Philistines and said, "Send
the ark of the god of Israel away; let it go back
to its own place, or it[a] will kill us and our peo-
ple." For death had filled the city with panic;
12 God's hand was very heavy on it. •Those who
did not die were afflicted with tumors, and the
outcry of the city went up to heaven.

The Ark Returned to Israel

6 When the ark of the LORD had been in
2 Philistine territory seven months, •the
Philistines called for the priests and the divin-
ers and said, "What shall we do with the ark of
the LORD? Tell us how we should send it back
to its place."
3 •They answered, "If you return the ark of
the god of Israel, do not send it back to him
without a gift; by all means send a guilt offer-
ing to him. Then you will be healed, and you
will know why his hand has not been lifted
from you."
4 •The Philistines asked, "What guilt offering
should we send to him?"
They replied, "Five gold tumors and five
gold rats, according to the number of the
Philistine rulers, because the same plague has
5 struck both you and your rulers. •Make mod-
els of the tumors and of the rats that are des-
troying the country, and give glory to Israel's
god. Perhaps he will lift his hand from you
6 and your gods and your land. •Why do you
harden your hearts as the Egyptians and
Pharaoh did? When Israel's god dealt harshly
with them, did they not send the Israelites out
so they could go on their way?
7 •"Now then, get a new cart ready, with two
cows that have calved and have never been
yoked. Hitch the cows to the cart, but take
8 their calves away and pen them up. •Take the
ark of the LORD and put it on the cart, and in a
chest beside it put the gold objects you are
sending back to him as a guilt offering. Send it
9 on its way, •but keep watching it. If it goes up
to its own territory, toward Beth Shemesh,
then the LORD has brought this great disaster
on us. But if it does not, then we will know
that it was not his hand that struck us but that
it happened to us by chance."

[a]11 Or *he* 1) 히, 들

afflict [əflíkt] *vt.* 괴롭히다
ark [a:rk] *n.* 궤
calve [kæ:v] *vi.* 새끼를 낳다
destroy [distrɔ́i] *vt.* 파괴하다
diviner [diváinər] *n.* 점쟁이
guilt offering [gilt ɔ́:fəriŋ] *n.* 속건제
harden [há:rdn] *vt.* 딱딱하게 하다
harshly [há:rʃli] *ad.* 가혹하게
object [ábdʒikt] *n.* 물건
outcry [autkrai] *n.* 부르짖음
plague [pleig] *n.* 역병
rat [ræt] *n.* 쥐
ruler [rú:lər] *n.* 지도자
territory [térətɔ̀:ri] *n.* 영토
tumor [tjú:mər] *n.* 종양

5:12 be afflicted with...: …을 앓다
6:3 by all means: 반드시
6:4 according to...: …에 따라
6:4 both A and B: A, B 둘 다
6:6 send out: 보내다
6:8 put A on B: A를 B 위에 놓다

줄 알리라 하니라
10 ●그 사람들이 그같이 하여 젖 나는 소 둘을
끌어다가 수레를 메우고 송아지들은 집에 가
두고
11 여호와의 궤와 및 금 쥐와 그들의 독종의 형
상을 담은 상자를 수레 위에 실으니
12 암소가 벧세메스 길로 바로 행하여 대로로
가며 갈 때에 울고 좌우로 치우치지 아니하
였고 블레셋 방백들은 벧세메스 경계선까지
따라 가니라
13 벧세메스 사람들이 골짜기에서 밀을 베다가
눈을 들어 궤를 보고 그 본 것을 기뻐하더니
14 수레가 벧세메스 사람 여호수아의 밭 큰 돌
있는 곳에 이르러 선지라 무리가 수레의 나
무를 패고 그 암소들을 번제물로 여호와께
드리고
15 레위인은 여호와의 궤와 그 궤와 함께 있는
금 보물 담긴 상자를 내려다가 큰 돌 위에 두
매 그날에 벧세메스 사람들이 여호와께 번제
와 다른 제사를 드리니라
16 블레셋 다섯 방백이 이것을 보고 그날에 에
그론으로 돌아갔더라
17 ●블레셋 사람이 여호와께 속건제물로 드린
금 독종은 이러하니 아스돗을 위하여 하나요
가사를 위하여 하나요 아스글론을 위하여 하
나요 가드를 위하여 하나요 에그론을 위하여
하나이며
18 드린 바 금 쥐들은 견고한 성읍에서부터 시
골의 마을에까지 그리고 사람들이 여호와의
궤를 놓은 큰 [1]돌에 이르기까지 다섯 방백들
에게 속한 블레셋 사람들의 모든 성읍들의
수대로였더라 그 돌은 벧세메스 사람 여호수
아의 밭에 오늘까지 있더라

언약궤를 기럇여아림으로 보내다

19 ●벧세메스 사람들이 여호와의 궤를 들여다
본 까닭에 그들을 치사 [2](오만) 칠십 명을 죽
이신지라 여호와께서 백성을 쳐서 크게 살륙
하셨으므로 백성이 슬피 울었더라
20 벧세메스 사람들이 이르되 이 거룩하신 하나
님 여호와 앞에 누가 능히 서리요 그를 우리
에게서 누구에게로 올라가시게 할까 하고
21 전령들을 기럇여아림 주민에게 보내어 이르
되 블레셋 사람들이 여호와의 궤를 도로 가
져왔으니 너희는 내려와서 그것을 너희에게
로 옮겨 가라

7 기럇여아림 사람들이 와서 여호와의 궤를
옮겨 [3]산에 사는 아비나답의 집에 들여놓

10 •So they did this. They took two such cows
and hitched them to the cart and penned up
11 their calves. •They placed the ark of the LORD
on the cart and along with it the chest con-
taining the gold rats and the models of the
12 tumors. •Then the cows went straight up
toward Beth Shemesh, keeping on the road
and lowing all the way; they did not turn
to the right or to the left. The rulers of the
Philistines followed them as far as the bor-
der of Beth Shemesh.
13 •Now the people of Beth Shemesh were
harvesting their wheat in the valley, and when
they looked up and saw the ark, they rejoiced
14 at the sight. •The cart came to the field of
Joshua of Beth Shemesh, and there it stopped
beside a large rock. The people chopped up
the wood of the cart and sacrificed the cows
15 as a burnt offering to the LORD. •The Levites
took down the ark of the LORD, together with
the chest containing the gold objects, and
placed them on the large rock. On that day
the people of Beth Shemesh offered burnt
offerings and made sacrifices to the LORD.
16 •The five rulers of the Philistines saw all this
and then returned that same day to Ekron.
17 •These are the gold tumors the Philistines
sent as a guilt offering to the LORD—one each
for Ashdod, Gaza, Ashkelon, Gath and Ekron.
18 •And the number of the gold rats was accord-
ing to the number of Philistine towns belong-
ing to the five rulers—the fortified towns with
their country villages. The large rock on which
the Levites set the ark of the LORD is a witness
to this day in the field of Joshua of Beth She-
mesh.
19 •But God struck down some of the inhabi-
tants of Beth Shemesh, putting seventy [a] of
them to death because they looked into the
ark of the LORD. The people mourned because
of the heavy blow the LORD had dealt them.
20 •And the people of Beth Shemesh asked,
"Who can stand in the presence of the LORD,
this holy God? To whom will the ark go up
from here?"
21 •Then they sent messengers to the people of
Kiriath Jearim, saying, "The Philistines have
returned the ark of the LORD. Come down and
1 7 take it up to your town." •So the men of
Kiriath Jearim came and took up the ark

[a]19 A few Hebrew manuscripts; most Hebrew manuscripts and Septuagint *50,070*

1) 초장 2) 어떤 사본에는, 오만이 없음 3) 기브아

blow [blou] *n.* 강타, 타격
border [bɔ́ːrdər] *n.* 가장자리
burnt [bəːrnt] *a.* 불에 태운
cart [kaːrt] *n.* 짐마차
chest [tʃest] *n.* 큰 상자
contain [kəntéin] *vt.* 담고 있다
harvest [háːrvist] *vt.* 거두어들이다
hitch [hitʃ] *vt.* 걸어 매다
inhabitant [inhǽbətənt] *n.* 주민
mourn [mɔːrn] *vi.* 슬퍼하다
pen [pen] *vt.* 가두다
presence [prézns] *n.* 앞, 면전
rat [ræt] *n.* 쥐
wheat [hwiːt] *n.* 밀
witness [wítnis] *n.* 증거

6:12 **all the way:** 도중 내내
6:12 **as far as...:** …까지
6:14 **chop up:** 잘게 썰다
6:18 **belong to...:** …에 속하다
6:19 **strike down:** 죽이다
6:21 **take up:** 들어 올리다

고 그의 아들 엘리아살을 거룩하게 구별하여
여호와의 궤를 지키게 하였더니
2 궤가 기럇여아림에 들어간 날부터 이십 년
동안 오래 있은지라 이스라엘 온 족속이 여
호와를 사모하니라

사무엘이 이스라엘을 다스리다 (♪ 28, 301장)
— B.C. 1050년경

3 ●사무엘이 이스라엘 온 족속에게 말하여 이
르되 만일 너희가 전심으로 여호와께 돌아오
려거든 이방 신들과 아스다롯을 너희 중에서
제거하고 너희 마음을 여호와께로 향하여 그
만을 섬기라 그리하면 너희를 블레셋 사람의
손에서 건져내시리라
4 이에 이스라엘 자손이 바알들과 아스다롯을
제거하고 여호와만 섬기니라
5 ●사무엘이 이르되 온 이스라엘은 미스바로
모이라 내가 너희를 위하여 여호와께 기도하
리라 하매 12:17
6 그들이 미스바에 모여 물을 길어 여호와 앞
에 붓고 그날 종일 금식하고 거기에서 이르
되 우리가 여호와께 범죄하였나이다 하니라
사무엘이 미스바에서 이스라엘 자손을 다스
리니라
7 이스라엘 자손이 미스바에 모였다 함을 블레
셋 사람들이 듣고 그들의 방백들이 이스라엘
을 치러 올라온지라 이스라엘 자손들이 듣고
블레셋 사람들을 두려워하여 17:11
8 이스라엘 자손이 사무엘에게 이르되 당신은
우리를 위하여 우리 하나님 여호와께 쉬지
말고 부르짖어 우리를 블레셋 사람들의 손에
서 구원하시게 하소서 하니
9 사무엘이 젖 먹는 어린 양 하나를 가져다가
온전한 번제를 여호와께 드리고 이스라엘을
위하여 여호와께 부르짖으매 여호와께서 응
답하셨더라
10 사무엘이 번제를 드릴 때에 블레셋 사람이
이스라엘과 싸우려고 가까이 오매 그날에
여호와께서 블레셋 사람에게 큰 우레를 발하
여 그들을 어지럽게 하시니 그들이 이스라엘
앞에 패한지라
11 이스라엘 사람들이 미스바에서 나가서 블레
셋 사람들을 추격하여 벧갈 아래에 이르기까
지 쳤더라
12 ●사무엘이 돌을 취하여 미스바와 센 사이에
세워 이르되 여호와께서 여기까지 우리를 도
우셨다 하고 그 이름을 [1]에벤에셀이라 하니라
13 이에 블레셋 사람들이 굴복하여 다시는 이스

of the LORD. They brought it to Abinadab's
house on the hill and consecrated Eleazar his
2 son to guard the ark of the LORD. ●The ark
remained at Kiriath Jearim a long time—
twenty years in all.

Samuel Subdues the Philistines at Mizpah

Then all the people of Israel turned back
3 to the LORD. ●So Samuel said to all the Isra-
elites, "If you are returning to the LORD with
all your hearts, then rid yourselves of the for-
eign gods and the Ashtoreths and commit
yourselves to the LORD and serve him only,
and he will deliver you out of the hand of the
4 Philistines." ●So the Israelites put away their
Baals and Ashtoreths, and served the LORD
only.
5 ●Then Samuel said, "Assemble all Israel at
Mizpah, and I will intercede with the LORD for
6 you." ●When they had assembled at Mizpah,
they drew water and poured it out before the
LORD. On that day they fasted and there they
confessed, "We have sinned against the LORD."
Now Samuel was serving as leader[a] of Israel at
Mizpah.
7 ●When the Philistines heard that Israel
had assembled at Mizpah, the rulers of the
Philistines came up to attack them. When the
Israelites heard of it, they were afraid because
8 of the Philistines. ●They said to Samuel, "Do
not stop crying out to the LORD our God for
us, that he may rescue us from the hand of
9 the Philistines." ●Then Samuel took a suck-
ling lamb and sacrificed it as a whole burnt
offering to the LORD. He cried out to the LORD
on Israel's behalf, and the LORD answered
him.
10 ●While Samuel was sacrificing the burnt
offering, the Philistines drew near to engage
Israel in battle. But that day the LORD thun-
dered with loud thunder against the Phili-
stines and threw them into such a panic that
11 they were routed before the Israelites. ●The
men of Israel rushed out of Mizpah and pur-
sued the Philistines, slaughtering them along
the way to a point below Beth Kar.
12 ●Then Samuel took a stone and set it up
between Mizpah and Shen. He named it
Ebenezer,[b] saying, "Thus far the LORD has
helped us."

[a]6 Traditionally *judge;* also in verse 15 [b]12 *Ebenezer* means *stone of help.* 1) 도움의 돌

assemble [əsémbl] *vi.* 모이다
behalf [bihǽf] *n.* 이익, 지지
below [bilóu] *ad.* 아래에
confess [kənfés] *vt.* 고백하다
consecrate [kánsəkrèit] *vt.* 신성하게 하다
deliver [dilívər] *vt.* 구하다
engage [ingéidʒ] *vt.* 교전(交戰)하다
fast [fæst] *vi.* 금식하다
intercede [intərsí:d] *vi.* 중재하다
pour [pɔ:r] *vt.* 붓다
rescue [réskju:] *vt.* 구원하다
sacrifice [sǽkrəfàis] *vt.* 산제물을 바치다
subdue [səbdjú:] *vt.* 굴복시키다
suckling [sʌ́kliŋ] *n.* 젖먹이
thunder [θʌ́ndər] *vi.* 천둥치다

7:3 rid oneself of...: …로부터 벗어나다
7:3 commit oneself to...: …에게 헌신하다
7:4 put away: 물리치다
7:5 intercede with... for~: …에게 ~에 대하여 잘 말해주다, 중재하다
7:9 on one's behalf: …를 위하여

라엘 지역 안에 들어오지 못하였으며 여호와
의 손이 사무엘이 사는 날 동안에 블레셋 사
람을 막으시매
삿 13:1
14 블레셋 사람들이 이스라엘에게서 빼앗았던
성읍이 에그론부터 가드까지 이스라엘에게
회복되니 이스라엘이 그 사방 지역을 블레셋
사람들의 손에서 도로 찾았고 또 이스라엘과
아모리 사람 사이에 평화가 있었더라
15 ●사무엘이 사는 날 동안에 이스라엘을 다스
렸으되
7:6
16 해마다 벧엘과 길갈과 미스바로 순회하여 그
모든 곳에서 이스라엘을 다스렸고
17 라마로 돌아왔으니 이는 거기에 자기 집이 있
음이니라 거기서도 이스라엘을 다스렸으며
또 거기에 여호와를 위하여 제단을 쌓았더라

백성이 왕을 요구하다 (♪ 290, 294장)

8 사무엘이 늙으매 그의 아들들을 이스라엘
사사로 삼으니
2 장자의 이름은 요엘이요 차자의 이름은 아비
야라 그들이 브엘세바에서 사사가 되니라
3 그의 아들들이 자기 아버지의 행위를 따르지
아니하고 이익을 따라 뇌물을 받고 판결을
굽게 하니라
4 ●이스라엘 모든 장로가 모여 라마에 있는
사무엘에게 나아가서
5 그에게 이르되 보소서 당신은 늙고 당신의
아들들은 당신의 행위를 따르지 아니하니 모
든 나라와 같이 우리에게 왕을 세워 우리를
다스리게 하소서 한지라
6 우리에게 왕을 주어 우리를 다스리게 하라
했을 때에 사무엘이 그것을 기뻐하지 아니하
여 여호와께 기도하매
7 여호와께서 사무엘에게 이르시되 백성이 네
게 한 말을 다 들으라 이는 그들이 너를 버림
이 아니요 나를 버려 자기들의 왕이 되지 못
하게 함이니라
8 내가 그들을 애굽에서 인도하여 낸 날부터
오늘까지 그들이 모든 행사로 나를 버리고
다른 신들을 섬김같이 네게도 그리하는도다
9 그러므로 그들의 말을 듣되 너는 그들에게
엄히 경고하고 그들을 다스릴 왕의 제도를
가르치라
10 ●사무엘이 왕을 요구하는 백성에게 여호와
의 모든 말씀을 말하여
11 이르되 너희를 다스릴 왕의 제도는 이러하니
라 그가 너희 아들들을 데려다가 그의 병거
와 말을 어거하게 하리니 그들이 그 병거 앞

13 ●So the Philistines were subdued and they
stopped invading Israel's territory. Through-
out Samuel's lifetime, the hand of the LORD
14 was against the Philistines. ●The towns
from Ekron to Gath that the Philistines had
captured from Israel were restored to Israel,
and Israel delivered the neighboring territo-
ry from the hands of the Philistines. And
there was peace between Israel and the Amo-
rites.
15 ●Samuel continued as Israel's leader all the
16 days of his life. ●From year to year he went on
a circuit from Bethel to Gilgal to Mizpah, judg-
17 ing Israel in all those places. ●But he always
went back to Ramah, where his home was,
and there he also held court for Israel. And he
built an altar there to the LORD.

Israel Asks for a King

8 When Samuel grew old, he appointed his
2 sons as Israel's leaders.[a] ●The name of his
firstborn was Joel and the name of his second
was Abijah, and they served at Beersheba.
3 ●But his sons did not follow his ways. They
turned aside after dishonest gain and accept-
ed bribes and perverted justice.
4 ●So all the elders of Israel gathered together
5 and came to Samuel at Ramah. ●They said to
him, "You are old, and your sons do not fol-
low your ways; now appoint a king to lead[b]
us, such as all the other nations have."
6 ●But when they said, "Give us a king to lead
us," this displeased Samuel; so he prayed to
7 the LORD. ●And the LORD told him: "Listen to
all that the people are saying to you; it is not
you they have rejected, but they have rejected
8 me as their king. ●As they have done from the
day I brought them up out of Egypt until this
day, forsaking me and serving other gods, so
9 they are doing to you. ●Now listen to them;
but warn them solemnly and let them know
what the king who will reign over them will
claim as his rights."
10 ●Samuel told all the words of the LORD to
the people who were asking him for a king.
11 ●He said, "This is what the king who will reign
over you will claim as his rights: He will take
your sons and make them serve with his char-
iots and horses, and they will run in front of
12 his chariots. ●Some he will assign to be com-

[a]1 Traditionally *Judges* [b]5 Traditionally *judge;* also in verses 6 and 20

altar [ɔ́:ltər] *n.* 제단
appoint [əpɔ́int] *vt.* 임명하다
aside [əsáid] *ad.* 외에
bribe [braib] *n.* 뇌물
capture [kǽptʃər] *vt.* 붙잡다
circuit [sə́:rkit] *n.* 순회
displease [displí:z] *vt.* 불쾌하게 하다
forsake [fərséik] *vt.* 저버리다
invade [invéid] *vi.* 침입하다
pervert [pərvə́:rt] *vt.* 그르치다
reject [ridʒékt] *vt.* 버리다
restore [ristɔ́:r] *vt.* 회복하다
solemnly [sáləmli] *ad.* 진지하게
subdue [səbdjú:] *vt.* 굴복시키다
warn [wɔ:rn] *vt.* 경고하다

7:16 from year to year: 해마다
8:3 turn aside: 벗어나다, 빗나가다
8:4 gather together: 모으다
8:8 bring out: 데리고 나오다
8:9 reign over: 지배하다
8:10 ask for...: …을 요구하다

에서 달릴 것이며
12 그가 또 너희의 아들들을 천부장과 오십부장을 삼을 것이며 자기 밭을 갈게 하고 자기 추수를 하게 할 것이며 자기 무기와 병거의 장비도 만들게 할 것이며
13 그가 또 너희의 딸들을 데려다가 향료 만드는 자와 요리하는 자와 떡 굽는 자로 삼을 것이며
14 그가 또 너희의 밭과 포도원과 감람원에서 제일 좋은 것을 가져다가 자기의 신하들에게 줄 것이며
15 그가 또 너희의 곡식과 포도원 소산의 십일조를 거두어 자기의 1)관리와 신하에게 줄 것이며
16 그가 또 너희의 노비와 가장 아름다운 소년과 나귀들을 끌어다가 자기 일을 시킬 것이며
17 너희의 양 떼의 십분의 일을 거두어 가리니 너희가 그의 종이 될 것이라
18 그날에 너희는 너희가 택한 왕으로 말미암아 부르짖되 그날에 여호와께서 너희에게 응답하지 아니하시리라 하니
19 ●백성이 사무엘의 말 듣기를 거절하여 이르되 아니로소이다 우리도 우리 왕이 있어야 하리니
20 우리도 다른 나라들같이 되어 우리의 왕이 우리를 다스리며 우리 앞에 나가서 우리의 싸움을 싸워야 할 것이니이다 하는지라 8:5
21 사무엘이 백성의 말을 다 듣고 여호와께 아뢰매
22 여호와께서 사무엘에게 이르시되 그들의 말을 들어 왕을 세우라 하시니 사무엘이 이스라엘 사람들에게 이르되 너희는 각기 성읍으로 돌아가라 하니라

사울이 사무엘을 만나다 — B.C. 1040년경

9 베냐민 지파에 기스라 이름하는 유력한 사람이 있으니 그는 아비엘의 아들이요 스롤의 손자요 베고랏의 증손이요 아비아의 현손이며 베냐민 사람이더라 대상 8:33
2 기스에게 아들이 있으니 그의 이름은 사울이요 준수한 소년이라 이스라엘 자손 중에 그보다 더 준수한 자가 없고 키는 모든 백성보다 어깨 위만큼 더 컸더라 삼하 14:25
3 사울의 아버지 기스가 암나귀들을 잃고 그의 아들 사울에게 이르되 너는 일어나 한 사환을 데리고 가서 암나귀들을 찾으라 하매
4 그가 에브라임 산지와 살리사 땅으로 두루 다녀 보았으나 찾지 못하고 사알림 땅으로 두루 다녀 보았으나 그곳에는 없었고 베냐민 사람의 땅으로 두루 다녀 보았으나 찾지 못

manders of thousands and commanders of
fifties, and others to plow his ground and
reap his harvest, and still others to make
weapons of war and equipment for his chari-
13 ots. ●He will take your daughters to be per-
14 fumers and cooks and bakers. ●He will take
the best of your fields and vineyards and
olive groves and give them to his attendants.
15 ●He will take a tenth of your grain and of
your vintage and give it to his officials and
16 attendants. ●Your male and female servants
and the best of your cattle[a] and donkeys he
17 will take for his own use. ●He will take a
tenth of your flocks, and you yourselves will
18 become his slaves. ●When that day comes,
you will cry out for relief from the king you
have chosen, but the LORD will not answer
you in that day."
19 ●But the people refused to listen to Samuel.
"No!" they said. "We want a king over us.
20 ●Then we will be like all the other nations,
with a king to lead us and to go out before us
and fight our battles."
21 ●When Samuel heard all that the people
22 said, he repeated it before the LORD. ●The LORD
answered, "Listen to them and give them a
king."

Then Samuel said to the Israelites, "Everyone go back to your own town."

Samuel Anoints Saul

9 There was a Benjamite, a man of standing,
whose name was Kish son of Abiel, the
son of Zeror, the son of Bekorath, the son of
2 Aphiah of Benjamin. ●Kish had a son named
Saul, as handsome a young man as could be
found anywhere in Israel, and he was a head
taller than anyone else.
3 ●Now the donkeys belonging to Saul's
father Kish were lost, and Kish said to his son
Saul, "Take one of the servants with you and
4 go and look for the donkeys." ●So he passed
through the hill country of Ephraim and
through the area around Shalisha, but they
did not find them. They went on into the dis-
trict of Shaalim, but the donkeys were not
there. Then he passed through the territory of
Benjamin, but they did not find them.
5 ●When they reached the district of Zuph,
Saul said to the servant who was with him,

[a] 16 Septuagint; Hebrew *young men* 1) 환관

anoint [ənɔ́int] *vt.* 머리에 기름을 부어 성별하다
attendant [əténdənt] *n.* 신하
battle [bǽtl] *n.* 전투
district [dístrikt] *n.* 구역
equipment [ikwípmənt] *n.* 장비
flock [flak] *n.* 무리
official [əfíʃəl] *n.* 관원
perfumer [pərfjú:mər] *n.* 향수 제조자
plow [plau] *vt.* 경작하다
refuse [rifjú:z] *vt.* 거절하다
relief [rilí:f] *n.* 안심, 구원
repeat [ripí:t] *vt.* 되풀이하다
slave [sleiv] *n.* 노예, 종
vineyard [vínjərd] *n.* 포도원
vintage [víntidʒ] *n.* 포도 수확

8:16 take ... for ~: …을 ~이라고 생각하다
8:18 cry out: 외쳐 부르다
9:3 belong to...: …에 속하다
9:3 look for...: …을 찾다
9:4 go on: 나아가다
9:4 pass through: 지나가다, 횡단하다

하니라
5 ●그들이 숩 땅에 이른 때에 사울이 함께 가
던 사환에게 이르되 돌아가자 내 아버지께서
암나귀 생각은 고사하고 우리를 위하여 걱정
하실까 두려워하노라 하니
6 그가 대답하되 보소서 이 성읍에 하나님의
사람이 있는데 존경을 받는 사람이라 그가
말한 것은 반드시 다 응하나니 그리로 가사
이다 그가 혹 우리가 갈 길을 가르쳐 줄까 하
나이다 하는지라
7 사울이 그의 사환에게 이르되 우리가 가면
그 사람에게 무엇을 드리겠느냐 우리 주머니
에 먹을 것이 다하였으니 하나님의 사람에게
드릴 예물이 없도다 무엇이 있느냐 하니
8 사환이 사울에게 다시 대답하여 이르되 보소
서 내 손에 은 한 세겔의 사분의 일이 있으니
하나님의 사람에게 드려 우리 길을 가르쳐
달라 하겠나이다 하더라
9 (옛적 이스라엘에 사람이 하나님께 가서 물
으려 하면 말하기를 선견자에게로 가자 하였
으니 지금 선지자라 하는 자를 옛적에는 선
견자라 일컬었더라)
10 사울이 그의 사환에게 이르되 네 말이 옳다
가자 하고 그들이 하나님의 사람이 있는 성
읍으로 가니라
11 ●그들이 성읍을 향한 비탈길로 올라가다가
물 길으러 나오는 소녀들을 만나 그들에게
묻되 선견자가 여기 있느냐 하니
12 그들이 대답하여 이르되 있나이다 보소서 그
가 당신보다 앞서 갔으니 빨리 가소서 백성
이 오늘 산당에서 제사를 드리므로 그가 오
늘 성읍에 들어오셨나이다
13 당신들이 성읍으로 들어가면 그가 먹으러 산
당에 올라가기 전에 곧 만나리이다 그가 오
기 전에는 백성이 먹지 아니하나니 이는 그
가 제물을 축사한 후에야 청함을 받은 자가
먹음이니이다 그러므로 지금 올라가소서 곧
그를 만나리이다 하는지라
14 그들이 성읍으로 올라가서 그리로 들어갈 때
에 사무엘이 마침 산당으로 올라가려고 마주
나오더라
15 ●사울이 오기 전날에 여호와께서 사무엘에
게 알게 하여 이르시되 15:1
16 내일 이맘 때에 내가 베냐민 땅에서 한 사람
을 네게로 보내리니 너는 그에게 기름을 부
어 내 백성 이스라엘의 지도자로 삼으라 그
가 내 백성을 블레셋 사람들의 손에서 구원

"Come, let's go back, or my father will stop
thinking about the donkeys and start worry-
ing about us."
6 ●But the servant replied, "Look, in this town
there is a man of God; he is highly respected,
and everything he says comes true. Let's go
there now. Perhaps he will tell us what way to
take."
7 ●Saul said to his servant, "If we go, what can
we give the man? The food in our sacks is
gone. We have no gift to take to the man of
God. What do we have?"
8 ●The servant answered him again. "Look,"
he said, "I have a quarter of a shekel[a] of silver.
I will give it to the man of God so that he will
9 tell us what way to take." ●(Formerly in
Israel, if someone went to inquire of God,
they would say, "Come, let us go to the seer,"
because the prophet of today used to be
called a seer.)
10 ●"Good," Saul said to his servant. "Come,
let's go." So they set out for the town where the
man of God was.
11 ●As they were going up the hill to the town,
they met some young women coming out to
draw water, and they asked them, "Is the seer
here?"
12 ●"He is," they answered. "He's ahead of
you. Hurry now; he has just come to our town
today, for the people have a sacrifice at the
13 high place. ●As soon as you enter the town,
you will find him before he goes up to the high
place to eat. The people will not begin eating
until he comes, because he must bless the sac-
rifice; afterward, those who are invited will eat.
Go up now; you should find him about this
time."
14 ●They went up to the town, and as they
were entering it, there was Samuel, coming
toward them on his way up to the high
place.
15 ●Now the day before Saul came, the LORD
16 had revealed this to Samuel: ●"About this
time tomorrow I will send you a man from
the land of Benjamin. Anoint him ruler over
my people Israel; he will deliver them from
the hand of the Philistines. I have looked on
my people, for their cry has reached me."
17 ●When Samuel caught sight of Saul, the
LORD said to him, "This is the man I spoke to
you about; he will govern my people."

[a]8 That is, about 1/10 ounce or about 3 grams

afterward [ǽftərwərd] *ad.* 후에
anoint [ənɔ́int] *vt.* 기름을 바르다
draw [drɔː] *vt.* 긷다
formerly [fɔ́ːrmərli] *ad.* 전에
govern [gʌ́vərn] *vt.* 다스리다
inquire [inkwáiər] *vi.* 묻다
invite [inváit] *vt.* 초대하다
perhaps [pərhǽps] *ad.* 혹시
prophet [práfit] *n.* 선지자
quarter [kwɔ́ːrtər] *n.* 4분의 1
respect [rispékt] *vt.* 존경하다
reveal [rivíːl] *vt.* 드러내다
sack [sæk] *n.* 자루
sacrifice [sǽkrəfàis] *n.* 희생 제사
seer [síːər] *n.* 예언자

9:7 **be gone**: 없어지다
9:10 **set out for...**: …을 향해 출발하다
9:12 **ahead of...**: …보다 앞서
9:13 **as soon as...**: …하자마자
9:16 **deliver A from B**: B에서 A를 구원하다
9:17 **catch sight of...**: …을 보다

하리라 내 백성의 부르짖음이 내게 상달되었
으므로 내가 그들을 돌보았노라 하셨더니
17 사무엘이 사울을 볼 때에 여호와께서 그에게
이르시되 보라 이는 내가 네게 말한 사람이니
이가 내 백성을 다스리리라 하시니라
18 사울이 성문 안 사무엘에게 나아가 이르되 선
견자의 집이 어디인지 청하건대 내게 가르치
소서 하니
19 사무엘이 사울에게 대답하여 이르되 내가 선
견자이니라 너는 내 앞서 산당으로 올라가라
너희가 오늘 나와 함께 먹을 것이요 아침에는
내가 너를 보내되 네 마음에 있는 것을 다 네
게 말하리라
20 사흘 전에 잃은 네 암나귀들을 염려하지 말라
찾았느니라 온 1)이스라엘이 사모하는 자가 누
구냐 너와 네 아버지의 온 집이 아니냐 하는지
라
21 사울이 대답하여 이르되 나는 이스라엘 지파
의 가장 작은 지파 베냐민 사람이 아니니이까
또 나의 가족은 베냐민 지파 모든 가족 중에
가장 미약하지 아니하니이까 당신이 어찌하
여 내게 이같이 말씀하시나이까 하니
22 ●사무엘이 사울과 그의 사환을 인도하여 객
실로 들어가서 청한 자 중 상석에 앉게 하였는
데 객은 삼십 명 가량이었더라
23 사무엘이 요리인에게 이르되 내가 네게 주며
네게 두라고 말한 그 부분을 가져오라
24 요리인이 2)넓적다리와 그것에 붙은 것을 가져
다가 사울 앞에 놓는지라 사무엘이 이르되 보
라 이는 두었던 것이니 네 앞에 놓고 먹으라
내가 백성을 청할 때부터 너를 위하여 이것을
두고 이때를 기다리게 하였느니라 그날에 사
울이 사무엘과 함께 먹으니라 민 18:18

사무엘이 사울에게 기름을 붓다

25 ●그들이 산당에서 내려 성읍에 들어가서는
사무엘이 사울과 함께 지붕에서 담화하고
26 그들이 일찍이 일어날새 동틀 때쯤이라 사무
엘이 지붕에서 사울을 불러 이르되 일어나라
내가 너를 보내리라 하매 사울이 일어나고 그
두 사람 사울과 사무엘이 함께 밖으로 나가서
27 성읍 끝에 이르매 사무엘이 사울에게 이르되
사환에게 우리를 앞서게 하라 하니라 사환이
앞서가므로 또 이르되 너는 이제 잠깐 서 있으
라 내가 하나님의 말씀을 네게 들려 주리라 하
더라

10 이에 사무엘이 기름병을 가져다가 사울
의 머리에 붓고 입맞추며 이르되 여호와

18 ●Saul approached Samuel in the gateway
and asked, "Would you please tell me where
the seer's house is?"
19 ●"I am the seer," Samuel replied. "Go up
ahead of me to the high place, for today you
are to eat with me, and in the morning I will
send you on your way and will tell you all
20 that is in your heart. ●As for the donkeys you
lost three days ago, do not worry about them;
they have been found. And to whom is all
the desire of Israel turned, if not to you and
your whole family line?"
21 ●Saul answered, "But am I not a Ben-
jamite, from the smallest tribe of Israel, and is
not my clan the least of all the clans of the
tribe of Benjamin? Why do you say such a
thing to me?"
22 ●Then Samuel brought Saul and his ser-
vant into the hall and seated them at the
head of those who were invited—about thir-
23 ty in number. ●Samuel said to the cook,
"Bring the piece of meat I gave you, the one I
told you to lay aside."
24 ●So the cook took up the thigh with what
was on it and set it in front of Saul. Samuel
said, "Here is what has been kept for you. Eat,
because it was set aside for you for this occa-
sion from the time I said, 'I have invited
guests.'" And Saul dined with Samuel that
day.
25 ●After they came down from the high
place to the town, Samuel talked with Saul
26 on the roof of his house. ●They rose about
daybreak, and Samuel called to Saul on the
roof, "Get ready, and I will send you on your
way." When Saul got ready, he and Samuel
27 went outside together. ●As they were going
down to the edge of the town, Samuel said to
Saul, "Tell the servant to go on ahead of us"
—and the servant did so—"but you stay
here for a while, so that I may give you a mes-
sage from God."

10 Then Samuel took a flask of olive oil
and poured it on Saul's head and
kissed him, saying, "Has not the LORD
anointed you ruler over his inheritance?[a]
2 ●When you leave me today, you will meet
two men near Rachel's tomb, at Zelzah on

[a]1 Hebrew; Septuagint and Vulgate *over his people Israel? You will reign over the* LORD*'s people and save them from the power of their enemies round about. And this will be a sign to you that the* LORD *has anointed you ruler over his inheritance:*

1) 이스라엘의 보배가 2) 어깨

anoint [ənɔ́int] *vt.* 기름붓다
approach [əpróutʃ] *vt.* 다가가다
clan [klæn] *n.* 씨족
daybreak [déibrèik] *n.* 새벽
desire [dizáiər] *n.* 갈망
dine [dain] *vi.* 정찬을 먹다
edge [edʒ] *n.* 가장자리
flask [flæsk] *n.* 휴대용 병
gateway [geitwei] *n.* 대문
inheritance [inhérətəns] *n.* 유산
invite [inváit] *vt.* 초청하다
occasion [əkéiʒən] *n.* 경우
pour [pɔːr] *vt.* 붓다
roof [ruːf] *n.* 옥상, 지붕
tribe [traib] *n.* 지파

9:19 ahead of...: …보다 앞서
9:20 worry about...: …을 걱정하다
9:22 in number: 총계하여
9:23 lay aside: 간직해 두다
9:24 in front of...: …앞에
9:24 set aside: 모아두다, 떼어놓다

께서 네게 기름을 부으사 그의 기업의 지도자
로 삼지 아니하셨느냐
2 네가 오늘 나를 떠나가다가 베냐민 경계 셀사
에 있는 라헬의 묘실 곁에서 두 사람을 만나리
니 그들이 네게 이르기를 네가 찾으러 갔던 암
나귀들을 찾은지라 네 아버지가 암나귀들의
염려는 놓았으나 너희로 말미암아 걱정하여
이르되 내 아들을 위하여 어찌하리요 하더라
할 것이요
3 네가 거기서 더 나아가서 다볼 상수리나무에
이르면 거기서 하나님을 뵈오려고 벧엘로 올
라가는 세 사람을 만나리니 한 사람은 염소 새
끼 셋을 이끌었고 한 사람은 떡 세 덩이를 가
졌고 한 사람은 포도주 한 가죽부대를 가진 자
라
4 그들이 네게 문안하고 떡 두 덩이를 주겠고 너
는 그의 손에서 받으리라
5 그 후에 네가 하나님의 산에 이르리니 그곳에
는 블레셋 사람들의 영문이 있느니라 네가 그
리로 가서 그 성읍으로 들어갈 때에 선지자의
무리가 산당에서부터 비파와 소고와 저와 수
금을 앞세우고 예언하며 내려오는 것을 만날
것이요
6 네게는 여호와의 영이 크게 임하리니 너도 그
들과 함께 예언을 하고 변하여 새 사람이 되리
라
7 이 징조가 네게 임하거든 너는 기회를 따라 행
하라 하나님이 너와 함께 하시느니라
8 너는 나보다 앞서 길갈로 내려가라 내가 네게
로 내려가서 번제와 화목제를 드리리니 내가
네게 가서 네가 행할 것을 가르칠 때까지 칠
일 동안 기다리라
9 ●그가 사무엘에게서 떠나려고 몸을 돌이킬
때에 하나님이 새 마음을 주셨고 그날 그 징조
도 다 응하니라 10:6
10 그들이 산에 이를 때에 선지자의 무리가 그를
영접하고 하나님의 영이 사울에게 크게 임하
므로 그가 그들 중에서 예언을 하니
11 전에 사울을 알던 모든 사람들이 사울이 선지
자들과 함께 예언함을 보고 서로 이르되 기스
의 아들에게 무슨 일이 일어났느냐 사울도 선
지자들 중에 있느냐 하고
12 그곳의 어떤 사람은 말하여 이르되 그들의 아
버지가 누구냐 한지라 그러므로 속담이 되어
이르되 사울도 선지자들 중에 있느냐 하더라
13 사울이 예언하기를 마치고 산당으로 가니라
14 ●사울의 숙부가 사울과 그의 사환에게 이르

the border of Benjamin. They will say to
you, 'The donkeys you set out to look for
have been found. And now your father has
stopped thinking about them and is worried
about you. He is asking, "What shall I do
about my son?"'
3 ●"Then you will go on from there until
you reach the great tree of Tabor. Three men
going up to worship God at Bethel will meet
you there. One will be carrying three young
goats, another three loaves of bread, and
4 another a skin of wine. ●They will greet you
and offer you two loaves of bread, which you
will accept from them.
5 ●"After that you will go to Gibeah of God,
where there is a Philistine outpost. As you
approach the town, you will meet a proces-
sion of prophets coming down from the
high place with lyres, timbrels, pipes and
harps being played before them, and they
6 will be prophesying. ●The Spirit of the LORD
will come powerfully upon you, and you
will prophesy with them; and you will be
7 changed into a different person. ●Once these
signs are fulfilled, do whatever your hand
finds to do, for God is with you.
8 ●"Go down ahead of me to Gilgal. I will
surely come down to you to sacrifice burnt
offerings and fellowship offerings, but you
must wait seven days until I come to you and
tell you what you are to do."

Saul Made King

9 ●As Saul turned to leave Samuel, God
changed Saul's heart, and all these signs
10 were fulfilled that day. ●When he and his
servant arrived at Gibeah, a procession of
prophets met him; the Spirit of God came
powerfully upon him, and he joined in
11 their prophesying. ●When all those who
had formerly known him saw him proph-
esying with the prophets, they asked each
other, "What is this that has happened to
the son of Kish? Is Saul also among the
prophets?"
12 ●A man who lived there answered, "And
who is their father?" So it became a saying:
13 "Is Saul also among the prophets?" ●After
Saul stopped prophesying, he went to the
high place.
14 ●Now Saul's uncle asked him and his ser-
vant, "Where have you been?"

accept [æksépt] *vt.* 받아들이다
arrive [əráiv] *vi.* 도착하다
burnt [bəːrnt] *a.* 불에 태운
fellowship [félouʃip] *n.* 화목
formerly [fɔ́ːrmərli] *ad.* 전에
fulfill [fulfíl] *vt.* 성취하다
greet [griːt] *vt.* 인사하다
loaf [louf] *n.* 한 덩어리
offering [ɔ́ːfəriŋ] *n.* 제물
outpost [áutpòust] *n.* 주둔 기지
procession [prəséʃən] *n.* 행렬
prophet [práfit] *n.* 예언자
sacrifice [sǽkrəfàis] *vt.* 산제물을 바치다
servant [sə́ːrvənt] *n.* 종, 하인
sign [sain] *n.* 징조

10:2 **on the border of...**: …의 가장자리에
10:2 **set out**: 출발하다, 떠나다
10:3 **go up**: 올라가다
10:6 **come upon...**: …을 갑자기 습격하다
10:6 **be changed into...**: …로 바뀌다
10:10 **join in...**: …에 참가하다

되 너희가 어디로 갔더냐 사울이 이르되 암나귀들을 찾다가 찾지 못하므로 사무엘에게 갔었나이다 하니

15 사울의 숙부가 이르되 청하노니 사무엘이 너희에게 이른 말을 내게 말하라 하니라

16 사울이 그의 숙부에게 말하되 그가 암나귀들을 찾았다고 우리에게 분명히 말하더이다 하고 사무엘이 말하던 나라의 일은 말하지 아니하니라

사울이 왕으로 뽑히다

17 •사무엘이 백성을 미스바로 불러 여호와 앞에 모으고 7:5, 6

18 이스라엘 자손에게 이르되 이스라엘 하나님 여호와께서 이같이 말씀하시기를 내가 이스라엘을 애굽에서 인도하여 내고 너희를 애굽인의 손과 너희를 압제하는 모든 나라의 손에서 건져내었느니라 하셨거늘 삿 6:8, 9

19 너희는 너희를 모든 재난과 고통 중에서 친히 구원하여 내신 너희의 하나님을 오늘 버리고 이르기를 우리 위에 왕을 세우라 하는도다 그런즉 이제 너희의 지파대로 천 명씩 여호와 앞에 나아오라 하고

20 사무엘이 이에 이스라엘 모든 지파를 가까이 오게 하였더니 베냐민 지파가 뽑혔고

21 베냐민 지파를 그들의 가족별로 가까이 오게 하였더니 마드리의 가족이 뽑혔고 그 중에서 기스의 아들 사울이 뽑혔으나 그를 찾아도 찾지 못한지라

22 그러므로 그들이 또 여호와께 묻되 그 사람이 여기 왔나이까 여호와께서 대답하시되 그가 짐보따리들 사이에 숨었느니라 하셨더라

23 그들이 달려 가서 거기서 그를 데려오매 그가 백성 중에 서니 다른 사람보다 어깨 위만큼 컸더라

24 사무엘이 모든 백성에게 이르되 너희는 여호와께서 택하신 자를 보느냐 모든 백성 중에 짝할 이가 없느니라 하니 모든 백성이 왕의 만세를 외쳐 부르니라

25 •사무엘이 나라의 제도를 백성에게 말하고 책에 기록하여 여호와 앞에 두고 모든 백성을 각기 집으로 보내매

26 사울도 기브아 자기 집으로 갈 때에 마음이 하나님께 감동된 유력한 자들과 함께 갔느니라

27 어떤 불량배는 이르되 이 사람이 어떻게 우리를 구원하겠느냐 하고 멸시하며 예물을 바치지 아니하였으나 그는 잠잠하였더라

"Looking for the donkeys," he said. "But
when we saw they were not to be found, we
went to Samuel."
15 •Saul's uncle said, "Tell me what Samuel
said to you."
16 •Saul replied, "He assured us that the don-
keys had been found." But he did not tell his
uncle what Samuel had said about the king-
ship.
17 •Samuel summoned the people of Israel to
18 the LORD at Mizpah •and said to them, "This
is what the LORD, the God of Israel, says: 'I
brought Israel up out of Egypt, and I delivered
you from the power of Egypt and all the king-
19 doms that oppressed you.' •But you have
now rejected your God, who saves you out of
all your disasters and calamities. And you have
said, 'No, appoint a king over us.' So now pre-
sent yourselves before the LORD by your tribes
and clans."
20 •When Samuel had all Israel come for-
ward by tribes, the tribe of Benjamin was
21 taken by lot. •Then he brought forward the
tribe of Benjamin, clan by clan, and Matri's
clan was taken. Finally Saul son of Kish was
taken. But when they looked for him, he
22 was not to be found. •So they inquired fur-
ther of the LORD, "Has the man come here
yet?"
And the LORD said, "Yes, he has hidden
himself among the supplies."
23 •They ran and brought him out, and as he
stood among the people he was a head taller
24 than any of the others. •Samuel said to all
the people, "Do you see the man the LORD has
chosen? There is no one like him among all
the people."
Then the people shouted, "Long live the
king!"
25 •Samuel explained to the people the rights
and duties of kingship. He wrote them down
on a scroll and deposited it before the LORD.
Then Samuel dismissed the people to go to
their own homes.
26 •Saul also went to his home in Gibeah,
accompanied by valiant men whose hearts
27 God had touched. •But some scoundrels
said, "How can this fellow save us?" They
despised him and brought him no gifts. But
Saul kept silent.

accompany [əkʌ́mpəni] *vt.* 동반하다
assure [əʃúər] *vt.* 보장하다
calamity [kəlǽməti] *n.* 재난
clan [klæn] *n.* 족속
deposit [dipázit] *vt.* 두다, 놓다
despise [dispáiz] *vt.* 경멸하다
disaster [dizǽstər] *n.* 재난
further [fə́:rðər] *ad.* 게다가
hidden [hídn] *a.* 숨겨진
kingship [kíŋʃip] *n.* 왕위
oppress [əprés] *vt.* 압박하다
reject [ridʒékt] *vt.* 거절하다
summon [sʌ́mən] *vt.* 소환하다
tribe [traib] *n.* 지파, 일족
valiant [vǽljənt] *a.* 용맹스러운

10:18 **out of**: …중에
10:19 **save A out of B**: B로부터 A를 구원해내다
10:21 **bring forward**: 앞으로 오게 하다
10:21 **look for**: 찾다, 기다리다
10:22 **inquire of...**: …에게 묻다

사울이 암몬 사람을 치다

11 암몬 사람 나하스가 올라와서 길르앗 야
베스에 맞서 진치매 야베스 모든 사람들
이 나하스에게 이르되 우리와 언약하자 그리
하면 우리가 너를 섬기리라 하니 31:11
2 암몬 사람 나하스가 그들에게 이르되 내가
너희 오른 눈을 다 빼야 너희와 언약하리라
내가 온 이스라엘을 이같이 모욕하리라
3 야베스 장로들이 그에게 이르되 우리에게
이레 동안 말미를 주어 우리가 이스라엘 온
지역에 전령들을 보내게 하라 만일 우리를
구원할 자가 없으면 네게 나아가리라 하니
라
4 이에 전령들이 사울이 사는 기브아에 이르러
이 말을 백성에게 전하매 모든 백성이 소리
를 높여 울더니
5 마침 사울이 밭에서 소를 몰고 오다가 이르
되 백성이 무슨 일로 우느냐 하니 그들이 야
베스 사람의 말을 전하니라
6 ●사울이 이 말을 들을 때에 하나님의 영에
게 크게 감동되매 그의 노가 크게 일어나
7 한 겨리의 소를 잡아 각을 뜨고 전령들의 손
으로 그것을 이스라엘 모든 지역에 두루 보
내어 이르되 누구든지 나와서 사울과 사무
엘을 따르지 아니하면 그의 소들도 이와 같
이 하리라 하였더니 여호와의 두려움이 백
성에게 임하매 그들이 한 사람 같이 나온지
라
8 사울이 베섹에서 그들의 수를 세어 보니 이
스라엘 자손이 삼십만 명이요 유다 사람이
삼만 명이더라
9 무리가 와 있는 전령들에게 이르되 너희는
길르앗 야베스 사람에게 이같이 이르기를 내
일 해가 더울 때에 너희가 구원을 받으리라
하라 전령들이 돌아가서 야베스 사람들에게
전하매 그들이 기뻐하니라
10 야베스 사람들이 이에 이르되 우리가 내일
너희에게 나아가리니 너희 생각에 좋을 대로
우리에게 다 행하라 하니라
11 이튿날 사울이 백성을 삼 대로 나누고 새벽
에 적진 한가운데로 들어가서 날이 더울 때
까지 암몬 사람들을 치매 남은 자가 다 흩어
져서 둘도 함께 한 자가 없었더라

사무엘이 길갈에서 사울을 왕으로 세우다 (♪ 326장)

12 ●백성이 사무엘에게 이르되 사울이 어찌 우
리를 다스리겠느냐 한 자가 누구니이까 그들
을 끌어내소서 우리가 죽이겠나이다

Saul Rescues the City of Jabesh

11 Nahash[a] the Ammonite went up and
besieged Jabesh Gilead. And all the
men of Jabesh said to him, "Make a treaty
with us, and we will be subject to you."
2 •But Nahash the Ammonite replied, "I will
make a treaty with you only on the condition
that I gouge out the right eye of every one of
you and so bring disgrace on all Israel."
3 •The elders of Jabesh said to him, "Give
us seven days so we can send messengers
throughout Israel; if no one comes to rescue
us, we will surrender to you."
4 •When the messengers came to Gibeah of
Saul and reported these terms to the people,
5 they all wept aloud. •Just then Saul was
returning from the fields, behind his oxen, and
he asked, "What is wrong with everyone?
Why are they weeping?" Then they repeated
to him what the men of Jabesh had said.
6 •When Saul heard their words, the Spirit
of God came powerfully upon him, and he
7 burned with anger. •He took a pair of oxen,
cut them into pieces, and sent the pieces by
messengers throughout Israel, proclaiming,
"This is what will be done to the oxen of any-
one who does not follow Saul and Samuel."
Then the terror of the LORD fell on the people,
8 and they came out together as one. •When
Saul mustered them at Bezek, the men of Israel
numbered three hundred thousand and those
of Judah thirty thousand.
9 •They told the messengers who had come,
"Say to the men of Jabesh Gilead, 'By the time
the sun is hot tomorrow, you will be rescued.'
" When the messengers went and reported
this to the men of Jabesh, they were elated.
10 •They said to the Ammonites, "Tomorrow
we will surrender to you, and you can do to us
whatever you like."
11 •The next day Saul separated his men into
three divisions; during the last watch of the
night they broke into the camp of the Ammo-
nites and slaughtered them until the heat of
the day. Those who survived were scattered,
so that no two of them were left together.

[a]1 Masoretic Text; Dead Sea Scrolls *gifts. Now Nahash king of the Ammonites oppressed the Gadites and Reubenites severely. He gouged out all their right eyes and struck terror and dread in Israel. Not a man remained among the Israelites beyond the Jordan whose right eye was not gouged out by Nahash king of the Ammonites, except that seven thousand men fled from the Ammonites and entered Jabesh Gilead. About a month later,* [1]*Nahash*

aloud [əláud] *ad.* 큰 소리로
disgrace [disgréis] *n.* 치욕
division [divíʒən] *n.* 구분
elate [iléit] *vt.* 기운을 북돋워 주다
gouge [gaudʒ] *vt.* 후벼내다
muster [mʌ́stər] *vt.* 소집하다
proclaim [proukléim] *vt.* 선언하다
report [ripɔ́:rt] *vt.* 보고하다
rescue [réskju:] *n.* 구원, 구조
scatter [skǽtər] *vi.* 뿔뿔이 흩어지다
slaughter [slɔ́:tər] *vt.* 학살하다
surrender [səréndər] *vi.* 항복하다
throughout [θru:áut] *ad.* 두루
treaty [trí:ti] *n.* 조약
weep [wi:p] *vi.* 울다

11:1 **be subject to...:** …에게 복속되다
11:2 **gouge out:** 후벼내다, 도려내다
11:7 **come out:** 나오다
11:7 **as one:** 일치하여, 하나같이
11:9 **by the time:** …할 때까지
11:11 **separate into...:** …로 분리하다

13 사울이 이르되 이날에는 사람을 죽이지 못하
리니 여호와께서 오늘 이스라엘 중에 구원을
베푸셨음이니라
14 ●사무엘이 백성에게 이르되 오라 우리가 길
갈로 가서 나라를 새롭게 하자
15 모든 백성이 길갈로 가서 거기서 여호와 앞
에서 사울을 왕으로 삼고 길갈에서 여호와
앞에 화목제를 드리고 사울과 이스라엘 모든
사람이 거기서 크게 기뻐하니라

사무엘의 마지막 말 (♪ 364장) — B.C. 1040년경

12 사무엘이 온 이스라엘에게 이르되 보라
너희가 내게 한 말을 내가 다 듣고 너희
위에 왕을 세웠더니
2 이제 왕이 너희 앞에 출입하느니라 보라 나
는 늙어 머리가 희어졌고 내 아들들도 너희
와 함께 있느니라 내가 어려서부터 오늘까지
너희 앞에 출입하였거니와
3 내가 여기 있나니 여호와 앞과 그의 기름부
음을 받은 자 앞에서 내게 대하여 증언하라
내가 누구의 소를 빼앗았느냐 누구의 나귀를
빼앗았느냐 누구를 속였느냐 누구를 압제하
였느냐 내 눈을 흐리게 하는 뇌물을 누구의
손에서 받았느냐 그리하였으면 내가 그것을
너희에게 갚으리라 하니
4 그들이 이르되 당신이 우리를 속이지 아니하
였고 압제하지 아니하였고 누구의 손에서든
지 아무것도 빼앗은 것이 없나이다 하니라
5 사무엘이 백성에게 이르되 너희가 내 손에서
아무것도 찾아낸 것이 없음을 여호와께서 너
희에게 대하여 증언하시며 그의 기름부음을
받은 자도 오늘 증언하느니라 하니 그들이
이르되 그가 증언하시나이다 하니라
6 ●사무엘이 백성에게 이르되 모세와 아론을
세우시며 너희 조상들을 애굽 땅에서 인도하
여 내신 이는 여호와이시니
7 그런즉 가만히 서 있으라 여호와께서 너희와
너희 조상들에게 행하신 모든 공의로운 일에
대하여 내가 여호와 앞에서 너희와 담론하리
라
8 야곱이 애굽에 들어간 후 너희 조상들이 여
호와께 부르짖으매 여호와께서 모세와 아론
을 보내사 그 두 사람으로 너희 조상들을 애
굽에서 인도해 내어 이곳에 살게 하셨으나
9 그들이 그들의 하나님 여호와를 잊은지라 여
호와께서 그들을 하솔 군사령관 시스라의 손
과 블레셋 사람들의 손과 모압 왕의 손에 넘
기셨더니 그들이 저희를 치매

Saul Confirmed as King

12 ●The people then said to Samuel, "Who was
it that asked, 'Shall Saul reign over us?' Turn
these men over to us so that we may put them
to death."
13 ●But Saul said, "No one will be put to death
today, for this day the LORD has rescued Israel."
14 ●Then Samuel said to the people, "Come,
let us go to Gilgal and there renew the king-
15 ship." ●So all the people went to Gilgal and
made Saul king in the presence of the LORD.
There they sacrificed fellowship offerings
before the LORD, and Saul and all the Israelites
held a great celebration.

Samuel's Farewell Speech

12 Samuel said to all Israel, "I have lis-
tened to everything you said to me
2 and have set a king over you. ●Now you
have a king as your leader. As for me, I am
old and gray, and my sons are here with you.
I have been your leader from my youth until
3 this day. ●Here I stand. Testify against me in
the presence of the LORD and his anointed.
Whose ox have I taken? Whose donkey have
I taken? Whom have I cheated? Whom have
I oppressed? From whose hand have I accept-
ed a bribe to make me shut my eyes? If I have
done any of these things, I will make it
right."
4 ●"You have not cheated or oppressed us,"
they replied. "You have not taken anything
from anyone's hand."
5 ●Samuel said to them, "The LORD is witness
against you, and also his anointed is witness
this day, that you have not found anything
in my hand."
"He is witness," they said.
6 ●Then Samuel said to the people, "It is the
LORD who appointed Moses and Aaron and
brought your ancestors up out of Egypt.
7 ●Now then, stand here, because I am going
to confront you with evidence before the
LORD as to all the righteous acts performed by
the LORD for you and your ancestors.
8 ●"After Jacob entered Egypt, they cried to
the LORD for help, and the LORD sent Moses
and Aaron, who brought your ancestors out
of Egypt and settled them in this place.
9 ●"But they forgot the LORD their God; so he
sold them into the hand of Sisera, the com-
mander of the army of Hazor, and into the

ancestor [ǽnsestər] *n.* 조상
anoint [ənɔ́int] *vt.* 기름을 바르다
appoint [əpɔ́int] *vt.* 지명하다
bribe [braib] *n.* 뇌물
celebration [sèləbréiʃən] *n.* 축하
cheat [tʃiːt] *vt.* 속이다
commander [kəmǽndər] *n.* 사령관
confront [kənfrʌ́nt] *vt.* 대면하다
evidence [évədəns] *n.* 증거
farewell [fɛərwél] *n.* 작별
gray [grei] *a.* 백발의
oppress [əprés] *vt.* 압박하다
righteous [ráitʃəs] *a.* 정직한
settle [sétl] *vt.* 정착시키다
witness [wítnis] *vt.* 입증하다

11:12 reign over: 지배하다
11:12 put to death: 죽이다
11:15 in the presence of...: …의 앞에서
12:2 as for...: …로 말할 것 같으면
12:6 bring A up out of B: B로부터 A를 꺼내 올리다

10 백성이 여호와께 부르짖어 이르되 우리가 여
호와를 버리고 바알들과 아스다롯을 섬김으
로 범죄하였나이다 그러하오나 이제 우리를
원수들의 손에서 건져내소서 그리하시면 우
리가 주를 섬기겠나이다 하매
삿 2:13
11 여호와께서 여룹바알과 [1]베단과 입다와 나
사무엘을 보내사 너희를 너희 사방 원수의
손에서 건져내사 너희에게 안전하게 살게 하
셨거늘
12 너희가 암몬 자손의 왕 나하스가 너희를 치
러 옴을 보고 너희의 하나님 여호와께서는
너희의 왕이 되심에도 불구하고 너희가 내게
이르기를 아니라 우리를 다스릴 왕이 있어야
하겠다 하였도다
13 이제 너희가 구한 왕, 너희가 택한 왕을 보라
여호와께서 너희 위에 왕을 세우셨느니라
14 너희가 만일 여호와를 경외하여 그를 섬기며
그의 목소리를 듣고 여호와의 명령을 거역하
지 아니하며 또 너희와 너희를 다스리는 왕이
너희의 하나님 여호와를 따르면 좋겠지마는
15 너희가 만일 여호와의 목소리를 듣지 아니하
고 여호와의 명령을 거역하면 여호와의 손이
너희의 조상들을 치신 것같이 너희를 치실
것이라
16 너희는 이제 가만히 서서 여호와께서 너희
목전에서 행하시는 이 큰 일을 보라
17 오늘은 밀 베는 때가 아니냐 내가 여호와께
아뢰리니 여호와께서 우레와 비를 보내사 너
희가 왕을 구한 일 곧 여호와의 목전에서 범
한 죄악이 큼을 너희에게 밝히 알게 하시리라
18 이에 사무엘이 여호와께 아뢰매 여호와께서
그날에 우레와 비를 보내시니 모든 백성이
여호와와 사무엘을 크게 두려워하니라
19 ●모든 백성이 사무엘에게 이르되 당신의 종
들을 위하여 당신의 하나님 여호와께 기도하
여 우리가 죽지 않게 하소서 우리가 우리의
모든 죄에 왕을 구하는 악을 더하였나이다
20 사무엘이 백성에게 이르되 두려워하지 말라
너희가 과연 이 모든 악을 행하였으나 여호
와를 따르는 데에서 돌아서지 말고 오직 너
희의 마음을 다하여 여호와를 섬기라
21 돌아서서 유익하게도 못하며 구원하지도 못
하는 헛된 것을 따르지 말라 그들은 헛되니라
22 여호와께서는 너희를 자기 백성으로 삼으신
것을 기뻐하셨으므로 여호와께서는 그의 크
신 이름을 위해서라도 자기 백성을 버리지
아니하실 것이요

hands of the Philistines and the king of Moab,
10 who fought against them. ●They cried out to
the LORD and said, 'We have sinned; we have
forsaken the LORD and served the Baals and the
Ashtoreths. But now deliver us from the hands
11 of our enemies, and we will serve you.' ●Then
the LORD sent Jerub-Baal,[a] Barak,[b] Jephthah
and Samuel,[c] and he delivered you from the
hands of your enemies all around you, so that
you lived in safety.
12 ●"But when you saw that Nahash king of
the Ammonites was moving against you,
you said to me, 'No, we want a king to rule
over us'—even though the LORD your God
13 was your king. ●Now here is the king you
have chosen, the one you asked for; see, the
14 LORD has set a king over you. ●If you fear the
LORD and serve and obey him and do not re-
bel against his commands, and if both you
and the king who reigns over you follow the
15 LORD your God—good! ●But if you do not
obey the LORD, and if you rebel against his
commands, his hand will be against you, as
it was against your ancestors.
16 ●"Now then, stand still and see this great
thing the LORD is about to do before your eyes!
17 ●Is it not wheat harvest now? I will call on the
LORD to send thunder and rain. And you will
realize what an evil thing you did in the eyes
of the LORD when you asked for a king."
18 ●Then Samuel called on the LORD, and that
same day the LORD sent thunder and rain. So
all the people stood in awe of the LORD and of
Samuel.
19 ●The people all said to Samuel, "Pray to the
LORD your God for your servants so that we
will not die, for we have added to all our other
sins the evil of asking for a king."
20 ●"Do not be afraid," Samuel replied. "You
have done all this evil; yet do not turn away
from the LORD, but serve the LORD with all your
21 heart. ●Do not turn away after useless idols.
They can do you no good, nor can they rescue
22 you, because they are useless. ●For the sake of
his great name the LORD will not reject his peo-
ple, because the LORD was pleased to make you
23 his own. ●As for me, far be it from me that I
should sin against the LORD by failing to pray
for you. And I will teach you the way that is

[a] 11 Also called *Gideon* [b] 11 Some Septuagint manuscripts and Syriac; Hebrew *Bedan* [c] 11 Hebrew; some Septuagint manuscripts and Syriac *Samson*

1) 칠십인 역본에는, '바락'

add [æd] *vt.* 더하다
awe [ɔː] *n.* 두려움
deliver [dilívər] *vt.* 구원하다
enemy [énəmi] *n.* 원수
forsake [fərséik] *vt.* 버리다
harvest [háːrvist] *n.* 수확
idol [áidl] *n.* 우상
obey [oubéi] *vt.* 복종하다
pray [prei] *vi.* 빌다
realize [ríːəlàiz] *vt.* 실감하다
rebel [rebél] *vi.* 반역하다
reign [rein] *vi.* 통치하다
reject [ridʒékt] *vt.* 거부[부인]하다
thunder [θʌ́ndər] *n.* 천둥
useless [júːslis] *a.* 쓸모없는 하다

12:10 cry out: 큰소리치다
12:10 deliver from...: …에서 구원하다
12:12 rule over: (나라, 국민을) 통치하다
12:17 call on... to~: …에게 ~을 부탁
12:22 for the sake of...: …을 위해

23 나는 너희를 위하여 기도하기를 쉬는 죄를
여호와 앞에 결단코 범하지 아니하고 선하고
의로운 길을 너희에게 가르칠 것인즉
24 너희는 여호와께서 너희를 위하여 행하신 그
큰 일을 생각하여 오직 그를 경외하며 너희
의 마음을 다하여 진실히 섬기라
25 만일 너희가 여전히 악을 행하면 너희와 너
희 왕이 다 멸망하리라

사울이 블레셋과 싸우다 (♪ 419장)
—B.C. 1040년경

13 사울이 왕이 될 때에 사십 세라 그가 이
스라엘을 다스린 지 이 년에
2 이스라엘 사람 삼천 명을 택하여 그 중에서
이천 명은 자기와 함께 믹마스와 벧엘 산에
있게 하고 일천 명은 요나단과 함께 베냐민
기브아에 있게 하고 남은 백성은 각기 장막
으로 보내니라
3 요나단이 게바에 있는 블레셋 사람의 수비대
를 치매 블레셋 사람이 이를 들은지라 사울
이 온 땅에 나팔을 불어 이르되 히브리 사람
들은 들으라 하니
4 온 이스라엘이 사울이 블레셋 사람들의 수비
대를 친 것과 이스라엘이 블레셋 사람들의
미움을 받게 되었다 함을 듣고 그 백성이 길
갈로 모여 사울을 따르니라
5 ● 블레셋 사람들이 이스라엘과 싸우려고 모
였는데 병거가 삼만이요 마병이 육천 명이요
백성은 해변의 모래같이 많더라 그들이 올라
와 벧아웬 동쪽 믹마스에 진치매 수 11:4
6 이스라엘 사람들이 위급함을 보고 절박하여
굴과 수풀과 바위틈과 은밀한 곳과 웅덩이에
숨으며
7 어떤 히브리 사람들은 요단을 건너 갓과 길
르앗 땅으로 가되 사울은 아직 길갈에 있고
그를 따른 모든 백성은 떨더라
8 ● 사울은 사무엘이 정한 기한대로 이레 동안
을 기다렸으나 사무엘이 길갈로 오지 아니하
매 백성이 사울에게서 흩어지는지라
9 사울이 이르되 번제와 화목제물을 이리로 가
져오라 하여 번제를 드렸더니
10 번제 드리기를 마치자 사무엘이 온지라 사울
이 나가 맞으며 [1)] 문안하매
11 사무엘이 이르되 왕이 행하신 것이 무엇이냐
하니 사울이 이르되 백성은 내게서 흩어지고
당신은 정한 날 안에 오지 아니하고 블레셋
사람은 믹마스에 모였음을 내가 보았으므로
12 이에 내가 이르기를 블레셋 사람들이 나를

24 good and right. ● But be sure to fear the LORD
and serve him faithfully with all your heart;
consider what great things he has done for
25 you. ● Yet if you persist in doing evil, both you
and your king will perish."

Samuel Rebukes Saul

13 Saul was thirty[a] years old when he
became king, and he reigned over
Israel forty-[b] two years.
2 ● Saul chose three thousand men from
Israel; two thousand were with him at Mik-
mash and in the hill country of Bethel, and a
thousand were with Jonathan at Gibeah in
Benjamin. The rest of the men he sent back to
their homes.
3 ● Jonathan attacked the Philistine outpost
at Geba, and the Philistines heard about it.
Then Saul had the trumpet blown through-
out the land and said, "Let the Hebrews hear!"
4 ● So all Israel heard the news: "Saul has
attacked the Philistine outpost, and now
Israel has become obnoxious to the Phili-
stines." And the people were summoned to
join Saul at Gilgal.
5 ● The Philistines assembled to fight Israel,
with three thousand[c] chariots, six thousand
charioteers, and soldiers as numerous as
the sand on the seashore. They went up and
camped at Mikmash, east of Beth Aven.
6 ● When the Israelites saw that their situation
was critical and that their army was hard
pressed, they hid in caves and thickets, among
7 the rocks, and in pits and cisterns. ● Some
Hebrews even crossed the Jordan to the land of
Gad and Gilead.
Saul remained at Gilgal, and all the troops
8 with him were quaking with fear. ● He waited
seven days, the time set by Samuel; but Samuel
did not come to Gilgal, and Saul's men began
9 to scatter. ● So he said, "Bring me the burnt
offering and the fellowship offerings." And
10 Saul offered up the burnt offering. ● Just as he
finished making the offering, Samuel arrived,
and Saul went out to greet him.
11 ● "What have you done?" asked Samuel.
Saul replied, "When I saw that the men were
scattering, and that you did not come at the set
time, and that the Philistines were assembling

[a]1 A few late manuscripts of the Septuagint; Hebrew does not have *thirty*. [b]1 Probable reading of the original Hebrew text (see Acts 13:21); Masoretic Text does not have *forty-*. [c]5 Some Septuagint manuscripts and Syriac; Hebrew *thirty thousand* 1) 축복

assemble [əsémbl] *vi.* 모이다
charioteer [tʃæriətíər] *n.* 전차를 모는 사람
cistern [sístərn] *n.* 저수지
critical [krítikəl] *a.* 위기의
faithfully [féiθfəli] *ad.* 성실하게
numerous [njú:mərəs] *a.* 수많은
outpost [áutpòust] *n.* 전초 부대
perish [périʃ] *vi.* 멸망하다
pit [pít] *n.* 구덩이
quake [kweik] *vi.* 떨다
scatter [skǽtər] *vi.* 뿔뿔이 흩어지다
seashore [sí:ʃɔ̀:r] *n.* 해변
summon [sʌ́mən] *vt.* 부르다
thicket [θíkit] *n.* 덤불
troop [tru:p] *n.* 떼, 무리

12:24 be sure to...: 꼭 …을 해라
12:25 both A and B: A, B 둘 다
13:2 send back: 되돌려 보내다
13:7 quake with...: …로 떨다
13:9 offer up: (기도)를 드리다
13:10 just as...: 막 …하자마자

치러 길갈로 내려오겠거늘 내가 여호와께 은
혜를 간구하지 못하였다 하고부득이하여 번
제를 드렸나이다 하니라
13 사무엘이 사울에게 이르되 왕이 망령되이 행
하였도다 왕이 왕의 하나님 여호와께서 왕에
게 내리신 명령을 지키지 아니하였도다 그리
하였더라면 여호와께서 이스라엘 위에 왕의
나라를 영원히 세우셨을 것이거늘 15:22, 28
14 지금은 왕의 나라가 길지 못할 것이라 여호
와께서 왕에게 명령하신 바를 왕이 지키지
아니하였으므로 여호와께서 그의 마음에 맞
는 사람을 구하여 여호와께서 그를 그의 백
성의 지도자로 삼으셨느니라 하고
15 사무엘이 일어나 길갈에서 떠나 베냐민 기브
아로 올라가니라 ●사울이 자기와 함께한 백
성의 수를 세어 보니 육백 명 가량이라 14:2
16 사울과 그의 아들 요나단과 그들과 함께한
백성은 베냐민 게바에 있고 블레셋 사람들은
믹마스에 진쳤더니
17 노략꾼들이 세 대로 블레셋 사람들의 진영에
서 나와서 한 대는 오브라 길을 따라서 수알
땅에 이르렀고
18 한 대는 벧호론 길로 향하였고 한 대는 광야
쪽으로 스보임 골짜기가 내려다 보이는 지역
길로 향하였더라
19 ●그때에 이스라엘 온 땅에 철공이 없었으니
이는 블레셋 사람들이 말하기를 히브리 사
람이 칼이나 창을 만들까 두렵다 하였음이
라
20 온 이스라엘 사람들이 각기 보습이나 삽이나
도끼나 괭이를 벼리려면 블레셋 사람들에게
로 내려갔었는데
21 곧 그들이 괭이나 삽이나 쇠스랑이나 도끼나
쇠채찍이 무딜 때에 그리하였으므로
22 싸우는 날에 사울과 요나단과 함께한 백성의
손에는 칼이나 창이 없고 오직 사울과 그의
아들 요나단에게만 있었더라
23 블레셋 사람들의 부대가 나와서 믹마스 어귀
에 이르렀더라

요나단이 블레셋을 습격하다 — B.C. 1030년경

14 하루는 사울의 아들 요나단이 자기의
무기를 든 소년에게 이르되 우리가 건
너편 블레셋 사람들의 부대로 건너가자 하고
그의 아버지에게는 아뢰지 아니하였더라
2 사울이 기브아 변두리 미그론에 있는 석류나
무 아래에 머물렀고 함께한 백성은 육백 명
가량이며

12 at Mikmash, ●I thought, 'Now the Philistines
will come down against me at Gilgal, and I
have not sought the LORD's favor.' So I felt
compelled to offer the burnt offering."
13 ●"You have done a foolish thing," Samuel
said. "You have not kept the command the
LORD your God gave you; if you had, he would
have established your kingdom over Israel for
14 all time. ●But now your kingdom will not
endure; the LORD has sought out a man after
his own heart and appointed him ruler of his
people, because you have not kept the LORD's
command."
15 ●Then Samuel left Gilgal[a] and went up to
Gibeah in Benjamin, and Saul counted the
men who were with him. They numbered
about six hundred.

Israel Without Weapons

16 ●Saul and his son Jonathan and the men
with them were staying in Gibeah[b] in Ben-
jamin, while the Philistines camped at Mik-
17 mash. ●Raiding parties went out from the
Philistine camp in three detachments. One
turned toward Ophrah in the vicinity of Shual,
18 ●another toward Beth Horon, and the third
toward the borderland overlooking the Valley
of Zeboyim facing the wilderness.
19 ●Not a blacksmith could be found in the
whole land of Israel, because the Philistines
had said, "Otherwise the Hebrews will make
20 swords or spears!" ●So all Israel went down to
the Philistines to have their plow points, mat-
21 tocks, axes and sickles[c] sharpened. ●The price
was two-thirds of a shekel[d] for sharpening
plow points and mattocks, and a third of a
shekel[e] for sharpening forks and axes and for
repointing goads.
22 ●So on the day of the battle not a soldier
with Saul and Jonathan had a sword or spear
in his hand; only Saul and his son Jonathan
had them.

Jonathan Attacks the Philistines

23 ●Now a detachment of Philistines had gone
1 **14** out to the pass at Mikmash. ●One
day Jonathan son of Saul said to his
young armor-bearer, "Come, let's go over to

[a]15 Hebrew; Septuagint *Gilgal and went his way; the rest of the people went after Saul to meet the army, and they went out of Gilgal* [b]16 Two Hebrew manuscripts; most Hebrew manuscripts *Geba,* a variant of *Gibeah* [c]20 Septuagint; Hebrew *plow points* [d]21 That is, about 1/4 ounce or about 8 grams [e]21 That is, about 1/8 ounce or about 4 grams

armor-bearer [á:rmərbɛərər] *n.* 갑옷 드는 자
blacksmith [blǽksmiθ] *n.* 대장장이
borderland [bɔ́:rdərlæ̀nd] *n.* 국경
compel [kəmpél] *vt.* 억지로 …시키다
detachment [ditǽtʃmənt] *n.* 파견함대
endure [indjúər] *vi.* 견디다
establish [istǽbliʃ] *vt.* 세우다
foolish [fú:liʃ] *a.* 어리석은
mattock [mǽtək] *n.* 곡괭이
otherwise [ʌ́ðərwàiz] *ad.* 그렇지 않으면
overlook [ouvərlúk] *vt.* 내려다보다
seek [si:k] *vt.* 구하다
sharpen [ʃá:rpən] *vt.* 날카롭게 하다
spear [spiər] *n.* 창, 작살
vicinity [visínəti] *n.* 근처

13:12 be (feel) compelled to...: 할 수 없이 …하다
13:13 for all time: 영원히
13:14 seek out: 찾아내다
13:16 stay in: (밖으로) 나가지 않다
13:17 in the vicinity of...: …의 근처에

3 아히야는 에봇을 입고 거기 있었으니 그는
이가봇의 형제 아히둡의 아들이요 비느하스
의 손자요 실로에서 여호와의 제사장이 되었
던 엘리의 증손이었더라 백성은 요나단이 간
줄을 알지 못하니라
4 요나단이 블레셋 사람들에게로 건너가려 하
는 어귀 사이 이쪽에는 험한 바위가 있고 저
쪽에도 험한 바위가 있는데 하나의 이름은
보세스요 하나의 이름은 세네라
5 한 바위는 북쪽에서 믹마스 앞에 일어섰고
하나는 남쪽에서 게바 앞에 일어섰더라 13:23
6 ●요나단이 자기의 무기를 든 소년에게 이르
되 우리가 이 할례 받지 않은 자들에게로 건
너가자 여호와께서 우리를 위하여 일하실까
하노라 여호와의 구원은 사람이 많고 적음에
달리지 아니하였느니라
7 무기를 든 자가 그에게 이르되 당신의 마음
에 있는 대로 다 행하여 앞서 가소서 내가 당
신과 마음을 같이 하여 따르리이다
8 요나단이 이르되 보라 우리가 그 사람들에게
로 건너가서 그들에게 보이리니
9 그들이 만일 우리에게 이르기를 우리가 너희
에게로 가기를 기다리라 하면 우리는 우리가
있는 곳에 가만히 서서 그들에게로 올라가지
말 것이요
10 그들이 만일 말하기를 우리에게로 올라오라
하면 우리가 올라갈 것은 여호와께서 그들을
우리 손에 넘기셨음이니 이것이 우리에게 표
징이 되리라 하고
11 둘이 다 블레셋 사람들에게 보이매 블레셋
사람이 이르되 보라 히브리 사람이 그들이
숨었던 구멍에서 나온다 하고
12 그 부대 사람들이 요나단과 그의 무기를 든
자에게 이르되 우리에게로 올라오라 너희에
게 보여 줄 것이 있느니라 한지라 요나단이
자기의 무기를 든 자에게 이르되 나를 따라
올라오라 여호와께서 그들을 이스라엘의 손
에 넘기셨느니라 하고
13 요나단이 손 발로 기어 올라갔고 그 무기를
든 자도 따랐더라 블레셋 사람들이 요나단
앞에서 엎드러지매 무기를 든 자가 따라가며
죽였으니
14 요나단과 그 무기를 든 자가 반나절 갈이 땅
안에서 처음으로 쳐죽인 자가 이십 명 가량
이라
15 들에 있는 진영과 모든 백성들이 공포에 떨
었고 부대와 노략꾼들도 떨었으며 땅도 진동

the Philistine outpost on the other side." But
he did not tell his father.
2 •Saul was staying on the outskirts of Gi-
beah under a pomegranate tree in Migron.
With him were about six hundred men,
3 •among whom was Ahijah, who was wear-
ing an ephod. He was a son of Ichabod's bro-
ther Ahitub son of Phinehas, the son of Eli,
the LORD's priest in Shiloh. No one was aware
that Jonathan had left.
4 •On each side of the pass that Jonathan
intended to cross to reach the Philistine out-
post was a cliff; one was called Bozez and the
5 other Seneh. •One cliff stood to the north
toward Mikmash, the other to the south
toward Geba.
6 •Jonathan said to his young armor-bearer,
"Come, let's go over to the outpost of those
uncircumcised men. Perhaps the LORD will act
in our behalf. Nothing can hinder the LORD
from saving, whether by many or by few."
7 •"Do all that you have in mind," his armor
-bearer said. "Go ahead; I am with you heart
and soul."
8 •Jonathan said, "Come on, then; we will
cross over toward them and let them see us.
9 •If they say to us, 'Wait there until we come
to you,' we will stay where we are and not go
10 up to them. •But if they say, 'Come up to us,'
we will climb up, because that will be our
sign that the LORD has given them into our
hands."
11 •So both of them showed themselves to the
Philistine outpost. "Look!" said the Philistines.
"The Hebrews are crawling out of the holes
12 they were hiding in." •The men of the outpost
shouted to Jonathan and his armor-bearer,
"Come up to us and we'll teach you a lesson."
So Jonathan said to his armor-bearer,
"Climb up after me; the LORD has given them
into the hand of Israel."
13 •Jonathan climbed up, using his hands and
feet, with his armor-bearer right behind him.
The Philistines fell before Jonathan, and his
armor-bearer followed and killed behind
14 him. •In that first attack Jonathan and his
armor-bearer killed some twenty men in an
area of about half an acre.

Israel Routs the Philistines

15 •Then panic struck the whole army—those
in the camp and field, and those in the out-

armor-bearer [á:rmərbɛərər] *n.* 갑옷 드는 자
attack [ətǽk] *n.* 습격
aware [əwɛ́ər] *a.* 알고 있는
camp [kæmp] *n.* 진영
cliff [klif] *n.* 절벽
climb [klaim] *vi.* 오르다
crawl [krɔ:l] *vi.* 기다
hide [haid] *vi.* 숨다
hinder [híndər] *vt.* 저지하다
outpost [áutpòust] *n.* 전초 부대
outskirts [áutskə:rts] *n.* 변두리
panic [pǽnik] *n.* 돌연한 공포
priest [pri:st] *n.* 제사장
sign [sain] *n.* 표시
strike [straik] *vt.* 갑자기 덮치다

14:3 **be aware**: 알아채다
14:4 **intend to...**: …할 작정이다
14:6 **in one's behalf**: …를 위하여
14:6 **hinder from ~ing**: ~하는 것을 방해하다
14:7 **go ahead**: 전진하다

하였으니 이는 [1]큰 떨림이었더라

블레셋 군인들이 칼로 서로를 치다 (♪ 351장)

16 ●베냐민 기브아에 있는 사울의 파수꾼이 바라본즉 허다한 블레셋 사람들이 무너져 이리저리 흩어지더라
17 사울이 자기와 함께한 백성에게 이르되 우리에게서 누가 나갔는지 점호하여 보라 하여 점호한즉 요나단과 그의 무기를 든 자가 없어졌더라
18 사울이 아히야에게 이르되 하나님의 궤를 이리로 가져오라 하니 그때에 하나님의 궤가 이스라엘 자손과 함께 있음이니라 4:3
19 사울이 제사장에게 말할 때에 블레셋 사람들의 진영에 소동이 점점 더한지라 사울이 제사장에게 이르되 네 손을 거두라 하고
20 사울과 그와 함께한 모든 백성이 모여 전장에 가서 본즉 블레셋 사람들이 각각 칼로 자기의 동무들을 치므로 크게 혼란하였더라
21 전에 블레셋 사람들과 함께하던 히브리 사람이 사방에서 블레셋 사람들과 함께 진영에 들어왔더니 그들이 돌이켜 사울과 요나단과 함께한 이스라엘 사람들과 합하였고
22 에브라임 산지에 숨었던 이스라엘 모든 사람도 블레셋 사람들이 도망함을 듣고 싸우러 나와서 그들을 추격하였더라
23 여호와께서 그날에 이스라엘을 구원하시므로 전쟁이 벧아웬을 지나니라

사울의 맹세와 요나단의 실수

24 ●이날에 이스라엘 백성들이 피곤하였으니 이는 사울이 백성에게 맹세시켜 경계하여 이르기를 저녁 곧 내가 내 원수에게 보복하는 때까지 아무 음식물이든지 먹는 사람은 저주를 받을지어다 하였음이라 그러므로 모든 백성이 음식물을 맛보지 못하고
25 그들이 다 수풀에 들어간즉 땅에 꿀이 있더라
26 백성이 수풀로 들어갈 때에 꿀이 흐르는 것을 보고도 그들이 맹세를 두려워하여 손을 그 입에 대는 자가 없었으나
27 요나단은 그의 아버지가 백성에게 맹세하여 명령할 때에 듣지 못하였으므로 손에 가진 지팡이 끝을 내밀어 벌집의 꿀을 찍고 그의 손을 돌려 입에 대매 눈이 밝아졌더라
28 그때에 백성 중 한 사람이 말하여 이르되 당신의 부친이 백성에게 맹세하여 엄히 말씀하시기를 오늘 음식물을 먹는 사람은 저주를 받을지어다 하셨나이다 그러므로 백성이 피

posts and raiding parties—and the ground
shook. It was a panic sent by God.[a]
16 •Saul's lookouts at Gibeah in Benjamin
saw the army melting away in all directions.
17 •Then Saul said to the men who were with
him, "Muster the forces and see who has left
us." When they did, it was Jonathan and his
armor-bearer who were not there.
18 •Saul said to Ahijah, "Bring the ark of
God." (At that time it was with the Israelites.)[b]
19 •While Saul was talking to the priest, the
tumult in the Philistine camp increased more
and more. So Saul said to the priest, "With-
draw your hand."
20 •Then Saul and all his men assembled and
went to the battle. They found the Philistines
in total confusion, striking each other with
21 their swords. •Those Hebrews who had previ-
ously been with the Philistines and had gone
up with them to their camp went over to the
Israelites who were with Saul and Jonathan.
22 •When all the Israelites who had hidden in
the hill country of Ephraim heard that the
Philistines were on the run, they joined the
23 battle in hot pursuit. •So on that day the LORD
saved Israel, and the battle moved on beyond
Beth Aven.

Jonathan Eats Honey

24 •Now the Israelites were in distress that
day, because Saul had bound the people
under an oath, saying, "Cursed be anyone
who eats food before evening comes, before I
have avenged myself on my enemies!" So
none of the troops tasted food.
25 •The entire army entered the woods, and
26 there was honey on the ground. •When they
went into the woods, they saw the honey ooz-
ing out; yet no one put his hand to his mouth,
27 because they feared the oath. •But Jonathan
had not heard that his father had bound the
people with the oath, so he reached out the
end of the staff that was in his hand and
dipped it into the honeycomb. He raised his
hand to his mouth, and his eyes brightened.[c]
28 •Then one of the soldiers told him, "Your
father bound the army under a strict oath, say-
ing, 'Cursed be anyone who eats food today!'
That is why the men are faint."

[a]15 Or *a terrible panic* [b]18 Hebrew; Septuagint *"Bring the ephod." (At that time he wore the ephod before the Israelites.)* [c]27 Or *his strength was renewed;* similarly in verse 29

1) 하나님이 떨리게 하심이었더라

bind [baind] *vt.* 묶다	**honeycomb** [hʌ́nikoum] *n.* 벌집	**pursuit** [pərsú:t] *n.* 추격
brighten [bráitn] *vi.* 밝아지다	**lookout** [lukaut] *n.* 파수꾼	**raid** [reid] *vt.* 습격하다
confusion [kənfjú:ʒən] *n.* 혼란	**melt** [melt] *vi.* 없어지다	**strict** [strikt] *a.* 엄격한
dip [dip] *vt.* 담그다	**ooze** [u:z] *vi.* 줄줄 흘러 나오다	**troop** [tru:p] *n.* 떼
faint [feint] *a.* 힘 없는	**previously** [prí:viəsli] *ad.* 이전에	**tumult** [tjú:məlt] *n.* 소란
14:16 melt away: 서서히 사라지다	**14:22 on the run**: (적 등이) 달아나서	**14:24 bind... under an oath**: …을 (특별한 상태, 장소, 직무 등에) 매어두다
14:16 in all directions: 사방팔방으로	**14:22 in hot pursuit**: 맹렬히 추격하여	

곤하였나이다 하니
29 요나단이 이르되 내 아버지께서 이 땅을 곤
란하게 하셨도다 보라 내가 이 꿀 조금을 맛
보고도 내 눈이 이렇게 밝아졌거든
30 하물며 백성이 오늘 그 대적에게서 탈취하여
얻은 것을 임의로 먹었더라면 블레셋 사람을
살륙함이 더욱 많지 아니하였겠느냐
31 ●그날에 백성이 믹마스에서부터 아얄론에
이르기까지 블레셋 사람들을 쳤으므로 그들
이 심히 피곤한지라
32 백성이 이에 탈취한 물건에 달려가서 양과
소와 송아지들을 끌어다가 그것을 땅에서 잡
아 피째 먹었더니 15:19
33 무리가 사울에게 전하여 이르되 보소서 백성
이 고기를 피째 먹어 여호와께 범죄하였나이
다 사울이 이르되 너희가 믿음 없이 행하였
도다 이제 큰 돌을 내게로 굴려 오라 하고
34 또 사울이 이르되 너희는 백성 중에 흩어져
다니며 그들에게 이르기를 사람은 각기 소와
양을 이리로 끌어다가 여기서 잡아 먹되 피
째로 먹어 여호와께 범죄하지 말라 하라 하
매 그 밤에 모든 백성이 각각 자기의 소를 끌
어다가 거기서 잡으니라
35 사울이 여호와를 위하여 제단을 쌓았으니 이
는 그가 여호와를 위하여 처음 쌓은 제단이
었더라
36 ●사울이 이르되 우리가 밤에 블레셋 사람들
을 추격하여 동틀 때까지 그들 중에서 탈취
하고 한 사람도 남기지 말자 무리가 이르되
왕의 생각에 좋은 대로 하소서 할 때에 제사
장이 이르되 이리로 와서 하나님께로 나아가
사이다 하매
37 사울이 하나님께 묻자오되 내가 블레셋 사람
들을 추격하리이까 주께서 그들을 이스라엘
의 손에 넘기시겠나이까 하되 그날에 대답하
지 아니하시는지라
38 사울이 이르되 너희 군대의 지휘관들아 다
이리로 오라 오늘 이 죄가 누구에게 있나 알
아보자
39 이스라엘을 구원하신 여호와께서 살아 계심
을 두고 맹세하노니 내 아들 요나단에게 있
다 할지라도 반드시 죽으리라 하되 모든 백
성 중 한 사람도 대답하지 아니하매
40 이에 그가 온 이스라엘에게 이르되 너희는
저쪽에 있으라 나와 내 아들 요나단은 이쪽
에 있으리라 백성이 사울에게 말하되 왕의
생각에 좋은 대로 하소서 하니라

29 ●Jonathan said, "My father has made trou-
ble for the country. See how my eyes bright-
ened when I tasted a little of this honey.
30 ●How much better it would have been if the
men had eaten today some of the plunder
they took from their enemies. Would not the
slaughter of the Philistines have been even
greater?"
31 ●That day, after the Israelites had struck
down the Philistines from Mikmash to Aija-
32 lon, they were exhausted. ●They pounced on
the plunder and, taking sheep, cattle and
calves, they butchered them on the ground
33 and ate them, together with the blood. ●Then
someone said to Saul, "Look, the men are sin-
ning against the LORD by eating meat that has
blood in it."
"You have broken faith," he said. "Roll a
34 large stone over here at once." ●Then he said,
"Go out among the men and tell them, 'Each
of you bring me your cattle and sheep, and
slaughter them here and eat them. Do not sin
against the LORD by eating meat with blood
still in it.'"
So everyone brought his ox that night and
35 slaughtered it there. ●Then Saul built an altar
to the LORD; it was the first time he had done
this.
36 ●Saul said, "Let us go down and pursue the
Philistines by night and plunder them till
dawn, and let us not leave one of them alive."
"Do whatever seems best to you," they re-
plied.
But the priest said, "Let us inquire of God
here."
37 ●So Saul asked God, "Shall I go down and
pursue the Philistines? Will you give them
into Israel's hand?" But God did not answer
him that day.
38 ●Saul therefore said, "Come here, all you
who are leaders of the army, and let us find
39 out what sin has been committed today. ●As
surely as the LORD who rescues Israel lives, even
if the guilt lies with my son Jonathan, he must
die." But not one of them said a word.
40 ●Saul then said to all the Israelites, "You
stand over there; I and Jonathan my son will
stand over here."
"Do what seems best to you," they replied.
41 ●Then Saul prayed to the LORD, the God of
Israel, "Why have you not answered your ser-
vant today? If the fault is in me or my son

altar [ɔ́:ltər] *n.* 제단
butcher [bútʃər] *vt.* 도살하다
cattle [kǽtl] *n.* 소 떼
commit [kəmít] *vt.* (죄를) 범하다
exhaust [igzɔ́:st] *vt.* 지치게 하다
inquire [inkwáiər] *vi.* 묻다
plunder [plʌ́ndər] *vt.* 약탈하다
pounce [pauns] *vi.* 덤벼들다
pray [prei] *vi.* 빌다
priest [pri:st] *n.* 제사장
pursue [pərsú:] *vt.* 쫓다
rescue [réskju:] *vt.* 구원하다
servant [sə́:rvənt] *n.* 종, 하인
slaughter [slɔ́:tər] *n.* 학살
surely [ʃúərli] *ad.* 확실히

14:31 strike down: …를 쓰러뜨리다
14:32 pounce on...: …에 덥석 덤벼들다
14:33 by …ing: …을 함으로써
14:39 even if...: 비록 …라고 해도
14:39 lie with...: (책임 등이) …에게 있다
14:40 over there: 저쪽에

41 이에 사울이 이스라엘의 하나님 여호와께 아
뢰되 원하건대 실상을 보이소서 하였더니 요
나단과 사울이 뽑히고 백성은 면한지라
42 사울이 이르되 나와 내 아들 요나단 사이에
뽑으라 하였더니 요나단이 뽑히니라
43 ●사울이 요나단에게 이르되 네가 행한 것을
내게 말하라 요나단이 말하여 이르되 내가
다만 내 손에 가진 지팡이 끝으로 꿀을 조금
맛보았을 뿐이오나 내가 죽을 수밖에 없나이
다
44 사울이 이르되 요나단아 네가 반드시 죽으리
라 그렇지 않으면 하나님이 내게 벌을 내리
시고 또 내리시기를 원하노라 하니
45 백성이 사울에게 말하되 이스라엘에 이 큰
구원을 이룬 요나단이 죽겠나이까 결단코 그
렇지 아니하니이다 여호와의 살아 계심을 두
고 맹세하옵나니 그의 머리털 하나도 땅에
떨어지지 아니할 것은 그가 오늘 하나님과
동역하였음이니이다 하여 백성이 요나단을
구원하여 죽지 않게 하니라
46 사울이 블레셋 사람들 추격하기를 그치고 올
라가매 블레셋 사람들이 자기 곳으로 돌아가
니라

사울의 업적과 그 집안 (♪ 93, 585장)

47 ●사울이 이스라엘 왕위에 오른 후에 사방에
있는 모든 대적 곧 모압과 암몬 자손과 에돔
과 소바의 왕들과 블레셋 사람들을 쳤는데
향하는 곳마다 이겼고
48 용감하게 아말렉 사람들을 치고 이스라엘을
그 약탈하는 자들의 손에서 건졌더라 15:3, 7
49 ●사울의 아들은 요나단과 이스위와 말기수
아요 그의 두 딸의 이름은 이러하니 맏딸의
이름은 메랍이요 작은 딸의 이름은 미갈이며
50 사울의 아내의 이름은 아히노암이니 아히마
아스의 딸이요 그의 군사령관의 이름은 아브
넬이니 사울의 숙부 넬의 아들이며
51 사울의 아버지는 기스요 아브넬의 아버지는
넬이니 아비엘의 아들이었더라
52 ●사울이 사는 날 동안에 블레셋 사람과 큰
싸움이 있었으므로 사울이 힘 센 사람이나
용감한 사람을 보면 그들을 불러모았더라

사울이 아말렉을 치다 — B.C. 1030년경

15 사무엘이 사울에게 이르되 여호와께서
나를 보내어 왕에게 기름을 부어 그의
백성 이스라엘 위에 왕으로 삼으셨은즉 이제
왕은 여호와의 말씀을 들으소서
2 만군의 여호와께서 이같이 말씀하시기를 아

Jonathan, respond with Urim, but if the men
of Israel are at fault,[a] respond with Thum-
mim." Jonathan and Saul were taken by lot,
42 and the men were cleared. ●Saul said, "Cast
the lot between me and Jonathan my son."
And Jonathan was taken.
43 ●Then Saul said to Jonathan, "Tell me what
you have done."
So Jonathan told him, "I tasted a little ho-
ney with the end of my staff. And now I
must die!"
44 ●Saul said, "May God deal with me, be it
ever so severely, if you do not die, Jonathan."
45 ●But the men said to Saul, "Should Jona-
than die—he who has brought about this
great deliverance in Israel? Never! As surely
as the LORD lives, not a hair of his head will
fall to the ground, for he did this today with
God's help." So the men rescued Jonathan,
and he was not put to death.
46 ●Then Saul stopped pursuing the Phili-
stines, and they withdrew to their own land.
47 ●After Saul had assumed rule over Israel,
he fought against their enemies on every
side: Moab, the Ammonites, Edom, the kings[b]
of Zobah, and the Philistines. Wherever he
turned, he inflicted punishment on them.[c]
48 ●He fought valiantly and defeated the Amale-
kites, delivering Israel from the hands of those
who had plundered them.

Saul's Family

49 ●Saul's sons were Jonathan, Ishvi and
Malki-Shua. The name of his older daughter
was Merab, and that of the younger was Mi-
50 chal. ●His wife's name was Ahinoam daugh-
ter of Ahimaaz. The name of the comman-
der of Saul's army was Abner son of Ner, and
51 Ner was Saul's uncle. ●Saul's father Kish and
Abner's father Ner were sons of Abiel.
52 ●All the days of Saul there was bitter war
with the Philistines, and whenever Saul saw
a mighty or brave man, he took him into
his service.

The LORD Rejects Saul as King

15 Samuel said to Saul, "I am the one the
LORD sent to anoint you king over his
people Israel; so listen now to the message
2 from the LORD. ●This is what the LORD

[a]41 Septuagint; Hebrew does not have "*Why...at fault.*" [b]47 Masoretic Text; Dead Sea Scrolls and Septuagint *king* [c]47 Hebrew; Septuagint *he was victorious*

assume [əsúːm] *vt.* 맡다
bitter [bítər] *a.* 격심한
brave [breiv] *a.* 용감한
cast [kæst] *vt.* 뽑다
clear [kliər] *vt.* (죄, 빚을) 면제하다
commander [kəmǽndər] *n.* 사령관
defeat [difíːt] *vt.* 쳐부수다
deliverance [dilívərəns] *n.* 구원
inflict [inflíkt] *vt.* 주다, 가하다
mighty [máiti] *a.* 힘센
plunder [plʌ́ndər] *vt.* 약탈하다
punishment [pʌ́niʃmənt] *n.* 형벌
severely [sivíərli] *ad.* 심하게
valiantly [vǽljəntli] *ad.* 용감하게
withdraw [wiðdrɔ́ː] *vi.* 물러나다

14:41 respond with: …으로 반응을 보이다
14:44 deal with: 다루다, 처리하다
14:45 bring about: 일으키다
14:45 as surely as: …와 마찬가지로, 틀림없이

말렉이 이스라엘에게 행한 일 곧 애굽에서
나올 때에 길에서 대적한 일로 내가 그들을
벌하노니
3 지금 가서 아말렉을 쳐서 그들의 모든 소유
를 남기지 말고 진멸하되 남녀와 소아와 젖
먹는 아이와 우양과 낙타와 나귀를 죽이라
하셨나이다 하니
4 ●사울이 백성을 소집하고 그들을 들라임에
서 세어 보니 보병이 이십만 명이요 유다 사
람이 만 명이라
5 사울이 아말렉 성에 이르러 골짜기에 복병시
키니라
6 사울이 겐 사람에게 이르되 아말렉 사람 중에
서 떠나 가라 그들과 함께 너희를 멸하게 될
까 하노라 이스라엘 모든 자손이 애굽에서 올
라올 때에 너희가 그들을 선대하였느니라 이
에 겐 사람이 아말렉 사람 중에서 떠나니라
7 사울이 하윌라에서부터 애굽 앞 술에 이르기
까지 아말렉 사람을 치고 창 16:7
8 아말렉 사람의 왕 아각을 사로잡고 칼날로
그의 모든 백성을 진멸하였으되
9 사울과 백성이 아각과 그의 양과 소의 가장
좋은 것 또는 기름진 것과 어린 양과 모든 좋
은 것을 남기고 진멸하기를 즐겨 아니하고
가치 없고 하찮은 것은 진멸하니라

여호와께서 사울을 버리시다

10 ●여호와의 말씀이 사무엘에게 임하니라 이
르시되
11 내가 사울을 왕으로 세운 것을 후회하노니 그
가 돌이켜서 나를 따르지 아니하며 내 명령을
행하지 아니하였음이니라 하신지라 사무엘
이 근심하여 온 밤을 여호와께 부르짖으니라
12 사무엘이 사울을 만나려고 아침에 일찍이
일어났더니 어떤 사람이 사무엘에게 말하여
이르되 사울이 갈멜에 이르러 자기를 위하
여 [1]기념비를 세우고 발길을 돌려 길갈로 내
려갔다 하는지라
13 사무엘이 사울에게 이른즉 사울이 그에게 이
르되 원하건대 당신은 여호와께 복을 받으소
서 내가 여호와의 명령을 행하였나이다 하니
14 사무엘이 이르되 그러면 내 귀에 들려오는
이 양의 소리와 내게 들리는 소의 소리는 어
찌 됨이니이까 하니라
15 사울이 이르되 그것은 무리가 아말렉 사람에
게서 끌어 온 것인데 백성이 당신의 하나님
여호와께 제사하려 하여 양들과 소들 중에서
가장 좋은 것을 남김이요 그 외의 것은 우리

Almighty says: 'I will punish the Amalekites
for what they did to Israel when they waylaid
3 them as they came up from Egypt. •Now go,
attack the Amalekites and totally destroy[a] all
that belongs to them. Do not spare them; put
to death men and women, children and
infants, cattle and sheep, camels and don-
keys.'"
4 •So Saul summoned the men and mus-
tered them at Telaim—two hundred thou-
sand foot soldiers and ten thousand from
5 Judah. •Saul went to the city of Amalek and
6 set an ambush in the ravine. •Then he said to
the Kenites, "Go away, leave the Amalekites so
that I do not destroy you along with them; for
you showed kindness to all the Israelites when
they came up out of Egypt." So the Kenites
moved away from the Amalekites.
7 •Then Saul attacked the Amalekites all
the way from Havilah to Shur, near the east-
8 ern border of Egypt. •He took Agag king of
the Amalekites alive, and all his people he
9 totally destroyed with the sword. •But Saul
and the army spared Agag and the best of the
sheep and cattle, the fat calves[b] and lambs
—everything that was good. These they were
unwilling to destroy completely, but every-
thing that was despised and weak they total-
ly destroyed.
10 •Then the word of the LORD came to Sa-
11 muel: •"I regret that I have made Saul king,
because he has turned away from me and has
not carried out my instructions." Samuel was
angry, and he cried out to the LORD all that
night.
12 •Early in the morning Samuel got up and
went to meet Saul, but he was told, "Saul has
gone to Carmel. There he has set up a monu-
ment in his own honor and has turned and
gone on down to Gilgal."
13 •When Samuel reached him, Saul said,
"The LORD bless you! I have carried out the
LORD's instructions."
14 •But Samuel said, "What then is this bleat-
ing of sheep in my ears? What is this lowing
of cattle that I hear?"
15 •Saul answered, "The soldiers brought them
from the Amalekites; they spared the best of

[a]3 The Hebrew term refers to the irrevocable giving over of things or persons to the LORD, often by totally destroying them; also in verses 8, 9, 15, 18, 20 and 21.
[b]9 Or *the grown bulls*; the meaning of the Hebrew for this phrase is uncertain.
1) 히, 손을 세우고

ambush [æmbuʃ] *n.* 매복
bleat [bli:t] *vi.* 우는 소리를 하다
calf [kæf] *n.* 송아지
completely [kəmplí:tli] *ad.* 완전히
despise [dispáiz] *vt.* 경멸하다
instruction [instrʌ́kʃən] *n.* 명령
kindness [káindnis] *n.* 친절
monument [mánjumənt] *n.* 기념비
muster [mʌ́stər] *vt.* 소집하다
ravine [rəví:n] *n.* 좁은 골짜기
regret [rigrét] *n.* 애도
spare [spɛər] *vt.* 살려주다
summon [sʌ́mən] *vt.* 소집하다
unwilling [ʌnwíliŋ] *a.* 꺼려하는
waylay [weiléi] *vt.* 요격(邀擊)하다

15:2 punish A for B: B의 죄로 A를 벌하다
15:3 belong to...: …에 속하다
15:6 move away: 떠나가다
15:7 all the way from A to B: A에서부터 B에 이르기까지

가 진멸하였나이다 하는지라
16 사무엘이 사울에게 이르되 가만히 계시옵소
서 간밤에 여호와께서 내게 이르신 것을 왕에
게 말하리이다 하니 그가 이르되 말씀하소서
17 ●사무엘이 이르되 왕이 스스로 작게 여길
그때에 이스라엘 지파의 머리가 되지 아니하
셨나이까 여호와께서 왕에게 기름을 부어 이
스라엘 왕을 삼으시고 9:21
18 또 여호와께서 왕을 길로 보내시며 이르시기
를 가서 죄인 아말렉 사람을 진멸하되 다 없
어지기까지 치라 하셨거늘
19 어찌하여 왕이 여호와의 목소리를 청종하지
아니하고 탈취하기에만 급하여 여호와께서
악하게 여기시는 일을 행하였나이까 14:32
20 사울이 사무엘에게 이르되 나는 실로 여호와
의 목소리를 청종하여 여호와께서 보내신 길
로 가서 아말렉 왕 아각을 끌어 왔고 아말렉
사람들을 진멸하였으나 15:13
21 다만 백성이 그 마땅히 멸할 것 중에서 가장
좋은 것으로 길갈에서 당신의 하나님 여호와
께 제사하려고 양과 소를 끌어 왔나이다 하
는지라
22 사무엘이 이르되 여호와께서 번제와 다른 제
사를 그의 목소리를 청종하는 것을 좋아하심
같이 좋아하시겠나이까 순종이 제사보다 낫
고 듣는 것이 숫양의 기름보다 나으니 히 10:6-9
23 이는 거역하는 것은 점치는 죄와 같고 완고
한 것은 사신 우상에게 절하는 죄와 같음이
라 왕이 여호와의 말씀을 버렸으므로 여호와
께서도 왕을 버려 왕이 되지 못하게 하셨나
이다 하니
24 ●사울이 사무엘에게 이르되 내가 범죄하였
나이다 내가 여호와의 명령과 당신의 말씀을
어긴 것은 내가 백성을 두려워하여 그들의
말을 청종하였음이니이다 잠 29:25
25 청하오니 지금 내 죄를 사하고 나와 함께 돌
아가서 나로 하여금 여호와께 경배하게 하소
서 하니
26 사무엘이 사울에게 이르되 나는 왕과 함께
돌아가지 아니하리니 이는 왕이 여호와의 말
씀을 버렸으므로 여호와께서 왕을 버려 이스
라엘 왕이 되지 못하게 하셨음이니이다 하고
27 사무엘이 가려고 돌아설 때에 사울이 그의
겉옷자락을 붙잡으매 찢어진지라 왕상 11:30, 31
28 사무엘이 그에게 이르되 여호와께서 오늘 이
스라엘 나라를 왕에게서 떼어 왕보다 나은
왕의 이웃에게 주셨나이다

the sheep and cattle to sacrifice to the LORD
your God, but we totally destroyed the rest."
16 ●"Enough!" Samuel said to Saul. "Let me tell
you what the LORD said to me last night."
"Tell me," Saul replied.
17 ●Samuel said, "Although you were once
small in your own eyes, did you not become
the head of the tribes of Israel? The LORD
18 anointed you king over Israel. ●And he sent
you on a mission, saying, 'Go and completely
destroy those wicked people, the Amalekites;
wage war against them until you have wiped
19 them out.' ●Why did you not obey the LORD?
Why did you pounce on the plunder and do
evil in the eyes of the LORD?"
20 ●"But I did obey the LORD," Saul said. "I
went on the mission the LORD assigned me. I
completely destroyed the Amalekites and
21 brought back Agag their king. ●The soldiers
took sheep and cattle from the plunder, the
best of what was devoted to God, in order to
sacrifice them to the LORD your God at Gil-
gal."
22 ●But Samuel replied:

"Does the LORD delight in burnt offerings
and sacrifices
as much as in obeying the LORD?
To obey is better than sacrifice,
and to heed is better than the fat of
rams.
23 ●For rebellion is like the sin of divination,
and arrogance like the evil of idolatry.
Because you have rejected the word of the
LORD,
he has rejected you as king."

24 ●Then Saul said to Samuel, "I have sinned. I
violated the LORD's command and your
instructions. I was afraid of the men and so I
25 gave in to them. ●Now I beg you, forgive my
sin and come back with me, so that I may wor-
ship the LORD."
26 ●But Samuel said to him, "I will not go back
with you. You have rejected the word of the
LORD, and the LORD has rejected you as king
over Israel!"
27 ●As Samuel turned to leave, Saul caught
hold of the hem of his robe, and it tore.
28 ●Samuel said to him, "The LORD has torn the
kingdom of Israel from you today and has
given it to one of your neighbors — to one bet-
29 ter than you. ●He who is the Glory of Israel
does not lie or change his mind; for he is not

arrogance [ǽrəgəns] *n.* 거만
assign [əsáin] *vt.* 지정하다
devote [divóut] *vt.* 바치다
divination [divənéiʃən] *n.* 점치는 것
idolatry [aidɑ́lətri] *n.* 우상 숭배
plunder [plʌ́ndər] *n.* 약탈품
pounce [pauns] *vt.* 덤벼들다
ram [ræm] *n.* 숫양
rebellion [ribéljən] *n.* 거역
reject [ridʒékt] *vt.* 거부하다
robe [roub] *n.* 겉옷
tear [tɛər] *vi.* 찢어지다
tribe [traib] *n.* 지파
violate [váiəlèit] *vt.* 위반하다
wicked [wíkid] *a.* 사악한

15:18 on a mission: 사명을 좇아서
15:18 wipe out: 없애다
15:21 in order to...: …하기 위하여
15:22 as much as...: …만큼(많은)
15:24 be afraid of...: …을 두려워하다
15:24 give in to...: …에게 굴복하다

29 이스라엘의 지존자는 거짓이나 변개함이 없
으시니 그는 사람이 아니시므로 결코 변개하
지 않으심이니이다 하니
30 사울이 이르되 내가 범죄하였을지라도 이제
청하옵나니 내 백성의 장로들 앞과 이스라엘
앞에서 나를 높이사 나와 함께 돌아가서 내
가 당신의 하나님 여호와께 경배하게 하소서
하더라
31 이에 사무엘이 돌이켜 사울을 따라가매 사울
이 여호와께 경배하니라

사무엘이 아각을 처형하다

32 ●사무엘이 이르되 너희는 아말렉 사람의 왕
아각을 내게로 끌어오라 하였더니 아각이 즐
거이 오며 이르되 진실로 사망의 괴로움이
지났도다 하니라
33 사무엘이 이르되 네 칼이 여인들에게 자식이
없게 한 것같이 여인 중 네 어미에게 자식이
없으리라 하고 그가 길갈에서 여호와 앞에서
아각을 찍어 쪼개니라

사무엘이 다윗에게 기름을 붓다

34 ●이에 사무엘은 라마로 가고 사울은 사울
기브아 자기의 집으로 올라가니라
35 사무엘이 죽는 날까지 사울을 다시 가서 보
지 아니하였으니 이는 그가 사울을 위하여
슬퍼함이었고 여호와께서는 사울을 이스라
엘 왕으로 삼으신 것을 후회하셨더라

16 여호와께서 사무엘에게 이르시되 내가
이미 사울을 버려 이스라엘 왕이 되지
못하게 하였거늘 네가 그를 위하여 언제까지
슬퍼하겠느냐 너는 뿔에 기름을 채워 가지고
가라 내가 너를 베들레헴 사람 이새에게로
보내리니 이는 내가 그의 아들 중에서 한 왕
을 보았느니라 하시는지라
2 사무엘이 이르되 내가 어찌 갈 수 있으리이까
사울이 들으면 나를 죽이리이다 하니 여호와께
서 이르시되 너는 암송아지를 끌고 가서 말하
기를 내가 여호와께 제사를 드리러 왔다 하고
3 이새를 제사에 청하라 내가 네게 행할 일을
가르치리니 내가 네게 알게 하는 자에게 나
를 위하여 기름을 부을지니라
4 사무엘이 여호와의 말씀대로 행하여 베들레
헴에 이르매 성읍 장로들이 떨며 그를 영접
하여 이르되 평강을 위하여 오시나이까
5 이르되 평강을 위함이니라 내가 여호와께 제
사하러 왔으니 스스로 성결하게 하고 와서
나와 함께 제사하자 하고 이새와 그의 아들
들을 성결하게 하고 제사에 청하니라

a human being, that he should change his
mind."
30 •Saul replied, "I have sinned. But please
honor me before the elders of my people and
before Israel; come back with me, so that I
31 may worship the LORD your God." •So Sa-
muel went back with Saul, and Saul wor-
shiped the LORD.
32 •Then Samuel said, "Bring me Agag king of
the Amalekites."
Agag came to him in chains.[a] And he
thought, "Surely the bitterness of death is
past."
33 •But Samuel said,
"As your sword has made women childless,
so will your mother be childless among
women."
And Samuel put Agag to death before the LORD
at Gilgal.
34 •Then Samuel left for Ramah, but Saul
35 went up to his home in Gibeah of Saul. •Until
the day Samuel died, he did not go to see Saul
again, though Samuel mourned for him. And
the LORD regretted that he had made Saul king
over Israel.

Samuel Anoints David

16 The LORD said to Samuel, "How long
will you mourn for Saul, since I have
rejected him as king over Israel? Fill your horn
with oil and be on your way; I am sending
you to Jesse of Bethlehem. I have chosen one
of his sons to be king."
2 •But Samuel said, "How can I go? If Saul
hears about it, he will kill me."
The LORD said, "Take a heifer with you and
say, 'I have come to sacrifice to the LORD.'
3 •Invite Jesse to the sacrifice, and I will show
you what to do. You are to anoint for me the
one I indicate."
4 •Samuel did what the LORD said. When he
arrived at Bethlehem, the elders of the town
trembled when they met him. They asked,
"Do you come in peace?"
5 •Samuel replied, "Yes, in peace; I have come
to sacrifice to the LORD. Consecrate yourselves
and come to the sacrifice with me." Then he
consecrated Jesse and his sons and invited
them to the sacrifice.
6 •When they arrived, Samuel saw Eliab and

[a]32 The meaning of the Hebrew for this phrase is uncertain.

anoint [ənɔ́int] *vt.* 기름을 붓다
arrive [əráiv] *vi.* 도착하다
bitterness [bítərnis] *n.* 쓴맛
consecrate [kánsəkrèit] *vt.* 신성하게 하다
heifer [héfər] *n.* 어린 암소
honor [ánər] *vt.* 경의를 표하다
indicate [índikèit] *vt.* 가리키다
invite [inváit] *vt.* 청하다
mourn [mɔːrn] *vi.* 슬퍼하다
regret [rigrét] *vt.* 후회하다
reject [ridʒékt] *vt.* 거부하다
sacrifice [sǽkrəfàis] *vt.* 제사 지내다
sin [sin] *vi.* 죄짓다
tremble [trémbl] *vi.* 떨다
worship [wə́ːrʃip] *vt.* 경배하다

15:30 **come back:** 돌아오다, 회복하다
15:30 **so that...:** …하기 위하여
15:33 **as... so~:** …한 것처럼 ~한
15:33 **put to death:** 죽이다
16:1 **fill A with B:** A를 B로 가득 채우다
16:1 **on one's way (to)...:** …로 가는 도중에

6 ●그들이 오매 사무엘이 엘리압을 보고 마음
에 이르기를 여호와의 기름부으실 자가 과
연 주님 앞에 있도다 하였더니
7 여호와께서 사무엘에게 이르시되 그의 용모
와 키를 보지 말라 내가 이미 그를 버렸노라
내가 보는 것은 사람과 같지 아니하니 사람
은 외모를 보거니와 나 여호와는 중심을 보
느니라 하시더라
8 이새가 아비나답을 불러 사무엘 앞을 지나가
게 하매 사무엘이 이르되 이도 여호와께서
택하지 아니하셨느니라 하니
9 이새가 삼마로 지나게 하매 사무엘이 이르되
이도 여호와께서 택하지 아니하셨느니라 하
니라
10 이새가 그의 아들 일곱을 다 사무엘 앞으로 지
나가게 하나 사무엘이 이새에게 이르되 여호
와께서 이들을 택하지 아니하셨느니라 하고
11 또 사무엘이 이새에게 이르되 네 아들들이
다 여기 있느냐 이새가 이르되 아직 막내가
남았는데 그는 양을 지키나이다 사무엘이 이
새에게 이르되 사람을 보내어 그를 데려오라
그가 여기 오기까지는 우리가 식사 자리에
앉지 아니하겠노라
12 이에 사람을 보내어 그를 데려오매 그의 빛
이 붉고 눈이 빼어나고 얼굴이 아름답더라
여호와께서 이르시되 이가 그니 일어나 기름
을 부으라 하시는지라
13 사무엘이 기름 뿔병을 가져다가 그의 형제
중에서 그에게 부었더니 이날 이후로 다윗이
여호와의 영에게 크게 감동되니라 사무엘이
떠나서 라마로 가니라

사울을 섬기게 된 다윗 (♪567, 569장)

14 ●여호와의 영이 사울에게서 떠나고 여호와
께서 부리시는 악령이 그를 번뇌하게 한지라
15 사울의 신하들이 그에게 이르되 보소서 하나
님께서 부리시는 악령이 왕을 번뇌하게 하온
즉
16 원하건대 우리 주께서는 당신 앞에서 모시는
신하들에게 명령하여 수금을 잘 타는 사람을
구하게 하소서 하나님께서 부리시는 악령이
왕에게 이를 때에 그가 손으로 타면 왕이 나
으시리이다 하는지라
17 사울이 신하에게 이르되 나를 위하여 잘 타
는 사람을 구하여 내게로 데려오라 하니
18 소년 중 한 사람이 대답하여 이르되 내가 베
들레헴 사람 이새의 아들을 본즉 수금을 탈
줄 알고 용기와 무용과 구변이 있는 준수한

thought, "Surely the LORD's anointed stands
here before the LORD."
7 •But the LORD said to Samuel, "Do not con-
sider his appearance or his height, for I have
rejected him. The LORD does not look at the
things people look at. People look at the out-
ward appearance, but the LORD looks at the
heart."
8 •Then Jesse called Abinadab and had him
pass in front of Samuel. But Samuel said, "The
9 LORD has not chosen this one either." •Jesse
then had Shammah pass by, but Samuel said,
10 "Nor has the LORD chosen this one." •Jesse had
seven of his sons pass before Samuel, but
Samuel said to him, "The LORD has not chosen
11 these." •So he asked Jesse, "Are these all the
sons you have?"
"There is still the youngest," Jesse answered.
"He is tending the sheep."
Samuel said, "Send for him; we will not sit
down until he arrives."
12 •So he sent for him and had him brought
in. He was glowing with health and had a fine
appearance and handsome features.
Then the LORD said, "Rise and anoint him;
this is the one."
13 •So Samuel took the horn of oil and anoint-
ed him in the presence of his brothers, and
from that day on the Spirit of the LORD came
powerfully upon David. Samuel then went to
Ramah.

David in Saul's Service

14 •Now the Spirit of the LORD had departed
from Saul, and an evil [a] spirit from the LORD
tormented him.
15 •Saul's attendants said to him, "See, an evil
16 spirit from God is tormenting you. •Let our
lord command his servants here to search for
someone who can play the lyre. He will play
when the evil spirit from God comes on you,
and you will feel better."
17 •So Saul said to his attendants, "Find some-
one who plays well and bring him to me."
18 •One of the servants answered, "I have seen
a son of Jesse of Bethlehem who knows how to
play the lyre. He is a brave man and a warrior.
He speaks well and is a fine-looking man. And
the LORD is with him."
19 •Then Saul sent messengers to Jesse and
said, "Send me your son David, who is with

[a] 14 Or *and a harmful*; similarly in verses 15, 16 and 23

appearance [əpíərəns] *n.* 외관
attendant [əténdənt] *n.* 시종
choose [tʃuːz] *vt.* 택하다
consider [kənsídər] *vt.* 고려하다
depart [dipáːrt] *vi.* 떠나다
feature [fíːtʃər] *n.* 용모
glow [glou] *vi.* 빛을 내다
height [hait] *n.* 신장
lyre [laiər] *n.* 수금
outward [áutwərd] *a.* 외면상의
powerfully [páuərfəli] *ad.* 강력하게
sheep [ʃiːp] *n.* 양
tend [tend] *vt.* 돌보다
torment [tɔːrmént] *vt.* 괴롭히다
warrior [wɔ́ːriər] *n.* 전사

16:11 send for...: …를 부르러 보내다
16:13 in the presence of...: …의 면전에서
16:13 come upon: 엄습하다
16:14 depart from...: …에서 떠나다
16:16 search for...: …을 찾다

자라 여호와께서 그와 함께 계시더이다 하더
라
19 사울이 이에 전령들을 이새에게 보내어 이르
되 양 치는 네 아들 다윗을 내게로 보내라 하매
20 이새가 떡과 한 가죽부대의 포도주와 염소 새
끼를 나귀에 실리고 그의 아들 다윗을 시켜 사
울에게 보내니
21 다윗이 사울에게 이르러 그 앞에 모셔 서매 사
울이 그를 크게 사랑하여 자기의 무기를 드는
자로 삼고
22 또 사울이 이새에게 사람을 보내어 이르되 원
하건대 다윗을 내 앞에 모셔 서게 하라 그가
내게 은총을 얻었느니라 하니라
23 하나님께서 부리시는 악령이 사울에게 이를 때
에 다윗이 수금을 들고 와서 손으로 탄즉 사울
이 상쾌하여 낫고 악령이 그에게서 떠나더라

골리앗이 이스라엘의 군대를 모욕하다 (♪ 585장)

17 블레셋 사람들이 그들의 군대를 모으고
싸우고자 하여 유다에 속한 소고에 모여
소고와 아세가 사이의 에베스담밈에 진치매
2 사울과 이스라엘 사람들이 모여서 [1]엘라 골짜
기에 진치고 블레셋 사람들을 대하여 전열을
벌였으니
3 블레셋 사람들은 이쪽 산에 섰고 이스라엘은 저
쪽 산에 섰고 그 사이에는 골짜기가 있었더라
4 블레셋 사람들의 진영에서 싸움을 돋우는 자
가 왔는데 그의 이름은 골리앗이요 가드 사람
이라 그의 키는 여섯 [2]규빗 한 뼘이요
5 머리에는 놋 투구를 썼고 몸에는 비늘 갑옷을
입었으니 그 갑옷의 무게가 놋 오천 세겔이며
6 그의 다리에는 놋 각반을 쳤고 어깨 사이에는
놋 단창을 메었으니
7 그 창 자루는 베틀 채 같고 창 날은 철 육백 세
겔이며 방패 든 자가 앞서 행하더라
8 그가 서서 이스라엘 군대를 향하여 외쳐 이르
되 너희가 어찌하여 나와서 전열을 벌였느냐
나는 블레셋 사람이 아니며 너희는 사울의 신
복이 아니냐 너희는 한 사람을 택하여 내게로
내려보내라
9 그가 나와 싸워서 나를 죽이면 우리가 너희의
종이 되겠고 만일 내가 이겨 그를 죽이면 너희
가 우리의 종이 되어 우리를 섬길 것이니라
10 그 블레셋 사람이 또 이르되 내가 오늘 이스라
엘의 군대를 모욕하였으니 사람을 보내어 나
와 더불어 싸우게 하라 한지라
11 사울과 온 이스라엘이 블레셋 사람의 이 말을
듣고 놀라 크게 두려워하니라

20 the sheep." •So Jesse took a donkey loaded
with bread, a skin of wine and a young goat
and sent them with his son David to Saul.
21 •David came to Saul and entered his ser-
vice. Saul liked him very much, and David
22 became one of his armor-bearers. •Then Saul
sent word to Jesse, saying, "Allow David to
remain in my service, for I am pleased with
him."
23 •Whenever the spirit from God came on
Saul, David would take up his lyre and play.
Then relief would come to Saul; he would
feel better, and the evil spirit would leave
him.

David and Goliath

17 Now the Philistines gathered their
forces for war and assembled at So-
koh in Judah. They pitched camp at Ephes
Dammim, between Sokoh and Azekah.
2 •Saul and the Israelites assembled and
camped in the Valley of Elah and drew
up their battle line to meet the Philistines.
3 •The Philistines occupied one hill and the
Israelites another, with the valley between
them.
4 •A champion named Goliath, who was
from Gath, came out of the Philistine camp.
5 His height was six cubits and a span.[a] •He
had a bronze helmet on his head and wore a
coat of scale armor of bronze weighing five
6 thousand shekels[b]; •on his legs he wore
bronze greaves, and a bronze javelin was
7 slung on his back. •His spear shaft was like a
weaver's rod, and its iron point weighed six
hundred shekels.[c] His shield bearer went
ahead of him.
8 •Goliath stood and shouted to the ranks of
Israel, "Why do you come out and line up for
battle? Am I not a Philistine, and are you not
the servants of Saul? Choose a man and have
9 him come down to me. •If he is able to fight
and kill me, we will become your subjects;
but if I overcome him and kill him, you will
10 become our subjects and serve us." •Then the
Philistine said, "This day I defy the armies of
Israel! Give me a man and let us fight each
11 other." •On hearing the Philistine's words,
Saul and all the Israelites were dismayed and

[a]4 That is, about 9 feet 9 inches or about 3 meters
[b]5 That is, about 125 pounds or about 58 kilograms
[c]7 That is, about 15 pounds or about 6.9 kilograms

1) 상수리 2) 히, 암마

armor-bearer [á:rmərbɛərər] *n.* 갑옷 드는 자
assemble [əsémbl] *vi.* 모이다
bronze [branz] *n.* 청동
defy [difái] *vt.* 무시하다
dismay [disméi] *vt.* 당황하게 하다
goat [gout] *n.* 염소
greave [gri:v] *n.* (갑옷의)정강이받이
javelin [dʒǽvlin] *n.* 투창
load [loud] *vt.* 짐을 싣다
occupy [ákjupài] *vt.* 점령하다
overcome [ouvərkʌ́m] *vt.* 극복하다
pitch [pitʃ] *vt.* (천막을) 치다
rank [ræŋk] *n.* 군대
relief [rili:f] *n.* 경감, 안심
shaft [ʃæft] *n.* 창자루

16:22 **be pleased with...**: …을 기뻐하다
16:23 **feel better**: 기분이 더 좋아지다
17:2 **draw up**: 정렬시키다
17:7 **ahead of...**: …보다 앞서
17:9 **be able to...**: …할 수 있다
17:11 **on ~ing**: ~하자마자 곧

사울의 진영에 나타난 다윗

12 ●다윗은 유다 베들레헴 에브랏 사람 이새라
하는 사람의 아들이었는데 이새는 사울 당시
사람 중에 나이가 많아 늙은 사람으로서 여덟
아들이 있는 중
13 그 장성한 세 아들은 사울을 따라 싸움에 나
갔으니 싸움에 나간 세 아들의 이름은 장자 엘
리압이요 그 다음은 아비나답이요 셋째는 삼
마며
14 다윗은 막내라 장성한 세 사람은 사울을 따랐고
15 다윗은 사울에게로 왕래하며 베들레헴에서
그의 아버지의 양을 칠 때에 16:19
16 그 블레셋 사람이 사십 일을 조석으로 나와서
몸을 나타내었더라
17 ●이새가 그의 아들 다윗에게 이르되 지금 네
형들을 위하여 이 볶은 곡식 한 에바와 이 떡
열 덩이를 가지고 진영으로 속히 가서 네 형들
에게 주고
18 이 치즈 열 덩이를 가져다가 그들의 천부장에
게 주고 네 형들의 안부를 살피고 증표를 가져
오라
19 그때에 사울과 그들과 이스라엘 모든 사람들
은 엘라 골짜기에서 블레셋 사람들과 싸우는
중이더라
20 다윗이 아침에 일찍이 일어나서 양을 양 지키
는 자에게 맡기고 이새가 명령한 대로 가지고
가서 진영에 이른즉 마침 군대가 전장에 나와
서 싸우려고 고함치며,
21 이스라엘과 블레셋 사람들이 전열을 벌이고
양군이 서로 대치하였더라
22 다윗이 자기의 짐을 짐 지키는 자의 손에 맡기
고 군대로 달려가서 형들에게 문안하고
23 그들과 함께 말할 때에 마침 블레셋 사람의 싸
움 돋우는 가드 사람 골리앗이라 하는 자가 그
전열에서 나와서 전과 같은 말을 하매 다윗이
들으니라
24 이스라엘 모든 사람이 그 사람을 보고 심히 두
려워하여 그 앞에서 도망하며
25 이스라엘 사람들이 이르되 너희가 이 올라온
사람을 보았느냐 참으로 이스라엘을 모욕하
러 왔도다 그를 죽이는 사람은 왕이 많은 재물
로 부하게 하고 그의 딸을 그에게 주고 그 아
버지의 집을 이스라엘 중에서 세금을 면제하
게 하시리라 18:17
26 다윗이 곁에 서 있는 사람들에게 말하여 이르
되 이 블레셋 사람을 죽여 이스라엘의 치욕을
제거하는 사람에게는 어떠한 대우를 하겠느

terrified.
12 ●Now David was the son of an Ephrathite
named Jesse, who was from Bethlehem in
Judah. Jesse had eight sons, and in Saul's time
13 he was very old. ●Jesse's three oldest sons
had followed Saul to the war: The firstborn
was Eliab; the second, Abinadab; and the
14 third, Shammah. ●David was the youngest.
15 The three oldest followed Saul, ●but David
went back and forth from Saul to tend his
father's sheep at Bethlehem.
16 ●For forty days the Philistine came for-
ward every morning and evening and took
his stand.
17 ●Now Jesse said to his son David, "Take
this ephah[a] of roasted grain and these ten
loaves of bread for your brothers and hurry to
18 their camp. ●Take along these ten cheeses to
the commander of their unit. See how your
brothers are and bring back some assurance[b]
19 from them. ●They are with Saul and all the
men of Israel in the Valley of Elah, fighting
against the Philistines."
20 ●Early in the morning David left the flock
in the care of a shepherd, loaded up and set
out, as Jesse had directed. He reached the
camp as the army was going out to its battle
21 positions, shouting the war cry. ●Israel and
the Philistines were drawing up their lines
22 facing each other. ●David left his things with
the keeper of supplies, ran to the battle lines
23 and asked his brothers how they were. ●As
he was talking with them, Goliath, the Philis-
tine champion from Gath, stepped out from
his lines and shouted his usual defiance, and
24 David heard it. ●Whenever the Israelites saw
the man, they all fled from him in great fear.
25 ●Now the Israelites had been saying, "Do
you see how this man keeps coming out? He
comes out to defy Israel. The king will give
great wealth to the man who kills him. He
will also give him his daughter in marriage
and will exempt his family from taxes in
Israel."
26 ●David asked the men standing near him,
"What will be done for the man who kills
this Philistine and removes this disgrace
from Israel? Who is this uncircumcised Phi-
listine that he should defy the armies of the
living God?"

[a]17 That is, probably about 36 pounds or about 16 kilograms [b]18 Or *some token*; or *some pledge of spoils*

assurance [əʃúərəns] *n.* 보증
champion [tʃǽmpiən] *n.* 투사
defiance [difáiəns] *n.* 도전적인 행동(말)
disgrace [disgréis] *n.* 불명예
exempt [igzémpt] *vt.* 면제하다
firstborn [fə́:rstbɔ̀:rn] *n.* 장자
flock [flak] *n.* 양 떼
grain [grein] *n.* 곡식
marriage [mǽridʒ] *n.* 결혼
remove [rimú:v] *vt.* 제거하다
shepherd [ʃépərd] *n.* 목자
supply [səplái] *n.* 양식
tax [tæks] *n.* 세금
terrify [térəfai] *vt.* 무섭게 하다
wealth [welθ] *n.* 부

17:15 go back and forth: 왕래하다
17:20 load up: 짐을 싣다
17:20 set out: 출발하다, 떠나다
17:20 go out: 나가다
17:21 each other: 서로, 상호간에
17:24 flee from: 도망치다, 피하다

냐 이 할례받지 않은 블레셋 사람이 누구이
기에 살아 계시는 하나님의 군대를 모욕하겠
느냐
27 백성이 전과 같이 말하여 이르되 그를 죽이는
사람에게는 이러이러하게 하시리라 하니라
28 ● 큰형 엘리압이 다윗이 사람들에게 하는 말
을 들은지라 그가 다윗에게 노를 발하여 이
르되 네가 어찌하여 이리로 내려왔느냐 들에
있는 양들을 누구에게 맡겼느냐 나는 네 교
만과 네 마음의 완악함을 아노니 네가 전쟁
을 구경하러 왔도다
29 다윗이 이르되 내가 무엇을 하였나이까 어찌
[1] 이유가 없으리이까 하고
30 돌아서서 다른 사람을 향하여 전과 같이 말
하매 백성이 전과 같이 대답하니라
31 ● 어떤 사람이 다윗이 한 말을 듣고 그것을
사울에게 전하였으므로 사울이 다윗을 부른
지라
32 다윗이 사울에게 말하되 그로 말미암아 사람
이 낙담하지 말 것이라 주의 종이 가서 저 블
레셋 사람과 싸우리이다 하니
33 사울이 다윗에게 이르되 네가 가서 저 블레
셋 사람과 싸울 수 없으리니 너는 소년이요
그는 어려서부터 용사임이니라
34 다윗이 사울에게 말하되 주의 종이 아버지의
양을 지킬 때에 사자나 곰이 와서 양 떼에서
새끼를 물어가면
35 내가 따라가서 그것을 치고 그 입에서 새끼를
건져내었고 그것이 일어나 나를 해하고자 하
면 내가 그 수염을 잡고 그것을 쳐죽였나이다
36 주의 종이 사자와 곰도 쳤은즉 살아 계시는
하나님의 군대를 모욕한 이 할례받지 않은
블레셋 사람이리이까 그가 그 짐승의 하나와
같이 되리이다
37 또 다윗이 이르되 여호와께서 나를 사자의
발톱과 곰의 발톱에서 건져내셨은즉 나를 이
블레셋 사람의 손에서도 건져내시리이다 사
울이 다윗에게 이르되 가라 여호와께서 너와
함께 계시기를 원하노라
38 이에 사울이 자기 군복을 다윗에게 입히고
놋 투구를 그의 머리에 씌우고 또 그에게 갑
옷을 입히매
39 다윗이 칼을 군복 위에 차고는 익숙하지 못
하므로 시험적으로 걸어 보다가 사울에게 말
하되 익숙하지 못하니 이것을 입고 가지 못
하겠나이다 하고 곧 벗고
40 손에 막대기를 가지고 시내에서 매끄러운 돌

27 ● They repeated to him what they had been
saying and told him, "This is what will be
done for the man who kills him."
28 ● When Eliab, David's oldest brother, heard
him speaking with the men, he burned with
anger at him and asked, "Why have you come
down here? And with whom did you leave
those few sheep in the wilderness? I know
how conceited you are and how wicked your
heart is; you came down only to watch the
battle."
29 ● "Now what have I done?" said David.
30 "Can't I even speak?" ● He then turned away
to someone else and brought up the same mat-
ter, and the men answered him as before.
31 ● What David said was overheard and report-
ed to Saul, and Saul sent for him.
32 ● David said to Saul, "Let no one lose heart
on account of this Philistine; your servant will
go and fight him."
33 ● Saul replied, "You are not able to go out
against this Philistine and fight him; you are
only a young man, and he has been a warrior
from his youth."
34 ● But David said to Saul, "Your servant has
been keeping his father's sheep. When a lion
or a bear came and carried off a sheep from the
35 flock, ● I went after it, struck it and rescued the
sheep from its mouth. When it turned on me,
I seized it by its hair, struck it and killed it.
36 ● Your servant has killed both the lion and the
bear; this uncircumcised Philistine will be like
one of them, because he has defied the armies
37 of the living God. ● The LORD who rescued me
from the paw of the lion and the paw of the
bear will rescue me from the hand of this
Philistine."

Saul said to David, "Go, and the LORD be
with you."
38 ● Then Saul dressed David in his own tunic.
He put a coat of armor on him and a bronze
39 helmet on his head. ● David fastened on his
sword over the tunic and tried walking
around, because he was not used to them.

"I cannot go in these," he said to Saul,
"because I am not used to them." So he took
40 them off. ● Then he took his staff in his hand,
chose five smooth stones from the stream,
put them in the pouch of his shepherd's bag
and, with his sling in his hand, approached
the Philistine.

1) 말 한 마디뿐이 아니니이까 하고

armor [á:rmər] *n.* 갑옷
conceited [kənsí:tid] *a.* 자만하는
defy [difái] *vt.* 무시하다
fasten [fǽsn:sən] *vt.* 묶다
overhear [òuvərhíər] *vt.* 우연히 듣다
paw [pɔ:] *n.* 발, 발톱
pouch [pautʃ] *n.* 작은 주머니
repeat [ripí:t] *vt.* 되풀이하다
rescue [réskju:] *vt.* 구원하다
seize [si:z] *vt.* 붙잡다
sling [sliŋ] *n.* 돌팔매
stream [stri:m] *n.* 시내
tunic [tjú:nik] *n.* 가운형 웃옷
uncircumcised [ʌ̀nsə́:rkəmsaizd] *a.* 할례받지 않은
wicked [wíkid] *a.* 사악한

17:32 **lose heart**: 용기를 잃다, 풀이 죽다
17:32 **on account of...**: … 때문에
17:34 **carry off A from B**: B로부터 A를 채가다
17:35 **go after**: 쫓아가다
17:35 **turn on...**: …을 공격하다

다섯을 골라서 자기 목자의 제구 곧 주머니
에 넣고 손에 물매를 가지고 블레셋 사람에
게로 나아가니라

다윗이 골리앗을 이기다

41 ● 블레셋 사람이 방패 든 사람을 앞세우고
다윗에게로 점점 가까이 나아가니라
42 그 블레셋 사람이 둘러보다가 다윗을 보고
업신여기니 이는 그가 젊고 붉고 용모가 아
름다움이라
43 블레셋 사람이 다윗에게 이르되 네가 나를 개
로 여기고 막대기를 가지고 내게 나아왔느냐
하고 그의 신들의 이름으로 다윗을 저주하고
44 그 블레셋 사람이 또 다윗에게 이르되 내게
로 오라 내가 네 살을 공중의 새들과 들짐승
들에게 주리라 하는지라
45 다윗이 블레셋 사람에게 이르되 너는 칼과 창
과 단창으로 내게 나아오거니와 나는 만군의
여호와의 이름 곧 네가 모욕하는 이스라엘 군
대의 하나님의 이름으로 네게 나아가노라
46 오늘 여호와께서 너를 내 손에 넘기시리니
내가 너를 쳐서 네 목을 베고 블레셋 군대의
시체를 오늘 공중의 새와 땅의 들짐승에게
주어 온 땅으로 이스라엘에 하나님이 계신
줄 알게 하겠고
47 또 여호와의 구원하심이 칼과 창에 있지 아
니함을 이 무리에게 알게 하리라 전쟁은 여
호와께 속한 것인즉 그가 너희를 우리 손에
넘기시리라
48 블레셋 사람이 일어나 다윗에게로 마주 가까
이 올 때에 다윗이 블레셋 사람을 향하여 빨
리 달리며
49 손을 주머니에 넣어 돌을 가지고 물매로 던
져 블레셋 사람의 이마를 치매 돌이 그의 이
마에 박히니 땅에 엎드러지니라
50 ● 다윗이 이같이 물매와 돌로 블레셋 사람을
이기고 그를 쳐죽였으나 자기 손에는 칼이
없었더라
51 다윗이 달려가서 블레셋 사람을 밟고 그의
칼을 그 칼집에서 빼내어 그 칼로 그를 죽이
고 그의 머리를 베니 블레셋 사람들이 자기
용사의 죽음을 보고 도망하는지라 21:9
52 이스라엘과 유다 사람들이 일어나서 소리 지
르며 블레셋 사람들을 쫓아 가이와 에그론
성문까지 이르렀고 블레셋 사람들의 부상자
들은 사아라임 가는 길에서부터 가드와 에그
론까지 엎드러졌더라
53 이스라엘 자손이 블레셋 사람들을 쫓다가 돌

41 ● Meanwhile, the Philistine, with his shield
bearer in front of him, kept coming closer to
42 David. ● He looked David over and saw that
he was little more than a boy, glowing with
health and handsome, and he despised him.
43 ● He said to David, "Am I a dog, that you come
at me with sticks?" And the Philistine cursed
44 David by his gods. ● "Come here," he said,
"and I'll give your flesh to the birds and the
wild animals!"
45 ● David said to the Philistine, "You come
against me with sword and spear and javelin,
but I come against you in the name of the
LORD Almighty, the God of the armies of Israel,
46 whom you have defied. ● This day the LORD
will deliver you into my hands, and I'll strike
you down and cut off your head. This very day
I will give the carcasses of the Philistine army
to the birds and the wild animals, and the
whole world will know that there is a God in
47 Israel. ● All those gathered here will know that
it is not by sword or spear that the LORD saves;
for the battle is the LORD's, and he will give all
of you into our hands."
48 ● As the Philistine moved closer to attack
him, David ran quickly toward the battle line
49 to meet him. ● Reaching into his bag and tak-
ing out a stone, he slung it and struck the
Philistine on the forehead. The stone sank into
his forehead, and he fell facedown on the
ground.
50 ● So David triumphed over the Philistine
with a sling and a stone; without a sword in
his hand he struck down the Philistine and
killed him.
51 ● David ran and stood over him. He took
hold of the Philistine's sword and drew it from
the sheath. After he killed him, he cut off his
head with the sword.
When the Philistines saw that their hero was
52 dead, they turned and ran. ● Then the men of
Israel and Judah surged forward with a shout
and pursued the Philistines to the entrance of
Gath[a] and to the gates of Ekron. Their dead
were strewn along the Shaaraim road to Gath
53 and Ekron. ● When the Israelites returned
from chasing the Philistines, they plundered
their camp.
54 ● David took the Philistine's head and
brought it to Jerusalem; he put the Philistine's
weapons in his own tent.

[a]52 Some Septuagint manuscripts; Hebrew *of a valley*

carcass [ká:rkəs] *n.* 시체
curse [kə:rs] *vt.* 저주하다
deliver [dilívər] *vt.* 넘겨주다
despise [dispáiz] *vt.* 경멸하다
entrance [éntrəns] *n.* 문간, 입구
forehead [fɔ́:rid] *n.* 이마
javelin [dʒǽvlin] *n.* 투창
plunder [plʌndər] *vt.* 약탈하다
pursue [pərsú:] *vt.* 추적하다
sheath [ʃi:θ] *n.* 칼집
spear [spíər] *n.* 창
strew [stru:] *vt.* (…을) 온통 뒤덮다
strike [straik] *vt.* 치다
surge [sə:rdʒ] *vi.* 파도처럼 밀려오다
weapon [wépən] *n.* 무기

17:41 come closer to...: …에게 다가오다
17:42 look over: 대충 훑어보다
17:46 strike down: 때려 눕히다
17:49 sink into...: …에 박다
17:50 triumph over...: …을 이기다
17:51 take hold of...: …을 잡다, 쥐다

아와서 그들의 진영을 노략하였고
54 다윗은 그 블레셋 사람의 머리를 예루살렘으
로 가져가고 갑주는 자기 장막에 두니라

다윗이 사울 앞에 서다

55 ●사울은 다윗이 블레셋 사람을 향하여 나아
감을 보고 군사령관 아브넬에게 묻되 아브넬
아 이 소년이 누구의 아들이냐 아브넬이 이르
되 왕이여 왕의 사심으로 맹세하옵나니 내가
알지 못하나이다 하매
56 왕이 이르되 너는 이 청년이 누구의 아들인가
물어보라 하였더니
57 다윗이 그 블레셋 사람을 죽이고 돌아올 때에
그 블레셋 사람의 머리가 그의 손에 있는 채
아브넬이 그를 사울 앞으로 인도하니
58 사울이 그에게 묻되 소년이여 누구의 아들이
냐 하니 다윗이 대답하되 나는 주의 종 베들레
헴 사람 이새의 아들이니이다 하니라

18 다윗이 사울에게 말하기를 마치매 요나
단의 마음이 다윗의 마음과 하나가 되어
요나단이 그를 자기 생명같이 사랑하니라
2 그날에 사울은 다윗을 머무르게 하고 그의 아
버지의 집으로 다시 돌아가기를 허락하지 아
니하였고
3 요나단은 다윗을 자기 생명같이 사랑하여 더
불어 언약을 맺었으며
4 요나단이 자기가 입었던 겉옷을 벗어 다윗에
게 주었고 자기의 군복과 칼과 활과 띠도 그리
하였더라
5 다윗은 사울이 보내는 곳마다 가서 지혜롭게
행하매 사울이 그를 군대의 장으로 삼았더니
온 백성이 합당히 여겼고 사울의 신하들도 합
당히 여겼더라

사울이 불쾌하여 다윗을 주목하다

6 ●무리가 돌아올 때 곧 다윗이 블레셋 사람을
죽이고 돌아올 때에 여인들이 이스라엘 모든
성읍에서 나와서 노래하며 춤추며 소고와 경
쇠를 가지고 왕 사울을 환영하는데
7 여인들이 뛰놀며 노래하여 이르되

사울이 죽인 자는 천천이요 다윗은 만만이
로다

한지라 21:11
8 사울이 그 말에 불쾌하여 심히 노하여 이르되
다윗에게는 만만을 돌리고 내게는 천천만 돌리
니 그가 더 얻을 것이 나라 말고 무엇이냐 하고
9 그날 후로 사울이 다윗을 주목하였더라
10 ●그 이튿날 하나님께서 부리시는 악령이 사
울에게 힘있게 내리매 그가 집안에서 정신 없

55 ●As Saul watched David going out to
meet the Philistine, he said to Abner, com-
mander of the army, "Abner, whose son is
that young man?"
Abner replied, "As surely as you live, Your
Majesty, I don't know."
56 ●The king said, "Find out whose son this
young man is."
57 ●As soon as David returned from killing
the Philistine, Abner took him and brought
him before Saul, with David still holding
the Philistine's head.
58 ●"Whose son are you, young man?" Saul
asked him.
David said, "I am the son of your servant
Jesse of Bethlehem."

Saul's Growing Fear of David

18 After David had finished talking with
Saul, Jonathan became one in spirit
with David, and he loved him as himself.
2 ●From that day Saul kept David with him
and did not let him return home to his fami-
3 ly. ●And Jonathan made a covenant with
David because he loved him as himself.
4 ●Jonathan took off the robe he was wearing
and gave it to David, along with his tunic,
and even his sword, his bow and his belt.
5 ●Whatever mission Saul sent him on,
David was so successful that Saul gave him a
high rank in the army. This pleased all the
troops, and Saul's officers as well.
6 ●When the men were returning home
after David had killed the Philistine, the
women came out from all the towns of Israel
to meet King Saul with singing and dancing,
with joyful songs and with timbrels and
7 lyres. ●As they danced, they sang:

"Saul has slain his thousands,
and David his tens of thousands."

8 ●Saul was very angry; this refrain dis-
pleased him greatly. "They have credited
David with tens of thousands," he thought,
"but me with only thousands. What more
9 can he get but the kingdom?" ●And from
that time on Saul kept a close eye on David.
10 ●The next day an evil[a] spirit from God
came forcefully on Saul. He was prophesying
in his house, while David was playing the
lyre, as he usually did. Saul had a spear in his

[a]10 *Or a harmful*

commander [kəmǽndər] *n.* 사령관
covenant [kʌvənənt] *n.* 언약
credit [krédit] *vt.* (명예를)돌리다
displease [displí:z] *vt.* 불쾌하게 하다
fear [fiər] *n.* 두려움
forcefully [fɔ́:rsfəli] *ad.* 강력하게
joyful [dʒɔ́ifəl] *a.* 즐거운
officer [ɔ́:fisər] *n.* 관리
prophesy [práfəsài] *vi.* 예언하다
rank [ræŋk] *n.* 군대
refrain [rifréin] *n.* 후렴
reply [riplái] *vt.* 대답하다
robe [roub] *n.* 겉옷
successful [səksésfəl] *a.* 성공한
troop [tru:p] *n.* 군대, 무리

17:55 as surely as ...: …와 마찬가지로, 틀림없이
17:56 find out...: …을 찾아내다
17:57 as soon as...: …하자마자 곧
18:4 take off: 벗다
18:4 along with...: …와 함께

이 떠들어대므로 다윗이 평일과 같이 손으로
수금을 타는데 그때에 사울의 손에 창이 있는
지라
11 그가 스스로 이르기를 내가 다윗을 벽에 박으
리라 하고 사울이 그 창을 던졌으나 다윗이
그의 앞에서 두 번 피하였더라
12 여호와께서 사울을 떠나 다윗과 함께 계시므
로 사울이 그를 두려워한지라
13 그러므로 사울이 그를 자기 곁에서 떠나게 하
고 그를 천부장으로 삼으매 그가 백성 앞에 출
입하며
14 다윗이 그의 모든 일을 지혜롭게 행하니라 여
호와께서 그와 함께 계시니라
15 사울은 다윗이 크게 지혜롭게 행함을 보고 그
를 두려워하였으나
16 온 이스라엘과 유다는 다윗을 사랑하였으니
그가 자기들 앞에 출입하기 때문이었더라

다윗이 사울의 사위가 되다

17 ●사울이 다윗에게 이르되 내 맏딸 메랍을 네
게 아내로 주리니 오직 너는 나를 위하여 용기
를 내어 여호와의 싸움을 싸우라 하니 이는 그
가 생각하기를 내 손을 그에게 대지 않고 블레
셋 사람들의 손을 그에게 대게 하리라 함이라
18 다윗이 사울에게 이르되 내가 누구며 이스라
엘 중에 내 [1]친속이나 내 아버지의 집이 무엇
이기에 내가 왕의 사위가 되리이까 하였더니
19 사울의 딸 메랍을 다윗에게 줄 시기에 므홀랏
사람 아드리엘에게 아내로 주었더라
20 사울의 딸 미갈이 다윗을 사랑하매 어떤 사람이
사울에게 알린지라 사울이 그 일을 좋게 여겨
21 스스로 이르되 내가 딸을 그에게 주어서 그에
게 올무가 되게 하고 블레셋 사람들의 손으로
그를 치게 하리라 하고 이에 사울이 다윗에게
이르되 네가 오늘 다시 내 사위가 되리라 하니
라
22 ●사울이 그의 신하들에게 명령하되 너희는
다윗에게 비밀히 말하여 이르기를 보라 왕이
너를 기뻐하시고 모든 신하도 너를 사랑하나
니 그런즉 네가 왕의 사위가 되는 것이 가하니
라 하라
23 사울의 신하들이 이 말을 다윗의 귀에 전하매
다윗이 이르되 왕의 사위 되는 것을 너희는 작
은 일로 보느냐 나는 가난하고 천한 사람이라
한지라
24 사울의 신하들이 사울에게 말하여 이르되 다
윗이 이러이러하게 말하더이다 하니
25 사울이 이르되 너희는 다윗에게 이같이 말하

11 hand ●and he hurled it, saying to himself,
"I'll pin David to the wall." But David eluded
him twice.
12 ●Saul was afraid of David, because the
LORD was with David but had departed
13 from Saul. ●So he sent David away from
him and gave him command over a thou-
sand men, and David led the troops in their
14 campaigns. ●In everything he did he had
great success, because the LORD was with
15 him. ●When Saul saw how successful he
16 was, he was afraid of him. ●But all Israel
and Judah loved David, because he led
them in their campaigns.
17 ●Saul said to David, "Here is my older
daughter Merab. I will give her to you in mar-
riage; only serve me bravely and fight the bat-
tles of the LORD." For Saul said to himself, "I
will not raise a hand against him. Let the
Philistines do that!"
18 ●But David said to Saul, "Who am I, and
what is my family or my clan in Israel, that I
19 should become the king's son-in-law?" ●So[a]
when the time came for Merab, Saul's daugh-
ter, to be given to David, she was given in
marriage to Adriel of Meholah.
20 ●Now Saul's daughter Michal was in love
with David, and when they told Saul about
21 it, he was pleased. ●"I will give her to him,"
he thought, "so that she may be a snare to
him and so that the hand of the Philistines
may be against him." So Saul said to David,
"Now you have a second opportunity to
become my son-in-law."
22 ●Then Saul ordered his attendants: "Speak
to David privately and say, 'Look, the king
likes you, and his attendants all love you;
now become his son-in-law.' "
23 ●They repeated these words to David. But
David said, "Do you think it is a small matter
to become the king's son-in-law? I'm only a
poor man and little known."
24 ●When Saul's servants told him what
25 David had said, ●Saul replied, "Say to David,
'The king wants no other price for the bride
than a hundred Philistine foreskins, to take
revenge on his enemies.' " Saul's plan was to
have David fall by the hands of the Phil-
istines.
26 ●When the attendants told David these
things, he was pleased to become the king's

[a]19 Or *However,* 1) 생명

attendant [əténdənt] *n.* 신하
bravely [bréivli] *ad.* 용감하게
bride [braid] *n.* 신부
campaign [kæmpéin] *n.* 전쟁
clan [klæn] *n.* 씨족
elude [ilú:d] *vt.* 몸을 돌려 피하다
foreskin [fɔ́:rskìn] *n.* (음경의) 포피
hurl [hə:rl] *vt.* 세게 던지다
opportunity [ɑ̀pərtjú:nəti] *n.* 기회
pin [pin] *vt.* (핀으로) 고정하다
price [prais] *n.* 대가
privately [práivitli] *ad.* 남몰래
repeat [ripí:t] *vt.* 반복하다
revenge [rivéndʒ] *n.* 복수
snare [snɛər] *n.* 덫

18:12 be afraid of...: …을 두려워하다
18:17 give[take]...in marriage: …을 며느리[사위]로 주다, 삼다
18:20 be in love with...: …와 사랑하다
18:21 so that: 그래서
18:25 take revenge on: 보복하다

기를 왕이 아무것도 원하지 아니하고 다만 왕
의 원수의 보복으로 블레셋 사람들의 포피 백
개를 원하신다 하라 하였으니 이는 사울의 생
각에 다윗을 블레셋 사람들의 손에 죽게 하리
라 함이라
26 사울의 신하들이 이 말을 다윗에게 아뢰매 다
윗이 왕의 사위 되는 것을 좋게 여기므로 결혼
할 날이 차기 전에 18:21
27 다윗이 일어나서 그의 부하들과 함께 가서 블
레셋 사람 이백 명을 죽이고 그들의 포피를 가
져다가 수대로 왕께 드려 왕의 사위가 되고자
하니 사울이 그의 딸 미갈을 다윗에게 아내로
주었더라
28 여호와께서 다윗과 함께 계심을 사울이 보고
알았고 사울의 딸 미갈도 그를 사랑하므로
29 사울이 다윗을 더욱더욱 두려워하여 평생에
다윗의 대적이 되니라
30 ●블레셋 사람들의 방백들이 싸우러 나오면
그들이 나올 때마다 다윗이 사울의 모든 신하
보다 더 지혜롭게 행하매 이에 그의 이름이 심
히 귀하게 되니라

사울이 다윗을 죽이려 하다

19 사울이 그의 아들 요나단과 그의 모든 신
하에게 다윗을 죽이라 말하였더니 사울의
아들 요나단이 다윗을 심히 좋아하므로
2 그가 다윗에게 말하여 이르되 내 아버지 사울
이 너를 죽이기를 꾀하시느니라 그러므로 이
제 청하노니 아침에 조심하여 은밀한 곳에 숨
어 있으라
3 내가 나가서 네가 있는 들에서 내 아버지 곁에
서서 네 일을 내 아버지와 말하다가 무엇을 보
면 네게 알려 주리라 하고
4 요나단이 그의 아버지 사울에게 다윗을 칭찬
하여 이르되 원하건대 왕은 신하 다윗에게 범
죄하지 마옵소서 그는 왕께 득죄하지 아니하
였고 그가 왕께 행한 일은 심히 선함이니이다
5 그가 자기 생명을 아끼지 아니하고 블레셋 사
람을 죽였고 여호와께서는 온 이스라엘을 위
하여 큰 구원을 이루셨으므로 왕이 이를 보고
기뻐하셨거늘 어찌 까닭 없이 다윗을 죽여 무
죄한 피를 흘려 범죄하려 하시나이까
6 사울이 요나단의 말을 듣고 맹세하되 여호와
께서 살아 계심을 두고 맹세하거니와 그가 죽
임을 당하지 아니하리라
7 요나단이 다윗을 불러 그 모든 일을 그에게 알
리고 요나단이 그를 사울에게로 인도하니 그
가 사울 앞에 전과 같이 있었더라 16:21

son-in-law. So before the allotted time
27 elapsed, ●David took his men with him and
went out and killed two hundred Philistines
and brought back their foreskins. They
counted out the full number to the king
so that David might become the king's
son-in-law. Then Saul gave him his daughter
Michal in marriage.
28 ●When Saul realized that the LORD was
with David and that his daughter Michal
29 loved David, ●Saul became still more afraid
of him, and he remained his enemy the rest
of his days.
30 ●The Philistine commanders continued
to go out to battle, and as often as they did,
David met with more success than the rest
of Saul's officers, and his name became well
known.

Saul Tries to Kill David

19 Saul told his son Jonathan and all
the attendants to kill David. But
Jonathan had taken a great liking to David
2 ●and warned him, "My father Saul is look-
ing for a chance to kill you. Be on your guard
tomorrow morning; go into hiding and stay
3 there. ●I will go out and stand with my
father in the field where you are. I'll speak to
him about you and will tell you what I find
out."
4 ●Jonathan spoke well of David to Saul
his father and said to him, "Let not the king
do wrong to his servant David; he has not
wronged you, and what he has done has
5 benefited you greatly. ●He took his life in his
hands when he killed the Philistine. The
LORD won a great victory for all Israel, and
you saw it and were glad. Why then would
you do wrong to an innocent man like
David by killing him for no reason?"
6 ●Saul listened to Jonathan and took this
oath: "As surely as the LORD lives, David will
not be put to death."
7 ●So Jonathan called David and told him
the whole conversation. He brought him to
Saul, and David was with Saul as before.
8 ●Once more war broke out, and David
went out and fought the Philistines. He
struck them with such force that they fled
before him.
9 ●But an evil [a] spirit from the LORD came

[a]9 Or *But a harmful*

allot [əlát] *vt.* 할당하다
benefit [bénəfit] *vt.* 이익이 되다
commander [kəmǽndər] *n.* 지휘관
continue [kəntínjuː] *vt.* 계속하다
conversation [kɑ̀nvərséiʃən] *n.* 담화
elapse [ilǽps] *vi.* 지나다
innocent [ínəsənt] *a.* 결백한
officer [ɔ́ːfisər] *n.* 장교
realize [ríːəlàiz] *vt.* 깨닫다
reason [ríːzn] *n.* 이유
remain [riméin] *vi.* …인 채로 있다
rest [rest] *n.* 나머지
surely [ʃúərli] *ad.* 확실히
warn [wɔːrn] *vt.* 경고하다
wrong [rɔ́ːŋ] *vt.* 나쁜 짓을 하다

18:30 as often as: …할 때마다 (=whenever)
19:2 be on one's guard: 경계하다
19:4 speak well of...: …을 칭찬하다
19:4 do wrong to...: …에게 나쁜 짓을 하다
19:6 put to death: 죽이다
19:8 break out: (전쟁 따위가) 일어나다

8 ●전쟁이 다시 있으므로 다윗이 나가서 블레
셋 사람들과 싸워 그들을 크게 쳐죽이매 그들
이 그 앞에서 도망하니라
9 사울이 손에 단창을 가지고 그의 집에 앉았을
때에 여호와께서 부리시는 악령이 사울에게
접하였으므로 다윗이 손으로 수금을 탈 때에
10 사울이 단창으로 다윗을 벽에 박으려 하였으
나 그는 사울의 앞을 피하고 사울의 창은 벽에
박힌지라 다윗이 그 밤에 도피하매
11 사울이 전령들을 다윗의 집에 보내어 그를 지
키다가 아침에 그를 죽이게 하려 한지라 다윗
의 아내 미갈이 다윗에게 말하여 이르되 당신
이 이 밤에 당신의 생명을 구하지 아니하면 내
일에는 죽임을 당하리라 하고
12 미갈이 다윗을 창에서 달아 내리매 그가 피하
여 도망하니라
13 미갈이 우상을 가져다가 침상에 누이고 염소
털로 엮은 것을 그 머리에 씌우고 의복으로 그
것을 덮었더니
14 사울이 전령들을 보내어 다윗을 잡으려 하매
미갈이 이르되 그가 병들었느니라
15 사울이 또 전령들을 보내어 다윗을 보라 하며
이르되 그를 침상째 내게로 들고 오라 내가 그
를 죽이리라
16 전령들이 들어가 본즉 침상에는 우상이 있고
염소 털로 엮은 것이 그 머리에 있었더라
17 사울이 미갈에게 이르되 너는 어찌하여 이처
럼 나를 속여 내 대적을 놓아 피하게 하였느냐
미갈이 사울에게 대답하되 그가 내게 이르기
를 나를 놓아 가게 하라 어찌하여 나로 너를
죽이게 하겠느냐 하더이다 하니라
18 ●다윗이 도피하여 라마로 가서 사무엘에게로
나아가서 사울이 자기에게 행한 일을 다 전하
였고 다윗과 사무엘이 나욧으로 가서 살았더라
19 어떤 사람이 사울에게 전하여 이르되 다윗이
라마 나욧에 있더이다 하매
20 사울이 다윗을 잡으러 전령들을 보냈더니 그들
이 선지자 무리가 예언하는 것과 사무엘이 그들
의 수령으로 선 것을 볼 때에 하나님의 영이 사
울의 전령들에게 임하매 그들도 예언을 한지라
21 어떤 사람이 그것을 사울에게 알리매 사울이
다른 전령들을 보냈더니 그들도 예언을 했으
므로 사울이 세 번째 다시 전령들을 보냈더니
그들도 예언을 한지라
22 이에 사울도 라마로 가서 세구에 있는 큰 우물에
도착하여 물어 이르되 사무엘과 다윗이 어디 있
느냐 어떤 사람이 이르되 라마 나욧에 있나이다

on Saul as he was sitting in his house with
his spear in his hand. While David was play-
10 ing the lyre, ●Saul tried to pin him to the
wall with his spear, but David eluded him as
Saul drove the spear into the wall. That night
David made good his escape.
11 ●Saul sent men to David's house to watch
it and to kill him in the morning. But Mi-
chal, David's wife, warned him, "If you
don't run for your life tonight, tomorrow
12 you'll be killed." ●So Michal let David down
through a window, and he fled and escaped.
13 ●Then Michal took an idol and laid it on
the bed, covering it with a garment and
putting some goats' hair at the head.
14 ●When Saul sent the men to capture
David, Michal said, "He is ill."
15 ●Then Saul sent the men back to see
David and told them, "Bring him up to me
16 in his bed so that I may kill him." ●But
when the men entered, there was the idol in
the bed, and at the head was some goats'
hair.
17 ●Saul said to Michal, "Why did you
deceive me like this and send my enemy
away so that he escaped?"
Michal told him, "He said to me, 'Let me
get away. Why should I kill you?'"
18 ●When David had fled and made his
escape, he went to Samuel at Ramah and
told him all that Saul had done to him.
Then he and Samuel went to Naioth and
19 stayed there. ●Word came to Saul: "David
20 is in Naioth at Ramah"; ●so he sent men to
capture him. But when they saw a group of
prophets prophesying, with Samuel stand-
ing there as their leader, the Spirit of God
came on Saul's men, and they also prophe-
21 sied. ●Saul was told about it, and he sent
more men, and they prophesied too. Saul
sent men a third time, and they also pro-
22 phesied. ●Finally, he himself left for Ra-
mah and went to the great cistern at Seku.
And he asked, "Where are Samuel and
David?"
"Over in Naioth at Ramah," they said.
23 ●So Saul went to Naioth at Ramah. But
the Spirit of God came even on him, and he
walked along prophesying until he came to
24 Naioth. ●He stripped off his garments, and
he too prophesied in Samuel's presence. He
lay naked all that day and all that night.

capture [kǽptʃər] *vt.* 사로잡다
cistern [sístərn] *n.* 물웅덩이
deceive [disíːv] *vt.* 속이다
escape [iskéip] *vi.* 피하다
flee [fliː] *vi.* 도망치다
garment [gáːrmənt] *n.* 의복
goat [gout] *n.* 염소
idol [áidl] *n.* 우상
lay [lei] *vt.* 눕히다
naked [néikid] *a.* 벗은
presence [prézns] *n.* 앞
prophesy [práfəsài] *vt.* 예언하다
prophet [práfit] *n.* 선지자
spear [spiər] *n.* 창
strip [strip] *vt.* 벗기다

19:10 try to...: …하려고 노력하다
19:13 cover A with B: A를 B로 덮다
19:17 send away: 멀리 보내다, 추방하다
19:21 be told about...: …에 관해 전해 듣다
19:24 all that day and all that night: 하루 밤낮

23 사울이 라마 나욧으로 가니라 하나님의 영이
그에게도 임하시니 그가 라마 나욧에 이르기
까지 걸어가며 예언을 하였으며
24 그가 또 그의 옷을 벗고 사무엘 앞에서 예언을
하며 하루 밤낮을 벗은 몸으로 누웠더라 그러
므로 속담에 이르기를 사울도 선지자 중에 있
느냐 하니라

요나단이 다윗을 돕다 (♪ 465장) — B.C. 1020년경

20 다윗이 라마 나욧에서 도망하여 요나단
에게 이르되 내가 무엇을 하였으며 내 죄
악이 무엇이며 네 아버지 앞에서 내 죄가 무엇
이기에 그가 내 생명을 찾느냐
2 요나단이 그에게 이르되 결단코 아니라 네가
죽지 아니하리라 내 아버지께서 크고 작은 일
을 내게 알리지 아니하고는 행하지 아니하나
니 내 아버지께서 어찌하여 이 일은 내게 숨기
리요 그렇지 아니하니라
3 다윗이 또 맹세하여 이르되 내가 네게 은혜받
은 줄을 네 아버지께서 밝히 알고 스스로 이르
기를 요나단이 슬퍼할까 두려운즉 그에게 이것
을 알리지 아니하리라 함이니라 그러나 진실로
여호와의 살아 계심과 네 생명을 두고 맹세하
노니 나와 죽음의 사이는 한 걸음 뿐이니라
4 요나단이 다윗에게 이르되 네 마음의 소원이
무엇이든지 내가 너를 위하여 그것을 이루리라
5 다윗이 요나단에게 이르되 내일은 초하루인즉
내가 마땅히 왕을 모시고 앉아 식사를 하여야
할 것이나 나를 보내어 셋째 날 저녁까지 들에
숨게 하고
6 네 아버지께서 만일 나에 대하여 자세히 묻거
든 그때에 너는 말하기를 다윗이 자기 성읍 베
들레헴으로 급히 가기를 내게 허락하라 간청
하였사오니 이는 온 가족을 위하여 거기서 매
년제를 드릴 때가 됨이니이다 하라 16:2
7 그의 말이 좋다 하면 네 종이 평안하려니와 그가
만일 노하면 나를 해하려고 결심한 줄을 알지니
8 그런즉 바라건대 네 종에게 인자하게 행하라
네가 네 종에게 여호와 앞에서 너와 맹약하게
하였음이니라 그러나 내게 죄악이 있으면 네
가 친히 나를 죽이라 나를 네 아버지에게로 데
려갈 이유가 무엇이냐 하니라
9 요나단이 이르되 이 일이 결코 네게 일어나지
아니하리라 내 아버지께서 너를 해치려 확실
히 결심한 줄 알면 내가 네게 와서 그것을 네
게 이르지 아니하겠느냐 하니
10 다윗이 요나단에게 이르되 네 아버지께서 혹
엄하게 네게 대답하면 누가 그것을 내게 알리

This is why people say, "Is Saul also among
the prophets?"

David and Jonathan

20 Then David fled from Naioth at
Ramah and went to Jonathan and
asked, "What have I done? What is my
crime? How have I wronged your father,
that he is trying to kill me?"
2 •"Never!" Jonathan replied. "You are not
going to die! Look, my father doesn't do any-
thing, great or small, without letting me
know. Why would he hide this from me? It
isn't so!"
3 •But David took an oath and said, "Your
father knows very well that I have found
favor in your eyes, and he has said to him-
self, 'Jonathan must not know this or he will
be grieved.' Yet as surely as the LORD lives
and as you live, there is only a step between
me and death."
4 •Jonathan said to David, "Whatever you
want me to do, I'll do for you."
5 •So David said, "Look, tomorrow is the
New Moon feast, and I am supposed to
dine with the king; but let me go and hide
in the field until the evening of the day
6 after tomorrow. •If your father misses me
at all, tell him, 'David earnestly asked my
permission to hurry to Bethlehem, his
hometown, because an annual sacrifice is
7 being made there for his whole clan.' •If
he says, 'Very well,' then your servant is
safe. But if he loses his temper, you can be
8 sure that he is determined to harm me. •As
for you, show kindness to your servant, for
you have brought him into a covenant
with you before the LORD. If I am guilty,
then kill me yourself! Why hand me over
to your father?"
9 •"Never!" Jonathan said. "If I had the least
inkling that my father was determined to
harm you, wouldn't I tell you?"
10 •David asked, "Who will tell me if your
father answers you harshly?"
11 •"Come," Jonathan said, "let's go out into
the field." So they went there together.
12 •Then Jonathan said to David, "I swear by
the LORD, the God of Israel, that I will surely
sound out my father by this time the day
after tomorrow! If he is favorably disposed
toward you, will I not send you word and let

annual [ǽnjuəl] *a.* 해마다의
covenant [kʌvənənt] *n.* 언약
crime [kraim] *n.* 범죄
determined [ditə́ːrmind] *a.* 결연한
dine [dain] *vi.* 정찬을 먹다
disposed [dispóuzd] *a.* 감정을 품고 있는
earnestly [ə́ːrnistli] *ad.* 진지하게
favorably [féivərəbli] *ad.* 호의를 가지고
grieve [griːv] *vi.* 슬퍼하다
harshly [háːrʃli] *ad.* 거칠게
inkling [íŋkliŋ] *n.* 어렴풋이 감지함
miss [mis] *vt.* …을 놓치다
oath [ouθ] *n.* 맹세
permission [pərmíʃən] *n.* 허가
temper [tǽmpər] *n.* 침착, 냉정

20:3 take an oath: 맹세하다
20:5 be supposed to...: …하기로 되어 있다
20:7 lose one's temper: 화내다
20:8 as for...: …에 관한 한
20:8 hand over: 건네주다
20:12 sound out: (남의) 의향을 타진하다

겠느냐 하더라
11 요나단이 다윗에게 이르되 오라 우리가 들로 가자 하고 두 사람이 들로 가니라
12 ●요나단이 다윗에게 이르되 이스라엘의 하나님 여호와께서 증언하시거니와 내가 내일이나 모레 이맘때에 내 아버지를 살펴서 너 다윗에게 대한 의향이 선하면 내가 사람을 보내어 네게 알리지 않겠느냐
13 그러나 만일 내 아버지께서 너를 해치려 하는데도 내가 이 일을 네게 알려 주어 너를 보내어 평안히 가게 하지 아니하면 여호와께서 나 요나단에게 벌을 내리시고 또 내리시기를 원하노라 여호와께서 내 아버지와 함께하신 것 같이 너와 함께하시기를 원하노니
14 너는 내가 사는 날 동안에 여호와의 인자하심을 내게 베풀어서 나를 죽지 않게 할 뿐 아니라
15 여호와께서 너 다윗의 대적들을 지면에서 다 끊어 버리신 때에도 너는 네 인자함을 내 집에서 영원히 끊어 버리지 말라 하고 24:21
16 이에 요나단이 다윗의 집과 언약하기를 여호와께서는 다윗의 대적들을 치실지어다 하니라
17 ●다윗에 대한 요나단의 사랑이 그를 다시 맹세하게 하였으니 이는 자기 생명을 사랑함같이 그를 사랑함이었더라
18 요나단이 다윗에게 이르되 내일은 초하루인즉 네 자리가 비므로 네가 없음을 자세히 물으실 것이라
19 너는 사흘 동안 있다가 빨리 내려가서 그 일이 있던 날에 숨었던 곳에 이르러 에셀 바위 곁에 있으라
20 내가 과녁을 쏘려 함같이 화살 셋을 그 바위 곁에 쏘고
21 아이를 보내어 가서 화살을 찾으라 하며 내가 짐짓 아이에게 이르기를 보라 화살이 네 이쪽에 있으니 가져오라 하거든 너는 돌아올지니 여호와께서 살아 계심을 두고 맹세하노니 네가 평안 무사할 것이요
22 만일 아이에게 이르기를 보라 화살이 네 앞쪽에 있다 하거든 네 길을 가라 여호와께서 너를 보내셨음이니라 20:37
23 너와 내가 말한 일에 대하여는 여호와께서 너와 나 사이에 영원토록 계시느니라 하니라
24 ●다윗이 들에 숨으니라 초하루가 되매 왕이 앉아 음식을 먹을 때에
25 왕은 평시와 같이 벽 곁 자기 자리에 앉아 있고 요나단은 서 있고 아브넬은 사울 곁에 앉아 있고 다윗의 자리는 비었더라 20:18

13 you know? ●But if my father intends to
harm you, may the LORD deal with Jona-
than, be it ever so severely, if I do not let
you know and send you away in peace.
May the LORD be with you as he has been
14 with my father. ●But show me unfailing
kindness like the LORD's kindness as long as
15 I live, so that I may not be killed, ●and do
not ever cut off your kindness from my
family—not even when the LORD has cut
off every one of David's enemies from the
face of the earth."
16 ●So Jonathan made a covenant with
the house of David, saying, "May the LORD
17 call David's enemies to account." ●And
Jonathan had David reaffirm his oath out
of love for him, because he loved him as he
loved himself.
18 ●Then Jonathan said to David, "Tomor-
row is the New Moon feast. You will be
missed, because your seat will be empty.
19 ●The day after tomorrow, toward evening,
go to the place where you hid when this
trouble began, and wait by the stone Ezel.
20 ●I will shoot three arrows to the side of
it, as though I were shooting at a target.
21 ●Then I will send a boy and say, 'Go, find
the arrows.' If I say to him, 'Look, the
arrows are on this side of you; bring them
here,' then come, because, as surely as the
LORD lives, you are safe; there is no danger.
22 ●But if I say to the boy, 'Look, the arrows
are beyond you,' then you must go, because
23 the LORD has sent you away. ●And about
the matter you and I discussed—remem-
ber, the LORD is witness between you and
me forever."
24 ●So David hid in the field, and when
the New Moon feast came, the king sat
25 down to eat. ●He sat in his customary place
by the wall, opposite Jonathan,[a] and Abner
sat next to Saul, but David's place was em-
26 pty. ●Saul said nothing that day, for he
thought, "Something must have happened
to David to make him ceremonially un-
27 clean—surely he is unclean." ●But the next
day, the second day of the month, David's
place was empty again. Then Saul said to
his son Jonathan, "Why hasn't the son of
Jesse come to the meal, either yesterday or
today?"

[a]25 Septuagint; Hebrew *wall. Jonathan arose*

account [əkáunt] *n.* 해명, 변명
arrow [ǽrou] *n.* 화살
beyond [bijánd] *prep.* …를 넘어서
ceremonially [sèrəmóuniəli] *ad.* 의식적으로
customary [kʌstəmèri] *a.* 습관적인
empty [émpti] *a.* 빈
feast [fiːst] *n.* 축제일
harm [həːrm] *vt.* 해치다
intend [inténd] *vt.* …할 작정이다
opposite [ápəzit] *a.* 반대편의
reaffirm [rìːəfə́ːrm] *vt.* 다시 확인하다
severely [sivíərli] *ad.* 엄하게
shoot [ʃuːt] *vt.* 쏘다
unfailing [ʌnféiliŋ] *a.* 끊임없는
witness [wítnis] *n.* 증인

20:13 deal with: 다루다
20:13 be it ever so...: 아무리 …할지라도
20:14 as long as...: …하는 한
20:15 cut off: 끊다
20:16 call... to account: …을 책망하다
20:27 either A or B: A도 B도

26 그러나 그날에는 사울이 아무 말도 하지 아니
하였으니 이는 생각하기를 그에게 무슨 사고
가 있어서 부정한가보다 정녕히 부정한가보다
하였음이더니
27 이튿날 곧 그달의 둘째 날에도 다윗의 자리가
여전히 비었으므로 사울이 그의 아들 요나단
에게 묻되 이새의 아들이 어찌하여 어제와 오
늘 식사에 나오지 아니하느냐 하니
28 요나단이 사울에게 대답하되 다윗이 내게 베
들레헴으로 가기를 간청하여
29 이르되 원하건대 나에게 가게 하라 우리 가족이
그 성읍에서 제사할 일이 있으므로 나의 형이 내
게 오기를 명령하였으니 내가 네게 사랑을 받거
든 내가 가서 내 형들을 보게 하라 하였으므로 그
가 왕의 식사 자리에 오지 아니하였나이다 하니
30 ●사울이 요나단에게 화를 내며 그에게 이르되
패역무도한 계집의 소생아 네가 이새의 아들
을 택한 것이 네 수치와 네 어미의 벌거벗은 수
치 됨을 내가 어찌 알지 못하랴 신 21:20
31 이새의 아들이 땅에 사는 동안은 너와 네 나라
가 든든히 서지 못하리라 그런즉 이제 사람을
보내어 그를 내게로 끌어오라 그는 [1]죽어야 할
자이니라 한지라
32 요나단이 그의 아버지 사울에게 대답하여 이
르되 그가 죽을 일이 무엇이니이까 무엇을 행
하였나이까
33 사울이 요나단에게 단창을 던져 죽이려 한지
라 요나단이 그의 아버지가 다윗을 죽이기로
결심한 줄 알고 20:7
34 심히 노하여 식탁에서 떠나고 그달의 둘째 날
에는 먹지 아니하였으니 이는 그의 아버지가
다윗을 욕되게 하였으므로 다윗을 위하여 슬
퍼함이었더라
35 ●아침에 요나단이 작은 아이를 데리고 다윗과
정한 시간에 들로 나가서
36 아이에게 이르되 달려가서 내가 쏘는 화살을
찾으라 하고 아이가 달려갈 때에 요나단이 화
살을 그의 위로 지나치게 쏘니라 20:20, 21
37 아이가 요나단이 쏜 화살 있는 곳에 이를 즈음
에 요나단이 아이 뒤에서 외쳐 이르되 화살이
네 앞쪽에 있지 아니하냐 하고 20:22
38 요나단이 아이 뒤에서 또 외치되 지체 말고 빨
리 달음질하라 하매 요나단의 아이가 화살을
주워 가지고 주인에게로 돌아왔으나
39 그 아이는 아무것도 알지 못하고 요나단과 다
윗만 그 일을 알았더라
40 요나단이 그의 무기를 아이에게 주며 이르되

28 ●Jonathan answered, "David earnestly
asked me for permission to go to Bethlehem.
29 ●He said, 'Let me go, because our family is
observing a sacrifice in the town and my
brother has ordered me to be there. If I have
found favor in your eyes, let me get away to
see my brothers.' That is why he has not
come to the king's table."
30 ●Saul's anger flared up at Jonathan and
he said to him, "You son of a perverse and
rebellious woman! Don't I know that you
have sided with the son of Jesse to your
own shame and to the shame of the moth-
31 er who bore you? ●As long as the son of
Jesse lives on this earth, neither you nor
your kingdom will be established. Now
send someone to bring him to me, for he
must die!"
32 ●"Why should he be put to death? What
has he done?" Jonathan asked his father.
33 ●But Saul hurled his spear at him to kill
him. Then Jonathan knew that his father
intended to kill David.
34 ●Jonathan got up from the table in fierce
anger; on that second day of the feast he
did not eat, because he was grieved at his
father's shameful treatment of David.
35 ●In the morning Jonathan went out
to the field for his meeting with David.
36 He had a small boy with him, ●and he
said to the boy, "Run and find the arrows
I shoot." As the boy ran, he shot an arrow
37 beyond him. ●When the boy came to the
place where Jonathan's arrow had fallen,
Jonathan called out after him, "Isn't the
38 arrow beyond you?" ●Then he shouted,
"Hurry! Go quickly! Don't stop!" The boy
picked up the arrow and returned to his
39 master. ●(The boy knew nothing about
all this; only Jonathan and David knew.)
40 ●Then Jonathan gave his weapons to the
boy and said, "Go, carry them back to
town."
41 ●After the boy had gone, David got up
from the south side of the stone and bowed
down before Jonathan three times, with his
face to the ground. Then they kissed each
other and wept together—but David wept
the most.
42 ●Jonathan said to David, "Go in peace, for
we have sworn friendship with each other

1) 사망의 자식이니라

earnestly [ə́:rnistli] *ad.* 진지하게
establish [istǽbliʃ] *vt.* 세우다
fierce [fiərs] *a.* 맹렬한
friendship [fréndʃip] *n.* 우정
grieve [gri:v] *vt.* 몹시 슬프게 하다
hurl [hə:rl] *vt.* 세게 내던지다
observe [əbzə́:rv] *vt.* 준수하다
order [ɔ́:rdər] *vt.* 명령하다
permission [pərmíʃən] *n.* 허가
perverse [pərvə́:rs] *a.* 사악한
rebellious [ribéljəs] *a.* 반항적인
shame [ʃeim] *n.* 치욕
spear [spiər] *n.* 창
treatment [tri:tmənt] *n.* 취급
weapon [wépən] *n.* 무기

20:29 find favor in one's eyes: …의 총애를 받다
20:30 flare up: 분노가 솟구치다
20:30 side with....: …의 편을 들다
20:32 put to death: 죽이다
20:41 bow down: 절하다

이것을 가지고 성읍으로 가라 하니
41 아이가 가매 다윗이 곧 바위 남쪽에서 일어나
서 땅에 엎드려 세 번 절한 후에 서로 입 맞추
고 같이 울되 다윗이 더욱 심하더니
42 요나단이 다윗에게 이르되 평안히 가라 우리
두 사람이 여호와의 이름으로 맹세하여 이르
기를 여호와께서 영원히 나와 너 사이에 계시
고 내 자손과 네 자손 사이에 계시리라 하였느
니라 하니 다윗은 일어나 떠나고 요나단은 성
읍으로 들어가니라 1:17

다윗이 사울을 피하여 도망하다

21 다윗이 놉에 가서 제사장 아히멜렉에게
이르니 아히멜렉이 떨며 다윗을 영접하여
그에게 이르되 어찌하여 네가 홀로 있고 함께
하는 자가 아무도 없느냐 하니
2 다윗이 제사장 아히멜렉에게 이르되 왕이 내
게 일을 명령하고 이르시기를 내가 너를 보내
는 것과 네게 명령한 일은 아무것도 사람에게
알리지 말라 하시기로 내가 나의 소년들을 이
러이러한 곳으로 오라고 말하였나이다
3 이제 당신의 수중에 무엇이 있나이까 떡 다섯 덩
이나 무엇이나 있는 대로 내 손에 주소서 하니
4 제사장이 다윗에게 대답하여 이르되 보통 떡
은 내 수중에 없으나 거룩한 떡은 있나니 그 소
년들이 여자를 가까이만 하지 아니하였으면
주리라 하는지라
5 다윗이 제사장에게 대답하여 이르되 우리가 참
으로 삼 일 동안이나 여자를 가까이하지 아니
하였나이다 내가 떠난 길이 보통 여행이라도
소년들의 그릇이 성결하겠거든 하물며 오늘 그
들의 그릇이 성결하지 아니하겠나이까 하매
6 제사장이 그 거룩한 떡을 주었으니 거기는 진
설병 곧 여호와 앞에서 물려 낸 떡밖에 없었음
이라 이 떡은 더운 떡을 드리는 날에 물려 낸
것이더라
7 •그날에 사울의 신하 한 사람이 여호와 앞에
머물러 있었는데 그는 도엑이라 이름하는 에
돔 사람이요 사울의 목자장이었더라
8 다윗이 아히멜렉에게 이르되 여기 당신의 수중
에 창이나 칼이 없나이까 왕의 일이 급하므로
내가 내 칼과 무기를 가지지 못하였나이다 하니
9 제사장이 이르되 네가 엘라 골짜기에서 죽인
블레셋 사람 골리앗의 칼이 보자기에 싸여 에
봇 뒤에 있으니 네가 그것을 가지려거든 가지
라 여기는 그것밖에 다른 것이 없느니라 하는
지라 다윗이 이르되 그 같은 것이 또 없나니 내
게 주소서 하더라

in the name of the LORD, saying, 'The LORD
is witness between you and me, and bet-
ween your descendants and my descen-
dants forever.' " Then David left, and Jona-
than went back to the town.[a]

David at Nob

21 [b]David went to Nob, to Ahimelek
the priest. Ahimelek trembled when
he met him, and asked, "Why are you
alone? Why is no one with you?"
2 •David answered Ahimelek the priest,
"The king sent me on a mission and said to
me, 'No one is to know anything about the
mission I am sending you on.' As for my
men, I have told them to meet me at a cer-
3 tain place. •Now then, what do you have
on hand? Give me five loaves of bread, or
whatever you can find."
4 •But the priest answered David, "I don't
have any ordinary bread on hand; how-
ever, there is some consecrated bread here
— provided the men have kept themselves
from women."
5 •David replied, "Indeed women have
been kept from us, as usual whenever[c] I set
out. The men's bodies are holy even on mis-
sions that are not holy. How much more so
6 today!" •So the priest gave him the conse-
crated bread, since there was no bread there
except the bread of the Presence that had
been removed from before the LORD and
replaced by hot bread on the day it was
taken away.
7 •Now one of Saul's servants was there
that day, detained before the LORD; he
was Doeg the Edomite, Saul's chief shep-
herd.
8 •David asked Ahimelek, "Don't you have
a spear or a sword here? I haven't brought
my sword or any other weapon, because the
king's mission was urgent."
9 •The priest replied, "The sword of Goli-
ath the Philistine, whom you killed in
the Valley of Elah, is here; it is wrapped in
a cloth behind the ephod. If you want it,
take it; there is no sword here but that
one."
David said, "There is none like it; give it
to me."

[a] *42* In Hebrew texts this sentence (20:42b) is numbered 21:1. [b] In Hebrew texts 21:1-15 is numbered 21:2-16. [c] *5* Or *from us in the past few days since*

certain [sə́:rtn] *a.* 어떤
chief [tʃi:f] *n.* 장, 우두머리
consecrate [kánsəkrèit] *vt.* 정화하다
descendant [diséndənt] *n.* 자손
detain [ditéin] *vt.* 붙들다
ephod [éfad] *n.* 에봇
indeed [indí:d] *ad.* 정말로
loaf [louf] *n.* 덩어리
mission [míʃən] *n.* 사명, 임무
ordinary [ɔ́:rdənèri] *a.* 평상의
provided [prəváidid] *conj.* …의 조건으로
remove [rimú:v] *vt.* 제거하다
replace [ripléis] *vt.* 대체하다
tremble [trémbl] *vi.* 떨다
urgent [ə́:rdʒənt] *a.* 긴급한

20:42 between A and B: A와 B 사이
21:2 send on: 먼저 보내다
21:2 as for...: …에 관한 한
21:4 keep from...: …로부터 떨어져 있다
21:5 set out: 출발하다, 떠나다
21:6 take away: 가져가다, 식탁을 치우다

10 ●그날에 다윗이 사울을 두려워하여 일어나
도망하여 가드 왕 아기스에게로 가니 27:1-3
11 아기스의 신하들이 아기스에게 말하되 이는
그 땅의 왕 다윗이 아니니이까 무리가 춤추
며 이 사람의 일을 노래하여 이르되
사울이 죽인 자는 천천이요 다윗은 만만이
로다
하지 아니하였나이까 한지라
12 다윗이 이 말을 그의 마음에 두고 가드 왕 아
기스를 심히 두려워하여
13 그들 앞에서 그의 행동을 변하여 미친 체하
고 대문짝에 그적거리며 침을 수염에 흘리매
14 아기스가 그의 신하에게 이르되 너희도 보거
니와 이 사람이 미치광이로다 어찌하여 그를
내게로 데려왔느냐
15 내게 미치광이가 부족하여서 너희가 이 자를
데려다가 내 앞에서 미친 짓을 하게 하느냐
이 자가 어찌 내 집에 들어오겠느냐 하니라

사울이 놉의 제사장들을 죽이다 — B.C. 1020년경

22 그러므로 다윗이 그곳을 떠나 아둘람 굴
로 도망하매 그의 형제와 아버지의 온
집이 듣고 그리로 내려가서 그에게 이르렀고
2 환난당한 모든 자와 빚진 모든 자와 마음이
원통한 자가 다 그에게로 모였고 그는 그들
의 우두머리가 되었는데 그와 함께한 자가
사백 명 가량이었더라
3 ●다윗이 거기서 모압 미스베로 가서 모압
왕에게 이르되 하나님이 나를 위하여 어떻게
하실지를 내가 알기까지 나의 부모가 나와서
당신들과 함께 있게 하기를 청하나이다 하고
4 부모를 인도하여 모압 왕 앞에 나아갔더니
그들은 다윗이 요새에 있을 동안에 모압 왕
과 함께 있었더라
5 선지자 갓이 다윗에게 이르되 너는 이 요새
에 있지 말고 떠나 유다 땅으로 들어가라 다
윗이 떠나 헤렛 수풀에 이르니라
6 ●사울이 다윗과 그와 함께 있는 사람들이
나타났다 함을 들으니라 그때에 사울이 기브
아 높은 곳에서 손에 단창을 들고 에셀 나무
아래에 앉았고 모든 신하들은 그의 곁에 섰
더니
7 사울이 곁에 선 신하들에게 이르되 너희 베
냐민 사람들아 들으라 이새의 아들이 너희에
게 각기 밭과 포도원을 주며 너희를 천부장,
백부장을 삼겠느냐
8 너희가 다 공모하여 나를 대적하며 내 아들
이 이새의 아들과 맹약하였으되 내게 고발하

David at Gath

10 ●That day David fled from Saul and went to
11 Achish king of Gath. ●But the servants of
Achish said to him, "Isn't this David, the king
of the land? Isn't he the one they sing about
in their dances:
" 'Saul has slain his thousands,
and David his tens of thousands'?"
12 ●David took these words to heart and was
very much afraid of Achish king of Gath.
13 ●So he pretended to be insane in their pres-
ence; and while he was in their hands he
acted like a madman, making marks on the
doors of the gate and letting saliva run down
his beard.
14 ●Achish said to his servants, "Look at the
man! He is insane! Why bring him to me?
15 ●Am I so short of madmen that you have to
bring this fellow here to carry on like this in
front of me? Must this man come into my
house?"

David at Adullam and Mizpah

22 David left Gath and escaped to the
cave of Adullam. When his brothers
and his father's household heard about it,
2 they went down to him there. ●All those who
were in distress or in debt or discontented
gathered around him, and he became their
commander. About four hundred men were
with him.
3 ●From there David went to Mizpah in
Moab and said to the king of Moab, "Would
you let my father and mother come and stay
with you until I learn what God will do for
4 me?" ●So he left them with the king of Moab,
and they stayed with him as long as David was
in the stronghold.
5 ●But the prophet Gad said to David, "Do
not stay in the stronghold. Go into the land
of Judah." So David left and went to the for-
est of Hereth.

Saul Kills the Priests of Nob

6 ●Now Saul heard that David and his men
had been discovered. And Saul was seated,
spear in hand, under the tamarisk tree on the
hill at Gibeah, with all his officials standing at
7 his side. ●He said to them, "Listen, men of
Benjamin! Will the son of Jesse give all of you
fields and vineyards? Will he make all of you
commanders of thousands and commanders

beard [biərd] *n.* 턱수염
debt [det] *n.* 빚
discontented [dìskənténtid] *a.* 불만을 품은
discover [diskʌvər] *vt.* 발견하다
distress [distrés] *n.* 고통
escape [iskéip] *vt.* 피하다
flee [fli:] *vi.* 도망치다
household [háushòuld] *n.* 집안
insane [inséin] *a.* 미친
madmen [mædmən] *pl.* 미친 사람
prophet [prɑ́fit] *n.* 선지자
saliva [səláivə] *n.* 침
slay [slei] *vt.* 살해하다
stronghold [strɔ́:ŋhòuld] *n.* 요새
tamarisk [tǽmərisk] *n.* 능수버들

21:13 pretend to...: …한 척하다
21:15 carry on...: 계속해서 …하다
22:2 in distress: 곤란받고 있는
22:2 in debt: 빚진
22:4 leave A with B: B에게 A를 맡기다
22:4 as long as...: …하는 동안

는 자가 하나도 없고 나를 위하여 슬퍼하거
나 내 아들이 내 신하를 선동하여 오늘이라
도 매복하였다가 나를 치려 하는 것을 내게
알리는 자가 하나도 없도다 하니 18:3
9 그때에 에돔 사람 도엑이 사울의 신하 중에
섰더니 대답하여 이르되 이새의 아들이 놉에
와서 아히둡의 아들 아히멜렉에게 이른 것을
내가 보았는데
10 아히멜렉이 그를 위하여 여호와께 묻고 그에
게 음식도 주고 블레셋 사람 골리앗의 칼도
주더이다
11 ●왕이 사람을 보내어 아히둡의 아들 제사장
아히멜렉과 그의 아버지의 온 집 곧 놉에 있
는 제사장들을 부르매 그들이 다 왕께 이른
지라
12 사울이 이르되 너 아히둡의 아들아 들으라
대답하되 내 주여 내가 여기 있나이다
13 사울이 그에게 이르되 네가 어찌하여 이새의
아들과 공모하여 나를 대적하여 그에게 떡과
칼을 주고 그를 위하여 하나님께 물어서 그
에게 오늘이라도 매복하였다가 나를 치게 하
려 하였느냐 하니
14 아히멜렉이 왕에게 대답하여 이르되 왕의 모
든 신하 중에 다윗같이 충실한 자가 누구인
지요 그는 왕의 사위도 되고 왕의 호위대장
도 되고 왕실에서 존귀한 자가 아니니이까
15 내가 그를 위하여 하나님께 물은 것이 오늘
이 처음이니이까 결단코 아니니이다 원하건
대 왕은 종과 종의 아비의 온 집에 아무것도
돌리지 마옵소서 왕의 종은 이 모든 크고 작
은 일에 관하여 아는 것이 없나이다 하니라
16 왕이 이르되 아히멜렉아 네가 반드시 죽을 것
이요 너와 네 아비의 온 집도 그러하리라 하고
17 왕이 좌우의 호위병에게 이르되 돌아가서 여
호와의 제사장들을 죽이라 그들도 다윗과 합
력하였고 또 그들이 다윗이 도망한 것을 알
고도 내게 알리지 아니하였음이니라 하나 왕
의 신하들이 손을 들어 여호와의 제사장들
죽이기를 싫어한지라
18 왕이 도엑에게 이르되 너는 돌아가서 제사장
들을 죽이라 하매 에돔 사람 도엑이 돌아가
서 제사장들을 쳐서 그날에 세마포 에봇 입
은 자 팔십오 명을 죽였고
19 제사장들의 성읍 놉의 남녀와 아이들과 젖
먹는 자들과 소와 나귀와 양을 칼로 쳤더라
20 ●아히둡의 아들 아히멜렉의 아들 중 하나가
피하였으니 그의 이름은 아비아달이라 그가

8 of hundreds? ●Is that why you have all con-
spired against me? No one tells me when my
son makes a covenant with the son of Jesse.
None of you is concerned about me or tells me
that my son has incited my servant to lie in
wait for me, as he does today."
9 ●But Doeg the Edomite, who was standing
with Saul's officials, said, "I saw the son of Jesse
come to Ahimelek son of Ahitub at Nob.
10 ●Ahimelek inquired of the LORD for him; he
also gave him provisions and the sword of
Goliath the Philistine."
11 ●Then the king sent for the priest Ahimelek
son of Ahitub and all the men of his family,
who were the priests at Nob, and they all came
12 to the king. ●Saul said, "Listen now, son of
Ahitub."
"Yes, my lord," he answered.
13 ●Saul said to him, "Why have you con-
spired against me, you and the son of Jesse,
giving him bread and a sword and inquir-
ing of God for him, so that he has rebelled
against me and lies in wait for me, as he does
today?"
14 ●Ahimelek answered the king, "Who of all
your servants is as loyal as David, the king's
son-in-law, captain of your bodyguard and
15 highly respected in your household? ●Was
that day the first time I inquired of God for
him? Of course not! Let not the king accuse
your servant or any of his father's family, for
your servant knows nothing at all about this
whole affair."
16 ●But the king said, "You will surely die,
Ahimelek, you and your whole family."
17 ●Then the king ordered the guards at his
side: "Turn and kill the priests of the LORD,
because they too have sided with David. They
knew he was fleeing, yet they did not tell
me."
But the king's officials were unwilling to
raise a hand to strike the priests of the LORD.
18 ●The king then ordered Doeg, "You turn
and strike down the priests." So Doeg the
Edomite turned and struck them down. That
day he killed eighty-five men who wore the
19 linen ephod. ●He also put to the sword Nob,
the town of the priests, with its men and
women, its children and infants, and its cattle,
donkeys and sheep.
20 ●But one son of Ahimelek son of Ahitub,
named Abiathar, escaped and fled to join

accuse [əkjúːz] *vt.* 고발하다
affair [əféər] *n.* 일
bodyguard [bádigàːrd] *n.* 호위병
captain [kǽptən] *n.* 대장
conspire [kənspáiər] *vi.* 공모하다
covenant [kʌvənənt] *n.* 언약
incite [insáit] *vt.* 선동하다
infant [ínfənt] *n.* 유아
inquire [inkwáiər] *vi.* 묻다
official [əfíʃəl] *n.* 관공리
provisions [prəvíʒənz] *n.(pl.)* 식량
rebel [ribél] *vi.* 반역하다
respected [rispéktid] *a.* 훌륭한
sword [sɔːrd] *n.* 칼
unwilling [ʌnwíliŋ] *a.* 꺼려하는

22:8 conspire against...: …에 대한 반란을 꾀하다
22:8 lie in wait for...: 숨어서 …을 기다리다
22:13 rebel against...: …에게 반란을 일으키다
22:17 be willing to...: 기꺼이 …하다

도망하여 다윗에게로 가서
21 사울이 여호와의 제사장들 죽인 일을 다윗에
게 알리매
22 다윗이 아비아달에게 이르되 그날에 에돔 사
람 도엑이 거기 있기로 그가 반드시 사울에
게 말할 줄 내가 알았노라 네 아버지 집의 모
든 사람 죽은 것이 나의 탓이로다 21:7
23 두려워하지 말고 내게 있으라 내 생명을 찾
는 자가 네 생명도 찾는 자니 네가 나와 함께
있으면 안전하리라 하니라

다윗이 그일라를 구원하다 — B.C. 1015년경

23 사람들이 다윗에게 전하여 이르되 보
소서 블레셋 사람이 그일라를 쳐서 그
타작마당을 탈취하더이다 하니
2 이에 다윗이 여호와께 묻자와 이르되 내가
가서 이 블레셋 사람들을 치리이까 여호와께
서 다윗에게 이르시되 가서 블레셋 사람들을
치고 그일라를 구원하라 하시니
3 다윗의 사람들이 그에게 이르되 보소서 우리
가 유다에 있기도 두렵거든 하물며 그일라에
가서 블레셋 사람들의 군대를 치는 일이리이
까 한지라
4 다윗이 여호와께 다시 묻자온대 여호와께서
대답하여 이르시되 일어나 그일라로 내려가
라 내가 블레셋 사람들을 네 손에 넘기리라
하신지라
5 다윗과 그의 사람들이 그일라로 가서 블레셋
사람들과 싸워 그들을 크게 쳐서 죽이고 그
들의 가축을 끌어오니라 다윗이 이와 같이
그일라 주민을 구원하니라
6 ●아히멜렉의 아들 아비아달이 그일라 다윗
에게로 도망할 때에 손에 에봇을 가지고 내
려왔더라
7 다윗이 그일라에 온 것을 어떤 사람이 사울
에게 알리매 사울이 이르되 하나님이 그를
내 손에 넘기셨도다 그가 문과 문빗장이 있
는 성읍에 들어갔으니 갇혔도다
8 사울이 모든 백성을 군사로 불러모으고 그일
라로 내려가서 다윗과 그의 사람들을 에워싸
려 하더니
9 다윗은 사울이 자기를 해하려 하는 음모를
알고 제사장 아비아달에게 이르되 에봇을 이
리로 가져오라 하고 30:7
10 다윗이 이르되 이스라엘 하나님 여호와여 사
울이 나 때문에 이 성읍을 멸하려고 그일라
로 내려오기를 꾀한다 함을 주의 종이 분명
히 들었나이다

21 David. ●He told David that Saul had killed
22 the priests of the LORD. ●Then David said to
Abiathar, "That day, when Doeg the Edomite
was there, I knew he would be sure to tell
Saul. I am responsible for the death of your
23 whole family. ●Stay with me; don't be afraid.
The man who wants to kill you is trying to
kill me too. You will be safe with me."

David Saves Keilah

23 When David was told, "Look, the
Philistines are fighting against Keilah
2 and are looting the threshing floors," ●he
inquired of the LORD, saying, "Shall I go and
attack these Philistines?"
The LORD answered him, "Go, attack the
Philistines and save Keilah."
3 ●But David's men said to him, "Here in
Judah we are afraid. How much more, then,
if we go to Keilah against the Philistine for-
ces!"
4 ●Once again David inquired of the LORD,
and the LORD answered him, "Go down to
Keilah, for I am going to give the Philistines
5 into your hand." ●So David and his men
went to Keilah, fought the Philistines and car-
ried off their livestock. He inflicted heavy loss-
es on the Philistines and saved the people of
6 Keilah. ●(Now Abiathar son of Ahimelek had
brought the ephod down with him when he
fled to David at Keilah.)

Saul Pursues David

7 ●Saul was told that David had gone to
Keilah, and he said, "God has delivered him
into my hands, for David has imprisoned
himself by entering a town with gates and
8 bars." ●And Saul called up all his forces for
battle, to go down to Keilah to besiege David
and his men.
9 ●When David learned that Saul was plot-
ting against him, he said to Abiathar the
10 priest, "Bring the ephod." ●David said, "LORD,
God of Israel, your servant has heard defi-
nitely that Saul plans to come to Keilah and
11 destroy the town on account of me. ●Will the
citizens of Keilah surrender me to him? Will
Saul come down, as your servant has heard?
LORD, God of Israel, tell your servant."
And the LORD said, "He will."
12 ●Again David asked, "Will the citizens of
Keilah surrender me and my men to Saul?"

afraid [əfréid] *a.* 두려운
besiege [bisíːdʒ] *vt.* 포위하다
definitely [défənitli] *ad.* 명확히
ephod [éfad] *n.* 에봇
force [fɔːrs] *n.* 군대
imprison [imprízn] *vt.* 수감하다
inflict [inflíkt] *vt.* (상처를) 입히다
livestock [láivstak] *n.* 가축
loot [luːt] *vt.* 약탈하다
loss [lɔːs] *n.* 해
plot [plat] *vi.* 모의하다
pursue [pərsúː] *vt.* 뒤쫓다
responsible [rispánsəbl] *a.* 책임 있는
surrender [səréndər] *vt.* 넘겨주다
thresh [θreʃ] *vt.* 타작하다

22:22 be responsible for...: …에 대하여 책임이 있다
23:8 call up: 소집하다
23:10 on account of...: …때문에
23:12 surrender A to B: A를 B한테 넘겨주다

11 그일라 사람들이 나를 그의 손에 넘기겠나이
까 주의 종이 들은 대로 사울이 내려오겠나
이까 이스라엘의 하나님 여호와여 원하건대
주의 종에게 일러 주옵소서 하니 여호와께서
이르시되 그가 내려오리라 하신지라
12 다윗이 이르되 그일라 사람들이 나와 내 사
람들을 사울의 손에 넘기겠나이까 하니 여호
와께서 이르시되 그들이 너를 넘기리라 하신
지라
13 다윗과 그의 사람 육백 명 가량이 일어나 그
일라를 떠나서 갈 수 있는 곳으로 갔더니 다
윗이 그일라에서 피한 것을 어떤 사람이 사
울에게 말하매 사울이 가기를 그치니라
14 다윗이 광야의 요새에도 있었고 또 십 광야
산골에도 머물렀으므로 사울이 매일 찾되 하
나님이 그를 그의 손에 넘기지 아니하시니라

다윗이 엔게디 요새로 피하다

15 ●다윗이 사울이 자기의 생명을 빼앗으려고
나온 것을 보았으므로 그가 십 광야 수풀에
있었더니
16 사울의 아들 요나단이 일어나 수풀에 들어가
서 다윗에게 이르러 그에게 하나님을 힘있게
의지하게 하였는데
17 곧 요나단이 그에게 이르기를 두려워하지 말
라 내 아버지 사울의 손이 네게 미치지 못할
것이요 너는 이스라엘 왕이 되고 나는 네 다
음이 될 것을 내 아버지 사울도 안다 하니라
18 두 사람이 여호와 앞에서 언약하고 다윗은 수
풀에 머물고 요나단은 자기 집으로 돌아가니라
19 ●그때에 십 사람들이 기브아에 이르러 사울
에게 나아와 이르되 다윗이 우리와 함께 1)광
야 남쪽 하길라 산 수풀 요새에 숨지 아니하
였나이까
20 그러하온즉 왕은 내려오시기를 원하시는 대
로 내려오소서 그를 왕의 손에 넘길 것이 우
리의 의무니이다 하니 23:12
21 사울이 이르되 너희가 나를 긍휼히 여겼으니
여호와께 복 받기를 원하노라
22 어떤 사람이 내게 말하기를 그는 심히 지혜
롭게 행동한다 하나니 너희는 가서 더 자세
히 살펴서 그가 어디에 숨었으며 누가 거기
서 그를 보았는지 알아보고
23 그가 숨어 있는 모든 곳을 정탐하고 실상을
내게 보고하라 내가 너희와 함께 가리니 그
가 이 땅에 있으면 유다 2)몇 천 명 중에서라
도 그를 찾아내리라 하더라
24 ●그들이 일어나 사울보다 먼저 십으로 가니

And the LORD said, "They will."
13 ●So David and his men, about six hundred
in number, left Keilah and kept moving
from place to place. When Saul was told that
David had escaped from Keilah, he did not
go there.
14 ●David stayed in the wilderness strongholds
and in the hills of the Desert of Ziph. Day after
day Saul searched for him, but God did not
give David into his hands.
15 ●While David was at Horesh in the Desert of
Ziph, he learned that[a] Saul had come out to
16 take his life. ●And Saul's son Jonathan went to
David at Horesh and helped him find strength
17 in God. ●"Don't be afraid," he said. "My father
Saul will not lay a hand on you. You will be
king over Israel, and I will be second to you.
18 Even my father Saul knows this." ●The two of
them made a covenant before the LORD. Then
Jonathan went home, but David remained at
Horesh.
19 ●The Ziphites went up to Saul at Gibeah
and said, "Is not David hiding among us in
the strongholds at Horesh, on the hill of Haki-
20 lah, south of Jeshimon? ●Now, Your Majesty,
come down whenever it pleases you to do so,
and we will be responsible for giving him
into your hands."
21 ●Saul replied, "The LORD bless you for your
22 concern for me. ●Go and get more informa-
tion. Find out where David usually goes and
who has seen him there. They tell me he is
23 very crafty. ●Find out about all the hiding
places he uses and come back to me with defi-
nite information. Then I will go with you; if
he is in the area, I will track him down among
all the clans of Judah."
24 ●So they set out and went to Ziph ahead of
Saul. Now David and his men were in the
Desert of Maon, in the Arabah south of Jeshi-
25 mon. ●Saul and his men began the search,
and when David was told about it, he went
down to the rock and stayed in the Desert of
Maon. When Saul heard this, he went into the
Desert of Maon in pursuit of David.
26 ●Saul was going along one side of the
mountain, and David and his men were on
the other side, hurrying to get away from Saul.
As Saul and his forces were closing in on David
27 and his men to capture them, ●a messenger
came to Saul, saying, "Come quickly! The

[a]15 Or *he was afraid because* 1) 여시몬 2) 또는 족속

clan [klæn] *n.* 씨족
concern [kənsə́:rn] *n.* 관심
crafty [krǽfti] *a.* 교활한
definite [défənit] *a.* 명확한
escape [iskéip] *vi.* 달아나다
hide [haid] *vi.* 숨다
information [infərméiʃən] *n.* 정보
majesty [mǽdʒəsti] *n.* 폐하
place [pleis] *n.* 장소
pursuit [pərsú:t] *n.* 추적
remain [riméin] *vi.* 남아 있다
search [sə́:rtʃ] *vt.* 찾다
strength [streŋkθ] *n.* 힘, 능력
stronghold [strɔ́:ŋhòuld] *n.* 요새
track [træk] *vt.* 찾아내다

23:15 take one's life: …의 생명을 취하다
23:17 lay a hand on...: …을 붙잡다
23:23 track down: 찾아내다, 탐지하다
23:25 in pursuit of...: …을 찾아서
23:26 get away from...: …로부터 달아나다
23:26 close in on...: …을 에워싸다

라 다윗과 그의 사람들이 [1)]광야 남쪽 마온 광야
아라바에 있더니
25 사울과 그의 사람들이 찾으러 온 것을 어떤 사
람이 다윗에게 아뢰매 이에 다윗이 바위로 내
려가 마온 황무지에 있더니 사울이 듣고 마온
황무지로 다윗을 따라가서는
26 사울이 산 이쪽으로 가매 다윗과 그의 사람들
은 산 저쪽으로 가며 다윗이 사울을 두려워하
여 급히 피하려 하였으니 이는 사울과 그의 사
람들이 다윗과 그의 사람들을 에워싸고 잡으려
함이었더라
27 전령이 사울에게 와서 이르되 급히 오소서 블
레셋 사람들이 땅을 침노하나이다
28 이에 사울이 다윗 뒤쫓기를 그치고 돌아와 블
레셋 사람들을 치러 갔으므로 그곳을 [2)]셀라하
마느곳이라 칭하니라
29 다윗이 거기서 올라가서 엔게디 요새에 머무니라

다윗이 사울을 살려 주다

24 사울이 블레셋 사람을 쫓다가 돌아오매
어떤 사람이 그에게 말하여 이르되 보소
서 다윗이 엔게디 광야에 있더이다 하니
2 사울이 온 이스라엘에서 택한 사람 삼천 명을
거느리고 다윗과 그의 사람들을 찾으러 들염소
바위로 갈새
3 길가 양의 우리에 이른즉 굴이 있는지라 사울 26:2
이 [3)]뒤를 보러 들어가니라 다윗과 그의 사람들
이 그 굴 깊은 곳에 있더니
4 다윗의 사람들이 이르되 보소서 여호와께서 당
신에게 이르시기를 내가 원수를 네 손에 넘기
리니 네 생각에 좋은 대로 그에게 행하라 하시
더니 이것이 그날이니이다 하니 다윗이 일어나
서 사울의 겉옷 자락을 가만히 베니라
5 그리 한 후에 사울의 옷자락 벰으로 말미암아
다윗의 마음이 찔려
6 자기 사람들에게 이르되 내가 손을 들어 여호
와의 기름부음을 받은 내 주를 치는 것은 여호
와께서 금하시는 것이니 그는 여호와의 기름부
음을 받은 자가 됨이니라 하고
7 다윗이 이 말로 자기 사람들을 금하여 사울을 26:11
해하지 못하게 하니라 사울이 일어나 굴에서
나가 자기 길을 가니라
8 ●그 후에 다윗도 일어나 굴에서 나가 사울의
뒤에서 외쳐 이르되 내 주 왕이여 하매 사울이
돌아보는지라 다윗이 땅에 엎드려 절하고
9 다윗이 사울에게 이르되 보소서 다윗이 왕을
해하려 한다고 하는 사람들의 말을 왕은 어찌
하여 들으시나이까

28 Philistines are raiding the land." ●Then
Saul broke off his pursuit of David and
went to meet the Philistines. That is why
they call this place Sela Hammahlekoth.[a]
29 ●And David went up from there and lived
in the strongholds of En Gedi.[b]

David Spares Saul's Life

24 [c]After Saul returned from pursuing
the Philistines, he was told, "David
2 is in the Desert of En Gedi." ●So Saul took
three thousand able young men from all
Israel and set out to look for David and his
men near the Crags of the Wild Goats.
3 ●He came to the sheep pens along the
way; a cave was there, and Saul went in to
relieve himself. David and his men were
4 far back in the cave. ●The men said, "This
is the day the LORD spoke of when he said[d]
to you, 'I will give your enemy into your
hands for you to deal with as you wish.' "
Then David crept up unnoticed and cut
off a corner of Saul's robe.
5 ●Afterward, David was conscience-strick-
en for having cut off a corner of his robe.
6 ●He said to his men, "The LORD forbid that
I should do such a thing to my master, the
LORD's anointed, or lay my hand on him;
7 for he is the anointed of the LORD." ●With
these words David sharply rebuked his men
and did not allow them to attack Saul. And
Saul left the cave and went his way.
8 ●Then David went out of the cave and
called out to Saul, "My lord the king!"
When Saul looked behind him, David
bowed down and prostrated himself with
9 his face to the ground. ●He said to Saul,
"Why do you listen when men say, 'David
10 is bent on harming you'? ●This day you
have seen with your own eyes how the
LORD delivered you into my hands in the
cave. Some urged me to kill you, but I
spared you; I said, 'I will not lay my hand
on my lord, because he is the LORD's anoint-
11 ed.' ●See, my father, look at this piece of
your robe in my hand! I cut off the corner
of your robe but did not kill you. See that

[a]28 *Sela Hammahlekoth* means *rock of parting.* [b]29 In Hebrew texts this verse (23:29) is numbered 24:1. [c]In Hebrew texts 24:1-22 is numbered 24:2-23. [d]4 Or *"Today the LORD is saying*

1) 여시몬 2) 분리하는 바위 3) 히, 발을 가리려

anoint [ənɔ́int] *vt.* 기름 붓다
cave [keiv] *n.* 동굴
conscience [kánʃəns] *n.* 양심
creep [kri:p] *vi.* 포복하다
deliver [dilívər] *vt.* 구원하다
forbid [fərbíd] *vt.* 금하다
pen [pen] *n.* 우리
prostrate [prástreit] *vt.* 엎드리게 하다
raid [reid] *vt.* 침입하다
rebuke [ribjú:k] *vt.* 비난하다
robe [roub] *n.* 겉옷
sharply [ʃá:rpli] *ad.* 날카롭게
spare [spɛər] *vt.* 목숨을 살려주다
unnoticed [ʌ̀nnóutist] *a.* 눈에 안 띄는
urge [ə:rdʒ] *vt.* 강권하다

23:28 break off: (나쁜 버릇 등을) 끊다
24:3 relieve oneself: 용변을 보다
24:6 lay on: (타격 등을) 가하다, 주다
24:8 prostrate oneself: 몸을 엎드리다
24:9 be bent on ~ing: ~하기를 결심하고 있다

10 오늘 여호와께서 굴에서 왕을 내 손에 넘기신
것을 왕이 아셨을 것이니이다 어떤 사람이 나
를 권하여 왕을 죽이라 하였으나 내가 왕을 아
껴 말하기를 나는 내 손을 들어 내 주를 해하지
아니하리니 그는 여호와의 기름부음을 받은 자
이기 때문이라 하였나이다
11 내 아버지여 보소서 내 손에 있는 왕의 옷자락
을 보소서 내가 왕을 죽이지 아니하고 겉옷 자
락만 베었은즉 내 손에 악이나 죄과가 없는 줄
을 오늘 아실지니이다 왕은 내 생명을 찾아 해
하려 하시나 나는 왕에게 범죄한 일이 없나이다
12 여호와께서는 나와 왕 사이를 판단하사 여호와
께서 나를 위하여 왕에게 보복하시려니와 내
손으로는 왕을 해하지 않겠나이다
13 옛 속담에 말하기를 악은 악인에게서 난다 하
였으니 내 손이 왕을 해하지 아니하리이다
14 이스라엘 왕이 누구를 따라 나왔으며 누구의
뒤를 쫓나이까 죽은 개나 벼룩을 쫓음이니이다
15 그런즉 여호와께서 재판장이 되어 나와 왕 사
이에 심판하사 나의 사정을 살펴 억울함을 풀
어 주시고 나를 왕의 손에서 건지시기를 원하
나이다 하니라 시 35:1
16 ●다윗이 사울에게 이같이 말하기를 마치매 사
울이 이르되 내 아들 다윗아 이것이 네 목소리
냐 하고 소리를 높여 울며
17 다윗에게 이르되 나는 너를 학대하되 너는 나
를 선대하니 너는 나보다 의롭도다 마 5:44
18 네가 나 선대한 것을 오늘 나타냈나니 여호와
께서 나를 네 손에 넘기셨으나 네가 나를 죽이
지 아니하였도다
19 사람이 그의 원수를 만나면 그를 평안히 가게
하겠느냐 네가 오늘 내게 행한 일로 말미암아
여호와께서 네게 선으로 갚으시기를 원하노라
20 보라 나는 네가 반드시 왕이 될 것을 알고 이스
라엘 나라가 네 손에 견고히 설 것을 아노니
21 그런즉 너는 내 후손을 끊지 아니하며 내 아버
지의 집에서 내 이름을 멸하지 아니할 것을 이
제 여호와의 이름으로 내게 맹세하라 하니라
22 다윗이 사울에게 맹세하매 사울은 집으로 돌아
가고 다윗과 그의 사람들은 요새로 올라가니라

사무엘이 죽다

25 사무엘이 죽으매 온 이스라엘 무리가 모
여 그를 두고 슬피 울며 라마 그의 집에서
그를 장사한지라 다윗이 일어나 바란 광야로
내려가니라

다윗과 아비가일 (♪ 28, 298장)

2 ●마온에 한 사람이 있는데 그의 생업이 갈멜

there is nothing in my hand to indicate
that I am guilty of wrongdoing or rebel-
lion. I have not wronged you, but you are
12 hunting me down to take my life. ●May
the LORD judge between you and me. And
may the LORD avenge the wrongs you have
done to me, but my hand will not touch
13 you. ●As the old saying goes, 'From evildo-
ers come evil deeds,' so my hand will not
touch you.
14 ●"Against whom has the king of Israel
come out? Who are you pursuing? A dead
15 dog? A flea? ●May the LORD be our judge
and decide between us. May he consider
my cause and uphold it; may he vindicate
me by delivering me from your hand."
16 ●When David finished saying this, Saul
asked, "Is that your voice, David my son?"
17 And he wept aloud. ●"You are more right-
eous than I," he said. "You have treated me
18 well, but I have treated you badly. ●You
have just now told me about the good you
did to me; the LORD delivered me into your
19 hands, but you did not kill me. ●When a
man finds his enemy, does he let him get
away unharmed? May the LORD reward you
20 well for the way you treated me today. ●I
know that you will surely be king and that
the kingdom of Israel will be established
21 in your hands. ●Now swear to me by the
LORD that you will not kill off my descen-
dants or wipe out my name from my fa-
ther's family."
22 ●So David gave his oath to Saul. Then
Saul returned home, but David and his
men went up to the stronghold.

David, Nabal and Abigail

25 Now Samuel died, and all Israel
assembled and mourned for him;
and they buried him at his home in Ra-
mah. Then David moved down into the
Desert of Paran.[a]
2 ●A certain man in Maon, who had prop-
erty there at Carmel, was very wealthy. He
had a thousand goats and three thousand
sheep, which he was shearing in Carmel.
3 ●His name was Nabal and his wife's name
was Abigail. She was an intelligent and
beautiful woman, but her husband was
surly and mean in his dealings—he was a

[a]1 Hebrew and some Septuagint manuscripts; other Septuagint manuscripts *Maon*

assemble [əsémbl] *vi.* 모이다
avenge [əvéndʒ] *vt.* 복수하다
descendant [diséndənt] *n.* 자손
establish [istǽbliʃ] *vt.* 세우다
evildoer [íːvəldùːər] *n.* 악행자
intelligent [intélədʒənt] *a.* 지적인
property [prápərti] *n.* 재산
rebellion [ribéljən] *n.* 반역
reward [riwɔ́ːrd] *vt.* 보상하다
shear [ʃiər] *vt.* 털을 깎다
swear [swɛər] *vt.* 맹세하다
treat [triːt] *vt.* 대우하다
unharmed [ʌnhɑ́ːrmd] *a.* 상하지 않은
uphold [ʌphóuld] *vt.* 지지하다
vindicate [víndəkèit] *vt.* 정당함을 입증하다

24:11 **be guilty of...**: …의 죄를 범하다
24:11 **hunt... down**: …을 추적해 잡다
24:19 **reward A for B**: A에게 B로 인하여 갚다, 보상하다
24:21 **wipe out**: 지우다
25:1 **mourn for...**: …을 슬퍼하다

에 있고 심히 부하여 양이 삼천 마리요 염소
가 천 마리이므로 그가 갈멜에서 그의 양털
을 깎고 있었으니 23:24
3 그 사람의 이름은 나발이요 그의 아내의 이
름은 아비가일이라 그 여자는 총명하고 용모
가 아름다우나 남자는 완고하고 행실이 악하
며 그는 갈렙 족속이었더라
4 다윗이 나발이 자기 양털을 깎는다 함을 광
야에서 들은지라
5 다윗이 이에 소년 열 명을 보내며 그 소년들
에게 이르되 너희는 갈멜로 올라가 나발에게
이르러 내 이름으로 그에게 문안하고
6 그 부하게 사는 자에게 이르기를 너는 평강
하라 네 집도 평강하라 네 소유의 모든 것도
평강하라
7 네게 양털 깎는 자들이 있다 함을 이제 내가
들었노라 네 목자들이 우리와 함께 있었으나
우리가 그들을 해하지 아니하였고 그들이 갈
멜에 있는 동안에 그들의 것을 하나도 잃지
아니하였나니
8 네 소년들에게 물으면 그들이 네게 말하리라
그런즉 내 소년들이 네게 은혜를 얻게 하라
우리가 좋은 날에 왔은즉 네 손에 있는 대로
네 종들과 네 아들 다윗에게 주기를 원하노
라 하더라 하라
9 ●다윗의 소년들이 가서 다윗의 이름으로 이
모든 말을 나발에게 말하기를 마치매
10 나발이 다윗의 사환들에게 대답하여 이르되 다
윗은 누구며 이새의 아들은 누구냐 요즈음에
각기 주인에게서 억지로 떠나는 종이 많도다
11 내가 어찌 내 떡과 물과 내 양털 깎는 자를
위하여 잡은 고기를 가져다가 어디서 왔는지
도 알지 못하는 자들에게 주겠느냐 한지라
12 이에 다윗의 소년들이 돌아서 자기 길로 행
하여 돌아와 이 모든 말을 그에게 전하매
13 다윗이 자기 사람들에게 이르되 너희는 각기
칼을 차라 하니 각기 칼을 차매 다윗도 자기
칼을 차고 사백 명 가량은 데리고 올라가고
이백 명은 소유물 곁에 있게 하니라 23:13
14 ●하인들 가운데 하나가 나발의 아내 아비가
일에게 말하여 이르되 다윗이 우리 주인에게
문안하러 광야에서 전령들을 보냈거늘 주인
이 그들을 모욕하였나이다
15 우리가 들에 있어 그들과 상종할 동안에 그
사람들이 우리를 매우 선대하였으므로 우리
가 다치거나 잃은 것이 없었으니
16 우리가 양을 지키는 동안에 그들이 우리와

Calebite.
4 ●While David was in the wilderness, he
5 heard that Nabal was shearing sheep. ●So he
sent ten young men and said to them, "Go up
to Nabal at Carmel and greet him in my name.
6 ●Say to him: 'Long life to you! Good health
to you and your household! And good health
to all that is yours!
7 ●" 'Now I hear that it is sheep-shearing time.
When your shepherds were with us, we did
not mistreat them, and the whole time they
were at Carmel nothing of theirs was missing.
8 ●Ask your own servants and they will tell you.
Therefore be favorable toward my men, since
we come at a festive time. Please give your ser-
vants and your son David whatever you can
find for them.' "
9 ●When David's men arrived, they gave
Nabal this message in David's name. Then
they waited.
10 ●Nabal answered David's servants, "Who is
this David? Who is this son of Jesse? Many ser-
vants are breaking away from their masters
11 these days. ●Why should I take my bread and
water, and the meat I have slaughtered for my
shearers, and give it to men coming from who
knows where?"
12 ●David's men turned around and went
back. When they arrived, they reported every
13 word. ●David said to his men, "Each of you
strap on your sword!" So they did, and David
strapped his on as well. About four hundred
men went up with David, while two hundred
stayed with the supplies.
14 ●One of the servants told Abigail, Nabal's
wife, "David sent messengers from the wilder-
ness to give our master his greetings, but he
15 hurled insults at them. ●Yet these men were
very good to us. They did not mistreat us, and
the whole time we were out in the fields near
16 them nothing was missing. ●Night and day
they were a wall around us the whole time we
17 were herding our sheep near them. ●Now
think it over and see what you can do, because
disaster is hanging over our master and his
whole household. He is such a wicked man
that no one can talk to him."
18 ●Abigail acted quickly. She took two hun-
dred loaves of bread, two skins of wine, five
dressed sheep, five seahs [a] of roasted grain, a

[a]18 That is, probably about 60 pounds or about 27 kilograms

arrive [əráiv] *vi.* 도착하다
disaster [dizǽstər] *n.* 재앙
favorable [féivərəbl] *a.* 호의적인
festive [féstiv] *a.* 축제 분위기의
greet [gri:t] *vt.* 인사하다
herd [hə:rd] *vt.* (소 · 양 등) 망을 보다, 모으다
household [háushòuld] *n.* 집안
hurl [hə:rl] *vt.* 퍼붓다
insult [insʌlt] *n.* 모욕
mistreat [mìstrí:t] *vt.* 학대하다
shearer [ʃiərər] *n.* 양털 깎는 사람
shepherd [ʃépərd] *n.* 목자
slaughter [slɔ́:tər] *vt.* 도살하다
supply [səplái] *n.* 보급품
wicked [wíkid] *a.* 사악한

25:5 go up: 오르다
25:10 break away from...: …로부터 떨어지다, 떨어져 나오다
25:12 turn around: 회전하다, 돌아다보다
25:17 hang over: (위험, 근심 등이) 다가오다

함께 있어 밤낮 우리에게 담이 되었음이라
17 그런즉 이제 당신은 어떻게 할지를 알아 생
각하실지니 이는 다윗이 우리 주인과 주인의
온 집을 해하기로 결정하였음이니이다 주인
은 불량한 사람이라 더불어 말할 수 없나이
다 하는지라
18 ●아비가일이 급히 떡 이백 덩이와 포도주
두 가죽 부대와 잡아서 요리한 양 다섯 마리
와 볶은 곡식 다섯 [1]스아와 건포도 백 송이와
무화과 뭉치 이백 개를 가져다가 나귀들에게
싣고
19 소년들에게 이르되 나를 앞서 가라 나는 너
희 뒤에 가리라 하고 그의 남편 나발에게는
말하지 아니하니라
20 아비가일이 나귀를 타고 산 호젓한 곳을 따
라 내려가더니 다윗과 그의 사람들이 자기에
게로 마주 내려오는 것을 만나니라
21 다윗이 이미 말하기를 내가 이 자의 소유물
을 광야에서 지켜 그 모든 것을 하나도 손실
이 없게 한 것이 진실로 허사라 그가 악으로
나의 선을 갚는도다
22 내가 그에게 속한 모든 남자 가운데 한 사람
이라도 아침까지 남겨 두면 하나님은 [2]다윗
에게 벌을 내리시고 또 내리시기를 원하노라
하였더라
23 ●아비가일이 다윗을 보고 급히 나귀에서 내
려 다윗 앞에 엎드려 그의 얼굴을 땅에 대니라
24 그가 다윗의 발에 엎드려 이르되 내 주여 원
하건대 이 죄악을 나 곧 내게로 돌리시고 여
종에게 주의 귀에 말하게 하시고 이 여종의
말을 들으소서
25 원하옵나니 내 주는 이 불량한 사람 나발을
개의치 마옵소서 그의 이름이 그에게 적당하
니 그의 이름이 나발이라 그는 미련한 자니
이다 여종은 내 주께서 보내신 소년들을 보
지 못하였나이다
26 내 주여 여호와께서 살아 계심을 두고 맹세
하노니 내 주도 살아 계시거니와 내 주의 손
으로 피를 흘려 친히 보복하시는 일을 여호
와께서 막으셨으니 내 주의 원수들과 내 주
를 해하려 하는 자들은 나발과 같이 되기를
원하나이다
27 여종이 내 주께 가져온 이 예물을 내 주를 따
르는 이 소년들에게 주게 하시고
28 주의 여종의 허물을 용서하여 주옵소서 여호
와께서 반드시 내 주를 위하여 든든한 집을
세우시리니 이는 내 주께서 여호와의 싸움을

hundred cakes of raisins and two hundred
cakes of pressed figs, and loaded them on don-
19 keys. •Then she told her servants, "Go on
ahead; I'll follow you." But she did not tell her
husband Nabal.
20 •As she came riding her donkey into a
mountain ravine, there were David and his
men descending toward her, and she met
21 them. •David had just said, "It's been use-
less—all my watching over this fellow's prop-
erty in the wilderness so that nothing of his
was missing. He has paid me back evil for
22 good. •May God deal with David,[a] be it ever
so severely, if by morning I leave alive one
male of all who belong to him!"
23 •When Abigail saw David, she quickly
got off her donkey and bowed down before
24 David with her face to the ground. •She fell
at his feet and said: "Pardon your servant,
my lord, and let me speak to you; hear what
25 your servant has to say. •Please pay no atten-
tion, my lord, to that wicked man Nabal. He
is just like his name—his name means Fool,
and folly goes with him. And as for me, your
servant, I did not see the men my lord sent.
26 •And now, my lord, as surely as the LORD
your God lives and as you live, since the LORD
has kept you from bloodshed and from
avenging yourself with your own hands,
may your enemies and all who are intent on
27 harming my lord be like Nabal. •And let
this gift, which your servant has brought to
my lord, be given to the men who follow
you.
28 •"Please forgive your servant's presump-
tion. The LORD your God will certainly make
a lasting dynasty for my lord, because you
fight the LORD's battles, and no wrongdo-
ing will be found in you as long as you live.
29 •Even though someone is pursuing you to
take your life, the life of my lord will be
bound securely in the bundle of the living
by the LORD your God, but the lives of your
enemies he will hurl away as from the pock-
30 et of a sling. •When the LORD has fulfilled
for my lord every good thing he promised
concerning him and has appointed him
31 ruler over Israel, •my lord will not have on
his conscience the staggering burden of
needless bloodshed or of having avenged

[a]22 Some Septuagint manuscripts; Hebrew *with David's enemies* 1) 히, 3분의 1에바 2) 히, 다윗의 원수에게

attention [əténʃən] *n.* 관심, 주의
bloodshed [blʌ́dʃèd] *n.* 살육
bundle [bʌndl] *n.* 꾸러미, 보따리
concerning [kənsə́ːrniŋ] *prep.* …에 관하여
dynasty [dáinəsti] *n.* 왕조
folly [fáli] *n.* 어리석은 짓
harm [haːrm] *vt.* 상하게 하다
property [prápərti] *n.* 재산, 소유
pursue [pərsúː] *vt.* 추적하다
raisin [réizn] *n.* 건포도
ravine [rəvíːn] *n.* 좁은 골짜기
severely [sivíərli] *ad.* 엄하게
sling [sliŋ] *n.* 돌팔매
staggering [stǽgəriŋ] *a.* 엄청난
wrongdoing [rɔ́ːŋdùːiŋ] *n.* 나쁜 행위

25:22 deal with...: …을 다루다
25:23 get off: 내리다
25:25 pay (no) attention to...: …에 관심을 기울이다(기울이지 않다)
25:31 have (something) on one's conscience: 양심에 걸리다

싸우심이요 내 주의 일생에 내 주에게서 악한
일을 찾을 수 없음이니이다 삼하 7:11,27
29 사람이 일어나서 내 주를 쫓아 내 주의 생명을
찾을지라도 내 주의 생명은 내 주의 하나님 여
호와와 함께 생명 싸개 속에 싸였을 것이요 내
주의 원수들의 생명은 물매로 던지듯 여호와
께서 그것을 던지시리이다
30 여호와께서 내 주에 대하여 하신 말씀대로 모
든 선을 내 주에게 행하사 내 주를 이스라엘의
지도자로 세우실 때에
31 내 주께서 무죄한 피를 흘리셨다든지 내 주께서
친히 보복하셨다든지 함으로 말미암아 슬퍼하
실 것도 없고 내 주의 마음에 걸리는 것도 없으
시리니 다만 여호와께서 내 주를 후대하실 때에
원하건대 내 주의 여종을 생각하소서 하니라
32 ●다윗이 아비가일에게 이르되 오늘 너를 보
내어 나를 영접하게 하신 이스라엘의 하나님
여호와를 찬송할지로다
33 또 네 지혜를 칭찬할지며 또 네게 복이 있을지
로다 오늘 내가 피를 흘릴 것과 친히 복수하는
것을 네가 막았느니라
34 나를 막아 너를 해하지 않게 하신 이스라엘의
하나님 여호와의 살아 계심을 두고 맹세하노
니 네가 급히 와서 나를 영접하지 아니하였더
면 밝는 아침에는 과연 나발에게 한 남자도 남
겨 두지 아니하였으리라 하니라
35 다윗이 그가 가져온 것을 그의 손에서 받고 그
에게 이르되 네 집으로 평안히 올라가라 내가
네 말을 듣고 네 청을 허락하노라
36 ●아비가일이 나발에게로 돌아오니 그가 왕의
잔치와 같은 잔치를 그의 집에 배설하고 크게
취하여 마음에 기뻐하므로 아비가일이 밝는
아침까지는 아무 말도 하지 아니하다가
37 아침에 나발이 포도주에서 깬 후에 그의 아내
가 그에게 이 일을 말하매 그가 [1]낙담하여 몸
이 돌과 같이 되었더니
38 한 열흘 후에 여호와께서 나발을 치시매 그가
죽으니라
39 ●나발이 죽었다 함을 다윗이 듣고 이르되 나
발에게 당한 나의 모욕을 갚아 주사 종으로 악
한 일을 하지 않게 하신 여호와를 찬송할지로다
여호와께서 나발의 악행을 그의 머리에 돌리셨
도다 하니라 다윗이 아비가일을 자기 아내로 삼
으려고 사람을 보내어 그에게 말하게 하매
40 다윗의 전령들이 갈멜에 가서 아비가일에게 이
르러 그에게 말하여 이르되 다윗이 당신을 아내
로 삼고자 하여 우리를 당신께 보내더이다 하니

himself. And when the LORD your God has
brought my lord success, remember your
servant."
32 •David said to Abigail, "Praise be to the
LORD, the God of Israel, who has sent you
33 today to meet me. •May you be blessed for
your good judgment and for keeping me
from bloodshed this day and from avenging
34 myself with my own hands. •Otherwise, as
surely as the LORD, the God of Israel, lives,
who has kept me from harming you, if you
had not come quickly to meet me, not one
male belonging to Nabal would have been
left alive by daybreak."
35 •Then David accepted from her hand
what she had brought him and said, "Go
home in peace. I have heard your words and
granted your request."
36 •When Abigail went to Nabal, he was
in the house holding a banquet like that
of a king. He was in high spirits and very
drunk. So she told him nothing at all until
37 daybreak. •Then in the morning, when
Nabal was sober, his wife told him all these
things, and his heart failed him and he
38 became like a stone. •About ten days later,
the LORD struck Nabal and he died.
39 •When David heard that Nabal was
dead, he said, "Praise be to the LORD, who
has upheld my cause against Nabal for
treating me with contempt. He has kept
his servant from doing wrong and has
brought Nabal's wrongdoing down on his
own head."
Then David sent word to Abigail, asking
40 her to become his wife. •His servants went
to Carmel and said to Abigail, "David has
sent us to you to take you to become his
wife."
41 •She bowed down with her face to the
ground and said, "I am your servant and am
ready to serve you and wash the feet of my
42 lord's servants." •Abigail quickly got on a
donkey and, attended by her five female ser-
vants, went with David's messengers and
43 became his wife. •David had also married
Ahinoam of Jezreel, and they both were his
44 wives. •But Saul had given his daughter
Michal, David's wife, to Paltiel[a] son of Laish,
who was from Gallim.

[a]44 Hebrew *Palti*, a variant of *Paltiel*

1) 히, 마음이 죽어

alive [əláiv] *a.* 살아있는
attend [əténd] *vt.* 시중들다
avenge [əvéndʒ] *vt.* 복수하다
banquet [bǽŋkwit] *n.* 연회
bow [bau] *vi.* 절하다
contempt [kəntémpt] *n.* 경멸
daybreak [déibrèik] *n.* 새벽
grant [grænt] *vt.* 승인하다
judgment [dʒʌdʒmənt] *n.* 판단
messenger [mésəndʒər] *n.* 전령
otherwise [ʌ́ðərwàiz] *ad.* 그렇지 않으면
request [rikwést] *n.* 부탁
sober [sóubər] *a.* 맑은 정신의
treat [triːt] *vt.* 대우하다
uphold [ʌphóuld] *vt.* 지지하다

25:33 keep A from B: A를 B에서 지키다
25:33 avenge oneself: 복수하다
25:34 belong to...: …에 속하다
25:41 bow down: 절하다
25:41 be ready to...: …할 준비가 되어 있다
25:42 get on: 타다

41 아비가일이 일어나 몸을 굽혀 얼굴을 땅에 대고 이르되 내 주의 여종은 내주의 전령들의 발 씻길 종이니이다 하고

42 아비가일이 급히 일어나서 나귀를 타고 그를 뒤따르는 처녀 다섯과 함께 다윗의 전령들을 따라가서 다윗의 아내가 되니라 창 24:61-67

43 ●다윗이 또 이스르엘 아히노암을 아내로 맞았더니 그들 두 사람이 그의 아내가 되니라

44 사울이 그의 딸 다윗의 아내 미갈을 갈림에 사는 라이스의 아들 1)발디에게 주었더라

다윗이 또 사울을 살려 주다 — B.C. 1015년경

26 십 사람이 기브아에 와서 사울에게 말하여 이르되 다윗이 광야 앞 하길라 산에 숨지 아니하였나이까 하매

2 사울이 일어나 십 광야에서 다윗을 찾으려고 이스라엘에서 택한 사람 삼천 명과 함께 십 광야로 내려가서 13:2

3 사울이 광야 앞 하길라 산 길가에 진치니라 다윗이 광야에 있더니 사울이 자기를 따라 광야로 들어옴을 알고

4 이에 다윗이 정탐꾼을 보내어 사울이 과연 이른 줄 알고

5 다윗이 일어나 사울이 진친 곳에 이르러 사울과 넬의 아들 군사령관 아브넬이 머무는 곳을 본즉 사울이 진영 가운데에 누웠고 백성은 그를 둘러 진쳤더라 14:50

6 ●이에 다윗이 헷 사람 아히멜렉과 스루야의 아들 요압의 아우 아비새에게 물어 이르되 누가 나와 더불어 진영에 내려가서 사울에게 이르겠느냐 하니 아비새가 이르되 내가 함께 가겠나이다

7 다윗과 아비새가 밤에 그 백성에게 나아가 본즉 사울이 진영 가운데 누워 자고 창은 머리 곁 땅에 꽂혀 있고 아브넬과 백성들은 그를 둘러 누웠는지라

8 아비새가 다윗에게 이르되 하나님이 오늘 당신의 원수를 당신의 손에 넘기셨나이다 그러므로 청하오니 내가 창으로 그를 찔러서 단번에 땅에 꽂게 하소서 내가 그를 두 번 찌를 것이 없으리이다 하니

9 다윗이 아비새에게 이르되 죽이지 말라 누구든지 손을 들어 여호와의 기름부음 받은 자를 치면 죄가 없겠느냐 하고

10 다윗이 또 이르되 여호와께서 살아 계심을 두고 맹세하노니 여호와께서 그를 치시리니 혹은 죽을 날이 이르거나 또는 전장에 나가서 망하리라

David Again Spares Saul's Life

26 The Ziphites went to Saul at Gibe-
ah and said, "Is not David hiding
on the hill of Hakilah, which faces Jeshi-
mon?"
2 •So Saul went down to the Desert of
Ziph, with his three thousand select Isra-
3 elite troops, to search there for David. •Saul
made his camp beside the road on the hill
of Hakilah facing Jeshimon, but David
stayed in the wilderness. When he saw that
4 Saul had followed him there, •he sent out
scouts and learned that Saul had definitely
arrived.
5 •Then David set out and went to the
place where Saul had camped. He saw
where Saul and Abner son of Ner, the com-
mander of the army, had lain down. Saul
was lying inside the camp, with the army
encamped around him.
6 •David then asked Ahimelek the Hittite
and Abishai son of Zeruiah, Joab's brother,
"Who will go down into the camp with me
to Saul?"
"I'll go with you," said Abishai.
7 •So David and Abishai went to the army
by night, and there was Saul, lying asleep
inside the camp with his spear stuck in the
ground near his head. Abner and the sol-
diers were lying around him.
8 •Abishai said to David, "Today God has
delivered your enemy into your hands.
Now let me pin him to the ground with
one thrust of the spear; I won't strike him
twice."
9 •But David said to Abishai, "Don't des-
troy him! Who can lay a hand on the LORD's
10 anointed and be guiltless? •As surely as the
LORD lives," he said, "the LORD himself will
strike him, or his time will come and he
will die, or he will go into battle and perish.
11 •But the LORD forbid that I should lay a
hand on the LORD's anointed. Now get the
spear and water jug that are near his head,
and let's go."
12 •So David took the spear and water jug
near Saul's head, and they left. No one saw
or knew about it, nor did anyone wake up.
They were all sleeping, because the LORD
had put them into a deep sleep.
13 •Then David crossed over to the other

1) 발디엘(삼하 3:15)

anoint [ənɔ́int] *vt.* 기름붓다
asleep [əslíːp] *a.* 잠든
definitely [défənitli] *ad.* 명확히
encamp [inkǽmp] *vi.* 야영하다
forbid [fərbíd] *vt.* 금하다
guiltless [gíltlis] *a.* 죄 없는
jug [dʒʌg] *n.* 물주전자
perish [périʃ] *vi.* 죽다
pin [pin] *vt.* (핀으로) 고정하다
scout [skaut] *n.* 정찰병
search [səːrtʃ] *vt.* 찾다
spare [spɛər] *vt.* 살려주다
spear [spiər] *n.* 창
strike [straik] *vt.* 치다
thrust [θrʌst] *n.* 찌르기

26:2 search for...: …를 찾다
26:4 send out: 파견하다
26:5 set out: (~를 향해) 출발하다
26:5 lie down: 눕다
26:9 lay a hand on...: …에 손을 대다
26:10 as surely as...: …와 마찬가지로 꼭

11 내가 손을 들어 여호와의 기름부음 받은 자를
치는 것을 여호와께서 금하시나니 너는 그의
머리 곁에 있는 창과 물병만 가지고 가자 하고
12 다윗이 사울의 머리 곁에서 창과 물병을 가지
고 떠나가되 아무도 보거나 눈치 채지 못하고
깨어 있는 사람도 없었으니 이는 여호와께서
그들을 깊이 잠들게 하셨으므로 그들이 다 잠
들어 있었기 때문이었더라
13 ● 이에 다윗이 건너편으로 가서 멀리 산꼭대
기에 서니 거리가 멀더라
14 다윗이 백성과 넬의 아들 아브넬을 대하여 외
쳐 이르되 아브넬아 너는 대답하지 아니하느
냐 하니 아브넬이 대답하여 이르되 왕을 부르
는 너는 누구냐 하더라
15 다윗이 아브넬에게 이르되 네가 용사가 아니
냐 이스라엘 가운데에 너 같은 자가 누구냐 그
러한데 네가 어찌하여 네 주 왕을 보호하지 아
니하느냐 백성 가운데 한 사람이 네 주 왕을 죽
이려고 들어갔었느니라
16 네가 행한 이 일이 옳지 못하도다 여호와께서
살아 계심을 두고 맹세하노니 여호와의 기름부
음 받은 너희 주를 보호하지 아니하였으니 너
희는 마땅히 죽을 자이니라 이제 왕의 창과 왕
의 머리 곁에 있던 물병이 어디 있나 보라 하니
17 ● 사울이 다윗의 음성을 알아 듣고 이르되 내
아들 다윗아 이것이 네 음성이냐 하는지라 다윗
이 이르되 내 주 왕이여 내 음성이니이다 하고
18 또 이르되 내 주는 어찌하여 주의 종을 쫓으시
나이까 내가 무엇을 하였으며 내 손에 무슨 악
이 있나이까
19 원하건대 내 주 왕은 이제 종의 말을 들으소서 만
일 왕을 충동시켜 나를 해하려 하는 이가 여호와
시면 여호와께서는 제물을 받으시기를 원하나
이다마는 만일 사람들이면 그들이 여호와 앞에
저주를 받으리니 이는 그들이 이르기를 너는 가
서 다른 신들을 섬기라 하고 오늘 나를 쫓아내어
여호와의 기업에 참여하지 못하게 함이니이다
20 그런즉 청하건대 여호와 앞에서 먼 이 곳에서 이
제 나의 피가 땅에 흐르지 말게 하옵소서 이는
산에서 메추라기를 사냥하는 자와 같이 이스라
엘 왕이 한 벼룩을 수색하러 나오셨음이니이다
21 ● 사울이 이르되 내가 범죄하였도다 내 아들
다윗아 돌아오라 네가 오늘 내 생명을 귀하게
여겼은즉 내가 다시는 너를 해하려 하지 아니
하리라 내가 어리석은 일을 하였으니 대단히
잘못되었도다 하는지라
22 다윗이 대답하여 이르되 왕은 창을 보소서 한

side and stood on top of the hill some dis-
tance away; there was a wide space bet-
14 ween them. ● He called out to the army and
to Abner son of Ner, "Aren't you going to
answer me, Abner?"
Abner replied, "Who are you who calls to
the king?"
15 ● David said, "You're a man, aren't you?
And who is like you in Israel? Why didn't
you guard your lord the king? Someone
16 came to destroy your lord the king. ● What
you have done is not good. As surely as the
LORD lives, you and your men must die,
because you did not guard your master, the
LORD's anointed. Look around you. Where
are the king's spear and water jug that were
near his head?"
17 ● Saul recognized David's voice and said,
"Is that your voice, David my son?"
David replied, "Yes it is, my lord the king."
18 ● And he added, "Why is my lord pursuing
his servant? What have I done, and what
19 wrong am I guilty of? ● Now let my lord the
king listen to his servant's words. If the LORD
has incited you against me, then may he
accept an offering. If, however, people have
done it, may they be cursed before the LORD!
They have driven me today from my share
in the LORD's inheritance and have said, 'Go,
20 serve other gods.' ● Now do not let my blood
fall to the ground far from the presence of
the LORD. The king of Israel has come out to
look for a flea—as one hunts a partridge in
the mountains."
21 ● Then Saul said, "I have sinned. Come
back, David my son. Because you considered
my life precious today, I will not try to harm
you again. Surely I have acted like a fool and
have been terribly wrong."
22 ● "Here is the king's spear," David an-
swered. "Let one of your young men come
23 over and get it. ● The LORD rewards every-
one for their righteousness and faithful-
ness. The LORD delivered you into my hands
today, but I would not lay a hand on the
24 LORD's anointed. ● As surely as I valued
your life today, so may the LORD value my
life and deliver me from all trouble."
25 ● Then Saul said to David, "May you be
blessed, David my son; you will do great
things and surely triumph."
So David went on his way, and Saul

curse [kəːrs] *vt.* 저주하다
deliver [dilívər] *vt.* 구하다
destroy [distrɔ́i] *vt.* 멸하다
distance [dístəns] *n.* 거리
flea [fliː] *n.* 벼룩
guard [gaːrd] *vt.* 지키다
incite [insáit] *vt.* 자극하다
inheritance [inhérətəns] *n.* 유산
partridge [pάːrtridʒ] *n.* 메추라기
precious [préʃəs] *a.* 값비싼
recognize [rékəgnàiz] *vt.* 알아듣다
reward [riwɔ́ːrd] *vt.* 보상하다
surely [ʃúərli] *ad.* 확실히
triumph [tráiəmf] *vt.* 승리를 차지하다
value [vǽljuː] *vt.* 존중하다

26:16 **look around:** 주위를 살펴보다
26:18 **be guilty of...:** …의 죄를 범하다
26:22 **come over:** (말하는 사람 쪽으로) 오다
26:25 **go on one's way:** 자신의 길을 계속 가다

소년을 보내어 가져가게 하소서
23 여호와께서 사람에게 그의 공의와 신실을 따라 갚으시리니 이는 여호와께서 오늘 왕을 내 손에 넘기셨으되 나는 손을 들어 여호와의 기름부음을 받은 자 치기를 원하지 아니하였음이니이다
24 오늘 왕의 생명을 내가 중히 여긴 것같이 내 생명을 여호와께서 중히 여기셔서 모든 환난에서 나를 구하여 내시기를 바라나이다 하니라
25 사울이 다윗에게 이르되 내 아들 다윗아 네게 복이 있을지로다 네가 큰 일을 행하겠고 반드시 승리를 얻으리라 하니라 다윗은 자기 길로 가고 사울은 자기 곳으로 돌아가니라

다윗이 블레셋 땅으로 피하다 — B.C. 1015년경

27 다윗이 그 마음에 생각하기를 내가 후일에는 사울의 손에 붙잡히리니 블레셋 사람들의 땅으로 피하여 들어가는 것이 좋으리로다 사울이 이스라엘 온 영토 내에서 다시 나를 찾다가 단념하리니 내가 그의 손에서 벗어나리라 하고
2 다윗이 일어나 함께 있는 사람 육백 명과 더불어 가드 왕 마옥의 아들 아기스에게로 건너가니라
3 다윗과 그의 사람들이 저마다 가족을 거느리고 가드에서 아기스와 동거하였는데 다윗이 그의 두 아내 이스르엘 여자 아히노암과 나발의 아내였던 갈멜 여자 아비가일과 함께하였더니
4 다윗이 가드에 도망한 것을 어떤 사람이 사울에게 전하매 사울이 다시는 그를 수색하지 아니하니라
5 ●다윗이 아기스에게 이르되 바라건대 내가 당신께 은혜를 입었다면 [1]지방 성읍 가운데 한 곳을 내게 주어 내가 살게 하소서 당신의 종이 어찌 당신과 함께 왕도에 살리이까 하니
6 아기스가 그날에 시글락을 그에게 주었으므로 시글락이 오늘까지 유다 왕에게 속하니라
7 다윗이 블레셋 사람들의 [1]지방에 산 날 수는 일 년 사 개월이었더라
8 ●다윗과 그의 사람들이 올라가서 그술 사람과 기르스 사람과 아말렉 사람을 침노하였으니 그들은 옛적부터 술과 애굽 땅으로 지나가는 지방의 주민이라
9 다윗이 그 땅을 쳐서 남녀를 살려두지 아니하고 양과 소와 나귀와 낙타와 의복을 빼앗아 가지고 돌아와 아기스에게 이르매
10 아기스가 이르되 너희가 오늘은 누구를 침노하였느냐 하니 다윗이 이르되 유다 네겝과 여라무엘 사람의 네겝과 겐 사람의 네겝이니이다 하였더라
11 다윗이 그 남녀를 살려서 가드로 데려가지 아

returned home.

David Among the Philistines

27 But David thought to himself, "One
of these days I will be destroyed by
the hand of Saul. The best thing I can do is
to escape to the land of the Philistines.
Then Saul will give up searching for me
anywhere in Israel, and I will slip out of
his hand."
2 ●So David and the six hundred men
with him left and went over to Achish son
3 of Maok king of Gath. ●David and his
men settled in Gath with Achish. Each
man had his family with him, and David
had his two wives: Ahinoam of Jezreel and
Abigail of Carmel, the widow of Nabal.
4 ●When Saul was told that David had fled
to Gath, he no longer searched for him.
5 ●Then David said to Achish, "If I have
found favor in your eyes, let a place be
assigned to me in one of the country towns,
that I may live there. Why should your ser-
vant live in the royal city with you?"
6 ●So on that day Achish gave him Zik-
lag, and it has belonged to the kings of
7 Judah ever since. ●David lived in Philis-
tine territory a year and four months.
8 ●Now David and his men went up and
raided the Geshurites, the Girzites and the
Amalekites. (From ancient times these peo-
ples had lived in the land extending to Shur
9 and Egypt.) ●Whenever David attacked an
area, he did not leave a man or woman alive,
but took sheep and cattle, donkeys and
camels, and clothes. Then he returned to
Achish.
10 ●When Achish asked, "Where did you go
raiding today?" David would say, "Against
the Negev of Judah" or "Against the Negev
of Jerahmeel" or "Against the Negev of the
11 Kenites." ●He did not leave a man or wo-
man alive to be brought to Gath, for he
thought, "They might inform on us and say,
'This is what David did.'" And such was his
practice as long as he lived in Philistine ter-
12 ritory. ●Achish trusted David and said to
himself, "He has become so obnoxious to
his people, the Israelites, that he will be my
servant for life."

1) 들

alive [əláiv] *a.* 살아 있는
ancient [éinʃənt] *a.* 고대의
assign [əsáin] *vt.* 할당하다, 주다
attack [ətǽk] *vt.* 공격하다
camel [kǽməl] *n.* 낙타
extend [iksténd] *vt.* 뻗치다
favor [féivər] *n.* 호의, 친절
inform [infɔ́ːrm] *vt.* 알리다
obnoxious [əbnɑ́kʃəs] *a.* 비위 상하는
practice [prǽktis] *n.* 관습
raid [reid] *vt.* 침입하다
royal [rɔ́iəl] *a.* 왕의
slip [slip] *vi.* 미끄러져 나가다
territory [térətɔ̀ːri] *n.* 영토
widow [wídou] *n.* 과부

27:1 one of these days: 언젠가
27:1 give up...: …를 포기하다, 단념하다
27:4 no longer...: 더이상 …하지 않다
27:5 find favor in one's eyes: …의 눈에 좋게 보이다
27:5 be assigned to...: …에게 주어지다

니한 것은 그의 생각에 그들이 우리에게 대하
여 이르기를 다윗이 행한 일이 이러하니라 하
여 블레셋 사람들의 지방에 거주하는 동안에
이같이 행하는 습관이 있었다 할까 두려워함
이었더라
12 아기스가 다윗을 믿고 말하기를 다윗이 자기
백성 이스라엘에게 심히 미움을 받게 되었으니
그는 영원히 내 부하가 되리라고 생각하니라

28 그때에 블레셋 사람들이 이스라엘과 싸
우려고 군대를 모집한지라 아기스가 다
윗에게 이르되 너는 밝히 알라 너와 네 사람들
이 나와 함께 나가서 군대에 참가할 것이니라
2 다윗이 아기스에게 이르되 그러면 당신의 종
이 행할 바를 아시리이다 하니 아기스가 다윗
에게 이르되 그러면 내가 너를 영원히 내 머리
지키는 자를 삼으리라 하니라

사울이 신접한 여인을 찾다

3 ●사무엘이 죽었으므로 온 이스라엘이 그를 두
고 슬피 울며 그의 고향 라마에 장사하였고 사울
은 신접한 자와 박수를 그 땅에서 쫓아내었더라
4 블레셋 사람들이 모여 수넴에 이르러 진치매
사울이 온 이스라엘을 모아 길보아에 진쳤더니
5 사울이 블레셋 사람들의 군대를 보고 두려워
서 그의 마음이 크게 떨린지라
6 사울이 여호와께 묻자오되 여호와께서 꿈으로
도, 우림으로도, 선지자로도 그에게 대답하지
아니하시므로 잠 1:28
7 사울이 그의 신하들에게 이르되 나를 위하여
신접한 여인을 찾으라 내가 그리로 가서 그에
게 물으리라 하니 그의 신하들이 그에게 이르
되 보소서 엔돌에 신접한 여인이 있나이다
8 ●사울이 다른 옷을 입어 변장하고 두 사람과 함
께 갈새 그들이 밤에 그 여인에게 이르러서는 사
울이 이르되 청하노니 나를 위하여 신접한 술법
으로 내가 네게 말하는 사람을 불러 올리라 하니
9 여인이 그에게 이르되 네가 사울이 행한 일 곧
그가 신접한 자와 박수를 이 땅에서 멸절시켰
음을 아나니 네가 어찌하여 내 생명에 올무를
놓아 나를 죽게 하려느냐 하는지라
10 사울이 여호와의 이름으로 그에게 맹세하여 이
르되 여호와께서 살아 계심을 두고 맹세하노니
네가 이 일로는 벌을 당하지 아니하리라 하니
11 여인이 이르되 내가 누구를 네게로 불러 올리
랴 하니 사울이 이르되 사무엘을 불러 올리라
하는지라
12 여인이 사무엘을 보고 큰소리로 외치며 사울
에게 말하여 이르되 당신이 어찌하여 나를 속

28 In those days the Philistines gathered
their forces to fight against Israel.
Achish said to David, "You must under-
stand that you and your men will accom-
pany me in the army."
2 ●David said, "Then you will see for your-
self what your servant can do."
Achish replied, "Very well, I will make
you my bodyguard for life."

Saul and the Medium at Endor

3 ●Now Samuel was dead, and all Israel
had mourned for him and buried him in
his own town of Ramah. Saul had expell-
ed the mediums and spiritists from the
land.
4 ●The Philistines assembled and came and
set up camp at Shunem, while Saul gathered
5 all Israel and set up camp at Gilboa. ●When
Saul saw the Philistine army, he was afraid;
6 terror filled his heart. ●He inquired of the
LORD, but the LORD did not answer him by
7 dreams or Urim or prophets. ●Saul then said
to his attendants, "Find me a woman who
is a medium, so I may go and inquire of
her."
"There is one in Endor," they said.
8 ●So Saul disguised himself, putting on
other clothes, and at night he and two men
went to the woman. "Consult a spirit for
me," he said, "and bring up for me the one I
name."
9 ●But the woman said to him, "Surely you
know what Saul has done. He has cut off the
mediums and spiritists from the land. Why
have you set a trap for my life to bring about
my death?"
10 ●Saul swore to her by the LORD, "As surely
as the LORD lives, you will not be punished
for this."
11 ●Then the woman asked, "Whom shall I
bring up for you?"
"Bring up Samuel," he said.
12 ●When the woman saw Samuel, she cried
out at the top of her voice and said to Saul,
"Why have you deceived me? You are Saul!"
13 ●The king said to her, "Don't be afraid.
What do you see?"
The woman said, "I see a ghostly figure[a]
coming up out of the earth."
14 ●"What does he look like?" he asked.

[a]13 *Or see spirits; or see gods*

accompany [əkʌmpəni] *vt.* 동반하다
assemble [əsémbl] *vi.* 모이다
attendant [əténdənt] *n.* 신하
bodyguard [bádigɑərd] *n.* 호위자
consult [kənsʌlt] *vt.* 의견을 묻다
deceive [disí:v] *vt.* 속이다
disguise [disgáiz] *vt.* 변장하다
expel [ikspél] *vt.* 내쫓다
ghostly [góustli] *a.* 유령의
inquire [inkwáiər] *vi.* 묻다
medium [mí:diəm] *n.* 무당
prophet [práfit] *n.* 예언자
punish [pʌniʃ] *vt.* 벌하다
robe [roub] *n.* 겉옷
spiritist [spíritist] *n.* 심령술사

28:3 mourn for...: …을 위해 애도하다
28:4 set up: 세우다
28:6 inquire of ...: …에게 묻다
28:8 put on: 입다, 신다
28:8 bring up: 출두시키다
28:9 bring about...: …을 일으키다

이셨나이까 당신이 사울이시니이다
13 왕이 그에게 이르되 두려워하지 말라 네가 무
엇을 보았느냐 하니 여인이 사울에게 이르되
내가 영이 땅에서 올라오는 것을 보았나이다
하는지라
14 사울이 그에게 이르되 그의 모양이 어떠하냐
하니 그가 이르되 한 노인이 올라오는데 그가
겉옷을 입었나이다 하더라 사울이 그가 사무
엘인 줄 알고 그의 얼굴을 땅에 대고 절하니라
15 ●사무엘이 사울에게 이르되 네가 어찌하여 나
를 불러 올려서 나를 성가시게 하느냐 하니 사
울이 대답하되 나는 심히 다급하니이다 블레셋
사람들은 나를 향하여 군대를 일으켰고 하나님
은 나를 떠나서 다시는 선지자로도, 꿈으로도
내게 대답하지 아니하시기로 내가 행할 일을
알아보려고 당신을 불러 올렸나이다 하더라
16 사무엘이 이르되 여호와께서 너를 떠나 네 대
적이 되셨거늘 네가 어찌하여 내게 묻느냐
17 여호와께서 나를 통하여 말씀하신 대로 네게
행하사 나라를 네 손에서 떼어 네 이웃 다윗에
게 주셨느니라
18 네가 여호와의 목소리를 순종하지 아니하고
그의 진노를 아말렉에게 쏟지 아니하였으므로
여호와께서 오늘 이 일을 네게 행하셨고
19 여호와께서 이스라엘을 너와 함께 블레셋 사
람들의 손에 넘기시리니 내일 너와 네 아들들
이 나와 함께 있으리라 여호와께서 또 이스라
엘 군대를 블레셋 사람들의 손에 넘기시리라
하는지라
20 ●사울이 갑자기 땅에 완전히 엎드러지니 이
는 사무엘의 말로 말미암아 심히 두려워함이
요 또 그의 기력이 다하였으니 이는 그가 하루
밤낮을 음식을 먹지 못하였음이니라 25:37, 38
21 그 여인이 사울에게 이르러 그가 심히 고통 당
함을 보고 그에게 이르되 여종이 왕의 말씀을
듣고 내 생명을 아끼지 아니하고 왕이 내게 이
르신 말씀을 순종하였사오니
22 그런즉 청하건대 이제 당신도 여종의 말을 들으
사 내가 왕 앞에 한 조각 떡을 드리게 하시고 왕
은 잡수시고 길 가실 때에 기력을 얻으소서 하니
23 사울이 거절하여 이르되 내가 먹지 아니하겠노
라 하니라 그의 신하들과 여인이 강권하매 그들
의 말을 듣고 땅에서 일어나 침상에 앉으니라
24 여인의 집에 살진 송아지가 있으므로 그것을
급히 잡고 가루를 가져다가 뭉쳐 무교병을 만
들고 구워서
25 사울 앞에와 그의 신하들 앞에 내놓으니 그들

"An old man wearing a robe is coming
up," she said.
Then Saul knew it was Samuel, and he
bowed down and prostrated himself with
his face to the ground.
15 ●Samuel said to Saul, "Why have you dis-
turbed me by bringing me up?"
"I am in great distress," Saul said. "The
Philistines are fighting against me, and
God has departed from me. He no long-
er answers me, either by prophets or by
dreams. So I have called on you to tell me
what to do."
16 ●Samuel said, "Why do you consult me,
now that the LORD has departed from you
17 and become your enemy? ●The LORD has
done what he predicted through me. The
LORD has torn the kingdom out of your
hands and given it to one of your neigh-
18 bors—to David. ●Because you did not obey
the LORD or carry out his fierce wrath against
the Amalekites, the LORD has done this to
19 you today. ●The LORD will deliver both
Israel and you into the hands of the Phili-
stines, and tomorrow you and your sons
will be with me. The LORD will also give the
army of Israel into the hands of the Phili-
stines."
20 ●Immediately Saul fell full length on the
ground, filled with fear because of Samu-
el's words. His strength was gone, for he had
eaten nothing all that day and all that
night.
21 ●When the woman came to Saul and
saw that he was greatly shaken, she said,
"Look, your servant has obeyed you. I took
my life in my hands and did what you told
22 me to do. ●Now please listen to your ser-
vant and let me give you some food so you
may eat and have the strength to go on your
way."
23 ●He refused and said, "I will not eat."
But his men joined the woman in urg-
ing him, and he listened to them. He got
up from the ground and sat on the couch.
24 ●The woman had a fattened calf at the
house, which she butchered at once. She
took some flour, kneaded it and baked bread
25 without yeast. ●Then she set it before Saul
and his men, and they ate. That same night
they got up and left.

butcher [bútʃər] *vt.* 도살하다
couch [kautʃ] *n.* 침상
depart [dipá:rt] *vi.* 떠나다
distress [distrés] *n.* 재난
disturb [distə́:rb] *vt.* 어지럽게 하다
fatten [fǽtn] *vt.* 살찌우다
fierce [fiərs] *a.* 맹렬한
immediately [imí:diətli] *ad.* 즉시
knead [ni:d] *vt.* 반죽하다
length [leŋθ] *n.* 길이, 시간
predict [pridíkt] *vt.* 예언하다
prostrate [prástreit] *vt.* 엎드리다
urge [ə:rdʒ] *vt.* 권고하다
wrath [ræθ] *n.* 진노
yeast [ji:st] *n.* 누룩

28:15 bring up: 꺼내다
28:17 tear out: 잡아채다
28:18 carry out: 실행하다
28:19 both A and B: A, B 둘 다
28:20 full length: 팔다리를 쭉 펴고, 큰 대자로

이 먹고 일어나서 그 밤에 가니라

블레셋 사람들이 다윗을 좋아하지 아니하다

29 블레셋 사람들은 그들의 모든 군대를 아
벡에 모았고 이스라엘 사람들은 이스르
엘에 있는 샘 곁에 진쳤더라
2 블레셋 사람들의 수령들은 수백 명씩 수천 명
씩 인솔하여 나아가고 다윗과 그의 사람들은
아기스와 함께 그 뒤에서 나아가더니
3 블레셋 사람들의 방백들이 이르되 이 히브리
사람들이 무엇을 하려느냐 하니 아기스가 블
레셋 사람들의 방백들에게 이르되 이는 이스
라엘 왕 사울의 신하 다윗이 아니냐 그가 나와
함께 있은 지 여러 날 여러 해로되 그가 망명
하여 온 날부터 오늘까지 내가 그의 허물을 보
지 못하였노라 단 6:5
4 블레셋 사람의 방백들이 그에게 노한지라 블
레셋 방백들이 그에게 이르되 이 사람을 돌려
보내어 왕이 그에게 정하신 그 처소로 가게 하
소서 그는 우리와 함께 싸움에 내려가지 못하
리니 그가 전장에서 우리의 대적이 될까 하나
이다 그가 무엇으로 그 주와 다시 화합하리이
까 이 사람들의 머리로 하지 아니하겠나이까
5 그들이 춤추며 노래하여 이르되

사울이 죽인 자는 천천이요 다윗은 만만이
로다

하던 그 다윗이 아니니이까 하니
6 ●아기스가 다윗을 불러 그에게 이르되 여호
와께서 살아 계심을 두고 맹세하노니 네가 정
직하여 내게 온 날부터 오늘까지 네게 악이 있
음을 보지 못하였으니 나와 함께 진중에 출입
하는 것이 내 생각에는 좋으나 수령들이 너를
좋아하지 아니하니
7 그러므로 이제 너는 평안히 돌아가서 블레셋
사람들의 수령들에게 거슬러 보이게 하지 말
라 하니라
8 다윗이 아기스에게 이르되 내가 무엇을 하였나
이까 내가 당신 앞에 오늘까지 있는 동안에 당
신이 종에게서 무엇을 보셨기에 내가 가서 내
주 왕의 원수와 싸우지 못하게 하시나이까 하니
9 아기스가 다윗에게 대답하여 이르되 네가 내
목전에 하나님의 전령같이 선한 것을 내가 아
나 블레셋 사람들의 방백들은 말하기를 그가
우리와 함께 전장에 올라가지 못하리라 하니
10 그런즉 너는 너와 함께 온 네 주의 신하들과 더
불어 새벽에 일어나라 너희는 새벽에 일어나
서 밝거든 곧 떠나라 하니라
11 이에 다윗이 자기 사람들과 더불어 아침에 일찍

Achish Sends David Back to Ziklag

29 The Philistines gathered all their
forces at Aphek, and Israel camped
2 by the spring in Jezreel. ●As the Philistine
rulers marched with their units of hundreds
and thousands, David and his men were
3 marching at the rear with Achish. ●The
commanders of the Philistines asked, "What
about these Hebrews?"

Achish replied, "Is this not David, who
was an officer of Saul king of Israel? He has
already been with me for over a year, and
from the day he left Saul until now, I have
found no fault in him."
4 ●But the Philistine commanders were
angry with Achish and said, "Send the man
back, that he may return to the place you
assigned him. He must not go with us into
battle, or he will turn against us during the
fighting. How better could he regain his
master's favor than by taking the heads of
5 our own men? ●Isn't this the David they
sang about in their dances:

" 'Saul has slain his thousands,
and David his tens of thousands'?"

6 ●So Achish called David and said to
him, "As surely as the LORD lives, you have
been reliable, and I would be pleased to
have you serve with me in the army. From
the day you came to me until today, I have
found no fault in you, but the rulers don't
7 approve of you. ●Now turn back and go in
peace; do nothing to displease the Philis-
tine rulers."
8 ●"But what have I done?" asked David.
"What have you found against your servant
from the day I came to you until now? Why
can't I go and fight against the enemies of
my lord the king?"
9 ●Achish answered, "I know that you have
been as pleasing in my eyes as an angel of
God; nevertheless, the Philistine comman-
ders have said, 'He must not go up with us
10 into battle.' ●Now get up early, along with
your master's servants who have come with
you, and leave in the morning as soon as it is
light."
11 ●So David and his men got up early in
the morning to go back to the land of the
Philistines, and the Philistines went up to
Jezreel.

approve [əprúːv] *vi.* 찬성하다
assign [əsáin] *vt.* 지정하다
commander [kəmǽndər] *n.* 지휘관
displease [displíːz] *vt.* 불쾌하게 하다
fault [fɔːlt] *n.* 결점
force [fɔːrs] *n.* 군대
march [maːrtʃ] *vi.* 행군하다
master [mǽstər] *n.* 주인
nevertheless [nèvərðəlés] *ad.* 그럼에도 불구하고
officer [ɔ́ːfisər] *n.* 장교
rear [riər] *n.* 후미
regain [rigéin] *vt.* 되찾다
reliable [riláiəbl] *a.* 믿을 수 있는
ruler [rúːlər] *n.* 지도자
slay [slei] *vt.* 살해하다

29:4 be angry with...: …에 대하여 노하다
29:4 turn against...: …에 거역하다
29:6 as surely as...: …만큼 확실히
29:6 be pleased to ...: …로 기뻐하다
29:10 along with...: …와 함께
29:10 as soon as...: …하자마자 곧

이 일어나서 떠나 블레셋 사람들의 땅으로 돌아
가고 블레셋 사람들은 이스르엘로 올라가니라

다윗이 아말렉을 치다 — B.C. 1011년경

30 다윗과 그의 사람들이 사흘 만에 시글락
에 이른 때에 아말렉 사람들이 이미 네겝
과 시글락을 침노하였는데 그들이 시글락을
쳐서 불사르고 15:7
2 거기에 있는 젊거나 늙은 여인들은 한 사람도
죽이지 아니하고 다 사로잡아 끌고 자기 길을
갔더라
3 다윗과 그의 사람들이 성읍에 이르러 본즉 성
읍이 불탔고 자기들의 아내와 자녀들이 사로
잡혔는지라
4 다윗과 그와 함께한 백성이 울 기력이 없도록
소리를 높여 울었더라
5 (다윗의 두 아내 이스르엘 여인 아히노암과 갈
멜 사람 나발의 아내였던 아비가일도 사로잡
혔더라)
6 백성들이 자녀들 때문에 마음이 슬퍼서 다윗을
돌로 치자 하니 다윗이 크게 다급하였으나 그
의 하나님 여호와를 힘입고 용기를 얻었더라
7 ●다윗이 아히멜렉의 아들 제사장 아비아달에
게 이르되 원하건대 에봇을 내게로 가져오라
아비아달이 에봇을 다윗에게로 가져가매
8 다윗이 여호와께 묻자와 이르되 내가 이 군대
를 추격하면 따라잡겠나이까 하니 여호와께서
그에게 대답하시되 그를 쫓아가라 네가 반드
시 따라잡고 도로 찾으리라
9 이에 다윗과 또 그와 함께한 육백 명이 가서 브
솔 시내에 이르러 뒤떨어진 자를 거기 머물게
했으되
10 곧 피곤하여 브솔 시내를 건너지 못하는 이백
명을 머물게 했고 다윗은 사백 명을 거느리고
쫓아가니라 30:9, 21
11 ●무리가 들에서 애굽 사람 하나를 만나 그를
다윗에게로 데려다가 떡을 주어 먹게 하며 물
을 마시게 하고
12 그에게 무화과 뭉치에서 뗀 덩이 하나와 건포
도 두 송이를 주었으니 그가 밤낮 사흘 동안 떡
도 먹지 못하였고 물도 마시지 못하였음이니
라 그가 먹고 정신을 차리매
13 다윗이 그에게 이르되 너는 누구에게 속하였
으며 어디에서 왔느냐 하니 그가 이르되 나는
애굽 소년이요 아말렉 사람의 종이더니 사흘
전에 병이 들매 주인이 나를 버렸나이다
14 우리가 그렛 사람의 남방과 유다에 속한 지방
과 갈렙 남방을 침노하고 시글락을 불살랐나

David Destroys the Amalekites

30 David and his men reached Ziklag
on the third day. Now the Ama-
lekites had raided the Negev and Ziklag.
They had attacked Ziklag and burned it,
2 ●and had taken captive the women and
everyone else in it, both young and old.
They killed none of them, but carried them
off as they went on their way.
3 ●When David and his men reached Zik-
lag, they found it destroyed by fire and
their wives and sons and daughters taken
4 captive. ●So David and his men wept
aloud until they had no strength left to
5 weep. ●David's two wives had been cap-
tured—Ahinoam of Jezreel and Abigail,
6 the widow of Nabal of Carmel. ●David was
greatly distressed because the men were
talking of stoning him; each one was bitter
in spirit because of his sons and daughters.
But David found strength in the LORD his
God.
7 ●Then David said to Abiathar the priest,
the son of Ahimelek, "Bring me the ephod."
8 Abiathar brought it to him, ●and David
inquired of the LORD, "Shall I pursue this
raiding party? Will I overtake them?"
"Pursue them," he answered. "You will
certainly overtake them and succeed in the
rescue."
9 ●David and the six hundred men with
him came to the Besor Valley, where some
10 stayed behind. ●Two hundred of them were
too exhausted to cross the valley, but David
and the other four hundred continued the
pursuit.
11 ●They found an Egyptian in a field and
brought him to David. They gave him water
12 to drink and food to eat— ●part of a cake of
pressed figs and two cakes of raisins. He ate
and was revived, for he had not eaten any
food or drunk any water for three days and
three nights.
13 ●David asked him, "Who do you belong
to? Where do you come from?"
He said, "I am an Egyptian, the slave of an
Amalekite. My master abandoned me when
14 I became ill three days ago. ●We raided the
Negev of the Kerethites, some territory
belonging to Judah and the Negev of Caleb.
And we burned Ziklag."
15 ●David asked him, "Can you lead me

abandon [əbǽndən] *vt.* 포기하다
bitter [bítər] *a.* 고통스러운
captive [kǽptiv] *n.* 포로
capture [kǽptʃər] *vt.* 사로잡다
destroy [distrɔ́i] *vt.* 멸하다
exhausted [igzɔ́:stid] *a.* 지친
overtake [òuvərtéik] *vt.* 따라잡다
pursuit [pərsú:t] *n.* 추적
raid [reid] *vt.* 기습하다
raisin [réizn] *n.* 건포도
revive [riváiv] *vt.* 소생시키다
stone [stoun] *vt.* 돌로 치다
strength [streŋkθ] *n.* 힘
weep [wi:p] *vi.* 울다
widow [wídou] *n.* 과부

30:2 take... captive: …를 포로로 잡아가다(잡아두다)
30:2 none of: (…중의) 아무것도
30:2 on one's way: …하는 도중에
30:11 bring A to B: A를 B에게 데려가다
30:13 become ill: 병이 들다

이다
15 다윗이 그에게 이르되 네가 나를 그 군대로 인
도하겠느냐 하니 그가 이르되 당신이 나를 죽
이지도 아니하고 내 주인의 수중에 넘기지도
아니하겠다고 하나님의 이름으로 내게 맹세하
소서 그리하면 내가 당신을 그 군대로 인도하
리이다 하니라
16 ●그가 다윗을 인도하여 내려가니 그들이 온
땅에 편만하여 블레셋 사람들의 땅과 유다 땅
에서 크게 약탈하였음으로 말미암아 먹고 마
시며 춤추는지라
17 다윗이 새벽부터 이튿날 저물 때까지 그들을
치매 낙타를 타고 도망한 소년 사백 명 외에는
피한 사람이 없었더라
18 다윗이 아말렉 사람들이 빼앗아 갔던 모든 것
을 도로 찾고 그의 두 아내를 구원하였고
19 그들이 약탈하였던 것 곧 무리의 자녀들이나 빼
앗겼던 것은 크고 작은 것을 막론하고 아무것도
잃은 것이 없이 모두 다윗이 도로 찾아왔고
20 다윗이 또 양 떼와 소 떼를 다 되찾았더니 무
리가 그 가축들을 앞에 몰고 가며 이르되 이는
다윗의 전리품이라 하였더라
21 ●다윗이 전에 피곤하여 능히 자기를 따르지 못
하므로 브솔 시내에 머물게 한 이백 명에게 오매
그들이 다윗과 그와 함께한 백성을 영접하러 나
오는지라 다윗이 그 백성에게 이르러 문안하매
22 다윗과 함께 갔던 자들 가운데 악한 자와 불량
배들이 다 이르되 그들이 우리와 함께 가지 아
니하였은즉 우리가 도로 찾은 물건은 무엇이
든지 그들에게 주지 말고 각자의 처자만 데리
고 떠나가게 하라 하는지라
23 다윗이 이르되 나의 형제들아 여호와께서 우
리를 보호하시고 우리를 치러 온 그 군대를 우
리 손에 넘기셨은즉 그가 우리에게 주신 것을
너희가 이같이 못하리라
24 이 일에 누가 너희에게 듣겠느냐 전장에 내려갔
던 자의 분깃이나 소유물 곁에 머물렀던 자의
분깃이 동일할지니 같이 분배할 것이니라 하고
25 그날부터 다윗이 이것으로 이스라엘의 율례와
규례를 삼았더니 오늘까지 이르니라
26 ●다윗이 시글락에 이르러 전리품을 그의 친
구 유다 장로들에게 보내어 이르되 보라 여호
와의 원수에게서 탈취한 것을 너희에게 선사
하노라 하고
27 벧엘에 있는 자와 남방 라못에 있는 자와 얏딜
에 있는 자와
28 아로엘에 있는 자와 십못에 있는 자와 에스드

down to this raiding party?"
He answered, "Swear to me before God
that you will not kill me or hand me over to
my master, and I will take you down to
them."
16 ●He led David down, and there they were,
scattered over the countryside, eating, drink-
ing and reveling because of the great
amount of plunder they had taken from the
land of the Philistines and from Judah.
17 ●David fought them from dusk until the
evening of the next day, and none of them
got away, except four hundred young men
18 who rode off on camels and fled. ●David
recovered everything the Amalekites had
19 taken, including his two wives. ●Nothing
was missing: young or old, boy or girl, plun-
der or anything else they had taken. David
20 brought everything back. ●He took all the
flocks and herds, and his men drove them
ahead of the other livestock, saying, "This is
David's plunder."
21 ●Then David came to the two hundred
men who had been too exhausted to follow
him and who were left behind at the Besor
Valley. They came out to meet David and
the men with him. As David and his men
approached, he asked them how they were.
22 ●But all the evil men and troublemakers
among David's followers said, "Because they
did not go out with us, we will not share
with them the plunder we recovered. How-
ever, each man may take his wife and chil-
dren and go."
23 ●David replied, "No, my brothers, you
must not do that with what the LORD has
given us. He has protected us and delivered
into our hands the raiding party that came
24 against us. ●Who will listen to what you
say? The share of the man who stayed with
the supplies is to be the same as that of him
who went down to the battle. All will share
25 alike." ●David made this a statute and ordi-
nance for Israel from that day to this.
26 ●When David reached Ziklag, he sent
some of the plunder to the elders of Judah,
who were his friends, saying, "Here is a gift
for you from the plunder of the LORD's ene-
mies."
27 ●David sent it to those who were in Be-
28 thel, Ramoth Negev and Jattir; ●to those in
29 Aroer, Siphmoth, Eshtemoa ●and Rakal;

approach [əpróutʃ] *vi.* 다가오다
countryside [kʌ́ntrisàid] *n.* 시골, 지방
dusk [dʌsk] *n.* 어스름
except [iksépt] *prep.* …외에
flock [flak] *n.* 양 떼
herd [həːrd] *n.* 가축의 떼
include [inklúːd] *vt.* 포함하다
plunder [plʌ́ndər] *n.* 약탈물
protect [prətékt] *vt.* 보호하다
recover [rikʌ́vər] *vt.* 회복하다
revel [révəl] *vi.* 흥청거리다
scattered [skǽtərd] *a.* 뿔뿔이 흩어진
statute [stǽtʃuːt] *n.* 법규
supply [səplái] *n.* 군수품
troublemaker [trʌblmèikər] *n.* 불량배

30:15 hand A over to B: A를 B에게 넘기다
30:17 get away: 벗어나다
30:17 ride off on...: …을 타고 가버리다
30:21 too... to~: 너무 …해서 ~할 수 없다
30:21 come out: 나타나다
30:24 the same as...: …과 동일한

모아에 있는 자와
29 라갈에 있는 자와 여라므엘 사람의 성읍들에
있는 자와 겐 사람의 성읍들에 있는 자와
30 홀마에 있는 자와 고라산에 있는 자와 아닥에
있는 자와
삿 1:17
31 헤브론에 있는 자에게와 다윗과 그의 사람들
이 왕래하던 모든 곳에 보내었더라

사울과 요나단이 죽다 (대상 10:1-14)

31 블레셋 사람들이 이스라엘을 치매 이스라
엘 사람들이 블레셋 사람들 앞에서 도망
하여 길보아 산에서 엎드러져 죽으니라
2 블레셋 사람들이 사울과 그의 아들들을 추격
하여 사울의 아들 요나단과 아비나답과 말기
수아를 죽이니라
3 사울이 패전하매 활 쏘는 자가 따라잡으니 사
울이 그 활 쏘는 자에게 [1]중상을 입은지라
4 그가 무기를 든 자에게 이르되 네 칼을 빼어 그
것으로 나를 찌르라 할례받지 않은 자들이 와
서 나를 찌르고 모욕할까 두려워하노라 하나
무기를 든 자가 심히 두려워하여 감히 행하지
아니하는지라 이에 사울이 자기의 칼을 뽑아
서 그 위에 엎드러지매
5 무기를 든 자가 사울이 죽음을 보고 자기도 자
기 칼 위에 엎드러져 그와 함께 죽으니라
6 사울과 그의 세 아들과 무기를 든 자와 그의 모
든 사람이 다 그날에 함께 죽었더라
7 ●골짜기 저쪽에 있는 이스라엘 사람과 요단
건너쪽에 있는 자들이 이스라엘 사람들이 도
망한 것과 사울과 그의 아들들이 죽었음을 보
고 성읍들을 버리고 도망하매 블레셋 사람들
이 이르러 거기에서 사니라
8 그 이튿날 블레셋 사람들이 죽은 자를 벗기러
왔다가 사울과 그의 세 아들이 길보아 산에서
죽은 것을 보고
9 사울의 머리를 베고 그의 갑옷을 벗기고 자기
들의 신당과 백성에게 알리기 위하여 그것을
블레셋 사람들의 땅 사방에 보내고
10 그의 갑옷은 아스다롯의 집에 두고 그의 시체
는 벧산 성벽에 못 박으매
7:3
11 길르앗 야베스 주민들이 블레셋 사람들이 사
울에게 행한 일을 듣고
11:1–13
12 모든 장사들이 일어나 밤새도록 달려가서 사
울의 시체와 그의 아들들의 시체를 벧산 성벽
에서 내려 가지고 야베스에 돌아가서 거기서
불사르고
13 그의 뼈를 가져다가 야베스 에셀 나무 아래에
장사하고 칠 일 동안 금식하였더라

to those in the towns of the Jerahmeelites
30 and the Kenites; •to those in Hormah, Bor
31 Ashan, Athak •and Hebron; and to those
in all the other places where he and his
men had roamed.

Saul Takes His Life

31 Now the Philistines fought against
Israel; the Israelites fled before them,
and many fell dead on Mount Gilboa.
2 •The Philistines were in hot pursuit of Saul
and his sons, and they killed his sons Jona-
3 than, Abinadab and Malki-Shua. •The
fighting grew fierce around Saul, and when
the archers overtook him, they wounded
him critically.
4 •Saul said to his armor-bearer, "Draw
your sword and run me through, or these
uncircumcised fellows will come and run
me through and abuse me."
But his armor-bearer was terrified and
would not do it; so Saul took his own sword
5 and fell on it. •When the armor-bearer saw
that Saul was dead, he too fell on his sword
6 and died with him. •So Saul and his three
sons and his armor-bearer and all his men
died together that same day.
7 •When the Israelites along the valley and
those across the Jordan saw that the Israelite
army had fled and that Saul and his sons
had died, they abandoned their towns and
fled. And the Philistines came and occupied
them.
8 •The next day, when the Philistines came
to strip the dead, they found Saul and his
9 three sons fallen on Mount Gilboa. •They
cut off his head and stripped off his armor,
and they sent messengers throughout the
land of the Philistines to proclaim the news
in the temple of their idols and among their
10 people. •They put his armor in the temple
of the Ashtoreths and fastened his body to
the wall of Beth Shan.
11 •When the people of Jabesh Gilead heard
12 what the Philistines had done to Saul, •all
their valiant men marched through the
night to Beth Shan. They took down the
bodies of Saul and his sons from the wall of
Beth Shan and went to Jabesh, where they
13 burned them. •Then they took their bones
and buried them under a tamarisk tree at
Jabesh, and they fasted seven days.

1) 히, 심히 근심

abandon [əbǽndən] *vt.* 버리다
abuse [əbjúːz] *vt.* 모욕하다
archer [áːrtʃər] *n.* 궁수
bury [béri] *vt.* 묻다, 장사하다
critically [krítikəli] *ad.* 위태롭게
fast [fæst] *vi.* 금식하다
fasten [fǽsnːsən] *vt.* 고정시키다
fierce [fiərs] *a.* 맹렬한
occupy [ákjupài] *vt.* 점령하다
strip [strip] *vt.* 벗기다
temple [témpl] *n.* 신전
terrified [térəfàid] *a.* 두려워하는
uncircumcised [ʌnsə́ːrkəmsaizd] *a.* 할례받지 않은
valiant [vǽljənt] *a.* 용감한
wall [wɔ́ːl] *n.* 성벽

31:4 run through: 찌르다
31:5 fall on...: …로 쓰러지다
31:9 cut off: 베다
31:9 strip off: 벗기다
31:10 put A in B: B에 A를 두다
31:12 take down: 내리다

사무엘하 | 2 Samuel

● 저자 _ 갓과 나단으로 추정 ● 저작 연대 _ B.C. 1010-931년 사이 ● 기록 장소 _ 이스라엘로 추정
● 기록 대상 _ 이스라엘 백성 ● 핵심어 및 내용 _ 핵심어는 '기름부음 받은 자', '다윗' 등이다.

본서는 기름부음을 받은 다윗의 일생을 중심으로 전개되고 있다. 전쟁에서 승리하거나 좌절하고 범죄했던 다윗의 모든 삶은 하나님이 그에게 베풀어 주신 중요한 직분의 차원에서 이해해야 한다.

사울이 죽은 소식을 다윗이 듣다
— B.C.1011년경

1 사울이 죽은 후에 다윗이 아말렉 사람을
쳐죽이고 돌아와 다윗이 시글락에서 이틀
을 머물더니 삼상 30:1,17,26
2 사흘째 되는 날에 한 사람이 사울의 진영에
서 나왔는데 그의 옷은 찢어졌고 머리에는
흙이 있더라 그가 다윗에게 나아와 땅에 엎
드려 절하매
3 다윗이 그에게 묻되 너는 어디서 왔느냐 하
니 대답하되 이스라엘 진영에서 도망하여 왔
나이다 하니라
4 다윗이 그에게 이르되 일이 어떻게 되었느냐
너는 내게 말하라 그가 대답하되 군사가 전
쟁 중에 도망하기도 하였고 무리 가운데에
엎드러져 죽은 자도 많았고 사울과 그의 아
들 요나단도 죽었나이다 하는지라
5 다윗이 자기에게 알리는 청년에게 묻되 사울
과 그의 아들 요나단이 죽은 줄을 네가 어떻
게 아느냐
6 그에게 알리는 청년이 이르되 내가 우연히
길보아 산에 올라가 보니 사울이 자기 창에
기대고 병거와 기병은 그를 급히 따르는데
7 사울이 뒤로 돌아 나를 보고 부르시기로 내
가 대답하되 내가 여기 있나이다 한즉
8 내게 이르되 너는 누구냐 하시기로 내가 그
에게 대답하되 나는 아말렉 사람이니이다 한
즉
9 또 내게 이르시되 내 목숨이 아직 내게 완전
히 있으므로 내가 고통 중에 있나니 청하건
대 너는 내 곁에 서서 나를 죽이라 하시기로
10 그가 엎드러진 후에는 살 수 없는 줄을 내가
알고 그의 곁에 서서 죽이고 그의 머리에 있
는 왕관과 팔에 있는 고리를 벗겨서 내 주께
로 가져왔나이다 하니라
11 ●이에 다윗이 자기 옷을 잡아 찢으매 함께
있는 모든 사람도 그리하고
12 사울과 그의 아들 요나단과 여호와의 백성과
이스라엘 족속이 칼에 죽음으로 말미암아 저
녁 때까지 슬퍼하여 울며 금식하니라
13 다윗이 그 소식을 전한 청년에게 묻되 너는
어디 사람이냐 대답하되 나는 아말렉 사람

David Hears of Saul's Death

1 After the death of Saul, David returned
from striking down the Amalekites and
2 stayed in Ziklag two days. •On the third day
a man arrived from Saul's camp with his
clothes torn and dust on his head. When he
came to David, he fell to the ground to pay
him honor.
3 •"Where have you come from?" David
asked him.
He answered, "I have escaped from the
Israelite camp."
4 •"What happened?" David asked. "Tell
me."
"The men fled from the battle," he replied.
"Many of them fell and died. And Saul and
his son Jonathan are dead."
5 •Then David said to the young man who
brought him the report, "How do you know
that Saul and his son Jonathan are dead?"
6 •"I happened to be on Mount Gilboa," the
young man said, "and there was Saul, lean-
ing on his spear, with the chariots and their
7 drivers in hot pursuit. •When he turned
around and saw me, he called out to me, and
I said, 'What can I do?'
8 •"He asked me, 'Who are you?'
" 'An Amalekite,' I answered.
9 •"Then he said to me, 'Stand here by me
and kill me! I'm in the throes of death, but I'm
still alive.'
10 •"So I stood beside him and killed him,
because I knew that after he had fallen he
could not survive. And I took the crown that
was on his head and the band on his arm and
have brought them here to my lord."
11 •Then David and all the men with him
took hold of their clothes and tore them.
12 •They mourned and wept and fasted till
evening for Saul and his son Jonathan, and for
the army of the LORD and for the nation of
Israel, because they had fallen by the sword.
13 •David said to the young man who brought
him the report, "Where are you from?"
"I am the son of a foreigner, an Amalekite,"
he answered.

곧 외국인의 아들이니이다 하니 1:8
14 다윗이 그에게 이르되 네가 어찌하여 손을
들어 여호와의 기름부음 받은 자 죽이기를
두려워하지 아니하였느냐 하고
15 다윗이 청년 중 한 사람을 불러 이르되 가까
이 가서 그를 죽이라 하매 그가 치매 곧 죽으
니라
16 다윗이 그에게 이르기를 네 피가 네 머리로
돌아갈지어다 네 입이 네게 대하여 증언하기
를 내가 여호와의 기름부음 받은 자를 죽였
노라 함이니라 하였더라

사울과 요나단을 위한 다윗의 조가
(♪375, 400장)

17 ●다윗이 이 슬픈 노래로 사울과 그의 아들
요나단을 조상하고
18 명령하여 그것을 유다 족속에게 가르치라 하
였으니 곧 활 노래라 야살의 책에 기록되었
으되
19 이스라엘아 네 영광이 산 위에서 죽임을
당하였도다 오호라 두 용사가 엎드러졌도
다
20 이 일을 가드에도 알리지 말며 아스글론
거리에도 전파하지 말지어다 블레셋 사람
들의 딸들이 즐거워할까, 할례받지 못한
자의 딸들이 개가를 부를까 염려로다
21 길보아 산들아 너희 위에 이슬과 비가 내
리지 아니하며 제물 낼 밭도 없을지어다
거기서 두 용사의 방패가 버린 바 됨이니
라 곧 사울의 방패가 기름부음을 받지 아
니함같이 됨이로다
22 죽은 자의 피에서, 용사의 기름에서 요나
단의 활이 뒤로 물러가지 아니하였으며 사
울의 칼이 헛되이 돌아오지 아니하였도다
23 사울과 요나단이 생전에 사랑스럽고 아름
다운 자이러니 죽을 때에도 서로 떠나지
아니하였도다 그들은 독수리보다 빠르고
사자보다 강하였도다
24 이스라엘 딸들아 사울을 슬퍼하여 울지어
다 그가 붉은 옷으로 너희에게 화려하게
입혔고 금 노리개를 너희 옷에 채웠도다
25 오호라 두 용사가 전쟁 중에 엎드러졌도
다 요나단이 네 산 위에서 죽임을 당하였
도다
26 내 형 요나단이여 내가 그대를 애통함은
그대는 내게 심히 아름다움이라 그대가 나
를 사랑함이 기이하여 여인의 사랑보다 더
하였도다

14 ●David asked him, "Why weren't you
afraid to lift your hand to destroy the LORD's
anointed?"
15 ●Then David called one of his men and
said, "Go, strike him down!" So he struck him
16 down, and he died. ●For David had said to
him, "Your blood be on your own head. Your
own mouth testified against you when you
said, 'I killed the LORD's anointed.' "

David's Lament for Saul and Jonathan

17 ●David took up this lament concerning
18 Saul and his son Jonathan, ●and he ordered
that the people of Judah be taught this lament
of the bow (it is written in the Book of Jashar):

19 ●"A gazelle[a] lies slain on your heights, Israel.
How the mighty have fallen!

20 ●"Tell it not in Gath,
proclaim it not in the streets of
Ashkelon,
lest the daughters of the Philistines be glad,
lest the daughters of the uncircumcised
rejoice.

21 ●"Mountains of Gilboa,
may you have neither dew nor rain,
may no showers fall on your terraced
fields.[b]
For there the shield of the mighty was despised,
the shield of Saul—no longer rubbed
with oil.

22 ●"From the blood of the slain,
from the flesh of the mighty,
the bow of Jonathan did not turn back,
the sword of Saul did not return
unsatisfied.

23 ●Saul and Jonathan—
in life they were loved and admired,
and in death they were not parted.
They were swifter than eagles,
they were stronger than lions.

24 ●"Daughters of Israel,
weep for Saul,
who clothed you in scarlet and finery,
who adorned your garments with
ornaments of gold.

25 ●"How the mighty have fallen in battle!
Jonathan lies slain on your heights.
26 ●I grieve for you, Jonathan my brother;

[a]19 *Gazelle* here symbolizes a human dignitary. [b]21 Or / *nor fields that yield grain for offerings*

삼하

anoint [ənɔ́int] *vt.* 기름붓다
battle [bǽtl] *n.* 전투
bow [bau] *n.* 활
concerning [kənsə́:rniŋ] *prep.* …에 관하여
destroy [distrɔ́i] *vt.* 파멸시키다
grieve [gri:v] *vi.* 비탄에 잠기다
height [hait] *n.* 높은 곳
lament [ləmént] *n.* 비탄
ornament [ɔ́:rnəmənt] *n.* 장식
proclaim [proukléim] *vt.* 선포하다
scarlet [skɑ́:rlit] *n.* 진분홍빛의 옷
shield [ʃi:ld] *n.* 방패
slay [slei] *vt.* 살해하다
testify [téstəfài] *vi.* 증언하다
uncircumcised [ʌnsə́:rkəmsaizd] *a.* 할례받지 않은

1:15 strike down: 때려눕히다
1:17 take up: 계속하다
1:21 neither A nor B: A도 B도 아닌
1:21 no longer: 더 이상 …아닌 (하지 않는)
1:24 adorn with...: …로 꾸미다

27 오호라 두 용사가 엎드러졌으며 싸우는 무
기가 망하였도다
하였더라 1:19

다윗이 유다의 왕이 되다 — B.C. 1011년경

2 그 후에 다윗이 여호와께 여쭈어 아뢰되
내가 유다 한 성읍으로 올라가리이까 여호
와께서 이르시되 올라가라 다윗이 아뢰되 어
디로 가리이까 이르시되 헤브론으로 갈지니
라
2 다윗이 그의 두 아내 이스르엘 여인 아히노
암과 갈멜 사람 나발의 아내였던 아비가일을
데리고 그리로 올라갈 때에
3 또 자기와 함께한 추종자들과 그들의 가족들
을 다윗이 다 데리고 올라가서 헤브론 각 성
읍에 살게 하니라
4 유다 사람들이 와서 거기서 다윗에게 기름을
부어 유다 족속의 왕으로 삼았더라 ●어떤
사람이 다윗에게 말하여 이르되 사울을 장사
한 사람은 길르앗 야베스 사람들이니이다 하
매
5 다윗이 길르앗 야베스 사람들에게 전령들을
보내 그들에게 이르되 너희가 너희 주 사울
에게 이처럼 은혜를 베풀어 그를 장사하였으
니 여호와께 복을 받을지어다 삼상 24:19
6 너희가 이 일을 하였으니 이제 여호와께서
은혜와 진리로 너희에게 베푸시기를 원하고
나도 이 선한 일을 너희에게 갚으리니
7 이제 너희는 손을 강하게 하고 담대히 할지
어다 너희 주 사울이 죽었고 또 유다 족속이
내게 기름을 부어 그들의 왕으로 삼았음이니
라 하니라

이스보셋이 이스라엘의 왕이 되다

8 ●사울의 군사령관 넬의 아들 아브넬이 이미
사울의 아들 이스보셋을 데리고 마하나임으
로 건너가
9 길르앗과 아술과 이스르엘과 에브라임과 베
냐민과 온 이스라엘의 왕으로 삼았더라
10 사울의 아들 이스보셋이 이스라엘 왕이 될
때에 나이가 사십 세이며 두 해 동안 왕위에
있으니라 유다 족속은 다윗을 따르니
11 다윗이 헤브론에서 유다 족속의 왕이 된 날
수는 칠 년 육 개월이더라 5:5

이스라엘과 유다의 전쟁

12 ●넬의 아들 아브넬과 사울의 아들 이스보셋
의 신복들은 마하나임에서 나와 기브온에 이
르고
13 스루야의 아들 요압과 다윗의 신복들도 나와

you were very dear to me.
Your love for me was wonderful,
more wonderful than that of women.
27 ●"How the mighty have fallen!
The weapons of war have perished!"

David Anointed King Over Judah

2 In the course of time, David inquired of
the LORD. "Shall I go up to one of the
towns of Judah?" he asked.
The LORD said, "Go up."
David asked, "Where shall I go?"
"To Hebron," the LORD answered.
2 ●So David went up there with his two
wives, Ahinoam of Jezreel and Abigail, the
3 widow of Nabal of Carmel. ●David also took
the men who were with him, each with his
family, and they settled in Hebron and its
4 towns. ●Then the men of Judah came to
Hebron, and there they anointed David king
over the tribe of Judah.
When David was told that it was the men
from Jabesh Gilead who had buried Saul,
5 ●he sent messengers to them to say to them,
"The LORD bless you for showing this kind-
ness to Saul your master by burying him.
6 ●May the LORD now show you kindness and
faithfulness, and I too will show you the
same favor because you have done this.
7 ●Now then, be strong and brave, for Saul
your master is dead, and the people of Judah
have anointed me king over them."

War Between the Houses of David and Saul

8 ●Meanwhile, Abner son of Ner, the com-
mander of Saul's army, had taken Ish-Bo-
sheth son of Saul and brought him over to
9 Mahanaim. ●He made him king over Gilead,
Ashuri and Jezreel, and also over Ephraim,
Benjamin and all Israel.
10 ●Ish-Bosheth son of Saul was forty years
old when he became king over Israel, and he
reigned two years. The tribe of Judah, howev-
11 er, remained loyal to David. ●The length of
time David was king in Hebron over Judah
was seven years and six months.
12 ●Abner son of Ner, together with the men
of Ish-Bosheth son of Saul, left Mahanaim
13 and went to Gibeon. ●Joab son of Zeruiah
and David's men went out and met them at
the pool of Gibeon. One group sat down on
one side of the pool and one group on the

anoint [ənɔ́int] *vt.* 기름붓다
army [á:rmi] *n.* 군대
bless [bles] *vt.* 복을 주다
brave [breiv] *a.* 용감한
bury [béri] *vt.* 매장하다
commander [kəmǽndər] *n.* 사령관
faithfulness [féiθfəlnis] *n.* 충실
favor [feivər] *n.* 은혜
kindness [káindnis] *n.* 친절
perish [périʃ] *vi.* 썩다, 소멸하다
pool [pu:l] *n.* 연못
reign [rein] *vi.* 통치하다
remain [riméin] *vi.* 남아 있다
tribe [traib] *n.* 지파, 족속
widow [wídou] *n.* 미망인, 과부

1:26 dear to...: …에게 소중한
2:1 inquire of...: …에게 묻다
2:1 go up: 올라가다
2:3 settle in: 정착하다
2:7 be strong: 힘이 세다
2:13 go out: 나가다, 외출하다

기브온 못가에서 그들을 만나 함께 앉으니
이는 못 이쪽이요 그는 못 저쪽이라
14 아브넬이 요압에게 이르되 원하건대 청년들
에게 일어나서 우리 앞에서 겨루게 하자 요
압이 이르되 일어나게 하자 하매
15 그들이 일어나 그 수대로 나아가니 베냐민과
사울의 아들 이스보셋의 편에 열두 명이요
다윗의 신복 중에 열두 명이라
16 각기 상대방의 머리를 잡고 칼로 상대방의
옆구리를 찌르매 일제히 쓰러진지라 그러므
로 그곳을 1)헬갓 핫수림이라 일컬었으며 기
브온에 있더라
17 그날에 싸움이 심히 맹렬하더니 아브넬과 이
스라엘 사람들이 다윗의 신복들 앞에서 패하
니라
18 ●그곳에 스루야의 세 아들 요압과 아비새와
아사헬이 있었는데 아사헬의 발은 들노루같
이 빠르더라 대상 2:16
19 아사헬이 아브넬을 쫓아 달려가되 좌우로 치
우치지 않고 아브넬의 뒤를 쫓으니
20 아브넬이 뒤를 돌아보며 이르되 아사헬아 너
냐 대답하되 나로라
21 아브넬이 그에게 이르되 너는 왼쪽으로나 오
른쪽으로나 가서 청년 하나를 붙잡아 그의
군복을 빼앗으라 하되 아사헬이 그렇게 하기
를 원하지 아니하고 그의 뒤를 쫓으매
22 아브넬이 다시 아사헬에게 이르되 너는 나
쫓기를 그치라 내가 너를 쳐서 땅에 엎드러
지게 할 까닭이 무엇이냐 그렇게 하면 내가
어떻게 네 형 요압을 대면하겠느냐 하되
23 그가 물러가기를 거절하매 아브넬이 창 뒤
끝으로 그의 배를 찌르니 창이 그의 등을 꿰
뚫고 나간지라 곧 그곳에 엎드러져 죽으매
아사헬이 엎드러져 죽은 곳에 이르는 자마다
머물러 섰더라 4:6
24 ●요압과 아비새가 아브넬의 뒤를 쫓아 기브
온 거친 땅의 길가 기아 맞은쪽 암마 산에 이
를 때에 해가 졌고 삼상 26:5–7
25 베냐민 족속은 함께 모여 아브넬을 따라 한
무리를 이루고 작은 산 꼭대기에 섰더라
26 아브넬이 요압에게 외쳐 이르되 칼이 영원히
사람을 상하겠느냐 마침내 참혹한 일이 생길
줄을 알지 못하느냐 네가 언제 무리에게 그
의 형제 쫓기를 그치라 명령하겠느냐
27 요압이 이르되 하나님이 살아 계심을 두고
맹세하노니 네가 말하지 아니하였더면 무리
가 아침에 각각 다 돌아갔을 것이요 그의 형

other side.
14 •Then Abner said to Joab, "Let's have some
of the young men get up and fight hand to
hand in front of us."
"All right, let them do it," Joab said.
15 •So they stood up and were counted off
—twelve men for Benjamin and Ish-Bosheth
16 son of Saul, and twelve for David. •Then
each man grabbed his opponent by the head
and thrust his dagger into his opponent's
side, and they fell down together. So that
place in Gibeon was called Helkath Haz-
zurim.[a]
17 •The battle that day was very fierce, and
Abner and the Israelites were defeated by
David's men.
18 •The three sons of Zeruiah were there:
Joab, Abishai and Asahel. Now Asahel was as
19 fleet-footed as a wild gazelle. •He chased
Abner, turning neither to the right nor to the
20 left as he pursued him. •Abner looked
behind him and asked, "Is that you, Asahel?"
"It is," he answered.
21 •Then Abner said to him, "Turn aside to
the right or to the left; take on one of the
young men and strip him of his weapons."
But Asahel would not stop chasing him.
22 •Again Abner warned Asahel, "Stop chas-
ing me! Why should I strike you down? How
could I look your brother Joab in the face?"
23 •But Asahel refused to give up the pursuit;
so Abner thrust the butt of his spear into
Asahel's stomach, and the spear came out
through his back. He fell there and died on
the spot. And every man stopped when he
came to the place where Asahel had fallen
and died.
24 •But Joab and Abishai pursued Abner, and
as the sun was setting, they came to the hill of
Ammah, near Giah on the way to the waste-
25 land of Gibeon. •Then the men of Benjamin
rallied behind Abner. They formed them-
selves into a group and took their stand on
top of a hill.
26 •Abner called out to Joab, "Must the sword
devour forever? Don't you realize that this
will end in bitterness? How long before you
order your men to stop pursuing their fellow
Israelites?"
27 •Joab answered, "As surely as God lives, if
you had not spoken, the men would have

[a]16 *Helkath Hazzurim* means *field of daggers* or *field of hostilities.* 1) 날카로운 칼의 밭

삼하

battle [bǽtl] *n.* 전투
bitterness [bítərnis] *n.* 비통
chase [tʃeis] *vt.* 뒤쫓다
dagger [dǽgər] *n.* 단검
defeat [difíːt] *vt.* 쳐부수다
fierce [fiərs] *a.* 맹렬한
fleet-footed [flíːtfútid] *a.* 발이 빠른
gazelle [gəzél] *n.* 가젤, 영양
grab [græb] *vt.* 붙들다
opponent [əpóunənt] *n.* 적수
pursue [pərsúː] *vt.* 추적하다
pursuit [pərsúːt] *n.* 추적
rally [rǽli] *vi.* 모이다
spear [spiər] *n.* 창, 작살
weapon [wépən] *n.* 무기

2:15 count off: 세어서 등분하다
2:16 thrust A into B: A로 B를 찌르다
2:16 fall down: 넘어지다
2:19 neither A nor B: A도 B도 아닌
2:21 strip of...: …를 빼앗다
2:22 strike down: 쓰러뜨리다

제를 쫓지 아니하였으리라 하고
28 요압이 나팔을 불매 온 무리가 머물러 서고
다시는 이스라엘을 쫓아가지 아니하고 다시
는 싸우지도 아니하니라
29 아브넬과 그의 부하들이 밤새도록 걸어서 아
라바를 지나 요단을 건너 비드론 온 땅을 지
나 마하나임에 이르니라 2:8
30 ● 요압이 아브넬 쫓기를 그치고 돌아와 무리
를 다 모으니 다윗의 신복 중에 열아홉 명과
아사헬이 없어졌으나
31 다윗의 신복들이 베냐민과 아브넬에게 속한
자들을 쳐서 삼백육십 명을 죽였더라
32 무리가 아사헬을 들어올려 베들레헴에 있는
그의 조상 묘에 장사하고 요압과 그의 부하
들이 밤새도록 걸어서 헤브론에 이른 때에
날이 밝았더라

3 사울의 집과 다윗의 집 사이에 전쟁이 오
래매 다윗은 점점 강하여 가고 사울의 집
은 점점 약하여 가니라

다윗의 아들들 (대상 3:1-4)

2 ● 다윗이 헤브론에서 아들들을 낳았으되 맏
아들은 암논이라 이스르엘 여인 아히노암의
소생이요
3 둘째는 길르압이라 갈멜 사람 나발의 아내였
던 아비가일의 소생이요 셋째는 압살롬이라
그술 왕 달매의 딸 마아가의 아들이요
4 넷째는 아도니야라 학깃의 아들이요 다섯째
는 스바댜라 아비달의 아들이요
5 여섯째는 이드르암이라 다윗의 아내 에글라
의 소생이니 이들은 다윗이 헤브론에서 낳은
자들이더라

아브넬이 이스보셋을 배반하다 (♪ 27장)

6 ● 사울의 집과 다윗의 집 사이에 전쟁이 있
는 동안에 아브넬이 사울의 집에서 점점 권
세를 잡으니라
7 사울에게 첩이 있었으니 이름은 리스바요 아
야의 딸이더라 이스보셋이 아브넬에게 이르
되 네가 어찌하여 내 아버지의 첩과 통간하
였느냐 하니
8 아브넬이 이스보셋의 말을 매우 분하게 여겨
이르되 내가 유다의 개 머리냐 내가 오늘 당
신의 아버지 사울의 집과 그의 형제와 그의
친구에게 은혜를 베풀어 당신을 다윗의 손에
내주지 아니하였거늘 당신이 오늘 이 여인에
게 관한 허물을 내게 돌리는도다
9 여호와께서 다윗에게 맹세하신 대로 내가 이
루게 하지 아니하면 하나님이 아브넬에게 벌

continued pursuing them until morning."
28 ● So Joab blew the trumpet, and all the
troops came to a halt; they no longer pursued
Israel, nor did they fight anymore.
29 ● All that night Abner and his men marched
through the Arabah. They crossed the Jordan,
continued through the morning hours[a] and
came to Mahanaim.
30 ● Then Joab stopped pursuing Abner and
assembled the whole army. Besides Asahel,
nineteen of David's men were found missing.
31 ● But David's men had killed three hundred
and sixty Benjamites who were with Abner.
32 ● They took Asahel and buried him in his
father's tomb at Bethlehem. Then Joab and his
men marched all night and arrived at Hebron
by daybreak.

3 The war between the house of Saul and
the house of David lasted a long time.
David grew stronger and stronger, while the
house of Saul grew weaker and weaker.
2 ● Sons were born to David in Hebron:
His firstborn was Amnon the son of
Ahinoam of Jezreel;
3 ● his second, Kileab the son of Abigail
the widow of Nabal of Carmel;
the third, Absalom the son of Maakah
daughter of Talmai king of Geshur;
4 ● the fourth, Adonijah the son of Hag-
gith;
the fifth, Shephatiah the son of Abital;
5 ● and the sixth, Ithream the son of
David's wife Eglah.
These were born to David in Hebron.

Abner Goes Over to David

6 ● During the war between the house of Saul
and the house of David, Abner had been
strengthening his own position in the house
7 of Saul. ● Now Saul had had a concubine
named Rizpah daughter of Aiah. And Ish-
Bosheth said to Abner, "Why did you sleep
with my father's concubine?"
8 ● Abner was very angry because of what
Ish-Bosheth said. So he answered, "Am I a
dog's head—on Judah's side? This very day
I am loyal to the house of your father Saul
and to his family and friends. I haven't hand-
ed you over to David. Yet now you accuse me
9 of an offense involving this woman! ● May

[a] *29* See Septuagint; the meaning of the Hebrew for this phrase is uncertain.

accuse [əkjúːz] *vt.* 고발하다
arrive [əráiv] *vi.* 도착하다
assemble [əsémbl] *vt.* 모으다
born [bɔːrn] *a.* 태어난
concubine [káŋkjubàin] *n.* 첩
daybreak [déibrèik] *n.* 새벽
firstborn [fə́ːrstbɔ̀ːrn] *n.* 장자
halt [hɔːlt] *n.* 중지, 정지
involve [inválv] *vt.* 연루시키다
march [maːrtʃ] *vi.* 행군하다
missing [mísiŋ] *a.* 없어진
offense [əféns] *n.* 과실, 과오
pursue [pərsúː] *vt.* 추적하다
tomb [tuːm] *n.* 무덤, 묘
widow [wídou] *n.* 과부

2:28 no longer: 더 이상 …아닌 (하지 않는)
2:32 arrive at...: …에 도착하다
3:2 born to: …에서 태어나
3:8 be loyal to: 충성을 다하다
3:8 hand over: 건네주다, 넘겨주다

위에 벌을 내리심이 마땅하니라 왕상 19:2
10 그 맹세는 곧 이 나라를 사울의 집에서 다윗
에게 옮겨서 그의 왕위를 단에서 브엘세바까
지 이스라엘과 유다에 세우리라 하신 것이니
라 하매
11 이스보셋이 아브넬을 두려워하여 감히 한 마
디도 대답하지 못하니라
12 ● 아브넬이 자기를 대신하여 전령들을 다윗
에게 보내어 이르되 이 땅이 누구의 것이니
이까 또 이르되 당신은 나와 더불어 언약을
맺사이다 내 손이 당신을 도와 온 이스라엘
이 당신에게 돌아가게 하리이다 하니
13 다윗이 이르되 좋다 내가 너와 언약을 맺거
니와 내가 네게 한 가지 일을 요구하노니 나
를 보러올 때에 우선 사울의 딸 미갈을 데리
고 오라 그리하지 아니하면 내 얼굴을 보지
못하리라 하고
14 다윗이 사울의 아들 이스보셋에게 전령들을
보내 이르되 내 처 미갈을 내게로 돌리라 그
는 내가 전에 블레셋 사람의 포피 백 개로 나
와 정혼한 자니라 하니
15 이스보셋이 사람을 보내 그의 남편 라이스의
아들 발디엘에게서 그를 빼앗아 오매
16 그의 남편이 그와 함께 오되 울며 바후림까
지 따라왔더니 아브넬이 그에게 돌아가라 하
매 돌아가니라
17 ● 아브넬이 이스라엘 장로들에게 말하여 이
르되 너희가 여러 번 다윗을 너희의 임금으
로 세우기를 구하였으니
18 이제 그대로 하라 여호와께서 이미 다윗에
대하여 말씀하시기를 내가 내 종 다윗의 손
으로 내 백성 이스라엘을 구원하여 블레셋
사람의 손과 모든 대적의 손에서 벗어나게
하리라 하셨음이니라 하고
19 아브넬이 또 베냐민 사람의 귀에 말하고 아
브넬이 이스라엘과 베냐민의 온 집이 선하게
여기는 모든 것을 다윗의 귀에 말하려고 헤
브론으로 가니라
20 아브넬이 부하 이십 명과 더불어 헤브론에
이르러 다윗에게 나아가니 다윗이 아브넬과
그와 함께한 사람을 위하여 잔치를 배설하였
더라
21 아브넬이 다윗에게 말하되 내가 일어나 가서
온 이스라엘 무리를 내 주 왕의 앞에 모아 더
불어 언약을 맺게 하고 마음에 원하시는 대로
모든 것을 다스리시게 하리이다 하니 이에 다
윗이 아브넬을 보내매 그가 평안히 가니라

God deal with Abner, be it ever so severely,
if I do not do for David what the LORD pro-
10 mised him on oath ● and transfer the king-
dom from the house of Saul and establish
David's throne over Israel and Judah from
11 Dan to Beersheba." ● Ish-Bosheth did not
dare to say another word to Abner, because
he was afraid of him.
12 ● Then Abner sent messengers on his be-
half to say to David, "Whose land is it? Make
an agreement with me, and I will help you
bring all Israel over to you."
13 ● "Good," said David. "I will make an agree-
ment with you. But I demand one thing of
you: Do not come into my presence unless
you bring Michal daughter of Saul when you
14 come to see me." ● Then David sent messen-
gers to Ish-Bosheth son of Saul, demanding,
"Give me my wife Michal, whom I betrothed
to myself for the price of a hundred Philistine
foreskins."
15 ● So Ish-Bosheth gave orders and had her
taken away from her husband Paltiel son of
16 Laish. ● Her husband, however, went with her,
weeping behind her all the way to Bahurim.
Then Abner said to him, "Go back home!" So
he went back.
17 ● Abner conferred with the elders of Israel
and said, "For some time you have wanted to
18 make David your king. ● Now do it! For the
LORD promised David, 'By my servant David I
will rescue my people Israel from the hand of
the Philistines and from the hand of all their
enemies.' "
19 ● Abner also spoke to the Benjamites in per-
son. Then he went to Hebron to tell David
everything that Israel and the whole tribe of
20 Benjamin wanted to do. ● When Abner, who
had twenty men with him, came to David at
Hebron, David prepared a feast for him and
21 his men. ● Then Abner said to David, "Let me
go at once and assemble all Israel for my lord
the king, so that they may make a covenant
with you, and that you may rule over all that
your heart desires." So David sent Abner away,
and he went in peace.

Joab Murders Abner

22 ● Just then David's men and Joab returned
from a raid and brought with them a great
deal of plunder. But Abner was no longer
with David in Hebron, because David had

agreement [əgríːmənt] *n.* 협정
betroth [bitróuð] *vt.* 약혼하다
confer [kənfə́ːr] *vi.* 상의하다
dare [dɛər] *vt.* 감히 …하다
demand [dimǽnd] *vt.* 요구하다
enemy [énəmi] *n.* 원수
establish [istǽbliʃ] *vt.* 세우다
foreskin [fɔ́ːrskìn] *n.* 포피
husband [hʌzbənd] *n.* 남편
oath [ouθ] *n.* 맹세
plunder [plʌndər] *n.* 약탈품
presence [prézns] *n.* 남 앞, 면전
severely [sivíərli] *ad.* 엄하게
throne [θroun] *n.* 왕위
transfer [trænsfə́ːr] *vt.* 옮기다

3:9 deal with...: …를 처리하다
3:11 be afraid of...: …를 두려워하다
3:12 on one's behalf...: …을 대신하여
3:12 bring over: 넘겨주다
3:15 take away: 가져가다
3:22 a great deal of: 다량의

아브넬이 살해되다

22 ●다윗의 신복들과 요압이 적군을 치고 크
게 노략한 물건을 가지고 돌아오니 아브넬
은 이미 보냄을 받아 평안히 갔고 다윗과 함
께 헤브론에 있지 아니한 때라
23 요압 및 요압과 함께한 모든 군사가 돌아오
매 어떤 사람이 요압에게 말하여 이르되 넬
의 아들 아브넬이 왕에게 왔더니 왕이 보내
매 그가 평안히 갔나이다 하니
24 요압이 왕에게 나아가 이르되 어찌하심이니
이까 아브넬이 왕에게 나아왔거늘 어찌하여
그를 보내 잘 가게 하셨나이까
25 왕도 아시려니와 넬의 아들 아브넬이 온 것
은 왕을 속임이라 그가 왕이 출입하는 것을
알고 왕이 하시는 모든 것을 알려 함이니이
다 하고
26 이에 요압이 다윗에게서 나와 전령들을 보
내 아브넬을 쫓아가게 하였더니 시라 우물
가에서 그를 데리고 돌아왔으나 다윗은 알
지 못하였더라
27 ●아브넬이 헤브론으로 돌아오매 요압이 더
불어 조용히 말하려는 듯이 그를 데리고 성
문 안으로 들어가 거기서 배를 찔러 죽이니
이는 자기의 동생 아사헬의 피로 말미암음
이더라
28 그 후에 다윗이 듣고 이르되 넬의 아들 아브
넬의 피에 대하여 나와 내 나라는 여호와 앞
에 영원히 무죄하니
29 그 죄가 요압의 머리와 그의 아버지의 온 집
으로 돌아갈지어다 또 요압의 집에서 백탁
병자나 나병 환자나 지팡이를 의지하는 자
나 칼에 죽는 자나 양식이 떨어진 자가 끊어
지지 아니할지로다 하니라
30 요압과 그의 동생 아비새가 아브넬을 죽인
것은 그가 기브온 전쟁에서 자기 동생 아사
헬을 죽인 까닭이었더라

아브넬을 장사하다

31 ●다윗이 요압과 및 자기와 함께 있는 모든
백성에게 이르되 너희는 옷을 찢고 굵은 베
를 띠고 아브넬 앞에서 애도하라 하니라 다
윗 왕이 상여를 따라가
32 아브넬을 헤브론에 장사하고 아브넬의 무덤
에서 왕이 소리를 높여 울고 백성도 다 우니라
33 왕이 아브넬을 위하여 애가를 지어 이르되
아브넬의 죽음이 어찌하여 미련한 자의 죽
음 같은고
34 네 손이 결박되지 아니하였고 네 발이 차

sent him away, and he had gone in peace.
23 ●When Joab and all the soldiers with him
arrived, he was told that Abner son of Ner had
come to the king and that the king had sent
him away and that he had gone in peace.
24 ●So Joab went to the king and said, "What
have you done? Look, Abner came to you.
Why did you let him go? Now he is gone!
25 ●You know Abner son of Ner; he came to
deceive you and observe your movements
and find out everything you are doing."
26 ●Joab then left David and sent messengers
after Abner, and they brought him back
from the cistern at Sirah. But David did not
27 know it. ●Now when Abner returned to He-
bron, Joab took him aside into an inner
chamber, as if to speak with him privately.
And there, to avenge the blood of his broth-
er Asahel, Joab stabbed him in the stomach,
and he died.
28 ●Later, when David heard about this, he
said, "I and my kingdom are forever innocent
before the LORD concerning the blood of
29 Abner son of Ner. ●May his blood fall on the
head of Joab and on his whole family! May
Joab's family never be without someone who
has a running sore or leprosy[a] or who leans on
a crutch or who falls by the sword or who
lacks food."
30 ●(Joab and his brother Abishai murdered
Abner because he had killed their brother Asa-
hel in the battle at Gibeon.)
31 ●Then David said to Joab and all the people
with him, "Tear your clothes and put on sack-
cloth and walk in mourning in front of
Abner." King David himself walked behind the
32 bier. ●They buried Abner in Hebron, and the
king wept aloud at Abner's tomb. All the peo-
ple wept also.
33 ●The king sang this lament for Abner:

"Should Abner have died as the lawless die?
34 ●Your hands were not bound,
your feet were not fettered.
You fell as one falls before the wicked."

And all the people wept over him again.
35 ●Then they all came and urged David to eat
something while it was still day; but David
took an oath, saying, "May God deal with me,
be it ever so severely, if I taste bread or anything
else before the sun sets!"

[a]29 The Hebrew for *leprosy* was used for various diseases affecting the skin.

aloud [əláud] *ad.* 큰 소리로
bier [biər] *n.* 관가, 관대
bound [baund] *a.* 속박된
concerning [kənsə́ːrniŋ] *prep.* …에 관하여
crutch [krʌtʃ] *n.* 목발
deceive [disíːv] *vt.* 속이다
fetter [fétər] *vt.* 족쇄를 채우다
innocent [ínəsənt] *a.* 결백한
lament [ləmént] *n.* 애가, 애도
leprosy [léprəsi] *n.* 문둥병
murder [mə́ːrdər] *n.v.* 살해(하다)
observe [əbzə́ːrv] *vt.* 관찰하다
privately [práivitli] *ad.* 남몰래
severely [sivíərli] *ad.* 엄하게
tomb [tuːm] *n.* 무덤, 묘

3:25 find out: 찾아내다
3:26 bring back: 돌려주다
3:27 speak with...: …와 이야기를 나누다
3:31 put on: 입다
3:35 take an oath: 서약하다
3:35 deal with: 처리하다

꼬에 채이지 아니하였거늘 불의한 자식의
앞에 엎드러짐같이 네가 엎드러졌도다
하매 온 백성이 다시 그를 슬퍼하여 우니라
35 석양에 뭇 백성이 나아와 다윗에게 음식을
권하니 다윗이 맹세하여 이르되 만일 내가
해 지기 전에 떡이나 다른 모든 것을 맛보면
하나님이 내게 벌 위에 벌을 내리심이 마땅
하니라 하매
36 온 백성이 보고 기뻐하며 왕이 무슨 일을 하
든지 무리가 다 기뻐하므로
37 이날에야 온 백성과 온 이스라엘이 넬의 아
들 아브넬을 죽인 것이 왕이 한 것이 아닌 줄
을 아니라
38 왕이 그의 신복에게 이르되 오늘 이스라엘의
지도자요 큰 인물이 죽은 것을 알지 못하느냐
39 내가 기름부음을 받은 왕이 되었으나 오늘
약하여서 스루야의 아들인 이 사람들을 제
어하기가 너무 어려우니 여호와는 악행한
자에게 그 악한 대로 갚으실지로다 하니라

이스보셋이 살해되다 (♪ 274장) — B.C. 1005년경

4 사울의 아들 이스보셋은 아브넬이 헤브론
에서 죽었다 함을 듣고 손의 맥이 풀렸고
온 이스라엘이 놀라니라
2 사울의 아들 이스보셋에게 군지휘관 두 사
람이 있으니 한 사람의 이름은 바아나요 한
사람의 이름은 레갑이라 베냐민 족속 브에
롯 사람 림몬의 아들들이더라 브에롯도 베
냐민 지파에 속하였으니
3 일찍이 브에롯 사람들이 깃다임으로 도망하
여 오늘까지 거기에 우거함이더라
4 ●사울의 아들 요나단에게 다리 저는 아들
하나가 있었으니 이름은 므비보셋이라 전에
사울과 요나단이 죽은 소식이 이스르엘에서
올 때에 그의 나이가 다섯 살이었는데 그 유
모가 안고 도망할 때 급히 도망하다가 아이
가 떨어져 절게 되었더라
5 ●브에롯 사람 림몬의 아들 레갑과 바아나
가 길을 떠나 볕이 쬘 때 즈음에 이스보셋의
집에 이르니 마침 그가 침상에서 낮잠을 자
는지라
6 레갑과 그의 형제 바아나가 밀을 가지러 온
체하고 집 가운데로 들어가서 그의 배를 찌
르고 도망하였더라 2:23
7 그들이 집에 들어가니 이스보셋이 침실에서
침상 위에 누워 있는지라 그를 쳐죽이고 목
을 베어 그의 머리를 가지고 밤새도록 아라
바 길로 가

36 ●All the people took note and were pleased;
indeed, everything the king did pleased them.
37 ●So on that day all the people there and all
Israel knew that the king had no part in the
murder of Abner son of Ner.
38 ●Then the king said to his men, "Do you not
realize that a commander and a great man has
39 fallen in Israel this day? ●And today, though I
am the anointed king, I am weak, and these
sons of Zeruiah are too strong for me. May the
LORD repay the evildoer according to his evil
deeds!"

Ish-Bosheth Murdered

4 When Ish-Bosheth son of Saul heard
that Abner had died in Hebron, he
lost courage, and all Israel became alarmed.
2 ●Now Saul's son had two men who were
leaders of raiding bands. One was named
Baanah and the other Rekab; they were sons
of Rimmon the Beerothite from the tribe of
Benjamin — Beeroth is considered part of
3 Benjamin, ●because the people of Beeroth
fled to Gittaim and have resided there as for-
eigners to this day.
4 ●(Jonathan son of Saul had a son who was
lame in both feet. He was five years old when
the news about Saul and Jonathan came
from Jezreel. His nurse picked him up and
fled, but as she hurried to leave, he fell and
became disabled. His name was Mephi-
bosheth.)
5 ●Now Rekab and Baanah, the sons of Rim-
mon the Beerothite, set out for the house of
Ish-Bosheth, and they arrived there in the heat
of the day while he was taking his noonday
6 rest. ●They went into the inner part of the
house as if to get some wheat, and they stabbed
him in the stomach. Then Rekab and his
brother Baanah slipped away.
7 ●They had gone into the house while he
was lying on the bed in his bedroom. After
they stabbed and killed him, they cut off his
head. Taking it with them, they traveled all
8 night by way of the Arabah. ●They brought
the head of Ish-Bosheth to David at Hebron
and said to the king, "Here is the head of Ish-
Bosheth son of Saul, your enemy, who tried
to kill you. This day the LORD has avenged
my lord the king against Saul and his off-
spring."

alarmed [əlɑ́ːrmd] *a.* 깜짝 놀란
anoint [ənɔ́int] *vt.* 기름붓다
avenge [əvéndʒ] *vt.* 복수하다
commander [kəmǽndər] *n.* 사령관
consider [kənsídər] *vt.* …로 여기다
courage [kə́ːridʒ] *n.* 용기
disabled [diséibld] *a.* 장애의
evildoer [íːvəldùːər] *n.* 악행자
noonday [núːndèi] *a.* 한낮의
nurse [nəːrs] *n.* 유모
offspring [ɔ́ːfspriŋ] *n.* 자손
repay [riːpéi] *vt.* 갚다
stab [stæb] *vt.* 찌르다
stomach [stʌmək] *n.* 배
tribe [traib] *n.* 종족, 부족

3:36 take note: 주목하다
3:39 according to: …에 따라, 의하여
4:5 set out: 출발하다, 시작하다
4:6 as if: 마치 …인 것처럼
4:6 slip away: 살짝 가버리다
4:7 cut off: 자르다, 베다

8 헤브론에 이르러 다윗 왕에게 이스보셋의 머
리를 드리며 아뢰되 왕의 생명을 해하려 하
던 원수 사울의 아들 이스보셋의 머리가 여
기 있나이다 여호와께서 오늘 우리 주 되신
왕의 원수를 사울과 그의 자손에게 갚으셨나
이다 하니
9 다윗이 브에롯 사람 림몬의 아들 레갑과 그
의 형제 바아나에게 대답하여 그들에게 이르
되 내 생명을 여러 환난 가운데서 건지신 여
호와께서 살아 계심을 두고 맹세하노니
10 전에 사람이 내게 알리기를 보라 사울이 죽었
다 하며 그가 좋은 소식을 전하는 줄로 생각
하였어도 내가 그를 잡아 시글락에서 죽여서
그것을 그 소식을 전한 갚음으로 삼았거든
11 하물며 악인이 의인을 그의 집 침상 위에서
죽인 것이겠느냐 그런즉 내가 악인의 피흘린
죄를 너희에게 갚아서 너희를 이 땅에서 없
이하지 아니하겠느냐 하고
12 청년들에게 명령하매 곧 그들을 죽이고 수족
을 베어 헤브론 못가에 매달고 이스보셋의
머리를 가져다가 헤브론에서 아브넬의 무덤
에 매장하였더라

다윗이 온 이스라엘의 왕이 되다 (대상 11:1-3)

5 이스라엘 모든 지파가 헤브론에 이르러 다
윗에게 나아와 이르되 보소서 우리는 왕의
한 골육이니이다
2 전에 곧 사울이 우리의 왕이 되었을 때에도 이
스라엘을 거느려 출입하게 하신 분은 왕이시
었고 여호와께서도 왕에게 말씀하시기를 네
가 내 백성 이스라엘의 목자가 되며 네가 이스
라엘의 주권자가 되리라 하셨나이다 하니라
3 이에 이스라엘 모든 장로가 헤브론에 이르러
왕에게 나아오매 다윗 왕이 헤브론에서 여호
와 앞에 그들과 언약을 맺으매 그들이 다윗
에게 기름을 부어 이스라엘 왕으로 삼으니라
4 ●다윗이 나이가 삼십 세에 왕위에 올라 사
십 년 동안 다스렸으되
5 헤브론에서 칠 년 육 개월 동안 유다를 다스
렸고 예루살렘에서 삼십삼 년 동안 온 이스
라엘과 유다를 다스렸더라

다윗이 시온을 빼앗아 성을 둘러 쌓다 (대상 11:4-9; 14:1-2)

6 ●왕과 그의 부하들이 예루살렘으로 가서 그
땅 주민 여부스 사람을 치려 하매 그 사람들
이 다윗에게 이르되 네가 결코 이리로 들어
오지 못하리라 맹인과 다리 저는 자라도 너
를 물리치리라 하니 그들 생각에는 다윗이

9 ●David answered Rekab and his brother
Baanah, the sons of Rimmon the Beerothite,
"As surely as the LORD lives, who has deliv-
10 ered me out of every trouble, ●when some-
one told me, 'Saul is dead,' and thought he
was bringing good news, I seized him and
put him to death in Ziklag. That was the
11 reward I gave him for his news! ●How much
more—when wicked men have killed an
innocent man in his own house and on his
own bed—should I not now demand his
blood from your hand and rid the earth of
you!"
12 ●So David gave an order to his men, and
they killed them. They cut off their hands
and feet and hung the bodies by the pool in
Hebron. But they took the head of Ish-Bo-
sheth and buried it in Abner's tomb at He-
bron.

David Becomes King Over Israel

5 All the tribes of Israel came to David at
Hebron and said, "We are your own flesh
2 and blood. ●In the past, while Saul was king
over us, you were the one who led Israel on
their military campaigns. And the LORD said to
you, 'You will shepherd my people Israel, and
you will become their ruler.'"
3 ●When all the elders of Israel had come to
King David at Hebron, the king made a
covenant with them at Hebron before the
LORD, and they anointed David king over
Israel.
4 ●David was thirty years old when he be-
5 came king, and he reigned forty years. ●In
Hebron he reigned over Judah seven years
and six months, and in Jerusalem he reigned
over all Israel and Judah thirty-three years.

David Conquers Jerusalem

6 ●The king and his men marched to Jeru-
salem to attack the Jebusites, who lived there.
The Jebusites said to David, "You will not get
in here; even the blind and the lame can
ward you off." They thought, "David cannot
7 get in here." ●Nevertheless, David captured
the fortress of Zion—which is the City of
David.
8 ●On that day David had said, "Anyone who
conquers the Jebusites will have to use the
water shaft to reach those 'lame and blind'

anoint [ənɔ́int] *vt.* 기름붓다
blind [blaind] *a.* 눈 먼
campaign [kæmpéin] *n.* 전쟁
capture [kǽptʃər] *vt.* 점령하다
conquer [káŋkər] *vt.* 정복하다
deliver [dilívər] *vt.* 구하다
demand [dimǽnd] *vt.* 요구하다
flesh [fleʃ] *n.* 살, 육체
innocent [ínəsənt] *a.* 결백한
lame [leim] *a.* 절름발이의
military [mílitèri] *a.* 군대의
nevertheless [nèvərðəlés] *ad.* 그럼에도 불구하고
reign [rein] *vi.* 통치하다
seize [siːz] *vt.* 잡다, 쥐다
wicked [wíkid] *a.* 사악한

4:9 as ... as: …과 마찬가지로
4:10 put to death: 죽이다
4:12 bury in...: …에 매장하다
5:5 reign over: 군림하다, 지배하다
5:6 march to: …로 행진하다
5:6 ward... off: …을 막다

이리로 들어오지 못하리라 함이나 수 15:63
7 다윗이 시온 산성을 빼앗았으니 이는 다윗 성이더라 왕상 2:10
8 그날에 다윗이 이르기를 누구든지 여부스 사람을 치거든 물 긷는 데로 올라가서 다윗의 마음에 미워하는 다리 저는 사람과 맹인을 치라 하였으므로 속담이 되어 이르기를 맹인과 다리 저는 사람은 집에 들어오지 못하리라 하더라
9 다윗이 그 산성에 살면서 다윗 성이라 이름하고 다윗이 밀로에서부터 안으로 성을 둘러 쌓으니라
10 만군의 하나님 여호와께서 함께 계시니 다윗이 점점 강성하여 가니라
11 ●두로 왕 히람이 다윗에게 사절들과 백향목과 목수와 석수를 보내매 그들이 다윗을 위하여 집을 지으니 대상 14:1
12 다윗이 여호와께서 자기를 세우사 이스라엘 왕으로 삼으신 것과 그의 백성 이스라엘을 위하여 그 나라를 높이신 것을 알았더라

다윗의 아들과 딸들 (대상 14:3-7)

13 ●다윗이 헤브론에서 올라온 후에 예루살렘에서 처첩들을 더 두었으므로 아들과 딸들이 또 다윗에게서 나니
14 예루살렘에서 그에게서 난 자들의 이름은 삼무아와 소밥과 나단과 솔로몬과
15 입할과 엘리수아와 네벡과 야비아와
16 엘리사마와 엘랴다와 엘리벨렛이었더라

다윗이 블레셋을 쳐서 이기다 (대상 14:8-17)

17 ●이스라엘이 다윗에게 기름을 부어 이스라엘 왕으로 삼았다 함을 블레셋 사람들이 듣고 블레셋 사람들이 다윗을 찾으러 다 올라오매 다윗이 듣고 요새로 나가니라
18 블레셋 사람들이 이미 이르러 르바임 골짜기에 가득한지라
19 다윗이 여호와께 여쭈어 이르되 내가 블레셋 사람에게로 올라가리이까 여호와께서 그들을 내 손에 넘기시겠나이까 하니 여호와께서 다윗에게 말씀하시되 올라가라 내가 반드시 블레셋 사람을 네 손에 넘기리라 하신지라
20 다윗이 바알브라심에 이르러 거기서 그들을 치고 다윗이 말하되 여호와께서 물을 흩음같이 내 앞에서 내 대적을 흩으셨다 하므로 그 곳 이름을 바알브라심이라 부르니라
21 거기서 블레셋 사람들이 그들의 우상을 버렸으므로 다윗과 그의 부하들이 치우니라
22 ●블레셋 사람들이 다시 올라와서 르바임 골

who are David's enemies.[a]" That is why they
say, "The 'blind and lame' will not enter the
palace."
9 ●David then took up residence in the
fortress and called it the City of David. He built
up the area around it, from the terraces[b]
10 inward. ●And he became more and more
powerful, because the LORD God Almighty was
with him.
11 ●Now Hiram king of Tyre sent envoys to
David, along with cedar logs and carpenters
and stonemasons, and they built a palace for
12 David. ●Then David knew that the LORD had
established him as king over Israel and had
exalted his kingdom for the sake of his people
Israel.
13 ●After he left Hebron, David took more
concubines and wives in Jerusalem, and
more sons and daughters were born to him.
14 ●These are the names of the children born
to him there: Shammua, Shobab, Nathan,
15 Solomon, ●Ibhar, Elishua, Nepheg, Japhia,
16 ●Elishama, Eliada and Eliphelet.

David Defeats the Philistines

17 ●When the Philistines heard that David had
been anointed king over Israel, they went up
in full force to search for him, but David heard
about it and went down to the stronghold.
18 ●Now the Philistines had come and spread
19 out in the Valley of Rephaim; ●so David
inquired of the LORD, "Shall I go and attack the
Philistines? Will you deliver them into my
hands?"
The LORD answered him, "Go, for I will surely deliver the Philistines into your hands."
20 ●So David went to Baal Perazim, and there
he defeated them. He said, "As waters break
out, the LORD has broken out against my enemies before me." So that place was called Baal
21 Perazim.[c] ●The Philistines abandoned their
idols there, and David and his men carried
them off.
22 ●Once more the Philistines came up and
23 spread out in the Valley of Rephaim; ●so
David inquired of the LORD, and he answered,
"Do not go straight up, but circle around
behind them and attack them in front of the
24 poplar trees. ●As soon as you hear the sound of
marching in the tops of the poplar trees, move

[a]8 Or *are hated by David* [b]9 Or *the Millo* [c]20 *Baal Perazim* means *the lord who breaks out.*

abandon [əbǽndən] *vt.* 버리다	**defeat** [difí:t] *vt.* 이기다	**inquire** [inkwáiər] *vi.* 묻다
almighty [ɔ:lmáiti] *a.* 전능한	**envoy** [énvɔi] *n.* 사절	**residence** [rézədəns] *n.* 거주
carpenter [ká:rpəntər] *n.* 목수	**establish** [istǽbliʃ] *vt.* 세우다	**stonemason** [stóunmèisn] *n.* 석수
cedar [sí:dər] *n.* 백향목	**exalt** [igzɔ́:lt] *vt.* 높이다	**stronghold** [strɔ́:ŋhòuld] *n.* 성채
concubine [káŋkjubàin] *n.* 첩	**fortress** [fɔ́:rtris] *n.* 요새	**terrace** [térəs] *n.* 대지
5:9 take up: (장소 등을) 차지하다	**5:17 in full force**: 전력으로	**5:22 spread out**: 퍼지다
5:12 for the sake of...: …을 위해	**5:21 carry off**: 가져가다, 채가다	**5:23 in front of...**: …의 앞에

짜기에 가득한지라
23 다윗이 여호와께 여쭈니 이르시되 올라가지
말고 그들 뒤로 돌아서 뽕나무 수풀 맞은편
에서 그들을 기습하되
24 뽕나무 꼭대기에서 걸음 걷는 소리가 들리거
든 곧 공격하라 그때에 여호와가 너보다 앞
서 나아가서 블레셋 군대를 치리라 하신지라
25 이에 다윗이 여호와의 명령대로 행하여 블레
셋 사람을 쳐서 게바에서 게셀까지 이르니라

하나님의 궤를 다윗 성으로 옮기다

(대상 13:1-14; 15:25-16:6,43) — B.C. 1000년경

6 다윗이 이스라엘에서 뽑은 무리 삼만 명을
다시 모으고
2 다윗이 일어나 자기와 함께 있는 모든 사람
과 더불어 바알레유다로 가서 거기서 하나님
의 궤를 메어 오려 하니 그 궤는 그룹들 사이
에 좌정하신 만군의 여호와의 이름으로 불리
는 것이라
3 그들이 하나님의 궤를 새 수레에 싣고 산에
있는 아비나답의 집에서 나오는데 아비나답
의 아들 웃사와 아효가 그 새 수레를 모니라
4 그들이 산에 있는 아비나답의 집에서 하나님
의 궤를 싣고 나올 때에 아효는 궤 앞에서 가
고
5 다윗과 이스라엘 온 족속은 잣나무로 만든
여러 가지 악기와 수금과 비파와 소고와 양
금과 제금으로 여호와 앞에서 연주하더라
6 ●그들이 나곤의 타작마당에 이르러서는 소
들이 뛰므로 웃사가 손을 들어 하나님의 궤
를 붙들었더니 대상 13:9
7 여호와 하나님이 웃사가 잘못함으로 말미암
아 진노하사 그를 그곳에서 치시니 그가 거
기 하나님의 궤 곁에서 죽으니라
8 여호와께서 웃사를 치시므로 다윗이 분하여
그곳을 [1)]베레스웃사라 부르니 그 이름이 오
늘까지 이르니라
9 다윗이 그날에 여호와를 두려워하여 이르되
여호와의 궤가 어찌 내게로 오리요 하고
10 다윗이 여호와의 궤를 옮겨 다윗 성 자기에
게로 메어 가기를 즐겨하지 아니하고 가드
사람 오벧에돔의 집으로 메어 간지라
11 여호와의 궤가 가드 사람 오벧에돔의 집에
석 달을 있었는데 여호와께서 오벧에돔과 그
의 온 집에 복을 주시니라
12 ●어떤 사람이 다윗 왕에게 아뢰어 이르되
여호와께서 하나님의 궤로 말미암아 오벧에
돔의 집과 그의 모든 소유에 복을 주셨다 한

quickly, because that will mean the LORD has
gone out in front of you to strike the Philistine
25 army." ●So David did as the LORD command-
ed him, and he struck down the Philistines all
the way from Gibeon[a] to Gezer.

The Ark Brought to Jerusalem

6 David again brought together all the
able young men of Israel—thirty thou-
2 sand. ●He and all his men went to Baalah[b]
in Judah to bring up from there the ark of
God, which is called by the Name,[c] the name
of the LORD Almighty, who is enthroned bet-
3 ween the cherubim on the ark. ●They set
the ark of God on a new cart and brought it
from the house of Abinadab, which was on
the hill. Uzzah and Ahio, sons of Abinadab,
4 were guiding the new cart ●with the ark of
God on it,[d] and Ahio was walking in front of
5 it. ●David and all Israel were celebrating
with all their might before the LORD, with
castanets,[e] harps, lyres, timbrels, sistrums
and cymbals.
6 ●When they came to the threshing floor of
Nakon, Uzzah reached out and took hold of
the ark of God, because the oxen stumbled.
7 ●The LORD's anger burned against Uzzah
because of his irreverent act; therefore God
struck him down, and he died there beside
the ark of God.
8 ●Then David was angry because the LORD's
wrath had broken out against Uzzah, and to
this day that place is called Perez Uzzah.[f]
9 ●David was afraid of the LORD that day and
said, "How can the ark of the LORD ever come
10 to me?" ●He was not willing to take the ark
of the LORD to be with him in the City of
David. Instead, he took it to the house of
11 Obed-Edom the Gittite. ●The ark of the LORD
remained in the house of Obed-Edom the Git-
tite for three months, and the LORD blessed
him and his entire household.
12 ●Now King David was told, "The LORD has
blessed the household of Obed-Edom and
everything he has, because of the ark of God."

[a]25 Septuagint (see also 1 Chron. 14:16); Hebrew *Geba* [b]2 That is, Kiriath Jearim (see 1 Chron. 13:6) [c]2 Hebrew; Septuagint and Vulgate do not have *the Name.* [d]3,4 Dead Sea Scrolls and some Septuagint manuscripts; Masoretic Text *cart* [4]*and they brought it with the ark of God from the house of Abinadab, which was on the hill* [e]5 Masoretic Text; Dead Sea Scrolls and Septuagint (see also 1 Chron. 13:8) *songs* [f]8 *Perez Uzzah* means *outbreak against Uzzah.*

1) 웃사를 침이라는 뜻

almighty [ɔːlmáiti] *a.* 전능한
ark [aːrk] *n.* 법궤
bless [bles] *vt.* 축복하다
cart [kaːrt] *n.* 짐마차
celebrate [séləbrèit] *vt.* 축하하다
cherubim [tʃérəbim] *n.* 아기천사 그룹
cymbals [símbəlz] *n.* 심벌즈
enthrone [inθróun] *vt.* 왕위에 앉히다
guide [gaid] *vt.* 유도하다
irreverent [irévərənt] *a.* 불경한
lyre [laiər] *n.* 수금
oxen [ɑ́ksn] *n.* 소(복수형)
sistrum [sístrəm] *n.* 타악기
stumble [stʌmbl] *vi.* 비틀거리며 걷다
thresh [θreʃ] *vi.* 타작하다

6:2 bring up: 꺼내다
6:5 with all their might: 전심을 다하여
6:6 reach out: 뻗다, 내밀다
6:6 take hold of...: …를 잡다
6:9 be afraid of...: …를 두려워하다
6:10 not willing to: …하려고 하지 않다

지라 다윗이 가서 하나님의 궤를 기쁨으로
메고 오벧에돔의 집에서 다윗성으로 올라갈
새
13 여호와의 궤를 멘 사람들이 여섯 걸음을 가
매 다윗이 소와 살진 송아지로 제사를 드리
고
14 다윗이 여호와 앞에서 힘을 다하여 춤을 추
는데 그때에 다윗이 베 에봇을 입었더라
15 다윗과 온 이스라엘 족속이 즐거이 환호하며
나팔을 불고 여호와의 궤를 메어오니라
16 ●여호와의 궤가 다윗 성으로 들어올 때에
사울의 딸 미갈이 창으로 내다보다가 다윗
왕이 여호와 앞에서 뛰놀며 춤추는 것을 보
고 심중에 그를 업신여기니라
17 여호와의 궤를 메고 들어가서 다윗이 그것을
위하여 친 장막 가운데 그 준비한 자리에 그
것을 두매 다윗이 번제와 화목제를 여호와
앞에 드리니라
18 다윗이 번제와 화목제 드리기를 마치고 만군
의 여호와의 이름으로 백성에게 축복하고
19 모든 백성 곧 온 이스라엘 무리에게 남녀를
막론하고 떡 한 개와 고기 한 조각과 건포도
떡 한 덩이씩 나누어 주매 모든 백성이 각기
집으로 돌아가니라
20 ●다윗이 자기의 가족에게 축복하러 돌아오
매 사울의 딸 미갈이 나와서 다윗을 맞으며
이르되 이스라엘 왕이 오늘 어떻게 영화로우
신지 방탕한 자가 염치없이 자기의 몸을 드
러내는 것처럼 오늘 그의 신복의 계집종의
눈앞에서 몸을 드러내셨도다 하니 6:14
21 다윗이 미갈에게 이르되 이는 여호와 앞에서
한 것이니라 그가 네 아버지와 그의 온 집을
버리시고 나를 택하사 나를 여호와의 백성
이스라엘의 주권자로 삼으셨으니 내가 여호
와 앞에서 뛰놀리라
22 내가 이보다 더 낮아져서 스스로 천하게 보
일지라도 네가 말한 바 계집종에게는 내가
높임을 받으리라 한지라
23 그러므로 사울의 딸 미갈이 죽는 날까지 그
에게 자식이 없으니라

다윗과 다윗 왕국에 대한 하나님의 약속
(대상 17:1-15 ♪80, 102장)

7 여호와께서 주위의 모든 원수를 무찌르사
왕으로 궁에 평안히 살게 하신 때에
2 왕이 선지자 나단에게 이르되 볼지어다 나는
백향목 궁에 살거늘 하나님의 궤는 휘장 가
운데에 있도다 5:11

So David went to bring up the ark of God
from the house of Obed-Edom to the City of
13 David with rejoicing. ●When those who
were carrying the ark of the LORD had taken
six steps, he sacrificed a bull and a fattened
14 calf. ●Wearing a linen ephod, David was
dancing before the LORD with all his might,
15 ●while he and all Israel were bringing up the
ark of the LORD with shouts and the sound of
trumpets.
16 ●As the ark of the LORD was entering the
City of David, Michal daughter of Saul watch-
ed from a window. And when she saw King
David leaping and dancing before the LORD,
she despised him in her heart.
17 ●They brought the ark of the LORD and set
it in its place inside the tent that David had
pitched for it, and David sacrificed burnt
offerings and fellowship offerings before the
18 LORD. ●After he had finished sacrificing the
burnt offerings and fellowship offerings, he
blessed the people in the name of the LORD
19 Almighty. ●Then he gave a loaf of bread, a
cake of dates and a cake of raisins to each per-
son in the whole crowd of Israelites, both men
and women. And all the people went to their
homes.
20 ●When David returned home to bless his
household, Michal daughter of Saul came
out to meet him and said, "How the king of
Israel has distinguished himself today, go-
ing around half-naked in full view of the
slave girls of his servants as any vulgar fellow
would!"
21 ●David said to Michal, "It was before the
LORD, who chose me rather than your father
or anyone from his house when he appoint-
ed me ruler over the LORD's people Israel—I
22 will celebrate before the LORD. ●I will become
even more undignified than this, and I will
be humiliated in my own eyes. But by these
slave girls you spoke of, I will be held in ho-
nor."
23 ●And Michal daughter of Saul had no chil-
dren to the day of her death.

God's Promise to David

7 After the king was settled in his palace
and the LORD had given him rest from all
2 his enemies around him, ●he said to Nathan
the prophet, "Here I am, living in a house of
cedar, while the ark of God remains in a
tent."

appoint [əpɔ́int] *vt.* 지명하다
despise [dispáiz] *vt.* 경멸하다
distinguish [distíŋgwiʃ] *vt.* 두드러지게 하다
fatten [fǽtn] *vt.* 살찌우다
household [háushòuld] *n.* 집안
humiliate [hjuːmílièit] *vt.* 모욕하다
leap [liːp] *vi.* 껑충 뛰다
offering [ɔ́ːfəriŋ] *n.* 제물
pitch [pitʃ] *vt.* (천막 등을) 치다
prophet [prɑ́fit] *n.* 선지자
raisin [réizn] *n.* 건포도
rejoice [ridʒɔ́is] *vi.* 기뻐하다
sacrifice [sǽkrəfàis] *vi.* 제물을 바치다
undignified [ʌndígnəfàid] *a.* 품위없는
vulgar [vʌlgər] *a.* 저속한

6:19 a loaf of bread: 빵 한덩이
6:21 rather than: 오히려
6:22 hold in honor: 영예롭다
7:1 settle in...: …에 정착하다
7:1 give rest: 편히 쉬다
7:2 remain in...: …에 머무르다

3 나단이 왕께 아뢰되 여호와께서 왕과 함께 계시니 마음에 있는 모든 것을 행하소서 하니라
4 그 밤에 여호와의 말씀이 나단에게 임하여 이르시되
5 가서 내 종 다윗에게 말하기를 여호와께서 이와 같이 말씀하시되 네가 나를 위하여 내가 살 집을 건축하겠느냐
6 내가 이스라엘 자손을 애굽에서 인도하여 내던 날부터 오늘까지 집에 살지 아니하고 장막과 성막 안에서 다녔나니
7 이스라엘 자손과 더불어 다니는 모든 곳에서 내가 내 백성 이스라엘을 먹이라고 명령한 이스라엘 [1)]어느 지파들 가운데 하나에게 내가 말하기를 너희가 어찌하여 나를 위하여 백향목 집을 건축하지 아니하였느냐고 말하였느냐
8 그러므로 이제 내 종 다윗에게 이와 같이 말하라 만군의 여호와께서 이와 같이 말씀하시기를 내가 너를 목장 곧 양을 따르는 데에서 데려다가 내 백성 이스라엘의 주권자로 삼고
9 네가 가는 모든 곳에서 내가 너와 함께 있어 네 모든 원수를 네 앞에서 멸하였은즉 땅에서 위대한 자들의 이름같이 네 이름을 위대하게 만들어 주리라
10 내가 또 내 백성 이스라엘을 위하여 한 곳을 정하여 그를 심고 그를 거주하게 하고 다시 옮기지 못하게 하며 악한 종류로 전과 같이 그들을 해하지 못하게 하여 시 89:22
11 전에 내가 사사에게 명령하여 내 백성 이스라엘을 다스리던 때와 같지 아니하게 하고 너를 모든 원수에게서 벗어나 편히 쉬게 하리라 여호와가 또 네게 이르노니 여호와가 너를 위하여 집을 짓고
12 네 수한이 차서 네 조상들과 함께 누울 때에 내가 네 몸에서 날 네 씨를 네 뒤에 세워 그의 나라를 견고하게 하리라
13 그는 내 이름을 위하여 집을 건축할 것이요 나는 그의 나라 왕위를 영원히 견고하게 하리라
14 나는 그에게 아버지가 되고 그는 내게 아들이 되리니 그가 만일 죄를 범하면 내가 사람의 매와 인생의 채찍으로 징계하려니와 시 89:26
15 내가 네 앞에서 물러나게 한 사울에게서 내 은총을 빼앗은 것처럼 그에게서 빼앗지는 아니하리라

3 •Nathan replied to the king, "Whatever you have in mind, go ahead and do it, for the LORD is with you."
4 •But that night the word of the LORD came to Nathan, saying:
5 •"Go and tell my servant David,
'This is what the LORD says: Are you the
6 one to build me a house to dwell in? •I
have not dwelt in a house from the day I
brought the Israelites up out of Egypt to
this day. I have been moving from place to
7 place with a tent as my dwelling. •Wher-
ever I have moved with all the Israelites,
did I ever say to any of their rulers whom
I commanded to shepherd my people
Israel, "Why have you not built me a house
of cedar?" '
8 •"Now then, tell my servant David,
'This is what the LORD Almighty says: I
took you from the pasture, from tending
the flock, and appointed you ruler over
9 my people Israel. •I have been with you
wherever you have gone, and I have cut
off all your enemies from before you.
Now I will make your name great, like
the names of the greatest men on earth.
10 •And I will provide a place for my people
Israel and will plant them so that they
can have a home of their own and no
longer be disturbed. Wicked people will
not oppress them anymore, as they did
11 at the beginning •and have done ever
since the time I appointed leaders[a] over
my people Israel. I will also give you rest
from all your enemies.
" 'The LORD declares to you that the
LORD himself will establish a house for
12 you: •When your days are over and you
rest with your ancestors, I will raise up
your offspring to succeed you, your own
flesh and blood, and I will establish his
13 kingdom. •He is the one who will build a
house for my Name, and I will establish
14 the throne of his kingdom forever. •I will
be his father, and he will be my son. When
he does wrong, I will punish him with a
rod wielded by men, with floggings inflict-
15 ed by human hands. •But my love will
never be taken away from him, as I took it
away from Saul, whom I removed from
16 before you. •Your house and your king-

[a] *11* Traditionally *judges*   1) 사사(대상 17:6)

cedar [síːdər] *n.* 백향목
declare [dikléər] *vt.* 선언하다
disturb [distə́ːrb] *vt.* 어지럽히다
dwelling [dwéliŋ] *n.* 거처
flock [flak] *n.* (양)떼, 무리
flogging [flágiŋ] *n.* 채찍질
inflict [inflíkt] *vt.* 가하다
offspring [ɔ́ːfspriŋ] *n.* 자손
oppress [əprés] *vt.* 억압하다
pasture [pǽstʃər] *n.* 목초지
plant [plænt] *vt.* 심다
provide [prəváid] *vt.* 준비하다
rod [rad] *n.* 매
shepherd [ʃépərd] *vt.* (목사 등이) 보살피다
wicked [wíkid] *a.* 사악한

7:3 reply to...: …에게 대답하다
7:5 dwell in...: …에 거주하다
7:9 cut off: 자르다
7:10 so that ... can ~: …가 ~할 수 있도록
7:14 punish A with B: B로 A를 벌하다
7:15 take away: 떠나다

16 네 집과 네 나라가 내 앞에서 영원히 보전되
고 네 왕위가 영원히 견고하리라 하셨다 하
라
17 나단이 이 모든 말씀들과 이 모든 계시대로
다윗에게 말하니라

다윗의 기도 (대상 17:16-27)

18 ●다윗 왕이 여호와 앞에 들어가 앉아서 이
르되 주 여호와여 나는 누구이오며 내 집은
무엇이기에 나를 여기까지 이르게 하셨나이
까
19 주 여호와여 주께서 이것을 오히려 적게 여
기시고 또 종의 집에 있을 먼 장래의 일까지
도 말씀하셨나이다 주 여호와여 이것이 사람
의 법이니이다
20 주 여호와는 주의 종을 아시오니 다윗이 다
시 주께 무슨 말씀을 하오리이까
21 주의 말씀으로 말미암아 주의 뜻대로 이 모
든 큰 일을 행하사 주의 종에게 알게 하셨나
이다
22 그런즉 주 여호와여 주는 위대하시니 이는
우리 귀로 들은 대로는 주와 같은 이가 없고
주 외에는 신이 없음이니이다
23 땅의 어느 한 나라가 주의 백성 이스라엘과
같으리이까 하나님이 가서 구속하사 자기 백
성으로 삼아 주의 명성을 내시며 그들을 위
하여 큰 일을, 주의 땅을 위하여 두려운 일을
애굽과 많은 나라들과 그의 신들에게서 구속
하신 백성 앞에서 행하셨사오며 신 4:7
24 주께서 주의 백성 이스라엘을 세우사 영원히
주의 백성으로 삼으셨사오니 여호와여 주께
서 그들의 하나님이 되셨나이다
25 여호와 하나님이여 이제 주의 종과 종의 집
에 대하여 말씀하신 것을 영원히 세우시며
말씀하신 대로 행하사
26 사람이 영원히 주의 이름을 크게 높여 이르
기를 만군의 여호와는 이스라엘의 하나님이
라 하게 하옵시며 주의 종 다윗의 집이 주 앞
에 견고하게 하옵소서
27 만군의 여호와 이스라엘의 하나님이여 주
의 종의 귀를 여시고 이르시기를 내가 너를
위하여 집을 세우리라 하셨으므로 주의 종
이 이 기도로 주께 간구할 마음이 생겼나이
다
28 주 여호와여 오직 주는 하나님이시며 주의
말씀들이 참되시니이다 주께서 이 좋은 것을
주의 종에게 말씀하셨사오니
29 이제 청하건대 종의 집에 복을 주사 주 앞에

dom will endure forever before me[a];
your throne will be established forever.' "
17 •Nathan reported to David all the words
of this entire revelation.

David's Prayer

18 •Then King David went in and sat before
the LORD, and he said:

"Who am I, Sovereign LORD, and what is
my family, that you have brought me this
19 far? •And as if this were not enough in
your sight, Sovereign LORD, you have also
spoken about the future of the house of
your servant—and this decree, Sovereign
LORD, is for a mere human![b]
20 •"What more can David say to you?
For you know your servant, Sovereign
21 LORD. •For the sake of your word and
according to your will, you have done this
great thing and made it known to your
servant.
22 •"How great you are, Sovereign LORD!
There is no one like you, and there is no
God but you, as we have heard with our
23 own ears. •And who is like your people
Israel—the one nation on earth that God
went out to redeem as a people for him-
self, and to make a name for himself, and
to perform great and awesome wonders
by driving out nations and their gods from
before your people, whom you redeemed
24 from Egypt?[c] •You have established your
people Israel as your very own forever, and
you, LORD, have become their God.
25 •"And now, LORD God, keep forever
the promise you have made concerning
your servant and his house. Do as you
26 promised, •so that your name will be
great forever. Then people will say, 'The
LORD Almighty is God over Israel!' And
the house of your servant David will be
established in your sight.
27 •"LORD Almighty, God of Israel, you
have revealed this to your servant, saying,
'I will build a house for you.' So your ser-
vant has found courage to pray this prayer
28 to you. •Sovereign LORD, you are God!
Your covenant is trustworthy, and you

[a]*16* Some Hebrew manuscripts and Septuagint; most Hebrew manuscripts *you* [b]*19* Or *for the human race* [c]*23* See Septuagint and 1 Chron. 17:21; Hebrew *wonders for your land and before your people, whom you redeemed from Egypt, from the nations and their gods.*

almighty [ɔːlmáiti] *a.* 전능한
awesome [ɔ́ːsəm] *a.* 장엄한
concerning [kənsə́ːrniŋ] *prep.* … 에 관하여
courage [kə́ːridʒ] *n.* 용기
decree [dikríː] *n.* 계명, 율례
endure [indjúər] *vt.* 견디다
entire [intáiər] *a.* 전체의
establish [istǽbliʃ] *vt.* 세우다
redeem [ridíːm] *vt.* 구속하다
report [ripɔ́ːrt] *vt.* 알리다
reveal [rivíːl] *vt.* 드러내다
revelation [rèvəléiʃən] *n.* 계시
servant [sə́ːrvənt] *n.* 종
sovereign [sɑ́vərin] *a.* 주권을 가진
trustworthy [trʌ́stwəːrði] *a.* 믿을 만한

7:18 this far: 여기까지
7:19 as if...: 마치 …인 듯이
7:19 in one's sight: 자기가 보는 바로는
7:21 for the sake of...: …을 위하여
7:21 according to: ~에 따라
7:23 drive out: 몰아내다

영원히 있게 하옵소서 주 여호와께서 말씀하셨사오니 주의 종의 집이 영원히 복을 받게 하옵소서 하니라

다윗이 어디로 가든지 이기다

(대상 18:1-17)

8 그 후에 다윗이 블레셋 사람들을 쳐서 항복을 받고 블레셋 사람들의 손에서 [1]메덱암마를 빼앗으니라 대상 18:1

2 ●다윗이 또 모압을 쳐서 그들로 땅에 엎드리게 하고 줄로 재어 [2]그 두 줄 길이의 사람은 죽이고 한 줄 길이의 사람은 살리니 모압 사람들이 다윗의 종들이 되어 조공을 드리니라

3 ●르홉의 아들 소바 왕 하닷에셀이 자기 권세를 회복하려고 유브라데 강으로 갈 때에 다윗이 그를 쳐서

4 그에게서 마병 천칠백 명과 보병 이만 명을 사로잡고 병거 일백 대의 말만 남기고 다윗이 그 외의 병거의 말은 다 발의 힘줄을 끊었더니

5 다메섹의 아람 사람들이 소바 왕 하닷에셀을 도우러 온지라 다윗이 아람 사람 이만 이천 명을 죽이고

6 다윗이 다메섹 아람에 수비대를 두매 아람 사람이 다윗의 종이 되어 조공을 바치니라 다윗이 어디로 가든지 여호와께서 이기게 하시니라

7 다윗이 하닷에셀의 신복들이 가진 금 방패를 빼앗아 예루살렘으로 가져오고

8 또 다윗 왕이 하닷에셀의 고을 베다와 베로대에서 매우 많은 놋을 빼앗으니라

9 ●하맛 왕 도이가 다윗이 하닷에셀의 온 군대를 쳐서 무찔렀다 함을 듣고

10 도이가 그의 아들 요람을 보내 다윗 왕에게 문안하고 축복하게 하니 이는 하닷에셀이 도이와 더불어 전쟁이 있던 터에 다윗이 하닷에셀을 쳐서 무찌름이라 요람이 은 그릇과 금 그릇과 놋 그릇을 가지고 온지라

11 다윗 왕이 그것도 여호와께 드리되 그가 정복한 모든 나라에서 얻은 은금

12 곧 아람과 모압과 암몬 자손과 블레셋 사람과 아말렉에게서 얻은 것들과 소바 왕 르홉의 아들 하닷에셀에게서 노략한 것과 같이 드리니라

13 ●다윗이 소금 골짜기에서 [3]에돔 사람 만 팔천 명을 쳐죽이고 돌아와서 명성을 떨치니라

have promised these good things to your
29 servant. ●Now be pleased to bless the house
of your servant, that it may continue forev-
er in your sight; for you, Sovereign LORD, have
spoken, and with your blessing the house
of your servant will be blessed forever."

David's Victories

8 In the course of time, David defeated the
Philistines and subdued them, and he
took Metheg Ammah from the control of the
Philistines.
2 ●David also defeated the Moabites. He
made them lie down on the ground and
measured them off with a length of cord.
Every two lengths of them were put to death,
and the third length was allowed to live. So
the Moabites became subject to David and
brought him tribute.
3 ●Moreover, David defeated Hadadezer son
of Rehob, king of Zobah, when he went to
restore his monument at[a] the Euphrates River.
4 ●David captured a thousand of his chariots,
seven thousand charioteers[b] and twenty thou-
sand foot soldiers. He hamstrung all but a
hundred of the chariot horses.
5 ●When the Arameans of Damascus came to
help Hadadezer king of Zobah, David struck
6 down twenty-two thousand of them. ●He put
garrisons in the Aramean kingdom of Damas-
cus, and the Arameans became subject to him
and brought tribute. The LORD gave David vic-
tory wherever he went.
7 ●David took the gold shields that belonged
to the officers of Hadadezer and brought them
8 to Jerusalem. ●From Tebah[c] and Berothai,
towns that belonged to Hadadezer, King David
took a great quantity of bronze.
9 ●When Tou[d] king of Hamath heard that
David had defeated the entire army of Hada-
10 dezer, ●he sent his son Joram[e] to King David to
greet him and congratulate him on his victory
in battle over Hadadezer, who had been at war
with Tou. Joram brought with him articles of
silver, of gold and of bronze.
11 ●King David dedicated these articles to the
LORD, as he had done with the silver and gold

[a]3 Or *his control along* [b]4 Septuagint (see also Dead Sea Scrolls and 1 Chron. 18:4); Masoretic Text *captured seventeen hundred of his charioteers* [c]8 See some Septuagint manuscripts (see also 1 Chron. 18:8); Hebrew *Betah.* [d]9 Hebrew *Toi,* a variant of *Tou;* also in verse 10 [e]10 A variant of *Hadoram*

1) 모성의 굴레 2) 또는 삼분의 이는 죽이고 삼분의 일은 살리니 3) 히, 아람(시편 60편 제목과 대상 18:11,12)

capture [kǽptʃər] *vt.* 포획하다
chariot [tʃǽriət] *n.* 병거
congratulate [kəngrǽtʃulèit] *vt.* 축하하다
dedicate [dédikèit] *vt.* 봉헌하다
defeat [difíːt] *vt.* 쳐부수다
garrison [gǽrisn] *n.* 수비대
hamstring [hǽmstriŋ] *vt.* 무력하게 하다
length [leŋkθ] *n.* 길이
mounment [mánjumənt] *n.* 기념비
quantity [kwántəti] *n.* 양
restore [ristɔ́ːr] *vt.* 회복하다
shield [ʃiːld] *n.* 방패
sovereign [sávərin] *a.* 주권을 가진
subdue [səbdjúː] *vt.* 정복하다
tribute [tríbjuːt] *n.* 조공

8:2 lie down: 굴복하다
8:2 measure off: 가르다
8:2 put to death: 죽이다
8:2 allow to: 허락하다
8:2 become subject to: 속국이 되다
8:7 belong to: …속하다, …의 소유물이다

14 다윗이 에돔에 수비대를 두되 온 에돔에 수
비대를 두니 에돔 사람이 다 다윗의 종이 되
니라 다윗이 어디로 가든지 여호와께서 이기
게 하셨더라
15 ●다윗이 온 이스라엘을 다스려 다윗이 모든
백성에게 정의와 공의를 행할새
16 스루야의 아들 요압은 군사령관이 되고 아힐
룻의 아들 여호사밧은 사관이 되고
17 아히둡의 아들 사독과 아비아달의 아들 아히
멜렉은 제사장이 되고 스라야는 서기관이 되
고
18 여호야다의 아들 브나야는 그렛 사람과 블렛
사람을 관할하고 다윗의 아들들은 대신들이
되니라

다윗과 므비보셋

9 다윗이 이르되 사울의 집에 아직도 남은
사람이 있느냐 내가 요나단으로 말미암아
그 사람에게 은총을 베풀리라 하니라
2 사울의 집에는 종 한 사람이 있으니 그의 이
름은 시바라 그를 다윗의 앞으로 부르매 왕
이 그에게 말하되 네가 시바냐 하니 이르되
당신의 종이니이다 하니라
3 왕이 이르되 사울의 집에 아직도 남은 사람
이 없느냐 내가 그 사람에게 하나님의 은총
을 베풀고자 하노라 하니 시바가 왕께 아뢰
되 요나단의 아들 하나가 있는데 다리 저는
자니이다 하니라
4 왕이 그에게 말하되 그가 어디 있느냐 하니
시바가 왕께 아뢰되 로드발 암미엘의 아들
마길의 집에 있나이다 하니라
5 다윗 왕이 사람을 보내어 로드발 암미엘의
아들 마길의 집에서 그를 데려오니
6 사울의 손자 요나단의 아들 므비보셋이 다윗
에게 나아와 그 앞에 엎드려 절하매 다윗이
이르되 므비보셋이여 하니 그가 이르기를 보
소서 당신의 종이니이다 16:4
7 다윗이 그에게 이르되 무서워하지 말라 내가
반드시 네 아버지 요나단으로 말미암아 네게
은총을 베풀리라 내가 네 할아버지 사울의
모든 밭을 다 네게 도로 주겠고 또 너는 항상
내 상에서 떡을 먹을지니라 하니 9:1
8 그가 절하여 이르되 이 종이 무엇이기에 왕
께서 죽은 개 같은 나를 돌아보시나이까 하
니라
9 ●왕이 사울의 시종 시바를 불러 그에게 이
르되 사울과 그의 온 집에 속한 것은 내가 다
네 주인의 아들에게 주었노니

12 from all the nations he had subdued: •Edom[a]
and Moab, the Ammonites and the Philistines,
and Amalek. He also dedicated the plunder
taken from Hadadezer son of Rehob, king of
Zobah.
13 •And David became famous after he re-
turned from striking down eighteen thou-
sand Edomites[b] in the Valley of Salt.
14 •He put garrisons throughout Edom, and
all the Edomites became subject to David. The
LORD gave David victory wherever he went.

David's Officials

15 •David reigned over all Israel, doing what
16 was just and right for all his people. •Joab son
of Zeruiah was over the army; Jehoshaphat
17 son of Ahilud was recorder; •Zadok son of
Ahitub and Ahimelek son of Abiathar were
18 priests; Seraiah was secretary; •Benaiah son
of Jehoiada was over the Kerethites and Pe-
lethites; and David's sons were priests.[c]

David and Mephibosheth

9 David asked, "Is there anyone still left of
the house of Saul to whom I can show
kindness for Jonathan's sake?"
2 •Now there was a servant of Saul's house-
hold named Ziba. They summoned him to
appear before David, and the king said to
him, "Are you Ziba?"
"At your service," he replied.
3 •The king asked, "Is there no one still alive
from the house of Saul to whom I can show
God's kindness?"
Ziba answered the king, "There is still a son
of Jonathan; he is lame in both feet."
4 •"Where is he?" the king asked.
Ziba answered, "He is at the house of Makir
son of Ammiel in Lo Debar."
5 •So King David had him brought from
Lo Debar, from the house of Makir son of
Ammiel.
6 •When Mephibosheth son of Jonathan, the
son of Saul, came to David, he bowed down
to pay him honor.
David said, "Mephibosheth!"
"At your service," he replied.
7 •"Don't be afraid," David said to him, "for I

[a]12 Some Hebrew manuscripts, Septuagint and Syriac (see also 1 Chron. 18:11); most Hebrew manuscripts *Aram* [b]13 A few Hebrew manuscripts, Septuagint and Syriac (see also 1 Chron. 18:12); most Hebrew manuscripts *Aram* (that is, Arameans) [c]18 Or *were chief officials* (see Septuagint and Targum; see also 1 Chron. 18:17)

appear [əpíər] *vi.* 나타나다
army [á:rmi] *n.* 군대
honor [ánər] *n.* 존경
kindness [káindnis] *n.* 친절
lame [leim] *a.* 절름발이의
official [əfíʃəl] *n.* 관리
plunder [plʌ́ndər] *n.* 약탈품
priest [pri:st] *n.* 제사장
recorder [rikɔ́:rdər] *n.* 기록 담당자
salt [sɔ:lt] *n.* 소금
secretary [sékrətèri] *n.* 서기
subject [sʌ́bdʒikt] *a.* 복종하는
summon [sʌ́mən] *vt.* 소환하다
valley [vǽli] *n.* 골짜기, 계곡
victory [víktəri] *n.* 승리

8:15 reign over: 지배하다
9:1 for one's sake: …을 위하여
9:5 have A brought from B: B로부터 A를 데려오다
9:6 bow down: 절하다
9:6 pay honor: 경의를 표하다

10 너와 네 아들들과 네 종들은 그를 위하여 땅을 갈고 거두어 네 주인의 아들에게 양식을 대주어 먹게 하라 그러나 네 주인의 아들 므비보셋은 항상 내 상에서 떡을 먹으리라 하니라 시바는 아들이 열다섯 명이요 종이 스무 명이라
11 시바가 왕께 아뢰되 내 주 왕께서 모든 일을 종에게 명령하신 대로 종이 준행하겠나이다 하니라 므비보셋은 왕자 중 하나처럼 왕의 상에서 먹으니라
12 므비보셋에게 어린 아들 하나가 있으니 이름은 미가더라 시바의 집에 사는 자마다 므비보셋의 종이 되니라
13 므비보셋이 항상 왕의 상에서 먹으므로 예루살렘에 사니라 그는 두 발을 다 절더라

다윗이 암몬과 싸우다
(대상 19:1-19)

10 그 후에 암몬 자손의 왕이 죽고 그의 아들 하눈이 대신하여 왕이 되니
2 다윗이 이르되 내가 나하스의 아들 하눈에게 은총을 베풀되 그의 아버지가 내게 은총을 베푼 것같이 하리라 하고 다윗이 그의 신하들을 보내 그의 아버지를 조상하라 하니라 다윗의 신하들이 암몬 자손의 땅에 이르매
3 암몬 자손의 관리들이 그들의 주 하눈에게 말하되 왕은 다윗이 조객을 당신에게 보낸 것이 왕의 아버지를 공경함인 줄로 여기시나이까 다윗이 그의 신하들을 당신에게 보내 이 성을 엿보고 탐지하여 함락시키고자 함이 아니니이까 하니
4 이에 하눈이 다윗의 신하들을 잡아 그들의 수염 절반을 깎고 그들의 의복의 중동볼기까지 자르고 돌려보내매
5 사람들이 이 일을 다윗에게 알리니라 그 사람들이 크게 부끄러워하므로 왕이 그들을 맞으러 보내 이르기를 너희는 수염이 자라기까지 여리고에서 머물다가 돌아오라 하니라
6 ●암몬 자손들이 자기들이 다윗에게 미움이 된 줄 알고 암몬 자손들이 사람을 보내 벧르홉 아람 사람과 소바 아람 사람의 보병 이만 명과 마아가 왕과 그의 사람 천 명과 돕 사람 만 이천 명을 고용한지라
7 다윗이 듣고 요압과 용사의 온 무리를 보내매
8 암몬 자손은 나와서 성문 어귀에 진을 쳤고

will surely show you kindness for the sake of
your father Jonathan. I will restore to you all the
land that belonged to your grandfather Saul,
and you will always eat at my table."
8 ●Mephibosheth bowed down and said,
"What is your servant, that you should notice a
dead dog like me?"
9 ●Then the king summoned Ziba, Saul's stew-
ard, and said to him, "I have given your master's
grandson everything that belonged to Saul and
10 his family. ●You and your sons and your ser-
vants are to farm the land for him and bring in
the crops, so that your master's grandson may be
provided for. And Mephibosheth, grandson of
your master, will always eat at my table." (Now
Ziba had fifteen sons and twenty servants.)
11 ●Then Ziba said to the king, "Your servant
will do whatever my lord the king commands
his servant to do." So Mephibosheth ate at
David's[a] table like one of the king's sons.
12 ●Mephibosheth had a young son named
Mika, and all the members of Ziba's household
13 were servants of Mephibosheth. ●And Mephi-
bosheth lived in Jerusalem, because he always
ate at the king's table; he was lame in both feet.

David Defeats the Ammonites

10 In the course of time, the king of the
Ammonites died, and his son Hanun
2 succeeded him as king. ●David thought, "I will
show kindness to Hanun son of Nahash, just as
his father showed kindness to me." So David
sent a delegation to express his sympathy to
Hanun concerning his father.
When David's men came to the land of the
3 Ammonites, ●the Ammonite commanders said
to Hanun their lord, "Do you think David is hon-
oring your father by sending envoys to you to
express sympathy? Hasn't David sent them to you
only to explore the city and spy it out and over-
4 throw it?" ●So Hanun seized David's envoys,
shaved off half of each man's beard, cut off their
garments at the buttocks, and sent them away.
5 ●When David was told about this, he sent
messengers to meet the men, for they were great-
ly humiliated. The king said, "Stay at Jericho till
your beards have grown, and then come back."
6 ●When the Ammonites realized that they
had become obnoxious to David, they hired
twenty thousand Aramean foot soldiers from
Beth Rehob and Zobah, as well as the king of
Maakah with a thousand men, and also twelve

[a]11 Septuagint; Hebrew *my*

buttock [bʌtək] *n.* 엉덩이
commander [kəmǽndər] *n.* 사령관
crop [krap] *n.* 농작물
delegation [dèligéiʃən] *n.* 대표
garment [gə̀:rmənt] *n.* 의복
honor [ánər] *vt.* 경의를 표하다
household [háushòuld] *n.* 집안
humiliate [hju:mílièit] *vt.* 모욕하다
lame [leim] *a.* 절름발이의
obnoxious [əbnákʃəs] *a.* 아주 싫은
restore [ristɔ́:r] *vt.* 회복하다
shave [ʃeiv] *vt.* 깎다
succeed [səksí:d] *vt.* 계승하다
summon [sʌmən] *vt.* 소환하다
sympathy [símpəθi] *n.* 조의(弔意)

9:7 for the sake of...: …을 위해서
9:7 belong to: …에 속하다
10:1 in the course of time: 이윽고
10:3 spy out: (몰래) 탐지하다
10:4 cut off: 베어내다
10:4 send away: 내쫓다

소바와 르홉 아람 사람과 돕과 마아가 사람
들은 따로 들에 있더라
9 ●요압이 자기와 맞서 앞뒤에 친 적진을 보
고 이스라엘의 선발한 자 중에서 또 엄선하
여 아람 사람과 싸우려고 진 치고
10 그 백성의 남은 자를 그 아우 아비새의 수
하에 맡겨 암몬 자손과 싸우려고 진 치게
하고 16:9
11 이르되 만일 아람 사람이 나보다 강하면 네
가 나를 돕고 만일 암몬 자손이 너보다 강
하면 내가 가서 너를 도우리라
12 너는 담대하라 우리가 우리 백성과 우리 하
나님의 성읍들을 위하여 담대히 하자 여호
와께서 선히 여기시는 대로 행하시기를 원
하노라 하고
13 요압과 그와 함께한 백성이 아람 사람을 대
항하여 싸우려고 나아가니 그들이 그 앞에
서 도망하고
14 암몬 자손은 아람 사람이 도망함을 보고 그
들도 아비새 앞에서 도망하여 성읍으로 들
어간지라 요압이 암몬 자손을 떠나 예루살
렘으로 돌아가니라
15 ●아람 사람이 자기가 이스라엘 앞에서 패
하였음을 보고 다 모이매
16 하닷에셀이 사람을 보내 강 건너쪽에 있는
아람 사람을 불러내매 그들이 헬람에 이르
니 하닷에셀의 군사령관 소박이 그들을 거
느린지라
17 어떤 사람이 다윗에게 알리매 그가 온 이스
라엘을 모으고 요단을 건너 헬람에 이르매
아람 사람들이 다윗을 향하여 진을 치고 더
불어 싸우더니
18 아람 사람이 이스라엘 앞에서 도망한지라
다윗이 아람 병거 칠백 대와 마병 사만 명
을 죽이고 또 그 군사령관 소박을 치매 거
기서 죽으니라
19 하닷에셀에게 속한 왕들이 자기가 이스라
엘 앞에서 패함을 보고 이스라엘과 화친하
고 섬기니 그러므로 아람 사람들이 두려워
하여 다시는 암몬 자손을 돕지 아니하니라

다윗과 밧세바 (♪278, 374, 543장)

— B.C. 990년경

11 그 해가 돌아와 왕들이 출전할 때가 되
매 다윗이 요압과 그에게 있는 그의 부
하들과 온 이스라엘 군대를 보내니 그들이
암몬 자손을 멸하고 랍바를 에워쌌고 다윗
은 예루살렘에 그대로 있더라

thousand men from Tob.
7 ●On hearing this, David sent Joab out with
8 the entire army of fighting men. ●The Am-
monites came out and drew up in battle for-
mation at the entrance of their city gate, while
the Arameans of Zobah and Rehob and the men
of Tob and Maakah were by themselves in the
open country.
9 ●Joab saw that there were battle lines in front
of him and behind him; so he selected some of
the best troops in Israel and deployed them
10 against the Arameans. ●He put the rest of the
men under the command of Abishai his brother
and deployed them against the Ammonites.
11 ●Joab said, "If the Arameans are too strong for
me, then you are to come to my rescue; but if the
Ammonites are too strong for you, then I will
12 come to rescue you. ●Be strong, and let us fight
bravely for our people and the cities of our God.
The LORD will do what is good in his sight."
13 ●Then Joab and the troops with him ad-
vanced to fight the Arameans, and they fled
14 before him. ●When the Ammonites realized
that the Arameans were fleeing, they fled be-
fore Abishai and went inside the city. So Joab
returned from fighting the Ammonites and
came to Jerusalem.
15 ●After the Arameans saw that they had been
16 routed by Israel, they regrouped. ●Hadadez-
er had Arameans brought from beyond the
Euphrates River; they went to Helam, with
Shobak the commander of Hadadezer's army
leading them.
17 ●When David was told of this, he gathered
all Israel, crossed the Jordan and went to He-
lam. The Arameans formed their battle lines to
18 meet David and fought against him. ●But
they fled before Israel, and David killed seven
hundred of their charioteers and forty thou-
sand of their foot soldiers.[a] He also struck down
Shobak the commander of their army, and he
19 died there. ●When all the kings who were
vassals of Hadadezer saw that they had been
routed by Israel, they made peace with the
Israelites and became subject to them.
So the Arameans were afraid to help the
Ammonites anymore.

David and Bathsheba

11 In the spring, at the time when kings go
off to war, David sent Joab out with the

[a] *18* Some Septuagint manuscripts (see also 1 Chron. 19:18); Hebrew *horsemen*

afraid [əfréid] *a.* 두려운
bravely [bréivli] *ad.* 용감하게
charioteer [tʃæriətíər] *n.* 병거모는 사람
deploy [diplɔ́i] *vt.* 배치하다
entire [intáiər] *a.* 온
entrance [éntrəns] *n.* 입구
flee [fliː] *vi.* 달아나다
form [fɔːrm] *vt.* 형성하다
formation [fɔːrméiʃən] *n.* 대형
gather [gǽðər] *vt.* 모으다
regroup [rìːgrúːp] *vi.* 재편성되다
rescue [réskjuː] *vt.* 구출하다
rout [raut] *vt.* 패주시키다
troop [truːp] *n.* 군대
vassal [vǽsəl] *n.* 종속자, 신하

10:7 on ...ing: …하자마자 (=as soon as)
10:7 send out: 내보내다
10:8 draw up: (군인 등을) 정렬시키다
10:9 in front of...: …의 앞에
10:13 advance to: …에 진출하다
10:18 strike down: 쓰러뜨리다

2 ●저녁 때에 다윗이 그의 침상에서 일어나 왕
궁 옥상에서 거닐다가 그곳에서 보니 한 여인
이 목욕을 하는데 심히 아름다워 보이는지라
3 다윗이 사람을 보내 그 여인을 알아보게 하
였더니 그가 아뢰되 그는 엘리암의 딸이요
헷 사람 우리아의 아내 밧세바가 아니니이까
하니
4 다윗이 전령을 보내어 그 여자를 자기에게로
데려오게 하고 그 여자가 그 부정함을 깨끗
하게 하였으므로 더불어 동침하매 그 여자가
자기 집으로 돌아가니라
5 그 여인이 임신하매 사람을 보내 다윗에게
말하여 이르되 내가 임신하였나이다 하니라
6 ●다윗이 요압에게 기별하여 헷 사람 우리아
를 내게 보내라 하매 요압이 우리아를 다윗
에게로 보내니
7 우리아가 다윗에게 이르매 다윗이 요압의 안
부와 군사의 안부와 싸움이 어떠했는지를 묻
고
8 그가 또 우리아에게 이르되 네 집으로 내려
가서 발을 씻으라 하니 우리아가 왕궁에서
나가매 왕의 음식물이 뒤따라 가니라
9 그러나 우리아는 집으로 내려가지 아니하고
왕궁 문에서 그의 주의 모든 부하들과 더불
어 잔지라
10 어떤 사람이 다윗에게 아뢰되 우리아가 그의
집으로 내려가지 아니하였나이다 다윗이 우
리아에게 이르되 네가 길 갔다가 돌아온 것
이 아니냐 어찌하여 네 집으로 내려가지 아
니하였느냐 하니
11 우리아가 다윗에게 아뢰되 언약궤와 이스라
엘과 유다가 야영 중에 있고 내 주 요압과 내
왕의 부하들이 바깥 들에 진치고 있거늘 내
가 어찌 내 집으로 가서 먹고 마시고 내 처와
같이 자리이까 내가 이 일을 행하지 아니하
기로 왕의 살아 계심과 왕의 혼의 살아 계심
을 두고 맹세하나이다 하니라
12 다윗이 우리아에게 이르되 오늘도 여기 있으
라 내일은 내가 너를 보내리라 우리아가 그
날에 예루살렘에 머무니라 이튿날
13 다윗이 그를 불러서 그로 그 앞에서 먹고 마
시고 취하게 하니 저녁 때에 그가 나가서 그
의 주의 부하들과 더불어 침상에 눕고 그의
집으로 내려가지 아니하니라
14 ●아침이 되매 다윗이 편지를 써서 우리아의
손에 들려 요압에게 보내니
15 그 편지에 써서 이르기를 너희가 우리아를

king's men and the whole Israelite army.
They destroyed the Ammonites and besieged
Rabbah. But David remained in Jerusalem.
2 ●One evening David got up from his bed
and walked around on the roof of the palace.
From the roof he saw a woman bathing. The
3 woman was very beautiful, ●and David sent
someone to find out about her. The man said,
"She is Bathsheba, the daughter of Eliam and
4 the wife of Uriah the Hittite." ●Then David
sent messengers to get her. She came to him,
and he slept with her. (Now she was purify-
ing herself from her monthly uncleanness.)
5 Then she went back home. ●The woman
conceived and sent word to David, saying, "I
am pregnant."
6 ●So David sent this word to Joab: "Send
me Uriah the Hittite." And Joab sent him to
7 David. ●When Uriah came to him, David
asked him how Joab was, how the soldiers
8 were and how the war was going. ●Then
David said to Uriah, "Go down to your house
and wash your feet." So Uriah left the palace,
and a gift from the king was sent after him.
9 ●But Uriah slept at the entrance to the palace
with all his master's servants and did not go
down to his house.
10 ●David was told, "Uriah did not go home."
So he asked Uriah, "Haven't you just come
from a military campaign? Why didn't you go
home?"
11 ●Uriah said to David, "The ark and Israel
and Judah are staying in tents,[a] and my com-
mander Joab and my lord's men are camped
in the open country. How could I go to my
house to eat and drink and make love to my
wife? As surely as you live, I will not do such a
thing!"
12 ●Then David said to him, "Stay here one
more day, and tomorrow I will send you
back." So Uriah remained in Jerusalem that
13 day and the next. ●At David's invitation, he
ate and drank with him, and David made him
drunk. But in the evening Uriah went out to
sleep on his mat among his master's servants;
he did not go home.
14 ●In the morning David wrote a letter to
15 Joab and sent it with Uriah. ●In it he wrote,
"Put Uriah out in front where the fighting is
fiercest. Then withdraw from him so he will be
struck down and die."

[a] 11 Or *staying at Sukkoth*

ark [a:rk] *n.* 법궤
besiege [bisí:dʒ] *vt.* 에워싸다
campaign [kæmpéin] *n.* 군사행동
conceive [kənsí:v] *vi.* 임신하다
country [kʌntri] *n.* 나라, 지역
entrance [éntrəns] *n.* 입구
fierce [fiərs] *a.* 맹렬한
invitation [invitéiʃən] *n.* 초대
military [mílitèri] *a.* 군대의
pregnant [prégnənt] *a.* 임신한
purify [pjúərəfài] *vt.* 정결케 하다
roof [ru:f] *n.* 옥상, 지붕
soldier [sóuldʒər] *n.* 군인
uncleanness [ʌnklí:nis] *n.* 부정
withdraw [wiðdrɔ́:] *vt.* 물러나다

11:1 remain in...: …에 머무르다
11:3 find out: 간파하다
11:4 sleep with: 동침하다
11:11 camp in...: …에 진치다
11:11 as surely as...: …하는 한 반드시
11:15 strike down: 때려눕히다

맹렬한 싸움에 앞세워 두고 너희는 뒤로 물
러가서 그로 맞아 죽게 하라 하였더라 12:9
16 요압이 그 성을 살펴 용사들이 있는 것을 아
는 그곳에 우리아를 두니
17 그 성 사람들이 나와서 요압과 더불어 싸울
때에 다윗의 부하 중 몇 사람이 엎드러지고
헷 사람 우리아도 죽으니라
18 요압이 사람을 보내 그 전쟁의 모든 일을 다
윗에게 보고할새
19 그 전령에게 명령하여 이르되 전쟁의 모든
일을 네가 왕께 보고하기를 마친 후에 삿 9:53
20 혹시 왕이 노하여 네게 말씀하기를 너희가
어찌하여 성에 그처럼 가까이 가서 싸웠느냐
그들이 성 위에서 쏠 줄을 알지 못하였느냐
21 여룹베셋의 아들 아비멜렉을 쳐죽인 자가 누
구냐 여인 하나가 성에서 맷돌 위짝을 그 위
에 던지매 그가 데벳스에서 죽지 아니하였느
냐 어찌하여 성에 가까이 갔더냐 하시거든
네가 말하기를 왕의 종 헷 사람 우리아도 죽
었나이다 하라
22 ●전령이 가서 다윗에게 이르러 요압이 그를
보낸 모든 일을 다윗에게 아뢰어
23 이르되 그 사람들이 우리보다 우세하여 우리
를 향하여 들로 나오므로 우리가 그들을 쳐
서 성문 어귀까지 미쳤더니
24 활 쏘는 자들이 성 위에서 왕의 부하들을 향
하여 쏘매 왕의 부하 중 몇 사람이 죽고 왕의
종 헷 사람 우리아도 죽었나이다 하니
25 다윗이 전령에게 이르되 너는 요압에게 이같
이 말하기를 이 일로 걱정하지 말라 칼은 이
사람이나 저 사람이나 삼키느니라 그 성을
향하여 더욱 힘써 싸워 함락시키라 하여 너
는 그를 담대하게 하라 하니라
26 ●우리아의 아내는 그 남편 우리아가 죽었음
을 듣고 그의 남편을 위하여 소리 내어 우니라
27 그 장례를 마치매 다윗이 사람을 보내 그를
왕궁으로 데려오니 그가 그의 아내가 되어
그에게 아들을 낳으니라 다윗이 행한 그 일
이 여호와 보시기에 악하였더라

나단의 책망과 다윗의 회개 — B.C. 990년경

12 여호와께서 나단을 다윗에게 보내시니
그가 다윗에게 가서 그에게 이르되 한
성읍에 두 사람이 있는데 한 사람은 부하고
한 사람은 가난하니
2 그 부한 사람은 양과 소가 심히 많으나
3 가난한 사람은 아무것도 없고 자기가 사서
기르는 작은 암양 새끼 한 마리뿐이라 그 암

16 ●So while Joab had the city under siege,
he put Uriah at a place where he knew the
17 strongest defenders were. ●When the men of
the city came out and fought against Joab,
some of the men in David's army fell; more-
over, Uriah the Hittite died.
18 ●Joab sent David a full account of the bat-
19 tle. ●He instructed the messenger: "When you
have finished giving the king this account of
20 the battle, ●the king's anger may flare up, and
he may ask you, 'Why did you get so close to
the city to fight? Didn't you know they would
21 shoot arrows from the wall? ●Who killed
Abimelek son of Jerub-Besheth[a]? Didn't a
woman drop an upper millstone on him from
the wall, so that he died in Thebez? Why did
you get so close to the wall?' If he asks you this,
then say to him, 'Moreover, your servant
Uriah the Hittite is dead.' "
22 ●The messenger set out, and when he
arrived he told David everything Joab had
23 sent him to say. ●The messenger said to David,
"The men overpowered us and came out
against us in the open, but we drove them
24 back to the entrance of the city gate. ●Then
the archers shot arrows at your servants from
the wall, and some of the king's men died.
Moreover, your servant Uriah the Hittite is
dead."
25 ●David told the messenger, "Say this to Joab:
'Don't let this upset you; the sword devours
one as well as another. Press the attack against
the city and destroy it.' Say this to encourage
Joab."
26 ●When Uriah's wife heard that her hus-
27 band was dead, she mourned for him. ●After
the time of mourning was over, David had her
brought to his house, and she became his wife
and bore him a son. But the thing David had
done displeased the LORD.

Nathan Rebukes David

12 The LORD sent Nathan to David. When
he came to him, he said, "There were
two men in a certain town, one rich and the
2 other poor. ●The rich man had a very large
3 number of sheep and cattle, ●but the poor
man had nothing except one little ewe lamb
he had bought. He raised it, and it grew up
with him and his children. It shared his food,
drank from his cup and even slept in his arms.

[a]*21* Also known as *Jerub-Baal* (that is, Gideon)

archer [á:rtʃər] *n.* 궁수
arrow [ǽrou] *n.* 화살
destroy [distrɔ́i] *vt.* 파멸시키다
devour [diváuər] *vt.* 멸망시키다
displease [displí:z] *vt.* 성나게 하다
drop [drap] *vt.* 떨어뜨리다
ewe [ju:] *n.* 암양
instruct [instrʌkt] *vt.* 지시하다
lamb [læm] *n.* 어린 양
millstone [mílstòun] *n.* 맷돌
overpower [òuvərpáuər] *vt.* 이기다
rebuke [ribjú:k] *vt.* 질책하다
servant [sə́:rvənt] *n.* 종
siege [si:dʒ] *n.* 포위공격
upset [ʌ̀psét] *vt.* 근심되다

11:18 **account of...**: …를 보고하다
11:20 **flare up**: 분노가 솟구치다
11:20 **get so close**: 너무 가까이 가다
11:26 **mourn for**: 애도하다
12:1 **in a certain town**: 어떤 한 마을에
12:3 **nothing except**: 오직

양 새끼는 그와 그의 자식과 함께 자라며 그
가 먹는 것을 먹으며 그의 잔으로 마시며 그
의 품에 누우므로 그에게는 딸처럼 되었거늘
4 어떤 행인이 그 부자에게 오매 부자가 자기
에게 온 행인을 위하여 자기의 양과 소를 아
껴 잡지 아니하고 가난한 사람의 양 새끼를
빼앗아다가 자기에게 온 사람을 위하여 잡았
나이다 하니
5 다윗이 그 사람으로 말미암아 노하여 나단에
게 이르되 여호와의 살아 계심을 두고 맹세하
노니 이 일을 행한 그 사람은 마땅히 죽을 자라
6 그가 불쌍히 여기지 아니하고 이런 일을 행
하였으니 그 양 새끼를 네 배나 갚아 주어야
하리라 한지라
7 ●나단이 다윗에게 이르되 당신이 그 사람이
라 이스라엘의 하나님 여호와께서 이와 같이
이르시기를 내가 너를 이스라엘 왕으로 기름
붓기 위하여 너를 사울의 손에서 구원하고
8 네 주인의 집을 네게 주고 네 주인의 아내들
을 네 품에 두고 이스라엘과 유다 족속을 네
게 맡겼느니라 만일 그것이 부족하였을 것 같
으면 내가 네게 이것저것을 더 주었으리라
9 그러한데 어찌하여 네가 여호와의 말씀을 업
신여기고 나 보기에 악을 행하였느냐 네가
칼로 헷 사람 우리아를 치되 암몬 자손의 칼
로 죽이고 그의 아내를 빼앗아 네 아내로 삼
았도다
10 이제 네가 나를 업신여기고 헷 사람 우리아의
아내를 빼앗아 네 아내로 삼았은즉 칼이 네
집에서 영원토록 떠나지 아니하리라 하셨고
11 여호와께서 또 이와 같이 이르시기를 보라
내가 너와 네 집에 재앙을 일으키고 내가 네
눈앞에서 네 아내를 빼앗아 네 이웃들에게
주리니 그 사람들이 네 아내들과 더불어 백
주에 동침하리라
12 너는 은밀히 행하였으나 나는 온 이스라엘 앞에
서 백주에 이 일을 행하리라 하셨나이다 하니
13 다윗이 나단에게 이르되 내가 여호와께 죄를
범하였노라 하매 나단이 다윗에게 말하되 여
호와께서도 당신의 죄를 사하셨나니 당신이
죽지 아니하려니와
14 이 일로 말미암아 여호와의 원수가 크게 비
방할 거리를 얻게 하였으니 당신이 낳은 아
이가 반드시 죽으리이다 하고
15 나단이 자기 집으로 돌아가니라

다윗의 아이가 죽다

●우리아의 아내가 다윗에게 낳은 아이를 여

It was like a daughter to him.
4 ●"Now a traveler came to the rich man, but
the rich man refrained from taking one of his
own sheep or cattle to prepare a meal for the
traveler who had come to him. Instead, he
took the ewe lamb that belonged to the poor
man and prepared it for the one who had
come to him."
5 ●David burned with anger against the
man and said to Nathan, "As surely as the
LORD lives, the man who did this must die!
6 ●He must pay for that lamb four times over,
because he did such a thing and had no
pity."
7 ●Then Nathan said to David, "You are
the man! This is what the LORD, the God of
Israel, says: 'I anointed you king over Israel,
and I delivered you from the hand of Saul.
8 ●I gave your master's house to you, and your
master's wives into your arms. I gave you all
Israel and Judah. And if all this had been
too little, I would have given you even more.
9 ●Why did you despise the word of the LORD
by doing what is evil in his eyes? You struck
down Uriah the Hittite with the sword and
took his wife to be your own. You killed him
10 with the sword of the Ammonites. ●Now,
therefore, the sword will never depart from
your house, because you despised me and
took the wife of Uriah the Hittite to be your
own.'
11 ●"This is what the LORD says: 'Out of your
own household I am going to bring calamity
on you. Before your very eyes I will take your
wives and give them to one who is close to
you, and he will sleep with your wives in
12 broad daylight. ●You did it in secret, but I will
do this thing in broad daylight before all
Israel.'"
13 ●Then David said to Nathan, "I have sinned
against the LORD."
Nathan replied, "The LORD has taken away
14 your sin. You are not going to die. ●But be-
cause by doing this you have shown utter con-
tempt for[a] the LORD, the son born to you will
die."
15 ●After Nathan had gone home, the LORD
struck the child that Uriah's wife had borne to
16 David, and he became ill. ●David pleaded
with God for the child. He fasted and spent

[a]14 An ancient Hebrew scribal tradition; Masoretic Text *for the enemies of*

anoint [ənɔ́int] *vt.* 기름붓다
broad [brɔːd] *a.* 환히 밝은
burn [bəːrn] *vt.* 태우다
calamity [kəlǽməti] *n.* 재난
contempt [kəntémpt] *n.* 경멸
daylight [déilàit] *n.* 낮
despise [dispáiz] *vt.* 경멸하다
fast [fæst] *vi.* 금식하다
household [háushòuld] *n.* 집안
lamb [læm] *n.* 어린 양
meal [miːl] *n.* 식사
prepare [pripɛ́ər] *vt.* 준비하다
refrain [rifréin] *vi.* 삼가하다
sword [sɔːrd] *n.* 검
utter [ʌtər] *a.* 전적인, 완전한

12:6 **pay for**: 지불하다
12:7 **deliver A from B**: B에서 A를 구하다
12:9 **strike down**: 때려눕히다
12:10 **depart from...**: …로부터 떠나다
12:12 **in secret**: 비밀스럽게
12:13 **take away**: 가져가다

호와께서 치시매 심히 앓는지라
16 다윗이 그 아이를 위하여 하나님께 간구하되
다윗이 금식하고 안에 들어가서 밤새도록 땅
에 엎드렸으니 1:12
17 그 집의 늙은 자들이 그 곁에 서서 다윗을 땅
에서 일으키려 하되 왕이 듣지 아니하고 그
들과 더불어 먹지도 아니하더라
18 이레 만에 그 아이가 죽으니라 그러나 다윗
의 신하들이 아이가 죽은 것을 왕에게 아뢰
기를 두려워하니 이는 그들이 말하기를 아이
가 살았을 때에 우리가 그에게 말하여도 왕
이 그 말을 듣지 아니하셨나니 어떻게 그 아
이가 죽은 것을 그에게 아뢸 수 있으랴 왕이
상심하시리로다 함이라
19 다윗이 그의 신하들이 서로 수군거리는 것을
보고 그 아이가 죽은 줄을 다윗이 깨닫고 그
의 신하들에게 묻되 아이가 죽었느냐 하니
대답하되 죽었나이다 하는지라
20 다윗이 땅에서 일어나 몸을 씻고 기름을 바
르고 의복을 갈아입고 여호와의 전에 들어가
서 경배하고 왕궁으로 돌아와 명령하여 음식
을 그 앞에 차리게 하고 먹은지라
21 그의 신하들이 그에게 이르되 아이가 살았을
때에는 그를 위하여 금식하고 우시더니 죽은
후에는 일어나서 잡수시니 이 일이 어찌 됨
이니이까 하니
22 이르되 아이가 살았을 때에 내가 금식하고
운 것은 혹시 여호와께서 나를 불쌍히 여기
사 아이를 살려 주실는지 누가 알까 생각함
이거니와
23 지금은 죽었으니 내가 어찌 금식하랴 내가
다시 돌아오게 할 수 있느냐 나는 그에게로
가려니와 그는 내게로 돌아오지 아니하리라
하니라

솔로몬이 태어나다

24 ●다윗이 그의 아내 밧세바를 위로하고 그에
게 들어가 그와 동침하였더니 그가 아들을
낳으매 그의 이름을 솔로몬이라 하니라 여호
와께서 그를 사랑하사
25 선지자 나단을 보내 그의 이름을 [1)]여디디야
라 하시니 이는 여호와께서 사랑하셨기 때문
이더라

다윗이 랍바를 쳐서 점령하다 (대상 20:1-3)

26 ●요압이 암몬 자손의 랍바를 쳐서 그 왕성
을 점령하매
27 요압이 전령을 다윗에게 보내 이르되 내가
랍바 곧 물들의 성읍을 쳐서 점령하였으니

the nights lying in sackcloth[a] on the ground.
17 •The elders of his household stood beside
him to get him up from the ground, but he
refused, and he would not eat any food with
them.
18 •On the seventh day the child died. David's
attendants were afraid to tell him that the
child was dead, for they thought, "While the
child was still living, he wouldn't listen to us
when we spoke to him. How can we now tell
him the child is dead? He may do something
desperate."
19 •David noticed that his attendants were
whispering among themselves, and he realized
the child was dead. "Is the child dead?" he
asked.
"Yes," they replied, "he is dead."
20 •Then David got up from the ground. After
he had washed, put on lotions and changed
his clothes, he went into the house of the LORD
and worshiped. Then he went to his own
house, and at his request they served him food,
and he ate.
21 •His attendants asked him, "Why are you
acting this way? While the child was alive, you
fasted and wept, but now that the child is
dead, you get up and eat!"
22 •He answered, "While the child was still
alive, I fasted and wept. I thought, 'Who
knows? The LORD may be gracious to me and
23 let the child live.' •But now that he is dead,
why should I go on fasting? Can I bring him
back again? I will go to him, but he will not
return to me."
24 •Then David comforted his wife Bath-
sheba, and he went to her and made love to
her. She gave birth to a son, and they named
25 him Solomon. The LORD loved him; •and
because the LORD loved him, he sent word
through Nathan the prophet to name him
Jedidiah.[b]
26 •Meanwhile Joab fought against Rabbah
of the Ammonites and captured the royal
27 citadel. •Joab then sent messengers to David,
saying, "I have fought against Rabbah and
28 taken its water supply. •Now muster the rest
of the troops and besiege the city and capture
it. Otherwise I will take the city, and it will be
named after me."

[a]16 Dead Sea Scrolls and Septuagint; Masoretic Text does not have *in sackcloth.* [b]25 *Jedidiah* means *loved by the LORD.* 1) 여호와께 사랑을 입음

afraid [əfréid] *a.* 두려운
attendant [əténdənt] *n.* 수행원
capture [kǽptʃər] *vt.* 사로잡다
citadel [sítədl] *n.* 요새
comfort [kʌmfərt] *vt.* 위로하다
desperate [déspərət] *a.* 자포자기의
muster [mʌstər] *vt.* 소집하다
prophet [prɑ́fit] *n.* 선지자
refuse [rifjúːz] *vt.* 거절하다
request [rikwést] *n.* 요청
sackcloth [sǽkklɔ̀ːθ] *n.* 참회복, 상복
troop [truːp] *n.* 군대, 떼
weep [wiːp] *vi.* 울다
whisper [hwíspər] *vi.* 속삭이다
worship [wɑ́ːrʃip] *vi.* 경배하다

12:18 listen to: 귀를 기울이다
12:20 get up: 일어나다
12:20 put on...: …를 바르다
12:22 gracious to: …에게 자비로운
12:23 bring back: 데리고 돌아오다
12:28 name after: 이름을 따 명명하다

28 이제 왕은 그 백성의 남은 군사를 모아 그 성
에 맞서 진치고 이 성읍을 쳐서 점령하소서
내가 이 성읍을 점령하면 이 성읍이 내 이름
으로 일컬음을 받을까 두려워하나이다 하니
29 다윗이 모든 군사를 모아 랍바로 가서 그곳
을 쳐서 점령하고
30 그 왕의 머리에서 보석 박힌 왕관을 가져오
니 그 중량이 금 한 달란트라 다윗이 자기의
머리에 쓰니라 다윗이 또 그 성읍에서 노략
한 물건을 무수히 내오고
31 그 안에 있는 백성들을 끌어내어 [1]톱질과 써
레질과 철도끼질과 벽돌구이를 그들에게 하
게 하니라 암몬 자손의 모든 성읍을 이같이
하고 다윗과 모든 백성이 예루살렘으로 돌아
가니라

암논과 다말 — B.C. 990년경

13 그 후에 이 일이 있으니라 다윗의 아들
압살롬에게 아름다운 누이가 있으니 이
름은 다말이라 다윗의 다른 아들 암논이 그
를 사랑하나 3:2,3
2 그는 처녀이므로 어찌할 수 없는 줄을 알고
암논이 그의 누이 다말 때문에 울화로 말미
암아 병이 되니라
3 암논에게 요나답이라 하는 친구가 있으니 그
는 다윗의 형 시므아의 아들이요 심히 간교
한 자라
4 그가 암논에게 이르되 왕자여 당신은 어찌하
여 나날이 이렇게 파리하여 가느냐 내게 말
해 주지 아니하겠느냐 하니 암논이 말하되
내가 아우 압살롬의 누이 다말을 사랑함이니
라 하니라
5 요나답이 그에게 이르되 침상에 누워 병든
체하다가 네 아버지가 너를 보러 오거든 너
는 그에게 말하기를 원하건대 내 누이 다말
이 와서 내게 떡을 먹이되 내가 보는 데에서
떡을 차려 그의 손으로 먹여 주게 하옵소서
하라 하니
6 암논이 곧 누워 병든 체하다가 왕이 와서 그
를 볼 때에 암논이 왕께 아뢰되 원하건대 내
누이 다말이 와서 내가 보는 데에서 과자 두
어 개를 만들어 그의 손으로 내게 먹여 주게
하옵소서 하니
7 ●다윗이 사람을 그의 집으로 보내 다말에게
이르되 이제 네 오라버니 암논의 집으로 가
서 그를 위하여 음식을 차리라 한지라
8 다말이 그 오라버니 암논의 집에 이르매 그
가 누웠더라 다말이 밀가루를 가지고 반죽하

29 ●So David mustered the entire army and
went to Rabbah, and attacked and captured
30 it. ●David took the crown from their king's[a]
head, and it was placed on his own head. It
weighed a talent[b] of gold, and it was set with
precious stones. David took a great quantity
31 of plunder from the city ●and brought out
the people who were there, consigning them
to labor with saws and with iron picks and
axes, and he made them work at brickmak-
ing.[c] David did this to all the Ammonite
towns. Then he and his entire army returned
to Jerusalem.

Amnon and Tamar

13 In the course of time, Amnon son of
David fell in love with Tamar, the
beautiful sister of Absalom son of David.
2 ●Amnon became so obsessed with his sis-
ter Tamar that he made himself ill. She was
a virgin, and it seemed impossible for him to
do anything to her.
3 ●Now Amnon had an adviser named Jon-
adab son of Shimeah, David's brother. Jon-
4 adab was a very shrewd man. ●He asked
Amnon, "Why do you, the king's son, look
so haggard morning after morning? Won't
you tell me?"
Amnon said to him, "I'm in love with Ta-
mar, my brother Absalom's sister."
5 ●"Go to bed and pretend to be ill," Jonadab
said. "When your father comes to see you, say
to him, 'I would like my sister Tamar to come
and give me something to eat. Let her pre-
pare the food in my sight so I may watch her
and then eat it from her hand.' "
6 ●So Amnon lay down and pretended to be
ill. When the king came to see him, Amnon
said to him, "I would like my sister Tamar to
come and make some special bread in my
sight, so I may eat from her hand."
7 ●David sent word to Tamar at the palace:
"Go to the house of your brother Amnon and
8 prepare some food for him." ●So Tamar went
to the house of her brother Amnon, who was
lying down. She took some dough, knead-
ed it, made the bread in his sight and baked
9 it. ●Then she took the pan and served him

[a]30 Or *from Milkom's* (that is, Molek's) [b]30 That is, about 75 pounds or about 34 kilograms [c]31 The meaning of the Hebrew for this clause is uncertain.

1) 톱으로 켜고 써레로 썰고 도끼로 찍고 벽돌 가마로 지나게 하고

brickmaking [bríkmèikiŋ] *n.* 벽돌제조
capture [kǽptʃər] *vt.* 포획하다
consign [kənsáin] *vt.* 맡기다
crown [kraun] *n.* 왕관
entire [intáiər] *a.* 전체의
haggard [hǽgərd] *a.* 몹시 수척한
ill [il] *a.* 병든
knead [niːd] *vt.* 반죽하다
muster [mʌstər] *vt.* 집합시키다
plunder [plʌndər] *n.* 약탈품
precious [préʃəs] *a.* 귀중한
saw [sɔː] *n.* 톱
shrewd [ʃruːd] *a.* 약삭빠른
virgin [vəːrdʒin] *n.* 처녀
weigh [wei] *vi.* 무게가 나가다

12:30 a great quantity of: 다량의
12:31 return to...: …로 돌아가다
13:2 obsessed with: …에 사로잡힌
13:5 pretend to...: …인 체 하다
13:5 in one's sight: 시야 안에
13:6 lie down: 눕다

여 그가 보는 데서 과자를 만들고 그 과자를
굽고
9 그 냄비를 가져다가 그 앞에 쏟아 놓아도 암
논이 먹기를 거절하고 암논이 이르되 모든
사람을 내게서 나가게 하라 하니 다 그를 떠
나 나가니라
10 암논이 다말에게 이르되 음식물을 가지고 침
실로 들어오라 내가 네 손에서 먹으리라 하
니 다말이 자기가 만든 과자를 가지고 침실
에 들어가 그의 오라버니 암논에게 이르러
11 그에게 먹이려고 가까이 가지고 갈 때에 암
논이 그를 붙잡고 그에게 이르되 나의 누이
야 와서 나와 동침하자 하는지라
12 그가 그에게 대답하되 아니라 내 오라버니여
나를 욕되게 하지 말라 이런 일은 이스라엘
에서 마땅히 행하지 못할 것이니 이 어리석
은 일을 행하지 말라
13 내가 이 수치를 지니고 어디로 가겠느냐 너
도 이스라엘에서 어리석은 자 중의 하나가
되리라 이제 청하건대 왕께 말하라 그가 나
를 네게 주기를 거절하지 아니하시리라 하되
14 암논이 그 말을 듣지 아니하고 다말보다 힘
이 세므로 억지로 그와 동침하니라
15 ●그리하고 암논이 그를 심히 미워하니 이제
미워하는 미움이 전에 사랑하던 사랑보다 더
한지라 암논이 그에게 이르되 일어나 가라
하니
16 다말이 그에게 이르되 옳지 아니하다 나를 쫓
아보내는 이 큰 악은 아까 내게 행한 그 악보
다 더하다 하되 암논이 그를 듣지 아니하고
17 그가 부리는 종을 불러 이르되 이 계집을 내
게서 이제 내보내고 곧 문빗장을 지르라 하니
18 암논의 하인이 그를 끌어내고 곧 문빗장을
지르니라 다말이 [1]채색옷을 입었으니 출가
하지 아니한 공주는 이런 옷으로 단장하는
법이라
19 다말이 재를 자기의 머리에 덮어쓰고 그의
채색옷을 찢고 손을 머리 위에 얹고 가서 크
게 울부짖으니라
20 ●그의 오라버니 압살롬이 그에게 이르되 네
오라버니 암논이 너와 함께 있었느냐 그러나
그는 네 오라버니이니 누이야 지금은 잠잠히
있고 이것으로 말미암아 근심하지 말라 하니
라 이에 다말이 그의 오라버니 압살롬의 집
에 있어 처량하게 지내니라
21 다윗 왕이 이 모든 일을 듣고 심히 노하니라
22 압살롬은 암논이 그의 누이 다말을 욕되게

the bread, but he refused to eat.
"Send everyone out of here," Amnon said.
10 So everyone left him. •Then Amnon said to
Tamar, "Bring the food here into my bed-
room so I may eat from your hand." And
Tamar took the bread she had prepared and
brought it to her brother Amnon in his bed-
11 room. •But when she took it to him to eat,
he grabbed her and said, "Come to bed with
me, my sister."
12 •"No, my brother!" she said to him. "Don't
force me! Such a thing should not be done in
13 Israel! Don't do this wicked thing. •What
about me? Where could I get rid of my dis-
grace? And what about you? You would be
like one of the wicked fools in Israel. Please
speak to the king; he will not keep me from
14 being married to you." •But he refused to lis-
ten to her, and since he was stronger than she,
he raped her.
15 •Then Amnon hated her with intense
hatred. In fact, he hated her more than he
had loved her. Amnon said to her, "Get up
and get out!"
16 •"No!" she said to him. "Sending me away
would be a greater wrong than what you
have already done to me."
17 But he refused to listen to her. •He called
his personal servant and said, "Get this wo-
man out of my sight and bolt the door after
18 her." •So his servant put her out and bolt-
ed the door after her. She was wearing an
ornate[a] robe, for this was the kind of gar-
ment the virgin daughters of the king wore.
19 •Tamar put ashes on her head and tore the
ornate robe she was wearing. She put her
hands on her head and went away, weeping
aloud as she went.
20 •Her brother Absalom said to her, "Has
that Amnon, your brother, been with you? Be
quiet for now, my sister; he is your brother.
Don't take this thing to heart." And Tamar
lived in her brother Absalom's house, a deso-
late woman.
21 •When King David heard all this, he was
22 furious. •And Absalom never said a word
to Amnon, either good or bad; he hated Am-
non because he had disgraced his sister Ta-
mar.

[a] *18* The meaning of the Hebrew for this word is uncertain; also in verse 19. 1) 긴 옷

ash [æʃ] *n.* 재
bolt [boult] *vt.* 잠그다
desolate [désələt] *a.* 비참한
disgrace [disgréis] *n.v.* 불명예, 실추하다
furious [fjúəriəs] *a.* 격노한
garment [gá:rmənt] *n.* 의복
grab [græb] *vt.* 거머쥐다
hatred [héitrid] *n.* 증오
ornate [ɔ:rnéit] *a.* 지나치게 장식한
rape [reip] *vt.* 강간하다
refuse [rifjú:z] *vi.* 거부하다
robe [roub] *n.* 의복
servant [sá:rvənt] *n.* 하인
tear [tiər] *vt.* 찢다
weep [wi:p] *vi.* 흐느끼다

13:9 send out: 내보내다
13:13 get rid of...: …을 벗어나다
13:13 keep... from -ing: …가 ~하지 못하게 하다
13:15 in fact: 실제로
13:22 either A or B: A이든 B이든

하였으므로 그를 미워하여 암논에 대하여 잘
잘못을 압살롬이 말하지 아니하니라

압살롬의 복수 (♪374, 543장)

23 ● 만 이 년 후에 에브라임 곁 바알하솔에서
압살롬이 양털을 깎는 일이 있으매 압살롬이
왕의 모든 아들을 청하고
24 압살롬이 왕께 나아가 말하되 이제 종에게
양털 깎는 일이 있사오니 청하건대 왕은 신
하들을 데리시고 당신의 종과 함께 가사이다
하니
25 왕이 압살롬에게 이르되 아니라 내 아들아
이제 우리가 다 갈 것 없다 네게 누를 끼칠까
하노라 하니라 압살롬이 그에게 간청하였으
나 그가 가지 아니하고 그에게 복을 비는지
라
26 압살롬이 이르되 그렇게 하지 아니하시려거
든 청하건대 내 형 암논이 우리와 함께 가게
하옵소서 왕이 그에게 이르되 그가 너와 함
께 갈 것이 무엇이냐 하되
27 압살롬이 간청하매 왕이 암논과 왕의 모든
아들을 그와 함께 그에게 보내니라
28 압살롬이 이미 그의 종들에게 명령하여 이르
기를 너희는 이제 암논의 마음이 술로 즐거
워할 때를 자세히 보다가 내가 너희에게 암
논을 치라 하거든 그를 죽이라 두려워하지
말라 내가 너희에게 명령한 것이 아니냐 너
희는 담대히 용기를 내라 한지라
29 압살롬의 종들이 압살롬의 명령대로 암논에
게 행하매 왕의 모든 아들들이 일어나 각기
노새를 타고 도망하니라
30 ● 그들이 길에 있을 때에 압살롬이 왕의 모
든 아들들을 죽이고 하나도 남기지 아니하였
다는 소문이 다윗에게 이르매
31 왕이 곧 일어나서 자기의 옷을 찢고 땅에 드
러눕고 그의 신하들도 다 옷을 찢고 모셔 선
지라
32 다윗의 형 시므아의 아들 요나답이 아뢰어
이르되 내 주여 젊은 왕자들이 다 죽임을 당
한 줄로 생각하지 마옵소서 오직 암논만 죽
었으리이다 그가 압살롬의 누이 다말을 욕되
게 한 날부터 압살롬이 결심한 것이니이다
33 그러하온즉 내 주 왕이여 왕자들이 다 죽은
줄로 생각하여 상심하지 마옵소서 오직 암논
만 죽었으리이다 하니라
34 ● 이에 압살롬은 도망하니라 파수하는 청년
이 눈을 들어 보니 보아라 뒷산 언덕길로 여
러 사람이 오는도다

13:37

Absalom Kills Amnon

23 ● Two years later, when Absalom's sheep-
shearers were at Baal Hazor near the border
of Ephraim, he invited all the king's sons to
24 come there. ● Absalom went to the king and
said, "Your servant has had shearers come.
Will the king and his attendants please join
me?"
25 ● "No, my son," the king replied. "All of us
should not go; we would only be a burden to
you." Although Absalom urged him, he still
refused to go but gave him his blessing.
26 ● Then Absalom said, "If not, please let my
brother Amnon come with us."
The king asked him, "Why should he go
27 with you?" ● But Absalom urged him, so he
sent with him Amnon and the rest of the
king's sons.
28 ● Absalom ordered his men, "Listen! When
Amnon is in high spirits from drinking wine
and I say to you, 'Strike Amnon down,' then
kill him. Don't be afraid. Haven't I given you
29 this order? Be strong and brave." ● So Absa-
lom's men did to Amnon what Absalom had
ordered. Then all the king's sons got up,
mounted their mules and fled.
30 ● While they were on their way, the report
came to David: "Absalom has struck down all
31 the king's sons; not one of them is left." ● The
king stood up, tore his clothes and lay down
on the ground; and all his attendants stood by
with their clothes torn.
32 ● But Jonadab son of Shimeah, David's
brother, said, "My lord should not think
that they killed all the princes; only Amnon
is dead. This has been Absalom's express
intention ever since the day Amnon raped
33 his sister Tamar. ● My lord the king should
not be concerned about the report that all
the king's sons are dead. Only Amnon is
dead."
34 ● Meanwhile, Absalom had fled.
Now the man standing watch looked up
and saw many people on the road west of
him, coming down the side of the hill. The
watchman went and told the king, "I see men
in the direction of Horonaim, on the side of
the hill."[a]
35 ● Jonadab said to the king, "See, the king's
sons have come; it has happened just as your
servant said."

[a]34 Septuagint; Hebrew does not have this sentence.

attendant [əténdənt] *n.* 시종
brave [breiv] *a.* 용감한
burden [bə́:rdn] *n.* 부담
express [iksprés] *vt.* 표현하다
flee [fli:] *vi.* 도망치다
intention [inténʃən] *n.* 의도
invite [inváit] *vt.* 초청하다
meanwhile [mí:nwàil] *ad.* 한편
mount [maunt] *vt.* 올라타다
mule [mju:l] *n.* 노새
rape [reip] *vt.* 강간하다
shearer [ʃíərər] *n.* 양털 깎는 사람
tear [tέər] *vt.* …를 잡아뜯다
urge [ə:rdʒ] *vt.* 강력히 권하다
watchman [wɑ́tʃmən] *n.* 파수꾼

13:25 **refuse to:** …를 거절하다
13:30 **strike down:** 죽이다
13:31 **lie down:** 눕다
13:31 **stand by:** 곁에 있다
13:33 **concern about...:** …를 걱정하다
13:34 **in the direction of...:** …의 쪽으로

35 요나답이 왕께 아뢰되 보소서 왕자들이 오나이다 당신의 종이 말한 대로 되었나이다 하고
36 말을 마치자 왕자들이 이르러 소리를 높여 통곡하니 왕과 그의 모든 신하들도 심히 통곡하니라
37 ●압살롬은 도망하여 그술 왕 암미훌의 아들 달매에게로 갔고 다윗은 날마다 그의 아들로 말미암아 슬퍼하니라 3:3
38 압살롬이 도망하여 그술로 가서 거기에 산 지 삼 년이라
39 [1]다윗 왕의 마음이 압살롬을 향하여 간절하니 암논은 이미 죽었으므로 왕이 위로를 받았음이더라

압살롬이 예루살렘으로 돌아오다 — B.C. 985년경

14 스루야의 아들 요압이 왕의 마음이 압살롬에게로 향하는 줄 알고 13:39
2 드고아에 사람을 보내 거기서 지혜로운 여인 하나를 데려다가 그에게 이르되 청하건대 너는 상주가 된 것처럼 상복을 입고 기름을 바르지 말고 죽은 사람을 위하여 오래 슬퍼하는 여인같이 하고
3 왕께 들어가서 그에게 이러이러하게 말하라 고 요압이 그의 입에 할 말을 넣어 주니라
4 ●드고아 여인이 왕께 아뢸 때에 얼굴을 땅에 대고 엎드려 이르되 왕이여 도우소서 하니
5 왕이 그에게 이르되 무슨 일이냐 하니라 대답하되 나는 진정으로 과부니이다 남편은 죽고
6 이 여종에게 아들 둘이 있더니 그들이 들에서 싸우나 그들을 말리는 사람이 아무도 없으므로 한 아이가 다른 아이를 쳐죽인지라
7 온 족속이 일어나서 당신의 여종 나를 핍박하여 말하기를 그의 동생을 쳐죽인 자를 내놓으라 우리가 그의 동생 죽인 죄를 갚아 그를 죽여 상속자 될 것까지 끊겠노라 하오니 그러한즉 그들이 내게 남아 있는 숯불을 꺼서 내 남편의 이름과 씨를 세상에 남겨 두지 아니하겠나이다 하니
8 왕이 여인에게 이르되 네 집으로 가라 내가 너를 위하여 명령을 내리리라 하는지라
9 드고아 여인이 왕께 아뢰되 내 주 왕이여 그 죄는 나와 내 아버지의 집으로 돌릴 것이니 왕과 왕위는 허물이 없으리이다 왕상 2:33
10 왕이 이르되 누구든지 네게 말하는 자를 내게로 데려오라 그가 다시는 너를 건드리지도 못하리라 하니라

36 ●As he finished speaking, the king's sons
came in, wailing loudly. The king, too, and all
his attendants wept very bitterly.
37 ●Absalom fled and went to Talmai son of
Ammihud, the king of Geshur. But King David
mourned many days for his son.
38 ●After Absalom fled and went to Geshur, he
39 stayed there three years. ●And King David
longed to go to Absalom, for he was consoled
concerning Amnon's death.

Absalom Returns to Jerusalem

14 Joab son of Zeruiah knew that the
2 king's heart longed for Absalom. ●So
Joab sent someone to Tekoa and had a wise
woman brought from there. He said to her,
"Pretend you are in mourning. Dress in
mourning clothes, and don't use any cosmetic
lotions. Act like a woman who has spent
3 many days grieving for the dead. ●Then go to
the king and speak these words to him." And
Joab put the words in her mouth.
4 ●When the woman from Tekoa went[a] to
the king, she fell with her face to the ground to
pay him honor, and she said, "Help me, Your
Majesty!"
5 ●The king asked her, "What is troubling
you?"
She said, "I am a widow; my husband is
6 dead. ●I your servant had two sons. They got
into a fight with each other in the field, and no
one was there to separate them. One struck the
7 other and killed him. ●Now the whole clan
has risen up against your servant; they say,
'Hand over the one who struck his brother
down, so that we may put him to death for the
life of his brother whom he killed; then we will
get rid of the heir as well.' They would put out
the only burning coal I have left, leaving my
husband neither name nor descendant on
the face of the earth."
8 ●The king said to the woman, "Go home,
and I will issue an order in your behalf."
9 ●But the woman from Tekoa said to him,
"Let my lord the king pardon me and my
family, and let the king and his throne be
without guilt."
10 ●The king replied, "If anyone says anything
to you, bring them to me, and they will not
bother you again."

[a]4 Many Hebrew manuscripts, Septuagint, Vulgate and Syriac; most Hebrew manuscripts *spoke*

1) 다윗 왕이 압살롬에게 발노하기를 쉬니

bitterly [bítərli] *ad.* 몹시
console [kənsóul] *vt.* 위로하다
cosmetic [kazmétik] *a.* 화장용의
descendant [diséndənt] *n.* 자손
grieve [gri:v] *vi.* 몹시 슬퍼하다
guilt [gilt] *n.* 유죄
heir [εər] *n.* 상속인
honor [ánər] *n.* 존경
loudly [láudli] *ad.* 큰 소리로
mourn [mɔ:rn] *vi.* 슬퍼하다
pardon [pá:rdn] *vt.* 용서하다
separate [sépəreit] *vt.* 떼어놓다
throne [θroun] *n.* 왕좌
wail [weil] *vt.* 통곡하다
weep [wi:p] *vi.* 울다

13:39 long to...: …하고 싶은 생각이 간절하다
14:7 hand over: 넘기다
14:7 get rid of...: …를 제거하다
14:7 put out: 끄다
14:7 neither A nor B: A도 B도 …아닌

11 여인이 이르되 청하건대 왕은 왕의 하나님
여호와를 기억하사 원수 갚는 자가 더 죽이
지 못하게 하옵소서 내 아들을 죽일까 두렵
나이다 하니 왕이 이르되 여호와께서 살아
계심을 두고 맹세하노니 네 아들의 머리카락
하나도 땅에 떨어지지 아니하리라 하니라
12 ●여인이 이르되 청하건대 당신의 여종을 용
납하여 한 말씀을 내 주 왕께 여쭙게 하옵소
서 하니 그가 이르되 말하라 하니라
13 여인이 이르되 그러면 어찌하여 왕께서 하나
님의 백성에게 대하여 이같은 생각을 하셨나
이까 이 말씀을 하심으로 왕께서 죄 있는 사
람같이 되심은 그 내쫓긴 자를 왕께서 집으
로 돌아오게 하지 아니하심이니이다
14 우리는 필경 죽으리니 땅에 쏟아진 물을 다
시 담지 못함 같을 것이오나 하나님은 생명
을 빼앗지 아니하시고 방책을 베푸사 내쫓긴
자가 하나님께 버린 자가 되지 아니하게 하
시나이다
15 이제 내가 와서 내 주 왕께 이 말씀을 여쭙는
것은 백성들이 나를 두렵게 하므로 당신의 여
종이 스스로 말하기를 내가 왕께 여쭈오면 혹
시 종이 청하는 것을 왕께서 시행하실 것이라
16 왕께서 들으시고 나와 내 아들을 함께 하나
님의 기업에서 끊을 자의 손으로부터 주의
종을 구원하시리라 함이니이다
17 당신의 여종이 또 스스로 말하기를 내 주 왕
의 말씀이 나의 위로가 되기를 원한다 하였
사오니 이는 내 주 왕께서 하나님의 사자같
이 선과 악을 분간하심이니이다 원하건대 왕
의 하나님 여호와께서 왕과 같이 계시옵소서
18 ●왕이 그 여인에게 대답하여 이르되 바라노
니 내가 네게 묻는 것을 내게 숨기지 말라 여
인이 이르되 내 주 왕은 말씀하옵소서
19 왕이 이르되 이 모든 일에 요압이 너와 함께
하였느냐 하니 여인이 대답하여 이르되 내
주 왕의 살아 계심을 두고 맹세하옵나니 내
주 왕의 말씀을 좌로나 우로나 옮길 자가 없
으리이다 왕의 종 요압이 내게 명령하였고
그가 이 모든 말을 왕의 여종의 입에 넣어 주
었사오니
20 이는 왕의 종 요압이 이 일의 형편을 바꾸려
하여 이렇게 함이니이다 내 주 왕의 지혜는
하나님의 사자의 지혜와 같아서 땅에 있는
일을 다 아시나이다 하니라
21 ●왕이 요압에게 이르되 내가 이 일을 허락하
였으니 가서 청년 압살롬을 데려오라 하니라

11 ●She said, "Then let the king invoke the
LORD his God to prevent the avenger of blood
from adding to the destruction, so that my
son will not be destroyed."
"As surely as the LORD lives," he said, "not
one hair of your son's head will fall to the
ground."
12 ●Then the woman said, "Let your servant
speak a word to my lord the king."
"Speak," he replied.
13 ●The woman said, "Why then have you
devised a thing like this against the people of
God? When the king says this, does he not
convict himself, for the king has not brought
14 back his banished son? ●Like water spilled
on the ground, which cannot be recovered,
so we must die. But that is not what God
desires; rather, he devises ways so that a ban-
ished person does not remain banished from
him.
15 ●"And now I have come to say this to my
lord the king because the people have made
me afraid. Your servant thought, 'I will speak
to the king; perhaps he will grant his servant's
16 request. ●Perhaps the king will agree to deliver
his servant from the hand of the man who is
trying to cut off both me and my son from
God's inheritance.'
17 ●"And now your servant says, 'May the
word of my lord the king secure my inheri-
tance, for my lord the king is like an angel of
God in discerning good and evil. May the
LORD your God be with you.' "
18 ●Then the king said to the woman, "Don't
keep from me the answer to what I am going
to ask you."
"Let my lord the king speak," the woman
said.
19 ●The king asked, "Isn't the hand of Joab
with you in all this?"
The woman answered, "As surely as you
live, my lord the king, no one can turn to
the right or to the left from anything my
lord the king says. Yes, it was your servant
Joab who instructed me to do this and who
put all these words into the mouth of your
20 servant. ●Your servant Joab did this to
change the present situation. My lord has
wisdom like that of an angel of God—he
knows everything that happens in the
land."
21 ●The king said to Joab, "Very well, I will

avenger [əvéndʒər] *n.* 보복자
banish [bǽniʃ] *vt.* 추방하다
convict [kənvíkt] *vt.* 유죄를 입증하다
destruction [distrʌ́kʃən] *n.* 파괴
devise [diváiz] *vt.* 궁리하다
discern [disə́:rn] *vt.* 식별하다
grant [grænt] *vt.* 승인하다
inheritance [inhérətəns] *n.* 유산
invoke [invóuk] *vt.* 빌다
present [préznt] *a.* 현재의
prevent [privént] *vt.* 막다
request [rikwést] *n.* 부탁
secure [sikjúər] *vt.* 안전하게 하다
situation [sìtʃuéiʃən] *n.* 상황
spill [spil] *vt.* 쏟다

14:11 **so that:** …하기 위하여
14:11 **as surely as...:** …과 마찬가지로 꼭
14:16 **agree to:** 동의하다
14:16 **cut off:** 베어내다
14:18 **keep from...:** …에게 숨기다
14:19 **put into:** 주입하다

22 요압이 땅에 엎드려 절하고 왕을 위하여 복을 빌고 요압이 이르되 내 주 왕이여 종의 구함을 왕이 허락하시니 종이 왕 앞에서 은혜 입은 줄을 오늘 아나이다 하고
23 요압이 일어나 그술로 가서 압살롬을 데리고 예루살렘으로 오니
24 왕이 이르되 그를 그의 집으로 물러가게 하여 내 얼굴을 볼 수 없게 하라 하매 압살롬이 자기 집으로 돌아가고 왕의 얼굴을 보지 못하니라

다윗이 압살롬과 화해하다

25 ●온 이스라엘 가운데에서 압살롬같이 아름다움으로 크게 칭찬 받는 자가 없었으니 그는 발바닥부터 정수리까지 흠이 없음이라
26 그의 머리털이 무거우므로 연말마다 깎았으며 그의 머리털을 깎을 때에 그것을 달아본즉 그의 머리털이 왕의 저울로 이백 세겔이었더라
27 압살롬이 아들 셋과 딸 하나를 낳았는데 딸의 이름은 다말이라 그는 얼굴이 아름다운 여자더라
28 ●압살롬이 이태 동안 예루살렘에 있으되 왕의 얼굴을 보지 못하였으므로
29 압살롬이 요압을 왕께 보내려 하여 압살롬이 요압에게 사람을 보내 부르되 그에게 오지 아니하고 또 다시 그에게 보내되 오지 아니하는지라
30 압살롬이 자기의 종들에게 이르되 보라 요압의 밭이 내 밭 근처에 있고 거기 보리가 있으니 가서 불을 지르라 하니라 압살롬의 종들이 그 밭에 불을 질렀더니
31 요압이 일어나 압살롬의 집으로 가서 그에게 이르되 어찌하여 네 종들이 내 밭에 불을 질렀느냐 하니
32 압살롬이 요압에게 대답하되 내가 일찍이 사람을 네게 보내 너를 이리로 오라고 청한 것은 내가 너를 왕께 보내 아뢰게 하기를 어찌하여 내가 그술에서 돌아오게 되었나이까 이때까지 거기에 있는 것이 내게 나았으리이다 하려 함이로라 이제는 네가 나로 하여금 왕의 얼굴을 볼 수 있게 하라 내가 만일 죄가 있으면 왕이 나를 죽이시는 것이 옳으니라 하는지라
33 요압이 왕께 나아가서 그에게 아뢰매 왕이 압살롬을 부르니 그가 왕께 나아가 그 앞에서 얼굴을 땅에 대어 그에게 절하매 왕이 압살롬과 입을 맞추니라

do it. Go, bring back the young man Absa-
lom."
22 ●Joab fell with his face to the ground to
pay him honor, and he blessed the king. Joab
said, "Today your servant knows that he has
found favor in your eyes, my lord the king,
because the king has granted his servant's
request."
23 ●Then Joab went to Geshur and brought
24 Absalom back to Jerusalem. ●But the king
said, "He must go to his own house; he must
not see my face." So Absalom went to his
own house and did not see the face of the
king.
25 ●In all Israel there was not a man so highly
praised for his handsome appearance as
Absalom. From the top of his head to the
sole of his foot there was no blemish in him.
26 ●Whenever he cut the hair of his head—he
used to cut his hair once a year because it
became too heavy for him—he would weigh
it, and its weight was two hundred shekels[a]
by the royal standard.
27 ●Three sons and a daughter were born to
Absalom. His daughter's name was Tamar,
and she became a beautiful woman.
28 ●Absalom lived two years in Jerusalem
29 without seeing the king's face. ●Then Absa-
lom sent for Joab in order to send him to the
king, but Joab refused to come to him. So he
sent a second time, but he refused to come.
30 ●Then he said to his servants, "Look, Joab's
field is next to mine, and he has barley there.
Go and set it on fire." So Absalom's servants
set the field on fire.
31 ●Then Joab did go to Absalom's house, and
he said to him, "Why have your servants set
my field on fire?"
32 ●Absalom said to Joab, "Look, I sent word
to you and said, 'Come here so I can send you
to the king to ask, "Why have I come from
Geshur? It would be better for me if I were
still there!" ' Now then, I want to see the king's
face, and if I am guilty of anything, let him
put me to death."
33 ●So Joab went to the king and told him
this. Then the king summoned Absalom, and
he came in and bowed down with his face
to the ground before the king. And the king
kissed Absalom.

[a]26 That is, about 5 pounds or about 2.3 kilograms

appearance [əpíərəns] *n.* 외관
barley [bá:rli] *n.* 보리
blemish [blémiʃ] *n.* 흠
bless [bles] *vt.* 축복하다
favor [féivər] *n.* 호의
guilty [gílti] *a.* 죄 있는
heavy [hévi] *a.* 무거운
praise [preiz] *n.* 칭찬
servant [sə́:rvənt] *n.* 종
sole [soul] *n.* 발바닥
standard [stǽndərd] *n.* 표준
summon [sʌmən] *vt.* 부르다
weigh [wei] *vi.* (무게를) 달다
weight [weit] *n.* 무게
whenever [hwenévər] *conj.* …할 때는 언제나

14:22 with one's face to the ground: …의 얼굴을 땅에 댄 채로
14:22 pay honor: 경의를 표하다
14:22 find favor in one's eyes: …의 눈에 들다, 총애를 받다
14:30 set on fire: 불을 지르다

압살롬이 반역하다 — B.C. 985년경

15 그 후에 압살롬이 자기를 위하여 병거와 말들을 준비하고 호위병 오십 명을 그 앞에 세우니라
2 압살롬이 일찍이 일어나 성문 길 곁에 서서 어떤 사람이든지 송사가 있어 왕에게 재판을 청하러 올 때에 그 사람을 불러 이르되 너는 어느 성읍 사람이냐 하니 그 사람의 대답이 종은 이스라엘 아무 지파에 속하였나이다 하면
3 압살롬이 그에게 이르기를 보라 네 일이 옳고 바르다마는 네 송사를 들을 사람을 왕께서 세우지 아니하셨다 하고
4 또 압살롬이 이르기를 내가 이 땅에서 재판관이 되고 누구든지 송사나 재판할 일이 있어 내게로 오는 자에게 내가 정의 베풀기를 원하노라 하고
5 사람이 가까이 와서 그에게 절하려 하면 압살롬이 손을 펴서 그 사람을 붙들고 그에게 입을 맞추니
6 이스라엘 무리 중에 왕께 재판을 청하러 오는 자들마다 압살롬의 행함이 이와 같아서 이스라엘 사람의 마음을 압살롬이 훔치니라
7 ●[1]사 년 만에 압살롬이 왕께 아뢰되 내가 여호와께 서원한 것이 있사오니 청하건대 내가 헤브론에 가서 그 서원을 이루게 하소서
8 당신의 종이 아람 그술에 있을 때에 서원하기를 만일 여호와께서 반드시 나를 예루살렘으로 돌아가게 하시면 내가 여호와를 섬기리이다 하였나이다
9 왕이 그에게 이르되 평안히 가라 하니 그가 일어나 헤브론으로 가니라
10 이에 압살롬이 정탐을 이스라엘 모든 지파 가운데에 두루 보내 이르기를 너희는 나팔 소리를 듣거든 곧 말하기를 압살롬이 헤브론에서 왕이 되었다 하라 하니라
11 그때 청함을 받은 이백 명이 압살롬과 함께 예루살렘에서부터 헤브론으로 내려갔으니 그들은 압살롬이 꾸민 그 모든 일을 알지 못하고 그저 따라가기만 한 사람들이라
12 제사드릴 때에 압살롬이 사람을 보내 다윗의 모사 길로 사람 아히도벨을 그의 성읍 길로에서 청하여 온지라 반역하는 일이 커가매 압살롬에게로 돌아오는 백성이 많아지니라

다윗이 예루살렘에서 도망하다 (♪ 379, 543장)

13 ●전령이 다윗에게 와서 말하되 이스라엘의 인심이 다 압살롬에게로 돌아갔나이다 한지라

Absalom's Conspiracy

15 In the course of time, Absalom provided himself with a chariot and horses
2 and with fifty men to run ahead of him. ●He
would get up early and stand by the side of the
road leading to the city gate. Whenever anyone came with a complaint to be placed before
the king for a decision, Absalom would call
out to him, "What town are you from?" He
would answer, "Your servant is from one of
3 the tribes of Israel." ●Then Absalom would say
to him, "Look, your claims are valid and proper, but there is no representative of the king to
4 hear you." ●And Absalom would add, "If only
I were appointed judge in the land! Then
everyone who has a complaint or case could
come to me and I would see that they receive
justice."
5 ●Also, whenever anyone approached him
to bow down before him, Absalom would
reach out his hand, take hold of him and
6 kiss him. ●Absalom behaved in this way
toward all the Israelites who came to the king
asking for justice, and so he stole the hearts of
the people of Israel.
7 ●At the end of four[a] years, Absalom said to
the king, "Let me go to Hebron and fulfill a
8 vow I made to the LORD. ●While your servant
was living at Geshur in Aram, I made this vow:
'If the LORD takes me back to Jerusalem, I will
worship the LORD in Hebron.[b]' "
9 ●The king said to him, "Go in peace." So he
went to Hebron.
10 ●Then Absalom sent secret messengers
throughout the tribes of Israel to say, "As soon
as you hear the sound of the trumpets, then
11 say, 'Absalom is king in Hebron.' " ●Two
hundred men from Jerusalem had accompanied Absalom. They had been invited as
guests and went quite innocently, knowing
12 nothing about the matter. ●While Absalom
was offering sacrifices, he also sent for Ahithophel the Gilonite, David's counselor, to
come from Giloh, his hometown. And so the
conspiracy gained strength, and Absalom's
following kept on increasing.

David Flees

13 ●A messenger came and told David, "The

[a]7 Some Septuagint manuscripts, Syriac and Josephus; Hebrew *forty* [b]8 Some Septuagint manuscripts; Hebrew does not have *in Hebron*.

1) 어떤 기록에는 사십이라 함

behave [bihéiv] *vi.* 행동하다
claim [kleim] *n.* 요구
complaint [kəmpléint] *n.* 불평
conspiracy [kənspírəsi] *n.* 음모
counselor [káunsələr] *n.* 상담역
decision [disíʒən] *n.* 판결
fulfill [fulfíl] *vt.* 이행하다
gain [gein] *vt.* 얻다
increase [inkríːs] *vi.* 증대하다
innocently [ínəsəntli] *ad.* 결백하게
proper [prápər] *a.* 타당한
provide [prəváid] *vt.* 준비하다
representative [rèprizéntətiv] *n.* 대리인
valid [vǽlid] *a.* 유효한
vow [vau] *n.* 맹세

15:1 in the course of time: 이윽고
15:1 run ahead of...: …를 능가하다
15:5 bow down: 절하다
15:5 reach out: (손 등을) 뻗다
15:5 take hold of: 잡다, 쥐다
15:10 as soon as...: …하자마자

14 다윗이 예루살렘에 함께 있는 그의 모든 신
하들에게 이르되 일어나 도망하자 그렇지 아
니하면 우리 중 한 사람도 압살롬에게서 피
하지 못하리라 빨리 가자 두렵건대 그가 우
리를 급히 따라와 우리를 해하고 칼날로 성
읍을 칠까 하노라 12:11
15 왕의 신하들이 왕께 이르되 우리 주 왕께서
하고자 하시는 대로 우리가 행하리이다 보소
서 당신의 종들이니이다 하더라
16 왕이 나갈 때에 그의 가족을 다 따르게 하고
후궁 열 명을 왕이 남겨 두어 왕궁을 지키게
하니라
17 왕이 나가매 모든 백성이 다 따라서 [1)]벧메르
학에 이르러 멈추어 서니
18 그의 모든 신하들이 그의 곁으로 지나가고
모든 그렛 사람과 모든 블렛 사람과 및 왕을
따라 가드에서 온 모든 가드 사람 육백 명이
왕 앞으로 행진하니라
19 ●그때에 왕이 가드 사람 잇대에게 이르되
어찌하여 너도 우리와 함께 가느냐 너는 쫓
겨난 나그네이니 돌아가서 왕과 함께 네 곳
에 있으라
20 너는 어제 왔고 나는 정처 없이 가니 오늘 어
찌 너를 우리와 함께 떠돌아다니게 하리요
너도 돌아가고 네 동포들도 데려가라 은혜와
진리가 너와 함께 있기를 원하노라 하니라
21 잇대가 왕께 대답하여 이르되 여호와의 살아
계심과 내 주 왕의 살아 계심으로 맹세하옵
나니 진실로 내 주 왕께서 어느 곳에 계시든
지 사나 죽으나 종도 그곳에 있겠나이다 하
니
22 다윗이 잇대에게 이르되 앞서 건너가라 하매
가드 사람 잇대와 그의 수행자들과 그와 함
께한 아이들이 다 건너가고
23 온 땅 사람이 큰 소리로 울며 모든 백성이 앞
서 건너가매 왕도 기드론 시내를 건너가니
건너간 모든 백성이 광야 길로 향하니라
24 ●보라 사독과 그와 함께한 모든 레위 사람
도 하나님의 언약궤를 메어다가 하나님의 궤
를 내려놓고 아비아달도 올라와서 모든 백성
이 성에서 나오기를 기다리도다
25 왕이 사독에게 이르되 보라 하나님의 궤를
성읍으로 도로 메어 가라 만일 내가 여호와
앞에서 은혜를 입으면 도로 나를 인도하사
내게 그 궤와 그 계신 데를 보이시리라
26 그러나 그가 이와 같이 말씀하시기를 내가
너를 기뻐하지 아니한다 하시면 종이 여기

hearts of the people of Israel are with Absa-
lom."
14 ●Then David said to all his officials who
were with him in Jerusalem, "Come! We must
flee, or none of us will escape from Absalom.
We must leave immediately, or he will move
quickly to overtake us and bring ruin on us
and put the city to the sword."
15 ●The king's officials answered him, "Your
servants are ready to do whatever our lord the
king chooses."
16 ●The king set out, with his entire house-
hold following him; but he left ten concu-
17 bines to take care of the palace. ●So the king
set out, with all the people following him, and
18 they halted at the edge of the city. ●All his
men marched past him, along with all the
Kerethites and Pelethites; and all the six hun-
dred Gittites who had accompanied him
from Gath marched before the king.
19 ●The king said to Ittai the Gittite, "Why
should you come along with us? Go back and
stay with King Absalom. You are a foreigner,
20 an exile from your homeland. ●You came
only yesterday. And today shall I make you
wander about with us, when I do not know
where I am going? Go back, and take your
people with you. May the LORD show you
kindness and faithfulness."[a]
21 ●But Ittai replied to the king, "As surely as
the LORD lives, and as my lord the king lives,
wherever my lord the king may be, whether it
means life or death, there will your servant be."
22 ●David said to Ittai, "Go ahead, march on."
So Ittai the Gittite marched on with all his
men and the families that were with him.
23 ●The whole countryside wept aloud as all
the people passed by. The king also crossed
the Kidron Valley, and all the people moved
on toward the wilderness.
24 ●Zadok was there, too, and all the Levites
who were with him were carrying the ark of
the covenant of God. They set down the ark of
God, and Abiathar offered sacrifices until all
the people had finished leaving the city.
25 ●Then the king said to Zadok, "Take the ark
of God back into the city. If I find favor in the
LORD's eyes, he will bring me back and let me
26 see it and his dwelling place again. ●But if he
says, 'I am not pleased with you,' then I am
ready; let him do to me whatever seems good

[a]20 Septuagint; Hebrew *May kindness and faithfulness be with you* 1) 먼궁

accompany [əkʌmpəni] *vt.* 동행하다
aloud [əláud] *ad.* 큰 소리로
concubine [káŋkjubàin] *n.* 첩
covenant [kʌvənənt] *n.* 언약
countryside [kʌntrisàid] *n.* 지방(주민)
dwelling [dwéliŋ] *n.* 거처
edge [edʒ] *n.* 언저리
exile [égzail] *n.* 유배자
faithfulness [féiθfəlnis] *n.* 진실
halt [hɔːlt] *vi.* 멈추다
homeland [hóumlænd] *n.* 고향
immediately [imíːdiətli] *ad.* 즉시
official [əfíʃəl] *n.* 신하
overtake [òuvərtéik] *vt.* 따라잡다
sacrifice [sǽkrəfàis] *n.* 제사

15:15 be ready to...: …할 준비가 되어 있다
15:16 set out: 길을 떠나다, 착수하다
15:19 come along with...: …과 동행하다
15:20 wander about: 떠돌아다니다
15:26 be pleased with...: …를 기쁘게 여기다

있사오니 선히 여기시는 대로 내게 행하시옵
소서 하리라
27 왕이 또 제사장 사독에게 이르되 네가 선견
자가 아니냐 너는 너희의 두 아들 곧 네 아들
아히마아스와 아비아달의 아들 요나단을 데
리고 평안히 성읍으로 돌아가라
28 너희에게서 내게 알리는 소식이 올 때까지
내가 광야 나루터에서 기다리리라 하니라
29 사독과 아비아달이 하나님의 궤를 예루살렘
으로 도로 메어다 놓고 거기 머물러 있으니라
30 ●다윗이 감람산 길로 올라갈 때에 그의 머
리를 그가 가리고 맨발로 울며 가고 그와 함
께 가는 모든 백성들도 각각 자기의 머리를
가리고 울며 올라가니라
31 어떤 사람이 다윗에게 알리되 압살롬과 함께
모반한 자들 가운데 아히도벨이 있나이다 하
니 다윗이 이르되 여호와여 원하옵건대 아히
도벨의 모략을 어리석게 하옵소서 하니라
32 다윗이 하나님을 경배하는 마루턱에 이를 때
에 아렉 사람 후새가 옷을 찢고 흙을 머리에
덮어쓰고 다윗을 맞으러 온지라
33 다윗이 그에게 이르되 네가 만일 나와 함께
나아가면 내게 누를 끼치리라
34 그러나 네가 만일 성읍으로 돌아가서 압살롬
에게 말하기를 왕이여 내가 왕의 종이니이다
전에는 내가 왕의 아버지의 종이었더니 이제
는 내가 왕의 종이니이다 하면 네가 나를 위
하여 아히도벨의 모략을 패하게 하리라
35 사독과 아비아달 두 제사장이 너와 함께 거
기 있지 아니하냐 네가 왕의 궁중에서 무엇
을 듣든지 사독과 아비아달 두 제사장에게
알리라
36 그들의 두 아들 곧 사독의 아히마아스와 아
비아달의 요나단이 그들과 함께 거기 있나니
너희가 듣는 모든 것을 그들 편에 내게 소식
을 알릴지니라 하는지라
37 다윗의 친구 후새가 곧 성읍으로 들어가고
압살롬도 예루살렘으로 들어갔더라

다윗과 시바 — B.C. 985년경

16 다윗이 마루턱을 조금 지나니 므비보셋
의 종 시바가 안장 지운 두 나귀에 떡 이
백 개와 건포도 백 송이와 여름 과일 백 개와
포도주 한 가죽부대를 싣고 다윗을 맞는지라
2 왕이 시바에게 이르되 네가 무슨 뜻으로 이
것을 가져왔느냐 하니 시바가 이르되 나귀는
왕의 가족들이 타게 하고 떡과 과일은 청년
들이 먹게 하고 포도주는 들에서 피곤한 자

to him."
27 •The king also said to Zadok the priest, "Do
you understand? Go back to the city with my
blessing. Take your son Ahimaaz with you,
and also Abiathar's son Jonathan. You and
28 Abiathar return with your two sons. •I will
wait at the fords in the wilderness until word
29 comes from you to inform me." •So Zadok
and Abiathar took the ark of God back to
Jerusalem and stayed there.
30 •But David continued up the Mount of
Olives, weeping as he went; his head was
covered and he was barefoot. All the people
with him covered their heads too and were
31 weeping as they went up. •Now David had
been told, "Ahithophel is among the con-
spirators with Absalom." So David prayed,
"LORD, turn Ahithophel's counsel into fool-
ishness."
32 •When David arrived at the summit, where
people used to worship God, Hushai the
Arkite was there to meet him, his robe torn
33 and dust on his head. •David said to him, "If
you go with me, you will be a burden to me.
34 •But if you return to the city and say to Absa-
lom, 'Your Majesty, I will be your servant; I
was your father's servant in the past, but now
I will be your servant,' then you can help me
35 by frustrating Ahithophel's advice. •Won't
the priests Zadok and Abiathar be there with
you? Tell them anything you hear in the
36 king's palace. •Their two sons, Ahimaaz son
of Zadok and Jonathan son of Abiathar, are
there with them. Send them to me with any-
thing you hear."
37 •So Hushai, David's confidant, arrived at
Jerusalem as Absalom was entering the city.

David and Ziba

16 When David had gone a short dis-
tance beyond the summit, there was
Ziba, the steward of Mephibosheth, waiting
to meet him. He had a string of donkeys sad-
dled and loaded with two hundred loaves of
bread, a hundred cakes of raisins, a hundred
cakes of figs and a skin of wine.
2 •The king asked Ziba, "Why have you
brought these?"
Ziba answered, "The donkeys are for the
king's household to ride on, the bread and
fruit are for the men to eat, and the wine is to
refresh those who become exhausted in the

advice [ədváis] *n.* 충고
barefoot [béərfùt] *a.* 맨발의
burden [bə́:rdn] *n.* 짐, 부담
dust [dʌst] *n.* 먼지
confidant [kánfədænt] *n.* 믿을 만한 친구
conspirator [kənspírətər] *n.* 공모자
counsel [káunsəl] *n.* 계획
foolishness [fú:liʃnis] *n.* 어리석음
ford [fɔ:rd] *n.* 얕은 곳
load [loud] *vt.* 싣다
raisin [réizn] *n.* 건포도
robe [roub] *n.* 겉옷
saddle [sǽdl] *vt.* 안장을 얹다
string [striŋ] *n.* 한 무리
summit [sʌmit] *n.* 꼭대기

15:30 go up: 오르다
15:32 used to...: …하곤 했다
15:34 but now: 방금
15:37 arrive at...: …에 도착하다
16:2 ride on: (탈 것을) 타다
16:2 become exhausted: 몹시 지치다

들에게 마시게 하려 함이니이다 삿 5:10
3 왕이 이르되 네 주인의 아들이 어디 있느냐 하
니 시바가 왕께 아뢰되 예루살렘에 있는데 그
가 말하기를 이스라엘 족속이 오늘 내 아버지
의 나라를 내게 돌리리라 하나이다 하는지라
4 왕이 시바에게 이르되 므비보셋에게 있는 것
이 다 네 것이니라 하니라 시바가 이르되 내
가 절하나이다 내 주 왕이여 내가 왕 앞에서
은혜를 입게 하옵소서 하니라

다윗과 시므이

5 ●다윗 왕이 바후림에 이르매 거기서 사울의
친족 한 사람이 나오니 게라의 아들이요 이
름은 시므이라 그가 나오면서 계속하여 저주
하고
6 또 다윗과 다윗 왕의 모든 신하들을 향하여
돌을 던지니 그때에 모든 백성과 용사들은
다 왕의 좌우에 있었더라
7 시므이가 저주하는 가운데 이와 같이 말하니
라 피를 흘린 자여 사악한 자여 가거라 가거
라
8 사울의 족속의 모든 피를 여호와께서 네게로
돌리셨도다 그를 이어서 네가 왕이 되었으나
여호와께서 나라를 네 아들 압살롬의 손에
넘기셨도다 보라 너는 피를 흘린 자이므로
화를 자초하였느니라 하는지라
9 ●스루야의 아들 아비새가 왕께 여짜오되 이
죽은 개가 어찌 내 주 왕을 저주하리이까 청
하건대 내가 건너가서 그의 머리를 베게 하
소서 하니
10 왕이 이르되 스루야의 아들들아 내가 너희와
무슨 상관이 있느냐 그가 저주하는 것은 여
호와께서 그에게 다윗을 저주하라 하심이니
네가 어찌 그리하였느냐 할 자가 누구겠느냐
하고
11 또 다윗이 아비새와 모든 신하들에게 이르되
내 몸에서 난 아들도 내 생명을 해하려 하거
든 하물며 이 베냐민 사람이랴 여호와께서
그에게 명령하신 것이니 그가 저주하게 버려
두라
12 혹시 여호와께서 나의 원통함을 감찰하시리
니 오늘 그 저주 때문에 여호와께서 선으로
내게 갚아 주시리라 하고
13 다윗과 그의 추종자들이 길을 갈 때에 시므
이는 산비탈로 따라가면서 저주하고 그를 향
하여 돌을 던지며 먼지를 날리더라
14 왕과 그와 함께 있는 백성들이 [1]다 피곤하여
한 곳에 이르러 거기서 쉬니라

wilderness."
3 •The king then asked, "Where is your mas-
ter's grandson?"
Ziba said to him, "He is staying in Jeru-
salem, because he thinks, 'Today the Israelites
will restore to me my grandfather's king-
dom.' "
4 •Then the king said to Ziba, "All that
belonged to Mephibosheth is now yours."
"I humbly bow," Ziba said. "May I find favor
in your eyes, my lord the king."

Shimei Curses David

5 •As King David approached Bahurim, a
man from the same clan as Saul's family
came out from there. His name was Shimei
son of Gera, and he cursed as he came out.
6 •He pelted David and all the king's officials
with stones, though all the troops and the
special guard were on David's right and left.
7 •As he cursed, Shimei said, "Get out, get out,
8 you murderer, you scoundrel! •The LORD has
repaid you for all the blood you shed in the
household of Saul, in whose place you have
reigned. The LORD has given the kingdom
into the hands of your son Absalom. You
have come to ruin because you are a mur-
derer!"
9 •Then Abishai son of Zeruiah said to the
king, "Why should this dead dog curse my
lord the king? Let me go over and cut off his
head."
10 •But the king said, "What does this have
to do with you, you sons of Zeruiah? If he is
cursing because the LORD said to him, 'Curse
David,' who can ask, 'Why do you do this?' "
11 •David then said to Abishai and all his offi-
cials, "My son, my own flesh and blood, is try-
ing to kill me. How much more, then, this
Benjamite! Leave him alone; let him curse, for
12 the LORD has told him to. •It may be that the
LORD will look upon my misery and restore to
me his covenant blessing instead of his curse
today."
13 •So David and his men continued along the
road while Shimei was going along the hillside
opposite him, cursing as he went and throw-
ing stones at him and showering him with
14 dirt. •The king and all the people with him
arrived at their destination exhausted. And
there he refreshed himself.

1) 아예빔에 이르러

approach [əpróutʃ] *vt.* 다가가다
clan [klæn] *n.* 씨족
curse [kəːrs] *n.v.* 저주(하다)
destination [dèstənéiʃən] *n.* 목적지
dirt [dəːrt] *n.* 진흙
hillside [hílsàid] *n.* 산허리
humbly [hʌmbli] *ad.* 겸손히
misery [mízəri] *n.* 비참
opposite [ápəzit] *prep.* 반대편에
pelt [pelt] *vt.* 내던지다
reign [rein] *vi.* 통치하다
repay [ripéi] *vt.* 갚다
restore [ristɔ́ːr] *vt.* 되돌려 주다
scoundrel [skáundrəl] *n.* 악당
troop [truːp] *n.* 무리

16:5 come out: 나오다
16:9 cut off: 베어내다
16:12 look upon: 관찰하다
16:12 instead of: …대신에
16:13 go along: …와 동행하다
16:14 arrive at: …도착하다

압살롬의 입성과 후새의 위장 전향 (♪ 276, 449장)

15 ●압살롬과 모든 이스라엘 백성들이 예루살
렘에 이르고 아히도벨도 그와 함께 이른지라
16 다윗의 친구 아렉 사람 후새가 압살롬에게
나갈 때에 그에게 말하기를 왕이여 만세, 왕
이여 만세 하니
17 압살롬이 후새에게 이르되 이것이 네가 친구
를 후대하는 것이냐 네가 어찌하여 네 친구
와 함께 가지 아니하였느냐 하니
18 후새가 압살롬에게 이르되 그렇지 아니하니이
다 내가 여호와와 이 백성 모든 이스라엘의 택
한 자에게 속하여 그와 함께 있을 것이니이다
19 또 내가 이제 누구를 섬기리이까 그의 아들
이 아니니이까 내가 전에 왕의 아버지를 섬
긴 것같이 왕을 섬기리이다 하니라
20 ●압살롬이 아히도벨에게 이르되 너는 어떻
게 행할 계략을 우리에게 가르치라 하니
21 아히도벨이 압살롬에게 이르되 왕의 아버지
가 남겨 두어 왕궁을 지키게 한 후궁들과 더
불어 동침하소서 그리하면 왕께서 왕의 아버
지가 미워하는 바 됨을 온 이스라엘이 들으
리니 왕과 함께 있는 모든 사람의 힘이 더욱
강하여지리이다 하니라
22 이에 사람들이 압살롬을 위하여 옥상에 장막
을 치니 압살롬이 온 이스라엘 무리의 눈앞에
서 그 아버지의 후궁들과 더불어 동침하니라
23 그때에 아히도벨이 베푸는 계략은 사람이 하
나님께 물어서 받은 말씀과 같은 것이라 아
히도벨의 모든 계략은 다윗에게나 압살롬에
게나 그와 같이 여겨졌더라

압살롬이 아히도벨의 계략을 따르지 않다

17 아히도벨이 또 압살롬에게 이르되 이제
내가 사람 만 이천 명을 택하게 하소서 오
늘 밤에 내가 일어나서 다윗의 뒤를 추적하여
2 그가 곤하고 힘이 빠졌을 때에 기습하여 그
를 무섭게 하면 그와 함께 있는 모든 백성이
도망하리니 내가 다윗 왕만 쳐죽이고
3 모든 백성이 당신께 돌아오게 하리니 모든
사람이 돌아오기는 왕이 찾는 이 사람에게
달렸음이라 그리하면 모든 백성이 평안하리
이다 하니
4 압살롬과 이스라엘 장로들이 다 그 말을 옳
게 여기더라
5 ●압살롬이 이르되 아렉 사람 후새도 부르라
우리가 이제 그의 말도 듣자 하니라 15:32
6 후새가 압살롬에게 이르매 압살롬이 그에게
말하여 이르되 아히도벨이 이러이러하게 말

The Advice of Ahithophel and Hushai

15 ●Meanwhile, Absalom and all the men of
Israel came to Jerusalem, and Ahithophel
16 was with him. ●Then Hushai the Arkite,
David's confidant, went to Absalom and said
to him, "Long live the king! Long live the
king!"
17 ●Absalom said to Hushai, "So this is the
love you show your friend? If he's your friend,
why didn't you go with him?"
18 ●Hushai said to Absalom, "No, the one cho-
sen by the LORD, by these people, and by all
the men of Israel—his I will be, and I will re-
19 main with him. ●Furthermore, whom should
I serve? Should I not serve the son? Just as I
served your father, so I will serve you."
20 ●Absalom said to Ahithophel, "Give us
your advice. What should we do?"
21 ●Ahithophel answered, "Sleep with your
father's concubines whom he left to take care
of the palace. Then all Israel will hear that
you have made yourself obnoxious to your
father, and the hands of everyone with you
22 will be more resolute." ●So they pitched a
tent for Absalom on the roof, and he slept
with his father's concubines in the sight of
all Israel.
23 ●Now in those days the advice Ahithophel
gave was like that of one who inquires of
God. That was how both David and Absa-
lom regarded all of Ahithophel's advice.

17 Ahithophel said to Absalom, "I woul-
d[a] choose twelve thousand men and
2 set out tonight in pursuit of David. ●I would
attack him while he is weary and weak. I
would strike him with terror, and then all
the people with him will flee. I would strike
3 down only the king ●and bring all the peo-
ple back to you. The death of the man you
seek will mean the return of all; all the peo-
4 ple will be unharmed." ●This plan seemed
good to Absalom and to all the elders of
Israel.
5 ●But Absalom said, "Summon also Hushai
the Arkite, so we can hear what he has to say
6 as well." ●When Hushai came to him, Absa-
lom said, "Ahithophel has given this advice.
Should we do what he says? If not, give us
your opinion."
7 ●Hushai replied to Absalom, "The advice
Ahithophel has given is not good this time.

[a]1 Or *Let me*

advice [ədváis] *n.* 충고, 조언
concubine [káŋkjubàin] *n.* 첩
furthermore [fə́:rðərmɔ̀:r] *ad.* 더욱이
meanwhile [mí:nhwàil] *ad.* 한편
obnoxious [əbnákʃəs] *a.* 미운
opinion [əpínjən] *n.* 의견
palace [pǽlis] *n.* 궁전
pitch [pitʃ] *vt.* (천막을) 치다
pursuit [pərsú:t] *n.* 추적, 추구
remain [riméin] *vi.* 변함없이 …이다
resolute [rézəlù:t] *a.* 굳게 결심한
seek [si:k] *vt.* 찾다
summon [sʌmən] *vt.* 호출하다
unharmed [ʌnhá:rmd] *a.* 무사한
weary [wíəri] *a.* 피곤한

16:22 in the sight of...: …의 목전에서
16:23 inquire of: 묻다
17:1 in pursuit of...: …을 추적하여
17:2 strike with: 압도하다
17:3 bring... back to~: …을 ~로 데려오다
17:7 reply to...: …에 응대하다

하니 우리가 그 말대로 행하랴 그렇지 아니
하거든 너는 말하라 하니
7 후새가 압살롬에게 이르되 이번에는 아히도
벨이 베푼 계략이 좋지 아니하니이다 하고
8 또 후새가 말하되 왕도 아시거니와 왕의 아
버지와 그의 추종자들은 용사라 그들은 들에
있는 곰이 새끼를 빼앗긴 것같이 격분하였고
왕의 부친은 전쟁에 익숙한 사람인즉 백성과
함께 자지 아니하고
9 지금 그가 어느 굴에나 어느 곳에 숨어 있으
리니 혹 [1]무리 중에 몇이 먼저 엎드러지면 그
소문을 듣는 자가 말하기를 압살롬을 따르는
자 가운데에서 패함을 당하였다 할지라
10 비록 그가 사자 같은 마음을 가진 용사의 아
들일지라도 낙심하리니 이는 이스라엘 무리
가 왕의 아버지는 영웅이요 그의 추종자들도
용사인 줄 앎이니이다
11 나는 이렇게 계략을 세웠나이다 온 이스라엘
을 단부터 브엘세바까지 바닷가의 많은 모래
같이 당신께로 모으고 친히 전장에 나가시고
12 우리가 그 만날 만한 곳에서 그를 기습하기
를 이슬이 땅에 내림같이 우리가 그의 위에
덮여 그와 그 함께 있는 모든 사람을 하나도
남겨 두지 아니할 것이요
13 또 만일 그가 어느 성에 들었으면 온 이스라
엘이 밧줄을 가져다가 그 성을 강으로 끌어
들여서 그곳에 작은 돌 하나도 보이지 아니
하게 할 것이니이다 하매 미 1:6
14 압살롬과 온 이스라엘 사람들이 이르되 아렉
사람 후새의 계략은 아히도벨의 계략보다 낫
다 하니 이는 여호와께서 압살롬에게 화를
내리려 하사 아히도벨의 좋은 계략을 물리치
라고 명령하셨음이더라 15:33

후새의 계략과 아히도벨의 죽음

15 ●이에 후새가 사독과 아비아달 두 제사장에
게 이르되 아히도벨이 압살롬과 이스라엘 장
로들에게 이러이러하게 계략을 세웠고 나도
이러이러하게 계략을 세웠으니 15:35
16 이제 너희는 빨리 사람을 보내 다윗에게 전
하기를 오늘밤에 광야 나루터에서 자지 말고
아무쪼록 건너가소서 하라 혹시 왕과 그를
따르는 모든 백성이 몰사할까 하노라 하니라
17 그때에 요나단과 아히마아스가 사람이 볼까
두려워하여 감히 성에 들어가지 못하고 [2]에느
로겔 가에 머물고 어떤 여종은 그들에게 나와
서 말하고 그들은 가서 다윗 왕에게 알리더니
18 한 청년이 그들을 보고 압살롬에게 알린지라

8 •You know your father and his men; they are
fighters, and as fierce as a wild bear robbed of
her cubs. Besides, your father is an experienced
fighter; he will not spend the night with the
9 troops. •Even now, he is hidden in a cave or
some other place. If he should attack your
troops first, [a] whoever hears about it will say,
'There has been a slaughter among the troops
10 who follow Absalom.' •Then even the bravest
soldier, whose heart is like the heart of a lion,
will melt with fear, for all Israel knows that
your father is a fighter and that those with
him are brave.
11 •"So I advise you: Let all Israel, from Dan to
Beersheba—as numerous as the sand on the
seashore—be gathered to you, with you your-
12 self leading them into battle. •Then we will
attack him wherever he may be found, and we
will fall on him as dew settles on the ground.
Neither he nor any of his men will be left alive.
13 •If he withdraws into a city, then all Israel will
bring ropes to that city, and we will drag it
down to the valley until not so much as a peb-
ble is left."
14 •Absalom and all the men of Israel said,
"The advice of Hushai the Arkite is better
than that of Ahithophel." For the LORD had
determined to frustrate the good advice of
Ahithophel in order to bring disaster on Absa-
lom.
15 •Hushai told Zadok and Abiathar, the
priests, "Ahithophel has advised Absalom
and the elders of Israel to do such and such,
but I have advised them to do so and so.
16 •Now send a message at once and tell Da-
vid, 'Do not spend the night at the fords in
the wilderness; cross over without fail, or the
king and all the people with him will be
swallowed up.' "
17 •Jonathan and Ahimaaz were staying at En
Rogel. A female servant was to go and inform
them, and they were to go and tell King David,
for they could not risk being seen entering the
18 city. •But a young man saw them and told
Absalom. So the two of them left at once and
went to the house of a man in Bahurim. He
had a well in his courtyard, and they climbed
19 down into it. •His wife took a covering and
spread it out over the opening of the well and
scattered grain over it. No one knew anything

[a]9 Or *When some of the men fall at the first attack*

1) 저가 무리 중에 몇을 치면 2) 로겔 샘

cub [kʌb] *n.* 야수의 새끼
determine [ditə́:rmin] *vi.* 결심하다
dew [dju:] *n.* 이슬
disaster [dizǽstər] *n.* 재앙
experience [ikspíəriəns] *vt.* 경험하다
fierce [fiərs] *a.* 흉포한
frustrate [frʌstreit] *vt.* 좌절시키다
numerous [njú:mərəs] *a.* 수많은
pebble [pebl] *n.* 조약돌
risk [risk] *vt.* …을 각오하고 해보다
scatter [skǽtər] *vt.* 흩뿌리다
slaughter [slɔ́:tər] *n.* 학살
spread [spred] *vt.* 펼치다
well [wél] *n.* 우물
withdraw [wiðdrɔ́:] *vt.* 철수하다

17:10 melt with...: …로 녹아들다
17:12 settle on...: …에 앉다
17:13 drag down: 끌어내어 쓰러뜨리다
17:16 without fail: 틀림없이, 꼭
17:16 swallow up: 완전히 없애다
17:19 scatter A over B: B위에 A를 뿌리다

그 두 사람이 빨리 달려서 바후림 어떤 사람
의 집으로 들어가서 그의 뜰에 있는 우물 속
으로 내려가니
19 그 집 여인이 덮을 것을 가져다가 우물 아귀
를 덮고 찧은 곡식을 그 위에 널매 전혀 알지
못하더라
20 압살롬의 종들이 그 집에 와서 여인에게 묻
되 아히마아스와 요나단이 어디 있느냐 하니
여인이 그들에게 이르되 그들이 시내를 건너
가더라 하니 그들이 찾아도 만나지 못하고
예루살렘으로 돌아가니라
21 ●그들이 간 후에 두 사람이 우물에서 올라
와서 다윗 왕에게 가서 다윗 왕에게 말하여
이르되 당신들은 일어나 빨리 물을 건너가소
서 아히도벨이 당신들을 해하려고 이러이러
하게 계략을 세웠나이다 17:15
22 다윗이 일어나 모든 백성과 함께 요단을 건
널새 새벽까지 한 사람도 요단을 건너지 못
한 자가 없었더라
23 아히도벨이 자기 계략이 시행되지 못함을 보
고 나귀에 안장을 지우고 일어나 고향으로
돌아가 자기 집에 이르러 집을 정리하고 스
스로 목매어 죽으매 그의 조상의 묘에 장사
되니라
24 ●이에 다윗은 마하나임에 이르고 압살롬은
모든 이스라엘 사람과 함께 요단을 건너니라
25 압살롬이 아마사로 요압을 대신하여 군지휘
관으로 삼으니라 아마사는 1)이스라엘 사람
이드라라 하는 자의 아들이라 이드라가 나하
스의 딸 아비갈과 동침하여 그를 낳았으며
아비갈은 요압의 어머니 스루야의 동생이더
라
26 이에 이스라엘 무리와 압살롬이 길르앗 땅에
진치니라
27 ●다윗이 마하나임에 이르렀을 때에 암몬 족
속에게 속한 랍바 사람 나하스의 아들 소비
와 로데발 사람 암미엘의 아들 마길과 로글
림 길르앗 사람 바르실래가
28 침상과 대야와 질그릇과 밀과 보리와 밀가루
와 볶은 곡식과 콩과 팥과 볶은 녹두와
29 꿀과 버터와 양과 치즈를 가져다가 다윗과
그와 함께한 백성에게 먹게 하였으니 이는
그들 생각에 백성이 들에서 시장하고 곤하고
목마르겠다 함이더라

압살롬이 패하다 (♪545장) — B.C. 985년경

18 이에 다윗이 그와 함께 한 백성을 찾아
가서 천부장과 백부장을 그들 위에 세

about it.
20 ●When Absalom's men came to the wo-
man at the house, they asked, "Where are Ahi-
maaz and Jonathan?"
The woman answered them, "They crossed
over the brook."[a] The men searched but found
no one, so they returned to Jerusalem.
21 ●After they had gone, the two climbed out
of the well and went to inform King David.
They said to him, "Set out and cross the river at
once; Ahithophel has advised such and such
22 against you." ●So David and all the people
with him set out and crossed the Jordan. By
daybreak, no one was left who had not crossed
the Jordan.
23 ●When Ahithophel saw that his advice had
not been followed, he saddled his donkey and
set out for his house in his hometown. He put
his house in order and then hanged himself.
So he died and was buried in his father's
tomb.

Absalom's Death

24 ●David went to Mahanaim, and Absalom
crossed the Jordan with all the men of Isra-
25 el. ●Absalom had appointed Amasa over
the army in place of Joab. Amasa was the
son of Jether,[b] an Ishmaelite[c] who had mar-
ried Abigail[d], the daughter of Nahash and
26 sister of Zeruiah the mother of Joab. ●The
Israelites and Absalom camped in the land
of Gilead.
27 ●When David came to Mahanaim, Shobi
son of Nahash from Rabbah of the Ammo-
nites, and Makir son of Ammiel from Lo
Debar, and Barzillai the Gileadite from Roge-
28 lim ●brought bedding and bowls and arti-
cles of pottery. They also brought wheat and
barley, flour and roasted grain, beans and
29 lentils,[e] ●honey and curds, sheep, and cheese
from cows' milk for David and his people to
eat. For they said, "The people have become
exhausted and hungry and thirsty in the
wilderness."

18 David mustered the men who were
with him and appointed over them
commanders of thousands and commanders

[a]20 Or "*They passed by the sheep pen toward the water.*" [b]25 Hebrew *Ithra,* a variant of *Jether* [c]25 Some Septuagint manuscripts (see also 1 Chron. 2:17); Hebrew and other Septuagint manuscripts *Israelite* [d]25 Hebrew Abigail, a variant of Abigail [e]28 Most Septuagint manuscripts and Syriac; Hebrew *lentils, and roasted grain* 1) 이스마엘

appoint [əpɔ́int] *vt.* 지명하다
article [ɑ́ːrtikl] *n.* 품목
barley [bɑ́ːrli] *n.* 보리
bedding [bédiŋ] *n.* 침구류
brook [brúk] *n.* 시내
curd [kəːrd] *n.* 굳어진 우유
daybreak [déibrèik] *n.* 새벽
flour [fláuər] *n.* 밀가루
hang [hæŋ] *vt.* 목을 매달다
lentil [léntil] *n.* 렌즈 콩
muster [mʌ́stər] *vt.* 소집하다
pottery [pɑ́təri] *n.* 도기류
roast [roust] *vt.* 굽다
search [səːrtʃ] *vt.* 찾다
wheat [wiːt] *n.* 밀

17:20 cross over: 건너가
17:21 set out: 출발하다
17:21 at once: 즉시
17:21 such and such: 이러이러한
17:23 put... in order: …를 정리하다
17:23 bury in...: …에 매장하다

우고

2 다윗이 그의 백성을 내보낼새 삼분의 일은 요압의 휘하에, 삼분의 일은 스루야의 아들 요압의 동생 아비새의 휘하에 넘기고 삼분의 일은 가드 사람 잇대의 휘하에 넘기고 왕이 백성에게 이르되 나도 반드시 너희와 함께 나가리라 하니

3 백성들이 이르되 왕은 나가지 마소서 우리가 도망할지라도 그들은 우리에게 마음을 쓰지 아니할 터이요 우리가 절반이나 죽을지라도 우리에게 마음을 쓰지 아니할 터이라 왕은 우리 만 명보다 중하시오니 왕은 성읍에 계시다가 우리를 도우심이 좋으니이다 하니라

4 왕이 그들에게 이르되 너희가 좋게 여기는 대로 내가 행하리라 하고 문 곁에 왕이 서매 모든 백성이 백 명씩 천 명씩 대를 지어 나가는지라 18:24

5 왕이 요압과 아비새와 잇대에게 명령하여 이르되 나를 위하여 젊은 압살롬을 너그러이 대우하라 하니 왕이 압살롬을 위하여 모든 군지휘관에게 명령할 때에 백성들이 다 들으니라

6 ●이에 백성이 이스라엘을 치러 들로 나가서 에브라임 수풀에서 싸우더니

7 거기서 이스라엘 백성이 다윗의 부하들에게 패하매 그날 그곳에서 전사자가 많아 이만 명에 이르렀고 2:17

8 그 땅에서 사면으로 퍼져 싸웠으므로 그날에 수풀에서 죽은 자가 칼에 죽은 자보다 많았더라

9 ●압살롬이 다윗의 부하들과 마주치니라 압살롬이 노새를 탔는데 그 노새가 큰 상수리나무 번성한 가지 아래로 지날 때에 압살롬의 머리가 그 상수리나무에 걸리매 그가 공중과 그 땅 사이에 달리고 그가 탔던 노새는 그 아래로 빠져나간지라

10 한 사람이 보고 요압에게 알려 이르되 내가 보니 압살롬이 상수리나무에 달렸더이다 하니

11 요압이 그 알린 사람에게 이르되 네가 보고 어찌하여 당장에 쳐서 땅에 떨어뜨리지 아니하였느냐 내가 네게 은 열 개와 띠 하나를 주었으리라 하는지라

12 그 사람이 요압에게 대답하되 내가 내 손에 은 천 개를 받는다 할지라도 나는 왕의 아들에게 손을 대지 아니하겠나이다 우리가 들었거니와 왕이 당신과 아비새와 잇대에게 명령

2 of hundreds. ●David sent out his troops, a
third under the command of Joab, a third
under Joab's brother Abishai son of Zeruiah,
and a third under Ittai the Gittite. The king
told the troops, "I myself will surely march
out with you."
3 ●But the men said, "You must not go out; if
we are forced to flee, they won't care about us.
Even if half of us die, they won't care; but you
are worth ten thousand of us.[a] It would be bet-
ter now for you to give us support from the
city."
4 ●The king answered, "I will do whatever
seems best to you."
So the king stood beside the gate while all
his men marched out in units of hundreds
5 and of thousands. ●The king commanded
Joab, Abishai and Ittai, "Be gentle with the
young man Absalom for my sake." And all
the troops heard the king giving orders con-
cerning Absalom to each of the comman-
ders.
6 ●David's army marched out of the city to
fight Israel, and the battle took place in the
7 forest of Ephraim. ●There Israel's troops were
routed by David's men, and the casualties
that day were great—twenty thousand men.
8 ●The battle spread out over the whole coun-
tryside, and the forest swallowed up more
men that day than the sword.
9 ●Now Absalom happened to meet David's
men. He was riding his mule, and as the mule
went under the thick branches of a large oak,
Absalom's hair got caught in the tree. He was
left hanging in midair, while the mule he was
riding kept on going.
10 ●When one of the men saw what had hap-
pened, he told Joab, "I just saw Absalom hang-
ing in an oak tree."
11 ●Joab said to the man who had told him
this, "What! You saw him? Why didn't you
strike him to the ground right there? Then I
would have had to give you ten shekels[b] of sil-
ver and a warrior's belt."
12 ●But the man replied, "Even if a thousand
shekels[c] were weighed out into my hands, I
would not lay a hand on the king's son. In
our hearing the king commanded you and
Abishai and Ittai, 'Protect the young man

[a] *3* Two Hebrew manuscripts, some Septuagint manuscripts and Vulgate; most Hebrew manuscripts *care; for now there are ten thousand like us* [b] *11* That is, about 4 ounces or about 115 grams [c] *12* That is, about 25 pounds or about 12 kilograms

branch [bræntʃ] *n.* 가지
casualty [kǽʒuəlti] *n.* 사상자
command [kəmǽnd] *vt.* 명령하다
concerning [kənsə́ːrniŋ] *prep.* …에 관하여
flee [flíː] *vi.* 달아나다, 도망치다
forced [fɔːrst] *a.* …하지 않을 수 없는
forest [fɔ́ːrist] *n.* 숲
midair [midέər] *n.* 공중
mule [mjuːl] *n.* 노새
protect [prətékt] *vt.* 보호하다
support [səpɔ́ːrt] *n.* 원조
swallow [swálou] *vi.* 삼키다
thick [θik] *a.* 빽빽한
troop [truːp] *n.* 떼
warrior [wɔ́ːriər] *n.* 용사

18:2 send out: 내보내다
18:3 go out: 나가다
18:3 care about...: …에게 신경을 쓰다
18:5 for one's sake: …를 위하여
18:6 take place: 일어나다, 발생하다
18:9 keep on ...ing: 계속 …하다

하여 이르시기를 삼가 누구든지 젊은 압살롬
을 해하지 말라 하셨나이다
13 아무 일도 왕 앞에는 숨길 수 없나니 내가 만
일 거역하여 그의 생명을 해하였더라면 당신
도 나를 대적하였으리이다 하니
14 요압이 이르되 나는 너와 같이 지체할 수 없
다 하고 손에 작은 창 셋을 가지고 가서 상수
리나무 가운데서 아직 살아 있는 압살롬의
심장을 찌르니
15 요압의 무기를 든 청년 열 명이 압살롬을 에
워싸고 쳐죽이니라
16 ● 요압이 나팔을 불어 백성들에게 그치게 하
니 그들이 이스라엘을 추격하지 아니하고 돌
아오니라
17 그들이 압살롬을 옮겨다가 수풀 가운데 큰
구멍에 그를 던지고 그 위에 매우 큰 돌무더
기를 쌓으니라 온 이스라엘 무리가 각기 장
막으로 도망하니라
18 압살롬이 살았을 때에 자기를 위하여 한 비
석을 마련하여 세웠으니 이는 그가 자기 이
름을 전할 아들이 내게 없다고 말하였음이더
라 그러므로 자기 이름을 기념하여 그 비석
에 이름을 붙였으며 그 비석이 왕의 골짜기
에 있고 이제까지 그것을 압살롬의 기념비라
일컫더라

압살롬의 죽음과 다윗의 울음

19 ● 사독의 아들 아히마아스가 이르되 청하건
대 내가 빨리 왕에게 가서 여호와께서 왕의
원수 갚아 주신 소식을 전하게 하소서 15:36
20 요압이 그에게 이르되 너는 오늘 소식을 전
하는 자가 되지 말고 다른 날에 전할 것이니
라 왕의 아들이 죽었나니 네가 오늘 소식을
전하지 못하리라 하고
21 요압이 구스 사람에게 이르되 네가 가서 본
것을 왕께 아뢰라 하매 구스 사람이 요압에
게 절하고 달음질하여 가니
22 사독의 아들 아히마아스가 다시 요압에게 이
르되 청하건대 아무쪼록 내가 또한 구스 사
람의 뒤를 따라 달려가게 하소서 하니 요압
이 이르되 내 아들아 너는 왜 달려가려 하느
냐 이 소식으로 말미암아서는 너는 상을 받
지 못하리라 하되
23 그가 한사코 달려가겠노라 하는지라 요압이
이르되 그리하라 하니 아히마아스가 들길로
달음질하여 구스 사람보다 앞질러가니라
24 ● 때에 다윗이 두 문 사이에 앉아 있더라 파
수꾼이 성문 위층에 올라가서 눈을 들어 보

13 Absalom for my sake.[a] ' ● And if I had put my
life in jeopardy[b] — and nothing is hidden
from the king — you would have kept your
distance from me."
14 ● Joab said, "I'm not going to wait like this
for you." So he took three javelins in his hand
and plunged them into Absalom's heart
while Absalom was still alive in the oak tree.
15 ● And ten of Joab's armor-bearers surrounded
Absalom, struck him and killed him.
16 ● Then Joab sounded the trumpet, and the
troops stopped pursuing Israel, for Joab halt-
17 ed them. ● They took Absalom, threw him
into a big pit in the forest and piled up a large
heap of rocks over him. Meanwhile, all the
Israelites fled to their homes.
18 ● During his lifetime Absalom had taken a
pillar and erected it in the King's Valley as a
monument to himself, for he thought, "I have
no son to carry on the memory of my name."
He named the pillar after himself, and it is
called Absalom's Monument to this day.

David Mourns

19 ● Now Ahimaaz son of Zadok said, "Let me
run and take the news to the king that the
LORD has vindicated him by delivering him
from the hand of his enemies."
20 ● "You are not the one to take the news
today," Joab told him. "You may take the
news another time, but you must not do so
today, because the king's son is dead."
21 ● Then Joab said to a Cushite, "Go, tell the
king what you have seen." The Cushite bowed
down before Joab and ran off.
22 ● Ahimaaz son of Zadok again said to Joab,
"Come what may, please let me run behind
the Cushite."
But Joab replied, "My son, why do you want
to go? You don't have any news that will bring
you a reward."
23 ● He said, "Come what may, I want to run."
So Joab said, "Run!" Then Ahimaaz ran by
way of the plain[c] and outran the Cushite.
24 ● While David was sitting between the
inner and outer gates, the watchman went
up to the roof of the gateway by the wall. As
he looked out, he saw a man running alone.
25 ● The watchman called out to the king and

[a]12 A few Hebrew manuscripts, Septuagint, Vulgate and Syriac; most Hebrew manuscripts may be translated *Absalom, whoever you may be.* [b]13 Or *Otherwise, if I had acted treacherously toward him* [c]23 That is, the plain of the Jordan

armor-bearer [á:rmərbɛərər] *n.* 기사의 시종
erect [irékt] *vt.* 세우다
halt [hɔ:lt] *vi.* 멈추다
heap [hip] *n.* 더미
inner [ínər] *a.* 안쪽의
javelin [dʒǽvlin] *n.* 던지는 창
jeopardy [dʒépərdi] *n.* 위험
monument [mánjumənt] *n.* 기념비
outrun [autrʌ́n] *vt.* 달려서 앞서다
pillar [pílər] *n.* 기둥
pit [pit] *n.* 구멍이
plain [plein] *n.* 들
reward [riwɔ́:rd] *n.* 보상
outer [áutər] *a.* 바깥쪽의
vindicate [víndəkèit] *vt.* 정당함을 입증하다

18:13 put A in B: B에 A를 두다
18:14 plunge into...: …를 찌르다
18:18 name after...: …의 이름을 따서 명하다
18:21 bow down: 절하다
18:23 by way of...: …를 지나서

니 어떤 사람이 홀로 달려오는지라
25 파수꾼이 외쳐 왕께 아뢰매 왕이 이르되 그
가 만일 혼자면 그의 입에 소식이 있으리라
할 때에 그가 점점 가까이 오니라
26 파수꾼이 본즉 한 사람이 또 달려오는지라
파수꾼이 문지기에게 외쳐 이르되 보라 한
사람이 또 혼자 달려온다 하니 왕이 이르되
그도 소식을 가져오느니라
27 파수꾼이 이르되 내가 보기에는 앞선 사람의
달음질이 사독의 아들 아히마아스의 달음질
과 같으니이다 하니 왕이 이르되 그는 좋은
사람이니 좋은 소식을 가져오느니라 하니라
28 ● 아히마아스가 외쳐 왕께 아뢰되 평강하옵
소서 하고 왕 앞에서 얼굴을 땅에 대고 절하
며 이르되 왕의 하나님 여호와를 찬양하리로
소이다 그의 손을 들어 내 주 왕을 대적하는
자들을 넘겨 주셨나이다 하니
29 왕이 이르되 젊은 압살롬은 잘 있느냐 하니
라 아히마아스가 대답하되 요압이 왕의 1)종
나를 보낼 때에 크게 소동하는 것을 보았사
오나 무슨 일인지 알지 못하였나이다 하니
30 왕이 이르되 물러나 거기 서 있으라 하매 물
러나서 서 있더라
31 ● 구스 사람이 이르러 말하되 내 주 왕께 아
뢸 소식이 있나이다 여호와께서 오늘 왕을
대적하던 모든 원수를 갚으셨나이다 하니
32 왕이 구스 사람에게 묻되 젊은 압살롬은 잘
있느냐 구스 사람이 대답하되 내 주 왕의 원
수와 일어나서 왕을 대적하는 자들은 다 그
청년과 같이 되기를 원하나이다 하니 삼상 25:26
33 왕의 마음이 심히 아파 문 위층으로 올라가
서 우니라 그가 올라갈 때에 말하기를 내 아
들 압살롬아 내 아들 내 아들 압살롬아 차라
리 내가 너를 대신하여 죽었더면, 압살롬 내
아들아 내 아들아 하였더라 19:4

요압이 다윗에게 항의하다 (♪ 384, 395장)

— B.C. 985년경

19 어떤 사람이 요압에게 아뢰되 왕이 압살
롬을 위하여 울며 슬퍼하시나이다 하니
2 왕이 그 아들을 위하여 슬퍼한다 함이 그날
에 백성들에게 들리매 그날의 승리가 모든
백성에게 슬픔이 된지라
3 그날에 백성들이 싸움에 쫓겨 부끄러워 도망
함같이 가만히 성읍으로 들어가니라
4 왕이 그의 얼굴을 가리고 큰 소리로 부르되
내 아들 압살롬아 압살롬아 내 아들아 내 아
들아 하니

reported it.
The king said, "If he is alone, he must have
good news." And the runner came closer and
closer.
26 ● Then the watchman saw another runner,
and he called down to the gatekeeper, "Look,
another man running alone!"
The king said, "He must be bringing good
news, too."
27 ● The watchman said, "It seems to me that
the first one runs like Ahimaaz son of Zadok."
"He's a good man," the king said. "He comes
with good news."
28 ● Then Ahimaaz called out to the king, "All
is well!" He bowed down before the king with
his face to the ground and said, "Praise be to
the LORD your God! He has delivered up those
who lifted their hands against my lord the
king."
29 ● The king asked, "Is the young man Absa-
lom safe?"
Ahimaaz answered, "I saw great confusion
just as Joab was about to send the king's ser-
vant and me, your servant, but I don't know
what it was."
30 ● The king said, "Stand aside and wait here."
So he stepped aside and stood there.
31 ● Then the Cushite arrived and said, "My
lord the king, hear the good news! The LORD
has vindicated you today by delivering you
from the hand of all who rose up against you."
32 ● The king asked the Cushite, "Is the young
man Absalom safe?"
The Cushite replied, "May the enemies of
my lord the king and all who rise up to harm
you be like that young man."
33 ● The king was shaken. He went up to the
room over the gateway and wept. As he went,
he said: "O my son Absalom! My son, my son
Absalom! If only I had died instead of you — O
Absalom, my son, my son!"[a]
19 [b]Joab was told, "The king is weeping
2 and mourning for Absalom." ● And
for the whole army the victory that day was
turned into mourning, because on that day
the troops heard it said, "The king is grieving
3 for his son." ● The men stole into the city that
day as men steal in who are ashamed when
4 they flee from battle. ● The king covered his
face and cried aloud, "O my son Absalom! O

[a]33 In Hebrew texts this verse (18:33) is numbered 19:1. [b]In Hebrew texts 19:1-43 is numbered 19:2-44.

1) 종과

ashamed [əʃéimd] *a.* 부끄러운
confusion [kənfjúːʒən] *n.* 혼란
deliver [dilívər] *vt.* 구원하다
enemy [énəmi] *n.* 적
flee [fliː] *vi.* 도망치다
gatekeeper [géitkìːpər] *n.* 문지기
grieve [gríːv] *vi.* (몹시) 슬퍼하다
harm [haːrm] *vt.* 해를 끼치다
lift [lift] *vt.* 들어올리다
mourn [mɔːrn] *vi.* 슬퍼하다
rise [raiz] *vi.* 일어나다
safe [seif] *a.* 안전한
servant [sə́ːrvənt] *n.* 종
steal [stiːl] *vt.* 훔치다
watchman [wɑ́tʃmən] *n.* 파수꾼

18:28 deliver up: 넘겨주다
18:31 rise against: 반역하다
18:33 go up: 올라가다
18:33 if only...: …이기만 하다면
18:33 instead of...: …대신에
19:3 steal in: 살그머니 들어가다

5 요압이 집에 들어가서 왕께 말씀드리되 왕께
서 오늘 왕의 생명과 왕의 자녀의 생명과 처
첩과 비빈들의 생명을 구원한 모든 부하들의
얼굴을 부끄럽게 하시니
6 이는 왕께서 미워하는 자는 사랑하시며 사랑
하는 자는 미워하시고 오늘 지휘관들과 부하
들을 멸시하심을 나타내심이라 오늘 내가 깨
달으니 만일 압살롬이 살고 오늘 우리가 다
죽었더면 왕이 마땅히 여기실 뻔하였나이다
7 이제 곧 일어나 나가 왕의 부하들의 마음을
위로하여 말씀하옵소서 내가 여호와를 두고
맹세하옵나니 왕이 만일 나가지 아니하시면
오늘 밤에 한 사람도 왕과 함께 머물지 아니
할지라 그리하면 그 화가 왕이 젊었을 때부
터 지금까지 당하신 모든 화보다 더욱 심하
리이다 하니
8 왕이 일어나 성문에 앉으매 어떤 사람이 모
든 백성에게 말하되 왕이 문에 앉아 계신다
하니 모든 백성이 왕 앞으로 나아오니라

다윗의 귀환 준비

●이스라엘은 이미 각기 장막으로 도망하였
더라
9 이스라엘 모든 지파 백성들이 변론하여 이르되
왕이 우리를 원수의 손에서 구원하여 내셨고
또 우리를 블레셋 사람들의 손에서 구원하셨으
나 이제 압살롬을 피하여 그 땅에서 나가셨고
10 우리가 기름을 부어 우리를 다스리게 한 압
살롬은 싸움에서 죽었거늘 이제 너희가 어찌
하여 왕을 도로 모셔 올 일에 잠잠하고 있느
냐 하니라
11 ●다윗 왕이 사독과 아비아달 두 제사장에게
소식을 전하여 이르되 너희는 유다 장로들에
게 말하여 이르기를 왕의 말씀이 온 이스라
엘이 왕을 왕궁으로 도로 모셔오자 하는 말
이 왕께 들렸거늘 너희는 어찌하여 왕을 궁
으로 모시는 일에 나중이 되느냐
12 너희는 내 형제요 내 골육이거늘 너희는 어
찌하여 왕을 도로 모셔오는 일에 나중이 되
리요 하셨다 하고 5:1
13 너희는 또 아마사에게 이르기를 너는 내 골
육이 아니냐 네가 요압을 이어서 항상 내 앞
에서 지휘관이 되지 아니하면 하나님이 내게
벌 위에 벌을 내리시기를 바라노라 하셨다
하라 하여
14 모든 유다 사람들의 마음을 하나같이 기울게
하매 그들이 왕께 전갈을 보내어 이르되 당
신께서는 모든 부하들과 더불어 돌아오소서

Absalom, my son, my son!"
5 ●Then Joab went into the house to the king
and said, "Today you have humiliated all your
men, who have just saved your life and the
lives of your sons and daughters and the lives
6 of your wives and concubines. ●You love
those who hate you and hate those who love
you. You have made it clear today that the
commanders and their men mean nothing to
you. I see that you would be pleased if Absa-
lom were alive today and all of us were dead.
7 ●Now go out and encourage your men. I
swear by the LORD that if you don't go out, not
a man will be left with you by nightfall. This
will be worse for you than all the calamities
that have come on you from your youth till
now."
8 ●So the king got up and took his seat in
the gateway. When the men were told, "The
king is sitting in the gateway," they all came
before him.

Meanwhile, the Israelites had fled to their
homes.

David Returns to Jerusalem

9 ●Throughout the tribes of Israel, all the
people were arguing among themselves, say-
ing, "The king delivered us from the hand of
our enemies; he is the one who rescued us
from the hand of the Philistines. But now he
has fled the country to escape from Absa-
10 lom; ●and Absalom, whom we anointed to
rule over us, has died in battle. So why do
you say nothing about bringing the king
back?"
11 ●King David sent this message to Zadok
and Abiathar, the priests: "Ask the elders of
Judah, 'Why should you be the last to bring
the king back to his palace, since what is
being said throughout Israel has reached the
12 king at his quarters? ●You are my relatives,
my own flesh and blood. So why should
13 you be the last to bring back the king?' ●And
say to Amasa, 'Are you not my own flesh and
blood? May God deal with me, be it ever so
severely, if you are not the commander of my
army for life in place of Joab.' "
14 ●He won over the hearts of the men of
Judah so that they were all of one mind. They
sent word to the king, "Return, you and all
15 your men." ●Then the king returned and
went as far as the Jordan.

anoint [ənɔ́int] *vt.* 기름붓다
argue [á:rgju:] *vi.* 논하다
calamity [kəlǽməti] *n.* 재난
concubine [káŋkjubàin] *n.* 첩
elder [éldər] *n.* 원로
encourage [inkə́:ridʒ] *vt.* 격려하다
humiliate [hju:milièit] *vt.* 창피를 주다, 굴욕감을 느끼게 하다
nightfall [náitfɔ:l] *n.* 황혼
priest [pri:st] *n.* 제사장
reach [ri:tʃ] *vt.* 도착하다
rescue [réskju:] *vt.* 구출하다
severely [sivíərli] *ad.* 엄하게
throughout [θru:áut] *ad.* 온통, 전부
till [til] *prep.* …까지
tribe [tráib] *n.* 지파

19:7 swear by...: …를 두고 맹세하다
19:9 deliver A from B: B에서 A를 구하다
19:11 bring back: 데리고 돌아오다
19:13 deal with: 다루다
19:14 send to: 보내다
19:15 as far as...: …까지

한지라 삿 20:1
15 왕이 돌아와 요단에 이르매 유다 족속이 왕을 맞아 요단을 건너가게 하려고 길갈로 오니라

다윗과 시므이 (♪ 273, 387장)

16 ●바후림에 있는 베냐민 사람 게라의 아들 시므이가 급히 유다 사람과 함께 다윗 왕을 맞으러 내려올 때에 16:5
17 베냐민 사람 천 명이 그와 함께 하고 사울 집안의 종 시바도 그의 아들 열다섯과 종 스무 명과 더불어 그와 함께 하여 요단 강을 밟고 건너 왕 앞으로 나아오니라 16:1
18 왕의 가족을 건너가게 하며 왕이 좋게 여기는 대로 쓰게 하려 하여 나룻배로 건너가니 왕이 요단을 건너가게 할 때에 게라의 아들 시므이가 왕 앞에 엎드려
19 왕께 아뢰되 내 주여 원하건대 내게 죄를 돌리지 마옵소서 내 주 왕께서 예루살렘에서 나오시던 날에 종의 패역한 일을 기억하지 마시오며 왕의 마음에 두지 마옵소서
20 왕의 종 내가 범죄한 줄 아옵기에 오늘 요셉의 온 족속 중 내가 먼저 내려와서 내 주 왕을 영접하나이다 하니
21 ●스루야의 아들 아비새가 대답하여 이르되 시므이가 여호와의 기름부으신 자를 저주하였으니 그로 말미암아 죽어야 마땅하지 아니하니이까 하니라
22 다윗이 이르되 스루야의 아들들아 내가 너희와 무슨 상관이 있기에 너희가 오늘 나의 [1]원수가 되느냐 오늘 어찌하여 이스라엘 가운데에서 사람을 죽이겠느냐 내가 오늘 이스라엘의 왕이 된 것을 내가 알지 못하리요 하고
23 왕이 시므이에게 이르되 네가 죽지 아니하리라 하고 그에게 맹세하니라

다윗과 므비보셋

24 ●사울의 손자 므비보셋이 내려와 왕을 맞으니 그는 왕이 떠난 날부터 평안히 돌아오는 날까지 그의 발을 맵시 내지 아니하며 그의 수염을 깎지 아니하며 옷을 빨지 아니하였더라
25 [2]예루살렘에서 와서 왕을 맞을 때에 왕이 그에게 물어 이르되 므비보셋이여 네가 어찌하여 나와 함께 가지 아니하였더냐 하니
26 대답하되 내 주 왕이여 왕의 종인 나는 다리를 절므로 내 나귀에 안장을 지워 그 위에 타고 왕과 함께 가려 하였더니 내 종이 나를 속이고
27 종인 나를 내 주 왕께 모함하였나이다 내 주 왕께서는 하나님의 사자와 같으시니 왕의 처

Now the men of Judah had come to Gilgal
to go out and meet the king and bring him
16 across the Jordan. ●Shimei son of Gera, the
Benjamite from Bahurim, hurried down
with the men of Judah to meet King David.
17 ●With him were a thousand Benjamites,
along with Ziba, the steward of Saul's house-
hold, and his fifteen sons and twenty servants.
They rushed to the Jordan, where the king
18 was. ●They crossed at the ford to take the
king's household over and to do whatever he
wished.

When Shimei son of Gera crossed the Jor-
19 dan, he fell prostrate before the king ●and
said to him, "May my lord not hold me
guilty. Do not remember how your servant
did wrong on the day my lord the king left
Jerusalem. May the king put it out of his
20 mind. ●For I your servant know that I have
sinned, but today I have come here as the first
from the tribes of Joseph to come down and
meet my lord the king."

21 ●Then Abishai son of Zeruiah said,
"Shouldn't Shimei be put to death for this? He
cursed the LORD's anointed."

22 ●David replied, "What does this have to do
with you, you sons of Zeruiah? What right do
you have to interfere? Should anyone be put to
death in Israel today? Don't I know that today
23 I am king over Israel?" ●So the king said to
Shimei, "You shall not die." And the king
promised him on oath.

24 ●Mephibosheth, Saul's grandson, also went
down to meet the king. He had not taken care
of his feet or trimmed his mustache or washed
his clothes from the day the king left until
25 the day he returned safely. ●When he came
from Jerusalem to meet the king, the king
asked him, "Why didn't you go with me,
Mephibosheth?"

26 ●He said, "My lord the king, since I your
servant am lame, I said, 'I will have my don-
key saddled and will ride on it, so I can go
with the king.' But Ziba my servant betrayed
27 me. ●And he has slandered your servant to
my lord the king. My lord the king is like an
28 angel of God; so do whatever you wish. ●All
my grandfather's descendants deserved
nothing but death from my lord the king,
but you gave your servant a place among
those who eat at your table. So what right do

1) 히, 사탄 2) 저가 왕을 맞으러 예루살렘에 이를 때에

betray [bitréi] *vt.* 배반하다
curse [kə:rs] *vt.* 저주하다
descendant [diséndənt] *n.* 자손
deserve [dizə́:rv] *vt.* …할 만하다
ford [fɔ:d] *n.* 얕은 곳
guilty [gílti] *a.* 유죄의
household [háushòuld] *n.* 집안
interfere [intərfíər] *vi.* 훼방하다
mustache [mʌstæʃ] *n.* 코밑 수염
oath [ouθ] *n.* 맹세
prostrate [prástreit] *a.* 엎드린, 길게 누운
saddle [sǽdl] *vt.* 안장을 얹다
slander [slǽndər] *vt.* 중상하다
steward [stjú:ərd] *n.* 집사
trim [trim] *vt.* 다듬다

19:17 **rush to...**: …로 돌진하다
19:18 **fall prostrate**: 엎드리다
19:19 **put out**: 제하다
19:21 **put to death**: 죽이다
19:26 **ride on**: 타다
19:28 **nothing but**: 오직, 단지(=only)

분대로 하옵소서
28 내 아버지의 온 집이 내 주 왕 앞에서는 다만
죽을 사람이 되지 아니하였나이까 그러나 종
을 왕의 상에서 음식 먹는 자 가운데에 두셨
사오니 내게 아직 무슨 공의가 있어서 다시
왕께 부르짖을 수 있사오리이까 하니라 21:6–9
29 왕이 그에게 이르되 네가 어찌하여 또 네 일
을 말하느냐 내가 이르노니 너는 시바와 밭
을 나누라 하니
30 므비보셋이 왕께 아뢰되 내 주 왕께서 평안
히 왕궁에 돌아오시게 되었으니 그로 그 전
부를 차지하게 하옵소서 하니라

다윗과 바르실래

31 ●길르앗 사람 바르실래가 왕이 요단을 건너
가게 하려고 로글림에서 내려와 함께 요단에
이르니
32 바르실래는 매우 늙어 나이가 팔십 세라 그
는 큰 부자이므로 왕이 마하나임에 머물 때
에 그가 왕을 공궤하였더라
33 왕이 바르실래에게 이르되 너는 나와 함께 건
너가자 예루살렘에서 내가 너를 공궤하리라
34 바르실래가 왕께 아뢰되 내 생명의 날이 얼
마나 있사옵겠기에 어찌 왕과 함께 예루살렘
으로 올라가리이까
35 내 나이가 이제 팔십 세라 어떻게 좋고 흉한
것을 분간할 수 있사오며 음식의 맛을 알 수
있사오리이까 이 종이 어떻게 다시 노래하는
남자나 여인의 소리를 알아들을 수 있사오리
이까 어찌하여 종이 내 주 왕께 아직도 누를
끼치리이까
36 당신의 종은 왕을 모시고 요단을 건너려는
것뿐이거늘 왕께서 어찌하여 이같은 상으로
내게 갚으려 하시나이까
37 청하건대 당신의 종을 돌려보내옵소서 내가
내 고향 부모의 묘 곁에서 죽으려 하나이다
그러나 왕의 종 김함이 여기 있사오니 청하
건대 그가 내 주 왕과 함께 건너가게 하시옵
고 왕의 처분대로 그에게 베푸소서 하니라
38 왕이 대답하되 김함이 나와 함께 건너가리니
나는 네가 좋아하는 대로 그에게 베풀겠고
또 네가 내게 구하는 것은 다 너를 위하여 시
행하리라 하니라
39 백성이 다 요단을 건너매 왕도 건너가서 왕
이 바르실래에게 입을 맞추고 그에게 복을
비니 그가 자기 곳으로 돌아가니라

남북의 분쟁

40 ●왕이 길갈로 건너오고 김함도 함께 건너오

I have to make any more appeals to the
king?"
29 •The king said to him, "Why say more? I
order you and Ziba to divide the land."
30 •Mephibosheth said to the king, "Let him
take everything, now that my lord the king
has returned home safely."
31 •Barzillai the Gileadite also came down
from Rogelim to cross the Jordan with the
king and to send him on his way from there.
32 •Now Barzillai was very old , eighty years of
age. He had provided for the king during his
stay in Mahanaim, for he was a very wealthy
33 man. •The king said to Barzillai, "Cross over
with me and stay with me in Jerusalem, and I
will provide for you."
34 •But Barzillai answered the king, "How
many more years will I live, that I should go
35 up to Jerusalem with the king? •I am now
eighty years old. Can I tell the difference
between what is enjoyable and what is not?
Can your servant taste what he eats and
drinks? Can I still hear the voices of male and
female singers? Why should your servant be
36 an added burden to my lord the king? •Your
servant will cross over the Jordan with the
king for a short distance, but why should the
37 king reward me in this way? •Let your servant
return, that I may die in my own town near
the tomb of my father and mother. But here
is your servant Kimham. Let him cross over
with my lord the king. Do for him whatever
you wish."
38 •The king said, "Kimham shall cross over
with me, and I will do for him whatever you
wish. And anything you desire from me I
will do for you."
39 •So all the people crossed the Jordan, and
then the king crossed over. The king kissed
Barzillai and bid him farewell, and Barzillai
returned to his home.
40 •When the king crossed over to Gilgal,
Kimham crossed with him. All the troops of
Judah and half the troops of Israel had taken
the king over.
41 •Soon all the men of Israel were coming to
the king and saying to him, "Why did our
brothers, the men of Judah, steal the king
away and bring him and his household across
the Jordan, together with all his men?"
42 •All the men of Judah answered the men
of Israel, "We did this because the king is

answer [ǽnsər] *vi.* 대답하다
appeal [əpíːl] *vt.* 호소하다
burden [bə́ːrdn] *n.* 무거운 짐
desire [dizáiər] *vt.* 몹시 바라다
difference [dífərənt] *n.* 차이
distance [dístəns] *n.* 거리
divide [diváid] *vt.* 나누다
farewell [fɛərwél] *int.* 안녕
reward [riwɔ́ːrd] *vt.* 보상하다
safely [séifli] *ad.* 안전하게
servant [sə́ːrvənt] *n.* 종
steal [stiːl] *vi.* 도둑질하다
tomb [túːm] *n.* 무덤
troop [trúːp] *n.* 무리
wealthy [wélθi] *a.* 부유한

19:31 come down: 내려오다
19:32 provide for: 제공하다
19:33 cross over: 건너다
19:33 stay with: 함께 머무르다
19:37 do for: 돌보다
19:41 together with: …와 함께

니 온 유다 백성과 이스라엘 백성의 절반이
나 왕과 함께 건너니라
41 온 이스라엘 사람이 왕께 나아와 왕께 아뢰되
우리 형제 유다 사람들이 어찌 왕을 도둑하여
왕과 왕의 집안과 왕을 따르는 모든 사람을
인도하여 요단을 건너가게 하였나이까 하매
42 모든 유다 사람이 이스라엘 사람에게 대답하
되 왕은 우리의 종친인 까닭이라 너희가 어
찌 이 일에 대하여 분 내느냐 우리가 왕의 것
을 조금이라도 얻어먹었느냐 왕께서 우리에
게 선물로 주신 것이 있느냐 19:12
43 이스라엘 사람이 유다 사람에게 대답하여 이
르되 우리는 왕에 대하여 열 몫을 가졌으니
다윗에게 대하여 너희보다 더욱 관계가 있거
늘 너희가 어찌 우리를 멸시하여 우리 왕을
모셔 오는 일에 먼저 우리와 의논하지 아니
하였느냐 하나 유다 사람의 말이 이스라엘
사람의 말보다 더 강경하였더라

세바의 반역 (♪340장) — B.C. 980년경

20 마침 거기에 불량배 하나가 있으니 그
의 이름은 세바인데 베냐민 사람 비그
리의 아들이었더라 그가 나팔을 불며 이르되
우리는 다윗과 나눌 분깃이 없으며 이새의
아들에게서 받을 유산이 우리에게 없도다 이
스라엘아 각각 장막으로 돌아가라 하매
2 이에 온 이스라엘 사람들이 다윗 따르기를
그치고 올라가 비그리의 아들 세바를 따르나
유다 사람들은 그들의 왕과 합하여 요단에서
예루살렘까지 따르니라
3 ●다윗이 예루살렘 본궁에 이르러 전에 머물
러 왕궁을 지키게 한 후궁 열 명을 잡아 별실
에 가두고 먹을 것만 주고 그들에게 관계하
지 아니하니 그들이 죽는 날까지 갇혀서 생
과부로 지내니라
4 ●왕이 아마사에게 이르되 너는 나를 위하여
삼 일 내로 유다 사람을 큰 소리로 불러 모으
고 너도 여기 있으라 하니라
5 아마사가 유다 사람을 모으러 가더니 왕이
정한 기일에 지체된지라
6 다윗이 이에 아비새에게 이르되 이제 비그리
의 아들 세바가 압살롬보다 우리를 더 해하
리니 너는 네 주의 부하들을 데리고 그의 뒤
를 쫓아가라 그가 견고한 성읍에 들어가 우
리들을 피할까 염려하노라 하매
7 요압을 따르는 자들과 그렛 사람들과 블렛
사람들과 모든 용사들이 다 아비새를 따라
비그리의 아들 세바를 뒤쫓으려고 예루살렘

closely related to us. Why are you angry
about it? Have we eaten any of the king's pro-
visions? Have we taken anything for our-
selves?"
43 ●Then the men of Israel answered the men
of Judah, "We have ten shares in the king; so
we have a greater claim on David than you
have. Why then do you treat us with con-
tempt? Weren't we the first to speak of bring-
ing back our king?"
But the men of Judah pressed their clai-
ms even more forcefully than the men of
Israel.

Sheba Rebels Against David

20 Now a troublemaker named Sheba
son of Bikri, a Benjamite, happened
to be there. He sounded the trumpet and
shouted,

"We have no share in David,
no part in Jesse's son!
Every man to his tent, Israel!"

2 ●So all the men of Israel deserted David to
follow Sheba son of Bikri. But the men of
Judah stayed by their king all the way from
the Jordan to Jerusalem.
3 ●When David returned to his palace in
Jerusalem, he took the ten concubines he had
left to take care of the palace and put them in
a house under guard. He provided for them
but had no sexual relations with them. They
were kept in confinement till the day of their
death, living as widows.
4 ●Then the king said to Amasa, "Summon
the men of Judah to come to me within three
5 days, and be here yourself." ●But when Amasa
went to summon Judah, he took longer than
the time the king had set for him.
6 ●David said to Abishai, "Now Sheba son of
Bikri will do us more harm than Absalom did.
Take your master's men and pursue him, or
he will find fortified cities and escape from
7 us."[a] ●So Joab's men and the Kerethites and
Pelethites and all the mighty warriors went
out under the command of Abishai. They
marched out from Jerusalem to pursue Sheba
son of Bikri.
8 ●While they were at the great rock in Gi-
beon, Amasa came to meet them. Joab was
wearing his military tunic, and strapped over

[a]6 Or *and do us serious injury*

claim [kleim] *n.* 권리, 자격
closely [klóusli] *ad.* 밀접하게
concubine [káŋkjubàin] *n.* 첩
confinement [kənfáinmənt] *n.* 감금
contempt [kəntémpt] *n.* 경멸
desert [dézərt] *vt.* 저버리다
escape [iskéip] *vi.* 달아나다
forcefully [fɔ́ːrsfəli] *ad.* 강력하게
fortify [fɔ́ːrtəfài] *vt.* 요새화하다
mighty [máiti] *a.* 강한
provision [prəvíʒən] *n.* 식량
pursue [pərsúː] *vt.* 추적하다
strap [stræp] *vt.* 끈으로 잡아매다
troublemaker [trʌ́blmeikər] *n.* 말썽꾸러기
widow [wídou] *n.* 과부

19:42 be related to...: …과 관계가 있다
19:42 anything for: (부정문) 별별 것을 다 준대도
20:3 return to: 귀환하다
20:3 put A in B: A를 B에 두다
20:3 keep in: 가두다

에서 나와
8 기브온 큰 바위 곁에 이르매 아마사가 맞으
러 오니 그때에 요압이 군복을 입고 띠를 띠
고 칼집에 꽂은 칼을 허리에 맸는데 그가 나
아갈 때에 칼이 빠져 떨어졌더라
9 요압이 아마사에게 이르되 내 형은 평안하냐
하며 오른손으로 아마사의 수염을 잡고 그와
입을 맞추려는 체하매
10 아마사가 요압의 손에 있는 칼은 주의하지
아니한지라 요압이 칼로 그의 배를 찌르매
그의 창자가 땅에 쏟아지니 그를 다시 치지
아니하여도 죽으니라 ●요압과 그의 동생 아
비새가 비그리의 아들 세바를 뒤쫓을새
11 요압의 청년 중 하나가 아마사 곁에 서서 이
르되 요압을 좋아하는 자가 누구이며 요압을
따라 다윗을 위하는 자는 누구냐 하니
12 아마사가 길 가운데 피 속에 놓여 있는지라
그 청년이 모든 백성이 서 있는 것을 보고 아
마사를 큰길에서부터 밭으로 옮겼으나 거기
에 이르는 자도 다 멈추어 서는 것을 보고 옷
을 그 위에 덮으니라
13 아마사를 큰길에서 옮겨가매 사람들이 다 요압
을 따라 비그리의 아들 세바를 뒤쫓아가니라
14 ●세바가 이스라엘 모든 지파 가운데 두루
다녀서 아벨과 벧마아가와 베림 온 땅에 이
르니 그 무리도 다 모여 그를 따르더라
15 이에 그들이 벧마아가 아벨로 가서 세바를
에우고 그 성읍을 향한 지역 언덕 위에 토성
을 쌓고 요압과 함께 한 모든 백성이 성벽을
쳐서 헐고자 하더니
16 그 성읍에서 지혜로운 여인 한 사람이 외쳐
이르되 들을지어다 들을지어다 청하건대 너
희는 요압에게 이르기를 이리로 가까이 오라
내가 네게 말하려 하노라 한다 하라
17 요압이 그 여인에게 가까이 가니 여인이 이
르되 당신이 요압이니이까 하니 대답하되 그
러하다 하니라 여인이 그에게 이르되 여종의
말을 들으소서 하니 대답하되 내가 들으리라
하니라
18 여인이 말하여 이르되 옛 사람들이 흔히 말
하기를 아벨에게 가서 물을 것이라 하고 그
일을 끝내었나이다
19 나는 이스라엘의 화평하고 충성된 자 중 하나
이거늘 당신이 이스라엘 가운데 어머니 같은
성을 멸하고자 하시는도다 어찌하여 당신이
여호와의 기업을 삼키고자 하시나이까 하니
20 요압이 대답하여 이르되 결단코 그렇지 아니

it at his waist was a belt with a dagger in its
sheath. As he stepped forward, it dropped
out of its sheath.
9 ●Joab said to Amasa, "How are you, my
brother?" Then Joab took Amasa by the beard
10 with his right hand to kiss him. ●Amasa was
not on his guard against the dagger in Joab's
hand, and Joab plunged it into his belly, and
his intestines spilled out on the ground. With-
out being stabbed again, Amasa died. Then
Joab and his brother Abishai pursued Sheba
son of Bikri.
11 ●One of Joab's men stood beside Amasa
and said, "Whoever favors Joab, and whoever
12 is for David, let him follow Joab!" ●Amasa
lay wallowing in his blood in the middle of
the road, and the man saw that all the troops
came to a halt there. When he realized that
everyone who came up to Amasa stopped, he
dragged him from the road into a field and
13 threw a garment over him. ●After Amasa
had been removed from the road, everyone
went on with Joab to pursue Sheba son of
Bikri.
14 ●Sheba passed through all the tribes of
Israel to Abel Beth Maakah and through
the entire region of the Bikrites,[a] who gath-
15 ered together and followed him. ●All the
troops with Joab came and besieged Sheba
in Abel Beth Maakah. They built a siege
ramp up to the city, and it stood against the
outer fortifications. While they were batter-
16 ing the wall to bring it down, ●a wise wo-
man called from the city, "Listen! Listen! Tell
Joab to come here so I can speak to him."
17 ●He went toward her, and she asked, "Are
you Joab?"

"I am," he answered.

She said, "Listen to what your servant has to
say."

"I'm listening," he said.
18 ●She continued, "Long ago they used to say,
'Get your answer at Abel,' and that settled it.
19 ●We are the peaceful and faithful in Israel.
You are trying to destroy a city that is a moth-
er in Israel. Why do you want to swallow up
the LORD's inheritance?"
20 ●"Far be it from me!" Joab replied, "Far be it
21 from me to swallow up or destroy! ●That is
not the case. A man named Sheba son of Bikri,
from the hill country of Ephraim, has lifted up

[a]*14* See Septuagint and Vulgate; Hebrew *Berites.*

batter [bǽtər] *vt.* 때려부수다
besiege [bisíːdʒ] *vt.* 포위하다
destroy [distrɔ́i] *vt.* 파괴하다
drag [dræg] *vt.* 질질 끌다
entire [intáiər] *a.* 전체의
fortification [fɔ̀ːrtəfikéiʃən] *n.* 방벽
garment [gáːrmənt] *n.* 의복
inheritance [inhérətəns] *n.* 유산
pursue [pərsúː] *vt.* 추적하다
region [ríːdʒən] *n.* 지방, 지역
settle [sétl] *vt.* 해결하다
siege [siːdʒ] *n.* 포위공격
stab [stæb] *vt.* 찌르다
swallow [swálou] *vt.* 삼키다
wallow [wálou] *vi.* 뒹굴다

20:8 drop out: 빠지다
20:10 plunge... into one's belly: …으로 ~의 배를 찌르다
20:10 spill out: 흘리다, 흐르다
20:12 throw A over B: B 위에 A를 내던지다
20:14 pass through: 지나가다

하다 결단코 그렇지 아니하다 삼키거나 멸하
거나 하려 함이 아니니
21 그 일이 그러한 것이 아니니라 에브라임 산
지 사람 비그리의 아들 그의 이름을 세바라
하는 자가 손을 들어 왕 다윗을 대적하였나
니 너희가 그만 내주면 내가 이 성벽에서 떠
나가리라 하니라 여인이 요압에게 이르되 그
의 머리를 성벽에서 당신에게 내어던지리이
다 하고
22 이에 여인이 그의 지혜를 가지고 모든 백성
에게 나아가매 그들이 비그리의 아들 세바의
머리를 베어 요압에게 던진지라 이에 요압이
나팔을 불매 무리가 흩어져 성읍에서 물러나
각기 장막으로 돌아가고 요압은 예루살렘으
로 돌아와 왕에게 나아가니라

다윗의 관리들

23 ●요압은 이스라엘 온 군대의 지휘관이 되고
여호야다의 아들 브나야는 그렛 사람과 블렛
사람의 지휘관이 되고 8:16
24 [1)]아도람은 감역관이 되고 아힐룻의 아들 여
호사밧은 사관이 되고
25 스와는 서기관이 되고 사독과 아비아달은 제
사장이 되고
26 야일 사람 이라는 다윗의 대신이 되니라

다윗이 기브온 사람의 말을 들어 주다 (♪ 259장)

21 다윗의 시대에 해를 거듭하여 삼 년 기
근이 있으므로 다윗이 여호와 앞에 간
구하매 여호와께서 이르시되 이는 사울과 피
를 흘린 그의 집으로 말미암음이니 그가 기
브온 사람을 죽였음이니라 하시니라 창 12:10
2 기브온 사람은 이스라엘 족속이 아니요 그들
은 아모리 사람 중에서 남은 자라 이스라엘
족속들이 전에 그들에게 맹세하였거늘 사울
이 이스라엘과 유다 족속을 위하여 열심이
있으므로 그들을 죽이고자 하였더라 이에 왕
이 기브온 사람을 불러 그들에게 물으니라
3 다윗이 그들에게 묻되 내가 너희를 위하여
어떻게 하랴 내가 어떻게 속죄하여야 너희가
여호와의 기업을 위하여 복을 빌겠느냐 하니
4 기브온 사람이 그에게 대답하되 사울과 그의
집과 우리 사이의 문제는 은금에 있지 아니
하오며 이스라엘 가운데에서 사람을 죽이는
문제도 우리에게 있지 아니하니이다 하니라
왕이 이르되 너희가 말하는 대로 시행하리라
5 그들이 왕께 아뢰되 우리를 학살하였고 또
우리를 멸하여 이스라엘 영토 내에 머물지
못하게 하려고 모해한 사람의

his hand against the king, against David.
Hand over this one man, and I'll withdraw
from the city."
The woman said to Joab, "His head will be
thrown to you from the wall."
22 ●Then the woman went to all the people
with her wise advice, and they cut off the
head of Sheba son of Bikri and threw it to
Joab. So he sounded the trumpet, and his men
dispersed from the city, each returning to his
home. And Joab went back to the king in
Jerusalem.

David's Officials

23 ●Joab was over Israel's entire army; Benaiah
son of Jehoiada was over the Kerethites and
24 Pelethites; ●Adoniram[a] was in charge of
forced labor; Jehoshaphat son of Ahilud was
25 recorder; ●Sheva was secretary; Zadok and
26 Abiathar were priests; ●and Ira the Jairite[b] was
David's priest.

The Gibeonites Avenged

21 During the reign of David, there was a
famine for three successive years; so
David sought the face of the LORD. The LORD
said, "It is on account of Saul and his blood-
stained house; it is because he put the Gibe-
onites to death."
2 ●The king summoned the Gibeonites and
spoke to them. (Now the Gibeonites were not
a part of Israel but were survivors of the Amor-
ites; the Israelites had sworn to spare them,
but Saul in his zeal for Israel and Judah had
3 tried to annihilate them.) ●David asked the
Gibeonites, "What shall I do for you? How
shall I make atonement so that you will bless
the LORD's inheritance?"
4 ●The Gibeonites answered him, "We have
no right to demand silver or gold from Saul or
his family, nor do we have the right to put
anyone in Israel to death."
"What do you want me to do for you?"
David asked.
5 ●They answered the king, "As for the man
who destroyed us and plotted against us so
that we have been decimated and have no
6 place anywhere in Israel, ●let seven of his male

[a]24 Some Septuagint manuscripts (see also 1 Kings 4:6 and 5:14); Hebrew *Adoram* [b]26 Hebrew; some Septuagint manuscripts and Syriac (see also 23:38) *Ithrite*

1) 왕상 4:6; 5:14 및 몇몇 칠십인역 사본과 시리아어역에는 아도니람

annihilate [ənáiəleit] *vt.* 전멸시키다
blood-stained [blʌ́dsteind] *a.* 피투성이의
decimate [désəmeit] *vt.* 많은 사람을 죽이다
demand [dimǽnd] *vt.* 요구하다
plot [plát] *vi.* 음모를 꾸미다
priest [príːst] *n.* 제사장
recorder [rikɔ́ːrdər] *n.* 기록자
reign [réin] *n.* 치세
secretary [sékrəteri] *n.* 서기관
spare [spέər] *vt.* 용서하다
successive [səksésiv] *a.* 연속적인
summon [sʌ́mən] *vt.* 부르다
wise [wáiz] *a.* 슬기로운
withdraw [wiðdrɔ́ː] *vt.* 철수하다
zeal [zíːl] *n.* 열심, 열의

20:21 hand over: 넘겨주다
20:22 cut off: 베어내다
20:22 go back: 되돌아가다
21:1 on account of...: …한 이유 때문에
21:1 put to death: 죽이다
21:5 so that: …하기 위하여

6 자손 일곱 사람을 우리에게 내주소서 여호와께서 택하신 사울의 고을 기브아에서 우리가 그들을 여호와 앞에서 목 매어 달겠나이다 하니 왕이 이르되 내가 내주리라 하니라
7 ●그러나 다윗과 사울의 아들 요나단 사이에 서로 여호와를 두고 맹세한 것이 있으므로 왕이 사울의 손자 요나단의 아들 므비보셋은 아끼고
8 왕이 이에 아야의 딸 리스바에게서 난 자 곧 사울의 두 아들 알모니와 므비보셋과 사울의 딸 메랍에게서 난 자 곧 므홀랏 사람 바르실래의 아들 아드리엘의 다섯 아들을 붙잡아
9 그들을 기브온 사람의 손에 넘기니 기브온 사람이 그들을 산 위에서 여호와 앞에 목 매어 달매 그들 일곱 사람이 동시에 죽으니 죽은 때는 곡식 베는 첫날 곧 보리를 베기 시작하는 때더라
10 ●아야의 딸 리스바가 굵은 베를 가져다가 자기를 위하여 바위 위에 펴고 곡식 베기 시작할 때부터 하늘에서 비가 시체에 쏟아지기까지 그 시체에 낮에는 공중의 새가 앉지 못하게 하고 밤에는 들짐승이 범하지 못하게 한지라
11 이에 아야의 딸 사울의 첩 리스바가 행한 일이 다윗에게 알려지매
12 다윗이 가서 사울의 뼈와 그의 아들 요나단의 뼈를 길르앗 야베스 사람에게서 가져가니 이는 전에 블레셋 사람들이 사울을 길보아에서 죽여 블레셋 사람들이 벧산 거리에 매단 것을 그들이 가만히 가져온 것이라
13 다윗이 그곳에서 사울의 뼈와 그의 아들 요나단의 뼈를 가지고 올라오매 사람들이 그 달려 죽은 자들의 뼈를 거두어다가
14 사울과 그의 아들 요나단의 뼈와 함께 베냐민 땅 셀라에서 그의 아버지 기스의 묘에 장사하되 모두 왕의 명령을 따라 행하니라 그 후에야 하나님이 그 땅을 위한 기도를 들으시니라

블레셋의 거인들을 죽인 다윗의 용사들
(대상 20:4-8 ♪441, 442장)

15 ●블레셋 사람이 다시 이스라엘을 치거늘 다윗이 그의 부하들과 함께 내려가서 블레셋 사람과 싸우더니 다윗이 피곤하매
16 [1)]거인족의 아들 중에 무게가 삼백 세겔 되는 놋 창을 들고 새 칼을 찬 이스비브놉이 다윗

descendants be given to us to be killed and
their bodies exposed before the LORD at Gibe-
ah of Saul—the LORD's chosen one."
So the king said, "I will give them to you."
7 •The king spared Mephibosheth son of
Jonathan, the son of Saul, because of the oath
before the LORD between David and Jonathan
8 son of Saul. •But the king took Armoni and
Mephibosheth, the two sons of Aiah's daugh-
ter Rizpah, whom she had borne to Saul,
together with the five sons of Saul's daughter
Merab,[a] whom she had borne to Adriel son of
9 Barzillai the Meholathite. •He handed them
over to the Gibeonites, who killed them and
exposed their bodies on a hill before the LORD.
All seven of them fell together; they were put
to death during the first days of the harvest,
just as the barley harvest was beginning.
10 •Rizpah daughter of Aiah took sackcloth
and spread it out for herself on a rock. From
the beginning of the harvest till the rain pour-
ed down from the heavens on the bodies, she
did not let the birds touch them by day or the
11 wild animals by night. •When David was
told what Aiah's daughter Rizpah, Saul's con-
12 cubine, had done, •he went and took the
bones of Saul and his son Jonathan from the
citizens of Jabesh Gilead. (They had stolen
their bodies from the public square at Beth
Shan, where the Philistines had hung them
13 after they struck Saul down on Gilboa.) •Da-
vid brought the bones of Saul and his son
Jonathan from there, and the bones of those
who had been killed and exposed were gath-
ered up.
14 •They buried the bones of Saul and his son
Jonathan in the tomb of Saul's father Kish, at
Zela in Benjamin, and did everything the king
commanded. After that, God answered prayer
in behalf of the land.

Wars Against the Philistines

15 •Once again there was a battle between the
Philistines and Israel. David went down with
his men to fight against the Philistines, and he
16 became exhausted. •And IshbiBenob, one of
the descendants of Rapha, whose bronze
spearhead weighed three hundred shekels[b]
and who was armed with a new sword, said

[a]*8* Two Hebrew manuscripts, some Septuagint manuscripts and Syriac (see also 1 Samuel 18:19); most Hebrew and Septuagint manuscripts *Michal* [b]*16* That is, about 7 1/2 pounds or about 3.5 kilograms

1) 라파의

barley [bá:rli] *n.* 보리
bear [bɛər] *vi.* 낳다
bone [boun] *n.* 뼈
bronze [branz] *n.* 청동
command [kəmǽnd] *vt.* 명령하다
concubine [káŋkjubàin] *n.* 첩
descendant [diséndənt] *n.* 자손
exhausted [igzɔ́:stid] *a.* 지친
expose [ikspóuz] *vt.* 드러내다
harvest [há:rvist] *n.* 수확
pour [pɔ:r] *vt.* 쏟아 붓다
sackcloth [sǽkklɔ:θ] *n.* 굵은 베
spearhead [spiərhed] *n.* 창끝
spread [spred] *vt.* 펴다
square [skwɛər] *n.* 광장

21:8 together with: …와 함께
21:9 hand over: 넘겨주다
21:10 pour down: 억수같이 퍼붓다
21:13 gather up: 한데 모으다
21:14 in behalf of…: …를 위하여
21:16 be armed with…: …로 무장하다

을 죽이려 하므로
17 스루야의 아들 아비새가 다윗을 도와 그 블
레셋 사람을 쳐죽이니 그때에 다윗의 추종
자들이 그에게 맹세하여 이르되 왕은 다시
우리와 함께 전장에 나가지 마옵소서 이스
라엘의 등불이 꺼지지 말게 하옵소서 하니
라 18:3
18 ●그 후에 다시 블레셋 사람과 곱에서 전쟁
할 때에 후사 사람 십브개는 [1]거인족의 아들
중의 삽을 쳐죽였고
19 또다시 블레셋 사람과 곱에서 전쟁할 때에
베들레헴 사람 야레오르김의 아들 엘하난은
가드 골리앗의 아우 라흐미를 죽였는데 그
자의 창 자루는 베틀 채 같았더라
20 또 가드에서 전쟁할 때에 그곳에 키가 큰 자
하나는 손가락과 발가락이 각기 여섯 개씩
모두 스물네 개가 있는데 그도 거인족의 소
생이라
21 그가 이스라엘 사람을 능욕하므로 다윗의 형
삼마의 아들 요나단이 그를 죽이니라
22 이 네 사람 가드의 거인족의 소생이 다윗의
손과 그의 부하들의 손에 다 넘어졌더라

다윗의 승전가 (시 18편 ♪ 36, 313장)

— B.C. 980년경

22 여호와께서 다윗을 모든 원수의 손과
사울의 손에서 구원하신 그날에 다윗
이 이 노래의 말씀으로 여호와께 아뢰어
2 이르되
여호와는 나의 반석이시요 나의 요새시요
나를 위하여 나를 건지시는 자시요
3 내가 피할 나의 반석의 하나님이시요 나의
방패시요 나의 구원의 뿔이시요 나의 높은
망대시요 그에게 피할 나의 피난처시요 나
의 구원자시라 나를 폭력에서 구원하셨도
다
4 내가 찬송 받으실 여호와께 아뢰리니 내
원수들에게서 구원을 받으리로다
5 사망의 물결이 나를 에우고 불의의 창수가
나를 두렵게 하였으며
6 스올의 줄이 나를 두르고 사망의 올무가
내게 이르렀도다
7 내가 환난 중에서 여호와께 아뢰며 나의
하나님께 아뢰었더니 그가 그의 성전에서
내 소리를 들으심이여 나의 부르짖음이 그
의 귀에 들렸도다
8 이에 땅이 진동하고 떨며 하늘의 기초가
요동하고 흔들렸으니 그의 진노로 말미암

17 he would kill David. •But Abishai son of
Zeruiah came to David's rescue; he struck the
Philistine down and killed him. Then David's
men swore to him, saying, "Never again will
you go out with us to battle, so that the lamp
of Israel will not be extinguished."
18 •In the course of time, there was another
battle with the Philistines, at Gob. At that time
Sibbekai the Hushathite killed Saph, one of the
descendants of Rapha.
19 •In another battle with the Philistines at
Gob, Elhanan son of Jair[a] the Bethlehemite
killed the brother of[b] Goliath the Gittite, who
had a spear with a shaft like a weaver's rod.
20 •In still another battle, which took place
at Gath, there was a huge man with six fing-
ers on each hand and six toes on each foot—
twenty-four in all. He also was descended
21 from Rapha. •When he taunted Israel, Jona-
than son of Shimeah, David's brother, killed
him.
22 •These four were descendants of Rapha in
Gath, and they fell at the hands of David and
his men.

David's Song of Praise

22 David sang to the LORD the words of
this song when the LORD delivered
him from the hand of all his enemies and
2 from the hand of Saul. •He said:

"The LORD is my rock, my fortress and my
deliverer;
3 •my God is my rock, in whom I take
refuge,
my shield[c] and the horn[d] of my salva-
tion.
He is my stronghold, my refuge and my
savior—
from violent people you save me.
4 •"I called to the LORD, who is worthy of
praise,
and have been saved from my ene-
mies.
5 •"The waves of death swirled about me;
the torrents of destruction
overwhelmed me.
6 •The cords of the grave coiled around me;
the snares of death confronted me.
7 •"In my distress I called to the LORD;

[a] 19 See 1 Chron. 20:5; Hebrew *Jaare-Oregim.* [b] 19 See 1 Chron. 20:5; Hebrew does not have *the brother of.* [c] 3 Or *sovereign* [d] 3 *Horn* here symbolizes strength.

1) 라파의

confront [kənfrʌ́nt] *vt.* 직면하다
deliver [dilívər] *vt.* 전하다
destruction [distrʌ́kʃən] *n.* 파괴
extinguish [ikstíŋgwiʃ] *vt.* 끄다
huge [hjuːdʒ] *a.* 거대한
lamp [læmp] *n.* 등
rescue [réskjuː] *n.* 구원
salvation [sælvéiʃən] *n.* 구원
shaft [ʃæft] *n.* 창
snare [snɛər] *n.* 덫, 올무
stronghold [strɔ́ːŋhould] *n.* 요새
swirl [swəːrl] *vi.* 소용돌이치다
taunt [tɔːnt] *vt.* 조롱하다
torrent [tɔ́ːrənt] *n.* 급류
weaver [wíːvər] *n.* 베짜는 사람

21:17 **strike down:** 때려눕히다
21:17 **so that:** …하기 위하여
21:18 **in the course of time:** 시간이 지나면, 언젠가는
21:19 **battle with...:** …과 전쟁하다
22:3 **take refuge in...:** …에게 피난하다

음이로다
9 그의 코에서 연기가 오르고 입에서 불이
나와 사름이여 그 불에 숯이 피었도다
10 그가 또 하늘을 드리우고 강림하시니 그
의 발 아래는 어두캄캄하였도다
11 그룹을 타고 날으심이여 바람 날개 위에
나타나셨도다
12 그가 흑암 곧 모인 물과 공중의 빽빽한
구름으로 둘린 장막을 삼으심이여
13 그 앞에 있는 광채로 말미암아 숯불이 피
었도다
14 여호와께서 하늘에서 우렛소리를 내시
며 지존하신 자가 음성을 내심이여
15 화살을 날려 그들을 흩으시며 번개로 무
찌르셨도다
16 이럴 때에 여호와의 꾸지람과 콧김으로
말미암아 물 밑이 드러나고 세상의 기초
가 나타났도다
17 그가 위에서 손을 내미사 나를 붙드심이
여 많은 물에서 나를 건져내셨도다
18 나를 강한 원수와 미워하는 자에게서 건
지셨음이여 그들은 나보다 강했기 때문
이로다
19 그들이 나의 재앙의 날에 내게 이르렀으
나 여호와께서 나의 의지가 되셨도다
20 나를 또 넓은 곳으로 인도하시고 나를 기
뻐하시므로 구원하셨도다
21 여호와께서 내 공의를 따라 상 주시며 내
손의 깨끗함을 따라 갚으셨으니
22 이는 내가 여호와의 도를 지키고 악을 행
함으로 내 하나님을 떠나지 아니하였으
며
23 그의 모든 법도를 내 앞에 두고 그의 규
례를 버리지 아니하였음이로다
24 내가 또 그의 앞에 완전하여 스스로 지켜
죄악을 피하였나니
25 그러므로 여호와께서 내 의대로, 그의
눈앞에서 내 깨끗한 대로 내게 갚으셨도
다
26 자비한 자에게는 주의 자비하심을 나타
내시며 완전한 자에게는 주의 완전하심
을 보이시며
27 깨끗한 자에게는 주의 깨끗하심을 보이
시며 사악한 자에게는 주의 거스르심을
보이시리이다
28 주께서 곤고한 백성은 구원하시고 교만
한 자를 살피사 낮추시리이다

I called out to my God.
From his temple he heard my voice;
my cry came to his ears.
8 •The earth trembled and quaked,
the foundations of the heavens[a] shook;
they trembled because he was angry.
9 •Smoke rose from his nostrils;
consuming fire came from his mouth,
burning coals blazed out of it.
10 •He parted the heavens and came down;
dark clouds were under his feet.
11 •He mounted the cherubim and flew;
he soared[b] on the wings of the wind.
12 •He made darkness his canopy around him—
the dark[c] rain clouds of the sky.
13 •Out of the brightness of his presence
bolts of lightning blazed forth.
14 •The LORD thundered from heaven;
the voice of the Most High resounded.
15 •He shot his arrows and scattered the enemy,
with great bolts of lightning he routed
them.
16 •The valleys of the sea were exposed
and the foundations of the earth laid bare
at the rebuke of the LORD,
at the blast of breath from his nostrils.

17 •"He reached down from on high and took
hold of me;
he drew me out of deep waters.
18 •He rescued me from my powerful enemy,
from my foes, who were too strong for
me.
19 •They confronted me in the day of my disaster,
but the LORD was my support.
20 •He brought me out into a spacious place;
he rescued me because he delighted in
me.

21 •"The LORD has dealt with me according
to my righteousness;
according to the cleanness of my
hands he has rewarded me.
22 •For I have kept the ways of the LORD;
I am not guilty of turning from my God.
23 •All his laws are before me;
I have not turned away from his decrees.
24 •I have been blameless before him
and have kept myself from sin.
25 •The LORD has rewarded me according to
my righteousness,

[a]8 Hebrew; Vulgate and Syriac (see also Psalm 18:7) *mountains* [b]11 Many Hebrew manuscripts (see also Psalm 18:10); most Hebrew manuscripts *appeared* [c]12 Septuagint (see also Psalm 18:11); Hebrew *massed*

blaze [bleiz] *vi.* 타오르다
breath [breθ] *n.* 숨
canopy [kǽnəpi] *n.* 천개(天蓋)
cherubim [tʃérəbim] *n.* 그룹, 천사
consuming [kənsjúːmiŋ] *a.* 태워버리는
decree [dikríː] *n.* 법령
foundation [faundéiʃən] *n.* 기초
nostril [nástrəl] *n.* 콧구멍
quake [kweik] *vi.* 흔들리다
rebuke [ribjúːk] *n.* 꾸지람
righteousness [ráitʃəsnis] *n.* 정의
rout [raut] *vt.* 패주(敗走)시키다
soar [sɔːr] *vi.* 날아오르다
spacious [spéiʃəs] *a.* 광활한
tremble [trémbl] *vi.* 떨다

22:17 reach down: 손을 뻗어 내리다
22:17 draw out of...: …에서 꺼내다
22:20 bring A out into B: A를 끌어 내어 B쪽으로 데려가다
22:21 deal with...: …를 다루다, 취급하다
22:21 according to...: …에 따라

29 여호와여 주는 나의 등불이시니 여호와
께서 나의 어둠을 밝히시리이다
30 내가 주를 의뢰하고 적진으로 달리며 내
하나님을 의지하고 성벽을 뛰어넘나이
다
31 하나님의 도는 완전하고 여호와의 말씀
은 진실하니 그는 자기에게 피하는 모든
자에게 방패시로다
32 여호와 외에 누가 하나님이며 우리 하나
님 외에 누가 반석이냐
33 하나님은 나의 견고한 요새시며 나를 안
전한 곳으로 인도하시며
34 나의 발로 암사슴 발 같게 하시며 나를
나의 높은 곳에 세우시며
35 내 손을 가르쳐 싸우게 하시니 내 팔이
놋 활을 당기도다
36 주께서 또 주의 구원의 방패를 내게 주
시며 주의 온유함이 나를 크게 하셨나이
다
37 내 걸음을 넓게 하셨고 내 발이 미끄러지
지 아니하게 하셨나이다
38 내가 내 원수를 뒤쫓아 멸하였사오며 그
들을 무찌르기 전에는 돌이키지 아니하
였나이다
39 내가 그들을 무찔러 전멸시켰더니 그들
이 내 발 아래에 엎드러지고 능히 일어나
지 못하였나이다
40 이는 주께서 내게 전쟁하게 하려고 능력
으로 내게 띠 띠우사 일어나 나를 치는
자를 내게 굴복하게 하셨사오며
41 주께서 또 내 원수들이 등을 내게로 향하
게 하시고 내게 나를 미워하는 자를 끊어
버리게 하셨음이니이다
42 그들이 도움을 구해도 구원할 자가 없었
고 여호와께 부르짖어도 대답하지 아니
하셨나이다
43 내가 그들을 땅의 티끌같이 부스러뜨리
고 거리의 진흙같이 밟아 헤쳤나이다
44 주께서 또 나를 내 백성의 다툼에서 건지
시고 나를 보전하사 모든 민족의 으뜸으
로 삼으셨으니 내가 알지 못하는 백성이
나를 섬기리이다
45 이방인들이 내게 굴복함이여 그들이 내
소문을 귀로 듣고 곧 내게 순복하리로
다
46 이방인들이 쇠약하여 그들의 견고한 곳
에서 떨며 나오리로다

according to my cleanness[a] in his sight.
26 •"To the faithful you show yourself faithful,
to the blameless you show yourself blame-
less,
27 •to the pure you show yourself pure,
but to the devious you show yourself
shrewd.
28 •You save the humble,
but your eyes are on the haughty to
bring them low;
29 •You, LORD, are my lamp;
the LORD turns my darkness into light.
30 •With your help I can advance against a
troop[b];
with my God I can scale a wall.
31 •"As for God, his way is perfect:
The LORD's word is flawless;
he shields all who take refuge in him.
32 •For who is God besides the LORD?
And who is the Rock except our God?
33 •It is God who arms me with strength[c]
and keeps my way secure.
34 •He makes my feet like the feet of a deer;
he causes me to stand on the heights.
35 •He trains my hands for battle;
my arms can bend a bow of bronze.
36 •You make your saving help my shield;
your help has made[d] me great.
37 •You provide a broad path for my feet,
so that my ankles do not give way.
38 •"I pursued my enemies and crushed them;
I did not turn back till they were destroyed.
39 •I crushed them completely, and they
could not rise;
they fell beneath my feet.
40 •You armed me with strength for battle;
you humbled my adversaries before me.
41 •You made my enemies turn their backs
in flight,
and I destroyed my foes.
42 •They cried for help, but there was no one
to save them —
to the LORD, but he did not answer.
43 •I beat them as fine as the dust of the earth;
I pounded and trampled them like mud
in the streets.
44 •"You have delivered me from the attacks

[a]25 Hebrew; Septuagint and Vulgate (see also Psalm 18:24) *to the cleanness of my hands* [b]30 Or *can run through a barricade* [c]33 Dead Sea Scrolls, some Septuagint manuscripts, Vulgate and Syriac (see also Psalm 18:32); Masoretic Text *who is my strong refuge* [d]36 Dead Sea Scrolls; Masoretic Text *shield; / you stoop down to make*

adversary [ǽdvərsèri] *n.* 대적
ankle [ǽŋkl] *n.* 발목 (관절)
beneath [biníːθ] *prep.* …아래
blameless [bléimlis] *a.* 비난할 점이 없는
broad [brɔːd] *a.* 폭이 넓은
crush [krʌʃ] *vt.* 눌러부수다
flawless [flɔ́ːlis] *a.* 흠없는
flight [flait] *n.* 도망
foe [fou] *n.* 적
haughty [hɔ́ːti] *a.* 오만한
height [hait] *n.* 높은 곳
humble [hʌ́mbl] *a.* 겸손한
pound [paund] *vi.* 세게 치다
strength [streŋkθ] *n.* 능력
trample [trǽmpl] *vt.* 짓밟다

22:28 bring... low: …를 낮추다
22:29 turn A into B: A를 B로 바꾸다
22:31 take refuge in: …에게 피난하다
22:34 stand on: …의 위에 서다
22:37 give way: 부러지다
22:38 turn back: 되돌아가게 하다

47 여호와의 사심을 두고 나의 반석을 찬송
하며 내 구원의 반석이신 하나님을 높일
지로다
48 이 하나님이 나를 위하여 보복하시고 민
족들이 내게 복종하게 하시며
49 나를 원수들에게서 이끌어내시며 나를
대적하는 자 위에 나를 높이시고 나를 강
포한 자에게서 건지시는도다
50 이러므로 여호와여 내가 모든 민족 중에
서 주께 감사하며 주의 이름을 찬양하리
이다
51 여호와께서 그의 왕에게 큰 구원을 주시
며 기름 부음 받은 자에게 인자를 베푸심
이여 영원하도록 다윗과 그 후손에게로
다
하였더라

다윗의 마지막 말 (♪450장)
— B.C. 975년경

23 이는 다윗의 마지막 말이라
이새의 아들 다윗이 말함이여 높이
세워진 자, 야곱의 하나님께로부터 기름부
음 받은 자, 이스라엘의 노래 잘 하는 자가
말하노라
2 여호와의 영이 나를 통하여 말씀하심이
여 그의 말씀이 내 혀에 있도다
3 이스라엘의 하나님이 말씀하시며 이스
라엘의 반석이 내게 이르시기를 사람을
공의로 다스리는 자, 하나님을 경외함으
로 다스리는 자여
4 그는 돋는 해의 아침 빛 같고 구름 없는
아침 같고 비 내린 후의 광선으로 땅에서
움이 돋는 새 풀 같으니라 하시도다 신 32:2
5 내 집이 하나님 앞에 이같지 아니하냐 하
나님이 나와 더불어 영원한 언약을 세우
사 만사에 구비하고 견고하게 하셨으니
나의 모든 구원과 나의 모든 소원을 어찌
이루지 아니하시랴
6 그러나 사악한 자는 다 내버려질 가시나
무 같으니 이는 손으로 잡을 수 없음이로
다
7 그것들을 만지는 자는 철과 창자루를 가
져야 하리니 그것들이 당장에 불살리리
로다
하니라 마 13:41, 42

다윗의 용사들
(대상 11:10-47 ♪359, 445장)

8 ●다윗의 용사들의 이름은 이러하니라 다

of the peoples;
you have preserved me as the head
of nations.
People I did not know now serve me,
45 ●foreigners cower before me;
as soon as they hear of me, they obey me.
46 ●They all lose heart;
they come trembling[a] from their
strongholds.

47 ●"The LORD lives! Praise be to my Rock!
Exalted be my God, the Rock, my Savior!
48 ●He is the God who avenges me,
who puts the nations under me,
49 ●who sets me free from my enemies.
You exalted me above my foes;
from a violent man you rescued me.
50 ●Therefore I will praise you, LORD, among
the nations;
I will sing the praises of your name.
51 ●"He gives his king great victories;
he shows unfailing kindness to
his anointed,
to David and his descendants forever."

David's Last Words

23 These are the last words of David:
"The inspired utterance of David son
of Jesse,
the utterance of the man exalted by the
Most High,
the man anointed by the God of Jacob,
the hero of Israel's songs:

2 ●"The Spirit of the LORD spoke through me;
his word was on my tongue.
3 ●The God of Israel spoke,
the Rock of Israel said to me:
'When one rules over people in righteousness,
when he rules in the fear of God,
4 ●he is like the light of morning at sunrise
on a cloudless morning,
like the brightness after rain
that brings grass from the earth.'

5 ●"If my house were not right with God,
surely he would not have made with
me an everlasting covenant,
arranged and secured in every part;
surely he would not bring to fruition my sal-
vation
and grant me my every desire.
6 ●But evil men are all to be cast aside like thorns,

[a]46 Some Septuagint manuscripts and Vulgate (see also Psalm 18:45); Masoretic Text *they arm themselves*

anoint [ənɔ́int] *vt.* 기름을 바르다
arrange [əréindʒ] *vt.* 정돈하다
avenge [əvéndʒ] *vi.* 보복하다
brightness [bráitnis] *n.* 빛남
cloudless [kláudlis] *a.* 맑게 갠
descendant [diséndənt] *n.* 자손
everlasting [evərlǽstiŋ] *a.* 영원한
exalt [igzɔ́:lt] *vt.* 높이다, 올리다
fruition [fru:íʃən] *n.* 결실
preserve [prizə́:rv] *vt.* 보존하다
rescue [réskju:] *vt.* 구원하다
stronghold [strɔ:ŋhould] *n.* 요새
unfailing [ʌnféiliŋ] *a.* 무한한
utterance [ʌ́tərəns] *n.* 말, 발언
violent [váiələnt] *a.* 난폭한

22:46 lose heart: 낙심하다
22:49 set free: 구원하다
23:3 rule over: 통치하다
23:5 make a covenant with~: ~와 언약을 맺다
23:6 cast aside: 버리다

그몬 사람 요셉밧세벳이라고도 하고 에센
사람 아디노라고도 하는 자는 군지휘관의
두목이라 그가 단번에 팔백 명을 쳐죽였
더라
대상 11:11
9 ●그 다음은 아호아 사람 도대의 아들 엘르
아살이니 다윗과 함께한 세 용사 중의 한
사람이라 블레셋 사람들이 싸우려고 거기
에 모이매 이스라엘 사람들이 물러간지라
세 용사가 싸움을 돋우고
10 그가 나가서 손이 피곤하여 그의 손이 칼
에 붙기까지 블레셋 사람을 치니라 그날에
여호와께서 크게 이기게 하셨으므로 백성
들은 돌아와 그의 뒤를 따라가며 노략할
뿐이었더라
11 ●그 다음은 하랄 사람 아게의 아들 삼마라
블레셋 사람들이 사기가 올라 거기 녹두나
무가 가득한 한쪽 밭에 모이매 백성들은 블
레셋 사람들 앞에서 도망하되
12 그는 그 밭 가운데 서서 막아 블레셋 사람
들을 친지라 여호와께서 큰 구원을 이루시
니라
13 ●또 삼십 두목 중 세 사람이 곡식 벨 때에
아둘람 굴에 내려가 다윗에게 나아갔는데
때에 블레셋 사람의 한 무리가 르바임 골짜
기에 진 쳤더라
14 그때에 다윗은 산성에 있고 그때에 블레셋
사람의 요새는 베들레헴에 있는지라
15 다윗이 소원하여 이르되 베들레헴 성문 곁
우물물을 누가 내게 마시게 할까 하매
16 세 용사가 블레셋 사람의 진영을 돌파하고
지나가서 베들레헴 성문 곁 우물물을 길어
가지고 다윗에게로 왔으나 다윗이 마시기
를 기뻐하지 아니하고 그 물을 여호와께 부
어 드리며
17 이르되 여호와여 내가 나를 위하여 결단코
이런 일을 하지 아니하리이다 이는 목숨을
걸고 갔던 사람들의 피가 아니니이까 하고
마시기를 즐겨하지 아니하니라 세 용사가
이런 일을 행하였더라
18 ●또 스루야의 아들 요압의 아우 아비새이
니 그는 그 세 사람의 우두머리라 그가 그
의 창을 들어 삼백 명을 죽이고 세 사람 중
에 이름을 얻었으니
19 그는 세 사람 중에 가장 존귀한 자가 아니
냐 그가 그들의 우두머리가 되었으나 그
러나 첫 세 사람에게는 미치지 못하였더
라

which are not gathered with the hand.
7 ●Whoever touches thorns
uses a tool of iron or the shaft of a spear;
they are burned up where they lie."

David's Mighty Warriors

8 ●These are the names of David's mighty war-
riors:
Josheb-Basshebeth,[a] a Tahkemonite,[b] was
chief of the Three; he raised his spear against
eight hundred men, whom he killed[c] in one
encounter.
9 ●Next to him was Eleazar son of Dodai the
Ahohite. As one of the three mighty warriors, he
was with David when they taunted the Philistines
gathered at Pas Dammim[d] for battle. Then the
10 Israelites retreated, ●but Eleazar stood his ground
and struck down the Philistines till his hand
grew tired and froze to the sword. The LORD
brought about a great victory that day. The troops
returned to Eleazar, but only to strip the dead.
11 ●Next to him was Shammah son of Agee the
Hararite. When the Philistines banded together
at a place where there was a field full of lentils,
12 Israel's troops fled from them. ●But Shammah
took his stand in the middle of the field. He
defended it and struck the Philistines down,
and the LORD brought about a great victory.
13 ●During harvest time, three of the thirty
chief warriors came down to David at the cave
of Adullam, while a band of Philistines was
14 encamped in the Valley of Rephaim. ●At that
time David was in the stronghold, and the
15 Philistine garrison was at Bethlehem. ●David
longed for water and said, "Oh, that someone
would get me a drink of water from the well
16 near the gate of Bethlehem!" ●So the three
mighty warriors broke through the Philistine
lines, drew water from the well near the gate of
Bethlehem and carried it back to David. But he
refused to drink it; instead, he poured it out
17 before the LORD. ●"Far be it from me, LORD, to
do this!" he said. "Is it not the blood of men
who went at the risk of their lives?" And David
would not drink it.
Such were the exploits of the three mighty
warriors.

[a]8 Hebrew; some Septuagint manuscripts suggest *Ish-Bosheth*, that is, *Esh-Baal* (see also 1 Chron. 11:11 *Jashobeam*). [b]8 Probably a variant of *Hakmonite* (see 1 Chron. 11:11) [c]8 Some Septuagint manuscripts (see also 1 Chron. 11:11); Hebrew and other Septuagint manuscripts *Three; it was Adino the Eznite who killed eight hundred men* [d]9 See 1 Chron. 11:13; Hebrew *gathered there.*

band [bænd] *vi.* 단결하다
chief [tʃiːf] *n.* 우두머리
defend [difénd] *vt.* 방어하다
encamp [inkǽmp] *vi.* 야영하다
encounter [inkáuntər] *n.* 교전, 충돌
exploit [iksplɔ́it] *n.* 공적
freeze [friːz] *vi.* 얼음이 얼다
garrison [gǽrisn] *n.* 수비대
lentil [léntil] *n.* 렌즈콩
mighty [máiti] *a.* 강력한
retreat [ritríːt] *vi.* 물러서다
risk [risk] *n.* 위험
spear [spiər] *n.* 창
taunt [tɔːnt] *vt.* 조롱하다
warrior [wɔ́ːriər] *n.* 용사

23:7 burn up: 불살라 버리다
23:10 stand one's ground: 한 걸음도 물러서지 않다
23:10 strike down: 때려눕히다
23:10 return to: 귀환하다, 돌아가다
23:14 at that time: 그때에

20 ●또 갑스엘 용사의 손자 여호야다의 아
들 브나야이니 그는 용맹스런 일을 행한
자라 일찍이 모압 아리엘의 아들 둘을
죽였고 또 눈이 올 때에 구덩이에 내려
가서 사자 한 마리를 쳐죽였으며
21 또 장대한 애굽 사람을 죽였는데 그의
손에 창이 있어도 그가 막대기를 가지고
내려가 그 애굽 사람의 손에서 창을 빼
앗아 그 창으로 그를 죽였더라
22 여호야다의 아들 브나야가 이런 일을
행하였으므로 세 용사 중에 이름을 얻
고
23 삼십 명보다 존귀하나 그러나 세 사람에
게는 미치지 못하였더라 다윗이 그를 세
워 시위대 대장을 삼았더라 8:18
24 ●요압의 아우 아사헬은 삼십 명 중의
하나요 또 베들레헴 도도의 아들 엘하난
과
25 하롯 사람 삼훗과 하롯 사람 엘리가와
26 발디 사람 헬레스와 드고아 사람 익게스
의 아들 이라와
27 아나돗 사람 아비에셀과 후사 사람 므분
내와
28 아호아 사람 살몬과 느도바 사람 마하래
와
29 느도바 사람 바아나의 아들 헬렙과 베냐
민 자손에 속한 기브아 사람 리배의 아
들 잇대와
30 비라돈 사람 브나야와 가아스 시냇가에
사는 힛대와
31 아르바 사람 아비알본과 바르훔 사람 아
스마웻과
32 사알본 사람 엘리아바와 야센의 아들 요
나단과
33 하랄 사람 삼마와 아랄 사람 사랄의 아
들 아히암과
34 마아가 사람의 손자 아하스배의 아들 엘
리벨렛과 길로 사람 아히도벨의 아들 엘
리암과
35 갈멜 사람 헤스래와 아랍 사람 바아래와
36 소바 사람 나단의 아들 이갈과 갓 사람
바니와
37 암몬 사람 셀렉과 스루야의 아들 요압
의 무기를 잡은 자 브에롯 사람 나하래
와 4:2
38 이델 사람 이라와 이델 사람 가렙과
39 헷 사람 우리아라 이상 총수가 삼십칠

18 ●Abishai the brother of Joab son of Zeruiah was
chief of the Three.[a] He raised his spear against three
hundred men, whom he killed, and so he became
19 as famous as the Three. ●Was he not held in greater
honor than the Three? He became their comman-
der, even though he was not included among them.
20 ●Benaiah son of Jehoiada, a valiant fighter
from Kabzeel, performed great exploits. He struck
down Moab's two mightiest warriors. He also
went down into a pit on a snowy day and killed
21 a lion. ●And he struck down a huge Egyptian.
Although the Egyptian had a spear in his hand,
Benaiah went against him with a club. He sna-
tched the spear from the Egyptian's hand and
22 killed him with his own spear. ●Such were the
exploits of Benaiah son of Jehoiada; he too was
23 as famous as the three mighty warriors. ●He was
held in greater honor than any of the Thirty, but
he was not included among the Three. And David
put him in charge of his bodyguard.

24 ●Among the Thirty were:
Asahel the brother of Joab,
Elhanan son of Dodo from Bethlehem,
25 ●Shammah the Harodite,
Elika the Harodite,
26 ●Helez the Paltite,
Ira son of Ikkesh from Tekoa,
27 ●Abiezer from Anathoth,
Sibbekai[b] the Hushathite,
28 ●Zalmon the Ahohite,
Maharai the Netophathite,
29 ●Heled[c] son of Baanah the Netophathite,
Ithai son of Ribai from Gibeah in Benjamin,
30 ●Benaiah the Pirathonite,
Hiddai[d] from the ravines of Gaash,
31 ●Abi-Albon the Arbathite,
Azmaveth the Barhumite,
32 ●Eliahba the Shaalbonite,
the sons of Jashen,
Jonathan ●son of[e] Shammah the Hararite,
33 Ahiam son of Sharar[f] the Hararite,
34 ●Eliphelet son of Ahasbai the Maakathite,
Eliam son of Ahithophel the Gilonite,
35 ●Hezro the Carmelite,
Paarai the Arbite,

[a]18 Most Hebrew manuscripts (see also 1 Chron. 11:20); two Hebrew manuscripts and Syriac *Thirty* [b]27 Some Septuagint manuscripts (see also 21:18; 1 Chron. 11:29); Hebrew *Mebunnai* [c]29 Some Hebrew manuscripts and Vulgate (see also 1 Chron. 11:30); most Hebrew manuscripts *Heleb* [d]30 Hebrew; some Septuagint manuscripts (see also 1 Chron. 11:32) *Hurai* [e]33 Some Septuagint manuscripts (see also 1 Chron. 11:34); Hebrew does not have *son of.* [f]33 Hebrew; some Septuagint manuscripts (see also 1 Chron. 11:35) *Sakar*

bodyguard [bádiga:rd] *n.* 호위대
charge [tʃa:rdʒ] *n.* 감독, 관리
club [klʌb] *n.* 곤봉
commander [kəmǽndər] *n.* 사령관
exploit [iksplɔ́it] *n.* 업적, 묘기
famous [féiməs] *a.* 유명한
hold [hould] *vt.* 유지하다
honor [ánər] *n.* 영예, 존중
include [inklúːd] *vt.* 포함하다
perform [pərfɔ́ːrm] *vt.* 수행하다
pit [pit] *n.* 함정
raise [reiz] *vt.* 들어올리다
snatch [snætʃ] *vt.* 낚아채다
spear [spiər] *n.* 창
valiant [vǽljənt] *a.* 용감한

23:18 famous as: …로서 유명한
23:19 hold in honor: 명예를 갖다
23:19 even though: 비록 …일지라도
23:20 strike down: 때려눕히다
23:21 kill A with B: B로 A를 죽이다
23:23 in charge of: 책임을 맡은

명이었더라

인구 조사 (대상 21:1-27 ♪ 388장)

— B.C. 975년경

24 여호와께서 다시 이스라엘을 향하여 진노하사 그들을 치시려고 다윗을 격동시키사 가서 이스라엘과 유다의 인구를 조사하라 하신지라

2 이에 왕이 그 곁에 있는 군사령관 요압에게 이르되 너는 이스라엘 모든 지파 가운데로 다니며 이제 단에서부터 브엘세바까지 인구를 조사하여 백성의 수를 내게 보고하라 하니

3 요압이 왕께 아뢰되 이 백성이 얼마든지 왕의 하나님 여호와께서 백 배나 더하게 하사 내 주 왕의 눈으로 보게 하시기를 원하나이다 그런데 내 주 왕은 어찌하여 이런 일을 기뻐하시나이까 하되

4 왕의 명령이 요압과 군대 사령관들을 재촉한지라 요압과 사령관들이 이스라엘 인구를 조사하려고 왕 앞에서 물러나

5 요단을 건너 갓 골짜기 가운데 성읍 아로엘 오른쪽 곧 야셀 맞은쪽에 이르러 장막을 치고

6 길르앗에 이르고 닷딤홋시 땅에 이르고 또 다냐안에 이르러서는 시돈으로 돌아

수 19:28

7 두로 견고한 성에 이르고 히위 사람과 가나안 사람의 모든 성읍에 이르고 유다 남쪽으로 나와 브엘세바에 이르니라

8 그들 무리가 국내를 두루 돌아 아홉 달 스무 날 만에 예루살렘에 이르러

9 요압이 백성의 수를 왕께 보고하니 곧 이스라엘에서 칼을 빼는 담대한 자가 팔십만 명이요 유다 사람이 오십만 명이었더라

10 ●다윗이 백성을 조사한 후에 그의 마음에 자책하고 다윗이 여호와께 아뢰되 내가 이 일을 행함으로 큰 죄를 범하였나이다 여호와여 이제 간구하옵나니 종의 죄를 사하여 주옵소서 내가 심히 미련하게 행하였나이다 하니라

11 다윗이 아침에 일어날 때에 여호와의 말씀이 다윗의 선견자 된 선지자 갓에게 임하여 이르시되

12 가서 다윗에게 말하기를 여호와께서 이와 같이 말씀하시기를 내가 네게 세 가지를 보이노니 너를 위하여 너는 그 중

36 ●Igal son of Nathan from Zobah,
the son of Hagri,[a]
37 ●Zelek the Ammonite,
Naharai the Beerothite, the armor-
bearer of Joab son of Zeruiah,
38 ●Ira the Ithrite,
Gareb the Ithrite
39 ●and Uriah the Hittite.
There were thirty-seven in all.

David Enrolls the Fighting Men

24 Again the anger of the LORD burned against
Israel, and he incited David against them,
saying, "Go and take a census of Israel and Judah."
2 ●So the king said to Joab and the army com-
manders[b] with him, "Go throughout the tribes
of Israel from Dan to Beersheba and enroll the
fighting men, so that I may know how many
there are."
3 ●But Joab replied to the king, "May the LORD your
God multiply the troops a hundred times over, and
may the eyes of my lord the king see it. But why
does my lord the king want to do such a thing?"
4 ●The king's word, however, overruled Joab and
the army commanders; so they left the presence
of the king to enroll the fighting men of Israel.
5 ●After crossing the Jordan, they camped near
Aroer, south of the town in the gorge, and then
6 went through Gad and on to Jazer. ●They went to
Gilead and the region of Tahtim Hodshi, and on
7 to Dan Jaan and around toward Sidon. ●Then
they went toward the fortress of Tyre and all the
towns of the Hivites and Canaanites. Finally, they
went on to Beersheba in the Negev of Judah.
8 ●After they had gone through the entire land,
they came back to Jerusalem at the end of nine
months and twenty days.
9 ●Joab reported the number of the fighting men
to the king: In Israel there were eight hundred
thousand able-bodied men who could handle a
sword, and in Judah five hundred thousand.
10 ●David was conscience-stricken after he had
counted the fighting men, and he said to the
LORD, "I have sinned greatly in what I have done.
Now, LORD, I beg you, take away the guilt of your
servant. I have done a very foolish thing."
11 ●Before David got up the next morning, the
word of the LORD had come to Gad the prophet,
12 David's seer: ●"Go and tell David, 'This is what
the LORD says: I am giving you three options.

[a]*36* Some Septuagint manuscripts (see also 1 Chron. 11:38); Hebrew *Haggadi* [b]*2* Septuagint (see also verse 4 and 1 Chron. 21:2); Hebrew *Joab the army commander*

armor-bearer [á:rmərbɛərər] *n.* 기사의 시종
beg [beg] *vt.* 간청하다
conscience [kánʃəns] *n.* 양심, 도덕심
enroll [inróul] *vt.* 명부에 올리다
entire [intáiər] *a.* 전체의
fortress [fɔ́:rtris] *n.* 요새
gorge [gɔ:rdʒ] *n.* 골짜기
guilt [gilt] *n.* 죄
handle [hǽndl] *vt.* 다루다
incite [insáit] *vt.* 자극하다
multiply [mʌ́ltəplài] *vt.* 증가시키다
overrule [ouvəru:l] *vt.* 강요하다
presence [prézns] *n.* 면전, 남 앞
region [rí:dʒən] *n.* 지방
tribe [traib] *n.* 지파

23:39 in all: 모두 합하여, 총계로
24:1 take a census of: 인구 조사하다
24:3 reply to: 응대하다
24:9 able-bodied men: 건장한 남자
24:10 sin in...: …한 것으로 죄를 짓다
24:10 take away: 가져가다

에서 하나를 택하라 내가 그것을 네게 행하
리라 하셨다 하라 하시니
13 갓이 다윗에게 이르러 아뢰어 이르되 왕의
땅에 칠 년 기근이 있을 것이니이까 혹은 왕
이 왕의 원수에게 쫓겨 석 달 동안 그들 앞에
서 도망하실 것이니이까 혹은 왕의 땅에 사
흘 동안 전염병이 있을 것이니이까 왕은 생
각하여 보고 나를 보내신 이에게 무엇을 대
답하게 하소서 하는지라
14 다윗이 갓에게 이르되 내가 고통 중에 있도
다 청하건대 여호와께서는 긍휼이 크시니 우
리가 여호와의 손에 빠지고 내가 사람의 손
에 빠지지 아니하기를 원하노라 하는지라
15 이에 여호와께서 그 아침부터 정하신 때까지
전염병을 이스라엘에게 내리시니 단에서부
터 브엘세바까지 백성의 죽은 자가 칠만 명
이라
16 천사가 예루살렘을 향하여 그의 손을 들어
멸하려 하더니 여호와께서 이 재앙 내리심을
뉘우치사 백성을 멸하는 천사에게 이르시되
족하다 이제는 네 손을 거두라 하시니 여호
와의 사자가 여부스 사람 아라우나의 타작마
당 곁에 있는지라
17 다윗이 백성을 치는 천사를 보고 곧 여호와
께 아뢰어 이르되 나는 범죄하였고 악을 행
하였거니와 이 양 무리는 무엇을 행하였나이
까 청하건대 주의 손으로 나와 내 아버지의
집을 치소서 하니라
18 ●이날에 갓이 다윗에게 이르러 그에게 아뢰
되 올라가서 여부스 사람 아라우나의 타작마
당에서 여호와를 위하여 제단을 쌓으소서 하
매
19 다윗이 여호와께서 명령하신 바 갓의 말대로
올라가니라
20 아라우나가 바라보다가 왕과 그의 부하들이
자기를 향하여 건너옴을 보고 나가서 왕 앞
에서 얼굴을 땅에 대고 절하며
21 이르되 어찌하여 내 주 왕께서 종에게 임하
시나이까 하니 다윗이 이르되 네게서 타작마
당을 사서 여호와께 제단을 쌓아 백성에게
내리는 재앙을 그치게 하려 함이라 하는지
라
22 아라우나가 다윗에게 아뢰되 원하건대 내 주
왕은 좋게 여기시는 대로 취하여 드리소서
번제에 대하여는 소가 있고 땔 나무에 대하
여는 마당질 하는 도구와 소의 멍에가 있나
이다

Choose one of them for me to carry out
against you.' "
13 •So Gad went to David and said to him,
"Shall there come on you three [a] years of
famine in your land? Or three months of flee-
ing from your enemies while they pursue
you? Or three days of plague in your land?
Now then, think it over and decide how I
should answer the one who sent me."
14 •David said to Gad, "I am in deep distress.
Let us fall into the hands of the LORD, for his
mercy is great; but do not let me fall into
human hands."
15 •So the LORD sent a plague on Israel from
that morning until the end of the time des-
ignated, and seventy thousand of the people
16 from Dan to Beersheba died. •When the
angel stretched out his hand to destroy Jeru-
salem, the LORD relented concerning the dis-
aster and said to the angel who was afflict-
ing the people, "Enough! Withdraw your
hand." The angel of the LORD was then at the
threshing floor of Araunah the Jebusite.
17 •When David saw the angel who was strik-
ing down the people, he said to the LORD, "I
have sinned; I, the shepherd, [b] have done
wrong. These are but sheep. What have they
done? Let your hand fall on me and my
family."

David Builds an Altar

18 •On that day Gad went to David and said to
him, "Go up and build an altar to the LORD on
the threshing floor of Araunah the Jebusite."
19 •So David went up, as the LORD had com-
20 manded through Gad. •When Araunah
looked and saw the king and his officials
coming toward him, he went out and bow-
ed down before the king with his face to the
ground.
21 •Araunah said, "Why has my lord the king
come to his servant?"
"To buy your threshing floor," David an-
swered, "so I can build an altar to the LORD,
that the plague on the people may be stopp-
ed."
22 •Araunah said to David, "Let my lord the
king take whatever he wishes and offer it up.
Here are oxen for the burnt offering, and here
are threshing sledges and ox yokes for the

[a] *13* Septuagint (see also 1 Chron. 21:12); Hebrew *seven* [b] *17* Dead Sea Scrolls and Septuagint; Masoretic Text does not have *the shepherd*.

afflict [əflíkt] *vt.* 괴롭히다
altar [ɔ́:ltər] *n.* 제단
decide [disáid] *vt.* 결심하다
designated [dézignèitid] *a.* 지정된
distress [distrés] *n.* 고뇌
flee [fli:] *vi.* 도망치다
mercy [mə́:rsi] *n.* 자비
plague [pleig] *n.* 역병
pursue [pərsú:] *vt.* 쫓다
relent [rilént] *vi.* 미움이 풀리다
sledge [sledʒ] *n.* 짐 싣는 썰매
stretch [stretʃ] *vt.* 펴다
thresh [θréʃ] *vi.* 타작하다
withdraw [wiðdrɔ́:] *vt.* 거두다
yoke [jouk] *n.* 멍에

24:12 **carry out**: 수행하다
24:13 **think over**: 곰곰이 생각하다
24:14 **fall into...**: …에 빠지다
24:15 **send A on B**: A를 B에 보내다
24:16 **stretch out**: 내뻗다
24:20 **bow down**: 절하다

23 왕이여 아라우나가 이것을 다 왕께 드리나
이다 하고 또 왕께 아뢰되 왕의 하나님 여호
와께서 왕을 기쁘게 받으시기를 원하나이
다
24 왕이 아라우나에게 이르되 그렇지 아니하다
내가 값을 주고 네게서 사리라 값 없이는 내
하나님 여호와께 번제를 드리지 아니하리라
하고 다윗이 은 오십 세겔로 타작마당과 소
를 사고
25 그곳에서 여호와를 위하여 제단을 쌓고 번제
와 화목제를 드렸더니 이에 여호와께서 그
땅을 위한 기도를 들으시매 이스라엘에게 내
리는 재앙이 그쳤더라 21:14

23 wood. •Your Majesty, Araunah[a] gives all this
to the king." Araunah also said to him, "May
the LORD your God accept you."
24 •But the king replied to Araunah, "No, I
insist on paying you for it. I will not sacrifice to
the LORD my God burnt offerings that cost me
nothing."
So David bought the threshing floor and
the oxen and paid fifty shekels[b] of silver for
25 them. •David built an altar to the LORD there
and sacrificed burnt offerings and fellowship
offerings. Then the LORD answered his prayer
in behalf of the land, and the plague on
Israel was stopped.

[a]23 Some Hebrew manuscripts and Septuagint; most Hebrew manuscripts *King Araunah* [b]24 That is, about 1 1/4 pounds or about 575 grams

accept [æksépt] *vt.* 받아들이다
cost [kɔ:st] *vt.* (비용이) 들다
ox [aks] *n.* 황소
reply [riplái] *vt.* 대답하다
24:24 burn offer: 불살라 버리다
24:25 in behalf of: …을 위하여

열왕기상 | 1 Kings

● 저자 _ 예레미야 ● 저작 연대 _ B.C. 561-538년 사이로 추정 ● 기록 장소 _ 유다와 애굽
● 기록 대상 _ 이스라엘 백성 ● 핵심어 및 내용 _ 핵심어는 '지혜', '분열' 등이다.

하나님께로부터 지혜를 얻은 솔로몬은 이스라엘 백성을 잘 다스렸으나, 이방첩들의 나쁜 영향으로 하나님을 떠나게 되었고 그 결과 그의 왕국은 분열된다.

다윗이 늙은 때 — B.C. 971년경

1 다윗 왕이 나이가 많아 늙으니 이불을 덮어도 따뜻하지 아니한지라
2 그의 시종들이 왕께 아뢰되 우리 주 왕을 위하여 젊은 처녀 하나를 구하여 그로 왕을 받들어 모시게 하고 왕의 품에 누워 우리 주 왕으로 따뜻하시게 하리이다 하고
3 이스라엘 사방 영토 내에 아리따운 처녀를 구하던 중 수넴 여자 아비삭을 얻어 왕께 데려왔으니
4 이 처녀는 심히 아름다워 그가 왕을 받들어 시중들었으나 왕이 잠자리는 같이 하지 아니하였더라

아도니야가 왕이 되고자 하다

5 ●그때에 학깃의 아들 아도니야가 스스로 높여서 이르기를 내가 왕이 되리라 하고 자기를 위하여 병거와 기병과 호위병 오십 명을 준비하니
6 그는 압살롬 다음에 태어난 자요 용모가 심히 준수한 자라 그의 아버지가 네가 어찌하여 그리하였느냐고 하는 말로 [1)]한 번도 그를 섭섭하게 한 일이 없었더라
7 아도니야가 스루야의 아들 요압과 제사장 아비아달과 모의하니 그들이 따르고 도우나
8 제사장 사독과 여호야다의 아들 브나야와 선지자 나단과 시므이와 레이와 다윗의 용사들은 아도니야와 같이 하지 아니하였더라
9 아도니야가 에느로겔 근방 소헬렛 바위 곁에서 양과 소와 살찐 송아지를 잡고 왕자 곧 자기의 모든 동생과 왕의 신하 된 유다 모든 사람을 다 청하였으나
10 선지자 나단과 브나야와 용사들과 자기 동생 솔로몬은 청하지 아니하였더라

솔로몬이 왕이 되다

11 ●나단이 솔로몬의 어머니 밧세바에게 말하여 이르되 학깃의 아들 아도니야가 왕이 되었음을 듣지 못하였나이까 우리 주 다윗은 알지 못하시나이다
12 이제 내게 당신의 생명과 당신의 아들 솔로몬의 생명을 구할 계책을 말하도록 허락하소서
13 당신은 다윗 왕 앞에 들어가서 아뢰기를 내 주 왕이여 전에 왕이 여종에게 맹세하여 이

Adonijah Sets Himself Up as King

1 When King David was very old, he could
not keep warm even when they put cov-
2 ers over him. ●So his attendants said to him,
"Let us look for a young virgin to serve the
king and take care of him. She can lie beside
him so that our lord the king may keep
warm."
3 ●Then they searched throughout Israel for a
beautiful young woman and found Abishag, a
Shunammite, and brought her to the king.
4 ●The woman was very beautiful; she took care
of the king and waited on him, but the king
had no sexual relations with her.
5 ●Now Adonijah, whose mother was Hag-
gith, put himself forward and said, "I will be
king." So he got chariots and horses[a] ready,
6 with fifty men to run ahead of him. ●(His
father had never rebuked him by asking,
"Why do you behave as you do?" He was also
very handsome and was born next after Absa-
lom.)
7 ●Adonijah conferred with Joab son of
Zeruiah and with Abiathar the priest, and
8 they gave him their support. ●But Zadok the
priest, Benaiah son of Jehoiada, Nathan the
prophet, Shimei and Rei and David's special
guard did not join Adonijah.
9 ●Adonijah then sacrificed sheep, cattle
and fattened calves at the Stone of Zoheleth
near En Rogel. He invited all his brothers,
the king's sons, and all the royal officials of
10 Judah, ●but he did not invite Nathan the
prophet or Benaiah or the special guard or
his brother Solomon.
11 ●Then Nathan asked Bathsheba, Solo-
mon's mother, "Have you not heard that
Adonijah, the son of Haggith, has become
king, and our lord David knows nothing
12 about it? ●Now then, let me advise you how
you can save your own life and the life of
13 your son Solomon. ●Go in to King David and
say to him, 'My lord the king, did you not
swear to me your servant: "Surely Solomon
your son shall be king after me, and he will
sit on my throne"? Why then has Adonijah

[a]5 Or *charioteers*

1) 평생에

르시기를 네 아들 솔로몬이 반드시 나를 이
어 왕이 되어 내 왕위에 앉으리라 하지 아니
하셨나이까 그런데 아도니야가 무슨 이유로
왕이 되었나이까 하소서
14 당신이 거기서 왕과 말씀하실 때에 나도 뒤
이어 들어가서 당신의 말씀을 확증하리이다
15 ●밧세바가 이에 침실에 들어가 왕에게 이르
니 왕이 심히 늙었으므로 수넴 여자 아비삭
이 시중들었더라 1:1
16 밧세바가 몸을 굽혀 왕께 절하니 왕이 이르
되 어찌 됨이냐
17 그가 왕께 대답하되 내 주여 왕이 전에 왕의
하나님 여호와를 가리켜 여종에게 맹세하시
기를 네 아들 솔로몬이 반드시 나를 이어 왕
이 되어 내 왕위에 앉으리라 하셨거늘 1:13
18 이제 아도니야가 왕이 되었어도 내 주 왕은
알지 못하시나이다
19 그가 수소와 살찐 송아지와 양을 많이 잡고
왕의 모든 아들과 제사장 아비아달과 군사령
관 요압을 청하였으나 왕의 종 솔로몬은 청
하지 아니하였나이다
20 내 주 왕이여 온 이스라엘이 왕에게 다 주목
하고 누가 내 주 왕을 이어 그 왕위에 앉을지
를 공포하시기를 기다리나이다
21 그렇지 아니하면 내 주 왕께서 그의 조상들
과 함께 잘 때에 나와 내 아들 솔로몬은 죄인
이 되리이다
22 ●밧세바가 왕과 말할 때에 선지자 나단이
들어온지라
23 어떤 사람이 왕께 말하여 이르되 선지자 나
단이 여기 있나이다 하니 그가 왕 앞에 들어
와서 얼굴을 땅에 대고 왕께 절하고
24 이르되 내 주 왕께서 이르시기를 아도니야가
나를 이어 왕이 되어 내 왕위에 앉으리라 하
셨나이까
25 그가 오늘 내려가서 수소와 살찐 송아지와
양을 많이 잡고 왕의 모든 아들과 군사령관
들과 제사장 아비아달을 청하였는데 그들이
아도니야 앞에서 먹고 마시며 아도니야 왕은
만세수를 하옵소서 하였나이다
26 그러나 왕의 종 나와 제사장 사독과 여호야
다의 아들 브나야와 왕의 종 솔로몬은 청하
지 아니하였사오니 1:10
27 이것이 내 주 왕께서 정하신 일이니이까 그
런데 왕께서 내 주 왕을 이어 그 왕위에 앉을
자를 종에게 알게 하지 아니하셨나이다
28 다윗 왕이 명령하여 이르되 밧세바를 내 앞

14 become king?' ●While you are still there talk-
ing to the king, I will come in and add my
word to what you have said."
15 ●So Bathsheba went to see the aged king in
his room, where Abishag the Shunammite was
16 attending him. ●Bathsheba bowed down,
prostrating herself before the king.
"What is it you want?" the king asked.
17 ●She said to him, "My lord, you yourself
swore to me your servant by the LORD your
God: 'Solomon your son shall be king after
18 me, and he will sit on my throne.' ●But now
Adonijah has become king, and you, my lord
19 the king, do not know about it. ●He has
sacrificed great numbers of cattle, fattened
calves, and sheep, and has invited all the
king's sons, Abiathar the priest and Joab the
commander of the army, but he has not
20 invited Solomon your servant. ●My lord the
king, the eyes of all Israel are on you, to learn
from you who will sit on the throne of my
21 lord the king after him. ●Otherwise, as soon
as my lord the king is laid to rest with his
ancestors, I and my son Solomon will be
treated as criminals."
22 ●While she was still speaking with the king,
23 Nathan the prophet arrived. ●And the king
was told, "Nathan the prophet is here." So he
went before the king and bowed with his face
to the ground.
24 ●Nathan said, "Have you, my lord the
king, declared that Adonijah shall be king
after you, and that he will sit on your throne?
25 ●Today he has gone down and sacrificed
great numbers of cattle, fattened calves, and
sheep. He has invited all the king's sons, the
commanders of the army and Abiathar the
priest. Right now they are eating and drink-
ing with him and saying, 'Long live King
26 Adonijah!' ●But me your servant, and Za-
dok the priest, and Benaiah son of Jehoiada,
and your servant Solomon he did not invite.
27 ●Is this something my lord the king has
done without letting his servants know who
should sit on the throne of my lord the king
after him?"

David Makes Solomon King

28 ●Then King David said, "Call in Bathshe-
ba." So she came into the king's presence and
stood before him.
29 ●The king then took an oath: "As surely as
the LORD lives, who has delivered me out of

aged [éidʒid] *a.* 늙은
ancestor [ǽnsestər] *n.* 선조
arrive [əráiv] *vi.* 도착하다
attend [əténd] *vt.* 돌보다
bow [bau] *vi.* 허리를 굽히다
cattle [kǽtl] *n.* 소
criminal [krímənl] *n.* 범인
declare [dikléər] *vt.* 선언하다
invite [inváit] *vt.* 초청하다
otherwise [ʌ́ðərwàiz] *ad.* 그렇지 않으면
presence [prézns] *n.* 면전, 앞
priest [priːst] *n.* 성직자
prostrate [prástreit] *vt.* 엎드리게 하다
rest [rest] *vi.* 휴식하다, 죽다
treat [triːt] *vt.* 대우하다

1:20 learn from...: …로부터(들어서, 보아서) 알다
1:21 as soon as...: …하자마자
1:21 be laid to...: …하기 위해 눕혀지다
1:29 take an oath: 맹세하다, 선서하다
1:29 deliver... out of~: …를 ~에서 구원하다

왕다스 왕상

으로 부르라 하매 그가 왕의 앞으로 들어가
그 앞에 서는지라
29 왕이 이르되 내 생명을 모든 환난에서 구하
신 여호와께서 살아 계심을 두고 맹세하노라
30 내가 이전에 이스라엘의 하나님 여호와를 가
리켜 네게 맹세하여 이르기를 네 아들 솔로
몬이 반드시 나를 이어 왕이 되고 나를 대신
하여 내 왕위에 앉으리라 하였으니 내가 오
늘 그대로 행하리라
31 밧세바가 얼굴을 땅에 대고 절하며 내 주 다
윗 왕은 만세수를 하옵소서 하니라 느 2:3
32 ● 다윗 왕이 이르되 제사장 사독과 선지자
나단과 여호야다의 아들 브나야를 내 앞으로
부르라 하니 그들이 왕 앞에 이른지라
33 왕이 그들에게 이르되 너희는 너희 주의 신
하들을 데리고 내 아들 솔로몬을 내 노새에
태우고 기혼으로 인도하여 내려가고
34 거기서 제사장 사독과 선지자 나단은 그에게
기름을 부어 이스라엘 왕으로 삼고 너희는
뿔나팔을 불며 솔로몬 왕은 만세수를 하옵소
서 하고
35 그를 따라 올라오라 그가 와서 내 왕위에 앉아
나를 대신하여 왕이 되리라 내가 그를 세워 이
스라엘과 유다의 통치자로 지명하였느니라
36 여호야다의 아들 브나야가 왕께 대답하여 이
르되 아멘 내 주 왕의 하나님 여호와께서도
이렇게 말씀하시기를 원하오며
37 또 여호와께서 내 주 왕과 함께 계심같이 솔
로몬과 함께 계셔서 그의 왕위를 내 주 다윗
왕의 왕위보다 더 크게 하시기를 원하나이다
하니라
38 ● 제사장 사독과 선지자 나단과 여호야다의
아들 브나야와 그렛 사람과 블렛 사람이 내
려가서 솔로몬을 다윗 왕의 노새에 태우고
인도하여 기혼으로 가서
39 제사장 사독이 성막 가운데에서 기름 담은
뿔을 가져다가 솔로몬에게 기름을 부으니 이
에 뿔나팔을 불고 모든 백성이 솔로몬 왕은
만세수를 하옵소서 하니라 1:34
40 모든 백성이 그를 따라 올라와서 피리를 불
며 크게 즐거워하므로 땅이 그들의 소리로
말미암아 갈라질 듯하니
41 아도니야와 그와 함께한 손님들이 먹기를 마
칠 때에 다 들은지라 요압이 뿔나팔 소리를
듣고 이르되 어찌하여 성읍 중에서 소리가
요란하냐
42 말할 때에 제사장 아비아달의 아들 요나단이

30 every trouble, ● I will surely carry out this
very day what I swore to you by the LORD, the
God of Israel: Solomon your son shall be king
after me, and he will sit on my throne in my
place."
31 ● Then Bathsheba bowed down with her
face to the ground, prostrating herself before
the king, and said, "May my lord King David
live forever!"
32 ● King David said, "Call in Zadok the priest,
Nathan the prophet and Benaiah son of
Jehoiada." When they came before the king,
33 ● he said to them: "Take your lord's servants
with you and have Solomon my son mount
my own mule and take him down to Gi-
34 hon. ● There have Zadok the priest and Na-
than the prophet anoint him king over Israel.
Blow the trumpet and shout, 'Long live King
35 Solomon!' ● Then you are to go up with him,
and he is to come and sit on my throne and
reign in my place. I have appointed him ruler
over Israel and Judah."
36 ● Benaiah son of Jehoiada answered the
king, "Amen! May the LORD, the God of my
37 lord the king, so declare it. ● As the LORD was
with my lord the king, so may he be with
Solomon to make his throne even greater than
the throne of my lord King David!"
38 ● So Zadok the priest, Nathan the prophet,
Benaiah son of Jehoiada, the Kerethites and
the Pelethites went down and had Solomon
mount King David's mule, and they escorted
39 him to Gihon. ● Zadok the priest took the
horn of oil from the sacred tent and anoint-
ed Solomon. Then they sounded the trum-
pet and all the people shouted, "Long live
40 King Solomon!" ● And all the people went
up after him, playing pipes and rejoicing
greatly, so that the ground shook with the
sound.
41 ● Adonijah and all the guests who were with
him heard it as they were finishing their feast.
On hearing the sound of the trumpet, Joab
asked, "What's the meaning of all the noise in
the city?"
42 ● Even as he was speaking, Jonathan son
of Abiathar the priest arrived. Adonijah said,
"Come in. A worthy man like you must be
bringing good news."
43 ● "Not at all!" Jonathan answered. "Our lord
44 King David has made Solomon king. ● The
king has sent with him Zadok the priest,

anoint [ənɔ́int] *vt.* 기름붓다
appoint [əpɔ́int] *vt.* 임명하다
blow [blóu] *vt.* 불다
declare [dikléər] *vt.* 선언하다
escort [éskɔːrt] *vt.* 호위하다
feast [fiːst] *n.* 진수성찬, 잔치
mount [maunt] *vt.* 타다, 오르다
mule [mjuːl] *n.* 노새
prophet [práfit] *n.* 선지자
reign [rein] *vi.* 통치하다
rejoice [ridʒɔ́is] *vi.* 기뻐하다
ruler [rúːlər] *n.* 지도자
sacred [séikrid] *a.* 신성한
shake [ʃeik] *vi.* 흔들리다
worthy [wə́ːrði] *a.* 훌륭한

1:30 carry out: 수행[실행]하다
1:30 swear to: 맹세하다
1:31 bow down to the ground: 머리를 조아려 절하다
1:33 take down to: …로 이동시키다
1:41 on hearing...: …을 듣자마자

오는지라 아도니야가 이르되 들어오라 너는 용사라 아름다운 소식을 가져오는도다
43 요나단이 아도니야에게 대답하여 이르되 과연 우리 주 다윗 왕이 솔로몬을 왕으로 삼으셨나이다
44 왕께서 제사장 사독과 선지자 나단과 여호야다의 아들 브나야와 그렛 사람과 블렛 사람을 솔로몬과 함께 보내셨는데 그들 무리가 왕의 노새에 솔로몬을 태워다가
45 제사장 사독과 선지자 나단이 기혼에서 기름을 부어 왕으로 삼고 무리가 그곳에서 올라오며 즐거워하므로 성읍이 진동하였나니 당신들에게 들린 소리가 이것이라
46 또 솔로몬도 왕좌에 앉아 있고
47 왕의 신하들도 와서 우리 주 다윗 왕에게 축복하여 이르기를 왕의 하나님이 솔로몬의 이름을 왕의 이름보다 더 아름답게 하시고 그의 왕위를 왕의 위보다 크게 하시기를 원하나이다 하매 왕이 침상에서 몸을 굽히고
48 또한 이르시기를 이스라엘의 하나님 여호와를 찬송하리로다 여호와께서 오늘 내 왕위에 앉을 자를 주사 내 눈으로 보게 하셨도다 하셨나이다 하니
49 아도니야와 함께한 손님들이 다 놀라 일어나 각기 갈 길로 간지라
50 아도니야도 솔로몬을 두려워하여 일어나 가서 제단 뿔을 잡으니
51 어떤 사람이 솔로몬에게 말하여 이르되 아도니야가 솔로몬 왕을 두려워하여 지금 제단 뿔을 잡고 말하기를 솔로몬 왕이 오늘 칼로 자기 종을 죽이지 않겠다고 내게 맹세하기를 원한다 하나이다
52 솔로몬이 이르되 그가 만일 1)선한 사람일진대 그의 머리털 하나도 땅에 떨어지지 아니하려니와 그에게 악한 것이 보이면 죽으리라 하고
53 사람을 보내어 그를 제단에서 이끌어 내리니 그가 와서 솔로몬 왕께 절하매 솔로몬이 이르기를 네 집으로 가라 하였더라

다윗이 솔로몬에게 마지막으로 이르다 (♪ 236장)

2 다윗이 죽을 날이 임박하매 그의 아들 솔로몬에게 명령하여 이르되
2 내가 이제 세상 모든 사람이 가는 길로 가게 되었노니 너는 힘써 대장부가 되고
3 네 하나님 여호와의 명령을 지켜 그 길로 행하여 그 법률과 계명과 율례와 증거를 모세의 율법에 기록된 대로 지키라 그리하면 네

Nathan the prophet, Benaiah son of Jehoia-
da, the Kerethites and the Pelethites, and they
45 have put him on the king's mule, •and Za-
dok the priest and Nathan the prophet have
anointed him king at Gihon. From there they
have gone up cheering, and the city resounds
46 with it. That's the noise you hear. •More-
over, Solomon has taken his seat on the ro-
47 yal throne. •Also, the royal officials have
come to congratulate our lord King David,
saying, 'May your God make Solomon's name
more famous than yours and his throne
greater than yours!' And the king bowed in
48 worship on his bed •and said, 'Praise be to
the LORD, the God of Israel, who has allowed
my eyes to see a successor on my throne to-
day.' "
49 •At this, all Adonijah's guests rose in alarm
50 and dispersed. •But Adonijah, in fear of
Solomon, went and took hold of the horns of
51 the altar. •Then Solomon was told, "Adonijah
is afraid of King Solomon and is clinging to the
horns of the altar. He says, 'Let King Solomon
swear to me today that he will not put his ser-
vant to death with the sword.' "
52 •Solomon replied, "If he shows himself to
be worthy, not a hair of his head will fall to
the ground; but if evil is found in him, he
53 will die." •Then King Solomon sent men,
and they brought him down from the altar.
And Adonijah came and bowed down to
King Solomon, and Solomon said, "Go to
your home."

David's Charge to Solomon

2 When the time drew near for David to
die, he gave a charge to Solomon his
son.
2 •"I am about to go the way of all the earth,"
3 he said. "So be strong, act like a man, •and
observe what the LORD your God requires:
Walk in obedience to him, and keep his de-
crees and commands, his laws and regula-
tions, as written in the Law of Moses. Do this
so that you may prosper in all you do and
4 wherever you go •and that the LORD may
keep his promise to me: 'If your descendants
watch how they live, and if they walk faith-
fully before me with all their heart and soul,
you will never fail to have a successor on the
throne of Israel.'

1) 그럴 만한 사람

왕상

altar [ɔ́:ltər] *n.* 제단
charge [tʃá:rdʒ] *n.* 훈령
cheering [tʃíəriŋ] *n.* 환호
cling [klíŋ] *vi.* 달라붙다
decree [dikrí:] *n.* 규례
descendant [diséndənt] *n.* 자손
disperse [dispə́:rs] *vi.* 흩어지다
famous [féiməs] *a.* 유명
obedience [oubí:diəns] *n.* 순종
observe [əbzə́:rv] *vt.* 준수하다
prosper [prάspər] *vi.* 번영하다
require [rikwáiər] *vt.* 요구하다
resound [rizáund] *vi.* 울려 퍼지다
successor [səksésər] *n.* 후계자
throne [θroun] *n.* 왕좌

1:50 take hold of...: …를 붙잡다
1:51 be afraid of...: …를 두려워하다
1:53 bring... down from~: …을 ~에서 끌어내다
1:53 bow down: 인사하다
2:4 keep promise: 약속을 지키다

가 무엇을 하든지 어디로 가든지 형통할지라
4 여호와께서 내 일에 대하여 말씀하시기를 만
일 네 자손들이 그들의 길을 삼가 마음을 다하
고 성품을 다하여 진실히 내 앞에서 행하면 이
스라엘 왕위에 오를 사람이 네게서 끊어지지
아니하리라 하신 말씀을 확실히 이루게 하시
리라
5 스루야의 아들 요압이 내게 행한 일 곧 이스라
엘 군대의 두 사령관 넬의 아들 아브넬과 예델
의 아들 아마사에게 행한 일을 네가 알거니와
그가 그들을 죽여 태평 시대에 전쟁의 피를 흘
리고 전쟁의 피를 자기의 허리에 띤 띠와 발에
신은 신에 묻혔으니 삼하 18:5
6 네 지혜대로 행하여 그의 백발이 평안히 스올
에 내려가지 못하게 하라
7 마땅히 길르앗 바르실래의 아들들에게 은총
을 베풀어 그들이 네 상에서 먹는 자 중에 참
여하게 하라 내가 네 형 압살롬의 낯을 피하여
도망할 때에 그들이 내게 나왔느니라
8 바후림 베냐민 사람 게라의 아들 시므이가 너
와 함께 있나니 그는 내가 마하나임으로 갈 때
에 악독한 말로 나를 저주하였느니라 그러나
그가 요단에 내려와서 나를 영접하므로 내가
여호와를 두고 맹세하여 이르기를 내가 칼로
너를 죽이지 아니하리라 하였노라
9 그러나 그를 무죄한 자로 여기지 말지어다 너는
지혜 있는 사람이므로 그에게 행할 일을 알지니
그의 백발이 피 가운데 스올에 내려가게 하라

다윗이 죽다

10 ●다윗이 그의 조상들과 함께 누워 다윗 성에
장사되니
11 다윗이 이스라엘 왕이 된 지 사십 년이라 헤브
론에서 칠 년 동안 다스렸고 예루살렘에서 삼
십삼 년 동안 다스렸더라
12 솔로몬이 그의 아버지 다윗의 왕위에 앉으니
그의 나라가 심히 견고하니라

아도니야가 죽임을 당하다 (♪130, 351장)

13 ●학깃의 아들 아도니야가 솔로몬의 어머니
밧세바에게 나아온지라 밧세바가 이르되 네
가 화평한 목적으로 왔느냐 대답하되 화평한
목적이니이다
14 또 이르되 내가 말씀드릴 일이 있나이다 밧세
바가 이르되 말하라
15 그가 이르되 당신도 아시는 바이거니와 이 왕
위는 내 것이었고 온 이스라엘은 다 얼굴을 내
게로 향하여 왕으로 삼으려 하였는데 그 왕권
이 돌아가 내 아우의 것이 되었음은 여호와께

5 •"Now you yourself know what Joab son
of Zeruiah did to me — what he did to the
two commanders of Israel's armies, Abner
son of Ner and Amasa son of Jether. He
killed them, shedding their blood in peace-
time as if in battle, and with that blood he
stained the belt around his waist and the
6 sandals on his feet. •Deal with him accord-
ing to your wisdom, but do not let his gray
head go down to the grave in peace.
7 •"But show kindness to the sons of Bar-
zillai of Gilead and let them be among
those who eat at your table. They stood by
me when I fled from your brother Absa-
lom.
8 •"And remember, you have with you
Shimei son of Gera, the Benjamite from
Bahurim, who called down bitter curses on
me the day I went to Mahanaim. When he
came down to meet me at the Jordan, I swore
to him by the LORD: 'I will not put you to
9 death by the sword.' •But now, do not con-
sider him innocent. You are a man of wis-
dom; you will know what to do to him.
Bring his gray head down to the grave in
blood."
10 •Then David rested with his ancestors
11 and was buried in the City of David. •He
had reigned forty years over Israel — seven
years in Hebron and thirty-three in Jeru-
12 salem. •So Solomon sat on the throne of his
father David, and his rule was firmly estab-
lished.

Solomon's Throne Established

13 •Now Adonijah, the son of Haggith, went
to Bathsheba, Solomon's mother. Bathsheba
asked him, "Do you come peacefully?"
14 He answered, "Yes, peacefully." •Then he
added, "I have something to say to you."
"You may say it," she replied.
15 •"As you know," he said, "the kingdom
was mine. All Israel looked to me as their
king. But things changed, and the kingdom
has gone to my brother; for it has come to
16 him from the LORD. •Now I have one request
to make of you. Do not refuse me."
"You may make it," she said.
17 •So he continued, "Please ask King Solo-
mon — he will not refuse you — to give me
Abishag the Shunammite as my wife."
18 •"Very well," Bathsheba replied, "I will

ancestor [ǽnsestər] *n.* 조상
bitter [bítər] *a.* 고통스러운
commander [kəmǽndər] *n.* 사령관
consider [kənsídər] *vt.* 간주하다
curse [kə́:rs] *n.* 저주
establish [istǽbliʃ] *vt.* 확립하다
firmly [fə́:rmli] *ad.* 굳게
flee [fli:] *vi.* 도망치다
grave [greiv] *n.* 무덤
innocent [ínəsənt] *a.* 결백한, 죄 없는
refuse [rifjú:z] *vt.* 거절하다
reign [rein] *vi.* 통치하다
request [rikwést] *n.* 부탁
shed [ʃed] *vt.* 흘리다
stain [stein] *vt.* 더럽히다

2:6 deal with...: …를 다루다
2:6 according to: …에 따라
2:8 call down A on B: B에게 A(하늘의 은총, 벌 등)를 내려 달라고 빌다
2:15 look to A as B: A를 B라고 여기고 바라보다

로 말미암음이니이다 대상 22:9
16 이제 내가 한 가지 소원을 당신에게 구하오니
내 청을 거절하지 마옵소서 밧세바가 이르되
말하라
17 그가 이르되 청하건대 솔로몬 왕에게 말씀하
여 그가 수넴 여자 아비삭을 내게 주어 아내를
삼게 하소서 왕이 당신의 청을 거절하지 아니
하리이다
18 밧세바가 이르되 좋다 내가 너를 위하여 왕께
말하리라
19 ●밧세바가 이에 아도니야를 위하여 말하려
고 솔로몬 왕에게 이르니 왕이 일어나 영접하
여 절한 후에 다시 왕좌에 앉고 그의 어머니를
위하여 자리를 베푸니 그가 그의 오른쪽에 앉
는지라
20 밧세바가 이르되 내가 한 가지 작은 일로 왕께
구하오니 내 청을 거절하지 마소서 왕이 대답
하되 내 어머니여 구하소서 내가 어머니의 청
을 거절하지 아니하리이다 2:16
21 이르되 청하건대 수넴 여자 아비삭을 왕의 형
아도니야에게 주어 아내로 삼게 하소서
22 솔로몬 왕이 그의 어머니에게 대답하여 이르
되 어찌하여 아도니야를 위하여 수넴 여자 아
비삭을 구하시나이까 그는 나의 형이오니 그
를 위하여 왕권도 구하옵소서 그뿐 아니라 제
사장 아비아달과 스루야의 아들 요압을 위해
서도 구하옵소서 하고
23 여호와를 두고 맹세하여 이르되 아도니야가
이런 말을 하였은즉 그의 생명을 잃지 아니하
면 하나님은 내게 벌 위에 벌을 내리심이 마땅
하니이다
24 그러므로 이제 나를 세워 내 아버지 다윗의 왕
위에 오르게 하시고 허락하신 말씀대로 나를
위하여 집을 세우신 여호와께서 살아 계심을
두고 맹세하노니 아도니야는 오늘 죽임을 당
하리라 하고
25 여호야다의 아들 브나야를 보내매 그가 아도
니야를 쳐서 죽였더라

아비아달의 추방과 요압의 처형

26 ●왕이 제사장 아비아달에게 이르되 네 고향
아나돗으로 가라 너는 마땅히 죽을 자이로되
네가 내 아버지 다윗 앞에서 주 여호와의 궤를
메었고 또 내 아버지가 모든 환난을 받을 때에
너도 환난을 받았은즉 내가 오늘 너를 죽이지
아니하노라 하고
27 아비아달을 쫓아내어 여호와의 제사장 직분
을 파면하니 여호와께서 실로에서 엘리의 집

speak to the king for you."
19 ●When Bathsheba went to King Solo-
mon to speak to him for Adonijah, the king
stood up to meet her, bowed down to her
and sat down on his throne. He had a
throne brought for the king's mother, and
she sat down at his right hand.
20 ●"I have one small request to make of
you," she said. "Do not refuse me."
The king replied, "Make it, my mother; I
will not refuse you."
21 ●So she said, "Let Abishag the Shunam-
mite be given in marriage to your brother
Adonijah."
22 ●King Solomon answered his mother,
"Why do you request Abishag the Shunam-
mite for Adonijah? You might as well re-
quest the kingdom for him — after all, he
is my older brother — yes, for him and for
Abiathar the priest and Joab son of Ze-
ruiah!"
23 ●Then King Solomon swore by the LORD:
"May God deal with me, be it ever so severe-
ly, if Adonijah does not pay with his life
24 for this request! ●And now, as surely as the
LORD lives — he who has established me
securely on the throne of my father David
and has founded a dynasty for me as he
promised — Adonijah shall be put to death
25 today!" ●So King Solomon gave orders to
Benaiah son of Jehoiada, and he struck
down Adonijah and he died.
26 ●To Abiathar the priest the king said,
"Go back to your fields in Anathoth. You
deserve to die, but I will not put you to
death now, because you carried the ark of
the Sovereign LORD before my father David
and shared all my father's hardships."
27 ●So Solomon removed Abiathar from the
priesthood of the LORD, fulfilling the word
the LORD had spoken at Shiloh about the
house of Eli.
28 ●When the news reached Joab, who had
conspired with Adonijah though not with
Absalom, he fled to the tent of the LORD and
29 took hold of the horns of the altar. ●King
Solomon was told that Joab had fled to the
tent of the LORD and was beside the altar.
Then Solomon ordered Benaiah son of Je-
hoiada, "Go, strike him down!"
30 ●So Benaiah entered the tent of the LORD
and said to Joab, "The king says, 'Come

왕상

altar [ɔ́:ltər] *n.* 제단
ark [a:rk] *n.* 언약궤
conspire [kənspáiər] *vi.* 공모하다
deserve [dizə́:rv] *vi.* …할 만하다
dynasty [dáinəsti] *n.* 왕조
found [faund] *vt.* 설립하다
fulfill [fulfíl] *vt.* 성취하다
hardship [há:rdʃip] *n.* 곤란
priesthood [prí:sthud] *n.* 제사장직
reach [ri:tʃ] *vt.* …에 닿다
securely [sikjúərli] *ad.* 안전하게
severely [sivíərli] *ad.* 엄하게
share [ʃɛər] *vt.* 함께 하다
sovereign [sávərin] *n.* 주권자
throne [θroun] *n.* 왕좌

2:24 as surely as...: …와 같이 확실히
2:25 give order to...: …에게 명령내리다
2:27 remove[fire, dismiss] A from B: A를 B(직위, 임무)에서 해고시키다
2:28 take hold of...: …를 붙잡다
2:29 strike down: 죽이다

에 대하여 하신 말씀을 응하게 함이더라
28 ●그 소문이 요압에게 들리매 그가 여호와의
장막으로 도망하여 제단 뿔을 잡으니 이는 그
가 다윗을 떠나 압살롬을 따르지 아니하였으나
아도니야를 따랐음이더라 1:7,50
29 어떤 사람이 솔로몬 왕에게 아뢰되 요압이 여
호와의 장막으로 도망하여 제단 곁에 있나이다
솔로몬이 여호야다의 아들 브나야를 보내며 이
르되 너는 가서 그를 치라 2:25
30 브나야가 여호와의 장막에 이르러 그에게 이르
되 왕께서 나오라 하시느니라 그가 대답하되
아니라 내가 여기서 죽겠노라 브나야가 돌아가
서 왕께 아뢰어 이르되 요압이 이리이리 내게
대답하더이다
31 왕이 이르되 그의 말과 같이 하여 그를 죽여 묻
으라 요압이 까닭 없이 흘린 피를 나와 내 아버
지의 집에서 네가 제하리라
32 여호와께서 요압의 피를 그의 머리로 돌려보내
실 것은 그가 자기보다 의롭고 선한 두 사람을
쳤음이니 곧 이스라엘 군사령관 넬의 아들 아
브넬과 유다 군사령관 예델의 아들 아마사를
칼로 죽였음이라 이 일을 내 아버지 다윗은 알
지 못하셨나니 삿 9:24,57
33 그들의 피는 영영히 요압의 머리와 그의 자손
의 머리로 돌아갈지라도 다윗과 그의 자손과
그의 집과 그의 왕위에는 여호와께로 말미암는
평강이 영원히 있으리라
34 여호야다의 아들 브나야가 곧 올라가서 그를
쳐죽이매 그가 광야에 있는 자기의 집에 매장
되니라
35 왕이 이에 여호야다의 아들 브나야를 요압을
대신하여 군사령관으로 삼고 또 제사장 사독으
로 아비아달을 대신하게 하니라

시므이가 처형되다

36 ●왕이 사람을 보내어 시므이를 불러서 이르되
너는 예루살렘에서 너를 위하여 집을 짓고 거
기서 살고 어디든지 나가지 말라 2:8
37 너는 분명히 알라 네가 나가서 기드론 시내를
건너는 날에는 반드시 죽임을 당하리니 네 피
가 네 머리로 돌아가리라
38 시므이가 왕께 대답하되 이 말씀이 좋사오니
내 주 왕의 말씀대로 종이 그리하겠나이다 하
고 이에 날이 오래도록 예루살렘에 머무니라
39 ●삼 년 후에 시므이의 두 종이 가드 왕 마아가
의 아들 아기스에게로 도망하여 간지라 어떤
사람이 시므이에게 말하여 이르되 당신의 종이
가드에 있나이다

out!' "
But he answered, "No, I will die here."
Benaiah reported to the king, "This is how
Joab answered me."
31 ●Then the king commanded Benaiah,
"Do as he says. Strike him down and bury
him, and so clear me and my whole fami-
ly of the guilt of the innocent blood that
32 Joab shed. ●The LORD will repay him for
the blood he shed, because without my
father David knowing it he attacked two
men and killed them with the sword. Both
of them — Abner son of Ner, commander
of Israel's army, and Amasa son of Jether,
commander of Judah's army — were bet-
33 ter men and more upright than he. ●May
the guilt of their blood rest on the head of
Joab and his descendants forever. But on
David and his descendants, his house and
his throne, may there be the LORD's peace
forever."
34 ●So Benaiah son of Jehoiada went up
and struck down Joab and killed him, and
he was buried at his home out in the coun-
35 try. ●The king put Benaiah son of Jeho-
iada over the army in Joab's position and
replaced Abiathar with Zadok the priest.
36 ●Then the king sent for Shimei and
said to him, "Build yourself a house in
Jerusalem and live there, but do not go
37 anywhere else. ●The day you leave and
cross the Kidron Valley, you can be sure
you will die; your blood will be on your
own head."
38 ●Shimei answered the king, "What you
say is good. Your servant will do as my lord
the king has said." And Shimei stayed in
Jerusalem for a long time.
39 ●But three years later, two of Shimei's
slaves ran off to Achish son of Maakah,
king of Gath, and Shimei was told, "Your
40 slaves are in Gath." ●At this, he saddled
his donkey and went to Achish at Gath
in search of his slaves. So Shimei went
away and brought the slaves back from
Gath.
41 ●When Solomon was told that Shimei
had gone from Jerusalem to Gath and had
42 returned, ●the king summoned Shimei
and said to him, "Did I not make you
swear by the LORD and warn you, 'On the
day you leave to go anywhere else, you

attack [ətǽk] *vt.* 공격하다
bury [béri] *vt.* 매장하다
commander [kəmǽndər] *n.* 사령관
descendant [diséndənt] *n.* 자손
guilt [gilt] *n.* 죄, 유죄
position [pəzíʃən] *n.* 지위
repay [ripéi] *vt.* 갚다
report [ripɔ́ːrt] *vt.* 보고하다
saddle [sǽdl] *vt.* 안장을 얹다
shed [ʃed] *vt.* 흘리다
summon [sʌ́mən] *vt.* 소환하다
throne [θroun] *n.* 왕좌
upright [ʌ́pràit] *a.* 정직한
valley [vǽli] *n.* 계곡
warn [wɔːrn] *vt.* 경고하다

2:33 rest on...: …위에 있다
2:35 replace A with B: B로 A를 대신하게 하다
2:39 run off: 도망가다
2:40 in search of...: …를 찾기 위해
2:42 swear by...: …에 걸고 맹세하다

40 시므이가 그 종을 찾으려고 일어나 그의 나귀
에 안장을 지우고 가드로 가서 아기스에게 나
아가 그의 종을 가드에서 데려왔더니
41 시므이가 예루살렘에서부터 가드에 갔다가 돌
아온 일을 어떤 사람이 솔로몬에게 말한지라
42 왕이 사람을 보내어 시므이를 불러서 이르되
내가 너에게 여호와를 두고 맹세하게 하고 경
고하여 이르기를 너는 분명히 알라 네가 밖으
로 나가서 어디든지 가는 날에는 죽임을 당하
리라 하지 아니하였느냐 너도 내게 말하기를
내가 들은 말씀이 좋으니이다 하였거늘
43 네가 어찌하여 여호와를 두고 한 맹세와 내가
네게 이른 명령을 지키지 아니하였느냐
44 왕이 또 시므이에게 이르되 네가 네 마음으로
아는 모든 악 곧 내 아버지에게 행한 바를 네가
스스로 아나니 여호와께서 네 악을 네 머리로
돌려보내시리라
45 그러나 솔로몬 왕은 복을 받고 다윗의 왕위는
영원히 여호와 앞에서 견고히 서리라 하고
46 여호야다의 아들 브나야에게 명령하매 그가 나
가서 시므이를 치니 그가 죽은지라 이에 나라
가 솔로몬의 손에 견고하여지니라

솔로몬이 지혜를 구하다 (대하 1:3-12 ♪ 205, 366장)

3 솔로몬이 애굽의 왕 바로와 더불어 혼인 관계
를 맺어 그의 딸을 맞이하고 다윗 성에 데려
다가 두고 자기의 왕궁과 여호와의 성전과 예루
살렘 주위의 성의 공사가 끝나기를 기다리니라
2 그때까지 여호와의 이름을 위하여 성전을 아직
건축하지 아니하였으므로 백성들이 [1]산당에서
제사하며
3 솔로몬이 여호와를 사랑하고 그의 아버지 다윗
의 법도를 행하였으나 산당에서 제사하며 분향
하더라 9:4
4 ●이에 왕이 제사하러 기브온으로 가니 거기는
산당이 큼이라 솔로몬이 그 제단에 일천 번제
를 드렸더니 대상 16:39
5 기브온에서 밤에 여호와께서 솔로몬의 꿈에 나
타나시니라 하나님이 이르시되 내가 네게 무엇
을 줄꼬 너는 구하라
6 솔로몬이 이르되 주의 종 내 아버지 다윗이 성
실과 공의와 정직한 마음으로 주와 함께 주 앞
에서 행하므로 주께서 그에게 큰 은혜를 베푸
셨고 주께서 또 그를 위하여 이 큰 은혜를 항상
주사 오늘과 같이 그의 자리에 앉을 아들을 그
에게 주셨나이다 대하 1:8
7 나의 하나님 여호와여 주께서 종으로 종의 아
버지 다윗을 대신하여 왕이 되게 하셨사오나

can be sure you will die'? At that time you
said to me, 'What you say is good. I will
43 obey.' ●Why then did you not keep your
oath to the LORD and obey the command
I gave you?"
44 ●The king also said to Shimei, "You
know in your heart all the wrong you did
to my father David. Now the LORD will
45 repay you for your wrongdoing. ●But
King Solomon will be blessed, and David's
throne will remain secure before the LORD
forever."
46 ●Then the king gave the order to Bena-
iah son of Jehoiada, and he went out and
struck Shimei down and he died.

The kingdom was now established in Solomon's hands.

Solomon Asks for Wisdom

3 Solomon made an alliance with Pha-
raoh king of Egypt and married his
daughter. He brought her to the City of
David until he finished building his palace
and the temple of the LORD, and the wall
2 around Jerusalem. ●The people, however,
were still sacrificing at the high places,
because a temple had not yet been built
3 for the Name of the LORD. ●Solomon show-
ed his love for the LORD by walking accord-
ing to the instructions given him by his
father David, except that he offered sacri-
fices and burned incense on the high
places.
4 ●The king went to Gibeon to offer sacri-
fices, for that was the most important high
place, and Solomon offered a thousand
5 burnt offerings on that altar. ●At Gibeon the
LORD appeared to Solomon during the night
in a dream, and God said, "Ask for whatev-
er you want me to give you."
6 ●Solomon answered, "You have shown
great kindness to your servant, my father
David, because he was faithful to you and
righteous and upright in heart. You have
continued this great kindness to him and
have given him a son to sit on his throne
this very day.
7 ●"Now, LORD my God, you have made
your servant king in place of my father
David. But I am only a little child and do
not know how to carry out my duties.

1) 제단이 있는 높은 곳

alliance [əláiəns] *n.* 동맹, 연합
altar [ɔ́:ltər] *n.* 제단
appear [əpíər] *vi.* 나타나다
command [kəmǽnd] *n.* 명령
continue [kəntínju:] *vt.* 계속하다
duty [djú:ti] *n.* 임무
establish [istǽbliʃ] *vt.* 확립하다
incense [ínsens] *n.* 향
instruction [instrʌ́kʃən] *n.* 교훈, 훈령
oath [ouθ] *n.* 서약
obey [oubéi] *vi.* 복종하다
remain [riméin] *vi.* 남다
sacrifice [sǽkrəfàis] *vi.* 산 제물을 바치다
secure [sikjúər] *a.* 안전한
wrongdoing [rɔŋdúiŋ] *n.* 범죄

2:44 in your heart: 마음 깊은 곳에서
2:46 give order: 명령을 내리다
3:3 according to...: …에 의하여
3:3 except that: …라는 것을 제외하면
3:7 in place of...: …를 대신하여
3:7 carry out...: …를 수행하다

좋은 작은 아이이라 출입할 줄을 알지 못하고
8 주께서 택하신 백성 가운데 있나이다 그들은
큰 백성이라 수효가 많아서 셀 수도 없고 기
록할 수도 없사오니
신 7:6
9 누가 주의 이 많은 백성을 재판할 수 있사오
리이까 듣는 마음을 종에게 주사 주의 백성
을 재판하여 선악을 분별하게 하옵소서
10 솔로몬이 이것을 구하매 그 말씀이 주의 마
음에 든지라
11 이에 하나님이 그에게 이르시되 네가 이것을
구하도다 자기를 위하여 장수하기를 구하지
아니하며 부도 구하지 아니하며 자기 원수의
생명을 멸하기도 구하지 아니하고 오직 송사
를 듣고 분별하는 지혜를 구하였으니
12 내가 네 말대로 하여 네게 지혜롭고 총명한
마음을 주노니 네 앞에도 너와 같은 자가 없
었거니와 네 뒤에도 너와 같은 자가 일어남
이 없으리라
13 내가 또 네가 구하지 아니한 부귀와 영광도
네게 주노니 네 평생에 왕들 중에 너와 같은
자가 없을 것이라
4:21–24
14 네가 만일 네 아버지 다윗이 행함같이 내 길
로 행하며 내 법도와 명령을 지키면 내가 또
네 날을 길게 하리라
15 솔로몬이 깨어 보니 꿈이더라 이에 예루살렘
에 이르러 여호와의 언약궤 앞에 서서 번제
와 감사의 제물을 드리고 모든 신하들을 위
하여 잔치하였더라

솔로몬의 재판 (♪81, 390장)

16 ●그때에 창기 두 여자가 왕에게 와서 그 앞
에 서며
17 한 여자는 말하되 내 주여 나와 이 여자가 한
집에서 사는데 내가 그와 함께 집에 있으며
해산하였더니
18 내가 해산한 지 사흘 만에 이 여자도 해산하
고 우리가 함께 있었고 우리 둘 외에는 집에
다른 사람이 없었나이다
19 그런데 밤에 저 여자가 그의 아들 위에 누우
므로 그의 아들이 죽으니
20 그가 밤중에 일어나서 이 여종 내가 잠든 사
이에 내 아들을 내 곁에서 가져다가 자기의
품에 누이고 자기의 죽은 아들을 내 품에 뉘
었나이다
21 아침에 내가 내 아들을 젖 먹이려고 일어나
본즉 죽었기로 내가 아침에 자세히 보니 내
가 낳은 아들이 아니더이다 하매
22 다른 여자는 이르되 아니라 산 것은 내 아들

8 ●Your servant is here among the people you
have chosen, a great people, too numerous to
9 count or number. ●So give your servant a dis-
cerning heart to govern your people and to
distinguish between right and wrong. For
who is able to govern this great people of
yours?"
10 ●The Lord was pleased that Solomon had
11 asked for this. ●So God said to him, "Since you
have asked for this and not for long life or
wealth for yourself, nor have asked for the
death of your enemies but for discernment in
12 administering justice, ●I will do what you
have asked. I will give you a wise and dis-
cerning heart, so that there will never have
been anyone like you, nor will there ever be.
13 ●Moreover, I will give you what you have
not asked for—both wealth and honor—so
that in your lifetime you will have no equal
14 among kings. ●And if you walk in obedience
to me and keep my decrees and commands
as David your father did, I will give you a
15 long life." ●Then Solomon awoke—and he
realized it had been a dream.
He returned to Jerusalem, stood before the
ark of the Lord's covenant and sacrificed burnt
offerings and fellowship offerings. Then he
gave a feast for all his court.

A Wise Ruling

16 ●Now two prostitutes came to the king
17 and stood before him. ●One of them said,
"Pardon me, my lord. This woman and I live
in the same house, and I had a baby while
18 she was there with me. ●The third day after
my child was born, this woman also had a
baby. We were alone; there was no one in the
house but the two of us.
19 ●"During the night this woman's son died
20 because she lay on him. ●So she got up in the
middle of the night and took my son from
my side while I your servant was asleep. She
put him by her breast and put her dead son
21 by my breast. ●The next morning, I got up
to nurse my son—and he was dead! But
when I looked at him closely in the morn-
ing light, I saw that it wasn't the son I had
borne."
22 ●The other woman said, "No! The living
one is my son; the dead one is yours."
But the first one insisted, "No! The dead one
is yours; the living one is mine." And so they

ark [a:rk] *n.* 궤
covenant [kʌ́vənənt] *n.* 언약
discerning [disə́:rniŋ] *a.* 통찰력 있는
discernment [disə́:rnmənt] *n.* 분별력
distinguish [distíŋgwiʃ] *vi.* 구별하다
govern [gʌ́vərn] *vt.* 통치하다
insist [insíst] *vt.* 주장하다
justice [dʒʌ́stis] *n.* 재판
numerous [njú:mərəs] *a.* 다수의
offering [ɔ́:fəriŋ] *n.* 제물
pleased [pli:zd] *a.* 좋아하는
prostitute [prɑ́stətjù:t] *n.* 매춘부
realize [rí:əlàiz] *vt.* 깨닫다
sacrifice [sǽkrəfàis] *vt.* 제물을 바치다
wealth [welθ] *n.* 부, 재산

3:8 too ... to ~: 너무 …해서 ~할 수 없다
3:9 between A and B: A와 B 사이에
3:14 in obedience to: …에 복종하여
3:15 give a feast: 향연(잔치)을 베풀다
3:19 lie on...: …에 눕다
3:20 take A from B: A를 B로부터 빼앗다

이요 죽은 것은 네 아들이라 하고 이 여자는
이르되 아니라 죽은 것이 네 아들이요 산 것
이 내 아들이라 하며 왕 앞에서 그와 같이 쟁
론하는지라
23 왕이 이르되 이 여자는 말하기를 산 것은 내
아들이요 죽은 것은 네 아들이라 하고 저 여
자는 말하기를 아니라 죽은 것이 네 아들이
요 산 것이 내 아들이라 하는도다 하고
24 또 이르되 칼을 내게로 가져오라 하니 칼을
왕 앞으로 가져온지라
25 왕이 이르되 산 아이를 둘로 나누어 반은 이
여자에게 주고 반은 저 여자에게 주라
26 그 산 아들의 어머니 되는 여자가 그 아들을
위하여 마음이 불붙는 것 같아서 왕께 아뢰
어 청하건대 내 주여 산 아이를 그에게 주시
고 아무쪼록 죽이지 마옵소서 하되 다른 여
자는 말하기를 내 것도 되게 말고 네 것도 되
게 말고 나누게 하라 하는지라
27 왕이 대답하여 이르되 산 아이를 저 여자에
게 주고 결코 죽이지 말라 저가 그의 어머니
이니라 하매
28 온 이스라엘이 왕이 심리하여 판결함을 듣고
왕을 두려워하였으니 이는 하나님의 지혜가
그의 속에 있어 판결함을 봄이더라

솔로몬이 거느린 신하들 — B.C. 970년경

4 솔로몬 왕이 온 이스라엘의 왕이 되었고
2 그의 신하들은 이러하니라 사독의 아들
아사리아는 제사장이요
3 시사의 아들 엘리호렙과 아히야는 서기관이
요 아힐룻의 아들 여호사밧은 사관이요
4 여호야다의 아들 브나야는 군사령관이요 사
독과 아비아달은 제사장이요
5 나단의 아들 아사리아는 지방 관장의 두령이
요 나단의 아들 사붓은 제사장이니 왕의 벗
이요
6 아히살은 궁내대신이요 압다의 아들 아도니
람은 노동 감독관이더라
7 ●솔로몬이 또 온 이스라엘에 열두 지방 관
장을 두매 그 사람들이 왕과 왕실을 위하여
양식을 공급하되 각기 일 년에 한 달씩 양식
을 공급하였으니
8 그들의 이름은 이러하니라 에브라임 산지에
는 벤훌이요
수 24:33
9 마가스와 사알빔과 벧세메스와 엘론벧하난
에는 벤데겔이요
10 아룹봇에는 벤헤셋이니 소고와 헤벨 온 땅을
그가 주관하였으며

argued before the king.
23 •The king said, "This one says, 'My son is
alive and your son is dead,' while that one
says, 'No! Your son is dead and mine is
alive.' "
24 •Then the king said, "Bring me a sword." So
25 they brought a sword for the king. •He then
gave an order: "Cut the living child in two and
give half to one and half to the other."
26 •The woman whose son was alive was
deeply moved out of love for her son and said
to the king, "Please, my lord, give her the living
baby! Don't kill him!"
But the other said, "Neither I nor you shall
have him. Cut him in two!"
27 •Then the king gave his ruling: "Give the
living baby to the first woman. Do not kill
him; she is his mother."
28 •When all Israel heard the verdict the king
had given, they held the king in awe, because
they saw that he had wisdom from God to
administer justice.

Solomon's Officials and Governors

4 So King Solomon ruled over all Israel.
2 •And these were his chief officials:

Azariah son of Zadok — the priest;
3 •Elihoreph and Ahijah, sons of Shisha — secretaries;
Jehoshaphat son of Ahilud — recorder;
4 •Benaiah son of Jehoiada — commander in chief;
Zadok and Abiathar — priests;
5 •Azariah son of Nathan — in charge of the district governors;
Zabud son of Nathan — a priest and adviser to the king;
6 •Ahishar — palace administrator;
Adoniram son of Abda — in charge of forced labor.

7 •Solomon had twelve district governors
over all Israel, who supplied provisions for
the king and the royal household. Each one
had to provide supplies for one month in
8 the year. •These are their names:

Ben-Hur — in the hill country of Ephraim;
9 •Ben-Deker — in Makaz, Shaalbim, Beth Shemesh and Elon Bethhanan;
10 •Ben-Hesed — in Arubboth (Sokoh and

administer [ədmínistər] *vt.* 시행하다	**forced** [fɔːrst] *a.* 강요된	**provision** [prəvíʒən] *n.* 식량
argue [áːrgjuː] *vi.* 논쟁하다	**governor** [gʌ́vərnər] *n.* 총독	**recorder** [rikɔ́ːrdər] *n.* 기록 담당자
chief [tʃiːf] *n.* 우두머리	**household** [háushòuld] *n.* 집안	**secretary** [sékrətèri] *n.* 서기관
commander [kəmǽndər] *n.* 사령관	**official** [əfíʃəl] *n.* 관공리	**supply** [səplái] *n.* 양식
district [dístrikt] *n.* 지역	**provide** [prəváid] *vt.* 공급하다, 주다	**verdict** [vəːrdikt] *n.* 판정

3:25 give an order: 명령을 내리다 **3:26 neither A nor B:** A도 B도 아니다 경외하다
3:26 be moved: 감정이 촉발되다 **3:28 hold A in awe:** A를 두려워하다, **4:5 in charge of...:** …을 관리하다

11 [1)]나빗 돌 높은 땅 온 지방에는 벤아비나답이
니 그는 솔로몬의 딸 다밧을 아내로 삼았으
며
12 다아낙과 므깃도와 이스르엘 아래 사르단 가
에 있는 벧스안 온 땅은 아힐룻의 아들 바아
나가 맡았으니 벧스안에서부터 아벨므홀라
에 이르고 욕느암 바깥까지 미쳤으며
13 길르앗 라못에는 벤게벨이니 그는 길르앗
에 있는 므낫세의 아들 야일의 모든 마을을
주관하였고 또 바산 아르곱 땅의 성벽과 놋
빗장 있는 육십 개의 큰 성읍을 주관하였으
며
14 마하나임에는 잇도의 아들 아히나답이요
15 납달리에는 아히마아스이니 그는 솔로몬의
딸 바스맛을 아내로 삼았으며
16 아셀과 아롯에는 후새의 아들 바아나요
17 잇사갈에는 바루아의 아들 여호사밧이요
18 베냐민에는 엘라의 아들 시므이요
19 아모리 사람의 왕 시혼과 바산 왕 옥의 나
라 길르앗 땅에는 우리의 아들 게벨이니 그
땅에서는 그 한 사람만 지방 관장이 되었더
라

솔로몬의 영화

20 ●유다와 이스라엘의 인구가 바닷가의 모래
같이 많게 되매 먹고 마시며 즐거워하였으
며
21 솔로몬이 그 [2)]강에서부터 블레셋 사람의 땅
에 이르기까지와 애굽 지경에 미치기까지의
모든 나라를 다스리므로 솔로몬이 사는 동안
에 그 나라들이 조공을 바쳐 섬겼더라
22 솔로몬의 하루의 음식물은 가는 밀가루가 삼
십 고르요 굵은 밀가루가 육십 고르요
23 살진 소가 열 마리요 초장의 소가 스무 마리
요 양이 백 마리이며 그 외에 수사슴과 노루
와 암사슴과 살진 새들이었더라
24 솔로몬이 그 [2)]강 건너편을 딥사에서부터 가
사까지 모두, 그 [2)]강 건너편의 왕을 모두 다
스리므로 그가 사방에 둘린 민족과 평화를
누렸으니
25 솔로몬이 사는 동안에 유다와 이스라엘이 단
에서부터 브엘세바에 이르기까지 각기 포도
나무 아래와 무화과나무 아래에서 평안히 살
았더라
26 솔로몬의 병거의 말 외양간이 사만이요 마병
이 만 이천 명이며
27 그 지방 관장들은 각각 자기가 맡은 달에 솔
로몬 왕과 왕의 상에 참여하는 모든 자를 위

all the land of Hepher were his);
11 •Ben-Abinadab—in Naphoth Dor (he
was married to Taphath daughter of
Solomon);
12 •Baana son of Ahilud—in Taanach and
Megiddo, and in all of Beth Shan next
to Zarethan below Jezreel, from Beth
Shan to Abel Meholah across to Jok-
meam;
13 •Ben-Geber—in Ramoth Gilead (the set-
tlements of Jair son of Manasseh in
Gilead were his, as well as the region of
Argob in Bashan and its sixty large
walled cities with bronze gate bars);
14 •Ahinadab son of Iddo—in Mahanaim;
15 •Ahimaaz—in Naphtali (he had married
Basemath daughter of Solomon);
16 •Baana son of Hushai—in Asher and in
Aloth;
17 •Jehoshaphat son of Paruah—in Issa-
char;
18 •Shimei son of Ela—in Benjamin;
19 •Geber son of Uri—in Gilead (the coun-
try of Sihon king of the Amorites and
the country of Og king of Bashan). He
was the only governor over the dis-
trict.

Solomon's Daily Provisions

20 •The people of Judah and Israel were as
numerous as the sand on the seashore; they
21 ate, they drank and they were happy. •And
Solomon ruled over all the kingdoms from
the Euphrates River to the land of the Phili-
stines, as far as the border of Egypt. These
countries brought tribute and were Solomon's
subjects all his life.
22 •Solomon's daily provisions were thirty
cors[a] of the finest flour and sixty cors[b] of meal,
23 •ten head of stall-fed cattle, twenty of pasture-
fed cattle and a hundred sheep and goats, as
well as deer, gazelles, roebucks and choice
24 fowl. •For he ruled over all the kingdoms
west of the Euphrates River, from Tiphsah to
25 Gaza, and had peace on all sides. •During
Solomon's lifetime Judah and Israel, from Dan
to Beersheba, lived in safety, everyone under
their own vine and under their own fig tree.
26 •Solomon had four[c] thousand stalls for

[a]22 That is, probably about 5 1/2 tons or about 5 metric tons [b]22 That is, probably about 11 tons or about 10 metric tons [c]26 Some Septuagint manuscripts (see also 2 Chron. 9:25); Hebrew *forty*

1) 또는 돌 높은 땅 2) 유브라데 강

border [bɔ́:rdər] *n.* 국경, 경계
cattle [kætl] *n.* 소
district [dístrikt] *n.* 지역
fowl [faul] *n.* 닭, 가금
gazelle [gəzél] *n.* 영양
governor [gʌ́vənər] *n.* 총독
numerous [njú:mərəs] *a.* 다수의
pasture [pǽstʃər] *n.* 목장
provision [prəvíʒən] *n.* 식량
region [rí:dʒən] *n.* 영역, 지역
seashore [sí:ʃɔ:r] *n.* 해변
settlement [sétlmənt] *n.* 정착지, 촌락
stall-feed [stɔ́:lfi:d] *vt.* 마구간에서 사육하다
subject [sʌ́bdʒikt] *n.* 피지배자
tribute [tríbju:t] *n.* 공물

4:11 be married to...: …와 결혼하다
4:12 next to...: …의 옆에
4:13 A as well as B: B뿐 아니라 A도
4:21 rule over: 지배하다
4:21 as far as...: …에 이르기까지
4:21 all one's life: 살아 있는 동안

하여 먹을 것을 공급하여 부족함이 없게 하
였으며
28 또 그들이 각기 직무를 따라 말과 준마에게
먹일 보리와 꼴을 그 말들이 있는 곳으로 가
져왔더라
29 ●하나님이 솔로몬에게 지혜와 총명을 심히
많이 주시고 또 넓은 마음을 주시되 바닷가
의 모래같이 하시니 3:12
30 솔로몬의 지혜가 동쪽 모든 사람의 지혜와
애굽의 모든 지혜보다 뛰어난지라
31 그는 모든 사람보다 지혜로워서 예스라 사람
에단과 마홀의 아들 헤만과 갈골과 다르다보
다 나으므로 그의 이름이 사방 모든 나라에
들렸더라
32 그가 잠언 삼천 가지를 말하였고 그의 노래
는 천다섯 편이며
33 그가 또 초목에 대하여 말하되 레바논의 백
향목으로부터 담에 나는 우슬초까지 하고 그
가 또 짐승과 새와 기어다니는 것과 물고기
에 대하여 말한지라
34 사람들이 솔로몬의 지혜를 들으러 왔으니 이
는 그의 지혜의 소문을 들은 천하 모든 왕들
이 보낸 자들이더라

솔로몬이 성전 건축을 준비하다
(대하 2:1-18 ♪ 546장)

5 솔로몬이 기름부음을 받고 그의 아버지를
이어 왕이 되었다 함을 두로 왕 히람이 듣
고 그의 신하들을 솔로몬에게 보냈으니 이는
히람이 평생에 다윗을 사랑하였음이라
2 이에 솔로몬이 히람에게 사람을 보내어 이르
되
3 당신도 알거니와 내 아버지 다윗이 사방의
전쟁으로 말미암아 그의 하나님 여호와의 이
름을 위하여 성전을 건축하지 못하고 여호와
께서 그의 원수들을 그의 발바닥 밑에 두시
기를 기다렸나이다
4 이제 내 하나님 여호와께서 내게 사방의 태
평을 주시매 원수도 없고 재앙도 없도다
5 여호와께서 내 아버지 다윗에게 하신 말씀에
내가 너를 이어 네 자리에 오르게 할 네 아들
그가 내 이름을 위하여 성전을 건축하리라
하신 대로 내가 내 하나님 여호와의 이름을
위하여 성전을 건축하려 하오니
6 당신은 명령을 내려 나를 위하여 레바논에서
백향목을 베어내게 하소서 내 종과 당신의
종이 함께할 것이요 또 내가 당신의 모든 말
씀대로 당신의 종의 삯을 당신에게 드리리이

chariot horses, and twelve thousand horses.[a]
27 •The district governors, each in his month,
supplied provisions for King Solomon and all
who came to the king's table. They saw to it
28 that nothing was lacking. •They also brought
to the proper place their quotas of barley and
straw for the chariot horses and the other
horses.

Solomon's Wisdom

29 •God gave Solomon wisdom and very great
insight, and a breadth of understanding as
measureless as the sand on the seashore.
30 •Solomon's wisdom was greater than the
wisdom of all the people of the East, and
31 greater than all the wisdom of Egypt. •He was
wiser than anyone else, including Ethan the
Ezrahite — wiser than Heman, Kalkol and
Darda, the sons of Mahol. And his fame spread
32 to all the surrounding nations. •He spoke
three thousand proverbs and his songs num-
33 bered a thousand and five. •He spoke about
plant life, from the cedar of Lebanon to the
hyssop that grows out of walls. He also spoke
about animals and birds, reptiles and fish.
34 •From all nations people came to listen to
Solomon's wisdom, sent by all the kings of the
world, who had heard of his wisdom.[b]

Preparations for Building the Temple

5 [c]When Hiram king of Tyre heard that
Solomon had been anointed king to suc-
ceed his father David, he sent his envoys to
Solomon, because he had always been on
2 friendly terms with David. •Solomon sent
back this message to Hiram:
3 •"You know that because of the wars
waged against my father David from all
sides, he could not build a temple for the
Name of the LORD his God until the LORD
4 put his enemies under his feet. •But now
the LORD my God has given me rest on
every side, and there is no adversary or
5 disaster. •I intend, therefore, to build a
temple for the Name of the LORD my God,
as the LORD told my father David, when
he said, 'Your son whom I will put on the
throne in your place will build the temple
for my Name.'
6 •"So give orders that cedars of Leba-

[a]26 Or *charioteers* [b]34 In Hebrew texts 4:21-34 is numbered 5:1-14. [c]In Hebrew texts 5:1-18 is numbered 5:15-32.

adversary [ǽdvərsèri] *n.* 대적
anoint [ənɔ́int] *vt.* 기름붓다
barley [bɑ́:rli] *n.* 보리
breadth [bredθ] *n.* (식견, 도량의)넓음
cedar [sí:dər] *n.* 백향목
envoy [énvɔi] *n.* 사절
hyssop [hísəp] *n.* 우슬초
insight [insàit] *n.* 통찰력
intend [inténd] *vt.* 의도하다
measureless [méʒərlis] *a.* 무한한
preparation [prèpəréiʃən] *n.* 준비
quota [kwóutə] *n.* 할당량
reptile [réptil] *n.* 파충류
straw [strɔ:] *n.* 짚
throne [θroun] *n.* 왕좌

4:27 supply ... for ~: …을 ~에게 주다
4:33 grow out: 싹트다
4:34 hear of...: …의 소문을 듣다
5:1 be on friendly terms with...: …와 사이가 좋다
5:3 wage against: (전쟁 등을) (수)행하다

다 당신도 알거니와 우리 중에는 시돈 사
람처럼 벌목을 잘하는 자가 없나이다
7 ●히람이 솔로몬의 말을 듣고 크게 기뻐
하여 이르되 오늘 여호와를 찬양할지로다
그가 다윗에게 지혜로운 아들을 주사 그
많은 백성을 다스리게 하셨도다 하고
8 이에 솔로몬에게 사람을 보내어 이르되
당신이 사람을 보내어 하신 말씀을 내가
들었거니와 내 백향목 재목과 잣나무 재
목에 대하여는 당신이 바라시는 대로 할
지라
9 내 종이 레바논에서 바다로 운반하겠고
내가 그것을 바다에서 뗏목으로 엮어 당
신이 지정하는 곳으로 보내고 거기서 그
것을 풀리니 당신은 받으시고 내 원을 이
루어 나의 궁정을 위하여 음식물을 주소
서 하고
10 솔로몬의 모든 원대로 백향목 재목과 잣
나무 재목을 주매
11 솔로몬이 히람에게 그의 궁정의 음식물로
밀 이만 고르와 맑은 기름 이십 고르를 주
고 해마다 그와 같이 주었더라
12 여호와께서 그의 말씀대로 솔로몬에게 지
혜를 주신 고로 히람과 솔로몬이 친목하
여 두 사람이 함께 약조를 맺었더라
13 ●이에 솔로몬 왕이 온 이스라엘 가운데
서 역군을 불러일으키니 그 역군의 수가
삼만 명이라
14 솔로몬이 그들을 한 달에 만 명씩 번갈아
레바논으로 보내매 그들이 한 달은 레바
논에 있고 두 달은 집에 있으며 아도니람
은 감독이 되었고
15 솔로몬에게 또 짐꾼이 칠만 명이요 산에
서 돌을 뜨는 자가 팔만 명이며
16 이 외에 그 사역을 감독하는 관리가 삼천
삼백 명이라 그들이 일하는 백성을 거느
렸더라
17 이에 왕이 명령을 내려 크고 귀한 돌을 떠
다가 다듬어서 성전의 기초석으로 놓게
하매
18 솔로몬의 건축자와 히람의 건축자와 그발
사람이 그 돌을 다듬고 성전을 건축하기
위하여 재목과 돌들을 갖추니라

솔로몬이 성전을 건축하다 (♪ 208장)

6 이스라엘 자손이 애굽 땅에서 나온 지
사백팔십 년이요 솔로몬이 이스라엘 왕
이 된 지 사 년 시브 월 곧 둘째 달에 솔로

non be cut for me. My men will work with
yours, and I will pay you for your men what-
ever wages you set. You know that we have
no one so skilled in felling timber as the
Sidonians."
7 ●When Hiram heard Solomon's message, he
was greatly pleased and said, "Praise be to the
LORD today, for he has given David a wise son
to rule over this great nation."
8 ●So Hiram sent word to Solomon:

"I have received the message you sent me
and will do all you want in providing the
9 cedar and juniper logs. ●My men will haul
them down from Lebanon to the Mediter-
ranean Sea, and I will float them as rafts by
sea to the place you specify. There I will sep-
arate them and you can take them away.
And you are to grant my wish by providing
food for my royal household."

10 ●In this way Hiram kept Solomon supplied
with all the cedar and juniper logs he wanted,
11 ●and Solomon gave Hiram twenty thousand
cors[a] of wheat as food for his household, in addi-
tion to twenty thousand baths[b,c] of pressed olive
oil. Solomon continued to do this for Hiram year
12 after year. ●The LORD gave Solomon wisdom,
just as he had promised him. There were peace-
ful relations between Hiram and Solomon, and
the two of them made a treaty.
13 ●King Solomon conscripted laborers from all
14 Israel—thirty thousand men. ●He sent them off
to Lebanon in shifts of ten thousand a month, so
that they spent one month in Lebanon and two
months at home. Adoniram was in charge of the
15 forced labor. ●Solomon had seventy thousand
carriers and eighty thousand stonecutters in the
16 hills, ●as well as thirty-three hundred[d] foremen
who supervised the project and directed the
17 workers. ●At the king's command they removed
from the quarry large blocks of high-grade stone
to provide a foundation of dressed stone for the
18 temple. ●The craftsmen of Solomon and Hiram
and workers from Byblos cut and prepared the
timber and stone for the building of the temple.

Solomon Builds the Temple

6 In the four hundred and eightieth[e] year
after the Israelites came out of Egypt, in the

[a]11 That is, probably about 3,600 tons or about 3,250 metric tons [b]11 Septuagint (see also 2 Chron. 2:10); Hebrew *twenty cors* [c]11 That is, about 120,000 gallons or about 440,000 liters [d]16 Hebrew; some Septuagint manuscripts (see also 2 Chron. 2:2,18) *thirty-six hundred* [e]1 Hebrew; Septuagint *four hundred and fortieth*

cedar [síːdər] *n.* 백향목
command [kəmǽnd] *n.* 명령
conscript [kənskrípt] *vt.* 징병하다
craftsman [krǽftsmən] *n.* 장인
fell [fel] *vt.* 쓰러뜨리다
float [flout] *vt.* 띄우다
foreman [fɔ́ːrmən] *n.* 십장
grant [grænt] *vt.* 허락하다
haul [hɔːl] *vt.* 운반하다
quarry [kwɔ́ːri] *n.* 채석장
raft [ræft] *n.* 뗏목
separate [sépərèit] *vt.* 떼어놓다
specify [spésəfài] *vt.* 지정하다
supervise [súːpərvàiz] *vt.* 감독하다
timber [tímbər] *n.* 목재

5:11 in addition to...: …외에 또
5:11 year after year: 해마다
5:12 make a treaty: 조약을 맺다
5:14 in shifts: 교대로
5:14 in charge of...: …를 책임지다
5:16 as well as...: …뿐만 아니라

몬이 여호와를 위하여 성전 건축하기를 시작하였더라

2 솔로몬 왕이 여호와를 위하여 건축한 성전은 길이가 육십 [1]규빗이요 너비가 이십 규빗이요 높이가 삼십 규빗이며

3 성전의 성소 앞 주랑의 길이는 성전의 너비와 같이 이십 규빗이요 그 너비는 성전 앞에서부터 십 규빗이며

4 성전을 위하여 창틀 있는 붙박이 창문을 내고

5 또 성전의 벽 곧 성소와 지성소의 벽에 연접하여 돌아가며 다락들을 건축하되 다락마다 돌아가며 골방들을 만들었으니

6 하층 다락의 너비는 다섯 규빗이요 중층 다락의 너비는 여섯 규빗이요 셋째 층 다락의 너비는 일곱 규빗이라 성전의 벽 바깥으로 돌아가며 턱을 내어 골방 들보들로 성전의 벽에 박히지 아니하게 하였으며

7 이 성전은 건축할 때에 돌을 그 뜨는 곳에서 다듬고 가져다가 건축하였으므로 건축하는 동안에 성전 속에서는 방망이나 도끼나 모든 철 연장 소리가 들리지 아니하였으며

8 중층 골방의 문은 성전 오른쪽에 있는데 나사 모양 층계로 말미암아 하층에서 중층에 오르고 중층에서 셋째 층에 오르게 하였더라

9 성전의 건축을 마치니라 그 성전은 백향목 서까래와 널판으로 덮었고

10 또 온 성전으로 돌아가며 높이가 다섯 규빗 되는 다락방을 건축하되 백향목 들보로 성전에 연접하게 하였더라

11 ●여호와의 말씀이 솔로몬에게 임하여 이르시되

12 네가 지금 이 성전을 건축하니 네가 만일 내 법도를 따르며 내 율례를 행하며 내 모든 계명을 지켜 그대로 행하면 내가 네 아버지 다윗에게 한 말을 네게 확실히 이룰 것이요

13 내가 또한 이스라엘 자손 가운데에 거하며 내 백성 이스라엘을 버리지 아니하리라 하셨더라

성전 내부 장식 (대하 3:8-14)

14 ●솔로몬이 성전 건축하기를 마치고

15 백향목 널판으로 성전의 안벽 곧 성전 마루에서 천장까지의 벽에 입히고 또 잣나무 널판으로 성전 마루를 놓고

fourth year of Solomon's reign over Israel, in
the month of Ziv, the second month, he began
to build the temple of the LORD.
2 •The temple that King Solomon built for the
LORD was sixty cubits long, twenty wide and thir-
3 ty high.[a] •The portico at the front of the main
hall of the temple extended the width of the tem-
ple, that is twenty cubits,[b] and projected ten
4 cubits[c] from the front of the temple. •He made
narrow windows high up in the temple walls.
5 •Against the walls of the main hall and inner
sanctuary he built a structure around the build-
6 ing, in which there were side rooms. •The lowest
floor was five cubits[d] wide, the middle floor six
cubits[e] and the third floor seven.[f] He made off-
set ledges around the outside of the temple so
that nothing would be inserted into the temple
walls.
7 •In building the temple, only blocks dressed
at the quarry were used, and no hammer, chis-
el or any other iron tool was heard at the tem-
ple site while it was being built.
8 •The entrance to the lowest[g] floor was on
the south side of the temple; a stairway led up
to the middle level and from there to the
9 third. •So he built the temple and completed
it, roofing it with beams and cedar planks.
10 •And he built the side rooms all along the tem-
ple. The height of each was five cubits, and
they were attached to the temple by beams of
cedar.
11 •The word of the LORD came to Solomon:
12 •"As for this temple you are building, if you
follow my decrees, observe my laws and keep
all my commands and obey them, I will ful-
fill through you the promise I gave to David
13 your father. •And I will live among the
Israelites and will not abandon my people
Israel."
14 •So Solomon built the temple and completed
15 it. •He lined its interior walls with cedar boards,
paneling them from the floor of the temple to
the ceiling, and covered the floor of the temple
16 with planks of juniper. •He partitioned off
twenty cubits at the rear of the temple with
cedar boards from floor to ceiling to form with-

[a]2 That is, about 90 feet long, 30 feet wide and 45 feet high or about 27 meters long, 9 meters wide and 14 meters high [b]3 That is, about 30 feet or about 9 meters; also in verses 16 and 20 [c]3 That is, about 15 feet or about 4.5 meters; also in verses 23-26 [d]6 That is, about 7 1/2 feet or about 2.3 meters; also in verses 10 and 24 [e]6 That is, about 9 feet or about 2.7 meters [f]6 That is, about 11 feet or about 3.2 meters [g]8 Septuagint; Hebrew *middle*

1) 히, 암마

abandon [əbǽndən] *vt.* 내버리다
beam [biːm] *n.* 기둥
chisel [tʃízəl] *n.* 끌
decree [dikríː] *n.* 규례
extend [iksténd] *vt.* 뻗치다
ledge [ledʒ] *n.* 턱
obey [oubéi] *vt.* 순종하다
observe [əbzə́ːrv] *vt.* 준수하다
offset [ɔ́ːfsèt] *n.* 벽면의 단
plank [plæŋk] *n.* 넓은 판자
portico [pɔ́ːrtəkou] *n.* 낭실, 현관
rear [riər] *n.* 뒤, 뒷부분
sanctuary [sǽŋktʃuèri] *n.* 성소
structure [strʌ́ktʃər] *n.* 건물
width [widθ] *n.* 폭

6:1 reign over...: …를 통치하다
6:6 insert into...: …에 끼워 넣다
6:8 lead up to...: …로 차츰 이끌어가다
6:10 attach to...: …에 붙이다
6:15 cover...with~: …을 ~로 덮다
6:16 partition off...: …을 칸으로 가로막다

16 또 성전 뒤쪽에서부터 이십 규빗 되는 곳
에 마루에서 천장까지 백향목 널판으로 가
로막아 성전의 내소 곧 지성소를 만들었으
며 레 16:2
17 내소 앞에 있는 외소 곧 성소의 길이가 사십
규빗이며
18 성전 안에 입힌 백향목에는 박과 핀 꽃을 아
로새겼고 모두 백향목이라 돌이 보이지 아니
하며
19 여호와의 언약궤를 두기 위하여 성전 안에
내소를 마련하였는데
20 그 내소의 안은 길이가 이십 규빗이요 너비
가 이십 규빗이요 높이가 이십 규빗이라 정
금으로 입혔고 백향목 제단에도 입혔더라
21 솔로몬이 정금으로 외소 안에 입히고 내소
앞에 금사슬로 건너지르고 내소를 금으로 입
히고
22 온 성전을 금으로 입히기를 마치고 내소에
속한 제단의 전부를 금으로 입혔더라
23 ● 내소 안에 감람나무로 두 그룹을 만들었는
데 그 높이가 각각 십 규빗이라
24 한 그룹의 이쪽 날개도 다섯 규빗이요 저쪽
날개도 다섯 규빗이니 이쪽 날개 끝으로부터
저쪽 날개 끝까지 십 규빗이며
25 다른 그룹도 십 규빗이니 그 두 그룹은 같은
크기와 같은 모양이요
26 이 그룹의 높이가 십 규빗이요 저 그룹도 같
았더라
27 솔로몬이 내소 가운데에 그룹을 두었으니 그
룹들의 날개가 펴져 있는데 이쪽 그룹의 날
개는 이쪽 벽에 닿았고 저쪽 그룹의 날개는
저쪽 벽에 닿았으며 두 날개는 성전의 중앙
에서 서로 닿았더라
28 그가 금으로 그룹을 입혔더라
29 ● 내 외소 사방 벽에는 모두 그룹들과 종려
와 핀 꽃 형상을 아로새겼고
30 내외 성전 마루에는 금으로 입혔으며
31 내소에 들어가는 곳에는 감람나무로 문을 만
들었는데 그 문인방과 문설주는 벽의 오분의
일이요
32 감람나무로 만든 그 두 문짝에 그룹과 종려
와 핀 꽃을 아로새기고 금으로 입히되 곧 그
룹들과 종려에 금으로 입혔더라
33 또 외소의 문을 위하여 감람나무로 문설주를
만들었으니 곧 벽의 사분의 일이며
34 그 두 문짝은 잣나무라 이쪽 문짝도 두 짝으
로 접게 되었고 저쪽 문짝도 두 짝으로 접게

in the temple an inner sanctuary, the Most
17 Holy Place. ● The main hall in front of this
18 room was forty cubits[a] long. ● The inside of
the temple was cedar, carved with gourds
and open flowers. Everything was cedar; no
stone was to be seen.
19 ● He prepared the inner sanctuary within
the temple to set the ark of the covenant of
20 the LORD there. ● The inner sanctuary was
twenty cubits long, twenty wide and twen-
ty high. He overlaid the inside with pure
gold, and he also overlaid the altar of cedar.
21 ● Solomon covered the inside of the temple
with pure gold, and he extended gold chains
across the front of the inner sanctuary, which
22 was overlaid with gold. ● So he overlaid the
whole interior with gold. He also overlaid
with gold the altar that belonged to the inner
sanctuary.
23 ● For the inner sanctuary he made a pair of
cherubim out of olive wood, each ten cubits
24 high. ● One wing of the first cherub was five
cubits long, and the other wing five cubits
25 —ten cubits from wing tip to wing tip. ● The
second cherub also measured ten cubits,
for the two cherubim were identical in size
26 and shape. ● The height of each cherub was
27 ten cubits. ● He placed the cherubim inside
the innermost room of the temple, with
their wings spread out. The wing of one
cherub touched one wall, while the wing of
the other touched the other wall, and their
wings touched each other in the middle of
28 the room. ● He overlaid the cherubim with
gold.
29 ● On the walls all around the temple, in
both the inner and outer rooms, he carved
30 cherubim, palm trees and open flowers. ● He
also covered the floors of both the inner and
outer rooms of the temple with gold.
31 ● For the entrance to the inner sanctuary he
made doors out of olive wood that were one
32 fifth of the width of the sanctuary. ● And on
the two olive-wood doors he carved cherubim,
palm trees and open flowers, and overlaid the
cherubim and palm trees with hammered
33 gold. ● In the same way, for the entrance to the
main hall he made doorframes out of olive
wood that were one fourth of the width of the
34 hall. ● He also made two doors out of juniper
wood, each having two leaves that turned in

[a]*17* That is, about 60 feet or about 18 meters

altar [ɔ́:ltər] *n.* 제단
ark [a:rk] *n.* 궤
carve [ka:rv] *vt.* 새기다
cedar [sí:dər] *n.* 백향목
cherub [tʃérəb] *n.* 그룹, 천사
covenant [kʌ́vənənt] *n.* 언약
extend [iksténd] *vt.* 확장하다
gourd [gɔ:rd] *n.* 조롱박
identical [aidéntikəl] *a.* 동일한
measure [méʒər] *vi.* …의 길이(폭, 높이)이다
overlay [ouvərlei] *vt.* 바르다
palm [pa:m] *n.* 종려나무
prepare [pripέər] *vt.* 준비하다
sanctuary [sǽŋktʃuèri] *n.* 성소
tip [tip] *n.* 끝

6:17 in front of: …의 앞에
6:22 belong to...: …에 속하다
6:23 a pair of: 한 쌍의
6:27 spread out: 펴지다
6:27 in the middle of: 중간에
6:33 in the same way: 같은 방법으로

되었으며
35 그 문짝에 그룹들과 종려와 핀 꽃을 아로새
기고 금으로 입히되 그 새긴 데에 맞게 하였
고
36 또 다듬은 돌 세 켜와 백향목 두꺼운 판자 한
켜로 둘러 안뜰을 만들었더라
37 ● 넷째 해 시브 월에 여호와의 성전 기초를
쌓았고 6:1
38 열한째 해 불 월 곧 여덟째 달에 그 설계와
식양대로 성전 건축이 다 끝났으니 솔로몬이
칠 년 동안 성전을 건축하였더라

솔로몬의 궁 — B.C. 960년경

7 솔로몬이 자기의 왕궁을 십삼 년 동안 건
축하여 그 전부를 준공하니라 9:10
2 그가 레바논 나무로 왕궁을 지었으니 길이가
백 규빗이요 너비가 오십 규빗이요 높이가
삼십 규빗이라 백향목 기둥이 네 줄이요 기
둥 위에 백향목 들보가 있으며
3 기둥 위에 있는 들보 사십오 개를 백향목으
로 덮었는데 들보는 한 줄에 열다섯이요
4 또 창틀이 세 줄로 있는데 창과 창이 세 층으
로 서로 마주 대하였고
5 모든 문과 문설주를 다 큰 나무로 네모지게
만들었는데 창과 창이 세 층으로 서로 마주
대하였으며
6 또 기둥을 세워 주랑을 지었으니 길이가 오
십 규빗이요 너비가 삼십 규빗이며 또 기둥
앞에 한 주랑이 있고 또 그 앞에 기둥과 섬돌
이 있으며
7 또 심판하기 위하여 보좌의 주랑 곧 재판하
는 주랑을 짓고 온 마루를 백향목으로 덮었
고
8 솔로몬이 거처할 왕궁은 그 주랑 뒤 다른 뜰
에 있으니 그 양식이 동일하며 솔로몬이 또
그가 장가든 바로의 딸을 위하여 집을 지었
는데 이 주랑과 같더라
9 ● 이 집들은 안팎을 모두 귀하고 다듬은 돌
로 지었으니 크기대로 톱으로 켠 것이라 그
초석에서 처마까지와 외면에서 큰 뜰에 이르
기까지 다 그러하니
10 그 초석은 귀하고 큰 돌 곧 십 규빗 되는 돌
과 여덟 규빗 되는 돌이라
11 그 위에는 크기대로 다듬은 귀한 돌도 있고
백향목도 있으며
12 또 큰 뜰 주위에는 다듬은 돌 세 켜와 백향목
두꺼운 판자 한 켜를 놓았으니 마치 여호와
의 성전 안뜰과 주랑에 놓은 것 같더라

35 sockets. • He carved cherubim, palm trees and
open flowers on them and overlaid them with
gold hammered evenly over the carvings.
36 • And he built the inner courtyard of three
courses of dressed stone and one course of
trimmed cedar beams.
37 • The foundation of the temple of the LORD
was laid in the fourth year, in the month of
38 Ziv. • In the eleventh year in the month of
Bul, the eighth month, the temple was fin-
ished in all its details according to its specifi-
cations. He had spent seven years building it.

Solomon Builds His Palace

7 It took Solomon thirteen years, how-
ever, to complete the construction of his
2 palace. • He built the Palace of the Forest of
Lebanon a hundred cubits long, fifty wide
and thirty high,[a] with four rows of cedar
columns supporting trimmed cedar beams.
3 • It was roofed with cedar above the beams
that rested on the columns—forty-five beams,
4 fifteen to a row. • Its windows were placed
5 high in sets of three, facing each other. • All
the doorways had rectangular frames; they
were in the front part in sets of three, facing
each other.[b]
6 • He made a colonnade fifty cubits long and
thirty wide.[c] In front of it was a portico, and in
front of that were pillars and an overhanging
roof.
7 • He built the throne hall, the Hall of Justice,
where he was to judge, and he covered it with
8 cedar from floor to ceiling.[d] • And the palace
in which he was to live, set farther back, was
similar in design. Solomon also made a palace
like this hall for Pharaoh's daughter, whom he
had married.
9 • All these structures, from the outside to the
great courtyard and from foundation to eaves,
were made of blocks of high-grade stone cut to
size and smoothed on their inner and outer
10 faces. • The foundations were laid with large
stones of good quality, some measuring ten
11 cubits[e] and some eight.[f] • Above were
high-grade stones, cut to size, and cedar beams.
12 • The great courtyard was surrounded by a

[a]2 That is, about 150 feet long, 75 feet wide and 45 feet high or about 45 meters long, 23 meters wide and 14 meters high [b]5 The meaning of the Hebrew for this verse is uncertain. [c]6 That is, about 75 feet long and 45 feet wide or about 23 meters long and 14 meters wide [d]7 Vulgate and Syriac; Hebrew *floor* [e]10 That is, about 15 feet or about 4.5 meters; also in verse 23 [f]10 That is, about 12 feet or about 3.6 meters

beam [biːm] *n.* 들보
ceiling [síːliŋ] *n.* 천장
colonnade [kὰlənéid] *n.* 낭실, 주랑
column [kάləm] *n.* 기둥
construction [kənstrʌ́kʃən] *n.* 건축
courtyard [kɔ́ːrtjὰːrd] *n.* 안마당
eaves [íːvz] *n.* 처마
evenly [íːvənli] *ad.* 고르게, 평탄하게
overhanging [ouvərhǽŋiŋ] *vt.* 돌출된
pillar [pílər] *n.* 기둥
portico [pɔ́ːrtəkòu] *n.* 낭실, 현관
rectangular [rektǽŋgjulər] *a.* 직사각형의
socket [sάkit] *n.* 꽂는 구멍
specification [spèsəfikéiʃən] *n.* 설계서
trim [trim] *vt.* 다듬다

7:3 **rest on...**: …에 위치하다
7:4 **each other**: 서로
7:7 **cover...with~**: …을 ~로 덮다
7:9 **be made of...**: …로 만들어지다
7:9 **cut to size**: 크기에 맞추어 자른
7:12 **be surrounded by...**: …에 둘러싸이다

놋쇠 대장장이 히람과 두 놋기둥 (대하 3:15-17)

13 솔로몬 왕이 사람을 보내어 히람을 두로에
서 데려오니
14 그는 납달리 지파 과부의 아들이요 그의 아
버지는 두로 사람이니 놋쇠 대장장이라 이
히람은 모든 놋 일에 지혜와 총명과 재능을
구비한 자이더니 솔로몬 왕에게 와서 그 모
든 공사를 하니라
15 그가 놋기둥 둘을 만들었으니 그 높이는 각
각 십팔 규빗이라 각각 십이 규빗 되는 줄을
두를 만하며 대하 3:15
16 또 놋을 녹여 부어서 기둥 머리를 만들어 기
둥 꼭대기에 두었으니 한쪽 머리의 높이도
다섯 규빗이요 다른쪽 머리의 높이도 다섯
규빗이며
17 기둥 꼭대기에 있는 머리를 위하여 바둑판
모양으로 얽은 그물과 사슬 모양으로 땋은
것을 만들었으니 이 머리에 일곱이요 저 머
리에 일곱이라
18 기둥을 이렇게 만들었고 또 두 줄 석류를 한
그물 위에 둘러 만들어서 기둥 꼭대기에 있
는 머리에 두르게 하였고 다른 기둥 머리에
도 그렇게 하였으며
19 주랑 기둥 꼭대기에 있는 머리의 네 규빗은
백합화 모양으로 만들었으며
20 이 두 기둥 머리에 있는 그물 곁 곧 그 머리
의 공같이 둥근 곳으로 돌아가며 각기 석류
이백 개가 줄을 지었더라
21 이 두 기둥을 성전의 주랑 앞에 세우되 오른
쪽 기둥을 세우고 그 이름을 [1]야긴이라 하고
왼쪽의 기둥을 세우고 그 이름을 [2]보아스라
하였으며
22 그 두 기둥 꼭대기에는 백합화 형상이 있더
라 두 기둥의 공사가 끝나니라

놋을 부어 만든 바다 (대하 4:2-5)

23 또 바다를 부어 만들었으니 그 직경이 십
규빗이요 그 모양이 둥글며 그 높이는 다섯
규빗이요 주위는 삼십 규빗 줄을 두를 만하
며
24 그 가장자리 아래에는 돌아가며 박이 있는데
매 규빗에 열 개씩 있어서 바다 주위에 둘렸
으니 그 박은 바다를 부어 만들 때에 두 줄로
부어 만들었으며
25 그 바다를 소 열두 마리가 받쳤으니 셋은 북
쪽을 향하였고 셋은 서쪽을 향하였고 셋은
남쪽을 향하였고 셋은 동쪽을 향하였으며 바
다를 그 위에 놓았고 소의 뒤는 다 안으로 두

wall of three courses of dressed stone and one
course of trimmed cedar beams, as was the
inner courtyard of the temple of the LORD with
its portico.

The Temple's Furnishings

13 King Solomon sent to Tyre and brought
14 Huram,[a] whose mother was a widow from
the tribe of Naphtali and whose father was
from Tyre and a skilled craftsman in bronze.
Huram was filled with wisdom, with under-
standing and with knowledge to do all kinds
of bronze work. He came to King Solomon
and did all the work assigned to him.
15 He cast two bronze pillars, each eighteen
cubits high and twelve cubits in circumfer-
16 ence.[b] He also made two capitals of cast
bronze to set on the tops of the pillars; each
17 capital was five cubits[c] high. A network of
interwoven chains adorned the capitals on top
18 of the pillars, seven for each capital. He made
pomegranates in two rows[d] encircling each
network to decorate the capitals on top of the
pillars.[e] He did the same for each capital.
19 The capitals on top of the pillars in the porti-
co were in the shape of lilies, four cubits[f] high.
20 On the capitals of both pillars, above the
bowl-shaped part next to the network, were
the two hundred pomegranates in rows all
21 around. He erected the pillars at the portico
of the temple. The pillar to the south he
named Jakin[g] and the one to the north Boaz.[h]
22 The capitals on top were in the shape of lilies.
And so the work on the pillars was completed.
23 He made the Sea of cast metal, circular in
shape, measuring ten cubits from rim to rim
and five cubits high. It took a line of thirty
24 cubits[i] to measure around it. Below the
rim, gourds encircled it—ten to a cubit. The
gourds were cast in two rows in one piece
with the Sea.
25 The Sea stood on twelve bulls, three fac-
ing north, three facing west, three facing

---

[a]*13* Hebrew *Hiram,* a variant of *Huram;* also in verses 40 and 45 [b]*15* That is, about 27 feet high and 18 feet in circumference or about 8.1 meters high and 5.4 meters in circumference [c]*16* That is, about 7 1/2 feet or about 2.3 meters; also in verse 23 [d]*18* Two Hebrew manuscripts and Septuagint; most Hebrew manuscripts *made the pillars, and there were two rows* [e]*18* Many Hebrew manuscripts and Syriac; most Hebrew manuscripts *pomegranates* [f]*19* That is, about 6 feet or about 1.8 meters; also in verse 38 [g]*21* *Jakin* probably means *he establishes.* [h]*21* *Boaz* probably means *in him is strength.* [i]*23* That is, about 45 feet or about 14 meters

1) 저가 세우리라 2) 그에게 능력이 있다

---

adorn [ədɔ́:rn] *vt.* 장식하다, 꾸미다
assign [əsáin] *vt.* 할당하다
capital [kǽpətl] *n.* 기둥 머리
circular [sə́:rkjulər] *a.* 원형의
circumference [sərkʌ́mfərəns] *n.* 주변의 길이
craftsman [krǽftsmən] *n.* 장인
encircle [insə́:rkl] *vt.* 둘러싸다
erect [irékt] *vt.* 세우다
furnishing [fə́:rniʃiŋ] *n.* 가구, 비품
gourd [gɔ:rd] *n.* 조롱박
interweave [intə:rwi:v] *vt.* 섞어 짜다
pomegranate [pɑ́məgrænət] *n.* 석류
portico [pɔ́ərtəkou] *n.* 낭실, 현관
rim [rim] *n.* 테두리
trim [trim] *vt.* 다듬다

7:14 assigned to: …에 할당된
7:19 on top of...: …의 꼭대기에
7:20 next to...: …의 옆에
7:20 in rows: 열을 지어서
7:20 all around: 도처에, 사방에
7:25 stand on: …을 의지하다

었으며
26 바다의 두께는 한 손 너비만하고 그것의 가
는 백합화의 양식으로 잔 가와 같이 만들었
으니 그 바다에는 이천 밧을 담겠더라

놋 받침 수레와 물두멍

27 ●또 놋으로 받침 수레 열을 만들었으니 매
받침 수레의 길이가 네 규빗이요 너비가 네
규빗이요 높이가 세 규빗이라
28 그 받침 수레의 구조는 이러하니 사면 옆 가
장자리 가운데에는 판이 있고
29 가장자리 가운데 판에는 사자와 소와 그룹
들이 있고 또 가장자리 위에는 놓는 자리가
있고 사자와 소 아래에는 화환 모양이 있으
며
30 그 받침 수레에 각각 네 놋바퀴와 놋축이 있
고 받침 수레 네 발 밑에는 어깨 같은 것이
있으며 그 어깨 같은 것은 물두멍 아래쪽에
부어 만들었고 화환은 각각 그 옆에 있으
며 왕하 16:17
31 그 받침 수레 위로 들이켜 높이가 한 규빗 되
게 내민 것이 있고 그 면은 직경 한 규빗 반
되게 반원형으로 우묵하며 그 나머지 면에는
아로새긴 것이 있으며 그 내민 판들은 네모
지고 둥글지 아니하며
32 네 바퀴는 옆판 밑에 있고 바퀴 축은 받침 수
레에 연결되었는데 바퀴의 높이는 각각 한
규빗 반이며
33 그 바퀴의 구조는 병거 바퀴의 구조 같은데
그 축과 테와 살과 통이 다 부어 만든 것이며
34 받침 수레 네 모퉁이에 어깨 같은 것 넷이 있
는데 그 어깨는 받침 수레와 연결되었고
35 받침 수레 위에 둥근 테두리가 있는데 높이
가 반 규빗이요 또 받침 수레 위의 버팀대와
옆판들이 받침 수레와 연결되었고
36 버팀대 판과 옆판에는 각각 빈 곳을 따라 그
룹들과 사자와 종려나무를 아로새겼고 또 그
둘레에 화환 모양이 있더라
37 이와 같이 받침 수레 열 개를 만들었는데 그
부어 만든 법과 크기와 양식을 다 동일하게
만들었더라
38 또 물두멍 열 개를 놋으로 만들었는데 물두
멍마다 각각 사십 밧을 담게 하였으며 매 물
두멍의 직경은 네 규빗이라 열 받침 수레 위
에 각각 물두멍이 하나씩이더라 대하 4:6
39 그 받침 수레 다섯은 성전 오른쪽에 두었고
다섯은 성전 왼쪽에 두었고 성전 오른쪽 동
남쪽에는 그 바다를 두었더라

south and three facing east. The Sea rested on
top of them, and their hindquarters were
26 toward the center. ●It was a handbreadth[a] in
thickness, and its rim was like the rim of a
cup, like a lily blossom. It held two thousand
baths.[b]
27 ●He also made ten movable stands of
bronze; each was four cubits long, four wide
28 and three high.[c] ●This is how the stands were
made: They had side panels attached to
29 uprights. ●On the panels between the uprights
were lions, bulls and cherubim—and on the
uprights as well. Above and below the lions and
30 bulls were wreaths of hammered work. ●Each
stand had four bronze wheels with bronze
axles, and each had a basin resting on four sup-
31 ports, cast with wreaths on each side. ●On the
inside of the stand there was an opening that
had a circular frame one cubit[d] deep. This open-
ing was round, and with its basework it mea-
sured a cubit and a half.[e] Around its opening
there was engraving. The panels of the stands
32 were square, not round. ●The four wheels were
under the panels, and the axles of the wheels
were attached to the stand. The diameter of
33 each wheel was a cubit and a half. ●The wheels
were made like chariot wheels; the axles, rims,
spokes and hubs were all of cast metal.
34 ●Each stand had four handles, one on each
35 corner, projecting from the stand. ●At the top
of the stand there was a circular band half a
cubit[f] deep. The supports and panels were
36 attached to the top of the stand. ●He engraved
cherubim, lions and palm trees on the surfaces
of the supports and on the panels, in every
37 available space, with wreaths all around. ●This
is the way he made the ten stands. They were
all cast in the same molds and were identical
in size and shape.
38 ●He then made ten bronze basins, each
holding forty baths[g] and measuring four
cubits across, one basin to go on each of the
39 ten stands. ●He placed five of the stands on
the south side of the temple and five on the
north. He placed the Sea on the south side, at

a26 That is, about 3 inches or about 7.5 centimeters
b26 That is, about 12,000 gallons or about 44,000 liters; the Septuagint does not have this sentence.
c27 That is, about 6 feet long and wide and about 4 1/2 feet high or about 1.8 meters long and wide and 1.4 meters high
d31 That is, about 18 inches or about 45 centimeters
e31 That is, about 2 1/4 feet or about 68 centimeters; also in verse 32
f35 That is, about 9 inches or about 23 centimeters
g38 That is, about 240 gallons or about 880 liters

available [əvéiləbl] *a.* 이용 가능한
axle [ǽksl] *n.* 차축
basin [béisn] *n.* 대야
chariot [tʃǽriət] *n.* 병거
diameter [daiǽmətər] *n.* 직경, 지름
engrave [ingréiv] *vt.* 조각하다
handbreadth [hǽndbrèdθ] *n.* 손바닥 넓이
hindquarter [háindkwɔ̀ːrtər] *n.* 뒷다리와 궁둥이
hub [hʌb] *n.* 바퀴통
mold [mould] *n.* 틀
palm [pəːm] *n.* 종려나무
spoke [spouk] *n.* (바퀴)살
square [skwɛer] *a.* 정사각형의
upright [ʌ́pràit] *n.* 곧추선 부분
wreath [riːθ] *n.* 화환

7:28 **attach to...**: …에 붙이다
7:29 **as well**: 또한
7:30 **rest on**: ~에 기초하다
7:37 **be identical in...**: …에 있어서 똑같다
7:39 **place A on B**: A를 B에 위치시키다

성전 기구들 (대하 4:11-5:1)

40 ●히람이 또 [1]물두멍과 부삽과 대접들을
만들었더라 이와 같이 히람이 솔로몬 왕
을 위하여 여호와의 전의 모든 일을 마쳤
으니
41 곧 기둥 둘과 그 기둥 꼭대기의 공 같은 머
리 둘과 또 기둥 꼭대기의 공 같은 머리를
가리는 그물 둘과 7:17
42 또 그 그물들을 위하여 만든 바 매 그물에
두 줄씩으로 기둥 위의 공 같은 두 머리를
가리게 한 석류 사백 개와
43 또 열 개의 받침 수레와 받침 수레 위의 열
개의 물두멍과
44 한 바다와 그 바다 아래의 소 열두 마리와
45 솥과 부삽과 대접들이라 히람이 솔로몬
왕을 위하여 여호와의 성전에 이 모든 그
릇을 빛난 놋으로 만드니라
46 왕이 요단 평지에서 숙곳과 사르단 사이
의 차진 흙에 그것들을 부어 내었더라
47 기구가 심히 많으므로 솔로몬이 다 달아
보지 아니하고 두었으니 그 놋 무게를 능
히 측량할 수 없었더라
48 ●솔로몬이 또 여호와의 성전의 모든 기
구를 만들었으니 곧 금 단과 진설병의 금
상과
49 내소 앞에 좌우로 다섯씩 둘 정금 등잔대
며 또 금 꽃과 등잔과 불집게며
50 또 정금 대접과 불집게와 주발과 숟가락
과 불을 옮기는 그릇이며 또 내소 곧 지성
소 문의 금 돌쩌귀와 성전 곧 외소 문의 금
돌쩌귀더라
51 ●솔로몬 왕이 여호와의 성전을 위하여
만드는 모든 일을 마친지라 이에 솔로몬
이 그의 아버지 다윗이 드린 물건 곧 은과
금과 기구들을 가져다가 여호와의 성전
곳간에 두었더라

언약궤를 성전으로 옮기다
(대하 5:2-6:2 ♪36, 243장)

8 이에 솔로몬이 여호와의 언약궤를 다윗
성 곧 시온에서 메어 올리고자 하여 이
스라엘 장로와 모든 지파의 우두머리 곧
이스라엘 자손의 족장들을 예루살렘에 있
는 자기에게로 소집하니
2 이스라엘 모든 사람이 다 에다님 월 곧 일
곱째 달 절기에 솔로몬 왕에게 모이고
3 이스라엘 장로들이 다 이르매 제사장들이
궤를 메니라 민 7:9

40 the southeast corner of the temple. •He also
made the pots[a] and shovels and sprinkling bowls.
So Huram finished all the work he had under-
taken for King Solomon in the temple of the
LORD:

41 •the two pillars;
the two bowl-shaped capitals on top of the
pillars;
the two sets of network decorating the two
bowl-shaped capitals on top of the pillars;
42 •the four hundred pomegranates for the two
sets of network (two rows of pomegran-
ates for each network decorating the
bowl-shaped capitals on top of the pillars);
43 •the ten stands with their ten basins;
44 •the Sea and the twelve bulls under it;
45 •the pots, shovels and sprinkling bowls.

All these objects that Huram made for King
Solomon for the temple of the LORD were of bur-
46 nished bronze. •The king had them cast in clay
molds in the plain of the Jordan between
47 Sukkoth and Zarethan. •Solomon left all these
things unweighed, because there were so many;
the weight of the bronze was not determined.
48 •Solomon also made all the furnishings that
were in the LORD's temple:

the golden altar;
the golden table on which was the bread of
the Presence;
49 •the lampstands of pure gold (five on the
right and five on the left, in front of the
inner sanctuary);
the gold floral work and lamps and tongs;
50 •the pure gold basins, wick trimmers, sprin-
kling bowls, dishes and censers;
and the gold sockets for the doors of the
innermost room, the Most Holy Place,
and also for the doors of the main hall of
the temple.

51 •When all the work King Solomon had done
for the temple of the LORD was finished, he
brought in the things his father David had dedi-
cated—the silver and gold and the furnishings
—and he placed them in the treasuries of the
LORD's temple.

The Ark Brought to the Temple

8 Then King Solomon summoned into his
presence at Jerusalem the elders of Israel, all

[a]40 Many Hebrew manuscripts, Septuagint, Syriac and Vulgate (see also verse 45 and 2 Chron. 4:11); many other Hebrew manuscripts *basins* 1) 대하 4:11에는 (솥)

altar [ɔ́:ltər] *n.* 제단
ark [a:rk] *n.* 궤
basin [béisn] *n.* 대야
burnish [bə́:rniʃ] *vt.* 광내다
capital [kǽpətl] *n.* 기둥머리
censer [sénsər] *n.* 줄달린 향로
floral [flɔ́:rəl] *a.* 꽃의
pomegranate [pámәgrænət] *n.* 석류
sanctuary [sǽŋktʃuèri] *n.* 성소
shovel [ʃʌ́vəl] *n.* 삽
socket [sákit] *n.* 축받이, 꽂는 구멍
sprinkle [spríŋkl] *vt.* 뿌리다
tongs [tɔ:ŋz] *n.* 부젓가락
treasury [tréʒəri] *n.* 금고
trimmer [trímər] *n.* 불집게

7:40 undertake for: 보증하다
7:41 on top of: …의 위에
7:46 cast in a mold: 틀에 넣어 만든
7:46 in the plain of...: …의 평지에서
7:46 between A and B: A와 B 사이에
7:49 in front of...: …의 앞에

4 여호와의 궤와 회막과 성막 안의 모든 거룩한 기구들을 메고 올라가되 제사장과 레위 사람이 그것들을 메고 올라가매

5 솔로몬 왕과 그 앞에 모인 이스라엘 회중이 그와 함께 그 궤 앞에 있어 양과 소로 제사를 지냈으니 그 수가 많아 기록할 수도 없고 셀 수도 없었더라

6 제사장들이 여호와의 언약궤를 그 처소로 메어 들였으니 곧 성전의 내소인 지성소 그룹들의 날개 아래라

7 그룹들이 그 궤 처소 위에서 날개를 펴서 궤와 그 채를 덮었는데

8 채가 길므로 채 끝이 내소 앞 성소에서 보이나 밖에서는 보이지 아니하며 그 채는 오늘까지 그곳에 있으며

출 25:14

9 그 궤 안에는 두 돌판 외에 아무것도 없으니 이것은 이스라엘 자손이 애굽 땅에서 나온 후 여호와께서 저희와 언약을 맺으실 때에 모세가 호렙에서 그 안에 넣은 것이더라

히 9:4

10 제사장이 성소에서 나올 때에 구름이 여호와의 성전에 가득하매

11 제사장이 그 구름으로 말미암아 능히 서서 섬기지 못하였으니 이는 여호와의 영광이 여호와의 성전에 가득함이었더라

솔로몬의 연설 (대하 6:3-11)

12 ●그때에 솔로몬이 이르되 여호와께서 캄캄한 데 계시겠다 말씀하셨사오나

13 내가 참으로 주를 위하여 계실 성전을 건축하였사오니 주께서 영원히 계실 처소로소이다 하고

14 얼굴을 돌이켜 이스라엘의 온 회중을 위하여 축복하니 그때에 이스라엘의 온 회중이 서 있더라

15 왕이 이르되 이스라엘의 하나님 여호와를 송축할지로다 여호와께서 그의 입으로 내 아버지 다윗에게 말씀하신 것을 이제 그의 손으로 이루셨도다 이르시기를

16 내가 내 백성 이스라엘을 애굽에서 인도하여 낸 날부터 내 이름을 둘 만한 집을 건축하기 위하여 이스라엘 모든 지파 가운데에서 아무 성읍도 택하지 아니하고 다만 다윗을 택하여 내 백성 이스라엘을 다스리게 하였노라 하신지라

17 내 아버지 다윗이 이스라엘의 하나님 여호와의 이름을 위하여 성전을 건축할 마음이 있었더니

the heads of the tribes and the chiefs of the
Israelite families, to bring up the ark of the LORD's
2 covenant from Zion, the City of David. ●All the
Israelites came together to King Solomon at the
time of the festival in the month of Ethanim, the
seventh month.
3 ●When all the elders of Israel had arrived, the
4 priests took up the ark, ●and they brought up the
ark of the LORD and the tent of meeting and all
the sacred furnishings in it. The priests and
5 Levites carried them up, ●and King Solomon
and the entire assembly of Israel that had gath-
ered about him were before the ark, sacrificing so
many sheep and cattle that they could not be
recorded or counted.
6 ●The priests then brought the ark of the LORD's
covenant to its place in the inner sanctuary of the
temple, the Most Holy Place, and put it beneath
7 the wings of the cherubim. ●The cherubim
spread their wings over the place of the ark and
overshadowed the ark and its carrying poles.
8 ●These poles were so long that their ends could
be seen from the Holy Place in front of the inner
sanctuary, but not from outside the Holy Place;
9 and they are still there today. ●There was noth-
ing in the ark except the two stone tablets that
Moses had placed in it at Horeb, where the LORD
made a covenant with the Israelites after they
came out of Egypt.
10 ●When the priests withdrew from the Holy
Place, the cloud filled the temple of the LORD.
11 ●And the priests could not perform their service
because of the cloud, for the glory of the LORD
filled his temple.
12 ●Then Solomon said, "The LORD has said that
13 he would dwell in a dark cloud; ●I have indeed
built a magnificent temple for you, a place for
you to dwell forever."
14 ●While the whole assembly of Israel was stand-
ing there, the king turned around and blessed
15 them. ●Then he said:
"Praise be to the LORD, the God of Israel,
who with his own hand has fulfilled what
he promised with his own mouth to my
16 father David. For he said, ●'Since the day I
brought my people Israel out of Egypt, I
have not chosen a city in any tribe of Israel
to have a temple built so that my Name
might be there, but I have chosen David to
rule my people Israel.'
17 ●"My father David had it in his heart to
build a temple for the Name of the LORD,

assembly [əsémbli] *n.* 회중
cherubim [tʃérəbim] *n.* 그룹, 천사
covenant [kʌ́vənənt] *n.* 언약
fulfill [fulfíl] *vt.* 성취시키다
furnishing [fə́ːrniʃiŋ] *n.* 가구, 비품
indeed [indíːd] *ad.* 정말로
magnificent [mægnífəsnt] *a.* 장엄한
overshadow [ouvərʃǽdou] *vt.* 그늘지게하다, 가리다
pole [poul] *n.* 장대
sacred [séikrid] *a.* 신성한
sacrifice [sǽkrəfàis] *vt.* 제물을 바치다
service [sə́ːrvis] *n.* 예배
tablet [tǽblit] *n.* 판
tribe [traib] *n.* 지파
withdraw [wiðdrɔ́ː] *vi* 물러나다

8:1 **bring up...**: …을 들어메다
8:3 **take up...**: …을 들어올리다
8:7 **spread A over B**: A를 B 위에 펼쳐 놓다
8:14 **turn around**: 방향을 바꾸다
8:16 **bring out of...**: …에서 (데리고) 나가다

18 여호와께서 내 아버지 다윗에게 이르시되 네가 내 이름을 위하여 성전을 건축할 마음이 있으니 이 마음이 네게 있는 것이 좋도다
19 그러나 너는 그 성전을 건축하지 못할 것이요 네 몸에서 낳을 네 아들 그가 내 이름을 위하여 성전을 건축하리라 하시더니 삼하 7:5
20 이제 여호와께서 말씀하신 대로 이루시도다 내가 여호와께서 말씀하신 대로 내 아버지 다윗을 이어서 일어나 이스라엘의 왕위에 앉고 이스라엘의 하나님 여호와의 이름을 위하여 성전을 건축하고
21 내가 또 그곳에 우리 조상들을 애굽 땅에서 인도하여 내실 때에 그들과 세우신 바 여호와의 언약을 넣은 궤를 위하여 한 처소를 설치하였노라

솔로몬의 기도 (대하 6:12-42)

22 ●솔로몬이 여호와의 제단 앞에서 이스라엘의 온 회중과 마주서서 하늘을 향하여 손을 펴고
23 이르되 이스라엘의 하나님 여호와여 위로 하늘과 아래로 땅에 주와 같은 신이 없나이다 주께서는 온 마음으로 주의 앞에서 행하는 종들에게 언약을 지키시고 은혜를 베푸시나이다
24 주께서 주의 종 내 아버지 다윗에게 하신 말씀을 지키사 주의 입으로 말씀하신 것을 손으로 이루심이 오늘과 같으니이다
25 이스라엘의 하나님 여호와여 주께서 주의 종 내 아버지 다윗에게 말씀하시기를 네 자손이 자기 길을 삼가서 네가 내 앞에서 행한 것같이 내 앞에서 행하기만 하면 네게서 나서 이스라엘의 왕위에 앉을 사람이 내 앞에서 끊어지지 아니하리라 하셨사오니 이제 다윗을 위하여 그 하신 말씀을 지키시옵소서
26 그런즉 이스라엘의 하나님이여 원하건대 주는 주의 종 내 아버지 다윗에게 하신 말씀이 확실하게 하옵소서
27 ●하나님이 참으로 땅에 거하시리이까 하늘과 하늘들의 하늘이라도 주를 용납하지 못하겠거든 하물며 내가 건축한 이 성전이오리이까
28 그러나 내 하나님 여호와여 주의 종의 기도와 간구를 돌아보시며 이 종이 오늘 주 앞에서 부르짖음과 비는 기도를 들으시옵소서
29 주께서 전에 말씀하시기를 내 이름이 거기

18 the God of Israel. ●But the LORD said to
my father David, 'You did well to have
it in your heart to build a temple for my
19 Name. ●Nevertheless, you are not the
one to build the temple, but your son,
your own flesh and blood—he is the
one who will build the temple for my
Name.'
20 ●"The LORD has kept the promise
he made: I have succeeded David my
father and now I sit on the throne of
Israel, just as the LORD promised, and
I have built the temple for the Name
21 of the LORD, the God of Israel. ●I have
provided a place there for the ark, in
which is the covenant of the LORD that
he made with our ancestors when he
brought them out of Egypt."

Solomon's Prayer of Dedication

22 ●Then Solomon stood before the altar of
the LORD in front of the whole assembly of
Israel, spread out his hands toward heaven
23 ●and said:
"LORD, the God of Israel, there is no
God like you in heaven above or on
earth below—you who keep your covenant of love with your servants who
continue wholeheartedly in your way.
24 ●You have kept your promise to your
servant David my father; with your
mouth you have promised and with
your hand you have fulfilled it—as it
is today.
25 ●"Now LORD, the God of Israel, keep
for your servant David my father the
promises you made to him when you
said, 'You shall never fail to have a successor to sit before me on the throne of
Israel, if only your descendants are
careful in all they do to walk before
26 me faithfully as you have done.' ●And
now, God of Israel, let your word that
you promised your servant David my
father come true.
27 ●"But will God really dwell on earth?
The heavens, even the highest heaven,
cannot contain you. How much less this
28 temple I have built! ●Yet give attention
to your servant's prayer and his plea for
mercy, LORD my God. Hear the cry and
the prayer that your servant is praying

altar [ɔ́:ltər] *n.* 제단
ancestor [ǽnsestər] *n.* 조상
ark [a:rk] *n.* 법궤
assembly [əsémbli] *n.* 회중
covenant [kʌ́vənənt] *n.* 언약
dedication [dèdikéiʃən] *n.* 봉헌
dwell [dwel] *vi.* 거주하다
flesh [fleʃ] *n.* 육신
fulfill [fulfíl] *vt.* 성취시키다
nevertheless [nèvərðəlés] *ad.* 그런데도
provide [prəváid] *vt.* 준비하다
succeed [səksí:d] *vt.* 계승하다
successor [səksésər] *n.* 후계자
throne [θroun] *n.* 왕위
wholeheartedly [houlhá:rtidli] *ad.* 전심으로

8:21 provide A for B: B를 위하여 A를 준비하다
8:22 spread out: 뻗다
8:27 dwell on...: …에 살다, 거하다
8:28 give attention to...: …에 주의를 기울이다, …에 주의하다

있으리라 하신 곳 이 성전을 향하여 주의 눈
이 주야로 보시오며 주의 종이 이곳을 향하
여 비는 기도를 들으시옵소서
30 주의 종과 주의 백성 이스라엘이 이곳을 향
하여 기도할 때에 주는 그 간구함을 들으시
되 주께서 계신 곳 하늘에서 들으시고 들으
시사 사하여 주옵소서
31 ●만일 어떤 사람이 그 이웃에게 범죄함으로
맹세시킴을 받고 그가 와서 이 성전에 있는
주의 제단 앞에서 맹세하거든
32 주는 하늘에서 들으시고 행하시되 주의 종
들을 심판하사 악한 자의 죄를 정하여 그 행
위대로 그 머리에 돌리시고 의로운 자를 의
롭다 하사 그의 의로운 바대로 갚으시옵소
서
33 ●만일 주의 백성 이스라엘이 주께 범죄하여
적국 앞에 패하게 되므로 주께로 돌아와서
주의 이름을 인정하고 이 성전에서 주께 기
도하며 간구하거든
34 주는 하늘에서 들으시고 주의 백성 이스라
엘의 죄를 사하시고 그들의 조상들에게 주신
땅으로 돌아오게 하옵소서
35 ●만일 그들이 주께 범죄함으로 말미암아 하
늘이 닫히고 비가 없어서 주께 벌을 받을 때
에 이곳을 향하여 기도하며 주의 이름을 찬
양하고 그들의 죄에서 떠나거든
36 주는 하늘에서 들으사 주의 종들과 주의 백
성 이스라엘의 죄를 사하시고 그들이 마땅히
행할 선한 길을 가르쳐 주시오며 주의 백성
에게 기업으로 주신 주의 땅에 비를 내리시
옵소서
37 ●만일 이 땅에 기근이나 전염병이 있거나
곡식이 시들거나 깜부기가 나거나 메뚜기나
황충이 나거나 적국이 와서 성읍을 에워싸거
나 무슨 재앙이나 무슨 질병이 있든지 막론
하고
38 한 사람이나 혹 주의 온 백성 이스라엘이 다
각각 자기의 마음에 재앙을 깨닫고 이 성전
을 향하여 손을 펴고 무슨 기도나 무슨 간구
를 하거든
39 주는 계신 곳 하늘에서 들으시고 사하시며
각 사람의 마음을 아시오니 그들의 모든 행
위대로 행하사 갚으시옵소서 주만 홀로 사람
의 마음을 다 아심이니이다
40 그리하시면 그들이 주께서 우리 조상들에게
주신 땅에서 사는 동안에 항상 주를 경외하
리이다

29 in your presence this day. ●May your
eyes be open toward this temple night
and day, this place of which you said,
'My Name shall be there,' so that you
will hear the prayer your servant prays
30 toward this place. ●Hear the supplica-
tion of your servant and of your people
Israel when they pray toward this place.
Hear from heaven, your dwelling place,
and when you hear, forgive.
31 ●"When anyone wrongs their neigh-
bor and is required to take an oath and
they come and swear the oath before
32 your altar in this temple, ●then hear
from heaven and act. Judge between
your servants, condemning the guilty
by bringing down on their heads what
they have done, and vindicating the
innocent by treating them in accor-
dance with their innocence.
33 ●"When your people Israel have been
defeated by an enemy because they
have sinned against you, and when they
turn back to you and give praise to your
name, praying and making supplica-
34 tion to you in this temple, ●then hear
from heaven and forgive the sin of your
people Israel and bring them back to the
land you gave to their ancestors.
35 ●"When the heavens are shut up and
there is no rain because your people
have sinned against you, and when they
pray toward this place and give praise to
your name and turn from their sin
36 because you have afflicted them, ●then
hear from heaven and forgive the sin of
your servants, your people Israel. Teach
them the right way to live, and send
rain on the land you gave your people
for an inheritance.
37 ●"When famine or plague comes to
the land, or blight or mildew, locusts
or grasshoppers, or when an enemy
besieges them in any of their cities,
whatever disaster or disease may come,
38 ●and when a prayer or plea is made by
anyone among your people Israel —
being aware of the afflictions of their
own hearts, and spreading out their
39 hands toward this temple — ●then hear
from heaven, your dwelling place. For-
give and act; deal with everyone accord-

afflict [əflíkt] *vt.* 괴롭히다
besiege [bisíːdʒ] *vt.* 포위 공격하다
blight [blait] *n.* 병충해
condemn [kəndém] *vt.* 선고하다
forgive [fərgív] *vt.* 용서하다
grasshopper [grǽshɑ̀pər] *n.* 황충
inheritance [inhérətəns] *n.* 기업, 상속
innocent [ínəsənt] *a.* 죄 없는
locust [lóukəst] *n.* 메뚜기
mildew [míldjùː] *n.* 곰팡이(병)
plague [pleig] *n.* 전염병
plea [pliː] *n.* 기도, 탄원
require [rikwáiər] *vt.* 요구하다
supplication [sʌpləkéiʃən] *n.* 탄원
vindicate [víndəkèit] *vt.* 결백을 입증하다

8:31 take an oath: 맹세하다
8:32 bring down: (사람을) 파멸시키다
8:33 sin against...: …에게 죄를 짓다
8:35 shut up: 닫다
8:38 be aware of...: …을 알다
8:39 deal with: 다루다, 처리하다

41 ●또 주의 백성 이스라엘에 속하지 아니한 자 곧 주의 이름을 위하여 먼 지방에서 온 이방인이라도
42 그들이 주의 크신 이름과 주의 능한 손과 주의 펴신 팔의 소문을 듣고 와서 이 성전을 향하여 기도하거든 신 3:24
43 주는 계신 곳 하늘에서 들으시고 이방인이 주께 부르짖는 대로 이루사 땅의 만민이 주의 이름을 알고 주의 백성 이스라엘처럼 경외하게 하시오며 또 내가 건축한 이 성전을 주의 이름으로 일컫는 줄을 알게 하옵소서
44 ●주의 백성이 그들의 적국과 더불어 싸우고자 하여 주께서 보내신 길로 나갈 때에 그들이 주께서 택하신 성읍과 내가 주의 이름을 위하여 건축한 성전이 있는 쪽을 향하여 여호와께 기도하거든
45 주는 하늘에서 그들의 기도와 간구를 들으시고 그들의 일을 돌아보옵소서
46 ●범죄하지 아니하는 사람이 없사오니 그들이 주께 범죄함으로 주께서 그들에게 진노하사 그들을 적국에게 넘기시매 적국이 그들을 사로잡아 원근을 막론하고 적국의 땅으로 끌어간 후에
47 그들이 사로잡혀 간 땅에서 스스로 깨닫고 그 사로잡은 자의 땅에서 돌이켜 주께 간구하기를 우리가 범죄하여 반역을 행하며 악을 지었나이다 하며
48 자기를 사로잡아 간 적국의 땅에서 온 마음과 온 뜻으로 주께 돌아와서 주께서 그들의 조상들에게 주신 땅 곧 주께서 택하신 성읍과 내가 주의 이름을 위하여 건축한 성전 있는 쪽을 향하여 주께 기도하거든
49 주는 계신 곳 하늘에서 그들의 기도와 간구를 들으시고 그들의 일을 돌아보시오며
50 주께 범죄한 백성을 용서하시며 주께 범한 그 모든 허물을 사하시고 그들을 사로잡아 간 자 앞에서 그들로 불쌍히 여김을 얻게 하사 그 사람들로 그들을 불쌍히 여기게 하옵소서
51 그들은 주께서 철 풀무 같은 애굽에서 인도하여 내신 주의 백성, 주의 소유가 됨이니이다
52 원하건대 주는 눈을 들어 종의 간구함과 주의 백성 이스라엘의 간구함을 보시고 주께 부르짖는 대로 들으시옵소서
53 주 여호와여 주께서 우리 조상을 애굽에서

ing to all they do, since you know their
hearts (for you alone know every
40 human heart), ●so that they will fear
you all the time they live in the land you
gave our ancestors.
41 ●"As for the foreigner who does not
belong to your people Israel but has
come from a distant land because of
42 your name — ●for they will hear of
your great name and your mighty hand
and your outstretched arm — when
they come and pray toward this tem-
43 ple, ●then hear from heaven, your
dwelling place. Do whatever the for-
eigner asks of you, so that all the peo-
ples of the earth may know your name
and fear you, as do your own people
Israel, and may know that this house I
have built bears your Name.
44 ●"When your people go to war again-
st their enemies, wherever you send
them, and when they pray to the LORD
toward the city you have chosen and
the temple I have built for your Name,
45 ●then hear from heaven their prayer
and their plea, and uphold their cause.
46 ●"When they sin against you — for
there is no one who does not sin — and
you become angry with them and give
them over to their enemies, who take
them captive to their own lands, far
47 away or near; ●and if they have a
change of heart in the land where they
are held captive, and repent and plead
with you in the land of their captors
and say, 'We have sinned, we have done
48 wrong, we have acted wickedly'; ●and
if they turn back to you with all their
heart and soul in the land of their ene-
mies who took them captive, and pray
to you toward the land you gave their
ancestors, toward the city you have
chosen and the temple I have built for
49 your Name; ●then from heaven, your
dwelling place, hear their prayer and
their plea, and uphold their cause.
50 ●And forgive your people, who have
sinned against you; forgive all the
offenses they have committed against
you, and cause their captors to show
51 them mercy; ●for they are your peo-
ple and your inheritance, whom you

bear [bɛər] *vt.* 몸에 지니다
captor [kǽptər] *n.* 체포자
cause [kɔ:z] *n.* (소송의) 사유
distant [dístənt] *a.* 먼
foreigner [fɔ́:rənər] *n.* 외국인
mercy [mə́:rsi] *n.* 자비
mighty [máiti] *a.* 힘센
offense [əféns] *n.* 위반
outstretched [autstrétʃt] *a.* 펼친
plead [pli:d] *vi.* 간청하다
prayer [prɛər] *n.* 기도
repent [ripént] *vi.* 회개하다
temple [témpl] *n.* 성전
uphold [ʌphóuld] *vt.* 지지하다
wickedly [wíkidli] *ad.* 사악하게

8:40 **all the time**: 그간 줄곧, 내내
8:42 **hear of**: …의 기별(소식)을 듣다
8:44 **war against...**: …를 대항해 전쟁하다
8:46 **give over to...**: …에 넘기다
8:47 **hold captive**: 포로로 잡다
8:48 **turn back**: 되돌아가다

인도하여 내실 때에 주의 종 모세를 통하여
말씀하심 같이 주께서 세상 만민 가운데에
서 그들을 구별하여 주의 기업으로 삼으셨
나이다

솔로몬의 축복

54 ●솔로몬이 무릎을 꿇고 손을 펴서 하늘을
향하여 이 기도와 간구로 여호와께 아뢰기를
마치고 여호와의 제단 앞에서 일어나
55 서서 큰 소리로 이스라엘의 온 회중을 위하
여 축복하며 이르되
56 여호와를 찬송할지로다 그가 말씀하신 대로
그의 백성 이스라엘에게 태평을 주셨으니 그
종 모세를 통하여 무릇 말씀하신 그 모든 좋
은 약속이 하나도 이루어지지 아니함이 없도
다
57 우리 하나님 여호와께서 우리 조상들과 함께
계시던 것같이 우리와 함께 계시옵고 우리를
떠나지 마시오며 버리지 마시옵고
58 우리의 마음을 주께로 향하여 그의 모든 길
로 행하게 하시오며 우리 조상들에게 명령하
신 계명과 법도와 율례를 지키게 하시기를
원하오며
59 여호와 앞에서 내가 간구한 이 말씀이 주야
로 우리 하나님 여호와께 가까이 있게 하시
옵고 또 주의 종의 일과 주의 백성 이스라엘
의 일을 날마다 필요한 대로 돌아보사
60 이에 세상 만민에게 여호와께서만 하나님이
시고 그 외에는 없는 줄을 알게 하시기를 원
하노라
61 그런즉 너희의 마음을 우리 하나님 여호와
께 온전히 바쳐 완전하게 하여 오늘과 같이
그의 법도를 행하며 그의 계명을 지킬지어
다

성전 봉헌식
(대하 7:4-10 ♪ 293장)

62 ●이에 왕과 및 왕과 함께한 이스라엘이 다
여호와 앞에 희생제물을 드리니라
63 솔로몬이 화목제의 희생제물을 드렸으니 곧
여호와께 드린 소가 이만 이천 마리요 양이
십이만 마리라 이와 같이 왕과 모든 이스라
엘 자손이 여호와의 성전의 봉헌식을 행하였
는데
64 그날에 왕이 여호와의 성전 앞뜰 가운데를
거룩히 구별하고 거기서 번제와 소제와 감사
제물의 기름을 드렸으니 이는 여호와의 앞
놋 제단이 작으므로 번제물과 소제물과 화목
제의 기름을 다 용납할 수 없음이라 대하 7:7

brought out of Egypt, out of that iron-
smelting furnace.
52 •"May your eyes be open to your
servant's plea and to the plea of your
people Israel, and may you listen to
them whenever they cry out to you.
53 •For you singled them out from all
the nations of the world to be your
own inheritance, just as you declared
through your servant Moses when you,
Sovereign LORD, brought our ancestors
out of Egypt."
54 •When Solomon had finished all these
prayers and supplications to the LORD, he rose
from before the altar of the LORD, where he had
been kneeling with his hands spread out
55 toward heaven. •He stood and blessed the
whole assembly of Israel in a loud voice, saying:
56 •"Praise be to the LORD, who has
given rest to his people Israel just as he
promised. Not one word has failed of all
the good promises he gave through his
57 servant Moses. •May the LORD our God
be with us as he was with our ancestors;
may he never leave us nor forsake us.
58 •May he turn our hearts to him, to
walk in obedience to him and keep the
commands, decrees and laws he gave
59 our ancestors. •And may these words
of mine, which I have prayed before the
LORD, be near to the LORD our God day
and night, that he may uphold the
cause of his servant and the cause of his
people Israel according to each day's
60 need, •so that all the peoples of the
earth may know that the LORD is God
61 and that there is no other. •And may
your hearts be fully committed to the
LORD our God, to live by his decrees and
obey his commands, as at this time."

The Dedication of the Temple

62 •Then the king and all Israel with him
63 offered sacrifices before the LORD. •Solomon
offered a sacrifice of fellowship offerings to
the LORD: twenty-two thousand cattle and a
hundred and twenty thousand sheep and
goats. So the king and all the Israelites dedi-
cated the temple of the LORD.
64 •On that same day the king consecrated
the middle part of the courtyard in front of
the temple of the LORD, and there he offered

assembly [əsémbli] *n.* 회중
commit [kəmít] *vt.* 범하다
consecrate [kánsəkrèit] *vt.* 성별하다
declare [diklέər] *vt.* 분명히 말하다
decree [dikríː] *n.* 규례
fellowship [félouʃip] *n.* 친목
forsake [fərséik] *vt.* 버리다
furnace [fə́ːrnis] *n.* 용광로
obedience [oubíːdiəns] *n.* 순종
offering [ɔ́ːfəriŋ] *n.* 제물
promise [prámis] *vt.* 약속하다
sacrifice [sǽkrəfàis] *n.* 희생 제사
smelt [smelt] *vt.* 제련하다
sovereign [sávərin] *a.* 주권을 가진
supplication [sʌpləkéiʃən] *n.* 탄원

8:52 cry out: 큰 소리로 부르다
8:53 single... out from~: ~에서 …을 골라내다
8:53 just as...: …와 꼭 마찬가지로
8:55 in a loud voice: 큰 목소리로
8:57 never A nor B: A도 B도 아니다

65 그때에 솔로몬이 칠 일과 칠 일 도합 십사
일간을 우리 하나님 여호와 앞에서 절기로
지켰는데 하맛 어귀에서부터 애굽 강까지
의 온 이스라엘의 큰 회중이 모여 그와 함
께하였더니
66 여덟째 날에 솔로몬이 백성을 돌려보내매
백성이 왕을 위하여 축복하고 자기 장막으
로 돌아가는데 여호와께서 그의 종 다윗과
그의 백성 이스라엘에게 베푸신 모든 은혜
로 말미암아 기뻐하며 마음에 즐거워하였
더라

여호와께서 다시 솔로몬에게 나타나시다

9 솔로몬이 여호와의 성전과 왕궁 건축하
기를 마치며 자기가 이루기를 원하던 모
든 것을 마친 때에 대하 8:6
2 여호와께서 전에 기브온에서 나타나심같
이 다시 솔로몬에게 나타나사
3 여호와께서 그에게 이르시되 네 기도와 네
가 내 앞에서 간구한 바를 내가 들었은즉
나는 네가 건축한 이 성전을 거룩하게 구별
하여 내 이름을 영원히 그곳에 두며 내 눈
길과 내 마음이 항상 거기에 있으리니
4 네가 만일 네 아버지 다윗이 행함같이 마음
을 온전히 하고 바르게 하여 내 앞에서 행
하며 내가 네게 명령한 대로 온갖 일에 순
종하여 내 법도와 율례를 지키면
5 내가 네 아버지 다윗에게 말하기를 이스라
엘의 왕위에 오를 사람이 네게서 끊어지지
아니하리라 한 대로 네 이스라엘의 왕위를
영원히 견고하게 하려니와 삼하 7:12
6 만일 너희나 너희의 자손이 아주 돌아서서
나를 따르지 아니하며 내가 너희 앞에 둔
나의 계명과 법도를 지키지 아니하고 가서
다른 신을 섬겨 그것을 경배하면
7 내가 이스라엘을 내가 그들에게 준 땅에서
끊어 버릴 것이요 내 이름을 위하여 내가
거룩하게 구별한 이 성전이라도 내 앞에서
던져 버리리니 이스라엘은 모든 민족 가운
데에서 속담거리와 이야기거리가 될 것이
며
8 이 성전이 높을지라도 지나가는 자마다 놀
라며 비웃어 이르되 여호와께서 무슨 까닭
으로 이 땅과 이 성전에 이같이 행하셨는
고 하면
9 대답하기를 그들이 그들의 조상들을 애굽
땅에서 인도하여 내신 그들의 하나님 여호
와를 버리고 다른 신을 따라가서 그를 경배

burnt offerings, grain offerings and the fat of
the fellowship offerings, because the bronze
altar that stood before the LORD was too small to
hold the burnt offerings, the grain offerings and
the fat of the fellowship offerings.
65 •So Solomon observed the festival at that
time, and all Israel with him—a vast assem-
bly, people from Lebo Hamath to the Wadi of
Egypt. They celebrated it before the LORD our
God for seven days and seven days more, four-
66 teen days in all. •On the following day he sent
the people away. They blessed the king and
then went home, joyful and glad in heart for all
the good things the LORD had done for his ser-
vant David and his people Israel.

The LORD Appears to Solomon

9 When Solomon had finished building the
temple of the LORD and the royal palace,
and had achieved all he had desired to do,
2 •the LORD appeared to him a second time, as
3 he had appeared to him at Gibeon. •The LORD
said to him:

"I have heard the prayer and plea you
have made before me; I have consecrated
this temple, which you have built, by put-
ting my Name there forever. My eyes and
my heart will always be there.
4 •"As for you, if you walk before me faith-
fully with integrity of heart and upright-
ness, as David your father did, and do all I
command and observe my decrees and
5 laws, •I will establish your royal throne
over Israel forever, as I promised David
your father when I said, 'You shall never
fail to have a successor on the throne of
Israel.'
6 •"But if you[a] or your descendants turn
away from me and do not observe the
commands and decrees I have given you[a]
and go off to serve other gods and worship
7 them, •then I will cut off Israel from the
land I have given them and will reject this
temple I have consecrated for my Name.
Israel will then become a byword and an
8 object of ridicule among all peoples. • This
temple will become a heap of rubble. All[b]
who pass by will be appalled and will scoff
and say, 'Why has the LORD done such a
thing to this land and to this temple?'

[a]6 The Hebrew is plural. [b]8 See some Septuagint manuscripts, Old Latin, Syriac, Arabic and Targum; Hebrew *And though this temple is now imposing, all*

achieve [ətʃíːv] *vt.* 성취하다
appall [əpɔ́ːl] *vt.* 질겁하게 하다
appear [əpíər] *vi.* 나타나다
byword [báiwəːrd] *n.* 웃음거리
desire [dizáiər] *vt.* 바라다
heap [hiːp] *n.* 무더기
integrity [intégrəti] *n.* 성실
joyful [dʒɔ́ifəl] *a.* 즐거운
observe [əbzə́ːrv] *vt.* 준수하다
palace [pǽlis] *n.* 궁전
ridicule [rídikjùːl] *n.* 조소
rubble [rʌ́bl] *n.* 거친 돌
scoff [skɔːf] *vi.* 비웃다
uprightness [ʌ́praitnis] *n.* 정직함
worship [wə́ːrʃip] *vi.* 경배하다

9:3 put A there: A를 거기에 두다
9:5 never fail to A: A하는 것을 결코 실패하지 않다, 반드시 A하다
9:6 turn away from...: …로부터 돌아서다
9:6 go off: 가버리다
9:7 cut off: 잘라 버리다

하여 섬기므로 여호와께서 이 모든 재앙을
그들에게 내리심이라 하리라 하셨더라

솔로몬과 히람의 거래

(대하 8:1-2 ♪ 312, 390장)

10 ●솔로몬이 두 집 곧 여호와의 성전과 왕궁을 이십 년 만에 건축하기를 마치고
11 갈릴리 땅의 성읍 스무 곳을 히람에게 주었으니 이는 두로 왕 히람이 솔로몬에게 그 온갖 소원대로 백향목과 잣나무와 금을 제공하였음이라
12 히람이 두로에서 와서 솔로몬이 자기에게 준 성읍들을 보고 눈에 들지 아니하여
13 이르기를 내 형제여 내게 준 이 성읍들이 이러한가 하고 이름하여 가불 땅이라 하였더니 그 이름이 오늘까지 있느니라
14 히람이 금 일백이십 달란트를 왕에게 보내었더라

솔로몬의 나머지 업적 (대하 8:3-18)

15 ●솔로몬 왕이 역군을 일으킨 까닭은 이러하니 여호와의 성전과 자기 왕궁과 밀로와 예루살렘 성과 하솔과 므깃도와 게셀을 건축하려 하였음이라
16 전에 애굽 왕 바로가 올라와서 게셀을 탈취하여 불사르고 그 성읍에 사는 가나안 사람을 죽이고 그 성읍을 자기 딸 솔로몬의 아내에게 예물로 주었더니
17 솔로몬이 게셀과 아래 벧호론을 건축하고
18 또 바알랏과 그 땅의 들에 있는 다드몰과
19 자기에게 있는 모든 국고성과 병거성들과 마병의 성들을 건축하고 솔로몬이 또 예루살렘과 레바논과 그가 다스리는 온 땅에 건축하고자 하던 것을 다 건축하였는데
20 이스라엘 자손이 아닌 아모리 사람과 헷 사람과 브리스 사람과 히위 사람과 여부스 사람 중 남아 있는 모든 사람
21 곧 이스라엘 자손이 다 멸하지 못하므로 그 땅에 남아 있는 그들의 자손들을 솔로몬이 노예로 역군을 삼아 오늘까지 이르렀으되
22 다만 이스라엘 자손은 솔로몬이 노예를 삼지 아니하였으니 그들은 군사와 그 신하와 고관과 대장이며 병거와 마병의 지휘관이 됨이었더라
23 ●솔로몬에게 일을 감독하는 우두머리 오백오십 명이 있어 일하는 백성을 다스렸더라
24 ●바로의 딸이 다윗 성에서부터 올라와 솔

9 •People will answer, 'Because they have
forsaken the LORD their God, who brought
their ancestors out of Egypt, and have
embraced other gods, worshiping and serv-
ing them — that is why the LORD brought
all this disaster on them.' "

Solomon's Other Activities

10 •At the end of twenty years, during which
Solomon built these two buildings — the tem-
11 ple of the LORD and the royal palace — •King
Solomon gave twenty towns in Galilee to Hiram
king of Tyre, because Hiram had supplied him
with all the cedar and juniper and gold he
12 wanted. •But when Hiram went from Tyre to
see the towns that Solomon had given him, he
13 was not pleased with them. •"What kind of
towns are these you have given me, my broth-
er?" he asked. And he called them the Land of
14 Kabul,[a] a name they have to this day. •Now
Hiram had sent to the king 120 talents[b] of gold.
15 •Here is the account of the forced labor King
Solomon conscripted to build the LORD's tem-
ple, his own palace, the terraces,[c] the wall of
Jerusalem, and Hazor, Megiddo and Gezer.
16 •(Pharaoh king of Egypt had attacked and cap-
tured Gezer. He had set it on fire. He killed its
Canaanite inhabitants and then gave it as a
wedding gift to his daughter, Solomon's wife.
17 •And Solomon rebuilt Gezer.) He built up Lo-
18 wer Beth Horon, •Baalath, and Tadmor[d] in
19 the desert, within his land, •as well as all his
store cities and the towns for his chariots and
for his horses[e] — whatever he desired to build
in Jerusalem, in Lebanon and throughout all
the territory he ruled.
20 •There were still people left from the Amor-
it-es, Hittites, Perizzites, Hivites and Jebusites
21 (these peoples were not Israelites). •Solomon
conscripted the descendants of all these peoples
remaining in the land — whom the Israelites
could not exterminate[f] — to serve as slave labor,
22 as it is to this day. •But Solomon did not make
slaves of any of the Israelites; they were his fight-
ing men, his government officials, his officers,
his captains, and the commanders of his chari-
23 ots and charioteers. •They were also the chief
officials in charge of Solomon's projects — 550

[a]13 *Kabul* sounds like the Hebrew for *good-for-nothing.* [b]14 That is, about 4 1/2 tons or about 4 metric tons [c]15 Or *the Millo;* also in verse 24 [d]18 The Hebrew may also be read *Tamar.* [e]19 Or *charioteers* [f]21 The Hebrew term refers to the irrevocable giving over of things or persons to the LORD, often by totally destroying them.

account [əkáunt] *n.* 이유
cedar [sí:dər] *n.* 백향목
charioteer [tʃæriətíər] *n.* 전차 모는 자
conscript [kənskrípt] *vt.* 징집하다
descendant [diséndənt] *n.* 자손
embrace [imbréis] *vt.* 받아들이다
exterminate [ikstə́:rmənèit] *vt.* 전멸하다
forced [fɔ:rst] *a.* 강요된
government [gʌ́vərnmənt] *n.* 다스림
inhabitant [inhǽbətənt] *n.* 거주자
juniper [dʒú:nəpər] *n.* 로뎀나무
rebuild [ri:bíld] *vt.* 재건축하다
terrace [térəs] *n.* 대지(臺地)
territory [térətɔ̀:ri] *n.* 영토
throughout [θru:áut] *prep.* …도처에

9:11 supply A with B: A에게 B를 공급하다
9:12 be pleased with...: …로 인해서 기뻐하다
9:16 set on fire: 불을 지르다
9:23 in charge of...: …을 담당하다

로몬이 그를 위하여 건축한 궁에 이를 때에
솔로몬이 밀로를 건축하였더라
25 ●솔로몬이 여호와를 위하여 쌓은 제단 위에
해마다 세 번씩 번제와 감사의 제물을 드리
고 또 여호와 앞에 있는 제단에 분향하니라
이에 성전 짓는 일을 마치니라
26 ●솔로몬 왕이 에돔 땅 홍해 물가의 엘롯 근
처 에시온게벨에서 배들을 지은지라 민 33:35
27 히람이 자기 종 곧 바다에 익숙한 사공들을
솔로몬의 종과 함께 그 배로 보내매
28 그들이 오빌에 이르러 거기서 금 사백이십
달란트를 얻고 솔로몬 왕에게로 가져왔더라

스바의 여왕이 솔로몬을 찾아오다
(대하 9:1-12 ♪ 428장)

10 스바의 여왕이 여호와의 이름으로 말미
암은 솔로몬의 명성을 듣고 와서 어려
운 문제로 그를 시험하고자 하여 마 12:42
2 예루살렘에 이르니 수행하는 자가 심히 많고
향품과 심히 많은 금과 보석을 낙타에 실었
더라 그가 솔로몬에게 나아와 자기 마음에
있는 것을 다 말하매
3 솔로몬이 그가 묻는 말에 다 대답하였으니
왕이 알지 못하여 대답하지 못한 것이 하나
도 없었더라
4 스바의 여왕이 솔로몬의 모든 지혜와 그 건
축한 왕궁과
5 그 상의 식물과 그의 신하들의 좌석과 그의
시종들이 시립한 것과 그들의 관복과 술 관
원들과 여호와의 성전에 올라가는 층계를 보
고 크게 감동되어
6 왕께 말하되 내가 내 나라에서 당신의 행위
와 당신의 지혜에 대하여 들은 소문이 사실
이로다
7 내가 그 말들을 믿지 아니하였더니 이제 와
서 친히 본즉 내게 말한 것은 절반도 못되니
당신의 지혜와 복이 내가 들은 소문보다 더
하도다
8 복되도다 당신의 사람들이여 복되도다 당신
의 이 신하들이여 항상 당신 앞에 서서 당신
의 지혜를 들음이로다
9 당신의 하나님 여호와를 송축할지로다 여호
와께서 당신을 기뻐하사 이스라엘 왕위에 올
리셨고 여호와께서 영원히 이스라엘을 사랑
하시므로 당신을 세워 왕으로 삼아 정의와
공의를 행하게 하셨도다 하고 삼하 8:15
10 이에 그가 금 일백이십 달란트와 심히 많은
향품과 보석을 왕에게 드렸으니 스바의 여왕

officials supervising those who did the work.
24 ●After Pharaoh's daughter had come up
from the City of David to the palace Solomon
had built for her, he constructed the terraces.
25 ●Three times a year Solomon sacrificed
burnt offerings and fellowship offerings on
the altar he had built for the LORD, burning
incense before the LORD along with them, and
so fulfilled the temple obligations.
26 ●King Solomon also built ships at Ezion
Geber, which is near Elath in Edom, on the
27 shore of the Red Sea.[a] ●And Hiram sent his
men — sailors who knew the sea — to serve in
28 the fleet with Solomon's men. ●They sailed
to Ophir and brought back 420 talents[b] of
gold, which they delivered to King Solomon.

The Queen of Sheba Visits Solomon

10 When the queen of Sheba heard about
the fame of Solomon and his relation-
ship to the LORD, she came to test Solomon
2 with hard questions. ●Arriving at Jerusalem
with a very great caravan — with camels carry-
ing spices, large quantities of gold, and pre-
cious stones—she came to Solomon and talked
with him about all that she had on her mind.
3 ●Solomon answered all her questions; nothing
was too hard for the king to explain to her.
4 ●When the queen of Sheba saw all the wisdom
5 of Solomon and the palace he had built, ●the
food on his table, the seating of his officials, the
attending servants in their robes, his cupbear-
ers, and the burnt offerings he made at[c] the
temple of the LORD, she was overwhelmed.
6 ●She said to the king, "The report I heard in
my own country about your achievements
7 and your wisdom is true. ●But I did not
believe these things until I came and saw
with my own eyes. Indeed, not even half was
told me; in wisdom and wealth you have far
8 exceeded the report I heard. ●How happy
your people must be! How happy your offi-
cials, who continually stand before you and
9 hear your wisdom! ●Praise be to the LORD your
God, who has delighted in you and placed you
on the throne of Israel. Because of the LORD's
eternal love for Israel, he has made you king to
maintain justice and righteousness."
10 ●And she gave the king 120 talents[d] of gold,
large quantities of spices, and precious stones.

[a]26 Or *the Sea of Reeds* [b]28 That is, about 16 tons or about 14 metric tons [c]5 Or *the ascent by which he went up to* [d]10 That is, about 4 1/2 tons or about 4 metric tons

achievement [ətʃíːvmənt] *n.* 업적
altar [ɔ́ːltər] *n.* 제단
caravan [kǽrəvæn] *n.* 대상(隊商)
construct [kənstrʌ́kt] *vt.* 건축하다
cupbearer [kʌ́pbɛərər] *n.* 술 담당자
exceed [iksíːd] *vt.* (양, 정도를)넘다
fellowship [félouʃip] *n.* 화목
fleet [fliːt] *n.* 함대, 배
incense [ínsens] *n.* 향
maintain [meintéin] *vt.* 지속하다
obligation [ɑ̀bləgéiʃən] *n.* 책무
overwhelm [òuvərhwélm] *vt.* 압도하다
precious [préʃəs] *a.* 귀중한
robe [roub] *n.* 옷, 의복
supervise [súːpərvàiz] *vt.* 감독하다

9:24 come up: 오르다
9:25 along with...: …와 함께
10:1 hear about...: …에 관해 듣다
10:2 arrive at...: …에 도착하다
10:3 too ... to~: ~하기에 너무 …하다
10:9 because of...: …때문에

이 솔로몬 왕에게 드린 것처럼 많은 향품이 다시 오지 아니하였더라
11 ●오빌에서부터 금을 실어온 히람의 배들이 오빌에서 많은 백단목과 보석을 운반하여 오매
12 왕이 백단목으로 여호와의 성전과 왕궁의 난간을 만들고 또 노래하는 자를 위하여 수금과 비파를 만들었으니 이 같은 백단목은 전에도 온 일이 없었고 오늘까지도 보지 못하였더라
13 솔로몬 왕이 왕의 규례대로 스바의 여왕에게 물건을 준 것 외에 또 그의 소원대로 구하는 것을 주니 이에 그가 그의 신하들과 함께 본국으로 돌아갔더라

솔로몬의 재산과 지혜 (대하 9:13-29)

14 ●솔로몬의 세입금의 무게가 금 육백육십육 달란트요
15 그 외에 또 상인들과 무역하는 객상과 아라비아의 모든 왕들과 나라의 고관들에게서도 가져온지라
16 솔로몬 왕이 쳐서 늘인 금으로 큰 방패 이백 개를 만들었으니 매 방패에 든 금이 육백 세겔이며
17 또 쳐서 늘인 금으로 작은 방패 삼백 개를 만들었으니 매 방패에 든 금이 삼[1)]마네라 왕이 이것들을 레바논 나무 궁에 두었더라 7:2
18 왕이 또 상아로 큰 보좌를 만들고 정금으로 입혔으니
19 그 보좌에는 여섯 층계가 있고 보좌 뒤에 둥근 머리가 있고 앉는 자리 양쪽에는 팔걸이가 있고 팔걸이 곁에는 사자가 하나씩 서 있으며
20 또 열두 사자가 있어 그 여섯 층계 좌우편에 서 있으니 어느 나라에도 이같이 만든 것이 없었더라
21 솔로몬 왕이 마시는 그릇은 다 금이요 레바논 나무 궁의 그릇들도 다 정금이라 은 기물이 없으니 솔로몬의 시대에 은을 귀히 여기지 아니함은
22 왕이 바다에 다시스 배들을 두어 히람의 배와 함께 있게 하고 그 다시스 배로 삼 년에 한 번씩 금과 은과 상아와 원숭이와 공작을 실어 왔음이더라
23 ●솔로몬 왕의 재산과 지혜가 세상의 그 어느 왕보다 큰지라 3:12, 13
24 온 세상 사람들이 다 하나님께서 솔로몬의 마음에 주신 지혜를 들으며 그의 얼굴을 보

Never again were so many spices brought in
as those the queen of Sheba gave to King
Solomon.
11 ●(Hiram's ships brought gold from Ophir;
and from there they brought great cargoes
12 of almugwood[a] and precious stones. ●The
king used the almugwood to make supports[b]
for the temple of the LORD and for the royal
palace, and to make harps and lyres for the
musicians. So much almugwood has never
been imported or seen since that day.)
13 ●King Solomon gave the queen of Sheba all
she desired and asked for, besides what he had
given her out of his royal bounty. Then she left
and returned with her retinue to her own
country.

Solomon's Splendor

14 ●The weight of the gold that Solomon
15 received yearly was 666 talents,[c] ●not includ-
ing the revenues from merchants and traders
and from all the Arabian kings and the gover-
nors of the territories.
16 ●King Solomon made two hundred large
shields of hammered gold; six hundred she-
17 kels[d] of gold went into each shield. ●He also
made three hundred small shields of ham-
mered gold, with three minas[e] of gold in each
shield. The king put them in the Palace of the
Forest of Lebanon.
18 ●Then the king made a great throne cov-
ered with ivory and overlaid with fine gold.
19 ●The throne had six steps, and its back had a
rounded top. On both sides of the seat were
armrests, with a lion standing beside each of
20 them. ●Twelve lions stood on the six steps,
one at either end of each step. Nothing like it
had ever been made for any other kingdom.
21 ●All King Solomon's goblets were gold, and
all the household articles in the Palace of
the Forest of Lebanon were pure gold. Noth-
ing was made of silver, because silver was
considered of little value in Solomon's days.
22 ●The king had a fleet of trading ships[f] at sea
along with the ships of Hiram. Once every
three years it returned, carrying gold, silver
and ivory, and apes and baboons.

[a]11 Probably a variant of *algumwood*; also in verse 12 [b]12 The meaning of the Hebrew for this word is uncertain. [c]14 That is, about 25 tons or about 23 metric tons [d]16 That is, about 15 pounds or about 6.9 kilograms; also in verse 29 [e]17 That is, about 3 3/4 pounds or about 1.7 kilograms; or perhaps reference is to double minas, that is, about 7 1/2 pounds or about 3.5 kilograms. [f]22 Hebrew *of ships of Tarshish*

1) 1마네는 50세겔

almugwood [ǽlməgwud] *n.* 백단목
ape [eip] *n.* 원숭이
armrest [ά:rmrèst] *n.* 팔걸이
article [ά:rtikl] *n.* 물품
baboon [bæbú:n] *n.* 개코원숭이
bounty [báunti] *n.* 하사품
cargo [kά:rgou] *n.* 뱃짐
goblet [gάblit] *n.* (받침 달린) 잔
lyre [laiər] *n.* 수금
merchant [mə́:rtʃənt] *n.* 상인
overlay [ouvərléi] *vt.* 씌우다
retinue [rétənjù:] *n.* 수행원
shield [ʃi:ld] *n.* 방패
spice [spais] *n.* 향품
splendor [spléndər] *n.* 호화, 영광

10:10 never... so A as B: 결코 B만큼 A한 것은 없다
10:13 ask for: 요청하다
10:16 go into...: …로 들어가다
10:20 at either end of...: …의 양쪽 끝에서

기 원하여
25 그들이 각기 예물을 가지고 왔으니 곧 은 그릇과 금 그릇과 의복과 갑옷과 향품과 말과 노새라 해마다 그리하였더라
26 ●솔로몬이 병거와 마병을 모으매 병거가 천사백 대요 마병이 만 이천 명이라 병거성에도 두고 예루살렘 왕에게도 두었으며
27 왕이 예루살렘에서 은을 돌같이 흔하게 하고 백향목을 평지의 뽕나무같이 많게 하였더라
28 솔로몬의 말들은 애굽에서 들여왔으니 왕의 상인들이 값주고 산 것이며
29 애굽에서 들여온 병거는 한 대에 은 육백 세겔이요 말은 한 필에 백오십 세겔이라 이와 같이 헷 사람의 모든 왕과 아람 왕들에게 그것들을 되팔기도 하였더라

솔로몬의 마음이 여호와를 떠나다

(♪ 315장)

11 솔로몬 왕이 바로의 딸 외에 이방의 많은 여인을 사랑하였으니 곧 모압과 암몬과 에돔과 시돈과 헷 여인이라
2 여호와께서 일찍이 이 여러 백성에 대하여 이스라엘 자손에게 말씀하시기를 너희는 그들과 서로 통혼하지 말며 그들도 너희와 서로 통혼하게 하지 말라 그들이 반드시 너희의 마음을 돌려 그들의 신들을 따르게 하리라 하셨으나 솔로몬이 그들을 사랑하였더라
3 왕은 후궁이 칠백 명이요 첩이 삼백 명이라 그의 여인들이 왕의 마음을 돌아서게 하였더라
4 솔로몬의 나이가 많을 때에 그의 여인들이 그의 마음을 돌려 다른 신들을 따르게 하였으므로 왕의 마음이 그의 아버지 다윗의 마음과 같지 아니하여 그의 하나님 여호와 앞에 온전하지 못하였으니 9:4
5 이는 시돈 사람의 여신 아스다롯을 따르고 암몬 사람의 가증한 밀곰을 따름이라
6 솔로몬이 여호와의 눈앞에서 악을 행하여 그의 아버지 다윗이 여호와를 온전히 따름 같이 따르지 아니하고
7 모압의 가증한 그모스를 위하여 예루살렘 앞 산에 산당을 지었고 또 암몬 자손의 가증한 몰록을 위하여 그와 같이 하였으며
8 그가 또 그의 이방 여인들을 위하여 다 그와 같이 한지라 그들이 자기의 신들에게 분향하며 제사하였더라
9 ●솔로몬이 마음을 돌려 이스라엘의 하나

23 ●King Solomon was greater in riches and
wisdom than all the other kings of the earth.
24 ●The whole world sought audience with
Solomon to hear the wisdom God had put in
25 his heart. ●Year after year, everyone who came
brought a gift—articles of silver and gold,
robes, weapons and spices, and horses and
mules.
26 ●Solomon accumulated chariots and horses;
he had fourteen hundred chariots and twelve
thousand horses,[a] which he kept in the chariot
27 cities and also with him in Jerusalem. ●The
king made silver as common in Jerusalem as
stones, and cedar as plentiful as sycamore-fig
28 trees in the foothills. ●Solomon's horses were
imported from Egypt and from Kue[b]—the
royal merchants purchased them from Kue at
29 the current price. ●They imported a chariot
from Egypt for six hundred shekels of silver,
and a horse for a hundred and fifty.[c] They also
exported them to all the kings of the Hittites
and of the Arameans.

Solomon's Wives

11 King Solomon, however, loved many
foreign women besides Pharaoh's
daughter—Moabites, Ammonites, Edomites,
2 Sidonians and Hittites. ●They were from
nations about which the LORD had told the
Israelites, "You must not intermarry with
them, because they will surely turn your hearts
after their gods." Nevertheless, Solomon held
3 fast to them in love. ●He had seven hundred
wives of royal birth and three hundred concu-
4 bines, and his wives led him astray. ●As
Solomon grew old, his wives turned his heart
after other gods, and his heart was not fully
devoted to the LORD his God, as the heart of
5 David his father had been. ●He followed Ash-
toreth the goddess of the Sidonians, and Molek
6 the detestable god of the Ammonites. ●So
Solomon did evil in the eyes of the LORD; he
did not follow the LORD completely, as David
his father had done.
7 ●On a hill east of Jerusalem, Solomon built a
high place for Chemosh the detestable god of
Moab, and for Molek the detestable god of the
8 Ammonites. ●He did the same for all his for-
eign wives, who burned incense and offered
sacrifices to their gods.

[a]26 Or *charioteers* [b]28 Probably *Cilicia* [c]29 That is, about 3 3/4 pounds or about 1.7 kilograms

accumulate [əkjúːmjulèit] *vt.* 모으다
audience [ɔ́ːdiəns] *n.* 접견
cedar [síːdər] *n.* 백향목
chariot [tʃǽriət] *n.* 병거
completely [kəmplíːtli] *ad.* 철저히
concubine [kɑ́ŋkjubàin] *n.* 첩
current [kə́ːrənt] *a.* 통용하는
detestable [ditéstəbl] *a.* 혐오할 만한
export [ikspɔ́ːrt] *vi.* 수출하다
fig [fig] *n.* 무화과
foothill [futhil] *n.* 구릉지대
intermarry [intərmǽri] *vi.* 통혼하다
plentiful [pléntifəl] *a.* 풍부한
purchase [pə́ːrtʃəs] *vt.* 사다
sacrifice [sǽkrəfàis] *n.* 희생 제사

10:27 as... as~: ~처럼 …한
11:2 intermarry with...: …와 통혼하다
11:2 turn A after B: A를 돌이켜 B를 좇다
11:2 hold fast to...: …을 고수하다
11:3 lead... astray: …을 타락하게 하다, 나쁜 길로 이끌다

님 여호와를 떠나므로 여호와께서 그에게
진노하시니라 여호와께서 일찍이 두 번이
나 그에게 나타나시고
10 이 일에 대하여 명령하사 다른 신을 따르지
말라 하셨으나 그가 여호와의 명령을 지키
지 않았으므로
9:6, 7
11 여호와께서 솔로몬에게 말씀하시되 네게
이러한 일이 있었고 또 네가 내 언약과 내
가 네게 명령한 법도를 지키지 아니하였으
니 내가 반드시 이 나라를 네게서 빼앗아
네 신하에게 주리라
12 그러나 네 아버지 다윗을 위하여 네 세대에
는 이 일을 행하지 아니하고 네 아들의 손
에서 빼앗으려니와
13 오직 내가 이 나라를 다 빼앗지 아니하고
내 종 다윗과 내가 택한 예루살렘을 위하여
한 지파를 네 아들에게 주리라 하셨더라

솔로몬의 대적 (♪ 218, 336장)

14 ●여호와께서 에돔 사람 하닷을 일으켜 솔
로몬의 대적이 되게 하시니 그는 왕의 자손
으로서 에돔에 거하였더라
15 전에 다윗이 에돔에 있을 때에 군대 지휘관
요압이 가서 죽임을 당한 자들을 장사하고
에돔의 남자를 다 쳐서 죽였는데
삼하 8:14
16 요압은 에돔의 남자를 다 없애기까지 이스
라엘 무리와 함께 여섯 달 동안 그곳에 머
물렀더라
17 그때에 하닷은 작은 아이라 그의 아버지 신
하 중 에돔 사람 몇몇과 함께 도망하여 애
굽으로 가려 하여
18 미디안을 떠나 바란에 이르고 거기서 사람
을 데리고 애굽으로 가서 애굽 왕 바로에게
나아가매 바로가 그에게 집과 먹을 양식을
주며 또 토지를 주었더라
19 하닷이 바로의 눈앞에 크게 은총을 얻었으
므로 바로가 자기의 처제 곧 왕비 다브네스
의 아우를 그의 아내로 삼으매
20 다브네스의 아우가 그로 말미암아 아들 그
누밧을 낳았더니 다브네스가 그 아이를 바
로의 궁중에서 젖을 떼게 하매 그누밧이 바
로의 궁에서 바로의 아들 가운데 있었더라
21 하닷이 애굽에 있어서 다윗이 그의 조상들
과 함께 잔 것과 군대 지휘관 요압이 죽은
것을 듣고 바로에게 아뢰되 나를 보내어 내
고국으로 가게 하옵소서
22 바로가 그에게 이르되 네가 나와 함께 있어
무슨 부족함이 있기에 네 고국으로 가기를

9 ●The LORD became angry with Solomon
because his heart had turned away from the
LORD, the God of Israel, who had appeared to
10 him twice. ●Although he had forbidden
Solomon to follow other gods, Solomon did
11 not keep the LORD's command. ●So the LORD
said to Solomon, "Since this is your attitude
and you have not kept my covenant and my
decrees, which I commanded you, I will most
certainly tear the kingdom away from you and
12 give it to one of your subordinates. ●Neverthe-
less, for the sake of David your father, I will not
do it during your lifetime. I will tear it out of
13 the hand of your son. ●Yet I will not tear the
whole kingdom from him, but will give him
one tribe for the sake of David my servant and
for the sake of Jerusalem, which I have cho-
sen."

Solomon's Adversaries

14 ●Then the LORD raised up against Solomon
an adversary, Hadad the Edomite, from the
15 royal line of Edom. ●Earlier when David was
fighting with Edom, Joab the commander of
the army, who had gone up to bury the dead,
16 had struck down all the men in Edom. ●Joab
and all the Israelites stayed there for six
months, until they had destroyed all the men
17 in Edom. ●But Hadad, still only a boy, fled
to Egypt with some Edomite officials who
18 had served his father. ●They set out from
Midian and went to Paran. Then taking peo-
ple from Paran with them, they went to
Egypt, to Pharaoh king of Egypt, who gave
Hadad a house and land and provided him
with food.
19 ●Pharaoh was so pleased with Hadad that
he gave him a sister of his own wife, Queen
20 Tahpenes, in marriage. ●The sister of Tahpenes
bore him a son named Genubath, whom Tah-
penes brought up in the royal palace. There
Genubath lived with Pharaoh's own children.
21 ●While he was in Egypt, Hadad heard that
David rested with his ancestors and that Joab
the commander of the army was also dead.
Then Hadad said to Pharaoh, "Let me go, that
I may return to my own country."
22 ●"What have you lacked here that you want
to go back to your own country?" Pharaoh
asked.
"Nothing," Hadad replied, "but do let me go!"
23 ●And God raised up against Solomon anoth-
er adversary, Rezon son of Eliada, who had fled

adversary [ǽdvərsèri] *n.* 대적
appear [əpíər] *vi.* 나타나다
bury [béri] *vt.* 매장하다
certainly [sə́:rtnli] *ad.* 확실히
commander [kəmǽndər] *n.* 사령관
covenant [kʌ́vənənt] *n.* 언약
decree [dikrí:] *n.* 규례
destroy [distrɔ́i] *vt.* 파괴하다
flee [fli:] *vi.* 달아나다
forbid [fərbíd] *vt.* 금하다
lifetime [láiftaim] *n.* 생애
official [əfíʃəl] *n.* 관공리
reply [riplái] *vt.* 대답하다
subordinate [səbɔ́:rdənət] *n.* 부하
tribe [traib] *n.* 지파

11:12 for the sake of...: …를 위하여
11:14 raise up against...: …를 대항하여 일으키다
11:18 set out from...: …로부터 출발하다
11:18 provide... with~: …에게 ~를 공급하다
11:20 bring up: 양육하다, 기르다

구하느냐 대답하되 없나이다 그러나 아무쪼
록 나를 보내옵소서 하였더라
23 ●하나님이 또 엘리아다의 아들 르손을 일으
켜 솔로몬의 대적자가 되게 하시니 그는 그의
주인 소바 왕 하닷에셀에게서 도망한 자라
24 다윗이 소바 사람을 죽일 때에 르손이 사람들
을 자기에게 모으고 그 무리의 괴수가 되어 다
메섹으로 가서 살다가 거기서 왕이 되었더라
25 솔로몬의 일평생에 하닷이 끼친 환난 외에 르
손이 수리아 왕이 되어 이스라엘을 대적하고
미워하였더라

여로보암에게 하신 여호와의 말씀

26 ●솔로몬의 신하 느밧의 아들 여로보암이 또
한 손을 들어 왕을 대적하였으니 그는 에브라
임 족속인 스레다 사람이요 그의 어머니의 이
름은 스루아이니 과부더라 대하 13:6
27 그가 손을 들어 왕을 대적하는 까닭은 이러하
니라 솔로몬이 밀로를 건축하고 그의 아버지
다윗의 성읍이 무너진 것을 수축하였는데
28 이 사람 여로보암은 큰 용사라 솔로몬이 이 청
년의 부지런함을 보고 세워 요셉 족속의 일을
감독하게 하였더니
29 그 즈음에 여로보암이 예루살렘에서 나갈 때
에 실로 사람 선지자 아히야가 길에서 그를 만
나니 아히야가 새 의복을 입었고 그 두 사람만
들에 있었더라
30 아히야가 자기가 입은 새 옷을 잡아 열두 조각
으로 찢고 삼상 15:27, 28
31 여로보암에게 이르되 너는 열 조각을 가지라
이스라엘의 하나님 여호와의 말씀이 내가 이
나라를 솔로몬의 손에서 찢어 빼앗아 열 지파
를 네게 주고
32 오직 내 종 다윗을 위하고 이스라엘 모든 지파
중에서 택한 성읍 예루살렘을 위하여 한 지파
를 솔로몬에게 주리니
33 이는 그들이 나를 버리고 시돈 사람의 여신 아
스다롯과 모압의 신 그모스와 암몬 자손의 신
밀곰을 경배하며 그의 아버지 다윗이 행함 같
지 아니하여 내 길로 행하지 아니하며 나 보기
에 정직한 일과 내 법도와 내 율례를 행하지
아니함이니라 11:5–7
34 그러나 내가 택한 내 종 다윗이 내 명령과 내
법도를 지켰으므로 내가 그를 위하여 솔로몬
의 생전에는 온 나라를 그의 손에서 빼앗지 아
니하고 주관하게 하려니와
35 내가 그의 아들의 손에서 나라를 빼앗아 그 열
지파를 네게 줄 것이요

from his master, Hadadezer king of Zobah.
24 •When David destroyed Zobah's army,
Rezon gathered a band of men around him
and became their leader; they went to Dam-
ascus, where they settled and took control.
25 •Rezon was Israel's adversary as long as
Solomon lived, adding to the trouble caused
by Hadad. So Rezon ruled in Aram and was
hostile toward Israel.

Jeroboam Rebels Against Solomon

26 •Also, Jeroboam son of Nebat rebelled
against the king. He was one of Solomon's
officials, an Ephraimite from Zeredah, and
his mother was a widow named Zeruah.
27 •Here is the account of how he rebelled
against the king: Solomon had built the ter-
races [a] and had filled in the gap in the wall of
28 the city of David his father. •Now Jeroboam
was a man of standing, and when Solomon
saw how well the young man did his work,
he put him in charge of the whole labor
force of the tribes of Joseph.
29 •About that time Jeroboam was going out
of Jerusalem, and Ahijah the prophet of
Shiloh met him on the way, wearing a new
cloak. The two of them were alone out in the
30 country, •and Ahijah took hold of the new
cloak he was wearing and tore it into twelve
31 pieces. •Then he said to Jeroboam, "Take ten
pieces for yourself, for this is what the LORD,
the God of Israel, says: 'See, I am going to tear
the kingdom out of Solomon's hand and
32 give you ten tribes. •But for the sake of my
servant David and the city of Jerusalem,
which I have chosen out of all the tribes of
33 Israel, he will have one tribe. •I will do this
because they have [b] forsaken me and wor-
shiped Ashtoreth the goddess of the Sido-
nians, Chemosh the god of the Moabites,
and Molek the god of the Ammonites, and
have not walked in obedience to me, nor
done what is right in my eyes, nor kept my
decrees and laws as David, Solomon's father,
did.
34 •" 'But I will not take the whole kingdom
out of Solomon's hand; I have made him
ruler all the days of his life for the sake of
David my servant, whom I chose and who
35 obeyed my commands and decrees. •I will
take the kingdom from his son's hands and

[a]27 Or *the Millo* [b]33 Hebrew; Septuagint, Vulgate and Syriac *because he has*

account [əkáunt] *n.* 이유
add [æd] *vt.* 더하다
cloak [klouk] *n.* 망토
control [kəntróul] *vt.* 지배하다
forsake [fərséik] *vt.* 저버리다
gap [gæp] *n.* 갈라진 틈
gather [gǽðər] *vt.* 모으다
goddess [gádis] *n.* 여신
hostile [hástl] *a.* 적대적인
prophet [práfit] *n.* 선지자
rebel [rebə́l] *vi.* 반항하다
rule [ruːl] *vt.* 다스리다
settle [sétl] *vi.* 정주하다
terrace [térəs] *n.* 계단식 단
widow [wídou] *n.* 과부

11:25 add to...: …에 더해
11:26 rebel against...: …에 대적하다
11:30 take hold of...: …를 꽉 잡다
11:30 tear into pieces: 갈갈이 찢다
11:35 take... from~: ~로부터 …를 빼앗다

36 그의 아들에게는 내가 한 지파를 주어서 내가 거기에 내 이름을 두고자 하여 택한 성읍 예루살렘에서 내 종 다윗이 항상 내 앞에 등불을 가지고 있게 하리라
37 내가 너를 취하리니 너는 네 마음에 원하는 대로 다스려 이스라엘 위에 왕이 되되
38 네가 만일 내가 명령한 모든 일에 순종하고 내 길로 행하며 내 눈에 합당한 일을 하며 내 종 다윗이 행함같이 내 율례와 명령을 지키면 내가 너와 함께 있어 내가 다윗을 위하여 세운 것같이 너를 위하여 견고한 집을 세우고 이스라엘을 네게 주리라
39 내가 이로 말미암아 다윗의 자손을 괴롭게 할 것이나 영원히 하지는 아니하리라 하셨느니라 한지라
40 이러므로 솔로몬이 여로보암을 죽이려 하매 여로보암이 일어나 애굽으로 도망하여 애굽 왕 시삭에게 이르러 솔로몬이 죽기까지 애굽에 있으니라

솔로몬이 죽다 (대하 9:29-31 ♪ 480, 610장)

41 ●솔로몬의 남은 사적과 그의 행한 모든 일과 그의 지혜는 솔로몬의 실록에 기록되지 아니하였느냐
42 솔로몬이 예루살렘에서 온 이스라엘을 다스린 날 수가 사십 년이라
43 솔로몬이 그의 조상들과 함께 자매 그의 아버지 다윗의 성읍에 장사되고 그의 아들 르호보암이 대신하여 왕이 되니라 14:21

북쪽 지파들의 배반 (대하 10:1-19 ♪ 528장)

12 르호보암이 세겜으로 갔으니 이는 온 이스라엘이 그를 왕으로 삼고자 하여 세겜에 이르렀음이더라
2 느밧의 아들 여로보암이 전에 솔로몬 왕의 얼굴을 피하여 애굽으로 도망하여 있었더니 이제 그 소문을 듣고 여전히 애굽에 있는 중에
3 무리가 사람을 보내 그를 불렀더라 여로보암과 이스라엘의 온 회중이 와서 르호보암에게 말하여 이르되
4 왕의 아버지가 우리의 멍에를 무겁게 하였으나 왕은 이제 왕의 아버지가 우리에게 시킨 고역과 메운 무거운 멍에를 가볍게 하소서 그리하시면 우리가 왕을 섬기겠나이다
5 르호보암이 대답하되 갔다가 삼 일 후에 다시 내게로 오라 하매 백성이 가니라 12:12
6 ●르호보암 왕이 그의 아버지 솔로몬의 생전에 그 앞에 모셨던 노인들과 의논하여 이르되 너희는 어떻게 충고하여 이 백성에게 대답하

36 give you ten tribes. •I will give one tribe to
his son so that David my servant may always
have a lamp before me in Jerusalem, the city
37 where I chose to put my Name. •However,
as for you, I will take you, and you will rule
over all that your heart desires; you will be
38 king over Israel. •If you do whatever I com-
mand you and walk in obedience to me and
do what is right in my eyes by obeying my
decrees and commands, as David my servant
did, I will be with you. I will build you a
dynasty as enduring as the one I built for
39 David and will give Israel to you. •I will
humble David's descendants because of this,
but not forever.' "
40 •Solomon tried to kill Jeroboam, but Jer-
oboam fled to Egypt, to Shishak the king,
and stayed there until Solomon's death.

Solomon's Death

41 •As for the other events of Solomon's
reign—all he did and the wisdom he dis-
played—are they not written in the book of
42 the annals of Solomon? •Solomon reign-
ed in Jerusalem over all Israel forty years.
43 •Then he rested with his ancestors and was
buried in the city of David his father. And
Rehoboam his son succeeded him as king.

Israel Rebels Against Rehoboam

12 Rehoboam went to Shechem, for all
Israel had gone there to make him
2 king. •When Jeroboam son of Nebat heard
this (he was still in Egypt, where he had fled
from King Solomon), he returned from [a]
3 Egypt. •So they sent for Jeroboam, and he
and the whole assembly of Israel went to
4 Rehoboam and said to him: •"Your father
put a heavy yoke on us, but now lighten the
harsh labor and the heavy yoke he put on
us, and we will serve you."
5 •Rehoboam answered, "Go away for
three days and then come back to me." So
the people went away.
6 •Then King Rehoboam consulted the
elders who had served his father Solomon
during his lifetime. "How would you advise
me to answer these people?" he asked.
7 •They replied, "If today you will be a ser-
vant to these people and serve them and give
them a favorable answer, they will always be

[a]2 Or *he remained in*

advise [ædváiz] *vt.* 충고하다
annals [ǽnlz] *n.(pl.)* 연대기
assembly [əsémbli] *n.* 회중
consult [kənsʌlt] *vt.* 의논하다
descendant [diséndənt] *n.* 자손
dynasty [dáinəsti] *n.* 왕조
elder [éldər] *n.* 원로
enduring [indjúəriŋ] *a.* 영구적인
favorable [féivərəbl] *a.* 호의 있는
harsh [ha:rʃ] *a.* 거친, 가혹한
humble [hʌmbl] *vt.* 낮추다
lifetime [láiftàim] *n.* 일생
lighten [láitn] *vt.* 가볍게 하다
succeed [səksí:d] *vt.* 계승하다
yoke [jouk] *n.* 멍에

11:38 in one's eyes: …의 눈앞에서
11:40 flee to...: …로 도망가다
11:42 reign over...: …를 통치하다
12:3 send for...: …을 부르기 위해 보내다
12:4 put A on B: A를 B에게 부과하다
12:5 go away: 가다, 떠나다

계 하겠느냐
7 대답하여 이르되 왕이 만일 오늘 이 백성을 섬
기는 자가 되어 그들을 섬기고 좋은 말로 대답
하여 이르시면 그들이 영원히 왕의 종이 되리
이다 하나
8 왕이 노인들이 자문하는 것을 버리고 자기 앞
에 모셔 있는 자기와 함께 자라난 어린 사람들
과 의논하여
9 이르되 너희는 어떻게 자문하여 이 백성에게
대답하게 하겠느냐 백성이 내게 말하기를 왕
의 아버지가 우리에게 메운 멍에를 가볍게 하
라 하였느니라
10 함께 자라난 소년들이 왕께 아뢰어 이르되 이
백성들이 왕께 아뢰기를 왕의 부친이 우리의
멍에를 무겁게 하였으나 왕은 우리를 위하여
가볍게 하라 하였은즉 왕은 대답하기를 내 새
끼 손가락이 내 아버지의 허리보다 굵으니
11 내 아버지께서 너희에게 무거운 멍에를 메게
하였으나 이제 나는 너희의 멍에를 더욱 무겁
게 할지라 내 아버지는 채찍으로 너희를 징계
하였으나 나는 전갈 채찍으로 너희를 징계하
리라 하소서
12 ●삼 일 만에 여로보암과 모든 백성이 르호보
암에게 나아왔으니 이는 왕이 명령하여 이르
기를 삼 일 만에 내게로 다시 오라 하였음이라
13 왕이 포학한 말로 백성에게 대답할새 노인의
자문을 버리고
14 어린 사람들의 자문을 따라 그들에게 말하여
이르되 내 아버지는 너희의 멍에를 무겁게 하
였으나 나는 너희의 멍에를 더욱 무겁게 할지
라 내 아버지는 채찍으로 너희를 징계하였으
나 나는 전갈 채찍으로 너희를 징치하리라 하
니라
15 왕이 이같이 백성의 말을 듣지 아니하였으니
이 일은 여호와께로 말미암아 난 것이라 여호
와께서 전에 실로 사람 아히야로 느밧의 아들
여로보암에게 하신 말씀을 이루게 하심이더라
16 ●온 이스라엘이 자기들의 말을 왕이 듣지 아
니함을 보고 왕에게 대답하여 이르되 우리가
다윗과 무슨 관계가 있느냐 이새의 아들에게
서 받을 유산이 없도다 이스라엘아 너희의 장
막으로 돌아가라 다윗이여 이제 너는 네 집이
나 돌아보라 하고 이스라엘이 그 장막으로 돌
아가니라
17 그러나 유다 성읍들에 사는 이스라엘 자손에
게는 르호보암이 그들의 왕이 되었더라 11:13
18 르호보암 왕이 역군의 감독 아도람을 보냈더

your servants."
8 ●But Rehoboam rejected the advice the
elders gave him and consulted the young
men who had grown up with him and were
9 serving him. ●He asked them, "What is your
advice? How should we answer these peo-
ple who say to me, 'Lighten the yoke your
father put on us'?"
10 ●The young men who had grown up
with him replied, "These people have said to
you, 'Your father put a heavy yoke on us,
but make our yoke lighter.' Now tell them,
'My little finger is thicker than my father's
11 waist. ●My father laid on you a heavy
yoke; I will make it even heavier. My father
scourged you with whips; I will scourge you
with scorpions.' "
12 ●Three days later Jeroboam and all the
people returned to Rehoboam, as the king
had said, "Come back to me in three days."
13 ●The king answered the people harshly.
Rejecting the advice given him by the elders,
14 ●he followed the advice of the young men
and said, "My father made your yoke heavy;
I will make it even heavier. My father
scourged you with whips; I will scourge you
15 with scorpions." ●So the king did not listen
to the people, for this turn of events was
from the LORD, to fulfill the word the LORD
had spoken to Jeroboam son of Nebat
through Ahijah the Shilonite.
16 ●When all Israel saw that the king refused
to listen to them, they answered the king:

"What share do we have in David,
what part in Jesse's son?
To your tents, Israel!
Look after your own house, David!"

17 So the Israelites went home. ●But as for the
Israelites who were living in the towns of
Judah, Rehoboam still ruled over them.
18 ●King Rehoboam sent out Adoniram,[a]
who was in charge of forced labor, but all
Israel stoned him to death. King Rehoboam,
however, managed to get into his chariot
19 and escape to Jerusalem. ●So Israel has been
in rebellion against the house of David to
this day.
20 ●When all the Israelites heard that Jer-
oboam had returned, they sent and called
him to the assembly and made him king

[a] 18 Some Septuagint manuscripts and Syriac (see also 4:6 and 5:14); Hebrew *Adoram*

escape [iskéip] *vi.* 탈출하다, 도망하다
fulfill [fulfíl] *vt.* 성취하다
grow [grou] *vt.* 자라다
harshly [há:rʃli] *ad.* 거칠게
labor [léibər] *n.* 노동
manage [mǽnidʒ] *vt.* 가까스로 해내다
rebellion [ribéljən] *n.* 모반
refuse [rifjú:z] *vt.* 거절하다
reject [ridʒékt] *vt.* 거부하다
scorpion [skɔ́:rpiən] *n.* 전갈
scourge [skə́:rdʒ] *vt.* 징벌하다
stone [stoun] *vt.* 돌로 치다
thick [θik] *a.* 굵은
waist [weist] *n.* 허리
whip [hwip] *n.* 채찍

12:11 lay on...: …에게 가하다, 주다
12:16 look after...: …를 보살피다
12:17 rule over: 지배하다
12:18 send out...: …를 파견하다
12:18 in charge of...: …를 맡고 있는
12:18 manage to...: 용케 …해내다

니 온 이스라엘이 그를 돌로 쳐죽인지라 르호
보암 왕이 급히 수레에 올라 예루살렘으로 도
망하였더라
19 이에 이스라엘이 다윗의 집을 배반하여 오늘
까지 이르렀더라
20 온 이스라엘이 여로보암이 돌아왔다 함을 듣
고 사람을 보내 그를 공회로 청하여 온 이스라
엘의 왕으로 삼았으니 유다 지파 외에는 다윗
의 집을 따르는 자가 없으니라

스마야가 여호와의 말씀을 전하다 (대하 11:1-4)

21 ●르호보암이 예루살렘에 이르러 유다 온 족속
과 베냐민 지파를 모으니 택한 용사가 십팔만
명이라 이스라엘 족속과 싸워 나라를 회복하여
솔로몬의 아들 르호보암에게 돌리려 하더니
22 하나님의 말씀이 하나님의 사람 스마야에게
임하여 이르시되
23 솔로몬의 아들 유다 왕 르호보암과 유다와 베
냐민 온 족속과 또 그 남은 백성에게 말하여
이르기를
24 여호와의 말씀이 너희는 올라가지 말라 너희
형제 이스라엘 자손과 싸우지 말고 각기 집으
로 돌아가라 이 일이 나로 말미암아 난 것이라
하셨다 하라 하신지라 그들이 여호와의 말씀
을 듣고 그 말씀을 따라 돌아갔더라

여로보암이 금송아지를 만들다

25 ●여로보암이 에브라임 산지에 세겜을 건축
하고 거기서 살며 또 거기서 나가서 부느엘을
건축하고
26 그의 마음에 스스로 이르기를 나라가 이제 다
윗의 집으로 돌아가리로다
27 만일 이 백성이 예루살렘에 있는 여호와의 성
전에 제사를 드리고자 하여 올라가면 이 백성
의 마음이 유다 왕 된 그들의 주 르호보암에게
로 돌아가서 나를 죽이고 유다의 왕 르호보암
에게로 돌아가리로다 하고
28 이에 계획하고 두 금송아지를 만들고 무리에
게 말하기를 너희가 다시는 예루살렘에 올라
갈 것이 없도다 이스라엘아 이는 너희를 애굽
땅에서 인도하여 올린 너희의 신들이라 하고
29 하나는 벧엘에 두고 하나는 단에 둔지라
30 이 일이 죄가 되었으니 이는 백성들이 단까지
가서 그 하나에게 경배함이더라
31 그가 또 산당들을 짓고 레위 자손 아닌 보통
백성으로 제사장을 삼고 13:32
32 여덟째 달 곧 그달 열다섯째 날로 절기를 정하
여 유다의 절기와 비슷하게 하고 제단에 올라
가되 벧엘에서 그와 같이 행하여 그가 만든 송

over all Israel. Only the tribe of Judah re-
mained loyal to the house of David.
21 ●When Rehoboam arrived in Jerusalem,
he mustered all Judah and the tribe of Ben-
jamin—a hundred and eighty thousand
able young men—to go to war against Israel
and to regain the kingdom for Rehoboam
son of Solomon.
22 ●But this word of God came to Shemaiah
23 the man of God: ●"Say to Rehoboam son of
Solomon king of Judah, to all Judah and
Benjamin, and to the rest of the people,
24 ●'This is what the LORD says: Do not go up
to fight against your brothers, the Israelites.
Go home, every one of you, for this is my
doing.'" So they obeyed the word of the
LORD and went home again, as the LORD had
ordered.

Golden Calves at Bethel and Dan

25 ●Then Jeroboam fortified Shechem in
the hill country of Ephraim and lived
there. From there he went out and built up
Peniel.[a]
26 ●Jeroboam thought to himself, "The
kingdom will now likely revert to the house
27 of David. ●If these people go up to offer
sacrifices at the temple of the LORD in
Jerusalem, they will again give their alle-
giance to their lord, Rehoboam king of
Judah. They will kill me and return to King
Rehoboam."
28 ●After seeking advice, the king made two
golden calves. He said to the people, "It is too
much for you to go up to Jerusalem. Here are
your gods, Israel, who brought you up out of
29 Egypt." ●One he set up in Bethel, and the
30 other in Dan. ●And this thing became a sin;
the people came to worship the one at
Bethel and went as far as Dan to worship the
other.[b]
31 ●Jeroboam built shrines on high places
and appointed priests from all sorts of peo-
32 ple, even though they were not Levites. ●He
instituted a festival on the fifteenth day of
the eighth month, like the festival held in
Judah, and offered sacrifices on the altar.
This he did in Bethel, sacrificing to the
calves he had made. And at Bethel he also
installed priests at the high places he had

[a]25 Hebrew *Penuel,* a variant of *Peniel* [b]30 Probable reading of the original Hebrew text; Masoretic Text *people went to the one as far as Dan*

allegiance [əlíːdʒəns] *n.* 충성
altar [ɔ́ːltər] *n.* 제단
appoint [əpɔ́int] *vt.* 임명하다
calf [kæf] *n.* 송아지
fortify [fɔ́ːrtəfài] *vt.* 요새화하다
install [instɔ́ːl] *vt.* 취임시키다
institute [ínstətjùːt] *vt.* 제정하다
likely [láikli] *a.* …할 것 같은
muster [mʌ́stər] *vt.* 소집하다
remain [riméin] *vi.* 잔존하다
revert [rivə́ːrt] *vi.* 되돌아가다
sacrifice [sǽkrəfàis] *n.* 희생 제사
shrine [ʃrain] *n.* 성소
sort [sɔːrt] *n.* 종류
worship [wə́ːrʃip] *vt.* 경배하다

12:25 build up: 건물로 둘러싸다
12:28 too much for A to B: A가 B하기에 버거운(감당하기 힘든)
12:30 as far as: …까지
12:31 even though...: …임에도 불구하고, 비록 …일지라도 (=even if)

아지에게 제사를 드렸으며 그가 지은 산당의
제사장을 벧엘에서 세웠더라
33 그가 자기 마음대로 정한 달 곧 여덟째 달 열
다섯째 날로 이스라엘 자손을 위하여 절기로
정하고 벧엘에 쌓은 제단에 올라가서 분향하
였더라

벧엘 제단 규탄 — B.C. 931년경

13 보라 그때에 하나님의 사람이 여호와의
말씀으로 말미암아 유다에서부터 벧엘에
이르니 마침 여로보암이 제단 곁에 서서 분향
하는지라
2 하나님의 사람이 제단을 향하여 여호와의 말
씀으로 외쳐 이르되 제단아 제단아 여호와께
서 이와 같이 말씀하시기를 다윗의 집에 요시
야라 이름하는 아들을 낳으리니 그가 네 위에
분향하는 산당 제사장을 네 위에서 제물로 바
칠 것이요 또 사람의 뼈를 네 위에서 사르리라
하셨느니라 하고
3 그날에 그가 징조를 들어 이르되 이는 여호와
께서 말씀하신 징조라 제단이 갈라지며 그 위
에 있는 재가 쏟아지리라 하매
4 여로보암 왕이 하나님의 사람이 벧엘에 있는
제단을 향하여 외쳐 말함을 들을 때에 제단에
서 손을 펴며 그를 잡으라 하더라 그를 향하여
편 손이 말라 다시 거두지 못하며
5 하나님의 사람이 여호와의 말씀으로 보인 징
조대로 제단이 갈라지며 재가 제단에서 쏟아
진지라
6 왕이 하나님의 사람에게 말하여 이르되 청하
건대 너는 나를 위하여 네 하나님 여호와께 은
혜를 구하여 내 손이 다시 성하게 기도하라 하
나님의 사람이 여호와께 은혜를 구하니 왕의
손이 다시 성하여 전과 같이 되니라
7 왕이 하나님의 사람에게 이르되 나와 함께 집
에 가서 쉬라 내가 네게 예물을 주리라
8 하나님의 사람이 왕께 대답하되 왕께서 왕의
집 절반을 내게 준다 할지라도 나는 왕과 함께
들어가지도 아니하고 이곳에서는 떡도 먹지
아니하고 물도 마시지 아니하리니
9 이는 곧 여호와의 말씀이 내게 명령하여 이르
시기를 떡도 먹지 말며 물도 마시지 말고 왔던
길로 되돌아가지 말라 하셨음이니이다 하고
10 이에 다른 길로 가고 자기가 벧엘에 오던 길로
되돌아가지도 아니하니라

벧엘의 늙은 선지자

11 ● 벧엘에 한 늙은 선지자가 살더니 그의 아들들
이 와서 이날에 하나님의 사람이 벧엘에서 행한

33 made. ● On the fifteenth day of the eighth
month, a month of his own choosing, he
offered sacrifices on the altar he had built at
Bethel. So he instituted the festival for the
Israelites and went up to the altar to make
offerings.

The Man of God From Judah

13 By the word of the LORD a man of
God came from Judah to Bethel, as
Jeroboam was standing by the altar to
2 make an offering. ● By the word of the
LORD he cried out against the altar: "Altar,
altar! This is what the LORD says: 'A son
named Josiah will be born to the house of
David. On you he will sacrifice the priests
of the high places who make offerings
here, and human bones will be burned on
3 you.' " ● That same day the man of God
gave a sign: "This is the sign the LORD has
declared: The altar will be split apart and
the ashes on it will be poured out."
4 ● When King Jeroboam heard what the
man of God cried out against the altar at
Bethel, he stretched out his hand from the
altar and said, "Seize him!" But the hand he
stretched out toward the man shriveled up,
5 so that he could not pull it back. ● Also, the
altar was split apart and its ashes poured out
according to the sign given by the man of
God by the word of the LORD.
6 ● Then the king said to the man of God,
"Intercede with the LORD your God and pray
for me that my hand may be restored." So the
man of God interceded with the LORD, and
the king's hand was restored and became
as it was before.
7 ● The king said to the man of God, "Come
home with me for a meal, and I will give
you a gift."
8 ● But the man of God answered the king,
"Even if you were to give me half your pos-
sessions, I would not go with you, nor would
9 I eat bread or drink water here. ● For I was
commanded by the word of the LORD: 'You
must not eat bread or drink water or return
10 by the way you came.' " ● So he took anoth-
er road and did not return by the way he had
come to Bethel.
11 ● Now there was a certain old prophet liv-
ing in Bethel, whose sons came and told
him all that the man of God had done there

ash [æʃ] *n.* 재
command [kəmǽnd] *vt.* 명령하다
declare [diklέər] *vt.* 선언하다
intercede [intərsíːd] *vi.* 탄원하다
meal [miːl] *n.* 음식
offering [ɔ́ːfəriŋ] *n.* 제물
possession [pəzéʃən] *n.* 소유
pour [pɔːr] *vi.* 쏟아져 나오다
prophet [prɑ́fit] *n.* 선지자
restore [ristɔ́ːr] *vt.* 회복하다
seize [siːz] *vt.* 붙잡다
shrivel [ʃrívəl] *vi.* 오그라들다
sign [sain] *n.* 징조
split [split] *vt.* 쪼개다
stretch [stretʃ] *vt.* 내뻗치다

13:1 make an offering: 봉헌 제물을 드리다, 분향하다
13:3 split apart: 쪼개어 나누다
13:3 pour out: 퍼붓다
13:4 shrivel up: 말라버리다
13:4 pull back...: …를 거두다

모든 일을 그에게 말하고 또 그가 왕에게 드린
말씀도 그들이 그들의 아버지에게 말한지라
12 그들의 아버지가 그들에게 이르되 그가 어느
길로 가더냐 하니 그의 아들들이 유다에서부
터 온 하나님의 사람의 간 길을 보았음이라
13 그가 그의 아들들에게 이르되 나를 위하여 나
귀에 안장을 지우라 그들이 나귀에 안장을 지
우니 그가 타고
14 하나님의 사람을 뒤따라가서 상수리나무 아
래에 앉은 것을 보고 이르되 그대가 유다에서
온 하나님의 사람이냐 대답하되 그러하다
15 그가 그 사람에게 이르되 나와 함께 집으로 가
서 떡을 먹으라
16 대답하되 나는 그대와 함께 돌아가지도 못하
겠고 그대와 함께 들어가지도 못하겠으며 내
가 이곳에서 그대와 함께 떡도 먹지 아니하고
물도 마시지 아니하리니
17 이는 여호와의 말씀이 내게 이르시기를 네가
거기서 떡도 먹지 말고 물도 마시지 말며 또 네
가 오던 길로 되돌아가지도 말라 하셨음이로다
18 그가 그 사람에게 이르되 나도 그대와 같은 선
지자라 천사가 여호와의 말씀으로 내게 이르
기를 그를 네 집으로 데리고 돌아가서 그에게
떡을 먹이고 물을 마시게 하라 하였느니라 하
니 이는 그 사람을 속임이라
19 이에 그 사람이 그와 함께 돌아가서 그의 집에
서 떡을 먹으며 물을 마시니라
20 ●그들이 상 앞에 앉아 있을 때에 여호와의 말
씀이 그 사람을 데려온 선지자에게 임하니
21 그가 유다에서부터 온 하나님의 사람을 향하
여 외쳐 이르되 여호와의 말씀에 네가 여호와
의 말씀을 어기며 네 하나님 여호와께서 네게
내리신 명령을 지키지 아니하고 삼상 15:26
22 돌아와서 여호와가 너더러 떡도 먹지 말고 물
도 마시지 말라 하신 곳에서 떡을 먹고 물을
마셨으니 네 시체가 네 조상들의 묘실에 들어
가지 못하리라 하셨느니라 하니라
23 그리고 자기가 데리고 온 선지자가 떡을 먹고
물을 마신 후에 그를 위하여 나귀에 안장을 지
우니라
24 이에 그 사람이 가더니 사자가 길에서 그를 만
나 물어 죽이매 그의 시체가 길에 버린 바 되
니 나귀는 그 곁에 서 있고 사자도 그 시체 곁
에 서 있더라
25 지나가는 사람들이 길에 버린 시체와 그 시체
곁에 선 사자를 보고 그 늙은 선지자가 사는
성읍에 가서 말한지라

that day. They also told their father what he
12 had said to the king. ●Their father asked
them, "Which way did he go?" And his sons
showed him which road the man of God
13 from Judah had taken. ●So he said to his
sons, "Saddle the donkey for me." And
when they had saddled the donkey for
14 him, he mounted it ●and rode after the
man of God. He found him sitting under an
oak tree and asked, "Are you the man of
God who came from Judah?"
"I am," he replied.
15 ●So the prophet said to him, "Come home
with me and eat."
16 ●The man of God said, "I cannot turn back
and go with you, nor can I eat bread or drink
17 water with you in this place. ●I have been
told by the word of the LORD: 'You must not
eat bread or drink water there or return by
the way you came.' "
18 ●The old prophet answered, "I too am a
prophet, as you are. And an angel said to me
by the word of the LORD: 'Bring him back
with you to your house so that he may eat
bread and drink water.' " (But he was lying to
19 him.) ●So the man of God returned with
him and ate and drank in his house.
20 ●While they were sitting at the table, the
word of the LORD came to the old prophet
21 who had brought him back. ●He cried out
to the man of God who had come from
Judah, "This is what the LORD says: 'You
have defied the word of the LORD and have
not kept the command the LORD your God
22 gave you. ●You came back and ate bread
and drank water in the place where he told
you not to eat or drink. Therefore your body
will not be buried in the tomb of your
ancestors.' "
23 ●When the man of God had finished eat-
ing and drinking, the prophet who had
brought him back saddled his donkey for
24 him. ●As he went on his way, a lion met
him on the road and killed him, and his
body was left lying on the road, with both
the donkey and the lion standing beside it.
25 ●Some people who passed by saw the body
lying there, with the lion standing beside the
body, and they went and reported it in the
city where the old prophet lived.
26 ●When the prophet who had brought
him back from his journey heard of it, he

answer [ǽnsər] *vt.* 대답하다
beside [bisáid] *prep.* …의 곁에
bury [béri] *vt.* 묻다
defy [difái] *vt.* 무시하다
donkey [dáŋki] *n.* 당나귀
finish [fíniʃ] *vt.* 끝마치다
journey [dʒə́:rni] *n.* 여행
lying [láiiŋ] *a.* 거짓말을 하는
mount [maunt] *vt.* 타다
oak [ouk] *n.* 떡갈나무
report [ripɔ́:rt] *vt.* 보고하다
return [ritə́:rn] *vt.* 되돌아가다
saddle [sǽdl] *vt.* 안장을 얹다
show [ʃou] *vt.* 보이다
tomb [tu:m] *n.* 무덤

13:14 ride after: 말 타고 뒤를 좇아가다
13:18 as you are: 당신처럼
13:18 bring back...: …를 데리고 나오다
13:18 so that ... may ~: …가 ~할 수 있도록
13:21 cry out: 고함지르다, 절규하다
13:25 pass by: 지나가다

26 그 사람을 길에서 데리고 돌아간 선지자가
듣고 말하되 이는 여호와의 말씀을 어긴 하
나님의 사람이로다 여호와께서 그에게 하신
말씀과 같이 여호와께서 그를 사자에게 넘기
시매 사자가 그를 찢어 죽였도다 하고 13:21
27 이에 그의 아들들에게 말하여 이르되 나를
위하여 나귀에 안장을 지우라 그들이 안장을
지우매
28 그가 가서 본즉 그의 시체가 길에 버린 바 되
었고 나귀와 사자는 그 시체 곁에 서 있는데
사자가 시체를 먹지도 아니하였고 나귀를 찢
지도 아니하였더라
29 늙은 선지자가 하나님의 사람의 시체를 들어
나귀에 실어 가지고 돌아와 자기 성읍으로
들어가서 슬피 울며 장사하되
30 곧 그의 시체를 자기의 묘실에 두고 오호라
내 형제여 하며 그를 위하여 슬피 우니라
31 그 사람을 장사한 후에 그가 그 아들들에게
말하여 이르되 내가 죽거든 하나님의 사람을
장사한 묘실에 나를 장사하되 내 뼈를 그의
뼈 곁에 두라
32 그가 여호와의 말씀으로 벧엘에 있는 제단을
향하고 또 사마리아 성읍들에 있는 모든 산
당을 향하여 외쳐 말한 것이 반드시 이룰 것
임이니라

여로보암의 죄

33 ●여로보암이 이 일 후에도 그의 악한 길에
서 떠나 돌이키지 아니하고 다시 일반 백성
을 산당의 제사장으로 삼되 누구든지 자원하
면 그 사람을 산당의 제사장으로 삼았으므로
34 이 일이 여로보암 집에 죄가 되어 그 집이 땅
위에서 끊어져 멸망하게 되니라

여로보암의 아들의 죽음 — B.C. 913년경

14 그때에 여로보암의 아들 아비야가 병든
지라
2 여로보암이 자기 아내에게 이르되 청하건대
일어나 변장하여 사람들이 그대가 여로보암
의 아내임을 알지 못하게 하고 실로로 가라
거기 선지자 아히야가 있나니 그는 이전에
내가 이 백성의 왕이 될 것을 내게 말한 사람
이니라
3 그대의 손에 떡 열 개와 과자와 꿀 한 병을
가지고 그에게로 가라 그가 그대에게 이 아
이가 어떻게 될지를 알게 하리라
4 여로보암의 아내가 그대로 하여 일어나 실로
로 가서 아히야의 집에 이르니 아히야는 나
이가 많아 눈이 어두워 보지 못하더라

said, "It is the man of God who defied the
word of the LORD. The LORD has given him
over to the lion, which has mauled him and
killed him, as the word of the LORD had
warned him."
27 ●The prophet said to his sons, "Saddle the
28 donkey for me," and they did so. ●Then he
went out and found the body lying on the
road, with the donkey and the lion standing
beside it. The lion had neither eaten the body
29 nor mauled the donkey. ●So the prophet
picked up the body of the man of God, laid it
on the donkey, and brought it back to his
own city to mourn for him and bury him.
30 ●Then he laid the body in his own tomb, and
they mourned over him and said, "Alas, my
brother!"
31 ●After burying him, he said to his sons,
"When I die, bury me in the grave where the
man of God is buried; lay my bones beside his
32 bones. ●For the message he declared by the
word of the LORD against the altar in Bethel
and against all the shrines on the high places
in the towns of Samaria will certainly come
true."
33 ●Even after this, Jeroboam did not change
his evil ways, but once more appointed priests
for the high places from all sorts of people.
Anyone who wanted to become a priest he
34 consecrated for the high places. ●This was the
sin of the house of Jeroboam that led to its
downfall and to its destruction from the face
of the earth.

Ahijah's Prophecy Against Jeroboam

14 At that time Abijah son of Jeroboam
2 became ill, ●and Jeroboam said to
his wife, "Go, disguise yourself, so you won't
be recognized as the wife of Jeroboam. Then
go to Shiloh. Ahijah the prophet is there
—the one who told me I would be king
3 over this people. ●Take ten loaves of bread
with you, some cakes and a jar of honey,
and go to him. He will tell you what will
4 happen to the boy." ●So Jeroboam's wife
did what he said and went to Ahijah's house
in Shiloh.
Now Ahijah could not see; his sight was
5 gone because of his age. ●But the LORD had
told Ahijah, "Jeroboam's wife is coming to
ask you about her son, for he is ill, and you
are to give her such and such an answer.

appoint [əpɔ́int] *vt.* 임명하다
certainly [sə́:rtnli] *ad.* 확실히
consecrate [kɑ́nsəkrèit] *vt.* 성별하다
declare [diklέər] *vt.* 선포하다
destruction [distrʌ́kʃən] *n.* 멸망
disguise [disgáiz] *vt.* 변장시키다
downfall [daunfɔ:l] *n.* 몰락
evil [í:vəl] *a.* 악한
grave [greiv] *n.* 무덤
maul [mɔ:l] *vt.* 짐승이 할퀴다
prophecy [prɑ́fəsi] *n.* 예언
recognize [rékəgnàiz] *vt.* 알아보다
shrine [ʃrain] *n.* 사당, 성지
sight [sait] *n.* 시력
warn [wɔ:rn] *vt.* 경고하다

13:26 **give A over to B**: A를 B에게 양도하다, 넘겨 주다
13:28 **neither A nor B**: A도 B도 아니다
13:29 **pick up**: 집어 올리다
13:30 **mourn over**: 슬퍼하다, 애도하다
13:33 **all sorts of**: 온갖 종류의

5 여호와께서 아히야에게 이르시되 여로보암
의 아내가 자기 아들이 병 들었으므로 네게
물으러 오나니 너는 이러이러하게 대답하라
그가 들어올 때에 다른 사람인 체함이니라
6 ●그가 문으로 들어올 때에 아히야가 그 발
소리를 듣고 말하되 여로보암의 아내여 들어
오라 네가 어찌하여 다른 사람인 체하느냐
내가 명령을 받아 흉한 일을 네게 전하리니
7 가서 여로보암에게 말하라 이스라엘의 하나
님 여호와의 말씀이 내가 너를 백성 중에서
들어 내 백성 이스라엘의 주권자가 되게 하
고
8 나라를 다윗의 집에서 찢어내어 네게 주었거
늘 너는 내 종 다윗이 내 명령을 지켜 전심으
로 나를 따르며 나 보기에 정직한 일만 행하
였음과 같지 아니하고
9 네 이전 사람들보다도 더 악을 행하고 가서
너를 위하여 다른 신을 만들며 우상을 부어
만들어 나를 노엽게 하고 나를 네 등 뒤에 버
렸도다
10 그러므로 내가 여로보암의 집에 재앙을 내려
여로보암에게 속한 사내는 이스라엘 가운데
매인 자나 놓인 자나 다 끊어 버리되 거름 더
미를 쓸어 버림같이 여로보암의 집을 말갛게
쓸어 버릴지라
11 여로보암에게 속한 자가 성읍에서 죽은즉 개
가 먹고 들에서 죽은즉 공중의 새가 먹으리니
이는 여호와께서 말씀하셨음이니라 하셨나니
12 너는 일어나 네 집으로 가라 네 발이 성읍에
들어갈 때에 그 아이가 죽을지라
13 온 이스라엘이 그를 위하여 슬퍼하며 장사하
려니와 여로보암에게 속한 자는 오직 이 아
이만 묘실에 들어가리니 이는 여로보암의 집
가운데에서 그가 이스라엘의 하나님 여호와
를 향하여 선한 뜻을 품었음이니라
14 여호와께서 이스라엘 위에 한 왕을 일으키신
즉 그가 그날에 여로보암의 집을 끊어 버리
리라 언제냐 하니 곧 이제라
15 여호와께서 이스라엘을 쳐서 물에서 흔들리
는 갈대같이 되게 하시고 이스라엘을 그의
조상들에게 주신 이 좋은 땅에서 뽑아 그들
을 [1]강 너머로 흩으시리니 그들이 아세라 상
을 만들어 여호와를 진노하게 하였음이니라
16 여호와께서 여로보암의 죄로 말미암아 이스
라엘을 버리시리니 이는 그도 범죄하고 이스
라엘로 범죄하게 하였음이니라 하니라 12:30
17 ●여로보암의 아내가 일어나 디르사로 돌아

When she arrives, she will pretend to be
someone else."
6 ●So when Ahijah heard the sound of her
footsteps at the door, he said, "Come in, wife
of Jeroboam. Why this pretense? I have been
7 sent to you with bad news. ●Go, tell Jer-
oboam that this is what the LORD, the God of
Israel, says: 'I raised you up from among the
people and appointed you ruler over my peo-
8 ple Israel. ●I tore the kingdom away from the
house of David and gave it to you, but you
have not been like my servant David, who
kept my commands and followed me with all
his heart, doing only what was right in my
9 eyes. ●You have done more evil than all who
lived before you. You have made for yourself
other gods, idols made of metal; you have
aroused my anger and turned your back on
me.
10 ●" 'Because of this, I am going to bring dis-
aster on the house of Jeroboam. I will cut off
from Jeroboam every last male in Israel—
slave or free.[a] I will burn up the house of Jer-
oboam as one burns dung, until it is all gone.
11 ●Dogs will eat those belonging to Jeroboam
who die in the city, and the birds will feed
on those who die in the country. The LORD
has spoken!'
12 ●"As for you, go back home. When you set
13 foot in your city, the boy will die. ●All Israel
will mourn for him and bury him. He is the
only one belonging to Jeroboam who will be
buried, because he is the only one in the
house of Jeroboam in whom the LORD, the
God of Israel, has found anything good.
14 ●"The LORD will raise up for himself a king
over Israel who will cut off the family of Jer-
oboam. Even now this is beginning to hap-
15 pen.[b] ●And the LORD will strike Israel, so that
it will be like a reed swaying in the water. He
will uproot Israel from this good land that he
gave to their ancestors and scatter them
beyond the Euphrates River, because they
aroused the LORD's anger by making Asherah
16 poles.[c] ●And he will give Israel up because of
the sins Jeroboam has committed and has
caused Israel to commit."
17 ●Then Jeroboam's wife got up and left and
went to Tirzah. As soon as she stepped over

[a]*10* Or *Israel—every ruler or leader* [b]*14* The meaning of the Hebrew for this sentence is uncertain. [c]*15* That is, wooden symbols of the goddess Asherah; here and elsewhere in 1 Kings 1) 유브라데 강

arouse [əráuz] *vt.* 자극하다
belonging [bilɔ́:ŋiŋ] *n.* 소유, 가족
disaster [dizǽstər] *n.* 재앙
dung [dʌŋ] *n.* 분뇨
feed [fi:d] *vi.* 먹다
footstep [futstep] *n.* 발걸음
idol [áidl] *n.* 우상
metal [métl] *n.* 금속
mourn [mə:rn] *vi.* 슬퍼하다
pretense [priténs] *n.* 가짜, 속임수
reed [ri:d] *n.* 갈대
scatter [skǽtər] *vt.* 흩뿌리다
slave [sleiv] *n.* 노예, 종
sway [swei] *vi.* 흔들리다
uproot [ʌpru:t] *vt.* 뿌리째 뽑다

14:5 pretend to...: …인 체하다
14:7 raise A up from B: B가운데에서 A를 들어 세우다
14:8 tear... away: …를 잡아 찢다
14:12 set foot in...: …에 발을 들여놓다
14:17 step over: 넘다

가서 집 문지방에 이를 때에 그 아이가 죽은
지라
18 온 이스라엘이 그를 장사하고 그를 위하여
슬퍼하니 여호와께서 그의 종 선지자 아히야
를 통하여 하신 말씀과 같이 되었더라

여로보암의 죽음

19 ●여로보암의 그 남은 행적 곧 그가 어떻게
싸웠는지와 어떻게 다스렸는지는 이스라엘
왕 역대지략에 기록되니라
20 여로보암이 왕이 된 지 이십이 년이라 그가
그의 조상들과 함께 자매 그의 아들 나답이
대신하여 왕이 되니라

유다 왕 르호보암 (대하 11:5-12:15 ♪70, 370장)

21 ●솔로몬의 아들 르호보암은 유다 왕이 되었
으니 르호보암이 왕위에 오를 때에 나이가
사십일 세라 여호와께서 자기 이름을 두시려
고 이스라엘 모든 지파 가운데에서 택하신
성읍 예루살렘에서 십칠 년 동안 다스리니라
그의 어머니의 이름은 나아마요 암몬 사람이
더라
22 유다가 여호와 보시기에 악을 행하되 그의
조상들이 행한 모든 일보다 뛰어나게 하여
그 범한 죄로 여호와를 노엽게 하였으니
23 이는 그들도 산 위에와 모든 푸른 나무 아래
에 산당과 우상과 아세라 상을 세웠음이라
24 그 땅에 또 남색하는 자가 있었고 여호와께
서 이스라엘 자손 앞에서 쫓아내신 국민의
모든 가증한 일을 무리가 본받아 행하였더라
25 ●르호보암 왕 제오 년에 애굽의 왕 시삭이
올라와서 예루살렘을 치고 11:40
26 여호와의 성전의 보물과 왕궁의 보물을 모두
빼앗고 또 솔로몬이 만든 금 방패를 다 빼앗
은지라
27 르호보암 왕이 그 대신 놋으로 방패를 만들
어 왕궁 문을 지키는 시위대 대장의 손에 맡
기매
28 왕이 여호와의 성전에 들어갈 때마다 시위하
는 자가 그 방패를 들고 갔다가 시위소로 도
로 가져갔더라
29 ●르호보암의 남은 사적과 그가 행한 모든
일은 유다 왕 역대지략에 기록되지 아니하였
느냐
30 르호보암과 여로보암 사이에 항상 전쟁이 있
으니라 12:21-24
31 르호보암이 그의 조상들과 함께 자니 그의
조상들과 함께 다윗 성에 장사되니라 그의
어머니의 이름은 나아마요 암몬 사람이더라

the threshold of the house, the boy died.
18 •They buried him, and all Israel mourned
for him, as the LORD had said through his ser-
vant the prophet Ahijah.
19 •The other events of Jeroboam's reign, his
wars and how he ruled, are written in the book
20 of the annals of the kings of Israel. •He
reigned for twenty-two years and then rest-
ed with his ancestors. And Nadab his son
succeeded him as king.

Rehoboam King of Judah

21 •Rehoboam son of Solomon was king in
Judah. He was forty-one years old when he
became king, and he reigned seventeen
years in Jerusalem, the city the LORD had cho-
sen out of all the tribes of Israel in which to
put his Name. His mother's name was Na-
amah; she was an Ammonite.
22 •Judah did evil in the eyes of the LORD. By
the sins they committed they stirred up his
jealous anger more than those who were
23 before them had done. •They also set up for
themselves high places, sacred stones and
Asherah poles on every high hill and under
24 every spreading tree. •There were even male
shrine prostitutes in the land; the people
engaged in all the detestable practices of the
nations the LORD had driven out before the
Israelites.
25 •In the fifth year of King Rehoboam,
Shishak king of Egypt attacked Jerusalem.
26 •He carried off the treasures of the temple
of the LORD and the treasures of the royal
palace. He took everything, including all the
27 gold shields Solomon had made. •So King
Rehoboam made bronze shields to replace
them and assigned these to the commanders
of the guard on duty at the entrance to the
28 royal palace. •Whenever the king went to the
LORD's temple, the guards bore the shields, and
afterward they returned them to the guard-
room.
29 •As for the other events of Rehoboam's
reign, and all he did, are they not written in
the book of the annals of the kings of Judah?
30 •There was continual warfare between Reho-
31 boam and Jeroboam. •And Rehoboam rested
with his ancestors and was buried with them
in the City of David. His mother's name was
Naamah; she was an Ammonite. And Abijah[a]
his son succeeded him as king.

[a]*31* Some Hebrew manuscripts and Septuagint (see also 2 Chron. 12:16); most Hebrew manuscripts *Abijam*

annals [ǽnlz] *n.* 연대기
assign [əsáin] *vt.* 할당하다
commit [kəmít] *vt.* (죄를) 범하다
continual [kəntínjuəl] *a.* 빈번한
detestable [ditéstəbl] *a.* 혐오스러운
guardroom [ga:rdru:m] *n.* 초소
pole [poul] *n.* 장대
prostitute [prástətjù:t] *n.* 창기
reign [rein] *n.* 통치
sacred [séikrid] *a.* 신성한
shield [ʃi:ld] *n.* 방패
spread [spred] *vt.* 펴다, 펼치다
succeed [səksí:d] *vt.* 계승하다
threshold [θréʃhould] *n.* 문지방
warfare [wɔ́:rfɛər] *n.* 전쟁

14:22 stir up: 일으키다
14:23 set up...: …을 세우다
14:24 engage in...: …에 관여하다
14:24 drive out: 몰아내다, 내쫓다
14:26 carry off: 획득하다
14:27 on duty: 당번으로, 근무 시간중에

그의 아들 아비얌이 대신하여 왕이 되니라

유다 왕 아비얌 (대하 13:1-14:1) —B.C. 910년경

15 느밧의 아들 여로보암 왕 열여덟째 해에
아비얌이 유다 왕이 되고 대하 13:1, 2
2 예루살렘에서 삼 년 동안 다스리니라 그의
어머니의 이름은 마아가요 아비살롬의 딸이
더라
3 아비얌이 그의 아버지가 이미 행한 모든 죄
를 행하고 그의 마음이 그의 조상 다윗의 마
음과 같지 아니하여 그의 하나님 여호와 앞
에 온전하지 못하였으나
4 그의 하나님 여호와께서 다윗을 위하여 예루
살렘에서 그에게 등불을 주시되 그의 아들을
세워 뒤를 잇게 하사 예루살렘을 견고하게
하셨으니
5 이는 다윗이 헷 사람 우리아의 일 외에는 평
생에 여호와 보시기에 정직하게 행하고 자기
에게 명령하신 모든 일을 어기지 아니하였음
이라
6 르호보암과 여로보암 사이에 사는 날 동안
전쟁이 있었더니
7 아비얌과 여로보암 사이에도 전쟁이 있으니
라 아비얌의 남은 사적과 그 행한 모든 일은
유다 왕 역대지략에 기록되지 아니하였느냐
8 아비얌이 그의 조상들과 함께 자니 다윗 성
에 장사되고 그 아들 아사가 대신하여 왕이
되니라

유다 왕 아사 (대하 15:16-16:6 ♪ 488장)

9 ●이스라엘의 여로보암 왕 제이십 년에 아사
가 유다 왕이 되어
10 예루살렘에서 사십일 년 동안 다스리니라 그
의 어머니의 이름은 마아가라 아비살롬의 딸
이더라
11 아사가 그의 조상 다윗같이 여호와 보시기에
정직하게 행하여
12 남색하는 자를 그 땅에서 쫓아내고 그의 조
상들이 지은 모든 우상을 없애고
13 또 그의 어머니 마아가가 혐오스러운 아세라
상을 만들었으므로 태후의 위를 폐하고 그
우상을 찍어 기드론 시냇가에서 불살랐으나
14 다만 산당은 없애지 아니하니라 그러나 아사
의 마음이 일평생 여호와 앞에 온전하였으며
15 그가 그의 아버지가 성별한 것과 자기가 성
별한 것을 여호와의 성전에 받들어 드렸으니
곧 은과 금과 그릇들이더라
16 ●아사와 이스라엘의 왕 바아사 사이에 일생
동안 전쟁이 있으니라

Abijah King of Judah

15 In the eighteenth year of the reign of
Jeroboam son of Nebat, Abijah[a] be-
2 came king of Judah, ●and he reigned in Jeru-
salem three years. His mother's name was
Maakah daughter of Abishalom.[b]
3 ●He committed all the sins his father had
done before him; his heart was not fully
devoted to the LORD his God, as the heart of
4 David his forefather had been. ●Nevertheless,
for David's sake the LORD his God gave him a
lamp in Jerusalem by raising up a son to suc-
ceed him and by making Jerusalem strong.
5 ●For David had done what was right in the
eyes of the LORD and had not failed to keep any
of the LORD's commands all the days of his
life—except in the case of Uriah the Hittite.
6 ●There was war between Abijah[c] and Jer-
7 oboam throughout Abijah's lifetime. ●As for
the other events of Abijah's reign, and all he
did, are they not written in the book of the
annals of the kings of Judah? There was war
8 between Abijah and Jeroboam. ●And Abijah
rested with his ancestors and was buried in the
City of David. And Asa his son succeeded him
as king.

Asa King of Judah

9 ●In the twentieth year of Jeroboam king
10 of Israel, Asa became king of Judah, ●and
he reigned in Jerusalem forty-one years. His
grandmother's name was Maakah daughter
of Abishalom.
11 ●Asa did what was right in the eyes of the
12 LORD, as his father David had done. ●He
expelled the male shrine prostitutes from the
land and got rid of all the idols his ancestors
13 had made. ●He even deposed his grandmoth-
er Maakah from her position as queen mother,
because she had made a repulsive image for
the worship of Asherah. Asa cut it down and
14 burned it in the Kidron Valley. ●Although he
did not remove the high places, Asa's heart
was fully committed to the LORD all his life.
15 ●He brought into the temple of the LORD the
silver and gold and the articles that he and his
father had dedicated.
16 ●There was war between Asa and Baasha

[a]1 Some Hebrew manuscripts and Septuagint (see also 2 Chron. 12:16); most Hebrew manuscripts *Abijam*; also in verses 7 and 8 [b]2 A variant of *Absalom*; also in verse 10 [c]6 Some Hebrew manuscripts and Syriac *Abijam* (that is, Abijah); most Hebrew manuscripts *Rehoboam*

ancestor [ǽnsestər] *n.* 조상
article [á:rtikl] *n.* 물품
dedicate [dédikèit] *vt.* 헌납하다
depose [dipóuz] *vt.* 물러나게 하다
devote [divóut] *vt.* 바치다
expel [ikspél] *vt.* 내쫓다
forefather [fɔ́ːrfɑ:ðər] *n.* 조상
fully [fúlli] *ad.* 완전히
lifetime [laiftaim] *n.* 일생
male [meil] *n.* 남성, 수컷
nevertheless [nèvərðəlés] *ad.* 그러나
position [pəzíʃən] *n.* 위치, 장소
remove [rimú:v] *vt.* 제거하다
repulsive [ripʌ́lsiv] *a.* 혐오스러운
valley [vǽli] *n.* 계곡

15:4 raise up: 세우다
15:5 in the case of ...: …에 관해서는
15:7 as for ...: …에 관한 한은
15:7 between A and B: A와 B 사이
15:12 get rid of...: …를 제거하다
15:13 cut down: (나무를) 베어 넘어뜨리다

17 이스라엘의 왕 바아사가 유다를 치러 올라와
서 라마를 건축하여 사람을 유다 왕 아사와
왕래하지 못하게 하려 한지라
18 아사가 여호와의 성전 곳간과 왕궁 곳간에
남은 은금을 모두 가져다가 그 신하의 손에
넘겨 다메섹에 거주하고 있는 아람의 왕 헤
시온의 손자 다브림몬의 아들 벤하닷에게 보
내며 이르되
19 나와 당신 사이에 약조가 있고 내 아버지와
당신의 아버지 사이에도 있었느니라 내가 당
신에게 은금 예물을 보냈으니 와서 이스라엘
의 왕 바아사와 세운 약조를 깨뜨려서 그가
나를 떠나게 하라 하매
20 벤하닷이 아사 왕의 말을 듣고 그의 군대 지
휘관들을 보내 이스라엘 성읍들을 치되 이욘
과 단과 아벨벧마아가와 긴네렛 온 땅과 납
달리 온 땅을 쳤더니
21 바아사가 듣고 라마를 건축하는 일을 중단하
고 디르사에 거주하니라
22 이에 아사 왕이 온 유다에 명령을 내려 한 사
람도 모면하지 못하게 하여 바아사가 라마를
건축하던 돌과 재목을 가져오게 하고 그것으
로 베냐민의 게바와 미스바를 건축하였더라
23 ●아사의 남은 사적과 모든 권세와 그가 행
한 모든 일과 성읍을 건축한 일이 유다 왕 역
대지략에 기록되지 아니하였느냐 그러나 그
는 늘그막에 발에 병이 들었더라
24 아사가 그의 조상들과 함께 자매 그의 조상
들과 함께 그의 조상 다윗의 성읍에 장사되
고 그의 아들 여호사밧이 대신하여 왕이 되
니라

이스라엘 왕 나답 (♪ 273, 280장)

25 ●유다의 아사 왕 둘째 해에 여로보암의 아
들 나답이 이스라엘 왕이 되어 이 년 동안 이
스라엘을 다스리니라 14:20
26 그가 여호와 보시기에 악을 행하되 그의 아
버지의 길로 행하며 그가 이스라엘에게 범하
게 한 그 죄 중에 행한지라
27 이에 잇사갈 족속 아히야의 아들 바아사가
그를 모반하여 블레셋 사람에게 속한 깁브돈
에서 그를 죽였으니 이는 나답과 온 이스라
엘이 깁브돈을 에워싸고 있었음이더라
28 유다의 아사 왕 셋째 해에 바아사가 나답을
죽이고 대신하여 왕이 되고
29 왕이 될 때에 여로보암의 온 집을 쳐서 생명
있는 자를 한 사람도 남기지 아니하고 다 멸
하였는데 여호와께서 그의 종 실로 사람 아

17 king of Israel throughout their reigns. ●Baasha
king of Israel went up against Judah and forti-
fied Ramah to prevent anyone from leaving or
entering the territory of Asa king of Judah.
18 ●Asa then took all the silver and gold that
was left in the treasuries of the LORD's temple
and of his own palace. He entrusted it to his
officials and sent them to Ben-Hadad son of
Tabrimmon, the son of Hezion, the king of
19 Aram, who was ruling in Damascus. ●"Let
there be a treaty between me and you," he
said, "as there was between my father and
your father. See, I am sending you a gift of sil-
ver and gold. Now break your treaty with
Baasha king of Israel so he will withdraw from
me."
20 ●Ben-Hadad agreed with King Asa and sent
the commanders of his forces against the
towns of Israel. He conquered Ijon, Dan, Abel
Beth Maakah and all Kinnereth in addition
21 to Naphtali. ●When Baasha heard this, he
stopped building Ramah and withdrew to
22 Tirzah. ●Then King Asa issued an order to all
Judah—no one was exempt—and they car-
ried away from Ramah the stones and timber
Baasha had been using there. With them King
Asa built up Geba in Benjamin, and also Miz-
pah.
23 ●As for all the other events of Asa's reign, all
his achievements, all he did and the cities he
built, are they not written in the book of the
annals of the kings of Judah? In his old age,
24 however, his feet became diseased. ●Then Asa
rested with his ancestors and was buried with
them in the city of his father David. And
Jehoshaphat his son succeeded him as king.

Nadab King of Israel

25 ●Nadab son of Jeroboam became king of
Israel in the second year of Asa king of Ju-
dah, and he reigned over Israel two years.
26 ●He did evil in the eyes of the LORD, follow-
ing the ways of his father and committing
the same sin his father had caused Israel to
commit.
27 ●Baasha son of Ahijah from the tribe of
Issachar plotted against him, and he struck
him down at Gibbethon, a Philistine town,
while Nadab and all Israel were besieging it.
28 ●Baasha killed Nadab in the third year of Asa
king of Judah and succeeded him as king.
29 ●As soon as he began to reign, he killed
Jeroboam's whole family. He did not leave

achievement [ətʃíːvmənt] *n.* 업적, 성취
annals [ǽnlz] *n.(pl.)* 연대기
besiege [bisíːdʒ] *vt.* 포위하다
commit [kəmít] *vt.* 범하다
conquer [káŋkər] *vt.* 정복하다
diseased [dizíːzd] *a.* 아픈
entrust [intrʌ́st] *vt.* 위탁하다
exempt [igzémpt] *a.* 면제된
fortify [fɔ́ːrtəfài] *vt.* 요새화하다
plot [plat] *vi.* 음모를 꾸미다
territory [térətɔ̀ːri] *n.* 영토
timber [tímbər] *n.* 목재
treasury [tréʒəri] *n.* 보물창고
treaty [tríːti] *n.* 조약
withdraw [wiðdrɔ́ː] *vi.* 철수하다

15:17 prevent A from B: A가 B하지 못하도록 (방해하여) 막다
15:19 withdraw from: 물러나게 하다
15:20 in addition to...: …외에도
15:22 issue an order to...: …에게 명령을 내리다

히야를 통하여 하신 말씀과 같이 되었으니
30 이는 여로보암이 범죄하고 또 이스라엘에게
범하게 한 죄로 말미암음이며 또 그가 이스
라엘의 하나님 여호와를 노엽게 한 일 때문
이었더라
31 나답의 남은 사적과 행한 모든 일은 이스라
엘 왕 역대지략에 기록되지 아니하였느냐
32 아사와 이스라엘의 바아사 왕 사이에 일생
동안 전쟁이 있으니라

이스라엘 왕 바아사 — B.C. 905년경

33 ●유다의 아사 왕 셋째 해에 아히야의 아들
바아사가 디르사에서 모든 이스라엘의 왕이
되어 이십사 년 동안 다스리니라
34 바아사가 여호와 보시기에 악을 행하되 여로
보암의 길로 행하며 그가 이스라엘에게 범하
게 한 그 죄 중에 행하였더라

16 여호와의 말씀이 하나니의 아들 예후에
게 임하여 바아사를 꾸짖어 이르시되
2 내가 너를 티끌에서 들어 내 백성 이스라엘
위에 주권자가 되게 하였거늘 네가 여로보암
의 길로 행하며 내 백성 이스라엘에게 범죄
하게 하여 그들의 죄로 나를 노엽게 하였은
즉
3 내가 너 바아사와 네 집을 쓸어버려 네 집이
느밧의 아들 여로보암의 집같이 되게 하리니
4 바아사에게 속한 자가 성읍에서 죽은즉 개가
먹고 그에게 속한 자가 들에서 죽은즉 공중
의 새가 먹으리라 하셨더라
5 ●바아사의 남은 사적과 행한 모든 일과 권
세는 이스라엘 왕 역대지략에 기록되지 아니
하였느냐
6 바아사가 그의 조상들과 함께 자매 디르사에
장사되고 그의 아들 엘라가 대신하여 왕이
되니라
7 여호와의 말씀이 하나니의 아들 선지자 예후
에게도 임하사 바아사와 그의 집을 꾸짖으심
은 그가 여로보암의 집과 같이 여호와 보시
기에 모든 악을 행하며 그의 손의 행위로 여
호와를 노엽게 하였음이며 또 그의 집을 쳤
음이더라

이스라엘 왕 엘라 (♪ 261, 471장)

8 ●유다의 아사 왕 제이십육년에 바아사의 아
들 엘라가 디르사에서 이스라엘의 왕이 되어
이 년 동안 그 왕위에 있으니라
9 엘라가 디르사에 있어 왕궁 맡은 자 아르사
의 집에서 마시고 취할 때에 그 신하 곧 병거
절반을 통솔한 지휘관 시므리가 왕을 모반하

Jeroboam anyone that breathed, but des-
troyed them all, according to the word of the
LORD given through his servant Ahijah the
30 Shilonite. •This happened because of the sins
Jeroboam had committed and had caused
Israel to commit, and because he aroused the
anger of the LORD, the God of Israel.
31 •As for the other events of Nadab's reign,
and all he did, are they not written in the
book of the annals of the kings of Israel?
32 •There was war between Asa and Baasha
king of Israel throughout their reigns.

Baasha King of Israel

33 •In the third year of Asa king of Judah,
Baasha son of Ahijah became king of all Israel
in Tirzah, and he reigned twenty-four years.
34 •He did evil in the eyes of the LORD, follow-
ing the ways of Jeroboam and committing
the same sin Jeroboam had caused Israel to
commit.

16 Then the word of the LORD came to
Jehu son of Hanani concerning Ba-
2 asha: •"I lifted you up from the dust and
appointed you ruler over my people Israel,
but you followed the ways of Jeroboam and
caused my people Israel to sin and to arouse
3 my anger by their sins. •So I am about to
wipe out Baasha and his house, and I will
make your house like that of Jeroboam son of
4 Nebat. •Dogs will eat those belonging to
Baasha who die in the city, and birds will
feed on those who die in the country."
5 •As for the other events of Baasha's reign,
what he did and his achievements, are they
not written in the book of the annals of the
6 kings of Israel? •Baasha rested with his ances-
tors and was buried in Tirzah. And Elah his
son succeeded him as king.
7 •Moreover, the word of the LORD came
through the prophet Jehu son of Hanani to
Baasha and his house, because of all the evil
he had done in the eyes of the LORD, arousing
his anger by the things he did, becoming like
the house of Jeroboam — and also because
he destroyed it.

Elah King of Israel

8 •In the twenty-sixth year of Asa king of
Judah, Elah son of Baasha became king of
Israel, and he reigned in Tirzah two years.
9 •Zimri, one of his officials, who had com-

appoint [əpɔ́int] *vt.* 임명하다
arouse [əráuz] *vt.* 자극하다
belonging [bilɔ́ːŋiŋ] *n.* 소유, 가족
breathe [briːð] *vi.* 숨쉬다
cause [kɔːz] *vt.* …하게 하다
concerning [kənsə́ːrniŋ] *prep.* …에 관해
destroy [distrɔ́i] *vt.* 파괴하다
dust [dʌst] *n.* 먼지
evil [íːvəl] *n.* 죄악
feed [fiːd] *vi.* 먹이를 먹다
official [əfíʃəl] *n.* 신하
prophet [práfit] *n.* 선지자
reign [rein] *n.* 통치
rest [rest] *vi.* 죽다
succeed [səksíːd] *vt.* 계승하다

15:29 **according to:** …에 의하면
15:31 **as for:** …에 관해 말하면
15:32 **between A and B:** A와 B 사이
16:3 **be about to...:** 막 …하려는 참이다
16:4 **feed on:** …을 먹다
16:7 **come through:** …임하다

여
10 시므리가 들어가서 그를 쳐죽이고 그를 대신하여 왕이 되니 곧 유다의 아사 왕 제이십칠년이라
11 시므리가 왕이 되어 왕위에 오를 때에 바아사의 온 집안 사람들을 죽이되 남자는 그의 친족이든지 그의 친구든지 한 사람도 남기지 아니하고
12 바아사의 온 집을 멸하였는데 선지자 예후를 통하여 바아사를 꾸짖어 하신 여호와의 말씀같이 되었으니 대하 19:2
13 이는 바아사의 모든 죄와 그의 아들 엘라의 죄 때문이라 그들이 범죄하고 또 이스라엘에게 범죄하게 하여 그들의 헛된 것들로 이스라엘의 하나님 여호와를 노하시게 하였더라
14 엘라의 남은 사적과 행한 모든 일은 이스라엘 왕 역대지략에 기록되지 아니하였느냐

이스라엘 왕 시므리

15 ●유다의 아사 왕 제이십칠년에 시므리가 디르사에서 칠 일 동안 왕이 되니라 그때에 백성들이 블레셋 사람에게 속한 깁브돈을 향하여 진을 치고 있더니
16 진중 백성들이 시므리가 모반하여 왕을 죽였다는 말을 들은지라 그날에 이스라엘의 무리가 진에서 군대 지휘관 오므리를 이스라엘의 왕으로 삼으매
17 오므리가 이에 이스라엘의 무리를 거느리고 깁브돈에서부터 올라와서 디르사를 에워 쌌더라
18 시므리가 성읍이 함락됨을 보고 왕궁 요새에 들어가서 왕궁에 불을 지르고 그 가운데에서 죽었으니
19 이는 그가 여호와 보시기에 악을 행하여 범죄하였기 때문이니라 그가 여로보암의 길로 행하며 그가 이스라엘에게 죄를 범하게 한 그 죄 중에 행하였더라
20 시므리의 남은 행위와 그가 반역한 일은 이스라엘 왕 역대지략에 기록되지 아니하였느냐

이스라엘 왕 오므리 (♪ 261, 499장)

21 ●그때에 이스라엘 백성이 둘로 나뉘어 그 절반은 기낫의 아들 디브니를 따라 그를 왕으로 삼으려 하고 그 절반은 오므리를 따랐더니
22 오므리를 따른 백성이 기낫의 아들 디브니를 따른 백성을 이긴지라 디브니가 죽으매 오므리가 왕이 되니라

mand of half his chariots, plotted against
him. Elah was in Tirzah at the time, getting
drunk in the home of Arza, the palace admin-
10 istrator at Tirzah. •Zimri came in, struck him
down and killed him in the twenty-seventh
year of Asa king of Judah. Then he succeeded
him as king.
11 •As soon as he began to reign and was
seated on the throne, he killed off Baasha's
whole family. He did not spare a single male,
12 whether relative or friend. •So Zimri destroyed
the whole family of Baasha, in accordance
with the word of the LORD spoken against
13 Baasha through the prophet Jehu— •because
of all the sins Baasha and his son Elah had
committed and had caused Israel to commit,
so that they aroused the anger of the LORD, the
God of Israel, by their worthless idols.
14 •As for the other events of Elah's reign, and
all he did, are they not written in the book of
the annals of the kings of Israel?

Zimri King of Israel

15 •In the twenty-seventh year of Asa king of
Judah, Zimri reigned in Tirzah seven days.
The army was encamped near Gibbethon, a
16 Philistine town. •When the Israelites in the
camp heard that Zimri had plotted against
the king and murdered him, they proclaimed
Omri, the commander of the army, king over
17 Israel that very day there in the camp. •Then
Omri and all the Israelites with him with-
drew from Gibbethon and laid siege to Ti-
18 rzah. •When Zimri saw that the city was
taken, he went into the citadel of the royal
palace and set the palace on fire around him.
19 So he died, •because of the sins he had com-
mitted, doing evil in the eyes of the LORD and
following the ways of Jeroboam and com-
mitting the same sin Jeroboam had caused
Israel to commit.
20 •As for the other events of Zimri's reign,
and the rebellion he carried out, are they
not written in the book of the annals of the
kings of Israel?

Omri King of Israel

21 •Then the people of Israel were split into
two factions; half supported Tibni son of
Ginath for king, and the other half support-
22 ed Omri. •But Omri's followers proved
stronger than those of Tibni son of Ginath.
So Tibni died and Omri became king.

chariot [tʃǽriət] *n.* 병거
citadel [sítədl] *n.* 요새
commander [kəmǽndər] *n.* 지휘자
encamp [inkǽmp] *vt.* 야영하다
faction [fǽkʃən] *n.* 당파
murder [mə́ːrdər] *vt.* 참살하다
proclaim [prəkléim] *vt.* 선언하다
prove [pruːv] *vt.* 입증하다
rebellion [ribéljən] *n.* 반란
relative [rélətiv] *n.* 친척
spare [spɛər] *vt.* 살려두다
support [səpɔ́ːrt] *vt.* 지지하다
throne [θroun] *n.* 왕좌
whether [hwéðər] *conj.* …인지 어떤지
worthless [wə́ːrθlis] *a.* 가치 없는

16:9 plot against...: …에 음모를 꾸미다
16:10 strike somebody down: …를 쓰러뜨리다
16:17 lay siege to...: …를 포위하여 공격하다
16:21 split into: 분열시키다

23 유다의 아사 왕 제삼십일년에 오므리가 이스
라엘의 왕이 되어 십이 년 동안 왕위에 있으
며 디르사에서 육 년 동안 다스리니라 15:21
24 그가 은 두 달란트로 세멜에게서 사마리아
산을 사고 그 산 위에 성읍을 건축하고 그 건
축한 성읍 이름을 그 산 주인이었던 세멜의
이름을 따라 사마리아라 일컬었더라 요 4:4
25 오므리가 여호와 보시기에 악을 행하되 그
전의 모든 사람보다 더욱 악하게 행하여
26 느밧의 아들 여로보암의 모든 길로 행하며
그가 이스라엘에게 죄를 범하게 한 그 죄 중
에 행하여 그들의 헛된 것들로 이스라엘의
하나님 여호와를 노하시게 하였더라
27 오므리가 행한 그 남은 사적과 그가 부린 권
세는 이스라엘 왕 역대지략에 기록되지 아니
하였느냐
28 오므리가 그의 조상들과 함께 자매 사마리아
에 장사되고 그의 아들 아합이 대신하여 왕
이 되니라

이스라엘 왕 아합 (♪471장)

29 ●유다의 아사 왕 제삼십팔년에 오므리의 아
들 아합이 이스라엘의 왕이 되니라 오므리의
아들 아합이 사마리아에서 이십이 년 동안
이스라엘을 다스리니라
30 오므리의 아들 아합이 그의 이전의 모든 사
람보다 여호와 보시기에 악을 더욱 행하여
31 느밧의 아들 여로보암의 죄를 따라 행하는
것을 오히려 가볍게 여기며 시돈 사람의 왕
엣바알의 딸 이세벨을 아내로 삼고 가서 바
알을 섬겨 예배하고
32 사마리아에 건축한 바알의 신전 안에 바알을
위하여 제단을 쌓으며
33 또 아세라 상을 만들었으니 그는 그 이전의
이스라엘의 모든 왕보다 심히 이스라엘 하나
님 여호와를 노하시게 하였더라
34 그 시대에 벧엘 사람 히엘이 여리고를 건축
하였는데 그가 그 터를 쌓을 때에 맏아들 아
비람을 잃었고 그 성문을 세울 때에 막내 아
들 스굽을 잃었으니 여호와께서 눈의 아들
여호수아를 통하여 하신 말씀과 같이 되었더
라

엘리야와 가뭄

17 길르앗에 우거하는 자 중에 디셉 사람
엘리야가 아합에게 말하되 내가 섬기는
이스라엘의 하나님 여호와께서 살아 계심을
두고 맹세하노니 내 말이 없으면 수 년 동안
비도 이슬도 있지 아니하리라 하니라

23 •In the thirty-first year of Asa king of Ju-
dah, Omri became king of Israel, and he
reigned twelve years, six of them in Tirzah.
24 •He bought the hill of Samaria from Shemer
for two talents [a] of silver and built a city on
the hill, calling it Samaria, after Shemer, the
name of the former owner of the hill.
25 •But Omri did evil in the eyes of the LORD
and sinned more than all those before him.
26 •He followed completely the ways of Jer-
oboam son of Nebat, committing the same sin
Jeroboam had caused Israel to commit, so that
they aroused the anger of the LORD, the God
of Israel, by their worthless idols.
27 •As for the other events of Omri's reign,
what he did and the things he achieved, are
they not written in the book of the annals of
28 the kings of Israel? •Omri rested with his
ancestors and was buried in Samaria. And
Ahab his son succeeded him as king.

Ahab Becomes King of Israel

29 •In the thirty-eighth year of Asa king of
Judah, Ahab son of Omri became king of
Israel, and he reigned in Samaria over Israel
30 twenty-two years. •Ahab son of Omri did
more evil in the eyes of the LORD than any of
31 those before him. •He not only considered it
trivial to commit the sins of Jeroboam son of
Nebat, but he also married Jezebel daughter of
Ethbaal king of the Sidonians, and began to
32 serve Baal and worship him. •He set up an
altar for Baal in the temple of Baal that he
33 built in Samaria. •Ahab also made an Asher-
ah pole and did more to arouse the anger of
the LORD, the God of Israel, than did all the
kings of Israel before him.
34 •In Ahab's time, Hiel of Bethel rebuilt Jeri-
cho. He laid its foundations at the cost of his
firstborn son Abiram, and he set up its gates at
the cost of his youngest son Segub, in accor-
dance with the word of the LORD spoken by
Joshua son of Nun.

Elijah Announces a Great Drought

17 Now Elijah the Tishbite, from Tishbe [b]
in Gilead, said to Ahab, "As the LORD,
the God of Israel, lives, whom I serve, there
will be neither dew nor rain in the next few
years except at my word."

[a] 24 That is, about 150 pounds or about 68 kilograms
[b] 1 Or Tishbite, of the settlers

achieve [ətʃíːv] *vt.* 성취하다
altar [ɔ́ːltər] *n.* 제단
ancestor [ǽnsestər] *n.* 조상
arouse [əráuz] *vt.* 자극하다
commit [kəmít] *vt.* 범하다
completely [kəmplíːtli] *ad.* 철저히
consider [kənsídər] *vt.* …로 여기다
dew [djuː] *n.* 이슬
except [iksépt] *prep.* …를 제외하고
firstborn [fə́ːrstbɔ́ːrn] *n.* 장자
former [fɔ́ːrmər] *a.* 이전의
foundation [faundéiʃən] *n.* 토대
pole [poul] *n.* 장대
reign [rein] *vi.* 통치하다
trivial [tríviəl] *a.* 사소한

16:30 any of: …의 아무도 아닌
16:31 not only A, but also B: A뿐만 아니라 B도
16:32 set up: 세우다
16:34 in one's time: …의 시대에는
16:34 in accordance with: …에 따라서

2 여호와의 말씀이 엘리야에게 임하여 이르시되
3 너는 여기서 떠나 동쪽으로 가서 요단 앞 그릿 시냇가에 숨고
4 그 시냇물을 마시라 내가 까마귀들에게 명령하여 거기서 너를 먹이게 하리라
5 그가 여호와의 말씀과 같이 하여 곧 가서 요단 앞 그릿 시냇가에 머물매
6 까마귀들이 아침에도 떡과 고기를, 저녁에도 떡과 고기를 가져왔고 그가 시냇물을 마셨으나
7 땅에 비가 내리지 아니하므로 얼마 후에 그 시내가 마르니라

엘리야와 사르밧 과부

8 ●여호와의 말씀이 엘리야에게 임하여 이르시되
9 너는 일어나 시돈에 속한 사르밧으로 가서 거기 머물라 내가 그곳 과부에게 명령하여 네게 음식을 주게 하였느니라
10 그가 일어나 사르밧으로 가서 성문에 이를 때에 한 과부가 그곳에서 나뭇가지를 줍는지라 이에 불러 이르되 청하건대 그릇에 물을 조금 가져다가 내가 마시게 하라
11 그가 가지러 갈 때에 엘리야가 그를 불러 이르되 청하건대 네 손의 떡 한 조각을 내게로 가져오라
12 그가 이르되 당신의 하나님 여호와께서 살아 계심을 두고 맹세하노니 나는 떡이 없고 다만 통에 가루 한 움큼과 병에 기름 조금 뿐이라 내가 나뭇가지 둘을 주워다가 나와 내 아들을 위하여 음식을 만들어 먹고 그 후에는 죽으리라
13 엘리야가 그에게 이르되 두려워하지 말고 가서 네 말대로 하려니와 먼저 그것으로 나를 위하여 작은 떡 한 개를 만들어 내게로 가져오고 그 후에 너와 네 아들을 위하여 만들라
14 이스라엘의 하나님 여호와의 말씀이 나 여호와가 비를 지면에 내리는 날까지 그 통의 가루가 떨어지지 아니하고 그 병의 기름이 없어지지 아니하리라 하셨느니라
15 그가 가서 엘리야의 말대로 하였더니 그와 엘리야와 그의 식구가 여러 날 먹었으나
16 여호와께서 엘리야를 통하여 하신 말씀같이 통의 가루가 떨어지지 아니하고 병의 기름이 없어지지 아니하니라
17 ●이 일 후에 그 집 주인 되는 여인의 아들이 병들어 증세가 심히 위중하다가 숨이 끊어진지라
18 여인이 엘리야에게 이르되 하나님의 사람이

Elijah Fed by Ravens

2 ●Then the word of the LORD came to Eli-
3 jah: ●"Leave here, turn eastward and hide
in the Kerith Ravine, east of the Jordan.
4 ●You will drink from the brook, and I have
directed the ravens to supply you with food
there."
5 ●So he did what the LORD had told him. He
went to the Kerith Ravine, east of the Jordan,
6 and stayed there. ●The ravens brought him
bread and meat in the morning and bread
and meat in the evening, and he drank from
the brook.

Elijah and the Widow at Zarephath

7 ●Some time later the brook dried up
because there had been no rain in the land.
8 ●Then the word of the LORD came to him:
9 ●"Go at once to Zarephath in the region of
Sidon and stay there. I have directed a widow
10 there to supply you with food." ●So he went to
Zarephath. When he came to the town gate, a
widow was there gathering sticks. He called to
her and asked, "Would you bring me a little
11 water in a jar so I may have a drink?" ●As she
was going to get it, he called, "And bring me,
please, a piece of bread."
12 ●"As surely as the LORD your God lives," she
replied, "I don't have any bread—only a
handful of flour in a jar and a little olive oil in
a jug. I am gathering a few sticks to take home
and make a meal for myself and my son, that
we may eat it—and die."
13 ●Elijah said to her, "Don't be afraid. Go
home and do as you have said. But first make
a small loaf of bread for me from what you
have and bring it to me, and then make some-
14 thing for yourself and your son. ●For this is
what the LORD, the God of Israel, says: 'The jar
of flour will not be used up and the jug of oil
will not run dry until the day the LORD sends
rain on the land.' "
15 ●She went away and did as Elijah had told
her. So there was food every day for Elijah and
16 for the woman and her family. ●For the jar of
flour was not used up and the jug of oil did not
run dry, in keeping with the word of the LORD
spoken by Elijah.
17 ●Some time later the son of the woman
who owned the house became ill. He grew
worse and worse, and finally stopped breath-
18 ing. ●She said to Elijah, "What do you have

breathe [bri:ð] *vi.* 숨쉬다
brook [bruk] *n.* 개천
direct [dirékt] *vi.* 지시하다
finally [fáinəli] *ad.* 마침내
flour [fláuər] *n.* 밀가루
gather [gæðər] *vt.* 거두다
ill [il] *a.* 병든
jar [dʒa:r] *n.* 항아리
jug [dʒʌg] *n.* 물주전자
loaf [louf] *n.* 한 덩어리
raven [réivn] *n.* 갈까마귀
reply [riplái] *vt.* 대답하다
supply [səplái] *vt.* 공급하다
widow [wídou] *n.* 미망인
worse [wə:rs] *a.* 더욱 나쁜

17:7 some time: 잠시 동안
17:12 as surely as...: …와 마찬가지로 확실히
17:12 a handful of...: 한 움큼의 …
17:14 use up: 다 써버리다
17:14 run dry: 떨어지다, 소모되다

여 당신이 나와 더불어 무슨 상관이 있기로
내 죄를 생각나게 하고 또 내 아들을 죽게 하
려고 내게 오셨나이까
19 엘리야가 그에게 그의 아들을 달라 하여 그
를 그 여인의 품에서 받아 안고 자기가 거처
하는 다락에 올라가서 자기 침상에 누이고
20 여호와께 부르짖어 이르되 내 하나님 여호와
여 주께서 또 내가 우거하는 집 과부에게 재
앙을 내리사 그 아들이 죽게 하셨나이까 하고
21 그 아이 위에 몸을 세 번 펴서 엎드리고 여호
와께 부르짖어 이르되 내 하나님 여호와여
원하건대 이 아이의 혼으로 그의 몸에 돌아
오게 하옵소서 하니
22 여호와께서 엘리야의 소리를 들으시므로 그
아이의 혼이 몸으로 돌아오고 살아난지라
23 엘리야가 그 아이를 안고 다락에서 방으로
내려가서 그의 어머니에게 주며 이르되 보라
네 아들이 살아났느니라
24 여인이 엘리야에게 이르되 내가 이제야 당신
은 하나님의 사람이시요 당신의 입에 있는
여호와의 말씀이 진실한 줄 아노라 하니라

엘리야와 바알 선지자들

18 많은 날이 지나고 제삼년에 여호와의
말씀이 엘리야에게 임하여 이르시되 너
는 가서 아합에게 보이라 내가 비를 지면에
내리리라
2 엘리야가 아합에게 보이려고 가니 그때에 사
마리아에 기근이 심하였더라
3 아합이 왕궁 맡은 자 오바댜를 불렀으니 이
오바댜는 여호와를 지극히 경외하는 자라
4 이세벨이 여호와의 선지자들을 멸할 때에 오
바댜가 선지자 백 명을 가지고 오십 명씩 굴
에 숨기고 떡과 물을 먹였더라
5 아합이 오바댜에게 이르되 이 땅의 모든 물
근원과 모든 내로 가자 혹시 꼴을 얻으리라
그리하면 말과 노새를 살리리니 짐승을 다
잃지 않게 되리라 하고
6 두 사람이 두루 다닐 땅을 나누어 아합은 홀로
이 길로 가고 오바댜는 홀로 저 길로 가니라
7 ●오바댜가 길에 있을 때에 엘리야가 그를
만난지라 그가 알아보고 엎드려 말하되 내
주 엘리야여 당신이시니이까
8 그가 그에게 대답하되 그러하다 가서 네 주
에게 말하기를 엘리야가 여기 있다 하라
9 이르되 내가 무슨 죄를 범하였기에 당신이
당신의 종을 아합의 손에 넘겨 죽이게 하려
하시나이까

against me, man of God? Did you come to
remind me of my sin and kill my son?"
19 ●"Give me your son," Elijah replied. He took
him from her arms, carried him to the upper
room where he was staying, and laid him on
20 his bed. ●Then he cried out to the LORD, "LORD
my God, have you brought tragedy even on
this widow I am staying with, by causing her
21 son to die?" ●Then he stretched himself out
on the boy three times and cried out to the
LORD, "LORD my God, let this boy's life return to
him!"
22 ●The LORD heard Elijah's cry, and the boy's
23 life returned to him, and he lived. ●Elijah
picked up the child and carried him down
from the room into the house. He gave him
to his mother and said, "Look, your son is
alive!"
24 ●Then the woman said to Elijah, "Now I
know that you are a man of God and that the
word of the LORD from your mouth is the
truth."

Elijah and Obadiah

18 After a long time, in the third year, the
word of the LORD came to Elijah: "Go
and present yourself to Ahab, and I will send
2 rain on the land." ●So Elijah went to present
himself to Ahab.
Now the famine was severe in Samaria,
3 ●and Ahab had summoned Obadiah, his
palace administrator. (Obadiah was a devout
4 believer in the LORD. ●While Jezebel was kil-
ling off the LORD's prophets, Obadiah had
taken a hundred prophets and hidden them
in two caves, fifty in each, and had supplied
5 them with food and water.) ●Ahab had said
to Obadiah, "Go through the land to all the
springs and valleys. Maybe we can find some
grass to keep the horses and mules alive so
we will not have to kill any of our animals."
6 ●So they divided the land they were to cover,
Ahab going in one direction and Obadiah in
another.
7 ●As Obadiah was walking along, Elijah
met him. Obadiah recognized him, bowed
down to the ground, and said, "Is it really
you, my lord Elijah?"
8 ●"Yes," he replied. "Go tell your master,
'Elijah is here.' "
9 ●"What have I done wrong," asked Obadi-
ah, "that you are handing your servant over

administrator [ədmínəstrèitər] *n.* 행정관
cave [keiv] *n.* 굴
devout [diváut] *a.* 헌신적인
direction [dirékʃən] *n.* 방향
divide [diváid] *vt.* 나누다
famine [fǽmin] *n.* 기근
present [préznt] *vt.* 나타내다
prophet [prάfit] *n.* 선지자
recognize [rékəgnàiz] *vt.* 알아보다
remind [rimáind] *vt.* 일깨우다
severe [sivíər] *a.* 심한
stretch [stretʃ] *vi.* 뻗다
summon [sʌmən] *vt.* 소환하다
tragedy [trǽdʒədi] *n.* 비극
upper [ʌpər] *a.* 위쪽의

17:20 cause... to~: …로 하여금 ~하게 하다
18:1 present oneself to...: 자신을 …에게 보이다
18:9 hand A over to B: A를 B에게 넘겨주다

10 당신의 하나님 여호와께서 살아 계심을 두
고 맹세하노니 내 주께서 사람을 보내어 당
신을 찾지 아니한 족속이나 나라가 없었는
데 그들이 말하기를 엘리야가 없다 하면 그
나라와 그 족속으로 당신을 보지 못하였다
는 맹세를 하게 하였거늘
11 이제 당신의 말씀이 가서 네 주에게 말하기
를 엘리야가 여기 있다 하라 하시나
12 내가 당신을 떠나간 후에 여호와의 영이 내
가 알지 못하는 곳으로 당신을 이끌어 가시
리니 내가 가서 아합에게 말하였다가 그가
당신을 찾지 못하면 내가 죽임을 당하리이
다 당신의 종은 어려서부터 여호와를 경외
하는 자라
13 이세벨이 여호와의 선지자들을 죽일 때에
내가 여호와의 선지자 중에 백 명을 오십
명씩 굴에 숨기고 떡과 물로 먹인 일이 내
주에게 들리지 아니하였나이까
14 이제 당신의 말씀이 가서 네 주에게 말하기
를 엘리야가 여기 있다 하라 하시니 그리하
면 그가 나를 죽이리이다
15 엘리야가 이르되 내가 섬기는 만군의 여호
와께서 살아 계심을 두고 맹세하노니 내가
오늘 아합에게 보이리라
16 ● 오바댜가 가서 아합을 만나 그에게 말하
매 아합이 엘리야를 만나러 가다가
17 엘리야를 볼 때에 아합이 그에게 이르되 이
스라엘을 괴롭게 하는 자여 너냐
18 그가 대답하되 내가 이스라엘을 괴롭게 한
것이 아니라 당신과 당신의 아버지의 집이
괴롭게 하였으니 이는 여호와의 명령을 버
렸고 당신이 바알들을 따랐음이라
19 그런즉 사람을 보내 온 이스라엘과 이세벨
의 상에서 먹는 바알의 선지자 사백오십 명
과 아세라의 선지자 사백 명을 갈멜 산으로
모아 내게로 나아오게 하소서
20 ● 아합이 이에 이스라엘의 모든 자손에게
로 사람을 보내 선지자들을 갈멜 산으로 모
으니라
21 엘리야가 모든 백성에게 가까이 나아가 이
르되 너희가 어느 때까지 둘 사이에서 머뭇
머뭇 하려느냐 여호와가 만일 하나님이면
그를 따르고 바알이 만일 하나님이면 그를
따를지니라 하니 백성이 말 한마디도 대답
하지 아니하는지라
22 엘리야가 백성에게 이르되 여호와의 선지
자는 나만 홀로 남았으나 바알의 선지자는

10 to Ahab to be put to death? ● As surely as the
LORD your God lives, there is not a nation or
kingdom where my master has not sent some-
one to look for you. And whenever a nation or
kingdom claimed you were not there, he
made them swear they could not find you.
11 ● But now you tell me to go to my master and
12 say, 'Elijah is here.' ● I don't know where the
Spirit of the LORD may carry you when I leave
you. If I go and tell Ahab and he doesn't find
you, he will kill me. Yet I your servant have
13 worshiped the LORD since my youth. ● Haven't
you heard, my lord, what I did while Jezebel
was killing the prophets of the LORD? I hid a
hundred of the LORD's prophets in two caves,
fifty in each, and supplied them with food
14 and water. ● And now you tell me to go to my
master and say, 'Elijah is here.' He will kill
me!"
15 ● Elijah said, "As the LORD Almighty lives,
whom I serve, I will surely present myself to
Ahab today."

Elijah on Mount Carmel

16 ● So Obadiah went to meet Ahab and told
17 him, and Ahab went to meet Elijah. ● When he
saw Elijah, he said to him, "Is that you, you trou-
bler of Israel?"
18 ● "I have not made trouble for Israel," Elijah
replied. "But you and your father's family
have. You have abandoned the LORD's com-
19 mands and have followed the Baals. ● Now
summon the people from all over Israel to
meet me on Mount Carmel. And bring the
four hundred and fifty prophets of Baal and
the four hundred prophets of Asherah, who
eat at Jezebel's table."
20 ● So Ahab sent word throughout all Israel
and assembled the prophets on Mount Car-
21 mel. ● Elijah went before the people and said,
"How long will you waver between two opin-
ions? If the LORD is God, follow him; but if
Baal is God, follow him."
But the people said nothing.
22 ● Then Elijah said to them, "I am the only
one of the LORD's prophets left, but Baal has
23 four hundred and fifty prophets. ● Get two
bulls for us. Let Baal's prophets choose one for
themselves, and let them cut it into pieces and
put it on the wood but not set fire to it. I will
prepare the other bull and put it on the wood

abandon [əbǽndən] *vt.* 버리다
almighty [ɔːlmáiti] *a.* 전능한
assemble [əsémbl] *vt.* 집합시키다
claim [kleim] *vt.* 주장하다
command [kəmǽnd] *n.* 명령
nation [néiʃən] *n.* 국가
opinion [əpínjən] *n.* 견해
prepare [pripέər] *vt.* 준비하다
summon [sʌmən] *vt.* 소집하다
surely [ʃúərli] *ad.* 분명히
swear [swεər] *vt.* 맹세하다
waver [wéivər] *vi.* 흔들리다
wherever [hwεərévər] *conj.* …할 때는 언제나
worship [wə́ːrʃip] *vt.* 예배하다
youth [juːθ] *n.* 젊음

18:9 put to death: 죽이다
18:18 make trouble for...: …를 괴롭게 하다
18:20 send word: 말을 전하다, 전갈하다
18:23 cut A into pieces: A를 여러 조각으로 자르다
18:23 set fire to...: …에 불을 지르다

사백오십 명이로다 19:10
23 그런즉 송아지 둘을 우리에게 가져오게 하
고 그들은 송아지 한 마리를 택하여 각을
떠서 나무 위에 놓고 불은 붙이지 말며 나
도 송아지 한 마리를 잡아 나무 위에 놓고
불은 붙이지 않고
24 너희는 너희 신의 이름을 부르라 나는 여호
와의 이름을 부르리니 이에 불로 응답하는
신 그가 하나님이니라 백성이 다 대답하되
그 말이 옳도다 하니라
25 ● 엘리야가 바알의 선지자들에게 이르되
너희는 많으니 먼저 송아지 한 마리를 택하
여 잡고 너희 신의 이름을 부르라 그러나
불을 붙이지 말라
26 그들이 받은 송아지를 가져다가 잡고 아침
부터 낮까지 바알의 이름을 불러 이르되 바
알이여 우리에게 응답하소서 하나 아무 소
리도 없고 아무 응답하는 자도 없으므로 그
들이 그 쌓은 제단 주위에서 뛰놀더라
27 정오에 이르러는 엘리야가 그들을 조롱하
여 이르되 큰 소리로 부르라 그는 신인즉
묵상하고 있는지 혹은 그가 잠깐 나갔는지
혹은 그가 길을 행하는지 혹은 그가 잠이
들어서 깨워야 할 것인지 하매
28 이에 그들이 큰 소리로 부르고 그들의 규례
를 따라 피가 흐르기까지 칼과 창으로 그들
의 몸을 상하게 하더라
29 이같이 하여 정오가 지났고 그들이 미친 듯
이 떠들어 저녁 소제 드릴 때까지 이르렀으
나 아무 소리도 없고 응답하는 자나 돌아보
는 자가 아무도 없더라
30 ● 엘리야가 모든 백성을 향하여 이르되 내
게로 가까이 오라 백성이 다 그에게 가까이
가매 그가 무너진 여호와의 제단을 수축하
되
31 야곱의 아들들의 지파의 수효를 따라 엘리
야가 돌 열두 개를 취하니 이 야곱은 옛적
에 여호와의 말씀이 임하여 이르시기를 네
이름을 이스라엘이라 하리라 하신 자더라
32 그가 여호와의 이름을 의지하여 그 돌로 제
단을 쌓고 제단을 돌아가며 곡식 종자 [1]두
스아를 둘 만한 도랑을 만들고
33 또 나무를 벌이고 송아지의 각을 떠서 나무
위에 놓고 이르되 통 넷에 물을 채워다가
번제물과 나무 위에 부으라 하고
34 또 이르되 다시 그리하라 하여 다시 그리하
니 또 이르되 세 번째로 그리하라 하여 세

24 but not set fire to it. ● Then you call on the
name of your god, and I will call on the name
of the LORD. The god who answers by fire—he
is God."

Then all the people said, "What you say is
good."
25 ● Elijah said to the prophets of Baal, "Choose
one of the bulls and prepare it first, since there
are so many of you. Call on the name of your
26 god, but do not light the fire." ● So they took
the bull given them and prepared it.

Then they called on the name of Baal from
morning till noon. "Baal, answer us!" they
shouted. But there was no response; no one
answered. And they danced around the altar
they had made.
27 ● At noon Elijah began to taunt them. "Shout
louder!" he said. "Surely he is a god! Perhaps he
is deep in thought, or busy, or traveling. Maybe
28 he is sleeping and must be awakened." ● So
they shouted louder and slashed themselves
with swords and spears, as was their custom,
29 until their blood flowed. ● Midday passed, and
they continued their frantic prophesying until
the time for the evening sacrifice. But there was
no response, no one answered, no one paid
attention.
30 ● Then Elijah said to all the people, "Come
here to me." They came to him, and he repair-
ed the altar of the LORD, which had been torn
31 down. ● Elijah took twelve stones, one for each
of the tribes descended from Jacob, to whom
the word of the LORD had come, saying, "Your
32 name shall be Israel." ● With the stones he
built an altar in the name of the LORD, and he
dug a trench around it large enough to hold
33 two seahs[a] of seed. ● He arranged the wood,
cut the bull into pieces and laid it on the wood.
Then he said to them, "Fill four large jars with
water and pour it on the offering and on the
wood."
34 ● "Do it again," he said, and they did it again.
"Do it a third time," he ordered, and they did
35 it the third time. ● The water ran down around
the altar and even filled the trench.
36 ● At the time of sacrifice, the prophet Elijah
stepped forward and prayed: "LORD, the God of
Abraham, Isaac and Israel, let it be known today
that you are God in Israel and that I am your ser-
vant and have done all these things at your

[a]32 That is, probably about 24 pounds or about 11 kilograms 1) 약 15리터

altar [ɔ́:ltər] *n.* 제단
arrange [əréindʒ] *vt.* 배열하다
custom [kʌ́stəm] *n.* 관습
dig [dig] *vt.* 파다
flow [flou] *vt.* 흐르다
frantic [frǽntik] *a.* 광란의
prophesy [práfəsài] *vi.* 예언하다
repair [ripέər] *vt.* 수리하다
response [rispáns] *n.* 응답
sacrifice [sǽkrəfàis] *vt.* 산제물을 바치다
seed [si:d] *n.* 씨, 종자
slash [slæʃ] *vt.* 베다
spear [spiər] *n.* 창
taunt [tɔ:nt] *vt.* 조롱하다
trench [trentʃ] *n.* 도랑

18:24 call on...: …를 부르다
18:25 so many: 아주 많은
18:30 tear down: …을 파괴하다
18:31 descend from...: …의 자손이다
18:32 enough to...: …할 만큼(충분히)
18:36 at the time of...: …할 때의

번째로 그리하니
35 물이 제단으로 두루 흐르고 도랑에도 물이 가
득 찼더라
36 저녁 소제 드릴 때에 이르러 선지자 엘리야가
나아가서 말하되 아브라함과 이삭과 이스라엘
의 하나님 여호와여 주께서 이스라엘 중에서
하나님이신 것과 내가 주의 종인 것과 내가 주
의 말씀대로 이 모든 일을 행하는 것을 오늘 알
게 하옵소서 출 3:6
37 여호와여 내게 응답하옵소서 내게 응답하옵소
서 이 백성에게 주 여호와는 하나님이신 것과
주는 그들의 마음을 되돌이키심을 알게 하옵
소서 하매
38 이에 여호와의 불이 내려서 번제물과 나무와
돌과 흙을 태우고 또 도랑의 물을 핥은지라
39 모든 백성이 보고 엎드려 말하되 여호와 그는 하
나님이시로다 여호와 그는 하나님이시로다 하니
40 엘리야가 그들에게 이르되 바알의 선지자를
잡되 그들 중 하나도 도망하지 못하게 하라 하
매 곧 잡은지라 엘리야가 그들을 기손 시내로
내려다가 거기서 죽이니라

가뭄이 그침

41 ●엘리야가 아합에게 이르되 올라가서 먹고
마시소서 큰 비 소리가 있나이다
42 아합이 먹고 마시러 올라가니라 엘리야가 갈
멜 산꼭대기로 올라가서 땅에 꿇어 엎드려 그
의 얼굴을 무릎 사이에 넣고
43 그의 사환에게 이르되 올라가 바다쪽을 바라
보라 그가 올라가 바라보고 말하되 아무것도
없나이다 이르되 일곱 번까지 다시 가라
44 일곱 번째 이르러서는 그가 말하되 바다에서
사람의 손 만한 작은 구름이 일어나나이다 이
르되 올라가 아합에게 말하기를 비에 막히지
아니하도록 마차를 갖추고 내려가소서 하라
하니라
45 조금 후에 구름과 바람이 일어나서 하늘이 캄
캄해지며 큰 비가 내리는지라 아합이 마차를
타고 이스르엘로 가니
46 여호와의 능력이 엘리야에게 임하매 그가 허
리를 동이고 이스르엘로 들어가는 곳까지 아
합 앞에서 달려갔더라

호렙 산의 엘리야

19 아합이 엘리야가 행한 모든 일과 그가 어
떻게 모든 선지자를 칼로 죽였는지를 이
세벨에게 말하니
2 이세벨이 사신을 엘리야에게 보내어 이르되
내가 내일 이맘때에는 반드시 네 생명을 저 사

37 command. ●Answer me, LORD, answer me,
so these people will know that you, LORD,
are God, and that you are turning their
hearts back again."
38 ●Then the fire of the LORD fell and burned
up the sacrifice, the wood, the stones and
the soil, and also licked up the water in the
trench.
39 ●When all the people saw this, they fell
prostrate and cried, "The LORD — he is God!
The LORD — he is God!"
40 ●Then Elijah commanded them, "Seize
the prophets of Baal. Don't let anyone get
away!" They seized them, and Elijah had
them brought down to the Kishon Valley
and slaughtered there.
41 ●And Elijah said to Ahab, "Go, eat and
drink, for there is the sound of a heavy
42 rain." ●So Ahab went off to eat and drink,
but Elijah climbed to the top of Carmel,
bent down to the ground and put his face
between his knees.
43 ●"Go and look toward the sea," he told
his servant. And he went up and looked.
"There is nothing there," he said.
Seven times Elijah said, "Go back."
44 ●The seventh time the servant reported,
"A cloud as small as a man's hand is rising
from the sea."
So Elijah said, "Go and tell Ahab, 'Hitch up
your chariot and go down before the rain
stops you.'"
45 ●Meanwhile, the sky grew black with
clouds, the wind rose, a heavy rain started
46 falling and Ahab rode off to Jezreel. ●The
power of the LORD came on Elijah and, tuck-
ing his cloak into his belt, he ran ahead of
Ahab all the way to Jezreel.

Elijah Flees to Horeb

19 Now Ahab told Jezebel everything
Elijah had done and how he had
killed all the prophets with the sword.
2 ●So Jezebel sent a messenger to Elijah to
say, "May the gods deal with me, be it
ever so severely, if by this time tomorrow
I do not make your life like that of one of
them."
3 ●Elijah was afraid[a] and ran for his life.
When he came to Beersheba in Judah, he

[a]3 Or *Elijah saw*

chariot [tʃǽriət] *n.* 병거
climb [klaim] *vi.* 오르다
command [kəmǽnd] *n.* 명령
hitch [hitʃ] *vt.* 낚아채다
meanwhile [míːnhwàil] *ad.* 그 사이에
messenger [mésəndʒər] *n.* 사자(使者)
prostrate [prástreit] *a.* 엎드린
report [ripɔ́ːrt] *vt.* 보고하다
rise [raiz] *vi.* 일어나다
sacrifice [sǽkəfàis] *n.* 제사, 제물
seize [siːz] *vt.* 붙잡다
severely [sivíərli] *ad.* 심하게
slaughter [slɔ́ːtər] *vt.* 학살하다
soil [sɔil] *n.* 흙
tuck [tʌk] *vt.* 걷어 올리다

18:38 lick up: 핥다
18:42 bend down: 구부려 내리다
18:44 as... as~: ~만큼 …한
18:46 tuck A into B: A를 B에 밀어 넣다
19:2 deal with...: …를 다루다

람들 중 한 사람의 생명과 같게 하리라 그렇게
하지 아니하면 신들이 내게 벌 위에 벌을 내림
이 마땅하니라 한지라
3 그가 이 형편을 보고 일어나 자기의 생명을 위
해 도망하여 유다에 속한 브엘세바에 이르러
자기의 사환을 그곳에 머물게 하고
4 자기 자신은 광야로 들어가 하룻길쯤 가서 한
로뎀 나무 아래에 앉아서 자기가 죽기를 원하
여 이르되 여호와여 넉넉하오니 지금 내 생명
을 거두시옵소서 나는 내 조상들보다 낫지 못
하니이다 하고
5 로뎀 나무 아래에 누워 자더니 천사가 그를 어
루만지며 그에게 이르되 일어나서 먹으라 하
는지라
6 본즉 머리맡에 숯불에 구운 떡과 한 병 물이 있
더라 이에 먹고 마시고 다시 누웠더니
7 여호와의 천사가 또 다시 와서 어루만지며 이
르되 일어나 먹으라 네가 갈 길을 다 가지 못
할까 하노라 하는지라
8 이에 일어나 먹고 마시고 그 음식물의 힘을 의
지하여 사십 주 사십 야를 가서 하나님의 산 호
렙에 이르니라 마 4:2
9 ●엘리야가 그곳 굴에 들어가 거기서 머물더
니 여호와의 말씀이 그에게 임하여 이르시되
엘리야야 네가 어찌하여 여기 있느냐
10 그가 대답하되 내가 만군의 하나님 여호와께
열심이 유별하오니 이는 이스라엘 자손이 주
의 언약을 버리고 주의 제단을 헐며 칼로 주의
선지자들을 죽였음이오며 오직 나만 남았거늘
그들이 내 생명을 찾아 빼앗으려 하나이다
11 여호와께서 이르시되 너는 나가서 여호와 앞
에서 산에 서라 하시더니 여호와께서 지나가
시는데 여호와 앞에 크고 강한 바람이 산을 가
르고 바위를 부수나 바람 가운데에 여호와께
서 계시지 아니하며 바람 후에 지진이 있으나
지진 가운데에도 여호와께서 계시지 아니하
며
12 또 지진 후에 불이 있으나 불 가운데에도 여호
와께서 계시지 아니하더니 불 후에 세미한 소
리가 있는지라
13 엘리야가 듣고 겉옷으로 얼굴을 가리고 나가
굴 어귀에 서매 소리가 그에게 임하여 이르시
되 엘리야야 네가 어찌하여 여기 있느냐 출 3:6
14 그가 대답하되 내가 만군의 하나님 여호와께
열심이 유별하오니 이는 이스라엘 자손이 주
의 언약을 버리고 주의 제단을 헐며 칼로 주의
선지자들을 죽였음이오며 오직 나만 남았거늘

4 left his servant there, ●while he himself
went a day's journey into the wilderness. He
came to a broom bush, sat down under it
and prayed that he might die. "I have had
enough, LORD," he said. "Take my life; I am
5 no better than my ancestors." ●Then he lay
down under the bush and fell asleep.
All at once an angel touched him and said,
6 "Get up and eat." ●He looked around, and
there by his head was some bread baked
over hot coals, and a jar of water. He ate and
drank and then lay down again.
7 ●The angel of the LORD came back a sec-
ond time and touched him and said, "Get up
and eat, for the journey is too much for you."
8 ●So he got up and ate and drank. Strength-
ened by that food, he traveled forty days
and forty nights until he reached Horeb,
9 the mountain of God. ●There he went into
a cave and spent the night.

The LORD Appears to Elijah

And the word of the LORD came to him:
"What are you doing here, Elijah?"
10 ●He replied, "I have been very zealous for
the LORD God Almighty. The Israelites have
rejected your covenant, torn down your
altars, and put your prophets to death with
the sword. I am the only one left, and now
they are trying to kill me too."
11 ●The LORD said, "Go out and stand on
the mountain in the presence of the LORD,
for the LORD is about to pass by."
Then a great and powerful wind tore the
mountains apart and shattered the rocks
before the LORD, but the LORD was not in the
wind. After the wind there was an earthqua-
ke, but the LORD was not in the earthquake.
12 ●After the earthquake came a fire, but
the LORD was not in the fire. And after the
13 fire came a gentle whisper. ●When Elijah
heard it, he pulled his cloak over his face
and went out and stood at the mouth of
the cave.
Then a voice said to him, "What are you
doing here, Elijah?"
14 ●He replied, "I have been very zealous for
the LORD God Almighty. The Israelites have
rejected your covenant, torn down your
altars, and put your prophets to death with
the sword. I am the only one left, and now
they are trying to kill me too."
15 ●The LORD said to him, "Go back the way

altar [ɔ́:ltər] *n.* 제단
ancestor [ǽnsestər] *n.* 조상
broom bush [bru:m buʃ] *n.* 로뎀나무
cloak [klouk] *n.* 외투
coal [koul] *n.* 석탄
covenant [kʌvənənt] *n.* 언약
earthquake [ə́:rθkwèik] *n.* 지진
gentle [dʒéntl] *a.* 부드러운
journey [dʒə́:rni] *n.* 여행
reject [ridʒékt] *vt.* 버리다
shatter [ʃǽtər] *vt.* 분쇄하다
strengthen [stréŋkθən] *vt.* 강하게 하다
tear [tiər] *vt.* 찢다, 뜯다
whisper [hwíspər] *vi.* 속삭이다
zealous [zéləs] *a.* 열광적인

19:5 **all at once**: 갑자기
19:11 **in the presence of...**: …의 목전에서
19:13 **pull A over B**: A를 B 위로 끌어당기다
19:14 **be zealous for...**: …를 열망하다

그들이 내 생명을 찾아 빼앗으려 하나이다
15 ●여호와께서 그에게 이르시되 너는 네 길을
돌이켜 광야를 통하여 다메섹에 가서 이르거
든 하사엘에게 기름을 부어 아람의 왕이 되
게 하고
16 너는 또 님시의 아들 예후에게 기름을 부어
이스라엘의 왕이 되게 하고 또 아벨므홀라
사밧의 아들 엘리사에게 기름을 부어 너를
대신하여 선지자가 되게 하라
17 하사엘의 칼을 피하는 자를 예후가 죽일 것
이요 예후의 칼을 피하는 자를 엘리사가 죽
이리라
18 그러나 내가 이스라엘 가운데에 칠천 명을
남기리니 다 바알에게 무릎을 꿇지 아니하고
다 바알에게 입맞추지 아니한 자니라 롬 11:4

엘리야가 엘리사를 부르다

19 ●엘리야가 거기서 떠나 사밧의 아들 엘리사
를 만나니 그가 열두 겨릿소를 앞세우고 밭
을 가는데 자기는 열두째 겨릿소와 함께 있
더라 엘리야가 그리로 건너가서 겉옷을 그의
위에 던졌더니
20 그가 소를 버리고 엘리야에게로 달려가서 이
르되 청하건대 나를 내 부모와 입맞추게 하
소서 그리한 후에 내가 당신을 따르리이다
엘리야가 그에게 이르되 돌아가라 내가 네게
어떻게 행하였느냐 하니라
21 엘리사가 그를 떠나 돌아가서 한 겨릿소를
가져다가 잡고 소의 기구를 불살라 그 고기
를 삶아 백성에게 주어 먹게 하고 일어나 엘
리야를 따르며 수종 들었더라

아람과 이스라엘의 싸움

20 아람의 벤하닷 왕이 그의 군대를 다 모
으니 왕 삼십이 명이 그와 함께 있고
또 말과 병거들이 있더라 이에 올라가서 사
마리아를 에워싸고 그곳을 치며
2 사자들을 성 안에 있는 이스라엘의 아합 왕
에게 보내 이르기를 벤하닷이 그에게 이르되
3 네 은금은 내 것이요 네 아내들과 네 자녀들
의 아름다운 자도 내 것이니라 하매
4 이스라엘의 왕이 대답하여 말하기를 내 주
왕이여 왕의 말씀같이 나와 내 것은 다 왕의
것이니이다 하였더니
5 사신들이 다시 와서 이르되 벤하닷이 이르노
라 내가 이미 네게 사람을 보내어 말하기를
너는 네 은금과 아내들과 자녀들을 내게 넘
기라 하였거니와
6 내일 이맘때에 내가 내 신하들을 네게 보내

you came, and go to the Desert of Damascus.
When you get there, anoint Hazael king over
16 Aram. •Also, anoint Jehu son of Nimshi
king over Israel, and anoint Elisha son of
Shaphat from Abel Meholah to succeed you
17 as prophet. •Jehu will put to death any who
escape the sword of Hazael, and Elisha will
put to death any who escape the sword of
18 Jehu. •Yet I reserve seven thousand in Israel
—all whose knees have not bowed down to
Baal and whose mouths have not kissed
him."

The Call of Elisha

19 •So Elijah went from there and found
Elisha son of Shaphat. He was plowing with
twelve yoke of oxen, and he himself was dri-
ving the twelfth pair. Elijah went up to him
20 and threw his cloak around him. •Elisha
then left his oxen and ran after Elijah. "Let
me kiss my father and mother goodbye," he
said, "and then I will come with you."
"Go back," Elijah replied. "What have I done
to you?"
21 •So Elisha left him and went back. He took
his yoke of oxen and slaughtered them. He
burned the plowing equipment to cook the
meat and gave it to the people, and they ate.
Then he set out to follow Elijah and became
his servant.

Ben-Hadad Attacks Samaria

20 Now Ben-Hadad king of Aram mus-
tered his entire army. Accompanied
by thirty-two kings with their horses and char-
iots, he went up and besieged Samaria and
2 attacked it. •He sent messengers into the city
to Ahab king of Israel, saying, "This is what
3 Ben-Hadad says: •'Your silver and gold are
mine, and the best of your wives and chil-
dren are mine.' "
4 •The king of Israel answered, "Just as you
say, my lord the king. I and all I have are
yours."
5 •The messengers came again and said,
"This is what Ben-Hadad says: 'I sent to de-
mand your silver and gold, your wives and
6 your children. •But about this time tomor-
row I am going to send my officials to search
your palace and the houses of your officials.
They will seize everything you value and
carry it away.' "

accompany [əkʌmpəni] *vt.* 동반하다
anoint [ənɔ́int] *vt.* 기름을 붓다
besiege [bisíːdʒ] *vt.* 포위 공격하다
entire [intáiər] *a.* 전체의
equipment [ikwípmənt] *n.* 준비
escape [iskéip] *vt.* 피하다
muster [mʌstər] *vt.* 소집하다
official [əfíʃəl] *n.* 관공리
plow [plau] *vi.* 경작하다
reserve [rizə́ːrv] *vt.* 남겨 두다
search [səːrtʃ] *vt.* 찾다
seize [siːz] *vt.* 붙잡다
slaughter [slɔ́ːtər] *vt.* 도살하다
value [vǽljuː] *vt.* 소중히 하다
yoke [jouk] *n.* 멍에

19:17 put to death: 죽이다
19:19 go from: …에서 가다
19:20 run after...: …의 뒤를 쫓다
19:21 set out: 출발하다, 길을 떠나다
20:2 send to: …에 가게 하다
20:6 carry away: 가져가 버리다

리니 그들이 네 집과 네 신하들의 집을 수색
하여 네 눈이 기뻐하는 것을 그들의 손으로
잡아 가져가리라 한지라
7 이에 이스라엘 왕이 나라의 장로를 다 불러
이르되 너희는 이 사람이 악을 도모하고 있
는 줄을 자세히 알라 그가 내 아내들과 내 자
녀들과 내 은금을 빼앗으려고 사람을 내게
보냈으나 내가 거절하지 못하였노라 왕하 5:7
8 모든 장로와 백성들이 다 왕께 아뢰되 왕은
듣지도 말고 허락하지도 마옵소서 한지라
9 그러므로 왕이 벤하닷의 사신들에게 이르되
너희는 내 주 왕께 말하기를 왕이 처음에 보
내 종에게 구하신 것은 내가 다 그대로 하려
니와 이것은 내가 할 수 없나이다 하라 하니
사자들이 돌아가서 보고하니라
10 그때에 벤하닷이 다시 그에게 사람을 보내어
이르되 사마리아의 [1]부스러진 것이 나를 따
르는 백성의 무리의 손에 채우기에 족할 것
같으면 신들이 내게 벌 위에 벌을 내림이 마
땅하니라 하매
11 이스라엘 왕이 대답하여 이르되 갑옷 입는
자가 갑옷 벗는 자같이 자랑하지 못할 것이
라 하라 하니라 잠 27:1
12 그때에 벤하닷이 왕들과 장막에서 마시다가
이 말을 듣고 그의 신하들에게 이르되 너희
는 진영을 치라 하매 곧 성읍을 향하여 진영
을 치니라
13 ●한 선지자가 이스라엘의 아합 왕에게 나아
가서 이르되 여호와의 말씀이 네가 이 큰 무리
를 보느냐 내가 오늘 그들을 네 손에 넘기리니
너는 내가 여호와인 줄을 알리라 하셨나이다
14 아합이 이르되 누구를 통하여 그렇게 하시리
이까 대답하되 여호와의 말씀이 각 지방 고
관의 청년들로 하리라 하셨나이다 아합이 이
르되 누가 싸움을 시작하리이까 대답하되 왕
이니이다
15 아합이 이에 각 지방 고관의 청년들을 계수
하니 이백삼십이 명이요 그 외에 모든 백성
곧 이스라엘의 모든 자손을 계수하니 칠천
명이더라
16 ●그들이 정오에 나가니 벤하닷은 장막에서 돕
는 왕 삼십이 명과 더불어 마시고 취한 중이라
17 각 지방의 고관의 청년들이 먼저 나갔더라
벤하닷이 정탐꾼을 보냈더니 그들이 보고하
여 이르되 사마리아에서 사람들이 나오더이
다 하매
18 그가 이르되 화친하러 나올지라도 사로잡고

7 ●The king of Israel summoned all the
elders of the land and said to them, "See how
this man is looking for trouble! When he
sent for my wives and my children, my silver
and my gold, I did not refuse him."
8 ●The elders and the people all answered,
"Don't listen to him or agree to his dem-
ands."
9 ●So he replied to Ben-Hadad's messengers,
"Tell my lord the king, 'Your servant will do
all you demanded the first time, but this
demand I cannot meet.' " They left and took
the answer back to Ben-Hadad.
10 ●Then Ben-Hadad sent another message
to Ahab: "May the gods deal with me, be it
ever so severely, if enough dust remains in
Samaria to give each of my men a handful."
11 ●The king of Israel answered, "Tell him:
'One who puts on his armor should not boast
like one who takes it off.' "
12 ●Ben-Hadad heard this message while he
and the kings were drinking in their tents,[a]
and he ordered his men: "Prepare to attack."
So they prepared to attack the city.

Ahab Defeats Ben-Hadad

13 ●Meanwhile a prophet came to Ahab king
of Israel and announced, "This is what the
LORD says: 'Do you see this vast army? I will
give it into your hand today, and then you
will know that I am the LORD.' "
14 ●"But who will do this?" asked Ahab.
The prophet replied, "This is what the
LORD says: 'The junior officers under the pro-
vincial commanders will do it.' "
"And who will start the battle?" he asked.
The prophet answered, "You will."
15 ●So Ahab summoned the 232 junior offi-
cers under the provincial commanders. Then
he assembled the rest of the Israelites, 7,000
16 in all. ●They set out at noon while Ben-Hadad
and the 32 kings allied with him were in
17 their tents getting drunk. ●The junior offi-
cers under the provincial commanders went
out first.
Now Ben-Hadad had dispatched scouts,
who reported, "Men are advancing from Sa-
maria."
18 ●He said, "If they have come out for peace,
take them alive; if they have come out for
war, take them alive."

[a]12 Or *in Sukkoth*; also in verse 16 1) 티끌

advance [ədvǽns] *vi.* 전진하다
announce [ənáuns] *vt.* 고지하다
armor [á:rmər] *n.* 갑옷
assemble [əsémbl] *vt.* 모으다
attack [ətǽk] *vi.* 공격하다
boast [boust] *vi.* 자랑하다
demand [dimǽnd] *vt.* 요구하다
dispatch [dispǽtʃ] *vt.* 급파하다
dust [dʌst] *n.* 티끌
handful [hǽndfùl] *n.* 한 움큼
provincial [prəvínʃəl] *a.* 지방의
refuse [rifjú:z] *vt.* 거절하다
scout [skaut] *n.* 정찰병
severely [sivíərli] *ad.* 심하게
vast [væst] *a.* 막대한

20:8 agree to...: …로 승낙하다
20:10 deal with...: …에게 (타격을)가하다
20:13 give A into one's hand: A를 …의 손에 넘기다
20:15 the rest of...: …의 나머지
20:16 ally with...: …와 동맹을 맺다

싸우러 나올지라도 사로잡으라 하니라
19 각 지방 고관의 청년들과 그들을 따르는 군
대가 성읍에서 나가서
20 각각 적군을 쳐죽이매 아람 사람이 도망하는
지라 이스라엘이 쫓으니 아람 왕 벤하닷이
말을 타고 마병과 더불어 도망하여 피하니라
21 이스라엘 왕이 나가서 말과 병거를 치고 또
아람 사람을 쳐서 크게 이겼더라

아람 군대의 두 번째 공격

22 ●그 선지자가 이스라엘 왕에게 나아와 이르
되 왕은 가서 힘을 기르고 왕께서 행할 일을
알고 준비하소서 해가 바뀌면 아람 왕이 왕
을 치러 오리이다 하니라
23 아람 왕의 신하들이 왕께 아뢰되 그들의 신
은 산의 신이므로 그들이 우리보다 강하였거
니와 우리가 만일 평지에서 그들과 싸우면
반드시 그들보다 강할지라
24 또 왕은 이 일을 행하실지니 곧 왕들을 제하
여 각각 그곳에서 떠나게 하고 그들 대신에
총독들을 두시고
25 또 왕의 잃어버린 군대와 같은 군대를 왕을
위하여 보충하고 말은 말대로, 병거는 병거
대로 보충하고 우리가 평지에서 그들과 싸우
면 반드시 그들보다 강하리이다 왕이 그 말
을 듣고 그리하니라
26 ●해가 바뀌니 벤하닷이 아람 사람을 소집하고
아벡으로 올라와서 이스라엘과 싸우려 하매
27 이스라엘 자손도 소집되어 군량을 받고 마주
나가서 그들 앞에 진영을 치니 이스라엘 자
손은 두 무리의 적은 염소 떼와 같고 아람 사
람은 그 땅에 가득하였더라
28 그때에 하나님의 사람이 이스라엘 왕에게 나
아와 말하여 이르되 여호와의 말씀에 아람
사람이 말하기를 여호와는 산의 신이요 골짜
기의 신은 아니라 하는도다 그러므로 내가
이 큰 군대를 다 네 손에 넘기리니 너희는 내
가 여호와인 줄을 알리라 하셨나이다 하니라
29 진영이 서로 대치한 지 칠 일이라 일곱째 날
에 접전하여 이스라엘 자손이 하루에 아람
보병 십만 명을 죽이매
30 그 남은 자는 아벡으로 도망하여 성읍으로
들어갔더니 그 성벽이 그 남은 자 이만 칠천
명 위에 무너지고 벤하닷은 도망하여 성읍에
이르러 골방으로 들어가니라 22:25
31 ●그의 신하들이 그에게 말하되 우리가 들은
즉 이스라엘 집의 왕들은 인자한 왕이라 하
니 만일 우리가 굵은 베로 허리를 동이고 테

19 ●The junior officers under the provincial
commanders marched out of the city with the
20 army behind them ●and each one struck
down his opponent. At that, the Arameans
fled, with the Israelites in pursuit. But Ben-
Hadad king of Aram escaped on horseback
21 with some of his horsemen. ●The king of Israel
advanced and overpowered the horses and
chariots and inflicted heavy losses on the
Arameans.
22 ●Afterward, the prophet came to the king
of Israel and said, "Strengthen your position
and see what must be done, because next
spring the king of Aram will attack you
again."
23 ●Meanwhile, the officials of the king of
Aram advised him, "Their gods are gods of the
hills. That is why they were too strong for us.
But if we fight them on the plains, surely we
24 will be stronger than they. ●Do this: Remove
all the kings from their commands and
25 replace them with other officers. ●You must
also raise an army like the one you lost—
horse for horse and chariot for chariot—so
we can fight Israel on the plains. Then surely
we will be stronger than they." He agreed
with them and acted accordingly.
26 ●The next spring Ben-Hadad mustered the
Arameans and went up to Aphek to fight
27 against Israel. ●When the Israelites were
also mustered and given provisions, they
marched out to meet them. The Israelites
camped opposite them like two small flocks
of goats, while the Arameans covered the
countryside.
28 ●The man of God came up and told the
king of Israel, "This is what the LORD says:
'Because the Arameans think the LORD is a god
of the hills and not a god of the valleys, I will
deliver this vast army into your hands, and
you will know that I am the LORD.' "
29 ●For seven days they camped opposite each
other, and on the seventh day the battle
was joined. The Israelites inflicted a hundred
thousand casualties on the Aramean foot sol-
30 diers in one day. ●The rest of them escaped to
the city of Aphek, where the wall collapsed
on twenty-seven thousand of them. And
Ben-Hadad fled to the city and hid in an inner
room.
31 ●His officials said to him, "Look, we have
heard that the kings of Israel are merciful. Let
us go to the king of Israel with sackcloth

accordingly [əkɔ́ːrdiŋli] *ad.* 따라서
advance [ædvǽns] *vi.* 전진하다
casualty [kǽʒuəlti] *n.* 사상자
chariot [tʃǽriət] *n.* 병거
collapse [kəlǽps] *vi.* 무너지다
deliver [dilívər] *vt.* 넘겨주다
inflict [inflíkt] *vt.* 가하다
muster [mʌstər] *vt.* 소집하다
opponent [əpóunənt] *n.* 적대자
opposite [ápəzit] *prep.* …의 맞은편에
overpower [òuvərpáuər] *vt.* 이기다
plain [plein] *n.* 평지
provincial [prəvínʃəl] *a.* 지방의
provision [prəvíʒən] *n.* 식량
pursuit [pərsúːt] *n.* 추적

20:20 in pursuit: 추적하여
20:21 inflict... on~: ~에게 …를 주다
20:23 that is why ...: 바로 …한 이유이다
20:24 remove A from B: A를 B에서부터 제거하다
20:24 replace A with B: A를 B로 대체하다

두리를 머리에 쓰고 이스라엘의 왕에게로 나
아가면 그가 혹시 왕의 생명을 살리리이다
하고
32 그들이 굵은 베로 허리를 동이고 테두리를
머리에 쓰고 이스라엘의 왕에게 이르러 이르
되 왕의 종 벤하닷이 청하기를 내 생명을 살
려 주옵소서 하더이다 아합이 이르되 그가
아직도 살아 있느냐 그는 내 형제이니라
33 그 사람들이 좋은 징조로 여기고 그 말을 얼
른 받아 대답하여 이르되 벤하닷은 왕의 형
제니이다 왕이 이르되 너희는 가서 그를 인
도하여 오라 벤하닷이 이에 왕에게 나아오니
왕이 그를 병거에 올린지라
34 벤하닷이 왕께 아뢰되 내 아버지께서 당신의
아버지에게서 빼앗은 모든 성읍을 내가 돌려
보내리이다 또 내 아버지께서 사마리아에서
만든 것같이 당신도 다메섹에서 당신을 위하
여 거리를 만드소서 아합이 이르되 내가 이
조약으로 인해 당신을 놓으리라 하고 이에
더불어 조약을 맺고 그를 놓았더라

한 선지자가 아합을 규탄하다 (♪510, 516장)

35 ●선지자의 무리 중 한 사람이 여호와의 말
씀을 그의 친구에게 이르되 너는 나를 치라
하였더니 그 사람이 치기를 싫어하는지라
36 그가 그 사람에게 이르되 네가 여호와의 말
씀을 듣지 아니하였으니 네가 나를 떠나갈
때에 사자가 너를 죽이리라 그 사람이 그의
곁을 떠나가더니 사자가 그를 만나 죽였더라
37 그가 또 다른 사람을 만나 이르되 너는 나를
치라 하매 그 사람이 그를 치되 상하도록 친
지라
38 선지자가 가서 수건으로 자기의 눈을 가리어
변장하고 길가에서 왕을 기다리다가 22:30
39 왕이 지나갈 때에 그가 소리 질러 왕을 불러
이르되 종이 전장 가운데에 나갔더니 한 사
람이 돌이켜 어떤 사람을 끌고 내게로 와서
말하기를 이 사람을 지키라 만일 그를 잃어
버리면 네 생명으로 그의 생명을 대신하거나
그렇지 아니하면 네가 은 한 달란트를 내어
야 하리라 하였거늘
40 종이 이리저리 일을 볼 동안에 그가 없어졌나
이다 이스라엘 왕이 그에게 이르되 네가 스스
로 결정하였으니 그대로 당하여야 하리라
41 그가 급히 자기의 눈을 가린 수건을 벗으니
이스라엘 왕이 그는 선지자 중의 한 사람인
줄을 알아본지라
42 그가 왕께 아뢰되 여호와의 말씀이 내가 멸

around our waists and ropes around our
heads. Perhaps he will spare your life."
32 •Wearing sackcloth around their waists
and ropes around their heads, they went to
the king of Israel and said, "Your servant
Ben-Hadad says: 'Please let me live.' "
The king answered, "Is he still alive? He is
my brother."
33 •The men took this as a good sign and were
quick to pick up his word. "Yes, your brother
Ben-Hadad!" they said.
"Go and get him," the king said. When
Ben-Hadad came out, Ahab had him come up
into his chariot.
34 •"I will return the cities my father took
from your father," Ben-Hadad offered. "You
may set up your own market areas in Damas-
cus, as my father did in Samaria."
Ahab said, "On the basis of a treaty I will set
you free." So he made a treaty with him, and
let him go.

A Prophet Condemns Ahab

35 •By the word of the LORD one of the com-
pany of the prophets said to his companion,
"Strike me with your weapon," but he re-
fused.
36 •So the prophet said, "Because you have
not obeyed the LORD, as soon as you leave me
a lion will kill you." And after the man went
away, a lion found him and killed him.
37 •The prophet found another man and said,
"Strike me, please." So the man struck him and
38 wounded him. •Then the prophet went and
stood by the road waiting for the king. He
disguised himself with his headband down
39 over his eyes. •As the king passed by, the pro-
phet called out to him, "Your servant went
into the thick of the battle, and someone came
to me with a captive and said, 'Guard this
man. If he is missing, it will be your life for
his life, or you must pay a talent[a] of silver.'
40 •While your servant was busy here and there,
the man disappeared."
"That is your sentence," the king of Israel
said. "You have pronounced it yourself."
41 •Then the prophet quickly removed the
headband from his eyes, and the king of Israel
42 recognized him as one of the prophets. •He
said to the king, "This is what the LORD says:
'You have set free a man I had determined

[a]39 That is, about 75 pounds or about 34 kilograms

captive [kǽptiv] *a.* 사로 잡힌
companion [kəmpǽnjən] *n.* 동료
determine [ditə́ːrmin] *vt.* 결심하다
disappear [disəpíər] *vi.* 사라지다
disguise [disgáiz] *vt.* 변장시키다
headband [hédbæ̀nd] *n.* 머리띠
obey [oubéi] *vt.* 복종하다
pronounce [prənáuns] *vt.* 선고하다
prophet [práfit] *n.* 선지자
recognize [rékəgnàiz] *vt.* 알아보다
refuse [rifjúːz] *vt.* 거절하다
sackcloth [sǽkklɔ̀ːθ] *n.* 굵은 베
spare [spɛər] *vt.* 살려주다
treaty [tríːti] *n.* 조약
weapon [wépən] *n.* 무기

20:33 take A as B: A를 B라고 여기다
20:33 pick up: (말을) 이어 받다
20:34 take from: 빼앗다
20:34 make a treaty with...: …와 조약을 맺다
20:36 as soon as...: …하자마자
20:38 waiting for...: …를 기다리면서

하기로 작정한 사람을 네 손으로 놓았은즉
네 목숨은 그의 목숨을 대신하고 네 백성은
그의 백성을 대신하리라 하셨나이다
43 이스라엘 왕이 근심하고 답답하여 그의 왕궁
으로 돌아가려고 사마리아에 이르니라

나봇의 포도원 (♪ 84, 502장) — B.C. 855년경

21 그 후에 이 일이 있으니라 이스르엘 사
람 나봇에게 이스르엘에 포도원이 있어
사마리아의 왕 아합의 왕궁에서 가깝더니
2 아합이 나봇에게 말하여 이르되 네 포도원이
내 왕궁 곁에 가까이 있으니 내게 주어 채소
밭을 삼게 하라 내가 그 대신에 그보다 더 아
름다운 포도원을 네게 줄 것이요 만일 네가
좋게 여기면 그 값을 돈으로 네게 주리라
3 나봇이 아합에게 말하되 내 조상의 유산을 왕
에게 주기를 여호와께서 금하실지로다 하니
4 이스르엘 사람 나봇이 아합에게 대답하여 이
르기를 내 조상의 유산을 왕께 줄 수 없다 하
므로 아합이 근심하고 답답하여 왕궁으로 돌
아와 침상에 누워 얼굴을 돌리고 식사를 아
니하니
5 그의 아내 이세벨이 그에게 나아와 이르되
왕의 마음에 무엇을 근심하여 식사를 아니하
나이까
6 왕이 그에게 이르되 내가 이스르엘 사람 나
봇에게 말하여 이르기를 네 포도원을 내게
주되 돈으로 바꾸거나 만일 네가 좋아하면
내가 그 대신에 포도원을 네게 주리라 한즉
그가 대답하기를 내가 내 포도원을 네게 주
지 아니하겠노라 하기 때문이로다
7 그의 아내 이세벨이 그에게 이르되 왕이 지
금 이스라엘 나라를 다스리시나이까 일어나
식사를 하시고 마음을 즐겁게 하소서 내가
이스르엘 사람 나봇의 포도원을 왕께 드리리
이다 하고
8 아합의 이름으로 편지들을 쓰고 그 인을 치
고 봉하여 그의 성읍에서 나봇과 함께 사는
장로와 귀족들에게 보내니
9 그 편지 사연에 이르기를 금식을 선포하고
나봇을 백성 가운데에 높이 앉힌 후에
10 불량자 두 사람을 그의 앞에 마주 앉히고 그
에게 대하여 증거하기를 네가 하나님과 왕을
저주하였다 하게 하고 곧 그를 끌고 나가서
돌로 쳐죽이라 하였더라
11 ●그의 성읍 사람 곧 그의 성읍에 사는 장로
와 귀족들이 이세벨의 지시 곧 그가 자기들
에게 보낸 편지에 쓴 대로 하여

should die.[a] Therefore it is your life for his life,
43 your people for his people.' " ●Sullen and
angry, the king of Israel went to his palace in
Samaria.

Naboth's Vineyard

21 Some time later there was an inci-
dent involving a vineyard belonging
to Naboth the Jezreelite. The vineyard was in
Jezreel, close to the palace of Ahab king of
2 Samaria. ●Ahab said to Naboth, "Let me
have your vineyard to use for a vegetable
garden, since it is close to my palace. In
exchange I will give you a better vineyard
or, if you prefer, I will pay you whatever it is
worth."
3 ●But Naboth replied, "The LORD forbid
that I should give you the inheritance of my
ancestors."
4 ●So Ahab went home, sullen and angry
because Naboth the Jezreelite had said, "I
will not give you the inheritance of my an-
cestors." He lay on his bed sulking and re-
fused to eat.
5 ●His wife Jezebel came in and asked him,
"Why are you so sullen? Why won't you eat?"
6 ●He answered her, "Because I said to Na-
both the Jezreelite, 'Sell me your vineyard; or
if you prefer, I will give you another vine-
yard in its place.' But he said, 'I will not give
you my vineyard.' "
7 ●Jezebel his wife said, "Is this how you act
as king over Israel? Get up and eat! Cheer up.
I'll get you the vineyard of Naboth the Jezreel-
ite."
8 ●So she wrote letters in Ahab's name,
placed his seal on them, and sent them to
the elders and nobles who lived in Naboth's
9 city with him. ●In those letters she wrote:

"Proclaim a day of fasting and seat
Naboth in a prominent place among the
10 people. ●But seat two scoundrels oppo-
site him and have them bring charges
that he has cursed both God and the
king. Then take him out and stone him
to death."

11 ●So the elders and nobles who lived in
Naboth's city did as Jezebel directed in the let-
12 ters she had written to them. ●They pro-

[a]42 The Hebrew term refers to the irrevocable giving over of things or persons to the LORD, often by totally destroying them.

ancestor [ǽnsestər] *n.* 조상
charge [tʃaːrdʒ] *n.* 고소
curse [kəːrs] *vt.* 저주하다
elder [éldər] *n.* 장로
fast [fæst] *n.* 금식
forbid [fərbíd] *vt.* 금하다
incident [ínsədənt] *n.* 작은 사건
inheritance [inhérətəns] *n.* 유산
involve [inválv] *vt.* 연루시키다
noble [nóubl] *n.* 귀인
opposite [ápəzit] *prep.* …의 맞은편에
prominent [prámənənt] *a.* 두드러진
scoundrel [skáundrəl] *n.* 불량배
sulk [sʌlk] *vi.* 부루퉁해지다
vineyard [vínjərd] *n.* 포도원

21:1 belong to...: …에 속하다
21:2 in exchange: 교환으로
21:6 in one's place: …의 대신에
21:7 get up: 일어나다
21:7 cheer up: 격려하다
21:8 live in: 입주하다, 들어가 살다

12 금식을 선포하고 나봇을 백성 가운데 높이 앉히매
13 때에 불량자 두 사람이 들어와 그의 앞에 앉고 백성 앞에서 나봇에게 대하여 증언을 하여 이르기를 나봇이 하나님과 왕을 저주하였다 하매 무리가 그를 성읍 밖으로 끌고 나가서 돌로 쳐죽이고
14 이세벨에게 통보하기를 나봇이 돌에 맞아 죽었나이다 하니
15 이세벨이 나봇이 돌에 맞아 죽었다 함을 듣고 이세벨이 아합에게 이르되 일어나 그 이스르엘 사람 나봇이 돈으로 바꾸어 주기를 싫어하던 나봇의 포도원을 차지하소서 나봇이 살아 있지 아니하고 죽었나이다
16 아합은 나봇이 죽었다 함을 듣고 곧 일어나 이스르엘 사람 나봇의 포도원을 차지하러 그리로 내려갔더라
17 ●여호와의 말씀이 디셉 사람 엘리야에게 임하여 이르시되
18 너는 일어나 내려가서 사마리아에 있는 이스라엘의 아합 왕을 만나라 그가 나봇의 포도원을 차지하러 그리로 내려갔나니
19 너는 그에게 말하여 이르기를 여호와의 말씀이 네가 죽이고 또 빼앗았느냐고 하셨다 하고 또 그에게 이르기를 여호와의 말씀이 개들이 나봇의 피를 핥은 곳에서 개들이 네 피 곧 네 몸의 피도 핥으리라 하였다 하라
20 아합이 엘리야에게 이르되 내 대적자여 네가 나를 찾았느냐 대답하되 내가 찾았노라 네가 네 자신을 팔아 여호와 보시기에 악을 행하였으므로
21 여호와의 말씀이 내가 재앙을 네게 내려 너를 쓸어 버리되 네게 속한 남자는 이스라엘 가운데에 매인 자나 놓인 자를 다 멸할 것이요
22 또 네 집이 느밧의 아들 여로보암의 집처럼 되게 하고 아히야의 아들 바아사의 집처럼 되게 하리니 이는 네가 나를 노하게 하고 이스라엘이 범죄하게 한 까닭이니라 하셨고
23 이세벨에게 대하여도 여호와께서 말씀하여 이르시되 개들이 이스르엘 성읍 곁에서 이세벨을 먹을지라 왕하 9:10
24 아합에게 속한 자로서 성읍에서 죽은 자는 개들이 먹고 들에서 죽은 자는 공중의 새가 먹으리라고 하셨느니라 하니
25 예로부터 아합과 같이 그 자신을 팔아 여호와 앞에서 악을 행한 자가 없음은 그를 그의 아내 이세벨이 충동하였음이라

claimed a fast and seated Naboth in a promi-
13 nent place among the people. •Then two
scoundrels came and sat opposite him and
brought charges against Naboth before the
people, saying, "Naboth has cursed both God
and the king." So they took him outside the
14 city and stoned him to death. •Then they
sent word to Jezebel: "Naboth has been stoned
to death."
15 •As soon as Jezebel heard that Naboth had
been stoned to death, she said to Ahab, "Get
up and take possession of the vineyard of
Naboth the Jezreelite that he refused to sell
16 you. He is no longer alive, but dead." •When
Ahab heard that Naboth was dead, he got
up and went down to take possession of
Naboth's vineyard.
17 •Then the word of the LORD came to Elijah
18 the Tishbite: •"Go down to meet Ahab king
of Israel, who rules in Samaria. He is now in
Naboth's vineyard, where he has gone to take
19 possession of it. •Say to him, 'This is what
the LORD says: Have you not murdered a man
and seized his property?' Then say to him,
'This is what the LORD says: In the place where
dogs licked up Naboth's blood, dogs will lick
up your blood—yes, yours!' "
20 •Ahab said to Elijah, "So you have found
me, my enemy!"
"I have found you," he answered, "because
you have sold yourself to do evil in the eyes of
21 the LORD. •He says, 'I am going to bring disas-
ter on you. I will wipe out your descendants
and cut off from Ahab every last male in
22 Israel—slave or free.[a] •I will make your house
like that of Jeroboam son of Nebat and that
of Baasha son of Ahijah, because you have
aroused my anger and have caused Israel to
sin.'
23 •"And also concerning Jezebel the LORD
says: 'Dogs will devour Jezebel by the wall of[b]
Jezreel.'
24 •"Dogs will eat those belonging to Ahab
who die in the city, and the birds will feed on
those who die in the country."
25 •(There was never anyone like Ahab, who
sold himself to do evil in the eyes of the LORD,
26 urged on by Jezebel his wife. •He behaved in
the vilest manner by going after idols, like the
Amorites the LORD drove out before Israel.)

[a]21 Or *Israel—every ruler or leader* [b]23 Most Hebrew manuscripts; a few Hebrew manuscripts, Vulgate and Syriac (see also 2 Kings 9:26) *the plot of ground at*

arouse [əráuz] *vt.* 자극하다
behave [bihéiv] *vi.* 행동하다
concerning [kənsə́:rniŋ] *prep.* …에 관하여
curse [kə:rs] *vt.* 저주하다
descendant [diséndənt] *n.* 자손
devour [diváuər] *vt.* 게걸스럽게 먹다
fast [fæst] *n.* 금식
lick [lik] *vt.* 핥다
murder [mə́:rdər] *vt.* 살해하다
opposite [ápəzit] *a.* 반대편의
possession [pəzéʃən] *n.* 재산
scoundrel [skáundrəl] *n.* 불량배
seize [si:z] *vt.* 붙잡다
sin [sin] *vi.* 범죄하다
urge [ə:rdʒ] *vi.* 충동을 받다

21:13 bring charges against...: …를 고발하다
21:15 take possession of...: …를 소유하다
21:15 no longer...: 더이상 …않다
21:19 lick up: 핥다

26 그가 여호와께서 이스라엘 자손 앞에서 쫓아
내신 아모리 사람의 모든 행함 같이 우상에게
복종하여 심히 가증하게 행하였더라
27 ●아합이 이 모든 말씀을 들을 때에 그의 옷을
찢고 굵은 베로 몸을 동이고 금식하고 굵은 베
에 누우며 또 풀이 죽어 다니더라
28 여호와의 말씀이 디셉 사람 엘리야에게 임하
여 이르시되
29 아합이 내 앞에서 겸비함을 네가 보느냐 그가
내 앞에서 겸비하므로 내가 재앙을 저의 시대
에는 내리지 아니하고 그 아들의 시대에야 그
의 집에 재앙을 내리리라 하셨더라

선지자 미가야가 아합에게 경고하다
(대하 18:2-27) — B.C. 853년경

22 아람과 이스라엘 사이에 전쟁이 없이 삼
년을 지냈더라
2 셋째 해에 유다의 여호사밧 왕이 이스라엘의
왕에게 내려가매
3 이스라엘의 왕이 그의 신하들에게 이르되 길
르앗 라못은 본래 우리의 것인 줄을 너희가 알
지 못하느냐 우리가 어찌 아람의 왕의 손에서
도로 찾지 아니하고 잠잠히 있으리요 하고
4 여호사밧에게 이르되 당신은 나와 함께 길르
앗 라못으로 가서 싸우시겠느냐 여호사밧이
이스라엘 왕에게 이르되 나는 당신과 같고 내
백성은 당신의 백성과 같고 내 말들도 당신의
말들과 같으니이다 왕하 3:7
5 ●여호사밧이 또 이스라엘의 왕에게 이르되
청하건대 먼저 여호와의 말씀이 어떠하신지
물어 보소서
6 이스라엘의 왕이 이에 선지자 사백 명쯤 모으
고 그들에게 이르되 내가 길르앗 라못에 가서
싸우랴 말랴 그들이 이르되 올라가소서 주께
서 그 성읍을 왕의 손에 넘기시리이다
7 여호사밧이 이르되 이 외에 우리가 물을 만한
여호와의 선지자가 여기 있지 아니하니이까
8 이스라엘의 왕이 여호사밧 왕에게 이르되 아
직도 이믈라의 아들 미가야 한 사람이 있으니
그로 말미암아 여호와께 물을 수 있으나 그는
내게 대하여 길한 일은 예언하지 아니하고 흉
한 일만 예언하기로 내가 그를 미워하나이다
여호사밧이 이르되 왕은 그런 말씀을 마소서
9 이스라엘의 왕이 한 내시를 불러 이르되 이믈
라의 아들 미가야를 속히 오게 하라 하니라
10 이스라엘의 왕과 유다의 여호사밧 왕이 왕복
을 입고 사마리아 성문 어귀 광장에서 각기 왕
좌에 앉아 있고 모든 선지자가 그들의 앞에서

27 •When Ahab heard these words, he
tore his clothes, put on sackcloth and fast-
ed. He lay in sackcloth and went around
meekly.
28 •Then the word of the LORD came to Eli-
29 jah the Tishbite: •"Have you noticed how
Ahab has humbled himself before me?
Because he has humbled himself, I will not
bring this disaster in his day, but I will bring
it on his house in the days of his son."

Micaiah Prophesies Against Ahab

22 For three years there was no war
2 between Aram and Israel. •But in
the third year Jehoshaphat king of Judah
3 went down to see the king of Israel. •The
king of Israel had said to his officials, "Don't
you know that Ramoth Gilead belongs to us
and yet we are doing nothing to retake it
from the king of Aram?"
4 •So he asked Jehoshaphat, "Will you go
with me to fight against Ramoth Gilead?"
Jehoshaphat replied to the king of Israel, "I
am as you are, my people as your people, my
5 horses as your horses." •But Jehoshaphat
also said to the king of Israel, "First seek the
counsel of the LORD."
6 •So the king of Israel brought together
the prophets—about four hundred men
—and asked them, "Shall I go to war against
Ramoth Gilead, or shall I refrain?"
"Go," they answered, "for the Lord will
give it into the king's hand."
7 •But Jehoshaphat asked, "Is there no
longer a prophet of the LORD here whom we
can inquire of?"
8 •The king of Israel answered Jehoshaphat,
"There is still one prophet through whom
we can inquire of the LORD, but I hate him
because he never prophesies anything good
about me, but always bad. He is Micaiah son
of Imlah."
"The king should not say such a thing,"
Jehoshaphat replied.
9 •So the king of Israel called one of his
officials and said, "Bring Micaiah son of
Imlah at once."
10 •Dressed in their royal robes, the king of
Israel and Jehoshaphat king of Judah were
sitting on their thrones at the threshing
floor by the entrance of the gate of Samaria,
with all the prophets prophesying before

counsel [káunsəl] *n.* 조언
disaster [dizǽstər] *n.* 재앙
humble [hʌmbl] *vt.* 낮추다
inquire [inkwáiər] *vi.* 묻다
meekly [míːkli] *ad.* 순하게
official [əfíʃəl] *n.* 관공리
prophesy [práfəsài] *vi.* 예언하다
prophet [práfit] *n.* 선지자
refrain [rifréin] *vi.* 그만두다
robe [roub] *n.* 겉옷
sackcloth [sǽkklɔ̀ːθ] *n.* 베옷
seek [siːk] *vt.* 모색하다
tear [tiər] *vt.* 찢다, 뜯다
thresh [θreʃ] *vi.* 타작하다
throne [θroun] *n.* 왕좌

22:3 retake from...: …로부터 되찾다
22:4 reply to: 대답하다
22:6 bring together: 불러 모으다
22:6 war against: 전쟁하다
22:7 no longer: 더 이상 …아닌
22:9 at once: 즉시, 당장

예언을 하고 있는데 22:6
11 그나아나의 아들 시드기야는 자기를 위하여
철로 뿔들을 만들어 가지고 말하되 여호와의
말씀이 왕이 이것들로 아람 사람을 찔러 진멸
하리라 하셨다 하고
12 모든 선지자도 그와 같이 예언하여 이르기를
길르앗 라못으로 올라가 승리를 얻으소서 여
호와께서 그 성읍을 왕의 손에 넘기시리이다
하더라
13 미가야를 부르러 간 사신이 일러 이르되 선지
자들의 말이 하나같이 왕에게 길하게 하니 청
하건대 당신의 말도 그들 중 한 사람의 말처럼
길하게 하소서
14 미가야가 이르되 여호와께서 살아 계심을 두
고 맹세하노니 여호와께서 내게 말씀하시는
것 곧 그것을 내가 말하리라 하고
15 이에 왕에게 이르니 왕이 그에게 이르되 미가
야야 우리가 길르앗 라못으로 싸우러 가랴 또
는 말랴 그가 왕께 이르되 올라가서 승리를 얻
으소서 여호와께서 그 성읍을 왕의 손에 넘기
시리이다
16 왕이 그에게 이르되 내가 몇 번이나 네게 맹세
하게 하여야 네가 여호와의 이름으로 진실한
것으로만 내게 말하겠느냐
17 그가 이르되 내가 보니 온 이스라엘이 목자 없
는 양같이 산에 흩어졌는데 여호와의 말씀이
이 무리에게 주인이 없으니 각각 평안히 자기
의 집으로 돌아갈 것이니라 하셨나이다
18 이스라엘의 왕이 여호사밧 왕에게 이르되 저
사람이 내게 대하여 길한 것을 예언하지 아니
하고 흉한 것을 예언하겠다고 당신에게 말씀
하지 아니하였나이까
19 미가야가 이르되 그런즉 왕은 여호와의 말씀
을 들으소서 내가 보니 여호와께서 그의 보좌
에 앉으셨고 하늘의 만군이 그의 좌우편에 모
시고 서 있는데
20 여호와께서 말씀하시기를 누가 아합을 꾀어
그를 길르앗 라못에 올라가서 죽게 할꼬 하시
니 하나는 이렇게 하겠다 하고 또 하나는 저렇
게 하겠다 하였는데
21 한 영이 나아와 여호와 앞에 서서 말하되 내가
그를 꾀겠나이다
22 여호와께서 그에게 이르시되 어떻게 하겠느
냐 이르되 내가 나가서 거짓말하는 영이 되어
그의 모든 선지자들의 입에 있겠나이다 여호
와께서 이르시되 너는 꾀겠고 또 이루리라 나
가서 그리하라 하셨은즉

11 them. •Now Zedekiah son of Kenaanah
had made iron horns and he declared,
"This is what the LORD says: 'With these
you will gore the Arameans until they are
destroyed.' "
12 •All the other prophets were prophesy-
ing the same thing. "Attack Ramoth Gilead
and be victorious," they said, "for the LORD
will give it into the king's hand."
13 •The messenger who had gone to sum-
mon Micaiah said to him, "Look, the other
prophets without exception are predicting
success for the king. Let your word agree
with theirs, and speak favorably."
14 •But Micaiah said, "As surely as the LORD
lives, I can tell him only what the LORD tells
me."
15 •When he arrived, the king asked him,
"Micaiah, shall we go to war against Ramoth
Gilead, or not?"
"Attack and be victorious," he answered,
"for the LORD will give it into the king's
hand."
16 •The king said to him, "How many times
must I make you swear to tell me nothing
but the truth in the name of the LORD?"
17 •Then Micaiah answered, "I saw all Israel
scattered on the hills like sheep without a
shepherd, and the LORD said, 'These people
have no master. Let each one go home in
peace.' "
18 •The king of Israel said to Jehoshaphat,
"Didn't I tell you that he never prophesies
anything good about me, but only bad?"
19 •Micaiah continued, "Therefore hear the
word of the LORD: I saw the LORD sitting on his
throne with all the multitudes of heaven
standing around him on his right and on
20 his left. •And the LORD said, 'Who will en-
tice Ahab into attacking Ramoth Gilead and
going to his death there?'
"One suggested this, and another that.
21 •Finally, a spirit came forward, stood before
the LORD and said, 'I will entice him.'
22 •" 'By what means?' the LORD asked.
" 'I will go out and be a deceiving spirit
in the mouths of all his prophets,' he said.
" 'You will succeed in enticing him,' said
the LORD. 'Go and do it.'
23 •"So now the LORD has put a deceiving
spirit in the mouths of all these prophets of
yours. The LORD has decreed disaster for

attack [ətǽk] *vt.* 공격하다
declare [dikléər] *vt.* 선언하다
favorably [féivərəbli] *ad.* 호의를 가지고
forward [fɔ́:rwərd] *ad.* 앞으로
gore [gɔ:r] *vt.* 찌르다
multitude [mʌ́ltitjù:d] *n.* 무리, 다수
predict [pridíkt] *vt.* 예언하다
prophesy [práfəsài] *vi.* 예언하다
scatter [skǽtər] *vt.* 흩어지게 하다
spirit [spírit] *n.* 영(靈)
summon [sʌ́mən] *vt.* 소환하다
surely [júərli] *ad.* 틀림없이
swear [swɛər] *vi.* 맹세하다
throne [θroun] *n.* 왕좌
victorious [viktɔ́:riəs] *a.* 승리를 거둔

22:13 agree with: 화합하다
22:15 war against: 싸우다
22:16 nothing but: 오직 (= only)
22:20 entice A into B: A를 유혹하여 B하도록 하다
22:22 succeed in -ing: …에 성공하다

23 이제 여호와께서 거짓말하는 영을 왕의 이 모
든 선지자의 입에 넣으셨고 또 여호와께서 왕
에 대하여 화를 말씀하셨나이다
24 ●그나아나의 아들 시드기야가 가까이 와서
미가야의 뺨을 치며 이르되 여호와의 영이 나
를 떠나 어디로 가서 네게 말씀하시더냐
25 미가야가 이르되 네가 골방에 들어가서 숨는
그날에 보리라
26 이스라엘의 왕이 이르되 미가야를 잡아 성주
아몬과 왕자 요아스에게로 끌고 돌아가서
27 말하기를 왕의 말씀이 이 놈을 옥에 가두고 내
가 평안히 돌아올 때까지 고생의 떡과 고생의
물을 먹이라 하였다 하라
28 미가야가 이르되 왕이 참으로 평안히 돌아오
시게 될진대 여호와께서 나를 통하여 말씀하
지 아니하셨으리이다 또 이르되 너희 백성들
아 다 들을지어다 하니라

아합의 죽음

(대하 18:28-34 ♪214, 279장)

29 ●이스라엘의 왕과 유다의 여호사밧 왕이 길
르앗 라못으로 올라가니라
30 이스라엘의 왕이 여호사밧에게 이르되 나는
변장하고 전쟁터로 들어가려 하노니 당신은
왕복을 입으소서 하고 이스라엘의 왕이 변장
하고 전쟁터로 들어가니라
31 아람 왕이 그의 병거의 지휘관 삼십이 명에게
명령하여 이르기를 너희는 작은 자나 큰 자와
더불어 싸우지 말고 오직 이스라엘 왕과 싸우
라 한지라
32 병거의 지휘관들이 여호사밧을 보고 그들이
이르되 이가 틀림없이 이스라엘의 왕이라 하
고 돌이켜 그와 싸우려 한즉 여호사밧이 소리
를 지르는지라
33 병거의 지휘관들이 그가 이스라엘의 왕이 아
님을 보고 쫓기를 그치고 돌이켰더라
34 한 사람이 무심코 활을 당겨 이스라엘 왕의 갑
옷 솔기를 맞힌지라 왕이 그 병거 모는 자에게
이르되 내가 부상하였으니 네 손을 돌려 내가
전쟁터에서 나가게 하라 하였으나
35 이날에 전쟁이 맹렬하였으므로 왕이 병거 가
운데에 붙들려 서서 아람 사람을 막다가 저녁
에 이르러 죽었는데 상처의 피가 흘러 병거 바
닥에 고였더라
36 해가 질 녘에 진중에서 외치는 소리가 있어 이
르되 각기 성읍으로 또는 각기 본향으로 가라
하더라
37 ●왕이 이미 죽으매 그의 시체를 메어 사마리

you."
24 ●Then Zedekiah son of Kenaanah went
up and slapped Micaiah in the face. "Which
way did the spirit from[a] the LORD go when
he went from me to speak to you?" he
asked.
25 ●Micaiah replied, "You will find out on
the day you go to hide in an inner room."
26 ●The king of Israel then ordered, "Take
Micaiah and send him back to Amon the
ruler of the city and to Joash the king's son
27 ●and say, 'This is what the king says: Put this
fellow in prison and give him nothing but
bread and water until I return safely.' "
28 ●Micaiah declared, "If you ever return
safely, the LORD has not spoken through
me." Then he added, "Mark my words, all
you people!"

Ahab Killed at Ramoth Gilead

29 ●So the king of Israel and Jehoshaphat
king of Judah went up to Ramoth Gilead.
30 ●The king of Israel said to Jehoshaphat, "I
will enter the battle in disguise, but you wear
your royal robes." So the king of Israel dis-
guised himself and went into battle.
31 ●Now the king of Aram had ordered his
thirty-two chariot commanders, "Do not
fight with anyone, small or great, except the
32 king of Israel." ●When the chariot comman-
ders saw Jehoshaphat, they thought, "Surely
this is the king of Israel." So they turned to
attack him, but when Jehoshaphat cried
33 out, ●the chariot commanders saw that he
was not the king of Israel and stopped pur-
suing him.
34 ●But someone drew his bow at random
and hit the king of Israel between the sec-
tions of his armor. The king told his chariot
driver, "Wheel around and get me out of the
35 fighting. I've been wounded." ●All day long
the battle raged, and the king was propped
up in his chariot facing the Arameans. The
blood from his wound ran onto the floor of
36 the chariot, and that evening he died. ●As
the sun was setting, a cry spread through the
army: "Every man to his town. Every man to
his land!"
37 ●So the king died and was brought to
38 Samaria, and they buried him there. ●They
washed the chariot at a pool in Samaria

[a]24 Or *Spirit of*

armor [á:rmər] *n.* 갑옷
bury [béri] *vt.* 묻다
chariot [tʃǽriət] *n.* 병거
commander [kəmǽndər] *n.* 지휘관
disguise [disgáiz] *vt.* 위장하다
draw [drɔ:] *vt.* 당기다
fellow [félou] *n.* 사람
prison [prizn] *n.* 감옥
prop [prap] *vt.* 버티다
pursue [pərsú:] *vt.* 추적하다
rage [reidʒ] *vi.* 고조에 달하다
random [rǽndəm] *a.* 무작위로
robe [roub] *n.* 겉옷
section [sékʃən] *n.* 부분
wound [wu:nd] *vi.* 상처 내다

22:24 slap A in the face: A의 얼굴을 철썩 때리다
22:25 find out: 알아내다
22:32 cry out: 비명을 지르다, 외치다
22:34 draw a bow: 활을 당기다
22:34 at random: 닥치는 대로

아에 이르러 왕을 사마리아에 장사하니라
38 그 병거를 사마리아 못에서 씻으매 개들이 그
의 피를 핥았으니 여호와께서 하신 말씀과 같
이 되었더라 거기는 창기들이 목욕하는 곳이
었더라
39 아합의 남은 행적과 그가 행한 모든 일과 그가
건축한 상아궁과 그가 건축한 모든 성읍은 이
스라엘 왕 역대지략에 기록되지 아니하였느냐
40 아합이 그의 조상들과 함께 자매 그의 아들 아
하시야가 대신하여 왕이 되니라

유다 왕 여호사밧
(대하 20:31-21:1 ♪186장)

41 ●이스라엘의 아합 왕 제사년에 아사의 아들
여호사밧이 유다의 왕이 되니
42 여호사밧이 왕이 될 때에 나이가 삼십오 세라
예루살렘에서 이십오 년 동안 다스리니라 그
의 어머니의 이름은 아수바라 실히의 딸이더
라
43 여호사밧이 그의 아버지 아사의 모든 길로 행
하며 돌이키지 아니하고 여호와 앞에서 정직
히 행하였으나 산당은 폐하지 아니하였으므로
백성이 아직도 산당에서 제사를 드리며 분향
하였더라
44 여호사밧이 이스라엘의 왕과 더불어 화평하니
라
45 ●여호사밧의 남은 사적과 그가 부린 권세와
그가 어떻게 전쟁하였는지는 다 유다 왕 역대
지략에 기록되지 아니하였느냐
46 그가 그의 아버지 아사의 시대에 남아 있던 [1]남
색하는 자들을 그 땅에서 쫓아내었더라
47 그때에 에돔에는 왕이 없고 섭정 왕이 있었더
라
48 여호사밧이 다시스의 선박을 제조하고 오빌로
금을 구하러 보내려 하였더니 그 배가 에시온
게벨에서 파선하였으므로 가지 못하게 되매
49 아합의 아들 아하시야가 여호사밧에게 이르되
내 종으로 당신의 종과 함께 배에 가게 하라
하나 여호사밧이 허락하지 아니하였더라
50 여호사밧이 그의 조상들과 함께 자매 그의 조
상 다윗 성에 그의 조상들과 함께 장사되고 그
의 아들 여호람이 대신하여 왕이 되니라

이스라엘 왕 아하시야 (♪525, 531장)

51 ●유다의 여호사밧 왕 제십칠년에 아합의 아
들 아하시야가 사마리아에서 이스라엘의 왕이
되어 이 년 동안 이스라엘을 다스리니라
52 그가 여호와 앞에서 악을 행하여 그의 아버지
의 길과 그의 어머니의 길과 이스라엘에게 범

(where the prostitutes bathed),[a] and the
dogs licked up his blood, as the word of the
LORD had declared.
39 ●As for the other events of Ahab's reign,
including all he did, the palace he built and
adorned with ivory, and the cities he forti-
fied, are they not written in the book of the
40 annals of the kings of Israel? ●Ahab rested
with his ancestors. And Ahaziah his son suc-
ceeded him as king.

Jehoshaphat King of Judah

41 ●Jehoshaphat son of Asa became king of
Judah in the fourth year of Ahab king of
42 Israel. ●Jehoshaphat was thirty-five years
old when he became king, and he reigned
in Jerusalem twenty-five years. His moth-
er's name was Azubah daughter of Shilhi.
43 ●In everything he followed the ways of his
father Asa and did not stray from them; he
did what was right in the eyes of the LORD.
The high places, however, were not remov-
ed, and the people continued to offer sacri-
44 fices and burn incense there.[b] ●Jehosha-
phat was also at peace with the king of
Israel.
45 ●As for the other events of Jehoshaphat's
reign, the things he achieved and his military
exploits, are they not written in the book of
46 the annals of the kings of Judah? ●He rid the
land of the rest of the male shrine prostitutes
who remained there even after the reign of
47 his father Asa. ●There was then no king in
Edom; a provincial governor ruled.
48 ●Now Jehoshaphat built a fleet of trading
ships[c] to go to Ophir for gold, but they never
set sail — they were wrecked at Ezion Geber.
49 ●At that time Ahaziah son of Ahab said to
Jehoshaphat, "Let my men sail with yours,"
but Jehoshaphat refused.
50 ●Then Jehoshaphat rested with his ances-
tors and was buried with them in the city of
David his father. And Jehoram his son suc-
ceeded him as king.

Ahaziah King of Israel

51 ●Ahaziah son of Ahab became king of
Israel in Samaria in the seventeenth year of
Jehoshaphat king of Judah, and he reigned
52 over Israel two years. ●He did evil in the eyes

[a]38 Or *Samaria and cleaned the weapons* [b]43 In Hebrew texts this sentence (22:43b) is numbered 22:44, and 22:44-53 is numbered 22:45-54. [c]48 Hebrew *of ships of Tarshish*

1) 우상 신전의 남자 창기

achieve [ətʃíːv] *vt.* 성취하다
annals [ǽnlz] *n.* (pl.) 연대기
burn [bəːrn] *vi.* 불타다
exploit [éksplɔit] *n.* 공훈
fortify [fɔ́ːrtəfài] *vt.* 요새화하다
incense [ínsens] *n.* 향
military [mílitèri] *a.* 군대의
provincial [prəvínʃəl] *a.* 지방의
sacrifice [sǽkrəfàis] *n.* 산 제물
sail [seil] *vt.* 배로 가다
shrine [ʃrain] *n.* 사당, 신당
stray [strei] *vi.* 길을 잃다
reign [rein] *n.* 통치
rest [rest] *vi.* 쉬다
wreck [rek] *vt.* 난파시키다

22:38 lick up: 핥다
22:43 stray from: 벗어나다
22:44 be at peace with...: …와 평화롭게 지내다
22:46 rid A of B: A에서 B를 몰아내다, 제거하다

죄하게 한 느밧의 아들 여로보암의 길로 행
하며
53 바알을 섬겨 그에게 예배하여 이스라엘의 하
나님 여호와를 노하시게 하기를 그의 아버지
의 온갖 행위같이 하였더라

of the LORD, because he followed the ways
of his father and mother and of Jeroboam
53 son of Nebat, who caused Israel to sin. •He
served and worshiped Baal and aroused the
anger of the LORD, the God of Israel, just as
his father had done.

arouse [əráuz] *vt.* 깨우다, 자극하다 **sin** [sin] *vi.* 범죄하다 **worship** [wə́ːrʃip] *vt.* 예배하다

22:53 just as: 꼭 …처럼

2 Kings | 열왕기하

● 저자 _ 예레미야 ● 저작 연대 _ B.C. 561-538년 사이로 추정 ● 기록 장소 _ 유다와 애굽으로 추정
● 기록 대상 _ 이스라엘 백성 ● 핵심어 및 내용 _ 핵심어는 '심판', '포로 생활' 이다.

본서의 일반적인 흐름은 특별히 하나님과 맺은 언약과 관련하여 그분께 대한 순종 여부에 따라, 각 왕의 삶을 평가하고 심판한다.

엘리야와 아하시야 왕 (♪434장)

1 아합이 죽은 후에 모압이 이스라엘을 배반
하였더라 3:5
2 아하시야가 사마리아에 있는 그의 다락 난간
에서 떨어져 병들매 사자를 보내며 그들에게
이르되 가서 에그론의 신 바알세붑에게 이
병이 낫겠나 물어 보라 하니라
3 여호와의 사자가 디셉 사람 엘리야에게 이르
되 너는 일어나 올라가서 사마리아 왕의 사
자를 만나 그에게 이르기를 이스라엘에 하나
님이 없어서 너희가 에그론의 신 바알세붑에
게 물으러 가느냐
4 그러므로 여호와의 말씀이 네가 올라간 침상
에서 내려오지 못할지라 네가 반드시 죽으리
라 하셨다 하라 엘리야가 이에 가니라
5 ●사자들이 왕에게 돌아오니 왕이 그들에게
이르되 너희는 어찌하여 돌아왔느냐 하니
6 그들이 말하되 한 사람이 올라와서 우리를
만나 이르되 너희는 너희를 보낸 왕에게로
돌아가서 그에게 고하기를 여호와의 말씀이
이스라엘에 하나님이 없어서 네가 에그론의
신 바알세붑에게 물으려고 보내느냐 그러므
로 네가 올라간 침상에서 내려오지 못할지라
네가 반드시 죽으리라 하셨다 하라 하더이다
7 왕이 그들에게 이르되 올라와서 너희를 만나
이 말을 너희에게 한 그 사람은 어떤 사람이
더냐
8 그들이 그에게 대답하되 그는 [1]털이 많은 사
람인데 허리에 가죽 띠를 띠었더이다 하니
왕이 이르되 그는 디셉 사람 엘리야로다
9 ●이에 오십부장과 그의 군사 오십 명을 엘
리야에게로 보내매 그가 엘리야에게로 올라
가 본즉 산꼭대기에 앉아 있는지라 그가 엘
리야에게 이르되 하나님의 사람이여 왕의 말
씀이 내려오라 하셨나이다
10 엘리야가 오십부장에게 대답하여 이르되 내
가 만일 하나님의 사람이면 불이 하늘에서
내려와 너와 너의 오십 명을 사를지로다 하
매 불이 곧 하늘에서 내려와 그와 그의 군사
오십 명을 살랐더라
11 왕이 다시 다른 오십부장과 그의 군사 오십
명을 엘리야에게로 보내니 그가 엘리야에게

The LORD's Judgment on Ahaziah

1 After Ahab's death, Moab rebelled against
2 Israel. •Now Ahaziah had fallen through
the lattice of his upper room in Samaria and
injured himself. So he sent messengers, say-
ing to them, "Go and consult Baal-Zebub, the
god of Ekron, to see if I will recover from this
injury."
3 •But the angel of the LORD said to Elijah the
Tishbite, "Go up and meet the messengers of
the king of Samaria and ask them, 'Is it be-
cause there is no God in Israel that you are
going off to consult Baal-Zebub, the god of
4 Ekron?' •Therefore this is what the LORD says:
'You will not leave the bed you are lying on.
You will certainly die!' " So Elijah went.
5 •When the messengers returned to the king,
he asked them, "Why have you come back?"
6 •"A man came to meet us," they replied.
"And he said to us, 'Go back to the king who
sent you and tell him, "This is what the LORD
says: Is it because there is no God in Israel
that you are sending messengers to consult
Baal-Zebub, the god of Ekron? Therefore you
will not leave the bed you are lying on. You
will certainly die!" ' "
7 •The king asked them, "What kind of man
was it who came to meet you and told you
this?"
8 •They replied, "He had a garment of hair[a]
and had a leather belt around his waist."
The king said, "That was Elijah the Tishbite."
9 •Then he sent to Elijah a captain with his
company of fifty men. The captain went up to
Elijah, who was sitting on the top of a hill,
and said to him, "Man of God, the king says,
'Come down!' "
10 •Elijah answered the captain, "If I am a
man of God, may fire come down from heav-
en and consume you and your fifty men!"
Then fire fell from heaven and consumed the
captain and his men.
11 •At this the king sent to Elijah another cap-

[a]8 Or *He was a hairy man* 1) 털옷 입은

말하여 이르되 하나님의 사람이여 왕의 말씀
이 속히 내려오라 하셨나이다 하니
12 엘리야가 그들에게 대답하여 이르되 내가 만
일 하나님의 사람이면 불이 하늘에서 내려와
너와 너의 오십 명을 사를지로다 하매 하나
님의 불이 곧 하늘에서 내려와 그와 그의 군
사 오십 명을 살랐더라
13 왕이 세 번째 오십부장과 그의 군사 오십 명
을 보낸지라 셋째 오십부장이 올라가서 엘리
야 앞에 이르러 그의 무릎을 꿇어 엎드려 간
구하여 이르되 하나님의 사람이여 원하건대
나의 생명과 당신의 종인 이 오십 명의 생명
을 당신은 귀히 보소서 삼상 26:21
14 불이 하늘에서 내려와 전번의 오십부장 둘
과 그의 군사 오십 명을 살랐거니와 나의 생
명을 당신은 귀히 보소서 하매
15 여호와의 사자가 엘리야에게 이르되 너는 그
를 두려워하지 말고 함께 내려가라 하신지라
엘리야가 곧 일어나 그와 함께 내려와 왕에
게 이르러
16 말하되 여호와의 말씀이 네가 사자를 보내
에그론의 신 바알세붑에게 물으려 하니 이스
라엘에 그의 말을 물을 만한 하나님이 안 계
심이냐 그러므로 네가 그 올라간 침상에서
내려오지 못할지라 네가 반드시 죽으리라 하
셨다 하니라
17 ●왕이 엘리야가 전한 여호와의 말씀대로 죽
고 그가 아들이 없으므로 여호람이 그를 대
신하여 왕이 되니 유다 왕 여호사밧의 아들
여호람의 둘째 해였더라
18 아하시야가 행한 그 남은 사적은 모두 이스
라엘 왕 역대지략에 기록되지 아니하였느냐

엘리야가 하늘로 올라가다 (♪430, 440장)

— B.C. 850년경

2 여호와께서 회오리 바람으로 엘리야를 하
늘로 올리고자 하실 때에 엘리야가 엘리사
와 더불어 길갈에서 나가더니 창 5:24
2 엘리야가 엘리사에게 이르되 청하건대 너는
여기 머물라 여호와께서 나를 벧엘로 보내시
느니라 하니 엘리사가 이르되 여호와께서 살
아 계심과 당신의 영혼이 살아 있음을 두고
맹세하노니 내가 당신을 떠나지 아니하겠나
이다 하는지라 이에 두 사람이 벧엘로 내려
가니
3 벧엘에 있는 선지자의 제자들이 엘리사에게
로 나아와 그에게 이르되 여호와께서 오늘
당신의 선생을 당신의 머리 위로 데려가실

tain with his fifty men. The captain said to
him, "Man of God, this is what the king says,
'Come down at once!' "
12 ●"If I am a man of God," Elijah replied,
"may fire come down from heaven and con-
sume you and your fifty men!" Then the fire of
God fell from heaven and consumed him and
his fifty men.
13 ●So the king sent a third captain with his
fifty men. This third captain went up and fell
on his knees before Elijah. "Man of God," he
begged, "please have respect for my life and
14 the lives of these fifty men, your servants! ●See,
fire has fallen from heaven and consumed the
first two captains and all their men. But now
have respect for my life!"
15 ●The angel of the LORD said to Elijah, "Go
down with him; do not be afraid of him." So
Elijah got up and went down with him to the
king.
16 ●He told the king, "This is what the LORD
says: Is it because there is no God in Israel for
you to consult that you have sent messen-
gers to consult Baal-Zebub, the god of Ekron?
Because you have done this, you will never
leave the bed you are lying on. You will cer-
17 tainly die!" ●So he died, according to the word
of the LORD that Elijah had spoken.
Because Ahaziah had no son, Joram[a] suc-
ceeded him as king in the second year of
Jehoram son of Jehoshaphat king of Judah.
18 ●As for all the other events of Ahaziah's
reign, and what he did, are they not written
in the book of the annals of the kings of
Israel?

Elijah Taken Up to Heaven

2 When the LORD was about to take Elijah
up to heaven in a whirlwind, Elijah and
2 Elisha were on their way from Gilgal. ●Elijah
said to Elisha, "Stay here; the LORD has sent me
to Bethel."
But Elisha said, "As surely as the LORD lives
and as you live, I will not leave you." So they
went down to Bethel.
3 ●The company of the prophets at Bethel
came out to Elisha and asked, "Do you know
that the LORD is going to take your master from
you today?"
"Yes, I know," Elisha replied, "so be quiet."
4 ●Then Elijah said to him, "Stay here, Elisha;

[a]17 Hebrew *Jehoram*, a variant of *Joram*

afraid [əfréid] *a.* 두려워하여
annals [ǽnlz] *n.(pl.)* 연대기
beg [beg] *vt.* 간청하다
captain [kǽptin] *n.* 대장
certainly [sə́:rtnli] *ad.* 틀림없이
company [kʌ́mpəni] *n.* 부대
consult [kənsʌ́lt] *vt.* 의논하다
consume [kənsú:m] *vt.* 불사르다
messenger [mésəndʒər] *n.* 사자(使者)
prophet [prɑ́fit] *n.* 선지자
reign [rein] *n.* 통치
respect [rispékt] *n.* 존경
servant [sə́:rvənt] *n.* 종
succeed [səksí:d] *vt.* 계승하다
whirlwind [hwə́:rlwìnd] *n.* 회오리바람

1:13 fall on one's knees: 두 무릎을 꿇고 탄원하다
2:1 be about to...: 막 …하려고 하다
2:1 take... up to~: …을 ~로 들어 올리다
2:1 on one's way...: …로 가는 도중에

줄을 아시나이까 하니 이르되 나도 또한 아
노니 너희는 잠잠하라 하니라 2:5
4 엘리야가 그에게 이르되 엘리사야 청하건대
너는 여기 머물라 여호와께서 나를 여리고로
보내시느니라 엘리사가 이르되 여호와께서
살아 계심과 당신의 영혼이 살아 있음을 두
고 맹세하노니 내가 당신을 떠나지 아니하겠
나이다 하니라 그들이 여리고에 이르매
5 여리고에 있는 선지자의 제자들이 엘리사에
게 나아와 이르되 여호와께서 오늘 당신의
선생을 당신의 머리 위로 데려가실 줄을 아
시나이까 하니 엘리사가 이르되 나도 아노니
너희는 잠잠하라
6 엘리야가 또 엘리사에게 이르되 청하건대 너
는 여기 머물라 여호와께서 나를 요단으로
보내시느니라 하니 그가 이르되 여호와께서
살아 계심과 당신의 영혼이 살아 있음을 두
고 맹세하노니 내가 당신을 떠나지 아니하겠
나이다 하는지라 이에 두 사람이 가니라
7 선지자의 제자 오십 명이 가서 멀리 서서 바
라보매 그 두 사람이 요단 가에 서 있더니 2:15
8 엘리야가 겉옷을 가지고 말아 물을 치매 물
이 이리 저리 갈라지고 두 사람이 마른 땅 위
로 건너더라
9 건너매 엘리야가 엘리사에게 이르되 나를 네
게서 데려감을 당하기 전에 내가 네게 어떻
게 할지를 구하라 엘리사가 이르되 당신의
성령이 하시는 역사가 갑절이나 내게 있게
하소서 하는지라
10 이르되 네가 어려운 일을 구하는도다 그러나
나를 네게서 데려가시는 것을 네가 보면 그
일이 네게 이루어지려니와 그렇지 아니하면
이루어지지 아니하리라 하고
11 두 사람이 길을 가며 말하더니 불수레와 불
말들이 두 사람을 갈라놓고 엘리야가 회오리
바람으로 하늘로 올라가더라
12 ●엘리사가 보고 소리 지르되 내 아버지여
내 아버지여 이스라엘의 병거와 그 마병이여
하더니 다시 보이지 아니하는지라 이에 엘리
사가 자기의 옷을 잡아 둘로 찢고 13:14
13 엘리야의 몸에서 떨어진 겉옷을 주워 가지고
돌아와 요단 언덕에 서서
14 엘리야의 몸에서 떨어진 그의 겉옷을 가지고
물을 치며 이르되 엘리야의 하나님 여호와는
어디 계시니이까 하고 그도 물을 치매 물이
이리 저리 갈라지고 엘리사가 건너니라
15 ●맞은편 여리고에 있는 선지자의 제자들이

the LORD has sent me to Jericho."
And he replied, "As surely as the LORD lives
and as you live, I will not leave you." So they
went to Jericho.
5 •The company of the prophets at Jericho
went up to Elisha and asked him, "Do you
know that the LORD is going to take your mas-
ter from you today?"
"Yes, I know," he replied, "so be quiet."
6 •Then Elijah said to him, "Stay here; the
LORD has sent me to the Jordan."
And he replied, "As surely as the LORD lives
and as you live, I will not leave you." So the
two of them walked on.
7 •Fifty men from the company of the pro-
phets went and stood at a distance, facing
the place where Elijah and Elisha had stopp-
8 ed at the Jordan. •Elijah took his cloak,
rolled it up and struck the water with it.
The water divided to the right and to the
left, and the two of them crossed over on dry
ground.
9 •When they had crossed, Elijah said to
Elisha, "Tell me, what can I do for you before I
am taken from you?"
"Let me inherit a double portion of your
spirit," Elisha replied.
10 •"You have asked a difficult thing," Eli-
jah said, "yet if you see me when I am taken
from you, it will be yours—otherwise, it will
not."
11 •As they were walking along and talking
together, suddenly a chariot of fire and hors-
es of fire appeared and separated the two
of them, and Elijah went up to heaven in a
12 whirlwind. •Elisha saw this and cried out,
"My father! My father! The chariots and
horsemen of Israel!" And Elisha saw him no
more. Then he took hold of his garment and
tore it in two.
13 •Elisha then picked up Elijah's cloak that
had fallen from him and went back and stood
14 on the bank of the Jordan. •He took the cloak
that had fallen from Elijah and struck the
water with it. "Where now is the LORD, the God
of Elijah?" he asked. When he struck the water,
it divided to the right and to the left, and he
crossed over.
15 •The company of the prophets from Jeri-
cho, who were watching, said, "The spirit of
Elijah is resting on Elisha." And they went to
meet him and bowed to the ground before

appear [əpíər] *vi.* 나타나다
bank [bæŋk] *n.* (강 등) 기슭
chariot [tʃǽriət] *n.* 전차
cloak [klouk] *n.* 외투
divide [diváid] *vi* 갈라지다
face [feis] *vt.* …를 향하다
garment [gáːrmənt] *n.* 옷
ground [graund] *n.* 지면
horseman [hɔːrsmən] *n.* 마병
inherit [inhérit] *vt.* 상속하다
master [mǽstər] *n.* 스승
portion [pɔ́ːrʃən] *n.* 몫
reply [riplái] *vt.* 대답하다
separate [sépəreit] *vt.* 떼어놓다
tear [tiər] *vt.* 찢다

2:7 at a distance: 좀 떨어져서
2:8 roll up...: …을 말다, 싸다
2:8 cross over: 건너가다
2:12 take hold of...: …를 잡다, 쥐다
2:15 rest on...: …위에 머무르다
2:15 bow to the ground: 땅에 엎드려 절하다

그를 보며 말하기를 엘리야의 성령이 하시는
역사가 엘리사 위에 머물렀다 하고 가서 그
에게로 나아가 땅에 엎드려 그에게 경배하고
16 그에게 이르되 당신의 종들에게 용감한 사람
오십 명이 있으니 청하건대 그들이 가서 당
신의 주인을 찾게 하소서 염려하건대 여호와
의 성령이 그를 들고 가다가 어느 산에나 어
느 골짜기에 던지셨을까 하나이다 하니라 엘
리사가 이르되 보내지 말라 하나
17 무리가 그로 부끄러워하도록 강청하매 보내
라 한지라 그들이 오십 명을 보냈더니 사흘
동안을 찾되 발견하지 못하고
18 엘리사가 여리고에 머무는 중에 무리가 그에
게 돌아오니 엘리사가 그들에게 이르되 내가
가지 말라고 너희에게 이르지 아니하였느냐
하였더라

엘리사의 기적

19 ●그 성읍 사람들이 엘리사에게 말하되 우리
주인께서 보시는 바와 같이 이 성읍의 위치
는 좋으나 물이 나쁘므로 토산이 익지 못하
고 떨어지나이다
20 엘리사가 이르되 새 그릇에 소금을 담아 내
게로 가져오라 하매 곧 가져온지라
21 엘리사가 물 근원으로 나아가서 소금을 그
가운데에 던지며 이르되 여호와의 말씀이 내
가 이 물을 고쳤으니 이로부터 다시는 죽음
이나 열매 맺지 못함이 없을지니라 하셨느니
라 하니
22 그 물이 엘리사가 한 말과 같이 고쳐져서 오
늘에 이르렀더라
23 ●엘리사가 거기서 벧엘로 올라가더니 그가
길에서 올라갈 때에 작은 아이들이 성읍에서
나와 그를 조롱하여 이르되 대머리여 올라가
라 대머리여 올라가라 하는지라
24 엘리사가 뒤로 돌이켜 그들을 보고 여호와의
이름으로 저주하매 곧 수풀에서 암곰 둘이
나와서 아이들 중의 사십이 명을 찢었더라
25 엘리사가 거기서부터 갈멜 산으로 가고 거기
서 사마리아로 돌아왔더라

이스라엘과 모압의 전쟁 (♪351장) — B.C. 850년경

3 유다의 여호사밧 왕 열여덟째 해에 아합의
아들 여호람이 사마리아에서 이스라엘을
열두 해 동안 다스리니라
2 그가 여호와 보시기에 악을 행하였으나 그의
부모와 같이 하지는 아니하였으니 이는 그가
그의 아버지가 만든 바알의 주상을 없이하였
음이라

16 him. ●"Look," they said, "we your servants
have fifty able men. Let them go and look for
your master. Perhaps the Spirit of the LORD has
picked him up and set him down on some
mountain or in some valley."
"No," Elisha replied, "do not send them."
17 ●But they persisted until he was too em-
barrassed to refuse. So he said, "Send them."
And they sent fifty men, who searched for
18 three days but did not find him. ●When they
returned to Elisha, who was staying in Jeri-
cho, he said to them, "Didn't I tell you not to
go?"

Healing of the Water

19 ●The people of the city said to Elisha, "Look,
our lord, this town is well situated, as you can
see, but the water is bad and the land is unpro-
ductive."
20 ●"Bring me a new bowl," he said, "and put
salt in it." So they brought it to him.
21 ●Then he went out to the spring and threw
the salt into it, saying, "This is what the LORD
says: 'I have healed this water. Never again
will it cause death or make the land unpro-
22 ductive.' " ●And the water has remained pure
to this day, according to the word Elisha had
spoken.

Elisha Is Jeered

23 ●From there Elisha went up to Bethel. As
he was walking along the road, some boys
came out of the town and jeered at him. "Get
out of here, baldy!" they said. "Get out of here,
24 baldy!" ●He turned around, looked at them
and called down a curse on them in the name
of the LORD. Then two bears came out of the
woods and mauled forty-two of the boys.
25 ●And he went on to Mount Carmel and from
there returned to Samaria.

Moab Revolts

3 Joram[a] son of Ahab became king of Isra-
el in Samaria in the eighteenth year of
Jehoshaphat king of Judah, and he reigned
2 twelve years. ●He did evil in the eyes of the
LORD, but not as his father and mother had
done. He got rid of the sacred stone of Baal that
3 his father had made. ●Nevertheless he clung
to the sins of Jeroboam son of Nebat, which he
had caused Israel to commit; he did not turn

[a]1 Hebrew *Jehoram,* a variant of *Joram;* also in verse 6

baldy [bɔ́:ldi] *n.* 대머리
commit [kəmít] *vt.* 범하다
embarrass [imbǽrəs] *vt.* 부끄럽게 하다
heal [hi:l] *vt.* 낫게 하다
jeer [dʒiər] *vi.* 조롱하다
maul [mɔ:l] *vt.* 거칠게 다루다
nevertheless [nèvərðəlés] *ad.* 그러나
persist [pərsíst] *vi.* 고집하다
refuse [rifjú:z] *vt.* 거절하다
reign [rein] *vi.* 지배하다
revolt [rivóult] *vi.* 반란을 일으키다
sacred [séikrid] *a.* 종교적인
situate [sítʃuèit] *vt.* 놓이게 하다
spring [spriŋ] *n.* 샘
unproductive [ʌnprədʌ́ktiv] *a.* 수확이 없는

2:17 **too... to~**: 너무 …해서 ~할 수 없다
2:23 **jeer at...**: …를 조롱하다
2:24 **call down a curse on...**: …에게 저주를 내려 달라고 빌다
3:2 **get rid of...**: …를 제거하다
3:3 **cling to...**: …에 배어들다

3 그러나 그가 느밧의 아들 여로보암이 이스라
엘에게 범하게 한 그 죄를 따라 행하고 떠나
지 아니하였더라
왕상 12:28
4 ●모압 왕 메사는 양을 치는 자라 새끼 양 십
만 마리의 털과 숫양 십만 마리의 털을 이스
라엘 왕에게 바치더니
시 60:8
5 아합이 죽은 후에 모압 왕이 이스라엘 왕을
배반한지라
6 그때에 여호람 왕이 사마리아에서 나가 온
이스라엘을 둘러보고
7 또 가서 유다의 왕 여호사밧에게 사신을 보
내 이르되 모압 왕이 나를 배반하였으니 당
신은 나와 함께 가서 모압을 치시겠느냐 하
니 그가 이르되 내가 올라가리이다 나는 당
신과 같고 내 백성은 당신의 백성과 같고 내
말들도 당신의 말들과 같으니이다 하는지라
8 여호람이 이르되 우리가 어느 길로 올라가리
이까 하니 그가 대답하되 에돔 광야 길로니
이다 하니라
9 이스라엘 왕과 유다 왕과 에돔 왕이 가더니
길을 둘러 간 지 칠 일에 군사와 따라가는 가
축을 먹일 물이 없는지라
10 이스라엘 왕이 이르되 슬프다 여호와께서 이
세 왕을 불러 모아 모압의 손에 넘기려 하시
는도다 하니
11 여호사밧이 이르되 우리가 여호와께 물을 만
한 여호와의 선지자가 여기 없느냐 하는지라
이스라엘 왕의 신하들 중의 한 사람이 대답
하여 이르되 전에 엘리야의 손에 물을 붓던
사밧의 아들 엘리사가 여기 있나이다 하니
12 여호사밧이 이르되 여호와의 말씀이 그에게
있도다 하는지라 이에 이스라엘 왕과 여호사
밧과 에돔 왕이 그에게로 내려가니라
13 ●엘리사가 이스라엘 왕에게 이르되 내가 당
신과 무슨 상관이 있나이까 당신의 부친의
선지자들과 당신의 모친의 선지자들에게로
가소서 하니 이스라엘 왕이 그에게 이르되
그렇지 아니하니이다 여호와께서 이 세 왕을
불러 모아 모압의 손에 넘기려 하시나이다
하니라
14 엘리사가 이르되 내가 섬기는 만군의 여호와
께서 살아 계심을 두고 맹세하노니 내가 만
일 유다의 왕 여호사밧의 얼굴을 봄이 아니
면 그 앞에서 당신을 향하지도 아니하고 보
지도 아니하였으리이다
15 이제 내게로 거문고 탈 자를 불러오소서 하
니라 거문고 타는 자가 거문고를 탈 때에 여

away from them.
4 •Now Mesha king of Moab raised sheep,
and he had to pay the king of Israel a tribute
of a hundred thousand lambs and the wool of
5 a hundred thousand rams. •But after Ahab
died, the king of Moab rebelled against the
6 king of Israel. •So at that time King Joram set
out from Samaria and mobilized all Israel.
7 •He also sent this message to Jehoshaphat
king of Judah: "The king of Moab has rebell-
ed against me. Will you go with me to fight
against Moab?"
"I will go with you," he replied. "I am as you
are, my people as your people, my horses as
your horses."
8 •"By what route shall we attack?" he asked.
"Through the Desert of Edom," he answer-
ed.
9 • So the king of Israel set out with the king
of Judah and the king of Edom. After a round-
about march of seven days, the army had no
more water for themselves or for the animals
with them.
10 •"What!" exclaimed the king of Israel. "Has
the LORD called us three kings together only
to deliver us into the hands of Moab?"
11 •But Jehoshaphat asked, "Is there no pro-
phet of the LORD here, through whom we may
inquire of the LORD?"
An officer of the king of Israel answered,
"Elisha son of Shaphat is here. He used to
pour water on the hands of Elijah.[a]"
12 •Jehoshaphat said, "The word of the LORD
is with him." So the king of Israel and Jeho-
shaphat and the king of Edom went down
to him.
13 •Elisha said to the king of Israel, "Why do
you want to involve me? Go to the prophets
of your father and the prophets of your mo-
ther."
"No," the king of Israel answered, "because
it was the LORD who called us three kings to-
gether to deliver us into the hands of Moab."
14 •Elisha said, "As surely as the LORD Al-
mighty lives, whom I serve, if I did not have
respect for the presence of Jehoshaphat king
of Judah, I would not pay any attention to
15 you. •But now bring me a harpist."
While the harpist was playing, the hand of
16 the LORD came on Elisha •and he said, "This
is what the LORD says: I will fill this valley

[a]11 That is, he was Elijah's personal servant.

attack [ətǽk] *vi.* 공격하다
exclaim [ikskléim] *vi.* 외치다
involve [inválv] *vt.* 포함하다
march [ma:rtʃ] *n.* 행진, 행군
mobilize [móubəlàiz] *vt.* 동원하다
pour [pɔ:r] *vt.* 붓다
presence [prézns] *n.* 앞
prophet [práfit] *n.* 선지자
raise [reiz] *vt.* 기르다
ram [ræm] *n.* 숫양
respect [rispékt] *n.* 존경
roundabout [ráundəbàut] *a.* 빙도는
route [ru:t] *n.* 길
tribute [tríbju:t] *n.* 바치는 물건
wool [wul] *n.* 털실

3:5 rebel against...: …를 반역하다
3:9 set out: 출발하다
3:11 inquire of...: …에게 묻다
3:11 used to...: …하곤 했다
3:14 as surely as: …와 마찬가지로 틀림없이

호와의 손이 엘리사 위에 있더니
16 그가 이르되 여호와의 말씀이 이 골짜기에
개천을 많이 파라 하셨나이다
17 여호와께서 이르시기를 너희가 바람도 보지
못하고 비도 보지 못하되 이 골짜기에 물이
가득하여 너희와 너희 가축과 짐승이 마시리
라 하셨나이다
18 이것은 여호와께서 보시기에 작은 일이라 여호
와께서 모압 사람도 당신의 손에 넘기시리니
19 당신들이 모든 견고한 성읍과 모든 아름다운
성읍을 치고 모든 좋은 나무를 베고 모든 샘을
메우고 돌로 모든 좋은 밭을 헐리이다 하더니
20 아침이 되어 소제 드릴 때에 물이 에돔 쪽에
서부터 흘러와 그 땅에 가득하였더라
21 ● 모압의 모든 사람은 왕들이 올라와서 자기
를 치려 한다 함을 듣고 갑옷 입을 만한 자로
부터 그 이상이 다 모여 그 경계에 서 있더라
22 아침에 모압 사람이 일찍이 일어나서 해가
물에 비치므로 맞은편 물이 붉어 피와 같음
을 보고
23 이르되 이는 피라 틀림없이 저 왕들이 싸워
서로 죽인 것이로다 모압 사람들아 이제 노
략하러 가자 하고
24 이스라엘 진에 이르니 이스라엘 사람이 일어
나 모압 사람을 쳐서 그들 앞에서 도망하게
하고 그 지경에 들어가며 모압 사람을 치고
25 그 성읍들을 쳐서 헐고 각기 돌을 던져 모든
좋은 밭에 가득하게 하고 모든 샘을 메우고
모든 좋은 나무를 베고 길하레셋의 돌들은
남기고 물매꾼이 두루 다니며 치니라 3:19
26 모압 왕이 전세가 극렬하여 당하기 어려움을
보고 칼찬 군사 칠백 명을 거느리고 돌파하
여 지나서 에돔 왕에게로 가고자 하되 가지
못하고
27 이에 자기 왕위를 이어 왕이 될 맏아들을 데
려와 성 위에서 번제를 드린지라 이스라엘에
게 크게 격노함이 임하매 그들이 떠나 각기
고국으로 돌아갔더라

과부의 기름 그릇 (♪ 337, 338장) — B.C. 850년경

4 선지자의 제자들의 아내 중의 한 여인이
엘리사에게 부르짖어 이르되 당신의 종 나
의 남편이 이미 죽었는데 당신의 종이 여호
와를 경외한 줄은 당신이 아시는 바니이다
이제 빚 준 사람이 와서 나의 두 아이를 데려
가 그의 종을 삼고자 하나이다 하니
2 엘리사가 그에게 이르되 내가 너를 위하여
어떻게 하랴 네 집에 무엇이 있는지 내게 말

17 with pools of water. ● For this is what the
LORD says: You will see neither wind nor rain,
yet this valley will be filled with water, and
you, your cattle and your other animals will
18 drink. ● This is an easy thing in the eyes of
the LORD; he will also deliver Moab into your
19 hands. ● You will overthrow every fortified
city and every major town. You will cut
down every good tree, stop up all the springs,
and ruin every good field with stones."
20 ● The next morning, about the time for
offering the sacrifice, there it was — water
flowing from the direction of Edom! And the
land was filled with water.
21 ● Now all the Moabites had heard that the
kings had come to fight against them; so every
man, young and old, who could bear arms
was called up and stationed on the border.
22 ● When they got up early in the morning, the
sun was shining on the water. To the Moabites
across the way, the water looked red — like
23 blood. ● "That's blood!" they said. "Those
kings must have fought and slaughtered each
other. Now to the plunder, Moab!"
24 ● But when the Moabites came to the camp
of Israel, the Israelites rose up and fought
them until they fled. And the Israelites invad-
ed the land and slaughtered the Moabites.
25 ● They destroyed the towns, and each man
threw a stone on every good field until it was
covered. They stopped up all the springs and
cut down every good tree. Only Kir Hareseth
was left with its stones in place, but men
armed with slings surrounded it and attacked
it.
26 ● When the king of Moab saw that the bat-
tle had gone against him, he took with him
seven hundred swordsmen to break through
27 to the king of Edom, but they failed. ● Then
he took his firstborn son, who was to succeed
him as king, and offered him as a sacrifice on
the city wall. The fury against Israel was great;
they withdrew and returned to their own
land.

The Widow's Olive Oil

4 The wife of a man from the company of
the prophets cried out to Elisha, "Your
servant my husband is dead, and you know
that he revered the LORD. But now his credi-
tor is coming to take my two boys as his
slaves."

cattle [kǽtl] *n.* (가축)떼
creditor [kréditər] *n.* 채권자
firstborn [fə́:rstbɔ̀:rn] *a.* 처음 태어난
flee [fli:] *vi.* 도망치다
fortify [fɔ́:rtəfài] *vt.* 요새화하다
fury [fjúəri] *n.* 격분
invade [invéid] *vt.* 침략하다
overthrow [òuvərθróu] *vt.* 뒤엎다
plunder [plʌndər] *n.* 약탈품
revere [rivíər] *vt.* 숭배하다
sacrifice [sǽkrəfàis] *n.* 제사, 제물
slaughter [slɔ́:tər] *vt.* 학살하다
sling [sliŋ] *n.* 투석기
station [stéiʃən] *vt.* 주둔시키다
withdraw [wiðdrɔ́:] *vi.* 물러가다

3:17 neither A nor B: A도 B도 아니다
3:19 stop up: (구멍이나 통로 등을) 막다
3:21 bear arms: 무기를 들다
3:21 call up: (군대를) 소집하다
3:26 go against: (전세가) 불리해지다
3:26 break through...: …을 뚫고 지나가다

하라 그가 이르되 계집종의 집에 기름 한 그
릇 외에는 아무것도 없나이다 하니
3 이르되 너는 밖에 나가서 모든 이웃에게 그릇
을 빌리라 빈 그릇을 빌리되 조금 빌리지 말고
4 너는 네 두 아들과 함께 들어가서 문을 닫고
그 모든 그릇에 기름을 부어서 차는 대로 옮
겨 놓으라 하니라
5 여인이 물러가서 그의 두 아들과 함께 문을
닫은 후에 그들은 그릇을 그에게로 가져오고
그는 부었더니
6 그릇에 다 찬지라 여인이 아들에게 이르되
또 그릇을 내게로 가져오라 하니 아들이 이
르되 다른 그릇이 없나이다 하니 기름이 곧
그쳤더라
7 그 여인이 하나님의 사람에게 나아가서 말하
니 그가 이르되 너는 가서 기름을 팔아 빚을
갚고 남은 것으로 너와 네 두 아들이 생활하
라 하였더라

엘리사와 수넴 여인 (♪ 545, 546장)

8 ●하루는 엘리사가 수넴에 이르렀더니 거기
에 한 귀한 여인이 그를 간권하여 음식을 먹
게 하였으므로 엘리사가 그곳을 지날 때마다
음식을 먹으러 그리로 들어갔더라
9 여인이 그의 남편에게 이르되 항상 우리를
지나가는 이 사람은 하나님의 거룩한 사람인
줄을 내가 아노니
10 청하건대 우리가 그를 위하여 작은 방을 담
위에 만들고 침상과 책상과 의자와 촛대를
두사이다 그가 우리에게 이르면 거기에 머물
리이다 하였더라
11 하루는 엘리사가 거기에 이르러 그 방에 들
어가 누웠더니
12 자기 사환 게하시에게 이르되 이 수넴 여인
을 불러오라 하니 곧 여인을 부르매 여인이
그 앞에 선지라
13 엘리사가 자기 사환에게 이르되 너는 그에게
이르라 네가 이같이 우리를 위하여 세심한
배려를 하는도다 내가 너를 위하여 무엇을
하랴 왕에게나 사령관에게 무슨 구할 것이
있느냐 하니 여인이 이르되 나는 내 백성 중
에 거주하나이다 하니라
14 엘리사가 이르되 그러면 그를 위하여 무엇을
하여야 할까 하니 게하시가 대답하되 참으로
이 여인은 아들이 없고 그 남편은 늙었나이
다 하니
15 이르되 다시 부르라 하여 부르매 여인이 문
에 서니라

2 ●Elisha replied to her, "How can I help
you? Tell me, what do you have in your
house?"

"Your servant has nothing there at all," she
said, "except a small jar of olive oil."
3 ●Elisha said, "Go around and ask all your
neighbors for empty jars. Don't ask for just
4 a few. ●Then go inside and shut the door
behind you and your sons. Pour oil into all
the jars, and as each is filled, put it to one
side."
5 ●She left him and shut the door behind
her and her sons. They brought the jars to
6 her and she kept pouring. ●When all the
jars were full, she said to her son, "Bring me
another one."

But he replied, "There is not a jar left." Then
the oil stopped flowing.
7 ●She went and told the man of God, and
he said, "Go, sell the oil and pay your debts.
You and your sons can live on what is left."

The Shunammite's Son Restored to Life

8 ●One day Elisha went to Shunem. And a
well-to-do woman was there, who urged him
to stay for a meal. So whenever he came by,
9 he stopped there to eat. ●She said to her
husband, "I know that this man who often
10 comes our way is a holy man of God. ●Let's
make a small room on the roof and put in
it a bed and a table, a chair and a lamp for
him. Then he can stay there whenever he
comes to us."
11 ●One day when Elisha came, he went up
12 to his room and lay down there. ●He said to
his servant Gehazi, "Call the Shunammite."
So he called her, and she stood before him.
13 ●Elisha said to him, "Tell her, 'You have gone
to all this trouble for us. Now what can be
done for you? Can we speak on your behalf
to the king or the commander of the army?'"

She replied, "I have a home among my
own people."
14 ●"What can be done for her?" Elisha asked.

Gehazi said, "She has no son, and her hus-
band is old."
15 ●Then Elisha said, "Call her." So he called
16 her, and she stood in the doorway. ●"About
this time next year," Elisha said, "you will
hold a son in your arms."

"No, my lord!" she objected. "Please, man
of God, don't mislead your servant!"

commander [kəmǽndər] *n.* 사령관
debt [det] *n.* 부채, 빚
doorway [dɔ́:rwèi] *n.* 문간
empty [émpti] *a.* 빈
fill [fil] *vt.* 채우다
flow [flou] *vi.* 흐르다
jar [dʒa:r] *n.* 단지
mislead [mìslí:d] *vt.* 잘못 인도하다
object [ábdʒikt] *vi.* 항의하다
reply [riplái] *vt.* 대답하다
restore [ristɔ́:r] *vi.* 소생하다, 부활하다
roof [ru:f] *n.* 지붕
servant [sə́:rvənt] *n.* 종, 하인
shut [ʃʌt] *vt.* 잠그다
urge [ə:rdʒ] *vt.* 강권하다

4:2 nothing... at all: 조금도 …없다
4:3 ask for...: …를 요구하다, 청구하다
4:4 pour into: 붓다
4:8 well-to-do: 부유한
4:8 come by: 들르다
4:13 on one's behalf: …를 대신하여

16 엘리사가 이르되 한 해가 지나 이때쯤에 네가
아들을 안으리라 하니 여인이 이르되 아니로
소이다 내 주 하나님의 사람이여 당신의 계집
종을 속이지 마옵소서 하니라
17 ●여인이 과연 잉태하여 한 해가 지나 이때쯤
에 엘리사가 여인에게 말한 대로 아들을 낳았
더라
18 그 아이가 자라매 하루는 추수꾼들에게 나가
서 그의 아버지에게 이르렀더니
19 그의 아버지에게 이르되 내 머리야 내 머리야
하는지라 그의 아버지가 사환에게 말하여 그
의 어머니에게로 데려가라 하매
20 곧 어머니에게로 데려갔더니 낮까지 어머니의
무릎에 앉아 있다가 죽은지라
21 그의 어머니가 올라가서 아들을 하나님의 사
람의 침상 위에 두고 문을 닫고 나와 4:7
22 그 남편을 불러 이르되 청하건대 사환 한 명과
나귀 한 마리를 내게로 보내소서 내가 하나님
의 사람에게 달려갔다가 돌아오리이다 하니
23 그 남편이 이르되 초하루도 아니요 안식일도
아니거늘 그대가 오늘 어찌하여 그에게 나아
가고자 하느냐 하는지라 여인이 이르되 평안
을 비나이다 하니라
24 이에 나귀에 안장을 지우고 자기 사환에게 이
르되 몰고 가라 내가 말하지 아니하거든 나를
위하여 달려가기를 멈추지 말라 하고
25 드디어 갈멜 산으로 가서 하나님의 사람에게
로 나아가니라 ●하나님의 사람이 멀리서 그
를 보고 자기 사환 게하시에게 이르되 저기 수
넴 여인이 있도다 2:25
26 너는 달려가서 그를 맞아 이르기를 너는 평안
하냐 네 남편이 평안하냐 아이가 평안하냐 하
라 하였더니 여인이 대답하되 평안하다 하고
27 산에 이르러 하나님의 사람에게 나아가서 그
발을 안은지라 게하시가 가까이 와서 그를 물
리치고자 하매 하나님의 사람이 이르되 가만
두라 그의 영혼이 괴로워하지마는 여호와께서
내게 숨기시고 이르지 아니하셨도다 하니라
28 여인이 이르되 내가 내 주께 아들을 구하더이
까 나를 속이지 말라고 내가 말하지 아니하더
이까 하니
29 엘리사가 게하시에게 이르되 네 허리를 묶고
내 지팡이를 손에 들고 가라 사람을 만나거든
인사하지 말며 사람이 네게 인사할지라도 대
답하지 말고 내 지팡이를 그 아이 얼굴에 놓으
라 하는지라
30 아이의 어머니가 이르되 여호와께서 살아 계

17 ●But the woman became pregnant, and
the next year about that same time she gave
birth to a son, just as Elisha had told her.
18 ●The child grew, and one day he went
out to his father, who was with the reapers.
19 ●He said to his father, "My head! My head!"
His father told a servant, "Carry him to
20 his mother." ●After the servant had lifted
him up and carried him to his mother, the
boy sat on her lap until noon, and then he
21 died. ●She went up and laid him on the
bed of the man of God, then shut the door
and went out.
22 ●She called her husband and said, "Please
send me one of the servants and a donkey
so I can go to the man of God quickly and
return."
23 ●"Why go to him today?" he asked. "It's
not the New Moon or the Sabbath."
"That's all right," she said.
24 ●She saddled the donkey and said to her
servant, "Lead on; don't slow down for me
25 unless I tell you." ●So she set out and came
to the man of God at Mount Carmel.
When he saw her in the distance, the man
of God said to his servant Gehazi, "Look!
26 There's the Shunammite! ●Run to meet
her and ask her, 'Are you all right? Is your
husband all right? Is your child all right?' "
"Everything is all right," she said.
27 ●When she reached the man of God at
the mountain, she took hold of his feet.
Gehazi came over to push her away, but
the man of God said, "Leave her alone! She
is in bitter distress, but the LORD has hidden
it from me and has not told me why."
28 ●"Did I ask you for a son, my lord?" she
said. "Didn't I tell you, 'Don't raise my hopes'?"
29 ●Elisha said to Gehazi, "Tuck your cloak
into your belt, take my staff in your hand
and run. Don't greet anyone you meet, and
if anyone greets you, do not answer. Lay
my staff on the boy's face."
30 ●But the child's mother said, "As surely
as the LORD lives and as you live, I will not
leave you." So he got up and followed her.
31 ●Gehazi went on ahead and laid the staff
on the boy's face, but there was no sound
or response. So Gehazi went back to meet
Elisha and told him, "The boy has not
awakened."

awaken [əwéikən] *vi.* 눈뜨다
bitter [bítər] *a.* 격심한
cloak [klouk] *n.* 외투
distress [distrés] *n.* 비통, 고난
greet [griːt] *vt.* 인사하다
lap [læp] *n.* 무릎
lay [lei] *vt.* 놓다
pregnant [prégnənt] *a.* 임신한
reach [riːtʃ] *vt.* …에 닿다
reaper [riːpər] *n.* 거두어들이는 사람
response [rispáns] *n.* 반응
Sabbath [sǽbəθ] *n.* 안식일
saddle [sǽdl] *vt.* 안장을 얹다
staff [stæf] *n.* 지팡이
unless [ənlés] *conj.* …가 아닌 한

4:17 give birth to...: …를 낳다
4:24 lead on: 안내하다
4:25 set out: 출발하다
4:25 in the distance: 먼 곳에서
4:27 take hold of...: …를 꽉 쥐다
4:29 tuck A into B: A를 B에 밀어 넣다

심과 당신의 영혼이 살아 계심을 두고 맹세하
노니 내가 당신을 떠나지 아니하리이다 엘리
사가 이에 일어나 여인을 따라가니라 2:2
31 게하시가 그들보다 앞서 가서 지팡이를 그 아
이의 얼굴에 놓았으나 소리도 없고 듣지도 아
니하는지라 돌아와서 엘리사를 맞아 그에게
말하여 아이가 깨지 아니하였나이다 하니라
32 ●엘리사가 집에 들어가 보니 아이가 죽었는
데 자기의 침상에 눕혔는지라
33 들어가서는 문을 닫으니 두 사람 뿐이라 엘리
사가 여호와께 기도하고 4:4
34 아이 위에 올라 엎드려 자기 입을 그의 입에, 자
기 눈을 그의 눈에, 자기 손을 그의 손에 대고 그
의 몸에 엎드리니 아이의 살이 차차 따뜻하더라
35 엘리사가 내려서 집 안에서 한 번 이리저리 다
니고 다시 아이 위에 올라 엎드리니 아이가 일
곱 번 재채기 하고 눈을 뜨는지라 8:1
36 엘리사가 게하시를 불러 저 수넴 여인을 불러
오라 하니 곧 부르매 여인이 들어가니 엘리사
가 이르되 네 아들을 데리고 가라 하니라
37 여인이 들어가서 엘리사의 발 앞에서 땅에 엎
드려 절하고 아들을 안고 나가니라 왕상 17:23

두 가지 기적 (♪ 391장)

38 ●엘리사가 다시 길갈에 이르니 그 땅에 흉년
이 들었는데 선지자의 제자들이 엘리사의 앞
에 앉은지라 엘리사가 자기 사환에게 이르되
큰 솥을 걸고 선지자의 제자들을 위하여 국을
끓이라 하매
39 한 사람이 채소를 캐러 들에 나가 들포도덩굴
을 만나 그것에서 들호박을 따서 옷자락에 채
워가지고 돌아와 썰어 국 끓이는 솥에 넣되 그
들은 무엇인지 알지 못한지라
40 이에 퍼다가 무리에게 주어 먹게 하였더니 무
리가 국을 먹다가 그들이 외쳐 이르되 하나님
의 사람이여 솥에 죽음의 독이 있나이다 하고
능히 먹지 못하는지라
41 엘리사가 이르되 그러면 가루를 가져오라 하여
솥에 던지고 이르되 퍼다가 무리에게 주어 먹
게 하라 하매 이에 솥 가운데 독이 없어지니라
42 ●한 사람이 바알 살리사에서부터 와서 처음
만든 떡 곧 보리떡 이십 개와 또 자루에 담은
채소를 하나님의 사람에게 드린지라 그가 이
르되 무리에게 주어 먹게 하라 삼상 9:4
43 그 사환이 이르되 내가 어찌 이것을 백 명에게
주겠나이까 하나 엘리사는 또 이르되 무리에
게 주어 먹게 하라 여호와의 말씀이 그들이 먹
고 남으리라 하셨느니라

32 ●When Elisha reached the house, there
33 was the boy lying dead on his couch. ●He
went in, shut the door on the two of them
34 and prayed to the LORD. ●Then he got on the
bed and lay on the boy, mouth to mouth,
eyes to eyes, hands to hands. As he stretched
himself out on him, the boy's body grew
35 warm. ●Elisha turned away and walked
back and forth in the room and then got
on the bed and stretched out on him once
more. The boy sneezed seven times and
opened his eyes.
36 ●Elisha summoned Gehazi and said, "Call
the Shunammite." And he did. When she
37 came, he said, "Take your son." ●She came
in, fell at his feet and bowed to the ground.
Then she took her son and went out.

Death in the Pot

38 ●Elisha returned to Gilgal and there was a
famine in that region. While the company
of the prophets was meeting with him, he
said to his servant, "Put on the large pot and
cook some stew for these prophets."
39 ●One of them went out into the fields to
gather herbs and found a wild vine and
picked as many of its gourds as his gar-
ment could hold. When he returned, he
cut them up into the pot of stew, though
40 no one knew what they were. ●The stew
was poured out for the men, but as they
began to eat it, they cried out, "Man of
God, there is death in the pot!" And they
could not eat it.
41 ●Elisha said, "Get some flour." He put it
into the pot and said, "Serve it to the peo-
ple to eat." And there was nothing harmful
in the pot.

Feeding of a Hundred

42 ●A man came from Baal Shalishah, bring-
ing the man of God twenty loaves of barley
bread baked from the first ripe grain, along
with some heads of new grain. "Give it to
the people to eat," Elisha said.
43 ●"How can I set this before a hundred
men?" his servant asked.
But Elisha answered, "Give it to the peo-
ple to eat. For this is what the LORD says:
'They will eat and have some left over.' "
44 ●Then he set it before them, and they ate
and had some left over, according to the
word of the LORD.

barley [bá:rli] *n.* 보리
company [kʌmpəni] *n.* 무리, 일행
couch [kautʃ] *n.* 침상
famine [fǽmin] *n.* 기근
garment [gá:rmənt] *n.* 의복, 옷
gourd [gɔ:rd] *n.* 조롱박
herb [hə:rb] *n.* 식용 식물
loaf [louf] *n.* 한 덩어리
pour [pɔ:r] *vt.* 따르다, 붓다
prophet [práfit] *n.* 선지자
region [rí:dʒən] *n.* 지역
ripe [raip] *a.* 익은
sneeze [sni:z] *vi.* 재채기하다
stretch [stretʃ] *vi.* 뻗다
summon [sʌmən] *vt.* 소환하다

4:35 turn away: 몸을 돌리다
4:35 back and forth: 앞뒤로, 이리저리
4:37 fall at one's feet: …의 발 아래 엎드리다
4:42 along with...: …과 함께
4:43 leave over: (음식 등을) 남기다

44 그가 그들 앞에 주었더니 여호와께서 말씀하
신 대로 먹고 남았더라

나아만이 고침을 받다 ─ B.C. 845년경

5 아람 왕의 군대 장관 나아만은 그의 주인
앞에서 크고 존귀한 자니 이는 여호와께서
전에 그에게 아람을 구원하게 하셨음이라 그
는 큰 용사이나 나병 환자더라
2 전에 아람 사람이 떼를 지어 나가서 이스라
엘 땅에서 어린 소녀 하나를 사로잡으매 그
가 나아만의 아내에게 수종 들더니
3 그의 여주인에게 이르되 우리 주인이 사마리
아에 계신 선지자 앞에 계셨으면 좋겠나이다
그가 그 나병을 고치리이다 하는지라
4 나아만이 들어가서 그의 주인께 아뢰어 이르
되 이스라엘 땅에서 온 소녀의 말이 이러이
러하더이다 하니
5 아람 왕이 이르되 갈지어다 이제 내가 이스
라엘 왕에게 글을 보내리라 하더라 나아만이
곧 떠날새 은 십 달란트와 금 육천 개와 의복
열 벌을 가지고 가서
6 이스라엘 왕에게 그 글을 전하니 일렀으되
내가 내 신하 나아만을 당신에게 보내오니
이 글이 당신에게 이르거든 당신은 그의 나
병을 고쳐 주소서 하였더라
7 이스라엘 왕이 그 글을 읽고 자기 옷을 찢으
며 이르되 내가 사람을 죽이고 살리는 하나
님이냐 그가 어찌하여 사람을 내게로 보내
그의 나병을 고치라 하느냐 너희는 깊이 생
각하고 저 왕이 틈을 타서 나와 더불어 시비
하려 함인줄 알라 하니라
8 ●하나님의 사람 엘리사가 이스라엘 왕이 자
기의 옷을 찢었다 함을 듣고 왕에게 보내 이
르되 왕이 어찌하여 옷을 찢었나이까 그 사
람을 내게로 오게 하소서 그가 이스라엘 중
에 선지자가 있는 줄을 알리이다 하니라
9 나아만이 이에 말들과 병거들을 거느리고 이
르러 엘리사의 집 문에 서니
10 엘리사가 사자를 그에게 보내 이르되 너는
가서 요단 강에 몸을 일곱 번 씻으라 네 살이
회복되어 깨끗하리라 하는지라 요 9:7
11 나아만이 노하여 물러가며 이르되 내 생각에
는 그가 내게로 나와 서서 그의 하나님 여호
와의 이름을 부르고 그의 손을 그 부위 위에
흔들어 나병을 고칠까 하였도다
12 다메섹 강 아바나와 바르발은 이스라엘 모든
강물보다 낫지 아니하냐 내가 거기서 몸을
씻으면 깨끗하게 되지 아니하랴 하고 몸을

Naaman Healed of Leprosy

5 Now Naaman was commander of the
army of the king of Aram. He was a great
man in the sight of his master and highly
regarded, because through him the LORD had
given victory to Aram. He was a valiant sol-
dier, but he had leprosy.[a]
2 ●Now bands of raiders from Aram had
gone out and had taken captive a young girl
from Israel, and she served Naaman's wife.
3 ●She said to her mistress, "If only my master
would see the prophet who is in Samaria! He
would cure him of his leprosy."
4 ●Naaman went to his master and told him
5 what the girl from Israel had said. ●"By all
means, go," the king of Aram replied. "I will
send a letter to the king of Israel." So Naaman
left, taking with him ten talents[b] of silver, six
thousand shekels[c] of gold and ten sets of cloth-
6 ing. ●The letter that he took to the king of
Israel read: "With this letter I am sending my
servant Naaman to you so that you may cure
him of his leprosy."
7 ●As soon as the king of Israel read the letter,
he tore his robes and said, "Am I God? Can I
kill and bring back to life? Why does this fel-
low send someone to me to be cured of his lep-
rosy? See how he is trying to pick a quarrel
with me!"
8 ●When Elisha the man of God heard that
the king of Israel had torn his robes, he sent
him this message: "Why have you torn your
robes? Have the man come to me and he will
9 know that there is a prophet in Israel." ●So
Naaman went with his horses and chariots
and stopped at the door of Elisha's house.
10 ●Elisha sent a messenger to say to him, "Go,
wash yourself seven times in the Jordan, and
your flesh will be restored and you will be
cleansed."
11 ●But Naaman went away angry and said,
"I thought that he would surely come out to
me and stand and call on the name of the
LORD his God, wave his hand over the spot
12 and cure me of my leprosy. ●Are not Abana
and Pharpar, the rivers of Damascus, better
than all the waters of Israel? Couldn't I wash
in them and be cleansed?" So he turned and
went off in a rage.

[a]1 The Hebrew for *leprosy* was used for various diseases affecting the skin; also in verses 3, 6, 7, 11 and 27. [b]5 That is, about 750 pounds or about 340 kilograms [c]5 That is, about 150 pounds or about 69 kilograms

cleanse [klenz] *vt.* 청결하게 하다
commander [kəmǽndər] *n.* 사령관
fellow [félou] *n.* 사람
flesh [fleʃ] *n.* 육체
heal [hiːl] *vt.* 치료하다
leprosy [léprəsi] *n.* 문둥병
mistress [místris] *n.* 여주인
rage [reidʒ] *n.* 격노
raider [réidər] *n.* 침략자
regard [rigáːrd] *vt.* 존경하다
robe [roub] *n.* 겉옷
spot [spat] *n.* 부위
tear [tiər] *vt.* 찢다, 뜯다
valiant [vǽljənt] *a.* 용맹스러운
wave [weiv] *vt.* 흔들다

5:1 in the sight of...: …의 보기에
5:2 take captive: 포로로 잡다
5:3 cure A of B: A의 B를 고치다
5:7 bring back to life: 살리다
5:7 pick a quarrel: 싸움을 걸다
5:11 call on...: …에게 간구하다

돌려 분노하여 떠나니
13 그의 종들이 나아와서 말하여 이르되 내 아
버지여 선지자가 당신에게 큰일을 행하라 말
하였더면 행하지 아니하였으리이까 하물며
당신에게 이르기를 씻어 깨끗하게 하라 함이
리이까 하니
14 나아만이 이에 내려가서 하나님의 사람의 말
대로 요단 강에 일곱 번 몸을 잠그니 그의 살
이 어린아이의 살같이 회복되어 깨끗하게 되
었더라
15 ●나아만이 모든 군대와 함께 하나님의 사람
에게로 도로 와서 그의 앞에 서서 이르되 내
가 이제 이스라엘 외에는 온 천하에 신이 없
는 줄을 아나이다 청하건대 당신의 종에게서
예물을 받으소서 하니
16 이르되 내가 섬기는 여호와께서 살아 계심을
두고 맹세하노니 내가 그 앞에서 받지 아니
하리라 하였더라 나아만이 받으라고 강권하
되 그가 거절하니라
17 나아만이 이르되 그러면 청하건대 노새 두
마리에 실을 흙을 당신의 종에게 주소서 이
제부터는 종이 번제물과 다른 희생제사를 여
호와 외 다른 신에게는 드리지 아니하고 다
만 여호와께 드리겠나이다 출 20:24
18 오직 한 가지 일이 있사오니 여호와께서 당
신의 종을 용서하시기를 원하나이다 곧 내
주인께서 림몬의 신당에 들어가 거기서 경배
하며 그가 내 손을 의지하시매 내가 림몬의
신당에서 몸을 굽히오니 내가 림몬의 신당에
서 몸을 굽힐 때에 여호와께서 이 일에 대하
여 당신의 종을 용서하시기를 원하나이다 하
니
19 엘리사가 이르되 너는 평안히 가라 하니라
그가 엘리사를 떠나 조금 가니라
20 ●하나님의 사람 엘리사의 사환 게하시가 스
스로 이르되 내 주인이 이 아람 사람 나아만
에게 면하여 주고 그가 가지고 온 것을 그의
손에서 받지 아니하였도다 여호와께서 살아
계심을 두고 맹세하노니 내가 그를 쫓아가서
무엇이든지 그에게서 받으리라 하고
21 나아만의 뒤를 쫓아가니 나아만이 자기 뒤에
달려옴을 보고 수레에서 내려 맞이하여 이르
되 평안이냐 하니
22 그가 이르되 평안하나이다 우리 주인께서 나
를 보내시며 말씀하시기를 지금 선지자의 제
자 중에 두 청년이 에브라임 산지에서부터
내게로 왔으니 청하건대 당신은 그들에게 은

13 ●Naaman's servants went to him and said,
"My father, if the prophet had told you to do
some great thing, would you not have done
it? How much more, then, when he tells you,
14 'Wash and be cleansed'!" ●So he went down
and dipped himself in the Jordan seven
times, as the man of God had told him, and
his flesh was restored and became clean like
that of a young boy.
15 ●Then Naaman and all his attendants went
back to the man of God. He stood before him
and said, "Now I know that there is no God in
all the world except in Israel. So please accept
a gift from your servant."
16 ●The prophet answered, "As surely as the
LORD lives, whom I serve, I will not accept a
thing." And even though Naaman urged him,
he refused.
17 ●"If you will not," said Naaman, "please let
me, your servant, be given as much earth as a
pair of mules can carry, for your servant will
never again make burnt offerings and sacri-
18 fices to any other god but the LORD. ●But may
the LORD forgive your servant for this one
thing: When my master enters the temple of
Rimmon to bow down and he is leaning on
my arm and I have to bow there also—when
I bow down in the temple of Rimmon, may
the LORD forgive your servant for this."
19 ●"Go in peace," Elisha said.
After Naaman had traveled some distance,
20 ●Gehazi, the servant of Elisha the man of
God, said to himself, "My master was too easy
on Naaman, this Aramean, by not accepting
from him what he brought. As surely as the
LORD lives, I will run after him and get some-
thing from him."
21 ●So Gehazi hurried after Naaman. When
Naaman saw him running toward him, he got
down from the chariot to meet him. "Is every-
thing all right?" he asked.
22 ●"Everything is all right," Gehazi answered.
"My master sent me to say, 'Two young men
from the company of the prophets have just
come to me from the hill country of Ephraim.
Please give them a talent[a] of silver and two sets
of clothing.'"
23 ●"By all means, take two talents," said Naa-
man. He urged Gehazi to accept them, and
then tied up the two talents of silver in two
bags, with two sets of clothing. He gave them to

[a]22 That is, about 75 pounds or about 34 kilograms

accept [æksépt] *vt.* 수락하다
attendant [əténdənt] *n.* 수행원
chariot [tʃǽriət] *n.* 수레
dip [dip] *vt.* 담그다
distance [dístəns] *n.* 먼 거리
except [iksépt] *prep.* …을 제외하고
forgive [fərgív] *vt.* 용서하다
mule [mjuːl] *n.* 노새
offering [ɔ́ːfəriŋ] *n.* 제물
prophet [práfit] *n.* 선지자
refuse [rifjúːz] *vt.* 거절하다
restore [ristɔ́ːr] *vt.* 회복하다
sacrifice [sǽkrəfàis] *n.* 제사, 제물
temple [témpl] *n.* 성전
urge [əːrdʒ] *vt.* 강권하다

5:16 as surely as...: …와 마찬가지로
5:18 lean on...: …에 의지하다
5:18 bow down: 인사하다
5:20 run after...: …를 뒤쫓다
5:21 get down: 내리다
5:23 by all means: 부디, 꼭

한 달란트와 옷 두 벌을 주라 하시더이다 4:26
23 나아만이 이르되 바라건대 두 달란트를 받으
라 하고 그를 강권하여 은 두 달란트를 두 전
대에 넣어 매고 옷 두 벌을 아울러 두 사환에
게 지우매 그들이 게하시 앞에서 지고 가니라
24 언덕에 이르러서는 게하시가 그 물건을 두 사
환의 손에서 받아 집에 감추고 그들을 보내 가
게 한 후
25 들어가 그의 주인 앞에 서니 엘리사가 이르되
게하시야 네가 어디서 오느냐 하니 대답하되
당신의 종이 아무데도 가지 아니하였나이다
하니라
26 엘리사가 이르되 한 사람이 수레에서 내려 너
를 맞이할 때에 내 마음이 함께 가지 아니하였
느냐 지금이 어찌 은을 받으며 옷을 받으며 감
람원이나 포도원이나 양이나 소나 남종이나
여종을 받을 때이냐
27 그러므로 나아만의 나병이 네게 들어 네 자손
에게 미쳐 영원토록 이르리라 하니 게하시가
그 앞에서 물러나오매 나병이 발하여 눈같이
되었더라

쇠도끼를 찾다 (♪ 185장) — B.C. 845년경

6 선지자의 제자들이 엘리사에게 이르되 보
소서 우리가 당신과 함께 거주하는 이곳이
우리에게는 좁으니
2 우리가 요단으로 가서 거기서 각각 한 재목을
가져다가 그곳에 우리가 거주할 처소를 세우
사이다 하니 엘리사가 이르되 가라 하는지라
3 그 하나가 이르되 청하건대 당신도 종들과 함
께하소서 하니 엘리사가 이르되 내가 가리라
하고
4 드디어 그들과 함께 가니라 무리가 요단에 이
르러 나무를 베더니
5 한 사람이 나무를 벨 때에 쇠도끼가 물에 떨어
진지라 이에 외쳐 이르되 아아, 내 주여 이는
빌려온 것이니이다 하니
6 하나님의 사람이 이르되 어디 빠졌느냐 하매
그곳을 보이는지라 엘리사가 나뭇가지를 베
어 물에 던져 쇠도끼를 떠오르게 하고
7 이르되 너는 그것을 집으라 하니 그 사람이 손
을 내밀어 그것을 집으니라

아람 군대를 물리치다 (♪ 36, 313장)

8 ●그때에 아람 왕이 이스라엘과 더불어 싸우
며 그의 신복들과 의논하여 이르기를 우리가
아무 데 아무 데 진을 치리라 하였더니
9 하나님의 사람이 이스라엘 왕에게 보내 이르
되 왕은 삼가 아무 곳으로 지나가지 마소서 아

two of his servants, and they carried them
24 ahead of Gehazi. ●When Gehazi came to
the hill, he took the things from the servants
and put them away in the house. He sent the
men away and they left.
25 ●When he went in and stood before his
master, Elisha asked him, "Where have you
been, Gehazi?"
"Your servant didn't go anywhere," Gehazi
answered.
26 ●But Elisha said to him, "Was not my spir-
it with you when the man got down from
his chariot to meet you? Is this the time to
take money or to accept clothes — or olive
groves and vineyards, or flocks and herds,
27 or male and female slaves? ●Naaman's
leprosy will cling to you and to your des-
cendants forever." Then Gehazi went from
Elisha's presence and his skin was leprous
— it had become as white as snow.

An Axhead Floats

6 The company of the prophets said to
Elisha, "Look, the place where we meet
2 with you is too small for us. ●Let us go to the
Jordan, where each of us can get a pole; and
let us build a place there for us to meet."
And he said, "Go."
3 ●Then one of them said, "Won't you
please come with your servants?"
4 "I will," Elisha replied. ●And he went with
them.
They went to the Jordan and began to cut
5 down trees. ●As one of them was cutting
down a tree, the iron axhead fell into the
water. "Oh no, my lord!" he cried out. "It was
borrowed!"
6 ●The man of God asked, "Where did it
fall?" When he showed him the place, Elisha
cut a stick and threw it there, and made the
7 iron float. ●"Lift it out," he said. Then the
man reached out his hand and took it.

Elisha Traps Blinded Arameans

8 ●Now the king of Aram was at war with
Israel. After conferring with his officers, he
said, "I will set up my camp in such and such
a place."
9 ●The man of God sent word to the king of
Israel: "Beware of passing that place, because
10 the Arameans are going down there." ●So

accept [æksépt] *vt.* 수락하다
axhead [ǽkshed] *n.* 도끼(날)
borrow [bárou] *vt.* 빌리다
company [kʌmpəni] *n.* 무리
descendant [diséndənt] *n.* 자손
float [flout] *vi.* 떠오르다
flock [flak] *n.* 짐승의 떼
grove [grouv] *n.* 작은 과수원
herd [həːrd] *n.* 가축의 떼
leprosy [léprəsi] *n.* 나병
pole [poul] *n.* 장대
presence [prézns] *n.* 앞
spirit [spírit] *n.* 마음, 영혼
trap [træp] *vt.* 함정에 빠뜨리다
vineyard [vínjərd] *n.* 포도원

5:23 **ahead of...**: …에 앞서
5:24 **put away**: 치우다, 간직하다
5:27 **cling to...**: …에 배어들다
6:7 **reach out**: 뻗치다, 내밀다
6:8 **confer with...**: …과 의논하다
6:9 **beware of...**: …을 조심하다, 경계하다

람 사람이 그곳으로 나오나이다 하는지라
10 이스라엘 왕이 하나님의 사람이 자기에게 말하여 경계한 곳으로 사람을 보내 방비하기가 한두 번이 아닌지라
11 이러므로 아람 왕의 마음이 불안하여 그 신복들을 불러 이르되 우리 중에 누가 이스라엘 왕과 내통하는 것을 내게 말하지 아니하느냐 하니
12 그 신복 중의 한 사람이 이르되 우리 주 왕이여 아니로소이다 오직 이스라엘 선지자 엘리사가 왕이 침실에서 하신 말씀을 이스라엘의 왕에게 고하나이다 하는지라
13 왕이 이르되 너희는 가서 엘리사가 어디 있나 보라 내가 사람을 보내어 그를 잡으리라 왕에게 아뢰어 이르되 보라 그가 도단에 있도다 하나이다
14 ●왕이 이에 말과 병거와 많은 군사를 보내매 그들이 밤에 가서 그 성읍을 에워쌌더라
15 하나님의 사람의 사환이 일찍이 일어나서 나가보니 군사와 말과 병거가 성읍을 에워쌌는지라 그의 사환이 엘리사에게 말하되 아아, 내 주여 우리가 어찌하리이까 하니
16 대답하되 두려워하지 말라 우리와 함께한 자가 그들과 함께한 자보다 많으니라 하고
17 기도하여 이르되 여호와여 원하건대 그의 눈을 열어서 보게 하옵소서 하니 여호와께서 그 청년의 눈을 여시매 그가 보니 불말과 불병거가 산에 가득하여 엘리사를 둘렀더라
18 아람 사람이 엘리사에게 내려오매 엘리사가 여호와께 기도하여 이르되 원하건대 저 무리의 눈을 어둡게 하옵소서 하매 엘리사의 말대로 그들의 눈을 어둡게 하신지라
19 엘리사가 그들에게 이르되 이는 그 길이 아니요 이는 그 성읍도 아니니 나를 따라오라 내가 너희를 인도하여 너희가 찾는 사람에게로 나아가리라 하고 그들을 인도하여 사마리아에 이르니라
20 ●사마리아에 들어갈 때에 엘리사가 이르되 여호와여 이 무리의 눈을 열어서 보게 하옵소서 하니 여호와께서 그들의 눈을 여시매 그들이 보니 자기들이 사마리아 가운데에 있더라
21 이스라엘 왕이 그들을 보고 엘리사에게 이르되 내 아버지여 내가 치리이까 내가 치리이까 하니
22 대답하되 치지 마소서 칼과 활로 사로잡은 자인들 어찌 치리이까 떡과 물을 그들 앞에 두어 먹고 마시게 하고 그들의 주인에게로 돌려보

the king of Israel checked on the place indicated by the man of God. Time and again Elisha warned the king, so that he was on his guard in such places.
11 ●This enraged the king of Aram. He summoned his officers and demanded of them, "Tell me! Which of us is on the side of the king of Israel?"
12 ●"None of us, my lord the king," said one of his officers, "but Elisha, the prophet who is in Israel, tells the king of Israel the very words you speak in your bedroom."
13 ●"Go, find out where he is," the king ordered, "so I can send men and capture him." The report came back: "He is in Do-
14 than." ●Then he sent horses and chariots and a strong force there. They went by night and surrounded the city.
15 ●When the servant of the man of God got up and went out early the next morning, an army with horses and chariots had surrounded the city. "Oh no, my lord! what shall we do?" the servant asked.
16 ●"Don't be afraid," the prophet answered. "Those who are with us are more than those who are with them."
17 ●And Elisha prayed, "Open his eyes, LORD, so that he may see." Then the LORD opened the servant's eyes, and he looked and saw the hills full of horses and chariots of fire all around Elisha.
18 ●As the enemy came down toward him, Elisha prayed to the LORD, "Strike this army with blindness." So he struck them with blindness, as Elisha had asked.
19 ●Elisha told them, "This is not the road and this is not the city. Follow me, and I will lead you to the man you are looking for." And he led them to Samaria.
20 ●After they entered the city, Elisha said, "LORD, open the eyes of these men so they can see." Then the LORD opened their eyes and they looked, and there they were, inside Samaria.
21 ●When the king of Israel saw them, he asked Elisha, "Shall I kill them, my father? Shall I kill them?"
22 ●"Do not kill them," he answered. "Would you kill those you have captured with your own sword or bow? Set food and water before them so that they may eat and drink and then go back to their master."

afraid [əfréid] *a.* 두려워하는
blindness [bláindnis] *n.* 보지 못함
capture [kǽptʃər] *vt.* 사로잡다
chariot [tʃǽriət] *n.* 병거
check [tʃek] *vt.* 저지하다
demand [dimǽnd] *vt.* 요구하다
enrage [inréidʒ] *vt.* 성나게 하다
force [fɔːrs] *n.* 군대
indicate [índikèit] *vt.* 가리키다
officer [ɔ́ːfisər] *n.* 장교
order [ɔ́ːrdər] *vt.* 명하다
prophet [práfit] *n.* 선지자
summon [sʌmən] *vt.* 소환하다
surround [səráund] *vt.* 에워싸다
warn [wɔːrn] *vt.* 경고하다

6:10 time and again: 몇 번이고
6:10 on one's guard: 보초서서, 지키고
6:11 on the side of...: …를 편들어
6:13 find out: 발견하다
6:14 by night: 밤 동안에
6:19 look for...: …를 찾다

내소서 하는지라
23 왕이 위하여 음식을 많이 베풀고 그들이 먹고
마시매 놓아 보내니 그들이 그들의 주인에게
로 돌아가니라 이로부터 아람 군사의 부대가
다시는 이스라엘 땅에 들어오지 못하니라

에워싸인 사마리아가 굶주리다 (♪ 350, 357장)

24 ●이후에 아람 왕 벤하닷이 그의 온 군대를
모아 올라와서 사마리아를 에워싸니 왕상 20:1
25 아람 사람이 사마리아를 에워싸므로 성중이
크게 주려서 나귀 머리 하나에 은 팔십 세겔
이요 비둘기 똥 사분의 일 갑에 은 다섯 세겔
이라 하니
26 이스라엘 왕이 성 위로 지나갈 때에 한 여인
이 외쳐 이르되 나의 주 왕이여 도우소서
27 왕이 이르되 여호와께서 너를 돕지 아니하시
면 내가 무엇으로 너를 도우랴 타작마당으로
말미암아 하겠느냐 포도주 틀로 말미암아 하
겠느냐 하니라
28 또 이르되 무슨 일이냐 하니 여인이 대답하
되 이 여인이 내게 이르기를 네 아들을 내놓
아라 우리가 오늘 먹고 내일은 내 아들을 먹
자 하매
29 우리가 드디어 내 아들을 삶아 먹었더니 이
튿날에 내가 그 여인에게 이르되 네 아들을
내놓아라 우리가 먹으리라 하나 그가 그의
아들을 숨겼나이다 하는지라
30 왕이 그 여인의 말을 듣고 자기 옷을 찢으니
라 그가 성 위로 지나갈 때에 백성이 본즉 그
의 속살에 굵은 베를 입었더라
31 왕이 이르되 사밧의 아들 엘리사의 머리가
오늘 그 몸에 붙어 있으면 하나님이 내게 벌
위에 벌을 내리실지로다 하니라 룻 1:17
32 그때에 엘리사가 그의 집에 앉아 있고 장로
들이 그와 함께 앉아 있는데 왕이 자기 처소
에서 사람을 보냈더니 그 사자가 이르기 전
에 엘리사가 장로들에게 이르되 너희는 이
살인한 자의 아들이 내 머리를 베려고 사람
을 보내는 것을 보느냐 너희는 보다가 사자
가 오거든 문을 닫고 문 안에 들이지 말라 그
의 주인의 발소리가 그의 뒤에서 나지 아니
하느냐 하고
33 무리와 말을 할 때에 그 사자가 그에게 이르
니라 왕이 이르되 이 재앙이 여호와께로부터
나왔으니 어찌 더 여호와를 기다리리요

7 엘리사가 이르되 여호와의 말씀을 들을지
어다 여호와께서 이르시되 내일 이맘때에
사마리아 성문에서 고운 밀가루 한 스아를

23 ●So he prepared a great feast for them, and
after they had finished eating and drinking, he
sent them away, and they returned to their
master. So the bands from Aram stopped raid-
ing Israel's territory.

Famine in Besieged Samaria

24 ●Some time later, Ben-Hadad king of Aram
mobilized his entire army and marched up
25 and laid siege to Samaria. ●There was a great
famine in the city; the siege lasted so long that
a donkey's head sold for eighty shekels[a] of sil-
ver, and a quarter of a cab[b] of seed pods[c] for
five shekels.[d]
26 ●As the king of Israel was passing by on the
wall, a woman cried to him, "Help me, my
lord the king!"
27 ●The king replied, "If the LORD does not help
you, where can I get help for you? From the
28 threshing floor? From the winepress?" ●Then
he asked her, "What's the matter?"
She answered, "This woman said to me,
'Give up your son so we may eat him today,
29 and tomorrow we'll eat my son.' ●So we
cooked my son and ate him. The next day I
said to her, 'Give up your son so we may eat
him,' but she had hidden him."
30 ●When the king heard the woman's words,
he tore his robes. As he went along the wall,
the people looked, and they saw that, under
31 his robes, he had sackcloth on his body. ●He
said, "May God deal with me, be it ever so
severely, if the head of Elisha son of Shaphat
remains on his shoulders today!"
32 ●Now Elisha was sitting in his house, and
the elders were sitting with him. The king sent
a messenger ahead, but before he arrived,
Elisha said to the elders, "Don't you see how
this murderer is sending someone to cut off
my head? Look, when the messenger comes,
shut the door and hold it shut against him. Is
not the sound of his master's footsteps behind
33 him?" ●While he was still talking to them,
the messenger came down to him.
The king said, "This disaster is from the
LORD. Why should I wait for the LORD any
longer?"

7 Elisha replied, "Hear the word of the
LORD. This is what the LORD says: About

[a]25 That is, about 2 pounds or about 920 grams
[b]25 That is, probably about 1/4 pound or about 100 grams
[c]25 Or *of doves' dung*
[d]25 That is, about 2 ounces or about 58 grams

band [bænd] *n.* 일단(집단의 뜻)
besiege [bisíːdʒ] *vt.* 포위하다
disaster [dizǽstər] *n.* 재앙
elder [éldər] *n.* 장로
famine [fǽmin] *n.* 기근
feast [fiːst] *n.* 잔치
messenger [mésəndʒər] *n.* 사자(使者)
mobilize [móubəlàiz] *vt.* 동원하다
raid [reid] *vt.* 기습하다
robe [roub] *n.* 의복
sackcloth [sǽkklɔ̀ːθ] *n.* 베옷
tear [tiər] *vt.* 찢다
territory [térətɔ̀ːri] *n.* 영토
thresh [θreʃ] *vt.* 타작하다
winepress [wáinprès] *n.* 포도즙 짜는 기구

6:24 march up: 행군해서 올라가다
6:24 lay siege to...: …를 포위 공격하다
6:26 pass by: 지나가다
6:28 give up: 포기하다, 내주다
6:31 deal with...: …를 다루다
6:32 cut off: 베어내다

한 세겔로 매매하고 보리 두 스아를 한 세겔
로 매매하리라 하셨느니라
2 그때에 왕이 그의 손에 의지하는 자 곧 한 장
관이 하나님의 사람에게 대답하여 이르되 여
호와께서 하늘에 창을 내신들 어찌 이런 일
이 있으리요 하더라 엘리사가 이르되 네가
네 눈으로 보리라 그러나 그것을 먹지는 못
하리라 하니라

아람 군대가 도망하다

3 ●성문 어귀에 나병 환자 네 사람이 있더니
그 친구에게 서로 말하되 우리가 어찌하여
여기 앉아서 죽기를 기다리랴
4 만일 우리가 성읍으로 가자고 말한다면 성읍
에는 굶주림이 있으니 우리가 거기서 죽을
것이요 만일 우리가 여기서 머무르면 역시
우리가 죽을 것이라 그런즉 우리가 가서 아
람 군대에게 항복하자 그들이 우리를 살려
두면 살 것이요 우리를 죽이면 죽을 것이라
하고
5 아람 진으로 가려 하여 해 질 무렵에 일어나
아람 진영 끝에 이르러서 본즉 그곳에 한 사
람도 없으니
6 이는 주께서 아람 군대로 병거 소리와 말 소
리와 큰 군대의 소리를 듣게 하셨으므로 아
람 사람이 서로 말하기를 이스라엘 왕이 우
리를 치려 하여 헷 사람의 왕들과 애굽 왕들
에게 값을 주고 그들을 우리에게 오게 하였
다 하고
7 해 질 무렵에 일어나서 도망하되 그 장막과
말과 나귀를 버리고 진영을 그대로 두고 목
숨을 위하여 도망하였음이라
8 그 나병 환자들이 진영 끝에 이르자 한 장막
에 들어가서 먹고 마시고 거기서 은과 금과
의복을 가지고 가서 감추고 다시 와서 다른
장막에 들어가 거기서도 가지고 가서 감추니
라
9 ●나병 환자들이 그 친구에게 서로 말하되
우리가 이렇게 해서는 아니되겠도다 오늘은
아름다운 소식이 있는 날이거늘 우리가 침묵
하고 있도다 만일 밝은 아침까지 기다리면
벌이 우리에게 미칠지니 이제 떠나 왕궁에
가서 알리자 하고
10 가서 성읍 문지기를 불러 그들에게 말하여
이르되 우리가 아람 진에 이르러서 보니 거
기에 한 사람도 없고 사람의 소리도 없고 오
직 말과 나귀만 매여 있고 장막들이 그대로
있더이다 하는지라

this time tomorrow, a seah [a] of the finest flour
will sell for a shekel [b] and two seahs [c] of barley
for a shekel at the gate of Samaria."
2 ●The officer on whose arm the king was
leaning said to the man of God, "Look, even if
the LORD should open the floodgates of the
heavens, could this happen?"
"You will see it with your own eyes," an-
swered Elisha, "but you will not eat any of
it!"

The Siege Lifted

3 ●Now there were four men with leprosy [d]
at the entrance of the city gate. They said to
4 each other, "Why stay here until we die? ●If
we say, 'We'll go into the city'—the famine is
there, and we will die. And if we stay here, we
will die. So let's go over to the camp of the
Arameans and surrender. If they spare us, we
live; if they kill us, then we die."
5 ●At dusk they got up and went to the camp
of the Arameans. When they reached the edge
6 of the camp, no one was there, ●for the Lord
had caused the Arameans to hear the sound of
chariots and horses and a great army, so that
they said to one another, "Look, the king of
Israel has hired the Hittite and Egyptian kings
7 to attack us!" ●So they got up and fled in the
dusk and abandoned their tents and their
horses and donkeys. They left the camp as it
was and ran for their lives.
8 ●The men who had leprosy reached the
edge of the camp, entered one of the tents and
ate and drank. Then they took silver, gold and
clothes, and went off and hid them. They
returned and entered another tent and took
some things from it and hid them also.
9 ●Then they said to each other, "What we're
doing is not right. This is a day of good news
and we are keeping it to ourselves. If we wait
until daylight, punishment will overtake us.
Let's go at once and report this to the royal
palace."
10 ●So they went and called out to the city
gatekeepers and told them, "We went into the
Aramean camp and no one was there—not a
sound of anyone—only tethered horses and

[a] *1* That is, probably about 12 pounds or about 5.5 kilograms of flour; also in verses 16 and 18 [b] *1* That is, about 2/5 ounce or about 12 grams; also in verses 16 and 18 [c] *1* That is, probably about 20 pounds or about 9 kilograms of barley; also in verses 16 and 18 [d] *3* The Hebrew for *leprosy* was used for various diseases affecting the skin; also in verse 8.

abandon [əbǽndən] *vt.* 버리다
barley [bɑ́ːrli] *n.* 보리
chariot [tʃǽriət] *n.* 병거
floodgate [flʌ́dgèit] *n.* 수문
flour [fláuər] *n.* 밀가루
gatekeeper [géitkìːpər] *n.* 문지기
hide [haid] *vt.* 감추다
hire [haiər] *vt.* 고용하다
leprosy [léprəsi] *n.* 문둥병
lift [lift] *vt.* 풀다, 제거하다
overtake [òuvərtéik] *vt.* 따라잡다
punishment [pʌniʃmənt] *n.* 형벌
spare [spɛər] *vt.* 목숨을 살려주다
surrender [səréndər] *vi.* 항복하다
tether [téðər] *vt.* 매어 두다

7:2 even if...: (비록) …일지라도
7:5 at dusk: 해질 무렵
7:6 cause... to~: …로 하여금 ~하게 하다
7:7 as it is: 그대로, 그 상태로
7:7 for one's life: 필사적으로, 목숨을 걸고
7:9 keep... to oneself: …를 비밀로 하다

11 그가 문지기들을 부르매 그들이 왕궁에 있는 자에게 말하니
12 왕이 밤에 일어나 그의 신복들에게 이르되 아람 사람이 우리에게 행한 것을 내가 너희에게 알게 하노니 그들이 우리가 주린 것을 알고 있으므로 그 진영을 떠나서 들에 매복하고 스스로 이르기를 그들이 성읍에서 나오거든 우리가 사로잡고 성읍에 들어가겠다 한 것이니라 하니
13 그의 신하 중 한 사람이 대답하여 이르되 청하건대 아직 성중에 남아 있는 말 다섯 마리를 취하고 사람을 보내 정탐하게 하소서 그것들이 성중에 남아 있는 이스라엘 온 무리 곧 멸망한 이스라엘 온 무리와 같으니이다 하고
14 그들이 병거 둘과 그 말들을 취한지라 왕이 아람 군대 뒤로 보내며 가서 정탐하라 하였더니
15 그들이 그들의 뒤를 따라 요단에 이른즉 아람 사람이 급히 도망하느라고 버린 의복과 병기가 길에 가득하였더라 사자가 돌아와서 왕에게 알리니
16 백성들이 나가서 아람 사람의 진영을 노략한지라 이에 고운 밀가루 한 스아에 한 세겔이 되고 보리 두 스아가 한 세겔이 되니 여호와의 말씀과 같이 되었고 7:1
17 왕이 그의 손에 의지하였던 그의 장관을 세워 성문을 지키게 하였더니 백성이 성문에서 그를 밟으매 하나님의 사람의 말대로 죽었으니 곧 왕이 내려왔을 때에 그가 말한 대로라
18 하나님의 사람이 왕에게 말한 바와 같으니 이르기를 내일 이맘때에 사마리아 성문에서 보리 두 스아를 한 세겔로 매매하고 고운 밀가루 한 스아를 한 세겔로 매매하리라 한즉
19 그때에 이 장관이 하나님의 사람에게 대답하여 이르되 여호와께서 하늘에 창을 내신들 어찌 이 일이 있으랴 하매 대답하기를 네가 네 눈으로 보리라 그러나 그것을 먹지는 못하리라 하였더니
20 그의 장관에게 그대로 이루어졌으니 곧 백성이 성문에서 그를 밟으매 죽었더라

수넴 여인이 돌아오다 — B.C. 845년경

8 엘리사가 이전에 아들을 다시 살려 준 여인에게 이르되 너는 일어나서 네 가족과 함께 거주할 만한 곳으로 가서 거주하라 여호와께서 기근을 부르셨으니 그대로 이 땅에 칠 년 동안 임하리라 하니

donkeys, and the tents left just as they were."
11 •The gatekeepers shouted the news, and it
was reported within the palace.
12 •The king got up in the night and said to
his officers, "I will tell you what the Arameans
have done to us. They know we are starving;
so they have left the camp to hide in the coun-
tryside, thinking, 'They will surely come out,
and then we will take them alive and get into
the city.' "
13 •One of his officers answered, "Have some
men take five of the horses that are left in the
city. Their plight will be like that of all the
Israelites left here—yes, they will only be like
all these Israelites who are doomed. So let us
send them to find out what happened."
14 •So they selected two chariots with their
horses, and the king sent them after the Ara-
mean army. He commanded the drivers, "Go
15 and find out what has happened." •They fol-
lowed them as far as the Jordan, and they
found the whole road strewn with the clothing
and equipment the Arameans had thrown
away in their headlong flight. So the messen-
16 gers returned and reported to the king. •Then
the people went out and plundered the camp
of the Arameans. So a seah of the finest flour
sold for a shekel, and two seahs of barley sold
for a shekel, as the LORD had said.
17 •Now the king had put the officer on whose
arm he leaned in charge of the gate, and the
people trampled him in the gateway, and he
died, just as the man of God had foretold
18 when the king came down to his house. •It
happened as the man of God had said to the
king: "About this time tomorrow, a seah of the
finest flour will sell for a shekel and two seahs
of barley for a shekel at the gate of Samaria."
19 •The officer had said to the man of God,
"Look, even if the LORD should open the flood-
gates of the heavens, could this happen?" The
man of God had replied, "You will see it with
your own eyes, but you will not eat any of it!"
20 •And that is exactly what happened to him,
for the people trampled him in the gateway,
and he died.

The Shunammite's Land Restored

8 Now Elisha had said to the woman
whose son he had restored to life, "Go
away with your family and stay for a while
wherever you can, because the LORD has

barley [bá:rli] *n.* 보리
doomed [du:md] *a.* 불운한
equipment [ikwípmənt] *n.* 장비
exactly [igzǽktli] *ad.* 정확하게
flight [flait] *n.* 도망
flour [fláuər] *n.* 밀가루
gatekeeper [géitkì:pər] *n.* 문지기
foretell [fɔ:rtél] *vt.* 예언하다
gateway [géitwèi] *n.* 출입구
headlong [hédlɔ̀:ŋ] *a.* 황급한
plight [plait] *n.* 곤경
plunder [plʌndər] *vt.* 약탈하다
select [silékt] *vt.* 선택하다
starve [sta:rv] *vi.* 굶어 죽다
trample [trǽmpl] *vt.* 내리밟다

7:13 find out: 발견하다
7:15 strew with...: …으로 온통 뒤덮다
7:15 throw away: 버리다
7:17 in charge of...: …을 맡고 있는
8:1 restore to life: 소생시키다
8:1 for a while: 잠시 동안

2 여인이 일어나서 하나님의 사람의 말대로 행하여 그의 가족과 함께 가서 블레셋 사람들의 땅에 칠 년을 우거하다가

3 칠 년이 다하매 여인이 블레셋 사람들의 땅에서 돌아와 자기 집과 전토를 위하여 호소하려 하여 왕에게 나아갔더라

4 그때에 왕이 하나님의 사람의 사환 게하시와 서로 말하며 이르되 너는 엘리사가 행한 모든 큰일을 내게 설명하라 하니

5 게하시가 곧 엘리사가 죽은 자를 다시 살린 일을 왕에게 이야기할 때에 그 다시 살린 아이의 어머니가 자기 집과 전토를 위하여 왕에게 호소하는지라 게하시가 이르되 내 주 왕이여 이는 그 여인이요 저는 그의 아들이니 곧 엘리사가 다시 살린 자니이다 하니라

6 왕이 그 여인에게 물으매 여인이 설명한지라 왕이 그를 위하여 한 관리를 임명하여 이르되 이 여인에게 속한 모든 것과 이 땅에서 떠날 때부터 이제까지 그의 밭의 소출을 다 돌려주라 하였더라

엘리사와 아람 왕 벤하닷 (♪ 472, 481장)

7 ●엘리사가 다메섹에 갔을 때에 아람 왕 벤하닷이 병들었더니 왕에게 들리기를 이르되 하나님의 사람이 여기 이르렀나이다 하니

8 왕이 하사엘에게 이르되 너는 손에 예물을 가지고 가서 하나님의 사람을 맞이하고 내가 이 병에서 살아나겠는지 그를 통하여 여호와께 물으라

9 하사엘이 그를 맞이하러 갈새 다메섹의 모든 좋은 물품으로 예물을 삼아 가지고 낙타 사십 마리에 싣고 나아가서 그의 앞에 서서 이르되 당신의 아들 아람 왕 벤하닷이 나를 당신에게 보내 이르되 나의 이 병이 낫겠나이까 하더이다 하니

10 엘리사가 이르되 너는 가서 그에게 말하기를 왕이 반드시 나으리라 하라 그러나 여호와께서 그가 반드시 죽으리라고 내게 알게 하셨느니라 하고

11 하나님의 사람이 그가 부끄러워하기까지 그의 얼굴을 쏘아보다가 우니

12 하사엘이 이르되 내 주여 어찌하여 우시나이까 하는지라 대답하되 네가 이스라엘 자손에게 행할 모든 악을 내가 앎이라 네가 그들의 성에 불을 지르며 장정을 칼로 죽이며 어린 아이를 메치며 아이 밴 부녀를 가르리라 하니

decreed a famine in the land that will last
2 seven years." ●The woman proceeded to do as
the man of God said. She and her family went
away and stayed in the land of the Philistines
seven years.
3 ●At the end of the seven years she came
back from the land of the Philistines and
went to appeal to the king for her house and
4 land. ●The king was talking to Gehazi, the
servant of the man of God, and had said,
"Tell me about all the great things Elisha has
5 done." ●Just as Gehazi was telling the king
how Elisha had restored the dead to life, the
woman whose son Elisha had brought back
to life came to appeal to the king for her house
and land.
Gehazi said, "This is the woman, my lord
the king, and this is her son whom Elisha
6 restored to life." ●The king asked the woman
about it, and she told him.
Then he assigned an official to her case
and said to him, "Give back everything that
belonged to her, including all the income
from her land from the day she left the coun-
try until now."

Hazael Murders Ben-Hadad

7 ●Elisha went to Damascus, and Ben-Hadad
king of Aram was ill. When the king was told,
"The man of God has come all the way up
8 here," ●he said to Hazael, "Take a gift with you
and go to meet the man of God. Consult the
LORD through him; ask him, 'Will I recover
from this illness?' "
9 ●Hazael went to meet Elisha, taking with
him as a gift forty camel-loads of all the finest
wares of Damascus. He went in and stood
before him, and said, "Your son Ben-Hadad
king of Aram has sent me to ask, 'Will I recov-
er from this illness?' "
10 ●Elisha answered, "Go and say to him, 'You
will certainly recover.' Nevertheless,[a] the LORD
has revealed to me that he will in fact die."
11 ●He stared at him with a fixed gaze until Haz-
ael was embarrassed. Then the man of God
began to weep.
12 ●"Why is my lord weeping?" asked Hazael.
"Because I know the harm you will do to the
Israelites," he answered. "You will set fire to
their fortified places, kill their young men with
the sword, dash their little children to the

[a]10 The Hebrew may also be read *Go and say, 'You will certainly not recover,' for.*

assign [əsáin] *vt.* 임명하다
consult [kənsʌ́lt] *vt.* 의견을 묻다
dash [dæʃ] *vt.* 내던지다
decree [dikríː] *vt.* 포고하다
embarrass [imbǽrəs] *vt.* 부끄럽게 하다
famine [fǽmin] *n.* 기근
fortify [fɔ́ːrtəfài] *vt.* 요새화하다
gaze [geiz] *n.* 주시, 응시
harm [haːrm] *n.* 해, 해악
income [ínkʌm] *n.* 소득
proceed [prəsíːd] *vt.* 속행하다
recover [rikʌ́vər] *vi.* 회복하다
reveal [rivíːl] *vt.* 계시하다
stare [stɛər] *vi.* 응시하다
ware [wɛər] *n.* 제품

8:3 appeal for: …에게 호소하다
8:5 bring back to life: 살리다
8:6 belong to…: …에 속하다
8:7 all the way: 줄곧, 멀리서
8:10 in fact: 사실은
8:12 set fire to…: …에 불을 지르다

13 하사엘이 이르되 당신의 개 같은 종이 무엇
이기에 이런 큰일을 행하오리이까 하더라 엘
리사가 대답하되 여호와께서 네가 아람 왕이
될 것을 내게 알게 하셨느니라 하더라
14 그가 엘리사를 떠나가서 그의 주인에게 나아
가니 왕이 그에게 묻되 엘리사가 네게 무슨
말을 하더냐 하니 대답하되 그가 내게 이르
기를 왕이 반드시 살아나시리이다 하더이다
하더라
15 그 이튿날에 하사엘이 이불을 물에 적시어
왕의 얼굴에 덮으매 왕이 죽은지라 그가 대
신하여 왕이 되니라 8:10

유다 왕 여호람 (대하 21:1-20 ♪413, 456장)

16 ● 이스라엘의 왕 아합의 아들 요람 제오 년
에 여호사밧이 유다의 왕이었을 때에 유다의
왕 여호사밧의 아들 여호람이 왕이 되니라
17 여호람이 왕이 될 때에 나이가 삼십이 세라
예루살렘에서 팔 년 동안 통치하니라 대하 21:5
18 그가 이스라엘 왕들의 길을 가서 아합의 집
과 같이 하였으니 이는 아합의 딸이 그의 아
내가 되었음이라 그가 여호와 보시기에 악을
행하였으나
19 여호와께서 그의 종 다윗을 위하여 유다 멸
하기를 즐겨하지 아니하셨으니 이는 그와 그
의 자손에게 항상 등불을 주겠다고 말씀하셨
음이더라
20 ● 여호람 때에 에돔이 유다의 손에서 배반하
여 자기 위에 왕을 세운 고로
21 여호람이 모든 병거를 거느리고 사일로 갔더
니 밤에 일어나 자기를 에워싼 에돔 사람과
그 병거의 장관들을 치니 이에 백성이 도망
하여 각각 그들의 장막들로 돌아갔더라
22 이와 같이 에돔이 유다의 수하에서 배반하였
더니 오늘까지 그러하였으며 그때에 립나도
배반하였더라
23 여호람의 남은 사적과 그가 행한 모든 일은
유다 왕 역대지략에 기록되지 아니하였느냐
24 여호람이 그의 조상들과 함께 자매 그의 조
상들과 함께 다윗 성에 장사되고 그의 아들
아하시야가 대신하여 왕이 되니라

유다 왕 아하시야 (대하 22:1-6)

25 ● 이스라엘의 왕 아합의 아들 요람 제십이
년에 유다 왕 여호람의 아들 아하시야가 왕
이 되니
26 아하시야가 왕이 될 때에 나이가 이십이 세
라 예루살렘에서 일 년을 통치하니라 그의
어머니의 이름은 아달랴라 이스라엘 왕 오므

ground, and rip open their pregnant women."
13 • Hazael said, "How could your servant, a
mere dog, accomplish such a feat?"
"The LORD has shown me that you will
become king of Aram," answered Elisha.
14 • Then Hazael left Elisha and returned to
his master. When Ben-Hadad asked, "What
did Elisha say to you?" Hazael replied, "He
told me that you would certainly recover."
15 • But the next day he took a thick cloth,
soaked it in water and spread it over the
king's face, so that he died. Then Hazael suc-
ceeded him as king.

Jehoram King of Judah

16 • In the fifth year of Joram son of Ahab
king of Israel, when Jehoshaphat was king
of Judah, Jehoram son of Jehoshaphat be-
17 gan his reign as king of Judah. • He was thir-
ty-two years old when he became king, and
18 he reigned in Jerusalem eight years. • He fol-
lowed the ways of the kings of Israel, as the
house of Ahab had done, for he married a
daughter of Ahab. He did evil in the eyes of
19 the LORD. • Nevertheless, for the sake of his
servant David, the LORD was not willing to
destroy Judah. He had promised to main-
tain a lamp for David and his descendants
forever.
20 • In the time of Jehoram, Edom rebelled
21 against Judah and set up its own king. • So
Jehoram[a] went to Zair with all his chariots.
The Edomites surrounded him and his chari-
ot commanders, but he rose up and broke
through by night; his army, however, fled
22 back home. • To this day Edom has been in
rebellion against Judah. Libnah revolted at the
same time.
23 • As for the other events of Jehoram's reign,
and all he did, are they not written in the book
24 of the annals of the kings of Judah? • Jehoram
rested with his ancestors and was buried with
them in the City of David. And Ahaziah his
son succeeded him as king.

Ahaziah King of Judah

25 • In the twelfth year of Joram son of Ahab
king of Israel, Ahaziah son of Jehoram king
26 of Judah began to reign. • Ahaziah was twen-
ty-two years old when he became king, and
he reigned in Jerusalem one year. His moth-

[a] *21* Hebrew *Joram*, a variant of *Jehoram*; also in verses 23 and 24

accomplish [əkámpliʃ] *vt.* 성취하다
ancestor [ǽnsestər] *n.* 조상
annals [ǽnlz] *n.(pl.)* 연대기
commander [kəmǽndər] *n.* 사령관
descendant [diséndənt] *n.* 자손
feat [fiːt] *n.* 업적
maintain [meintéin] *vt.* 보존하다
mere [miər] *a.* 단순한
nevertheless [nèvərðəlés] *ad.* 그렇지만
pregnant [prégnənt] *a.* 임신한
rebel [rebə́l] *vi.* 반역하다
reign [rein] *n.* 통치 기간
revolt [rivóult] *vi.* 반항하다
rip [rip] *vt.* 째다
soak [souk] *vt.* 적시다

8:15 **spread over...**: …위에 펼치다
8:19 **for the sake of...**: …를 위하여
8:19 **be willing to...**: 기꺼이 …하다
8:21 **break through**: 뚫고 지나가다
8:22 **at the same time**: 동시에
8:23 **as for...**: …에 관한 한

리의 손녀이더라
27 아하시야가 아합의 집 길로 행하여 아합의
집과 같이 여호와 보시기에 악을 행하였으니
그는 아합의 집의 사위가 되었음이러라
28 그가 아합의 아들 요람과 함께 길르앗 라못
으로 가서 아람 왕 하사엘과 더불어 싸우더
니 아람 사람들이 요람에게 부상을 입힌지라
29 요람 왕이 아람 왕 하사엘과 싸울 때에 라마
에서 아람 사람에게 당한 부상을 치료하려
하여 이스르엘로 돌아왔더라 유다의 왕 여호
람의 아들 아하시야가 아합의 아들 요람을
보기 위하여 내려갔으니 이는 그에게 병이
생겼음이더라

예후가 이스라엘 왕이 되다 (♪ 585장)

—B.C. 841년경

9 선지자 엘리사가 선지자의 제자 중 하나를
불러 이르되 너는 허리를 동이고 이 기름
병을 손에 가지고 길르앗 라못으로 가라
2 거기에 이르거든 님시의 손자 여호사밧의 아
들 예후를 찾아 들어가서 그의 형제 중에서
일어나게 하고 그를 데리고 골방으로 들어가
3 기름병을 가지고 그의 머리에 부으며 이르기
를 여호와의 말씀이 내가 네게 기름을 부어
이스라엘 왕으로 삼노라 하셨느니라 하고 곧
문을 열고 도망하되 지체하지 말지니라 하니
4 그 청년 곧 그 선지자의 청년이 길르앗 라못
으로 가니라
5 그가 이르러 보니 군대 장관들이 앉아 있는
지라 소년이 이르되 장관이여 내가 당신에게
할 말이 있나이다 예후가 이르되 우리 모든
사람 중에 누구에게 하려느냐 하니 이르되
장관이여 당신에게니이다 하는지라
6 예후가 일어나 집으로 들어가니 청년이 그의
머리에 기름을 부으며 그에게 이르되 이스라
엘 하나님 여호와의 말씀이 내가 네게 기름
을 부어 여호와의 백성 곧 이스라엘의 왕으
로 삼노니
7 너는 네 주 아합의 집을 치라 내가 나의 종
곧 선지자들의 피와 여호와의 종들의 피를
이세벨에게 갚아 주리라
8 아합의 온 집이 멸망하리니 이스라엘 중에
매인 자나 놓인 자나 아합에게 속한 모든 남
자는 내가 다 멸절하되
9 아합의 집을 느밧의 아들 여로보암의 집과
같게 하며 또 아히야의 아들 바아사의 집과
같게 할지라
10 이스르엘 지방에서 개들이 이세벨을 먹으리

er's name was Athaliah, a granddaughter of
27 Omri king of Israel. • He followed the ways
of the house of Ahab and did evil in the eyes
of the LORD, as the house of Ahab had done,
for he was related by marriage to Ahab's
family.
28 • Ahaziah went with Joram son of Ahab to
war against Hazael king of Aram at Ramoth
29 Gilead. The Arameans wounded Joram; • so
King Joram returned to Jezreel to recover from
the wounds the Arameans had inflicted on
him at Ramoth[a] in his battle with Hazael king
of Aram.

Then Ahaziah son of Jehoram king of
Judah went down to Jezreel to see Joram son
of Ahab, because he had been wounded.

Jehu Anointed King of Israel

9 The prophet Elisha summoned a man
from the company of the prophets and
said to him, "Tuck your cloak into your belt,
take this flask of olive oil with you and go to
2 Ramoth Gilead. • When you get there, look for
Jehu son of Jehoshaphat, the son of Nimshi.
Go to him, get him away from his compan-
3 ions and take him into an inner room. • Then
take the flask and pour the oil on his head
and declare, 'This is what the LORD says: I
anoint you king over Israel.' Then open the
door and run; don't delay!"
4 • So the young prophet went to Ramoth
5 Gilead. • When he arrived, he found the army
officers sitting together. "I have a message for
you, commander," he said.

"For which of us?" asked Jehu.

"For you, commander," he replied.
6 • Jehu got up and went into the house. Then
the prophet poured the oil on Jehu's head and
declared, "This is what the LORD, the God of
Israel, says: 'I anoint you king over the LORD's
7 people Israel. • You are to destroy the house of
Ahab your master, and I will avenge the blood
of my servants the prophets and the blood of
8 all the LORD's servants shed by Jezebel. • The
whole house of Ahab will perish. I will cut off
from Ahab every last male in Israel—slave or
9 free.[b] • I will make the house of Ahab like the
house of Jeroboam son of Nebat and like the
10 house of Baasha son of Ahijah. • As for Jezebel,
dogs will devour her on the plot of ground at

[a] 29 Hebrew *Ramah*, a variant of *Ramoth* [b] 8 Or *Israel —every ruler or leader*

anoint [ənɔ́int] *vt.* 기름을 바르다
avenge [əvéndʒ] *vt.* 복수하다
cloak [klouk] *n.* 망토
companion [kəmpǽnjən] *n.* 동료
company [kʌmpəni] *n.* 무리
declare [diklέər] *vt.* 선언하다
devour [diváuər] *vt.* 게걸스럽게 먹다
flask [flæsk] *n.* 병(휴대용)
inner [ínər] *a.* 안쪽의
perish [périʃ] *vi.* 멸망하다
plot [plat] *n.* 작은 땅
pour [pɔːr] *vt.* 붓다
shed [ʃed] *vt.* 흘리다
summon [sʌmən] *vt.* 소환하다
wound [wuːnd] *n.vt.* 상처(입히다)

8:27 be related to...: …과 연관[친척관계]이 있다
8:29 recover from...: …로부터 회복되다
8:29 inflict... on~: …를 ~에게 입히다
9:1 tuck A into B: A를 B안으로 쑤셔넣다
9:2 look for...: …를 찾다

니 그를 장사할 사람이 없으리라 하셨느니라
하고 곧 문을 열고 도망하니라
11 ●예후가 나와서 그의 주인의 신복들에게 이
르니 한 사람이 그에게 묻되 평안하냐 그 미
친 자가 무슨 까닭으로 그대에게 왔더냐 대
답하되 그대들이 그 사람과 그가 말한 것을
알리라 하더라
12 무리가 이르되 당치 아니한 말이라 청하건대
그대는 우리에게 이르라 하니 대답하되 그가
이리이리 내게 말하여 이르기를 여호와의 말
씀이 내가 네게 기름을 부어 이스라엘 왕으
로 삼는다 하셨다 하더라 하는지라 9:6
13 무리가 각각 자기의 옷을 급히 가져다가 섬
돌 위 곧 예후의 밑에 깔고 나팔을 불며 이르
되 예후는 왕이라 하니라

이스라엘 왕 요람이 살해되다

14 ●이에 님시의 손자 여호사밧의 아들 예후가
요람을 배반하였으니 곧 요람이 온 이스라엘
과 더불어 아람의 왕 하사엘과 맞서서 길르
앗 라못을 지키다가
15 아람의 왕 하사엘과 더불어 싸울 때에 아람
사람에게 부상한 것을 치료하려 하여 이스르
엘로 돌아왔던 때라 예후가 이르되 너희 뜻
에 합당하거든 한 사람이라도 이 성에서 도
망하여 이스르엘에 알리러 가지 못하게 하라
하니라
16 예후가 병거를 타고 이스르엘로 가니 요람
왕이 거기에 누워 있었음이라 유다의 왕 아
하시야는 요람을 보러 내려왔더라 8:29
17 ●이스르엘 망대에 파수꾼 하나가 서 있더니
예후의 무리가 오는 것을 보고 이르되 내가
한 무리를 보나이다 하니 요람이 이르되 한
사람을 말에 태워 보내어 맞이하여 평안하냐
묻게 하라 하는지라
18 한 사람이 말을 타고 가서 만나 이르되 왕의
말씀이 평안하냐 하시더이다 하매 예후가 이
르되 평안이 네게 상관이 있느냐 내 뒤로 물
러나라 하니라 파수꾼이 전하여 이르되 사자
가 그들에게 갔으나 돌아오지 아니하나이다
하는지라
19 다시 한 사람을 말에 태워 보내었더니 그들
에게 가서 이르되 왕의 말씀이 평안하냐 하
시더이다 하매 예후가 이르되 평안이 네게
상관이 있느냐 내 뒤를 따르라 하더라
20 파수꾼이 또 전하여 이르되 그도 그들에게까
지 갔으나 돌아오지 아니하고 그 병거 모는
것이 님시의 손자 예후가 모는 것같이 미치

Jezreel, and no one will bury her.' " Then he
opened the door and ran.
11 •When Jehu went out to his fellow officers,
one of them asked him, "Is everything all
right? Why did this maniac come to you?"
"You know the man and the sort of things
he says," Jehu replied.
12 •"That's not true!" they said. "Tell us."
Jehu said, "Here is what he told me: 'This is
what the LORD says: I anoint you king over
Israel.' "
13 •They quickly took their cloaks and spread
them under him on the bare steps. Then they
blew the trumpet and shouted, "Jehu is king!"

Jehu Kills Joram and Ahaziah

14 •So Jehu son of Jehoshaphat, the son of
Nimshi, conspired against Joram. (Now Jo-
ram and all Israel had been defending Ra-
moth Gilead against Hazael king of Aram,
15 •but King Joram[a] had returned to Jezreel to
recover from the wounds the Arameans had
inflicted on him in the battle with Hazael
king of Aram.) Jehu said, "If you desire to
make me king, don't let anyone slip out of
the city to go and tell the news in Jezreel."
16 •Then he got into his chariot and rode to
Jezreel, because Joram was resting there and
Ahaziah king of Judah had gone down to see
him.
17 •When the lookout standing on the tower
in Jezreel saw Jehu's troops approaching, he
called out, "I see some troops coming."
"Get a horseman," Joram ordered. "Send
him to meet them and ask, 'Do you come in
peace?' "
18 •The horseman rode off to meet Jehu and
said, "This is what the king says: 'Do you come
in peace?' "
"What do you have to do with peace?" Jehu
replied. "Fall in behind me."
The lookout reported, "The messenger has
reached them, but he isn't coming back."
19 •So the king sent out a second horseman.
When he came to them he said, "This is what
the king says: 'Do you come in peace?' "
Jehu replied, "What do you have to do with
peace? Fall in behind me."
20 •The lookout reported, "He has reached
them, but he isn't coming back either. The
driving is like that of Jehu son of Nimshi — he

[a]*15* Hebrew *Jehoram,* a variant of *Joram;* also in verses 17 and 21-24

anoint [ənɔ́int] *vt.* 기름을 바르다
approach [əpróutʃ] *vi.* 접근하다
blow [blou] *vt.* 불다
chariot [tʃǽriət] *n.* (전투 · 경주용) 마차
cloak [klouk] *n.* 외투
conspire [kənspáiər] *vi.* 음모를 꾸미다
defend [difénd] *vt.* 방어하다
desire [dizáiər] *vt.* 바라다
horseman [hɔ́:rsmən] *n.* 마병
lookout [lúkàut] *n.* 감시병
maniac [méiniæk] *n.* 미치광이
sort [sɔ:rt] *n.* 종류
spread [spred] *vt.* 펼치다, 깔다
troop [tru:p] *n.* 군대
wound [wu:nd] *n.* 상처

9:13 **bare steps**: 섬돌
9:15 **slip out**: 살짝 미끄러져 빠져 나가다
9:15 **recover from**: 건강을 회복하다
9:17 **stand on...**: …의 위에 서다
9:18 **have to do with...**: …과 관계가 있다
9:18 **fall in**: 정렬하다

게 모나이다 하니
21 ● 요람이 이르되 메우라 하매 그의 병거를 메운지라 이스라엘 왕 요람과 유다 왕 아하시야가 각각 그의 병거를 타고 가서 예후를 맞을새 이스르엘 사람 나봇의 토지에서 만나매
22 요람이 예후를 보고 이르되 예후야 평안하냐 하니 대답하되 네 어머니 이세벨의 음행과 술수가 이렇게 많으니 어찌 평안이 있으랴 하더라
23 요람이 곧 손을 돌이켜 도망하며 아하시야에게 이르되 아하시야여 반역이로다 하니 11:14
24 예후가 힘을 다하여 활을 당겨 요람의 두 팔 사이를 쏘니 화살이 그의 염통을 꿰뚫고 나오매 그가 병거 가운데에 엎드러진지라
25 예후가 그의 장관 빗갈에게 이르되 그 시체를 가져다가 이스르엘 사람 나봇의 밭에 던지라 네가 기억하려니와 이전에 너와 내가 함께 타고 그의 아버지 아합을 좇았을 때에 여호와께서 이같이 그의 일을 예언하셨느니라
26 여호와께서 말씀하시기를 내가 어제 나봇의 피와 그의 아들들의 피를 분명히 보았노라 여호와께서 또 말씀하시기를 이 토지에서 네게 갚으리라 하셨으니 그런즉 여호와의 말씀대로 그의 시체를 가져다가 이 밭에 던질지니라 하는지라

유다 왕 아하시야가 살해되다

27 ● 유다의 왕 아하시야가 이를 보고 정원의 정자 길로 도망하니 예후가 그 뒤를 쫓아가며 이르되 그도 병거 가운데서 죽이라 하매 이블르암 가까운 구르 비탈에서 치니 그가 므깃도까지 도망하여 거기서 죽은지라
28 그의 신복들이 그를 병거에 싣고 예루살렘에 이르러 다윗 성에서 그들의 조상들과 함께 그의 묘실에 장사하니라
29 ● 아합의 아들 요람의 제십일 년에 아하시야가 유다 왕이 되었었더라

이세벨 왕후가 살해되다

30 ● 예후가 이스르엘에 오니 이세벨이 듣고 눈을 그리고 머리를 꾸미고 창에서 바라보다가
31 예후가 문에 들어오매 이르되 주인을 죽인 너 시므리여 평안하냐 하니
32 예후가 얼굴을 들어 창을 향하고 이르되 내 편이 될 자가 누구냐 누구냐 하니 두어 내시가 예후를 내다보는지라
33 이르되 그를 내려던지라 하니 내려던지매 그

drives like a maniac."
21 ● "Hitch up my chariot," Joram ordered.
And when it was hitched up, Joram king of
Israel and Ahaziah king of Judah rode out,
each in his own chariot, to meet Jehu. They
met him at the plot of ground that had
22 belonged to Naboth the Jezreelite. ● When
Joram saw Jehu he asked, "Have you come in
peace, Jehu?"

"How can there be peace," Jehu replied, "as long as all the idolatry and witchcraft of your mother Jezebel abound?"

23 ● Joram turned about and fled, calling out
to Ahaziah, "Treachery, Ahaziah!"
24 ● Then Jehu drew his bow and shot Joram
between the shoulders. The arrow pierced his
heart and he slumped down in his chariot.
25 ● Jehu said to Bidkar, his chariot officer, "Pick
him up and throw him on the field that
belonged to Naboth the Jezreelite. Remember
how you and I were riding together in chariots
behind Ahab his father when the LORD spoke
26 this prophecy against him: ● 'Yesterday I saw
the blood of Naboth and the blood of his sons,
declares the LORD, and I will surely make you
pay for it on this plot of ground, declares the
LORD.'[a] Now then, pick him up and throw
him on that plot, in accordance with the word
of the LORD."
27 ● When Ahaziah king of Judah saw what
had happened, he fled up the road to Beth
Haggan.[b] Jehu chased him, shouting, "Kill
him too!" They wounded him in his chariot
on the way up to Gur near Ibleam, but he
28 escaped to Megiddo and died there. ● His ser-
vants took him by chariot to Jerusalem and
buried him with his ancestors in his tomb in
29 the City of David. ● (In the eleventh year of
Joram son of Ahab, Ahaziah had become
king of Judah.)

Jezebel Killed

30 ● Then Jehu went to Jezreel. When Jezebel
heard about it, she put on eye makeup, arrang-
ed her hair and looked out of a window.
31 ● As Jehu entered the gate, she asked, "Have
you come in peace, you Zimri, you murder-
er of your master?"[c]
32 ● He looked up at the window and called
out, "Who is on my side? Who?" Two or three
33 eunuchs looked down at him. ● "Throw her

[a]26 See 1 Kings 21:19. [b]27 Or *fled by way of the garden house* [c]31 Or *"Was there peace for Zimri, who murdered his master?"*

abound [əbáund] *vt.* …이 많이 있다
arrange [əréindʒ] *vt.* 정돈하다
arrow [ǽrou] *n.* 화살
bow [bau] *n.* 활
chase [tʃeis] *vt.* 뒤쫓다
declare [dikléər] *vt.* 분명히 말하다
draw [drɔː] *vt.* 당기다
eunuch [júːnək] *n.* 환관(宦官)
idolatry [aidálətri] *n.* 우상 숭배
pierce [piərs] *vt.* 꿰뚫다
plot [plat] *n.* 작은 땅
prophecy [práfəsi] *n.* 예언
slump [slʌmp] *vi.* 떨어지다
treachery [trétʃəri] *n.* 반역
witchcraft [wítʃkræ̀ft] *n.* 마법

9:21 hitch up: 마차에 걸어 매다
9:22 as long as...: …하는 한
9:23 turn about: 방향을 바꾸다
9:26 pay for...: …에 대한 대가를 지불하다
9:26 in accordance with...: …에 따라
9:32 be on one's side: …의 편이 되다

의 피가 담과 말에게 튀더라 예후가 그의 시
체를 밟으니라
34 예후가 들어가서 먹고 마시고 이르되 가서
이 저주 받은 여자를 찾아 장사하라 그는 왕
의 딸이니라 하매 왕상 21:25
35 가서 장사하려 한즉 그 두골과 발과 그의 손
외에는 찾지 못한지라
36 돌아와서 전하니 예후가 이르되 이는 여호와
께서 그 종 디셉 사람 엘리야를 통하여 말씀
하신 바라 이르시기를 이스르엘 토지에서 개
들이 이세벨의 살을 먹을지라
37 그 시체가 이스르엘 토지에서 거름같이 밭에
있으리니 이것이 이세벨이라고 가리켜 말하
지 못하게 되리라 하셨느니라 하였더라

아합의 아들들이 살해되다 — B.C. 841년경

10 아합의 아들 칠십 명이 사마리아에 있
는지라 예후가 편지들을 써서 사마리아
에 보내서 이스르엘 귀족들 곧 장로들과 아
합의 여러 아들을 교육하는 자들에게 전하니
일렀으되
2 너희 주의 아들들이 너희와 함께 있고 또 병
거와 말과 견고한 성과 무기가 너희에게 있
으니 이 편지가 너희에게 이르거든
3 너희 주의 아들들 중에서 가장 어질고 정직
한 자를 택하여 그의 아버지의 왕좌에 두고
너희 주의 집을 위하여 싸우라 하였더라
4 그들이 심히 두려워하여 이르되 두 왕이 그
를 당하지 못하였거든 우리가 어찌 당하리요
하고
5 그 왕궁을 책임지는 자와 그 성읍을 책임지는
자와 장로들과 왕자를 교육하는 자들이 예
후에게 말을 전하여 이르되 우리는 당신의 종
이라 당신이 말하는 모든 것을 우리가 행하
고 어떤 사람이든지 왕으로 세우지 아니하리
니 당신이 보기에 좋은 대로 행하라 한지라
6 예후가 다시 그들에게 편지를 부치니 일렀으
되 만일 너희가 내 편이 되어 내 말을 너희가
들으려거든 너희 주의 아들된 사람들의 머리
를 가지고 내일 이맘때에 이스르엘에 이르러
내게 나아오라 하였더라 왕자 칠십 명이 그
성읍의 귀족들, 곧 그들을 양육하는 자들과
함께 있는 중에
7 편지가 그들에게 이르매 그들이 왕자 칠십
명을 붙잡아 죽이고 그들의 머리를 광주리에
담아 이스르엘 예후에게로 보내니라
8 사자가 와서 예후에게 전하여 이르되 그 무
리가 왕자들의 머리를 가지고 왔나이다 이르

down!" Jehu said. So they threw her down,
and some of her blood spattered the wall
and the horses as they trampled her under-
foot.
34 •Jehu went in and ate and drank. "Take
care of that cursed woman," he said, "and
35 bury her, for she was a king's daughter." •But
when they went out to bury her, they found
nothing except her skull, her feet and her
36 hands. •They went back and told Jehu, who
said, "This is the word of the LORD that he
spoke through his servant Elijah the Tishbite:
On the plot of ground at Jezreel dogs will
37 devour Jezebel's flesh.[a] •Jezebel's body will
be like dung on the ground in the plot at
Jezreel, so that no one will be able to say, 'This
is Jezebel.' "

Ahab's Family Killed

10 Now there were in Samaria seventy
sons of the house of Ahab. So Jehu
wrote letters and sent them to Samaria: to the
officials of Jezreel,[b] to the elders and to the
2 guardians of Ahab's children. He said, •"You
have your master's sons with you and you
have chariots and horses, a fortified city and
weapons. Now as soon as this letter reaches
3 you, •choose the best and most worthy of
your master's sons and set him on his father's
throne. Then fight for your master's house."
4 •But they were terrified and said, "If two
kings could not resist him, how can we?"
5 •So the palace administrator, the city gov-
ernor, the elders and the guardians sent this
message to Jehu: "We are your servants and
we will do anything you say. We will not
appoint anyone as king; you do whatever
you think best."
6 •Then Jehu wrote them a second letter,
saying, "If you are on my side and will obey
me, take the heads of your master's sons and
come to me in Jezreel by this time tomor-
row."
Now the royal princes, seventy of them,
were with the leading men of the city, who
7 were rearing them. •When the letter arriv-
ed, these men took the princes and slaugh-
tered all seventy of them. They put their
heads in baskets and sent them to Jehu in
8 Jezreel. •When the messenger arrived, he
told Jehu, "They have brought the heads of

a36 See 1 Kings 21:23. b1 Hebrew; some Septuagint manuscripts and Vulgate *of the city*

administrator [ədmínistrèitər] *n.* 행정관
devour [diváuər] *vt.* 게걸스럽게 먹다
fortify [fɔ́:rtəfài] *vt.* 요새화하다
governor [gʌvərnər] *n.* 통치자
guardian [gɑ́:rdiən] *n.* 후견인
rear [riər] *vt.* 교육하다
resist [rizíst] *vt.* 저항하다
skull [skʌl] *n.* 두개골
slaughter [slɔ́:tər] *vt.* 살육하다
spatter [spǽtər] *vt.* 튀다
terrified [térəfàid] *a.* 무서워하는
throne [θroun] *n.* 왕좌
trample [trǽmpl] *vt.* 짓밟다
underfoot [ʌ̀ndərfút] *ad.* 발 밑에
weapon [wépən] *n.* 무기

9:34 take care of...: …를 처리하다
9:37 so that: 그래서
9:37 be able to...: …할 수 있다
10:2 as soon as...: …하자마자 곧
10:5 appoint... as~: …를 ~로 임명하다
10:6 be on one's side: …의 편이 되다

되 두 무더기로 쌓아 내일 아침까지 문어귀
에 두라 하고
9 이튿날 아침에 그가 나가 서서 뭇 백성에게
이르되 너희는 의롭도다 나는 내 주를 배반
하여 죽였거니와 이 여러 사람을 죽인 자는
누구냐
10 그런즉 이제 너희는 알라 곧 여호와께서 아
합의 집에 대하여 하신 말씀은 하나도 땅에
떨어지지 아니하리라 여호와께서 그의 종 엘
리야를 통하여 하신 말씀을 이제 이루셨도다
하니라
11 예후가 아합의 집에 속한 이스르엘에 남아
있는 자를 다 죽이고 또 그의 귀족들과 신뢰
받는 자들과 제사장들을 죽이되 그에게 속한
자를 하나도 생존자를 남기지 아니하였더라

아하시야 왕의 형제들이 살해되다

12 ●예후가 일어나서 사마리아로 가더니 도중
에 목자가 양털 깎는 집에 이르러
13 예후가 유다의 왕 아하시야의 형제들을 만나
묻되 너희는 누구냐 하니 대답하되 우리는
아하시야의 형제라 이제 왕자들과 태후의 아
들들에게 문안하러 내려가노라 하는지라
14 이르되 사로잡으라 하매 곧 사로잡아 목자가
양털 깎는 집 웅덩이 곁에서 죽이니 사십이
명이 하나도 남지 아니하였더라

아합의 나머지 사람들이 살해되다

15 ●예후가 거기에서 떠나가다가 자기를 맞이
하러 오는 레갑의 아들 여호나답을 만난지라
그의 안부를 묻고 그에게 이르되 내 마음이
네 마음을 향하여 진실함과 같이 네 마음도
진실하냐 하니 여호나답이 대답하되 그러하
니이다 이르되 그러면 나와 손을 잡자 손을
잡으니 예후가 끌어 병거에 올리며
16 이르되 나와 함께 가서 여호와를 위한 나의
열심을 보라 하고 이에 자기 병거에 태우고
17 사마리아에 이르러 거기에 남아 있는 바 아
합에게 속한 자들을 죽여 진멸하였으니 여호
와께서 엘리야에게 이르신 말씀과 같이 되었
더라

바알을 섬기는 자들이 살해되다

18 ●예후가 뭇 백성을 모으고 그들에게 이르되
아합은 바알을 조금 섬겼으나 예후는 많이
섬기리라
19 그러므로 내가 이제 큰 제사를 바알에게 드
리고자 하노니 바알의 모든 선지자와 모든
섬기는 자와 모든 제사장들을 한 사람도 빠
뜨리지 말고 불러 내게로 나아오게 하라 모

the princes."
Then Jehu ordered, "Put them in two piles
at the entrance of the city gate until morn-
ing."
9 •The next morning Jehu went out. He
stood before all the people and said, "You are
innocent. It was I who conspired against my
master and killed him, but who killed all
10 these? •Know, then, that not a word the LORD
has spoken against the house of Ahab will
fail. The LORD has done what he announced
11 through his servant Elijah." •So Jehu killed
everyone in Jezreel who remained of the house
of Ahab, as well as all his chief men, his close
friends and his priests, leaving him no sur-
vivor.
12 •Jehu then set out and went toward Sa-
13 maria. At Beth Eked of the Shepherds, •he
met some relatives of Ahaziah king of Judah
and asked, "Who are you?"
They said, "We are relatives of Ahaziah, and
we have come down to greet the families of
the king and of the queen mother."
14 •"Take them alive!" he ordered. So they
took them alive and slaughtered them by the
well of Beth Eked—forty-two of them. He left
no survivor.
15 •After he left there, he came upon Jeho-
nadab son of Rekab, who was on his way to
meet him. Jehu greeted him and said, "Are
you in accord with me, as I am with you?"
"I am," Jehonadab answered.
"If so," said Jehu, "give me your hand." So
he did, and Jehu helped him up into the
16 chariot. •Jehu said, "Come with me and see
my zeal for the LORD." Then he had him ride
along in his chariot.
17 •When Jehu came to Samaria, he killed
all who were left there of Ahab's family; he
destroyed them, according to the word of
the LORD spoken to Elijah.

Servants of Baal Killed

18 •Then Jehu brought all the people together
and said to them, "Ahab served Baal a little;
19 Jehu will serve him much. •Now summon all
the prophets of Baal, all his servants and all his
priests. See that no one is missing, because I
am going to hold a great sacrifice for Baal.
Anyone who fails to come will no longer live."
But Jehu was acting deceptively in order to
destroy the servants of Baal.

announce [ənáuns] *vt.* 알리다
conspire [kənspáiər] *vi.* 음모를 꾸미다
deceptively [diséptivli] *ad.* 기만적으로
destroy [distrɔ́i] *vt.* 진멸하다
fail [feil] *vi.* 안 지키다
greet [griːt] *vt.* 인사하다
innocent [ínəsənt] *a.* 순결한, 결백한
priest [priːst] *n.* 제사장
relative [rélətiv] *n.* 친척
sacrifice [sǽkrəfàis] *n.* 제사, 제물
serve [səːrv] *vt.* 섬기다
shepherd [ʃépərd] *n.* 양치기
summon [sʌmən] *vt.* 소환하다
survivor [sərváivər] *n.* 생존자
zeal [ziːl] *n.* 열심

10:8 put in pile: 무더기로 쌓다
10:11 A as well as B: B뿐만 아니라 A도
10:14 take... alive: …를 생포하다
10:15 on one's way: 도중에
10:15 be in accord with...: …과 조화되어 있다
10:19 no longer...: 더 이상 …이 아니다

든 오지 아니하는 자는 살려 두지 아니하리라 하니 이는 예후가 바알 섬기는 자를 멸하려 하여 계책을 씀이라

20 예후가 바알을 위하는 대회를 거룩히 열라 하매 드디어 공포되었더라

21 예후가 온 이스라엘에 사람을 두루 보냈더니 바알을 섬기는 모든 사람이 하나도 빠진 자가 없이 다 이르렀고 무리가 바알의 신당에 들어가매 바알의 신당 이쪽부터 저쪽까지 가득하였더라

22 예후가 예복 맡은 자에게 이르되 예복을 내다가 바알을 섬기는 모든 자에게 주라 하매 그들에게로 예복을 가져온지라

23 예후가 레갑의 아들 여호나답과 더불어 바알의 신당에 들어가서 바알을 섬기는 자들에게 이르되 너희는 살펴보아 바알을 섬기는 자들만 여기 있게 하고 여호와의 종은 하나도 여기 너희 중에 있지 못하게 하라 하고

24 무리가 번제와 다른 제사를 드리려고 들어간 때에 예후가 팔십 명을 밖에 두며 이르되 내가 너희 손에 넘겨 주는 사람을 한 사람이라도 도망하게 하는 자는 자기의 생명으로 그 사람의 생명을 대신하리라 하니라

25 ●번제 드리기를 다하매 예후가 호위병과 지휘관들에게 이르되 들어가서 한 사람도 나가지 못하게 하고 죽이라 하매 호위병과 지휘관들이 칼로 그들을 죽여 밖에 던지고

26 바알의 신당 있는 성으로 가서 바알의 신당에서 목상들을 가져다가 불사르고

27 바알의 목상을 헐며 바알의 신당을 헐어서 변소를 만들었더니 오늘까지 이르니라

28 예후가 이와 같이 이스라엘 중에서 바알을 멸하였으나

29 이스라엘에게 범죄하게 한 느밧의 아들 여로보암의 죄 곧 벧엘과 단에 있는 금송아지를 섬기는 죄에서는 떠나지 아니하였더라

30 ●여호와께서 예후에게 이르시되 네가 나보기에 정직한 일을 행하되 잘 행하여 내 마음에 있는 대로 아합 집에 다 행하였은즉 네 자손이 이스라엘 왕위를 이어 사대를 지내리라 하시니라

31 그러나 예후가 전심으로 이스라엘 하나님 여호와의 율법을 지켜 행하지 아니하며 여로보암이 이스라엘에게 범하게 한 그 죄에서 떠나지 아니하였더라

예후가 죽다

32 ●이때에 여호와께서 이스라엘에서 땅을 잘

20 ●Jehu said, "Call an assembly in honor of
21 Baal." So they proclaimed it. ●Then he sent
word throughout Israel, and all the servants of
Baal came; not one stayed away. They crowd-
ed into the temple of Baal until it was full
22 from one end to the other. ●And Jehu said to
the keeper of the wardrobe, "Bring robes for
all the servants of Baal." So he brought out
robes for them.
23 ●Then Jehu and Jehonadab son of Rekab
went into the temple of Baal. Jehu said to the
servants of Baal, "Look around and see that no
one who serves the LORD is here with you—
24 only servants of Baal." ●So they went in to
make sacrifices and burnt offerings. Now Jehu
had posted eighty men outside with this warn-
ing: "If one of you lets any of the men I am
placing in your hands escape, it will be your
life for his life."
25 ●As soon as Jehu had finished making the
burnt offering, he ordered the guards and offi-
cers: "Go in and kill them; let no one escape."
So they cut them down with the sword. The
guards and officers threw the bodies out and
then entered the inner shrine of the temple of
26 Baal. ●They brought the sacred stone out of
27 the temple of Baal and burned it. ●They
demolished the sacred stone of Baal and tore
down the temple of Baal, and people have
used it for a latrine to this day.
28 ●So Jehu destroyed Baal worship in Israel.
29 ●However, he did not turn away from the
sins of Jeroboam son of Nebat, which he had
caused Israel to commit—the worship of the
golden calves at Bethel and Dan.
30 ●The LORD said to Jehu, "Because you have
done well in accomplishing what is right in
my eyes and have done to the house of Ahab
all I had in mind to do, your descendants will
sit on the throne of Israel to the fourth genera-
31 tion." ●Yet Jehu was not careful to keep the
law of the LORD, the God of Israel, with all his
heart. He did not turn away from the sins of
Jeroboam, which he had caused Israel to com-
mit.
32 ●In those days the LORD began to reduce
the size of Israel. Hazael overpowered the
33 Israelites throughout their territory ●east
of the Jordan in all the land of Gilead (the
region of Gad, Reuben and Manasseh), from
Aroer by the Arnon Gorge through Gilead to
Bashan.

accomplish [əkámpliʃ] *vt.* 이루다
assembly [əsémbli] *n.* 집회
calf [kæf] *n.* 송아지
demolish [dimáliʃ] *vt.* 파괴하다
latrine [lətríːn] *n.* 변소
offering [ɔ́ːfəriŋ] *n.* 제물
overpower [òuvərpáuər] *vt.* 이기다
post [poust] *vt.* 보초를 세우다
proclaim [proukléim] *vt.* 공포하다
robe [roub] *n.* 겉옷
sacred [séikrid] *a.* 신성한
sacrifice [sǽkrəfàis] *n.* 제사, 제물
shrine [ʃrain] *n.* 사당, 성소
territory [térətɔ̀ːri] *n.* 영토
wardrobe [wɔ́ːrdroub] *n.* 의상

10:20 **in honor of...**: …에게 경의를 표하다
10:27 **tear down**: 헐다, 부수다
10:29 **turn away**: 돌아서다
10:30 **do well**: 성공하다
10:30 **have... in mind**: …을 마음에 간직하다
10:31 **with all one's heart**: 진심으로

라 내기 시작하시매 하사엘이 이스라엘의 모
든 영토에서 공격하되
33 요단 동쪽 길르앗 온 땅 곧 갓사람과 르우벤
사람과 므낫세 사람의 땅 아르논 골짜기에
있는 아로엘에서부터 길르앗과 바산까지 하
였더라
34 예후의 남은 사적과 행한 모든 일과 업적은
이스라엘 왕 역대지략에 기록되지 아니하였
느냐
35 예후가 그의 조상들과 함께 자매 사마리아에
장사되고 그의 아들 여호아하스가 그를 대신
하여 왕이 되니라
36 예후가 사마리아에서 이스라엘을 다스린 햇
수는 스물여덟 해이더라

유다 여왕 아달랴 (대하 22:10-23:15 ♪ 25, 27장)

11 아하시야의 어머니 아달랴가 그의 아들
이 죽은 것을 보고 일어나 왕의 자손을
모두 멸절하였으나
2 요람 왕의 딸 아하시야의 누이 여호세바가
아하시야의 아들 요아스를 왕자들이 죽임을
당하는 중에서 빼내어 그와 그의 유모를 침
실에 숨겨 아달랴를 피하여 죽임을 당하지
아니하게 한지라
3 요아스가 그와 함께 여호와의 성전에 육 년
을 숨어 있는 동안에 아달랴가 나라를 다스
렸더라
4 ●일곱째 해에 여호야다가 사람을 보내 가리
사람의 백부장들과 호위병의 백부장들을 불
러 데리고 여호와의 성전으로 들어가서 그들
과 언약을 맺고 그들에게 여호와의 성전에서
맹세하게 한 후에 왕자를 그들에게 보이고
5 명령하여 이르되 너희가 행할 것이 이러하니
안식일에 들어온 너희 중 삼분의 일은 왕궁
을 주의하여 지키고
6 삼분의 일은 수르 문에 있고 삼분의 일은 호
위대 뒤에 있는 문에 있어서 이와 같이 왕궁
을 주의하여 지키고
7 안식일에 나가는 너희 중 두 대는 여호와의
성전을 주의하여 지켜 왕을 호위하되
8 너희는 각각 손에 무기를 잡고 왕을 호위하
며 너희 대열을 침범하는 모든 자는 죽이고
왕이 출입할 때에 시위할지니라 하니
9 ●백부장들이 이에 제사장 여호야다의 모든
명령대로 행하여 각기 관할하는 바 안식일에
들어오는 자와 안식일에 나가는 자를 거느리
고 제사장 여호야다에게 나아오매 대하 23:8
10 제사장이 여호와의 성전에 있는 다윗 왕의

34 ●As for the other events of Jehu's reign, all
he did, and all his achievements, are they not
written in the book of the annals of the kings
of Israel?
35 ●Jehu rested with his ancestors and was
buried in Samaria. And Jehoahaz his son
36 succeeded him as king. ●The time that Jehu
reigned over Israel in Samaria was twenty-
eight years.

Athaliah and Joash

11 When Athaliah the mother of Ahaziah
saw that her son was dead, she pro-
ceeded to destroy the whole royal family.
2 ●But Jehosheba, the daughter of King Jehora-
m[a] and sister of Ahaziah, took Joash son of
Ahaziah and stole him away from among
the royal princes, who were about to be mur-
dered. She put him and his nurse in a bed-
room to hide him from Athaliah; so he was
3 not killed. ●He remained hidden with his
nurse at the temple of the LORD for six years
while Athaliah ruled the land.
4 ●In the seventh year Jehoiada sent for the
commanders of units of a hundred, the
Carites and the guards and had them brought
to him at the temple of the LORD. He made
a covenant with them and put them under
oath at the temple of the LORD. Then he
5 showed them the king's son. ●He command-
ed them, saying, "This is what you are to do:
You who are in the three companies that are
going on duty on the Sabbath—a third of
6 you guarding the royal palace, ●a third at the
Sur Gate, and a third at the gate behind the
guard, who take turns guarding the temple—
7 ●and you who are in the other two compa-
nies that normally go off Sabbath duty are all
8 to guard the temple for the king. ●Station
yourselves around the king, each of you with
weapon in hand. Anyone who approaches
your ranks[b] is to be put to death. Stay close to
the king wherever he goes."
9 ●The commanders of units of a hundred
did just as Jehoiada the priest ordered. Each
one took his men—those who were going on
duty on the Sabbath and those who were
going off duty—and came to Jehoiada the
10 priest. ●Then he gave the commanders the
spears and shields that had belonged to King

[a] 2 Hebrew *Joram,* a variant of *Jehoram* [b] 8 Or *approaches the precincts*

achievement [ətʃíːvmənt] *n.* 업적
annals [ǽnlz] *n.(pl.)* 연대기, 연보
approach [əpróutʃ] *vt.* …에 접근하다
commander [kəmǽndər] *n.* 사령관
duty [djúːti] *n.* 의무
guard [gaːrd] *n.* 보초, 호위병
murder [məːrdər] *vt.* 살인하다
oath [ouθ] *n.* 맹세
priest [priːst] *n.* 제사장
proceed [prəsíːd] *vi.* 나아가다
reign [rein] *n.vi.* 통치(하다)
Sabbath [sǽbəθ] *n.* 안식일
shield [ʃiːld] *n.* 방패
spear [spiər] *n.* 창, 투창
temple [témpl] *n.* 성전

11:2 be about to...: 막 …하려고 하다
11:2 hide A from B: A를 B로부터 숨기다
11:4 make a covenant with...: …과 언약을 맺다
11:6 take turns...: 교대로 …하다
11:8 put to death: 죽이다
11:9 just as...: 꼭 …처럼

창과 방패를 백부장들에게 주니
11 호위병이 각각 손에 무기를 잡고 왕을 호위
하되 성전 오른쪽에서부터 왼쪽까지 제단
과 성전 곁에 서고
12 여호야다가 왕자를 인도하여 내어 왕관을
씌우며 율법책을 주고 기름을 부어 왕으로
삼으매 무리가 박수하며 왕의 만세를 부르
니라
13 ●아달랴가 호위병과 백성의 소리를 듣고
여호와의 성전에 들어가 백성에게 이르러
14 보매 왕이 규례대로 단 위에 섰고 장관들과
나팔수가 왕의 곁에 모셔 섰으며 온 백성이
즐거워하여 나팔을 부는지라 아달랴가 옷
을 찢으며 외치되 반역이로다 반역이로다
하매
15 제사장 여호야다가 군대를 거느린 백부장
들에게 명령하여 이르되 그를 대열 밖으로
몰아내라 그를 따르는 자는 모두 칼로 죽이
라 하니 제사장의 이 말은 여호와의 성전에
서는 그를 죽이지 말라 함이라
16 이에 그의 길을 열어 주매 그가 왕궁의 말
이 다니는 길로 가다가 거기서 죽임을 당하
였더라

여호야다의 개혁 (대하 23:16-21)

17 ●여호야다가 왕과 백성에게 여호와와 언
약을 맺어 여호와의 백성이 되게 하고 왕과
백성 사이에도 언약을 세우게 하매
18 온 백성이 바알의 신당으로 가서 그 신당을
허물고 그 제단들과 우상들을 철저히 깨뜨
리고 그 제단 앞에서 바알의 제사장 맛단을
죽이니라 제사장이 관리들을 세워 여호와
의 성전을 수직하게 하고
19 또 백부장들과 가리 사람과 호위병과 온
백성을 거느리고 왕을 인도하여 여호와의
성전에서 내려와 호위병의 문 길을 통하
여 왕궁에 이르매 그가 왕의 왕좌에 앉으
니
20 온 백성이 즐거워하고 온 성이 평온하더라
아달랴를 무리가 왕궁에서 칼로 죽였더라
21 ●요아스가 왕이 될 때에 나이가 칠 세였더
라

유다 왕 요아스 (대하 24:1-16)
— B.C. 825년경

12 예후의 제칠 년에 요아스가 왕이 되어
예루살렘에서 사십 년간 통치하니라
그의 어머니의 이름은 시비아라 브엘세바
사람이더라

David and that were in the temple of the LORD.
11 •The guards, each with weapon in hand, sta-
tioned themselves around the king—near the
altar and the temple, from the south side to the
north side of the temple.
12 •Jehoiada brought out the king's son and
put the crown on him; he presented him with
a copy of the covenant and proclaimed him
king. They anointed him, and the people
clapped their hands and shouted, "Long live
the king!"
13 •When Athaliah heard the noise made by the
guards and the people, she went to the people
14 at the temple of the LORD. •She looked and
there was the king, standing by the pillar, as the
custom was. The officers and the trumpeters
were beside the king, and all the people of the
land were rejoicing and blowing trumpets.
Then Athaliah tore her robes and called out,
"Treason! Treason!"
15 •Jehoiada the priest ordered the commanders
of units of a hundred, who were in charge of the
troops: "Bring her out between the ranks[a] and
put to the sword anyone who follows her." For
the priest had said, "She must not be put to
16 death in the temple of the LORD." •So they seized
her as she reached the place where the horses
enter the palace grounds, and there she was put
to death.
17 •Jehoiada then made a covenant between
the LORD and the king and people that they
would be the LORD's people. He also made a
18 covenant between the king and the people. •All
the people of the land went to the temple of
Baal and tore it down. They smashed the altars
and idols to pieces and killed Mattan the priest
of Baal in front of the altars.
Then Jehoiada the priest posted guards at the
19 temple of the LORD. •He took with him the
commanders of hundreds, the Carites, the
guards and all the people of the land, and
together they brought the king down from the
temple of the LORD and went into the palace,
entering by way of the gate of the guards. The
king then took his place on the royal throne.
20 •All the people of the land rejoiced, and the city
was calm, because Athaliah had been slain with
the sword at the palace.
21 •Joash[b] was seven years old when he began
to reign.[c]

[a]15 Or *out from the precincts* [b]21 Hebrew *Jehoash*, a variant of *Joash* [c]21 In Hebrew texts this verse (11:21) is numbered 12:1.

altar [ɔ́:ltər] *n.* 제단
clap [klæp] *vt.* 손뼉을 치다
commander [kəmǽndər] *n.* 사령관
covenant [kʌvənənt] *n.* 언약
pillar [pílər] *n.* 기둥
post [poust] *vt.* 보초를 세우다
proclaim [proukléim] *vt.* 선언하다
robe [roub] *n.* 옷
seize [si:z] *vt.* 붙잡다
slay [slei] *vt.* 살해하다
smash [smæʃ] *vt.* 분쇄하다
sword [sɔ:rd] *n.* 칼, 검
throne [θroun] *n.* 왕좌
treason [trí:zn] *n.* 반역
troop [tru:p] *n.* 군대

11:15 in charge of...: …을 맡고 있는
11:15 put to death: 죽이다
11:18 tear down: 부수다, 훼파하다
11:18 in front of...: …의 앞에
11:19 by way of: …을 지나서, 경유로
11:19 take one's place: 위치를 차지하다

2 요아스는 제사장 여호야다가 그를 교훈하는 모든 날 동안에는 여호와 보시기에 정직히 행하였으되
3 다만 산당들을 제거하지 아니하였으므로 백성이 여전히 산당에서 제사하며 분향하였더라
4 ●요아스가 제사장들에게 이르되 여호와의 성전에 거룩하게 하여 드리는 모든 은 곧 사람이 통용하는 은이나 각 사람의 몸값으로 드리는 은이나 자원하여 여호와의 성전에 드리는 모든 은을
5 제사장들이 각각 아는 자에게서 받아들여 성전의 어느 곳이든지 파손된 것을 보거든 그것으로 수리하라 하였으나
6 요아스 왕 제이십삼 년에 이르도록 제사장들이 성전의 파손한 데를 수리하지 아니하였는지라
7 요아스 왕이 대제사장 여호야다와 제사장들을 불러 이르되 너희가 어찌하여 성전의 파손한 데를 수리하지 아니하였느냐 이제부터는 너희가 아는 사람에게서 은을 받지 말고 그들이 성전의 파손한 데를 위하여 드리게 하라
8 제사장들이 다시는 백성에게 은을 받지도 아니하고 성전 파손한 것을 수리하지도 아니하기로 동의하니라
9 ●제사장 여호야다가 한 궤를 가져다가 그것의 뚜껑에 구멍을 뚫어 여호와의 전문 어귀 오른쪽 곧 제단 옆에 두매 여호와의 성전에 가져오는 모든 은을 다 문을 지키는 제사장들이 그 궤에 넣더라
10 이에 그 궤 가운데 은이 많은 것을 보면 왕의 서기와 대제사장이 올라와서 여호와의 성전에 있는 대로 그 은을 계산하여 봉하고
11 그 달아본 은을 일하는 자 곧 여호와의 성전을 맡은 자의 손에 넘기면 그들은 또 여호와의 성전을 수리하는 목수와 건축하는 자들에게 주고
12 또 미장이와 석수에게 주고 또 여호와의 성전 파손한 데를 수리할 재목과 다듬은 돌을 사게 하며 그 성전을 수리할 모든 물건을 위하여 쓰게 하였으되
13 여호와의 성전에 드린 그 은으로 그 성전의 은대접이나 불집게나 주발이나 나팔이나 아무 금그릇이나 은그릇도 만들지 아니하고

Joash Repairs the Temple

12 [a] In the seventh year of Jehu, Joash[b] be-
came king, and he reigned in Jeru-
salem forty years. His mother's name was Zibi-
2 ah; she was from Beersheba. •Joash did what
was right in the eyes of the LORD all the years
3 Jehoiada the priest instructed him. •The high
places, however, were not removed; the people
continued to offer sacrifices and burn incense
there.
4 •Joash said to the priests, "Collect all the
money that is brought as sacred offerings to
the temple of the LORD—the money collected
in the census, the money received from person-
al vows and the money brought voluntarily to
5 the temple. •Let every priest receive the money
from one of the treasurers, then use it to repair
whatever damage is found in the temple."
6 •But by the twenty-third year of King Joash
the priests still had not repaired the temple.
7 •Therefore King Joash summoned Jehoiada the
priest and the other priests and asked them,
"Why aren't you repairing the damage done to
the temple? Take no more money from your
treasurers, but hand it over for repairing the
8 temple." •The priests agreed that they would
not collect any more money from the people
and that they would not repair the temple
themselves.
9 •Jehoiada the priest took a chest and bored a
hole in its lid. He placed it beside the altar, on
the right side as one enters the temple of the
LORD. The priests who guarded the entrance put
into the chest all the money that was brought to
10 the temple of the LORD. •Whenever they saw
that there was a large amount of money in the
chest, the royal secretary and the high priest
came, counted the money that had been
brought into the temple of the LORD and put
11 it into bags. •When the amount had been
determined, they gave the money to the men
appointed to supervise the work on the temple.
With it they paid those who worked on the
temple of the LORD—the carpenters and buil-
12 ders, •the masons and stonecutters. They pur-
chased timber and blocks of dressed stone for
the repair of the temple of the LORD, and met all
the other expenses of restoring the temple.
13 •The money brought into the temple was
not spent for making silver basins, wick trim-

[a] In Hebrew texts 12:1-21 is numbered 12:2-22. [b] 1 Hebrew *Jehoash,* a variant of *Joash;* also in verses 2, 4, 6, 7 and 18

basin [béisn] *n.* 대야, 대접	**instruct** [instrʌkt] *vt.* 교육하다	**repair** [ripέər] *vt.* 수리하다
bore [bɔːr] *vt.* 뚫다	**mason** [méisn] *n.* 석공	**sacred** [séikrid] *a.* 신성한
carpenter [káːrpəntər] *n.* 목수	**offering** [ɔ́ːfəriŋ] *n.* 제물	**sacrifice** [sǽkrəfàis] *n.* 제사, 제물
census [sénsəs] *n.* 인구조사	**purchase** [pə́ːrtʃəs] *vt.* 구입하다	**timber** [tímbər] *n.* 목재
chest [tʃest] *n.* 궤, 상자	**reign** [rein] *vi.* 통치하다	**treasurer** [tréʒərər] *n.* 회계 장관

12:2 in the eyes of...: …이 보는 바로는	**12:7 no more:** 이미 …하지 않는다	**12:10 a large amount of...:** 많은 …
12:3 burn incense: 분향하다	**12:7 hand over:** 건네주다, 양도하다	**12:12 meet expense:** 수지를 맞추다

14 그 은을 일하는 자에게 주어 그것으로 여호와의 성전을 수리하게 하였으며

15 또 그 은을 받아 일꾼에게 주는 사람들과 회계하지 아니하였으니 이는 그들이 성실히 일을 하였음이라

16 속건제의 은과 속죄제의 은은 여호와의 성전에 드리지 아니하고 제사장에게 돌렸더라

17 ●그때에 아람 왕 하사엘이 올라와서 가드를 쳐서 점령하고 예루살렘을 향하여 올라오고자 하므로

18 유다의 왕 요아스가 그의 조상들 유다 왕 여호사밧과 여호람과 아하시야가 구별하여 드린 모든 성물과 자기가 구별하여 드린 성물과 여호와의 성전 곳간과 왕궁에 있는 금을 다 가져다가 아람 왕 하사엘에게 보냈더니 하사엘이 예루살렘에서 떠나갔더라

19 ●요아스의 남은 사적과 그가 행한 모든 일은 유다 왕 역대지략에 기록되지 아니하였느냐

20 요아스의 신복들이 일어나 반역하여 실라로 내려가는 길가의 밀로 궁에서 그를 죽였고

21 그를 쳐서 죽인 신복은 시므앗의 아들 요사갈과 소멜의 아들 여호사바드였더라 그는 다윗 성에 그의 조상들과 함께 장사되고 그의 아들 아마샤가 그를 대신하여 왕이 되니라

대하 25:1

이스라엘 왕 여호아하스 (♪383장)

B.C. 814년경

13 유다의 왕 아하시야의 아들 요아스의 제이십삼 년에 예후의 아들 여호아하스가 사마리아에서 이스라엘 왕이 되어 십칠 년간 다스리며

2 여호와 보시기에 악을 행하여 이스라엘에게 범죄하게 한 느밧의 아들 여로보암의 죄를 따라가고 거기서 떠나지 아니하였으므로

3 여호와께서 이스라엘에게 노하사 늘 아람 왕 하사엘의 손과 그의 아들 벤하닷의 손에 넘기셨더니

4 아람 왕이 이스라엘을 학대하므로 여호아하스가 여호와께 간구하매 여호와께서 들으셨으니 이는 그들이 학대받음을 보셨음이라

5 여호와께서 이에 구원자를 이스라엘에게 주시매 이스라엘 자손이 아람 사람의 손에서 벗어나 전과 같이 자기 장막에 거하였으나

6 그들이 이스라엘에게 범죄하게 한 여로보암

mers, sprinkling bowls, trumpets or any other
articles of gold or silver for the temple of the
14 LORD; ●it was paid to the workers, who used it
15 to repair the temple. ●They did not require an
accounting from those to whom they gave the
money to pay the workers, because they acted
16 with complete honesty. ●The money from the
guilt offerings and sin offerings[a] was not
brought into the temple of the LORD; it be-
longed to the priests.

17 ●About this time Hazael king of Aram went
up and attacked Gath and captured it. Then
18 he turned to attack Jerusalem. ●But Joash
king of Judah took all the sacred objects ded-
icated by his predecessors—Jehoshaphat, Je-
horam and Ahaziah, the kings of Judah—
and the gifts he himself had dedicated and
all the gold found in the treasuries of the tem-
ple of the LORD and of the royal palace, and he
sent them to Hazael king of Aram, who then
withdrew from Jerusalem.

19 ●As for the other events of the reign of Jo-
ash, and all he did, are they not written in
the book of the annals of the kings of Judah?
20 ●His officials conspired against him and
assassinated him at Beth Millo, on the road
21 down to Silla. ●The officials who murdered
him were Jozabad son of Shimeath and Jeho-
zabad son of Shomer. He died and was buried
with his ancestors in the City of David. And
Amaziah his son succeeded him as king.

Jehoahaz King of Israel

13 In the twenty-third year of Joash son of
Ahaziah king of Judah, Jehoahaz son
of Jehu became king of Israel in Samaria,
2 and he reigned seventeen years. ●He did evil
in the eyes of the LORD by following the sins
of Jeroboam son of Nebat, which he had
caused Israel to commit, and he did not turn
3 away from them. ●So the LORD's anger burned
against Israel, and for a long time he kept
them under the power of Hazael king of Aram
and Ben-Hadad his son.

4 ●Then Jehoahaz sought the LORD's favor,
and the LORD listened to him, for he saw how
severely the king of Aram was oppressing
5 Israel. ●The LORD provided a deliverer for
Israel, and they escaped from the power of
Aram. So the Israelites lived in their own
6 homes as they had before. ●But they did not

[a]16 Or *purification offerings*

accounting [əkáuntiŋ] *n.* 회계, 계산
annals [ǽnlz] *n.(pl.)* 연대기
assassinate [əsǽsənèit] *vt.* 암살하다
commit [kəmít] *vt.* (죄를) 짓다
conspire [kənspáiər] *vi.* 음모를 꾸미다
dedicate [dédikèit] *vt.* 헌납하다
deliverer [dilívərər] *n.* 구조자
escape [iskéip] *vi.* 벗어나다
favor [féivər] *n.* 호의
predecessor [prédəsèsər] *n.* 조상
reign [rein] *vi.* 통치하다
severely [sivíərli] *ad.* 심하게
sprinkle [spríŋkl] *vt.* 뿌리다
succeed [səksí:d] *vt.* 계승하다
temple [témpl] *n.* 성전

12:16 belong to...: …에 속하다
12:18 withdraw from...: …로부터 물러나다
13:2 do evil: 악을 행하다
13:2 cause... to~: …로 하여금 ~하게 하다
13:2 turn away: 돌아서다
13:5 provide A for B: B를 위해 A를 주다

집의 죄에서 떠나지 아니하고 그 안에서 따
라 행하며 또 사마리아에 아세라 목상을 그
냥 두었더라
7 아람 왕이 여호아하스의 백성을 멸절하여 타
작 마당의 티끌같이 되게 하고 마병 오십 명
과 병거 열 대와 보병 만 명 외에는 여호아하
스에게 남겨 두지 아니하였더라
8 여호아하스의 남은 사적과 행한 모든 일과
그의 업적은 이스라엘 왕 역대지략에 기록되
지 아니하였느냐 14:15
9 여호아하스가 그의 조상들과 함께 자매 사마
리아에 장사되고 그 아들 요아스가 대신하여
왕이 되니라

이스라엘 왕 요아스

10 •유다의 왕 요아스의 제삼십칠 년에 여호아
하스의 아들 요아스가 사마리아에서 이스라
엘 왕이 되어 십육 년간 다스리며
11 여호와께서 보시기에 악을 행하여 이스라엘
에게 범죄하게 한 느밧의 아들 여로보암의
모든 죄에서 떠나지 아니하고 그 가운데 행
하였더라
12 요아스의 남은 사적과 행한 모든 일과 유다
왕 아마샤와 싸운 그의 업적은 이스라엘 왕
역대지략에 기록되지 아니하였느냐 14:8
13 요아스가 그의 조상들과 함께 자매 이스라엘
왕들과 함께 사마리아에 장사되고 여로보암
이 그 자리에 앉으니라

엘리사가 죽다

14 •엘리사가 죽을 병이 들매 이스라엘의 왕
요아스가 그에게로 내려와 자기의 얼굴에 눈
물을 흘리며 이르되 내 아버지여 내 아버지
여 이스라엘의 병거와 마병이여 하매
15 엘리사가 그에게 이르되 활과 화살들을 가져
오소서 하는지라 활과 화살들을 그에게 가져
오매
16 또 이스라엘 왕에게 이르되 왕의 손으로 활
을 잡으소서 하매 그가 손으로 잡으니 엘리
사가 자기 손을 왕의 손 위에 얹고
17 이르되 동쪽 창을 여소서 하여 곧 열매 엘리
사가 이르되 쏘소서 하는지라 곧 쏘매 엘리
사가 이르되 이는 여호와를 위한 구원의 화
살 곧 아람에 대한 구원의 화살이니 왕이 아
람 사람을 멸절하도록 아벡에서 치리이다 하
니라
18 또 이르되 화살들을 집으소서 곧 집으매 엘
리사가 또 이스라엘 왕에게 이르되 땅을 치
소서 하는지라 이에 세 번 치고 그친지라

turn away from the sins of the house of Jer-
oboam, which he had caused Israel to com-
mit; they continued in them. Also, the Asher-
ah pole[a] remained standing in Samaria.
7 •Nothing had been left of the army of
Jehoahaz except fifty horsemen, ten chariots
and ten thousand foot soldiers, for the king of
Aram had destroyed the rest and made them
like the dust at threshing time.
8 •As for the other events of the reign of
Jehoahaz, all he did and his achievements, are
they not written in the book of the annals of
9 the kings of Israel? •Jehoahaz rested with his
ancestors and was buried in Samaria. And
Jehoash[b] his son succeeded him as king.

Jehoash King of Israel

10 •In the thirty-seventh year of Joash king of
Judah, Jehoash son of Jehoahaz became king
of Israel in Samaria, and he reigned sixteen
11 years. •He did evil in the eyes of the LORD and
did not turn away from any of the sins of Jer-
oboam son of Nebat, which he had caused
Israel to commit; he continued in them.
12 •As for the other events of the reign of
Jehoash, all he did and his achievements,
including his war against Amaziah king of
Judah, are they not written in the book of the
13 annals of the kings of Israel? •Jehoash rested
with his ancestors, and Jeroboam succeeded
him on the throne. Jehoash was buried in
Samaria with the kings of Israel.
14 •Now Elisha had been suffering from the ill-
ness from which he died. Jehoash king of Israel
went down to see him and wept over him.
"My father! My father!" he cried. "The chariots
and horsemen of Israel!"
15 •Elisha said, "Get a bow and some arrows,"
16 and he did so. •"Take the bow in your hands,"
he said to the king of Israel. When he had
taken it, Elisha put his hands on the king's
hands.
17 •"Open the east window," he said, and he
opened it. "Shoot!" Elisha said, and he shot.
"The LORD's arrow of victory, the arrow of vic-
tory over Aram!" Elisha declared. "You will
completely destroy the Arameans at Aphek."
18 •Then he said, "Take the arrows," and the
king took them. Elisha told him, "Strike the
ground." He struck it three times and stopped.

[a]6 That is, a wooden symbol of the goddess Asherah; here and elsewhere in 2 Kings [b]9 Hebrew *Joash*, a variant of *Jehoash*; also in verses 12-14 and 25

achievement [ətʃíːvmənt] *n.* 업적
against [əgénst] *prep.* …에 대하여
annals [ǽnlz] *n.(pl.)* 연대기
arrow [ǽrou] *n.* 화살
chariot [tʃǽriət] *n.* 병거
completely [kəmplíːtli] *ad.* 완전히
declare [diklέər] *vt.* 선언하다
horseman [hɔːrsmən] *n.* 마병
illness [ílnis] *n.* 병
reign [rein] *vi.* 통치하다
succeed [səksíːd] *vt.* 계승하다
suffer [sʌ́fər] *vi.* 고생하다
thresh [θreʃ] *vi.* 타작하다
throne [θroun] *n.* 왕위
weep [wiːp] *vi.* 울다

13:7 foot soldier: 보병
13:8 write in: (문서 등에) 써넣다
13:8 as for: …에 관해서는
13:11 turn away: 돌아서다
13:14 suffer from...: …로 고통받다
13:14 go down: 내려가다

19 하나님의 사람이 노하여 이르되 왕이 대여섯
번을 칠 것이니이다 그리하였더면 왕이 아람
을 진멸하기까지 쳤으리이다 그런즉 이제는
왕이 아람을 세 번만 치리이다 하니라 13:25
20 ●엘리사가 죽으니 그를 장사하였고 해가 바
뀌매 모압 도적 떼들이 그 땅에 온지라
21 마침 사람을 장사하는 자들이 그 도적 떼를
보고 그의 시체를 엘리사의 묘실에 들이던지
매 시체가 엘리사의 뼈에 닿자 곧 회생하여
일어섰더라

이스라엘과 아람의 전쟁

22 ●여호아하스 왕의 시대에 아람 왕 하사엘이
항상 이스라엘을 학대하였으나
23 여호와께서 아브라함과 이삭과 야곱과 더불
어 세우신 언약 때문에 이스라엘에게 은혜를
베풀며 그들을 불쌍히 여기시며 돌보사 멸하
기를 즐겨하지 아니하시고 이때까지 자기 앞
에서 쫓아내지 아니하셨더라
24 아람의 왕 하사엘이 죽고 그의 아들 벤하닷
이 대신하여 왕이 되매
25 여호아하스의 아들 요아스가 하사엘의 아들
벤하닷의 손에서 성읍을 다시 빼앗으니 이
성읍들은 자기 부친 여호아하스가 전쟁 중에
빼앗겼던 것이라 요아스가 벤하닷을 세 번
쳐서 무찌르고 이스라엘 성읍들을 회복하였
더라

유다 왕 아마샤 (대하 25:1-24) — B.C. 798년경

14 이스라엘의 왕 여호아하스의 아들 요아
스 제이 년에 유다의 왕 요아스의 아들
아마샤가 왕이 되니
2 그가 왕이 된 때에 나이 이십오 세라 예루살
렘에서 이십구 년간 다스리니라 그의 어머니
의 이름은 여호앗단이요 예루살렘 사람이더
라
3 아마샤가 여호와 보시기에 정직히 행하였으
나 그의 조상 다윗과는 같지 아니하였으며
그의 아버지 요아스가 행한 대로 다 행하였
어도
4 오직 산당들을 제거하지 아니하였으므로 백
성이 여전히 산당에서 제사를 드리며 분향하
였더라
5 나라가 그의 손에 굳게 서매 그의 부왕을 죽
인 신복들을 죽였으나
6 왕을 죽인 자의 자녀들은 죽이지 아니하였으
니 이는 모세의 율법책에 기록된 대로 함이
라 곧 여호와께서 명령하여 이르시기를 자녀
로 말미암아 아버지를 죽이지 말 것이요 아

19 ●The man of God was angry with him and
said, "You should have struck the ground five
or six times; then you would have defeated
Aram and completely destroyed it. But now
you will defeat it only three times."
20 ●Elisha died and was buried.
Now Moabite raiders used to enter the coun-
21 try every spring. ●Once while some Israelites
were burying a man, suddenly they saw a
band of raiders; so they threw the man's body
into Elisha's tomb. When the body touched
Elisha's bones, the man came to life and stood
up on his feet.
22 ●Hazael king of Aram oppressed Israel
23 throughout the reign of Jehoahaz. ●But the
LORD was gracious to them and had compas-
sion and showed concern for them because of
his covenant with Abraham, Isaac and Jacob.
To this day he has been unwilling to destroy
them or banish them from his presence.
24 ●Hazael king of Aram died, and Ben-Hadad
25 his son succeeded him as king. ●Then Jeho-
ash son of Jehoahaz recaptured from Ben-
Hadad son of Hazael the towns he had taken
in battle from his father Jehoahaz. Three times
Jehoash defeated him, and so he recovered
the Israelite towns.

Amaziah King of Judah

14 In the second year of Jehoash[a] son of
Jehoahaz king of Israel, Amaziah son
2 of Joash king of Judah began to reign. ●He was
twenty-five years old when he became king,
and he reigned in Jerusalem twenty-nine years.
His mother's name was Jehoaddan; she was
3 from Jerusalem. ●He did what was right in the
eyes of the LORD, but not as his father David
had done. In everything he followed the
4 example of his father Joash. ●The high places,
however, were not removed; the people con-
tinued to offer sacrifices and burn incense
there.
5 ●After the kingdom was firmly in his grasp,
he executed the officials who had murdered
6 his father the king. ●Yet he did not put the
children of the assassins to death, in accor-
dance with what is written in the Book of the
Law of Moses where the LORD commanded:
"Parents are not to be put to death for their
children, nor children put to death for their

[a]1 Hebrew *Joash*, a variant of *Jehoash*; also in verses 13, 23 and 27

accordance [əkɔ́ːrdns] *n.* 일치
assassin [əsǽsn] *n.* 자객
banish [bǽniʃ] *vt.* 추방하다
compassion [kəmpǽʃən] *n.* 동정심
concern [kənsə́ːrn] *n.* 관심
covenant [kʌ́vənənt] *n.* 언약
defeat [difíːt] *vt.* 쳐부수다
execute [éksikjuːt] *vt.* 처형하다
firmly [fə́ːrmli] *ad.* 확고하게
gracious [gréiʃəs] *a.* 자비로운
grasp [græsp] *n.* 손아귀
presence [prézns] *n.* 면전
recover [rikʌ́vər] *vt.* 되찾다
reign [rein] *vi.* 통치하다
tomb [tuːm] *n.* 무덤

13:21 **come to life**: 소생하다
13:23 **be unwilling to...**: …하려고 하지 않다
13:23 **banish... from~**: …를 ~에서 추방하다
14:4 **burn incense**: 분향하다
14:6 **in accordance with...**: …에 따라
14:6 **put to death**: 죽게 하다

버지로 말미암아 자녀를 죽이지 말 것이라
오직 사람마다 자기의 죄로 말미암아 죽을
것이니라 하셨더라
7 아마샤가 소금 골짜기에서 에돔 사람 만 명
을 죽이고 또 전쟁을 하여 셀라를 취하고 이
름을 욕드엘이라 하였더니 오늘까지 그러하
니라
8 ●아마샤가 예후의 손자 여호아하스의 아들
이스라엘의 왕 요아스에게 사자를 보내 이르
되 오라 우리가 서로 대면하자 한지라
9 이스라엘의 왕 요아스가 유다의 왕 아마샤에
게 사람을 보내 이르되 레바논 가시나무가
레바논 백향목에게 전갈을 보내어 이르기를
네 딸을 내 아들에게 주어 아내로 삼게 하라
하였더니 레바논 들짐승이 지나가다가 그 가
시나무를 짓밟았느니라
10 네가 에돔을 쳐서 파하였으므로 마음이 교만
하였으니 스스로 영광을 삼아 왕궁에나 네
집으로 돌아가라 어찌하여 화를 자취하여 너
와 유다가 함께 망하고자 하느냐 하나 신 8:14
11 아마샤가 듣지 아니하므로 이스라엘의 왕 요
아스가 올라와서 그와 유다의 왕 아마샤가
유다의 벧세메스에서 대면하였더니
12 유다가 이스라엘 앞에서 패하여 각기 장막으
로 도망한지라
13 이스라엘 왕 요아스가 벧세메스에서 아하시
야의 손자 요아스의 아들 유다 왕 아마샤를
사로잡고 예루살렘에 이르러 예루살렘 성벽
을 에브라임 문에서부터 성 모퉁이 문까지
사백 [1]규빗을 헐고
14 또 여호와의 성전과 왕궁 곳간에 있는 금 은
과 모든 기명을 탈취하고 또 사람을 볼모로
잡고서 사마리아로 돌아갔더라
15 ●요아스의 남은 사적과 그의 업적과 또 유
다의 왕 아마샤와 싸운 일은 이스라엘 왕 역
대지략에 기록되지 아니하였느냐
16 요아스가 그의 조상들과 함께 자매 이스라엘
왕들과 사마리아에 함께 장사되고 그의 아들
여로보암이 대신하여 왕이 되니라

유다 왕 아마샤가 죽다 (대하 25:25-28)

17 ●이스라엘의 왕 여호아하스의 아들 요아스
가 죽은 후에도 유다의 왕 요아스의 아들 아
마샤가 십오 년간을 생존하였더라
18 아마샤의 남은 행적은 유다 왕 역대지략에
기록되지 아니하였느냐
19 예루살렘에서 무리가 그를 반역한 고로 그가
라기스로 도망하였더니 반역한 무리가 사람

parents; each will die for their own sin."[a]
7 ●He was the one who defeated ten thou-
sand Edomites in the Valley of Salt and cap-
tured Sela in battle, calling it Joktheel, the
name it has to this day.
8 ●Then Amaziah sent messengers to Jehoash
son of Jehoahaz, the son of Jehu, king of Israel,
with the challenge: "Come, let us face each
other in battle."
9 ●But Jehoash king of Israel replied to Amazi-
ah king of Judah: "A thistle in Lebanon sent a
message to a cedar in Lebanon, 'Give your
daughter to my son in marriage.' Then a wild
beast in Lebanon came along and trampled
10 the thistle underfoot. ●You have indeed
defeated Edom and now you are arrogant.
Glory in your victory, but stay at home! Why
ask for trouble and cause your own downfall
and that of Judah also?"
11 ●Amaziah, however, would not listen, so
Jehoash king of Israel attacked. He and Ama-
ziah king of Judah faced each other at Beth
12 Shemesh in Judah. ●Judah was routed by
13 Israel, and every man fled to his home. ●Jeho-
ash king of Israel captured Amaziah king
of Judah, the son of Joash, the son of Ahazi-
ah, at Beth Shemesh. Then Jehoash went to
Jerusalem and broke down the wall of Jeru-
salem from the Ephraim Gate to the Corner
Gate—a section about four hundred cubits
14 long.[b] ●He took all the gold and silver and
all the articles found in the temple of the
LORD and in the treasuries of the royal palace.
He also took hostages and returned to Sa-
maria.
15 ●As for the other events of the reign of
Jehoash, what he did and his achievements,
including his war against Amaziah king of
Judah, are they not written in the book of the
16 annals of the kings of Israel? ●Jehoash rested
with his ancestors and was buried in Samaria
with the kings of Israel. And Jeroboam his son
succeeded him as king.
17 ●Amaziah son of Joash king of Judah lived
for fifteen years after the death of Jehoash son
18 of Jehoahaz king of Israel. ●As for the other
events of Amaziah's reign, are they not written
in the book of the annals of the kings of
Judah?
19 ●They conspired against him in Jerusalem,
and he fled to Lachish, but they sent men after

[a]6 Deut. 24:16 [b]13 That is, about 600 feet or about 180 meters 1) 히, 암마

achievement [ətʃíːvmənt] *n.* 공적
annals [ǽnlz] *n.(pl.)* 연대기
arrogant [ǽrəgənt] *a.* 거만한
bury [béri] *vt.* 묻다
capture [kǽptʃər] *vt.* 사로잡다
cedar [síːdər] *n.* 백향목
conspire [kənspáiər] *vi.* 음모를 꾸미다
downfall [daunfɔːl] *n.* 몰락
flee [fliː] *vi.* 달아나다
hostage [hástidʒ] *n.* 인질
rout [raut] *vt.* 패주시키다
succeed [səksíːd] *vt.* 계승하다
thistle [θísl] *n.* 엉겅퀴
trample [trǽmpl] *vt.* 내리 밟다
underfoot [ʌndərfut] *ad.* 발 밑에

14:8 each other: 서로
14:9 come along: 나타나다
14:10 ask for trouble: 화를 자초하다
14:13 break down: 파괴하다
14:14 take hostage: 볼모로 잡다
14:18 as for...: …에 관해서는

을 라기스로 따라 보내 그를 거기서 죽이게
하고
20 그 시체를 말에 실어다가 예루살렘에서 그의
조상들과 함께 다윗 성에 장사하니라 8:24
21 유다 온 백성이 아사랴를 그의 아버지 아마
샤를 대신하여 왕으로 삼으니 그때에 그의
나이가 십육 세라
22 아마샤가 그의 조상들과 함께 잔 후에 아사
랴가 엘랏을 건축하여 유다에 복귀시켰더라

이스라엘 왕 여로보암 2세 (♪ 252장)

23 ●유다의 왕 요아스의 아들 아마샤 제십오
년에 이스라엘의 왕 요아스의 아들 여로보암
이 사마리아에서 왕이 되어 사십일 년간 다
스렸으며
24 여호와 보시기에 악을 행하여 이스라엘에게
범죄하게 한 느밧의 아들 여로보암의 모든
죄에서 떠나지 아니하였더라
25 이스라엘의 하나님 여호와께서 그의 종 가드
헤벨 아밋대의 아들 선지자 요나를 통하여
하신 말씀과 같이 여로보암이 이스라엘 영토
를 회복하되 하맛 어귀에서부터 아라바 바다
까지 하였으니
26 이는 여호와께서 이스라엘의 고난이 심하여
매인 자도 없고 놓인 자도 없고 이스라엘을
도울 자도 없음을 보셨고
27 여호와께서 또 이스라엘의 이름을 천하에서
없이 하겠다고도 아니하셨으므로 요아스의
아들 여로보암의 손으로 구원하심이었더
라
28 ●여로보암의 남은 사적과 모든 행한 일과
싸운 업적과 다메섹을 회복한 일과 이전에
유다에 속하였던 하맛을 이스라엘에 돌린 일
은 이스라엘 왕 역대지략에 기록되지 아니하
였느냐
29 여로보암이 그의 조상 이스라엘 왕들과 함께
자고 그의 아들 스가랴가 대신하여 왕이 되
니라

유다 왕 아사랴 (대하 26:1-23)
— B.C. 750년경

15 이스라엘 왕 여로보암 제이십칠 년에 유
다 왕 아마샤의 아들 아사랴가 왕이 되니
2 그가 왕이 될 때에 나이가 십육 세라 예루살
렘에서 오십이 년간 다스리니라 그의 어머
니의 이름은 여골리야라 예루살렘 사람이더
라
3 아사랴가 그의 아버지 아마샤의 모든 행위대
로 여호와 보시기에 정직히 행하였으나

20 him to Lachish and killed him there. •He was
brought back by horse and was buried in
Jerusalem with his ancestors, in the City of
David.
21 •Then all the people of Judah took Azariah,[a]
who was sixteen years old, and made him
22 king in place of his father Amaziah. •He was
the one who rebuilt Elath and restored it to
Judah after Amaziah rested with his ancestors.

Jeroboam II King of Israel

23 •In the fifteenth year of Amaziah son of
Joash king of Judah, Jeroboam son of Jehoash
king of Israel became king in Samaria, and he
24 reigned forty-one years. •He did evil in the
eyes of the LORD and did not turn away from
any of the sins of Jeroboam son of Nebat,
25 which he had caused Israel to commit. •He
was the one who restored the boundaries of
Israel from Lebo Hamath to the Dead Sea,[b] in
accordance with the word of the LORD, the
God of Israel, spoken through his servant
Jonah son of Amittai, the prophet from Gath
Hepher.
26 •The LORD had seen how bitterly everyone
in Israel, whether slave or free, was suffering;[c]
27 there was no one to help them. •And since the
LORD had not said he would blot out the name
of Israel from under heaven, he saved them by
the hand of Jeroboam son of Jehoash.
28 •As for the other events of Jeroboam's reign,
all he did, and his military achievements,
including how he recovered for Israel both
Damascus and Hamath, which had belonged
to Judah, are they not written in the book of
29 the annals of the kings of Israel? •Jeroboam
rested with his ancestors, the kings of Israel.
And Zechariah his son succeeded him as king.

Azariah King of Judah

15 In the twenty-seventh year of Jero-
boam king of Israel, Azariah[d] son of
2 Amaziah king of Judah began to reign. •He
was sixteen years old when he became king,
and he reigned in Jerusalem fifty-two years. His
mother's name was Jekoliah; she was from
3 Jerusalem. •He did what was right in the eyes
of the LORD, just as his father Amaziah had
4 done. •The high places, however, were not
removed; the people continued to offer sacri-

[a]21 Also called *Uzziah* [b]25 Hebrew *the Sea of the Arabah* [c]26 Or *Israel was suffering. They were without a ruler or leader, and* [d]1 Also called *Uzziah*; also in verses 6, 7, 8, 17, 23 and 27

accordance [əkɔ́:rdns] *n.* 일치
ancestor [ǽnsestər] *n.* 조상
bitterly [bítərli] *ad.* 잔혹하게
boundary [báundəri] *n.* 경계
cause [kɔ:z] *vt.* 야기하다
commit [kəmít] *vt.* 범하다
military [míliteri] *a.* 군대의
prophet [práfit] *n.* 예언자
rebuild [ri:bíld] *vt.* 재건하다
recover [rikʌ́vər] *vi.* 회복하다
reign [rein] *vi.* 통치하다
remove [rimú:v] *vt.* 제거하다
rest [rest] *vi.* 죽다
right [rait] *a.* 바른
suffer [sʌ́fər] *vt.* 고통을 겪다

14:24 in the eyes of...: …가 보는 데서
14:24 turn away: 돌아서다
14:25 in accordance with...: …에 따라
14:27 blot out: 지우다
14:28 both A and B: A, B 둘 다
14:28 belong to...: …에 속하다

4 오직 산당은 제거하지 아니하였으므로 백성
이 여전히 그 산당에서 제사를 드리며 분향
하였고 12:3
5 여호와께서 왕을 치셨으므로 그가 죽는 날까
지 나병환자가 되어 별궁에 거하고 왕자 요
담이 왕궁을 다스리며 그 땅의 백성을 치리
하였더라
6 아사랴의 남은 사적과 행한 모든 일은 유다
왕 역대지략에 기록되지 아니하였느냐
7 아사랴가 그의 조상들과 함께 자매 다윗 성
에 그의 조상들과 함께 장사되고 그의 아들
요담이 대신하여 왕이 되니라

이스라엘 왕 스가랴 (♪278, 288장)

8 ●유다의 왕 아사랴의 제삼십팔 년에 여로보
암의 아들 스가랴가 사마리아에서 여섯 달
동안 이스라엘을 다스리며
9 그의 조상들의 행위대로 여호와 보시기에
악을 행하여 이스라엘로 범죄하게 한 느밧
의 아들 여로보암의 죄에서 떠나지 아니한
지라
10 야베스의 아들 살룸이 그를 반역하여 백성
앞에서 쳐죽이고 대신하여 왕이 되니라
11 스가랴의 남은 사적은 이스라엘 왕 역대지략
에 기록되니라
12 여호와께서 예후에게 말씀하여 이르시기를
네 자손이 사 대 동안 이스라엘 왕위에 있으
리라 하신 그 말씀대로 과연 그렇게 되니라

이스라엘 왕 살룸

13 ●유다 왕 웃시야 제삼십구 년에 야베스의
아들 살룸이 사마리아에서 왕이 되어 한 달
동안 다스리니라
14 가디의 아들 므나헴이 디르사에서부터 사마
리아로 올라가서 야베스의 아들 살룸을 거기
에서 쳐죽이고 대신하여 왕이 되니라
15 살룸의 남은 사적과 그가 반역한 일은 이스
라엘 왕 역대지략에 기록되니라
16 그때에 므나헴이 디르사에서 와서 딥사와 그
가운데에 있는 모든 사람과 그 사방을 쳤으
니 이는 그들이 성문을 열지 아니하였음이라
그러므로 그들이 그곳을 치고 그 가운데에
아이 밴 부녀를 갈랐더라

이스라엘 왕 므나헴

17 ●유다 왕 아사랴 제삼십구 년에 가디의 아
들 므나헴이 이스라엘 왕이 되어 사마리아에
서 십 년간 다스리며 15:1
18 여호와 보시기에 악을 행하여 이스라엘로 범
죄하게 한 느밧의 아들 여로보암의 죄에서

fices and burn incense there.
5 ●The LORD afflicted the king with leprosy[a]
until the day he died, and he lived in a sepa-
rate house.[b] Jotham the king's son had charge
of the palace and governed the people of the
land.
6 ●As for the other events of Azariah's reign,
and all he did, are they not written in the book
7 of the annals of the kings of Judah? ●Azariah
rested with his ancestors and was buried near
them in the City of David. And Jotham his son
succeeded him as king.

Zechariah King of Israel

8 ●In the thirty-eighth year of Azariah king of
Judah, Zechariah son of Jeroboam became
king of Israel in Samaria, and he reigned six
9 months. ●He did evil in the eyes of the LORD,
as his predecessors had done. He did not turn
away from the sins of Jeroboam son of Nebat,
which he had caused Israel to commit.
10 ●Shallum son of Jabesh conspired against
Zechariah. He attacked him in front of the
people,[c] assassinated him and succeeded him
11 as king. ●The other events of Zechariah's reign
are written in the book of the annals of the
12 kings of Israel. ●So the word of the LORD spo-
ken to Jehu was fulfilled: "Your descendants
will sit on the throne of Israel to the fourth
generation."[d]

Shallum King of Israel

13 ●Shallum son of Jabesh became king in
the thirty-ninth year of Uzziah king of Ju-
dah, and he reigned in Samaria one month.
14 ●Then Menahem son of Gadi went from
Tirzah up to Samaria. He attacked Shallum
son of Jabesh in Samaria, assassinated him
and succeeded him as king.
15 ●The other events of Shallum's reign, and
the conspiracy he led, are written in the book
of the annals of the kings of Israel.
16 ●At that time Menahem, starting out from
Tirzah, attacked Tiphsah and everyone in
the city and its vicinity, because they refused
to open their gates. He sacked Tiphsah and
ripped open all the pregnant women.

Menahem King of Israel

17 ●In the thirty-ninth year of Azariah king of
Judah, Menahem son of Gadi became king of

[a]5 The Hebrew for *leprosy* was used for various diseases affecting the skin. [b]5 Or *in a house where he was relieved of responsibilities* [c]10 Hebrew; some Septuagint manuscripts *in Ibleam* [d]12 2 Kings 10:30

afflict [əflíkt] *vt.* 괴롭히다
assassinate [əsǽsənèit] *vt.* 암살하다
attack [ətǽk] *vt.* 공격하다
conspiracy [kənspírəsi] *n.* 음모
conspire [kənspáiər] *vi.* 음모를 꾸미다
descendant [diséndənt] *n.* 자손
fulfill [fulfíl] *vt.* 성취하다
govern [gʌ́vərn] *vt.* 통치하다
leprosy [léprəsi] *n.* 나병
predecessor [prédəsèsər] *n.* 조상
pregnant [prégnənt] *a.* 임신한
rip [rip] *vt.* 째다
sack [sæk] *vt.* 약탈하다
succeed [səksí:d] *vt.* 계승하다
vicinity [visínəti] *n.* 근처

15:4 burn incense: 분향하다
15:5 have charge of...: …를 맡다
15:9 cause... to~: …로 하여금 ~하게 하다
15:10 in front of...: …의 앞에
15:14 succeed... as~: …의 뒤를 이어 ~가 되다
15:16 start out: 나서다, 출발하다

평생 떠나지 아니하였더라
19 앗수르 왕 불이 와서 그 땅을 치려 하매 므
나헴이 은 천 달란트를 불에게 주어서 그로
자기를 도와주게 함으로 나라를 자기 손에
굳게 세우고자 하여
20 그 은을 이스라엘 모든 큰 부자에게서 강탈
하여 각 사람에게 은 오십 세겔씩 내게 하
여 앗수르 왕에게 주었더니 이에 앗수르 왕
이 되돌아가 그 땅에 머물지 아니하였더라
21 므나헴의 남은 사적과 그가 행한 모든 일은
이스라엘 왕 역대지략에 기록되지 아니하
였느냐
22 므나헴이 그의 조상들과 함께 자고 그의 아
들 브가히야가 대신하여 왕이 되니라

이스라엘 왕 브가히야

23 ●유다의 왕 아사랴 제오십 년에 므나헴의
아들 브가히야가 사마리아에서 이스라엘
왕이 되어 이 년간 다스리며
24 여호와께서 보시기에 악을 행하여 이스라
엘로 범죄하게 한 느밧의 아들 여로보암의
죄에서 떠나지 아니한지라
25 그 장관 르말랴의 아들 베가가 반역하여 사
마리아 왕궁 호위소에서 왕과 아르곱과 아
리에를 죽이되 길르앗 사람 오십 명과 더불
어 죽이고 대신하여 왕이 되었더라
26 브가히야의 남은 사적과 그가 행한 모든 일
은 이스라엘 왕 역대지략에 기록되니라

이스라엘 왕 베가

27 ●유다의 왕 아사랴 제오십이 년에 르말랴
의 아들 베가가 이스라엘 왕이 되어 사마리
아에서 이십 년간 다스리며
28 여호와께서 보시기에 악을 행하여 이스라
엘로 범죄하게 한 느밧의 아들 여로보암의
죄에서 떠나지 아니하였더라
29 ●이스라엘 왕 베가 때에 앗수르 왕 디글랏
빌레셀이 와서 이욘과 아벨벳 마아가와 야
노아와 게데스와 하솔과 길르앗과 갈릴리
와 납달리 온 땅을 점령하고 그 백성을 사
로잡아 앗수르로 옮겼더라
30 웃시야의 아들 요담 제이십 년에 엘라의 아
들 호세아가 반역하여 르말랴의 아들 베가
를 쳐서 죽이고 대신하여 왕이 되니라
31 베가의 남은 사적과 그가 행한 모든 일은
이스라엘 왕 역대지략에 기록되니라

유다 왕 요담 (대하 27:1-9 ♪ 255, 527장)

32 ●이스라엘의 왕 르말랴의 아들 베가 제이
년에 유다 왕 웃시야의 아들 요담이 왕이

18 Israel, and he reigned in Samaria ten years. •He
did evil in the eyes of the LORD. During his entire
reign he did not turn away from the sins of Jeroboam son of Nebat, which he had caused Israel
to commit.
19 •Then Pul[a] king of Assyria invaded the land,
and Menahem gave him a thousand talents[b] of
silver to gain his support and strengthen his
20 own hold on the kingdom. •Menahem exacted
this money from Israel. Every wealthy person
had to contribute fifty shekels[c] of silver to be
given to the king of Assyria. So the king of Assyria withdrew and stayed in the land no longer.
21 •As for the other events of Menahem's reign,
and all he did, are they not written in the book
22 of the annals of the kings of Israel? •Menahem
rested with his ancestors. And Pekahiah his son
succeeded him as king.

Pekahiah King of Israel

23 •In the fiftieth year of Azariah king of Judah,
Pekahiah son of Menahem became king of
Israel in Samaria, and he reigned two years.
24 •Pekahiah did evil in the eyes of the LORD. He
did not turn away from the sins of Jeroboam
son of Nebat, which he had caused Israel to
25 commit. •One of his chief officers, Pekah son
of Remaliah, conspired against him. Taking
fifty men of Gilead with him, he assassinated
Pekahiah, along with Argob and Arieh, in the
citadel of the royal palace at Samaria. So Pekah
killed Pekahiah and succeeded him as king.
26 •The other events of Pekahiah's reign, and all
he did, are written in the book of the annals of
the kings of Israel.

Pekah King of Israel

27 •In the fifty-second year of Azariah king of
Judah, Pekah son of Remaliah became king of
Israel in Samaria, and he reigned twenty years.
28 •He did evil in the eyes of the LORD. He did not
turn away from the sins of Jeroboam son of
Nebat, which he had caused Israel to commit.
29 •In the time of Pekah king of Israel, Tiglath-Pileser king of Assyria came and took
Ijon, Abel Beth Maakah, Janoah, Kedesh and
Hazor. He took Gilead and Galilee, including
all the land of Naphtali, and deported the peo-
30 ple to Assyria. •Then Hoshea son of Elah conspired against Pekah son of Remaliah. He
attacked and assassinated him, and then suc-

[a]19 Also called *Tiglath-Pileser* [b]19 That is, about 38 tons or about 34 metric tons [c]20 That is, about 1 1/4 pounds or about 575 grams

chief [tʃi:f] *a.* 최고의
citadel [sítədl] *n.* 최후의 거점
contribute [kəntríbju:t] *vt.* 기증하다
deport [dipɔ́:rt] *vt.* 추방하다
entire [intáiər] *a.* 전체의
event [ivént] *n.* 사건
exact [igzǽkt] *vt.* 강요하다
including [inklú:diŋ] *prep.* …를 포함하여
invade [invéid] *vt.* 침략하다
officer [ɔ́:fisər] *n.* 장교
royal [rɔ́iəl] *n.* 왕궁
stay [stei] *vi.* 머물다
strengthen [stréŋθən] *vt.* 강화하다
support [səpɔ́:rt] *n.* 지지
withdraw [wiðdrɔ́:] *vi.* 물러가다

15:19 **hold on**: 계속하다, 지속하다
15:20 **...no longer**: 이젠 …아니다
15:21 **as for...**: …에 관해서는
15:25 **along with...**: …과 함께
15:28 **in the eyes of...**: …가 보는 데서
15:28 **turn away**: 돌아서다

되니
33 나이가 이십오 세라 예루살렘에서 십육 년 간 다스리니라 그의 어머니의 이름은 여루사라 사독의 딸이더라
34 요담이 그의 아버지 웃시야의 모든 행위대로 여호와께서 보시기에 정직히 행하였으나 15:3
35 오직 산당을 제거하지 아니하였으므로 백성이 여전히 그 산당에서 제사를 드리며 분향하였더라 요담이 여호와의 성전의 윗문을 건축하니라
36 요담의 남은 사적과 그가 행한 모든 일은 유다 왕 역대지략에 기록되지 아니하였느냐
37 ●그때에 여호와께서 비로소 아람 왕 르신과 르말랴의 아들 베가를 보내어 유다를 치게 하셨더라
38 요담이 그의 조상들과 함께 자매 그의 조상 다윗 성에 조상들과 함께 장사되고 그 아들 아하스가 대신하여 왕이 되니라

유다 왕 아하스 (대하 28:1-27)
— B.C. 730년경

16 르말랴의 아들 베가 제십칠 년에 유다의 왕 요담의 아들 아하스가 왕이 되니
2 아하스가 왕이 될 때에 나이가 이십 세라 예루살렘에서 십육 년간 다스렸으나 그의 조상 다윗과 같지 아니하여 그의 하나님 여호와께서 보시기에 정직히 행하지 아니하고
3 이스라엘의 여러 왕의 길로 행하며 또 여호와께서 이스라엘 자손 앞에서 쫓아내신 이방 사람의 가증한 일을 따라 자기 아들을 불 가운데로 지나가게 하며
4 또 산당들과 작은 산 위와 모든 푸른 나무 아래에서 제사를 드리며 분향하였더라
5 ●이때에 아람의 왕 르신과 이스라엘의 왕 르말랴의 아들 베가가 예루살렘에 올라와서 싸우려 하여 아하스를 에워쌌으나 능히 이기지 못하니라
6 당시에 아람의 왕 르신이 엘랏을 회복하여 아람에 돌리고 유다 사람을 엘랏에서 쫓아내었고 아람 사람이 엘랏에 이르러 거기에 거주하여 오늘까지 이르렀더라
7 아하스가 앗수르 왕 디글랏 빌레셀에게 사자를 보내 이르되 나는 왕의 신복이요 왕의 아들이라 이제 아람 왕과 이스라엘 왕이 나를 치니 청하건대 올라와 그 손에서 나를

ceeded him as king in the twentieth year of
Jotham son of Uzziah.
31 •As for the other events of Pekah's reign, and
all he did, are they not written in the book of
the annals of the kings of Israel?

Jotham King of Judah

32 •In the second year of Pekah son of Remali-
ah king of Israel, Jotham son of Uzziah king of
33 Judah began to reign. •He was twenty-five
years old when he became king, and he reign-
ed in Jerusalem sixteen years. His mother's
34 name was Jerusha daughter of Zadok. •He did
what was right in the eyes of the LORD, just as
35 his father Uzziah had done. •The high places,
however, were not removed; the people con-
tinued to offer sacrifices and burn incense
there. Jotham rebuilt the Upper Gate of the
temple of the LORD.
36 •As for the other events of Jotham's reign,
and what he did, are they not written in the
37 book of the annals of the kings of Judah? •(In
those days the LORD began to send Rezin king of
Aram and Pekah son of Remaliah against
38 Judah.) •Jotham rested with his ancestors and
was buried with them in the City of David, the
city of his father. And Ahaz his son succeeded
him as king.

Ahaz King of Judah

16 In the seventeenth year of Pekah son of
Remaliah, Ahaz son of Jotham king of
2 Judah began to reign. •Ahaz was twenty years
old when he became king, and he reigned in
Jerusalem sixteen years. Unlike David his father,
he did not do what was right in the eyes of the
3 LORD his God. •He followed the ways of the
kings of Israel and even sacrificed his son in the
fire, engaging in the detestable practices of the
nations the LORD had driven out before the
4 Israelites. •He offered sacrifices and burned
incense at the high places, on the hilltops and
under every spreading tree.
5 •Then Rezin king of Aram and Pekah son of
Remaliah king of Israel marched up to fight
against Jerusalem and besieged Ahaz, but they
6 could not overpower him. •At that time, Rezin
king of Aram recovered Elath for Aram by dri-
ving out the people of Judah. Edomites then
moved into Elath and have lived there to this
day.
7 •Ahaz sent messengers to say to Tiglath-
Pileser king of Assyria, "I am your servant and

besiege [bisíːdʒ] *vt.* 포위하다	**hilltop** [híltɑ̀p] *n.* 언덕 꼭대기	**recover** [rikʌ́vər] *vt.* 회복하다
bury [béri] *vt.* 파묻다	**incense** [ínsens] *n.* 향	**sacrifice** [sǽkrəfàis] *n.* 제물
detestable [ditéstəbl] *a.* 혐오할 만한	**offer** [ɔ́ːfər] *vt.* 바치다	**send** [send] *vt.* 보내다
engage [ingéidʒ] *vi.* 참여하다	**overpower** [ouvərpáuər] *vt.* 이기다	**spread** [spred] *vt.* 뻗다
follow [fálou] *vt.* 따르다	**rebuild** [riːbíld] *vt.* 재건하다	**temple** [témpl] *n.* 성전
15:31 **write in:** 써 넣다, 기입하다	15:35 **continue to...:** …를 지속하다	16:3 **drive out:** 쫓아내다, 추방하다
15:34 **just as:** …과 똑같이	15:37 **in those days:** 그 무렵에	16:6 **at that time:** 그 당시에

구원하소서 하고
8 아하스가 여호와의 성전과 왕궁 곳간에 있는 은금을 내어다가 앗수르 왕에게 예물로 보냈더니
9 앗수르 왕이 그 청을 듣고 곧 올라와서 다메섹을 쳐서 점령하여 그 백성을 사로잡아 기르로 옮기고 또 르신을 죽였더라
10 ●아하스 왕이 앗수르의 왕 디글랏 빌레셀을 만나러 다메섹에 갔다가 거기 있는 제단을 보고 아하스 왕이 그 제단의 모든 구조와 제도의 양식을 그려 제사장 우리야에게 보냈더니
11 아하스 왕이 다메섹에서 돌아오기 전에 제사장 우리야가 아하스 왕이 다메섹에서 보낸 대로 모두 행하여 제사장 우리야가 제단을 만든지라
12 왕이 다메섹에서 돌아와 제단을 보고 제단 앞에 나아가 그 위에 제사를 드리되
13 자기의 번제물과 소제물을 불사르고 또 전제물을 붓고 수은제 짐승의 피를 제단에 뿌리고
14 또 여호와의 앞 곧 성전 앞에 있던 놋 제단을 새 제단과 여호와의 성전 사이에서 옮겨다가 그 제단 북쪽에 그것을 두니라 출 40:6
15 아하스 왕이 제사장 우리야에게 명령하여 이르되 아침 번제물과 저녁 소제물과 왕의 번제물과 그 소제물과 모든 국민의 번제물과 그 소제물과 전제물을 다 이 큰 제단 위에 불사르고 또 번제물의 피와 다른 제물의 피를 다 그 위에 뿌리라 오직 놋 제단은 내가 주께 여쭐 일에만 쓰게 하라 하매
16 제사장 우리야가 아하스 왕의 모든 명령대로 행하였더라
17 ●아하스 왕이 물두멍 받침의 옆판을 떼내고 물두멍을 그 자리에서 옮기고 또 놋바다를 놋소 위에서 내려다가 돌판 위에 그것을 두며
18 또 안식일에 쓰기 위하여 성전에 건축한 낭실과 왕이 밖에서 들어가는 낭실을 앗수르 왕을 두려워하여 여호와의 성전에 옮겨 세웠더라
19 아하스가 행한 그 남은 사적은 유다 왕 역대지략에 기록되지 아니하였느냐
20 아하스가 그의 조상들과 함께 자매 다윗 성에 그 열조와 함께 장사되고 그의 아들 히스기야가 대신하여 왕이 되니라

vassal. Come up and save me out of the hand of
the king of Aram and of the king of Israel, who
8 are attacking me." ●And Ahaz took the silver
and gold found in the temple of the LORD and in
the treasuries of the royal palace and sent it as a
9 gift to the king of Assyria. ●The king of Assyria
complied by attacking Damascus and capturing
it. He deported its inhabitants to Kir and put
Rezin to death.
10 ●Then King Ahaz went to Damascus to meet
Tiglath-Pileser king of Assyria. He saw an altar
in Damascus and sent to Uriah the priest a
sketch of the altar, with detailed plans for its
11 construction. ●So Uriah the priest built an altar
in accordance with all the plans that King Ahaz
had sent from Damascus and finished it before
12 King Ahaz returned. ●When the king came
back from Damascus and saw the altar, he
approached it and presented offerings[a] on it.
13 ●He offered up his burnt offering and grain
offering, poured out his drink offering, and
splashed the blood of his fellowship offerings
14 against the altar. ●As for the bronze altar that
stood before the LORD, he brought it from the
front of the temple — from between the new
altar and the temple of the LORD — and put it
on the north side of the new altar.
15 ●King Ahaz then gave these orders to Uriah
the priest: "On the large new altar, offer the
morning burnt offering and the evening grain
offering, the king's burnt offering and his grain
offering, and the burnt offering of all the people
of the land, and their grain offering and their
drink offering. Splash against this altar the
blood of all the burnt offerings and sacrifices.
But I will use the bronze altar for seeking guid-
16 ance." ●And Uriah the priest did just as King
Ahaz had ordered.
17 ●King Ahaz cut off the side panels and re-
moved the basins from the movable stands. He
removed the Sea from the bronze bulls that sup-
18 ported it and set it on a stone base. ●He took
away the Sabbath canopy[b] that had been built
at the temple and removed the royal entryway
outside the temple of the LORD, in deference to
the king of Assyria.
19 ●As for the other events of the reign of Ahaz,
and what he did, are they not written in the
20 book of the annals of the kings of Judah? ●Ahaz
rested with his ancestors and was buried with
them in the City of David. And Hezekiah his

[a]12 Or *and went up* [b]18 Or *the dais of his throne* (see Septuagint)

altar [ɔ́:ltər] *n.* 제단
approach [əpróutʃ] *vt.* 접근하다
basin [béisn] *n.* 대야
canopy [kǽnəpi] *n.* 천개, 닫집
capture [kǽptʃər] *vt.* 사로잡다
comply [kəmplái] *vi.* 응하다
deference [défərəns] *n.* 복종
deport [dipɔ́:rt] *vt.* 추방하다
entryway [éntriwèi] *n.* 입구 통로
guidance [gáidns] *n.* 인도
inhabitant [inhǽbətənt] *n.* 거주민
movable [mú:vəbl] *a.* 고정되지 않은
splash [splæʃ] *vt.* 튀기다, 뿌리다
treasury [tréʒəri] *n.* 보물창고
vassal [vǽsəl] *n.* 가신(家臣)

16:9 put... to death: …를 죽이다
16:11 in accordance with...: …에 따라서
16:13 offer up: (기도나 제물을) 드리다
16:13 pour out: 붓다, 따르다
16:14 put... on~: …을 ~에 두다
16:18 in deference to...: …을 존중하여

이스라엘 왕 호세아 — B.C. 732년경

17 유다의 왕 아하스 제십이 년에 엘라의 아들 호세아가 사마리아에서 이스라엘 왕이 되어 구 년간 다스리며
2 여호와께서 보시기에 악을 행하였으나 다만 그전 이스라엘 여러 왕들과 같이 하지는 아니하였더라
3 앗수르의 왕 살만에셀이 올라오니 호세아가 그에게 종이 되어 조공을 드리더니
4 그가 애굽의 왕 소에게 사자들을 보내고 해마다 하던 대로 앗수르 왕에게 조공을 드리지 아니하매 앗수르 왕이 호세아가 배반함을 보고 그를 옥에 감금하여 두고
5 앗수르 왕이 올라와 그 온 땅에 두루다니고 사마리아로 올라와 그곳을 삼 년간 에워쌌더라
6 호세아 제구 년에 앗수르 왕이 사마리아를 점령하고 이스라엘 사람을 사로잡아 앗수르로 끌어다가 고산 강가에 있는 할라와 하볼과 메대 사람의 여러 고을에 두었더라

앗수르 왕이 사마리아를 차지하다 (♪ 274장)

7 ●이 일은 이스라엘 자손이 자기를 애굽 땅에서 인도하여 내사 애굽의 왕 바로의 손에서 벗어나게 하신 그 하나님 여호와께 죄를 범하고 또 다른 신들을 경외하며
8 여호와께서 이스라엘 자손 앞에서 쫓아내신 이방 사람의 규례와 이스라엘 여러 왕이 세운 율례를 행하였음이라
9 이스라엘의 자손이 점차로 불의를 행하여 그 하나님 여호와를 배역하여 모든 성읍에 망대로부터 견고한 성에 이르도록 산당을 세우고
10 모든 산 위에와 모든 푸른 나무 아래에 목상과 아세라 상을 세우고
11 또 여호와께서 그들 앞에서 물리치신 이방 사람같이 그곳 모든 산당에서 분향하며 또 악을 행하여 여호와를 격노하게 하였으며
12 또 우상을 섬겼으니 이는 여호와께서 그들에게 행하지 말라고 말씀하신 일이라
13 여호와께서 각 선지자와 각 선견자를 통하여 이스라엘과 유다에게 지정하여 이르시기를 너희는 돌이켜 너희 악한 길에서 떠나 나의 명령과 율례를 지키되 내가 너희 조상들에게 명령하고 또 내 종 선지자들을 통하여 너희에게 전한 모든 율법대로 행하라 하

son succeeded him as king.

Hoshea Last King of Israel

17 In the twelfth year of Ahaz king of
Judah, Hoshea son of Elah became king
of Israel in Samaria, and he reigned nine years.
2 •He did evil in the eyes of the LORD, but not like
the kings of Israel who preceded him.
3 •Shalmaneser king of Assyria came up to
attack Hoshea, who had been Shalmaneser's
4 vassal and had paid him tribute. •But the king
of Assyria discovered that Hoshea was a traitor,
for he had sent envoys to So[a] king of Egypt, and
he no longer paid tribute to the king of Assyria,
as he had done year by year. Therefore Shal-
maneser seized him and put him in prison.
5 •The king of Assyria invaded the entire land,
marched against Samaria and laid siege to it for
6 three years. •In the ninth year of Hoshea, the
king of Assyria captured Samaria and deported
the Israelites to Assyria. He settled them in
Halah, in Gozan on the Habor River and in the
towns of the Medes.

Israel Exiled Because of Sin

7 •All this took place because the Israelites had
sinned against the LORD their God, who had
brought them up out of Egypt from under the
power of Pharaoh king of Egypt. They wor-
8 shiped other gods •and followed the practices
of the nations the LORD had driven out before
them, as well as the practices that the kings of
9 Israel had introduced. •The Israelites secretly
did things against the LORD their God that were
not right. From watchtower to fortified city
they built themselves high places in all their
10 towns. •They set up sacred stones and Ashe-
rah poles on every high hill and under every
11 spreading tree. •At every high place they
burned incense, as the nations whom the LORD
had driven out before them had done. They did
wicked things that aroused the LORD's anger.
12 •They worshiped idols, though the LORD had
13 said, "You shall not do this."[b] •The LORD
warned Israel and Judah through all his pro-
phets and seers: "Turn from your evil ways.
Observe my commands and decrees, in accor-
dance with the entire Law that I commanded
your ancestors to obey and that I delivered to
you through my servants the prophets."
14 •But they would not listen and were as

[a]4 *So* is probably an abbreviation for *Osorkon.* [b]12 Exodus 20:4,5

decree [dikríː] *n.* 규례
deliver [dilívər] *vt.* 전하다
discover [diskʌ́vər] *vt.* 깨닫다
envoy [énvɔi] *n.* 사절(使節)
exile [égzail] *n.* 추방
fortified [fɔ́ːtəfàid] *a.* 견고한
invade [invéid] *vt.* 침략하다
pole [poul] *n.* 기둥
practice [prǽktis] *vt.* 습관으로 행하다
precede [prisíːd] *vt.* 앞서다
seer [síːər] *n.* 선견자
seize [siːz] *vt.* 붙잡다
traitor [tréitər] *n.* 배반자
tribute [tríbjuːt] *n.* 공물
watchtower [wɑ́tʃtàuər] *n.* 망대

17:4 year by year: 해마다
17:5 lay siege to...: …를 포위 공격하다
17:7 take place: (사건이) 발생하다
17:10 set up: 세우다
17:11 drive out: 쫓아내다
17:13 in accordance with...: …에 따라서

셨으나
14 그들이 듣지 아니하고 그들의 목을 곧게 하
기를 그들의 하나님 여호와를 믿지 아니하던
그들 조상들의 목같이 하여
15 여호와의 율례와 여호와께서 그들의 조상들
과 더불어 세우신 언약과 경계하신 말씀을
버리고 허무한 것을 뒤따라 허망하며 또 여
호와께서 명령하사 따르지 말라 하신 사방
이방 사람을 따라
16 그들의 하나님 여호와의 모든 명령을 버리고
자기들을 위하여 두 송아지 형상을 부어 만
들고 또 아세라 목상을 만들고 하늘의 일월
성신을 경배하며 또 바알을 섬기고
17 또 자기 자녀를 불 가운데로 지나가게 하며 복
술과 사술을 행하고 스스로 팔려 여호와 보시
기에 악을 행하여 그를 격노하게 하였으므로
18 여호와께서 이스라엘에게 심히 노하사 그들
을 그의 앞에서 제거하시니 오직 유다 지파
외에는 남은 자가 없으니라
19 ● 유다도 그들의 하나님 여호와의 명령을 지
키지 아니하고 이스라엘 사람들이 만든 관습
을 행하였으므로 16:3
20 여호와께서 이스라엘의 온 족속을 버리사 괴
롭게 하시며 노략꾼의 손에 넘기시고 마침내
그의 앞에서 쫓아내시니라
21 이스라엘을 다윗의 집에서 찢어 나누시매 그
들이 느밧의 아들 여로보암을 왕으로 삼았더
니 여로보암이 이스라엘을 몰아 여호와를 떠
나고 큰 죄를 범하게 하매
22 이스라엘 자손이 여로보암이 행한 모든 죄
를 따라 행하여 거기서 떠나지 아니하므로
23 여호와께서 그의 종 모든 선지자를 통하여
하신 말씀대로 드디어 이스라엘을 그 앞에서
내쫓으신지라 이스라엘이 고향에서 앗수르
에 사로잡혀 가서 오늘까지 이르렀더라

앗수르 사람들이 사마리아에 거주하다

24 ● 앗수르 왕이 바벨론과 구다와 아와와 하맛
과 스발와임에서 사람을 옮겨다가 이스라엘
자손을 대신하여 사마리아 여러 성읍에 두매
그들이 사마리아를 차지하고 그 여러 성읍에
거주하니라
25 그들이 처음으로 거기 거주할 때에 여호와를
경외하지 아니하므로 여호와께서 사자들을
그들 가운데에 보내시매 몇 사람을 죽인지라
26 그러므로 어떤 사람이 앗수르 왕에게 말하여
이르되 왕께서 사마리아 여러 성읍에 옮겨
거주하게 하신 민족들이 그 땅 신의 법을 알

stiff-necked as their ancestors, who did not
15 trust in the LORD their God. ● They rejected his
decrees and the covenant he had made with
their ancestors and the statutes he had warned
them to keep. They followed worthless idols
and themselves became worthless. They imi-
tated the nations around them although the
LORD had ordered them, "Do not do as they
do."
16 ● They forsook all the commands of the
LORD their God and made for themselves two
idols cast in the shape of calves, and an Asher-
ah pole. They bowed down to all the starry
17 hosts, and they worshiped Baal. ● They sacri-
ficed their sons and daughters in the fire. They
practiced divination and sought omens and
sold themselves to do evil in the eyes of the
LORD, arousing his anger.
18 ● So the LORD was very angry with Israel and
removed them from his presence. Only the
19 tribe of Judah was left, ● and even Judah did
not keep the commands of the LORD their God.
They followed the practices Israel had intro-
20 duced. ● Therefore the LORD rejected all the
people of Israel; he afflicted them and gave
them into the hands of plunderers, until he
thrust them from his presence.
21 ● When he tore Israel away from the house
of David, they made Jeroboam son of Nebat
their king. Jeroboam enticed Israel away
from following the LORD and caused them to
22 commit a great sin. ● The Israelites persisted
in all the sins of Jeroboam and did not turn
23 away from them ● until the LORD removed
them from his presence, as he had warned
through all his servants the prophets. So the
people of Israel were taken from their home-
land into exile in Assyria, and they are still
there.

Samaria Resettled

24 ● The king of Assyria brought people from
Babylon, Kuthah, Avva, Hamath and Sephar-
vaim and settled them in the towns of Sa-
maria to replace the Israelites. They took over
25 Samaria and lived in its towns. ● When they
first lived there, they did not worship the
LORD; so he sent lions among them and they
26 killed some of the people. ● It was reported to
the king of Assyria: "The people you deported
and resettled in the towns of Samaria do not
know what the god of that country requires.

afflict [əflíkt] *vt.* 괴롭히다
covenant [kʌ́vənənt] *n.* 언약
decree [dikríː] *n.* 규례
divination [dìvənéiʃən] *n.* 예언
forsake [fərséik] *vt.* 저버리다
host [houst] *n.* 무리
persist [pərsíst] *vi.* 지속하다
plunder [plʌ́ndər] *n.* 약탈자
replace [ripléis] *vt.* 대신하다
resettle [riːsétl] *vt.* 다시 자리잡다
starry [stáːri] *a.* 별의
stiff-necked [stifnékt] *a.* 강팍한
thrust [θrʌst] *vt.* 밀치다
warn [wɔːrn] *vt.* 경고하다
worthless [wə́ːrθlis] *a.* 가치 없는

17:16 for oneself: 자기를 위하여
17:17 practice divination: 점치다
17:18 be angry with: 화나다
17:21 entice... away from~: …를 ~에서 꾀어내다
17:22 turn away: 돌아서다
17:24 take over: 차지하다

지 못하므로 그들의 신이 사자들을 그들 가운
데에 보내매 그들을 죽였사오니 이는 그들이
그 땅 신의 법을 알지 못함이니이다 하니라
27 ●앗수르 왕이 명령하여 이르되 너희는 그곳
에서 사로잡아 온 제사장 한 사람을 그곳으
로 데려가되 그가 그곳에 가서 거주하며 그
땅 신의 법을 무리에게 가르치게 하라 하니
28 이에 사마리아에서 사로잡혀 간 제사장 중
한 사람이 와서 벧엘에 살며 백성에게 어떻
게 여호와 경외할지를 가르쳤더라
29 그러나 각 민족이 각기 자기의 신상들을 만
들어 사마리아 사람이 지은 여러 산당들에
두되 각 민족이 자기들이 거주한 성읍에서
그렇게 하여
30 바벨론 사람들은 숙곳브놋을 만들었고 굿 사
람들은 네르갈을 만들었고 하맛 사람들은 아
시마를 만들었고 17:24
31 아와 사람들은 닙하스와 다르닥을 만들었고
스발와임 사람들은 그 자녀를 불살라 그들의
신 아드람멜렉과 아남멜렉에게 드렸으며
32 그들이 또 여호와를 경외하여 자기 중에서
사람을 산당의 제사장으로 택하여 그 산당들
에서 자기를 위하여 제사를 드리게 하니라
33 이와 같이 그들이 여호와도 경외하고 또한
어디서부터 옮겨왔든지 그 민족의 풍속대로
자기의 신들도 섬겼더라
34 ●그들이 오늘까지 이전 풍속대로 행하여 여
호와를 경외하지 아니하며 또 여호와께서 이
스라엘이라 이름을 주신 야곱의 자손에게 명
령하신 율례와 법도와 율법과 계명을 준행하
지 아니하는도다
35 옛적에 여호와께서 야곱의 자손에게 언약을
세우시고 그들에게 명령하여 이르시되 너희
는 다른 신을 경외하지 말며 그를 경배하지
말며 그를 섬기지 말며 그에게 제사하지 말고
36 오직 큰 능력과 편 팔로 너희를 애굽에서 인
도하여 내신 여호와만 경외하여 그를 예배하
며 그에게 제사를 드릴 것이며
37 또 여호와가 너희를 위하여 기록한 율례와
법도와 율법과 계명을 지켜 영원히 행하고
다른 신들을 경외하지 말며
38 또 내가 너희와 세운 언약을 잊지 말며 다른
신들을 경외하지 말고
39 오직 너희 하나님 여호와만을 경외하라 그가
너희를 모든 원수의 손에서 건져내리라 하셨
으나
40 그러나 그들이 듣지 아니하고 오히려 이전

He has sent lions among them, which are
killing them off, because the people do not
know what he requires."
27 ●Then the king of Assyria gave this order:
"Have one of the priests you took captive from
Samaria go back to live there and teach the
28 people what the god of the land requires." ●So
one of the priests who had been exiled from
Samaria came to live in Bethel and taught
them how to worship the LORD.
29 ●Nevertheless, each national group made its
own gods in the several towns where they set-
tled, and set them up in the shrines the people
30 of Samaria had made at the high places. ●The
people from Babylon made Sukkoth Benoth,
those from Kuthah made Nergal, and those
31 from Hamath made Ashima; ●the Avvites
made Nibhaz and Tartak, and the Sepharvites
burned their children in the fire as sacrifices to
Adrammelek and Anammelek, the gods of
32 Sepharvaim. ●They worshiped the LORD, but
they also appointed all sorts of their own peo-
ple to officiate for them as priests in the shrines
33 at the high places. ●They worshiped the LORD,
but they also served their own gods in accor-
dance with the customs of the nations from
which they had been brought.
34 ●To this day they persist in their former
practices. They neither worship the LORD nor
adhere to the decrees and regulations, the
laws and commands that the LORD gave the
descendants of Jacob, whom he named Is-
35 rael. ●When the LORD made a covenant with
the Israelites, he commanded them: "Do not
worship any other gods or bow down to
36 them, serve them or sacrifice to them. ●But
the LORD, who brought you up out of Egypt
with mighty power and outstretched arm, is
the one you must worship. To him you shall
37 bow down and to him offer sacrifices. ●You
must always be careful to keep the decrees
and regulations, the laws and commands he
wrote for you. Do not worship other gods.
38 ●Do not forget the covenant I have made
with you, and do not worship other gods.
39 ●Rather, worship the LORD your God; it is he
who will deliver you from the hand of all
your enemies."
40 ●They would not listen, however, but per-
41 sisted in their former practices. ●Even while
these people were worshiping the LORD, they
were serving their idols. To this day their chil-

adhere [ædhíər] *vi.* 집착하다
appoint [əpɔ́int] *vt.* 정하다
careful [kέərfəl] *a.* 신중한
command [kəmǽnd] *n.* 계명
custom [kʌ́stəm] *n.* 풍속, 풍습
former [fɔ́:rmər] *a.* 이전의
mighty [máiti] *a.* 전능한
officiate [əfíʃièit] *vi.* 직무를 집행하다
outstretched [autstrétʃt] *a.* 뻗은
priest [pri:st] *n.* 제사장
regulation [règjuléiʃən] *n.* 규례
require [rikwáiər] *vt.* 요구하다
sacrifice [sǽkrəfàis] *n.* 제물
shrine [ʃrain] *n.* 사당, 성당
worship [wə́:rʃip] *vt.* 경외하다

17:26 kill off: 전멸시키다
17:27 take captive: 포로로 잡다
17:34 adhere to...: …을 지키다, 고수하다
17:36 bow down: 인사하다
17:39 deliver A from B: A를 B에서 구해내다
17:40 persist in...: …를 지속하다

풍속대로 행하였느니라
41 이 여러 민족이 여호와를 경외하고 또 그 아
로새긴 우상을 섬기니 그들의 자자손손이 그
들의 조상들이 행하던 대로 그들도 오늘까지
행하니라

유다 왕 히스기야 (대하 29:1-2; 31:1 ♪ 245장)

18 이스라엘의 왕 엘라의 아들 호세아 제
삼 년에 유다 왕 아하스의 아들 히스기
야가 왕이 되니 17:1
2 그가 왕이 될 때에 나이가 이십오 세라 예루
살렘에서 이십구 년간 다스리니라 그의 어머
니의 이름은 아비요 스가리야의 딸이더라
3 히스기야가 그의 조상 다윗의 모든 행위와
같이 여호와께서 보시기에 정직하게 행하여
4 그가 여러 산당들을 제거하며 주상을 깨뜨리
며 아세라 목상을 찍으며 모세가 만들었던
놋뱀을 이스라엘 자손이 이때까지 향하여 분
향하므로 그것을 부수고 [1)]느후스단이라 일
컬었더라
5 히스기야가 이스라엘 하나님 여호와를 의지
하였는데 그의 전후 유다 여러 왕 중에 그러
한 자가 없었으니
6 곧 그가 여호와께 연합하여 그에게서 떠나지
아니하고 여호와께서 모세에게 명령하신 계
명을 지켰더라
7 여호와께서 그와 함께하시매 그가 어디로 가
든지 형통하였더라 저가 앗수르 왕을 배반하
고 섬기지 아니하였고
8 그가 블레셋 사람들을 쳐서 가사와 그 사방
에 이르고 망대에서부터 견고한 성까지 이르
렀더라
9 ●히스기야 왕 제사 년 곧 이스라엘의 왕 엘
라의 아들 호세아 제칠 년에 앗수르의 왕 살
만에셀이 사마리아로 올라와서 에워쌌더라
10 삼 년 후에 그 성읍이 함락되니 곧 히스기야
왕의 제육 년이요 이스라엘 왕 호세아의 제
구 년에 사마리아가 함락되매
11 앗수르 왕이 이스라엘을 사로잡아 앗수르에
이르러 고산 강가에 있는 할라와 하볼과 메
대 사람의 여러 성읍에 두었으니
12 이는 그들이 하나님 여호와의 말씀을 듣지
아니하고 그의 언약과 여호와의 종 모세가
명령한 모든 것을 따르지 아니하였음이더라

앗수르 사람들이 예루살렘을 위협하다
(대하 32:1-19; 사 36:1-22 ♪ 351, 358장)

13 ●히스기야 왕 제십사 년에 앗수르의 왕 산
헤립이 올라와서 유다 모든 견고한 성읍들을

1) 놋조각이라는 뜻

dren and grandchildren continue to do as
their ancestors did.

Hezekiah King of Judah

18 In the third year of Hoshea son of Elah
king of Israel, Hezekiah son of Ahaz
2 king of Judah began to reign. •He was twenty-
five years old when he became king, and he
reigned in Jerusalem twenty-nine years. His
mother's name was Abijah[a] daughter of
3 Zechariah. •He did what was right in the eyes
of the LORD, just as his father David had done.
4 •He removed the high places, smashed the
sacred stones and cut down the Asherah poles.
He broke into pieces the bronze snake Moses
had made, for up to that time the Israelites had
been burning incense to it. (It was called
Nehushtan.[b])
5 •Hezekiah trusted in the LORD, the God of
Israel. There was no one like him among all
the kings of Judah, either before him or after
6 him. •He held fast to the LORD and did not
stop following him; he kept the commands
7 the LORD had given Moses. •And the LORD was
with him; he was successful in whatever he
undertook. He rebelled against the king of
8 Assyria and did not serve him. •From watch-
tower to fortified city, he defeated the Phili-
stines, as far as Gaza and its territory.
9 •In King Hezekiah's fourth year, which was
the seventh year of Hoshea son of Elah king of
Israel, Shalmaneser king of Assyria marched
10 against Samaria and laid siege to it. •At the
end of three years the Assyrians took it. So
Samaria was captured in Hezekiah's sixth year,
which was the ninth year of Hoshea king of
11 Israel. •The king of Assyria deported Israel to
Assyria and settled them in Halah, in Gozan
on the Habor River and in towns of the Medes.
12 •This happened because they had not obeyed
the LORD their God, but had violated his
covenant—all that Moses the servant of the
LORD commanded. They neither listened to
the commands nor carried them out.
13 •In the fourteenth year of King Hezekiah's
reign, Sennacherib king of Assyria attacked all
the fortified cities of Judah and captured them.
14 •So Hezekiah king of Judah sent this message
to the king of Assyria at Lachish: "I have done
wrong. Withdraw from me, and I will pay

[a]2 Hebrew *Abi*, a variant of *Abijah* [b]4 *Nehushtan* sounds like the Hebrew for both *bronze* and *snake*.

capture [kǽptʃər] *vt.* 사로잡다
defeat [difíːt] *vt.* 쳐부수다
deport [dipɔ́ːrt] *vt.* 강제이송하다
fortify [fɔ́ːrtəfài] *vt.* 요새화하다
incense [ínsens] *n.* 향
march [maːrtʃ] *vi.* 진격하다
obey [oubéi] *vt.* 따르다
rebel [rebél] *vi.* 반역하다
sacred [séikrid] *a.* 신성한
siege [siːdʒ] *n.* 포위 공격
smash [smæʃ] *vt.* 때려부수다
territory [térətɔ̀ːri] *n.* 영토
undertake [ʌ̀ndərtéik] *vt.* 착수하다
watchtower [wátʃtàuər] *n.* 망대
withdraw [wiðdrɔ́ː] *vi.* 물러가다

18:4 break into pieces: 산산조각 내다
18:5 trust in...: …를 신뢰하다
18:6 hold fast to...: …를 꽉 붙들다
18:12 carry out: 수행하다
18:14 do wrong: 죄를 범하다, 잘못하다
18:14 withdraw from...: …로부터 물러나다

쳐서 점령하매
14 유다의 왕 히스기야가 라기스로 사람을 보내
어 앗수르 왕에게 이르되 내가 범죄하였나이
다 나를 떠나 돌아가소서 왕이 내게 지우시
는 것을 내가 당하리이다 하였더니 앗수르
왕이 곧 은 삼백 달란트와 금 삼십 달란트를
정하여 유다 왕 히스기야에게 내게 한지라
15 히스기야가 이에 여호와의 성전과 왕궁 곳간
에 있는 은을 다 주었고
16 또 그때에 유다 왕 히스기야가 여호와의 성
전 문의 금과 자기가 모든 기둥에 입힌 금을
벗겨 모두 앗수르 왕에게 주었더라
17 ●앗수르 왕이 다르단과 랍사리스와 랍사게
로 하여금 대군을 거느리고 라기스에서부터
예루살렘으로 가서 히스기야 왕을 치게 하매
그들이 예루살렘으로 올라가니라 그들이 올
라가서 윗못 수도 곁 곧 세탁자의 밭에 있는
큰길에 이르러 서니라
18 그들이 왕을 부르매 힐기야의 아들로서 왕궁
의 책임자인 엘리야김과 서기관 셉나와 아삽
의 아들 사관 요아가 그에게 나가니
19 랍사게가 그들에게 이르되 너희는 히스기야
에게 말하라 대왕 앗수르 왕의 말씀이 네가
의뢰하는 이 의뢰가 무엇이냐
20 네가 싸울 만한 계교와 용력이 있다고 한다
마는 이는 입에 붙은 말 뿐이라 네가 이제 누
구를 의뢰하고 나를 반역하였느냐 사 30:2, 7
21 이제 네가 너를 위하여 저 상한 갈대 지팡이
애굽을 의뢰하도다 사람이 그것을 의지하면
그의 손에 찔려 들어갈지라 애굽의 왕 바로
는 그에게 의뢰하는 모든 자에게 이와 같으
니라
22 너희가 내게 이르기를 우리는 우리 하나님
여호와를 의뢰하노라 하리라마는 히스기야
가 그들의 산당들과 제단을 제거하고 유다와
예루살렘 사람에게 명령하기를 예루살렘 이
제단 앞에서만 예배하라 하지 아니하였느냐
하셨나니
23 청하건대 이제 너는 내 주 앗수르 왕과 내기
하라 네가 만일 말을 탈 사람을 낼 수 있다면
나는 네게 말 이천 마리를 주리라
24 네가 어찌 내 주의 신하 중 지극히 작은 지휘
관 한 사람인들 물리치며 애굽을 의뢰하고
그 병거와 기병을 얻을 듯하냐
25 내가 어찌 여호와의 뜻이 아니고야 이제 이
곳을 멸하러 올라왔겠느냐 여호와께서 전에
내게 이르시기를 이 땅으로 올라와서 쳐서

whatever you demand of me." The king of
Assyria exacted from Hezekiah king of Judah
three hundred talents[a] of silver and thirty tal-
15 ents[b] of gold. •So Hezekiah gave him all the
silver that was found in the temple of the LORD
and in the treasuries of the royal palace.
16 •At this time Hezekiah king of Judah
stripped off the gold with which he had cov-
ered the doors and doorposts of the temple of
the LORD, and gave it to the king of Assyria.

Sennacherib Threatens Jerusalem

17 •The king of Assyria sent his supreme com-
mander, his chief officer and his field com-
mander with a large army, from Lachish to
King Hezekiah at Jerusalem. They came up to
Jerusalem and stopped at the aqueduct of the
Upper Pool, on the road to the Washerman's
18 Field. •They called for the king; and Eliakim
son of Hilkiah the palace administrator,
Shebna the secretary, and Joah son of Asaph
the recorder went out to them.
19 •The field commander said to them, "Tell
Hezekiah:
" 'This is what the great king, the king
of Assyria, says: On what are you basing
20 this confidence of yours? •You say you
have the counsel and the might for war
—but you speak only empty words. On
whom are you depending, that you rebel
21 against me? •Look, I know you are
depending on Egypt, that splintered reed
of a staff, which pierces the hand of any-
one who leans on it! Such is Pharaoh
king of Egypt to all who depend on him.
22 •But if you say to me, "We are depend-
ing on the LORD our God"—isn't he the
one whose high places and altars Hezeki-
ah removed, saying to Judah and Jeru-
salem, "You must worship before this
altar in Jerusalem"?
23 •" 'Come now, make a bargain with
my master, the king of Assyria: I will give
you two thousand horses—if you can
24 put riders on them! •How can you re-
pulse one officer of the least of my mas-
ter's officials, even though you are depen-
ding on Egypt for chariots and horse-
25 men[c]? •Furthermore, have I come to
attack and destroy this place without

[a] *14* That is, about 11 tons or about 10 metric tons [b] *14* That is, about 1 ton or about 1 metric ton [c] *24* Or *charioteers*

administrator [ædmínistrèitər] *n.* 행정관
attack [ətǽk] *vt.* 공격하다
aqueduct [ǽkwədʌkt] *n.* 수로
chariot [tʃǽriət] *n.* 병거
commander [kəmǽndər] *n.* 사령관
doorpost [dɔ́ːrpòust] *n.* 문설주
exact [igzǽkt] *vt.* 거두어들이다
horseman [hɔːrsmən] *n.* 마병
recorder [rikɔ́ːrdər] *n.* 사관
reed [riːd] *n.* 갈대
remove [rimúːv] *vt.* 제거하다
splinter [splíntər] *vt.* 쪼개다
supreme [suprí:m] *a.* 최고의
treasury [tréʒəri] *n.* 국고
washerman [wɔ́ʃərmən] *n.* 세탁업자

18:14 demand of...: …에게 요구하다
18:16 strip off: 벗겨내다
18:21 depend on...: …에 의지하다
18:23 make a bargain: 흥정이 성립되다
18:24 of the least: 최소의
18:24 even though ...: …인(하는)데도

멸하라 하셨느니라 하는지라
26 힐기야의 아들 엘리야김과 셉나와 요아가 랍
사게에게 이르되 우리가 알아듣겠사오니 청
하건대 아람 말로 당신의 종들에게 말씀하시
고 성 위에 있는 백성이 듣는 데서 유다 말로
우리에게 말씀하지 마옵소서 스 4:7
27 랍사게가 그에게 이르되 내 주께서 네 주와
네게만 이 말을 하라고 나를 보내신 것이냐
성 위에 앉은 사람들도 너희와 함께 자기의
대변을 먹게 하고 자기의 소변을 마시게 하
신 것이 아니냐 하고
28 랍사게가 드디어 일어서서 유다 말로 크게
소리 질러 불러 이르되 너희는 대왕 앗수르
왕의 말씀을 들으라
29 왕의 말씀이 너희는 히스기야에게 속지 말라
그가 너희를 내 손에서 건져내지 못하리라
30 또한 히스기야가 너희에게 여호와를 의뢰하
라 함을 듣지 말라 그가 이르기를 여호와께
서 반드시 우리를 건지실지라 이 성읍이 앗
수르 왕의 손에 함락되지 아니하게 하시리라
할지라도
31 너희는 히스기야의 말을 듣지 말라 앗수르
왕의 말씀이 너희는 내게 항복하고 내게로
나아오라 그리하고 너희는 각각 그의 포도와
무화과를 먹고 또한 각각 자기의 우물의 물
을 마시라
32 내가 장차 와서 너희를 한 지방으로 옮기리
니 그곳은 너희 본토와 같은 지방 곧 곡식과
포도주가 있는 지방이요 떡과 포도원이 있는
지방이요 기름 나는 감람과 꿀이 있는 지방
이라 너희가 살고 죽지 아니하리라 히스기야
가 너희를 설득하여 이르기를 여호와께서 우
리를 건지시리라 하여도 히스기야에게 듣지
말라
33 민족의 신들 중에 어느 한 신이 그의 땅을 앗
수르 왕의 손에서 건진 자가 있느냐
34 하맛과 아르밧의 신들이 어디 있으며 스발와
임과 헤나와 아와의 신들이 어디 있느냐 그
들이 사마리아를 내 손에서 건졌느냐 19:13
35 민족의 모든 신들 중에 누가 그의 땅을 내 손
에서 건졌기에 여호와가 예루살렘을 내 손에
서 건지겠느냐 하셨느니라
36 ●그러나 백성이 잠잠하고 한 마디도 그에게
대답하지 아니하니 이는 왕이 명령하여 대답
하지 말라 하였음이라
37 이에 힐기야의 아들로서 왕궁 내의 책임자인
엘리야김과 서기관 셉나와 아삽의 아들 사관

word from the LORD? The LORD himself
told me to march against this country
and destroy it.' "
26 •Then Eliakim son of Hilkiah, and Sheb-
na and Joah said to the field commander,
"Please speak to your servants in Aramaic,
since we understand it. Don't speak to us in
Hebrew in the hearing of the people on the
wall."
27 •But the commander replied, "Was it only
to your master and you that my master sent
me to say these things, and not to the people
sitting on the wall—who, like you, will have
to eat their own excrement and drink their
own urine?"
28 •Then the commander stood and called out
in Hebrew, "Hear the word of the great king,
29 the king of Assyria! •This is what the king
says: Do not let Hezekiah deceive you. He can-
30 not deliver you from my hand. •Do not let
Hezekiah persuade you to trust in the LORD
when he says, 'The LORD will surely deliver us;
this city will not be given into the hand of the
king of Assyria.'
31 •"Do not listen to Hezekiah. This is what
the king of Assyria says: Make peace with me
and come out to me. Then each of you will eat
fruit from your own vine and fig tree and
32 drink water from your own cistern, •until I
come and take you to a land like your own
—a land of grain and new wine, a land of
bread and vineyards, a land of olive trees and
honey. Choose life and not death!
"Do not listen to Hezekiah, for he is mis-
leading you when he says, 'The LORD will
33 deliver us.' •Has the god of any nation ever
delivered his land from the hand of the king
34 of Assyria? •Where are the gods of Hamath
and Arpad? Where are the gods of Sephar-
vaim, Hena and Ivvah? Have they rescued
35 Samaria from my hand? •Who of all the
gods of these countries has been able to save
his land from me? How then can the LORD
deliver Jerusalem from my hand?"
36 •But the people remained silent and said
nothing in reply, because the king had com-
manded, "Do not answer him."
37 •Then Eliakim son of Hilkiah the palace
administrator, Shebna the secretary, and Joah
son of Asaph the recorder went to Hezekiah,
with their clothes torn, and told him what
the field commander had said.

administrator [ədmínistrèitər] *n.* 행정관
cistern [sístern] *n.* 물탱크
deceive [disíːv] *vt.* 속이다
deliver [dilívər] *vt.* 건져내다
excrement [ékskrəmənt] *n.* 배설물
fig [fíg] *n.* 무화과
honey [háni] *n.* 벌꿀
mislead [mislíːd] *vt.* 잘못 인도하다
persuade [pərswéid] *vt.* 설득하다
recorder [rikɔ́ːrdər] *n.* 사관
remain [riméin] *vi.* 남아있다
rescue [réskjuː] *vt.* 구해내다
secretary [sékrəteri] *n.* 서기관
urine [júərin] *n.* 소변
vineyard [vínjərd] *n.* 포도원

18:26 in the hearing of...: …가 듣는 데서
18:28 call out: 부르다
18:29 deliver A from B: A를 B에서 구해내다
18:31 make peace with...: …와 화해하다
18:34 rescue A from B: A를 B로부터 구조하다
18:35 be able to...: …할 수 있다

요아가 옷을 찢고 히스기야에게 나아가서 랍사게의 말을 전하니라

왕이 이사야의 충고를 듣고자 하다
(사 37:1-7 ♪279장)

19 히스기야 왕이 듣고 그 옷을 찢고 굵은 베를 두르고 여호와의 전에 들어가서
2 왕궁의 책임자인 엘리야김과 서기관 셉나와 제사장 중 장로들에게 굵은 베를 둘려서 아모스의 아들 선지자 이사야에게로 보내매
3 그들이 이사야에게 이르되 히스기야의 말씀이 오늘은 환난과 징벌과 모욕의 날이라 아이를 낳을 때가 되었으나 해산할 힘이 없도다
4 랍사게가 그의 주 앗수르 왕의 보냄을 받고 와서 살아 계신 하나님을 비방하였으니 당신의 하나님 여호와께서 혹시 그의 말을 들으셨을지라 당신의 하나님 여호와께서 그 들으신 말 때문에 꾸짖으실 듯하니 당신은 이 남아 있는 자들을 위하여 기도하소서 하더이다 하니라
5 이와 같이 히스기야 왕의 신복이 이사야에게 나아가니
6 이사야가 그들에게 이르되 너희는 너희 주에게 이렇게 말하라 여호와의 말씀이 너는 앗수르 왕의 신복에게 들은 바 나를 모욕하는 말 때문에 두려워하지 말라 18:17
7 내가 한 영을 그의 속에 두어 그로 소문을 듣고 그의 본국으로 돌아가게 하고 또 그의 본국에서 그에게 칼에 죽게 하리라 하셨느니라 하더라

앗수르가 또 위협하다 (사 37:8-20)

8 ●랍사게가 돌아가다가 앗수르 왕이 이미 라기스에서 떠났다 함을 듣고 립나로 가서 앗수르 왕을 만났으니 왕이 거기서 립나와 싸우는 중이더라
9 앗수르 왕은 구스 왕 디르하가가 당신과 싸우고자 나왔다 함을 듣고 다시 히스기야에게 사자를 보내며 이르되
10 너희는 유다의 왕 히스기야에게 이같이 말하여 이르기를 네가 믿는 네 하나님이 예루살렘을 앗수르 왕의 손에 넘기지 아니하겠다 하는 말에 속지 말라
11 앗수르의 여러 왕이 여러 나라에 행한 바 진멸한 일을 네가 들었나니 네가 어찌 구원을 얻겠느냐
12 내 조상들이 멸하신 여러 민족 곧 고산과 하란과 레셉과 들라살에 있는 에덴 족속을 그 나라들의 신들이 건졌느냐 18:33

Jerusalem's Deliverance Foretold

19 When King Hezekiah heard this, he
tore his clothes and put on sack-
cloth and went into the temple of the LORD.
2 ●He sent Eliakim the palace administrator,
Shebna the secretary and the leading priests,
all wearing sackcloth, to the prophet Isaiah
3 son of Amoz. ●They told him, "This is what
Hezekiah says: This day is a day of distress
and rebuke and disgrace, as when children
come to the moment of birth and there is
4 no strength to deliver them. ●It may be that
the LORD your God will hear all the words
of the field commander, whom his master,
the king of Assyria, has sent to ridicule the
living God, and that he will rebuke him
for the words the LORD your God has heard.
Therefore pray for the remnant that still
survives."
5 ●When King Hezekiah's officials came to
6 Isaiah, ●Isaiah said to them, "Tell your mas-
ter, 'This is what the LORD says: Do not be
afraid of what you have heard—those words
with which the underlings of the king of
7 Assyria have blasphemed me. ●Listen! When
he hears a certain report, I will make him
want to return to his own country, and there
I will have him cut down with the sword.' "
8 ●When the field commander heard that
the king of Assyria had left Lachish, he with-
drew and found the king fighting against
Libnah.
9 ●Now Sennacherib received a report that
Tirhakah, the king of Cush,[a] was marching
out to fight against him. So he again sent
messengers to Hezekiah with this word:
10 ●"Say to Hezekiah king of Judah: Do not let
the god you depend on deceive you when he
says, 'Jerusalem will not be given into the
11 hands of the king of Assyria.' ●Surely you
have heard what the kings of Assyria have
done to all the countries, destroying them
12 completely. And will you be delivered? ●Did
the gods of the nations that were destroyed
by my predecessors deliver them—the gods
of Gozan, Harran, Rezeph and the people of
13 Eden who were in Tel Assar? ●Where is the
king of Hamath or the king of Arpad? Where
are the kings of Lair, Sepharvaim, Hena and
Ivvah?"

[a]9 That is, the upper Nile region

blaspheme [blæsfíːm] *vt.* 모독하다
depend [dipénd] *vi.* 의지하다
disgrace [disgréis] *n.* 치욕
distress [distrés] *n.* 고난
foretell [fɔːrtél] *vt.* 예고하다
master [mǽstər] *n.* 주인
predecessor [prédəsèsər] *n.* 조상
rebuke [ribjúːk] *vt.* 꾸짖다
remnant [rémnənt] *n.* 남은 자
return [ritə́ːrn] *vi.* 되돌아가다
ridicule [rídikjùːl] *vt.* 비웃다
sackcloth [sækklɔːθ] *n.* 굵은 베
survive [sərváiv] *vi.* 살아남다
underling [ʌ́ndərliŋ] *n.* 부하
withdraw [wiðdrɔ́ː] *vi.* 물러가다

19:1 put on: 입다
19:4 It may be that...: …일지도 모른다
19:4 rebuke A for B: B로 인해 A를 꾸짖다
19:4 pray for...: …를 위해 기도하다
19:7 cut down: (칼로) 베어 넘기다
19:10 depend on: 의지하다

13 하맛 왕과 아르밧 왕과 스발와임 성의 왕
과 헤나와 아와의 왕들이 다 어디 있느냐
하라 하니라
14 ●히스기야가 사자의 손에서 편지를 받아
보고 여호와의 성전에 올라가서 히스기야
가 그 편지를 여호와 앞에 펴 놓고 사 37:14
15 그 앞에서 히스기야가 기도하여 이르되
그룹들 위에 계신 이스라엘의 하나님 여
호와여 주는 천하 만국에 홀로 하나님이
시라 주께서 천지를 만드셨나이다
16 여호와여 귀를 기울여 들으소서 여호와여
눈을 떠서 보시옵소서 산헤립이 살아 계
신 하나님을 비방하러 보낸 말을 들으시
옵소서
17 여호와여 앗수르 여러 왕이 과연 여러 민
족과 그들의 땅을 황폐하게 하고
18 또 그들의 신들을 불에 던졌사오니 이는
그들이 신이 아니요 사람의 손으로 만든
것 곧 나무와 돌 뿐이므로 멸하였나이다
19 우리 하나님 여호와여 원하건대 이제 우
리를 그의 손에서 구원하옵소서 그리하시
면 천하 만국이 주 여호와가 홀로 하나님
이신 줄 알리이다 하니라

이사야가 왕에게 보낸 여호와의 말씀
(사 37:21-38)

20 ●아모스의 아들 이사야가 히스기야에게
보내 이르되 이스라엘 하나님 여호와의 말
씀이 네가 앗수르 왕 산헤립 때문에 내게
기도하는 것을 내가 들었노라 하셨나이다
21 여호와께서 앗수르 왕에게 대하여 이같이
말씀하시기를
처녀 딸 시온이 너를 멸시하며 너를 비
웃었으며 딸 예루살렘이 너를 향하여
머리를 흔들었느니라 욥 16:4
22 네가 누구를 꾸짖었으며 비방하였느냐
누구를 향하여 소리를 높였으며 눈을
높이 떴느냐 이스라엘의 거룩한 자에게
그리하였도다
23 네가 사자들을 통하여 주를 비방하여
이르기를 내가 많은 병거를 거느리고
여러 산꼭대기에 올라가며 레바논 깊은
곳에 이르러 높은 백향목과 아름다운
잣나무를 베고 내가 그 가장 먼 곳에 들
어가며 그의 동산의 무성한 수풀에 이
르리라
24 내가 땅을 파서 이방의 물을 마셨고 나
의 발바닥으로 애굽의 모든 강들을 말

Hezekiah's Prayer

14 ●Hezekiah received the letter from the mes-
sengers and read it. Then he went up to the tem-
ple of the LORD and spread it out before the LORD.
15 ●And Hezekiah prayed to the LORD: "LORD, the
God of Israel, enthroned between the cherubim,
you alone are God over all the kingdoms of the
16 earth. You have made heaven and earth. ●Give
ear, LORD, and hear; open your eyes, LORD, and
see; listen to the words Sennacherib has sent to
ridicule the living God.
17 ●"It is true, LORD, that the Assyrian kings have
18 laid waste these nations and their lands. ●They
have thrown their gods into the fire and des-
troyed them, for they were not gods but only
wood and stone, fashioned by human hands.
19 ●Now, LORD our God, deliver us from his hand,
so that all the kingdoms of the earth may know
that you alone, LORD, are God."

Isaiah Prophesies Sennacherib's Fall

20 ●Then Isaiah son of Amoz sent a message to
Hezekiah: "This is what the LORD, the God of
Israel, says: I have heard your prayer concerning
21 Sennacherib king of Assyria. ●This is the word
that the LORD has spoken against him:

"'Virgin Daughter Zion
despises you and mocks you.
Daughter Jerusalem
tosses her head as you flee.
22 ●Who is it you have ridiculed and blasphemed?
Against whom have you raised your voice
and lifted your eyes in pride?
Against the Holy One of Israel!
23 ●By your messengers
you have ridiculed the Lord.
And you have said,
"With my many chariots
I have ascended the heights of the mountains,
the utmost heights of Lebanon.
I have cut down its tallest cedars,
the choicest of its junipers.
I have reached its remotest parts,
the finest of its forests.
24 ●I have dug wells in foreign lands
and drunk the water there.
With the soles of my feet
I have dried up all the streams of Egypt."
25 ●" 'Have you not heard?
Long ago I ordained it.
In days of old I planned it;
now I have brought it to pass,

ascend [əsénd] *vi.* 오르다
blaspheme [blæsfí:m] *vt.* 모독하다
cedar [sí:dər] *n.* 백향목
cherubim [tʃérəbim] *n.* 천사
choicest [tʃɔisist] *a.* 최상의
despise [dispáiz] *vt.* 경멸하다
enthrone [inθróun] *vt.* 왕좌에 앉히다
fashion [fǽʃən] *vt.* 만들다
mock [mak] *vt.* 조롱하다
ordain [ɔ:rdéin] *vt.* 정하다
remote [rimóut] *a.* 먼
ridicule [rídikjù:l] *vt.* 비웃다
toss [tɔ:s] *vt.* 갑자기 쳐들다
utmost [ʌ́tmòust] *a.* 최고의
virgin [və́:rdʒin] *n.* 처녀

19:14 spread out: 펴다, 펼치다
19:15 over all...: …전체에 걸쳐
19:17 lay waste: 황폐화시키다
19:19 deliver A from B: A를 B에서 구해내다
19:19 so that: 그래서, 그러므로
19:22 raise one's voice: 호통치다

렸노라 하였도다
25 네가 듣지 못하였느냐 이 일은 내가 태
초부터 행하였고 옛날부터 정한 바라 이
제 내가 이루어 너로 견고한 성들을 멸
하여 무너진 돌무더기가 되게 함이니라
26 그러므로 거기에 거주하는 백성의 힘이
약하여 두려워하며 놀랐나니 그들은 들
의 채소와 푸른 풀과 지붕의 잡초와 자
라기 전에 시든 곡초같이 되었느니라
27 네 거처와 네 출입과 네가 내게 향한 분
노를 내가 다 아노니
28 네가 내게 향한 분노와 네 교만한 말이
내 귀에 들렸도다 그러므로 내가 갈고
리를 네 코에 꿰고 재갈을 네 입에 물려
너를 오던 길로 끌어 돌이키리라
하셨나이다
29 ●또 네게 보일 징조가 이러하니 너희가
금년에는 스스로 자라난 것을 먹고 내년
에는 그것에서 난 것을 먹되 제삼 년에는
심고 거두며 포도원을 심고 그 열매를 먹
으리라
30 유다 족속 중에서 피하고 남은 자는 다시
아래로 뿌리를 내리고 위로 열매를 맺을
지라
31 남은 자는 예루살렘에서부터 나올 것이요
피하는 자는 시온 산에서부터 나오리니
여호와의 열심이 이 일을 이루리라 하셨
나이다 하니라
32 그러므로 여호와께서 앗수르 왕을 가리켜
이르시기를 그가 이 성에 이르지 못하며
이리로 화살을 쏘지 못하며 방패를 성을
향하여 세우지 못하며 치려고 토성을 쌓
지도 못하고
33 오던 길로 돌아가고 이 성에 이르지 못하
리라 하셨으니 이는 여호와의 말씀이시라
34 내가 나와 나의 종 다윗을 위하여 이 성을
보호하여 구원하리라 하셨나이다 하였더
라

산헤립이 죽다

35 ●이 밤에 여호와의 사자가 나와서 앗수
르 진영에서 군사 십팔만 오천 명을 친지
라 아침에 일찍이 일어나 보니 다 송장이
되었더라
36 앗수르 왕 산헤립이 떠나 돌아가서 니느
웨에 거주하더니
37 그가 그의 신 니스록의 신전에서 경배할
때에 아드람멜렉과 사레셀이 그를 칼로

that you have turned fortified cities
into piles of stone.
26 ●Their people, drained of power,
are dismayed and put to shame.
They are like plants in the field,
like tender green shoots,
like grass sprouting on the roof,
scorched before it grows up.
27 ●" 'But I know where you are
and when you come and go
and how you rage against me.
28 ●Because you rage against me
and because your insolence has reached my
ears,
I will put my hook in your nose
and my bit in your mouth,
and I will make you return
by the way you came.'
29 ●"This will be the sign for you, Hezekiah:
"This year you will eat what grows by itself,
and the second year what springs from that.
But in the third year sow and reap,
plant vineyards and eat their fruit.
30 ●Once more a remnant of the kingdom of Judah
will take root below and bear fruit above.
31 ●For out of Jerusalem will come a remnant,
and out of Mount Zion a band of survivors.
"The zeal of the LORD Almighty will accomplish
this.
32 ●"Therefore this is what the LORD says concern-
ing the king of Assyria:
" 'He will not enter this city
or shoot an arrow here.
He will not come before it with shield
or build a siege ramp against it.
33 ●By the way that he came he will return;
he will not enter this city, declares the LORD.
34 ●I will defend this city and save it,
for my sake and for the sake of David my
servant.' "
35 ●That night the angel of the LORD went out
and put to death a hundred and eighty-five thou-
sand in the Assyrian camp. When the people got
up the next morning—there were all the dead
36 bodies! ●So Sennacherib king of Assyria broke
camp and withdrew. He returned to Nineveh
and stayed there.
37 ●One day, while he was worshiping in the
temple of his god Nisrok, his sons Adramme-
lek and Sharezer killed him with the sword, and

dismay [disméi] *vt.* 당황케 하다
drain [drein] *vt.* 소모시키다
fortify [fɔ́:rtəfài] *vt.* 요새화하다
insolence [ínsələns] *n.* 거만함
rage [reidʒ] *vi.* 격노하다
ramp [ræmp] *n.* 진입로, 경사로
reap [ri:p] *vt.* 수확하다
remnant [rémnənt] *n.* 남은 자
scorch [skɔ:rtʃ] *vi.* 마르다
shame [ʃeim] *n.* 수치
shield [ʃi:ld] *n.* 방패
siege [si:dʒ] *n.* 포위 공격
sow [sou] *vt.* 씨를 뿌리다
sprout [spraut] *vi.* 싹트다
zeal [zi:l] *n.* 열심

19:26 drain of...: …을 배출시키다
19:26 grow up: 자라다
19:29 by itself: 저절로, 자연히
19:29 spring from...: …에서 솟아나오다
19:30 take root: 뿌리를 박다
19:30 bear fruit: 열매맺다

쳐죽이고 아라랏 땅으로 그들이 도망하매 그
아들 에살핫돈이 대신하여 왕이 되니라

히스기야의 발병과 회복 (대하 32:24-26;
사 38:1-8,21-22) — B.C. 701년경

20 그때에 히스기야가 병들어 죽게 되매
아모스의 아들 선지자 이사야가 그에
게 나아와서 그에게 이르되 여호와의 말씀이
너는 집을 정리하라 네가 죽고 살지 못하리
라 하셨나이다
2 히스기야가 낯을 벽으로 향하고 여호와께 기
도하여 이르되
3 여호와여 구하오니 내가 진실과 전심으로 주
앞에 행하며 주께서 보시기에 선하게 행한
것을 기억하옵소서 하고 히스기야가 심히 통
곡하더라
4 이사야가 성읍 가운데까지도 이르기 전에 여
호와의 말씀이 그에게 임하여 이르시되
5 너는 돌아가서 내 백성의 주권자 히스기야에
게 이르기를 왕의 조상 다윗의 하나님 여호
와의 말씀이 내가 네 기도를 들었고 네 눈물
을 보았노라 내가 너를 낫게 하리니 네가 삼
일 만에 여호와의 성전에 올라가겠고 시 39:12
6 내가 네 날에 십오 년을 더할 것이며 내가 너
와 이 성을 앗수르 왕의 손에서 구원하고 내
가 나를 위하고 또 내 종 다윗을 위하므로 이
성을 보호하리라 하셨다 하라 하셨더라
7 이사야가 이르되 무화과 반죽을 가져오라 하
매 무리가 가져다가 그 상처에 놓으니 나으
니라
8 ●히스기야가 이사야에게 이르되 여호와께
서 나를 낫게 하시고 삼 일 만에 여호와의 성
전에 올라가게 하실 무슨 징표가 있나이까
하니
9 이사야가 이르되 여호와께서 하신 말씀을 응
하게 하실 일에 대하여 여호와께로부터 왕에
게 한 징표가 임하리이다 해 그림자가 십도
를 나아갈 것이니이까 혹 십도를 물러갈 것
이니이까 하니
10 히스기야가 대답하되 그림자가 십도를 나아
가기는 쉬우니 그리할 것이 아니라 십도가
뒤로 물러갈 것이니이다 하니라
11 선지자 이사야가 여호와께 간구하매 아하스
의 해시계 위에 나아갔던 해 그림자를 십도
뒤로 물러가게 하셨더라

바벨론에서 온 사자들 (사 39:1-8 ♪ 268, 350장)

12 ●그때에 발라단의 아들 바벨론의 왕 브로닥
발라단이 히스기야가 병 들었다 함을 듣고

they escaped to the land of Ararat. And Esar-
haddon his son succeeded him as king.

Hezekiah's Illness

20 In those days Hezekiah became ill and
was at the point of death. The prophet
Isaiah son of Amoz went to him and said,
"This is what the LORD says: Put your house in
order, because you are going to die; you will
not recover."
2 ●Hezekiah turned his face to the wall and
3 prayed to the LORD, ●"Remember, LORD, how
I have walked before you faithfully and with
wholehearted devotion and have done what
is good in your eyes." And Hezekiah wept bit-
terly.
4 ●Before Isaiah had left the middle court,
5 the word of the LORD came to him: ●"Go back
and tell Hezekiah, the ruler of my people,
'This is what the LORD, the God of your father
David, says: I have heard your prayer and seen
your tears; I will heal you. On the third day
from now you will go up to the temple of the
6 LORD. ●I will add fifteen years to your life. And
I will deliver you and this city from the hand
of the king of Assyria. I will defend this city for
my sake and for the sake of my servant
David.' "
7 ●Then Isaiah said, "Prepare a poultice of
figs." They did so and applied it to the boil, and
he recovered.
8 ●Hezekiah had asked Isaiah, "What will be
the sign that the LORD will heal me and that I
will go up to the temple of the LORD on the
third day from now?"
9 ●Isaiah answered, "This is the LORD's sign to
you that the LORD will do what he has pro-
mised: Shall the shadow go forward ten steps,
or shall it go back ten steps?"
10 ●"It is a simple matter for the shadow to go
forward ten steps," said Hezekiah. "Rather,
have it go back ten steps."
11 ●Then the prophet Isaiah called on the
LORD, and the LORD made the shadow go back
the ten steps it had gone down on the stairway
of Ahaz.

Envoys From Babylon

12 ●At that time Marduk-Baladan son of Bal-
adan king of Babylon sent Hezekiah letters
and a gift, because he had heard of Hezekiah's
13 illness. ●Hezekiah received the envoys and

bitterly [bítərli] *ad.* 심하게
boil [bɔil] *n.* 종기, 부스럼
defend [difénd] *vt.* 보호하다
devotion [divóuʃən] *n.* 헌신
envoy [énvɔi] *n.* 사절(使節)
faithfully [féiθfəli] *ad.* 성실하게
fig [fig] *n.* 무화과
forward [fɔ́:rwərd] *ad.* 앞으로
poultice [póultis] *n.* 찜질약
prepare [pripέər] *vt.* 준비하다
recover [rikʌ́vər] *vi.* 회복하다
sake [seik] *n.* 위함
stairway [stέərwei] *n.* 계단
succeed [səksí:d] *vt.* 계승하다
wholehearted [houlhá:rtid] *a.* 진심의

20:1 **put in order**: 정리하다
20:6 **deliver A from B**: A를 B에서 구해내다
20:6 **for one's sake**: …를 위하여
20:7 **apply A to B**: A를 B에 바르다
20:11 **call on...**: …에게 청하다
20:12 **hear of...**: …에 대한 소식을 듣다

편지와 예물을 그에게 보낸지라
13 히스기야가 사자들의 말을 듣고 자기 보물고
의 금은과 향품과 보배로운 기름과 그의 군
기고와 창고의 모든 것을 다 사자들에게 보
였는데 왕궁과 그의 나라 안에 있는 모든 것
중에서 히스기야가 그에게 보이지 아니한 것
이 없더라
14 선지자 이사야가 히스기야 왕에게 나아와 그
에게 이르되 이 사람들이 무슨 말을 하였으
며 어디서부터 왕에게 왔나이까 히스기야가
이르되 먼 지방 바벨론에서 왔나이다 하니
15 이사야가 이르되 그들이 왕궁에서 무엇을 보
았나이까 하니 히스기야가 대답하되 내 궁에
있는 것을 그들이 다 보았나니 나의 창고에
서 하나도 보이지 아니한 것이 없나이다 하
더라

히스기야가 죽다 (대하 32:32-33)

16 •이사야가 히스기야에게 이르되 여호와의
말씀을 들으소서
17 여호와의 말씀이 날이 이르리니 왕궁의 모든
것과 왕의 조상들이 오늘까지 쌓아 두었던
것이 바벨론으로 옮긴 바 되고 하나도 남지
아니할 것이요
18 또 왕의 몸에서 날 아들 중에서 사로잡혀 바
벨론 왕궁의 환관이 되리라 하셨나이다 하니
19 히스기야가 이사야에게 이르되 당신이 전한
바 여호와의 말씀이 선하니이다 하고 또 이
르되 만일 내가 사는 날에 태평과 진실이 있
을진대 어찌 선하지 아니하리요 하니라
20 히스기야의 남은 사적과 그의 모든 업적과
저수지와 수도를 만들어 물을 성 안으로 끌
어들인 일은 유다 왕 역대지략에 기록되지
아니하였느냐
21 히스기야가 그의 조상들과 함께 자고 그의
아들 므낫세가 대신하여 왕이 되니라

유다 왕 므낫세 (대하 33:1-20 ♪282장)
— B.C. 685년경

21 므낫세가 왕이 될 때에 나이가 십이 세
라 예루살렘에서 오십오 년간 다스리니
라 그의 어머니의 이름은 헵시바더라
2 므낫세가 여호와 보시기에 악을 행하여 여호
와께서 이스라엘 자손 앞에서 쫓아내신 이방
사람의 가증한 일을 따라서
3 그의 아버지 히스기야가 헐어 버린 산당들을
다시 세우며 이스라엘의 왕 아합의 행위를
따라 바알을 위하여 제단을 쌓으며 아세라
목상을 만들며 하늘의 일월성신을 경배하여

showed them all that was in his storehouses—
the silver, the gold, the spices and the fine olive
oil—his armory and everything found among
his treasures. There was nothing in his palace
or in all his kingdom that Hezekiah did not
show them.
14 •Then Isaiah the prophet went to King
Hezekiah and asked, "What did those men
say, and where did they come from?"
"From a distant land," Hezekiah replied.
"They came from Babylon."
15 •The prophet asked, "What did they see in
your palace?"
"They saw everything in my palace," Heze-
kiah said. "There is nothing among my trea-
sures that I did not show them."
16 •Then Isaiah said to Hezekiah, "Hear the
17 word of the LORD: •The time will surely come
when everything in your palace, and all that
your predecessors have stored up until this
day, will be carried off to Babylon. Nothing
18 will be left, says the LORD. •And some of your
descendants, your own flesh and blood who
will be born to you, will be taken away, and
they will become eunuchs in the palace of the
king of Babylon."
19 •"The word of the LORD you have spoken is
good," Hezekiah replied. For he thought, "Will
there not be peace and security in my life-
time?"
20 •As for the other events of Hezekiah's
reign, all his achievements and how he
made the pool and the tunnel by which he
brought water into the city, are they not
written in the book of the annals of the kings
21 of Judah? •Hezekiah rested with his ances-
tors. And Manasseh his son succeeded him
as king.

Manasseh King of Judah

21 Manasseh was twelve years old when
he became king, and he reigned in
Jerusalem fifty-five years. His mother's name
2 was Hephzibah. •He did evil in the eyes of
the LORD, following the detestable practices
of the nations the LORD had driven out be-
3 fore the Israelites. •He rebuilt the high
places his father Hezekiah had destroyed;
he also erected altars to Baal and made an
Asherah pole, as Ahab king of Israel had
done. He bowed down to all the starry hosts
4 and worshiped them. •He built altars in the

achievement [ətʃíːvmənt] *n.* 업적
annals [ǽnlz] *n.(pl.)* 연대기
armory [áːrməri] *n.* 무기고
detestable [ditéstəbl] *a.* 혐오할 만한
erect [irékt] *vt.* 세우다
eunuch [júːnək] *n.* 환관
host [houst] *n.* 주인
pole [poul] *n.* 기둥
practice [prǽktis] *n.* 관행
predecessor [prédəsèsər] *n.* 조상
security [sikjúərəti] *n.* 안전
spice [spais] *n.* 향신료
starry [stáːri] *a.* 별이 많은
storehouse [stɔːrhaus] *n.* 창고
treasure [tréʒər] *n.* 보물

20:17 **store up**: 저장하다
20:17 **carry off**: 빼앗아 가다
20:18 **take away**: 가져가다
20:20 **bring A into B** : A를 B로 이끌다
21:2 **drive out**: 내어 쫓다
21:3 **bow down**: 절하다

섬기며
4 여호와께서 전에 이르시기를 내가 내 이름을 예루살렘에 두리라 하신 여호와의 성전에 제단들을 쌓고
5 또 여호와의 성전 두 마당에 하늘의 일월성신을 위하여 제단들을 쌓고
6 또 자기의 아들을 불 가운데로 지나게 하며 점치며 사술을 행하며 신접한 자와 박수를 신임하여 여호와께서 보시기에 악을 많이 행하여 그 진노를 일으켰으며
7 또 자기가 만든 아로새긴 아세라 목상을 성전에 세웠더라 옛적에 여호와께서 이 성전에 대하여 다윗과 그의 아들 솔로몬에게 이르시기를 내가 이스라엘의 모든 지파 중에서 택한 이 성전과 예루살렘에 내 이름을 영원히 둘지라
8 만일 이스라엘이 나의 모든 명령과 나의 종 모세가 명령한 모든 율법을 지켜 행하면 내가 그들의 발로 다시는 그의 조상들에게 준 땅에서 떠나 유리하지 아니하게 하리라 하셨으나
9 이 백성이 듣지 아니하였고 므낫세의 꾐을 받고 악을 행한 것이 여호와께서 이스라엘 자손 앞에서 멸하신 여러 민족보다 더 심하였더라
10 ● 여호와께서 그의 종 모든 선지자들을 통하여 말씀하여 이르시되
11 유다 왕 므낫세가 이 가증한 일과 악을 행함이 그 전에 있던 아모리 사람들의 행위보다 더욱 심하였고 또 그들의 우상으로 유다를 범죄하게 하였도다
12 그러므로 이스라엘의 하나님 여호와가 말하노니 내가 이제 예루살렘과 유다에 재앙을 내리리니 듣는 자마다 두 귀가 울리리라
13 내가 사마리아를 잰 줄과 아합의 집을 다림 보던 추를 예루살렘에 베풀고 또 사람이 그릇을 씻어 엎음같이 예루살렘을 씻어 버릴지라
14 내가 나의 기업에서 남은 자들을 버려 그들의 원수의 손에 넘긴즉 그들이 모든 원수에게 노략거리와 겁탈거리가 되리니
15 이는 애굽에서 나온 그의 조상 때부터 오늘까지 내가 보기에 악을 행하여 나의 진노를 일으켰음이니라 하셨더라
16 ● 므낫세가 유다에게 범죄하게 하여 여호와께서 보시기에 악을 행한 것 외에도 또 무죄한 자의 피를 심히 많이 흘려 예루살렘 이 끝

temple of the LORD, of which the LORD had
said, "In Jerusalem I will put my Name."
5 ● In the two courts of the temple of the LORD,
6 he built altars to all the starry hosts. ● He
sacrificed his own son in the fire, practiced
divination, sought omens, and consulted
mediums and spiritists. He did much evil in
the eyes of the LORD, arousing his anger.
7 ● He took the carved Asherah pole he had
made and put it in the temple, of which
the LORD had said to David and to his son
Solomon, "In this temple and in Jerusalem,
which I have chosen out of all the tribes of
8 Israel, I will put my Name forever. ● I will not
again make the feet of the Israelites wander
from the land I gave their ancestors, if only
they will be careful to do everything I com-
manded them and will keep the whole Law
9 that my servant Moses gave them." ● But the
people did not listen. Manasseh led them
astray, so that they did more evil than the
nations the LORD had destroyed before the
Israelites.
10 ● The LORD said through his servants the
11 prophets: ● "Manasseh king of Judah has
committed these detestable sins. He has
done more evil than the Amorites who pre-
ceded him and has led Judah into sin with
12 his idols. ● Therefore this is what the LORD,
the God of Israel, says: I am going to bring
such disaster on Jerusalem and Judah that
the ears of everyone who hears of it will tin-
13 gle. ● I will stretch out over Jerusalem the
measuring line used against Samaria and
the plumb line used against the house of
Ahab. I will wipe out Jerusalem as one wipes
a dish, wiping it and turning it upside down.
14 ● I will forsake the remnant of my inheri-
tance and give them into the hands of ene-
mies. They will be looted and plundered by
15 all their enemies; ● they have done evil in
my eyes and have aroused my anger from
the day their ancestors came out of Egypt
until this day."
16 ● Moreover, Manasseh also shed so much
innocent blood that he filled Jerusalem from
end to end—besides the sin that he had
caused Judah to commit, so that they did evil
in the eyes of the LORD.
17 ● As for the other events of Manasseh's reign,
and all he did, including the sin he commit-
ted, are they not written in the book of the

carve [ka:rv] *vt.* 새기다
detestable [ditéstəbl] *a.* 혐오할 만한
disaster [dizǽstər] *n.* 재앙
divination [divənéiʃən] *n.* 점
forsake [fərséik] *vt.* 저버리다
inheritance [inhérətəns] *n.* 유산
measure [méʒər] *vt.* 재다
medium [mí:diəm] *n.* 무당
plumb [plʌm] *n.* 다림추
plunder [plʌ́ndər] *vt.* 약탈하다
precede [prisí:d] *vt.* 앞서다
stretch [stretʃ] *vt.* 늘리다, 이어지다
spiritist [spíritist] *n.* 심령술사
tingle [tiŋgl] *vi.* (귀 등이) 울리다
wander [wándər] *vi.* 방황하다

21:8 wander from: …에서 옆길로 벗어나다
21:9 lead astray: 나쁜 길로 인도하다
21:13 as one: 모두 함께
21:13 wipe out: 깨끗이 닦다, 전멸하다
21:13 turn upside down: 거꾸로 뒤집다

에서 저 끝까지 가득하게 하였더라
17 므낫세의 남은 사적과 그가 행한 모든 일과
범한 죄는 유다 왕 역대지략에 기록되지 아
니하였느냐
18 므낫세가 그의 조상들과 함께 자매 그의 궁
궐 동산 곧 웃사의 동산에 장사되고 그의 아
들 아몬이 대신하여 왕이 되니라

유다 왕 아몬 (대하 33:21-25 ♪276, 282장)

19 ●아몬이 왕이 될 때에 나이가 이십이 세라
예루살렘에서 이 년간 다스리니라 그의 어머
니의 이름은 므슬레멧이요 욧바 하루스의 딸
이더라
20 아몬이 그의 아버지 므낫세의 행함같이 여호
와 보시기에 악을 행하되
21 그의 아버지가 행한 모든 길로 행하여 그의
아버지가 섬기던 우상을 섬겨 그것들에게 경
배하고
22 그의 조상들의 하나님 여호와를 버리고 그
길로 행하지 아니하더니
23 그의 신복들이 그에게 반역하여 왕을 궁중에
서 죽이매
24 그 국민이 아몬 왕을 반역한 사람들을 다 죽
이고 그의 아들 요시야를 대신하게 하여 왕
을 삼았더라
25 아몬이 행한 바 남은 사적은 유다 왕 역대지
략에 기록되지 아니하였느냐
26 아몬이 웃사의 동산 자기 묘실에 장사되고
그의 아들 요시야가 대신하여 왕이 되니라

유다 왕 요시야 (대하 34:1-2) — B.C. 622년경

22 요시야가 왕위에 오를 때에 나이가 팔
세라 예루살렘에서 삼십일 년간 다스
리니라 그의 어머니의 이름은 여디다요 보스
갓 아다야의 딸이더라
2 요시야가 여호와 보시기에 정직히 행하여 그
의 조상 다윗의 모든 길로 행하고 좌우로 치
우치지 아니하였더라

율법책을 발견하다 (대하 34:8-28 ♪201장)

3 ●요시야 왕 열여덟째 해에 왕이 므슬람의
손자 아살리야의 아들 서기관 사반을 여호와
의 성전에 보내며 이르되
4 너는 대제사장 힐기야에게 올라가서 백성이
여호와의 성전에 드린 은 곧 문 지킨 자가 수
납한 은을 계산하여
5 여호와의 성전을 맡은 감독자의 손에 넘겨
그들이 여호와의 성전에 있는 작업자에게 주
어 성전에 부서진 것을 수리하게 하되
6 곧 목수와 건축자와 미장이에게 주게 하고

18 annals of the kings of Judah? •Manasseh
rested with his ancestors and was buried in
his palace garden, the garden of Uzza. And
Amon his son succeeded him as king.

Amon King of Judah

19 •Amon was twenty-two years old when
he became king, and he reigned in Jerusalem
two years. His mother's name was Meshulle-
meth daughter of Haruz; she was from Jot-
20 bah. •He did evil in the eyes of the LORD, as
21 his father Manasseh had done. •He followed
completely the ways of his father, worship-
ing the idols his father had worshiped, and
22 bowing down to them. •He forsook the LORD,
the God of his ancestors, and did not walk in
obedience to him.
23 •Amon's officials conspired against him
and assassinated the king in his palace.
24 •Then the people of the land killed all who
had plotted against King Amon, and they
made Josiah his son king in his place.
25 •As for the other events of Amon's reign,
and what he did, are they not written in the
book of the annals of the kings of Judah?
26 •He was buried in his tomb in the garden of
Uzza. And Josiah his son succeeded him as
king.

The Book of the Law Found

22 Josiah was eight years old when he
became king, and he reigned in Jeru-
salem thirty-one years. His mother's name
was Jedidah daughter of Adaiah; she was
2 from Bozkath. •He did what was right in
the eyes of the LORD and followed com-
pletely the ways of his father David, not
turning aside to the right or to the left.
3 •In the eighteenth year of his reign, King
Josiah sent the secretary, Shaphan son of
Azaliah, the son of Meshullam, to the temple
4 of the LORD. He said: •"Go up to Hilkiah the
high priest and have him get ready the mo-
ney that has been brought into the temple of
the LORD, which the doorkeepers have col-
5 lected from the people. •Have them entrust it
to the men appointed to supervise the work
on the temple. And have these men pay the
workers who repair the temple of the LORD—
6 •the carpenters, the builders and the masons.
Also have them purchase timber and dressed

appoint [əpɔ́int] *vt.* 지정하다
assassinate [əsǽsənèit] *vt.* 암살하다
carpenter [kɑ́:rpəntər] *n.* 목수
conspire [kənspáiər] *vi.* 음모를 꾸미다
doorkeeper [dɔ́:rki:pər] *n.* 문지기
mason [méisn] *n.* 석공
obedience [oubí:diəns] *n.* 순종
plot [plat] *vi.* 음모하다
purchase [pə́:rtʃəs] *vt.* 사다
reign [rein] *n.* 통치
repair [ripέər] *vt.* 수선하다
secretary [sékrətèri] *n.* 서기관
succeed [səksí:d] *vt.* 계승하다
supervise [sú:pərvàiz] *vt.* 감독하다
timber [tímbər] *n.* 목재

21:20 in the eyes of...: …가 보는 데서
21:24 in one's place: … 대신에
21:25 as for...: …에 대해서는
22:2 turn aside: 한쪽으로 치우치다
22:4 get ready: 준비하다
22:5 entrust A to B: A를 B에게 맡기다

또 재목과 다듬은 돌을 사서 그 성전을 수리
하게 하라
7 그러나 그들의 손에 맡긴 은을 회계하지 말
지니 이는 그들이 진실하게 행함이니라
8 ● 대제사장 힐기야가 서기관 사반에게 이르
되 내가 여호와의 성전에서 율법책을 발견하
였노라 하고 힐기야가 그 책을 사반에게 주
니 사반이 읽으니라
9 서기관 사반이 왕에게 돌아가서 보고하여 이
르되 왕의 신복들이 성전에서 찾아낸 돈을
쏟아 여호와의 성전을 맡은 감독자의 손에
맡겼나이다 하고
10 또 서기관 사반이 왕에게 말하여 이르되 제
사장 힐기야가 내게 책을 주더이다 하고 사
반이 왕의 앞에서 읽으매
11 왕이 율법책의 말을 듣자 곧 그의 옷을 찢으
니라
12 왕이 제사장 힐기야와 사반의 아들 아히감과
미가야의 아들 악볼과 서기관 사반과 왕의
시종 아사야에게 명령하여 이르되
13 너희는 가서 나와 백성과 온 유다를 위하여
이 발견한 책의 말씀에 대하여 여호와께 물
으라 우리 조상들이 이 책의 말씀을 듣지 아
니하며 이 책에 우리를 위하여 기록된 모든
것을 행하지 아니하였으므로 여호와께서 우
리에게 내리신 진노가 크도다
14 ● 이에 제사장 힐기야와 또 아히감과 악볼과
사반과 아사야가 여선지 훌다에게로 나아가
니 그는 할하스의 손자 디과의 아들로서 예
복을 주관하는 살룸의 아내라 예루살렘 둘째
구역에 거주하였더라 그들이 그와 더불어 말
하매
15 훌다가 그들에게 이르되 이스라엘 하나님 여
호와의 말씀이 너희는 너희를 내게 보낸 사
람에게 말하기를
16 여호와의 말씀이 내가 이곳과 그 주민에게
재앙을 내리되 곧 유다 왕이 읽은 책의 모든
말대로 하리니
17 이는 이 백성이 나를 버리고 다른 신에게 분
향하며 그들의 손의 모든 행위로 나를 격노
하게 하였음이라 그러므로 내가 이곳을 향
하여 내린 진노가 꺼지지 아니하리라 하라
하셨느니라
18 너희를 보내 여호와께 묻게 한 유다 왕에게
는 너희가 이렇게 말하라 이스라엘의 하나님
여호와가 이같이 말씀하셨느니라 네가 들은
말들에 대하여는

7 stone to repair the temple. ● But they need
not account for the money entrusted to them,
because they are honest in their dealings."
8 ● Hilkiah the high priest said to Shaphan
the secretary, "I have found the Book of the
Law in the temple of the LORD." He gave it to
9 Shaphan, who read it. ● Then Shaphan the
secretary went to the king and reported to
him: "Your officials have paid out the money
that was in the temple of the LORD and have
entrusted it to the workers and supervisors at
10 the temple." ● Then Shaphan the secretary
informed the king, "Hilkiah the priest has
given me a book." And Shaphan read from it
in the presence of the king.
11 ● When the king heard the words of the
12 Book of the Law, he tore his robes. ● He gave
these orders to Hilkiah the priest, Ahikam
son of Shaphan, Akbor son of Micaiah, Sha-
phan the secretary and Asaiah the king's
13 attendant: ● "Go and inquire of the LORD for
me and for the people and for all Judah
about what is written in this book that has
been found. Great is the LORD's anger that
burns against us because those who have
gone before us have not obeyed the words of
this book; they have not acted in accordance
with all that is written there concerning us."
14 ● Hilkiah the priest, Ahikam, Akbor, Sha-
phan and Asaiah went to speak to the pro-
phet Huldah, who was the wife of Shallum
son of Tikvah, the son of Harhas, keeper of
the wardrobe. She lived in Jerusalem, in the
New Quarter.
15 ● She said to them, "This is what the LORD,
the God of Israel, says: Tell the man who sent
16 you to me, ● 'This is what the LORD says: I am
going to bring disaster on this place and its
people, according to everything written in the
17 book the king of Judah has read. ● Because
they have forsaken me and burned incense to
other gods and aroused my anger by all the
idols their hands have made,[a] my anger
will burn against this place and will not be
18 quenched.' ● Tell the king of Judah, who sent
you to inquire of the LORD, 'This is what the
LORD, the God of Israel, says concerning the
19 words you heard: ● Because your heart was
responsive and you humbled yourself before
the LORD when you heard what I have spoken
against this place and its people—that they

[a]17 *Or by everything they have done*

account [əkáunt] *n.* 회계
arouse [əráuz] *vt.* 깨우다, 자극하다
attendant [əténdənt] *n.* 시종
entrust [intrʌ́st] *vt.* 맡기다
forsake [fərséik] *vt.* 버리다
humble [hʌ́mbl] *vt.* 낮추다
inquire [inkwáiər] *vi.* 질문하다
obey [oubéi] *vt.* 순종하다, 따르다
presence [prézns] *n.* 앞
quench [kwentʃ] *vt.* 끄다
responsive [rispánsiv] *a.* 민감한
robe [roub] *n.* 관복
secretary [sékrətèri] *n.* 서기관
supervisor [sú:pərvàizər] *n.* 감독자
wardrobe [wɔ́:rdroub] *n.* 의복

22:7 **account for:** 차지하다
22:9 **report to...:** …에게 보고하다
22:9 **pay out:** (돈을) 내놓다, 지급하다
22:10 **in the presence of~:** ~가 있는 데서
22:16 **be going to...:** …할 것이다

19 내가 이곳과 그 주민에게 대하여 빈 터가 되
고 저주가 되리라 한 말을 네가 듣고 마음이
부드러워져서 여호와 앞 곧 내 앞에서 겸비
하여 옷을 찢고 통곡하였으므로 나도 네 말
을 들었노라 여호와가 말하였느니라 시 51:17
20 그러므로 보라 내가 너로 너의 조상들에게
돌아가서 평안히 묘실로 들어가게 하리니 내
가 이곳에 내리는 모든 재앙을 네 눈이 보지
못하리라 하셨느니라 하니 사자들이 왕에게
보고하니라

요시야가 이방 예배를 없애다

(대하 34:3-7,29-33 ♪ 285장) — B.C. 622년경

23 왕이 보내 유다와 예루살렘의 모든 장
로를 자기에게로 모으고 대하 34:29
2 이에 왕이 여호와의 성전에 올라가매 유다
모든 사람과 예루살렘 주민과 제사장들과 선
지자들과 모든 백성이 노소를 막론하고 다
왕과 함께 한지라 왕이 여호와의 성전 안에
서 발견한 언약책의 모든 말씀을 읽어 무리
의 귀에 들리고
3 왕이 단 위에 서서 여호와 앞에서 언약을 세
우되 마음을 다하고 뜻을 다하여 여호와께
순종하고 그의 계명과 법도와 율례를 지켜
이 책에 기록된 이 언약의 말씀을 이루게 하
리라 하매 백성이 다 그 언약을 따르기로 하
니라
4 ●왕이 대제사장 힐기야와 모든 부제사장들
과 문을 지킨 자들에게 명령하여 바알과 아
세라와 하늘의 일월 성신을 위하여 만든 모
든 그릇들을 여호와의 성전에서 내다가 예루
살렘 바깥 기드론 밭에서 불사르고 그것들의
재를 벧엘로 가져가게 하고
5 옛적에 유다 왕들이 세워서 유다 모든 성읍
과 예루살렘 주위의 산당들에서 분향하며 우
상을 섬기게 한 제사장들을 폐하며 또 바알
과 해와 달과 별 떼와 하늘의 모든 별에게 분
향하는 자들을 폐하고
6 또 여호와의 성전에서 아세라 상을 내다가
예루살렘 바깥 기드론 시내로 가져다 거기에
서 불사르고 빻아서 가루를 만들어 그 가루
를 평민의 묘지에 뿌리고
7 또 여호와의 성전 가운데 남창의 집을 헐었
으니 그곳은 여인이 아세라를 위하여 휘장을
짜는 처소였더라
8 또 유다 각 성읍에서 모든 제사장을 불러오
고 또 제사장이 분향하던 산당을 게바에서부
터 브엘세바까지 더럽게 하고 또 성문의 산

would become a curse[a] and be laid waste
—and because you tore your robes and wept
in my presence, I also have heard you, declares
20 the LORD. ●Therefore I will gather you to your
ancestors, and you will be buried in peace.
Your eyes will not see all the disaster I am
going to bring on this place.' "

So they took her answer back to the king.

Josiah Renews the Covenant

23 Then the king called together all the
2 elders of Judah and Jerusalem. ●He
went up to the temple of the LORD with the
people of Judah, the inhabitants of Jerusalem,
the priests and the prophets—all the people
from the least to the greatest. He read in their
hearing all the words of the Book of the Co-
venant, which had been found in the temple
3 of the LORD. ●The king stood by the pillar
and renewed the covenant in the presence of
the LORD—to follow the LORD and keep his
commands, statutes and decrees with all his
heart and all his soul, thus confirming the
words of the covenant written in this book.
Then all the people pledged themselves to
the covenant.
4 ●The king ordered Hilkiah the high priest,
the priests next in rank and the doorkeepers to
remove from the temple of the LORD all the
articles made for Baal and Asherah and all the
starry hosts. He burned them outside Jeru-
salem in the fields of the Kidron Valley and
5 took the ashes to Bethel. ●He did away with
the idolatrous priests appointed by the kings
of Judah to burn incense on the high places of
the towns of Judah and on those around Jeru-
salem—those who burned incense to Baal, to
the sun and moon, to the constellations and
6 to all the starry hosts. ●He took the Asherah
pole from the temple of the LORD to the Kid-
ron Valley outside Jerusalem and burned it
there. He ground it to powder and scattered
the dust over the graves of the common peo-
7 ple. ●He also tore down the quarters of the
male shrine prostitutes that were in the tem-
ple of the LORD, the quarters where women
did weaving for Asherah.
8 ●Josiah brought all the priests from the
towns of Judah and desecrated the high
places, from Geba to Beersheba, where the

[a]*19* That is, their names would be used in cursing (see Jer. 29:22); or, others would see that they are cursed.

appoint [əpɔ́int] *vt.* 정하다
ash [æʃ] *n.* 재
confirm [kənfə́:rm] *vt.* 확인하다
constellation [kɑnstəléiʃən] *n.* 별자리
decree [dikríː] *n.* 규례
desecrate [désikrèit] *vt.* 신성을 더럽히다
host [houst] *n.* 무리, 군
idolatrous [aidɑ́lətrəs] *a.* 우상숭배적인
inhabitant [inhǽbətənt] *n.* 거주민
pledge [pledʒ] *n.* 서약
prophet [prɑ́fit] *n.* 선지자
renew [rinjúː] *vt.* 새롭게 하다
shrine [ʃrain] *n.* 사당, 성당
starry [stɑ́ːri] *a.* 별이 많은
valley [vǽli] *n.* 계곡, 골짜기

22:20 **bring on:** …나게 하다, 일으키다
23:2 **go up:** 오르다, 올라가다
23:3 **write in:** 써넣다, 기록하다
23:5 **do away with...:** …를 제거하다
23:5 **burn incense:** 분향하다
23:7 **tear down:** (건물 등을) 헐다

당들을 헐어 버렸으니 이 산당들은 그 성읍
의 지도자 여호수아의 대문 어귀 곧 성문 왼
쪽에 있었더라
9 산당들의 제사장들은 예루살렘 여호와의 제
단에 올라가지 못하고 다만 그의 형제 중에
서 무교병을 먹을 뿐이었더라
10 왕이 또 힌놈의 아들 골짜기의 도벳을 더럽
게 하여 어떤 사람도 몰록에게 드리기 위하
여 자기의 자녀를 불로 지나가지 못하게 하
고
11 또 유다 여러 왕이 태양을 위하여 드린 말들
을 제하여 버렸으니 이 말들은 여호와의 성
전으로 들어가는 곳의 근처 내시 나단멜렉의
집 곁에 있던 것이며 또 태양 수레를 불사르
고
12 유다 여러 왕이 아하스의 다락 지붕에 세운
제단들과 므낫세가 여호와의 성전 두 마당에
세운 제단들을 왕이 다 헐고 거기서 빻아내
려서 그것들의 가루를 기드론 시내에 쏟아
버리고
13 또 예루살렘 앞 멸망의 산 오른쪽에 세운 산
당들을 왕이 더럽게 하였으니 이는 옛적에
이스라엘 왕 솔로몬이 시돈 사람의 가증한
아스다롯과 모압 사람의 가증한 그모스와 암
몬 자손의 가증한 밀곰을 위하여 세웠던 것
이며
14 왕이 또 석상들을 깨뜨리며 아세라 목상들을
찍고 사람의 해골로 그곳에 채웠더라
15 ●또한 이스라엘에게 범죄하게 한 느밧의 아
들 여로보암이 벧엘에 세운 제단과 산당을
왕이 헐고 또 그 산당을 불사르고 빻아서 가
루를 만들며 또 아세라 목상을 불살랐더라
16 요시야가 몸을 돌이켜 산에 있는 무덤들을
보고 보내어 그 무덤에서 해골을 가져다가
제단 위에서 불살라 그 제단을 더럽게 하니
라 이 일을 하나님의 사람이 전하였더니 그
전한 여호와의 말씀대로 되었더라
17 요시야가 이르되 내게 보이는 저것은 무슨
비석이냐 하니 성읍 사람들이 그에게 말하되
왕께서 벧엘의 제단에 대하여 행하신 이 일
을 전하러 유다에서 왔던 하나님의 사람의
묘실이니이다 하니라
18 이르되 그대로 두고 그의 뼈를 옮기지 말라
하매 무리가 그의 뼈와 사마리아에서 온 선
지자의 뼈는 그대로 두었더라
19 전에 이스라엘 여러 왕이 사마리아 각 성읍
에 지어서 여호와를 격노하게 한 산당을 요

priests had burned incense. He broke down
the gateway at the entrance of the Gate of
Joshua, the city governor, which was on the
9 left of the city gate. •Although the priests of
the high places did not serve at the altar of
the LORD in Jerusalem, they ate unleavened
bread with their fellow priests.
10 •He desecrated Topheth, which was in the
Valley of Ben Hinnom, so no one could use it
to sacrifice their son or daughter in the fire to
11 Molek. •He removed from the entrance to the
temple of the LORD the horses that the kings of
Judah had dedicated to the sun. They were in
the court[a] near the room of an official named
Nathan-Melek. Josiah then burned the chari-
ots dedicated to the sun.
12 •He pulled down the altars the kings of
Judah had erected on the roof near the upper
room of Ahaz, and the altars Manasseh had
built in the two courts of the temple of the
LORD. He removed them from there, smashed
them to pieces and threw the rubble into the
13 Kidron Valley. •The king also desecrated the
high places that were east of Jerusalem on the
south of the Hill of Corruption — the ones
Solomon king of Israel had built for Ash-
toreth the vile goddess of the Sidonians, for
Chemosh the vile god of Moab, and for Molek
the detestable god of the people of Ammon.
14 •Josiah smashed the sacred stones and cut
down the Asherah poles and covered the sites
with human bones.
15 •Even the altar at Bethel, the high place
made by Jeroboam son of Nebat, who had
caused Israel to sin — even that altar and high
place he demolished. He burned the high
place and ground it to powder, and burned
16 the Asherah pole also. •Then Josiah looked
around, and when he saw the tombs that
were there on the hillside, he had the bones
removed from them and burned on the altar
to defile it, in accordance with the word of
the LORD proclaimed by the man of God who
foretold these things.
17 •The king asked, "What is that tombstone
I see?"
The people of the city said, "It marks the
tomb of the man of God who came from
Judah and pronounced against the altar of
Bethel the very things you have done to it."
18 •"Leave it alone," he said. "Don't let anyone

[a]11 The meaning of the Hebrew for this word is uncertain.

accordance [əkɔ́ːrdns] *n.* 일치, 조화
altar [ɔ́ːltər] *n.* 제단
corruption [kərʌ́pʃən] *n.* 부패, 타락
defile [difáil] *vt.* 모독하다
demolish [dimáliʃ] *vt.* 파괴하다
detestable [ditéstəbl] *a.* 혐오할 만한
foretell [fɔːrtel] *vt.* 예고하다
governor [gʌ́vərnər] *n.* 지배자
proclaim [proukléim] *vt.* 전파하다, 나타내다
pronounce [prənáuns] *vt.* 선언하다
rubble [rʌ́bl] *n.* 깨진 조각, 파편
sacred [séikrid] *a.* 신성한
sacrifice [sǽkrəfàis] *n.*제물
unleavened [ʌnlévənd] *a.* 누룩을 넣지 않은
vile [vail] *a.* 매우 나쁜

23:10 no one ...: 아무도 …않다(없다)
23:11 dedicate A to B: B에게 A를 바치다
23:12 pull down: 허물어뜨리다
23:12 smash to pieces...: …를 조각내다
23:14 cover with...: …로 덮다
23:16 in accordance with...: …에 따라

시야가 다 제거하되 벧엘에서 행한 모든 일
대로 행하고
20 또 거기 있는 산당의 제사장들을 다 제단 위
에서 죽이고 사람의 해골을 제단 위에서 불
사르고 예루살렘으로 돌아왔더라

요시야 왕이 유월절을 지키다 (대하 35:1-19)

21 ●왕이 뭇 백성에게 명령하여 이르되 이 언
약책에 기록된 대로 너희의 하나님 여호와를
위하여 유월절을 지키라 하매
22 사사가 이스라엘을 다스리던 시대부터 이스
라엘 여러 왕의 시대와 유다 여러 왕의 시대
에 이렇게 유월절을 지킨 일이 없었더니
23 요시야 왕 열여덟째 해에 예루살렘에서 여호
와 앞에 이 유월절을 지켰더라

요시야의 나머지 개혁

24 ●요시야가 또 유다 땅과 예루살렘에 보이는
신접한 자와 점쟁이와 드라빔과 우상과 모
든 가증한 것을 다 제거하였으니 이는 대제
사장 힐기야가 여호와의 성전에서 발견한 책
에 기록된 율법의 말씀을 이루려 함이라
25 요시야와 같이 마음을 다하며 뜻을 다하며
힘을 다하여 모세의 모든 율법을 따라 여호
와께로 돌이킨 왕은 요시야 전에도 없었고
후에도 그와 같은 자가 없었더라
26 ●그러나 여호와께서 유다를 향하여 내리신
그 크게 타오르는 진노를 돌이키지 아니하셨
으니 이는 므낫세가 여호와를 격노하게 한
그 모든 격노 때문이라
27 여호와께서 이르시되 내가 이스라엘을 물리
친 것같이 유다도 내 앞에서 물리치며 내가
택한 이 성 예루살렘과 내 이름을 거기에 두
리라 한 이 성전을 버리리라 하셨더라

요시야가 죽다 (대하 35:20-36:1)

28 ●요시야의 남은 사적과 행한 모든 일은 유
다 왕 역대지략에 기록되지 아니하였느냐
29 요시야 당시에 애굽의 왕 바로 느고가 앗수
르 왕을 치고자 하여 유브라데 강으로 올라
가므로 요시야 왕이 맞서 나갔더니 애굽 왕
이 요시야를 므깃도에서 만났을 때에 죽인지
라
30 신복들이 그의 시체를 병거에 싣고 므깃도에
서 예루살렘으로 돌아와 그의 무덤에 장사하
니 백성들이 요시야의 아들 여호아하스를 데
려다가 그에게 기름을 붓고 그의 아버지를
대신하여 왕으로 삼았더라

유다 왕 여호아하스 (대하 36:2-4)

31 ●여호아하스가 왕이 될 때에 나이가 이십삼

disturb his bones." So they spared his bones
and those of the prophet who had come from
Samaria.
19 ●Just as he had done at Bethel, Josiah
removed all the shrines at the high places that
the kings of Israel had built in the towns of
Samaria and that had aroused the LORD's
20 anger. ●Josiah slaughtered all the priests of
those high places on the altars and burned
human bones on them. Then he went back to
Jerusalem.
21 ●The king gave this order to all the people:
"Celebrate the Passover to the LORD your God,
as it is written in this Book of the Covenant."
22 ●Neither in the days of the judges who led
Israel nor in the days of the kings of Israel and
the kings of Judah had any such Passover
23 been observed. ●But in the eighteenth year of
King Josiah, this Passover was celebrated to
the LORD in Jerusalem.
24 ●Furthermore, Josiah got rid of the medi-
ums and spiritists, the household gods, the
idols and all the other detestable things seen
in Judah and Jerusalem. This he did to fulfill
the requirements of the law written in the
book that Hilkiah the priest had discovered
25 in the temple of the LORD. ●Neither before
nor after Josiah was there a king like him
who turned to the LORD as he did—with all
his heart and with all his soul and with all his
strength, in accordance with all the Law of
Moses.
26 ●Nevertheless, the LORD did not turn away
from the heat of his fierce anger, which burn-
ed against Judah because of all that Manas-
27 seh had done to arouse his anger. ●So the LORD
said, "I will remove Judah also from my pres-
ence as I removed Israel, and I will reject
Jerusalem, the city I chose, and this temple,
about which I said, 'My Name shall be there.'[a]"
28 ●As for the other events of Josiah's reign,
and all he did, are they not written in the
book of the annals of the kings of Judah?
29 ●While Josiah was king, Pharaoh Necho
king of Egypt went up to the Euphrates River
to help the king of Assyria. King Josiah mar-
ched out to meet him in battle, but Necho
30 faced him and killed him at Megiddo. ●Jo-
siah's servants brought his body in a chariot
from Megiddo to Jerusalem and buried him
in his own tomb. And the people of the land

[a]27 1 Kings 8:29

annals [ǽnlz] *n.(pl.)* 연대기
arouse [əráuz] *vt.* 자극하다
celebrate [séləbrèit] *vt.* 축하하다
chariot [tʃǽriət] *n.* 병거
covenant [kʌ́vənənt] *n.* 언약
fierce [fíərs] *a.* 맹렬한
fulfill [fulfíl] *vt.* 성취하다
medium [mí:diəm] *n.* 무당
observe [əbzə́:rv] *vt.* 준수하다
passover [pǽsouvər] *n.* 유월절
reign [rein] *n.* 통치
requirement [rikwáiərmənt] *n.* 요구
shrine [ʃrain] *n.* 사당, 신전
slaughter [slɔ́:tər] *vt.* 도륙하다
spiritist [spíritist] *n.* 심령술사

23:20 go back: 돌아가다
23:24 get rid of...: …를 제거하다
23:25 neither A nor B: A도 B도 아니다
23:25 in accordance with...: …에 따라서
23:26 turn away: 돌아서다
23:28 as for...: …에 관해 말하면

세라 예루살렘에서 석 달간 다스리니라 그의 어머니의 이름은 하무달이라 립나 예레미야의 딸이더라
32 여호아하스가 그의 조상들의 모든 행위대로 여호와 보시기에 악을 행하였더니
33 바로 느고가 그를 하맛 땅 리블라에 가두어 예루살렘에서 왕이 되지 못하게 하고 또 그 나라로 은 백 달란트와 금 한 달란트를 벌금으로 내게 하고
34 바로 느고가 요시야의 아들 엘리아김을 그의 아버지 요시야를 대신하여 왕으로 삼고 그의 이름을 고쳐 여호야김이라 하고 여호아하스는 애굽으로 잡아갔더니 그가 거기서 죽으니라
35 여호야김이 은과 금을 바로에게 주니라 그가 바로 느고의 명령대로 그에게 그 돈을 주기 위하여 나라에 부과하되 백성들 각 사람의 힘대로 액수를 정하고 은금을 징수하였더라

유다 왕 여호야김 (대하 36:5-8)

36 ●여호야김이 왕이 될 때에 나이가 이십오 세라 예루살렘에서 십일 년간 다스리니라 그의 어머니의 이름은 스비다라 루마 브다야의 딸이더라
37 여호야김이 그의 조상들이 행한 모든 일을 따라서 여호와 보시기에 악을 행하였더라

24 여호야김 시대에 바벨론의 왕 느부갓네살이 올라오매 여호야김이 삼 년간 섬기다가 돌아서 그를 배반하였더니
2 여호와께서 그의 종 선지자들을 통하여 하신 말씀과 같이 갈대아의 부대와 아람의 부대와 모압의 부대와 암몬 자손의 부대를 여호야김에게로 보내 유다를 쳐 멸하려 하시니 23:27
3 이 일이 유다에 임함은 곧 여호와의 말씀대로 그들을 자기 앞에서 물리치고자 하심이니 이는 므낫세의 지은 모든 죄 때문이며
4 또 그가 무죄한 자의 피를 흘려 그의 피가 예루살렘에 가득하게 하였음이라 여호와께서 사하시기를 즐겨하지 아니하시니라
5 ●여호야김의 남은 사적과 행한 모든 일은 유다 왕 역대지략에 기록되지 아니하였느냐
6 여호야김이 그의 조상들과 함께 자매 그의 아들 여호야긴이 대신하여 왕이 되니라
7 애굽 왕이 다시는 그 나라에서 나오지 못하였으니 이는 바벨론 왕이 애굽 강에서부터 유브라데 강까지 애굽 왕에게 속한 땅을 다

took Jehoahaz son of Josiah and anointed him
and made him king in place of his father.

Jehoahaz King of Judah

31 ●Jehoahaz was twenty-three years old
when he became king, and he reigned in
Jerusalem three months. His mother's name
was Hamutal daughter of Jeremiah; she was
32 from Libnah. ●He did evil in the eyes of the
LORD, just as his predecessors had done.
33 ●Pharaoh Necho put him in chains at Riblah
in the land of Hamath so that he might not
reign in Jerusalem, and he imposed on Judah
a levy of a hundred talents[a] of silver and a tal-
34 ent[b] of gold. ●Pharaoh Necho made Eliakim
son of Josiah king in place of his father Josiah
and changed Eliakim's name to Jehoiakim.
But he took Jehoahaz and carried him off to
35 Egypt, and there he died. ●Jehoiakim paid
Pharaoh Necho the silver and gold he de-
manded. In order to do so, he taxed the land
and exacted the silver and gold from the
people of the land according to their assess-
ments.

Jehoiakim King of Judah

36 ●Jehoiakim was twenty-five years old when
he became king, and he reigned in Jerusalem
eleven years. His mother's name was Zebidah
daughter of Pedaiah; she was from Rumah.
37 ●And he did evil in the eyes of the LORD, just as
his predecessors had done.

24 During Jehoiakim's reign, Nebuchad-
nezzar king of Babylon invaded the
land, and Jehoiakim became his vassal for
three years. But then he turned against Neb-
2 uchadnezzar and rebelled. ●The LORD sent
Babylonian,[c] Aramean, Moabite and Ammo-
nite raiders against him to destroy Judah, in
accordance with the word of the LORD pro-
3 claimed by his servants the prophets. ●Surely
these things happened to Judah according to
the LORD's command, in order to remove them
from his presence because of the sins of Man-
4 asseh and all he had done, ●including the
shedding of innocent blood. For he had filled
Jerusalem with innocent blood, and the LORD
was not willing to forgive.
5 ●As for the other events of Jehoiakim's
reign, and all he did, are they not written in
the book of the annals of the kings of Judah?

[a]33 That is, about 3 3/4 tons or about 3.4 metric tons
[b]33 That is, about 75 pounds or about 34 kilograms
[c]2 Or *Chaldean*

annals [ǽnlz] *n.(pl.)* 연대기
anoint [ənɔ́int] *vt.* 기름을 바르다
assessment [əsésmənt] *n.* 평가
blood [blʌd] *n.* 피
evil [iːvəl] *n.* 죄악
forgive [fərgív] *vt.* 용서하다
happen [hǽpən] *vi.* (일이) 일어나다
impose [impóuz] *vt.* 부과하다
innocent [ínəsənt] *a.* 무죄의
invade [invéid] *vt.* 침략하다
predecessor [prédəsesər] *n.* 조상
rebel [ribél] *vi.* 모반[반역]하다
reign [rein] *vi.* 통치하다
shed [ʃed] *vt.* 흘리다
vassal [vǽsəl] *n.* 가신, 부하

23:30 in place of...: …대신에
23:34 carry... off: …를 납치하다
24:2 in accordance with...: …에 따라서
24:3 in order to...: …하기 위해서
24:4 fill A with B: A를 B로 채우다
24:4 be willing to...: 기꺼이 …하다

점령하였음이더라

유다 왕 여호야긴 (대하 36:9-10)

8 ●여호야긴이 왕이 될 때에 나이가 십팔 세라 예루살렘에서 석 달간 다스리니라 그의 어머니의 이름은 느후스다요 예루살렘 엘라단의 딸이더라
9 여호야긴이 그의 아버지의 모든 행위를 따라서 여호와께서 보시기에 악을 행하였더라
10 ●그때에 바벨론의 왕 느부갓네살의 신복들이 예루살렘에 올라와서 그 성을 에워싸니라
11 그의 신복들이 에워쌀 때에 바벨론의 왕 느부갓네살도 그 성에 이르니
12 유다의 왕 여호야긴이 그의 어머니와 신복과 지도자들과 내시들과 함께 바벨론 왕에게 나아가매 왕이 잡으니 때는 바벨론의 왕 여덟째 해이라
13 그가 여호와의 성전의 모든 보물과 왕궁 보물을 집어내고 또 이스라엘의 왕 솔로몬이 만든 것 곧 여호와의 성전의 금 그릇을 다 파괴하였으니 여호와의 말씀과 같이 되었더라 사 39:6
14 그가 또 예루살렘의 모든 백성과 모든 지도자와 모든 용사 만 명과 모든 장인과 대장장이를 사로잡아 가매 비천한 자 외에는 그 땅에 남은 자가 없었더라
15 그가 여호야긴을 바벨론으로 사로잡아 가고 왕의 어머니와 왕의 아내들과 내시들과 나라에 권세 있는 자도 예루살렘에서 바벨론으로 사로잡아 가고
16 또 용사 칠천 명과 장인과 대장장이 천 명 곧 용감하여 싸움을 할 만한 모든 자들을 바벨론 왕이 바벨론으로 사로잡아 가고
17 바벨론 왕이 또 여호야긴의 숙부 맛다니야를 대신하여 왕으로 삼고 그의 이름을 고쳐 시드기야라 하였더라 렘 37:1

유다 왕 시드기야
(대하 36:11-12; 렘 52:1-3 상)

18 ●시드기야가 왕이 될 때에 나이가 이십일 세라 예루살렘에서 십일 년간 다스리니라 그의 어머니의 이름은 하무달이요 립나인 예레미야의 딸이더라
19 그가 여호야김의 모든 행위를 따라 여호와 보시기에 악을 행한지라 대하 36:12
20 여호와께서 예루살렘과 유다를 진노하심이 그들을 그 앞에서 쫓아내실 때까지 이르렀더라 ●시드기야가 바벨론 왕을 배반하니라

6 ●Jehoiakim rested with his ancestors. And Jehoiachin his son succeeded him as king.
7 ●The king of Egypt did not march out from his own country again, because the king of Babylon had taken all his territory, from the Wadi of Egypt to the Euphrates River.

Jehoiachin King of Judah

8 ●Jehoiachin was eighteen years old when
he became king, and he reigned in Jerusalem
three months. His mother's name was Nehu-
shta daughter of Elnathan; she was from
9 Jerusalem. ●He did evil in the eyes of the LORD,
just as his father had done.
10 ●At that time the officers of Nebuchadnez-
zar king of Babylon advanced on Jerusalem
11 and laid siege to it, ●and Nebuchadnezzar
himself came up to the city while his officers
12 were besieging it. ●Jehoiachin king of Judah,
his mother, his attendants, his nobles and his
officials all surrendered to him.
In the eighth year of the reign of the king
13 of Babylon, he took Jehoiachin prisoner. ●As
the LORD had declared, Nebuchadnezzar re-
moved the treasures from the temple of the
LORD and from the royal palace, and cut up
the gold articles that Solomon king of Israel
14 had made for the temple of the LORD. ●He
carried all Jerusalem into exile: all the officers
and fighting men, and all the skilled workers
and artisans—a total of ten thousand. Only
the poorest people of the land were left.
15 ●Nebuchadnezzar took Jehoiachin captive
to Babylon. He also took from Jerusalem to
Babylon the king's mother, his wives, his offi-
cials and the prominent people of the land.
16 ●The king of Babylon also deported to Babylon
the entire force of seven thousand fighting
men, strong and fit for war, and a thousand
17 skilled workers and artisans. ●He made Matta-
niah, Jehoiachin's uncle, king in his place and
changed his name to Zedekiah.

Zedekiah King of Judah

18 ●Zedekiah was twenty-one years old when
he became king, and he reigned in Jerusalem
eleven years. His mother's name was Hamutal
daughter of Jeremiah; she was from Libnah.
19 ●He did evil in the eyes of the LORD, just as
20 Jehoiakim had done. ●It was because of the
LORD's anger that all this happened to Jeru-
salem and Judah, and in the end he thrust
them from his presence.

article [á:rtikl] *n.* 물품
artisan [á:rtizən] *n.* 직공
attendant [əténdənt] *n.* 시종
declare [dikléər] *vt.* 분명히 말하다, 선포하다
deport [dipɔ́:rt] *vt.* 강제 이송하다
entire [intáiər] *a.* 모든
exile [égzail] *n.* 추방
noble [nóubl] *n.* 귀족
prominent [prámənənt] *a.* 유명한, 뛰어난
siege [sí:dʒ] *n.* 포위 공격
succeed [səksí:d] *vt.* 계승하다
surrender [səréndər] *vt.* 항복하다
territory [térətɔ̀:ri] *n.* 영토
thrust [θrʌst] *vt.* 밀어내다
treasure [tréʒər] *n.* 보물

24:9 do evil: 악을 행하다
24:9 in the eyes of...: …가 보는 데서
24:10 at that time: 그때에
24:10 lay siege to...: …를 포위 공격하다
24:15 take captive: 포로로 잡다
24:17 in one's place: …를 대신해서

예루살렘의 멸망
(대하 36:13-21; 렘 52:3 하-11 ♪504장)

25 시드기야 제구 년 열째 달 십일에 바벨론의 왕 느부갓네살이 그의 모든 군대를 거느리고 예루살렘을 치러 올라와서 그 성에 대하여 진을 치고 주위에 토성을 쌓으매
2 그 성이 시드기야 왕 제십일 년까지 포위되었더라
3 그 해 넷째 달 구일에 성중에 기근이 심하여 그 땅 백성의 양식이 떨어졌더라
4 그 성벽이 파괴되매 모든 군사가 밤중에 두 성벽 사이 왕의 동산 곁문 길로 도망하여 갈대아인들이 그 성읍을 에워쌌으므로 그가 아라바 길로 가더니
5 갈대아 군대가 그 왕을 뒤쫓아가서 여리고 평지에서 그를 따라 잡으매 왕의 모든 군대가 그를 떠나 흩어진지라
6 그들이 왕을 사로잡아 그를 리블라에 있는 바벨론 왕에게로 끌고 가매 그들이 그를 심문하니라
7 그들이 시드기야의 아들들을 그의 눈앞에서 죽이고 시드기야의 두 눈을 빼고 놋 사슬로 그를 결박하여 바벨론으로 끌고 갔더라

성전 붕괴 (렘 52:12-33)

8 ●바벨론 왕 느부갓네살의 열아홉째 해 오월 칠일에 바벨론 왕의 신복 시위대장 느부사라단이 예루살렘에 이르러
9 여호와의 성전과 왕궁을 불사르고 예루살렘의 모든 집을 귀인의 집까지 불살랐으며
10 시위대장에게 속한 갈대아 온 군대가 예루살렘 주위의 성벽을 헐었으며
11 성중에 남아 있는 백성과 바벨론 왕에게 항복한 자들과 무리 중 남은 자는 시위대장 느부사라단이 모두 사로잡아 가고
12 시위대장이 그 땅의 비천한 자를 남겨 두어 포도원을 다스리는 자와 농부가 되게 하였더라
13 ●갈대아 사람이 또 여호와의 성전의 두 놋 기둥과 받침들과 여호와의 성전의 놋 바다를 깨뜨려 그 놋을 바벨론으로 가져가고
14 또 가마들과 부삽들과 부집게들과 숟가락들과 섬길 때에 쓰는 모든 놋그릇을 다 가져갔으며
15 시위대장이 또 불 옮기는 그릇들과 주발들 곧 금으로 만든 것이나 은으로 만든 것이나 모두 가져갔으며

The Fall of Jerusalem

Now Zedekiah rebelled against the king of
Babylon.
25 So in the ninth year of Zedekiah's
reign, on the tenth day of the tenth
month, Nebuchadnezzar king of Babylon
marched against Jerusalem with his whole
army. He encamped outside the city and built
2 siege works all around it. •The city was kept
under siege until the eleventh year of King
Zedekiah.
3 •By the ninth day of the fourth[a] month the
famine in the city had become so severe that
4 there was no food for the people to eat. •Then
the city wall was broken through, and the
whole army fled at night through the gate
between the two walls near the king's garden,
though the Babylonians[b] were surrounding
5 the city. They fled toward the Arabah,[c] •but
the Babylonian[d] army pursued the king and
overtook him in the plains of Jericho. All his
soldiers were separated from him and scat-
6 tered, •and he was captured.
He was taken to the king of Babylon at
Riblah, where sentence was pronounced on
7 him. •They killed the sons of Zedekiah before
his eyes. Then they put out his eyes, bound
him with bronze shackles and took him to
Babylon.
8 •On the seventh day of the fifth month, in
the nineteenth year of Nebuchadnezzar king
of Babylon, Nebuzaradan commander of the
imperial guard, an official of the king of Baby-
9 lon, came to Jerusalem. •He set fire to the
temple of the LORD, the royal palace and all
the houses of Jerusalem. Every important
10 building he burned down. •The whole Baby-
lonian army under the commander of the
imperial guard broke down the walls around
11 Jerusalem. •Nebuzaradan the commander of
the guard carried into exile the people who
remained in the city, along with the rest of the
populace and those who had deserted to the
12 king of Babylon. •But the commander left
behind some of the poorest people of the land
to work the vineyards and fields.
13 •The Babylonians broke up the bronze pil-
lars, the movable stands and the bronze Sea

[a]3 Probable reading of the original Hebrew text (see Jer. 52:6); Masoretic Text does not have *fourth*. [b]4 Or *Chaldeans*; also in verses 13, 25 and 26 [c]4 Or *the Jordan Valley* [d]5 Or *Chaldean*; also in verses 10 and 24

encamp [inkǽmp] *vi.* 진치다
exile [égzail] *n.* 추방
famine [fǽmin] *n.* 기근
imperial [impíəriəl] *a.* 제국의
march [mɑːrtʃ] *vi.* 행진하다
movable [múːvəbl] *a.* 움직일 수 있는
overtake [ouvərteik] *vt.* 따라잡다
pillar [pílər] *n.* 기둥
populace [pápjuləs] *n.* 서민
pronounce [prənáuns] *vt.* 선언하다
rebel [ribél] *vi.* 반역하다
scatter [skǽtər] *vt.* 흩어버리다
shackle [ʃǽkl] *n.* 족쇄
siege [siːdʒ] *n.* 포위 공격
vineyard [vínjərd] *n.* 포도원

25:5 separate from...: …에서 나누다
25:7 put out: (눈의) 시력을 잃게 하다
25:9 set fire: 불을 지르다
25:9 burn down: 전소하다
25:10 break down: 무너지다
25:11 along with...: …와 함께

16 또 솔로몬이 여호와의 성전을 위하여 만든 두 기둥과 한 바다와 받침들을 가져갔는데 이 모든 기구의 놋 무게를 헤아릴 수 없었으니

17 그 한 기둥은 높이가 열여덟 규빗이요 그 꼭대기에 놋 머리가 있어 높이가 세 규빗이요 그 머리에 둘린 그물과 석류가 다 놋이라 다른 기둥의 장식과 그물도 이와 같았더라

유다 백성이 바벨론으로 사로잡혀 가다 (렘 52:24-27)

18 ●시위대장이 대제사장 스라야와 부제사장 스바냐와 성전 문지기 세 사람을 사로잡고

19 또 성중에서 사람을 사로잡았으니 곧 군사를 거느린 내시 한 사람과 또 성중에서 만난 바 왕의 시종 다섯 사람과 백성을 징집하는 장관의 서기관 한 사람과 성중에서 만난 바 백성 육십 명이라

20 시위대장 느부사라단이 그들을 사로잡아 가지고 리블라 바벨론 왕에게 나아가매 렘 52:9

21 바벨론 왕이 하맛 땅 리블라에서 다 쳐죽였더라 이와 같이 유다가 사로잡혀 본토에서 떠났더라

유다 지도자 그달리야 (렘 40:7-9; 41:1-3)

22 ●유다 땅에 머물러 있는 백성은 곧 바벨론 왕 느부갓네살이 남긴 자라 왕이 사반의 손자 아히감의 아들 그달리야가 관할하게 하였더라

23 모든 군대 지휘관과 그를 따르는 자가 바벨론 왕이 그달리야를 지도자로 삼았다 함을 듣고 이에 느다니야의 아들 이스마엘과 가레아의 아들 요하난과 느도바 사람 단후멧의 아들 스라야와 마아가 사람의 아들 야아사니야와 그를 따르는 사람이 모두 미스바로 가서 그달리야에게 나아가매

24 그달리야가 그들과 그를 따르는 군사들에게 맹세하여 이르되 너희는 갈대아인을 섬기기를 두려워하지 말고 이 땅에 살며 바벨론 왕을 섬기라 그리하면 너희가 평안하리라 하니라

25 칠 월에 왕족 엘리사마의 손자 느다니야의 아들 이스마엘이 부하 열 명을 거느리고 와서 그달리야를 쳐서 죽이고 또 그와 함께 미스바에 있는 유다 사람과 갈대아 사람을 죽인지라

26 노소를 막론하고 백성과 군대 장관들이 다 일어나서 애굽으로 갔으니 이는 갈대아 사람

that were at the temple of the LORD and they
14 carried the bronze to Babylon. ●They also took
away the pots, shovels, wick trimmers, dishes
and all the bronze articles used in the temple
15 service. ●The commander of the imperial
guard took away the censers and sprinkling
bowls—all that were made of pure gold or
silver.
16 ●The bronze from the two pillars, the Sea
and the movable stands, which Solomon had
made for the temple of the LORD, was more
17 than could be weighed. ●Each pillar was eighteen cubits[a] high. The bronze capital on top of
one pillar was three cubits[b] high and was decorated with a network and pomegranates of
bronze all around. The other pillar, with its
network, was similar.
18 ●The commander of the guard took as prisoners Seraiah the chief priest, Zephaniah the
priest next in rank and the three doorkeepers.
19 ●Of those still in the city, he took the officer in
charge of the fighting men, and five royal
advisers. He also took the secretary who was
chief officer in charge of conscripting the people of the land and sixty of the conscripts who
20 were found in the city. ●Nebuzaradan the
commander took them all and brought them
21 to the king of Babylon at Riblah. ●There at
Riblah, in the land of Hamath, the king had
them executed.

So Judah went into captivity, away from her land.

22 ●Nebuchadnezzar king of Babylon appointed Gedaliah son of Ahikam, the son of
Shaphan, to be over the people he had left
23 behind in Judah. ●When all the army officers
and their men heard that the king of Babylon
had appointed Gedaliah as governor, they
came to Gedaliah at Mizpah—Ishmael son of
Nethaniah, Johanan son of Kareah, Seraiah
son of Tanhumeth the Netophathite, Jaazaniah the son of the Maakathite, and their men.
24 ●Gedaliah took an oath to reassure them and
their men. "Do not be afraid of the Babylonian
officials," he said. "Settle down in the land and
serve the king of Babylon, and it will go well
with you."
25 ●In the seventh month, however, Ishmael
son of Nethaniah, the son of Elishama, who
was of royal blood, came with ten men and
assassinated Gedaliah and also the men of

[a]17 That is, about 27 feet or about 8.1 meters [b]17 That is, about 4 1/2 feet or about 1.4 meters

appoint [əpɔ́int] *vt.* 임명하다
article [á:rtikl] *n.* 물품
assassinate [əsǽsənèit] *vt.* 암살하다
bronze [branz] *a.* 청동의
censer [sénsər] *n.* 향로
movable [mú:vəbl] *a.* 움직일 수 있는
oath [ouθ] *n.* 맹세
official [əfíʃəl] *n.* 관공리
pomegranate [pámәgrænət] *n.* 석류
reassure [ri:əʃúər] *vt.* 안심시키다
secretary [sékrətèri] *n.* 서기관
shovel [ʃʌ́vəl] *n.* 삽
sprinkle [spríŋkl] *vt.* 흩뿌리다
trimmer [trímər] *n.* 심지 자르는 기구
wick [wik] *n.* 심지

25:14 take away: 제거하다, 운반하다
25:17 decorate with...: …로 장식하다
25:18 take as prisoners...: …를 포로로 잡다
25:24 take an oath: 맹세하다
25:24 settle down: 자리를 잡다

을 두려워함이었더라

여호야긴이 석방되다 (렘 52:31-34)

27 ●유다의 왕 여호야긴이 사로잡혀 간 지
삼십칠 년 곧 바벨론의 왕 에윌므로닥이
즉위한 원년 십이 월 그달 이십칠일에 유
다의 왕 여호야긴을 옥에서 내놓아 그 머
리를 들게 하고
28 그에게 좋게 말하고 그의 지위를 바벨론
에 그와 함께 있는 모든 왕의 지위보다 높
이고
29 그 죄수의 의복을 벗게 하고 그의 일평생
에 항상 왕의 앞에서 양식을 먹게 하였
고
30 그가 쓸 것은 날마다 왕에게서 받는 양이
있어서 종신토록 끊이지 아니하였더라

Judah and the Babylonians who were with him
26 at Mizpah. ●At this, all the people from the least
to the greatest, together with the army officers,
fled to Egypt for fear of the Babylonians.

Jehoiachin Released

27 ●In the thirty-seventh year of the exile of
Jehoiachin king of Judah, in the year Awel-Mar-
duk became king of Babylon, he released Jeho-
iachin king of Judah from prison. He did this
on the twenty-seventh day of the twelfth month.
28 ●He spoke kindly to him and gave him a seat of
honor higher than those of the other kings who
29 were with him in Babylon. ●So Jehoiachin put
aside his prison clothes and for the rest of his life
30 ate regularly at the king's table. ●Day by day the
king gave Jehoiachin a regular allowance as long
as he lived.

exile [égzail] *n.* 추방
fear [fiər] *n.* 두려움
honor [ánər] *n.* 영예
prison [prízn] *n.* 감옥
release [rilíːs] *vt.* 석방하다

25:27 release A from B: A를 B로부터 해방시키다
25:29 put aside: 치우다, 곁에 두다
25:30 day by day: 날마다, 내내

1 Chronicles | 역대상

● 저자 _ 미상('에스라'가 기록했을 가능성이 있음) ● 저작 연대 _ B.C. 450-400년 사이로 추정
● 기록 장소 _ 알 수 없음(예루살렘으로 추측됨) ● 기록 대상 _ 바벨론 포로 생활에서 돌아온 유다의 남은 자들
● 핵심어 및 내용 _ 핵심어는 '왕가의 계보'와 '헌신'이다.

본서는 예수 그리스도의 절대 왕권에 이르게 되는 다윗 왕가의 계보를 자세하게 설명하고 있다.

아담에서 아브라함까지
(창 5:1-32; 10:1-32; 11:10-26 ♪ 19, 131장)

1 아담, 셋, 에노스, 창 4:25,26
2 게난, 마할랄렐, 야렛,
3 에녹, 므두셀라, 라멕,
4 노아, 셈, 함과 야벳은 조상들이라
5 ●야벳의 자손은 고멜과 마곡과 마대와 야
완과 두발과 메섹과 디라스요
6 고멜의 자손은 아스그나스와 디밧과 도갈
마요
7 야완의 자손은 엘리사와 다시스와 깃딤과
도다님이더라
8 ●함의 자손은 구스와 미스라임과 붓과 가
나안이요 창 10:6
9 구스의 자손은 스바와 하윌라와 삽다와 라
아마와 삽드가요 라아마의 자손은 스바와
드단이요
10 구스가 또 니므롯을 낳았으니 세상에서 첫
영걸이며 창 10:8
11 미스라임은 루딤과 아나밈과 르하빔과 납
두힘과
12 바드루심과 가슬루힘과 갑도림을 낳았으
니 블레셋 종족은 가슬루힘에게서 나왔으
며
13 가나안은 맏아들 시돈과 헷을 낳고
14 또 여부스 종족과 아모리 종족과 기르가스
종족과
15 히위 종족과 알가 종족과 신 종족과
16 아르왓 종족과 스말 종족과 하맛 종족을
낳았더라
17 ●셈의 자손은 엘람과 앗수르와 아르박삿
과 룻과 아람과 우스와 훌과 게델과 메섹
이라
18 아르박삿은 셀라를 낳고 셀라는 에벨을 낳
고
19 에벨은 두 아들을 낳아 하나의 이름을 벨
렉이라 하였으니 이는 그때에 땅이 나뉘었
음이요 그의 아우의 이름은 욕단이며
20 욕단이 알모닷과 셀렙과 하살마웻과 예라
와
21 하도람과 우살과 디글라와
22 에발과 아비마엘과 스바와

Historical Records From Adam to Abraham
To Noah's Sons

1 1-2 Adam, Seth, Enosh, ●Kenan, Mahalalel,
3 Jared, ●Enoch, Methuselah, Lamech, Noah.
4 ●The sons of Noah:[a] Shem, Ham and Japheth.

The Japhethites

5 ●The sons[b] of Japheth:
Gomer, Magog, Madai, Javan, Tubal, Meshek and Tiras.
6 ●The sons of Gomer:
Ashkenaz, Riphath[c] and Togarmah.
7 ●The sons of Javan:
Elishah, Tarshish, the Kittites and the Rodanites.

The Hamites

8 ●The sons of Ham:
Cush, Egypt, Put and Canaan.
9 ●The sons of Cush:
Seba, Havilah, Sabta, Raamah and Sabteka.
The sons of Raamah: Sheba and Dedan.
10 ●Cush was the father[d] of
Nimrod, who became a mighty warrior on earth.
11 ●Egypt was the father of
the Ludites, Anamites, Lehabites, Naph-
12 tuhites, ●Pathrusites, Kasluhites (from whom the Philistines came) and Caphtorites.
13 ●Canaan was the father of
Sidon his firstborn,[e] and of the Hittites,
14-15 ●Jebusites, Amorites, Girgashites, ●Hivites,
16 Arkites, Sinites, ●Arvadites, Zemarites and Hamathites.

The Semites

17 ●The sons of Shem:
Elam, Ashur, Arphaxad, Lud and Aram.
The sons of Aram:[f]
Uz, Hul, Gether and Meshek.
18 ●Arphaxad was the father of Shelah,
and Shelah the father of Eber.

---

[a]4 Septuagint; Hebrew does not have this line. [b]5 *Sons* may mean *descendants* or *successors* or *nations*; also in verses 6-9, 17 and 23. [c]6 Many Hebrew manuscripts and Vulgate (see also Septuagint and Gen. 10:3); most Hebrew manuscripts *Diphath* [d]10 *Father* may mean *ancestor* or *predecessor* or *founder*, also in verses 11, 13, 18 and 20. [e]13 Or *of the Sidonians, the foremost* [f]17 One Hebrew manuscript and some Septuagint manuscripts (see also Gen. 10:23); most Hebrew manuscripts do not have this line.

23 오빌과 하윌라와 요밥을 낳았으니 욕단
의 자손은 이상과 같으니라
24 ●셈, 아르박삿, 셀라, 창 11:10
25 에벨, 벨렉, 르우,
26 스룩, 나홀, 데라,
27 아브람 곧 아브라함은 조상들이요

이스마엘의 세계
(창 25:12-16)

28 ●아브라함의 자손은 이삭과 이스마엘
이라
29 이스마엘의 족보는 이러하니 그의 맏아
들은 느바욧이요 다음은 게달과 앗브엘
과 밉삼과
30 미스마와 두마와 맛사와 하닷과 데마와
31 여둘과 나비스와 게드마라 이들은 이스
마엘의 자손들이라
32 ●아브라함의 소실 그두라가 낳은 자손
은 시므란과 욕산과 므단과 미디안과
이스박과 수아요 욕산의 자손은 스바와
드단이요
33 미디안의 자손은 에바와 에벨과 하녹과
아비다와 엘다아니 이들은 모두 그두라
의 자손들이라

에서의 자손
(창 36:1-19, 20-30)

34 ●아브라함이 이삭을 낳았으니 이삭의
아들은 에서와 이스라엘이더라
35 ●에서의 아들은 엘리바스와 르우엘과
여우스와 얄람과 고라요
36 엘리바스의 아들은 데만과 오말과 스비
와 가담과 그나스와 딤나와 아말렉이요
37 르우엘의 아들은 나핫과 세라와 삼마와
밋사요
38 세일의 아들은 로단과 소발과 시브온과
아나와 디손과 에셀과 디산이요
39 로단의 아들은 호리와 호맘이요 로단의
누이는 딤나요
40 소발의 아들은 알란과 마나핫과 에발과
스비와 오남이요 시브온의 아들은 아야
와 아나요
41 아나의 아들은 디손이요 디손의 아들은
하므란과 에스반과 이드란과 그란이요
42 에셀의 아들은 빌한과 사아완과 아아간
이요 디산의 아들은 우스와 아란이더라

에돔 땅을 다스린 왕들
(창 36:31-43)

43 ●이스라엘 자손을 다스리는 왕이 있기

19 ●Two sons were born to Eber:
One was named Peleg,[a] because in his time
the earth was divided; his brother was
named Joktan.
20 ●Joktan was the father of
Almodad, Sheleph, Hazarmaveth, Jerah,
21-22 ●Hadoram, Uzal, Diklah, ●Obal,[b] Abimael,
23 Sheba, ●Ophir, Havilah and Jobab. All these
were sons of Joktan.
24 ●Shem, Arphaxad,[c] Shelah,
25 ●Eber, Peleg, Reu,
26 ●Serug, Nahor, Terah
27 ●and Abram (that is, Abraham).

The Family of Abraham

28 ●The sons of Abraham: Isaac and Ishmael.

Descendants of Hagar

29 ●These were their descendants:
Nebaioth the firstborn of Ishmael, Kedar,
30 Adbeel, Mibsam, ●Mishma, Dumah, Massa,
31 Hadad, Tema, ●Jetur, Naphish and Kede-
mah. These were the sons of Ishmael.

Descendants of Keturah

32 ●The sons born to Keturah, Abraham's
concubine:
Zimran, Jokshan, Medan, Midian, Ishbak
and Shuah.
The sons of Jokshan: Sheba and Dedan.
33 ●The sons of Midian:
Ephah, Epher, Hanok, Abida and Eldaah.
All these were descendants of Keturah.

Descendants of Sarah

34 ●Abraham was the father of Isaac.
The sons of Isaac:
Esau and Israel.

Esau's Sons

35 ●The sons of Esau:
Eliphaz, Reuel, Jeush, Jalam and Korah.
36 ●The sons of Eliphaz:
Teman, Omar, Zepho,[d] Gatam and Kenaz;
by Timna: Amalek.[e]
37 ●The sons of Reuel:
Nahath, Zerah, Shammah and Mizzah.

The People of Seir in Edom

38 ●The sons of Seir:
Lotan, Shobal, Zibeon, Anah, Dishon, Ezer

[a]19 *Peleg* means *division.* [b]22 Some Hebrew manuscripts and Syriac (see also Gen. 10:28); most Hebrew manuscripts *Ebal* [c]24 Hebrew; some Septuagint manuscripts *Arphaxad, Cainan* (see also note at Gen. 11:10) [d]36 Many Hebrew manuscripts, some Septuagint manuscripts and Syriac (see also Gen. 36:11); most Hebrew manuscripts *Zephi* [e]36 Some Septuagint manuscripts (see also Gen. 36:12); Hebrew *Gatam, Kenaz, Timna and Amalek*

Abraham [éibrəhæm] *n.* 아브라함
all [ɔːl] *a.* 모든
bear [bɛər] *vt.* 낳다
brother [brʌ́ðər] *n.* 형제
concubine [káŋkjubàin] *n.* 첩
descendant [diséndənt] *n.* 자손
divide [diváid] *vt.* 나누다
Esau [íːsɔː] *n.* 에서
Hagar [héigaːr] *n.* 하갈
Isaac [áizək] *n.* 이삭
Ishmael [íʃmiəl] *n.* 이스마엘
name [neim] *vt.* 이름을 짓다
of [ʌ́v] *prep.* …의
people [píːpl] *n.* 민족
time [taim] *n.* 때

1:19 A be born to B: A가 B에게서 태어나다
1:19 A was named B: A는 B로 불려지다
1:19 in one's time: ~의 때에
1:27 that is: 즉

전에 에돔 땅을 다스린 왕은 이러하니라
브올의 아들 벨라니 그의 도성 이름은
딘하바이며
44 벨라가 죽으매 보스라 세라의 아들 요밥
이 대신하여 왕이 되고
45 요밥이 죽으매 데만 종족의 땅의 사람
후삼이 대신하여 왕이 되고
46 후삼이 죽으매 브닷의 아들 하닷이 대신
하여 왕이 되었으니 하닷은 모압 들에서
미디안을 친 자요 그 도성 이름은 아윗
이며
47 하닷이 죽으매 마스레가의 사믈라가 대
신하여 왕이 되고
48 사믈라가 죽으매 강가의 르호봇 사울이
대신하여 왕이 되고
49 사울이 죽으매 악볼의 아들 바알하난이
대신하여 왕이 되고
50 바알하난이 죽으매 하닷이 대신하여 왕
이 되었으니 그의 도성 이름은 바이요
그의 아내의 이름은 므헤다벨이라 메사
합의 손녀요 마드렛의 딸이더라
51 하닷이 죽으니라 그리고 에돔의 족장은
이러하니 딤나 족장과 알랴 족장과 여뎃
족장과
52 오홀리바마 족장과 엘라 족장과 비논 족
장과
53 그나스 족장과 데만 족장과 밉살 족장과
54 막디엘 족장과 이람 족장이라 에돔의 족
장이 이러하였더라

2 이스라엘의 아들들은 이러하니 르우벤
과 시므온과 레위와 유다와 잇사갈과
스불론과
2 단과 요셉과 베냐민과 납달리와 갓과 아
셀이더라

유다의 자손

3 ●유다의 아들들은 에르와 오난과 셀라니
이 세 사람은 가나안 사람 수아의 딸이
유다에게 낳아 준 자요 유다의 맏아들
에르는 여호와 보시기에 악하였으므로
여호와께서 죽이셨고
4 유다의 며느리 다말이 유다에게 베레스
와 세라를 낳아 주었으니 유다의 아들이
모두 다섯이더라
5 ●베레스의 아들들은 헤스론과 하물이요
6 세라의 아들들은 시므리와 에단과 헤만과
갈골과 다라니 모두 다섯 사람이요
7 갈미의 아들은 아갈이니 그는 진멸시킬

and Dishan.
39 ●The sons of Lotan:
Hori and Homam. Timna was Lotan's sister.
40 ●The sons of Shobal:
Alvan,[a] Manahath, Ebal, Shepho and Onam.
The sons of Zibeon: Aiah and Anah.
41 ●The son of Anah: Dishon.
The sons of Dishon:
Hemdan,[b] Eshban, Ithran and Keran.
42 ●The sons of Ezer: Bilhan, Zaavan and Akan.[c]
The sons of Dishan[d]: Uz and Aran.

The Rulers of Edom

43 ●These were the kings who reigned in Edom
before any Israelite king reigned:
Bela son of Beor, whose city was named Din-
habah.
44 ●When Bela died, Jobab son of Zerah from
Bozrah succeeded him as king.
45 ●When Jobab died, Husham from the land of
the Temanites succeeded him as king.
46 ●When Husham died, Hadad son of Bedad,
who defeated Midian in the country of
Moab, succeeded him as king. His city was
named Avith.
47 ●When Hadad died, Samlah from Masrekah suc-
ceeded him as king.
48 ●When Samlah died, Shaul from Rehoboth on
the river[e] succeeded him as king.
49 ●When Shaul died, Baal-Hanan son of Akbor
succeeded him as king.
50 ●When Baal-Hanan died, Hadad succeeded
him as king. His city was named Pau,[f] and
his wife's name was Mehetabel daughter of
51 Matred, the daughter of Me-Zahab. ●Hadad
also died.
The chiefs of Edom were:
52 Timna, Alvah, Jetheth, ●Oholibamah, Elah,
53–54 Pinon, ●Kenaz, Teman, Mibzar, ●Magdiel
and Iram. These were the chiefs of Edom.

Israel's Sons

2 These were the sons of Israel:
Reuben, Simeon, Levi, Judah, Issachar, Zebu-
2 lun, ●Dan, Joseph, Benjamin, Naphtali, Gad
and Asher.

[a]40 Many Hebrew manuscripts and some Septuagint manuscripts (see also Gen. 36:23); most Hebrew manuscripts *Alian* [b]41 Many Hebrew manuscripts and some Septuagint manuscripts (see also Gen. 36:26); most Hebrew manuscripts *Hamran* [c]42 Many Hebrew and Septuagint manuscripts (see also Gen. 36:27); most Hebrew manuscripts *Zaavan, Jaakan* [d]42 See Gen. 36:28; Hebrew *Dishon,* a variant of *Dishan* [e]48 Possibly the Euphrates [f]50 Many Hebrew manuscripts, some Septuagint manuscripts, Vulgate and Syriac (see also Gen. 36:39); most Hebrew manuscripts *Pai*

대상

Benjamin [béndʒəmən] *n.* 베냐민
chief [tʃi:f] *n.* 우두머리
city [síti] *n.* 도성
country [kʌ́ntri] *n.* 나라
defeat [difí:t] *vt.* 쳐부수다
die [dai] *vi.* 죽다
Israel [ízriəl] *n.* 이스라엘
land [lænd] *n.* 땅
reign [rein] *vi.* 통치하다
Reuben [rú:bən] *n.* 르우벤
river [rívər] *n.* 강, 하수
ruler [rú:lər] *n.* 통치자
sister [sístər] *n.* 자매
succeed [səksí:d] *vt.* 계승하다
these [ðí:z] *pron.* 이(것)들

1:39 The son of A: A의 아들
1:43 reign in~: ~에서 통치하다
1:44 succeed A as B: A의 뒤를 이어 B가 되다
1:45 A from the land of B: B지역 출신인 A

물건을 범하여 이스라엘을 괴롭힌 자이
며
8 에단의 아들은 아사랴더라

다윗의 가계

9 ●헤스론이 낳은 아들은 여라므엘과 람
과 글루배라
10 람은 암미나답을 낳고 암미나답은 나손
을 낳았으니 나손은 유다 자손의 방백이
며 룻 4:19
11 나손은 살마를 낳고 살마는 보아스를 낳
고
12 보아스는 오벳을 낳고 오벳은 이새를 낳
고
13 이새는 맏아들 엘리압과 둘째로 아비나
답과 셋째로 시므아와
14 넷째로 느다넬과 다섯째로 랏대와
15 여섯째로 오셈과 일곱째로 다윗을 낳았
으며
16 그들의 자매는 스루야와 아비가일이라
스루야의 아들은 아비새와 요압과 아사
헬 삼형제요
17 아비가일은 아마사를 낳았으니 아마사
의 아버지는 이스마엘 사람 예델이었더
라 삼하 17:25

헤스론의 자손

18 ●헤스론의 아들 갈렙이 그의 아내 아수
바와 여리옷에게서 아들을 낳았으니 그
가 낳은 아들들은 예셀과 소밥과 아르돈
이며
19 아수바가 죽은 후에 갈렙이 또 에브랏에
게 장가들었더니 에브랏이 그에게 훌을
낳아 주었고
20 훌은 우리를 낳고 우리는 브살렐을 낳았
더라
21 ●그 후에 헤스론이 육십 세에 길르앗의
아버지 마길의 딸에게 장가들어 동침하
였더니 그가 스굽을 헤스론에게 낳아 주
었으며
22 스굽은 야일을 낳았고 야일은 길르앗 땅
에서 스물세 성읍을 가졌더니
23 그술과 아람이 야일의 성읍들과 그낫과
그에 딸린 성읍들 모두 육십을 그들에게
서 빼앗았으며 이들은 다 길르앗의 아버
지 마길의 자손이었더라
24 헤스론이 갈렙 에브라다에서 죽은 후에
그의 아내 아비야가 그로 말미암아 아스
훌을 낳았으니 아스훌은 드고아의 아버

대상

Judah
To Hezron's Sons
3 ●The sons of Judah:
Er, Onan and Shelah. These three were born
to him by a Canaanite woman, the daughter
of Shua. Er, Judah's firstborn, was wicked in
the LORD's sight; so the LORD put him to death.
4 ●Judah's daughter-in-law Tamar bore Perez
and Zerah to Judah. He had five sons in all.
5 ●The sons of Perez: Hezron and Hamul.
6 ●The sons of Zerah:
Zimri, Ethan, Heman, Kalkol and Darda[a]
— five in all.
7 ●The son of Karmi:
Achar,[b] who brought trouble on Israel by vio-
lating the ban on taking devoted things.[c]
8 ●The son of Ethan:
Azariah.
9 ●The sons born to Hezron were:
Jerahmeel, Ram and Caleb.[d]

From Ram Son of Hezron
10 ●Ram was the father of
Amminadab, and Amminadab the father
of Nahshon, the leader of the people of Ju-
11 dah. ●Nahshon was the father of Salmon,[e]
12 Salmon the father of Boaz, ●Boaz the father
of Obed and Obed the father of Jesse.
13 ●Jesse was the father of
Eliab his firstborn; the second son was Abi-
14 nadab, the third Shimea, ●the fourth Ne-
15 thanel, the fifth Raddai, ●the sixth Ozem
16 and the seventh David. ●Their sisters were
Zeruiah and Abigail. Zeruiah's three sons
17 were Abishai, Joab and Asahel. ●Abigail was
the mother of Amasa, whose father was
Jether the Ishmaelite.

Caleb Son of Hezron
18 ●Caleb son of Hezron had children by his wife
Azubah (and by Jerioth). These were her
19 sons: Jesher, Shobab and Ardon. ●When
Azubah died, Caleb married Ephrath, who
20 bore him Hur. ●Hur was the father of Uri,
and Uri the father of Bezalel.
21 ●Later, Hezron, when he was sixty years old,
married the daughter of Makir the father
of Gilead. He made love to her, and she
22 bore him Segub. ●Segub was the father of
Jair, who controlled twenty-three towns in

[a]6 Many Hebrew manuscripts, some Septuagint manuscripts and Syriac (see also 1 Kings 4:31); most Hebrew manuscripts *Dara* [b]7 *Achar* means *trouble*; *Achar* is called *Achan* in Joshua. [c]7 The Hebrew term refers to the irrevocable giving over of things or persons to the LORD, often by totally destroying them. [d]9 Hebrew *Kelubai*, a variant of *Caleb* [e]11 Septuagint (see also Ruth 4:21); Hebrew *Salma*

ban [bæn] *n.* 금령, 금지
bring [briŋ] *vt.* 가져오다
control [kəntróul] *vt.* 통제하다
daughter-in-law [dɔ́:tərinlɔ̀:] *n.* 며느리
death [deθ] *n.* 죽음
devote [divóut] *vt.* 바치다
later [léitər] *ad.* 후에
leader [lí:dər] *n.* 지도자
marry [mǽri] *vt.* 결혼하다
people [pí:pl] *n.* 민족, 국민
sight [sait] *n.* 시각
trouble [trʌ́bl] *n.* 고통, 문제
violate [váiəlèit] *vt.* 위반하다
whose [hu:z] *pron.* 누구의
wicked [wíkid] *a.* 악한

2:3 in one's sight: …의 판단으로는
2:3 put... to death: …를 죽이다
2:4 in all: 모두해서, 전부
2:7 The son of ...: …의 아들, 계승자
2:19 bear A B: A에게 B를 낳아주다
2:21 make love (to): 성교하다

지더라

여라므엘의 자손

25 ● 헤스론의 맏아들 여라므엘의 아들은
맏아들 람과 그 다음 브나와 오렌과 오
셈과 아히야이며
26 여라므엘이 다른 아내가 있었으니 이름
은 아다라라 그는 오남의 어머니더라
27 여라므엘의 맏아들 람의 아들은 마아스
와 야민과 에겔이요
28 오남의 아들들은 삼매와 야다요 삼매의
아들은 나답과 아비술이며
29 아비술의 아내의 이름은 아비하일이라
아비하일이 아반과 몰릿을 그에게 낳아
주었으며
30 나답의 아들들은 셀렛과 압바임이라 셀
렛은 아들이 없이 죽었고
31 압바임의 아들은 이시요 이시의 아들은
세산이요 세산의 아들은 알래요
32 삼매의 아우 야다의 아들들은 예델과 요
나단이라 예델은 아들이 없이 죽었고
33 요나단의 아들들은 벨렛과 사사라 여라
므엘의 자손은 이러하며
34 세산은 아들이 없고 딸뿐이라 그에게 야
르하라 하는 애굽 종이 있으므로
35 세산이 딸을 그 종 야르하에게 주어 아
내를 삼게 하였더니 그가 그로 말미암아
앗대를 낳고
36 앗대는 나단을 낳고 나단은 사밧을 낳고
37 사밧은 에블랄을 낳고 에블랄은 오벳을
낳고
38 오벳은 예후를 낳고 예후는 아사랴를 낳
고
39 아사랴는 헬레스를 낳고 헬레스는 엘르
아사를 낳고
40 엘르아사는 시스매를 낳고 시스매는 살
룸을 낳고
41 살룸은 여가먀를 낳고 여가먀는 엘리사
마를 낳았더라

갈렙의 자손

42 ● 여라므엘의 아우 갈렙의 아들 곧 맏아
들은 메사이니 십의 아버지요 그 아들은
마레사니 헤브론의 아버지이며
43 헤브론의 아들들은 고라와 답부아와 레
겜과 세마라
44 세마는 라함을 낳았으니 라함은 요르그
암의 아버지이며 레겜은 삼매를 낳았고
45 삼매의 아들은 마온이라 마온은 벧술의

23 Gilead. ●(But Geshur and Aram captured
Havvoth Jair,[a] as well as Kenath with its
surrounding settlements — sixty towns.) All
these were descendants of Makir the father
of Gilead.
24 ● After Hezron died in Caleb Ephrathah, Abijah
the wife of Hezron bore him Ashhur the
father[b] of Tekoa.

Jerahmeel Son of Hezron

25 ● The sons of Jerahmeel the firstborn of Hezron:
Ram his firstborn, Bunah, Oren, Ozem and[c]
26 Ahijah. ● Jerahmeel had another wife, whose
name was Atarah; she was the mother of
Onam.
27 ● The sons of Ram the firstborn of Jerahmeel:
Maaz, Jamin and Eker.
28 ● The sons of Onam: Shammai and Jada.
The sons of Shammai: Nadab and Abishur.
29 ● Abishur's wife was named Abihail, who bore
him Ahban and Molid.
30 ● The sons of Nadab:
Seled and Appaim. Seled died without chil-
dren.
31 ● The son of Appaim:
Ishi, who was the father of Sheshan.
Sheshan was the father of Ahlai.
32 ● The sons of Jada, Shammai's brother:
Jether and Jonathan. Jether died without chil-
dren.
33 ● The sons of Jonathan: Peleth and Zaza.
These were the descendants of Jerahmeel.
34 ● Sheshan had no sons — only daughters.
He had an Egyptian servant named Jarha.
35 ● Sheshan gave his daughter in marriage to
his servant Jarha, and she bore him Attai.
36 ● Attai was the father of Nathan,
Nathan the father of Zabad,
37 ● Zabad the father of Ephlal,
Ephlal the father of Obed,
38 ● Obed the father of Jehu,
Jehu the father of Azariah,
39 ● Azariah the father of Helez,
Helez the father of Eleasah,
40 ● Eleasah the father of Sismai,
Sismai the father of Shallum,
41 ● Shallum the father of Jekamiah,
and Jekamiah the father of Elishama.

The Clans of Caleb

42 ● The sons of Caleb the brother of Jerahmeel:
Mesha his firstborn, who was the father of

[a]23 Or *captured the settlements of Jair* [b]24 *Father* may mean *civic leader* or *military leader*; also in verses 42, 45, 49-52 and possibly elsewhere. [c]25 Or *Oren and Ozem, by*

another [ənʌ́ðər] *a.* 다른
bear [bɛər] *vt.* 낳다
capture [kǽptʃər] *vt.* 사로잡다
children [tʃíldrən] *n.* 자식
clan [klæn] *n.* 부족
descendant [diséndənt] *n.* 자손
firstborn [fə́ːrstbɔ́ːrn] *n.* 장자
mother [mʌ́ðər] *n.* 어머니
only [óunli] *ad.* 오직
servant [sə́ːrvənt] *n.* 종
settlement [sétlmənt] *n.* 정착촌
surround [səráund] *vt.* 에워싸다
town [taun] *n.* 성읍
wife [waif] *n.* 아내
without [wiðáut] *prep.* …없이

2:23 as well as...: …뿐만 아니라
2:25 the first born of A: A의 장손
2:29 be named...: …로 명명되다
2:30 die without ...: …없이 죽다
2:35 give... in marriage to~: …를 ~와 결혼시키다

아버지이며
46 갈렙의 소실 에바는 하란과 모사와 가세
스를 낳고 하란은 가세스를 낳았으며
47 야대의 아들은 레겜과 요단과 게산과 벨
렛과 에바와 사압이며
48 갈렙의 소실 마아가는 세벨과 디르하나
를 낳았고
49 또 맛만나의 아버지 사압을 낳았고 또
막베나와 기브아의 아버지 스와를 낳았
으며 갈렙의 딸은 악사더라
50 ●갈렙의 자손 곧 에브라다의 맏아들 훌
의 아들은 이러하니 기랏여아림의 아버
지 소발과
51 베들레헴의 아버지 살마와 벧가델의 아
버지 하렙이라
52 기랏여아림의 아버지 소발의 자손은 하
로에와 므누홋 사람의 절반이니
53 기랏여아림 족속들은 이델 종족과 붓 종
족과 수맛 종족과 미스라 종족이라 이로
말미암아 소라와 에스다올 두 종족이 나
왔으며
54 살마의 자손들은 베들레헴과 느도바 종
족과 아다롯벳요압과 마나핫 종족의 절
반과 소라 종족과
55 야베스에 살던 서기관 종족 곧 디랏 종
족과 시므앗 종족과 수갓 종족이니 이는
다 레갑 가문의 조상 함맛에게서 나온
겐 종족이더라

다윗 왕의 아들과 딸

대상

3 다윗이 헤브론에서 낳은 아들들은
이러하니 맏아들은 암논이라 이스르
엘 여인 아히노암의 소생이요 둘째는
다니엘이라 갈멜 여인 아비가일의 소
생이요 삼하 3:2,3
2 셋째는 압살롬이라 그술 왕 달매의 딸
마아가의 아들이요 넷째는 아도니야라
학깃의 아들이요
3 다섯째는 스바댜라 아비달의 소생이요
여섯째는 이드르암이라 다윗의 아내 에
글라의 소생이니
4 이 여섯은 헤브론에서 낳았더라 다윗이
거기서 칠 년 육 개월 다스렸고 또 예루
살렘에서 삼십삼 년 다스렸으며
5 예루살렘에서 그가 낳은 아들들은 이러
하니 시므아와 소밥과 나단과 솔로몬 네
사람은 다 암미엘의 딸 밧수아의 소생이
요

Ziph, and his son Mareshah,[a] who was the
father of Hebron.
43 ●The sons of Hebron:
Korah, Tappuah, Rekem and Shema.
44 ●Shema was the father of Raham, and
Raham the father of Jorkeam. Rekem was
45 the father of Shammai. ●The son of Sham-
mai was Maon, and Maon was the father
of Beth Zur.
46 ●Caleb's concubine Ephah was the mother of
Haran, Moza and Gazez. Haran was the
father of Gazez.
47 ●The sons of Jahdai:
Regem, Jotham, Geshan, Pelet, Ephah and
Shaaph.
48 ●Caleb's concubine Maakah was the mother of
49 Sheber and Tirhanah. ●She also gave birth to
Shaaph the father of Madmannah and to
Sheva the father of Makbenah and Gibea.
50 Caleb's daughter was Aksah. ●These were
the descendants of Caleb.

The sons of Hur the firstborn of Ephrathah:
51 Shobal the father of Kiriath Jearim, ●Salma
the father of Bethlehem, and Hareph the
father of Beth Gader.
52 ●The descendants of Shobal the father of Kiriath
Jearim were:
53 Haroeh, half the Manahathites, ●and the
clans of Kiriath Jearim: the Ithrites, Puthites,
Shumathites and Mishraites. From these
descended the Zorathites and Eshtaolites.
54 ●The descendants of Salma:
Bethlehem, the Netophathites, Atroth Beth
Joab, half the Manahathites, the Zorites,
55 ●and the clans of scribes[b] who lived at Jabez:
the Tirathites, Shimeathites and Sucathites.
These are the Kenites who came from Ham-
math, the father of the Rekabites.[c]

The Sons of David

3 These were the sons of David born to him
in Hebron:
The firstborn was Amnon the son of Ahi-
noam of Jezreel;
the second, Daniel the son of Abigail of
Carmel;
2 ●the third, Absalom the son of Maakah daugh-
ter of Talmai king of Geshur;
the fourth, Adonijah the son of Haggith;
3 ●the fifth, Shephatiah the son of Abital;
and the sixth, Ithream, by his wife Eglah.

[a]42 The meaning of the Hebrew for this phrase is uncertain.
[b]55 Or *of the Sopherites* [c]55 Or *father of Beth Rekab*

also [ɔ́:lsou] *ad.* 또한
birth [bə:rθ] *n.* 출생
come [kʌm] *vi.* 오다
concubine [káŋkjubàin] *n.* 첩
daughter [dɔ́:tər] *n.* 딸
David [deivid] *n.* 다윗
descend [disénd] *vi.* 내려오다, 자손이다
father [fá:ðər] *n.* 아버지
half [hæf] *n.* 반
live [liv] *vi.* 거주하다
scribe [skraib] *n.* 필사자
second [sékənd] *n.* 두 번째
son [sʌn] *n.* 아들
these [ði:z] *pron.* 이(것)들
third [θə:rd] *a.* 세 번째

2:49 give birth to...: …를 낳다
2:52 The descendant of~: ~의 후손
2:55 the clans of~: ~의 씨족
2:55 live at ...: …에 살다
2:55 come from...: …출신이다
3:1 be born: 태어나다

6 또 입할과 엘리사마와 엘리벨렛과
7 노가와 네벡과 야비아와
8 엘리사마와 엘랴다와 엘리벨렛 아홉 사
람은
9 다 다윗의 아들이요 그들의 누이는 다
말이며 이외에 또 소실의 아들이 있었
더라
삼하 13:1

솔로몬 왕의 자손

10 ●솔로몬의 아들은 르호보암이요 그의
아들은 아비야요 그의 아들은 아사요 그
의 아들은 여호사밧이요
11 그의 아들은 요람이요 그의 아들은 아하
시야요 그의 아들은 요아스요
12 그의 아들은 아마샤요 그의 아들은 아사
랴요 그의 아들은 요담이요
13 그의 아들은 아하스요 그의 아들은 히스
기야요 그의 아들은 므낫세요
14 그의 아들은 아몬이요 그의 아들은 요시
야이며
15 요시야의 아들들은 맏아들 요하난과 둘
째 여호야김과 셋째 시드기야와 넷째 살
룸이요
16 여호야김의 아들들은 그의 아들 여고냐,
그의 아들 시드기야요
마 1:11
17 사로잡혀 간 여고냐의 아들들은 그의 아
들 스알디엘과
18 말기람과 브다야와 세낫살과 여가먀와
호사마와 느다뱌요
19 브다야의 아들들은 스룹바벨과 시므이
요 스룹바벨의 아들은 므술람과 하나냐
와 그의 매제 슬로밋과
20 또 하수바와 오헬과 베레갸와 하사댜와
유삽헤셋 다섯 사람이요
21 하나냐의 아들은 블라댜와 여사야요 또
르바야의 아들 아르난의 아들들, 오바댜
의 아들들, 스가냐의 아들들이니
22 스가냐의 아들은 스마야요 스마야의 아
들들은 핫두스와 이갈과 바리아와 느아
랴와 사밧 여섯 사람이요
23 느아랴의 아들은 에료에내와 히스기야
와 아스리감 세 사람이요
24 에료에내의 아들들은 호다위야와 엘리
아십과 블라야와 악굽과 요하난과 들라
야와 아나니 일곱 사람이더라

유다의 자손

4 유다의 아들들은 베레스와 헤스론과
갈미와 훌과 소발이라
창 46:12

4 ●These six were born to David in Hebron,
where he reigned seven years and six months.
David reigned in Jerusalem thirty-three years,
5 ●and these were the children born to him there:
Shammua,[a] Shobab, Nathan and Solomon.
These four were by Bathsheba[b] daughter of
6 Ammiel. ●There were also Ibhar, Elishua,[c]
7–8 Eliphelet, ●Nogah, Nepheg, Japhia, ●Elisha-
9 ma, Eliada and Eliphelet — nine in all. ●All
these were the sons of David, besides his sons
by his concubines. And Tamar was their sister.

The Kings of Judah

10 ●Solomon's son was Rehoboam,
Abijah his son,
Asa his son,
Jehoshaphat his son,
11 ●Jehoram[d] his son,
Ahaziah his son,
Joash his son,
12 ●Amaziah his son,
Azariah his son,
Jotham his son,
13 ●Ahaz his son,
Hezekiah his son,
Manasseh his son,
14 ●Amon his son,
Josiah his son.
15 ●The sons of Josiah: Johanan the firstborn,
Jehoiakim the second son,
Zedekiah the third, Shallum the fourth.
16 ●The successors of Jehoiakim:
Jehoiachin[e] his son, and Zedekiah.

The Royal Line After the Exile

17 ●The descendants of Jehoiachin the captive:
18 Shealtiel his son, ●Malkiram, Pedaiah, She-
nazzar, Jekamiah, Hoshama and Nedabiah.
19 ●The sons of Pedaiah: Zerubbabel and Shimei.
The sons of Zerubbabel:
Meshullam and Hananiah.
Shelomith was their sister.
20 ●There were also five others: Hashubah, Ohel,
Berekiah, Hasadiah and Jushab-Hesed.
21 ●The descendants of Hananiah:
Pelatiah and Jeshaiah, and the sons of Repha-
iah, of Arnan, of Obadiah and of Shekaniah.
22 ●The descendants of Shekaniah:
Shemaiah and his sons:

[a]5 Hebrew *Shimea*, a variant of *Shammua* [b]5 One Hebrew manuscript and Vulgate (see also Septuagint and 2 Samuel 11:3); most Hebrew manuscripts *Bathshua* [c]6 Two Hebrew manuscripts (see also 2 Samuel 5:15 and 1 Chron. 14:5); most Hebrew manuscripts *Elishama* [d]11 Hebrew *Joram*, a variant of *Jehoram* [e]16 Hebrew *Jeconiah*, a variant of *Jehoiachin*; also in verse 17

after [æftər] *prep.* …의 뒤에
all [ɔ:l] *pron.* 모든
and [ənd] *conj.* 그리고
besides [bisáidz] *prep.* …외에도
captive [kǽptiv] *n.* 포로
descendant [diséndənt] *n.* 자손
exile [égzail] *n.* 추방, 유배
Line [lain] *n.* 계보, 선
other [ʌ́ðər] *pron.* 다른 사람
reign [rein] *vi.* 통치하다
royal [rɔ́iəl] *a.* 왕족의
sister [sístər] *n.* 자매
successor [səksésər] *n.* 계승자
their [ðər] *pron.* 그들의
year [jiər] *n.* 해, 연도

3:4 reign in~: ~에서 통치하다
3:5 A be born to B: A는 B에게서 나다
3:8 in all: 모두해서, 전부
3:9 by one's concubine: 첩에 의하여
3:16 The successors of~: ~의 계승자들
The Royal Line(소제목): 왕통, 대통

2 소발의 아들 르아야는 야핫을 낳고 야핫
은 아후매와 라핫을 낳았으니 이는 소라
사람의 종족이며
3 에담 조상의 자손들은 이스르엘과 이스
마와 잇바스와 그들의 매제 하술렐보니
와
4 그돌의 아버지 브누엘과 후사의 아버지
에셀이니 이는 다 베들레헴의 아버지 에
브라다의 맏아들 훌의 소생이며
5 드고아의 아버지 아스훌의 두 아내는 헬
라와 나아라라 2:24
6 나아라는 그에게 아훗삼과 헤벨과 데므
니와 하아하스다리를 낳아 주었으니 이
는 나아라의 소생이요
7 헬라의 아들들은 세렛과 이소할과 에드
난이며
8 고스는 아눕과 소베바와 하룸의 아들 아
하헬 종족들을 낳았으며
9 야베스는 그의 형제보다 귀중한 자라 그
의 어머니가 이름하여 이르되 야베스라
하였으니 이는 내가 수고로이 낳았다 함
이었더라
10 야베스가 이스라엘 하나님께 아뢰어 이
르되 주께서 내게 복을 주시려거든 나의
지역을 넓히시고 주의 손으로 나를 도우
사 나로 환난을 벗어나 내게 근심이 없
게 하옵소서 하였더니 하나님이 그가 구
하는 것을 허락하셨더라

다른 족보

11 ●수하의 형 글룹이 므힐을 낳았으니 므
힐은 에스돈의 아버지요
12 에스돈은 베드라바와 바세아와 이르나
하스의 아버지 드힌나를 낳았으니 이는
다 레가 사람이며
13 그나스의 아들들은 옷니엘과 스라야요
옷니엘의 아들들은 하닷이며 수 15:17
14 므오노대는 오브라를 낳고 스라야는 요
압을 낳았으니 요압은 게하라심의 조상
이라 그들은 공장이었더라
15 여분네의 아들 갈렙의 자손은 이루와 엘
라와 나암과 엘라의 자손과 그나스요
16 여할렐렐의 아들은 십과 시바와 디리아
와 아사렐이요
17 에스라의 아들들은 예델과 메렛과 에벨
과 얄론이며 메렛은 미리암과 삼매와 에
스드모아의 조상 이스바를 낳았으니
18 이는 메렛이 아내로 맞은 바로의 딸 비

Hattush, Igal, Bariah, Neariah and Shaphat—
six in all.
23 ●The sons of Neariah:
Elioenai, Hizkiah and Azrikam—three in all.
24 ●The sons of Elioenai:
Hodaviah, Eliashib, Pelaiah, Akkub, Johanan, Delaiah and Anani—seven in all.

Other Clans of Judah

4 The descendants of Judah:
Perez, Hezron, Karmi, Hur and Shobal.
2 ●Reaiah son of Shobal was the father of Jahath,
and Jahath the father of Ahumai and Lahad.
These were the clans of the Zorathites.
3 ●These were the sons[a] of Etam:
Jezreel, Ishma and Idbash. Their sister was
4 named Hazzelelponi. ●Penuel was the father
of Gedor, and Ezer the father of Hushah.
These were the descendants of Hur, the first-
born of Ephrathah and father[b] of Bethlehem.
5 ●Ashhur the father of Tekoa had two wives,
Helah and Naarah.
6 ●Naarah bore him Ahuzzam, Hepher, Temeni
and Haahashtari. These were the descen-
dants of Naarah.
7 ●The sons of Helah:
8 Zereth, Zohar, Ethnan, ●and Koz, who was
the father of Anub and Hazzobebah and of
the clans of Aharhel son of Harum.
9 ●Jabez was more honorable than his brothers.
His mother had named him Jabez,[c] saying, "I
10 gave birth to him in pain." ●Jabez cried out to
the God of Israel, "Oh, that you would bless me
and enlarge my territory! Let your hand be with
me, and keep me from harm so that I will be free
from pain." And God granted his request.
11 ●Kelub, Shuhah's brother, was the father of
12 Mehir, who was the father of Eshton. ●Esh-
ton was the father of Beth Rapha, Paseah and
Tehinnah the father of Ir Nahash.[d] These
were the men of Rekah.
13 ●The sons of Kenaz:
Othniel and Seraiah.
The sons of Othniel:
14 Hathath and Meonothai.[e] ●Meonothai was
the father of Ophrah.
Seraiah was the father of Joab,
the father of Ge Harashim.[f] It was called this

[a]3 Some Septuagint manuscripts (see also Vulgate); Hebrew *father* [b]4 *Father* may mean *civic leader* or *military leader*; also in verses 12, 14, 17, 18 and possibly elsewhere. [c]9 *Jabez* sounds like the Hebrew for *pain*. [d]12 Or *of the city of Nahash* [e]13 Some Septuagint manuscripts and Vulgate; Hebrew does not have *and Meonothai*. [f]14 *Ge Harashim* means *valley of skilled workers*.

bless [bles] *vt.* 축복하다
call [kɔ:l] *vt.* 부르다
clan [klæn] *n.* 부족
enlarge [inlá:rdʒ] *vt.* 크게 하다
father [fá:ðər] *n.* 아버지
firstborn [fə:rstbɔ́:rn] *n.* 장자
grant [grænt] *vt.* 허락하다
harm [ha:rm] *vt.* 해를 끼치다
honorable [ánərəbl] *a.* 존경할 만한
Judah [dʒú:də] *n.* 유다
name [neim] *vt.* 이름을 짓다
pain [pein] *n.* 고통
request [rikwést] *n.* 요청
territory [térətɔ̀:ri] *n.* 영토
wife [waif] *n.* 아내

4:9 in pain: 고통 중에
4:10 cry out: 소리치다
4:10 let your hand be with me: 당신의 손으로 나를 도우사
4:10 keep... from~: …가 ~하지 못하게하다
4:10 be free from...: …로부터 자유로운

디아의 아들들이며 또 그의 아내 여후디야는 그돌의 조상 예렛과 소고의 조상 헤벨과 사노아의 조상 여구디엘을 낳았으며

19 나함의 누이인 호디야의 아내의 아들들은 가미 사람 그일라의 아버지와 마아가 사람 에스드모아며

20 시몬의 아들들은 암논과 린나와 벤하난과 딜론이요 이시의 아들들은 소헷과 벤소헷이더라

21 유다의 아들 셀라의 자손은 레가의 아버지 에르와 마레사의 아버지 라아다와 세마포 짜는 자의 집 곧 아스베야의 집 종족과

22 또 요김과 고세바 사람들과 요아스와 모압을 다스리던 사랍과 야수비네헴이니 이는 다 옛 기록에 의존한 것이라

23 이 모든 사람은 토기장이가 되어 수풀과 산울 가운데에 거주하는 자로서 거기서 왕과 함께 거주하면서 왕의 일을 하였더라

시므온의 자손 (♪ 391, 559장)

24 ●시므온의 아들들은 느무엘과 야민과 야립과 세라와 사울이요

25 사울의 아들은 살룸이요 그의 아들은 밉삼이요 그의 아들은 미스마요

26 미스마의 아들은 함무엘이요 그의 아들은 삭굴이요 그의 아들은 시므이라

27 시므이에게는 아들 열여섯과 딸 여섯이 있으나 그의 형제에게는 자녀가 몇이 못 되니 그들의 온 종족이 유다 자손처럼 번성하지 못하였더라

28 시므온 자손이 거주한 곳은 브엘세바와 몰라다와 하살수알과

29 빌하와 에셈과 돌랏과

30 브두엘과 호르마와 시글락과

31 벧말가봇과 하살수심과 벧비리와 사아라임이니 다윗 왕 때까지 이 모든 성읍이 그들에게 속하였으며

32 그들이 사는 곳은 에담과 아인과 림몬과 도겐과 아산 다섯 성읍이요

33 또 모든 성읍 주위에 살던 주민들의 경계가 바알까지 다다랐으니 시므온 자손의 거주지가 이러하고 각기 계보가 있더라

34 또 메소밥과 야믈렉과 아마시야의 아들 요사와

because its people were skilled workers.

15 ●The sons of Caleb son of Jephunneh:
Iru, Elah and Naam.
The son of Elah:
Kenaz.

16 ●The sons of Jehallelel:
Ziph, Ziphah, Tiria and Asarel.

17 ●The sons of Ezrah:
Jether, Mered, Epher and Jalon. One of
Mered's wives gave birth to Miriam, Shammai and Ishbah the father of Eshtemoa.
18 ●(His wife from the tribe of Judah gave birth
to Jered the father of Gedor, Heber the father
of Soko, and Jekuthiel the father of Zanoah.)
These were the children of Pharaoh's daughter Bithiah, whom Mered had married.

19 ●The sons of Hodiah's wife, the sister of Naham:
the father of Keilah the Garmite, and Eshtemoa the Maakathite.

20 ●The sons of Shimon:
Amnon, Rinnah, Ben-Hanan and Tilon.
The descendants of Ishi:
Zoheth and Ben-Zoheth.

21 ●The sons of Shelah son of Judah:
Er the father of Lekah, Laadah the father of
Mareshah and the clans of the linen workers
22 at Beth Ashbea, ●Jokim, the men of Kozeba,
and Joash and Saraph, who ruled in Moab
and Jashubi Lehem. (These records are from
23 ancient times.) ●They were the potters who
lived at Netaim and Gederah; they stayed
there and worked for the king.

Simeon

24 ●The descendants of Simeon:
Nemuel, Jamin, Jarib, Zerah and Shaul;
25 ●Shallum was Shaul's son, Mibsam his son
and Mishma his son.

26 ●The descendants of Mishma:
Hammuel his son, Zakkur his son and Shimei his son.

27 ●Shimei had sixteen sons and six daughters,
but his brothers did not have many children; so
their entire clan did not become as numerous as
28 the people of Judah. ●They lived in Beersheba,
29 Moladah, Hazar Shual, ●Bilhah, Ezem, Tolad,
30-31 ●Bethuel, Hormah, Ziklag, ●Beth Markaboth,
Hazar Susim, Beth Biri and Shaaraim. These
32 were their towns until the reign of David. ●Their
surrounding villages were Etam, Ain, Rimmon,
33 Token and Ashan—five towns— ●and all the villages around these towns as far as Baalath.[a] These

[a]33 Some Septuagint manuscripts (see also Joshua 19:8); Hebrew *Baal*

ancient [éinʃənt] *a.* 옛날의
descendant [diséndənt] *n.* 자손
entire [intáiər] *a.* 전체의
linen [línən] *n.* 아마포
marry [mǽri] *vt.* 결혼하다
numerous [njú:mərəs] *a.* 다수의
people [pí:pl] *n.* 민족
potter [pátər] *n.* 도공(陶工)
record [rikɔ́:rd] *n.* 기록
rule [ru:l] *vt.* 다스리다
stay [stei] *vi.* 머물다
surrounding [səráundiŋ] *a.* 주변의
tribe [traib] *n.* 족속
village [vílidʒ] *n.* 마을, 촌락
worker [wə́:rkər] *n.* 일하는 사람

4:17 give birth to...: …을 낳다
4:22 rule in~: ~를 통치하다
4:22 ancient times: 고대, 옛
4:23 live at~: ~에 살다
4:27 as... as~: ~처럼 …한
4:33 as far as...: …까지

35 요엘과 아시엘의 증손 스라야의 손자 요시비
야의 아들 예후와
36 또 엘료에내와 야아고바와 여소하야와 아사
야와 아디엘과 여시미엘과 브나야와
37 또 스마야의 오대 손 시므리의 현손 여다야
의 증손 알론의 손자 시비의 아들은 시사이
니
38 여기 기록된 것들은 그들의 종족과 그들의
가문의 지도자들의 이름이라 그들이 매우 번
성한지라
39 그들이 그들의 양 떼를 위하여 목장을 구하
고자 하여 골짜기 동쪽 그돌 지경에 이르러
40 기름지고 아름다운 목장을 발견하였는데 그
땅이 넓고 안정되고 평안하니 이는 옛적부터
거기에 거주해 온 사람은 함의 자손인 까닭
이라
41 이 명단에 기록된 사람들이 유다 왕 히스기
야 때에 가서 그들의 장막을 쳐서 무찌르고
거기에 있는 모우님 사람을 쳐서 진멸하고
대신하여 오늘까지 거기에 살고 있으니 이는
그들의 양 떼를 먹일 목장이 거기에 있음이
며
42 또 시므온 자손 중에 오백 명이 이시의 아들
블라댜와 느아랴와 르바야와 웃시엘을 두목
으로 삼고 세일 산으로 가서
43 피신하여 살아남은 아말렉 사람을 치고 오늘
까지 거기에 거주하고 있더라

르우벤의 자손

5 이스라엘의 장자 르우벤의 아들들은 이러
하니라 (르우벤은 장자라도 그의 아버지의
침상을 더럽혔으므로 장자의 명분이 이스라
엘의 아들 요셉의 자손에게로 돌아가서 족보
에 장자의 명분대로 기록되지 못하였느니라
2 유다는 형제보다 뛰어나고 주권자가 유다에
게서 났으나 장자의 명분은 요셉에게 있으니
라)
3 이스라엘의 장자 르우벤의 아들들은 하녹과
발루와 헤스론과 갈미요 민 26:5
4 요엘의 아들은 스마야요 그의 아들은 곡이요
그의 아들은 시므이요
5 그의 아들은 미가요 그의 아들은 르아야요
그의 아들은 바알이요
6 그의 아들은 브에라이니 그는 르우벤 자손의
지도자로서 앗수르 왕 디글랏빌레셀에게 사
로잡힌 자라
7 그의 형제가 종족과 계보대로 우두머리 된
자는 여이엘과 스가랴와

were their settlements. And they kept a
genealogical record.
34 •Meshobab, Jamlech, Joshah son of Am-
35 aziah, •Joel, Jehu son of Joshibiah, the
36 son of Seraiah, the son of Asiel, •also
Elioenai, Jaakobah, Jeshohaiah, Asaiah,
37 Adiel, Jesimiel, Benaiah, •and Ziza son
of Shiphi, the son of Allon, the son of Je-
daiah, the son of Shimri, the son of She-
maiah.
38 •The men listed above by name were lead-
ers of their clans. Their families increased great-
39 ly, •and they went to the outskirts of Gedor to
the east of the valley in search of pasture for
40 their flocks. •They found rich, good pasture,
and the land was spacious, peaceful and quiet.
Some Hamites had lived there formerly.
41 •The men whose names were listed came
in the days of Hezekiah king of Judah. They
attacked the Hamites in their dwellings and
also the Meunites who were there and com-
pletely destroyed[a] them, as is evident to this
day. Then they settled in their place, because
42 there was pasture for their flocks. •And five
hundred of these Simeonites, led by Pelatiah,
Neariah, Rephaiah and Uzziel, the sons of Ishi,
43 invaded the hill country of Seir. •They killed
the remaining Amalekites who had escaped,
and they have lived there to this day.

Reuben

5 The sons of Reuben the firstborn of Israel
(he was the firstborn, but when he defiled
his father's marriage bed, his rights as first-
born were given to the sons of Joseph son of
Israel; so he could not be listed in the genealog-
ical record in accordance with his birthright,
2 •and though Judah was the strongest of his
brothers and a ruler came from him, the rights
3 of the firstborn belonged to Joseph)— •the
sons of Reuben the firstborn of Israel:
Hanok, Pallu, Hezron and Karmi.
4 •The descendants of Joel:
Shemaiah his son, Gog his son,
5 Shimei his son, •Micah his son,
Reaiah his son, Baal his son,
6 •and Beerah his son, whom Tiglath-Pile-
ser[b] king of Assyria took into exile. Beer-
ah was a leader of the Reubenites.

[a]41 The Hebrew term refers to the irrevocable giving over of things or persons to the LORD, often by totally destroying them. [b]6 Hebrew *Tilgath-Pilneser,* a variant of *Tiglath-Pileser*; also in verse 26

birthright [bə́:rθrài t] *n.* 장자권
defile [difáil] *vt.* 더럽히다
escape [iskéip] *vi.* 피하다
evident [évədənt] *a.* 명백한
flock [flak] *n.* 양 떼
formerly [fɔ́:rmərli] *ad.* 이전에
genealogical [dʒi:niəládʒikəl] *a.* 족보의
greatly [gréitli] *ad.* 크게
increase [inkrí:s] *vi.* 늘어나다
invade [invéid] *vt.* 침략하다
outskirt [áutskə:rt] *n.* 변두리
pasture [pǽstʃər] *n.* 초장
peaceful [pí:sfəl] *a.* 평온한
settlement [sétlmənt] *n.* 정착촌
spacious [spéiʃəs] *a.* 드넓은

4:39 in search of...: …를 찾아서
4:43 to this day: 지금까지
5:1 in accordance with...: …에 따라서
5:2 come from ...: …출신이다
5:2 belong to...: …에 속하다
5:6 take... into exile: …를 사로잡다

8 벨라니 벨라는 아사스의 아들이요 세마의 손
자요 요엘의 증손이라 그가 아로엘에 살면서
느보와 바알므온까지 다다랐고
9 또 동으로 가서 거주하면서 유브라데 강에서
부터 광야 지경까지 다다랐으니 이는 길르앗
땅에서 그 가축이 번식함이라
10 사울 왕 때에 그들이 하갈 사람과 더불어 싸
워 손으로 쳐죽이고 길르앗 동쪽 온 땅에서
장막에 거주하였더라 5:18-21

갓의 자손

11 ●갓 자손은 르우벤 사람을 마주 대하여 바
산 땅에 거주하면서 살르가까지 다다랐으니
12 우두머리는 요엘이요 다음은 사밤이요 또 야
내와 바산에 산 사밧이요
13 그 조상의 가문의 형제들은 미가엘과 므술람
과 세바와 요래와 야간과 시아와 에벨 일곱
명이니
14 이는 다 아비하일의 아들들이라 아비하일은
후리의 아들이요 야로아의 손자요 길르앗의
증손이요 미가엘의 현손이요 여시새의 오대
손이요 야도의 육대 손이요 부스의 칠대 손
이며
15 또 구니의 손자 압디엘의 아들 아히가 우두
머리가 되었고
16 그들이 바산 길르앗과 그 마을과 사론의 모
든 들에 거주하여 그 사방 변두리에 다다랐
더라
17 이상은 유다 왕 요담 때와 이스라엘 왕 여로
보암 때에 족보에 기록되었더라

므낫세 반 지파의 용사

18 ●르우벤 자손과 갓 사람과 므낫세 반 지파
에서 나가 싸울 만한 용사 곧 능히 방패와 칼
을 들며 활을 당겨 싸움에 익숙한 자는 사만
사천칠백육십 명이라
19 그들이 하갈 사람과 여두르와 나비스와 노답
과 싸우는 중에
20 도우심을 입었으므로 하갈 사람과 그들과 함
께 있는 자들이 다 그들의 손에 패하였으니
이는 그들이 싸울 때에 하나님께 의뢰하고
부르짖으므로 하나님이 그들에게 응답하셨
음이라
21 그들이 대적의 짐승 곧 낙타 오만 마리와 양
이십오만 마리와 나귀 이천 마리를 빼앗으며
사람 십만 명을 사로잡았고
22 죽임을 당한 자가 많았으니 이 싸움이 하나
님께로 말미암았음이라 그들이 그들의 땅에
거주하여 사로잡힐 때까지 이르렀더라

7 ●Their relatives by clans, listed according
to their genealogical records:
8 Jeiel the chief, Zechariah, ●and Bela son
of Azaz, the son of Shema, the son of
Joel. They settled in the area from Aroer
9 to Nebo and Baal Meon. ●To the east
they occupied the land up to the edge of
the desert that extends to the Euphrates
River, because their livestock had in-
creased in Gilead.
10 ●During Saul's reign they waged war
against the Hagrites, who were defeated at
their hands; they occupied the dwellings of
the Hagrites throughout the entire region
east of Gilead.

Gad

11 ●The Gadites lived next to them in Bashan,
as far as Salekah:
12 ●Joel was the chief, Shapham the second,
then Janai and Shaphat, in Bashan.
13 ●Their relatives, by families, were:
Michael, Meshullam, Sheba, Jorai, Ja-
kan, Zia and Eber—seven in all.
14 ●These were the sons of Abihail son of
Huri, the son of Jaroah, the son of
Gilead, the son of Michael, the son of
Jeshishai, the son of Jahdo, the son of
Buz.
15 ●Ahi son of Abdiel, the son of Guni, was
head of their family.
16 ●The Gadites lived in Gilead, in Bashan
and its outlying villages, and on all the
pasturelands of Sharon as far as they
extended.
17 ●All these were entered in the genealogi-
cal records during the reigns of Jotham king of
Judah and Jeroboam king of Israel.
18 ●The Reubenites, the Gadites and the
half-tribe of Manasseh had 44,760 men ready
for military service—able-bodied men who
could handle shield and sword, who could
use a bow, and who were trained for battle.
19 ●They waged war against the Hagrites, Jetur,
20 Naphish and Nodab. ●They were helped in
fighting them, and God delivered the Hagrites
and all their allies into their hands, because
they cried out to him during the battle. He
answered their prayers, because they trusted
21 in him. ●They seized the livestock of the
Hagrites—fifty thousand camels, two hun-
dred fifty thousand sheep and two thousand
donkeys. They also took one hundred thou-

able-bodied [éiblbádid] *a.* 건장한
defeat [difí:t] *vt.* 패배시키다
dwelling [dwéliŋ] *n.* 거주지
handle [hǽndl] *vt.* 다루다
increase [inkrí:s] *vi.* 늘어나다
list [list] *vt.* 열거하다
livestock [láivstàk] *n.* 가축
military [mílitèri] *a.* 군대의
occupy [ákjupài] *vt.* 점령하다
pastureland [pǽstʃərlæ̀nd] *n.* 목초지
reign [rein] *n.* 통치
relative [rélətiv] *n.* 친척
shield [ʃi:ld] *n.* 방패
train [trein] *vt.* 훈련하다
wage [weidʒ] *vt.* (전쟁을) 수행하다

5:9 extend to...: …까지 이르다
5:11 next to...: …에 접한, …의 이웃에
5:11 as far as...: …까지
5:13 in all: 모두해서, 전부
5:20 cry out: 부르짖다
5:21 take captive: 사로잡다

므낫세 반 지파의 자손들

23 ●므낫세 반 지파 자손들이 그 땅에 거주하
면서 그들이 번성하여 바산에서부터 바알
헤르몬과 스닐과 헤르몬 산까지 다다랐으
며
24 그들의 족장은 에벨과 이시와 엘리엘과 아스
리엘과 예레미야와 호다위야와 야디엘이며
다 용감하고 유명한 족장이었더라

므낫세 반 지파의 추방

25 ●그들이 그들의 조상들의 하나님께 범죄하
여 하나님이 그들 앞에서 멸하신 그 땅 백성
의 신들을 간음하듯 섬긴지라
26 그러므로 이스라엘 하나님이 앗수르 왕 불의
마음을 일으키시며 앗수르 왕 디글랏빌레셀
의 마음을 일으키시매 곧 르우벤과 갓과 므
낫세 반 지파를 사로잡아 할라와 하볼과 하
라와 고산 강가에 옮긴지라 그들이 오늘까지
거기에 있으니라

레위의 가계 (♪ 215, 321장)

6 레위의 아들들은 게르손과 그핫과 므라리
요
2 그핫의 아들들은 아므람과 이스할과 헤브론
과 웃시엘이요
3 아므람의 자녀는 아론과 모세와 미리암이요
아론의 자녀는 나답과 아비후와 엘르아살과
이다말이며
4 엘르아살은 비느하스를 낳고 비느하스는 아
비수아를 낳고
5 아비수아는 북기를 낳고 북기는 웃시를 낳고
6 웃시는 스라히야를 낳고 스라히야는 므라욧
을 낳고
7 므라욧은 아마랴를 낳고 아마랴는 아히둡을
낳고
8 아히둡은 사독을 낳고 사독은 아히마아스를
낳고
9 아히마아스는 아사랴를 낳고 아사랴는 요하
난을 낳고
10 요하난은 아사랴를 낳았으니 이 아사랴는 솔
로몬이 예루살렘에 세운 성전에서 제사장의
직분을 행한 자이며
11 아사랴는 아마랴를 낳고 아마랴는 아히둡을
낳고
12 아히둡은 사독을 낳고 사독은 살룸을 낳고
13 살룸은 힐기야를 낳고 힐기야는 아사랴를 낳
고
14 아사랴는 스라야를 낳고 스라야는 여호사닥
을 낳았으며

22 sand people captive, ●and many others fell
slain, because the battle was God's. And they
occupied the land until the exile.

The Half-Tribe of Manasseh

23 ●The people of the half-tribe of Manasseh
were numerous; they settled in the land from
Bashan to Baal Hermon, that is, to Senir
(Mount Hermon).
24 ●These were the heads of their families:
Epher, Ishi, Eliel, Azriel, Jeremiah, Hodaviah
and Jahdiel. They were brave warriors, fa-
25 mous men, and heads of their families. ●But
they were unfaithful to the God of their
ancestors and prostituted themselves to the
gods of the peoples of the land, whom God
26 had destroyed before them. ●So the God of
Israel stirred up the spirit of Pul king of Assyr-
ia (that is, Tiglath-Pileser king of Assyria),
who took the Reubenites, the Gadites and
the half-tribe of Manasseh into exile. He took
them to Halah, Habor, Hara and the river of
Gozan, where they are to this day.

Levi

6[a] The sons of Levi:
Gershon, Kohath and Merari.
2 ●The sons of Kohath:
Amram, Izhar, Hebron and Uzziel.
3 ●The children of Amram:
Aaron, Moses and Miriam.
The sons of Aaron:
Nadab, Abihu, Eleazar and Ithamar.
4 ●Eleazar was the father of Phinehas,
Phinehas the father of Abishua,
5 ●Abishua the father of Bukki,
Bukki the father of Uzzi,
6 ●Uzzi the father of Zerahiah,
Zerahiah the father of Meraioth,
7 ●Meraioth the father of Amariah,
Amariah the father of Ahitub,
8 ●Ahitub the father of Zadok,
Zadok the father of Ahimaaz,
9 ●Ahimaaz the father of Azariah,
Azariah the father of Johanan,
10 ●Johanan the father of Azariah (it was
he who served as priest in the temple
Solomon built in Jerusalem),
11 ●Azariah the father of Amariah,
Amariah the father of Ahitub,
12 ●Ahitub the father of Zadok,
Zadok the father of Shallum,

[a] *1* In Hebrew texts 6:1-15 is numbered 5:27-41, and 6:16-81 is numbered 6:1-66.

battle [bǽtl] *n.* 싸움
brave [breiv] *a.* 용감한
build [bild] *vt.* 세우다, 짓다
destroy [distrɔ́i] *vt.* 멸하다
exile [égzail] *n.* 포로, 추방
father [fɑ́:ðər] *n.* 아버지
numerous [njú:mərəs] *a.* 다수의
priest [prí:st] *n.* 제사장
prostitute [prɑ́stətjù:t] *vt.* 매음하다
serve [sə:rv] *vt.* 섬기다
slay [slei] *vt.* 죽이다
stir [stə:r] *vt.* 일으키다
temple [témpl] *n.* 성전
unfaithful [ʌnféiθfəl] *a.* 불충실한
warrior [wɔ́:riər] *n.* 전사

5:22 fall slain: 쓰러져 죽다
5:23 that is: 즉, 말하자면
5:25 prostitute oneself to...: …에게 몸을 팔다
5:26 stir up: 선동하다
6:10 it ... who ~: ~한 것은 …이다

15 여호와께서 느부갓네살의 손으로 유다와 예
루살렘 백성을 옮기실 때에 여호사닥도 가니
라

레위의 자손

16 ●레위의 아들들은 게르손과 그핫과 므라리
이며
17 게르손의 아들들의 이름은 이러하니 립니와
시므이요
18 그핫의 아들들은 아므람과 이스할과 헤브론
과 웃시엘이요
19 므라리의 아들들은 말리와 무시라 그 조상에
따라 레위의 종족은 이러하니
20 게르손에게서 난 자는 곧 그의 아들 립니
요 그의 아들은 야핫이요 그의 아들은 심마
요 6:42
21 그의 아들은 요아요 그의 아들은 잇도요 그
의 아들은 세라요 그의 아들은 여아드래이며
22 그핫에게서 난 자는 곧 그 아들은 암미나답
이요 그의 아들은 고라요 그의 아들은 앗실
이요
23 그의 아들은 엘가나요 그의 아들은 에비아삽
이요 그의 아들은 앗실이요
24 그의 아들은 다핫이요 그의 아들은 우리엘이
요 그의 아들은 웃시야요 그의 아들은 사울
이라
25 엘가나의 아들들은 아마새와 아히못이라
26 엘가나로 말하면 그의 자손은 이러하니 그의
아들은 소배요 그의 아들은 나핫이요
27 그의 아들은 엘리압이요 그의 아들은 여로함
이요 그의 아들은 엘가나라
28 사무엘의 아들들은 맏아들 요엘이요 다음은
아비야라 삼상 8:2
29 므라리에게서 난 자는 말리요 그의 아들은
립니요 그의 아들은 시므이요 그의 아들은
웃사요
30 그의 아들은 시므아요 그의 아들은 학기야요
그의 아들은 아사야더라

회막 앞에서 찬송하는 사람들

(♪ 25, 131장)

31 ●언약궤가 평안을 얻었을 때에 다윗이 여호
와의 성전에서 찬송하는 직분을 맡긴 자들은
아래와 같았더라
32 솔로몬이 예루살렘에서 여호와의 성전을
세울 때까지 그들이 회막 앞에서 찬송하는
일을 행하되 그 계열대로 직무를 행하였더
라
33 직무를 행하는 자와 그의 아들들은 이러하니

13 ●Shallum the father of Hilkiah,
Hilkiah the father of Azariah,
14 ●Azariah the father of Seraiah,
and Seraiah the father of Jozadak.[a]
15 ●Jozadak was deported when the LORD sent Judah and Jerusalem into exile by the hand of Nebuchadnezzar.
16 ●The sons of Levi:
Gershon,[b] Kohath and Merari.
17 ●These are the names of the sons of Gershon:
Libni and Shimei.
18 ●The sons of Kohath:
Amram, Izhar, Hebron and Uzziel.
19 ●The sons of Merari:
Mahli and Mushi.
These are the clans of the Levites listed according to their fathers:
20 ●Of Gershon:
Libni his son, Jahath his son,
21 Zimmah his son, ●Joah his son,
Iddo his son, Zerah his son
and Jeatherai his son.
22 ●The descendants of Kohath:
Amminadab his son, Korah his son,
23 Assir his son, ●Elkanah his son,
Ebiasaph his son, Assir his son,
24 ●Tahath his son, Uriel his son,
Uzziah his son and Shaul his son.
25 ●The descendants of Elkanah:
Amasai, Ahimoth,
26 ●Elkanah his son,[c] Zophai his son,
27 Nahath his son, ●Eliab his son,
Jeroham his son, Elkanah his son
and Samuel his son.[d]
28 ●The sons of Samuel:
Joel[e] the firstborn
and Abijah the second son.
29 ●The descendants of Merari:
Mahli, Libni his son,
Shimei his son, Uzzah his son,
30 ●Shimea his son, Haggiah his son
and Asaiah his son.

The Temple Musicians

31 ●These are the men David put in charge of

[a]14 Hebrew *Jehozadak*, a variant of *Jozadak*; also in verse 15 [b]16 Hebrew *Gershom*, a variant of *Gershon*; also in verses 17, 20, 43, 62 and 71 [c]26 Some Hebrew manuscripts, Septuagint and Syriac; most Hebrew manuscripts *Ahimoth* [26]*and Elkanah. The sons of Elkanah:* [d]27 Some Septuagint manuscripts (see also 1 Samuel 1:19,20 and 1 Chron. 6:33,34); Hebrew does not have *and Samuel his son.* [e]28 Some Septuagint manuscripts and Syriac (see also 1 Samuel 8:2 and 1 Chron. 6:33); Hebrew does not have *Joel.*

according [əkɔ́ərdiŋ] *ad.* …에 따라
charge [tʃa:rdʒ] *n.* 의무, 책임
clan [klæn] *n.* 부족
deport [dipɔ́:rt] *vt.* 추방하다
descendant [diséndənt] *n.* 자손
firstborn [fə́:rstbɔ́:rn] *n.* 장자
hand [hænd] *n.* 손
musician [mju:zíʃən] *n.* 음악가
name [neim] *n.* 이름
of [əv] *prep.* …의
put [put] *vt.* 놓다
second [sékənd] *a.* 두 번째의
send [send] *vt.* 보내다
son [sʌn] *n.* 아들
when [hwən] *conj.* …할 때에

6:15 send...into~: …를 ~의 상태로 몰아넣다
6:15 by the hand(s) of...: …에 의하여
6:19 according to...: …에 따라서
6:31 put... in charge of~: …에게 ~를 맡게 하다

그핫의 자손 중에 헤만은 찬송하는 자라 그
는 요엘의 아들이요 요엘은 사무엘의 아들이
요
34 사무엘은 엘가나의 아들이요 엘가나는 여로
함의 아들이요 여로함은 엘리엘의 아들이요
엘리엘은 도아의 아들이요
35 도아는 숩의 아들이요 숩은 엘가나의 아들이
요 엘가나는 마핫의 아들이요 마핫은 아마새
의 아들이요
36 아마새는 엘가나의 아들이요 엘가나는 요엘
의 아들이요 요엘은 아사랴의 아들이요 아사
랴는 스바냐의 아들이요
37 스바냐는 다핫의 아들이요 다핫은 앗실의 아
들이요 앗실은 에비아삽의 아들이요 에비아
삽은 고라의 아들이요 출 6:24
38 고라는 이스할의 아들이요 이스할은 그핫의
아들이요 그핫은 레위의 아들이요 레위는 이
스라엘의 아들이라
39 헤만의 형제 아삽은 헤만의 오른쪽에서 직무
를 행하였으니 그는 베레갸의 아들이요 베레
갸는 시므아의 아들이요
40 시므아는 미가엘의 아들이요 미가엘은 바아
세야의 아들이요 바아세야는 말기야의 아들
이요
41 말기야는 에드니의 아들이요 에드니는 세라
의 아들이요 세라는 아다야의 아들이요 6:21
42 아다야는 에단의 아들이요 에단은 심마의 아
들이요 심마는 시므이의 아들이요
43 시므이는 야핫의 아들이요 야핫은 게르손의
아들이요 게르손은 레위의 아들이며
44 그들의 형제 므라리의 자손 중 그의 왼쪽에
서 직무를 행하는 자는 에단이라 에단은 기
시의 아들이요 기시는 압디의 아들이요 압디
는 말룩의 아들이요
45 말룩은 하사뱌의 아들이요 하사뱌는 아마시
야의 아들이요 아마시야는 힐기야의 아들이
요
46 힐기야는 암시의 아들이요 암시는 바니의
아들이요 바니는 세멜의 아들이요
47 세멜은 말리의 아들이요 말리는 무시의 아들
이요 무시는 므라리의 아들이요 므라리는 레
위의 아들이며
48 그들의 형제 레위 사람들은 하나님의 집 장
막의 모든 일을 맡았더라

아론의 자손

49 ●아론과 그의 자손들은 번제단과 향단 위에
분향하며 제사를 드리며 지성소의 모든 일을

the music in the house of the LORD after the
32 ark came to rest there. ●They ministered with
music before the tabernacle, the tent of meet-
ing, until Solomon built the temple of the
LORD in Jerusalem. They performed their duties
according to the regulations laid down for
them.

33 ●Here are the men who served, together
with their sons:
From the Kohathites:
Heman, the musician,
the son of Joel, the son of Samuel,
34 ●the son of Elkanah, the son of Jeroham,
the son of Eliel, the son of Toah,
35 ●the son of Zuph, the son of Elkanah,
the son of Mahath, the son of Amasai,
36 ●the son of Elkanah, the son of Joel,
the son of Azariah, the son of Zephaniah,
37 ●the son of Tahath, the son of Assir,
the son of Ebiasaph, the son of Korah,
38 ●the son of Izhar, the son of Kohath,
the son of Levi, the son of Israel;
39 ●and Heman's associate Asaph, who served
at his right hand:
Asaph son of Berekiah, the son of Shi-
mea,
40 ●the son of Michael, the son of Baaseiah,[a]
41 the son of Malkijah, ●the son of Ethni,
the son of Zerah, the son of Adaiah,
42 ●the son of Ethan, the son of Zimmah,
43 the son of Shimei, ●the son of Jahath,
the son of Gershon, the son of Levi;
44 ●and from their associates, the Merarites, at
his left hand:
Ethan son of Kishi, the son of Abdi, the
45 son of Malluk, ●the son of Hashabiah,
the son of Amaziah, the son of Hilkiah,
46 ●the son of Amzi, the son of Bani,
47 the son of Shemer, ●the son of Mahli,
the son of Mushi, the son of Merari, the
son of Levi.

48 ●Their fellow Levites were assigned to all
the other duties of the tabernacle, the house of
49 God. ●But Aaron and his descendants were
the ones who presented offerings on the altar
of burnt offering and on the altar of incense in
connection with all that was done in the Most
Holy Place, making atonement for Israel, in
accordance with all that Moses the servant of
God had commanded.

[a]40 Most Hebrew manuscripts; some Hebrew manuscripts, one Septuagint manuscript and Syriac *Maaseiah*

ark [a:rk] *n.* 법궤
associate [əsóuʃièit] *n.* 동료
atonement [ətóunmənt] *n.* 속죄, 배상
duty [djú:ti] *n.* 의무
fellow [félou] *a.* 동료의, 같은
incense [ínsens] *n.* 향, 향료
offering [ɔ́:fəriŋ] *n.* 제물
perform [pərfɔ́:rm] *vt.* 수행하다
present [prizént] *vt.* 바치다
regulation [règjuléiʃən] *n.* 규례
rest [rest] *vt.* 쉬게 하다
servant [sə́:rvənt] *n.* 종
serve [sə:rv] *vt.* 섬기다
tabernacle [tǽbə:rnækl] *n.* 장막
together [təgéðər] *ad.* 함께

6:32 **minister with...**: …로 섬기다
6:32 **lay down**: (규칙, 원칙 등을) 정하다
6:48 **be assigned to...**: …을 할당받다
6:49 **in connection with...**: …와 관련하여
6:49 **make atonement for...**: …를 갚다
6:49 **in accordance with...**: …에 따라서

하여 하나님의 종 모세의 모든 명령대로 이
스라엘을 위하여 속죄하니
50 아론의 자손들은 이러하니라 그의 아들은 엘
르아살이요 그의 아들은 비느하스요 그의 아
들은 아비수아요 6:4-8
51 그의 아들은 북기요 그의 아들은 웃시요 그
의 아들은 스라히야요
52 그의 아들은 므라욧이요 그의 아들은 아마랴
요 그의 아들은 아히둡이요
53 그의 아들은 사독이요 그의 아들은 아히마아
스이더라

레위 사람의 정착지

54 ●그들의 거주한 곳은 사방 지계 안에 있으
니 그들의 마을은 아래와 같으니라 아론 자
손 곧 그핫 종족이 먼저 제비 뽑았으므로
55 그들에게 유다 땅의 헤브론과 그 사방 초원
을 주었고 수 21:11, 12
56 그러나 그 성의 밭과 마을은 여분네의 아들
갈렙에게 주었으며
57 아론 자손에게 도피성을 주었으니 헤브론과
립나와 그 초원과 얏딜과 에스드모아와 그
초원과
58 힐렌과 그 초원과 드빌과 그 초원과
59 아산과 그 초원과 벧세메스와 그 초원이며
60 또 베냐민 지파 중에서는 게바와 그 초원과
알레멧과 그 초원과 아나돗과 그 초원을 주
었으니 그들의 종족이 얻은 성이 모두 열셋
이었더라
61 ●그핫 자손의 남은 자에게는 절반 지파 즉
므낫세 반 지파 종족 중에서 제비 뽑아 열 성
읍을 주었고
62 게르손 자손에게는 그들의 종족대로 잇사갈
지파와 아셀 지파와 납달리 지파와 바산에
있는 므낫세 지파 중에서 열세 성읍을 주었
고
63 므라리 자손에게는 그 종족대로 르우벤 지파
와 갓 지파와 스불론 지파 중에서 제비 뽑아
열두 성읍을 주었더라
64 이스라엘 자손이 이 모든 성읍과 그 목초지
를 레위 자손에게 주되
65 유다 자손의 지파와 시므온 자손의 지파와
베냐민 자손의 지파 중에서 이 위에 기록한
여러 성읍을 제비 뽑아 주었더라 6:57-60
66 ●그핫 자손의 몇 종족은 에브라임 지파 중
에서 성읍을 얻어 영토를 삼았으며
67 또 그들에게 도피성을 주었으니 에브라임 산
중 세겜과 그 초원과 게셀과 그 초원과

50 ●These were the descendants of Aaron:
Eleazar his son, Phinehas his son,
51 Abishua his son, ●Bukki his son,
Uzzi his son, Zerahiah his son,
52 ●Meraioth his son, Amariah his son,
53 Ahitub his son, ●Zadok his son
and Ahimaaz his son.

54 ●These were the locations of their settle-
ments allotted as their territory (they were
assigned to the descendants of Aaron who
were from the Kohathite clan, because the first
lot was for them):
55 ●They were given Hebron in Judah with
56 its surrounding pasturelands. ●But the
fields and villages around the city were
given to Caleb son of Jephunneh.
57 ●So the descendants of Aaron were given
Hebron (a city of refuge), and Libnah,[a] Jat-
58-59 tir, Eshtemoa, ●Hilen, Debir, ●Ashan,
Juttah[b] and Beth Shemesh, together with
60 their pasturelands. ●And from the tribe of
Benjamin they were given Gibeon,[c] Geba,
Alemeth and Anathoth, together with
their pasturelands.
The total number of towns distributed
among the Kohathite clans came to thir-
teen.
61 ●The rest of Kohath's descendants were
allotted ten towns from the clans of half the
tribe of Manasseh.
62 ●The descendants of Gershon, clan by
clan, were allotted thirteen towns from the
tribes of Issachar, Asher and Naphtali, and
from the part of the tribe of Manasseh that
is in Bashan.
63 ●The descendants of Merari, clan by clan,
were allotted twelve towns from the tribes
of Reuben, Gad and Zebulun.
64 ●So the Israelites gave the Levites these
65 towns and their pasturelands. ●From the
tribes of Judah, Simeon and Benjamin they
allotted the previously named towns.
66 ●Some of the Kohathite clans were given
as their territory towns from the tribe of
Ephraim.
67 ●In the hill country of Ephraim they were
given Shechem (a city of refuge), and
68-69 Gezer,[d] ●Jokmeam, Beth Horon, ●Aijalon

[a]57 See Joshua 21:13; Hebrew *given the cities of refuge: Hebron, Libnah.* [b]59 Syriac (see also Septuagint and Joshua 21:16); Hebrew does not have *Juttah.* [c]60 See Joshua 21:17; Hebrew does not have *Gibeon.* [d]67 See Joshua 21:21; Hebrew *given the cities of refuge: Shechem, Gezer.*

allot [əlát] *vt.* 할당하다
country [kʌ́ntri] *n.* 지역
distribute [distríbjuːt] *vt.* 분배하다
give [giv] *vt.* 주다
half [hæf] *n.* 절반
hill [hil] *n.* 언덕
location [loukéiʃən] *n.* 장소
lot [lat] *n.* 제비뽑기
pastureland [pǽstʃərlæ̀nd] *n.* 목초지
previously [príːviəsli] *ad.* 이전에
refuge [réfjuːdʒ] *n.* 피난
surrounding [səráundiŋ] *a.* 주변의
territory [térətɔ̀ːri] *n.* 영토
town [taun] *n.* 마을
tribe [traib] *n.* 부족

6:54 allot... as~: ~로 …를 할당하다
6:59 together with...: …와 함께
6:60 the total number of...: …의 총수
6:60 come to...: …한 상태에 이르다, …하게 되다
6:62 clan by clan: 씨족별로

68 욕므암과 그 초원과 벧호론과 그 초원과
69 아얄론과 그 초원과 가드림몬과 그 초원이
며
70 또 그핫 자손의 남은 종족에게는 므낫세 반
지파 중에서 아넬과 그 초원과 빌르암과 그
초원을 주었더라
71 ●게르손 자손에게는 므낫세 반 지파 종족
중에서 바산의 골란과 그 초원과 아스다롯
과 그 초원을 주고
72 또 잇사갈 지파 중에서 게데스와 그 초원과
다브랏과 그 초원과
73 라못과 그 초원과 아넴과 그 초원을 주고
74 아셀 지파 중에서 마살과 그 초원과 압돈과
그 초원과
75 후곡과 그 초원과 르홉과 그 초원을 주고
76 납달리 지파 중에서 갈릴리의 게데스와 그
초원과 함몬과 그 초원과 기랴다임과 그 초
원을 주니라
77 ●므라리 자손의 남은 자에게는 스불론 지
파 중에서 림모노와 그 초원과 다볼과 그
초원을 주었고
78 또 요단 건너 동쪽 곧 여리고 맞은편 르우
벤 지파 중에서 광야의 베셀과 그 초원과
야사와 그 초원과
79 그데못과 그 초원과 메바앗과 그 초원을 주
었고
80 또 갓 지파 중에서 길르앗의 라못과 그 초
원과 마하나임과 그 초원과
81 헤스본과 그 초원과 야셀과 그 초원을 주었
더라

잇사갈의 자손 (♪ 408, 412장)

7 잇사갈의 아들들은 돌라와 부아와 야숩
과 시므론 네 사람이며 창 46:13
2 돌라의 아들들은 웃시와 르바야와 여리엘
과 야매와 입삼과 스므엘이니 다 그의 아버
지 돌라의 집 우두머리라 대대로 용사이더
니 다윗 때에 이르러는 그 수효가 이만 이
천육백 명이었더라
3 웃시의 아들은 이스라히야요 이스라히야
의 아들들은 미가엘과 오바댜와 요엘과 잇
시야 다섯 사람이 모두 우두머리며
4 그들과 함께 있는 자는 그 계보와 종족대로
능히 출전할 만한 군대가 삼만 육천 명이니
이는 그 처자가 많기 때문이며
5 그의 형제 잇사갈의 모든 종족은 다 용감한
장사라 그 전체를 계수하면 팔만 칠천 명이
었더라

and Gath Rimmon, together with their
pasturelands.
70 ●And from half the tribe of Manasseh
the Israelites gave Aner and Bileam, togeth-
er with their pasturelands, to the rest of
the Kohathite clans.
71 ●The Gershonites received the following:
From the clan of the half-tribe of Manasseh
they received Golan in Bashan and also
Ashtaroth, together with their pasture-
lands;
72 ●from the tribe of Issachar
73 they received Kedesh, Daberath, ●Ramoth
and Anem, together with their pasture-
lands;
74 ●from the tribe of Asher
75 they received Mashal, Abdon, ●Hukok and
Rehob, together with their pasturelands;
76 ●and from the tribe of Naphtali
they received Kedesh in Galilee, Ham-
mon and Kiriathaim, together with their
pasturelands.
77 ●The Merarites (the rest of the Levites) receiv-
ed the following:
From the tribe of Zebulun
they received Jokneam, Kartah,[a] Rim-
mono and Tabor, together with their pas-
turelands;
78 ●from the tribe of Reuben across the Jordan
east of Jericho
they received Bezer in the wilderness,
79 Jahzah, ●Kedemoth and Mephaath,
together with their pasturelands;
80 ●and from the tribe of Gad
they received Ramoth in Gilead, Maha-
81 naim, ●Heshbon and Jazer, together with
their pasturelands.

Issachar

7 The sons of Issachar:
Tola, Puah, Jashub and Shimron—four in all.
2 ●The sons of Tola:
Uzzi, Rephaiah, Jeriel, Jahmai, Ibsam and
Samuel—heads of their families. During
the reign of David, the descendants of
Tola listed as fighting men in their geneal-
ogy numbered 22,600.
3 ●The son of Uzzi: Izrahiah.
The sons of Izrahiah:
Michael, Obadiah, Joel and Ishiah. All five
4 of them were chiefs. ●According to their

[a]77 See Septuagint and Joshua 21:34; Hebrew does not have *Jokneam, Kartah*.

across [əkrɔ́:s] *prep.* …의 맞은 편에
chief [tʃi:f] *n.* 우두머리
clan [klæn] *n.* 종족
descendant [diséndənt] *n.* 자손
family [fǽməli] *n.* 일가
fight [fait] *vt.* 싸우다
following [fálouiŋ] *n.* 다음의 것
genealogy [dʒì:niǽlədʒi] *n.* 족보
head [hed] *n.* 우두머리
list [list] *vt.* 열거하다
number [nʌ́mbər] *vt.* 계수하다
receive [risí:v] *vt.* 받다
reign [rein] *vi.* 통치하다
together [təgéðər] *ad.* 함께
wilderness [wíldərnis] *n.* 광야

6:69 together with...: …와 함께
6:70 the rest of...: …의 나머지
6:71 the following: 이하의 것
7:1 in all: 모두 합쳐서
7:2 During the reign of~: ~의 통치 때에
7:4 according to...: …에 따라서

베냐민의 자손

6 ●베냐민의 아들들은 벨라와 베겔과 여디
아엘 세 사람이며
7 벨라의 아들들은 에스본과 우시와 웃시엘
과 여리못과 이리 다섯 사람이니 다 그 집
의 우두머리요 큰 용사라 그 계보대로 계수
하면 이만 이천삼십사 명이며
8 베겔의 아들들은 스미라와 요아스와 엘리
에셀과 엘료에내와 오므리와 여레못과 아
비야와 아나돗과 알레멧이니 베겔의 아들
들은 모두 이러하며
9 그들은 다 그 집의 우두머리요 용감한 장사
라 그 자손을 계보에 의해 계수하면 이만
이백 명이며
10 여디아엘의 아들은 빌한이요 빌한의 아들
들은 여우스와 베냐민과 에훗과 그나아나
와 세단과 다시스와 아히사할이니
11 이 여디아엘의 아들들은 모두 그 집의 우두
머리요 큰 용사라 그들의 자손 중에 능히
출전할 만한 자가 만 칠천이백 명이며
12 일의 아들은 숩빔과 훕빔이요 아헬의 아들
은 후심이더라

납달리의 자손

13 ●납달리의 아들들은 야시엘과 구니와 예
셀과 살룸이니 이는 빌하의 손자더라 창 46:24

므낫세의 자손

14 ●므낫세의 아들들은 그의 아내가 낳아 준
아스리엘과 그의 소실 아람 여인이 낳아 준
길르앗의 아버지 마길이니
15 마길은 훕빔과 숩빔의 누이 마아가라 하는
이에게 장가들었더라 므낫세의 둘째 아들
의 이름은 슬로브핫이니 슬로브핫은 딸들
만 낳았으며
16 마길의 아내 마아가는 아들을 낳아 그의 이
름을 베레스라 하였으며 그의 아우의 이름
은 세레스이며 세레스의 아들들은 울람과
라겜이요
17 울람의 아들들은 브단이니 이는 다 길르앗
의 자손이라 길르앗은 마길의 아들이요 므
낫세의 손자이며
18 그의 누이 함몰레겟은 이스홋과 아비에셀
과 말라를 낳았고
19 스미다의 아들들은 아히안과 세겜과 릭히
와 아니암이더라

에브라임의 자손

20 ●에브라임의 아들은 수델라요 그의 아들
은 베렛이요 그의 아들은 다핫이요 그의 아

family genealogy, they had 36,000 men
ready for battle, for they had many wives
and children.
5 ●The relatives who were fighting men belong-
ing to all the clans of Issachar, as listed in
their genealogy, were 87,000 in all.

Benjamin

6 ●Three sons of Benjamin:
Bela, Beker and Jediael.
7 ●The sons of Bela:
Ezbon, Uzzi, Uzziel, Jerimoth and Iri, heads
of families — five in all. Their genealogi-
cal record listed 22,034 fighting men.
8 ●The sons of Beker:
Zemirah, Joash, Eliezer, Elioenai, Omri, Jer-
emoth, Abijah, Anathoth and Alemeth.
9 All these were the sons of Beker. ●Their
genealogical record listed the heads of
families and 20,200 fighting men.
10 ●The son of Jediael: Bilhan.
The sons of Bilhan:
Jeush, Benjamin, Ehud, Kenaanah,
11 Zethan, Tarshish and Ahishahar. ●All
these sons of Jediael were heads of fa-
milies. There were 17,200 fighting men
ready to go out to war.
12 ●The Shuppites and Huppites were the
descendants of Ir, and the Hushites[a] the
descendants of Aher.

Naphtali

13 ●The sons of Naphtali:
Jahziel, Guni, Jezer and Shillem[b] — the
descendants of Bilhah.

Manasseh

14 ●The descendants of Manasseh:
Asriel was his descendant through his
Aramean concubine. She gave birth to
15 Makir the father of Gilead. ●Makir took
a wife from among the Huppites and
Shuppites. His sister's name was Maakah.
Another descendant was named Zelo-
phehad, who had only daughters.
16 ●Makir's wife Maakah gave birth to a
son and named him Peresh. His brother
was named Sheresh, and his sons were
Ulam and Rakem.
17 ●The son of Ulam:
Bedan.
These were the sons of Gilead son of Makir,

[a]12 Or *Ir. The sons of Dan: Hushim,* (see Gen. 46:23); Hebrew does not have *The sons of Dan.* [b]13 Some Hebrew and Septuagint manuscripts (see also Gen. 46:24 and Num. 26:49); most Hebrew manuscripts *Shallum*

battle [bætl] *n.* 전투
belong [bilɔ́:ŋ] *vi.* 속하다
Benjamin [béndʒəmən] *n.* 베냐민
birth [bə:rθ] *n.* 출생
children [tʃíldrən] *n.* 자식
concubine [káŋkjubàin] *n.* 첩
daughter [dɔ́:tər] *n.* 딸
genealogy [dʒi:niǽlədʒi] *n.* 계보, 혈통
many [méni] *a.* 많은
only [óunli] *ad.* 오직
ready [rédi] *a.* 준비된
record [rikɔ́:rd] *n.* 기록
relative [rélətiv] *n.* 친척, 일가
son [sʌn] *n.* 아들
wife [waif] *n.* 아내

7:4 be ready for...: …할 준비가 된
7:5 belonging to...: …에 속하여
7:5 as listed: 기록된 대로
7:11 go out to war: 출전하다
7:16 give birth to...: …를 낳다
7:16 name A B: A를 B라고 이름짓다

들은 엘르아다요 그의 아들은 다핫이요
21 그의 아들은 사밧이요 그의 아들은 수델라
며 그가 또 에셀과 엘르앗을 낳았으나 그
들이 가드 원주민에게 죽임을 당하였으니
이는 그들이 내려가서 가드 사람의 짐승을
빼앗고자 하였음이라
22 그의 아버지 에브라임이 여러 날 슬퍼하므
로 그의 형제가 가서 위로하였더라
23 그리고 에브라임이 그의 아내와 동침하매
임신하여 아들을 낳으니 그 집이 재앙을
받았으므로 그의 이름을 브리아라 하였더
라
24 에브라임의 딸은 세에라이니 그가 아래
윗 성 벧호론과 우센세에라를 건설하였더
라
25 브리아의 아들들은 레바와 레셉이요 레셉
의 아들은 델라요 그의 아들은 다한이요
26 그의 아들은 라단이요 그의 아들은 암미훗
이요 그의 아들은 엘리사마요
27 그의 아들은 눈이요 그의 아들은 여호수아
더라
28 ●에브라임 자손의 토지와 거주지는 벧엘
과 그 주변 마을이요 동쪽으로는 나아란이
요 서쪽에는 게셀과 그 주변 마을이며 또
세겜과 그 주변 마을이니 아사와 그 주변
마을까지이며
29 또 므낫세 자손의 지계에 가까운 벧스안과
그 주변 마을과 다아낙과 그 주변 마을과
므깃도와 그 주변 마을과 돌과 그 주변 마
을이라 이스라엘의 아들 요셉의 자손이 이
여러 곳에 거하였더라

아셀의 자손

30 ●아셀의 아들들은 임나와 이스와와 이스
위와 브리아요 그들의 매제는 세라이며
31 브리아의 아들들은 헤벨과 말기엘이니 말
기엘은 비르사잇의 아버지이며
32 헤벨은 야블렛과 소멜과 호담과 그들의 매
제 수아를 낳았으며
33 야블렛의 아들들은 바삭과 빔할과 아스왓
이니 야블렛의 아들은 이러하며
34 소멜의 아들들은 아히와 로가와 호바와 아
람이요
35 그의 아우 헬렘의 아들들은 소바와 임나와
셀레스와 아말이요
36 소바의 아들들은 수아와 하르네벨과 수알
과 베리와 이므라와
37 베셀과 홋과 사마와 실사와 이드란과 브에

18 the son of Manasseh. ●His sister Hammoleketh gave birth to Ishhod, Abiezer and Mahlah.
19 ●The sons of Shemida were:
Ahian, Shechem, Likhi and Aniam.

Ephraim

20 ●The descendants of Ephraim:
Shuthelah, Bered his son,
Tahath his son, Eleadah his son,
21 Tahath his son, ●Zabad his son
and Shuthelah his son.
Ezer and Elead were killed by the
native-born men of Gath, when they went
22 down to seize their livestock. ●Their father
Ephraim mourned for them many days,
and his relatives came to comfort him.
23 ●Then he made love to his wife again, and
she became pregnant and gave birth to a
son. He named him Beriah,[a] because there
24 had been misfortune in his family. ●His
daughter was Sheerah, who built Lower
and Upper Beth Horon as well as Uzzen
Sheerah.
25 ●Rephah was his son, Resheph his son,[b]
Telah his son, Tahan his son,
26 ●Ladan his son, Ammihud his son,
27 Elishama his son, ●Nun his son
and Joshua his son.
28 ●Their lands and settlements included Be-
thel and its surrounding villages, Naaran to
the east, Gezer and its villages to the west, and
Shechem and its villages all the way to Ayyah
29 and its villages. ●Along the borders of Man-
asseh were Beth Shan, Taanach, Megiddo and
Dor, together with their villages. The descen-
dants of Joseph son of Israel lived in these towns.

Asher

30 ●The sons of Asher:
Imnah, Ishvah, Ishvi and Beriah. Their sister was Serah.
31 ●The sons of Beriah:
Heber and Malkiel, who was the father of Birzaith.
32 ●Heber was the father of Japhlet, Shomer and Hotham and of their sister Shua.
33 ●The sons of Japhlet:
Pasak, Bimhal and Ashvath.
These were Japhlet's sons.
34 ●The sons of Shomer:
Ahi, Rohgah,[c] Hubbah and Aram.

[a]23 *Beriah* sounds like the Hebrew for *misfortune.* [b]25 Some Septuagint manuscripts; Hebrew does not have *his son.* [c]34 Or *of his brother Shomer: Rohgah*

border [bɔ́:rdər] *n.* 경계
comfort [kʌ́mfərt] *vt.* 위로하다
include [inklú:d] *vt.* 포함하다
livestock [láivstak] *n.* 가축
misfortune [misfɔ́:rtʃən] *n.* 불운
mourn [mɔ:rn] *vi.* 슬퍼하다
native-born [néitiv bɔ:rn] *a.* 본토박이의
pregnant [prégnənt] *a.* 임신한
relative [rélətiv] *n.* 친척
seize [si:z] *vt.* 붙잡다
settlement [sétlmənt] *n.* 정착촌
surrounding [səráundiŋ] *a.* 주변의
town [taun] *n.* 성읍
upper [ʌ́pər] *a.* 위쪽의
village [vílidʒ] *n.* 마을

7:18 give birth to...: …를 출산하다
7:21 be killed by...: …때문에 죽다
7:23 make love to...: …와 동침하다
7:24 A as well as B: B뿐만 아니라 A도
7:28 all the way to...: …에 이르기까지 내내
7:29 together with...: …와 함께

라요
38 예델의 아들들은 여분네와 비스바와 아라요
39 울라의 아들들은 아라와 한니엘과 리시아이니
40 이는 다 아셀의 자손으로 우두머리요 정선된 용감한 장사요 방백의 우두머리라 출전할 만한 자를 그들의 계보대로 계수하면 이만 육천 명이었더라

베냐민의 자손 (♪ 75장)

8 베냐민이 낳은 자는 맏아들 벨라와 둘째 아스벨과 셋째 아하라와
2 넷째 노하와 다섯째 라바이며
3 벨라에게 아들들이 있으니 곧 앗달과 게라와 아비훗과
4 아비수아와 나아만과 아호아와
5 게라와 스부반과 후람이라
6 에훗의 아들들은 이러하니라 그들은 게바 주민의 우두머리로서, 사로잡혀 마나핫으로 갔으니
7 곧 나아만과 아히야와 게라이며 게라는 또 웃사와 아히훗을 낳았으며
8 사하라임은 두 아내 후심과 바아라를 내보낸 후에 모압 땅에서 자녀를 낳았으니
9 그의 아내 호데스에게서 낳은 자는 요밥과 시비아와 메사와 말감과
10 여우스와 사가와 미르마이니 이 아들들은 우두머리이며
11 또 그의 아내 후심에게서 아비둡과 엘바알을 낳았으며
12 엘바알의 아들들은 에벨과 미삼과 세멧이니 그는 오노와 롯과 그 주변 마을들을 세웠고
13 또 브리아와 세마이니 그들은 아얄론 주민의 우두머리가 되어 그들이 가드 주민을 쫓아냈더라
14 아히요와 사삭과 여레못과
15 스바댜와 아랏과 에델과
16 미가엘과 이스바와 요하는 다 브리아의 아들들이요
17 스바댜와 므술람과 히스기와 헤벨과
18 이스므래와 이슬리아와 요밥은 다 엘바알의 아들들이요
19 야김과 시그리와 삽디와
20 엘리에내와 실르대와 엘리엘과
21 아다야와 브라야와 시므랏은 다 시므이의 아들들이요

35 The sons of his brother Helem:
Zophah, Imna, Shelesh and Amal.
36 The sons of Zophah:
Suah, Harnepher, Shual, Beri, Imrah,
37 Bezer, Hod, Shamma, Shilshah, Ithran[a]
and Beera.
38 The sons of Jether:
Jephunneh, Pispah and Ara.
39 The sons of Ulla:
Arah, Hanniel and Rizia.
40 All these were descendants of Asher—
heads of families, choice men, brave warriors
and outstanding leaders. The number of men
ready for battle, as listed in their genealogy, was
26,000.

The Genealogy of Saul the Benjamite

8 Benjamin was the father of Bela his first-
born,
Ashbel the second son, Aharah the third,
2 Nohah the fourth and Rapha the fifth.
3 The sons of Bela were:
4 Addar, Gera, Abihud,[b] Abishua, Naaman,
5 Ahoah, Gera, Shephuphan and Huram.
6 These were the descendants of Ehud, who
were heads of families of those living in
Geba and were deported to Manahath:
7 Naaman, Ahijah, and Gera, who deported
them and who was the father of Uzza and
Ahihud.
8 Sons were born to Shaharaim in Moab after
he had divorced his wives Hushim and
9 Baara. By his wife Hodesh he had Jobab,
10 Zibia, Mesha, Malkam, Jeuz, Sakia and
Mirmah. These were his sons, heads of
11 families. By Hushim he had Abitub and
Elpaal.
12 The sons of Elpaal:
Eber, Misham, Shemed (who built Ono
and Lod with its surrounding villages),
13 and Beriah and Shema, who were heads
of families of those living in Aijalon and
who drove out the inhabitants of Gath.
14-15 Ahio, Shashak, Jeremoth, Zebadiah, Arad,
16 Eder, Michael, Ishpah and Joha were the
sons of Beriah.
17-18 Zebadiah, Meshullam, Hizki, Heber, Ish-
merai, Izliah and Jobab were the sons of
Elpaal.
19-20 Jakim, Zikri, Zabdi, Elienai, Zillethai, Eliel,
21 Adaiah, Beraiah and Shimrath were the

[a]37 Possibly a variant of *Jether* [b]3 Or *Gera the father of Ehud*

battle [bætl] *n.* 전투
build [bild] *vt.* 세우다
choice [tʃɔis] *a.* 선정된
deport [dipɔ́:rt] *vt.* 추방하다
descendant [diséndənt] *n.* 자손
divorce [divɔ́:rs] *vt.* 이혼하다
family [fǽməli] *n.* 가족
firstborn [fə́:rstbɔ̀:rn] *n.* 장자
genealogy [dʒi:niǽlədʒi] *n.* 계보
head [hed] *n.* 우두머리
inhabitant [inhǽbətənt] *n.* 거주민
leader [lí:dər] *n.* 지도자
number [nʌ́mbər] *n.* 수
outstanding [autstǽndiŋ] *a.* 현저한
warrior [wɔ́:riər] *n.* 전사

7:40 be ready for...: …할 준비가 된
7:40 as listed: 기록된 대로
8:6 live in...: …에 살다
8:6 be deported to...: …로 추방되다
8:8 be born to...: …의 가정에 태어나다
8:13 drive out: 쫓아내다

22 이스반과 에벨과 엘리엘과
23 압돈과 시그리와 하난과
24 하나냐와 엘람과 안도디야와
25 이브드야와 브누엘은 다 사삭의 아들들이요
26 삼스래와 스하랴와 아달랴와
27 야아레시야와 엘리야와 시그리는 다 여로함
의 아들들이니
28 그들은 다 가문의 우두머리이며 그들의 족보
의 우두머리로서 예루살렘에 거주하였더라

기브온과 예루살렘의 베냐민 사람들

29 ●기브온의 조상 여이엘은 기브온에 거주하
였으니 그 아내의 이름은 마아가며
30 장자는 압돈이요 다음은 술과 기스와 바알과
나답과
31 그돌과 아히오와 세겔이며
32 미글롯은 시므아를 낳았으며 그들은 친족들
과 더불어 마주하고 예루살렘에 거주하였더
라
33 넬은 기스를 낳고 기스는 사울을 낳고 사울
은 요나단과 말기수아와 아비나답과 에스바
알을 낳았으며 9:35-39
34 요나단의 아들은 므립바알이라 므립바알은
미가를 낳았고
35 미가의 아들들은 비돈과 멜렉과 다레아와 아
하스이며
36 아하스는 여호앗다를 낳고 여호앗다는 알레
멧과 아스마웻과 시므리를 낳고 시므리는 모
사를 낳고
37 모사는 비느아를 낳았으며 비느아의 아들은
라바요 그의 아들은 엘르아사요 그의 아들은
아셀이며
38 아셀에게 여섯 아들이 있어 그들의 이름은
이러하니 아스리감과 보그루와 이스마엘과
스아랴와 오바댜와 하난이라 아셀의 모든 아
들이 이러하며
39 그의 아우 에섹의 아들은 이러하니 그의 맏
아들은 울람이요 둘째는 여우스요 셋째는 엘
리벨렛이며
40 울람의 아들은 다 용감한 장사요 활을 잘 쏘
는 자라 아들과 손자가 많아 모두 백오십 명
이었더라 베냐민의 자손들은 이러하였더라

포로 생활에서 돌아온 백성 (♪ 324, 387장)

9 온 이스라엘이 그 계보대로 계수되어 그들
은 이스라엘 왕조실록에 기록되니라 유다
가 범죄함으로 말미암아 바벨론으로 사로잡
혀 갔더니 5:25
2 그들의 땅 안에 있는 성읍에 처음으로 거주

sons of Shimei.
22-23 ●Ishpan, Eber, Eliel, ●Abdon, Zikri, Hanan,
24-25 ●Hananiah, Elam, Anthothijah, ●Iph-
deiah and Penuel were the sons of Sha-
shak.
26 ● Shamsherai, Shehariah, Athaliah,
27 ●Jaareshiah, Elijah and Zikri were the
sons of Jeroham.
28 ●All these were heads of families, chiefs as
listed in their genealogy, and they lived in
Jerusalem.

29 ●Jeiel[a] the father[b] of Gibeon lived in Gibeon.
30 His wife's name was Maakah, ●and his
firstborn son was Abdon, followed by
31 Zur, Kish, Baal, Ner,[c] Nadab, ●Gedor,
32 Ahio, Zeker ●and Mikloth, who was the
father of Shimeah. They too lived near
their relatives in Jerusalem.
33 ●Ner was the father of Kish, Kish the father
of Saul, and Saul the father of Jonathan,
Malki-Shua, Abinadab and Esh-Baal.[d]
34 ●The son of Jonathan:
Merib-Baal,[e] who was the father of
Micah.
35 ●The sons of Micah:
Pithon, Melek, Tarea and Ahaz.
36 ●Ahaz was the father of Jehoaddah,
Jehoaddah was the father of Alemeth,
Azmaveth and Zimri, and Zimri was the
37 father of Moza. ●Moza was the father of
Binea; Raphah was his son, Eleasah his
son and Azel his son.
38 ●Azel had six sons, and these were their
names:
Azrikam, Bokeru, Ishmael, Sheariah,
Obadiah and Hanan. All these were the
sons of Azel.
39 ●The sons of his brother Eshek:
Ulam his firstborn, Jeush the second son
40 and Eliphelet the third. ●The sons of
Ulam were brave warriors who could
handle the bow. They had many sons
and grandsons — 150 in all.
All these were the descendants of Benjamin.

9 All Israel was listed in the genealogies recorded in the book of the kings of Israel and Judah. They were taken captive to Babylon because of their unfaithfulness.

[a]29 Some Septuagint manuscripts (see also 9:35); Hebrew does not have *Jeiel.* [b]29 *Father* may mean *civic leader* or *military leader.* [c]30 Some Septuagint manuscripts (see also 9:36); Hebrew does not have *Ner.* [d]33 Also known as *Ish-Bosheth* [e]34 Also known as *Mephibosheth*

bow [bou] *n.* 활
brave [breiv] *a.* 용감한
captive [kǽptiv] *a.* 포로의
follow [fálou] *vt.* 따르다
genealogy [dʒìːniǽlədʒi] *n.* 혈통
grandson [grǽndsʌ̀n] *n.* 손자
handle [hǽndl] *vt.* 다루다
head [hed] *n.* 우두머리
live [liv] *vi.* 살다
near [níər] *ad.* 가까이
record [rikɔ́ːrd] *vt.* 기록하다
relative [rélətiv] *n.* 친척
second [sékənd] *a.* 두 번째의
unfaithfulness [ʌnféiθfəlnis] *n.* 불충실
warrior [wɔ́ːriər] *n.* 전사

8:28 as listed: 기록된 대로
8:30 followed by: 뒤이어, 잇달아
8:32 live near: 가까이 살다
8:40 in all: 모두 합쳐서
9:1 record in...: ...에 기록하다
9:1 take captive: 사로잡다

한 이스라엘 사람들은 제사장들과 레위 사람
들과 느디님 사람들이라
3 유다 자손과 베냐민 자손과 에브라임과 므낫
세 자손 중에서 예루살렘에 거주한 자는
4 유다의 아들 베레스 자손 중에 우대이니 그
는 암미훗의 아들이요 오므리의 손자요 이므
리의 증손이요 바니의 현손이며
5 실로 사람 중에서는 맏아들 아사야와 그의
아들들이요
6 세라 자손 중에서는 여우엘과 그 형제 육백
구십 명이요
7 베냐민 자손 중에서는 핫스누아의 증손 호다
위아의 손자 므술람의 아들 살루요
8 여로함의 아들 이브느야와 미그리의 손자 웃
시의 아들 엘라요 이브니야의 증손 르우엘의
손자 스바댜의 아들 무술람이요
9 또 그의 형제들이라 그들의 계보대로 계수하
면 구백오십육 명이니 다 종족의 가문의 우
두머리들이더라

예루살렘에 정착한 제사장들

10 ●제사장 중에서는 여다야와 여호야립과 야
긴과
11 하나님의 성전을 맡은 자 아사랴이니 그는
힐기야의 아들이요 므술람의 손자요 사독의
증손이요 므라욧의 현손이요 아히둡의 오대
손이며
12 또 아다야이니 그는 여로함의 아들이요 바스
훌의 손자요 말기야의 증손이며 또 마아새니
그는 아디엘의 아들이요 야세라의 손자요 므
술람의 증손이요 므실레밋의 현손이요 임멜
의 오대손이며
13 또 그의 형제들이니 종족의 가문의 우두머리
라 하나님의 성전의 임무를 수행할 힘있는
자는 모두 천칠백육십 명이더라

예루살렘에 정착한 레위 사람들

14 ●레위 사람 중에서는 므라리 자손 스마야이
니 그는 핫숩의 아들이요 아스리감의 손자요
하사뱌의 증손이며
15 또 박박갈과 헤레스와 갈랄과 맛다냐이니 그
는 미가의 아들이요 시그리의 손자요 아삽의
증손이며
16 또 오바댜이니 그는 스마야의 아들이요 갈랄
의 손자요 여두둔의 증손이며 또 베레갸이니
그는 아사의 아들이요 엘가나의 손자라 느도
바 사람의 마을에 거주하였더라

예루살렘에 정착한 회막 문지기

17 ●문지기는 살룸과 악굽과 달몬과 아히만과

The People in Jerusalem

2 ●Now the first to resettle on their own prop-
erty in their own towns were some Israelites,
priests, Levites and temple servants.
3 ●Those from Judah, from Benjamin, and
from Ephraim and Manasseh who lived in
Jerusalem were:
4 ●Uthai son of Ammihud, the son of Omri,
the son of Imri, the son of Bani, a descen-
dant of Perez son of Judah.
5 ●Of the Shelanites[a]:
Asaiah the firstborn and his sons.
6 ●Of the Zerahites: Jeuel.
The people from Judah numbered 690.
7 ●Of the Benjamites:
Sallu son of Meshullam, the son of
Hodaviah, the son of Hassenuah;
8 ●Ibneiah son of Jeroham; Elah son of
Uzzi, the son of Mikri; and Meshullam
son of Shephatiah, the son of Reuel, the
son of Ibnijah.
9 ●The people from Benjamin, as listed in
their genealogy, numbered 956. All these
men were heads of their families.
10 ●Of the priests: Jedaiah; Jehoiarib; Jakin;
11 ●Azariah son of Hilkiah, the son of Me-
shullam, the son of Zadok, the son of
Meraioth, the son of Ahitub, the official
in charge of the house of God;
12 ●Adaiah son of Jeroham, the son of Pash-
hur, the son of Malkijah; and Maasai son
of Adiel, the son of Jahzerah, the son of
Meshullam, the son of Meshillemith, the
son of Immer.
13 ●The priests, who were heads of families,
numbered 1,760. They were able men,
responsible for ministering in the house
of God.
14 ●Of the Levites:
Shemaiah son of Hasshub, the son of
Azrikam, the son of Hashabiah, a Mer-
15 arite; ●Bakbakkar, Heresh, Galal and
Mattaniah son of Mika, the son of Zikri,
16 the son of Asaph; ●Obadiah son of She-
maiah, the son of Galal, the son of Je-
duthun; and Berekiah son of Asa, the
son of Elkanah, who lived in the villages
of the Netophathites.
17 ●The gatekeepers:
Shallum, Akkub, Talmon, Ahiman and
their fellow Levites, Shallum their chief

a5 See Num. 26:20; Hebrew *Shilonites*.

able [éibl] *a.* 능력있는
charge [tʃa:rdʒ] *n.* 책임
descendant [diséndənt] *n.* 자손
firstborn [fə:rstbɔ́:rn] *n.* 장자
gatekeeper [géitki:pər] *n.* 문지기
list [list] *vt.* 열거하다
minister [mínəstər] *vi.* 사역하다
number [nʌ́mbər] *vi.* 세다
official [əfíʃəl] *n.* 관공리
own [oun] *a.* 자신의
priest [pri:st] *n.* 제사장
property [prápərti] *n.* 소유
resettle [ri:sétl] *vt.* 다시 자리잡다
servant [sə́:rvənt] *n.* 종, 하인
temple [témpl] *n.* 성전

9:2 resettle on...: …에 다시 자리잡다
9:3 live in...: …에 살다
9:9 all this: 이상은 모두
9:11 in charge of...: …를 맡은, 책임진
9:13 head of a family: 가장(家長)
9:13 be responsible for...: …의 책임을 맡은

그의 형제들이니 살룸은 그 우두머리라
18 이 사람들은 전에 왕의 문 동쪽 곧 레위 자손
의 진영의 문지기이며 겔 46:1, 2
19 고라의 증손 에비아삽의 손자 고레의 아들
살룸과 그의 종족 형제 곧 고라의 자손이 수
종 드는 일을 맡아 성막 문들을 지켰으니 그
들의 조상들도 여호와의 진영을 맡고 출입문
을 지켰으며
20 여호와께서 함께하신 엘르아살의 아들 비느
하스가 옛적에 그의 무리를 거느렸고 민 25:7-13
21 므셀레먀의 아들 스가랴는 회막 문지기가 되
었더라 26:2, 14
22 택함을 입어 문지기 된 자가 모두 이백열두
명이니 이는 그들의 마을에서 그들의 계보대
로 계수된 자요 다윗과 선견자 사무엘이 전
에 세워서 이 직분을 맡긴 자라
23 그들과 그들의 자손이 그 순차를 좇아 여호
와의 성전 곧 성막 문을 지켰는데
24 이 문지기가 동, 서, 남, 북 사방에 섰고
25 그들의 마을에 있는 형제들은 이레마다 와서
그들과 함께 있으니 왕하 11:5, 7
26 이는 문지기의 우두머리 된 레위 사람 넷이
중요한 직분을 맡아 하나님의 성전 모든 방
과 곳간을 지켰음이라
27 그들은 하나님의 성전을 맡은 직분이 있으므
로 성전 주위에서 밤을 지내며 아침마다 문
을 여는 책임이 그들에게 있었더라 23:30-32

나머지 레위 사람들

28 ●그 중에 어떤 자는 섬기는 데 쓰는 기구를
맡아서 그 수효대로 들여가고 수효대로 내오
며
29 또 어떤 자는 성소의 기구와 모든 그릇과 고
운 가루와 포도주와 기름과 유향과 향품을
맡았으며
30 또 제사장의 아들 중의 어떤 자는 향품으로
향기름을 만들었으며
31 고라 자손 살룸의 맏아들 맛디댜라 하는 레
위 사람은 전병을 굽는 일을 맡았으며
32 또 그의 형제 그핫 자손 중에 어떤 자는 진
설하는 떡을 맡아 안식일마다 준비하였더
라
33 ●또 찬송하는 자가 있으니 곧 레위 우두머
리라 그들은 골방에 거주하면서 주야로 자기
직분에 전념하므로 다른 일은 하지 아니하였
더라
34 그들은 다 레위 가문의 우두머리이며 그들의
족보의 우두머리로서 예루살렘에 거주하였

18 •being stationed at the King's Gate on
the east, up to the present time. These
were the gatekeepers belonging to the
19 camp of the Levites. •Shallum son of
Kore, the son of Ebiasaph, the son of
Korah, and his fellow gatekeepers from
his family (the Korahites) were responsi-
ble for guarding the thresholds of the
tent just as their ancestors had been
responsible for guarding the entrance to
20 the dwelling of the LORD. •In earlier
times Phinehas son of Eleazar was the
official in charge of the gatekeepers, and
21 the LORD was with him. •Zechariah son
of Meshelemiah was the gatekeeper at
the entrance to the tent of meeting.
22 •Altogether, those chosen to be gatekeepers
at the thresholds numbered 212. They were
registered by genealogy in their villages. The
gatekeepers had been assigned to their posi-
tions of trust by David and Samuel the seer.
23 •They and their descendants were in charge
of guarding the gates of the house of the LORD
24 — the house called the tent of meeting. •The
gatekeepers were on the four sides: east, west,
25 north and south. •Their fellow Levites in their
villages had to come from time to time and
26 share their duties for seven-day periods. •But
the four principal gatekeepers, who were
Levites, were entrusted with the responsibility
for the rooms and treasuries in the house of
27 God. •They would spend the night stationed
around the house of God, because they had to
guard it; and they had charge of the key for
opening it each morning.
28 •Some of them were in charge of the articles
used in the temple service; they counted them
when they were brought in and when they
29 were taken out. •Others were assigned to take
care of the furnishings and all the other articles
of the sanctuary, as well as the special flour
and wine, and the olive oil, incense and spices.
30 •But some of the priests took care of mixing
31 the spices. •A Levite named Mattithiah, the
firstborn son of Shallum the Korahite, was
entrusted with the responsibility for baking
32 the offering bread. •Some of the Kohathites,
their fellow Levites, were in charge of prepar-
ing for every Sabbath the bread set out on
the table.
33 •Those who were musicians, heads of
Levite families, stayed in the rooms of the tem-

article [á:rtikl] *n.* 물품
assign [əsáin] *vt.* 할당하다
dwelling [dwéliŋ] *n.* 거처, 집
entrance [éntrəns] *n.* 입구
furnishing [fə́:rniʃiŋ] *n.* 가구
incense [ínsens] *n.* 향
present [préznt] *a.* 현재의
principal [prínsəpəl] *a.* 중요한
register [rédʒistər] *vt.* 기록하다
responsible [rispánsəbl] *a.* 책임있는
sabbath [sǽbəθ] *n.* 안식일
sanctuary [sǽŋktʃuèri] *n.* 성소
seer [sí:ər] *n.* 예언자
threshold [θréʃhould] *n.* 문지방
treasury [tréʒəri] *n.* 보고, 금고

9:19 just as...: 마치 …처럼
9:20 in earlier times: 옛날에
9:22 be assigned to...: …를 할당받다
9:25 from time to time: 때때로, 이따금
9:26 be entrusted with...: …를 맡다
9:29 take care of...: …를 돌보다

더라

사울의 족보
(대상 8:29-38 ♪ 177, 179장)

35 ●기브온의 조상 여이엘은 기브온에 거주하
였으니 그의 아내의 이름은 마아가라
36 그의 맏아들은 압돈이요 다음은 술과 기스와
바알과 넬과 나답과
37 그돌과 아히오와 스가랴와 미글롯이며
38 미글롯은 시므암을 낳았으니 그들은 그들의
친족들과 더불어 마주하고 예루살렘에 거주
하였더라
39 넬은 기스를 낳고 기스는 사울을 낳고 사울
은 요나단과 말기수아와 아비나답과 에스바
알을 낳았으며 8:33
40 요나단의 아들은 므립바알이라 므립바알은
미가를 낳았고
41 미가의 아들들은 비돈과 멜렉과 다레아와 아
하스이며 8:35
42 아하스는 야라를 낳고 야라는 알레멧과 아
스마웻과 시므리를 낳고 시므리는 모사를
낳고
43 모사는 비느아를 낳았으며 비느아의 아들은
르바야요 그의 아들은 엘르아사요 그의 아들
은 아셀이며
44 아셀이 여섯 아들이 있으니 그들의 이름은
아스리감과 보그루와 이스마엘과 스아랴와
오바댜와 하난이라 아셀의 아들들이 이러하
였더라

사울 왕이 죽다 (삼상 31:1-13 ♪ 438, 449장)
—B.C. 1010년경

10 블레셋 사람들과 이스라엘이 싸우더니
이스라엘 사람들이 블레셋 사람들 앞에
서 도망하다가 길보아 산에서 죽임을 당하여
엎드러지니라
2 블레셋 사람들이 사울과 그 아들들을 추격하
여 블레셋 사람들이 사울의 아들 요나단과
아비나답과 말기수아를 죽이고
3 사울을 맹렬히 치며 활 쏘는 자가 사울에게
따라 미치매 사울이 그 쏘는 자로 말미암아
심히 다급하여
4 사울이 자기의 무기를 가진 자에게 이르되
너는 칼을 빼어 그것으로 나를 찌르라 할례
받지 못한 자들이 와서 나를 욕되게 할까 두
려워하노라 그러나 그의 무기를 가진 자가
심히 두려워하여 행하기를 원하지 아니하매
사울이 자기 칼을 뽑아서 그 위에 엎드러지
니

ple and were exempt from other duties be-
cause they were responsible for the work day
and night.
34 ●All these were heads of Levite families,
chiefs as listed in their genealogy, and they
lived in Jerusalem.

The Genealogy of Saul

35 ●Jeiel the father[a] of Gibeon lived in Gibeon.
36 His wife's name was Maakah, ●and his
firstborn son was Abdon, followed by
37 Zur, Kish, Baal, Ner, Nadab, ●Gedor,
38 Ahio, Zechariah and Mikloth. ●Mikloth
was the father of Shimeam. They too
lived near their relatives in Jerusalem.
39 ●Ner was the father of Kish, Kish the father
of Saul, and Saul the father of Jonathan,
Malki-Shua, Abinadab and Esh-Baal.[b]
40 ●The son of Jonathan:
Merib-Baal,[c] who was the father of Mi-
cah.
41 ●The sons of Micah:
Pithon, Melek, Tahrea and Ahaz.[d]
42 ●Ahaz was the father of Jadah, Jadah[e] was
the father of Alemeth, Azmaveth and
Zimri, and Zimri was the father of Moza.
43 ●Moza was the father of Binea; Repha-
iah was his son, Eleasah his son and Azel
his son.
44 ●Azel had six sons, and these were their
names:
Azrikam, Bokeru, Ishmael, Sheariah,
Obadiah and Hanan. These were the
sons of Azel.

Saul Takes His Life

10 Now the Philistines fought against
Israel; the Israelites fled before them,
2 and many fell dead on Mount Gilboa. ●The
Philistines were in hot pursuit of Saul and his
sons, and they killed his sons Jonathan, Abi-
3 nadab and Malki-Shua. ●The fighting grew
fierce around Saul, and when the archers over-
took him, they wounded him.
4 ●Saul said to his armor-bearer, "Draw your
sword and run me through, or these uncir-
cumcised fellows will come and abuse me."
But his armor-bearer was terrified and
would not do it; so Saul took his own sword

[a]35 *Father* may mean *civic leader* or *military leader.* [b]39 Also known as *Ish-Bosheth* [c]40 Also known as *Mephibosheth* [d]41 Vulgate and Syriac (see also Septuagint and 8:35); Hebrew does not have *and Ahaz.* [e]42 Some Hebrew manuscripts and Septuagint (see also 8:36); most Hebrew manuscripts *Jarah, Jarah*

abuse [əbjúːz] *vt.* 모욕하다
archer [áːrtʃər] *n.* 궁수
armor-bearer [áːrmərbɛərər] *n.* 갑옷 시종
chief [tʃiːf] *n.* 우두머리
duty [djúːti] *n.* 업무
fierce [fíərs] *a.* 맹렬한
fight [fait] *vi.* 싸우다
genealogy [dʒìːniǽlədʒi] *n.* 혈통
overtake [òuvərtéik] *vt.* 따라잡다
pursuit [pərsúːt] *n.* 추격
relative [rélətiv] *n.* 친척
sword [sɔːrd] *n.* 칼
terrified [térəfàid] *a.* 두려워하는
uncircumcised [ʌnsə́ːrkəmsàizd] *a.* 할례받지 않은
wound [wuːnd] *vt.* 상처입히다

9:33 be exempt from...: …에서 면제되다
9:33 day and night: 밤낮으로
9:34 as listed: 기록된 대로
10:1 fight against...: …에 대항하여 싸우다
10:4 run... through: (칼이나 바늘로) …를 찔러 죽이다

5 무기 가진 자가 사울이 죽는 것을 보고 자기
도 칼에 엎드러져 죽으니라
6 이와 같이 사울과 그의 세 아들과 그 온 집안
이 함께 죽으니라
7 ● 골짜기에 있는 모든 이스라엘 사람이 그들
의 도망한 것과 사울과 그의 아들들이 다 죽
은 것을 보고 그 성읍들을 버리고 도망하매
블레셋 사람들이 와서 거기에 거주하니라
8 이튿날에 블레셋 사람들이 와서 죽임을 당한
자의 옷을 벗기다가 사울과 그의 아들들이
길보아 산에 엎드러졌음을 보고
9 곧 사울의 옷을 벗기고 그의 머리와 갑옷을
가져다가 사람을 블레셋 땅 사방에 보내 모
든 이방 신전과 그 백성에게 소식을 전하고
10 사울의 갑옷을 그들의 신전에 두고 그의 머
리를 다곤의 신전에 단지라
11 길르앗야베스 모든 사람이 블레셋 사람들이
사울에게 행한 모든 일을 듣고
12 용사들이 다 일어나서 사울의 시체와 그의
아들들의 시체를 거두어 야베스로 가져다가
그곳 상수리나무 아래에 그 해골을 장사하고
칠 일간 금식하였더라
13 사울이 죽은 것은 여호와께 범죄하였기 때문
이라 그가 여호와의 말씀을 지키지 아니하고
또 신접한 자에게 가르치기를 청하고
14 여호와께 묻지 아니하였으므로 여호와께서
그를 죽이시고 그 나라를 이새의 아들 다윗
에게 넘겨 주셨더라

다윗이 이스라엘과 유다의 왕이 되다
(삼하 5:1-10)

11 온 이스라엘이 헤브론에 모여 다윗을 보
고 이르되 우리는 왕의 가까운 혈족이니
이다
2 전에 곧 사울이 왕이 되었을 때에도 이스라
엘을 거느리고 출입하게 한 자가 왕이시었고
왕의 하나님 여호와께서도 왕에게 말씀하시
기를 네가 내 백성 이스라엘의 목자가 되며
내 백성 이스라엘의 주권자가 되리라 하셨나
이다 하니라
3 이에 이스라엘의 모든 장로가 헤브론에 있는
왕에게로 나아가니 헤브론에서 다윗이 그들
과 여호와 앞에 언약을 맺으매 그들이 다윗
에게 기름을 부어 이스라엘의 왕으로 삼으니
여호와께서 사무엘을 통하여 전하신 말씀대
로 되었더라
4 ● 다윗이 온 이스라엘과 더불어 예루살렘 곧
여부스에 이르니 여부스 땅의 주민들이 거기

5 and fell on it. ● When the armor-bearer saw
that Saul was dead, he too fell on his sword
6 and died. ● So Saul and his three sons died,
and all his house died together.
7 ● When all the Israelites in the valley saw
that the army had fled and that Saul and his
sons had died, they abandoned their towns
and fled. And the Philistines came and occu-
pied them.
8 ● The next day, when the Philistines came
to strip the dead, they found Saul and his
9 sons fallen on Mount Gilboa. ● They stripped
him and took his head and his armor, and
sent messengers throughout the land of the
Philistines to proclaim the news among their
10 idols and their people. ● They put his armor
in the temple of their gods and hung up his
head in the temple of Dagon.
11 ● When all the inhabitants of Jabesh Gilead
heard what the Philistines had done to Saul,
12 ● all their valiant men went and took the bod-
ies of Saul and his sons and brought them to
Jabesh. Then they buried their bones under
the great tree in Jabesh, and they fasted seven
days.
13 ● Saul died because he was unfaithful to the
LORD; he did not keep the word of the LORD
and even consulted a medium for guidance,
14 ● and did not inquire of the LORD. So the LORD
put him to death and turned the kingdom
over to David son of Jesse.

David Becomes King Over Israel

11 All Israel came together to David at
Hebron and said, "We are your own
2 flesh and blood. ● In the past, even while
Saul was king, you were the one who led
Israel on their military campaigns. And the
LORD your God said to you, 'You will shep-
herd my people Israel, and you will become
their ruler.'"
3 ● When all the elders of Israel had come to
King David at Hebron, he made a covenant
with them at Hebron before the LORD, and
they anointed David king over Israel, as the
LORD had promised through Samuel.

David Conquers Jerusalem

4 ● David and all the Israelites marched to
Jerusalem (that is, Jebus). The Jebusites who
5 lived there ● said to David, "You will not get
in here." Nevertheless, David captured the
fortress of Zion—which is the City of David.

abandon [əbǽndən] *vt.* 그만두다
anoint [ənɔ́int] *vt.* 기름을 붓다
armor [ɑ́ːrmər] *n.* 갑옷
campaign [kæmpéin] *n.* 군사행동
consult [kənsʌ́lt] *vt.* 의견을 묻다
fast [fæst] *vi.* 금식하다
guidance [gáidns] *n.* 지도
inhabitant [inhǽbətənt] *n.* 주민
medium [míːdiəm] *n.* 영매, 무당
military [míliteri] *a.* 군대의
occupy [ɑ́kjupài] *vt.* 점령하다
proclaim [proukléim] *vt.* 공포하다
shepherd [ʃépərd] *n.* 목자
strip [strip] *vt.* 벗기다
valiant [vǽljənt] *a.* 용맹스러운

10:10 hang up: 매달다
10:14 inquire of...: …에게 묻다
10:14 put... to death: …를 죽이다
11:1 one's flesh and blood: 골육, 혈육
11:3 make a covenant with...: …와 언약을 맺다

에 거주하였더라
5 여부스 원주민이 다윗에게 이르기를 네가 이
리로 들어오지 못하리라 하나 다윗이 시온
산 성을 빼앗았으니 이는 다윗 성이더라
6 다윗이 이르되 먼저 여부스 사람을 치는 자
는 우두머리와 지휘관으로 삼으리라 하였더
니 스루야의 아들 요압이 먼저 올라갔으므로
우두머리가 되었고
7 다윗이 그 산성에 살았으므로 무리가 다윗
성이라 불렀으며
8 다윗이 밀로에서부터 두루 성을 쌓았고 그
성의 나머지는 요압이 중수하였더라
9 만군의 여호와께서 함께 계시니 다윗이 점점
강성하여 가니라

다윗의 용사들 (삼하 23:8-39)

10 ● 다윗에게 있는 용사의 우두머리는 이러하
니라 이 사람들이 온 이스라엘과 더불어 다
윗을 힘껏 도와 나라를 얻게 하고 그를 세워
왕으로 삼았으니 이는 여호와께서 이스라엘
에 대하여 이르신 말씀대로 함이었더라
11 다윗에게 있는 용사의 수효가 이러하니라 학
몬 사람의 아들 야소브암은 삼십 명의 우두
머리라 그가 창을 들어 한꺼번에 삼백 명을
죽였고
12 그 다음은 아호아 사람 도도의 아들 엘르아
살이니 세 용사 중 하나이라
13 그가 바스담밈에서 다윗과 함께 있었더니 블
레셋 사람들이 그곳에 모여와서 치니 거기에
보리가 많이 난 밭이 있더라 백성들이 블레
셋 사람들 앞에서 도망하되
14 그가 그 밭 가운데에 서서 그 밭을 보호하여
블레셋 사람들을 죽였으니 여호와께서 큰 구
원으로 구원하심이었더라
15 ● 삼십 우두머리 중 세 사람이 바위로 내려
가서 아둘람 굴 다윗에게 이를 때에 블레셋
군대가 르바임 골짜기에 진쳤더라 삼하 23:13
16 그때에 다윗은 산성에 있고 블레셋 사람들의
진영은 베들레헴에 있는지라
17 다윗이 갈망하여 이르되 베들레헴 성문 곁
우물물을 누가 내게 마시게 할꼬 하매
18 이 세 사람이 블레셋 사람들의 군대를 돌파
하고 지나가서 베들레헴 성문 곁 우물물을
길어가지고 다윗에게로 왔으나 다윗이 마시
기를 기뻐하지 아니하고 그 물을 여호와께
부어드리고
19 이르되 내 하나님이여 내가 결단코 이런 일
을 하지 아니하리이다 생명을 돌아보지 아니

6 ● David had said, "Whoever leads the attack
on the Jebusites will become commander-
in-chief." Joab son of Zeruiah went up first,
and so he received the command.
7 ● David then took up residence in the
fortress, and so it was called the City of David.
8 ● He built up the city around it, from the ter-
races[a] to the surrounding wall, while Joab
9 restored the rest of the city. ● And David
became more and more powerful, because the
LORD Almighty was with him.

David's Mighty Warriors

10 ● These were the chiefs of David's mighty
warriors — they, together with all Israel, gave
his kingship strong support to extend it over
the whole land, as the LORD had promised —
11 ● this is the list of David's mighty warriors:
Jashobeam,[b] a Hakmonite, was chief of
the officers[c]; he raised his spear against three
hundred men, whom he killed in one en-
counter.
12 ● Next to him was Eleazar son of Dodai the
Ahohite, one of the three mighty warriors.
13 ● He was with David at Pas Dammim when
the Philistines gathered there for battle. At a
place where there was a field full of barley, the
14 troops fled from the Philistines. ● But they
took their stand in the middle of the field.
They defended it and struck the Philistines
down, and the LORD brought about a great vic-
tory.
15 ● Three of the thirty chiefs came down to
David to the rock at the cave of Adullam,
while a band of Philistines was encamped in
16 the Valley of Rephaim. ● At that time David
was in the stronghold, and the Philistine garri-
17 son was at Bethlehem. ● David longed for
water and said, "Oh, that someone would get
me a drink of water from the well near the
18 gate of Bethlehem!" ● So the Three broke
through the Philistine lines, drew water from
the well near the gate of Bethlehem and car-
ried it back to David. But he refused to drink
19 it; instead, he poured it out to the LORD. ● "God
forbid that I should do this!" he said. "Should I
drink the blood of these men who went at the
risk of their lives?" Because they risked their
lives to bring it back, David would not drink it.
Such were the exploits of the three mighty

[a]8 Or *the Millo* [b]11 Possibly a variant of *Jashob-Baal* [c]11 Or *Thirty*; some Septuagint manuscripts *Three* (see also 2 Samuel 23:8)

encamp [inkǽmp] *vi.* 야영하다
encounter [inkáuntər] *n.* 마주침
exploit [iksplɔ́it] *n.* 공훈
forbid [fərbíd] *vt.* 금하다
fortress [fɔ́:rtris] *n.* 요새
garrison [gǽrisn] *n.* 요새
kingship [kíŋʃip] *n.* 왕권
mighty [máiti] *a.* 강력한
refuse [rifjú:z] *vt.* 거절하다
residence [rézədəns] *n.* 주거
restore [ristɔ́:r] *vt.* 회복하다
risk [risk] *vt.* 위험을 무릅쓰다
stronghold [strɔ́:ŋhould] *n.* 요새
terrace [térəs] *n.* 성채, 녹지대
troop [tru:p] *n.* 군대

11:7 take up: (장소를) 차지하다
11:10 extend over...: …에 이르다, 달하다
11:14 strike down: 때려눕히다, 죽이다
11:14 bring about...: …를 가져오다
11:17 long for...: …을 간절히 원하다
11:18 break through...: …를 뚫고 나아가다

하고 갔던 이 사람들의 피를 어찌 마시리이
까 하고 그들이 자기 생명도 돌보지 아니하
고 이것을 가져왔으므로 그것을 마시기를 원
하지 아니하니라 세 용사가 이런 일을 행하
였더라
20 ●요압의 아우 아비새는 그 세 명 중 우두머
리라 그가 창을 휘둘러 삼백 명을 죽이고 그
세 명 가운데에 이름을 얻었으니
21 그는 둘째 세 명 가운데에 가장 뛰어나 그들
의 우두머리가 되었으나 첫째 세 명에게는
미치지 못하니라 삼하 23:19
22 ●갑스엘 용사의 손자 여호야다의 아들 브나
야는 용감한 사람이라 그가 모압 아리엘의
아들 둘을 죽였고 또 눈 올 때에 함정에 내려
가서 사자 한 마리를 죽였으며 삼하 23:20
23 또 키가 큰 애굽 사람을 죽였는데 그 사람의
키가 다섯 1)규빗이요 그 손에 든 창이 베틀채
같으나 그가 막대기를 가지고 내려가서 그
애굽 사람의 손에서 창을 빼앗아 그 창으로
죽였더라
24 여호야다의 아들 브나야가 이런 일을 행하였
으므로 세 용사 중에 이름을 얻고
25 삼십 명 중에서는 뛰어나나 첫째 세 사람에
게는 미치지 못하니라 다윗이 그를 세워 시
위대장을 삼았더라
26 ●또 군사 중의 큰 용사는 요압의 아우 아사
헬과 베들레헴 사람 도도의 아들 엘하난과
27 하롤 사람 삼훗과 블론 사람 헬레스와
28 드고아 사람 익게스의 아들 이라와 아나돗
사람 아비에셀과
29 후사 사람 십브개와 아호아 사람 일래와
30 느도바 사람 마하래와 느도바 사람 바아나의
아들 헬렛과
31 베냐민 자손에 속한 기브아 사람 리배의 아
들 이대와 비라돈 사람 브나야와
32 가아스 시냇가에 사는 후래와 아르바 사람
아비엘과
33 바하룸 사람 아스마웻과 사알본 사람 엘리아
바와
34 기손 사람 하셈의 아들들과 하랄 사람 사게
의 아들 요나단과
35 하랄 사람 사갈의 아들 아히암과 울의 아들
엘리발과
36 므게랏 사람 헤벨과 블론 사람 아히야와
37 갈멜 사람 헤스로와 에스배의 아들 나아래
와
38 나단의 아우 요엘과 하그리의 아들 밉할과

warriors.
20 ●Abishai the brother of Joab was chief of
the Three. He raised his spear against three
hundred men, whom he killed, and so he
21 became as famous as the Three. ●He was dou-
bly honored above the Three and became
their commander, even though he was not
included among them.
22 ●Benaiah son of Jehoiada, a valiant fighter
from Kabzeel, performed great exploits. He
struck down Moab's two mightiest warriors.
He also went down into a pit on a snowy day
23 and killed a lion. ●And he struck down an
Egyptian who was five cubits[a] tall. Although
the Egyptian had a spear like a weaver's rod in
his hand, Benaiah went against him with a
club. He snatched the spear from the Egypt-
ian's hand and killed him with his own spear.
24 ●Such were the exploits of Benaiah son of
Jehoiada; he too was as famous as the three
25 mighty warriors. ●He was held in greater
honor than any of the Thirty, but he was not
included among the Three. And David put
him in charge of his bodyguard.

26 ●The mighty warriors were:
Asahel the brother of Joab,
Elhanan son of Dodo from Bethlehem,
27 ●Shammoth the Harorite,
Helez the Pelonite,
28 ●Ira son of Ikkesh from Tekoa,
Abiezer from Anathoth,
29 ●Sibbekai the Hushathite,
Ilai the Ahohite,
30 ●Maharai the Netophathite,
Heled son of Baanah the Netophathite,
31 ●Ithai son of Ribai from Gibeah in Ben-
jamin,
Benaiah the Pirathonite,
32 ●Hurai from the ravines of Gaash,
Abiel the Arbathite,
33 ●Azmaveth the Baharumite,
Eliahba the Shaalbonite,
34 ●the sons of Hashem the Gizonite,
Jonathan son of Shagee the Hararite,
35 ●Ahiam son of Sakar the Hararite,
Eliphal son of Ur,
36 ●Hepher the Mekerathite,
Ahijah the Pelonite,
37 ●Hezro the Carmelite,
Naarai son of Ezbai,

[a]23 That is, about 7 feet 6 inches or about 2.3 meters

1) 히, 암마

above [əbʌ́v] *ad.* 위에
commander [kəmǽndər] *n.* 사령관
cubit [kjú:bit] *n.* 규빗(약 50cm)
doubly [dʌ́bli] *ad.* 두배로
honor [ánər] *n.* 영예, 존중
include [inklú:d] *vt.* 포함시키다
mighty [máiti] *a.* 힘센
perform [pərfɔ́:rm] *vt.* 수행하다
pit [pit] *n.* 구덩이
ravine [rəví:n] *n.* 협곡
rod [rad] *n.* 막대기
snatch [snǽtʃ] *vt.* 잡아채다
spear [spiər] *n.* 창, 작살
valiant [vǽljənt] *a.* 용감한
weaver [wí:vər] *n.* 베 짜는 사람

11:20 as... as~: ~만큼 …한
11:21 even though...: 비록 …할지라도
11:22 strike down: 때려눕히다, 죽이다
11:22 go down: 내려가다
11:25 put... in charge of~: …에게 ~에 대한 책임을 지우다

39 암몬 사람 셀렉과 스루야의 아들 요압의 무기 잡은 자 베롯 사람 나하래와
40 이델 사람 이라와 이델 사람 가렙과
41 헷 사람 우리아와 알래의 아들 사밧과
42 르우벤 자손 시사의 아들 곧 르우벤 자손의 우두머리 아디나와 그 추종자 삼십 명과
43 마아가의 아들 하난과 미텐 사람 요사밧과
44 아스드랏 사람 웃시아와 아로엘 사람 호담의 아들 사마와 여이엘과
45 시므리의 아들 여디아엘과 그의 아우 디스 사람 요하와
46 마하위 사람 엘리엘과 엘라암의 아들 여리배와 요사위아와 모압 사람 이드마와
47 엘리엘과 오벳과 므소바 사람 야아시엘이더라

베냐민 지파에서 다윗을 도운 용사들 (♪ 349장)

12 다윗이 기스의 아들 사울로 말미암아 시글락에 숨어 있을 때에 그에게 와서 싸움을 도운 용사 중에 든 자가 있었으니
2 그들은 활을 가지며 좌우 손을 놀려 물매도 던지며 화살도 쏘는 자요 베냐민 지파 사울의 동족인데 그 이름은 이러하니라
3 그 우두머리는 아히에셀이요 다음은 요아스이니 기브아 사람 스마아의 두 아들이요 또 아스마웻의 아들 여시엘과 벨렛과 또 브라가와 아나돗 사람 예후와
4 기브온 사람 곧 삼십 명 중에 용사요 삼십 명의 우두머리가 된 이스마야이며 또 예레미야와 야하시엘과 요하난과 그데라 사람 요사밧과
5 엘루새와 여리못과 브아랴와 스마랴와 하룹 사람 스바댜와
6 고라 사람들 엘가나와 잇시야와 아사렐과 요에셀과 야소브암이며
7 그돌 사람 여로함의 아들 요엘라와 스바댜더라

갓 지파에서 다윗을 도운 용사들

8 •갓 사람 중에서 광야에 있는 요새에 이르러 다윗에게 돌아온 자가 있었으니 다 용사요 싸움에 익숙하여 방패와 창을 능히 쓰는 자라 그의 얼굴은 사자 같고 빠르기는 산의 사슴 같으니
9 그 우두머리는 에셀이요 둘째는 오바댜요 셋째는 엘리압이요
10 넷째는 미스만나요 다섯째는 예레미야요
11 여섯째는 앗대요 일곱째는 엘리엘이요
12 여덟째는 요하난이요 아홉째는 엘사밧이요

38 •Joel the brother of Nathan,
Mibhar son of Hagri,
39 •Zelek the Ammonite,
Naharai the Berothite, the armor-bearer of Joab son of Zeruiah,
40 •Ira the Ithrite,
Gareb the Ithrite,
41 •Uriah the Hittite,
Zabad son of Ahlai,
42 •Adina son of Shiza the Reubenite, who was chief of the Reubenites, and the thirty with him,
43 •Hanan son of Maakah,
Joshaphat the Mithnite,
44 •Uzzia the Ashterathite,
Shama and Jeiel the sons of Hotham the Aroerite,
45 •Jediael son of Shimri,
his brother Joha the Tizite,
46 •Eliel the Mahavite,
Jeribai and Joshaviah the sons of Elnaam,
Ithmah the Moabite,
47 •Eliel, Obed and Jaasiel the Mezobaite.

Warriors Join David

12 These were the men who came to David at Ziklag, while he was ban-
ished from the presence of Saul son of Kish
(they were among the warriors who helped
2 him in battle; •they were armed with bows
and were able to shoot arrows or to sling
stones right-handed or left-handed; they were
relatives of Saul from the tribe of Benjamin):
3 •Ahiezer their chief and Joash the sons of
Shemaah the Gibeathite; Jeziel and Pelet
the sons of Azmaveth; Berakah, Jehu the
4 Anathothite, •and Ishmaiah the Gibe-
onite, a mighty warrior among the Thirty,
who was a leader of the Thirty; Jeremiah,
Jahaziel, Johanan, Jozabad the Gedera-
5 thite,[a] •Eluzai, Jerimoth, Bealiah, Shemari-
6 ah and Shephatiah the Haruphite; •Elka-
nah, Ishiah, Azarel, Joezer and Jashobeam
7 the Korahites; •and Joelah and Zebadiah
the sons of Jeroham from Gedor.

8 •Some Gadites defected to David at his
stronghold in the wilderness. They were brave
warriors, ready for battle and able to handle
the shield and spear. Their faces were the faces

[a]4 In Hebrew texts the second half of this verse (*Jeremiah... Gederathite*) is numbered 12:5, and 12:5-40 is numbered 12:6-41.

arrow [ǽrou] *n.* 화살
banish [bǽniʃ] *vt.* 추방하다
battle [bǽtl] *n.* 싸움
brave [breiv] *a.* 용감한
defect [difékt] *vi.* 망명하다
handle [hǽndl] *vt.* 다루다
left-handed [lefthǽndid] *a.* 왼손잡이의
presence [prézns] *n.* 면전
right-handed [raithǽndid] *a.* 오른손잡이의
shield [ʃi:ld] *n.* 방패
sling [sliŋ] *vt.* 던지다
spear [spiər] *n.* 창, 투창
stronghold [strɔ́:ŋhòuld] *n.* 요새
tribe [traib] *n.* 종족, 부족
warrior [wɔ́:riər] *n.* 전사

11:38 son of...: …의 자손
12:2 be armed with...: …로 무장되다
12:2 be able to...: …할 수 있다
12:2 shoot an arrow: 화살을 쏘다
12:8 be ready for...: …할 준비가 되어 있는, …을 위한 준비를 하다

13 열째는 예레미야요 열한째는 막반내라
14 이 갓 자손이 군대 지휘관이 [1]되어 그 작은
자는 백부장이요, 그 큰 자는 천부장이더니
15 정월에 요단 강 물이 모든 언덕에 넘칠 때에
이 무리가 강물을 건너서 골짜기에 있는 모
든 자에게 동서로 도망하게 하였더라

베냐민과 유다에서 다윗을 도운 용사들

16 ●베냐민과 유다 자손 중에서 요새에 이르러
다윗에게 나오매
17 다윗이 나가서 맞아 그들에게 말하여 이르되
만일 너희가 평화로이 내게 와서 나를 돕고
자 하면 내 마음이 너희 마음과 하나가 되려
니와 만일 너희가 나를 속여 내 대적에게 넘
기고자 하면 내 손에 불의함이 없으니 우리
조상들의 하나님이 감찰하시고 책망하시기
를 원하노라 하매
18 그때에 성령이 삼십 명의 우두머리 아마새를
감싸시니 이르되 다윗이여 우리가 당신에게
속하겠고 이새의 아들이여 우리가 당신과 함
께 있으리니 원하건대 평안하소서 당신도 평
안하고 당신을 돕는 자에게도 평안이 있을지
니 이는 당신의 하나님이 당신을 도우심이니
이다 한지라 다윗이 그들을 받아들여 군대
지휘관을 삼았더라

므낫세 지파에서 다윗을 도운 용사들

19 ●다윗이 전에 블레셋 사람들과 함께 가서
사울을 치려 할 때에 므낫세 지파에서 두어
사람이 다윗에게 돌아왔으나 다윗 등이 블레
셋 사람들을 돕지 못하였음은 블레셋 사람들
의 방백이 서로 의논하고 보내며 이르기를
그가 그의 왕 사울에게로 돌아가리니 우리
머리가 위태할까 하노라 함이라
20 다윗이 시글락으로 갈 때에 므낫세 지파에서
그에게로 돌아온 자는 아드나와 요사밧과 여
디아엘과 미가엘과 요사밧과 엘리후와 실르
대이니 다 므낫세의 천부장이라
21 이 무리가 다윗을 도와 도둑 떼를 쳤으니 그
들은 다 큰 용사요 군대 지휘관이 됨이었더
라
22 그때에 사람이 날마다 다윗에게로 돌아와서
돕고자 하매 큰 군대를 이루어 하나님의 군
대와 같았더라

다윗의 군사들

23 ●싸움을 준비한 군대 지휘관들이 헤브론에
이르러 다윗에게로 나아와서 여호와의 말씀
대로 사울의 나라를 그에게 돌리고자 하였으
니 그 수효가 이러하였더라

of lions, and they were as swift as gazelles in
the mountains.
9 ●Ezer was the chief,
Obadiah the second in command, Eliab
the third,
10 ●Mishmannah the fourth, Jeremiah the
fifth,
11 ●Attai the sixth, Eliel the seventh,
12 ●Johanan the eighth, Elzabad the ninth,
13 ●Jeremiah the tenth and Makbannai the
eleventh.
14 ●These Gadites were army commanders;
the least was a match for a hundred, and the
15 greatest for a thousand. ●It was they who
crossed the Jordan in the first month when it
was overflowing all its banks, and they put to
flight everyone living in the valleys, to the east
and to the west.
16 ●Other Benjamites and some men from
Judah also came to David in his stronghold.
17 ●David went out to meet them and said to
them, "If you have come to me in peace to
help me, I am ready for you to join me. But if
you have come to betray me to my enemies
when my hands are free from violence, may
the God of our ancestors see it and judge you."
18 ●Then the Spirit came on Amasai, chief of
the Thirty, and he said:

"We are yours, David!
We are with you, son of Jesse!
Success, success to you,
and success to those who help you,
for your God will help you."

So David received them and made them
leaders of his raiding bands.
19 ●Some of the tribe of Manasseh defected to
David when he went with the Philistines to
fight against Saul. (He and his men did not
help the Philistines because, after consulta-
tion, their rulers sent him away. They said, "It
will cost us our heads if he deserts to his mas-
20 ter Saul.") ●When David went to Ziklag, these
were the men of Manasseh who defected to
him: Adnah, Jozabad, Jediael, Michael, Joz-
abad, Elihu and Zillethai, leaders of units of a
21 thousand in Manasseh. ●They helped David
against raiding bands, for all of them were
brave warriors, and they were commanders in
22 his army. ●Day after day men came to help
David, until he had a great army, like the
army of God.[a]

[a]22 Or *a great and mighty army*

1) 되니 그 작은 자는 일당 백이요 그 큰 자는 일당 천이라

ancestor [ǽnsestər] *n.* 조상
betray [bitréi] *vt.* 속이다
commander [kəmǽndər] *n.* 사령관
consultation [kɑ̀nsəltéiʃən] *n.* 자문
gazelle [gəzél] *n.* 영양
judge [dʒʌ́dʒ] *vt.* 재판하다
least [liːst] *a.* 가장 작은
match [mætʃ] *n.* 상대
overflow [òuvərflóu] *vi.* 넘치다
raid [reid] *vt.* 습격하다
receive [risíːv] *vt.* 받아들이다
ruler [rúːlər] *n.* 통치자
swift [swift] *a.* 신속한
unit [júːnit] *n.* 부대
violence [váiələns] *n.* 폭력

12:15 **put to flight:** 패주시키다
12:17 **be ready to...:** …할 준비가 되다
12:17 **be free from...:** …로부터 자유로워지다
12:19 **fight against...:** …와 싸우다
12:19 **send away:** 내쫓다, 멀리 보내다
12:22 **day after day:** 오늘도 내일도, 매일

24 유다 자손 중에서 방패와 창을 들고 싸움을 준비한 자가 육천팔백 명이요
25 시므온 자손 중에서 싸움하는 큰 용사가 칠천백 명이요
26 레위 자손 중에서 사천육백 명이요
27 아론의 집 우두머리 여호야다와 그와 함께 있는 자가 삼천칠백 명이요
28 또 젊은 용사 사독과 그의 가문의 지휘관이 이십이 명이요
29 베냐민 자손 곧 사울의 동족은 아직도 태반이나 사울의 집을 따르나 그 중에서 나온 자가 삼천 명이요
30 에브라임 자손 중에서 가족으로서 유명한 큰 용사가 이만 팔백 명이요
31 므낫세 반 지파 중에 이름이 기록된 자로서 와서 다윗을 세워 왕으로 삼으려 하는 자가 만 팔천 명이요
32 잇사갈 자손 중에서 시세를 알고 이스라엘이 마땅히 행할 것을 아는 우두머리가 이백 명이니 그들은 그 모든 형제를 통솔하는 자이며
33 스불론 중에서 모든 무기를 가지고 전열을 갖추고 두 마음을 품지 아니하고 능히 진영에 나아가서 싸움을 잘하는 자가 오만 명이요
34 납달리 중에서 지휘관 천 명과 방패와 창을 가지고 따르는 자가 삼만 칠천 명이요
35 단 자손 중에서 싸움을 잘하는 자가 이만 팔천육백 명이요
36 아셀 중에서 능히 진영에 나가서 싸움을 잘하는 자가 사만 명이요
37 요단 저편 르우벤 자손과 갓 자손과 므낫세 반 지파 중에서 모든 무기를 가지고 능히 싸우는 자가 십이만 명이었더라
38 •이 모든 군사가 전열을 갖추고 다 성심으로 헤브론에 이르러 다윗을 온 이스라엘 왕으로 삼고자 하고 또 이스라엘의 남은 자도 다 한마음으로 다윗을 왕으로 삼고자 하여
39 무리가 거기서 다윗과 함께 사흘을 지내며 먹고 마셨으니 이는 그들의 형제가 이미 식물을 준비하였음이며
40 또 그들의 근처에 있는 자로부터 잇사갈과 스불론과 납달리까지도 나귀와 낙타와 노새와 소에다 음식을 많이 실어왔으니 곧 밀가루 과자와 무화과 과자와 건포도와 포도주와 기름이요 소와 양도 많이 가져왔으니 이는 이스라엘 가운데에 기쁨이 있음이었더라

Others Join David at Hebron

23 •These are the numbers of the men armed for battle who came to David at Hebron to turn Saul's kingdom over to him, as the LORD had said:
24 •from Judah, carrying shield and spear—6,800 armed for battle;
25 •from Simeon, warriors ready for battle—7,100;
26-27 •from Levi—4,600, •including Jehoiada, leader of the family of Aaron, with 3,700
28 men, •and Zadok, a brave young warrior, with 22 officers from his family;
29 •from Benjamin, Saul's tribe—3,000, most of whom had remained loyal to Saul's house until then;
30 •from Ephraim, brave warriors, famous in their own clans—20,800;
31 •from half the tribe of Manasseh, designated by name to come and make David king—18,000;
32 •from Issachar, men who understood the times and knew what Israel should do—200 chiefs, with all their relatives under their command;
33 •from Zebulun, experienced soldiers prepared for battle with every type of weapon, to help David with undivided loyalty—50,000;
34 •from Naphtali—1,000 officers, together with 37,000 men carrying shields and spears;
35 •from Dan, ready for battle—28,600;
36 •from Asher, experienced soldiers prepared for battle—40,000;
37 •and from east of the Jordan, from Reuben, Gad and the half-tribe of Manasseh, armed with every type of weapon—120,000.
38 •All these were fighting men who volunteered to serve in the ranks. They came to Hebron fully determined to make David king over all Israel. All the rest of the Israelites were
39 also of one mind to make David king. •The men spent three days there with David, eating and drinking, for their families had sup-
40 plied provisions for them. •Also, their neighbors from as far away as Issachar, Zebulun and Naphtali came bringing food on donkeys, camels, mules and oxen. There were plentiful supplies of flour, fig cakes, raisin cakes, wine, olive oil, cattle and sheep, for there was joy in Israel.

cattle [kǽtl] *n.* 소
designate [dézignèit] *vt.* 지명하다
determine [ditə́:rmin] *vt.* 결정하다
experienced [ikspíəriənst] *a.* 노련한
fig [fig] *n.* 무화과
loyal [lɔ́iəl] *a.* 충실한
plentiful [pléntifəl] *a.* 풍부한
provision [prəvíʒən] *n.* 식량, 양식
raisin [réizn] *n.* 건포도
remain [riméin] *vi.* …한 채로 있다
shield [ʃi:ld] *n.* 방패
supply [səplái] *vt.* 공급하다
undivided [ʌndiváidid] *a.* 한결같은
volunteer [vɑ̀ləntíər] *vi.* 자원하다
weapon [wépən] *n.* 무기

12:23 **turn A over to B:** A를 B에게 넘기다
12:33 **prepare for...:** …를 준비하다
12:37 **be armed with...:** …로 무장되다
12:38 **serve in the ranks:** 병역에 복무하다
12:40 **as far away as...:** …에까지 멀리

하나님의 궤를 옮기다 (삼하 6:1-11)

13 다윗이 천부장과 백부장 곧 모든 지휘
관과 더불어 의논하고
2 다윗이 이스라엘의 온 회중에게 이르되 만일
너희가 좋게 여기고 또 우리의 하나님 여호
와께로 말미암았으면 우리가 이스라엘 온 땅
에 남아 있는 우리 형제와 또 초원이 딸린 성
읍에 사는 제사장과 레위 사람에게 전령을
보내 그들을 우리에게로 모이게 하고
3 우리가 우리 하나님의 궤를 우리에게로 옮겨
오자 사울 때에는 우리가 궤 앞에서 묻지 아
니하였느니라 하매
4 뭇 백성의 눈이 이 일을 좋게 여기므로 온 회
중이 그대로 행하겠다 한지라
5 이에 다윗이 애굽의 시홀 시내에서부터 하맛
어귀까지 온 이스라엘을 불러모으고 기랏여
아림에서부터 하나님의 궤를 메어오고자 할
새
6 다윗이 온 이스라엘을 거느리고 바알라 곧
유다에 속한 기럇여아림에 올라가서 여호와
하나님의 궤를 메어오려 하니 이는 여호와께
서 두 그룹 사이에 계시므로 그러한 이름으
로 일컬음을 받았더라
7 하나님의 궤를 새 수레에 싣고 아비나답의
집에서 나오는데 웃사와 아히오는 수레를 몰
며
8 다윗과 이스라엘 온 무리는 하나님 앞에서
힘을 다하여 뛰놀며 노래하며 수금과 비파와
소고와 제금과 나팔로 연주하니라 삼하 6:5
9 •기돈의 타작마당에 이르러서는 소들이 뛰
므로 웃사가 손을 펴서 궤를 붙들었더니
10 웃사가 손을 펴서 궤를 붙듦으로 말미암아
여호와께서 진노하사 치시매 그가 거기 하
나님 앞에서 죽으니라 15:13, 15
11 여호와께서 웃사의 몸을 찢으셨으므로 다윗
이 노하여 그곳을 베레스 웃사라 부르니 그
이름이 오늘까지 이르니라
12 그날에 다윗이 하나님을 두려워하여 이르되
내가 어떻게 하나님의 궤를 내 곳으로 오게
하리요 하고
13 다윗이 궤를 옮겨 자기가 있는 다윗 성으로
메어들이지 못하고 그 대신 가드 사람 오벧
에돔의 집으로 메어가니라
14 하나님의 궤가 오벧에돔의 집에서 그의 가족
과 함께 석 달을 있으니라 여호와께서 오벧
에돔의 집과 그의 모든 소유에 복을 내리셨
더라

Bringing Back the Ark

13 David conferred with each of his offi-
cers, the commanders of thousands
2 and commanders of hundreds. •He then
said to the whole assembly of Israel, "If it
seems good to you and if it is the will of the
LORD our God, let us send word far and wide
to the rest of our people throughout the ter-
ritories of Israel, and also to the priests and
Levites who are with them in their towns
3 and pasturelands, to come and join us. •Let
us bring the ark of our God back to us, for
we did not inquire of[a] it[b] during the reign
4 of Saul." •The whole assembly agreed to do
this, because it seemed right to all the peo-
ple.
5 •So David assembled all Israel, from the
Shihor River in Egypt to Lebo Hamath, to
bring the ark of God from Kiriath Jearim.
6 •David and all Israel went to Baalah of Judah
(Kiriath Jearim) to bring up from there the
ark of God the LORD, who is enthroned bet-
ween the cherubim — the ark that is called
by the Name.
7 •They moved the ark of God from Abi-
nadab's house on a new cart, with Uzzah and
8 Ahio guiding it. •David and all the Israelites
were celebrating with all their might before
God, with songs and with harps, lyres, tim-
brels, cymbals and trumpets.
9 •When they came to the threshing floor
of Kidon, Uzzah reached out his hand to
steady the ark, because the oxen stumbled.
10 •The LORD's anger burned against Uzzah,
and he struck him down because he had put
his hand on the ark. So he died there before
God.
11 •Then David was angry because the
LORD's wrath had broken out against Uzzah,
and to this day that place is called Perez
Uzzah.[c]
12 •David was afraid of God that day and
asked, "How can I ever bring the ark of God
13 to me?" •He did not take the ark to be with
him in the City of David. Instead, he took it
14 to the house of Obed-Edom the Gittite. •The
ark of God remained with the family of
Obed-Edom in his house for three months,
and the LORD blessed his household and every-
thing he had.

[a]3 *Or we neglected* [b]3 Or *him* [c]11 *Perez Uzzah* means *outbreak against Uzzah.*

ark [a:rk] *n.* 법궤
assembly [əsémbli] *n.* 회중, 집회
cart [ka:rt] *n.* 수레
celebrate [séləbrèit] *vt.* 축하하다
cherubim [tʃérəbim] *n.* 그룹, 천사
confer [kənfə́:r] *vi.* 협의하다
enthrone [inθróun] *vt.* 왕위에 올리다
household [háushòuld] *n.* 가족
inquire [inkwáiər] *vt.* 묻다
pastureland [pǽstʃərlæ̀nd] *n.* 목초지
steady [stédi] *vt.* 흔들리지 않게 하다
stumble [stʌ́mbl] *vi.* 비틀거리다
territory [térətɔ̀:ri] *n.* 영토
thresh [θréʃ] *vi.* 타작하다
wrath [ræθ] *n.* 진노

13:2 **far and wide**: 멀리, 널리
13:3 **inquire of...**: …에게 묻다
13:4 **agree to...**: …에 대해 합의하다
13:9 **reach out**: 뻗치다, 내밀다
13:10 **strike down**: 때려눕히다, 죽이다
13:12 **be afraid of...**: …를 두려워하다

예루살렘에서 다윗이 활동하다
(삼하 5:11-16 ♪ 528장)

14 두로 왕 히람이 다윗에게 사신들과 백
향목과 석수와 목수를 보내 그의 궁전
을 건축하게 하였더라
2 다윗이 여호와께서 자기를 이스라엘의 왕으
로 삼으신 줄을 깨달았으니 이는 그의 백성
이스라엘을 위하여 그의 나라가 높이 들림을
받았음을 앎이었더라
3 ●다윗이 예루살렘에서 또 아내들을 맞아 다
윗이 다시 아들들과 딸들을 낳았으니
4 예루살렘에서 낳은 아들들의 이름은 삼무아
와 소밥과 나단과 솔로몬과
5 입할과 엘리수아와 엘벨렛과
6 노가와 네벡과 야비아와
7 엘리사마와 브엘랴다와 엘리벨렛이었더라

다윗이 블레셋을 이기다 (삼하 5:17-25)

8 ●다윗이 기름 부음을 받아 온 이스라엘의
왕이 되었다 함을 블레셋 사람들이 듣고 모
든 블레셋 사람들이 다윗을 찾으러 올라오매
다윗이 듣고 대항하러 나갔으나
9 블레셋 사람들이 이미 이르러 르바임 골짜기
로 쳐들어온지라
10 다윗이 하나님께 물어 이르되 내가 블레셋
사람들을 치러 올라가리이까 주께서 그들을
내 손에 넘기시겠나이까 하니 여호와께서 그
에게 이르시되 올라가라 내가 그들을 네 손
에 넘기리라 하신지라
11 이에 무리가 바알브라심으로 올라갔더니 다
윗이 거기서 그들을 치고 다윗이 이르되 하
나님이 물을 쪼갬같이 내 손으로 내 대적을
흩으셨다 하므로 그곳 이름을 바알브라심이
라 부르니라
12 블레셋 사람이 그들의 우상을 그곳에 버렸으
므로 다윗이 명령하여 불에 사르니라
13 ●블레셋 사람들이 다시 골짜기를 침범한지
라
14 다윗이 또 하나님께 묻자온대 하나님이 이르
시되 마주 올라가지 말고 그들 뒤로 돌아 뽕
나무 수풀 맞은편에서 그들을 기습하되
15 뽕나무 꼭대기에서 걸음 걷는 소리가 들리거
든 곧 나가서 싸우라 너보다 하나님이 앞서
나아가서 블레셋 사람들의 군대를 치리라 하
신지라
16 이에 다윗이 하나님의 명령대로 행하여 블레
셋 사람들의 군대를 쳐서 기브온에서부터 게
셀까지 이르렀더니

David's House and Family

14 Now Hiram king of Tyre sent messen-
gers to David, along with cedar logs,
stonemasons and carpenters to build a palace
2 for him. ●And David knew that the LORD had
established him as king over Israel and that
his kingdom had been highly exalted for the
sake of his people Israel.
3 ●In Jerusalem David took more wives and
became the father of more sons and daugh-
4 ters. ●These are the names of the children
born to him there: Shammua, Shobab, Na-
5 than, Solomon, ●Ibhar, Elishua, Elpelet,
6-7 ●Nogah, Nepheg, Japhia, ●Elishama, Beeli-
ada[a] and Eliphelet.

David Defeats the Philistines

8 ●When the Philistines heard that David
had been anointed king over all Israel, they
went up in full force to search for him, but
David heard about it and went out to meet
9 them. ●Now the Philistines had come and
10 raided the Valley of Rephaim; ●so David
inquired of God: "Shall I go and attack the
Philistines? Will you deliver them into my
hands?"
The LORD answered him, "Go, I will deliver
them into your hands."
11 ●So David and his men went up to Baal Per-
azim, and there he defeated them. He said, "As
waters break out, God has broken out against
my enemies by my hand." So that place was
12 called Baal Perazim.[b] ●The Philistines had
abandoned their gods there, and David gave
orders to burn them in the fire.
13 ●Once more the Philistines raided the val-
14 ley; ●so David inquired of God again, and
God answered him, "Do not go directly after
them, but circle around them and attack
15 them in front of the poplar trees. ●As soon as
you hear the sound of marching in the tops
of the poplar trees, move out to battle, be-
cause that will mean God has gone out in
front of you to strike the Philistine army."
16 ●So David did as God commanded him, and
they struck down the Philistine army, all the
way from Gibeon to Gezer.
17 ●So David's fame spread throughout every
land, and the LORD made all the nations fear
him.

[a]7 A variant of *Eliada* [b]11 *Baal Perazim* means *the lord who breaks out.*

abandon [əbǽndən] *vt.* 내버리다
anoint [ənɔ́int] *vt.* 기름을 붓다
attack [ətǽk] *vt.* 공격하다
carpenter [kɑ́ːrpəntər] *n.* 목수
cedar [síːdər] *n.* 백향목
defeat [difíːt] *vt.* 쳐부수다
establish [istǽbliʃ] *vt.* 세우다
exalt [igzɔ́ːlt] *vt.* 높이다
fame [feim] *n.* 명성, 명예
force [fɔːrs] *n.* 힘, 무력
march [maːrtʃ] *vi.* 행군하다
raid [reid] *vt.* 침입하다
search [səːrtʃ] *vt.* 찾다
spread [spred] *vi.* 퍼지다
stonemason [stóunmèisn] *n.* 석수, 채석공

14:1 along with...: …와 함께
14:2 for the sake of...: …를 위하여
14:8 in full force: 총력으로
14:10 deliver... into one's hands: …를 누구의 손에 넘기다
14:14 inquire of...: …에게 묻다

17 다윗의 명성이 온 세상에 퍼졌고 여호와께서 모든 이방 민족으로 그를 두려워하게 하셨더라

하나님의 궤를 옮길 준비 — B.C. 1000년경

15 다윗이 다윗 성에서 자기를 위하여 궁전을 세우고 또 하나님의 궤를 둘 곳을 마련하고 그것을 위하여 장막을 치고 16:1

2 다윗이 이르되 레위 사람 외에는 하나님의 궤를 멜 수 없나니 이는 여호와께서 그들을 택하사 여호와의 궤를 메고 영원히 그를 섬기게 하셨음이라 하고

3 다윗이 이스라엘 온 무리를 예루살렘으로 모으고 여호와의 궤를 그 마련한 곳으로 메어 올리고자 하여

4 다윗이 아론 자손과 레위 사람을 모으니

5 그핫 자손 중에 지도자 우리엘과 그의 형제가 백이십 명이요

6 므라리 자손 중에 지도자 아사야와 그의 형제가 이백이십 명이요

7 게르솜 자손 중에 지도자 요엘과 그의 형제가 백삼십 명이요

8 엘리사반 자손 중에 지도자 스마야와 그의 형제가 이백 명이요

9 헤브론 자손 중에 지도자 엘리엘과 그의 형제가 팔십 명이요

10 웃시엘 자손 중에 지도자 암미나답과 그의 형제가 백십이 명이라

11 다윗이 제사장 사독과 아비아달을 부르고 또 레위 사람 우리엘과 아사야와 요엘과 스마야와 엘리엘과 암미나답을 불러

12 그들에게 이르되 너희는 레위 사람의 지도자이니 너희와 너희 형제는 몸을 성결하게 하고 내가 마련한 곳으로 이스라엘의 하나님 여호와의 궤를 메어 올리라

13 전에는 너희가 메지 아니하였으므로 우리 하나님 여호와께서 우리를 찢으셨으니 이는 우리가 규례대로 그에게 구하지 아니하였음이라 하니

14 이에 제사장들과 레위 사람들이 이스라엘 하나님 여호와의 궤를 메고 올라가려 하여 몸을 성결하게 하고 15:12

15 모세가 여호와의 말씀을 따라 명령한 대로 레위 자손이 채에 하나님의 궤를 꿰어 어깨에 메니라

16 ● 다윗이 레위 사람의 어른들에게 명령하여 그의 형제들을 노래하는 자들로 세우고 비파와 수금과 제금 등의 악기를 울려서 즐거운

The Ark Brought to Jerusalem

15 After David had constructed build-
ings for himself in the City of David,
he prepared a place for the ark of God and
2 pitched a tent for it. • Then David said, "No
one but the Levites may carry the ark of God,
because the LORD chose them to carry the ark
of the LORD and to minister before him for-
ever."
3 • David assembled all Israel in Jerusalem
to bring up the ark of the LORD to the place
4 he had prepared for it. • He called together
the descendants of Aaron and the Levites:
5 • From the descendants of Kohath,
Uriel the leader and 120 relatives;
6 • from the descendants of Merari,
Asaiah the leader and 220 relatives;
7 • from the descendants of Gershon,[a]
Joel the leader and 130 relatives;
8 • from the descendants of Elizaphan,
Shemaiah the leader and 200 relatives;
9 • from the descendants of Hebron,
Eliel the leader and 80 relatives;
10 • from the descendants of Uzziel,
Amminadab the leader and 112 rela-
tives.
11 • Then David summoned Zadok and Abi-
athar the priests, and Uriel, Asaiah, Joel, She-
maiah, Eliel and Amminadab the Levites.
12 • He said to them, "You are the heads of the
Levitical families; you and your fellow Levites
are to consecrate yourselves and bring up the
ark of the LORD, the God of Israel, to the place I
13 have prepared for it. • It was because you, the
Levites, did not bring it up the first time that
the LORD our God broke out in anger against
us. We did not inquire of him about how to
14 do it in the prescribed way." • So the priests
and Levites consecrated themselves in order to
bring up the ark of the LORD, the God of Israel.
15 • And the Levites carried the ark of God with
the poles on their shoulders, as Moses had
commanded in accordance with the word of
the LORD.
16 • David told the leaders of the Levites to
appoint their fellow Levites as musicians to
make a joyful sound with musical instru-
ments: lyres, harps and cymbals.
17 • So the Levites appointed Heman son of
Joel; from his relatives, Asaph son of Berekiah;
and from their relatives the Merarites, Ethan

[a]7 Hebrew *Gershom*, a variant of *Gershon*

appoint [əpɔ́int] *vt.* 임명하다
assembly [əsémbli] *n.* 회중
consecrate [kάnsəkrèit] *vt.* 신성케 하다
construct [kənstrʌ́kt] *vt.* 짓다
descendant [diséndənt] *n.* 자손
inquire [inkwáiər] *vt.* 묻다
instrument [ínstrəmənt] *n.* 악기
lyre [laiər] *n.* 수금
minister [mínəstər] *vi.* 사역하다
pitch [pitʃ] *vt.* 천막을 치다
pole [poul] *n.* 막대기
prescribed [priskráibd] *a.* 규정된
priest [priːst] *n.* 제사장
relative [rélətiv] *n.* 친척
summon [sʌ́mən] *vt.* 소집하다

15:1 **pitch a tent:** 텐트를 치다
15:4 **call together:** 불러 모으다
15:12 **prepare for...:** …을 준비하다
15:13 **break out:** 발생하다
15:14 **in order to...:** …하기 위하여
15:15 **in accordance with...:** …를 따라서

소리를 크게 내라 하매 25:1
17 레위 사람이 요엘의 아들 헤만과 그의 형제
중 베레갸의 아들 아삽과 그의 형제 므라리
자손 중에 구사야의 아들 에단을 세우고 6:33
18 그 다음으로 그들의 형제 스가랴와 벤과 야
아시엘과 스미라못과 여히엘과 운니와 엘리
압과 브나야와 마아세야와 맛디디아와 엘리
블레후와 믹네야와 문지기 오벧에돔과 여이
엘을 세우니
19 노래하는 자 헤만과 아삽과 에단은 놋제금을
크게 치는 자요
20 스가랴와 아시엘과 스미라못과 여히엘과 운
니와 엘리압과 마아세야와 브나야는 비파를
타서 알라못에 맞추는 자요
21 맛디디아와 엘리블레후와 믹네야와 오벧에
돔과 여이엘과 아사시야는 수금을 타서 여덟
째 음에 맞추어 인도하는 자요
22 레위 사람의 지도자 그나냐는 노래에 익숙하
므로 노래를 인도하는 자요
23 베레갸와 엘가나는 궤 앞에서 문을 지키는
자요
24 제사장 스바냐와 요사밧과 느다넬과 아미새
와 스가랴와 브나야와 엘리에셀은 하나님의
궤 앞에서 나팔을 부는 자요 오벧에돔과 여
히야는 궤 앞에서 문을 지키는 자이더라 16:6

하나님의 궤를 예루살렘으로 옮기다
(삼하 6:12-22)

25 ●이에 다윗과 이스라엘 장로들과 천부장들
이 가서 여호와의 언약궤를 즐거이 메고 오
벧에돔의 집에서 올라왔는데
26 하나님이 여호와의 언약궤를 멘 레위 사람을
도우셨으므로 무리가 수송아지 일곱 마리와
숫양 일곱 마리로 제사를 드렸더라
27 다윗과 및 궤를 멘 레위 사람과 노래하는 자
와 그의 우두머리 그나냐와 모든 노래하는
자도 다 세마포 겉옷을 입었으며 다윗은 또
베 에봇을 입었고
28 이스라엘 무리는 크게 부르며 뿔나팔과 나팔
을 불며 제금을 치며 비파와 수금을 힘있게
타며 여호와의 언약궤를 메어 올렸더라 13:8
29 ●여호와의 언약궤가 다윗 성으로 들어올 때
에 사울의 딸 미갈이 창으로 내다보다가 다
윗 왕이 춤추며 뛰노는 것을 보고 그 마음에
업신여겼더라

16 하나님의 궤를 메고 들어가서 다윗이
그것을 위하여 친 장막 가운데에 두고
번제와 화목제를 하나님께 드리니라

18 son of Kushaiah; ●and with them their rela-
tives next in rank: Zechariah,[a] Jaaziel, Shemi-
ramoth, Jehiel, Unni, Eliab, Benaiah, Maa-
seiah, Mattithiah, Eliphelehu, Mikneiah,
Obed-Edom and Jeiel,[b] the gatekeepers.
19 ●The musicians Heman, Asaph and Ethan
20 were to sound the bronze cymbals; ●Zechari-
ah, Jaaziel[c], Shemiramoth, Jehiel, Unni, Eliab,
Maaseiah and Benaiah were to play the lyres
21 according to alamoth,[d] ●and Mattithiah,
Eliphelehu, Mikneiah, Obed-Edom, Jeiel and
Azaziah were to play the harps, directing
22 according to sheminith.[d] ●Kenaniah the
head Levite was in charge of the singing; that
was his responsibility because he was skillful
at it.
23 ●Berekiah and Elkanah were to be door-
24 keepers for the ark. ●Shebaniah, Joshaphat,
Nethanel, Amasai, Zechariah, Benaiah and
Eliezer the priests were to blow trumpets
before the ark of God. Obed-Edom and Jehi-
ah were also to be doorkeepers for the ark.
25 ●So David and the elders of Israel and the
commanders of units of a thousand went to
bring up the ark of the covenant of the LORD
from the house of Obed-Edom, with rejoicing.
26 ●Because God had helped the Levites who
were carrying the ark of the covenant of the
LORD, seven bulls and seven rams were sacri-
27 ficed. ●Now David was clothed in a robe of
fine linen, as were all the Levites who were car-
rying the ark, and as were the musicians, and
Kenaniah, who was in charge of the singing of
28 the choirs. David also wore a linen ephod. ●So
all Israel brought up the ark of the covenant of
the LORD with shouts, with the sounding of
rams' horns and trumpets, and of cymbals,
and the playing of lyres and harps.
29 ●As the ark of the covenant of the LORD was
entering the City of David, Michal daughter of
Saul watched from a window. And when she
saw King David dancing and celebrating, she
despised him in her heart.

Ministering Before the Ark

16 They brought the ark of God and set it
inside the tent that David had pitched
for it, and they presented burnt offerings and

[a]18 Three Hebrew manuscripts and most Septuagint manuscripts (see also verse 20 and 16:5); most Hebrew manuscripts *Zechariah son and* or *Zechariah, Ben and* [b]18 Hebrew; Septuagint (see also verse 21) *Jeiel and Azaziah* [c]20 See verse 18; Hebrew *Aziel*, a variant of *Jaaziel*. [d]20, 21 Probably a musical term

blow [blou] *vt.* 불다
bronze [branz] *n.* 청동
celebrate [séləbrèit] *vt.* 축하하다
choir [kwaiər] *n.* 성가대
covenant [kʌ́vənənt] *n.* 언약
despise [dispáiz] *vt.* 멸시하다
doorkeeper [dɔ́:rki:pər] *n.* 문지기
ephod [éfad] *n.* 에봇
linen [línən] *n.* 세마포
offering [ɔ́:fəriŋ] *n.* 제물
pitch [pitʃ] *vt.* (천막을) 치다
ram [ræm] *n.* 숫양
rejoicing [ridʒɔ́isiŋ] *n.* 기쁨
responsibility [rispɑ̀nsəbíləti] *n.* 책임
sacrifice [sǽkrəfàis] *vt.* 희생으로 바치다

15:21 according to...: …에 의하면
15:22 be in charge of...: …을 책임지다
15:22 be skillful at...: …에 숙련되다
15:25 bring up: 불러일으키다
15:29 watch from a window: 창에서 구경하다

2 다윗이 번제와 화목제 드리기를 마치고 여
호와의 이름으로 백성에게 축복하고
3 이스라엘 무리 중 남녀를 막론하고 각 사람
에게 떡 한 덩이와 야자열매로 만든 과자와
건포도로 만든 과자 하나씩을 나누어 주었
더라
4 ●또 레위 사람을 세워 여호와의 궤 앞에서
섬기며 이스라엘 하나님 여호와를 칭송하
고 감사하며 찬양하게 하였으니
5 아삽은 우두머리요 그 다음은 스가랴와 여
이엘과 스미라못과 여히엘과 맛디디아와
엘리압과 브나야와 오벧에돔과 여이엘이
라 비파와 수금을 타고 아삽은 제금을 힘있
게 치고
6 제사장 브나야와 야하시엘은 항상 하나님
의 언약궤 앞에서 나팔을 부니라

감사 찬양 (시 105:1-15; 96:1-13; 106:47-48)

7 ●그날에 다윗이 아삽과 그의 형제를 세워
먼저 여호와께 감사하게 하여 이르기를
8 너희는 여호와께 감사하며 그의 이름을
불러 아뢰며 그가 행하신 일을 만민 중에
알릴지어다
9 그에게 노래하며 그를 찬양하고 그의 모
든 기사를 전할지어다
10 그의 성호를 자랑하라 여호와를 구하는
자마다 마음이 즐거울지로다
11 여호와와 그의 능력을 구할지어다 항상
그의 얼굴을 찾을지어다
12-13 그의 종 이스라엘의 후손 곧 택하신 야곱
의 자손 너희는 그의 행하신 기사와 그의
이적과 그의 입의 법도를 기억할지어다
14 그는 여호와 우리 하나님이시라 그의 법
도가 온 땅에 있도다
15 너희는 그의 언약 곧 천 대에 명령하신
말씀을 영원히 기억할지어다
16 이것은 아브라함에게 하신 언약이며 이
삭에게 하신 맹세이며
17 이는 야곱에게 세우신 율례 곧 이스라엘
에게 하신 영원한 언약이라
18 이르시기를 내가 가나안 땅을 네게 주어
너희 기업의 지경이 되게 하리라 하셨도
다
19 그때에 너희 사람 수가 적어서 보잘것없
으며 그 땅에 객이 되어 창 34:30
20 이 민족에게서 저 민족에게로, 이 나라에
서 다른 백성에게로 유랑하였도다
21 여호와께서는 사람이 그들을 해하기를

2 fellowship offerings before God. ●After David
had finished sacrificing the burnt offerings and
fellowship offerings, he blessed the people in
3 the name of the LORD. ●Then he gave a loaf of
bread, a cake of dates and a cake of raisins to
each Israelite man and woman.
4 ●He appointed some of the Levites to minis-
ter before the ark of the LORD, to extol,[a] thank,
5 and praise the LORD, the God of Israel: ●Asaph
was the chief, and next to him in rank were
Zechariah, then Jaaziel,[b] Shemiramoth, Jehiel,
Mattithiah, Eliab, Benaiah, Obed-Edom and
Jeiel. They were to play the lyres and harps,
6 Asaph was to sound the cymbals, ●and Bena-
iah and Jahaziel the priests were to blow the
trumpets regularly before the ark of the co-
venant of God.
7 ●That day David first appointed Asaph and
his associates to give praise to the LORD in this
manner:

8 ●Give praise to the LORD, proclaim his name;
make known among the nations what
he has done.
9 ●Sing to him, sing praise to him;
tell of all his wonderful acts.
10 ●Glory in his holy name;
let the hearts of those who seek the LORD
rejoice.
11 ●Look to the LORD and his strength;
seek his face always.
12 ●Remember the wonders he has done,
his miracles, and the judgments he
pronounced,
13 ●you his servants, the descendants of Israel,
his chosen ones, the children of Jacob.
14 ●He is the LORD our God;
his judgments are in all the earth.
15 ●He remembers[c] his covenant forever,
the promise he made, for a thousand
generations,
16 ●the covenant he made with Abraham,
the oath he swore to Isaac.
17 ●He confirmed it to Jacob as a decree,
to Israel as an everlasting covenant:
18 ●"To you I will give the land of Canaan
as the portion you will inherit."
19 ●When they were but few in number,
few indeed, and strangers in it,

[a]4 Or *petition*; or *invoke* [b]5 See 15:18,20; Hebrew *Jeiel*, possibly another name for *Jaaziel*. [c]15 Some Septuagint manuscripts (see also Psalm 105:8); Hebrew *Remember*

appoint [əpɔ́int] *vt.* 임명하다
ark [a:rk] *n.* 궤
associate [əsóuʃièit] *n.* 동료
confirm [kənfə́:rm] *vt.* 확정하다
covenant [kʌ́vənənt] *n.* 언약
descendant [diséndənt] *n.* 자손
extol [ikstóul] *vt.* 찬미하다
fellowship [félouʃip] *n.* 친목
judgment [dʒʌ́dʒmənt] *n.* 판단
lyre [laiər] *n.* 수금
minister [mínəstər] *vi.* 봉사하다
oath [ouθ] *n.* 서약
portion [pɔ́:rʃən] *n.* 몫
priest [pri:st] *n.* 제사장
pronounce [prənáuns] *vt.* 선고하다

16:3 a loaf of bread: 빵 한 덩어리
16:5 next to...: …바로 옆에
16:5 in rank: 열을 지은
16:8 make known: 알리다, 공표하다
16:16 swear to...: …에게 걸고 맹세하다
16:19 in number: 숫자상으로

용납하지 아니하시고 그들 때문에 왕들을 꾸짖어
22 이르시기를 나의 기름부은 자에게 손을 대지 말며 나의 선지자를 해하지 말라 하셨도다
23 온 땅이여 여호와께 노래하며 그의 구원을 날마다 선포할지어다
24 그의 영광을 모든 민족 중에, 그의 기이한 행적을 만민 중에 선포할지어다
25 여호와는 위대하시니 극진히 찬양할 것이요 모든 신보다 경외할 것임이여
26 만국의 모든 신은 헛것이나 여호와께서는 하늘을 지으셨도다
27 존귀와 위엄이 그의 앞에 있으며 능력과 즐거움이 그의 처소에 있도다
28 여러 나라의 종족들아 영광과 권능을 여호와께 돌릴지어다 여호와께 돌릴지어다
29 여호와의 이름에 합당한 영광을 그에게 돌릴지어다 제물을 들고 그 앞에 들어갈지어다 아름답고 거룩한 것으로 여호와께 경배할지어다
30 온 땅이여 그 앞에서 떨지어다 세계가 굳게 서고 흔들리지 아니하는도다
31 하늘은 기뻐하고 땅은 즐거워하며 모든 나라 중에서는 이르기를 여호와께서 통치하신다 할지로다
32 바다와 거기 충만한 것이 외치며 밭과 그 가운데 모든 것은 즐거워할지로다
33 그리할 때에 숲 속의 나무들이 여호와 앞에서 즐거이 노래하리니 주께서 땅을 심판하러 오실 것임이로다
34 여호와께 감사하라 그는 선하시며 그의 인자하심이 영원함이로다
35 너희는 이르기를 우리 구원의 하나님이여 우리를 구원하여 만국 가운데에서 건져내시고 모으사 우리로 주의 거룩한 이름을 감사하며 주의 영광을 드높이게 하소서 할지어다
36 여호와 이스라엘의 하나님을 영원부터 영원까지 송축할지로다

하매 모든 백성이 아멘 하고 여호와를 찬양하였더라

기브온에서 번제를 드리다

37 다윗이 아삽과 그의 형제를 여호와의 언약궤 앞에 있게 하며 항상 그 궤 앞에서 섬기게 하되 날마다 그 일대로 하게 하였고
38 오벧에돔과 그의 형제 육십팔 명과 여두둔

20 they[a] wandered from nation to nation,
from one kingdom to another.
21 He allowed no one to oppress them;
for their sake he rebuked kings:
22 "Do not touch my anointed ones;
do my prophets no harm."
23 Sing to the LORD, all the earth;
proclaim his salvation day after day.
24 Declare his glory among the nations,
his marvelous deeds among all peoples.
25 For great is the LORD and most worthy of praise;
he is to be feared above all gods.
26 For all the gods of the nations are idols,
but the LORD made the heavens.
27 Splendor and majesty are before him;
strength and joy are in his dwelling place.
28 Ascribe to the LORD, all you families of nations,
ascribe to the LORD glory and strength.
29 Ascribe to the LORD the glory due his name;
bring an offering and come before him.
Worship the LORD in the splendor of his[b] holiness.
30 Tremble before him, all the earth!
The world is firmly established; it cannot be moved.
31 Let the heavens rejoice, let the earth be glad;
let them say among the nations,
"The LORD reigns!"
32 Let the sea resound, and all that is in it;
let the fields be jubilant, and everything in them!
33 Let the trees of the forest sing,
let them sing for joy before the LORD,
for he comes to judge the earth.
34 Give thanks to the LORD, for he is good;
his love endures forever.
35 Cry out, "Save us, God our Savior;
gather us and deliver us from the nations,
that we may give thanks to your holy name,
and glory in your praise."
36 Praise be to the LORD, the God of Israel,
from everlasting to everlasting.

Then all the people said "Amen" and "Praise the LORD."

37 David left Asaph and his associates before the ark of the covenant of the LORD to minister

[a] *18-20* One Hebrew manuscript, Septuagint and Vulgate (see also Psalm 105:12); most Hebrew manuscripts *inherit, / [19]though you are but few in number, / few indeed, and strangers in it." / [20]They* [b] *29* Or *LORD with the splendor of*

anointed [ənɔ́intid] *a.* 기름부음 받은
dwell [dwel] *vi.* 거주하다
endure [indjúər] *vi.* 지속하다
firmly [fə́:rmli] *ad.* 견고하게
jubilant [dʒú:bələnt] *a.* 기뻐하는
majesty [mǽdʒəsti] *n.* 위엄
marvelous [má:rvələs] *a.* 놀라운
offering [ɔ́:fəriŋ] *n.* 제물
oppress [əprés] *vt.* 억압하다
proclaim [proukléim] *vt.* 선언하다
rebuke [ribjú:k] *vt.* 꾸짖다
salvation [sælvéiʃən] *n.* 구원
splendor [spléndər] *n.* 존귀함
tremble [trémbl] *vi.* 떨다
wander [wándər] *vi.* 유랑하다

16:21 allow... to~: …에게 ~하도록 허락하다
16:21 for one's sake: …을 위해
16:25 worthy of...: …할 만한
16:28 ascribe to...: …의 덕으로 돌리다
16:29 due one's name: …의 이름에 합당한
16:35 deliver A from B: A를 B에서 구해내다

의 아들 오벧에돔과 호사를 문지기로 삼았고
39 제사장 사독과 그의 형제 제사장들에게 기브
온 산당에서 여호와의 성막 앞에 모시게 하
여
40 항상 아침 저녁으로 번제단 위에 여호와께
번제를 드리되 여호와의 율법에 기록하여 이
스라엘에게 명령하신 대로 다 준행하게 하였
고
41 또 여호와의 인자하심이 영원하시므로 그들
과 함께 헤만과 여두둔과 그리고 택함을 받
아 지명된 나머지 사람을 세워 감사하게 하
였고
42 또 그들과 함께 헤만과 여두둔을 세워 나팔
과 제금들과 하나님을 찬송하는 악기로 소리
를 크게 내게 하였고 또 여두둔의 아들에게
문을 지키게 하였더라
43 이에 뭇 백성은 각각 그 집으로 돌아가고 다
윗도 자기 집을 위하여 축복하려고 돌아갔더
라

다윗에 대한 여호와의 말씀과 계시
(삼하 7:1-17)

17 다윗이 그의 궁전에 거주할 때에 다윗이
선지자 나단에게 이르되 나는 백향목 궁
에 거주하거늘 여호와의 언약궤는 휘장 아래
에 있도다
2 나단이 다윗에게 아뢰되 하나님이 왕과 함께
계시니 마음에 있는 바를 모두 행하소서
3 그 밤에 하나님의 말씀이 나단에게 임하여
이르시되
4 가서 내 종 다윗에게 말하기를 여호와의 말
씀이 너는 내가 거할 집을 건축하지 말라
5 내가 이스라엘을 애굽에서 올라오게 한 날부
터 오늘까지 집에 있지 아니하고 오직 이 장
막과 저 장막에 있으며 이 성막과 저 성막에
있었나니
6 이스라엘 무리와 더불어 가는 모든 곳에서
내가 내 백성을 먹이라고 명령한 이스라엘
어느 사사에게 내가 말하기를 너희가 어찌하
여 내 백향목 집을 건축하지 아니하였느냐고
말하였느냐 하고
7 또한 내 종 다윗에게 이처럼 말하라 만군의
여호와께서 이처럼 말씀하시기를 내가 너를
목장 곧 양 떼를 따라다니던 데에서 데려다
가 내 백성 이스라엘의 주권자로 삼고
8 네가 어디로 가든지 내가 너와 함께 있어 네
모든 대적을 네 앞에서 멸하였은즉 세상에서
존귀한 자들의 이름 같은 이름을 네게 만들

there regularly, according to each day's
38 requirements. •He also left Obed-Edom and
his sixty-eight associates to minister with
them. Obed-Edom son of Jeduthun, and also
Hosah, were gatekeepers.
39 •David left Zadok the priest and his fellow
priests before the tabernacle of the LORD at the
40 high place in Gibeon •to present burnt offer-
ings to the LORD on the altar of burnt offering
regularly, morning and evening, in accor-
dance with everything written in the Law of
41 the LORD, which he had given Israel. •With
them were Heman and Jeduthun and the rest
of those chosen and designated by name to
give thanks to the LORD, "for his love endures
42 forever." •Heman and Jeduthun were respon-
sible for the sounding of the trumpets and
cymbals and for the playing of the other
instruments for sacred song. The sons of
Jeduthun were stationed at the gate.
43 •Then all the people left, each for their own
home, and David returned home to bless his
family.

God's Promise to David

17 After David was settled in his palace,
he said to Nathan the prophet, "Here I
am, living in a house of cedar, while the ark of
the covenant of the LORD is under a tent."
2 •Nathan replied to David, "Whatever you
have in mind, do it, for God is with you."
3 •But that night the word of God came to
Nathan, saying:
4 •"Go and tell my servant David, 'This is
what the LORD says: You are not the one to
5 build me a house to dwell in. •I have not
dwelt in a house from the day I brought
Israel up out of Egypt to this day. I have
moved from one tent site to another, from
6 one dwelling place to another. •Wherev-
er I have moved with all the Israelites, did
I ever say to any of their leaders[a] whom I
commanded to shepherd my people,
"Why have you not built me a house of
cedar?"'
7 •"Now then, tell my servant David, 'This
is what the LORD Almighty says: I took you
from the pasture, from tending the flock,
and appointed you ruler over my people
8 Israel. •I have been with you wherever
you have gone, and I have cut off all your

[a]6 Traditionally *judges*; also in verse 10

appoint [əpɔ́int] *vt.* 임명하다
associate [əsóuʃièit] *n.* 동료
cedar [síːdər] *n.* 백향목
covenant [kʌ́vənənt] *n.* 언약
designate [dézignèit] *vt.* 지명하다
flock [flak] *n.* 양 떼
gatekeeper [géitkìːpər] *n.* 문지기
instrument [ínstrəmənt] *n.* 악기
minister [mínəstər] *vi.* 봉사하다
pasture [pǽstʃər] *n.* 목초지
regularly [régjulərli] *ad.* 정기적으로
requirement [rikwáiərmənt] *n.* 필요
sacred [séikrid] *a.* 거룩한
shepherd [ʃépərd] *vt.* 인도하다
tabernacle [tǽbəːrnækl] *n.* 장막

16:37 **according to...**: …에 의하면
16:40 **in accordance with...**: …에 따라서
16:42 **be responsible for...**: …에 책임이 있다
17:2 **have...in mind:** …을 염두에 두다
17:4 **dwell in...**: …에 거주하다
17:8 **cut off**: 끊다, 멸절시키다

어 주리라
9 내가 또 내 백성 이스라엘을 위하여 한 곳을
정하여 그들을 심고 그들이 그곳에 거주하면
서 다시는 옮겨가지 아니하게 하며 악한 사
람들에게 전과 같이 그들을 해치지 못하게
하여
10 전에 내가 사사에게 명령하여 내 백성 이스
라엘을 다스리던 때와 같지 아니하게 하고
또 네 모든 대적으로 네게 복종하게 하리라
또 네게 이르노니 여호와가 너를 위하여 한
왕조를 세울지라
11 네 생명의 연한이 차서 네가 조상들에게로
돌아가면 내가 네 뒤에 네 씨 곧 네 아들 중
하나를 세우고 그 나라를 견고하게 하리니
12 그는 나를 위하여 집을 건축할 것이요 나는
그의 왕위를 영원히 견고하게 하리라
13 나는 그의 아버지가 되고 그는 나의 아들이
되리니 나의 인자를 그에게서 빼앗지 아니하
기를 내가 네 전에 있던 자에게서 빼앗음과
같이 하지 아니할 것이며
14 내가 영원히 그를 내 집과 내 나라에 세우리
니 그의 왕위가 영원히 견고하리라 하셨다
하라
15 나단이 이 모든 말씀과 이 모든 계시대로 다
윗에게 전하니라

다윗의 감사 기도 (삼하 7:18-29)

16 다윗 왕이 여호와 앞에 들어가 앉아서 이
르되 여호와 하나님이여 나는 누구이오며 내
집은 무엇이기에 나에게 이에 이르게 하셨나
이까
17 하나님이여 주께서 이것을 오히려 작게 여기
시고 또 종의 집에 대하여 먼 장래까지 말씀
하셨사오니 여호와 하나님이여 나를 존귀한
자들같이 여기셨나이다
18 주께서 주의 종에게 베푸신 영예에 대하여
이 다윗이 다시 주께 무슨 말을 하오리이까
주께서는 주의 종을 아시나이다
19 여호와여 주께서 주의 종을 위하여 주의 뜻
대로 이 모든 큰 일을 행하사 이 모든 큰 일
을 알게 하셨나이다
20 여호와여 우리 귀로 들은 대로는 주와 같은
이가 없고 주 외에는 하나님이 없나이다
21 땅의 어느 한 나라가 주의 백성 이스라엘과
같으리이까 하나님이 자기 백성을 구속하시
려고 나가사 크고 두려운 일로 말미암아 이
름을 얻으시고 애굽에서 구속하신 자기 백성
앞에서 모든 민족을 쫓아내셨사오며

enemies from before you. Now I will
make your name like the names of the
9 greatest men on earth. And I will pro-
vide a place for my people Israel and will
plant them so that they can have a home
of their own and no longer be disturbed.
Wicked people will not oppress them any-
10 more, as they did at the beginning and
have done ever since the time I appointed
leaders over my people Israel. I will also
subdue all your enemies.
" 'I declare to you that the LORD will build
11 a house for you: When your days are
over and you go to be with your ances-
tors, I will raise up your offspring to suc-
ceed you, one of your own sons, and I will
12 establish his kingdom. He is the one
who will build a house for me, and I will
13 establish his throne forever. I will be his
father, and he will be my son. I will never
take my love away from him, as I took it
14 away from your predecessor. I will set
him over my house and my kingdom
forever; his throne will be established
forever.' "
15 Nathan reported to David all the words of
this entire revelation.

David's Prayer

16 Then King David went in and sat before
the LORD, and he said:
"Who am I, LORD God, and what is my
family, that you have brought me this far?
17 And as if this were not enough in your
sight, my God, you have spoken about the
future of the house of your servant. You,
LORD God, have looked on me as though I
were the most exalted of men.
18 "What more can David say to you for
honoring your servant? For you know
19 your servant, LORD. For the sake of your
servant and according to your will, you
have done this great thing and made
known all these great promises.
20 "There is no one like you, LORD, and
there is no God but you, as we have heard
21 with our own ears. And who is like your
people Israel—the one nation on earth
whose God went out to redeem a people
for himself, and to make a name for your-
self, and to perform great and awesome
wonders by driving out nations from

appoint [əpɔ́int] *vt.* 임명(지명)하다
awesome [ɔ́:səm] *a.* 두려운
disturb [distə́:rb] *vt.* 방해하다
entire [intáiər] *a.* 모든
establish [istǽbliʃ] *vt.* 세우다
exalted [igzɔ́:ltid] *a.* 고귀한
offspring [ɔ:fspriŋ] *n.* 자손
oppress [əprés] *vt.* 억압하다
perform [pərfɔ́:rm] *vt.* 실행하다
predecessor [prédəsèsər] *n.* 조상
provide [prəváid] *vt.* 마련하다
revelation [rèvəléiʃən] *n.* 계시
redeem [ridí:m] *vt.* 회복하다
subdue [səbdjú:] *vt.* 정복하다
succeed [səksí:d] *vt.* 계승하다

17:13 **take away**: 가져가다
17:14 **set A over B**: B 위에 A를 세우다
17:17 **look on... as though~**: …를 ~인 것처럼 여기다
17:19 **for the sake of...**: …를 위하여
17:21 **drive out**: 쫓아내다

22 주께서 주의 백성 이스라엘을 영원히 주의
백성으로 삼으셨사오니 여호와여 주께서
그들의 하나님이 되셨나이다
23 여호와여 이제 주의 종과 그의 집에 대하여
말씀하신 것을 영원히 견고하게 하시며 말
씀하신 대로 행하사
24 견고하게 하시고 사람에게 영원히 주의 이
름을 높여 이르기를 만군의 여호와는 이스
라엘의 하나님 곧 이스라엘에게 하나님이
시라 하게 하시며 주의 종 다윗의 왕조가
주 앞에서 견고히 서게 하옵소서
25 나의 하나님이여 주께서 종을 위하여 왕조
를 세우실 것을 이미 듣게 하셨으므로 주의
종이 주 앞에서 이 기도로 간구할 마음이
생겼나이다
26 여호와여 오직 주는 하나님이시라 주께서
이 좋은 것으로 주의 종에게 허락하시고
27 이제 주께서 종의 왕조에 복을 주사 주 앞
에 영원히 두시기를 기뻐하시나이다 여호
와여 주께서 복을 주셨사오니 이 복을 영원
히 누리리이다 하니라

다윗의 승전 기록 (삼하 8:1-18)

18 그 후에 다윗이 블레셋 사람들을 쳐서
항복을 받고 블레셋 사람들의 손에서
가드와 그 동네를 빼앗고
2 또 모압을 치매 모압 사람이 다윗의 종이
되어 조공을 바치니라
3 ●소바 왕 하닷에셀이 유브라데 강가에서
자기 세력을 펴고자 하매 다윗이 그를 쳐서
하맛까지 이르고
4 다윗이 그에게서 병거 천 대와 기병 칠천
명과 보병 이만 명을 빼앗고 다윗이 그 병
거 백 대의 말들만 남기고 그 외의 병거의
말은 다 발의 힘줄을 끊었더니
5 다메섹 아람 사람이 소바 왕 하닷에셀을 도
우러 온지라 다윗이 아람 사람 이만 이천
명을 죽이고
6 다윗이 다메섹 아람에 수비대를 두매 아람
사람이 다윗의 종이 되어 조공을 바치니라
다윗이 어디로 가든지 여호와께서 이기게
하시니라
7 다윗이 하닷에셀의 신하들이 가진 금 방패
를 빼앗아 예루살렘으로 가져오고
8 또 하닷에셀의 성읍 디브핫과 군에서 심히
많은 놋을 빼앗았더니 솔로몬이 그것으로
1)놋대야와 기둥과 놋그릇들을 만들었더라
9 ●하맛 왕 도우가 다윗이 소바 왕 하닷에셀

before your people, whom you redeemed
22 from Egypt? ●You made your people Israel
your very own forever, and you, LORD, have
become their God.
23 ●"And now, LORD, let the promise you
have made concerning your servant and his
house be established forever. Do as you
24 promised, ●so that it will be established
and that your name will be great forever.
Then people will say, 'The LORD Almighty,
the God over Israel, is Israel's God!' And
the house of your servant David will be
established before you.
25 ●"You, my God, have revealed to your
servant that you will build a house for
him. So your servant has found courage to
26 pray to you. ●You, LORD, are God! You have
promised these good things to your servant.
27 ●Now you have been pleased to bless the
house of your servant, that it may continue
forever in your sight; for you, LORD, have
blessed it, and it will be blessed forever."

David's Victories

18 In the course of time, David defeated
the Philistines and subdued them, and
he took Gath and its surrounding villages from
the control of the Philistines.
2 ●David also defeated the Moabites, and they
became subject to him and brought him trib-
ute.
3 ●Moreover, David defeated Hadadezer king
of Zobah, in the vicinity of Hamath, when he
went to set up his monument at[a] the Euphrates
4 River. ●David captured a thousand of his chari-
ots, seven thousand charioteers and twenty
thousand foot soldiers. He hamstrung all but a
hundred of the chariot horses.
5 ●When the Arameans of Damascus came to
help Hadadezer king of Zobah, David struck
6 down twenty-two thousand of them. ●He put
garrisons in the Aramean kingdom of Damas-
cus, and the Arameans became subject to him
and brought him tribute. The LORD gave David
victory wherever he went.
7 ●David took the gold shields carried by the
officers of Hadadezer and brought them to
8 Jerusalem. ●From Tebah[b] and Kun, towns that
belonged to Hadadezer, David took a great
quantity of bronze, which Solomon used to
make the bronze Sea, the pillars and various

[a]3 Or *to restore his control over* [b]8 Hebrew *Tibhath*, a variant of *Tebah* 1) 히, 놋바다

almighty [ɔːlmáiti] *a.* 전능한
capture [kǽptʃər] *vt.* 포획하다
chariot [tʃǽriət] *n.* 이륜 전차
concerning [kənsə́ːrniŋ] *prep.* …에 관하여
defeat [difíːt] *vt.* 쳐부수다
establish [istǽbliʃ] *vt.* 세우다
hamstring [hǽmstriŋ] *vt.* 절름발이로 만들다
monument [mánjumənt] *n.* 기념비
pillar [pílər] *n.* 기둥
reveal [rivíːl] *vt.* 계시하다
shield [ʃiːld] *n.* 방패
subdue [səbdjúː] *vt.* 정복하다
surrounding [səráundiŋ] *a.* 주변의
tribute [tríbjuːt] *n.* 조공
various [vέəriəs] *a.* 가지각색의

17:25 **courage to...:** …할 용기
18:1 **in the course of time:** 이후에
18:3 **in the vicinity of...:** …부근에
18:5 **strike down:** 쓰러뜨리다
18:8 **belong to...:** …에 속하다
18:8 **a great quantity of:** 다량의

의 온 군대를 쳐서 무찔렀다 함을 듣고
10 그의 아들 하도람을 보내서 다윗 왕에게 문안하고 축복하게 하니 이는 하닷에셀이 벌써 도우와 맞서 여러 번 전쟁이 있던 터에 다윗이 하닷에셀을 쳐서 무찔렀음이라 하도람이 금과 은과 놋의 여러 가지 그릇을 가져온지라
11 다윗 왕이 그것도 여호와께 드리되 에돔과 모압과 암몬 자손과 블레셋 사람들과 아말렉 등 모든 이방 민족에게서 빼앗아 온 은금과 함께 하여 드리니라
12 스루야의 아들 아비새가 소금 골짜기에서 에돔 사람 만 팔천 명을 쳐죽인지라
13 다윗이 에돔에 수비대를 두매 에돔 사람이 다 다윗의 종이 되니라 다윗이 어디로 가든지 여호와께서 이기게 하셨더라
14 ●다윗이 온 이스라엘을 다스려 모든 백성에게 정의와 공의를 행할새
15 스루야의 아들 요압은 군대사령관이 되고 아힐룻의 아들 여호사밧은 행정장관이 되고
16 아히둡의 아들 사독과 아비아달의 아들 아비멜렉은 제사장이 되고 사워사는 서기관이 되고
17 여호야다의 아들 브나야는 그렛 사람과 블렛 사람을 다스리고 다윗의 아들들은 왕을 모시는 사람들의 우두머리가 되니라 삼하 8:18

다윗이 암몬과 아람을 치다 (삼하 10:1-19)

19 그 후에 암몬 자손의 왕 나하스가 죽고 그의 아들이 대신하여 왕이 되니 삼하 10:1
2 다윗이 이르되 하눈의 아버지 나하스가 전에 내게 호의를 베풀었으니 이제 내가 그의 아들 하눈에게 호의를 베풀리라 하고 사절들을 보내서 그의 아버지 죽음을 문상하게 하니라 다윗의 신하들이 암몬 자손의 땅에 이르러 하눈에게 나아가 문상하매
3 암몬 자손의 방백들이 하눈에게 말하되 왕은 다윗이 조문사절을 보낸 것이 왕의 부친을 존경함인 줄로 여기시나이까 그의 신하들이 왕에게 나아온 것이 이 땅을 엿보고 정탐하여 전복시키고자 함이 아니니이까 하는지라
4 하눈이 이에 다윗의 신하들을 잡아 그들의 수염을 깎고 그 의복을 볼기 중간까지 자르고 돌려보내매
5 어떤 사람이 다윗에게 가서 그 사람들이 당한 일을 말하니라 그 사람들이 심히 부끄러

bronze articles.
9 ●When Tou king of Hamath heard that
David had defeated the entire army of Hadadez-
10 er king of Zobah, ●he sent his son Hadoram to
King David to greet him and congratulate him
on his victory in battle over Hadadezer, who
had been at war with Tou. Hadoram brought
all kinds of articles of gold, of silver and of
bronze.
11 ●King David dedicated these articles to the
LORD, as he had done with the silver and gold
he had taken from all these nations: Edom
and Moab, the Ammonites and the Philistines, and Amalek.
12 ●Abishai son of Zeruiah struck down eigh-
teen thousand Edomites in the Valley of Salt.
13 ●He put garrisons in Edom, and all the
Edomites became subject to David. The LORD
gave David victory wherever he went.

David's Officials

14 ●David reigned over all Israel, doing what
15 was just and right for all his people. ●Joab son
of Zeruiah was over the army; Jehoshaphat
16 son of Ahilud was recorder; ●Zadok son of
Ahitub and Ahimelek[a] son of Abiathar were
17 priests; Shavsha was secretary; ●Benaiah son
of Jehoiada was over the Kerethites and Pelethites; and David's sons were chief officials at
the king's side.

David Defeats the Ammonites

19 In the course of time, Nahash king of
the Ammonites died, and his son suc-
2 ceeded him as king. ●David thought, "I will
show kindness to Hanun son of Nahash, because his father showed kindness to me." So
David sent a delegation to express his sympathy to Hanun concerning his father.
When David's envoys came to Hanun in the
land of the Ammonites to express sympathy to
3 him, ●the Ammonite commanders said to
Hanun, "Do you think David is honoring your
father by sending envoys to you to express sympathy? Haven't his envoys come to you only to
explore and spy out the country and over-
4 throw it?" ●So Hanun seized David's envoys,
shaved them, cut off their garments at the buttocks, and sent them away.
5 ●When someone came and told David about
the men, he sent messengers to meet them, for

[a]16 Some Hebrew manuscripts, Vulgate and Syriac (see also 2 Samuel 8:17); most Hebrew manuscripts *Abimelek*

article [áːrtikl] *n.* 물품	**dedicate** [dédikèit] *vt.* 헌납하다	**garrison** [gǽrisn] *n.* 요새
battle [bǽtl] *n.* 전투	**delegation** [dèligéiʃən] *n.* 대표단	**overthrow** [ouvərθrou] *vt.* 전복하다
bronze [branz] *n.* 청동	**entire** [intáiər] *a.* 전체의	**secretary** [sékrətèri] *n.* 서기관
buttock [bʌ́tək] *n.* 엉덩이	**envoy** [énvɔi] *n.* 사절	**seize** [siːz] *vt.* 붙잡다
commander [kəmǽndər] *n.* 사령관	**garment** [gáːrmənt] *n.* 의복	**sympathy** [símpəθi] *n.* 조의, 문상
18:10 all kinds of...: 온갖 종류의…	**18:14 reign over**: 통치하다	**19:4 cut off**: 베어내다
18:13 subject to...: …에 복종하여	**19:3 spy out**: 염탐하다	**19:4 send away**: 내쫓다, 멀리 보내다

워하므로 다윗이 그들을 맞으러 보내 왕이
이르기를 너희는 수염이 자라기까지 여리
고에 머물다가 돌아오라 하니라
6 ●암몬 자손이 자기가 다윗에게 밉게 한 줄
안지라 하눈과 암몬 자손은 더불어 은 천
달란트를 아람 나하라임과 아람마아가와
소바에 보내 병거와 마병을 삯 내되 18:5,9
7 곧 병거 삼만 이천 대와 마아가 왕과 그의
군대를 고용하였더니 그들이 와서 메드바
앞에 진치매 암몬 자손이 그 모든 성읍으로
부터 모여 와서 싸우려 한지라
8 다윗이 듣고 요압과 용사의 온 무리를 보냈
더니
9 암몬 자손은 나가서 성문 앞에 진을 치고
도우러 온 여러 왕은 따로 들에 있더라
10 ●요압이 앞뒤에 친 적진을 보고 이스라엘
에서 뽑은 자 중에서 또 뽑아 아람 사람을
대하여 진을 치고
11 그 남은 무리는 그의 아우 아비새의 수하
에 맡겨 암몬 자손을 대하여 진을 치게 하
고
12 이르되 만일 아람 사람이 나보다 강하면 네
가 나를 돕고 만일 암몬 자손이 너보다 강
하면 내가 너를 도우리라
13 너는 힘을 내라 우리가 우리 백성과 우리
하나님의 성읍들을 위하여 힘을 내자 여호
와께서 선히 여기시는 대로 행하시기를 원
하노라 하고
14 요압과 그 추종자가 싸우려고 아람 사람 앞
에 나아가니 그들이 그 앞에서 도망하고
15 암몬 자손은 아람 사람이 도망함을 보고 그
들도 요압의 아우 아비새 앞에서 도망하여
성읍으로 들어간지라 이에 요압이 예루살
렘으로 돌아오니라
16 ●아람 사람이 자기가 이스라엘 앞에서 패
하였음을 보고 사신을 보내 강 건너편에 있
는 아람 사람을 불러내니 하닷에셀의 군대
사령관 소박이 그들을 거느린지라
17 어떤 사람이 다윗에게 전하매 다윗이 온 이
스라엘을 모으고 요단을 건너 아람 사람에
게 이르러 그들을 향하여 진을 치니라 다윗
이 아람 사람을 향하여 진을 치매 그들이
다윗과 맞서 싸우더니
18 아람 사람이 이스라엘 앞에서 도망한지라
다윗이 아람 병거 칠천 대의 군사와 보병
사만 명을 죽이고 또 군대 지휘관 소박을
죽이매

they were greatly humiliated. The king said,
"Stay at Jericho till your beards have grown,
and then come back."
6 •When the Ammonites realized that they
had become obnoxious to David, Hanun and
the Ammonites sent a thousand talents[a] of sil-
ver to hire chariots and charioteers from Aram
7 Naharaim,[b] Aram Maakah and Zobah. •They
hired thirty-two thousand chariots and chario-
teers, as well as the king of Maakah with his
troops, who came and camped near Medeba,
while the Ammonites were mustered from
their towns and moved out for battle.
8 •On hearing this, David sent Joab out with
9 the entire army of fighting men. •The Am-
monites came out and drew up in battle for-
mation at the entrance to their city, while the
kings who had come were by themselves in
the open country.
10 •Joab saw that there were battle lines in front
of him and behind him; so he selected some of
the best troops in Israel and deployed them
11 against the Arameans. •He put the rest of the
men under the command of Abishai his bro-
ther, and they were deployed against the Am-
12 monites. •Joab said, "If the Arameans are too
strong for me, then you are to rescue me; but if
the Ammonites are too strong for you, then I
13 will rescue you. •Be strong, and let us fight
bravely for our people and the cities of our God.
The LORD will do what is good in his sight."
14 •Then Joab and the troops with him
advanced to fight the Arameans, and they fled
15 before him. •When the Ammonites realized
that the Arameans were fleeing, they too fled
before his brother Abishai and went inside the
city. So Joab went back to Jerusalem.
16 •After the Arameans saw that they had been
routed by Israel, they sent messengers and had
Arameans brought from beyond the Euphrates
River, with Shophak the commander of
Hadadezer's army leading them.
17 •When David was told of this, he gathered
all Israel and crossed the Jordan; he advanced
against them and formed his battle lines oppo-
site them. David formed his lines to meet the
Arameans in battle, and they fought against
18 him. •But they fled before Israel, and David
killed seven thousand of their charioteers and
forty thousand of their foot soldiers. He also
killed Shophak the commander of their army.

[a]6 That is, about 38 tons or about 34 metric tons [b]6 That is, Northwest Mesopotamia

advance [ədvǽns] *vi.* 나아가다
bravely [bréivli] *ad.* 용감하게
chariot [tʃǽriət] *n.* 이륜 전차
command [kəmǽnd] *n.* 명령
commander [kəmǽndər] *n.* 사령관
deploy [diplɔ́i] *vt.* 배치하다
entire [intáiər] *a.* 전체의
flee [fli:] *vi.* 달아나다
humiliate [hju:mílièit] *vt.* 모욕하다
muster [mʌ́stər] *vt.* 소집하다
obnoxious [əbnɑ́kʃəs] *a.* 미운
opposite [ɑ́pəzit] *a.* 맞은편의
rescue [réskju:] *vt.* 구출하다
rout [raut] *vt.* 패주시키다
troop [tru:p] *n.* 군대

19:7 as well as...: …뿐만 아니라
19:8 on ~ing: ~하자마자
19:9 draw up in battle formation: 전투 대형으로 정렬하여
19:10 in front of...: …의 앞에
19:13 in one's sight: …의 견해에 따라

19 하닷에셀의 부하들이 자기가 이스라엘 앞에서 패하였음을 보고 다윗과 더불어 화친하여 섬기고 그 후로는 아람 사람이 암몬 자손 돕기를 원하지 아니하였더라

다윗이 랍바를 함락시키다 (삼하 12:26-31)

20 해가 바뀌어 왕들이 출전할 때가 되매 요압이 그 군대를 거느리고 나가서 암몬 자손의 땅을 격파하고 들어가 랍바를 에워싸고 다윗은 예루살렘에 그대로 있더니 요압이 랍바를 쳐서 함락시키매 삼하 11:1

2 다윗이 그 왕의 머리에서 보석 있는 왕관을 빼앗아 중량을 달아보니 금 한 달란트라 그들의 왕관을 자기 머리에 쓰니라 다윗이 또 그 성에서 노략한 물건을 무수히 내오고

3 그 가운데 백성을 끌어내어 톱과 쇠도끼와 돌써래로 일하게 하니라 다윗이 암몬 자손의 모든 성읍을 이같이 하고 다윗이 모든 백성과 함께 예루살렘으로 돌아오니라

블레셋 사람들과 싸우다 (삼하 21:15-22)

4 ●이후에 블레셋 사람들과 게셀에서 전쟁할 때에 후사 사람 십브개가 키가 큰 자의 아들 중에 십배를 쳐죽이매 그들이 항복하였더라

5 다시 블레셋 사람들과 전쟁할 때에 야일의 아들 엘하난이 가드 사람 골리앗의 아우 라흐미를 죽였는데 이 사람의 창자루는 베틀채 같았더라

6 또 가드에서 전쟁할 때에 그곳에 키 큰 자 하나는 손과 발에 가락이 여섯씩 모두 스물넷이 있는데 그도 키가 큰 자의 소생이라

7 그가 이스라엘을 능욕하므로 다윗의 형 시므아의 아들 요나단이 그를 죽이니라

8 가드의 키 큰 자의 소생이라도 다윗의 손과 그 신하의 손에 다 죽었더라

다윗의 인구 조사 (삼하 24:1-25)

21 사탄이 일어나 이스라엘을 대적하고 다윗을 충동하여 이스라엘을 계수하게 하니라

2 다윗이 요압과 백성의 지도자들에게 이르되 너희는 가서 브엘세바에서부터 단까지 이스라엘을 계수하고 돌아와 내게 보고하여 그 수효를 알게 하라 하니

3 요압이 아뢰되 여호와께서 그 백성을 지금보다 백 배나 더하시기를 원하나이다 내 주 왕이여 이 백성이 다 내 주의 종이 아니니

19 •When the vassals of Hadadezer saw that
they had been routed by Israel, they made
peace with David and became subject to him.
So the Arameans were not willing to help the
Ammonites anymore.

The Capture of Rabbah

20 In the spring, at the time when kings
go off to war, Joab led out the armed
forces. He laid waste the land of the Ammonites
and went to Rabbah and besieged it, but David
remained in Jerusalem. Joab attacked Rabbah
2 and left it in ruins. •David took the crown
from the head of their king [a]—its weight was
found to be a talent [b] of gold, and it was set with
precious stones—and it was placed on David's
head. He took a great quantity of plunder from
3 the city •and brought out the people who were
there, consigning them to labor with saws and
with iron picks and axes. David did this to all
the Ammonite towns. Then David and his
entire army returned to Jerusalem.

War With the Philistines

4 •In the course of time, war broke out with
the Philistines, at Gezer. At that time Sibbekai
the Hushathite killed Sippai, one of the descendants of the Rephaites, and the Philistines
were subjugated.
5 •In another battle with the Philistines, Elhanan son of Jair killed Lahmi the brother of
Goliath the Gittite, who had a spear with a
shaft like a weaver's rod.
6 •In still another battle, which took place at
Gath, there was a huge man with six fingers on
each hand and six toes on each foot—twenty-four in all. He also was descended from Rapha.
7 •When he taunted Israel, Jonathan son of
Shimea, David's brother, killed him.
8 •These were descendants of Rapha in Gath,
and they fell at the hands of David and his men.

David Counts the Fighting Men

21 Satan rose up against Israel and incited
2 David to take a census of Israel. •So
David said to Joab and the commanders of the
troops, "Go and count the Israelites from Beersheba to Dan. Then report back to me so that I
may know how many there are."
3 •But Joab replied, "May the LORD multiply his
troops a hundred times over. My lord the king,
are they not all my lord's subjects? Why does

[a]2 Or *of Milkom,* that is, Molek [b]2 That is, about 75 pounds or about 34 kilograms

armed [a:rmd] *a.* 무장한
besiege [bisí:dʒ] *vt.* 포위하다
capture [kǽptʃər] *n.* 포획
consign [kənsáin] *vt.* 위임하다
incite [insáit] *vt.* 자극하다
multiply [mʌ́ltəplài] *vt.* 증가시키다
plunder [plʌ́ndər] *n.* 약탈품
precious [préʃəs] *a.* 귀한
quantity [kwántəti] *n.* 양(量)
ruin [rú:in] *n.* 폐허
shaft [ʃæft] *n.* 창자루
subject [sʌ́bdʒikt] *n.* 백성
subjugate [sʌ́bdʒugèit] *vt.* 정복하다
taunt [tɔ:nt] *vt.* 조롱하다
vassal [vǽsəl] *n.* 가신

19:19 make peace with...: …와 화해하다
19:19 be willing to...: 기꺼이 …하다
20:1 lay waste...: …을 초토화하다
20:4 break out: 발발하다
20:6 take place: 일어나다
21:1 take a census: 인구 조사를 하다

이까 내 주께서 어찌하여 이 일을 명령하시
나이까 어찌하여 이스라엘이 범죄하게 하시
나이까 하나
4 왕의 명령이 요압을 재촉한지라 드디어 요압
이 떠나 이스라엘 땅에 두루 다닌 후에 예루
살렘으로 돌아와
5 요압이 백성의 수효를 다윗에게 보고하니 이
스라엘 중에 칼을 뺄 만한 자가 백십만 명이
요 유다 중에 칼을 뺄 만한 자가 사십칠만 명
이라
6 요압이 왕의 명령을 마땅치 않게 여겨 레위
와 베냐민 사람은 계수하지 아니하였더라
7 하나님이 이 일을 악하게 여기사 이스라엘을
치시매
8 다윗이 하나님께 아뢰되 내가 이 일을 행함
으로 큰 죄를 범하였나이다 이제 간구하옵나
니 종의 죄를 용서하여 주옵소서 내가 심히
미련하게 행하였나이다 하니라
9 ●여호와께서 다윗의 선견자 갓에게 말씀하
여 이르시되 삼상 9:9
10 가서 다윗에게 말하여 이르기를 여호와의 말
씀이 내가 네게 세 가지를 내어 놓으리니 그
중에서 하나를 네가 택하라 내가 그것을 네
게 행하리라 하셨다 하라 하신지라 29:29
11 갓이 다윗에게 나아가 그에게 말하되 여호와
의 말씀이 너는 마음대로 택하라
12 혹 삼년 기근이든지 혹 네가 석 달을 적군에
게 패하여 적군의 칼에 쫓길 일이든지 혹 여
호와의 칼 곧 전염병이 사흘 동안 이 땅에 유
행하며 여호와의 천사가 이스라엘 온 지경을
멸할 일이든지라고 하셨나니 내가 무슨 말로
나를 보내신 이에게 대답할지를 결정하소서
하니
13 다윗이 갓에게 이르되 내가 곤경에 빠졌도다
여호와께서는 긍휼이 심히 크시니 내가 그의
손에 빠지고 사람의 손에 빠지지 아니하기를
원하나이다 하는지라
14 이에 여호와께서 이스라엘 백성에게 전염병
을 내리시매 이스라엘 백성 중에서 죽은 자
가 칠만 명이었더라
15 하나님이 예루살렘을 멸하러 천사를 보내셨
더니 천사가 멸하려 할 때에 여호와께서 보
시고 이 재앙 내림을 뉘우치사 멸하는 천사
에게 이르시되 족하다 이제는 네 손을 거두
라 하시니 그때에 여호와의 천사가 여부스
사람 오르난의 타작마당 곁에 선지라
16 다윗이 눈을 들어 보매 여호와의 천사가 천

my lord want to do this? Why should he bring
guilt on Israel?"
4 ●The king's word, however, overruled Joab;
so Joab left and went throughout Israel and
5 then came back to Jerusalem. ●Joab reported
the number of the fighting men to David: In
all Israel there were one million one hundred
thousand men who could handle a sword,
including four hundred and seventy thou-
sand in Judah.
6 ●But Joab did not include Levi and Ben-
jamin in the numbering, because the king's
7 command was repulsive to him. ●This com-
mand was also evil in the sight of God; so he
punished Israel.
8 ●Then David said to God, "I have sinned
greatly by doing this. Now, I beg you, take
away the guilt of your servant. I have done a
very foolish thing."
9–10 ●The LORD said to Gad, David's seer, ●"Go
and tell David, 'This is what the LORD says: I
am giving you three options. Choose one of
them for me to carry out against you.'"
11 ●So Gad went to David and said to him,
"This is what the LORD says: 'Take your
12 choice: ●three years of famine, three months
of being swept away[a] before your enemies,
with their swords overtaking you, or three
days of the sword of the LORD—days of
plague in the land, with the angel of the LORD
ravaging every part of Israel.' Now then,
decide how I should answer the one who
sent me."
13 ●David said to Gad, "I am in deep distress.
Let me fall into the hands of the LORD, for his
mercy is very great; but do not let me fall into
human hands."
14 ●So the LORD sent a plague on Israel, and
seventy thousand men of Israel fell dead.
15 ●And God sent an angel to destroy Jerusalem.
But as the angel was doing so, the LORD saw it
and relented concerning the disaster and said
to the angel who was destroying the people,
"Enough! Withdraw your hand." The angel of
the LORD was then standing at the threshing
floor of Araunah[b] the Jebusite.
16 ●David looked up and saw the angel of the
LORD standing between heaven and earth,
with a drawn sword in his hand extended
over Jerusalem. Then David and the elders,

[a]12 Hebrew; Septuagint and Vulgate (see also 2 Samuel 24:13) *of fleeing* [b]15 Hebrew *Ornan*, a variant of *Araunah*; also in verses 18-28

decide [disáid] *vt.* 결정하다
distress [distrés] *n.* 괴로움
draw [drɔ:] *vt.* 뽑아내다
guilt [gilt] *n.* 죄
including [inklú:diŋ] *prep.* …을 포함하여
mercy [mə́:rsi] *n.* 자비
overrule [ouvəru:l] *vt.* 지배하다
overtake [ouvərteik] *vt.* 따라잡다
plague [pléig] *n.* 역병
punish [pʌ́niʃ] *vt.* 벌하다
ravage [rǽvidʒ] *vt.* 파괴하다
relent [rilént] *vi.* 마음이 풀리다
repulsive [ripʌ́lsiv] *a.* 불쾌한
seer [sí:ər] *n.* 선견자
thresh [θreʃ] *vi.* 타작하다

21:10 carry out: 수행하다, 실행하다
21:12 sweep away: 전멸시키다
21:12 now then: 그렇다면
21:13 fall into...: …에 빠지다
21:16 look up: 올려다보다
21:16 extend over: 이르다, 달하다

지 사이에 섰고 칼을 빼어 손에 들고 예루살
렘 하늘을 향하여 편지라 다윗이 장로들과
더불어 굵은 베를 입고 얼굴을 땅에 대고 엎
드려
17 하나님께 아뢰되 명령하여 백성을 계수하게
한 자가 내가 아니니이까 범죄하고 악을 행
한 자는 곧 나이니이다 이 양 떼는 무엇을 행
하였나이까 청하건대 나의 하나님 여호와여
주의 손으로 나와 내 아버지의 집을 치시고
주의 백성에게 재앙을 내리지 마옵소서 하니
라
18 ●여호와의 천사가 갓에게 명령하여 다윗에
게 이르시기를 다윗은 올라가서 여부스 사람
오르난의 타작마당에서 여호와를 위하여 제
단을 쌓으라 하신지라
19 이에 갓이 여호와의 이름으로 이른 말씀대로
다윗이 올라가니라
20 그때에 오르난이 밀을 타작하다가 돌이켜 천
사를 보고 오르난이 네 명의 아들과 함께 숨
었더니
21 다윗이 오르난에게 나아가매 오르난이 내다
보다가 다윗을 보고 타작마당에서 나와 얼굴
을 땅에 대고 다윗에게 절하매
22 다윗이 오르난에게 이르되 이 타작하는 곳을
내게 넘기라 너는 상당한 값으로 내게 넘기
라 내가 여호와를 위하여 여기 한 제단을 쌓
으리니 그리하면 전염병이 백성 중에서 그치
리라 하니
23 오르난이 다윗에게 말하되 왕은 취하소서 내
주 왕께서 좋게 여기시는 대로 행하소서 보소
서 내가 이것들을 드리나이다 소들은 번제물
로, 곡식 떠는 기계는 화목으로, 밀은 소제물
로 삼으시기 위하여 다 드리나이다 하는지라
24 다윗 왕이 오르난에게 이르되 그렇지 아니하
다 내가 반드시 상당한 값으로 사리라 내가
여호와께 드리려고 네 물건을 빼앗지 아니하
겠고 값없이는 번제를 드리지도 아니하리라
하니라
25 그리하여 다윗은 그 터 값으로 금 육백 세겔
을 달아 오르난에게 주고
26 다윗이 거기서 여호와를 위하여 제단을 쌓고
번제와 화목제를 드려 여호와께 아뢰었더니
여호와께서 하늘에서부터 번제단 위에 불을
내려 응답하시고
27 여호와께서 천사를 명령하시매 그가 칼을 칼
집에 꽂았더라
28 ●이때에 다윗이 여호와께서 여부스 사람 오

clothed in sackcloth, fell facedown.
17 •David said to God, "Was it not I who
ordered the fighting men to be counted? I, the
shepherd,[a] have sinned and done wrong.
These are but sheep. What have they done?
LORD my God, let your hand fall on me and
my family, but do not let this plague remain
on your people."

David Builds an Altar

18 •Then the angel of the LORD ordered Gad to
tell David to go up and build an altar to the
LORD on the threshing floor of Araunah the
19 Jebusite. •So David went up in obedience to
the word that Gad had spoken in the name of
the LORD.
20 •While Araunah was threshing wheat, he
turned and saw the angel; his four sons who
21 were with him hid themselves. •Then David
approached, and when Araunah looked and
saw him, he left the threshing floor and
bowed down before David with his face to the
ground.
22 •David said to him, "Let me have the site
of your threshing floor so I can build an
altar to the LORD, that the plague on the peo-
ple may be stopped. Sell it to me at the full
price."
23 •Araunah said to David, "Take it! Let my
lord the king do whatever pleases him. Look,
I will give the oxen for the burnt offerings,
the threshing sledges for the wood, and the
wheat for the grain offering. I will give all
this."
24 •But King David replied to Araunah, "No, I
insist on paying the full price. I will not take
for the LORD what is yours, or sacrifice a burnt
offering that costs me nothing."
25 •So David paid Araunah six hundred
26 shekels[b] of gold for the site. •David built an
altar to the LORD there and sacrificed burnt
offerings and fellowship offerings. He called
on the LORD, and the LORD answered him
with fire from heaven on the altar of burnt
offering.
27 •Then the LORD spoke to the angel, and he
28 put his sword back into its sheath. •At that
time, when David saw that the LORD had
answered him on the threshing floor of Arau-

[a]17 Probable reading of the original Hebrew text (see 2 Samuel 24:17 and note); Masoretic Text does not have *the shepherd.* [b]25 That is, about 15 pounds or about 6.9 kilograms

altar [ɔ́:ltər] *n.* 제단
approach [əpróutʃ] *vi.* 접근하다
facedown [feisdaun] *ad.* 얼굴을 숙이고
fellowship [félouʃip] *n.* 친목
obedience [oubí:diəns] *n.* 복종
offering [ɔ́:fəriŋ] *n.* 제물
remain [riméin] *vi.* 남아있다
sackcloth [sǽkklɔ:θ] *n.* 굵은 베
sacrifice [sǽkrəfàis] *vt.* 희생제물로 바치다
shepherd [ʃépərd] *n.* 양치기
sledge [sledʒ] *n.* (곡식 터는) 기구
sword [sɔ:rd] *n.* 칼
thresh [θreʃ] *vi.* 타작하다
whatever [hwatévər] *pron.* 무엇이든지
wheat [hwi:t] *n.* 밀

21:17 fall on...: …에 습격하다
21:19 in obedience to...: …에 복종하여
21:19 in the name of...: …의 이름으로
21:21 bow down: 인사하다, 절하다
21:24 insist on...: …를 단언하다, 고집하다
21:28 at that time: 그때에

르난의 타작마당에서 응답하심을 보고 거기
서 제사를 드렸으니
29 옛적에 모세가 광야에서 지은 여호와의 성막
과 번제단이 그때에 기브온 산당에 있었으나
30 다윗이 여호와의 천사의 칼을 두려워하여 감
히 그 앞에 가서 하나님께 묻지 못하더라

22 다윗이 이르되 이는 여호와 하나님의
성전이요 이는 이스라엘의 번제단이라
하였더라

성전 건축 준비 — B.C. 975년경

2 ●다윗이 명령하여 이스라엘 땅에 거류하는
이방 사람을 모으고 석수를 시켜 하나님의
성전을 건축할 돌을 다듬게 하고
3 다윗이 또 문짝 못과 거멀 못에 쓸 철을 많이
준비하고 또 무게를 달 수 없을 만큼 심히 많
은 놋을 준비하고 29:2,7
4 또 백향목을 무수히 준비하였으니 이는 시돈
사람과 두로 사람이 백향목을 다윗에게로 많
이 수운하여 왔음이라
5 다윗이 이르되 내 아들 솔로몬은 어리고 미
숙하고 여호와를 위하여 건축할 성전은 극히
웅장하여 만국에 명성과 영광이 있게 하여야
할지라 그러므로 내가 이제 그것을 위하여
준비하리라 하고 다윗이 죽기 전에 많이 준
비하였더라 29:1
6 ●다윗이 그의 아들 솔로몬을 불러 이스라엘
하나님 여호와를 위하여 성전 건축하기를 부
탁하여
7 다윗이 솔로몬에게 이르되 내 아들아 나는
내 하나님 여호와의 이름을 위하여 성전을
건축할 마음이 있었으나
8 여호와의 말씀이 내게 임하여 이르시되 너는
피를 심히 많이 흘렸고 크게 전쟁하였느니
라 네가 내 앞에서 땅에 피를 많이 흘렸은즉
내 이름을 위하여 성전을 건축하지 못하리
라
9 보라 한 아들이 네게서 나리니 그는 온순한
사람이라 내가 그로 주변 모든 대적에게서
평온을 얻게 하리라 그의 이름을 솔로몬이라
하리니 이는 내가 그의 생전에 평안과 안일
함을 이스라엘에게 줄 것임이니라
10 그가 내 이름을 위하여 성전을 건축할지라
그는 내 아들이 되고 나는 그의 아버지가 되
어 그 나라 왕위를 이스라엘 위에 굳게 세워
영원까지 이르게 하리라 하셨나니
11 이제 내 아들아 여호와께서 너와 함께 계시
기를 원하며 네가 형통하여 여호와께서 네게

nah the Jebusite, he offered sacrifices there.
29 ●The tabernacle of the LORD, which Moses
had made in the wilderness, and the altar of
burnt offering were at that time on the high
30 place at Gibeon. ●But David could not go
before it to inquire of God, because he was
afraid of the sword of the angel of the LORD.

22 Then David said, "The house of the
LORD God is to be here, and also the
altar of burnt offering for Israel."

Preparations for the Temple

2 ●So David gave orders to assemble the for-
eigners residing in Israel, and from among
them he appointed stonecutters to prepare
dressed stone for building the house of God.
3 ●He provided a large amount of iron to make
nails for the doors of the gateways and for
the fittings, and more bronze than could be
4 weighed. ●He also provided more cedar logs
than could be counted, for the Sidonians and
Tyrians had brought large numbers of them to
David.
5 ●David said, "My son Solomon is young
and inexperienced, and the house to be built
for the LORD should be of great magnifi-
cence and fame and splendor in the sight of
all the nations. Therefore I will make pre-
parations for it." So David made extensive
preparations before his death.
6 ●Then he called for his son Solomon and
charged him to build a house for the LORD,
7 the God of Israel. ●David said to Solomon:
"My son, I had it in my heart to build a house
8 for the Name of the LORD my God. ●But this
word of the LORD came to me: 'You have shed
much blood and have fought many wars.
You are not to build a house for my Name,
because you have shed much blood on the
9 earth in my sight. ●But you will have a son
who will be a man of peace and rest, and I will
give him rest from all his enemies on every
side. His name will be Solomon,[a] and I will
grant Israel peace and quiet during his reign.
10 ●He is the one who will build a house for my
Name. He will be my son, and I will be his
father. And I will establish the throne of his
kingdom over Israel forever.'
11 ●"Now, my son, the LORD be with you, and
may you have success and build the house of
the LORD your God, as he said you would.

[a]9 *Solomon* sounds like and may be derived from the Hebrew for *peace*.

appoint [əpɔ́int] *vt.* 지명하다
assemble [əsémbl] *vt.* 모으다
cedar [síːdər] *n.* 백향목
dressed [drest] *a.* 손질을 한, 다듬어진
establish [istǽbliʃ] *vt.* 세우다
extensive [iksténsiv] *a.* 광대한
fame [feim] *n.* 명성
inexperienced [inikspíəriənst] *a.* 미숙한
magnificence [mægnífəsns] *n.* 장엄
reign [rein] *n.* 통치, 지배
sacrifice [sǽkəfàis] *n.* 제사, 제물
shed [ʃed] *vt.* 흘리다
splendor [spléndər] *n.* 존귀함
stonecutter [stóunkʌ̀tər] *n.* 석공
tabernacle [tǽbəːrnækl] *n.* 성막

21:30 **inquire of...**: …에게 묻다
21:30 **be afraid of...**: …를 두려워하다
22:2 **prepare A for B**: B를 위해 A를 준비하다
22:5 **in the sight of...**: …의 판단으로는
22:5 **make preparations for...**: …를 위해 준비를 갖추다

대하여 말씀하신 대로 네 하나님 여호와의
성전을 건축하며 22:16
12 여호와께서 네게 지혜와 총명을 주사 네게
이스라엘을 다스리게 하시고 네 하나님 여호
와의 율법을 지키게 하시기를 더욱 원하노라
13 그때에 네가 만일 여호와께서 모세를 통하여
이스라엘에게 명령하신 모든 규례와 법도를
삼가 행하면 형통하리니 강하고 담대하여 두
려워하지 말고 놀라지 말지어다
14 내가 환난 중에 여호와의 성전을 위하여 금
십만 달란트와 은 백만 달란트와 놋과 철을
그 무게를 달 수 없을 만큼 심히 많이 준비하
였고 또 재목과 돌을 준비하였으나 너는 더
할 것이며
15 또 장인이 네게 많이 있나니 곧 석수와 목수
와 온갖 일에 익숙한 모든 사람이니라
16 금과 은과 놋과 철이 무수하니 너는 일어나
일하라 여호와께서 너와 함께 계실지로다 하
니라
17 ●다윗이 또 이스라엘 모든 방백에게 명령하
여 그의 아들 솔로몬을 도우라 하여 이르되
18 너희 하나님 여호와께서 너희와 함께 계시지
아니하시느냐 사면으로 너희에게 평온함을
주지 아니하셨느냐 이 땅 주민을 내 손에 넘
기사 이 땅으로 여호와와 그의 백성 앞에 복
종하게 하셨나니
19 이제 너희는 마음과 뜻을 바쳐서 너희 하나
님 여호와를 구하라 그리고 일어나서 여호와
하나님의 성전을 건축하고 여호와의 언약궤
와 하나님 성전의 기물을 가져다가 여호와의
이름을 위하여 건축한 성전에 들이게 하라
하였더라

레위 사람의 일 — B.C. 971년경

23 다윗이 나이가 많아 늙으매 아들 솔로
몬을 이스라엘 왕으로 삼고
2 이스라엘 모든 방백과 제사장과 레위 사람을
모았더라
3 레위 사람은 삼십 세 이상으로 계수하니 모
든 남자의 수가 삼만 팔천 명인데
4 그 중의 이만 사천 명은 여호와의 성전의 일
을 보살피는 자요 육천 명은 관원과 재판관
이요
5 사천 명은 문지기요 사천 명은 그가 여호와
께 찬송을 드리기 위하여 만든 악기로 찬송
하는 자들이라
6 다윗이 레위의 아들들을 게르손과 그핫과 므
라리에 따라 각 반으로 나누었더라

12 ●May the LORD give you discretion and under-
standing when he puts you in command over
Israel, so that you may keep the law of the
13 LORD your God. ●Then you will have success if
you are careful to observe the decrees and laws
that the LORD gave Moses for Israel. Be strong
and courageous. Do not be afraid or discour-
aged.
14 ●"I have taken great pains to provide for
the temple of the LORD a hundred thousand
talents[a] of gold, a million talents[b] of silver,
quantities of bronze and iron too great to be
weighed, and wood and stone. And you may
15 add to them. ●You have many workers: stone-
cutters, masons and carpenters, as well as
16 those skilled in every kind of work ●in gold
and silver, bronze and iron—craftsmen be-
yond number. Now begin the work, and the
LORD be with you."
17 ●Then David ordered all the leaders of Israel
18 to help his son Solomon. ●He said to them, "Is
not the LORD your God with you? And has he
not granted you rest on every side? For he has
given the inhabitants of the land into my
hands, and the land is subject to the LORD and
19 to his people. ●Now devote your heart and
soul to seeking the LORD your God. Begin to
build the sanctuary of the LORD God, so that
you may bring the ark of the covenant of the
LORD and the sacred articles belonging to God
into the temple that will be built for the Name
of the LORD."

The Levites

23 When David was old and full of years,
he made his son Solomon king over
Israel.
2 ●He also gathered together all the leaders of
3 Israel, as well as the priests and Levites. ●The
Levites thirty years old or more were counted,
and the total number of men was thirty-eight
4 thousand. ●David said, "Of these, twenty-four
thousand are to be in charge of the work of
the temple of the LORD and six thousand are to
5 be officials and judges. ●Four thousand are to
be gatekeepers and four thousand are to praise
the LORD with the musical instruments I have
provided for that purpose."
6 ●David separated the Levites into divisions
corresponding to the sons of Levi: Gershon,
Kohath and Merari.

[a]*14* That is, about 3,750 tons or about 3,400 metric tons [b]*14* That is, about 37,500 tons or about 34,000 metric tons

corresponding [kɔ̀:rəspándiŋ] *a.* 상응하는
courageous [kəréidʒəs] *a.* 용기있는
covenant [kʌ́vənənt] *n.* 언약
craftsman [krǽftsmən] *n.* 장인
decree [dikríː] *n.* 규례
devote [divóut] *vt.* 바치다
discretion [diskréʃən] *n.* 분별
grant [grænt] *vt.* 주다
inhabitant [inhǽbətənt] *n.* 거주자
instrument [ínstrəmənt] *n.* 악기
mason [méisn] *n.* 석공
observe [əbzə́ːrv] *vt.* 지키다
purpose [pə́ːrpəs] *n.* 목적
sacred [séikrid] *a.* 신성한
sanctuary [sǽŋktʃuèri] *n.* 성소

22:14 **too... to~**: 너무 …해서 ~할 수 없다
22:14 **add to...**: …에 더하다, 첨가하다
22:15 **as well as...**: …뿐만 아니라
22:18 **be subject to...**: …에 복종하다
23:1 **full of years**: 수(壽)를 다하다
23:4 **in charge of...**: …을 맡아서

7 ●게르손 자손은 라단과 시므이라
8 라단의 아들들은 우두머리 여히엘과 또
세담과 요엘 세 사람이요
9 시므이의 아들들은 슬로밋과 하시엘과 하
란 세 사람이니 이는 라단의 우두머리들
이며
10 또 시므이의 아들들은 야핫과 시나와 여
우스와 브리아이니 이 네 사람도 시므이
의 아들이라
11 그 우두머리는 야핫이요 그 다음은 시사
며 여우스와 브리아는 아들이 많지 아니
하므로 그들과 한 조상의 가문으로 계수
되었더라
12 ●그핫의 아들들은 아므람과 이스할과 헤
브론과 웃시엘 네 사람이라 출 6:18
13 아므람의 아들들은 아론과 모세이니 아론
은 그 자손들과 함께 구별되어 몸을 성결
하게 하여 영원토록 심히 거룩한 자가 되
어 여호와 앞에 분향하고 섬기며 영원토
록 그 이름으로 축복하게 되었느니라
14 하나님의 사람 모세의 아들들은 레위 지
파 중에 기록되었으니
15 모세의 아들들은 게르솜과 엘리에셀이라
16 게르솜의 아들중에 스브엘이 우두머리가
되었고
17 엘리에셀의 아들들은 우두머리 르하뱌라
엘리에셀에게 이 외에는 다른 아들이 없
고 르하뱌의 아들들은 심히 많았으며
18 이스할의 아들들은 우두머리 슬로밋이요
19 헤브론의 아들들은 우두머리 여리야와 둘
째 아마랴와 셋째 야하시엘과 넷째 여가
므암이며
20 웃시엘의 아들들은 우두머리 미가와 그
다음 잇시야더라
21 ●므라리의 아들들은 마흘리와 무시요 마
흘리의 아들들은 엘르아살과 기스라
22 엘르아살이 아들이 없이 죽고 딸만 있더
니 그의 형제 기스의 아들이 그에게 장가
들었으며
23 무시의 아들들은 마흘리와 에델과 여레못
세 사람이더라
24 ●이는 다 레위 자손이니 그 조상의 가문
을 따라 계수된 이름이 기록되고 여호와
의 성전에서 섬기는 일을 하는 이십세 이
상 된 우두머리들이라
25 다윗이 이르기를 이스라엘 하나님 여호와
께서 평강을 그의 백성에게 주시고 예루

Gershonites

7 ●Belonging to the Gershonites: Ladan and Shimei.

8 ●The sons of Ladan:
Jehiel the first, Zetham and Joel—three in all.

9 ●The sons of Shimei:
Shelomoth, Haziel and Haran—three in all.
These were the heads of the families of Ladan.

10 ●And the sons of Shimei:
Jahath, Ziza,[a] Jeush and Beriah.
These were the sons of Shimei—four in all.
11 ●Jahath was the first and Ziza the second, but Jeush and Beriah did not have many sons; so they were counted as one family with one assignment.

Kohathites

12 ●The sons of Kohath:
Amram, Izhar, Hebron and Uzziel—four in all.

13 ●The sons of Amram: Aaron and Moses.
Aaron was set apart, he and his descen-
dants forever, to consecrate the most holy
things, to offer sacrifices before the LORD, to
minister before him and to pronounce
14 blessings in his name forever. ●The sons of
Moses the man of God were counted as
part of the tribe of Levi.

15 ●The sons of Moses: Gershom and Eliezer.
16 ●The descendants of Gershom:
Shubael was the first.
17 ●The descendants of Eliezer:
Rehabiah was the first.
Eliezer had no other sons, but the sons of Rehabiah were very numerous.
18 ●The sons of Izhar: Shelomith was the first.
19 ●The sons of Hebron:
Jeriah the first, Amariah the second, Jahaziel the third and Jekameam the fourth.
20 ●The sons of Uzziel:
Micah the first and Ishiah the second.

Merarites

21 ●The sons of Merari: Mahli and Mushi.
The sons of Mahli: Eleazar and Kish.
22 ●Eleazar died without having sons: he had only daughters. Their cousins, the sons of Kish, married them.
23 ●The sons of Mushi:
Mahli, Eder and Jerimoth—three in all.

[a]10 One Hebrew manuscript, Septuagint and Vulgate (see also verse 11); most Hebrew manuscripts *Zina*

apart [əpá:rt] *ad.* 따로
assignment [əsáinmənt] *n.* 배치, 임무
bless [bles] *vt.* 축복하다
consecrate [kánsəkrèit] *vt.* 성화시키다
count [kaunt] *vt.* 세다
cousin [kʌ́zn] *n.* 사촌
descendant [diséndənt] *n.* 자손
family [fǽməli] *n.* 가족, 민족
holy [hóuli] *a.* 거룩한
minister [mínəstər] *vi.* 봉사하다
numerous [njú:mərəs] *a.* 다수의
offer [ɔ́:fər] *vt.* 제공하다
pronounce [prənáuns] *vt.* 선언하다
sacrifice [sǽkrəfàis] *n.* 제물
tribe [traib] *n.* 종족, 부족

23:7 **belong to...**: …에 속하다
23:8 **in all**: 전부하여, 총계해서
23:11 **be the first**: 선구가 되다
23:13 **set apart**: 구분하다, 떼어놓다
23:13 **in one's name**: …의 이름으로
23:14 **part of...**: …의 일환

살렘에 영원히 거하시나니 22:18

26 레위 사람이 다시는 성막과 그 가운데에서 쓰는 모든 기구를 멜 필요가 없다 한지라

27 다윗의 유언대로 레위 자손이 이십 세 이상으로 계수되었으니

28 그 직분은 아론의 자손을 도와 여호와의 성전과 뜰과 골방에서 섬기고 또 모든 성물을 정결하게 하는 일 곧 하나님의 성전에서 섬기는 일과

29 또 진설병과 고운 가루의 소제물 곧 무교전병이나 과자를 굽는 것이나 반죽하는 것이나 또 모든 저울과 자를 맡고

30 아침과 저녁마다 서서 여호와께 감사하고 찬송하며

31 또 안식일과 초하루와 절기에 모든 번제를 여호와께 드리되 그가 명령하신 규례의 정한 수효대로 항상 여호와 앞에 드리며

32 또 회막의 직무와 성소의 직무와 그들의 형제 아론 자손의 직무를 지켜 여호와의 성전에서 수종드는 것이더라

제사장 직분을 맡은 사람들 (♪ 450장)

— B.C. 971년경

24 아론 자손의 계열들이 이러하니라 아론의 아들들은 나답과 아비후와 엘르아살과 이다말이라

2 나답과 아비후가 그들의 아버지보다 먼저 죽고 그들에게 아들이 없으므로 엘르아살과 이다말이 제사장의 직분을 행하였더라 레 10:1,2

3 다윗이 엘르아살의 자손 사독과 이다말의 자손 아히멜렉과 더불어 그들을 나누어 각각 그 섬기는 직무를 맡겼는데

4 엘르아살의 자손 중에 우두머리가 이다말의 자손보다 많으므로 나눈 것이 이러하니 엘르아살 자손의 우두머리가 열여섯 명이요 이다말 자손은 그 조상들의 가문을 따라 여덟 명이라

5 이에 제비 뽑아 피차에 차등이 없이 나누었으니 이는 성전의 일을 다스리는 자와 하나님의 일을 다스리는 자가 엘르아살의 자손 중에도 있고 이다말의 자손 중에도 있음이라

6 레위 사람 느다넬의 아들 서기관 스마야가 왕과 방백과 제사장 사독과 아비아달의 아들 아히멜렉과 및 제사장과 레위

24 •These were the descendants of Levi by their
families—the heads of families as they were reg-
istered under their names and counted individu-
ally, that is, the workers twenty years old or
25 more who served in the temple of the LORD. •For
David had said, "Since the LORD, the God of
Israel, has granted rest to his people and has
26 come to dwell in Jerusalem forever, •the Levites
no longer need to carry the tabernacle or any of
27 the articles used in its service." •According to the
last instructions of David, the Levites were count-
ed from those twenty years old or more.

28 •The duty of the Levites was to help Aaron's
descendants in the service of the temple of the
LORD: to be in charge of the courtyards, the side
rooms, the purification of all sacred things and
the performance of other duties at the house of
29 God. •They were in charge of the bread set out
on the table, the special flour for the grain offer-
ings, the thin loaves made without yeast, the bak-
ing and the mixing, and all measurements of
30 quantity and size. •They were also to stand every
morning to thank and praise the LORD. They
31 were to do the same in the evening •and when-
ever burnt offerings were presented to the LORD
on the Sabbaths, at the New Moon feasts and at
the appointed festivals. They were to serve before
the LORD regularly in the proper number and in
the way prescribed for them.

32 •And so the Levites carried out their responsi-
bilities for the tent of meeting, for the Holy Place
and, under their relatives the descendants of
Aaron, for the service of the temple of the LORD.

The Divisions of Priests

24 These were the divisions of the descen-
dants of Aaron:
The sons of Aaron were Nadab, Abihu, Eleazar
2 and Ithamar. •But Nadab and Abihu died before
their father did, and they had no sons; so Eleazar
3 and Ithamar served as the priests. •With the help
of Zadok a descendant of Eleazar and Ahimelek a
descendant of Ithamar, David separated them
into divisions for their appointed order of minis-
4 tering. •A larger number of leaders were found
among Eleazar's descendants than among
Ithamar's, and they were divided accordingly:
sixteen heads of families from Eleazar's descen-
dants and eight heads of families from Ithamar's
5 descendants. •They divided them impartially by
casting lots, for there were officials of the sanctu-
ary and officials of God among the descendants
of both Eleazar and Ithamar.

accordingly [əkɔ́:rdiŋli] *ad.* 따라서
courtyard [kɔ́:rtjɑ̀:rd] *n.* 안뜰
division [divíʒən] *n.* 부문, 분배
impartially [impɑ́:rʃəli] *ad.* 공평하게
individually [indəvídʒuəli] *ad.* 개인으로
measurement [méʒərmənt] *n.* 측정
performance [pərfɔ́:rməns] *n.* 실행
prescribe [priskráib] *vt.* 규정하다
purification [pjùərəfikéiʃən] *n.* 정화
quantity [kwɑ́ntəti] *n.* 양(量)
regularly [régjulərli] *ad.* 정기적으로
responsibility [rispɑnsəbíləti] *n.* 책임
Sabbath [sǽbəθ] *n.* 안식일
serve [sə:rv] *vt.* 섬기다
tabernacle [tǽbə:rnækl] *n.* 성막

23:25 grant rest to...: …에게 평강을 주다
23:27 according to...: …에 따라서
23:28 be in charge of...: …를 맡다
24:3 separate A into B: A를 B로 분리시키다
24:5 both A and B: A와 B 모두

사람의 우두머리 앞에서 그 이름을 기록
하여 엘르아살의 자손 중에서 한 집을 뽑
고 이다말의 자손 중에서 한 집을 뽑았으
니
7 첫째로 제비 뽑힌 자는 여호야립이요 둘째
는 여다야요
8 셋째는 하림이요 넷째는 스오림이요
9 다섯째는 말기야요 여섯째는 미야민이요
10 일곱째는 학고스요 여덟째는 아비야요
11 아홉째는 예수아요 열째는 스가냐요
12 열한째는 엘리아십이요 열두째는 야김이
요
13 열셋째는 훕바요 열넷째는 예세브압이요
14 열다섯째는 빌가요 열여섯째는 임멜이요
15 열일곱째는 헤실이요 열여덟째는 합비세
스요
16 열아홉째는 브다히야요 스무째는 여헤스
겔이요
17 스물한째는 야긴이요 스물두째는 가물이
요
18 스물셋째는 들라야요 스물넷째는 마아시
야라
19 이와 같은 직무에 따라 여호와의 성전에
들어가서 그의 아버지 아론을 도왔으니 이
는 이스라엘의 하나님 여호와께서 명하신
규례더라

레위 자손 중에 남은 자들

20 ●레위 자손 중에 남은 자는 이러하니 아
므람의 아들들 중에는 수바엘이요 수바엘
의 아들들 중에는 예드야며
21 르하뱌에게 이르러는 그의 아들들 중에 우
두머리 잇시야요 23:17
22 이스할의 아들들 중에는 슬로못이요 슬로
못의 아들들 중에는 야핫이요
23 헤브론의 아들들은 장자 여리야와 둘째 아
마랴와 셋째 야하시엘과 넷째 여가므암이
요
24 웃시엘의 아들들은 미가요 미가의 아들들
중에는 사밀이요
25 미가의 아우는 잇시야라 잇시야의 아들들
중에는 스가랴이며
26 므라리의 아들들은 마흘리와 무시요 야아
시야의 아들들은 브노이니
27 므라리의 자손 야아시야에게서 난 자는 브
노와 소함과 삭굴과 이브리요
28 마흘리의 아들 중에는 엘르아살이니 엘르
아살은 아들이 없으며

6 ●The scribe Shemaiah son of Nethanel, a
Levite, recorded their names in the presence of
the king and of the officials: Zadok the priest,
Ahimelek son of Abiathar and the heads of fam-
ilies of the priests and of the Levites—one fami-
ly being taken from Eleazar and then one from
Ithamar.

7 ●The first lot fell to Jehoiarib,
the second to Jedaiah,
8 ●the third to Harim,
the fourth to Seorim,
9 ●the fifth to Malkijah,
the sixth to Mijamin,
10 ●the seventh to Hakkoz,
the eighth to Abijah,
11 ●the ninth to Jeshua,
the tenth to Shekaniah,
12 ●the eleventh to Eliashib,
the twelfth to Jakim,
13 ●the thirteenth to Huppah,
the fourteenth to Jeshebeab,
14 ●the fifteenth to Bilgah,
the sixteenth to Immer,
15 ●the seventeenth to Hezir,
the eighteenth to Happizzez,
16 ●the nineteenth to Pethahiah,
the twentieth to Jehezkel,
17 ●the twenty-first to Jakin,
the twenty-second to Gamul,
18 ●the twenty-third to Delaiah
and the twenty-fourth to Maaziah.

19 ●This was their appointed order of minister-
ing when they entered the temple of the LORD,
according to the regulations prescribed for them
by their ancestor Aaron, as the LORD, the God of
Israel, had commanded him.

The Rest of the Levites

20 ●As for the rest of the descendants of Levi:
from the sons of Amram: Shubael;
from the sons of Shubael: Jehdeiah.
21 ●As for Rehabiah, from his sons:
Ishiah was the first.
22 ●From the Izharites: Shelomoth;
from the sons of Shelomoth: Jahath.
23 ●The sons of Hebron: Jeriah the first,[a]
Amariah the second, Jahaziel the third
and Jekameam the fourth.
24 ●The son of Uzziel: Micah;
from the sons of Micah: Shamir.

[a] 23 Two Hebrew manuscripts and some Septuagint manuscripts (see also 23:19); most Hebrew manuscripts *The sons of Jeriah:*

appoint [əpɔ́int] *vt.* 정하다
command [kəmǽnd] *vt.* 명령하다
descendant [diséndənt] *n.* 자손
enter [éntər] *vt.* 들어가다
first [fəːrst] *a.* 첫번째의
lot [lat] *n.* 제비뽑기
minister [mínəstər] *vi.* 섬기다
official [əfíʃəl] *n.* 관원
order [ɔ́ːrdər] *n.* 순서, 차례
prescribe [priskráib] *vt.* 규정하다
record [rikɔ́ːrd] *vt.* 기록하다
regulation [règjuléiʃən] *n.* 규칙
rest [rest] *n.* 나머지
scribe [skraib] *n.* 서기관
son [sʌn] *n.* 아들

24:6 head of a family: 가장(家長)
24:6 in the presence of...: …의 면전에서
24:7 fall to...: …에게 당첨되다
24:19 according to...: …를 따라서
24:20 as for...: …에 관해서는
24:20 the rest of...: 남은 …

29 기스에게 이르러는 그의 아들 여라므엘이 요
30 무시의 아들들은 마흘리와 에델과 여리못이니 이는 다 그 조상의 가문에 따라 기록한 레위 자손이라
31 이 여러 사람도 다윗 왕과 사독과 아히멜렉과 제사장과 레위 우두머리 앞에서 그들의 형제 아론 자손처럼 제비 뽑혔으니 장자의 가문과 막내 동생의 가문이 다름이 없더라 24:5, 6

찬송을 맡은 사람들 (♪ 190장)
— B.C. 971년경

25 다윗이 군대 지휘관들과 더불어 아삽과 헤만과 여두둔의 자손 중에서 구별하여 섬기게 하되 수금과 비파와 제금을 잡아 [1)]신령한 노래를 하게 하였으니 그 직무대로 일하는 자의 수효는 이러하니라 6:33, 39
2 아삽의 아들들은 삭굴과 요셉과 느다냐와 아사렐라니 이 아삽의 아들들이 아삽의 지휘 아래 왕의 명령을 따라 [1)]신령한 노래를 하며
3 여두둔에게 이르러서는 그의 아들들 그달리야와 스리와 여사야와 [2)]시므이와 하사뱌와 맛디디아 여섯 사람이니 그의 아버지 여두둔의 지휘 아래 수금을 잡아 [1)]신령한 노래를 하며 여호와께 감사하며 찬양하며
4 헤만에게 이르러는 그의 아들들 북기야와 맛다냐와 웃시엘과 스브엘과 여리못과 하나냐와 하나니와 엘리아다와 깃달디와 로맘디에셀과 요스브가사와 말로디와 호딜과 마하시옷이라
5 이는 다 헤만의 아들들이니 나팔을 부는 자들이며 헤만은 하나님의 말씀을 가진 왕의 선견자라 하나님이 헤만에게 열네 아들과 세 딸을 주셨더라
6 이들이 다 그들의 아버지의 지휘 아래 제금과 비파와 수금을 잡아 여호와의 전에서 노래하여 하나님의 전을 섬겼으며 아삽과 여두둔과 헤만은 왕의 지휘 아래 있었으니
7 그들과 모든 형제 곧 여호와 찬송하기를 배워 익숙한 자의 수효가 이백팔십팔 명이라
8 이 무리의 큰 자나 작은 자나 스승이나 제자를 막론하고 다같이 제비 뽑아 직임을 얻었으니

25 The brother of Micah: Ishiah;
from the sons of Ishiah: Zechariah.
26 The sons of Merari: Mahli and Mushi.
The son of Jaaziah: Beno.
27 The sons of Merari:
from Jaaziah: Beno, Shoham, Zakkur and Ibri.
28 From Mahli: Eleazar, who had no sons.
29 From Kish: the son of Kish: Jerahmeel.
30 And the sons of Mushi: Mahli, Eder and Jerimoth.
These were the Levites, according to their fam-
31 ilies. They also cast lots, just as their relatives
the descendants of Aaron did, in the presence of King David and of Zadok, Ahimelek, and the heads of families of the priests and of the Levites. The families of the oldest brother were treated the same as those of the youngest.

The Musicians

25 David, together with the commanders of the army, set apart some of the sons of Asaph, Heman and Jeduthun for the ministry of prophesying, accompanied by harps, lyres and cymbals. Here is the list of the men who performed this service:
2 From the sons of Asaph:
Zakkur, Joseph, Nethaniah and Asarelah. The sons of Asaph were under the supervision of Asaph, who prophesied under the king's supervision.
3 As for Jeduthun, from his sons:
Gedaliah, Zeri, Jeshaiah, Shimei,[a] Hashabiah and Mattithiah, six in all, under the supervision of their father Jeduthun, who prophesied, using the harp in thanking and praising the LORD.
4 As for Heman, from his sons:
Bukkiah, Mattaniah, Uzziel, Shubael and Jerimoth; Hananiah, Hanani, Eliathah, Giddalti and Romamti-Ezer; Joshbekashah,
5 Mallothi, Hothir and Mahazioth. (All these
were sons of Heman the king's seer. They were given him through the promises of God to exalt him. God gave Heman fourteen sons and three daughters.)
6 All these men were under the supervision of their fathers for the music of the temple of the LORD, with cymbals, lyres and harps, for the ministry at the house of God.

[a]3 One Hebrew manuscript and some Septuagint manuscripts (see also verse 17); most Hebrew manuscripts do not have *Shimei*. 1) 히, 예언을 뜻함 2) 히, '시므이'가 없음. 헬, '시므이'

accompany [əkʌ́mpəni] *vt.* 반주하다
exalt [igzɔ́:lt] *vt.* 높이다
list [list] *n.* 명단
lyre [láiər] *n.* 수금
ministry [mínəstri] *n.* 봉사
perform [pərfɔ́:rm] *vt.* 수행하다
praise [preiz] *vt.* 찬미하다
priest [pri:st] *n.* 제사장
promise [prámis] *n.* 언약
prophesy [práfəsài] *vi.* 예언하다
relative [rélətiv] *n.* 친척
seer [sí:ər] *n.* 예언자
supervision [sù:pərvíʒən] *n.* 감독
temple [témpl] *n.* 성전
treat [tri:t] *vt.* 다루다, 취급하다

24:31 cast lots: 제비뽑기를 하다
24:31 just as...: 꼭 …처럼
24:31 in the presence of...: …의 면전에서
24:31 the same as...: …같은
25:1 together with...: …과 함께
25:1 set apart: 구분하다, 떼어놓다

9 첫째로 제비 뽑힌 자는 아삽의 아들 중 요셉
이요 둘째는 그달리야이니 그와 그의 형제
들과 아들들 십이 명이요 6:39
10 셋째는 삭굴이니 그의 아들들과 형제들과 십
이 명이요
11 넷째는 이스리이니 그의 아들들과 형제들과
십이 명이요
12 다섯째는 느다냐니 그의 아들들과 형제들과
십이 명이요
13 여섯째는 북기야니 그의 아들들과 형제들과
십이 명이요
14 일곱째는 여사렐라니 그의 아들들과 형제들
과 십이 명이요
15 여덟째는 여사야니 그의 아들들과 형제들과
십이 명이요
16 아홉째는 맛다냐니 그의 아들들과 형제들과
십이 명이요 25:4
17 열째는 시므이니 그의 아들들과 형제들과 십
이 명이요
18 열한째는 아사렐이니 그의 아들들과 형제들
과 십이 명이요
19 열두째는 하사뱌니 그의 아들들과 형제들과
십이 명이요
20 열셋째는 수바엘이니 그의 아들들과 형제들
과 십이 명이요
21 열넷째는 맛디디야니 그의 아들들과 형제들
과 십이 명이요
22 열다섯째는 여레못이니 그의 아들들과 형제
들과 십이 명이요
23 열여섯째는 하나냐니 그의 아들들과 형제들
과 십이 명이요 25:4
24 열일곱째는 요스브가사니 그의 아들들과 형
제들과 십이 명이요
25 열여덟째는 하나니니 그의 아들들과 형제들
과 십이 명이요 25:4
26 열아홉째는 말로디니 그의 아들들과 형제들
과 십이 명이요
27 스무째는 엘리아다니 그의 아들들과 형제들
과 십이 명이요
28 스물한째는 호딜이니 그의 아들들과 형제들
과 십이 명이요
29 스물두째는 깃달디니 그의 아들들과 형제들
과 십이 명이요
30 스물셋째는 마하시옷이니 그의 아들들과 형
제들과 십이 명이요
31 스물넷째는 로맘디에셀이니 그의 아들들과
형제들과 십이 명이었더라

Asaph, Jeduthun and Heman were under
7 the supervision of the king. •Along with their
relatives—all of them trained and skilled in
music for the LORD—they numbered 288.
8 •Young and old alike, teacher as well as stu-
dent, cast lots for their duties.

9 •The first lot, which was for Asaph,
fell to Joseph,
his sons and relatives[a] 12[b]
the second to Gedaliah,
him and his relatives and sons 12
10 •the third to Zakkur,
his sons and relatives 12
11 •the fourth to Izri,[c]
his sons and relatives 12
12 •the fifth to Nethaniah,
his sons and relatives 12
13 •the sixth to Bukkiah,
his sons and relatives 12
14 •the seventh to Jesarelah,[d]
his sons and relatives 12
15 •the eighth to Jeshaiah,
his sons and relatives 12
16 •the ninth to Mattaniah,
his sons and relatives 12
17 •the tenth to Shimei,
his sons and relatives 12
18 •the eleventh to Azarel,[e]
his sons and relatives 12
19 •the twelfth to Hashabiah,
his sons and relatives 12
20 •the thirteenth to Shubael,
his sons and relatives 12
21 •the fourteenth to Mattithiah,
his sons and relatives 12
22 •the fifteenth to Jerimoth,
his sons and relatives 12
23 •the sixteenth to Hananiah,
his sons and relatives 12
24 •the seventeenth to Joshbekashah,
his sons and relatives 12
25 •the eighteenth to Hanani,
his sons and relatives 12
26 •the nineteenth to Mallothi,
his sons and relatives 12
27 •the twentieth to Eliathah,
his sons and relatives 12
28 •the twenty-first to Hothir,
his sons and relatives 12

[a]9 See Septuagint; Hebrew does not have *his sons and relatives.* [b]9 See the total in verse 7; Hebrew does not have *twelve.* [c]11 A variant of *Zeri* [d]14 A variant of *Asarelah* [e]18 A variant of *Uzziel*

alike [əláik] *ad.* 똑같이
duty [djú:ti] *n.* 의무
first [fə:rst] *a.* 첫 번째의
music [mjú:zik] *n.* 음악, 노래
number [nʌ́mbər] *vt.* 계수하다
old [ould] *a.* 나이 먹은
relative [rélətiv] *n.* 친척
skilled [skild] *a.* 노련한
son [sʌn] *n.* 아들
student [stju:dnt] *n.* 학생
supervision [sù:pərvíʒən] *n.* 감독
teacher [tí:tʃər] *n.* 선생
train [trein] *vt.* 훈련하다
under [ʌ́ndər] *prep.* …의 아래에
young [jʌŋ] *a.* 젊은

25:6 under the supervision of...: …의 감시 하에
25:7 along with...: …와 함께
25:7 all of...: …의 전부
25:8 A as well as B: B뿐만 아니라 A도
25:8 cast lots: 제비뽑기를 하다

성전 문지기 — B.C. 971년경

26 고라 사람들의 문지기 반들은 이러하니라 아삽의 가문 중 고레의 아들 므셀레먀라
2 므셀레먀의 아들들인 맏아들 스가랴와 둘째 여디아엘과 셋째 스바댜와 넷째 야드니엘과
3 다섯째 엘람과 여섯째 여호하난과 일곱째 엘여호에내이며
4 오벧에돔의 아들들은 맏아들 스마야와 둘째 여호사밧과 셋째 요아와 넷째 사갈과 다섯째 느다넬과
5 여섯째 암미엘과 일곱째 잇사갈과 여덟째 브울래대이니 이는 하나님이 오벧에돔에게 복을 주셨음이라
6 그의 아들 스마야도 두어 아들을 낳았으니 그들의 조상의 가문을 다스리는 자요 큰 용사라
7 스마야의 아들들은 오드니와 르바엘과 오벳과 엘사밧이며 엘사밧의 형제 엘리후와 스마갸는 능력이 있는 자이니
8 이는 다 오벧에돔의 자손이라 그들과 그의 아들들과 그의 형제들은 다 능력이 있어 그 직무를 잘하는 자이니 오벧에돔에게서 난 자가 육십이 명이며
9 또 므셀레먀의 아들과 형제 열여덟 명은 능력이 있는 자라
10 므라리 자손 중 호사에게도 아들들이 있으니 그의 장자는 시므리라 시므리는 본래 맏아들이 아니나 그의 아버지가 장자로 삼았고
11 둘째는 힐기야요 셋째는 드발리야요 넷째는 스가랴이니 호사의 아들들과 형제들이 열세 명이더라
12 •이상은 다 문지기의 반장으로서 그 형제처럼 직임을 얻어 여호와의 성전에서 섬기는 자들이라
13 각 문을 지키기 위하여 그의 조상의 가문을 따라 대소를 막론하고 다 제비 뽑혔으니 25:8
14 셀레먀는 동쪽을 뽑았고 그의 아들 스가랴는 명철한 모사라 모사를 위하여 제비 뽑으니 북쪽을 뽑았고
15 오벧에돔은 남쪽을 뽑았고 그의 아들들은 곳간에 뽑혔으며
16 숩빔과 호사는 서쪽을 뽑아 큰 길로 통한 살래겟 문 곁에 있어 서로 대하여 파수하였으니
17 동쪽 문에 레위 사람이 여섯이요 북쪽 문에

29 •the twenty-second to Giddalti,
his sons and relatives 12
30 •the twenty-third to Mahazioth,
his sons and relatives 12
31 •the twenty-fourth to Romamti-Ezer,
his sons and relatives 12.

The Gatekeepers

26 The divisions of the gatekeepers:
From the Korahites: Meshelemiah son of Kore, one of the sons of Asaph.
2 •Meshelemiah had sons:
Zechariah the firstborn,
Jediael the second,
Zebadiah the third,
Jathniel the fourth,
3 •Elam the fifth,
Jehohanan the sixth
and Eliehoenai the seventh.
4 •Obed-Edom also had sons:
Shemaiah the firstborn,
Jehozabad the second,
Joah the third,
Sakar the fourth,
Nethanel the fifth,
5 •Ammiel the sixth,
Issachar the seventh
and Peullethai the eighth.
(For God had blessed Obed-Edom.)
6 •Obed-Edom's son Shemaiah also had sons,
who were leaders in their father's family
because they were very capable men.
7 •The sons of Shemaiah: Othni, Rephael,
Obed and Elzabad; his relatives Elihu and
8 Semakiah were also able men. •All these
were descendants of Obed-Edom; they
and their sons and their relatives were
capable men with the strength to do the
work—descendants of Obed- Edom, 62
in all.
9 •Meshelemiah had sons and relatives, who
were able men—18 in all.
10 •Hosah the Merarite had sons: Shimri the
first (although he was not the firstborn,
his father had appointed him the first),
11 •Hilkiah the second, Tabaliah the third
and Zechariah the fourth. The sons and
relatives of Hosah were 13 in all.
12 •These divisions of the gatekeepers, through
their leaders, had duties for ministering in
the temple of the LORD, just as their relatives
13 had. •Lots were cast for each gate, accord-

able [éibl] *a.* 능력있는
although [ɔːlðóu] *conj.* 비록 …일지라도
appoint [əpɔ́int] *vt.* 임명(지명)하다
bless [bles] *vt.* 축복하다
capable [kéipəbl] *a.* 능력있는
cast [kæst] *vt.* 던지다
descendant [diséndənt] *n.* 자손
division [divíʒən] *n.* 분배, 부문
firstborn [fəːrstbɔːrn] *n.* 장자
gate [geit] *n.* 문
gatekeeper [géitkìːpər] *n.* 문지기
leader [líːdər] *n.* 지도자
minister [mínəstər] *vi.* 봉사하다
strength [stréŋkθ] *n.* 힘, 능력
temple [témpl] *n.* 성전

26:7 able man: 수완가
26:8 be capable: 실력이 있다
26:8 in all: 전부해서, 총계해서
26:12 temple of the LORD: 여호와의 성전
26:12 just as...: …과 똑같이
26:13 according to...: …에 따라

매일 네 사람이요 남쪽 문에 매일 네 사람이요 곳간에는 둘씩이며
18 서쪽 뜰에 있는 큰 길에 네 사람 그리고 뜰에 두 사람이라
19 고라와 므라리 자손의 문지기의 직책은 이러하였더라

성전 곳간을 맡은 사람들

20 ●레위 사람 중에 아히야는 하나님의 전 곳간과 성물 곳간을 맡았으며 28:12
21 라단의 자손은 곧 라단에게 속한 게르손 사람의 자손이니 게르손 사람 라단에게 속한 가문의 우두머리는 여히엘리라
22 여히엘리의 아들들은 스담과 그의 아우 요엘이니 여호와의 성전 곳간을 맡았고
23 아므람 자손과 이스할 자손과 헤브론 자손과 웃시엘 자손 중에
24 모세의 아들 게르솜의 자손 스브엘은 곳간을 맡았고 23:16
25 그의 형제 곧 엘리에셀에게서 난 자는 그의 아들 르하뱌와 그의 아들 여사야와 그의 아들 요람과 그의 아들 시그리와 그의 아들 슬로못이라
26 이 슬로못과 그의 형제는 성물의 모든 곳간을 맡았으니 곧 다윗 왕과 가문의 우두머리와 천부장과 백부장과 군대의 모든 지휘관이 구별하여 드린 성물이라
27 그들이 싸울 때에 노략하여 얻은 물건 중에서 구별하여 드려 여호와의 성전을 개수한 일과
28 선견자 사무엘과 기스의 아들 사울과 넬의 아들 아브넬과 스루야의 아들 요압이 무엇이든지 구별하여 드린 성물은 다 슬로못과 그의 형제의 지휘를 받았더라

다른 레위 사람들의 직임

29 ●이스할 자손 중에 그나냐와 그의 아들들은 성전 밖에서 이스라엘의 일을 다스리는 관원과 재판관이 되었고
30 헤브론 자손 중에 하사뱌와 그의 동족 용사 천칠백 명은 요단 서쪽에서 이스라엘을 주관하여 여호와의 모든 일과 왕을 섬기는 직임을 맡았으며
31 헤브론 자손 중에서는 여리야가 그의 족보와 종족대로 헤브론 자손의 우두머리가 되었더라 다윗이 왕위에 있은 지 사십 년에 길르앗 야셀에서 그들 중에 구하여

ing to their families, young and old alike.
14 •The lot for the East Gate fell to Shelemiah.[a]
Then lots were cast for his son Zechariah, a wise
counselor, and the lot for the North Gate fell to
15 him. •The lot for the South Gate fell to Obed-
Edom, and the lot for the storehouse fell to his
16 sons. •The lots for the West Gate and the Shal-
leketh Gate on the upper road fell to Shuppim
and Hosah.
17 Guard was alongside of guard: •There were six
Levites a day on the east, four a day on the north,
four a day on the south and two at a time at the
18 storehouse. •As for the court[b] to the west, there
were four at the road and two at the court[b] itself.
19 •These were the divisions of the gatekeepers
who were descendants of Korah and Merari.

The Treasurers and Other Officials

20 •Their fellow Levites were[c] in charge of the trea-
suries of the house of God and the treasuries for
the dedicated things.
21 •The descendants of Ladan, who were Ger-
shonites through Ladan and who were heads of
families belonging to Ladan the Gershonite, were
22 Jehieli, •the sons of Jehieli, Zetham and his broth-
er Joel. They were in charge of the treasuries of the
temple of the LORD.
23 •From the Amramites, the Izharites, the Heb-
ronites and the Uzzielites:
24 •Shubael, a descendant of Gershom son of
Moses, was the official in charge of the
25 treasuries. •His relatives through Eliezer:
Rehabiah his son, Jeshaiah his son, Joram
his son, Zikri his son and Shelomith his
26 son. •Shelomith and his relatives were in
charge of all the treasuries for the things
dedicated by King David, by the heads of
families who were the commanders of
thousands and commanders of hundreds,
and by the other army commanders.
27 •Some of the plunder taken in battle they
dedicated for the repair of the temple of
28 the LORD. •And everything dedicated by
Samuel the seer and by Saul son of Kish,
Abner son of Ner and Joab son of Zeruiah,
and all the other dedicated things were in
the care of Shelomith and his relatives.
29 •From the Izharites: Kenaniah and his sons
were assigned duties away from the tem-
ple, as officials and judges over Israel.
30 •From the Hebronites: Hashabiah and his rela-

[a]14 A variant of *Meshelemiah* [b]18 The meaning of the Hebrew for this word is uncertain. [c]20 Septuagint; Hebrew *As for the Levites, Ahijah was*

assign [əsáin] *vt.* 지정하다
counselor [káunsələr] *n.* 의논 상대자
court [kɔːrt] *n.* 뜰
dedicate [dédikèit] *vt.* 바치다
division [divíʒən] *n.* 분배
guard [gaːrd] *n.* 호위병
judge [dʒʌ́dʒ] *n.* 재판관
plunder [plʌ́ndər] *n.* 약탈품
repair [ripέər] *n.* 수리
road [roud] *n.* 길
seer [síːər] *n.* 선견자
storehouse [stɔːrhaus] *n.* 창고
treasury [tréʒəri] *n.* 보고, 금고
upper [ʌ́pər] *a.* 위쪽의
wise [waiz] *a.* 현명한, 지혜로운

26:14 **fall to...**: …에게 당첨되다
26:17 **alongside of...**: …와 나란히
26:17 **at a time**: 동시에, 단번에
26:18 **as for...**: …에 관해서는
26:21 **belong to...**: …에 속하다
26:28 **in the care of...**: …의 보살핌 아래

큰 용사를 얻었으니
32 그의 형제 중 이천칠백 명이 다 용사요 가문의 우두머리라 다윗 왕이 그들로 르우벤과 갓과 므낫세 반 지파를 주관하여 하나님의 모든 일과 왕의 일을 다스리게 하였더라

모든 가문의 우두머리와 관원들
—B.C. 971년경

27 이스라엘 자손의 모든 가문의 우두머리와 천부장과 백부장과 왕을 섬기는 관원들이 그들의 숫자대로 반이 나누이니 각 반열이 이만 사천 명씩이라 일 년 동안 달마다 들어가며 나왔으니
2 첫째 달 반의 반장은 삽디엘의 아들 야소브암이요 그의 반에 이만 사천 명이라
3 그는 베레스의 자손으로서 첫째 달 반의 모든 지휘관의 우두머리가 되었고
4 둘째 달 반의 반장은 아호아 사람 도대요 또 미글롯이 그의 반의 주장이 되었으니 그의 반에 이만 사천 명이요
5 셋째 달 군대의 셋째 지휘관은 대제사장 여호야다의 아들 브나야요 그의 반에 이만 사천 명이라
6 이 브나야는 삼십 명 중에 용사요 삼십 명 위에 있으며 그의 반 중에 그의 아들 암미사밧이 있으며
7 넷째 달 넷째 지휘관은 요압의 아우 아사헬이요 그 다음은 그의 아들 스바댜이니 그의 반에 이만 사천 명이요
8 다섯째 달 다섯째 지휘관은 이스라 사람 삼훗이니 그의 반에 이만 사천 명이요
9 여섯째 달 여섯째 지휘관은 드고아 사람 익게스의 아들 이라이니 그의 반에 이만 사천 명이요
10 일곱째 달 일곱째 지휘관은 에브라임 자손에 속한 발론 사람 헬레스이니 그의 반에 이만 사천 명이요
11 여덟째 달 여덟째 지휘관은 세라 족속 후사 사람 십브개이니 그의 반에 이만 사천 명이요
12 아홉째 달 아홉째 지휘관은 베냐민 자손 아나돗 사람 아비에셀이니 그의 반에 이만 사천 명이요
13 열째 달 열째 지휘관은 세라 족속 느도바 사람 마하래이니 그의 반에 이만 사천 명이요
14 열한째 달 열한째 지휘관은 에브라임 자

tives—seventeen hundred able men—
were responsible in Israel west of the Jor-
dan for all the work of the LORD and for
31 the king's service. •As for the Hebronites,
Jeriah was their chief according to the
genealogical records of their families. In
the fortieth year of David's reign a search
was made in the records, and capable
men among the Hebronites were found at
32 Jazer in Gilead. •Jeriah had twenty-seven
hundred relatives, who were able men
and heads of families, and King David put
them in charge of the Reubenites, the
Gadites and the half-tribe of Manasseh for
every matter pertaining to God and for
the affairs of the king.

Army Divisions

27 This is the list of the Israelites—heads of families, commanders of thousands and commanders of hundreds, and their officers, who served the king in all that concerned the army divisions that were on duty month by month throughout the year. Each division consisted of 24,000 men.
2 •In charge of the first division, for the first
month, was Jashobeam son of Zabdiel.
3 There were 24,000 men in his division. •He
was a descendant of Perez and chief of all
the army officers for the first month.
4 •In charge of the division for the second
month was Dodai the Ahohite; Mikloth
was the leader of his division. There were
24,000 men in his division.
5 •The third army commander, for the third
month, was Benaiah son of Jehoiada the
priest. He was chief and there were 24,000
6 men in his division. •This was the Benaiah
who was a mighty warrior among the Thirty and was over the Thirty. His son Ammizabad was in charge of his division.
7 •The fourth, for the fourth month, was Asahel
the brother of Joab; his son Zebadiah was his
successor. There were 24,000 men in his division.
8 •The fifth, for the fifth month, was the commander Shamhuth the Izrahite. There were
24,000 men in his division.
9 •The sixth, for the sixth month, was Ira the son
of Ikkesh the Tekoite. There were 24,000
men in his division.
10 •The seventh, for the seventh month, was
Helez the Pelonite, an Ephraimite. There

affair [əfέər] *n.* 일
army [ά:rmi] *n.* 군대
capable [kéipəbl] *a.* 능력있는
concern [kənsə́:rn] *vt.* 관계하다
genealogical [dʒi:niələ́dʒikəl] *a.* 족보의
head [hed] *n.* 우두머리
matter [mǽtər] *n.* 문제
mighty [máiti] *a.* 힘센
officer [ɔ́:fisər] *n.* 장교
priest [pri:st] *n.* 성직자
reign [rein] *n.* 통치
responsible [rispάnsəbl] *a.* 책임있는
serve [sə:rv] *vt.* 섬기다
successor [səksésər] *n.* 계승자
throughout [θru:áut] *prep.* …동안

26:32 **pertaining to...**: …에 관한, …에 속하는
26:32 **put... in charge of~**: …에게 ~에 대한 책임을 지우다
27:1 **in all**: 총계해서
27:1 **month by month**: 달마다
27:1 **consist of...**: …로 이루어져 있다

손에 속한 비라돈 사람 브나야이니 그의
반에 이만 사천 명이요
15 열두째 달 열두째 지휘관은 옷니엘 자손
에 속한 느도바 사람 헬대니 그 반에 이
만 사천 명이었더라

각 지파를 관할하는 자들

16 ●이스라엘 지파를 관할하는 자는 이러
하니라 르우벤 사람의 지도자는 시그리
의 아들 엘리에셀이요 시므온 사람의 지
도자는 마아가의 아들 스바댜요
17 레위 사람의 지도자는 그무엘의 아들 하
사뱌요 아론 자손의 지도자는 사독이요
18 유다의 지도자는 다윗의 형 엘리후요 잇
사갈의 지도자는 미가엘의 아들 오므리
요
19 스불론의 지도자는 오바댜의 아들 이스
마야요 납달리의 지도자는 아스리엘의
아들 여레못이요
20 에브라임 자손의 지도자는 아사시야의
아들 호세아요 므낫세 반 지파의 지도자
는 브다야의 아들 요엘이요
21 길르앗에 있는 므낫세 반 지파의 지도자
는 스가랴의 아들 잇도요 베냐민의 지도
자는 아브넬의 아들 야아시엘이요
22 단은 여로함의 아들 아사렐이니 이들은
이스라엘 지파의 지휘관이었더라
23 이스라엘 사람의 이십 세 이하의 수효는
다윗이 조사하지 아니하였으니 이는 여
호와께서 전에 말씀하시기를 이스라엘
사람을 하늘의 별같이 많게 하리라 하셨
음이라
창 15:5
24 스루야의 아들 요압이 조사하기를 시작
하고 끝내지도 못해서 그 일로 말미암아
진노가 이스라엘에게 임한지라 그 수효
를 다윗 왕의 역대지략에 기록하지 아니
하였더라
삼하 24:15

왕의 재산을 맡은 자들

25 ●아디엘의 아들 아스마웻은 왕의 곳간
을 맡았고 웃시야의 아들 요나단은 밭과
성읍과 마을과 망대의 곳간을 맡았고
26 글룹의 아들 에스리는 밭 가는 농민을 거
느렸고
27 라마 사람 시므이는 포도원을 맡았고 스
밤 사람 삽디는 포도원의 소산 포도주 곳
간을 맡았고
28 게델 사람 바알하난은 평야의 감람나무
와 뽕나무를 맡았고 요아스는 기름 곳간

were 24,000 men in his division.
11 •The eighth, for the eighth month, was Sibbekai the Hushathite, a Zerahite. There were 24,000 men in his division.
12 •The ninth, for the ninth month, was Abiezer the Anathothite, a Benjamite. There were 24,000 men in his division.
13 •The tenth, for the tenth month, was Maharai the Netophathite, a Zerahite. There were 24,000 men in his division.
14 •The eleventh, for the eleventh month, was Benaiah the Pirathonite, an Ephraimite. There were 24,000 men in his division.
15 •The twelfth, for the twelfth month, was Heldai the Netophathite, from the family of Othniel. There were 24,000 men in his division.

Leaders of the Tribes

16 •The leaders of the tribes of Israel:
over the Reubenites: Eliezer son of Zikri;
over the Simeonites: Shephatiah son of Maakah;
17 •over Levi: Hashabiah son of Kemuel;
over Aaron: Zadok;
18 •over Judah: Elihu, a brother of David;
over Issachar: Omri son of Michael;
19 •over Zebulun: Ishmaiah son of Obadiah;
over Naphtali: Jerimoth son of Azriel;
20 •over the Ephraimites: Hoshea son of Azaziah;
over half the tribe of Manasseh: Joel son of Pedaiah;
21 •over the half-tribe of Manasseh in Gilead: Iddo son of Zechariah;
over Benjamin: Jaasiel son of Abner;
22 •over Dan: Azarel son of Jeroham.
These were the leaders of the tribes of Israel.
23 •David did not take the number of the men
twenty years old or less, because the LORD had
promised to make Israel as numerous as the stars
24 in the sky. •Joab son of Zeruiah began to count
the men but did not finish. God's wrath came on
Israel on account of this numbering, and the num-
ber was not entered in the book[a] of the annals of
King David.

The King's Overseers

25 •Azmaveth son of Adiel was in charge of the royal storehouses.
Jonathan son of Uzziah was in charge of the storehouses in the outlying districts, in the towns, the villages and the watchtowers.
26 •Ezri son of Kelub was in charge of the workers who farmed the land.

[a]24 Septuagint; Hebrew *number*

annals [ǽnlz] *n.(pl.)* 연대기
count [kaunt] *vt.* 수를 세다
district [dístrikt] *n.* 지역
division [divíʒən] *n.* 분할, 분배
enter [éntər] *vt.* 기재하다
farm [fa:rm] *vt.* 경작하다
numerous [njú:mərəs] *a.* 다수의
outlying [autlaiiŋ] *a.* 외딴
over [óuvər] *prep.* …의 위에
promise [prámis] *vt.* 약속하다
royal [rɔiəl] *a.* 왕의
storehouse [stɔ́:rhàus] *n.* 창고
tribe [traib] *n.* 종족, 부족
watchtower [wátʃtàuər] *n.* 망대
wrath [ræθ] *n.* 격노

27:23 the number of...: …의 수
27:23 promise to: 약속하다
27:23 as... as~: ~만큼 …한
27:23 in the sky: 하늘에서
27:24 on account of...: …때문에
27:25 be in charge of...: …의 책임을 맡다

을 맡았고
29 사론 사람 시드래는 사론에서 먹이는 소 떼를 맡았고 아들래의 아들 사밧은 골짜기에 있는 소 떼를 맡았고
30 이스마엘 사람 오빌은 낙타를 맡았고 메로놋 사람 예드야는 나귀를 맡았고 하갈 사람 야시스는 양 떼를 맡았으니
31 다윗 왕의 재산을 맡은 자들이 이러하였더라

다윗을 섬기는 사람들

32 ●다윗의 숙부 요나단은 지혜가 있어서 모사가 되며 서기관도 되었고 학모니의 아들 여히엘은 왕자들의 수종자가 되었고
33 아히도벨은 왕의 모사가 되었고 아렉 사람 후새는 왕의 벗이 되었고
34 브나야의 아들 여호야다와 아비아달은 아히도벨의 뒤를 이었고 요압은 왕의 군대 지휘관이 되었더라

다윗이 성전 건축을 지시하다
(♪ 330, 347장)

28 다윗이 이스라엘 모든 고관들 곧 각 지파의 어른과 왕을 섬기는 반장들과 천부장들과 백부장들과 및 왕과 왕자의 모든 소유와 가축의 감독과 내시와 장사와 모든 용사를 예루살렘으로 소집하고 27:1-31
2 이에 다윗 왕이 일어서서 이르되 나의 형제들, 나의 백성들아 내 말을 들으라 나는 여호와의 언약궤 곧 우리 하나님의 발판을 봉안할 성전을 건축할 마음이 있어서 건축할 재료를 준비하였으나
3 하나님이 내게 이르시되 너는 전쟁을 많이 한 사람이라 피를 많이 흘렸으니 내 이름을 위하여 성전을 건축하지 못하리라 하셨느니라
4 그러나 이스라엘 하나님 여호와께서 전에 나를 내 부친의 온 집에서 택하여 영원히 이스라엘 왕이 되게 하셨나니 곧 하나님이 유다 지파를 택하사 머리를 삼으시고 유다의 가문에서 내 부친의 집을 택하시고 내 부친의 아들들 중에서 나를 기뻐하사 온 이스라엘의 왕을 삼으셨느니라
5 여호와께서 내게 여러 아들을 주시고 그 모든 아들 중에서 내 아들 솔로몬을 택하사 여호와의 나라 왕위에 앉혀 이스라엘

27 •Shimei the Ramathite was in charge of the
vineyards.
Zabdi the Shiphmite was in charge of the produce of the vineyards for the wine vats.
28 •Baal-Hanan the Gederite was in charge of the
olive and sycamore-fig trees in the western
foothills.
Joash was in charge of the supplies of olive oil.
29 •Shitrai the Sharonite was in charge of the
herds grazing in Sharon.
Shaphat son of Adlai was in charge of the herds in the valleys.
30 •Obil the Ishmaelite was in charge of the
camels.
Jehdeiah the Meronothite was in charge of the donkeys.
31 •Jaziz the Hagrite was in charge of the flocks.
All these were the officials in charge of King David's property.
32 •Jonathan, David's uncle, was a counselor, a
man of insight and a scribe. Jehiel son of Hakmoni took care of the king's sons.
33 •Ahithophel was the king's counselor.
Hushai the Arkite was the king's confidant.
34 •Ahithophel was succeeded by Jehoiada son of
Benaiah and by Abiathar.
Joab was the commander of the royal army.

David's Plans for the Temple

28 David summoned all the officials of Israel to assemble at Jerusalem: the officers over the tribes, the commanders of the divisions in the service of the king, the commanders of thousands and commanders of hundreds, and the officials in charge of all the property and livestock belonging to the king and his sons, together with the palace officials, the warriors and all the brave fighting men.
2 •King David rose to his feet and said: "Listen to
me, my fellow Israelites, my people. I had it in my heart to build a house as a place of rest for the ark of the covenant of the LORD, for the footstool of
3 our God, and I made plans to build it. •But God
said to me, 'You are not to build a house for my Name, because you are a warrior and have shed blood.'
4 •"Yet the LORD, the God of Israel, chose me
from my whole family to be king over Israel forever. He chose Judah as leader, and from the tribe of Judah he chose my family, and from my father's sons he was pleased to make me king
5 over all Israel. •Of all my sons—and the LORD
has given me many—he has chosen my son

assemble [əsémbl] *vi.* 모이다
confidant [kánfədænt] *n.* 믿을 만한 친구
counselor [káunsələr] *n.* 모사
covenant [kʌ́vənənt] *n.* 언약
flock [flak] *n.* 양떼
foothill [futhil] *n.* 작은 언덕
footstool [futstu:l] *n.* 발판
herd [hə:rd] *n.* 가축의 떼
insight [ínsàit] *n.* 통찰력
livestock [láivstak] *n.* 가축
property [prápərti] *n.* 재산
scribe [skraib] *n.* 서기관
summon [sʌ́mən] *vt.* 소환하다
sycamore [síkəmɔ̀:r] *n.* 무화과 무리
vat [væt] *n.* 큰 통

27:32 take care of...: …를 돌보다
28:1 together with: …와 함께
28:2 rise to one's feet: 일어서다
28:2 listen to...: …에 귀를 기울이다
28:2 make plans to...: …할 계획을 세우다
28:4 be pleased to...: …하기를 기뻐하다

을 다스리게 하려 하실새
6 내게 이르시기를 네 아들 솔로몬 그가 내
성전을 건축하고 내 여러 뜰을 만들리니 이
는 내가 그를 택하여 내 아들로 삼고 나는
그의 아버지가 될 것임이라 22:9,10
7 그가 만일 나의 계명과 법도를 힘써 준행하
기를 오늘과 같이 하면 내가 그의 나라를
영원히 견고하게 하리라 하셨느니라
8 이제 너희는 온 이스라엘 곧 여호와의 회중
이 보는 데에서와 우리 하나님이 들으시는
데에서 너희 하나님 여호와의 모든 계명을
구하여 지키기로 하라 그리하면 너희가 이
아름다운 땅을 누리고 너희 후손에게 끼쳐
영원한 기업이 되게 하리라 신 6:1
9 내 아들 솔로몬아 너는 네 아버지의 하나님
을 알고 온전한 마음과 기쁜 뜻으로 섬길지
어다 여호와께서는 모든 마음을 감찰하사
모든 의도를 아시나니 네가 만일 그를 찾
으면 만날 것이요 만일 네가 그를 버리면
그가 너를 영원히 버리시리라
10 그런즉 이제 너는 삼갈지어다 여호와께서
너를 택하여 성전의 건물을 건축하게 하셨
으니 힘써 행할지니라 하니라
11 ● 다윗이 성전의 복도와 그 집들과 그 곳간
과 다락과 골방과 속죄소의 설계도를 그의
아들 솔로몬에게 주고 출 25:40
12 또 그가 영감으로 받은 모든 것 곧 여호와
의 성전의 뜰과 사면의 모든 방과 하나님의
성전 곳간과 성물 곳간의 설계도를 주고
13 또 제사장과 레위 사람의 반열과 여호와의
성전에서 섬기는 모든 일과 여호와의 성전
을 섬기는 데에 쓰는 모든 그릇의 양식을
설명하고
14 또 모든 섬기는 데에 쓰는 금 기구를 만들
금의 무게와 모든 섬기는 데에 쓰는 은 기
구를 만들 은의 무게를 정하고
15 또 금 등잔대들과 그 등잔 곧 각 등잔대와
그 등잔을 만들 금의 무게와 은 등잔대와
그 등잔을 만들 은의 무게를 각기 그 기구
에 알맞게 하고
16 또 진설병의 각 상을 만들 금의 무게를 정
하고 은상을 만들 은도 그렇게 하고
17 갈고리와 대접과 종지를 만들 순금과 금 잔
곧 각 잔을 만들 금의 무게와 또 은 잔 곧 각
잔을 만들 은의 무게를 정하고
18 또 향단에 쓸 순금과 또 수레 곧 금 그룹들
의 설계도대로 만들 금의 무게를 정해 주니

Solomon to sit on the throne of the kingdom of
6 the LORD over Israel. ● He said to me: 'Solomon
your son is the one who will build my house
and my courts, for I have chosen him to be my
7 son, and I will be his father. ● I will establish his
kingdom forever if he is unswerving in carry-
ing out my commands and laws, as is being
done at this time.'
8 ● "So now I charge you in the sight of all
Israel and of the assembly of the LORD, and in
the hearing of our God: Be careful to follow all
the commands of the LORD your God, that you
may possess this good land and pass it on as an
inheritance to your descendants forever.
9 ● "And you, my son Solomon, acknowledge
the God of your father, and serve him with
wholehearted devotion and with a willing
mind, for the LORD searches every heart and
understands every desire and every thought. If
you seek him, he will be found by you; but if
you forsake him, he will reject you forever.
10 ● Consider now, for the LORD has chosen you to
build a house as the sanctuary. Be strong and do
the work."
11 ● Then David gave his son Solomon the plans
for the portico of the temple, its buildings, its
storerooms, its upper parts, its inner rooms and
12 the place of atonement. ● He gave him the
plans of all that the Spirit had put in his mind
for the courts of the temple of the LORD and all
the surrounding rooms, for the treasuries of the
temple of God and for the treasuries for the ded-
13 icated things. ● He gave him instructions for the
divisions of the priests and Levites, and for all
the work of serving in the temple of the LORD, as
well as for all the articles to be used in its ser-
14 vice. ● He designated the weight of gold for all
the gold articles to be used in various kinds of
service, and the weight of silver for all the silver
articles to be used in various kinds of service:
15 ● the weight of gold for the gold lampstands
and their lamps, with the weight for each lamp-
stand and its lamps; and the weight of silver for
each silver lampstand and its lamps, according
16 to the use of each lampstand; ● the weight of
gold for each table for consecrated bread; the
17 weight of silver for the silver tables; ● the weight
of pure gold for the forks, sprinkling bowls and
pitchers; the weight of gold for each gold dish;
18 the weight of silver for each silver dish; ● and
the weight of the refined gold for the altar of
incense. He also gave him the plan for the char-

atonement [atóunmənt] *n.* 속죄
consecrate [kánsəkrèit] *vt.* 신성하게 하다
dedicate [dédikèit] *vt.* 헌납하다
designate [dézignèit] *vt.* 지명하다
devotion [divóuʃən] *n.* 헌신
establish [istǽbliʃ] *vt.* 세우다
forsake [fərséik] *vt.* 저버리다
incense [ínsens] *n.* 향
inheritance [inhérətəns] *n.* 유산, 상속
lampstand [lǽmpstænd] *n.* 등잔대
portico [pɔ́:rtəkòu] *n.* 주랑 현관
refined [rifáind] *a.* 정제된
sanctuary [sǽŋktʃuèri] *n.* 성소
unswerving [ʌnswə́:rviŋ] *a.* 변함없는
wholehearted [houlhá:rtid] *a.* 진심의

28:5 **sit on the throne**: 왕위에 오르다
28:7 **carry out**: 실행하다
28:8 **pass on**: 물려주다
28:12 **put in...**: …을 집어넣다
28:13 **as well as...**: …뿐만 아니라
28:15 **according to...**: …에 따라서

이 그룹들은 날개를 펴서 여호와의 언약궤
를 덮는 것이더라
19 다윗이 이르되 여호와의 손이 내게 임하여
이 모든 일의 설계를 그려 나에게 알려 주
셨느니라
20 ● 또 그의 아들 솔로몬에게 이르되 너는 강
하고 담대하게 이 일을 행하라 두려워하지
말며 놀라지 말라 네가 여호와의 성전 공
사의 모든 일을 마치기까지 여호와 하나
님 나의 하나님이 너와 함께 계시사 네게
서 떠나지 아니하시고 너를 버리지 아니
하시리라
수 1:6,7
21 제사장과 레위 사람의 반이 있으니 하나님
의 성전의 모든 공사를 도울 것이요 또 모
든 공사에 유능한 기술자가 기쁜 마음으로
너와 함께 할 것이요 또 모든 지휘관과 백
성이 온전히 네 명령 아래에 있으리라

성전 건축에 쓸 예물 (♪ 50, 60, 634장)
— B.C. 971년경

29 다윗 왕이 온 회중에게 이르되 내 아
들 솔로몬이 유일하게 하나님께서 택
하신 바 되었으나 아직 어리고 미숙하며 이
공사는 크도다 이 성전은 사람을 위한 것이
아니요 여호와 하나님을 위한 것이라
2 내가 이미 내 하나님의 성전을 위하여 힘을
다하여 준비하였나니 곧 기구를 만들 금과
은과 놋과 철과 나무와 또 마노와 가공할
검은 보석과 채석과 다른 모든 보석과 옥돌
이 매우 많으며
3 성전을 위하여 준비한 이 모든 것 외에도
내 마음이 내 하나님의 성전을 사모하므로
내가 사유한 금, 은으로 내 하나님의 성전
을 위하여 드렸노니
4 곧 오빌의 금 삼천 달란트와 순은 칠천 달
란트라 모든 성전 벽에 입히며
22:14
5 금, 은 그릇을 만들며 장인의 손으로 하는
모든 일에 쓰게 하였노니 오늘 누가 즐거이
손에 채워 여호와께 드리겠느냐 하는지라
6 ● 이에 모든 가문의 지도자들과 이스라엘
모든 지파의 지도자들과 천부장과 백부장
과 왕의 사무관이 다 즐거이 드리되
27:1
7 하나님의 성전 공사를 위하여 금 오천 달란
트와 금 만 다릭 은 만 달란트와 놋 만 팔천
달란트와 철 십만 달란트를 드리고
8 보석을 가진 모든 사람은 게르손 사람 여히
엘의 손에 맡겨 여호와의 성전 곳간에 드렸
더라

iot, that is, the cherubim of gold that spread
their wings and overshadow the ark of the
covenant of the LORD.
19 • "All this," David said, "I have in writing as a
result of the LORD's hand on me, and he enabled
me to understand all the details of the plan."
20 • David also said to Solomon his son, "Be
strong and courageous, and do the work. Do
not be afraid or discouraged, for the LORD God,
my God, is with you. He will not fail you or for-
sake you until all the work for the service of the
21 temple of the LORD is finished. • The divisions of
the priests and Levites are ready for all the work
on the temple of God, and every willing person
skilled in any craft will help you in all the work.
The officials and all the people will obey your
every command."

Gifts for Building the Temple

29 Then King David said to the whole
assembly: "My son Solomon, the one
whom God has chosen, is young and inexperi-
enced. The task is great, because this palatial
structure is not for man but for the LORD God.
2 • With all my resources I have provided for the
temple of my God — gold for the gold work, sil-
ver for the silver, bronze for the bronze, iron for
the iron and wood for the wood, as well as onyx
for the settings, turquoise,[a] stones of various col-
ors, and all kinds of fine stone and marble — all
3 of these in large quantities. • Besides, in my devo-
tion to the temple of my God I now give my per-
sonal treasures of gold and silver for the temple
of my God, over and above everything I have
4 provided for this holy temple: • three thousand
talents[b] of gold (gold of Ophir) and seven thou-
sand talents[c] of refined silver, for the overlaying
5 of the walls of the buildings, • for the gold work
and the silver work, and for all the work to be
done by the craftsmen. Now, who is willing to
consecrate themselves to the LORD today?"
6 • Then the leaders of families, the officers of
the tribes of Israel, the commanders of thou-
sands and commanders of hundreds, and the
officials in charge of the king's work gave will-
7 ingly. • They gave toward the work on the tem-
ple of God five thousand talents[d] and ten thou-
sand darics[e] of gold, ten thousand talents[f] of sil-

[a]2 The meaning of the Hebrew for this word is uncertain. [b]4 That is, about 110 tons or about 100 metric tons [c]4 That is, about 260 tons or about 235 metric tons [d]7 That is, about 190 tons or about 170 metric tons [e]7 That is, about 185 pounds or about 84 kilograms [f]7 That is, about 380 tons or about 340 metric tons

assembly [əsémbli] *n.* 회중, 집회
cherubim [tʃérəbim] *n.* 그룹, 천사
craft [kræft] *n.* 기능, 기술
enable [inéibl] *vt.* …할 수 있게 하다
inexperienced [inikspíəriənst] *a.* 미숙한
marble [má:rbl] *n.* 대리석
onyx [ániks] *n.* 마노
overlay [ouvərlei] *vt.* 입히다, 바르다
palatial [pəléiʃəl] *a.* 궁궐 같은, 궁궐의
quantity [kwántəti] *n.* 양
resource [ríːsɔːrs] *n.* 자원
structure [strʌ́ktʃər] *n.* 건물
task [tæsk] *n.* 과업
treasury [tréʒəri] *n.* 금고, 기금
turquoise [tə́:rkwɔiz] *n.* 터키옥(玉)

28:20 not... untill~: ~까지 …하지 않다
28:21 be ready for...: …할 준비가 되어 있다
29:1 not for A but for B: A를 위한 것이 아니라 B를 위하여
29:3 over and above...: …에 더하여
29:5 be willing to...: 기꺼이 …하다

9 백성들은 자원하여 드렸으므로 기뻐하였
으니 곧 그들이 성심으로 여호와께 자원하
여 드렸으므로 다윗 왕도 심히 기뻐하니라

다윗의 감사 기도

10 ●다윗이 온 회중 앞에서 여호와를 송축하
여 이르되 우리 조상 이스라엘의 하나님 여
호와여 주는 영원부터 영원까지 송축을 받
으시옵소서
11 여호와여 위대하심과 권능과 영광과 승리
와 위엄이 다 주께 속하였사오니 천지에 있
는 것이 다 주의 것이로소이다 여호와여 주
권도 주께 속하였사오니 주는 높으사 만물
의 머리이심이니이다
12 부와 귀가 주께로 말미암고 또 주는 만물의
주재가 되사 손에 권세와 능력이 있사오니
모든 사람을 크게 하심과 강하게 하심이 주
의 손에 있나이다
13 우리 하나님이여 이제 우리가 주께 감사하
오며 주의 영화로운 이름을 찬양하나이다
14 나와 내 백성이 무엇이기에 이처럼 즐거운
마음으로 드릴 힘이 있었나이까 모든 것이
주께로 말미암았사오니 우리가 주의 손에
서 받은 것으로 주께 드렸을 뿐이니이다
15 우리는 우리 조상들과 같이 주님 앞에서 이
방 나그네와 거류민들이라 세상에 있는 날
이 그림자 같아서 희망이 없나이다
16 우리 하나님 여호와여 우리가 주의 거룩한
이름을 위하여 성전을 건축하려고 미리 저
축한 이 모든 물건이 다 주의 손에서 왔사
오니 다 주의 것이니이다
17 나의 하나님이여 주께서 마음을 감찰하시
고 정직을 기뻐하시는 줄을 내가 아나이다
내가 정직한 마음으로 이 모든 것을 즐거이
드렸사오며 이제 내가 또 여기 있는 주의
백성이 주께 자원하여 드리는 것을 보오니
심히 기쁘도소이다
18 우리 조상들 아브라함과 이삭과 이스라엘
의 하나님 여호와여 주께서 이것을 주의 백
성의 심중에 영원히 두어 생각하게 하시고
그 마음을 준비하여 주께로 돌아오게 하시
오며
19 또 내 아들 솔로몬에게 정성된 마음을 주사
주의 계명과 권면과 율례를 지켜 이 모든
일을 행하게 하시고 내가 위하여 준비한 것
으로 성전을 건축하게 하옵소서 하였더라
20 ●다윗이 온 회중에게 이르되 너희는 너희
하나님 여호와를 송축하라 하매 회중이 그

ver, eighteen thousand talents[a] of bronze and a
8 hundred thousand talents[b] of iron. ●Anyone
who had precious stones gave them to the trea-
sury of the temple of the LORD in the custody of
9 Jehiel the Gershonite. ●The people rejoiced at
the willing response of their leaders, for they
had given freely and wholeheartedly to the
LORD. David the king also rejoiced greatly.

David's Prayer

10 ●David praised the LORD in the presence of
the whole assembly, saying,

"Praise be to you, LORD,
the God of our father Israel,
from everlasting to everlasting.
11 ●Yours, LORD, is the greatness and the power
and the glory and the majesty and the
splendor,
for everything in heaven and earth is
yours.
Yours, LORD, is the kingdom;
you are exalted as head over all.
12 ●Wealth and honor come from you;
you are the ruler of all things.
In your hands are strength and power
to exalt and give strength to all.
13 ●Now, our God, we give you thanks,
and praise your glorious name.

14 ●"But who am I, and who are my people,
that we should be able to give as generously as
this? Everything comes from you, and we have
given you only what comes from your hand.
15 ●We are foreigners and strangers in your sight,
as were all our ancestors. Our days on earth are
16 like a shadow, without hope. ●LORD our God,
all this abundance that we have provided for
building you a temple for your Holy Name
comes from your hand, and all of it belongs to
17 you. ●I know, my God, that you test the heart
and are pleased with integrity. All these things I
have given willingly and with honest intent.
And now I have seen with joy how willingly
your people who are here have given to you.
18 ●LORD, the God of our fathers Abraham, Isaac
and Israel, keep these desires and thoughts in
the hearts of your people forever, and keep their
19 hearts loyal to you. ●And give my son Solomon
the wholehearted devotion to keep your com-
mands, statutes and decrees and to do every-
thing to build the palatial structure for which I
have provided."

[a]7 That is, about 675 tons or about 610 metric tons
[b]7 That is, about 3,800 tons or about 3,400 metric tons

abundance [əbʌ́ndəns] *n.* 풍부
decree [dikríː] *n.* 율례, 법령
desire [dizáiər] *n.* 소망
devotion [divóuʃən] *n.* 헌신
everlasting [evərlǽstiŋ] *n.* 영원
generously [dʒénərəsli] *ad.* 관대하게
integrity [intégrəti] *n.* 성실
loyal [lɔ́iəl] *a.* 충실한
precious [préʃəs] *a.* 귀한
provide [prəváid] *vt.* 준비하다
response [rispɑ́ns] *n.* 반응
statute [stǽtʃuːt] *n.* 법령
stranger [stréindʒər] *n.* 나그네
wholeheartedly [houlhɑ́ːrtidli] *ad.* 전심으로
willingly [wíliŋli] *ad.* 기꺼이

29:8 in the custody of...: …에게 보관하여
29:10 in the presence of...: …의 면전에서
29:10 from... to~: …에서 ~까지
29:12 all things: 만물
29:14 be able to...: …할 수 있다
29:16 belong to...: …에 속하다

의 조상들의 하나님 여호와를 송축하고 머
리를 숙여 여호와와 왕에게 절하고
21 이튿날 여호와께 제사를 드리고 또 여호와
께 번제를 드리니 수송아지가 천 마리요 숫
양이 천 마리요 어린 양이 천 마리요 또 그
전제라 온 이스라엘을 위하여 풍성한 제물
을 드리고
22 이날에 무리가 크게 기뻐하여 여호와 앞에
서 먹으며 마셨더라 ●무리가 다윗의 아들
솔로몬을 다시 왕으로 삼아 기름을 부어 여
호와께 돌려 주권자가 되게 하고 사독에게
도 기름을 부어 제사장이 되게 하니라
23 솔로몬이 여호와께서 주신 왕위에 앉아 아
버지 다윗을 이어 왕이 되어 형통하니 온
이스라엘이 그의 명령에 순종하며
24 모든 방백과 용사와 다윗 왕의 여러 아들들
이 솔로몬 왕에게 복종하니
25 여호와께서 솔로몬을 모든 이스라엘의 목
전에서 심히 크게 하시고 또 왕의 위엄을
그에게 주사 그전 이스라엘 모든 왕보다 뛰
어나게 하셨더라

다윗의 행적

26 ●이새의 아들 다윗이 온 이스라엘의 왕이
되어
27 이스라엘을 다스린 기간은 사십 년이라 헤
브론에서 칠 년간 다스렸고 예루살렘에서
삼십삼 년을 다스렸더라
28 그가 나이 많아 늙도록 부하고 존귀를 누리
다가 죽으매 그의 아들 솔로몬이 대신하여
왕이 되니라
29 다윗 왕의 행적은 처음부터 끝까지 선견자
사무엘의 글과 선지자 나단의 글과 선견자
갓의 글에 다 기록되고
30 또 그의 왕 된 일과 그의 권세와 그와 이스
라엘과 온 세상 모든 나라의 지난 날의 역
사가 다 기록되어 있느니라

20 ●Then David said to the whole assembly,
"Praise the LORD your God." So they all praised
the LORD, the God of their fathers; they bowed
down, prostrating themselves before the LORD
and the king.

Solomon Acknowledged as King

21 ●The next day they made sacrifices to the
LORD and presented burnt offerings to him: a
thousand bulls, a thousand rams and a thou-
sand male lambs, together with their drink
offerings, and other sacrifices in abundance for
22 all Israel. ●They ate and drank with great joy in
the presence of the LORD that day.
Then they acknowledged Solomon son of
David as king a second time, anointing him
before the LORD to be ruler and Zadok to be
23 priest. ●So Solomon sat on the throne of the
LORD as king in place of his father David. He
24 prospered and all Israel obeyed him. ●All the
officers and warriors, as well as all of King
David's sons, pledged their submission to King
Solomon.
25 ●The LORD highly exalted Solomon in the
sight of all Israel and bestowed on him royal
splendor such as no king over Israel ever had
before.

The Death of David

26 ●David son of Jesse was king over all Israel.
27 ●He ruled over Israel forty years—seven in
28 Hebron and thirty-three in Jerusalem. ●He died
at a good old age, having enjoyed long life,
wealth and honor. His son Solomon succeeded
him as king.
29 ●As for the events of King David's reign,
from beginning to end, they are written in the
records of Samuel the seer, the records of Na-
than the prophet and the records of Gad the
30 seer, ●together with the details of his reign
and power, and the circumstances that sur-
rounded him and Israel and the kingdoms of
all the other lands.

acknowledge [əknɑ́lidʒ] *vt.* 인정하다
anoint [ənɔ́int] *vt.* 기름붓다
assembly [əsémbli] *n.* 회중
bestow [bistóu] *vt.* 주다
circumstance [sə́:rkəmstæns] *n.* 상황
detail [ditéil] *n.* 자세한 설명
exalt [igzɔ́:lt] *vt.* 높이다
honor [ɑ́nər] *n.* 영예, 존중
pledge [pledʒ] *vt.* 서약하다
prosper [prɑ́spər] *vt.* 번영하다
prostrate [prɑ́streit] *a.* 엎드린
sacrifice [sǽkrəfàis] *n.* 제사
splendor [spléndər] *n.* 위엄, 영광
submission [səbmíʃən] *n.* 복종
wealth [welθ] *n.* 부

29:21 in abundance: 많이, 풍족하게
29:22 a second time: 두 번째로, 다시
29:23 in place of...: …를 대신해서
29:24 A as well as B: B뿐만 아니라 A도
29:25 such as:…와 같은
29:27 rule over: 통치하다

역대하 | 2 Chronicles

● 저자 _ 미상 ● 저작 연대 _ B.C. 450-400년 사이로 추정 ● 기록 장소 _ 알 수 없음(유다에서 기록했을 가능성이 있음) ● 기록 대상 _ 포로 생활에서 돌아온 유다의 남은 자들 ● 핵심어 및 내용 _ '성전'과 '개혁'이다.

이방인의 침략으로 성전이 파괴되었으나 고레스의 칙령에 의해 성전 재건이 시작되었다. 또한 아사 왕, 여호사밧 왕, 요아스 왕 등은 유다를 개혁하는 운동을 일으켰다.

솔로몬 왕이 지혜를 구하다 (왕상 3:1-15)

1 다윗의 아들 솔로몬의 왕위가 견고하여 가며 그의 하나님 여호와께서 그와 함께하사 심히 창대하게 하시니라 왕상 2:12

2 솔로몬이 온 이스라엘의 천부장들과 백부장들과 재판관들과 온 이스라엘의 방백들과 족장들에게 명령하여

3 솔로몬이 온 회중과 함께 기브온 산당으로 갔으니 하나님의 회막 곧 여호와의 종 모세가 광야에서 지은 것이 거기에 있음이라

4 다윗이 전에 예루살렘에서 하나님의 궤를 위하여 장막을 쳐 두었으므로 그 궤는 다윗이 이미 기럇여아림에서부터 그것을 위하여 준비한 곳으로 메어 올렸고

5 옛적에 훌의 손자 우리의 아들 브살렐이 지은 놋 제단은 여호와의 장막 앞에 있더라 솔로몬이 회중과 더불어 나아가서

6 여호와 앞 곧 회막 앞에 있는 놋 제단에 솔로몬이 이르러 그 위에 천 마리 희생으로 번제를 드렸더라

7 •그날 밤에 하나님이 솔로몬에게 나타나 그에게 이르시되 내가 네게 무엇을 주랴 너는 구하라 하시니

8 솔로몬이 하나님께 말하되 주께서 전에 큰 은혜를 내 아버지 다윗에게 베푸시고 내가 그를 대신하여 왕이 되게 하셨사오니

9 여호와 하나님이여 원하건대 주는 내 아버지 다윗에게 허락하신 것을 이제 굳게 하옵소서 주께서 나를 땅의 티끌같이 많은 백성의 왕으로 삼으셨사오니

10 주는 이제 내게 지혜와 지식을 주사 이 백성 앞에서 출입하게 하옵소서 이렇게 많은 주의 백성을 누가 능히 재판하리이까 하니

11 하나님이 솔로몬에게 이르시되 이런 마음이 네게 있어서 부나 재물이나 영광이나 원수의 생명 멸하기를 구하지 아니하며 장수도 구하지 아니하고 오직 내가 네게 다스리게 한 내 백성을 재판하기 위하여 지혜와 지식을 구하였으니

12 그러므로 내가 네게 지혜와 지식을 주고 부와 재물과 영광도 주리니 네 전의 왕들도 이런 일이 없었거니와 네 후에도 이런 일이 없

Solomon Asks for Wisdom

1 Solomon son of David established himself
firmly over his kingdom, for the LORD his
God was with him and made him exceeding-
ly great.
2 •Then Solomon spoke to all Israel—to the
commanders of thousands and commanders
of hundreds, to the judges and to all the lead-
3 ers in Israel, the heads of families— •and
Solomon and the whole assembly went to
the high place at Gibeon, for God's tent of
meeting was there, which Moses the LORD's
4 servant had made in the wilderness. •Now
David had brought up the ark of God from
Kiriath Jearim to the place he had prepared
for it, because he had pitched a tent for it in
5 Jerusalem. •But the bronze altar that Bezalel
son of Uri, the son of Hur, had made was in
Gibeon in front of the tabernacle of the LORD;
so Solomon and the assembly inquired of him
6 there. •Solomon went up to the bronze altar
before the LORD in the tent of meeting and
offered a thousand burnt offerings on it.
7 •That night God appeared to Solomon and
said to him, "Ask for whatever you want me to
give you."
8 •Solomon answered God, "You have
shown great kindness to David my father and
9 have made me king in his place. •Now, LORD
God, let your promise to my father David be
confirmed, for you have made me king over a
people who are as numerous as the dust of the
10 earth. •Give me wisdom and knowledge, that
I may lead this people, for who is able to gov-
ern this great people of yours?"
11 •God said to Solomon, "Since this is your
heart's desire and you have not asked for
wealth, possessions or honor, nor for the death
of your enemies, and since you have not asked
for a long life but for wisdom and knowledge
to govern my people over whom I have made
12 you king, •therefore wisdom and knowledge
will be given you. And I will also give you
wealth, possessions and honor, such as no
king who was before you ever had and none
after you will have."

으리라 하시니라 9:22
13 이에 솔로몬이 기브온 산당 회막 앞에서부터
예루살렘으로 돌아와서 이스라엘을 다스렸
더라

솔로몬의 부귀영화 (왕상 10:26-29)

14 ●솔로몬이 병거와 마병을 모으매 병거가 천
사백 대요 마병이 만 이천 명이라 병거성에
도 두고 예루살렘 왕에게도 두었으며
15 왕이 예루살렘에서 은금을 돌같이 흔하게 하
고 백향목을 평지의 뽕나무같이 많게 하였더
라
16 솔로몬의 말들은 애굽과 구에에서 사들였으
니 왕의 무역상들이 떼로 값을 정하여 산 것
이며
17 애굽에서 사들인 병거는 한 대에 은 육백 세
겔이요 말은 백오십 세겔이라 이와 같이 헷
사람들의 모든 왕들과 아람 왕들을 위하여
그들의 손으로 되팔기도 하였더라

성전 건축을 준비하다 (왕상 5:1-18 ♪ 208장)

2 솔로몬이 여호와의 이름을 위하여 성전을
건축하고 자기 왕위를 위하여 궁궐 건축하
기를 결심하니라
2 솔로몬이 이에 짐꾼 칠만 명과 산에서 돌을
떠낼 자 팔만 명과 일을 감독할 자 삼천육백
명을 뽑고
3 솔로몬이 사절을 두로 왕 후람에게 보내어
이르되 당신이 전에 내 아버지 다윗에게 백
향목을 보내어 그가 거주하실 궁궐을 건축하
게 한 것같이 내게도 그리하소서
4 이제 내가 나의 하나님 여호와의 이름을 위
하여 성전을 건축하여 구별하여 드리고 주
앞에서 향 재료를 사르며 항상 떡을 차려
놓으며 안식일과 초하루와 우리 하나님 여
호와의 절기에 아침 저녁으로 번제를 드리
려 하오니 이는 이스라엘의 영원한 규례니이
다 민 28:9,10
5 내가 건축하고자 하는 성전은 크니 우리 하
나님은 모든 신들보다 크심이라
6 누가 능히 하나님을 위하여 성전을 건축하리
요 하늘과 하늘들의 하늘이라도 주를 용납하
지 못하겠거든 내가 누구이기에 어찌 능히
그를 위하여 성전을 건축하리요 그 앞에 분
향하려 할 따름이니이다
7 이제 청하건대 당신은 금, 은, 동, 철로 제조
하며 자색 홍색 청색 실로 직조하며 또 아로
새길 줄 아는 재주 있는 사람 하나를 내게 보
내어 내 아버지 다윗이 유다와 예루살렘에서

13 •Then Solomon went to Jerusalem from
the high place at Gibeon, from before the tent
of meeting. And he reigned over Israel.
14 •Solomon accumulated chariots and hors-
es; he had fourteen hundred chariots and
twelve thousand horses,[a] which he kept in the
chariot cities and also with him in Jerusalem.
15 •The king made silver and gold as common
in Jerusalem as stones, and cedar as plentiful as
16 sycamore-fig trees in the foothills. •Solomon's
horses were imported from Egypt and from
Kue[b]—the royal merchants purchased them
17 from Kue at the current price. •They import-
ed a chariot from Egypt for six hundred
shekels[c] of silver, and a horse for a hundred
and fifty.[d] They also exported them to all the
kings of the Hittites and of the Arameans.

Preparations for Building the Temple

2 [e]Solomon gave orders to build a temple
for the Name of the LORD and a royal
2 palace for himself. •He conscripted 70,000
men as carriers and 80,000 as stonecutters in
the hills and 3,600 as foremen over them.
3 •Solomon sent this message to Hiram[f] king
of Tyre:

"Send me cedar logs as you did for my
father David when you sent him cedar to
4 build a palace to live in. •Now I am about
to build a temple for the Name of the LORD
my God and to dedicate it to him for burn-
ing fragrant incense before him, for setting
out the consecrated bread regularly, and
for making burnt offerings every morning
and evening and on the Sabbaths, at the
New Moons and at the appointed festivals
of the LORD our God. This is a lasting ordi-
nance for Israel.
5 •"The temple I am going to build will
be great, because our God is greater than
6 all other gods. •But who is able to build a
temple for him, since the heavens, even
the highest heavens, cannot contain him?
Who then am I to build a temple for him,
except as a place to burn sacrifices before
him?
7 •"Send me, therefore, a man skilled to
work in gold and silver, bronze and iron,

[a]14 Or *charioteers* [b]16 Probably Cilicia [c]17 That is, about 15 pounds or about 6.9 kilograms [d]17 That is, about 3 3/4 pounds or about 1.7 kilograms [e]In Hebrew texts 2:1 is numbered 1:18, and 2:2-18 is numbered 2:1-17. [f]3 Hebrew *Huram,* a variant of *Hiram;* also in verses 11 and 12

accumulate [əkjúːmjulèit] *vt.* 축적하다
cedar [síːdər] *n.* 백향목
chariot [tʃǽriət] *n.* 전차
conscript [kənskrípt] *vt.* 징발하다
consecrate [kɑ́nsəkrèit] *vt.* 신성하게 하다
export [ikspɔ́ːrt] *vi.* 수출하다
foreman [fɔ́ːrmən] *n.* 현장 주임
incense [ínsens] *n.* 향
merchant [mɑ́ːrtʃənt] *n.* 상인
ordinance [ɔ́ːrdənəns] *n.* 법령
plentiful [pléntifəl] *a.* 풍부한
preparation [prèpəréiʃən] *n.* 준비
Sabbath [sǽbəθ] *n.* 안식일
sacrifice [sǽkrəfàis] *n.* 제물
stonecutter [stóunkʌtər] *n.* 석공

1:13 **reign over**: 통치하다
1:16 **import from**: …로부터 수입하다
2:1 **give orders**: 명령을 내리다
2:4 **be about to...**: 지금 막 …하려 하다
2:4 **dedicate A to B**: B에게 A를 바치다
2:4 **set out**: (음식 등을)차리다, 내다

준비한 나의 재주 있는 사람들과 함께 일하
게 하고
8 또 레바논에서 백향목과 잣나무와 백단목
을 내게로 보내소서 내가 알거니와 당신의
종은 레바논에서 벌목을 잘하나니 내 종들
이 당신의 종들을 도울지라
9 이와 같이 나를 위하여 재목을 많이 준비하
게 하소서 내가 건축하려 하는 성전은 크고
화려할 것이니이다
10 내가 당신의 벌목하는 종들에게 찧은 밀 이
만 고르와 보리 이만 고르와 포도주 이만
밧과 기름 이만 밧을 주리이다 하였더라
11 ●두로 왕 후람이 솔로몬에게 답장하여
이르되 여호와께서 자기 백성을 사랑하시
므로 당신을 세워 그들의 왕을 삼으셨도
다
12 후람이 또 이르되 천지를 지으신 이스라엘
의 하나님 여호와는 송축을 받으실지로다
다윗 왕에게 지혜로운 아들을 주시고 명철
과 총명을 주시사 능히 여호와를 위하여 성
전을 건축하고 자기 왕위를 위하여 궁궐을
건축하게 하시도다
13 내가 이제 재주 있고 총명한 사람을 보내
오니 전에 내 아버지 후람에게 속하였던
자라
14 이 사람은 단의 여자들 중 한 여인의 아들
이요 그의 아버지는 두로 사람이라 능히
금, 은, 동, 철과 돌과 나무와 자색 청색 홍
색 실과 가는 베로 일을 잘하며 또 모든 아
로새기는 일에 익숙하고 모든 기묘한 양식
에 능한 자이니 그에게 당신의 재주 있는
사람들과 당신의 아버지 내 주 다윗의 재주
있는 사람들과 함께 일하게 하소서
15 내 주께서 말씀하신 밀과 보리와 기름과 포
도주는 주의 종들에게 보내소서
16 우리가 레바논에서 당신이 쓰실 만큼 벌목
하여 뗏목을 엮어 바다에 띄워 욥바로 보내리
니 당신은 재목들을 예루살렘으로 올리소
서 하였더라

성전 건축 시작
(왕상 6:1-38 ♪ 208장)

17 ●전에 솔로몬의 아버지 다윗이 이스라엘
땅에 사는 이방 사람들을 조사하였더니 이
제 솔로몬이 다시 조사하매 모두 십오만 삼
천육백 명이라
18 그 중에서 칠만 명은 짐꾼이 되게 하였고
팔만 명은 산에서 벌목하게 하였고 삼천육

and in purple, crimson and blue yarn, and
experienced in the art of engraving, to work
in Judah and Jerusalem with my skilled
workers, whom my father David provided.
8 ●"Send me also cedar, juniper and algu-
m[a] logs from Lebanon, for I know that your
servants are skilled in cutting timber there.
9 My servants will work with yours ●to pro-
vide me with plenty of lumber, because the
temple I build must be large and magnifi-
10 cent. ●I will give your servants, the woods-
men who cut the timber, twenty thousand
cors[b] of ground wheat, twenty thousand
cors[c] of barley, twenty thousand baths[d] of
wine and twenty thousand baths of olive oil."
11 ●Hiram king of Tyre replied by letter to
Solomon:
"Because the LORD loves his people, he has
made you their king."
12 ●And Hiram added:
"Praise be to the LORD, the God of Israel,
who made heaven and earth! He has given
King David a wise son, endowed with intelli-
gence and discernment, who will build a
temple for the LORD and a palace for himself.
13 ●"I am sending you Huram-Abi, a man of
14 great skill, ●whose mother was from Dan
and whose father was from Tyre. He is
trained to work in gold and silver, bronze
and iron, stone and wood, and with purple
and blue and crimson yarn and fine linen.
He is experienced in all kinds of engraving
and can execute any design given to him.
He will work with your skilled workers and
with those of my lord, David your father.
15 ●"Now let my lord send his servants the
wheat and barley and the olive oil and wine
16 he promised, ●and we will cut all the logs
from Lebanon that you need and will float
them as rafts by sea down to Joppa. You can
then take them up to Jerusalem."
17 ●Solomon took a census of all the foreigners
residing in Israel, after the census his father
David had taken; and they were found to be
18 153,600. ●He assigned 70,000 of them to be car-
riers and 80,000 to be stonecutters in the hills,
with 3,600 foremen over them to keep the peo-
ple working.

[a]8 Probably a variant of *almug* [b]10 That is, probably about 3,600 tons or about 3,200 metric tons of wheat [c]10 That is, probably about 3,000 tons or about 2,700 metric tons of barley [d]10 That is, about 120,000 gallons or about 440,000 liters

art [a:rt] *n.* 기술
assign [əsáin] *vt.* 할당하다
barley [bá:rli] *n.* 보리
crimson [krímzn] *a.* 진홍색의
discernment [disə́:rnmənt] *n.* 통찰력
engrave [ingréiv] *vt.* 새기다
execute [éksikjù:t] *vt.* 집행하다
float [flout] *vi.* 뜨다
foreman [fɔ́:rmən] *n.* 현장 주임
intelligence [intélədʒəns] *n.* 지성
lumber [lʌ́mbər] *n.* 제재목
magnificent [mægnífəsnt] *a.* 장엄한
raft [ræft] *n.* 뗏목
stonecutter [stóunkʌtər] *n.* 석공
timber [tímbər] *n.* 목재

2:7 experienced in...: …에 경험이 있는
2:8 skilled in...: …에 숙련된
2:9 provide with...: …을 제공하다
2:12 endow with...: …를 주다
2:17 take a census: 인구조사하다
2:18 keep ~ing: 계속 ~하다

백 명은 감독으로 삼아 백성들에게 일을 시
키게 하였더라
3 솔로몬이 예루살렘 모리아 산에 여호와
의 전 건축하기를 시작하니 그곳은 전에
여호와께서 그의 아버지 다윗에게 나타나
신 곳이요 여부스 사람 오르난의 타작마당
에 다윗이 정한 곳이라
2 솔로몬이 왕위에 오른 지 넷째 해 둘째 달
둘째 날 건축을 시작하였더라
3 솔로몬이 하나님의 전을 위하여 놓은 지대
는 이러하니 옛날에 쓰던 자로 길이가 육십
[1]규빗이요 너비가 이십 규빗이며
4 그 성전 앞에 있는 낭실의 길이가 성전의
너비와 같이 이십 규빗이요 높이가 백이십
규빗이니 안에는 순금으로 입혔으며
5 그 대전 천장은 잣나무로 만들고 또 순금으
로 입히고 그 위에 종려나무와 사슬 형상을
새겼고
6 또 보석으로 성전을 꾸며 화려하게 하였으
니 그 금은 바르와임 금이며
7 또 금으로 성전과 그 들보와 문지방과 벽과
문짝에 입히고 벽에 그룹들을 아로새겼더
라
8 •또 지성소를 지었으니 성전 넓이대로 길
이가 이십 규빗이요 너비도 이십 규빗이라
순금 육백 달란트로 입혔으니
9 못 무게가 금 오십 세겔이요 다락들도 금으
로 입혔더라
10 •지성소 안에 두 그룹의 형상을 새겨 만들
어 금으로 입혔으니
11 두 그룹의 날개 길이가 모두 이십 규빗이라
왼쪽 그룹의 한 날개는 다섯 규빗이니 성전
벽에 닿았고 그 다른 날개도 다섯 규빗이니
오른쪽 그룹의 날개에 닿았으며
12 오른쪽 그룹의 한 날개도 다섯 규빗이니 성
전 벽에 닿았고 그 다른 날개도 다섯 규빗
이니 왼쪽 그룹의 날개에 닿았으며
13 이 두 그룹이 편 날개가 모두 이십 규빗이
라 그 얼굴을 내전으로 향하여 서 있으며
14 청색 자색 홍색 실과 고운 베로 휘장문을
짓고 그 위에 그룹의 형상을 수놓았더라

두 기둥 (왕상 7:15-22)

15 •성전 앞에 기둥 둘을 만들었으니 높이가
삼십오 규빗이요 각 기둥 꼭대기의 머리가
다섯 규빗이라
16 성소같이 사슬을 만들어 그 기둥 머리에
두르고 석류 백 개를 만들어 사슬에 달았

Solomon Builds the Temple

3 Then Solomon began to build the temple
of the LORD in Jerusalem on Mount Moriah,
where the LORD had appeared to his father
David. It was on the threshing floor of Arauna-
h[a] the Jebusite, the place provided by David.
2 •He began building on the second day of the
second month in the fourth year of his reign.
3 •The foundation Solomon laid for building
the temple of God was sixty cubits long and
twenty cubits wide[b] (using the cubit of the old
4 standard). •The portico at the front of the tem-
ple was twenty cubits[c] long across the width of
the building and twenty[d] cubits high.
5 He overlaid the inside with pure gold. •He
paneled the main hall with juniper and covered
it with fine gold and decorated it with palm tree
6 and chain designs. •He adorned the temple
with precious stones. And the gold he used was
7 gold of Parvaim. •He overlaid the ceiling beams,
doorframes, walls and doors of the temple with
gold, and he carved cherubim on the walls.
8 •He built the Most Holy Place, its length cor-
responding to the width of the temple — twen-
ty cubits long and twenty cubits wide. He over-
laid the inside with six hundred talents[e] of fine
9 gold. •The gold nails weighed fifty shekels.[f] He
also overlaid the upper parts with gold.
10 •For the Most Holy Place he made a pair of
sculptured cherubim and overlaid them with
11 gold. •The total wingspan of the cherubim
was twenty cubits. One wing of the first cherub
was five cubits[g] long and touched the temple
wall, while its other wing, also five cubits long,
12 touched the wing of the other cherub. •Simi-
larly one wing of the second cherub was five
cubits long and touched the other temple wall,
and its other wing, also five cubits long, touched
13 the wing of the first cherub. •The wings of these
cherubim extended twenty cubits. They stood
on their feet, facing the main hall.[h]
14 •He made the curtain of blue, purple and
crimson yarn and fine linen, with cherubim
worked into it.
15 •For the front of the temple he made two
pillars, which together were thirty-five cubit-

[a]1 Hebrew *Ornan,* a variant of *Araunah* [b]3 That is, about 90 feet long and 30 feet wide or about 27 meters long and 9 meters wide [c]4 That is, about 30 feet or about 9 meters; also in verses 8, 11 and 13 [d]4 Some Septuagint and Syriac manuscripts; Hebrew *and a hundred and twenty* [e]8 That is, about 23 tons or about 21 metric tons [f]9 That is, about 1 1/4 pounds or about 575 grams [g]11 That is, about 7 1/2 feet or about 2.3 meters; also in verse 15 [h]13 Or *facing inward* 1) 히, 암마

beam [biːm] *n.* 들보
carve [kaːrv] *vt.* 새기다
ceiling [síːliŋ] *n.* 천장
cherubim [tʃérəbim] *n.* 천사들
doorframe [dɔ́ːrfrèim] *n.* 문틀
extend [iksténd] *vi.* 뻗치다
foundation [faundéiʃən] *n.* 기초
overlay [ouvərlei] *vt.* 씌우다
panel [pǽnl] *vt.* 판벽널을 끼우다
pillar [pílər] *n.* 기둥
portico [pɔ́ːrtəkou] *n.* 주랑 현관
sculpture [skʌ́lptʃər] *vt.* 조각하다
temple [témpl] *n.* 성전
thresh [θreʃ] *vi.* 타작하다
wingspan [wíŋspæn] *n.* 날개 길이

3:5 cover A with B: A를 B로 감싸다
3:5 decorate A with B: A를 B로 장식하다
3:6 adorn A with B: A를 B로 꾸미다
3:8 corresponding to...: …에 상응하는
3:10 a pair of: 한 쌍의
3:15 the front of...: …의 앞에

으며
17 그 두 기둥을 성전 앞에 세웠으니 왼쪽에
하나요 오른쪽에 하나라 오른쪽 것은 [1)]야
긴이라 부르고 왼쪽 것은 [2)]보아스라 불
렀더라
왕상 7:21

성전 안에 있는 물건들
(왕상 7:23-51)

4 솔로몬이 또 놋으로 제단을 만들었으니
길이가 이십 규빗이요 너비가 이십 규
빗이요 높이가 십 규빗이며
2 또 놋을 부어 바다를 만들었으니 지름이
십 규빗이요 그 모양이 둥글며 그 높이는
다섯 규빗이요 주위는 삼십 규빗 길이의
줄을 두를 만하며
3 그 가장자리 아래에는 돌아가며 [3)]소 형상
이 있는데 각 규빗에 [3)]소가 열 마리씩 있어
서 바다 주위에 둘렸으니 그 [3)]소는 바다를
부어 만들 때에 두 줄로 부어 만들었으며
4 그 바다를 놋쇠 황소 열두 마리가 받쳤으
니 세 마리는 북쪽을 향하였고 세 마리는
서쪽을 향하였고 세 마리는 남쪽을 향하였
고 세 마리는 동쪽을 향하였으며 바다를
그 위에 놓았고 [3)]소의 엉덩이는 다 안으로
향하였으며
5 바다의 두께는 한 손 너비만 하고 그 둘레
는 잔 둘레와 같이 백합화의 모양으로 만
들었으니 그 바다에는 삼천 밧을 담겠으며
6 또 물두멍 열 개를 만들어 다섯 개는 오른
쪽에 두고 다섯 개는 왼쪽에 두어 씻게 하
되 번제에 속한 물건을 거기서 씻게 하였
으며 그 바다는 제사장들이 씻기 위한 것
이더라
7 ●또 규례대로 금으로 등잔대 열 개를 만
들어 내전 안에 두었으니 왼쪽에 다섯 개
요 오른쪽에 다섯 개이며
8 또 상 열 개를 만들어 내전 안에 두었으니
왼쪽에 다섯 개요 오른쪽에 다섯 개이며
또 금으로 대접 백 개를 만들었고
9 또 제사장의 뜰과 큰 뜰과 뜰 문을 만들고
그 문짝에 놋을 입혔고
10 그 바다는 성전 오른쪽 동남방에 두었더라
11 ●후람이 또 솥과 부삽과 대접을 만들었더
라 이와 같이 후람이 솔로몬 왕을 위하여
하나님의 성전에서 할 일을 마쳤으니
12 곧 기둥 둘과 그 기둥 꼭대기의 공 같은 머
리 둘과 또 기둥 꼭대기의 공 같은 기둥 머
리를 가리는 그물 둘과

16 s[a] long, each with a capital five cubits high. ●He
made interwoven chains[b] and put them on top
of the pillars. He also made a hundred pome-
17 granates and attached them to the chains. ●He
erected the pillars in the front of the temple, one
to the south and one to the north. The one to the
south he named Jakin[c] and the one to the north
Boaz.[d]

The Temple's Furnishings

4 He made a bronze altar twenty cubits long,
twenty cubits wide and ten cubits high.[e]
2 ●He made the Sea of cast metal, circular in
shape, measuring ten cubits from rim to rim and
five cubits[f] high. It took a line of thirty cubits[g] to
3 measure around it. ●Below the rim, figures of
bulls encircled it—ten to a cubit.[h] The bulls were
cast in two rows in one piece with the Sea.
4 ●The Sea stood on twelve bulls, three facing
north, three facing west, three facing south and
three facing east. The Sea rested on top of them,
and their hindquarters were toward the center.
5 ●It was a handbreadth[i] in thickness, and its rim
was like the rim of a cup, like a lily blossom. It
held three thousand baths.[j]
6 ●He then made ten basins for washing and
placed five on the south side and five on the
north. In them the things to be used for the
burnt offerings were rinsed, but the Sea was to be
used by the priests for washing.
7 ●He made ten gold lampstands according to
the specifications for them and placed them in
the temple, five on the south side and five on the
north.
8 ●He made ten tables and placed them in the
temple, five on the south side and five on the
north. He also made a hundred gold sprinkling
bowls.
9 ●He made the courtyard of the priests, and the
large court and the doors for the court, and over-
10 laid the doors with bronze. ●He placed the Sea
on the south side, at the southeast corner.
11 ●And Huram also made the pots and shovels
and sprinkling bowls.
So Huram finished the work he had under-

[a]15 That is, about 53 feet or about 16 meters [b]16 Or possibly *made chains in the inner sanctuary*; the meaning of the Hebrew for this phrase is uncertain. [c]17 *Jakin* probably means *he establishes.* [d]17 *Boaz* probably means *in him is strength.* [e]1 That is, about 30 feet long and wide and 15 feet high or about 9 meters long and wide and 4.5 meters high [f]2 That is, about 7 1/2 feet or about 2.3 meters [g]2 That is, about 45 feet or about 14 meters [h]3 That is, about 18 inches or about 45 centimeters [i]5 That is, about 3 inches or about 7.5 centimeters [j]5 That is, about 18,000 gallons or about 66,000 liters

1) 저가 세우리라 2) 그에게 능력이 있다 3) 왕상 7:24에는 '박'

basin [béisn] *n.* 대야
capital [kǽpətl] *n.* 기둥머리
cast [kæst] *n.* 주조물
furnishing [fə́:rniʃiŋ] *n.* 비품, 기구
hindquarter [háindkwɔ̀:rtər] *n.* 궁둥이와 뒷다리
interweave [intərwí:v] *vt.* 섞어 짜다
offering [ɔ́:fəriŋ] *n.* 봉헌물
overlay [ouvərléi] *vt.* 씌우다
pillar [pílər] *n.* 기둥
pomegranate [pɑ́məgrænət] *n.* 석류
rim [rim] *n.* 가장자리
rinse [rins] *vt.* 헹구다
specification [spèsəfikéiʃən] *n.* 명세서
sprinkle [spríŋkl] *vt.* 흩뿌리다
thickness [θíknis] *n.* 두께

3:16 **on top of...**: …의 꼭대기에
3:16 **attach A to B**: A를 B에 붙이다
4:2 **in shape**: 형태면에서
4:3 **in two rows**: 이열로
4:4 **rest on...**: …에 있다, 놓여 있다
4:7 **according to...**: …에 따라

13 또 그 그물들을 위하여 만든 각 그물에 두 줄씩으로 기둥 위의 공 같은 두 머리를 가리는 석류 사백 개와
14 또 받침과 받침 위의 물두멍과
15 [1]한 바다와 그 바다 아래에 소 열두 마리와
16 솥과 부삽과 고기 갈고리와 여호와의 전의 모든 그릇들이라 후람의 아버지가 솔로몬 왕을 위하여 빛나는 놋으로 만들 때에
17 왕이 요단 평지에서 숙곳과 스레다 사이의 진흙에 그것들을 부어 내었더라
18 이와 같이 솔로몬이 이 모든 기구를 매우 많이 만들었으므로 그 놋 무게를 능히 측량할 수 없었더라
19 •솔로몬이 또 하나님의 전의 모든 기구를 만들었으니 곧 금 제단과 진설병 상들과
20 지성소 앞에서 규례대로 불을 켤 순금 등잔대와 그 등잔이며
21 또 순수한 금으로 만든 꽃과 등잔과 부젓가락이며
22 또 순금으로 만든 불집게와 주발과 숟가락과 불 옮기는 그릇이며 또 성전 문 곧 지성소의 문과 내전의 문을 금으로 입혔더라

5 솔로몬이 여호와의 전을 위하여 만드는 모든 일을 마친지라 이에 솔로몬이 그의 아버지 다윗이 드린 은과 금과 모든 기구를 가져다가 하나님의 전 곳간에 두었더라

언약궤를 성전으로 옮기다 (왕상 8:1-9)

2 •이에 솔로몬이 여호와의 언약궤를 다윗 성 곧 시온에서부터 메어 올리고자 하여 이스라엘 장로들과 모든 지파의 우두머리 곧 이스라엘 자손의 족장들을 다 예루살렘으로 소집하니
3 일곱째 달 절기에 이스라엘 모든 사람이 다 왕에게로 모이고
4 이스라엘 장로들이 이르매 레위 사람들이 궤를 메니라
5 궤와 회막과 장막 안에 모든 거룩한 기구를 메고 올라가되 레위인 제사장들이 그것들을 메고 올라가매
6 솔로몬 왕과 그 앞에 모인 모든 이스라엘 회중이 궤 앞에서 양과 소로 제사를 드렸으니 그 수가 많아 기록할 수도 없고 셀 수도 없었더라
7 제사장들이 여호와의 언약궤를 그 처소로 메어 들였으니 곧 본전 지성소 그룹들의

taken for King Solomon in the temple of God:
12 •the two pillars;
the two bowl-shaped capitals on top of the pillars;
the two sets of network decorating the two bowl-shaped capitals on top of the pillars;
13 •the four hundred pomegranates for the two sets of network (two rows of pomegranates for each network, decorating the bowl-shaped capitals on top of the pillars);
14 •the stands with their basins;
15 •the Sea and the twelve bulls under it;
16 •the pots, shovels, meat forks and all related articles.

All the objects that Huram-Abi made for King
Solomon for the temple of the LORD were of pol-
17 ished bronze. •The king had them cast in clay
molds in the plain of the Jordan between
18 Sukkoth and Zarethan.[a] •All these things that
Solomon made amounted to so much that the
weight of the bronze could not be calculated.
19 •Solomon also made all the furnishings that
were in God's temple:

the golden altar;
the tables on which was the bread of the Presence;
20 •the lampstands of pure gold with their lamps, to burn in front of the inner sanctuary as prescribed;
21 •the gold floral work and lamps and tongs (they were solid gold);
22 •the pure gold wick trimmers, sprinkling bowls, dishes and censers; and the gold doors of the temple: the inner doors to the Most Holy Place and the doors of the main hall.

5 When all the work Solomon had done for the temple of the LORD was finished, he brought in the things his father David had dedicated — the silver and gold and all the furnishings — and he placed them in the treasuries of God's temple.

The Ark Brought to the Temple

2 •Then Solomon summoned to Jerusalem the
elders of Israel, all the heads of the tribes and the
chiefs of the Israelite families, to bring up the ark
of the LORD's covenant from Zion, the City of
3 David. •And all the Israelites came together to

[a] 17 Hebrew *Zeredatha*, a variant of *Zarethan*

1) 히, 큰 물두멍을 가리킴

5:7

대하

altar [ɔ́:ltər] *n.* 제단
ark [a:rk] *n.* 법궤
article [á:rtikl] *n.* 물품
censer [sénsər] *n.* 향로
covenant [kʌ́vənənt] *n.* 언약
dedicate [dédikèit] *vt.* 바치다
mold [mould] *n.* 틀
polished [pálijt] *a.* 광택있는
prescribe [priskráib] *vt.* 규정하다
sanctuary [sǽŋktʃuèri] *n.* 성소
summon [sʌ́mən] *vt.* 소환하다
tongs [tɔ:ŋz] *n.* 화젓가락
treasury [tréӡəri] *n.* 금고
tribe [traib] *n.* 지파
undertake [ʌ̀ndərtéik] *vt.* 책임맡다

4:17 cast in a mold: 틀에 넣어 만든
4:17 between A and B: A와 B사이에
4:18 amount to...: …에 달하다
4:20 in front of...: …앞에
5:1 bring in: 들여오다
5:3 come together: 회합하다

날개 아래라
8 그룹들이 궤 처소 위에서 날개를 펴서 궤
와 그 채를 덮었는데
9 그 채가 길어서 궤에서 나오므로 그 끝이
본전 앞에서 보이나 밖에서는 보이지 아니
하며 그 궤가 오늘까지 그곳에 있으며
10 궤 안에는 두 돌판 외에 아무것도 없으니
이것은 이스라엘 자손이 애굽에서 나온 후
여호와께서 그들과 언약을 세우실 때에 모
세가 호렙에서 그 안에 넣은 것이더라

여호와의 영광

11 ●이때에는 제사장들이 그 반열대로 하지
아니하고 스스로 정결하게 하고 성소에 있
다가 나오매
12 노래하는 레위 사람 아삽과 헤만과 여두둔
과 그의 아들들과 형제들이 다 세마포를
입고 제단 동쪽에 서서 제금과 비파와 수
금을 잡고 또 나팔 부는 제사장 백이십 명
이 함께 서 있다가
13 나팔 부는 자와 노래하는 자들이 일제히
소리를 내어 여호와를 찬송하며 감사하는
데 나팔 불고 제금 치고 모든 악기를 울리
며 소리를 높여 여호와를 찬송하여 이르되
선하시도다 그의 자비하심이 영원히 있도
다 하매 그때에 여호와의 전에 구름이 가
득한지라
14 제사장들이 그 구름으로 말미암아 능히 서
서 섬기지 못하였으니 이는 여호와의 영광
이 하나님의 전에 가득함이었더라

솔로몬의 축복 (왕상 8:12-21)

6 그때에 솔로몬이 이르되 여호와께서 캄
캄한 데 계시겠다 말씀하셨사오나
2 내가 주를 위하여 거하실 성전을 건축하였
사오니 주께서 영원히 계실 처소로소이다
하고
3 얼굴을 돌려 이스라엘 온 회중을 위하여
축복하니 그때에 이스라엘의 온 회중이 서
있더라
4 왕이 이르되 이스라엘 하나님 여호와를 송
축할지로다 여호와께서 그의 입으로 내 아
버지 다윗에게 말씀하신 것을 이제 그의
손으로 이루셨도다 이르시기를
5 내가 내 백성을 애굽 땅에서 인도하여 낸
날부터 내 이름을 둘 만한 집을 건축하기
위하여 이스라엘 모든 지파 가운데서 아무
성읍도 택하지 아니하였으며 내 백성 이스
라엘의 주권자가 될 사람을 아무도 택하지

the king at the time of the festival in the seventh
month.
4 •When all the elders of Israel had arrived, the
5 Levites took up the ark, •and they brought up the
ark and the tent of meeting and all the sacred fur-
nishings in it. The Levitical priests carried them
6 up; •and King Solomon and the entire assem-
bly of Israel that had gathered about him were
before the ark, sacrificing so many sheep and cat-
tle that they could not be recorded or counted.
7 •The priests then brought the ark of the LORD's
covenant to its place in the inner sanctuary of
the temple, the Most Holy Place, and put it be-
8 neath the wings of the cherubim. •The cheru-
bim spread their wings over the place of the
ark and covered the ark and its carrying poles.
9 •These poles were so long that their ends,
extending from the ark, could be seen from in
front of the inner sanctuary, but not from out-
side the Holy Place; and they are still there today.
10 •There was nothing in the ark except the two
tablets that Moses had placed in it at Horeb,
where the LORD made a covenant with the
Israelites after they came out of Egypt.
11 •The priests then withdrew from the Holy
Place. All the priests who were there had conse-
crated themselves, regardless of their divisions.
12 •All the Levites who were musicians — Asaph,
Heman, Jeduthun and their sons and relatives
—stood on the east side of the altar, dressed in
fine linen and playing cymbals, harps and lyres.
They were accompanied by 120 priests sounding
13 trumpets. •The trumpeters and musicians
joined in unison to give praise and thanks to the
LORD. Accompanied by trumpets, cymbals and
other instruments, the singers raised their voices
in praise to the LORD and sang:

"He is good;
his love endures forever."

Then the temple of the LORD was filled with
14 the cloud, •and the priests could not perform
their service because of the cloud, for the glory of
the LORD filled the temple of God.
6 Then Solomon said, "The LORD has said that
2 he would dwell in a dark cloud; •I have
built a magnificent temple for you, a place for
you to dwell forever."
3 •While the whole assembly of Israel was
standing there, the king turned around and
4 blessed them. •Then he said:

"Praise be to the LORD, the God of Israel,
who with his hands has fulfilled what he

cherubim [tʃérəbim] *n.* 천사들
consecrate [kánsəkrèit] *vt.* 신성케 하다
division [divíʒən] *n.* 부문, 경계
elder [éldər] *n.* 장로
endure [indjúər] *vi.* 지속하다
fulfill [fulfíl] *vt.* 완수하다
furnishing [fə́:rniʃiŋ] *n.* 비품, 기구
instrument [ínstrəmənt] *n.* 악기
lyre [laiər] *n.* 수금
magnificent [mægnífəsnt] *a.* 장엄한
sacred [séikrid] *a.* 신성한
sacrifice [sǽkrəfàis] *vt.* 산 제물을 바치다
sanctuary [sǽŋktʃuèri] *n.* 성소
service [sə́:rvis] *n.* 예배
tablet [tǽblit] *n.* 서판

5:9 extend from...: …에서 뻗다
5:11 withdraw from...: …로부터 물러나다
5:11 regardless of...: …와 상관없이
5:12 be accompanied by...: …을 동반하다
5:13 be filled with...: …로 가득차다
6:3 turn around: (얼굴을) 돌리다

아니하였더니
6 예루살렘을 택하여 내 이름을 거기 두고 또 다윗을 택하여 내 백성 이스라엘을 다스리게 하였노라 하신지라
7 내 아버지 다윗이 이스라엘의 하나님 여호와의 이름을 위하여 성전을 건축할 마음이 있었더니
8 여호와께서 내 아버지 다윗에게 이르시되 네가 내 이름을 위하여 성전을 건축할 마음이 있으니 이 마음이 네게 있는 것이 좋도다
9 그러나 너는 그 성전을 건축하지 못할 것이요 네 허리에서 나올 네 아들 그가 내 이름을 위하여 성전을 건축하리라 하시더니
10 이제 여호와께서 말씀하신 대로 이루셨도다 내가 여호와께서 말씀하신 대로 내 아버지 다윗을 대신하여 일어나 이스라엘 왕위에 앉고 이스라엘의 하나님 여호와의 이름을 위하여 성전을 건축하고
11 내가 또 그곳에 여호와께서 이스라엘 자손과 더불어 세우신 언약을 넣은 궤를 두었노라 하니라

솔로몬의 기도
(왕상 8:22-53 ♪ 255, 599장)

12 ●솔로몬이 여호와의 제단 앞에서 이스라엘의 모든 회중과 마주 서서 그의 손을 펴니라
13 솔로몬이 일찍이 놋으로 대를 만들었으니 길이가 다섯 규빗이요 너비가 다섯 규빗이요 높이가 세 규빗이라 뜰 가운데에 두었더니 그가 그 위에 서서 이스라엘의 모든 회중 앞에서 무릎을 꿇고 하늘을 향하여 손을 펴고 왕상 8:54
14 이르되 이스라엘의 하나님 여호와여 천지에 주와 같은 신이 없나이다 주께서는 온 마음으로 주의 앞에서 행하는 주의 종들에게 언약을 지키시고 은혜를 베푸시나이다 신 7:9
15 주께서 주의 종 내 아버지 다윗에게 허락하신 말씀을 지키시되 주의 입으로 말씀하신 것을 손으로 이루심이 오늘과 같으니이다
16 이스라엘의 하나님 여호와여 주께서 주의 종 내 아버지 다윗에게 말씀하시기를 네 자손이 그들의 행위를 삼가서 네가 내 앞에서 행한 것같이 내 율법대로 행하기만

promised with his mouth to my father Da-
5 vid. For he said, ●'Since the day I brought
my people out of Egypt, I have not chosen a
city in any tribe of Israel to have a temple
built so that my Name might be there, nor
have I chosen anyone to be ruler over my
6 people Israel. ●But now I have chosen Jeru-
salem for my Name to be there, and I have
chosen David to rule my people Israel.'
7 ●"My father David had it in his heart to
build a temple for the Name of the LORD,
8 the God of Israel. ●But the LORD said to my
father David, 'You did well to have it in
your heart to build a temple for my Name.
9 ●Nevertheless, you are not the one to build
the temple, but your son, your own flesh
and blood — he is the one who will build
the temple for my Name.'
10 ●"The LORD has kept the promise he
made. I have succeeded David my father
and now I sit on the throne of Israel, just as
the LORD promised, and I have built the
temple for the Name of the LORD, the God of
11 Israel. ●There I have placed the ark, in
which is the covenant of the LORD that he
made with the people of Israel."

Solomon's Prayer of Dedication

12 ●Then Solomon stood before the altar of the
LORD in front of the whole assembly of Israel and
13 spread out his hands. ●Now he had made a
bronze platform, five cubits long, five cubits
wide and three cubits high,[a] and had placed it in
the center of the outer court. He stood on the
platform and then knelt down before the whole
assembly of Israel and spread out his hands
14 toward heaven. ●He said:
"LORD, the God of Israel, there is no God
like you in heaven or on earth — you who
keep your covenant of love with your ser-
vants who continue wholeheartedly in your
15 way. ●You have kept your promise to your
servant David my father; with your mouth
you have promised and with your hand you
have fulfilled it — as it is today.
16 ●"Now, LORD, the God of Israel, keep for
your servant David my father the promises
you made to him when you said, 'You shall
never fail to have a successor to sit before
me on the throne of Israel, if only your descen-
dants are careful in all they do to walk before

[a] *13* That is, about 7 1/2 feet long and wide and 4 1/2 feet high or about 2.3 meters long and wide and 1.4 meters high

altar [ɔ́:ltər] *n.* 제단
ark [a:rk] *n.* 법궤
assembly [əsémbli] *n.* 회중
covenant [kʌ́vənənt] *n.* 언약
dedication [dèdikéiʃən] *n.* 봉헌, 헌납
descendant [diséndənt] *n.* 후손
flesh [fleʃ] *n.* (사람 · 동물의) 살
platform [plǽtfɔ:rm] *n.* 연단
rule [ru:l] *vt.* 통치하다
servant [sə́:rvənt] *n.* 종
succeed [səksí:d] *vt.* 계승하다
temple [témpl] *n.* 성전
throne [θroun] *n.* 왕좌
tribe [traib] *n.* 지파
wholeheartedly [houlhá:rtidli] *ad.* 전심으로

6:8 do well to...: …하는 것이 좋다
6:9 not A but B: A가 아니라 B이다
6:10 just as...: 꼭 …처럼
6:12 spread out: 뻗다
6:13 kneel down: 무릎꿇다
6:16 fail to...: …하지 않다[못 하다]

하면 네게로부터 나서 이스라엘 왕위에 앉을 사람이 내 앞에서 끊어지지 아니하리라 하셨사오니 이제 다윗을 위하여 그 허락하신 말씀을 지키시옵소서

17 그런즉 이스라엘 하나님 여호와여 원하건대 주는 주의 종 다윗에게 하신 말씀이 확실하게 하옵소서

18 ●하나님이 참으로 사람과 함께 땅에 계시리이까 보소서 하늘과 하늘들의 하늘이라도 주를 용납하지 못하겠거든 하물며 내가 건축한 이 성전이오리이까 2:6

19 그러나 나의 하나님 여호와여 주의 종의 기도와 간구를 돌아보시며 주의 종이 주 앞에서 부르짖는 것과 비는 기도를 들으시옵소서

20 주께서 전에 말씀하시기를 내 이름을 거기에 두리라 하신 곳 이 성전을 향하여 주의 눈이 주야로 보시오며 종이 이곳을 향하여 비는 기도를 들으시옵소서

21 주의 종과 주의 백성 이스라엘이 이곳을 향하여 기도할 때에 주는 그 간구함을 들으시되 주께서 계신 곳 하늘에서 들으시고 들으시사 사하여 주옵소서

22 ●만일 어떤 사람이 그의 이웃에게 범죄하므로 맹세시킴을 받고 그가 와서 이 성전에 있는 주의 제단 앞에서 맹세하거든

23 주는 하늘에서 들으시고 행하시되 주의 종들을 심판하사 악한 자의 죄를 정하여 그의 행위대로 그의 머리에 돌리시고 공의로운 자를 의롭다 하사 그 의로운 대로 갚으시옵소서

24 ●만일 주의 백성 이스라엘이 주께 범죄하여 적국 앞에 패하게 되므로 주의 이름을 인정하고 주께로 돌아와서 이 성전에서 주께 빌며 간구하거든

25 주는 하늘에서 들으시고 주의 백성 이스라엘의 죄를 사하시고 그들과 그들의 조상들에게 주신 땅으로 돌아오게 하옵소서

26 ●만일 그들이 주께 범죄함으로 말미암아 하늘이 닫히고 비가 내리지 않는 주의 벌을 받을 때에 이곳을 향하여 빌며 주의 이름을 인정하고 그들의 죄에서 떠나거든 왕상 17:1

27 주께서는 하늘에서 들으사 주의 종들과 주의 백성 이스라엘의 죄를 사하시고 그 마땅히 행할 선한 길을 가르쳐 주시오며 주의 백성에게 기업으로 주신 주의 땅에 비를 내리시옵소서

me according to my law, as you have
17 done.' ●And now, LORD, the God of
Israel, let your word that you promised
your servant David come true.
18 ●"But will God really dwell on earth
with humans? The heavens, even the
highest heavens, cannot contain you.
How much less this temple I have built!
19 ●Yet, LORD my God, give attention to
your servant's prayer and his plea for
mercy. Hear the cry and the prayer that
your servant is praying in your presence.
20 ●May your eyes be open toward this
temple day and night, this place of
which you said you would put your
Name there. May you hear the prayer
your servant prays toward this place.
21 ●Hear the supplications of your servant
and of your people Israel when they pray
toward this place. Hear from heaven,
your dwelling place; and when you hear,
forgive.
22 ●"When anyone wrongs their neigh-
bor and is required to take an oath and
they come and swear the oath before
23 your altar in this temple, ●then hear
from heaven and act. Judge between
your servants, condemning the guilty
and bringing down on their heads what
they have done, and vindicating the
innocent by treating them in accordance
with their innocence.
24 ●"When your people Israel have been
defeated by an enemy because they have
sinned against you and when they turn
back and give praise to your name, pray-
ing and making supplication before you
25 in this temple, ●then hear from heaven
and forgive the sin of your people Israel
and bring them back to the land you
gave to them and their ancestors.
26 ●"When the heavens are shut up and
there is no rain because your people have
sinned against you, and when they pray
toward this place and give praise to your
name and turn from their sin because
27 you have afflicted them, ●then hear
from heaven and forgive the sin of your
servants, your people Israel. Teach them
the right way to live, and send rain on
the land you gave your people for an
inheritance.

afflict [əflíkt] *vt.* 괴롭히다
altar [ɔ́:ltər] *n.* 제단
condemn [kəndém] *vt.* 유죄 판결을 내리다
contain [kəntéin] *vt.* 담고 있다
defeat [difí:t] *vt.* 패배시키다
forgive [fərgív] *vt.* 용서하다
guilty [gílti] *a.* 유죄의
inheritance [inhérətəns] *n.* 유산
innocence [ínəsəns] *n.* 무죄
mercy [mə́:rsi] *n.* 자비
require [rikwáiər] *vt.* 요구하다
supplication [sʌ̀pləkéiʃən] *n.* 기원
swear [swεər] *vi.* 맹세하다
vindicate [víndəkèit] *vt.* 결백을 입증하다
wrong [rɔ́:ŋ] *vt.* 해를 끼치다

6:16 **according to...**: …에 따라
6:17 **come true**: 실현되다
6:19 **give attention to...**: …에 주의하다
6:19 **in one's presence**: …의 면전에서
6:22 **take an oath**: 맹세하다
6:26 **turn from**: …를 그만두다, 버리다

28 ●만일 이 땅에 기근이나 전염병이 있거나 곡식이 시들거나 깜부기가 나거나 메뚜기나 황충이 나거나 적국이 와서 성읍들을 에워싸거나 무슨 재앙이나 무슨 질병이 있거나를 막론하고

29 한 사람이나 혹 주의 온 백성 이스라엘이 다 각각 자기의 마음에 재앙과 고통을 깨닫고 이 성전을 향하여 손을 펴고 무슨 기도나 무슨 간구를 하거든

30 주는 계신 곳 하늘에서 들으시며 사유하시되 각 사람의 마음을 아시오니 그의 모든 행위대로 갚으시옵소서 주만 홀로 사람의 마음을 아심이니이다

31 그리하시면 그들이 주께서 우리 조상들에게 주신 땅에서 사는 동안에 항상 주를 경외하며 주의 길로 걸어가리이다

32 ●주의 백성 이스라엘에 속하지 않은 이방인에게 대하여도 그들이 주의 큰 이름과 능한 손과 펴신 팔을 위하여 먼 지방에서 와서 이 성전을 향하여 기도하거든

33 주는 계신 곳 하늘에서 들으시고 모든 이방인이 주께 부르짖는 대로 이루사 땅의 만민이 주의 이름을 알고 주의 백성 이스라엘처럼 경외하게 하시오며 또 내가 건축한 이 성전을 주의 이름으로 일컫는 줄을 알게 하옵소서

7:14

34 ●주의 백성이 그 적국과 더불어 싸우고자 하여 주께서 보내신 길로 나갈 때에 그들이 주께서 택하신 이 성과 내가 주의 이름을 위하여 건축한 성전 있는 쪽을 향하여 주께 기도하거든

35 주는 하늘에서 그들의 기도와 간구를 들으시고 그들의 일을 돌보시옵소서

36 주께 범죄하지 아니하는 사람이 없사오니 그들이 주께 범죄하므로 주께서 그들에게 진노하사 그들을 적국에게 넘기시매 적국이 그들을 사로잡아 땅의 원근을 막론하고 끌고 간 후에

37 그들이 사로잡혀 간 땅에서 스스로 깨닫고 그들을 사로잡은 자들의 땅에서 돌이켜 주께 간구하기를 우리가 범죄하여 패역을 행하며 악을 행하였나이다 하며

38 자기들을 사로잡아 간 적국의 땅에서 온 마음과 온 뜻으로 주께 돌아와서 주께서 그들의 조상들에게 주신 땅과 주께서 택하신 성과 내가 주의 이름을 위하여 건축한 성전 있는 쪽을 향하여 기도하거든

28 ●"When famine or plague comes to
the land, or blight or mildew, locusts or
grasshoppers, or when enemies besiege
them in any of their cities, whatever dis-
29 aster or disease may come, ●and when a
prayer or plea is made by anyone among
your people Israel—being aware of their
afflictions and pains, and spreading out
30 their hands toward this temple— ●then
hear from heaven, your dwelling place.
Forgive, and deal with everyone accord-
ing to all they do, since you know their
hearts (for you alone know the human
31 heart), ●so that they will fear you and
walk in obedience to you all the time they
live in the land you gave our ancestors.
32 ●"As for the foreigner who does not
belong to your people Israel but has
come from a distant land because of
your great name and your mighty hand
and your outstretched arm—when they
come and pray toward this temple,
33 ●then hear from heaven, your dwelling
place. Do whatever the foreigner asks of
you, so that all the peoples of the earth
may know your name and fear you, as
do your own people Israel, and may
know that this house I have built bears
your Name.
34 ●"When your people go to war against
their enemies, wherever you send them,
and when they pray to you toward this
city you have chosen and the temple I
35 have built for your Name, ●then hear
from heaven their prayer and their plea,
and uphold their cause.
36 ●"When they sin against you—for
there is no one who does not sin—and
you become angry with them and give
them over to the enemy, who takes them
37 captive to a land far away or near; ●and
if they have a change of heart in the land
where they are held captive, and repent
and plead with you in the land of their
captivity and say, 'We have sinned, we
have done wrong and acted wickedly';
38 ●and if they turn back to you with all
their heart and soul in the land of their
captivity where they were taken, and
pray toward the land you gave their
ancestors, toward the city you have cho-
sen and toward the temple I have built

ancestor [ǽnsestər] *n.* 조상
besiege [bisíːdʒ] *vt.* 포위하다
blight [blait] *n.* 마름병
disaster [dizǽstər] *n.* 재앙
dwell [dwel] *vi.* 거주하다
famine [fǽmin] *n.* 기근
mildew [míldjùː] *n.* 곰팡이
obedience [oubíːdiəns] *n.* 순종
outstretched [àutstrétʃt] *a.* 뻗은
plague [pleig] *n.* 전염병
plead [pliːd] *vi.* 간청하다
repent [ripént] *vi.* 회개하다
temple [témpl] *n.* 성전
uphold [ʌphóuld] *vt.* 격려하다
wickedly [wíkidli] *ad.* 악하게

6:29 **be aware of...**: …를 깨닫다
6:30 **deal with...**: …를 다루다
6:32 **belong to...**: …에 속하다
6:33 **ask of...**: …에게 요구하다
6:34 **war against...**: …와 전쟁을 치르다
6:36 **take... captive**: …를 포로로 잡다

39 주는 계신 곳 하늘에서 그들의 기도와 간구
를 들으시고 그들의 일을 돌보시오며 주께
범죄한 주의 백성을 용서하옵소서
40 나의 하나님이여 이제 이곳에서 하는 기도에
눈을 드시고 귀를 기울이소서
41 여호와 하나님이여 일어나 들어가사 주의 능
력의 궤와 함께 주의 평안한 처소에 계시옵
소서 여호와 하나님이여 원하옵건대 주의 제
사장들에게 구원을 입게 하시고 또 주의 성
도들에게 은혜를 기뻐하게 하옵소서
42 여호와 하나님이여 주의 기름부음 받은 자에
게서 얼굴을 돌리지 마시옵고 주의 종 [1]다윗
에게 베푸신 은총을 기억하옵소서 하였더라

성전 낙성식 (왕상 8:62-66)
— B.C. 959년경

7 솔로몬이 기도를 마치매 불이 하늘에서부
터 내려와서 그 번제물과 제물들을 사르고
여호와의 영광이 그 성전에 가득하니
2 여호와의 영광이 여호와의 전에 가득하므로
제사장들이 여호와의 전으로 능히 들어가지
못하였고
3 이스라엘 모든 자손은 불이 내리는 것과 여
호와의 영광이 성전 위에 있는 것을 보고 돌
을 깐 땅에 엎드려 경배하며 여호와께 감사
하여 이르되 선하시도다 그의 인자하심이 영
원하도다 하니라
4 ●이에 왕과 모든 백성이 여호와 앞에 제사
를 드리니
5 솔로몬 왕이 드린 제물이 소가 이만 이천 마
리요 양이 십이만 마리라 이와 같이 왕과 모
든 백성이 하나님의 전의 낙성식을 행하니
라
6 그때에 제사장들은 직분대로 모셔 서고 레위
사람도 여호와의 악기를 가지고 섰으니 이
악기는 전에 다윗 왕이 레위 사람들에게 여
호와께 감사하게 하려고 만들어서 여호와의
인자하심이 영원함을 찬송하게 하던 것이라
제사장들은 무리 앞에서 나팔을 불고 온 이
스라엘은 서 있더라 5:12
7 솔로몬이 또 여호와의 전 앞뜰 가운데를 거
룩하게 하고 거기서 번제물과 화목제의 기름
을 드렸으니 이는 솔로몬이 지은 놋 제단이
능히 그 번제물과 소제물과 기름을 용납할
수 없음이더라
8 ●그때에 솔로몬이 칠 일 동안 절기를 지켰
는데 하맛 어귀에서부터 애굽 강까지의 온
이스라엘의 심히 큰 회중이 모여 그와 함께

39 for your Name; •then from heaven, your
dwelling place, hear their prayer and their
pleas, and uphold their cause. And forgive
your people, who have sinned against you.
40 •"Now, my God, may your eyes be
open and your ears attentive to the prayers
offered in this place.
41 •"Now arise, LORD God, and come to your
resting place,
you and the ark of your might.
May your priests, LORD God, be clothed
with salvation,
may your faithful people rejoice in your
goodness.
42 •LORD God, do not reject your anointed
one.
Remember the great love promised to
David your servant."

The Dedication of the Temple

7 When Solomon finished praying, fire
came down from heaven and consumed
the burnt offering and the sacrifices, and the
2 glory of the LORD filled the temple. •The
priests could not enter the temple of the LORD
3 because the glory of the LORD filled it. •When
all the Israelites saw the fire coming down and
the glory of the LORD above the temple, they
knelt on the pavement with their faces to the
ground, and they worshiped and gave thanks
to the LORD, saying,
"He is good;
his love endures forever."
4 •Then the king and all the people offered sac-
5 rifices before the LORD. •And King Solomon
offered a sacrifice of twenty-two thousand
head of cattle and a hundred and twenty
thousand sheep and goats. So the king and all
6 the people dedicated the temple of God. •The
priests took their positions, as did the Levites
with the LORD's musical instruments, which
King David had made for praising the LORD
and which were used when he gave thanks,
saying, "His love endures forever." Opposite
the Levites, the priests blew their trumpets,
and all the Israelites were standing.
7 •Solomon consecrated the middle part of
the courtyard in front of the temple of the
LORD, and there he offered burnt offerings and
the fat of the fellowship offerings, because the
bronze altar he had made could not hold the

1) 또는 다윗의 덕행을

altar [ɔ́ːltər] *n.* 제단
anoint [ənɔ́int] *vt.* 기름을 붓다
ark [aːrk] *n.* 법궤
consume [kənsúːm] *vt.* 다 태워버리다
dedicate [dédikèit] *vt.* 헌납하다
endure [indjúər] *vi.* 지속되다
fellowship [félouʃip] *n.* 화목
instrument [ínstrəmənt] *n.* 악기
might [mait] *n.* 힘, 세력
offering [ɔ́ːfəriŋ] *n.* 제물
pavement [péivmənt] *n.* 포장한 바닥
plea [pliː] *n.* 탄원
priest [priːst] *n.* 제사장
sacrifice [sǽkrəfàis] *n.* 희생, 제물
salvation [sælvéiʃən] *n.* 구원

6:39 uphold a cause: 명분을 지키다
6:40 attentive to...: …에 주의 깊은
6:41 rejoice in...: …를 기뻐하다
7:3 kneel on...: …에 무릎 꿇다
7:6 take position: 자리를 차지하다
7:7 in front of...: …앞에

하였더니
9 여덟째 날에 무리가 한 성회를 여니라 제단
의 낙성식을 칠 일 동안 행한 후 이 절기를
칠 일 동안 지키니라 레 23:36
10 일곱째 달 제이십삼 일에 왕이 백성을 그들
의 장막으로 돌려보내매 백성이 여호와께서
다윗과 솔로몬과 그의 백성 이스라엘에게 베
푸신 은혜로 말미암아 기뻐하며 마음에 즐거
워하였더라

여호와께서 다시 솔로몬에게 나타나시다
(왕상 9:1-9)

11 •솔로몬이 여호와의 전과 왕궁 건축을 마치
고 솔로몬의 심중에 여호와의 전과 자기의
궁궐에 그가 이루고자 한 것을 다 형통하게
이루니라
12 밤에 여호와께서 솔로몬에게 나타나사 그에
게 이르시되 내가 이미 네 기도를 듣고 이곳
을 택하여 내게 제사하는 성전을 삼았으니
13 혹 내가 하늘을 닫고 비를 내리지 아니하거
나 혹 메뚜기들에게 토산을 먹게 하거나 혹
전염병이 내 백성 가운데에 유행하게 할 때
에
14 내 이름으로 일컫는 내 백성이 그들의 악한
길에서 떠나 스스로 낮추고 기도하여 내 얼
굴을 찾으면 내가 하늘에서 듣고 그들의 죄
를 사하고 그들의 땅을 고칠지라
15 이제 이곳에서 하는 기도에 내가 눈을 들고
귀를 기울이리니
16 이는 내가 이미 이 성전을 택하고 거룩하게
하여 내 이름을 여기에 영원히 있게 하였음
이라 내 눈과 내 마음이 항상 여기에 있으리
라
17 네가 만일 내 앞에서 행하기를 네 아버지 다
윗이 행한 것과 같이 하여 내가 네게 명령
한 모든 것을 행하여 내 율례와 법규를 지
키면
18 내가 네 나라 왕위를 견고하게 하되 전에 내
가 네 아버지 다윗과 언약하기를 이스라엘을
다스릴 자가 네게서 끊어지지 아니하리라 한
대로 하리라
19 •그러나 너희가 만일 돌아서서 내가 너희
앞에 둔 내 율례와 명령을 버리고 가서 다른
신들을 섬겨 그들을 경배하면
20 내가 너희에게 준 땅에서 그 뿌리를 뽑아내
고 내 이름을 위하여 거룩하게 한 이 성전을
내 앞에서 버려 모든 민족 중에 속담거리와
이야깃거리가 되게 하리니

burnt offerings, the grain offerings and the fat
portions.
8 •So Solomon observed the festival at that
time for seven days, and all Israel with him—
a vast assembly, people from Lebo Hamath to
9 the Wadi of Egypt. •On the eighth day they
held an assembly, for they had celebrated the
dedication of the altar for seven days and the
10 festival for seven days more. •On the twenty-
third day of the seventh month he sent the
people to their homes, joyful and glad in heart
for the good things the LORD had done for
David and Solomon and for his people Israel.

The LORD Appears to Solomon

11 •When Solomon had finished the temple
of the LORD and the royal palace, and had suc-
ceeded in carrying out all he had in mind to
do in the temple of the LORD and in his own
12 palace, •the LORD appeared to him at night
and said:

"I have heard your prayer and have cho-
sen this place for myself as a temple for
sacrifices.
13 •"When I shut up the heavens so
that there is no rain, or command lo-
custs to devour the land or send a plague
14 among my people, •if my people, who
are called by my name, will humble them-
selves and pray and seek my face and turn
from their wicked ways, then I will hear
from heaven, and I will forgive their sin
15 and will heal their land. •Now my eyes
will be open and my ears attentive to the
16 prayers offered in this place. •I have cho-
sen and consecrated this temple so that
my Name may be there forever. My eyes
and my heart will always be there.
17 •"As for you, if you walk before me
faithfully as David your father did, and do
all I command, and observe my decrees
18 and laws, •I will establish your royal
throne, as I covenanted with David your
father when I said, 'You shall never fail to
have a successor to rule over Israel.'
19 •"But if you[a] turn away and forsake the
decrees and commands I have given you[a]
and go off to serve other gods and worship
20 them, •then I will uproot Israel from my
land, which I have given them, and will
reject this temple I have consecrated for
my Name. I will make it a byword and an

[a]19 The Hebrew is plural.

byword [báiwə̀ːrd] *n.* 웃음거리
command [kəmǽnd] *vt.* 명령하다
consecrate [kάnsəkrèit] *vt.* 성별하다
decree [dikríː] *n.* 계명, 율례
devour [diváuər] *vt.* 먹어치우다
establish [istǽbliʃ] *vt.* 확립하다
forsake [fərséik] *vt.* 버리다
humble [hʌ́mbl] *vt.* 낮추다
locust [lóukəst] *n.* 메뚜기
observe [əbzə́ːrv] *vt.* 준수하다
plague [pleig] *n.* 전염병
successor [səksésər] *n.* 계승자
throne [θroun] *n.* 왕위
uproot [ʌprúːt] *vt.* 뿌리뽑다
vast [væst] *a.* 거대한

7:9 hold an assembly: 회합을 열다
7:11 carry out: 수행하다
7:13 shut up: 닫다
7:18 covenant with...: …와 서약하다
7:18 rule over: 통치하다
7:19 turn away: 돌아서다

21 이 성전이 비록 높을지라도 그리로 지나가는
자마다 놀라 이르되 여호와께서 무슨 까닭
으로 이 땅과 이 성전에 이같이 행하셨는고
하면
22 대답하기를 그들이 자기 조상들을 애굽 땅에
서 인도하여 내신 자기 하나님 여호와를 버
리고 다른 신들에게 붙잡혀서 그것들을 경배
하여 섬기므로 여호와께서 이 모든 재앙을
그들에게 내리셨다 하리라 하셨더라

솔로몬의 업적 (왕상 9:10-28) — B.C. 950년경

8 솔로몬이 여호와의 전과 자기의 궁궐을 이
십 년 동안에 건축하기를 마치고
2 후람이 솔로몬에게 되돌려 준 성읍들을 솔로
몬이 건축하여 이스라엘 자손에게 거기에 거
주하게 하니라
3 ●솔로몬이 가서 하맛소바를 쳐서 점령하고
4 또 광야에서 다드몰을 건축하고 하맛에서 모
든 국고성들을 건축하고
5 또 윗 벧호론과 아랫 벧호론을 건축하되 성
벽과 문과 문빗장이 있게 하여 견고한 성읍
으로 만들고
6 또 바알랏과 자기에게 있는 모든 국고성들과
모든 병거성들과 마병의 성들을 건축하고 솔
로몬이 또 예루살렘과 레바논과 그가 다스리
는 온 땅에 건축하고자 하던 것을 다 건축하
니라
7 ●이스라엘이 아닌 헷 족속과 아모리 족속과
브리스 족속과 히위 족속과 여부스 족속의
남아 있는 모든 자
8 곧 이스라엘 자손이 다 멸하지 않았으므로
그 땅에 남아 있는 그들의 자손들을 솔로몬
이 역군으로 삼아 오늘에 이르렀으되
9 오직 이스라엘 자손은 솔로몬이 노예로 삼
아 일을 시키지 아니하였으니 그들은 군사와
지휘관의 우두머리들과 그의 병거와 마병의
지휘관들이 됨이라
10 솔로몬 왕의 공장을 감독하는 자들이 이백오
십 명이라 그들이 백성을 다스렸더라
11 ●솔로몬이 바로의 딸을 데리고 다윗 성에서
부터 그를 위하여 건축한 왕궁에 이르러 이
르되 내 아내가 이스라엘 왕 다윗의 왕궁에
살지 못하리니 이는 여호와의 궤가 이른 곳
은 다 거룩함이니라 하였더라
12 ●솔로몬이 낭실 앞에 쌓은 여호와의 제단
위에 여호와께 번제를 드리되
13 모세의 명령을 따라 매일의 일과대로 안식일
과 초하루와 정한 절기 곧 일 년의 세 절기 무

21 object of ridicule among all peoples. ●This
temple will become a heap of rubble. All[a]
who pass by will be appalled and say,
'Why has the LORD done such a thing to
22 this land and to this temple?' ●People will
answer, 'Because they have forsaken the
LORD, the God of their ancestors, who
brought them out of Egypt, and have
embraced other gods, worshiping and
serving them — that is why he brought all
this disaster on them.' "

Solomon's Other Activities

8 At the end of twenty years, during which
Solomon built the temple of the LORD
2 and his own palace, ●Solomon rebuilt the
villages that Hiram[b] had given him, and set-
3 tled Israelites in them. ●Solomon then went
4 to Hamath Zobah and captured it. ●He also
built up Tadmor in the desert and all the store
5 cities he had built in Hamath. ●He rebuilt
Upper Beth Horon and Lower Beth Horon as
fortified cities, with walls and with gates and
6 bars, ●as well as Baalath and all his store
cities, and all the cities for his chariots and for
his horses[c] — whatever he desired to build in
Jerusalem, in Lebanon and throughout all
the territory he ruled.
7 ●There were still people left from the Hit-
tites, Amorites, Perizzites, Hivites and Jebusites
8 (these people were not Israelites). ●Solomon
conscripted the descendants of all these people
remaining in the land — whom the Israelites
had not destroyed — to serve as slave labor, as
9 it is to this day. ●But Solomon did not make
slaves of the Israelites for his work; they were
his fighting men, commanders of his captains,
and commanders of his chariots and chario-
10 teers. ●They were also King Solomon's chief
officials — two hundred and fifty officials
supervising the men.
11 ●Solomon brought Pharaoh's daughter up
from the City of David to the palace he had
built for her, for he said, "My wife must not
live in the palace of David king of Israel,
because the places the ark of the LORD has
entered are holy."
12 ●On the altar of the LORD that he had built
in front of the portico, Solomon sacrificed
13 burnt offerings to the LORD, ●according to the

[a]21 See some Septuagint manuscripts, Old Latin, Syriac, Arabic and Targum; Hebrew *And though this temple is now so imposing, all* [b]2 Hebrew *Huram*, a variant of *Hiram*; also in verse 18 [c]6 Or *charioteers*

appall [əpɔ́:l] *vt.* 질겁하게 하다
ark [a:rk] *n.* 궤
chariot [tʃǽriət] *n.* 병거
commander [kəmǽndər] *n.* 지휘관
conscript [kənskrípt] *vt.* 징발하다
descendant [diséndənt] *n.* 자손
destroy [distrɔ́i] *vt.* 파괴하다
embrace [imbréis] *vt.* 받아들이다
forsake [fərséik] *vt.* 버리다
fortify [fɔ́:rtəfài] *vt.* 요새화하다
portico [pɔ́:rtəkòu] *n.* 주랑 현관
ridicule [rídikjù:l] *n.* 비웃음
sacrifice [sǽkrəfàis] *vt.* 희생물로 바치다
supervise [sú:pərvàiz] *vt.* 감독하다
territory [térətɔ̀:ri] *n.* 영토

7:21 a heap of rubble: 자갈더미
8:6 as well as...: …뿐만 아니라
8:9 make a slave of...: …를 혹사하다
8:11 bring A up from B: A를 B로부터 데려오다
8:13 according to...: …에 따라

교절과 칠칠절과 초막절에 드렸더라 민 28:3
14 ●솔로몬이 또 그의 아버지 다윗의 규례를
따라 제사장들의 반열을 정하여 섬기게 하고
레위 사람들에게도 그 직분을 맡겨 매일의
일과대로 찬송하며 제사장들 앞에서 수종들
게 하며 또 문지기들에게 그 반열을 따라 각
문을 지키게 하였으니 이는 하나님의 사람
다윗이 전에 이렇게 명령하였음이라
15 제사장들과 레위 사람들이 국고 일에든지 무
슨 일에든지 왕이 명령한 바를 전혀 어기지
아니하였더라
16 ●솔로몬이 여호와의 전의 기초를 쌓던 날부
터 준공하기까지 모든 것을 완비하였으므로
여호와의 전 공사가 결점 없이 끝나니라
17 ●그때에 솔로몬이 에돔 땅의 바닷가 에시온
게벨과 엘롯에 이르렀더니
18 후람이 그의 신복들에게 부탁하여 배와 바
닷길을 아는 종들을 보내매 그들이 솔로몬의
종들과 함께 오빌에 이르러 거기서 금 사백
오십 달란트를 얻어 솔로몬 왕에게로 가져왔
더라

스바 여왕이 솔로몬을 찾아오다 (왕상 10:1-13)

9 스바 여왕이 솔로몬의 명성을 듣고 와서
어려운 질문으로 솔로몬을 시험하고자 하
여 예루살렘에 이르니 매우 많은 시종들을
거느리고 향품과 많은 금과 보석을 낙타에
실었더라 그가 솔로몬에게 나아와 자기 마음
에 있는 것을 다 말하매
2 솔로몬이 그가 묻는 말에 다 대답하였으니
솔로몬이 몰라서 대답하지 못한 것이 없었더
라
3 스바 여왕이 솔로몬의 지혜와 그가 건축한
궁과
4 그의 상의 음식물과 그의 신하들의 좌석과
그의 신하들이 도열한 것과 그들의 공복과
술 관원들과 그들의 공복과 여호와의 전에
올라가는 층계를 보고 정신이 황홀하여
5 왕께 말하되 내가 내 나라에서 당신의 행위
와 당신의 지혜에 대하여 들은 소문이 진실
하도다
6 내가 그 말들을 믿지 아니하였더니 이제 와
서 본즉 당신의 지혜가 크다 한 말이 그 절반
도 못 되니 당신은 내가 들은 소문보다 더하
도다
7 복되도다 당신의 사람들이여, 복되도다 당
신의 이 신하들이여, 항상 당신 앞에 서서 당
신의 지혜를 들음이로다

daily requirement for offerings commanded
by Moses for the Sabbaths, the New Moons
and the three annual festivals—the Festival of
Unleavened Bread, the Festival of Weeks and
14 the Festival of Tabernacles. •In keeping with
the ordinance of his father David, he appoint-
ed the divisions of the priests for their duties,
and the Levites to lead the praise and to assist
the priests according to each day's require-
ment. He also appointed the gatekeepers by
divisions for the various gates, because this was
what David the man of God had ordered.
15 •They did not deviate from the king's com-
mands to the priests or to the Levites in any
matter, including that of the treasuries.
16 •All Solomon's work was carried out, from
the day the foundation of the temple of the
LORD was laid until its completion. So the tem-
ple of the LORD was finished.
17 •Then Solomon went to Ezion Geber and
18 Elath on the coast of Edom. •And Hiram sent
him ships commanded by his own men,
sailors who knew the sea. These, with Solo-
mon's men, sailed to Ophir and brought
back four hundred and fifty talents[a] of gold,
which they delivered to King Solomon.

The Queen of Sheba Visits Solomon

9 When the queen of Sheba heard of
Solomon's fame, she came to Jerusalem
to test him with hard questions. Arriving with
a very great caravan—with camels carrying
spices, large quantities of gold, and precious
stones—she came to Solomon and talked
with him about all she had on her mind.
2 •Solomon answered all her questions; noth-
ing was too hard for him to explain to her.
3 •When the queen of Sheba saw the wisdom
of Solomon, as well as the palace he had built,
4 •the food on his table, the seating of his offi-
cials, the attending servants in their robes, the
cupbearers in their robes and the burnt offer-
ings he made at[b] the temple of the LORD, she
was overwhelmed.
5 •She said to the king, "The report I heard in
my own country about your achievements
6 and your wisdom is true. •But I did not
believe what they said until I came and saw
with my own eyes. Indeed, not even half the
greatness of your wisdom was told me; you
7 have far exceeded the report I heard. •How

[a]18 That is, about 17 tons or about 15 metric tons
[b]4 Or *and the ascent by which he went up to*

achievement [ətʃíːvmənt] *n.* 업적
annual [ǽnjuəl] *a.* 해마다의
appoint [əpɔ́int] *vt.* 지정하다
attend [əténd] *vt.* 참석하다
caravan [kǽrəvæn] *n.* 대상(隊商)
division [divíʒən] *n.* 구분, 부문
exceed [iksíːd] *vt.* 능가하다
ordinance [ɔ́ːrdənəns] *n.* 규례
overwhelm [òuvərhwélm] *vt.* 압도하다
requirement [rikwáiərmənt] *n.* 필요한 것
robe [roub] *n.* 관복
sail [seil] *vi.* 항해하다
tabernacle [tǽbəːrnækl] *n.* 성막
treasury [tréʒəri] *n.* 보고(寶庫)
unleavened [ʌnlévənd] *a.* 누룩을 넣지 않은

8:14 in keeping with...: …과 일치하여
8:15 deviate from...: …에서 벗어나다
8:16 carry out: 수행하다
9:1 large quantities of: 다량의
9:1 have ... on one's mind: …에 마음 쓰다

8 당신의 하나님 여호와를 송축할지로다 하나님이 당신을 기뻐하시고 그 자리에 올리사 당신의 하나님 여호와를 위하여 왕이 되게 하셨도다 당신의 하나님이 이스라엘을 사랑하사 영원히 견고하게 하시려고 당신을 세워 그들의 왕으로 삼아 정의와 공의를 행하게 하셨도다 하고
9 이에 그가 금 백이십 달란트와 매우 많은 향품과 보석을 왕께 드렸으니 스바 여왕이 솔로몬 왕께 드린 향품 같은 것이 전에는 없었더라
10 (후람의 신하들과 솔로몬의 신하들도 오빌에서 금을 실어 올 때에 백단목과 보석을 가져온지라
11 왕이 백단목으로 여호와의 전과 왕궁의 층대를 만들고 또 노래하는 자들을 위하여 수금과 비파를 만들었으니 이같은 것들은 유다 땅에서 전에는 보지 못하였더라)
12 솔로몬 왕이 스바 여왕이 가져온 대로 답례하고 그 외에 또 그의 소원대로 구하는 것을 모두 주니 이에 그가 그의 신하들과 더불어 본국으로 돌아갔더라

솔로몬의 재산과 지혜 (왕상 10:14-25)

13 ●솔로몬의 세입금의 무게가 금 육백육십육 달란트요
14 그 외에 또 무역상과 객상들이 가져온 것이 있고 아라비아 왕들과 그 나라 방백들도 금과 은을 솔로몬에게 가져온지라
15 솔로몬 왕이 쳐서 늘인 금으로 큰 방패 이백 개를 만들었으니 방패 하나에 든 금이 육백 세겔이며
16 또 쳐서 늘인 금으로 작은 방패 삼백 개를 만들었으니 방패 하나에 든 금이 삼백 세겔이라 왕이 이것들을 레바논 나무 궁에 두었더라
17 왕이 또 상아로 큰 보좌를 만들고 순금으로 입혔으니
18 그 보좌에는 여섯 층계와 금 발판이 있어 보좌와 이어졌고 앉는 자리 양쪽에는 팔걸이가 있고 팔걸이 곁에는 사자가 하나씩 섰으며
19 또 열두 사자가 있어 그 여섯 층계 양쪽에 섰으니 어떤 나라에도 이같이 만든 것이 없었더라
20 솔로몬 왕이 마시는 그릇은 다 금이요 레바논 나무 궁의 그릇들도 다 순금이라 솔로몬의 시대에 은을 귀하게 여기지 아니함은
21 왕의 배들이 후람의 종들과 함께 다시스로

happy your people must be! How happy your
officials, who continually stand before you
8 and hear your wisdom! ●Praise be to the LORD
your God, who has delighted in you and
placed you on his throne as king to rule for the
LORD your God. Because of the love of your
God for Israel and his desire to uphold them
forever, he has made you king over them, to
maintain justice and righteousness."
9 ●Then she gave the king 120 talents[a] of
gold, large quantities of spices, and precious
stones. There had never been such spices as
those the queen of Sheba gave to King Solo-
mon.
10 ●(The servants of Hiram and the servants of
Solomon brought gold from Ophir; they also
brought algumwood[b] and precious stones.
11 ●The king used the algumwood to make steps
for the temple of the LORD and for the royal
palace, and to make harps and lyres for the
musicians. Nothing like them had ever been
seen in Judah.)
12 ●King Solomon gave the queen of Sheba all
she desired and asked for; he gave her more
than she had brought to him. Then she left
and returned with her retinue to her own
country.

Solomon's Splendor

13 ●The weight of the gold that Solomon
14 received yearly was 666 talents,[c] ●not includ-
ing the revenues brought in by merchants and
traders. Also all the kings of Arabia and the
governors of the territories brought gold and
silver to Solomon.
15 ●King Solomon made two hundred large
shields of hammered gold; six hundred
shekels[d] of hammered gold went into each
16 shield. ●He also made three hundred small
shields of hammered gold, with three hun-
dred shekels[e] of gold in each shield. The king
put them in the Palace of the Forest of Le-
banon.
17 ●Then the king made a great throne cov-
ered with ivory and overlaid with pure gold.
18 ●The throne had six steps, and a footstool of
gold was attached to it. On both sides of the
seat were armrests, with a lion standing beside
19 each of them. ●Twelve lions stood on the six
steps, one at either end of each step. Nothing

[a]9 That is, about 4 1/2 tons or about 4 metric tons [b]10 Probably a variant of *almugwood* [c]13 That is, about 25 tons or about 23 metric tons [d]15 That is, about 15 pounds or about 6.9 kilograms [e]16 That is, about 7 1/2 pounds or about 3.5 kilograms

armrest [á:rmrèst] *n.* 팔걸이
desire [dizáiər] *n.* 소망, 욕망
footstool [futstu:l] *n.* 발판
justice [dʒʌ́stis] *n.* 정의
lyre [laiər] *n.* 수금
maintain [meintéin] *vt.* 유지하다
merchant [mə́:rtʃənt] *n.* 상인
overlay [òuvərléi] *vt.* 입히다, 바르다
precious [préʃəs] *a.* 귀중한
quantity [kwántəti] *n.* 분량, 수량
retinue [rétənjù:] *n.* 수행원
revenue [révənjù:] *n.* 세입
splendor [spléndər] *n.* 존귀함, 영광
throne [θroun] *n.* 보좌
uphold [ʌphóuld] *vt.* 지지하다

9:8 delight in...: …에 대해서 기뻐하다
9:8 place A on B: A를 B에 앉히다
9:9 such... as~: ~와 같은
9:10 bring from ...: …에서 운반하다
9:12 ask for...: …를 요구하다
9:18 attach A to B: A를 B에 붙이다

다니며 그 배들이 삼 년에 일 차씩 다시스의
금과 은과 상아와 원숭이와 공작을 실어옴이
더라
22 ●솔로몬 왕의 재산과 지혜가 천하의 모든
왕들보다 큰지라
왕상 3:13
23 천하의 열왕이 하나님께서 솔로몬의 마음에
주신 지혜를 들으며 그의 얼굴을 보기 원하여
24 각기 예물을 가지고 왔으니 곧 은그릇과 금
그릇과 의복과 갑옷과 향품과 말과 노새라
해마다 정한 수가 있었더라
25 솔로몬의 병거 메는 말의 외양간은 사천이요
마병은 만 이천 명이라 병거성에도 두고 예
루살렘 왕에게도 두었으며
26 솔로몬이 유브라데 강에서부터 블레셋 땅과
애굽 지경까지의 모든 왕을 다스렸으며
27 왕이 예루살렘에서 은을 돌같이 흔하게 하고
백향목을 평지의 뽕나무같이 많게 하였더라
28 솔로몬을 위하여 애굽과 각국에서 말들을 가
져왔더라

솔로몬이 죽다 (왕상 11:41-43)

29 ●이외에 솔로몬의 시종 행적은 선지자 나단
의 글과 실로 사람 아히야의 예언과 선견자
잇도의 묵시 책 곧 잇도가 느밧의 아들 여로
보암에 대하여 쓴 책에 기록되지 아니하였느
냐
30 솔로몬이 예루살렘에서 온 이스라엘을 다스
린 지 사십 년이라
31 솔로몬이 그의 조상들과 함께 자매 그의 아
버지 다윗의 성에 장사되고 그의 아들 르호
보암이 대신하여 왕이 되니라

북쪽 지파들의 배반 (왕상 12:1-20)

10 르호보암이 세겜으로 갔으니 이는 온
이스라엘이 그를 왕으로 삼고자 하여
세겜에 이르렀음이더라
2 느밧의 아들 여로보암이 전에 솔로몬 왕의 낯
을 피하여 애굽으로 도망하여 있었더니 이 일
을 듣고 여로보암이 애굽에서부터 돌아오매
3 무리가 사람을 보내어 그를 불렀더라 여로보
암과 온 이스라엘이 와서 르호보암에게 말하
여 이르되
4 왕의 아버지께서 우리의 멍에를 무겁게 하였
으나 왕은 이제 왕의 아버지께서 우리에게
시킨 고역과 메운 무거운 멍에를 가볍게 하
소서 그리하시면 우리가 왕을 섬기겠나이다
5 르호보암이 그들에게 대답하되 삼 일 후에
다시 내게로 오라 하매 백성이 가니라
6 ●르호보암 왕이 그의 아버지 솔로몬의 생

like it had ever been made for any other king-
20 dom. ●All King Solomon's goblets were gold,
and all the household articles in the Palace of
the Forest of Lebanon were pure gold. Nothing
was made of silver, because silver was consid-
21 ered of little value in Solomon's day. ●The
king had a fleet of trading ships[a] manned by
Hiram's[b] servants. Once every three years it
returned, carrying gold, silver and ivory, and
apes and baboons.
22 ●King Solomon was greater in riches and
wisdom than all the other kings of the earth.
23 ●All the kings of the earth sought audience
with Solomon to hear the wisdom God had
24 put in his heart. ●Year after year, everyone
who came brought a gift — articles of silver
and gold, and robes, weapons and spices, and
horses and mules.
25 ●Solomon had four thousand stalls for hors-
es and chariots, and twelve thousand horses,[c]
which he kept in the chariot cities and also
26 with him in Jerusalem. ●He ruled over all
the kings from the Euphrates River to the
land of the Philistines, as far as the border of
27 Egypt. ●The king made silver as common in
Jerusalem as stones, and cedar as plentiful as
28 sycamore-fig trees in the foothills. ●Solomon's
horses were imported from Egypt and from
all other countries.

Solomon's Death

29 ●As for the other events of Solomon's reign,
from beginning to end, are they not written in
the records of Nathan the prophet, in the
prophecy of Ahijah the Shilonite and in the
visions of Iddo the seer concerning Jeroboam
30 son of Nebat? ●Solomon reigned in Jerusalem
31 over all Israel forty years. ●Then he rested with
his ancestors and was buried in the city of
David his father. And Rehoboam his son suc-
ceeded him as king.

Israel Rebels Against Rehoboam

10 Rehoboam went to Shechem, for all
Israel had gone there to make him
2 king. ●When Jeroboam son of Nebat heard
this (he was in Egypt, where he had fled from
3 King Solomon), he returned from Egypt. ●So
they sent for Jeroboam, and he and all Israel
4 went to Rehoboam and said to him: ●"Your
father put a heavy yoke on us, but now light-

[a]21 Hebrew *of ships that could go to Tarshish* [b]21 Hebrew *Huram*, a variant of *Hiram* [c]25 Or *charioteers*

ape [eip] *n.* 원숭이
audience [ɔ́:diəns] *n.* 청중
baboon [bæbú:n] *n.* 개코 원숭이
cedar [sí:dər] *n.* 백향목
chariot [tʃǽriət] *n.* 병거
fleet [fli:t] *n.* 함대
foothill [fúthìl] *n.* 구릉지대, 언덕
goblet [gáblit] *n.* 잔
manned [mænd] *a.* 사람을 실은
plentiful [pléntifəl] *a.* 풍부한
prophecy [práfəsi] *n.* 예언
reign [rein] *vi.* 통치하다
seer [sí:ər] *n.* 선견자
stall [stɔ:l] *n.* 마구간
yoke [jouk] *n.* 멍에

9:26 rule over: 지배하다, 통치하다
9:26 as far as...: …까지
9:29 as for...: …에 관하여
9:30 reign over: 통치하다
9:31 succeed... as~: …의 뒤를 이어 ~가 되다
10:2 flee from...: …에서 피하다

전에 그 앞에 모셨던 원로들과 의논하여 이
르되 너희는 이 백성에게 어떻게 대답하도록
권고하겠느냐 하니
7 그들이 대답하여 이르되 왕이 만일 이 백성
을 후대하여 기쁘게 하고 선한 말을 하시면
그들이 영원히 왕의 종이 되리이다 하나
8 왕은 원로들이 가르치는 것을 버리고 그 앞
에 모시고 있는 자기와 함께 자라난 젊은 신
하들과 의논하여
9 이르되 너희는 이 백성에게 어떻게 대답하도
록 권고하겠느냐 백성이 내게 말하기를 왕의
아버지께서 우리에게 메운 멍에를 가볍게 하
라 하였느니라 하니
10 함께 자라난 젊은 신하들이 왕께 말하여 이
르되 이 백성들이 왕께 아뢰기를 왕의 아버
지께서 우리의 멍에를 무겁게 하였으나 왕은
우리를 위하여 가볍게 하라 하였은즉 왕은
대답하시기를 내 새끼 손가락이 내 아버지의
허리보다 굵으니
11 내 아버지가 너희에게 무거운 멍에를 메게
하였으나 이제 나는 너희의 멍에를 더욱 무
겁게 할지라 내 아버지는 가죽 채찍으로 너
희를 치셨으나 나는 전갈 채찍으로 하리라
하소서 하더라
12 ● 삼 일 만에 여로보암과 모든 백성이 르호보
암에게 나왔으니 이는 왕이 명령하여 이르기
를 삼 일 만에 내게로 다시 오라 하였음이라
13 왕이 포학한 말로 대답할새 르호보암이 원로
들의 가르침을 버리고
14 젊은 신하들의 가르침을 따라 그들에게 말하
여 이르되 내 아버지는 너희의 멍에를 무겁
게 하였으나 나는 더 무겁게 할지라 내 아버
지는 가죽 채찍으로 너희를 치셨으나 나는
전갈 채찍으로 치리라 하니라
15 왕이 이같이 백성의 말을 듣지 아니하였으니
이 일은 하나님께로 말미암아 난 것이라 여
호와께서 전에 실로 사람 아히야로 하여금
느밧의 아들 여로보암에게 이르신 말씀을 응
하게 하심이더라
16 ● 온 이스라엘은 왕이 자기들의 말을 듣지
아니함을 보고 왕에게 대답하여 이르되 우리
가 다윗과 무슨 관계가 있느냐 이새의 아들
에게서 받을 유산이 없도다 이스라엘아 각각
너희의 장막으로 돌아가라 다윗이여 이제 너
는 네 집이나 돌보라 하고 온 이스라엘이 그
들의 장막으로 돌아가니라
17 그러나 유다 성읍들에 사는 이스라엘 자손들

en the harsh labor and the heavy yoke he
put on us, and we will serve you."
5 ● Rehoboam answered, "Come back to me
in three days." So the people went away.
6 ● Then King Rehoboam consulted the
elders who had served his father Solomon
during his lifetime. "How would you advise
me to answer these people?" he asked.
7 ● They replied, "If you will be kind to these
people and please them and give them a
favorable answer, they will always be your ser-
vants."
8 ● But Rehoboam rejected the advice the
elders gave him and consulted the young men
who had grown up with him and were serv-
9 ing him. ● He asked them, "What is your
advice? How should we answer these people
who say to me, 'Lighten the yoke your father
put on us'?"
10 ● The young men who had grown up with
him replied, "The people have said to you,
'Your father put a heavy yoke on us, but
make our yoke lighter.' Now tell them, 'My
little finger is thicker than my father's waist.
11 ● My father laid on you a heavy yoke; I will
make it even heavier. My father scourged you
with whips; I will scourge you with scorpi-
ons.' "
12 ● Three days later Jeroboam and all the
people returned to Rehoboam, as the king
had said, "Come back to me in three days."
13 ● The king answered them harshly. Reject-
14 ing the advice of the elders, ● he followed
the advice of the young men and said, "My
father made your yoke heavy; I will make it
even heavier. My father scourged you with
whips; I will scourge you with scorpions."
15 ● So the king did not listen to the people,
for this turn of events was from God, to ful-
fill the word the LORD had spoken to Jer-
oboam son of Nebat through Ahijah the
Shilonite.
16 ● When all Israel saw that the king refused
to listen to them, they answered the king:

"What share do we have in David,
what part in Jesse's son?
To your tents, Israel!
Look after your own house,
David!"

17 So all the Israelites went home. ● But as
for the Israelites who were living in the

advise [ædváiz] *vt.* 충고하다
consult [kənsʌ́lt] *vt.* 의논하다
elder [éldər] *n.* 장로
favorable [féivərəbl] *a.* 호의적인
fulfill [fulfíl] *vt.* 성취하다
harsh [haːrʃ] *a.* 가혹한
harshly [háːrʃli] *ad.* 거칠게
labor [léibər] *n.* 노동
lifetime [láiftàim] *n.* 일생
refuse [rifjúːz] *vt.* 거절하다
reject [ridʒékt] *vt.* 거부하다
scorpion [skɔ́ːrpiən] *n.* 갈고리가 달린 채찍
scourge [skəːrdʒ] *vt.* 징벌하다
whip [hwíp] *n.* 채찍
yoke [jouk] *n.* 멍에

10:8 **grow up**: 자라다, 성장하다
10:11 **lay... on~**: (골치 아픈 것을) ~에 게 하게 하다
10:16 **have one's share in...**: …에 관계하다
10:16 **look after**: 돌보다

에게는 르호보암이 그들의 왕이 되었더라
18 르호보암 왕이 역군의 감독 하도람을 보냈더니 이스라엘 자손이 저를 돌로 쳐 죽인지라 르호보암 왕이 급히 수레에 올라 예루살렘으로 도망하였더라
19 이에 이스라엘이 다윗의 집을 배반하여 오늘날까지 이르니라

스마야가 여호와의 말씀을 전하다(왕상 12:21-24)

11 르호보암이 예루살렘에 이르러 유다와 베냐민 족속을 모으니 택한 용사가 십팔만 명이라 이스라엘과 싸워 나라를 회복하여 르호보암에게 돌리려 하더니 왕상 12:21–24
2 여호와의 말씀이 하나님의 사람 스마야에게 임하여 이르시되
3 솔로몬의 아들 유다 왕 르호보암과 유다와 베냐민에 속한 모든 이스라엘 무리에게 말하여 이르기를
4 여호와께서 이같이 말씀하시기를 너희는 올라가지 말라 너희 형제와 싸우지 말고 각기 집으로 돌아가라 이 일이 내게로 말미암아 난 것이라 하셨다 하라 하신지라 그들이 여호와의 말씀을 듣고 돌아가고 여로보암을 치러 가던 길에서 되돌아왔더라

르호보암이 방비하는 성읍들을 건축하다

5 ●르호보암이 예루살렘에 살면서 유다 땅에 방비하는 성읍들을 건축하였으니
6 곧 베들레헴과 에담과 드고아와
7 벧술과 소고와 아둘람과
8 가드와 마레사와 십과
9 아도라임과 라기스와 아세가와
10 소라와 아얄론과 헤브론이니 다 유다와 베냐민 땅에 있어 견고한 성읍들이라
11 르호보암이 그 방비하는 성읍들을 더욱 견고하게 하고 지휘관들을 그 가운데에 두고 양식과 기름과 포도주를 저축하고
12 모든 성읍에 방패와 창을 두어 매우 강하게 하니라 유다와 베냐민이 르호보암에게 속하였더라

제사장들과 레위 사람들이 유다로 오다

13 ●온 이스라엘의 제사장들과 레위 사람들이 그들의 모든 지방에서부터 르호보암에게 돌아오되
14 레위 사람들이 자기들의 마을들과 산업을 떠나 유다와 예루살렘에 이르렀으니 이는 여로보암과 그의 아들들이 그들을 해임하여 여호와께 제사장의 직분을 행하지 못하게 하고
15 여로보암이 여러 산당과 숫염소 우상과 자기

towns of Judah, Rehoboam still ruled over
them.
18 ●King Rehoboam sent out Adoniram,[a] who
was in charge of forced labor, but the Israelites
stoned him to death. King Rehoboam, how-
ever, managed to get into his chariot and
19 escape to Jerusalem. ●So Israel has been in
rebellion against the house of David to this
day.

11 When Rehoboam arrived in Jerusalem,
he mustered Judah and Benjamin—a
hundred and eighty thousand able young
men—to go to war against Israel and to regain
the kingdom for Rehoboam.
2 ●But this word of the LORD came to Shema-
3 iah the man of God: ●"Say to Rehoboam son
of Solomon king of Judah and to all Israel in
4 Judah and Benjamin, ●'This is what the LORD
says: Do not go up to fight against your fellow
Israelites. Go home, every one of you, for this
is my doing.' " So they obeyed the words of
the LORD and turned back from marching
against Jeroboam.

Rehoboam Fortifies Judah

5 ●Rehoboam lived in Jerusalem and built up
6 towns for defense in Judah: ●Bethlehem,
7 Etam, Tekoa, ●Beth Zur, Soko, Adullam,
8–9 ●Gath, Mareshah, Ziph, ●Adoraim, Lachish,
10 Azekah, ●Zorah, Aijalon and Hebron. These
were fortified cities in Judah and Benjamin.
11 ●He strengthened their defenses and put com-
manders in them, with supplies of food, olive
12 oil and wine. ●He put shields and spears in all
the cities, and made them very strong. So
Judah and Benjamin were his.
13 ●The priests and Levites from all their
districts throughout Israel sided with him.
14 ●The Levites even abandoned their pasture-
lands and property and came to Judah and
Jerusalem, because Jeroboam and his sons
had rejected them as priests of the LORD
15 ●when he appointed his own priests for the
high places and for the goat and calf idols he
16 had made. ●Those from every tribe of Israel
who set their hearts on seeking the LORD,
the God of Israel, followed the Levites to
Jerusalem to offer sacrifices to the LORD, the
17 God of their ancestors. ●They strengthened
the kingdom of Judah and supported
Rehoboam son of Solomon three years, fol-

[a]18 Hebrew *Hadoram,* a variant of *Adoniram*

abandon [əbǽndən] *vt.* 버리다
arrive [əráiv] *vi.* 도착하다
chariot [tʃǽriət] *n.* 병거
commander [kəmǽndər] *n.* 지휘관
defense [diféns] *n.* 방어
district [dístrikt] *n.* 구역
escape [iskéip] *vi.* 달아나다
fortify [fɔ́:rtəfài] *vt.* 요새화하다
march [ma:rtʃ] *vi.* 행군하다
muster [mʌ́stər] *vt.* 소집하다
pastureland [pǽstʃərlæ̀nd] *n.* 초지
property [prápərti] *n.* 재산
rebellion [ribéljən] *n.* 반역
regain [rigéin] *vt.* 되찾다
shield [ʃi:ld] *n.* 방패

10:18 in charge of...: …에 책임있는
10:18 manage to...: …을 해내다
11:5 build up: 건축하다
11:13 side with...: …를 지지하다
11:16 set one's heart on...: …을 열망하다, 마음을 정하다

가 만든 송아지 우상을 위하여 친히 제사장들
을 세움이라
16 이스라엘 모든 지파 중에 마음을 굳게 하여 이
스라엘의 하나님 여호와를 찾는 자들이 레위 사
람들을 따라 예루살렘에 이르러 그들의 조상들
의 하나님 여호와께 제사하고자 한지라
17 그러므로 삼 년 동안 유다 나라를 도와 솔로몬
의 아들 르호보암을 강성하게 하였으니 이는
무리가 삼 년 동안을 다윗과 솔로몬의 길로 행
하였음이더라

르호보암의 가족

18 ●르호보암이 다윗의 아들 여리못의 딸 마할
랏을 아내로 삼았으니 마할랏은 이새의 아들
엘리압의 딸 아비하일의 소생이라
19 그가 아들들 곧 여우스와 스마랴와 사함을 낳
았으며
20 그 후에 압살롬의 딸 마아가에게 장가 들었더
니 그가 아비야와 앗대와 시사와 슬로밋을 낳
았더라
21 르호보암은 아내 열여덟 명과 첩 예순 명을 거
느려 아들 스물여덟 명과 딸 예순 명을 낳았
으나 압살롬의 딸 마아가를 모든 처첩보다 더
사랑하여
22 르호보암은 마아가의 아들 아비야를 후계자
로 세웠으니 이는 그의 형제들 가운데 지도자
로 삼아 왕으로 세우고자 함이었더라
23 르호보암이 지혜롭게 행하여 그의 모든 아들
을 유다와 베냐민의 온 땅 모든 견고한 성읍에
흩어 살게 하고 양식을 후히 주고 아내를 많이
구하여 주었더라

애굽이 유다를 치다 (왕상 14:25-28 ♪ 280장)

12 르호보암의 나라가 견고하고 세력이 강
해지매 그가 여호와의 율법을 버리니 온
이스라엘이 본받은지라
2 그들이 여호와께 범죄하였으므로 르호보암
왕 제오 년에 애굽 왕 시삭이 예루살렘을 치러
올라오니
3 그에게 병거가 천이백 대요 마병이 육만 명이
며 애굽에서 그와 함께 온 백성 곧 리비아와
숙과 구스 사람이 헤아릴 수 없이 많더라
4 시삭이 유다의 견고한 성읍들을 빼앗고 예루
살렘에 이르니
5 그때에 유다 방백들이 시삭의 일로 예루살렘
에 모였는지라 선지자 스마야가 르호보암과
방백들에게 나아와 이르되 여호와께서 이같
이 말씀하시기를 너희가 나를 버렸으므로 나
도 너희를 버려 시삭의 손에 넘겼노라 하셨다

lowing the ways of David and Solomon
during this time.

Rehoboam's Family

18 •Rehoboam married Mahalath, who was
the daughter of David's son Jerimoth and of
Abihail, the daughter of Jesse's son Eliab.
19 •She bore him sons: Jeush, Shemariah and
20 Zaham. •Then he married Maakah daugh-
ter of Absalom, who bore him Abijah, Attai,
21 Ziza and Shelomith. •Rehoboam loved
Maakah daughter of Absalom more than
any of his other wives and concubines. In all,
he had eighteen wives and sixty concubines,
twenty-eight sons and sixty daughters.
22 •Rehoboam appointed Abijah son of
Maakah as crown prince among his broth-
23 ers, in order to make him king. •He acted
wisely, dispersing some of his sons through-
out the districts of Judah and Benjamin,
and to all the fortified cities. He gave them
abundant provisions and took many wives
for them.

Shishak Attacks Jerusalem

12 After Rehoboam's position as king
was established and he had become
strong, he and all Israel[a] with him aban-
2 doned the law of the LORD. •Because they
had been unfaithful to the LORD, Shishak
king of Egypt attacked Jerusalem in the
3 fifth year of King Rehoboam. •With twelve
hundred chariots and sixty thousand horse-
men and the innumerable troops of Lib-
yans, Sukkites and Cushites[b] that came
4 with him from Egypt, •he captured the for-
tified cities of Judah and came as far as
Jerusalem.
5 •Then the prophet Shemaiah came to
Rehoboam and to the leaders of Judah
who had assembled in Jerusalem for fear
of Shishak, and he said to them, "This is
what the LORD says, 'You have abandoned
me; therefore, I now abandon you to Shi-
shak.' "
6 •The leaders of Israel and the king hum-
bled themselves and said, "The LORD is just."
7 •When the LORD saw that they humbled
themselves, this word of the LORD came to
Shemaiah: "Since they have humbled them-

[a]1 That is, Judah, as frequently in 2 Chronicles [b]3 That is, people from the upper Nile region

abundant [əbʌ́ndənt] *a.* 풍부한
assemble [əsémbl] *vi.* 집합하다
attack [ətǽk] *vt.* 공격하다
capture [kǽptʃər] *vt.* 점령하다
chariot [tʃǽriət] *n.* 병거
concubine [káŋkjubàin] *n.* 첩
disperse [dispə́:rs] *vt.* 분산시키다
establish [istǽbliʃ] *vt.* 세우다
fortify [fɔ́:rtəfài] *vt.* 요새화하다
humble [hʌ́mbl] *vt.* 낮추다
innumerable [injú:mərəbl] *a.* 무수한
position [pəzíʃən] *n.* 입장
provision [prəvíʒən] *n.* 식량
troop [tru:p] *n.* 군대
unfaithful [ʌnféiθfəl] *a.* 부정한

11:21 **more than...**: …보다 많이
11:21 **in all**: 모두 합해서
11:22 **in order to...**: …하기 위하여
12:3 **come with...**: …이 딸려 있다
12:4 **as far as...**: …에 까지
12:5 **abandon A to B**: A를 B에게 넘겨주다

한지라
6 이에 이스라엘 방백들과 왕이 스스로 겸비하
여 이르되 여호와는 의로우시다 하매 단 9:14
7 여호와께서 그들이 스스로 겸비함을 보신지
라 여호와의 말씀이 스마야에게 임하여 이르
시되 그들이 스스로 겸비하였으니 내가 멸하
지 아니하고 저희를 조금 구원하여 나의 노를
시삭의 손을 통하여 예루살렘에 쏟지 아니하
리라
8 그러나 그들이 시삭의 종이 되어 나를 섬기는
것과 세상 나라들을 섬기는 것이 어떠한지 알
게 되리라 하셨더라
9 ●애굽 왕 시삭이 올라와서 예루살렘을 치고
여호와의 전 보물과 왕궁의 보물을 모두 빼앗
고 솔로몬이 만든 금 방패도 빼앗은지라
10 르호보암 왕이 그 대신에 놋으로 방패를 만들
어 궁문을 지키는 경호 책임자들의 손에 맡기
매
11 왕이 여호와의 전에 들어갈 때마다 경호하는
자가 그 방패를 들고 갔다가 경호실로 도로 가
져갔더라
12 르호보암이 스스로 겸비하였고 유다에 선한
일도 있으므로 여호와께서 노를 돌이키사 다
멸하지 아니하셨더라

르호보암이 죽다

13 ●르호보암 왕은 예루살렘에서 스스로 세력
을 굳게 하여 다스리니라 르호보암이 왕위에
오를 때에 나이가 사십일 세라 예루살렘 곧 여
호와께서 이스라엘의 모든 지파 중에서 택하
여 그의 이름을 두신 성에서 십칠 년 동안 다
스리니라 르호보암의 어머니의 이름은 나아
마요 암몬 여인이더라
14 르호보암이 악을 행하였으니 이는 그가 여호
와를 구하는 마음을 굳게 하지 아니함이었더
라
15 ●르호보암의 처음부터 끝까지의 행적은 선
지자 스마야와 선견자 잇도의 족보책에 기록
되지 아니하였느냐 르호보암과 여로보암 사
이에 항상 전쟁이 있으니라
16 르호보암이 그의 조상들과 함께 누우매 다윗
성에 장사되고 그의 아들 아비야가 그를 대신
하여 왕이 되니라

아비야와 여로보암의 전쟁 (왕상 15:1-8)

13 여로보암 왕 열여덟째 해에 아비야가 유
다의 왕이 되고
2 예루살렘에서 삼 년 동안 다스리니라 그의 어
머니의 이름은 미가야요 기브아 사람 우리엘

selves, I will not destroy them but will soon
give them deliverance. My wrath will not be
poured out on Jerusalem through Shishak.
8 •They will, however, become subject to him,
so that they may learn the difference
between serving me and serving the kings of
other lands."
9 •When Shishak king of Egypt attacked
Jerusalem, he carried off the treasures of the
temple of the LORD and the treasures of the
royal palace. He took everything, including
10 the gold shields Solomon had made. •So
King Rehoboam made bronze shields to
replace them and assigned these to the
commanders of the guard on duty at the
11 entrance to the royal palace. •Whenever the
king went to the LORD's temple, the guards
went with him, bearing the shields, and
afterward they returned them to the guard-
room.
12 •Because Rehoboam humbled himself,
the LORD's anger turned from him, and he
was not totally destroyed. Indeed, there was
some good in Judah.
13 •King Rehoboam established himself
firmly in Jerusalem and continued as king.
He was forty-one years old when he be-
came king, and he reigned seventeen years
in Jerusalem, the city the LORD had chosen
out of all the tribes of Israel in which to put
his Name. His mother's name was Naa-
14 mah; she was an Ammonite. •He did evil
because he had not set his heart on seeking
the LORD.
15 •As for the events of Rehoboam's reign,
from beginning to end, are they not written
in the records of Shemaiah the prophet
and of Iddo the seer that deal with genealo-
gies? There was continual warfare between
16 Rehoboam and Jeroboam. •Rehoboam rest-
ed with his ancestors and was buried in the
City of David. And Abijah his son succeeded
him as king.

Abijah King of Judah

13 In the eighteenth year of the reign of
Jeroboam, Abijah became king of
2 Judah, •and he reigned in Jerusalem three
years. His mother's name was Maakah,[a] a
daughter[b] of Uriel of Gibeah.

[a]2 Most Septuagint manuscripts and Syriac (see also 11:20 and 1 Kings 15:2); Hebrew *Micaiah* [b]2 Or *granddaughter*

afterward [ǽftərwərd] *ad.* 그 후에
ancestor [ǽnsestər] *n.* 조상
deliverance [dilívərəns] *n.* 구원
difference [dífərəns] *n.* 차이
entrance [éntrəns] *n.* 입구
guard [gɑːrd] *n.* 경호대
indeed [indíːd] *ad.* 진실로
pour [pɔːr] *vt.* 붓다
reign [rein] *vt.* 다스리다
seek [siːk] *vt.* 구하다
succeed [səksíːd] *vt.* 계승하다
treasure [tréʒər] *n.* 보물
tribe [traib] *n.* 지파, 일족
warfare [wɔ́ːrfɛ̀ər] *n.* 전쟁
wrath [ræθ] *n.* 분노

12:8 **become subject to...**: …에 속박되다, 종속되다
12:9 **carry off**: 받다, 획득하다
12:10 **assign A to B**: A를 B에게 할당하다
12:10 **on duty**: 근무 시간에
12:15 **deal with...**: …를 다루다

의 딸이더라 아비야가 여로보암과 더불어 싸
울새
3 아비야는 싸움에 용감한 군사 사십만 명을
택하여 싸움을 준비하였고 여로보암은 큰 용
사 팔십만 명을 택하여 그와 대진한지라
4 아비야가 에브라임 산 중 스마라임 산 위에
서서 이르되 여로보암과 이스라엘 무리들아
다 들으라
5 이스라엘 하나님 여호와께서 소금 언약으로
이스라엘 나라를 영원히 다윗과 그의 자손에
게 주신 것을 너희가 알 것 아니냐
6 다윗의 아들 솔로몬의 신하 느밧의 아들 여
로보암이 일어나 자기의 주를 배반하고
7 난봉꾼과 잡배가 모여 따르므로 스스로 강하
게 되어 솔로몬의 아들 르호보암을 대적하였
으나 그때에 르호보암이 어리고 마음이 연약
하여 그들의 입을 능히 막지 못하였었느니라
8 이제 너희가 또 다윗 자손의 손으로 다스리
는 여호와의 나라를 대적하려 하는도다 너희
는 큰 무리요 또 여로보암이 너희를 위하여
신으로 만든 금송아지들이 너희와 함께 있도
다
9 너희가 아론 자손인 여호와의 제사장들과 레
위 사람들을 쫓아내고 이방 백성들의 풍속을
따라 제사장을 삼지 아니하였느냐 누구를 막
론하고 어린 수송아지 한 마리와 숫양 일곱
마리를 끌고 와서 장립을 받고자 하는 자마
다 허무한 신들의 제사장이 될 수 있도다
10 우리에게는 여호와께서 우리 하나님이 되시
니 우리가 그를 배반하지 아니하였고 여호와
를 섬기는 제사장들이 있으니 아론의 자손이
요 또 레위 사람들이 수종 들어
11 매일 아침 저녁으로 여호와 앞에 번제를 드
리며 분향하며 또 깨끗한 상에 진설병을 놓
고 또 금 등잔대가 있어 그 등에 저녁마다 불
을 켜나니 우리는 우리 하나님 여호와의 계
명을 지키나 너희는 그를 배반하였느니라
12 하나님이 우리와 함께하사 우리의 머리가 되
시고 그의 제사장들도 우리와 함께하여 전쟁
의 나팔을 불어 너희를 공격하느니라 이스라
엘 자손들아 너희 조상들의 하나님 여호와와
싸우지 말라 너희가 형통하지 못하리라
13 •여로보암이 유다의 뒤를 둘러 복병하였으
므로 그 앞에는 이스라엘 사람들이 있고 그
뒤에는 복병이 있는지라
14 유다 사람이 뒤를 돌아보고 자기 앞뒤의 적
병으로 말미암아 여호와께 부르짖고 제사장

There was war between Abijah and Jer-
3 oboam. •Abijah went into battle with an
army of four hundred thousand able fighting
men, and Jeroboam drew up a battle line
against him with eight hundred thousand
able troops.
4 •Abijah stood on Mount Zemaraim, in the
hill country of Ephraim, and said, "Jeroboam
5 and all Israel, listen to me! •Don't you know
that the LORD, the God of Israel, has given the
kingship of Israel to David and his descen-
6 dants forever by a covenant of salt? •Yet Jer-
oboam son of Nebat, an official of Solomon
son of David, rebelled against his master.
7 •Some worthless scoundrels gathered around
him and opposed Rehoboam son of Solomon
when he was young and indecisive and not
strong enough to resist them.
8 •"And now you plan to resist the kingdom
of the LORD, which is in the hands of David's
descendants. You are indeed a vast army and
have with you the golden calves that Jer-
9 oboam made to be your gods. •But didn't you
drive out the priests of the LORD, the sons of
Aaron, and the Levites, and make priests of
your own as the peoples of other lands do?
Whoever comes to consecrate himself with a
young bull and seven rams may become a
priest of what are not gods.
10 •"As for us, the LORD is our God, and we
have not forsaken him. The priests who serve
the LORD are sons of Aaron, and the Levites
11 assist them. •Every morning and evening
they present burnt offerings and fragrant
incense to the LORD. They set out the bread on
the ceremonially clean table and light the
lamps on the gold lampstand every evening.
We are observing the requirements of the
LORD our God. But you have forsaken him.
12 •God is with us; he is our leader. His priests
with their trumpets will sound the battle cry
against you. People of Israel, do not fight
against the LORD, the God of your ancestors,
for you will not succeed."
13 •Now Jeroboam had sent troops around to
the rear, so that while he was in front of
14 Judah the ambush was behind them. •Ju-
dah turned and saw that they were being
attacked at both front and rear. Then they
cried out to the LORD. The priests blew their
15 trumpets •and the men of Judah raised the
battle cry. At the sound of their battle cry,

ambush [ǽmbuʃ] *n.* 복병
assist [əsíst] *vt.* 돕다
calf [kæf] *n.* 송아지
ceremonially [sèrəmóuniəli] *ad.* 의례적으로
consecrate [kánsəkrèit] *vt.* 성별하다
covenant [kʌ́vənənt] *n.* 언약
fragrant [fréigrənt] *a.* 향기로운
incense [ínsens] *n.* 향
indecisive [indisáisiv] *a.* 우유부단한
kingship [kíŋʃip] *n.* 왕권
oppose [əpóuz] *vt.* 반대하다
ram [ræm] *n.* 숫양
resist [rizíst] *vt.* 저항하다
scoundrel [skáundrəl] *n.* 불량배
vast [væst] *a.* 거대한

13:6 **rebel against...**: …에 반항하다
13:9 **drive out**: 추방하다, 몰아내다
13:11 **present A to B**: A를 B에게 주다
13:11 **set out**: (음식을) 차리다
13:12 **fight against...**: …와 싸우다
13:13 **in front of...**: …앞에

들은 나팔을 부니라
15 유다 사람이 소리 지르매 유다 사람이 소리
지를 때에 하나님이 여로보암과 온 이스라엘
을 아비야와 유다 앞에서 치시니
16 이스라엘 자손이 유다 앞에서 도망하는지라
하나님이 그들의 손에 넘기셨으므로
17 아비야와 그의 백성이 크게 무찌르니 이스라
엘이 택한 병사들이 죽임을 당하고 엎드러진
자들이 오십만 명이었더라
18 그때에 이스라엘 자손이 항복하고 유다 자손
이 이겼으니 이는 그들이 그들의 조상들의
하나님 여호와를 의지하였음이라
19 아비야가 여로보암을 쫓아가서 그의 성읍들
을 빼앗았으니 곧 벧엘과 그 동네들과 여사
나와 그 동네들과 에브론과 그 동네들이라
20 아비야 때에 여로보암이 다시 강성하지 못하
고 여호와의 치심을 입어 죽었고
21 아비야는 점점 강성하며 아내 열넷을 거느려
아들 스물둘과 딸 열여섯을 낳았더라
22 아비야의 남은 사적과 그의 행위와 그의 말
은 선지자 잇도의 주석 책에 기록되니라 12:15

아사가 유다 왕이 되다 (♪ 301장) ― B.C. 911년경

14 아비야가 그의 조상들과 함께 누우매
다윗 성에 장사되고 그의 아들 아사가
대신하여 왕이 되니 그의 시대에 그의 땅이
십 년 동안 평안하니라
2 아사가 그의 하나님 여호와 보시기에 선과
정의를 행하여
3 이방 제단과 산당을 없애고 주상을 깨뜨리며
아세라 상을 찍고
4 유다 사람에게 명하여 그 조상들의 하나님
여호와를 찾게 하며 그의 율법과 명령을 행
하게 하고
5 또 유다 모든 성읍에서 산당과 태양상을 없
애매 나라가 그 앞에서 평안함을 누리니라
6 여호와께서 아사에게 평안을 주셨으므로 그
땅이 평안하여 여러 해 싸움이 없은지라 그
가 견고한 성읍들을 유다에 건축하니라
7 아사가 일찍이 유다 사람에게 이르되 우리가
우리 하나님 여호와를 찾았으므로 이 땅이
아직 우리 앞에 있나니 우리가 이 성읍들을
건축하고 그 주위에 성곽과 망대와 문과 빗
장을 만들자 우리가 주를 찾았으므로 주께서
우리 사방에 평안을 주셨느니라 하고 이에
그들이 성읍을 형통하게 건축하였더라
8 아사의 군대는 유다 중에서 큰 방패와 창을
잡는 자가 삼십만 명이요 베냐민 중에서 작

God routed Jeroboam and all Israel before
16 Abijah and Judah. •The Israelites fled before
Judah, and God delivered them into their
17 hands. •Abijah and his troops inflicted
heavy losses on them, so that there were five
hundred thousand casualties among Israel's
18 able men. •The Israelites were subdued on
that occasion, and the people of Judah were
victorious because they relied on the LORD,
the God of their ancestors.
19 •Abijah pursued Jeroboam and took from
him the towns of Bethel, Jeshanah and
Ephron, with their surrounding villages.
20 •Jeroboam did not regain power during the
time of Abijah. And the LORD struck him
down and he died.
21 •But Abijah grew in strength. He married
fourteen wives and had twenty-two sons and
sixteen daughters.
22 •The other events of Abijah's reign, what he
did and what he said, are written in the anno-
tations of the prophet Iddo.

14 [a]And Abijah rested with his ancestors
and was buried in the City of David.
Asa his son succeeded him as king, and in his
days the country was at peace for ten years.

Asa King of Judah

2 •Asa did what was good and right in the
3 eyes of the LORD his God. •He removed the
foreign altars and the high places, smashed
the sacred stones and cut down the Asherah
4 poles.[b] •He commanded Judah to seek the
LORD, the God of their ancestors, and to obey
5 his laws and commands. •He removed the
high places and incense altars in every town
in Judah, and the kingdom was at peace
6 under him. •He built up the fortified cities of
Judah, since the land was at peace. No one
was at war with him during those years, for
the LORD gave him rest.
7 •"Let us build up these towns," he said to
Judah, "and put walls around them, with tow-
ers, gates and bars. The land is still ours,
because we have sought the LORD our God; we
sought him and he has given us rest on every
side." So they built and prospered.
8 •Asa had an army of three hundred thou-
sand men from Judah, equipped with large

[a]In Hebrew texts 14:1 is numbered 13:23, and 14:2-15 is numbered 14:1-14. [b]3 That is, wooden symbols of the goddess Asherah; here and elsewhere in 2 Chronicles

annotation [ænətéiʃən] *n.* 주석
casualty [kǽʒuəlti] *n.* 사상자
equip [ikwíp] *vt.* (장비를) 갖추다
flee [fliː] *vi.* 도망하다
fortify [fɔ́ːrtəfài] *vt.* 요새화하다
incense [insens] *n.* 향
inflict [inflíkt] *vt.* (벌 · 손해 등을) 주다
occasion [əkéiʒən] *n.* 기회
prosper [práspər] *vi.* 번성하다
pursue [pərsúː] *vt.* 추적하다
regain [rigéin] *vt.* 회복하다
remove [rimúːv] *vt.* 제거하다
sacred [séikrid] *a.* 신성한
subdue [səbdjúː] *vt.* 정복하다
victorious [viktɔ́ːriəs] *a.* 승리를 거둔

13:16 **deliver A into B:** A를 B에게 넘겨주다
13:17 **so that:** 그래서
13:18 **rely on...:** …에 의지하다
14:1 **succeed as...:** …의 뒤를 잇다
14:3 **cut down...:** …을 파괴하다
14:6 **build up:** 쌓아 올리다

은 방패를 잡으며 활을 당기는 자가 이십팔
만 명이라 그들은 다 큰 용사였더라
9 ●구스 사람 세라가 그들을 치려 하여 군사
백만 명과 병거 삼백 대를 거느리고 마레사
에 이르매
10 아사가 마주 나가서 마레사의 스바다 골짜기
에 전열을 갖추고
11 아사가 그의 하나님 여호와께 부르짖어 이르
되 여호와여 힘이 강한 자와 약한 자 사이에
는 주밖에 도와줄 이가 없사오니 우리 하나
님 여호와여 우리를 도우소서 우리가 주를
의지하오며 주의 이름을 의탁하옵고 이 많은
무리를 치러 왔나이다 여호와여 주는 우리
하나님이시오니 원하건대 사람이 주를 이기
지 못하게 하옵소서 하였더니
12 여호와께서 구스 사람들을 아사와 유다 사람
들 앞에서 치시니 구스 사람들이 도망하는지
라
13 아사와 그와 함께한 백성이 구스 사람들을
추격하여 그랄까지 이르매 이에 구스 사람들
이 엎드러지고 살아남은 자가 없었으니 이는
여호와 앞에서와 그의 군대 앞에서 패망하였
음이라 노략한 물건이 매우 많았더라
14 여호와께서 그랄 사면 모든 성읍 백성을 두
렵게 하시니 무리가 그의 모든 성읍을 치고
그 가운데에 있는 많은 물건을 노략하고
15 또 짐승 지키는 천막을 치고 양과 낙타를 많
이 이끌고 예루살렘으로 돌아왔더라

아사의 개혁 (♪211, 218장)

15 하나님의 영이 오뎃의 아들 아사랴에게
임하시매
2 그가 나가서 아사를 맞아 이르되 아사와 및
유다와 베냐민의 무리들아 내 말을 들으라
너희가 여호와와 함께하면 여호와께서 너희
와 함께하실지라 너희가 만일 그를 찾으면
그가 너희와 만나게 되시려니와 너희가 만일
그를 버리면 그도 너희를 버리시리라
3 이스라엘에는 참 신이 없고 가르치는 제사장
도 없고 율법도 없은 지가 오래 되었으나
4 그들이 그 환난 때에 이스라엘 하나님 여호
와께로 돌아가서 찾으매 그가 그들과 만나게
되셨나니
5 그때에 온 땅의 모든 주민이 크게 요란하여
사람의 출입이 평안하지 못하며
6 이 나라와 저 나라가 서로 치고 이 성읍이 저
성읍과 또한 그러하여 피차 상한 바 되었나
니 이는 하나님이 여러 가지 고난으로 요란

shields and with spears, and two hundred and
eighty thousand from Benjamin, armed with
small shields and with bows. All these were
brave fighting men.
9 ●Zerah the Cushite marched out against
them with an army of thousands upon thou-
sands and three hundred chariots, and came
10 as far as Mareshah. ●Asa went out to meet
him, and they took up battle positions in the
Valley of Zephathah near Mareshah.
11 ●Then Asa called to the LORD his God and
said, "LORD, there is no one like you to help the
powerless against the mighty. Help us, LORD
our God, for we rely on you, and in your name
we have come against this vast army. LORD,
you are our God; do not let mere mortals pre-
vail against you."
12 ●The LORD struck down the Cushites before
13 Asa and Judah. The Cushites fled, ●and Asa
and his army pursued them as far as Gerar.
Such a great number of Cushites fell that they
could not recover; they were crushed before
the LORD and his forces. The men of Judah car-
14 ried off a large amount of plunder. ●They
destroyed all the villages around Gerar, for the
terror of the LORD had fallen on them. They
looted all these villages, since there was much
15 plunder there. ●They also attacked the camps
of the herders and carried off droves of sheep
and goats and camels. Then they returned to
Jerusalem.

Asa's Reform

15 The Spirit of God came on Azariah
2 son of Oded. ●He went out to meet
Asa and said to him, "Listen to me, Asa and
all Judah and Benjamin. The LORD is with
you when you are with him. If you seek him,
he will be found by you, but if you forsake
3 him, he will forsake you. ●For a long time
Israel was without the true God, without a
4 priest to teach and without the law. ●But in
their distress they turned to the LORD, the God
of Israel, and sought him, and he was found
5 by them. ●In those days it was not safe to
travel about, for all the inhabitants of the
6 lands were in great turmoil. ●One nation was
being crushed by another and one city by
another, because God was troubling them
7 with every kind of distress. ●But as for you, be
strong and do not give up, for your work will
be rewarded."

chariot [tʃǽriət] *n.* 병거
destroy [distrɔ́i] *vt.* 파괴하다
distress [distrés] *n.* 고통
forsake [fərséik] *vt.* 버리다
inhabitant [inhǽbətənt] *n.* 거주자
plunder [plʌ́ndər] *n.* 약탈품
powerless [páuərlis] *a.* 힘 없는
prevail [privéil] *vi.* 이기다
recover [rikʌ́vər] *vt.* 회복하다
reform [rifɔ́:rm] *n.* 개선, 개혁
reward [riwɔ́:rd] *vt.* 보상하다
sheep [ʃi:p] *n.* 양
shield [ʃi:ld] *n.* 방패
spear [spiər] *n.* 창, 작살
turmoil [tə́:rmɔil] *n.* 혼란

14:9 march out against...: …에 대항하여 행군해 나가다
14:10 take up: 시작하다, 자리를 잡다
14:11 rely on...: …에 의지하다
14:14 fall on...: …을 습격하다
14:15 carry off: 받다, 획득하다

하게 하셨음이라
7 그런즉 너희는 강하게 하라 너희의 손이 약하지 않게 하라 너희 행위에는 상급이 있음이라 하니라
8 ●아사가 이 말 곧 선지자 오뎃의 예언을 듣고 마음을 강하게 하여 가증한 물건들을 유다와 베냐민 온 땅에서 없애고 또 에브라임 산지에서 빼앗은 성읍들에서도 없애고 또 여호와의 낭실 앞에 있는 여호와의 제단을 재건하고
9 또 유다와 베냐민의 무리를 모으고 에브라임과 므낫세와 시므온 가운데에서 나와서 저희 중에 머물러 사는 자들을 모았으니 이는 이스라엘 사람들이 아사의 하나님 여호와께서 그와 함께하심을 보고 아사에게로 돌아오는 자가 많았음이더라
10 아사 왕 제십오 년 셋째 달에 그들이 예루살렘에 모이고
11 그날에 노략하여 온 물건 중에서 소 칠백 마리와 양 칠천 마리로 여호와께 제사를 지내고
12 또 마음을 다하고 목숨을 다하여 조상들의 하나님 여호와를 찾기로 언약하고
13 이스라엘 하나님 여호와를 찾지 아니하는 자는 대소 남녀를 막론하고 죽이는 것이 마땅하다 하고 출 22:20
14 무리가 큰 소리로 외치며 피리와 나팔을 불어 여호와께 맹세하매
15 온 유다가 이 맹세를 기뻐한지라 무리가 마음을 다하여 맹세하고 뜻을 다하여 여호와를 찾았으므로 여호와께서도 그들을 만나 주시고 그들의 사방에 평안을 주셨더라 15:2
16 ●아사 왕의 어머니 마아가가 아세라의 가증한 목상을 만들었으므로 아사가 그의 태후의 자리를 폐하고 그의 우상을 찍고 빻아 기드론 시냇가에서 불살랐으니
17 산당은 이스라엘 중에서 제하지 아니하였으나 아사의 마음이 일평생 온전하였더라
18 그가 또 그의 아버지가 구별한 물건과 자기가 구별한 물건 곧 은과 금과 그릇들을 하나님의 전에 드렸더니
19 이때부터 아사 왕 제삼십오 년까지 다시는 전쟁이 없으니라

이스라엘과 유다의 충돌 (왕상 15:17-22)

16 아사 왕 제삼십육 년에 이스라엘 왕 바아사가 유다를 치러 올라와서 라마를 건축하여 사람을 유다 왕 아사에게 왕래하지 못하게 하려 한지라 왕상 15:17-22

8 ●When Asa heard these words and the
prophecy of Azariah son of[a] Oded the
prophet, he took courage. He removed the
detestable idols from the whole land of
Judah and Benjamin and from the towns he
had captured in the hills of Ephraim. He
repaired the altar of the LORD that was in
front of the portico of the LORD's temple.
9 ●Then he assembled all Judah and Ben-
jamin and the people from Ephraim, Man-
asseh and Simeon who had settled among
them, for large numbers had come over to
him from Israel when they saw that the LORD
his God was with him.
10 ●They assembled at Jerusalem in the third
11 month of the fifteenth year of Asa's reign. ●At
that time they sacrificed to the LORD seven
hundred head of cattle and seven thousand
sheep and goats from the plunder they had
12 brought back. ●They entered into a covenant
to seek the LORD, the God of their ancestors,
13 with all their heart and soul. ●All who would
not seek the LORD, the God of Israel, were to be
put to death, whether small or great, man or
14 woman. ●They took an oath to the LORD with
loud acclamation, with shouting and with
15 trumpets and horns. ●All Judah rejoiced about
the oath because they had sworn it whole-
heartedly. They sought God eagerly, and he
was found by them. So the LORD gave them
rest on every side.
16 ●King Asa also deposed his grandmother
Maakah from her position as queen mother,
because she had made a repulsive image for
the worship of Asherah. Asa cut it down,
broke it up and burned it in the Kidron Val-
17 ley. ●Although he did not remove the high
places from Israel, Asa's heart was fully com-
18 mitted to the LORD all his life. ●He brought
into the temple of God the silver and gold
and the articles that he and his father had
dedicated.
19 ●There was no more war until the thirty-
fifth year of Asa's reign.

Asa's Last Years

16 In the thirty-sixth year of Asa's reign Baasha king of Israel went up against Judah and fortified Ramah to prevent anyone from leaving or entering the territory of

[a]8 Vulgate and Syriac (see also Septuagint and verse 1); Hebrew does not have *Azariah son of*.

acclamation [ækləméiʃən] *n.* 환호
article [á:rtikl] *n.* 물품
assemble [əsémbl] *vt.* 모으다
commit [kəmít] *vt.* 헌신하다
courage [kə́:ridʒ] *n.* 용기
dedicate [dédikèit] *vt.* 헌납하다
depose [dipóuz] *vt.* 폐위시키다
detestable [ditéstəbl] *a.* 가증스러운
fortify [fɔ́:rtəfài] *vt.* 요새화하다
portico [pɔ́:rtəkòu] *n.* 주랑 현관
prophecy [práfəsi] *n.* 예언
repulsive [ripʌ́lsiv] *a.* 불쾌한
sacrifice [sǽkrəfàis] *vt.* 희생물로 바치다
territory [térətɔ̀:ri] *n.* 영토
wholeheartedly [houlhá:rtidli] *ad.* 전심으로

15:8 remove A from B: B에서 A를 제거하다
15:12 enter into...: (관계, 협약 등) …를 맺다
15:13 put... to death: …를 죽이다
15:14 take an oath: 맹세하다
16:1 prevent... from~: …가 ~하는 것을 방해하다, 막다

2 아사가 여호와의 전 곳간과 왕궁 곳간의 은
금을 내어다가 다메섹에 사는 아람 왕 벤하
닷에게 보내며 이르되
3 내 아버지와 당신의 아버지 사이에와 같이
나와 당신 사이에 약조하자 내가 당신에게
은금을 보내노니 와서 이스라엘 왕 바아사와
세운 약조를 깨뜨려 그가 나를 떠나게 하라
하매
4 벤하닷이 아사 왕의 말을 듣고 그의 군대 지
휘관들을 보내어 이스라엘 성읍들을 치되 이
욘과 단과 아벨마임과 납달리의 모든 국고성
들을 쳤더니
5 바아사가 듣고 라마 건축하는 일을 포기하고
그 공사를 그친지라
6 아사 왕이 온 유다 무리를 거느리고 바아사
가 라마를 건축하던 돌과 재목을 운반하여다
가 게바와 미스바를 건축하였더라

선견자 하나니

7 ●그때에 선견자 하나니가 유다 왕 아사에게
나와서 그에게 이르되 왕이 아람 왕을 의지
하고 왕의 하나님 여호와를 의지하지 아니하
였으므로 아람 왕의 군대가 왕의 손에서 벗
어났나이다
8 구스 사람과 룹 사람의 군대가 크지 아니하
며 말과 병거가 심히 많지 아니하더이까 그
러나 왕이 여호와를 의지하였으므로 여호와
께서 왕의 손에 넘기셨나이다 12:3
9 여호와의 눈은 온 땅을 두루 감찰하사 전심으
로 자기에게 향하는 자들을 위하여 능력을 베
푸시나니 이 일은 왕이 망령되이 행하였은즉
이후부터는 왕에게 전쟁이 있으리이다 하매
10 아사가 노하여 선견자를 옥에 가두었으니 이
는 그의 말에 크게 노하였음이며 그때에 아사
가 또 백성 중에서 몇 사람을 학대하였더라

아사가 죽다 (왕상 15:23-24)

11 ●아사의 처음부터 끝까지의 행적은 유다와
이스라엘 열왕기에 기록되니라
12 아사가 왕이 된 지 삼십구 년에 그의 발이 병
들어 매우 위독했으나 병이 있을 때에 그가
여호와께 구하지 아니하고 의원들에게 구하
였더라
13 아사가 왕위에 있은 지 사십일 년 후에 죽어
그의 조상들과 함께 누우매
14 다윗 성에 자기를 위하여 파 두었던 묘실에
무리가 장사하되 그의 시체를 법대로 만든
각양 향 재료를 가득히 채운 상에 두고 또 그
것을 위하여 많이 분향하였더라

Asa king of Judah.
2 •Asa then took the silver and gold out of
the treasuries of the LORD's temple and of his
own palace and sent it to Ben-Hadad king of
3 Aram, who was ruling in Damascus. •"Let
there be a treaty between me and you," he
said, "as there was between my father and
your father. See, I am sending you silver and
gold. Now break your treaty with Baasha king
of Israel so he will withdraw from me."
4 •Ben-Hadad agreed with King Asa and sent
the commanders of his forces against the
towns of Israel. They conquered Ijon, Dan,
Abel Maim[a] and all the store cities of Naphtali.
5 •When Baasha heard this, he stopped build-
6 ing Ramah and abandoned his work. •Then
King Asa brought all the men of Judah, and
they carried away from Ramah the stones and
timber Baasha had been using. With them he
built up Geba and Mizpah.
7 •At that time Hanani the seer came to Asa
king of Judah and said to him: "Because you
relied on the king of Aram and not on the
LORD your God, the army of the king of Aram
8 has escaped from your hand. •Were not the
Cushites[b] and Libyans a mighty army with
great numbers of chariots and horsemen[c]? Yet
when you relied on the LORD, he delivered
9 them into your hand. •For the eyes of the
LORD range throughout the earth to strengthen
those whose hearts are fully committed to
him. You have done a foolish thing, and from
now on you will be at war."
10 •Asa was angry with the seer because of
this; he was so enraged that he put him in
prison. At the same time Asa brutally
oppressed some of the people.
11 •The events of Asa's reign, from beginning
to end, are written in the book of the kings of
12 Judah and Israel. •In the thirty-ninth year of
his reign Asa was afflicted with a disease in his
feet. Though his disease was severe, even in his
illness he did not seek help from the LORD, but
13 only from the physicians. •Then in the
forty-first year of his reign Asa died and rested
14 with his ancestors. •They buried him in the
tomb that he had cut out for himself in the
City of David. They laid him on a bier covered
with spices and various blended perfumes,
and they made a huge fire in his honor.

[a]4 Also known as *Abel Beth Maakah* [b]8 That is, people from the upper Nile region [c]8 Or *charioteers*

abandon [əbǽndən] *vt.* 포기하다
bier [biər] *n.* 묘
blend [blend] *vt.* 혼합하다
brutally [brúːtəli] *ad.* 잔인하게
conquer [káŋkər] *vt.* 정복하다
enrage [inréidʒ] *vt.* 화나게 하다
oppress [əprés] *vt.* 학대하다
perfume [pə́ːrfjuːm] *n.* 향료
physician [fizíʃən] *n.* 의사
range [reindʒ] *vt.* 이르다
spice [spais] *n.* 향료
treasury [tréʒəri] *n.* 금고
treaty [tríːti] *n.* 조약
various [vέəriəs] *a.* 다양한
withdraw [wiðdrɔ́ː] *vt.* 후퇴하다

16:4 agree with...: …에게 동의하다
16:6 carry away: 빼앗다, 채가다
16:7 rely on...: …에 의지하다
16:8 deliver A into B: A를 B에게 넘겨주다
16:9 from now on: 앞으로는, 향후
16:12 be afflicted with...: …에 시달리다

여호사밧이 유다의 왕이 되다 — B.C. 872년경

17 아사의 아들 여호사밧이 대신하여 왕이
되어 스스로 강하게 하여 이스라엘을 방
어하되
2 유다 모든 견고한 성읍에 군대를 주둔시키고
또 유다 땅과 그의 아버지 아사가 정복한 에
브라임 성읍들에 영문을 두었더라 15:8
3 여호와께서 여호사밧과 함께하셨으니 이는
그가 그의 조상 다윗의 처음 길로 행하여 바
알들에게 구하지 아니하고
4 오직 그의 아버지의 하나님께 구하며 그의
계명을 행하고 이스라엘의 행위를 따르지 아
니하였음이라
5 그러므로 여호와께서 나라를 그의 손에서 견
고하게 하시매 유다 무리가 여호사밧에게 예
물을 드렸으므로 그가 부귀와 영광을 크게
떨쳤더라
6 그가 전심으로 여호와의 길을 걸어 산당들과
아세라 목상들도 유다에서 제거하였더라
7 ●그가 왕위에 있은 지 삼 년에 그의 방백들
벤하일과 오바댜와 스가랴와 느다넬과 미가
야를 보내어 유다 여러 성읍에 가서 가르치
게 하고
8 또 그들과 함께 레위 사람 스마야와 느다냐
와 스바댜와 아사헬과 스미라못과 여호나단
과 아도니야와 도비야와 도바도니야 등 레위
사람들을 보내고 또 저희와 함께 제사장 엘
리사마와 여호람을 보내었더니 19:8
9 그들이 여호와의 율법책을 가지고 유다에서
가르치되 그 모든 유다 성읍들로 두루 다니
며 백성들을 가르쳤더라

여호사밧이 강대하여지다

10 ●여호와께서 유다 사방의 모든 나라에 두려
움을 주사 여호사밧과 싸우지 못하게 하시매
11 블레셋 사람들 중에서는 여호사밧에게 예물
을 드리며 은으로 조공을 바쳤고 아라비아
사람들도 짐승 떼 곧 숫양 칠천칠백 마리와
숫염소 칠천칠백 마리를 드렸더라
12 여호사밧이 점점 강대하여 유다에 견고한 요
새와 국고성을 건축하고
13 유다 여러 성에 공사를 많이 하고 또 예루살
렘에 크게 용맹스러운 군사를 두었으니
14 군사의 수효가 그들의 족속대로 이러하니라
유다에 속한 천부장 중에는 아드나가 으뜸이
되어 큰 용사 삼십만 명을 거느렸고
15 그 다음은 지휘관 여호하난이니 이십팔만 명
을 거느렸고

Jehoshaphat King of Judah

17 Jehoshaphat his son succeeded him
as king and strengthened himself
2 against Israel. ●He stationed troops in all the
fortified cities of Judah and put garrisons in
Judah and in the towns of Ephraim that his
father Asa had captured.
3 ●The LORD was with Jehoshaphat because
he followed the ways of his father David
before him. He did not consult the Baals
4 ●but sought the God of his father and fol-
lowed his commands rather than the prac-
5 tices of Israel. ●The LORD established the king-
dom under his control; and all Judah brought
gifts to Jehoshaphat, so that he had great
6 wealth and honor. ●His heart was devoted
to the ways of the LORD; furthermore, he
removed the high places and the Asherah
poles from Judah.
7 ●In the third year of his reign he sent his
officials Ben-Hail, Obadiah, Zechariah, Ne-
thanel and Micaiah to teach in the towns of
8 Judah. ●With them were certain Levites—
Shemaiah, Nethaniah, Zebadiah, Asahel,
Shemiramoth, Jehonathan, Adonijah, Tobi-
jah and Tob-Adonijah—and the priests Eli-
9 shama and Jehoram. ●They taught through-
out Judah, taking with them the Book of the
Law of the LORD; they went around to all the
towns of Judah and taught the people.
10 ●The fear of the LORD fell on all the king-
doms of the lands surrounding Judah, so that
they did not go to war against Jehoshaphat.
11 ●Some Philistines brought Jehoshaphat gifts
and silver as tribute, and the Arabs brought
him flocks: seven thousand seven hundred
rams and seven thousand seven hundred
goats.
12 ●Jehoshaphat became more and more
powerful; he built forts and store cities in
13 Judah ●and had large supplies in the towns
of Judah. He also kept experienced fighting
14 men in Jerusalem. ●Their enrollment by
families was as follows:
From Judah, commanders of units of
1,000:
Adnah the commander, with 300,000
fighting men;
15 ●next, Jehohanan the commander, with
280,000;
16 ●next, Amasiah son of Zikri, who volun-
teered himself for the service of the

capture [kǽptʃər] *vt.* 사로잡다
commander [kəmǽndər] *n.* 지휘관
consult [kənsʌ́lt] *vt.* 의견을 묻다
enrollment [inróulmənt] *n.* 등록자 수
establish [istǽbliʃ] *vt.* 확립하다
flock [flak] *n.* (양) 떼
fort [fɔːrt] *n.* 요새
fortify [fɔ́ːrtəfài] *vt.* 요새화하다
garrison [gǽrisn] *n.* 수비대
powerful [páuərfəl] *a.* 강력한
practice [prǽktis] *n.* 관행
ram [ræm] *n.* 숫양
station [stéiʃən] *vt.* 주둔시키다
tribute [tríbjuːt] *n.* 공물
troop [truːp] *n.* 군대

17:1 succeed... as~: …의 뒤이어 ~가 되다
17:4 rather than...: …보다
17:6 be devoted to...: …에 헌신하다
17:6 remove A from B: B에서 A를 제거하다
17:10 fall on...: …에게 들이닥치다
17:12 more and more: 점점 더

16 그 다음은 시그리의 아들 아마시야니 그는
자기를 여호와께 즐거이 드린 자라 큰 용사
이십만 명을 거느렸고
17 베냐민에 속한 자 중에 큰 용사 엘리아다는
활과 방패를 잡은 자 이십만 명을 거느렸고
18 그 다음은 여호사밧이라 싸움을 준비한 자
십팔만 명을 거느렸으니
19 이는 다 왕을 모시는 자요 이외에 또 온 유다
견고한 성읍들에 왕이 군사를 두었더라

선지자 미가야가 아합 왕에게 경고하다
(왕상 22:1-28) + B.C. 853년경

18 여호사밧이 부귀와 영광을 크게 떨쳤고
아합 가문과 혼인함으로 인척 관계를
맺었더라
2 이 년 후에 그가 사마리아의 아합에게 내려
갔더니 아합이 그와 시종을 위하여 양과 소
를 많이 잡고 함께 가서 길르앗 라못 치기를
권하였더라
3 이스라엘 왕 아합이 유다 왕 여호사밧에게
이르되 당신이 나와 함께 길르앗 라못으로
가시겠느냐 하니 여호사밧이 대답하되 나는
당신과 다름이 없고 내 백성은 당신의 백성
과 다름이 없으니 당신과 함께 싸우리이다
하는지라
4 ●여호사밧이 또 이스라엘 왕에게 이르되 청
하건대 먼저 여호와의 말씀이 어떠하신지 오
늘 물어 보소서 하더라
5 이스라엘 왕이 이에 선지자 사백 명을 모으
고 그들에게 이르되 우리가 길르앗 라못에
가서 싸우랴 말랴 하니 그들이 이르되 올라
가소서 하나님이 그 성읍을 왕의 손에 붙이
시리이다 하더라
6 여호사밧이 이르되 이외에 우리가 물을 만한
여호와의 선지자가 여기 있지 아니하니이까
하니
7 이스라엘 왕이 여호사밧에게 이르되 아직도
이믈라의 아들 미가야 한 사람이 있으니 그
로 말미암아 여호와께 물을 수 있으나 그는
내게 대하여 좋은 일로는 예언하지 아니하고
항상 나쁜 일로만 예언하기로 내가 그를 미
워하나이다 하더라 여호사밧이 이르되 왕은
그런 말씀을 마소서 하니
8 이스라엘 왕이 한 내시를 불러 이르되 이믈
라의 아들 미가야를 속히 오게 하라 하니라
9 이스라엘 왕과 유다 왕 여호사밧이 왕복을
입고 사마리아 성문 어귀 광장에서 각기 보
좌에 앉았고 여러 선지자들이 그 앞에서 예

LORD, with 200,000.
17 ●From Benjamin:
Eliada, a valiant soldier, with 200,000
men armed with bows and shields;
18 ●next, Jehozabad, with 180,000 men
armed for battle.
19 ●These were the men who served the king,
besides those he stationed in the fortified
cities throughout Judah.

Micaiah Prophesies Against Ahab

18 Now Jehoshaphat had great wealth
and honor, and he allied himself
2 with Ahab by marriage. ●Some years later
he went down to see Ahab in Samaria.
Ahab slaughtered many sheep and cattle for
him and the people with him and urged
3 him to attack Ramoth Gilead. ●Ahab king
of Israel asked Jehoshaphat king of Judah,
"Will you go with me against Ramoth Gil-
ead?"
Jehoshaphat replied, "I am as you are, and
my people as your people; we will join you
4 in the war." ●But Jehoshaphat also said to
the king of Israel, "First seek the counsel of
the LORD."
5 ●So the king of Israel brought together the
prophets — four hundred men — and asked
them, "Shall we go to war against Ramoth
Gilead, or shall I not?"
"Go," they answered, "for God will give it
into the king's hand."
6 ●But Jehoshaphat asked, "Is there no longer
a prophet of the LORD here whom we can
inquire of?"
7 ●The king of Israel answered Jehoshaphat,
"There is still one prophet through whom
we can inquire of the LORD, but I hate him
because he never prophesies anything good
about me, but always bad. He is Micaiah son
of Imlah."
"The king should not say such a thing,"
Jehoshaphat replied.
8 ●So the king of Israel called one of his offi-
cials and said, "Bring Micaiah son of Imlah at
once."
9 ●Dressed in their royal robes, the king of
Israel and Jehoshaphat king of Judah were
sitting on their thrones at the threshing floor
by the entrance of the gate of Samaria, with
all the prophets prophesying before them.
10 ●Now Zedekiah son of Kenaanah had made

counsel [káunsəl] *n.* 권면
entrance [éntrəns] *n.* 입구
fortified [fɔ́:rtəfàid] *a.* 방어를 견고히 한
honor [ánər] *n.* 영광
official [əfíʃəl] *n.* 신하
prophesy [práfəsài] *vi.* 예언하다
robe [roub] *n.* 의복
serve [sə:rv] *vt.* 모시다
shield [ʃi:ld] *n.* 방패
slaughter [slɔ́:tər] *vt.* 도살하다
station [stéiʃən] *vt.* 주둔시키다
thresh [θreʃ] *vi.* 타작하다
throne [θróun] *n.* 왕좌
valiant [vǽljənt] *a.* 용감한
wealth [welθ] *n.* 부

17:17 **arm A with B**: A를 B로 무장시키다
18:1 **ally with...**: …와 동맹을 맺다
18:5 **bring together**: 불러모으다
18:5 **give A into one's hand**: A를 …의 손에 넘겨 주다
18:6 **inquire of...**: …에게 묻다

언을 하는데
10 그나아나의 아들 시드기야는 철로 뿔들을 만
들어 가지고 말하되 여호와께서 이같이 말씀
하시기를 왕이 이것들로 아람 사람을 찔러
진멸하리라 하셨다 하고
11 여러 선지자들도 그와 같이 예언하여 이르기
를 길르앗 라못으로 올라가서 승리를 거두소
서 여호와께서 그 성읍을 왕의 손에 넘기시
리이다 하더라
12 미가야를 부르러 간 사자가 그에게 말하여
이르되 선지자들의 말이 하나같이 왕에게 좋
게 말하니 청하건대 당신의 말도 그들 중 한
사람처럼 좋게 말하소서 하니
13 미가야가 이르되 여호와께서 살아 계심을 두
고 맹세하노니 내 하나님께서 말씀하시는 것
곧 그것을 내가 말하리라 하고
14 이에 왕에게 이르니 왕이 그에게 이르되 미가
야야 우리가 길르앗 라못으로 싸우러 가랴 말
랴 하는지라 이르되 올라가서 승리를 거두소
서 그들이 왕의 손에 넘긴 바 되리이다 하니
15 왕이 그에게 이르되 여호와의 이름으로 진실
한 것 이외에는 아무것도 말하지 말라고 내
가 몇 번이나 네게 맹세하게 하여야 하겠느
냐 하니
16 그가 이르되 내가 보니 온 이스라엘이 목자
없는 양같이 산에 흩어졌는데 여호와의 말씀
이 이 무리가 주인이 없으니 각각 평안히 자
기들의 집으로 돌아갈 것이니라 하셨나이다
하는지라
17 이스라엘 왕이 여호사밧에게 이르되 저 사람
이 내게 대하여 좋은 일로 예언하지 아니하
고 나쁜 일로만 예언할 것이라고 당신에게
말씀하지 아니하였나이까 하더라
18 미가야가 이르되 그런즉 왕은 여호와의 말씀
을 들으소서 내가 보니 여호와께서 그의 보
좌에 앉으셨고 하늘의 만군이 그의 좌우편에
모시고 섰는데
19 여호와께서 말씀하시기를 누가 이스라엘 왕
아합을 꾀어 그에게 길르앗 라못에 올라가서
죽게 할까 하시니 하나는 이렇게 하겠다 하
고 하나는 저렇게 하겠다 하였는데
20 한 영이 나와서 여호와 앞에 서서 말하되 내
가 그를 꾀겠나이다 하니 여호와께서 그에게
이르시되 어떻게 하겠느냐 하시니
21 그가 이르되 내가 나가서 거짓말하는 영이
되어 그의 모든 선지자들의 입에 있겠나이다
하니 여호와께서 이르시되 너는 꾀겠고 또

iron horns, and he declared, "This is what the
LORD says: 'With these you will gore the
Arameans until they are destroyed.' "
11 •All the other prophets were prophesying
the same thing. "Attack Ramoth Gilead and
be victorious," they said, "for the LORD will give
it into the king's hand."
12 •The messenger who had gone to sum-
mon Micaiah said to him, "Look, the other
prophets without exception are predicting
success for the king. Let your word agree with
theirs, and speak favorably."
13 •But Micaiah said, "As surely as the LORD
lives, I can tell him only what my God says."
14 •When he arrived, the king asked him,
"Micaiah, shall we go to war against Ramoth
Gilead, or shall I not?"
"Attack and be victorious," he answered,
"for they will be given into your hand."
15 •The king said to him, "How many times
must I make you swear to tell me nothing but
the truth in the name of the LORD?"
16 •Then Micaiah answered, "I saw all Israel
scattered on the hills like sheep without a
shepherd, and the LORD said, 'These people
have no master. Let each one go home in
peace.' "
17 •The king of Israel said to Jehoshaphat,
"Didn't I tell you that he never prophesies
anything good about me, but only bad?"
18 •Micaiah continued, "Therefore hear the
word of the LORD: I saw the LORD sitting on his
throne with all the multitudes of heaven
19 standing on his right and on his left. •And the
LORD said, 'Who will entice Ahab king of Israel
into attacking Ramoth Gilead and going to his
death there?'
"One suggested this, and another that.
20 •Finally, a spirit came forward, stood before
the LORD and said, 'I will entice him.'
" 'By what means?' the LORD asked.
21 •" 'I will go and be a deceiving spirit in the
mouths of all his prophets,' he said.
" 'You will succeed in enticing him,' said the
LORD. 'Go and do it.'
22 •"So now the LORD has put a deceiving spir-
it in the mouths of these prophets of yours.
The LORD has decreed disaster for you."
23 •Then Zedekiah son of Kenaanah went up
and slapped Micaiah in the face. "Which way
did the spirit from[a] the LORD go when he went

[a]23 Or *Spirit of*

attack [ətǽk] *vt.* 공격하다
deceive [disíːv] *vt.* 속이다
declare [diklέər] *vt.* 선언하다
decree [dikríː] *vt.* 포고하다
entice [intáis] *vt.* 유혹하다
favorably [féivərəbli] *ad.* 호의적으로
gore [gɔːr] *vt.* 찌르다
horn [hɔːrn] *n.* 뿔
iron [áiərn] *n.* 철
predict [pridíkt] *vt.* 예언하다
scatter [skǽtər] *vt.* 흩뿌리다
shepherd [ʃépərd] *n.* 목자
slap [slæp] *vt.* 때리다
suggest [səgdʒést] *vt.* 제안하다
summon [sʌ́mən] *vt.* 소환하다

18:12 agree with...: …에게 동의하다
18:13 as surely as...: …처럼 확실하게
18:15 nothing but: 단지 …일 뿐인
18:15 in the name of...: …의 이름을 빌려서
18:19 entice... into~: …를 꾀어 ~에 빠뜨리다
18:21 succeed in...: …에 성공하다

이루리라 나가서 그리하라 하셨은즉
22 이제 보소서 여호와께서 거짓말하는 영을 왕의
이 모든 선지자들의 입에 넣으셨고 또 여호와께
서 왕에게 대하여 재앙을 말씀하셨나이다 하니
23 ● 그나아나의 아들 시드기야가 가까이 와서 미
가야의 뺨을 치며 이르되 여호와의 영이 나를
떠나 어디로 가서 네게 말씀하더냐 하는지라
24 미가야가 이르되 네가 골방에 들어가서 숨는
바로 그날에 보리라 하더라
25 이스라엘 왕이 이르되 미가야를 잡아 시장 아
몬과 왕자 요아스에게로 끌고 돌아가서
26 왕이 이같이 말하기를 이놈을 옥에 가두고 내
가 평안히 돌아올 때까지 고난의 떡과 고난의
물을 먹게 하라 하셨나이다 하니
27 미가야가 이르되 왕이 참으로 평안히 돌아오
시게 된다면 여호와께서 내게 말씀하지 아니
하셨으리이다 하고 또 이르되 너희 백성들아
다 들을지어다 하니라

아합이 죽다 (왕상 22:29-35)

28 ● 이스라엘 왕과 유다 왕 여호사밧이 길르앗
라못으로 올라가니라
29 이스라엘 왕이 여호사밧에게 이르되 나는 변
장하고 전쟁터로 들어가려 하노니 당신은 왕
복을 입으소서 하고 이스라엘 왕이 변장하고
둘이 전쟁터로 들어가니라
30 아람 왕이 그의 병거 지휘관들에게 이미 명령하여
이르기를 너희는 작은 자나 큰 자나 더불어 싸우
지 말고 오직 이스라엘 왕하고만 싸우라 한지라
31 병거의 지휘관들이 여호사밧을 보고 이르되
이가 이스라엘 왕이라 하고 돌아서서 그와 싸
우려 한즉 여호사밧이 소리를 지르매 여호와
께서 그를 도우시며 하나님이 그들을 감동시
키사 그를 떠나가게 하신지라
32 병거의 지휘관들이 그가 이스라엘 왕이 아님
을 보고 추격을 그치고 돌아갔더라
33 한 사람이 무심코 활을 당겨 이스라엘 왕의 갑
옷 솔기를 쏜지라 왕이 그의 병거 모는 자에게
이르되 내가 부상하였으니 네 손을 돌려 나를
진중에서 나가게 하라 하였으나
34 이날의 전쟁이 맹렬하였으므로 이스라엘 왕이
병거에서 겨우 지탱하며 저녁 때까지 아람 사
람을 막다가 해가 질 즈음에 죽었더라

선견자 예후가 여호사밧을 규탄하다

19 유다 왕 여호사밧이 평안히 예루살렘에
돌아와서 그의 궁으로 들어가니라
2 하나니의 아들 선견자 예후가 나가서 여호사
밧 왕을 맞아 이르되 왕이 악한 자를 돕고 여

from me to speak to you?" he asked.
24 • Micaiah replied, "You will find out on
the day you go to hide in an inner room."
25 • The king of Israel then ordered, "Take
Micaiah and send him back to Amon the
ruler of the city and to Joash the king's son,
26 • and say, 'This is what the king says: Put
this fellow in prison and give him nothing
but bread and water until I return safely.' "
27 • Micaiah declared, "If you ever return
safely, the LORD has not spoken through
me." Then he added, "Mark my words, all
you people!"

Ahab Killed at Ramoth Gilead

28 • So the king of Israel and Jehoshaphat
king of Judah went up to Ramoth Gilead.
29 • The king of Israel said to Jehoshaphat, "I
will enter the battle in disguise, but you wear
your royal robes." So the king of Israel dis-
guised himself and went into battle.
30 • Now the king of Aram had ordered his
chariot commanders, "Do not fight with
anyone, small or great, except the king of
31 Israel." • When the chariot commanders
saw Jehoshaphat, they thought, "This is the
king of Israel." So they turned to attack him,
but Jehoshaphat cried out, and the LORD
helped him. God drew them away from
32 him, • for when the chariot commanders
saw that he was not the king of Israel, they
stopped pursuing him.
33 • But someone drew his bow at random
and hit the king of Israel between the breast-
plate and the scale armor. The king told the
chariot driver, "Wheel around and get me
out of the fighting. I've been wounded."
34 • All day long the battle raged, and the king
of Israel propped himself up in his chariot
facing the Arameans until evening. Then at
sunset he died.

19 When Jehoshaphat king of Judah
returned safely to his palace in Jeru-
2 salem, • Jehu the seer, the son of Hanani,
went out to meet him and said to the king,
"Should you help the wicked and love[a]
those who hate the LORD? Because of this,
3 the wrath of the LORD is on you. • There is,
however, some good in you, for you have
rid the land of the Asherah poles and have
set your heart on seeking God."

[a]2 *Or and make alliances with*

armor [á:rmər] *n.* 갑옷
attack [ətǽk] *vt.* 공격하다
breastplate [bréstplèit] *n.* 흉배
chariot [tʃǽriət] *n.* 병거
declare [diklέər] *vt.* 선언하다
disguise [disgáiz] *vt.* 변장하다
except [iksépt] *prep.* …외에는
fellow [félou] *n.* 사람
pursue [pərsú:] *vt.* 추적하다
rage [réidʒ] *vi.* 격렬하다
robe [roub] *n.* 의복
scale [skeil] *n.* 비늘 모양의 것
seer [sí:ər] *n.* 선견자
wheel [hwi:l] *vi.* 선회하다
wound [wu:nd] *vt.* 상처내다

18:31 draw away from...: (주의 등을) …에서 돌리다
18:33 at random: 무작위로
18:34 prop up: 버티다
19:3 set one's heart on...: …에 마음을 정하다, 열망하다

호와를 미워하는 자들을 사랑하는 것이 옳으
니이까 그러므로 여호와께로부터 진노하심이
왕에게 임하리이다
3 그러나 왕에게 선한 일도 있으니 이는 왕이 아
세라 목상들을 이 땅에서 없애고 마음을 기울
여 하나님을 찾음이니이다 하였더라

여호사밧의 개혁

4 ● 여호사밧이 예루살렘에 살더니 다시 나가서
브엘세바에서부터 에브라임 산지까지 민간에
두루 다니며 그들을 그들의 조상들의 하나님
여호와께로 돌아오게 하고
5 또 유다 온 나라의 견고한 성읍에 재판관을 세
우되 성읍마다 있게 하고
6 재판관들에게 이르되 너희가 재판하는 것이
사람을 위하여 할 것인지 여호와를 위하여 할
것인지를 잘 살피라 너희가 재판할 때에 여호
와께서 너희와 함께하심이니라 신 1:17
7 그런즉 너희는 여호와를 두려워하는 마음으로
삼가 행하라 우리의 하나님 여호와께서는 불
의함도 없으시고 치우침도 없으시고 뇌물을
받는 일도 없으시니라 하니라
8 ● 여호사밧이 또 예루살렘에서 레위 사람들과
제사장들과 이스라엘 족장들 중에서 사람을
세워 여호와께 속한 일과[1] 예루살렘 주민의 모
든 송사를 재판하게 하고
9 그들에게 명령하여 이르되 너희는 진실과 성
심을 다하여 여호와를 경외하라
10 어떤 성읍에 사는 너희 형제가 혹 피를 흘림이
나 혹 율법이나 계명이나 율례나 규례로 말미
암아 너희에게 와서 송사하거든 어떤 송사든
지 그들에게 경고하여 여호와께 죄를 범하지
않게 하여 너희와 너희 형제에게 진노하심이
임하지 말게 하라 너희가 이렇게 행하면 죄가
없으리라
11 여호와께 속한 모든 일에는 대제사장 아마랴
가 너희를 다스리고 왕에게 속한 모든 일은 유
다 지파의 어른 이스마엘의 아들 스바댜가 다
스리고 레위 사람들은 너희 앞에 관리가 되리
라 너희는 힘써 행하라 여호와께서 선한 자와
함께하실지로다 하니라 19:8

여호사밧과 아람의 전쟁 (♪ 313장) — B.C. 853년경

20 그 후에 모압 자손과 암몬 자손들이[2] 마
온 사람들과 함께 와서 여호사밧을 치고
자 한지라
2 어떤 사람이 와서 여호사밧에게 전하여 이르
되 큰 무리가 바다 저쪽 아람에서 왕을 치러 오
는데 이제 하사손다말 곧 엔게디에 있나이다

Jehoshaphat Appoints Judges

4 ● Jehoshaphat lived in Jerusalem, and he
went out again among the people from
Beersheba to the hill country of Ephraim
and turned them back to the LORD, the
5 God of their ancestors. ● He appointed
judges in the land, in each of the fortified
6 cities of Judah. ● He told them, "Consider
carefully what you do, because you are not
judging for mere mortals but for the LORD,
who is with you whenever you give a ver-
7 dict. ● Now let the fear of the LORD be on
you. Judge carefully, for with the LORD our
God there is no injustice or partiality or
bribery."
8 ● In Jerusalem also, Jehoshaphat appoint-
ed some of the Levites, priests and heads of
Israelite families to administer the law of
the LORD and to settle disputes. And they
9 lived in Jerusalem. ● He gave them these
orders: "You must serve faithfully and
wholeheartedly in the fear of the LORD.
10 ● In every case that comes before you from
your people who live in the cities — whet-
her bloodshed or other concerns of the law,
commands, decrees or regulations — you
are to warn them not to sin against the
LORD; otherwise his wrath will come on you
and your people. Do this, and you will not
sin.
11 ● "Amariah the chief priest will be over
you in any matter concerning the LORD,
and Zebadiah son of Ishmael, the leader of
the tribe of Judah, will be over you in any
matter concerning the king, and the Levites
will serve as officials before you. Act with
courage, and may the LORD be with those
who do well."

Jehoshaphat Defeats Moab and Ammon

20 After this, the Moabites and Amm-
onites with some of the Meunites[a]
came to wage war against Jehoshaphat.
2 ● Some people came and told Jehosha-
phat, "A vast army is coming against you
from Edom,[b] from the other side of the Dead
Sea. It is already in Hazezon Tamar" (that is,

[a]1 Some Septuagint manuscripts; Hebrew *Ammonites* [b]2 One Hebrew manuscript; most Hebrew manuscripts, Septuagint and Vulgate *Aram*

1) 히, 모든 송사를 재판하게 하고 예루살렘으로 돌아가니라 2) 암몬

administer [ədmínistər] *vt.* 시행하다
bloodshed [blʌ́dʃèd] *n.* 피흘림
bribery [bráibəri] *n.* 뇌물수수
concern [kənsə́:rn] *n.* 관심사
decree [dikríː] *n.* 규례
dispute [dispjú:t] *n.* 논쟁
fortify [fɔ́:rtəfài] *vt.* 요새화하다
injustice [indʒʌ́stis] *n.* 부정
mortal [mɔ́:rtl] *n.* 육체, 인간
partiality [pà:rʃiǽləti] *n.* 불공평
vast [væst] *a.* 광대한
verdict [və́:rdikt] *n.* 평결
wage [weidʒ] *vt.* 벌어지다
wholeheartedly [houlhá:rtidli] *ad.* 전심으로
wrath [ræθ] *n.* 격노

19:4 **live in:** 들어가 살다
19:4 **turn back:** 되돌아오다
19:8 **some of...:** …중의 조금
19:10 **in every case:** 모든 경우에
19:10 **sin against...:** …에게 죄를 짓다
20:1 **after this:** 이후는

하니
3 여호사밧이 두려워하여 여호와께로 낯을 향하여 간구하고 온 유다 백성에게 금식하라 공포하매
4 유다 사람이 여호와께 도우심을 구하려 하여 유다 모든 성읍에서 모여와서 여호와께 간구하더라
5 ●여호사밧이 여호와의 전 새 뜰 앞에서 유다와 예루살렘의 회중 가운데 서서
6 이르되 우리 조상들의 하나님 여호와여 주는 하늘에서 하나님이 아니시니이까 이방 사람들의 모든 나라를 다스리지 아니하시나이까 주의 손에 권세와 능력이 있사오니 능히 주와 맞설 사람이 없나이다
7 우리 하나님이시여 전에 이 땅 주민을 주의 백성 이스라엘 앞에서 쫓아내시고 그 땅을 주께서 사랑하시는 아브라함의 자손에게 영원히 주지 아니하셨나이까 사 41:8
8 그들이 이 땅에 살면서 주의 이름을 위하여 한 성소를 주를 위해 건축하고 이르기를
9 만일 재앙이나 난리나 견책이나 전염병이나 기근이 우리에게 임하면 주의 이름이 이 성전에 있으니 우리가 이 성전 앞과 주 앞에 서서 이 환난 가운데에서 주께 부르짖은즉 들으시고 구원하시리라 하였나이다
10 옛적에 이스라엘이 애굽 땅에서 나올 때에 암몬 자손과 모압 자손과 세일 산 사람들을 침노하기를 주께서 용납하지 아니하시므로 이에 돌이켜 그들을 떠나고 멸하지 아니하였거늘
11 이제 그들이 우리에게 갚는 것을 보옵소서 그들이 와서 주께서 우리에게 주신 주의 기업에서 우리를 쫓아내고자 하나이다 시 83:12
12 우리 하나님이여 그들을 징벌하지 아니하시나이까 우리를 치러 오는 이 큰 무리를 우리가 대적할 능력이 없고 어떻게 할 줄도 알지 못하옵고 오직 주만 바라보나이다 하고
13 유다 모든 사람들이 그들의 아내와 자녀와 어린이와 더불어 여호와 앞에 섰더라
14 ●여호와의 영이 회중 가운데에서 레위 사람 야하시엘에게 임하셨으니 그는 아삽 자손 맛다냐의 현손이요 여이엘의 증손이요 브나야의 손자요 스가랴의 아들이더라
15 야하시엘이 이르되 온 유다와 예루살렘 주민과 여호사밧 왕이여 들을지어다 여호와께서 이같이 너희에게 말씀하시기를 너희는 이 큰 무리로 말미암아 두려워하거나 놀라지 말라

3 En Gedi). ●Alarmed, Jehoshaphat resolved to
inquire of the LORD, and he proclaimed a fast
4 for all Judah. ●The people of Judah came
together to seek help from the LORD; indeed,
they came from every town in Judah to seek
him.
5 ●Then Jehoshaphat stood up in the assembly of Judah and Jerusalem at the temple of
the LORD in the front of the new courtyard
6 ●and said:

"LORD, the God of our ancestors, are
you not the God who is in heaven? You
rule over all the kingdoms of the nations.
Power and might are in your hand, and
7 no one can withstand you. ●Our God,
did you not drive out the inhabitants of
this land before your people Israel and
give it forever to the descendants of Abraham
8 ham your friend? ●They have lived in it
and have built in it a sanctuary for your
9 Name, saying, ●'If calamity comes upon
us, whether the sword of judgment, or
plague or famine, we will stand in your
presence before this temple that bears
your Name and will cry out to you in our
distress, and you will hear us and save
us.'
10 ●"But now here are men from
Ammon, Moab and Mount Seir, whose
territory you would not allow Israel to
invade when they came from Egypt; so
they turned away from them and did
11 not destroy them. ●See how they are
repaying us by coming to drive us out of
the possession you gave us as an inheri-
12 tance. ●Our God, will you not judge
them? For we have no power to face this
vast army that is attacking us. We do not
know what to do, but our eyes are on
you."
13 ●All the men of Judah, with their wives and
children and little ones, stood there before
the LORD.
14 ●Then the Spirit of the LORD came on
Jahaziel son of Zechariah, the son of Benaiah, the son of Jeiel, the son of Mattaniah, a
Levite and descendant of Asaph, as he stood
in the assembly.
15 ●He said: "Listen, King Jehoshaphat and all
who live in Judah and Jerusalem! This is what
the LORD says to you: 'Do not be afraid or discouraged because of this vast army. For the

assembly [əsémbli] *n.* 회중
calamity [kəlǽməti] *n.* 재앙
distress [distrés] *n.* 비탄
famine [fǽmin] *n.* 기근
fast [fæst] *n.* 금식
indeed [indí:d] *ad.* 진실로
inhabitant [inhǽbətənt] *n.* 거주자
inheritance [inhérətəns] *n.* 상속
plague [pleig] *n.* 전염병
possession [pəzéʃən] *n.* 영지, 소유
proclaim [proukléim] *vt.* 선포하다
resolve [rizɑ́lv] *vt.* 결심하다
sanctuary [sǽŋktʃuèri] *n.* 성소
territory [térətɔ̀:ri] *n.* 영토
withstand [wiθstǽnd] *vt.* 이겨내다

20:3 inquire of...: …에게 묻다
20:4 come together: 회합하다
20:5 in the front of...: …의 앞에
20:6 rule over: 지배하다, 통치하다
20:7 drive out: 쫓아내다
20:10 turn away: 떠나가다

이 전쟁은 너희에게 속한 것이 아니요 하나
님께 속한 것이니라
16 내일 너희는 그들에게로 내려가라 그들이 시
스 고개로 올라올 때에 너희가 골짜기 어귀
여루엘 들 앞에서 그들을 만나려니와
17 이 전쟁에는 너희가 싸울 것이 없나니 대열
을 이루고 서서 너희와 함께한 여호와가 구
원하는 것을 보라 유다와 예루살렘아 너희는
두려워하지 말며 놀라지 말고 내일 그들을
맞서 나가라 여호와가 너희와 함께하리라 하
셨느니라 하매
18 여호사밧이 몸을 굽혀 얼굴을 땅에 대니 온
유다와 예루살렘 주민들도 여호와 앞에 엎드
려 여호와께 경배하고
19 그핫 자손과 고라 자손에게 속한 레위 사람
들은 서서 심히 큰 소리로 이스라엘 하나님
여호와를 찬송하니라
20 ●이에 백성들이 아침에 일찍이 일어나서 드
고아 들로 나가니라 나갈 때에 여호사밧이
서서 이르되 유다와 예루살렘 주민들아 내
말을 들을지어다 너희는 너희 하나님 여호와
를 신뢰하라 그리하면 견고히 서리라 그의
선지자들을 신뢰하라 그리하면 형통하리라
하고
21 백성과 더불어 의논하고 노래하는 자들을 택
하여 거룩한 예복을 입히고 군대 앞에서 행
진하며 여호와를 찬송하여 이르기를 여호와
께 감사하세 그의 인자하심이 영원하도다 하
게 하였더니
22 그 노래와 찬송이 시작될 때에 여호와께서
복병을 두어 유다를 치러 온 암몬 자손과 모
압과 세일 산 주민들을 치게 하시므로 그들
이 패하였으니
23 곧 암몬과 모압 자손이 일어나 세일 산 주민
들을 쳐서 진멸하고 세일 주민들을 멸한 후
에는 그들이 서로 쳐죽였더라
24 ●유다 사람이 들 망대에 이르러 그 무리를
본즉 땅에 엎드러진 시체들뿐이요 한 사람도
피한 자가 없는지라
25 여호사밧과 그의 백성이 가서 적군의 물건을
탈취할새 본즉 그 가운데에 재물과 의복과
보물이 많이 있으므로 각기 탈취하는데 그
물건이 너무 많아 능히 가져갈 수 없을 만큼
많으므로 사흘 동안에 거두어들이고
26 넷째 날에 무리가 1)브라가 골짜기에 모여서
거기서 여호와를 송축한지라 그러므로 오늘
날까지 그곳을 1)브라가 골짜기라 일컫더라

16 battle is not yours, but God's. ●Tomorrow
march down against them. They will be
climbing up by the Pass of Ziz, and you will
find them at the end of the gorge in the Desert
17 of Jeruel. ●You will not have to fight this bat-
tle. Take up your positions; stand firm and see
the deliverance the LORD will give you, Judah
and Jerusalem. Do not be afraid; do not be dis-
couraged. Go out to face them tomorrow, and
the LORD will be with you.' "
18 ●Jehoshaphat bowed down with his face
to the ground, and all the people of Judah
and Jerusalem fell down in worship before
19 the LORD. ●Then some Levites from the Ko-
hathites and Korahites stood up and praised
the LORD, the God of Israel, with a very loud
voice.
20 ●Early in the morning they left for the
Desert of Tekoa. As they set out, Jehoshaphat
stood and said, "Listen to me, Judah and peo-
ple of Jerusalem! Have faith in the LORD your
God and you will be upheld; have faith in his
21 prophets and you will be successful." ●After
consulting the people, Jehoshaphat appointed
men to sing to the LORD and to praise him for
the splendor of his[a] holiness as they went out
at the head of the army, saying:

"Give thanks to the LORD,
for his love endures forever."

22 ●As they began to sing and praise, the LORD
set ambushes against the men of Ammon and
Moab and Mount Seir who were invading
23 Judah, and they were defeated. ●The Am-
monites and Moabites rose up against the
men from Mount Seir to destroy and annihi-
late them. After they finished slaughtering the
men from Seir, they helped to destroy one
another.
24 ●When the men of Judah came to the place
that overlooks the desert and looked toward
the vast army, they saw only dead bodies lying
25 on the ground; no one had escaped. ●So
Jehoshaphat and his men went to carry off
their plunder, and they found among them a
great amount of equipment and clothing[b]
and also articles of value—more than they
could take away. There was so much plunder
26 that it took three days to collect it. ●On the
fourth day they assembled in the Valley of

[a]21 *Or him with the splendor of* [b]25 Some Hebrew manuscripts and Vulgate; most Hebrew manuscripts *corpses* 1) 송축

ambush [ǽmbuʃ] *n.* 복병
annihilate [ənáiəlèit] *vt.* 진멸시키다
article [ɑ́ːrtikl] *n.* 물품
consult [kənsʌ́lt] *vt.* 의논하다
defeat [difíːt] *vt.* 패배시키다
deliverance [dilívərəns] *n.* 구원
endure [indjúər] *vi.* 지속하다
equipment [ikwípmənt] *n.* 장비
gorge [gɔːrdʒ] *n.* 골짜기
invade [invéid] *vi.* 침략하다
overlook [òuvərlúk] *vt.* 내려다보다
plunder [plʌ́ndər] *n.* 약탈물
slaughter [slɔ́ːtər] *vt.* 학살하다
splendor [spléndər] *n.* 뛰어남
uphold [ʌphóuld] *vt.* 지지하다

20:17 **take up**: 맞서 싸울 준비를 하다
20:20 **leave for...**: …로 떠나다
20:20 **set out**: 출발하다, 착수하다
20:20 **have faith in...**: …를 믿다
20:21 **at the head of...**: …의 앞에서
20:25 **carry off**: 빼앗다, 채가다

27 유다와 예루살렘 모든 사람이 다시 여호사밧을 선두로 하여 즐겁게 예루살렘으로 돌아왔으니 이는 여호와께서 그들이 그 적군을 이김으로써 즐거워하게 하셨음이라

28 그들이 비파와 수금과 나팔을 합주하고 예루살렘에 이르러 여호와의 전에 나아가니라

29 이방 모든 나라가 여호와께서 이스라엘의 적군을 치셨다 함을 듣고 하나님을 두려워하므로

30 여호사밧의 나라가 태평하였으니 이는 그의 하나님이 사방에서 그들에게 평강을 주셨음이더라

여호사밧의 행적 (왕상 22:41-50)

31 ●여호사밧이 유다의 왕이 되어 왕위에 오를 때에 나이가 삼십오 세라 예루살렘에서 이십오 년 동안 다스리니라 그의 어머니의 이름은 아수바라 실히의 딸이더라 왕상 22:41-42

32 여호사밧이 그의 아버지 아사의 길로 행하여 돌이켜 떠나지 아니하고 여호와 보시기에 정직하게 행하였으나

33 산당만은 철거하지 아니하였으므로 백성이 여전히 마음을 정하여 그들의 조상들의 하나님께로 돌아오지 아니하였더라 17:6

34 이 외에 여호사밧의 시종 행적은 하나니의 아들 예후의 글에 다 기록되었고 그 글은 이스라엘 열왕기에 올랐더라

35 ●유다 왕 여호사밧이 나중에 이스라엘 왕 아하시야와 교제하였는데 아하시야는 심히 악을 행하는 자였더라

36 두 왕이 서로 연합하고 배를 만들어 다시스로 보내고자 하여 에시온게벨에서 배를 만들었더니

37 마레사 사람 도다와후의 아들 엘리에셀이 여호사밧을 향하여 예언하여 이르되 왕이 아하시야와 교제하므로 여호와께서 왕이 지은 것들을 파하시리라 하더니 이에 그 배들이 부서져서 다시스로 가지 못하였더라

유다 왕 여호람 (왕하 8:17-24 ♪ 274장)
— B.C. 845년경

21 여호사밧이 그의 조상들과 함께 누우매 그의 조상들과 함께 다윗 성에 장사되고 그의 아들 여호람이 대신하여 왕이 되니라

2 여호사밧의 아들 여호람의 아우들 아사랴와 여히엘과 스가랴와 아사랴와 미가엘과 스바댜는 다 유다 왕 여호사밧의 아들들이라

3 그의 아버지가 그들에게는 은금과 보물과 유

Berakah, where they praised the LORD. This is
why it is called the Valley of Berakah[a] to this
day.
27 •Then, led by Jehoshaphat, all the men of
Judah and Jerusalem returned joyfully to
Jerusalem, for the LORD had given them cause
28 to rejoice over their enemies. •They entered
Jerusalem and went to the temple of the LORD
with harps and lyres and trumpets.
29 •The fear of God came on all the surround-
ing kingdoms when they heard how the LORD
had fought against the enemies of Israel.
30 •And the kingdom of Jehoshaphat was at
peace, for his God had given him rest on every
side.

The End of Jehoshaphat's Reign

31 •So Jehoshaphat reigned over Judah. He
was thirty-five years old when he became
king of Judah, and he reigned in Jerusalem
twenty-five years. His mother's name was
32 Azubah daughter of Shilhi. •He followed the
ways of his father Asa and did not stray from
them; he did what was right in the eyes of
33 the LORD. •The high places, however, were
not removed, and the people still had not set
their hearts on the God of their ancestors.
34 •The other events of Jehoshaphat's reign,
from beginning to end, are written in the
annals of Jehu son of Hanani, which are
recorded in the book of the kings of Israel.
35 •Later, Jehoshaphat king of Judah made
an alliance with Ahaziah king of Israel,
36 whose ways were wicked. •He agreed with
him to construct a fleet of trading ships.[b]
37 After these were built at Ezion Geber, •Eliez-
er son of Dodavahu of Mareshah prophesied
against Jehoshaphat, saying, "Because you
have made an alliance with Ahaziah, the
LORD will destroy what you have made." The
ships were wrecked and were not able to set
sail to trade.[c]

21 Then Jehoshaphat rested with his
ancestors and was buried with them
in the City of David. And Jehoram his son suc-
2 ceeded him as king. •Jehoram's brothers, the
sons of Jehoshaphat, were Azariah, Jehiel,
Zechariah, Azariahu, Michael and Shephatiah.
All these were sons of Jehoshaphat king of
3 Israel.[d] •Their father had given them many

[a]26 *Berakah* means *praise.* [b]36 Hebrew *of ships that could go to Tarshish* [c]37 Hebrew *sail for Tarshish*
[d]2 That is, Judah, as frequently in 2 Chronicles

agree [əgríː] *vi.* 동의하다
ancestor [ǽnsestər] *n.* 조상
annals [ǽnlz] *n.(pl.)* 연대기
cause [kɔːz] *vt.* 하게 하다
construct [kənstrʌ́kt] *vt.* 건축하다
destroy [distrɔ́i] *vt.* 멸망시키다
fleet [fliːt] *n.* 함대
lyre [laiər] *n.* 수금
prophesy [prɑ́fəsai] *vt.* 예언하다
reign [rein] *vi.* 통치하다
remove [rimúːv] *vi.* 이동하다
sail [seil] *n.* 항해
trade [treid] *vi.* 무역하다
wicked [wíkid] *a.* 악한
wreck [rek] *vt.* 난파시키다

20:27 **lead by...**: …을 잡고 인도하다
20:32 **stray from...**: …에서 빗나가다
20:35 **make an alliance with...**: …와 동맹관계를 맺다
20:37 **be able to...**: … 할 수 있다
21:1 **succeed... as~**: …의 뒤이어 ~가 되다

다 견고한 성읍들을 선물로 후히 주었고 여호람은 장자이므로 왕위를 주었더니

4 여호람이 그의 아버지의 왕국을 다스리게 되어 세력을 얻은 후에 그의 모든 아우들과 이스라엘 방백들 중 몇 사람을 칼로 죽였더라

5 여호람이 왕위에 오를 때에 나이가 삼십이 세라 예루살렘에서 팔 년 동안 다스리니라

6 그가 이스라엘 왕들의 길로 행하여 아합의 집과 같이 하였으니 이는 아합의 딸이 그의 아내가 되었음이라 그가 여호와 보시기에 악을 행하였으나

7 여호와께서 다윗의 집을 멸하기를 즐겨하지 아니하셨음은 이전에 다윗과 더불어 언약을 세우시고 또 다윗과 그의 자손에게 항상 등불을 주겠다고 말씀하셨음이더라

8 ●여호람 때에 에돔이 배반하여 유다의 지배하에서 벗어나 자기 위에 왕을 세우므로

9 여호람이 지휘관들과 모든 병거를 거느리고 출정하였더니 밤에 일어나서 자기를 에워싼 에돔 사람과 그 병거의 지휘관들을 쳤더라

10 이와 같이 에돔이 배반하여 유다의 지배하에서 벗어났더니 오늘까지 그러하였으며 그때에 립나도 배반하여 여호람의 지배 하에서 벗어났으니 이는 그가 그의 조상들의 하나님 여호와를 버렸음이더라

11 ●여호람이 또 유다 여러 산에 산당을 세워 예루살렘 주민으로 음행하게 하고 또 유다를 미혹하게 하였으므로

12 선지자 엘리야가 여호람에게 글을 보내어 이르되 왕의 조상 다윗의 하나님 여호와께서 이같이 말씀하시기를 네가 네 아비 여호사밧의 길과 유다 왕 아사의 길로 행하지 아니하고

13 오직 이스라엘 왕들의 길로 행하여 유다와 예루살렘 주민들이 음행하게 하기를 아합의 집이 음행하듯 하며 또 네 아비 집에서 너보다 착한 아우들을 죽였으니

14 여호와가 네 백성과 네 자녀들과 네 아내들과 네 모든 재물을 큰 재앙으로 치시리라

15 또 너는 창자에 중병이 들고 그 병이 날로 중하여 창자가 빠져나오리라 하셨다 하였더라

16 ●여호와께서 블레셋 사람들과 구스에서 가까운 아라비아 사람들의 마음을 격동시키사 여호람을 치게 하셨으므로

gifts of silver and gold and articles of value, as
well as fortified cities in Judah, but he had
given the kingdom to Jehoram because he
was his firstborn son.

Jehoram King of Judah

4 ●When Jehoram established himself firmly
over his father's kingdom, he put all his
brothers to the sword along with some of the
5 officials of Israel. ●Jehoram was thirty-two
years old when he became king, and he
6 reigned in Jerusalem eight years. ●He fol-
lowed the ways of the kings of Israel, as the
house of Ahab had done, for he married a
daughter of Ahab. He did evil in the eyes of
7 the LORD. ●Nevertheless, because of the co-
venant the LORD had made with David, the
LORD was not willing to destroy the house of
David. He had promised to maintain a lamp
for him and his descendants forever.
8 ●In the time of Jehoram, Edom rebelled
9 against Judah and set up its own king. ●So
Jehoram went there with his officers and all
his chariots. The Edomites surrounded him
and his chariot commanders, but he rose up
10 and broke through by night. ●To this day
Edom has been in rebellion against Judah.
Libnah revolted at the same time, because
Jehoram had forsaken the LORD, the God of his
11 ancestors. ●He had also built high places on
the hills of Judah and had caused the people
of Jerusalem to prostitute themselves and had
led Judah astray.
12 ●Jehoram received a letter from Elijah the
prophet, which said:

"This is what the LORD, the God of
your father David, says: 'You have not
followed the ways of your father Jeho-
13 shaphat or of Asa king of Judah. ●But
you have followed the ways of the
kings of Israel, and you have led Judah
and the people of Jerusalem to prosti-
tute themselves, just as the house of
Ahab did. You have also murdered
your own brothers, members of your
own family, men who were better
14 than you. ●So now the LORD is about to
strike your people, your sons, your
wives and everything that is yours,
15 with a heavy blow. ●You yourself will
be very ill with a lingering disease of the
bowels, until the disease causes your
bowels to come out.' "

blow [blou] *n.* 타격
bowel [báuəl] *n.* 창자
covenant [kʌ́vənənt] *n.* 언약
descendant [diséndənt] *n.* 후손
disease [dizíːz] *n.* 병
establish [istǽbliʃ] *vt.* 세우다
firmly [fə́ːrmli] *ad.* 견고하게
forsake [fərséik] *vt.* 저버리다
fortify [fɔ́ːrtəfài] *vt.* 요새화하다
lingering [líŋgəriŋ] *a.* 오래 끄는
maintain [meintéin] *vt.* 유지하다
prostitute [prɑ́stətjùːt] *vt.* 몸을 팔다
reign [rein] *vi.* 통치하다
revolt [rivóult] *vi.* 반란을 일으키다
value [vǽljuː] *n.* 가치

21:4 put to the sword: 죽이다
21:4 along with...: …와 함께
21:7 be willing to...: 기꺼이 …하다
21:8 rebel against...: …에 저항하다
21:11 lead astray: 나쁜 길로 이끌다
21:14 be about to...: 막 …하려고 하다

17 그들이 올라와서 유다를 침략하여 왕궁의 모
든 재물과 그의 아들들과 아내들을 탈취하였
으므로 막내아들 여호아하스 외에는 한 아들
도 남지 아니하였더라
18 ●이 모든 일 후에 여호와께서 여호람을 치
사 능히 고치지 못할 병이 그 창자에 들게 하
셨으므로
19 여러 날 후 이 년 만에 그의 창자가 그 병으
로 말미암아 빠져나오매 그가 그 심한 병으
로 죽으니 백성이 그들의 조상들에게 분향
하던 것같이 그에게 분향하지 아니하였으
며
20 여호람이 삼십이 세에 즉위하고 예루살렘에
서 팔 년 동안 다스리다가 아끼는 자 없이 세
상을 떠났으며 무리가 그를 다윗 성에 장사
하였으나 열왕의 묘실에는 두지 아니하였더
라

유다 왕 아하시야

(왕하 8:25-29; 9:21-28 ♪ 268장)

22 예루살렘 주민이 여호람의 막내아들
아하시야에게 왕위를 계승하게 하였으
니 이는 전에 아라비아 사람들과 함께 와서
진을 치던 부대가 그의 모든 형들을 죽였음
이라 그러므로 유다 왕 여호람의 아들 아하
시야가 왕이 되었더라 21:16, 17
2 아하시야가 왕이 될 때에 나이가 사십이 세
라 예루살렘에서 일 년 동안 다스리니라 그
의 어머니의 이름은 아달랴요 오므리의 손녀
더라
3 아하시야도 아합의 집 길로 행하였으니 이는
그의 어머니가 꾀어 악을 행하게 하였음이라
4 그의 아버지가 죽은 후에 그가 패망하게 하
는 아합의 집의 가르침을 따라 여호와 보시
기에 아합의 집같이 악을 행하였더라
5 아하시야가 아합의 집의 가르침을 따라 이
스라엘 왕 아합의 아들 요람과 함께 길르앗
라못으로 가서 아람 왕 하사엘과 더불어 싸
우더니 아람 사람들이 요람을 상하게 한지
라
6 요람이 아람 왕 하사엘과 싸울 때에 라마에
서 맞아 상한 것을 치료하려 하여 이스르엘
로 돌아왔더라 아합의 아들 요람이 병이 있
으므로 유다 왕 여호람의 아들 [1]아사랴가 이
스르엘에 내려가서 방문하였더라 왕하 9:15
7 ●아하시야가 요람에게 가므로 해를 입었으
니 이는 하나님께로 말미암은 것이라 아하
시야가 갔다가 요람과 함께 나가서 님시의

1) 본장 1절에는 '아하시야'

16 ●The LORD aroused against Jehoram the
hostility of the Philistines and of the Arabs
17 who lived near the Cushites. ●They attacked
Judah, invaded it and carried off all the goods
found in the king's palace, together with his
sons and wives. Not a son was left to him
except Ahaziah,[a] the youngest.
18 ●After all this, the LORD afflicted Jehoram
19 with an incurable disease of the bowels. ●In
the course of time, at the end of the second
year, his bowels came out because of the dis-
ease, and he died in great pain. His people
made no funeral fire in his honor, as they had
for his predecessors.
20 ●Jehoram was thirty-two years old when he
became king, and he reigned in Jerusalem
eight years. He passed away, to no one's regret,
and was buried in the City of David, but not in
the tombs of the kings.

Ahaziah King of Judah

22 The people of Jerusalem made Ahazi-
ah, Jehoram's youngest son, king in
his place, since the raiders, who came with
the Arabs into the camp, had killed all the
older sons. So Ahaziah son of Jehoram king
of Judah began to reign.
2 ●Ahaziah was twenty-two[b] years old when
he became king, and he reigned in Jerusalem
one year. His mother's name was Athaliah, a
granddaughter of Omri.
3 ●He too followed the ways of the house of
Ahab, for his mother encouraged him to act
4 wickedly. ●He did evil in the eyes of the LORD,
as the house of Ahab had done, for after his
father's death they became his advisers, to his
5 undoing. ●He also followed their counsel
when he went with Joram[c] son of Ahab king
of Israel to wage war against Hazael king of
Aram at Ramoth Gilead. The Arameans
6 wounded Joram; ●so he returned to Jezreel to
recover from the wounds they had inflicted
on him at Ramoth[d] in his battle with Hazael
king of Aram.
Then Ahaziah[e] son of Jehoram king of
Judah went down to Jezreel to see Joram son
of Ahab because he had been wounded.

[a]17 Hebrew *Jehoahaz*, a variant of *Ahaziah* [b]2 Some Septuagint manuscripts and Syriac (see also 2 Kings 8:26); Hebrew *forty-two* [c]5 Hebrew *Jehoram*, a variant of *Joram*; also in verses 6 and 7 [d]6 Hebrew *Ramah*, a variant of *Ramoth* [e]6 Some Hebrew manuscripts, Septuagint, Vulgate and Syriac (see also 2 Kings 8:29); most Hebrew manuscripts *Azariah*

adviser [ædváizər] *n.* 조언자
afflict [əflíkt] *vt.* 고통을 주다
arouse [əráuz] *vt.* 자극하다
bowel [báuəl] *n.* 창자
counsel [káunsəl] *n.* 권고
disease [dizí:z] *n.* 질병
encourage [inkə́:ridʒ] *vt.* 조장하다
funeral [fjú:nərəl] *a.* 장례의
hostility [hastíləti] *n.* 적대감
incurable [inkjúərəbl] *a.* 고칠 수 없는
predecessor [prédəsèsər] *n.* 조상
raider [réidər] *n.* 침략자
regret [rigrét] *n.* 애도
undoing [ʌndú:iŋ] *n.* 파멸
wound [wu:nd] *vt.* 상처를 입히다

21:19 in the course of time: 충분한 시간이 지나면
21:19 at the end of...: …의 말에
21:20 pass away: 죽다
22:1 in one's place: ~를 대신하여
22:6 inflict A on B: B에게 A를 입히다

아들 예후를 맞았으니 그는 여호와께서 기
름을 부으시고 아합의 집을 멸하게 하신 자
이더라
8 예후로 하여금 아합의 집을 심판하게 하실
때에 유다 방백들과 아하시야의 형제들의 아
들들 곧 아하시야를 섬기는 자들을 만나서
죽였고
9 아하시야는 사마리아에 숨었더니 예후가 찾
으매 무리가 그를 예후에게로 잡아가서 죽이
고 이르기를 그는 전심으로 여호와를 구하던
여호사밧의 아들이라 하고 장사하였더라 이
에 아하시야의 집이 약하여 왕위를 힘으로
지키지 못하게 되니라 17:4

유다 여왕 아달랴 (왕하 11:1-3)
— B.C. 835년경

10 아하시야의 어머니 아달랴가 자기의 아들
이 죽은 것을 보고 일어나 유다 집의 왕국의
씨를 모두 진멸하였으나
11 왕의 딸 여호사브앗이 아하시야의 아들 요아
스를 왕자들이 죽임을 당하는 중에서 몰래
빼내어 그와 그의 유모를 침실에 숨겨 아달
랴를 피하게 하였으므로 아달랴가 그를 죽이
지 못하였더라 여호사브앗은 여호람 왕의 딸
이요 아하시야의 누이요 제사장 여호야다의
아내이더라
12 요아스가 그들과 함께 하나님의 전에 육 년
을 숨어 있는 동안에 아달랴가 나라를 다스
렸더라

아달랴에 대한 반역 (왕하 11:4-16)

23 제칠 년에 여호야다가 용기를 내어 백
부장 곧 여로함의 아들 아사랴와 여호
하난의 아들 이스마엘과 오벳의 아들 아사랴
와 아다야의 아들 마아세야와 시그리의 아들
엘리사밧 등과 더불어 언약을 세우매
2 그들이 유다를 두루 다니며 유다 모든 고을
에서 레위 사람들과 이스라엘 족장들을 모아
예루살렘에 이른지라
3 온 회중이 하나님의 전에서 왕과 언약을 세
우매 여호야다가 무리에게 이르되 여호와께
서 다윗의 자손에게 대하여 말씀하신 대로
왕자가 즉위하여야 할지니
4 이제 너희는 이와 같이 행하라 너희 제사장
들과 레위 사람들 곧 안식일에 당번인 자들
의 삼분의 일은 문을 지키고
5 삼분의 일은 왕궁에 있고 삼분의 일은 기초
문에 있고 백성들은 여호와의 전 뜰에 있을
지라

7 Through Ahaziah's visit to Joram, God
brought about Ahaziah's downfall. When
Ahaziah arrived, he went out with Joram to
meet Jehu son of Nimshi, whom the LORD
had anointed to destroy the house of Ahab.
8 While Jehu was executing judgment on the
house of Ahab, he found the officials of Judah
and the sons of Ahaziah's relatives, who had
been attending Ahaziah, and he killed them.
9 He then went in search of Ahaziah, and his
men captured him while he was hiding in
Samaria. He was brought to Jehu and put to
death. They buried him, for they said, "He was
a son of Jehoshaphat, who sought the LORD
with all his heart." So there was no one in the
house of Ahaziah powerful enough to retain
the kingdom.

Athaliah and Joash

10 When Athaliah the mother of Ahaziah
saw that her son was dead, she proceeded to
destroy the whole royal family of the house of
11 Judah. But Jehosheba,[a] the daughter of King
Jehoram, took Joash son of Ahaziah and stole
him away from among the royal princes who
were about to be murdered and put him and
his nurse in a bedroom. Because Jehosheba,[a]
the daughter of King Jehoram and wife of the
priest Jehoiada, was Ahaziah's sister, she hid
the child from Athaliah so she could not kill
12 him. He remained hidden with them at the
temple of God for six years while Athaliah
ruled the land.

23 In the seventh year Jehoiada showed
his strength. He made a covenant
with the commanders of units of a hundred:
Azariah son of Jeroham, Ishmael son of Jeho-
hanan, Azariah son of Obed, Maaseiah son of
2 Adaiah, and Elishaphat son of Zikri. They
went throughout Judah and gathered the
Levites and the heads of Israelite families from
all the towns. When they came to Jerusalem,
3 the whole assembly made a covenant with
the king at the temple of God.
Jehoiada said to them, "The king's son shall
reign, as the LORD promised concerning the
4 descendants of David. Now this is what you
are to do: A third of you priests and Levites
who are going on duty on the Sabbath are to
5 keep watch at the doors, a third of you at the
royal palace and a third at the Foundation

[a]11 Hebrew *Jehoshabeath*, a variant of *Jehosheba*

anoint [ənɔ́int] *vt.* 기름을 붓다
assembly [əsémbli] *n.* 회중
attend [əténd] *vt.* 시중들다
capture [kǽptʃər] *vt.* 사로잡다
concerning [kənsə́:rniŋ] *prep.* …에 관하여
covenant [kʌ́vənənt] *n.* 언약
destroy [distrɔ́i] *vt.* 멸망시키다
downfall [dáunfɔ̀:l] *n.* 몰락
foundation [faundéiʃən] *n.* 기초
gather [gǽðər] *vt.* 모으다
murder [mə́:rdər] *vt.* 살해하다
nurse [nə:rs] *n.* 유모
proceed [prəsí:d] *vi.* 진행하다
remain [riméin] *vi.* …인 채로 있다
retain [ritéin] *vt.* 유지하다

22:8 execute judgment on...: …에게 심판을 실행하다
22:9 with all one's heart: 진심으로
22:11 steal away: 몰래 떠나다
22:11 be about to...: 지금 …하려고 하다
23:4 on duty: 근무 중에

6 제사장들과 수종 드는 레위 사람들은 거룩
한즉 여호와의 전에 들어오려니와 그 외의
다른 사람은 들어오지 못할 것이니 모든 백
성은 여호와께 지켜야 할 바를 지킬지며
7 레위 사람들은 각각 손에 무기를 잡고 왕을
호위하며 다른 사람이 성전에 들어오거든
죽이고 왕이 출입할 때에 경호할지니라 하
니
8 ● 레위 사람들과 모든 유다 사람들이 제사
장 여호야다가 명령한 모든 것을 준행하여
각기 수하에 안식일에 당번인 자와 안식일
에 비번인 자들을 거느리고 있었으니 이는
제사장 여호야다가 비번인 자들을 보내지
아니함이더라
9 제사장 여호야다가 하나님의 전 안에 있는
다윗 왕의 창과 큰 방패와 작은 방패를 백
부장들에게 주고 23:1
10 또 백성들에게 각각 손에 무기를 잡고 왕을
호위하되 성전 오른쪽에서부터 성전 왼쪽
까지 제단과 성전 곁에 서게 하고
11 무리가 왕자를 인도해 내어 면류관을 씌우
며 율법책을 주고 세워 왕으로 삼을새 여호
야다와 그의 아들들이 그에게 기름을 붓고
이르기를 왕이여 만세수를 누리소서 하니
라
12 ● 아달랴가 백성들이 뛰며 왕을 찬송하는
소리를 듣고 여호와의 전에 들어가서 백성
에게 이르러
13 보매 왕이 성전 문 기둥 곁에 섰고 지휘관
들과 나팔수들이 왕의 곁에 모셔 서 있으며
그 땅의 모든 백성들이 즐거워하여 나팔을
불며 노래하는 자들은 주악하며 찬송을 인
도하는지라 이에 아달랴가 그의 옷을 찢으
며 외치되 반역이로다 반역이로다 하매
14 제사장 여호야다가 군대를 거느린 백부장
들을 불러내어 이르되 반열 밖으로 몰아내
라 그를 따르는 자는 칼로 죽이라 하니 제
사장의 이 말은 여호와의 전에서는 그를 죽
이지 말라 함이라
15 이에 무리가 그에게 길을 열어 주고 그가 왕
궁 말문 어귀에 이를 때에 거기서 죽였더라

여호야다의 개혁 (왕하 11:17-20)

16 ● 여호야다가 자기와 모든 백성과 왕 사이
에 언약을 세워 여호와의 백성이 되리라 한
지라
17 온 국민이 바알의 신당으로 가서 그 신당을
부수고 그의 제단들과 형상들을 깨뜨리고

Gate, and all the others are to be in the court-
6 yards of the temple of the LORD. • No one is to
enter the temple of the LORD except the priests
and Levites on duty; they may enter because
they are consecrated, but all the others are to
observe the LORD's command not to enter.[a]
7 • The Levites are to station themselves around
the king, each with weapon in hand. Anyone
who enters the temple is to be put to death. Stay
close to the king wherever he goes."
8 • The Levites and all the men of Judah did
just as Jehoiada the priest ordered. Each one
took his men—those who were going on duty
on the Sabbath and those who were going off
duty—for Jehoiada the priest had not released
9 any of the divisions. • Then he gave the com-
manders of units of a hundred the spears and
the large and small shields that had belonged
to King David and that were in the temple of
10 God. • He stationed all the men, each with his
weapon in his hand, around the king—near
the altar and the temple, from the south side to
the north side of the temple.
11 • Jehoiada and his sons brought out the
king's son and put the crown on him; they pre-
sented him with a copy of the covenant and
proclaimed him king. They anointed him and
shouted, "Long live the king!"
12 • When Athaliah heard the noise of the peo-
ple running and cheering the king, she went to
13 them at the temple of the LORD. • She looked,
and there was the king, standing by his pillar at
the entrance. The officers and the trumpeters
were beside the king, and all the people of the
land were rejoicing and blowing trumpets, and
musicians with their instruments were leading
the praises. Then Athaliah tore her robes and
shouted, "Treason! Treason!"
14 • Jehoiada the priest sent out the comman-
ders of units of a hundred, who were in charge
of the troops, and said to them: "Bring her out
between the ranks[b] and put to the sword any-
one who follows her." For the priest had said,
"Do not put her to death at the temple of the
15 LORD." • So they seized her as she reached the
entrance of the Horse Gate on the palace
grounds, and there they put her to death.
16 • Jehoiada then made a covenant that he,
the people and the king[c] would be the LORD's

[a]6 Or *are to stand guard where the LORD has assigned them*
[b]14 Or *out from the precincts* [c]16 Or *covenant between the LORD and the people and the king that they* (see 2 Kings 11:17)

altar [ɔ́:ltər] *n.* 제단
anoint [ənɔ́int] *vt.* 기름을 붓다
consecrate [kánsəkrèit] *vt.* 성별하다
division [divíʒən] *n.*(학교 등의) 반, 조
instrument [ínstrəmənt] *n.* 악기
pillar [pílər] *n.* 기둥
proclaim [proukléim] *vt.* 선언하다
rank [ræŋk] *n.* 대열
release [rilí:s] *vt.* 놓아 주다
robe [roub] *n.* 옷, 의복
seize [si:z] *vt.* 사로잡다
shield [ʃi:ld] *n.* 방패
station [stéiʃən] *vt.* 배치시키다
tear [tɛər] *vt.* 찢다
treason [trí:zn] *n.* 반역

23:7 **put... to death**: …를 죽이다
23:8 **just as...**: …처럼
23:9 **belong to...**: …에 속하다
23:11 **present A with B**: A에게 B를 주다
23:14 **in charge of...**: …를 맡고 있는
23:14 **put to the sword**: 칼로 죽이다

그 제단 앞에서 바알의 제사장 맛단을 죽이
니라
18 여호야다가 여호와의 전의 직원들을 세워
레위 제사장의 수하에 맡기니 이들은 다윗
이 전에 그들의 반열을 나누어서 여호와의
전에서 모세의 율법에 기록한 대로 여호와
께 번제를 드리며 다윗이 정한 규례대로 즐
거이 부르고 노래하게 하였던 자들이더라
19 또 문지기를 여호와의 전 여러 문에 두어
무슨 일에든지 부정한 모든 자는 들어오지
못하게 하고
20 백부장들과 존귀한 자들과 백성의 방백들
과 그 땅의 모든 백성을 거느리고 왕을 인도
하여 여호와의 전에서 내려와 윗문으로부
터 왕궁에 이르러 왕을 나라 보좌에 앉히매
21 그 땅의 모든 백성이 즐거워하고 성중이 평
온하더라 아달랴를 무리가 칼로 죽였었더
라

유다 왕 요아스 (왕하 12:1-16 ♪ 337장)
— B.C. 825년경

24 요아스가 왕위에 오를 때에 나이가 칠
세라 예루살렘에서 사십 년 동안 다스
리니라 그의 어머니의 이름은 시비아요 브
엘세바 사람이더라
2 제사장 여호야다가 세상에 사는 모든 날에
요아스가 여호와 보시기에 정직하게 행하
였으며
3 여호야다가 그를 두 아내에게 장가들게 하
였더니 자녀를 낳았더라
4 ●그 후에 요아스가 여호와의 전을 보수할
뜻을 두고
24:7
5 제사장들과 레위 사람들을 모으고 그들에
게 이르되 너희는 유다 여러 성읍에 가서
모든 이스라엘에게 해마다 너희의 하나님
의 전을 수리할 돈을 거두되 그 일을 빨리
하라 하였으나 레위 사람이 빨리 하지 아니
한지라
6 왕이 대제사장 여호야다를 불러 이르되 네
가 어찌하여 레위 사람들을 시켜서 여호와
의 종 모세와 이스라엘의 회중이 성막을 위
하여 정한 세를 유다와 예루살렘에서 거두
게 하지 아니하였느냐 하니
7 이는 그 악한 여인 아달랴의 아들들이 하나
님의 전을 파괴하고 또 여호와의 전의 모든
성물들을 바알들을 위하여 사용하였음이
었더라
8 ●이에 왕이 말하여 한 궤를 만들어 여호와

17 people. ●All the people went to the temple of
Baal and tore it down. They smashed the
altars and idols and killed Mattan the priest
of Baal in front of the altars.
18 ●Then Jehoiada placed the oversight of the
temple of the LORD in the hands of the Levitical
priests, to whom David had made assignments
in the temple, to present the burnt offerings of
the LORD as written in the Law of Moses, with
rejoicing and singing, as David had ordered.
19 ●He also stationed gatekeepers at the gates of
the LORD's temple so that no one who was in
any way unclean might enter.
20 ●He took with him the commanders of hun-
dreds, the nobles, the rulers of the people and all
the people of the land and brought the king
down from the temple of the LORD. They went
into the palace through the Upper Gate and
21 seated the king on the royal throne. ●All the
people of the land rejoiced, and the city was
calm, because Athaliah had been slain with
the sword.

Joash Repairs the Temple

24 Joash was seven years old when he
became king, and he reigned in Jeru-
salem forty years. His mother's name was Zib-
2 iah; she was from Beersheba. ●Joash did what
was right in the eyes of the LORD all the years
3 of Jehoiada the priest. ●Jehoiada chose two
wives for him, and he had sons and daugh-
ters.
4 ●Some time later Joash decided to restore the
5 temple of the LORD. ●He called together the
priests and Levites and said to them, "Go to the
towns of Judah and collect the money due
annually from all Israel, to repair the temple of
your God. Do it now." But the Levites did not
act at once.
6 ●Therefore the king summoned Jehoiada the
chief priest and said to him, "Why haven't you
required the Levites to bring in from Judah and
Jerusalem the tax imposed by Moses the ser-
vant of the LORD and by the assembly of Israel
for the tent of the covenant law?"
7 ●Now the sons of that wicked woman
Athaliah had broken into the temple of God
and had used even its sacred objects for the
Baals.
8 ●At the king's command, a chest was made
and placed outside, at the gate of the temple of
9 the LORD. ●A proclamation was then issued in
Judah and Jerusalem that they should bring to

annually [ǽnjuəli] *ad.* 해마다
assignment [əsáinmənt] *n.* 임무
chest [tʃest] *n.* 큰 상자
covenant [kʌ́vənənt] *n.* 언약
impose [impóuz] *vt.* 부과하다
noble [nóubl] *a.* 귀족의
oversight [óuvərsàit] *n.* 감독
proclamation [prɑ̀kləméiʃən] *n.* 선포
repair [ripɛ́ər] *vt.* 수리하다
require [rikwáiər] *vt.* 요구하다
restore [ristɔ́ːr] *vt.* 복구하다
sacred [séikrid] *a.* 신성한
slay [slei] *vt.* 살해하다
smash [smæʃ] *vt.* 때려부수다
summon [sʌ́mən] *vt.* 소환하다

23:17 tear down: 헐다
23:17 in front of...: …의 앞에
23:18 in the hands of...: …의 수중에
24:5 call together: 소집하다
24:6 bring in from...: …로부터 거둬들이다
24:7 break into: 부수다, 헐다

의 전 문 밖에 두게 하고
9 유다와 예루살렘에 공포하여 하나님의 종 모
세가 광야에서 이스라엘에게 정한 세를 여호
와께 드리라 하였더니
10 모든 방백들과 백성들이 기뻐하여 마치기까
지 돈을 가져다가 궤에 던지니라
11 레위 사람들이 언제든지 궤를 메고 왕의 관
리에게 가지고 가서 돈이 많은 것을 보이면
왕의 서기관과 대제사장에게 속한 관원이 와
서 그 궤를 쏟고 다시 그곳에 가져다 두었더
라 때때로 이렇게 하여 돈을 많이 거두매
12 왕과 여호야다가 그 돈을 여호와의 전 감독
자에게 주어 석수와 목수를 고용하여 여호와
의 전을 보수하며 또 철공과 놋쇠공을 고용
하여 여호와의 전을 수리하게 하였더니
13 기술자들이 맡아서 수리하는 공사가 점점 진
척되므로 하나님의 전을 이전 모양대로 견고
하게 하니라
14 공사를 마친 후에 그 남은 돈을 왕과 여호야
다 앞으로 가져왔으므로 그것으로 여호와의
전에 쓸 그릇을 만들었으니 곧 섬겨 제사드
리는 그릇이며 또 숟가락과 금은 그릇들이라
여호야다가 세상에 사는 모든 날에 여호와의
전에 항상 번제를 드렸더라

여호야다의 정책이 뒤집히다

15 ●여호야다가 나이가 많고 늙어서 죽으니 죽
을 때에 백삼십 세라
16 무리가 다윗 성 여러 왕의 묘실 중에 장사하
였으니 이는 그가 이스라엘과 하나님과 그의
성전에 대하여 선을 행하였음이더라
17 여호야다가 죽은 후에 유다 방백들이 와서
왕에게 절하매 왕이 그들의 말을 듣고
18 그의 조상들의 하나님 여호와의 전을 버리고
아세라 목상과 우상을 섬겼으므로 그 죄로
말미암아 진노가 유다와 예루살렘에 임하니
라
19 그러나 여호와께서 그들에게 선지자를 보내
사 다시 여호와에게로 돌아오게 하려 하시매
선지자들이 그들에게 경고하였으나 듣지 아
니하니라
20 ●이에 하나님의 영이 제사장 여호야다의 아
들 스가랴를 감동시키시매 그가 백성 앞에
높이 서서 그들에게 이르되 하나님이 이같이
말씀하시기를 너희가 어찌하여 여호와의 명
령을 거역하여 스스로 형통하지 못하게 하느
냐 하셨나니 너희가 여호와를 버렸으므로 여
호와께서도 너희를 버리셨느니라 하나

the LORD the tax that Moses the servant of God
10 had required of Israel in the wilderness. ●All
the officials and all the people brought their
contributions gladly, dropping them into the
11 chest until it was full. ●Whenever the chest
was brought in by the Levites to the king's
officials and they saw that there was a large
amount of money, the royal secretary and the
officer of the chief priest would come and
empty the chest and carry it back to its place.
They did this regularly and collected a great
12 amount of money. ●The king and Jehoiada
gave it to those who carried out the work
required for the temple of the LORD. They
hired masons and carpenters to restore the
LORD's temple, and also workers in iron and
bronze to repair the temple.
13 ●The men in charge of the work were dili-
gent, and the repairs progressed under them.
They rebuilt the temple of God according to its
14 original design and reinforced it. ●When they
had finished, they brought the rest of the
money to the king and Jehoiada, and with it
were made articles for the LORD's temple: arti-
cles for the service and for the burnt offerings,
and also dishes and other objects of gold and
silver. As long as Jehoiada lived, burnt offer-
ings were presented continually in the temple
of the LORD.
15 ●Now Jehoiada was old and full of years,
and he died at the age of a hundred and thir-
16 ty. ●He was buried with the kings in the City
of David, because of the good he had done in
Israel for God and his temple.

The Wickedness of Joash

17 ●After the death of Jehoiada, the officials of
Judah came and paid homage to the king,
18 and he listened to them. ●They abandoned
the temple of the LORD, the God of their ances-
tors, and worshiped Asherah poles and idols.
Because of their guilt, God's anger came on
19 Judah and Jerusalem. ●Although the LORD
sent prophets to the people to bring them
back to him, and though they testified against
them, they would not listen.
20 ●Then the Spirit of God came on Zechariah
son of Jehoiada the priest. He stood before the
people and said, "This is what God says: 'Why
do you disobey the LORD's commands? You
will not prosper. Because you have forsaken
the LORD, he has forsaken you.' "

abandon [əbǽndən] *vt.* 내버리다
article [á:rtikl] *n.* 물품
continually [kəntínjuəli] *ad.* 계속해서
contribution [kántrəbjú:ʃən] *n.* 헌물
disobey [disəbéi] *vt.* 불순종하다
forsake [fərséik] *vt.* 버리다
guilt [gilt] *n.* 죄
mason [méisn] *n.* 석공
pole [poul] *n.* 기둥
progress [prágres] *vi.* 진척되다
prosper [práspər] *vi.* 번영하다
regularly [régjulərli] *ad.* 규칙적으로
reinforce [rì:infɔ́:rs] *vt.* 강화하다
secretary [sékrətèri] *n.* 서기관
testify [téstəfài] *vi.* 증언하다

24:11 carry back: 되나르다
24:12 carry out: 수행하다
24:13 in charge of...: …를 맡고 있는
24:13 according to...: …에 따라
24:17 pay homage to...: …에게 경의를 표하다

21 무리가 함께 꾀하고 왕의 명령을 따라 그를
여호와의 전 뜰 안에서 돌로 쳐죽였더라
22 요아스 왕이 이와 같이 스가랴의 아버지 여
호야다가 베푼 은혜를 기억하지 아니하고 그
의 아들을 죽이니 그가 죽을 때에 이르되 여
호와는 감찰하시고 신원하여 주옵소서 하니
라

요아스가 죽다

23 ●일 주년 말에 아람 군대가 요아스를 치려
고 올라와서 유다와 예루살렘에 이르러 백성
중에서 모든 방백들을 다 죽이고 노략한 물
건을 다메섹 왕에게로 보내니라
왕하 12:17
24 아람 군대가 적은 무리로 왔으나 여호와께서
심히 큰 군대를 그들의 손에 넘기셨으니 이
는 유다 사람들이 그들의 조상들의 하나님
여호와를 버렸음이라 이와 같이 아람 사람들
이 요아스를 징벌하였더라
25 요아스가 크게 부상하매 적군이 그를 버리고
간 후에 그의 신하들이 제사장 여호야다의
아들들의 피로 말미암아 반역하여 그를 그의
침상에서 쳐죽인지라 다윗 성에 장사하였으
나 왕들의 묘실에는 장사하지 아니하였더라
26 반역한 자들은 암몬 여인 시므앗의 아들 사
밧과 모압 여인 시므릿의 아들 여호사밧이더
라
27 요아스의 아들들의 사적과 요아스가 중대한
경책을 받은 것과 하나님의 전을 보수한 사
적은 다 열왕기 주석에 기록되니라 그의 아
들 아마샤가 대신하여 왕이 되니라

유다 왕 아마샤 (왕하 14:2-6 ♪357장)

— B.C. 797년경

25 아마샤가 왕위에 오를 때에 나이가 이
십오 세라 예루살렘에서 이십구 년 동
안 다스리니라 그의 어머니의 이름은 여호앗
단이요 예루살렘 사람이더라
2 아마샤가 여호와께서 보시기에 정직하게 행
하기는 하였으나 온전한 마음으로 행하지 아
니하였더라
25:14
3 그의 나라가 굳게 서매 그의 부왕을 죽인 신
하들을 죽였으나
4 그들의 자녀들은 죽이지 아니하였으니 이는
모세의 율법책에 기록된 대로 함이라 곧 여
호와께서 명령하여 이르시기를 자녀로 말미
암아 아버지를 죽이지 말 것이요 아버지로
말미암아 자녀를 죽이지 말 것이라 오직 각
사람은 자기의 죄로 말미암아 죽을 것이니라
하셨더라

21 ●But they plotted against him, and by order
of the king they stoned him to death in the
22 courtyard of the LORD's temple. ●King Joash
did not remember the kindness Zechariah's
father Jehoiada had shown him but killed his
son, who said as he lay dying, "May the LORD
see this and call you to account."
23 ●At the turn of the year,[a] the army of Aram
marched against Joash; it invaded Judah
and Jerusalem and killed all the leaders of
the people. They sent all the plunder to their
24 king in Damascus. ●Although the Aramean
army had come with only a few men, the
LORD delivered into their hands a much larger
army. Because Judah had forsaken the LORD,
the God of their ancestors, judgment was exe-
25 cuted on Joash. ●When the Arameans with-
drew, they left Joash severely wounded. His
officials conspired against him for murdering
the son of Jehoiada the priest, and they killed
him in his bed. So he died and was buried in
the City of David, but not in the tombs of the
kings.
26 ●Those who conspired against him were
Zabad,[b] son of Shimeath an Ammonite
woman, and Jehozabad, son of Shimrith[c] a
27 Moabite woman. ●The account of his sons,
the many prophecies about him, and the
record of the restoration of the temple of God
are written in the annotations on the book of
the kings. And Amaziah his son succeeded
him as king.

Amaziah King of Judah

25 Amaziah was twenty-five years old
when he became king, and he reign-
ed in Jerusalem twenty-nine years. His moth-
er's name was Jehoaddan; she was from
2 Jerusalem. ●He did what was right in the
eyes of the LORD, but not wholeheartedly.
3 ●After the kingdom was firmly in his con-
trol, he executed the officials who had mur-
4 dered his father the king. ●Yet he did not put
their children to death, but acted in accor-
dance with what is written in the Law, in the
Book of Moses, where the LORD commanded:
"Parents shall not be put to death for their
children, nor children be put to death for
their parents; each will die for their own
sin."[d]

[a]23 Probably in the spring [b]26 A variant of *Jozabad*
[c]26 A variant of *Shomer* [d]4 Deut. 24:16

account [əkáunt] *n.* 고려
although [ɔːlðóu] *conj.* 비록 …일지라도
annotation [ænətéiʃən] *n.* 주석
control [kəntróul] *n.* 지배
deliver [dilívər] *vt.* 넘겨주다
execute [éksikjùːt] *vt.* 처형하다
firmly [fə́ːrmli] *ad.* 강하게
invade [invéid] *vt.* 침입하다
plunder [plʌ́ndər] *n.* 약탈품
prophesy [práfəsài] *vi.* 예언하다
reign [rein] *vi.* 통치하다
restoration [rèstəréiʃən] *n.* 복원
wholeheartedly [houlhá:rtidli] *ad.* 전심으로
withdraw [wiðdrɔ́ː] *vi.* 철수하다
wounded [wúːndid] *a.* 부상한

24:21 plot against...: …에 대해 음모를 꾸미다
24:22 call... to account: …에게 해명을 요구하다
24:25 conspire against..: …를 공모하다
24:27 succeed... as~: …의 뒤이어 ~가 되다
25:4 in accordance with...: …에 따라서

아마샤와 에돔의 전쟁 (왕하 14:7)

5 ●아마샤가 유다 사람들을 모으고 그 여러 족속을 따라 천부장들과 백부장들을 세우되 유다와 베냐민을 함께 그리하고 이십 세 이상으로 계수하여 창과 방패를 잡고 능히 전장에 나갈 만한 자 삼십만 명을 얻고
6 또 은 백 달란트로 이스라엘 나라에서 큰 용사 십만 명을 고용하였더니
7 어떤 하나님의 사람이 아마샤에게 나아와서 이르되 왕이여 이스라엘 군대를 왕과 함께 가게 하지 마옵소서 여호와께서는 이스라엘 곧 온 에브라임 자손과 함께하지 아니하시나니
8 왕이 만일 가시거든 힘써 싸우소서 하나님이 왕을 적군 앞에 엎드러지게 하시리이다 하나님은 능히 돕기도 하시고 능히 패하게도 하시나이다 하니
9 아마샤가 하나님의 사람에게 이르되 내가 백 달란트를 이스라엘 군대에게 주었으니 어찌할까 하나님의 사람이 말하되 여호와께서 능히 이보다 많은 것을 왕에게 주실 수 있나이다 하니라
10 아마샤가 이에 에브라임에서 자기에게 온 군대를 나누어 그들의 고향으로 돌아가게 하였더니 그 무리가 유다 사람에게 심히 노하여 분연히 고향으로 돌아갔더라
11 아마샤가 담력을 내어 그의 백성을 거느리고 소금 골짜기에 이르러 세일 자손 만 명을 죽이고
12 유다 자손이 또 만 명을 사로잡아 가지고 바위 꼭대기에 올라가서 거기서 밀쳐 내려뜨려서 그들의 온 몸이 부서지게 하였더라
13 아마샤가 자기와 함께 전장에 나가지 못하게 하고 돌려보낸 군사들이 사마리아에서부터 벧호론까지 유다 성읍들을 약탈하고 사람 삼천 명을 죽이고 물건을 많이 노략하였더라
14 ●아마샤가 에돔 사람들을 죽이고 돌아올 때에 세일 자손의 신들을 가져와서 자기의 신으로 세우고 그것들 앞에 경배하며 분향한지라
15 그러므로 여호와께서 아마샤에게 진노하사 한 선지자를 그에게 보내시니 그가 이르되 저 백성의 신들이 그들의 백성을 왕의 손에서 능히 구원하지 못하였거늘 왕은 어찌하여 그 신들에게 구하나이까 하며
16 선지자가 아직 그에게 말할 때에 왕이 그에게 이르되 우리가 너를 왕의 모사로 삼았느

5 ●Amaziah called the people of Judah
together and assigned them according to their
families to commanders of thousands and
commanders of hundreds for all Judah and
Benjamin. He then mustered those twenty
years old or more and found that there were
three hundred thousand men fit for military
service, able to handle the spear and shield.
6 ●He also hired a hundred thousand fighting
men from Israel for a hundred talents[a] of silver.
7 ●But a man of God came to him and said,
"Your Majesty, these troops from Israel must
not march with you, for the LORD is not with
Israel—not with any of the people of Ephraim.
8 ●Even if you go and fight courageously
in battle, God will overthrow you before the
enemy, for God has the power to help or to
overthrow."
9 ●Amaziah asked the man of God, "But
what about the hundred talents I paid for
these Israelite troops?"
The man of God replied, "The LORD can give
you much more than that."
10 ●So Amaziah dismissed the troops who had
come to him from Ephraim and sent them
home. They were furious with Judah and left
for home in a great rage.
11 ●Amaziah then marshaled his strength and
led his army to the Valley of Salt, where he
12 killed ten thousand men of Seir. ●The army of
Judah also captured ten thousand men alive,
took them to the top of a cliff and threw them
down so that all were dashed to pieces.
13 ●Meanwhile the troops that Amaziah had
sent back and had not allowed to take part in
the war raided towns belonging to Judah from
Samaria to Beth Horon. They killed three
thousand people and carried off great quantities of plunder.
14 ●When Amaziah returned from slaughtering the Edomites, he brought back the gods of
the people of Seir. He set them up as his own
gods, bowed down to them and burned sacri-
15 fices to them. ●The anger of the LORD burned
against Amaziah, and he sent a prophet to
him, who said, "Why do you consult this people's gods, which could not save their own
people from your hand?"
16 ●While he was still speaking, the king said
to him, "Have we appointed you an adviser to

[a]6 That is, about 3 3/4 tons or about 3.4 metric tons; also in verse 9

cliff [klif] *n.* 벼랑
courageously [kəréidʒəsli] *ad.* 용감하게
dash [dæʃ] *vt.* 박살내다
dismiss [dismís] *vt.* 해산시키다
furious [fjúəriəs] *a.* 대단히 화난
hire [haiər] *vt.* 고용하다
marshal [má:rʃəl] *vt.* 정렬시키다
muster [mʌ́stər] *vt.* 소집하다
overthrow [òuvərθróu] *vt.* 전복시키다
quantity [kwántəti] *n.* 양
rage [reidʒ] *n.* 분노
raid [reid] *vt.* 기습하다
sacrifice [sǽkrəfàis] *n.* 희생, 제물
slaughter [slɔ́:tər] *vt.* 학살하다
troop [tru:p] *n.* 군대

25:5 **call together**: 소집하다
25:5 **assign A to B**: A를 B로 임명하다
25:5 **according to...**: …에 따라
25:13 **take part in...**: …에 참가하다
25:13 **belong to...**: …에 속하다
25:13 **carry off**: 빼앗다, 채가다

냐 그치라 어찌하여 맞으려 하느냐 하니 선지자가 그치며 이르되 왕이 이 일을 행하고 나의 경고를 듣지 아니하니 하나님이 왕을 멸하시기로 작정하신 줄 아노라 하였더라

유다와 이스라엘의 전쟁 (왕하 14:8-20)

17 ● 유다 왕 아마샤가 상의하고 예후의 손자 여호아하스의 아들 이스라엘 왕 요아스에게 사신을 보내어 이르되 오라 서로 대면하자 한지라

18 이스라엘 왕 요아스가 유다 왕 아마샤에게 사람을 보내어 이르되 레바논 가시나무가 레바논 백향목에게 전갈을 보내어 이르기를 네 딸을 내 아들에게 주어 아내로 삼게 하라 하였더니 레바논 들짐승이 지나가다가 그 가시나무를 짓밟았느니라

19 네가 에돔 사람들을 쳤다고 네 마음이 교만하여 자긍하는도다 네 궁에나 있으라 어찌하여 화를 자초하여 너와 유다가 함께 망하고자 하느냐 하나

20 아마샤가 듣지 아니하였으니 이는 하나님께로 말미암은 것이라 그들이 에돔 신들에게 구하였으므로 그 대적의 손에 넘기려 하심이더라

21 이스라엘 왕 요아스가 올라와서 유다 왕 아마샤와 더불어 유다의 벧세메스에서 대면하였더니

22 유다가 이스라엘 앞에서 패하여 각기 장막으로 도망한지라

23 이스라엘 왕 요아스가 벧세메스에서 여호아하스의 손자 요아스의 아들 유다 왕 아마샤를 사로잡고 예루살렘에 이르러 예루살렘 성벽을 에브라임 문에서부터 성 모퉁이 문까지 사백 규빗을 헐고

24 또 하나님의 전 안에서 오벧에돔이 지키는 모든 금은과 그릇과 왕궁의 재물을 빼앗고 또 사람들을 볼모로 잡아 가지고 사마리아로 돌아갔더라

25 ● 이스라엘 왕 여호아하스의 아들 요아스가 죽은 후에도 유다 왕 요아스의 아들 아마샤가 십오 년 간 생존하였더라

26 아마샤의 이외의 처음부터 끝까지의 행적은 유다와 이스라엘 열왕기에 기록되지 아니하였느냐

27 아마샤가 돌아서서 여호와를 버린 후로부터 예루살렘에서 무리가 그를 반역하였으므로 그가 라기스로 도망하였더니 반역한 무리가 사람을 라기스로 따라 보내어 그를 거기서

the king? Stop! Why be struck down?"
So the prophet stopped but said, "I know
that God has determined to destroy you,
because you have done this and have not lis-
tened to my counsel."
17 ● After Amaziah king of Judah consulted
his advisers, he sent this challenge to Jeho-
ash[a] son of Jehoahaz, the son of Jehu, king
of Israel: "Come, let us face each other in bat-
tle."
18 ● But Jehoash king of Israel replied to
Amaziah king of Judah: "A thistle in Leba-
non sent a message to a cedar in Lebanon,
'Give your daughter to my son in marriage.'
Then a wild beast in Lebanon came along
19 and trampled the thistle underfoot. ● You
say to yourself that you have defeated Edom,
and now you are arrogant and proud. But
stay at home! Why ask for trouble and cause
your own downfall and that of Judah also?"
20 ● Amaziah, however, would not listen, for
God so worked that he might deliver them
into the hands of Jehoash, because they
21 sought the gods of Edom. ● So Jehoash king of
Israel attacked. He and Amaziah king of
Judah faced each other at Beth Shemesh in
22 Judah. ● Judah was routed by Israel, and every
23 man fled to his home. ● Jehoash king of Israel
captured Amaziah king of Judah, the son of
Joash, the son of Ahaziah,[b] at Beth Shemesh.
Then Jehoash brought him to Jerusalem and
broke down the wall of Jerusalem from the
Ephraim Gate to the Corner Gate—a section
24 about four hundred cubits[c] long. ● He took all
the gold and silver and all the articles found
in the temple of God that had been in the
care of Obed-Edom, together with the palace
treasures and the hostages, and returned to
Samaria.
25 ● Amaziah son of Joash king of Judah lived
for fifteen years after the death of Jehoash son
26 of Jehoahaz king of Israel. ● As for the other
events of Amaziah's reign, from beginning to
end, are they not written in the book of the
27 kings of Judah and Israel? ● From the time
that Amaziah turned away from following
the LORD, they conspired against him in
Jerusalem and he fled to Lachish, but they
sent men after him to Lachish and killed him

[a] 17 Hebrew *Joash,* a variant of *Jehoash;* also in verses 18, 21, 23 and 25 [b] 23 Hebrew *Jehoahaz,* a variant of *Ahaziah* [c] 23 That is, about 600 feet or about 180 meters

arrogant [ǽrəgənt] *a.* 교만한
beast [biːst] *n.* 짐승
cedar [síːdər] *n.* 백향목
challenge [tʃǽlindʒ] *n.* 도전
defeat [difíːt] *vt.* 패배시키다
determine [ditə́ːrmin] *vt.* 결정하다
downfall [dáunfɔ̀ːl] *n.* 몰락
hostage [hástidʒ] *n.* 인질
return [ritə́ːrn] *vi.* 돌아가다
rout [raut] *vt.* 참패시키다
section [sékʃən] *n.* 부분
thistle [θísl] *n.* 엉겅퀴
trample [trǽmpl] *vt.* 내리 밟다
treasure [tréʒər] *n.* 보물
underfoot [ʌ̀ndərfút] *ad.* 발 밑에

25:16 **strike down:** 쳐서 쓰러뜨리다
25:17 **face each other:** 서로 얼굴을 대하다
25:19 **ask for trouble:** 화를 자초하다
25:27 **conspire against...:** …를 공모하다
25:27 **send... after~:** …로 ~를 뒤쫓게 하다

죽이게 하고
28 그의 시체를 말에 실어다가 그의 조상들과
함께 유다 성읍에 장사하였더라

유다 왕 웃시야

(왕하 14:21-22; 15:1-7 ♪ 337장)

26 유다 온 백성이 나이가 십육 세 된 웃시
야를 세워 그의 아버지 아마샤를 대신
하여 왕으로 삼으니
2 아마샤 왕이 그의 열조들의 묘실에 누운 후
에 웃시야가 엘롯을 건축하여 유다에 돌렸더
라
3 웃시야가 왕위에 오를 때에 나이가 십육 세
라 예루살렘에서 오십이 년간 다스리니라 그
의 어머니의 이름은 여골리아요 예루살렘 사
람이더라
4 웃시야가 그의 아버지 아마샤의 모든 행위대
로 여호와 보시기에 정직하게 행하며
5 하나님의 묵시를 밝히 아는 스가랴가 사는
날에 하나님을 찾았고 그가 여호와를 찾을
동안에는 하나님이 형통하게 하셨더라 단 1:17
6 ●웃시야가 나가서 블레셋 사람들과 싸우고
가드 성벽과 야브네 성벽과 아스돗 성벽을
헐고 아스돗 땅과 블레셋 사람들 가운데에
성읍들을 건축하매
7 하나님이 그를 도우사 블레셋 사람들과 구르
바알에 거주하는 아라비아 사람들과 마온 사
람들을 치게 하신지라
8 암몬 사람들이 웃시야에게 조공을 바치매 웃
시야가 매우 강성하여 이름이 애굽 변방까지
퍼졌더라
9 웃시야가 예루살렘에서 성 모퉁이 문과 골짜
기 문과 성굽이에 망대를 세워 견고하게 하
고
10 또 광야에 망대를 세우고 물 웅덩이를 많이
파고 고원과 평지에 가축을 많이 길렀으며
또 여러 산과 좋은 밭에 농부와 포도원을 다
스리는 자들을 두었으니 농사를 좋아함이었
더라
11 웃시야에게 또 싸우는 군사가 있으니 서기관
여이엘과 병영장 마아세야가 직접 조사한 수
효대로 왕의 지휘관 하나냐의 휘하에 속하여
떼를 지어 나가서 싸우는 자라
12 족장의 총수가 이천육백 명이니 모두 큰 용
사요
13 그의 휘하의 군대가 삼십만 칠천오백 명이라
건장하고 싸움에 능하여 왕을 도와 적을 치
는 자이며

28 there. ●He was brought back by horse and
was buried with his ancestors in the City of
Judah.[a]

Uzziah King of Judah

26 Then all the people of Judah took
Uzziah,[b] who was sixteen years old,
and made him king in place of his father
2 Amaziah. ●He was the one who rebuilt Elath
and restored it to Judah after Amaziah rested
with his ancestors.
3 ●Uzziah was sixteen years old when he
became king, and he reigned in Jerusalem
fifty-two years. His mother's name was Jekoli-
4 ah; she was from Jerusalem. ●He did what
was right in the eyes of the LORD, just as his
5 father Amaziah had done. ●He sought God
during the days of Zechariah, who instructed
him in the fear[c] of God. As long as he sought
the LORD, God gave him success.
6 ●He went to war against the Philistines and
broke down the walls of Gath, Jabneh and
Ashdod. He then rebuilt towns near Ashdod
7 and elsewhere among the Philistines. ●God
helped him against the Philistines and against
the Arabs who lived in Gur Baal and against
8 the Meunites. ●The Ammonites brought trib-
ute to Uzziah, and his fame spread as far as
the border of Egypt, because he had become
very powerful.
9 ●Uzziah built towers in Jerusalem at the
Corner Gate, at the Valley Gate and at the
10 angle of the wall, and he fortified them. ●He
also built towers in the wilderness and dug
many cisterns, because he had much live-
stock in the foothills and in the plain. He had
people working his fields and vineyards in
the hills and in the fertile lands, for he loved
the soil.
11 ●Uzziah had a well-trained army, ready to
go out by divisions according to their numbers
as mustered by Jeiel the secretary and Maa-
seiah the officer under the direction of Hana-
12 niah, one of the royal officials. ●The total
number of family leaders over the fighting
13 men was 2,600. ●Under their command was
an army of 307,500 men trained for war, a
powerful force to support the king against his

[a]28 Most Hebrew manuscripts; some Hebrew manuscripts, Septuagint, Vulgate and Syriac (see also 2 Kings 14:20) *David* [b]1 Also called *Azariah* [c]5 Many Hebrew manuscripts, Septuagint and Syriac; other Hebrew manuscripts *vision*

border [bɔ́ːrdər] *n.* 국경
cistern [sístərn] *n.* 물 웅덩이
elsewhere [élshwɛər] *ad.* 다른 곳에서
fame [feim] *n.* 명성
fertile [fə́ːrtl] *a.* 비옥한
26:1 in place of...: …를 대신하여
26:5 as long as...: …하는 한
foothill [fúthìl] *n.* 구릉지대
fortify [fɔ́ːrtəfài] *vt.* 강화하다
instruct [instrʌ́kt] *vt.* 교육하다
muster [mʌ́stər] *vt.* 소집하다
rebuild [rìːbíld] *vt.* 재건하다
26:6 war against...: …와 전쟁하다
26:8 as far as...: …까지
restore [ristɔ́ːr] *vt.* 되돌리다
soil [sɔil] *n.* 농사, 땅
spread [spred] *vi.* 퍼지다
success [səksés] *n.* 성공
tribute [tríbjuːt] *n.* 조공
26:11 be ready to...: …할 준비가 되다
26:11 according to...: …에 따라서

14 웃시야가 그의 온 군대를 위하여 방패와 창
과 투구와 갑옷과 활과 물매 돌을 준비하고
15 또 예루살렘에서 재주 있는 사람들에게 무기
를 고안하게 하여 망대와 성곽 위에 두어 화
살과 큰 돌을 쏘고 던지게 하였으니 그의 이
름이 멀리 퍼짐은 기이한 도우심을 얻어 강
성하여짐이었더라

웃시야에게 나병이 생기다

16 ●그가 강성하여지매 그의 마음이 교만하여
악을 행하여 그의 하나님 여호와께 범죄하되
곧 여호와의 성전에 들어가서 향단에 분향하
려 한지라
17 제사장 아사랴가 여호와의 용맹한 제사장 팔
십 명을 데리고 그의 뒤를 따라 들어가서
18 웃시야 왕 곁에 서서 그에게 이르되 웃시야
여 여호와께 분향하는 일은 왕이 할 바가 아
니요 오직 분향하기 위하여 구별함을 받은
아론의 자손 제사장들이 할 바니 성소에서
나가소서 왕이 범죄하였으니 하나님 여호와
에게서 영광을 얻지 못하리이다
19 웃시야가 손으로 향로를 잡고 분향하려 하다
가 화를 내니 그가 제사장에게 화를 낼 때에
여호와의 전 안 향단 곁 제사장들 앞에서 그
의 이마에 나병이 생긴지라
20 대제사장 아사랴와 모든 제사장이 왕의 이마
에 나병이 생겼음을 보고 성전에서 급히 쫓
아내고 여호와께서 치시므로 왕도 속히 나가
니라
21 웃시야 왕이 죽는 날까지 나병환자가 되었고
나병환자가 되매 여호와의 전에서 끊어져 별
궁에 살았으므로 그의 아들 요담이 왕궁을
관리하며 백성을 다스렸더라 레 13:46
22 웃시야의 남은 시종 행적은 아모스의 아들
선지자 이사야가 기록하였더라
23 웃시야가 그의 조상들과 함께 누우매 그는
나병환자라 하여 왕들의 묘실에 접한 땅 곧
그의 조상들의 곁에 장사하니라 그의 아들
요담이 대신하여 왕이 되니라

유다 왕 요담 (왕하 15:32-38 ♪ 454장)
— B.C. 750년경

27 요담이 왕위에 오를 때에 나이가 이십
오 세라 예루살렘에서 십육 년 동안 다
스리니라 그의 어머니의 이름은 여루사요 사
독의 딸이더라
2 요담이 그의 아버지 웃시야의 모든 행위대로
여호와 보시기에 정직하게 행하였으나 여호
와의 성전에는 들어가지 아니하였고 백성은

14 enemies. ●Uzziah provided shields, spears,
helmets, coats of armor, bows and slingstones
15 for the entire army. ●In Jerusalem he made
devices invented for use on the towers and on
the corner defenses so that soldiers could shoot
arrows and hurl large stones from the walls.
His fame spread far and wide, for he was great-
ly helped until he became powerful.
16 ●But after Uzziah became powerful, his
pride led to his downfall. He was unfaithful
to the LORD his God, and entered the temple
of the LORD to burn incense on the altar of
17 incense. ●Azariah the priest with eighty other
courageous priests of the LORD followed him
18 in. ●They confronted King Uzziah and said,
"It is not right for you, Uzziah, to burn incense
to the LORD. That is for the priests, the descen-
dants of Aaron, who have been consecrated
to burn incense. Leave the sanctuary, for you
have been unfaithful; and you will not be
honored by the LORD God."
19 ●Uzziah, who had a censer in his hand
ready to burn incense, became angry. While
he was raging at the priests in their presence
before the incense altar in the LORD's temple,
20 leprosy[a] broke out on his forehead. ●When
Azariah the chief priest and all the other
priests looked at him, they saw that he had
leprosy on his forehead, so they hurried him
out. Indeed, he himself was eager to leave,
because the LORD had afflicted him.
21 ●King Uzziah had leprosy until the day he
died. He lived in a separate house[b]—leprous,
and banned from the temple of the LORD.
Jotham his son had charge of the palace and
governed the people of the land.
22 ●The other events of Uzziah's reign, from
beginning to end, are recorded by the prophet
23 Isaiah son of Amoz. ●Uzziah rested with his
ancestors and was buried near them in a
cemetery that belonged to the kings, for peo-
ple said, "He had leprosy." And Jotham his son
succeeded him as king.

Jotham King of Judah

27 Jotham was twenty-five years old
when he became king, and he reigned
in Jerusalem sixteen years. His mother's name
2 was Jerusha daughter of Zadok. ●He did what
was right in the eyes of the LORD, just as his

[a]19 The Hebrew for *leprosy* was used for various diseases affecting the skin; also in verses 20, 21 and 23.
[b]21 Or *in a house where he was relieved of responsibilities*

afflict [əflíkt] *vt.* 괴롭히다
ban [bæn] *vt.* 금지하다
cemetery [sémətèri] *n.* 공동묘지
confront [kənfrʌ́nt] *vt.* 맞서다
consecrate [kánsəkrèit] *vt.* 성별하다
device [diváis] *n.* 장치
entire [intáiər] *a.* 전체의
hurl [həːrl] *vt.* 세게 던지다
incense [ínsens] *n.* 향
invent [invént] *vt.* 고안하다
leprosy [léprəsi] *n.* 문둥병
rage [reidʒ] *n.* 분노
sanctuary [sǽŋktʃuèri] *n.* 성소
shield [ʃiːld] *n.* 방패
slingstone [slíŋstoun] *n.* 물매돌

26:16 be unfaithful to...: …에 불충실하다
26:19 break out: 발생하다
26:20 be eager to...: …하기를 갈망하다
26:21 have charge of...: …를 맡다
26:23 belong to...: …에 속하다
26:23 succeed... as~: …의 뒤이어 ~가 되다

여전히 부패하였더라 26:16
3 그가 여호와의 전 윗문을 건축하고 또 오벨
성벽을 많이 증축하고
4 유다 산중에 성읍들을 건축하며 수풀 가운데
에 견고한 진영들과 망대를 건축하고
5 암몬 자손의 왕과 더불어 싸워 그들을 이겼
더니 그 해에 암몬 자손이 은 백 달란트와 밀
만 고르와 보리 만 고르를 바쳤고 제이 년과
제삼 년에도 암몬 자손이 그와 같이 바쳤더
라
6 요담이 그의 하나님 여호와 앞에서 바른 길
을 걸었으므로 점점 강하여졌더라
7 요담의 남은 사적과 그의 모든 전쟁과 행위
는 이스라엘과 유다 열왕기에 기록되니라
8 요담이 왕위에 오를 때에 나이가 이십오 세
요 예루살렘에서 다스린 지 십육 년이라 27:1
9 그가 그의 조상들과 함께 누우매 다윗 성에
장사되고 그의 아들 아하스가 대신하여 왕이
되니라

유다 왕 아하스 (왕하 16:1-5 ♪ 539장)

— B.C. 730년경

28 아하스가 왕위에 오를 때에 나이가 이
십 세라 예루살렘에서 십육 년 동안 다
스렸으나 그의 조상 다윗과 같지 아니하여
여호와 보시기에 정직하게 행하지 아니하고
2 이스라엘 왕들의 길로 행하여 바알들의 우상
을 부어 만들고
3 또 힌놈의 아들 골짜기에서 분향하고 여호와
께서 이스라엘 자손 앞에서 쫓아내신 이방
사람들의 가증한 일을 본받아 그의 자녀들을
불사르고
4 또 산당과 작은 산 위와 모든 푸른 나무 아래
에서 제사를 드리며 분향하니라
5 그러므로 그의 하나님 여호와께서 그를 아람
왕의 손에 넘기시매 그들이 쳐서 심히 많은
무리를 사로잡아 다메섹으로 갔으며 또 이스
라엘 왕의 손에 넘기시매 그가 쳐서 크게 살
륙하였으니
6 이는 그의 조상들의 하나님 여호와를 버렸음
이라 르말랴의 아들 베가가 유다에서 하루
동안에 용사 십이만 명을 죽였으며 왕하 15:27
7 에브라임의 용사 시그리는 왕의 아들 마아세
야와 궁내대신 아스리감과 총리대신 엘가나
를 죽였더라

선지자 오뎃

8 ●이스라엘 자손이 그들의 형제 중에서 그들
의 아내와 자녀를 합하여 이십만 명을 사로

father Uzziah had done, but unlike him he did
not enter the temple of the LORD. The people,
however, continued their corrupt practices.
3 •Jotham rebuilt the Upper Gate of the temple
of the LORD and did extensive work on the
4 wall at the hill of Ophel. •He built towns in
the hill country of Judah and forts and tow-
ers in the wooded areas.
5 •Jotham waged war against the king of the
Ammonites and conquered them. That year
the Ammonites paid him a hundred talents[a]
of silver, ten thousand cors[b] of wheat and ten
thousand cors[c] of barley. The Ammonites
brought him the same amount also in the
second and third years.
6 •Jotham grew powerful because he walked
steadfastly before the LORD his God.
7 •The other events in Jotham's reign, includ-
ing all his wars and the other things he did, are
written in the book of the kings of Israel and
8 Judah. •He was twenty-five years old when he
became king, and he reigned in Jerusalem six-
9 teen years. •Jotham rested with his ancestors
and was buried in the City of David. And Ahaz
his son succeeded him as king.

Ahaz King of Judah

28 Ahaz was twenty years old when he
became king, and he reigned in
Jerusalem sixteen years. Unlike David his
father, he did not do what was right in the
2 eyes of the LORD. •He followed the ways of the
kings of Israel and also made idols for wor-
3 shiping the Baals. •He burned sacrifices in the
Valley of Ben Hinnom and sacrificed his chil-
dren in the fire, engaging in the detestable
practices of the nations the LORD had driven
4 out before the Israelites. •He offered sacrifices
and burned incense at the high places, on the
hilltops and under every spreading tree.
5 •Therefore the LORD his God delivered him
into the hands of the king of Aram. The
Arameans defeated him and took many of his
people as prisoners and brought them to
Damascus.
He was also given into the hands of the king
of Israel, who inflicted heavy casualties on
6 him. •In one day Pekah son of Remaliah
killed a hundred and twenty thousand sol-

[a]5 That is, about 3 3/4 tons or about 3.4 metric tons
[b]5 That is, probably about 1,800 tons or about 1,600 metric tons of wheat
[c]5 That is, probably about 1,500 tons or about 1,350 metric tons of barley

casualty [kǽʒuəlti] *n.* 사상자
conquer [káŋkər] *vt.* 정복하다
corrupt [kərʌ́pt] *a.* 타락한
detestable [ditéstəbl] *a.* 혐오할 만한
engage [ingéidʒ] *vi.* 참여하다
extensive [iksténsiv] *a.* 광범위한
fort [fɔːrt] *n.* 요새
hilltop [híltɑ̀p] *n.* 작은 산 꼭대기
incense [insens] *n.* 향
inflict [inflíkt] *vt.* 가하다
offer [ɔ́ːfər] *vt.* 바치다
practice [prǽktis] *n.* 관습
sacrifice [sǽkrəfàis] *n.* 제물
steadfastly [stédfæstli] *ad.* 확고하게
wheat [hwiːt] *n.* 밀

27:5 wage war: 전쟁을 벌이다
28:1 in the eyes of...: …이 보는 바로는
28:2 make for...: …위해 준비하다
28:3 drive out: 쫓아내다
28:5 into the hands of...: …의 손에 맡겨지다

잡고 그들의 재물을 많이 노략하여 사마리아
로 가져가니
9 그곳에 여호와의 선지자가 있는데 이름은 오
뎃이라 그가 사마리아로 돌아오는 군대를 영
접하고 그들에게 이르되 너희 조상의 하나님
여호와께서 유다에게 진노하셨으므로 너희
손에 넘기셨거늘 너희의 노기가 충천하여 살
륙하고
10 이제 너희가 또 유다와 예루살렘 백성들을
압제하여 노예로 삼고자 생각하는도다 그러
나 너희는 너희의 하나님 여호와께 범죄함이
없느냐
11 그런즉 너희는 내 말을 듣고 너희의 형제들
중에서 사로잡아 온 포로를 놓아 돌아가게
하라 여호와의 진노가 너희에게 임박하였느
니라 한지라
12 에브라임 자손의 우두머리 몇 사람 곧 요하
난의 아들 아사랴와 무실레못의 아들 베레갸
와 살룸의 아들 여히스기야와 하들래의 아들
아마사가 일어나서 전장에서 돌아오는 자들
을 막으며
13 그들에게 이르되 너희는 이 포로를 이리로
끌어들이지 못하리라 너희가 행하는 일이 우
리를 여호와께 허물이 있게 함이니 우리의
죄와 허물을 더하게 함이로다 우리의 허물이
이미 커서 진노하심이 이스라엘에게 임박하
였느니라 하매
14 이에 무기를 가진 사람들이 포로와 노략한
물건을 방백들과 온 회중 앞에 둔지라
15 이 위에 이름이 기록된 자들이 일어나서 포
로를 맞고 노략하여 온 것 중에서 옷을 가져
다가 벗은 자들에게 입히며 신을 신기며 먹
이고 마시게 하며 기름을 바르고 그 약한 자
들은 모두 나귀에 태워 데리고 종려나무 성
여리고에 이르러 그의 형제에게 돌려준 후에
사마리아로 돌아갔더라

아하스가 앗수르에 도움을 구하다
(왕하 16:7-9)

16 그때에 아하스 왕이 앗수르 왕에게 사람을
보내어 도와주기를 구하였으니
17 이는 에돔 사람들이 다시 와서 유다를 치고
그의 백성을 사로잡았음이며
18 블레셋 사람들도 유다의 평지와 남방 성읍들
을 침노하여 벧세메스와 아얄론과 그데롯과
소고 및 그 주변 마을들과 딤나 및 그 주변
마을들과 김소 및 그 주변 마을들을 점령하
고 거기에 살았으니

diers in Judah—because Judah had forsaken
7 the LORD, the God of their ancestors. Zikri,
an Ephraimite warrior, killed Maaseiah the
king's son, Azrikam the officer in charge of the
8 palace, and Elkanah, second to the king. The
men of Israel took captive from their fellow
Israelites who were from Judah two hundred
thousand wives, sons and daughters. They
also took a great deal of plunder, which they
carried back to Samaria.
9 But a prophet of the LORD named Oded
was there, and he went out to meet the army
when it returned to Samaria. He said to them,
"Because the LORD, the God of your ancestors,
was angry with Judah, he gave them into your
hand. But you have slaughtered them in a
10 rage that reaches to heaven. And now you
intend to make the men and women of Judah
and Jerusalem your slaves. But aren't you also
guilty of sins against the LORD your God?
11 Now listen to me! Send back your fellow
Israelites you have taken as prisoners, for the
LORD's fierce anger rests on you."
12 Then some of the leaders in Ephraim
—Azariah son of Jehohanan, Berekiah son of
Meshillemoth, Jehizkiah son of Shallum, and
Amasa son of Hadlai—confronted those who
13 were arriving from the war. "You must not
bring those prisoners here," they said, "or we
will be guilty before the LORD. Do you intend
to add to our sin and guilt? For our guilt is
already great, and his fierce anger rests on
Israel."
14 So the soldiers gave up the prisoners and
plunder in the presence of the officials and all
15 the assembly. The men designated by name
took the prisoners, and from the plunder they
clothed all who were naked. They provided
them with clothes and sandals, food and
drink, and healing balm. All those who were
weak they put on donkeys. So they took them
back to their fellow Israelites at Jericho, the
City of Palms, and returned to Samaria.
16 At that time King Ahaz sent to the kings[a]
17 of Assyria for help. The Edomites had again
come and attacked Judah and carried away
18 prisoners, while the Philistines had raided
towns in the foothills and in the Negev of
Judah. They captured and occupied Beth
Shemesh, Aijalon and Gederoth, as well as
Soko, Timnah and Gimzo, with their sur-

[a]16 Most Hebrew manuscripts; one Hebrew manuscript, Septuagint and Vulgate (see also 2 Kings 16:7) *king*

assembly [əsémbli] *n.* 회중
capture [kǽptʃər] *vt.* 사로잡다
confront [kənfrʌ́nt] *vt.* 맞서다
designate [dézignèit] *vt.* 지명하다
fierce [fíərs] *a.* 맹렬한
forsake [fərséik] *vt.* 저버리다
guilt [gilt] *n.* 죄
intend [inténd] *vt.* 의도하다
occupy [ákjupài] *vt.* 점령하다
plunder [plʌ́ndər] *n.* 약탈품
prisoner [prízənər] *n.* 죄수
rage [reidʒ] *n.* 분노
raid [reid] *vt.* 공격하다
slaughter [slɔ́:tər] *vt.* 학살하다
warrior [wɔ́:riər] *n.* 전사

28:7 **in charge of...**: …를 책임지고 있는
28:8 **a great deal of...**: 상당한 양의…
28:13 **add to...**: …에 더하다
28:14 **give up**: 포기하다, 넘겨주다
28:15 **provide A with B**: A에게 B를 공급하다

19 이는 이스라엘 왕 아하스가 유다에서 망령되
이 행하여 여호와께 크게 범죄하였으므로 여
호와께서 유다를 낮추심이라
20 앗수르 왕 디글랏빌레셀이 그에게 이르렀으
나 돕지 아니하고 도리어 그를 공격하였더
라
21 아하스가 여호와의 전과 왕궁과 방백들의 집
에서 재물을 가져다가 앗수르 왕에게 주었으
나 그에게 유익이 없었더라

아하스의 범죄

22 ●이 아하스 왕이 곤고할 때에 더욱 여호와
께 범죄하여
23 자기를 친 다메섹 신들에게 제사하여 이르되
아람 왕들의 신들이 그들을 도왔으니 나도
그 신에게 제사하여 나를 돕게 하리라 하였
으나 그 신이 아하스와 온 이스라엘을 망하
게 하였더라
24 아하스가 하나님의 전의 기구들을 모아 하
나님의 전의 기구들을 부수고 또 여호와의
전 문들을 닫고 예루살렘 구석마다 제단을
쌓고
25 유다 각 성읍에 산당을 세워 다른 신에게 분
향하여 그의 조상들의 하나님 여호와를 진노
하게 하였더라
26 아하스의 남은 시종 사적과 모든 행위는 유
다와 이스라엘 열왕기에 기록되니라
27 아하스가 그의 조상들과 함께 누우매 이스라
엘 왕들의 묘실에 들이지 아니하고 예루살렘
성에 장사하였더라 그의 아들 히스기야가 대
신하여 왕이 되니라

유다 왕 히스기야의 성전 정화
(왕하 18:1-3)

29 히스기야가 왕위에 오를 때에 나이가
이십오 세라 예루살렘에서 이십구 년
동안 다스리니라 그의 어머니의 이름은 아비
야요 스가랴의 딸이더라
2 히스기야가 그의 조상 다윗의 모든 행실과
같이 여호와 보시기에 정직하게 행하여 28:1
3 첫째 해 첫째 달에 여호와의 전 문들을 열고
수리하고
4 제사장들과 레위 사람들을 동쪽 광장에 모으
고
5 그들에게 이르되 레위 사람들아 내 말을 들
으라 이제 너희는 성결하게 하고 또 너희 조
상들의 하나님 여호와의 전을 성결하게 하여
그 더러운 것을 성소에서 없애라
6 우리 조상들이 범죄하여 우리 하나님 여호와

19 rounding villages. •The LORD had humbled
Judah because of Ahaz king of Israel,[a] for he
had promoted wickedness in Judah and had
20 been most unfaithful to the LORD. •Tiglath-
Pileser[b] king of Assyria came to him, but he
21 gave him trouble instead of help. •Ahaz took
some of the things from the temple of the
LORD and from the royal palace and from the
officials and presented them to the king of
Assyria, but that did not help him.
22 •In his time of trouble King Ahaz became
23 even more unfaithful to the LORD. •He offered
sacrifices to the gods of Damascus, who had
defeated him; for he thought, "Since the gods of
the kings of Aram have helped them, I will sac-
rifice to them so they will help me." But they
were his downfall and the downfall of all Israel.
24 •Ahaz gathered together the furnishings
from the temple of God and cut them in
pieces. He shut the doors of the LORD's temple
and set up altars at every street corner in
25 Jerusalem. •In every town in Judah he built
high places to burn sacrifices to other gods and
aroused the anger of the LORD, the God of his
ancestors.
26 •The other events of his reign and all his
ways, from beginning to end, are written in
the book of the kings of Judah and Israel.
27 •Ahaz rested with his ancestors and was
buried in the city of Jerusalem, but he was not
placed in the tombs of the kings of Israel. And
Hezekiah his son succeeded him as king.

Hezekiah Purifies the Temple

29 Hezekiah was twenty-five years old
when he became king, and he
reigned in Jerusalem twenty-nine years. His
mother's name was Abijah daughter of
2 Zechariah. •He did what was right in the eyes
of the LORD, just as his father David had done.
3 •In the first month of the first year of his
reign, he opened the doors of the temple of the
4 LORD and repaired them. •He brought in the
priests and the Levites, assembled them in the
5 square on the east side •and said: "Listen to
me, Levites! Consecrate yourselves now and
consecrate the temple of the LORD, the God of
your ancestors. Remove all defilement from
6 the sanctuary. •Our parents were unfaithful;
they did evil in the eyes of the LORD our God
and forsook him. They turned their faces

[a] *19* That is, Judah, as frequently in 2 Chronicles [b] *20* Hebrew *Tilgath-Pilneser*, a variant of *Tiglath-Pileser*

altar [ɔ́:ltər] *n.* 제단
arouse [əráuz] *vt.* 자극하다
assemble [əsémbl] *vt.* 모으다
consecrate [kánsəkrèit] *vt.* 성별하다
defeat [difí:t] *vt.* 패배시키다
defilement [difáilmənt] *n.* 더러움
downfall [dáunfɔ̀:l] *n.* 몰락
forsake [fərséik] *vt.* 버리다
furnishing [fə́:rniʃiŋ] *n.(pl.)* 비품, 기구
humble [hʌ́mbl] *vt.* 낮추다
promote [prəmóut] *vt.* 증진시키다
sacrifice [sǽkrəfàis] *n.* 제사
sanctuary [sǽŋktʃuèri] *n.* 성소
square [skwɛər] *n.* 광장
unfaithful [ʌnféiθfəl] *a.* 불충한

28:21 present A to B: B에게 A를 주다
28:22 in one's time: ~의 시대에는
28:24 gather together: 함께 모으다
28:24 set up: 세우다, 짓다
28:26 from beginning to end: 처음부터 끝까지

보시기에 악을 행하여 하나님을 버리고 얼굴
을 돌려 여호와의 성소를 등지고 렘 2:27
7 또 낭실 문을 닫으며 등불을 끄고 성소에서
분향하지 아니하며 이스라엘의 하나님께 번
제를 드리지 아니하므로
8 여호와께서 유다와 예루살렘에 진노하시고
내버리사 두려움과 놀람과 비웃음거리가 되
게 하신 것을 너희가 똑똑히 보는 바라
9 이로 말미암아 우리의 조상들이 칼에 엎드러
지며 우리의 자녀와 아내들이 사로잡혔느니
라
10 이제 이스라엘의 하나님 여호와와 더불어 언
약을 세워 그 맹렬한 노를 우리에게서 떠나
게 할 마음이 내게 있노니
11 내 아들들아 이제는 게으르지 말라 여호와께
서 이미 너희를 택하사 그 앞에 서서 수종들
어 그를 섬기며 분향하게 하셨느니라
12 ●이에 레위 사람들이 일어나니 곧 그핫의
자손 중 아마새의 아들 마핫과 아사랴의 아
들 요엘과 므라리의 자손 중 압디의 아들 기
스와 여할렐렐의 아들 아사랴와 게르손 사
람 중 심마의 아들 요아와 요아의 아들 에덴
과
13 엘리사반의 자손 중 시므리와 여우엘과 아삽
의 자손 중 스가랴와 맛다냐와
14 헤만의 자손 중 여후엘과 시므이와 여두둔의
자손 중 스마야와 웃시엘이라
15 그들이 그들의 형제들을 모아 성결하게 하고
들어가서 왕이 여호와의 말씀대로 명령한 것
을 따라 여호와의 전을 깨끗하게 할새
16 제사장들도 여호와의 전 안에 들어가서 깨끗
하게 하여 여호와의 전에 있는 모든 더러운
것을 끌어내어 여호와의 전 뜰에 이르매 레
위 사람들이 받아 바깥 기드론 시내로 가져
갔더라
17 첫째 달 초하루에 성결하게 하기를 시작하여
그달 초팔일에 여호와의 낭실에 이르고 또
팔 일 동안 여호와의 전을 성결하게 하여 첫
째 달 십육 일에 이르러 마치고
18 안으로 들어가서 히스기야 왕을 보고 이르되
우리가 여호와의 온 전과 번제단과 그 모든
그릇들과 떡을 진설하는 상과 그 모든 그릇
들을 깨끗하게 하였고
19 또 아하스 왕이 왕위에 있어 범죄할 때에 버
린 모든 그릇들도 우리가 정돈하고 성결하
게 하여 여호와의 제단 앞에 두었나이다 하
니라

away from the LORD's dwelling place and
7 turned their backs on him. •They also shut
the doors of the portico and put out the
lamps. They did not burn incense or present
any burnt offerings at the sanctuary to the
8 God of Israel. •Therefore, the anger of the
LORD has fallen on Judah and Jerusalem; he
has made them an object of dread and horror
and scorn, as you can see with your own eyes.
9 •This is why our fathers have fallen by the
sword and why our sons and daughters and
10 our wives are in captivity. •Now I intend to
make a covenant with the LORD, the God of
Israel, so that his fierce anger will turn away
11 from us. •My sons, do not be negligent now,
for the LORD has chosen you to stand before
him and serve him, to minister before him
and to burn incense."
12 •Then these Levites set to work:
from the Kohathites,
Mahath son of Amasai and Joel son of Azariah;
from the Merarites,
Kish son of Abdi and Azariah son of Jehallelel;
from the Gershonites,
Joah son of Zimmah and Eden son of Joah;
13 •from the descendants of Elizaphan,
Shimri and Jeiel;
from the descendants of Asaph,
Zechariah and Mattaniah;
14 •from the descendants of Heman,
Jehiel and Shimei;
from the descendants of Jeduthun,
Shemaiah and Uzziel.
15 •When they had assembled their fellow
Levites and consecrated themselves, they went
in to purify the temple of the LORD, as the king
had ordered, following the word of the LORD.
16 •The priests went into the sanctuary of the
LORD to purify it. They brought out to the
courtyard of the LORD's temple everything
unclean that they found in the temple of the
LORD. The Levites took it and carried it out to
17 the Kidron Valley. •They began the consecra-
tion on the first day of the first month, and by
the eighth day of the month they reached the
portico of the LORD. For eight more days they
consecrated the temple of the LORD itself, fin-
ishing on the sixteenth day of the first month.
18 •Then they went in to King Hezekiah and

captivity [kæptívəti] *n.* 포로
covenant [kʌ́vənənt] *n.* 언약
descendant [diséndənt] *n.* 자손
dread [dred] *n.* 두려움
dwelling [dwéliŋ] *n.* 처소
fierce [fiərs] *a.* 맹렬한
horror [hɔ́:rər] *n.* 공포
incense [ínsens] *n.* 향
minister [mínəstər] *vi.* 섬기다
negligent [néglidʒənt] *a.* 게으른
portico [pɔ́:rtəkòu] *n.* 주랑 현관
purify [pjúərəfài] *vt.* 정결케 하다
scorn [skɔ:rn] *n.* 비웃음
serve [sə:rv] *vt.* 모시다
unclean [ʌnklí:n] *a.* 부정한

29:6 turn one's back on...: …을 저버리다
29:7 put out: 끄다
29:8 fall on...: …에 들이닥치다
29:10 intend to...: …할 작정이다
29:10 turn away: 쫓아버리다
29:16 bring out: 갖고 나오다

성전의 일이 갖추어지다

20 ● 히스기야 왕이 일찍이 일어나 성읍의 귀인들을 모아 여호와의 전에 올라가서
21 수송아지 일곱 마리와 숫양 일곱 마리와 어린 양 일곱 마리와 숫염소 일곱 마리를 끌어다가 나라와 성소와 유다를 위하여 속죄제물로 삼고 아론의 자손 제사장들을 명령하여 여호와의 제단에 드리게 하니
22 이에 수소를 잡으매 제사장들이 그 피를 받아 제단에 뿌리고 또 숫양들을 잡으매 그 피를 제단에 뿌리고 또 어린 양들을 잡으매 그 피를 제단에 뿌리고
23 이에 속죄제물로 드릴 숫염소들을 왕과 회중 앞으로 끌어오매 그들이 그 위에 안수하고
24 제사장들이 잡아 그 피를 속죄제로 삼아 제단에 드려 온 이스라엘을 위하여 속죄하니 이는 왕이 명령하여 온 이스라엘을 위하여 번제와 속죄제를 드리게 하였음이더라
25 ● 왕이 레위 사람들을 여호와의 전에 두어서 다윗과 왕의 선견자 갓과 선지자 나단이 명령한 대로 제금과 비파와 수금을 잡게 하니 이는 여호와께서 그의 선지자들로 이렇게 명령하셨음이라
26 레위 사람은 다윗의 악기를 잡고 제사장은 나팔을 잡고 서매
27 히스기야가 명령하여 번제를 제단에 드릴새 번제 드리기를 시작하는 동시에 여호와의 시로 노래하고 나팔을 불며 이스라엘 왕 다윗의 악기를 울리고
28 온 회중이 경배하며 노래하는 자들은 노래하고 나팔 부는 자들은 나팔을 불어 번제를 마치기까지 이르니라
29 ● 제사 드리기를 마치매 왕과 그와 함께 있는 자들이 다 엎드려 경배하니라
30 히스기야 왕이 귀인들과 더불어 레위 사람을 명령하여 다윗과 선견자 아삽의 시로 여호와를 찬송하게 하매 그들이 즐거움으로 찬송하고 몸을 굽혀 예배하니라
31 ● 이에 히스기야가 말하여 이르되 너희가 이제 스스로 몸을 깨끗하게 하여 여호와께 드렸으니 마땅히 나아와 제물과 감사제물을 여호와의 전으로 가져오라 하니 회중이 제물과 감사제물을 가져오되 무릇 마음에 원하는 자는 또한 번제물도 가져오니

reported: "We have purified the entire temple of
the LORD, the altar of burnt offering with all its
utensils, and the table for setting out the conse-
19 crated bread, with all its articles. ● We have pre-
pared and consecrated all the articles that King
Ahaz removed in his unfaithfulness while he
was king. They are now in front of the LORD's
altar."
20 ● Early the next morning King Hezekiah gath-
ered the city officials together and went up to
21 the temple of the LORD. ● They brought seven
bulls, seven rams, seven male lambs and seven
male goats as a sin offering[a] for the kingdom, for
the sanctuary and for Judah. The king com-
manded the priests, the descendants of Aaron, to
22 offer these on the altar of the LORD. ● So they
slaughtered the bulls, and the priests took the
blood and splashed it against the altar; next they
slaughtered the rams and splashed their blood
against the altar; then they slaughtered the
lambs and splashed their blood against the altar.
23 ● The goats for the sin offering were brought
before the king and the assembly, and they laid
24 their hands on them. ● The priests then slaugh-
tered the goats and presented their blood on the
altar for a sin offering to atone for all Israel,
because the king had ordered the burnt offering
and the sin offering for all Israel.
25 ● He stationed the Levites in the temple of the
LORD with cymbals, harps and lyres in the way
prescribed by David and Gad the king's seer and
Nathan the prophet; this was commanded by
26 the LORD through his prophets. ● So the Levites
stood ready with David's instruments, and the
priests with their trumpets.
27 ● Hezekiah gave the order to sacrifice the
burnt offering on the altar. As the offering
began, singing to the LORD began also, accompa-
nied by trumpets and the instruments of David
28 king of Israel. ● The whole assembly bowed in
worship, while the musicians played and the
trumpets sounded. All this continued until the
sacrifice of the burnt offering was completed.
29 ● When the offerings were finished, the king
and everyone present with him knelt down
30 and worshiped. ● King Hezekiah and his offi-
cials ordered the Levites to praise the LORD with
the words of David and of Asaph the seer. So
they sang praises with gladness and bowed
down and worshiped.
31 ● Then Hezekiah said, "You have now dedi-

[a]21 Or *purification offering*; also in verses 23 and 24

altar [ɔ́:ltər] *n.* 제단
article [á:rtikl] *n.* 물품
atone [ətóun] *vi.* 속죄하다
command [kəmǽnd] *n.* 명령
descendant [diséndənt] *n.* 자손
instrument [ínstrəmənt] *n.* 악기
lyre [laiər] *n.* 수금
offer [ɔ́:fər] *vt.* 바치다
prescribe [priskráib] *vt.* 규정하다
purify [pjúərəfài] *vt.* 정결케 하다
sanctuary [sǽŋktʃuèri] *n.* 성소
seer [sí:ər] *n.* 선지자, 선각자
slaughter [slɔ́:tər] *vt.* 학살하다
splash [splæʃ] *vt.* (주위에) 튀기다
utensil [ju:ténsəl] *n.* 기구, 성구

29:18 set out: (음식 등을) 차려 놓다
29:19 in front of...: …의 앞에서
29:23 lay one's hand on...: …에게 안수하다
29:27 give the order to...: …하기 위하여 명령을 내리다
29:29 kneel down: 꿇어 앉다

32 회중이 가져온 번제물의 수효는 수소가 칠
십 마리요 숫양이 백 마리요 어린 양이 이
백 마리이니 이는 다 여호와께 번제물로
드리는 것이며
33 또 구별하여 드린 소가 육백 마리요 양이
삼천 마리라
34 그런데 제사장이 부족하여 그 모든 번제
짐승들의 가죽을 능히 벗기지 못하는 고로
그의 형제 레위 사람들이 그 일을 마치기
까지 돕고 다른 제사장들이 성결하게 하기
까지 기다렸으니 이는 레위 사람들의 성결
하게 함이 제사장들보다 성심이 있었음이
라 30:3
35 번제와 화목제의 기름과 각 번제에 속한
전제들이 많더라 이와 같이 여호와의 전에
서 섬기는 일이 순서대로 갖추어지니라
36 이 일이 갑자기 되었으나 하나님께서 백성
을 위하여 예비하셨으므로 히스기야가 백
성과 더불어 기뻐하였더라

유월절 준비

30 히스기야가 온 이스라엘과 유다에
사람을 보내고 또 에브라임과 므낫
세에 편지를 보내어 예루살렘 여호와의 전
에 와서 이스라엘 하나님 여호와를 위하여
유월절을 지키라 하니라
2 왕이 방백들과 예루살렘 온 회중과 더불어
의논하고 둘째 달에 유월절을 지키려 하였
으니
3 이는 성결하게 한 제사장들이 부족하고 백
성도 예루살렘에 모이지 못하였으므로 그
정한 때에 지킬 수 없었음이라 출 12:6,18
4 왕과 온 회중이 이 일을 좋게 여기고
5 드디어 왕이 명령을 내려 브엘세바에서부
터 단까지 온 이스라엘에 공포하여 일제히
예루살렘으로 와서 이스라엘 하나님 여호
와의 유월절을 지키라 하니 이는 기록한
규례대로 오랫동안 지키지 못하였음이더
라
6 보발꾼들이 왕과 방백들의 편지를 받아
가지고 왕의 명령을 따라 온 이스라엘과
유다에 두루 다니며 전하니 일렀으되 이
스라엘 자손들아 너희는 아브라함과 이삭
과 이스라엘의 하나님 여호와께로 돌아오
라 그리하면 그가 너희 남은 자 곧 앗수르
왕의 손에서 벗어난 자에게로 돌아오시리
라
7 너희 조상들과 너희 형제같이 하지 말라

cated yourselves to the LORD. Come and bring
sacrifices and thank offerings to the temple of
the LORD." So the assembly brought sacrifices
and thank offerings, and all whose hearts were
willing brought burnt offerings.
32 •The number of burnt offerings the assembly
brought was seventy bulls, a hundred rams and
two hundred male lambs—all of them for burnt
33 offerings to the LORD. •The animals consecrated
as sacrifices amounted to six hundred bulls and
34 three thousand sheep and goats. •The priests,
however, were too few to skin all the burnt
offerings; so their relatives the Levites helped
them until the task was finished and until other
priests had been consecrated, for the Levites had
been more conscientious in consecrating them-
35 selves than the priests had been. •There were
burnt offerings in abundance, together with the
fat of the fellowship offerings and the drink
offerings that accompanied the burnt offerings.
So the service of the temple of the LORD was
36 reestablished. •Hezekiah and all the people
rejoiced at what God had brought about for his
people, because it was done so quickly.

Hezekiah Celebrates the Passover

30 Hezekiah sent word to all Israel and
Judah and also wrote letters to Ephraim
and Manasseh, inviting them to come to the
temple of the LORD in Jerusalem and celebrate
2 the Passover to the LORD, the God of Israel. •The
king and his officials and the whole assembly in
Jerusalem decided to celebrate the Passover in
3 the second month. •They had not been able to
celebrate it at the regular time because not
enough priests had consecrated themselves and
the people had not assembled in Jerusalem.
4 •The plan seemed right both to the king and
5 to the whole assembly. •They decided to send
a proclamation throughout Israel, from Beer-
sheba to Dan, calling the people to come to
Jerusalem and celebrate the Passover to the
LORD, the God of Israel. It had not been celebrat-
ed in large numbers according to what was
written.
6 •At the king's command, couriers went
throughout Israel and Judah with letters from
the king and from his officials, which read:

"People of Israel, return to the LORD, the
God of Abraham, Isaac and Israel, that
he may return to you who are left, who
have escaped from the hand of the kings

accompany [əkʌ́mpəni] *vt.* 동반하다
assembly [əsémbli] *n.* 회중
celebrate [séləbrèit] *vt.* 기념하다
conscientious [kɑ̀nʃiénʃəs] *a.* 성실한
consecrate [kánsəkrèit] *vt.* 성별하다
dedicate [dédikèit] *vt.* 바치다
fellowship [félouʃip] *n.* 화목
invite [inváit] *vt.* 초청하다
passover [pǽsouvər] *n.* 유월절
priest [priːst] *n.* 제사장
proclamation [prɑ̀kləméiʃən] *n.* 포고문
reestablish [rìːistǽbliʃ] *vt.* 재정립하다
sacrifice [sǽkrəfàis] *vt.* 제물을 바치다
service [sə́ːrvis] *n.* 예배
skin [skín] *vt.* 가죽을 벗기다

29:33 **amount to...**: 합계가 …에 이르다
29:35 **in abundance**: 많이, 풍부하게
29:35 **together with...**: …와 함께
29:36 **bring about**: (사건 등을) 초래하다
30:5 **according to...**: …에 따라서
30:6 **go throughout**: 두루 다니다

그들은 그의 조상들의 하나님 여호와께 범죄하였으므로 여호와께서 멸망하도록 버려두신 것을 너희가 똑똑히 보는 바니라

8 그런즉 너희 조상들같이 목을 곧게 하지 말고 여호와께 돌아와 영원히 거룩하게 하신 전에 들어가서 너희 하나님 여호와를 섬겨 그의 진노가 너희에게서 떠나게 하라

9 너희가 만일 여호와께 돌아오면 너희 형제들과 너희 자녀가 사로잡은 자들에게서 자비를 입어 다시 이 땅으로 돌아오리라 너희 하나님 여호와는 은혜로우시고 자비하신지라 너희가 그에게로 돌아오면 그의 얼굴을 너희에게서 돌이키지 아니하시리라 하였더라

10 ●보발꾼이 에브라임과 므낫세 지방 각 성읍으로 두루 다녀서 스불론까지 이르렀으나 사람들이 그들을 조롱하며 비웃었더라 36:16

11 그러나 아셀과 므낫세와 스불론 중에서 몇 사람이 스스로 겸손한 마음으로 예루살렘에 이르렀고

12 하나님의 손이 또한 유다 사람들을 감동시키사 그들에게 왕과 방백들이 여호와의 말씀대로 전한 명령을 한마음으로 준행하게 하셨더라

유월절을 성대히 지키다

13 ●둘째 달에 백성이 무교절을 지키려 하여 예루살렘에 많이 모이니 매우 큰 모임이라

14 무리가 일어나 예루살렘에 있는 제단과 향단들을 모두 제거하여 기드론 시내에 던지고

15 둘째 달 열넷째 날에 유월절 양을 잡으니 제사장과 레위 사람이 부끄러워하여 성결하게 하고 번제물을 가지고 여호와의 전에 이르러

16 규례대로 각각 자기들의 처소에 서고 하나님의 사람 모세의 율법을 따라 제사장들이 레위 사람의 손에서 피를 받아 뿌리니라

17 회중 가운데 많은 사람이 자신들을 성결하게 하지 못하였으므로 레위 사람들이 모든 부정한 사람을 위하여 유월절 양을 잡아 그들로 여호와 앞에서 성결하게 하였으나 29:34

18 에브라임과 므낫세와 잇사갈과 스불론의 많은 무리는 자기들을 깨끗하게 하지 아니하고 유월절 양을 먹어 기록한 규례를 어긴지라 히스기야가 그들을 위하여 기도하여 이르되 선하신 여호와여 사하옵소서

19 결심하고 하나님 곧 그의 조상들의 하나님 여호와를 구하는 사람은 누구든지 비록 성소

7 of Assyria. ●Do not be like your parents
and your fellow Israelites, who were
unfaithful to the LORD, the God of their
ancestors, so that he made them an object
8 of horror, as you see. ●Do not be stiff-
necked, as your ancestors were; submit to
the LORD. Come to his sanctuary, which
he has consecrated forever. Serve the
LORD your God, so that his fierce anger
9 will turn away from you. ●If you return
to the LORD, then your fellow Israelites
and your children will be shown com-
passion by their captors and will return
to this land, for the LORD your God is gra-
cious and compassionate. He will not turn
his face from you if you return to him."

10 ●The couriers went from town to town in
Ephraim and Manasseh, as far as Zebulun,
11 but people scorned and ridiculed them. ●Ne-
vertheless, some from Asher, Manasseh and
Zebulun humbled themselves and went to
12 Jerusalem. ●Also in Judah the hand of God
was on the people to give them unity of mind
to carry out what the king and his officials
had ordered, following the word of the LORD.
13 ●A very large crowd of people assembled
in Jerusalem to celebrate the Festival of
Unleavened Bread in the second month.
14 ●They removed the altars in Jerusalem and
cleared away the incense altars and threw
them into the Kidron Valley.
15 ●They slaughtered the Passover lamb on
the fourteenth day of the second month. The
priests and the Levites were ashamed and con-
secrated themselves and brought burnt offer-
16 ings to the temple of the LORD. ●Then they
took up their regular positions as prescribed in
the Law of Moses the man of God. The priests
splashed against the altar the blood handed
17 to them by the Levites. ●Since many in the
crowd had not consecrated themselves, the
Levites had to kill the Passover lambs for all
those who were not ceremonially clean and
could not consecrate their lambs[a] to the LORD.
18 ●Although most of the many people who
came from Ephraim, Manasseh, Issachar and
Zebulun had not purified themselves, yet they
ate the Passover, contrary to what was written.
But Hezekiah prayed for them, saying, "May
19 the LORD, who is good, pardon everyone ●who
sets their heart on seeking God — the LORD,

[a]17 Or *consecrate themselves*

altar [ɔ́:ltər] *n.* 제단
captor [kǽptər] *n.* 체포자
ceremonially [sèrəmóuniəli] *ad.* 의식적으로
compassionate [kəmpǽʃənət] *a.* 자비로운
courier [kə́:riər] *n.* 사자(使者)
humble [hʌ́mbl] *vt.* 낮추다
incense [insens] *n.* 향
Passover [pǽsouvər] *n.* 유월절
prescribe [priskráib] *vt.* 규정하다
purify [pjúərəfài] *vt.* 정결케 하다
ridicule [rídikjù:l] *vt.* 비웃다
scorn [skɔ:rn] *vt.* 경멸하다
seek [si:k] *vt.* 구하다
slaughter [slɔ́:tər] *vt.* 학살하다
stiff-necked [stífnékt] *a.* 완고한, 고집 센

30:8 **submit to...**: …에게 복종하다
30:8 **turn away**: 떠나 보내다
30:14 **clear away**: 제거하다
30:18 **contrary to...**: …에 반대되는
30:19 **set one's heart on...**: …에 대해서 마음을 정하다, 결정하다

의 결례대로 스스로 깨끗하게 못하였을지라도 사하옵소서 하였더니
20 여호와께서 히스기야의 기도를 들으시고 백성을 고치셨더라
21 예루살렘에 모인 이스라엘 자손이 크게 즐거워하며 칠 일 동안 무교절을 지켰고 레위 사람들과 제사장들은 날마다 여호와를 칭송하며 큰 소리 나는 악기를 울려 여호와를 찬양하였으며
22 히스기야는 여호와를 섬기는 일에 능숙한 모든 레위 사람들을 위로하였더라 이와 같이 절기 칠 일 동안에 무리가 먹으며 화목제를 드리고 그의 조상들의 하나님 여호와께 감사하였더라

두 번째 절기

23 ●온 회중이 다시 칠 일을 지키기로 결의하고 이에 또 칠 일을 즐겁게 지켰더라 왕상 8:65
24 유다 왕 히스기야가 수송아지 천 마리와 양 칠천 마리를 회중에게 주었고 방백들은 수송아지 천 마리와 양 만 마리를 회중에게 주었으며 자신들을 성결하게 한 제사장들도 많았더라
25 유다 온 회중과 제사장들과 레위 사람들과 이스라엘에서 온 모든 회중과 이스라엘 땅에서 나온 나그네들과 유다에 사는 나그네들이 다 즐거워하였으므로
26 예루살렘에 큰 기쁨이 있었으니 이스라엘 왕 다윗의 아들 솔로몬 때로부터 이러한 기쁨이 예루살렘에 없었더라
27 그때에 제사장들과 레위 사람들이 일어나서 백성을 위하여 축복하였으니 그 소리가 하늘에 들리고 그 기도가 여호와의 거룩한 처소 하늘에 이르렀더라 시 68:5

히스기야의 개혁 — B.C. 710년경

31 이 모든 일이 끝나매 거기에 있는 이스라엘 무리가 나가서 유다 여러 성읍에 이르러 주상들을 깨뜨리며 아세라 목상들을 찍으며 유다와 베냐민과 에브라임과 므낫세 온 땅에서 산당들과 제단들을 제거하여 없애고 이스라엘 모든 자손이 각각 자기들의 본성 기업으로 돌아갔더라
2 ●히스기야가 제사장들과 레위 사람들의 반열을 정하고 그들의 반열에 따라 각각 그들의 직임을 행하게 하되 곧 제사장들과 레위 사람들에게 번제와 화목제를 드리며 여호와의 휘장 문에서 섬기며 감사하며 찬송하게 하고

the God of their ancestors—even if they are
not clean according to the rules of the sanc-
20 tuary." ●And the LORD heard Hezekiah and
healed the people.
21 ●The Israelites who were present in Jeru-
salem celebrated the Festival of Unleavened
Bread for seven days with great rejoicing,
while the Levites and priests praised the LORD
every day with resounding instruments dedi-
cated to the LORD.[a]
22 ●Hezekiah spoke encouragingly to all the
Levites, who showed good understanding of
the service of the LORD. For the seven days
they ate their assigned portion and offered
fellowship offerings and praised[b] the LORD,
the God of their ancestors.
23 ●The whole assembly then agreed to cele-
brate the festival seven more days; so for
another seven days they celebrated joyfully.
24 ●Hezekiah king of Judah provided a thou-
sand bulls and seven thousand sheep and
goats for the assembly, and the officials pro-
vided them with a thousand bulls and ten
thousand sheep and goats. A great number of
25 priests consecrated themselves. ●The entire
assembly of Judah rejoiced, along with the
priests and Levites and all who had assembled
from Israel, including the foreigners who had
come from Israel and also those who resided
26 in Judah. ●There was great joy in Jerusalem,
for since the days of Solomon son of David
king of Israel there had been nothing like
27 this in Jerusalem. ●The priests and the Levites
stood to bless the people, and God heard
them, for their prayer reached heaven, his
holy dwelling place.

31 When all this had ended, the Israelites
who were there went out to the towns
of Judah, smashed the sacred stones and cut
down the Asherah poles. They destroyed the
high places and the altars throughout Judah
and Benjamin and in Ephraim and Manasseh.
After they had destroyed all of them, the
Israelites returned to their own towns and to
their own property.

Contributions for Worship

2 ●Hezekiah assigned the priests and Levites
to divisions—each of them according to their
duties as priests or Levites—to offer burnt

[a]21 *Or priests sang to the LORD every day, accompanied by the LORD's instruments of praise* [b]22 *Or and confessed their sins to*

assemble [əsémbl] *vt.* 모으다
consecrate [kánsəkrèit] *vt.* 성별하다
contribution [kàntrəbjúːʃən] *n.* 헌물
division [divíʒən] *n.* 반열, 부문
dwell [dwel] *vi.* 거주하다
encouragingly [inkə́ːridʒiŋli] *ad.* 격려하여
fellowship [félouʃip] *n.* 화목
instrument [ínstrəmənt] *n.* 악기
portion [pɔ́ːrʃən] *n.* 몫
present [préznt] *a.* 참석한
property [prápərti] *n.* 소유지
rejoice [ridʒɔ́is] *vi.* 즐거워하다
sacred [séikrid] *a.* 거룩한
sanctuary [sǽŋktʃuèri] *n.* 성소
unleavened [ʌnlévənd] *a.* 누룩을 넣지 않은

30:24 provide A for B: B를 위하여 A를 준비하다
30:24 a great number of: 다수의
30:25 reside in...: …에 거주하다
31:2 assign... to~: …에게 ~하도록 명하다
31:2 according to...: …를 따라서

3 또 왕의 재산 중에서 얼마를 정하여 여호와의 율법에 기록된 대로 번제 곧 아침과 저녁의 번제와 안식일과 초하루와 절기의 번제에 쓰게 하고

4 또 예루살렘에 사는 백성을 명령하여 제사장들과 레위 사람들 몫의 음식을 주어 그들에게 여호와의 율법을 힘쓰게 하라 하니라

5 왕의 명령이 내리자 곧 이스라엘 자손이 곡식과 포도주와 기름과 꿀과 밭의 모든 소산의 첫 열매들을 풍성히 드렸고 또 모든 것의 십일조를 많이 가져왔으며

6 유다 여러 성읍에 사는 이스라엘과 유다 자손들도 소와 양의 십일조를 가져왔고 또 그들의 하나님 여호와께 구별하여 드릴 성물의 십일조를 가져왔으며 그것을 쌓아 여러 더미를 이루었는데

7 셋째 달에 그 더미들을 쌓기 시작하여 일곱째 달에 마친지라

8 히스기야와 방백들이 와서 쌓인 더미들을 보고 여호와를 송축하고 그의 백성 이스라엘을 위하여 축복하니라

9 히스기야가 그 더미들에 대하여 제사장들과 레위 사람들에게 물으니

10 사독의 족속 대제사장 아사랴가 그에게 대답하여 이르되 백성이 예물을 여호와의 전에 드리기 시작함으로부터 우리가 만족하게 먹었으나 남은 것이 많으니 이는 여호와께서 그의 백성에게 복을 주셨음이라 그 남은 것이 이렇게 많이 쌓였나이다

11 ●그때에 히스기야가 명령하여 여호와의 전 안에 방들을 준비하라 하므로 그렇게 준비하고

12 성심으로 그 예물과 십일조와 구별한 물건들을 갖다 두고 레위 사람 고나냐가 그 일의 책임자가 되고 그의 아우 시므이는 부책임자가 되며

13 여히엘과 아사시야와 나핫과 아사헬과 여리못과 요사밧과 엘리엘과 이스마갸와 마핫과 브나야는 고나냐와 그의 아우 시므이의 수하에서 보살피는 자가 되니 이는 히스기야 왕과 하나님의 전을 관리하는 아사랴가 명령한 바이며

14 동문지기 레위 사람 임나의 아들 고레는 즐거이 하나님께 드리는 예물을 맡아 여호와께 드리는 것과 모든 지성물을 나눠 주며

15 그의 수하의 에덴과 미냐민과 예수아와 스마야와 아마랴와 스가냐는 제사장들의 성

offerings and fellowship offerings, to minister,
to give thanks and to sing praises at the gates
3 of the LORD's dwelling. •The king contributed
from his own possessions for the morning and
evening burnt offerings and for the burnt offer-
ings on the Sabbaths, at the New Moons and
at the appointed festivals as written in the
4 Law of the LORD. •He ordered the people living
in Jerusalem to give the portion due the priests
and Levites so they could devote themselves to
5 the Law of the LORD. •As soon as the order went
out, the Israelites generously gave the firstfruits
of their grain, new wine, olive oil and honey
and all that the fields produced. They brought
6 a great amount, a tithe of everything. •The
people of Israel and Judah who lived in the
towns of Judah also brought a tithe of their
herds and flocks and a tithe of the holy things
dedicated to the LORD their God, and they piled
7 them in heaps. •They began doing this in
the third month and finished in the seventh
8 month. •When Hezekiah and his officials
came and saw the heaps, they praised the LORD
and blessed his people Israel.
9 •Hezekiah asked the priests and Levites
10 about the heaps; •and Azariah the chief priest,
from the family of Zadok, answered, "Since the
people began to bring their contributions to
the temple of the LORD, we have had enough to
eat and plenty to spare, because the LORD has
blessed his people, and this great amount is left
over."
11 •Hezekiah gave orders to prepare storerooms
in the temple of the LORD, and this was done.
12 •Then they faithfully brought in the contribu-
tions, tithes and dedicated gifts. Konaniah, a
Levite, was the overseer in charge of these
things, and his brother Shimei was next in rank.
13 •Jehiel, Azaziah, Nahath, Asahel, Jerimoth, Joz-
abad, Eliel, Ismakiah, Mahath and Benaiah
were assistants of Konaniah and Shimei his
brother. All these served by appointment of
King Hezekiah and Azariah the official in
charge of the temple of God.
14 •Kore son of Imnah the Levite, keeper of the
East Gate, was in charge of the freewill offerings
given to God, distributing the contributions
made to the LORD and also the consecrated gifts.
15 •Eden, Miniamin, Jeshua, Shemaiah, Amariah
and Shekaniah assisted him faithfully in the
towns of the priests, distributing to their fellow
priests according to their divisions, old and

appoint [əpɔ́int] *vt.* 정하다
assist [əsíst] *vt.* 돕다
consecrate [kánsəkrèit] *vt.* 성별하다
contribute [kəntríbjuːt] *vt.* 공헌하다
freewill [fríːwíl] *n.* 자유 의지
generously [dʒénərəsli] *ad.* 풍부히
herd [həːrd] *n.* (소, 돼지)떼
minister [mínəstər] *vi.* 섬기다
offering [ɔ́ːfəriŋ] *n.* 제물
overseer [óuvərsìːər] *n.* 감독
plenty [plénti] *ad.* 충분히
possession [pəzéʃən] *n.* 소유, 재산
Sabbath [sǽbəθ] *n.* 안식일
spare [spɛər] *vt.* 남다
tithe [taið] *n.* 십일조

31:4 devote oneself to...: …에 헌신하다
31:6 pile...in heaps: …를 쌓아올리다
31:10 be left over: (쓰고) 남다
31:11 give orders: 명령을 내리다
31:12 in charge of...: …을 책임지고 있는

읍들에 있어서 직임을 맡아 그의 형제들에
게 반열대로 대소를 막론하고 나눠 주되
16 삼 세 이상으로 족보에 기록된 남자 외에
날마다 여호와의 전에 들어가서 그 반열대
로 직무에 수종 드는 자들에게 다 나눠 주
며
17 또 그들의 족속대로 족보에 기록된 제사장
들에게 나눠 주며 이십세 이상에서 그 반열
대로 직무를 맡은 레위 사람들에게 나눠 주
며
18 또 그 족보에 기록된 온 회중의 어린아이들
아내들 자녀들에게 나눠 주었으니 이 회중
은 성결하고 충실히 그 직분을 다하는 자며
19 각 성읍에서 등록된 사람이 있어 성읍 가까
운 들에 사는 아론 자손 제사장들에게도 나
눠 주되 제사장들의 모든 남자와 족보에 기
록된 레위 사람들에게 나눠 주었더라
20 ● 히스기야가 온 유다에 이같이 행하되 그
의 하나님 여호와 보시기에 선과 정의와 진
실함으로 행하였으니
21 그가 행하는 모든 일 곧 하나님의 전에 수
종 드는 일에나 율법에나 계명에나 그의 하
나님을 찾고 한마음으로 행하여 형통하였
더라

앗수르 군대가 예루살렘을 위협하다
(왕하 18:13-37; 19:14-19,35-37;
사 36:1-22; 37:8-38) — B.C. 701년경

32 이 모든 충성된 일을 한 후에 앗수르
왕 산헤립이 유다에 들어와서 견고한
성읍들을 향하여 진을 치고 쳐서 점령하고
자 한지라
2 히스기야가 산헤립이 예루살렘을 치러 온
것을 보고
3 그의 방백들과 용사들과 더불어 의논하고
성 밖의 모든 물 근원을 막고자 하매 그들
이 돕더라
4 이에 백성이 많이 모여 모든 물 근원과 땅
으로 흘러가는 시내를 막고 이르되 어찌 앗
수르 왕들이 와서 많은 물을 얻게 하리요
하고
5 히스기야가 힘을 내어 무너진 모든 성벽을
보수하되 망대까지 높이 쌓고 또 외성을 쌓
고 다윗 성의 밀로를 견고하게 하고 무기와
방패를 많이 만들고
6 군대 지휘관들을 세워 백성을 거느리게 하
고 성문 광장에서 자기 앞에 무리를 모으고
말로 위로하여 이르되 30:22

young alike.
16 ● In addition, they distributed to the males
three years old or more whose names were in
the genealogical records—all who would enter
the temple of the LORD to perform the daily
duties of their various tasks, according to their
17 responsibilities and their divisions. ● And they
distributed to the priests enrolled by their fam-
ilies in the genealogical records and likewise to
the Levites twenty years old or more, accord-
ing to their responsibilities and their divisions.
18 ● They included all the little ones, the wives,
and the sons and daughters of the whole com-
munity listed in these genealogical records. For
they were faithful in consecrating themselves.
19 ● As for the priests, the descendants of Aaron,
who lived on the farmlands around their towns
or in any other towns, men were designated by
name to distribute portions to every male
among them and to all who were recorded in
the genealogies of the Levites.
20 ● This is what Hezekiah did throughout
Judah, doing what was good and right and
21 faithful before the LORD his God. ● In everything
that he undertook in the service of God's tem-
ple and in obedience to the law and the com-
mands, he sought his God and worked whole-
heartedly. And so he prospered.

Sennacherib Threatens Jerusalem

32 After all that Hezekiah had so faithfully
done, Sennacherib king of Assyria
came and invaded Judah. He laid siege to the
fortified cities, thinking to conquer them for
2 himself. ● When Hezekiah saw that Sen-
nacherib had come and that he intended to
3 wage war against Jerusalem, ● he consulted
with his officials and military staff about block-
ing off the water from the springs outside the
4 city, and they helped him. ● They gathered a
large group of people who blocked all the
springs and the stream that flowed through the
land. "Why should the kings[a] of Assyria come
5 and find plenty of water?" they said. ● Then he
worked hard repairing all the broken sections of
the wall and building towers on it. He built
another wall outside that one and reinforced
the terraces[b] of the City of David. He also made
large numbers of weapons and shields.
6 ● He appointed military officers over the peo-
ple and assembled them before him in the
square at the city gate and encouraged them

[a]4 Hebrew; Septuagint and Syriac *king* [b]5 Or *the Millo*

addition [ədíʃən] *n.* 추가
assemble [əsémbl] *vt.* 모으다
conquer [káŋkər] *vt.* 정복하다
consult [kənsʌ́lt] *vi.* 의논하다
division [divíʒən] *n.* 반열, 부문
enroll [inróul] *vt.* 등록하다
fortify [fɔ́:rtəfài] *vt.* 요새화 하다
genealogical [dʒi:niəládʒikəl] *a.* 족보의
invade [invéid] *vt.* 침략하다
prosper [práspər] *vi.* 번영하다
reinforce [rì:infɔ́:rs] *vt.* 강화하다
responsibility [rispànsəbíləti] *n.* 책임
shield [ʃi:ld] *n.* 방패
undertake [ʌ̀ndərtéik] *vt.* 행하다
wholeheartedly [houlhá:rtidli] *ad.* 전심으로

31:16 **in addition**: 게다가
31:19 **distribute A to B**: A를 B에 분배하다
31:21 **in obediance to...**: …에 복종하여
32:1 **lay siege to...**: …를 포위하다
32:2 **intend to...**: …할 작정이다
32:3 **block off**: 막다, 차단하다

7 너희는 마음을 강하게 하며 담대히 하고 앗
수르 왕과 그를 따르는 온 무리로 말미암아
두려워하지 말며 놀라지 말라 우리와 함께하
시는 이가 그와 함께하는 자보다 크니
8 그와 함께하는 자는 육신의 팔이요 우리와
함께하시는 이는 우리의 하나님 여호와시라
반드시 우리를 도우시고 우리를 대신하여 싸
우시리라 하매 백성이 유다 왕 히스기야의
말로 말미암아 안심하니라 렘 17:5
9 ●그 후에 앗수르 왕 산헤립이 그의 온 군대
를 거느리고 라기스를 치며 그의 신하들을
예루살렘에 보내어 유다 왕 히스기야와 예루
살렘에 있는 유다 무리에게 말하여 이르기를
10 앗수르 왕 산헤립은 이같이 말하노라 너희가
예루살렘에 에워싸여 있으면서 무엇을 의뢰
하느냐
11 히스기야가 너희를 꾀어 이르기를 우리 하나
님 여호와께서 우리를 앗수르 왕의 손에서
건져내시리라 하거니와 이 어찌 너희를 주림
과 목마름으로 죽게 함이 아니냐 왕하 18:30
12 이 히스기야가 여호와의 산당들과 제단들을
제거하여 버리고 유다와 예루살렘에 명령하
여 이르기를 너희는 다만 한 제단 앞에서 예
배하고 그 위에 분향하라 하지 아니하였느냐
13 나와 내 조상들이 이방 모든 백성들에게 행
한 것을 너희가 알지 못하느냐 모든 나라의
신들이 능히 그들의 땅을 내 손에서 건져낼
수 있었느냐
14 내 조상들이 진멸한 모든 나라의 그 모든 신
들 중에 누가 능히 그의 백성을 내 손에서 건
져내었기에 너희 [1]하나님이 능히 너희를 내
손에서 건지겠느냐
15 그런즉 이와 같이 너희는 히스기야에게 속지
말라 꾀임을 받지 말라 그를 믿지도 말라 어
떤 백성이나 어떤 나라의 신도 능히 자기의
백성을 나의 손과 나의 조상들의 손에서 건
져내지 못하였나니 하물며 너희 [1]하나님이
너희를 내 손에서 건져내겠느냐 하였더라
16 ●산헤립의 신하들도 더욱 여호와 하나님과
그의 종 히스기야를 비방하였으며 왕하 18:29
17 산헤립이 또 편지를 써 보내어 이스라엘 하
나님 여호와를 욕하고 비방하여 이르기를 모
든 나라의 신들이 그들의 백성을 내 손에서
구원하여 내지 못한 것같이 히스기야의 신들
도 그의 백성을 내 손에서 구원하여 내지 못
하리라 하고
18 산헤립의 신하가 유다 방언으로 크게 소리

1) 신들이

7 with these words: ●"Be strong and coura-
geous. Do not be afraid or discouraged be-
cause of the king of Assyria and the vast army
with him, for there is a greater power with us
8 than with him. ●With him is only the arm of
flesh, but with us is the LORD our God to help
us and to fight our battles." And the people
gained confidence from what Hezekiah the
king of Judah said.
9 ●Later, when Sennacherib king of Assyria
and all his forces were laying siege to Lachish,
he sent his officers to Jerusalem with this mes-
sage for Hezekiah king of Judah and for all the
people of Judah who were there:
10 ●"This is what Sennacherib king of
Assyria says: On what are you basing
your confidence, that you remain in
11 Jerusalem under siege? ●When Hezekiah
says, 'The LORD our God will save us from
the hand of the king of Assyria,' he is
misleading you, to let you die of hunger
12 and thirst. ●Did not Hezekiah himself
remove this god's high places and altars,
saying to Judah and Jerusalem, 'You
must worship before one altar and burn
sacrifices on it'?
13 ●"Do you not know what I and my
predecessors have done to all the peoples
of the other lands? Were the gods of
those nations ever able to deliver their
14 land from my hand? ●Who of all the
gods of these nations that my predeces-
sors destroyed has been able to save his
people from me? How then can your
15 god deliver you from my hand? ●Now
do not let Hezekiah deceive you and mis-
lead you like this. Do not believe him, for
no god of any nation or kingdom has
been able to deliver his people from my
hand or the hand of my predecessors.
How much less will your god deliver you
from my hand!"
16 ●Sennacherib's officers spoke further
against the LORD God and against his servant
17 Hezekiah. ●The king also wrote letters ridicul-
ing the LORD, the God of Israel, and saying this
against him: "Just as the gods of the peoples of
the other lands did not rescue their people
from my hand, so the god of Hezekiah will
18 not rescue his people from my hand." ●Then
they called out in Hebrew to the people of

altar [ɔ́:ltər] *n.* 제단
battle [bǽtl] *n.* 전쟁
confidence [kɑ́nfədəns] *n.* 자신감
courageous [kəréidʒəs] *a.* 용감한
deceive [disí:v] *vt.* 속이다
destroy [distrɔ́i] *vt.* 멸망시키다
flesh [fleʃ] *n.* 육신
force [fɔ:rs] *n.* 군대
mislead [mislí:d] *vt.* 현혹하다
officer [ɔ́:fisər] *n.* 신하, 관리
predecessor [prédəsèsər] *n.* 조상
remain [riméin] *vi.* 머무르다
ridicule [rídikjù:l] *vt.* 비웃다
sacrifice [sǽkrəfàis] *n.* 제물
vast [væst] *a.* 수많은

32:9 lay siege: 포위하다
32:11 die of...: …로 죽다
32:13 be able to...: …할 수 있다
32:13 deliver A from B: B에서 A를 구하다
32:17 rescue A from B: A를 B로부터 구원하다
32:18 call out to...: …에게 크게 말하다

질러 예루살렘 성 위에 있는 백성을 놀라게
하고 괴롭게 하여 그 성을 점령하려 하였는
데
19 그들이 예루살렘의 하나님을 비방하기를 사
람의 손으로 지은 세상 사람의 신들을 비방
하듯 하였더라 왕하 19:18
20 ●이러므로 히스기야 왕이 아모스의 아들 선
지자 이사야와 더불어 하늘을 향하여 부르짖
어 기도하였더니
21 여호와께서 한 천사를 보내어 앗수르 왕의
진영에서 모든 큰 용사와 대장과 지휘관들을
멸하신지라 앗수르 왕이 낯이 뜨거워 그의
고국으로 돌아갔더니 그의 신의 전에 들어갔
을 때에 그의 몸에서 난 자들이 거기서 칼로
죽였더라
22 이와 같이 여호와께서 히스기야와 예루살렘
주민을 앗수르 왕 산헤립의 손과 모든 적국
의 손에서 구원하여 내사 사면으로 보호하시
매
23 여러 사람이 예물을 가지고 예루살렘에 와서
여호와께 드리고 또 보물을 유다 왕 히스기
야에게 드린지라 이후부터 히스기야가 모든
나라의 눈에 존귀하게 되었더라

히스기야의 병과 교만 — B.C. 697년경
(왕하 20:1-3,12-19; 사 38:1-3; 39:1-8)

24 ●그때에 히스기야가 병들어 죽게 되었으므
로 여호와께 기도하매 여호와께서 그에게 대
답하시고 또 이적을 보이셨으나
25 히스기야가 마음이 교만하여 그 받은 은혜를
보답하지 아니하므로 진노가 그와 유다와 예
루살렘에 내리게 되었더니
26 히스기야가 마음의 교만함을 뉘우치고 예루
살렘 주민들도 그와 같이 하였으므로 여호와
의 진노가 히스기야의 생전에는 그들에게 내
리지 아니하니라

히스기야의 부와 영광

27 ●히스기야가 부와 영광이 지극한지라 이에
은금과 보석과 향품과 방패와 온갖 보배로운
그릇들을 위하여 창고를 세우며
28 곡식과 새 포도주와 기름의 산물을 위하여
창고를 세우며 온갖 짐승의 외양간을 세우며
양 떼의 우리를 갖추며
29 양 떼와 많은 소 떼를 위하여 성읍들을 세웠
으니 이는 하나님이 그에게 재산을 심히 많
이 주셨음이며 대상 29:12
30 이 히스기야가 또 기혼의 윗샘물을 막아 그 아
래로부터 다윗 성 서쪽으로 곧게 끌어들였으

Jerusalem who were on the wall, to terrify
them and make them afraid in order to cap-
19 ture the city. ●They spoke about the God of
Jerusalem as they did about the gods of the
other peoples of the world — the work of
human hands.
20 ●King Hezekiah and the prophet Isaiah son
of Amoz cried out in prayer to heaven about
21 this. ●And the LORD sent an angel, who anni-
hilated all the fighting men and the com-
manders and officers in the camp of the
Assyrian king. So he withdrew to his own
land in disgrace. And when he went into the
temple of his god, some of his sons, his own
flesh and blood, cut him down with the
sword.
22 ●So the LORD saved Hezekiah and the peo-
ple of Jerusalem from the hand of Sen-
nacherib king of Assyria and from the hand of
all others. He took care of them[a] on every side.
23 ●Many brought offerings to Jerusalem for the
LORD and valuable gifts for Hezekiah king of
Judah. From then on he was highly regarded
by all the nations.

Hezekiah's Pride, Success and Death

24 ●In those days Hezekiah became ill and was
at the point of death. He prayed to the LORD,
who answered him and gave him a miracu-
25 lous sign. ●But Hezekiah's heart was proud
and he did not respond to the kindness shown
him; therefore the LORD's wrath was on him
26 and on Judah and Jerusalem. ●Then Hezekiah
repented of the pride of his heart, as did the
people of Jerusalem; therefore the LORD's
wrath did not come on them during the days
of Hezekiah.
27 ●Hezekiah had very great wealth and
honor, and he made treasuries for his silver
and gold and for his precious stones, spices,
28 shields and all kinds of valuables. ●He also
made buildings to store the harvest of grain,
new wine and olive oil; and he made stalls for
various kinds of cattle, and pens for the flocks.
29 ●He built villages and acquired great numbers
of flocks and herds, for God had given him
very great riches.
30 ●It was Hezekiah who blocked the upper
outlet of the Gihon spring and channeled the
water down to the west side of the City of
David. He succeeded in everything he under-

[a]22 Hebrew; Septuagint and Vulgate *He gave them rest*

acquire [əkwáiər] *vt.* 획득하다
annihilate [ənáiəlèit] *vt.* 전멸시키다
capture [kǽptʃər] *vt.* 점령하다
channel [tʃǽnl] *vt.* …에 수로를 내다
disgrace [disgréis] *n.* 불명예
offering [ɔ́:fəriŋ] *n.* 제물
outlet [áutlet] *n.* 출구
pen [pen] *n.* 우리, 축사
shield [ʃi:ld] *n.* 방패
stall [stɔ:l] *n.* 외양간
terrify [térəfài] *vt.* 무서워 떨게 하다
treasury [tréʒəri] *n.* 보물 창고
undertake [ʌ̀ndərtéik] *vt.* 수행하다
withdraw [wiðdrɔ́:] *vi.* 철수하다
wrath [ræθ] *n.* 분노

32:18 **in order to...:** …하기 위하여
32:21 **cut down:** (칼로) 베어 넘어뜨리다
32:22 **take care of...:** …를 돌보다
32:23 **be highly regarded:** 높이 평가되다
32:24 **at the point of...:** …하려는 순간에
32:26 **repent of...:** …를 뉘우치다

니 히스기야가 그의 모든 일에 형통하였더라
31 그러나 바벨론 방백들이 히스기야에게 사신
을 보내어 그 땅에서 나타난 이적을 물을 때
에 하나님이 히스기야를 떠나시고 그의 심중
에 있는 것을 다 알고자 하사 시험하셨더라

히스기야가 죽다 (왕하 20:20-21)

32 ● 히스기야의 남은 행적과 그의 모든 선한
일은 아모스의 아들 선지자 이사야의 묵시책
과 유다와 이스라엘 열왕기에 기록되니라
33 히스기야가 그의 조상들과 함께 누우매 온
유다와 예루살렘 주민이 그를 다윗 자손의
묘실 중 높은 곳에 장사하여 그의 죽음에 그
에게 경의를 표하였더라 그의 아들 므낫세가
대신하여 왕이 되니라

유다 왕 므낫세 (왕하 21:1-9 ♪ 528장)
— B.C. 685년경

33 므낫세가 왕위에 오를 때에 나이가 십
이 세라 예루살렘에서 오십오 년 동안
다스리며
2 여호와 보시기에 악을 행하여 여호와께서 이
스라엘 자손 앞에서 쫓아내신 이방 사람들의
가증한 일을 본받아
3 그의 아버지 히스기야가 헐어 버린 산당을
다시 세우며 바알들을 위하여 제단을 쌓으며
아세라 목상을 만들며 하늘의 모든 일월성신
을 경배하여 섬기며
4 여호와께서 전에 이르시기를 내가 내 이름을
예루살렘에 영원히 두리라 하신 여호와의 전
에 제단들을 쌓고 28:24
5 또 여호와의 전 두 마당에 하늘의 일월성신
을 위하여 제단들을 쌓고
6 또 힌놈의 아들 골짜기에서 그의 아들들을
불 가운데로 지나가게 하며 또 점치며 사술
과 요술을 행하며 신접한 자와 박수를 신임
하여 여호와 보시기에 악을 많이 행하여 여
호와를 진노하게 하였으며
7 또 자기가 만든 아로새긴 목상을 하나님의
전에 세웠더라 옛적에 하나님이 이 성전에
대하여 다윗과 그의 아들 솔로몬에게 이르시
기를 내가 이스라엘 모든 지파 중에서 택한
이 성전과 예루살렘에 내 이름을 영원히 둘
지라
8 만일 이스라엘 사람이 내가 명령한 일들 곧
모세를 통하여 전한 모든 율법과 율례와 규
례를 지켜 행하면 내가 그들의 발로 다시는
그의 조상들에게 정하여 준 땅에서 옮기지
않게 하리라 하셨으나

31 took. ●But when envoys were sent by the
rulers of Babylon to ask him about the mirac-
ulous sign that had occurred in the land, God
left him to test him and to know everything
that was in his heart.
32 ●The other events of Hezekiah's reign and
his acts of devotion are written in the vision
of the prophet Isaiah son of Amoz in the
33 book of the kings of Judah and Israel. ●Heze-
kiah rested with his ancestors and was buried
on the hill where the tombs of David's des-
cendants are. All Judah and the people of
Jerusalem honored him when he died. And
Manasseh his son succeeded him as king.

Manasseh King of Judah

33 Manasseh was twelve years old when
he became king, and he reigned in
2 Jerusalem fifty-five years. ●He did evil in the
eyes of the LORD, following the detestable
practices of the nations the LORD had driven
3 out before the Israelites. ●He rebuilt the high
places his father Hezekiah had demolished;
he also erected altars to the Baals and made
Asherah poles. He bowed down to all the star-
4 ry hosts and worshiped them. ●He built
altars in the temple of the LORD, of which the
LORD had said, "My Name will remain in
5 Jerusalem forever." ●In both courts of the
temple of the LORD, he built altars to all the
6 starry hosts. ●He sacrificed his children in the
fire in the Valley of Ben Hinnom, practiced
divination and witchcraft, sought omens,
and consulted mediums and spiritists. He did
much evil in the eyes of the LORD, arousing
his anger.
7 ●He took the image he had made and put
it in God's temple, of which God had said to
David and to his son Solomon, "In this tem-
ple and in Jerusalem, which I have chosen
out of all the tribes of Israel, I will put my
8 Name forever. ●I will not again make the
feet of the Israelites leave the land I assigned
to your ancestors, if only they will be careful
to do everything I commanded them con-
cerning all the laws, decrees and regulations
9 given through Moses." ●But Manasseh led
Judah and the people of Jerusalem astray,
so that they did more evil than the nations
the LORD had destroyed before the Israeli-
tes.
10 ●The LORD spoke to Manasseh and his peo-

altar [ɔ́:ltər] *n.* 제단
assign [əsáin] *vt.* 지정하다
decree [dikrí:] *n.* 법령
demolish [dimáliʃ] *vt.* 파괴하다
detestable [ditéstəbl] *a.* 혐오스러운
devotion [divóuʃən] *n.* 헌신
divination [dìvənéiʃən] *n.* 점
envoy [énvɔi] *n.* 사절(使節)
medium [mí:diəm] *n.* 영매, 무당
omen [óumən] *n.* 전조, 예지
practice [prǽktis] *n.* 관습
reign [rein] *vi.* 통치하다
starry [stá:ri] *a.* 별의
tomb [tu:m] *n.* 묘
witchcraft [wítʃkræ̀ft] *n.* 마법

33:2 in the eyes of...: …이 보는 바로는
33:2 drive out: 몰아내다, 추방하다
33:3 bow down: 절하다
33:8 if only...: …하기만 하면
33:8 be careful to...: …하도록 조심하다
33:9 lead astray: 나쁜 길로 이끌다

9 유다와 예루살렘 주민이 므낫세의 꾀임을 받
고 악을 행한 것이 여호와께서 이스라엘 자
손 앞에서 멸하신 모든 나라보다 더욱 심하
였더라

므낫세가 기도하다

10 ●여호와께서 므낫세와 그의 백성에게 이르
셨으나 그들이 듣지 아니하므로
11 여호와께서 앗수르 왕의 군대 지휘관들이 와
서 치게 하시매 그들이 므낫세를 사로잡고
쇠사슬로 결박하여 바벨론으로 끌고 간지라
12 그가 환난을 당하여 그의 하나님 여호와께
간구하고 그의 조상들의 하나님 앞에 크게
겸손하여
13 기도하였으므로 하나님이 그의 기도를 받으
시며 그의 간구를 들으시사 그가 예루살렘에
돌아와서 다시 왕위에 앉게 하시매 므낫세가
그제서야 여호와께서 하나님이신 줄을 알았
더라

므낫세가 죽다 (왕하 21:17-18)

14 ●그 후에 다윗 성 밖 기혼 서쪽 골짜기 안에
외성을 쌓되 어문 어귀까지 이르러 오벨을
둘러 매우 높이 쌓고 또 유다 모든 견고한 성
읍에 군대 지휘관을 두며
15 이방 신들과 여호와의 전의 우상을 제거하며
여호와의 전을 건축한 산에와 예루살렘에 쌓
은 모든 제단들을 다 성 밖에 던지고 33:3-7
16 여호와의 제단을 보수하고 화목제와 감사제
를 그 제단 위에 드리고 유다를 명령하여 이
스라엘 하나님 여호와를 섬기라 하매
17 백성이 그의 하나님 여호와께만 제사를 드렸
으나 아직도 산당에서 제사를 드렸더라 32:12
18 므낫세의 남은 사적과 그가 하나님께 한 기
도와 선견자가 이스라엘 하나님 여호와의 이
름으로 권한 말씀은 모두 이스라엘 왕들의
행장에 기록되었고
19 또 그의 기도와 그의 기도를 들으신 것과 그
의 모든 죄와 허물과 겸손하기 전에 산당을
세운 곳과 아세라 목상과 우상을 세운 곳들
이 다 호새의 사기에 기록되니라
20 므낫세가 그의 열조와 함께 누우매 그의 궁
에 장사되고 그의 아들 아몬이 대신하여 왕
이 되니라

유다 왕 아몬 (왕하 21:19-26)

21 ●아몬이 왕위에 오를 때에 나이가 이십이
세라 예루살렘에서 이 년 동안 다스리며
22 그의 아버지 므낫세의 행함같이 여호와 보시
기에 악을 행하여 아몬이 그의 아버지 므낫

11 ple, but they paid no attention. ●So the LORD
brought against them the army commanders
of the king of Assyria, who took Manasseh
prisoner, put a hook in his nose, bound him
with bronze shackles and took him to Baby-
12 lon. ●In his distress he sought the favor of
the LORD his God and humbled himself
13 greatly before the God of his ancestors. ●And
when he prayed to him, the LORD was moved
by his entreaty and listened to his plea; so he
brought him back to Jerusalem and to his
kingdom. Then Manasseh knew that the
LORD is God.
14 ●Afterward he rebuilt the outer wall of the
City of David, west of the Gihon spring in
the valley, as far as the entrance of the Fish
Gate and encircling the hill of Ophel; he also
made it much higher. He stationed military
commanders in all the fortified cities in
Judah.
15 ●He got rid of the foreign gods and re-
moved the image from the temple of the
LORD, as well as all the altars he had built on
the temple hill and in Jerusalem; and he threw
16 them out of the city. ●Then he restored the
altar of the LORD and sacrificed fellowship
offerings and thank offerings on it, and told
Judah to serve the LORD, the God of Israel.
17 ●The people, however, continued to sacrifice
at the high places, but only to the LORD their
God.
18 ●The other events of Manasseh's reign,
including his prayer to his God and the words
the seers spoke to him in the name of the
LORD, the God of Israel, are written in the
19 annals of the kings of Israel.[a] ●His prayer and
how God was moved by his entreaty, as well
as all his sins and unfaithfulness, and the sites
where he built high places and set up Asher-
ah poles and idols before he humbled him-
self—all these are written in the records of
20 the seers.[b] ●Manasseh rested with his ances-
tors and was buried in his palace. And Amon
his son succeeded him as king.

Amon King of Judah

21 ●Amon was twenty-two years old when he
became king, and he reigned in Jerusalem
22 two years. ●He did evil in the eyes of the LORD,
as his father Manasseh had done. Amon wor-

[a]18 That is, Judah, as frequently in 2 Chronicles [b]19 One Hebrew manuscript and Septuagint; most Hebrew manuscripts *of Hozai*

annals [ǽnlz] *n.(pl.)* 연대기
bury [béri] *vt.* 장사지내다
commander [kəmǽndər] *n.* 지휘관
distress [distrés] *n.* 고난
entreaty [intríːti] *n.* 간청
fortify [fɔ́ːrtəfài] *vt.* 요새화하다
humble [hʌ́mbl] *vt.* 낮추다
plea [pliː] *n.* 청원
restore [ristɔ́ːr] *vt.* 복구하다
sacrifice [sǽkrəfàis] *vt.* 희생제물을 바치다
seer [síːər] *n.* 선견자
shackle [ʃǽkl] *n.* 쇠고랑
site [sait] *n.* 장소
station [stéiʃən] *vt.* 주둔하다
unfaithfulness [ʌnféiθfəlnis] *n.* 불충실

33:10 **pay no attention**: 유의하지 않다
33:14 **as far as...**: …까지
33:15 **get rid of...**: …를 제거하다
33:15 **remove A from B**: B에서 A를 제거하다
33:19 **as well as...**: …뿐만 아니라
33:20 **succeed... as~**: …의 뒤이어 ~가 되다

세가 만든 아로새긴 모든 우상에게 제사하여
섬겼으며
23 이 아몬이 그의 아버지 므낫세가 스스로 겸
손함같이 여호와 앞에서 스스로 겸손하지 아
니하고 더욱 범죄하더니
24 그의 신하가 반역하여 왕을 궁중에서 죽이매
25 백성들이 아몬 왕을 반역한 사람들을 다 죽
이고 그의 아들 요시야를 대신하여 왕으로
삼으니라

유다 왕 요시야의 개혁 (왕하 22:1-2)

34 요시야가 왕위에 오를 때에 나이가 팔
세라 예루살렘에서 삼십일 년 동안 다
스리며
2 여호와 보시기에 정직하게 행하여 그의 조상
다윗의 길로 걸으며 좌우로 치우치지 아니하
고
3 아직도 어렸을 때 곧 왕위에 있은 지 팔 년에
그의 조상 다윗의 하나님을 비로소 찾고 제
십이 년에 유다와 예루살렘을 비로소 정결하
게 하여 그 산당들과 아세라 목상들과 아로
새긴 우상들과 부어 만든 우상들을 제거하여
버리매
4 무리가 왕 앞에서 바알의 제단들을 헐었으며
왕이 또 그 제단 위에 높이 달린 태양상들을
찍고 또 아세라 목상들과 아로새긴 우상들과
부어 만든 우상들을 빻아 가루를 만들어 제
사하던 자들의 무덤에 뿌리고
5 제사장들의 뼈를 제단 위에서 불살라 유다와
예루살렘을 정결하게 하였으며
6 또 므낫세와 에브라임과 시므온과 납달리까
지 사면 황폐한 성읍들에도 그렇게 행하여
7 제단들을 허물며 아세라 목상들과 아로새긴
우상들을 빻아 가루를 만들며 온 이스라엘
땅에 있는 모든 태양상을 찍고 예루살렘으로
돌아왔더라

율법책의 발견 (왕하 22:3-20)

8 ● 요시야가 왕위에 있은 지 열여덟째 해에
그 땅과 성전을 정결하게 하기를 마치고 그
의 하나님 여호와의 전을 수리하려 하여 아
살랴의 아들 사반과 시장 마아세야와 서기관
요아하스의 아들 요아를 보낸지라
9 그들이 대제사장 힐기야에게 나아가 전에 하
나님의 전에 헌금한 돈을 그에게 주니 이 돈
은 문을 지키는 레위 사람들이 므낫세와 에
브라임과 남아 있는 모든 이스라엘 사람과
온 유다와 베냐민과 예루살렘 주민들에게서
거둔 것이라

shiped and offered sacrifices to all the idols
23 Manasseh had made. ● But unlike his father
Manasseh, he did not humble himself before
the LORD; Amon increased his guilt.
24 ● Amon's officials conspired against him
25 and assassinated him in his palace. ● Then
the people of the land killed all who had plot-
ted against King Amon, and they made Josi-
ah his son king in his place.

Josiah's Reforms

34 Josiah was eight years old when he
became king, and he reigned in
2 Jerusalem thirty-one years. ● He did what was
right in the eyes of the LORD and followed the
ways of his father David, not turning aside to
the right or to the left.
3 ● In the eighth year of his reign, while he
was still young, he began to seek the God of
his father David. In his twelfth year he began
to purge Judah and Jerusalem of high places,
4 Asherah poles and idols. ● Under his direction
the altars of the Baals were torn down; he cut
to pieces the incense altars that were above
them, and smashed the Asherah poles and the
idols. These he broke to pieces and scattered
over the graves of those who had sacrificed to
5 them. ● He burned the bones of the priests on
their altars, and so he purged Judah and Jeru-
6 salem. ● In the towns of Manasseh, Ephraim
and Simeon, as far as Naphtali, and in the
7 ruins around them, ● he tore down the altars
and the Asherah poles and crushed the idols to
powder and cut to pieces all the incense altars
throughout Israel. Then he went back to
Jerusalem.
8 ● In the eighteenth year of Josiah's reign,
to purify the land and the temple, he sent
Shaphan son of Azaliah and Maaseiah the
ruler of the city, with Joah son of Joahaz, the
recorder, to repair the temple of the LORD his
God.
9 ● They went to Hilkiah the high priest and
gave him the money that had been brought
into the temple of God, which the Levites
who were the gatekeepers had collected from
the people of Manasseh, Ephraim and the
entire remnant of Israel and from all the peo-
ple of Judah and Benjamin and the inhabi-
10 tants of Jerusalem. ● Then they entrusted it to
the men appointed to supervise the work on
the LORD's temple. These men paid the work-
ers who repaired and restored the temple.

altar [ɔ́:ltər] *n.* 제단
assassinate [əsǽsənèit] *vt.* 암살하다
conspire [kənspáiər] *vi.* 음모를 꾸미다
humble [hʌ́mbl] *vt.* 낮추다
incense [ínsens] *n.* 향
inhabitant [inhǽbətənt] *n.* 주민
plot [plat] *vi.* 음모하다
purify [pjúərəfài] *vt.* 정화하다
reform [ri:fɔ́:rm] *n.* 개선, 개혁
reign [rein] *n.* 통치
remnant [rémnənt] *n.* 남은 자
restore [ristɔ́:r] *vt.* 회복하다
sacrifice [sǽkrəfàis] *n.* 제물
scatter [skǽtər] *vt.* 흩어지게 하다
smash [smæʃ] *vt.* 박살내다

34:2 in the eyes of...: …이 보는 바로는
34:3 purge A of B: A에게서 B를 깨끗이하다
34:4 tear down: 헐다, 부수다
34:6 as far as...: …까지
34:7 cut to pieces: 산산이 베다
34:10 entrust A to B: B에게 A를 맡기다

10 그 돈을 여호와의 전 공사를 감독하는 자들의 손에 넘기니 그들이 여호와의 전에 있는 일꾼들에게 주어 그 전을 수리하게 하되
11 곧 목수들과 건축하는 자들에게 주어 다듬은 돌과 연접하는 나무를 사며 유다 왕들이 헐어버린 성전들을 위하여 들보를 만들게 하매
12 그 사람들이 성실하게 그 일을 하니라 그의 감독들은 레위 사람들 곧 므라리 자손 중 야핫과 오바댜요 그핫 자손들 중 스가랴와 무술람이라 다 그 일을 감독하고 또 악기에 익숙한 레위 사람들이 함께하였으며
13 그들은 또 목도꾼을 감독하며 모든 공사 담당자를 감독하고 어떤 레위 사람은 서기와 관리와 문지기가 되었더라
14 ●무리가 여호와의 전에 헌금한 돈을 꺼낼 때에 제사장 힐기야가 모세가 전한 여호와의 율법책을 발견하고 34:9
15 힐기야가 서기관 사반에게 말하여 이르되 내가 여호와의 전에서 율법책을 발견하였노라 하고 힐기야가 그 책을 사반에게 주매
16 사반이 책을 가지고 왕에게 나아가서 복명하여 이르되 왕께서 종들에게 명령하신 것을 종들이 다 준행하였나이다
17 또 여호와의 전에서 발견한 돈을 쏟아서 감독자들과 일꾼들에게 주었나이다 하고
18 서기관 사반이 또 왕에게 아뢰어 이르되 제사장 힐기야가 내게 책을 주더이다 하고 사반이 왕 앞에서 그것을 읽으매
19 왕이 율법의 말씀을 듣자 곧 자기 옷을 찢더라
20 왕이 힐기야와 사반의 아들 아히감과 미가의 아들 압돈과 서기관 사반과 왕의 시종 아사야에게 명령하여 이르되
21 너희는 가서 나와 및 이스라엘과 유다의 남은 자들을 위하여 이 발견한 책의 말씀에 대하여 여호와께 물으라 우리 조상들이 여호와의 말씀을 지키지 아니하고 이 책에 기록된 모든 것을 준행하지 아니하였으므로 여호와께서 우리에게 쏟으신 진노가 크도다 하니라
22 ●이에 힐기야와 왕이 보낸 사람들이 여선지자 훌다에게로 나아가니 그는 하스라의 손자 독핫의 아들로서 예복을 관리하는 살룸의 아내라 예루살렘 둘째 구역에 살았더라 그들이 그에게 이 뜻을 전하매 왕하 22:14
23 훌다가 그들에게 이르되 이스라엘의 하나님 여호와께서 이같이 말씀하시기를 너희는 너

11 •They also gave money to the carpenters and
builders to purchase dressed stone, and timber for joists and beams for the buildings that
the kings of Judah had allowed to fall into
ruin.
12 •The workers labored faithfully. Over them
to direct them were Jahath and Obadiah,
Levites descended from Merari, and Zechariah
and Meshullam, descended from Kohath.
The Levites—all who were skilled in playing
13 musical instruments— •had charge of the
laborers and supervised all the workers from
job to job. Some of the Levites were secretaries,
scribes and gatekeepers.

The Book of the Law Found

14 •While they were bringing out the money
that had been taken into the temple of the
LORD, Hilkiah the priest found the Book of the
Law of the LORD that had been given through
15 Moses. •Hilkiah said to Shaphan the secretary, "I have found the Book of the Law in the
temple of the LORD." He gave it to Shaphan.
16 •Then Shaphan took the book to the king
and reported to him: "Your officials are doing
everything that has been committed to them.
17 •They have paid out the money that was in
the temple of the LORD and have entrusted it to
18 the supervisors and workers." •Then Shaphan
the secretary informed the king, "Hilkiah the
priest has given me a book." And Shaphan
read from it in the presence of the king.
19 •When the king heard the words of the
20 Law, he tore his robes. •He gave these orders
to Hilkiah, Ahikam son of Shaphan, Abdon
son of Micah,[a] Shaphan the secretary and Asa-
21 iah the king's attendant: •"Go and inquire of
the LORD for me and for the remnant in Israel
and Judah about what is written in this book
that has been found. Great is the LORD's anger
that is poured out on us because those who
have gone before us have not kept the word
of the LORD; they have not acted in accordance with all that is written in this book."
22 •Hilkiah and those the king had sent with
him[b] went to speak to the prophet Huldah,
who was the wife of Shallum son of Tokhath,[c]
the son of Hasrah,[d] keeper of the wardrobe.
She lived in Jerusalem, in the New Quarter.
23 •She said to them, "This is what the LORD,

[a]20 Also called *Akbor son of Micaiah* [b]22 One Hebrew manuscript, Vulgate and Syriac; most Hebrew manuscripts do not have *had sent with him.* [c]22 Also called *Tikvah* [d]22 Also called *Harhas*

attendant [əténdənt] *n.* 수행원
beam [biːm] *n.* 들보
carpenter [kάːrpəntər] *n.* 목수
descend [disénd] *vi.* 내려가다
dressed [drest] *a.* 다듬은
entrust [intrʌ́st] *vt.* 맡기다
gatekeeper [géitkìːpər] *n.* 문지기
instrument [ínstrəmənt] *n.* 악기
joist [dʒɔist] *n.* 들보
laborer [léibərər] *n.* 노동자
prophet [prάfit] *n.* 선지자
robe [roub] *n.* 관복
scribe [skraib] *n.* 서기
timber [tímbər] *n.* 목재
wardrobe [wɔ́ːrdroub] *n.* 의상, 옷장

34:13 have charge of...: …를 맡다
34:16 commit A to B: B에게 A를 맡기다
34:21 inquire of A about B: A에게 B에 대해 묻다
34:21 pour out on...: …에게 쏟아 붓다
34:21 in accordance with...: …에 따라서

희를 내게 보낸 사람에게 말하라 하시니라
24 여호와께서 이같이 말씀하시기를 내가 이곳
과 그 주민에게 재앙을 내리되 곧 유다 왕 앞
에서 읽은 책에 기록된 모든 저주대로 하리
니
25 이는 이 백성들이 나를 버리고 다른 신들에
게 분향하며 그의 손의 모든 행위로 나의 노
여움을 샀음이라 그러므로 나의 노여움을 이
곳에 쏟으매 꺼지지 아니하리라 하라 하셨느
니라
26 너희를 보내어 여호와께 묻게 한 유다 왕에
게는 너희가 이렇게 전하라 이스라엘의 하
나님 여호와께서 이같이 말씀하시기를 네가
들은 말을 의논하건대
27 내가 이곳과 그 주민을 가리켜 말한 것을 네
가 듣고 마음이 연약하여 하나님 앞 곧 내 앞
에서 겸손하여 옷을 찢고 통곡하였으므로 나
도 네 말을 들었노라 여호와가 말하였느니라
28 그러므로 내가 네게 너의 조상들에게 돌아가
서 평안히 묘실로 들어가게 하리니 내가 이
곳과 그 주민에게 내리는 모든 재앙을 네가
눈으로 보지 못하리라 하셨느니라 이에 사신
들이 왕에게 복명하니라

여호와께 순종하기로 하다 (왕하 23:1-20)

29● 왕이 사람을 보내어 유다와 예루살렘의 모
든 장로를 불러 모으고
30 여호와의 전에 올라가매 유다 모든 사람과
예루살렘 주민들과 제사장들과 레위 사람들
과 모든 백성이 노소를 막론하고 다 함께한
지라 왕이 여호와의 전 안에서 발견한 언약
책의 모든 말씀을 읽어 무리의 귀에 들려주
고
31 왕이 자기 처소에 서서 여호와 앞에서 언약
을 세우되 마음을 다하고 목숨을 다하여 여
호와를 순종하고 그의 계명과 법도와 율례를
지켜 이 책에 기록된 언약의 말씀을 이루리
라 하고
32 예루살렘과 베냐민에 있는 자들이 다 여기
에 참여하게 하매 예루살렘 주민이 하나님
곧 그의 조상들의 하나님의 언약을 따르니
라
33 이와 같이 요시야가 이스라엘 자손에게 속한
모든 땅에서 가증한 것들을 다 제거하여 버
리고 이스라엘의 모든 사람으로 그들의 하나
님 여호와를 섬기게 하였으므로 요시야가 사
는 날에 백성이 그들의 조상들의 하나님 여
호와께 복종하고 떠나지 아니하였더라

the God of Israel, says: Tell the man who sent
24 you to me, ● 'This is what the LORD says: I am
going to bring disaster on this place and its
people—all the curses written in the book that
has been read in the presence of the king of
25 Judah. ● Because they have forsaken me and
burned incense to other gods and aroused my
anger by all that their hands have made,[a] my
anger will be poured out on this place and will
26 not be quenched.' ● Tell the king of Judah,
who sent you to inquire of the LORD, 'This is
what the LORD, the God of Israel, says concern-
27 ing the words you heard: ● Because your heart
was responsive and you humbled yourself
before God when you heard what he spoke
against this place and its people, and because
you humbled yourself before me and tore
your robes and wept in my presence, I have
28 heard you, declares the LORD. ● Now I will
gather you to your ancestors, and you will be
buried in peace. Your eyes will not see all the
disaster I am going to bring on this place and
on those who live here.'"

So they took her answer back to the king.
29 ● Then the king called together all the
30 elders of Judah and Jerusalem. ● He went
up to the temple of the LORD with the people
of Judah, the inhabitants of Jerusalem, the
priests and the Levites—all the people from
the least to the greatest. He read in their
hearing all the words of the Book of the
Covenant, which had been found in the
31 temple of the LORD. ● The king stood by his
pillar and renewed the covenant in the pres-
ence of the LORD—to follow the LORD and
keep his commands, statutes and decrees
with all his heart and all his soul, and to
obey the words of the covenant written in
this book.
32 ● Then he had everyone in Jerusalem and
Benjamin pledge themselves to it; the peo-
ple of Jerusalem did this in accordance with
the covenant of God, the God of their ances-
tors.
33 ● Josiah removed all the detestable idols
from all the territory belonging to the Isra-
elites, and he had all who were present in
Israel serve the LORD their God. As long as he
lived, they did not fail to follow the LORD, the
God of their ancestors.

[a]25 Or *by everything they have done*

covenant [kʌvənənt] *n.* 언약
curse [kəːrs] *n.* 저주
declare [diklέər] *vt.* 선언하다
decree [dikríː] *n.* 규례
detestable [ditéstəbl] *a.* 혐오스러운
disaster [dizǽstər] *n.* 재난
elder [éldər] *n.* 장로
forsake [fərséik] *vt.* 버리다
incense [ínsens] *n.* 향
pledge [pledʒ] *vt.* 서약하다
quench [kwentʃ] *vt.* 끄다
responsive [rispánsiv] *a.* 감동하기 쉬운
robe [roub] *n.* 관복
territory [térətɔːri] *n.* 영토
weep [wiːp] *vi.* 흐느껴 울다

34:24 in the presence of...: …앞에
34:25 pour out: (감정, 말을) 쏟아놓다
34:26 inquire of...: …에게 묻다
34:29 call together: 소집하다
34:32 in accordance with...: …에 따라서
34:33 as long as...: …하는 한

요시야가 유월절을 지키다 (왕하 23:21-23)

35 요시야가 예루살렘에서 여호와께 유월
절을 지켜 첫째 달 열넷째 날에 유월절
어린 양을 잡으니라
2 왕이 제사장들에게 그들의 직분을 맡기고 격
려하여 여호와의 전에서 직무를 수행하게 하
고
3 또 여호와 앞에 구별되어서 온 이스라엘을
가르치는 레위 사람에게 이르되 거룩한 궤를
이스라엘 왕 다윗의 아들 솔로몬이 건축한
전 가운데 두고 다시는 너희 어깨에 메지 말
고 마땅히 너희의 하나님 여호와와 그의 백
성 이스라엘을 섬길 것이라
4 너희는 이스라엘 왕 다윗의 글과 다윗의 아
들 솔로몬의 글을 준행하여 너희 족속대로
반열을 따라 스스로 준비하고
5 너희 형제 모든 백성의 족속의 서열대로 또
는 레위 족속의 서열대로 성소에 서서
6 스스로 성결하게 하고 유월절 어린 양을 잡
아 너희 형제들을 위하여 준비하되 여호와께
서 모세를 통하여 전하신 말씀을 따라 행할
지니라
7 ● 요시야가 그 모인 모든 이를 위하여 백성
들에게 자기의 소유 양 떼 중에서 어린 양과
어린 염소 삼만 마리와 수소 삼천 마리를 내
어 유월절 제물로 주매
8 방백들도 즐거이 희생을 드려 백성과 제사장
들과 레위 사람들에게 주었고 하나님의 전을
주장하는 자 힐기야와 스가랴와 여히엘은 제
사장들에게 양 이천육백 마리와 수소 삼백
마리를 유월절 제물로 주었고
9 또 레위 사람들의 우두머리들 곧 고나냐와
그의 형제 스마야와 느다넬과 또 하사뱌와
여이엘과 요사밧은 양 오천 마리와 수소 오
백 마리를 레위 사람들에게 유월절 제물로
주었더라
10 ● 이와 같이 섬길 일이 구비되매 왕의 명령
을 따라 제사장들은 그들의 처소에 서고 레
위 사람들은 그들의 반열대로 서고
11 유월절 양을 잡으니 제사장들은 그들의 손에
서 피를 받아 뿌리고 또 레위 사람들은 잡은
짐승의 가죽을 벗기고
12 그 번제물을 옮겨 족속의 서열대로 모든 백
성에게 나누어 모세의 책에 기록된 대로 여
호와께 드리게 하고 소도 그와 같이 하고
13 이에 규례대로 유월절 양을 불에 굽고 그 나
머지 성물은 솥과 가마와 냄비에 삶아 모든

Josiah Celebrates the Passover

35 Josiah celebrated the Passover to the
LORD in Jerusalem, and the Passover
lamb was slaughtered on the fourteenth day
2 of the first month. ● He appointed the priests
to their duties and encouraged them in the
3 service of the LORD's temple. ● He said to the
Levites, who instructed all Israel and who had
been consecrated to the LORD: "Put the sacred
ark in the temple that Solomon son of David
king of Israel built. It is not to be carried about
on your shoulders. Now serve the LORD your
4 God and his people Israel. ● Prepare your-
selves by families in your divisions, according
to the instructions written by David king of
Israel and by his son Solomon.
5 ● "Stand in the holy place with a group of
Levites for each subdivision of the families
of your fellow Israelites, the lay people.
6 ● Slaughter the Passover lambs, consecrate
yourselves and prepare the lambs for your
fellow Israelites, doing what the LORD com-
manded through Moses."
7 ● Josiah provided for all the lay people who
were there a total of thirty thousand lambs
and goats for the Passover offerings, and also
three thousand cattle—all from the king's
own possessions.
8 ● His officials also contributed voluntarily
to the people and the priests and Levites.
Hilkiah, Zechariah and Jehiel, the officials in
charge of God's temple, gave the priests twen-
ty-six hundred Passover offerings and three
9 hundred cattle. ● Also Konaniah along with
Shemaiah and Nethanel, his brothers, and
Hashabiah, Jeiel and Jozabad, the leaders of
the Levites, provided five thousand Passover
offerings and five hundred head of cattle for
the Levites.
10 ● The service was arranged and the priests
stood in their places with the Levites in their
11 divisions as the king had ordered. ● The
Passover lambs were slaughtered, and the
priests splashed against the altar the blood
handed to them, while the Levites skinned the
12 animals. ● They set aside the burnt offerings to
give them to the subdivisions of the families of
the people to offer to the LORD, as it is written
in the Book of Moses. They did the same with
13 the cattle. ● They roasted the Passover animals
over the fire as prescribed, and boiled the holy
offerings in pots, caldrons and pans and

altar [ɔ́:ltər] *n.* 제단
ark [a:rk] *n.* 궤
caldron [kɔ́:ldrən] *n.* 가마
consecrate [kánsəkrèit] *vt.* 성별하다
division [divíʒən] *n.* 반열, 부문
lay [lei] *a.* 평신도의
offering [ɔ́:fəriŋ] *n.* 제물
passover [pæsouvər] *n.* 유월절
prescribe [priskráib] *vt.* 규정하다
sacred [séikrid] *a.* 거룩한
skin [skin] *vt.* 가죽을 벗기다
slaughter [slɔ́:tər] *vt.* 도살하다
splash [splæʃ] *vt.* (물 등) 튀기다
subdivision [sʌbdivíʒən] *n.* 세분
voluntarily [váləntérəli] *ad.* 자발적으로

35:2 appoint A to B: A에게 B를 수행하도록 임명하다
35:4 according to...: …에 따르면
35:7 provide A for B: B에게 A를 공급하다
35:8 in charge of...: …을 담당해서
35:12 set aside: 따로 떼어놓다

백성들에게 속히 분배하고
14 그 후에 자기와 제사장들을 위하여 준비하
니 이는 아론의 자손 제사장들이 번제와 기
름을 저녁까지 드리므로 레위 사람들이 자
기와 아론의 자손 제사장들을 위하여 준비
함이더라
15 아삽의 자손 노래하는 자들은 다윗과 아삽과
헤만과 왕의 선견자 여두둔이 명령한 대로
자기 처소에 있고 문지기들은 각 문에 있고
그 직무에서 떠날 것이 없었으니 이는 그의
형제 레위 사람들이 그들을 위하여 준비하였
음이더라
16 ●이와 같이 당일에 여호와를 섬길 일이 다
준비되매 요시야 왕의 명령대로 유월절을 지
키며 번제를 여호와의 제단에 드렸으며
17 그때에 모인 이스라엘 자손이 유월절을 지키
고 이어서 무교절을 칠 일 동안 지켰으니
18 선지자 사무엘 이후로 이스라엘 가운데서 유
월절을 이같이 지키지 못하였고 이스라엘 모
든 왕들도 요시야가 제사장들과 레위 사람들
과 모인 온 유다와 이스라엘 무리와 예루살
렘 주민과 함께 지킨 것처럼은 유월절을 지
키지 못하였더라
19 요시야가 왕위에 있은 지 열여덟째 해에 이
유월절을 지켰더라

요시야가 죽다 (왕하 23:28-30)

20 ●이 모든 일 후 곧 요시야가 성전을 정돈하
기를 마친 후에 애굽 왕 느고가 유브라데 강
가의 갈그미스를 치러 올라왔으므로 요시야
가 나가서 방비하였더니
21 느고가 요시야에게 사신을 보내어 이르되
유다 왕이여 내가 그대와 무슨 관계가 있느
냐 내가 오늘 그대를 치려는 것이 아니요 나
와 더불어 싸우는 족속을 치려는 것이라 하
나님이 나에게 명령하사 속히 하라 하셨은
즉 하나님이 나와 함께 계시니 그대는 하나
님을 거스르지 말라 그대를 멸하실까 하노
라 하나
22 요시야가 몸을 돌이켜 떠나기를 싫어하고 오
히려 변장하고 그와 싸우고자 하여 하나님의
입에서 나온 느고의 말을 듣지 아니하고 므
깃도 골짜기에 이르러 싸울 때에 삿 5:19
23 활 쏘는 자가 요시야 왕을 쏜지라 왕이 그의
신하들에게 이르되 내가 중상을 입었으니 나
를 도와 나가게 하라
24 그 부하들이 그를 병거에서 내리게 하고 그
의 버금 병거에 태워 예루살렘에 이른 후에

14 served them quickly to all the people. •After
this, they made preparations for themselves
and for the priests, because the priests, the
descendants of Aaron, were sacrificing the
burnt offerings and the fat portions until
nightfall. So the Levites made preparations
for themselves and for the Aaronic priests.
15 •The musicians, the descendants of Asaph,
were in the places prescribed by David, Asaph,
Heman and Jeduthun the king's seer. The
gatekeepers at each gate did not need to leave
their posts, because their fellow Levites made
the preparations for them.
16 •So at that time the entire service of the
LORD was carried out for the celebration of the
Passover and the offering of burnt offerings
on the altar of the LORD, as King Josiah had
17 ordered. •The Israelites who were present cel-
ebrated the Passover at that time and observed
the Festival of Unleavened Bread for seven
18 days. •The Passover had not been observed
like this in Israel since the days of the prophet
Samuel; and none of the kings of Israel had
ever celebrated such a Passover as did Josiah,
with the priests, the Levites and all Judah and
Israel who were there with the people of
19 Jerusalem. •This Passover was celebrated in
the eighteenth year of Josiah's reign.

The Death of Josiah

20 •After all this, when Josiah had set the
temple in order, Necho king of Egypt went
up to fight at Carchemish on the Euphrates,
and Josiah marched out to meet him in bat-
21 tle. •But Necho sent messengers to him, say-
ing, "What quarrel is there, king of Judah,
between you and me? It is not you I am
attacking at this time, but the house with
which I am at war. God has told me to hurry;
so stop opposing God, who is with me, or he
will destroy you."
22 •Josiah, however, would not turn away
from him, but disguised himself to engage
him in battle. He would not listen to what
Necho had said at God's command but went
to fight him on the plain of Megiddo.
23 •Archers shot King Josiah, and he told his
officers, "Take me away; I am badly wound-
24 ed." •So they took him out of his chariot, put
him in his other chariot and brought him to
Jerusalem, where he died. He was buried in the
tombs of his ancestors, and all Judah and
Jerusalem mourned for him.

celebration [sèləbréiʃən] *n.* 의식
disguise [disgáiz] *vt.* 변장하다
engage [ingéidʒ] *vt.* 교전하다
march [maːrtʃ] *vi.* 진군하다
mourn [mɔːrn] *vi.* 슬퍼하다
nightfall [náitfɔ̀ːl] *n.* 황혼
offering [ɔ́ːfəriŋ] *n.* 제물
oppose [əpóuz] *vt.* 대적하다
passover [pǽsòuvər] *n.* 유월절
portion [pɔ́ːrʃən] *n.* 부분
prescribe [priskráib] *vt.* 규정하다
priest [priːst] *n.* 제사장
sacrifice [sǽkrəfàis] *vt.* 산제물을 바치다
seer [síːər] *n.* 선견자
unleavened [ʌnlévənd] *a.* 누룩을 넣지 않은

35:14 make preparations for...: …를 위해 준비를 갖추다
35:16 carry out: 실행하다, 수행하다
35:20 set in order: 정돈하다
35:22 turn away from...: …로부터 돌이켜 떠나가다, 외면하다

그가 죽으니 그의 조상들의 묘실에 장사되니
라 온 유다와 예루살렘 사람들이 요시야를
슬퍼하고
25 예레미야는 그를 위하여 애가를 지었으며 모
든 노래하는 남자들과 여자들은 요시야를 슬
피 노래하니 이스라엘에 규례가 되어 오늘까
지 이르렀으며 그 가사는 애가 중에 기록되
었더라
26 요시야의 남은 사적과 여호와의 율법에 기록
된 대로 행한 모든 선한 일과
27 그의 처음부터 끝까지의 행적은 이스라엘과
유다 열왕기에 기록되니라

유다 왕 여호아하스 (왕하 23:30-35)

36 그 땅의 백성이 요시야의 아들 여호아
하스를 세워 그의 아버지를 대신하여
예루살렘에서 왕으로 삼으니

렘 22:11

2 여호아하스가 왕위에 오를 때에 나이가 이
십삼 세더라 그가 예루살렘에서 다스린 지
석 달에
3 애굽 왕이 예루살렘에서 그의 왕위를 폐하고
또 그 나라에 은 백 달란트와 금 한 달란트를
벌금으로 내게 하며
4 애굽 왕 느고가 또 그의 형제 엘리아김을 세
워 유다와 예루살렘 왕으로 삼고 그의 이름
을 고쳐 여호야김이라 하고 그의 형제 여호
아하스를 애굽으로 잡아갔더라

유다 왕 여호야김 (왕하 23:36-24:7)

5 ●여호야김이 왕위에 오를 때에 나이가 이십
오 세라 예루살렘에서 십일 년 동안 다스리
며 그의 하나님 여호와 보시기에 악을 행하
였더라
6 바벨론 왕 느부갓네살이 올라와서 그를 치고
그를 쇠사슬로 결박하여 바벨론으로 잡아가
고
7 느부갓네살이 또 여호와의 전 기구들을 바벨
론으로 가져다가 바벨론에 있는 자기 신당에
두었더라

왕하 24:13

8 여호야김의 남은 사적과 그가 행한 모든 가
증한 일들과 그에게 발견된 악행이 이스라엘
과 유다 열왕기에 기록되니라 그의 아들 여
호야긴이 대신하여 왕이 되니라

유다 왕 여호야긴 (왕하 24:8-17)

9 ●여호야긴이 왕위에 오를 때에 나이가 팔
세라 예루살렘에서 석달 열흘 동안 다스리며
여호와 보시기에 악을 행하였더라
10 그 해에 느부갓네살 왕이 사람을 보내어 여
호야긴을 바벨론으로 잡아가고 여호와의 전

25 ●Jeremiah composed laments for Josiah,
and to this day all the male and female singers
commemorate Josiah in the laments. These
became a tradition in Israel and are written in
the Laments.
26 ●The other events of Josiah's reign and his
acts of devotion in accordance with what
27 is written in the Law of the LORD— ●all the
events, from beginning to end, are written in
the book of the kings of Israel and Judah.

36 1 And the people of the land took Jeho-
ahaz son of Josiah and made him
king in Jerusalem in place of his father.

Jehoahaz King of Judah

2 ●Jehoahaz[a] was twenty-three years old
when he became king, and he reigned in
3 Jerusalem three months. ●The king of Egypt
dethroned him in Jerusalem and imposed on
Judah a levy of a hundred talents[b] of silver
4 and a talent[c] of gold. ●The king of Egypt
made Eliakim, a brother of Jehoahaz, king
over Judah and Jerusalem and changed Eli-
akim's name to Jehoiakim. But Necho took
Eliakim's brother Jehoahaz and carried him
off to Egypt.

Jehoiakim King of Judah

5 ●Jehoiakim was twenty-five years old when
he became king, and he reigned in Jerusalem
eleven years. He did evil in the eyes of the LORD
6 his God. ●Nebuchadnezzar king of Babylon
attacked him and bound him with bronze
7 shackles to take him to Babylon. ●Nebuchad-
nezzar also took to Babylon articles from the
temple of the LORD and put them in his tem-
ple[d] there.
8 ●The other events of Jehoiakim's reign, the
detestable things he did and all that was found
against him, are written in the book of the
kings of Israel and Judah. And Jehoiachin his
son succeeded him as king.

Jehoiachin King of Judah

9 ●Jehoiachin was eighteen[e] years old when
he became king, and he reigned in Jerusalem
three months and ten days. He did evil in the
10 eyes of the LORD. ●In the spring, King Neb-
uchadnezzar sent for him and brought him

[a]2 Hebrew *Joahaz,* a variant of *Jehoahaz*; also in verse 4
[b]3 That is, about 3 3/4 tons or about 3.4 metric tons
[c]3 That is, about 75 pounds or about 34 kilograms
[d]7 Or *palace* [e]9 One Hebrew manuscript, some Septuagint manuscripts and Syriac (see also 2 Kings 24:8); most Hebrew manuscripts *eight*

article [á:rtikl] *n.* 물품
attack [ətǽk] *vt.* 공격하다
bind [baind] *vt.* 결박하다
commemorate [kəmémərèit] *vt.* 기념하다
compose [kəmpóuz] *vt.* 작곡하다
detestable [ditéstəbl] *a.* 혐오스러운
dethrone [diθróun] *vt.* 왕위를 폐하다
devotion [divóuʃən] *n.* 헌신
impose [impóuz] *vt.* 부과하다
lament [ləmént] *n.* 애가
levy [lévi] *n.* 징세
reign [rein] *n.* 통치
shackle [ʃǽkl] *n.* 족쇄
temple [témpl] *n.* 성전
tradition [trədíʃən] *n.* 전통

36:1 in place of...: …의 대신에
36:4 change A to B: A를 B로 바꾸다
36:4 carry off: 빼앗다, 채가다
36:5 do evil: 악한 일을 하다
36:5 in the eyes of...: …이 보는 바로는
36:8 succeed... as~: …의 뒤이어 ~가 되다

의 귀한 그릇들도 함께 가져가고 그의 숙부
시드기야를 세워 유다와 예루살렘 왕으로
삼았더라

유다 왕 시드기야

(왕하 24:18-20; 25:1-21; 렘 52:1-11)

11 •시드기야가 왕위에 오를 때에 나이가 이
십일 세라 예루살렘에서 십일 년 동안 다스
리며
12 그의 하나님 여호와 보시기에 악을 행하고
선지자 예레미야가 여호와의 말씀으로 일
러도 그 앞에서 겸손하지 아니하였으며
13 또한 느부갓네살 왕이 그를 그의 하나님을
가리켜 맹세하게 하였으나 그가 왕을 배반
하고 목을 곧게 하며 마음을 완악하게 하여
이스라엘 하나님 여호와께로 돌아오지 아
니하였고
14 모든 제사장들의 우두머리들과 백성도 크
게 범죄하여 이방 모든 가증한 일을 따라서
여호와께서 예루살렘에 거룩하게 두신 그
의 전을 더럽게 하였으며
15 그 조상들의 하나님 여호와께서 그의 백성
과 그 거하시는 곳을 아끼사 부지런히 그
의 사신들을 그 백성에게 보내어 이르셨으
나
16 그의 백성이 하나님의 사신들을 비웃고 그
의 말씀을 멸시하며 그의 선지자를 욕하여
여호와의 진노를 그의 백성에게 미치게 하
여 회복할 수 없게 하였으므로
17 하나님이 갈대아 왕의 손에 그들을 다 넘기
시매 그가 와서 그들의 성전에서 칼로 청년
들을 죽이며 청년 남녀와 노인과 병약한 사
람을 긍휼히 여기지 아니하였으며
18 또 하나님의 전의 대소 그릇들과 여호와의
전의 보물과 왕과 방백들의 보물을 다 바벨
론으로 가져가고 왕하 25:13
19 또 하나님의 전을 불사르며 예루살렘 성벽
을 헐며 그들의 모든 궁실을 불사르며 그들
의 모든 귀한 그릇들을 부수고 렘 52:13
20 칼에서 살아남은 자를 그가 바벨론으로 사
로잡아가매 무리가 거기서 갈대아 왕과 그
의 자손의 노예가 되어 바사국이 통치할 때
까지 이르니라
21 이에 토지가 황폐하여 땅이 안식년을 누림
같이 안식하여 칠십 년을 지냈으니 여호와
께서 예레미야의 입으로 하신 말씀이 이루
어졌더라

to Babylon, together with articles of value from
the temple of the LORD, and he made Jehoi-
achin's uncle,[a] Zedekiah, king over Judah and
Jerusalem.

Zedekiah King of Judah

11 •Zedekiah was twenty-one years old when
he became king, and he reigned in Jerusalem
12 eleven years. •He did evil in the eyes of the LORD
his God and did not humble himself before Jere-
miah the prophet, who spoke the word of the
13 LORD. •He also rebelled against King Nebuchad-
nezzar, who had made him take an oath in
God's name. He became stiff-necked and hard-
ened his heart and would not turn to the LORD,
14 the God of Israel. •Furthermore, all the leaders
of the priests and the people became more and
more unfaithful, following all the detestable
practices of the nations and defiling the tem-
ple of the LORD, which he had consecrated in
Jerusalem.

The Fall of Jerusalem

15 •The LORD, the God of their ancestors, sent
word to them through his messengers again
and again, because he had pity on his people
16 and on his dwelling place. •But they mocked
God's messengers, despised his words and
scoffed at his prophets until the wrath of the
LORD was aroused against his people and there
17 was no remedy. •He brought up against them
the king of the Babylonians,[b] who killed their
young men with the sword in the sanctuary,
and did not spare young men or young wo-
men, the elderly or the infirm. God gave them
18 all into the hands of Nebuchadnezzar. •He car-
ried to Babylon all the articles from the temple
of God, both large and small, and the treasures
of the LORD's temple and the treasures of the
19 king and his officials. •They set fire to God's
temple and broke down the wall of Jerusalem;
they burned all the palaces and destroyed
everything of value there.
20 •He carried into exile to Babylon the rem-
nant, who escaped from the sword, and they
became servants to him and his successors until
21 the kingdom of Persia came to power. •The
land enjoyed its sabbath rests; all the time of its
desolation it rested, until the seventy years were
completed in fulfillment of the word of the
LORD spoken by Jeremiah.

[a]10 Hebrew *brother*, that is, relative (see 2 Kings 24:17)
[b]17 Or *Chaldeans*

article [á:rtikl] *n.* 물품
consecrate [kánsəkrèit] *vt.* 성별하다
defile [difáil] *vt.* 더럽히다
despise [dispáiz] *vt.* 멸시하다
detestable [ditéstəbl] *a.* 가증한
dwell [dwel] *vi.* 거주하다
mock [mak] *vt.* 비웃다
remedy [rémədi] *n.* 치유
sabbath [sǽbəθ] *n.* 안식일
sanctuary [sǽŋktʃuèri] *n.* 성소
scoff [skɔ:f] *vi.* 조롱하다
spare [spεər] *vt.* 남기다
stiff-necked [stifnékt] *a.* 완고한
treasure [tréʒər] *n.* 보물
wrath [ræθ] *n.* 분노

36:13 rebel against...: …에 대해 반역하다
36:13 take an oath: 맹세하다
36:15 send word to...: …에게 말을 전하다
36:15 have pity on...: …를 불쌍히 여기다
36:17 bring up against...: …에 직면하게 하다

고레스의 귀국 명령 (스 1:1-4)

22 ●바사의 고레스 왕 원년에 여호와께서 예
레미야의 입으로 하신 말씀을 이루시려고
여호와께서 바사의 고레스 왕의 마음을 감
동시키시매 그가 온 나라에 공포도 하고 조
서도 내려 이르되
23 바사 왕 고레스가 이같이 말하노니 하늘
의 신 여호와께서 세상 만국을 내게 주셨
고 나에게 명령하여 유다 예루살렘에 성
전을 건축하라 하셨나니 너희 중에 그의
백성된 자는 다 올라갈지어다 너희 하나
님 여호와께서 함께하시기를 원하노라 하
였더라

22 ●In the first year of Cyrus king of Persia, in order to fulfill the word of the LORD spoken by Jeremiah, the LORD moved the heart of Cyrus king of Persia to make a proclamation throughout his realm and also to put it in writing:

23 ●"This is what Cyrus king of Persia says:

" 'The LORD, the God of heaven, has given me all the kingdoms of the earth and he has appointed me to build a temple for him at Jerusalem in Judah. Any of his people among you may go up, and may the LORD their God be with them.' "

appoint [əpɔ́int] *vt.* 지명하다 **proclamation** [prɑ̀kləméiʃən] *n.* 포고 **temple** [templ] *n.* 성전
fulfill [fulfíl] *vt.* 이행하다 **realm** [rélm] *n.* 영토

36:22 in order to...: …하기 위하여 **36:22 put...in writing:** …을 서면화하다

에스라 | Ezra

● 저자 _ 에스라 ● 저작 연대 _ B.C. 458–444년 여름 ● 기록 장소 _ 예루살렘
● 기록 대상 _ 이스라엘 백성 ● 핵심어 및 내용 _ 핵심어는 '귀환'과 '재헌신'이다.

바벨론에서 포로 생활을 하다가 예루살렘으로 돌아온 이스라엘 백성들은 잃어버렸던 신앙을 회복하기 위해 스스로 재헌신을 해야만 했다.

여호와께서 고레스의 마음을 감동시키다 (♪ 317장)

1 바사 왕 고레스 원년에 여호와께서 예레미
야의 입을 통하여 하신 말씀을 이루게 하시
려고 바사 왕 고레스의 마음을 감동시키시매
그가 온 나라에 공포도 하고 조서도 내려 이
르되
2 바사 왕 고레스는 말하노니 하늘의 하나님
여호와께서 세상 모든 나라를 내게 주셨고
나에게 명령하사 유다 예루살렘에 성전을 건
축하라 하셨나니
3 이스라엘의 하나님은 참 신이시라 너희 중에
그의 백성 된 자는 다 유다 예루살렘으로 올
라가서 이스라엘의 하나님 여호와의 성전을
건축하라 그는 예루살렘에 계신 하나님이시
라
4 그 남아 있는 백성이 어느 곳에 머물러 살든
지 그곳 사람들이 마땅히 은과 금과 그 밖의
물건과 짐승으로 도와주고 그 외에도 예루살
렘에 세울 하나님의 성전을 위하여 예물을
기쁘게 드릴지니라 하였더라

사로잡혀 간 백성이 돌아오다

5 ●이에 유다와 베냐민 족장들과 제사장들과
레위 사람들과 그 마음이 하나님께 감동을
받고 올라가서 예루살렘에 여호와의 성전을
건축하고자 하는 자가 다 일어나니 빌 2:13
6 그 사면 사람들이 은그릇과 금과 물품들과
짐승과 보물로 돕고 그 외에도 예물을 기쁘
게 드렸더라
7 고레스 왕이 또 여호와의 성전 그릇을 꺼내
니 옛적에 느부갓네살이 예루살렘에서 옮겨
다가 자기 신들의 신당에 두었던 것이라
8 바사 왕 고레스가 창고지기 미드르닷에게
명령하여 그 그릇들을 꺼내어 세어서 유다
총독 세스바살에게 넘겨 주니
9 그 수는 금 접시가 서른 개요 은 접시가 천
개요 칼이 스물아홉 개요
10 금 대접이 서른 개요 그보다 못한 은 대접이
사백열 개요 그 밖의 그릇이 천 개이니
11 금, 은 그릇이 모두 오천사백 개라 사로잡힌
자를 바벨론에서 예루살렘으로 데리고 갈
때에 세스바살이 그 그릇들을 다 가지고 갔

Cyrus Helps the Exiles to Return

1 In the first year of Cyrus king of Persia, in
order to fulfill the word of the LORD spo-
ken by Jeremiah, the LORD moved the heart of
Cyrus king of Persia to make a proclamation
throughout his realm and also to put it in writ-
ing:
2 ●"This is what Cyrus king of Persia says:
" 'The LORD, the God of heaven, has
given me all the kingdoms of the earth
and he has appointed me to build a tem-
3 ple for him at Jerusalem in Judah. ●Any
of his people among you may go up to
Jerusalem in Judah and build the temple
of the LORD, the God of Israel, the God
who is in Jerusalem, and may their God be
4 with them. ●And in any locality where
survivors may now be living, the people
are to provide them with silver and gold,
with goods and livestock, and with
freewill offerings for the temple of God in
Jerusalem.' "
5 ●Then the family heads of Judah and Ben-
jamin, and the priests and Levites — everyone
whose heart God had moved — prepared to
go up and build the house of the LORD in
6 Jerusalem. ●All their neighbors assisted them
with articles of silver and gold, with goods
and livestock, and with valuable gifts, in
addition to all the freewill offerings.
7 ●Moreover, King Cyrus brought out the
articles belonging to the temple of the LORD,
which Nebuchadnezzar had carried away
from Jerusalem and had placed in the temple
8 of his god.[a] ●Cyrus king of Persia had them
brought by Mithredath the treasurer, who
counted them out to Sheshbazzar the prince
of Judah.
9 ●This was the inventory:

gold dishes	30
silver dishes	1,000
silver pans[b]	29
10 ●gold bowls	30
matching silver bowls	410

[a]7 Or *gods* [b]9 The meaning of the Hebrew for this word is uncertain.

더라

돌아온 사람들 (느 7:4-73 ♪ 321장)

2 옛적에 바벨론 왕 느부갓네살에게 사로잡
혀 바벨론으로 갔던 자들의 자손들 중에서
놓임을 받고 예루살렘과 유다 도로 돌아와
각기 각자의 성읍으로 돌아간 자 느 7:6
2 곧 스룹바벨과 예수아와 느헤미야와 스라야
와 르엘라야와 모르드개와 빌산과 미스발과
비그왜와 르훔과 바아나 등과 함께 나온 이
스라엘 백성의 명수가 이러하니
3 바로스 자손이 이천백칠십이 명이요
4 스바댜 자손이 삼백칠십이 명이요
5 아라 자손이 칠백칠십오 명이요
6 바핫모압 자손 곧 예수아와 요압 자손이 이
천팔백십이 명이요
7 엘람 자손이 천이백오십사 명이요
8 삿두 자손이 구백사십오 명이요
9 삭개 자손이 칠백육십 명이요
10 바니 자손이 육백사십이 명이요
11 브배 자손이 육백이십삼 명이요
12 아스갓 자손이 천이백이십이 명이요
13 아도니감 자손이 육백육십육 명이요
14 비그왜 자손이 이천오십육 명이요
15 아딘 자손이 사백오십사 명이요
16 아델 자손 곧 히스기야 자손이 구십팔 명이
요
17 베새 자손이 삼백이십삼 명이요
18 요라 자손이 백십이 명이요
19 하숨 자손이 이백이십삼 명이요
20 깁발 자손이 구십오 명이요
21 베들레헴 사람이 백이십삼 명이요
22 느도바 사람이 오십육 명이요
23 아나돗 사람이 백이십팔 명이요
24 아스마웻 자손이 사십이 명이요
25 기랴다림과 그비라와 브에롯 자손이 칠백사
십삼 명이요
26 라마와 게바 자손이 육백이십일 명이요
27 믹마스 사람이 백이십이 명이요
28 벧엘과 아이 사람이 이백이십삼 명이요
29 느보 자손이 오십이 명이요
30 막비스 자손이 백오십육 명이요
31 다른 엘람 자손이 천이백오십사 명이요
32 하림 자손이 삼백이십 명이요
33 로드와 하딧과 오노 자손이 칠백이십오 명이
요
34 여리고 자손이 삼백사십오 명이요
35 스나아 자손이 삼천육백삼십 명이었더라

other articles 1,000
11 •In all, there were 5,400 articles of gold
and of silver. Sheshbazzar brought all these
along with the exiles when they came up
from Babylon to Jerusalem.

The List of the Exiles Who Returned

2 Now these are the people of the pro-
vince who came up from the captivity
of the exiles, whom Nebuchadnezzar king of
Babylon had taken captive to Babylon (they
returned to Jerusalem and Judah, each to
2 their own town, •in company with Zerub-
babel, Joshua, Nehemiah, Seraiah, Reelaiah,
Mordecai, Bilshan, Mispar, Bigvai, Rehum
and Baanah):

The list of the men of the people of Israel:

3 •the descendants of Parosh 2,172
4 •of Shephatiah 372
5 •of Arah 775
6 •of Pahath-Moab (through the line of Jeshua and Joab) 2,812
7 •of Elam 1,254
8 •of Zattu 945
9 •of Zakkai 760
10 •of Bani 642
11 •of Bebai 623
12 •of Azgad 1,222
13 •of Adonikam 666
14 •of Bigvai 2,056
15 •of Adin 454
16 •of Ater (through Hezekiah) 98
17 •of Bezai 323
18 •of Jorah 112
19 •of Hashum 223
20 •of Gibbar 95
21 •the men of Bethlehem 123
22 •of Netophah 56
23 •of Anathoth 128
24 •of Azmaveth 42
25 •of Kiriath Jearim,[a] Kephirah and Beeroth 743
26 •of Ramah and Geba 621
27 •of Mikmash 122
28 •of Bethel and Ai 223
29 •of Nebo 52
30 •of Magbish 156
31 •of the other Elam 1,254
32 •of Harim 320
33 •of Lod, Hadid and Ono 725

[a]25 See Septuagint (see also Neh. 7:29); Hebrew *Kiriath Arim.*

all [ɔ:l] *pron.* 모두 다
article [á:rtikl] *n.* 물건
Bethlehem [béθlihèm] *n.* 베들레헴
captive [kǽptiv] *a.* 사로잡힌
captivity [kæptívəti] *n.* 포로
each [i:tʃ] *a.* 각각의
exile [égzail] *n.* 유배
Hezekiah [hèzəkáiə] *n.* 히스기야
line [lain] *n.* 가계, 계통
list [list] *n.*명단
other [ʌ́ðər] *a.* 다른
province [prάvins] *n.* 성
return [ritə́:rn] *vi.*돌아오다
through [θru:] *prep.* …를 통하여
town [taun] *n.* 성읍

1:11 in all: 모두 합쳐서
1:11 along with: 더불어
1:11 come up: 올라가다
1:11 from A to B: 어느 한 장소에서 다른 장소로
2:1 return to: 또다시 시작하다

36 ● 제사장들은 예수아의 집 여다야 자손이
구백칠십삼 명이요
37 임멜 자손이 천오십이 명이요
38 바스훌 자손이 천이백사십칠 명이요
39 하림 자손이 천십칠 명이었더라
40 ● 레위 사람은 호다위야 자손 곧 예수아와
갓미엘 자손이 칠십사 명이요
41 노래하는 자들은 아삽 자손이 백이십팔 명
이요
42 문지기의 자손들은 살룸과 아델과 달문과
악굽과 하디다와 소배 자손이 모두 백삼십
구 명이었더라
43 ● 느디님 사람들은 시하 자손과 하수바 자
손과 답바옷 자손과
44 게로스 자손과 시아하 자손과 바돈 자손
과
45 르바나 자손과 하가바 자손과 악굽 자손
과
46 하갑 자손과 사믈래 자손과 하난 자손과
47 깃델 자손과 가할 자손과 르아야 자손과
48 르신 자손과 느고다 자손과 갓삼 자손과
49 웃사 자손과 바세아 자손과 베새 자손과
50 아스나 자손과 므우님 자손과 느부심 자손
과
51 박북 자손과 하그바 자손과 할훌 자손과
52 바슬룻 자손과 므히다 자손과 하르사 자손
과
53 바르고스 자손과 시스라 자손과 데마 자손
과
54 느시야 자손과 하디바 자손이었더라
55 ● 솔로몬의 신하의 자손은 소대 자손과 하
소베렛 자손과 브루다 자손과
56 야알라 자손과 다르곤 자손과 깃델 자손과
57 스바댜 자손과 하딜 자손과 보게렛하스바
임 자손과 아미 자손이니
58 모든 느디님 사람과 솔로몬의 신하의 자손
이 삼백구십이 명이었더라 2:55
59 ● 델멜라와 델하르사와 그룹과 앗단과 임
멜에서 올라온 자가 있으나 그들의 조상의
가문과 선조가 이스라엘에 속하였는지 밝
힐 수 없었더라
60 그들은 들라야 자손과 도비야 자손과 느고
다 자손이라 모두 육백오십이 명이요
61 제사장 중에는 하바야 자손과 학고스 자손
과 바르실래 자손이니 바르실래는 길르앗
사람 바르실래의 딸 중의 한 사람을 아내로
삼고 바르실래의 이름을 따른 자라

스

34 ● of Jericho 345
35 ● of Senaah 3,630
36 ● The priests:
the descendants of Jedaiah
(through the family of Jeshua) 973
37 ● of Immer 1,052
38 ● of Pashhur 1,247
39 ● of Harim 1,017
40 ● The Levites:
the descendants of Jeshua and Kadmiel
(of the line of Hodaviah) 74
41 ● The musicians:
the descendants of Asaph 128
42 ● The gatekeepers of the temple:
the descendants of
Shallum, Ater, Talmon,
Akkub, Hatita and Shobai 139
43 ● The temple servants:
the descendants of
Ziha, Hasupha, Tabbaoth,
44 ● Keros, Siaha, Padon,
45 ● Lebanah, Hagabah, Akkub,
46 ● Hagab, Shalmai, Hanan,
47 ● Giddel, Gahar, Reaiah,
48 ● Rezin, Nekoda, Gazzam,
49 ● Uzza, Paseah, Besai,
50 ● Asnah, Meunim, Nephusim,
51 ● Bakbuk, Hakupha, Harhur,
52 ● Bazluth, Mehida, Harsha,
53 ● Barkos, Sisera, Temah,
54 ● Neziah and Hatipha
55 ● The descendants of the servants of Solomon:
the descendants of
Sotai, Hassophereth, Peruda,
56 ● Jaala, Darkon, Giddel,
57 ● Shephatiah, Hattil,
Pokereth-Hazzebaim and Ami
58 ● The temple servants and the
descendants of the servants of
Solomon 392
59 ● The following came up from the
towns of Tel Melah, Tel Harsha, Kerub,
Addon and Immer, but they could not
show that their families were descended
from Israel:
60 ● The descendants of
Delaiah, Tobiah and Nekoda 652
61 ● And from among the priests:
The descendants of
Hobaiah, Hakkoz and Barzillai (a man

among [ɑmʌ́ŋ] *prep.* …의 사이에
descend [disénd] *vi.* 전해지다
descendant [diséndənt] *n.* 자손
family [fǽməli] *n.* 가족
from [frəm] *prep.* …로부터
gatekeeper [géitkìːpər] *n.* 문지기
Levite [líːvait] *n.* 레위인
line [lain] *n.* 계통, 가계
man [mæn] *n.* 남자
musician [mjuːzíʃən] *n.* 음악가
priest [priːst] *n.* 제사장
servant [sə́ːrvənt] *n.* 종, 하인
show [ʃou] *vt.* …를 증명하다
Solomon [sάləmən] *n.* 솔로몬
temple [témpl] *n.* 성전

2:43 The temple servants(성전 하인들): gatekeeper와는 달리, 성전 안에서 청소 등 각종 관리를 맡고 있던 사람들을 가리킨다. 우리말로는 '느디님'으로 번역되어 있는데, 원래는 레위인의 시종을 지칭하며 '주어진 자들'로 번역되기도 한다.

62 이 사람들은 계보 중에서 자기 이름을 찾아도 얻지 못하므로 그들을 부정하게 여겨 제사장의 직분을 행하지 못하게 하고

63 방백이 그들에게 명령하여 우림과 둠밈을 가진 제사장이 일어나기 전에는 지성물을 먹지 말라 하였느니라

64 ●온 회중의 합계가 사만 이천삼백육십 명이요

65 그 외에 남종과 여종이 칠천삼백삼십칠 명이요 노래하는 남녀가 이백 명이요

66 말이 칠백삼십육이요 노새가 이백사십오요

67 낙타가 사백삼십오요 나귀가 육천칠백이십이었더라

68 ●어떤 족장들이 예루살렘에 있는 여호와의 성전 터에 이르러 하나님의 전을 그곳에 다시 건축하려고 예물을 기쁘게 드리되

69 힘 자라는 대로 공사하는 금고에 들이니 금이 육만 천 다릭이요 은이 오천 마네요 제사장의 옷이 백 벌이었더라

70 ●이에 제사장들과 레위 사람들과 백성 몇과 노래하는 자들과 문지기들과 느디님 사람들이 각자의 성읍에 살았고 이스라엘 무리도 각자의 성읍에 살았더라

비로소 여호와께 번제를 드리다
(♪ 208, 543장)— B.C. 536년경

3 이스라엘 자손이 각자의 성읍에 살았더니 일곱째 달에 이르러 일제히 예루살렘에 모인지라

2 요사닥의 아들 예수아와 그의 형제 제사장들과 스알디엘의 아들 스룹바벨과 그의 형제들이 다 일어나 이스라엘 하나님의 제단을 만들고 하나님의 사람 모세의 율법에 기록한 대로 번제를 그 위에서 드리려 할새

3 무리가 모든 나라 백성을 두려워하여 제단을 그 터에 세우고 그 위에서 아침 저녁으로 여호와께 번제를 드리며

4 기록된 규례대로 초막절을 지켜 번제를 매일 정수대로 날마다 드리고 출 23:16

5 그 후에는 항상 드리는 번제와 초하루와 여호와의 모든 거룩한 절기의 번제와 사람이 여호와께 기쁘게 드리는 예물을 드리되

6 일곱째 달 초하루부터 비로소 여호와께 번제를 드렸으나 그때에 여호와의 성전 지대는 미처 놓지 못한지라

7 이에 석수와 목수에게 돈을 주고 또 시돈

who had married a daughter of Barzillai
the Gileadite and was called by that
name).
62 •These searched for their family records,
but they could not find them and so were
excluded from the priesthood as unclean.
63 •The governor ordered them not to eat any of
the most sacred food until there was a priest
ministering with the Urim and Thummim.
64 •The whole company numbered 42,360,
65 •besides their 7,337 male and female slaves;
and they also had 200 male and female
66 singers. •They had 736 horses, 245 mules,
67 •435 camels and 6,720 donkeys.
68 •When they arrived at the house of the LORD
in Jerusalem, some of the heads of the families
gave freewill offerings toward the rebuilding of
69 the house of God on its site. •According to their
ability they gave to the treasury for this work
61,000 darics[a] of gold, 5,000 minas[b] of silver and
100 priestly garments.
70 •The priests, the Levites, the musicians, the
gatekeepers and the temple servants settled in
their own towns, along with some of the other
people, and the rest of the Israelites settled in
their towns.

Rebuilding the Altar

3 When the seventh month came and the
Israelites had settled in their towns, the
people assembled together as one in Jerusalem.
2 •Then Joshua son of Jozadak and his fellow
priests and Zerubbabel son of Shealtiel and his
associates began to build the altar of the God of
Israel to sacrifice burnt offerings on it, in accor-
dance with what is written in the Law of Moses
3 the man of God. •Despite their fear of the peo-
ples around them, they built the altar on its
foundation and sacrificed burnt offerings on it
to the LORD, both the morning and evening sac-
4 rifices. •Then in accordance with what is writ-
ten, they celebrated the Festival of Tabernacles
with the required number of burnt offerings
5 prescribed for each day. •After that, they pre-
sented the regular burnt offerings, the New
Moon sacrifices and the sacrifices for all the
appointed sacred festivals of the LORD, as well as
those brought as freewill offerings to the LORD.
6 •On the first day of the seventh month they
began to offer burnt offerings to the LORD,

[a]69 That is, about 1,100 pounds or about 500 kilograms
[b]69 That is, about 3 tons or about 2.8 metric tons

altar [ɔ́:ltər] *n.* 제단
assemble [əsémbl] *vi.* 모이다
associate [əsóuʃièit] *n.* 동료
company [kʌ́mpəni] *n.* 모인 사람들
freewill [fri:wil] *a.* 자발적인
garment [gá:rmənt] *n.* 의복
governor [gʌ́vərnər] *n.* 통치자
minister [mínəstər] *vt.* 섬기다
mule [mju:l] *n.* 노새
present [préznt] *vt.* 바치다
priesthood [prí:sthùd] *n.* 제사장직
priestly [prí:stli] *a.* 성직자로서의
sacred [séikrid] *a.* 신성한
singer [síŋər] *n.* 노래하는 자
treasury [tréʒəri] *n.* 보고, 국고

2:62 search for...: …를 찾다
2:62 exclude from...: …로부터 배제하다, 제외시키다
2:70 along with...: …와 함께
2:70 settle in...: …에 정착하다
3:4 in accordance with...: …에 따라서

사람과 두로 사람에게 먹을 것과 마실 것과
기름을 주고 바사 왕 고레스의 명령대로
백향목을 레바논에서 욥바 해변까지 운송
하게 하였더라

성전 건축을 시작하다

8 ●예루살렘에 있는 하나님의 성전에 이른
지 이 년 둘째 달에 스알디엘의 아들 스룹
바벨과 요사닥의 아들 예수아와 다른 형제
제사장들과 레위 사람들과 무릇 사로잡혔
다가 예루살렘에 돌아온 자들이 공사를
시작하고 이십 세 이상의 레위 사람들을
세워 여호와의 성전 공사를 감독하게 하
매 대상 23:24
9 이에 예수아와 그의 아들들과 그의 형제들
과 갓미엘과 그의 아들들과 유다 자손과
헤나닷 자손과 그의 형제 레위 사람들이
일제히 일어나 하나님의 성전 일꾼들을 감
독하니라
10 건축자가 여호와의 성전의 기초를 놓을 때
에 제사장들은 예복을 입고 나팔을 들고
아삽 자손 레위 사람들은 제금을 들고 서
서 이스라엘 왕 다윗의 규례대로 여호와를
찬송하되
11 찬양으로 화답하며 여호와께 감사하여 이
르되 주는 지극히 선하시므로 그의 인자하
심이 이스라엘에게 영원하시도다 하니 모
든 백성이 여호와의 성전 기초가 놓임을
보고 여호와를 찬송하며 큰 소리로 즐거이
부르며
12 제사장들과 레위 사람들과 나이 많은 족
장들은 첫 성전을 보았으므로 이제 이 성
전의 기초가 놓임을 보고 대성통곡하였으
나 여러 사람은 기쁨으로 크게 함성을 지
르니
13 백성이 크게 외치는 소리가 멀리 들리므로
즐거이 부르는 소리와 통곡하는 소리를 백
성들이 분간하지 못하였더라

성전 건축을 방해하는 사람들 (♪342장)

4 사로잡혔던 자들의 자손이 이스라엘의
하나님 여호와의 성전을 건축한다 함을
유다와 베냐민의 대적이 듣고 4:7-10
2 스룹바벨과 족장들에게 나아와 이르되 우
리도 너희와 함께 건축하게 하라 우리도 너
희같이 너희 하나님을 찾노라 앗수르 왕 에
살핫돈이 우리를 이리로 오게 한 날부터 우
리가 하나님께 제사를 드리노라 하니
3 스룹바벨과 예수아와 기타 이스라엘 족장

though the foundation of the LORD's temple
had not yet been laid.

Rebuilding the Temple

7 ●Then they gave money to the masons and
carpenters, and gave food and drink and
olive oil to the people of Sidon and Tyre, so
that they would bring cedar logs by sea from
Lebanon to Joppa, as authorized by Cyrus king
of Persia.
8 ●In the second month of the second year
after their arrival at the house of God in Jeru-
salem, Zerubbabel son of Shealtiel, Joshua son
of Jozadak and the rest of the people (the priests
and the Levites and all who had returned from
the captivity to Jerusalem) began the work.
They appointed Levites twenty years old and
older to supervise the building of the house of
9 the LORD. ●Joshua and his sons and brothers
and Kadmiel and his sons (descendants of Ho-
daviah[a]) and the sons of Henadad and their
sons and brothers — all Levites — joined toge-
ther in supervising those working on the house
of God.
10 ●When the builders laid the foundation of
the temple of the LORD, the priests in their vest-
ments and with trumpets, and the Levites (the
sons of Asaph) with cymbals, took their places
to praise the LORD, as prescribed by David king
11 of Israel. ●With praise and thanksgiving they
sang to the LORD:

"He is good;
his love toward Israel endures forever."

And all the people gave a great shout of praise to
the LORD, because the foundation of the house
12 of the LORD was laid. ●But many of the older
priests and Levites and family heads, who had
seen the former temple, wept aloud when they
saw the foundation of this temple being laid,
13 while many others shouted for joy. ●No one
could distinguish the sound of the shouts of joy
from the sound of weeping, because the people
made so much noise. And the sound was heard
far away.

Opposition to the Rebuilding

4 When the enemies of Judah and Benjamin
heard that the exiles were building a tem-
2 ple for the LORD, the God of Israel, ●they came
to Zerubbabel and to the heads of the families
and said, "Let us help you build because, like
you, we seek your God and have been sacrific-

[a]9 Hebrew *Yehudah,* a variant of *Hodaviah*

aloud [əláud] *ad.* 큰 소리로
captivity [kæptívəti] *n.* 포로
carpenter [káːrpəntər] *n.* 목수
cedar [síːdər] *n.* 백향목
endure [indjúər] *vi.* 지속하다
former [fɔ́ːrmər] *a.* 먼저의
foundation [faundéiʃən] *n.* 기초
mason [méisn] *n.* 석공
opposition [ɑpəzíʃən] *n.* 반대, 저항
prescribe [priskráib] *vt.* 규정하다
shout [ʃaut] *vi.* 외치다
supervise [súːpərvàiz] *vt.* 감독하다
thanksgiving [θæŋksgíviŋ] *n.* 감사
vestment [véstmənt] *n.* 제사 의복
weeping [wíːpiŋ] *a.* 눈물 흘리는

3:6 not yet: 아직도 (…않다)
3:7 be authorized by...: …에 인가를 받다
3:8 return from...: …로부터 돌아오다
3:9 join together: 결합하다
3:10 take one's place: 자리를 마련하다
3:13 distinguish A from B: A와 B를 구별하다

들이 이르되 우리 하나님의 성전을 건축하
는 데 너희는 우리와 상관이 없느니라 바사
왕 고레스가 우리에게 명령하신 대로 우리
가 이스라엘의 하나님 여호와를 위하여 홀
로 건축하리라 하였더니
느 2:20
4 이로부터 그 땅 백성이 유다 백성의 손을
약하게 하여 그 건축을 방해하되
5 바사 왕 고레스의 시대부터 바사 왕 다리오
가 즉위할 때까지 관리들에게 뇌물을 주어
그 계획을 막았으며
6 또 아하수에로가 즉위할 때에 그들이 글을
올려 유다와 예루살렘 주민을 고발하니라
7 ●아닥사스다 때에 비슬람과 미드르닷과
다브엘과 그의 동료들이 바사 왕 아닥사스
다에게 글을 올렸으니 그 글은 아람 문자와
아람 방언으로 써서 진술하였더라
8 방백 르훔과 서기관 심새가 아닥사스다 왕
에게 올려 예루살렘 백성을 고발한 그 글
에
9 방백 르훔과 서기관 심새와 그의 동료 디나
사람과 아바삿 사람과 다블래 사람과 아바
새 사람과 아렉 사람과 바벨론 사람과 수산
사람과 데해 사람과 엘람 사람과
10 그밖에 백성 곧 존귀한 오스납발이 사마리
아 성과 유브라데 강 건너편 다른 땅에 옮
겨 둔 자들과 함께 고발한다 하였더라
4:1
11 ●아닥사스다 왕에게 올린 그 글의 초본은
이러하니 강 건너편에 있는 신하들은
12 왕에게 아뢰나이다 당신에게서 우리에게
로 올라온 유다 사람들이 예루살렘에 이르
러 이 패역하고 악한 성읍을 건축하는데
이미 그 기초를 수축하고 성곽을 건축하오
니
13 이제 왕은 아시옵소서 만일 이 성읍을 건축
하고 그 성곽을 완공하면 저 무리가 다시는
조공과 관세와 통행세를 바치지 아니하리
니 결국 왕들에게 손해가 되리이다
14 우리가 이제 왕궁의 소금을 먹으므로 왕이
수치 당함을 차마 보지 못하여 사람을 보내
어 왕에게 아뢰오니
15 왕은 조상들의 사기를 살펴보시면 그 사기
에서 이 성읍은 패역한 성읍이라 예로부터
그 중에서 항상 반역하는 일을 행하여 왕
들과 각 도에 손해가 된 것을 보시고 아실
지라 이 성읍이 무너짐도 이 때문이니이
다
16 이제 감히 왕에게 아뢰오니 이 성읍이 중

ing to him since the time of Esarhaddon king
of Assyria, who brought us here."
3 •But Zerubbabel, Joshua and the rest of the
heads of the families of Israel answered, "You
have no part with us in building a temple to our
God. We alone will build it for the LORD, the
God of Israel, as King Cyrus, the king of Persia,
commanded us."
4 •Then the peoples around them set out to dis-
courage the people of Judah and make them
5 afraid to go on building.[a] •They bribed officials
to work against them and frustrate their plans
during the entire reign of Cyrus king of Persia
and down to the reign of Darius king of Persia.

Later Opposition Under Xerxes and Artaxerxes

6 •At the beginning of the reign of Xerxes,[b]
they lodged an accusation against the people of
Judah and Jerusalem.
7 •And in the days of Artaxerxes king of Persia,
Bishlam, Mithredath, Tabeel and the rest of his
associates wrote a letter to Artaxerxes. The letter
was written in Aramaic script and in the Ara-
maic language.[c, d]
8 •Rehum the commanding officer and
Shimshai the secretary wrote a letter against
Jerusalem to Artaxerxes the king as follows:
9 •Rehum the commanding officer and
Shimshai the secretary, together with the
rest of their associates — the judges, officials
and administrators over the people from
Persia, Uruk and Babylon, the Elamites of
10 Susa, •and the other people whom the
great and honorable Ashurbanipal deport-
ed and settled in the city of Samaria and
elsewhere in Trans-Euphrates.
11 •(This is a copy of the letter they sent him.)
To King Artaxerxes,
From your servants in Trans-Euphrates:
12 •The king should know that the people
who came up to us from you have gone to
Jerusalem and are rebuilding that rebellious
and wicked city. They are restoring the
walls and repairing the foundations.
13 •Furthermore, the king should know that
if this city is built and its walls are restored,
no more taxes, tribute or duty will be paid,
and eventually the royal revenues will suf-
14 fer.[e] •Now since we are under obligation to

[a]4 Or *and troubled them as they built* [b]6 Hebrew *Ahasuerus* [c]7 Or *written in Aramaic and translated* [d]7 The text of 4:8—6:18 is in Aramaic. [e]13 The meaning of the Aramaic for this clause is uncertain.

accusation [ækjuzéiʃən] *n.* 고소
associate [əsóuʃièit] *n.* 동료
command [kəmǽnd] *vt.* 명령하다
deport [dipɔ́ːrt] *vt.* 추방하다
elsewhere [élshwɛər] *ad.* 다른 곳에서
frustrate [frʌ́streit] *vt.* 좌절시키다
furthermore [fə́ːrðərmɔ̀ːr] *ad.* 더욱이
honorable [ánərəbl] *a.* 영예로운
lodge [ladʒ] *vt.* 제출하다
opposition [àpəzíʃən] *n.* 저항
rebellious [ribéljəs] *a.* 반역적인
repair [ripɛ́ər] *vt.* 수선하다
restore [ristɔ́ːr] *vt.* 복구하다
secretary [sékrətèri] *n.* 서기관
wicked [wíkid] *a.* 악한

4:3 part with: 내주다
4:4 set out: (일에) 착수하다
4:4 go on: 계속하다
4:5 work against...: …에 나쁘게 작용하다
4:6 at the beginning: 처음에
4:13 no more: 그 이상 …하지 않다

건되어 성곽이 준공되면 이로 말미암아
왕의 강 건너편 영지가 없어지리이다 하
였더라
17 ●왕이 방백 르훔과 서기관 심새와 사마
리아에 거주하는 그들 동관들과 강 건너
편 다른 땅 백성에게 조서를 내리니 일렀
으되 너희는 평안할지어다
18 너희가 올린 글을 내 앞에서 낭독시키고
19 명령하여 살펴보니 과연 이 성읍이 예로
부터 왕들을 거역하며 그 중에서 항상 패
역하고 반역하는 일을 행하였으며 4:15
20 옛적에는 예루살렘을 다스리는 큰 군왕들
이 있어서 강 건너편 모든 땅이 그들에게
조공과 관세와 통행세를 다 바쳤도다 시 72:8
21 이제 너희는 명령을 전하여 그 사람들에
게 공사를 그치게 하여 그 성을 건축하지
못하게 하고 내가 다시 조서 내리기를 기
다리라
22 너희는 삼가서 이 일에 게으르지 말라 어
찌하여 화를 더하여 왕들에게 손해가 되
게 하랴 하였더라
23 ●아닥사스다 왕의 조서 초본이 르훔과
서기관 심새와 그의 동료 앞에서 낭독되
매 그들이 예루살렘으로 급히 가서 유다
사람들을 보고 권력으로 억제하여 그 공
사를 그치게 하니
24 이에 예루살렘에서 하나님의 성전 공사가
바사 왕 다리오 제이 년까지 중단되니라

성전 건축을 다시 시작하다

5 선지자들 곧 선지자 학개와 잇도의 손
자 스가랴가 이스라엘의 하나님의 이름
으로 유다와 예루살렘에 거주하는 유다
사람들에게 예언하였더니
2 이에 스알디엘의 아들 스룹바벨과 요사닥
의 아들 예수아가 일어나 예루살렘에 있
던 하나님의 성전을 다시 건축하기 시작
하매 하나님의 선지자들이 함께 있어 그
들을 돕더니 3:2
3 그때에 유브라데 강 건너편 총독 닷드내
와 스달보스내와 그들의 동관들이 다 나
아와 그들에게 이르되 누가 너희에게 명
령하여 이 성전을 건축하고 이 성곽을 마
치게 하였느냐 하기로
4 우리가 이 건축하는 자의 이름을 아뢰었
으나
5 하나님이 유다 장로들을 돌보셨으므로 그
들이 능히 공사를 막지 못하고 이 일을 다

the palace and it is not proper for us to see
the king dishonored, we are sending this
15 message to inform the king, ●so that a search
may be made in the archives of your prede-
cessors. In these records you will find that
this city is a rebellious city, troublesome to
kings and provinces, a place with a long his-
tory of sedition. That is why this city was
16 destroyed. ●We inform the king that if this
city is built and its walls are restored, you will
be left with nothing in Trans-Euphrates.
17 ●The king sent this reply:
To Rehum the commanding officer, Shi-
mshai the secretary and the rest of their
associates living in Samaria and elsewhere
in Trans-Euphrates:
Greetings.
18 ●The letter you sent us has been read and
19 translated in my presence. ●I issued an order
and a search was made, and it was found
that this city has a long history of revolt
against kings and has been a place of rebel-
20 lion and sedition. ●Jerusalem has had pow-
erful kings ruling over the whole of Trans-
Euphrates, and taxes, tribute and duty were
21 paid to them. ●Now issue an order to these
men to stop work, so that this city will not
22 be rebuilt until I so order. ●Be careful not to
neglect this matter. Why let this threat grow,
to the detriment of the royal interests?
23 ●As soon as the copy of the letter of King Artax-
erxes was read to Rehum and Shimshai the sec-
retary and their associates, they went immedi-
ately to the Jews in Jerusalem and compelled
them by force to stop.
24 ●Thus the work on the house of God in Jeru-
salem came to a standstill until the second year
of the reign of Darius king of Persia.

Tattenai's Letter to Darius

5 Now Haggai the prophet and Zechariah
the prophet, a descendant of Iddo, prophe-
sied to the Jews in Judah and Jerusalem in the
name of the God of Israel, who was over them.
2 ●Then Zerubbabel son of Shealtiel and Joshua
son of Jozadak set to work to rebuild the house
of God in Jerusalem. And the prophets of God
were with them, supporting them.
3 ●At that time Tattenai, governor of Trans-
Euphrates, and Shethar-Bozenai and their associ-
ates went to them and asked, "Who authorized
you to rebuild this temple and to finish it?"

archives [á:rkaivs] *n.(pl.)* 옛 기록
detriment [détrəmənt] *n.* 손해
dishonor [disánər] *vt.* 명예를 손상시키다
governor [gʌ́vərnər] *n.* 통치자
issue [íʃu:] *vt.* (명령)내리다
neglect [niglékt] *vt.* 태만히 하다
predecessor [prédəsèsər] *n.* 조상
prophesy [práfəsài] *vt.* 예언하다
province [právins] *n.* 성
reign [rein] *n.* 통치
revolt [rivóult] *n.* 반란
sedition [sidíʃən] *n.* 폭동
threat [θret] *n.* 위협
tribute [tríbju:t] *n.* 공물
troublesome [trʌ́blsəm] *a.* 골치아픈

4:15 **so that...**: …하기 위하여
4:16 **be left with...**: …이 남다
4:20 **rule over...**: …를 다스리다
4:23 **as soon as...**: …하자마자
4:23 **be compelled to...**: 할 수 없이 …하다
5:3 **at that time**: 그때에

리오에게 아뢰고 그 답장이 오기를 기다
렸더라
6 유브라데 강 건너편 총독 닷드내와 스
달보스내와 그들의 동관인 유브라데 강
건너편 아바삭 사람이 다리오 왕에게 올
린 글의 초본은 이러하니라
7 그 글에 일렀으되 다리오 왕은 평안하옵
소서
8 왕께 아뢰옵나이다 우리가 유다 도에 가
서 지극히 크신 하나님의 성전에 나아가
본즉 성전을 큰 돌로 세우며 벽에 나무를
얹고 부지런히 일하므로 공사가 그 손에
서 형통하옵기에
9 우리가 그 장로들에게 물어보기를 누가
너희에게 명령하여 이 성전을 건축하고
이 성곽을 마치라고 하였느냐 하고
10 우리가 또 그 우두머리들의 이름을 적어
왕에게 아뢰고자 하여 그들의 이름을 물
은즉
11 그들이 우리에게 대답하여 이르기를 우리
는 천지의 하나님의 종이라 예전에 건축
되었던 성전을 우리가 다시 건축하노라
이는 본래 이스라엘의 큰 왕이 건축하여
완공한 것이었으나
12 우리 조상들이 하늘에 계신 하나님을 노
엽게 하였으므로 하나님이 그들을 갈대아
사람 바벨론 왕 느부갓네살의 손에 넘기
시매 그가 이 성전을 헐며 이 백성을 사로
잡아 바벨론으로 옮겼더니
13 바벨론 왕 고레스 원년에 고레스 왕이 조
서를 내려 하나님의 이 성전을 다시 건축
하게 하고
14 또 느부갓네살이 예루살렘 하나님의 성전
안에서 금, 은 그릇을 옮겨다가 바벨론 신
당에 두었던 것을 고레스 왕이 그 신당에
서 꺼내어 그가 세운 총독 세스바살이라
고 부르는 자에게 내주고
15 일러 말하되 너는 이 그릇들을 가지고 가
서 예루살렘 성전에 두고 하나님의 전을
제자리에 건축하라 하매
16 이에 이 세스바살이 이르러 예루살렘 하
나님의 성전 지대를 놓았고 그때로부터
지금까지 건축하여 오나 아직도 마치지
못하였다 하였사오니
17 이제 왕께서 좋게 여기시거든 바벨론에서
왕의 보물전각에서 조사하사 과연 고레스
왕이 조서를 내려 하나님의 이 성전을 예

4 They[a] also asked, "What are the names of
5 those who are constructing this building?" But
the eye of their God was watching over the
elders of the Jews, and they were not stopped
until a report could go to Darius and his writ-
ten reply be received.
6 This is a copy of the letter that Tattenai, gov-
ernor of Trans-Euphrates, and Shethar-Bozenai
and their associates, the officials of Trans-
7 Euphrates, sent to King Darius. The report they
sent him read as follows:

To King Darius:

Cordial greetings.

8 The king should know that we went to
the district of Judah, to the temple of the great
God. The people are building it with large
stones and placing the timbers in the walls.
The work is being carried on with diligence
and is making rapid progress under their
direction.
9 We questioned the elders and asked them,
"Who authorized you to rebuild this temple
10 and to finish it?" We also asked them their
names, so that we could write down the
names of their leaders for your information.
11 This is the answer they gave us:
"We are the servants of the God of heaven
and earth, and we are rebuilding the temple
that was built many years ago, one that a
12 great king of Israel built and finished. But
because our ancestors angered the God of
heaven, he gave them into the hands of Neb-
uchadnezzar the Chaldean, king of Babylon,
who destroyed this temple and deported the
people to Babylon.
13 "However, in the first year of Cyrus king
of Babylon, King Cyrus issued a decree to
14 rebuild this house of God. He even removed
from the temple[b] of Babylon the gold and sil-
ver articles of the house of God, which Neb-
uchadnezzar had taken from the temple in
Jerusalem and brought to the temple[b] in
Babylon. Then King Cyrus gave them to a
man named Sheshbazzar, whom he had
15 appointed governor, and he told him, 'Take
these articles and go and deposit them in the
temple in Jerusalem. And rebuild the house of
God on its site.'
16 "So this Sheshbazzar came and laid the
foundations of the house of God in Jerusalem.
From that day to the present it has been under

[a]4 See Septuagint; Aramaic *We.* [b]14 Or *palace*

ancestor [ǽnsestər] *n.* 조상
article [áːrtikl] *n.* 물건
associate [əsóuʃièit] *n.* 동료
authorize [ɔ́ːθəràiz] *vt.* 권한을 주다
construct [kənstrʌ́kt] *vt.* 건설하다
deport [dipɔ́ːrt] *vt.* 국외로 추방하다
deposit [dipázit] *vt.* 두다
diligence [dílidʒəns] *n.* 근면
direction [dirékʃən] *n.* 지도, 감독
district [dístrikt] *n.* 지역
elder [éldər] *n.* 장로
official [əfíʃəl] *n.* 관원
progress [prágres] *n.* 진척
report [ripɔ́ːrt] *vt.* 알리다
timber [tímbər] *n.* 목재

5:5 **watch over**: 돌보아주다
5:8 **carry on**: 계속해서 하다
5:10 **write down**: …을 적어두다
5:13 **issue a decree**: 조서를 내리다
5:14 **remove from...**: …에서 치우다
5:16 **be under construction**: 건설 중이다

루살렘에 다시 건축하라 하셨는지 보시고
왕은 이 일에 대하여 왕의 기쁘신 뜻을 우
리에게 보이소서 하였더라

고레스의 조서와 다리오 왕의 명령
(♪210, 600장)

6 이에 다리오 왕이 조서를 내려 문서창고
곧 바벨론의 보물을 쌓아둔 보물전각에
서 조사하게 하여
2 메대도 악메다 궁성에서 한 두루마리를 찾
았으니 거기에 기록하였으되
3 고레스 왕 원년에 조서를 내려 이르기를
예루살렘에 있는 하나님의 성전에 대하
여 이르노니 이 성전 곧 제사드리는 처소
를 건축하되 지대를 견고히 쌓고 그 성전
의 높이는 육십 [1]규빗으로, 너비도 육십 규
빗으로 하고 1:1-2
4 큰 돌 세 켜에 새 나무 한 켜를 놓으라 그
경비는 다 왕실에서 내리라
5 또 느부갓네살이 예루살렘 성전에서 탈취
하여 바벨론으로 옮겼던 하나님의 성전
금, 은 그릇들을 돌려보내어 예루살렘 성
전에 가져다가 하나님의 성전 안 각기 제
자리에 둘지니라 하였더라
6 이제 유브라데 강 건너편 총독 닷드내와
스달보스내와 너희 동관 유브라데 강 건너
편 아바삭 사람들은 그곳을 멀리하여
7 하나님의 성전 공사를 막지 말고 유다 총
독과 장로들이 하나님의 이 성전을 제자리
에 건축하게 하라
8 내가 또 조서를 내려서 하나님의 이 성전
을 건축함에 대하여 너희가 유다 사람의
장로들에게 행할 것을 알리노니 왕의 재산
곧 유브라데 강 건너편에서 거둔 세금 중
에서 그 경비를 이 사람들에게 끊임없이
주어 그들로 멈추지 않게 하라
9 또 그들이 필요로 하는 것 곧 하늘의 하나
님께 드릴 번제의 수송아지와 숫양과 어린
양과 또 밀과 소금과 포도주와 기름을 예
루살렘 제사장의 요구대로 어김없이 날마
다 주어
10 그들이 하늘의 하나님께 향기로운 제물을
드려 왕과 왕자들의 생명을 위하여 기도하
게 하라
11 내가 또 명령을 내리노니 누구를 막론하고
이 명령을 변조하면 그의 집에서 들보를
빼내고 그를 그 위에 매어달게 하고 그의
집은 이로 말미암아 거름더미가 되게 하라

construction but is not yet finished."
17 •Now if it pleases the king, let a search be
made in the royal archives of Babylon to
see if King Cyrus did in fact issue a decree
to rebuild this house of God in Jerusalem.
Then let the king send us his decision in
this matter.

The Decree of Darius

6 King Darius then issued an order, and they
searched in the archives stored in the trea-
2 sury at Babylon. •A scroll was found in the
citadel of Ecbatana in the province of Media,
and this was written on it:

Memorandum:
3 •In the first year of King Cyrus, the king
issued a decree concerning the temple of
God in Jerusalem:

Let the temple be rebuilt as a place to pre-
sent sacrifices, and let its foundations be
laid. It is to be sixty cubits[a] high and sixty
4 cubits wide, •with three courses of large
stones and one of timbers. The costs are to
5 be paid by the royal treasury. •Also, the
gold and silver articles of the house of God,
which Nebuchadnezzar took from the tem-
ple in Jerusalem and brought to Babylon,
are to be returned to their places in the tem-
ple in Jerusalem; they are to be deposited in
the house of God.
6 •Now then, Tattenai, governor of Trans-
Euphrates, and Shethar-Bozenai and you
other officials of that province, stay away
7 from there. •Do not interfere with the work
on this temple of God. Let the governor of
the Jews and the Jewish elders rebuild this
house of God on its site.
8 •Moreover, I hereby decree what you are
to do for these elders of the Jews in the con-
struction of this house of God:

Their expenses are to be fully paid out of
the royal treasury, from the revenues of
Trans-Euphrates, so that the work will not
9 stop. •Whatever is needed—young bulls,
rams, male lambs for burnt offerings to the
God of heaven, and wheat, salt, wine and
olive oil, as requested by the priests in Jeru-
salem—must be given them daily without
10 fail, •so that they may offer sacrifices pleas-
ing to the God of heaven and pray for the
well-being of the king and his sons.

[a]3 That is, about 90 feet or about 27 meters

1) 히, 암마

archive [á:rkaiv] *n.* 기록
citadel [sítədl] *n.* 성(城)
decree [dikrí:] *n.* 법령
deposit [dipázit] *vt.*두다
expense [ikspéns] *n.* 경비
interfere [intərfíər] *vi.* 훼방하다
memorandum [mèmərǽndəm] *n.* 비망록
moreover [mɔ:róuvər] *ad.* 게다가
offering [ɔ́:fəriŋ] *n.* 제물
province [právins] *n.* 성
ram [ræm] *n.* 숫양
rebuild [ribíld] *vt.* 재건축하다
request [rikwést] *vt.* 요청하다
revenue [révənjù:] *n.* 세입
treasury [tréʒəri] *n.* 보물창고

5:17 in fact: 실제로는
6:1 store in...: …속에 보관된
6:6 stay away from...: …로부터 떨어져 있다
6:9 without fail: 틀림없이
6:10 pray for...: …을 위해 기도하다

12 만일 왕들이나 백성이 이 명령을 변조하고
손을 들어 예루살렘 하나님의 성전을 헐진
대 그곳에 이름을 두신 하나님이 그들을
멸하시기를 원하노라 나 다리오가 조서를
내렸노니 신속히 행할지어다 하였더라

성전 봉헌

13 ● 다리오 왕의 조서가 내리매 유브라데 강
건너편 총독 닷드내와 스달보스내와 그들
의 동관들이 신속히 준행하니라 6:6-7
14 유다 사람의 장로들이 선지자 학개와 잇도
의 손자 스가랴의 권면을 따랐으므로 성전
건축하는 일이 형통한지라 이스라엘 하나
님의 명령과 바사 왕 고레스와 다리오와
아닥사스다의 조서를 따라 성전을 건축하
며 일을 끝내되
15 다리오 왕 제육 년 아달 월 삼 일에 성전 일
을 끝내니라
16 ● 이스라엘 자손과 제사장들과 레위 사람
들과 기타 사로잡혔던 자의 자손이 즐거이
하나님의 성전 봉헌식을 행하니
17 하나님의 성전 봉헌식을 행할 때에 수소
백 마리와 숫양 이백 마리와 어린 양 사백
마리를 드리고 또 이스라엘 지파의 수를
따라 숫염소 열두 마리로 이스라엘 전체를
위하여 속죄제를 드리고
18 제사장을 그 분반대로, 레위 사람을 그 순
차대로 세워 예루살렘에서 하나님을 섬기
게 하되 모세의 책에 기록된 대로 하게 하
니라

유월절

19 ● 사로잡혔던 자의 자손이 첫째 달 십사
일에 유월절을 지키되
20 제사장들과 레위 사람들이 일제히 몸을 정
결하게 하여 다 정결하매 사로잡혔던 자들
의 모든 자손과 자기 형제 제사장들과 자
기를 위하여 유월절 양을 잡으니 대하 29:34
21 사로잡혔다가 돌아온 이스라엘 자손과 자
기 땅에 사는 이방 사람의 더러운 것으로
부터 스스로를 구별한 모든 이스라엘 사람
들에게 속하여 이스라엘의 하나님 여호와
를 찾는 자들이 다 먹고
22 즐거움으로 이레 동안 무교절을 지켰으니
이는 여호와께서 그들을 즐겁게 하시고
또 앗수르 왕의 마음을 그들에게로 돌려
이스라엘의 하나님이신 하나님의 성전 건
축하는 손을 힘있게 하도록 하셨음이었더
라

11 ● Furthermore, I decree that if anyone
defies this edict, a beam is to be pulled from
their house and they are to be impaled on it.
And for this crime their house is to be made a
12 pile of rubble. ● May God, who has caused his
Name to dwell there, overthrow any king or
people who lifts a hand to change this decree
or to destroy this temple in Jerusalem.
I Darius have decreed it. Let it be carried
out with diligence.

Completion and Dedication of the Temple

13 ● Then, because of the decree King Darius had
sent, Tattenai, governor of Trans-Euphrates, and
Shethar-Bozenai and their associates carried it
14 out with diligence. ● So the elders of the Jews
continued to build and prosper under the
preaching of Haggai the prophet and Zechariah,
a descendant of Iddo. They finished building the
temple according to the command of the God
of Israel and the decrees of Cyrus, Darius and
15 Artaxerxes, kings of Persia. ● The temple was
completed on the third day of the month Adar,
in the sixth year of the reign of King Darius.
16 ● Then the people of Israel—the priests, the
Levites and the rest of the exiles—celebrated
the dedication of the house of God with joy.
17 ● For the dedication of this house of God they
offered a hundred bulls, two hundred rams,
four hundred male lambs and, as a sin offering[a]
for all Israel, twelve male goats, one for each of
18 the tribes of Israel. ● And they installed the
priests in their divisions and the Levites in
their groups for the service of God at Jerusalem,
according to what is written in the Book of
Moses.

The Passover

19 ● On the fourteenth day of the first month,
20 the exiles celebrated the Passover. ● The priests
and Levites had purified themselves and were all
ceremonially clean. The Levites slaughtered the
Passover lamb for all the exiles, for their relatives
21 the priests and for themselves. ● So the Israelites
who had returned from the exile ate it, together
with all who had separated themselves from the
unclean practices of their Gentile neighbors in
22 order to seek the LORD, the God of Israel. ● For
seven days they celebrated with joy the Festival
of Unleavened Bread, because the LORD had
filled them with joy by changing the attitude of
the king of Assyria so that he assisted them in
the work on the house of God, the God of Israel.

[a]17 Or *purification offering*

ceremonially [sèrəmóuniəli] *ad.* 의식적으로
complete [kəmplíːt] *vt.* 끝내다
dedication [dèdikéiʃən] *n.* 봉헌
division [divíʒən] *n.* 부서
edict [íːdikt] *n.* 포고, 칙령
exile [égzail] *n.* 망명, 추방
impale [impéil] *vt.* 찌르다
overthrow [òuvərθróu] *vt.* 전복하다
Passover [pǽsòuvər] *n.* 유월절
preach [priːtʃ] *vi.* 설교하다
prosper [prάspər] *vi.* 번영하다
rubble [rʌ́bl] *n.* 거친 돌
slaughter [slɔ́ːtər] *vt.* 도살하다
tribe [traib] *n.* 지파
unleavened [ʌnlévənd] *a.* 발효되지 않은

6:12 carry out: 수행하다
6:12 with diligence: 근면하게
6:18 install... in~: ~(위치)에 …를 세우다, 임명하다
6:21 separate from...: …로부터 분리시키다

에스라가 예루살렘에 이르다

7 이 일 후에 바사 왕 아닥사스다가 왕위에
있을 때에 에스라라 하는 자가 있으니라
그는 스라야의 아들이요 아사랴의 손자요 힐
기야의 증손이요
2 살룸의 현손이요 사독의 오대 손이요 아히둡
의 육대 손이요
3 아마랴의 칠대 손이요 아사랴의 팔대 손이요
므라욧의 구대 손이요
4 스라히야의 십대 손이요 웃시엘의 십일대 손
이요 북기의 십이대 손이요
5 아비수아의 십삼대 손이요 비느하스의 십사
대 손이요 엘르아살의 십오대 손이요 대제사
장 아론의 십육대 손이라
6 이 에스라가 바벨론에서 올라왔으니 그는 이
스라엘의 하나님 여호와께서 주신 모세의 율
법에 익숙한 학자로서 그의 하나님 여호와의
도우심을 입음으로 왕에게 구하는 것은 다
받는 자이더니
7 아닥사스다 왕 제칠 년에 이스라엘 자손과
제사장들과 레위 사람들과 노래하는 자들과
문지기들과 느디님 사람들 중에 몇 사람이
예루살렘으로 올라올 때에 8:1-20
8 이 에스라가 올라왔으니 왕의 제칠 년 다섯
째 달이라
9 첫째 달 초하루에 바벨론에서 길을 떠났고
하나님의 선한 손의 도우심을 입어 다섯째
달 초하루에 예루살렘에 이르니라 7:6
10 에스라가 여호와의 율법을 연구하여 준행하
며 율례와 규례를 이스라엘에게 가르치기로
결심하였었더라 시 119:43-48

아닥사스다 왕이 내린 조서

11 여호와의 계명의 말씀과 이스라엘에게 주
신 율례 학자요 학자 겸 제사장인 에스라에
게 아닥사스다 왕이 내린 조서의 초본은 아
래와 같으니라
12 모든 왕의 왕 아닥사스다는 하늘의 하나님의
율법에 완전한 학자 겸 제사장 에스라에게
13 조서를 내리노니 우리 나라에 있는 이스라엘
백성과 그들 제사장들과 레위 사람들 중에
예루살렘으로 올라갈 뜻이 있는 자는 누구든
지 너와 함께 갈지어다
14 너는 네 손에 있는 네 하나님의 율법을 따라
유다와 예루살렘의 형편을 살피기 위하여 왕
과 일곱 자문관의 보냄을 받았으니
15 왕과 자문관들이 예루살렘에 거하시는 이스
라엘 하나님께 성심으로 드리는 은금을 가져

Ezra Comes to Jerusalem

7 After these things, during the reign of
Artaxerxes king of Persia, Ezra son of
Seraiah, the son of Azariah, the son of Hilki-
2 ah, the son of Shallum, the son of Zadok,
3 the son of Ahitub, the son of Amariah, the
4 son of Azariah, the son of Meraioth, the
son of Zerahiah, the son of Uzzi, the son of
5 Bukki, the son of Abishua, the son of Phi-
nehas, the son of Eleazar, the son of Aaron
6 the chief priest— this Ezra came up from
Babylon. He was a teacher well versed in the
Law of Moses, which the LORD, the God of
Israel, had given. The king had granted him
everything he asked, for the hand of the
7 LORD his God was on him. Some of the
Israelites, including priests, Levites, musi-
cians, gatekeepers and temple servants, also
came up to Jerusalem in the seventh year of
King Artaxerxes.
8 Ezra arrived in Jerusalem in the fifth
month of the seventh year of the king.
9 He had begun his journey from Babylon
on the first day of the first month, and he
arrived in Jerusalem on the first day of the
fifth month, for the gracious hand of his
10 God was on him. For Ezra had devoted
himself to the study and observance of the
Law of the LORD, and to teaching its decrees
and laws in Israel.

King Artaxerxes' Letter to Ezra

11 This is a copy of the letter King Artaxerxes
had given to Ezra the priest, a teacher of the
Law, a man learned in matters concerning the
commands and decrees of the LORD for Israel:

12 Artaxerxes, king of kings,
To Ezra the priest, teacher of the Law
of the God of heaven:
Greetings.

13 Now I decree that any of the Israelites
in my kingdom, including priests and
Levites, who volunteer to go to Jerusalem
14 with you, may go. You are sent by the
king and his seven advisers to inquire
about Judah and Jerusalem with regard
to the Law of your God, which is in your
15 hand. Moreover, you are to take with
you the silver and gold that the king and
his advisers have freely given to the God
of Israel, whose dwelling is in Jerusalem,
16 together with all the silver and gold you

adviser [ædváizər] *n.* 조언자
arrive [əráiv] *vi.* 도착하다
chief [tʃi:f] *n.* 우두머리
concerning [kənsə́:rniŋ] *prep.* …에 관하여
decree [dikrí:] *n.* 계명, 율례
dwelling [dwéliŋ] *n.* 거처
freely [frí:li] *ad.* 거리낌없이
gracious [gréiʃəs] *a.* 은혜로운
grant [grænt] *vt.* 허락하다
greeting [grí:tiŋ] *n.* 인사
including [inklú:diŋ] *prep.* …를 포함하여
journey [dʒə́:rni] *n.* 여정
observance [əbzə́:rvəns] *n.* 준수
priest [pri:st] *n.* 제사장
servant [sə́:rvənt] *n.* 종, 하인

7:6 **come up**: 오다, 나오다
7:6 **be versed in...**: …에 조예가 깊다
7:10 **devote oneself to...**: …에 몰두하다
7:14 **inquire about...**: …에 관하여 묻다
7:14 **with regard to...**: …에 관해서는
7:16 **together with...**: …와 함께

가고
16 또 네가 바벨론 온 도에서 얻을 모든 은금과
및 백성과 제사장들이 예루살렘에 있는 그들
의 하나님의 성전을 위하여 기쁘게 드릴 예
물을 가져다가
17 그들의 돈으로 수송아지와 숫양과 어린 양
과 그 소제와 그 전제의 물품을 신속히 사서
예루살렘 네 하나님의 성전 제단 위에 드리
고
18 그 나머지 은금은 너와 너의 형제가 좋게 여
기는 일에 너희 하나님의 뜻을 따라 쓸지며
19 네 하나님의 성전에서 섬기는 일을 위하여
네게 준 그릇은 예루살렘 하나님 앞에 드리
고
20 그 외에도 네 하나님의 성전에 쓰일 것이 있
어서 네가 드리고자 하거든 무엇이든지 궁중
창고에서 내다가 드릴지니라
21 나 곧 아닥사스다 왕이 유브라데 강 건너편
모든 창고지기에게 조서를 내려 이르기를 하
늘의 하나님의 율법 학자 겸 제사장 에스라
가 무릇 너희에게 구하는 것을 신속히 시행
하되
22 은은 백 달란트까지, 밀은 백 고르까지, 포도
주는 백 밧까지, 기름도 백 밧까지 하고 소금
은 정량 없이 하라
23 무릇 하늘의 하나님의 전을 위하여 하늘의
하나님이 명령하신 것은 삼가 행하라 어찌
하여 진노가 왕과 왕자의 나라에 임하게 하
랴
24 내가 너희에게 이르노니 제사장들이나 레위
사람들이나 노래하는 자들이나 문지기들이
나 느디님 사람들이나 혹 하나님의 성전에
서 일하는 자들에게 조공과 관세와 통행세
를 받는 것이 옳지 않으니라 하였노라
25 에스라여 너는 네 손에 있는 네 하나님의 지
혜를 따라 네 하나님의 율법을 아는 자를 법
관과 재판관을 삼아 강 건너편 모든 백성을
재판하게 하고 그 중 알지 못하는 자는 너희
가 가르치라
26 무릇 네 하나님의 명령과 왕의 명령을 준행
하지 아니하는 자는 속히 그 죄를 정하여 혹
죽이거나 귀양 보내거나 가산을 몰수하거나
옥에 가둘지니라 하였더라

에스라가 여호와를 송축하다

27 ●우리 조상들의 하나님 여호와를 송축할지
로다 그가 왕의 마음에 예루살렘 여호와의
성전을 아름답게 할 뜻을 두시고

may obtain from the province of Babylon,
as well as the freewill offerings of the people
and priests for the temple of their God in
17 Jerusalem. •With this money be sure to
buy bulls, rams and male lambs, together
with their grain offerings and drink offer-
ings, and sacrifice them on the altar of the
temple of your God in Jerusalem.
18 •You and your fellow Israelites may
then do whatever seems best with the rest
of the silver and gold, in accordance with
19 the will of your God. •Deliver to the God of
Jerusalem all the articles entrusted to you
for worship in the temple of your God.
20 •And anything else needed for the temple
of your God that you are responsible to sup-
ply, you may provide from the royal trea-
sury.
21 •Now I, King Artaxerxes, decree that all
the treasurers of Trans-Euphrates are to
provide with diligence whatever Ezra the
priest, the teacher of the Law of the God of
22 heaven, may ask of you— •up to a hun-
dred talents [a] of silver, a hundred cors [b] of
wheat, a hundred baths [c] of wine, a hun-
dred baths [c] of olive oil, and salt without
23 limit. •Whatever the God of heaven has
prescribed, let it be done with diligence
for the temple of the God of heaven. Why
should his wrath fall on the realm of the
24 king and of his sons? •You are also to
know that you have no authority to im-
pose taxes, tribute or duty on any of the
priests, Levites, musicians, gatekeepers,
temple servants or other workers at this
house of God.
25 •And you, Ezra, in accordance with the
wisdom of your God, which you possess,
appoint magistrates and judges to admin-
ister justice to all the people of Trans-
Euphrates — all who know the laws of
your God. And you are to teach any who
26 do not know them. •Whoever does not
obey the law of your God and the law of
the king must surely be punished by death,
banishment, confiscation of property, or
imprisonment. [d]
27 •Praise be to the LORD, the God of our ances-
tors, who has put it into the king's heart to

[a] 22 That is, about 3 3/4 tons or about 3.4 metric tons
[b] 22 That is, probably about 18 tons or about 16 metric tons [c] 22 That is, about 600 gallons or about 2,200 liters [d] 26 The text of 7:12-26 is in Aramaic.

administer [ədmínistər] *vt.* 집행하다
authority [əθɔ́:rəti] *n.* 직권
confiscation [kɑnfəskéiʃən] *n.* 몰수
deliver [dilívər] *vt.* 넘겨주다
entrust [intrʌ́st] *vt.* 맡기다
freewill [fri:wíl] *a.* 자발적인
impose [impóuz] *vt.* 부과하다
imprisonment [impríznmənt] *n.* 투옥
magistrate [mǽdʒəstrèit] *n.* 치안판사
prescribe [priskráib] *vt.* 규정하다
property [prápərti] *n.* 재산
province [právins] *n.* 성
realm [relm] *n.* 왕국
treasurer [tréʒərər] *n.* 창고지기
tribute [tríbju:t] *n.* 공물

7:16 **as well as...**: …뿐만 아니라
7:17 **be sure to...**: 반드시 …하다
7:18 **in accordance with...**: …에 따라서
7:21 **provide with...**: …을 공급하다
7:22 **up to...**: …까지
7:27 **put... into the heart**: 마음에 …를 불어넣다

28 또 나로 왕과 그의 보좌관들 앞과 왕의 권
세 있는 모든 방백의 앞에서 은혜를 얻게 하
셨도다 내 하나님 여호와의 손이 내 위에
있으므로 내가 힘을 얻어 이스라엘 중에 우
두머리들을 모아 나와 함께 올라오게 하였
노라 9:9

에스라와 함께 돌아온 백성들 (♪ 349, 352장)

8 아닥사스다 왕이 왕위에 있을 때에 나와
함께 바벨론에서 올라온 족장들과 그들의
계보는 이러하니라
2 비느하스 자손 중에서는 게르솜이요 이다말
자손 중에서는 다니엘이요 다윗 자손 중에서
는 핫두스요
3 스가냐 자손 곧 바로스 자손 중에서는 스가
랴니 그와 함께 족보에 기록된 남자가 백오
십 명이요
4 바핫모압 자손 중에서는 스라히야의 아들 엘
여호에내니 그와 함께 있는 남자가 이백 명
이요
5 스가냐 자손 중에서는 야하시엘의 아들이니
그와 함께 있는 남자가 삼백 명이요
6 아딘 자손 중에서는 요나단의 아들 에벳이니
그와 함께 있는 남자가 오십 명이요
7 엘람 자손 중에서는 아달리야의 아들 여사야
니 그와 함께 있는 남자가 칠십 명이요
8 스바댜 자손 중에서는 미가엘의 아들 스바댜
니 그와 함께 있는 남자가 팔십 명이요
9 요압 자손 중에서는 여히엘의 아들 오바댜니
그와 함께 있는 남자가 이백십팔 명이요
10 슬로밋 자손 중에서는 요시뱌의 아들이니 그
와 함께 있는 남자가 백육십 명이요
11 베배 자손 중에서는 베배의 아들 스가랴니
그와 함께 있는 남자가 이십팔 명이요
12 아스갓 자손 중에서는 학가단의 아들 요하난
이니 그와 함께 있는 남자가 백십 명이요
13 아도니감 자손 중에 나중된 자의 이름은 엘
리벨렛과 여우엘과 스마야니 그와 함께 있는
남자가 육십 명이요
14 비그왜 자손 중에서는 우대와 사붓이니 그와
함께 있는 남자가 칠십 명이었느니라 2:14

에스라가 레위 사람을 찾다

15 ● 내가 무리를 아하와로 흐르는 강가에 모으
고 거기서 삼 일 동안 장막에 머물며 백성과
제사장들을 살핀즉 그 중에 레위 자손이 한
사람도 없는지라
16 이에 모든 족장 곧 엘리에셀과 아리엘과 스
마야와 엘라단과 야립과 엘라단과 나단과 스

bring honor to the house of the LORD in Jeru-
28 salem in this way ● and who has extended his
good favor to me before the king and his
advisers and all the king's powerful officials.
Because the hand of the LORD my God was on
me, I took courage and gathered leaders from
Israel to go up with me.

List of the Family Heads Returning With Ezra

8 These are the family heads and those reg-
istered with them who came up with me
from Babylon during the reign of King Artax-
erxes:
2 ● of the descendants of Phinehas, Gershom;
of the descendants of Ithamar, Daniel;
3 of the descendants of David, Hattush ● of
the descendants of Shekaniah;
of the descendants of Parosh, Zechariah,
and with him were registered 150 men;
4 ● of the descendants of Pahath-Moab,
Eliehoenai son of Zerahiah, and with
him 200 men;
5 ● of the descendants of Zattu,[a] Shekaniah
son of Jahaziel, and with him 300 men;
6 ● of the descendants of Adin, Ebed son of
Jonathan, and with him 50 men;
7 ● of the descendants of Elam, Jeshaiah son
of Athaliah, and with him 70 men;
8 ● of the descendants of Shephatiah, Zebadi-
ah son of Michael, and with him 80
men;
9 ● of the descendants of Joab, Obadiah son of
Jehiel, and with him 218 men;
10 ● of the descendants of Bani,[b] Shelomith
son of Josiphiah, and with him 160
men;
11 ● of the descendants of Bebai, Zechariah son
of Bebai, and with him 28 men;
12 ● of the descendants of Azgad, Johanan son
of Hakkatan, and with him 110 men;
13 ● of the descendants of Adonikam, the last
ones, whose names were Eliphelet, Jeuel
and Shemaiah, and with them 60 men;
14 ● of the descendants of Bigvai, Uthai and
Zakkur, and with them 70 men.

The Return to Jerusalem

15 ● I assembled them at the canal that flows
toward Ahava, and we camped there three

[a]5 Some Septuagint manuscripts (also 1 Esdras 8:32); Hebrew does not have *Zattu*. [b]10 Some Septuagint manuscripts (also 1 Esdras 8:36); Hebrew does not have *Bani*.

adviser [ædváizər] *n.* 조언자
assemble [əsémbl] *vt.* 소집하다
camp [kæmp] *vi.* 야영하다
canal [kənǽl] *n.* 운하
descendant [diséndənt] *n.* 자손
during [djúəriŋ] *prep.* …동안
extend [iksténd] *vt.* 베풀다
family [fǽməli] *n.* 민족, 가문
favor [féivər] *n.* 은혜, 혜택
gather [gǽðər] *vt.* 모으다
honor [ɑ́nər] *n.* 명예, 영예
leader [lí:dər] *n.* 족장
powerful [páuərfəl] *a.* 강력한
register [rédʒistər] *vt.* 등록하다
reign [rein] *n.* 군림

7:27 **bring to...:** …로 이끌다
7:27 **in this way:** 이렇게 하여
7:28 **take courage:** 용기를 내다
7:28 **go up:** 오르다
8:1 **come up with...:** …을 찾아내다
8:15 **flow toward...:** …쪽으로 흐르다

가라와 므술람을 부르고 또 명철한 사람 요
아립과 엘라단을 불러
17 가시뱌 지방으로 보내어 그곳 족장 잇도에게
나아가게 하고 잇도와 그의 형제 곧 가시뱌
지방에 사는 느디님 사람들에게 할 말을 일
러 주고 우리 하나님의 성전을 위하여 섬길
자를 데리고 오라 하였더니 2:43
18 우리 하나님의 선한 손의 도우심을 입고 그
들이 이스라엘의 손자 레위의 아들 말리의
자손 중에서 한 명철한 사람을 데려오고 또
세레뱌와 그의 아들들과 형제 십팔 명과
19 하사뱌와 므라리 자손 중 여사야와 그의 형
제와 그의 아들들 이십 명을 데려오고
20 다윗과 방백들이 레위 사람들을 섬기라고 준
느디님 사람 중 성전 일꾼은 이백이십 명이
었는데 그들은 모두 지명받은 이들이었더라

에스라가 금식하며 간구하다

21 ●그때에 내가 아하와 강가에서 금식을 선
포하고 우리 하나님 앞에서 스스로 겸비하여
우리와 우리 어린아이와 모든 소유를 위하여
평탄한 길을 그에게 간구하였으니
22 이는 우리가 전에 왕에게 아뢰기를 우리 하
나님의 손은 자기를 찾는 모든 자에게 선을
베푸시고 자기를 배반하는 모든 자에게는 권
능과 진노를 내리신다 하였으므로 길에서 적
군을 막고 우리를 도울 보병과 마병을 왕에
게 구하기를 부끄러워 하였음이라
23 그러므로 우리가 이를 위하여 금식하며 우리
하나님께 간구하였더니 그의 응낙하심을 입
었느니라

성전에 바친 예물

24 ●그때에 내가 제사장의 우두머리들 중 열두
명 곧 세레뱌와 하사뱌와 그의 형제 열 명을
따로 세우고
25 그들에게 왕과 모사들과 방백들과 또 그곳에
있는 이스라엘 무리가 우리 하나님의 성전을
위하여 드린 은과 금과 그릇들을 달아서 주
었으니
26 내가 달아서 그들 손에 준 것은 은이 육백오
십 달란트요 은그릇이 백 달란트요 금이 백
달란트며
27 또 금잔이 스무 개라 그 무게는 천 다릭이요
또 아름답고 빛나 금같이 보배로운 놋 그릇
이 두 개라
28 내가 그들에게 이르되 너희는 여호와께 거룩
한 자요 이 그릇들도 거룩하고 그 은과 금은
너희 조상들의 하나님 여호와께 즐거이 드린

days. When I checked among the people and
16 the priests, I found no Levites there. •So I
summoned Eliezer, Ariel, Shemaiah, Elna-
than, Jarib, Elnathan, Nathan, Zechariah and
Meshullam, who were leaders, and Joiarib
and Elnathan, who were men of learning,
17 •and I ordered them to go to Iddo, the leader
in Kasiphia. I told them what to say to Iddo
and his fellow Levites, the temple servants in
Kasiphia, so that they might bring attendants
18 to us for the house of our God. •Because the
gracious hand of our God was on us, they
brought us Sherebiah, a capable man, from
the descendants of Mahli son of Levi, the son
of Israel, and Sherebiah's sons and brothers,
19 18 in all; •and Hashabiah, together with
Jeshaiah from the descendants of Merari, and
20 his brothers and nephews, 20 in all. •They
also brought 220 of the temple servants—a
body that David and the officials had esta-
blished to assist the Levites. All were registered
by name.
21 •There, by the Ahava Canal, I proclaimed
a fast, so that we might humble ourselves
before our God and ask him for a safe journey
for us and our children, with all our posses-
22 sions. •I was ashamed to ask the king for sol-
diers and horsemen to protect us from ene-
mies on the road, because we had told the
king, "The gracious hand of our God is on
everyone who looks to him, but his great
23 anger is against all who forsake him." •So
we fasted and petitioned our God about this,
and he answered our prayer.
24 •Then I set apart twelve of the leading
priests, namely, Sherebiah, Hashabiah and
25 ten of their brothers, •and I weighed out to
them the offering of silver and gold and the
articles that the king, his advisers, his offi-
cials and all Israel present there had donat-
26 ed for the house of our God. •I weighed out
to them 650 talents[a] of silver, silver articles
weighing 100 talents,[b] 100 talents[b] of gold,
27 •20 bowls of gold valued at 1,000 darics,[c]
and two fine articles of polished bronze, as
precious as gold.
28 •I said to them, "You as well as these articles
are consecrated to the LORD. The silver and
gold are a freewill offering to the LORD, the

[a]26 That is, about 24 tons or about 22 metric tons
[b]26 That is, about 3 3/4 tons or about 3.4 metric tons
[c]27 That is, about 19 pounds or about 8.4 kilograms

article [á:rtikl] *n.* 물품
assist [əsíst] *vt.* 돕다
capable [kéipəbl] *a.* 유능한
donate [dóuneit] *vt.* 기증하다
establish [istǽbliʃ] *vt.* 종사케하다
fast [fæst] *n.* 금식
forsake [fərséik] *vt.* 버리다
freewill [fri:wíl] *a.* 자유의지의
gracious [gréiʃəs] *a.* 은혜로운
horseman [hɔ́:rsmən] *n.* 기병
petition [pətíʃən] *vt.* 청원하다
polish [páliʃ] *vt.* 윤내다
proclaim [proukléim] *vt.* 선포하다
servant [sə́:rvənt] *n.* 종, 하인
summon [sʌ́mən] *vt.* 호출하다

8:21 humble oneself: 스스로를 겸비하다
8:22 be ashamed to...: …하기를 부끄러워하다
8:22 look to...: …에게 기대하다
8:24 set apart: 따로 떼어두다
8:25 weigh out: 정량으로 나누다

예물이니
29 너희는 예루살렘 여호와의 성전 골방에 이르
러 제사장들과 레위 사람의 우두머리들과 이
스라엘의 족장들 앞에서 이 그릇을 달기까지
삼가 지키라
30 이에 제사장들과 레위 사람들이 은과 금과
그릇을 예루살렘 우리 하나님의 성전으로 가
져가려 하여 그 무게대로 받으니라

에스라가 예루살렘으로 돌아오다

31 ● 첫째 달 십이 일에 우리가 아하와 강을 떠
나 예루살렘으로 갈새 우리 하나님의 손이
우리를 도우사 대적과 길에 매복한 자의 손
에서 건지신지라
32 이에 예루살렘에 이르러 거기서 삼 일 간 머
물고
33 제사 일에 우리 하나님의 성전에서 은과 금
과 그릇을 달아서 제사장 우리야의 아들 므
레못의 손에 넘기니 비느하스의 아들 엘르아
살과 레위 사람 예수아의 아들 요사밧과 빈
누이의 아들 노아다가 함께 있어
34 모든 것을 다 세고 달아 보고 그 무게의 총량
을 그때에 기록하였느니라
35 ● 사로잡혔던 자의 자손 곧 이방에서 돌아온
자들이 이스라엘의 하나님께 번제를 드렸는
데 이스라엘 전체를 위한 수송아지가 열두
마리요 또 숫양이 아흔여섯 마리요 어린 양
이 일흔일곱 마리요 또 속죄제의 숫염소가
열두 마리니 모두 여호와께 드린 번제물이라
36 무리가 또 왕의 조서를 왕의 총독들과 유브
라데 강 건너편 총독들에게 넘겨 주매 그들
이 백성과 하나님의 성전을 도왔느니라

에스라의 회개 기도 (♪ 274장)

9 이 일 후에 방백들이 내게 나아와 이르되
이스라엘 백성과 제사장들과 레위 사람들
이 이 땅 백성들에게서 떠나지 아니하고 가
나안 사람들과 헷 사람들과 브리스 사람들과
여부스 사람들과 암몬 사람들과 모압 사람들
과 애굽 사람들과 아모리 사람들의 가증한
일을 행하여
2 그들의 딸을 맞이하여 아내와 며느리로 삼아
거룩한 자손이 그 지방 사람들과 서로 섞이
게 하는데 방백들과 고관들이 이 죄에 더욱
으뜸이 되었다 하는지라
3 내가 이 일을 듣고 속옷과 겉옷을 찢고 머리
털과 수염을 뜯으며 기가 막혀 앉으니 욥 1:20
4 이에 이스라엘의 하나님의 말씀으로 말미암
아 떠는 자가 사로잡혔던 이 사람들의 죄 때

29 God of your ancestors. ● Guard them carefully
until you weigh them out in the chambers of
the house of the LORD in Jerusalem before the
leading priests and the Levites and the family
30 heads of Israel." ● Then the priests and Levites
received the silver and gold and sacred arti-
cles that had been weighed out to be taken to
the house of our God in Jerusalem.
31 ● On the twelfth day of the first month we
set out from the Ahava Canal to go to Jerus-
alem. The hand of our God was on us, and he
protected us from enemies and bandits along
32 the way. ● So we arrived in Jerusalem, where
we rested three days.
33 ● On the fourth day, in the house of our
God, we weighed out the silver and gold and
the sacred articles into the hands of Mere-
moth son of Uriah, the priest. Eleazar son of
Phinehas was with him, and so were the
Levites Jozabad son of Jeshua and Noadiah
34 son of Binnui. ● Everything was accounted for
by number and weight, and the entire weight
was recorded at that time.
35 ● Then the exiles who had returned from
captivity sacrificed burnt offerings to the God
of Israel: twelve bulls for all Israel, ninety-six
rams, seventy-seven male lambs and, as a sin
offering,[a] twelve male goats. All this was a
36 burnt offering to the LORD. ● They also deliv-
ered the king's orders to the royal satraps and
to the governors of Trans-Euphrates, who then
gave assistance to the people and to the house
of God.

Ezra's Prayer About Intermarriage

9 After these things had been done, the
leaders came to me and said, "The peo-
ple of Israel, including the priests and the
Levites, have not kept themselves separate
from the neighboring peoples with their
detestable practices, like those of the Cana-
anites, Hittites, Perizzites, Jebusites, Ammo-
nites, Moabites, Egyptians and Amorites.
2 ● They have taken some of their daughters
as wives for themselves and their sons, and
have mingled the holy race with the peo-
ples around them. And the leaders and offi-
cials have led the way in this unfaithful-
ness."
3 ● When I heard this, I tore my tunic and
cloak, pulled hair from my head and beard

[a]35 Or *purification offering*

assistance [əsístəns] *n.* 도움
bandit [bǽndit] *n.* 강도
captivity [kæptívəti] *n.* 포로
chamber [tʃeimbər] *n.* 방
cloak [klouk] *n.* 외투
detestable [ditéstəbl] *a.* 혐오스러운
entire [intáiər] *a.* 전체의
including [inklúːdiŋ] *prep.*…를 포함하여
mingle [míŋgl] *vt.* 뒤섞다
protect [prətékt] *vt.* 보호하다
race [reis] *n.* 민족
sacred [séikrid] *a.* 신성한
sacrifice [sǽkrəfàis] *vt.* 산 제물을 바치다
satrap [séitræp] *n.* 지방총독
unfaithfulness [ʌnféiθfəlnis] *n.* 불성실함

8:31 **set out**: 출발하다
8:32 **arrive in...**: …에 도착하다
8:34 **account for**: 처리하다
9:1 **keep oneself separate from...**: …로부터 스스로를 분리시켜 놓다
9:2 **lead the way**: 선두에 서다

문에 다 내게로 모여오더라 내가 저녁 제사 드릴 때까지 기가 막혀 앉았더니
5 저녁 제사를 드릴 때에 내가 근심 중에 일어나서 속옷과 겉옷을 찢은 채 무릎을 꿇고 나의 하나님 여호와를 향하여 손을 들고
6 말하기를 나의 하나님이여 내가 부끄럽고 낯이 뜨거워서 감히 나의 하나님을 향하여 얼굴을 들지 못하오니 이는 우리 죄악이 많아 정수리에 넘치고 우리 허물이 커서 하늘에 미침이니이다
7 우리 조상들의 때로부터 오늘까지 우리의 죄가 심하매 우리의 죄악으로 말미암아 우리와 우리 왕들과 우리 제사장들을 여러 나라 왕들의 손에 넘기사 칼에 죽으며 사로잡히며 노략을 당하며 얼굴을 부끄럽게 하심이 오늘날과 같으니이다
8 이제 우리 하나님 여호와께서 우리에게 잠시 동안 은혜를 베푸사 얼마를 남겨 두어 피하게 하신 우리를 그 거룩한 처소에 박힌 못과 같게 하시고 우리 하나님이 우리 눈을 밝히사 우리가 종노릇 하는 중에서 조금 소생하게 하셨나이다
9 우리가 비록 노예가 되었사오나 우리 하나님이 우리를 그 종살이하는 중에 버려두지 아니하시고 바사 왕들 앞에서 우리가 불쌍히 여김을 입고 소생하여 우리 하나님의 성전을 세우게 하시며 그 무너진 것을 수리하게 하시며 유다와 예루살렘에서 우리에게 울타리를 주셨나이다
10 우리 하나님이여 이렇게 하신 후에도 우리가 주의 계명을 저버렸사오니 이제 무슨 말씀을 하오리이까
11 전에 주께서 주의 종 선지자들에게 명령하여 이르시되 너희가 가서 얻으려 하는 땅은 더러운 땅이니 이는 이방 백성들이 더럽고 가증한 일을 행하여 이 끝에서 저 끝까지 그 더러움으로 채웠음이라
12 그런즉 너희 여자들을 그들의 아들들에게 주지 말고 그들의 딸들을 너희 아들들을 위하여 데려오지 말며 그들을 위하여 평화와 행복을 영원히 구하지 말라 그리하면 너희가 왕성하여 그 땅의 아름다운 것을 먹으며 그 땅을 자손에게 물려주어 영원한 유산으로 물려주게 되리라 하셨나이다
13 우리의 악한 행실과 큰 죄로 말미암아 이 모든 일을 당하였사오나 우리 하나님이 우리 죄악보다 형벌을 가볍게 하시고 이만큼 백성

4 and sat down appalled. •Then everyone who
trembled at the words of the God of Israel
gathered around me because of this unfaith-
fulness of the exiles. And I sat there appalled
until the evening sacrifice.
5 •Then, at the evening sacrifice, I rose from
my self-abasement, with my tunic and cloak
torn, and fell on my knees with my hands
6 spread out to the LORD my God •and prayed:
"I am too ashamed and disgraced, my
God, to lift up my face to you, because our
sins are higher than our heads and our
7 guilt has reached to the heavens. •From
the days of our ancestors until now, our
guilt has been great. Because of our sins, we
and our kings and our priests have been
subjected to the sword and captivity, to pil-
lage and humiliation at the hand of for-
eign kings, as it is today.
8 •"But now, for a brief moment, the
LORD our God has been gracious in leaving
us a remnant and giving us a firm place[a] in
his sanctuary, and so our God gives light to
our eyes and a little relief in our bondage.
9 •Though we are slaves, our God has not
forsaken us in our bondage. He has shown
us kindness in the sight of the kings of Per-
sia: He has granted us new life to rebuild
the house of our God and repair its ruins,
and he has given us a wall of protection in
Judah and Jerusalem.
10 •"But now, our God, what can we say
after this? For we have forsaken the com-
11 mands •you gave through your servants
the prophets when you said: 'The land
you are entering to possess is a land pol-
luted by the corruption of its peoples. By
their detestable practices they have filled
it with their impurity from one end to
12 the other. •Therefore, do not give your
daughters in marriage to their sons or take
their daughters for your sons. Do not seek
a treaty of friendship with them at any
time, that you may be strong and eat the
good things of the land and leave it to
your children as an everlasting inheri-
tance.'
13 •"What has happened to us is a result
of our evil deeds and our great guilt, and
yet, our God, you have punished us less
than our sins deserved and have given us

[a]8 Or *a foothold*

appall [əpɔ́:l] *vt.* 질겁하게 하다
bondage [bándidʒ] *n.* 속박
corruption [kərʌ́pʃən] *n.* 부패
deserve [dizə́:rv] *vt.* 받을 만하다
everlasting [èvərlǽstiŋ] *a.* 영원한
higher [háiər] *a.* 더 높은
humiliation [hju:mìliéiʃən] *n.* 굴욕
impurity [impjúərəti] *n.* 불순
inheritance [inhérətəns] *n.* 상속
pillage [pílidʒ] *n.* 약탈
punish [pʌ́niʃ] *vt.* 벌하다
relief [rilí:f] *n.* 안도, 구조
remnant [rémnənt] *n.* 나머지
sanctuary [sǽŋktʃuèri] *n.* 지성소
self-abasement [sélfəbèismənt] *n.* 자기비하

9:5 fall on one's knees: 무릎을 꿇다
9:5 spread out: 펼치다, 펴다
9:7 be subjected to...: …을 받다
9:7 as it is: 현 상황에서는
9:9 in the sight of...: …의 앞에서
9:11 fill... with~: …가 ~로 가득차다

을 남겨 주셨사오니
14 우리가 어찌 다시 주의 계명을 거역하고 이
가증한 백성들과 통혼하오리이까 그리하
면 주께서 어찌 우리를 멸하시고 남아 피할
자가 없도록 진노하시지 아니하시리이까
15 이스라엘의 하나님 여호와여 주는 의로우
시니 우리가 남아 피한 것이 오늘날과 같사
옵거늘 도리어 주께 범죄하였사오니 이로
말미암아 주 앞에 한 사람도 감히 서지 못
하겠나이다 하니라

이방 아내와 그 소생을 내쫓기로 하다

10 에스라가 하나님의 성전 앞에 엎드려
울며 기도하여 죄를 자복할 때에 많은
백성이 크게 통곡하매 이스라엘 중에서 백
성의 남녀와 어린아이의 큰 무리가 그 앞에
모인지라
2 엘람 자손 중 여히엘의 아들 스가냐가 에
스라에게 이르되 우리가 우리 하나님께 범
죄하여 이 땅 이방 여자를 맞이하여 아내
로 삼았으나 이스라엘에게 아직도 소망이
있나니
3 곧 내 주의 교훈을 따르며 우리 하나님의
명령을 떨며 준행하는 자의 가르침을 따라
이 모든 아내와 그들의 소생을 다 내보내기
로 우리 하나님과 언약을 세우고 율법대로
행할 것이라
4 이는 당신이 주장할 일이니 일어나소서 우
리가 도우리니 힘써 행하소서 하니라
5 ●이에 에스라가 일어나 제사장들과 레위
사람들과 온 이스라엘에게 이 말대로 행
하기를 맹세하게 하매 무리가 맹세하는지
라
6 이에 에스라가 하나님의 성전 앞에서 일어
나 엘리아십의 아들 여호하난의 방으로 들
어가니라 그가 들어가서 사로잡혔던 자들
의 죄를 근심하여 음식도 먹지 아니하며 물
도 마시지 아니하더니
7 유다와 예루살렘에 사로잡혔던 자들의 자
손들에게 공포하기를 너희는 예루살렘으
로 모이라
8 누구든지 방백들과 장로들의 훈시를 따라
삼 일 내에 오지 아니하면 그의 재산을 적
몰하고 사로잡혔던 자의 모임에서 쫓아내
리라 하매
9 유다와 베냐민 모든 사람들이 삼 일 내에
예루살렘에 모이니 때는 아홉째 달 이십 일
이라 무리가 하나님의 성전 앞 광장에 앉아

14 a remnant like this. ●Shall we then break
your commands again and intermarry
with the peoples who commit such de-
testable practices? Would you not be angry
enough with us to destroy us, leaving us no
15 remnant or survivor? ●LORD, the God of
Israel, you are righteous! We are left this
day as a remnant. Here we are before you
in our guilt, though because of it not one of
us can stand in your presence."

The People's Confession of Sin

10 While Ezra was praying and confess-
ing, weeping and throwing himself
down before the house of God, a large crowd
of Israelites—men, women and children—
gathered around him. They too wept bitterly.
2 ●Then Shekaniah son of Jehiel, one of the
descendants of Elam, said to Ezra, "We have
been unfaithful to our God by marrying for-
eign women from the peoples around us. But
in spite of this, there is still hope for Israel.
3 ●Now let us make a covenant before our God
to send away all these women and their chil-
dren, in accordance with the counsel of my
lord and of those who fear the commands of
our God. Let it be done according to the Law.
4 ●Rise up; this matter is in your hands. We will
support you, so take courage and do it."
5 ●So Ezra rose up and put the leading priests
and Levites and all Israel under oath to do what
had been suggested. And they took the oath.
6 ●Then Ezra withdrew from before the house of
God and went to the room of Jehohanan son of
Eliashib. While he was there, he ate no food
and drank no water, because he continued to
mourn over the unfaithfulness of the exiles.
7 ●A proclamation was then issued through-
out Judah and Jerusalem for all the exiles to
8 assemble in Jerusalem. ●Anyone who failed to
appear within three days would forfeit all his
property, in accordance with the decision of
the officials and elders, and would himself be
expelled from the assembly of the exiles.
9 ●Within the three days, all the men of Judah
and Benjamin had gathered in Jerusalem. And
on the twentieth day of the ninth month, all the
people were sitting in the square before the
house of God, greatly distressed by the occasion
10 and because of the rain. ●Then Ezra the priest
stood up and said to them, "You have been
unfaithful; you have married foreign women,

assembly [əsémbli] *n.* 회중
bitterly [bítərli] *ad.* 비통하게
confession [kənféʃən] *n.* 고백
counsel [káunsəl] *n.* 조언
covenant [kʌ́vənənt] *n.* 언약
descendant [diséndənt] *n.* 자손
distressed [distrést] *a.* 고민하는
exile [égzail] *n.* 추방
forfeit [fɔ́:rfit] *vt.* 박탈하다
mourn [mɔ́:rn] *vi.* 슬퍼하다
occasion [əkéiʒən] *n.* 사건
proclamation [prɑ̀kləméiʃən] *n.* 포고문
property [prápərti] *n.* 재산, 소유
suggest [səgdʒést] *vt.* 제안하다
survivor [sərváivər] *n.* 생존자

9:14 be angry with...: …에게 화내다
10:2 in spite of...: …임에도 불구하고
10:3 in accordance with...: …에 따라서
10:4 take courage: 용기를 내다, 얻다
10:5 take the oath: 맹세하다
10:6 withdraw from...: …에서 물러나다

서 이 일과 큰비 때문에 떨고 있더니 9:4
10 제사장 에스라가 일어나 그들에게 이르되
너희가 범죄하여 이방 여자를 아내로 삼아
이스라엘의 죄를 더하게 하였으니
11 이제 너희 조상들의 하나님 앞에서 죄를 자
복하고 그의 뜻대로 행하여 그 지방 사람들
과 이방 여인을 끊어 버리라 하니 레 26:40
12 모든 회중이 큰 소리로 대답하여 이르되 당
신의 말씀대로 우리가 마땅히 행할 것이니
이다
13 그러나 백성이 많고 또 큰비가 내리는 때니
능히 밖에 서지 못할 것이요 우리가 이 일
로 크게 범죄하였은즉 하루 이틀에 할 일이
아니오니
14 이제 온 회중을 위하여 우리의 방백들을
세우고 우리 모든 성읍에 이방 여자에게
장가든 자는 다 기한에 각 고을의 장로들
과 재판장과 함께 오게 하여 이 일로 인한
우리 하나님의 진노가 우리에게서 떠나게
하소서 하나 대하 29:10
15 오직 아사헬의 아들 요나단과 디과의 아들
야스야가 일어나 그 일을 반대하고 므술람
과 레위 사람 삽브대가 그들을 돕더라
16 ●사로잡혔던 자들의 자손이 그대로 한지
라 제사장 에스라가 그 종족을 따라 각각
지명된 족장들 몇 사람을 선임하고 열째 달
초하루에 앉아 그 일을 조사하여
17 첫째 달 초하루에 이르러 이방 여인을 아내
로 맞이한 자의 일 조사하기를 마치니라

이방 여자와 결혼한 남자들

18 ●제사장의 무리 중에 이방 여인을 아내로
맞이한 자는 예수아 자손 중 요사닥의 아들
과 그의 형제 마아세야와 엘리에셀과 야립
과 그달랴라
19 그들이 다 손을 잡아 맹세하여 그들의 아내
를 내보내기로 하고 또 그 죄로 말미암아
숫양 한 마리를 속건제로 드렸으며 대하 30:8
20 또 임멜 자손 중에서는 하나니와 스바댜요
21 하림 자손 중에서는 마아세야와 엘리야와
스마야와 여히엘과 웃시야요
22 바스훌 자손 중에서는 엘료에내와 마아세
야와 이스마엘과 느다넬과 요사밧과 엘라
사였더라
23 ●레위 사람 중에서는 요사밧과 시므이와
글라야라 하는 글리다와 브다히야와 유다
와 엘리에셀이었더라
24 ●노래하는 자 중에서는 엘리아십이요 문

11 adding to Israel's guilt. ●Now honor[a] the LORD,
the God of your ancestors, and do his will. Sep-
arate yourselves from the peoples around you
and from your foreign wives."
12 ●The whole assembly responded with a
loud voice: "You are right! We must do as you
13 say. ●But there are many people here and it is
the rainy season; so we cannot stand outside.
Besides, this matter cannot be taken care of in a
day or two, because we have sinned greatly in
14 this thing. ●Let our officials act for the whole
assembly. Then let everyone in our towns who
has married a foreign woman come at a set
time, along with the elders and judges of each
town, until the fierce anger of our God in this
15 matter is turned away from us." ●Only Jona-
than son of Asahel and Jahzeiah son of Tik-
vah, supported by Meshullam and Shabbethai
the Levite, opposed this.
16 ●So the exiles did as was proposed. Ezra the
priest selected men who were family heads, one
from each family division, and all of them des-
ignated by name. On the first day of the tenth
month they sat down to investigate the cases,
17 ●and by the first day of the first month they
finished dealing with all the men who had
married foreign women.

Those Guilty of Intermarriage

18 ●Among the descendants of the priests, the
following had married foreign women:
From the descendants of Joshua son of
Jozadak, and his brothers: Maaseiah,
19 Eliezer, Jarib and Gedaliah. ●(They all
gave their hands in pledge to put away
their wives, and for their guilt they each
presented a ram from the flock as a guilt
offering.)
20 ●From the descendants of Immer:
Hanani and Zebadiah.
21 ●From the descendants of Harim:
Maaseiah, Elijah, Shemaiah, Jehiel and
Uzziah.
22 ●From the descendants of Pashhur:
Elioenai, Maaseiah, Ishmael, Nethanel,
Jozabad and Elasah.
23 ●Among the Levites:
Jozabad, Shimei, Kelaiah (that is, Kelita),
Pethahiah, Judah and Eliezer.
24 ●From the musicians:
Eliashib.
From the gatekeepers:

[a]11 Or *Now make confession to*

designated [dézignèitid] *a.* 지정된
division [divíʒən] *n.* 반열
flock [flak] *n.* 떼
foreign [fɔ́:rən] *a.* 이방의
guilt [gilt] *n.* 죄
intermarriage [ìntərmǽridʒ] *n.* 통혼
investigate [invéstəgèit] *vt.* 조사하다
marry [mǽri] *vt.* 결혼하다
oppose [əpóuz] *vt.* 반대하다
present [prizént] *vt.* 바치다
priest [pri:st] *n.* 제사장
respond [rispánd] *vt.* 대답하다
select [silékt] *vt.* 선별하다
separate [sépərèit] *vi.* 분리하다
support [səpɔ́:rt] *vt.* 지지하다

10:11 add to...: …에 더하다
10:13 take care of...: …에 주의하다
10:14 turn away from...: …을 외면하다
10:16 as was proposed: 제안되었던 대로
10:17 deal with...: …를 다루다
10:19 pledge to...: …를 서약하게 하다

지기 중에서는 살룸과 델렘과 우리였더라
25 ● 이스라엘 중에서는 바로스 자손 중에서
는 라먀와 잇시야와 말기야와 미야민과 엘
르아살과 말기야와 브나야요
26 엘람 자손 중에서는 맛다냐와 스가랴와 여
히엘과 압디와 여레못과 엘리야요
27 삿두 자손 중에서는 엘료에내와 엘리아십
과 맛다냐와 여레못과 사밧과 아시사요
28 베배 자손 중에서는 여호하난과 하나냐와
삽배와 아들래요
29 바니 자손 중에서는 므술람과 말룩과 아다
야와 야숩과 스알과 여레못이요
30 바핫모압 자손 중에서는 앗나와 글랄과 브
나야와 마아세야와 맛다냐와 브살렐과 빈
누이와 므낫세요
31 하림 자손 중에서는 엘리에셀과 잇시야와
말기야와 스마야와 시므온과
32 베냐민과 말룩과 스마랴요
33 하숨 자손 중에서는 맛드내와 맛닷다와 사
밧과 엘리벨렛과 여레매와 므낫세와 시므
이요
34 바니 자손 중에서는 마아대와 아므람과 우
엘과
35 브나야와 베드야와 글루히와
36 와냐와 므레못과 에랴십과
37 맛다냐와 맛드내와 야아수와
38 바니와 빈누이와 시므이와
39 셀레먀와 나단과 아다야와
40 막나드배와 사새와 사래와
41 아사렐과 셀레먀와 스마랴와
42 살룸과 아마랴와 요셉이요
43 느보 자손 중에서는 여이엘과 맛디디야와
사밧과 스비내와 잇도와 요엘과 브나야더
라
44 이상은 모두 이방 여인을 아내로 맞이한
자라 그 중에는 자녀를 낳은 여인도 있었
더라 10:3

Shallum, Telem and Uri.
25 ● And among the other Israelites:
From the descendants of Parosh:
Ramiah, Izziah, Malkijah, Mijamin,
Eleazar, Malkijah and Benaiah.
26 ● From the descendants of Elam:
Mattaniah, Zechariah, Jehiel, Abdi, Jere-
moth and Elijah.
27 ● From the descendants of Zattu:
Elioenai, Eliashib, Mattaniah, Jeremoth,
Zabad and Aziza.
28 ● From the descendants of Bebai:
Jehohanan, Hananiah, Zabbai and Ath-
lai.
29 ● From the descendants of Bani:
Meshullam, Malluk, Adaiah, Jashub,
Sheal and Jeremoth.
30 ● From the descendants of Pahath-Moab:
Adna, Kelal, Benaiah, Maaseiah, Matta-
niah, Bezalel, Binnui and Manasseh.
31 ● From the descendants of Harim:
Eliezer, Ishijah, Malkijah, Shemaiah,
32 Shimeon, ● Benjamin, Malluk and She-
mariah.
33 ● From the descendants of Hashum:
Mattenai, Mattattah, Zabad, Eliphelet,
Jeremai, Manasseh and Shimei.
34 ● From the descendants of Bani:
35 Maadai, Amram, Uel, ● Benaiah, Bede-
36 iah, Keluhi, ● Vaniah, Meremoth, Elia-
37 shib, ● Mattaniah, Mattenai and Jaasu.
38 ● From the descendants of Binnui:[a]
39 Shimei, ● Shelemiah, Nathan, Adaiah,
40–41 ● Maknadebai, Shashai, Sharai, ● Azarel,
42 Shelemiah, Shemariah, ● Shallum,
Amariah and Joseph.
43 ● From the descendants of Nebo:
Jeiel, Mattithiah, Zabad, Zebina, Jaddai,
Joel and Benaiah.
44 ● All these had married foreign women, and
some of them had children by these wives.[b]

among [əmʌ́ŋ] *prep.* …의 사이에
descendant [diséndənt] *n.* 자손
foreign [fɔ́:rən] *a.* 이방의
marry [mǽri] *vt.* 결혼하다
wive [waiv] *vi.* 아내로 삼다
10:26 the descendant of...: …의 자손

[a] 37,38 See Septuagint (also 1 Esdras 9:34); Hebrew *Jaasu* [38] *and Bani and Binnui,* [b] 44 Or *and they sent them away with their children*

Nehemiah | 느헤미야

● 저자 _ 느헤미야 ● 저작 연대 _ B.C. 420년경으로 추정 ● 기록 장소 _ 예루살렘
● 기록 대상 _ 이스라엘 백성 ● 핵심어 및 내용 _ 핵심어는 '목표'와 '재건'이다.

느헤미야는 하나님을 중심으로 인생의 비전을 반영하며 구체적으로 실천할 수 있는 목표를 갖고 있었는데, 그것은 예루살렘 성벽을 재건하는 일이었다.

느헤미야가 예루살렘을 두고 기도하다

1 하가랴의 아들 느헤미야의 말이라 ●아닥사스다 왕 제이십 년 기슬르 월에 내가 수산 궁에 있는데
2 내 형제들 가운데 하나인 하나니가 두어 사람과 함께 유다에서 내게 이르렀기로 내가 그 사로잡힘을 면하고 남아 있는 유다와 예루살렘 사람들의 형편을 물은즉 7:2
3 그들이 내게 이르되 사로잡힘을 면하고 남아 있는 자들이 그 지방 거기에서 큰 환난을 당하고 능욕을 받으며 예루살렘 성은 허물어지고 성문들은 불탔다 하는지라 7:6
4 내가 이 말을 듣고 앉아서 울고 수일 동안 슬퍼하며 하늘의 하나님 앞에 금식하며 기도하여
5 이르되 하늘의 하나님 여호와 크고 두려우신 하나님이여 주를 사랑하고 주의 계명을 지키는 자에게 언약을 지키시며 긍휼을 베푸시는 주여 간구하나이다 출 20:6
6 이제 종이 주의 종들인 이스라엘 자손을 위하여 주야로 기도하오며 우리 이스라엘 자손이 주께 범죄한 죄들을 자복하오니 주는 귀를 기울이시며 눈을 여시사 종의 기도를 들으시옵소서 나와 내 아버지의 집이 범죄하여
7 주를 향하여 크게 악을 행하여 주께서 주의 종 모세에게 명령하신 계명과 율례와 규례를 지키지 아니하였나이다
8 옛적에 주께서 주의 종 모세에게 명령하여 이르시되 만일 너희가 범죄하면 내가 너희를 여러 나라 가운데에 흩을 것이요
9 만일 내게로 돌아와 내 계명을 지켜 행하면 너희 쫓긴 자가 하늘 끝에 있을지라도 내가 거기서부터 그들을 모아 내 이름을 두려고 택한 곳에 돌아오게 하리라 하신 말씀을 이제 청하건대 기억하옵소서
10 이들은 주께서 일찍이 큰 권능과 강한 손으로 구속하신 주의 종들이요 주의 백성이니이다
11 주여 구하오니 귀를 기울이사 종의 기도와 주의 이름을 경외하기를 기뻐하는 종들의 기도를 들으시고 오늘 종이 형통하여 이 사람 앞에서 은혜를 입게 하옵소서 하였나니 그때

Nehemiah's Prayer

1 The words of Nehemiah son of Hakaliah:
In the month of Kislev in the twentieth
2 year, while I was in the citadel of Susa, •Ha-
nani, one of my brothers, came from Judah
with some other men, and I questioned them
about the Jewish remnant that had survived
the exile, and also about Jerusalem.
3 •They said to me, "Those who survived the
exile and are back in the province are in great
trouble and disgrace. The wall of Jerusalem is
broken down, and its gates have been burned
with fire."
4 •When I heard these things, I sat down and
wept. For some days I mourned and fasted and
5 prayed before the God of heaven. •Then I
said:

"LORD, the God of heaven, the great and
awesome God, who keeps his covenant of
love with those who love him and keep his
6 commandments, •let your ear be attentive
and your eyes open to hear the prayer your
servant is praying before you day and
night for your servants, the people of Israel.
I confess the sins we Israelites, including
myself and my father's family, have com-
7 mitted against you. •We have acted very
wickedly toward you. We have not obeyed
the commands, decrees and laws you gave
your servant Moses.
8 •"Remember the instruction you gave
your servant Moses, saying, 'If you are un-
faithful, I will scatter you among the
9 nations, •but if you return to me and obey
my commands, then even if your exiled
people are at the farthest horizon, I will
gather them from there and bring them to
the place I have chosen as a dwelling for
my Name.'
10 •"They are your servants and your peo-
ple, whom you redeemed by your great
11 strength and your mighty hand. •Lord, let
your ear be attentive to the prayer of this
your servant and to the prayer of your ser-
vants who delight in revering your name.
Give your servant success today by granti-

에 내가 왕의 술 관원이 되었느니라 1:6

느헤미야가 예루살렘으로 가다 (♪ 387장)

2 아닥사스다 왕 제이십 년 니산 월에 왕 앞
에 포도주가 있기로 내가 그 포도주를 왕
에게 드렸는데 이전에는 내가 왕 앞에서 수
심이 없었더니
2 왕이 내게 이르시되 네가 병이 없거늘 어찌
하여 얼굴에 수심이 있느냐 이는 필연 네 마
음에 근심이 있음이로다 하더라 그때에 내가
크게 두려워하여
3 왕께 대답하되 왕은 만세수를 하옵소서 내
조상들의 묘실이 있는 성읍이 이제까지 황폐
하고 성문이 불탔사오니 내가 어찌 얼굴에
수심이 없사오리이까 하니
4 왕이 내게 이르시되 그러면 네가 무엇을 원
하느냐 하시기로 내가 곧 하늘의 하나님께
묵도하고
5 왕에게 아뢰되 왕이 만일 좋게 여기시고 종
이 왕의 목전에서 은혜를 얻었사오면 나를
유다 땅 나의 조상들의 묘실이 있는 성읍에
보내어 그 성을 건축하게 하옵소서 하였는데
6 그때에 왕후도 왕 곁에 앉아 있었더라 왕이
내게 이르시되 네가 몇 날에 다녀올 길이며
어느 때에 돌아오겠느냐 하고 왕이 나를 보
내기를 좋게 여기시기로 내가 기한을 정하
고 13:6
7 내가 또 왕에게 아뢰되 왕이 만일 좋게 여기
시거든 강 서쪽 총독들에게 내리시는 조서를
내게 주사 그들이 나를 용납하여 유다에 들
어가기까지 통과하게 하시고
8 또 왕의 삼림 감독 아삽에게 조서를 내리사
그가 성전에 속한 영문의 문과 성곽과 내가
들어갈 집을 위하여 들보로 쓸 재목을 내게
주게 하옵소서 하매 내 하나님의 선한 손이
나를 도우시므로 왕이 허락하고 스 7:6
9 군대 장관과 마병을 보내어 나와 함께하게
하시기로 내가 강 서쪽에 있는 총독들에게
이르러 왕의 조서를 전하였더니
10 호론 사람 산발랏과 종이었던 암몬 사람 도
비야가 이스라엘 자손을 흥왕하게 하려는 사
람이 왔다 함을 듣고 심히 근심하더라 4:1-3
11 내가 예루살렘에 이르러 머무른 지 사흘 만
에
12 내 하나님께서 예루살렘을 위해 무엇을 할
것인지 내 마음에 주신 것을 내가 아무에게
도 말하지 아니하고 밤에 일어나 몇몇 사람
과 함께 나갈새 내가 탄 짐승 외에는 다른 짐

느

ng him favor in the presence of this
man."

I was cupbearer to the king.

Artaxerxes Sends Nehemiah to Jerusalem

2 In the month of Nisan in the twentieth
year of King Artaxerxes, when wine was
brought for him, I took the wine and gave it to
the king. I had not been sad in his presence
2 before, •so the king asked me, "Why does
your face look so sad when you are not ill?
This can be nothing but sadness of heart."
3 I was very much afraid, •but I said to the
king, "May the king live forever! Why should
my face not look sad when the city where my
ancestors are buried lies in ruins, and its gates
have been destroyed by fire?"
4 •The king said to me, "What is it you
want?"
5 Then I prayed to the God of heaven, •and I
answered the king, "If it pleases the king and if
your servant has found favor in his sight, let
him send me to the city in Judah where my
ancestors are buried so that I can rebuild it."
6 •Then the king, with the queen sitting
beside him, asked me, "How long will your
journey take, and when will you get back?" It
pleased the king to send me; so I set a time.
7 •I also said to him, "If it pleases the king,
may I have letters to the governors of Trans-
Euphrates, so that they will provide me safe-
8 conduct until I arrive in Judah? •And may
I have a letter to Asaph, keeper of the royal
park, so he will give me timber to make
beams for the gates of the citadel by the tem-
ple and for the city wall and for the residence
I will occupy?" And because the gracious
hand of my God was on me, the king grant-
9 ed my requests. •So I went to the governors
of Trans-Euphrates and gave them the king's
letters. The king had also sent army officers
and cavalry with me.
10 •When Sanballat the Horonite and Tobiah
the Ammonite official heard about this, they
were very much disturbed that someone had
come to promote the welfare of the Israelites.

Nehemiah Inspects Jerusalem's Walls

11 •I went to Jerusalem, and after staying there
12 three days •I set out during the night with a
few others. I had not told anyone what my
God had put in my heart to do for Jerusalem.
There were no mounts with me except the

beam [biːm] *n.* 들보
cavalry [kǽvəlri] *n.* 기병(대)
cupbearer [kʌ́pbɛərər] *n.* 술 담당자
disturb [distə́ːrb] *vt.* 방해하다
governor [gʌ́vərnər] *n.* 통치자
gracious [gréiʃəs] *a.* 은혜로운
ill [il] *a.* 병든
journey [dʒə́ːrni] *n.* 행로
occupy [ákjupài] *vt.* 차지하다
promote [prəmóut] *vt.* 증진시키다
residence [rézədəns] *n.* 주거
sadness [sǽdnis] *n.* 슬픔
safe-conduct [seifkándʌkt] *n.* 안전 통행권
timber [tímbər] *n.* 목재
welfare [wélfɛər] *n.* 복지

1:11 grant ... favor: …에게 은총을 베풀다
1:11 in the presence of...: …의 앞에서
2:3 lie in ruins: 황폐하다
2:5 find favor in one's sight: …의 총애를 받다, 눈에 들다
2:6 set a time: 시간을 정하다

승이 없더라
13 그 밤에 골짜기 문으로 나가서 용정으로 분
문에 이르는 동안에 보니 예루살렘 성벽이
다 무너졌고 성문은 불탔더라
14 앞으로 나아가 샘문과 왕의 못에 이르러서는
탄 짐승이 지나갈 곳이 없는지라
15 그 밤에 시내를 따라 올라가서 성벽을 살펴
본 후에 돌아서 골짜기 문으로 들어와 돌아
왔으나
16 방백들은 내가 어디 갔었으며 무엇을 하였는
지 알지 못하였고 나도 그 일을 유다 사람들
에게나 제사장들에게나 귀족들에게나 방백
들에게나 그 외에 일하는 자들에게 알리지
아니하다가
17 후에 그들에게 이르기를 우리가 당한 곤경은
너희도 보고 있는 바라 예루살렘이 황폐하
고 성문이 불탔으니 자, 예루살렘 성을 건축
하여 다시 수치를 당하지 말자 하고 1:3
18 또 그들에게 하나님의 선한 손이 나를 도우
신 일과 왕이 내게 이른 말씀을 전하였더니
그들의 말이 일어나 건축하자 하고 모두 힘
을 내어 이 선한 일을 하려 하매
19 호론 사람 산발랏과 종이었던 암몬 사람 도
비야와 아라비아 사람 게셈이 이 말을 듣고
우리를 업신여기고 우리를 비웃어 이르되 너
희가 하는 일이 무엇이냐 너희가 왕을 배반
하고자 하느냐 하기로
20 내가 그들에게 대답하여 이르되 하늘의 하나
님이 우리를 형통하게 하시리니 그의 종들인
우리가 일어나 건축하려니와 오직 너희에게
는 예루살렘에서 아무 기업도 없고 권리도
없고 기억되는 바도 없다 하였느니라

예루살렘 성벽 중수 — B.C. 443년경

3 그때에 대제사장 엘리아십이 그의 형제 제
사장들과 함께 일어나 양문을 건축하여 성
별하고 문짝을 달고 또 성벽을 건축하여 함
메아 망대에서부터 하나넬 망대까지 성별하
였고
2 그 다음은 여리고 사람들이 건축하였고 또
그 다음은 이므리의 아들 삭굴이 건축하였으
며
3 어문은 하스나아의 자손들이 건축하여 그 들
보를 얹고 문짝을 달고 자물쇠와 빗장을 갖
추었고
4 그 다음은 학고스의 손자 우리야의 아들 므
레못이 중수하였고 그 다음은 므세사벨의 손
자 베레갸의 아들 므술람이 중수하였고 그

one I was riding on.
13 •By night I went out through the Valley
Gate toward the Jackal[a] Well and the Dung
Gate, examining the walls of Jerusalem, which
had been broken down, and its gates, which
14 had been destroyed by fire. •Then I moved
on toward the Fountain Gate and the King's
Pool, but there was not enough room for my
15 mount to get through; •so I went up the val-
ley by night, examining the wall. Finally, I
turned back and reentered through the Valley
16 Gate. •The officials did not know where I had
gone or what I was doing, because as yet I had
said nothing to the Jews or the priests or nobles
or officials or any others who would be doing
the work.
17 •Then I said to them, "You see the trouble
we are in: Jerusalem lies in ruins, and its gates
have been burned with fire. Come, let us
rebuild the wall of Jerusalem, and we will no
18 longer be in disgrace." •I also told them about
the gracious hand of my God on me and what
the king had said to me.
They replied, "Let us start rebuilding." So
they began this good work.
19 •But when Sanballat the Horonite, Tobiah
the Ammonite official and Geshem the Arab
heard about it, they mocked and ridiculed
us. "What is this you are doing?" they asked.
"Are you rebelling against the king?"
20 •I answered them by saying, "The God of
heaven will give us success. We his servants
will start rebuilding, but as for you, you have
no share in Jerusalem or any claim or historic
right to it."

Builders of the Wall

3 Eliashib the high priest and his fellow
priests went to work and rebuilt the Sheep
Gate. They dedicated it and set its doors in
place, building as far as the Tower of the Hun-
dred, which they dedicated, and as far as the
2 Tower of Hananel. •The men of Jericho built
the adjoining section, and Zakkur son of Imri
built next to them.
3 •The Fish Gate was rebuilt by the sons of
Hassenaah. They laid its beams and put its
4 doors and bolts and bars in place. •Meremoth
son of Uriah, the son of Hakkoz, repaired the
next section. Next to him Meshullam son of
Berekiah, the son of Meshezabel, made repairs,
and next to him Zadok son of Baana also

[a]13 Or *Serpent* or *Fig*

adjoin [ədʒɔ́in] *vt.* …에 인접하다
bar [ba:r] *n.* 빗장
bolt [boult] *n.* 걸쇠
claim [kleim] *n.* 요구할 권리, 자격
dedicate [dédikèit] *vt.* 바치다
examine [igzǽmin] *vt.* 검사하다
fountain [fáuntən] *n.* 샘
mock [mak] *vt.* 조롱하다
mount [maunt] *n.* 승용마
priest [pri:st] *n.* 사제
rebuild [ribíld] *vt.* 재건하다
reenter [riːéntər] *vt.* 다시 들어가다
ridicule [rídikjù:l] *vt.* 비웃다
ruin [rú:in] *n.* 폐허, 몰락
section [sékʃən] *n.* 부분

2:14 enough for...: …에 충분한
2:17 no longer...: 더 이상 …않다
2:19 rebel against...: …에 대항하여 반역을 꾀하다
3:1 as far as...: …까지
3:4 make repairs: 수리하다

다음은 바아나의 아들 사독이 중수하였고
5 그 다음은 드고아 사람들이 중수하였으나 그
귀족들은 그들의 주인들의 공사를 분담하지
아니하였으며
6 옛 문은 바세아의 아들 요야다와 브소드야의
아들 므술람이 중수하여 그 들보를 얹고 문
짝을 달고 자물쇠와 빗장을 갖추었고
7 그 다음은 기브온 사람 믈라댜와 메로놋 사
람 야돈이 강 서쪽 총독의 관할에 속한 기브
온 사람들 및 미스바 사람들과 더불어 중수
하였고
8 그 다음은 금장색 할해야의 아들 웃시엘 등
이 중수하였고 그 다음은 향품 장사 하나냐
등이 중수하되 그들이 예루살렘의 넓은 성벽
까지 하였고
9 그 다음은 예루살렘 지방의 절반을 다스리는
후르의 아들 르바야가 중수하였고
10 그 다음은 하루맙의 아들 여다야가 자기 집
과 마주 대한 곳을 중수하였고 그 다음은 하
삽느야의 아들 핫두스가 중수하였고
11 하림의 아들 말기야와 바핫모압의 아들 핫숩
이 한 부분과 화덕 망대를 중수하였고 12:38
12 그 다음은 예루살렘 지방 절반을 다스리는
할로헤스의 아들 살룸과 그의 딸들이 중수하
였고
13 골짜기 문은 하눈과 사노아 주민이 중수하여
문을 세우며 문짝을 달고 자물쇠와 빗장을
갖추고 또 분문까지 성벽 천 1)규빗을 중수하
였고
14 분문은 벧학게렘 지방을 다스리는 레갑의 아
들 말기야가 중수하여 문을 세우며 문짝을
달고 자물쇠와 빗장을 갖추었고
15 샘문은 미스바 지방을 다스리는 골호세의
아들 살룬이 중수하여 문을 세우고 덮었으
며 문짝을 달고 자물쇠와 빗장을 갖추고 또
왕의 동산 근처 셀라 못가의 성벽을 중수하
여 다윗 성에서 내려오는 층계까지 이르렀
고 2:14
16 그 다음은 벧술 지방 절반을 다스리는 아스
북의 아들 느헤미야가 중수하여 다윗의 묘실
과 마주 대한 곳에 이르고 또 파서 만든 못을
지나 용사의 집까지 이르렀고
17 그 다음은 레위 사람 바니의 아들 르훔이 중
수하였고 그 다음은 그일라 지방 절반을 다
스리는 하사뱌가 그 지방을 대표하여 중수하
였고
18 그 다음은 그들의 형제들 가운데 그일라 지

5 made repairs. •The next section was repaired
by the men of Tekoa, but their nobles would
not put their shoulders to the work under their
supervisors.[a]
6 •The Jeshanah[b] Gate was repaired by Joia-
da son of Paseah and Meshullam son of Be-
sodeiah. They laid its beams and put its doors
7 with their bolts and bars in place. •Next to
them, repairs were made by men from Gibeon
and Mizpah—Melatiah of Gibeon and Jadon
of Meronoth—places under the authority of
8 the governor of Trans-Euphrates. •Uzziel son
of Harhaiah, one of the goldsmiths, repaired
the next section; and Hananiah, one of the
perfume-makers, made repairs next to that.
They restored Jerusalem as far as the Broad
9 Wall. •Rephaiah son of Hur, ruler of a half-
district of Jerusalem, repaired the next sec-
10 tion. •Adjoining this, Jedaiah son of Haru-
maph made repairs opposite his house, and
Hattush son of Hashabneiah made repairs
11 next to him. •Malkijah son of Harim and
Hasshub son of Pahath-Moab repaired anoth-
12 er section and the Tower of the Ovens. •Shal-
lum son of Hallohesh, ruler of a half-district
of Jerusalem, repaired the next section with
the help of his daughters.
13 •The Valley Gate was repaired by Hanun
and the residents of Zanoah. They rebuilt it
and put its doors with their bolts and bars in
place. They also repaired a thousand cubits[c]
of the wall as far as the Dung Gate.
14 •The Dung Gate was repaired by Malkijah
son of Rekab, ruler of the district of Beth
Hakkerem. He rebuilt it and put its doors
with their bolts and bars in place.
15 •The Fountain Gate was repaired by Shallun
son of Kol-Hozeh, ruler of the district of Miz-
pah. He rebuilt it, roofing it over and putting
its doors and bolts and bars in place. He also
repaired the wall of the Pool of Siloam,[d] by the
King's Garden, as far as the steps going down
16 from the City of David. •Beyond him, Ne-
hemiah son of Azbuk, ruler of a half-district
of Beth Zur, made repairs up to a point oppo-
site the tombs[e] of David, as far as the artificial
pool and the House of the Heroes.
17 •Next to him, the repairs were made by the
Levites under Rehum son of Bani. Beside him,

[a]5 Or *their Lord* or *the governor* [b]6 Or *Old* [c]13 That is, about 1,500 feet or about 450 meters [d]15 Hebrew *Shelah*, a variant of *Shiloah*, that is, Siloam [e]16 Hebrew; Septuagint, some Vulgate manuscripts and Syriac *tomb*

1) 히, 암마

adjoining [ədʒɔ́iniŋ] *a.* 접해있는
authority [əθɔ́:rəti] *n.* 권한
beam [bi:m] *n.* 대들보
bolt [boult] *n.* 빗장
district [dístrikt] *n.* 지역
dung [dʌŋ] *n.* 똥
goldsmith [góuldsmiθ] *n.* 금세공인
governor [gʌ́vərnər] *n.* 총독
opposite [ápəzit] *a.* 맞은편의
repair [ripɛ́ər] *vt.* 수리하다
resident [rézədənt] *n.* 거주자
restore [ristɔ́:r] *vt.* 복구하다
ruler [rú:lər] *n.* 주권자
section [sékʃən] *n.* 부분
supervisor [sú:pərvàizər] *n.* 감독자

3:5 put one's shoulder to...: …에 열심을 다하다
3:10 next to...: …의 다음에는
3:14 in place: 제자리에 있는
3:15 go down: 내려가다
3:16 up to...: …에 이르기까지

방 절반을 다스리는 헤나닷의 아들 바왜가
중수하였고
19 그 다음은 미스바를 다스리는 예수아의 아들
에셀이 한 부분을 중수하여 성 굽이에 있는
군기고 맞은편까지 이르렀고
20 그 다음은 삽배의 아들 바룩이 한 부분을 힘
써 중수하여 성 굽이에서부터 대제사장 엘리
아십의 집 문에 이르렀고
21 그 다음은 학고스의 손자 우리야의 아들 므
레못이 한 부분을 중수하여 엘리아십의 집
문에서부터 엘리아십의 집 모퉁이에 이르렀
고
22 그 다음은 평지에 사는 제사장들이 중수하였
고
23 그 다음은 베냐민과 핫숩이 자기 집 맞은편
부분을 중수하였고 그 다음은 아나냐의 손자
마아세야의 아들 아사랴가 자기 집에서 가
까운 부분을 중수하였고
24 그 다음은 헤나닷의 아들 빈누이가 한 부분
을 중수하되 아사랴의 집에서부터 성 굽이를
지나 성 모퉁이에 이르렀고
25 우새의 아들 발랄은 성 굽이 맞은편과 왕의
윗 궁에서 내민 망대 맞은편 곧 시위청에서
가까운 부분을 중수하였고 그 다음은 바로스
의 아들 브다야가 중수하였고
26 (그때에 느디님 사람은 오벨에 거주하여 동
쪽 수문과 마주 대한 곳에서부터 내민 망대
까지 이르렀느니라)
7:46
27 그 다음은 드고아 사람들이 한 부분을 중수
하여 내민 큰 망대와 마주 대한 곳에서부터
오벨 성벽까지 이르렀느니라
28 ●마문 위로부터는 제사장들이 각각 자기 집
과 마주 대한 부분을 중수하였고
29 그 다음은 임멜의 아들 사독이 자기 집과
마주 대한 부분을 중수하였고 그 다음은 동
문지기 스가냐의 아들 스마야가 중수하였
고
30 그 다음은 셀레먀의 아들 하나냐와 살랍의
여섯째 아들 하눈이 한 부분을 중수하였고
그 다음은 베레갸의 아들 므술람이 자기의
방과 마주 대한 부분을 중수하였고
31 그 다음은 금장색 말기야가 함밉갓 문과 마
주 대한 부분을 중수하여 느디님 사람과 상
인들의 집에서부터 성 모퉁이 성루에 이르렀
고
32 성 모퉁이 성루에서 양문까지는 금장색과 상
인들이 중수하였느니라

Hashabiah, ruler of half the district of Keilah,
18 carried out repairs for his district. •Next to
him, the repairs were made by their fellow
Levites under Binnui [a]son of Henadad, ruler of
19 the other half-district of Keilah. •Next to him,
Ezer son of Jeshua, ruler of Mizpah, repaired
another section, from a point facing the ascent
to the armory as far as the angle of the wall.
20 •Next to him, Baruch son of Zabbai zealously
repaired another section, from the angle to the
entrance of the house of Eliashib the high
21 priest. •Next to him, Meremoth son of Uriah,
the son of Hakkoz, repaired another section,
from the entrance of Eliashib's house to the
end of it.
22 •The repairs next to him were made by the
23 priests from the surrounding region. •Beyond
them, Benjamin and Hasshub made repairs in
front of their house; and next to them, Azariah
son of Maaseiah, the son of Ananiah, made
24 repairs beside his house. •Next to him, Binnui
son of Henadad repaired another section, from
Azariah's house to the angle and the corner,
25 •and Palal son of Uzai worked opposite the
angle and the tower projecting from the upper
palace near the court of the guard. Next to
26 him, Pedaiah son of Parosh •and the temple
servants living on the hill of Ophel made
repairs up to a point opposite the Water Gate
toward the east and the projecting tower.
27 •Next to them, the men of Tekoa repaired
another section, from the great projecting
tower to the wall of Ophel.
28 •Above the Horse Gate, the priests made
repairs, each in front of his own house.
29 •Next to them, Zadok son of Immer made
repairs opposite his house. Next to him, She-
maiah son of Shekaniah, the guard at the
30 East Gate, made repairs. •Next to him, Hana-
niah son of Shelemiah, and Hanun, the sixth
son of Zalaph, repaired another section. Next
to them, Meshullam son of Berekiah made
31 repairs opposite his living quarters. •Next to
him, Malkijah, one of the goldsmiths, made
repairs as far as the house of the temple ser-
vants and the merchants, opposite the Inspec-
tion Gate, and as far as the room above the
32 corner; •and between the room above the
corner and the Sheep Gate the goldsmiths
and merchants made repairs.

[a]*18* Two Hebrew manuscripts and Syriac (see also Septuagint and verse 24); most Hebrew manuscripts *Bavvai*

above [əbʌ́v] *ad.* 위에
angle [ǽŋgl] *n.* 모서리
armory [á:rməri] *n.* 무기고
ascent [əsént] *n.* 오르막, 등반
court [kɔ:rt] *n.* 법정
entrance [éntrəns] *n.* 입구
face [feis] *vt.* 마주보다
guard [ga:rd] *n.* 호위대
inspection [inspékʃən] *n.* 감찰, 사찰
merchant [mə́:rtʃənt] *n.* 상인
palace [pǽlis] *n.* 궁전
projecting [prədʒéktiŋ] *a.* 튀어나온
quarter [kwɔ́:rtər] *n.* 구역
region [rí:dʒən] *n.* 지방, 지역
zealously [zéləsli] *ad.* 열광적으로

3:17 **carry out**: 실행하다
3:19 **as far as...**: …에 까지
3:20 **from A to B**: A부터 B에 이르기까지
3:23 **in front of...**: …의 앞에
3:28 **make repairs**: 수리하다

방해를 물리치다 (♪ 365장) — B.C. 443년경

4 산발랏이 우리가 성을 건축한다 함을 듣고
크게 분노하여 유다 사람들을 비웃으며
2 자기 형제들과 사마리아 군대 앞에서 일러
말하되 이 미약한 유다 사람들이 하는 일이
무엇인가, 스스로 견고하게 하려는가, 제사
를 드리려는가, 하루에 일을 마치려는가 불
탄 돌을 흙 무더기에서 다시 일으키려는가
하고
3 암몬 사람 도비야는 곁에 있다가 이르되 그
들이 건축하는 돌 성벽은 여우가 올라가도
곧 무너지리라 하더라 2:10
4 우리 하나님이여 들으시옵소서 우리가 업신
여김을 당하나이다 원하건대 그들이 욕하는
것을 자기들의 머리에 돌리사 노략거리가 되
어 이방에 사로잡히게 하시고
5 주 앞에서 그들의 악을 덮어 두지 마시며 그
들의 죄를 도말하지 마옵소서 그들이 건축하
는 자 앞에서 주를 노하시게 하였음이니이다
하고
6 이에 우리가 성을 건축하여 전부가 연결되고
높이가 절반에 이르렀으니 이는 백성이 마음
들여 일을 하였음이니라
7 ●산발랏과 도비야와 아라비아 사람들과 암
몬 사람들과 아스돗 사람들이 예루살렘 성이
중수되어 그 허물어진 틈이 메꾸어져 간다
함을 듣고 심히 분노하여
8 다 함께 꾀하기를 예루살렘으로 가서 치고
그곳을 요란하게 하자 하기로
9 우리가 우리 하나님께 기도하며 그들로 말미
암아 파수꾼을 두어 주야로 방비하는데
10 유다 사람들은 이르기를 흙 무더기가 아직도
많거늘 짐을 나르는 자의 힘이 다 빠졌으니
우리가 성을 건축하지 못하리라 하고
11 우리의 원수들은 이르기를 그들이 알지 못하
고 보지 못하는 사이에 우리가 그들 가운데
달려 들어가서 살륙하여 역사를 그치게 하리
라 하고
12 그 원수들의 근처에 거주하는 유다 사람들도
그 각처에서 와서 열 번이나 우리에게 말하
기를 너희가 우리에게로 와야 하리라 하기로
13 내가 성벽 뒤의 낮고 넓은 곳에 백성이 그들
의 종족을 따라 칼과 창과 활을 가지고 서 있
게 하고
14 내가 돌아본 후에 일어나서 귀족들과 민장들
과 남은 백성에게 말하기를 너희는 그들을
두려워하지 말고 지극히 크시고 두려우신 주

Opposition to the Rebuilding

4 [a] When Sanballat heard that we were
rebuilding the wall, he became angry
and was greatly incensed. He ridiculed the
2 Jews, ●and in the presence of his associates
and the army of Samaria, he said, "What are
those feeble Jews doing? Will they restore their
wall? Will they offer sacrifices? Will they finish
in a day? Can they bring the stones back to life
from those heaps of rubble—burned as they
are?"
3 ●Tobiah the Ammonite, who was at his
side, said, "What they are building—even a
fox climbing up on it would break down their
wall of stones!"
4 ●Hear us, our God, for we are despised. Turn
their insults back on their own heads. Give
them over as plunder in a land of captivity.
5 ●Do not cover up their guilt or blot out their
sins from your sight, for they have thrown
insults in the face of[b] the builders.
6 ●So we rebuilt the wall till all of it reached
half its height, for the people worked with all
their heart.
7 ●But when Sanballat, Tobiah, the Arabs,
the Ammonites and the people of Ashdod
heard that the repairs to Jerusalem's walls had
gone ahead and that the gaps were being
8 closed, they were very angry. ●They all plotted
together to come and fight against Jerusalem
9 and stir up trouble against it. ●But we prayed
to our God and posted a guard day and night
to meet this threat.
10 ●Meanwhile, the people in Judah said, "The
strength of the laborers is giving out, and
there is so much rubble that we cannot re-
build the wall."
11 ●Also our enemies said, "Before they know
it or see us, we will be right there among them
and will kill them and put an end to the
work."
12 ●Then the Jews who lived near them came
and told us ten times over, "Wherever you
turn, they will attack us."
13 ●Therefore I stationed some of the people
behind the lowest points of the wall at the
exposed places, posting them by families,
14 with their swords, spears and bows.●After I
looked things over, I stood up and said to the

[a]In Hebrew texts 4:1-6 is numbered 3:33-38, and 4:7-23 is numbered 4:1-17. [b]5 Or *have aroused your anger before*

associate [əsóuʃièit] *n.* 동료
despise [dispáiz] *vt.* 경멸하다
exposed [ikspóuzd] *a.* 드러난
feeble [fi:bl] *a.* 연약한
heap [hi:p] *n.* 무더기, 더미
incense [inséns] *vt.* 성나게 하다
insult [insʌ́lt] *n.* 모욕
laborer [léibərər] *n.* 노동자
plot [plat] *vt.* 음모하다
plunder [plʌ́ndər] *n.* 약탈품
post [poust] *n.* 배치하다
ridicule [rídikjù:l] *vt.* 비웃다
rubble [rʌ́bl] *n.* 파편
sacrifice [sǽkrəfàis] *n.* 제사
threat [θret] *n.* 위협

4:4 give A over as B: A를 B로 넘겨주다
4:5 cover up: (범죄 등을) 은폐하다
4:5 blot out: 지우다, 가리다
4:8 stir up: 뒤흔들다, 일으키다
4:10 give out: (힘이) 다하다, 없어지다

를 기억하고 너희 형제와 자녀와 아내와 집
을 위하여 싸우라 하였느니라
15 ●우리의 대적이 우리가 그들의 의도를 눈치
챘다 함을 들으니라 하나님이 그들의 꾀를
폐하셨으므로 우리가 다 성에 돌아와서 각각
일하였는데
16 그때로부터 내 수하 사람들의 절반은 일하고
절반은 갑옷을 입고 창과 방패와 활을 가졌
고 민장은 유다 온 족속의 뒤에 있었으며
17 성을 건축하는 자와 짐을 나르는 자는 다 각
각 한 손으로 일을 하며 한 손에는 병기를 잡
았는데
18 건축하는 자는 각각 허리에 칼을 차고 건축
하며 나팔 부는 자는 내 곁에 섰었느니라
19 내가 귀족들과 민장들과 남은 백성에게 이르
기를 이 공사는 크고 넓으므로 우리가 성에
서 떨어져 거리가 먼즉
20 너희는 어디서든지 나팔 소리를 듣거든 그리
로 모여서 우리에게로 나아오라 우리 하나님
이 우리를 위하여 싸우시리라 하였느니라
21 ●우리가 이같이 공사하는데 무리의 절반은
동틀 때부터 별이 나기까지 창을 잡았으며
22 그때에 내가 또 백성에게 말하기를 사람마다
그 종자와 함께 예루살렘 안에서 잘지니 밤
에는 우리를 위하여 파수하겠고 낮에는 일하
리라 하고
23 나나 내 형제들이나 종자들이나 나를 따라
파수하는 사람들이나 우리가 다 우리의 옷을
벗지 아니하였으며 물을 길으러 갈 때에도
각각 병기를 잡았느니라

가난한 백성이 부르짖다 (♪427장)
— B.C. 443년경

5 그때에 백성들이 그들의 아내와 함께 크게
부르짖어 그들의 형제인 유다 사람들을 원
망하는데
2 어떤 사람은 말하기를 우리와 우리 자녀가
많으니 양식을 얻어 먹고 살아야 하겠다 하
고
3 어떤 사람은 말하기를 우리가 밭과 포도원과
집이라도 저당 잡히고 이 흉년에 곡식을 얻
자 하고
4 어떤 사람은 말하기를 우리는 밭과 포도원으
로 돈을 빚내서 왕에게 세금을 바쳤도다
5 우리 육체도 우리 형제의 육체와 같고 우리
자녀도 그들의 자녀와 같거늘 이제 우리 자
녀를 종으로 파는도다 우리 딸 중에 벌써 종
된 자가 있고 우리의 밭과 포도원이 이미 남

nobles, the officials and the rest of the peo-
ple, "Don't be afraid of them. Remember the
Lord, who is great and awesome, and fight
for your families, your sons and your daugh-
ters, your wives and your homes."
15 ●When our enemies heard that we were
aware of their plot and that God had frus-
trated it, we all returned to the wall, each to
our own work.
16 ●From that day on, half of my men did the
work, while the other half were equipped
with spears, shields, bows and armor. The
officers posted themselves behind all the peo-
17 ple of Judah ●who were building the wall.
Those who carried materials did their work
with one hand and held a weapon in the
18 other, ●and each of the builders wore his
sword at his side as he worked. But the man
who sounded the trumpet stayed with me.
19 ●Then I said to the nobles, the officials and
the rest of the people, "The work is extensive
and spread out, and we are widely separated
20 from each other along the wall. ●Wherever
you hear the sound of the trumpet, join us
there. Our God will fight for us!"
21 ●So we continued the work with half the
men holding spears, from the first light of
22 dawn till the stars came out. ●At that time I
also said to the people, "Have every man and
his helper stay inside Jerusalem at night, so
they can serve us as guards by night and as
23 workers by day." ●Neither I nor my brothers
nor my men nor the guards with me took off
our clothes; each had his weapon, even when
he went for water.[a]

Nehemiah Helps the Poor

5 Now the men and their wives raised a
great outcry against their fellow Jews.
2 ●Some were saying, "We and our sons and
daughters are numerous; in order for us to eat
and stay alive, we must get grain."
3 ●Others were saying, "We are mortgaging
our fields, our vineyards and our homes to
get grain during the famine."
4 ●Still others were saying, "We have had to
borrow money to pay the king's tax on our
5 fields and vineyards. ●Although we are of
the same flesh and blood as our fellow Jews
and though our children are as good as
theirs, yet we have to subject our sons and

[a]23 The meaning of the Hebrew for this clause is uncertain.

armor [á:rmər] *n.* 갑옷
awesome [ɔ́:səm] *a.* 두렵게 하는
borrow [bárou] *vt.* 빌리다
extensive [iksténsiv] *a.* 광대한
famine [fǽmin] *n.* 기근
flesh [fleʃ] *n.* 살, 육체
frustrate [frʌ́streit] *vt.* 좌절시키다
material [mətíəriəl] *n.* 재료
mortgage [mɔ́:rgidʒ] *vt.* 저당잡히다
numerous [njú:mərəs] *a.* 다수의
outcry [áutkrài] *n.* 부르짖음
shield [ʃi:ld] *n.* 방패
spear [spiər] *n.* 창, 투창
subject [sʌ́bdʒikt] *vt.* 복종시키다
widely [wáidli] *ad.* 넓게

4:15 be aware of...: …를 알다
4:16 from that day on: 그날 이래로
4:16 be equipped with...: …을 갖추고 있다
4:19 spread out: 범위를 넓히다
4:19 separate from...: …로부터 떨어지다
4:23 neither A nor B: A도 B도 아니다

의 것이 되었으나 우리에게는 아무런 힘이
없도다 하더라
6 ● 내가 백성의 부르짖음과 이런 말을 듣고
크게 노하였으나
7 깊이 생각하고 귀족들과 민장들을 꾸짖어 그
들에게 이르기를 너희가 각기 형제에게 높은
이자를 취하는도다 하고 대회를 열고 그들을
쳐서
8 그들에게 이르기를 우리는 이방인의 손에
팔린 우리 형제 유다 사람들을 우리의 힘을
다하여 도로 찾았거늘 너희는 너희 형제를
팔고자 하느냐 더구나 우리의 손에 팔리게
하겠느냐 하매 그들이 잠잠하여 말이 없기
로 레 25:46
9 내가 또 이르기를 너희의 소행이 좋지 못하
도다 우리의 대적 이방 사람의 비방을 생각
하고 우리 하나님을 경외하는 가운데 행할
것이 아니냐
10 나와 내 형제와 종자들도 역시 돈과 양식을
백성에게 꾸어 주었거니와 우리가 그 이자
받기를 그치자 5:7
11 그런즉 너희는 그들에게 오늘이라도 그들의
밭과 포도원과 감람원과 집이며 너희가 꾸어
준 돈이나 양식이나 새 포도주나 기름의 백
분의 일을 돌려보내라 하였더니
12 그들이 말하기를 우리가 당신의 말씀대로 행
하여 돌려보내고 그들에게서 아무것도 요구
하지 아니하리이다 하기로 내가 제사장들을
불러 그들에게 그 말대로 행하겠다고 맹세하
게 하고
13 내가 옷자락을 털며 이르기를 이 말대로 행
하지 아니하는 자는 모두 하나님이 또한 이
와 같이 그 집과 산업에서 털어 버리실지니
그는 곧 이렇게 털려서 빈손이 될지로다 하
매 회중이 다 아멘 하고 여호와를 찬송하고
백성들이 그 말한 대로 행하였느니라 행 18:6

느헤미야가 총독의 녹을 받지 아니하다

14 ● 또한 유다 땅 총독으로 세움을 받은 때 곧
아닥사스다 왕 제이십 년부터 제삼십이 년까
지 십이 년 동안은 나와 내 형제들이 총독의
녹을 먹지 아니하였느니라
15 나보다 먼저 있었던 총독들은 백성에게서,
양식과 포도주와 또 은 사십 세겔을 그들에
게서 빼앗았고 또한 그들의 종자들도 백성을
압제하였으나 나는 하나님을 경외하므로 이
같이 행하지 아니하고 5:9
16 도리어 이 성벽 공사에 힘을 다하며 땅을 사

daughters to slavery. Some of our daughters
have already been enslaved, but we are pow-
erless, because our fields and our vineyards
belong to others."
6 ● When I heard their outcry and these
7 charges, I was very angry. ● I pondered them
in my mind and then accused the nobles
and officials. I told them, "You are charging
your own people interest!" So I called togeth-
8 er a large meeting to deal with them ● and
said: "As far as possible, we have bought back
our fellow Jews who were sold to the Gentiles.
Now you are selling your own people, only for
them to be sold back to us!" They kept quiet,
because they could find nothing to say.
9 ● So I continued, "What you are doing is
not right. Shouldn't you walk in the fear of
our God to avoid the reproach of our Gentile
10 enemies? ● I and my brothers and my men
are also lending the people money and grain.
11 But let us stop charging interest! ● Give back
to them immediately their fields, vineyards,
olive groves and houses, and also the interest
you are charging them—one percent of the
money, grain, new wine and olive oil."
12 ● "We will give it back," they said. "And we
will not demand anything more from them.
We will do as you say."
Then I summoned the priests and made the
nobles and officials take an oath to do what
13 they had promised. ● I also shook out the folds
of my robe and said, "In this way may God
shake out of their house and possessions any-
one who does not keep this promise. So may
such a person be shaken out and emptied!"
At this the whole assembly said, "Amen,"
and praised the LORD. And the people did as
they had promised.
14 ● Moreover, from the twentieth year of King
Artaxerxes, when I was appointed to be their
governor in the land of Judah, until his thirty-
second year—twelve years—neither I nor my
brothers ate the food allotted to the governor.
15 ● But the earlier governors—those preceding
me—placed a heavy burden on the people
and took forty shekels[a] of silver from them in
addition to food and wine. Their assistants
also lorded it over the people. But out of rever-
16 ence for God I did not act like that. ● Instead, I
devoted myself to the work on this wall. All
my men were assembled there for the work;

[a]15 That is, about 1 pound or about 460 grams

accuse [əkjú:z] *vt.* 책망하다
allot [əlát] *vt.* 할당하다
charge [tʃa:rdʒ] *n.* 고소, 고발
demand [dimǽnd] *vt.* 요구하다
enslave [insléiv] *vt.* 노예로 만들다
fold [fould] *n.* 접은 자리, 주름
grove [grouv] *n.* 과수원
immediately [imí:diətli] *ad.* 즉시
ponder [pándər] *vt.* 숙고하다
possession [pəzéʃən] *n.* 소유
precede [prisí:d] *vt.* 앞서다
reproach [ripróutʃ] *n.* 비난
reverence [révərəns] *n.* 경외
robe [roub] *n.* 옷, 의복
summon [sʌ́mən] *vt.* 소환하다

5:7 deal with...: …를 다루다
5:9 in the fear of...: …을 두려워
5:12 take an oath: 맹세하다
5:13 shake out: 털어내다
5:15 in addition to...: …에 덧붙여
5:15 lord over...: …을 지배하다

지 아니하였고 내 모든 종자들도 모여서 일
을 하였으며
17 또 내 상에는 유다 사람들과 민장들 백오십
명이 있고 그 외에도 우리 주위에 있는 이방
족속들 중에서 우리에게 나아온 자들이 있었
는데
18 매일 나를 위하여 소 한 마리와 살진 양 여섯
마리를 준비하며 닭도 많이 준비하고 열흘
에 한 번씩은 각종 포도주를 갖추었나니 비
록 이같이 하였을지라도 내가 총독의 녹을
요구하지 아니하였음은 이 백성의 부역이 중
함이었더라
19 내 하나님이여 내가 이 백성을 위하여 행한
모든 일을 기억하사 내게 은혜를 베푸시옵소
서

느헤미야에 대한 음모 (♪ 357장) — B.C. 443년경

6 산발랏과 도비야와 아라비아 사람 게셈과
그 나머지 우리의 원수들이 내가 성벽을
건축하여 허물어진 틈을 남기지 아니하였다
함을 들었는데 그때는 내가 아직 성문에 문
짝을 달지 못한 때였더라
2 산발랏과 게셈이 내게 사람을 보내어 이르기
를 오라 우리가 오노 평지 한 촌에서 서로 만
나자 하니 실상은 나를 해하고자 함이었더라
3 내가 곧 그들에게 사자들을 보내어 이르기를
내가 이제 큰 역사를 하니 내려가지 못하겠
노라 어찌하여 역사를 중지하게 하고 너희에
게로 내려가겠느냐 하매
4 그들이 네 번이나 이같이 내게 사람을 보내
되 나는 꼭 같이 대답하였더니
5 산발랏이 다섯 번째는 그 종자의 손에 봉하
지 않은 편지를 들려 내게 보냈는데
6 그 글에 이르기를 이방 중에도 소문이 있고
가스무도 말하기를 너와 유다 사람들이 모반
하려 하여 성벽을 건축한다 하나니 네가 그
말과 같이 왕이 되려 하는도다
7 또 네가 선지자를 세워 예루살렘에서 너를
들어 선전하기를 유다에 왕이 있다 하게 하
였으니 지금 이 말이 왕에게 들릴지라 그런
즉 너는 이제 오라 함께 의논하자 하였기로
8 내가 사람을 보내어 그에게 이르기를 네가
말한 바 이런 일은 없는 일이요 네 마음에서
지어낸 것이라 하였나니
9 이는 그들이 다 우리를 두렵게 하고자 하여
말하기를 그들의 손이 피곤하여 역사를 중지
하고 이루지 못하리라 함이라 이제 내 손을
힘있게 하옵소서 하였노라

we[a] did not acquire any land.
17 • Furthermore, a hundred and fifty Jews and
officials ate at my table, as well as those who
came to us from the surrounding nations.
18 • Each day one ox, six choice sheep and some
poultry were prepared for me, and every ten
days an abundant supply of wine of all kinds.
In spite of all this, I never demanded the food
allotted to the governor, because the demands
were heavy on these people.
19 • Remember me with favor, my God, for
all I have done for these people.

Further Opposition to the Rebuilding

6 When word came to Sanballat, Tobiah,
Geshem the Arab and the rest of our ene-
mies that I had rebuilt the wall and not a gap
was left in it — though up to that time I had
2 not set the doors in the gates — • Sanballat and
Geshem sent me this message: "Come, let us
meet together in one of the villages[b] on the
plain of Ono."
3 But they were scheming to harm me; • so I
sent messengers to them with this reply: "I
am carrying on a great project and cannot go
down. Why should the work stop while I
4 leave it and go down to you?" • Four times
they sent me the same message, and each
time I gave them the same answer.
5 • Then, the fifth time, Sanballat sent his aide
to me with the same message, and in his hand
6 was an unsealed letter • in which was written:

"It is reported among the nations —
and Geshem[c] says it is true — that you and
the Jews are plotting to revolt, and there-
fore you are building the wall. Moreover,
according to these reports you are about
7 to become their king • and have even
appointed prophets to make this procla-
mation about you in Jerusalem: 'There is a
king in Judah!' Now this report will get
back to the king; so come, let us meet
together."

8 • I sent him this reply: "Nothing like what
you are saying is happening; you are just
making it up out of your head."
9 • They were all trying to frighten us, think-
ing, "Their hands will get too weak for the
work, and it will not be completed."
But I prayed, "Now strengthen my hands."

[a]16 Most Hebrew manuscripts; some Hebrew manuscripts, Septuagint, Vulgate and Syriac / [b]2 Or *in Kephirim* [c]6 Hebrew *Gashmu*, a variant of *Geshem*

abundant [əbʌ́ndənt] *a.* 풍족한
acquire [əkwáiər] *vt.* 획득하다
complete [kəmplíːt] *vt.* 완성하다
furthermore [fə́ːrðərmɔ̀ːr] *ad.* 더욱이
gap [gæp] *n.* 결함, 구멍
harm [haːrm] *n.* 해, 해악
plain [plein] *n.* 평지
plot [plat] *vi.* 음모하다
poultry [póultri] *n.* 가금, 새(닭)고기
proclamation [prɑ̀kləméiʃən] *n.* 선언
prophet [prɑ́fit] *n.* 선지자
revolt [rivóult] *vi.* 반역하다
scheme [skiːm] *vi.* 음모를 꾸미다
strengthen [stréŋkθən] *vt.* 강하게 하다
unsealed [ʌ̀nsíːld] *a.* 봉하지 않은

5:17 as well as...: …에 더하여
5:18 in spite of...: …에도 불구하고
6:3 carry on: (꺾이지 않고) 계속하다
6:4 each time: 매번, 언제나
6:6 according to...: …에 따라
6:8 make up: 만들어 내다

10 ●이후에 므헤다벨의 손자 들라야의 아들 스
마야가 두문불출 하기로 내가 그 집에 가니
그가 이르기를 그들이 너를 죽이러 올 터이
니 우리가 하나님의 전으로 가서 외소 안에
머물고 그 문을 닫자 저들이 반드시 밤에 와
서 너를 죽이리라 하기로
11 내가 이르기를 나 같은 자가 어찌 도망하며
나 같은 몸이면 누가 외소에 들어가서 생명
을 보존하겠느냐 나는 들어가지 않겠노라 하
고
12 깨달은즉 그는 하나님께서 보내신 바가 아니
라 도비야와 산발랏에게 뇌물을 받고 내게
이런 예언을 함이라
13 그들이 뇌물을 준 까닭은 나를 두렵게 하고
이렇게 함으로 범죄하게 하고 악한 말을 지
어 나를 비방하려 함이었느니라
14 내 하나님이여 도비야와 산발랏과 여선지 노
아댜와 그 남은 선지자들 곧 나를 두렵게 하
고자 한 자들의 소행을 기억하옵소서 하였노
라

성벽 공사가 끝나다

15 ●성벽 역사가 오십이 일 만인 엘룰 월 이십
오 일에 끝나매
16 우리의 모든 대적과 주위에 있는 이방 족속
들이 이를 듣고 다 두려워하여 크게 낙담하
였으니 그들이 우리 하나님께서 이 역사를
이루신 것을 앎이니라
17 또한 그때에 유다의 귀족들이 여러 번 도비
야에게 편지하였고 도비야의 편지도 그들에
게 이르렀으니
18 도비야는 아라의 아들 스가냐의 사위가 되었
고 도비야의 아들 여호하난도 베레갸의 아들
므술람의 딸을 아내로 맞이하였으므로 유다
에서 그와 동맹한 자가 많음이라
19 그들이 도비야의 선행을 내 앞에 말하고 또
내 말도 그에게 전하매 도비야가 내게 편지
하여 나를 두렵게 하고자 하였느니라

느헤미야가 지도자들을 세우다

7 성벽이 건축되매 문짝을 달고 문지기와 노
래하는 자들과 레위 사람들을 세운 후에
2 내 아우 하나니와 영문의 관원 하나냐가 함
께 예루살렘을 다스리게 하였는데 하나냐는
충성스러운 사람이요 하나님을 경외함이 무
리 중에서 뛰어난 자라
3 내가 그들에게 이르기를 해가 높이 뜨기 전
에는 예루살렘 성문을 열지 말고 아직 파수
할 때에 곧 문을 닫고 빗장을 지르며 또 예루

10 ●One day I went to the house of Shemaiah
son of Delaiah, the son of Mehetabel, who was
shut in at his home. He said, "Let us meet in
the house of God, inside the temple, and let us
close the temple doors, because men are com-
ing to kill you—by night they are coming to
kill you."
11 ●But I said, "Should a man like me run
away? Or should someone like me go into the
12 temple to save his life? I will not go!" ●I real-
ized that God had not sent him, but that he
had prophesied against me because Tobiah
13 and Sanballat had hired him. ●He had been
hired to intimidate me so that I would com-
mit a sin by doing this, and then they would
give me a bad name to discredit me.
14 ●Remember Tobiah and Sanballat, my
God, because of what they have done; re-
member also the prophet Noadiah and how
she and the rest of the prophets have been
15 trying to intimidate me. ●So the wall was
completed on the twenty-fifth of Elul, in
fifty-two days.

Opposition to the Completed Wall

16 ●When all our enemies heard about this, all
the surrounding nations were afraid and lost
their self-confidence, because they realized that
this work had been done with the help of our
God.
17 ●Also, in those days the nobles of Judah
were sending many letters to Tobiah, and
replies from Tobiah kept coming to them.
18 ●For many in Judah were under oath to him,
since he was son-in-law to Shekaniah son of
Arah, and his son Jehohanan had married the
daughter of Meshullam son of Berekiah.
19 ●Moreover, they kept reporting to me his
good deeds and then telling him what I said.
And Tobiah sent letters to intimidate me.

7 After the wall had been rebuilt and I had
set the doors in place, the gatekeepers,
the musicians and the Levites were appoint-
2 ed. ●I put in charge of Jerusalem my brother
Hanani, along with Hananiah the comman-
der of the citadel, because he was a man of
integrity and feared God more than most
3 people do. ●I said to them, "The gates of
Jerusalem are not to be opened until the sun
is hot. While the gatekeepers are still on duty,
have them shut the doors and bar them. Also
appoint residents of Jerusalem as guards,

appoint [əpɔ́int] *vt.* 임명하다
citadel [sítədl] *n.* 성
commander [kəmǽndər] *n.* 사령관
deed [diːd] *n.* 행위
discredit [diskrédit] *vt.* 의심하다
gatekeeper [géitkìːpər] *n.* 문지기
hire [haiər] *vt.* 고용하다
integrity [intégrəti] *n.* 성실
intimidate [intímədèit] *vt.* 협박하다
oath [ouθ] *n.* 서약
prophesy [prɑ́fəsài] *vi.* 예언하다
realize [ríːəlàiz] *vt.*깨닫다
resident [rézədnt] *n.* 거주자
self-confidence [sèlfkɑ́nfidəns] *n.* 자신
son-in-law [sʌninlɔ̀ː] *n.* 사위

6:10 be shut in at...: …에서 나오지 않다
6:11 run away: 도망가다
6:13 commit a sin: 죄를 짓다
6:16 hear about...: …에 관해 듣다
7:2 put in charge of...: …에 대한 책임을 맡기다

살렘 주민이 각각 자기가 지키는 곳에서 파
수하되 자기 집 맞은편을 지키게 하라 하였
노니
4 그 성읍은 광대하고 그 주민은 적으며 가옥
은 미처 건축하지 못하였음이니라

포로에서 돌아온 사람들 (스 2:1-70)

5 ●내 하나님이 내 마음을 감동하사 귀족들과
민장들과 백성을 모아 그 계보대로 등록하게
하시므로 내가 처음으로 돌아온 자의 계보
를 얻었는데 거기에 기록된 것을 보면
6 옛적에 바벨론 왕 느부갓네살에게 사로잡혀
갔던 자들 중에서 놓임을 받고 예루살렘과
유다에 돌아와 각기 자기들의 성읍에 이른
자들 곧
7 스룹바벨과 예수아와 느헤미야와 아사랴와
라아마와 나하마니와 모르드개와 빌산과 미
스베렛과 비그왜와 느훔과 바아나와 함께 나
온 이스라엘 백성의 명수가 이러하니라 스 2:2
8 바로스 자손이 이천백칠십이 명이요
9 스바댜 자손이 삼백칠십이 명이요
10 아라 자손이 육백오십이 명이요
11 바핫모압 자손 곧 예수아와 요압 자손이 이
천팔백십팔 명이요
12 엘람 자손이 천이백오십사 명이요
13 삿두 자손이 팔백사십오 명이요
14 삭개 자손이 칠백육십 명이요
15 빈누이 자손이 육백사십팔 명이요
16 브배 자손이 육백이십팔 명이요
17 아스갓 자손이 이천삼백이십이 명이요 스 2:12
18 아도니감 자손이 육백육십칠 명이요
19 비그왜 자손이 이천육십칠 명이요
20 아딘 자손이 육백오십오 명이요
21 아델 자손 곧 히스기야 자손이 구십팔 명이
요
22 하숨 자손이 삼백이십팔 명이요
23 베새 자손이 삼백이십사 명이요
24 하립 자손이 백십이 명이요
25 기브온 사람이 구십오 명이요
26 베들레헴과 느도바 사람이 백팔십팔 명이요
27 아나돗 사람이 백이십팔 명이요 스 2:23
28 벧아스마웻 사람이 사십이 명이요
29 기럇여아림과 그비라와 브에롯 사람이 칠백
사십삼 명이요
30 라마와 게바 사람이 육백이십일 명이요
31 믹마스 사람이 백이십이 명이요
32 벧엘과 아이 사람이 백이십삼 명이요
33 기타 느보 사람이 오십이 명이요

some at their posts and some near their own
houses."

The List of the Exiles Who Returned

4 ●Now the city was large and spacious, but
there were few people in it, and the houses had
5 not yet been rebuilt. ●So my God put it into
my heart to assemble the nobles, the officials
and the common people for registration by
families. I found the genealogical record of
those who had been the first to return. This is
what I found written there:

6 ●These are the people of the province
who came up from the captivity of the
exiles whom Nebuchadnezzar king of
Babylon had taken captive (they return-
ed to Jerusalem and Judah, each to his
7 own town, ●in company with Zerubba-
bel, Joshua, Nehemiah, Azariah, Raami-
ah, Nahamani, Mordecai, Bilshan, Mis-
pereth, Bigvai, Nehum and Baanah):
The list of the men of Israel:

8 ●the descendants of Parosh 2,172
9 ●of Shephatiah 372
10 ●of Arah 652
11 ●of Pahath-Moab (through the
line of Jeshua and Joab) 2,818
12 ●of Elam 1,254
13 ●of Zattu 845
14 ●of Zakkai 760
15 ●of Binnui 648
16 ●of Bebai 628
17 ●of Azgad 2,322
18 ●of Adonikam 667
19 ●of Bigvai 2,067
20 ●of Adin 655
21 ●of Ater (through Hezekiah) 98
22 ●of Hashum 328
23 ●of Bezai 324
24 ●of Hariph 112
25 ●of Gibeon 95
26 ●the men of Bethlehem and Netophah 188
27 ●of Anathoth 128
28 ●of Beth Azmaveth 42
29 ●of Kiriath Jearim, Kephirah
and Beeroth 743
30 ●of Ramah and Geba 621
31 ●of Mikmash 122
32 ●of Bethel and Ai 123
33 ●of the other Nebo 52
34 ●of the other Elam 1,254

assemble [əsémbl] *vt.* 모으다
captive [kǽptiv] *n.* 포로
common [kámən] *a.* 보통의
descendant [diséndənt] *n.* 자손
family [fǽməli] *n.* 가구, 세대
genealogical [dʒìːniəlάdʒikəl] *a.* 가계의
noble [nóubl] *n.* 귀족
official [əfíʃəl] *n.* 공무원
post [poust] *vt.* 보초를 세우다
province [právins] *n.* 지방
rebuild [riːbíld] *vt.* 재건하다
registration [rèdʒistréiʃən] *n.* 등록
return [ritə́ːrn] *vi.* 돌아오다
spacious [spéiʃəs] *a.* 드넓은
through [θruː] *prep.* …를 통하여

7:5 put into: 주입하다
7:6 come up: 올라가다
7:7 in company with...: …과 함께
7:8 the descendant of...: …의 자손
7:11 through the line of...: …의 계보를 통하여

34 기타 엘람 자손이 천이백오십사 명이요
35 하림 자손이 삼백이십 명이요
36 여리고 자손이 삼백사십오 명이요
37 로드와 하딧과 오노 자손이 칠백이십일 명
이요
38 스나아 자손이 삼천구백삼십 명이었느니
라
39 ●제사장들은 예수아의 집 여다야 자손이
구백칠십삼 명이요
40 임멜 자손이 천오십이 명이요
41 바스훌 자손이 천이백사십칠 명이요
42 하림 자손이 천십칠 명이었느니라
43 ●레위 사람들은 호드야 자손 곧 예수아와
갓미엘 자손이 칠십사 명이요
44 노래하는 자들은 아삽 자손이 백사십팔 명
이요
45 문지기들은 살룸 자손과 아델 자손과 달문
자손과 악굽 자손과 하디다 자손과 소배 자
손이 모두 백삼십팔 명이었느니라 스 2:42
46 ●느디님 사람들은 시하 자손과 하수바 자
손과 답바옷 자손과
47 게로스 자손과 시아 자손과 바돈 자손과
48 르바나 자손과 하가바 자손과 살매 자손과
49 하난 자손과 깃델 자손과 가할 자손과
50 르아야 자손과 르신 자손과 느고다 자손과
51 갓삼 자손과 웃사 자손과 바세아 자손과
52 베새 자손과 므우님 자손과 느비스심 자손
과
53 박북 자손과 하그바 자손과 할훌 자손과
54 바슬릿 자손과 므히다 자손과 하르사 자손
과
55 바르고스 자손과 시스라 자손과 데마 자손
과
56 느시야 자손과 하디바 자손이었느니라
57 ●솔로몬의 신하의 자손은 소대 자손과 소
베렛 자손과 브리다 자손과
58 야알라 자손과 다르곤 자손과 깃델 자손과
59 스바댜 자손과 핫딜 자손과 보게렛하스바
임 자손과 아몬 자손이니
60 모든 느디님 사람과 솔로몬의 신하의 자손
이 삼백구십이 명이었느니라 7:46-59
61 ●델멜라와 델하르사와 그룹과 앗돈과 임
멜로부터 올라온 자가 있으나 그들의 종족
이나 계보가 이스라엘에 속하였는지는 증
거할 수 없으니
62 그들은 *들라야* 자손과 도비야 자손과 느고
다 자손이라 모두가 육백사십이 명이요

35 •of Harim 320
36 •of Jericho 345
37 •of Lod, Hadid and Ono 721
38 •of Senaah 3,930
39 •The priests:
the descendants of Jedaiah
(through the family of Jeshua) 973
40 •of Immer 1,052
41 •of Pashhur 1,247
42 •of Harim 1,017
43 •The Levites:
the descendants of Jeshua (through
Kadmiel through the line of
Hodaviah) 74
44 •The musicians:
the descendants of Asaph 148
45 •The gatekeepers:
the descendants of
Shallum, Ater, Talmon, Akkub,
Hatita and Shobai 138
46 •The temple servants:
the descendants of
Ziha, Hasupha, Tabbaoth,
47 •Keros, Sia, Padon,
48 •Lebana, Hagaba, Shalmai,
49 •Hanan, Giddel, Gahar,
50 •Reaiah, Rezin, Nekoda,
51 •Gazzam, Uzza, Paseah,
52 •Besai, Meunim, Nephusim,
53 •Bakbuk, Hakupha, Harhur,
54 •Bazluth, Mehida, Harsha,
55 •Barkos, Sisera, Temah,
56 •Neziah and Hatipha
57 •The descendants of the servants of Solo-
mon:
the descendants of
Sotai, Sophereth, Perida,
58 •Jaala, Darkon, Giddel,
59 •Shephatiah, Hattil,
Pokereth-Hazzebaim and Amon
60 •The temple servants and the
descendants of the servants of
Solomon 392
61 •The following came up from the towns
of Tel Melah, Tel Harsha, Kerub, Addon
and Immer, but they could not show that
their families were descended from Israel:
62 •the descendants of
Delaiah, Tobiah and Nekoda 642

come [kʌm] *vi.* 오다
descendant [diséndənt] *n.* 자손
family [fǽməli] *n.* 가구, 가족
follow [fálou] *vt.* 따르다
from [frəm] *prep.* …로부터
gatekeeper [géitkìːpər] *n.* 문지기
Levite [líːvait] *n.* 레위인
line [lain] *n.* 혈통
musician [mjuːzíʃən] *n.* 음악가
priest [priːst] *n.* 제사장
servant [sə́ːrvənt] *n.* 종
show [ʃou] *vt.* …를 증명하다
temple [témpl] *n.* 성전
through [θruː] *prep.* …를 통하여
town [taun] *n.* 마을

7:39 the descendant of...: …의 자손
7:43 through the line of...: … 의 계보를 통하여
7:61 come up: 오르다
7:61 be descended from...: …로부터 (계보, 혈통이) 내려오다, 이어지다

63 제사장 중에는 호바야 자손과 학고스 자손
과 바르실래 자손이니 바르실래는 길르앗
사람 바르실래의 딸 중의 하나로 아내를 삼
고 바르실래의 이름으로 불린 자라 스 2:61
64 이 사람들은 계보 중에서 자기 이름을 찾아
도 찾지 못하였으므로 그들을 부정하게 여
겨 제사장의 직분을 행하지 못하게 하고
65 총독이 그들에게 명령하여 우림과 둠밈을
가진 제사장이 일어나기 전에는 지성물을
먹지 말라 하였느니라
66 ●온 회중의 합계는 사만 이천삼백육십 명
이요
67 그 외에 노비가 칠천삼백삼십칠 명이요 그
들에게 노래하는 남녀가 이백사십오 명이
있었고
68 말이 칠백삼십육 마리요 노새가 이백사십
오 마리요
69 낙타가 사백삼십오 마리요 나귀가 육천칠
백이십 마리였느니라
70 ●어떤 족장들은 역사를 위하여 보조하였
고 총독은 금 천 드라크마와 대접 오십과
제사장의 의복 오백삼십 벌을 보물 곳간에
드렸고
71 또 어떤 족장들은 금 이만 드라크마와 은
이천이백 [1)]마네를 역사 곳간에 드렸고
72 그 나머지 백성은 금 이만 드라크마와 은
이천 마네와 제사장의 의복 육십칠 벌을 드
렸느니라

백성 앞에서 율법책을 읽다 — B.C. 443년경

73 ●이와 같이 제사장들과 레위 사람들과 문
지기들과 노래하는 자들과 백성 몇 명과 느
디님 사람들과 온 이스라엘 자손이 다 자기
들의 성읍에 거주하였느니라

8 이스라엘 자손이 자기들의 성읍에 거주
하였더니 일곱째 달에 이르러 모든 백성
이 일제히 수문 앞 광장에 모여 [2)]학사 에스
라에게 여호와께서 이스라엘에게 명령하
신 모세의 율법책을 가져오기를 청하매
2 일곱째 달 초하루에 제사장 에스라가 율법
책을 가지고 회중 앞 곧 남자나 여자나 알
아들을 만한 모든 사람 앞에 이르러
3 수문 앞 광장에서 새벽부터 정오까지 남자
나 여자나 알아들을 만한 모든 사람 앞에서
읽으매 뭇 백성이 그 율법책에 귀를 기울였
는데
4 그때에 학사 에스라가 특별히 지은 나무 강
단에 서고 그의 곁 오른쪽에 선 자는 맛디

63 •And from among the priests:
the descendants of
Hobaiah, Hakkoz and Barzillai (a man
who had married a daughter of Barzillai
the Gileadite and was called by that
name).
64 •These searched for their family records,
but they could not find them and so were
excluded from the priesthood as unclean.
65 •The governor, therefore, ordered them not
to eat any of the most sacred food until there
should be a priest ministering with the Urim
and Thummim.
66 •The whole company numbered 42,360,
67 •besides their 7,337 male and female
slaves; and they also had 245 male and
68 female singers. •There were 736 horses, 245
69 mules,[a] •435 camels and 6,720 donkeys.
70 •Some of the heads of the families con-
tributed to the work. The governor gave to
the treasury 1,000 darics[b] of gold, 50 bowls
71 and 530 garments for priests. •Some of the
heads of the families gave to the treasury for
the work 20,000 darics[c] of gold and 2,200
72 minas[d] of silver. •The total given by the rest
of the people was 20,000 darics of gold, 2,000
minas[e] of silver and 67 garments for priests.
73 •The priests, the Levites, the gatekeepers,
the musicians and the temple servants, along
with certain of the people and the rest of the
Israelites, settled in their own towns.

Ezra Reads the Law

8 When the seventh month came and the
1 Israelites had settled in their towns, •all
the people came together as one in the square
before the Water Gate. They told Ezra the
teacher of the Law to bring out the Book of the
Law of Moses, which the LORD had command-
ed for Israel.
2 •So on the first day of the seventh month
Ezra the priest brought the Law before the
assembly, which was made up of men and
women and all who were able to understand.
3 •He read it aloud from daybreak till noon as he
faced the square before the Water Gate in the
presence of the men, women and others who

[a]*68* Some Hebrew manuscripts (see also Ezra 2:66); most Hebrew manuscripts do not have this verse. [b]*70* That is, about 19 pounds or about 8.4 kilograms [c]*71* That is, about 375 pounds or about 170 kilograms; also in verse 72 [d]*71* That is, about 1 1/3 tons or about 1.2 metric tons [e]*72* That is, about 1 1/4 tons or about 1.1 metric tons

1) 1마네는 50세겔 2) 히, 서기관

aloud [əláud] *ad.* 소리내어
assembly [əsémbli] *n.* 회중
camel [kǽməl] *n.* 낙타
certain [sə́:rtn] *pron.* (…중의) 몇 사람
company [kʌ́mpəni] *n.* 동료
contribute [kəntríbju:t] *vt.* 기증하다
daybreak [déibrèik] *n.* 새벽
garment [gá:rmənt] *n.* 의복
governor [gʌ́vənər] *n.* 총독
minister [mínəstər] *vt.* 의식을 거행하다
mule [mjú:l] *n.* 노새
sacred [séikrid] *a.* 신성한
square [skwɛər] *n.* 광장
treasury [tréʒəri] *n.* 보고, 금고
unclean [ʌnklí:n] *a.* 더러운

7:64 search for...: …를 찾다
7:64 exclude from: 배제하다
7:73 along with...: …와 함께
7:73 settle in: 자리잡고 살게 하다
8:1 bring out...: …을 가지고 나오다
8:2 make up: 구성하다

다와 스마와 아나야와 우리야와 힐기야와
마아세야요 그의 왼쪽에 선 자는 브다야와
미사엘과 말기야와 하숨과 하스밧다나와
스가랴와 므술람이라
5 에스라가 모든 백성 위에 서서 그들 목전에
책을 펴니 책을 펼 때에 모든 백성이 일어
서니라
6 에스라가 위대하신 하나님 여호와를 송축
하매 모든 백성이 손을 들고 아멘 아멘 하
고 응답하고 몸을 굽혀 얼굴을 땅에 대고
여호와께 경배하니라
7 예수아와 바니와 세레뱌와 야민과 악굽과
사브대와 호디야와 마아세야와 그리다와
아사랴와 요사밧과 하난과 블라야와 레위
사람들은 백성이 제자리에 서 있는 동안 그
들에게 율법을 깨닫게 하였는데
8 하나님의 율법책을 낭독하고 그 뜻을 해석
하여 백성에게 그 낭독하는 것을 다 깨닫게
하니
9 백성이 율법의 말씀을 듣고 다 우는지라 총
독 느헤미야와 제사장 겸 학사 에스라와 백
성을 가르치는 레위 사람들이 모든 백성에
게 이르기를 오늘은 너희 하나님 여호와의
성일이니 슬퍼하지 말며 울지 말라 하고
10 느헤미야가 또 그들에게 이르기를 너희는
가서 살진 것을 먹고 단 것을 마시되 준비
하지 못한 자에게는 나누어 주라 이날은 우
리 주의 성일이니 근심하지 말라 여호와로
인하여 기뻐하는 것이 너희의 힘이니라 하
고
11 레위 사람들도 모든 백성을 정숙하게 하여
이르기를 오늘은 성일이니 마땅히 조용하
고 근심하지 말라 하니
12 모든 백성이 곧 가서 먹고 마시며 나누어
주고 크게 즐거워하니 이는 그들이 그 읽어
들려 준 말을 밝히 앎이라
8:10
13 ●그 이튿날 뭇 백성의 족장들과 제사장들
과 레위 사람들이 율법의 말씀을 밝히 알고
자 하여 학사 에스라에게 모여서
14 율법에 기록된 바를 본즉 여호와께서 모세
를 통하여 명령하시기를 이스라엘 자손은
일곱째 달 절기에 초막에서 거할지니라 하
였고
15 또 일렀으되 모든 성읍과 예루살렘에 공포
하여 이르기를 너희는 산에 가서 감람나무
가지와 들감람나무 가지와 화석류나무 가
지와 종려나무 가지와 기타 무성한 나무 가

could understand. And all the people listened
attentively to the Book of the Law.
4 ●Ezra the teacher of the Law stood on a high
wooden platform built for the occasion. Beside
him on his right stood Mattithiah, Shema, Ana-
iah, Uriah, Hilkiah and Maaseiah; and on his
left were Pedaiah, Mishael, Malkijah, Hashum,
Hashbaddanah, Zechariah and Meshullam.
5 ●Ezra opened the book. All the people could
see him because he was standing above them;
and as he opened it, the people all stood up.
6 ●Ezra praised the LORD, the great God; and all
the people lifted their hands and responded,
"Amen! Amen!" Then they bowed down and
worshiped the LORD with their faces to the
ground.
7 ●The Levites—Jeshua, Bani, Sherebiah,
Jamin, Akkub, Shabbethai, Hodiah, Maaseiah,
Kelita, Azariah, Jozabad, Hanan and Pelaiah—
instructed the people in the Law while the peo-
8 ple were standing there. ●They read from the
Book of the Law of God, making it clear[a] and
giving the meaning so that the people under-
stood what was being read.
9 ●Then Nehemiah the governor, Ezra the
priest and teacher of the Law, and the Levites
who were instructing the people said to them
all, "This day is holy to the LORD your God. Do
not mourn or weep." For all the people had
been weeping as they listened to the words of
the Law.
10 ●Nehemiah said, "Go and enjoy choice
food and sweet drinks, and send some to those
who have nothing prepared. This day is holy to
our Lord. Do not grieve, for the joy of the LORD
is your strength."
11 ●The Levites calmed all the people, saying,
"Be still, for this is a holy day. Do not grieve."
12 ●Then all the people went away to eat and
drink, to send portions of food and to celebrate
with great joy, because they now understood
the words that had been made known to them.
13 ●On the second day of the month, the heads
of all the families, along with the priests and the
Levites, gathered around Ezra the teacher to give
14 attention to the words of the Law. ●They found
written in the Law, which the LORD had com-
manded through Moses, that the Israelites were
to live in temporary shelters during the festival
15 of the seventh month ●and that they should
proclaim this word and spread it throughout
their towns and in Jerusalem: "Go out into the

[a]8 Or *God, translating it*

attentively [əténtivli] *ad.* 주의하여
calm [ka:m] *vt.* 진정시키다
celebrate [séləbrèit] *vt.* 기념하다
grieve [gri:v] *vi.* 슬퍼하다
instruct [instrʌ́kt] *vt.* 지시하다
lift [lift] *vt.* 올리다
mourn [mɔ́:rn] *vi.* 슬퍼하다
occasion [əkéiʒən] *n.* 경우
platform [plǽtfɔ:rm] *n.* 연단
portion [pɔ́:rʃən] *n.* 몫
proclaim [proukléim] *vt.* 선언하다
shelter [ʃéltər] *n.* 오두막
spread [spred] *vt.* 퍼뜨리다, 공표하다
temporary [témpərèri] *a.* 일시적인
weep [wi:p] *vi.* 울다

8:6 **bow down**: 절하다
8:8 **make clear**: 명확하게 이해시키다
8:8 **so that**: 그래서, 그러므로
8:10 **choice food**: 엄선한[좋은] 음식
8:13 **along with...**: …와 함께
8:13 **gather around**: 주위에 모이다

지를 가져다가 기록한 바를 따라 초막을 지으라 하라 한지라

16 백성이 이에 나가서 나뭇가지를 가져다가 혹은 지붕 위에, 혹은 뜰 안에, 혹은 하나님의 전 뜰에, 혹은 수문 광장에, 혹은 에브라임 문 광장에 초막을 짓되

17 사로잡혔다가 돌아온 회중이 다 초막을 짓고 그 안에서 거하니 눈의 아들 여호수아 때로부터 그날까지 이스라엘 자손이 이같이 행한 일이 없었으므로 이에 크게 기뻐하며

18 에스라는 첫날부터 끝날까지 날마다 하나님의 율법책을 낭독하고 무리가 이레 동안 절기를 지키고 여덟째 날에 규례를 따라 성회를 열었느니라

백성들이 죄를 자복하다 — B.C. 443년경

9 그달 스무나흗 날에 이스라엘 자손이 다 모여 금식하며 굵은 베 옷을 입고 티끌을 무릅쓰며

2 모든 이방 사람들과 절교하고 서서 자기의 죄와 조상들의 허물을 자복하고

3 이날에 낮 사분의 일은 그 제자리에 서서 그들의 하나님 여호와의 율법책을 낭독하고 낮 사분의 일은 죄를 자복하며 그들의 하나님 여호와께 경배하는데

4 레위 사람 예수아와 바니와 갓미엘과 스바냐와 분니와 세레뱌와 바니와 그나니는 단에 올라서서 큰 소리로 그들의 하나님 여호와께 부르짖고

8:7

5 또 레위 사람 예수아와 갓미엘과 바니와 하삽느야와 세레뱌와 호디야와 스바냐와 브다히야는 이르기를 너희 무리는 마땅히 일어나 영원부터 영원까지 계신 너희 하나님 여호와를 송축할지어다 주여 주의 영화로운 이름을 송축하올 것은 주의 이름이 존귀하여 모든 송축이나 찬양에서 뛰어남이니이다

6 오직 주는 여호와시라 하늘과 하늘들의 하늘과 일월 성신과 땅과 땅 위의 만물과 바다와 그 가운데 모든 것을 지으시고 다 보존하시오니 모든 천군이 주께 경배하나이다

시 36:6

7 주는 하나님 여호와시라 옛적에 아브람을 택하시고 갈대아 우르에서 인도하여 내시고 아브라함이라는 이름을 주시고

8 그의 마음이 주 앞에서 충성됨을 보시고 그와 더불어 언약을 세우사 가나안 족속과 헷

hill country and bring back branches from olive
and wild olive trees, and from myrtles, palms
and shade trees, to make temporary shelters"—
as it is written.[a]

16 •So the people went out and brought back
branches and built themselves temporary shel-
ters on their own roofs, in their courtyards, in
the courts of the house of God and in the square
by the Water Gate and the one by the Gate of
17 Ephraim. •The whole company that had re-
turned from exile built temporary shelters and
lived in them. From the days of Joshua son of
Nun until that day, the Israelites had not cele-
brated it like this. And their joy was very great.
18 •Day after day, from the first day to the last,
Ezra read from the Book of the Law of God.
They celebrated the festival for seven days,
and on the eighth day, in accordance with the
regulation, there was an assembly.

The Israelites Confess Their Sins

9 On the twenty-fourth day of the same
month, the Israelites gathered together,
fasting and wearing sackcloth and putting dust
2 on their heads. •Those of Israelite descent had
separated themselves from all foreigners. They
stood in their places and confessed their sins and
3 the sins of their ancestors. •They stood where
they were and read from the Book of the Law
of the LORD their God for a quarter of the day,
and spent another quarter in confession and in
4 worshiping the LORD their God. •Standing on
the stairs of the Levites were Jeshua, Bani, Kad-
miel, Shebaniah, Bunni, Sherebiah, Bani and
Kenani. They cried out with loud voices to the
5 LORD their God. •And the Levites—Jeshua,
Kadmiel, Bani, Hashabneiah, Sherebiah, Hodi-
ah, Shebaniah and Pethahiah—said: "Stand
up and praise the LORD your God, who is from
everlasting to everlasting.[b]"

"Blessed be your glorious name, and may
it be exalted above all blessing and praise.
6 •You alone are the LORD. You made the
heavens, even the highest heavens, and all
their starry host, the earth and all that is on
it, the seas and all that is in them. You give
life to everything, and the multitudes of
heaven worship you.
7 •"You are the LORD God, who chose
Abram and brought him out of Ur of the
Chaldeans and named him Abraham.

[a]15 See Lev. 23:37-40. [b]5 Or *God for ever and ever*

branch [bræntʃ] *n.* 나뭇가지
confess [kənfés] *vt.* 고백하다
dust [dʌst] *n.* 티끌
everlasting [èvərlǽstiŋ] *n.* 영원
exalt [igzɔ́:lt] *vt.* 높이다
exile [égzail] *n.* 유배
host [houst] *n.* 무리
multitude [mʌ́ltətjú:d] *n.* 군중, 다수
myrtle [mə́:rtl] *n.* 은매화
palm [pa:m] *n.* 종려나무
regulation [regjuléiʃən] *n.* 규례
sackcloth [sǽkklɔ̀:θ] *n.* 삼베
shade [ʃeid] *n.* 그늘
stair [stεər] *n.* 계단
starry [stá:ri] *a.* 별이 많은

8:17 **return from**: …로부터 돌아오다
8:18 **in accordance with...**: …에 따라
9:1 **gather together**: 모으다
9:2 **separate A from B**: A를 B로부터 분리시키다
9:7 **bring out**: 데리고 나오다

족속과 아모리 족속과 브리스 족속과 여부스 족속과 기르가스 족속의 땅을 그의 씨에게 주리라 하시더니 그 말씀대로 이루셨사오매 주는 의로우심이로소이다 창 15:6–7

9 주께서 우리 조상들이 애굽에서 고난 받는 것을 감찰하시며 홍해에서 그들의 부르짖음을 들으시고

10 이적과 기사를 베푸사 바로와 그의 모든 신하와 그의 나라 온 백성을 치셨사오니 이는 그들이 우리의 조상들에게 교만하게 행함을 아셨음이라 주께서 오늘과 같이 명예를 얻으셨나이다

11 또 주께서 우리 조상들 앞에서 바다를 갈라지게 하사 그들이 바다 가운데를 육지같이 통과하게 하시고 쫓아오는 자들을 돌을 큰 물에 던짐같이 깊은 물에 던지시고

12 낮에는 구름 기둥으로 인도하시고 밤에는 불 기둥으로 그들이 행할 길을 그들에게 비추셨사오며

13 또 시내 산에 강림하시고 하늘에서부터 그들과 말씀하사 정직한 규례와 진정한 율법과 선한 율례와 계명을 그들에게 주시고

14 거룩한 안식일을 그들에게 알리시며 주의 종 모세를 통하여 계명과 율례와 율법을 그들에게 명령하시고

15 그들의 굶주림 때문에 하늘에서 그들에게 양식을 주시며 그들의 목마름 때문에 그들에게 반석에서 물을 내시고 또 주께서 옛적에 손을 들어 맹세하시고 주겠다고 하신 땅을 들어가서 차지하라 말씀하셨사오나

16 그들과 우리 조상들이 교만하고 목을 굳게 하여 주의 명령을 듣지 아니하고

17 거역하며 주께서 그들 가운데에서 행하신 기사를 기억하지 아니하고 목을 굳게 하며 패역하여 스스로 한 우두머리를 세우고 종 되었던 땅으로 돌아가고자 하였나이다 그러나 주께서는 용서하시는 하나님이시라 은혜로우시며 긍휼히 여기시며 더디 노하시며 인자가 풍부하시므로 그들을 버리지 아니하셨나이다

18 또 그들이 자기들을 위하여 송아지를 부어 만들고 이르기를 이는 곧 너희를 인도하여 애굽에서 나오게 한 신이라 하여 하나님을 크게 모독하였사오나

19 주께서는 주의 크신 긍휼로 그들을 광야에 버리지 아니하시고 낮에는 구름 기둥이 그들에게서 떠나지 아니하고 길을 인도하며 밤에

8 •You found his heart faithful to you, and
you made a covenant with him to give to
his descendants the land of the Canaan-
ites, Hittites, Amorites, Perizzites, Jebusites
and Girgashites. You have kept your pro-
mise because you are righteous.
9 •"You saw the suffering of our ancestors
in Egypt; you heard their cry at the Red
10 Sea.[a] •You sent signs and wonders against
Pharaoh, against all his officials and all the
people of his land, for you knew how arro-
gantly the Egyptians treated them. You
made a name for yourself, which remains
11 to this day. •You divided the sea before
them, so that they passed through it on dry
ground, but you hurled their pursuers into
the depths, like a stone into mighty waters.
12 •By day you led them with a pillar of
cloud, and by night with a pillar of fire to
give them light on the way they were to
take.
13 •"You came down on Mount Sinai; you
spoke to them from heaven. You gave
them regulations and laws that are just and
right, and decrees and commands that are
14 good. •You made known to them your
holy Sabbath and gave them commands,
decrees and laws through your servant
15 Moses. •In their hunger you gave them
bread from heaven and in their thirst you
brought them water from the rock; you
told them to go in and take possession of
the land you had sworn with uplifted hand
to give them.
16 •"But they, our ancestors, became arro-
gant and stiff-necked, and they did not
17 obey your commands. •They refused to lis-
ten and failed to remember the miracles
you performed among them. They became
stiff-necked and in their rebellion appoint-
ed a leader in order to return to their slav-
ery. But you are a forgiving God, gracious
and compassionate, slow to anger and
abounding in love. Therefore you did not
18 desert them, •even when they cast for
themselves an image of a calf and said,
'This is your god, who brought you up out
of Egypt,' or when they committed awful
blasphemies.
19 •"Because of your great compassion you
did not abandon them in the wilderness.

[a] 9 *Or the Sea of Reeds*

abandon [əbǽndən] *vt.* 버리다
arrogant [ǽrəgənt] *a.* 거만한
awful [ɔ́:fəl] *a.* 무서운
blasphemy [blǽsfəmi] *n.* 신성모독
calf [kæf] *n.* 송아지
compassion [kəmpǽʃən] *n.* 동정심
depth [depθ] *n.* 깊은 곳
hurl [hə:rl] *vt.* 내던지다
possession [pəzéʃən] *n.* 소유, 재산
pursuer [pərsú:ər] *n.* 추적자
rebellion [ribéljən] *n.* 반역
righteous [ráitʃəs] *a.* 옳은, 정당한
stiff-necked [stifnékt] *a.* 목이 굳은
treat [tri:t] *vt.* 대우하다
wonder [wʌ́ndər] *n.* 기적

9:8 covenant with...: …와 서약하다
9:8 keep one's promise: 약속을 지키다
9:10 make a name: 이름을 떨치다
9:11 pass through: 지나가다
9:17 in order to...: …하기 위하여
9:17 be slow to anger: 화내기를 더디하다

는 불 기둥이 그들이 갈 길을 비추게 하셨사
오며
20 또 주의 선한 영을 주사 그들을 가르치시며
주의 만나가 그들의 입에서 끊어지지 않게
하시고 그들의 목마름을 인하여 그들에게 물
을 주어
21 사십 년 동안 들에서 기르시되 부족함이 없
게 하시므로 그 옷이 해어지지 아니하였고
발이 부르트지 아니하였사오며
22 또 나라들과 족속들을 그들에게 각각 나누어
주시매 그들이 시혼의 땅 곧 헤스본 왕의 땅
과 바산 왕 옥의 땅을 차지하였나이다
23 주께서 그들의 자손을 하늘의 별같이 많게
하시고 전에 그들의 열조에게 들어가서 차지
하라고 말씀하신 땅으로 인도하여 이르게 하
셨으므로
24 그 자손이 들어가서 땅을 차지하되 주께서
그 땅 가나안 주민들이 그들 앞에 복종하게
하실 때에 가나안 사람들과 그들의 왕들과
본토 여러 족속들을 그들의 손에 넘겨 임의
로 행하게 하시매
25 그들이 견고한 성읍들과 기름진 땅을 점령하
고 모든 아름다운 물건이 가득한 집과 판 우
물과 포도원과 감람원과 허다한 과목을 차지
하여 배불리 먹어 살찌고 주의 큰 복을 즐겼
사오나
26 그들은 순종하지 아니하고 주를 거역하며 주
의 율법을 등지고 주께로 돌아오기를 권면하
는 선지자들을 죽여 주를 심히 모독하였나이
다
27 그러므로 주께서 그들을 대적의 손에 넘기사
그들이 곤고를 당하게 하시매 그들이 환난을
당하여 주께 부르짖을 때에 주께서 하늘에서
들으시고 주의 크신 긍휼로 그들에게 구원자
들을 주어 그들을 대적의 손에서 구원하셨거
늘
28 그들이 평강을 얻은 후에 다시 주 앞에서 악
을 행하므로 주께서 그들을 원수들의 손에
버려 두사 원수들에게 지배를 당하게 하시다
가 그들이 돌이켜 주께 부르짖으매 주께서
하늘에서 들으시고 여러 번 주의 긍휼로 건
져내시고
29 다시 주의 율법을 복종하게 하시려고 그들에
게 경계하셨으나 그들이 교만하여 사람이 준
행하면 그 가운데에서 삶을 얻는 주의 계명
을 듣지 아니하며 주의 규례를 범하여 고집
하는 어깨를 내밀며 목을 굳게 하여 듣지 아

By day the pillar of cloud did not fail to
guide them on their path, nor the pillar of
fire by night to shine on the way they
20 were to take. •You gave your good Spirit to
instruct them. You did not withhold your
manna from their mouths, and you gave
21 them water for their thirst. •For forty years
you sustained them in the wilderness; they
lacked nothing, their clothes did not wear
out nor did their feet become swollen.
22 •"You gave them kingdoms and na-
tions, allotting to them even the remotest
frontiers. They took over the country of
Sihon[a] king of Heshbon and the country
23 of Og king of Bashan. •You made their
children as numerous as the stars in the
sky, and you brought them into the land
that you told their parents to enter and
24 possess. •Their children went in and took
possession of the land. You subdued be-
fore them the Canaanites, who lived in
the land; you gave the Canaanites into
their hands, along with their kings and
the peoples of the land, to deal with them
25 as they pleased. •They captured fortified
cities and fertile land; they took possession
of houses filled with all kinds of good
things, wells already dug, vineyards, olive
groves and fruit trees in abundance. They
ate to the full and were well-nourished;
they reveled in your great goodness.
26 •"But they were disobedient and rebell-
ed against you; they turned their backs on
your law. They killed your prophets, who
had warned them in order to turn them
back to you; they committed awful blas-
27 phemies. •So you delivered them into the
hands of their enemies, who oppressed
them. But when they were oppressed they
cried out to you. From heaven you heard
them, and in your great compassion you
gave them deliverers, who rescued them
from the hand of their enemies.
28 •"But as soon as they were at rest, they
again did what was evil in your sight. Then
you abandoned them to the hand of their
enemies so that they ruled over them. And
when they cried out to you again, you
heard from heaven, and in your compas-
sion you delivered them time after time.
29 •"You warned them in order to turn

[a]22 One Hebrew manuscript and Septuagint; most Hebrew manuscripts *Sihon, that is, the country of the*

abundance [əbʌ́ndəns] *n.* 풍부
disobedient [dìsəbíːdiənt] *a.* 불순종하는
dig [dig] *vt.* 파다
fertile [fə́ːrtl] *a.* 기름진
frontier [frʌntíər] *n.* 변경
grove [grouv] *n.* 숲
nourish [nə́ːriʃ] *vt.* 양분을 주다
oppressed [əprést] *a.* 억압된
pillar [pílər] *n.* 기둥
remote [rimóut] *a.* 먼
revel [révəl] *vi.* 한껏 즐기다
subdue [səbdjúː] *vt.* 정복하다
sustain [səstéin] *vt.* 지탱하다
swollen [swóulən] *a.* 부은, 팽창한
withhold [wiðhóuld] *vt.* 주지 않다

9:21 wear out: 닳아서 해지다
9:24 take possession of...: …을 점령하다
9:26 rebel against...: …에 대항하여 반역을 꾀하다
9:27 rescue A from B: A를 B에서 구출하다

니하였나이다
30 그러나 주께서 그들을 여러 해 동안 참으시
고 또 주의 선지자들을 통하여 주의 영으로
그들을 경계하시되 그들이 듣지 아니하므
로 열방 사람들의 손에 넘기시고도
31 주의 크신 긍휼로 그들을 아주 멸하지 아니
하시며 버리지도 아니하셨사오니 주는 은
혜로우시고 불쌍히 여기시는 하나님이심
이니이다
32 우리 하나님이여 광대하시고 능하시고 두
려우시며 언약과 인자하심을 지키시는 하
나님이여 우리와 우리 왕들과 방백들과 제
사장들과 선지자들과 조상들과 주의 모든
백성이 앗수르 왕들의 때로부터 오늘까지
당한 모든 환난을 이제 작게 여기지 마옵소
서 1:5
33 그러나 우리가 당한 모든 일에 주는 공의로
우시니 우리는 악을 행하였사오나 주께서
는 진실하게 행하셨음이니이다
34 우리 왕들과 방백들과 제사장들과 조상들
이 주의 율법을 지키지 아니하며 주의 명령
과 주께서 그들에게 경계하신 말씀을 순종
하지 아니하고
35 그들이 그 나라와 주께서 그들에게 베푸신
큰 복과 자기 앞에 주신 넓고 기름진 땅을
누리면서도 주를 섬기지 아니하며 악행을
그치지 아니하였으므로
36 우리가 오늘날 종이 되었는데 곧 주께서 우
리 조상들에게 주사 그것의 열매를 먹고
그것의 아름다운 소산을 누리게 하신 땅에
서 우리가 종이 되었나이다
37 우리의 죄로 말미암아 주께서 우리 위에 세
우신 이방 왕들이 이 땅의 많은 소산을 얻
고 그들이 우리의 몸과 가축을 임의로 관할
하오니 우리의 곤란이 심하오며
38 우리가 이 모든 일로 말미암아 이제 견고한
언약을 세워 기록하고 우리의 방백들과 레
위 사람들과 제사장들이 다 인봉하나이다
하였느니라

언약에 인봉한 사람들 — B.C. 443년경

10 그 인봉한 자는 하가랴의 아들 총독
느헤미야와 시드기야,
2 스라야, 아사랴, 예레미야,
3 바스훌, 아마랴, 말기야,
4 핫두스, 스바냐, 말룩,
5 하림, 므레못, 오바댜,
6 다니엘, 긴느돈, 바룩,

them back to your law, but they became
arrogant and disobeyed your commands.
They sinned against your ordinances, of
which you said, 'The person who obeys
them will live by them.' Stubbornly they
turned their backs on you, became stiff-
30 necked and refused to listen. •For many
years you were patient with them. By your
Spirit you warned them through your pro-
phets. Yet they paid no attention, so you
gave them into the hands of the neighboring
31 peoples. •But in your great mercy you did
not put an end to them or abandon them,
for you are a gracious and merciful God.
32 •"Now therefore, our God, the great God,
mighty and awesome, who keeps his cove-
nant of love, do not let all this hardship seem
trifling in your eyes — the hardship that has
come on us, on our kings and leaders, on our
priests and prophets, on our ancestors and
all your people, from the days of the kings
33 of Assyria until today. •In all that has hap-
pened to us, you have remained righteous;
you have acted faithfully, while we acted
34 wickedly. •Our kings, our leaders, our
priests and our ancestors did not follow
your law; they did not pay attention to your
commands or the statutes you warned them
35 to keep. •Even while they were in their king-
dom, enjoying your great goodness to them
in the spacious and fertile land you gave
them, they did not serve you or turn from
their evil ways.
36 •"But see, we are slaves today, slaves in the
land you gave our ancestors so they could eat
its fruit and the other good things it pro-
37 duces. •Because of our sins, its abundant
harvest goes to the kings you have placed
over us. They rule over our bodies and our
cattle as they please. We are in great distress.

The Agreement of the People

38 •"In view of all this, we are making a binding
agreement, putting it in writing, and our lead-
ers, our Levites and our priests are affixing their
seals to it."[a]

10 [b]Those who sealed it were:

Nehemiah the governor, the son of Hakaliah.
2 Zedekiah, •Seraiah, Azariah, Jeremiah,
3 •Pashhur, Amariah, Malkijah,

[a]38 In Hebrew texts this verse (9:38) is numbered 10:1.
[b]In Hebrew texts 10:1-39 is numbered 10:2-40.

abundant [əbʌ́ndənt] *a.* 풍족한
affix [əfíks] *vt.* 첨부하다
agreement [əgríːmənt] *n.* 협정
bind [baind] *vt.* (언약을)맺다
cattle [kǽtl] *n.* 소(떼)
distress [distrés] *n.* 고난
governor [gʌ́vərnər] *n.* 총독
hardship [háːrdʃip] *n.* 고난
harvest [háːrvist] *n.* 수확
mercy [mə́ːrsi] *n.* 자비
ordinance [ɔ́ːrdənəns] *n.* 법령
seal [siːl] *n.* 인장, 봉인
spacious [spéiʃəs] *a.* 광활한
stubbornly [stʌ́bərnli] *ad.* 완고하게
trifling [tráifliŋ] *a.* 하찮은

9:34 pay attention to...: …에 유의하다
9:35 turn from: 그만두다
9:37 because of...: …때문에
9:37 rule over: 지배하다
9:38 in view of...: …때문에, …한 고로, …로 보아

7 므술람, 아비야, 미야민,
8 마아시야, 빌개, 스마야이니 이는 제사장들이요
9 또 레위 사람 곧 아사냐의 아들 예수아, 헤나닷의 자손 중 빈누이, 갓미엘과
10 그의 형제 스바냐, 호디야, 그리다, 블라야, 하난,
11 미가, 르홉, 하사뱌,
12 삭굴, 세레뱌, 스바냐,
13 호디야, 바니, 브니누요
14 또 백성의 우두머리들 곧 바로스, 바핫모압, 엘람, 삿두, 바니,
15 분니, 아스갓, 베배,
16 아도니야, 비그왜, 아딘,
17 아델, 히스기야, 앗술,
18 호디야, 하숨, 베새,
19 하립, 아나돗, 노배,
20 막비아스, 므술람, 헤실,
21 므세사벨, 사독, 얏두아,
22 블라댜, 하난, 아나야,
23 호세아, 하나냐, 핫숩,
24 할르헤스, 빌하, 소벡,
25 르훔, 하삽나, 마아세야,
26 아히야, 하난, 아난,
27 말룩, 하림, 바아나이니라
28 ●그 남은 백성과 제사장들과 레위 사람들과 문지기들과 노래하는 자들과 느디님 사람들과 및 이방 사람과 절교하고 하나님의 율법을 준행하는 모든 자와 그들의 아내와 그들의 자녀들 곧 지식과 총명이 있는 자들은
29 다 그들의 형제 귀족들을 따라 저주로 맹세하기를 우리가 하나님의 종 모세를 통하여 주신 하나님의 율법을 따라 우리 주 여호와의 모든 계명과 규례와 율례를 지켜 행하여
30 우리의 딸들을 이 땅 백성에게 주지 아니하고 우리의 아들들을 위하여 그들의 딸들을 데려오지 아니하며
31 혹시 이 땅 백성이 안식일에 물품이나 온갖 곡물을 가져다가 팔려고 할지라도 우리가 안식일이나 성일에는 그들에게서 사지 않겠고 일곱째 해마다 땅을 쉬게 하고 모든 빚을 탕감하리라 하였고
32 우리가 또 스스로 규례를 정하기를 해마다 각기 세겔의 삼분의 일을 수납하여 하나님의 전을 위하여 쓰게 하되

4 ●Hattush, Shebaniah, Malluk,
5 ●Harim, Meremoth, Obadiah,
6 ●Daniel, Ginnethon, Baruch,
7 ●Meshullam, Abijah, Mijamin,
8 ●Maaziah, Bilgai and Shemaiah.
These were the priests.
9 ●The Levites:
Jeshua son of Azaniah, Binnui of the sons of Henadad, Kadmiel,
10 ●and their associates: Shebaniah, Hodiah, Kelita, Pelaiah, Hanan,
11 ●Mika, Rehob, Hashabiah,
12 ●Zakkur, Sherebiah, Shebaniah,
13 ●Hodiah, Bani and Beninu.
14 ●The leaders of the people:
Parosh, Pahath-Moab, Elam, Zattu, Bani,
15 ●Bunni, Azgad, Bebai,
16 ●Adonijah, Bigvai, Adin,
17 ●Ater, Hezekiah, Azzur,
18 ●Hodiah, Hashum, Bezai,
19 ●Hariph, Anathoth, Nebai,
20 ●Magpiash, Meshullam, Hezir,
21 ●Meshezabel, Zadok, Jaddua,
22 ●Pelatiah, Hanan, Anaiah,
23 ●Hoshea, Hananiah, Hasshub,
24 ●Hallohesh, Pilha, Shobek,
25 ●Rehum, Hashabnah, Maaseiah,
26 ●Ahiah, Hanan, Anan,
27 ●Malluk, Harim and Baanah.
28 ●"The rest of the people—priests, Levites, gatekeepers, musicians, temple servants and all who separated themselves from the neighboring peoples for the sake of the Law of God, together with their wives and all their sons and daughters
29 who are able to understand— ●all these now join their fellow Israelites the nobles, and bind themselves with a curse and an oath to follow the Law of God given through Moses the servant of God and to obey carefully all the commands, regulations and decrees of the LORD our Lord.
30 ●"We promise not to give our daughters in marriage to the peoples around us or take their daughters for our sons.
31 ●"When the neighboring peoples bring merchandise or grain to sell on the Sabbath, we will not buy from them on the Sabbath or on any holy day. Every seventh year we will forgo working the land and will cancel all debts.

around [əráund] *ad.* 둘레에
cancel [kǽnsəl] *vt.* 지워버리다
carefully [kέərfəli] *ad.* 주의깊게
curse [kəːrs] *n.* 저주
debt [det] *n.* 채무, 빚
decree [dikríː] *n.* 율례
follow [fálou] *vt.*따르다
forgo [fɔːrgóu] *vt.* 삼가다
grain [grein] *n.* 곡물
merchandise [mə́ːrtʃəndàiz] *n.* 상품
neighboring [néibəriŋ] *a.* 이웃의
noble [nóubl] *n.* 귀족
oath [ouθ] *n.* 맹세
regulation [règjuléiʃən] *n.* 규례
sabbath [sǽbəθ] *n.* 안식일

10:28 the rest of...: …의 나머지
10:28 separate from...: …에서 분리하다
10:28 for the sake of...: …를 위하여
10:28 be able to...: …할 수 있다
10:29 bind... with~: ~으로 …를 묶다
10:30 promise to...: …하기로 약속하다

33 곧 진설병과 항상 드리는 소제와 항상 드리는 번제와 안식일과 초하루와 정한 절기에 쓸 것과 성물과 이스라엘을 위하는 속죄제와 우리 하나님의 전의 모든 일을 위하여 쓰게 하였고

34 또 우리 제사장들과 레위 사람들과 백성들이 제비 뽑아 각기 종족대로 해마다 정한 시기에 나무를 우리 하나님의 전에 바쳐 율법에 기록한 대로 우리 하나님 여호와의 제단에 사르게 하였고

35 해마다 우리 토지 소산의 맏물과 각종 과목의 첫 열매를 여호와의 전에 드리기로 하였고

36 또 우리의 맏아들들과 가축의 처음 난 것과 소와 양의 처음 난 것을 율법에 기록된 대로 우리 하나님의 전으로 가져다가 우리 하나님의 전에서 섬기는 제사장들에게 주고 민 18:15,16

37 또 처음 익은 밀의 가루와 거제물과 각종 과목의 열매와 새 포도주와 기름을 제사장들에게로 가져다가 우리 하나님의 전의 여러 방에 두고 또 우리 산물의 십일조를 레위 사람들에게 주리라 하였나니 이 레위 사람들은 우리의 모든 성읍에서 산물의 십일조를 받는 자임이며

38 레위 사람들이 십일조를 받을 때에는 아론의 자손 제사장 한 사람이 함께 있을 것이요 레위 사람들은 그 십일조의 십분의 일을 가져다가 우리 하나님의 전 곳간의 여러 방에 두되

39 곧 이스라엘 자손과 레위 자손이 거제로 드린 곡식과 새 포도주와 기름을 가져다가 성소의 그릇들을 두는 골방 곧 섬기는 제사장들과 문지기들과 노래하는 자들이 있는 골방에 둘 것이라 그리하여 우리가 우리 하나님의 전을 버려 두지 아니하리라 신 12:6

예루살렘에 거주하는 백성들 — B.C. 443년경

11 백성의 지도자들은 예루살렘에 거주하였고 그 남은 백성은 제비 뽑아 십분의 일은 거룩한 성 예루살렘에서 거주하게 하고 그 십분의 구는 다른 성읍에 거주하게 하였으며

2 예루살렘에 거주하기를 자원하는 모든 자를 위하여 백성들이 복을 빌었느니라

3 ●이스라엘과 제사장들과 레위 사람들과 느디님 사람들과 솔로몬의 신하들의 자손은 유다 여러 성읍에서 각각 자기 성읍 자

32 ●"We assume the responsibility for carry-
ing out the commands to give a third of a
shekel[a] each year for the service of the house
33 of our God: ●for the bread set out on the
table; for the regular grain offerings and
burnt offerings; for the offerings on the Sab-
baths, at the New Moon feasts and at the
appointed festivals; for the holy offerings; for
sin offerings[b] to make atonement for Israel;
and for all the duties of the house of our God.
34 ●"We—the priests, the Levites and the
people—have cast lots to determine when
each of our families is to bring to the house of
our God at set times each year a contribution
of wood to burn on the altar of the LORD our
God, as it is written in the Law.
35 ●"We also assume responsibility for bring-
ing to the house of the LORD each year the
firstfruits of our crops and of every fruit tree.
36 ●"As it is also written in the Law, we will
bring the firstborn of our sons and of our cat-
tle, of our herds and of our flocks to the house
of our God, to the priests ministering there.
37 ●"Moreover, we will bring to the store-
rooms of the house of our God, to the priests,
the first of our ground meal, of our grain
offerings, of the fruit of all our trees and of
our new wine and olive oil. And we will
bring a tithe of our crops to the Levites, for it
is the Levites who collect the tithes in all the
38 towns where we work. ●A priest descended
from Aaron is to accompany the Levites
when they receive the tithes, and the Levites
are to bring a tenth of the tithes up to the
house of our God, to the storerooms of the
39 treasury. ●The people of Israel, including the
Levites, are to bring their contributions of
grain, new wine and olive oil to the store-
rooms, where the articles for the sanctuary
and for the ministering priests, the gatekeep-
ers and the musicians are also kept.
"We will not neglect the house of our
God."

The New Residents of Jerusalem

11 Now the leaders of the people settled in
Jerusalem. The rest of the people cast lots
to bring one out of every ten of them to live in
Jerusalem, the holy city, while the remaining
2 nine were to stay in their own towns. ●The peo-
ple commended all who volunteered to live in
Jerusalem.

[a]32 That is, about 1/8 ounce or about 4 grams [b]33 Or *purification Offerings*

accompany [əkʌ́mpəni] *vt.* 동반하다
assume [əsú:m] *vt.* 맡다
atonement [ətóunmənt] *n.* 속죄
contribution [kàntrəbjú:ʃən] *n.* 헌물
crop [krap] *n.* 수확물
determine [ditə́:rmin] *vt.* 정하다
feast [fi:st] *n.* 축제일
minister [mínəstər] *vi.* 봉사하다
neglect [niglékt] *vt.* 태만히 하다
offering [ɔ́:fəriŋ] *n.* 제물
responsibility [rispɑ̀nsəbíləti] *n.* 책임
sanctuary [sǽŋktʃuèri] *n.* 성소
storeroom [stɔ́:rru:m] *n.* 저장실, 광
tithe [táið] *n.* 십일조
volunteer [vɑ̀ləntíər] *vt.* 자진하여 하다

10:32 carry out: 실행하다
10:38 descend from...: …에서 내려오다
11:1 settle in: 자리잡고 살게 하다
11:1 the rest of...: …의 나머지
11:1 cast lots: 제비 뽑다
11:1 bring out: 데리고 나가다

기 기업에 거주하였느니라 예루살렘에 거
주한 그 지방의 지도자들은 이러하니
4 예루살렘에 거주한 자는 유다 자손과 베냐
민 자손 몇 명이라 유다 자손 중에는 베레
스 자손 아다야이니 그는 웃시야의 아들이
요 스가랴의 손자요 아마랴의 증손이요 스
바댜의 현손이요 마할랄렐의 오대 손이며
5 또 마아세야니 그는 바룩의 아들이요 골호
세의 손자요 하사야의 증손이요 아다야의
현손이요 요야립의 오대 손이요 스가랴의
육대 손이요 실로 사람의 칠대 손이라
6 예루살렘에 거주한 베레스 자손은 모두 사
백육십팔 명이니 다 용사였느니라
7 ● 베냐민 자손은 살루이니 그는 므술람의
아들이요 요엣의 손자요 브다야의 증손이
요 골라야의 현손이요 마아세야의 오대 손
이요 이디엘의 육대 손이요 여사야의 칠대
손이며
8 그 다음은 갑배와 살래 등이니 모두 구백이
십팔 명이라
9 시그리의 아들 요엘이 그들의 감독이 되었
고 핫스누아의 아들 유다는 버금이 되어 성
읍을 다스렸느니라
10 ● 제사장 중에는 요야립의 아들 여다야와
야긴이며 대상 9:10
11 또 하나님의 전을 맡은 자 스라야이니 그는
힐기야의 아들이요 므술람의 손자요 사독
의 증손이요 므라욧의 현손이요 아히둡의
오대 손이며
12 또 전에서 일하는 그들의 형제니 모두 팔백
이십이 명이요 또 아다야이니 그는 여로함
의 아들이요 블라야의 손자요 암시의 증손
이요 스가랴의 현손이요 바스훌의 오대 손
이요 말기야의 육대 손이며
13 또 그 형제의 족장 된 자이니 모두 이백사
십이 명이요 또 아맛새이니 그는 아사렐의
아들이요 아흐새의 손자요 므실레못의 증
손이요 임멜의 현손이며
14 또 그들의 형제의 큰 용사들이니 모두 백이
십팔 명이라 하그돌림의 아들 삽디엘이 그
들의 감독이 되었느니라
15 ● 레위 사람 중에는 스마야이니 그는 핫숩
의 아들이요 아스리감의 손자요 하사뱌의
증손이요 분니의 현손이며
16 또 레위 사람의 족장 삽브대와 요사밧이니
그들은 하나님의 전 바깥 일을 맡았고
17 또 아삽의 증손 삽디의 손자 미가의 아들

3 ● These are the provincial leaders who set-
tled in Jerusalem (now some Israelites, priests,
Levites, temple servants and descendants of
Solomon's servants lived in the towns of Judah,
each on their own property in the various
4 towns, ● while other people from both Judah
and Benjamin lived in Jerusalem):
From the descendants of Judah:
Athaiah son of Uzziah, the son of Zechariah,
the son of Amariah, the son of Shephatiah,
the son of Mahalalel, a descendant of Perez;
5 ● and Maaseiah son of Baruch, the son of
Kol-Hozeh, the son of Hazaiah, the son of
Adaiah, the son of Joiarib, the son of
6 Zechariah, a descendant of Shelah. ● The
descendants of Perez who lived in Jerusalem
totaled 468 men of standing.
7 ● From the descendants of Benjamin:
Sallu son of Meshullam, the son of Joed, the
son of Pedaiah, the son of Kolaiah, the son
of Maaseiah, the son of Ithiel, the son of
8 Jeshaiah, ● and his followers, Gabbai and
9 Sallai—928 men. ● Joel son of Zikri was their
chief officer, and Judah son of Hassenuah
was over the New Quarter of the city.
10 ● From the priests:
11 Jedaiah; the son of Joiarib; Jakin; ● Seraiah
son of Hilkiah, the son of Meshullam, the
son of Zadok, the son of Meraioth, the son
of Ahitub, the official in charge of the house
12 of God, ● and their associates, who carried
on work for the temple—822 men; Adaiah
son of Jeroham, the son of Pelaliah, the son
of Amzi, the son of Zechariah, the son of
13 Pashhur, the son of Malkijah, ● and his asso-
ciates, who were heads of families—242
men; Amashsai son of Azarel, the son of
Ahzai, the son of Meshillemoth, the son of
14 Immer, ● and his[a] associates, who were
men of standing—128. Their chief officer
was Zabdiel son of Haggedolim.
15 ● From the Levites:
Shemaiah son of Hasshub, the son of
Azrikam, the son of Hashabiah, the son of
16 Bunni; ● Shabbethai and Jozabad, two of
the heads of the Levites, who had charge of
the outside work of the house of God;
17 ● Mattaniah son of Mika, the son of Zabdi,
the son of Asaph, the director who led in
thanksgiving and prayer; Bakbukiah, sec-

[a]14 Most Septuagint manuscripts; Hebrew *their*

associate [əsóuʃièit] *n.* 동료
chief [tʃiːf] *n.* 우두머리
descendant [diséndənt] *n.* 자손
director [diréktər] *n.* 감독자
leader [líːdər] *n.* 지도자
officer [ɔ́ːfisər] *n.* 지휘관
outside [autsáid] *n.* 외부
own [oun] *a.* 자신의
prayer [prɛər] *n.* 기도
priest [priːst] *n.* 성직자
property [prápərti] *n.* 재산
provincial [prəvínʃəl] *a.* 지방의
quarter [kwɔ́ːrtər] *n.* 지역, 1/4
servant [sə́ːrvənt] *n.* 신하
various [vɛ́əriəs] *a.* 가지각색의

11:3 settle in: 자리잡고 살게 하다
11:3 live in: 들어가 살다
11:4 both A and B: A와 B 둘 다
11:11 in charge of...: …을 맡아서
11:12 carry on...: …를 지속해 나가다
11:13 head of a family: 가장(家長)

맛다냐이니 그는 기도할 때에 감사하는 말씀
을 인도하는 자가 되었고 형제 중에 박부갸
가 버금이 되었으며 또 여두둔의 증손 갈랄
의 손자 삼무아의 아들 압다니
18 거룩한 성에 레위 사람은 모두 이백팔십사
명이었느니라
19 ●성 문지기는 악굽과 달몬과 그 형제이니
모두 백칠십이 명이며
20 그 나머지 이스라엘 백성과 제사장과 레위
사람은 유다 모든 성읍에 흩어져 각각 자기
기업에 살았고
21 느디님 사람은 오벨에 거주하니 시하와 기스
바가 그들의 책임자가 되었느니라 3:26
22 ●노래하는 자들인 아삽 자손 중 미가의 현
손 맛다냐의 증손 하사뱌의 손자 바니의 아
들 웃시는 예루살렘에 거주하는 레위 사람의
감독이 되어 하나님의 전 일을 맡아 다스렸
으니
23 이는 왕의 명령대로 노래하는 자들에게 날마
다 할 일을 정해 주었기 때문이며 스 6:8
24 유다의 아들 세라의 자손 곧 므세사벨의 아
들 브다히야는 왕의 수하에서 백성의 일을
다스렸느니라

마을과 주변 동네들에 거주하는 백성들

25 ●마을과 들로 말하면 유다 자손의 일부는
기랏 아르바와 그 주변 동네들과 디본과 그
주변 동네들과 여갑스엘과 그 마을들에 거주
하며
26 또 예수아와 몰라다와 벧벨렛과
27 하살수알과 브엘세바와 그 주변 동네들에 거
주하며
28 또 시글락과 므고나와 그 주변 동네들에 거
주하며
29 또 에느림몬과 소라와 야르뭇에 거주하며
30 또 사노아와 아둘람과 그 마을들과 라기스와
그 들판과 아세가와 그 주변 동네들에 살았
으니 그들은 브엘세바에서부터 힌놈의 골짜
기까지 장막을 쳤으며
31 또 베냐민 자손은 게바에서부터 믹마스와 아
야와 벧엘과 그 주변 동네들에 거주하며
32 아나돗과 놉과 아나냐와
33 하솔과 라마와 깃다임과
34 하딧과 스보임과 느발랏과
35 로드와 오노와 장인들의 골짜기에 거주하였
으며
36 유다에 있던 레위 사람의 일부는 베냐민과
합하였느니라

ond among his associates; and Abda son
of Shammua, the son of Galal, the son of
18 Jeduthun. •The Levites in the holy city
totaled 284.

19 •The gatekeepers:

Akkub, Talmon and their associates, who
kept watch at the gates—172 men.

20 •The rest of the Israelites, with the priests
and Levites, were in all the towns of Judah,
each on their ancestral property.

21 •The temple servants lived on the hill of
Ophel, and Ziha and Gishpa were in charge of
them.

22 •The chief officer of the Levites in Jerusalem
was Uzzi son of Bani, the son of Hashabiah,
the son of Mattaniah, the son of Mika. Uzzi
was one of Asaph's descendants, who were the
musicians responsible for the service of the
23 house of God. •The musicians were under the
king's orders, which regulated their daily
activity.

24 •Pethahiah son of Meshezabel, one of the
descendants of Zerah son of Judah, was the
king's agent in all affairs relating to the peo-
ple.

25 •As for the villages with their fields, some
of the people of Judah lived in Kiriath Arba
and its surrounding settlements, in Dibon
and its settlements, in Jekabzeel and its vil-
26 lages, •in Jeshua, in Moladah, in Beth Pelet,
27 •in Hazar Shual, in Beersheba and its settle-
28 ments, •in Ziklag, in Mekonah and its settle-
29 ments, •in En Rimmon, in Zorah, in Jar-
30 muth, •Zanoah, Adullam and their villages,
in Lachish and its fields, and in Azekah and
its settlements. So they were living all the
way from Beersheba to the Valley of Hin-
nom.

31 •The descendants of the Benjamites from
Geba lived in Mikmash, Aija, Bethel and its
32 settlements, •in Anathoth, Nob and Ananiah,
33-34 •in Hazor, Ramah and Gittaim, •in Hadid,
35 Zeboim and Neballat, •in Lod and Ono, and
in Ge Harashim.

36 •Some of the divisions of the Levites of
Judah settled in Benjamin.

Priests and Levites

12 These were the priests and Levites
who returned with Zerubbabel son of

activity [æktívəti] *n.* 활동
affair [əféər] *n.* 사건
agent [éidʒənt] *n.* 대리인
ancestral [ænséstrəl] *a.* 조상의
daily [déili] *a.* 매일의
division [divíʒən] *n.* 부문, 갈래
field [fiːld] *n.* 들판
property [prápərti] *n.* 재산, 소유
regulate [régjulèit] *vt.* 규제하다
relate [riléit] *vt.* 연관되다
return [ritə́ːrn] *vi.* 되돌아가다
settlement [sétlmənt] *n.* 촌락
surrounding [səráundiŋ] *a.* 주변의
valley [væli] *n.* 골짜기
village [vílidʒ] *n.* 마을

11:19 keep watch: 보초를 서다
11:21 be in charge of...: …를 책임지다
11:22 be responsible for...: …에 대하여 책임이 있다
11:25 as for...: …에 관해 말하자면
11:31 the descendant of...: …의 자손

제사장과 레위 사람들 — B.C. 443년경

12 스알디엘의 아들 스룹바벨과 예수아와
함께 돌아온 제사장들과 레위 사람들은
이러하니라 제사장들은 스라야와 예레미야
와 에스라와
2 아마랴와 말룩과 핫두스와
3 스가냐와 르훔과 므레못과
4 잇도와 긴느도이와 아비야와
5 미야민과 마아댜와 빌가와
6 스마야와 요야립과 여다야와
7 살루와 아목과 힐기야와 여다야니 이상은 예
수아 때에 제사장들과 그들의 형제의 지도자
들이었느니라 스 3:2

대제사장 예수아의 자손들

8 ●레위 사람들은 예수아와 빈누이와 갓미엘
과 세레뱌와 유다와 맛다냐니 이 맛다냐는
그의 형제와 함께 찬송하는 일을 맡았고 11:17
9 또 그들의 형제 박부갸와 운노는 직무를 따
라 그들의 맞은편에 있으며
10 예수아는 요야김을 낳고 요야김은 엘리아십
을 낳고 엘리아십은 요야다를 낳고
11 요야다는 요나단을 낳고 요나단은 얏두아를
낳았느니라

제사장의 족장들

12 ●요야김 때에 제사장, 족장 된 자는 스라야
족속에는 므라야요 예레미야 족속에는 하나
냐요
13 에스라 족속에는 므술람이요 아마랴 족속에
는 여호하난이요
14 말루기 족속에는 요나단이요 스바냐 족속에
는 요셉이요
15 하림 족속에는 아드나요 므라욧 족속에는 헬
개요
16 잇도 족속에는 스가랴요 긴느돈 족속에는 므
술람이요
17 아비야 족속에는 시그리요 미냐민 곧 모아댜
족속에는 빌대요
18 빌가 족속에는 삼무아요 스마야 족속에는 여
호나단이요
19 요야립 족속에는 맛드내요 여다야 족속에는
웃시요
20 살래 족속에는 갈래요 아목 족속에는 에벨이
요
21 힐기야 족속에는 하사뱌요 여다야 족속에는
느다넬이었느니라

제사장과 레위 사람들에 관한 기록

22 ●엘리아십과 요야다와 요하난과 얏두아 때

Shealtiel and with Joshua:
Seraiah, Jeremiah, Ezra,
2 ●Amariah, Malluk, Hattush,
3 ●Shekaniah, Rehum, Meremoth,
4 ●Iddo, Ginnethon,[a] Abijah,
5 ●Mijamin,[b] Moadiah, Bilgah,
6 ●Shemaiah, Joiarib, Jedaiah,
7 ●Sallu, Amok, Hilkiah and Jedaiah.
These were the leaders of the priests and their
associates in the days of Joshua.
8 ●The Levites were Jeshua, Binnui, Kadmiel,
Sherebiah, Judah, and also Mattaniah, who,
together with his associates, was in charge of
9 the songs of thanksgiving. ●Bakbukiah and
Unni, their associates, stood opposite them in
the services.
10 ●Joshua was the father of Joiakim, Joiakim
the father of Eliashib, Eliashib the father of
11 Joiada, ●Joiada the father of Jonathan, and
Jonathan the father of Jaddua.
12 ●In the days of Joiakim, these were the
heads of the priestly families:
of Seraiah's family, Meraiah;
of Jeremiah's, Hananiah;
13 ●of Ezra's, Meshullam;
of Amariah's, Jehohanan;
14 ●of Malluk's, Jonathan;
of Shekaniah's,[c] Joseph;
15 ●of Harim's, Adna;
of Meremoth's,[d] Helkai;
16 ●of Iddo's, Zechariah;
of Ginnethon's, Meshullam;
17 ●of Abijah's, Zikri;
of Miniamin's and of Moadiah's, Piltai;
18 ●of Bilgah's, Shammua;
of Shemaiah's, Jehonathan;
19 ●of Joiarib's, Mattenai;
of Jedaiah's, Uzzi;
20 ●of Sallu's, Kallai;
of Amok's, Eber;
21 ●of Hilkiah's, Hashabiah;
of Jedaiah's, Nethanel.
22 ●The family heads of the Levites in the days
of Eliashib, Joiada, Johanan and Jaddua, as
well as those of the priests, were recorded in
23 the reign of Darius the Persian. ●The family
heads among the descendants of Levi up to the

[a]4 Many Hebrew manuscripts and Vulgate (see also verse 16); most Hebrew manuscripts *Ginnethoi* [b]5 A variant of *Miniamin* [c]14 Very many Hebrew manuscripts, some Septuagint manuscripts and Syriac (see also verse 3); most Hebrew manuscripts *Shebaniah's* [d]15 Some Septuagint manuscripts (see also verse 3); Hebrew *Meraioth's*

among [əmʌ́ŋ] *prep.* …의 사이에
associate [əsóuʃièit] *n.* 동료
day [dei] *n.* 날
descendant [diséndənt] *n.* 자손
family [fǽməli] *n.* 가구, 세대
head [hed] *n.* 우두머리
leader [líːdər] *n.* 지도자
Levite [líːvait] *n.* 레위인
opposite [ápəzit] *a.* 맞은편의
priestly [príːstli] *a.* 성직자의
reign [rein] *n.* 통치
service [sə́ːrvis] *n.* 임무, 봉사
stand [stænd] *vi.* 서 있다
thanksgiving [θæŋksgíviŋ] *n.* 감사축제
together [təgéðər] *ad.* 함께

12:7 in the days of...: …의 시대에
12:8 in charge of...: …를 맡고 있는
12:9 in the service: 직무 중에, 예배 중에
12:22 A as well as B: B뿐만 아니라 A도
12:22 be recorded: 기록되다
12:23 up to...: …까지

에 레위 사람의 족장이 모두 책에 기록되었
고 바사 왕 다리오 때에 제사장도 책에 기록
되었고
23 레위 자손의 족장들은 엘리아십의 아들 요하
난 때까지 역대지략에 기록되었으며
24 레위 족속의 지도자들은 하사뱌와 세레뱌와
갓미엘의 아들 예수아라 그들은 그들의 형제
의 맞은편에 있어 하나님의 사람 다윗의 명
령대로 순서를 따라 주를 찬양하며 감사하고
25 맛다냐와 박부갸와 오바댜와 므술람과 달몬
과 악굽은 다 문지기로서 순서대로 문안의
곳간을 파수하였나니
26 이상의 모든 사람들은 요사닥의 손자 예수아
의 아들 요야김과 총독 느헤미야와 제사장
겸 학사 에스라 때에 있었느니라

느헤미야가 성벽을 봉헌하다 (♪ 249, 550장)

27 ●예루살렘 성벽을 봉헌하게 되니 각처에서
레위 사람들을 찾아 예루살렘으로 데려다가
감사하며 노래하며 제금을 치며 비파와 수금
을 타며 즐거이 봉헌식을 행하려 하매
28 이에 노래하는 자들이 예루살렘 사방 들과
느도바 사람의 마을에서 모여들고
29 또 벧길갈과 게바와 아스마웻 들에서 모여들
었으니 이 노래하는 자들은 자기들을 위하여
예루살렘 사방에 마을들을 이루었음이라
30 제사장들과 레위 사람들이 몸을 정결하게 하
고 또 백성과 성문과 성벽을 정결하게 하니라
31 ●이에 내가 유다의 방백들을 성벽 위에 오
르게 하고 또 감사 찬송하는 자의 큰 무리를
둘로 나누어 성벽 위로 대오를 지어 가게 하
였는데 한 무리는 오른쪽으로 분문을 향하여
가게 하니
32 그들의 뒤를 따르는 자는 호세야와 유다 지
도자의 절반이요
33 또 아사랴와 에스라와 므술람과
34 유다와 베냐민과 스마야와 예레미야이며
35 또 제사장들의 자손 몇 사람이 나팔을 잡았
으니 요나단의 아들 스마야의 손자 맛다냐의
증손 미가야의 현손 삭굴의 오대 손 아삽의
육대 손 스가랴와
36 그의 형제들인 스마야와 아사렐과 밀랄래와
길랄래와 마애와 느다넬과 유다와 하나니라
다 하나님의 사람 다윗의 악기를 잡았고 학
사 에스라가 앞서서
37 샘문으로 전진하여 성벽으로 올라가는 곳에
이르러 다윗 성의 층계로 올라가서 다윗의 궁
윗 길에서 동쪽으로 향하여 수문에 이르렀고

time of Johanan son of Eliashib were recorded
24 in the book of the annals. ●And the leaders of
the Levites were Hashabiah, Sherebiah, Jeshua
son of Kadmiel, and their associates, who
stood opposite them to give praise and thanks-
giving, one section responding to the other, as
prescribed by David the man of God.
25 ●Mattaniah, Bakbukiah, Obadiah, Meshul-
lam, Talmon and Akkub were gatekeepers
who guarded the storerooms at the gates.
26 ●They served in the days of Joiakim son of
Joshua, the son of Jozadak, and in the days of
Nehemiah the governor and of Ezra the priest,
the teacher of the Law.

Dedication of the Wall of Jerusalem

27 ●At the dedication of the wall of Jeru-
salem, the Levites were sought out from
where they lived and were brought to Jeru-
salem to celebrate joyfully the dedication
with songs of thanksgiving and with the
28 music of cymbals, harps and lyres. ●The
musicians also were brought together from
the region around Jerusalem—from the vil-
29 lages of the Netophathites, ●from Beth Gil-
gal, and from the area of Geba and Azma-
veth, for the musicians had built villages for
30 themselves around Jerusalem. ●When the
priests and Levites had purified themselves
ceremonially, they purified the people, the
gates and the wall.
31 ●I had the leaders of Judah go up on top of[a]
the wall. I also assigned two large choirs to
give thanks. One was to proceed on top of[b]
the wall to the right, toward the Dung Gate.
32 ●Hoshaiah and half the leaders of Judah fol-
33 lowed them, ●along with Azariah, Ezra,
34 Meshullam, ●Judah, Benjamin, Shemaiah,
35 Jeremiah, ●as well as some priests with trum-
pets, and also Zechariah son of Jonathan,
the son of Shemaiah, the son of Mattaniah,
the son of Micaiah, the son of Zakkur, the
36 son of Asaph, ●and his associates—Shema-
iah, Azarel, Milalai, Gilalai, Maai, Nethanel,
Judah and Hanani—with musical instru-
ments prescribed by David the man of God.
Ezra the teacher of the Law led the proces-
37 sion. ●At the Fountain Gate they continued
directly up the steps of the City of David on
the ascent to the wall and passed above the
site of David's palace to the Water Gate on

[a]31 Or *go alongside* [b]31 Or *proceed alongside*

annals [ǽnlz] *n.(pl.)* 연대기
ascent [əsént] *n.* 오르막
assign [əsáin] *vt.* 지정하다
associate [əsóuʃièit] *n.* 동료
celebrate [séləbrèit] *vt.* 축하하다
12:27 be sought out from...: …에서부터 찾아지다, 발견되다

ceremonially [serəmóuniəli] *ad.* 의식적으로
choir [kwáiər] *n.* 성가대
dedication [dèdikéiʃən] *n.* 봉헌
governor [gʌ́vərnər] *n.* 총독
instrument [ínstrəmənt] *n.* 악기
12:28 bring together: 불러모으다
12:31 proceed on...: …에 의거해 행동하다

prescribe [priskráib] *vt.* 규정하다
proceed [prəsí:d] *vi.* 나아가다
purify [pjúərəfài] *vt.* 정화하다
region [rí:dʒən] *n.* 영역
storeroom [stɔ́:rru:m] *n.* 저장실, 광
12:33 along with...: …와 함께

38 감사 찬송하는 다른 무리는 왼쪽으로 행진하
는데 내가 백성의 절반과 더불어 그 뒤를 따
라 성벽 위로 가서 화덕 망대 윗 길로 성벽
넓은 곳에 이르고
39 에브라임 문 위로 옛문과 어문과 하나넬 망
대와 함메아 망대를 지나 양문에 이르러 감
옥 문에 멈추매
40 이에 감사 찬송하는 두 무리가 하나님의 전
에 섰고 또 나와 민장의 절반도 함께 하였고
41 제사장 엘리아김과 마아세야와 미냐민과 미
가야와 엘료에내와 스가랴와 하나냐는 다 나
팔을 잡았고
42 또 마아세야와 스마야와 엘르아살과 웃시와
여호하난과 말기야와 엘람과 에셀이 함께 있
으며 노래하는 자는 크게 찬송하였는데 그
감독은 예스라히야라
43 이날에 무리가 큰 제사를 드리고 심히 즐거
워하였으니 이는 하나님이 크게 즐거워하게
하셨음이라 부녀와 어린아이도 즐거워하였
으므로 예루살렘이 즐거워하는 소리가 멀리
들렸느니라

제사장과 레위 사람에게 준 몫

44 ●그날에 사람을 세워 곳간을 맡기고 제사장
들과 레위 사람들에게 돌릴 것 곧 율법에 정
한 대로 거제물과 처음 익은 것과 십일조를
모든 성읍 밭에서 거두어 이 곳간에 쌓게 하
였노니 이는 유다 사람이 섬기는 제사장들과
레위 사람들로 말미암아 즐거워하기 때문이
라
45 그들은 하나님을 섬기는 일과 결례의 일을
힘썼으며 노래하는 자들과 문지기들도 그러
하여 모두 다윗과 그의 아들 솔로몬의 명령
을 따라 행하였으니
46 옛적 다윗과 아삽의 때에는 노래하는 자의
지도자가 있어서 하나님께 찬송하는 노래와
감사하는 노래를 하였음이며
47 스룹바벨 때와 느헤미야 때에는 온 이스라엘
이 노래하는 자들과 문지기들에게 날마다 쓸
몫을 주되 그들이 성별한 것을 레위 사람들
에게 주고 레위 사람들은 그것을 또 성별하
여 아론 자손에게 주었느니라

느헤미야의 개혁 — B.C. 432년경

13 그날 모세의 책을 낭독하여 백성에게
들렸는데 그 책에 기록하기를 암몬 사
람과 모압 사람은 영원히 하나님의 총회에
들어오지 못하리니
2 이는 그들이 양식과 물로 이스라엘 자손을

the east.
38 •The second choir proceeded in the oppo-
site direction. I followed them on top of[a] the
wall, together with half the people—past the
39 Tower of the Ovens to the Broad Wall, •over
the Gate of Ephraim, the Jeshanah[b] Gate, the
Fish Gate, the Tower of Hananel and the
Tower of the Hundred, as far as the Sheep
Gate. At the Gate of the Guard they stopped.
40 •The two choirs that gave thanks then
took their places in the house of God; so did
41 I, together with half the officials, •as well as
the priests—Eliakim, Maaseiah, Miniamin,
Micaiah, Elioenai, Zechariah and Hananiah
42 with their trumpets— •and also Maaseiah,
Shemaiah, Eleazar, Uzzi, Jehohanan, Malki-
jah, Elam and Ezer. The choirs sang under
43 the direction of Jezrahiah. •And on that day
they offered great sacrifices, rejoicing because
God had given them great joy. The women
and children also rejoiced. The sound of
rejoicing in Jerusalem could be heard far
away.
44 •At that time men were appointed to be
in charge of the storerooms for the contri-
butions, firstfruits and tithes. From the fields
around the towns they were to bring into the
storerooms the portions required by the Law
for the priests and the Levites, for Judah was
pleased with the ministering priests and
45 Levites. •They performed the service of their
God and the service of purification, as did
also the musicians and gatekeepers, accord-
ing to the commands of David and his son
46 Solomon. •For long ago, in the days of David
and Asaph, there had been directors for the
musicians and for the songs of praise and
47 thanksgiving to God. •So in the days of
Zerubbabel and of Nehemiah, all Israel con-
tributed the daily portions for the musicians
and the gatekeepers. They also set aside the
portion for the other Levites, and the Levites
set aside the portion for the descendants of
Aaron.

Nehemiah's Final Reforms

13 On that day the Book of Moses was
read aloud in the hearing of the peo-
ple and there it was found written that no
Ammonite or Moabite should ever be admit-
2 ted into the assembly of God, •because they

[a]38 Or *them alongside* [b]39 Or *Old*

admit [ædmít] *vt.* 허락하다
appoint [əpɔ́int] *vt.* 임명하다
assembly [əsémbli] *n.* 집회
contribution [kὰntrəbjú:ʃən] *n.* 헌물
direction [dirékʃən] *n.* 방향
director [diréktər] *n.* 지휘자
firstfruits [fə:rstfrú:ts] *n.* 첫수확
minister [mínəstər] *vi.* 봉사하다
perform [pərfɔ́:rm] *vt.* 수행하다
portion [pɔ́:rʃən] *n.* 몫
priest [pri:st] *n.* 제사장
purification [pjùərəfikéiʃən] *n.* 정화
require [rikwáiər] *vt.* 필요로 하다
sacrifice [sǽkrəfàis] *n.* 희생
tithe [taið] *n.* 십일조

12:39 as far as...: …까지
12:40 take one's place: 있어야 할 곳에 가다
12:44 be pleased with...: …로 인해 기뻐하다
12:47 set aside: 따로 떼어두다

영접하지 아니하고 도리어 발람에게 뇌물을
주어 저주하게 하였음이라 그러나 우리 하나
님이 그 저주를 돌이켜 복이 되게 하셨다 하
였는지라
3 백성이 이 율법을 듣고 곧 섞인 무리를 이스
라엘 가운데에서 모두 분리하였느니라
4 ●이전에 우리 하나님의 전의 방을 맡은 제
사장 엘리아십이 도비야와 연락이 있었으므
로
5 도비야를 위하여 한 큰 방을 만들었으니 그
방은 원래 소제물과 유향과 그릇과 또 레위
사람들과 노래하는 자들과 문지기들에게 십
일조로 주는 곡물과 새 포도주와 기름과 또
제사장들에게 주는 거제물을 두는 곳이라
6 그때에는 내가 예루살렘에 있지 아니하였느
니라 바벨론 왕 아닥사스다 삼십이 년에 내
가 왕에게 나아갔다가 며칠 후에 왕에게 말
미를 청하고
7 예루살렘에 이르러서야 엘리아십이 도비야
를 위하여 하나님의 전 뜰에 방을 만든 악한
일을 안지라
8 내가 심히 근심하여 도비야의 세간을 그 방
밖으로 다 내어 던지고
9 명령하여 그 방을 정결하게 하고 하나님의
전의 그릇과 소제물과 유향을 다시 그리로
들여놓았느니라
10 ●내가 또 알아본즉 레위 사람들이 받을 몫
을 주지 아니하였으므로 그 직무를 행하는
레위 사람들과 노래하는 자들이 각각 자기
밭으로 도망하였기로
11 내가 모든 민장들을 꾸짖어 이르기를 하나님
의 전이 어찌하여 버린 바 되었느냐 하고 곧
레위 사람을 불러 모아 다시 제자리에 세웠
더니
12 이에 온 유다가 곡식과 새 포도주와 기름의
십일조를 가져다가 곳간에 들이므로 10:37-39
13 내가 제사장 셀레먀와 서기관 사독과 레위
사람 브다야를 창고지기로 삼고 맛다냐의
손자 삭굴의 아들 하난을 버금으로 삼았나
니 이는 그들이 충직한 자로 인정됨이라 그
직분은 형제들에게 분배하는 일이었느니라
14 내 하나님이여 이 일로 말미암아 나를 기억
하옵소서 내 하나님의 전과 그 모든 직무를
위하여 내가 행한 선한 일을 도말하지 마옵
소서
15 ●그때에 내가 본즉 유다에서 어떤 사람이
안식일에 술틀을 밟고 곡식단을 나귀에 실어

had not met the Israelites with food and water
but had hired Balaam to call a curse down on
them. (Our God, however, turned the curse
3 into a blessing.) ●When the people heard this
law, they excluded from Israel all who were of
foreign descent.
4 ●Before this, Eliashib the priest had been
put in charge of the storerooms of the house of
our God. He was closely associated with Tobi-
5 ah, ●and he had provided him with a large
room formerly used to store the grain offerings
and incense and temple articles, and also the
tithes of grain, new wine and olive oil pre-
scribed for the Levites, musicians and gate-
keepers, as well as the contributions for the
priests.
6 ●But while all this was going on, I was not
in Jerusalem, for in the thirty-second year of
Artaxerxes king of Babylon I had returned to
the king. Some time later I asked his permis-
7 sion ●and came back to Jerusalem. Here I
learned about the evil thing Eliashib had done
in providing Tobiah a room in the courts of
8 the house of God. ●I was greatly displeased
and threw all Tobiah's household goods out of
9 the room. ●I gave orders to purify the rooms,
and then I put back into them the equipment
of the house of God, with the grain offerings
and the incense.
10 ●I also learned that the portions assigned to
the Levites had not been given to them, and
that all the Levites and musicians responsible
for the service had gone back to their own
11 fields. ●So I rebuked the officials and asked
them, "Why is the house of God neglected?"
Then I called them together and stationed
them at their posts.
12 ●All Judah brought the tithes of grain, new
13 wine and olive oil into the storerooms. ●I put
Shelemiah the priest, Zadok the scribe, and a
Levite named Pedaiah in charge of the store-
rooms and made Hanan son of Zakkur, the
son of Mattaniah, their assistant, because they
were considered trustworthy. They were made
responsible for distributing the supplies to
their fellow Levites.
14 ●Remember me for this, my God, and do
not blot out what I have so faithfully done for
the house of my God and its services.
15 ●In those days I saw people in Judah tread-
ing winepresses on the Sabbath and bringing
in grain and loading it on donkeys, together

article [á:rtikl] *n.* 물품
assign [əsáin] *vt.* 지정하다
curse [kə:rs] *n.* 저주
displease [displí:z] *vt.* 화나게 하다
distribute [distríbju:t] *vt.* 분배하다
equipment [ikwípmənt] *n.* 장비
formerly [fɔ́:rmərli] *ad.* 전에
incense [ínsens] *n.* 향
neglect [niglékt] *vt.* 무시하다
permission [pərmíʃən] *n.* 허락
post [poust] *vt.* 보초를 세우다
purify [pjúərəfài] *vt.* 정결케 하다
station [stéiʃən] *vt.* 주둔시키다
tread [tred] *vt.* 밟다
trustworthy [trʌ́stwə̀:rði] *a.* 믿을 수 있는

13:3 exclude from...: …에서 쫓아내다
13:4 be associated with...: …과 관계가 있다
13:6 go on: 일이 진행되다
13:6 some time later: 얼마 후에
13:14 blot out: 지우다, 가리다

운반하며 포도주와 포도와 무화과와 여러
가지 짐을 지고 안식일에 예루살렘에 들어와
서 음식물을 팔기로 그날에 내가 경계하였고
16 또 두로 사람이 예루살렘에 살며 물고기와
각양 물건을 가져다가 안식일에 예루살렘에
서도 유다 자손에게 팔기로
17 내가 유다의 모든 귀인들을 꾸짖어 그들에게
이르기를 너희가 어찌 이 악을 행하여 안식
일을 범하느냐
18 너희 조상들이 이같이 행하지 아니하였느냐
그래서 우리 하나님이 이 모든 재앙을 우리와
이 성읍에 내리신 것이 아니냐 그럼에도 불구
하고 너희가 안식일을 범하여 진노가 이스라
엘에게 더욱 심하게 임하도록 하는도다 하고
19 안식일 전 예루살렘 성문이 어두워갈 때에
내가 성문을 닫고 안식일이 지나기 전에는
열지 말라 하고 나를 따르는 종자 몇을 성문
마다 세워 안식일에는 아무 짐도 들어오지
못하게 하였으므로
20 장사꾼들과 각양 물건 파는 자들이 한두 번
예루살렘 성 밖에서 자므로
21 내가 그들에게 경계하여 이르기를 너희가 어
찌하여 성 밑에서 자느냐 다시 이같이 하면
내가 잡으리라 하였더니 그 후부터는 안식일
에 그들이 다시 오지 아니하였느니라
22 내가 또 레위 사람들에게 몸을 정결하게 하
고 와서 성문을 지켜서 안식일을 거룩하게
하라 하였느니라 내 하나님이여 나를 위하여
이 일도 기억하시옵고 주의 크신 은혜대로
나를 아끼시옵소서
23 ●그때에 내가 또 본즉 유다 사람이 아스돗
과 암몬과 모압 여인을 맞아 아내로 삼았는
데
24 그들의 자녀가 아스돗 방언을 절반쯤은 하여
도 유다 방언은 못하니 그 하는 말이 각 족속
의 방언이므로
25 내가 그들을 책망하고 저주하며 그들 중 몇
사람을 때리고 그들의 머리털을 뽑고 이르되
너희는 너희 딸들을 그들의 아들들에게 주지
말고 너희 아들들이나 너희를 위하여 그들의
딸을 데려오지 아니하겠다고 하나님을 가리
켜 맹세하라 하고
26 또 이르기를 옛적에 이스라엘 왕 솔로몬이
이 일로 범죄하지 아니하였느냐 그는 많은
나라 중에 비길 왕이 없이 하나님의 사랑을
입은 자라 하나님이 그를 왕으로 삼아 온 이
스라엘을 다스리게 하셨으나 이방 여인이 그

with wine, grapes, figs and all other kinds of
loads. And they were bringing all this into
Jerusalem on the Sabbath. Therefore I warn-
ed them against selling food on that day.
16 ●People from Tyre who lived in Jerusalem
were bringing in fish and all kinds of mer-
chandise and selling them in Jerusalem on the
17 Sabbath to the people of Judah. ●I rebuked
the nobles of Judah and said to them, "What
is this wicked thing you are doing—desecrat-
18 ing the Sabbath day? ●Didn't your ancestors
do the same things, so that our God brought
all this calamity on us and on this city? Now
you are stirring up more wrath against Israel
by desecrating the Sabbath."
19 ●When evening shadows fell on the gates
of Jerusalem before the Sabbath, I ordered
the doors to be shut and not opened until the
Sabbath was over. I stationed some of my own
men at the gates so that no load could be
20 brought in on the Sabbath day. ●Once or
twice the merchants and sellers of all kinds of
21 goods spent the night outside Jerusalem. ●But
I warned them and said, "Why do you spend
the night by the wall? If you do this again, I
will arrest you." From that time on they no
22 longer came on the Sabbath. ●Then I com-
manded the Levites to purify themselves and
go and guard the gates in order to keep the
Sabbath day holy.

Remember me for this also, my God, and
show mercy to me according to your great
love.

23 ●Moreover, in those days I saw men of
Judah who had married women from Ash-
24 dod, Ammon and Moab. ●Half of their chil-
dren spoke the language of Ashdod or the
language of one of the other peoples, and
did not know how to speak the language of
25 Judah. ●I rebuked them and called curses
down on them. I beat some of the men and
pulled out their hair. I made them take an
oath in God's name and said: "You are not
to give your daughters in marriage to their
sons, nor are you to take their daughters in
marriage for your sons or for yourselves.
26 ●Was it not because of marriages like these
that Solomon king of Israel sinned? Among
the many nations there was no king like
him. He was loved by his God, and God
made him king over all Israel, but even he
27 was led into sin by foreign women. ●Must

arrest [ərést] *vt.* 체포하다
beat [biːt] *vt.* 때리다
calamity [kəlǽməti] *n.* 재앙
desecrate [désikrèit] *vt.* 신성모독하다
fig [fíg] *n.* 무화과
foreign [fɔ́ːrən] *a.* 외국의
load [loud] *n.* 무거운 짐
mercy [mə́ːrsi] *n.* 자비
noble [nóubl] *n.* 귀족
pull [pul] *vt.* 뽑다
rebuke [ribjúːk] *vt.* 비난하다
stir [stəːr] *vt.* 일으키다
warn [wɔːrn] *vt.* 경고하다
wicked [wíkid] *a.* 악한
wrath [ræθ] *n.* 분노

13:16 all kinds of: 온갖 종류의
13:19 be over: 끝나다
13:25 call A down on B: B에게 A가 내리기를 빌다
13:25 take an oath: 맹세하다
13:26 be lead into sin: 죄로 바뀌어가다

를 범죄하게 하였나니
27 너희가 이방 여인을 아내로 맞아 이 모든 큰 악을 행하여 우리 하나님께 범죄하는 것을 우리가 어찌 용납하겠느냐
28 ● 대제사장 엘리아십의 손자 요야다의 아들 하나가 호론 사람 산발랏의 사위가 되었으므로 내가 쫓아내어 나를 떠나게 하였느니라
29 내 하나님이여 그들이 제사장의 직분을 더럽히고 제사장의 직분과 레위 사람에 대한 언약을 어겼사오니 그들을 기억하옵소서
30 내가 이와 같이 그들에게 이방 사람을 떠나게 하여 그들을 깨끗하게 하고 또 제사장과 레위 사람의 반열을 세워 각각 자기의 일을 맡게 하고
31 또 정한 기한에 나무와 처음 익은 것을 드리게 하였사오니 내 하나님이여 나를 기억하사 복을 주옵소서

10:34-36

we hear now that you too are doing all this
terrible wickedness and are being unfaith-
ful to our God by marrying foreign wo-
men?"
28 ●One of the sons of Joiada son of Eliashib
the high priest was son-in-law to Sanballat
the Horonite. And I drove him away from
me.
29 ●Remember them, my God, because they
defiled the priestly office and the covenant
of the priesthood and of the Levites.
30 ●So I purified the priests and the Levites
of everything foreign, and assigned them
31 duties, each to his own task.●I also made
provision for contributions of wood at des-
ignated times, and for the firstfruits.

Remember me with favor, my God.

assign [əsáin] *vt.* 지정하다
contribution [kàntrəbjú:ʃən] *n.* 헌물
covenant [kʌ́vənənt] *n.* 언약
defile [difáil] *vt.* 더럽히다
designate [dézignèit] *vt.* 지정하다
duty [djú:ti] *n.* 임무
favor [féivər] *n.* 은혜
firstfruit [fə́:rstfrù:t] *n.* 햇곡식, 첫수확
priesthood [prí:sthùd] *n.* 제사장직
provision [prəvíʒən] *n.* 공급
son-in-law [sʌ́ninlɔ̀:] *n.* 사위
task [tæsk] *n.* 일, 업무
terrible [térəbl] *a.* 무서운
unfaithful [ʌnféiθfəl] *a.* 불충성한
wickedness [wíkidnis] *n.* 사악함

13:27 **all this:** 이상은 모두
13:28 **away from...:** …에서 떠나서
13:31 **with favor:** 호의적으로

Esther | 에스더

● 저자 _ 바사에 살았던 유다인 ● 저작 연대 _ B.C. 485-435년 사이 ● 기록 장소 _ 알 수 없음
● 기록 대상 _ 바사에 남아 있는 유다인들 ● 핵심어 및 내용 _ 핵심어는 '아름다움'과 '섭리'이다.

하나님께서는 에스더에게 아름다운 외모를 주셨다. 그러나 하나님은 아름다운 외모 때문에 그녀를 사용하신 것이 아니라 그녀의 헌신된 마음 때문에 그녀를 통하여 하나님의 역사를 이루셨다.

와스디 왕후가 폐위되다 — B.C. 483년경

1 이 일은 아하수에로 왕 때에 있었던 일이니 아하수에로는 인도로부터 구스까지 백이십칠 지방을 다스리는 왕이라 스 4:6
2 당시에 아하수에로 왕이 수산 궁에서 즉위하고
3 왕위에 있은 지 제삼 년에 그의 모든 지방관과 신하들을 위하여 잔치를 베푸니 바사와 메대의 장수와 각 지방의 귀족과 지방관들이 다 왕 앞에 있는지라
4 왕이 여러 날 곧 백팔십 일 동안에 그의 영화로운 나라의 부함과 위엄의 혁혁함을 나타내니라
5 이날이 지나매 왕이 또 도성 수산에 있는 귀천 간의 백성을 위하여 왕궁 후원 뜰에서 칠 일 동안 잔치를 베풀새
6 백색, 녹색, 청색 휘장을 자색 가는 베 줄로 대리석 기둥 은고리에 매고 금과 은으로 만든 걸상을 화반석, 백석, 운모석, 흑석을 깐 땅에 진설하고
7 금잔으로 마시게 하니 잔의 모양이 각기 다르고 왕이 풍부하였으므로 어주가 한이 없으며
8 마시는 것도 법도가 있어 사람으로 억지로 하지 않게 하니 이는 왕이 모든 궁내 관리에게 명령하여 각 사람이 마음대로 하게 함이더라
9 ●왕후 와스디도 아하수에로 왕궁에서 여인들을 위하여 잔치를 베푸니라
10 제칠 일에 왕이 주흥이 일어나서 어전 내시 므후만과 비스다와 하르보나와 빅다와 아박다와 세달과 가르가스 일곱 사람을 명령하여
11 왕후 와스디를 청하여 왕후의 관을 정제하고 왕 앞으로 나아오게 하여 그의 아리따움을 뭇 백성과 지방관들에게 보이게 하라 하니 이는 왕후의 용모가 보기에 좋음이라
12 그러나 왕후 와스디는 내시가 전하는 왕명을 따르기를 싫어하니 왕이 진노하여 마음속이 불붙는 듯하더라
13 ●왕이 사례를 아는 현자들에게 묻되 (왕이 규례와 법률을 아는 자에게 묻는 전례가 있는데

Queen Vashti Deposed

1 This is what happened during the time of
Xerxes,[a] the Xerxes who ruled over 127
2 provinces stretching from India to Cush[b]: •At
that time King Xerxes reigned from his royal
3 throne in the citadel of Susa, •and in the
third year of his reign he gave a banquet for
all his nobles and officials. The military leaders of Persia and Media, the princes, and the
nobles of the provinces were present.
4 •For a full 180 days he displayed the vast
wealth of his kingdom and the splendor and
5 glory of his majesty. •When these days were
over, the king gave a banquet, lasting seven
days, in the enclosed garden of the king's
palace, for all the people from the least to
the greatest who were in the citadel of Susa.
6 •The garden had hangings of white and blue
linen, fastened with cords of white linen and
purple material to silver rings on marble pillars. There were couches of gold and silver
on a mosaic pavement of porphyry, marble,
mother-of-pearl and other costly stones.
7 •Wine was served in goblets of gold, each
one different from the other, and the royal
wine was abundant, in keeping with the
8 king's liberality. •By the king's command
each guest was allowed to drink with no
restrictions, for the king instructed all the wine
stewards to serve each man what he wished.
9 •Queen Vashti also gave a banquet for the
women in the royal palace of King Xerxes.
10 •On the seventh day, when King Xerxes
was in high spirits from wine, he commanded the seven eunuchs who served him—
Mehuman, Biztha, Harbona, Bigtha, Abagtha, Zethar and Karkas— •to bring before
11 him Queen Vashti, wearing her royal crown,
in order to display her beauty to the people
12 and nobles, for she was lovely to look at. •But
when the attendants delivered the king's
command, Queen Vashti refused to come.
Then the king became furious and burned
with anger.
13 •Since it was customary for the king to

[a]1 Hebrew *Ahasuerus*; here and throughout Esther
[b]1 That is, the upper Nile region

14 그때에 왕에게 가까이하여 왕의 기색을 살피며 나라 첫 자리에 앉은 자는 바사와 메대의 일곱 지방관 곧 가르스나와 세달과 아드마다와 다시스와 메레스와 마르스나와 므무간이라)
15 왕후 와스디가 내시가 전하는 아하수에로 왕의 명령을 따르지 아니하니 규례대로 하면 어떻게 처치할까
16 므무간이 왕과 지방관 앞에서 대답하여 이르되 왕후 와스디가 왕에게만 잘못했을 뿐 아니라 아하수에로 왕의 각 지방의 관리들과 뭇 백성에게도 잘못하였나이다
17 아하수에로 왕이 명령하여 왕후 와스디를 청하여도 오지 아니하였다 하는 왕후의 행위의 소문이 모든 여인들에게 전파되면 그들도 그들의 남편을 멸시할 것인즉
18 오늘이라도 바사와 메대의 귀부인들이 왕후의 행위를 듣고 왕의 모든 지방관들에게 그렇게 말하리니 멸시와 분노가 많이 일어나리이다
19 왕이 만일 좋게 여기실진대 와스디가 다시는 왕 앞에 오지 못하게 하는 조서를 내리되 바사와 메대의 법률에 기록하여 변개함이 없게 하고 그 왕후의 자리를 그보다 나은 사람에게 주소서
20 왕의 조서가 이 광대한 전국에 반포되면 귀천을 막론하고 모든 여인들이 그들의 남편을 존경하리이다 하니라
21 왕과 지방관들이 그 말을 옳게 여긴지라 왕이 므무간의 말대로 행하여
22 각 지방 각 백성의 문자와 언어로 모든 지방에 조서를 내려 이르기를 남편이 자기의 집을 주관하게 하고 자기 민족의 언어로 말하게 하라 하였더라

에스더가 왕후가 되다 (♪ 424장)

— B.C. 483년경

2 그 후에 아하수에로 왕의 노가 그치매 와스디와 그가 행한 일과 그에 대하여 내린 조서를 생각하거늘
2 왕의 측근 신하들이 아뢰되 왕은 왕을 위하여 아리따운 처녀들을 구하게 하시되
3 전국 각 지방에 관리를 명령하여 아리따운 처녀를 다 도성 수산으로 모아 후궁으로 들여 궁녀를 주관하는 내시 헤개의 손에 맡겨 그 몸을 정결하게 하는 물품을 주게 하시고 2:8, 15
4 왕의 눈에 아름다운 처녀를 와스디 대신

consult experts in matters of law and justice,
he spoke with the wise men who understood
14 the times •and were closest to the king—Kar-
shena, Shethar, Admatha, Tarshish, Meres,
Marsena and Memukan, the seven nobles of
Persia and Media who had special access to
the king and were highest in the kingdom.
15 •"According to law, what must be done to
Queen Vashti?" he asked. "She has not obeyed
the command of King Xerxes that the eunuchs
have taken to her."
16 •Then Memukan replied in the presence of
the king and the nobles, "Queen Vashti has
done wrong, not only against the king but
also against all the nobles and the peoples of
17 all the provinces of King Xerxes. •For the
queen's conduct will become known to all the
women, and so they will despise their husbands
and say, 'King Xerxes commanded Queen
Vashti to be brought before him, but she would
18 not come.' •This very day the Persian and Medi-
an women of the nobility who have heard
about the queen's conduct will respond to all
the king's nobles in the same way. There will
be no end of disrespect and discord.
19 •"Therefore, if it pleases the king, let him
issue a royal decree and let it be written in the
laws of Persia and Media, which cannot be
repealed, that Vashti is never again to enter the
presence of King Xerxes. Also let the king give
her royal position to someone else who is better
20 than she. •Then when the king's edict is pro-
claimed throughout all his vast realm, all the
women will respect their husbands, from the
least to the greatest."
21 •The king and his nobles were pleased with
this advice, so the king did as Memukan pro-
22 posed. •He sent dispatches to all parts of the
kingdom, to each province in its own script
and to each people in their own language, pro-
claiming that every man should be ruler over
his own household, using his native tongue.

Esther Made Queen

2 Later when King Xerxes' fury had subsided,
he remembered Vashti and what she had
done and what he had decreed about her.
2 •Then the king's personal attendants proposed,
"Let a search be made for beautiful young vir-
3 gins for the king. •Let the king appoint com-
missioners in every province of his realm to
bring all these beautiful young women into the
harem at the citadel of Susa. Let them be placed

appoint [əpɔ́int] *vt.* 지명하다
commissioner [kəmíʃənər] *n.* 감독관
conduct [kándʌkt] *n.* 행실
despise [dispáiz] *vt.* 멸시하다
dispatch [dispǽtʃ] *n.* 특전
issue [íʃuː] *vt.* 공포하다
nobility [noubíləti] *n.* 귀족
obey [oubéi] *vt.* 순종하다
proclaim [proukléim] *vt.* 공포하다
province [právins] *n.* 지방, 주
realm [relm] *n.* 영토
repeal [ripíːl] *vt.* 폐지하다
royal [rɔ́iəl] *a.* 왕의
subside [səbsáid] *vi.* 가라앉다
virgin [vəːrdʒin] *n.* 처녀

1:13 in matters of: …에 관해서는
1:14 have access to...: …에게 접근할 수 있다
1:16 in the presence of...: …가 있는 데서
1:17 become known: 유명해지다
1:21 be pleased with...: …에 기뻐하다

왕후로 삼으소서 하니 왕이 그 말을 좋게
여겨 그대로 행하니라
5 ●도성 수산에 한 유다인이 있으니 이름은
모르드개라 그는 베냐민 자손이니 기스의
증손이요 시므이의 손자요 야일의 아들이
라 3:2
6 전에 바벨론 왕 느부갓네살이 예루살렘에
서 유다 왕 여고냐와 백성을 사로잡아 갈
때에 모르드개도 함께 사로잡혔더라
7 그의 삼촌의 딸 하닷사 곧 에스더는 부모
가 없었으나 용모가 곱고 아리따운 처녀라
그의 부모가 죽은 후에 모르드개가 자기
딸같이 양육하더라
8 ●왕의 조서와 명령이 반포되매 처녀들이
도성 수산에 많이 모여 헤개의 수하에 나
아갈 때에 에스더도 왕궁으로 이끌려 가
서 궁녀를 주관하는 헤개의 수하에 속하
니 2:3, 15
9 헤개가 이 처녀를 좋게 보고 은혜를 베풀
어 몸을 정결하게 할 물품과 일용품을 곧
주며 또 왕궁에서 으레 주는 일곱 궁녀를
주고 에스더와 그 궁녀들을 후궁 아름다운
처소로 옮기더라
10 에스더가 자기의 민족과 종족을 말하지 아
니하니 이는 모르드개가 명령하여 말하지
말라 하였음이라 2:20
11 모르드개가 날마다 후궁 뜰 앞으로 왕래하
며 에스더의 안부와 어떻게 될지를 알고자
하였더라
12 ●처녀마다 차례대로 아하수에로 왕에게
나아가기 전에 여자에 대하여 정한 규례대
로 열두 달 동안을 행하되 여섯 달은 몰약
기름을 쓰고 여섯 달은 향품과 여자에게
쓰는 다른 물품을 써서 몸을 정결하게 하
는 기한을 마치며
13 처녀가 왕에게 나아갈 때에는 그가 구하는
것을 다 주어 후궁에서 왕궁으로 가지고
가게 하고
14 저녁이면 갔다가 아침에는 둘째 후궁으로
돌아와서 비빈을 주관하는 내시 사아스가
스의 수하에 속하고 왕이 그를 기뻐하여
그의 이름을 부르지 아니하면 다시 왕에게
나아가지 못하더라
15 모르드개의 삼촌 아비하일의 딸 곧 모르드
개가 자기의 딸같이 양육하는 에스더가 차
례대로 왕에게 나아갈 때에 궁녀를 주관하
는 내시 헤개가 정한 것 외에는 다른 것을

under the care of Hegai, the king's eunuch, who
is in charge of the women; and let beauty treat-
4 ments be given to them. ●Then let the young
woman who pleases the king be queen instead
of Vashti." This advice appealed to the king,
and he followed it.
5 ●Now there was in the citadel of Susa a Jew of
the tribe of Benjamin, named Mordecai son of
6 Jair, the son of Shimei, the son of Kish, ●who
had been carried into exile from Jerusalem by
Nebuchadnezzar king of Babylon, among those
taken captive with Jehoiachin[a] king of Judah.
7 ●Mordecai had a cousin named Hadassah,
whom he had brought up because she had nei-
ther father nor mother. This young woman,
who was also known as Esther, had a lovely fig-
ure and was beautiful. Mordecai had taken her
as his own daughter when her father and moth-
er died.
8 ●When the king's order and edict had been
proclaimed, many young women were
brought to the citadel of Susa and put under the
care of Hegai. Esther also was taken to the king's
palace and entrusted to Hegai, who had charge
9 of the harem. ●She pleased him and won his
favor. Immediately he provided her with her
beauty treatments and special food. He assign-
ed to her seven female attendants selected
from the king's palace and moved her and her
attendants into the best place in the harem.
10 ●Esther had not revealed her nationality and
family background, because Mordecai had for-
11 bidden her to do so. ●Every day he walked
back and forth near the courtyard of the harem
to find out how Esther was and what was hap-
pening to her.
12 ●Before a young woman's turn came to go in
to King Xerxes, she had to complete twelve
months of beauty treatments prescribed for the
women, six months with oil of myrrh and six
13 with perfumes and cosmetics. ●And this is how
she would go to the king: Anything she wanted
was given her to take with her from the harem to
14 the king's palace. ●In the evening she would go
there and in the morning return to another part of
the harem to the care of Shaashgaz, the king's
eunuch who was in charge of the concubines.
She would not return to the king unless he was
pleased with her and summoned her by name.
15 ●When the turn came for Esther (the young
woman Mordecai had adopted, the daughter
of his uncle Abihail) to go to the king, she asked

[a]6 Hebrew *Jeconiah*, a variant of *Jehoiachin*

adopt [ədápt] *vt.* 양자로 삼다
attendant [əténdənt] *n.* 시중드는 자
citadel [sítədl] *n.* 성
concubine [káŋkjubàin] *n.* 첩
edict [í:dikt] *n.* 포고, 칙령
entrust [intrʌ́st] *vt.* 맡기다
eunuch [jú:nək] *n.* 환관
exile [égzail] *n.* 유배
figure [fígjər] *n.* 형상
forbid [fərbíd] *vt.* 금지하다
harem [héərəm] *n.* 후궁의 처소
myrrh [mə:r] *n.* 몰약(沒藥)
prescribe [priskráib] *vt.* 규정하다
reveal [riví:l] *vt.* 밝히다
summon [sʌ́mən] *vt.* 불러들이다

2:3 be in charge of...: …을 담당하다
2:4 appeal to: 마음에 들다
2:6 take... captive: …를 포로로 잡다
2:8 take to...: …로 가다
2:9 provide A with B: A에게 B를 제공하다

구하지 아니하였으나 모든 보는 자에게
사랑을 받더라
16 아하수에로 왕의 제칠 년 시월 곧 데벳 월
에 에스더가 왕궁에 인도되어 들어가서
왕 앞에 나가니
17 왕이 모든 여자보다 에스더를 더 사랑하
므로 그가 모든 처녀보다 왕 앞에 더 은총
을 얻은지라 왕이 그의 머리에 관을 씌우
고 와스디를 대신하여 왕후로 삼은 후에
18 왕이 크게 잔치를 베푸니 이는 에스더를
위한 잔치라 모든 지방관과 신하들을 위
하여 잔치를 베풀고 또 각 지방의 세금을
면제하고 왕의 이름으로 큰 상을 주니라

모르드개가 왕의 목숨을 구하다

19 ●처녀들을 다시 모을 때에는 모르드개가
대궐 문에 앉았더라
20 에스더는 모르드개가 명령한 대로 그 종
족과 민족을 말하지 아니하니 그가 모르
드개의 명령을 양육 받을 때와 같이 따름
이더라
21 모르드개가 대궐 문에 앉았을 때에 문을
지키던 왕의 내시 빅단과 데레스 두 사람
이 원한을 품고 아하수에로 왕을 암살하
려는 음모를 꾸미는 것을
22 모르드개가 알고 왕후 에스더에게 알리니
에스더가 모르드개의 이름으로 왕에게 아
뢴지라
23 조사하여 실증을 얻었으므로 두 사람을
나무에 달고 그 일을 왕 앞에서 궁중 일기
에 기록하니라

하만이 유다 사람을 멸하고자 하다

3 그 후에 아하수에로 왕이 아각 사람 함
므다다의 아들 하만의 지위를 높이 올
려 함께 있는 모든 대신 위에 두니
2 대궐 문에 있는 왕의 모든 신하들이 다 왕
의 명령대로 하만에게 꿇어 절하되 모르
드개는 꿇지도 아니하고 절하지도 아니하
니
3 대궐 문에 있는 왕의 신하들이 모르드개
에게 이르되 너는 어찌하여 왕의 명령을
거역하느냐 하고
3:2
4 날마다 권하되 모르드개가 듣지 아니하고
자기는 유다인임을 알렸더니 그들이 모르
드개의 일이 어찌 되나 보고자 하여 하만
에게 전하였더라
5 하만이 모르드개가 무릎을 꿇지도 아니하
고 절하지도 아니함을 보고 매우 노하더

for nothing other than what Hegai, the king's
eunuch who was in charge of the harem, sug-
gested. And Esther won the favor of everyone
16 who saw her. ●She was taken to King Xerxes in
the royal residence in the tenth month, the month
of Tebeth, in the seventh year of his reign.
17 ●Now the king was attracted to Esther more
than to any of the other women, and she won
his favor and approval more than any of the
other virgins. So he set a royal crown on her
head and made her queen instead of Vashti.
18 ●And the king gave a great banquet, Esther's
banquet, for all his nobles and officials. He pro-
claimed a holiday throughout the provinces and
distributed gifts with royal liberality.

Mordecai Uncovers a Conspiracy

19 ●When the virgins were assembled a second
time, Mordecai was sitting at the king's gate.
20 ●But Esther had kept secret her family back-
ground and nationality just as Mordecai had
told her to do, for she continued to follow Mor-
decai's instructions as she had done when he
was bringing her up.
21 ●During the time Mordecai was sitting at the
king's gate, Bigthana[a] and Teresh, two of the
king's officers who guarded the doorway, be-
came angry and conspired to assassinate King
22 Xerxes. ●But Mordecai found out about the plot
and told Queen Esther, who in turn reported it
23 to the king, giving credit to Mordecai. ●And
when the report was investigated and found to
be true, the two officials were impaled on poles.
All this was recorded in the book of the annals in
the presence of the king.

Haman's Plot to Destroy the Jews

3 After these events, King Xerxes honored
Haman son of Hammedatha, the Agagite,
elevating him and giving him a seat of honor
2 higher than that of all the other nobles. ●All the
royal officials at the king's gate knelt down and
paid honor to Haman, for the king had com-
manded this concerning him. But Mordecai
would not kneel down or pay him honor.
3 ●Then the royal officials at the king's gate
asked Mordecai, "Why do you disobey the
4 king's command?" ●Day after day they spoke to
him but he refused to comply. Therefore they
told Haman about it to see whether Mordecai's
behavior would be tolerated, for he had told
them he was a Jew.
5 ●When Haman saw that Mordecai would not

[a]21 Hebrew *Bigthan*, a variant of *Bigthana*

annals [ǽnlz] *n.(pl.)* 연대기
assassinate [əsǽsənèit] *vt.* 암살하다
assemble [əsémbl] *vt.* 모으다
banquet [bǽŋkwit] *n.* 잔치, 연회
comply [kəmplái] *vi.* 응하다, 따르다
conspire [kənspáiər] *vi.* 음모를 꾸미다
distribute [distríbju:t] *vt.* 분배하다
eunuch [jú:nək] *n.* 환관
harem [héərəm] *n.* 후궁의 처소
impale [impéil] *vt.* 말뚝에 박다
investigate [invéstəgèit] *vt.* 조사하다
liberality [libərǽləti] *n.* 관대함
plot [plat] *n.* 음모
province [právins] *n.* 지방
virgin [vɔ́:rdʒin] *n.* 처녀

2:20 keep secret: 비밀을 지키다
2:20 just as...: …와 마찬가지로
2:22 in turn: 차례로
3:2 pay honor to...: …에게 경의를 표하다
3:2 kneel down: 꿇어 앉다
3:4 refuse to...: …을 거절하다

에

니
6 그들이 모르드개의 민족을 하만에게 알리
므로 하만이 모르드개만 죽이는 것이 부
족하다고 생각하고 아하수에로의 온 나라
에 있는 유다인 곧 모르드개의 민족을 다
멸하고자 하더라
7 ●아하수에로 왕 제십이 년 첫째 달 곧 니
산 월에 무리가 하만 앞에서 날과 달에 대
하여 부르 곧 제비를 뽑아 열두째 달 곧
아달 월을 얻은지라
8 하만이 아하수에로 왕에게 아뢰되 한 민
족이 왕의 나라 각 지방 백성 중에 흩어
져 거하는데 그 법률이 만민의 것과 달라
서 왕의 법률을 지키지 아니하오니 용납
하는 것이 왕에게 무익하니이다
9 왕이 옳게 여기시거든 조서를 내려 그들
을 진멸하소서 내가 은 일만 달란트를 왕
의 일을 맡은 자의 손에 맡겨 왕의 금고에
드리리이다 하니
10 왕이 반지를 손에서 빼어 유다인의 대적
곧 아각 사람 함므다다의 아들 하만에게
주며
11 이르되 그 은을 네게 주고 그 백성도 그리
하노니 너의 소견에 좋을 대로 행하라 하
더라
12 ●첫째 달 십삼 일에 왕의 서기관이 소집
되어 하만의 명령을 따라 왕의 대신과 각
지방의 관리와 각 민족의 관원에게 아하
수에로 왕의 이름으로 조서를 쓰되 곧 각
지방의 문자와 각 민족의 언어로 쓰고 왕
의 반지로 인치니라
13 이에 그 조서를 역졸에게 맡겨 왕의 각 지
방에 보내니 열두째 달 곧 아달 월 십삼
일 하루 동안에 모든 유다인을 젊은이 늙
은이 어린이 여인들을 막론하고 죽이고
도륙하고 진멸하고 또 그 재산을 탈취하
라 하였고
14 이 명령을 각 지방에 전하기 위하여 조서
의 초본을 모든 민족에게 선포하여 그날
을 위하여 준비하게 하라 하였더라
15 역졸이 왕의 명령을 받들어 급히 나가매
그 조서가 도성 수산에도 반포되니 왕은
하만과 함께 앉아 마시되 수산 성은 어지
럽더라

에스더가 백성을 구원하겠다고 하다

4 모르드개가 이 모든 일을 알고 자기의
옷을 찢고 굵은 베옷을 입고 재를 뒤집

kneel down or pay him honor, he was enraged.
6 ●Yet having learned who Mordecai's people
were, he scorned the idea of killing only Morde-
cai. Instead Haman looked for a way to destroy
all Mordecai's people, the Jews, throughout the
whole kingdom of Xerxes.
7 ●In the twelfth year of King Xerxes, in the first
month, the month of Nisan, the pur (that is, the
lot) was cast in the presence of Haman to select
a day and month. And the lot fell on[a] the
twelfth month, the month of Adar.
8 ●Then Haman said to King Xerxes, "There is a
certain people dispersed among the peoples in all
the provinces of your kingdom who keep them-
selves separate. Their customs are different from
those of all other people, and they do not obey
the king's laws; it is not in the king's best inter-
9 est to tolerate them. ●If it pleases the king, let a
decree be issued to destroy them, and I will give
ten thousand talents[b] of silver to the king's
administrators for the royal treasury."
10 ●So the king took his signet ring from his fin-
ger and gave it to Haman son of Hammedatha,
11 the Agagite, the enemy of the Jews. ●"Keep the
money," the king said to Haman, "and do with
the people as you please."
12 ●Then on the thirteenth day of the first month
the royal secretaries were summoned. They
wrote out in the script of each province and in
the language of each people all Haman's orders
to the king's satraps, the governors of the various
provinces and the nobles of the various peoples.
These were written in the name of King Xerxes
13 himself and sealed with his own ring. ●Dispatch-
es were sent by couriers to all the king's provinces
with the order to destroy, kill and annihilate
all the Jews—young and old, women and chil-
dren—on a single day, the thirteenth day of the
twelfth month, the month of Adar, and to plun-
14 der their goods. ●A copy of the text of the edict
was to be issued as law in every province and
made known to the people of every nationality
so they would be ready for that day.
15 ●The couriers went out, spurred on by the
king's command, and the edict was issued in the
citadel of Susa. The king and Haman sat down
to drink, but the city of Susa was bewildered.

Mordecai Persuades Esther to Help

4 When Mordecai learned of all that had
been done, he tore his clothes, put on sack-

[a]7 Septuagint; Hebrew does not have *And the lot fell on.*
[b]9 That is, about 375 tons or about 340 metric tons

annihilate [ənáiəlèit] *vt.* 전멸시키다
bewilder [biwíldər] *vt.* 당황하게 하다
citadel [sítədl] *n.* 성
courier [kə́:riər] *n.* 사자, 급사
dispatch [dispǽtʃ] *n.* 급보
disperse [dispə́:rs] *vi.* 흩어지다
edict [í:dikt] *n.* 포고, 칙령
enrage [inréidʒ] *vt.* 화나게 하다
plunder [plʌ́ndər] *vt.* 약탈하다
satrap [séitræp] *n.* 총독
scorn [skɔ:rn] *vt.* 비웃다
signet [sígnit] *n.* 인장, 날인
spur [spə:r] *vt.* 박차를 가하다
tolerate [tálərèit] *vt.* 허용하다
treasury [tréʒəri] *n.* 보물창고

3:5 kneel down: 꿇어 앉다
3:6 look for: 찾다
3:7 cast lots: 제비뽑아 정하다
3:8 in one's interest: …에게 이득이 되는
3:9 issue a decree: 포고령을 내리다
3:12 seal with...: …로 봉인하다

어쓰고 성중에 나가서 대성통곡하며
2 대궐 문 앞까지 이르렀으니 굵은 베 옷을 입
은 자는 대궐 문에 들어가지 못함이라
3 왕의 명령과 조서가 각 지방에 이르매 유다
인이 크게 애통하여 금식하며 울며 부르짖고
굵은 베 옷을 입고 재에 누운 자가 무수하더
라
4 ●에스더의 시녀와 내시가 나아와 전하니 왕
후가 매우 근심하여 입을 의복을 모르드개에
게 보내어 그 굵은 베옷을 벗기고자 하나 모
르드개가 받지 아니하는지라
5 에스더가 왕의 어명으로 자기에게 가까이 있
는 내시 하닥을 불러 명령하여 모르드개에게
가서 이것이 무슨 일이며 무엇 때문인가 알
아보라 하매
6 하닥이 대궐 문 앞 성중 광장에 있는 모르드
개에게 이르니
7 모르드개가 자기가 당한 모든 일과 하만이
유다인을 멸하려고 왕의 금고에 바치기로 한
은의 정확한 액수를 하닥에게 말하고 3:9
8 또 유다인을 진멸하라고 수산 궁에서 내린
조서 초본을 하닥에게 주어 에스더에게 보여
알게 하고 또 그에게 부탁하여 왕에게 나아
가서 그 앞에서 자기 민족을 위하여 간절히
구하라 하니
9 하닥이 돌아와 모르드개의 말을 에스더에게
알리매
10 에스더가 하닥에게 이르되 너는 모르드개에
게 전하기를
11 왕의 신하들과 왕의 각 지방 백성이 다 알거
니와 남녀를 막론하고 부름을 받지 아니하
고 안뜰에 들어가서 왕에게 나가면 오직 죽
이는 법이요 왕이 그 자에게 금 규를 내밀어
야 살 것이라 이제 내가 부름을 입어 왕에게
나가지 못한 지가 이미 삼십 일이라 하라 하
니라
12 그가 에스더의 말을 모르드개에게 전하매
13 모르드개가 그를 시켜 에스더에게 회답하되
너는 왕궁에 있으니 모든 유다인 중에 홀로
목숨을 건지리라 생각하지 말라
14 이때에 네가 만일 잠잠하여 말이 없으면 유
다인은 다른 데로 말미암아 놓임과 구원을
얻으려니와 너와 네 아버지 집은 멸망하리라
네가 왕후의 자리를 얻은 것이 이때를 위함
이 아닌지 누가 알겠느냐 하니
15 에스더가 모르드개에게 회답하여 이르되
16 당신은 가서 수산에 있는 유다인을 다 모으

cloth and ashes, and went out into the city,
2 wailing loudly and bitterly. ●But he went
only as far as the king's gate, because no one
clothed in sackcloth was allowed to enter
3 it. ●In every province to which the edict
and order of the king came, there was great
mourning among the Jews, with fasting,
weeping and wailing. Many lay in sackcloth
and ashes.
4 ●When Esther's eunuchs and female atten-
dants came and told her about Mordecai, she
was in great distress. She sent clothes for him
to put on instead of his sackcloth, but he would
5 not accept them. ●Then Esther summoned
Hathak, one of the king's eunuchs assigned to
attend her, and ordered him to find out what
was troubling Mordecai and why.
6 ●So Hathak went out to Mordecai in the
open square of the city in front of the king's
7 gate. ●Mordecai told him everything that had
happened to him, including the exact amount
of money Haman had promised to pay into
the royal treasury for the destruction of the
8 Jews. ●He also gave him a copy of the text of
the edict for their annihilation, which had
been published in Susa, to show to Esther and
explain it to her, and he told him to instruct
her to go into the king's presence to beg for
mercy and plead with him for her people.
9 ●Hathak went back and reported to Esther
10 what Mordecai had said. ●Then she instruct-
11 ed him to say to Mordecai, ●"All the king's
officials and the people of the royal provinces
know that for any man or woman who
approaches the king in the inner court with-
out being summoned the king has but one
law: that they be put to death unless the king
extends the gold scepter to them and spares
their lives. But thirty days have passed since I
was called to go to the king."
12 ●When Esther's words were reported to
13 Mordecai, ●he sent back this answer: "Do not
think that because you are in the king's house
14 you alone of all the Jews will escape. ●For if
you remain silent at this time, relief and deliv-
erance for the Jews will arise from another
place, but you and your father's family will
perish. And who knows but that you have
come to your royal position for such a time as
this?"
15 ●Then Esther sent this reply to Mordecai:
16 ●"Go, gather together all the Jews who are in

annihilation [ənàiəléiʃən] *n.* 전멸
deliverance [dilívərəns] *n.* 구원
destruction [distrʌ́kʃən] *n.* 파괴
distress [distrés] *n.* 고통
edict [i:dikt] *n.* 포고, 칙령
eunuch [jú:nək] *n.* 환관
instruct [instrʌ́kt] *vt.* 지시하다
mourning [mɔ́:rniŋ] *n.* 비탄
perish [périʃ] *vi.* 망하다, 죽다
plead [pli:d] *vi.* 간청하다
sackcloth [sǽkklɔ̀:θ] *n.* 베옷, 상복
scepter [séptər] *n.* 홀
summon [sʌ́mən] *vt.* 소환하다
treasury [tréʒəri] *n.* 보물창고
wail [weil] *vi.* 울부짖다

4:2 be allowed to...: …하는 데 허용되다
4:3 lay in...: …에 위치하다, 눕다
4:5 assign to...: …에 배정하다
4:8 beg for mercy: 자비를 구하다
4:11 be put to death: 사형에 처해지다
4:14 arise from...: …에서 발생하다

고 나를 위하여 금식하되 밤낮 삼 일을 먹지
도 말고 마시지도 마소서 나도 나의 시녀와
더불어 이렇게 금식한 후에 규례를 어기고
왕에게 나아가리니 죽으면 죽으리이다 하니
라
17 모르드개가 가서 에스더가 명령한 대로 다
행하니라

에스더가 왕과 하만을 잔치에 청하다 (♪ 369장)

5 제삼 일에 에스더가 왕후의 예복을 입고
왕궁 안뜰 곧 어전 맞은편에 서니 왕이 어
전에서 전 문을 대하여 왕좌에 앉았다가
2 왕후 에스더가 뜰에 선 것을 본즉 매우 사랑
스러우므로 손에 잡았던 금 규를 그에게 내
미니 에스더가 가까이 가서 금 규 끝을 만진
지라
3 왕이 이르되 왕후 에스더여 그대의 소원이
무엇이며 요구가 무엇이냐 나라의 절반이라
도 그대에게 주겠노라 하니
4 에스더가 이르되 오늘 내가 왕을 위하여 잔
치를 베풀었사오니 왕이 좋게 여기시거든 하
만과 함께 오소서 하니
5 •왕이 이르되 에스더가 말한 대로 하도록
하만을 급히 부르라 하고 이에 왕이 하만과
함께 에스더가 베푼 잔치에 가니라
6 잔치의 술을 마실 때에 왕이 에스더에게 이
르되 그대의 소청이 무엇이뇨 곧 허락하겠노
라 그대의 요구가 무엇이뇨 나라의 절반이라
할지라도 시행하겠노라 하니 7:2
7 에스더가 대답하여 이르되 나의 소청, 나의
요구가 이러하니이다
8 내가 만일 왕의 목전에서 은혜를 입었고 왕
이 내 소청을 허락하시며 내 요구를 시행하
시기를 좋게 여기시면 내가 왕과 하만을 위
하여 베푸는 잔치에 또 오소서 내일은 왕의
말씀대로 하리이다 하니라 7:3

하만의 음모

9 •그날 하만이 마음이 기뻐 즐거이 나오더니
모르드개가 대궐 문에 있어 일어나지도 아니
하고 몸을 움직이지도 아니하는 것을 보고
매우 노하나
10 참고 집에 돌아와서 사람을 보내어 그의 친
구들과 그의 아내 세레스를 청하여
11 자기의 큰 영광과 자녀가 많은 것과 왕이 자
기를 들어 왕의 모든 지방관이나 신하들보다
높인 것을 다 말하고 9:7-10
12 또 하만이 이르되 왕후 에스더가 그 베푼 잔
치에 왕과 함께 오기를 허락받은 자는 나밖

Susa, and fast for me. Do not eat or drink for
three days, night or day. I and my attendants
will fast as you do. When this is done, I will go
to the king, even though it is against the law.
And if I perish, I perish."
17 •So Mordecai went away and carried out
all of Esther's instructions.

Esther's Request to the King

5 On the third day Esther put on her royal
robes and stood in the inner court of the
palace, in front of the king's hall. The king
was sitting on his royal throne in the hall,
2 facing the entrance. •When he saw Queen
Esther standing in the court, he was pleased
with her and held out to her the gold scepter
that was in his hand. So Esther approached
and touched the tip of the scepter.
3 •Then the king asked, "What is it, Queen
Esther? What is your request? Even up to half
the kingdom, it will be given you."
4 •"If it pleases the king," replied Esther, "let
the king, together with Haman, come today
to a banquet I have prepared for him."
5 •"Bring Haman at once," the king said, "so
that we may do what Esther asks."
So the king and Haman went to the ban-
6 quet Esther had prepared. •As they were
drinking wine, the king again asked Esther,
"Now what is your petition? It will be given
you. And what is your request? Even up to
half the kingdom, it will be granted."
7 •Esther replied, "My petition and my
8 request is this: •If the king regards me with
favor and if it pleases the king to grant my
petition and fulfill my request, let the king
and Haman come tomorrow to the banquet
I will prepare for them. Then I will answer
the king's question."

Haman's Rage Against Mordecai

9 •Haman went out that day happy and in
high spirits. But when he saw Mordecai at the
king's gate and observed that he neither rose
nor showed fear in his presence, he was filled
10 with rage against Mordecai. •Nevertheless,
Haman restrained himself and went home.
Calling together his friends and Zeresh, his
11 wife, •Haman boasted to them about his vast
wealth, his many sons, and all the ways the
king had honored him and how he had ele-
vated him above the other nobles and offi-
12 cials. •"And that's not all," Haman added.

approach [əpróutʃ] *vt.* 다가가다
banquet [bǽŋkwit] *n.* 잔치, 연회
boast [boust] *vi.* 자랑하다
court [kɔːrt] *n.* 뜰
elevate [éləvèit] *vt.* 높이다
fast [fæst] *vi.* 금식하다
fulfill [fulfíl] *vt.* 수행하다
grant [grænt] *vt.* 들어주다
petition [pətíʃən] *n.* 청원
rage [reidʒ] *n.* 분노
request [rikwést] *n.* 요청
restrain [ristréin] *vt.* 참다
robe [roub] *n.* 예복
throne [θroun] *n.* 왕좌
tip [tip] *n.* 끝

4:17 carry out: 실행하다
5:1 put on: 입다
5:1 facing the entrance: 입구를 향하면서
5:8 regard with: (어떤 감정)을 가지고 보다
5:9 in high spirits: 기분이 좋게
5:9 neither A nor B: A도 B도 아니다

에 없었고 내일도 왕과 함께 청함을 받았느
니라
13 그러나 유다 사람 모르드개가 대궐 문에 앉
은 것을 보는 동안에는 이 모든 일이 만족
하지 아니하도다 하니 5:9
14 그의 아내 세레스와 모든 친구들이 이르되
높이가 오십 [1)]규빗 되는 나무를 세우고 내
일 왕에게 모르드개를 그 나무에 매달기를
구하고 왕과 함께 즐거이 잔치에 가소서 하
니 하만이 그 말을 좋게 여기고 명령하여
나무를 세우니라

왕이 모르드개를 존귀하게 하다 — B.C. 475년경

6 그날 밤에 왕이 잠이 오지 아니하므로 명
령하여 역대 일기를 가져다가 자기 앞에
서 읽히더니
2 그 속에 기록하기를 문을 지키던 왕의 두
내시 빅다나와 데레스가 아하수에로 왕을
암살하려는 음모를 모르드개가 고발하였
다 하였는지라
3 왕이 이르되 이 일에 대하여 무슨 존귀와
관작을 모르드개에게 베풀었느냐 하니 측
근 신하들이 대답하되 아무것도 베풀지 아
니하였나이다 하니라
4 왕이 이르되 누가 뜰에 있느냐 하매 마침
하만이 자기가 세운 나무에 모르드개 달기
를 왕께 구하고자 하여 왕궁 바깥뜰에 이
른지라 4:11
5 측근 신하들이 아뢰되 하만이 뜰에 섰나이
다 하니 왕이 이르되 들어오게 하라 하니
6 하만이 들어오거늘 왕이 묻되 왕이 존귀하
게 하기를 원하는 사람에게 어떻게 하여야
하겠느냐 하만이 심중에 이르되 왕이 존귀
하게 하기를 원하시는 자는 나 외에 누구리
요 하고
7 왕께 아뢰되 왕께서 사람을 존귀하게 하시
려면
8 왕께서 입으시는 왕복과 왕께서 타시는 말
과 머리에 쓰시는 왕관을 가져다가
9 그 왕복과 말을 왕의 신하 중 가장 존귀한
자의 손에 맡겨서 왕이 존귀하게 하시기를
원하시는 사람에게 옷을 입히고 말을 태워
서 성중 거리로 다니며 그 앞에서 반포하여
이르기를 왕이 존귀하게 하기를 원하시는
사람에게는 이같이 할 것이라 하게 하소서
하니라
10 ●이에 왕이 하만에게 이르되 너는 네 말대
로 속히 왕복과 말을 가져다가 대궐 문에

"I'm the only person Queen Esther invited to
accompany the king to the banquet she gave.
And she has invited me along with the king
13 tomorrow. ●But all this gives me no satisfac-
tion as long as I see that Jew Mordecai sitting at
the king's gate."
14 ●His wife Zeresh and all his friends said to
him, "Have a pole set up, reaching to a height of
fifty cubits,[a] and ask the king in the morning to
have Mordecai impaled on it. Then go with the
king to the banquet and enjoy yourself." This
suggestion delighted Haman, and he had the
pole set up.

Mordecai Honored

6 That night the king could not sleep; so he
ordered the book of the chronicles, the
record of his reign, to be brought in and read to
2 him. ●It was found recorded there that Morde-
cai had exposed Bigthana and Teresh, two of
the king's officers who guarded the doorway,
who had conspired to assassinate King Xerxes.
3 ●"What honor and recognition has Morde-
cai received for this?" the king asked.
"Nothing has been done for him," his atten-
dants answered.
4 ●The king said, "Who is in the court?" Now
Haman had just entered the outer court of the
palace to speak to the king about impaling
Mordecai on the pole he had set up for him.
5 ●His attendants answered, "Haman is stand-
ing in the court."
"Bring him in," the king ordered.
6 ●When Haman entered, the king asked
him, "What should be done for the man the
king delights to honor?"
Now Haman thought to himself, "Who is
there that the king would rather honor than
7 me?" ●So he answered the king, "For the man
8 the king delights to honor, ●have them bring
a royal robe the king has worn and a horse the
king has ridden, one with a royal crest placed
9 on its head. ●Then let the robe and horse be
entrusted to one of the king's most noble
princes. Let them robe the man the king
delights to honor, and lead him on the horse
through the city streets, proclaiming before
him, 'This is what is done for the man the king
delights to honor!' "
10 ●"Go at once," the king commanded Ha-
man. "Get the robe and the horse and do just
as you have suggested for Mordecai the Jew,

[a]14 That is, about 75 feet or about 23 meters 1) 히, 암마

accompany [əkʌ́mpəni] *vt.* 동행하다
assassinate [əsǽsənèit] *vt.* 암살하다
attendant [əténdənt] *n.* 수행원
banquet [bǽŋkwit] *n.* 잔치, 연회
chronicle [kránikl] *n.* 연대기
court [kɔːrt] *n.* 뜰
crest [krest] *n.* 꼭대기
entrust [intrʌ́st] *vt.* 맡기다
expose [ikspóuz] *vt.* 폭로하다
impale [impéil] *vt.* 말뚝에 박다
proclaim [proukléim] *vt.* 공표하다
recognition [rèkəgníʃən] *n.* 표창
robe [roub] *vt.* 옷입히다
satisfaction [sætisfǽkʃən] *n.* 만족
suggestion [səgdʒéstʃən] *n.* 제안

5:12 invite to...: …에 초청하다
5:13 as long as...: …하는 한
6:2 conspire to...: …를 공모하다
6:6 would rather A than B: B보다 A를 하고 싶다
6:10 at once: 즉시

앉은 유다 사람 모르드개에게 행하되 무릇
네가 말한 것에서 조금도 빠짐이 없이 하라
11 하만이 왕복과 말을 가져다가 모르드개에
게 옷을 입히고 말을 태워 성중 거리로 다
니며 그 앞에서 반포하되 왕이 존귀하게 하
시기를 원하시는 사람에게는 이같이 할 것
이라 하니라
12 모르드개는 다시 대궐 문으로 돌아오고 하
만은 번뇌하여 머리를 싸고 급히 집으로 돌
아가서
13 자기가 당한 모든 일을 그의 아내 세레스와
모든 친구에게 말하매 그 중 지혜로운 자와
그의 아내 세레스가 이르되 모르드개가 과
연 유다 사람의 후손이면 당신이 그 앞에서
굴욕을 당하기 시작하였으니 능히 그를 이
기지 못하고 분명히 그 앞에 엎드러지리이
다
14 아직 말이 그치지 아니하여서 왕의 내시들
이 이르러 하만을 데리고 에스더가 베푼 잔
치에 빨리 나아가니라 5:8

하만의 몰락 — B.C. 475년경

7 왕이 하만과 함께 또 왕후 에스더의 잔치
에 가니라
2 왕이 이 둘째 날 잔치에 술을 마실 때에 다
시 에스더에게 물어 이르되 왕후 에스더여
그대의 소청이 무엇이냐 곧 허락하겠노라
그대의 요구가 무엇이냐 곧 나라의 절반이
라 할지라도 시행하겠노라 5:6
3 왕후 에스더가 대답하여 이르되 왕이여 내
가 만일 왕의 목전에서 은혜를 입었으며 왕
이 좋게 여기시면 내 소청대로 내 생명을
내게 주시고 내 요구대로 내 민족을 내게
주소서
4 나와 내 민족이 팔려서 죽임과 도륙함과 진
멸함을 당하게 되었나이다 만일 우리가 노
비로 팔렸더라면 내가 잠잠하였으리이다
그래도 대적이 왕의 손해를 보충하지 못하
였으리이다 하니
5 아하수에로 왕이 왕후 에스더에게 말하여
이르되 감히 이런 일을 심중에 품은 자가
누구며 그가 어디 있느냐 하니
6 에스더가 이르되 대적과 원수는 이 악한 하
만이니이다 하니 하만이 왕과 왕후 앞에서
두려워하거늘 3:10
7 왕이 노하여 일어나서 잔치 자리를 떠나 왕
궁 후원으로 들어가니라 하만이 일어서서
왕후 에스더에게 생명을 구하니 이는 왕이

who sits at the king's gate. Do not neglect any-
thing you have recommended."
11 •So Haman got the robe and the horse. He
robed Mordecai, and led him on horseback
through the city streets, proclaiming before
him, "This is what is done for the man the king
delights to honor!"
12 •Afterward Mordecai returned to the king's
gate. But Haman rushed home, with his head
13 covered in grief, •and told Zeresh his wife and
all his friends everything that had happened to
him.
His advisers and his wife Zeresh said to him,
"Since Mordecai, before whom your downfall
has started, is of Jewish origin, you cannot
stand against him—you will surely come to
14 ruin!" •While they were still talking with
him, the king's eunuchs arrived and hurried
Haman away to the banquet Esther had pre-
pared.

Haman Impaled

7 So the king and Haman went to Queen
2 Esther's banquet, •and as they were drink-
ing wine on the second day, the king again
asked, "Queen Esther, what is your petition? It
will be given you. What is your request? Even
up to half the kingdom, it will be granted."
3 •Then Queen Esther answered, "If I have
found favor with you, Your Majesty, and if it
pleases you, grant me my life—this is my peti-
tion. And spare my people—this is my request.
4 •For I and my people have been sold to be
destroyed, killed and annihilated. If we had
merely been sold as male and female slaves, I
would have kept quiet, because no such dis-
tress would justify disturbing the king.[a]"
5 •King Xerxes asked Queen Esther, "Who is
he? Where is he—the man who has dared to
do such a thing?"
6 •Esther said, "An adversary and enemy! This
vile Haman!"
Then Haman was terrified before the king
7 and queen. •The king got up in a rage, left his
wine and went out into the palace garden. But
Haman, realizing that the king had already
decided his fate, stayed behind to beg Queen
Esther for his life.
8 •Just as the king returned from the palace
garden to the banquet hall, Haman was falling
on the couch where Esther was reclining.

[a]4 Or *quiet, but the compensation our adversary offers cannot be compared with the loss the king would suffer*

adversary [ǽdvərsèri] *n.* 대적
annihilate [ənáiəlèit] *vt.* 전멸시키다
distress [distrés] *n.* 고뇌
disturb [distə́ːrb] *vt.* 방해하다
downfall [dáunfɔ̀ːl] *n.* 몰락
eunuch [júːnək] *n.* 환관
fate [feit] *n.* 운명
grief [griːf] *n.* 슬픔
justify [dʒʌ́stəfài] *vt.* 정당화하다
merely [míərli] *ad.* 단지
neglect [niglékt] *vt.* 소홀히 하다
petition [pətíʃən] *n.* 탄원
rage [reidʒ] *n.* 분노
recline [rikláin] *vi.* 기대다
recommend [rèkəménd] *vt.* 권하다

6:13 stand against...: …에 저항하다
6:13 come to ruin: 멸망에 이르다
7:2 even up to...: …에 이르기까지도
7:3 find favor with...: …의 총애를 받다
7:5 dare to...: 건방지게 …하다
7:8 fall on...: …위에 쓰러지다

자기에게 벌을 내리기로 결심한 줄 앎이더
라
8 왕이 후원으로부터 잔치 자리에 돌아오니
하만이 에스더가 앉은 걸상 위에 엎드렸거
늘 왕이 이르되 저가 궁중 내 앞에서 왕후
를 강간까지 하고자 하는가 하니 이 말이
왕의 입에서 나오매 무리가 하만의 얼굴을
싸더라
9 왕을 모신 내시 중에 하르보나가 왕에게 아
뢰되 왕을 위하여 충성된 말로 고발한 모르
드개를 달고자 하여 하만이 높이가 오십 규
빗 되는 나무를 준비하였는데 이제 그 나무
가 하만의 집에 섰나이다 왕이 이르되 하만
을 그 나무에 달라 하매
10 모르드개를 매달려고 한 나무에 하만을 다
니 왕의 노가 그치니라

유다 사람에게 살 길이 열리다
— B.C. 475년경

8 그날 아하수에로 왕이 유다인의 대적 하
만의 집을 왕후 에스더에게 주니라 에스
더가 모르드개는 자기에게 어떻게 관계됨
을 왕께 아뢰었으므로 모르드개가 왕 앞에
나오니
2 왕이 하만에게서 거둔 반지를 빼어 모르드
개에게 준지라 에스더가 모르드개에게 하
만의 집을 관리하게 하니라
3 ●에스더가 다시 왕 앞에서 말씀하며 왕의
발 아래 엎드려 아각 사람 하만이 유다인을
해하려 한 악한 꾀를 제거하기를 울며 구하
니
4 왕이 에스더를 향하여 금 규를 내미는지라
에스더가 일어나 왕 앞에 서서
5 이르되 왕이 만일 즐거워하시며 내가 왕의
목전에 은혜를 입었고 또 왕이 이 일을 좋
게 여기시며 나를 좋게 보실진대 조서를 내
리사 아각 사람 함므다다의 아들 하만이 왕
의 각 지방에 있는 유다인을 진멸하려고 꾀
하고 쓴 조서를 철회하소서
6 내가 어찌 내 민족이 화 당함을 차마 보며
내 친척의 멸망함을 차마 보리이까 하니
7 아하수에로 왕이 왕후 에스더와 유다인 모
르드개에게 이르되 하만이 유다인을 살해
하려 하므로 나무에 매달렸고 내가 그 집을
에스더에게 주었으니
8 너희는 왕의 명의로 유다인에게 조서를 뜻
대로 쓰고 왕의 반지로 인을 칠지어다 왕
의 이름을 쓰고 왕의 반지로 인친 조서는

The king exclaimed, "Will he even molest
the queen while she is with me in the house?"
As soon as the word left the king's mouth,
9 they covered Haman's face. ●Then Harbona,
one of the eunuchs attending the king, said, "A
pole reaching to a height of fifty cubits[a] stands
by Haman's house. He had it set up for Morde-
cai, who spoke up to help the king."
10 The king said, "Impale him on it!" ●So they
impaled Haman on the pole he had set up for
Mordecai. Then the king's fury subsided.

The King's Edict in Behalf of the Jews

8 That same day King Xerxes gave Queen
Esther the estate of Haman, the enemy of
the Jews. And Mordecai came into the presence
of the king, for Esther had told how he was
2 related to her. ●The king took off his signet
ring, which he had reclaimed from Haman,
and presented it to Mordecai. And Esther
appointed him over Haman's estate.
3 ●Esther again pleaded with the king, falling
at his feet and weeping. She begged him to put
an end to the evil plan of Haman the Agagite,
4 which he had devised against the Jews. ●Then
the king extended the gold scepter to Esther
and she arose and stood before him.
5 ●"If it pleases the king," she said, "and if he
regards me with favor and thinks it the right
thing to do, and if he is pleased with me, let an
order be written overruling the dispatches that
Haman son of Hammedatha, the Agagite,
devised and wrote to destroy the Jews in all the
6 king's provinces. ●For how can I bear to see
disaster fall on my people? How can I bear to
see the destruction of my family?"
7 ●King Xerxes replied to Queen Esther and to
Mordecai the Jew, "Because Haman attacked
the Jews, I have given his estate to Esther, and
they have impaled him on the pole he set up.
8 ●Now write another decree in the king's name
in behalf of the Jews as seems best to you, and
seal it with the king's signet ring—for no doc-
ument written in the king's name and sealed
with his ring can be revoked."
9 ●At once the royal secretaries were sum-
moned—on the twenty-third day of the third
month, the month of Sivan. They wrote out
all Mordecai's orders to the Jews, and to the
satraps, governors and nobles of the 127
provinces stretching from India to Cush.[b]

[a]9 That is, about 75 feet or about 23 meters [b]9 That is, the upper Nile region

appoint [əpɔ́int] *vt.* 지명하다
devise [diváiz] *vt.* 고안하다
dispatch [dispǽtʃ] *n.* 급보
estate [istéit] *n.* 소유지
eunuch [jú:nək] *n.* 환관
fury [fjúəri] *n.* 분노
impale [impéil] *vt.* 말뚝에 박다
molest [məlést] *vt.* 희롱하다
overrule [òuvərrú:l] *vt.* 파기하다
revoke [rivóuk] *vt.* 취소하다
satrap [séitræp] *n.* 총독
scepter [séptər] *n.* 홀
signet [sígnit] *n.* 인장
subside [səbsáid] *vi.* 가라앉다
weep [wi:p] *vi.* 흐느껴 울다

7:8 as soon as...: …하자마자
8:1 be related to...: …와 관련이 있다
8:2 take off: 벗다
8:3 plead with...: …에게 청원하다
8:5 regard A with favor: A에게 호감을 갖다

누구든지 철회할 수 없음이니라 하니라
9 ●그때 시완 월 곧 삼월 이십삼 일에 왕의
서기관이 소집되고 모르드개가 시키는 대
로 조서를 써서 인도로부터 구스까지의 백
이십칠 지방 유다인과 대신과 지방관과 관
원에게 전할새 각 지방의 문자와 각 민족의
언어와 유다인의 문자와 언어로 쓰되
10 아하수에로 왕의 명의로 쓰고 왕의 반지로
인을 치고 그 조서를 역졸들에게 부쳐 전하
게 하니 그들은 왕궁에서 길러서 왕의 일에
쓰는 준마를 타는 자들이라
11 조서에는 왕이 여러 고을에 있는 유다인에
게 허락하여 그들이 함께 모여 스스로 생명
을 보호하여 각 지방의 백성 중 세력을 가
지고 그들을 치려 하는 자들과 그들의 처자
를 죽이고 도륙하고 진멸하고 그 재산을 탈
취하게 하되
12 아하수에로 왕의 각 지방에서 아달 월 곧
십이월 십삼 일 하루 동안에 하게 하였고
13 이 조서 초본을 각 지방에 전하고 각 민
족에게 반포하고 유다인들에게 준비하였
다가 그날에 대적에게 원수를 갚게 한지
라
14 왕의 어명이 매우 급하매 역졸이 왕의 일에
쓰는 준마를 타고 빨리 나가고 그 조서가
도성 수산에도 반포되니라
15 ●모르드개가 푸르고 흰 조복을 입고 큰 금
관을 쓰고 자색 가는 베 겉옷을 입고 왕 앞
에서 나오니 수산 성이 즐거이 부르며 기뻐
하고
16 유다인에게는 영광과 즐거움과 기쁨과 존
귀함이 있는지라
17 왕의 어명이 이르는 각 지방, 각 읍에서 유
다인들이 즐기고 기뻐하여 잔치를 베풀고
그날을 명절로 삼으니 본토 백성이 유다인
을 두려워하여 유다인 되는 자가 많더라

유다 사람이 대적들을 진멸하다

— B.C. 475년경

9 아달 월 곧 열두째 달 십삼 일은 왕의 어
명을 시행하게 된 날이라 유다인의 대적
들이 그들을 제거하기를 바랐더니 유다인
이 도리어 자기들을 미워하는 자들을 제거
하게 된 그날에
2 유다인들이 아하수에로 왕의 각 지방, 각
읍에 모여 자기들을 해하고자 한 자를 죽이
려 하니 모든 민족이 그들을 두려워하여 능
히 막을 자가 없고

These orders were written in the script of each
province and the language of each people and
also to the Jews in their own script and lan-
10 guage. ●Mordecai wrote in the name of King
Xerxes, sealed the dispatches with the king's
signet ring, and sent them by mounted couri-
ers, who rode fast horses especially bred for the
king.
11 ●The king's edict granted the Jews in every
city the right to assemble and protect them-
selves; to destroy, kill and annihilate the armed
men of any nationality or province who might
attack them and their women and children,[a]
and to plunder the property of their enemies.
12 ●The day appointed for the Jews to do this in all
the provinces of King Xerxes was the thirteenth
day of the twelfth month, the month of Adar.
13 ●A copy of the text of the edict was to be issued
as law in every province and made known to
the people of every nationality so that the Jews
would be ready on that day to avenge them-
selves on their enemies.
14 ●The couriers, riding the royal horses, went
out, spurred on by the king's command, and
the edict was issued in the citadel of Susa.

The Triumph of the Jews

15 ●When Mordecai left the king's presence, he
was wearing royal garments of blue and white,
a large crown of gold and a purple robe of fine
linen. And the city of Susa held a joyous cele-
16 bration. ●For the Jews it was a time of happi-
17 ness and joy, gladness and honor. ●In every
province and in every city to which the edict of
the king came, there was joy and gladness
among the Jews, with feasting and celebrating.
And many people of other nationalities became
Jews because fear of the Jews had seized them.

9 On the thirteenth day of the twelfth
month, the month of Adar, the edict com-
manded by the king was to be carried out. On
this day the enemies of the Jews had hoped to
overpower them, but now the tables were
turned and the Jews got the upper hand over
2 those who hated them. ●The Jews assembled
in their cities in all the provinces of King
Xerxes to attack those determined to destroy
them. No one could stand against them, be-
cause the people of all the other nationalities
3 were afraid of them. ●And all the nobles of the
provinces, the satraps, the governors and the

[a]11 Or *province, together with their women and children, who might attack them;*

annihilate [ənáiəlèit] *vt.* 전멸하다
armed [a:rmd] *a.* 무장한
assemble [əsémbl] *vt.* 모으다
avenge [əvéndʒ] *vi.* 복수하다
citadel [sítədl] *n.* 성
courier [kə́:riər] *n.* 역졸, 급사
destroy [distrɔ́i] *vt.* 파괴하다
edict [í:dikt] *n.* 포고, 칙령
feast [fi:st] *vt.* 잔치를 베풀다
garment [gɑ́:rmənt] *n.* 의복
governor [gʌ́vərnər] *n.* 총독
mounted [máuntid] *a.* 말을 탄
plunder [plʌ́ndər] *vt.* 약탈하다
seize [si:z] *vt.* 잡다
spur [spə:r] *vt.* 박차를 가하다

8:10 seal A with B: B로 A를 봉인하다
8:10 breed for...: …를 위해 길러낸
8:13 be known to...: …에게 알려져 있다
9:1 carry out: 수행하다
9:1 the tables be turned: 상황이 역전되다
9:2 be afraid of...: …를 두려워하다

3 각 지방 모든 지방관과 대신들과 총독들과
왕의 사무를 보는 자들이 모르드개를 두려
워하므로 다 유다인을 도우니
4 모르드개가 왕궁에서 존귀하여 점점 창대
하매 이 사람 모르드개의 명성이 각 지방에
퍼지더라
5 유다인이 칼로 그 모든 대적들을 쳐서 도륙
하고 진멸하고 자기를 미워하는 자에게 마
음대로 행하고
6 유다인이 또 도성 수산에서 오백 명을 죽이
고 진멸하고
7 또 바산다다와 달본과 아스바다와
8 보라다와 아달리야와 아리다다와
9 바마스다와 아리새와 아리대와 왜사다
10 곧 함므다다의 손자요 유다인의 대적 하만
의 열 아들을 죽였으나 그들의 재산에는 손
을 대지 아니하였더라 5:11
11 ● 그날에 도성 수산에서 도륙한 자의 수효
를 왕께 아뢰니
12 왕이 왕후 에스더에게 이르되 유다인이 도
성 수산에서 이미 오백 명을 죽이고 멸하
고 또 하만의 열 아들을 죽였으니 왕의 다
른 지방에서는 어떠하였겠느냐 이제 그대
의 소청이 무엇이냐 곧 허락하겠노라 그대
의 요구가 무엇이냐 또한 시행하겠노라 하
니
13 에스더가 이르되 왕이 만일 좋게 여기시면
수산에 사는 유다인들이 내일도 오늘 조서
대로 행하게 하시고 하만의 열 아들의 시체
를 나무에 매달게 하소서 하니 8:11
14 왕이 그대로 행하기를 허락하고 조서를 수
산에 내리니 하만의 열 아들의 시체가 매달
리니라
15 아달 월 십사 일에도 수산에 있는 유다인이
모여 또 삼백 명을 수산에서 도륙하되 그들
의 재산에는 손을 대지 아니하였고
16 왕의 각 지방에 있는 다른 유다인들이 모여
스스로 생명을 보호하여 대적들에게서 벗
어나며 자기들을 미워하는 자 칠만 오천 명
을 도륙하되 그들의 재산에는 손을 대지 아
니하였더라
17 ● 아달 월 십삼 일에 그 일을 행하였고 십
사 일에 쉬며 그날에 잔치를 베풀어 즐겼고
18 수산에 사는 유다인들은 십삼 일과 십사 일
에 모였고 십오 일에 쉬며 이날에 잔치를
베풀어 즐긴지라 9:1, 21
19 그러므로 시골의 유다인 곧 성이 없는 고을

king's administrators helped the Jews, because
4 fear of Mordecai had seized them. ● Mordecai
was prominent in the palace; his reputation
spread throughout the provinces, and he
became more and more powerful.
5 ● The Jews struck down all their enemies
with the sword, killing and destroying them,
and they did what they pleased to those who
6 hated them. ● In the citadel of Susa, the Jews
7 killed and destroyed five hundred men. ● They
also killed Parshandatha, Dalphon, Aspatha,
8–9 ● Poratha, Adalia, Aridatha, ● Parmashta, Arisai,
10 Aridai and Vaizatha, ● the ten sons of Haman
son of Hammedatha, the enemy of the Jews.
But they did not lay their hands on the plunder.
11 ● The number of those killed in the citadel of
Susa was reported to the king that same day.
12 ● The king said to Queen Esther, "The Jews have
killed and destroyed five hundred men and the
ten sons of Haman in the citadel of Susa. What
have they done in the rest of the king's provinces?
Now what is your petition? It will be given you.
What is your request? It will also be granted."
13 ● "If it pleases the king," Esther answered,
"give the Jews in Susa permission to carry out
this day's edict tomorrow also, and let Ha-
man's ten sons be impaled on poles."
14 ● So the king commanded that this be done.
An edict was issued in Susa, and they impaled
15 the ten sons of Haman. ● The Jews in Susa came
together on the fourteenth day of the month of
Adar, and they put to death in Susa three hun-
dred men, but they did not lay their hands on
the plunder.
16 ● Meanwhile, the remainder of the Jews who
were in the king's provinces also assembled to
protect themselves and get relief from their
enemies. They killed seventy-five thousand of
them but did not lay their hands on the plun-
17 der. ● This happened on the thirteenth day of
the month of Adar, and on the fourteenth they
rested and made it a day of feasting and joy.
18 ● The Jews in Susa, however, had assembled
on the thirteenth and fourteenth, and then on
the fifteenth they rested and made it a day of
feasting and joy.
19 ● That is why rural Jews—those living in vil-
lages—observe the fourteenth of the month of
Adar as a day of joy and feasting, a day for giv-
ing presents to each other.

Purim Established

20 ● Mordecai recorded these events, and he

administrator [ədmínistrèitər] *n.* 행정관
assemble [əsémbl] *vt.* 모으다
citadel [sítədl] *n.* 성
command [kəmǽnd] *n.* 명령
edict [í:dikt] *n.* 포고, 칙령
grant [grænt] *vt.* 수여하다
impale [impéil] *vt.* 말뚝에 박다
observe [əbzə́:rv] *vt.* 준수하다
permission [pərmíʃən] *n.* 허락
petition [pətíʃən] *n.* 탄원
plunder [plʌ́ndər] *n.* 약탈
prominent [prámənənt] *a.* 뛰어난
remainder [riméindər] *n.* 잔류자
reputation [repjutéiʃən] *n.* 명성
rural [rúərəl] *a.* 시골의

9:4 spread throughout...: …전역으로 퍼지다
9:5 strike down: 때려 눕히다
9:10 lay one's hands on...: …에 손대다
9:12 the rest of...: …의 나머지
9:15 put to death: 죽게 하다

고을에 사는 자들이 아달 월 십사 일을 명절로 삼아 잔치를 베풀고 즐기며 서로 예물을 주더라

부림일

20 ● 모르드개가 이 일을 기록하고 아하수에로 왕의 각 지방에 있는 모든 유다인에게 원근을 막론하고 글을 보내어 이르기를

21 한 규례를 세워 해마다 아달 월 십사 일과 십오 일을 지키라

22 이달 이날에 유다인들이 대적에게서 벗어나서 평안함을 얻어 슬픔이 변하여 기쁨이 되고 애통이 변하여 길한 날이 되었으니 이 두 날을 지켜 잔치를 베풀고 즐기며 서로 예물을 주며 가난한 자를 구제하라 하매

23 유다인이 자기들이 이미 시작한 대로 또한 모르드개가 보낸 글대로 계속하여 행하였으니

24 곧 아각 사람 함므다다의 아들 모든 유다인의 대적 하만이 유다인을 진멸하기를 꾀하고 부르 곧 제비를 뽑아 그들을 죽이고 멸하려 하였으나

25 에스더가 왕 앞에 나아감으로 말미암아 왕이 조서를 내려 하만이 유다인을 해하려던 악한 꾀를 그의 머리에 돌려보내어 하만과 그의 여러 아들을 나무에 달게 하였으므로

26 무리가 부르의 이름을 따라 이 두 날을 부림이라 하고 유다인이 이 글의 모든 말과 이 일에 보고 당한 것으로 말미암아

27 뜻을 정하고 자기들과 자손과 자기들과 화합한 자들이 해마다 그 기록하고 정해 놓은 때 이 두 날을 이어서 지켜 폐하지 아니하기로 작정하고

28 각 지방, 각 읍, 각 집에서 대대로 이 두 날을 기념하여 지키되 이 부림일을 유다인 중에서 폐하지 않게 하고 그들의 후손들이 계속해서 기념하게 하였더라

29 아비하일의 딸 왕후 에스더와 유다인 모르드개가 전권으로 글을 쓰고 부림에 대한 이 둘째 편지를 굳게 지키게 하되

30 화평하고 진실한 말로 편지를 써서 아하수에로의 나라 백이십칠 지방에 있는 유다 모든 사람에게 보내어

1:1

31 정한 기간에 이 부림일을 지키게 하였으니 이는 유다인 모르드개와 왕후 에스더가 명령한 바와 유다인이 금식하며 부르짖은 것으로 말미암아 자기와 자기 자손을 위하여 정한 바가 있음이더라

sent letters to all the Jews throughout the
21 provinces of King Xerxes, near and far, ● to
have them celebrate annually the fourteenth
22 and fifteenth days of the month of Adar ● as
the time when the Jews got relief from their
enemies, and as the month when their sorrow
was turned into joy and their mourning into a
day of celebration. He wrote them to observe
the days as days of feasting and joy and giving
presents of food to one another and gifts to the
poor.

23 ● So the Jews agreed to continue the celebra-
tion they had begun, doing what Mordecai
24 had written to them. ● For Haman son of
Hammedatha, the Agagite, the enemy of all
the Jews, had plotted against the Jews to
destroy them and had cast the *pur* (that is, the
25 lot) for their ruin and destruction. ● But when
the plot came to the king's attention,[a] he
issued written orders that the evil scheme
Haman had devised against the Jews should
come back onto his own head, and that he and
26 his sons should be impaled on poles. ● (There-
fore these days were called Purim, from the
word *pur*.) Because of everything written in
this letter and because of what they had seen
27 and what had happened to them, ● the Jews
took it on themselves to establish the custom
that they and their descendants and all who
join them should without fail observe these
two days every year, in the way prescribed and
28 at the time appointed. ● These days should be
remembered and observed in every generation
by every family, and in every province and in
every city. And these days of Purim should
never fail to be celebrated by the Jews—nor
should the memory of these days die out
among their descendants.

29 ● So Queen Esther, daughter of Abihail, along
with Mordecai the Jew, wrote with full authori-
ty to confirm this second letter concerning
30 Purim. ● And Mordecai sent letters to all the
Jews in the 127 provinces of Xerxes' kingdom—
31 words of goodwill and assurance— ● to estab-
lish these days of Purim at their designated
times, as Mordecai the Jew and Queen Esther
had decreed for them, and as they had estab-
lished for themselves and their descendants
in regard to their times of fasting and lamenta-
32 tion. ● Esther's decree confirmed these regula-
tions about Purim, and it was written down in

[a]25 *Or when Esther came before the king*

annually [ǽnjuəli] *ad.* 1년마다
assurance [əʃúərəns] *n.* 보증
authority [ɔːθɔ́rəti] *n.* 권한
confirm [kənfə́ːrm] *vt.* 굳게 하다
designate [dézignèit] *vt.* 지정하다
devise [diváiz] *vt.* 계획을 꾸미다
establish [istǽbliʃ] *vt.* 정하다
fasting [fǽstiŋ] *n.* 금식
lamentation [læ̀mәntéiʃәn] *n.* 비탄
plot [plat] *vi.* 음모하다
prescribe [priskráib] *vt.* 규정하다
province [právins] *n.* 성, 지역
relief [ríliːf] *n.* 안심
scheme [skiːm] *n.* 계획
sorrow [sárou] *n.* 슬픔

9:22 turn A into B: A가 B로 변하다
9:27 without fail: 틀림없이
9:28 die out: 죽어 없어지다
9:31 decree for...: …를 위해 법을 정하다
9:31 in regard to...: …에 관하여는
9:32 write down: 써내려가다

32 에스더의 명령이 이 부림에 대한 일을 견고
하게 하였고 그 일이 책에 기록되었더라 9:26

왕과 모르드개가 높임을 받다

10 아하수에로 왕이 그의 본토와 바다 섬
들로 하여금 조공을 바치게 하였더라
2 왕의 능력 있는 모든 행적과 모르드개를 높
여 존귀하게 한 사적이 메대와 바사 왕들의
일기에 기록되지 아니하였느냐
3 유다인 모르드개가 아하수에로 왕의 다음
이 되고 유다인 중에 크게 존경받고 그의 허
다한 형제에게 사랑을 받고 그의 백성의 이
익을 도모하며 그의 모든 종족을 안위하였
더라 창 41:40

the records.

The Greatness of Mordecai

10 King Xerxes imposed tribute
throughout the empire, to its distant
2 shores. •And all his acts of power and might,
together with a full account of the greatness of
Mordecai, whom the king had promoted, are
they not written in the book of the annals of
3 the kings of Media and Persia? •Mordecai the
Jew was second in rank to King Xerxes, pre-
eminent among the Jews, and held in high
esteem by his many fellow Jews, because he
worked for the good of his people and spoke
up for the welfare of all the Jews.

account [əkáunt] *n.* 서술
annals [ǽnlz] *n.(pl.)* 연대기
empire [émpaiər] *n.* 왕국
impose [impóuz] *vt.* 부과하다
might [mait] *n.* 능력
tribute [tríbju:t] *n.* 조공
welfare [wélfɛər] *n.* 복지

10:2 together with: …을 포함하여
10:3 hold …in high esteem: …를 매우 존경하다

Job | 욥기

● 저자 _ 목격자 ● 저작 연대 _ 아브라함 때부터 바벨론 포로 생활에서 유다인들이 돌아온 때 중 어느 한 시기
● 기록 장소 _ 팔레스타인 지역 중 어느 곳으로 추정 ● 기록 대상 _ 모든 사람
● 핵심어 및 내용 _ 핵심어는 '인내'와 '고통', '하나님의 절대 주권' 등이다.

견디기 어려운 고통과 시련에도 불구하고 욥은 끝까지 하나님에 대한 신앙을 버리지 않고 지켰다.

사탄이 욥을 시험하다 (♪ 325, 430장)

1 우스 땅에 욥이라 불리는 사람이 있었는데 그 사람은 온전하고 정직하여 하나님을 경외하며 악에서 떠난 자더라
2 그에게 아들 일곱과 딸 셋이 태어나니라
3 그의 소유물은 양이 칠천 마리요 낙타가 삼천 마리요 소가 오백 겨리요 암나귀가 오백 마리이며 종도 많이 있었으니 이 사람은 동방 사람 중에 가장 훌륭한 자라
4 그의 아들들이 자기 생일에 각각 자기의 집에서 잔치를 베풀고 그의 누이 세 명도 청하여 함께 먹고 마시더라
5 그들이 차례대로 잔치를 끝내면 욥이 그들을 불러다가 성결하게 하되 아침에 일어나서 그들의 명수대로 번제를 드렸으니 이는 욥이 말하기를 혹시 내 아들들이 죄를 범하여 마음으로 하나님을 욕되게 하였을까 함이라 욥의 행위가 항상 이러하였더라 창 8:20
6 ●하루는 하나님의 아들들이 와서 여호와 앞에 섰고 사탄도 그들 가운데에 온지라
7 여호와께서 사탄에게 이르시되 네가 어디서 왔느냐 사탄이 여호와께 대답하여 이르되 땅을 두루 돌아 여기저기 다녀왔나이다
8 여호와께서 사탄에게 이르시되 네가 내 종 욥을 주의하여 보았느냐 그와 같이 온전하고 정직하여 하나님을 경외하며 악에서 떠난 자는 세상에 없느니라
9 사탄이 여호와께 대답하여 이르되 욥이 어찌 까닭 없이 하나님을 경외하리이까
10 주께서 그와 그의 집과 그의 모든 소유물을 울타리로 두르심 때문이 아니니이까 주께서 그의 손으로 하는 바를 복되게 하사 그의 소유물이 땅에 넘치게 하셨음이니이다
11 이제 주의 손을 펴서 그의 모든 소유물을 치소서 그리하시면 틀림없이 주를 향하여 욕하지 않겠나이까
12 여호와께서 사탄에게 이르시되 내가 그의 소유물을 다 네 손에 맡기노라 다만 그의 몸에는 네 손을 대지 말지니라 사탄이 곧 여호와 앞에서 물러가니라

욥이 자녀와 재산을 잃다 (♪ 343, 400장)

13 ●하루는 욥의 자녀들이 그 맏아들의 집에서

Prologue

1 In the land of Uz there lived a man whose
name was Job. This man was blameless
and upright; he feared God and shunned
2 evil. ●He had seven sons and three daugh-
3 ters, ●and he owned seven thousand sheep,
three thousand camels, five hundred yoke of
oxen and five hundred donkeys, and had a
large number of servants. He was the greatest
man among all the people of the East.
4 ●His sons used to hold feasts in their
homes on their birthdays, and they would
invite their three sisters to eat and drink with
5 them. ●When a period of feasting had run its
course, Job would make arrangements for
them to be purified. Early in the morning he
would sacrifice a burnt offering for each of
them, thinking, "Perhaps my children have
sinned and cursed God in their hearts." This
was Job's regular custom.
6 ●One day the angels[a] came to present
themselves before the LORD, and Satan[b] also
7 came with them. ●The LORD said to Satan,
"Where have you come from?"
Satan answered the LORD, "From roaming
throughout the earth, going back and forth
on it."
8 ●Then the LORD said to Satan, "Have you
considered my servant Job? There is no one
on earth like him; he is blameless and upright,
a man who fears God and shuns evil."
9 ●"Does Job fear God for nothing?" Satan
10 replied. ●"Have you not put a hedge around
him and his household and everything he
has? You have blessed the work of his hands,
so that his flocks and herds are spread
11 throughout the land. ●But now stretch out
your hand and strike everything he has, and
he will surely curse you to your face."
12 ●The LORD said to Satan, "Very well, then,
everything he has is in your power, but on
the man himself do not lay a finger."
Then Satan went out from the presence of
the LORD.
13 ●One day when Job's sons and daughters

[a]6 Hebrew *the sons of God* [b]6 Hebrew *satan* means *adversary.*

음식을 먹으며 포도주를 마실 때에
14 사환이 욥에게 와서 아뢰되 소는 밭을 갈고
나귀는 그 곁에서 풀을 먹는데
15 스바 사람이 갑자기 이르러 그것들을 빼앗고
칼로 종들을 죽였나이다 나만 홀로 피하였으
므로 주인께 아뢰러 왔나이다
16 그가 아직 말하는 동안에 또 한 사람이 와서
아뢰되 하나님의 불이 하늘에서 떨어져서 양
과 종들을 살라 버렸나이다 나만 홀로 피하
였으므로 주인께 아뢰러 왔나이다
17 그가 아직 말하는 동안에 또 한 사람이 와서
아뢰되 갈대아 사람이 세 무리를 지어 갑자
기 낙타에게 달려들어 그것을 빼앗으며 칼로
종들을 죽였나이다 나만 홀로 피하였으므로
주인께 아뢰러 왔나이다
18 그가 아직 말하는 동안에 또 한 사람이 와서
아뢰되 주인의 자녀들이 그들의 맏형의 집에
서 음식을 먹으며 포도주를 마시는데
19 거친 들에서 큰 바람이 와서 집 네 모퉁이를
치매 그 청년들 위에 무너지므로 그들이 죽
었나이다 나만 홀로 피하였으므로 주인께 아
뢰러 왔나이다 한지라
20 욥이 일어나 겉옷을 찢고 머리털을 밀고 땅
에 엎드려 예배하며
21 이르되 내가 모태에서 알몸으로 나왔사온즉
또한 알몸이 그리로 돌아가올지라 주신 이
도 여호와시요 거두신 이도 여호와시오니
여호와의 이름이 찬송을 받으실지니이다 하
고
22 이 모든 일에 욥이 범죄하지 아니하고 하나
님을 향하여 원망하지 아니하니라

사탄이 다시 욥을 시험하다
(♪ 342, 356장)

2 또 하루는 하나님의 아들들이 와서 여호와
앞에 서고 사탄도 그들 가운데에 와서 여
호와 앞에 서니
2 여호와께서 사탄에게 이르시되 네가 어디서
왔느냐 사탄이 여호와께 대답하여 이르되
땅을 두루 돌아 여기저기 다녀왔나이다
3 여호와께서 사탄에게 이르시되 네가 내 종
욥을 주의하여 보았느냐 그와 같이 온전하고
정직하여 하나님을 경외하며 악에서 떠난 자
가 세상에 없느니라 네가 나를 충동하여 까
닭 없이 그를 치게 하였어도 그가 여전히 자
기의 온전함을 굳게 지켰느니라 1:1, 8
4 사탄이 여호와께 대답하여 이르되 가죽으로
가죽을 바꾸오니 사람이 그의 모든 소유물로

were feasting and drinking wine at the oldest
14 brother's house, •a messenger came to Job
and said, "The oxen were plowing and the
15 donkeys were grazing nearby, •and the
Sabeans attacked and made off with them.
They put the servants to the sword, and I am
the only one who has escaped to tell you!"
16 •While he was still speaking, another mes-
senger came and said, "The fire of God fell
from the heavens and burned up the sheep
and the servants, and I am the only one who
has escaped to tell you!"
17 •While he was still speaking, another mes-
senger came and said, "The Chaldeans
formed three raiding parties and swept down
on your camels and made off with them.
They put the servants to the sword, and I am
the only one who has escaped to tell you!"
18 •While he was still speaking, yet another
messenger came and said, "Your sons and
daughters were feasting and drinking wine
19 at the oldest brother's house, •when sudden-
ly a mighty wind swept in from the desert
and struck the four corners of the house. It col-
lapsed on them and they are dead, and I am
the only one who has escaped to tell you!"
20 •At this, Job got up and tore his robe and
shaved his head. Then he fell to the ground in
21 worship •and said:

"Naked I came from my mother's womb,
 and naked I will depart.[a]
The LORD gave and the LORD has taken away;
 may the name of the LORD be praised."

22 •In all this, Job did not sin by charging God
with wrongdoing.

2 On another day the angels[b] came to pre-
sent themselves before the LORD, and
Satan also came with them to present himself
2 before him. •And the LORD said to Satan,
"Where have you come from?"
Satan answered the LORD, "From roaming
throughout the earth, going back and forth
on it."
3 •Then the LORD said to Satan, "Have you
considered my servant Job? There is no one
on earth like him; he is blameless and upright,
a man who fears God and shuns evil. And he
still maintains his integrity, though you incit-
ed me against him to ruin him without any
reason."
4 •"Skin for skin!" Satan replied. "A man will

[a]21 Or *will return there* [b]1 Hebrew *the sons of God*

collapse [kəlǽps] *vi.* 무너지다
depart [dipɑ́ːrt] *vi.* 벗어나다
escape [iskéip] *vt.* 탈출하다
graze [greiz] *vi.* 풀을 뜯어먹다
incite [insáit] *vt.* 선동하다
integrity [intégrəti] *n.* 온전함
maintain [meintéin] *vt.* 유지하다
naked [néikid] *a.* 나체의
nearby [nìərbái] *ad.* 근처에
plow [plau] *vt.* 쟁기질하다
raid [reid] *vi.* 급습하다
robe [roub] *n.* 의복
shun [ʃʌn] *vt.* 피하다, 멀리하다
tear [tɛər] *vt.* 찢다
wrongdoing [rɔ́ːŋdùːiŋ] *n.* 잘못, 범죄

1:15 make off with: 훔치다
1:16 burn up: 전소되다
1:17 sweep down on...: …에 급습하다
1:21 take away: 가져가다
2:1 present oneself: 스스로 나타나다
2:2 come from...: …에서 나오다

자기의 생명을 바꾸올지라
5 이제 주의 손을 펴서 그의 뼈와 살을 치소서
그리하시면 틀림없이 주를 향하여 욕하지 않
겠나이까
6 여호와께서 사탄에게 이르시되 내가 그를 네
손에 맡기노라 다만 그의 생명은 해하지 말
지니라
7 ●사탄이 이에 여호와 앞에서 물러가서 욥을
쳐서 그의 발바닥에서 정수리까지 종기가 나
게 한지라
8 욥이 재 가운데 앉아서 질그릇 조각을 가져
다가 몸을 긁고 있더니
9 그의 아내가 그에게 이르되 당신이 그래도
자기의 온전함을 굳게 지키느냐 하나님을 욕
하고 죽으라
10 그가 이르되 그대의 말이 한 어리석은 여자
의 말 같도다 우리가 하나님께 복을 받았은
즉 화도 받지 아니하겠느냐 하고 이 모든 일
에 욥이 입술로 범죄하지 아니하니라

친구들이 욥을 위로하러 오다

11 ●그때에 욥의 친구 세 사람이 이 모든 재앙
이 그에게 내렸다 함을 듣고 각각 자기 지역
에서부터 이르렀으니 곧 데만 사람 엘리바스
와 수아 사람 빌닷과 나아마 사람 소발이라
그들이 욥을 위문하고 위로하려 하여 서로
약속하고 오더니
12 눈을 들어 멀리 보매 그가 욥인 줄 알기 어렵
게 되었으므로 그들이 일제히 소리 질러 울
며 각각 자기의 겉옷을 찢고 하늘을 향하여
티끌을 날려 자기 머리에 뿌리고
13 밤낮 칠 일 동안 그와 함께 땅에 앉았으나 욥
의 고통이 심함을 보므로 그에게 한마디도
말하는 자가 없었더라

욥이 자기 생일을 저주하다

(♪353, 355장)

3 그 후에 욥이 입을 열어 자기의 생일을 저
주하니라
2 욥이 입을 열어 이르되
3 내가 난 날이 멸망하였더라면, 사내아이를
배었다 하던 그 밤도 그러하였더라면, 렘 20:14
4 그날이 캄캄하였더라면, 하나님이 위에서
돌아보지 않으셨더라면, 빛도 그날을 비추
지 않았더라면,
5 어둠과 죽음의 그늘이 그날을 자기의 것이라
주장하였더라면, 구름이 그 위에 덮였더라
면, 흑암이 그날을 덮었더라면,
6 그 밤이 캄캄한 어둠에 잡혔더라면, 해의 날

5 give all he has for his own life. ●But now
stretch out your hand and strike his flesh and
bones, and he will surely curse you to your
face."
6 ●The LORD said to Satan, "Very well, then,
he is in your hands; but you must spare his
life."
7 ●So Satan went out from the presence of the
LORD and afflicted Job with painful sores from
the soles of his feet to the crown of his head.
8 ●Then Job took a piece of broken pottery and
scraped himself with it as he sat among the
ashes.
9 ●His wife said to him, "Are you still main-
taining your integrity? Curse God and die!"
10 ●He replied, "You are talking like a foolish[a]
woman. Shall we accept good from God, and
not trouble?"
In all this, Job did not sin in what he said.
11 ●When Job's three friends, Eliphaz the
Temanite, Bildad the Shuhite and Zophar
the Naamathite, heard about all the troubles
that had come upon him, they set out from
their homes and met together by agreement
to go and sympathize with him and com-
12 fort him. ●When they saw him from a dis-
tance, they could hardly recognize him; they
began to weep aloud, and they tore their
robes and sprinkled dust on their heads.
13 ●Then they sat on the ground with him for
seven days and seven nights. No one said a
word to him, because they saw how great his
suffering was.

Job Speaks

3 After this, Job opened his mouth and
2 cursed the day of his birth. ●He said:
3 ●"May the day of my birth perish,
and the night that said, 'A boy is
conceived!'
4 ●That day—may it turn to darkness;
may God above not care about it;
may no light shine on it.
5 ●May gloom and utter darkness claim it
once more;
may a cloud settle over it;
may blackness overwhelm it.
6 ●That night—may thick darkness seize it;
may it not be included among the days
of the year

[a]10 The Hebrew word rendered *foolish* denotes moral deficiency.

claim [kleim] *vt.* 주장하다
comfort [kʌ́mfərt] *vt.* 위로하다
curse [kəːrs] *vt.* 욕하다, 저주하다
gloom [gluːm] *vi.* 침울해하다
integrity [intégrəti] *n.* 온전함
overwhelm [òuvərhwélm] *vt.* 압도하다
perish [périʃ] *vi.* 사라지다
pottery [pátəri] *n.* 도자기
recognize [rékəgnàiz] *vt.* 알아보다
scrape [skreip] *vt.* 문지르다, 비벼대다
sole [soul] *n.* 밑창
sore [sɔːr] *n.* 종기, 상처
spare [speər] *vt.* 아끼다, 남기다
sprinkle [spríŋkl] *vt.* 뿌리다
utter [ʌ́tər] *vt.* 발언하다

2:5 stretch out: 내밀다, 뻗다
2:7 afflict... with~: …를 ~로 괴롭히다
2:10 in all: 모두 합쳐
2:11 come upon: 갑자기 닥치다
2:11 set out: 출발하다, 착수하다
2:11 sympathize with...: …에게 동정하다

수와 달의 수에 들지 않았더라면,
7 그 밤에 자식을 배지 못하였더라면, 그 밤
에 즐거운 소리가 나지 않았더라면,
8 날을 저주하는 자들 곧 1)리워야단을 격동
시키기에 익숙한 자들이 그 밤을 저주하였
더라면,
9 그 밤에 새벽별들이 어두웠더라면, 그 밤
이 광명을 바랄지라도 얻지 못하며 동틈
을 보지 못하였더라면 좋았을 것을,
10 이는 내 모태의 문을 닫지 아니하여 내 눈
으로 환난을 보게 하였음이로구나
11 어찌하여 내가 태에서 죽어 나오지 아니하
였던가 어찌하여 내 어머니가 해산할 때에
내가 숨지지 아니하였던가
12 어찌하여 무릎이 나를 받았던가 어찌하여
내가 젖을 빨았던가
13 그렇지 아니하였던들 이제는 내가 평안히
누워서 자고 쉬었을 것이니
14 자기를 위하여 폐허를 일으킨 세상 임금들
과 모사들과 함께 있었을 것이요
15 혹시 금을 가지며 은으로 집을 채운 고관
들과 함께 있었을 것이며
16 또는 낙태되어 땅에 묻힌 아이처럼 나는
존재하지 않았겠고 빛을 보지 못한 아이들
같았을 것이라
17 거기서는 악한 자가 소요를 그치며 거기서
는 피곤한 자가 쉼을 얻으며
18 거기서는 갇힌 자가 다 함께 평안히 있어
감독자의 호통 소리를 듣지 아니하며
19 거기서는 작은 자와 큰 자가 함께 있고 종
이 상전에게서 놓이느니라
20 ● 어찌하여 고난 당하는 자에게 빛을 주
셨으며 마음이 아픈 자에게 생명을 주셨
는고
21 이러한 자는 죽기를 바라도 오지 아니하니
땅을 파고 숨긴 보배를 찾음보다 죽음을
구하는 것을 더하다가 계 9:6
22 무덤을 찾아 얻으면 심히 기뻐하고 즐거워
하나니
23 하나님에게 둘러싸여 길이 아득한 사람에
게 어찌하여 빛을 주셨는고 19:6, 8
24 나는 음식 앞에서도 탄식이 나며 내가 앓
는 소리는 물이 쏟아지는 소리 같구나
25 내가 두려워하는 그것이 내게 임하고 내가
무서워하는 그것이 내 몸에 미쳤구나
26 나에게는 평온도 없고 안일도 없고 휴식도
없고 다만 불안만이 있구나

nor be entered in any of the months.
7 ● May that night be barren;
may no shout of joy be heard in it.
8 ● May those who curse days[a] curse that day,
those who are ready to rouse Leviathan.
9 ● May its morning stars become dark;
may it wait for daylight in vain
and not see the first rays of dawn,
10 ● for it did not shut the doors of the womb on me
to hide trouble from my eyes.
11 ● "Why did I not perish at birth,
and die as I came from the womb?
12 ● Why were there knees to receive me
and breasts that I might be nursed?
13 ● For now I would be lying down in peace;
I would be asleep and at rest
14 ● with kings and rulers of the earth,
who built for themselves places now lying in ruins,
15 ● with princes who had gold,
who filled their houses with silver.
16 ● Or why was I not hidden away in the ground like a stillborn child,
like an infant who never saw the light of day?
17 ● There the wicked cease from turmoil,
and there the weary are at rest.
18 ● Captives also enjoy their ease;
they no longer hear the slave driver's shout.
19 ● The small and the great are there,
and the slaves are freed from their owners.
20 ● "Why is light given to those in misery,
and life to the bitter of soul,
21 ● to those who long for death that does not come,
who search for it more than for hidden treasure,
22 ● who are filled with gladness
and rejoice when they reach the grave?
23 ● Why is life given to a man
whose way is hidden,
whom God has hedged in?
24 ● For sighing has become my daily food;
my groans pour out like water.
25 ● What I feared has come upon me;
what I dreaded has happened to me.
26 ● I have no peace, no quietness;
I have no rest, but only turmoil."

[a]8 Or *curse the sea* 1) 악어로 볼 수도 있음

breast [brest] *n.* 젖
captive [kǽptiv] *n.* 포로
daylight [déilàit] *n.* 일광
dread [dred] *vt.* 두려워하다
gladness [glǽdnis] *n.* 기쁨
groan [groun] *n.* 신음
hedge [hedʒ] *vt.* 둘러싸다
infant [ínfənt] *n.* 유아
misery [mízəri] *n.* 고통
nurse [nəːrs] *vt.* 젖을 먹이다
slave [sleiv] *n.* 노예, 종
stillborn [stílbɔ̀ːrn] *a.* 사산의
turmoil [təːrmɔil] *n.* 소란
weary [wíəri] *a.* 지친
womb [wuːm] *n.* 태내, 자궁

3:9 in vain: 헛되이
3:10 hide A from B: A를 B로부터 감추다
3:15 fill A with B: A를 B로 가득 채우다
3:17 cease from...: …를 그만두다
3:21 long for...: …를 애타게 바라다
3:21 search for...: …를 찾다

엘리바스의 첫 번째 말 (♪ 407, 543장)

4 데만 사람 엘리바스가 대답하여 이르되
2 누가 네게 말하면 네가 싫증을 내겠느
냐, 누가 참고 말하지 아니하겠느냐
3 보라 전에 네가 여러 사람을 훈계하였고
손이 늘어진 자를 강하게 하였고
4 넘어지는 자를 말로 붙들어 주었고 무릎이
약한 자를 강하게 하였거늘
5 이제 이 일이 네게 이르매 네가 힘들어 하
고 이 일이 네게 닥치매 네가 놀라는구나
6 네 경외함이 네 자랑이 아니냐 네 소망이
네 온전한 길이 아니냐
7 생각하여 보라 죄 없이 망한 자가 누구인
가 정직한 자의 끊어짐이 어디 있는가
8 내가 보건대 악을 밭 갈고 독을 뿌리는 자
는 그대로 거두나니
9 다 하나님의 입 기운에 멸망하고 그의 콧
김에 사라지느니라
10 사자의 우는 소리와 젊은 사자의 소리가
그치고 어린 사자의 이가 부러지며
11 사자는 사냥한 것이 없어 죽어 가고 암사
자의 새끼는 흩어지느니라
12 ●어떤 말씀이 내게 가만히 이르고 그 가
느다란 소리가 내 귀에 들렸었나니
13 사람이 깊이 잠들 즈음 내가 그 밤에 본 환
상으로 말미암아 생각이 번거로울 때에
14 두려움과 떨림이 내게 이르러서 모든 뼈마
디가 흔들렸느니라
15 그때에 영이 내 앞으로 지나매 내 몸에 털
이 주뼛하였느니라
16 그 영이 서 있는데 나는 그 형상을 알아보
지는 못하여도 오직 한 형상이 내 눈앞에
있었느니라 그때에 내가 조용한 중에 한
목소리를 들으니
17 사람이 어찌 하나님보다 의롭겠느냐 사
람이 어찌 그 창조하신 이보다 깨끗하겠
느냐 9:2
18 하나님은 그의 종이라도 그대로 믿지 아
니하시며 그의 천사라도 미련하다 하시나
니
19 하물며 흙집에 살며 티끌로 터를 삼고 하
루살이 앞에서라도 무너질 자이겠느냐
20 아침과 저녁 사이에 부스러져 가루가 되며
영원히 사라지되 기억하는 자가 없으리
라
21 장막 줄이 그들에게서 뽑히지 아니하겠느
냐 그들은 지혜가 없이 죽느니라

Eliphaz

4 Then Eliphaz the Temanite replied:

2 ●"If someone ventures a word with you,
will you be impatient?
But who can keep from speaking?
3 ●Think how you have instructed many,
how you have strengthened feeble hands.
4 ●Your words have supported those who stumbled;
you have strengthened faltering knees.
5 ●But now trouble comes to you, and you are
discouraged;
it strikes you, and you are dismayed.
6 ●Should not your piety be your confidence
and your blameless ways your hope?
7 ●"Consider now: Who, being innocent, has
ever perished?
Where were the upright ever destroyed?
8 ●As I have observed, those who plow evil
and those who sow trouble reap it.
9 ●At the breath of God they perish;
at the blast of his anger they are no more.
10 ●The lions may roar and growl,
yet the teeth of the great lions are broken.
11 ●The lion perishes for lack of prey,
and the cubs of the lioness are scattered.
12 ●"A word was secretly brought to me,
my ears caught a whisper of it.
13 ●Amid disquieting dreams in the night,
when deep sleep falls on people,
14 ●fear and trembling seized me
and made all my bones shake.
15 ●A spirit glided past my face,
and the hair on my body stood on end.
16 ●It stopped,
but I could not tell what it was.
A form stood before my eyes,
and I heard a hushed voice:
17 ●'Can a mortal be more righteous than God?
Can even a strong man be more pure than
his Maker?
18 ●If God places no trust in his servants,
if he charges his angels with error,
19 ●how much more those who live in houses of
clay,
whose foundations are in the dust,
who are crushed more readily than a moth!
20 ●Between dawn and dusk they are broken
to pieces;
unnoticed, they perish forever.
21 ●Are not the cords of their tent pulled up,
so that they die without wisdom?'

blast [blæst] *n.* 강풍
dismay [disméi] *vt.* 놀라게 하다
disquiet [diskwáiət] *vt.* 어지럽히다
feeble [fíːbl] *a.* 힘없는
glide [glaid] *vi.* 미끄러지듯 가다
growl [graul] *vi.* 으르렁거리다
hushed [hʌʃt] *a.* 고요한
impatient [impéiʃənt] *a.* 참을 수 없는
observe [əbzə́ːrv] *vt.* 보다
piety [páiəti] *n.* 경외, 경건
plow [plau] *vi.* (밭을) 갈다
reap [riːp] *vt.* 수확하다
roar [rɔːr] *vi.* 포효하다
tremble [trémbl] *vi.* 떨다
venture [véntʃər] *vt.* 과감히 말하다

4:2 keep from...: …하지 않다
4:11 for lack of: …가 부족하여
4:12 bring to...: …로 이끌다
4:15 stand on end: 곤두서다
4:19 in the dust: 굴욕을 당하여
4:21 pull up: 뽑다, 멈추다

5 너는 부르짖어 보라 네게 응답할 자가 있겠느냐 거룩한 자 중에 네가 누구에게로 향하겠느냐
2 분노가 미련한 자를 죽이고 시기가 어리석은 자를 멸하느니라
3 내가 미련한 자가 뿌리 내리는 것을 보고 그의 집을 당장에 저주하였노라
4 그의 자식들은 구원에서 멀고 성문에서 억눌리나 구하는 자가 없으며
5 그가 추수한 것은 주린 자가 먹되 덫에 걸린 것도 빼앗으며 올무가 그의 재산을 향하여 입을 벌리느니라
6 재난은 티끌에서 일어나는 것이 아니며 고생은 흙에서 나는 것이 아니니라
7 사람은 고생을 위하여 났으니 불꽃이 위로 날아가는 것 같으니라
8 ●나라면 하나님을 찾겠고 내 일을 하나님께 의탁하리라
9 하나님은 헤아릴 수 없이 큰일을 행하시며 기이한 일을 셀 수 없이 행하시나니
10 비를 땅에 내리시고 물을 밭에 보내시며
11 낮은 자를 높이 드시고 애곡하는 자를 일으키사 구원에 이르게 하시느니라
12 하나님은 교활한 자의 계교를 꺾으사 그들의 손이 성공하지 못하게 하시며
13 지혜로운 자가 자기의 계략에 빠지게 하시며 간교한 자의 계략을 무너뜨리시므로
14 그들은 낮에도 어두움을 만나고 대낮에도 더듬기를 밤과 같이 하느니라
15 하나님은 가난한 자를 강한 자의 칼과 그 입에서, 또한 그들의 손에서 구출하여 주시나니
16 그러므로 가난한 자가 희망이 있고 악행이 스스로 입을 다무느니라
17 ●볼지어다 하나님께 징계받는 자에게는 복이 있나니 그런즉 너는 전능자의 징계를 업신여기지 말지니라 약 1:12
18 하나님은 아프게 하시다가 싸매시며 상하게 하시다가 그의 손으로 고치시나니
19 여섯 가지 환난에서 너를 구원하시며 일곱 가지 환난이라도 그 재앙이 네게 미치지 않게 하시며
20 기근 때에 죽음에서, 전쟁 때에 칼의 위협에서 너를 구원하실 터인즉
21 네가 혀의 채찍을 피하여 숨을 수가 있고 멸망이 올 때에도 두려워하지 아니할 것이라

5 "Call if you will, but who will answer you?
To which of the holy ones will you turn?
2 ●Resentment kills a fool,
and envy slays the simple.
3 ●I myself have seen a fool taking root,
but suddenly his house was cursed.
4 ●His children are far from safety,
crushed in court without a defender.
5 ●The hungry consume his harvest,
taking it even from among thorns,
and the thirsty pant after his wealth.
6 ●For hardship does not spring from the soil,
nor does trouble sprout from the ground.
7 ●Yet man is born to trouble
as surely as sparks fly upward.
8 ●"But if I were you, I would appeal to God;
I would lay my cause before him.
9 ●He performs wonders that cannot be fathomed,
miracles that cannot be counted.
10 ●He provides rain for the earth;
he sends water on the countryside.
11 ●The lowly he sets on high,
and those who mourn are lifted to safety.
12 ●He thwarts the plans of the crafty,
so that their hands achieve no success.
13 ●He catches the wise in their craftiness,
and the schemes of the wily are swept away.
14 ●Darkness comes upon them in the daytime;
at noon they grope as in the night.
15 ●He saves the needy from the sword in their mouth;
he saves them from the clutches of the powerful.
16 ●So the poor have hope,
and injustice shuts its mouth.
17 ●"Blessed is the one whom God corrects;
so do not despise the discipline of the Almighty.[a]
18 ●For he wounds, but he also binds up;
he injures, but his hands also heal.
19 ●From six calamities he will rescue you;
in seven no harm will touch you.
20 ●In famine he will deliver you from death,
and in battle from the stroke of the sword.
21 ●You will be protected from the lash of the tongue,
and need not fear when destruction comes.
22 ●You will laugh at destruction and famine,
and need not fear the wild animals.
23 ●For you will have a covenant with the

[a]17 Hebrew *Shaddai*; here and throughout Job

calamity [kəlǽməti] *n.* 재난
clutch [klʌtʃ] *n.* 수중, 움켜잡기
covenant [kʌ́vənənt] *n.* 계약
defender [difέndər] *n.* 방어자
despise [dispáiz] *vt.* 무시하다
discipline [dísəplin] *n.* 징계
fathom [fǽðəm] *vt.* 헤아리다
grope [group] *vi.* 손으로 더듬다
hardship [há:rdʃip] *n.* 고난
injustice [indʒʌ́stis] *n.* 불의
lash [læʃ] *n.* 채찍
scheme [ski:m] *n.* 계획
slay [slei] *vt.* 살해하다
stroke [strouk] *n.* 일격, 타격
thwart [θwɔ:rt] *vt.* 훼방놓다

5:3 take root: 뿌리를 박다, 정착하다
5:4 far from...: …하기는커녕
5:5 pant after...: …를 갈망하다
5:6 spring from...: …에서 나오다
5:8 appeal to...: …에게 호소하다
5:13 sweep away: 쓸어버리다

22 너는 멸망과 기근을 비웃으며 들짐승을 두
려워하지 말라
23 들에 있는 돌이 너와 언약을 맺겠고 들짐
승이 너와 화목하게 살 것이니라
24 네가 네 장막의 평안함을 알고 네 [1]우리를
살펴도 잃은 것이 없을 것이며
25 네 자손이 많아지며 네 후손이 땅의 풀과
같이 될 줄을 네가 알 것이라
26 네가 장수하다가 무덤에 이르리니 마치 곡
식단을 제때에 들어올림 같으니라
27 볼지어다 우리가 연구한 바가 이와 같으니
너는 들어 보라 그러면 네가 알리라

욥의 대답 (♪ 338, 341장)

6 욥이 대답하여 이르되
2 나의 괴로움을 달아 보며 나의 파멸을
저울 위에 모두 놓을 수 있다면
3 바다의 모래보다도 무거울 것이라 그러므
로 나의 말이 경솔하였구나
4 전능자의 화살이 내게 박히매 나의 영이
그 독을 마셨나니 하나님의 두려움이 나를
엄습하여 치는구나 시 38:2
5 들나귀가 풀이 있으면 어찌 울겠으며 소가
꼴이 있으면 어찌 울겠느냐
6 싱거운 것이 소금 없이 먹히겠느냐 닭의
알 흰자위가 맛이 있겠느냐
7 내 마음이 이런 것을 만지기도 싫어하나니
꺼리는 음식물같이 여김이니라
8 ●나의 간구를 누가 들어줄 것이며 나의
소원을 하나님이 허락하시랴
9 이는 곧 나를 멸하시기를 기뻐하사 하나님
이 그의 손을 들어 나를 끊어 버리실 것이
라
10 그러할지라도 내가 오히려 위로를 받고 그
칠 줄 모르는 고통 가운데서도 기뻐하는
것은 내가 거룩하신 이의 말씀을 거역하지
아니하였음이라
11 내가 무슨 기력이 있기에 기다리겠느냐 내
마지막이 어떠하겠기에 그저 참겠느냐
12 나의 기력이 어찌 돌의 기력이겠느냐 나의
살이 어찌 놋쇠겠느냐
13 나의 도움이 내 속에 없지 아니하냐 나의
능력이 내게서 쫓겨나지 아니하였느냐
14 ●낙심한 자가 비록 전능자를 경외하기를
저버릴지라도 그의 친구로부터 동정을 받
느니라
15 내 형제들은 개울과 같이 변덕스럽고 그들
은 개울의 물살같이 지나가누나

stones of the field,
and the wild animals will be at peace with you.
24 ●You will know that your tent is secure;
you will take stock of your property and find nothing missing.
25 ●You will know that your children will be many,
and your descendants like the grass of the earth.
26 ●You will come to the grave in full vigor,
like sheaves gathered in season.
27 ●"We have examined this, and it is true.
So hear it and apply it to yourself."

Job

6 Then Job replied:
2 ●"If only my anguish could be weighed
and all my misery be placed on the scales!
3 ●It would surely outweigh the sand of the seas —
no wonder my words have been impetuous.
4 ●The arrows of the Almighty are in me,
my spirit drinks in their poison;
God's terrors are marshaled against me.
5 ●Does a wild donkey bray when it has grass,
or an ox bellow when it has fodder?
6 ●Is tasteless food eaten without salt,
or is there flavor in the sap of the mallow[a]?
7 ●I refuse to touch it;
such food makes me ill.
8 ●"Oh, that I might have my request,
that God would grant what I hope for,
9 ●that God would be willing to crush me,
to let loose his hand and cut off my life!
10 ●Then I would still have this consolation —
my joy in unrelenting pain —
that I had not denied the words of the Holy One.
11 ●"What strength do I have, that I should still hope?
What prospects, that I should be patient?
12 ●Do I have the strength of stone?
Is my flesh bronze?
13 ●Do I have any power to help myself,
now that success has been driven from me?
14 ●"Anyone who withholds kindness from a friend
forsakes the fear of the Almighty.

[a]6 The meaning of the Hebrew for this phrase is uncertain.
1) 거하는 곳

anguish [æŋgwiʃ] *n.* 고통
bellow [bélou] *vi.* 큰소리로 울다
bray [brei] *vi.* (나귀 등이)울다
consolation [kànsəléiʃən] *n.* 위로
fodder [fádər] *n.* 사료
forsake [fərséik] *vt.* 저버리다
impetuous [impétʃuəs] *a.* 충동적인
marshal [má:rʃəl] *vt.* 정렬시키다
outweigh [àutwéi] *vt.* 보다 무겁다
poison [pɔ́izn] *n.* 독
prospect [práspekt] *vi.* 가망이 있다
secure [sikjúər] *a.* 안전한
unrelenting [ʌ̀nriléntiŋ] *a.* 무자비한
vigor [vígər] *n.* 활기
withhold [wiθhóuld] *vt.* 억제하다

5:24 take stock of...: …를 검사하다
5:26 in season: 제철에, 때를 만난
6:4 drink in...: …를 마시다
6:9 be willing to...: 기꺼이 …하다
6:13 now that...: …이기 때문에
6:13 drive from...: …에서 몰아내다

16 얼음이 녹으면 물이 검어지며 눈이 그 속에
감추어질지라도
17 따뜻하면 마르고 더우면 그 자리에서 아주
없어지나니
18 대상들은 그들의 길을 벗어나서 삭막한 들에
들어가 멸망하느니라
19 데마의 떼들이 그것을 바라보고 스바의 행인
들도 그것을 사모하다가
20 거기 와서는 바라던 것을 부끄러워하고 낙심
하느니라
렘 14:3
21 이제 너희는 아무것도 아니로구나 너희가 두
려운 일을 본즉 겁내는구나
22 내가 언제 너희에게 무엇을 달라고 말했더냐
나를 위하여 너희 재물을 선물로 달라고 하
더냐
23 내가 언제 말하기를 원수의 손에서 나를 구
원하라 하더냐 폭군의 손에서 나를 구원하라
하더냐
24 ●내게 가르쳐서 나의 허물된 것을 깨닫게
하라 내가 잠잠하리라
25 옳은 말이 어찌 그리 고통스러운고, 너희의
책망은 무엇을 책망함이냐
26 너희가 남의 말을 꾸짖을 생각을 하나 실망
한 자의 말은 바람에 날아가느니라
27 너희는 고아를 제비 뽑으며 너희 친구를 팔
아 넘기는구나
28 이제 원하건대 너희는 내게로 얼굴을 돌리라
내가 너희를 대면하여 결코 거짓말하지 아니
하리라
29 너희는 돌이켜 행악자가 되지 말라 아직도
나의 의가 건재하니 돌아오라
30 내 혀에 어찌 불의한 것이 있으랴 내 미각이
어찌 속임을 분간하지 못하랴

7 이 땅에 사는 인생에게 힘든 노동이 있지
아니하겠느냐 그의 날이 품꾼의 날과 같지
아니하겠느냐
2 종은 저녁 그늘을 몹시 바라고 품꾼은 그의
삯을 기다리나니
3 이와 같이 내가 여러 달째 고통을 받으니 고
달픈 밤이 내게 작정되었구나
4 내가 누울 때면 말하기를 언제나 일어날까,
언제나 밤이 갈까 하며 새벽까지 이리 뒤척,
저리 뒤척 하는구나
5 내 살에는 구더기와 흙덩이가 의복처럼 입혀
졌고 내 피부는 굳어졌다가 터지는구나
6 나의 날은 베틀의 북보다 빠르니 희망 없이
보내는구나

15 ●But my brothers are as undependable as
intermittent streams,
as the streams that overflow
16 ●when darkened by thawing ice
and swollen with melting snow,
17 ●but that stop flowing in the dry season,
and in the heat vanish from their channels.
18 ●Caravans turn aside from their routes;
they go off into the wasteland and perish.
19 ●The caravans of Tema look for water,
the traveling merchants of Sheba look
in hope.
20 ●They are distressed, because they had been
confident;
they arrive there, only to be disappointed.
21 ●Now you too have proved to be of no help;
you see something dreadful and are afraid.
22 ●Have I ever said, 'Give something on my
behalf,
pay a ransom for me from your wealth,
23 ●deliver me from the hand of the enemy,
rescue me from the clutches of the
ruthless'?

24 ●"Teach me, and I will be quiet;
show me where I have been wrong.
25 ●How painful are honest words!
But what do your arguments prove?
26 ●Do you mean to correct what I say,
and treat my desperate words as wind?
27 ●You would even cast lots for the fatherless
and barter away your friend.
28 ●"But now be so kind as to look at me.
Would I lie to your face?
29 ●Relent, do not be unjust;
reconsider, for my integrity is at stake.[a]
30 ●Is there any wickedness on my lips?
Can my mouth not discern malice?

7 "Do not mortals have hard service on
earth?
Are not their days like those of hired
laborers?
2 ●Like a slave longing for the evening shadows,
or a hired laborer waiting to be paid,
3 ●so I have been allotted months of futility,
and nights of misery have been assigned
to me.
4 ●When I lie down I think, 'How long before
I get up?'
The night drags on, and I toss and turn
untill dawn.
5 ●My body is clothed with worms and scabs,
my skin is broken and festering.

[a]29 Or *my righteousness still stands*

allot [əlát] *vt.* 할당하다
argument [á:rgjumənt] *n.* 논쟁
discern [disə́:rn] *vt.* 알아 보다
dreadful [drédfəl] *a.* 두려운
fester [féstər] *vi.* 곪다
futility [fju:tíləti] *n.* 무익
integrity [intégrəti] *n.* 성실, 완전
intermittent [intərmítnt] *a.* 간헐적인
malice [mǽlis] *n.* 악의
overflow [òuvərflóu] *vt.* 넘쳐흐르다
reconsider [ri:kənsídər] *vt.* 재고하다
ruthless [rú:θlis] *a.* 무자비한
scab [skæb] *n.* 딱지, 피부병
wasteland [wéistlæ̀nd] *n.* 황무지
worm [wə:rm] *n.* 벌레

6:17 vanish from...: …에서 사라지다
6:22 on one's behalf: …를 대신하여
6:27 cast lots: 제비 뽑다
6:27 barter away: 팔아넘기다
6:29 be at stake: 성패가 달려 있다
7:2 long for...: …를 열망하다

7 내 생명이 한낱 바람 같음을 생각하옵소서
나의 눈이 다시는 행복을 보지 못하리이
다
8 나를 본 자의 눈이 다시는 나를 보지 못할 것
이고 주의 눈이 나를 향하실지라도 내가 있
지 아니하리이다 20:9
9 구름이 사라져 없어짐같이 스올로 내려가는
자는 다시 올라오지 못할 것이오니
10 그는 다시 자기 집으로 돌아가지 못하겠고
자기 처소도 다시 그를 알지 못하리이다
11 ●그런즉 내가 내 입을 금하지 아니하고 내
영혼의 아픔 때문에 말하며 내 마음의 괴로
움 때문에 불평하리이다
12 내가 바다니이까 바다 괴물이니이까 주께서
어찌하여 나를 지키시나이까
13 혹시 내가 말하기를 내 잠자리가 나를 위로
하고 내 침상이 내 수심을 풀리라 할 때에
14 주께서 꿈으로 나를 놀라게 하시고 환상으로
나를 두렵게 하시나이다
15 이러므로 내 마음이 뼈를 깎는 고통을 겪느
니 차라리 숨이 막히는 것과 죽는 것을 택하
리이다
16 내가 생명을 싫어하고 영원히 살기를 원하지
아니하오니 나를 놓으소서 내 날은 헛 것이
니이다
17 사람이 무엇이기에 주께서 그를 크게 만드사
그에게 마음을 두시고
18 아침마다 권징하시며 순간마다 단련하시나
이까
19 주께서 내게서 눈을 돌이키지 아니하시며 내
가 침을 삼킬 동안도 나를 놓지 아니하시기
를 어느 때까지 하시리이까
20 사람을 감찰하시는 이여 내가 범죄하였던들
주께 무슨 해가 되오리이까 어찌하여 나를
당신의 과녁으로 삼으셔서 내게 무거운 짐이
되게 하셨나이까
21 주께서 어찌하여 내 허물을 사하여 주지 아
니하시며 내 죄악을 제거하여 버리지 아니하
시나이까 내가 이제 흙에 누우리니 주께서
나를 애써 찾으실지라도 내가 남아 있지 아
니하리이다

빌닷의 첫 번째 말 (♪ 221, 465장)

8 수아 사람 빌닷이 대답하여 이르되
2 네가 어느 때까지 이런 말을 하겠으며 어
느 때까지 네 입의 말이 거센 바람과 같겠는
가
3 하나님이 어찌 정의를 굽게 하시겠으며 전능

6 ●"My days are swifter than a weaver's shuttle,
and they come to an end without hope.
7 ●Remember, O God, that my life is but a breath;
my eyes will never see happiness again.
8 ●The eye that now sees me will see me no longer;
you will look for me, but I will be no more.
9 ●As a cloud vanishes and is gone,
so one who goes down to the grave does not return.
10 ●He will never come to his house again;
his place will know him no more.
11 ●"Therefore I will not keep silent;
I will speak out in the anguish of my spirit,
I will complain in the bitterness of my soul.
12 ●Am I the sea, or the monster of the deep,
that you put me under guard?
13 ●When I think my bed will comfort me
and my couch will ease my complaint,
14 ●even then you frighten me with dreams
and terrify me with visions,
15 ●so that I prefer strangling and death,
rather than this body of mine.
16 ●I despise my life; I would not live forever.
Let me alone; my days have no meaning.
17 ●"What is mankind that you make so much of them,
that you give them so much attention,
18 ●that you examine them every morning
and test them every moment?
19 ●Will you never look away from me,
or let me alone even for an instant?
20 ●If I have sinned, what have I done to you,
you who see everything we do?
Why have you made me your target?
Have I become a burden to you?[a]
21 ●Why do you not pardon my offenses
and forgive my sins?
For I will soon lie down in the dust;
you will search for me, but I will be no more."

Bildad

8 Then Bildad the Shuhite replied:
2 ●"How long will you say such things?
Your words are a blustering wind.
3 ●Does God pervert justice?
Does the Almighty pervert what is right?

[a] 20 A few manuscripts of the Masoretic Text, an ancient Hebrew scribal tradition and Septuagint; most manuscripts of the Masoretic Text *I have become a burden to myself.*

bluster [blʌ́stər] *vi.* 휘몰아치다
burden [bə́:rdn] *n.* 짐
comfort [kʌ́mfərt] *n.* 위로
complain [kəmpléin] *vt.* 불평하다
couch [kautʃ] *n.* 침상
despise [dispáiz] *vt.* 경멸하다
dust [dʌst] *n.* 먼지, 티끌
examine [igzǽmin] *vt.* 살피다
offense [əféns] *n.* 위반, 범죄
pervert [pərvə́:rt] *vt.* 곡해하다
shuttle [ʃʌ́tl] *n.* (베틀의) 북
silent [sáilənt] *a.* 조용한
strangle [strǽŋgl] *vt.*목졸라 죽이다
swift [swift] *a.* 신속한, 빠른
terrify [térəfài] *vt.* 무섭게 하다

7:8 look for...: …를 바라다
7:17 make much of...: …를 중히 여기다
7:19 look away from: …로부터 눈길을 돌리다
7:21 lie down: 눕다
7:21 search for...: …를 찾다

하신 이가 어찌 공의를 굽게 하시겠는가
4 네 자녀들이 주께 죄를 지었으므로 주께서
그들을 그 죄에 버려두셨나니 1:5
5 네가 만일 하나님을 찾으며 전능하신 이에
게 간구하고
6 또 청결하고 정직하면 반드시 너를 돌보시
고 네 의로운 처소를 평안하게 하실 것이라
7 네 시작은 미약하였으나 네 나중은 심히 창
대하리라 42:12
8 ●청하건대 너는 옛 시대 사람에게 물으며
조상들이 터득한 일을 배울지어다
9 (우리는 어제부터 있었을 뿐이라 우리는 아
는 것이 없으며 세상에 있는 날이 그림자와
같으니라)
10 그들이 네게 가르쳐 이르지 아니하겠느냐
그 마음에서 나오는 말을 하지 아니하겠느
냐
11 ●[1)]왕골이 진펄 아닌 데서 크게 자라겠으며
갈대가 물 없는 데서 크게 자라겠느냐
12 이런 것은 새순이 돋아 아직 뜯을 때가 되
기 전에 다른 풀보다 일찍이 마르느니라
13 하나님을 잊어버리는 자의 길은 다 이와 같
고 저속한 자의 희망은 무너지리니
14 그가 믿는 것이 끊어지고 그가 의지하는 것
이 거미줄 같은즉
15 그 집을 의지할지라도 집이 서지 못하고 굳
게 붙잡아 주어도 집이 보존되지 못하리라
16 그는 햇빛을 받고 물이 올라 그 가지가 동
산에 뻗으며
17 그 뿌리가 돌무더기에 서리어서 돌 가운데
로 들어갔을지라도
18 그곳에서 뽑히면 그 자리도 모르는 체하고
이르기를 내가 너를 보지 못하였다 하리니
19 그 길의 기쁨은 이와 같고 그 후에 다른 것
이 흙에서 나리라
20 하나님은 순전한 사람을 버리지 아니하시
고 악한 자를 붙들어 주지 아니하시므로 4:7
21 웃음을 네 입에, 즐거운 소리를 네 입술에
채우시리니
22 너를 미워하는 자는 부끄러움을 당할 것이
라 악인의 장막은 없어지리라

욥의 대답 (♪276, 290장)

9

욥이 대답하여 이르되
2 진실로 내가 이 일이 그런 줄을 알거니
와 인생이 어찌 하나님 앞에 의로우랴
3 사람이 하나님께 변론하기를 좋아할지라
도 천 마디에 한 마디도 대답하지 못하리라

4 ●When your children sinned against him,
he gave them over to the penalty of their sin.
5 ●But if you will seek God earnestly
and plead with the Almighty,
6 ●if you are pure and upright,
even now he will rouse himself on your behalf
and restore you to your prosperous state.
7 ●Your beginnings will seem humble,
so prosperous will your future be.

8 ●"Ask the former generation
and find out what their ancestors learned,
9 ●for we were born only yesterday and know nothing,
and our days on earth are but a shadow.
10 ●Will they not instruct you and tell you?
Will they not bring forth words from their understanding?
11 ●Can papyrus grow tall where there is no marsh?
Can reeds thrive without water?
12 ●While still growing and uncut,
they wither more quickly than grass.
13 ●Such is the destiny of all who forget God;
so perishes the hope of the godless.
14 ●What they trust in is fragile[a];
what they rely on is a spider's web.
15 ●They lean on the web, but it gives way;
they cling to it, but it does not hold.
16 ●They are like a well-watered plant in the sunshine,
spreading its shoots over the garden;
17 ●it entwines its roots around a pile of rocks
and looks for a place among the stones.
18 ●But when it is torn from its spot,
that place disowns it and says, 'I never saw you.'
19 ●Surely its life withers away,
and[b] from the soil other plants grow.

20 ●"Surely God does not reject one who is blameless
or strengthen the hands of evildoers.
21 ●He will yet fill your mouth with laughter
and your lips with shouts of joy.
22 ●Your enemies will be clothed in shame,
and the tents of the wicked will be no more."

Job

9

Then Job replied:

2 ●"Indeed, I know that this is true.

[a]14 The meaning of the Hebrew for this word is uncertain. [b]19 Or *Surely all the joy it has / is that*

1) 파피루스의 일종

blameless [bléimlis] *a.* 죄 없는
destiny [déstəni] *n.* 운명
disown [disóun] *vt.* 부인하다
earnestly [ə́:rnistli] *ad.* 진지하게
entwine [intwáin] *vt.* 얽히게 하다
fragile [frǽdʒəl] *a.* 깨지기 쉬운
marsh [ma:rʃ] *n.* 늪
penalty [pénəlti] *n.* 형벌
perish [périʃ] *vi.* 사라지다
prosperous [prάspərəs] *a.* 번영하는
reed [ri:d] *n.* 갈대
restore [ristɔ́:r] *vt.* 되돌려 주다
uncut [ʌ̀nkʌ́t] *a.* 자르지 않은
upright [ʌ́pràit] *a.* 정직한
wicked [wíkid] *a.* 사악한

8:5 **plead with...**: …에게 간청하다
8:6 **rouse oneself**: 분기(분발)하다
8:6 **on one's behalf**: ~을 대신하여
8:10 **bring forth**: 낳다, 생산하다
8:15 **cling to...**: …를 붙잡아주다
8:19 **wither away**: 시들다, 시들어 죽다

4 그는 마음이 지혜로우시고 힘이 강하시니
그를 거슬러 스스로 완악하게 행하고도 형
통할 자가 누구이랴
5 그가 진노하심으로 산을 무너뜨리시며 옮
기실지라도 산이 깨닫지 못하며
6 그가 땅을 그 자리에서 움직이시니 그 기둥
들이 흔들리도다
7 그가 해를 명령하여 뜨지 못하게 하시며 별
들을 가두시도다
8 그가 홀로 하늘을 펴시며 바다 물결을 밟으
시며
9 북두성과 삼성과 묘성과 남방의 밀실을 만
드셨으며
창 1:16
10 측량할 수 없는 큰일을, 셀 수 없는 기이한
일을 행하시느니라
11 그가 내 앞으로 지나시나 내가 보지 못하며
그가 내 앞에서 움직이시나 내가 깨닫지 못
하느니라
12 하나님이 빼앗으시면 누가 막을 수 있으며
무엇을 하시나이까 하고 누가 물을 수 있으
랴
13 하나님이 진노를 돌이키지 아니하시나니
라합을 돕는 자들이 그 밑에 굴복하겠거든
14 하물며 내가 감히 대답하겠으며 그 앞에서
무슨 말을 택하랴
9:3, 32
15 가령 내가 의로울지라도 대답하지 못하겠
고 나를 심판하실 그에게 간구할 뿐이며
16 가령 내가 그를 부르므로 그가 내게 대답하
셨을지라도 내 음성을 들으셨다고는 내가
믿지 아니하리라
17 그가 폭풍으로 나를 치시고 까닭 없이 내
상처를 깊게 하시며
18 나를 숨 쉬지 못하게 하시며 괴로움을 내게
채우시는구나
19 힘으로 말하면 그가 강하시고 심판으로 말
하면 누가 [1]그를 소환하겠느냐
20 가령 내가 의로울지라도 내 입이 나를 정죄
하리니 가령 내가 온전할지라도 나를 정죄
하시리라
21 나는 온전하다마는 내가 나를 돌아보지 아
니하고 내 생명을 천히 여기는구나
22 일이 다 같은 것이라 그러므로 나는 말하기
를 하나님이 온전한 자나 악한 자나 멸망시
키신다 하나니
23 갑자기 재난이 닥쳐 죽을지라도 무죄한 자
의 절망도 그가 비웃으시리라
24 세상이 악인의 손에 넘어갔고 재판관의 얼

But how can mere mortals prove their
innocence before God?
3 Though they wished to dispute with him,
they could not answer him one time out of
a thousand.
4 His wisdom is profound, his power is vast.
Who has resisted him and come out
unscathed?
5 He moves mountains without their knowing it
and overturns them in his anger.
6 He shakes the earth from its place
and makes its pillars tremble.
7 He speaks to the sun and it does not shine;
he seals off the light of the stars.
8 He alone stretches out the heavens
and treads on the waves of the sea.
9 He is the Maker of the Bear[a] and Orion,
the Pleiades and the constellations of the
south.
10 He performs wonders that cannot be
fathomed,
miracles that cannot be counted.
11 When he passes me, I cannot see him;
when he goes by, I cannot perceive him.
12 If he snatches away, who can stop him?
Who can say to him, 'What are you doing?'
13 God does not restrain his anger;
even the cohorts of Rahab cowered at his feet.
14 "How then can I dispute with him?
How can I find words to argue with him?
15 Though I were innocent, I could not answer
him;
I could only plead with my Judge for mercy.
16 Even if I summoned him and he responded,
I do not believe he would give me a hearing.
17 He would crush me with a storm
and multiply my wounds for no reason.
18 He would not let me catch my breath
but would overwhelm me with misery.
19 If it is a matter of strength, he is mighty!
And if it is a matter of justice, who can
challenge him[b]?
20 Even if I were innocent, my mouth would
condemn me;
if I were blameless, it would pronounce
me guilty.
21 "Although I am blameless,
I have no concern for myself;
I despise my own life.
22 It is all the same; that is why I say,
'He destroys both the blameless and the

[a]9 Or *of Leo* [b]19 See Septuagint; Hebrew *me.* 1) 히, 나를

cohort [kóuhɔːrt] *n.* 군대, 무리
condemn [kəndém] *vt.* 비난하다
constellation [kɑ̀nstəléiʃən] *n.* 별자리
cower [káuər] *vi.* 위축되다
fathom [fǽðəm] *vt.* 헤아리다
hearing [híəriŋ] *n.* 경청
mortal [mɔ́ːrtl] *n.* 육체, 인간
overturn [ouvərtə́ːrn] *vt.* 뒤집어 엎다
perceive [pərsíːv] *vt.* 알아차리다
pillar [pílər] *n.* 기둥
profound [prəfáund] *a.* 심오한
pronounce [prənáuns] *vt.* 선언하다
restrain [ristréin] *vt.* 억누르다
summon [sʌ́mən] *vt.* 불러들이다
unscathed [ʌ̀nskéiðd] *a.* 상처입지 않은

9:3 dispute with...: …와 논쟁하다
9:7 seal off: 밀봉하다, 봉쇄하다
9:8 tread on...: …를 밟다
9:12 snatch away: 강탈하다, 빼앗다
9:14 argue with...: …와 언쟁을 벌이다
9:18 overwhelm... with~: …를 ~로 압도하다

굴도 가려졌나니 그렇게 되게 한 이가 그
가 아니시면 누구냐 10:3
25 ●나의 날이 경주자보다 빨리 사라져 버
리니 복을 볼 수 없구나
26 그 지나가는 것이 [1]빠른 배 같고 먹이에
날아 내리는 독수리와도 같구나
27 가령 내가 말하기를 내 불평을 잊고 얼굴
빛을 고쳐 즐거운 모양을 하자 할지라도
28 내 모든 고통을 두려워하오니 주께서 나를
죄 없다고 여기지 않으실 줄을 아나이다
29 내가 정죄하심을 당할진대 어찌 헛되이
수고하리이까
30 내가 눈 녹은 물로 몸을 씻고 잿물로 손을
깨끗하게 할지라도
31 주께서 나를 개천에 빠지게 하시리니 내
옷이라도 나를 싫어하리이다
32 하나님은 나처럼 사람이 아니신즉 내가
그에게 대답할 수 없으며 함께 들어가 재
판을 할 수도 없고
33 우리 사이에 손을 얹을 판결자도 없구나
34 주께서 그의 막대기를 내게서 떠나게 하
시고 그의 위엄이 나를 두렵게 하지 아니
하시기를 원하노라
35 그리하시면 내가 두려움 없이 말하리라 나
는 본래 그렇게 할 수 있는 자가 아니니라

10 내 영혼이 살기에 곤비하니 내 불평
을 토로하고 내 마음이 괴로운 대로
말하리라
2 내가 하나님께 아뢰오리니 나를 정죄하지
마시옵고 무슨 까닭으로 나와 더불어 변
론하시는지 내게 알게 하옵소서
3 주께서 주의 손으로 지으신 것을 학대하
시며 멸시하시고 악인의 꾀에 빛을 비추
시기를 선히 여기시나이까 21:16
4 주께도 육신의 눈이 있나이까 주께서 사
람처럼 보시나이까
5 주의 날이 어찌 사람의 날과 같으며 주의
해가 어찌 인생의 해와 같기로
6 나의 허물을 찾으시며 나의 죄를 들추어
내시나이까
7 주께서는 내가 악하지 않은 줄을 아시나
이다 주의 손에서 나를 벗어나게 할 자도
없나이다
8 주의 손으로 나를 빚으셨으며 만드셨는데
이제 나를 멸하시나이다
9 기억하옵소서 주께서 내 몸 지으시기를
흙을 뭉치듯 하셨거늘 다시 나를 티끌로

wicked.'
23 ●When a scourge brings sudden death,
he mocks the despair of the innocent.
24 ●When a land falls into the hands of the wicked,
he blindfolds its judges.
If it is not he, then who is it?
25 ●"My days are swifter than a runner;
they fly away without a glimpse of joy.
26 ●They skim past like boats of papyrus,
like eagles swooping down on their prey.
27 ●If I say, 'I will forget my complaint,
I will change my expression, and smile,'
28 ●I still dread all my sufferings,
for I know you will not hold me innocent.
29 ●Since I am already found guilty,
why should I struggle in vain?
30 ●Even if I washed myself with soap
and my hands with cleansing powder,
31 ●you would plunge me into a slime pit
so that even my clothes would detest me.
32 ●"He is not a mere mortal like me that I might
answer him,
that we might confront each other in court.
33 ●If only there were someone to mediate
between us,
someone to bring us together,
34 ●someone to remove God's rod from me,
so that his terror would frighten me no more.
35 ●Then I would speak up without fear of him,
but as it now stands with me, I cannot.

10 "I loathe my very life;
therefore I will give free rein to my
complaint
and speak out in the bitterness of my soul.
2 ●I say to God: Do not declare me guilty,
but tell me what charges you have
against me.
3 ●Does it please you to oppress me,
to spurn the work of your hands,
while you smile on the plans of the
wicked?
4 ●Do you have eyes of flesh?
Do you see as a mortal sees?
5 ●Are your days like those of a mortal
or your years like those of a strong man,
6 ●that you must search out my faults
and probe after my sin—
7 ●though you know that I am not guilty
and that no one can rescue me from
your hand?
8 ●"Your hands shaped me and made me.

1) 히, 갈대 배

bitterness [bítərnis] *n.* 쓰라림
blindfold [bláindfòuld] *vt.* 눈을 가리다
confront [kənfrʌ́nt] *vt.* 대면하다
despair [dispέər] *n.* 절망
detest [ditést] *vt.* 혐오하다
glimpse [glimps] *n.* 얼핏 보이는 것
mediate [mí:dièit] *vt.* 조정하다
mock [mak] *vt.* 조롱하다
mortal [mɔ́:rtl] *a.* 인간의
oppress [əprés] *vt.* 억압하다
probe [proub] *vt.* 조사하다
scourge [skə:rdʒ] *n.* 재앙
spurn [spə:rn] *vt.* 경멸하다
struggle [strʌ́gl] *vi.* 애쓰다
swift [swift] *a.* 신속한, 빠른

9:26 swoop down on...: …로 급습하다
9:31 plunge... into~: …를 ~에 던져넣다
9:32 each other: 서로, 상호
10:1 give free rein to...: …에게 자유를 주다, 멋대로 하게 하다
10:6 search out: 찾아내다

돌려보내려 하시나이까
10 주께서 나를 젖과 같이 쏟으셨으며 엉긴
젖처럼 엉기게 하지 아니하셨나이까
11 피부와 살을 내게 입히시며 뼈와 힘줄로
나를 엮으시고
12 생명과 은혜를 내게 주시고 나를 보살피
심으로 내 영을 지키셨나이다
13 그러한데 주께서 이것들을 마음에 품으셨
나이다 이 뜻이 주께 있는 줄을 내가 아나
이다
14 내가 범죄하면 주께서 나를 죄인으로 인정
하시고 내 죄악을 사하지 아니하시나이다
15 내가 악하면 화가 있을 것이오며 내가 의
로울지라도 머리를 들지 못하는 것은 내
속에 부끄러움이 가득하고 내 환난을 내
눈이 보기 때문이니이다
16 내가 머리를 높이 들면 주께서 젊은 사자
처럼 나를 사냥하시며 내게 주의 놀라움
을 다시 나타내시나이다
17 주께서 자주자주 증거하는 자를 바꾸어
나를 치시며 나를 향하여 진노를 더하시
니 군대가 번갈아서 치는 것 같으니이다
18 주께서 나를 태에서 나오게 하셨음은 어
찌함이니이까 그렇지 아니하셨더라면 내
가 기운이 끊어져 아무 눈에도 보이지 아
니하였을 것이라 3:11
19 있어도 없던 것같이 되어서 태에서 바로
무덤으로 옮겨졌으리이다
20 내 날은 적지 아니하니이까 그런즉 그치
시고 나를 버려두사 잠시나마 평안하게
하시되
21 내가 돌아오지 못할 땅 곧 어둡고 죽음의
그늘진 땅으로 가기 전에 그리하옵소서
22 땅은 어두워서 흑암 같고 죽음의 그늘이
져서 아무 구별이 없고 광명도 흑암 같으
니이다

소발의 첫 번째 말 (♪ 465, 503장)

11 나아마 사람 소발이 대답하여 이르되
2 말이 많으니 어찌 대답이 없으랴 말
이 많은 사람이 어찌 의롭다 함을 얻겠느냐
3 네 자랑하는 말이 어떻게 사람으로 잠잠
하게 하겠으며 네가 비웃으면 어찌 너를
부끄럽게 할 사람이 없겠느냐
4 네 말에 의하면 내 도는 정결하고 나는 주
께서 보시기에 깨끗하다 하는구나
5 하나님은 말씀을 내시며 너를 향하여 입
을 여시고

Will you now turn and destroy me?
9 •Remember that you molded me like clay.
Will you now turn me to dust again?
10 •Did you not pour me out like milk
and curdle me like cheese,
11 •clothe me with skin and flesh
and knit me together with bones and sinews?
12 •You gave me life and showed me kindness,
and in your providence watched over
my spirit.
13 •"But this is what you concealed in your heart,
and I know that this was in your mind:
14 •If I sinned, you would be watching me
and would not let my offense go
unpunished.
15 •If I am guilty—woe to me!
Even if I am innocent, I cannot lift my head,
for I am full of shame
and drowned in[a] my affliction.
16 •If I hold my head high, you stalk me like a lion
and again display your awesome power
against me.
17 •You bring new witnesses against me
and increase your anger toward me;
your forces come against me wave upon
wave.
18 •"Why then did you bring me out of the womb?
I wish I had died before any eye saw me.
19 •If only I had never come into being,
or had been carried straight from the
womb to the grave!
20 •Are not my few days almost over?
Turn away from me so I can have a
moment's joy
21 •before I go to the place of no return,
to the land of gloom and utter darkness,
22 •to the land of deepest night,
of utter darkness and disorder,
where even the light is like darkness."

Zophar

11 Then Zophar the Naamathite replied:
2 •"Are all these words to go unanswered?
Is this talker to be vindicated?
3 •Will your idle talk reduce others to silence?
Will no one rebuke you when you mock?
4 •You say to God, 'My beliefs are flawless
and I am pure in your sight.'
5 •Oh, how I wish that God would speak,
that he would open his lips against you

[a]15 Or *and aware of*

affliction [əflíkʃən] *n.* 고통
awesome [ɔ́:səm] *a.* 장엄한, 훌륭한
conceal [kənsí:l] *vt.* 숨기다
curdle [kə́:rdl] *vt.* 엉기게 하다
flawless [flɔ́:lis] *a.* 흠없는
gloom [glu:m] *n.* 암흑
idle [áidl] *a.* 게으른, 빈둥거리는
mold [mould] *vt.* 형상화하다
providence [prάvədəns] *n.* 섭리
rebuke [ribjú:k] *vt.* 꾸짖다
reduce [ridjú:s] *vt.* 줄이다
sinew [sínju:] *n.* 근육, 체력
unpunished [ʌnpʌ́niʃt] *a.* 형벌을 면한
vindicate [víndəkèit] *vt.* 정당성을 입증하다
woe [wou] *n.* 화, 재앙

10:15 drown in...: …에 싸이다
10:16 hold one's head high: 거만하게 굴다
10:19 come into being: (태어)나다, 생기다
10:20 turn away from...: …를 외면하다
11:4 in one's sight: ~의 눈으로 보면

6 지혜의 오묘함으로 네게 보이시기를 원하
노니 이는 그의 지식이 광대하심이라 하
나님께서 너로 하여금 너의 죄를 잊게 하
여 주셨음을 알라
7 ●네가 하나님의 오묘함을 어찌 능히 측
량하며 전능자를 어찌 능히 완전히 알겠
느냐
8 하늘보다 높으시니 네가 무엇을 하겠으며
스올보다 깊으시니 네가 어찌 알겠느냐
9 그의 크심은 땅보다 길고 바다보다 넓으
니라
10 하나님이 두루 다니시며 사람을 잡아 가두
시고 재판을 여시면 누가 능히 막을소냐
11 하나님은 허망한 사람을 아시나니 악한
일은 상관하지 않으시는 듯하나 다 보시
느니라
12 허망한 사람은 지각이 없나니 그의 출생
함이 들나귀 새끼 같으니라
13 만일 네가 마음을 바로 정하고 주를 향하
여 손을 들 때에
14 네 손에 죄악이 있거든 멀리 버리라 불의
가 네 장막에 있지 못하게 하라
15 그리하면 네가 반드시 흠 없는 얼굴을 들
게 되고 굳게 서서 두려움이 없으리니
16 곧 네 환난을 잊을 것이라 네가 기억할지
라도 물이 흘러감 같을 것이며
17 네 생명의 날이 대낮보다 밝으리니 어둠
이 있다 할지라도 아침과 같이 될 것이요
18 네가 희망이 있으므로 안전할 것이며 두
루 살펴보고 평안히 쉬리라
19 네가 누워도 두렵게 할 자가 없겠고 많은
사람이 네게 은혜를 구하리라
20 그러나 악한 자들은 눈이 어두워서 도망
할 곳을 찾지 못하리니 그들의 희망은 숨
을 거두는 것이니라

욥의 대답 (♪ 365, 543장)

12 욥이 대답하여 이르되
2 너희만 참으로 백성이로구나 너희
가 죽으면 지혜도 죽겠구나
3 나도 너희같이 생각이 있어 너희만 못하
지 아니하니 그 같은 일을 누가 알지 못하
겠느냐
4 하나님께 불러 아뢰어 들으심을 입은 내
가 이웃에게 웃음거리가 되었으니 의롭고
온전한 자가 조롱거리가 되었구나
5 평안한 자의 마음은 재앙을 멸시하나 재
앙이 실족하는 자를 기다리는구나

6 ●and disclose to you the secrets of wisdom,
for true wisdom has two sides.
Know this: God has even forgotten some of
your sin.
7 ●"Can you fathom the mysteries of God?
Can you probe the limits of the Almighty?
8 ●They are higher than the heavens above—what
can you do?
They are deeper than the depths below—
what can you know?
9 ●Their measure is longer than the earth
and wider than the sea.
10 ●"If he comes along and confines you in prison
and convenes a court, who can oppose him?
11 ●Surely he recognizes deceivers;
and when he sees evil, does he not take note?
12 ●But the witless can no more become wise
than a wild donkey's colt can be born
human.[a]
13 ●"Yet if you devote your heart to him
and stretch out your hands to him,
14 ●if you put away the sin that is in your hand
and allow no evil to dwell in your tent,
15 ●then, free of fault, you will lift up your face;
you will stand firm and without fear.
16 ●You will surely forget your trouble,
recalling it only as waters gone by.
17 ●Life will be brighter than noonday,
and darkness will become like morning.
18 ●You will be secure, because there is hope;
you will look about you and take your rest
in safety.
19 ●You will lie down, with no one to make you
afraid,
and many will court your favor.
20 ●But the eyes of the wicked will fail,
and escape will elude them;
their hope will become a dying gasp."

Job

12 Then Job replied:
2 ●"Doubtless you are the only people who matter,
and wisdom will die with you!
3 ●But I have a mind as well as you;
I am not inferior to you.
Who does not know all these things?
4 ●"I have become a laughingstock to my friends,
though I called on God and he
answered—

[a]12 Or *wild donkey can be born tame*

colt [koult] *n.* 망아지
confine [kənfáin] *vt.* 가두다
convene [kənvíːn] *vt.* 소환하다
court [kɔːrt] *n.* 법정
depth [depθ] *n.* 깊은 곳, 깊이
disclose [disklóuz] *vt.* 드러내다
prison [prízn] *n.* 감옥
dwell [dwel] *vi.* …에 머무르다
elude [ilúːd] *vt.* 피하다
gasp [gæsp] *n.* 헐떡거림
laughingstock [lǽfiŋstàk] *n.* 웃음거리
noonday [núːndèi] *n.* 한낮
probe [proub] *vt.* 규명하다
recall [rikɔ́ːl] *vt.* 기억하다
witless [wítlis] *a.* 분별 없는

11:10 come along: 두루 다니다
11:11 take note: 주목하다, 알아차리다
11:13 devote A to B: A를 B에게 바치다
11:13 stretch out: 뻗다
11:14 put away: 치우다
12:3 be inferior to...: …보다 열등하다

6 강도의 장막은 형통하고 하나님을 진노하
게 하는 자는 평안하니 하나님이 그의 손
에 후히 주심이니라
7 ●이제 모든 짐승에게 물어보라 그것들이
네게 가르치리라 공중의 새에게 물어보
라 그것들이 또한 네게 말하리라
8 땅에게 말하라 네게 가르치리라 바다의
고기도 네게 설명하리라
9 이것들 중에 어느 것이 여호와의 손이 이
를 행하신 줄을 알지 못하랴 사 41:20
10 모든 생물의 생명과 모든 사람의 육신의
목숨이 다 그의 손에 있느니라
11 입이 음식의 맛을 구별함같이 귀가 말을
분간하지 아니하느냐
12 늙은 자에게는 지혜가 있고 장수하는 자
에게는 명철이 있느니라
13 ●지혜와 권능이 하나님께 있고 계략과
명철도 그에게 속하였나니 11:6
14 그가 헐으신즉 다시 세울 수 없고 사람을
가두신즉 놓아주지 못하느니라
15 그가 물을 막으신즉 곧 마르고 물을 보내
신즉 곧 땅을 뒤집나니
16 능력과 지혜가 그에게 있고 속은 자와 속
이는 자가 다 그에게 속하였으므로
17 모사를 벌거벗겨 끌어가시며 재판장을 어
리석은 자가 되게 하시며 사 19:12-14
18 왕들이 맨 것을 풀어 그들의 허리를 동이
시며
19 제사장들을 벌거벗겨 끌어가시고 권력이
있는 자를 넘어뜨리시며
20 충성된 사람들의 말을 물리치시며 늙은
자들의 판단을 빼앗으시며
21 귀인들에게 멸시를 쏟으시며 강한 자의
띠를 푸시며 시 107:40
22 어두운 가운데에서 은밀한 것을 드러내시
며 죽음의 그늘을 광명한 데로 나오게 하
시며
23 민족들을 커지게도 하시고 다시 멸하기도
하시며 민족들을 널리 퍼지게도 하시고
다시 끌려가게도 하시며
24 만민의 우두머리들의 총명을 빼앗으시고
그들을 길 없는 거친 들에서 방황하게 하
시며
25 빛없이 캄캄한 데를 더듬게 하시며 취한
사람같이 비틀거리게 하시느니라

13 나의 눈이 이것을 다 보았고 나의 귀
가 이것을 듣고 깨달았느니라

a mere laughingstock, though righteous
and blameless!
5 •Those who are at ease have contempt for
misfortune
as the fate of those whose feet are slipping.
6 •The tents of marauders are undisturbed,
and those who provoke God are secure—
those God has in his hand.[a]
7 •"But ask the animals, and they will teach you,
or the birds in the sky, and they will tell you;
8 •or speak to the earth, and it will teach you,
or let the fish in the sea inform you.
9 •Which of all these does not know
that the hand of the LORD has done this?
10 •In his hand is the life of every creature
and the breath of all mankind.
11 •Does not the ear test words
as the tongue tastes food?
12 •Is not wisdom found among the aged?
Does not long life bring understanding?
13 •"To God belong wisdom and power;
counsel and understanding are his.
14 •What he tears down cannot be rebuilt;
those he imprisons cannot be released.
15 •If he holds back the waters, there is drought;
if he lets them loose, they devastate the land.
16 •To him belong strength and insight;
both deceived and deceiver are his.
17 •He leads rulers away stripped
and makes fools of judges.
18 •He takes off the shackles put on by kings
and ties a loincloth[b] around their waist.
19 •He leads priests away stripped
and overthrows officials long established.
20 •He silences the lips of trusted advisers
and takes away the discernment of elders.
21 •He pours contempt on nobles
and disarms the mighty.
22 •He reveals the deep things of darkness
and brings utter darkness into the light.
23 •He makes nations great, and destroys them;
he enlarges nations, and disperses them.
24 •He deprives the leaders of the earth of
their reason;
he makes them wander in a
trackless waste.
25 •They grope in darkness with no light;
he makes them stagger like drunkards.

13 "My eyes have seen all this,
my ears have heard and understood it.

[a]6 *Or those whose god is in their own hand* [b]18 *Or shackles of kings / and ties a belt*

blameless [bléimlis] *a.* 죄 없는
devastate [dévəstèit] *vt.* 황폐케하다
disarm [disá:rm] *vt.* 무장을 해제하다
discernment [disə́:rnmənt] *n.* 분별력
disperse [dispə́:rs] *vt.* 흩어지게 하다
drunkard [drʌ́ŋkərd] *n.* 술고래
grope [group] *vi.* 더듬다
imprison [imprízn] *vt.* 가두다
loincloth [lɔ́inklɔ̀:θ] *n.* 허리에 두르는 것
marauder [mərɔ́:dər] *n.* 강도, 약탈자
overthrow [òuvərθróu] *vt.* 뒤엎다
provoke [prəvóuk] *vt.* 도발하다
stagger [stǽgər] *vi.* 비틀거리다
trackless [trǽklis] *a.* 길 없는
undisturbed [ʌ̀ndistə́:rbd] *a.* 평온한

12:5 have contempt for...: …를 경멸하다
12:14 tear down: 헐다, 해체하다
12:15 hold back: 제지하다
12:17 lead away: 데려가다
12:17 make a fool of...: …를 놀리다, 꾀다
12:24 deprive A of B: A에서 B를 빼앗다

2 너희 아는 것을 나도 아노니 너희만 못하지
않으니라
3 참으로 나는 전능자에게 말씀하려 하며 하나
님과 변론하려 하노라 23:3, 4
4 너희는 거짓말을 지어내는 자요 다 쓸모없는
의원이니라
5 너희가 참으로 잠잠하면 그것이 너희의 지혜
일 것이니라
6 너희는 나의 변론을 들으며 내 입술의 변명
을 들어 보라
7 너희가 하나님을 위하여 불의를 말하려느냐
그를 위하여 속임을 말하려느냐
8 너희가 하나님의 낯을 따르려느냐 그를 위하
여 변론하려느냐
9 하나님이 너희를 감찰하시면 좋겠느냐 너희
가 사람을 속임같이 그를 속이려느냐
10 만일 너희가 몰래 낯을 따를진대 그가 반드
시 책망하시리니
11 그의 존귀가 너희를 두렵게 하지 않겠으며
그의 두려움이 너희 위에 임하지 않겠느냐
12 너희의 격언은 재 같은 속담이요 너희가 방
어하는 것은 토성이니라
13 너희는 잠잠하고 나를 버려두어 말하게 하라
무슨 일이 닥치든지 내가 당하리라
14 내가 어찌하여 내 살을 내 이로 물고 내 생명
을 내 손에 두겠느냐
15 [1]그가 나를 죽이시리니 내가 희망이 없노라
그러나 그의 앞에서 내 행위를 아뢰리라
16 경건하지 않은 자는 그 앞에 이르지 못하나
니 이것이 나의 구원이 되리라
17 너희들은 내 말을 분명히 들으라 내가 너희
귀에 알려 줄 것이 있느니라
18 보라 내가 내 사정을 진술하였거니와 내가
정의롭다 함을 얻을 줄 아노라
19 나와 변론할 자가 누구이랴 그러면 내가 잠
잠하고 기운이 끊어지리라

욥의 기도

20 ● 오직 내게 이 두 가지 일을 행하지 마옵소
서 그리하시면 내가 주의 얼굴을 피하여 숨
지 아니하오리니
21 곧 주의 손을 내게 대지 마시오며 주의 위엄
으로 나를 두렵게 하지 마실 것이니이다 9:34
22 그리하시고 주는 나를 부르소서 내가 대답하
리이다 혹 내가 말씀하게 하옵시고 주는 내
게 대답하옵소서
23 나의 죄악이 얼마나 많으니이까 나의 허물과
죄를 내게 알게 하옵소서

2 ● What you know, I also know;
I am not inferior to you.
3 ● But I desire to speak to the Almighty
and to argue my case with God.
4 ● You, however, smear me with lies;
you are worthless physicians, all of you!
5 ● If only you would be altogether silent!
For you, that would be wisdom.
6 ● Hear now my argument;
listen to the pleas of my lips.
7 ● Will you speak wickedly on God's behalf?
Will you speak deceitfully for him?
8 ● Will you show him partiality?
Will you argue the case for God?
9 ● Would it turn out well if he examined you?
Could you deceive him as you might
deceive a mortal?
10 ● He would surely call you to account
if you secretly showed partiality.
11 ● Would not his splendor terrify you?
Would not the dread of him fall on you?
12 ● Your maxims are proverbs of ashes;
your defenses are defenses of clay.
13 ● "Keep silent and let me speak;
then let come to me what may.
14 ● Why do I put myself in jeopardy
and take my life in my hands?
15 ● Though he slay me, yet will I hope in him;
I will surely[a] defend my ways to his face.
16 ● Indeed, this will turn out for my
deliverance,
for no godless person would dare come
before him!
17 ● Listen carefully to what I say;
let my words ring in your ears.
18 ● Now that I have prepared my case,
I know I will be vindicated.
19 ● Can anyone bring charges against me?
If so, I will be silent and die.
20 ● "Only grant me these two things, God,
and then I will not hide from you:
21 ● Withdraw your hand far from me,
and stop frightening me with your
terrors.
22 ● Then summon me and I will answer,
or let me speak, and you reply to me.
23 ● How many wrongs and sins have I
committed?
Show me my offense and my sin.
24 ● Why do you hide your face

[a]15 Or He will surely slay me; I have no hope — / yet I will   1) 또는 그가 나를 죽이실지라도 나는 그를 의뢰하리니

argue [á:rgju:] *vi.* 논쟁하다
dare [dɛər] *vt.* 감히…하다
deceitfully [disí:tfəli] *ad.* 속여서
deliverance [dilívərəns] *n.* 구원
desire [dizáiər] *vt.* 원하다
inferior [infíəriər] *a.* 열등한
jeopardy [dʒépərdi] *n.* 위험
maxim [mǽksim] *n.* 격언, 금언
offense [əféns] *n.* 과실, 위반
partiality [pà:rʃiǽləti] *n.* 편파, 편애
physician [fizíʃən] *n.* (내과) 의사
plea [pli:] *n.* 변명, 해명
splendor [spléndər] *n.* 존귀
terrify [térəfài] *vt.* 무서워 떨게 하다
vindicate [víndəkèit] *vt.* …의 정당함을 입증하다

13:4 smear... with~: ~로…를 바르다, 해치다
13:16 turn out: 드러내다
13:17 listen carefully: 주의해서 듣다
13:19 bring a charge against...: …를 고발하다, 죄를 묻다
13:21 withdraw... from~: ~에서 …를 빼다

24 주께서 어찌하여 얼굴을 가리시고 나를 주의
원수로 여기시나이까
25 주께서 어찌하여 날리는 낙엽을 놀라게 하시
며 마른 검불을 뒤쫓으시나이까
26 주께서 나를 대적하사 괴로운 일들을 기록하
시며 내가 젊었을 때에 지은 죄를 내가 받게
하시오며
27 내 발을 차꼬에 채우시며 나의 모든 길을 살
피사 내 발자취를 점검하시나이다
28 나는 썩은 물건의 낡아짐 같으며 좀 먹은 의
복 같으니이다

14 여인에게서 태어난 사람은 생애가 짧고
걱정이 가득하며
2 그는 꽃과 같이 자라나서 시들며 그림자같이
지나가며 머물지 아니하거늘
3 이와 같은 자를 주께서 눈여겨보시나이까 나
를 주 앞으로 이끌어서 재판하시나이까
4 누가 깨끗한 것을 더러운 것 가운데에서 낼
수 있으리이까 하나도 없나이다
5 그의 날을 정하셨고 그의 달 수도 주께 있으
므로 그의 규례를 정하여 넘어가지 못하게
하셨사온즉
6 그에게서 눈을 돌이켜 그가 품꾼같이 그의
날을 마칠 때까지 그를 홀로 있게 하옵소서
7 ●나무는 희망이 있나니 찍힐지라도 다시 움
이 나서 연한 가지가 끊이지 아니하며
8 그 뿌리가 땅에서 늙고 줄기가 흙에서 죽을
지라도
9 물 기운에 움이 돋고 가지가 뻗어서 새로 심
은 것과 같거니와
10 장정이라도 죽으면 소멸되나니 인생이 숨을
거두면 그가 어디 있느냐
11 물이 바다에서 줄어들고 강물이 잦아서 마름
같이 사 19:5
12 사람이 누우면 다시 일어나지 못하고 하늘이
없어지기까지 눈을 뜨지 못하며 잠을 깨지
못하느니라 행 3:21
13 주는 나를 스올에 감추시며 주의 진노를 돌
이키실 때까지 나를 숨기시고 나를 위하여
규례를 정하시고 나를 기억하옵소서
14 장정이라도 죽으면 어찌 다시 살리이까 나는
나의 모든 고난의 날 동안을 참으면서 풀려
나기를 기다리겠나이다
15 주께서는 나를 부르시겠고 나는 대답하겠나
이다 주께서는 주의 손으로 지으신 것을 기
다리시겠나이다 13:22
16 그러하온데 이제 주께서 나의 걸음을 세시오

and consider me your enemy?
25 •Will you torment a windblown leaf?
Will you chase after dry chaff?
26 •For you write down bitter things against me
and make me reap the sins of my youth.
27 •You fasten my feet in shackles;
you keep close watch on all my paths
by putting marks on the soles of my feet.
28 •"So man wastes away like something rotten,
like a garment eaten by moths.

14 "Mortals, born of woman,
are of few days and full of trouble.
2 •They spring up like flowers and wither away;
like fleeting shadows, they do not endure.
3 •Do you fix your eye on them?
Will you bring them[a] before you for
judgment?
4 •Who can bring what is pure from the impure?
No one!
5 •A person's days are determined;
you have decreed the number of his months
and have set limits he cannot exceed.
6 •So look away from him and let him alone,
till he has put in his time like a hired
laborer.
7 •"At least there is hope for a tree:
If it is cut down, it will sprout again,
and its new shoots will not fail.
8 •Its roots may grow old in the ground
and its stump die in the soil,
9 •yet at the scent of water it will bud
and put forth shoots like a plant.
10 •But a man dies and is laid low;
he breathes his last and is no more.
11 •As the water of a lake dries up
or a riverbed becomes parched and dry,
12 •so he lies down and does not rise;
till the heavens are no more, people will
not awake
or be roused from their sleep.
13 •"If only you would hide me in the grave
and conceal me till your anger has passed!
If only you would set me a time
and then remember me!
14 •If someone dies, will they live again?
All the days of my hard service
I will wait for my renewal[b] to come.
15 •You will call and I will answer you;
you will long for the creature your
hands have made.

[a]3 Septuagint, Vulgate and Syriac; Hebrew *me* [b]14 Or *release*

chaff [tʃæf] *n.* 왕겨
conceal [kənsíːl] *vt.* 숨기다
exceed [iksíːd] *vi.* 넘다
garment [gáːrmənt] *n.* 의복
impure [impjúər] *a.* 불결한
parch [paːrtʃ] *vi.* 바짝 마르다
reap [riːp] *vt.* 거둬들이다
renewal [rinjúːəl] *n.* 소생, 재개
riverbed [rívərbèd] *n.* 강바닥
rouse [rauz] *vt.* 깨우다
sole [soul] *n.* 밑창
sprout [spraut] *vi.* 싹트다
stump [stʌmp] *n.* 그루터기
torment [tɔːrmént] *vt.* 고통을 주다
windblown [wíndblòun] *a.* 바람에 날린

13:25 chase after...: …의 뒤를 쫓다
14:2 wither away: 시들다
14:3 fix one's eye on...: …를 지켜보다
14:6 in one's time: 살아 있는 동안에
14:10 breathe one's last: 숨지다, 죽다
14:15 long for...: …를 간절히 바라다

니 나의 죄를 감찰하지 아니하시나이까 31:4
17 주는 내 허물을 주머니에 봉하시고 내 죄악
을 싸매시나이다
18 ● 무너지는 산은 반드시 흩어지고 바위는
그 자리에서 옮겨가고
19 물은 돌을 닳게 하고 넘치는 물은 땅의 티
끌을 씻어버리나이다 이와 같이 주께서는
사람의 희망을 끊으시나이다
20 주께서 사람을 영원히 이기셔서 떠나게 하
시며 그의 얼굴빛을 변하게 하시고 쫓아보
내시오니
21 그의 아들들이 존귀하게 되어도 그가 알지
못하며 그들이 비천하게 되어도 그가 깨닫
지 못하나이다
22 다만 그의 살이 아프고 그의 영혼이 애곡할
뿐이니이다

엘리바스의 두 번째 말 (♪ 259, 274장)

15 데만 사람 엘리바스가 대답하여 이르
되
2 지혜로운 자가 어찌 헛된 지식으로 대답하
겠느냐 어찌 동풍을 그의 복부에 채우겠느
냐
3 어찌 도움이 되지 아니하는 이야기, 무익한
말로 변론하겠느냐
4 참으로 네가 하나님 경외하는 일을 그만두
어 하나님 앞에 묵도하기를 그치게 하는구
나
5 네 죄악이 네 입을 가르치나니 네가 간사한
자의 혀를 좋아하는구나
6 너를 정죄한 것은 내가 아니요 네 입이라
네 입술이 네게 불리하게 증언하느니라
7 ● 네가 제일 먼저 난 사람이냐 산들이 있기
전에 네가 출생하였느냐
8 하나님의 오묘하심을 네가 들었느냐 지혜
를 홀로 가졌느냐
9 네가 아는 것을 우리가 알지 못하는 것이
무엇이냐 네가 깨달은 것을 우리가 소유하
지 못한 것이 무엇이냐 13:2
10 우리 중에는 머리가 흰 사람도 있고 연로한
사람도 있고 네 아버지보다 나이가 많은 사
람도 있느니라
11 하나님의 위로와 은밀하게 하시는 말씀이
네게 작은 것이냐
12 어찌하여 네 마음에 불만스러워하며 네 눈
을 번뜩거리며
13 네 영이 하나님께 분노를 터뜨리며 네 입을
놀리느냐 33:13

16 ● Surely then you will count my steps
but not keep track of my sin.
17 ● My offenses will be sealed up in a bag;
you will cover over my sin.
18 ● "But as a mountain erodes and crumbles
and as a rock is moved from its place,
19 ● as water wears away stones
and torrents wash away the soil,
so you destroy a person's hope.
20 ● You overpower them once for all, and they
are gone;
you change their countenance and send
them away.
21 ● If their children are honored, they do not
know it;
if their offspring are brought low, they
do not see it.
22 ● They feel but the pain of their own bodies
and mourn only for themselves."

Eliphaz

15 Then Eliphaz the Temanite replied:
2 ● "Would a wise person answer with
empty notions
or fill their belly with the hot east wind?
3 ● Would they argue with useless words,
with speeches that have no value?
4 ● But you even undermine piety
and hinder devotion to God.
5 ● Your sin prompts your mouth;
you adopt the tongue of the crafty.
6 ● Your own mouth condemns you, not mine;
your own lips testify against you.
7 ● "Are you the first man ever born?
Were you brought forth before the hills?
8 ● Do you listen in on God's council?
Do you have a monopoly on wisdom?
9 ● What do you know that we do not know?
What insights do you have that we do
not have?
10 ● The gray-haired and the aged are on our side,
men even older than your father.
11 ● Are God's consolations not enough for you,
words spoken gently to you?
12 ● Why has your heart carried you away,
and why do your eyes flash,
13 ● so that you vent your rage against God
and pour out such words from your
mouth?
14 ● "What are mortals, that they could be pure,
or those born of woman, that they could

adopt [ədápt] *vt.* 택하다
condemn [kəndém] *vt.* 정죄하다
consolation [kὰnsəléiʃən] *n.* 위로
council [káunsəl] *n.* 공회
countenance [káuntənəns] *n.* 용모
crumble [krʌ́mbl] *vi.* 부수다
devotion [divóuʃən] *n.* 헌신
erode [iróud] *vi.* 침식하다
hinder [híndər] *vt.* 방해하다, 막다
notion [nóuʃən] *n.* 생각, 의견
overpower [òuvərpáuər] *vt.* 이기다
piety [páiəti] *n.* 경외, 경건
prompt [prampt] *vt.* 부추기다
torrent [tɔ́:rənt] *n.* 급류, 폭발
undermine [ʌ̀ndərmáin] *vt.* 손상시키다

14:16 keep track of...: …을 기억하다
14:17 seal up: 봉하다
14:19 wear away: 닳다
14:20 once for all: 단 한 번만
15:6 testify against...: …에게 불리한 증언을 하다
15:13 pour out: 쏟아 붓다

14 사람이 어찌 깨끗하겠느냐 여인에게서 난
자가 어찌 의롭겠느냐 잠 20:9
15 하나님은 거룩한 자들을 믿지 아니하시나
니 하늘이라도 그가 보시기에 부정하거든
16 하물며 악을 저지르기를 물 마심같이 하는
가증하고 부패한 사람을 용납하시겠느냐
17 ●내가 네게 보이리니 내게서 들으라 내가
본 것을 설명하리라
18 이는 곧 지혜로운 자들이 전하여 준 것이니
그들의 조상에게서 숨기지 아니하였느니
라
19 이 땅은 그들에게만 주셨으므로 외인은 그
들 중에 왕래하지 못하였느니라
20 그 말에 이르기를 악인은 그의 일평생에 고
통을 당하며 포악자의 햇수는 정해졌으므
로
21 그의 귀에는 무서운 소리가 들리고 그가 평
안할 때에 멸망시키는 자가 그에게 이르리
니
22 그가 어두운 데서 나오기를 바라지 못하고
칼날이 숨어서 기다리느니라
23 그는 헤매며 음식을 구하여 이르기를 어디
있느냐 하며 흑암의 날이 가까운 줄을 스스
로 아느니라
24 환난과 역경이 그를 두렵게 하며 싸움을 준
비한 왕처럼 그를 쳐서 이기리라
25 이는 그의 손을 들어 하나님을 대적하며 교
만하여 전능자에게 힘을 과시하였음이니라
26 그는 목을 세우고 방패를 들고 하나님께 달
려드니
27 그의 얼굴에는 살이 찌고 허리에는 기름이
엉기었고 시 17:10
28 그는 황폐한 성읍, 사람이 살지 아니하는
집, 돌무더기가 될 곳에 거주하였음이니라
29 그는 부요하지 못하고 재산이 보존되지 못
하고 그의 소유가 땅에서 증식되지 못할 것
이라
30 어두운 곳을 떠나지 못하리니 불꽃이 그의
가지를 말릴 것이라 하나님의 입김으로 그
가 불려가리라
31 그가 스스로 속아 허무한 것을 믿지 아니할
것은 허무한 것이 그의 보응이 될 것임이라
32 그의 날이 이르기 전에 그 일이 이루어질
것인즉 그의 가지가 푸르지 못하리니
33 포도 열매가 익기 전에 떨어짐 같고 감람
꽃이 곧 떨어짐 같으리라
34 경건하지 못한 무리는 자식을 낳지 못할 것

be righteous?
15 •If God places no trust in his holy ones,
if even the heavens are not pure in his eyes,
16 •how much less mortals, who are vile and
corrupt,
who drink up evil like water!
17 •"Listen to me and I will explain to you;
let me tell you what I have seen,
18 •what the wise have declared,
hiding nothing received from their
ancestors
19 •(to whom alone the land was given
when no foreigners moved among them):
20 •All his days the wicked man suffers torment,
the ruthless man through all the years
stored up for him.
21 •Terrifying sounds fill his ears;
when all seems well, marauders attack him.
22 •He despairs of escaping the realm of darkness;
he is marked for the sword.
23 •He wanders about for food like a vulture;
he knows the day of darkness is at hand.
24 •Distress and anguish fill him with terror;
troubles overwhelm him, like a king poised
to attack,
25 •because he shakes his fist at God
and vaunts himself against the Almighty,
26 •defiantly charging against him
with a thick, strong shield.
27 •"Though his face is covered with fat
and his waist bulges with flesh,
28 •he will inhabit ruined towns
and houses where no one lives,
houses crumbling to rubble.
29 •He will no longer be rich and his wealth
will not endure,
nor will his possessions spread over the land.
30 •He will not escape the darkness;
a flame will wither his shoots,
and the breath of God's mouth will
carry him away.
31 •Let him not deceive himself by trusting
what is worthless,
for he will get nothing in return.
32 •Before his time he will wither,
and his branches will not flourish.
33 •He will be like a vine stripped of its unripe
grapes,
like an olive tree shedding its blossoms.
34 •For the company of the godless will be barren,
and fire will consume the tents of those
who love bribes.

barren [bǽrən] *a.* 불임의
bribe [braib] *n.* 뇌물
crumble [krʌ́mbl] *vi.* 부수다
defiantly [difáiəntli] *ad.* 반항적으로
marauder [mərɔ́:dər] *n.* 약탈자
mortal [mɔ́:rtl] *n.* 인간
overwhelm [òuvərhwélm] *vt.* 제압하다
rubble [rʌ́bl] *n.* 거친돌
ruthless [rú:θlis] *a.* 무자비한
shed [ʃed] *vt.* 떨어지다
torment [tɔ:rmént] *n.* 고통
vaunt [vɔ:nt] *vi.* 자랑하다
vile [vail] *a.* 비열한
vulture [vʌ́ltʃər] *n.* 독수리
wither [wíðər] *vt.* 시들다

15:16 **much less...**: 하물며 …은 아니다
15:20 **store up**: (…에 대비하여) 쌓아두다
15:22 **despair of...**: …의 희망을 상실하다
15:27 **bulge with...**: …로 불룩하다
15:31 **in return**: 보답으로
15:33 **strip of...**: …를 떼어버리다

이며 뇌물을 받는 자의 장막은 불탈 것이라
35 그들은 재난을 잉태하고 죄악을 낳으며 그들
의 뱃속에 속임을 준비하느니라

욥의 대답 (♪252, 407장)

16 욥이 대답하여 이르되
2 이런 말은 내가 많이 들었나니 너희는
다 재난을 주는 위로자들이로구나
3 헛된 말이 어찌 끝이 있으랴 네가 무엇에 자
극을 받아 이같이 대답하는가
4 나도 너희처럼 말할 수 있나니 가령 너희 마
음이 내 마음자리에 있다 하자 나도 그럴듯
한 말로 너희를 치며 너희를 향하여 머리를
흔들 수 있느니라
5 그래도 입으로 너희를 강하게 하며 입술의
위로로 너희의 근심을 풀었으리라
6 ●내가 말하여도 내 근심이 풀리지 아니하고
잠잠하여도 내 아픔이 줄어들지 않으리라
7 이제 주께서 나를 피로하게 하시고 나의 온
집안을 패망하게 하셨나이다
8 주께서 나를 시들게 하셨으니 이는 나를 향
하여 증거를 삼으심이라 나의 파리한 모습이
일어나서 대면하여 내 앞에서 증언하리이다
9 그는 진노하사 나를 찢고 적대시하시며 나를
향하여 이를 갈고 원수가 되어 날카로운 눈
초리로 나를 보시고
10 무리들은 나를 향하여 입을 크게 벌리며 나
를 모욕하여 뺨을 치며 함께 모여 나를 대적
하는구나
11 하나님이 나를 악인에게 넘기시며 행악자의
손에 던지셨구나
12 내가 평안하더니 그가 나를 꺾으시며 내 목
을 잡아 나를 부서뜨리시며 나를 세워 과녁
을 삼으시고
13 그의 화살들이 사방에서 날아와 사정없이 나
를 쏨으로 그는 내 콩팥들을 꿰뚫고 그는 내
쓸개가 땅에 흘러나오게 하시는구나
14 그가 나를 치고 다시 치며 용사같이 내게 달
려드시니 욜 2:7
15 내가 굵은 베를 꿰매어 내 피부에 덮고 내 뿔
을 티끌에 더럽혔구나
16 내 얼굴은 울음으로 붉었고 내 눈꺼풀에는
죽음의 그늘이 있구나
17 그러나 내 손에는 포학이 없고 나의 기도는
정결하니라
18 ●땅아 내 피를 가리지 말라 나의 부르짖음
이 쉴 자리를 잡지 못하게 하라
19 지금 나의 증인이 하늘에 계시고 나의 중보

35 ●They conceive trouble and give birth to evil;
their womb fashions deceit."

Job

16 Then Job replied:
2 ●"I have heard many things like these;
you are miserable comforters, all of you!
3 ●Will your long-winded speeches never end?
What ails you that you keep on arguing?
4 ●I also could speak like you,
if you were in my place;
I could make fine speeches against you
and shake my head at you.
5 ●But my mouth would encourage you;
comfort from my lips would bring you
relief.
6 ●"Yet if I speak, my pain is not relieved;
and if I refrain, it does not go away.
7 ●Surely, God, you have worn me out;
you have devastated my entire household.
8 ●You have shriveled me up—and it has
become a witness;
my gauntness rises up and testifies against
me.
9 ●God assails me and tears me in his anger
and gnashes his teeth at me;
my opponent fastens on me his piercing
eyes.
10 ●People open their mouths to jeer at me;
they strike my cheek in scorn
and unite together against me.
11 ●God has turned me over to the ungodly
and thrown me into the clutches of the
wicked.
12 ●All was well with me, but he shattered me;
he seized me by the neck and crushed me.
He has made me his target;
13 ● his archers surround me.
Without pity, he pierces my kidneys
and spills my gall on the ground.
14 ●Again and again he bursts upon me;
he rushes at me like a warrior.
15 ●"I have sewed sackcloth over my skin
and buried my brow in the dust.
16 ●My face is red with weeping,
dark shadows ring my eyes;
17 ●yet my hands have been free of violence
and my prayer is pure.
18 ●"Earth, do not cover my blood;
may my cry never be laid to rest!
19 ●Even now my witness is in heaven;

ail [eil] *vt.* 괴롭히다
archer [á:rtʃər] *n.* 궁수
assail [əséil] *vt.* 습격하다
clutch [klʌtʃ] *n.* 수중, 손아귀
conceive [kənsí:v] *vt.* 임신하다
devastate [dévəstèit] *vt.* 황폐하게 하다
gall [gɔ:l] *n.* 담즙
gauntness [gɔ́:ntnis] *n.* 수척함
gnash [næʃ] *vt.* 이를 갈다
kidney [kidni] *n.* 신장
long-winded [lɔ́:ŋwindid] *a.* 장황한
opponent [əpóunənt] *n.* 적수
sackcloth [sǽkklɔ̀:θ] *n.* 굵은 베
scorn [skɔ:rn] *n.* 경멸, 멸시
shatter [ʃǽtər] *vt.* 산산이 부서지다

16:3 keep on...: 계속 …하다
16:8 testify against...: …에 불리한 증언을 하다
16:9 fasten on...: …를 응시하다
16:10 jeer at...: …를 조롱하다
16:11 turn over: 넘기다

자가 높은 데 계시니라 롬 1:9
20 나의 친구는 나를 조롱하고 내 눈은 하나님
을 향하여 눈물을 흘리니 애 2:19
21 사람과 하나님 사이에와 인자와 그 이웃 사
이에 중재하시기를 원하노니
22 수년이 지나면 나는 돌아오지 못할 길로 갈
것임이니라 전 12:5

17 나의 기운이 쇠하였으며 나의 날이 다하
였고 무덤이 나를 위하여 준비되었구나
2 나를 조롱하는 자들이 나와 함께 있으므로
내 눈이 그들의 충동함을 항상 보는구나
3 ●청하건대 나에게 담보물을 주소서 나의 손
을 잡아 줄 자가 누구리이까
4 주께서 그들의 마음을 가리어 깨닫지 못하게
하셨사오니 그들을 높이지 마소서
5 보상을 얻으려고 친구를 비난하는 자는 그의
자손들의 눈이 멀게 되리라
6 ●하나님이 나를 백성의 속담거리가 되게 하
시니 그들이 내 얼굴에 침을 뱉는구나
7 내 눈은 근심 때문에 어두워지고 나의 온 지
체는 그림자 같구나
8 정직한 자는 이로 말미암아 놀라고 죄 없는
자는 경건하지 못한 자 때문에 분을 내나니
9 그러므로 의인은 그 길을 꾸준히 가고 손이
깨끗한 자는 점점 힘을 얻느니라
10 너희는 모두 다시 올지니라 내가 너희 중에
서 지혜자를 찾을 수 없느니라
11 나의 날이 지나갔고 내 계획, 내 마음의 소원
이 다 끊어졌구나 7:6
12 그들은 밤으로 낮을 삼고 빛 앞에서 어둠이
가깝다 하는구나
13 내가 스올이 내 집이 되기를 희망하여 내 침
상을 흑암에 펴놓으매
14 무덤에게 너는 내 아버지라, 구더기에게 너
는 내 어머니, 내 자매라 할지라도
15 나의 희망이 어디 있으며 나의 희망을 누가
보겠느냐 7:6
16 우리가 흙 속에서 쉴 때에는 희망이 스올의
문으로 내려갈 뿐이니라

빌닷의 두 번째 말 (♪220, 221장)

18 수아 사람 빌닷이 대답하여 이르되
2 너희가 어느 때에 가서 말의 끝을 맺
겠느냐 깨달으라 그 후에야 우리가 말하리라
3 어찌하여 우리를 짐승으로 여기며 부정하게
보느냐 시 73:22
4 울분을 터뜨리며 자기 자신을 찢는 사람아
너 때문에 땅이 버림을 받겠느냐 바위가 그

my advocate is on high.
20 ●My intercessor is my friend[a]
as my eyes pour out tears to God;
21 ●on behalf of a man he pleads with God
as one pleads for a friend.
22 ●"Only a few years will pass
before I take the path of no return.

17 ●My spirit is broken,
my days are cut short,
the grave awaits me.
2 ●Surely mockers surround me;
my eyes must dwell on their hostility.
3 ●"Give me, O God, the pledge you demand.
Who else will put up security for me?
4 ●You have closed their minds to understanding;
therefore you will not let them triumph.
5 ●If anyone denounces their friends for reward,
the eyes of their children will fail.
6 ●"God has made me a byword to everyone,
a man in whose face people spit.
7 ●My eyes have grown dim with grief;
my whole frame is but a shadow.
8 ●The upright are appalled at this;
the innocent are aroused against the
ungodly.
9 ●Nevertheless, the righteous will hold to
their ways,
and those with clean hands will grow
stronger.
10 ●"But come on, all of you, try again!
I will not find a wise man among you.
11 ●My days have passed, my plans are shattered.
Yet the desires of my heart
12 ●turn night into day;
in the face of the darkness light is near.
13 ●If the only home I hope for is the grave,
if I spread out my bed in the realm of
darkness,
14 ●if I say to corruption, 'You are my father,'
and to the worm, 'My mother' or 'My sister,'
15 ●where then is my hope—
who can see any hope for me?
16 ●Will it go down to the gates of death?
Will we descend together into the dust?"

Bildad

18 Then Bildad the Shuhite replied:
2 ●"When will you end these speeches?
Be sensible, and then we can talk.
3 ●Why are we regarded as cattle

[a]20 Or *My friends treat me with scorn*

advocate [ǽdvəkèit] *n.* 옹호자
arouse [əráuz] *vt.* 자극하다
byword [báiwə:rd] *n.* 웃음거리
corruption [kərʌ́pʃən] *n.* 타락
denounce [dináuns] *vt.* 비난하다
descend [disénd] *vi.* 내려가다
dim [dim] *a.* 흐릿한
hostility [hastíləti] *n.* 적대감
intercessor [ìntərsésər] *n.* 중재자
mocker [mákər] *n.* 조롱하는 자
pledge [pledʒ] *n.* 보증
security [sikjúərəti] *n.* 안전
shatter [ʃǽtər] *vt.* 산산이 부서지다
spit [spit] *vi.* 침을 뱉다
ungodly [ʌngádli] *a.* 신앙심이 없는

16:21 on behalf of...: …를 대신하여
16:21 plead with...: …에게 간청하다
17:1 cut short: 갑자기 끝내다
17:8 be appalled at...: …에 간담이 서늘해지다
18:3 regard as...: …로 여기다

자리에서 옮겨지겠느냐
5 ●악인의 빛은 꺼지고 그의 불꽃은 빛나지
않을 것이요
6 그의 장막 안의 빛은 어두워지고 그 위의
등불은 꺼질 것이요
7 그의 활기찬 걸음이 피곤하여지고 그가 마
련한 꾀에 스스로 빠질 것이니
8 이는 그의 발이 그물에 빠지고 올가미에
걸려들며
9 그의 발뒤꿈치는 덫에 치이고 그의 몸은
올무에 얽힐 것이며
10 그를 잡을 덫이 땅에 숨겨져 있고 그를 빠
뜨릴 함정이 길목에 있으며
11 무서운 것이 사방에서 그를 놀라게 하고
그 뒤를 쫓아갈 것이며
12 그의 힘은 기근으로 말미암아 쇠하고 그
곁에는 재앙이 기다릴 것이며
13 질병이 그의 피부를 삼키리니 곧 사망의
장자가 그의 지체를 먹을 것이며
14 그가 의지하던 것들이 장막에서 뽑히며 그
는 공포의 왕에게로 잡혀가고
15 그에게 속하지 않은 자가 그의 장막에 거
하리니 유황이 그의 처소에 뿌려질 것이며
16 밑으로 그의 뿌리가 마르고 위로는 그의
가지가 시들 것이며
17 그를 기념함이 땅에서 사라지고 거리에서
는 그의 이름이 전해지지 않을 것이며
18 그는 광명으로부터 흑암으로 쫓겨 들어가
며 세상에서 쫓겨날 것이며 5:14
19 그는 그의 백성 가운데 후손도 없고 후예
도 없을 것이며 그가 거하던 곳에는 남은
자가 한 사람도 없을 것이라
20 그의 운명에 서쪽에서 오는 자와 동쪽에서
오는 자가 깜짝 놀라리라
21 참으로 불의한 자의 집이 이러하고 하나님
을 알지 못하는 자의 처소도 이러하니라

욥의 대답 (♪170장)

19 욥이 대답하여 이르되
2 너희가 내 마음을 괴롭히며 말로 나
를 짓부수기를 어느 때까지 하겠느냐
3 너희가 열 번이나 나를 학대하고도 부끄러
워 아니하는구나
4 비록 내게 허물이 있다 할지라도 그 허물
이 내게만 있느냐
5 너희가 참으로 나를 향하여 자만하며 내게
수치스러운 행위가 있다고 증언하려면 하
려니와

and considered stupid in your sight?
4 ●You who tear yourself to pieces in your anger,
is the earth to be abandoned for your sake?
Or must the rocks be moved from their place?
5 ●"The lamp of a wicked man is snuffed out;
the flame of his fire stops burning.
6 ●The light in his tent becomes dark;
the lamp beside him goes out.
7 ●The vigor of his step is weakened;
his own schemes throw him down.
8 ●His feet thrust him into a net;
he wanders into its mesh.
9 ●A trap seizes him by the heel;
a snare holds him fast.
10 ●A noose is hidden for him on the ground;
a trap lies in his path.
11 ●Terrors startle him on every side
and dog his every step.
12 ●Calamity is hungry for him;
disaster is ready for him when he falls.
13 ●It eats away parts of his skin;
death's firstborn devours his limbs.
14 ●He is torn from the security of his tent
and marched off to the king of terrors.
15 ●Fire resides[a] in his tent;
burning sulfur is scattered over his
dwelling.
16 ●His roots dry up below
and his branches wither above.
17 ●The memory of him perishes from the earth;
he has no name in the land.
18 ●He is driven from light into the realm of
darkness
and is banished from the world.
19 ●He has no offspring or descendants among
his people,
no survivor where once he lived.
20 ●People of the west are appalled at his fate;
those of the east are seized with horror.
21 ●Surely such is the dwelling of an evil man;
such is the place of one who does not
know God."

Job

19 Then Job replied:

2 ●"How long will you torment me
and crush me with words?
3 ●Ten times now you have reproached me;
shamelessly you attack me.
4 ●If it is true that I have gone astray,
my error remains my concern alone.

[a]15 Or *Nothing he had remains*

abandon [əbǽndən] *vt.* 버리다
banish [bǽniʃ] *vt.* 추방하다
calamity [kəlǽməti] *n.* 재앙
limb [lim] *n.* 지체
mesh [meʃ] *n.* 올가미
noose [nuːs] *n.* 올가미
reproach [ripróutʃ] *vt.* 비난하다
scheme [skiːm] *n.* 계획
snare [snɛər] *n.* 덫
startle [stáːrtl] *vt.* 깜짝 놀라게 하다
sulfur [sʌ́lfər] *n.* 유황
thrust [θrʌst] *vt.* 밀어 넣다
torment [tɔːrmént] *vt.* 괴롭히다
vigor [vígər] *n.* 원기
wither [wíðər] *vi.* 시들다

18:4 for one's sake: ~의 명예를 위하여
18:5 snuff out: 끄다
18:7 throw down: 넘어뜨리다
18:20 be appalled at...: …에 간담이 서늘해지다
19:4 go astray: 타락하다

6 하나님이 나를 억울하게 하시고 자기 그물로 나를 에워싸신 줄을 알아야 할지니라 27:2
7 ●내가 폭행을 당한다고 부르짖으나 응답이 없고 도움을 간구하였으나 정의가 없구나
8 그가 내 길을 막아 지나가지 못하게 하시고 내 앞길에 어둠을 두셨으며 3:23
9 나의 영광을 거두어가시며 나의 관모를 머리에서 벗기시고
10 사면으로 나를 헐으시니 나는 [1)]죽었구나 내 희망을 나무 뽑듯 뽑으시고
11 나를 향하여 진노하시고 원수같이 보시는구나
12 그 군대가 일제히 나아와서 길을 돋우고 나를 치며 내 장막을 둘러 진을 쳤구나 30:12
13 ●나의 형제들이 나를 멀리 떠나게 하시니 나를 아는 모든 사람이 내게 낯선 사람이 되었구나
14 내 친척은 나를 버렸으며 가까운 친지들은 나를 잊었구나 19:19
15 내 집에 머물러 사는 자와 내 여종들은 나를 낯선 사람으로 여기니 내가 그들 앞에서 타국 사람이 되었구나
16 내가 내 종을 불러도 대답하지 아니하니 내 입으로 그에게 간청하여야 하겠구나
17 내 아내도 내 숨결을 싫어하며 내 허리의 자식들도 나를 가련하게 여기는구나
18 어린아이들까지도 나를 업신여기고 내가 일어나면 나를 조롱하는구나
19 나의 가까운 친구들이 나를 미워하며 내가 사랑하는 사람들이 돌이켜 나의 원수가 되었구나
20 내 피부와 살이 뼈에 붙었고 남은 것은 겨우 잇몸뿐이로구나
21 나의 친구야 너희는 나를 불쌍히 여겨다오 나를 불쌍히 여겨다오 하나님의 손이 나를 치셨구나
22 너희가 어찌하여 하나님처럼 나를 박해하느냐 내 살로도 부족하냐
23 ●나의 말이 곧 기록되었으면, 책에 써졌으면,
24 철필과 납으로 영원히 돌에 새겨졌으면 좋겠노라
25 내가 알기에는 나의 대속자가 살아 계시니 마침내 그가 땅 위에 서실 것이라
26 내 가죽이 벗김을 당한 뒤에도 내가 육체

5 ●If indeed you would exalt yourselves above
me
and use my humiliation against me,
6 ●then know that God has wronged me
and drawn his net around me.
7 ●"Though I cry, 'Violence!' I get no
response;
though I call for help, there is no justice.
8 ●He has blocked my way so I cannot pass;
he has shrouded my paths in darkness.
9 ●He has stripped me of my honor
and removed the crown from my head.
10 ●He tears me down on every side till I am gone;
he uproots my hope like a tree.
11 ●His anger burns against me;
he counts me among his enemies.
12 ●His troops advance in force;
they build a siege ramp against me
and encamp around my tent.
13 ●"He has alienated my family from me;
my acquaintances are completely
estranged from me.
14 ●My relatives have gone away;
my closest friends have forgotten me.
15 ●My guests and my female servants count me
a foreigner;
they look on me as on a stranger.
16 ●I summon my servant, but he does not answer,
though I beg him with my own mouth.
17 ●My breath is offensive to my wife;
I am loathsome to my own family.
18 ●Even the little boys scorn me;
when I appear, they ridicule me.
19 ●All my intimate friends detest me;
those I love have turned against me.
20 ●I am nothing but skin and bones;
I have escaped only by the skin of my teeth.[a]
21 ●"Have pity on me, my friends, have pity,
for the hand of God has struck me.
22 ●Why do you pursue me as God does?
Will you never get enough of my flesh?
23 ●"Oh, that my words were recorded,
that they were written on a scroll,
24 ●that they were inscribed with an iron tool on[b]
lead,
or engraved in rock forever!
25 ●I know that my redeemer[c] lives,
and that in the end he will stand on the
earth.[d]
26 ●And after my skin has been destroyed,

[a]20 Or *only by my gums* [b]24 Or *and* [c]25 Or *vindicator*
[d]25 Or *on my grave* 1) 히, 갔구나

acquaintance [əkwéintəns] *n.* 아는 사람	**humiliation** [hjuːmìliéiʃən] *n.* 수치	**scroll** [skroul] *n.* 책, 두루마리
detest [ditést] *vt.* 혐오하다	**loathsome** [lóuðsəm] *a.* 싫은, 미운	**shroud** [ʃraud] *vt.* 감추다
engrave [ingréiv] *vt.* 새기다	**redeemer** [ridíːmər] *n.* 구원자	**siege** [siːdʒ] *n.* 포위 공격
estrange [istréindʒ] *vt.* 서먹하게 하다	**ridicule** [rídikjùːl] *vt.* 조롱하다	**troop** [truːp] *n.* 군대
exalt [igzɔ́ːlt] *vt.* 높이다	**scorn** [skɔːrn] *vt.* 비웃다	**uproot** [ʌprúːt] *vt.* 뿌리째 뽑다

19:7 call for help: 도움을 요청하다
19:9 strip A of B: A에게서 B를 박탈하다
19:13 alienate A from B: A와 B를 이간하다
19:17 be offensive to...: …에 불쾌감을 주다
19:20 nothing but: 단지, 오직
19:24 inscribe with...: …에 새기다

밖에서 하나님을 보리라
27 내가 그를 보리니 내 눈으로 그를 보기를
낯선 사람처럼 하지 않을 것이라 내 [1]마음
이 초조하구나
28 너희가 만일 이르기를 우리가 그를 어떻게
칠까 하며 또 이르기를 일의 뿌리가 그에게
있다 할진대
29 너희는 칼을 두려워할지니라 분노는 칼의
형벌을 부르나니 너희가 심판장이 있는 줄
을 알게 되리라

소발의 두 번째 말 (♪499, 505장)

20 나아마 사람 소발이 대답하여 이르되
2 그러므로 내 초조한 마음이 나로 하
여금 대답하게 하나니 이는 내 중심이 조급
함이니라
3 내가 나를 부끄럽게 하는 책망을 들었으므
로 나의 슬기로운 마음이 나로 하여금 대답
하게 하는구나
4 네가 알지 못하느냐 예로부터 사람이 이 세
상에 생긴 때로부터
5 악인이 이긴다는 자랑도 잠시요 경건하지
못한 자의 즐거움도 잠깐이니라
6 그 존귀함이 하늘에 닿고 그 머리가 구름에
미칠지라도
7 자기의 똥처럼 영원히 망할 것이라 그를 본
자가 이르기를 그가 어디 있느냐 하리라
8 그는 꿈같이 지나가니 다시 찾을 수 없을
것이요 밤에 보이는 환상처럼 사라지리라
9 그를 본 눈이 다시 그를 보지 못할 것이요
그의 처소도 다시 그를 보지 못할 것이며
10 그의 아들들은 가난한 자에게 은혜를 구하
겠고 그도 얻은 재물을 자기 손으로 도로
줄 것이며
5:4
11 그의 기골이 청년같이 강장하나 그 기세가
그와 함께 흙에 누우리라
12 ●그는 비록 악을 달게 여겨 혀 밑에 감추
며
13 아껴서 버리지 아니하고 입천장에 물고 있
을지라도
14 그의 음식이 창자 속에서 변하며 뱃속에서
독사의 쓸개가 되느니라
15 그가 재물을 삼켰을지라도 토할 것은 하나
님이 그의 배에서 도로 나오게 하심이니
16 그는 독사의 독을 빨며 뱀의 혀에 죽을 것
이라
17 그는 강 곧 꿀과 [2]엉긴 젖이 흐르는 강을
보지 못할 것이요

yet[a] in[b] my flesh I will see God;
27 ●I myself will see him
with my own eyes—I, and not another.
How my heart yearns within me!
28 ●"If you say, 'How we will hound him,
since the root of the trouble lies in him,[c]'
29 ●you should fear the sword yourselves;
for wrath will bring punishment by the
sword,
and then you will know that there is
judgment.[d]"

Zophar

20 Then Zophar the Naamathite replied:
2 ●"My troubled thoughts prompt me to answer
because I am greatly disturbed.
3 ●I hear a rebuke that dishonors me,
and my understanding inspires me to reply.
4 ●"Surely you know how it has been from of old,
ever since mankind[e] was placed on the
earth,
5 ●that the mirth of the wicked is brief,
the joy of the godless lasts but a moment.
6 ●Though the pride of the godless person
reaches to the heavens
and his head touches the clouds,
7 ●he will perish forever, like his own dung;
those who have seen him will say,
'Where is he?'
8 ●Like a dream he flies away, no more to be
found,
banished like a vision of the night.
9 ●The eye that saw him will not see him again;
his place will look on him no more.
10 ●His children must make amends to the poor;
his own hands must give back his wealth.
11 ●The youthful vigor that fills his bones
will lie with him in the dust.
12 ●"Though evil is sweet in his mouth
and he hides it under his tongue,
13 ●though he cannot bear to let it go
and lets it linger in his mouth,
14 ●yet his food will turn sour in his stomach;
it will become the venom of serpents within
him.
15 ●He will spit out the riches he swallowed;
God will make his stomach vomit them up.

[a]26 Or *And after I awake, / though this body has been destroyed, / then* [b]26 Or *destroyed, / apart from* [c]28 Many Hebrew manuscripts, Septuagint and Vulgate; most Hebrew manuscripts *me* [d]29 Or *sword, / that you may come to know the Almighty* [e]4 Or *Adam*

1) 히, 콩팥을 의미함 2) 히, 버터

banish [bǽniʃ] *vt.* 떨쳐버리다
disturb [distə́:rb] *vt.* 혼란시키다
hound [haund] *vt.* 괴롭히다
inspire [inspáiər] *vt.* 격려하다
linger [líŋgər] *vi.* 오래 머무르다
mirth [mə́:rθ] *n.* 환희
perish [périʃ] *vi.* 사라지다
prompt [prampt] *vt.* 자극하다
punishment [pʌ́niʃmənt] *n.* 형벌
rebuke [ribjú:k] *n.* 꾸짖음
serpent [sə́:rpənt] *n.* 뱀
venom [vénəm] *n.* 독
vigor [vígər] *n.* 원기
wrath [ræθ] *n.* 분노
yearn [jə:rn] *vi.* 열망하다

20:4 ever since: 이후로 줄곧
20:8 fly away: 날아가다
20:10 make amends to...: …에게 보상하다
20:14 turn sour: 상하다
20:15 spit out: 내뱉다, 토하다
20:15 vomit up: 게워내다, 토하다

18 수고하여 얻은 것을 삼키지 못하고 돌려주
며 매매하여 얻은 재물로 즐거움을 삼지 못
하리니
19 이는 그가 가난한 자를 학대하고 버렸음이
요 자기가 세우지 않은 집을 빼앗음이니
라 24:2-4
20 ●그는 마음에 평안을 알지 못하니 그가 기
뻐하는 것을 하나도 보존하지 못하겠고
21 남기는 것이 없이 모두 먹으니 그런즉 그
행복이 오래 가지 못할 것이라
22 풍족할 때에도 괴로움이 이르리니 모든 재
난을 주는 자의 손이 그에게 임하리라
23 그가 배를 불리려 할 때에 하나님이 맹렬
한 진노를 내리시리니 음식을 먹을 때에 그
의 위에 비같이 쏟으시리라
24 그가 철 병기를 피할 때에는 놋화살을 쏘아
꿰뚫을 것이요
25 몸에서 그의 화살을 빼낸즉 번쩍번쩍하는
촉이 그의 쓸개에서 나오고 큰 두려움이 그
에게 닥치느니라
26 큰 어둠이 그를 위하여 예비되어 있고 사람
이 피우지 않은 불이 그를 멸하며 그 장막
에 남은 것을 해치리라
27 하늘이 그의 죄악을 드러낼 것이요 땅이 그
를 대항하여 일어날 것인즉
28 그의 가산이 떠나가며 하나님의 진노의 날
에 끌려가리라
29 이는 악인이 하나님께 받을 분깃이요 하나
님이 그에게 정하신 기업이니라

욥의 대답 (♪ 529, 531장)

21 욥이 대답하여 이르되
2 너희는 내 말을 자세히 들으라 이것
이 너희의 위로가 될 것이니라
3 나를 용납하여 말하게 하라 내가 말한 후에
너희가 조롱할지니라
4 나의 원망이 사람을 향하여 하는 것이냐
내 마음이 어찌 조급하지 아니하겠느냐
5 너희가 나를 보면 놀라리라 손으로 입을 가
리리라
6 내가 기억하기만 하여도 불안하고 두려움
이 내 몸을 잡는구나
7 어찌하여 악인이 생존하고 장수하며 세력
이 강하냐 시 73:3
8 그들의 후손이 앞에서 그들과 함께 굳게 서
고 자손이 그들의 목전에서 그러하구나
9 그들의 집이 평안하여 두려움이 없고 하나
님의 매가 그들 위에 임하지 아니하며

16 ●He will suck the poison of serpents;
the fangs of an adder will kill him.
17 ●He will not enjoy the streams,
the rivers flowing with honey and cream.
18 ●What he toiled for he must give back uneaten;
he will not enjoy the profit from his trading.
19 ●For he has oppressed the poor and left
them destitute;
he has seized houses he did not build.
20 ●"Surely he will have no respite from his craving;
he cannot save himself by his treasure.
21 ●Nothing is left for him to devour;
his prosperity will not endure.
22 ●In the midst of his plenty, distress will
overtake him;
the full force of misery will come upon him.
23 ●When he has filled his belly,
God will vent his burning anger against him
and rain down his blows on him.
24 ●Though he flees from an iron weapon,
a bronze-tipped arrow pierces him.
25 ●He pulls it out of his back,
the gleaming point out of his liver.
Terrors will come over him;
26 ● total darkness lies in wait for his treasures.
A fire unfanned will consume him
and devour what is left in his tent.
27 ●The heavens will expose his guilt;
the earth will rise up against him.
28 ●A flood will carry off his house,
rushing waters[a] on the day of God's wrath.
29 ●Such is the fate God allots the wicked,
the heritage appointed for them by God."

Job

21 Then Job replied:

2 ●"Listen carefully to my words;
let this be the consolation you give me.
3 ●Bear with me while I speak,
and after I have spoken, mock on.
4 ●"Is my complaint directed to a human being?
Why should I not be impatient?
5 ●Look at me and be appalled;
clap your hand over your mouth.
6 ●When I think about this, I am terrified;
trembling seizes my body.
7 ●Why do the wicked live on,
growing old and increasing in power?
8 ●They see their children established around
them,

[a]28 Or *The possessions in his house will be carried off, / washed away*

adder [ǽdər] *n.* 살무사
allot [əlát] *vt.* 할당하다
consolation [kɑ̀nsəléiʃən] *n.* 위로
consume [kənsúːm] *vt.* 소멸시키다
craving [kréiviŋ] *n.* 갈망
destitute [déstətjùːt] *a.* 가난한
devour [diváuər] *vt.* 멸망시키다
fang [fæŋ] *n.* 뱀의 독아(毒牙)
heritage [héritidʒ] *n.* 유산
overtake [òuvərtéik] *vt.* 덮치다
prosperity [prɑspérəti] *n.* 번영
respite [réspit] *n.* 휴식
suck [sʌk] *vt.* 빨다
toil [tɔil] *vi.* 수고하다
vent [vent] *vt.* 분출하다

20:17 flow with...: …가 흐르다
20:22 in the midst of: 한창일 때
20:25 come over...: …에게 밀려오다
20:28 carry off: 채가다, 빼앗다
21:4 directed to...: …으로 향하다
21:5 be appalled: 소스라치게 놀라다

10 그들의 수소는 새끼를 배고 그들의 암소
는 낙태하는 일이 없이 새끼를 낳는구나
11 그들은 아이들을 양 떼같이 내보내고 그
들의 자녀들은 춤추는구나
12 그들은 소고와 수금으로 노래하고 피리
불어 즐기며 시 81:2
13 그들의 날을 행복하게 지내다가 잠깐 사
이에 스올에 내려가느니라
14 그러할지라도 그들은 하나님께 말하기를
우리를 떠나소서 우리가 주의 도리 알기
를 바라지 아니하나이다
15 전능자가 누구이기에 우리가 섬기며 우리
가 그에게 기도한들 무슨 소용이 있으랴
하는구나
16 그러나 그들의 행복이 그들의 손 안에 있
지 아니하니 악인의 계획은 나에게서 멀
구나
17 ●악인의 등불이 꺼짐과 재앙이 그들에게
닥침과 하나님이 진노하사 그들을 곤고하
게 하심이 몇 번인가
18 그들이 바람 앞에 검불같이, 폭풍에 날려
가는 겨같이 되었도다 시 1:4
19 하나님은 그의 죄악을 그의 자손들을 위
하여 쌓아 두시며 그에게 갚으실 것을 알
게 하시기를 원하노라
20 자기의 멸망을 자기의 눈으로 보게 하며
전능자의 진노를 마시게 할 것이니라
21 그의 달 수가 다하면 자기 집에 대하여 무
슨 관계가 있겠느냐
22 그러나 하나님께서는 높은 자들을 심판
하시나니 누가 능히 하나님께 지식을 가
르치겠느냐
23 어떤 사람은 죽도록 기운이 충실하여 안
전하며 평안하고
24 그의 [1)]그릇에는 젖이 가득하며 그의 골수
는 윤택하고
25 어떤 사람은 마음에 고통을 품고 죽으므
로 행복을 맛보지 못하는도다
26 이 둘이 매한가지로 흙 속에 눕고 그들 위
에 구더기가 덮이는구나
27 ●내가 너희의 생각을 알고 너희가 나를
해하려는 속셈도 아노라
28 너희의 말이 귀인의 집이 어디 있으며 악
인이 살던 장막이 어디 있느냐 하는구나
29 너희가 길 가는 사람들에게 묻지 아니하
였느냐 그들의 증거를 알지 못하느냐
30 악인은 재난의 날을 위하여 남겨둔 바

their offspring before their eyes.
9 ●Their homes are safe and free from fear;
the rod of God is not on them.
10 ●Their bulls never fail to breed;
their cows calve and do not miscarry.
11 ●They send forth their children as a flock;
their little ones dance about.
12 ●They sing to the music of timbrel and lyre;
they make merry to the sound of the pipe.
13 ●They spend their years in prosperity
and go down to the grave in peace.[a]
14 ●Yet they say to God, 'Leave us alone!
We have no desire to know your ways.
15 ●Who is the Almighty, that we should serve him?
What would we gain by praying to him?'
16 ●But their prosperity is not in their own hands,
so I stand aloof from the plans of the
wicked.
17 ●"Yet how often is the lamp of the wicked
snuffed out?
How often does calamity come upon them,
the fate God allots in his anger?
18 ●How often are they like straw before the wind,
like chaff swept away by a gale?
19 ●It is said, 'God stores up the punishment
of the wicked for their children.'
Let him repay the wicked, so that
they themselves will experience it!
20 ●Let their own eyes see their destruction;
let them drink the cup of the wrath of
the Almighty.
21 ●For what do they care about the families they
leave behind
when their allotted months come to an end?
22 ●"Can anyone teach knowledge to God,
since he judges even the highest?
23 ●One person dies in full vigor,
completely secure and at ease,
24 ●well nourished in body,[b]
bones rich with marrow.
25 ●Another dies in bitterness of soul,
never having enjoyed anything good.
26 ●Side by side they lie in the dust,
and worms cover them both.
27 ●"I know full well what you are thinking,
the schemes by which you would wrong me.
28 ●You say, 'Where now is the house of the great,
the tents where the wicked lived?'
29 ●Have you never questioned those who travel?
Have you paid no regard to their accounts—

[a]13 Or *in an instant* [b]24 The meaning of the Hebrew *for this word is uncertain.* 1) 히, 몸

bitterness [bítərnis] *n.* 고통
breed [bri:d] *vi.* 새끼를 낳다
calamity [kəlǽməti] *n.* 재앙
calve [kæv] *vi.* 새끼를 낳다
chaff [tʃæf] *n.* 왕겨
fate [feit] *n.* 운명
flock [flak] *n.* (양) 떼
gale [geil] *n.* 돌풍
marrow [mǽrou] *n.* 골수
miscarry [mìskǽri] *vi.* 유산하다
nourish [nə́:riʃ] *vt.* …에 자양분을 주다
prosperity [praspérəti] *n.* 번영
rod [rad] *n.* 회초리, 막대
scheme [ski:m] *n.* 계획
straw [strɔ:] *n.* 짚, 지푸라기

21:9 **be free from...**: …이 없다
21:16 **stand aloof**: 떨어져 있다
21:17 **snuff out**: 끄다
21:18 **sweep away**: 쓸어버리다
21:19 **store up**: 축적하다
21:29 **pay regard to...**: …을 고려하다

되었고 진노의 날을 향하여 끌려가느니
라
31 누가 능히 그의 면전에서 그의 길을 알려
주며 누가 그의 소행을 보응하랴
32 그를 무덤으로 메어 가고 사람이 그 무덤
을 지키리라
33 그는 골짜기의 흙덩이를 달게 여기리니
많은 사람들이 그보다 앞서 갔으며 모든
사람이 그의 뒤에 줄지었느니라
34 그런데도 너희는 나를 헛되이 위로하려느
냐 너희 대답은 거짓일 뿐이니라

엘리바스의 세 번째 말

(♪400, 414장)

22 데만 사람 엘리바스가 대답하여 이
르되
2 사람이 어찌 하나님께 유익하게 하겠느냐
지혜로운 자도 자기에게 유익할 따름이니
라
3 네가 의로운들 전능자에게 무슨 기쁨이
있겠으며 네 행위가 온전한들 그에게 무
슨 이익이 되겠느냐
4 하나님이 너를 책망하시며 너를 심문하심
이 너의 경건함 때문이냐
5 네 악이 크지 아니하냐 네 죄악이 끝이 없
느니라
6 까닭 없이 형제를 볼모로 잡으며 헐벗은
자의 의복을 벗기며
7 목마른 자에게 물을 마시게 하지 아니하
며 주린 자에게 음식을 주지 아니하였구
나
8 권세 있는 자는 토지를 얻고 존귀한 자는
거기에서 사는구나
9 너는 과부를 빈손으로 돌려보내며 고아의
팔을 꺾는구나
10 그러므로 올무들이 너를 둘러 있고 두려
움이 갑자기 너를 엄습하며
11 어둠이 너로 하여금 보지 못하게 하고 홍
수가 너를 덮느니라
12 ●하나님은 높은 하늘에 계시지 아니하냐
보라 우두머리 별이 얼마나 높은가
13 그러나 네 말은 하나님이 무엇을 아시며
흑암 중에서 어찌 심판하실 수 있으랴
14 빽빽한 구름이 그를 가린즉 그가 보지 못
하시고 둥근 하늘을 거니실 뿐이라 하는
구나
15 네가 악인이 밟던 옛적 길을 지키려느냐
16 그들은 때가 이르기 전에 끊겨 버렸고 그

30 ●that the wicked are spared from the day of
calamity,
that they are delivered from [a]the day of wrath?
31 ●Who denounces their conduct to their face?
Who repays them for what they have done?
32 ●They are carried to the grave,
and watch is kept over their tombs.
33 ●The soil in the valley is sweet to them;
everyone follows after them,
and a countless throng goes [b]before them.
34 ●"So how can you console me with your
nonsense?
Nothing is left of your answers but
falsehood!"

Eliphaz

22 Then Eliphaz the Temanite replied:
2 ●"Can a man be of benefit to God?
Can even a wise person benefit him?
3 ●What pleasure would it give the Almighty
if you were righteous?
What would he gain if your ways were
blameless?
4 ●"Is it for your piety that he rebukes you
and brings charges against you?
5 ●Is not your wickedness great?
Are not your sins endless?
6 ●You demanded security from your
relatives for no reason;
you stripped people of their clothing,
leaving them naked.
7 ●You gave no water to the weary
and you withheld food from the hungry,
8 ●though you were a powerful man, owning
land —
an honored man, living on it.
9 ●And you sent widows away empty-handed
and broke the strength of the fatherless.
10 ●That is why snares are all around you,
why sudden peril terrifies you,
11 ●why it is so dark you cannot see,
and why a flood of water covers you.
12 ●"Is not God in the heights of heaven?
And see how lofty are the highest stars!
13 ●Yet you say, 'What does God know?
Does he judge through such darkness?
14 ●Thick clouds veil him, so he does not see us
as he goes about in the vaulted heavens.'

[a]30 *Or wicked are reserved for the day of calamity, / that they are brought forth to* [b]33 *Or them, / as a countless throng went*

blameless [bléimlis] *a.* 결점 없는
conduct [kándʌkt] *n.* 행동
console [kənsóul] *vt.* 위로하다
denounce [dináuns] *vt.* 고발하다
lofty [lɔ́:fti] *a.* 매우 높은
peril [pérəl] *n.* 위험
piety [páiəti] *n.* 경외, 경전
rebuke [ribjú:k] *vt.* 꾸짖다
snare [snɛər] *n.* 덫
throng [θrɔ:ŋ] *n.* 군중
vaulted [vɔ́:ltid] *a.* 둥근 천장의
veil [veil] *vt.* 숨기다
weary [wíəri] *a.* 지친, 기진맥진한
widow [wídou] *n.* 과부
wrath [ræθ] *n.* 격노

21:32 keep over: 지키다
22:4 bring charge against...: …를 가소하다, 비난하다
22:6 strip... of~: …의 ~를 벗기다
22:7 withhold A from B: B에게 A를 보류하다
22:14 go about: 돌아다니다, 시작하다

들의 터는 강물로 말미암아 함몰되었느
니라
17 그들이 하나님께 말하기를 우리를 떠나
소서 하며 또 말하기를 전능자가 우리
를 위하여 무엇을 하실 수 있으랴 하였
으나
18 하나님이 좋은 것으로 그들의 집에 채우
셨느니라 악인의 계획은 나에게서 머니
라
19 의인은 보고 기뻐하고 죄 없는 자는 그들
을 비웃기를 시 58:10
20 우리의 원수가 망하였고 그들의 남은 것
을 불이 삼켰느니라 하리라
21 ● 너는 하나님과 화목하고 평안하라 그
리하면 복이 네게 임하리라 시 34:10
22 청하건대 너는 하나님의 입에서 교훈을
받고 하나님의 말씀을 네 마음에 두라
23 네가 만일 전능자에게로 돌아가면 네가
지음을 받을 것이며 또 네 장막에서 불의
를 멀리하리라
24 네 보화를 티끌로 여기고 오빌의 금을 계
곡의 돌로 여기라
25 그리하면 전능자가 네 보화가 되시며 네
게 고귀한 은이 되시리니
26 이에 네가 전능자를 기뻐하여 하나님께
로 얼굴을 들 것이라
27 너는 그에게 기도하겠고 그는 들으실 것
이며 너의 서원을 네가 갚으리라
28 네가 무엇을 결정하면 이루어질 것이요
네 길에 빛이 비치리라
29 사람들이 너를 낮추거든 너는 교만했노
라고 말하라 하나님은 겸손한 자를 구원
하시리라
30 죄 없는 자가 아니라도 건지시리니 네 손
이 깨끗함으로 말미암아 건지심을 받으
리라

욥의 대답 (♪ 395장)

23 욥이 대답하여 이르되
2 오늘도 내게 반항하는 마음과 근
심이 있나니 내가 받는 재앙이 탄식보다
무거움이라
3 내가 어찌하면 하나님을 발견하고 그의
처소에 나아가랴
4 어찌하면 그 앞에서 내가 호소하며 변론
할 말을 내 입에 채우고
5 내게 대답하시는 말씀을 내가 알며 내게
이르시는 것을 내가 깨달으랴

15 ● Will you keep to the old path
that the wicked have trod?
16 ● They were carried off before their time,
their foundations washed away by a flood.
17 ● They said to God, 'Leave us alone!
What can the Almighty do to us?'
18 ● Yet it was he who filled their houses with good
things,
so I stand aloof from the plans of the wicked.
19 ● The righteous see their ruin and rejoice;
the innocent mock them, saying,
20 ● 'Surely our foes are destroyed,
and fire devours their wealth.'
21 ● "Submit to God and be at peace with him;
in this way prosperity will come to you.
22 ● Accept instruction from his mouth
and lay up his words in your heart.
23 ● If you return to the Almighty, you will be
restored:
If you remove wickedness far from your tent
24 ● and assign your nuggets to the dust,
your gold of Ophir to the rocks in the ravines,
25 ● then the Almighty will be your gold,
the choicest silver for you.
26 ● Surely then you will find delight in the
Almighty
and will lift up your face to God.
27 ● You will pray to him, and he will hear you,
and you will fulfill your vows.
28 ● What you decide on will be done,
and light will shine on your ways.
29 ● When people are brought low and you say,
'Lift them up!'
then he will save the downcast.
30 ● He will deliver even one who is not innocent,
who will be delivered through the
cleanness of your hands."

Job

23 Then Job replied:

2 ● "Even today my complaint is bitter;
his hand[a] is heavy in spite of[b] my groaning.
3 ● If only I knew where to find him;
if only I could go to his dwelling!
4 ● I would state my case before him
and fill my mouth with arguments.
5 ● I would find out what he would answer me,
and consider what he would say to me.
6 ● Would he vigorously oppose me?
No, he would not press charges against me.

[a]2 Septuagint and Syriac; Hebrew / *the hand on me* [b]2 Or *heavy on me in*

aloof [əlúːf] *ad.* 멀리 떨어져
argument [áːrgjumənt] *n.* 논쟁, 주장
bitter [bítər] *a.* 고통스러운
choicest [tʃɔ́isist] *a.* 최상의
devour [diváuər] *vt.* 삼키다
downcast [dáunkæst] *a.* 풀 죽은
dwelling [dwéliŋ] *n.* 거처
foe [fou] *n.* 적, 원수
groan [groun] *vi.* 신음하다
mock [mak] *vt.* 조롱하다
nugget [nʌ́git] *n.* (금)덩어리, 귀중한 것
prosperity [praspérəti] *n.* 번영
ravine [rəvíːn] *n.* 산골짜기
tread [tred] *vt.* 밟고 지나다
vow [vau] *n.* 맹세

22:16 carry off: 빼앗다
22:21 submit to...: …에게 복종하다
22:24 assign A to B: A를 B에게 할당하다
22:26 lift up to...: …로 들어올리다
22:28 decide on...: …로 결정하다
23:2 in spite of...: …에도 불구하고

6 그가 큰 권능을 가지시고 나와 더불어 다
투시겠느냐 아니로다 도리어 내 말을 들
으시리라
7 거기서는 정직한 자가 그와 변론할 수 있
은즉 내가 심판자에게서 영원히 벗어나
리라
8 그런데 내가 앞으로 가도 그가 아니 계시
고 뒤로 가도 보이지 아니하며
9 그가 왼쪽에서 일하시나 내가 만날 수 없
고 그가 오른쪽으로 돌이키시나 뵈올 수
없구나
10 ●그러나 내가 가는 길을 그가 아시나니
그가 나를 단련하신 후에는 내가 순금같
이 되어 나오리라
11 내 발이 그의 걸음을 바로 따랐으며 내가
그의 길을 지켜 치우치지 아니하였고
12 내가 그의 입술의 명령을 어기지 아니하
고 [1)]정한 음식보다 그의 입의 말씀을 귀
히 여겼도다
13 그는 뜻이 일정하시니 누가 능히 돌이키
랴 그의 마음에 하고자 하시는 것이면 그
것을 행하시나니
14 그런즉 내게 작정하신 것을 이루실 것이
라 이런 일이 그에게 많이 있느니라
15 그러므로 내가 그 앞에서 떨며 지각을 얻
어 그를 두려워하리라
16 하나님이 나의 마음을 약하게 하시며 전
능자가 나를 두렵게 하셨나니
17 이는 내가 두려워하는 것이 어둠 때문이
나 흑암이 내 얼굴을 가렸기 때문이 아니
로다

24

어찌하여 전능자는 때를 정해 놓지
아니하셨는고 그를 아는 자들이 그
의 날을 보지 못하는고
2 어떤 사람은 땅의 경계표를 옮기며 양 떼
를 빼앗아 기르며
3 고아의 나귀를 몰아 가며 과부의 소를 볼
모 잡으며
4 가난한 자를 길에서 몰아내나니 세상에
서 학대 받는 자가 다 스스로 숨는구나
5 그들은 거친 광야의 들나귀 같아서 나가
서 일하며 먹을 것을 부지런히 구하니 빈
들이 그들의 자식을 위하여 그에게 음식
을 내는구나
6 밭에서 남의 꼴을 베며 악인이 남겨둔 포
도를 따며
7 의복이 없어 벗은 몸으로 밤을 지내며 추

7 •There the upright can establish their
innocence before him,
and there I would be delivered forever from
my judge.
8 •"But if I go to the east, he is not there;
if I go to the west, I do not find him.
9 •When he is at work in the north, I do not see
him;
when he turns to the south, I catch no
glimpse of him.
10 •But he knows the way that I take;
when he has tested me, I will come forth as
gold.
11 •My feet have closely followed his steps;
I have kept to his way without turning aside.
12 •I have not departed from the commands of
his lips;
I have treasured the words of his mouth
more than my daily bread.
13 •"But he stands alone, and who can oppose him?
He does whatever he pleases.
14 •He carries out his decree against me,
and many such plans he still has in store.
15 •That is why I am terrified before him;
when I think of all this, I fear him.
16 •God has made my heart faint;
the Almighty has terrified me.
17 •Yet I am not silenced by the darkness,
by the thick darkness that covers my face.

24

"Why does the Almighty not set times for
judgment?
Why must those who know him look in
vain for such days?
2 •There are those who move boundary stones;
they pasture flocks they have stolen.
3 •They drive away the orphan's donkey
and take the widow's ox in pledge.
4 •They thrust the needy from the path
and force all the poor of the land into hiding.
5 •Like wild donkeys in the desert,
the poor go about their labor of foraging food;
the wasteland provides food for their children.
6 •They gather fodder in the fields
and glean in the vineyards of the wicked.
7 •Lacking clothes, they spend the night naked;
they have nothing to cover themselves in
the cold.
8 •They are drenched by mountain rains
and hug the rocks for lack of shelter.
9 •The fatherless child is snatched from the breast;

1) 히, 작정

boundary [báundəri] *n.* 경계
decree [dikríː] *n.* 섭리, 명령
deliver [dilívər] *vt.* 구원하다
drench [drentʃ] *vt.* 흠뻑 적시다
faint [feint] *a.* 연약한
fodder [fádər] *n.* 먹이
glean [gliːn] *vi.* 주워 모으다
glimpse [glimps] *n.* 얼핏 보이는 것
pasture [pǽstʃər] *vt.* 방목하다
shelter [ʃéltər] *n.* 피난처, 집
silence [sáiləns] *vt.* 침묵시키다
terrify [térəfài] *vt.* 무섭게 하다
thrust [θrʌst] *vt.* 밀치다
treasure [tréʒər] *vt.* 소중히 여기다
upright [ʌ́prâit] *a.* 올바른

23:12 depart from...: …에서 벗어나다
23:14 carry out: 수행하다
24:1 in vain: 헛되이, 공연히
24:3 take... in pledge: …를 저당 잡다
24:4 force... into~: …에게 억지로 ~를 시키다
24:9 snatch from...: …에서 낚아채다

워도 덮을 것이 없으며
8 산중에서 만난 소나기에 젖으며 가릴 것
이 없어 바위를 안고 있느니라
9 어떤 사람은 고아를 어머니의 품에서 빼
앗으며 가난한 자의 옷을 볼모 잡으므
로
10 그들이 옷이 없어 벌거벗고 다니며 곡식
이삭을 나르나 굶주리고
11 그 사람들의 담 사이에서 기름을 짜며 목
말라 하면서 술 틀을 밟느니라
12 성중에서 죽어가는 사람들이 신음하며 상
한 자가 부르짖으나 하나님이 그들의 참
상을 보지 아니하시느니라
13 ● 또 광명을 배반하는 사람들은 이러하니
그들은 그 도리를 알지 못하며 그 길에 머
물지 아니하는 자라
14 사람을 죽이는 자는 밝을 때에 일어나서
학대 받는 자나 가난한 자를 죽이고 밤에
는 도둑같이 되며
15 간음하는 자의 눈은 저물기를 바라며 아
무 눈도 나를 보지 못하리라 하고 얼굴을
가리며
16 어둠을 틈타 집을 뚫는 자는 낮에는 잠그
고 있으므로 광명을 알지 못하나니
17 그들은 아침을 죽음의 그늘같이 여기니
죽음의 그늘의 두려움을 앎이니라
18 ● 그들은 물 위에 빨리 흘러가고 그들의
소유는 세상에서 저주를 받나니 그들이
다시는 포도원 길로 다니지 못할 것이
라
19 가뭄과 더위가 눈 녹은 물을 곧 빼앗나니
스올이 범죄자에게도 그와 같이 하느니
라
20 모태가 그를 잊어버리고 구더기가 그를
달게 먹을 것이라 그는 다시 기억되지 않
을 것이니 불의가 나무처럼 꺾이리라
21 그는 임신하지 못하는 여자를 박대하며
과부를 선대하지 아니하는도다
22 그러나 하나님이 그의 능력으로 강포한
자들을 끌어내시나니 일어나는 자는 있어
도 살아남을 확신은 없으리라
23 하나님은 그에게 평안을 주시며 지탱해
주시나 그들의 길을 살피시도다
24 그들은 잠깐 동안 높아졌다가 천대를 받
을 것이며 잘려 모아진 곡식 이삭처럼 되
리라
25 가령 그렇지 않을지라도 능히 내 말을 거

the infant of the poor is seized for a debt.
10 ● Lacking clothes, they go about naked;
they carry the sheaves, but still go hungry.
11 ● They crush olives among the terraces[a];
they tread the winepresses, yet suffer thirst.
12 ● The groans of the dying rise from the city,
and the souls of the wounded cry out for
help.
But God charges no one with wrongdoing.
13 ● "There are those who rebel against the light,
who do not know its ways
or stay in its paths.
14 ● When daylight is gone, the murderer rises up,
kills the poor and needy,
and in the night steals forth like a thief.
15 ● The eye of the adulterer watches for dusk;
he thinks, 'No eye will see me,'
and he keeps his face concealed.
16 ● In the dark, thieves break into houses,
but by day they shut themselves in;
they want nothing to do with the light.
17 ● For all of them, midnight is their morning;
they make friends with the terrors of
darkness.
18 ● "Yet they are foam on the surface of the water;
their portion of the land is cursed,
so that no one goes to the vineyards.
19 ● As heat and drought snatch away the melted
snow,
so the grave snatches away those who
have sinned.
20 ● The womb forgets them,
the worm feasts on them;
the wicked are no longer remembered
but are broken like a tree.
21 ● They prey on the barren and childless woman,
and to the widow they show no kindness.
22 ● But God drags away the mighty by his power;
though they become established, they
have no assurance of life.
23 ● He may let them rest in a feeling of security,
but his eyes are on their ways.
24 ● For a little while they are exalted, and
then they are gone;
they are brought low and gathered up
like all others;
they are cut off like heads of grain.
25 ● "If this is not so, who can prove me false
and reduce my words to nothing?"

[a]11 The meaning of the Hebrew for this word is uncertain.

adulterer [ədʌ́ltərər] *n.* 간음하는 자
assurance [əʃúərəns] *n.* 확신
barren [bǽrən] *a.* 불임의
conceal [kənsí:l] *vt.* 감추다
drought [draut] *n.* 가뭄
exalt [igzɔ́:lt] *vt.* 높이다
groan [groun] *n.* 신음소리
melt [melt] *vi.* 녹다
rebel [ribə́l] *vi.* 반역하다
security [sikjúərəti] *n.* 안전
seize [si:z] *vt.* 붙잡다
sheaf [ʃi:f] *n.* 곡식의 단
terrace [térəs] *n.* 테라스
tread [tred] *vt.* 밟다
worm [wə:rm] *n.* 벌레

24:12 charge with...: …로 기소하다
24:16 break into...: …에 침입하다
24:16 shut oneself in: 틀어박히다
24:19 snatch away: 낚아채다
24:20 feast on...: …을 포식하다
24:21 prey on...: …를 괴롭히다

짓되다고 지적하거나 내 말을 헛되게 만
들 자 누구랴

빌닷의 세 번째 말 (♪ 426, 540장)

25 수아 사람 빌닷이 대답하여 이르
되
2 하나님은 주권과 위엄을 가지셨고 높은
곳에서 화평을 베푸시느니라
3 그의 군대를 어찌 계수할 수 있으랴 그가
비추는 광명을 받지 않은 자가 누구냐
4 그런즉 하나님 앞에서 사람이 어찌 의롭
다 하며 여자에게서 난 자가 어찌 깨끗하
다 하랴
5 보라 그의 눈에는 달이라도 빛을 발하지
못하고 별도 빛나지 못하거든
6 하물며 구더기 같은 사람, 벌레 같은 인생
이랴

욥의 대답 (♪ 19, 69장)

26 욥이 대답하여 이르되
2 네가 힘없는 자를 참 잘도 도와주
는구나 기력 없는 팔을 참 잘도 구원하여
주는구나
3 지혜 없는 자를 참 잘도 가르치는구나 큰
지식을 참 잘도 자랑하는구나
4 네가 누구를 향하여 말하느냐 누구의 정
신이 네게서 나왔느냐
5 ● 죽은 자의 영들이 물 밑에서 떨며 물에
서 사는 것들도 그러하도다
6 하나님 앞에서는 스올도 벗은 몸으로 드
러나며 멸망도 가림이 없음이라
7 그는 북쪽을 허공에 펴시며 땅을 아무것
도 없는 곳에 매다시며 9:8
8 물을 빽빽한 구름에 싸시나 그 밑의 구름
이 찢어지지 아니하느니라 잠 30:4
9 그는 보름달을 가리시고 자기의 구름을
그 위에 펴시며
10 수면에 경계를 그으시니 빛과 어둠이 함
께 끝나는 곳이니라
11 그가 꾸짖으신즉 하늘 기둥이 흔들리며
놀라느니라
12 그는 능력으로 바다를 잔잔하게 하시며
지혜로[1)] 라합을 깨뜨리시며 사 51:15
13 그의 입김으로 하늘을 맑게 하시고 손으
로 날렵한 뱀을 무찌르시나니
14 보라 이런 것들은 그의 행사의 단편일 뿐
이요 우리가 그에게서 들은 것도 속삭이
는 소리일 뿐이니 그의 큰 능력의 우렛소
리를 누가 능히 헤아리랴

Bildad

25 Then Bildad the Shuhite replied:

2 ● "Dominion and awe belong to God;
he establishes order in the heights of heaven.
3 ● Can his forces be numbered?
On whom does his light not rise?
4 ● How then can a mortal be righteous before God?
How can one born of woman be pure?
5 ● If even the moon is not bright
and the stars are not pure in his eyes,
6 ● how much less a mortal, who is but a maggot—
a human being, who is only a worm!"

Job

26 Then Job replied:

2 ● "How you have helped the powerless!
How you have saved the arm that is feeble!
3 ● What advice you have offered to one
without wisdom!
And what great insight you have displayed!
4 ● Who has helped you utter these words?
And whose spirit spoke from your mouth?
5 ● "The dead are in deep anguish,
those beneath the waters and all that
live in them.
6 ● The realm of the dead is naked before God;
Destruction[a] lies uncovered.
7 ● He spreads out the northern skies over
empty space;
he suspends the earth over nothing.
8 ● He wraps up the waters in his clouds,
yet the clouds do not burst under their
weight.
9 ● He covers the face of the full moon,
spreading his clouds over it.
10 ● He marks out the horizon on the face of the
waters
for a boundary between light and darkness.
11 ● The pillars of the heavens quake,
aghast at his rebuke.
12 ● By his power he churned up the sea;
by his wisdom he cut Rahab to pieces.
13 ● By his breath the skies became fair;
his hand pierced the gliding serpent.
14 ● And these are but the outer fringe of his
works;
how faint the whisper we hear of him!
Who then can understand the thunder
of his power?"

[a]6 Hebrew *Abaddon*   1) 히, 폭풍우

anguish [ǽŋgwiʃ] *n.* 괴로움, 비통
awe [ɔː] *n.* 두려움, 외경심
churn [tʃəːrn] *vt.* 휘젓다
dominion [dəmínjən] *n.* 지배
fair [fɛər] *a.* 갠, 맑은
feeble [fíːbl] *a.* 연약한
fringe [frindʒ] *n.* 주변부
gliding [gláidiŋ] *a.* 미끄러지는
insight [ínsàit] *n.* 통찰력
maggot [mǽgət] *n.* 구더기
mortal [mɔ́ːrtl] *n.* 사람
quake [kweik] *vi.* 흔들리다
serpent [sə́ːrpənt] *n.* 뱀
suspend [səspénd] *vt.* 매달다
utter [ʌ́tər] *vt.* 발언하다

25:2 belong to...: …에 속하다
26:7 spread out: 넓히다, 활짝 펴지다
26:8 wrap up: 싸다
26:10 mark out: 구획하다
26:11 aghast at...: …에 아연실색하여
26:12 cut... to pieces: …을 난도질하다

세 친구에 대한 욥의 말 (♪ 86, 369장)

27 욥이 또 풍자하여 이르되
2 나의 정당함을 물리치신 하나님, 나의
영혼을 괴롭게 하신 전능자의 사심을 두고
맹세하노니
3 (나의 호흡이 아직 내 속에 완전히 있고 하나
님의 숨결이 아직도 내 코에 있느니라) 32:8
4 결코 내 입술이 불의를 말하지 아니하며 내
혀가 거짓을 말하지 아니하리라
5 나는 결코 너희를 옳다 하지 아니하겠고 내
가 죽기 전에는 나의 온전함을 버리지 아니
할 것이라
6 내가 내 공의를 굳게 잡고 놓지 아니하리니
내 마음이 나의 생애를 비웃지 아니하리라
7 나의 원수는 악인같이 되고 일어나 나를 치
는 자는 불의한 자같이 되기를 원하노라
8 불경건한 자가 이익을 얻었으나 하나님이 그
의 영혼을 거두실 때에는 무슨 희망이 있으
랴
9 환난이 그에게 닥칠 때에 하나님이 어찌 그
의 부르짖음을 들으시랴
10 그가 어찌 전능자를 기뻐하겠느냐 항상 하나
님께 부르짖겠느냐 22:26,27
11 하나님의 [1]솜씨를 내가 너희에게 가르칠 것
이요 전능자에게 있는 것을 내가 숨기지 아
니하리라
12 너희가 다 이것을 보았거늘 어찌하여 그토록
무익한 사람이 되었는고
13 ●악인이 하나님께 얻을 분깃, 포악자가 전
능자에게서 받을 산업은 이것이라
14 그의 자손은 번성하여도 칼을 위함이요 그의
후손은 음식물로 배부르지 못할 것이며 20:10
15 그 남은 자들은 죽음의 병이 돌 때에 묻히리
니 그들의 과부들이 울지 못할 것이며
16 그가 비록 은을 티끌같이 쌓고 의복을 진흙
같이 준비할지라도
17 그가 준비한 것을 의인이 입을 것이요 그의
은은 죄 없는 자가 차지할 것이며
18 그가 지은 집은 좀의 집 같고 파수꾼의 초막
같을 것이며 8:15
19 부자로 누우려니와 다시는 그렇지 못할 것
이요 눈을 뜬즉 아무것도 없으리라
20 두려움이 물같이 그에게 닥칠 것이요 폭풍이
밤에 그를 앗아갈 것이며
21 동풍이 그를 들어올리리니 그는 사라질 것이
며 그의 처소에서 그를 몰아내리라
22 하나님은 그를 아끼지 아니하시고 던져 버릴

Job's Final Word to His Friends

27 And Job continued his discourse:

2 ●"As surely as God lives, who has denied
me justice,
the Almighty, who has made my life
bitter,
3 ●as long as I have life within me,
the breath of God in my nostrils,
4 ●my lips will not say anything wicked,
and my tongue will not utter lies.
5 ●I will never admit you are in the right;
till I die, I will not deny my integrity.
6 ●I will maintain my innocence and never
let go of it;
my conscience will not reproach me as
long as I live.
7 ●"May my enemy be like the wicked,
my adversary like the unjust!
8 ●For what hope have the godless when they
are cut off,
when God takes away their life?
9 ●Does God listen to their cry
when distress comes upon them?
10 ●Will they find delight in the Almighty?
Will they call on God at all times?
11 ●"I will teach you about the power of God;
the ways of the Almighty I will not conceal.
12 ●You have all seen this yourselves.
Why then this meaningless talk?
13 ●"Here is the fate God allots to the wicked,
the heritage a ruthless man receives
from the Almighty:
14 ●However many his children, their fate is the
sword;
his offspring will never have enough to eat.
15 ●The plague will bury those who survive him,
and their widows will not weep for them.
16 ●Though he heaps up silver like dust
and clothes like piles of clay,
17 ●what he lays up the righteous will wear,
and the innocent will divide his silver.
18 ●The house he builds is like a moth's cocoon,
like a hut made by a watchman.
19 ●He lies down wealthy, but will do so no more;
when he opens his eyes, all is gone.
20 ●Terrors overtake him like a flood;
a tempest snatches him away in the night.
21 ●The east wind carries him off, and he is
gone;
it sweeps him out of his place.

1) 히, 손을

admit [ædmít] *vt.* 인정하다
adversary [ǽdvərseri] *n.* 적
allot [əlát] *vt.* 배당하다
cocoon [kəkúːn] *n.* (누에)고치
conscience [kánʃəns] *n.* 양심
discourse [dískɔːrs] *n.* 강연
distress [distrés] *n.* 고난
heritage [héritidʒ] *n.* 유산
integrity [intégrəti] *n.* 온전함
nostril [nástrəl] *n.* 콧구멍
offspring [ɔ́ːfspriŋ] *n.* 자식, 후손
overtake [òuvərtéik] *vt.* 덮치다
plague [pleig] *n.* 역병
reproach [ripróutʃ] *vt.* 꾸짖다
ruthless [rúːθlis] *a.* 무자비한

27:5 be in the right: 도리에 맞다
27:6 let go of...: …를 놓다
27:8 be cut off: 단절되다, 죽다
27:16 heap up: 축적하다, 쌓아올리다
27:17 lay up: …을 비축하다
27:20 snatch away: 잡아채다

것이니 그의 손에서 도망치려고 힘쓰리라
23 사람들은 그를 바라보며 손뼉치고 그의 처소
에서 그를 비웃으리라
애 2:15

지혜와 명철 (♪ 419, 570장)

28 은이 나는 곳이 있고 금을 제련하는 곳
이 있으며
2 철은 흙에서 캐내고 동은 돌에서 녹여 얻느
니라
3 사람은 어둠을 뚫고 모든 것을 끝까지 탐지
하여 어둠과 죽음의 그늘에 있는 광석도 탐
지하되
4 그는 사람이 사는 곳에서 멀리 떠나 갱도를
깊이 뚫고 발길이 닿지 않는 곳 사람이 없는
곳에 매달려 흔들리느니라
5 음식은 땅으로부터 나오나 그 밑은 불처럼
변하였도다
시 104:14
6 그 돌에는 청옥이 있고 사금도 있으며
7 그 길은 솔개도 알지 못하고 매의 눈도 보지
못하며
8 용맹스러운 짐승도 밟지 못하였고 사나운 사
자도 그리로 지나가지 못하였느니라
9 사람이 굳은 바위에 손을 대고 산을 뿌리까
지 뒤엎으며
10 반석에 수로를 터서 각종 보물을 눈으로 발
견하고
11 누수를 막아 스며 나가지 않게 하고 감추어
져 있던 것을 밝은 데로 끌어내느니라
12 ●그러나 지혜는 어디서 얻으며 명철이 있는
곳은 어디인고
13 그 길을 사람이 알지 못하나니 사람 사는 땅
에서는 찾을 수 없구나
14 깊은 물이 이르기를 내 속에 있지 아니하다
하며 바다가 이르기를 나와 함께 있지 아니
하다 하느니라
15 순금으로도 바꿀 수 없고 은을 달아도 그 값
을 당하지 못하리니
16 오빌의 금이나 귀한 청옥수나 남보석으로도
그 값을 당하지 못하겠고
17 황금이나 수정이라도 비교할 수 없고 정금
장식품으로도 바꿀 수 없으며
18 진주와 벽옥으로도 비길 수 없나니 지혜의
값은 산호보다 귀하구나
잠 3:15
19 구스의 황옥으로도 비교할 수 없고 순금으로
도 그 값을 헤아리지 못하리라
20 그런즉 지혜는 어디서 오며 명철이 머무는
곳은 어디인고
28:23,28
21 모든 생물의 눈에 숨겨졌고 공중의 새에게

22 ●It hurls itself against him without mercy
as he flees headlong from its power.
23 ●It claps its hands in derision
and hisses him out of his place."

Interlude: Where Wisdom Is Found

28 There is a mine for silver
and a place where gold is refined.
2 ●Iron is taken from the earth,
and copper is smelted from ore.
3 ●Mortals put an end to the darkness;
they search out the farthest recesses
for ore in the blackest darkness.
4 ●Far from human dwellings they cut a shaft,
in places untouched by human feet;
far from other people they dangle and
sway.
5 ●The earth, from which food comes,
is transformed below as by fire;
6 ●lapis lazuli comes from its rocks,
and its dust contains nuggets of gold.
7 ●No bird of prey knows that hidden path,
no falcon's eye has seen it.
8 ●Proud beasts do not set foot on it,
and no lion prowls there.
9 ●People assault the flinty rock with their
hands
and lay bare the roots of the mountains.
10 ●They tunnel through the rock;
their eyes see all its treasures.
11 ●They search[a] the sources of the rivers
and bring hidden things to light.
12 ●But where can wisdom be found?
Where does understanding dwell?
13 ●No mortal comprehends its worth;
it cannot be found in the land of the
living.
14 ●The deep says, "It is not in me";
the sea says, "It is not with me."
15 ●It cannot be bought with the finest gold,
nor can its price be weighed out in silver.
16 ●It cannot be bought with the gold of Ophir,
with precious onyx or lapis lazuli.
17 ●Neither gold nor crystal can compare with it,
nor can it be had for jewels of gold.
18 ●Coral and jasper are not worthy of mention;
the price of wisdom is beyond rubies.
19 ●The topaz of Cush cannot compare with it;
it cannot be bought with pure gold.
20 ●Where then does wisdom come from?
Where does understanding dwell?

[a]11 Septuagint, Aquila and Vulgate; Hebrew *They dam up*

assault [əsɔ́:lt] *vt.* 급습하다
dangle [dǽŋgl] *vi.* 매달리다
derision [diríʒən] *n.* 비웃음
flinty [flínti] *a.* 부싯돌로 된
headlong [hédlɔ̀:ŋ] *ad.* 황급히
hiss [his] *vi.* 비난의 소리를 내다
mine [main] *n.* 광산
nugget [nʌ́git] *n.* (금)덩어리
ore [ɔ́:r] *n.* 광석
precious [préʃəs] *a.* 귀중한
prowl [praul] *vi.* 어슬렁거리다
recess [ri:sés] *n.* 우묵한 곳, 깊숙한 곳
refine [rifáin] *vt.* 제련하다
shaft [ʃæft] *n.* 구멍, 갱
smelt [smelt] *vt.* (금속을)녹이다

27:22 without mercy: 사정없이
28:3 search out...: …을 끝까지 찾아내다
28:7 bird of prey: 맹금(猛禽)
28:8 set foot on...: …에 발을 딛다
28:16 buy with: (대가를 치르고) 얻다
28:17 compare with...: …와 비교하다

가려졌으며
22 멸망과 사망도 이르기를 우리가 귀로 그 소
문은 들었다 하느니라
23 하나님이 그 길을 아시며 있는 곳을 아시나
니
24 이는 그가 땅끝까지 감찰하시며 온 천하를
살피시며
25 바람의 무게를 정하시며 물의 분량을 정하시
며
26 비 내리는 법칙을 정하시고 비구름의 길과
우레의 법칙을 만드셨음이라
27 그때에 그가 보시고 선포하시며 굳게 세우시
며 탐구하셨고
28 또 사람에게 말씀하셨도다 보라 주를 경외함
이 지혜요 악을 떠남이 명철이니라

욥의 마지막 말 (♪293, 304장)

29 욥이 풍자하여 이르되
2 나는 지난 세월과 하나님이 나를 보호
하시던 때가 다시 오기를 원하노라 렘 31:28
3 그때에는 그의 등불이 내 머리에 비치었고
내가 그의 빛을 힘입어 암흑에서도 걸어다녔
느니라
4 내가 원기 왕성하던 날과 같이 지내기를 원
하노라 그때에는 하나님이 내 장막에 기름을
발라 주셨도다
5 그때에는 전능자가 아직도 나와 함께 계셨으
며 나의 젊은이들이 나를 둘러 있었으며
6 젖으로 내 발자취를 씻으며 바위가 나를 위
하여 기름 시내를 쏟아냈으며
7 그때에는 내가 나가서 성문에 이르기도 하며
내 자리를 거리에 마련하기도 하였느니라
8 나를 보고 젊은이들은 숨으며 노인들은 일어
나서 서며
9 유지들은 말을 삼가고 손으로 입을 가리며
10 지도자들은 말소리를 낮추었으니 그들의 혀
가 입천장에 붙었느니라
11 귀가 들은즉 나를 축복하고 눈이 본즉 나를
증언하였나니
12 이는 부르짖는 빈민과 도와줄 자 없는 고아
를 내가 건졌음이라
13 망하게 된 자도 나를 위하여 복을 빌었으며
과부의 마음이 나로 말미암아 기뻐 노래하였
느니라
14 내가 의를 옷으로 삼아 입었으며 나의 정의
는 겉옷과 모자 같았느니라
15 나는 맹인의 눈도 되고 다리 저는 사람의 발
도 되고

21 •It is hidden from the eyes of every living thing,
concealed even from the birds in the sky.
22 •Destruction[a] and Death say,
"Only a rumor of it has reached our ears."
23 •God understands the way to it
and he alone knows where it dwells,
24 •for he views the ends of the earth
and sees everything under the heavens.
25 •When he established the force of the wind
and measured out the waters,
26 •when he made a decree for the rain
and a path for the thunderstorm,
27 •then he looked at wisdom and appraised it;
he confirmed it and tested it.
28 •And he said to the human race,
"The fear of the Lord — that is wisdom,
and to shun evil is understanding."

Job's Final Defense

29 Job continued his discourse:
2 •"How I long for the months gone by,
for the days when God watched over me,
3 •when his lamp shone on my head
and by his light I walked through darkness!
4 •Oh, for the days when I was in my prime,
when God's intimate friendship blessed
my house,
5 •when the Almighty was still with me
and my children were around me,
6 •when my path was drenched with cream
and the rock poured out for me streams
of olive oil.
7 •"When I went to the gate of the city
and took my seat in the public square,
8 •the young men saw me and stepped aside
and the old men rose to their feet;
9 •the chief men refrained from speaking
and covered their mouths with their hands;
10 •the voices of the nobles were hushed,
and their tongues stuck to the roof of
their mouths.
11 •Whoever heard me spoke well of me,
and those who saw me commended me,
12 •because I rescued the poor who cried for help,
and the fatherless who had none to
assist them.
13 •The one who was dying blessed me;
I made the widow's heart sing.
14 •I put on righteousness as my clothing;
justice was my robe and my turban.
15 •I was eyes to the blind

[a]22 Hebrew *Abaddon*

appraise [əpréiz] *vt.* 평가하다
commend [kəménd] *vt.* 칭찬하다
confirm [kənfə́:rm] *vt.* (결심 등을)굳게하다
decree [dikrí:] *n.* 법령
defense [diféns] *n.* 방어
discourse [dískɔ:rs] *n.* 강연
drench [drentʃ] *vt.* 흠뻑 적시다
dwell [dwel] *vi.* 거주하다
hush [hʌʃ] *vt.* 잠잠하게 하다
intimate [íntəmət] *a.* 친밀한
rescue [réskju:] *vt.* 구해내다
robe [roub] *n.* 겉옷
shun [ʃʌn] *vt.* 피하다, 멀리하다
thunderstorm [θʌ́ndərstɔ̀:rm] *n.* 심한 뇌우
widow [wídou] *n.* 과부

28:25 measure out: 재어서 분배하다
29:2 long for: 열망하다
29:4 in one's prime: 전성기에
29:9 refrain from...: …를 삼가다
29:10 stick to...: …을 굳게 지키다
29:10 roof of mouth: 입천장

16 빈궁한 자의 아버지도 되며 내가 모르는 사
람의 송사를 돌보아 주었으며
17 불의한 자의 턱뼈를 부수고 노획한 물건을
그 잇새에서 빼내었느니라
시 3:7
18 내가 스스로 말하기를 나는 내 보금자리에서
숨을 거두며 나의 날은 모래알같이 많으리라
하였느니라
19 내 뿌리는 물로 뻗어나가고 이슬이 내 가지
에서 밤을 지내고 갈 것이며
20 내 영광은 내게 새로워지고 내 손에서 내 화
살이 끊이지 않았노라
창 49:24
21 무리는 내 말을 듣고 희망을 걸었으며 내가
가르칠 때에 잠잠하였노라
22 내가 말한 후에는 그들이 말을 거듭하지 못
하였나니 나의 말이 그들에게 스며들었음이
라
23 그들은 비를 기다리듯 나를 기다렸으며 봄비
를 맞이하듯 입을 벌렸느니라
24 그들이 의지 없을 때에 내가 미소하면 그들
이 나의 얼굴빛을 무색하게 아니하였느니라
25 내가 그들의 길을 택하여 주고 으뜸되는 자
리에 앉았나니 왕이 군대 중에 있는 것과도
같았고 애곡하는 자를 위로하는 사람과도 같
았느니라

30 그러나 이제는 나보다 젊은 자들이 나
를 비웃는구나 그들의 아비들은 내가
보기에 내 양 떼를 지키는 개 중에도 둘 만하
지 못한 자들이니라
12:4
2 그들의 기력이 쇠잔하였으니 그들의 손의 힘
이 내게 무슨 소용이 있으랴
3 그들은 곧 궁핍과 기근으로 인하여 파리하며
캄캄하고 메마른 땅에서 마른 흙을 씹으며
4 떨기나무 가운데에서 짠 나물을 꺾으며 대
싸리 뿌리로 먹을거리를 삼느니라
5 무리가 그들에게 소리를 지름으로 도둑같이
사람들 가운데에서 쫓겨나서
6 침침한 골짜기와 흙구덩이와 바위 굴에서
살며
7 떨기나무 가운데에서 부르짖으며 가시나무
아래에 모여 있느니라
8 그들은 본래 미련한 자의 자식이요 이름 없
는 자들의 자식으로서 고토에서 쫓겨난 자들
이니라
9 ●이제는 그들이 나를 노래로 조롱하며 내가
그들의 놀림거리가 되었으며
10 그들이 나를 미워하여 멀리하고 서슴지 않고
내 얼굴에 침을 뱉는도다

and feet to the lame.
16 ●I was a father to the needy;
I took up the case of the stranger.
17 ●I broke the fangs of the wicked
and snatched the victims from their teeth.
18 ●"I thought, 'I will die in my own house,
my days as numerous as the grains of sand.
19 ●My roots will reach to the water,
and the dew will lie all night on my
branches.
20 ●My glory will not fade;
the bow will be ever new in my hand.'
21 ●"People listened to me expectantly,
waiting in silence for my counsel.
22 ●After I had spoken, they spoke no more;
my words fell gently on their ears.
23 ●They waited for me as for showers
and drank in my words as the spring rain.
24 ●When I smiled at them, they scarcely
believed it;
the light of my face was precious to them.[a]
25 ●I chose the way for them and sat as their chief;
I dwelt as a king among his troops;
I was like one who comforts mourners.

30 "But now they mock me,
men younger than I,
whose fathers I would have disdained
to put with my sheep dogs.
2 ●Of what use was the strength of their
hands to me,
since their vigor had gone from them?
3 ●Haggard from want and hunger,
they roamed[b] the parched land
in desolate wastelands at night.
4 ●In the brush they gathered salt herbs,
and their food[c] was the root of the broom
bush.
5 ●They were banished from human society,
shouted at as if they were thieves.
6 ●They were forced to live in the dry stream beds,
among the rocks and in holes in the
ground.
7 ●They brayed among the bushes
and huddled in the undergrowth.
8 ●A base and nameless brood,
they were driven out of the land.
9 ●"And now those young men mock me in
song;
I have become a byword among them.
10 ●They detest me and keep their distance;

[a]24 The meaning of the Hebrew for this clause is uncertain. [b]3 Or *gnawed* [c]4 Or *fuel*

bray [brei] *vi.* 시끄럽게 울다
byword [báiwə:rd] *n.* (나쁜) 본보기
desolate [désələt] *a.* 황량한
detest [ditést] *vt.* 혐오하다
disdain [disdéin] *vt.* …할 가치가 없다고 생각하다
fang [fæŋ] *n.* 송곳니
haggard [hǽgərd] *a.* 여윈
huddle [hʌ́dl] *vi.* 모이다
mock [mak] *vt.* 조롱하다
mourner [mɔ́:rnər] *n.* 애곡하는 자
parched [pa:rtʃt] *a.* 바짝 마른
roam [roum] *vt.* 배회하다
scarcely [skέərsli] *ad.* 간신히
undergrowth [ʌ́ndergròuθ] *n.* 덤불
vigor [vígər] *n.* 정력, 힘

29:17 snatch A from B: A를 B에서 잡아채다
29:19 reach to...: …까지 닿다
30:5 be banished from...: …에서 쫓겨나다
30:6 be forced to...: …하도록 강요받다
30:8 be driven out of: 쫓겨나다
30:10 keep one's distance: 거리를 두다

11 이는 하나님이 내 활시위를 늘어지게 하시고
나를 곤고하게 하심으로 무리가 내 앞에서
굴레를 벗었음이니라 룻 1:21
12 그들이 내 오른쪽에서 일어나 내 발에 덫을
놓으며 나를 대적하여 길을 에워싸며
13 그들이 내 길을 헐고 내 재앙을 재촉하는데
도 도울 자가 없구나
14 그들은 성을 파괴하고 그 파괴한 가운데로
몰려드는 것같이 내게로 달려드니
15 순식간에 공포가 나를 에워싸고 그들이 내
품위를 바람같이 날려 버리니 나의 구원은
구름같이 지나가 버렸구나
16 ●이제는 내 생명이 내 속에서 녹으니 환난
날이 나를 사로잡음이라
17 밤이 되면 내 뼈가 쑤시니 나의 아픔이 쉬지
아니하는구나
18 그가 큰 능력으로 나의 옷을 떨쳐 버리시며
나의 옷깃처럼 나를 휘어잡으시는구나
19 하나님이 나를 진흙 가운데 던지셨고 나를
티끌과 재 같게 하셨구나
20 내가 주께 부르짖으나 주께서 대답하지 아니
하시오며 내가 섰사오나 주께서 나를 돌아보
지 아니하시나이다
21 주께서 돌이켜 내게 잔혹하게 하시고 힘 있
는 손으로 나를 대적하시나이다
22 나를 바람 위에 들어 불려가게 하시며 무서
운 힘으로 나를 던져 버리시나이다
23 내가 아나이다 주께서 나를 죽게 하사 모든
생물을 위하여 정한 집으로 돌려보내시리이
다
24 ●그러나 사람이 넘어질 때에 어찌 손을 펴
지 아니하며 재앙을 당할 때에 어찌 도움을
부르짖지 아니하리이까
25 고생의 날을 보내는 자를 위하여 내가 울지
아니하였는가 빈궁한 자를 위하여 내 마음에
근심하지 아니하였는가
26 내가 복을 바랐더니 화가 왔고 광명을 기다
렸더니 흑암이 왔구나
27 내 마음이 들끓어 고요함이 없구나 환난 날
이 내게 임하였구나
28 나는 햇볕에 쬐지 않고도 검어진 피부를 가
지고 걸으며 회중 가운데 서서 도움을 부르
짖고 있느니라
29 나는 이리의 형제요 타조의 벗이로구나 미 1:8
30 나를 덮고 있는 피부는 검어졌고 내 뼈는 열
기로 말미암아 탔구나
31 내 수금은 통곡이 되었고 *내 피리는 애곡이*

they do not hesitate to spit in my face.
11 ●Now that God has unstrung my bow and
afflicted me,
they throw off restraint in my presence.
12 ●On my right the tribe[a] attacks;
they lay snares for my feet,
they build their siege ramps against me.
13 ●They break up my road;
they succeed in destroying me.
'No one can help him,' they say.
14 ●They advance as through a gaping breach;
amid the ruins they come rolling in.
15 ●Terrors overwhelm me;
my dignity is driven away as by the wind,
my safety vanishes like a cloud.
16 ●"And now my life ebbs away;
days of suffering grip me.
17 ●Night pierces my bones;
my gnawing pains never rest.
18 ●In his great power God becomes like
clothing to me[b];
he binds me like the neck of my garment.
19 ●He throws me into the mud,
and I am reduced to dust and ashes.
20 ●"I cry out to you, God, but you do not
answer;
I stand up, but you merely look at me.
21 ●You turn on me ruthlessly;
with the might of your hand you attack
me.
22 ●You snatch me up and drive me before the
wind;
you toss me about in the storm.
23 ●I know you will bring me down to death,
to the place appointed for all the living.
24 ●"Surely no one lays a hand on a broken man
when he cries for help in his distress.
25 ●Have I not wept for those in trouble?
Has not my soul grieved for the poor?
26 ●Yet when I hoped for good, evil came;
when I looked for light, then came
darkness.
27 ●The churning inside me never stops;
days of suffering confront me.
28 ●I go about blackened, but not by the sun;
I stand up in the assembly and cry for help.
29 ●I have become a brother of jackals,
a companion of owls.
30 ●My skin grows black and peels;

[a]12 The meaning of the Hebrew for this word is uncertain. [b]18 Hebrew; Septuagint *power he grasps my clothing*

afflict [əflíkt] *vt.* 괴롭히다
breach [briːtʃ] *n.* 갈라진 틈
churn [tʃəːrn] *vt.* 휘젓다
confront [kənfrʌ́nt] *vt.* 대면하다
dignity [dígnəti] *n.* 위엄
distress [distrés] *n.* 고뇌
gnawing [nɔ́ːiŋ] *a.* 에는 듯한, 몹시 괴로운
overwhelm [òuvərhwélm] *vt.* 덮치다
peel [piːl] *vi.* 껍질이 벗겨지다
restraint [ristréint] *n.* 구속, 자제
ruthlessly [rúːθlísli] *ad.* 무자비하게
siege [siːdʒ] *n.* 포위(공격)
snare [snɛər] *n.* 덫
unstring [ʌnstríŋ] *vt.* 현을 풀다
weep [wiːp] *vi.* 울다

30:10 hesitate to: 주저하다
30:10 spit in...: …에 침을 뱉다
30:14 roll in: 밀려들어오다
30:16 ebb away: (힘 등이) 쇠퇴하다
30:21 turn on...: …로 향하다
30:22 snatch up: 잡아채다

되었구나

31

내가 내 눈과 약속하였나니 어찌 처녀에게 주목하랴
2 그리하면 위에 계신 하나님께서 내리시는 분깃이 무엇이겠으며 높은 곳의 전능자께서 주시는 기업이 무엇이겠느냐
3 불의한 자에게는 환난이 아니겠느냐 행악자에게는 불행이 아니겠느냐
4 그가 내 길을 살피지 아니하시느냐 내 걸음을 다 세지 아니하시느냐
5 ●만일 내가 허위와 함께 동행하고 내 발이 속임수에 빨랐다면
6 하나님께서 나를 공평한 저울에 달아보시고 그가 나의 온전함을 아시기를 바라노라
7 만일 내 걸음이 길에서 떠났거나 내 마음이 내 눈을 따랐거나 내 손에 더러운 것이 묻었다면
8 내가 심은 것을 타인이 먹으며 나의 소출이 뿌리째 뽑히기를 바라노라 20:18
9 ●만일 내 마음이 여인에게 유혹되어 이웃의 문을 엿보아 문에서 숨어 기다렸다면
10 내 아내가 타인의 맷돌을 돌리며 타인과 더불어 동침하기를 바라노라
11 그것은 참으로 음란한 일이니 재판에 회부할 죄악이요
12 멸망하도록 사르는 불이니 나의 모든 소출을 뿌리째 뽑기를 바라노라
13 만일 남종이나 여종이 나와 더불어 쟁론할 때에 내가 그의 권리를 저버렸다면 신 24:14,15
14 하나님이 일어나실 때에 내가 어떻게 하겠느냐 하나님이 심판하실 때에 내가 무엇이라 대답하겠느냐
15 나를 태 속에 만드신 이가 그도 만들지 아니하셨느냐 우리를 뱃속에 지으신 이가 한 분이 아니시냐
16 ●내가 언제 가난한 자의 소원을 막았거나 과부의 눈으로 하여금 실망하게 하였던가
17 나만 혼자 내 떡덩이를 먹고 고아에게 그 조각을 먹이지 아니하였던가 22:7
18 실상은 내가 젊었을 때부터 고아 기르기를 그의 아비처럼 하였으며 내가 어렸을 때부터 과부를 인도하였노라
19 만일 내가 사람이 의복이 없이 죽어가는 것이나 가난한 자가 덮을 것이 없는 것을 못본 체 했다면
20 만일 나의 양털로 그의 몸을 따뜻하게 입혀서 그의 허리가 나를 위하여 복을 빌게 하지

my body burns with fever.
31 ●My lyre is tuned to mourning,
and my pipe to the sound of wailing.

31

"I made a covenant with my eyes
not to look lustfully at a young woman.
2 ●For what is our lot from God above,
our heritage from the Almighty on high?
3 ●Is it not ruin for the wicked,
disaster for those who do wrong?
4 ●Does he not see my ways
and count my every step?
5 ●"If I have walked with falsehood
or my foot has hurried after deceit—
6 ●let God weigh me in honest scales
and he will know that I am blameless—
7 ●if my steps have turned from the path,
if my heart has been led by my eyes,
or if my hands have been defiled,
8 ●then may others eat what I have sown,
and may my crops be uprooted.
9 ●"If my heart has been enticed by a woman,
or if I have lurked at my neighbor's door,
10 ●then may my wife grind another man's grain,
and may other men sleep with her.
11 ●For that would have been wicked,
a sin to be judged.
12 ●It is a fire that burns to Destruction[a];
it would have uprooted my harvest.
13 ●"If I have denied justice to any of my servants,
whether male or female,
when they had a grievance against me,
14 ●what will I do when God confronts me?
What will I answer when called to account?
15 ●Did not he who made me in the womb make them?
Did not the same one form us both within our mothers?
16 ●"If I have denied the desires of the poor
or let the eyes of the widow grow weary,
17 ●if I have kept my bread to myself,
not sharing it with the fatherless—
18 ●but from my youth I reared them as a father would,
and from my birth I guided the widow—
19 ●if I have seen anyone perishing for lack of clothing,
or the needy without garments,
20 ●and their hearts did not bless me

[a]12 Hebrew *Abaddon*

covenant [kʌ́vənənt] *n.* 언약
defile [difáil] *vt.* 더럽히다
entice [intáis] *vt.* 꾀다
falsehood [fɔ́:lshùd] *n.* 허위
grievance [grí:vəns] *n.* 불평
grind [graind] *vt.* (맷돌로)갈다
heritage [héritidʒ] *n.* 유산
lot [lat] *n.* 몫
lurk [lə:rk] *vi.* 잠복하다
lustfully [lʌ́stfəli] *ad.* 음란하게
needy [ní:di] *a.* (매우)가난한
rear [riər] *vt.* 기르다
uproot [ʌprú:t] *vt.* 뿌리째 뽑다
weary [wíəri] *a.* 지친
womb [wu:m] *n.* 태내, 자궁

31:4 see one's way: 할 수 있을 것 같다
31:7 turn from...: …에서 돌이키다
31:13 whether A or B: A와 B를 막론하고
31:17 keep to oneself: 남에게 주지 않다
31:17 share... with~: …를 ~와 나누다
31:19 for lack of...: …이 부족해서

아니하였다면
21 만일 나를 도와주는 자가 성문에 있음을 보
고 내가 주먹을 들어 고아를 향해 휘둘렀다
면
22 내 팔이 어깨 뼈에서 떨어지고 내 팔 뼈가
그 자리에서 부스러지기를 바라노라
23 나는 하나님의 재앙을 심히 두려워하고 그
의 위엄으로 말미암아 그런 일을 할 수 없
느니라
24 ● 만일 내가 내 소망을 금에다 두고 순금에
게 너는 내 의뢰하는 바라 하였다면 막 10:23
25 만일 재물의 풍부함과 손으로 얻은 것이 많
음으로 기뻐하였다면
26 만일 해가 빛남과 달이 밝게 뜬 것을 보고
27 내 마음이 슬며시 유혹되어 내 손에 입맞추
었다면
28 그것도 재판에 회부할 죄악이니 내가 그리
하였으면 위에 계신 하나님을 속이는 것이
리라
29 내가 언제 나를 미워하는 자의 멸망을 기뻐
하고 그가 재난을 당함으로 즐거워하였던
가
30 실상은 나는 그가 죽기를 구하는 말로 그의
생명을 저주하여 내 입이 범죄하게 하지 아
니하였노라
31 내 장막 사람들은 주인의 고기에 배부르지
않은 자가 어디 있느뇨 하지 아니하였는가
32 실상은 나그네가 거리에서 자지 아니하도
록 나는 행인에게 내 문을 열어 주었노라
33 내가 언제 다른 사람처럼 내 악행을 숨긴
일이 있거나 나의 죄악을 나의 품에 감추었
으며
34 내가 언제 큰 무리와 여러 종족의 수모가
두려워서 대문 밖으로 나가지 못하고 잠잠
하였던가
35 누구든지 나의 변명을 들어다오 나의 서명
이 여기 있으니 전능자가 내게 대답하시기
를 바라노라 나를 고발하는 자가 있다면 그
에게 고소장을 쓰게 하라
36 내가 그것을 어깨에 메기도 하고 왕관처럼
머리에 쓰기도 하리라
37 내 걸음의 수효를 그에게 알리고 왕족처럼
그를 가까이하였으리라
38 만일 내 밭이 나를 향하여 부르짖고 밭이랑
이 함께 울었다면
39 만일 내가 값을 내지 않고 그 소출을 먹고
그 소유주가 생명을 잃게 하였다면 레 19:13

for warming them with the fleece from
my sheep,
21 ● if I have raised my hand against the fatherless,
knowing that I had influence in court,
22 ● then let my arm fall from the shoulder,
let it be broken off at the joint.
23 ● For I dreaded destruction from God,
and for fear of his splendor I could not
do such things.

24 ● "If I have put my trust in gold
or said to pure gold, 'You are my security,'
25 ● if I have rejoiced over my great wealth,
the fortune my hands had gained,
26 ● if I have regarded the sun in its radiance
or the moon moving in splendor,
27 ● so that my heart was secretly enticed
and my hand offered them a kiss of homage,
28 ● then these also would be sins to be judged,
for I would have been unfaithful to God
on high.

29 ● "If I have rejoiced at my enemy's misfortune
or gloated over the trouble that came to
him—
30 ● I have not allowed my mouth to sin
by invoking a curse against their life—
31 ● if those of my household have never said,
'Who has not been filled with Job's meat?'—
32 ● but no stranger had to spend the night in
the street,
for my door was always open to the
traveler—
33 ● if I have concealed my sin as people do,[a]
by hiding my guilt in my heart
34 ● because I so feared the crowd
and so dreaded the contempt of the clans
that I kept silent and would not go
outside—

35 ● ("Oh, that I had someone to hear me!
I sign now my defense—let the
Almighty answer me;
let my accuser put his indictment in writing.
36 ● Surely I would wear it on my shoulder,
I would put it on like a crown.
37 ● I would give him an account of my every step;
I would present it to him as to a ruler.)—

38 ● "if my land cries out against me
and all its furrows are wet with tears,
39 ● if I have devoured its yield without payment
or broken the spirit of its tenants,
40 ● then let briers come up instead of wheat

[a]33 *Or as Adam did*

brier [bráiər] *n.* 찔레
clan [klæn] *n.* 부족
conceal [kənsíːl] *vt.* 숨기다
contempt [kəntémpt] *n.* 경멸
dread [dred] *vt.* 무서워하다
entice [intáis] *vt.* 꾀다
fleece [fliːs] *n.* 양털
furrow [fəːrou] *n.* 밭고랑
homage [hámidʒ] *n.* 경의
indictment [indáitmənt] *n.* 기소(절차)
influence [ínfluəns] *n.* 영향(을 끼치는 사람)
invoke [invóuk] *vt.* 호소하다
radiance [réidiəns] *n.* 광휘, 광채
splendor [spléndər] *n.* 빛남
tenant [ténənt] *n.* 소유인

31:22 break off: 분리되다
31:23 for fear of...: …를 두려워하여
31:24 put trust in...: …를 신뢰하다
31:29 gloat over: 고소한듯 바라보다
31:37 give an account of...: …를 설명하다
31:38 wet with...: …로 젖은

40 밀 대신에 가시나무가 나고 보리 대신에 독
보리가 나는 것이 마땅하니라 하고 욥의 말
이 그치니라

엘리후가 화를 내다 (32:1-37:24 ♪ 258, 263장)

32 욥이 자신을 의인으로 여기므로 그 세
사람이 말을 그치니
2 람 종족 부스 사람 바라겔의 아들 엘리후가
화를 내니 그가 욥에게 화를 냄은 욥이 하
나님보다 자기가 의롭다 함이요
3 또 세 친구에게 화를 냄은 그들이 능히 대
답하지 못하면서도 욥을 정죄함이라
4 엘리후는 그들의 나이가 자기보다 여러 해
위이므로 욥에게 말하기를 참고 있다가
5 세 사람의 입에 대답이 없음을 보고 화를
내니라

엘리후의 말

6 ●부스 사람 바라겔의 아들 엘리후가 대답
하여 이르되 나는 연소하고 당신들은 연로
하므로 뒷전에서 나의 의견을 감히 내놓지
못하였노라
7 내가 말하기를 나이가 많은 자가 말할 것이
요 연륜이 많은 자가 지혜를 가르칠 것이라
하였노라
8 그러나 사람의 속에는 영이 있고 전능자의
숨결이 사람에게 깨달음을 주시나니 잠 2:6
9 어른이라고 지혜롭거나 노인이라고 정의
를 깨닫는 것이 아니니라
10 그러므로 내가 말하노니 내 말을 들으라 나
도 내 의견을 말하리라
11 ●보라 나는 당신들의 말을 기다렸노라 당
신들의 슬기와 당신들의 말에 귀 기울이고
있었노라
12 내가 자세히 들은즉 당신들 가운데 욥을 꺾
어 그의 말에 대답하는 자가 없도다
13 당신들이 말하기를 우리가 진상을 파악했
으나 그를 추궁할 자는 하나님이시요 사람
이 아니라 하지 말지니라
14 그가 내게 자기 이론을 제기하지 아니하였
으니 나도 당신들의 이론으로 그에게 대답
하지 아니하리라
15 ●그들이 놀라서 다시 대답하지 못하니 할
말이 없음이었더라
16 당신들이 말 없이 가만히 서서 다시 대답하
지 아니한즉 내가 어찌 더 기다리랴
17 나는 내 본분대로 대답하고 나도 내 의견을
보이리라
18 내 속에는 말이 가득하니 내 영이 나를 압

and stinkweed instead of barley."

The words of Job are ended.

Elihu

32 So these three men stopped answering
Job, because he was righteous in his
2 own eyes. ●But Elihu son of Barakel the Buzite,
of the family of Ram, became very angry with
3 Job for justifying himself rather than God. ●He
was also angry with the three friends, because
they had found no way to refute Job, and yet
4 had condemned him.[a] ●Now Elihu had waited
before speaking to Job because they were older
5 than he. ●But when he saw that the three men
had nothing more to say, his anger was aroused.
6 ●So Elihu son of Barakel the Buzite said:

"I am young in years,
and you are old;
that is why I was fearful,
not daring to tell you what I know.
7 ●I thought, 'Age should speak;
advanced years should teach wisdom.'
8 ●But it is the spirit[b] in a person,
the breath of the Almighty, that gives
them understanding.
9 ●It is not only the old[c] who are wise,
not only the aged who understand what
is right.
10 ●"Therefore I say: Listen to me;
I too will tell you what I know.
11 ●I waited while you spoke,
I listened to your reasoning;
while you were searching for words,
12 ● I gave you my full attention.
But not one of you has proved Job wrong;
none of you has answered his arguments.
13 ●Do not say, 'We have found wisdom;
let God, not a man, refute him.'
14 ●But Job has not marshaled his words against
me,
and I will not answer him with your
arguments.
15 ●"They are dismayed and have no more to say;
words have failed them.
16 ●Must I wait, now that they are silent,
now that they stand there with no reply?
17 ●I too will have my say;
I too will tell what I know.
18 ●For I am full of words,

[a]3 Masoretic Text; an ancient Hebrew scribal tradition *Job, and so had condemned God* [b]8 Or *Spirit*; also in verse 18 [c]9 Or *many*; or *great*

advanced [ədvǽnst] *a.* 앞선, 나이든
aged [eidʒid] *a.* 늙은
argument [á:rgjumənt] *n.* 주장
arouse [əráuz] *vt.* (감정을) 유발하다
attention [ətén∫ən] *n.* 관심
condemn [kəndém] *vt.* 정죄하다
dismay [disméi] *vt.* 당황케 하다
fearful [fíərfəl] *a.* 두려워하여
justify [dʒʌ́stəfài] *vt.* 옳다고하다, 정당화하다
marshal [má:r∫əl] *vt.* (논리를) 정리하다
prove [pru:v] *vt.* 증명하다
reasoning [rí:zniŋ] *n.* 추리
refute [rifjú:t] *vt.* 반박하다
silent [sáilənt] *a.* 조용한
stinkweed [stíŋkwì:d] *n.* 악취가 나는 풀

32:2 A rather than B: B보다는 오히려 A
32:3 be angry with...: …에게 화나다
32:6 in years: 나이가 들어
32:6 dare to...: 감히 …하다
32:11 search for...: …를 찾다
32:18 be full of...: …으로 가득차다

박함이니라
19 보라 내 배는 봉한 포도주통 같고 터지게 된
새 가죽 부대 같구나
20 내가 말을 하여야 시원할 것이라 내 입을 열
어 대답하리라
21 나는 결코 사람의 낯을 보지 아니하며 사람
에게 영광을 돌리지 아니하리니
22 이는 아첨할 줄을 알지 못함이라 만일 그리
하면 나를 지으신 이가 속히 나를 데려가시
리로다

엘리후가 욥에게 하는 말 (♪ 291, 292장)

33 그런즉 욥이여 내 말을 들으며 내 모든
말에 귀를 기울이기를 원하노라
2 내가 입을 여니 내 혀가 입에서 말하는구나
3 내 마음의 정직함이 곧 내 말이며 내 입술이
아는 바가 진실을 말하느니라
4 하나님의 영이 나를 지으셨고 전능자의 기운
이 나를 살리시느니라 창 2:7
5 그대가 할 수 있거든 일어서서 내게 대답하
고 내 앞에 진술하라
6 나와 그대가 하나님 앞에서 동일하니 나도
흙으로 지으심을 입었은즉
7 내 위엄으로는 그대를 두렵게 하지 못하고
내 손으로는 그대를 누르지 못하느니라
8 ●그대는 실로 내가 듣는 데서 말하였고 나
는 그대의 말소리를 들었느니라
9 이르기를 나는 깨끗하여 악인이 아니며 순전
하고 불의도 없거늘
10 참으로 하나님이 나에게서 잘못을 찾으시며
나를 자기의 원수로 여기사
11 내 발을 차꼬에 채우시고 나의 모든 길을 감
시하신다 하였느니라
12 내가 그대에게 대답하리라 이 말에 그대가 의
롭지 못하니 하나님은 사람보다 크심이니라
13 ●하나님께서 사람의 말에 대답하지 않으신
다 하여 어찌 하나님과 논쟁하겠느냐
14 하나님은 한 번 말씀하시고 다시 말씀하시되
사람은 관심이 없도다 시 62:11
15 사람이 침상에서 졸며 깊이 잠들 때에나 꿈
에나 밤에 환상을 볼 때에
16 그가 사람의 귀를 여시고 경고로써 두렵게
하시니
17 이는 사람에게 그의 행실을 버리게 하려 하
심이며 사람의 교만을 막으려 하심이라
18 그는 사람의 혼을 구덩이에 빠지지 않게 하
시며 그 생명을 칼에 맞아 멸망하지 않게 하
시느니라

and the spirit within me compels me;
19 ●inside I am like bottled-up wine,
like new wineskins ready to burst.
20 ●I must speak and find relief;
I must open my lips and reply.
21 ●I will show no partiality,
nor will I flatter anyone;
22 ●for if I were skilled in flattery,
my Maker would soon take me away.

33 "But now, Job, listen to my words;
pay attention to everything I say.
2 ●I am about to open my mouth;
my words are on the tip of my tongue.
3 ●My words come from an upright heart;
my lips sincerely speak what I know.
4 ●The Spirit of God has made me;
the breath of the Almighty gives me life.
5 ●Answer me then, if you can;
stand up and argue your case before me.
6 ●I am the same as you in God's sight;
I too am a piece of clay.
7 ●No fear of me should alarm you,
nor should my hand be heavy on you.
8 ●"But you have said in my hearing—
I heard the very words—
9 ●'I am pure, I have done no wrong;
I am clean and free from sin.
10 ●Yet God has found fault with me;
he considers me his enemy.
11 ●He fastens my feet in shackles;
he keeps close watch on all my paths.'
12 ●"But I tell you, in this you are not right,
for God is greater than any mortal.
13 ●Why do you complain to him
that he responds to no one's words[a]?
14 ●For God does speak—now one way, now
another—
though no one perceives it.
15 ●In a dream, in a vision of the night,
when deep sleep falls on people
as they slumber in their beds,
16 ●he may speak in their ears
and terrify them with warnings,
17 ●to turn them from wrongdoing
and keep them from pride,
18 ●to preserve them from the pit,
their lives from perishing by the sword.[b]
19 ●"Or someone may be chastened on a bed
of pain
with constant distress in their bones,

[a]13 Or *that he does not answer for any of his actions*
[b]18 Or *from crossing the river*

argue [ά:rgju:] *vi.* 논의하다
burst [bə:rst] *vi.* 터지다
chasten [tʃéisn] *vt.* 벌하다
clay [klei] *n.* 흙
compel [kəmpél] *vt.* 강요하다
flatter [flǽtər] *vi.* 아첨하다
perceive [pərsí:v] *vt.* 감지하다
preserve [prizə́:rv] *vt.* 보존하다
relief [rilí:f] *n.* (고통의) 완화
shackle [ʃǽkl] *n.* 족쇄
sincerely [sinsíərli] *ad.* 진실하게
slumber [slʌ́mbər] *vi.* 선잠이 들다
terrify [térəfài] *vt.* 무섭게 하다
upright [ʌ́prài t] *a.* 정직한
wrongdoing [rɔ́:ŋdù:iŋ] *n.* 나쁜 행위

32:22 be skilled in...: …에 숙련된
33:1 pay attention to...: …에 주목하다
33:10 find fault with...: …의 흠을 찾다
33:11 keep watch on...: …를 지키다
33:13 complain to...: …에게 불평하다
33:18 perish by...: …로 망하다

19 ●혹은 사람이 병상의 고통과 뼈가 늘 쑤심
의 징계를 받나니
20 그의 생명은 음식을 싫어하고 그의 마음은
별미를 싫어하며
21 그의 살은 파리하여 보이지 아니하고 보이지
않던 뼈가 드러나서
22 그의 마음은 구덩이에, 그의 생명은 멸하는
자에게 가까워지느니라
23 ●만일 일천 천사 가운데 하나가 그 사람의
중보자로 함께 있어서 그의 정당함을 보일진
대
24 하나님이 그 사람을 불쌍히 여기사 그를 건
져서 구덩이에 내려가지 않게 하라 내가 대
속물을 얻었다 하시리라
25 그런즉 그의 살이 청년보다 부드러워지며 젊
음을 회복하리라
26 그는 하나님께 기도하므로 하나님이 은혜를
베푸사 그로 말미암아 기뻐 외치며 하나님의
얼굴을 보게 하시고 사람에게 그의 공의를
회복시키시느니라
27 그가 사람 앞에서 노래하여 이르기를 내가
범죄하여 옳은 것을 그르쳤으나 내게 무익하
였구나
28 하나님이 내 영혼을 건지사 구덩이에 내려가
지 않게 하셨으니 내 생명이 빛을 보겠구나
하리라
29 ●실로 하나님이 사람에게 이 모든 일을 재
삼 행하심은 엡 1:11
30 그들의 영혼을 구덩이에서 이끌어 생명의 빛
을 그들에게 비추려 하심이니라
31 욥이여 내 말을 귀담아 들으라 잠잠하라 내
가 말하리라
32 만일 할 말이 있거든 대답하라 내가 기쁜 마
음으로 그대를 의롭다 하리니 그대는 말하라
33 만일 없으면 내 말을 들으라 잠잠하라 내가
지혜로 그대를 가르치리라

34 엘리후가 말하여 이르되
2 지혜 있는 자들아 내 말을 들으며 지
식 있는 자들아 내게 귀를 기울이라
3 입이 음식물의 맛을 분별함같이 귀가 말을
분별하나니 12:11
4 우리가 정의를 가려내고 무엇이 선한가 우
리끼리 알아보자 살전 5:21
5 욥이 말하기를 내가 의로우나 하나님이 내
의를 부인하셨고
6 내가 정당함에도 거짓말쟁이라 하였고 나는
허물이 없으나 화살로 상처를 입었노라 하니

20 ●so that their body finds food repulsive
and their soul loathes the choicest meal.
21 ●Their flesh wastes away to nothing,
and their bones, once hidden, now stick
out.
22 ●They draw near to the pit,
and their life to the messengers of death.[a]
23 ●Yet if there is an angel at their side,
a messenger, one out of a thousand,
sent to tell them how to be upright,
24 ●and he is gracious to that person and says
to God,
'Spare them from going down to the pit;
I have found a ransom for them—
25 ●let their flesh be renewed like a child's;
let them be restored as in the days of their
youth'—
26 ●then that person can pray to God and find
favor with him,
they will see God's face and shout for joy;
he will restore them to full well-being.
27 ●And they will go to others and say,
'I have sinned, I have perverted what is
right,
but I did not get what I deserved.
28 ●God has delivered me from going down
to the pit,
and I shall live to enjoy the light of life.'
29 ●"God does all these things to a person—
twice, even three times—
30 ●to turn them back from the pit,
that the light of life may shine on them.
31 ●"Pay attention, Job, and listen to me;
be silent, and I will speak.
32 ●If you have anything to say, answer me;
speak up, for I want to vindicate you.
33 ●But if not, then listen to me;
be silent, and I will teach you wisdom."

34 Then Elihu said:
2 ●"Hear my words, you wise men;
listen to me, you men of learning.
3 ●For the ear tests words
as the tongue tastes food.
4 ●Let us discern for ourselves what is right;
let us learn together what is good.
5 ●"Job says, 'I am innocent,
but God denies me justice.
6 ●Although I am right,
I am considered a liar;

[a]22 Or *to the place of the dead*

consider [kənsídər] *vt.* …로 여기다
deny [dinái] *vt.* 부인하다
deserve [dizə́:rv] *vt.* …할 가치가 있다
discern [disə́:rn] *vt.* 식별하다
gracious [gréiʃəs] *a.* 은혜로운
innocent [ínəsənt] *a.* 결백한
loathe [louð] *vt.* 몹시 싫어하다
pervert [pərvə́:rt] *vt.* 그르치다
ransom [rǽnsəm] *n.* 몸값
renew [rinjú:] *vt.* 일신하다
repulsive [ripʌ́lsiv] *a.* 혐오감을 일으키는
restore [ristɔ́:r] *vt.* 되돌려 주다
spare [spɛər] *vt.* 살려주다
tongue [tʌŋ] *n.* 혀
vindicate [víndəkèit] *vt.* 결백을 입증하다

33:21 waste away: 쇠약해지다
33:21 stick out: 돌출하다, 불쑥 나오다
33:23 out of: (어떤 수) 중에서
33:26 find favor with...: …의 총애를 받다
33:26 shout for joy: 기쁨으로 소리 지르다
33:28 deliver from...: …에서 구해내다

7 어떤 사람이 욥과 같으랴 욥이 비방하기를
물마시듯 하며 15:16
8 악한 일을 하는 자들과 한패가 되어 악인과
함께 다니면서
9 이르기를 사람이 하나님을 기뻐하나 무익하
다 하는구나
10 ●그러므로 너희 총명한 자들아 내 말을 들
으라 하나님은 악을 행하지 아니하시며 전능
자는 결코 불의를 행하지 아니하시고
11 사람의 행위를 따라 갚으사 각각 그의 행위
대로 받게 하시나니
12 진실로 하나님은 악을 행하지 아니하시며 전
능자는 공의를 굽히지 아니하시느니라 8:3
13 누가 땅을 그에게 맡겼느냐 누가 온 세상을
그에게 맡겼느냐
14 그가 만일 뜻을 정하시고 그의 영과 목숨을
거두실진대
15 모든 육체가 다 함께 죽으며 사람은 흙으로
돌아가리라
16 ●만일 네가 총명이 있거든 이것을 들으며
내 말소리에 귀를 기울이라
17 정의를 미워하시는 이시라면 어찌 그대를 다
스리시겠느냐 의롭고 전능하신 이를 그대가
정죄하겠느냐
18 그는 왕에게라도 무용지물이라 하시며 지도
자들에게라도 악하다 하시며
19 고관을 외모로 대하지 아니하시며 가난한 자
들 앞에서 부자의 낯을 세워주지 아니하시나
니 이는 그들이 다 그의 손으로 지으신 바가
됨이라
20 그들은 한밤중에 순식간에 죽나니 백성은 떨
며 사라지고 세력 있는 자도 사람의 손을 빌
리지 않고 제거함을 당하느니라
21 ●그는 사람의 길을 주목하시며 사람의 모든
걸음을 감찰하시나니
22 행악자는 숨을 만한 흑암이나 사망의 그늘이
없느니라
23 하나님은 사람을 심판하시기에 오래 생각하
실 것이 없으시니
24 세력 있는 자를 조사할 것 없이 꺾으시고 다
른 사람을 세워 그를 대신하게 하시느니라
25 그러므로 그는 그들의 행위를 아시고 그들을
밤 사이에 뒤집어엎어 흩으시는도다
26 그들을 악한 자로 여겨 사람의 눈앞에서 치
심은
27 그들이 그를 떠나고 그의 모든 길을 깨달아
알지 못함이라 사 5:12

although I am guiltless,
his arrow inflicts an incurable wound.'
7 ●Is there anyone like Job,
who drinks scorn like water?
8 ●He keeps company with evildoers;
he associates with the wicked.
9 ●For he says, 'There is no profit
in trying to please God.'
10 ●"So listen to me, you men of understanding.
Far be it from God to do evil,
from the Almighty to do wrong.
11 ●He repays everyone for what they have done;
he brings on them what their conduct
deserves.
12 ●It is unthinkable that God would do wrong,
that the Almighty would pervert justice.
13 ●Who appointed him over the earth?
Who put him in charge of the whole
world?
14 ●If it were his intention
and he withdrew his spirit[a] and breath,
15 ●all humanity would perish together
and mankind would return to the dust.
16 ●"If you have understanding, hear this;
listen to what I say.
17 ●Can someone who hates justice govern?
Will you condemn the just and mighty
One?
18 ●Is he not the One who says to kings, 'You
are worthless,'
and to nobles, 'You are wicked,'
19 ●who shows no partiality to princes
and does not favor the rich over the poor,
for they are all the work of his hands?
20 ●They die in an instant, in the middle of the
night;
the people are shaken and they pass away;
the mighty are removed without human
hand.
21 ●"His eyes are on the ways of mortals;
he sees their every step.
22 ●There is no deep shadow, no utter darkness,
where evildoers can hide.
23 ●God has no need to examine people further,
that they should come before him for
judgment.
24 ●Without inquiry he shatters the mighty
and sets up others in their place.
25 ●Because he takes note of their deeds,
he overthrows them in the night and
they are crushed.

[a]14 Or *Spirit*

condemn [kəndém] *vt.* 비난하다
evildoer [íːvəldùːər] *n.* 악인
examine [igzǽmin] *vt.* 검사하다
incurable [inkjúərəbl] *a.* 불치의
inflict [inflíkt] *vt.* 가하다
inquiry [inkwáiəri] *n.* 질문, 조사
intention [inténʃən] *n.* 의도
overthrow [òuvərθróu] *vt.* 뒤엎다
partiality [pàːrʃiǽləti] *n.* 편파
perish [périʃ] *vi.* 사라지다
profit [práfit] *vt.* 이익이 되다
scorn [skɔːrn] *n.* 경멸, 멸시
shatter [ʃǽtər] *vt.* 산산이 부수다
unthinkable [ʌnθíŋkəbl] *a.* 상상할 수 없는
withdraw [wiðdrɔ́] *vt.* 빼앗아버리다

34:8 keep company with...: …와 같이 있다, …와 사귀다
34:8 associate with...: …와 교제하다
34:11 repay... for~: …의 ~를 갚다
34:20 in an instant: 당장, 즉시
34:25 take note of...: …에 주목하다

28 그들이 이와 같이 하여 가난한 자의 부르짖
음이 그에게 상달하게 하며 빈궁한 사람의
부르짖음이 그에게 들리게 하느니라
29 주께서 침묵하신다고 누가 그를 정죄하며 그
가 얼굴을 가리신다면 누가 그를 뵈올 수 있
으랴 그는 민족에게나 인류에게나 동일하시
니
30 이는 경건하지 못한 자가 권세를 잡아 백성
을 옭아매지 못하게 하려 하심이니라 34:17
31 ● 그대가 하나님께 아뢰기를 내가 죄를 지었
사오니 다시는 범죄하지 아니하겠나이다
32 내가 깨닫지 못하는 것을 내게 가르치소서
내가 악을 행하였으나 다시는 아니하겠나이
다 하였는가 시 25:4
33 하나님께서 그대가 거절한다고 하여 그대의
뜻대로 속전을 치르시겠느냐 그러면 그대가
스스로 택할 것이요 내가 할 것이 아니니 그
대는 아는 대로 말하라
34 슬기로운 자와 내 말을 듣는 지혜 있는 사람
은 반드시 내게 말하기를
35 욥이 무식하게 말하니 그의 말이 지혜롭지
못하도다 하리라 35:16
36 나는 욥이 끝까지 시험 받기를 원하노니 이
는 그 대답이 악인과 같음이라
37 그가 그의 죄에 반역을 더하며 우리와 어울
려 손뼉을 치며 하나님을 거역하는 말을 많
이 하는구나

35

엘리후가 말을 이어 이르되
2 그대는 이것을 합당하게 여기느냐 그
대는 그대의 의가 하나님께로부터 왔다는 말
이냐
3 그대는 그것이 내게 무슨 소용이 있으며 범
죄하지 않는 것이 내게 무슨 유익이 있겠느
냐고 묻지마는
4 내가 그대와 및 그대와 함께 있는 그대의 친
구들에게 대답하리라 34:8
5 그대는 하늘을 우러러보라 그대보다 높이 뜬
구름을 바라보라
6 그대가 범죄한들 하나님께 무슨 영향이 있겠
으며 그대의 악행이 가득한들 하나님께 무슨
상관이 있겠으며
7 그대가 의로운들 하나님께 무엇을 드리겠으
며 그가 그대의 손에서 무엇을 받으시겠느냐
8 그대의 악은 그대와 같은 사람에게나 있는
것이요 그대의 공의는 어떤 인생에게도 있느
니라
9 ● 사람은 학대가 많으므로 부르짖으며 군주

26 ● He punishes them for their wickedness
where everyone can see them,
27 ● because they turned from following him
and had no regard for any of his ways.
28 ● They caused the cry of the poor to come
before him,
so that he heard the cry of the needy.
29 ● But if he remains silent, who can condemn
him?
If he hides his face, who can see him?
Yet he is over individual and nation alike,
30 ● to keep the godless from ruling,
from laying snares for the people.
31 ● "Suppose someone says to God,
'I am guilty but will offend no more.
32 ● Teach me what I cannot see;
if I have done wrong, I will not do so again.'
33 ● Should God then reward you on your terms,
when you refuse to repent?
You must decide, not I;
so tell me what you know.
34 ● "Men of understanding declare,
wise men who hear me say to me,
35 ● 'Job speaks without knowledge;
his words lack insight.'
36 ● Oh, that Job might be tested to the utmost
for answering like a wicked man!
37 ● To his sin he adds rebellion;
scornfully he claps his hands among us
and multiplies his words against God."

35

Then Elihu said:
2 ● "Do you think this is just?
You say, 'I am in the right, not God.'
3 ● Yet you ask him, 'What profit is it to me,[a]
and what do I gain by not sinning?'
4 ● "I would like to reply to you
and to your friends with you.
5 ● Look up at the heavens and see;
gaze at the clouds so high above you.
6 ● If you sin, how does that affect him?
If your sins are many, what does that do
to him?
7 ● If you are righteous, what do you give to him,
or what does he receive from your hand?
8 ● Your wickedness only affects humans like
yourself,
and your righteousness only other
people.
9 ● "People cry out under a load of oppression;

[a]3 Or *you*

affect [əfékt] *vt.* 영향을 미치다
clap [klæp] *vt.* 손뼉을 치다
insight [ínsàit] *n.* 통찰력
lack [læk] *vi.* …이 없다
multiply [mʌ́ltəplài] *vt.* 증가시키다
needy [ní:di] *a.* 매우 가난한
offend [əfénd] *vi.* 죄를 범하다
oppression [əpréʃən] *n.* 압제
rebellion [ribéljən] *n.* 모반
refuse [rifjú:z] *vt.* 거절하다
repent [ripént] *vi.* 뉘우치다
reward [riwɔ́:rd] *vt.* 보상하다
scornfully [skɔ́:rnfəli] *ad.* 경멸적으로
snare [snɛər] *n.* 덫
utmost [ʌ́tmòust] *n.* 최대한도, 극도

34:27 regard for...: …에 대한 관심
34:28 so that: 그래서, 그러므로
34:33 on one's terms: 자기 생각대로
35:5 look up at...: …를 쳐다보다
35:5 gaze at...: …를 응시하다
35:9 cry out: 절규하다

들의 힘에 눌려 소리치나
10 나를 지으신 하나님은 어디 계시냐고 하며
밤에 노래를 주시는 자가 어디 계시냐고 말
하는 자가 없구나
11 땅의 짐승들보다도 우리를 더욱 가르치시고
하늘의 새들보다도 우리를 더욱 지혜롭게 하
시는 이가 어디 계시냐고 말하는 이도 없구
나
12 그들이 악인의 교만으로 말미암아 거기에서
부르짖으나 대답하는 자가 없음은
13 헛된 것은 하나님이 결코 듣지 아니하시며
전능자가 돌아보지 아니하심이라
14 하물며 말하기를 하나님은 뵈올 수 없고 일
의 판단하심은 그 앞에 있으니 나는 그를 기
다릴 뿐이라 말하는 그대일까보냐
15 그러나 지금은 그가 진노하심으로 벌을 주지
아니하셨고 악행을 끝까지 살피지 아니하셨
으므로
16 욥이 헛되이 입을 열어 지식 없는 말을 많이
하는구나

36

엘리후가 말을 이어 이르되
2 나를 잠깐 용납하라 내가 그대에게
보이리니 이는 내가 하나님을 위하여 아직도
할 말이 있음이라
3 내가 먼 데서 지식을 얻고 나를 지으신 이에
게 의를 돌려보내리라
4 진실로 내 말은 거짓이 아니라 온전한 지식
을 가진 이가 그대와 함께 있느니라
5 하나님은 능하시나 아무도 멸시하지 아니하
시며 그의 지혜가 무궁하사
6 악인을 살려두지 아니하시며 고난 받는 자에
게 공의를 베푸시며
7 그의 눈을 의인에게서 떼지 아니하시고 그를
왕들과 함께 왕좌에 앉히사 영원토록 존귀하
게 하시며
8 혹시 그들이 족쇄에 매이거나 환난의 줄에
얽혔으면 시 107:10
9 그들의 소행과 악행과 자신들의 교만한 행위
를 알게 하시고
10 그들의 귀를 열어 교훈을 듣게 하시며 명하
여 죄악에서 돌이키게 하시나니
11 만일 그들이 순종하여 섬기면 형통한 날을
보내며 즐거운 해를 지낼 것이요
12 만일 그들이 순종하지 아니하면 칼에 망하며
지식 없이 죽을 것이니라 15:22
13 마음이 경건하지 아니한 자들은 분노를 쌓으
며 하나님이 속박할지라도 도움을 구하지 아

they plead for relief from the arm of the
powerful.
10 •But no one says, 'Where is God my Maker,
who gives songs in the night,
11 •who teaches us more than he teaches[a] the
beasts of the earth
and makes us wiser than[b] the birds in
the sky?'
12 •He does not answer when people cry out
because of the arrogance of the wicked.
13 •Indeed, God does not listen to their empty
plea;
the Almighty pays no attention to it.
14 •How much less, then, will he listen
when you say that you do not see him,
that your case is before him
and you must wait for him,
15 •and further, that his anger never punishes
and he does not take the least notice of
wickedness.[c]
16 •So Job opens his mouth with empty talk;
without knowledge he multiplies words."

36

Elihu continued:
2 •"Bear with me a little longer and I will show
you
that there is more to be said in God's
behalf.
3 •I get my knowledge from afar;
I will ascribe justice to my Maker.
4 •Be assured that my words are not false;
one who has perfect knowledge is with you.
5 •"God is mighty, but despises no one;
he is mighty, and firm in his purpose.
6 •He does not keep the wicked alive
but gives the afflicted their rights.
7 •He does not take his eyes off the righteous;
he enthrones them with kings
and exalts them forever.
8 •But if people are bound in chains,
held fast by cords of affliction,
9 •he tells them what they have done —
that they have sinned arrogantly.
10 •He makes them listen to correction
and commands them to repent of their evil.
11 •If they obey and serve him,
they will spend the rest of their days in
prosperity
and their years in contentment.
12 •But if they do not listen,

[a]10,11 Or *night,* / [11]*who teaches us by* [b]11 Or *us wise by* [c]15 Symmachus, Theodotion and Vulgate; the meaning of the Hebrew for this word is uncertain.

afar [əfáːr] *ad.* 멀리
afflicted [əflíktid] *a.* 고통받는
arrogance [ǽrəgəns] *n.* 거만
contentment [kənténtmənt] *n.* 만족
correction [kərékʃən] *n.* 교정
despise [dispáiz] *vt.* 멸시하다
empty [émpti] *a.* 공허한
enthrone [inθróun] *vt.* 왕위에 올리다
exalt [igzɔ́ːlt] *vt.* (명예, 품위를) 높이다
firm [fəːrm] *a.* 견고한
further [fə́ːrðər] *ad.* 게다가
prosperity [prəspérəti] *n.* 번영
punish [pʌ́niʃ] *vt.* 벌하다
purpose [pə́ːrpəs] *n.* 목적
relief [rilíːf] *n.* 구원

35:13 pay attention to...: …에 주목하다
35:15 take notice of...: …를 주의하다
36:2 bear with...: …를 참아주다
36:2 in one's behalf: …를 위하여
36:4 be assured that...: …를 확신하다
36:8 be bound in...: …에 묶여 있다

니하나니
14 그들의 몸은 젊어서 죽으며 그들의 생명은
남창과 함께 있도다
15 하나님은 곤고한 자를 그 곤고에서 구원하시
며 학대 당할 즈음에 그의 귀를 여시나니
16 그러므로 하나님이 그대를 환난에서 이끌어
내사 좁지 않고 넉넉한 곳으로 옮기려 하셨
은즉 무릇 그대의 상에는 기름진 것이 놓이
리라
17 ● 이제는 악인의 받을 벌이 그대에게 가득하
였고 심판과 정의가 그대를 잡았나니
18 그대는 분노하지 않도록 조심하며 많은 뇌
물이 그대를 그릇된 길로 가게 할까 조심하
라
19 그대의 부르짖음이나 그대의 능력이 어찌 능
히 그대가 곤고한 가운데에서 그대를 유익하
게 하겠느냐
20 그대는 밤을 사모하지 말라 인생들이 밤에
그들이 있는 곳에서 끌려 가리라
21 삼가 악으로 치우치지 말라 그대가 환난보다
이것을 택하였느니라
22 하나님은 그의 권능으로 높이 계시나니 누가
그같이 교훈을 베풀겠느냐
23 누가 그를 위하여 그의 길을 정하였느냐 누
가 말하기를 주께서 불의를 행하셨나이다 할
수 있으랴
24 ● 그대는 하나님께서 하신 일을 기억하고 높
이라 잊지 말지니라 인생이 그의 일을 찬송
하였느니라
25 그의 일을 모든 사람이 우러러보나니 먼 데
서도 보느니라
26 하나님은 높으시니 우리가 그를 알 수 없고
그의 햇수를 헤아릴 수 없느니라
27 그가 물방울을 가늘게 하시며 빗방울이 증발
하여 안개가 되게 하시도다
28 그것이 구름에서 내려 많은 사람에게 쏟아지
느니라
29 겹겹이 쌓인 구름과 그의 장막의 우렛소리를
누가 능히 깨달으랴
30 보라 그가 번갯불을 자기의 사면에 펼치시며
바다 밑까지 비치시고
31 이런 것들로 만민을 심판하시며 음식을 풍성
하게 주시느니라
32 그가 번갯불을 손바닥 안에 넣으시고 그가
번갯불을 명령하사 과녁을 치시도다
37:15
33 그의 우레가 다가오는 풍우를 알려 주니 가
축들도 그 다가옴을 아느니라

they will perish by the sword[a]
and die without knowledge.
13 ●"The godless in heart harbor resentment;
even when he fetters them, they do not
cry for help.
14 ●They die in their youth,
among male prostitutes of the shrines.
15 ●But those who suffer he delivers in their
suffering;
he speaks to them in their affliction.
16 ●"He is wooing you from the jaws of distress
to a spacious place free from restriction,
to the comfort of your table laden with
choice food.
17 ●But now you are laden with the judgment
due the wicked;
judgment and justice have taken hold of
you.
18 ●Be careful that no one entices you by riches;
do not let a large bribe turn you aside.
19 ●Would your wealth or even all your mighty
efforts
sustain you so you would not be in
distress?
20 ●Do not long for the night,
to drag people away from their homes.[b]
21 ●Beware of turning to evil,
which you seem to prefer to affliction.
22 ●"God is exalted in his power.
Who is a teacher like him?
23 ●Who has prescribed his ways for him,
or said to him, 'You have done wrong'?
24 ●Remember to extol his work,
which people have praised in song.
25 ●All humanity has seen it;
mortals gaze on it from afar.
26 ●How great is God — beyond our under-
standing!
The number of his years is past finding out.
27 ●"He draws up the drops of water,
which distill as rain to the streams[c];
28 ●the clouds pour down their moisture
and abundant showers fall on mankind.
29 ●Who can understand how he spreads out
the clouds,
how he thunders from his pavilion?
30 ●See how he scatters his lightning about him,
bathing the depths of the sea.
31 ●This is the way he governs[d] the nations

[a]12 Or *will cross the river* [b]20 The meaning of the Hebrew for verses 18-20 is uncertain. [c]27 Or *distill from the mist as rain* [d]31 Or *nourishes*

bribe [braib] *n.* 뇌물
distill [distíl] *vt.* 증류하다
extol [ikstóul] *vt.* 찬양하다
entice [intáis] *vt.* 유혹하다
fetter [fétər] *vt.* 구속하다
harbor [há:rbər] *vt.* 품다
pavilion [pəvíljən] *n.* 천막
prefer [prifə́:r] *vt.* 선호하다
prostitute [prástətjù:t] *n.* 매춘부
resentment [rizéntmənt] *n.* 분노
restriction [ristríkʃən] *n.* 제한
shrine [ʃrain] *n.* 사당, 성지
spacious [spéiʃəs] *a.* 드넓은
sustain [səstéin] *vt.* 떠받치다
woo [wu:] *vt.* …을 초래하다

36:12 perish by...: …로 망하다
36:16 laden with...: …이 가득한
36:17 take hold of...: …을 잡다
36:20 long for: 열망하다
36:25 gaze on...: …를 응시하다, 쳐다보다
36:29 spread out: 펴다, 펼치다

37 이로 말미암아 내 마음이 떨며 그 자
리에서 흔들렸도다
2 하나님의 음성 곧 그의 입에서 나오는 소
리를 똑똑히 들으라
3 그 소리를 천하에 펼치시며 번갯불을 땅
끝까지 이르게 하시고
4 그 후에 음성을 발하시며 그의 위엄 찬 소
리로 천둥을 치시며 그 음성이 들릴 때에
번개를 멈추게 아니하시느니라
5 하나님은 놀라운 음성을 내시며 우리가
헤아릴 수 없는 큰일을 행하시느니라 5:9
6 눈을 명하여 땅에 내리라 하시며 적은 비
와 큰 비도 내리게 명하시느니라
7 그가 모든 사람의 손에 표를 주시어 모든
사람이 그가 지으신 것을 알게 하려 하심
이라
8 그러나 짐승들은 땅 속에 들어가 그 처소
에 머무느니라 시 104:22
9 폭풍우는 그 밀실에서 나오고 추위는 북
풍을 타고 오느니라
10 하나님의 입김이 얼음을 얼게 하고 물의
너비를 줄어들게 하느니라
11 또한 그는 구름에 습기를 실으시고 그의
번개로 구름을 흩어지게 하시느니라
12 그는 감싸고 도시며 그들의 할 일을 조종
하시느니라 그는 땅과 육지 표면에 있는
모든 자들에게 명령하시느니라
13 혹은 징계를 위하여 혹은 땅을 위하여 혹
은 긍휼을 위하여 그가 이런 일을 생기게
하시느니라
14 ●욥이여 이것을 듣고 가만히 서서 하나
님의 오묘한 일을 깨달으라
15 하나님이 이런 것들에게 명령하셔서 그
구름의 번개로 번쩍거리게 하시는 것을
그대가 아느냐
16 그대는 겹겹이 쌓인 구름과 완전한 지식
의 경이로움을 아느냐 36:4
17 땅이 고요할 때에 남풍으로 말미암아 그
대의 의복이 따뜻한 까닭을 그대가 아느
냐
18 그대는 그를 도와 구름장들을 두들겨 넓
게 만들어 녹여 부어 만든 거울같이 단단
하게 할 수 있겠느냐
19 우리가 그에게 할 말을 그대는 우리에게
가르치라 우리는 아둔하여 아뢰지 못하겠
노라
20 내가 말하고 싶은 것을 어찌 그에게 고할

and provides food in abundance.
32 •He fills his hands with lightning
and commands it to strike its mark.
33 •His thunder announces the coming storm;
even the cattle make known its approach.[a]

37 "At this my heart pounds
and leaps from its place.
2 •Listen! Listen to the roar of his voice,
to the rumbling that comes from his mouth.
3 •He unleashes his lightning beneath the
whole heaven
and sends it to the ends of the earth.
4 •After that comes the sound of his roar;
he thunders with his majestic voice.
When his voice resounds,
he holds nothing back.
5 •God's voice thunders in marvelous ways;
he does great things beyond our
understanding.
6 •He says to the snow, 'Fall on the earth,'
and to the rain shower, 'Be a mighty
downpour.'
7 •So that everyone he has made may know his
work,
he stops all people from their labor.[b]
8 •The animals take cover;
they remain in their dens.
9 •The tempest comes out from its chamber,
the cold from the driving winds.
10 •The breath of God produces ice,
and the broad waters become frozen.
11 •He loads the clouds with moisture;
he scatters his lightning through them.
12 •At his direction they swirl around
over the face of the whole earth
to do whatever he commands them.
13 •He brings the clouds to punish people,
or to water his earth and show his love.
14 •"Listen to this, Job;
stop and consider God's wonders.
15 •Do you know how God controls the clouds
and makes his lightning flash?
16 •Do you know how the clouds hang poised,
those wonders of him who has perfect
knowledge?
17 •You who swelter in your clothes
when the land lies hushed under the
south wind,
18 •can you join him in spreading out the skies,
hard as a mirror of cast bronze?
19 •"Tell us what we should say to him;

[a]33 Or *announces his coming— / the One zealous against evil* [b]7 Or *work, / he fills all people with fear by his power*

announce [ənáuns] *vt.* 알리다
chamber [tʃéimbər] *n.* 방
den [den] *n.* 굴
downpour [dáunpɔ̀:r] *n.* 억수(같은 비)
hushed [hʌʃt] *a.* 고요한
majestic [mədʒéstik] *a.* 장엄한
marvelous [má:rvələs] *a.* 놀라운
poised [pɔ́izd] *a.* 공중에 뜬
resound [rizáund] *vi.* 울려퍼지다
rumbling [rʌ́mbliŋ] *n.* 우르르 소리, 불평
scatter [skǽtər] *vt.* 흩어지게 하다
swelter [swéltər] *vi.* 더위에 지치다
swirl [swə:rl] *vi.* 소용돌이치다
tempest [témpist] *n.* 폭풍우
unleash [ʌnlí:ʃ] *vt.* 속박을 풀다

37:3 to the ends of the earth: 땅끝까지, 도처를
37:4 hold back: 제지하다
37:6 rain shower: 소나기
37:8 take cover: 숨다, 피하다
37:18 spread out: 펴다

수 있으랴 삼켜지기를 바랄 자가 어디 있
으랴
21 ●그런즉 바람이 불어 하늘이 말끔하게
되었을 때 그 밝은 빛을 아무도 볼 수 없
느니라
22 북쪽에서는 황금 같은 빛이 나오고 하나
님께는 두려운 위엄이 있느니라
23 전능자를 우리가 찾을 수 없나니 그는 권
능이 지극히 크사 정의나 무한한 공의를
굽히지 아니하심이니라 사 63:9
24 그러므로 사람들은 그를 경외하고 그는
스스로 지혜롭다 하는 모든 자를 무시하
시느니라

여호와께서 욥에게 말씀하시다
(♪ 64, 478장)

38 그때에 여호와께서 폭풍우 가운데
에서 욥에게 말씀하여 이르시되
2 무지한 말로 생각을 어둡게 하는 자가 누
구냐
3 너는 대장부처럼 허리를 묶고 내가 네게
묻는 것을 대답할지니라
4 내가 땅의 기초를 놓을 때에 네가 어디 있
었느냐 네가 깨달아 알았거든 말할지니라
5 누가 그것의 도량법을 정하였는지, 누가
그 줄을 그것의 위에 띄웠는지 네가 아느
냐
6 그것의 주추는 무엇 위에 세웠으며 그 모
퉁잇돌을 누가 놓았느냐
7 그때에 새벽 별들이 기뻐 노래하며 하나
님의 아들들이 다 기뻐 소리를 질렀느니
라 1:6
8 ●바다가 그 모태에서 터져 나올 때에 문
으로 그것을 가둔 자가 누구냐 창 1:9
9 그때에 내가 구름으로 그 옷을 만들고 흑
암으로 그 강보를 만들고
10 한계를 정하여 문빗장을 지르고
11 이르기를 네가 여기까지 오고 더 넘어가
지 못하리니 네 높은 파도가 여기서 그칠
지니라 하였노라
12 ●네가 너의 날에 아침에게 명령하였느냐
새벽에게 그 자리를 일러 주었느냐
13 그것으로 땅끝을 붙잡고 악한 자들을 그
땅에서 떨쳐 버린 일이 있었느냐
14 땅이 변하여 진흙에 인친 것같이 되었고
그들은 옷같이 나타나되
15 악인에게는 그 빛이 차단되고 그들의 높
이 든 팔이 꺾이느니라

we cannot draw up our case because of
our darkness.
20 ●Should he be told that I want to speak?
Would anyone ask to be swallowed up?
21 ●Now no one can look at the sun,
bright as it is in the skies
after the wind has swept them clean.
22 ●Out of the north he comes in golden splendor;
God comes in awesome majesty.
23 ●The Almighty is beyond our reach and
exalted in power;
in his justice and great righteousness, he
does not oppress.
24 ●Therefore, people revere him,
for does he not have regard for all the
wise in heart?[a]

The LORD Speaks

38 Then the LORD spoke to Job out of the
storm. He said:
2 ●"Who is this that obscures my plans
with words without knowledge?
3 ●Brace yourself like a man;
I will question you,
and you shall answer me.
4 ●"Where were you when I laid the earth's
foundation?
Tell me, if you understand.
5 ●Who marked off its dimensions? Surely
you know!
Who stretched a measuring line across it?
6 ●On what were its footings set,
or who laid its cornerstone—
7 ●while the morning stars sang together
and all the angels [b]shouted for joy?
8 ●"Who shut up the sea behind doors
when it burst forth from the womb,
9 ●when I made the clouds its garment
and wrapped it in thick darkness,
10 ●when I fixed limits for it
and set its doors and bars in place,
11 ●when I said, 'This far you may come and no
farther;
here is where your proud waves halt'?
12 ●"Have you ever given orders to the morning,
or shown the dawn its place,
13 ●that it might take the earth by the edges
and shake the wicked out of it?
14 ●The earth takes shape like clay under a seal;
its features stand out like those of a garment.

[a]24 Or *for he does not have regard for any who think they are wise.* [b]7 Hebrew *the sons of God*

burst [bəːrst] *vi.* 분출하다
cornerstone [kɔ́ːrnərstòun] *n.* 모퉁잇돌
dimension [diménʃən] *n.* 치수, 크기
feature [fíːtʃər] *n.* 모양, 특징
footing [fútiŋ] *n.* 기초
garment [gáːrmənt] *n.* 옷
halt [hɔːlt] *vi.* 멈추다
obscure [əbskjúər] *vt.* 흐리게 하다
oppress [əprés] *vt.* 억압하다
reach [riːtʃ] *n.* 미치는 범위
revere [rivíər] *vt.* 숭배하다
splendor [spléndər] *n.* 빛남
swallow [swálou] *vt.* 삼키다
sweep [swiːp] *vt.* 청소하다
womb [wuːm] *n.* 모태, 자궁

38:3brace oneself: 마음을 다잡다
38:7shout for joy: 환호하다
38:10fix limits for...: …의 한계를 정하다
38:12give orders to...: …에게 명령하다
38:13shake... out of~: …를 흔들어 ~에서 떨어버리다

16 ● 네가 바다의 샘에 들어갔었느냐 깊은 물
밑으로 걸어 다녀 보았느냐
17 사망의 문이 네게 나타났느냐 사망의 그늘
진 문을 네가 보았느냐
18 땅의 너비를 네가 측량할 수 있느냐 네가
그 모든 것들을 다 알거든 말할지니라
19 ● 어느 것이 광명이 있는 곳으로 가는 길이
냐 어느 것이 흑암이 있는 곳으로 가는 길
이냐
20 너는 그의 지경으로 그를 데려갈 수 있느냐
그의 집으로 가는 길을 알고 있느냐
21 네가 아마도 알리라 네가 그때에 태어났으
리니 너의 햇수가 많음이니라 15:7
22 네가 눈 곳간에 들어갔었느냐 우박 창고를
보았느냐 37:6
23 내가 환난 때와 교전과 전쟁의 날을 위하여
이것을 남겨 두었노라
24 광명이 어느 길로 뻗치며 동풍이 어느 길로
땅에 흩어지느냐 26:10
25 ● 누가 홍수를 위하여 물길을 터 주었으며
우레와 번개 길을 내어 주었느냐
26 누가 사람 없는 땅에, 사람 없는 광야에 비
를 내리며 36:27
27 황무하고 황폐한 토지를 흡족하게 하여 연
한 풀이 돋아나게 하였느냐
28 비에게 아비가 있느냐 이슬방울은 누가 낳
았느냐
29 얼음은 누구의 태에서 났느냐 공중의 서리
는 누가 낳았느냐
30 물은 돌같이 굳어지고 깊은 바다의 수면은
얼어붙느니라
31 ● 네가 묘성을 매어 묶을 수 있으며 삼성의
띠를 풀 수 있겠느냐
32 너는 별자리들을 각각 제 때에 이끌어 낼
수 있으며 북두성을 다른 별들에게로 이끌
어 갈 수 있겠느냐
33 네가 하늘의 궤도를 아느냐 하늘로 하여금
그 법칙을 땅에 베풀게 하겠느냐
34 ● 네가 목소리를 구름에까지 높여 넘치는
물이 네게 덮이게 하겠느냐
35 네가 번개를 보내어 가게 하되 번개가 네게
우리가 여기 있나이다 하게 하겠느냐
36 가슴 속의 지혜는 누가 준 것이냐 수탉에게
슬기를 준 자가 누구냐
37 누가 지혜로 구름의 수를 세겠느냐 누가 하
늘의 물주머니를 기울이겠느냐
38 티끌이 덩어리를 이루며 흙덩이가 서로 붙

15 ● The wicked are denied their light,
and their upraised arm is broken.

16 ● "Have you journeyed to the springs of the sea
or walked in the recesses of the deep?
17 ● Have the gates of death been shown to you?
Have you seen the gates of the deepest
darkness?
18 ● Have you comprehended the vast
expanses of the earth?
Tell me, if you know all this.

19 ● "What is the way to the abode of light?
And where does darkness reside?
20 ● Can you take them to their places?
Do you know the paths to their dwellings?
21 ● Surely you know, for you were already born!
You have lived so many years!

22 ● "Have you entered the storehouses of the snow
or seen the storehouses of the hail,
23 ● which I reserve for times of trouble,
for days of war and battle?
24 ● What is the way to the place where the
lightning is dispersed,
or the place where the east winds are
scattered over the earth?
25 ● Who cuts a channel for the torrents of rain,
and a path for the thunderstorm,
26 ● to water a land where no one lives,
an uninhabited desert,
27 ● to satisfy a desolate wasteland
and make it sprout with grass?
28 ● Does the rain have a father?
Who fathers the drops of dew?
29 ● From whose womb comes the ice?
Who gives birth to the frost from the heavens
30 ● when the waters become hard as stone,
when the surface of the deep is frozen?

31 ● "Can you bind the chains[a] of the Pleiades?
Can you loosen Orion's belt?
32 ● Can you bring forth the constellations in
their seasons[b]
or lead out the Bear[c] with its cubs?
33 ● Do you know the laws of the heavens?
Can you set up God's[d] dominion over the
earth?

34 ● "Can you raise your voice to the clouds
and cover yourself with a flood of water?
35 ● Do you send the lightning bolts on their way?
Do they report to you, 'Here we are'?
36 ● Who gives the ibis wisdom[e]

[a] 31 Septuagint; Hebrew *beauty* [b] 32 Or *the morning star in its season* [c] 32 Or *out Leo* [d] 33 Or *their* [e] 36 That is, wisdom about the flooding of the Nile

abode [əbóud] *n.* 처소
comprehend [kàmprihénd] *vt.* 이해하다
constellation [kànstəléiʃən] *n.* 별자리
cub [kʌb] *n.* (야수의) 새끼
desolate [désələt] *a.* 황량한
disperse [dispə́:rs] *vt.* 흩어지게 하다
dominion [dəmínjən] *n.* 지배
expanse [ikspǽns] *n.* 넓게 퍼진 공간
hail [heil] *n.* 우박
recess [rí:səs] *n.* 우묵한 곳
sprout [spràut] *vt.* 싹을 틔우다
storehouse [stɔ́:rhàus] *n.* 창고
thunderstorm [θʌ́ndərstɔ̀:rm] *n.* 뇌우
torrent [tɔ́:rənt] *n.* 급류
vast [væst] *a.* 광대한

38:23 reserve for...: …을 위해 따로 두다
38:28 drops of dew: 이슬방울
38:29 give birth to...: …를 낳다
38:31 orion's belt: 오리온자리의 세 별
38:32 lead out: 자리에서 이끌어내다
38:34 cover with...: …로 감싸다

게 하겠느냐
39 ●네가 사자를 위하여 먹이를 사냥하겠느
냐 젊은 사자의 식욕을 채우겠느냐
40 그것들이 굴에 엎드리며 숲에 앉아 숨어 기
다리느니라
41 까마귀 새끼가 하나님을 향하여 부르짖으
며 먹을 것이 없어서 허우적거릴 때에 그것
을 위하여 먹이를 마련하는 이가 누구냐

39 산 염소가 새끼 치는 때를 네가 아느
냐 암사슴이 새끼 낳는 것을 네가 본
적이 있느냐 시 29:9
2 그것이 몇 달 만에 만삭되는지 아느냐 그
낳을 때를 아느냐
3 그것들은 몸을 구푸리고 새끼를 낳으니 그
괴로움이 지나가고
4 그 새끼는 강하여져서 빈 들에서 크다가 나
간 후에는 다시 돌아오지 아니하느니라
5 ●누가 들나귀를 놓아 자유롭게 하였느냐
누가 빠른 나귀의 매인 것을 풀었느냐 6:5
6 내가 들을 그것의 집으로, 소금 땅을 그것
이 사는 처소로 삼았느니라
7 들나귀는 성읍에서 지껄이는 소리를 비웃
나니 나귀 치는 사람이 지르는 소리는 그것
에게 들리지 아니하며
8 초장 언덕으로 두루 다니며 여러 가지 푸른
풀을 찾느니라
9 들소가 어찌 기꺼이 너를 위하여 일하겠으
며 네 외양간에 머물겠느냐
10 네가 능히 줄로 매어 들소가 이랑을 갈게
하겠느냐 그것이 어찌 골짜기에서 너를 따
라 써레를 끌겠느냐
11 그것이 힘이 세다고 네가 그것을 의지하겠
느냐 네 수고를 그것에게 맡기겠느냐
12 그것이 네 곡식을 집으로 실어 오며 네 타
작마당에 곡식 모으기를 그것에게 의탁하
겠느냐
13 ●타조는 즐거이 날개를 치나 학의 깃털과
날개 같겠느냐
14 그것이 알을 땅에 버려두어 흙에서 더워지
게 하고
15 발에 깨어질 것이나 들짐승에게 밟힐 것을
생각하지 아니하고
16 그 새끼에게 모질게 대함이 제 새끼가 아닌
것처럼 하며 그 고생한 것이 헛되게 될지라
도 두려워하지 아니하나니
17 이는 하나님이 지혜를 베풀지 아니하셨고
총명을 주지 아니함이라

or gives the rooster understanding?[a]
37 ●Who has the wisdom to count the clouds?
Who can tip over the water jars of the heavens
38 ●when the dust becomes hard
and the clods of earth stick together?
39 ●"Do you hunt the prey for the lioness
and satisfy the hunger of the lions
40 ●when they crouch in their dens
or lie in wait in a thicket?
41 ●Who provides food for the raven
when its young cry out to God
and wander about for lack of food?

39 "Do you know when the mountain
goats give birth?
Do you watch when the doe bears her
fawn?
2 ●Do you count the months till they bear?
Do you know the time they give birth?
3 ●They crouch down and bring forth their
young;
their labor pains are ended.
4 ●Their young thrive and grow strong in the
wilds;
they leave and do not return.
5 ●"Who let the wild donkey go free?
Who untied its ropes?
6 ●I gave it the wasteland as its home,
the salt flats as its habitat.
7 ●It laughs at the commotion in the town;
it does not hear a driver's shout.
8 ●It ranges the hills for its pasture
and searches for any green thing.
9 ●"Will the wild ox consent to serve you?
Will it stay by your manger at night?
10 ●Can you hold it to the furrow with a
harness?
Will it till the valleys behind you?
11 ●Will you rely on it for its great strength?
Will you leave your heavy work to it?
12 ●Can you trust it to haul in your grain
and bring it to your threshing floor?
13 ●"The wings of the ostrich flap joyfully,
though they cannot compare
with the wings and feathers of the stork.
14 ●She lays her eggs on the ground
and lets them warm in the sand,
15 ●unmindful that a foot may crush them,
that some wild animal may trample them.
16 ●She treats her young harshly, as if they
were not hers;

[a]36 That is, understanding of when to crow; the meaning of the Hebrew for this verse is uncertain.

commotion [kəmóuʃən] *n.* 동요
fawn [fɔːn] *n.* 새끼 사슴
flap [flæp] *vt.* 퍼덕거리다
flat [flæt] *n.* 바닥, 평면
furrow [fə́ːrou] *n.* 밭고랑
harness [hɑ́ːrnis] *n.* 마구(馬具)
harshly [hɑ́ːrʃli] *ad.* 거칠게
haul [hɔːl] *vt.* 끌어당기다
prey [prei] *n.* 먹이
range [reindʒ] *vi.* 돌아다니다
thicket [θíkit] *n.* 덤불
thresh [θreʃ] *vt.* 타작하다
thrive [θraiv] *vi.* 성장하다
trample [trǽmpl] *vt.* 짓밟다
unmindful [ʌnmáindfəl] *a.* 부주의한

38:37 tip over: (접시 등을)뒤집어 엎다
38:40 lie in wait: 잠복하여 기다리다
38:41 wander about: 떠돌아다니다
39:5 go free: 해방되다, 방면되다
39:9 consent to...: …에 동의하다
39:13 compare with...: …와 비교가 되다

18 그러나 그것이 몸을 떨쳐 뛰어갈 때에는 말과 그 위에 탄 자를 우습게 여기느니라
19 ● 말의 힘을 네가 주었느냐 그 목에 흩날리는 갈기를 네가 입혔느냐
20 네가 그것으로 메뚜기처럼 뛰게 하였느냐 그 위엄스러운 콧소리가 두려우니라
21 그것이 골짜기에서 발굽질하고 힘 있음을 기뻐하며 앞으로 나아가서 군사들을 맞되
22 두려움을 모르고 겁내지 아니하며 칼을 대할지라도 물러나지 아니하니
23 그의 머리 위에서는 화살통과 빛나는 창과 투창이 번쩍이며
24 땅을 삼킬 듯이 맹렬히 성내며 나팔 소리에 머물러 서지 아니하고
25 나팔 소리가 날 때마다 힝힝 울며 멀리서 싸움 냄새를 맡고 지휘관들의 호령과 외치는 소리를 듣느니라
26 ● 매가 떠올라서 날개를 펼쳐 남쪽으로 향하는 것이 어찌 네 지혜로 말미암음이냐
27 독수리가 공중에 떠서 높은 곳에 보금자리를 만드는 것이 어찌 네 명령을 따름이냐
28 그것이 낭떠러지에 집을 지으며 뾰족한 바위 끝이나 험준한 데 살며
29 거기서 먹이를 살피나니 그 눈이 멀리 봄이며
30 그 새끼들도 피를 빠나니 시체가 있는 곳에는 독수리가 있느니라

40

여호와께서 또 욥에게 일러 말씀하시되
2 트집 잡는 자가 전능자와 다투겠느냐 하나님을 탓하는 자는 대답할지니라
3 욥이 여호와께 대답하여 이르되
4 보소서 나는 비천하오니 무엇이라 주께 대답하리이까 손으로 내 입을 가릴 뿐이로소이다
5 내가 한 번 말하였사온즉 다시는 더 대답하지 아니하겠나이다
6 그때에 여호와께서 폭풍우 가운데에서 욥에게 일러 말씀하시되 38:1
7 너는 대장부처럼 허리를 묶고 내가 네게 묻겠으니 내게 대답할지니라
8 네가 내 공의를 부인하려느냐 네 의를 세우려고 나를 악하다 하겠느냐
9 네가 하나님처럼 능력이 있느냐 하나님처럼 천둥 소리를 내겠느냐
10 ● 너는 위엄과 존귀로 단장하며 영광과 영화를 입을지니라 시 93:1

she cares not that her labor was in vain,
17 ● for God did not endow her with wisdom
or give her a share of good sense.
18 ● Yet when she spreads her feathers to run,
she laughs at horse and rider.
19 ● "Do you give the horse its strength
or clothe its neck with a flowing mane?
20 ● Do you make it leap like a locust,
striking terror with its proud snorting?
21 ● It paws fiercely, rejoicing in its strength,
and charges into the fray.
22 ● It laughs at fear, afraid of nothing;
it does not shy away from the sword.
23 ● The quiver rattles against its side,
along with the flashing spear and lance.
24 ● In frenzied excitement it eats up the ground;
it cannot stand still when the trumpet
sounds.
25 ● At the blast of the trumpet it snorts, 'Aha!'
It catches the scent of battle from afar,
the shout of commanders and the
battle cry.
26 ● "Does the hawk take flight by your wisdom
and spread its wings toward the south?
27 ● Does the eagle soar at your command
and build its nest on high?
28 ● It dwells on a cliff and stays there at night;
a rocky crag is its stronghold.
29 ● From there it looks for food;
its eyes detect it from afar.
30 ● Its young ones feast on blood,
and where the slain are, there it is."

40

The LORD said to Job:
2 ● "Will the one who contends with the
Almighty correct him?
Let him who accuses God answer him!"
3 ● Then Job answered the LORD:
4 ● "I am unworthy—how can I reply to you?
I put my hand over my mouth.
5 ● I spoke once, but I have no answer—
twice, but I will say no more."
6 ● Then the LORD spoke to Job out of the storm:
7 ● "Brace yourself like a man;
I will question you,
and you shall answer me.
8 ● "Would you discredit my justice?
Would you condemn me to justify yourself?
9 ● Do you have an arm like God's,
and can your voice thunder like his?

condemn [kəndém] *vt.* 정죄하다
correct [kərékt] *vt.* 바로잡다
crag [kræg] *n.* 바위
detect [ditékt] *vt.* 찾다
discredit [diskrédit] *vt.* 신용하지 않다
fray [frei] *n.* 싸움
frenzied [frénzid] *a.* 격분한
lance [læns] *n.* 창
locust [lóukəst] *n.* 메뚜기
mane [mein] *n.* 갈기
paw [pɔː] *vt.* 발로 긁다
quiver [kwívər] *n.* 진동, 전율
rattle [rǽtl] *vi.* 달그락 거리다
snort [snɔːrt] *vi.* 코웃음 치다
soar [sɔːr] *vi.* 높이 치솟다

39:16 in vain: 헛되이
39:17 endow A with B: A에게 B를 주다
39:29 from afar: (아주) 멀리서
39:30 feast on: 마음껏 먹다
40:2 contend with...: …과 다투다
40:7 brace oneself: 마음을 다잡다

11 너의 넘치는 노를 비우고 교만한 자를 발견
하여 모두 낮추되
12 모든 교만한 자를 발견하여 낮아지게 하며
악인을 그들의 처소에서 짓밟을지니라
13 그들을 함께 진토에 묻고 그들의 얼굴을 싸
서 은밀한 곳에 둘지니라
14 그리하면 네 오른손이 너를 구원할 수 있다
고 내가 인정하리라
15 ●이제 소같이 풀을 먹는 1)베헤못을 볼지어
다 내가 너를 지은 것같이 그것도 지었느니
라
16 그것의 힘은 허리에 있고 그 뚝심은 배의
힘줄에 있고
17 그것이 꼬리 치는 것은 백향목이 흔들리는 것
같고 그 넓적다리 힘줄은 서로 얽혀 있으며
18 그 뼈는 놋관 같고 그 뼈대는 쇠막대기 같
으니
19 그것은 하나님이 만드신 것 중에 으뜸이라
그것을 지으신 이가 자기의 칼을 가져오기
를 바라노라
20 모든 들짐승들이 뛰노는 산은 그것을 위하
여 먹이를 내느니라
21 그것이 연 잎 아래에나 갈대 그늘에서나 늪
속에 엎드리니
22 연 잎 그늘이 덮으며 시내 버들이 그를 감
싸는도다
23 강물이 소용돌이칠지라도 그것이 놀라지
않고 요단 강물이 쏟아져 그 입으로 들어가
도 태연하니
24 그것이 눈을 뜨고 있을 때 누가 능히 잡을
수 있겠으며 갈고리로 그것의 코를 뀔 수
있겠느냐

41 네가 낚시로 2)리워야단을 끌어낼 수
있겠느냐 노끈으로 그 혀를 맬 수 있겠
느냐
2 너는 밧줄로 그 코를 꿸 수 있겠느냐 갈고
리로 그 아가미를 꿸 수 있겠느냐
3 그것이 어찌 네게 계속하여 간청하겠느냐
부드럽게 네게 말하겠느냐
4 어찌 그것이 너와 계약을 맺고 너는 그를
영원히 종으로 삼겠느냐
5 네가 어찌 그것을 새를 가지고 놀듯 하겠으
며 네 여종들을 위하여 그것을 매어두겠느
냐
6 어찌 장사꾼들이 그것을 놓고 거래하겠으
며 상인들이 그것을 나누어 가지겠느냐
7 네가 능히 많은 창으로 그 가죽을 찌르거나

10 ●Then adorn yourself with glory and splendor,
and clothe yourself in honor and majesty.
11 ●Unleash the fury of your wrath,
look at all who are proud and bring them
low,
12 ●look at all who are proud and humble them,
crush the wicked where they stand.
13 ●Bury them all in the dust together;
shroud their faces in the grave.
14 ●Then I myself will admit to you
that your own right hand can save you.
15 ●"Look at Behemoth,
which I made along with you
and which feeds on grass like an ox.
16 ●What strength it has in its loins,
what power in the muscles of its belly!
17 ●Its tail sways like a cedar;
the sinews of its thighs are close-knit.
18 ●Its bones are tubes of bronze,
its limbs like rods of iron.
19 ●It ranks first among the works of God,
yet its Maker can approach it with
his sword.
20 ●The hills bring it their produce,
and all the wild animals play nearby.
21 ●Under the lotus plants it lies,
hidden among the reeds in the marsh.
22 ●The lotuses conceal it in their shadow;
the poplars by the stream surround it.
23 ●A raging river does not alarm it;
it is secure, though the Jordan should
surge against its mouth.
24 ●Can anyone capture it by the eyes,
or trap it and pierce its nose?

41 [a] "Can you pull in Leviathan with a
fishhook
or tie down its tongue with a rope?
2 ●Can you put a cord through its nose
or pierce its jaw with a hook?
3 ●Will it keep begging you for mercy?
Will it speak to you with gentle words?
4 ●Will it make an agreement with you
for you to take it as your slave for life?
5 ●Can you make a pet of it like a bird
or put it on a leash for the young women
in your house?
6 ●Will traders barter for it?
Will they divide it up among the
merchants?
7 ●Can you fill its hide with harpoons

[a] In Hebrew texts 41:1-8 is numbered 40:25-32, and 41:9-34 is numbered 41:1-26.

1) 하마로 볼 수도 있음 2) 악어로 볼 수도 있음

barter [bá:rtər] *vt.* 교환하다
belly [béli] *n.* 복부
conceal [kənsí:l] *vt.* 숨기다
harpoon [ha:rpú:n] *n.* 작살
humble [hʌ́mbl] *a.* 겸손한
leash [li:ʃ] *n.* 가죽끈
limb [lim] *n.* 팔다리
majesty [mǽdʒəsti] *n.* 위엄
marsh [ma:rʃ] *n.* 습지
muscle [mʌ́sl] *n.* 근육
shroud [ʃraud] *vt.* 감추다
surge [sə:rdʒ] *vi.* 밀려오다
sway [swei] *vt.* (뒤)흔들다
trap [træp] *vt.* 잡다
unleash [ʌnlí:ʃ] *vt.* 풀다

40:10 adorn... with~: …를 ~로 꾸미다
40:11 bring low: 쇠하게 하다
40:15 feed on...: …을 먹이로 하다
41:4 make an agreement with...: …와 계약을 맺다
41:5 make a pet of...: …를 귀여워하다

작살을 그 머리에 꽂을 수 있겠느냐
8 네 손을 그것에게 얹어 보라 다시는 싸울 생
각을 못하리라
9 참으로 잡으려는 그의 희망은 헛된 것이니라
그것의 모습을 보기만 해도 그는 기가 꺾이
리라
10 아무도 그것을 격동시킬 만큼 담대하지 못하
거든 누가 내게 감히 대항할 수 있겠느냐
11 누가 먼저 내게 주고 나로 하여금 갚게 하겠
느냐 온 천하에 있는 것이 다 내 것이니라
12 ●내가 그것의 지체와 그것의 큰 용맹과 늠
름한 체구에 대하여 잠잠하지 아니하리라
13 누가 그것의 겉가죽을 벗기겠으며 그것에게
겹재갈을 물릴 수 있겠느냐
14 누가 그것의 턱을 벌릴 수 있겠느냐 그의 둥
근 이틀은 심히 두렵구나
15 그의 즐비한 비늘은 그의 자랑이로다 튼튼하
게 봉인하듯이 닫혀 있구나
16 그것들이 서로 달라붙어 있어 바람이 그 사
이로 지나가지 못하는구나
17 서로 이어져 붙었으니 능히 나눌 수도 없구나
18 그것이 재채기를 한즉 빛을 발하고 그것의
눈은 새벽의 눈꺼풀 빛 같으며
19 그것의 입에서는 횃불이 나오고 불꽃이 튀어
나오며
20 그것의 콧구멍에서는 연기가 나오니 마치 갈
대를 태울 때에 솥이 끓는 것과 같구나
21 그의 입김은 숯불을 지피며 그의 입은 불길
을 뿜는구나
22 그것의 힘은 그의 목덜미에 있으니 그 앞에
서는 절망만 감돌 뿐이구나
23 그것의 살껍질은 서로 밀착되어 탄탄하며 움
직이지 않는구나
24 그것의 가슴은 돌처럼 튼튼하며 맷돌 아래짝
같이 튼튼하구나
25 그것이 일어나면 용사라도 두려워하며 달아
나리라
26 칼이 그에게 꽂혀도 소용이 없고 창이나 투
창이나 화살촉도 꽂히지 못하는구나
27 그것이 쇠를 지푸라기같이, 놋을 썩은 나무
같이 여기니
28 화살이라도 그것을 물리치지 못하겠고 물맷
돌도 그것에게는 겨같이 되는구나
29 그것은 몽둥이도 지푸라기같이 여기고 창이
날아오는 소리를 우습게 여기며
30 그것의 아래쪽에는 날카로운 토기 조각 같은
것이 달려 있고 그것이 지나갈 때는 진흙 바

or its head with fishing spears?
8 ●If you lay a hand on it,
you will remember the struggle and
never do it again!
9 ●Any hope of subduing it is false;
the mere sight of it is overpowering.
10 ●No one is fierce enough to rouse it.
Who then is able to stand against me?
11 ●Who has a claim against me that I must pay?
Everything under heaven belongs to me.
12 ●"I will not fail to speak of Leviathan's limbs,
its strength and its graceful form.
13 ●Who can strip off its outer coat?
Who can penetrate its double coat of
armor[a]?
14 ●Who dares open the doors of its mouth,
ringed about with fearsome teeth?
15 ●Its back has[b] rows of shields
tightly sealed together;
16 ●each is so close to the next
that no air can pass between.
17 ●They are joined fast to one another;
they cling together and cannot be parted.
18 ●Its snorting throws out flashes of light;
its eyes are like the rays of dawn.
19 ●Flames stream from its mouth;
sparks of fire shoot out.
20 ●Smoke pours from its nostrils
as from a boiling pot over burning reeds.
21 ●Its breath sets coals ablaze,
and flames dart from its mouth.
22 ●Strength resides in its neck;
dismay goes before it.
23 ●The folds of its flesh are tightly joined;
they are firm and immovable.
24 ●Its chest is hard as rock,
hard as a lower millstone.
25 ●When it rises up, the mighty are terrified;
they retreat before its thrashing.
26 ●The sword that reaches it has no effect,
nor does the spear or the dart or the
javelin.
27 ●Iron it treats like straw
and bronze like rotten wood.
28 ●Arrows do not make it flee;
slingstones are like chaff to it.
29 ●A club seems to it but a piece of straw;
it laughs at the rattling of the lance.
30 ●Its undersides are jagged potsherds,
leaving a trail in the mud like a

[a]13 Septuagint; Hebrew *double bridle* [b]15 Or *Its pride is its*

ablaze [əbléiz] *a.* 불타올라서
chaff [tʃæf] *n.* 왕겨
cling [kliŋ] *vi.* 달라붙다
dismay [disméi] *n.* 낙담
fearsome [fíərsəm] *a.* 무서운
immovable [imú:vəbl] *a.* 움직일 수 없는
javelin [dʒǽvlin] *n.* 창
millstone [mílstòun] *n.* 맷돌
nostril [nástrəl] *n.* 콧구멍
potsherd [pátʃə̀:rd] *n.* 질그릇 조각
rattle [rǽtl] *vi.* 달그락거리다
retreat [ritrí:t] *vi.* 퇴각하다
snort [snɔ:rt] *vi.* 콧김을 뿜다
subdue [səbdjú:] *vt.* 진압하다
thrashing [θrǽʃiŋ] *n.* 패배, 참패

41:13 strip off: 벗기다
41:17 one another: 서로
41:18 throw out: (빛 등을) 밖으로 내뿜다
41:19 shoot out: 돌출하다
41:26 have no effect: 효력이 없다
41:30 leave a trail: 자국(흔적)을 남기다

닥에 도리깨로 친 자국을 남기는구나
31 깊은 물을 솥의 물이 끓음 같게 하며 바다를
기름병같이 다루는도다
32 그것의 뒤에서 빛나는 물줄기가 나오니 그는
깊은 바다를 백발로 만드는구나
33 세상에는 그것과 비할 것이 없으니 그것은
두려움이 없는 것으로 지음 받았구나 40:19
34 그것은 모든 높은 자를 내려다보며 모든 교
만한 자들에게 군림하는 왕이니라

욥의 회개 (♪ 90, 597장)

42 욥이 여호와께 대답하여 이르되
2 주께서는 못하실 일이 없사오며 무슨
계획이든지 못 이루실 것이 없는 줄 아오니
3 무지한 말로 이치를 가리는 자가 누구니이까
나는 깨닫지도 못한 일을 말하였고 스스로
알 수도 없고 헤아리기도 어려운 일을 말하
였나이다
4 내가 말하겠사오니 주는 들으시고 내가 주께
묻겠사오니 주여 내게 알게 하옵소서 38:3
5 내가 주께 대하여 귀로 듣기만 하였사오나
이제는 눈으로 주를 뵈옵나이다
6 그러므로 내가 스스로 거두어들이고 티끌과
재 가운데에서 회개하나이다

결론

7 ●여호와께서 욥에게 이 말씀을 하신 후에
여호와께서 데만 사람 엘리바스에게 이르시
되 내가 너와 네 두 친구에게 노하나니 이는
너희가 나를 가리켜 말한 것이 내 종 욥의 말
같이 옳지 못함이니라
8 그런즉 너희는 수소 일곱과 숫양 일곱을 가
지고 내 종 욥에게 가서 너희를 위하여 번제
를 드리라 내 종 욥이 너희를 위하여 기도할
것인즉 내가 그를 기쁘게 받으리니 너희가
우매한 만큼 너희에게 갚지 아니하리라 이는
너희가 나를 가리켜 말한 것이 내 종 욥의 말
같이 옳지 못함이라
9 이에 데만 사람 엘리바스와 수아 사람 빌닷
과 나아마 사람 소발이 가서 여호와께서 자
기들에게 명령하신 대로 행하니라 여호와께
서 욥을 기쁘게 받으셨더라

여호와께서 욥에게 복을 주시다 (♪ 429, 456장)

10 ●*욥이 그의 친구들을 위하여* 기도할 때 여
호와께서 욥의 곤경을 돌이키시고 여호와께
서 욥에게 이전 모든 소유보다 갑절이나 주
신지라 시 14:7
11 이에 그의 모든 형제와 자매와 이전에 알던
이들이 다 와서 그의 집에서 그와 함께 음식

threshing sledge.
31 ●It makes the depths churn like a boiling
caldron
and stirs up the sea like a pot of ointment.
32 ●It leaves a glistening wake behind it;
one would think the deep had white hair.
33 ●Nothing on earth is its equal—
a creature without fear.
34 ●It looks down on all that are haughty;
it is king over all that are proud."

Job

42 Then Job replied to the LORD:
2 ●"I know that you can do all things;
no purpose of yours can be thwarted.
3 ●You asked, 'Who is this that obscures my
plans without knowledge?'
Surely I spoke of things I did not
understand,
things too wonderful for me to know.
4 ●"You said, 'Listen now, and I will speak;
I will question you,
and you shall answer me.'
5 ●My ears had heard of you
but now my eyes have seen you.
6 ●Therefore I despise myself
and repent in dust and ashes."

Epilogue

7 ●After the LORD had said these things to
Job, he said to Eliphaz the Temanite, "I am
angry with you and your two friends, be-
cause you have not spoken the truth about
8 me, as my servant Job has. ●So now take
seven bulls and seven rams and go to my ser-
vant Job and sacrifice a burnt offering for
yourselves. My servant Job will pray for you,
and I will accept his prayer and not deal with
you according to your folly. You have not
spoken the truth about me, as my servant
9 Job has." ●So Eliphaz the Temanite, Bildad
the Shuhite and Zophar the Naamathite did
what the LORD told them; and the LORD
accepted Job's prayer.
10 ●After Job had prayed for his friends, the
LORD restored his fortunes and gave him twice
11 as much as he had before. ●All his brothers
and sisters and everyone who had known him
before came and ate with him in his house.
They comforted and consoled him over all the
trouble the LORD had brought on him, and

accept [æksépt] *vt.* 받아들이다
ash [æʃ] *n.* 재, 잿더미
bull [bul] *n.* 황소
caldron [kɔ́:ldrən] *n.* 가마솥
churn [tʃə:rn] *vt.* 휘젓다
comfort [kʌ́mfərt] *vt.* 위안하다
despise [dispáiz] *vt.* 경멸하다
equal [í:kwəl] *vt.* (…와) 맞먹다
glisten [glísn] *n.* 반짝임
haughty [hɔ́:ti] *a.* 높은, 오만한
obscure [əbskjúər] *vt.* 흐리게 하다
ointment [ɔ́intmənt] *n.* 연고
repent [ripént] *vt.* 회개하다
threshing [θréʃiŋ] *n.* 탈곡
thwart [θwɔ:rt] *vt.* 좌절시키다

42:8 sacrifice... for~: ~를 위해 …를 희생으로 바치다
42:8 pray for...: …를 위해 기도하다
42:8 deal with...: …를 대하다, …와 관계하다
42:11 console A over B: B에 대하여 A를 달래다, 위안하다

을 먹고 여호와께서 그에게 내리신 모든 재
앙에 관하여 그를 위하여 슬퍼하며 위로하고
각각 [1]케쉬타 하나씩과 금고리 하나씩을 주
었더라
12 여호와께서 욥의 말년에 욥에게 처음보다 더
복을 주시니 그가 양 만 사천과 낙타 육천과
소 천 겨리와 암나귀 천을 두었고
13 또 아들 [2]일곱과 딸 셋을 두었으며
14 그가 첫째 딸은 여미마라 이름하였고 둘째
딸은 긋시아라 이름하였고 셋째 딸은 게렌합
북이라 이름하였으니
15 모든 땅에서 욥의 딸들처럼 아리따운 여자가
없었더라 그들의 아버지가 그들에게 그들의
오라비들처럼 기업을 주었더라
16 그 후에 욥이 백사십 년을 살며 아들과 손자
사 대를 보았고
17 욥이 늙어 나이가 차서 죽었더라

each one gave him a piece of silver[a] and a gold
ring.
12 •The LORD blessed the latter part of Job's
life more than the former part. He had four-
teen thousand sheep, six thousand camels,
a thousand yoke of oxen and a thousand
13 donkeys. •And he also had seven sons and
14 three daughters. •The first daughter he
named Jemimah, the second Keziah and the
15 third Keren-Happuch. •Nowhere in all the
land were there found women as beautiful
as Job's daughters, and their father granted
them an inheritance along with their bro-
thers.
16 •After this, Job lived a hundred and forty
years; he saw his children and their children
17 to the fourth generation. •And so Job died,
an old man and full of years.

[a]11 Hebrew *him a kesitah;* a kesitah was a unit of money of unknown weight and value.

1) 히, 케쉬타는 고대 화폐 단위 2) 히, 칠의 배수의 뜻도 있음

beautiful [bjú:təfəl] *a.* 아름다운
bless [bles] *vt.* 축복하다
camel [kǽməl] *n.* 낙타
donkey [dáŋki] *n.* 나귀
former [fɔ́:rmər] *a.* 이전의
full [ful] *a.* 충만한
generation [dʒènəréiʃən] *n.* 대
grant [grænt] *vt.* 주다
inheritance [inhérətəns] *n.* 기업, 상속
latter [lǽtər] *a.* 후반의
nowhere [nóuhwɛər] *ad.* 아무데도 …없다
ox [aks] *n.* 황소
sheep [ʃi:p] *n.* 양
silver [sílvər] *n.* 은
yoke [jouk] *n.* 한쌍

42:11 each one: 각각
42:12 the latter part of one's life: 만년
42:12 more than: …보다 많이, …이상의
42:15 along with...: …와 함께
42:16 after this: 이후는

Psalms | 시편

● 저자 _ 다윗, 모세, 솔로몬, 아삽, 에단, 헤만, 고라 자손 등 ● 저작 연대 _ B.C. 1000년경
● 기록 장소 _ 여러 곳 ● 기록 대상 _ 이스라엘 백성 ● 핵심어 및 내용 _ 핵심어는 '찬양'과 '신뢰'이다.

하나님의 위대한 성품, 그분이 행하신 일들과 앞으로 행하실 일들에 대한 찬양을 주로 다루고 있으며, 시편 기자들은 하나님을 온전히 신뢰하라고 계속해서 명령하고 있다.

제 일 권

1 복 있는 사람은 악인들의 꾀를 따르지
아니하며 죄인들의 길에 서지 아니하며
오만한 자들의 자리에 앉지 아니하고
2 오직 여호와의 율법을 즐거워하여 그의
율법을 주야로 [1]묵상하는도다
3 그는 시냇가에 심은 나무가 철을 따라 열
매를 맺으며 그 잎사귀가 마르지 아니함
같으니 그가 하는 모든 일이 다 형통하리
로다
4 악인들은 그렇지 아니함이여 오직 바람
에 나는 겨와 같도다
5 그러므로 악인들은 심판을 견디지 못하
며 죄인들이 의인들의 모임에 들지 못하
리로다
6 무릇 의인들의 길은 여호와께서 인정하
시나 악인들의 길은 망하리로다

2 어찌하여 이방 나라들이 [2]분노하며 민
족들이 헛된 일을 꾸미는가
2 세상의 군왕들이 나서며 관원들이 서로
꾀하여 여호와와 그의 기름부음 받은 자
를 대적하며
3 우리가 그들의 맨 것을 끊고 그의 결박을
벗어 버리자 하는도다
4 하늘에 계신 이가 웃으심이여 주께서 그
들을 비웃으시리로다
5 그때에 분을 발하며 진노하사 그들을 놀
라게 하여 이르시기를
6 내가 나의 왕을 내 거룩한 산 시온에 세
웠다 하시리로다 3:4
7 ●내가 여호와의 명령을 전하노라 여호
와께서 내게 이르시되 너는 내 아들이라
오늘 내가 너를 낳았도다
8 내게 구하라 내가 이방 나라를 네 유업으
로 주리니 네 소유가 땅 끝까지 이르리로
다
9 네가 철장으로 그들을 깨뜨림이여 질그
릇같이 부수리라 하시도다 계 2:27
10 ●그런즉 군왕들아 너희는 지혜를 얻으
며 세상의 재판관들아 너희는 교훈을 받
을지어다

BOOK I:
Psalms 1-41
Psalm 1

1 ●Blessed is the one
who does not walk in step with the wicked
or stand in the way that sinners take
or sit in the company of mockers,
2 ●but whose delight is in the law of the LORD,
and who meditates on his law day and night.
3 ●That person is like a tree planted by streams of
water,
which yields its fruit in season
and whose leaf does not wither—
whatever they do prospers.
4 ●Not so the wicked!
They are like chaff
that the wind blows away.
5 ●Therefore the wicked will not stand in the
judgment,
nor sinners in the assembly of the righteous.
6 ●For the LORD watches over the way of the righteous,
but the way of the wicked leads to destruction.

Psalm 2

1 ●Why do the nations conspire[a]
and the peoples plot in vain?
2 ●The kings of the earth rise up
and the rulers band together
against the LORD and against his anointed, saying,
3 ●"Let us break their chains
and throw off their shackles."
4 ●The One enthroned in heaven laughs;
the Lord scoffs at them.
5 ●He rebukes them in his anger
and terrifies them in his wrath, saying,
6 ●"I have installed my king
on Zion, my holy mountain."
7 ●I will proclaim the LORD's decree:
He said to me, "You are my son;
today I have become your father.
8 ●Ask me,
and I will make the nations your inheritance,
the ends of the earth your possession.
9 ●You will break them with a rod of iron[b];
you will dash them to pieces like pottery."

[a]1 Hebrew; Septuagint *rage* [b]9 Or *will rule them with an iron scepter* (see Septuagint and Syriac) 1) 히, 작은 소리로 읊조리다 2) 소란

11 여호와를 경외함으로 섬기고 떨며 즐거
워할지어다
12 그의 아들에게 입맞추라 그렇지 아니하
면 진노하심으로 너희가 길에서 망하리
니 그의 진노가 급하심이라 여호와께 피
하는 모든 사람은 다 복이 있도다

〔다윗이 그의 아들 압살롬을 피할 때에 지은 시〕

3 여호와여 나의 대적이 어찌 그리 많은
지요 일어나 나를 치는 자가 많으니이
다
2 많은 사람이 나를 대적하여 말하기를 그
는 하나님께 구원을 받지 못한다 하나이
다 (셀라)
3 여호와여 주는 나의 방패시요 나의 영광
이시요 나의 머리를 드시는 자이시니이
다 27:6
4 내가 나의 목소리로 여호와께 부르짖으
니 그의 성산에서 응답하시는도다 (셀
라) 34:4
5 내가 누워 자고 깨었으니 여호와께서 나
를 붙드심이로다
6 천만인이 나를 에워싸 진친다 하여도 나
는 두려워하지 아니하리이다
7 여호와여 일어나소서 나의 하나님이여
나를 구원하소서 주께서 나의 모든 원수
의 뺨을 치시며 악인의 이를 꺾으셨나이
다
8 [1]구원은 여호와께 있사오니 주의 복을
주의 백성에게 내리소서 (셀라) 사 43:11

〔다윗의 시, 인도자를 따라 현악에 맞춘 노래〕
(♪ 58, 62장)

4 내 의의 하나님이여 내가 부를 때에 응
답하소서 곤란 중에 나를 너그럽게 하
셨사오니 내게 은혜를 베푸사 나의 기도
를 들으소서
2 인생들아 어느 때까지 나의 영광을 바꾸
어 욕되게 하며 헛된 일을 좋아하고 거짓
을 구하려는가 (셀라)
3 여호와께서 자기를 위하여 경건한 자를
택하신 줄 너희가 알지어다 내가 그를 부
를 때에 여호와께서 들으시리로다
4 너희는 [2]떨며 범죄하지 말지어다 자리
에 누워 심중에 말하고 잠잠할지어다
(셀라)
5 의의 제사를 드리고 여호와를 의지할지
어다
6 여러 사람의 말이 우리에게 선을 보일 자

시

10 •Therefore, you kings, be wise;
be warned, you rulers of the earth.
11 •Serve the LORD with fear
and celebrate his rule with trembling.
12 •Kiss his son, or he will be angry
and your way will lead to your destruction,
for his wrath can flare up in a moment.
Blessed are all who take refuge in him.

Psalm 3[a]

A psalm of David. When he fled from his son Absalom.

1 •LORD, how many are my foes!
How many rise up against me!
2 •Many are saying of me,
"God will not deliver him."[b]
3 •But you, LORD, are a shield around me,
my glory, the One who lifts my head high.
4 •I call out to the LORD,
and he answers me from his holy mountain.
5 •I lie down and sleep;
I wake again, because the LORD sustains me.
6 •I will not fear though tens of thousands
assail me on every side.
7 •Arise, LORD!
Deliver me, my God!
Strike all my enemies on the jaw;
break the teeth of the wicked.
8 •From the LORD comes deliverance.
May your blessing be on your people.

Psalm 4[c]

For the director of music. With stringed instruments. A psalm of David.

1 •Answer me when I call to you,
my righteous God.
Give me relief from my distress;
have mercy on me and hear my prayer.
2 •How long will you people turn my glory into shame?
How long will you love delusions and seek
false gods[d]?[e]
3 •Know that the LORD has set apart his faithful
servant for himself;
the LORD hears when I call to him.
4 •Tremble and[f] do not sin;
when you are on your beds,
search your hearts and be silent.
5 •Offer the sacrifices of the righteous
and trust in the LORD.
6 •Many, LORD, are asking, "Who will bring us

[a]In Hebrew texts 3:1-8 is numbered 3:2-9. [b]2 The Hebrew has *Selah* (a word of uncertain meaning) here and at the end of verses 4 and 8. [c]In Hebrew texts 4:1-8 is numbered 4:2-9. [d]2 Or *seek lies* [e]2 The Hebrew has *Selah* (a word of uncertain meaning) here and at the end of verse 4. [f]4 Or *In your anger* (see Septuagint) 1) 승리는 2) 분내어

assail [əséil] *vt.* 습격하다
deliverance [dilívərəns] *n.* 구원
delusion [dilú:ʒən] *n.* 망상
destruction [distrʌ́kʃən] *n.* 멸망
distress [distrés] *n.* 고뇌
foe [fou] *n.* 원수
jaw [dʒɔ:] *n.* 턱
relief [rilí:f] *n.* 안심, 구원
sacrifice [sǽkrəfàis] *n.* 희생 제물
seek [si:k] *vt.* 구하다
shame [ʃeim] *n.* 부끄러움
shield [ʃi:ld] *n.* 방패
sustain [səstéin] *vt.* (생명을) 유지하다
trembling [trémbliŋ] *n.* 떨림
wicked [wíkid] *a.* 사악한

2:12 flare up: 불끈 성내다
2:12 take refuge in...: …에 피난하다
3:4 call out to...: …에게 큰 소리로 말하다
3:6 on every side: 사방에
4:1 have mercy on...: …을 불쌍히 여기다
4:3 set apart: 따로 떼어놓다

누구뇨 하오니 여호와여 주의 얼굴을 들
어 우리에게 비추소서 민 6:26
7 주께서 내 마음에 두신 기쁨은 그들의 곡
식과 새 포도주가 풍성할 때보다 더하니
이다
8 내가 평안히 눕고 자기도 하리니 나를 안
전히 살게 하시는 이는 오직 여호와이시
니이다

〔다윗의 시, 인도자를 따라 관악에 맞춘 노래〕
(♪ 279장)

5 여호와여 나의 말에 귀를 기울이사 나
의 심정을 헤아려 주소서
2 나의 왕, 나의 하나님이여 내가 부르짖는
소리를 들으소서 내가 주께 기도하나이
다 84:3
3 여호와여 아침에 주께서 나의 소리를 들
으시리니 아침에 내가 주께 기도하고 바
라리이다
4 주는 죄악을 기뻐하는 신이 아니시니 [1)]악
이 주와 함께 머물지 못하며 11:5
5 오만한 자들이 주의 목전에 서지 못하리
이다 주는 모든 행악자를 미워하시며
6 거짓말하는 자들을 멸망시키시리이다
여호와께서는 피 흘리기를 즐기는 자와
속이는 자를 싫어하시나이다
7 오직 나는 주의 풍성한 사랑을 힘입어 주
의 집에 들어가 주를 경외함으로 성전을
향하여 예배하리이다 69:13
8 여호와여 [2)]나의 원수들로 말미암아 주의
의로 나를 인도하시고 주의 길을 내 목전
에 곧게 하소서
9 그들의 입에 신실함이 없고 그들의 심
중이 심히 악하며 그들의 목구멍은 열
린 무덤 같고 그들의 혀로는 아첨하나
이다 12:2
10 하나님이여 그들을 정죄하사 자기 꾀에
빠지게 하시고 그 많은 허물로 말미암아
그들을 쫓아내소서 그들이 주를 배역함
이니이다
11 그러나 주께 피하는 모든 사람은 다 기뻐
하며 주의 보호로 말미암아 영원히 기뻐
외치고 주의 이름을 사랑하는 자들은 주
를 즐거워하리이다
12 여호와여 주는 의인에게 복을 주시고 방
패로 함 같이 은혜로 그를 호위하시리이
다 112:2

prosperity?"
Let the light of your face shine on us.
7 ●Fill my heart with joy
when their grain and new wine abound.
8 ●In peace I will lie down and sleep,
for you alone, LORD,
make me dwell in safety.

Psalm 5[a]

For the director of music. For pipes. A psalm of David.

1 ●Listen to my words, LORD,
consider my lament.
2 ●Hear my cry for help,
my King and my God,
for to you I pray.
3 ●In the morning, LORD, you hear my voice;
in the morning I lay my requests before you
and wait expectantly.
4 ●For you are not a God who is pleased with
wickedness;
with you, evil people are not welcome.
5 ●The arrogant cannot stand
in your presence.
You hate all who do wrong;
6 ● you destroy those who tell lies.
The bloodthirsty and deceitful
you, LORD, detest.
7 ●But I, by your great love,
can come into your house;
in reverence I bow down
toward your holy temple.
8 ●Lead me, LORD, in your righteousness
because of my enemies —
make your way straight before me.
9 ●Not a word from their mouth can be trusted;
their heart is filled with malice.
Their throat is an open grave;
with their tongues they tell lies.
10 ●Declare them guilty, O God!
Let their intrigues be their downfall.
Banish them for their many sins,
for they have rebelled against you.
11 ●But let all who take refuge in you be glad;
let them ever sing for joy.
Spread your protection over them,
that those who love your name may rejoice
in you.
12 ●Surely, LORD, you bless the righteous;
you surround them with your favor as with a
shield.

[a]In Hebrew texts 5:1-12 is numbered 5:2-13.

1) 악인이 2) 엎드려 나를 기다리는 자들을 인하여

abound [əbáund] *vi.* 풍부하다
arrogant [ǽrəgənt] *a.* 거만한
banish [bǽniʃ] *vt.* 추방하다
bloodthirsty [blʌ́dθəːrsti] *a.* 잔인한
deceitful [disíːtfəl] *a.* 기만적인
detest [ditést] *vt.* 싫어하다
downfall [dáunfɔ̀ːl] *n.* 몰락
expectantly [ikspéktəntli] *ad.* 기대하여
grave [greiv] *n.* 무덤
intrigue [intríːg] *n.* 음모
lament [ləmént] *n.* 슬픔
malice [mǽlis] *n.* 악
presence [prézns] *n.* 면전
rebel [rebél] *vi.* 반역하다
righteousness [ráitʃəsnis] *n.* 정의

4:8 dwell in: 살다, 거주하다
5:4 pleased with...: …을 기뻐하는
5:7 in reverence: 존경하여, 경외하여
5:7 bow down: 절하다
5:11 for joy: 기뻐서
5:12 favor with...: …로 호의를 보여주다

〔다윗의 시, 인도자를 따라 현악
여덟째 줄에 맞춘 노래〕

6 여호와여 주의 분노로 나를 책망하지
마시오며 주의 진노로 나를 징계하지
마옵소서
2 여호와여 내가 수척하였사오니 내게 은
혜를 베푸소서 여호와여 나의 뼈가 떨리
오니 나를 고치소서
3 나의 영혼도 매우 떨리나이다 여호와여
어느 때까지니이까
4 여호와여 돌아와 나의 영혼을 건지시며
주의 사랑으로 나를 구원하소서
5 사망 중에서는 주를 기억하는 일이 없사오
니 스올에서 주께 감사할 자 누구리이까
6 내가 탄식함으로 피곤하여 밤마다 눈물
로 내 침상을 띄우며 내 요를 적시나이다
7 내 눈이 근심으로 말미암아 쇠하며 내 모
든 대적으로 말미암아 어두워졌나이다
8 악을 행하는 너희는 다 나를 떠나라 여호
와께서 내 울음 소리를 들으셨도다
9 여호와께서 내 간구를 들으셨음이여 여
호와께서 내 기도를 받으시리로다
10 내 모든 원수들이 부끄러움을 당하고 심
히 떪이여 갑자기 부끄러워 물러가리로
다 71:24

〔다윗의 식가욘, 베냐민인 구시의 말에 따라
여호와께 드린 노래〕 (♪ 70, 85장)

7 여호와 내 하나님이여 내가 주께 피하
오니 나를 쫓아오는 모든 자들에게서
나를 구원하여 내소서
2 건져낼 자가 없으면 그들이 사자같이 나
를 찢고 뜯을까 하나이다
3 여호와 내 하나님이여 내가 이런 일을 행
하였거나 내 손에 죄악이 있거나
4 화친한 자를 악으로 갚았거나 내 대적에
게서 까닭 없이 빼앗았거든
5 원수가 나의 영혼을 쫓아 잡아 내 생명을
땅에 짓밟게 하고 내 영광을 먼지 속에
살게 하소서 (셀라)
6 여호와여 진노로 일어나사 내 대적들의
노를 막으시며 나를 위하여 깨소서 주께
서 심판을 명령하셨나이다 44:23
7 민족들의 모임이 주를 두르게 하시고 그
위 높은 자리에 돌아오소서 68:18
8 여호와께서 만민에게 심판을 행하시오
니 여호와여 나의 의와 나의 성실함을 따

Psalm 6[a]

For the director of music. With stringed instruments. According to sheminith.[b] A psalm of David.

1 •LORD, do not rebuke me in your anger
or discipline me in your wrath.
2 •Have mercy on me, LORD, for I am faint;
heal me, LORD, for my bones are in agony.
3 •My soul is in deep anguish.
How long, LORD, how long?
4 •Turn, LORD, and deliver me;
save me because of your unfailing love.
5 •Among the dead no one proclaims your name.
Who praises you from the grave?
6 •I am worn out from my groaning.
All night long I flood my bed with weeping
and drench my couch with tears.
7 •My eyes grow weak with sorrow;
they fail because of all my foes.
8 •Away from me, all you who do evil,
for the LORD has heard my weeping.
9 •The LORD has heard my cry for mercy;
the LORD accepts my prayer.
10 •All my enemies will be overwhelmed with
shame and anguish;
they will turn back and suddenly be put to
shame.

Psalm 7[c]

A shiggaion[d] of David, which he sang to the LORD concerning Cush, a Benjamite.

1 •LORD my God, I take refuge in you;
save and deliver me from all who pursue me,
2 •or they will tear me apart like a lion
and rip me to pieces with no one to rescue me.
3 •LORD my God, if I have done this
and there is guilt on my hands—
4 •if I have repaid my ally with evil
or without cause have robbed my foe—
5 •then let my enemy pursue and overtake me;
let him trample my life to the ground
and make me sleep in the dust.[e]
6 •Arise, LORD, in your anger;
rise up against the rage of my enemies.
Awake, my God; decree justice.
7 •Let the assembled peoples gather around you,
while you sit enthroned over them on high.
8 • Let the LORD judge the peoples.
Vindicate me, LORD, according to my
righteousness,

[a]In Hebrew texts 6:1-10 is numbered 6:2-11. [b]Title: Probably a musical term [c]In Hebrew texts 7:1-17 is numbered 7:2-18. [d]Title: Probably a literary or musical term [e]5 The *Hebrew has Selah* (a word of uncertain meaning) here.

agony [ǽgəni] *n.* 심한 고통
anguish [ǽŋgwiʃ] *n.* 고뇌
couch [kautʃ] *n.* 침상
decree [dikríː] *vt.* 명하다, *n.*법령
discipline [dísəplin] *vt.* 징계하다
faint [feint] *a.* 쇠약해진
groan [groun] *vi.* 신음하다
guilt [gilt] *n.* 죄가 있음
pursue [pərsúː] *vt.* 뒤쫓다
rage [reidʒ] *n.* 분노
rebuke [ribjúːk] *vt.* 꾸짖다
trample [trǽmpl] *vt.* 밟아 뭉개다
unfailing [ʌnféiliŋ] *a.* 끊임없는
vindicate [víndəkèit] *vt.*정당함을 입증하다
weep [wiːp] *vi.* 울다

6:6 wear out: 지치게 하다
6:6 drench A with B: A를 B로 흠뻑 적시다
6:10 be overwhelmed with shame: 부끄러워 마지않다
7:2 rip... to pieces: …를 갈가리 찢다
7:4 ally with: …와 동맹하다

라 나를 심판하소서 96:13
9 악인의 악을 끊고 의인을 세우소서 의로
우신 하나님이 사람의 마음과 양심을 감
찰하시나이다
10 나의 방패는 마음이 정직한 자를 구원하
시는 하나님께 있도다
11 하나님은 의로우신 재판장이심이여 매
일 분노하시는 하나님이시로다
12 사람이 회개하지 아니하면 그가 그의 칼
을 가심이여 그의 활을 이미 당기어 예비
하셨도다
13 죽일 도구를 또한 예비하심이여 그가 만
든 화살은 불화살들이로다
14 악인이 죄악을 낳음이여 재앙을 배어 거
짓을 낳았도다
15 그가 웅덩이를 파 만듦이여 제가 만든 함
정에 빠졌도다
16 그의 재앙은 자기 머리로 돌아가고 그의
포악은 자기 정수리에 내리리로다
17 내가 여호와께 그의 의를 따라 감사함이
여 지존하신 여호와의 이름을 찬양하리
로다

〔다윗의 시, 인도자를 따라 깃딧에 맞춘 노래〕
(♪ 33, 63, 103장)

8 여호와 우리 주여 주의 이름이 온 땅
에 어찌 그리 아름다운지요 주의 영광
이 하늘을 덮었나이다
2 주의 대적으로 말미암아 어린아이들과
젖먹이들의 입으로 권능을 세우심이여
이는 원수들과 보복자들을 잠잠하게 하
려 하심이니이다
3 주의 손가락으로 만드신 주의 하늘과 주
께서 베풀어 두신 달과 별들을 내가 보오
니 89:11
4 사람이 무엇이기에 주께서 그를 생각하
시며 인자가 무엇이기에 주께서 그를 돌
보시나이까
5 그를 [1]하나님보다 조금 못하게 하시고
영화와 존귀로 관을 씌우셨나이다
6 주의 손으로 만드신 것을 다스리게 하시
고 만물을 그의 발 아래 두셨으니
7 곧 모든 소와 양과 들짐승이며
8 공중의 새와 바다의 물고기와 [2]바닷길
에 다니는 것이니이다

according to my integrity, O Most High.
9 Bring to an end the violence of the wicked
and make the righteous secure—
you, the righteous God
who probes minds and hearts.
10 My shield [a]is God Most High,
who saves the upright in heart.
11 God is a righteous judge,
a God who displays his wrath every day.
12 If he does not relent,
he [b]will sharpen his sword;
he will bend and string his bow.
13 He has prepared his deadly weapons;
he makes ready his flaming arrows.
14 Whoever is pregnant with evil
conceives trouble and gives birth to
disillusionment.
15 Whoever digs a hole and scoops it out
falls into the pit they have made.
16 The trouble they cause recoils on them;
their violence comes down on their own heads.
17 I will give thanks to the LORD because of his
righteousness;
I will sing the praises of the name of the LORD
Most High.

Psalm 8[c]

For the director of music. According to gittith.[d]
A psalm of David.

1 LORD, our Lord,
how majestic is your name in all the earth!
You have set your glory in the heavens.
2 Through the praise of children and infants
you have established a stronghold
against your enemies,
to silence the foe and the avenger.
3 When I consider your heavens,
the work of your fingers,
the moon and the stars,
which you have set in place,
4 what is mankind that you are mindful of them,
human beings that you care for them?[e]
5 You have made them [f]a little lower than the
angels[g]
and crowned them [f]with glory and honor.
6 You made them rulers over the works of your
hands;
you put everything under their [h]feet:
7 all flocks and herds,

[a]10 Or *sovereign* [b]12 Or *If anyone does not repent, / God* [c]In Hebrew texts 8:1-9 is numbered 8:2-10. [d]Title: Probably a musical term [e]4 Or *what is a human being that you are mindful of him, / a son of man that you care for him?* [f]5 Or *him* [g]5 Or *than God* [h]6 Or *made him ruler . . . ; / . . . his* 1) 또는 천사 2) 또는 물

avenger [əvéndʒər] *n.* 복수자
bend [bend] *vt.* 당기다
conceive [kənsíːv] *vt.* 잉태하다
disillusionment [dìsilúːʒənmənt] *n.* 환멸
establish [istǽbliʃ] *vt.* 세우다
flaming [fléimiŋ] *a.* 불타는
flock [flak] *n.* 짐승의 떼
integrity [intégrəti] *n.* 성실
majestic [mədʒéstik] *a.* 장엄한
mankind [mǽnkaind] *n.* 인류
pregnant [prégnənt] *a.* 잉태한
probe [proub] *vt.* 조사하다
recoil [rikɔ́il] *vi.* 되돌아오다
relent [rilént] *vi.* 가엾게 여기다
upright [ʌpràit] *a.* 정직한

7:9 bring to an end: 끝내다, 마치다
7:15 scoop out: 파내다, 파서 만들다
7:17 give thanks to...: …에게 감사하다
8:3 set in place: 제자리에 두다
8:4 be mindful of...: …를 염두에 두다
8:4 care for...: …를 돌보다

9 여호와 우리 주여 주의 이름이 온 땅에 어찌 그리 아름다운지요

〔다윗의 시, 인도자를 따라 뭇랍벤에 맞춘 노래〕

(♪ 395, 617장)

9 내가 전심으로 여호와께 감사하오며 주의 모든 기이한 일들을 전하리이다

2 내가 주를 기뻐하고 즐거워하며 지존하신 주의 이름을 찬송하리니

3 내 원수들이 물러갈 때에 주 앞에서 넘어져 망함이니이다

4 주께서 나의 의와 송사를 변호하셨으며 보좌에 앉으사 의롭게 심판하셨나이다

5 이방 나라들을 책망하시고 악인을 멸하시며 그들의 이름을 영원히 지우셨나이다 신 9:14

6 원수가 끊어져 영원히 멸망하였사오니 주께서 무너뜨린 성읍들을 기억할 수 없나이다

7 여호와께서 영원히 앉으심이여 심판을 위하여 보좌를 준비하셨도다 89:14

8 공의로 세계를 심판하심이여 정직으로 만민에게 판결을 내리시리로다

9 여호와는 압제를 당하는 자의 요새이시요 환난 때의 요새이시로다 18:2

10 여호와여 주의 이름을 아는 자는 주를 의지하오리니 이는 주를 찾는 자들을 버리지 아니하심이니이다 91:14

11 너희는 시온에 계신 여호와를 찬송하며 그의 행사를 백성 중에 선포할지어다

12 피 흘림을 심문하시는 이가 그들을 기억하심이여 [1]가난한 자의 부르짖음을 잊지 아니하시도다

13 여호와여 내게 은혜를 베푸소서 나를 사망의 문에서 일으키시는 주여 나를 미워하는 자에게서 받는 나의 고통을 보소서

14 그리하시면 내가 주의 찬송을 다 전할 것이요 딸 시온의 문에서 주의 구원을 기뻐하리이다

15 이방 나라들은 자기가 판 웅덩이에 빠짐이여 자기가 숨긴 그물에 자기 발이 걸렸도다

16 여호와께서 자기를 알게 하사 심판을 행하셨음이여 악인은 자기가 손으로 행한 일에 스스로 얽혔도다 (힉가욘, 셀라)

and the animals of the wild,
8 • the birds in the sky,
and the fish in the sea,
all that swim the paths of the seas.
9 • LORD, our Lord,
how majestic is your name in all the earth!

Psalm 9[a, b]

For the director of music. To the tune of "The Death of the Son." A psalm of David.

1 • I will give thanks to you, LORD, with all my heart;
I will tell of all your wonderful deeds.
2 • I will be glad and rejoice in you;
I will sing the praises of your name, O Most High.
3 • My enemies turn back;
they stumble and perish before you.
4 • For you have upheld my right and my cause,
sitting enthroned as the righteous judge.
5 • You have rebuked the nations and destroyed the wicked;
you have blotted out their name for ever and ever.
6 • Endless ruin has overtaken my enemies,
you have uprooted their cities;
even the memory of them has perished.
7 • The LORD reigns forever;
he has established his throne for judgment.
8 • He rules the world in righteousness
and judges the peoples with equity.
9 • The LORD is a refuge for the oppressed,
a stronghold in times of trouble.
10 • Those who know your name trust in you,
for you, LORD, have never forsaken those who seek you.
11 • Sing the praises of the LORD, enthroned in Zion;
proclaim among the nations what he has done.
12 • For he who avenges blood remembers;
he does not ignore the cries of the afflicted.
13 • LORD, see how my enemies persecute me!
Have mercy and lift me up from the gates of death,
14 • that I may declare your praises
in the gates of Daughter Zion,
and there rejoice in your salvation.
15 • The nations have fallen into the pit they have dug;
their feet are caught in the net they have hidden.

[a]Psalms 9 and 10 may originally have been a single acrostic poem in which alternating lines began with the successive letters of the Hebrew alphabet. In the Septuagint they constitute one psalm. [b]In Hebrew texts 9:1-20 is numbered 9:2-21.

1) 겸비한 자

afflicted [əflíktid] *a.* 괴로워하는
deed [di:d] *n.* 행위
enthrone [inθróun] *vt.* 왕위에 올리다
equity [ékwəti] *n.* 공평
forsake [fərséik] *vt.* 버리다
ignore [ignɔ́:r] *vt.* 모른 체하다
oppress [əprés] *vt.* 억압하다
perish [périʃ] *vi.* 멸망하다
persecute [pə́:rsikjù:t] *vt.* 박해하다
rebuke [ribjú:k] *vt.* 비난하다
salvation [sælvéiʃən] *n.* 구원
stronghold [strɔ́:ŋhòuld] *n.* 요새
stumble [stʌmbl] *vi.* 비틀거리며 걷다
uphold [ʌphóuld] *vt.* 격려하다
uproot [ʌ̀prú:t] *vt.* 뿌리째 뽑다

9:1 with all one's heart: 진심으로
9:2 rejoice in...: …를 기뻐하다
9:5 blot out: 지우다
9:5 for ever and ever: 영원히
9:10 trust in...: …를 신뢰하다
9:15 fall into: …에 빠지다

17 악인들이 스올로 돌아감이여 하나님을 잊
어버린 모든 이방 나라들이 그리하리로다
18 궁핍한 자가 항상 잊어버림을 당하지 아
니함이여 가난한 자들이 영원히 실망하
지 아니하리로다
19 여호와여 일어나사 인생으로 승리를 얻
지 못하게 하시며 이방 나라들이 주 앞에
서 심판을 받게 하소서 대하 14:11
20 여호와여 그들을 두렵게 하시며 이방 나
라들이 자기는 인생일 뿐인 줄 알게 하소
서 (셀라)

10 여호와여 어찌하여 멀리 서시며 어
찌하여 환난 때에 숨으시나이까 22:1
2 악한 자가 교만하여 가련한 자를 심히 압
박하오니 그들이 자기가 베푼 꾀에 빠지
게 하소서
3 악인은 그의 마음의 욕심을 자랑하며 탐
욕을 부리는 자는 여호와를 배반하여 멸
시하나이다
4 악인은 그의 교만한 [1]얼굴로 말하기를 여
호와께서 이를 감찰하지 아니하신다 하며
그의 모든 사상에 하나님이 없다 하나이다
5 그의 길은 언제든지 견고하고 주의 심판
은 높아서 그에게 미치지 못하오니 그는
그의 모든 대적들을 멸시하며
6 그의 마음에 이르기를 나는 흔들리지 아
니하며 대대로 환난을 당하지 아니하리
라 하나이다
7 그의 입에는 저주와 거짓과 포악이 충만
하며 그의 혀 밑에는 잔해와 죄악이 있나
이다
8 그가 마을 구석진 곳에 앉으며 그 은밀한
곳에서 무죄한 자를 죽이며 그의 눈은 가
련한 자를 엿보나이다
9 사자가 자기의 굴에 엎드림같이 그가 은
밀한 곳에 엎드려 가련한 자를 잡으려고
기다리며 자기 그물을 끌어당겨 가련한
자를 잡나이다
10 그가 구푸려 엎드리니 그의 포악으로 말
미암아 가련한 자들이 넘어지나이다
11 그가 그의 마음에 이르기를 하나님이 잊
으셨고 그의 얼굴을 가리셨으니 영원히
보지 아니하시리라 하나이다
12 여호와여 일어나옵소서 하나님이여 손을
드옵소서 가난한 자들을 잊지 마옵소서
13 어찌하여 악인이 하나님을 멸시하여 그
의 마음에 이르기를 주는 감찰하지 아니

16 •The LORD is known by his acts of justice;
the wicked are ensnared by the work of their hands.[a]
17 •The wicked go down to the realm of the dead,
all the nations that forget God.
18 •But God will never forget the needy;
the hope of the afflicted will never perish.
19 •Arise, LORD, do not let mortals triumph;
let the nations be judged in your presence.
20 •Strike them with terror, LORD;
let the nations know they are only mortal.

Psalm 10[b]

1 •Why, LORD, do you stand far off?
Why do you hide yourself in times of trouble?
2 •In his arrogance the wicked man hunts down the weak,
who are caught in the schemes he devises.
3 •He boasts about the cravings of his heart;
he blesses the greedy and reviles the LORD.
4 •In his pride the wicked man does not seek him;
in all his thoughts there is no room for God.
5 •His ways are always prosperous;
your laws are rejected by[c] him;
he sneers at all his enemies.
6 •He says to himself, "Nothing will ever shake me."
He swears, "No one will ever do me harm."
7 •His mouth is full of lies and threats;
trouble and evil are under his tongue.
8 •He lies in wait near the villages;
from ambush he murders the innocent.
His eyes watch in secret for his victims;
9 • like a lion in cover he lies in wait.
He lies in wait to catch the helpless;
he catches the helpless and drags them off in his net.
10 •His victims are crushed, they collapse;
they fall under his strength.
11 •He says to himself, "God will never notice;
he covers his face and never sees."
12 •Arise, LORD! Lift up your hand, O God.
Do not forget the helpless.
13 •Why does the wicked man revile God?
Why does he say to himself,
"He won't call me to account"?

[a]16 The Hebrew has *Higgaion* and *Selah* (words of uncertain meaning) here; *Selah* occurs also at the end of verse 20. [b]Psalms 9 and 10 may originally have been a single acrostic poem in which alternating lines began with the successive letters of the Hebrew alphabet. In the Septuagint they constitute one psalm. [c]5 See Septuagint; Hebrew / *they are haughty, and your laws are far from*

1) 용모로 찾지 아니함이여 그 모든 사상에

ambush [ǽmbuʃ] *n.* 매복 장소
arrogance [ǽrəgəns] *n.* 거만
boast [boust] *vi.* 자랑하다
collapse [kəlǽps] *vi.* 무너지다
craving [kréiviŋ] *n.* 욕망
devise [diváiz] *vt.* 궁리하다
ensnare [insnέər] *vt.* 함정에 빠뜨리다
harm [ha:rm] *n.* 해
mortal [mɔ́:rtl] *n.* 인간 육체
prosperous [prɑ́spərəs] *a.* 번영하는
realm [relm] *n.* 왕국
revile [riváil] *vt.* 욕하다
scheme [ski:m] *n.* 음모
threat [θret] *n.* 위협
victim [víktim] *n.* 희생자

10:2 hunt down: 몰아넣다
10:5 sneer at...: …를 비웃다
10:9 drag off: 억지로 데리고 가다
10:10 fall under: …의 지배 아래 들어가다
10:13 call... to account: …의 책임을 추궁하다, 책망하다

하리라 하나이까
14 주께서는 보셨나이다 주는 재앙과 원한을
감찰하시고 주의 손으로[1] 갚으려 하시오
니 외로운 자가 주를 의지하나이다 주는
벌써부터 고아를 도우시는 이시니이다
15 악인의 팔을 꺾으소서 악한 자의 악을
더 이상 찾아낼 수 없을 때까지 찾으소
서
16 여호와께서는 영원무궁하도록 왕이시니
이방 나라들이 주의 땅에서 멸망하였나
이다
17 여호와여 주는 겸손한 자의 소원을 들으
셨사오니 그들의 마음을[2] 준비하시며 귀
를 기울여 들으시고 대상 29:18
18 고아와 압제 당하는 자를 위하여 심판하
사 세상에 속한 자가 다시는 위협하지 못
하게 하시리이다

〔다윗의 시, 인도자를 따라 부르는 노래〕
(♪ 394장)

11 내가 여호와께 피하였거늘 너희가
내 영혼에게 새같이 네 산으로 도망
하라 함은 어찌함인가
2 악인이 활을 당기고 화살을 시위에 먹임
이여 마음이 바른 자를 어두운 데서 쏘려
하는도다
3[3] 터가 무너지면 의인이 무엇을 하랴
4 여호와께서는 그의 성전에 계시고 여호
와의 보좌는 하늘에 있음이여 그의 눈이
인생을 통촉하시고 그의 안목이 그들을
감찰하시도다
5 여호와는 의인을 감찰하시고 악인과 폭력
을 좋아하는 자를 마음에 미워하시도다
6 악인에게 그물을 던지시리니 불과 유황
과 태우는 바람이 그들의 잔의 소득이 되
리로다
7 여호와는 의로우사 의로운 일을 좋아하
시나니 정직한 자는 그의 얼굴을 뵈오리
로다 33:5

〔다윗의 시, 인도자를 따라
여덟째 줄에 맞춘 노래〕

12 여호와여 도우소서 경건한 자가 끊
어지며 충실한 자들이 인생 중에 없
어지나이다
2 그들이 이웃에게 각기 거짓을 말함이여
아첨하는 입술과 두 마음으로 말하는도다
3 여호와께서 모든 아첨하는 입술과 자랑
하는 혀를 끊으시리니

14 • But you, God, see the trouble of the afflicted;
you consider their grief and take it in hand.
The victims commit themselves to you;
you are the helper of the fatherless.
15 • Break the arm of the wicked man;
call the evildoer to account for his wickedness
that would not otherwise be found out.
16 • The LORD is King for ever and ever;
the nations will perish from his land.
17 • You, LORD, hear the desire of the afflicted;
you encourage them, and you listen to their cry,
18 • defending the fatherless and the oppressed,
so that mere earthly mortals
will never again strike terror.

Psalm 11

For the director of music. Of David.

1 • In the LORD I take refuge.
How then can you say to me:
"Flee like a bird to your mountain.
2 • For look, the wicked bend their bows;
they set their arrows against the strings
to shoot from the shadows
at the upright in heart.
3 • When the foundations are being destroyed,
what can the righteous do?"
4 • The LORD is in his holy temple;
the LORD is on his heavenly throne.
He observes everyone on earth;
his eyes examine them.
5 • The LORD examines the righteous,
but the wicked, those who love violence,
he hates with a passion.
6 • On the wicked he will rain
fiery coals and burning sulfur;
a scorching wind will be their lot.
7 • For the LORD is righteous,
he loves justice;
the upright will see his face.

Psalm 12[a]

For the director of music. According to sheminith.[b] A psalm of David.

1 • Help, LORD, for no one is faithful anymore;
those who are loyal have vanished from the
human race.
2 • Everyone lies to their neighbor;
they flatter with their lips
but harbor deception in their hearts.
3 • May the LORD silence all flattering lips
and every boastful tongue—

[a]In Hebrew texts 12:1-8 is numbered 12:2-9. [b]Title: Probably a musical term

1) 잡으려 2) 견고하게 하시며 3) 터가 무너졌으니 의인의 행한 것이 무엇인고

boastful [bóustfəl] *a.* 자랑하는
deception [disépʃən] *n.* 속임
evildoer [iːvəldùːər] *n.* 악인
examine [igzǽmin] *vt.* 살피다
fiery [fáiəri] *a.* 불타는
flattering [flǽtəriŋ] *a.* 아첨하는
foundation [faundéiʃən] *n.* 토대
grief [griːf] *n.* 슬픔
harbor [háːrbər] *vt.* (감정을) 품다
mere [miər] *a.* 단순한
oppress [əprés] *vt.* 억압하다
perish [périʃ] *vi.* 멸망하다
scorching [skɔ́ːrtʃiŋ] *a.* 몹시 뜨거운
string [striŋ] *n.* (활의) 시위
sulfur [sʌlfər] *n.* 유황

10:14 take... in hand: …를 처리하다
10:15 account for: 설명하다
10:18 so that: …하도록 하다
11:2 set A against B: A를 B에 걸다
11:2 shoot at...: …를 겨냥해서 쏘다
12:1 vanish from...: …에서 사라지다

4 그들이 말하기를 우리의 혀가 이기리라 우리 입술은 우리 것이니 우리를 주관할 자 누구리요 함이로다
5 여호와의 말씀에 가련한 자들의 눌림과 궁핍한 자들의 탄식으로 말미암아 내가 이제 일어나 그를 그가 원하는 안전한 지대에 두리라 하시도다
6 여호와의 말씀은 순결함이여 흙 도가니에 일곱 번 단련한 은 같도다 잠 30:5
7 여호와여 그들을 지키사 이 세대로부터 영원까지 보존하시리이다
8 비열함이 인생 중에 높임을 받는 때에 악인들이 곳곳에서 날뛰는도다

〔다윗의 시, 인도자를 따라 부르는 노래〕
(♪ 372장)

13 여호와여 어느 때까지니이까 나를 영원히 잊으시나이까 주의 얼굴을 나에게서 어느 때까지 숨기시겠나이까
2 나의 영혼이 번민하고 종일토록 마음에 근심하기를 어느 때까지 하오며 내 원수가 나를 치며 자랑하기를 어느 때까지 하리이까
3 여호와 내 하나님이여 나를 생각하사 응답하시고 나의 눈을 밝히소서 두렵건대 내가 사망의 잠을 잘까 하오며
4 두렵건대 나의 원수가 이르기를 내가 그를 이겼다 할까 하오며 내가 흔들릴 때에 나의 대적들이 기뻐할까 하나이다
5 나는 오직 주의 사랑을 의지하였사오니 나의 마음은 주의 구원을 기뻐하리이다
6 내가 여호와를 찬송하리니 이는 주께서 내게 은덕을 베푸심이로다 116:7

〔다윗의 시, 인도자를 따라 부르는 노래〕
(♪ 290장)

14 어리석은 자는 그의 마음에 이르기를 하나님이 없다 하는도다 그들은 부패하고 그 행실이 가증하니 선을 행하는 자가 없도다
2 여호와께서 하늘에서 인생을 굽어살피사 지각이 있어 하나님을 찾는 자가 있는가 보려 하신즉
3 다 치우쳐 함께 더러운 자가 되고 선을 행하는 자가 없으니 하나도 없도다
4 죄악을 행하는 자는 다 무지하냐 그들이 떡 먹듯이 내 백성을 먹으면서 여호와를 부르지 아니하는도다 사 64:7
5 그러나 거기서 그들은 두려워하고 두려

4 • those who say,
"By our tongues we will prevail;
our own lips will defend us — who is lord over us?"
5 • "Because the poor are plundered and the needy groan,
I will now arise," says the LORD.
"I will protect them from those who malign them."
6 • And the words of the LORD are flawless,
like silver purified in a crucible,
like gold[a] refined seven times.
7 • You, LORD, will keep the needy safe
and will protect us forever from the wicked,
8 • who freely strut about
when what is vile is honored by the human race.

Psalm 13[b]

For the director of music. A psalm of David.

1 • How long, LORD? Will you forget me forever?
How long will you hide your face from me?
2 • How long must I wrestle with my thoughts
and day after day have sorrow in my heart?
How long will my enemy triumph over me?
3 • Look on me and answer, LORD my God.
Give light to my eyes, or I will sleep in death,
4 • and my enemy will say, "I have overcome him,"
and my foes will rejoice when I fall.
5 • But I trust in your unfailing love;
my heart rejoices in your salvation.
6 • I will sing the LORD's praise,
for he has been good to me.

Psalm 14

For the director of music. Of David.

1 • The fool[c] says in his heart,
"There is no God."
They are corrupt, their deeds are vile;
there is no one who does good.
2 • The LORD looks down from heaven
on all mankind
to see if there are any who understand,
any who seek God.
3 • All have turned away, all have become corrupt;
there is no one who does good,
not even one.
4 • Do all these evildoers know nothing?
They devour my people as though eating bread;
they never call on the LORD.
5 • But there they are, overwhelmed with dread,

[a]6 Probable reading of the original Hebrew text; Masoretic Text *earth* [b]In Hebrew texts 13:1-6 is numbered 13:2-6. [c]1 The Hebrew words rendered *fool* in Psalms denote one who is morally deficient.

corrupt [kərʌpt] *a.* 부도덕한
crucible [krú:səbl] *n.* 도가니
deed [di:d] *n.* 행위
devour [diváuər] *vt.* …를 게걸스럽게 먹다
flawless [flɔ́:lis] *a.* 완벽한
foe [fou] *n.* 적
groan [groun] *vi.* 신음하다
malign [məláin] *vt.* 헐뜯다
plunder [plʌndər] *vt.* 약탈하다
prevail [privéil] *vi.* 이기다
purify [pjúərəfài] *vt.* 정결케 하다
refined [rifáind] *a.* 정제된
salvation [sælvéiʃən] *n.* 구원
triumph [tráiəmf] *vi.* 이기다
vile [vail] *a.* 사악한

12:8 strut about: 거들먹거리며 걷다
13:2 wrestle with...: …와 씨름하다
13:6 be good to...: …에게 친절하다
14:3 turn away: 외면하다
14:5 be overwhelmed with...: …에 압도되다, …에 질리다

워하였으니 하나님이 의인의 세대에 계
심이로다
6 너희가 가난한 자의 계획을 부끄럽게 하
나 오직 여호와는 그의 피난처가 되시도
다 9:9
7 이스라엘의 구원이 시온에서 나오기를
원하도다 여호와께서 그의 백성을 포로
된 곳에서 돌이키실 때에 야곱이 즐거워
하고 이스라엘이 기뻐하리로다

〔다윗의 시〕(♪ 463장)

15 여호와여 주의 장막에 머무를 자 누
구오며 주의 성산에 사는 자 누구오
니이까
2 정직하게 행하며 공의를 실천하며 그의
마음에 진실을 말하며
3 그의 혀로 남을 허물하지 아니하고 그의
이웃에게 악을 행하지 아니하며 그의 이
웃을 비방하지 아니하며 28:3
4 그의 눈은 망령된 자를 멸시하며 여호와
를 두려워하는 자들을 존대하며 그의 마
음에 서원한 것은 해로울지라도 변하지
아니하며
5 이자를 받으려고 돈을 꾸어 주지 아니하
며 뇌물을 받고 무죄한 자를 해하지 아니
하는 자이니 이런 일을 행하는 자는 영원
히 흔들리지 아니하리이다

〔다윗의 믹담〕(♪ 401장)

16 하나님이여 나를 지켜 주소서 내가
주께 피하나이다
2 내가 여호와께 아뢰되 주는 나의 주님이
시오니 주밖에는 나의 복이 없다 하였나
이다
3 땅에 있는 성도들은 존귀한 자들이니 나
의 모든 즐거움이 그들에게 있도다
4 [1]다른 신에게 예물을 드리는 자는 괴로
움이 더할 것이라 나는 그들이 드리는 피
의 전제를 드리지 아니하며 내 입술로 그
이름도 부르지 아니하리로다
5 여호와는 나의 산업과 나의 잔의 소득이
시니 나의 분깃을 지키시나이다
6 내게 줄로 재어 준 구역은 아름다운 곳에
있음이여 나의 기업이 실로 아름답도다
7 나를 훈계하신 여호와를 송축할지라 밤
마다 내 양심이 나를 교훈하도다
8 내가 여호와를 항상 내 앞에 모심이여 그
가 나의 오른쪽에 계시므로 내가 흔들리
지 아니하리로다

for God is present in the company of the
righteous.
6 •You evildoers frustrate the plans of the poor,
but the LORD is their refuge.
7 •Oh, that salvation for Israel would come out of
Zion!
When the LORD restores his people,
let Jacob rejoice and Israel be glad!

Psalm 15

A psalm of David.

1 •LORD, who may dwell in your sacred tent?
Who may live on your holy mountain?
2 •The one whose walk is blameless,
who does what is righteous,
who speaks the truth from their heart;
3 •whose tongue utters no slander,
who does no wrong to a neighbor,
and casts no slur on others;
4 •who despises a vile person
but honors those who fear the LORD;
who keeps an oath even when it hurts,
and does not change their mind;
5 •who lends money to the poor without interest;
who does not accept a bribe against the
innocent.

Whoever does these things
will never be shaken.

Psalm 16

A miktam [a] of David.

1 •Keep me safe, my God,
for in you I take refuge.
2 •I say to the LORD, "You are my Lord;
apart from you I have no good thing."
3 •I say of the holy people who are in the land,
"They are the noble ones in whom is all my
delight."
4 •Those who run after other gods will suffer more
and more.
I will not pour out libations of blood to such
gods
or take up their names on my lips.
5 •LORD, you alone are my portion and my cup;
you make my lot secure.
6 •The boundary lines have fallen for me in
pleasant places;
surely I have a delightful inheritance.
7 •I will praise the LORD, who counsels me;
even at night my heart instructs me.
8 •I keep my eyes always on the LORD.
With him at my right hand, I will not be

[a] Title: Probably a literary or musical term
1) 다른 신을 좇아 사는

blameless [bléimlis] *a.* 결백한
bribe [braib] *n.* 뇌물
cast [kæst] *vt.* 버리다
counsel [káunsəl] *vt.* 권고하다
despise [dispáiz] *vt.* 멸시하다
frustrate [frʌstreit] *vt.* 좌절시키다
inheritance [inhérətəns] *n.* 기업
innocent [ínəsənt] *a.* 죄 없는
instruct [instrʌkt] *vt.* 가르치다
libation [laibéiʃən] *n.* 제주(祭酒), 술
portion [pɔ́:rʃən] *n.* 몫
refuge [réfju:dʒ] *n.* 피난처
restore [ristɔ́:r] *vt.* 회복시키다
slur [slə:r] *n.* 비방, 욕
utter [ʌtər] *vt.* 말하다

14:5 in the company of: …와 함께
15:1 dwell in...: …에 거주하다
16:4 run after...: …에 열중하다
16:4 more and more: 갈수록 더
16:4 pour out: 쏟다
16:4 take up: 들어올리다, 집어들다

9 이러므로 나의 마음이 기쁘고 나의 [1]영
도 즐거워하며 내 육체도 안전히 살리니
10 이는 주께서 내 영혼을 스올에 버리지 아
니하시며 주의 거룩한 자를 멸망시키지
않으실 것임이니이다
11 주께서 생명의 길을 내게 보이시리니 주
의 앞에는 충만한 기쁨이 있고 주의 오른
쪽에는 영원한 즐거움이 있나이다

〔다윗의 기도〕(♪ 380, 419장)

17 여호와여 의의 호소를 들으소서 나
의 울부짖음에 주의하소서 거짓 되
지 아니한 입술에서 나오는 나의 기도에
귀를 기울이소서
2 주께서 나를 판단하시며 주의 눈으로 [2]공
평함을 살피소서
3 주께서 내 마음을 시험하시고 밤에 내게
오시어서 나를 감찰하셨으나 흠을 찾지
못하셨사오니 내가 결심하고 입으로 범
죄하지 아니하리이다
4 사람의 행사로 논하면 나는 주의 입술의
말씀을 따라 스스로 삼가서 포악한 자의
길을 가지 아니하였사오며 잠 1:15
5 나의 걸음이 주의 길을 굳게 지키고 실족
하지 아니하였나이다
6 하나님이여 내게 응답하시겠으므로 내
가 불렀사오니 내게 귀를 기울여 내 말을
들으소서
7 주께 피하는 자들을 그 일어나 치는 자들
에게서 오른손으로 구원하시는 주여 주
의 기이한 사랑을 나타내소서 20:6
8 나를 눈동자같이 지키시고 주의 날개 그
늘 아래에 감추사
9 내 앞에서 나를 압제하는 악인들과 나의
목숨을 노리는 원수들에게서 벗어나게
하소서
10 [3]그들의 마음은 기름에 잠겼으며 그들의
입은 교만하게 말하나이다
11 이제 우리가 걸어가는 것을 그들이 에워
싸서 노려보고 땅에 넘어뜨리려 하나이다
12 그는 그 움킨 것을 찢으려 하는 사자 같
으며 은밀한 곳에 엎드린 젊은 사자 같으
니이다
13 여호와여 일어나 그를 대항하여 넘어뜨
리시고 주의 칼로 악인에게서 나의 영혼
을 구원하소서
14 여호와여 이 세상에 살아 있는 동안 그들
의 분깃을 받은 사람들에게서 주의 손으

shaken.
9 • Therefore my heart is glad and my tongue rejoices;
my body also will rest secure,
10 • because you will not abandon me to the realm of
the dead,
nor will you let your faithful[a] one see decay.
11 • You make known to me the path of life;
you will fill me with joy in your presence,
with eternal pleasures at your right hand.

Psalm 17

A prayer of David.

1 • Hear me, LORD, my plea is just;
listen to my cry.
Hear my prayer—
it does not rise from deceitful lips.
2 • Let my vindication come from you;
may your eyes see what is right.
3 • Though you probe my heart,
though you examine me at night and test me,
you will find that I have planned no evil;
my mouth has not transgressed.
4 • Though people tried to bribe me,
I have kept myself from the ways of the
violent
through what your lips have commanded.
5 • My steps have held to your paths;
my feet have not stumbled.
6 • I call on you, my God, for you will answer me;
turn your ear to me and hear my prayer.
7 • Show me the wonders of your great love,
you who save by your right hand
those who take refuge in you from their foes.
8 • Keep me as the apple of your eye;
hide me in the shadow of your wings
9 • from the wicked who are out to destroy me,
from my mortal enemies who surround me.
10 • They close up their callous hearts,
and their mouths speak with arrogance.
11 • They have tracked me down, they now
surround me,
with eyes alert, to throw me to the ground.
12 • They are like a lion hungry for prey,
like a fierce lion crouching in cover.
13 • Rise up, LORD, confront them, bring them down;
with your sword rescue me from the wicked.
14 • By your hand save me from such people, LORD,
from those of this world whose reward is in
this life.
May what you have stored up for the wicked
fill their bellies;

[a]*10* Or *holy* 1) 히, 영광 2) 공평히 3) 히, 그들은 그들의 기름을 막았으며

abandon [əbǽndən] *vt.* 버리다
alert [əlɔ́:rt] *a.* 경계하는
belly [béli] *n.* 배
callous [kǽləs] *a.* 냉담한
crouch [krautʃ] *vi.* 웅크리다
decay [dikéi] *n.* 쇠퇴
deceitful [disí:tfəl] *a.* 기만적인
fierce [fiərs] *a.* 사나운
mortal [mɔ́:rtl] *a.* 불구대천의
plea [pli:] *n.* 청원
pleasure [pléʒər] *n.* 즐거움
probe [proub] *vt.* 엄밀히 조사하다
reward [riwɔ́:rd] *n.* 보상
transgress [trænsgrés] *vt.* 어기다
vindication [vindəkéiʃən] *n.* 변호

17:5 hold to...: …를 붙들다, 고수하다
17:7 take refuge in...: …에 피난하다
17:8 apple of one's eye: 눈동자
17:11 track down: (추적하여) 찾아내다
17:13 bring down: 파멸시키다
17:13 rescue A from B: B에서 A를 구출하다

로 나를 구하소서 그들은 주의 재물로 배
를 채우고 자녀로 만족하고 그들의 남은
산업을 그들의 어린 아이들에게 물려 주
는 자니이다
15 나는 의로운 중에 주의 얼굴을 뵈오리니
깰 때에 주의 형상으로 만족하리이다

〔여호와의 종 다윗의 시, 인도자를 따라 부르는 노래, 여호와께서 다윗을 그 모든 원수들의 손에서와 사울의 손에서 건져 주신 날에 다윗이 이 노래의 말로 여호와께 아뢰어 이르되〕
(♪ 93, 402장)

18 나의 힘이신 여호와여 내가 주를 사
랑하나이다
2 여호와는 나의 반석이시요 나의 요새시
요 나를 건지시는 이시요 나의 하나님이
시요 내가 그 안에 피할 나의 바위시요
나의 방패시요 나의 구원의 뿔이시요 나
의 산성이시로다
3 내가 찬송 받으실 여호와께 아뢰리니 내
원수들에게서 구원을 얻으리로다
4 사망의 줄이 나를 얽고 불의의 [1)]창수가
나를 두렵게 하였으며 116:3
5 스올의 줄이 나를 두르고 사망의 올무가
내게 이르렀도다
6 내가 환난 중에서 여호와께 아뢰며 나의
하나님께 부르짖었더니 그가 그의 성전
에서 내 소리를 들으심이여 그의 앞에서
나의 부르짖음이 그의 귀에 들렸도다
7 이에 땅이 진동하고 산들의 터도 요동하
였으니 그의 진노로 말미암음이로다
8 그의 코에서 연기가 오르고 입에서 불이
나와 사름이여 그 불에 숯이 피었도다
9 그가 또 하늘을 드리우시고 강림하시니
그의 발 아래는 어두캄캄하도다
10 그룹을 타고 다니심이여 바람 날개를 타
고 높이 솟아오르셨도다 104:3
11 그가 흑암을 그의 숨는 곳으로 삼으사 장
막같이 자기를 두르게 하심이여 곧 물의
흑암과 공중의 빽빽한 구름으로 그리하
시도다
12 그 앞에 광채로 말미암아 빽빽한 구름이
지나며 우박과 숯불이 내리도다
13 여호와께서 하늘에서 우렛소리를 내시
고 지존하신 이가 음성을 내시며 우박과
숯불을 내리시도다
14 그의 화살을 날려 그들을 흩으심이여 많
은 번개로 그들을 깨뜨리셨도다

may their children gorge themselves on it,
and may there be leftovers for their little ones.
15 •As for me, I will be vindicated and will see
your face;
when I awake, I will be satisfied with seeing
your likeness.

Psalm 18[a]

For the director of music. Of David the servant of the Lord. He sang to the Lord the words of this song when the Lord delivered him from the hand of all his enemies and from the hand of Saul. He said:

1 •I love you, Lord, my strength.
2 •The Lord is my rock, my fortress and my
deliverer;
my God is my rock, in whom I take refuge,
my shield[b] and the horn[c] of my
salvation, my stronghold.
3 •I called to the Lord, who is worthy of praise,
and I have been saved from my enemies.
4 •The cords of death entangled me;
the torrents of destruction overwhelmed me.
5 •The cords of the grave coiled around me;
the snares of death confronted me.
6 •In my distress I called to the Lord;
I cried to my God for help.
From his temple he heard my voice;
my cry came before him, into his ears.
7 •The earth trembled and quaked,
and the foundations of the mountains shook;
they trembled because he was angry.
8 •Smoke rose from his nostrils;
consuming fire came from his mouth,
burning coals blazed out of it.
9 •He parted the heavens and came down;
dark clouds were under his feet.
10 •He mounted the cherubim and flew;
he soared on the wings of the wind.
11 •He made darkness his covering, his canopy
around him—
the dark rain clouds of the sky.
12 •Out of the brightness of his presence clouds
advanced,
with hailstones and bolts of lightning.
13 •The Lord thundered from heaven;
the voice of the Most High resounded.[d]
14 •He shot his arrows and scattered the enemy,
with great bolts of lightning he routed them.

[a]In Hebrew texts 18:1-50 is numbered 18:2-51. [b]2 Or *sovereign* [c]2 *Horn* here symbolizes strength. [d]13 Some Hebrew manuscripts and Septuagint (see also 2 Samuel 22:14); most Hebrew manuscripts *resounded, / amid hailstones and bolts of lightning*

1) 비루한 창일이

bolt [boult] *n.* 번개
canopy [kǽnəpi] *n.* 천개, 차양
cherubim [tʃérəbim] *n.* 그룹
confront [kənfrʌnt] *vt.* 맞서다
consume [kənsúːm] *vt.* 불사르다
entangle [intǽŋgl] *vt.* 얽어 감다
gorge [gɔːrdʒ] *vi.* 배불리 먹다
hailstone [héilstòun] *n.* 우박
nostril [nástrəl] *n.* 콧구멍
overwhelm [òuvərhwélm] *vt.* 압도하다
quake [kweik] *vi.* 흔들리다
rout [raut] *vt.* 패주시키다
snare [snɛər] *n.* 덫, 올무
soar [sɔːr] *vi.* 높이 치솟다
torrent [tɔ́ːrənt] *n.* 급류

17:15 be satisfied with: …에 만족하다
18:5 coil around...: …를 휘감다
18:6 in one's distress: …의 고통 중에
18:8 blaze out: 확 타오르다
18:10 on the wings of the wind: 바람을 타고 날듯이

15 이럴 때에 여호와의 꾸지람과 콧김으로
말미암아 물 밑이 드러나고 세상의 터가
나타났도다
16 그가 높은 곳에서 손을 펴사 나를 붙잡
아 주심이여 1)많은 물에서 나를 건져내
셨도다 144:7
17 나를 강한 원수와 미워하는 자에게서 건
지셨음이여 그들은 나보다 힘이 세기 때
문이로다
18 그들이 나의 재앙의 날에 내게 이르렀으
나 여호와께서 나의 의지가 되셨도다
19 나를 넓은 곳으로 인도하시고 나를 기뻐
하시므로 나를 구원하셨도다
20 여호와께서 내 의를 따라 상 주시며 내
손의 깨끗함을 따라 내게 갚으셨으니
21 이는 내가 여호와의 도를 지키고 악하게
내 하나님을 떠나지 아니하였으며
22 그의 모든 규례가 내 앞에 있고 내게서
그의 율례를 버리지 아니하였음이로다
23 또한 나는 그의 앞에 완전하여 나의 죄악
에서 스스로 자신을 지켰나니
24 그러므로 여호와께서 내 의를 따라 갚으
시되 그의 목전에서 내 손이 깨끗한 만큼
내게 갚으셨도다
25 자비로운 자에게는 주의 자비로우심을
나타내시며 완전한 자에게는 주의 완전
하심을 보이시며
26 깨끗한 자에게는 주의 깨끗하심을 보이
시며 사악한 자에게는 주의 거스르심을
보이시리니
27 주께서 곤고한 백성은 구원하시고 교만
한 눈은 낮추시리이다
28 주께서 나의 등불을 켜심이여 여호와 내
하나님이 내 흑암을 밝히시리이다
29 내가 주를 의뢰하고 적군을 향해 달리며
내 하나님을 의지하고 담을 뛰어넘나이다
30 하나님의 도는 완전하고 여호와의 말씀
은 순수하니 그는 자기에게 피하는 모든
자의 방패시로다
31 여호와 외에 누가 하나님이며 우리 하나
님 외에 누가 반석이냐
32 이 하나님이 힘으로 내게 띠 띠우시며 내
길을 완전하게 하시며
33 나의 발을 암사슴 발 같게 하시며 나를
나의 높은 곳에 세우시며
34 내 손을 가르쳐 싸우게 하시니 내 팔이
놋 활을 당기도다

15 •The valleys of the sea were exposed
and the foundations of the earth laid bare
at your rebuke, LORD,
at the blast of breath from your nostrils.
16 •He reached down from on high and took hold
of me;
he drew me out of deep waters.
17 •He rescued me from my powerful enemy,
from my foes, who were too strong for me.
18 •They confronted me in the day of my disaster,
but the LORD was my support.
19 •He brought me out into a spacious place;
he rescued me because he delighted in me.
20 •The LORD has dealt with me according to
my righteousness;
according to the cleanness of my hands he
has rewarded me.
21 •For I have kept the ways of the LORD;
I am not guilty of turning from my God.
22 •All his laws are before me;
I have not turned away from his decrees.
23 •I have been blameless before him
and have kept myself from sin.
24 •The LORD has rewarded me according
to my righteousness,
according to the cleanness of my hands
in his sight.
25 •To the faithful you show yourself faithful,
to the blameless you show yourself
blameless,
26 •to the pure you show yourself pure,
but to the devious you show yourself shrewd.
27 •You save the humble
but bring low those whose eyes are haughty.
28 •You, LORD, keep my lamp burning;
my God turns my darkness into light.
29 •With your help I can advance against a troop[a];
with my God I can scale a wall.
30 •As for God, his way is perfect:
The LORD's word is flawless;
he shields all who take refuge in him.
31 •For who is God besides the LORD?
And who is the Rock except our God?
32 •It is God who arms me with strength
and keeps my way secure.
33 •He makes my feet like the feet of a deer;
he causes me to stand on the heights.
34 •He trains my hands for battle;
my arms can bend a bow of bronze.

[a]29 Or *can run through a barricade* 1) 큰

blameless [bléimlis] *a.* 결백한
blast [blæst] *n.* 센 바람
decree [dikríː] *n.* 법령
except [iksépt] *prep.* …외에는
expose [ikspóuz] *vt.* 드러내다
flawless [flɔ́ːlis] *a.* 흠 없는
haughty [hɔ́ːti] *a.* 오만한
humble [hʌmbl] *a.* 겸손한
rebuke [ribjúːk] *n.* 비난
reward [riwɔ́ːrd] *n.* 보상
scale [skeil] *vt.* 오르다
secure [sikjúər] *a.* 확실한
shrewd [ʃruːd] *a.* 날카로운, 빈틈없는
spacious [spéiʃəs] *a.* 광활한
troop [truːp] *n.* 군대

18:15 lay bare: 드러나다
18:16 draw A out of B: A를 B에서 끌어내다
18:20 deal with...: …를 대하다
18:20 according to...: …에 따라
18:22 turn away: 돌아서다
18:28 keep A -ing: A가 계속 …하게 하다

35 또 주께서 주의 구원하는 방패를 내게 주
시며 주의 오른손이 나를 붙들고 주의 온
유함이 나를 크게 하셨나이다
36 내 걸음을 넓게 하셨고 나를 실족하지 않
게 하셨나이다 31:8
37 내가 내 원수를 뒤쫓아가리니 그들이 망
하기 전에는 돌아서지 아니하리이다 37:20
38 내가 그들을 쳐서 능히 일어나지 못하게
하리니 그들이 내 발 아래에 엎드러지리
이다
39 주께서 나를 전쟁하게 하려고 능력으로
내게 띠 띠우사 일어나 나를 치는 자들이
내게 굴복하게 하셨나이다
40 또 주께서 내 원수들에게 등을 내게로 향
하게 하시고 나를 미워하는 자들을 내가
끊어 버리게 하셨나이다 94:23
41 그들이 부르짖으나 구원할 자가 없었고
여호와께 부르짖어도 그들에게 대답하
지 아니하셨나이다
42 내가 그들을 바람 앞에 티끌같이 부서뜨
리고 거리의 진흙같이 쏟아 버렸나이다
43 주께서 나를 백성의 다툼에서 건지시고
여러 민족의 으뜸으로 삼으셨으니 내가
알지 못하는 백성이 나를 섬기리이다
44 그들이 내 소문을 들은 즉시로 내게 청종
함이여 이방인들이 내게 복종하리로다
45 이방 자손들이 쇠잔하여 그 견고한 곳에
서 떨며 나오리로다
46 여호와는 살아 계시니 나의 반석을 찬송
하며 내 구원의 하나님을 높일지로다 42:2
47 이 하나님이 나를 위하여 보복해 주시고
민족들이 내게 복종하게 해 주시도다 94:1
48 주께서 나를 내 원수들에게서 구조하시
니 주께서 나를 대적하는 자들의 위에 나
를 높이 드시고 나를 포악한 자에게서 건
지시나이다
49 여호와여 이러므로 내가 이방 나라들 중
에서 주께 감사하며 주의 이름을 찬송하
리이다
50 여호와께서 그 왕에게 큰 구원을 주시며
기름부음 받은 자에게 인자를 베푸심이
여 영원토록 다윗과 그 후손에게로다

〔다윗의 시, 인도자를 따라 부르는 노래〕

(♪78장)

19 하늘이 하나님의 영광을 선포하고
궁창이 그의 손으로 하신 일을 나타
내는도다

35 • You make your saving help my shield,
and your right hand sustains me;
your help has made me great.
36 • You provide a broad path for my feet,
so that my ankles do not give way.
37 • I pursued my enemies and overtook them;
I did not turn back till they were destroyed.
38 • I crushed them so that they could not rise;
they fell beneath my feet.
39 • You armed me with strength for battle;
you humbled my adversaries before me.
40 • You made my enemies turn their backs in flight,
and I destroyed my foes.
41 • They cried for help, but there was no one to save them—
to the LORD, but he did not answer.
42 • I beat them as fine as windblown dust;
I trampled them[a] like mud in the streets.
43 • You have delivered me from the attacks of the people;
you have made me the head of nations.
People I did not know now serve me,
44 • foreigners cower before me;
as soon as they hear of me, they obey me.
45 • They all lose heart;
they come trembling from their strongholds.
46 • The LORD lives! Praise be to my Rock!
Exalted be God my Savior!
47 • He is the God who avenges me,
who subdues nations under me,
48 • who saves me from my enemies.
You exalted me above my foes;
from a violent man you rescued me.
49 • Therefore I will praise you, LORD, among the nations;
I will sing the praises of your name.
50 • He gives his king great victories;
he shows unfailing love to his anointed,
to David and to his descendants forever.

Psalm 19[b]

For the director of music. A psalm of David.

1 • The heavens declare the glory of God;
the skies proclaim the work of his hands.
2 • Day after day they pour forth speech;
night after night they reveal knowledge.
3 • They have no speech, they use no words;
no sound is heard from them.

[a]42 Many Hebrew manuscripts, Septuagint, Syriac and Targum (see also 2 Samuel 22:43); Masoretic Text I poured *them out* [b]In Hebrew texts 19:1-14 is numbered 19:2-15.

adversary [ǽdvərsèri] *n.* 적
anoint [ənɔ́int] *vt.* 기름을 바르다
beneath [biní:θ] *prep.* …아래에
cower [káuər] *vi.* 움츠리다
crush [krʌʃ] *vt.* 궤멸시키다
exalt [igzɔ́:lt] *vt.* 높이다
overtake [òuvərtéik] *vt.* 압도하다
proclaim [proukléim] *vt.* 선포하다
reveal [riví:l] *vt.* 계시하다
subdue [səbdjú:] *vt.* 정복하다
sustain [səstéin] *vt.* (생명을) 유지하다
till [tíl] *prep.* …까지
trample [trǽmpl] *vt.* 짓밟다
tremble [trémbl] *vi.* 떨다
violent [váiələnt] *a.* 난폭한

18:36 ... so that~: ~하도록 …하다
18:36 give way: 부러지다
18:39 arm A with B: A를 B로 무장시키다
18:44 as soon as...: …하자마자
18:45 lose heart: 용기를 잃다, 풀이 죽다
19:2 pour forth: 쏟다

2 날은 날에게 말하고 밤은 밤에게 지식을
전하니
3 언어도 없고 말씀도 없으며 들리는 소리
도 없으나
4 그의 [1]소리가 온 땅에 통하고 그의 말씀
이 세상 끝까지 이르도다 하나님이 해를
위하여 하늘에 장막을 베푸셨도다
5 해는 그의 신방에서 나오는 신랑과 같고
그의 길을 달리기 기뻐하는 장사 같아서
6 하늘 이 끝에서 나와서 하늘 저 끝까지
운행함이여 그의 열기에서 피할 자가 없
도다
7 ●여호와의 율법은 완전하여 영혼을 소
성시키며 여호와의 증거는 확실하여 우
둔한 자를 지혜롭게 하며
8 여호와의 교훈은 정직하여 마음을 기쁘
게 하고 여호와의 계명은 순결하여 눈을
밝게 하시도다
9 여호와를 경외하는 도는 정결하여 영원
까지 이르고 여호와의 법도 진실하여 다
의로우니
10 금 곧 많은 순금보다 더 사모할 것이며
꿀과 송이꿀보다 더 달도다 잠 8:10
11 또 주의 종이 이것으로 경고를 받고 이것
을 지킴으로 상이 크니이다
12 자기 허물을 능히 깨달을 자 누구리요 나
를 숨은 허물에서 벗어나게 하소서
13 또 주의 종에게 고의로 죄를 짓지 말게
하사 그 죄가 나를 주장하지 못하게 하소
서 그리하면 내가 정직하여 큰 죄과에서
벗어나겠나이다
14 나의 반석이시요 나의 구속자이신 여호
와여 내 입의 말과 마음의 [2]묵상이 주님
앞에 열납되기를 원하나이다

〔다윗의 시, 인도자를 따라 부르는 노래〕
(♪ 354장)

20 환난 날에 여호와께서 네게 응답하
시고 야곱의 하나님의 이름이 너를
높이 드시며
2 성소에서 너를 도와주시고 시온에서 너
를 붙드시며 119:28
3 네 모든 소제를 기억하시며 네 번제를 받
아 주시기를 원하노라 (셀라)
4 네 마음의 소원대로 허락하시고 네 모든
계획을 이루어 주시기를 원하노라

4 ●Yet their voice[a] goes out into all the earth,
their words to the ends of the world.
In the heavens God has pitched a tent for the sun.
5 ● It is like a bridegroom coming out of
his chamber,
like a champion rejoicing to run his course.
6 ●It rises at one end of the heavens
and makes its circuit to the other;
nothing is deprived of its warmth.
7 ●The law of the LORD is perfect,
refreshing the soul.
The statutes of the LORD are trustworthy,
making wise the simple.
8 ●The precepts of the LORD are right,
giving joy to the heart.
The commands of the LORD are radiant,
giving light to the eyes.
9 ●The fear of the LORD is pure,
enduring forever.
The decrees of the LORD are firm,
and all of them are righteous.
10 ●They are more precious than gold,
than much pure gold;
they are sweeter than honey,
than honey from the honeycomb.
11 ●By them your servant is warned;
in keeping them there is great reward.
12 ●But who can discern their own errors?
Forgive my hidden faults.
13 ●Keep your servant also from willful sins;
may they not rule over me.
Then I will be blameless,
innocent of great transgression.
14 ●May these words of my mouth and this
meditation of my heart
be pleasing in your sight,
LORD, my Rock and my Redeemer.

Psalm 20[b]

For the director of music. A psalm of David.

1 ●May the LORD answer you when you are in
distress;
may the name of the God of Jacob protect you.
2 ●May he send you help from the sanctuary
and grant you support from Zion.
3 ●*May he remember* all your sacrifices
and accept your burnt offerings.[c]
4 ●May he give you the desire of your heart
and make all your plans succeed.

[a]4 Septuagint, Jerome and Syriac; Hebrew *measuring line* [b]In Hebrew texts 20:1-9 is numbered 20:2-10. [c]3 The Hebrew has *Selah* (a word of uncertain meaning) here.

1) 줄이 2) 히, '묵상'은 '작은 소리로 읊조리다'는 의미도 있다

bridegroom [bráidgrù:m] *n.* 신랑
circuit [sə́:rkit] *n.* 순회
deprive [dipráiv] *vt.* 허용치 않다
discern [disə́:rn] *vt.* 인식하다
grant [grænt] *vt.* 승인하다
meditation [mèdətéiʃən] *n.* 묵상
pitch [pitʃ] *vt.* (천막을) 치다
precious [préʃəs] *a.* 귀한
radiant [réidiənt] *a.* 빛나는
redeemer [ridí:mər] *n.* 구원자
sanctuary [sǽŋktʃuèri] *n.* 성소
statute [stǽtʃu:t] *n.* 법규
transgression [trænsgréʃən] *n.* (종교·도덕적)죄
trustworthy [trʌ́stwə̀:rði] *a.* 믿을 만한
willful [wílfəl] *a.* 계획적인

19:4 the ends of the world: 이 세상의 끝
19:10 pure gold: 순금
19:13 keep from...: …를 금하다
19:13 rule over...: …를 다스리다
19:13 innocent of...: …이 없는

5 우리가 너의 승리로 말미암아 개가를 부
르며 우리 하나님의 이름으로 우리의 깃
발을 세우리니 여호와께서 네 모든 기도
를 이루어 주시기를 원하노라
6 여호와께서 자기에게 기름부음 받은 자
를 구원하시는 줄 이제 내가 아노니 그의
오른손의 구원하는 힘으로 그의 거룩한
하늘에서 그에게 응답하시리로다
7 어떤 사람은 병거, 어떤 사람은 말을 의
지하나 우리는 여호와 우리 하나님의 이
름을 자랑하리로다
8 그들은 비틀거리며 엎드러지고 우리는
일어나 바로 서도다 37:24
9 [1]여호와여 왕을 구원하소서 우리가 부를
때에 우리에게 응답하소서

〔다윗의 시, 인도자를 따라 부르는 노래〕

(♪93, 585장)

21 여호와여 왕이 주의 힘으로 말미암
아 기뻐하며 주의 구원으로 말미암
아 크게 즐거워하리이다
2 그의 마음의 소원을 들어 주셨으며 그의
입술의 요구를 거절하지 아니하셨나이
다 (셀라)
3 주의 아름다운 복으로 그를 영접하시고
순금 관을 그의 머리에 씌우셨나이다 59:10
4 그가 생명을 구하매 주께서 그에게 주셨
으니 곧 영원한 장수로소이다
5 주의 구원이 그의 영광을 크게 하시고 존
귀와 위엄을 그에게 입히시나이다
6 그가 영원토록 지극한 [2]복을 받게 하시
며 주 앞에서 기쁘고 즐겁게 하시나이다
7 왕이 여호와를 의지하오니 지존하신 이
의 인자함으로 흔들리지 아니하리이다
8 왕의 손이 왕의 모든 원수들을 찾아냄이
여 왕의 오른손이 왕을 미워하는 자들을
찾아내리로다
9 왕이 노하실 때에 그들을 풀무불 같게 할
것이라 여호와께서 진노하사 그들을 삼
키시리니 불이 그들을 소멸하리로다
10 왕이 그들의 [3]후손을 땅에서 멸함이여
그들의 자손을 사람 중에서 끊으리로다
11 비록 그들이 왕을 해하려 하여 음모를
꾸몄으나 이루지 못하도다
12 왕이 그들로 돌아서게 함이여 그들의 얼
굴을 향하여 활시위를 당기리로다
13 여호와여 주의 능력으로 높임을 받으소
서 우리가 주의 권능을 노래하고 찬송하

5 •May we shout for joy over your victory
and lift up our banners in the name of
our God.
May the LORD grant all your requests.
6 •Now this I know:
The LORD gives victory to his anointed.
He answers him from his heavenly sanctuary
with the victorious power of his right hand.
7 •Some trust in chariots and some in horses,
but we trust in the name of the LORD our God.
8 •They are brought to their knees and fall,
but we rise up and stand firm.
9 •LORD, give victory to the king!
Answer us when we call!

Psalm 21[a]

For the director of music. A psalm of David.

1 •The king rejoices in your strength, LORD.
How great is his joy in the victories you give!
2 •You have granted him his heart's desire
and have not withheld the request of his lips.[b]
3 •You came to greet him with rich blessings
and placed a crown of pure gold on his head.
4 •He asked you for life, and you gave it to him—
length of days, for ever and ever.
5 •Through the victories you gave, his glory is great;
you have bestowed on him splendor and
majesty.
6 •Surely you have granted him unending blessings
and made him glad with the joy of
your presence.
7 •For the king trusts in the LORD;
through the unfailing love of the Most High
he will not be shaken.
8 •Your hand will lay hold on all your enemies;
your right hand will seize your foes.
9 •When you appear for battle,
you will burn them up as in a blazing furnace.
The LORD will swallow them up in his wrath,
and his fire will consume them.
10 •You will destroy their descendants from the
earth,
their posterity from mankind.
11 •Though they plot evil against you
and devise wicked schemes, they cannot
succeed.
12 •You will make them turn their backs
when you aim at them with drawn bow.
13 •Be exalted in your strength, LORD;

[a]In Hebrew texts 21:1-13 is numbered 21:2-14. [b]2 The Hebrew has Selah (a word of uncertain meaning) here.

1) 또는 왕이신 여호와여 구원하소서 2) 복이 되게 3) 열매를

appear [əpíər] *vi.* 나타나다
banner [bǽnər] *n.* 깃발
blazing [bléiziŋ] *a.* 불타는
consume [kənsú:m] *vt.* 불사르다
devise [diváiz] *vt.* 궁리하다
exalt [igzɔ́:lt] *vt.* 높이다
furnace [fə́:rnis] *n.* 용광로
majesty [mǽdʒəsti] *n.* 위엄
posterity [pastérəti] *n.* 자손
scheme [ski:m] *n.* 음모
seize [si:z] *vt.* 붙잡다
splendor [spléndər] *n.* 광휘, 당당함
unending [ʌnéndiŋ] *a.* 끝없는
unfailing [ʌnféiliŋ] *a.* 무한한
withhold [wiθhóuld] *vt.* 거절하다

20:5 shout for joy: 환호하다
20:7 trust in...: …를 신뢰하다
21:5 bestow A on B: B에게 A를 주다
21:8 lay hold on...: …를 장악하다
21:9 swallow up: 삼키다
21:12 aim at...: …를 겨누다

게 하소서
〔다윗의 시, 인도자를 따라
1)아옐렛샤할에 맞춘 노래〕
22 내 하나님이여 내 하나님이여 어찌
나를 버리셨나이까 어찌 나를 멀리
하여 돕지 아니하시오며 내 신음 소리를
듣지 아니하시나이까
2 내 하나님이여 내가 낮에도 부르짖고 밤
에도 잠잠하지 아니하오나 응답하지 아
니하시나이다
3 이스라엘의 찬송 중에 계시는 주여 주는
거룩하시니이다
4 우리 조상들이 주께 의뢰하고 의뢰하였
으므로 그들을 건지셨나이다
5 그들이 주께 부르짖어 구원을 얻고 주께
의뢰하여 수치를 당하지 아니하였나이다
6 나는 벌레요 사람이 아니라 사람의 비방
거리요 백성의 조롱거리니이다
7 나를 보는 자는 다 나를 비웃으며 입술을
비쭉거리고 머리를 흔들며 말하되
8 그가 여호와께 의탁하니 구원하실 걸, 그
를 기뻐하시니 건지실 걸 하나이다
9 오직 주께서 나를 모태에서 나오게 하시
고 내 어머니의 젖을 먹을 때에 의지하게
하셨나이다
10 내가 날 때부터 주께 맡긴 바 되었고 모
태에서 나올 때부터 주는 나의 하나님이
되셨나이다
11 나를 멀리하지 마옵소서 환난이 가까우
나 도울 자 없나이다
12 많은 황소가 나를 에워싸며 바산의 힘센
소들이 나를 둘러쌌으며
13 내게 그 입을 벌림이 찢으며 부르짖는 사
자 같으니이다 35:21
14 나는 물같이 쏟아졌으며 내 모든 뼈는 어
그러졌으며 내 마음은 밀랍 같아서 내 속
에서 녹았으며
15 내 힘이 말라 질그릇 조각 같고 내 혀가
입천장에 붙었나이다 주께서 또 나를 죽
음의 진토 속에 두셨나이다 137:6
16 개들이 나를 에워쌌으며 악한 무리가 나
를 둘러 내 수족을 찔렀나이다 59:6
17 내가 내 모든 뼈를 셀 수 있나이다 그들
이 나를 주목하여 보고
18 내 겉옷을 나누며 속옷을 제비 뽑나이다

we will sing and praise your might.

Psalm 22[a]

For the director of music. To the tune of "The Doe of the Morning." A psalm of David.

1 •My God, my God, why have you forsaken me?
Why are you so far from saving me,
so far from my cries of anguish?
2 •My God, I cry out by day, but you do not answer,
by night, but I find no rest.[b]
3 •Yet you are enthroned as the Holy One;
you are the one Israel praises.[c]
4 •In you our ancestors put their trust;
they trusted and you delivered them.
5 •To you they cried out and were saved;
in you they trusted and were not put to shame.
6 •But I am a worm and not a man,
scorned by everyone, despised by the people.
7 •All who see me mock me;
they hurl insults, shaking their heads.
8 •"He trusts in the LORD," they say,
"let the LORD rescue him.
Let him deliver him,
since he delights in him."
9 •Yet you brought me out of the womb;
you made me trust in you, even at my
mother's breast.
10 •From birth I was cast on you;
from my mother's womb you have been my
God.
11 •Do not be far from me,
for trouble is near
and there is no one to help.
12 •Many bulls surround me;
strong bulls of Bashan encircle me.
13 •Roaring lions that tear their prey
open their mouths wide against me.
14 •I am poured out like water,
and all my bones are out of joint.
My heart has turned to wax;
it has melted within me.
15 •My mouth[d] is dried up like a potsherd,
and my tongue sticks to the roof of my mouth;
you lay me in the dust of death.
16 •Dogs surround me,
a *pack of villains* encircles me;
they pierce[e] my hands and my feet.

[a]In Hebrew texts 22:1-31 is numbered 22:2-32. [b]2 Or *night, and am not silent* [c]3 Or *Yet you are holy, / enthroned on the praises of Israel* [d]15 Probable reading of the original Hebrew text; Masoretic Text *strength* [e]16 Dead Sea Scrolls and some manuscripts of the Masoretic Text, Septuagint and Syriac; most manuscripts of the Masoretic Text *me, / like a lion*

1) 사슴이란 곡조에

anguish [æŋgwiʃ] *n.* 고뇌
despise [dispáiz] *vt.* 무시하다
encircle [insə́:rkl] *vt.* 에워싸다
enthrone [inθróun] *vt.* 존경하다
forsake [fərséik] *vt.* 버리다
hurl [hə:rl] *vt.* (욕설을) 퍼붓다
insult [insʌlt] *n.* 비
mock [mak] *vt.* 조롱하다
pierce [piərs] *vt.* 찌르다
potsherd [pátʃə:rd] *n.* 질그릇 조각
prey [prei] *n.* 먹이
roar [rɔ:r] *vi.* 으르렁거리다
scorn [skɔ:rn] *vt.* 멸시하다
shame [ʃeim] *n.* 수치
villain [vílən] *n.* 악인

22:1 far from -ing: 조금도 …않다
22:2 cry out: 외치다
22:9 out of...: …의 안에서 밖으로
22:14 pour out: 쏟다
22:14 out of joint: 탈구하여, 관절이 빠져
22:15 stick to...: …에 달라붙다

19 여호와여 멀리하지 마옵소서 나의 힘이
시여 속히 나를 도우소서
20 내 생명을 칼에서 건지시며 1)내 유일한
것을 개의 세력에서 구하소서 35:17
21 나를 사자의 입에서 구하소서 주께서 내
게 응답하시고 들소의 뿔에서 구원하셨
나이다
22 ● 내가 주의 이름을 형제에게 선포하고
회중 가운데에서 주를 찬송하리이다
23 여호와를 두려워하는 너희여 그를 찬송
할지어다 야곱의 모든 자손이여 그에게
영광을 돌릴지어다 너희 이스라엘 모든
자손이여 그를 경외할지어다
24 그는 곤고한 자의 곤고를 멸시하거나 싫
어하지 아니하시며 그의 얼굴을 그에게
서 숨기지 아니하시고 그가 울부짖을 때
에 들으셨도다
25 큰 회중 가운데에서 나의 찬송은 주께로
부터 온 것이니 주를 경외하는 자 앞에서
나의 서원을 갚으리이다 35:18
26 겸손한 자는 먹고 배부를 것이며 여호와
를 찾는 자는 그를 찬송할 것이라 너희
마음은 영원히 살지어다 107:9
27 땅의 모든 끝이 여호와를 기억하고 돌아
오며 모든 나라의 모든 족속이 주의 앞에
예배하리니
28 나라는 여호와의 것이요 여호와는 모든
나라의 주재심이로다
29 세상의 모든 풍성한 자가 먹고 경배할 것
이요 진토 속으로 내려가는 자 곧 자기
영혼을 살리지 못할 자도 다 그 앞에 절
하리로다
30 후손이 그를 섬길 것이요 대대에 주를 전
할 것이며
31 와서 그의 공의를 태어날 백성에게 전함
이여 주께서 이를 행하셨다 할 것이로다

〔다윗의 시〕(♪ 390, 413, 568장)

23 여호와는 나의 목자시니 내게 부족
함이 없으리로다
2 그가 나를 푸른 풀밭에 누이시며 쉴 만한
물 가로 인도하시는도다 겔 7:17
3 내 영혼을 소생시키시고 자기 이름을 위
하여 의의 길로 인도하시는도다
4 내가 사망의 음침한 골짜기로 다닐지라
도 해를 두려워하지 않을 것은 주께서 나
와 함께 하심이라 주의 지팡이와 막대기
가 나를 안위하시나이다

17 ● All my bones are on display;
people stare and gloat over me.
18 ● They divide my clothes among them
and cast lots for my garment.
19 ● But you, LORD, do not be far from me.
You are my strength; come quickly to help me.
20 ● Deliver me from the sword,
my precious life from the power of the dogs.
21 ● Rescue me from the mouth of the lions;
save me from the horns of the wild oxen.
22 ● I will declare your name to my people;
in the assembly I will praise you.
23 ● You who fear the LORD, praise him!
All you descendants of Jacob, honor him!
Revere him, all you descendants of Israel!
24 ● For he has not despised or scorned
the suffering of the afflicted one;
he has not hidden his face from him
but has listened to his cry for help.
25 ● From you comes the theme of my praise in
the great assembly;
before those who fear you[a] I will fulfill my vows.
26 ● The poor will eat and be satisfied;
those who seek the LORD will praise him—
may your hearts live forever!
27 ● All the ends of the earth
will remember and turn to the LORD,
and all the families of the nations
will bow down before him,
28 ● for dominion belongs to the LORD
and he rules over the nations.
29 ● All the rich of the earth will feast and worship;
all who go down to the dust will kneel
before him—
those who cannot keep themselves alive.
30 ● Posterity will serve him;
future generations will be told about the Lord.
31 ● They will proclaim his righteousness,
declaring to a people yet unborn:
He has done it!

Psalm 23

A psalm of David.

1 ● The LORD is my shepherd, I lack nothing.
2 ● He makes me lie down in green pastures,
he leads me beside quiet waters,
3 ● he refreshes my soul.
He guides me along the right paths
for his name's sake.
4 ● Even though I walk
through the darkest valley,[b]
I will fear no evil,
for you are with me;

[a]25 Hebrew *him* [b]4 Or *the valley of the shadow of death*

1) 내 생명

afflicted [əflíktid] *a.* 괴로워하는
assembly [əsémbli] *n.* 집회
declare [dikléər] *vt.* 선포하다
dominion [dəmínjən] *n.* 통치
feast [fiːst] *vi.* 실컷 먹다
fulfill [fulfíl] *vt.* 이행하다
garment [gáːrmənt] *n.* 의복
kneel [niːl] *vi.* 무릎을 꿇다
pasture [pǽstʃər] *n.* 목초지
posterity [pastérəti] *n.* 자손
proclaim [proukléim] *vt.* 선포하다
righteousness [ráitʃəsnis] *n.* 의로움
shepherd [ʃépərd] *n.* 목자
stare [stɛər] *vi.* 쳐다보다
theme [θiːm] *n.* 주제

22:17 gloat over: 고소한 듯이 바라보다
22:18 cast lots: 제비 뽑다
22:27 turn to...: …로 향하다
22:28 rule over...: …를 지배하다, 통치하다
23:3 for one's name's sake: …의 이름 때문에, …의 이름을 위하여

5 주께서 내 원수의 목전에서 내게 상을 차
려 주시고 기름을 내 머리에 부으셨으니
내 잔이 넘치나이다 78:19
6 내 평생에 선하심과 인자하심이 반드시
나를 따르리니 내가 여호와의 집에 영원
히 살리로다

〔다윗의 시〕(♪ 102, 478, 566장)

24 땅과 거기에 충만한 것과 세계와
그 가운데에 사는 자들은 다 여호
와의 것이로다
2 여호와께서 그 터를 바다 위에 세우심이
여 강들 위에 건설하셨도다
3 여호와의 산에 오를 자가 누구며 그의 거
룩한 곳에 설 자가 누구인가
4 곧 손이 깨끗하며 마음이 청결하며 뜻을
허탄한 데에 두지 아니하며 거짓 맹세하
지 아니하는 자로다 마 5:8
5 그는 여호와께 복을 받고 구원의 하나님
께 의를 얻으리니
6 이는 여호와를 찾는 족속이요 야곱의 하
나님의 얼굴을 구하는 자로다(셀라)
7 ●문들아 너희 머리를 들지어다 영원한
문들아 들릴지어다 영광의 왕이 들어가
시리로다
8 영광의 왕이 누구시냐 강하고 능한 여호
와시요 전쟁에 능한 여호와시로다
9 문들아 너희 머리를 들지어다 영원한 문
들아 들릴지어다 영광의 왕이 들어가시
리로다
10 영광의 왕이 누구시냐 만군의 여호와께
서 곧 영광의 왕이시로다 (셀라)

〔다윗의 시〕(♪ 438, 440장)

25 여호와여 나의 영혼이 주를 우러러
보나이다
2 나의 하나님이여 내가 주께 의지하였사
오니 나를 부끄럽지 않게 하시고 나의 원
수들이 나를 이겨 개가를 부르지 못하게
하소서
3 주를 바라는 자들은 수치를 당하지 아니
하려니와 까닭 없이 속이는 자들은 수치
를 당하리이다
4 여호와여 주의 도를 내게 보이시고 주의
길을 내게 가르치소서
5 주의 진리로 나를 지도하시고 교훈하소
서 주는 내 구원의 하나님이시니 내가 종
일 주를 기다리나이다 요 16:13

your rod and your staff,
they comfort me.
5 •You prepare a table before me
in the presence of my enemies.
You anoint my head with oil;
my cup overflows.
6 •Surely your goodness and love will follow me
all the days of my life,
and I will dwell in the house of the LORD
forever.

Psalm 24
Of David. A psalm.

1 •The earth is the LORD's, and everything in it,
the world, and all who live in it;
2 •for he founded it on the seas
and established it on the waters.
3 •Who may ascend the mountain of the LORD?
Who may stand in his holy place?
4 •The one who has clean hands and a pure heart,
who does not trust in an idol
or swear by a false god.[a]
5 •They will receive blessing from the LORD
and vindication from God their Savior.
6 •Such is the generation of those who seek him,
who seek your face, God of Jacob.[b,c]
7 •Lift up your heads, you gates;
be lifted up, you ancient doors,
that the King of glory may come in.
8 •Who is this King of glory?
The LORD strong and mighty,
the LORD mighty in battle.
9 •Lift up your heads, you gates;
lift them up, you ancient doors,
that the King of glory may come in.
10 •Who is he, this King of glory?
The LORD Almighty—
he is the King of glory.

Psalm 25[d]
Of David.

1 •In you, LORD my God,
I put my trust.
2 •I trust in you;
do not let me be put to shame,
nor let my enemies triumph over me.
3 •No one who hopes in you
will ever be put to shame,
but shame will come on those
who are treacherous without cause.
4 •Show me your ways, LORD,

[a]4 Or *swear falsely* [b]6 Two Hebrew manuscripts and Syriac (see also Septuagint); most Hebrew manuscripts *face, Jacob* [c]6 The Hebrew has *Selah* (a word of uncertain meaning) here and at the end of verse 10. [d]This psalm is an acrostic poem, the verses of which begin with the successive letters of the Hebrew alphabet.

ancient [éinʃənt] *a.* 옛날
anoint [ənɔ́int] *vt.* 기름을 붓다
ascend [əsénd] *vt.* 오르다
comfort [kʌ́mfərt] *vt.* 위안하다
establish [istǽbliʃ] *vt.* 세우다
false [fɔːls] *a.* 거짓된
generation [dʒènəréiʃən] *n.* 세대
mighty [máiti] *a.* 전능한
overflow [òuvərflóu] *vi.* 넘치다
prepare [pripɛ́ər] *vi.* 마련하다
rod [rad] *n.* 막대기
staff [stæf] *n.* 지팡이
swear [swɛər] *vt.* 맹세하다
treacherous [trétʃərəs] *a.* 배반하는
vindication [vìndəkéiʃən] *n.* 옹호

23:5 in the presence: …이 있는 곳에서
23:6 dwell in...: …에 살다
24:2 on the sea: 해상에
24:7 lift up: 들어 올리다
25:2 put to shame: 부끄럽게 하다
25:2 triumph over...: …을 이기다

6 여호와여 주의 긍휼하심과 인자하심이 영원부터 있었사오니 주여 이것들을 기억하옵소서
7 여호와여 내 젊은 시절의 죄와 허물을 기억하지 마시고 주의 인자하심을 따라 주께서 나를 기억하시되 주의 선하심으로 하옵소서
8 여호와는 선하시고 정직하시니 그러므로 그의 도로 죄인들을 교훈하시리로다
9 온유한 자를 정의로 지도하심이여 온유한 자에게 그의 도를 가르치시리로다
10 여호와의 모든 길은 그의 언약과 증거를 지키는 자에게 인자와 진리로다
11 여호와여 나의 죄악이 크오니 주의 이름으로 말미암아 사하소서
12 여호와를 경외하는 자 누구냐 그가 택할 길을 그에게 가르치시리로다
13 그의 영혼은 평안히 살고 그의 자손은 땅을 상속하리로다
14 [1]여호와의 친밀하심이 그를 경외하는 자들에게 있음이여 그의 언약을 그들에게 보이시리로다
15 내 눈이 항상 여호와를 바라봄은 내 발을 그물에서 벗어나게 하실 것임이로다
16 주여 나는 외롭고 괴로우니 내게 돌이키사 나에게 은혜를 베푸소서 69:16
17 내 마음의 근심이 많사오니 나를 고난에서 끌어내소서
18 나의 곤고와 환난을 보시고 내 모든 죄를 사하소서
19 내 원수를 보소서 그들의 수가 많고 나를 심히 미워하나이다
20 내 영혼을 지켜 나를 구원하소서 내가 주께 피하오니 수치를 당하지 않게 하소서
21 내가 주를 바라오니 성실과 정직으로 나를 보호하소서
22 하나님이여 이스라엘을 그 모든 환난에서 속량하소서 130:8

〔다윗의 시〕(♪68, 131장)

26 내가 나의 완전함에 행하였사오며 흔들리지 아니하고 여호와를 의지하였사오니 여호와여 나를 판단하소서
2 여호와여 나를 살피시고 시험하사 내 뜻과 내 양심을 단련하소서

teach me your paths.
5 •Guide me in your truth and teach me,
for you are God my Savior,
and my hope is in you all day long.
6 •Remember, LORD, your great mercy and love,
for they are from of old.
7 •Do not remember the sins of my youth
and my rebellious ways;
according to your love remember me,
for you, LORD, are good.
8 •Good and upright is the LORD;
therefore he instructs sinners in his ways.
9 •He guides the humble in what is right
and teaches them his way.
10 •All the ways of the LORD are loving and faithful
toward those who keep the demands of his covenant.
11 •For the sake of your name, LORD,
forgive my iniquity, though it is great.
12 •Who, then, are those who fear the LORD?
He will instruct them in the ways they should choose.[a]
13 •They will spend their days in prosperity,
and their descendants will inherit the land.
14 •The LORD confides in those who fear him;
he makes his covenant known to them.
15 •My eyes are ever on the LORD,
for only he will release my feet from the snare.
16 •Turn to me and be gracious to me,
for I am lonely and afflicted.
17 •Relieve the troubles of my heart
and free me from my anguish.
18 •Look on my affliction and my distress
and take away all my sins.
19 •See how numerous are my enemies
and how fiercely they hate me!
20 •Guard my life and rescue me;
do not let me be put to shame,
for I take refuge in you.
21 •May integrity and uprightness protect me,
because my hope, LORD,[b] is in you.
22 •Deliver Israel, O God,
from all their troubles!

Psalm 26
Of David.

1 •Vindicate me, LORD,
for I have led a blameless life;
I have trusted in the LORD
and have not faltered.
2 •Test me, LORD, and try me,

[a]12 Or ways *he chooses* [b]21 Septuagint; Hebrew does not have LORD. 1) 여호와께서 경외하는 자를 친애하심이여

affliction [əflíkʃən] *n.* 고통
anguish [ǽŋgwiʃ] *n.* 격동
covenant [kʌvənənt] *n.* 언약
distress [distrés] *n.* 고뇌
fiercely [fíərsli] *ad.* 맹렬히
gracious [gréiʃəs] *a.* 은혜가 넘치는
humble [hʌmbl] *a.* 겸손한
inherit [inhérit] *vt.* 상속하다
iniquity [iníkwəti] *n.* 죄악
instruct [instrʌkt] *vt.* 가르치다
integrity [intégrəti] *n.* 성실
prosperity [praspérəti] *n.* 번영
rebellious [ribéljəs] *a.* 반항하는
release [rilí:s] *vt.* 해방시키다
snare [snεər] *n.* 덫, 함정

25:5 all day long: 하루 종일
25:11 for the sake of...: …을 위해서
25:14 confide in...: …를 신뢰하다
25:14 make A known to B: A를 B에게 알리다
25:18 take away: 가져가다
26:1 lead a life: 지내다, 살아가다

3 주의 인자하심이 내 목전에 있나이다 내
가 주의 진리 중에 행하여
4 허망한 사람과 같이 앉지 아니하였사오
니 간사한 자와 동행하지도 아니하리이
다 1:1
5 내가 행악자의 집회를 미워하오니 악한
자와 같이 앉지 아니하리이다 139:21
6 여호와여 내가 무죄하므로 손을 씻고 주
의 제단에 두루 다니며
7 감사의 소리를 들려 주고 주의 기이한 모
든 일을 말하리이다
8 여호와여 내가 주께서 계신 집과 주의 영
광이 머무는 곳을 사랑하오니 27:4
9 내 영혼을 죄인과 함께, 내 생명을 살인
자와 함께 거두지 마소서
10 그들의 손에 사악함이 있고 그들의 오른
손에 뇌물이 가득하오나
11 나는 나의 완전함에 행하오리니 나를 속
량하시고 내게 은혜를 베푸소서 69:18
12 내 발이 평탄한 데에 섰사오니 무리 가운
데에서 여호와를 송축하리이다

〔다윗의 시〕 (♪ 60, 336장)

27 여호와는 나의 빛이요 나의 구원이
시니 내가 누구를 두려워하리요 여
호와는 내 생명의 능력이시니 내가 누구
를 무서워하리요
2 악인들이 내 살을 먹으려고 내게로 왔으
나 나의 대적들, 나의 원수들인 그들은
실족하여 넘어졌도다 14:4
3 군대가 나를 대적하여 진칠지라도 내 마
음이 두렵지 아니하며 전쟁이 일어나 나
를 치려 할지라도 나는 1)여전히 태연하
리로다
4 내가 여호와께 바라는 한 가지 일 그것
을 구하리니 곧 내가 내 평생에 여호와
의 집에 살면서 여호와의 아름다움을 바
라보며 그의 성전에서 사모하는 그것이
라
5 여호와께서 환난 날에 나를 그의 초막 속
에 비밀히 지키시고 그의 장막 은밀한 곳
에 나를 숨기시며 높은 *바위 위에* 두시리
로다
6 이제 내 머리가 나를 둘러싼 내 원수 위
에 들리리니 내가 그의 장막에서 즐거운
제사를 드리겠고 노래하며 여호와를 찬
송하리로다

examine my heart and my mind;
3 ●for I have always been mindful of your
unfailing love
and have lived in reliance on your
faithfulness.
4 ●I do not sit with the deceitful,
nor do I associate with hypocrites.
5 ●I abhor the assembly of evildoers
and refuse to sit with the wicked.
6 ●I wash my hands in innocence,
and go about your altar, LORD,
7 ●proclaiming aloud your praise
and telling of all your wonderful deeds.
8 ●LORD, I love the house where you live,
the place where your glory dwells.
9 ●Do not take away my soul along with sinners,
my life with those who are bloodthirsty,
10 ●in whose hands are wicked schemes,
whose right hands are full of bribes.
11 ●I lead a blameless life;
deliver me and be merciful to me.
12 ●My feet stand on level ground;
in the great congregation I will praise the LORD.

Psalm 27

Of David.

1 ●The LORD is my light and my salvation—
whom shall I fear?
The LORD is the stronghold of my life—
of whom shall I be afraid?
2 ●When the wicked advance against me
to devour[a] me,
it is my enemies and my foes
who will stumble and fall.
3 ●Though an army besiege me,
my heart will not fear;
though war break out against me,
even then I will be confident.
4 ●One thing I ask from the LORD,
this only do I seek:
that I may dwell in the house of the LORD
all the days of my life,
to gaze on the beauty of the LORD
and to seek him in his temple.
5 ●For in the day of trouble
he will keep me safe *in* his dwelling;
he will hide me in the shelter of his sacred tent
and set me high upon a rock.
6 ●Then my head will be exalted
above the enemies who surround me;
at his sacred tent I will sacrifice with shouts of

[a]2 Or *slander* 1) 그중에서 안연하리로다

abhor [æbhɔ́ːr] *vt.* 몹시 싫어하다
besiege [bisíːdʒ] *vt.* 포위하다
bribe [braib] *n.* 뇌물
confident [kɑ́nfədənt] *a.* 확신하는
congregation [kɑ̀ŋgrigéiʃən] *n.* 회중
deceitful [disíːtfəl] *a.* 기만적인
deed [diːd] *n.* 행위
devour [diváuər] *vt.* 먹어 치우다
evildoer [íːvəldùːər] *n.* 악인
hypocrite [hípəkrit] *n.* 위선자
reliance [riláiəns] *n.* 의지할 곳
sacred [séikrid] *a.* 신성한
scheme [skiːm] *n.* 계획
stronghold [strɔ́ːŋhòuld] *n.* 요새, 본거지
stumble [stʌmbl] *vi.* 걸려 넘어지다

26:4 associate with: …와 어울리다
26:6 go about...: …를 돌아다니다
27:3 break out: 돌발하다
27:4 dwell in...: …에 살다
27:4 all the days of one's life: 살아있는 동안에

7 ●여호와여 내가 소리 내어 부르짖을 때
에 들으시고 또한 나를 긍휼히 여기사 응
답하소서
8 너희는 내 얼굴을 찾으라 하실 때에 내가
마음으로 주께 말하되 여호와여 내가 주
의 얼굴을 찾으리이다 하였나이다
9 주의 얼굴을 내게서 숨기지 마시고 주
의 종을 노하여 버리지 마소서 주는 나
의 도움이 되셨나이다 나의 구원의 하
나님이시여 나를 버리지 마시고 떠나지
마소서
10 내 부모는 나를 버렸으나 여호와는 나를
영접하시리이다
11 여호와여 주의 도를 내게 가르치시고 [1]내
원수를 생각하셔서 평탄한 길로 나를 인
도하소서
12 내 생명을 내 대적에게 맡기지 마소서 위
증자와 악을 토하는 자가 일어나 나를 치
려 함이니이다
13 내가 산 자들의 땅에서 여호와의 선하심
을 보게 될 줄 확실히 믿었도다
14 너는 여호와를 기다릴지어다 강하고 담
대하며 여호와를 기다릴지어다 수 1:6

〔다윗의 시〕 (♪ 23장)

28 여호와여 내가 주께 부르짖으오니
나의 반석이여 내게 귀를 막지 마
소서 주께서 내게 잠잠하시면 내가 무
덤에 내려가는 자와 같을까 하나이다
2 내가 주의 [2]지성소를 향하여 나의 손을
들고 주께 부르짖을 때에 나의 간구하는
소리를 들으소서
3 악인과 악을 행하는 자들과 함께 나를 끌
어내지 마옵소서 그들은 그 이웃에게 화
평을 말하나 그들의 마음에는 악독이 있
나이다
4 그들이 하는 일과 그들의 행위가 악한 대
로 갚으시며 그들의 손이 지은 대로 그들
에게 갚아 그 마땅히 받을 것으로 그들에
게 갚으소서
5 그들은 여호와께서 행하신 일과 손으로
지으신 것을 생각하지 아니하므로 여호
와께서 그들을 파괴하고 건설하지 아니
하시리로다
6 ●여호와를 찬송함이여 내 간구하는 소
리를 들으심이로다
7 여호와는 나의 힘과 나의 방패이시니 내
마음이 그를 *의지하여* 도움을 얻었도다

joy;
I will sing and make music to the LORD.
7 ●Hear my voice when I call, LORD;
be merciful to me and answer me.
8 ●My heart says of you, "Seek his face!"
Your face, LORD, I will seek.
9 ●Do not hide your face from me,
do not turn your servant away in anger;
you have been my helper.
Do not reject me or forsake me,
God my Savior.
10 ●Though my father and mother forsake me,
the LORD will receive me.
11 ●Teach me your way, LORD;
lead me in a straight path
because of my oppressors.
12 ●Do not turn me over to the desire of my foes,
for false witnesses rise up against me,
spouting malicious accusations.
13 ●I remain confident of this:
I will see the goodness of the LORD
in the land of the living.
14 ●Wait for the LORD;
be strong and take heart
and wait for the LORD.

Psalm 28
Of David.

1 ●To you, LORD, I call;
you are my Rock,
do not turn a deaf ear to me.
For if you remain silent,
I will be like those who go down to the pit.
2 ●Hear my cry for mercy
as I call to you for help,
as I lift up my hands
toward your Most Holy Place.
3 ●Do not drag me away with the wicked,
with those who do evil,
who speak cordially with their neighbors
but harbor malice in their hearts.
4 ●Repay them for their deeds
and for their evil work;
repay them for what their hands have done
and bring back on them what they deserve.
5 ●Because they have no regard for the deeds of
the LORD
and what his hands have done,
he will tear them down
and never build them up again.
6 ●Praise be to the LORD,

1) 엎드려 나를 기다리는 자들을 인하여 2) 성소 안을

accusation [ækjuzéiʃən] *n.* 고소
cordially [kɔ́:rdʒəli] *ad.* 진심으로
deaf [def] *a.* 귀가 먼
deed [di:d] *n.* 행위
deserve [dizə́:rv] *vt.* 받을 만하다
evil [í:vəl] *n.* 악
foe [fou] *n.* 적
forsake [fərséik] *vt.* 버리다
harbor [há:rbər] *vt.* (감정을) 품다
malice [mǽlis] *n.* 악의
merciful [mə́:rsifəl] *a.* 자비로운
oppressor [əprésər] *n.* 박해자
pit [pit] *n.* 무덤
remain [riméin] *vi.* …채로 있다
spout [spaut] *vt.* 분출하다

27:9 turn away: 좇아버리다, 외면하다
27:12 turn A over to B: A를 B에게 넘겨주다
28:3 drag... away: …를 끌고 가버리다
28:5 have no regard for: 중히 여기지 않다

그러므로 내 마음이 크게 기뻐하며 내 노
래로 그를 찬송하리로다
8 여호와는 그들의 힘이시요 그의 기름부
음 받은 자의 구원의 요새이시로다
9 주의 백성을 구원하시며 주의 산업에 복
을 주시고 또 그들의 목자가 되시어 영원
토록 그들을 인도하소서

〔다윗의 시〕 (♪ 42, 56, 424장)

29 너희 권능 있는 자들아 영광과 능
력을 여호와께 돌리고 돌릴지어다
2 여호와께 그의 이름에 합당한 영광을 돌
리며 [1]거룩한 옷을 입고 여호와께 예배
할지어다
3 ●여호와의 소리가 물 위에 있도다 영광
의 하나님이 우렛소리를 내시니 여호와
는 많은 물 위에 계시도다
4 여호와의 소리가 힘 있음이여 여호와의
소리가 위엄차도다
5 여호와의 소리가 백향목을 꺾으심이여
여호와께서 레바논 백향목을 꺾어 부수
시도다
6 그 나무를 송아지같이 뛰게 하심이여 레
바논과 시룐으로 들송아지같이 뛰게 하
시도다
7 여호와의 소리가 화염을 가르시도다
8 여호와의 소리가 광야를 진동하심이여 여
호와께서 가데스 광야를 진동시키시도다
9 여호와의 소리가 암사슴을 [2]낙태하게 하
시고 삼림을 말갛게 벗기시니 그의 성전
에서 그의 모든 것들이 말하기를 영광이
라 하도다
10 ●여호와께서 홍수 때에 좌정하셨음이
여 여호와께서 영원하도록 왕으로 좌정
하시도다
11 여호와께서 자기 백성에게 힘을 주심이
여 여호와께서 자기 백성에게 평강의 복
을 주시리로다

〔다윗의 시, 곧 성전 낙성가〕 (♪ 363, 369장)

30 여호와여 내가 주를 높일 것은 주
께서 나를 끌어내사 내 원수로 하
여금 나로 말미암아 기뻐하지 못하게 하
심이니이다
2 여호와 내 하나님이여 내가 주께 부르짖
으매 나를 고치셨나이다
3 여호와여 주께서 내 영혼을 스올에서 끌
어내어 나를 살리사 무덤으로 내려가지
아니하게 하셨나이다

for he has heard my cry for mercy.
7 ●The LORD is my strength and my shield;
my heart trusts in him, and he helps me.
My heart leaps for joy,
and with my song I praise him.
8 ●The LORD is the strength of his people,
a fortress of salvation for his anointed one.
9 ●Save your people and bless your inheritance;
be their shepherd and carry them forever.

Psalm 29

A psalm of David.

1 ●Ascribe to the LORD, you heavenly beings,
ascribe to the LORD glory and strength.
2 ●Ascribe to the LORD the glory due his name;
worship the LORD in the splendor of his[a]
holiness.
3 ●The voice of the LORD is over the waters;
the God of glory thunders,
the LORD thunders over the mighty waters.
4 ●The voice of the LORD is powerful;
the voice of the LORD is majestic.
5 ●The voice of the LORD breaks the cedars;
the LORD breaks in pieces the cedars of
Lebanon.
6 ●He makes Lebanon leap like a calf,
Sirion[b] like a young wild ox.
7 ●The voice of the LORD strikes
with flashes of lightning.
8 ●The voice of the LORD shakes the desert;
the LORD shakes the Desert of Kadesh.
9 ●The voice of the LORD twists the oaks[c]
and strips the forests bare.
And in his temple all cry, "Glory!"
10 ●The LORD sits enthroned over the flood;
the LORD is enthroned as King forever.
11 ●The LORD gives strength to his people;
the LORD blesses his people with peace.

Psalm 30[d]

A psalm. A song. For the dedication of the temple.[e] Of David.

1 ●I will exalt you, LORD,
for you lifted me out of the depths
and did not let my enemies gloat over me.
2 ●LORD my God, I called to you for help,
and you healed me.
3 ●You, LORD, brought me up from the realm of
the dead;
you spared me from going down to the pit.

[a]2 Or *LORD with the splendor of* [b]6 That is, Mount Hermon [c]9 Or *LORD makes the deer give birth* [d]In Hebrew texts 30:1-12 is numbered 30:2-13. [e]Title: Or *palace*

1) 거룩함의 아름다움에서 2) 새끼를 낳게

anoint [ənɔ́int] *vt.* 기름을 붓다
bare [bɛər] *a.* 발가벗은
calf [kæf] *n.* 송아지
cedar [síːdər] *n.* 백향목
due [djuː] *a.* 마땅한
enthroned [inθróund] *a.* 왕위에 앉은
exalt [igzɔ́ːlt] *vt.* 높이다
fortress [fɔ́ːrtris] *n.* 요새
inheritance [inhérətəns] *n.* 유산
majestic [mədʒéstik] *a.* 위엄 있는
realm [relm] *n.* 왕국
salvation [sælvéiʃən] *n.* 구원
shield [ʃiːld] *n.* 방패
splendor [spléndər] *n.* 훌륭함
twist [twist] *vi.* 뚫고 나가다

28:7 leap for joy: 기뻐 날뛰다
29:1 ascribe to...: …에게 돌리다
30:1 gloat over: (남의 불행 등을) 고소한 듯이 바라보다
30:3 bring up from...: …에서 끌어올리다
30:3 spare A from B: A가 B를 면하게 하다

4 주의 성도들아 여호와를 찬송하며 그의
거룩함을 기억하며 감사하라 149:1
5 그의 노염은 잠깐이요 그의 은총은 평생
이로다 저녁에는 울음이 깃들일지라도
아침에는 기쁨이 오리로다
6 내가 형통할 때에 말하기를 영원히 흔들
리지 아니하리라 하였도다
7 여호와여 주의 은혜로 나를 산같이 굳게
세우셨더니 주의 얼굴을 가리시매 내가
근심하였나이다
8 여호와여 내가 주께 부르짖고 여호와께
간구하기를
9 내가 무덤에 내려갈 때에 나의 피가 무슨
유익이 있으리요 진토가 어떻게 주를 찬
송하며 주의 진리를 선포하리이까
10 여호와여 들으시고 내게 은혜를 베푸소
서 여호와여 나를 돕는 자가 되소서 하였
나이다
11 주께서 나의 슬픔이 변하여 내게 춤이 되
게 하시며 나의 베옷을 벗기고 기쁨으로
띠 띠우셨나이다
12 이는 잠잠하지 아니하고 내 영광으로 주
를 찬송하게 하심이니 여호와 나의 하나
님이여 내가 주께 영원히 감사하리이다

〔다윗의 시, 인도자를 따라 부르는 노래〕
(♪ 343, 513, 618장)

31 여호와여 내가 주께 피하오니 나를
영원히 부끄럽게 하지 마시고 주의
공의로 나를 건지소서
2 내게 귀를 기울여 속히 건지시고 내게 견
고한 바위와 구원하는 산성이 되소서
3 주는 나의 반석과 산성이시니 그러므로
주의 이름을 생각하셔서 나를 인도하시
고 지도하소서
4 그들이 나를 위하여 비밀히 친 그물에서
빼내소서 주는 나의 산성이시니이다
5 내가 나의 영을 주의 손에 부탁하나이다
진리의 하나님 여호와여 나를 속량하셨
나이다
6 내가 허탄한 거짓을 숭상하는 자들을 미
워하고 여호와를 의지하나이다 욘 2:8
7 내가 주의 인자하심을 기뻐하며 즐거워
할 것은 주께서 나의 고난을 보시고 [1)]환
난 중에 있는 내 영혼을 아셨으며
8 나를 원수의 수중에 가두지 아니하셨고
내 발을 넓은 곳에 세우셨음이니이다
9 여호와여 내가 고통 중에 있사오니 내게

4 •Sing the praises of the LORD, you his faithful people;
praise his holy name.
5 •For his anger lasts only a moment,
but his favor lasts a lifetime;
weeping may stay for the night,
but rejoicing comes in the morning.
6 •When I felt secure, I said,
"I will never be shaken."
7 •LORD, when you favored me,
you made my royal mountain [a] stand firm;
but when you hid your face,
I was dismayed.
8 •To you, LORD, I called;
to the Lord I cried for mercy:
9 •"What is gained if I am silenced,
if I go down to the pit?
Will the dust praise you?
Will it proclaim your faithfulness?
10 •Hear, LORD, and be merciful to me;
LORD, be my help."
11 •You turned my wailing into dancing;
you removed my sackcloth and clothed me
with joy,
12 •that my heart may sing your praises and not
be silent.
LORD my God, I will praise you forever.

Psalm 31[b]

For the director of music. A psalm of David.

1 •In you, LORD, I have taken refuge;
let me never be put to shame;
deliver me in your righteousness.
2 •Turn your ear to me,
come quickly to my rescue;
be my rock of refuge,
a strong fortress to save me.
3 •Since you are my rock and my fortress,
for the sake of your name lead and guide me.
4 •Keep me free from the trap that is set for me,
for you are my refuge.
5 •Into your hands I commit my spirit;
deliver me, LORD, my faithful God.
6 •I hate those who cling to worthless idols;
as for me, I trust in the LORD.
7 •I will be glad and rejoice in your love,
for you saw my affliction
and knew the anguish of my soul.
8 •You have not given me into the hands of the
enemy
but have set my feet in a spacious place.
9 •Be merciful to me, LORD, for I am in distress;

[a]7 That is, Mount Zion [b]In Hebrew texts 31:1-24 is numbered 31:2-25. 1) 내 영혼의 환난을 아셨고

affliction [əflíkʃən] *n.* 고난
anguish [ǽŋgwiʃ] *n.* 격통
commit [kəmít] *vt.* 맡기다
dismay [disméi] *vi.* 낙담케 하다
distress [distrés] *n.* 비통
fortress [fɔ́:rtris] *n.* 요새
proclaim [proukléim] *vt.* 선포하다
rejoicing [ridʒɔ́isiŋ] *n.* 기쁨
sackcloth [sǽkklɔ̀:θ] *n.* 베옷
secure [sikjúər] *a.* 안전한
spacious [spéiʃəs] *a.* 드넓은
trap [træp] *n.* 그물, 덫
wail [weil] *vi.* 울부짖다, 한탄하다
weep [wi:p] *vi.* 울다
worthless [wə́:rθlis] *a.* 가치 없는

30:5 stay for: …동안 머무르다
31:2 turn one's ear to...: …에 귀를 기울이다
31:4 free A from B: A를 B에서 놓아주다
31:6 cling to...: …에 매달리다
31:6 as for: …에 관하여

은혜를 베푸소서 내가 근심 때문에 눈과
영혼과 몸이 쇠하였나이다
10 내 일생을 슬픔으로 보내며 나의 연수를
탄식으로 보냄이여 내 기력이 나의 죄악
때문에 약하여지며 나의 뼈가 쇠하도소
이다
11 내가 모든 대적들 때문에 욕을 당하고 내
이웃에게서는 심히 당하니 내 친구가 놀라
고 길에서 보는 자가 나를 피하였나이다
12 내가 잊어버린 바 됨이 죽은 자를 마음에
두지 아니함 같고 깨진 그릇과 같으니이
다 88:4, 5
13 내가 무리의 비방을 들었으므로 사방이
두려움으로 감싸였나이다 그들이 나를
치려고 함께 의논할 때에 내 생명을 빼앗
기로 꾀하였나이다
14 여호와여 그러하여도 나는 주께 의지하
고 말하기를 주는 내 하나님이시라 하였
나이다
15 나의 앞날이 주의 손에 있사오니 내 원수
들과 나를 핍박하는 자들의 손에서 나를
건져 주소서
16 주의 얼굴을 주의 종에게 비추시고 주의
사랑하심으로 나를 구원하소서
17 여호와여 내가 주를 불렀사오니 나를 부
끄럽게 하지 마시고 악인들을 부끄럽게
하사 스올에서 잠잠하게 하소서
18 교만하고 완악한 말로 무례히 의인을 치
는 거짓 입술이 말 못하는 자 되게 하소서
19 주를 두려워하는 자를 위하여 쌓아 두신
은혜 곧 주께 피하는 자를 위하여 인생
앞에 베푸신 은혜가 어찌 그리 큰지요
20 주께서 그들을 주의 은밀한 곳에 숨기사
사람의 꾀에서 벗어나게 하시고 비밀히
장막에 감추사 말 다툼에서 면하게 하시
리이다
21 여호와를 찬송할지어다 견고한 성에서
그의 놀라운 사랑을 내게 보이셨음이로
다 17:7
22 내가 놀라서 말하기를 주의 목전에서 끊
어졌다 하였사오나 내가 주께 부르짖을
때에 주께서 나의 간구하는 소리를 들으
셨나이다
23 너희 모든 성도들아 여호와를 사랑하라
여호와께서 진실한 자를 보호하시고 교
만하게 행하는 자에게 엄중히 갚으시느
니라

my eyes grow weak with sorrow,
my soul and body with grief.
10 My life is consumed by anguish
and my years by groaning;
my strength fails because of my affliction,[a]
and my bones grow weak.
11 Because of all my enemies,
I am the utter contempt of my neighbors
and an object of dread to my closest friends—
those who see me on the street flee from me.
12 I am forgotten as though I were dead;
I have become like broken pottery.
13 For I hear many whispering,
"Terror on every side!"
They conspire against me
and plot to take my life.
14 But I trust in you, LORD;
I say, "You are my God."
15 My times are in your hands;
deliver me from the hands of my enemies,
from those who pursue me.
16 Let your face shine on your servant;
save me in your unfailing love.
17 Let me not be put to shame, LORD,
for I have cried out to you;
but let the wicked be put to shame
and be silent in the realm of the dead.
18 Let their lying lips be silenced,
for with pride and contempt
they speak arrogantly against the righteous.
19 How abundant are the good things
that you have stored up for those who fear
you,
that you bestow in the sight of all,
on those who take refuge in you.
20 In the shelter of your presence you hide them
from all human intrigues;
you keep them safe in your dwelling
from accusing tongues.
21 Praise be to the LORD,
for he showed me the wonders of his love
when I was in a city under siege.
22 In my alarm I said,
"I am cut off from your sight!"
Yet you heard my cry for mercy
when I called to you for help.
23 Love the LORD, all his faithful people!
The LORD preserves those who are true to him,
but the proud he pays back in full.

[a]10 Or *guilt*

accuse [əkjú:z] *vt.* 정죄하다
arrogantly [ǽrəgəntli] *ad.* 거만하게
bestow [bistóu] *vt.* 베풀다
conspire [kənspáiər] *vi.* 음모를 꾸미다
consume [kənsú:m] *vt.* 불사르다
contempt [kəntémpt] *n.* 경멸
grief [gri:f] *n.* 슬픔
groan [groun] *vi.* 신음하다
intrigue [intrí:g] *n.* 음모
plot [plat] *vt.* 몰래 꾸미다
pottery [pátəri] *n.* 도기류
preserve [prizə́:rv] *vt.* 보전하다
pursue [pərsú:] *vt.* 추격하다
utter [ʌtər] *a.* 절대적인
wicked [wíkid] *a.* 사악한

31:13 take one's life: 생명을 취하다
31:19 take refuge in: …에 피난하다
31:21 a city under siege: 포위 공격을 받고 있는 도시
31:23 pay back: 갚다
31:23 in full: 전부

24 여호와를 바라는 너희들아 강하고 담대하라

〔다윗의 1)마스길〕
(♪ 191, 312, 372, 388, 524장)

32 허물의 사함을 받고 자신의 죄가 가려진 자는 복이 있도다
2 마음에 간사함이 없고 여호와께 정죄를 당하지 아니하는 자는 복이 있도다
3 내가 입을 열지 아니할 때에 종일 신음하므로 내 뼈가 쇠하였도다 31:10
4 주의 손이 주야로 나를 누르시오니 내 진액이 빠져서 여름 가뭄에 마름같이 되었나이다 (셀라)
5 내가 이르기를 내 허물을 여호와께 자복하리라 하고 주께 내 죄를 아뢰고 내 죄악을 숨기지 아니하였더니 곧 주께서 내 죄악을 사하셨나이다 (셀라)
6 이로 말미암아 모든 경건한 자는 2)주를 만날 기회를 얻어서 주께 기도할지라 진실로 홍수가 범람할지라도 그에게 미치지 못하리이다
7 주는 나의 은신처이오니 환난에서 나를 보호하시고 구원의 노래로 나를 두르시리이다 (셀라)
8 내가 네 갈 길을 가르쳐 보이고 너를 주목하여 훈계하리로다
9 너희는 무지한 말이나 노새같이 되지 말지어다 그것들은 재갈과 굴레로 단속하지 아니하면 너희에게 가까이 가지 아니하리로다
10 악인에게는 많은 슬픔이 있으나 여호와를 신뢰하는 자에게는 인자하심이 두르리로다
11 너희 의인들아 여호와를 기뻐하며 즐거워할지어다 마음이 정직한 너희들아 다 즐거이 외칠지어다 64:10

33 너희 의인들아 여호와를 즐거워하라 찬송은 정직한 자들이 마땅히 할 바로다
2 수금으로 여호와께 감사하고 열 줄 비파로 찬송할지어다
3 새 노래로 그를 노래하며 즐거운 소리로 아름답게 연주할지어다 96:1
4 여호와의 말씀은 정직하며 그가 행하시는 일은 다 진실하시도다 19:8
5 그는 공의와 정의를 사랑하심이여 세상

24 • Be strong and take heart,
all you who hope in the LORD.

Psalm 32

Of David. A maskil.[a]

1 • Blessed is the one
whose transgressions are forgiven,
whose sins are covered.
2 • Blessed is the one
whose sin the LORD does not count against them
and in whose spirit is no deceit.
3 • When I kept silent,
my bones wasted away
through my groaning all day long.
4 • For day and night
your hand was heavy on me;
my strength was sapped
as in the heat of summer.[b]
5 • Then I acknowledged my sin to you
and did not cover up my iniquity.
I said, "I will confess
my transgressions to the LORD."
And you forgave
the guilt of my sin.
6 • Therefore let all the faithful pray to you
while you may be found;
surely the rising of the mighty waters
will not reach them.
7 • You are my hiding place;
you will protect me from trouble
and surround me with songs of deliverance.
8 • I will instruct you and teach you in the way
you should go;
I will counsel you with my loving eye on you.
9 • Do not be like the horse or the mule,
which have no understanding
but must be controlled by bit and bridle
or they will not come to you.
10 • Many are the woes of the wicked,
but the LORD's unfailing love
surrounds the one who trusts in him.
11 • Rejoice in the LORD and be glad, you righteous;
sing, all you who are upright in heart!

Psalm 33

1 • Sing joyfully to the LORD, you righteous;
it is fitting for the upright to praise him.
2 • Praise the LORD with the harp;
make music to him on the ten-stringed lyre.
3 • Sing to him a new song;
play skillfully, and shout for joy.

[a]Title: Probably a literary or musical term [b]4 The Hebrew has *Selah* (a word of uncertain meaning) here and at the end of verses 5 and 7. 1) 교훈 2) 죄를 깨달을 때에

bridle [bráidl] *n.* 말 굴레
confess [kənfés] *vt.* 고백하다
counsel [káunsəl] *vt.* 권고하다
deceit [disíːt] *n.* 허위
deliverance [dilívərəns] *n.* 구원
groan [groun] *vi.* 신음하다
iniquity [iníkwəti] *n.* 죄악
lyre [laiər] *n.* 수금
mule [mjuːl] *n.* 노새
sap [sæp] *vt.* 약화시키다
skillfully [skílfəli] *ad.* 능숙하게
transgression [trænsgréʃən] *n.* 죄
upright [ʌpràit] *a.* 정직한
wicked [wíkid] *a.* 악한
woe [wou] *n.* 고통

31:24 take heart: 용기를 내다
32:3 waste away: 쇠약해지다
32:5 acknowledge A to B: B에게 A를 인정하다, 시인하다
32:5 cover up: 싸서 감추다, 은폐하다
33:1 be fitting for...: …에게 적절하다

에는 여호와의 인자하심이 충만하도다
6 여호와의 말씀으로 하늘이 지음이 되었
으며 그 만상을 그의 입 기운으로 이루었
도다
7 그가 바닷물을 모아 무더기같이 쌓으시
며 깊은 물을 곳간에 두시도다 78:13
8 온 땅은 여호와를 두려워하며 세상의 모
든 거민들은 그를 경외할지어다
9 그가 말씀하시매 이루어졌으며 명령하
시매 견고히 섰도다 창 1:3
10 여호와께서 나라들의 계획을 폐하시며
민족들의 사상을 무효하게 하시도다
11 여호와의 계획은 영원히 서고 그의 생각
은 대대에 이르리로다
12 여호와를 자기 하나님으로 삼은 나라 곧
하나님의 기업으로 선택된 백성은 복이
있도다
13 여호와께서 하늘에서 굽어보사 모든 인
생을 살피심이여
14 곧 그가 거하시는 곳에서 세상의 모든 거
민들을 굽어살피시는도다
15 그는 그들 모두의 마음을 지으시며 그들
이 하는 일을 굽어살피시는 이로다
16 많은 군대로 구원 얻은 왕이 없으며 용사
가 힘이 세어도 스스로 구원하지 못하는
도다
17 구원하는 데에 군마는 헛되며 군대가 많
다 하여도 능히 구하지 못하는도다
18 여호와는 그를 경외하는 자 곧 그의 인자
하심을 바라는 자를 살피사
19 그들의 영혼을 사망에서 건지시며 그들
이 굶주릴 때에 그들을 살리시는도다
20 우리 영혼이 여호와를 바람이여 그는 우
리의 도움과 방패시로다
21 우리 마음이 그를 즐거워함이여 우리가
그의 성호를 의지하였기 때문이로다
22 여호와여 우리가 주께 바라는 대로 주의
인자하심을 우리에게 베푸소서

〔다윗이 아비멜렉 앞에서 미친 체하다가
쫓겨나서 지은 시〕(♪406장)

34 내가 여호와를 항상 송축함이여 내
입술로 항상 주를 찬양하리이다
2 내 영혼이 여호와를 자랑하리니 곤고한
자들이 이를 듣고 기뻐하리로다
3 나와 함께 여호와를 광대하시다 하며 함
께 그의 이름을 높이세

4 •For the word of the LORD is right and true;
he is faithful in all he does.
5 •The LORD loves righteousness and justice;
the earth is full of his unfailing love.
6 •By the word of the LORD the heavens were made,
their starry host by the breath of his mouth.
7 •He gathers the waters of the sea into jars[a];
he puts the deep into storehouses.
8 •Let all the earth fear the LORD;
let all the people of the world revere him.
9 •For he spoke, and it came to be;
he commanded, and it stood firm.
10 •The LORD foils the plans of the nations;
he thwarts the purposes of the peoples.
11 •But the plans of the LORD stand firm forever,
the purposes of his heart through all generations.
12 •Blessed is the nation whose God is the LORD,
the people he chose for his inheritance.
13 •From heaven the LORD looks down
and sees all mankind;
14 •from his dwelling place he watches
all who live on earth—
15 •he who forms the hearts of all,
who considers everything they do.
16 •No king is saved by the size of his army;
no warrior escapes by his great strength.
17 •A horse is a vain hope for deliverance;
despite all its great strength it cannot save.
18 •But the eyes of the LORD are on those who fear
him,
on those whose hope is in his unfailing love,
19 •to deliver them from death
and keep them alive in famine.
20 •We wait in hope for the LORD;
he is our help and our shield.
21 •In him our hearts rejoice,
for we trust in his holy name.
22 •May your unfailing love be with us, LORD,
even as we put our hope in you.

Psalm 34[b,c]

Of David. When he pretended to be insane before Abimelek, who drove him away, and he left.

1 •I will extol the LORD at all times;
his praise will always be on my lips.
2 •I will glory in the LORD;
let the afflicted hear and rejoice.
3 •Glorify the LORD with me;
let us exalt his name together.

[a]7 Or *sea as into a heap* [b]This psalm is an acrostic poem, the verses of which begin with the successive letters of the Hebrew alphabet. [c]In Hebrew texts 34:1-22 is numbered 34:2-23.

afflicted [əflíktid] *a.* 괴로워하는
despite [dispáit] *prep.* …에도 불구하고
escape [iskéip] *vi.* 벗어나다
exalt [igzɔ́:lt] *vt.* 높이다
extol [ikstóul] *vt.* 찬양하다
famine [fǽmin] *n.* 기근, 굶주림
firm [fə:rm] *a.* 견고한
foil [fɔil] *vt.* 좌절시키다
purpose [pə́:rpəs] *n.* 목적, 의도
revere [rivíər] *vt.* 경외하다
shield [ʃi:ld] *n.* 방패
starry [stá:ri] *a.* 별이 많은
thwart [θwɔ:rt] *vt.* 좌절시키다
unfailing [ʌnféiliŋ] *a.* 무한한
vain [vein] *a.* 헛된

33:5 be full of: …에 몰두하고 있다
33:15 of all: 모든 …중에서
33:19 keep alive: 살려두다
33:22 even as: …하는 바로 그 순간에
33:22 hope in: …에 있어서의 희망
34:1 at all times: 늘, 언제나

4 내가 여호와께 간구하매 내게 응답하시
고 내 모든 두려움에서 나를 건지셨도다
5 그들이 주를 앙망하고 광채를 내었으니
그들의 얼굴은 부끄럽지 아니하리로다
6 이 곤고한 자가 부르짖으매 여호와께서 들
으시고 그의 모든 환난에서 구원하셨도다
7 여호와의 천사가 주를 경외하는 자를 둘
러 진 치고 그들을 건지시는도다
8 너희는 여호와의 선하심을 맛보아 알지
어다 그에게 피하는 자는 복이 있도다
9 너희 성도들아 여호와를 경외하라 그를
경외하는 자에게는 부족함이 없도다
10 젊은 사자는 궁핍하여 주릴지라도 여호
와를 찾는 자는 모든 좋은 것에 부족함이
없으리로다
11 너희 자녀들아 와서 내 말을 들으라 내가
여호와를 경외하는 법을 너희에게 가르
치리로다
12 생명을 사모하고 연수를 사랑하여 복 받
기를 원하는 사람이 누구뇨
13 네 혀를 악에서 금하며 네 입술을 거짓말
에서 금할지어다
14 악을 버리고 선을 행하며 화평을 찾아 따
를지어다 히 12:14
15 여호와의 눈은 의인을 향하시고 그의 귀
는 그들의 부르짖음에 기울이시는도다
16 여호와의 얼굴은 악을 행하는 자를 향하
사 그들의 [1]자취를 땅에서 끊으려 하시
는도다
17 의인이 부르짖으매 여호와께서 들으시
고 그들의 모든 환난에서 건지셨도다
18 여호와는 마음이 상한 자를 가까이 하시
고 충심으로 통회하는 자를 구원하시는
도다
19 의인은 고난이 많으나 여호와께서 그의
모든 고난에서 건지시는도다 잠 24:16
20 그의 모든 뼈를 보호하심이여 그 중에서
하나도 꺾이지 아니하도다
21 악이 악인을 죽일 것이라 의인을 미워하
는 자는 벌을 받으리로다
22 여호와께서 그의 종들의 영혼을 속량하
시나니 그에게 피하는 자는 다 벌을 받지
아니하리로다

〔다윗의 시〕(♪ 93, 585장)

35 여호와여 나와 다투는 자와 다투시
고 나와 싸우는 자와 싸우소서 43:1
2 방패와 손 방패를 잡으시고 일어나 나를

4 • I sought the LORD, and he answered me;
he delivered me from all my fears.
5 • Those who look to him are radiant;
their faces are never covered with shame.
6 • This poor man called, and the LORD heard him;
he saved him out of all his troubles.
7 • The angel of the LORD encamps around those
who fear him,
and he delivers them.
8 • Taste and see that the LORD is good;
blessed is the one who takes refuge in him.
9 • Fear the LORD, you his holy people,
for those who fear him lack nothing.
10 • The lions may grow weak and hungry,
but those who seek the LORD lack no good
thing.
11 • Come, my children, listen to me;
I will teach you the fear of the LORD.
12 • Whoever of you loves life
and desires to see many good days,
13 • keep your tongue from evil
and your lips from telling lies.
14 • Turn from evil and do good;
seek peace and pursue it.
15 • The eyes of the LORD are on the righteous,
and his ears are attentive to their cry;
16 • but the face of the LORD is against those who
do evil,
to blot out their name from the earth.
17 • The righteous cry out, and the LORD hears
them;
he delivers them from all their troubles.
18 • The LORD is close to the brokenhearted
and saves those who are crushed in spirit.
19 • The righteous person may have many troubles,
but the LORD delivers him from them all;
20 • he protects all his bones,
not one of them will be broken.
21 • Evil will slay the wicked;
the foes of the righteous will be condemned.
22 • The LORD will rescue his servants;
no one who takes refuge in him will be
condemned.

Psalm 35
Of David.

1 • Contend, LORD, with those who contend with
me;
fight against those who fight against me.
2 • Take up shield and armor;
arise and come to my aid.

1) 기념을

aid [eid] *n.* 도움
arise [əráiz] *vi.* 일어나다
armor [á:rmər] *n.* 갑옷
blot [blat] *vi.* 지우다
brokenhearted [bróukənhà:rtid] *a.* 비탄에 빠진
condemn [kəndém] *vt.* 정죄하다
crush [krʌʃ] *vt.* 무너지다
deliver [dilívər] *vt.* 구해내다
desire [dizáiər] *n.* 욕망
encamp [inkǽmp] *vi.* 야영하다
lack [læk] *n.* 부족
pursue [pərsú:] *vt.* 추구하다
radiant [réidiənt] *a.* 빛을 내는
shame [ʃeim] *n.* 부끄러움
slay [slei] *vt.* 죽이다

34:8 take refuge in...: …에게 피신하다
34:13 keep one's tongue from...: …를 말하지 않다
34:15 be attentive to...: …에 주의를 기울이다
35:1 contend with...: …와 싸우다
35:2 take up: 들어 올리다

도우소서 91:4
3 창을 빼사 나를 쫓는 자의 길을 막으시고
또 내 영혼에게 나는 네 구원이라 이르소
서
4 내 생명을 찾는 자들이 부끄러워 수치를
당하게 하시며 나를 상해하려 하는 자들
이 물러가 낭패를 당하게 하소서
5 그들을 바람 앞에 겨와 같게 하시고 여호
와의 천사가 그들을 몰아내게 하소서
6 그들의 길을 어둡고 미끄럽게 하시며 여
호와의 천사가 그들을 뒤쫓게 하소서
7 그들이 까닭 없이 나를 잡으려고 그들의
그물을 웅덩이에 숨기며 까닭 없이 내 생
명을 해하려고 함정을 팠사오니
8 멸망이 순식간에 그에게 닥치게 하시며
그가 숨긴 그물에 자기가 잡히게 하시며
멸망 중에 떨어지게 하소서 9:15
9 내 영혼이 여호와를 즐거워함이여 그의
구원을 기뻐하리로다
10 내 모든 뼈가 이르기를 여호와와 같은 이
가 누구냐 그는 가난한 자를 그보다 강한
자에게서 건지시고 가난하고 궁핍한 자
를 노략하는 자에게서 건지시는 이라 하
리로다
11 불의한 증인들이 일어나서 내가 알지 못
하는 일로 내게 질문하며
12 내게 선을 악으로 갚아 나의 영혼을 외롭
게 하나
13 나는 그들이 병 들었을 때에 굵은 베 옷
을 입으며 금식하여 내 영혼을 괴롭게 하
였더니 내 기도가 내 품으로 돌아왔도다
14 내가 나의 친구와 형제에게 행함같이 그
들에게 행하였으며 내가 몸을 굽히고 슬
퍼하기를 어머니를 곡함같이 하였도다
15 그러나 내가 넘어지매 그들이 기뻐하여
서로 모임이여 불량배가 내가 알지 못하
는 중에 모여서 나를 치며 찢기를 마지아
니하도다
16 그들은 연회에서 망령되이 조롱하는 자
같이 나를 향하여 그들의 이를 갈도다
17 주여 어느 때까지 관망하시려 하나이까
내 영혼을 저 멸망자*에게서* 구원하시며
내 유일한 것을 사자들에게서 건지소서
18 내가 대회 중에서 주께 감사하며 많은 백
성 중에서 주를 찬송하리이다
19 부당하게 나의 원수된 자가 나로 말미암
아 기뻐하지 못하게 하시며 까닭 없이 나

3 •Brandish spear and javelin[a]
against those who pursue me.
Say to me,
"I am your salvation."
4 •May those who seek my life
be disgraced and put to shame;
may those who plot my ruin
be turned back in dismay.
5 •May they be like chaff before the wind,
with the angel of the LORD driving them away;
6 •may their path be dark and slippery,
with the angel of the LORD pursuing them.
7 •Since they hid their net for me without cause
and without cause dug a pit for me,
8 •may ruin overtake them by surprise—
may the net they hid entangle them,
may they fall into the pit, to their ruin.
9 •Then my soul will rejoice in the LORD
and delight in his salvation.
10 •My whole being will exclaim,
"Who is like you, LORD?
You rescue the poor from those too strong for
them,
the poor and needy from those who rob
them."
11 •Ruthless witnesses come forward;
they question me on things I know nothing
about.
12 •They repay me evil for good
and leave me like one bereaved.
13 •Yet when they were ill, I put on sackcloth
and humbled myself with fasting.
When my prayers returned to me unanswered,
14 • I went about mourning
as though for my friend or brother.
I bowed my head in grief
as though weeping for my mother.
15 •But when I stumbled, they gathered in glee;
assailants gathered against me without my
knowledge.
They slandered me without ceasing.
16 •Like the ungodly they maliciously mocked;[b]
they gnashed their teeth at me.
17 •How long, Lord, will you look on?
Rescue me from their ravages,
my precious life from these lions.
18 •I will give you thanks in the great assembly;
among the throngs I will praise you.
19 •Do not let those gloat over me
who are my enemies without cause;

[a]3 Or *and block the way* [b]16 Septuagint; Hebrew may mean *Like an ungodly circle of mockers,*

assailant [əséilənt] *n.* 공격자
bereaved [biríːvd] *a.* 사별한
brandish [brǽndiʃ] *vt.* (칼, 창을) 휘두르다
ceasing [síːsiŋ] *n.* 중지, 중단
dismay [disméi] *n.* 당황
entangle [intǽŋgl] *vt.* 걸리게 하다
fast [fæst] *n.* 금식
glee [gliː] *n.* 기쁨, 환희
grief [griːf] *n.* 슬픔
maliciously [məlíʃəsli] *ad.* 악의를 가지고
ravage [rǽvidʒ] *n.* 파괴
slander [slǽndər] *vi.* 중상하다
slippery [slípəri] *a.* 미끄러운
stumble [stʌ́mbl] *vi.* 넘어지다
ungodly [ʌngɑ́dli] *a.* 신앙심이 없는

35:4 put to shame: 창피주다
35:5 drive away: 몰아내다
35:8 overtake... by surprise: …를 불시에 덮치다
35:17 look on: 방관하다
35:17 rescue A from B: A를 B에서 구하다

를 미워하는 자들이 서로 눈짓하지 못하
게 하소서
20 무릇 그들은 화평을 말하지 아니하고 오
히려 평안히 땅에 사는 자들을 거짓말로
모략하며
21 또 그들이 나를 향하여 입을 크게 벌리고
하하 우리가 목격하였다 하나이다
22 여호와여 주께서 이를 보셨사오니 잠잠
하지 마옵소서 주여 나를 멀리하지 마옵
소서 출 3:7
23 나의 하나님, 나의 주여 떨치고 깨셔서 나
를 공판하시며 나의 송사를 다스리소서
24 여호와 나의 하나님이여 주의 공의대로
나를 판단하사 그들이 나로 말미암아 기
뻐하지 못하게 하소서 9:4
25 그들이 마음속으로 이르기를 아하 소원
을 성취하였다 하지 못하게 하시며 우리
가 그를 삼켰다 말하지 못하게 하소서
26 나의 재난을 기뻐하는 자들이 함께 부끄
러워 낭패를 당하게 하시며 나를 향하여
스스로 뽐내는 자들이 수치와 욕을 당하
게 하소서 40:14
27 나의 의를 즐거워하는 자들이 기꺼이 노
래 부르고 즐거워하게 하시며 그의 종의
평안함을 기뻐하시는 여호와는 위대하시
다 하는 말을 그들이 항상 말하게 하소서
28 나의 혀가 주의 의를 말하며 종일토록 주
를 찬송하리이다

〔여호와의 종 다윗의 시,
인도자를 따라 부르는 노래〕

36 악인의 죄가 그의 마음속으로 이르
기를 그의 눈에는 하나님을 두려워
하는 빛이 없다 하니
2 [1]그가 스스로 자랑하기를 자기의 죄악은
드러나지 아니하고 미워함을 받지도 아
니하리라 함이로다
3 그의 입에서 나오는 말은 죄악과 속임이
라 그는 지혜와 선행을 그쳤도다
4 그는 그의 침상에서 죄악을 꾀하며 스스
로 악한 길에 서고 악을 거절하지 아니하
는도다
5 ●여호와여 주의 인자하심이 하늘에 있
고 주의 진실하심이 공중에 사무쳤으며
6 주의 의는 하나님의 산들과 같고 주의 심
판은 큰 바다와 같으니이다 여호와여 주
는 사람과 짐승을 구하여 주시나이다
7 하나님이여 주의 인자하심이 어찌 그리

do not let those who hate me without reason
maliciously wink the eye.
20 ●They do not speak peaceably,
but devise false accusations
against those who live quietly in the land.
21 ●They sneer at me and say, "Aha! Aha!
With our own eyes we have seen it."
22 ●LORD, you have seen this; do not be silent.
Do not be far from me, Lord.
23 ●Awake, and rise to my defense!
Contend for me, my God and Lord.
24 ●Vindicate me in your righteousness, LORD my
God;
do not let them gloat over me.
25 ●Do not let them think, "Aha, just what we
wanted!"
or say, "We have swallowed him up."
26 ●May all who gloat over my distress
be put to shame and confusion;
may all who exalt themselves over me
be clothed with shame and disgrace.
27 ●May those who delight in my vindication
shout for joy and gladness;
may they always say, "The LORD be exalted,
who delights in the well-being of his servant."
28 ●My tongue will proclaim your righteousness,
your praises all day long.

Psalm 36[a]

For the director of music. Of David the servant of the LORD.

1 ●I have a message from God in my heart
concerning the sinfulness of the wicked:[b]
There is no fear of God
before their eyes.
2 ●In their own eyes they flatter themselves
too much to detect or hate their sin.
3 ●The words of their mouths are wicked and
deceitful;
they fail to act wisely or do good.
4 ●Even on their beds they plot evil;
they commit themselves to a sinful course
and do not reject what is wrong.
5 ●Your love, LORD, reaches to the heavens,
your faithfulness to the skies.
6 ●Your righteousness is like the highest mountains,
your justice like the great deep.
You, LORD, preserve both people and animals.
7 ●How priceless is your unfailing love, O God!
People take refuge in the shadow of your
wings.

[a]In Hebrew texts 36:1-12 is numbered 36:2-13. [b]1 Or *A message from God: The transgression of the wicked / resides in their hearts.* 1) 그는 그 죄악이 드러나서 미움을 받기까지 자긍하는도다

accusation [ækjuzéiʃən] *n.* 고소
concerning [kənsə́:rniŋ] *prep.* …에 관해
contend [kənténd] *vt.* 다투다
deceitful [disí:tfəl] *a.* 속이는
defense [diféns] *n.* 변호, 방어
detect [ditékt] *vt.* 발견하다
devise [diváiz] *vt.* 고안하다
gloat [glout] *vi.* 고소한 듯이 보다
preserve [prizə́:rv] *vt.* 보존하다
priceless [práislis] *a.* 아주 귀중한
sneer [sniər] *vi.* 비웃다
swallow [swálou] *vt.* 삼키다
unfailing [ʌnféiliŋ] *a.* 무한한
vindicate [víndəkèit] *vt.* 결백을 입증하다
wisely [wáizli] *ad.* 현명하게

35:22 far from...: …에서 멀리
36:2 flatter oneself: 우쭐해지다
36:2 too... to~: 너무 …해서 ~할 수 없다
36:4 commit oneself to...: …에 몸을 맡기다, 전념하다
36:6 both...and~: …뿐만 아니라 ~도

보배로우신지요 사람들이 주의 날개 그
늘 아래에 피하나이다
8 그들이 주의 집에 있는 살진 것으로 풍족
할 것이라 주께서 주의 복락의 강물을 마
시게 하시리이다 욥 20:17
9 진실로 생명의 원천이 주께 있사오니 주
의 빛 안에서 우리가 빛을 보리이다
10 주를 아는 자들에게 주의 인자하심을 계
속 베푸시며 마음이 정직한 자에게 주의
공의를 베푸소서
11 교만한 자의 발이 내게 이르지 못하게 하
시며 악인들의 손이 나를 쫓아내지 못하
게 하소서
12 악을 행하는 자들이 거기서 넘어졌으니
엎드러지고 다시 일어날 수 없으리이다

〔다윗의 시〕(♪ 375, 419, 543장)

37 악을 행하는 자들 때문에 불평하지
말며 불의를 행하는 자들을 시기하
지 말지어다
2 그들은 풀과 같이 속히 베임을 당할 것이
며 푸른 채소같이 쇠잔할 것임이로다
3 여호와를 의뢰하고 선을 행하라 [1]땅에
머무는 동안 그의 성실을 먹을 거리로 삼
을지어다
4 또 여호와를 기뻐하라 그가 네 마음의 소
원을 네게 이루어 주시리로다
5 네 길을 여호와께 맡기라 그를 의지하면
그가 이루시고
6 네 의를 빛같이 나타내시며 네 공의를 정
오의 빛같이 하시리로다
7 [2]여호와 앞에 잠잠하고 참고 기다리라
자기 길이 형통하며 악한 꾀를 이루는 자
때문에 불평하지 말지어다 62:5
8 분을 그치고 노를 버리며 불평하지 말라
오히려 악을 만들 뿐이라
9 진실로 악을 행하는 자들은 끊어질 것이
나 여호와를 소망하는 자들은 땅을 차지
하리로다
10 잠시 후에는 악인이 없어지리니 네가 그
곳을 자세히 살필지라도 없으리로다
11 그러나 온유한 자들은 땅을 차지하며 풍
성한 화평으로 즐거워하리로다
12 악인이 의인 치기를 꾀하고 그를 향하여
그의 이를 가는도다 35:16
13 그러나 주께서 그를 비웃으시리니 그의
날이 다가옴을 보심이로다 삼상 26:10
14 악인이 칼을 빼고 활을 당겨 가난하고 궁

8 • They feast on the abundance of your house;
you give them drink from your river of
delights.
9 • For with you is the fountain of life;
in your light we see light.
10 • Continue your love to those who know you,
your righteousness to the upright in heart.
11 • May the foot of the proud not come against me,
nor the hand of the wicked drive me away.
12 • See how the evildoers lie fallen—
thrown down, not able to rise!

Psalm 37[a]

Of David.

1 • Do not fret because of those who are evil
or be envious of those who do wrong;
2 • for like the grass they will soon wither,
like green plants they will soon die away.
3 • Trust in the LORD and do good;
dwell in the land and enjoy safe pasture.
4 • Take delight in the LORD,
and he will give you the desires of your heart.
5 • Commit your way to the LORD;
trust in him and he will do this:
6 • He will make your righteous reward shine like
the dawn,
your vindication like the noonday sun.
7 • Be still before the LORD
and wait patiently for him;
do not fret when people succeed in their ways,
when they carry out their wicked schemes.
8 • Refrain from anger and turn from wrath;
do not fret—it leads only to evil.
9 • For those who are evil will be destroyed,
but those who hope in the LORD will inherit
the land.
10 • A little while, and the wicked will be no more;
though you look for them, they will
not be found.
11 • But the meek will inherit the land
and enjoy peace and prosperity.
12 • The wicked plot against the righteous
and gnash their teeth at them;
13 • but the Lord laughs at the wicked,
for he knows their day is coming.
14 • The wicked draw the sword
and bend the bow
to bring down the poor and needy,

[a]This psalm is an acrostic poem, the stanzas of which begin with the successive letters of the Hebrew alphabet.

1) 땅에 거하여 정녕히 먹으리로다 2) 여호와를 의지하고 잠잠히 참아

abundance [əbʌ́ndəns] *n.* 풍부
desire [dizáiər] *n.* 욕구
envious [énviəs] *a.* 시기심이 강한
evildoer [íːvəldùːər] *n.* 악행자
fret [fret] *vi.* 안달하다
gnash [næʃ] *vi.* 이를 갈다
inherit [inhérit] *vt.* 상속하다
noonday [núːndèi] *a.* 한낮의
meek [miːk] *a.* 온순한
pasture [pǽstʃər] *n.* 목장, 목초지
patiently [péiʃəntli] *ad.* 끈기있게
prosperity [praspérəti] *n.* 번성
scheme [skiːm] *n.* 계획
wither [wíðər] *vi.* 시들다
wrath [ræθ] *n.* 진노

36:8 feast on...: …를 마음껏 즐기다
36:11 drive away: 몰아내다
37:2 die away: 점점 약해지다, 사라지다
37:8 refrain from...: …를 삼가다
37:12 plot against...: …에 대해 음모를 꾸미다
37:14 bring down: 파멸시키다

핍한 자를 엎드러뜨리며 행위가 정직한
자를 죽이고자 하나 11:2
15 그들의 칼은 오히려 그들의 양심을 찌르
고 그들의 활은 부러지리로다 9:16
16 의인의 적은 소유가 악인의 풍부함보다
낫도다
17 악인의 팔은 부러지나 의인은 여호와께
서 붙드시는도다
18 여호와께서 온전한 자의 날을 아시나니
그들의 기업은 영원하리로다
19 그들은 환난 때에 부끄러움을 당하지 아
니하며 기근의 날에도 풍족할 것이나
20 악인들은 멸망하고 여호와의 원수들은
어린 양의 기름같이 타서 연기가 되어 없
어지리로다
21 악인은 꾸고 갚지 아니하나 의인은 은혜
를 베풀고 주는도다
22 주의 복을 받은 자들은 땅을 차지하고 주
의 저주를 받은 자들은 끊어지리로다
23 여호와께서 사람의 걸음을 정하시고 그
의 길을 기뻐하시나니
24 그는 넘어지나 아주 엎드러지지 아니함
은 여호와께서 그의 손으로 붙드심이로
다 잠 24:16
25 내가 어려서부터 늙기까지 의인이 버림
을 당하거나 그의 자손이 걸식함을 보지
못하였도다
26 그는 종일토록 은혜를 베풀고 꾸어 주니
그의 자손이 복을 받는도다
27 악에서 떠나 선을 행하라 그리하면 영원
히 살리니 34:14
28 여호와께서 정의를 사랑하시고 그의 성
도를 버리지 아니하심이로다 그들은 영
원히 보호를 받으나 악인의 자손은 끊어
지리로다
29 의인이 땅을 차지함이여 거기서 영원히
살리로다
30 의인의 입은 지혜로우며 그의 혀는 정의
를 말하며 마 12:35
31 그의 마음에는 하나님의 법이 있으니 그
의 걸음은 실족함이 없으리로다
32 악인이 의인을 엿보아 살해할 기회를 찾
으나
33 여호와는 그를 악인의 손에 버려 두지 아
니하시고 재판 때에도 정죄하지 아니하
시리로다

to slay those whose ways are upright.
15 • But their swords will pierce their own hearts,
and their bows will be broken.
16 • Better the little that the righteous have
than the wealth of many wicked;
17 • for the power of the wicked will be broken,
but the LORD upholds the righteous.
18 • The blameless spend their days under the
LORD's care,
and their inheritance will endure forever.
19 • In times of disaster they will not wither;
in days of famine they will enjoy plenty.
20 • But the wicked will perish:
Though the LORD's enemies are like the
flowers of the field,
they will be consumed, they will go up in
smoke.
21 • The wicked borrow and do not repay,
but the righteous give generously;
22 • those the LORD blesses will inherit the land,
but those he curses will be destroyed.
23 • The LORD makes firm the steps
of the one who delights in him;
24 • though he may stumble, he will not fall,
for the LORD upholds him with his hand.
25 • I was young and now I am old,
yet I have never seen the righteous forsaken
or their children begging bread.
26 • They are always generous and lend freely;
their children will be a blessing.[a]
27 • Turn from evil and do good;
then you will dwell in the land forever.
28 • For the LORD loves the just
and will not forsake his faithful ones.
Wrongdoers will be completely destroyed[b];
the offspring of the wicked will perish.
29 • The righteous will inherit the land
and dwell in it forever.
30 • The mouths of the righteous utter wisdom,
and their tongues speak what is just.
31 • The law of their God is in their hearts;
their feet do not slip.
32 • The wicked lie in wait for the righteous,
intent on putting them to death;
33 • but the LORD will not leave them in the power
of the wicked
or let them be condemned when brought to

[a]26 Or *freely; / the names of their children will be used in blessings* (see Gen. 48:20); or *freely; / others will see that their children are blessed* [b]28 See Septuagint; Hebrew *They will be protected forever*

completely [kəmplí:tli] *ad.* 철저히
condemn [kəndém] *vt.* 유죄 판결을 하다
curse [kə:rs] *vt.* 저주하다
disaster [dizǽstər] *n.* 재앙
endure [indjúər] *vi.* 지속하다
famine [fǽmin] *n.* 기근
forsake [fərséik] *vt.* 저버리다
offspring [ɔ́:fspriŋ] *n.* 자손
perish [périʃ] *vi.* 사라지다
pierce [piərs] *vt.* 꿰뚫다
plenty [plénti] *n.* 다량, 풍부함
stumble [stʌ́mbl] *vi.* 걸려 넘어지다
uphold [ʌphóuld] *vt.* 지지하다
utter [ʌ́tər] *vt.* 말하다
wrongdoer [rɔ́:ŋdù:ər] *n.* 범죄자

37:15 will be...: …할 것이다
37:20 go up in smoke: 연기 속에 사라지다
37:23 delight in...: …를 기뻐하다
37:32 lie in wait for...: 잠복하여 …를 기다리다

34 여호와를 바라고 그의 도를 지키라 그리
하면 네가 땅을 차지하게 하실 것이라
악인이 끊어질 때에 네가 똑똑히 보리로
다
35 내가 악인의 큰 세력을 본즉 그 본래의
땅에 서 있는 나무 잎이 무성함과 같으
나
36 [1]내가 지나갈 때에 그는 없어졌나니 내
가 찾아도 발견하지 못하였도다
37 온전한 사람을 살피고 정직한 자를 볼지
어다 모든 화평한 자의 미래는 평안이로
다
38 범죄자들은 함께 멸망하리니 악인의 미
래는 끊어질 것이나
39 의인들의 구원은 여호와로부터 오나니
그는 환난 때에 그들의 요새이시로다
40 여호와께서 그들을 도와 건지시되 악인
들에게서 건져 구원하심은 그를 의지한
까닭이로다

〔다윗의 기념하는 시〕(♪ 394장)

38 여호와여 주의 노하심으로 나를 책
망하지 마시고 주의 분노하심으로
나를 징계하지 마소서 6:1
2 주의 화살이 나를 찌르고 주의 손이 나를
심히 누르시나이다
3 주의 진노로 말미암아 내 살에 성한 곳이
없사오며 나의 죄로 말미암아 내 뼈에 평
안함이 없나이다
4 내 죄악이 내 머리에 넘쳐서 무거운 짐
같으니 내가 감당할 수 없나이다
5 내 상처가 썩어 악취가 나오니 내가 우매
한 까닭이로소이다
6 내가 아프고 심히 구부러졌으며 종일토
록 슬픔 중에 다니나이다
7 내 허리에 열기가 가득하고 내 살에 성한
곳이 없나이다
8 내가 피곤하고 심히 상하였으매 마음이
불안하여 신음하나이다
9 주여 나의 모든 소원이 주 앞에 있사오
며 나의 탄식이 주 앞에 감추이지 아니하
나이다
10 내 심장이 뛰고 내 기력이 쇠하여 내 눈
의 빛도 나를 떠났나이다
11 내가 사랑하는 자와 내 친구들이 내 상
처를 멀리하고 내 친척들도 멀리 섰나
이다

trial.
34 •Hope in the LORD
and keep his way.
He will exalt you to inherit the land;
when the wicked are destroyed, you will see it.
35 •I have seen a wicked and ruthless man
flourishing like a luxuriant native tree,
36 •but he soon passed away and was no more;
though I looked for him, he could not be
found.
37 •Consider the blameless, observe the upright;
a future awaits those who seek peace.[a]
38 •But all sinners will be destroyed;
there will be no future[b] for the wicked.
39 •The salvation of the righteous comes from
the LORD;
he is their stronghold in time of trouble.
40 •The LORD helps them and delivers them;
he delivers them from the wicked and
saves them,
because they take refuge in him.

Psalm 38[c]

A psalm of David. A petition.

1 •LORD, do not rebuke me in your anger
or discipline me in your wrath.
2 •Your arrows have pierced me,
and your hand has come down on me.
3 •Because of your wrath there is no health in
my body;
there is no soundness in my bones because of
my sin.
4 •My guilt has overwhelmed me
like a burden too heavy to bear.
5 •My wounds fester and are loathsome
because of my sinful folly.
6 •I am bowed down and brought very low;
all day long I go about mourning.
7 •My back is filled with searing pain;
there is no health in my body.
8 •I am feeble and utterly crushed;
I groan in anguish of heart.
9 •All my longings lie open before you, Lord;
my sighing is not hidden from you.
10 •My heart pounds, my strength fails me;
even the light has gone from my eyes.
11 •My friends and companions avoid me
because of my wounds;
my neighbors stay far away.

[a]37 Or *upright; / those who seek peace will have posterity*
[b]38 Or *posterity* [c]In Hebrew texts 38:1-22 is numbered 38:2-23. 1) 히, 그가 지나갈 때에

anguish [ǽŋgwiʃ] *n.* 고뇌
await [əwéit] *vt.* 기다리다
bear [bɛər] *vt.* 짊어지다
burden [bə́:rdn] *n.* 짐
crush [krʌʃ] *vt.* 뭉개다, 으깨다
discipline [dísəplin] *vt.* 징계하다
feeble [fí:bl] *a.* 연약한
fester [féstər] *vi.* 곪다
flourish [flə́:riʃ] *vi.* 번창하다
folly [fáli] *n.* 어리석음
loathsome [lóuðsəm] *a.* 메스꺼운
mourn [mɔ:rn] *vi.* 슬퍼하다
rebuke [ribjú:k] *vt.* 꾸짖다
searing [síəriŋ] *a.* 타는 듯한
wrath [ræθ] *n.* 격노

37:36 pass away: 죽다, 쇠퇴하다
37:39 in time of...: …한 경우에는
37:40 take refuge in...: …에게 피하다
38:2 come down on somebody: …를 몹시 나무라다, 벌하다
38:6 bring low: 쇠하게 하다

12 내 생명을 찾는 자가 올무를 놓고 나를
해하려는 자가 괴악한 일을 말하여 종일
토록 음모를 꾸미오나 140:5
13 나는 못 듣는 자같이 듣지 아니하고 말
못하는 자같이 입을 열지 아니하오니
14 나는 듣지 못하는 자 같아서 내 입에는
반박할 말이 없나이다
15 여호와여 내가 주를 바랐사오니 내 주 하
나님이 내게 응답하시리이다 37:9
16 내가 말하기를 두렵건대 그들이 나 때문
에 기뻐하며 내가 실족할 때에 나를 향하
여 스스로 교만할까 하였나이다
17 내가 넘어지게 되었고 나의 근심이 항상
내 앞에 있사오니
18 내 죄악을 아뢰고 내 죄를 슬퍼함이니이
다
19 내 원수가 활발하며 강하고 부당하게 나
를 미워하는 자가 많으며 18:17
20 또 악으로 선을 대신하는 자들이 내가 선
을 따른다는 것 때문에 나를 대적하나이
다
21 여호와여 나를 버리지 마소서 나의 하나
님이여 나를 멀리하지 마소서 35:22
22 속히 나를 도우소서 주 나의 구원이시여

〔다윗의 시, 인도자를 따라
여두둔 형식으로 부르는 노래〕

39 내가 말하기를 나의 행위를 조심하
여 내 혀로 범죄하지 아니하리니
악인이 내 앞에 있을 때에 내가 내 입에
재갈을 먹이리라 하였도다
2 내가 잠잠하여 선한 말도 하지 아니하니
나의 근심이 더 심하도다 38:13
3 내 마음이 내 속에서 뜨거워서 작은 소리
로 읊조릴 때에 불이 붙으니 나의 혀로
말하기를
4 여호와여 나의 종말과 연한이 언제까지
인지 알게 하사 내가 나의 연약함을 알게
하소서
5 주께서 나의 날을 한 뼘 길이만큼 되게 하
시매 나의 일생이 주 앞에는 없는 것 같사
오니 사람은 그가 든든히 서 있는 때에도
진실로 모두가 허사뿐이니이다 (셀라)
6 진실로 각 사람은 그림자같이 다니고 헛
된 일로 소란하며 재물을 쌓으나 누가 거
둘는지 알지 못하나이다
7 주여 이제 내가 무엇을 바라리요 나의 소
망은 주께 있나이다

12 Those who want to kill me set their traps,
those who would harm me talk of my ruin;
all day long they scheme and lie.
13 I am like the deaf, who cannot hear,
like the mute, who cannot speak;
14 I have become like one who does not hear,
whose mouth can offer no reply.
15 LORD, I wait for you;
you will answer, Lord my God.
16 For I said, "Do not let them gloat
or exalt themselves over me when my feet slip."
17 For I am about to fall,
and my pain is ever with me.
18 I confess my iniquity;
I am troubled by my sin.
19 Many have become my enemies without cause[a];
those who hate me without reason are
numerous.
20 Those who repay my good with evil
lodge accusations against me,
though I seek only to do what is good.
21 LORD, do not forsake me;
do not be far from me, my God.
22 Come quickly to help me, my Lord and my Savior.

Psalm 39[b]

For the director of music. For Jeduthun.
A psalm of David.

1 I said, "I will watch my ways
and keep my tongue from sin;
I will put a muzzle on my mouth
while in the presence of the wicked."
2 So I remained utterly silent,
not even saying anything good.
But my anguish increased;
3 my heart grew hot within me.
While I meditated, the fire burned;
then I spoke with my tongue:
4 "Show me, LORD, my life's end
and the number of my days;
let me know how fleeting my life is.
5 You have made my days a mere handbreadth;
the span of my years is as nothing before you.
Everyone is but a breath,
even those who seem secure.[c]
6 "Surely everyone goes around like a mere
phantom;
in vain they rush about, heaping up wealth
without knowing whose it will finally be.
7 "But now, Lord, what do I look for?

a19 One Dead Sea Scrolls manuscript; Masoretic Text *my vigorous enemies* *b*In Hebrew texts 39:1-13 is numbered 39:2-14. *c5* The Hebrew has *Selah* (a word of uncertain meaning) here and at the end of verse 11.

confess [kənfés] *vt.* 고백하다
deaf [def] *a.* 귀가 먼
fleeting [flíːtiŋ] *a.* 무상한
handbreadth [hǽndbrèdθ] *n.* 손의 폭
increase [inkríːs] *vi.* 커지다
iniquity [iníkwəti] *n.* 부정, 사악
lodge [ladʒ] *vt.* 제출하다
meditate [médətèit] *vi.* 묵상하다
mere [miər] *a.* 단순한
mute [mjuːt] *n.* 벙어리
muzzle [mʌ́zl] *n.* 재갈
phantom [fǽntəm] *n.* 환영, 허깨비
ruin [rúːin] *n.* 파멸
span [spæn] *n.* 한 뼘
trap [træp] *n.* 올가미

38:12 all day long: 온종일
38:15 wait for...: …를 기다리다
39:1 keep one's tongue from...: …를 입에 올리지 않다
39:6 in vain: 헛되이, 공연히
39:7 look for: 구하다, 찾다

8 나를 모든 죄에서 건지시며 우매한 자에
게서 욕을 당하지 아니하게 하소서
9 내가 잠잠하고 입을 열지 아니함은 주께
서 이를 행하신 까닭이니이다 욥 2:10
10 주의 징벌을 나에게서 옮기소서 주의 손
이 치심으로 내가 쇠망하였나이다
11 주께서 죄악을 책망하사 사람을 징계하
실 때에 그 영화를 좀먹음같이 소멸하게
하시니 참으로 인생이란 모두 헛될 뿐이
니이다 (셀라)
12 여호와여 나의 기도를 들으시며 나의 부
르짖음에 귀를 기울이소서 내가 눈물 흘
릴 때에 잠잠하지 마옵소서 나는 주와 함
께 있는 나그네이며 나의 모든 조상들처
럼 떠도나이다
13 주는 나를 용서하사 내가 떠나 없어지기
전에 나의 건강을 회복시키소서

〔다윗의 시, 인도자를 따라 부르는 노래〕
(♪302, 303장)

40 내가 여호와를 기다리고 기다렸더
니 귀를 기울이사 나의 부르짖음을
들으셨도다
2 나를 기가 막힐 웅덩이와 수렁에서 끌어
올리시고 내 발을 반석 위에 두사 내 걸
음을 견고하게 하셨도다 69:2
3 새 노래 곧 우리 하나님께 올릴 찬송을
내 입에 두셨으니 많은 사람이 보고 두려
워하여 여호와를 의지하리로다 33:3
4 여호와를 의지하고 교만한 자와 거짓에
치우치는 자를 돌아보지 아니하는 자는
복이 있도다
5 여호와 나의 하나님이여 주께서 행하신
기적이 많고 우리를 향하신 주의 생각도
많아 누구도 주와 견줄 수가 없나이다
내가 널리 알려 말하고자 하나 너무 많아
그 수를 셀 수도 없나이다 사 55:8
6 주께서 내 귀를 통하여 내게 들려 주시기
를 제사와 예물을 기뻐하지 아니하시며
번제와 속죄제를 요구하지 아니하신다
하신지라
7 그때에 내가 말하기를 내가 왔나이다 나
를 가리켜 기록한 것이 두루마리 책에 있
나이다
8 나의 하나님이여 내가 주의 뜻 행하기를
즐기오니 주의 법이 나의 심중에 있나이
다 하였나이다
9 내가 많은 회중 가운데에서 의의 기쁜 소

My hope is in you.
8 •Save me from all my transgressions;
do not make me the scorn of fools.
9 •I was silent; I would not open my mouth,
for you are the one who has done this.
10 •Remove your scourge from me;
I am overcome by the blow of your hand.
11 •When you rebuke and discipline anyone for
their sin,
you consume their wealth like a moth—
surely everyone is but a breath.
12 •"Hear my prayer, LORD,
listen to my cry for help;
do not be deaf to my weeping.
I dwell with you as a foreigner,
a stranger, as all my ancestors were.
13 •Look away from me, that I may enjoy life again
before I depart and am no more."

Psalm 40[a]

For the director of music. Of David. A psalm.

1 •I waited patiently for the LORD;
he turned to me and heard my cry.
2 •He lifted me out of the slimy pit,
out of the mud and mire;
he set my feet on a rock
and gave me a firm place to stand.
3 •He put a new song in my mouth,
a hymn of praise to our God.
Many will see and fear the LORD
and put their trust in him.
4 •Blessed is the one
who trusts in the LORD,
who does not look to the proud,
to those who turn aside to false gods.[b]
5 •Many, LORD my God,
are the wonders you have done,
the things you planned for us.
None can compare with you;
were I to speak and tell of your deeds,
they would be too many to declare.
6 •Sacrifice and offering you did not desire—
but my ears you have opened[c]—
burnt offerings and sin offerings[d]
you did not require.
7 •Then I said, "Here I am, I have come—
it is written about me in the scroll.[e]
8 •*I desire to do your will, my God;*
your law is within my heart."
9 •I proclaim your saving acts in the great assembly;

[a]In Hebrew texts 40:1-17 is numbered 40:2-18. [b]4 Or *to lies* [c]6 Hebrew; some Septuagint manuscripts *but a body you have prepared for me* [d]6 Or *purification offerings* [e]7 Or *come / with the scroll written for me*

assembly [əsémbli] *n.* 집회
consume [kənsúːm] *vt.* 소모하다
declare [diklέər] *vt.* 선언하다
depart [dipáːrt] *vi.* 떠나다
desire [dizáiər] *n.* 욕구
false [fɔːls] *a.* 거짓된
hymn [him] *n.* 찬송
mire [maiər] *n.* 수렁
require [rikwaiər] *vt.* 요구하다
sacrifice [sǽkrəfàis] *n.* 희생제물
scorn [skɔːrn] *n.* 모욕, 경멸
scourge [skəːrdʒ] *n.* 채찍
scroll [skroul] *n.* 두루마리
slimy [sláimi] *a.* 진흙투성이의
transgression [trænsgréʃən] *n.* 범죄

39:13 away from...: …에서 떠나서
39:13 be no more: 이미 없다
40:2 out of...: …의 밖으로
40:4 turn aside to...: …로 비껴 향하다
40:5 compare with...: …와 비교하다
40:5 too... to~: 너무 …해서 ~할 수 없다

식을 전하였나이다 여호와여 내가 내 입
술을 닫지 아니할 줄을 주께서 아시나이
다
10 내가 주의 공의를 내 심중에 숨기지 아니
하고 주의 성실과 구원을 선포하였으며
내가 주의 인자와 진리를 많은 회중 가운
데에서 감추지 아니하였나이다
11 여호와여 주의 긍휼을 내게서 거두지 마
시고 주의 인자와 진리로 나를 항상 보호
하소서
12 수많은 재앙이 나를 둘러싸고 나의 죄악
이 나를 덮치므로 우러러볼 수도 없으며
죄가 나의 머리털보다 많으므로 내가 낙
심하였음이니이다
13 여호와여 은총을 베푸사 나를 구원하소
서 여호와여 속히 나를 도우소서
14 내 생명을 찾아 멸하려 하는 자는 다 수치
와 낭패를 당하게 하시며 나의 해를 기뻐
하는 자는 다 물러가 욕을 당하게 하소서
15 나를 향하여 하하 하하 하며 조소하는 자
들이 자기 수치로 말미암아 놀라게 하소서
16 주를 찾는 자는 다 주 안에서 즐거워하
고 기뻐하게 하시며 주의 구원을 사랑하
는 자는 항상 말하기를 여호와는 위대하
시다 하게 하소서
17 나는 가난하고 궁핍하오나 주께서는 나
를 생각하시오니 주는 나의 도움이시요
나를 건지시는 이시라 나의 하나님이여
지체하지 마소서 70:5

〔다윗의 시, 인도자를 따라 부르는 노래〕
(♪ 336장)

41 가난한 자를 보살피는 자에게 복이
있음이여 재앙의 날에 여호와께서
그를 건지시리로다
2 여호와께서 그를 지키사 살게 하시리니
그가 이 세상에서 복을 받을 것이라 주여
그를 그 원수들의 뜻에 맡기지 마소서
3 여호와께서 그를 병상에서 붙드시고 그
가 누워 있을 때마다 그의 병을 고쳐 주
시나이다
4 내가 말하기를 여호와여 내게 은혜를 베
푸소서 내가 주께 범죄하였사오니 나를
고치소서 하였나이다 6:2
5 나의 원수가 내게 대하여 악담하기를 그
가 어느 때에나 죽고 그의 이름이 언제
나 없어질까 하며
6 나를 보러 와서는 거짓을 말하고 그의 중

I do not seal my lips, LORD,
as you know.
10 •I do not hide your righteousness in my heart;
I speak of your faithfulness and your saving help.
I do not conceal your love and your faithfulness
from the great assembly.
11 •Do not withhold your mercy from me, LORD;
may your love and faithfulness always
protect me.
12 •For troubles without number surround me;
my sins have overtaken me, and I cannot see.
They are more than the hairs of my head,
and my heart fails within me.
13 •Be pleased to save me, LORD;
come quickly, LORD, to help me.
14 •May all who want to take my life
be put to shame and confusion;
may all who desire my ruin
be turned back in disgrace.
15 •May those who say to me, "Aha! Aha!"
be appalled at their own shame.
16 •But may all who seek you
rejoice and be glad in you;
may those who long for your saving help
always say,
"The LORD is great!"
17 •But as for me, I am poor and needy;
may the Lord think of me.
You are my help and my deliverer;
you are my God, do not delay.

Psalm 41[a]

For the director of music. A psalm of David.

1 •Blessed are those who have regard for the weak;
the LORD delivers them in times of trouble.
2 •The LORD protects and preserves them—
they are counted among the blessed in the land—
he does not give them over to the desire of their foes.
3 •The LORD sustains them on their sickbed
and restores them from their bed of illness.
4 •I said, "Have mercy on me, LORD;
heal me, for I have sinned against you."
5 •My enemies say of me in malice,
"When will he die and his name perish?"
6 •When one of them comes to see me,
he speaks falsely, while his heart gathers slander;
then he goes out and spreads it around.

[a]In Hebrew texts 41:1-13 is numbered 41:2-14.

conceal [kənsíːl] *vt.* 감추다
confusion [kənfjúːʒən] *n.* 혼란, 당황
disgrace [disgréis] *n.* 치욕
fail [feil] *vi.* 실패하다
foe [fou] *n.* 원수, 적
malice [mǽlis] *n.* 악의
overtake [òuvərtéik] *vt.* 덮치다
perish [périʃ] *vi.* 사라지다
preserve [prizə́ːrv] *vt.* 보존하다
seal [siːl] *n.* 봉인
seek [siːk] *vt.* 찾다
slander [slǽndər] *n.* 중상
spread [spred] *vt.* 퍼뜨리다
surround [səráund] *vt.* 에워싸다
sustain [səstéin] *vt.* 붙들어 주다

40:11 withhold A from B: A를 B에서 거두다
40:14 take one's life: ~를 죽이다
40:14 put to shame: 창피주다
40:15 be appalled at...: …에 간담이 서늘해지다
41:1 have regard for...: …를 중히 여기다

심에 악을 쌓았다가 나가서는 이를 널리
선포하오며
7 나를 미워하는 자가 다 하나같이 내게
대하여 수군거리고 나를 해하려고 꾀하
며
8 이르기를 악한 병이 그에게 들었으니 이
제 그가 눕고 다시 일어나지 못하리라 하
오며
9 내가 신뢰하여 내 떡을 나눠 먹던 나의
가까운 친구도 나를 대적하여 그의 발꿈
치를 들었나이다
10 그러하오나 주 여호와여 내게 은혜를 베
푸시고 나를 일으키사 내가 그들에게 보
응하게 하소서 이로써
11 내 원수가 나를 이기지 못하오니 주께서
나를 기뻐하시는 줄을 내가 알았나이다
12 주께서 나를 온전한 중에 붙드시고 영원
히 주 앞에 세우시나이다
13 ●이스라엘의 하나님 여호와를 영원부
터 영원까지 송축할지로다 아멘 아멘

제 이 권

〔고라 자손의 [1]마스길, 인도자를 따라 부르는 노래〕(♪ 392, 547장)

42 하나님이여 사슴이 시냇물을 찾기
에 갈급함같이 내 영혼이 주를 찾
기에 갈급하니이다
2 내 영혼이 하나님 곧 살아 계시는 하나님
을 갈망하나니 내가 어느 때에 나아가서
하나님의 얼굴을 뵈올까 렘 10:10
3 사람들이 종일 내게 하는 말이 네 하나님
이 어디 있느뇨 하오니 내 눈물이 주야로
내 음식이 되었도다
4 내가 전에 성일을 지키는 무리와 동행하
여 기쁨과 감사의 소리를 내며 그들을 하
나님의 집으로 인도하였더니 이제 이 일
을 기억하고 내 마음이 상하는도다
5 내 영혼아 네가 어찌하여 낙심하며 어찌
하여 내 속에서 불안해 하는가 너는 하
나님께 소망을 두라 그가 나타나 도우심
으로 말미암아 내가 여전히 찬송하리로
다
6 ●내 하나님이여 내 영혼이 내 속에서 낙
심이 되므로 내가 요단 땅과 헤르몬과 미
살 산에서 주를 기억하나이다
7 주의 폭포 소리에 깊은 바다가 서로 부르
며 주의 모든 파도와 물결이 나를 휩쓸었
나이다

7 ●All my enemies whisper together against me;
they imagine the worst for me, saying,
8 ●"A vile disease has afflicted him;
he will never get up from the place where
he lies."
9 ●Even my close friend,
someone I trusted,
one who shared my bread,
has turned[a] against me.
10 ●But may you have mercy on me, LORD;
raise me up, that I may repay them.
11 ●I know that you are pleased with me,
for my enemy does not triumph over me.
12 ●Because of my integrity you uphold me
and set me in your presence forever.
13 ●Praise be to the LORD, the God of Israel,
from everlasting to everlasting.
Amen and Amen.

BOOK II

Psalms 42-72

Psalm 42[b,c]

For the director of music. A maskil[d] of the Sons of Korah.

1 ●As the deer pants for streams of water,
so my soul pants for you, my God.
2 ●My soul thirsts for God, for the living God.
When can I go and meet with God?
3 ●My tears have been my food day and night,
while people say to me all day long,
"Where is your God?"
4 ●These things I remember
as I pour out my soul:
how I used to go to the house of God
under the protection of the Mighty One[e]
with shouts of joy and praise
among the festive throng.
5 ●Why, my soul, are you downcast?
Why so disturbed within me?
Put your hope in God,
for I will yet praise him,
my Savior and my God.
6 ●My soul is downcast within me;
therefore I will remember you
from the land of the Jordan,
the heights of Hermon — from Mount Mizar.
7 ●Deep calls to deep
in the roar of your waterfalls;

[a]9 Hebrew *has lifted up his heel* [b]In many Hebrew manuscripts Psalms 42 and 43 constitute one psalm. [c]In Hebrew texts 42:1-11 is numbered 42:2-12. [d]Title: Probably a literary or musical term [e]4 See Septuagint and Syriac; the meaning of the Hebrew for this line is uncertain. 1) 교훈

afflicted [əflíktid] *a.* 괴로워하는
disease [dizí:z] *n.* 병
disturbed [distə́:rbd] *a.* 불안한
downcast [dáunkæ̀st] *a.* 풀이 죽은
everlasting [èvərlǽstiŋ] *a.* 영원한
festive [féstiv] *a.* 축제의
imagine [imǽdʒin] *vt.* (…라고) 생각하다
integrity [intégrəti] *n.* 온전함
pour [pɔ:r] *vi.* 흘러 나오다
protection [prətékʃən] *n.* 보호
roar [rɔ:r] *n.* 으르렁거리는 소리
stream [stri:m] *n.* 시내
throng [θrɔ:ŋ] *n.* 군중
uphold [ʌphóuld] *vt.* 격려하다
waterfall [wɔ́:tərfɔ̀:l] *n.* 폭포

41:8 get up from...: …에서 일어서다
41:10 have mercy on...: …을 불쌍히 여기다
41:11 be pleased with...: …를 기뻐하다
41:11 triumph over...: …를 이기다
42:1 pant for: 열망하다, 갈망하다
42:3 all day long: 온종일

8 낮에는 여호와께서 그의 인자하심을 베
푸시고 밤에는 그의 찬송이 내게 있어 생
명의 하나님께 기도하리로다
9 내 반석이신 하나님께 말하기를 어찌하
여 나를 잊으셨나이까 내가 어찌하여 원
수의 압제로 말미암아 슬프게 다니나이
까 하리로다
10 내 뼈를 찌르는 칼같이 내 대적이 나를
비방하여 늘 내게 말하기를 네 하나님이
어디 있느냐 하도다
11 내 영혼아 네가 어찌하여 낙심하며 어찌
하여 내 속에서 불안해 하는가 너는 하나
님께 소망을 두라 나는 그가 나타나 도우
심으로 말미암아 내 하나님을 여전히 찬
송하리로다

43 하나님이여 나를 판단하시되 경건
하지 아니한 나라에 대하여 내 송
사를 변호하시며 간사하고 불의한 자에
게서 나를 건지소서
2 주는 나의 힘이 되신 하나님이시거늘 어
찌하여 나를 버리셨나이까 내가 어찌하
여 원수의 억압으로 말미암아 슬프게 다
니나이까
3 주의 빛과 주의 진리를 보내시어 나를 인
도하시고 주의 거룩한 산과 주께서 계시
는 곳에 이르게 하소서 36:9
4 그런즉 내가 하나님의 제단에 나아가 나
의 큰 기쁨의 하나님께 이르리이다 하나
님이여 나의 하나님이여 내가 수금으로
주를 찬양하리이다 26:6,7
5 내 영혼아 네가 어찌하여 낙심하며 어찌
하여 내 속에서 불안해 하는가 너는 하나
님께 소망을 두라 그가 나타나 도우심으
로 말미암아 내 하나님을 여전히 찬송하
리로다

〔고라 자손의 1)마스길,
인도자를 따라 부르는 노래〕

44 하나님이여 주께서 우리 조상들의
날 곧 옛날에 행하신 일을 그들이
우리에게 일러 주매 우리가 우리 귀로 들
었나이다
2 주께서 주의 손으로 뭇 백성을 내쫓으시
고 우리 조상들을 이 땅에 뿌리 박게 하
시며 주께서 다른 민족들은 고달프게 하
시고 우리 조상들은 번성하게 하셨나이
다
3 그들이 자기 칼로 땅을 얻어 차지함이 아

all your waves and breakers
have swept over me.
8 • By day the LORD directs his love,
at night his song is with me—
a prayer to the God of my life.
9 • I say to God my Rock,
"Why have you forgotten me?
Why must I go about mourning,
oppressed by the enemy?"
10 • My bones suffer mortal agony
as my foes taunt me,
saying to me all day long,
"Where is your God?"
11 • Why, my soul, are you downcast?
Why so disturbed within me?
Put your hope in God,
for I will yet praise him,
my Savior and my God.

Psalm 43[a]

1 • Vindicate me, my God,
and plead my cause
against an unfaithful nation.
Rescue me from those who are
deceitful and wicked.
2 • You are God my stronghold.
Why have you rejected me?
Why must I go about mourning,
oppressed by the enemy?
3 • Send me your light and your faithful care,
let them lead me;
let them bring me to your holy mountain,
to the place where you dwell.
4 • Then I will go to the altar of God,
to God, my joy and my delight.
I will praise you with the lyre,
O God, my God.
5 • Why, my soul, are you downcast?
Why so disturbed within me?
Put your hope in God,
for I will yet praise him,
my Savior and my God.

Psalm 44[b]

For the director of music. Of the Sons of Korah.
A maskil.[c]

1 • We have heard it with our ears, O God;
our ancestors have told us
what you did in their days,
in days long ago.

[a]In many Hebrew manuscripts Psalms 42 and 43 constitute one psalm. [b]In Hebrew texts 44:1-26 is numbered 44:2-27. [c]Title: Probably a literary or musical term

1) 교훈

agony [ǽgəni] *n.* 고통, 고민
altar [ɔ́:ltər] *n.* 제단
ancestor [ǽnsestər] *n.* 조상
deceitful [disí:tfəl] *a.* 기만적인
direct [dirékt] *vt.* 지도하다
dwell [dwel] *vi.* 살다
mortal [mɔ́:rtl] *a.* 심한
mourn [mɔ:rn] *vi.* 슬퍼하다
oppress [əprés] *vt.* 억압하다
reject [ridʒékt] *vt.* 거절하다
stronghold [strɔ́:ŋhòuld] *n.* 요새
suffer [sʌ́fər] *vi.* 고통을 겪다
sweep [swi:p] *vt.* 휩쓸다
taunt [tɔ:nt] *vt.* 비웃다
vindicate [víndəkèit] *vt.* 결백을 입증하다

42:9 go about: 돌아다니다
42:11 hope in...: …에 있어서의 희망
43:1 plead one's cause against...: … 에 맞서 어떤 사람의 송사를 변호하다
43:1 rescue A from B: A를 B에서 구출하다
43:3 bring A to B: A를 B로 데리고 오다

니요 그들의 팔이 그들을 구원함도 아니
라 오직 주의 오른손과 주의 팔과 주의
얼굴의 빛으로 하셨으니 주께서 그들을
기뻐하신 까닭이니이다
4 하나님이여 주는 나의 왕이시니 1)야곱에
게 구원을 베푸소서
5 우리가 주를 의지하여 우리 대적을 누르
고 우리를 치러 일어나는 자를 주의 이름
으로 밟으리이다
6 나는 내 활을 의지하지 아니할 것이라 내
칼이 나를 구원하지 못하리이다
7 오직 주께서 우리를 우리 원수들에게서
구원하시고 우리를 미워하는 자로 수치
를 당하게 하셨나이다
8 우리가 종일 하나님을 자랑하였나이다
우리는 하나님의 이름에 영원히 감사하
리이다 (셀라)
9 ●그러나 이제는 주께서 우리를 버려 욕
을 당하게 하시고 우리 군대와 함께 나아
가지 아니하시나이다 60:1, 10
10 주께서 우리를 대적들에게서 돌아서게
하시니 우리를 미워하는 자가 자기를 위
하여 탈취하였나이다 레 26:17
11 주께서 우리를 잡아먹힐 양처럼 그들에
게 넘겨 주시고 여러 민족 중에 우리를
흩으셨나이다
12 주께서 주의 백성을 헐값으로 파심이여 그
들을 판 값으로 이익을 얻지 못하셨나이다
13 주께서 우리로 하여금 이웃에게 욕을 당
하게 하시니 그들이 우리를 둘러싸고 조
소하고 조롱하나이다 79:4
14 주께서 우리를 뭇 백성 중에 이야기거리
가 되게 하시며 민족 중에서 머리 흔듦
을 당하게 하셨나이다
15 나의 능욕이 종일 내 앞에 있으며 수치가
내 얼굴을 덮었으니
16 나를 비방하고 욕하는 소리 때문이요 나
의 원수와 나의 복수자 때문이니이다
17 이 모든 일이 우리에게 임하였으나 우리
가 주를 잊지 아니하며 주의 언약을 어기
지 아니하였나이다
18 우리의 마음은 위축되지 아니하고 우리
걸음도 주의 길을 떠나지 아니하였으나
19 주께서 우리를 승냥이의 처소에 밀어 넣
으시고 우리를 사망의 그늘로 덮으셨나
이다
20 우리가 우리 하나님의 이름을 잊어버렸

2 ●With your hand you drove out the nations
and planted our ancestors;
you crushed the peoples
and made our ancestors flourish.
3 ●It was not by their sword that they won the land,
nor did their arm bring them victory;
it was your right hand, your arm,
and the light of your face, for you loved
them.
4 ●You are my King and my God,
who decrees[a] victories for Jacob.
5 ●Through you we push back our enemies;
through your name we trample our foes.
6 ●I put no trust in my bow,
my sword does not bring me victory;
7 ●but you give us victory over our enemies,
you put our adversaries to shame.
8 ●In God we make our boast all day long,
and we will praise your name forever.[b]
9 ●But now you have rejected and humbled us;
you no longer go out with our armies.
10 ●You made us retreat before the enemy,
and our adversaries have plundered us.
11 ●You gave us up to be devoured like sheep
and have scattered us among the nations.
12 ●You sold your people for a pittance,
gaining nothing from their sale.
13 ●You have made us a reproach to our neighbors,
the scorn and derision of those around us.
14 ●You have made us a byword among the
nations;
the peoples shake their heads at us.
15 ●I live in disgrace all day long,
and my face is covered with shame
16 ●at the taunts of those who reproach and
revile me,
because of the enemy, who is bent on
revenge.
17 ●All this came upon us,
though we had not forgotten you;
we had not been false to your covenant.
18 ●Our hearts had not turned back;
our feet had not strayed from your path.
19 ●But you crushed us and made us a haunt for
jackals;
you covered us over with deep darkness.
20 ●If we had forgotten the name of our God
or spread out our hands to a foreign god,

[a]4 Septuagint, Aquila and Syriac; Hebrew *King, O God; / command* [b]8 The Hebrew has *Selah* (a word of uncertain meaning) here. 1) 야곱의 구원을 명하소서

adversary [ǽdvərsèri] *n.* 대적
boast [boust] *n.* 자랑
crush [krʌʃ] *vt.* 전멸시키다
decree [dikríː] *vt.* 명하다, 정하다
derision [diríʒən] *n.* 조롱
flourish [flə́ːriʃ] *vi.* 번창하다
haunt [hɔːnt] *n.* 소굴
pittance [pítns] *n.* 약간의 수입
plunder [plʌ́ndər] *vt.* 약탈하다
reproach [ripróutʃ] *n.* 질책
retreat [ritríːt] *vi.* 물러서다
revenge [rivéndʒ] *n.* 보복
revile [riváil] *vt.* 헐뜯다, 욕하다
scatter [skǽtər] *vt.* 흩어버리다
trample [trǽmpl] *vt.* 짓밟다

44:6 trust in...: …를 의지하다, 신뢰하다
44:11 give up: 내주다, 내버려두다
44:15 be covered with...: …로 뒤덮이다
44:16 be bent on...: …에 열심이다
44:18 stray from: 빗나가다
44:20 spread out: 펴다, 뻗다

거나 우리 손을 이방 신에게 향하여 폈더
면 78:11
21 하나님이 이를 알아내지 아니하셨으리이
까 무릇 주는 마음의 비밀을 아시나이다
22 우리가 종일 주를 위하여 죽임을 당하게
되며 도살할 양같이 여김을 받았나이다
23 주여 깨소서 어찌하여 주무시나이까 일
어나시고 우리를 영원히 버리지 마소서
24 어찌하여 주의 얼굴을 가리시고 우리의
고난과 압제를 잊으시나이까
25 우리 영혼은 진토 속에 파묻히고 우리 몸
은 땅에 붙었나이다
26 일어나 우리를 도우소서 주의 인자하심
으로 말미암아 우리를 구원하소서 35:2

〔고라 자손의 [1]마스길, 사랑의 노래, 인도자를 따라 [2]소산님에 맞춘 것〕
(♪ 32, 87장)

45 내 마음이 좋은 말로 왕을 위하여
지은 것을 말하리니 내 혀는 글솜
씨가 뛰어난 서기관의 붓끝과 같도다
2 왕은 사람들보다 아름다워 은혜를 입술
에 머금으니 그러므로 하나님이 왕에게
영원히 복을 주시도다 눅 4:22
3 용사여 칼을 허리에 차고 왕의 영화와 위
엄을 입으소서
4 왕은 진리와 온유와 공의를 위하여 왕의
위엄을 세우시고 병거에 오르소서 왕의 오
른손이 왕에게 놀라운 일을 가르치리이다
5 왕의 화살은 날카로워 왕의 원수의 염통
을 뚫으니 만민이 왕의 앞에 엎드러지는
도다
6 [3]하나님이여 주의 보좌는 영원하며 주의
나라의 규는 공평한 규이니이다
7 왕은 정의를 사랑하고 악을 미워하시니
그러므로 하나님 곧 왕의 하나님이 즐거
움의 기름을 왕에게 부어 왕의 동료보다
뛰어나게 하셨나이다
8 왕의 모든 옷은 몰약과 침향과 육계의 향
기가 있으며 상아궁에서 나오는 현악은
왕을 즐겁게 하도다
9 왕이 가까이 하는 여인들 중에는 왕들의
딸이 있으며 왕후는 오빌의 금으로 꾸미
고 왕의 오른쪽에 서도다
10 딸이여 듣고 보고 귀를 기울일지어다 네
백성과 네 아버지의 집을 잊어버릴지어다
11 그리하면 왕이 네 아름다움을 사모하실
지라 그는 네 주인이시니 너는 그를 경배

21 • would not God have discovered it,
since he knows the secrets of the heart?
22 • Yet for your sake we face death all day long;
we are considered as sheep to be slaughtered.
23 • Awake, Lord! Why do you sleep?
Rouse yourself! Do not reject us forever.
24 • Why do you hide your face
and forget our misery and oppression?
25 • We are brought down to the dust;
our bodies cling to the ground.
26 • Rise up and help us;
rescue us because of your unfailing love.

Psalm 45[a]

For the director of music. To the tune of "Lilies." Of the Sons of Korah. A maskil.[b] A wedding song.

1 • My heart is stirred by a noble theme
as I recite my verses for the king;
my tongue is the pen of a skillful writer.
2 • You are the most excellent of men
and your lips have been anointed with grace,
since God has blessed you forever.
3 • Gird your sword on your side, you mighty one;
clothe yourself with splendor and majesty.
4 • In your majesty ride forth victoriously
in the cause of truth, humility and justice;
let your right hand achieve awesome deeds.
5 • Let your sharp arrows pierce the hearts of the
king's enemies;
let the nations fall beneath your feet.
6 • Your throne, O God,[c] will last for ever and ever;
a scepter of justice will be the scepter of
your kingdom.
7 • You love righteousness and hate wickedness;
therefore God, your God, has set you above
your companions
by anointing you with the oil of joy.
8 • All your robes are fragrant with myrrh and
aloes and cassia;
from palaces adorned with ivory
the music of the strings makes you glad.
9 • Daughters of kings are among your honored
women;
at your right hand is the royal bride in gold
of Ophir.
10 • Listen, daughter, and pay careful attention:
Forget your people and your father's house.
11 • Let the king be enthralled by your beauty;

[a]In Hebrew texts 45:1-17 is numbered 45:2-18. [b]Title: Probably a literary or musical term [c]6 Here the king is addressed as God's representative.
1) 교훈 2) 백합화 곡조 3) 주의 보좌는 하나님의 보좌라 영영하며

awesome [ɔ́:səm] *a.* 두려운
bride [braid] *n.* 신부
cassia [kǽʃə] *n.* 계피
enthrall [inθrɔ́:l] *vt.* 매혹시키다
humility [hju:míləti] *n.* 겸손
ivory [áivəri] *n.* 상아
majesty [mǽdʒəsti] *n.* 위엄
misery [mízəri] *n.* 고통
myrrh [mə:r] *n.* 몰약
oppression [əpréʃən] *n.* 억압
recite [risáit] *vt.* 읊다
scepter [séptər] *n.* 홀(笏)
slaughter [slɔ́:tər] *vt.* 도살하다
splendor [spléndər] *n.* 빛남, 광채
stir [stə:r] *vt.* 일으키다

44:22 for one's sake: ~를 위하여
44:25 cling to...: …에 매달리다
45:5 fall beneath...: …에 깔리다
45:8 adorn A with B: A를 B로 꾸미다
45:10 pay careful attention: 신경을 세심하게 쓰다

할지어다
12 두로의 딸은 예물을 드리고 백성 중 부한
자도 네 얼굴 보기를 원하리로다
13 왕의 딸은 궁중에서 모든 영화를 누리니
그의 옷은 금으로 수 놓았도다
14 수 놓은 옷을 입은 그는 왕께로 인도함을
받으며 시종하는 친구 처녀들도 왕께로
이끌려 갈 것이라
15 그들은 기쁨과 즐거움으로 인도함을 받
고 왕궁에 들어가리로다
16 왕의 아들들은 왕의 조상들을 계승할 것
이라 왕이 그들로 온 세계의 군왕을 삼으
리로다
17 내가 왕의 이름을 만세에 기억하게 하리
니 그러므로 만민이 왕을 영원히 찬송하
리로다

〔고라 자손의 시,
인도자를 따라 알라못에 맞춘 노래〕

46 하나님은 우리의 피난처시요 힘이
시니 환난 중에 만날 큰 도움이시라
2 그러므로 땅이 변하든지 산이 흔들려 바
다 가운데에 빠지든지
3 바닷물이 솟아나고 뛰놀든지 그것이 넘
침으로 산이 흔들릴지라도 우리는 두려
워하지 아니하리로다 (셀라) 93:3, 4
4 ● 한 시내가 있어 나뉘어 흘러 하나님의 성
곧 지존하신 이의 성소를 기쁘게 하도다
5 하나님이 그 성중에 계시매 성이 흔들리
지 아니할 것이라 새벽에 하나님이 도우
시리로다
6 뭇 나라가 떠들며 왕국이 흔들렸더니 그
가 소리를 내시매 땅이 녹았도다
7 만군의 여호와께서 우리와 함께 하시니
야곱의 하나님은 우리의 1) 피난처시로다
(셀라)
8 와서 여호와의 행적을 볼지어다 그가 땅
을 황무지로 만드셨도다
9 그가 땅끝까지 전쟁을 쉬게 하심이여 활
을 꺾고 창을 끊으며 수레를 불사르시는
도다
10 이르시기를 너희는 가만히 있어 내가 하
나님 됨을 알지어다 내가 뭇 나라 중에
서 높임을 받으리라 내가 세계 중에서 높
임을 받으리라 하시도다
11 만군의 여호와께서 우리와 함께 하시니
야곱의 하나님은 우리의 1) 피난처시로다
(셀라)

honor him, for he is your lord.
12 ● The city of Tyre will come with a gift,[a]
people of wealth will seek your favor.
13 ● All glorious is the princess within her chamber;
her gown is interwoven with gold.
14 ● In embroidered garments she is led to the king;
her virgin companions follow her—
those brought to be with her.
15 ● Led in with joy and gladness,
they enter the palace of the king.
16 ● Your sons will take the place of your fathers;
you will make them princes throughout the land.
17 ● I will perpetuate your memory through all generations;
therefore the nations will praise you for ever and ever.

Psalm 46[b]

For the director of music. Of the Sons of Korah. According to alamoth.[c] *A song.*

1 ● God is our refuge and strength,
an ever-present help in trouble.
2 ● Therefore we will not fear, though the earth give way
and the mountains fall into the heart of the sea,
3 ● though its waters roar and foam
and the mountains quake with their surging.[d]
4 ● There is a river whose streams make glad the city of God,
the holy place where the Most High dwells.
5 ● God is within her, she will not fall;
God will help her at break of day.
6 ● Nations are in uproar, kingdoms fall;
he lifts his voice, the earth melts.
7 ● The LORD Almighty is with us;
the God of Jacob is our fortress.
8 ● Come and see what the LORD has done,
the desolations he has brought on the earth.
9 ● He makes wars cease to the ends of the earth.
He breaks the bow and shatters the spear;
he burns the shields[e] with fire.
10 ● He says, "Be still, and know that I am God;
I will be exalted among the nations,
I will be exalted in the earth."
11 ● The LORD Almighty is with us;
the God of Jacob is our fortress.

[a]12 Or *A Tyrian robe is among the gifts* [b]In Hebrew texts 46:1-11 is numbered 46:2-12. [c]Title: Probably a musical term [d]3 The Hebrew has *Selah* (a word of uncertain meaning) here and at the end of verses 7 and 11. [e]9 Or *chariots* 1) 산성이시로다

cease [si:s] *vi.* 그치다
desolation [dèsəléiʃən] *n.* 폐허, 황폐
embroidered [imbrɔ́idərd] *a.* 수놓은
exalt [igzɔ́:lt] *vt.* 높이다
fortress [fɔ́:rtris] *n.* 요새
garment [gá:rmənt] *n.* 옷
interweave [ìntərwí:v] *vt.* 섞어 짜다
melt [melt] *vi.* 녹다
perpetuate [pərpétʃuèit] *vt.* 영존시키다
refuge [réfju:dʒ] *n.* 피난처
shatter [ʃǽtər] *vt.* 부수다
shield [ʃi:ld] *n.* 방패
spear [spiər] *n.* 창
surge [sə:rdʒ] *vi.* 밀려오다
uproar [ʌ́prɔ̀:r] *n.* 소동

45:16 take the place of...: …를 대신하다
46:1 in trouble: 곤란한 중에, 괴로운 중에
46:2 give way: 무너지다, 꺾이다
46:2 fall into...: …에 빠지다
46:3 quake with...: …로 인해 떨다
46:5 at break of day: 먼동이 틀 때

〔고라 자손의 시, 인도자를 따라 부르는 노래〕
47 너희 만민들아 손바닥을 치고 즐거
운 소리로 하나님께 외칠지어다
2 지존하신 여호와는 두려우시고 온 땅에
큰 왕이 되심이로다
3 여호와께서 만민을 우리에게, 나라들을
우리 발 아래에 복종하게 하시며
4 우리를 위하여 기업을 택하시나니 곧 사
랑하신 야곱의 영화로다 (셀라)
5 하나님께서 즐거운 함성 중에 올라가심
이여 여호와께서 나팔 소리 중에 올라가
시도다
6 찬송하라 하나님을 찬송하라 찬송하라
우리 왕을 찬송하라
7 하나님은 온 땅의 왕이심이라 지혜의 시
로 찬송할지어다
8 하나님이 뭇 백성을 다스리시며 하나님
이 그의 거룩한 보좌에 앉으셨도다
9 뭇 나라의 고관들이 모임이여 아브라함
의 하나님의 백성이 되도다 세상의 모든
방패는 하나님의 것임이여 그는 높임을
받으시리로다

〔고라 자손의 시 곧 노래〕 (♪ 376, 377, 524장)
48 여호와는 위대하시니 우리 하나님
의 성, 거룩한 산에서 극진히 찬양
받으시리로다
2 터가 높고 아름다워 온 세계가 즐거워함
이여 큰 왕의 성 곧 북방에 있는 시온 산
이 그러하도다
3 하나님이 그 여러 궁중에서 자기를 요새
로 알리셨도다
4 왕들이 모여서 함께 지나갔음이여
5 그들이 보고 놀라고 두려워 빨리 지나갔
도다
6 거기서 떨림이 그들을 사로잡으니 고통
이 해산하는 여인의 고통 같도다
7 주께서 동풍으로 다시스의 배를 깨뜨리
시도다
8 우리가 들은 대로 만군의 여호와의 성,
우리 하나님의 성에서 보았나니 하나님
이 이를 영원히 견고하게 하시리로다 (셀
라)
9 하나님이여 우리가 주의 전 가운데에서
주의 인자하심을 생각하였나이다 26:3
10 하나님이여 주의 이름과 같이 찬송도 땅
끝까지 미쳤으며 주의 오른손에는 정의
가 충만하였나이다

Psalm 47[a]

For the director of music. Of the Sons of Korah. A psalm.

1 •Clap your hands, all you nations;
shout to God with cries of joy.
2 •For the LORD Most High is awesome,
the great King over all the earth.
3 •He subdued nations under us,
peoples under our feet.
4 •He chose our inheritance for us,
the pride of Jacob, whom he loved.[b]
5 •God has ascended amid shouts of joy,
the LORD amid the sounding of trumpets.
6 •Sing praises to God, sing praises;
sing praises to our King, sing praises.
7 •For God is the King of all the earth;
sing to him a psalm of praise.
8 •God reigns over the nations;
God is seated on his holy throne.
9 •The nobles of the nations assemble
as the people of the God of Abraham,
for the kings[c] of the earth belong to God;
he is greatly exalted.

Psalm 48[d]

A song. A psalm of the Sons of Korah.

1 •Great is the LORD, and most worthy of praise,
in the city of our God, his holy mountain.
2 •Beautiful in its loftiness,
the joy of the whole earth,
like the heights of Zaphon[e] is Mount Zion,
the city of the Great King.
3 •God is in her citadels;
he has shown himself to be her fortress.
4 •When the kings joined forces,
when they advanced together,
5 •they saw her and were astounded;
they fled in terror.
6 •Trembling seized them there,
pain like that of a woman in labor.
7 •You destroyed them like ships of Tarshish
shattered by an east wind.
8 •As we have heard,
so we have seen
in the city of the LORD Almighty,
in the city of our God:
God makes her secure forever.[b]
9 •Within your temple, O God,
we meditate on your unfailing love.

[a]In Hebrew texts 47:1-9 is numbered 47:2-10. [b]4,8 The Hebrew has *Selah* (a word of uncertain meaning) here. [c]9 Or *shields* [d]In Hebrew texts 48:1-14 is numbered 48:2-15. [e]2 *Zaphon* was the most sacred mountain of the Canaanites.

advance [ədvǽns] *vi.* 진격하다
amid [əmíd] *prep.* …의 한복판에
ascend [əsénd] *vi.* 올라가다
assemble [əsémbl] *vi.* 모이다
astound [əstáund] *vt.* 몹시 놀라게 하다
awesome [ɔ́:səm] *a.* 두려운
exalt [igzɔ́:lt] *vt.* 높이다
loftiness [lɔ́:ftinis] *n.* 높은 곳
secure [sikjúər] *a.* 안전한
seize [si:z] *vt.* 붙잡다
shatter [ʃǽtər] *vt.* 부수다
subdue [səbdjú:] *vt.* 제압하다
throne [θroun] *n.* 왕좌
trembling [trémbliŋ] *n.* 전율, 떨림
unfailing [ʌnféiliŋ] *a.* 무한한

47:1 clap one's hands: 박수치다
47:8 reign over: 통치하다
47:9 belong to...: …에 속하다
48:5 flee in terror: 혼비백산하여 달아나다
48:6 in labor: 진통 중인
48:9 meditate on...: …를 묵상하다

11 주의 심판으로 말미암아 시온 산은 기뻐
하고 유다의 딸들은 즐거워할지어다
12 너희는 시온을 돌면서 그곳을 둘러보고
그 망대들을 세어 보라
13 그의 성벽을 자세히 보고 그의 궁전을 살
펴서 후대에 전하라
14 이 하나님은 영원히 우리 하나님이시니
그가 우리를 죽을 때까지 인도하시리로
다

〔고라 자손의 시, 인도자를 따라 부르는 노래〕
(♪ 500장)

49 뭇 백성들아 이를 들으라 세상의
거민들아 모두 귀를 기울이라 78:1
2 귀천 빈부를 막론하고 다 들을지어다
3 내 입은 지혜를 말하겠고 내 마음은 명철
을 작은 소리로 읊조리리로다
4 내가 비유에 내 귀를 기울이고 수금으로
나의 오묘한 말을 풀리로다
5 죄악이 나를 따라다니며 나를 에워싸는
환난의 날을 내가 어찌 두려워하랴
6 자기의 재물을 의지하고 부유함을 자랑
하는 자는
7 아무도 자기의 형제를 구원하지 못하며
그를 위한 속전을 하나님께 바치지도 못
할 것은
8 그들의 생명을 속량하는 값이 너무 엄청
나서 영원히 마련하지 못할 것임이니라
9 그가 영원히 살아서 죽음을 보지 않을 것
인가
10 그러나 그는 지혜 있는 자도 죽고 어리석
고 무지한 자도 함께 망하며 그들의 재물
은 남에게 남겨 두고 떠나는 것을 보게
되리로다
11 그러나 그들의 속 생각에 그들의 집은 영
원히 있고 그들의 거처는 대대에 이르리
라 하여 그들의 토지를 자기 이름으로 부
르도다
12 사람은 존귀하나 장구하지 못함이여 멸
망하는 짐승 같도다
13 ●이것이 바로 어리석은 자들의 길이며
그들의 말을 기뻐하는 자들의 종말이로
다 (셀라)
14 그들은 양같이 스올에 두기로 작정되었
으니 사망이 그들의 목자일 것이라 정직
한 자들이 아침에 그들을 다스리리니 그
들의 아름다움은 소멸하고 스올이 그들
의 거처가 되리라

10 ●Like your name, O God,
your praise reaches to the ends of the earth;
your right hand is filled with righteousness.
11 ●Mount Zion rejoices,
the villages of Judah are glad
because of your judgments.
12 ●Walk about Zion, go around her,
count her towers,
13 ●consider well her ramparts,
view her citadels,
that you may tell of them
to the next generation.
14 ●For this God is our God for ever and ever;
he will be our guide even to the end.

Psalm 49[a]

For the director of music. Of the Sons of Korah. A psalm.

1 ●Hear this, all you peoples;
listen, all who live in this world,
2 ●both low and high,
rich and poor alike:
3 ●My mouth will speak words of wisdom;
the meditation of my heart will give
you understanding.
4 ●I will turn my ear to a proverb;
with the harp I will expound my riddle:
5 ●Why should I fear when evil days come,
when wicked deceivers surround me—
6 ●those who trust in their wealth
and boast of their great riches?
7 ●No one can redeem the life of another
or give to God a ransom for them—
8 ●the ransom for a life is costly,
no payment is ever enough—
9 ●so that they should live on forever
and not see decay.
10 ●For all can see that the wise die,
that the foolish and the senseless also perish,
leaving their wealth to others.
11 ●Their tombs will remain their houses[b] forever,
their dwellings for endless generations,
though they had[c] named lands after themselves.
12 ●People, despite their wealth, do not endure;
they are like the beasts that perish.
13 ●This is the fate of those who trust in themselves,
and of their followers, who approve their
sayings.[d]
14 ●They are like sheep and are destined to die;
death will be their shepherd

[a]In Hebrew texts 49:1-20 is numbered 49:2-21. [b]11 Septuagint and Syriac; Hebrew *In their thoughts their houses will remain* [c]11 Or *generations,/ for they have* [d]13 The Hebrew has *Selah* (a word of uncertain meaning) here and at the end of verse 15.

approve [əprúːv] *vt.* 인정하다
citadel [sítədl] *n.* 성
costly [kɔ́ːstli] *a.* 값 비싼
decay [dikéi] *vi.* 부패하다
deceiver [disíːvər] *n.* 사기꾼
destine [déstin] *vt.* 예정해 두다
endure [indjúər] *vi.* 지속되다
expound [ikspáund] *vt.* 설명하다
fate [feit] *n.* 운명
perish [périʃ] *vi.* 사라지다
proverb [prɑ́vəːrb] *n.* 속담
rampart [rǽmpaːrt] *n.* 성벽
ransom [rǽnsəm] *n.* 몸값
riddle [rídl] *n.* 수수께끼
senseless [sénslis] *a.* 분별 없는

48:10 be filled with...: …로 가득차다
49:2 A and B alike: A와 B를 막론하고
49:6 boast of...: …을 자랑하다
49:10 for all...: …에도 불구하고
49:11 name A after B: B의 이름을 따서 A를 명명하다

15 그러나 하나님은 나를 영접하시리니 이
러므로 내 영혼을 스올의 권세에서 건져
내시리로다 (셀라)
16 사람이 치부하여 그의 집의 영광이 더할
때에 너는 두려워하지 말지어다
17 그가 죽으매 가져가는 것이 없고 그의 영
광이 그를 따라 내려가지 못함이로다
18 그가 비록 생시에 자기를 축하하며 스스
로 좋게 함으로 사람들에게 칭찬을 받을
지라도
19 그들은 그들의 역대 조상들에게로 돌아
가리니 영원히 빛을 보지 못하리로다
20 존귀하나 깨닫지 못하는 사람은 멸망하
는 짐승 같도다

〔아삽의 시〕 (♪ 85, 95, 633장)

50 전능하신 이 여호와 하나님께서 말
쓰하사 해 돋는 데서부터 지는 데
까지 세상을 부르셨도다
2 온전히 아름다운 시온에서 하나님이 빛
을 비추셨도다 48:2
3 우리 하나님이 오사 잠잠하지 아니하시
니 그 앞에는 삼키는 불이 있고 그 사방
에는 광풍이 불리로다
4 하나님이 자기의 백성을 판결하시려고
위 하늘과 아래 땅에 선포하여
5 이르시되 나의 성도들을 내 앞에 모으라
그들은 제사로 나와 언약한 이들이니라
하시도다
6 하늘이 그의 공의를 선포하리니 하나님
그는 심판장이심이로다 (셀라)
7 내 백성아 들을지어다 내가 말하리라 이
스라엘아 내가 [1]네게 증언하리라 나는
하나님 곧 네 하나님이로다 출 20:2
8 나는 네 제물 때문에 너를 책망하지는 아
니하리니 네 번제가 항상 내 앞에 있음이
로다
9 내가 네 집에서 수소나 네 우리에서 숫
염소를 가져가지 아니하리니
10 이는 삼림의 짐승들과 [2]뭇 산의 가축이
다 내 것이며
11 산의 모든 새들도 내가 아는 것이며 들의
짐승도 내 것임이로다
12 내가 가령 주려도 네게 이르지 아니할 것
은 세계와 거기에 충만한 것이 내 것임이
로다
13 *내가 수소의 고기를 먹으며 염소의 피를*
마시겠느냐

(but the upright will prevail over them in
the morning).
Their forms will decay in the grave,
far from their princely mansions.
15 •But God will redeem me from the realm of the
dead;
he will surely take me to himself.
16 •Do not be overawed when others grow rich,
when the splendor of their houses increases;
17 •for they will take nothing with them when they die,
their splendor will not descend with them.
18 •Though while they live they count themselves
blessed—
and people praise you when you prosper—
19 •they will join those who have gone before them,
who will never again see the light of life.
20 •People who have wealth but lack understanding
are like the beasts that perish.

Psalm 50

A psalm of Asaph.

1 •The Mighty One, God, the LORD,
speaks and summons the earth
from the rising of the sun to where it sets.
2 •From Zion, perfect in beauty,
God shines forth.
3 •Our God comes
and will not be silent;
a fire devours before him,
and around him a tempest rages.
4 •He summons the heavens above,
and the earth, that he may judge his people:
5 •"Gather to me this consecrated people,
who made a covenant with me by sacrifice."
6 •And the heavens proclaim his righteousness,
for he is a God of justice.[a,b]
7 •"Listen, my people, and I will speak;
I will testify against you, Israel:
I am God, your God.
8 •I bring no charges against you concerning your
sacrifices
or concerning your burnt offerings, which are
ever before me.
9 •I have no need of a bull from your stall
or of goats from your pens,
10 •for every animal of the forest is mine,
and the cattle on a thousand hills.
11 •I know every bird in the mountains,
and the insects in the fields are mine.
12 •If I were hungry I would not tell you,

[a]6 With a different word division of the Hebrew; Masoretic Text *for God himself is judge* [b]6 The Hebrew has *Selah* (a word of uncertain meaning) here.

1) 너를 대적하여 증언하리라 2) 히, 일천

consecrate [kánsəkrèit] *vt.* 성별하다
covenant [kʌ́vənənt] *n.* 계약
devour [diváuər] *vt.* 삼키다
grave [greiv] *n.* 무덤
harness [há:rnis] *vt.* 이용하다
insect [ínsekt] *n.* 곤충
lack [læk] *vi.* …이 없다
overawe [òuvərɔ́:] *vt.* 위압하다
proclaim [proukléim] *vt.* 선포하다
prosper [práspər] *vi.* 성공하다
rage [reidʒ] *vi.* 화를 내다
sacrifice [sǽkrəfàis] *n.* 희생제물
splendor [spléndər] *n.* 빛남, 영광
summon [sʌ́mən] *vt.* 소집하다
tempest [témpist] *n.* 대폭풍우

49:14 prevail over: 우세를 차지하다
49:19 never again: 두 번 다시 …않다
50:1 rise of the sun: 해돋이
50:2 shine forth: 빛을 발하다
50:7 testify against...: …에게 불리한 증언을 하다

14 감사로 하나님께 제사를 드리며 지존하
신 이에게 네 서원을 갚으며
15 환난 날에 나를 부르라 내가 너를 건지리
니 네가 나를 영화롭게 하리로다
16 ●악인에게는 하나님이 이르시되 네가
어찌하여 내 율례를 전하며 내 언약을 네
입에 두느냐
17 네가 교훈을 미워하고 내 말을 네 뒤로
던지며
18 도둑을 본즉 그와 연합하고 간음하는 자
들과 동료가 되며 딤전 5:22
19 네 입을 악에게 내어 주고 네 혀로 거짓
을 꾸미며
20 앉아서 네 형제를 공박하며 네 어머니의
아들을 [1]비방하는도다
21 네가 이 일을 행하여도 내가 잠잠하였더
니 네가 나를 너와 같은 줄로 생각하였도
다 그러나 내가 너를 책망하여 네 죄를
네 눈 앞에 낱낱이 드러내리라 하시는도
다
22 ●하나님을 잊어버린 너희여 이제 이를
생각하라 그렇지 아니하면 내가 너희를
찢으리니 건질 자 없으리라 욥 8:13
23 감사로 제사를 드리는 자가 나를 영화롭
게 하나니 그의 행위를 옳게 하는 자에게
내가 하나님의 구원을 보이리라

〔다윗의 시, 인도자를 따라 부르는 노래,
다윗이 밧세바와 동침한 후 선지자 나단이
그에게 왔을 때〕(♪259, 261, 274, 282, 426장)

51 하나님이여 주의 인자를 따라 내게
은혜를 베푸시며 주의 많은 긍휼을
따라 내 죄악을 지워 주소서
2 나의 죄악을 말갛게 씻으시며 나의 죄를
깨끗이 제하소서
3 무릇 나는 내 죄과를 아오니 내 죄가 항
상 내 앞에 있나이다
4 내가 주께만 범죄하여 주의 목전에 악을
행하였사오니 주께서 말씀하실 때에 의
로우시다 하고 주께서 심판하실 때에 순
전하시다 하리이다
5 내가 죄악 중에서 출생하였음이여 어머
니가 죄 중에서 나를 잉태하였나이다
6 보소서 주께서는 중심이 진실함을 원하
시오니 [2]내게 지혜를 은밀히 가르치시리
이다

for the world is mine, and all that is in it.
13 ●Do I eat the flesh of bulls
or drink the blood of goats?
14 ●"Sacrifice thank offerings to God,
fulfill your vows to the Most High,
15 ●and call on me in the day of trouble;
I will deliver you, and you will honor me."
16 ●But to the wicked person, God says:
"What right have you to recite my laws
or take my covenant on your lips?
17 ●You hate my instruction
and cast my words behind you.
18 ●When you see a thief, you join with him;
you throw in your lot with adulterers.
19 ●You use your mouth for evil
and harness your tongue to deceit.
20 ●You sit and testify against your brother
and slander your own mother's son.
21 ●When you did these things and I kept silent,
you thought I was exactly[a] like you.
But I now arraign you
and set my accusations before you.
22 ●"Consider this, you who forget God,
or I will tear you to pieces, with no one to
rescue you:
23 ●Those who sacrifice thank offerings honor me,
and to the blameless[b] I will show my
salvation."

Psalm 51[c]

*For the director of music. A psalm of David.
When the prophet Nathan came to him after
David had committed adultery with Bathsheba.*

1 ●Have mercy on me, O God,
according to your unfailing love;
according to your great compassion
blot out my transgressions.
2 ●Wash away all my iniquity
and cleanse me from my sin.
3 ●For I know my transgressions,
and my sin is always before me.
4 ●Against you, you only, have I sinned
and done what is evil in your sight;
so you are right in your verdict
and justified when you judge.
5 ●Surely I was sinful at birth,
sinful from the time my mother conceived me.
6 ●Yet you desired faithfulness even in the womb;
you taught me wisdom in that secret place.

[a]21 Or *thought the 'I AM' was* [b]23 Probable reading of the original Hebrew text; the meaning of the Masoretic Text for this phrase is uncertain. [c]In Hebrew texts 51:1-19 is numbered 51:3-21. 1) 찌르는도다 2) 내 은밀한 곳에

accusation [ækjuzéiʃən] *n.* 고소
adulterer [ədʌ́ltərər] *n.* 간음하는 자
arraign [əréin] *vt.* 죄인의 시인 여부를 묻다
compassion [kəmpǽʃən] *n.* 측은히 여기는 마음
conceive [kənsí:v] *vt.* 임신하다
deceit [disí:t] *n.* 사기
deliver [dilívər] *vt.* 구하다
exactly [igzǽktli] *ad.* 정확하게
iniquity [iníkwəti] *n.* 죄악
recite [risáit] *vt.* 이야기하다
salvation [sælvéiʃən] *n.* 구원
sinful [sínfəl] *a.* 죄 많은
transgression [trænsgréʃən] *n.* 범죄
verdict [və́:rdikt] *n.* 판정
vow [vau] *n.* 서원

50:15 in the day of trouble: 고난을 당할 때에
50:21 keep silent: 침묵을 지키다
51:1 according to...: …에 따라
51:2 cleanse A from B: A에게서 B를 씻어 깨끗이하다

7 우슬초로 나를 정결하게 하소서 내가 정
하리이다 나의 죄를 씻어 주소서 내가 눈
보다 희리이다
8 내게 즐겁고 기쁜 소리를 들려 주시사 주
께서 꺾으신 뼈들도 즐거워하게 하소서
9 주의 얼굴을 내 죄에서 돌이키시고 내 모
든 죄악을 지워 주소서
10 하나님이여 내 속에 정한 마음을 창조하
시고 내 안에 [1]정직한 영을 새롭게 하소
서 엡 2:10
11 나를 주 앞에서 쫓아내지 마시며 주의 성
령을 내게서 거두지 마소서 왕하 13:23
12 주의 구원의 즐거움을 내게 회복시켜 주
시고 자원하는 심령을 주사 나를 붙드소
서 고후 3:17
13 그리하면 내가 범죄자에게 주의 도를 가
르치리니 죄인들이 주께 돌아오리이다
14 하나님이여 나의 구원의 하나님이여 피
흘린 죄에서 나를 건지소서 내 혀가 주의
의를 높이 노래하리이다
15 주여 내 입술을 열어 주소서 내 입이 주
를 찬송하여 전파하리이다
16 주께서는 제사를 기뻐하지 아니하시나
니 그렇지 아니하면 내가 드렸을 것이라
주는 번제를 기뻐하지 아니하시나이다
17 하나님께서 구하시는 제사는 상한 심령
이라 하나님이여 상하고 통회하는 마음
을 주께서 멸시하지 아니하시리이다
18 주의 은택으로 시온에 선을 행하시고 예
루살렘 성을 쌓으소서
19 그때에 주께서 의로운 제사와 번제와 온
전한 번제를 기뻐하시리니 그때에 그들
이 수소를 주의 제단에 드리리이다

〔다윗의 [2]마스길, 인도자를 따라 부르는 노래, 에돔인 도엑이 사울에게 이르러 다윗이 아히멜렉의 집에 왔다고 그에게 말하던 때에〕

52 포악한 자여 네가 어찌하여 악한
계획을 스스로 자랑하는가 하나님
의 인자하심은 항상 있도다
2 네 혀가 심한 악을 꾀하여 날카로운 삭도
같이 간사를 행하는도다
3 네가 선보다 악을 사랑하며 의를 말함보
다 거짓을 사랑하는도다 (셀라)
4 간사한 혀여 너는 남을 해치는 모든 말
을 좋아하는도다 120:3
5 그런즉 하나님이 영원히 너를 멸하심이
여 너를 붙잡아 네 장막에서 뽑아 내며

1) 견고한 2) 교훈

7 • Cleanse me with hyssop, and I will be clean;
wash me, and I will be whiter than snow.
8 • Let me hear joy and gladness;
let the bones you have crushed rejoice.
9 • Hide your face from my sins
and blot out all my iniquity.
10 • Create in me a pure heart, O God,
and renew a steadfast spirit within me.
11 • Do not cast me from your presence
or take your Holy Spirit from me.
12 • Restore to me the joy of your salvation
and grant me a willing spirit, to sustain me.
13 • Then I will teach transgressors your ways,
so that sinners will turn back to you.
14 • Deliver me from the guilt of bloodshed, O God,
you who are God my Savior,
and my tongue will sing of your righteousness.
15 • Open my lips, Lord,
and my mouth will declare your praise.
16 • You do not delight in sacrifice, or I would bring it;
you do not take pleasure in burnt offerings.
17 • My sacrifice, O God, is[a] a broken spirit;
a broken and contrite heart
you, God, will not despise.
18 • May it please you to prosper Zion,
to build up the walls of Jerusalem.
19 • Then you will delight in the sacrifices of the
righteous,
in burnt offerings offered whole;
then bulls will be offered on your altar.

Psalm 52[b]

For the director of music. A maskil[c] of David. When Doeg the Edomite had gone to Saul and told him: "David has gone to the house of Ahimelek."

1 • Why do you boast of evil, you mighty hero?
Why do you boast all day long,
you who are a disgrace in the eyes of God?
2 • You who practice deceit,
your tongue plots destruction;
it is like a sharpened razor.
3 • You love evil rather than good,
falsehood rather than speaking the truth.[d]
4 • You love every harmful word,
you deceitful tongue!
5 • Surely God will bring you down to everlasting
ruin:
He will snatch you up and pluck you from
your tent;

[a]17 Or *The sacrifices of God are* [b]In Hebrew texts 52:1-9 is numbered 52:3-11. [c]Title: Probably a literary or musical term [d]3 The Hebrew has *Selah* (a word of uncertain meaning) here and at the end of verse 5.

boast [boust] *vi.* 자랑하다
contrite [kəntráit] *a.* 죄를 뉘우치는
despise [dispáiz] *vt.* 멸시하다
disgrace [disgréis] *n.* 수치, 불명예
everlasting [èvərlǽstiŋ] *a.* 영원한
falsehood [fɔ́:lshùd] *n.* 거짓말
harmful [há:rmfəl] *a.* 해로운
hyssop [hísəp] *n.* 우슬초
plot [plat] *vt.* 모의하다
pluck [plʌk] *vt.* 잡아 뽑다
presence [prézns] *n.* 면전
razor [réizər] *n.* 칼날
renew [rinjú:] *vt.* 새롭게 하다
steadfast [stédfæ̀st] *a.* 확고한
sustain [səstéin] *vt.* 붙들어 주다

51:9 blot out: 지우다, 가리다
51:16 take pleasure in...: …를 좋아하다
51:18 build up: 쌓아올리다
52:1 in the eyes of...: …이 보는 바로는
52:5 bring down: 파멸시키다
52:5 snatch up: 와락 붙잡다, 잡아채다

살아 있는 땅에서 네 뿌리를 빼시리로다 (셀라)
6 의인이 보고 두려워하며 또 그를 비웃어 말하기를 욥 22:19
7 이 사람은 하나님을 자기 1)힘으로 삼지 아니하고 오직 자기 재물의 풍부함을 의지하며 자기의 악으로 스스로 든든하게 하던 자라 하리로다
8 그러나 나는 하나님의 집에 있는 푸른 감람나무 같음이여 하나님의 인자하심을 영원히 의지하리로다
9 주께서 이를 행하셨으므로 내가 영원히 주께 감사하고 주의 이름이 선하시므로 주의 성도 앞에서 내가 주의 이름을 사모하리이다

〔다윗의 2)마스길, 인도자를 따라 마할랏에 맞춘 노래〕

53 어리석은 자는 그의 마음에 이르기를 하나님이 없다 하도다 그들은 부패하며 가증한 악을 행함이여 선을 행하는 자가 없도다
2 하나님이 하늘에서 인생을 굽어살피사 지각이 있는 자와 하나님을 찾는 자가 있는가 보려 하신즉
3 각기 물러가 함께 더러운 자가 되고 선을 행하는 자 없으니 한 사람도 없도다
4 죄악을 행하는 자들은 무지하냐 그들이 떡 먹듯이 내 백성을 먹으면서 하나님을 부르지 아니하는도다 렘 4:22
5 그들이 두려움이 없는 곳에서 크게 두려워하였으니 너를 대항하여 진친 그들의 뼈를 하나님이 흩으심이라 하나님이 그들을 버리셨으므로 네가 그들에게 수치를 당하게 하였도다
6 시온에서 이스라엘을 구원하여 줄 자 누구인가 하나님이 자기 백성의 포로된 것을 돌이키실 때에 야곱이 즐거워하며 이스라엘이 기뻐하리로다 14:7

〔다윗의 2)마스길, 인도자를 따라 현악에 맞춘 노래, 십 사람이 사울에게 이르러 말하기를 다윗이 우리가 있는 곳에 숨지 아니하였나이까 하던 때에〕 (♪ 393장)

54 하나님이여 주의 이름으로 나를 구원하시고 주의 힘으로 나를 변호하소서

1) 성을 2) 교훈

he will uproot you from the land of the living.
6 •The righteous will see and fear;
they will laugh at you, saying,
7 •"Here now is the man
who did not make God his stronghold
but trusted in his great wealth
and grew strong by destroying others!"
8 •But I am like an olive tree
flourishing in the house of God;
I trust in God's unfailing love
for ever and ever.
9 •For what you have done I will always praise you
in the presence of your faithful people.
And I will hope in your name,
for your name is good.

Psalm 53[a]

For the director of music. According to mahalath.[b] *A maskil*[c] *of David.*

1 •The fool says in his heart,
"There is no God."
They are corrupt, and their ways are vile;
there is no one who does good.
2 •God looks down from heaven
on all mankind
to see if there are any who understand,
any who seek God.
3 •Everyone has turned away, all have become
corrupt;
there is no one who does good,
not even one.
4 •Do all these evildoers know nothing?
They devour my people as though eating bread;
they never call on God.
5 •But there they are, overwhelmed with dread,
where there was nothing to dread.
God scattered the bones of those who attacked
you;
you put them to shame, for God despised
them.
6 •Oh, that salvation for Israel would come out
of Zion!
When God restores his people,
let Jacob rejoice and Israel be glad!

Psalm 54[d]

For the director of music.
With stringed instruments. A maskil[c] *of David.*
When the Ziphites had gone to Saul and said,
"Is not David hiding among us?"

1 •Save me, O God, by your name;

[a]In Hebrew texts 53:1-6 is numbered 53:2-7. [b]Title: Probably a musical term [c]Title: Probably a literary or musical term [d]In Hebrew texts 54:1-7 is numbered 54:3-9.

corrupt [kərʌ́pt] *a.* 타락한
destroy [distrɔ́i] *vt.* 파괴하다
devour [diváuər] *vt.* 먹어 치우다
dread [dred] *n.* 두려움, 불안
evildoer [ìːvəldúːər] *n.* 악행자
flourish [fləːriʃ] *vi.* 무성하다
mankind [mænkaind] *n.* 인류
overwhelm [ouvərhwélm] *vt.* 압도하다
salvation [sælvéiʃən] *n.* 구원
scatter [skǽtər] *vt.* 흩어버리다
seek [siːk] *vt.* 찾다
stronghold [strɔ́ːŋhòuld] *n.* 피난처
unfailing [ʌnféiliŋ] *a.* 무한한
vile [vail] *a.* 몹시 나쁜
wealth [welθ] *n.* 재산

52:5 uproot A from B: A를 B에서 뿌리째 뽑다
52:9 in the presence of...: …의 면전에서
52:9 hope in...: …에 있어서의 희망
53:1 in one's heart: 마음속으로
53:3 no one: 아무도 …없다
53:5 put to shame: 창피주다, 모욕하다

2 하나님이여 내 기도를 들으시며 내 입의
말에 귀를 기울이소서
3 낯선 자들이 일어나 나를 치고 포악한 자
들이 나의 생명을 수색하며 하나님을 자
기 앞에 두지 아니하였음이니이다 (셀라)
4 하나님은 나를 돕는 이시며 주께서는 내
생명을 붙들어 주시는 이시니이다
5 주께서는 내 원수에게 악으로 갚으시리
니 주의 성실하심으로 그들을 멸하소서
6 내가 낙헌제로 주께 제사하리이다 여호
와여 주의 이름에 감사하오리니 주의 이
름이 선하심이니이다 50:14
7 참으로 주께서는 모든 환난에서 나를 건
지시고 내 원수가 보응 받는 것을 내 눈
이 똑똑히 보게 하셨나이다

〔다윗의 [1]마스길,
인도자를 따라 현악에 맞춘 노래〕

55 하나님이여 내 기도에 귀를 기울이
시고 내가 간구할 때에 숨지 마소
서
2 내게 굽히사 응답하소서 내가 근심으로
편하지 못하여 탄식하오니
3 이는 원수의 소리와 악인의 압제 때문이
라 그들이 죄악을 내게 더하며 노하여 나
를 핍박하나이다
4 내 마음이 내 속에서 심히 아파하며 사망
의 위험이 내게 이르렀도다
5 두려움과 떨림이 내게 이르고 공포가 나
를 덮었도다 욥 21:6
6 나는 말하기를 만일 내게 비둘기같이 날
개가 있다면 날아가서 편히 쉬리로다
7 내가 멀리 날아가서 광야에 머무르리로
다 (셀라)
8 내가 나의 피난처로 속히 가서 폭풍과 광
풍을 피하리라 하였도다
9 내가 성내에서 강포와 분쟁을 보았사오
니 주여 그들을 멸하소서 그들의 혀를 잘
라 버리소서
10 그들이 주야로 성벽 위에 두루 다니니 성
중에는 죄악과 재난이 있으며
11 악독이 그 중에 있고 압박과 속임수가 그
거리를 떠나지 아니하도다
12 나를 책망하는 자는 원수가 아니라 원수
일진대 내가 참았으리라 나를 대하여 자
기를 높이는 자는 나를 미워하는 자가 아
니라 미워하는 자일진대 내가 그를 피하
여 숨었으리라

vindicate me by your might.
2 • Hear my prayer, O God;
listen to the words of my mouth.
3 • Arrogant foes are attacking me;
ruthless people are trying to kill me—
people without regard for God.[a]
4 • Surely God is my help;
the Lord is the one who sustains me.
5 • Let evil recoil on those who slander me;
in your faithfulness destroy them.
6 • I will sacrifice a freewill offering to you;
I will praise your name, LORD, for it is good.
7 • You have delivered me from all my troubles,
and my eyes have looked in triumph on
my foes.

Psalm 55[b]

For the director of music. With stringed instruments. A maskil[c] of David.

1 • Listen to my prayer, O God,
do not ignore my plea;
2 • hear me and answer me.
My thoughts trouble me and I am distraught
3 • because of what my enemy is saying,
because of the threats of the wicked;
for they bring down suffering on me
and assail me in their anger.
4 • My heart is in anguish within me;
the terrors of death have fallen on me.
5 • Fear and trembling have beset me;
horror has overwhelmed me.
6 • I said, "Oh, that I had the wings of a dove!
I would fly away and be at rest.
7 • I would flee far away
and stay in the desert;[d]
8 • I would hurry to my place of shelter,
far from the tempest and storm."
9 • Lord, confuse the wicked, confound their
words,
for I see violence and strife in the city.
10 • Day and night they prowl about on its walls;
malice and abuse are within it.
11 • Destructive forces are at work in the city;
threats and lies never leave its streets.
12 • If an enemy were insulting me,
I could endure it;
if a foe were rising against me,
I could hide.

[a]3 The Hebrew has *Selah* (a word of uncertain meaning) here. [b]In Hebrew texts 55:1-23 is numbered 55:2-24. [c]Title: Probably a literary or musical term [d]7 The Hebrew has Selah (a word of uncertain meaning) here and in the middle of verse 19. 1) 교훈

abuse [əbjúːs] *n.* 욕설
anguish [ǽŋgwiʃ] *n.* 고통
assail [əséil] *vt.* 맹렬히 공격하다
confound [kanfáund] *vt.* 혼동시키다
distraught [distrɔ́ːt] *a.* 정신이 혼란한
freewill [fríːwíl] *a.* 자발적인
ignore [ignɔ́ːr] *vt.* 모른 체하다
insult [insʌ́lt] *vt.* 모욕하다
plea [pliː] *n.* 간구, 청원
ruthless [rúːθlis] *a.* 무자비한
slander [slǽndər] *vi.* 중상하다
strife [straif] *n.* 싸움
sustain [səstéin] *vt.* 붙들어 주다
tremble [trémbl] *vi.* 떨다
vindicate [víndəkèit] *vt.* 결백을 입증하다

54:3 without regard for...: …를 고려하지 않고, …에 상관없이
54:7 look in: 잠깐 들여다봄
55:3 bring down: 파멸시키다
55:10 prowl about: 찾아 헤매다
55:11 be at work: 작동하다, 일하다

13 그는 곧 너로다 나의 동료, 나의 친구요
나의 가까운 친우로다 41:9
14 우리가 같이 재미있게 의논하며 무리와
함께 하여 하나님의 집 안에서 다녔도
다
15 사망이 갑자기 그들에게 임하여 산 채로
스올에 내려갈지어다 이는 악독이 그들
의 거처에 있고 그들 가운데에 있음이로
다
16 나는 하나님께 부르짖으리니 여호와께
서 나를 구원하시리로다
17 저녁과 아침과 정오에 내가 근심하여 탄
식하리니 여호와께서 내 소리를 들으시
리로다
18 나를 대적하는 자 많더니 나를 치는 전쟁
에서 그가 내 생명을 구원하사 평안하게
하셨도다
19 옛부터 계시는 하나님이 들으시고 그들
을 낮추시리이다 (셀라) 그들은 변하지
아니하며 하나님을 경외하지 아니함이
니이다
20 그는 손을 들어 자기와 화목한 자를 치고
그의 언약을 배반하였도다
21 그의 입은 우유 기름보다 미끄러우나 그
의 마음은 전쟁이요 그의 말은 기름보다
유하나 실상은 뽑힌 칼이로다
22 네 짐을 여호와께 맡기라 그가 너를 붙드
시고 의인의 요동함을 영원히 허락하지
아니하시리로다
23 하나님이여 주께서 그들로 파멸의 웅덩
이에 빠지게 하시리이다 피를 흘리게 하
며 속이는 자들은 그들의 날의 반도 살지
못할 것이나 나는 주를 의지하리이다

〔다윗의 믹담 시, 인도자를 따라 요낫 엘렘 르호김에 맞춘 노래, 다윗이 가드에서 블레셋인에게 잡힌 때에〕(♪ 406, 432장)

56 하나님이여 내게 은혜를 베푸소서
사람이 나를 삼키려고 종일 치며
압제하나이다
2 [1)]내 원수가 종일 나를 삼키려 하며 나를
교만하게 치는 자들이 많사오니
3 내가 두려워하는 날에는 내가 주를 의지
하리이다
4 내가 하나님을 의지하고 그 말씀을 찬송
하올지라 내가 하나님을 의지하였은즉
두려워하지 아니하리니 혈육을 가진 사
람이 내게 어찌하리이까

13 •But it is you, a man like myself,
my companion, my close friend,
14 •with whom I once enjoyed sweet fellowship
at the house of God,
as we walked about
among the worshipers.
15 •Let death take my enemies by surprise;
let them go down alive to the realm of the
dead,
for evil finds lodging among them.
16 •As for me, I call to God,
and the LORD saves me.
17 •Evening, morning and noon
I cry out in distress,
and he hears my voice.
18 •He rescues me unharmed
from the battle waged against me,
even though many oppose me.
19 •God, who is enthroned from of old,
who does not change—
he will hear them and humble them,
because they have no fear of God.
20 •My companion attacks his friends;
he violates his covenant.
21 •His talk is smooth as butter,
yet war is in his heart;
his words are more soothing than oil,
yet they are drawn swords.
22 •Cast your cares on the LORD
and he will sustain you;
he will never let
the righteous be shaken.
23 •But you, God, will bring down the wicked
into the pit of decay;
the bloodthirsty and deceitful
will not live out half their days.
But as for me, I trust in you.

Psalm 56[a]

For the director of music. To the tune of "A Dove on Distant Oaks." Of David. A miktam.[b] *When the Philistines had seized him in Gath.*

1 •Be merciful to me, my God,
for my enemies are in hot pursuit;
all day long they press their attack.
2 •My adversaries pursue me all day long;
in their pride many are attacking me.
3 •When I am afraid, I put my trust in you.
4 • In God, whose word I praise—
in God I trust and am not afraid.

[a]In Hebrew texts 56:1-13 is numbered 56:2-14. [b]Title: Probably a literary or musical term 1) 나를 엿보는 자가

adversary [ǽdvərsèri] *n.* 대적
attack [ətǽk] *vi.* 공격하다
bloodthirsty [blʌ́dθəːrsti] *a.* 피에 굶주린
companion [kəmpǽnjən] *n.* 친구
decay [dikéi] *vi.* 부패하다
deceitful [disíːtfəl] *a.* 기만적인
enthrone [inθróun] *vt.* 왕위에 앉히다
humble [bʌ́mbl] *vt.* 낮추다
lodging [ládʒiŋ] *n.* 숙소
oppose [əpóuz] *vt.* 대적하다
pursue [pərsúː] *vt.* 좇다
pursuit [pərsúːt] *n.* 추격
soothing [súːðiŋ] *a.* 위로하는
unharmed [ʌnháːrmd] *a.* 무사한
violate [váiəlèit] *vt.* 위반하다

55:15 take... by surprise: …를 갑자기 덮치다[공격하다]
55:16 as for me: 나라면, 나로서는
55:21 more than...: …라기보다는 오히려
55:23 live out: 살아 남다
56:1 be merciful to...: …에게 자비롭다

5 그들이 종일 내 말을 곡해하며 나를 치는
그들의 모든 생각은 사악이라 41:7
6 그들이 내 생명을 엿보았던 것과 같이 또
모여 숨어 내 발자취를 지켜보나이다
7 그들이 악을 행하고야 안전하오리이까
하나님이여 분노하사 뭇 백성을 낮추소
서 36:12
8 나의 유리함을 주께서 계수하셨사오니
나의 눈물을 주의 병에 담으소서 이것이
주의 책에 기록되지 아니하였나이까
9 내가 아뢰는 날에 내 원수들이 물러가리
니 [1]이것으로 하나님이 내 편이심을 내
가 아나이다
10 내가 하나님을 의지하여 그의 말씀을 찬
송하며 여호와를 의지하여 그의 말씀을
찬송하리이다
11 내가 하나님을 의지하였은즉 두려워하
지 아니하리니 사람이 내게 어찌하리이
까
12 하나님이여 내가 주께 서원함이 있사온
즉 내가 감사제를 주께 드리리니
13 주께서 내 생명을 사망에서 건지셨음이
라 주께서 나로 하나님 앞, 생명의 빛에
다니게 하시려고 실족하지 아니하게 하
지 아니하셨나이까

〔다윗의 믹담 시, 인도자를 따라 알다스헷에 맞춘
노래, 다윗이 사울을 피하여 굴에 있던 때에〕

57 하나님이여 내게 은혜를 베푸소서
내게 은혜를 베푸소서 내 영혼이 주
께로 피하되 주의 날개 그늘 아래에서 이
재앙들이 지나기까지 피하리이다
2 내가 지존하신 하나님께 부르짖음이여
곧 나를 위하여 모든 것을 이루시는 하나
님께로다
3 그가 하늘에서 보내사 나를 삼키려는 자
의 비방에서 나를 구원하실지라 (셀라)
하나님이 그의 인자와 진리를 보내시리
로다
4 내 영혼이 사자들 가운데에서 살며 내가
불사르는 자들 중에 누웠으니 곧 사람의
아들들 중에라 그들의 이는 창과 화살이
요 그들의 혀는 날카로운 칼 같도다
5 하나님이여 주는 하늘 위에 높이 들리시
며 주의 영광이 온 세계 위에 높아지기를
원하나이다
6 그들이 내 걸음을 막으려고 그물을 준
비하였으니 내 영혼이 억울하도다 그들

What can mere mortals do to me?
5 All day long they twist my words;
all their schemes are for my ruin.
6 They conspire, they lurk,
they watch my steps,
hoping to take my life.
7 Because of their wickedness do not[a] let them
escape;
in your anger, God, bring the nations down.
8 Record my misery;
list my tears on your scroll[b] —
are they not in your record?
9 Then my enemies will turn back
when I call for help.
By this I will know that God is for me.
10 In God, whose word I praise,
in the LORD, whose word I praise —
11 in God I trust and am not afraid.
What can man do to me?
12 I am under vows to you, my God;
I will present my thank offerings to you.
13 For you have delivered me from death
and my feet from stumbling,
that I may walk before God
in the light of life.

Psalm 57[c]

For the director of music. To the tune of "Do Not Destroy." Of David. A miktam.[d] *When he had fled from Saul into the cave.*

1 Have mercy on me, my God, have mercy on me,
for in you I take refuge.
I will take refuge in the shadow of your wings
until the disaster has passed.
2 I cry out to God Most High,
to God, who vindicates me.
3 He sends from heaven and saves me,
rebuking those who hotly pursue me —[e]
God sends forth his love and his faithfulness.
4 I am in the midst of lions;
I am forced to dwell among ravenous beasts —
men whose teeth are spears and arrows,
whose tongues are sharp swords.
5 Be exalted, O God, above the heavens;
let your glory be over all the earth.
6 They spread a net for my feet —
I was bowed down in distress.

[a]7 Probable reading of the original Hebrew text; Masoretic Text does not have *do not.* [b]8 Or *misery; / put my tears in your wineskin* [c]In Hebrew texts 57:1-11 is numbered 57:2-12. [d]Title: Probably a literary or musical term [e]3 The Hebrew has *Selah* (a word of uncertain meaning) here and at the end of verse 6.

1) 이같이 아는 것은 하나님이 나를 위하심이니이다

conspire [kənspáiər] *vi.* 음모를 꾸미다
deliver [dilívər] *vt.* 구원하다
distress [distrés] *n.* 고뇌, 고난
exalt [igzɔ́:lt] *vt.* 높이다
faithfulness [féiθfəlnis] *n.* 성실
hotly [hátli] *ad.* 열렬히
lurk [lə:rk] *vi.* 숨어서 기다리다
misery [mízəri] *n.* 고통
mortal [mɔ́:rtl] *a.* 죽을 운명의
pursue [pərsú:] *vt.* 쫓다
ravenous [rǽvənəs] *a.* 굶주린
rebuke [ribjú:k] *vt.* 꾸짖다
scroll [skroul] *n.* 두루마리(책)
spear [spiər] *n.* 창
stumble [stʌ́mbl] *vi.* 걸려 넘어지다

56:5 all day long: 온종일
56:6 take one's life: ~의 생명을 취하다
56:8 list A on B: A를 B에 올리다
56:9 call for...: …를 요청하다
56:12 present A to B: A를 B에게 바치다
57:1 take refuge in...: …에 피하다

이 내 앞에 웅덩이를 팠으나 자기들이 그
중에 빠졌도다 (셀라) 35:7
7 하나님이여 내 마음이 확정되었고 내 마
음이 확정되었사오니 내가 노래하고 내
가 찬송하리이다
8 내 영광아 깰지어다 비파야, 수금아, 깰
지어다 내가 새벽을 깨우리로다
9 주여 내가 만민 중에서 주께 감사하오며
뭇 나라 중에서 주를 찬송하리이다
10 무릇 주의 인자는 커서 하늘에 미치고 주
의 진리는 궁창에 이르나이다 36:5
11 하나님이여 주는 하늘 위에 높이 들리시
며 주의 영광이 온 세계 위에 높아지기를
원하나이다

〔다윗의 믹담 시,
인도자를 따라 알다스헷에 맞춘 노래〕

58 통치자들아 너희가 정의를 말해야
하거늘 어찌 잠잠하냐 인자들아 너
희가 올바르게 판결해야 하거늘 어찌 잠
잠하냐 82:2
2 아직도 너희가 중심에 악을 행하며 땅에
서 너희 손으로 폭력을 달아 주는도다
3 악인은 모태에서부터 멀어졌음이여 나
면서부터 곁길로 나아가 거짓을 말하는
도다 사 48:8
4 그들의 독은 뱀의 독 같으며 그들은 귀를
막은 귀머거리 독사 같으니
5 술사의 홀리는 소리도 듣지 않고 능숙한
술객의 요술도 따르지 아니하는 독사로
다 81:11
6 하나님이여 그들의 입에서 이를 꺾으소
서 여호와여 젊은 사자의 어금니를 꺾어
내시며
7 그들이 급히 흐르는 물같이 사라지게 하
시며 겨누는 화살이 꺾임 같게 하시며
8 소멸하여 가는 달팽이 같게 하시며 만삭
되지 못하여 출생한 아이가 햇빛을 보지
못함 같게 하소서 욥 3:16
9 가시나무 불이 가마를 뜨겁게 하기 전에
1)생나무든지 불 붙는 나무든지 강한 바
람으로 휩쓸려 가게 하소서 잠 10:25
10 의인이 악인의 보복 당함을 보고 기뻐
함이여 그의 발을 악인의 피에 씻으리
로다
11 그때에 사람의 말이 진실로 의인에게 갚
음이 있고 진실로 땅에서 심판하시는 하
나님이 계시다 하리로다

They dug a pit in my path—
but they have fallen into it themselves.
7 •My heart, O God, is steadfast,
my heart is steadfast;
I will sing and make music.
8 •Awake, my soul!
Awake, harp and lyre!
I will awaken the dawn.
9 •I will praise you, Lord, among the nations;
I will sing of you among the peoples.
10 •For great is your love, reaching to the heavens;
your faithfulness reaches to the skies.
11 •Be exalted, O God, above the heavens;
let your glory be over all the earth.

Psalm 58[a]

For the director of music. To the tune of "Do Not Destroy." Of David. A miktam.[b]

1 •Do you rulers indeed speak justly?
Do you judge people with equity?
2 •No, in your heart you devise injustice,
and your hands mete out violence on the
earth.
3 •Even from birth the wicked go astray;
from the womb they are wayward,
spreading lies.
4 •Their venom is like the venom of a snake,
like that of a cobra that has stopped its ears,
5 •that will not heed the tune of the charmer,
however skillful the enchanter may be.
6 •Break the teeth in their mouths, O God;
LORD, tear out the fangs of those lions!
7 •Let them vanish like water that flows away;
when they draw the bow, let their arrows
fall short.
8 •May they be like a slug that melts away as
it moves along,
like a stillborn child that never sees the sun.
9 •Before your pots can feel the heat of the
thorns—
whether they be green or dry—the wicked
will be swept away.[c]
10 •The righteous will be glad when they are avenged,
when they dip their feet in the blood of
the wicked.
11 •Then people will say,
"Surely the righteous still are rewarded;
surely there is a God who judges the earth."

[a]In Hebrew texts 58:1-11 is numbered 58:2-12. [b]Title : Probably a literary or musical term [c]9 The meaning of the Hebrew for this verse is uncertain. 1) 진노가 생 것을 회오리바람으로 제하여 버리듯하리로다

avenge [əvéndʒ] *vi.* 복수하다
charmer [tʃɑ́:rmər] *n.* 뱀 부리는 자
dip [dip] *vt.* 적시다
equity [ékwəti] *n.* 공평
fang [fæŋ] *n.* 이빨, 송곳니
heed [hi:d] *vi.* 주의하다
lyre [laiər] *n.* 수금
pit [pit] *n.* 구덩이, 함정
reward [riwɔ́:rd] *vt.* 보상하다
slug [slʌg] *n.* 민달팽이
steadfast [stédfæst] *a.* 확고한
stillborn [stílbɔ̀:rn] *a.* 사산의
tune [tju:n] *n.* 곡조
venom [vénəm] *n.* 독
wayward [wéiwərd] *a.* 제 마음대로의

57:10 reach to...: …에까지 이르다
58:2 mete out: 할당하다
58:3 go astray: 길을 잃다, 타락하다
58:6 tear out: 잡아뜯다
58:8 melt away: 서서히 사라지다
58:9 sweep away: 휩쓸어버리다

〔다윗의 믹담시, 인도자를 따라 알다스헷에
맞춘 노래, 사울이 사람을 보내어 다윗을
죽이려고 그 집을 지킨 때에〕

59 나의 하나님이여 나의 원수에게서
나를 건지시고 일어나 치려는 자에
게서 나를 높이 드소서
2 악을 행하는 자에게서 나를 건지시고 피
흘리기를 즐기는 자에게서 나를 구원하
소서 28:3
3 그들이 나의 생명을 해하려고 엎드려 기
다리고 강한 자들이 모여 나를 치려 하오
니 여호와여 이는 나의 잘못으로 말미암
음이 아니요 나의 죄로 말미암음도 아니
로소이다
4 내가 허물이 없으나 그들이 달려와서 스
스로 준비하오니 주여 나를 도우시기 위
하여 깨어 살펴 주소서 35:19, 23
5 주님은 만군의 하나님 여호와, 이스라엘
의 하나님이시오니 일어나 모든 나라들
을 벌하소서 악을 행하는 모든 자들에게
은혜를 베풀지 마소서 (셀라)
6 그들이 저물어 돌아와서 개처럼 울며 성
으로 두루 다니고
7 그들의 입으로는 악을 토하며 그들의 입
술에는 칼이 있어 이르기를 누가 들으리
요 하나이다
8 여호와여 주께서 그들을 비웃으시며 모
든 나라들을 조롱하시리이다 37:13
9 하나님은 나의 요새이시니 [1)]그의 힘으로
말미암아 내가 주를 바라리이다
10 나의 하나님이 그의 인자하심으로 나를
영접하시며 하나님이 나의 원수가 보응
받는 것을 내가 보게 하시리이다
11 그들을 죽이지 마옵소서 나의 백성이 잊
을까 하나이다 우리 방패 되신 주여 주의
능력으로 그들을 흩으시고 낮추소서
12 그들의 입술의 말은 곧 그들의 입의 죄라
그들이 말하는 저주와 거짓말로 말미암
아 그들이 그 교만한 중에서 사로잡히게
하소서
13 진노하심으로 소멸하시되 없어지기까지
소멸하사 하나님이 야곱 중에서 다스리
심을 땅끝까지 알게 하소서 (셀라)
14 그들에게 저물어 돌아와서 개처럼 울며
성으로 두루 다니게 하소서
15 그들은 먹을 것을 찾아 유리하다가 배부
름을 얻지 못하면 밤을 새우려니와

Psalm 59[a]

For the director of music. To the tune of "Do Not Destroy." Of David. A miktam.[b] When Saul had sent men to watch David's house in order to kill him.

1 •Deliver me from my enemies, O God;
be my fortress against those who are
attacking me.
2 •Deliver me from evildoers
and save me from those who are after my
blood.
3 •See how they lie in wait for me!
Fierce men conspire against me
for no offense or sin of mine, LORD.
4 •I have done no wrong, yet they are ready to
attack me.
Arise to help me; look on my plight!
5 •You, LORD God Almighty,
you who are the God of Israel,
rouse yourself to punish all the nations;
show no mercy to wicked traitors.[c]
6 •They return at evening,
snarling like dogs,
and prowl about the city.
7 •See what they spew from their mouths—
the words from their lips are sharp as swords,
and they think, "Who can hear us?"
8 •But you laugh at them, LORD;
you scoff at all those nations.
9 •You are my strength, I watch for you;
you, God, are my fortress,
10 • my God on whom I can rely.
God will go before me
and will let me gloat over those who
slander me.
11 •But do not kill them, Lord our shield,[d]
or my people will forget.
In your might uproot them
and bring them down.
12 •For the sins of their mouths,
for the words of their lips,
let them be caught in their pride.
For the curses and lies they utter,
13 • consume them in your wrath,
consume them till they are no more.
Then it will be known to the ends of the earth
that God rules over Jacob.
14 •They return at evening,
snarling like dogs,

[a]In Hebrew texts 59:1-17 is numbered 59:2-18. [b]Title: Probably a literary or musical term [c]5 The Hebrew has *Selah* (a word of uncertain meaning) here and at the end of verse 13. [d]11 Or *sovereign* 1) 칠십인역과 불겟역에는 '내 힘이시여 내가'

conspire [kənspáiər] *vi.* 음모를 꾸미다
consume [kənsú:m] *vt.* 소멸하다
curse [kə:rs] *n.* 저주
deliver [dilívər] *vt.* 구원하다
fortress [fɔ́:rtris] *n.* 요새
might [mait] *n.* 힘, 능력
plight [plait] *n.* 곤경
shield [ʃi:ld] *n.* 방패
slander [slǽndər] *vi.* 중상하다
snarl [sna:rl] *vi.* 으르렁거리다
spew [spju:] *vt.* 토하다
traitor [tréitər] *n.* 반역자
uproot [ʌprú:t] *vt.* 뿌리 뽑다
utter [ʌ́tər] *vt.* 늘어놓다, 말하다
wrath [ræθ] *n.* 진노

59:2 be after one's blood: …를 죽이고 싶어 하다
59:5 show mercy to...: …에 자비를 베풀다
59:8 scoff at...: …를 비웃다, 조롱하다
59:10 gloat over: 고소한 듯이 바라보다
59:11 bring... down: …를 낮추다

16 나는 주의 힘을 노래하며 아침에 주의 인
자하심을 높이 부르오리니 주는 나의 요새
이시며 나의 환난날에 피난처심이니이다
17 나의 힘이시여 내가 주께 찬송하오리니
하나님은 나의 요새이시며 나를 긍휼히
여기시는 하나님이심이니이다

〔다윗이 교훈하기 위하여 지은 믹담, 인도자를 따라 수산에둣에 맞춘 노래, 다윗이 아람 나하라임과 아람소바와 싸우는 중에 요압이 돌아와 에돔을 소금 골짜기에서 쳐서 만 이천 명을 죽인 때에〕(♪ 70, 401장)

60 하나님이여 주께서 우리를 버려 흩
으셨고 분노하셨사오나 지금은 우
리를 회복시키소서
2 주께서 땅을 진동시키사 갈라지게 하셨
사오니 그 틈을 기우소서 땅이 흔들림이
니이다
3 주께서 주의 백성에게 어려움을 보이시
고 비틀거리게 하는 포도주를 우리에게
마시게 하셨나이다
4 주를 경외하는 자에게 깃발을 주시고 진
리를 위하여 달게 하셨나이다 (셀라)
5 ●주께서 사랑하시는 자를 건지시기 위
하여 주의 오른손으로 구원하시고 응답
하소서
6 하나님이 그의 거룩하심으로 말씀하시
되 내가 뛰놀리라 내가 세겜을 나누며 숙
곳 골짜기를 측량하리라
7 길르앗이 내 것이요 므낫세도 내 것이며
에브라임은 내 머리의 투구요 유다는 나
의 규이며
8 모압은 나의 목욕통이라 에돔에는 나의
신발을 던지리라 블레셋아 나로 말미암
아 외치라 하셨도다
9 누가 나를 이끌어 견고한 성에 들이며 누
가 나를 에돔에 인도할까
10 하나님이여 주께서 우리를 버리지 아니
하셨나이까 하나님이여 주께서 우리 군
대와 함께 나아가지 아니하시나이다
11 우리를 도와 대적을 치게 하소서 사람의
구원은 헛됨이니이다
12 우리가 하나님을 의지하고 용감하게 행
하리니 그는 우리의 대적을 밟으실 이심
이로다

〔다윗의 시, 인도자를 따라 현악에 맞춘 노래〕

61 하나님이여 나의 부르짖음을 들으
시며 내 기도에 유의하소서

and prowl about the city.
15 • They wander about for food
and howl if not satisfied.
16 • But I will sing of your strength,
in the morning I will sing of your love;
for you are my fortress,
my refuge in times of trouble.
17 • You are my strength, I sing praise to you;
you, God, are my fortress,
my God on whom I can rely.

Psalm 60[a]

For the director of music. To the tune of "The Lily of the Covenant." A miktam[b] of David. For teaching. When he fought Aram Naharaim[c] and Aram Zobah,[d] and when Joab returned and struck down twelve thousand Edomites in the Valley of Salt.

1 • You have rejected us, God, and burst upon us;
you have been angry — now restore us!
2 • You have shaken the land and torn it open;
mend its fractures, for it is quaking.
3 • You have shown your people desperate times;
you have given us wine that makes us stagger.
4 • But for those who fear you, you have raised a banner
to be unfurled against the bow.[e]
5 • Save us and help us with your right hand,
that those you love may be delivered.
6 • God has spoken from his sanctuary:
"In triumph I will parcel out Shechem
and measure off the Valley of Sukkoth.
7 • Gilead is mine, and Manasseh is mine;
Ephraim is my helmet,
Judah is my scepter.
8 • Moab is my washbasin,
on Edom I toss my sandal;
over Philistia I shout in triumph."
9 • Who will bring me to the fortified city?
Who will lead me to Edom?
10 • Is it not you, God, you who have now rejected us
and no longer go out with our armies?
11 • Give us aid against the enemy,
for human help is worthless.
12 • With God we will gain the victory,
and he will trample down our enemies.

Psalm 61[f]

For the director of music. With stringed instruments. Of David.

1 • Hear my cry, O God;

[a]In Hebrew texts 60:1-12 is numbered 60:3-14. [b]Title: Probably a literary or musical term [c]Title: That is, Arameans of Northwest Mesopotamia [d]Title: That is, Arameans of central Syria [e]4 The Hebrew has *Selah* (a word of uncertain meaning) here. [f]In Hebrew texts 61:1-8 is numbered 61:2-9.

aid [eid] *n.* 도움
desperate [déspərət] *a.* 절망적인
fortified [fɔ́:rtəfàid] *a.* 견고한
fracture [frǽktʃər] *n.* 부서짐, 분열
howl [haul] *vi.* (개, 이리 등이) 짖다
mend [mend] *vt.* 고치다
quake [kweik] *vi.* 떨다
refuge [réfju:dʒ] *n.* 피난처
reject [ridʒékt] *vt.* 거절하다
restore [ristɔ́:r] *vt.* 회복시키다
sanctuary [sǽŋktʃuèri] *n.* 성소
scepter [séptər] *n.* 홀, 왕위
stagger [stǽgər] *vi.* 비틀거리다
unfurl [ʌnfə́:rl] *vi.* (기 등을) 올리다
washbasin [wɔ́:ʃbeisn] *n.* 세숫대야

59:14 **prowl about**: 찾아 헤매다
60:6 **in triumph**: 의기양양하여
60:6 **parcel out**: 나누다, 분배하다
60:6 **measure off**: 재어서 끊다, 구획하다
60:10 **go out with**: …와 교제하다
60:12 **trample down**: 짓밟다

2 내 마음이 약해질 때에 땅끝에서부터 주
께 부르짖으오리니 나보다 높은 바위에
나를 인도하소서
3 주는 나의 피난처시요 원수를 피하는 견
고한 망대이심이니이다
4 내가 영원히 주의 장막에 머물며 내가 주
의 날개 아래로 피하리이다 (셀라)
5 주 하나님이여 주께서 나의 서원을 들으
시고 1)주의 이름을 경외하는 자가 얻을
기업을 내게 주셨나이다
6 주께서 왕에게 장수하게 하사 그의 나이
가 여러 대에 미치게 하시리이다
7 그가 영원히 하나님 앞에서 거주하리니
인자와 진리를 예비하사 그를 보호하소
서 41:12
8 그리하시면 내가 주의 이름을 영원히 찬
양하며 매일 나의 서원을 이행하리이다

〔다윗의 시, 인도자를 따라 여두둔의 법칙에
따라 부르는 노래〕(♪ 363, 409, 539장)

62 나의 2)영혼이 잠잠히 하나님만 바
라봄이여 나의 구원이 그에게서 나오
는도다
2 오직 그만이 나의 반석이시요 나의 구원
이시요 나의 요새이시니 내가 크게 흔들
리지 아니하리로다
3 넘어지는 담과 흔들리는 울타리같이 사
람을 죽이려고 너희가 일제히 공격하기
를 언제까지 하려느냐
4 그들이 그를 그의 높은 자리에서 떨어뜨
리기만 꾀하고 거짓을 즐겨 하니 입으로
는 축복이요 속으로는 저주로다 (셀라)
5 나의 영혼아 3)잠잠히 하나님만 바라라
무릇 나의 소망이 그로부터 나오는도다
6 오직 그만이 나의 반석이시요 나의 구원
이시요 나의 요새이시니 내가 흔들리지
아니하리로다
7 나의 구원과 영광이 하나님께 있음이여
내 힘의 반석과 피난처도 하나님께 있도
다 85:9
8 백성들아 시시로 그를 의지하고 그의 앞
에 마음을 토하라 하나님은 우리의 피난
처시로다 (셀라)
9 아, 슬프도다 사람은 입김이며 인생도 속
임수이니 저울에 달면 그들은 입김보다
가벼우리로다
10 포악을 의지하지 말며 탈취한 것으로 허
망하여지지 말며 재물이 늘어도 거기에

listen to my prayer.
2 •From the ends of the earth I call to you,
I call as my heart grows faint;
lead me to the rock that is higher than I.
3 •For you have been my refuge,
a strong tower against the foe.
4 •I long to dwell in your tent forever
and take refuge in the shelter of your wings.[a]
5 •For you, God, have heard my vows;
you have given me the heritage of those
who fear your name.
6 •Increase the days of the king's life,
his years for many generations.
7 •May he be enthroned in God's presence forever;
appoint your love and faithfulness to
protect him.
8 •Then I will ever sing in praise of your name
and fulfill my vows day after day.

Psalm 62[b]

For the director of music. For Jeduthun. A psalm of David.

1 •Truly my soul finds rest in God;
my salvation comes from him.
2 •Truly he is my rock and my salvation;
he is my fortress, I will never be shaken.
3 •How long will you assault me?
Would all of you throw me down—
this leaning wall, this tottering fence?
4 •Surely they intend to topple me
from my lofty place;
they take delight in lies.
With their mouths they bless,
but in their hearts they curse.[c]
5 •Yes, my soul, find rest in God;
my hope comes from him.
6 •Truly he is my rock and my salvation;
he is my fortress, I will not be shaken.
7 •My salvation and my honor depend on God[d];
he is my mighty rock, my refuge.
8 •Trust in him at all times, you people;
pour out your hearts to him,
for God is our refuge.
9 •Surely the lowborn are but a breath,
the highborn are but a lie.
If weighed on a balance, they are nothing;
together they are only a breath.
10 •Do not trust in extortion

[a]4 The Hebrew has *Selah* (a word of uncertain meaning) here. [b]In Hebrew texts 62:1-12 is numbered 62:2-13. [c]4 The Hebrew has *Selah* (a word of uncertain meaning) here and at the end of verse 8. [d]7 Or / *God Most High is my salvation and my honor* 1) 주를 경외하는 자에게 기업을 주셨나이다 2) 영혼이 하나님 앞에 잠잠함이여 3) 하나님 앞에 잠잠하라

assault [əsɔ́:lt] *vt.* 급습하다
curse [kə:rs] *vt.* 저주하다
enthrone [inθróun] *vt.* 왕위에 앉히다
extortion [ikstɔ́:rʃən] *n.* 강탈
foe [fou] *n.* 원수
fortress [fɔ́:rtris] *n.* 요새
heritage [héritidʒ] *n.* 유산, 기업
highborn [háibɔ̀:rn] *a.* 고귀한 태생의
lofty [lɔ́:fti] *a.* 매우 높은
lowborn [lóubɔ̀:rn] *a.* 태생이 천한
salvation [sælvéiʃən] *n.* 구원
shelter [ʃéltər] *n.* 피신처
topple [tápl] *vt.* 넘어뜨리다
totter [tátər] *vi.* 흔들거리다
vow [vau] *n.* 서약

61:4 long to...: …하기를 열망하다
61:4 take refuge in...: …에 피난하다
62:4 intend to...: …할 작정이다
62:4 take delight in...: …을 즐기다
62:7 depend on...: …에 달려있다
62:8 at all times: 늘, 언제나

마음을 두지 말지어다 49:6,7
11 하나님이 한두 번 하신 말씀을 내가 들었
나니 권능은 하나님께 속하였다 하셨도
다
12 주여 인자함은 주께 속하오니 주께서 각
사람이 행한 대로 갚으심이니이다

〔다윗의 시, 유다 광야에 있을 때에〕
(♪ 288, 573장)

63 하나님이여 주는 나의 하나님이시
라 내가 간절히 주를 찾되 물이 없
어 마르고 황폐한 땅에서 내 영혼이 주를
갈망하며 내 육체가 주를 앙모하나이다
2 내가 주의 권능과 영광을 보기 위하여 이
와 같이 성소에서 주를 바라보았나이다
3 주의 인자하심이 생명보다 나으므로 내
입술이 주를 찬양할 것이라
4 이러므로 나의 평생에 주를 송축하며 주
의 이름으로 말미암아 나의 손을 들리이
다
5 골수와 기름진 것을 먹음과 같이 나의 영
혼이 만족할 것이라 나의 입이 기쁜 입술
로 주를 찬송하되 36:8
6 내가 나의 침상에서 주를 기억하며 새벽
에 주의 말씀을 작은 소리로 읊조릴 때에
하오리니
7 주는 나의 도움이 되셨음이라 내가 주의
날개 그늘에서 즐겁게 부르리이다
8 나의 영혼이 주를 가까이 따르니 주의 오
른손이 나를 붙드시거니와
9 나의 영혼을 찾아 멸하려 하는 그들은 땅
깊은 곳에 들어가며
10 칼의 세력에 넘겨져 [1]승냥이의 먹이가
되리이다
11 왕은 하나님을 즐거워하리니 주께 맹세
한 자마다 자랑할 것이나 거짓말하는 자
의 입은 막히리로다 신 6:13

〔다윗의 시, 인도자를 따라 부르는 노래〕
(♪ 497, 563장)

64 하나님이여 내가 근심하는 소리를
들으시고 원수의 두려움에서 나의
생명을 보존하소서
2 주는 악을 꾀하는 자들의 음모에서 나를
숨겨 주시고 악을 행하는 자들의 소동에
서 나를 감추어 주소서
3 그들이 칼같이 자기 혀를 연마하며 화살
같이 독한 말로 겨누고
4 숨은 곳에서 온전한 자를 쏘며 갑자기 쏘

or put vain hope in stolen goods;
though your riches increase,
do not set your heart on them.
11 • One thing God has spoken,
two things I have heard:
"Power belongs to you, God,
12 • and with you, Lord, is unfailing love";
and, "You reward everyone
according to what they have done."

Psalm 63[a]

A psalm of David. When he was in the Desert of Judah.

1 • You, God, are my God,
earnestly I seek you;
I thirst for you,
my whole being longs for you,
in a dry and parched land
where there is no water.
2 • I have seen you in the sanctuary
and beheld your power and your glory.
3 • Because your love is better than life,
my lips will glorify you.
4 • I will praise you as long as I live,
and in your name I will lift up my hands.
5 • I will be fully satisfied as with the richest of
foods;
with singing lips my mouth will praise you.
6 • On my bed I remember you;
I think of you through the watches of the night.
7 • Because you are my help,
I sing in the shadow of your wings.
8 • I cling to you;
your right hand upholds me.
9 • Those who want to kill me will be destroyed;
they will go down to the depths of the earth.
10 • They will be given over to the sword
and become food for jackals.
11 • But the king will rejoice in God;
all who swear by God will glory in him,
while the mouths of liars will be silenced.

Psalm 64[b]

For the director of music. A psalm of David.

1 • Hear me, my God, as I voice my complaint;
protect my life from the threat of the enemy.
2 • Hide me from the conspiracy of the wicked,
from the plots of evildoers.
3 • They sharpen their tongues like swords
and aim cruel words like deadly arrows.
4 • They shoot from ambush at the innocent;
they shoot suddenly, without fear.

[a]In Hebrew texts 63:1-11 is numbered 63:2-12. [b]In Hebrew texts 64:1-10 is numbered 64:2-11. 1) 여우의

aim [eim] *vt.* 겨누다
ambush [ǽmbuʃ] *n.* 매복
behold [bihóuld] *vt.* 바라보다
conspiracy [kənspírəsi] *n.* 음모
cruel [krú:əl] *a.* 잔인한
destroy [distrɔ́i] *vt.* 파괴하다
earnestly [ə́:rnistli] *ad.* 간절하게
glorify [glɔ́:rəfài] *vt.* 찬양하다
jackal [dʒǽkəl] *n.* 자칼(야생동물)
parched [pa:rtʃt] *a.* 바짝 마른
reward [riwɔ́:rd] *vt.* 보상하다
sanctuary [sǽŋktʃuèri] *n.* 성소
thirst [θə:rst] *vi.* 갈망하다
threat [θret] *n.* 위협
uphold [ʌphóuld] *vt.* 붙잡다

62:12 according to...: …에 따라
63:4 as long as...: …하는 한
63:8 cling to...: …에 매달리다
63:9 to the depth of...: …의 깊이까지
63:11 swear by...: …에 대고 맹세하다
64:2 hide A from B: A를 B로부터 숨기다

고 두려워하지 아니하는도다 11:2
5 그들은 악한 목적으로 서로 격려하며 남
몰래 올무 놓기를 함께 의논하고 하는 말
이 누가 1)우리를 보리요 하며
6 그들은 죄악을 꾸미며 이르기를 우리가
묘책을 찾았다 하나니 각 사람의 속뜻과
마음이 깊도다
7 그러나 하나님이 그들을 쏘시리니 그들
이 갑자기 화살에 상하리로다
8 이러므로 그들이 엎드러지리니 그들의
혀가 그들을 해함이라 그들을 보는 자가
다 2)머리를 흔들리로다 잠 18:7
9 모든 사람이 두려워하여 하나님의 일을 선
포하며 그의 행하심을 깊이 생각하리로다
10 의인은 여호와로 말미암아 즐거워하며
그에게 피하리니 마음이 정직한 자는 다
자랑하리로다

〔다윗의 시, 인도자를 따라 부르는 노래〕
(♪ 304, 566장)

65 하나님이여 찬송이 시온에서 주를
기다리오며 사람이 서원을 주께 이
행하리이다
2 기도를 들으시는 주여 모든 육체가 주께
나아오리이다
3 죄악이 나를 이겼사오니 우리의 허물을
주께서 3)사하시리이다
4 주께서 택하시고 가까이 오게 하사 주의
뜰에 살게 하신 사람은 복이 있나이다 우
리가 주의 집 곧 주의 성전의 아름다움으
로 만족하리이다
5 우리 구원의 하나님이시여 땅의 모든 끝
과 먼 바다에 있는 자가 의지할 주께서
의를 따라 엄위하신 일로 우리에게 응답
하시리이다
6 주는 주의 힘으로 산을 세우시며 권능으
로 띠를 띠시며
7 바다의 설렘과 물결의 흔들림과 만민의
소요까지 진정하시나이다
8 땅끝에 사는 자가 주의 징조를 두려워하
나이다 주께서 아침 되는 것과 저녁 되는
것을 즐거워하게 하시며
9 땅을 돌보사 물을 대어 심히 윤택하게 하
시며 하나님의 강에 물이 가득하게 하시
고 이같이 땅을 예비하신 후에 그들에게
곡식을 주시나이다
10 주께서 밭고랑에 물을 넉넉히 대사 그 이

5 •They encourage each other in evil plans,
they talk about hiding their snares;
they say, "Who will see it[a]?"
6 •They plot injustice and say,
"We have devised a perfect plan!"
Surely the human mind and heart are
cunning.
7 •But God will shoot them with his arrows;
they will suddenly be struck down.
8 •He will turn their own tongues against them
and bring them to ruin;
all who see them will shake their heads
in scorn.
9 •All people will fear;
they will proclaim the works of God
and ponder what he has done.
10 •The righteous will rejoice in the LORD
and take refuge in him;
all the upright in heart will glory in him!

Psalm 65[b]

For the director of music. A psalm of David. A song.

1 •Praise awaits[c] you, our God, in Zion;
to you our vows will be fulfilled.
2 •You who answer prayer,
to you all people will come.
3 •When we were overwhelmed by sins,
you forgave[d] our transgressions.
4 •Blessed are those you choose
and bring near to live in your courts!
We are filled with the good things of your house,
of your holy temple.
5 •You answer us with awesome and
righteous deeds,
God our Savior,
the hope of all the ends of the earth
and of the farthest seas,
6 •who formed the mountains by your power,
having armed yourself with strength,
7 •who stilled the roaring of the seas,
the roaring of their waves,
and the turmoil of the nations.
8 •The whole earth is filled with awe at your
wonders;
where morning dawns, where evening fades,
you call forth songs of joy.
9 •You care for the land and water it;
you enrich it abundantly.
The streams of God are filled with water

[a]5 Or *us* [b]In Hebrew texts 65:1-13 is numbered 65:2-14. [c]1 Or *befits*; the meaning of the Hebrew for this word is uncertain. [d]3 Or *made atonement for*

1) 시리아 역을 따름. 히, 그들을 2) 도망하리로다 3) 속하시리이다

abundantly [əbʌ́ndəntly] *ad.* 풍족하게
awesome [ɔ́:səm] *a.* 두려움을 일으키는
cunning [kʌ́niŋ] *a.* 교활한
devise [diváiz] *vt.* 고안하다
fade [feid] *vi.* 희미해지다
fulfill [fulfíl] *vt.* 실현하다
plot [plat] *vt.*음모를 꾸미다
ponder [pándər] *vt.* 깊이 생각하다
proclaim [proukléim] *vt.* 선포하다
roar [rɔ:r] *vi.* 포효하다
scorn [skɔ:rn] *n.* 경멸
snare [snεər] *n.* 덫
still [stil] *vt.* 가라앉히다, 잔잔케하다
transgression [trænsgréʃən] *n.* 위반, 범죄
turmoil [tə́:rmɔil] *n.* 소동

64:7 strike down: 때려눕히다, 죽이다
64:8 bring... to ruin: …를 몰락시키다
64:10 rejoice in...: …를 기뻐하다
65:4 be filled with...: …로 가득차다
65:6 arm A with B: A를 B로 무장시키다
65:8 call forth: 불러일으키다

랑을 평평하게 하시며 또 단비로 부드럽
게 하시고 그 싹에 복을 주시나이다
11 주의 은택으로 한 해를 관 씌우시니 주의
길에는 기름 방울이 떨어지며
12 들의 초장에도 떨어지니 작은 산들이 기
쁨으로 띠를 띠었나이다
13 초장은 양 떼로 옷 입었고 골짜기는 곡식
으로 덮였으매 그들이 다 즐거이 외치고
또 노래하나이다

〔시, 인도자를 따라 부르는 노래〕 (♪5, 616장)

66 온 땅이여 하나님께 즐거운 소리를
낼지어다
2 그의 이름의 영광을 찬양하고 영화롭게
찬송할지어다 81:1
3 하나님께 아뢰기를 주의 일이 어찌 그리
엄위하신지요 주의 큰 권능으로 말미암
아 주의 원수가 주께 복종할 것이며
4 온 땅이 주께 경배하고 주를 노래하며 주
의 이름을 노래하리이다 할지어다 (셀라)
5 와서 하나님께서 행하신 것을 보라 사람
의 아들들에게 행하심이 엄위하시도다
6 하나님이 바다를 변하여 육지가 되게 하
셨으므로 무리가 걸어서 강을 건너고 우
리가 거기서 주로 말미암아 기뻐하였도다
7 그가 그의 능력으로 영원히 다스리시며
그의 눈으로 나라들을 살피시나니 거역
하는 자들은 교만하지 말지어다 (셀라)
8 만민들아 우리 하나님을 송축하며 그의
찬양 소리를 들리게 할지어다 98:4
9 그는 우리 영혼을 살려 두시고 우리의 실
족함을 허락하지 아니하시는 주시로다
10 하나님이여 주께서 우리를 시험하시되
우리를 단련하시기를 은을 단련함같이
하셨으며
11 우리를 끌어 그물에 걸리게 하시며 어려
운 짐을 우리 허리에 매어 두셨으며
12 사람들이 우리 머리를 타고 가게 하셨나
이다 우리가 불과 물을 통과하였더니 주
께서 우리를 끌어내사 풍부한 곳에 들이
셨나이다
13 내가 번제물을 가지고 주의 집에 들어가
서 나의 서원을 주께 갚으리니
14 이는 내 입술이 낸 것이요 내 환난 때에
내 입이 말한 것이니이다 18:6
15 내가 숫양의 향기와 함께 살진 것으로 주
께 번제를 드리며 수소와 염소를 드리리
이다 (셀라)

to provide the people with grain,
for so you have ordained it.[a]
10 You drench its furrows and level its ridges;
you soften it with showers and bless its crops.
11 You crown the year with your bounty,
and your carts overflow with abundance.
12 The grasslands of the wilderness overflow;
the hills are clothed with gladness.
13 The meadows are covered with flocks
and the valleys are mantled with grain;
they shout for joy and sing.

Psalm 66

For the director of music. A song. A psalm.

1 Shout for joy to God, all the earth!
2 Sing the glory of his name;
make his praise glorious.
3 Say to God, "How awesome are your deeds!
So great is your power
that your enemies cringe before you.
4 All the earth bows down to you;
they sing praise to you,
they sing the praises of your name."[b]
5 Come and see what God has done,
his awesome deeds for mankind!
6 He turned the sea into dry land,
they passed through the waters on foot—
come, let us rejoice in him.
7 He rules forever by his power,
his eyes watch the nations—
let not the rebellious rise up against him.
8 Praise our God, all peoples,
let the sound of his praise be heard;
9 he has preserved our lives
and kept our feet from slipping.
10 For you, God, tested us;
you refined us like silver.
11 You brought us into prison
and laid burdens on our backs.
12 You let people ride over our heads;
we went through fire and water,
but you brought us to a place of abundance.
13 I will come to your temple with burnt offerings
and fulfill my vows to you—
14 vows my lips promised and my mouth spoke
when I was in trouble.
15 I will sacrifice fat animals to you
and an offering of rams;
I will offer bulls and goats.

[a]9 Or *for that is how you prepare the land* [b]4 The Hebrew has *Selah* (a word of uncertain meaning) here and at the end of verses 7 and 15.

bounty [báunti] *n.* 관대
drench [drentʃ] *vt.* 흠뻑 적시다
furrow [fə́ːrou] *n.* 밭고랑
level [lévəl] *vt.* 평평하게 하다
mantle [mǽntl] *vt.* 덮다, 가리다
meadow [médou] *n.* 목초지
ordain [ɔːrdéin] *vt.* 정하다
overflow [òuvərflóu] *vi.* 넘치다
preserve [prizə́ːrv] *vt.* 보존하다
rebellious [ribéljəs] *a.* 모반하는
refine [rifáin] *vt.* 정제하다
rejoice [ridʒɔ́is] *vi.* 기뻐하다
ridge [ridʒ] *n.* 이랑
sacrifice [sǽkrəfàis] *vt.* 제물로 바치다
slip [slip] *vi.* 미끄러지다

65:9 provide A with B: A에게 B를 공급하다
66:3 cringe before...: …앞에서 움츠러들다
66:6 turn...into~: …에서 ~로 바꾸다
66:9 keep... from~: …가 ~하지 않게 하다
66:11 lay a burden on...: …에게 부담을 주다
66:13 fulfill one's vows: 서약을 이행하다

16 하나님을 두려워하는 너희들아 다 와서
들으라 하나님이 나의 영혼을 위하여 행
하신 일을 내가 선포하리로다
17 내가 나의 입으로 그에게 부르짖으며 나
의 혀로 높이 찬송하였도다
18 내가 나의 마음에 죄악을 품었더라면 주
께서 듣지 아니하시리라
19 그러나 하나님이 실로 들으셨음이여 내
기도 소리에 귀를 기울이셨도다
20 하나님을 찬송하리로다 그가 내 기도를
물리치지 아니하시고 그의 인자하심을
내게서 거두지도 아니하셨도다

〔시 곧 노래, 인도자를 따라 현악에 맞춘 것〕
(♪ 75장)

67 하나님은 우리에게 은혜를 베푸사
복을 주시고 그의 얼굴빛을 우리에
게 비추사 (셀라)
2 주의 도를 땅 위에, 주의 구원을 모든 나
라에게 알리소서
3 하나님이여 민족들이[1] 주를 찬송하게 하시
며 모든 민족들이 주를 찬송하게 하소서
4 온 백성은 기쁘고 즐겁게 노래할지니 주
는 민족들을 공평히 심판하시며 땅 위의
나라들을 다스리실 것임이니이다 (셀라)
5 하나님이여 민족들이 주를 찬송하게 하시
며 모든 민족으로 주를 찬송하게 하소서
6 땅이 그의 소산을 내어주었으니 하나님
곧 우리 하나님이 우리에게 복을 주시리
로다 레 26:4
7 하나님이 우리에게 복을 주시리니 땅의
모든 끝이 하나님을 경외하리로다

〔다윗의 시, 인도자를 따라 부르는 노래〕
(♪ 415, 419장)

68 하나님이 일어나시니 원수들은 흩
어지며 주를 미워하는 자들은 주
앞에서 도망하리이다
2 연기가 불려 가듯이 그들을 몰아내소서
불 앞에서 밀이 녹음같이 악인이 하나님
앞에서 망하게 하소서 호 13:3
3 의인은 기뻐하여 하나님 앞에서 뛰놀며
기뻐하고[2] 즐거워할지어다
4 하나님께 노래하며 그의 이름을 찬양하
라 하늘을 타고 광야에 행하시던 이를 위
하여 대로를 수축하라 그의 이름은 여호
와이시니 그의 앞에서 뛰놀지어다
5 그의 거룩한 처소에 계신 하나님은 고아
의 아버지시며 과부의 재판장이시라

16 • Come and hear, all you who fear God;
let me tell you what he has done for me.
17 • I cried out to him with my mouth;
his praise was on my tongue.
18 • If I had cherished sin in my heart,
the Lord would not have listened;
19 • but God has surely listened
and has heard my prayer.
20 • Praise be to God,
who has not rejected my prayer
or withheld his love from me!

Psalm 67[a]

For the director of music. With stringed instruments. A psalm. A song.

1 • May God be gracious to us and bless us
and make his face shine on us—[b]
2 • so that your ways may be known on earth,
your salvation among all nations.
3 • May the peoples praise you, God;
may all the peoples praise you.
4 • May the nations be glad and sing for joy,
for you rule the peoples with equity
and guide the nations of the earth.
5 • May the peoples praise you, God;
may all the peoples praise you.
6 • The land yields its harvest;
God, our God, blesses us.
7 • May God bless us still,
so that all the ends of the earth will fear him.

Psalm 68[c]

For the director of music. Of David. A psalm. A song.

1 • May God arise, may his enemies be scattered;
may his foes flee before him.
2 • May you blow them away like smoke—
as wax melts before the fire,
may the wicked perish before God.
3 • But may the righteous be glad
and rejoice before God;
may they be happy and joyful.
4 • Sing to God, sing in praise of his name,
extol him who rides on the clouds[d];
rejoice before him—his name is the LORD.
5 • A father to the fatherless, a defender of widows,
is God in his holy dwelling.
6 • God sets the lonely in families,[e]

[a]In Hebrew texts 67:1-7 is numbered 67:2-8. [b]*1* The Hebrew has *Selah* (a word of uncertain meaning) here and at the end of verse 4. [c]In Hebrew texts 68:1-35 is numbered 68:2-36. [d]*4* Or *name, / prepare the way for him who rides through the deserts* [e]*6* Or *the desolate in a homeland* 1) 주께 감사하게 하소서 2) 즐거워하게 하소서

cherish [tʃériʃ] *vt.* 품다
defender [diféndər] *n.* 옹호자
dwelling [dwéliŋ] *n.* 거처
equity [ékwəti] *n.* 공평
extol [ikstóul] *vt.* 찬양하다
flee [fli:] *vi.* 도망치다
foe [fou] *n.* 원수
gracious [gréiʃəs] *a.* 은혜가 넘쳐 흐르는
perish [périʃ] *vi.* 멸망하다
reject [ridʒékt] *vt.* 거절하다
salvation [sælvéiʃən] *n.* 구원
scatter [skǽtər] *vt.* 흩어지게 하다
wicked [wíkid] *a.* 사악한
widow [wídou] *n.* 과부
yield [ji:ld] *vt.* 산출하다, 내다

66:17 cry out to...: …에게 부르짖다
66:20 withhold A from B: A를 B에서 거두다
67:2 so that: …하기 위해, 그래서
68:2 blow away: 날려 버리다
68:4 sing in praise of...: …을 찬양하다
68:4 ride on...: …를 타고 가다

6 하나님이 고독한 자들은 [1]가족과 함께
살게 하시며 간힌 자들은 이끌어내사 형
통하게 하시느니라 오직 거역하는 자들
의 거처는 메마른 땅이로다
7 ●하나님이여 주의 백성 앞에서 앞서 나
가사 광야에서 행진하셨을 때에 (셀라)
8 땅이 진동하며 [2]하늘이 하나님 앞에서
떨어지며 저 시내 산도 하나님 곧 이스라
엘의 하나님 앞에서 진동하였나이다
9 하나님이여 주께서 흡족한 비를 보내사
주의 기업이 곤핍할 때에 주께서 그것을
견고하게 하셨고
10 주의 회중을 그 가운데에 살게 하셨나이
다 하나님이여 주께서 가난한 자를 위하
여 주의 은택을 준비하셨나이다
11 주께서 말씀을 주시니 소식을 공포하는
여자들은 큰 무리라
12 여러 군대의 왕들이 도망하고 도망하니
집에 있던 여자들도 탈취물을 나누도다
13 너희가 양 우리에 누울 때에는 그 날개를
은으로 입히고 그 깃을 황금으로 입힌 비
둘기 같도다
14 전능하신 이가 왕들을 그 중에서 흩으실
때에는 살몬에 눈이 날림 같도다
15 바산의 산은 하나님의 산임이여 바산의
산은 [3]높은 산이로다
16 너희 [3]높은 산들아 어찌하여 하나님이
계시려 하는 산을 시기하여 보느냐 진실
로 여호와께서 이 산에 영원히 계시리로
다
17 하나님의 병거는 천천이요 만만이라 주
께서 그 중에 계심이 시내 산 성소에 계
심 같도다
18 주께서 높은 곳으로 오르시며 사로잡은
자들을 취하시고 선물들을 사람들에게
서 받으시며 반역자들로부터도 받으시
니 여호와 하나님이 그들과 함께 계시기
때문이로다
19 ●날마다 우리 짐을 지시는 주 곧 우리의
구원이신 하나님을 찬송할지로다 (셀라)
20 하나님은 우리에게 구원의 하나님이시
라 사망에서 벗어남은 주 여호와로 말미
암거니와
21 그의 원수들의 머리 곧 죄를 짓고 다니는
자의 정수리는 하나님이 쳐서 깨뜨리시
리로다
22 주께서 말씀하시기를 내가 그들을 바산

he leads out the prisoners with singing;
but the rebellious live in a sun-scorched land.
7 •When you, God, went out before your people,
when you marched through the wilderness,[a]
8 •the earth shook, the heavens poured down rain,
before God, the One of Sinai,
before God, the God of Israel.
9 •You gave abundant showers, O God;
you refreshed your weary inheritance.
10 •Your people settled in it,
and from your bounty, God, you provided
for the poor.
11 •The Lord announces the word,
and the women who proclaim it are a
mighty throng:
12 •"Kings and armies flee in haste;
the women at home divide the plunder.
13 •Even while you sleep among the sheep pens,[b]
the wings of my dove are sheathed with silver,
its feathers with shining gold."
14 •When the Almighty[c] scattered the kings in the
land,
it was like snow fallen on Mount Zalmon.
15 •Mount Bashan, majestic mountain,
Mount Bashan, rugged mountain,
16 •why gaze in envy, you rugged mountain,
at the mountain where God chooses to reign,
where the LORD himself will dwell forever?
17 •The chariots of God are tens of thousands
and thousands of thousands;
the Lord has come from Sinai into his
sanctuary.[d]
18 •When you ascended on high,
you took many captives;
you received gifts from people,
even from[e] the rebellious—
that you,[f] LORD God, might dwell there.
19 •Praise be to the Lord, to God our Savior,
who daily bears our burdens.
20 •Our God is a God who saves;
from the Sovereign LORD comes escape from
death.
21 •Surely God will crush the heads of his enemies,
the hairy crowns of those who go on in their
sins.
22 •The Lord says, "I will bring them from Bashan;

[a]7 The Hebrew has *Selah* (a word of uncertain meaning) here and at the end of verses 19 and 32. [b]13 Or *the campfires;* or *the saddlebags* [c]14 Hebrew *Shaddai* [d]17 Probable reading of the original Hebrew text; Masoretic Text *Lord is among them at Sinai in holiness* [e]18 Or *gifts for people, / even* [f]18 Or *they*

1) 집에 거하게 하시며 2) 하늘이 하나님 앞에 비를 떨어뜨리며 3) 여러 봉이 있는 산

abundant [əbʌ́ndənt] *a.* 풍부한
ascend [əsénd] *vi.* 오르다
bounty [báunti] *n.* 관대
captive [kǽptiv] *n.* 포로
chariot [tʃǽriət] *n.* 병거
gaze [geiz] *vi.* 뚫어지게 보다
plunder [plʌ́ndər] *n.* 약탈품
prisoner [prízənər] *n.* 죄수
rebellious [ribéljəs] *a.* 모반하는
rugged [rʌ́gid] *a.* 바위투성이의
sanctuary [sǽŋktʃuèri] *n.* 성소
scorched [skɔːrtʃt] *a.* 말라붙은
sovereign [sɑ́vərin] *a.* 주권을 가진
throng [θrɔːŋ] *n.* 군중
weary [wíəri] *a.* 지친

68:8 pour down: 좌르르 흐르다
68:10 settle in: 터를 잡고 살다
68:10 provide for...: …를 위해 준비하다
68:12 in haste: 급히, 서둘러
68:13 be sheathed with...: …로 싸다
68:18 receive from: …에게서 받다

에서 돌아오게 하며 바다 깊은 곳에서 도
로 나오게 하고
23 네가 그들을 심히 치고 그들의 피에 네
발을 잠그게 하며 네 집의 개의 혀로 네
원수들에게서 제 분깃을 얻게 하리라 하
시도다
24 하나님이여 그들이 주께서 행차하심을
보았으니 곧 나의 하나님, 나의 왕이 성
소로 행차하시는 것이라
25 소고 치는 처녀들 중에서 노래 부르는 자
들은 앞서고 악기를 연주하는 자들은 뒤
따르나이다
26 이스라엘의 근원에서 나온 너희여 대회
중에 하나님 곧 주를 송축할지어다
27 거기에는 그들을 주관하는 작은 베냐민
과 유다의 고관과 그들의 무리와 스불론
의 고관과 납달리의 고관이 있도다
28 ● 네 하나님이 너의 힘을 명령하셨도다
하나님이여 우리를 위하여 행하신 것을
견고하게 하소서
29 예루살렘에 있는 주의 전을 위하여 왕들
이 주께 예물을 드리리이다 72:10
30 갈밭의 들짐승과 수소의 무리와 만민의
송아지를 꾸짖으시고 은 조각을 발 아래
에 밟으소서 그가 전쟁을 즐기는 백성을
흩으셨도다
31 고관들은 애굽에서 나오고 구스인은 하
나님을 향하여 그 손을 신속히 들리로다
32 땅의 왕국들아 하나님께 노래하고 주께
찬송할지어다 (셀라)
33 옛적 하늘들의 하늘을 타신 자에게 찬송
하라 주께서 그 소리를 내시니 웅장한 소
리로다
34 너희는 하나님께 능력을 돌릴지어다 그
의 위엄이 이스라엘 위에 있고 그의 능력
이 구름 속에 있도다
35 하나님이여 위엄을 성소에서 나타내시
나이다 이스라엘의 하나님은 그의 백성
에게 힘과 능력을 주시나니 하나님을 찬
송할지어다

〔다윗의 시, 인도자를 따라 [1]소산님에 맞춘 노래〕

69 하나님이여 나를 구원하소서 물들
이 내 영혼에까지 흘러들어왔나이
다
2 나는 설 곳이 없는 깊은 수렁에 빠지며
깊은 물에 들어가니 큰물이 내게 넘치나

I will bring them from the depths of the sea,
23 ● that your feet may wade in the blood of your foes,
while the tongues of your dogs have their share."
24 ● Your procession, God, has come into view,
the procession of my God and King into the sanctuary.
25 ● In front are the singers, after them the musicians;
with them are the young women playing the timbrels.
26 ● Praise God in the great congregation;
praise the LORD in the assembly of Israel.
27 ● There is the little tribe of Benjamin, leading them,
there the great throng of Judah's princes,
and there the princes of Zebulun and of Naphtali.
28 ● Summon your power, God[a];
show us your strength, our God, as you have done before.
29 ● Because of your temple at Jerusalem
kings will bring you gifts.
30 ● Rebuke the beast among the reeds,
the herd of bulls among the calves of the nations.
Humbled, may the beast bring bars of silver.
Scatter the nations who delight in war.
31 ● Envoys will come from Egypt;
Cush[b] will submit herself to God.
32 ● Sing to God, you kingdoms of the earth,
sing praise to the Lord,
33 ● to him who rides across the highest heavens,
the ancient heavens,
who thunders with mighty voice.
34 ● Proclaim the power of God,
whose majesty is over Israel,
whose power is in the heavens.
35 ● You, God, are awesome in your sanctuary;
the God of Israel gives power and strength to his people.

Praise be to God!

Psalm 69[c]

For the director of music. To the tune of "Lilies." Of David.

1 ● Save me, O God,
for the waters have come up to my neck.
2 ● I sink in the miry depths,

[a]28 Many Hebrew manuscripts, Septuagint and Syriac; most Hebrew manuscripts *Your God has summoned power for you* [b]31 That is, the upper Nile region [c]In Hebrew texts 69:1-36 is numbered 69:2-37. 1) 백합화 곡조

ancient [éinʃənt] *a.* 고대의
assembly [əsémbli] *n.* 집회
awesome [ɔ́:səm] *a.* 장엄한
congregation [kàŋgrigéiʃən] *n.* 회중
depth [depθ] *n.* 깊은 곳
envoy [énvɔi] *n.* 사신
foe [fou] *n.* 원수
majesty [mǽdʒəsti] *n.* 위엄
miry [máiəri] *a.* 수렁 같은
procession [prəséʃən] *n.* 행진
rebuke [ribjú:k] *vt.* 꾸짖다
sanctuary [sǽŋktʃuèri] *n.* 성소
scatter [skǽtər] *vt.* 흩어지게 하다
sink [siŋk] *vi.* 가라앉다
summon [sʌmən] *vt.* 소집하다

68:23 wade in: (여울등에) 들어가다
68:23 have one's share: 자기 몫을 받다
68:24 come into view: 시야에 들어오다
68:30 delight in...: …를 즐기다
68:31 submit oneself to...: …에 복종하다
69:1 come up to...: …에 도달하다

이다
3 내가 부르짖음으로 피곤하여 나의 목이
마르며 나의 하나님을 바라서 나의 눈이
쇠하였나이다
4 까닭 없이 나를 미워하는 자가 나의 머리
털보다 많고 부당하게 나의 원수가 되어
나를 끊으려 하는 자가 강하였으니 내가
빼앗지 아니한 것도 물어 주게 되었나이
다
5 하나님이여 주는 나의 우매함을 아시오
니 나의 죄가 주 앞에서 숨김이 없나이
다
6 주 만군의 여호와여 주를 바라는 자들이
나를 인하여 수치를 당하게 하지 마옵소
서 이스라엘의 하나님이여 주를 찾는 자
가 나로 말미암아 욕을 당하게 하지 마옵
소서
7 내가 주를 위하여 비방을 받았사오니 수
치가 나의 얼굴에 덮였나이다 렘 15:15
8 내가 나의 형제에게는 객이 되고 나의 어
머니의 자녀에게는 낯선 사람이 되었나
이다
9 주의 집을 위하는 열성이 나를 삼키고 주
를 비방하는 비방이 내게 미쳤나이다
10 내가 곡하고 금식하였더니 그것이 도리
어 나의 욕이 되었으며
11 내가 굵은 베로 내 옷을 삼았더니 내가
그들의 말거리가 되었나이다
12 성문에 앉은 자가 나를 비난하며 독주에
취한 무리가 나를 두고 노래하나이다
13 여호와여 나를 반기시는 때에 내가 주께
기도하오니 하나님이여 많은 인자와 구
원의 진리로 내게 응답하소서
14 나를 수렁에서 건지사 빠지지 말게 하시
고 나를 미워하는 자에게서와 깊은 물에
서 건지소서
15 큰물이 나를 휩쓸거나 깊음이 나를 삼키
지 못하게 하시며 웅덩이가 내 위에 덮쳐
그것의 입을 닫지 못하게 하소서
16 여호와여 주의 인자하심이 선하시오니
내게 응답하시며 주의 많은 긍휼에 따라
내게로 돌이키소서 63:3
17 주의 얼굴을 주의 종에게서 숨기지 마소
서 내가 환난 중에 있사오니 속히 내게
응답하소서
18 내 영혼에게 가까이하사 구원하시며 내
원수로 말미암아 나를 속량하소서

where there is no foothold.
I have come into the deep waters;
the floods engulf me.
3 •I am worn out calling for help;
my throat is parched.
My eyes fail,
looking for my God.
4 •Those who hate me without reason
outnumber the hairs of my head;
many are my enemies without cause,
those who seek to destroy me.
I am forced to restore
what I did not steal.
5 •You, God, know my folly;
my guilt is not hidden from you.
6 •Lord, the LORD Almighty,
may those who hope in you
not be disgraced because of me;
God of Israel,
may those who seek you
not be put to shame because of me.
7 •For I endure scorn for your sake,
and shame covers my face.
8 •I am a foreigner to my own family,
a stranger to my own mother's children;
9 •for zeal for your house consumes me,
and the insults of those who insult you fall
on me.
10 •When I weep and fast,
I must endure scorn;
11 •when I put on sackcloth,
people make sport of me.
12 •Those who sit at the gate mock me,
and I am the song of the drunkards.
13 •But I pray to you, LORD,
in the time of your favor;
in your great love, O God,
answer me with your sure salvation.
14 •Rescue me from the mire,
do not let me sink;
deliver me from those who hate me,
from the deep waters.
15 •Do not let the floodwaters engulf me
or the depths swallow me up
or the pit close its mouth over me.
16 •Answer me, LORD, out of the goodness
of your love;
in your great mercy turn to me.
17 •Do not hide your face from your servant;
answer me quickly, for I am in trouble.
18 •Come near and rescue me;
deliver me because of my foes.

consume [kənsúːm] *vt.* 소멸시키다
disgrace [disgréis] *vt.* 수치스럽게 하다
drunkard [drʌŋkərd] *n.* 술고래
endure [indjúər] *vt.* 견디다
engulf [ingʌlf] *vt.* 덮치다
fast [fæst] *vi.* 금식하다
folly [fáli] *n.* 어리석음
insult [insʌlt] *vt.* 모욕하다
outnumber [àutnʌ́mbər] *vt.* …보다 많다
parched [paːrtʃt] *a.* 바짝 마른
sackcloth [sǽkklɔ̀ːθ] *n.* 베옷
salvation [sælvéiʃən] *n.* 구원
scorn [skɔːrn] *n.* 경멸
swallow [swálou] *vt.* 삼키다
zeal [ziːl] *n.* 열정

69:3 wear out: 지치게 하다
69:3 call for...: …를 요청하다
69:6 put to shame: 창피주다
69:7 for one's sake: …를 위하여
69:9 fall on...: …에게 일어나다, 이르다
69:11 make sport of...: …를 조롱하다

19 주께서 나의 비방과 수치와 능욕을 아시
나이다 나의 대적자들이 다 주님 앞에 있
나이다
20 비방이 나의 마음을 상하게 하여 [1)]근심
이 충만하니 불쌍히 여길 자를 바라나 없
고 긍휼히 여길 자를 바라나 찾지 못하였
나이다
21 그들이 쓸개를 나의 음식물로 주며 목마
를 때에는 초를 마시게 하였사오니
22 그들의 밥상이 올무가 되게 하시며 그들
의 평안이 덫이 되게 하소서
23 그들의 눈이 어두워 보지 못하게 하시며
그들의 허리가 항상 떨리게 하소서
24 주의 분노를 그들의 위에 부으시며 주의
맹렬하신 노가 그들에게 미치게 하소서
25 그들의 거처가 황폐하게 하시며 그들의
장막에 사는 자가 없게 하소서
26 무릇 그들이 주께서 치신 자를 핍박하며
주께서 상하게 하신 자의 슬픔을 말하였
사오니
27 그들의 죄악에 죄악을 더하사 주의 공의
에 들어오지 못하게 하소서
28 그들을 생명책에서 지우사 의인들과 함
께 기록되지 말게 하소서
29 오직 나는 가난하고 슬프오니 하나님이
여 주의 구원으로 나를 높이소서
30 내가 노래로 하나님의 이름을 찬송하며
감사함으로 하나님을 위대하시다 하리니
31 이것이 소 곧 뿔과 굽이 있는 황소를 드
림보다 여호와를 더욱 기쁘시게 함이 될
것이라
32 곤고한 자가 이를 보고 기뻐하나니 하나
님을 찾는 너희들아 너희 마음을 소생하
게 할지어다
33 여호와는 궁핍한 자의 소리를 들으시며
자기로 말미암아 갇힌 자를 멸시하지 아
니하시나니
34 천지가 그를 찬송할 것이요 바다와 그 중
의 모든 생물도 그리할지로다
35 하나님이 시온을 구원하시고 유다 성읍
들을 건설하시리니 무리가 거기에 살며
소유를 삼으리로다 51:18
36 그의 종들의 후손이 또한 이를 상속하고 그
의 이름을 사랑하는 자가 그 중에 살리로다

〔다윗의 시로 기념식에서
인도자를 따라 부르는 노래〕

70 하나님이여 나를 건지소서 여호와
여 속히 나를 도우소서

19 •You know how I am scorned, disgraced
and shamed;
all my enemies are before you.
20 •Scorn has broken my heart
and has left me helpless;
I looked for sympathy, but there was none,
for comforters, but I found none.
21 •They put gall in my food
and gave me vinegar for my thirst.
22 •May the table set before them become a snare;
may it become retribution and[a] a trap.
23 •May their eyes be darkened so they cannot see,
and their backs be bent forever.
24 •Pour out your wrath on them;
let your fierce anger overtake them.
25 •May their place be deserted;
let there be no one to dwell in their tents.
26 •For they persecute those you wound
and talk about the pain of those you hurt.
27 •Charge them with crime upon crime;
do not let them share in your salvation.
28 •May they be blotted out of the book of life
and not be listed with the righteous.
29 •But as for me, afflicted and in pain—
may your salvation, God, protect me.
30 •I will praise God's name in song
and glorify him with thanksgiving.
31 •This will please the LORD more than an ox,
more than a bull with its horns and hooves.
32 •The poor will see and be glad—
you who seek God, may your hearts live!
33 •The LORD hears the needy
and does not despise his captive people.
34 •Let heaven and earth praise him,
the seas and all that move in them,
35 •for God will save Zion
and rebuild the cities of Judah.
Then people will settle there and possess it;
36 • the children of his servants will inherit it,
and those who love his name will dwell there.

Psalm 70[b]

For the director of music. Of David. A petition.

1 •Hasten, O God, to save me;
come quickly, LORD, to help me.
2 •May those who want to take my life
be put to shame and confusion;
may all who desire my ruin

[a]22 Or *snare / and their fellowship become* [b]In Hebrew texts 70:1-5 is numbered 70:2-6. 1) 심히 병이 되니

afflicted [əflíktid] *a.* 괴로워하는
captive [kǽptiv] *a.* 사로잡힌
comforter [kʌmfərtər] *n.* 위안자
confusion [kənfjúːʒən] *n.* 당황
crime [kraim] *n.* 죄악
despise [dispáiz] *vt.* 멸시하다
gall [gɔːl] *n.* 담즙
inherit [inhérit] *vt.* 상속하다
overtake [òuvərtéik] *vt.* 덮치다
persecute [pə́ːrsikjùːt] *vt.* 박해하다
retribution [rètrəbjúːʃən] *n.* 징벌
settle [sétl] *vi.* 정주하다
snare [snεər] *n.* 올무, 덫
sympathy [símpəθi] *n.* 동정, 연민
vinegar [vínəgər] *n.* 식초

69:20 break one's heart: …를 비통하게 하다
69:24 pour out: 쏟아놓다
69:27 charge A with B: A에게 B를 씌우다, 부과하다
69:28 blot out: 지워 없애다

2 나의 영혼을 찾는 자들이 수치와 무안을
당하게 하시며 나의 상함을 기뻐하는 자
들이 뒤로 물러가 수모를 당하게 하소서
3 아하, 아하 하는 자들이 자기 수치로 말
미암아 뒤로 물러가게 하소서
4 주를 찾는 모든 자들이 주로 말미암아 기
뻐하고 즐거워하게 하시며 주의 구원을
사랑하는 자들이 항상 말하기를 하나님
은 위대하시다 하게 하소서
5 나는 가난하고 궁핍하오니 하나님이여
속히 내게 임하소서 주는 나의 도움이시
요 나를 건지시는 이시오니 여호와여 지
체하지 마소서

71 여호와여 내가 주께 피하오니 내가
영원히 수치를 당하게 하지 마소서
2 주의 의로 나를 건지시며 나를 풀어 주시며
주의 귀를 내게 기울이사 나를 구원하소서
3 주는 내가 항상 피하여 숨을 바위가 되
소서 주께서 나를 구원하라 명령하셨으
니 이는 주께서 나의 반석이시요 나의 요
새이심이니이다
4 나의 하나님이여 나를 악인의 손 곧 불의한
자와 흉악한 자의 장중에서 피하게 하소서
5 주 여호와여 주는 나의 소망이시요 내가
어릴 때부터 신뢰한 이시라
6 내가 모태에서부터 주를 의지하였으며 나
의 어머니의 배에서부터 주께서 나를 택
하셨사오니 나는 항상 주를 찬송하리이다
7 나는 무리에게 이상한 징조같이 되었사
오나 주는 나의 견고한 피난처시오니
8 주를 찬송함과 주께 영광 돌림이 종일토
록 내 입에 가득하리이다 35:28
9 늙을 때에 나를 버리지 마시며 내 힘이
쇠약할 때에 나를 떠나지 마소서
10 내 원수들이 내게 대하여 말하며 내 영혼
을 엿보는 자들이 서로 꾀하여
11 이르기를 하나님이 그를 버리셨은즉 따
라잡으라 건질 자가 없다 하오니
12 하나님이여 나를 멀리하지 마소서 나의
하나님이여 속히 나를 도우소서
13 내 영혼을 대적하는 자들이 수치와 멸망
을 당하게 하시며 나를 모해하려 하는 자
들에게는 욕과 수욕이 덮이게 하소서
14 나는 항상 소망을 품고 주를 더욱더욱 찬
송하리이다 130:7
15 내가 측량할 수 없는 주의 공의와 구원
을 내 입으로 종일 전하리이다 40:5

be turned back in disgrace.
3 May those who say to me, "Aha! Aha!"
turn back because of their shame.
4 But may all who seek you
rejoice and be glad in you;
may those who long for your saving help
always say,
"The LORD is great!"
5 But as for me, I am poor and needy;
come quickly to me, O God.
You are my help and my deliverer;
LORD, do not delay.

Psalm 71

1 In you, LORD, I have taken refuge;
let me never be put to shame.
2 In your righteousness, rescue me and deliver me;
turn your ear to me and save me.
3 Be my rock of refuge,
to which I can always go;
give the command to save me,
for you are my rock and my fortress.
4 Deliver me, my God, from the hand of the
wicked,
from the grasp of those who are evil and cruel.
5 For you have been my hope, Sovereign LORD,
my confidence since my youth.
6 From birth I have relied on you;
you brought me forth from my mother's
womb.
I will ever praise you.
7 I have become a sign to many;
you are my strong refuge.
8 My mouth is filled with your praise,
declaring your splendor all day long.
9 Do not cast me away when I am old;
do not forsake me when my strength is gone.
10 For my enemies speak against me;
those who wait to kill me conspire together.
11 They say, "God has forsaken him;
pursue him and seize him,
for no one will rescue him."
12 Do not be far from me, my God;
come quickly, God, to help me.
13 May my accusers perish in shame;
may those who want to harm me
be covered with scorn and disgrace.
14 As for me, I will always have hope;
I will praise you more and more.
15 My mouth will tell of your righteous deeds,
of your saving acts all day long—
though I know not how to relate them all.

accuser [əkjú:zər] *n.* 비난자
command [kəmǽnd] *n.* 명령
confidence [kánfədəns] *n.* 믿음
conspire [kənspáiər] *vi.* 음모를 꾸미다
declare [diklέər] *vt.* 선포하다
forsake [fərséik] *vt.* 저버리다
fortress [fɔ́:rtris] *n.* 요새
grasp [græsp] *n.* 지배
needy [ní:di] *a.* 매우 가난한
perish [périʃ] *vi.* 망하다
pursue [pərsú:] *vt.* 뒤쫓다
rescue [réskju:] *vt.* 구원하다
scorn [skɔ:rn] *n.* 모욕
seize [si:z] *vt.* 붙잡다
splendor [spléndər] *n.* 빛남, 광채

70:4 long for: 열망하다, 갈망하다
71:1 take refuge in...: …에 피난하다
71:2 turn one's ear to...: …에게 귀를 기울이다
71:6 rely on...: …를 의지하다, 신뢰하다
71:9 cast away: 버리다, 제거하다

16 내가 주 여호와의 능하신 행적을 가지
고 오겠사오며 주의 공의만 전하겠나이
다
17 하나님이여 나를 어려서부터 교훈하셨
으므로 내가 지금까지 주의 기이한 일들
을 전하였나이다
18 하나님이여 내가 늙어 백발이 될 때에도
나를 버리지 마시며 내가 주의 힘을 후대
에 전하고 주의 능력을 장래의 모든 사람
에게 전하기까지 나를 버리지 마소서
19 하나님이여 주의 의가 또한 지극히 높으
시니이다 하나님이여 주께서 큰일을 행
하셨사오니 누가 주와 같으리이까
20 우리에게 여러 가지 심한 고난을 보이신
주께서 우리를 다시 살리시며 땅 깊은 곳
에서 다시 이끌어 올리시리이다
21 나를 더욱 창대하게 하시고 돌이키사 나
를 위로하소서
22 나의 하나님이여 내가 또 비파로 주를 찬
양하며 주의 성실을 찬양하리이다 이스
라엘의 거룩하신 주여 내가 수금으로 주
를 찬양하리이다
23 내가 주를 찬양할 때에 나의 입술이 기뻐
외치며 주께서 속량하신 내 영혼이 즐거
워하리이다
24 나의 혀도 종일토록 주의 의를 작은 소리
로 읊조리오리니 나를 모해하려 하던 자
들이 수치와 무안을 당함이니이다 35:28

〔솔로몬의 시〕 (♪ 138, 197, 362장)

72 하나님이여 주의 판단력을 왕에게
주시고 주의 공의를 왕의 아들에게
주소서
2 그가 주의 백성을 공의로 재판하며 주의
가난한 자를 정의로 재판[1)]하리니
3 의로 말미암아 산들이 백성에게 평강을
주며 작은 산들도 그리하리로다
4 그가 가난한 백성의 억울함을 풀어 주며
궁핍한 자의 자손을 구원하며 압박하는
자를 꺾으리로다
5 그들이 해가 있을 동안에도 주를 두려워
하며 달이 있을 동안에도 대대로 그리하
리로다
6 그는 벤 풀 위에 내리는 비같이, 땅을 적
시는 소낙비같이 내리리니
7 그의 날에 의인이 흥왕하여 평강의 풍성
함이 달이 다할 때까지 이르리로다
8 그가 바다에서부터 바다까지와 강에서

16 •I will come and proclaim your mighty acts,
Sovereign LORD;
I will proclaim your righteous deeds,
yours alone.
17 •Since my youth, God, you have taught me,
and to this day I declare your marvelous deeds.
18 •Even when I am old and gray,
do not forsake me, my God,
till I declare your power to the next generation,
your mighty acts to all who are to come.
19 •Your righteousness, God, reaches to the heavens,
you who have done great things.
Who is like you, God?
20 •Though you have made me see troubles,
many and bitter,
you will restore my life again;
from the depths of the earth
you will again bring me up.
21 •You will increase my honor
and comfort me once more.
22 •I will praise you with the harp
for your faithfulness, my God;
I will sing praise to you with the lyre,
Holy One of Israel.
23 •My lips will shout for joy
when I sing praise to you—
I whom you have delivered.
24 •My tongue will tell of your righteous acts
all day long,
for those who wanted to harm me
have been put to shame and confusion.

Psalm 72
Of Solomon.

1 •Endow the king with your justice, O God,
the royal son with your righteousness.
2 •May he judge your people in righteousness,
your afflicted ones with justice.
3 •May the mountains bring prosperity to the people,
the hills the fruit of righteousness.
4 •May he defend the afflicted among the people
and save the children of the needy;
may he crush the oppressor.
5 •May he endure[a] as long as the sun,
as long as the moon, through all generations.
6 •May he be like rain falling on a mown field,
like showers watering the earth.
7 •In his days may the righteous flourish
and prosperity abound till the moon is no
more.
8 •May he rule from sea to sea

[a]5 Septuagint; Hebrew *You will be feared*
1) 하게 하소서(이하 매절 끝이 같음)

afflicted [əflíktid] *a.* 괴로워하는
comfort [kʌmfərt] *vt.* 위로하다
confusion [kənfjú:ʒən] *n.* 당황
declare [dikléər] *vt.* 선포하다
defend [difénd] *vt.* 변호하다
deliver [dilívər] *vt.* 구원하다
forsake [fərséik] *vt.* 저버리다
lyre [laiər] *n.* 수금
marvelous [má:rvələs] *a.* 놀라운
mown [moun] *a.* 풀 벤
needy [ní:di] *a.* 몹시 가난한
proclaim [proukléim] *vt.* 선포하다
restore [ristɔ́:r] *vt.* 회복시키다
shower [ʃáuər] *n.* 소나기
sovereign [sávərin] *a.* 주권을 가진

71:20 the depths of: …깊숙이
71:23 shout for joy: 환호하다
71:24 put to shame: 창피주다
72:1 endow A with B: A에게 B를 주다
72:2 with justice: 공평하게, 도리에 맞게
72:5 as long as...: …하는 한

부터 땅끝까지 다스리리니
9 광야에 사는 자는 그 앞에 굽히며 그의
원수들은 티끌을 핥을 것이며
10 다시스와 섬의 왕들이 조공을 바치며 스
바와 시바 왕들이 예물을 드리리로다
11 모든 왕이 그의 앞에 부복하며 모든 민족
이 다 그를 섬기리로다
12 그는 궁핍한 자가 부르짖을 때에 건지며
도움이 없는 가난한 자도 건지며
13 그는 가난한 자와 궁핍한 자를 불쌍히 여
기며 궁핍한 자의 생명을 구원하며
14 그들의 생명을 압박과 강포에서 구원하
리니 그들의 피가 그의 눈앞에서 존귀히
여김을 받으리로다
15 1)그들이 생존하여 스바의 금을 그에게
드리며 사람들이 그를 위하여 항상 기도
하고 종일 찬송하리로다 사 60:6
16 산꼭대기의 땅에도 곡식이 풍성하고
그것의 열매가 레바논같이 흔들리며
성에 있는 자가 땅의 풀같이 왕성하리
로다
17 그의 이름이 영구함이여 그의 이름이 해
와 같이 장구하리로다 사람들이 그로 말
미암아 복을 받으리니 모든 민족이 다 그
를 복되다 하리로다
18 홀로 기이한 일들을 행하시는 여호와
하나님 곧 이스라엘의 하나님을 찬송하
며
19 그 영화로운 이름을 영원히 찬송할지어
다 온 땅에 그의 영광이 충만할지어다 아
멘 아멘
20 ● 이새의 아들 다윗의 기도가 끝나니라

제 삼 권

〔아삽의 시〕(♪ 292, 484장)

73 하나님이 참으로 이스라엘 중 마음
이 정결한 자에게 선을 행하시나 86:5
2 나는 거의 넘어질 뻔하였고 나의 걸음이
미끄러질 뻔하였으니
3 이는 내가 악인의 2)형통함을 보고 오만
한 자를 질투하였음이로다
4 그들은 죽을 때에도 고통이 없고 그 힘이
강건하며 10:5
5 사람들이 당하는 고난이 그들에게는 없
고 사람들이 당하는 재앙도 그들에게는
없나니

and from the River[a] to the ends of the earth.
9 • May the desert tribes bow before him
and his enemies lick the dust.
10 • May the kings of Tarshish and of distant shores
bring tribute to him.
May the kings of Sheba and Seba
present him gifts.
11 • May all kings bow down to him
and all nations serve him.
12 • For he will deliver the needy who cry out,
the afflicted who have no one to help.
13 • He will take pity on the weak and the needy
and save the needy from death.
14 • He will rescue them from oppression and
violence,
for precious is their blood in his sight.
15 • Long may he live!
May gold from Sheba be given him.
May people ever pray for him
and bless him all day long.
16 • May grain abound throughout the land;
on the tops of the hills may it sway.
May the crops flourish like Lebanon
and thrive[b] like the grass of the field.
17 • May his name endure forever;
may it continue as long as the sun.
Then all nations will be blessed through him,[c]
and they will call him blessed.
18 • Praise be to the LORD God, the God of Israel,
who alone does marvelous deeds.
19 • Praise be to his glorious name forever;
may the whole earth be filled with his glory.
Amen and Amen.
20 • This concludes the prayers of David son of Jesse.

BOOK III
Psalms 73-89

Psalm 73
A psalm of Asaph.

1 • Surely God is good to Israel,
to those who are pure in heart.
2 • But as for me, my feet had almost slipped;
I had nearly lost my foothold.
3 • For I envied the arrogant
when I saw the prosperity of the wicked.
4 • They have no struggles;
their bodies are healthy and strong.[d]

[a]8 That is, the Euphrates [b]16 Probable reading of the original Hebrew text; Masoretic Text *Lebanon, / from the city* [c]17 Or *will use his name in blessings* (see Gen. 48:20) [d]4 With a different word division of the Hebrew; Masoretic Text *struggles at their death; / their bodies are healthy*

1) 저가 생존하니 2) 평안함을

abound [əbáund] *vi.* 풍부하다
arrogant [ǽrəgənt] *a.* 교만한
conclude [kənklúːd] *vt.* 결론짓다
endure [indjúər] *vi.* 지속하다
flourish [flə́ːriʃ] *vi.* 풍성하다
foothold [fúthòuld] *n.* 발판
oppression [əpréʃən] *n.* 억압
precious [préʃəs] *a.* 소중한
prosperity [prɑspérəti] *n.* 번영
struggle [strʌgl] *n.* 몸부림, 악전고투
sway [swei] *vi.* 흔들리다
thrive [θraiv] *vi.* 번영하다
tribe [traib] *n.* 부족
tribute [tríbjuːt] *n.* 공물
violence [váiələns] *n.* 폭력

72:9 lick the dust: 패배하다, 굴욕을 참다
72:11 bow down: 굴복하다
72:13 take pity on...: …를 가엾게 보다
72:14 rescue A from B: A를 B에서 구하다
72:14 in one's sight: …가 보는데서
72:19 be filled with...: …로 가득 차다

6 그러므로 교만이 그들의 목걸이요 강포
가 그들의 옷이며
7 살찜으로 그들의 눈이 솟아나며 그들의
소득은 마음의 소원보다 많으며 욥 15:27
8 그들은 능욕하며 악하게 말하며 높은 데
서 거만하게 말하며
9 그들의 입은 [1)]하늘에 두고 그들의 혀는
땅에 두루 다니도다
10 그러므로 그의 백성이 이리로 돌아와서
잔에 가득한 물을 다 마시며
11 말하기를 하나님이 어찌 알랴 지존자에
게 지식이 있으랴 하는도다 욥 22:13
12 볼지어다 이들은 악인들이라도 항상 평
안하고 재물은 더욱 불어나도다
13 내가 내 마음을 깨끗하게 하며 내 손을
씻어 무죄하다 한 것이 실로 헛되도다
14 나는 종일 재난을 당하며 아침마다 징벌
을 받았도다
15 내가 만일 스스로 이르기를 내가 그들처
럼 말하리라 하였더라면 나는 주의 아들
들의 세대에 대하여 악행을 행하였으리
이다
16 내가 어쩌면 이를 알까 하여 생각한즉 그
것이 내게 심한 고통이 되었더니
17 하나님의 성소에 들어갈 때에야 그들의
종말을 내가 깨달았나이다
18 주께서 참으로 그들을 미끄러운 곳에 두
시며 파멸에 던지시니
19 그들이 어찌하여 그리 갑자기 황폐되었는
가 놀랄 정도로 그들은 전멸하였나이다
20 주여 사람이 깬 후에는 꿈을 무시함같이
주께서 깨신 후에는 그들의 형상을 멸시
하시리이다
21 내 마음이 산란하며 내 양심이 찔렸나이다
22 내가 이같이 우매 무지함으로 주 앞에 짐
승이오나
23 내가 항상 주와 함께하니 주께서 내 오른
손을 붙드셨나이다
24 주의 교훈으로 나를 인도하시고 후에는
영광으로 나를 영접하시리니 32:8
25 하늘에서는 주 외에 누가 내게 있으리요
땅에서는 주밖에 내가 사모할 이 없나이
다 빌 3:8
26 내 육체와 마음은 쇠약하나 하나님은 내
마음의 반석이시요 영원한 분깃이시라
27 무릇 주를 멀리하는 자는 망하리니 음녀
같이 주를 떠난 자를 주께서 다 멸하셨나

5 •They are free from common human burdens;
they are not plagued by human ills.
6 •Therefore pride is their necklace;
they clothe themselves with violence.
7 •From their callous hearts comes iniquity[a];
their evil imaginations have no limits.
8 •They scoff, and speak with malice;
with arrogance they threaten oppression.
9 •Their mouths lay claim to heaven,
and their tongues take possession of the earth.
10 •Therefore their people turn to them
and drink up waters in abundance.[b]
11 •They say, "How would God know?
Does the Most High know anything?"
12 •This is what the wicked are like—
always free of care, they go on amassing wealth.
13 •Surely in vain I have kept my heart pure
and have washed my hands in innocence.
14 •All day long I have been afflicted,
and every morning brings new punishments.
15 •If I had spoken out like that,
I would have betrayed your children.
16 •When I tried to understand all this,
it troubled me deeply
17 •till I entered the sanctuary of God;
then I understood their final destiny.
18 •Surely you place them on slippery ground;
you cast them down to ruin.
19 •How suddenly are they destroyed,
completely swept away by terrors!
20 •They are like a dream when one awakes;
when you arise, Lord,
you will despise them as fantasies.
21 •When my heart was grieved
and my spirit embittered,
22 •I was senseless and ignorant;
I was a brute beast before you.
23 •Yet I am always with you;
you hold me by my right hand.
24 •You guide me with your counsel,
and afterward you will take me into glory.
25 •Whom have I in heaven but you?
And earth has nothing I desire besides you.
26 •My flesh and my heart may fail,
but God is the strength of my heart
and my portion forever.
27 •Those who are far from you will perish;
you destroy all who are unfaithful to you.

[a]7 Syriac (see also Septuagint); Hebrew *Their eyes bulge with fat* [b]10 The meaning of the Hebrew for this verse is uncertain. 1) 하늘을 대적하고

amass [əmǽs] *vt.* 축적하다
arrogance [ǽrəgəns] *n.* 거만
betray [bitréi] *vt.* 배반하다
brute [bru:t] *a.* 야만적인
callous [kǽləs] *a.* 무감각한
embitter [imbítər] *vt.* 쓰라리게 하다
ignorant [ígnərənt] *a.* 무지한
iniquity [iníkwəti] *n.* 불법
malice [mǽlis] *n.* 악의
oppression [əpréʃən] *n.* 억압
perish [périʃ] *vi.* 멸망하다
plague [pleig] *vt.* 괴롭히다
sanctuary [sǽŋktʃuèri] *n.* 성소
scoff [skɔ:f] *vi.* 비웃다
violence [váiələns] *n.* 폭력

73:5 be free from...: …이 없다
73:9 lay claim to...: 권리를 주장하다
73:9 take possession of...: …를 점령하다
73:13 in vain: 헛되이
73:18 cast... down: …을 던지다
73:19 sweep away: 전멸시키다

이다
28 하나님께 가까이함이 내게 복이라 내가
주 여호와를 나의 피난처로 삼아 주의 모
든 행적을 전파하리이다

〔아삽의 [1]마스길〕(♪ 183, 268장)

74 하나님이여 주께서 어찌하여 우리
를 영원히 버리시나이까 어찌하여
주께서 기르시는 양을 향하여 진노의 연
기를 뿜으시나이까
2 옛적부터 얻으시고 속량하사 주의 기업
의 지파로 삼으신 주의 회중을 기억하시
며 주께서 계시던 시온 산도 생각하소서
3 영구히 파멸된 곳을 향하여 주의 발을 옮
겨 놓으소서 원수가 성소에서 모든 악을
행하였나이다
4 주의 대적이 주의 회중 가운데에서 떠들
며 자기들의 깃발을 세워 표적으로 삼았
으니
5 그들은 마치 도끼를 들어 삼림을 베는 사
람 같으니이다
6 이제 그들이 도끼와 철퇴로 성소의 모든
조각품을 쳐서 부수고
7 주의 성소를 불사르며 주의 이름이 계신
곳을 더럽혀 땅에 엎었나이다
8 그들이 마음속으로 이르기를 우리가 그
들을 진멸하자 하고 이 땅에 있는 하나님
의 모든 회당을 불살랐나이다
9 우리의 표적은 보이지 아니하며 선지자
도 더 이상 없으며 이런 일이 얼마나 오
랠는지 우리 중에 아는 자도 없나이다
10 하나님이여 대적이 언제까지 비방하겠
으며 원수가 주의 이름을 영원히 능욕하
리이까
11 주께서 어찌하여 주의 손 곧 주의 오른손
을 거두시나이까 주의 품에서 손을 빼내
시어 그들을 멸하소서
12 ● 하나님은 예로부터 나의 왕이시라 사
람에게 구원을 베푸셨나이다
13 주께서 주의 능력으로 바다를 나누시고
물 가운데 용들의 머리를 깨뜨리셨으며
14 [2]리워야단의 머리를 부수시고 그것을 사
막에 사는 자에게 음식물로 주셨으며
15 주께서 바위를 쪼개어 큰물을 내시며 주
께서 늘 흐르는 강들을 마르게 하셨나이
다
16 낮도 주의 것이요 밤도 주의 것이라 주께
서 빛과 해를 마련하셨으며

28 ● But as for me, it is good to be near God.
I have made the Sovereign LORD my refuge;
I will tell of all your deeds.

Psalm 74

A maskil[a] of Asaph.

1 ● O God, why have you rejected us forever?
Why does your anger smolder against the
sheep of your pasture?
2 ● Remember the nation you purchased long ago,
the people of your inheritance, whom you
redeemed —
Mount Zion, where you dwelt.
3 ● Turn your steps toward these everlasting ruins,
all this destruction the enemy has brought
on the sanctuary.
4 ● Your foes roared in the place where you met
with us;
they set up their standards as signs.
5 ● They behaved like men wielding axes
to cut through a thicket of trees.
6 ● They smashed all the carved paneling
with their axes and hatchets.
7 ● They burned your sanctuary to the ground;
they defiled the dwelling place of your Name.
8 ● They said in their hearts, "We will crush them
completely!"
They burned every place where God was
worshiped in the land.
9 ● We are given no signs from God;
no prophets are left,
and none of us knows how long this will be.
10 ● How long will the enemy mock you, God?
Will the foe revile your name forever?
11 ● Why do you hold back your hand, your right
hand?
Take it from the folds of your garment and
destroy them!
12 ● But God is my King from long ago;
he brings salvation on the earth.
13 ● It was you who split open the sea by your power;
you broke the heads of the monster in the
waters.
14 ● It was you who crushed the heads of Leviathan
and gave it as food to the creatures of the
desert.
15 ● It was you who opened up springs and streams;
you dried up the ever-flowing rivers.
16 ● The day is yours, and yours also the night;
you established the sun and moon.

[a]Title: Probably a literary or musical term

1) 교훈 2) 악어로 볼 수도 있음

defile [difáil] *vt.* 더럽히다
foe [fou] *n.* 적
garment [gɑ́:rmənt] *n.* 의복
hatchet [hǽtʃit] *n.* 손도끼
Leviathan [liváiəθən] *n.* 거대한 바다 짐승
mock [mak] *vt.* 조롱하다
prophet [prɑ́fit] *n.* 선지자
redeem [ridí:m] *vt.* 구원하다
refuge [réfju:dʒ] *n.* 피난처
revile [riváil] *vt.* 욕하다
salvation [sælvéiʃən] *n.* 구원
smolder [smóuldər] *vi.* 연기를 피우다
Sovereign [sɑ́vərin] *n.* 주권자
thicket [θíkit] *n.* 덤불
wield [wi:ld] *vt.* 휘두르다

74:3 turn one's steps toward: …로 발걸음을 옮기다
74:4 set up: 세우다
74:11 hold back: 걷어들이다, 치우다
74:11 take A from B: B에서 A를 빼다
74:13 split open: 쪼개서 벌리다

17 주께서 땅의 경계를 정하시며 주께서 여
름과 겨울을 만드셨나이다 창 8:22
18 여호와여 이것을 기억하소서 원수가 주
를 비방하며 우매한 백성이 주의 이름을
능욕하였나이다
19 주의 멧비둘기의 생명을 들짐승에게 주
지 마시며 주의 가난한 자의 목숨을 영원
히 잊지 마소서
20 그 언약을 눈여겨보소서 무릇 땅의 어두운
곳에 포악한 자의 처소가 가득하나이다
21 학대받은 자가 부끄러이 돌아가게 하지
마시고 가난한 자와 궁핍한 자가 주의 이
름을 찬송하게 하소서
22 하나님이여 일어나 주의 원통함을 푸시
고 우매한 자가 종일 주를 비방하는 것을
기억하소서
23 주의 대적들의 소리를 잊지 마소서 일어
나 주께 항거하는 자의 떠드는 소리가 항
상 주께 상달되나이다

〔아삽의 시, 인도자를 따라
알다스헷에 맞춘 노래〕

75 하나님이여 우리가 주께 감사하고
감사함은 주의 이름이 [1]가까움이라
사람들이 주의 기이한 일들을 전파하나
이다
2 주의 말씀이 내가 정한 기약이 이르면 내
가 바르게 심판하리니
3 땅의 기둥은 내가 세웠거니와 땅과 그 모
든 주민이 소멸되리라 하시도다 (셀라)
4 내가 오만한 자들에게 오만하게 행하지
말라 하며 악인들에게 뿔을 들지 말라 하
였노니
5 너희 뿔을 높이 들지 말며 교만한 목으
로 말하지 말지어다
6 무릇 높이는 일이 동쪽에서나 서쪽에서
말미암지 아니하며 남쪽에서도 말미암
지 아니하고
7 오직 재판장이신 하나님이 이를 낮추시
고 저를 높이시느니라
8 여호와의 손에 잔이 있어 술 거품이 일
어나는도다 속에 섞은 것이 가득한 그 잔
을 하나님이 쏟아 내시나니 실로 그 찌꺼
기까지도 땅의 모든 악인이 기울여 마시
리로다
9 나는 야곱의 하나님을 영원히 선포하며
찬양하며
10 또 악인들의 뿔을 다 베고 의인의 뿔은
높이 들리로다 89:17

17 •It was you who set all the boundaries of the
earth;
you made both summer and winter.
18 •Remember how the enemy has mocked you,
LORD,
how foolish people have reviled your name.
19 •Do not hand over the life of your dove to wild
beasts;
do not forget the lives of your afflicted
people forever.
20 •Have regard for your covenant,
because haunts of violence fill the dark
places of the land.
21 •Do not let the oppressed retreat in disgrace;
may the poor and needy praise your name.
22 •Rise up, O God, and defend your cause;
remember how fools mock you all day long.
23 •Do not ignore the clamor of your adversaries,
the uproar of your enemies, which rises
continually.

Psalm 75[a]

For the director of music. To the tune of "Do Not Destroy." A psalm of Asaph. A song.

1 •We praise you, God,
we praise you, for your Name is near;
people tell of your wonderful deeds.
2 •You say, "I choose the appointed time;
it is I who judge with equity.
3 •When the earth and all its people quake,
it is I who hold its pillars firm.[b]
4 •To the arrogant I say, 'Boast no more,'
and to the wicked, 'Do not lift up your horns.[c]
5 •Do not lift your horns against heaven;
do not speak so defiantly.' "
6 •No one from the east or the west
or from the desert can exalt themselves.
7 •It is God who judges:
He brings one down, he exalts another.
8 •In the hand of the LORD is a cup
full of foaming wine mixed with spices;
he pours it out, and all the wicked of the earth
drink it down to its very dregs.
9 •As for me, I will declare this forever;
I will sing praise to the God of Jacob,
10 •who says, "I will cut off the horns of all the
wicked,
but the horns of the righteous will be lifted
up."

[a] In Hebrew texts 75:1-10 is numbered 75:2-11. [b] 3 The Hebrew has *Selah* (a word of uncertain meaning) here. [c] 4 *Horns* here symbolize strength; also in verses 5 and 10.

1) 가까운 것을 주의 기사가 선포함이니이다

adversary [ǽdvərsèri] *n.* 적
appointed [əpɔ́intid] *a.* 정해진
boast [boust] *vi.* 자랑하다
clamor [klǽmər] *n.* 부르짖음
covenant [kʌvənənt] *n.* 언약
defiantly [difáiəntli] *ad.* 오만하게
dreg [dreg] *n.* 찌꺼기
equity [ékwəti] *n.* 공평
exalt [igzɔ́:lt] *vt.* 높이다
haunt [hɔ:nt] *n.* 소굴
mock [mak] *vt.* 조롱하다
retreat [ri:trí:t] *vi.* 물러서다
revile [riváil] *vt.* 욕하다
uproar [ʌprɔ̀:r] *n.* 소란
violence [váiələns] *n.* 폭력

74:17 both A and B: A, B 둘 다
74:19 hand over: 넘겨주다
74:20 have regard...: …를 고려하다
74:22 defend one's cause: …의 대의를 옹호하다
75:3 hold firm: 붙잡고 놓지 않다

〔아삽의 시, 인도자를 따라 현악에 맞춘 노래〕

76 하나님은 유다에 알려지셨으며 그
의 이름이 이스라엘에 크시도다 48:3
2 그의 장막은 살렘에 있음이여 그의 처소
는 시온에 있도다
3 거기에서 그가 화살과 방패와 칼과 전쟁
을 없이하셨도다 (셀라)
4 주는 약탈한 산에서 영화로우시며 존귀
하시도다
5 마음이 강한 자도 가진 것을 빼앗기고 잠
에 빠질 것이며 장사들도 모두 그들에게
도움을 줄 손을 만날 수 없도다
6 야곱의 하나님이여 주께서 꾸짖으시매
병거와 말이 다 깊이 잠들었나이다
7 주께서는 경외 받을 이시니 주께서 한
번 노하실 때에 누가 주의 목전에 서리
이까
8 주께서 하늘에서 판결을 선포하시매 땅
이 두려워 잠잠하였나니
9 곧 하나님이 땅의 모든 온유한 자를 구
원하시려고 심판하러 일어나신 때에로
다 (셀라)
10 진실로 사람의 노여움은 주를 찬송하게
될 것이요 그 남은 노여움은 주께서 금하
시리이다
11 너희는 여호와 너희 하나님께 서원하
고 갚으라 사방에 있는 모든 사람도 마
땅히 경외할 이에게 예물을 드릴지로
다
12 그가 고관들의 기를 꺾으시리니 그는 세
상의 왕들에게 두려움이시로다

〔아삽의 시, 인도자를 따라 여두둔의 법칙에
따라 부르는 노래〕

77 내가 내 음성으로 하나님께 부르짖
으리니 내 음성으로 하나님께 부르
짖으면 내게 귀를 기울이시리로다
2 나의 환난 날에 내가 주를 찾았으며 밤
에는 내 손을 들고 거두지 아니하였나
니 내 영혼이 위로받기를 거절하였도
다
3 내가 하나님을 기억하고 불안하여 근심
하니 내 심령이 상하도다 (셀라)
4 주께서 내가 눈을 붙이지 못하게 하시니
내가 괴로워 말할 수 없나이다
5 내가 옛날 곧 지나간 세월을 생각하였사
오며

Psalm 76[a]

For the director of music. With stringed instruments. A psalm of Asaph. A song.

1 God is renowned in Judah;
in Israel his name is great.
2 His tent is in Salem,
his dwelling place in Zion.
3 There he broke the flashing arrows,
the shields and the swords, the weapons of war.[b]

4 You are radiant with light,
more majestic than mountains rich with game.
5 The valiant lie plundered,
they sleep their last sleep;
not one of the warriors
can lift his hands.
6 At your rebuke, God of Jacob,
both horse and chariot lie still.

7 It is you alone who are to be feared.
Who can stand before you when you are angry?
8 From heaven you pronounced judgment,
and the land feared and was quiet—
9 when you, God, rose up to judge,
to save all the afflicted of the land.
10 Surely your wrath against mankind brings you praise,
and the survivors of your wrath are restrained.[c]

11 Make vows to the LORD your God and fulfill them;
let all the neighboring lands
bring gifts to the One to be feared.
12 He breaks the spirit of rulers;
he is feared by the kings of the earth.

Psalm 77[d]

For the director of music. For Jeduthun. Of Asaph. A psalm.

1 I cried out to God for help;
I cried out to God to hear me.
2 When I was in distress, I sought the Lord;
at night I stretched out untiring hands,
and I would not be comforted.

3 I remembered you, God, and I groaned;
I meditated, and my spirit grew faint.[e]

4 You kept my eyes from closing;
I was too troubled to speak.

[a]In Hebrew texts 76:1-12 is numbered 76:2-13. [b]3 The Hebrew has *Selah* (a word of uncertain meaning) here and at the end of verse 9. [c]10 Or *Surely the wrath of mankind brings you praise, / and with the remainder of wrath you arm yourself* [d]In Hebrew texts 77:1-20 is numbered 77:2-21. [e]3 The Hebrew has *Selah* (a word of uncertain meaning) here and at the end of verses 9 and 15.

afflicted [əflíktid] *a.* 괴로워하는
chariot [tʃǽriət] *n.* 병거, 마차
game [geim] *n.* 사냥감
meditate [médətèit] *vi.* 묵상하다
plunder [plʌndər] *vt.* 약탈하다
pronounce [prənáuns] *vt.* 선포하다
radiant [réidiənt] *a.* 광채 나는
renown [rináun] *a.* 명성 있는
restrain [ristréin] *vt.* 억제하다
shield [ʃi:ld] *n.* 방패
survivor [sərváivər] *n.* 남은 것
untiring [ʌntáiəriŋ] *a.* 끈기있는
valiant [vǽljənt] *a.* 용맹스러운
warrior [wɔ́:riər] *n.* 전사
wrath [ræθ] *n.* 분노

76:11 make a vow: 맹세하다, 서원하다
77:1 cry out to...: …에게 외치다
77:2 in distress: 괴로워서, 곤궁하여
77:2 stretch out: 뻗다, 내밀다
77:3 grow faint: 약해지다
77:4 keep... from~: …가 ~하지 못하게 하다

6 밤에 부른 노래를 내가 기억하여 내 심령
으로, 내가 내 마음으로 간구하기를
7 주께서 영원히 버리실까, 다시는 은혜를
베풀지 아니하실까,
8 그의 인자하심은 영원히 끝났는가, 그의
약속하심도 영구히 폐하였는가,
9 하나님이 그가 베푸실 은혜를 잊으셨는
가, 노하심으로 그가 베푸실 긍휼을 그치
셨는가 하였나이다 (셀라)
10 또 내가 말하기를 이는 나의 잘못이라 지
존자의 오른손의 해
11 곧 여호와의 일들을 기억하며 주께서 옛
적에 행하신 기이한 일을 기억하리이다
12 또 주의 모든 일을 작은 소리로 읊조리
며 주의 행사를 낮은 소리로 되뇌이리이
다
13 하나님이여 주의 도는 극히 거룩하시오
니 하나님과 같이 위대하신 신이 누구오
니이까
14 주는 기이한 일을 행하신 하나님이시라
민족들 중에 주의 능력을 알리시고
15 주의 팔로 주의 백성 곧 야곱과 요셉의
자손을 속량하셨나이다 (셀라)
16 하나님이여 물들이 주를 보았나이다 물
들이 주를 보고 1)두려워하며 깊음도 진
동하였고
17 구름이 물을 쏟고 궁창이 소리를 내며 주
의 화살도 날아갔나이다 삿 5:4
18 회오리바람 중에 주의 우렛소리가 있으
며 번개가 세계를 비추며 땅이 흔들리고
움직였나이다
19 주의 길이 바다에 있었고 주의 곧은 길이
큰물에 있었으나 주의 발자취를 알 수 없
었나이다
20 주의 백성을 양 떼같이 모세와 아론의 손
으로 인도하셨나이다

〔아삽의 2)마스길〕 (♪ 397, 570장)

78 내 백성이여, 내 율법을 들으며 내
입의 말에 귀를 기울일지어다
2 내가 입을 열어 비유로 말하며 예로부터
감추어졌던 것을 드러내려 하니
3 이는 우리가 들어서 아는 바요 우리의 조
상들이 우리에게 전한 바라
4 우리가 이를 그들의 자손에게 숨기지 아
니하고 여호와의 영예와 그의 능력과 그
가 행하신 기이한 사적을 후대에 전하리
로다

5 • I thought about the former days,
the years of long ago;
6 • I remembered my songs in the night.
My heart meditated and my spirit asked:
7 • "Will the Lord reject forever?
Will he never show his favor again?
8 • Has his unfailing love vanished forever?
Has his promise failed for all time?
9 • Has God forgotten to be merciful?
Has he in anger withheld his compassion?"
10 • Then I thought, "To this I will appeal:
the years when the Most High stretched out
his right hand.
11 • I will remember the deeds of the LORD;
yes, I will remember your miracles of long ago.
12 • I will consider all your works
and meditate on all your mighty deeds."
13 • Your ways, God, are holy.
What god is as great as our God?
14 • You are the God who performs miracles;
you display your power among the peoples.
15 • With your mighty arm you redeemed your
people,
the descendants of Jacob and Joseph.
16 • The waters saw you, God,
the waters saw you and writhed;
the very depths were convulsed.
17 • The clouds poured down water,
the heavens resounded with thunder;
your arrows flashed back and forth.
18 • Your thunder was heard in the whirlwind,
your lightning lit up the world;
the earth trembled and quaked.
19 • Your path led through the sea,
your way through the mighty waters,
though your footprints were not seen.
20 • You led your people like a flock
by the hand of Moses and Aaron.

Psalm 78

A maskil[a] of Asaph.

1 • My people, hear my teaching;
listen to the words of my mouth.
2 • I will open my mouth with a parable;
I will utter hidden things, things from of old—
3 • things we have heard and known,
things our ancestors have told us.
4 • We will not hide them from their descendants;
we will tell the next generation

[a]Title: Probably a literary or musical term 1) 괴로워하며 2) 교훈

compassion [kəmpǽʃən] *n.* 긍휼, 동정
convulse [kənvʌ́ls] *vt.* 진동시키다
footprint [fútprint] *n.* 발자국
meditate [médətèit] *vi.* 묵상하다
merciful [mə́:rsifəl] *a.* 자비로운
parable [pǽrəbl] *n.* 비유
redeem [ridí:m] *vt.* 속량하다, 구원하다
reject [ridʒékt] *vt.* 버리다, 거절하다
resound [rizáund] *vi.* 울리다
tremble [trémbl] *vi.* 떨다
utter [ʌ́tər] *vt.* 말하다
vanish [vǽniʃ] *vi.* 사라지다
whirlwind [hwə́:rlwìnd] *n.* 회오리바람
withhold [wiθhóuld] *vt.* 보류하다
writhe [raið] *vi.* 몸부림치다

77:7 show favor: 호의를 보이다
77:10 stretch out: 뻗다, 내밀다
77:14 perform miracles: 기적을 행하다
77:17 pour down: 퍼붓다
77:17 back and forth: 앞뒤로, 이리저리
77:18 light up: 비추다

5 여호와께서 증거를 야곱에게 세우시며
법도를 이스라엘에게 정하시고 우리 조
상들에게 명령하사 그들의 자손에게 알
리라 하셨으니
6 이는 그들로 후대 곧 태어날 자손에게 이
를 알게 하고 그들은 일어나 그들의 자손
에게 일러서
7 그들로 그들의 소망을 하나님께 두며 하
나님께서 행하신 일을 잊지 아니하고 오
직 그의 계명을 지켜서
8 그들의 조상들 곧 완고하고 패역하여 그
들의 마음이 정직하지 못하며 그 심령이
하나님께 충성하지 아니하는 세대와 같
이 되지 아니하게 하려 하심이로다
9 에브라임 자손은 무기를 갖추며 활을 가
졌으나 전쟁의 날에 물러갔도다
10 그들이 하나님의 언약을 지키지 아니하
고 그의 율법 준행을 거절하며
11 여호와께서 행하신 것과 그들에게 보이
신 그의 기이한 일을 잊었도다
12 옛적에 하나님이 애굽 땅 소안 들에서 기
이한 일을 그들의 조상들의 목전에서 행
하셨으되
13 그가 바다를 갈라 물을 무더기같이 서게
하시고 그들을 지나가게 하셨으며
14 낮에는 구름으로, 밤에는 불빛으로 인도
하셨으며
15 광야에서 반석을 쪼개시고 매우 깊은 곳
에서 나오는 물처럼 흡족하게 마시게 하
셨으며
16 또 바위에서 시내를 내사 물이 강같이 흐
르게 하셨으나
17 그들은 계속해서 하나님께 범죄하여 메
마른 땅에서 지존자를 배반하였도다
18 그들이 그들의 탐욕대로 음식을 구하여
그들의 심중에 하나님을 시험하였으며
19 그뿐 아니라 하나님을 대적하여 말하기
를 하나님이 광야에서 식탁을 베푸실 수
있으랴
20 보라 그가 반석을 쳐서 물을 내시니 시내가
넘쳤으나 그가 능히 떡도 주시며 자기 백성
을 위하여 고기도 예비하시랴 하였도다
21 그러므로 여호와께서 듣고 노하셨으며
야곱에게 불같이 노하셨고 또한 이스라
엘에게 진노가 불타올랐으니 민 11:1
22 이는 하나님을 믿지 아니하며 그의 구원
을 의지하지 아니한 때문이로다

the praiseworthy deeds of the LORD,
his power, and the wonders he has done.
5 He decreed statutes for Jacob
and established the law in Israel,
which he commanded our ancestors
to teach their children,
6 so the next generation would know them,
even the children yet to be born,
and they in turn would tell their children.
7 Then they would put their trust in God
and would not forget his deeds
but would keep his commands.
8 They would not be like their ancestors—
a stubborn and rebellious generation,
whose hearts were not loyal to God,
whose spirits were not faithful to him.
9 The men of Ephraim, though armed with bows,
turned back on the day of battle;
10 they did not keep God's covenant
and refused to live by his law.
11 They forgot what he had done,
the wonders he had shown them.
12 He did miracles in the sight of their ancestors
in the land of Egypt, in the region of Zoan.
13 He divided the sea and led them through;
he made the water stand up like a wall.
14 He guided them with the cloud by day
and with light from the fire all night.
15 He split the rocks in the wilderness
and gave them water as abundant as the seas;
16 he brought streams out of a rocky crag
and made water flow down like rivers.
17 But they continued to sin against him,
rebelling in the wilderness against the Most High.
18 They willfully put God to the test
by demanding the food they craved.
19 They spoke against God;
they said, "Can God really
spread a table in the wilderness?
20 True, he struck the rock,
and water gushed out,
streams flowed abundantly,
but can he also give us bread?
Can he supply meat for his people?"
21 When the LORD heard them, he was furious;
his fire broke out against Jacob,
and his wrath rose against Israel,
22 for they did not believe in God
or trust in his deliverance.

abundant [əbʌndənt] *a.* 풍부한
crag [kræg] *n.* 험한 바위산
crave [kreiv] *vt.* 갈망하다
decree [dikríː] *vt.* 포고하다
deliverance [dilívərəns] *n.* 구원
gush [gʌʃ] *vi.* 솟아나오다
praiseworthy [préizwəːrði] *a.* 감탄스런
rebellious [ribéljəs] *a.* 반항하는
split [split] *vt.* 쪼개다
spread [spred] *vt.* 음식을 차리다
statute [stǽtʃuːt] *n.* 법령
stream [striːm] *n.* 개울
stubborn [stʌbərn] *a.* 고집센
willfully [wílfəli] *ad.* 일부러
wrath [ræθ] *n.* 진노

78:6 in turn: 차례대로
78:9 armed with...: …로 무장한
78:9 turn back: 물러가다
78:10 live by law: 율법을 준수하며 살다
78:12 in the sight of...: …의 목전에서
78:21 break out: (화재, 전쟁 등) 돌발하다

23 그러나 그가 위의 궁창을 명령하시며 하
늘 문을 여시고
24 그들에게 만나를 비같이 내려 먹이시며
하늘 양식을 그들에게 주셨나니
25 사람이 힘센 자의 떡을 먹었으며 그가 음
식을 그들에게 충족히 주셨도다
26 그가 동풍을 하늘에서 일게 하시며 그의
권능으로 남풍을 인도하시고
27 먼지처럼 많은 고기를 비같이 내리시고
나는 새를 바다의 모래같이 내리셨도다
28 그가 그것들을 그들의 진중에 떨어지게
하사 그들의 거처에 두르셨으므로
29 그들이 먹고 심히 배불렀나니 하나님이
그들의 원대로 그들에게 주셨도다
30 그러나 그들이 그들의 욕심을 버리지 아
니하여 그들의 먹을 것이 아직 그들의 입
에 있을 때에
31 하나님이 그들에게 노염을 나타내사 그
들 중 강한 자를 죽이시며 이스라엘의 청
년을 쳐 엎드러뜨리셨도다 민 11:3
32 이러함에도 그들은 여전히 범죄하여 그
의 기이한 일들을 믿지 아니하였으므로
33 하나님이 그들의 날들을 헛되이 보내게
하시며 그들의 햇수를 두려움으로 보내
게 하셨도다
34 하나님이 그들을 죽이실 때에 그들이 그에
게 구하며 돌이켜 하나님을 간절히 찾았고
35 하나님이 그들의 반석이시며 지존하신
하나님이 그들의 구속자이심을 기억하
였도다
36 그러나 그들이 입으로 그에게 아첨하며
자기 혀로 그에게 거짓을 말하였으니
37 이는 하나님께 향하는 그들의 마음이 정
함이 없으며 그의 언약에 성실하지 아니
하였음이로다
38 오직 하나님은 긍휼하시므로 죄악을 덮
어 주시어 멸망시키지 아니하시고 그의
진노를 여러 번 돌이키시며 그의 모든 분
을 다 쏟아 내지 아니하셨으니
39 그들은 육체이며 가고 다시 돌아오지 못
하는 바람임을 기억하셨음이라
40 그들이 광야에서 그에게 반항하며 사막
에서 그를 슬프시게 함이 몇 번인가
41 그들이 돌이켜 하나님을 거듭거듭 시험
하며 이스라엘의 거룩하신 이를 노엽게
하였도다
42 그들이 그의 권능의 손을 기억하지 아니

23 ● Yet he gave a command to the skies above
and opened the doors of the heavens;
24 ● he rained down manna for the people to eat,
he gave them the grain of heaven.
25 ● Human beings ate the bread of angels;
he sent them all the food they could eat.
26 ● He let loose the east wind from the heavens
and by his power made the south wind blow.
27 ● He rained meat down on them like dust,
birds like sand on the seashore.
28 ● He made them come down inside their camp,
all around their tents.
29 ● They ate till they were gorged—
he had given them what they craved.
30 ● But before they turned from what they craved,
even while the food was still in their mouths,
31 ● God's anger rose against them;
he put to death the sturdiest among them,
cutting down the young men of Israel.
32 ● In spite of all this, they kept on sinning;
in spite of his wonders, they did not believe.
33 ● So he ended their days in futility
and their years in terror.
34 ● Whenever God slew them, they would seek him;
they eagerly turned to him again.
35 ● They remembered that God was their Rock,
that God Most High was their Redeemer.
36 ● But then they would flatter him with their mouths,
lying to him with their tongues;
37 ● their hearts were not loyal to him,
they were not faithful to his covenant.
38 ● Yet he was merciful;
he forgave their iniquities
and did not destroy them.
Time after time he restrained his anger
and did not stir up his full wrath.
39 ● He remembered that they were but flesh,
a passing breeze that does not return.
40 ● How often they rebelled against him in the wilderness
and grieved him in the wasteland!
41 ● Again and again they put God to the test;
they vexed the Holy One of Israel.
42 ● They did not remember his power—
the day he redeemed them from the oppressor,

breeze [bri:z] *n.* 산들바람
covenant [kʌvənənt] *n.* 언약
crave [kreiv] *vt.* 갈망하다
flatter [flǽtər] *vt.* 아첨하다
flesh [fleʃ] *n.* 육체
futility [fju:tíləti] *n.* 무익, 공허
gorge [gɔ:rdʒ] *vt.* 마구 먹다
iniquity [iníkwəti] *n.* 불법
redeemer [ridí:mər] *n.* 구속자
restrain [ristréin] *vt.* 억제하다
seek [si:k] *vt.* 찾다
sturdy [stə́:rdi] *a.* 건장한
vex [veks] *vt.* 화나게 하다
wonder [wʌndər] *n.* 이적, 경이
wrath [ræθ] *n.* 진노

78:26 let loose: (속박에서) 풀어놓다
78:31 cut down: 베어 넘어뜨리다
78:32 in spite of...: …임에도 불구하고
78:37 be loyal to...: …에게 충실하다
78:38 stir up: 야기하다, 선동하다
78:41 put to the test: 시험하다

하며 대적에게서 그들을 구원하신 날도
기억하지 아니하였도다
43 그때에 하나님이 애굽에서 그의 표적들
을, 소안 들에서 그의 징조들을 나타내사
44 그들의 강과 시내를 피로 변하여 그들로
마실 수 없게 하시며
45 쇠파리 떼를 그들에게 보내어 그들을 물게
하시고 개구리를 보내어 해하게 하셨으며
46 그들의 토산물을 황충에게 주셨고 그들
이 수고한 것을 메뚜기에게 주셨으며
47 그들의 포도나무를 우박으로, 그들의 뽕
나무를[1]서리로 죽이셨으며
48 그들의 가축을 우박에, 그들의 양 떼를
번갯불에 넘기셨으며
49 그의 맹렬한 노여움과 진노와 분노와 고
난 곧 재앙의 천사들을 그들에게 내려보
내셨으며
50 그는 진노로 길을 닦으사 그들의 목숨이
죽음을 면하지 못하게 하시고 그들의 생
명을 전염병에 붙이셨으며
51 애굽에서 모든 장자 곧 함의 장막에 있는
그들의 기력의 처음 것을 치셨으나
52 그가 자기 백성은 양같이 인도하여 내시
고 광야에서 양 떼같이 지도하셨도다
53 그들을 안전히 인도하시니 그들은 두려
움이 없었으나 그들의 원수는 바다에 빠
졌도다
54 그들을 그의 성소의 영역 곧 그의 오른손
으로 만드신 산으로 인도하시고
55 또 나라를 그들의 앞에서 쫓아내시며 줄을
쳐서 그들의 소유를 분배하시고 이스라엘
의 지파들이 그들의 장막에 살게 하셨도다
56 그러나 그들은 지존하신 하나님을 시험하
고 반항하여 그의 명령을 지키지 아니하며
57 그들의 조상들같이 배반하고 거짓을 행
하여 속이는 활같이 빗나가서
58 자기 산당들로 그의 노여움을 일으키며
그들의 조각한 우상들로 그를 진노하게
하였으매
59 하나님이 들으시고 분내어 이스라엘을
크게 미워하사
60 사람 가운데 세우신 장막 곧 실로의 성막
을 떠나시고
삼상 4:11
61 그가 그의 능력을 포로에게 넘겨 주시며
그의 영광을 대적의 손에 붙이시고
62 그가 그의 소유 때문에 분내사 그의 백성
을 칼에 넘기셨으니

43 ● the day he displayed his signs in Egypt,
his wonders in the region of Zoan.
44 ● He turned their river into blood;
they could not drink from their streams.
45 ● He sent swarms of flies that devoured them,
and frogs that devastated them.
46 ● He gave their crops to the grasshopper,
their produce to the locust.
47 ● He destroyed their vines with hail
and their sycamore-figs with sleet.
48 ● He gave over their cattle to the hail,
their livestock to bolts of lightning.
49 ● He unleashed against them his hot anger,
his wrath, indignation and hostility—
a band of destroying angels.
50 ● He prepared a path for his anger;
he did not spare them from death
but gave them over to the plague.
51 ● He struck down all the firstborn of Egypt,
the firstfruits of manhood in the tents of
Ham.
52 ● But he brought his people out like a flock;
he led them like sheep through the wilderness.
53 ● He guided them safely, so they were unafraid;
but the sea engulfed their enemies.
54 ● And so he brought them to the border of
his holy land,
to the hill country his right hand had taken.
55 ● He drove out nations before them
and allotted their lands to them as an
inheritance;
he settled the tribes of Israel in their homes.
56 ● But they put God to the test
and rebelled against the Most High;
they did not keep his statutes.
57 ● Like their ancestors they were disloyal and
faithless,
as unreliable as a faulty bow.
58 ● They angered him with their high places;
they aroused his jealousy with their idols.
59 ● When God heard them, he was furious;
he rejected Israel completely.
60 ● He abandoned the tabernacle of Shiloh,
the tent he had set up among humans.
61 ● He sent the ark of his might into captivity,
his splendor into the hands of the enemy.
62 ● He gave his people over to the sword;
he was furious with his inheritance.

1) 큰 우박으로

abandon [əbǽndən] *vt.* 내버리다
ark [aːrk] *n.* 궤
captivity [kæptívəti] *n.* 포로
devastate [dévəstèit] *vt.* 황폐시키다
devour [diváuər] *vt.* 먹다
engulf [ingʌlf] *vt.* 삼키다
faulty [fɔ́ːlti] *a.* 잘못된
grasshopper [grǽshɑ̀pər] *n.* 메뚜기
indignation [ìndignéiʃən] *n.* 분노
inheritance [inhérətəns] *n.* 상속, 재산
plague [pleig] *n.* 전염병
spare [spɛər] *vt.* 살려주다
statute [stǽtʃuːt] *n.* 법령
tabernacle [tǽbəːrnækl] *n.* 성막
unleash [ʌnlíːʃ] *vt.* 풀다, (화)내다

78:45 swarms of flies: 파리 떼
78:48 give over to: 양도하다
78:48 bolts of lightning: 번쩍하는 번개
78:52 bring out: 데리고 나오다
78:55 allot A to B: A를 B에게 분배하다
78:56 rebel against...: …에 저항하다

63 그들의 청년은 불에 살라지고 그들의 처
녀들은 혼인 노래를 들을 수 없었으며
64 그들의 제사장들은 칼에 엎드러지고 그
들의 과부들은 애곡도 하지 못하였도다
65 그때에 주께서 잠에서 깨어난 것처럼, 포
도주를 마시고 고함치는 용사처럼 일어
나사
66 그의 대적들을 쳐 물리쳐서 영원히 그들
에게 욕되게 하셨도다
67 또 요셉의 장막을 버리시며 에브라임 지
파를 택하지 아니하시고
68 오직 유다 지파와 그가 사랑하시는 시온
산을 택하시며 87:2
69 그의 성소를 산의 높음같이, 영원히 두신
땅같이 지으셨도다
70 또 그의 종 다윗을 택하시되 양의 우리에
서 취하시며
71 젖 양을 지키는 중에서 그를 이끌어내사
그의 백성인 야곱, 그의 소유인 이스라엘
을 기르게 하셨더니
72 이에 그가 그들을 자기 마음의 완전함으
로 기르고 그의 손의 능숙함으로 그들을
지도하였도다

〔아삽의 시〕(♪ 384, 567장)

79 하나님이여 이방 나라들이 주의 기
업의 땅에 들어와서 주의 성전을 더
럽히고 예루살렘이 돌무더기가 되게 하
였나이다
2 그들이 주의 종들의 시체를 공중의 새에
게 밥으로, 주의 성도들의 육체를 땅의
짐승에게 주며
3 그들의 피를 예루살렘 사방에 물같이 흘
렸으나 그들을 매장하는 자가 없었나이다
4 우리는 우리 이웃에게 비방거리가 되며
우리를 에워싼 자에게 조소와 조롱거리
가 되었나이다
5 여호와여 어느 때까지니이까 영원히 노
하시리이까 주의 질투가 불붙듯 하시리
이까
6 주를 알지 아니하는 민족들과 주의 이름
을 부르지 아니하는 나라들에게 주의 노
를 쏟으소서
7 그들이 야곱을 삼키고 그의 거처를 황폐
하게 함이니이다 53:4
8 우리 [1)]조상들의 죄악을 기억하지 마시고
주의 긍휼로 우리를 속히 영접하소서 우
리가 매우 가련하게 되었나이다

63 •Fire consumed their young men,
and their young women had no wedding songs;
64 •their priests were put to the sword,
and their widows could not weep.
65 •Then the Lord awoke as from sleep,
as a warrior wakes from the stupor of wine.
66 •He beat back his enemies;
he put them to everlasting shame.
67 •Then he rejected the tents of Joseph,
he did not choose the tribe of Ephraim;
68 •but he chose the tribe of Judah,
Mount Zion, which he loved.
69 •He built his sanctuary like the heights,
like the earth that he established forever.
70 •He chose David his servant
and took him from the sheep pens;
71 •from tending the sheep he brought him
to be the shepherd of his people Jacob,
of Israel his inheritance.
72 •And David shepherded them with integrity of heart;
with skillful hands he led them.

Psalm 79

A psalm of Asaph.

1 •O God, the nations have invaded your inheritance;
they have defiled your holy temple,
they have reduced Jerusalem to rubble.
2 •They have left the dead bodies of your servants
as food for the birds of the sky,
the flesh of your own people for the animals of the wild.
3 •They have poured out blood like water
all around Jerusalem,
and there is no one to bury the dead.
4 •We are objects of contempt to our neighbors,
of scorn and derision to those around us.
5 •How long, LORD? Will you be angry forever?
How long will your jealousy burn like fire?
6 •Pour out your wrath on the nations
that do not acknowledge you,
on the kingdoms
that do not call on your name;
7 •for they have devoured Jacob
and devastated his homeland.
8 •Do not hold against us the sins of past generations;
may your mercy come quickly to meet us,
for we are in desperate need.

1) 히, 시조들

consume [kənsúːm] *vt.* 소멸시키다
contempt [kəntémpt] *n.* 경멸, 멸시
defile [difáil] *vt.* 더럽히다
derision [diríʒən] *n.* 비웃음
devastate [dévəstèit] *vt.* 황폐하게 하다
everlasting [èvərlǽstiŋ] *a.* 영원한
inheritance [inhérətəns] *n.* 유산
integrity [intégrəti] *n.* 온전함
invade [invéid] *vt.* 침입하다
pour [pɔːr] *vt.* 쏟다
rubble [rʌbl] *n.* 돌무더기
sanctuary [sǽŋktʃuèri] *n.* 성소
scorn [skɔːrn] *n.* 경멸
skillful [skílfəl] *a.* 숙련된
stupor [stjúːpər] *n.* 인사불성

78:64 put to the sword: 칼로 죽이다
78:65 awake from...: …에서 깨어나다
78:66 beat back: 격퇴하다
78:66 put to shame: 모욕을 주다
79:1 reduce... to~: …를 ~로 낮추다
79:6 pour out: (재앙이나 진노 등을) 쏟다

9 우리 구원의 하나님이여 주의 이름의 영
광스러운 행사를 위하여 우리를 도우시
며 주의 이름을 증거하기 위하여 우리를
건지시며 우리 죄를 사하소서
10 이방 나라들이 어찌하여 그들의 하나님
이 어디 있느냐 말하나이까 주의 종들이
피 흘림에 대한 복수를 우리의 목전에서
이방 나라에게 보여주소서 42:10
11 갇힌 자의 탄식을 주의 앞에 이르게 하시
며 죽이기로 정해진 자도 주의 크신 능력
을 따라 보존하소서 102:20
12 주여 우리 이웃이 주를 비방한 그 비방을
그들의 품에 칠 배나 갚으소서
13 우리는 주의 백성이요 주의 목장의 양이
니 우리는 영원히 주께 감사하며 주의 영
예를 대대에 전하리이다 95:7

〔아삽의 시, 인도자를 따라
소산님에둣에 맞춘 노래〕

80 요셉을 양 떼같이 인도하시는 이
스라엘의 목자여 귀를 기울이소
서 그룹 사이에 좌정하신 이여 빛을 비
추소서
2 에브라임과 베냐민과 므낫세 앞에서 주
의 능력을 나타내사 우리를 구원하러 오
소서
3 하나님이여 우리를 돌이키시고 주의 얼
굴빛을 비추사 우리가 구원을 얻게 하소
서
4 ●만군의 하나님 여호와여 주의 백성의
기도에 대하여 어느 때까지 노하시리이
까
5 주께서 그들에게 눈물의 양식을 먹이시
며 많은 눈물을 마시게 하셨나이다
6 우리를 우리 이웃에게 다툼거리가 되게
하시니 우리 원수들이 서로 비웃나이다
7 만군의 하나님이여 우리를 회복하여 주
시고 주의 얼굴의 광채를 비추사 우리가
구원을 얻게 하소서
8 ●주께서 한 포도나무를 애굽에서 가져
다가 민족들을 쫓아내시고 그것을 심으
셨나이다
9 주께서 그 앞서 가꾸셨으므로 그 뿌리가
깊이 박혀서 땅에 가득하며
10 그 그늘이 산들을 가리고 그 가지는 [1]하
나님의 백향목 같으며

9 ●Help us, God our Savior,
for the glory of your name;
deliver us and forgive our sins
for your name's sake.
10 ●Why should the nations say,
"Where is their God?"
Before our eyes, make known among the nations
that you avenge the outpoured blood of your servants.
11 ●May the groans of the prisoners come before you;
with your strong arm preserve those condemned to die.
12 ●Pay back into the laps of our neighbors seven times
the contempt they have hurled at you, Lord.
13 ●Then we your people, the sheep of your pasture,
will praise you forever;
from generation to generation
we will proclaim your praise.

Psalm 80[a]

For the director of music. To the tune of "The Lilies of the Covenant." Of Asaph. A psalm.

1 ●Hear us, Shepherd of Israel,
you who lead Joseph like a flock.
You who sit enthroned between the cherubim,
2 shine forth ●before Ephraim, Benjamin and Manasseh.
Awaken your might;
come and save us.
3 ●Restore us, O God;
make your face shine on us,
that we may be saved.
4 ●How long, LORD God Almighty,
will your anger smolder
against the prayers of your people?
5 ●You have fed them with the bread of tears;
you have made them drink tears by the bowlful.
6 ●You have made us an object of derision[b] to our neighbors,
and our enemies mock us.
7 ●Restore us, God Almighty;
make your face shine on us,
that we may be saved.
8 ●You transplanted a vine from Egypt;
you drove out the nations and planted it.
9 ●You cleared the ground for it,
and it took root and filled the land.

[a]In Hebrew texts 80:1-19 is numbered 80:2-20. [b]6 Probable reading of the original Hebrew text; Masoretic Text *contention* 1) 아름다운 백향목

bowlful [bóulfùl] *n.* 한사발
cherubim [tʃérəbim] *n.* 그룹, 천사
condemn [kəndém] *vt.* 운명지우다
enthroned [inθróund] *a.* 왕좌에 앉은
groan [groun] *vi.* 신음하다
hurl [həːrl] *vt.* 세게 내던지다
mock [mak] *vt.* 비웃다
neighbor [néibər] *n.* 이웃
outpour [áutpɔ̀ːr] *vt.* 흘러나오게 하다
pasture [pǽstʃər] *n.* 목장
plant [plænt] *vt.* 경작하다
preserve [prizə́ːrv] *vt.* 보존하다
proclaim [proukléim] *vt.* 전파하다
smolder [smóuldər] *vi.* 연기를 피우다
transplant [trænsplǽnt] *vt.* 이식하다

79:9 for one's name's sake: …의 이름(명예, 체면)을 위하여
79:10 make known: …을(…에게) 알리다
79:11 come before: …앞에 나타나다
79:12 pay back: 되갚다
80:8 drive out: 쫓아내다

11 그 가지가 바다까지 뻗고 넝쿨이 1)강까
지 미쳤거늘 72:8
12 주께서 어찌하여 그 담을 허시사 길을 지
나가는 모든 이들이 그것을 따게 하셨나
이까
13 숲 속의 멧돼지들이 상해하며 들짐승들
이 먹나이다 렘 5:6
14 만군의 하나님이여 구하옵나니 돌아오
소서 하늘에서 굽어보시고 이 포도나무
를 돌보소서
15 주의 오른손으로 심으신 줄기요 주를 위
하여 힘있게 하신 가지니이다
16 그것이 불타고 베임을 당하며 주의 면책
으로 말미암아 멸망하오니 39:11
17 주의 오른쪽에 있는 자 곧 주를 위하여
힘있게 하신 인자에게 주의 손을 얹으소
서 89:21
18 그리하시면 우리가 주에게서 물러가지
아니하오리니 우리를 소생하게 하소서
우리가 주의 이름을 부르리이다
19 만군의 하나님 여호와여 우리를 돌이켜
주시고 주의 얼굴의 광채를 우리에게 비
추소서 우리가 구원을 얻으리이다

〔아삽의 시, 인도자를 따라 깃딧에 맞춘 노래〕

81 우리의 능력이 되시는 하나님을 향
하여 기쁘게 노래하며 야곱의 하나
님을 향하여 즐거이 소리칠지어다
2 시를 읊으며 소고를 치고 아름다운 수금
에 비파를 아우를지어다
3 초하루와 보름과 우리의 명절에 나팔을
불지어다 레 23:24
4 이는 이스라엘의 율례요 야곱의 하나님
의 규례로다
5 하나님이 애굽 땅을 치러 나아가시던 때
에 요셉의 족속 중에 이를 증거로 세우
셨도다 거기서 내가 알지 못하던 말씀을
들었나니
6 이르시되 내가 그의 어깨에서 짐을 벗기
고 그의 손에서 광주리를 놓게 하였도다
7 네가 고난 중에 부르짖으매 내가 너를 건
졌고 우렛소리의 은밀한 곳에서 네게 응
답하며 므리바 물가에서 너를 시험하였
도다 (셀라)
8 내 백성이여 들으라 내가 네게 증언하리
라 이스라엘이여 내게 듣기를 원하노라
9 너희 중에 다른 신을 두지 말며 이방 신
에게 절하지 말지어다

10 •The mountains were covered with its shade,
the mighty cedars with its branches.
11 •Its branches reached as far as the Sea,[a]
its shoots as far as the River.[b]
12 •Why have you broken down its walls
so that all who pass by pick its grapes?
13 •Boars from the forest ravage it,
and insects from the fields feed on it.
14 •Return to us, God Almighty!
Look down from heaven and see!
Watch over this vine,
15 • the root your right hand has planted,
the son[c] you have raised up for yourself.
16 •Your vine is cut down, it is burned with fire;
at your rebuke your people perish.
17 •Let your hand rest on the man at your right
hand,
the son of man you have raised up for yourself.
18 •Then we will not turn away from you;
revive us, and we will call on your name.
19 •Restore us, LORD God Almighty;
make your face shine on us,
that we may be saved.

Psalm 81[d]

For the director of music. According to gittith.[e] Of Asaph.

1 •Sing for joy to God our strength;
shout aloud to the God of Jacob!
2 •Begin the music, strike the timbrel,
play the melodious harp and lyre.
3 •Sound the ram's horn at the New Moon,
and when the moon is full, on the day of
our festival;
4 •this is a decree for Israel,
an ordinance of the God of Jacob.
5 •When God went out against Egypt,
he established it as a statute for Joseph.
I heard an unknown voice say:
6 •"I removed the burden from their shoulders;
their hands were set free from the basket.
7 •In your distress you called and I rescued you,
I answered you out of a thundercloud;
I tested you at the waters of Meribah.[f]
8 •Hear me, my people, and I will warn you—
if you would only listen to me, Israel!
9 •You shall have no foreign god among you;
you shall not worship any god other than me.

[a]11 Probably the Mediterranean [b]11 That is, the Euphrates [c]15 Or *branch* [d]In Hebrew texts 81:1-16 is numbered 81:2-17. [e]Title: Probably a musical term [f]7 The Hebrew has *Selah* (a word of uncertain meaning) here.

1) 유브라데 강

branch [bræntʃ] *n.* 가지
burden [bə́:rdn] *n.* 짐
cedar [sí:dər] *n.* 백향목
decree [dikrí:] *vt.* 판결하다
distress [distrés] *n.* 고통
establish [istǽbliʃ] *vt.* 세우다
lyre [laiər] *n.* 수금
melodious [məlóudiəs] *a.* 곡조가 아름다운
ordinance [ɔ́:rdənəns] *n.* 법령
ravage [rǽvidʒ] *vt.* 약탈하다
rebuke [ribjú:k] *n.* 책망
revive [riváiv] *vt.* 소생하게 하다
shade [ʃeid] *n.* 그늘
statute [stǽtʃu:t] *n.* 법률
thundercloud [θʌ́ndərklàud] *n.* 뇌운(雷雲)

80:11 as far as: …까지
80:12 break down: 파괴하다, 헐다
80:12 pass by: 지나가다
80:14 watch over: 돌보아주다
80:18 turn away: 돌아서다
81:6 set free: 자유롭게 하다

10 나는 너를 애굽 땅에서 인도하여 낸 여호
와 네 하나님이니 네 입을 크게 열라 내
가 채우리라 하였으나 출 20:2
11 내 백성이 내 소리를 듣지 아니하며 이스
라엘이 나를 원하지 아니하였도다
12 그러므로 내가 그의 마음을 완악한 대로
버려두어 그의 임의대로 행하게 하였도다
13 내 백성아 내 말을 들으라 이스라엘아 내
도를 따르라
14 그리하면 내가 속히 그들의 원수를 누르
고 내 손을 돌려 그들의 대적들을 치리니
15 여호와를 미워하는 자는 그에게 복종하
는 체할지라도 그들의 시대는 영원히 계
속되리라
16 또 내가 기름진 밀을 그들에게 먹이며 반
석에서 나오는 꿀로 너를 만족하게 하리
라 하셨도다

〔아삽의 시〕 (♪ 284, 295장)

82 하나님은 신들의 모임 가운데에 서
시며 하나님은 그들 가운데에서 재
판하시느니라
2 너희가 불공평한 판단을 하며 악인의 낯
보기를 언제까지 하려느냐 (셀라)
3 가난한 자와 고아를 위하여 판단하며 곤란
한 자와 빈궁한 자에게 공의를 베풀지며
4 가난한 자와 궁핍한 자를 구원하여 악인
들의 손에서 건질지니라 하시는도다
5 그들은 알지도 못하고 깨닫지도 못하여
흑암 중에 왕래하니 땅의 모든 터가 흔들
리도다
6 내가 말하기를 너희는 신들이며 다 지존
자의 아들들이라 하였으나 요 10:34
7 그러나 너희는 사람처럼 죽으며 고관의
하나같이 넘어지리로다
8 하나님이여 일어나사 세상을 심판하소서
모든 나라가 주의 소유이기 때문이니이다

〔아삽의 시 곧 노래〕 (♪ 242, 401장)

83 하나님이여 침묵하지 마소서 하나
님이여 잠잠하지 마시고 조용하지
마소서
2 무릇 주의 원수들이 떠들며 주를 미워하
는 자들이 머리를 들었나이다
3 그들이 주의 백성을 치려 하여 간계를 꾀
하며 주께서 숨기신 자를 치려고 서로 의
논하여
4 말하기를 가서 그들을 멸하여 다시 나라
가 되지 못하게 하여 이스라엘의 이름으

10 •I am the LORD your God,
who brought you up out of Egypt.
Open wide your mouth and I will fill it.
11 •"But my people would not listen to me;
Israel would not submit to me.
12 •So I gave them over to their stubborn hearts
to follow their own devices.
13 •"If my people would only listen to me,
if Israel would only follow my ways,
14 •how quickly I would subdue their enemies
and turn my hand against their foes!
15 •Those who hate the LORD would cringe before
him,
and their punishment would last forever.
16 •But you would be fed with the finest of wheat;
with honey from the rock I would satisfy you."

Psalm 82

A psalm of Asaph.

1 •God presides in the great assembly;
he renders judgment among the "gods":
2 •"How long will you[a] defend the unjust
and show partiality to the wicked?[b]
3 •Defend the weak and the fatherless;
uphold the cause of the poor and the oppressed.
4 •Rescue the weak and the needy;
deliver them from the hand of the wicked.
5 •"The 'gods' know nothing, they understand
nothing.
They walk about in darkness;
all the foundations of the earth are shaken.
6 •"I said, 'You are "gods";
you are all sons of the Most High.'
7 •But you will die like mere mortals;
you will fall like every other ruler."
8 •Rise up, O God, judge the earth,
for all the nations are your inheritance.

Psalm 83[c]

A song. A psalm of Asaph.

1 •O God, do not remain silent;
do not turn a deaf ear,
do not stand aloof, O God.
2 •See how your enemies growl,
how your foes rear their heads.
3 •With cunning they conspire against your people;
they plot against those you cherish.
4 •"Come," they say, "let us destroy them as a
nation,
so that Isreal's name is remembered no
more."

[a]2 The Hebrew is plural. [b]2 The Hebrew has *Selah* (a word of uncertain meaning) here. [c]In Hebrew texts 83:1-18 is numbered 83:2-19.

aloof [əlú:f] *ad.* 멀리 떨어져
cherish [tʃériʃ] *vt.* 품다
cringe [krindʒ] *vi.* 굽실거리다
device [diváis] *n.* 궁리, 계획
foe [fou] *n.* 적
inheritance [inhérətəns] *n.* 유산
oppress [əprés] *vt.* 억압하다
partiality [pà:rʃiǽləti] *n.* 편애
preside [prizáid] *vi.* 의장이 되다
punishment [pʌniʃmənt] *n.* 형벌
rear [riər] *vt.* 세우다
render [réndər] *vt.* 주다
stubborn [stʌbərn] *a.* 고집센
subdue [səbdjú:] *vt.* 정복하다
unjust [ʌndʒʌst] *a.* 부당한

81:11 submit to...: …에게 복종하다
81:12 give over to...: …에 넘기다
82:4 deliver A from B: A를 B에서 구하다
82:5 walk about: 산책하다, 거닐다
83:3 conspire against...: …에 대해 공모하다
83:3 plot against...: …에 대해 음모를 꾸미다

로 다시는 기억되지 못하게 하자 하나이
다
5 그들이 한마음으로 의논하고 주를 대적
하여 서로 동맹하니
6 곧 에돔의 장막과 이스마엘인과 모압과
하갈인이며
7 그발과 암몬과 아말렉이며 블레셋과 두
로 사람이요 대하 20:10
8 앗수르도 그들과 연합하여 롯 자손의 도
움이 되었나이다 (셀라)
9 주는 미디안인에게 행하신 것같이, 기손
시내에서 시스라와 야빈에게 행하신 것
같이 그들에게도 행하소서
10 그들은 엔돌에서 패망하여 땅에 거름이
되었나이다
11 그들의 귀인들이 오렙과 스엡 같게 하시
며 그들의 모든 고관들은 세바와 살문나
와 같게 하소서
12 그들이 말하기를 우리가 하나님의 목장
을 우리의 소유로 취하자 하였나이다
13 나의 하나님이여 그들이 굴러가는 검불
같게 하시며 바람에 날리는 지푸라기 같
게 하소서
14 삼림을 사르는 불과 산에 붙는 불길같이
15 주의 광풍으로 그들을 쫓으시며 주의 폭
풍으로 그들을 두렵게 하소서 58:9
16 여호와여 그들의 얼굴에 수치가 가득하
게 하사 그들이 주의 이름을 찾게 하소
서
17 그들로 수치를 당하여 영원히 놀라게 하
시며 낭패와 멸망을 당하게 하사
18 여호와라 이름하신 주만 온 세계의 지존
자로 알게 하소서

〔고라 자손의 시, 인도자를 따라
깃딧에 맞춘 노래〕 (♪53장)

84 만군의 여호와여 주의 장막이 어찌
그리 사랑스러운지요 27:4
2 내 영혼이 여호와의 궁정을 사모하여 쇠
약함이여 내 마음과 육체가 살아 계시는
하나님께 부르짖나이다 42:1, 2
3 나의 왕, 나의 하나님, 만군의 여호와여
주의 제단에서 참새도 제 집을 얻고 제비
도 새끼 둘 보금자리를 얻었나이다
4 주의 집에 사는 자들은 복이 있나니 그들
이 항상 주를 찬송하리이다 (셀라)
5 주께 힘을 얻고 그 마음에 시온의 대로가
있는 자는 복이 있나이다

5 •With one mind they plot together;
they form an alliance against you—
6 •the tents of Edom and the Ishmaelites,
of Moab and the Hagrites,
7 •Byblos, Ammon and Amalek,
Philistia, with the people of Tyre.
8 •Even Assyria has joined them
to reinforce Lot's descendants.[a]
9 •Do to them as you did to Midian,
as you did to Sisera and Jabin at the river
Kishon,
10 •who perished at Endor
and became like dung on the ground.
11 •Make their nobles like Oreb and Zeeb,
all their princes like Zebah and Zalmunna,
12 •who said, "Let us take possession
of the pasturelands of God."
13 •Make them like tumbleweed, my God,
like chaff before the wind.
14 •As fire consumes the forest
or a flame sets the mountains ablaze,
15 •so pursue them with your tempest
and terrify them with your storm.
16 •Cover their faces with shame, LORD,
so that they will seek your name.
17 •May they ever be ashamed and dismayed;
may they perish in disgrace.
18 •Let them know that you, whose name is the
LORD—
that you alone are the Most High over all
the earth.

Psalm 84[b]

For the director of music. According to
gittith.[c] *Of the Sons of Korah. A psalm.*

1 •How lovely is your dwelling place,
LORD Almighty!
2 •My soul yearns, even faints,
for the courts of the LORD;
my heart and my flesh cry out
for the living God.
3 •Even the sparrow has found a home,
and the swallow a nest for herself,
where she may have her young—
a place near your altar,
LORD Almighty, my King and my God.
4 •Blessed are those who dwell in your house;
they are ever praising you.[d]
5 •Blessed are those whose strength is in you,

[a]8 The Hebrew has *Selah* (a word of uncertain meaning) here. [b]In Hebrew texts 84:1-12 is numbered 84:2-13. [c]Title: Probably a musical term [d]4 The Hebrew has *Selah* (a word of uncertain meaning) here and at the end of verse 8.

ablaze [əbléiz] *a.* 불타올라서
alliance [əláiəns] *n.* 동맹
chaff [tʃæf] *n.* 왕겨
consume [kənsúːm] *vt.* 소멸시키다
disgrace [disgréis] *n.* 치욕
dismay [disméi] *vt.* 놀라게 하다
dwelling [dwéliŋ] *n.* 거처
faint [feint] *vi.* 약해지다
pastureland [pǽstʃərlæ̀nd] *n.* 목초지
perish [périʃ] *vi.* 멸망하다
reinforce [rìːinfɔ́ːrs] *vt.* 보강하다
sparrow [spǽrou] *n.* 참새
swallow [swɑ́lou] *vt.* 삼키다
tempest [témpist] *n.* 폭풍우
tumbleweed [tʌmblwìːd] *n.* 회전초(回轉草)

83:10 on the ground: 그 장소에서
83:12 take possession of...: …를 소유하다
83:18 the Most High: 신, 하나님
83:18 over all: 전체의
84:3 have one's young: 새끼를 가지다
84:4 dwell in...: …에 거주하다

6 그들이 [1)]눈물 골짜기로 지나갈 때에 그
곳에 많은 샘이 있을 것이며 이른 비가
복을 채워 주나이다 107:35
7 그들은 힘을 얻고 더 얻어 나아가 시온에
서 하나님 앞에 각기 나타나리이다
8 만군의 하나님 여호와여 내 기도를 들으
소서 야곱의 하나님이여 귀를 기울이소
서 (셀라)
9 우리 방패이신 하나님이여 주께서 기름
부으신 자의 얼굴을 살펴보옵소서
10 주의 궁정에서의 한 날이 다른 곳에서의
천 날보다 나은즉 악인의 장막에 사는 것
보다 내 하나님의 성전 문지기로 있는 것
이 좋사오니
11 여호와 하나님은 해요 방패이시라 여호
와께서 은혜와 영화를 주시며 정직하게
행하는 자에게 좋은 것을 아끼지 아니하
실 것임이니이다
12 만군의 여호와여 주께 의지하는 자는 복
이 있나이다 2:12

〔고라 자손의 시, 인도자를 따라 부르는 노래〕

85 여호와여 주께서 주의 땅에 은혜를
베푸사 야곱의 포로 된 자들이 돌
아오게 하셨으며
2 주의 백성의 죄악을 사하시고 그들의 모
든 죄를 덮으셨나이다 (셀라)
3 주의 모든 분노를 거두시며 주의 진노를
돌이키셨나이다
4 우리 구원의 하나님이여 우리를 돌이키
시고 우리에게 향하신 주의 분노를 거두
소서 80:3, 7
5 주께서 우리에게 영원히 노하시며 대대
에 진노하시겠나이까 79:5
6 주께서 우리를 다시 살리사 주의 백성이
주를 기뻐하도록 하지 아니하시겠나이까
7 여호와여 주의 인자하심을 우리에게 보
이시며 주의 구원을 우리에게 주소서
8 내가 하나님 여호와께서 하실 말씀을 들
으리니 무릇 그의 백성, 그의 성도들에게
화평을 말씀하실 것이라 그들은 다시 어
리석은 데로 돌아가지 말지로다
9 진실로 그의 구원이 그를 경외하는 자에
게 가까우니 영광이 우리 땅에 머무르리
이다
10 인애와 진리가 같이 만나고 의와 화평이
서로 입맞추었으며
11 진리는 땅에서 솟아나고 의는 하늘에서

whose hearts are set on pilgrimage.
6 • As they pass through the Valley of Baka,
they make it a place of springs;
the autumn rains also cover it with pools.[a]
7 • They go from strength to strength,
till each appears before God in Zion.
8 • Hear my prayer, LORD God Almighty;
listen to me, God of Jacob.
9 • Look on our shield,[b] O God;
look with favor on your anointed one.
10 • Better is one day in your courts
than a thousand elsewhere;
I would rather be a doorkeeper in the house of my God
than dwell in the tents of the wicked.
11 • For the LORD God is a sun and shield;
the LORD bestows favor and honor;
no good thing does he withhold
from those whose walk is blameless.
12 • LORD Almighty,
blessed is the one who trusts in you.

Psalm 85[c]

For the director of music. Of the Sons of Korah. A psalm.

1 • You, LORD, showed favor to your land;
you restored the fortunes of Jacob.
2 • You forgave the iniquity of your people
and covered all their sins.[d]
3 • You set aside all your wrath
and turned from your fierce anger.
4 • Restore us again, God our Savior,
and put away your displeasure toward us.
5 • Will you be angry with us forever?
Will you prolong your anger through all generations?
6 • Will you not revive us again,
that your people may rejoice in you?
7 • Show us your unfailing love, LORD,
and grant us your salvation.
8 • I will listen to what God the LORD says;
he promises peace to his people, his faithful servants—
but let them not turn to folly.
9 • Surely his salvation is near those who fear him,
that his glory may dwell in our land.
10 • Love and faithfulness meet together;
righteousness and peace kiss each other.
11 • Faithfulness springs forth from the earth,
and righteousness looks down from heaven.

[a]6 Or *blessings* [b]9 Or *sovereign* [c]In Hebrew texts 85:1-13 is numbered 85:2-14. [d]2 The Hebrew has *Selah* (a word of uncertain meaning) here. 1) 바카 골짜기로

bestow [bistóu] *vt.* 주다
blameless [bléimlis] *a.* 흠없는
displeasure [displéʒər] *n.* 불쾌
fierce [fiərs] *a.* 맹렬한
folly [fáli] *n.* 어리석은 짓
fortune [fɔ́ːrtʃən] *n.* 재산, 운명
grant [grǽnt] *vt.* 주다
iniquity [iníkwəti] *n.* 죄악
pilgrimage [pílgrəmidʒ] *n.* 성지 순례
prolong [prəlɔ́ːŋ] *vt.* 연장하다
restore [ristɔ́ːr] *vt.* 회복하다
revive [riváiv] *vt.* 소생케 하다
salvation [sælvéiʃən] *n.* 구원
spring [spriŋ] *n.* 샘
unfailing [ʌnféiliŋ] *a.* 무한한

84:11 withhold from...: …에 주지 않고 보류하다
85:3 set aside: 거두다, 버리다
85:4 put away: 피하다, 물리치다
85:6 rejoice in...: …를 기뻐하다
85:11 spring forth: 갑자기 나오다
85:11 look down: 내려다보다

굽어보도다 사 45:8
12 여호와께서 좋은 것을 주시리니 우리 땅
이 그 산물을 내리로다
13 의가 주의 앞에 앞서 가며 주의 길을 닦
으리로다

〔다윗의 기도〕(♪ 312, 433장)

86 여호와여 나는 가난하고 궁핍하오
니 주의 귀를 기울여 내게 응답하
소서
2 나는[1]경건하오니 내 영혼을 보존하소서
내 주 하나님이여 주를 의지하는 종을 구
원하소서
3 주여 내게 은혜를 베푸소서 내가 종일 주
께 부르짖나이다
4 주여 내 영혼이 주를 우러러보오니 주여
내 영혼을 기쁘게 하소서
5 주는 선하사 사죄하기를 즐거워하시며
주께 부르짖는 자에게 인자함이 후하심
이니이다
6 여호와여 나의 기도에 귀를 기울이시고
내가 간구하는 소리를 들으소서
7 나의 환난 날에 내가 주께 부르짖으리니
주께서 내게 응답하시리이다 50:15
8 주여 신들 중에 주와 같은 자 없사오며
주의 행하심과 같은 일도 없나이다
9 주여 주께서 지으신 모든 민족이 와서 주
의 앞에 경배하며 주의 이름에 영광을 돌
리리이다
10 무릇 주는 위대하사 기이한 일들을 행하
시오니 주만이 하나님이시니이다
11 여호와여 주의 도를 내게 가르치소서 내
가 주의 진리에 행하오리니 일심으로 주
의 이름을 경외하게 하소서 25:5
12 주 나의 하나님이여 내가 전심으로 주를
찬송하고 영원토록 주의 이름에 영광을
돌리오리니
13 이는 내게 향하신 주의 인자하심이 크사
내 영혼을 깊은 스올에서 건지셨음이니
이다
14 하나님이여 교만한 자들이 일어나 나를
치고 포악한 자의 무리가 내 영혼을 찾았
사오며 자기 앞에 주를 두지 아니하였나
이다
15 그러나 주여 주는 긍휼히 여기시며 은혜
를 베푸시며 노하기를 더디하시며 인자
와 진실이 풍성하신 하나님이시오니
16 내게로 돌이키사 내게 은혜를 베푸소서

12 ●The LORD will indeed give what is good,
and our land will yield its harvest.
13 ●Righteousness goes before him
and prepares the way for his steps.

Psalm 86

A prayer of David.

1 ●Hear me, LORD, and answer me,
for I am poor and needy.
2 ●Guard my life, for I am faithful to you;
save your servant who trusts in you.
3 You are my God; ●have mercy on me, Lord,
for I call to you all day long.
4 ●Bring joy to your servant, Lord,
for I put my trust in you.
5 ●You, Lord, are forgiving and good,
abounding in love to all who call to you.
6 ●Hear my prayer, LORD;
listen to my cry for mercy.
7 ●When I am in distress, I call to you,
because you answer me.
8 ●Among the gods there is none like you, Lord;
no deeds can compare with yours.
9 ●All the nations you have made
will come and worship before you, Lord;
they will bring glory to your name.
10 ●For you are great and do marvelous deeds;
you alone are God.
11 ●Teach me your way, LORD,
that I may rely on your faithfulness;
give me an undivided heart,
that I may fear your name.
12 ●I will praise you, Lord my God, with all my heart;
I will glorify your name forever.
13 ●For great is your love toward me;
you have delivered me from the depths,
from the realm of the dead.
14 ●Arrogant foes are attacking me, O God;
ruthless people are trying to kill me—
they have no regard for you.
15 ●But you, Lord, are a compassionate and gracious God,
slow to anger, abounding in love and faithfulness.
16 ●Turn to me and have mercy on me;
show your strength in behalf of your servant;
save me, because I serve you
just as my mother did.
17 ●Give me a sign of your goodness,
that my enemies may see it and be put to

1) 주께서 은혜를 주신 자니

abounding [əbáundiŋ] *a.* 풍부한
arrogant [ǽrəgənt] *a.* 거만한
compassionate [kəmpǽʃənət] *a.* 자비로운
deed [di:d] *n.* 행위
depth [depθ] *n.* 깊은 곳, 심연
forgiving [fərgíviŋ] *a.* 용서하는
glorify [glɔ́:rəfài] *vt.* 찬미하다
gracious [gréiʃəs] *a.* 자비로운
indeed [indí:d] *ad.* 정말로
marvelous [mɑ́:rvələs] *a.* 불가사의한
mercy [mə́:rsi] *n.* 은혜
needy [ní:di] *a.* 빈궁한
realm [relm] *n.* 영역
ruthless [rú:θlis] *a.* 무자비한
undivided [ʌ̀ndiváidid] *a.* 완전한

86:3 have mercy on...: …에게 자비를 베풀다
86:8 compare with...: …와 비교하다
86:11 rely on: 기대다, 의존하다
86:12 with all one's heart: 전심으로
86:14 try to: 시도하다
86:16 just as...: 반드시 …처럼

주의 종에게 힘을 주시고 주의 여종의 아
들을 구원하소서
17 은총의 표적을 내게 보이소서 그러면 나
를 미워하는 그들이 보고 부끄러워하오
리니 여호와여 주는 나를 돕고 위로하시
는 이시니이다

〔고라 자손의 시 곧 노래〕 (♪ 210, 312, 543장)

87 그의 터전이 성산에 있음이여
2 여호와께서 야곱의 모든 거처보
다 시온의 문들을 사랑하시는도다
3 하나님의 성이여 너를 가리켜 영광스럽
다 말하는도다 (셀라)
4 나는 1)라합과 바벨론이 나를 아는 자 중
에 있다 말하리라 보라 블레셋과 두로와
구스여 이것들도 2)거기서 났다 하리로
다
5 시온에 대하여 말하기를 이 사람, 저 사
람이 거기서 났다고 말하리니 지존자가
친히 시온을 세우리라 하는도다
6 여호와께서 민족들을 등록하실 때에는
그 수를 세시며 이 사람이 거기서 났다
하시리로다 (셀라)
7 노래하는 자와 뛰어노는 자들이 말하기
를 나의 모든 근원이 네게 있다 하리로
다

〔고라 자손의 찬송 시 곧 에스라인 헤만의
3)마스길, 인도자를 따라
4)마할랏르안놋에 맞춘 노래〕

88 여호와 내 구원의 하나님이여 내
가 주야로 주 앞에서 부르짖었사
오니
2 나의 기도가 주 앞에 이르게 하시며 나
의 부르짖음에 주의 귀를 기울여 주소
서
3 무릇 나의 영혼에는 재난이 가득하며 나
의 생명은 스올에 가까웠사오니
4 나는 무덤에 내려가는 자같이 인정되고
힘없는 용사와 같으며 28:1
5 죽은 자 중에 던져진 바 되었으며 죽임을
당하여 무덤에 누운 자 같으니이다 주께
서 그들을 다시 기억하지 아니하시니 그
들은 주의 손에서 끊어진 자니이다
6 주께서 나를 깊은 웅덩이와 어둡고 음침
한 곳에 두셨사오며
7 주의 노가 나를 심히 누르시고 주의 모든
파도가 나를 괴롭게 하셨나이다 (셀라)

shame,
for you, LORD, have helped me and
comforted me.

Psalm 87

Of the Sons of Korah. A psalm. A song.

1 He has founded his city on the holy mountain.
2 The LORD loves the gates of Zion
more than all the other dwellings of Jacob.
3 Glorious things are said of you,
city of God:[a]
4 "I will record Rahab[b] and Babylon
among those who acknowledge me —
Philistia too, and Tyre, along with Cush[c] —
and will say, 'This one was born in Zion.' "[d]
5 Indeed, of Zion it will be said,
"This one and that one were born in her,
and the Most High himself will establish her."
6 The LORD will write in the register of the peoples:
"This one was born in Zion."
7 As they make music they will sing,
"All my fountains are in you."

Psalm 88[e]

A song. A psalm of the Sons of Korah. For the director of music. According to mahalath leannoth[f] *A* maskil[g] *of Heman the Ezrahite.*

1 LORD, you are the God who saves me;
day and night I cry out to you.
2 May my prayer come before you;
turn your ear to my cry.
3 I am overwhelmed with troubles
and my life draws near to death.
4 I am counted among those who go down to
the pit;
I am like one without strength.
5 I am set apart with the dead,
like the slain who lie in the grave,
whom you remember no more,
who are cut off from your care.
6 You have put me in the lowest pit,
in the darkest depths.
7 Your wrath lies heavily on me;
you have overwhelmed me with all your
waves.[h]

[a]3 The Hebrew has *Selah* (a word of uncertain meaning) here and at the end of verse 6. [b]4 A poetic name for Egypt [c]4 That is, the upper Nile region [d]4 Or *"I will record concerning those who acknowledge me: / 'This one was born in Zion.' / Hear this, Rahab and Babylon, / and you too, Philistia, Tyre and Cush."* [e]In Hebrew texts 88:1-18 is numbered 88:2-19. [f]Title: Possibly a tune, "The Suffering of Affliction" [g]Title: Probably a literary or musical term [h]7 The Hebrew has *Selah* (a word of uncertain meaning) here and at the end of verse 10.

1) 애굽 2) 시온에서 3) 교훈 4) 병의 노래

acknowledge [əknálidʒ] *vt.* 인정하다
comfort [kʌmfərt] *vt.* 위로하다
count [kaunt] *vt.* 간주하다
depth [depθ] *n.* 깊은 곳, 심연
dwelling [dwéliŋ] *n.* 거처
establish [istǽbliʃ] *vt.* 세우다
found [faund] *vt.* 기초를 세우다
fountain [fáuntən] *n.* 근원
grave [greiv] *n.* 무덤
heavily [hévili] *ad.* 심하게
overwhelm [òuvərhwélm] *vt.* 압도하다
pit [pit] *n.* 무덤
register [rédʒistər] *n.* 등록부
slain [slein] *a.* 죽임을 당한
wrath [ræθ] *n.* 진노

87:2 more than all: 특히 그 중에도
87:4 along with: 함께, 더불어
88:3 draw near: 다가오다
88:4 go down: 떨어지다, 지다
88:5 no more: 그 이상 …하지 않는다
88:5 cut off: 베어내다

8 주께서 내가 아는 자를 내게서 멀리 떠나
게 하시고 나를 그들에게 가증한 것이 되
게 하셨사오니 나는 갇혀서 나갈 수 없게
되었나이다
9 곤란으로 말미암아 내 눈이 쇠하였나이
다 여호와여 내가 매일 주를 부르며 주를
향하여 나의 두 손을 들었나이다
10 주께서 죽은 자에게 기이한 일을 보이시
겠나이까 유령들이 일어나 주를 찬송하
리이까 (셀라)
11 주의 인자하심을 무덤에서, 주의 성실하
심을 멸망 중에서 선포할 수 있으리이까
12 흑암 중에서 주의 기적과 잊음의 땅에서
주의 공의를 알 수 있으리이까
13 여호와여 오직 내가 주께 부르짖었사오
니 아침에 나의 기도가 주의 앞에 이르리
이다
14 여호와여 어찌하여 나의 영혼을 버리시
며 어찌하여 주의 얼굴을 내게서 숨기시
나이까
15 내가 어릴 적부터 고난을 당하여 죽게 되
었사오며 주께서 두렵게 하실 때에 당황
하였나이다
16 주의 진노가 내게 넘치고 주의 두려움이
나를 끊었나이다
17 이런 일이 물같이 종일 나를 에우며 함
께 나를 둘러쌌나이다
18 주는 내게서 사랑하는 자와 친구를 멀리
떠나게 하시며 내가 아는 자를 흑암에 두
셨나이다

〔에스라인 에단의 [1]마스길〕 (♪ 6, 386, 406장)

89 내가 여호와의 인자하심을 영원히
노래하며 주의 성실하심을 내 입으
로 대대에 알게 하리이다
2 내가 말하기를 인자하심을 영원히 세우
시며 주의 성실하심을 하늘에서 견고히
하시리라 하였나이다 36:5
3 ●주께서 이르시되 나는 내가 택한 자와
언약을 맺으며 내 종 다윗에게 맹세하기를
4 내가 네 자손을 영원히 견고히 하며 네 왕
위를 대대에 세우리라 하셨나이다 (셀라)
5 여호와여 주의 기이한 일을 하늘이 찬양
할 것이요 주의 성실도 거룩한 자들의 모
임 가운데에서 찬양하리이다
6 무릇 구름 위에서 능히 여호와와 비교할
자 누구며 신들 중에서 여호와와 같은
자 누구리이까

8 ●You have taken from me my closest friends
and have made me repulsive to them.
I am confined and cannot escape;
9 ● my eyes are dim with grief.
I call to you, LORD, every day;
I spread out my hands to you.
10 ●Do you show your wonders to the dead?
Do their spirits rise up and praise you?
11 ●Is your love declared in the grave,
your faithfulness in Destruction[a]?
12 ●Are your wonders known in the place of darkness,
or your righteous deeds in the land of
oblivion?
13 ●But I cry to you for help, LORD;
in the morning my prayer comes before you.
14 ●Why, LORD, do you reject me
and hide your face from me?
15 ●From my youth I have suffered and been
close to death;
I have borne your terrors and am in despair.
16 ●Your wrath has swept over me;
your terrors have destroyed me.
17 ●All day long they surround me like a flood;
they have completely engulfed me.
18 ●You have taken from me friend and neighbor—
darkness is my closest friend.

Psalm 89[b]

A maskil[c] of Ethan the Ezrahite.

1 ●I will sing of the LORD's great love forever;
with my mouth I will make your
faithfulness known
through all generations.
2 ●I will declare that your love stands firm forever,
that you have established your faithfulness in
heaven itself.
3 ●You said, "I have made a covenant with my
chosen one,
I have sworn to David my servant,
4 ●'I will establish your line forever
and make your throne firm through all
generations.' "[d]
5 ●The heavens praise your wonders, LORD,
your faithfulness too, in the assembly of the
holy ones.
6 ●For who in the skies above can compare with
the LORD?
Who is like the LORD among the heavenly
beings?

[a]*11* Hebrew *Abaddon* [b]In Hebrew texts 89:1-52 is numbered 89:2-53. [c]Title: Probably a literary or musical term [d]*4* The Hebrew has *Selah* (a word of uncertain meaning) here and at the end of verses 37, 45 and 48. 1) 교훈

assembly [əsémbli] *n.* 집회
completely [kəmplí:tli] *ad.* 완전히
confine [kənfáin] *vt.* 가두다
covenant [kʌvənənt] *n.* 언약
declare [dikléər] *vt.* 선포하다
despair [dispéər] *n.* 절망
destruction [distrʌkʃən] *n.* 멸망
engulf [ingʌlf] *vt.* 삼키다
establish [istǽbliʃ] *vt.* 세우다
faithfulness [féiθfəlnis] *n.* 성실함
flood [flʌd] *n.* 홍수
grief [gri:f] *n.* 비탄, 슬픔
oblivion [əblíviən] *n.* 망각
repulsive [ripʌlsiv] *a.* 불쾌한
surround [səráund] *vt.* 둘러싸다

88:9 spread out: (손, 팔을) 뻗다, 펼치다
88:15 be close to death: 죽음이 가까워지다
88:16 sweep over: 엄습하다
89:2 stand firm: 견고히 서다
89:3 swear to...: …에게 맹세하다
89:6 compare with: …과 비교하다

7 하나님은 거룩한 자의 모임 가운데에서
매우 무서워할 이시오며 둘러 있는 모든
자 위에 더욱 두려워할 이시니이다
8 여호와 만군의 하나님이여 주와 같이 능
력 있는 이가 누구리이까 여호와여 주의
성실하심이 주를 둘렀나이다
9 주께서 바다의 파도를 다스리시며 그 파
도가 일어날 때에 잔잔하게 하시나이다
10 주께서 [1]라합을 죽임당한 자같이 깨뜨리
시고 주의 원수를 주의 능력의 팔로 흩으
셨나이다
11 하늘이 주의 것이요 땅도 주의 것이라 세
계와 그 중에 충만한 것을 주께서 건설하
셨나이다
12 남북을 주께서 창조하셨으니 다볼과 헤
르몬이 주의 이름으로 말미암아 즐거워
하나이다
13 주의 팔에 능력이 있사오며 주의 손은 강
하고 주의 오른손은 높이 들리우셨나이다
14 의와 공의가 주의 보좌의 기초라 인자함
과 진실함이 주 앞에 있나이다
15 즐겁게 소리칠 줄 아는 백성은 복이 있나
니 여호와여 그들이 주의 얼굴빛 안에서
다니리로다
16 그들은 종일 주의 이름 때문에 기뻐하며
주의 공의로 말미암아 높아지오니
17 주는 그들의 힘의 영광이심이라 우리의
뿔이 주의 은총으로 높아지오리니
18 우리의 방패는 여호와께 속하였고 우리
의 왕은 이스라엘의 거룩한 이에게 속하
였기 때문이니이다
19 ●그때에 주께서 환상 중에 주의 성도들
에게 말씀하여 이르시기를 내가 능력 있
는 용사에게는 돕는 힘을 더하며 백성 중
에서 택함 받은 자를 높였으되
20 내가 내 종 다윗을 찾아내어 나의 거룩한
기름을 그에게 부었도다
21 내 손이 그와 함께하여 견고하게 하고 내
팔이 그를 힘이 있게 하리로다
22 원수가 그에게서 강탈하지 못하며 악한
자가 그를 곤고하게 못하리로다
23 내가 그의 앞에서 그 대적들을 박멸하며
그를 미워하는 자들을 치려니와
24 나의 성실함과 인자함이 그와 함께하리
니 내 이름으로 말미암아 그의 뿔이 높아
지리로다
25 내가 또 그의 손을 바다 위에 놓으며 오

7 ●In the council of the holy ones God is greatly
feared;
he is more awesome than all who surround
him.
8 ●Who is like you, LORD God Almighty?
You, LORD, are mighty, and your
faithfulness surrounds you.
9 ●You rule over the surging sea;
when its waves mount up, you still them.
10 ●You crushed Rahab like one of the slain;
with your strong arm you scattered your
enemies.
11 ●The heavens are yours, and yours also the earth;
you founded the world and all that is in it.
12 ●You created the north and the south;
Tabor and Hermon sing for joy at your
name.
13 ●Your arm is endowed with power;
your hand is strong, your right hand exalted.
14 ●Righteousness and justice are the foundation
of your throne;
love and faithfulness go before you.
15 ●Blessed are those who have learned to acclaim
you,
who walk in the light of your presence,
LORD.
16 ●They rejoice in your name all day long;
they celebrate your righteousness.
17 ●For you are their glory and strength,
and by your favor you exalt our horn.[a]
18 ●Indeed, our shield[b] belongs to the LORD,
our king to the Holy One of Israel.
19 ●Once you spoke in a vision,
to your faithful people you said:
"I have bestowed strength on a warrior;
I have raised up a young man from among
the people.
20 ●I have found David my servant;
with my sacred oil I have anointed him.
21 ●My hand will sustain him;
surely my arm will strengthen him.
22 ●The enemy will not get the better of him;
the wicked will not oppress him.
23 ●I will crush his foes before him
and strike down his adversaries.
24 ●My faithful love will be with him,
and through my name his horn[c] will be
exalted.
25 ●I will set his hand over the sea,

[a]17 *Horn* here symbolizes strong one. [b]18 Or *sovereign*
[c]24 *Horn* here symbolizes strength. 1) 애굽

acclaim [əkléim] *vt.* 환호하여 맞다
adversary [ǽdvərsèri] *n.* 적
awesome [ɔ́:səm] *a.* 두렵게 하는
council [káunsəl] *n.* 회의
crush [krʌʃ] *vt.* 짓밟다
enemy [énəmi] *n.* 원수
exalt [igzɔ́:lt] *vt.* 높이다
foundation [faundéiʃən] *n.* 기초
mount [maunt] *vi.* 오르다
oppress [əprés] *vt.* 억압하다
rejoice [ridʒɔ́is] *vi.* 기뻐하다
sacred [séikrid] *a.* 신성한
scatter [skǽtər] *vt.* 흩어지게 하다
surge [sə:rdʒ] *vi.* 밀려오다
sustain [səstéin] *vt.* 붙들어 주다

89:9 rule over: …을 통치하다
89:14 go before: 이전에 존재하다
89:16 all day long: 온종일
89:19 from among: …의 가운데서
89:19 bestow A on B: B에게 A를 주다
89:23 strike down: 때려눕히다, 죽이다

큰손을 강들 위에 놓으리니
26 그가 내게 부르기를 주는 나의 아버지시
요 나의 하나님이시요 나의 구원의 바위
시라 하리로다
27 내가 또 그를 장자로 삼고 세상 왕들에게
지존자가 되게 하며
28 그를 위하여 나의 인자함을 영원히 지키
고 그와 맺은 나의 언약을 굳게 세우며
29 또 그의 후손을 영구하게 하여 그의 왕위
를 하늘의 날과 같게 하리로다
30 만일 그의 자손이 내 법을 버리며 내 규
례대로 행하지 아니하며
31 내 율례를 깨뜨리며 내 계명을 지키지 아
니하면
32 내가 회초리로 그들의 죄를 다스리며 채
찍으로 그들의 죄악을 벌하리로다
33 그러나 나의 인자함을 그에게서 다 거두
지는 아니하며 나의 성실함도 폐하지 아
니하며
34 내 언약을 깨뜨리지 아니하고 내 입술에
서 낸 것은 변하지 아니하리로다
35 내가 나의 거룩함으로 한 번 맹세하였은즉
다윗에게 거짓말을 하지 아니할 것이라
36 그의 후손이 장구하고 그의 왕위는 해같
이 내 앞에 항상 있으며
37 또 궁창의 확실한 증인인 달같이 영원히
견고하게 되리라 하셨도다 (셀라)
38 ●그러나 주께서 주의 기름부음 받은 자
에게 노하사 물리치셔서 버리셨으며
39 주의 종의 언약을 미워하사 그의 관을 땅
에 던져 욕되게 하셨으며 애 5:16
40 그의 모든 울타리를 파괴하시며 그 요새
를 무너뜨리셨으므로
41 길로 지나가는 자들에게 다 탈취를 당하
며 그의 이웃에게 욕을 당하나이다
42 주께서 그의 대적들의 오른손을 높이시고
그들의 모든 원수들은 기쁘게 하셨으나
43 그의 칼날은 둔하게 하사 그가 전장에서
더 이상 버티지 못하게 하셨으며
44 그의 영광을 그치게 하시고 그의 왕위를
땅에 엎으셨으며 겔 28:7
45 그의 젊은 날들을 짧게 하시고 그를 수치
로 덮으셨나이다 (셀라)
46 여호와여 언제까지니이까 스스로 영원
히 숨기시리이까 주의 노가 언제까지 불
붙듯 하시겠나이까
47 나의 때가 얼마나 짧은지 기억하소서 주

his right hand over the rivers.
26 ●He will call out to me, 'You are my Father,
my God, the Rock my Savior.'
27 ●And I will appoint him to be my firstborn,
the most exalted of the kings of the earth.
28 ●I will maintain my love to him forever,
and my covenant with him will never fail.
29 ●I will establish his line forever,
his throne as long as the heavens endure.
30 ●"If his sons forsake my law
and do not follow my statutes,
31 ●if they violate my decrees
and fail to keep my commands,
32 ●I will punish their sin with the rod,
their iniquity with flogging;
33 ●but I will not take my love from him,
nor will I ever betray my faithfulness.
34 ●I will not violate my covenant
or alter what my lips have uttered.
35 ●Once for all, I have sworn by my holiness—
and I will not lie to David—
36 ●that his line will continue forever
and his throne endure before me like the sun;
37 ●it will be established forever like the moon,
the faithful witness in the sky."
38 ●But you have rejected, you have spurned,
you have been very angry with your
anointed one.
39 ●You have renounced the covenant with your
servant
and have defiled his crown in the dust.
40 ●You have broken through all his walls
and reduced his strongholds to ruins.
41 ●All who pass by have plundered him;
he has become the scorn of his neighbors.
42 ●You have exalted the right hand of his foes;
you have made all his enemies rejoice.
43 ●Indeed, you have turned back the edge of his sword
and have not supported him in battle.
44 ●You have put an end to his splendor
and cast his throne to the ground.
45 ●You have cut short the days of his youth;
you have covered him with a mantle of
shame.
46 ●How long, LORD? Will you hide yourself
forever?
How long will your wrath burn like fire?
47 ●Remember how fleeting is my life.
For what futility you have created all
humanity!
48 ●Who can live and not see death,

anoint [ənɔ́int] *vt.* 기름붓다
covenant [kʌvənənt] *n.* 언약
defile [difáil] *vt.* 더럽히다
endure [indjúər] *vt.* 지속되다
fleeting [flíːtiŋ] *a.* 덧없는
flogging [flágiŋ] *n.* 채찍질
forsake [fərséik] *vt.* 저버리다
iniquity [iníkwəti] *n.* 죄악, 부정
mantle [mǽntl] *n.* 덮개
plunder [plʌndər] *vt.* 약탈하다
renounce [rináuns] *vt.* 폐기하다
spurn [spəːrn] *vt.* 쫓아내다
statute [stǽtʃuːt] *n.* 규례
stronghold [strɔ́ːŋhòuld] *n.* 요새, 성채
utter [ʌtər] *vt.* 발언하다

89:26 call out to...: …에게 큰소리로 말하다
89:29 as long as...: …하는 한
89:35 once (and) for all: 단호하게
89:35 swear by...: …을 두고 맹세하다
89:40 break through...: …을 뚫고 지나가다
89:44 put an end to...: …를 끝내다

께서 모든 사람을 어찌 그리 허무하게 창
조하셨는지요
48 누가 살아서 죽음을 보지 아니하고 자기
의 영혼을 스올의 권세에서 건지리이까
(셀라)
49 주여 주의 성실하심으로 다윗에게 맹세
하신 그 전의 인자하심이 어디 있나이까
50 주는 주의 종들이 받은 비방을 기억하소
서 많은 민족의 비방이 내 품에 있사오니
51 여호와여 이 비방은 주의 원수들이 주의
기름부음 받은 자의 행동을 비방한 것이
로소이다
52 ● 여호와를 영원히 찬송할지어다 아멘
아멘

제 사 권

〔하나님의 사람 모세의 기도〕

(♪ 71, 545, 546장)

90 주여 주는 대대에 우리의 거처가
되셨나이다
2 산이 생기기 전, 땅과 세계도 주께서 조
성하시기 전 곧 영원부터 영원까지 주는
하나님이시니이다
3 주께서 사람을 [1]티끌로 돌아가게 하시고
말씀하시기를 너희 인생들은 돌아가라
하셨사오니
4 주의 목전에는 천 년이 지나간 어제 같으
며 밤의 한순간 같을 뿐임이니이다
5 주께서 그들을 홍수처럼 쓸어가시나이
다 그들은 잠깐 자는 것 같으며 아침에
돋는 풀 같으니이다
6 풀은 아침에 꽃이 피어 자라다가 저녁에
는 시들어 마르나이다
7 우리는 주의 노에 소멸되며 주의 분내심
에 놀라나이다
8 주께서 우리의 죄악을 주의 앞에 놓으시
며 우리의 은밀한 죄를 주의 얼굴빛 가운
데에 두셨사오니
9 우리의 모든 날이 주의 분노 중에 지나가
며 우리의 평생이 순식간에 다하였나이다
10 우리의 연수가 칠십이요 강건하면 팔십
이라도 그 연수의 자랑은 수고와 슬픔뿐
이요 신속히 가니 우리가 날아가나이다
11 누가 주의 노여움의 능력을 알며 누가 주
의 진노의 두려움을 알리이까
12 우리에게 우리 날 계수함을 가르치사 지
혜로운 마음을 얻게 하소서
13 여호와여 돌아오소서 언제까지니이까

or who can escape the power of the grave?
49 ● Lord, where is your former great love,
which in your faithfulness you swore to
David?
50 ● Remember, Lord, how your servant has[a] been
mocked,
how I bear in my heart the taunts of all the
nations,
51 ● the taunts with which your enemies, LORD, have
mocked,
with which they have mocked every step of
your anointed one.
52 ● Praise be to the LORD forever!
Amen and Amen.

BOOK IV

Psalms 90-106

Psalm 90

A prayer of Moses the man of God.

1 ● Lord, you have been our dwelling place
throughout all generations.
2 ● Before the mountains were born
or you brought forth the whole world,
from everlasting to everlasting you are God.
3 ● You turn people back to dust,
saying, "Return to dust, you mortals."
4 ● A thousand years in your sight
are like a day that has just gone by,
or like a watch in the night.
5 ● Yet you sweep people away in the sleep of
death—
they are like the new grass of the morning:
6 ● In the morning it springs up new,
but by evening it is dry and withered.
7 ● We are consumed by your anger
and terrified by your indignation.
8 ● You have set our iniquities before you,
our secret sins in the light of your presence.
9 ● All our days pass away under your wrath;
we finish our years with a moan.
10 ● Our days may come to seventy years,
or eighty, if our strength endures;
yet the best of them are but trouble and sorrow,
for they quickly pass, and we fly away.
11 ● If only we knew the power of your anger!
Your wrath is as great as the fear that is
your due.
12 ● Teach us to number our days,
that we may gain a heart of wisdom.
13 ● Relent, LORD! How long will it be?

[a]50 Or *your servants have* 1) 파멸로

escape [iskéip] *vi.* 벗어나다
everlasting [èvərlǽstiŋ] *a.* 영원한
faithfulness [féiθfəlnis] *n.* 충실
former [fɔ́:rmər] *a.* 이전의
indignation [ìndignéiʃən] *n.* 분개
moan [moun] *n.* 불평
mock [mak] *vt.* 모욕하다
mortal [mɔ́:rtl] *a.* 필멸의
sorrow [sárou] *n.* 슬픔
taunt [tɔ:nt] *n.* 조롱
throughout [θru:áut] *prep.* …동안, …내내
whole [houl] *a.* 전부의
wisdom [wízdəm] *n.* 지혜
wither [wíðər] *vi.* 시들다
wrath [ræθ] *n.* 분노

90:2 bring forth: 생기게 하다
90:3 return to...: …로 되돌아가다
90:4 go by: (시간이) 지나가다
90:5 sweep away: 휩쓸어가다
90:6 spring up: 싹이 트다, 나타나다
90:9 pass away: (때가) 지나다

주의 종들을 불쌍히 여기소서
14 아침에 주의 인자하심이 우리를 만족하
게 하사 우리를 일생 동안 즐겁고 기쁘게
하소서
15 우리를 괴롭게 하신 날수대로와 우리가
화를 당한 연수대로 우리를 기쁘게 하소
서
16 주께서 행하신 일을 주의 종들에게 나타
내시며 주의 영광을 그들의 자손에게 나
타내소서
17 주 우리 하나님의 [1]은총을 우리에게 내
리게 하사 우리의 손이 행한 일을 우리에
게 견고하게 하소서 우리의 손이 행한 일
을 견고하게 하소서

91 지존자의 은밀한 곳에 거주하며 전
능자의 그늘 아래에 사는 자여,
2 나는 여호와를 향하여 말하기를 그는 나
의 피난처요 나의 요새요 내가 의뢰하는
하나님이라 하리니 142:5
3 이는 그가 너를 새 사냥꾼의 올무에서와
심한 전염병에서 건지실 것임이로다
4 그가 너를 그의 깃으로 덮으시리니 네가
그의 날개 아래에 피하리로다 그의 진실
함은 방패와 손 방패가 되시나니
5 너는 밤에 찾아오는 공포와 낮에 날아드
는 화살과
6 어두울 때 퍼지는 전염병과 밝을 때 닥쳐
오는 재앙을 두려워하지 아니하리로다
7 천 명이 네 왼쪽에서, 만 명이 네 오른쪽
에서 엎드러지나 이 재앙이 네게 가까이
하지 못하리로다
8 오직 너는 똑똑히 보리니 악인들의 보응
을 네가 보리로다
9 네가 말하기를 [2]여호와는 나의 피난처시
라 하고 지존자를 너의 거처로 삼았으므
로
10 화가 네게 미치지 못하며 재앙이 네 장막
에 가까이 오지 못하리니
11 그가 너를 위하여 그의 천사들을 명령하
사 네 모든 길에서 너를 지키게 하심이라
12 그들이 그들의 손으로 너를 붙들어 발이
돌에 부딪히지 아니하게 하리로다
13 네가 사자와 독사를 밟으며 젊은 사자와
뱀을 발로 누르리로다
14 하나님이 이르시되 그가 나를 사랑한즉
내가 그를 건지리라 그가 내 이름을 안즉
내가 그를 높이리라 145:20

Have compassion on your servants.
14 •Satisfy us in the morning with your unfailing
love,
that we may sing for joy and be glad all
our days.
15 •Make us glad for as many days as you
have afflicted us,
for as many years as we have seen trouble.
16 •May your deeds be shown to your servants,
your splendor to their children.
17 •May the favor[a] of the Lord our God rest on us;
establish the work of our hands for us —
yes, establish the work of our hands.

Psalm 91

1 •Whoever dwells in the shelter of the Most High
will rest in the shadow of the Almighty.[b]
2 •I will say of the LORD, "He is my refuge and
my fortress,
my God, in whom I trust."
3 •Surely he will save you
from the fowler's snare
and from the deadly pestilence.
4 •He will cover you with his feathers,
and under his wings you will find refuge;
his faithfulness will be your shield and
rampart.
5 •You will not fear the terror of night,
nor the arrow that flies by day,
6 •nor the pestilence that stalks in the darkness,
nor the plague that destroys at midday.
7 •A thousand may fall at your side,
ten thousand at your right hand,
but it will not come near you.
8 •You will only observe with your eyes
and see the punishment of the wicked.
9 •If you say, "The LORD is my refuge,"
and you make the Most High your dwelling,
10 •no harm will overtake you,
no disaster will come near your tent.
11 •For he will command his angels concerning you
to guard you in all your ways;
12 •they will lift you up in their hands,
so that you will not strike your foot against a
stone.
13 •You will tread on the lion and the cobra;
you will trample the great lion and the serpent.
14 •"Because he[c] loves me," says the LORD, "I will
rescue him;
I will protect him, for he acknowledges my
name.

[a]17 Or *beauty* [b]1 Hebrew *Shaddai* [c]14 That is, probably the king 1) 아름다움이 2) 여호와여 주는

afflict [əflíkt] *vt.* 괴롭히다
fortress [fɔ́:rtris] *n.* 요새
fowler [fáulər] *n.* 새 사냥꾼
midday [míddèi] *n.* 한낮
observe [əbzə́:rv] *vt.* 관찰하다
overtake [òuvərtéik] *vt.* 덮치다
pestilence [péstələns] *n.* 역병, 페스트
plague [pleig] *n.* 천재(天災), 전염병
protect [prətékt] *vt.* 보호하다
rampart [rǽmpa:rt] *n.* 성벽
refuge [réfju:dʒ] *n.* 피난처
serpent [sə́:rpənt] *n.* 뱀
splendor [spléndər] *n.* 영광
stalk [stɔ:k] *vt.* 퍼지다
trample [trǽmpl] *vi.* 짓밟다

91:1 dwell in...: …에 거주하다
91:4 cover A with B: A를 B로 덮다
91:10 come near: 접근하다
91:11 in all: 모두 합쳐, 총
91:12 strike against...: …에 부딪히다
91:13 tread (up)on...: …를 밟다

15 그가 내게 간구하리니 내가 그에게 응답
하리라 그들이 환난 당할 때에 내가 그와
함께하여 그를 건지고 영화롭게 하리라
16 내가 그를 장수하게 함으로 그를 만족하
게 하며 나의 구원을 그에게 보이리라 하
시도다

〔안식일의 찬송 시〕 (♪ 382, 419장)

92 1-3 지존자여 십현금과 비파와 수
금으로 여호와께 감사하며 주의 이
름을 찬양하고 아침마다 주의 인자하심
을 알리며 밤마다 주의 성실하심을 베풂
이 좋으니이다
4 여호와여 주께서 행하신 일로 나를 기쁘
게 하셨으니 주의 손이 행하신 일로 말미
암아 내가 높이 외치리이다
5 여호와여 주께서 행하신 일이 어찌 그리
크신지요 주의 생각이 매우 깊으시니이다
6 어리석은 자도 알지 못하며 무지한 자도
이를 깨닫지 못하나이다
7 악인들은 풀같이 자라고 악을 행하는 자
들은 다 흥왕할지라도 영원히 멸망하리
이다 90:5
8 여호와여 주는 영원토록 지존하시니이
다
9 여호와여 주의 원수들은 패망하리이다
정녕 주의 원수들은 패망하리니 죄악을
행하는 자들은 다 흩어지리이다
10 그러나 주께서 내 뿔을 들소의 뿔같이 높
이셨으며 내게 신선한 기름을 부으셨나
이다
11 내 원수들이 보응 받는 것을 내 눈으로
보며 일어나 나를 치는 행악자들이 보응
받는 것을 내 귀로 들었도다 54:7
12 의인은 종려나무같이 번성하며 레바논
의 백향목같이 성장하리로다
13 이는 여호와의 집에 심겼음이여 우리 하
나님의 뜰 안에서 번성하리로다
14 그는 늙어도 여전히 결실하며 진액이 풍
족하고 빛이 청청하니 사 37:31
15 여호와의 정직하심과 나의 바위 되심과
그에게는 불의가 없음이 선포되리로다

93 여호와께서 다스리시니 스스로 권
위를 입으셨도다 여호와께서 능력
의 옷을 입으시며 띠를 띠셨으므로 세계
도 견고히 서서 흔들리지 아니하는도다
2 주의 보좌는 예로부터 견고히 섰으며 주
는 영원부터 계셨나이다

15 • He will call on me, and I will answer him;
I will be with him in trouble,
I will deliver him and honor him.
16 • With long life I will satisfy him
and show him my salvation."

Psalm 92[a]

A psalm. A song. For the Sabbath day.

1 • It is good to praise the LORD
and make music to your name, O Most High,
2 • proclaiming your love in the morning
and your faithfulness at night,
3 • to the music of the ten-stringed lyre
and the melody of the harp.
4 • For you make me glad by your deeds, LORD;
I sing for joy at what your hands have done.
5 • How great are your works, LORD,
how profound your thoughts!
6 • Senseless people do not know,
fools do not understand,
7 • that though the wicked spring up like grass
and all evildoers flourish,
they will be destroyed forever.
8 • But you, LORD, are forever exalted.
9 • For surely your enemies, LORD,
surely your enemies will perish;
all evildoers will be scattered.
10 • You have exalted my horn[b] like that of a wild ox;
fine oils have been poured on me.
11 • My eyes have seen the defeat of my adversaries;
my ears have heard the rout of my wicked
foes.
12 • The righteous will flourish like a palm tree,
they will grow like a cedar of Lebanon;
13 • planted in the house of the LORD,
they will flourish in the courts of our God.
14 • They will still bear fruit in old age,
they will stay fresh and green,
15 • proclaiming, "The LORD is upright;
he is my Rock, and there is no
wickedness in him."

Psalm 93

1 • The LORD reigns, he is robed in majesty;
the LORD is robed in majesty and
armed with strength;
indeed, the world is established,
firm and secure.
2 • Your throne was established long ago;
you are from all eternity.

[a]In Hebrew texts 92:1-15 is numbered 92:2-16. [b]*10 Horn* here symbolizes strength.

adversary [ǽdvərsèri] *n.* 적	**majesty** [mǽdʒəsti] *n.* 위엄	**satisfy** [sǽtisfai] *vt.* 만족시키다
defeat [difíːt] *n.* 타파	**palm** [paːm] *n.* 종려	**scatter** [skǽtər] *vt.* 흩뿌리다
eternity [itəːrnəti] *n.* 영원	**perish** [périʃ] *vi.* 멸망하다	**secure** [sikjúər] *a.* 안전한
evildoer [íːvəldùːər] *n.* 악인	**proclaim** [proukléim] *vt.* 선포하다	**senseless** [sénslis] *a.* 분별 있는
flourish [fləːriʃ] *vi.* 번창하다	**profound** [prəfáund] *a.* 깊은	**upright** [ʌpràit] *a.* 정직한
91:15 call on: 요청하다	**92:1 good to:** …에게 친절한	**92:7 spring up:** 싹이 트다, 나타나다
91:15 in trouble: 곤경에 빠져서	**92:2 at night:** 밤에	**93:1 be robed in...:** …로 옷 입다

3 여호와여 큰물이 소리를 높였고 큰물이
그 소리를 높였으니 큰물이 그 물결을 높
이나이다
4 높이 계신 여호와의 능력은 많은 물소리
와 바다의 큰 파도보다 크니이다
5 여호와여 주의 증거들이 매우 확실하고
거룩함이 주의 집에 합당하니 여호와는
영원무궁하시리이다

94 여호와여 복수하시는 하나님이여
복수하시는 하나님이여 빛을 비추
어 주소서
2 세계를 심판하시는 주여 일어나사 교만
한 자들에게 마땅한 벌을 주소서
3 여호와여 악인이 언제까지, 악인이 언제
까지 개가를 부르리이까
4 그들이 마구 지껄이며 오만하게 떠들며
죄악을 행하는 자들이 다 자만하나이다
5 여호와여 그들이 주의 백성을 짓밟으며
주의 소유를 곤고하게 하며
6 과부와 나그네를 죽이며 고아들을 살해
하며
7 말하기를 여호와가 보지 못하며 야곱의
하나님이 알아차리지 못하리라 하나이다
8 백성 중의 어리석은 자들아 너희는 생각
하라 무지한 자들아 너희가 언제나 지혜
로울까
9 귀를 [1]지으신 이가 듣지 아니하시랴 눈
을 만드신 이가 보지 아니하시랴
10 뭇 백성을 징벌하시는 이 곧 지식으로 사람
을 교훈하시는 이가 징벌하지 아니하시랴
11 여호와께서는 사람의 생각이 허무함을
아시느니라
12 여호와여 주로부터 징벌을 받으며 주의 법
으로 교훈하심을 받는 자가 복이 있나니
13 이런 사람에게는 환난의 날을 피하게 하
사 악인을 위하여 구덩이를 팔 때까지 평
안을 주시리이다
14 여호와께서는 자기 백성을 버리지 아니
하시며 자기의 소유를 외면하지 아니하
시리로다
15 심판이 의로 돌아가리니 마음이 정직한
자가 다 따르리로다
16 누가 나를 위하여 일어나서 행악자들을
치며 누가 나를 위하여 일어나서 악행하
는 자들을 칠까
17 여호와께서 내게 도움이 되지 아니하셨
더면 내 영혼이 벌써 침묵 속에 잠겼으리

3 •The seas have lifted up, LORD,
the seas have lifted up their voice;
the seas have lifted up their pounding waves.
4 •Mightier than the thunder of the great waters,
mightier than the breakers of the sea—
the LORD on high is mighty.
5 •Your statutes, LORD, stand firm;
holiness adorns your house
for endless days.

Psalm 94

1 •The LORD is a God who avenges.
O God who avenges, shine forth.
2 •Rise up, Judge of the earth;
pay back to the proud what they deserve.
3 •How long, LORD, will the wicked,
how long will the wicked be jubilant?
4 •They pour out arrogant words;
all the evildoers are full of boasting.
5 •They crush your people, LORD;
they oppress your inheritance.
6 •They slay the widow and the foreigner;
they murder the fatherless.
7 •They say, "The LORD does not see;
the God of Jacob takes no notice."
8 •Take notice, you senseless ones among the people;
you fools, when will you become wise?
9 •Does he who fashioned the ear not hear?
Does he who formed the eye not see?
10 •Does he who disciplines nations not punish?
Does he who teaches mankind lack knowledge?
11 •The LORD knows all human plans;
he knows that they are futile.
12 •Blessed is the one you discipline, LORD,
the one you teach from your law;
13 •you grant them relief from days of trouble,
till a pit is dug for the wicked.
14 •For the LORD will not reject his people;
he will never forsake his inheritance.
15 •Judgment will again be founded on
righteousness,
and all the upright in heart will follow it.
16 •Who will rise up for me against the wicked?
Who will take a stand for me against
evildoers?
17 •Unless the LORD had given me help,
I would soon have dwelt in the silence of
death.

1) 심으신 자가

adorn [ədɔ́:rn] *vt.* 꾸미다
arrogant [ǽrəgənt] *a.* 교만한
avenge [əvéndʒ] *vt.* 복수하다
crush [krʌʃ] *vt.* 짓밟다
discipline [dísəplin] *vt.* 징계하다
dig [dig] *vt.* 파다
endless [éndlis] *a.* 끝없는
fatherless [fá:ðərlis] *a.* 아버지가 없는
futile [fjú:tl] *a.* 무익한
holiness [hóulinis] *n.* 거룩
inheritance [inhérətəns] *n.* 유산
jubilant [dʒú:bələnt] *a.* 기뻐하는
proud [praud] *a.* 교만한
relief [rilí:f] *n.* 구제
thunder [θʌndər] *n.* 우레

93:3 lift up: 들어올리다, 올라가다
93:5 stand firm: 견고히 서다
94:4 pour out: 쏟다
94:15 found on...: …에 기초하다
94:16 rise up: 일어나다
94:16 take a stand for...: …를 위해 편들다

로다
18 여호와여 나의 발이 미끄러진다고 말할 때에 주의 인자하심이 나를 붙드셨사오며 38:16
19 내 속에 근심이 많을 때에 주의 위안이 내 영혼을 즐겁게 하시나이다
20 율례를 빙자하고 재난을 꾸미는 1)악한 재판장이 어찌 주와 어울리리이까
21 그들이 모여 의인의 영혼을 치려 하며 무죄한 자를 정죄하여 피를 흘리려 하나
22 여호와는 나의 요새이시요 나의 하나님은 내가 피할 반석이시라
23 그들의 죄악을 그들에게로 되돌리시며 그들의 악으로 말미암아 그들을 끊으시리니 여호와 우리 하나님이 그들을 끊으시리로다 7:16

95 오라 우리가 여호와께 노래하며 우리의 구원의 반석을 향하여 즐거이 외치자
2 우리가 감사함으로 그 앞에 나아가며 시를 지어 즐거이 그를 노래하자 미 6:6–8
3 여호와는 크신 하나님이시요 모든 신들보다 크신 왕이시기 때문이로다
4 땅의 깊은 곳이 그의 손 안에 있으며 산들의 높은 곳도 그의 것이로다
5 바다도 그의 것이라 그가 만드셨고 육지도 그의 손이 지으셨도다
6 오라 우리가 굽혀 경배하며 우리를 지으신 여호와 앞에 무릎을 꿇자 대하 6:13
7 그는 우리의 하나님이시요 우리는 그가 기르시는 백성이며 그의 손이 돌보시는 양이기 때문이라 너희가 오늘 그의 음성을 듣거든
8 너희는 2)므리바에서와 같이 또 광야의 맛사에서 지냈던 날과 같이 너희 마음을 완악하게 하지 말지어다
9 그때에 너희 조상들이 내가 행한 일을 보고서도 나를 시험하고 조사하였도다
10 내가 사십 년 동안 그 세대로 말미암아 근심하여 이르기를 그들은 마음이 미혹된 백성이라 내 길을 알지 못한다 하였도다
11 그러므로 내가 노하여 맹세하기를 그들은 내 안식에 들어오지 못하리라 하였도다

96 새 노래로 여호와께 노래하라 온 땅이여 여호와께 노래할지어다
2 여호와께 노래하여 그의 이름을 송축하며 그의 구원을 날마다 전파할지어다

18 •When I said, "My foot is slipping,"
your unfailing love, LORD, supported me.
19 •When anxiety was great within me,
your consolation brought me joy.
20 •Can a corrupt throne be allied with you—
a throne that brings on misery by its decrees?
21 •The wicked band together against the righteous
and condemn the innocent to death.
22 •But the LORD has become my fortress,
and my God the rock in whom I take refuge.
23 •He will repay them for their sins
and destroy them for their wickedness;
the LORD our God will destroy them.

Psalm 95

1 •Come, let us sing for joy to the LORD;
let us shout aloud to the Rock of our salvation.
2 •Let us come before him with thanksgiving
and extol him with music and song.
3 •For the LORD is the great God,
the great King above all gods.
4 •In his hand are the depths of the earth,
and the mountain peaks belong to him.
5 •The sea is his, for he made it,
and his hands formed the dry land.
6 •Come, let us bow down in worship,
let us kneel before the LORD our Maker;
7 •for he is our God
and we are the people of his pasture,
the flock under his care.

Today, if only you would hear his voice,
8 •"Do not harden your hearts as you did at
Meribah,[a]
as you did that day at Massah[b] in the
wilderness,
9 •where your ancestors tested me;
they tried me, though they had seen what I did.
10 •For forty years I was angry with that generation;
I said, 'They are a people whose hearts go
astray,
and they have not known my ways.'
11 •So I declared on oath in my anger,
'They shall never enter my rest.' "

Psalm 96

1 •Sing to the LORD a new song;
sing to the LORD, all the earth.
2 •Sing to the LORD, praise his name;
proclaim his salvation day after day.

[a]8 *Meribah* means *quarreling.* [b]8 *Massah* means *testing.*
1) 악의 자리가 2) 다툼

anxiety [æŋzáiəti] *n.* 걱정
condemn [kəndém] *vt.* 유죄판결 내리다
consolation [kɑ̀nsəléiʃən] *n.* 위로
corrupt [kərʌpt] *a.* 타락한
declare [diklέər] *vt.* 선언하다
depth [depθ] *n.* 깊은 곳
extol [ikstóul] *vt.* 찬미하다
flock [flak] *n.* 양 떼
fortress [fɔ́:rtris] *n.* 요새
kneel [ni:l] *vi.* 무릎 꿇다
pasture [pǽstʃər] *n.* 목장
proclaim [proukléim] *vt.* 선포하다
refuge [réfju:dʒ] *n.* 피난, 도피, 피난처
repay [ri:péi] *vt.* 되갚다
salvation [sælvéiʃən] *n.* 구원

94:20 bring on: 가져오다, 초래하다
95:3 above all...: 다른 …보다도
95:4 belong to...: …에 속하다
95:6 bow down: 엎드려 절하다
95:10 go astray: 길을 잃다
95:11 on oath: 맹세코, 틀림없이

3 그의 영광을 백성들 가운데에, 그의 기이
한 행적을 만민 가운데에 선포할지어다
4 여호와는 위대하시니 지극히 찬양할 것
이요 모든 신들보다 경외할 것임이여
5 만국의 모든 신들은 우상들이지만 여호
와께서는 하늘을 지으셨음이로다
6 존귀와 위엄이 그의 앞에 있으며 능력과
아름다움이 그의 성소에 있도다
7 만국의 족속들아 영광과 권능을 여호와께
돌릴지어다 여호와께 돌릴지어다 29:1,2
8 여호와의 이름에 합당한 영광을 그에게
돌릴지어다 예물을 들고 그의 궁정에 들
어갈지어다
9 아름답고 거룩한 것으로 여호와께 예배
할지어다 온 땅이여 그 앞에서 떨지어다
10 모든 나라 가운데서 이르기를 여호와께
서 다스리시니 세계가 굳게 서고 흔들리
지 않으리라 그가 만민을 공평하게 심판
하시리라 할지로다
11 하늘은 기뻐하고 땅은 즐거워하며 바다
와 거기에 충만한 것이 외치고 97:1
12 밭과 그 가운데에 있는 모든 것은 즐거워
할지로다 그때 숲의 모든 나무들이 여호
와 앞에서 즐거이 노래하리니
13 그가 임하시되 땅을 심판하러 임하실 것
임이라 그가 의로 세계를 심판하시며 그
의 진실하심으로 백성을 심판하시리로
다

97 여호와께서 다스리시나니 땅은 즐
거워하며 허다한 섬은 기뻐할지어
다
2 구름과 흑암이 그를 둘렀고 의와 공평이
그의 보좌의 기초로다
3 불이 그의 앞에서 나와 사방의 대적들을
불사르시는도다
4 그의 번개가 세계를 비추니 땅이 보고 떨
었도다
5 산들이 여호와의 앞 곧 온 땅의 주 앞에
서 밀랍같이 녹았도다
6 하늘이 그의 의를 선포하니 모든 백성이
그의 영광을 보았도다
7 조각한 신상을 섬기며 [1]허무한 것으로
자랑하는 자는 다 수치를 당할 것이라 너
희 신들아 여호와께 경배할지어다
8 여호와여 시온이 주의 심판을 듣고 기뻐
하며 유다의 딸들이 즐거워하였나이다
9 여호와여 주는 온 땅 위에 지존하시고 모

3 • Declare his glory among the nations,
his marvelous deeds among all peoples.
4 • For great is the LORD and most worthy of praise;
he is to be feared above all gods.
5 • For all the gods of the nations are idols,
but the LORD made the heavens.
6 • Splendor and majesty are before him;
strength and glory are in his sanctuary.
7 • Ascribe to the LORD, all you families of nations,
ascribe to the LORD glory and strength.
8 • Ascribe to the LORD the glory due his name;
bring an offering and come into his courts.
9 • Worship the LORD in the splendor of his[a]
holiness;
tremble before him, all the earth.
10 • Say among the nations, "The LORD reigns."
The world is firmly established, it cannot be
moved;
he will judge the peoples with equity.
11 • Let the heavens rejoice, let the earth be glad;
let the sea resound, and all that is in it.
12 • Let the fields be jubilant, and everything in
them;
let all the trees of the forest sing for joy.
13 • Let all creation rejoice before the LORD, for he
comes,
he comes to judge the earth.
He will judge the world in righteousness
and the peoples in his faithfulness.

Psalm 97

1 • The LORD reigns, let the earth be glad;
let the distant shores rejoice.
2 • Clouds and thick darkness surround him;
righteousness and justice are the foundation
of his throne.
3 • Fire goes before him
and consumes his foes on every side.
4 • His lightning lights up the world;
the earth sees and trembles.
5 • The mountains melt like wax before the LORD,
before the Lord of all the earth.
6 • The heavens proclaim his righteousness,
and all peoples see his glory.
7 • All who worship images are put to shame,
those who boast in idols—
worship him, all you gods!
8 • Zion hears and rejoices
and the villages of Judah are glad
because of your judgments, LORD.
9 • For you, LORD, are the Most High over all the
earth;

[a]9 Or *LORD with the splendor of* 1) 우상으로

distant [dístənt] *a.* 먼	**justice** [dʒʌstis] *n.* 재판, 정의	**righteousness** [ráitʃəsnis] *n.* 정의
equity [ékwəti] *n.* 공평	**marvelous** [má:rvələs] *a.* 놀라운	**sanctuary** [sǽŋktʃuèri] *n.* 지성소
glad [glæd] *a.* 기쁜	**proclaim** [proukléim] *vt.* 선포하다	**splendor** [spléndər] *n.* 환하게 빛남
jubilant [dʒú:bələnt] *a.* 기뻐하는	**rejoice** [ridʒɔ́is] *vi.* 기뻐하다	**tremble** [trémbl] *vi.* 떨다
judge [dʒʌdʒ] *vt.* 판단하다	**resound** [rizáund] *vi.* 울려 퍼지다	**wax** [wæks] *n.* 밀랍

96:4 be worthy of...: …할 만한 가치가 있다 **96:7 ascribe to...**: …에게 돌리다 **97:7 put to shame**: 창피주다
96:4 above all...: 다른 …보다도 **97:4 light up**: 비추다 **97:7 boast in...**: …에 대해서 자랑하다

든 신들보다 위에 계시니이다
10 여호와를 사랑하는 너희여 악을 미워하
라 그가 그의 성도의 영혼을 보전하사 악
인의 손에서 건지시느니라 암 5:15
11 의인을 위하여 빛을 뿌리고 마음이 정직
한 자를 위하여 기쁨을 뿌리시는도다
12 의인이여 너희는 여호와로 말미암아 기
뻐하며 그의 거룩한 이름에 감사할지어
다 32:11

〔시〕 (♪ 19, 31장)

98 새 노래로 여호와께 찬송하라 그는
기이한 일을 행하사 그의 오른손과
거룩한 팔로 자기를 위하여 구원을 베푸
셨음이로다 출 15:6
2 여호와께서 그의 구원을 알게 하시며 그
의 공의를 뭇 나라의 목전에서 명백히 나
타내셨도다
3 그가 이스라엘의 집에 베푸신 인자와 성
실을 기억하셨으므로 땅끝까지 이르는
모든 것이 우리 하나님의 구원을 보았도
다
4 온 땅이여 여호와께 즐거이 소리칠지어
다 소리 내어 즐겁게 노래하며 찬송할지
어다
5 수금으로 여호와를 노래하라 수금과 음
성으로 노래할지어다
6 나팔과 호각 소리로 왕이신 여호와 앞에
즐겁게 소리칠지어다
7 바다와 거기 충만한 것과 세계와 그 중에
거주하는 자는 다 외칠지어다 96:11
8 여호와 앞에서 큰 물은 박수할지어다 산
악이 함께 즐겁게 노래할지어다
9 그가 땅을 심판하러 임하실 것임이로다
그가 의로 세계를 판단하시며 공평으로
그의 백성을 심판하시리로다

99 여호와께서 다스리시니 만민이 떨
것이요 여호와께서 그룹 사이에 좌
정하시니 땅이 흔들릴 것이로다
2 시온에 계시는 여호와는 위대하시고 모
든 민족보다 높으시도다
3 주의 크고 두려운 이름을 찬송할지니 그
는 거룩하심이로다
4 ●능력 있는 왕은 정의를 사랑하느니라
주께서 공의를 견고하게 세우시고 주께
서 야곱에게 정의와 공의를 행하시나이
다
5 너희는 여호와 우리 하나님을 높여 그의

you are exalted far above all gods.
10 ●Let those who love the LORD hate evil,
for he guards the lives of his faithful ones
and delivers them from the hand of the
wicked.
11 ●Light shines[a] on the righteous
and joy on the upright in heart.
12 ●Rejoice in the LORD, you who are righteous,
and praise his holy name.

Psalm 98

A psalm.

1 ●Sing to the LORD a new song,
for he has done marvelous things;
his right hand and his holy arm
have worked salvation for him.
2 ●The LORD has made his salvation known
and revealed his righteousness to the nations.
3 ●He has remembered his love
and his faithfulness to Israel;
all the ends of the earth have seen
the salvation of our God.
4 ●Shout for joy to the LORD, all the earth,
burst into jubilant song with music;
5 ●make music to the LORD with the harp,
with the harp and the sound of singing,
6 ●with trumpets and the blast of the ram's horn—
shout for joy before the LORD, the King.
7 ●Let the sea resound, and everything in it,
the world, and all who live in it.
8 ●Let the rivers clap their hands,
let the mountains sing together for joy;
9 ●let them sing before the LORD,
for he comes to judge the earth.
He will judge the world in righteousness
and the peoples with equity.

Psalm 99

1 ●The LORD reigns,
let the nations tremble;
he sits enthroned between the cherubim,
let the earth shake.
2 ●Great is the LORD in Zion;
he is exalted over all the nations.
3 ●Let them praise your great and awesome name—
he is holy.
4 ●The King is mighty, he loves justice—
you have established equity;
in Jacob you have done
what is just and right.
5 ●Exalt the LORD our God

[a]*11* One Hebrew manuscript and ancient versions (see also 112:4); most Hebrew manuscripts *Light is sown*

blast [blæst] *n.* 강하게 부는 소리
cherubim [tʃérəbim] *n.* 천사들
clap [klæp] *vt.* 손뼉치다
enthrone [inθróun] *vt.* 왕위에 앉히다
equity [ékwəti] *n.* 공평
establish [istǽbliʃ] *vt.* 세우다
exalt [igzɔ́:lt] *vt.* 높이다
jubilant [dʒú:bələnt] *a.* 기뻐하는
justice [dʒʌstis] *n.* 정의
marvelous [má:rvələs] *a.* 기묘한
reign [rein] *vi.* 통치하다
righteous [ráitʃəs] *a.* 의로운
salvation [sælvéiʃən] *n.* 구원
tremble [trémbl] *vi.* 떨다
upright [ʌpràit] *a.* 정직한

97:9 above all: 무엇보다도, 특히
97:10 deliver from...: …에서 구해내다
98:2 make... known: …을 알리다
98:2 reveal A to B: A를 B에게 드러내다
98:4 shout for joy: 기쁨으로 소리 지르다
98:4 burst into...: 갑자기 …하기 시작하다

발등상 앞에서 경배할지어다 그는 거룩
하시도다
6 ●그의 제사장들 중에는 모세와 아론이
있고 그의 이름을 부르는 자들 중에는
사무엘이 있도다 그들이 여호와께 간구
하매 응답하셨도다
7 여호와께서 구름 기둥 가운데서 그들에
게 말씀하시니 그들은 그가 그들에게 주
신 증거와 율례를 지켰도다
8 여호와 우리 하나님이여 주께서는 그들
에게 응답하셨고 그들의 행한 대로 갚기
는 하셨으나 그들을 용서하신 하나님이
시니이다
9 너희는 여호와 우리 하나님을 높이고 그
성산에서 예배할지어다 여호와 우리 하
나님은 거룩하심이로다 34:3

〔감사의 시〕(♪1, 40, 67, 68, 249장)

100 온 땅이여 여호와께 즐거운 찬
송을 부를지어다
2 기쁨으로 여호와를 섬기며 노래하면서
그의 앞에 나아갈지어다
3 여호와가 우리 하나님이신 줄 너희는 알
지어다 그는 우리를 지으신 이요 우리는
그의 것이니 그의 백성이요 그의 기르시
는 양이로다
4 감사함으로 그의 문에 들어가며 찬송함
으로 그의 궁정에 들어가서 그에게 감사
하며 그의 이름을 송축할지어다
5 여호와는 선하시니 그의 인자하심이 영
원하고 그의 성실하심이 대대에 이르리
로다

〔다윗의 시〕

101 내가 인자와 정의를 노래하겠나
이다 여호와여 내가 주께 찬양하
리이다
2 내가 완전한 길을 주목하오리니 주께서
어느 때나 내게 임하시겠나이까 내가 완
전한 마음으로 내 집 안에서 행하리이다
3 나는 비천한 것을 내 눈 앞에 두지 아니
할 것이요 배교자들의 행위를 내가 미워
하오리니 나는 그 어느 것도 붙들지 아니
하리이다
4 사악한 마음이 내게서 떠날 것이니 [1]악
한 일을 내가 알지 아니하리로다
5 자기의 이웃을 은근히 헐뜯는 자를 내가
멸할 것이요 눈이 높고 마음이 교만한 자
를 내가 용납하지 아니하리로다

and worship at his footstool;
he is holy.
6 ●Moses and Aaron were among his priests,
Samuel was among those who called on his
name;
they called on the LORD
and he answered them.
7 ●He spoke to them from the pillar of cloud;
they kept his statutes and the decrees he
gave them.
8 ●LORD our God,
you answered them;
you were to Israel a forgiving God,
though you punished their misdeeds.[a]
9 ●Exalt the LORD our God
and worship at his holy mountain,
for the LORD our God is holy.

Psalm 100

A psalm. For giving grateful praise.

1 ●Shout for joy to the LORD, all the earth.
2 ● Worship the LORD with gladness;
come before him with joyful songs.
3 ●Know that the LORD is God.
It is he who made us, and we are his[b];
we are his people, the sheep of his pasture.
4 ●Enter his gates with thanksgiving
and his courts with praise;
give thanks to him and praise his name.
5 ●For the LORD is good and his love endures forever;
his faithfulness continues through all
generations.

Psalm 101

Of David. A psalm.

1 ●I will sing of your love and justice;
to you, LORD, I will sing praise.
2 ●I will be careful to lead a blameless life—
when will you come to me?
I will conduct the affairs of my house
with a blameless heart.
3 ●I will not look with approval
on anything that is vile.
I hate what faithless people do;
I will have no part in it.
4 ●The perverse of heart shall be far from me;
I will have nothing to do with what is evil.
5 ●Whoever slanders their neighbor in secret,
I will put to silence;
whoever has haughty eyes and a proud heart,
I will not tolerate.

[a]8 Or *God, / an avenger of the wrongs done to them* [b]3 Or *and not we ourselves* 1) 악한 자를

affair [əféər] *n.* 직무
approval [əprúːvəl] *n.* 승인, 찬성
blameless [bléimlis] *a.* 결백한
conduct [kándʌkt] *vt.* 처리하다
decree [dikríː] *n.* 규례
endure [indʒúər] *vi.* 견디다
footstool [fútstùːl] *n.* 발판
gladness [glǽdnis] *n.* 즐거움
haughty [hɔ́ːti] *a.* 오만한
misdeed [misdíːd] *n.* 악행
pasture [pǽstʃər] *n.* 목장
perverse [pərvə́ːrs] *a.* 괴팍한
pillar [pílər] *n.* 기둥
proud [praud] *a.* 교만한
slander [slǽndər] *vi.* 중상하다

99:6 call on...: …에게 청하다, 부탁하다
100:4 give thanks to...: …에게 감사하다
101:2 be careful to...: …에 주의하다
101:4 far from...: …에서 멀리
101:4 have nothing to do with...: …과 전혀 관계가 없다

6 내 눈이 이 땅의 충성된 자를 살펴 나와
함께 살게 하리니 완전한 길에 행하는 자
가 나를 따르리로다 119:1
7 거짓을 행하는 자는 내 집 안에 거주하지
못하며 거짓말하는 자는 내 목전에 서지
못하리로다
8 아침마다 내가 이 땅의 모든 악인을 멸
하리니 악을 행하는 자는 여호와의 성에
서 다 끊어지리로다

〔고난 당한 자가 마음이 상하여 그의 근심을 여호와 앞에 토로하는 기도〕(♪368, 390장)

102 여호와여 내 기도를 들으시고
나의 부르짖음을 주께 상달하게
하소서
2 나의 괴로운 날에 주의 얼굴을 내게서 숨
기지 마소서 주의 귀를 내게 기울이사 내
가 부르짖는 날에 속히 내게 응답하소서
3 내 날이 연기같이 소멸하며 내 뼈가 숯같
이 탔음이니이다
4 내가 음식 먹기도 잊었으므로 내 마음이
풀같이 시들고 말라 버렸사오며
5 나의 탄식 소리로 말미암아 나의 살이 뼈
에 붙었나이다 애 4:8
6 나는 광야의 올빼미 같고 황폐한 곳의 부
엉이같이 되었사오며
7 내가 밤을 새우니 지붕 위의 외로운 참새
같으니이다
8 내 원수들이 종일 나를 비방하며 내게 대
항하여 미칠 듯이 날뛰는 자들이 나를 가
리켜 맹세하나이다 삼하 16:5
9 나는 재를 양식같이 먹으며 나는 눈물 섞
인 물을 마셨나이다
10 주의 분노와 진노로 말미암음이라 주께
서 나를 들어서 던지셨나이다 38:3
11 내 날이 기울어지는 그림자 같고 내가 풀
의 시들어짐 같으니이다
12 ●여호와여 주는 영원히 계시고 주에 대
한 기억은 대대에 이르리이다 애 5:19
13 주께서 일어나사 시온을 긍휼히 여기시
리니 지금은 그에게 은혜를 베푸실 때라
정한 기한이 다가옴이니이다
14 주의 종들이 시온의 돌들을 즐거워하며
그의 티끌도 은혜를 받나이다
15 이에 뭇 나라가 여호와의 이름을 경외하
며 이 땅의 모든 왕들이 주의 영광을 경
외하리니

6 ●My eyes will be on the faithful in the land,
that they may dwell with me;
the one whose walk is blameless
will minister to me.
7 ●No one who practices deceit
will dwell in my house;
no one who speaks falsely
will stand in my presence.
8 ●Every morning I will put to silence
all the wicked in the land;
I will cut off every evildoer
from the city of the LORD.

Psalm 102[a]

A prayer of an afflicted person who has grown weak and pours out a lament before the LORD.

1 ●Hear my prayer, LORD;
let my cry for help come to you.
2 ●Do not hide your face from me
when I am in distress.
Turn your ear to me;
when I call, answer me quickly.
3 ●For my days vanish like smoke;
my bones burn like glowing embers.
4 ●My heart is blighted and withered like grass;
I forget to eat my food.
5 ●In my distress I groan aloud
and am reduced to skin and bones.
6 ●I am like a desert owl,
like an owl among the ruins.
7 ●I lie awake; I have become
like a bird alone on a roof.
8 ●All day long my enemies taunt me;
those who rail against me use my name as a curse.
9 ●For I eat ashes as my food
and mingle my drink with tears
10 ●because of your great wrath,
for you have taken me up and thrown me aside.
11 ●My days are like the evening shadow;
I wither away like grass.
12 ●But you, LORD, sit enthroned forever;
your renown endures through all generations.
13 ●You will arise and have compassion on Zion,
for it is time to show favor to her;
the appointed time has come.
14 ●For her stones are dear to your servants;
her very dust moves them to pity.
15 ●The nations will fear the name of the LORD,
all the kings of the earth will revere your glory.

[a]In Hebrew texts 102:1-28 is numbered 102:2-29.

blight [blait] *vt.* 시들게 하다
compassion [kəmpǽʃən] *n.* 동정심
deceit [disíːt] *n.* 사기
desert [dézərt] *n.* 광야
distress [distrés] *n.* 곤궁
ember [émbər] *n.* 깜부기불
faithful [féiθfəl] *a.* 성실한
falsely [fɔ́ːlsli] *ad.* 거짓으로
groan [groun] *vi.* 신음하다
presence [prézns] *n.* 목전, 면전
renown [rináun] *n.* 명성
revere [rivíər] *vt.* 경외하다
taunt [tɔːnt] *vt.* 조롱하다
vanish [vǽniʃ] *vi.* 사라지다
wither [wíðər] *vi.* 시들다

101:7 dwell in...: …에 거주하다
102:1 cry for...: 소리쳐 …을 구하다
102:2 hide one's face from: …에서 얼굴을 돌리다
102:8 rail against...: …에 대해 비난하다
102:9 mingle A with B: A와 B를 섞다

16 여호와께서 시온을 건설하시고 그의 영
광 중에 나타나셨음이라 사 60:1,2
17 여호와께서 빈궁한 자의 기도를 돌아보
시며 그들의 기도를 멸시하지 아니하셨
도다 느 1:6
18 이 일이 장래 세대를 위하여 기록되리니
창조함을 받을 백성이 여호와를 찬양하
리로다
19 여호와께서 그의 높은 성소에서 굽어보
시며 하늘에서 땅을 살펴 보셨으니 14:2
20 이는 갇힌 자의 탄식을 들으시며 죽이기
로 정한 자를 해방하사
21 여호와의 이름을 시온에서, 그 영예를 예
루살렘에서 선포하게 하려 하심이라
22 그때에 민족들과 나라들이 함께 모여 여
호와를 섬기리로다 86:9
23 ●그가 내 힘을 중도에 쇠약하게 하시며
내 날을 짧게 하셨도다
24 나의 말이 나의 하나님이여 나의 중년에
나를 데려가지 마옵소서 주의 연대는 대
대에 무궁하니이다 합 1:12
25 주께서 옛적에 땅의 기초를 놓으셨사오
며 하늘도 주의 손으로 지으신 바니이다
26 천지는 없어지려니와 주는 영존하시겠
고 그것들은 다 옷같이 낡으리니 의복같
이 바꾸시면 바뀌려니와 마 24:35
27 주는 한결같으시고 주의 연대는 무궁하
리이다
28 주의 종들의 자손은 항상 안전히 거주하
고 그의 후손은 주 앞에 굳게 서리이다
하였도다

〔다윗의 시〕 (♪ 21, 65, 621장)

103 내 영혼아 여호와를 송축하라
내 속에 있는 것들아 다 그의 거
룩한 이름을 송축하라
2 내 영혼아 여호와를 송축하며 그의 모든
은택을 잊지 말지어다
3 그가 네 모든 죄악을 사하시며 네 모든
병을 고치시며
4 네 생명을 파멸에서 속량하시고 인자와
긍휼로 관을 씌우시며
5 좋은 것으로 네 소원을 만족하게 하사 네
청춘을 독수리같이 새롭게 하시는도다
6 여호와께서 공의로운 일을 행하시며 억
압 당하는 모든 자를 위하여 심판하시는
도다
7 그의 행위를 모세에게, 그의 행사를 이스

16 ●For the LORD will rebuild Zion
and appear in his glory.
17 ●He will respond to the prayer of the destitute;
he will not despise their plea.
18 ●Let this be written for a future generation,
that a people not yet created may praise the
LORD:
19 ●"The LORD looked down from his sanctuary on
high,
from heaven he viewed the earth,
20 ●to hear the groans of the prisoners
and release those condemned to death."
21 ●So the name of the LORD will be declared in Zion
and his praise in Jerusalem
22 ●when the peoples and the kingdoms
assemble to worship the LORD.
23 ●In the course of my life[a] he broke my strength;
he cut short my days.
24 ●So I said:
"Do not take me away, my God, in the
midst of my days;
your years go on through all generations.
25 ●In the beginning you laid the foundations of
the earth,
and the heavens are the work of your hands.
26 ●They will perish, but you remain;
they will all wear out like a garment.
Like clothing you will change them
and they will be discarded.
27 ●But you remain the same,
and your years will never end.
28 ●The children of your servants will live in your
presence;
their descendants will be established before
you."

Psalm 103

Of David.

1 ●Praise the LORD, my soul;
all my inmost being, praise his holy name.
2 ●Praise the LORD, my soul,
and forget not all his benefits—
3 ●who forgives all your sins
and heals all your diseases,
4 ●who redeems your life from the pit
and crowns you with love and compassion,
5 ●who satisfies your desires with good things
so that your youth is renewed like the eagle's.
6 ●The LORD works righteousness
and justice for all the oppressed.
7 ●He made known his ways to Moses,

[a]23 Or *By his power*

benefit [bénəfit] *n.* 은혜
compassion [kəmpǽʃən] *n.* 동정심
declare [dikléər] *vt.* 선언하다
despise [dispáiz] *vt.* 멸시하다
destitute [déstətjùːt] *a.* 빈곤한
discard [diskáːrd] *vt.* 버리다
foundation [faundéiʃən] *n.* 기초
heal [hiːl] *vt.* 치유하다
inmost [ínmòust] *a.* 맨 안쪽의
midst [midst] *n.* 중앙
perish [périʃ] *vi.* 멸망하다
plea [pliː] *n.* 기도
release [ribíːs] *vt.* 해방시키다
remain [riméin] *vi.* 남아 있다
renew [rinjúː] *vt.* 새롭게 하다

102:19 look down: 내려다보다
102:23 in the course of...: …하는 동안에
102:23 cut short: 단축하다
102:24 take away: 가져가다
102:24 go on: 계속하다
102:26 wear out: 닳아 없어지다

라엘 자손에게 알리셨도다
8 여호와는 긍휼이 많으시고 은혜로우시
며 노하기를 더디 하시고 인자하심이 풍
부하시도다
9 자주 경책하지 아니하시며 노를 영원히
품지 아니하시리로다 사 57:16
10 우리의 죄를 따라 우리를 처벌하지는 아
니하시며 우리의 죄악을 따라 우리에게
그대로 갚지는 아니하셨으니
11 이는 하늘이 땅에서 높음같이 그를 경외
하는 자에게 그의 인자하심이 크심이로다
12 동이 서에서 먼 것같이 우리의 죄과를 우
리에게서 멀리 옮기셨으며
13 아버지가 자식을 긍휼히 여김같이 여호
와께서는 자기를 경외하는 자를 긍휼히
여기시나니
14 이는 그가 우리의 체질을 아시며 우리가
단지 먼지뿐임을 기억하심이로다
15 인생은 그날이 풀과 같으며 그 영화가 들
의 꽃과 같도다
16 그것은 바람이 지나가면 없어지나니 그
있던 자리도 다시 알지 못하거니와
17 여호와의 인자하심은 자기를 경외하는
자에게 영원부터 영원까지 이르며 그의
의는 자손의 자손에게 이르리니
18 곧 그의 언약을 지키고 그의 법도를 기억
하여 행하는 자에게로다
19 여호와께서 그의 보좌를 하늘에 세우시
고 그의 왕권으로 만유를 다스리시도다
20 능력이 있어 여호와의 말씀을 행하며 그
의 말씀의 소리를 듣는 여호와의 천사들
이여 여호와를 송축하라
21 그에게 수종 들며 그의 뜻을 행하는 모든
천군이여 여호와를 송축하라
22 여호와의 지으심을 받고 그가 다스리시
는 모든 곳에 있는 너희여 여호와를 송축
하라 내 영혼아 여호와를 송축하라

104 내 영혼아 여호와를 송축하라
여호와 나의 하나님이여 주는
심히 위대하시며 존귀와 권위로 옷 입으
셨나이다
2 주께서 옷을 입음같이 빛을 입으시며 하
늘을 휘장같이 치시며
3 물에 자기 누각의 들보를 얹으시며 구름
으로 자기 수레를 삼으시고 바람 날개로
다니시며
4 바람을 자기 사신으로 삼으시고 불꽃으

his deeds to the people of Israel:
8 The LORD is compassionate and gracious,
slow to anger, abounding in love.
9 He will not always accuse,
nor will he harbor his anger forever;
10 he does not treat us as our sins deserve
or repay us according to our iniquities.
11 For as high as the heavens are above the earth,
so great is his love for those who fear him;
12 as far as the east is from the west,
so far has he removed our transgressions
from us.
13 As a father has compassion on his children,
so the LORD has compassion on those who
fear him;
14 for he knows how we are formed,
he remembers that we are dust.
15 The life of mortals is like grass,
they flourish like a flower of the field;
16 the wind blows over it and it is gone,
and its place remembers it no more.
17 But from everlasting to everlasting
the LORD's love is with those who fear him,
and his righteousness with their children's
children—
18 with those who keep his covenant
and remember to obey his precepts.
19 The LORD has established his throne in heaven,
and his kingdom rules over all.
20 Praise the LORD, you his angels,
you mighty ones who do his bidding,
who obey his word.
21 Praise the LORD, all his heavenly hosts,
you his servants who do his will.
22 Praise the LORD, all his works
everywhere in his dominion.
Praise the LORD, my soul.

Psalm 104

1 Praise the LORD, my soul.
LORD my God, you are very great;
you are clothed with splendor and majesty.
2 The LORD wraps himself in light as with a garment;
he stretches out the heavens like a tent
3 and lays the beams of his upper chambers
on their waters.
He makes the clouds his chariot
and rides on the wings of the wind.
4 He makes winds his messengers,[a]

[a]4 Or *angels*

accuse [əkjúːz] *vt.* 고발하다
bidding [bídiŋ] *n.* 명령
chamber [tʃéimbər] *n.* 방
covenant [kʌvənənt] *n.* 언약
dominion [dəmínjən] *n.* 주권
flourish [flə́ːriʃ] *vi.* 번성하다
garment [gáːrmənt] *n.* 의복
harbor [háːrbər] *vt.* 품다
iniquity [iníkwəti] *n.* 죄악
majesty [mǽdʒəsti] *n.* 위엄
mortal [mɔ́ːrtl] *a.* 필멸의
precept [príːsept] *n.* 교훈
splendor [spléndər] *n.* 존귀함
throne [θroun] *n.* 왕위
transgression [trænsgréʃən] *n.* 죄

103:8 be compassionate: 인정을 베풀다
103:8 abound in...: …이 풍부하다
103:16 blow over: 통과하다
103:19 rule over: 다스리다
104:2 stretch out: (팔, 다리 등을) 뻗다
104:3 ride on...: …을 타다

로 자기 사역자를 삼으시며
5 땅에 기초를 놓으사 영원히 흔들리지 아
니하게 하셨나이다 욥 26:7
6 옷으로 덮음같이 주께서 땅을 깊은 바다
로 덮으시매 물이 산들 위로 솟아올랐으
나
7 주께서 꾸짖으시니 물은 도망하며 주의
우렛소리로 말미암아 빨리 가며
8 주께서 그들을 위하여 정하여 주신 곳으
로 흘러갔고 [1]산은 오르고 골짜기는 내
려갔나이다
9 주께서 물의 경계를 정하여 넘치지 못하
게 하시며 다시 돌아와 땅을 덮지 못하게
하셨나이다
10 여호와께서 샘을 골짜기에서 솟아나게
하시고 산 사이에 흐르게 하사
11 각종 들짐승에게 마시게 하시니 들나귀
들도 해갈하며
12 공중의 새들도 그 가에서 깃들이며 나뭇
가지 사이에서 지저귀는도다
13 그가 그의 누각에서부터 산에 물을 부어
주시니 주께서 하시는 일의 결실이 땅을
만족시켜 주는도다
14 그가 가축을 위한 풀과 사람을 위한 채
소를 자라게 하시며 땅에서 먹을 것이 나
게 하셔서
15 사람의 마음을 기쁘게 하는 포도주와
사람의 얼굴을 윤택하게 하는 기름과
사람의 마음을 힘있게 하는 양식을 주
셨도다
16 여호와의 나무에는 물이 흡족함이여 곧
그가 심으신 레바논 백향목들이로다
17 새들이 그 속에 깃들임이여 학은 잣나무
로 집을 삼는도다
18 높은 산들은 산양을 위함이여 바위는 너
구리의 피난처로다
19 여호와께서 달로 절기를 정하심이여 해
는 그 지는 때를 알도다
20 주께서 흑암을 지어 밤이 되게 하시니 삼
림의 모든 짐승이 기어나오나이다
21 젊은 사자들은 그들의 먹이를 쫓아 부르
짖으며 그들의 먹이를 하나님께 구하다가
22 해가 돋으면 물러가서 그들의 굴 속에 눕
고
23 사람은 나와서 일하며 저녁까지 수고하
는도다
24 여호와여 주께서 하신 일이 어찌 그리 많

flames of fire his servants.

5 • He set the earth on its foundations;
it can never be moved.
6 • You covered it with the watery depths as with
a garment;
the waters stood above the mountains.
7 • But at your rebuke the waters fled,
at the sound of your thunder they took
to flight;
8 • they flowed over the mountains,
they went down into the valleys,
to the place you assigned for them.
9 • You set a boundary they cannot cross;
never again will they cover the earth.
10 • He makes springs pour water into the ravines;
it flows between the mountains.
11 • They give water to all the beasts of the field;
the wild donkeys quench their thirst.
12 • The birds of the sky nest by the waters;
they sing among the branches.
13 • He waters the mountains from his upper
chambers;
the land is satisfied by the fruit of his work.
14 • He makes grass grow for the cattle,
and plants for people to cultivate—
bringing forth food from the earth:
15 • wine that gladdens human hearts,
oil to make their faces shine,
and bread that sustains their hearts.
16 • The trees of the LORD are well watered,
the cedars of Lebanon that he planted.
17 • There the birds make their nests;
the stork has its home in the junipers.
18 • The high mountains belong to the wild goats;
the crags are a refuge for the hyrax.
19 • He made the moon to mark the seasons,
and the sun knows when to go down.
20 • You bring darkness, it becomes night,
and all the beasts of the forest prowl.
21 • The lions roar for their prey
and seek their food from God.
22 • The sun rises, and they steal away;
they return and lie down in their dens.
23 • Then people go out to their work,
to their labor until evening.
24 • How many are your works, LORD!
In wisdom you made them all;
the earth is full of your creatures.

1) 물이 산으로 올라가고 골짜기로 내림이여 그를 위하여 정하신 곳에 이르도다

beast [biːst] *n.* 짐승
boundary [báundəri] *n.* 경계
crag [kræg] *n.* 울퉁불퉁한 바위
cultivate [kʌltəvèit] *vt.* 경작하다
den [den] *n.* 굴
flame [fleim] *n.* 불꽃
flight [flait] *n.* 도피
gladden [glǽdn] *vt.* 기쁘게 하다
prowl [praul] *vi.* 배회하다
quench [kwentʃ] *vt.* 해갈하다
ravine [rəvíːn] *n.* 좁은 골짜기
rebuke [ribjúːk] *vt.* 비난하다
refuge [réfjuːdʒ] *n.* 피난처
sustain [səstéin] *vt.* 붙들어 주다
thirst [θəːrst] *n.* 목마름

104:8 flow over...: …위를 지나쳐가다
104:9 never again...: 두 번 다시 …않는
104:14 bring forth: 생기게 하다, 낳다
104:18 belong to...: …에 속하다
104:19 go down: (해, 달이) 지다
104:22 steal away: 몰래 가버리다

은지요 주께서 지혜로 그들을 다 지으셨
으니 주께서 지으신 것들이 땅에 가득하
니이다 잠 3:19
25 거기에는 크고 넓은 바다가 있고 그 속에
는 1)생물 곧 크고 작은 동물들이 무수하
니이다
26 그곳에는 배들이 다니며 주께서 지으신
2)리워야단이 그 속에서 노나이다
27 이것들은 다 주께서 때를 따라 먹을 것을
주시기를 바라나이다
28 주께서 주신즉 그들이 받으며 주께서 손
을 펴신즉 그들이 좋은 것으로 만족하다
가
29 주께서 낯을 숨기신즉 그들이 떨고 주께
서 그들의 호흡을 거두신즉 그들은 죽어
먼지로 돌아가나이다 전 12:7
30 주의 영을 보내어 그들을 창조하사 지면
을 새롭게 하시나이다
31 여호와의 영광이 영원히 계속할지며 여
호와는 자신께서 행하시는 일들로 말미
암아 즐거워하시리로다
32 그가 땅을 보신즉 땅이 진동하며 산들을
만지신즉 연기가 나는도다 97:4,5
33 내가 평생토록 여호와께 노래하며 내가
살아 있는 동안 내 하나님을 찬양하리로
다 63:4
34 나의 기도를 기쁘게 여기시기를 바라나
니 나는 여호와로 말미암아 즐거워하리
로다
35 죄인들을 땅에서 소멸하시며 악인들을
다시 있지 못하게 하시리로다 내 영혼아
여호와를 송축하라 3)할렐루야 59:13

105 여호와께 감사하고 그의 이름을
불러 아뢰며 그가 하는 일을 만
민 중에 알게 할지어다
2 그에게 노래하며 그를 찬양하며 그의 모
든 기이한 일들을 말할지어다
3 그의 거룩한 이름을 자랑하라 여호와를
구하는 자들은 마음이 즐거울지로다
4 여호와와 그의 능력을 구할지어다 그의
얼굴을 항상 구할지어다
5-6 그의 종 아브라함의 후손 곧 택하신 야
곱의 자손 너희는 그가 행하신 기적과 그
의 이적과 그의 입의 판단을 기억할지어
다
7 그는 여호와 우리 하나님이시라 그의 판
단이 온 땅에 있도다

25 •There is the sea, vast and spacious,
teeming with creatures beyond number—
living things both large and small.
26 •There the ships go to and fro,
and Leviathan, which you formed to
frolic there.
27 •All creatures look to you
to give them their food at the proper time.
28 •When you give it to them,
they gather it up;
when you open your hand,
they are satisfied with good things.
29 •When you hide your face,
they are terrified;
when you take away their breath,
they die and return to the dust.
30 •When you send your Spirit,
they are created,
and you renew the face of the ground.
31 •May the glory of the LORD endure forever;
may the LORD rejoice in his works—
32 •he who looks at the earth, and it trembles,
who touches the mountains, and they smoke.
33 •I will sing to the LORD all my life;
I will sing praise to my God as long as I live.
34 •May my meditation be pleasing to him,
as I rejoice in the LORD.
35 •But may sinners vanish from the earth
and the wicked be no more.

Praise the LORD, my soul.
Praise the LORD.[a]

Psalm 105

1 •Give praise to the LORD, proclaim his name;
make known among the nations what he
has done.
2 •Sing to him, sing praise to him;
tell of all his wonderful acts.
3 •Glory in his holy name;
let the hearts of those who seek the LORD rejoice.
4 •Look to the LORD and his strength;
seek his face always.
5 •Remember the wonders he has done,
his miracles, and the judgments he
pronounced,
6 •you his servants, the descendants of Abraham,
his chosen ones, the children of Jacob.
7 •He is the LORD our God;
his judgments are in all the earth.

[a]35 Hebrew *Hallelu Yah;* in the Septuagint this line stands at the beginning of Psalm 105.

1) 기는 것 2) 악어로 볼 수도 있음 3) 여호와를 찬송하라

descendant [diséndənt] *n.* 후손
form [fɔːrm] *vt.* 만들다
frolic [frálik] *vi.* 뛰놀다
gather [gǽðər] *vt.* 모으다
judgment [dʒʌdʒmənt] *n.* 판단
meditation [mèdətéiʃən] *n.* 묵상
proclaim [proukléim] *vt.* 선포하다
pronounce [prənáuns] *vt.* 선언하다
proper [prápər] *a.* 적합한
rejoice [ridʒɔ́is] *vi.* 즐거워하다
spacious [spéiʃəs] *a.* 드넓은
tremble [trémbl] *vi.* 진동하다
vanish [vǽniʃ] *vi.* 사라지다
vast [væst] *a.* 광대한
wicked [wíkid] *a.* 사악한

104:25 teem with...: …로 가득 차다
104:25 beyond number: 셀 수 없이 많은
104:26 to and fro: 이리저리, 왔다갔다
104:31 rejoice in...: …를 기뻐하다
104:33 as long as...: …하는 한
105:4 look to...: …를 기대하다, 의지하다

8 그는 그의 언약 곧 천 대에 걸쳐 명령하
신 말씀을 영원히 기억하셨으니
9 이것은 아브라함과 맺은 언약이고 이삭
에게 하신 맹세이며
10 야곱에게 세우신 율례 곧 이스라엘에게
하신 영원한 언약이라
11 이르시기를 내가 가나안 땅을 네게 주어
너희에게 할당된 소유가 되게 하리라 하
셨도다
12 그때에 그들의 사람 수가 적어 그 땅의
나그네가 되었고
13 이 족속에게서 저 족속에게로, 이 나라에
서 다른 민족에게로 떠돌아다녔도다
14 그러나 그는 사람이 그들을 억압하는 것
을 용납하지 아니하시고 그들로 말미암
아 왕들을 꾸짖어
15 이르시기를 나의 기름부은 자를 손대지
말며 나의 선지자들을 해하지 말라 하셨
도다
16 그가 또 그 땅에 기근이 들게 하사 그들
이 의지하고 있는 양식을 다 끊으셨도다
17 그가 한 사람을 앞서 보내셨음이여 요셉
이 종으로 팔렸도다 창 45:5
18 그의 발은 차꼬를 차고 그의 [1)]몸은 쇠사
슬에 매였으니
19 곧 여호와의 말씀이 응할 때까지라 그의
말씀이 그를 단련하였도다
20 왕이 사람을 보내어 그를 석방함이여 뭇
백성의 통치자가 그를 자유롭게 하였도다
21 그를 그의 집의 주관자로 삼아 그의 모든
소유를 관리하게 하고
22 그의 뜻대로 모든 신하를 다스리며 그의
지혜로 장로들을 교훈하게 하였도다
23 이에 이스라엘이 애굽에 들어감이여 야
곱이 함의 땅에 나그네가 되었도다
24 여호와께서 자기의 백성을 크게 번성하게
하사 그의 대적들보다 강하게 하셨으며
25 또 그 대적들의 마음이 변하게 하여 그의
백성을 미워하게 하시며 그의 종들에게
교활하게 행하게 하셨도다
26 그리하여 그는 그의 종 모세와 그의 택하
신 아론을 보내시니
27 그들이 그들의 백성 중에서 여호와의 표
적을 보이고 함의 땅에서 징조들을 행하
였도다
28 여호와께서 흑암을 보내사 그곳을 어둡
게 하셨으나 그들은 그의 말씀을 지키지

8 ●He remembers his covenant forever,
the promise he made, for a thousand
generations,
9 ●the covenant he made with Abraham,
the oath he swore to Isaac.
10 ●He confirmed it to Jacob as a decree,
to Israel as an everlasting covenant:
11 ●"To you I will give the land of Canaan
as the portion you will inherit."
12 ●When they were but few in number,
few indeed, and strangers in it,
13 ●they wandered from nation to nation,
from one kingdom to another.
14 ●He allowed no one to oppress them;
for their sake he rebuked kings:
15 ●"Do not touch my anointed ones;
do my prophets no harm."
16 ●He called down famine on the land
and destroyed all their supplies of food;
17 ●and he sent a man before them—
Joseph, sold as a slave.
18 ●They bruised his feet with shackles,
his neck was put in irons,
19 ●till what he foretold came to pass,
till the word of the LORD proved him true.
20 ●The king sent and released him,
the ruler of peoples set him free.
21 ●He made him master of his household,
ruler over all he possessed,
22 ●to instruct his princes as he pleased
and teach his elders wisdom.
23 ●Then Israel entered Egypt;
Jacob resided as a foreigner in the land of Ham.
24 ●The LORD made his people very fruitful;
he made them too numerous for their foes,
25 ●whose hearts he turned to hate his people,
to conspire against his servants.
26 ●He sent Moses his servant,
and Aaron, whom he had chosen.
27 ●They performed his signs among
them,
his wonders in the land of Ham.
28 ●He sent darkness and made the land dark—
for had they not rebelled against his words?
29 ●He turned their waters into blood,
causing their fish to die.
30 ●Their land teemed with frogs,
which went up into the bedrooms of their
rulers.

1) 히, 혼

bruise [bru:z] *vt.* 상처를 주다
confirm [kənfə́:rm] *vt.* 확실하게 하다
conspire [kənspáiər] *vi.* 음모를 꾸미다
foretell [fɔ:rtél] *vt.* 미리 말하다
indeed [indí:d] *ad.* 실로
inherit [inhérit] *vt.* 물려받다
instruct [instrʌ́kt] *vt.* 가르치다
oath [ouθ] *n.* 맹세
oppress [əprés] *vt.* 억압하다
portion [pɔ́:rʃən] *n.* 분량
possess [pəzés] *vt.* 소유하다
promise [prámis] *n.* 언약
prove [pru:v] *vt.* 증명하다
wisdom [wízdəm] *n.* 지혜
wonder [wʌ́ndər] *n.* 이적

105:12 few in number: 수적으로 적은
105:14 for one's sake: …를 위하여
105:16 call down...: …을 내리다
105:20 set free: 자유롭게 하다
105:28 rebel against...: …를 반역하다
105:29 cause... to~: …를 ~하게 만들다

아니하였도다
29 그들의 물도 변하여 피가 되게 하사 그
들의 물고기를 죽이셨도다
30 그 땅에 개구리가 많아져서 왕의 궁실에
도 있었도다 출 8:6
31 여호와께서 말씀하신즉 파리 떼가 오며
그들의 온 영토에 이가 생겼도다
32 비 대신 우박을 내리시며 그들의 땅에 화
염을 내리셨도다
33 그들의 포도나무와 무화과나무를 치시며
그들의 지경에 있는 나무를 찍으셨도다
34 여호와께서 말씀하신즉 황충과 수많은
메뚜기가 몰려와
35 그들의 땅에 있는 모든 채소를 먹으며 그
들의 밭에 있는 열매를 먹었도다
36 또 여호와께서 그들의 기력의 시작인 그
땅의 모든 장자를 치셨도다 출 12:29
37 마침내 그들을 인도하여 은금을 가지고
나오게 하시니 그의 지파 중에 비틀거리
는 자가 하나도 없었도다
38 그들이 떠날 때에 애굽이 기뻐하였으니
그들이 그들을 두려워함이로다
39 여호와께서 낮에는 구름을 펴사 덮개를
삼으시고 밤에는 불로 밝히셨으며
40 그들이 구한즉 메추라기를 가져오시고
또 하늘의 양식으로 그들을 만족하게 하
셨도다
41 반석을 여신즉 물이 흘러나와 마른 땅에
강같이 흘렀으니
42 이는 그의 거룩한 말씀과 그의 종 아브
라함을 기억하셨음이로다 105:8
43 그의 백성이 즐겁게 나오게 하시며 그의
택한 자는 노래하며 나오게 하시고
44 여러 나라의 땅을 그들에게 주시며 민족들
이 수고한 것을 소유로 가지게 하셨으니
45 이는 그들이 그의 율례를 지키고 그의 율
법을 따르게 하려 하심이로다 [1)]할렐루야

106

[1)]할렐루야 여호와께 감사하라
그는 선하시며 그 인자하심이 영
원함이로다
2 누가 능히 여호와의 권능을 다 말하며 주
께서 받으실 찬양을 다 선포하랴
3 정의를 지키는 자들과 항상 공의를 행하
는 자는 복이 있도다
4 여호와여 주의 백성에게 베푸시는 은혜
로 나를 기억하시며 주의 구원으로 나를
돌보사
5 내가 주의 택하신 자가 형통함을 보고 주

31 •He spoke, and there came swarms of flies,
and gnats throughout their country.
32 •He turned their rain into hail,
with lightning throughout their land;
33 •he struck down their vines and fig trees
and shattered the trees of their country.
34 •He spoke, and the locusts came,
grasshoppers without number;
35 •they ate up every green thing in their land,
ate up the produce of their soil.
36 •Then he struck down all the firstborn in their
land,
the firstfruits of all their manhood.
37 •He brought out Israel, laden with silver and
gold,
and from among their tribes no one faltered.
38 •Egypt was glad when they left,
because dread of Israel had fallen on them.
39 •He spread out a cloud as a covering,
and a fire to give light at night.
40 •They asked, and he brought them quail;
he fed them well with the bread of heaven.
41 •He opened the rock, and water gushed out;
it flowed like a river in the desert.
42 •For he remembered his holy promise
given to his servant Abraham.
43 •He brought out his people with rejoicing,
his chosen ones with shouts of joy;
44 •he gave them the lands of the nations,
and they fell heir to what others had toiled
for—
45 •that they might keep his precepts
and observe his laws.

Praise the LORD.[a]

Psalm 106

1 •Praise the LORD.[b]
Give thanks to the LORD, for he is good;
his love endures forever.
2 •Who can proclaim the mighty acts of the LORD
or fully declare his praise?
3 •Blessed are those who act justly,
who always do what is right.
4 •Remember me, LORD, when you show favor
to your people,
come to my aid when you save them,
5 •that I may enjoy the prosperity of your chosen

[a]45 Hebrew *Hallelu Yah* [b]1 Hebrew *Hallelu Yah*; also in verse 48 1) 여호와를 찬송하라

dread [dred] *n.* 공포, 불안
endure [indjúər] *vi.* 지속되다
falter [fɔ́:ltər] *vi.* 비틀거리다
gnat [næt] *n.* 각다귀
grasshopper [grǽshɑ̀pər] *n.* 메뚜기
gush [gʌʃ] *vi.* 분출하다
locust [lóukəst] *n.* 메뚜기
manhood [mǽnhùd] *n.* 정력
precept [prí:sept] *n.* 교훈
proclaim [proukléim] *vt.* 선포하다
prosperity [prɑspérəti] *n.* 번영
quail [kweil] *n.* 메추라기
shatter [ʃǽtər] *vt.* 분쇄하다
swarm [swɔ:rm] *n.* (곤충의) 떼
toil [tɔil] *vi.* 수고하다

105:33 strike down: 때려눕히다, 죽이다
105:34 without number: 셀 수 없는
105:37 from among...: …의 가운데서
105:38 fall on: (재앙 등이) 닥치다
105:44 fall heir to...: …을 상속하다
106:1 give thanks to...: …에게 감사하다

의 나라의 기쁨을 나누어 가지게 하사 주
의 유산을 자랑하게 하소서
6 우리가 우리의 조상들처럼 범죄하여 사
악을 행하며 악을 지었나이다
7 우리의 조상들이 애굽에 있을 때 주의 기
이한 일들을 깨닫지 못하며 주의 크신 인
자를 기억하지 아니하고 바다 곧 홍해에
서 거역하였나이다
8 그러나 여호와께서는 자기의 이름을 위
하여 그들을 구원하셨으니 그의 큰 권능
을 만인이 알게 하려 하심이로다
9 이에 홍해를 꾸짖으시니 곧 마르니 그들
을 인도하여 1)바다 건너가기를 마치 광
야를 지나감 같게 하사
10 그들을 그 미워하는 자의 손에서 구원하
시며 그 원수의 손에서 구원하셨고
11 그들의 대적들은 물로 덮으시매 그들 중
에서 하나도 살아남지 못하였도다
12 이에 그들이 그의 말씀을 믿고 그를 찬양
하는 노래를 불렀도다 출 14:31
13 그러나 그들은 그가 행하신 일을 곧 잊어
버리며 그의 가르침을 기다리지 아니하고
14 광야에서 욕심을 크게 내며 사막에서 하
나님을 시험하였도다
15 그러므로 여호와께서는 그들이 요구한
것을 그들에게 주셨을지라도 그들의 영
혼은 쇠약하게 하셨도다 사 10:16
16 그들이 진영에서 모세와 여호와의 거룩
한 자 아론을 질투하매
17 땅이 갈라져 다단을 삼키며 아비람의 당
을 덮었고 신 11:6
18 불이 그들의 당에 붙음이여 화염이 악인
들을 살랐도다 민 16:35
19 그들이 호렙에서 송아지를 만들고 부어
만든 우상을 경배하여
20 자기 영광을 풀 먹는 소의 형상으로 바꾸
었도다
21 애굽에서 큰일을 행하신 그의 구원자 하
나님을 그들이 잊었나니
22 그는 함의 땅에서 기사와 홍해에서 놀랄
만한 일을 행하신 이시로다
23 그러므로 여호와께서 그들을 멸하리라
하셨으나 그가 택하신 모세가 그 어려움
가운데에서 그의 앞에 서서 그의 노를 돌
이켜 멸하시지 아니하게 하였도다
24 그들이 그 기쁨의 땅을 멸시하며 그 말씀
을 믿지 아니하고
25 그들의 장막에서 원망하며 여호와의 음

ones,
that I may share in the joy of your nation
and join your inheritance in giving praise.
6 ●We have sinned, even as our ancestors did;
we have done wrong and acted wickedly.
7 ●When our ancestors were in Egypt,
they gave no thought to your miracles;
they did not remember your many kindnesses,
and they rebelled by the sea, the Red Sea.[a]
8 ●Yet he saved them for his name's sake,
to make his mighty power known.
9 ●He rebuked the Red Sea, and it dried up;
he led them through the depths as through a
desert.
10 ●He saved them from the hand of the foe;
from the hand of the enemy he redeemed
them.
11 ●The waters covered their adversaries;
not one of them survived.
12 ●Then they believed his promises
and sang his praise.
13 ●But they soon forgot what he had done
and did not wait for his plan to unfold.
14 ●In the desert they gave in to their craving;
in the wilderness they put God to the test.
15 ●So he gave them what they asked for,
but sent a wasting disease among them.
16 ●In the camp they grew envious of Moses
and of Aaron, who was consecrated to
the LORD.
17 ●The earth opened up and swallowed Dathan;
it buried the company of Abiram.
18 ●Fire blazed among their followers;
a flame consumed the wicked.
19 ●At Horeb they made a calf
and worshiped an idol cast from metal.
20 ●They exchanged their glorious God
for an image of a bull, which eats grass.
21 ●They forgot the God who saved them,
who had done great things in Egypt,
22 ●miracles in the land of Ham
and awesome deeds by the Red Sea.
23 ●So he said he would destroy them—
had not Moses, his chosen one,
stood in the breach before him
to keep his wrath from destroying them.
24 ●Then they despised the pleasant land;
they did not believe his promise.
25 ●They grumbled in their tents
and did not obey the LORD.

[a]7 Or *the Sea of Reeds;* also in verses 9 and 22 1) 히, 깊음

adversary [ǽdvərsèri] *n.* 대적
awesome [ɔ́:səm] *a.* 경탄할 만한
blaze [bleiz] *vi.* 타오르다
breach [bri:tʃ] *n.* 갈라진 틈
consecrate [kánsəkrèit] *vt.* 성별하다
consume [kənsú:m] *vt.* 없애버리다
craving [kréiviŋ] *n.* 갈망
despise [dispáiz] *vt.* 경멸하다
envious [énviəs] *a.* 질투하는
exchange [ikstʃéindʒ] *vt.* 교환하다
grumble [grʌmbl] *vt.* 불평하다
inheritance [inhérətəns] *n.* 유산
rebel [rebél] *vi.* 모반하다
redeem [ridí:m] *vt.* 도로 찾다
swallow [swálou] *vi.* 삼키다

106:5 share in...: …를 분배하다
106:8 for one's sake: …를 위하여
106:13 wait for...: …를 기다리다
106:15 ask for...: …를 부탁하다
106:23 keep... from ~ing: …가 ~하지 못하게 하다

성을 듣지 아니하였도다
26 이러므로 그가 그의 손을 들어 그들에게 맹
세하기를 그들이 광야에 엎드러지게 하고
27 또 그들의 후손을 뭇 백성 중에 엎드러
뜨리며 여러 나라로 흩어지게 하리라 하
셨도다
28 그들이 또 브올의 바알과 연합하여 죽은
자에게 제사한 음식을 먹어서
29 그 행위로 주를 격노하게 함으로써 재앙
이 그들 중에 크게 유행하였도다
30 그때에 비느하스가 일어서서 중재하니
이에 재앙이 그쳤도다
31 이 일이 그의 의로 인정되었으니 대대로
영원까지로다
32 그들이 또 [1]므리바 물에서 여호와를 노
하시게 하였으므로 그들 때문에 재난이
모세에게 이르렀나니
33 이는 그들이 그의 뜻을 거역함으로 말미
암아 모세가 그의 입술로 망령되이 말하
였음이로다
34 그들은 여호와께서 멸하라고 말씀하신
그 이방 민족들을 멸하지 아니하고
35 그 이방 나라들과 섞여서 그들의 행위를
배우며
36 그들의 우상들을 섬기므로 그것들이 그
들에게 올무가 되었도다
37 그들이 그들의 자녀를 악귀들에게 희생
제물로 바쳤도다
38 무죄한 피 곧 그들의 자녀의 피를 흘려
가나안의 우상들에게 제사하므로 그 땅
이 피로 더러워졌도다
39 그들은 그들의 행위로 더러워지니 그들
의 행동이 음탕하도다 겔 20:18
40 그러므로 여호와께서 자기 백성에게 맹
렬히 노하시며 자기의 유업을 미워하사
41 그들을 이방 나라의 손에 넘기시매 그들
을 미워하는 자들이 그들을 다스렸도다
42 그들이 원수들의 압박을 받고 그들의 수
하에 복종하게 되었도다
43 여호와께서 여러 번 그들을 건지시나 그
들은 교묘하게 거역하며 자기 죄악으로
말미암아 낮아짐을 당하였도다
44 그러나 여호와께서 그들의 부르짖음을
들으실 때에 그들의 고통을 돌보시며
45 그들을 위하여 그의 언약을 기억하시고
그 크신 인자하심을 따라 뜻을 돌이키사
46 그들을 사로잡은 모든 자에게서 긍휼히
여김을 받게 하셨도다

26 •So he swore to them with uplifted hand
that he would make them fall in the wilderness,
27 •make their descendants fall among the nations
and scatter them throughout the lands.
28 •They yoked themselves to the Baal of Peor
and ate sacrifices offered to lifeless gods;
29 •they aroused the LORD's anger by their
wicked deeds,
and a plague broke out among them.
30 •But Phinehas stood up and intervened,
and the plague was checked.
31 •This was credited to him as righteousness
for endless generations to come.
32 •By the waters of Meribah they angered the
LORD,
and trouble came to Moses because of them;
33 •for they rebelled against the Spirit of God,
and rash words came from Moses' lips.[a]
34 •They did not destroy the peoples
as the LORD had commanded them,
35 •but they mingled with the nations
and adopted their customs.
36 •They worshiped their idols,
which became a snare to them.
37 •They sacrificed their sons
and their daughters to false gods.
38 •They shed innocent blood,
the blood of their sons and daughters,
whom they sacrificed to the idols of Canaan,
and the land was desecrated by their blood.
39 •They defiled themselves by what they did;
by their deeds they prostituted themselves.
40 •Therefore the LORD was angry with his people
and abhorred his inheritance.
41 •He gave them into the hands of the nations,
and their foes ruled over them.
42 •Their enemies oppressed them
and subjected them to their power.
43 •Many times he delivered them,
but they were bent on rebellion
and they wasted away in their sin.
44 •Yet he took note of their distress
when he heard their cry;
45 •for their sake he remembered his covenant
and out of his great love he relented.
46 •He caused all who held them captive
to show them mercy.

[a]33 Or *against his spirit, / and rash words came from his lips*

1) 다툼

abhor [æbhɔ́ːr] *vt.* 싫어하다
adopt [ədápt] *vt.* 받아들이다
captive [kǽptiv] *a.* 포로의
covenant [kʌvənənt] *n.* 언약
defile [difáil] *vt.* 더럽히다
desecrate [désikrèit] *vt.* 더럽히다
distress [distrés] *n.* 곤란
inheritance [inhérətəns] *n.* 유산
intervene [ìntərvíːn] *vi.* 중재하다
plague [pleig] *n.* 천재(天災), 전염병
relent [rilént] *vi.* 가엾게 여기다
sacrifice [sǽkrəfàis] *vt. n.* (제물)로 바치다
scatter [skǽtər] *vt.* 흩어지게 하다
shed [ʃed] *vt.* 흘리다
snare [snɛər] *n.* 올무

106:29 break out: (전쟁 등이) 일어나다
106:33 rebel against...: …를 반역하다
106:35 mingle with...: …와 섞다
106:39 prostitute oneself: 매춘하다
106:42 subject A to B: A를 B에 복종시키다
106:43 be bent on...: …하기에 열심이다

47 여호와 우리 하나님이여 우리를 구원하
사 여러 나라로부터 모으시고 우리가 주
의 거룩하신 이름을 감사하며 주의 영예
를 찬양하게 하소서
48 여호와 이스라엘의 하나님을 영원부터
영원까지 찬양할지어다 모든 백성들아
아멘 할지어다 [1]할렐루야 41:13

제 오 권

107 여호와께 감사하라 그는 선하
시며 그 인자하심이 영원함이
로다
2 여호와의 속량을 받은 자들은 이같이 말
할지어다 여호와께서 대적의 손에서 그
들을 속량하사
3 동서 [2]남북 각 지방에서부터 모으셨도다
4 ●그들이 광야 사막 길에서 방황하며 거
주할 성읍을 찾지 못하고
5 주리고 목이 말라 그들의 영혼이 그들 안
에서 피곤하였도다 77:3
6 이에 그들이 근심 중에 여호와께 부르짖
으매 그들의 고통에서 건지시고
7 또 바른 길로 인도하사 거주할 성읍에 이
르게 하셨도다
8 여호와의 인자하심과 인생에게 행하신
기적으로 말미암아 그를 찬송할지로다
9 그가 사모하는 영혼에게 만족을 주시며
주린 영혼에게 좋은 것으로 채워주심이
로다
10 ●사람이 흑암과 사망의 그늘에 앉으며
곤고와 쇠사슬에 매임은
11 하나님의 말씀을 거역하며 지존자의 뜻
을 멸시함이라
12 그러므로 그가 고통을 주어 그들의 마음
을 겸손하게 하셨으니 그들이 엎드러져
도 돕는 자가 없었도다 22:11
13 이에 그들이 그 환난 중에 여호와께 부르
짖으매 그들의 고통에서 구원하시되
14 흑암과 사망의 그늘에서 인도하여 내시
고 그들의 얽어 맨 줄을 끊으셨도다
15 여호와의 인자하심과 인생에게 행하신
기적으로 말미암아 그를 찬송할지로다
16 그가 놋문을 깨뜨리시며 쇠빗장을 꺾으
셨음이로다 사 45:2
17 미련한 자들은 그들의 죄악의 길을 따르
고 그들의 악을 범하기 때문에 고난을 받
아

47 ●Save us, LORD our God,
and gather us from the nations,
that we may give thanks to your holy name
and glory in your praise.

48 ●Praise be to the LORD, the God of Israel,
from everlasting to everlasting.
Let all the people say, "Amen!"
Praise the LORD.

BOOK V

Psalms 107-150

Psalm 107

1 ●Give thanks to the LORD, for he is good;
his love endures forever.
2 ●Let the redeemed of the LORD tell their story—
those he redeemed from the hand of the foe,
3 ●those he gathered from the lands,
from east and west, from north and south.[a]
4 ●Some wandered in desert wastelands,
finding no way to a city where they could
settle.
5 ●They were hungry and thirsty,
and their lives ebbed away.
6 ●Then they cried out to the LORD in their trouble,
and he delivered them from their distress.
7 ●He led them by a straight way
to a city where they could settle.
8 ●Let them give thanks to the LORD for his
unfailing love
and his wonderful deeds for mankind,
9 ●for he satisfies the thirsty
and fills the hungry with good things.
10 ●Some sat in darkness, in utter darkness,
prisoners suffering in iron chains,
11 ●because they rebelled against God's commands
and despised the plans of the Most High.
12 ●So he subjected them to bitter labor;
they stumbled, and there was no one to help.
13 ●Then they cried to the LORD in their trouble,
and he saved them from their distress.
14 ●He brought them out of darkness, the
utter darkness,
and broke away their chains.
15 ●Let them give thanks to the LORD for his
unfailing love
and his wonderful deeds for mankind,
16 ●for he breaks down gates of bronze
and cuts through bars of iron.
17 ●Some became fools through their rebellious
ways

[a]3 Hebrew *north and the sea* 1) 여호와를 찬송하라 2) 바다에서

bitter [bítər] *a.* 고통스러운
command [kəmǽnd] *n.* 명령
despise [dispáiz] *vt.* 경멸하다
distress [distrés] *n.* 고통
ebb [eb] *vi.* 쇠퇴하다
endure [indjúər] *vi.* 지속되다
foe [fou] *n.* 대적
rebellious [ribéljəs] *a.* 모반하는
redeem [ridíːm] *vt.* 구조하다
satisfy [sǽtisfài] *vt.* 만족시키다
stumble [stʌmbl] *vi.* 비틀거리다
unfailing [ʌnféiliŋ] *a.* 무한한
utter [ʌtər] *a.* 절대적인
wander [wándər] *vi.* 유랑하다
wasteland [wéistlæ̀nd] *n.* 황무지

107:6 cry out to...: …에게 (크게) 외치다
107:6 deliver A from B: A를 B에서 구출하다
107:11 rebel against...: …에 저항하다
107:12 subject A to B: A에게 B를 당하게 하다
107:16 break down...: …를 부수다

18 그들은 그들의 모든 음식물을 싫어하게
되어 사망의 문에 이르렀도다
19 이에 그들이 그들의 고통 때문에 여호와
께 부르짖으매 그가 그들의 고통에서 그
들을 구원하시되
20 그가 그의 말씀을 보내어 그들을 고치시
고 위험한 지경에서 건지시는도다
21 여호와의 인자하심과 인생에게 행하신
기적으로 말미암아 그를 찬송할지로다
22 감사제를 드리며 노래하여 그가 행하신
일을 선포할지로다 레 7:12
23 ●배들을 바다에 띄우며 큰 물에서 일을
하는 자는
24 여호와께서 행하신 일들과 그의 기이한
일들을 깊은 바다에서 보나니
25 여호와께서 명령하신즉 광풍이 일어나
바다 물결을 일으키는도다 105:31
26 그들이 하늘로 솟구쳤다가 깊은 곳으로
내려가나니 그 위험 때문에 그들의 영혼
이 녹는도다
27 그들이 이리저리 구르며 취한 자같이 비
틀거리니 그들의 모든 지각이 혼돈 속에
빠지는도다
28 이에 그들이 그들의 고통 때문에 여호와
께 부르짖으매 그가 그들의 고통에서 그
들을 인도하여 내시고
29 광풍을 고요하게 하사 물결도 잔잔하게
하시는도다 마 8:26
30 그들이 평온함으로 말미암아 기뻐하는
중에 여호와께서 그들이 바라는 항구로
인도하시는도다
31 여호와의 인자하심과 인생에게 행하신
기적으로 말미암아 그를 찬송할지로다
32 백성의 모임에서 그를 높이며 장로들의
자리에서 그를 찬송할지로다
33 ●여호와께서는 강이 변하여 광야가 되
게 하시며 샘이 변하여 마른 땅이 되게
하시며
34 그 주민의 악으로 말미암아 옥토가 변하
여 염전이 되게 하시며
35 또 광야가 변하여 못이 되게 하시며 마른
땅이 변하여 샘물이 되게 하시고
36 주린 자들로 거기에 살게 하사 그들이 거
주할 성읍을 준비하게 하시고
37 밭에 파종하며 포도원을 재배하여 풍성
한 소출을 거두게 하시며
38 또 복을 주사 그들이 크게 번성하게 하시

and suffered affliction because of their
iniquities.
18 •They loathed all food
and drew near the gates of death.
19 •Then they cried to the LORD in their trouble,
and he saved them from their distress.
20 •He sent out his word and healed them;
he rescued them from the grave.
21 •Let them give thanks to the LORD for his
unfailing love
and his wonderful deeds for mankind.
22 •Let them sacrifice thank offerings
and tell of his works with songs of joy.
23 •Some went out on the sea in ships;
they were merchants on the mighty waters.
24 •They saw the works of the LORD,
his wonderful deeds in the deep.
25 •For he spoke and stirred up a tempest
that lifted high the waves.
26 •They mounted up to the heavens and went
down to the depths;
in their peril their courage melted away.
27 •They reeled and staggered like drunkards;
they were at their wits' end.
28 •Then they cried out to the LORD in their trouble,
and he brought them out of their distress.
29 •He stilled the storm to a whisper;
the waves of the sea[a] were hushed.
30 •They were glad when it grew calm,
and he guided them to their desired haven.
31 •Let them give thanks to the LORD for his
unfailing love
and his wonderful deeds for mankind.
32 •Let them exalt him in the assembly of the people
and praise him in the council of the elders.
33 •He turned rivers into a desert,
flowing springs into thirsty ground,
34 •and fruitful land into a salt waste,
because of the wickedness of those who
lived there.
35 •He turned the desert into pools of water
and the parched ground into flowing springs;
36 •there he brought the hungry to live,
and they founded a city where they could
settle.
37 •They sowed fields and planted vineyards
that yielded a fruitful harvest;
38 •he blessed them, and their numbers greatly
increased,
and he did not let their herds diminish.

[a]29 Dead Sea Scrolls; Masoretic Text / *their waves*

affliction [əflíkʃən] *n.* 괴로움
council [káunsəl] *n.* 의회
diminish [dimíniʃ] *vi.* 감소하다
elder [éldər] *n.* 장로
exalt [igzɔ́:lt] *vt.* 높이다
fruitful [frú:tfəl] *a.* 비옥한
haven [héivn] *n.* 피난처
herd [hə:rd] *n.* 가축의 떼
iniquity [iníkwəti] *n.* 죄악
loathe [louð] *vt.* 몹시 싫어하다
parched [pa:rtʃt] *a.* 메마른
peril [pérəl] *n.* 위험
reel [ri:l] *vi.* 지껄이다
sacrifice [sǽkrəfàis] *vt.* 희생물로 바치다
stagger [stǽgər] *vi.* 비틀거리다

107:20 rescue from...: …에서 구조하다
107:25 stir up: 일으키다
107:26 mount up: 오르다, 상승하다
107:26 melt away: 차츰 사라지다
107:27 at one's wits' end: 어찌할 바를 모르고
107:33 turn A into B: A를 B가 되게 하다

고 그의 가축이 감소하지 아니하게 하실
지라도
39 다시 압박과 재난과 우환을 통하여 그들
의 수를 줄이시며 낮추시는도다
40 여호와께서 고관들에게는 능욕을 쏟아 부
으시고 길 없는 황야에서 유리하게 하시나
41 궁핍한 자는 그의 고통으로부터 건져 주
시고 그의 가족을 양 떼같이 지켜 주시
나니 삼상 2:8
42 정직한 자는 보고 기뻐하며 모든 사악한
자는 자기 입을 봉하리로다
43 지혜 있는 자들은 이러한 일들을 지켜보
고 여호와의 인자하심을 깨달으리로다

〔다윗의 찬송시〕(♪ 191, 301, 482장)

108 하나님이여 내 마음을 정하였사
오니 내가 노래하며 나의 마음
을 다하여 찬양하리로다
2 비파야, 수금아, 깰지어다 내가 새벽을
깨우리로다
3 여호와여 내가 만민 중에서 주께 감사하
고 뭇 나라 중에서 주를 찬양하오리니
4 주의 인자하심이 하늘보다 높으시며 주
의 진실은 궁창에까지 이르나이다 113:4
5 하나님이여 주는 하늘 위에 높이 들리시
며 주의 영광이 온 땅에서 높임 받으시기
를 원하나이다
6 주께서 사랑하시는 자들을 건지시기 위
하여 우리에게 응답하사 오른손으로 구
원하소서
7 하나님이 그의 성소에서 말씀하시되 내
가 기뻐하리라 내가 세겜을 나누며 숙곳
골짜기를 측량하리라
8 길르앗이 내 것이요 므낫세도 내 것이며
에브라임은 내 머리의 투구요 유다는 나
의 규이며
9 모압은 내 목욕통이라 에돔에는 내 신발
을 벗어 던질지며 블레셋 위에서 내가
외치리라 하셨도다
10 누가 나를 이끌어 견고한 성읍으로 인도
해 들이며 누가 나를 에돔으로 인도할꼬
11 하나님이여 주께서 우리를 버리지 아니
하셨나이까 하나님이여 주께서 우리의
군대들과 함께 나아가지 아니하시나이다
12 우리를 도와 대적을 치게 하소서 사람의
구원은 헛됨이니이다
13 우리가 하나님을 의지하고 용감히 행하
리니 그는 우리의 대적들을 밟으실 자이
심이로다

39 • Then their numbers decreased, and they were
humbled
by oppression, calamity and sorrow;
40 • he who pours contempt on nobles
made them wander in a trackless waste.
41 • But he lifted the needy out of their affliction
and increased their families like flocks.
42 • The upright see and rejoice,
but all the wicked shut their mouths.
43 • Let the one who is wise heed these things
and ponder the loving deeds of the LORD.

Psalm 108[a]

A song. A psalm of David.

1 • My heart, O God, is steadfast;
I will sing and make music with all my soul.
2 • Awake, harp and lyre!
I will awaken the dawn.
3 • I will praise you, LORD, among the nations;
I will sing of you among the peoples.
4 • For great is your love, higher than the heavens;
your faithfulness reaches to the skies.
5 • Be exalted, O God, above the heavens;
let your glory be over all the earth.
6 • Save us and help us with your right hand,
that those you love may be delivered.
7 • God has spoken from his sanctuary:
"In triumph I will parcel out Shechem
and measure off the Valley of Sukkoth.
8 • Gilead is mine, Manasseh is mine;
Ephraim is my helmet,
Judah is my scepter.
9 • Moab is my washbasin,
on Edom I toss my sandal;
over Philistia I shout in triumph."
10 • Who will bring me to the fortified city?
Who will lead me to Edom?
11 • Is it not you, God, you who have rejected us
and no longer go out with our armies?
12 • Give us aid against the enemy,
for human help is worthless.
13 • With God we will gain the victory,
and he will trample down our enemies.

Psalm 109

For the director of music. Of David. A psalm.

1 • My God, whom I praise,
do not remain silent,

[a]In Hebrew texts 108:1-13 is numbered 108:2-14.

affliction [əflíkʃən] *n.* 고난
calamity [kəlǽməti] *n.* 재앙
contempt [kəntémpt] *n.* 업신여김
deliver [dilívər] *vt.* 구원하다
exalt [igzɔ́:lt] *vt.* 높이다
fortify [fɔ́:rtəfài] *vt.* 요새화하다
heed [hi:d] *vi.* 주의하다
needy [ní:di] *a.* 몹시 가난한
ponder [pándər] *vt.* 깊이 생각하다
sanctuary [sǽŋktʃuèri] *n.* 성소
scepter [séptər] *n.* 홀
steadfast [stédfæ̀st] *a.* 확고한
trackless [trǽklis] *a.* 길 없는
upright [ʌpràit] *a.* 정직한
washbasin [wɔ́:ʃbèisn] *n.* 세숫대야

107:40 pour on...: (탄환, 경멸 등을) …에 퍼붓다
108:4 reach to...: …까지 이르다
108:7 in triumph: 의기 양양하여
108:7 parcel out: 나누다, 분배하다
108:7 measure off: 구획하다
108:13 trample down: 마구 짓밟다

〔다윗의 시, 인도자를 따라 부르는 노래〕
(♪177, 180장)

109 내가 찬양하는 하나님이여 잠잠하지 마옵소서
2 그들이 악한 입과 거짓된 입을 열어 나를 치며 속이는 혀로 내게 말하며 120:2
3 또 미워하는 말로 나를 두르고 까닭 없이 나를 공격하였음이니이다
4 나는 사랑하나 그들은 도리어 나를 대적하니 나는 기도할 뿐이라
5 그들이 악으로 나의 선을 갚으며 미워함으로 나의 사랑을 갚았사오니 38:20
6 악인이 그를 다스리게 하시며 [1)]사탄이 그의 오른쪽에 서게 하소서 슥 3:1
7 그가 심판을 받을 때에 죄인이 되어 나오게 하시며 그의 기도가 죄로 변하게 하시며
8 그의 연수를 짧게 하시며 그의 직분을 타인이 빼앗게 하시며
9 그의 자녀는 고아가 되고 그의 아내는 과부가 되며
10 그의 자녀들은 유리하며 구걸하고 그들의 황폐한 집을 떠나 빌어먹게 하소서
11 고리대금하는 자가 그의 소유를 다 빼앗게 하시며 그가 수고한 것을 낯선 사람이 탈취하게 하시며
12 그에게 인애를 베풀 자가 없게 하시며 그의 고아에게 은혜를 베풀 자도 없게 하시며
13 그의 자손이 끊어지게 하시며 후대에 그들의 이름이 지워지게 하소서
14 여호와는 그의 조상들의 죄악을 기억하시며 그의 어머니의 죄를 지워 버리지 마시고
15 그 죄악을 항상 여호와 앞에 있게 하사 그들의 기억을 땅에서 끊으소서 34:16
16 그가 인자를 베풀 일을 생각하지 아니하고 가난하고 궁핍한 자와 마음이 상한 자를 핍박하여 죽이려 하였기 때문이니이다
17 그가 저주하기를 좋아하더니 그것이 자기에게 임하고 축복하기를 기뻐하지 아니하더니 복이 그를 멀리 떠났으며
18 또 저주하기를 옷 입듯 하더니 저주가 물 같이 그의 몸 속으로 들어가며 기름같이 그의 뼈 속으로 들어갔나이다
19 저주가 그에게는 입는 옷 같고 항상 띠는 띠와 같게 하소서 겔 7:27
20 이는 나의 대적들이 곧 내 영혼을 대적하여 악담하는 자들이 여호와께 받는 보응

1) 송사하는 자

2 • for people who are wicked and deceitful
have opened their mouths against me;
they have spoken against me with lying
tongues.
3 • With words of hatred they surround me;
they attack me without cause.
4 • In return for my friendship they accuse me,
but I am a man of prayer.
5 • They repay me evil for good,
and hatred for my friendship.
6 • Appoint someone evil to oppose my enemy;
let an accuser stand at his right hand.
7 • When he is tried, let him be found guilty,
and may his prayers condemn him.
8 • May his days be few;
may another take his place of leadership.
9 • May his children be fatherless
and his wife a widow.
10 • May his children be wandering beggars;
may they be driven[a] from their ruined homes.
11 • May a creditor seize all he has;
may strangers plunder the fruits of his labor.
12 • May no one extend kindness to him
or take pity on his fatherless children.
13 • May his descendants be cut off,
their names blotted out from the next
generation.
14 • May the iniquity of his fathers be remembered
before the LORD;
may the sin of his mother never be blotted out.
15 • May their sins always remain before the LORD,
that he may blot out their name from the
earth.
16 • For he never thought of doing a kindness,
but hounded to death the poor
and the needy and the brokenhearted.
17 • He loved to pronounce a curse—
may it come back on him.
He found no pleasure in blessing—
may it be far from him.
18 • He wore cursing as his garment;
it entered into his body like water,
into his bones like oil.
19 • May it be like a cloak wrapped about him,
like a belt tied forever around him.
20 • May this be the LORD's payment to my accusers,
to those who speak evil of me.

[a]10 Septuagint; Hebrew *sought*

accuser [əkjúːzər] *n.* 비난자
cloak [klouk] *n.* 겉옷
condemn [kəndém] *vt.* 유죄 판결을 하다
creditor [kréditər] *n.* 채권자
deceitful [disíːtfəl] *a.* 기만적인
garment [gáːrmənt] *n.* 의복
hatred [héitrid] *n.* 증오
hound [haund] *vt.* 끝까지 추적하다
iniquity [iníkwəti] *n.* 죄악, 부정
oppose [əpóuz] *vt.* 반대하다
payment [péimənt] *n.* 징벌
plunder [plʌndər] *vt.* 약탈하다
repay [riːpéi] *vt.* 갚다
ruined [rúːind] *a.* 파괴된
wander [wándər] *vi.* 유랑하다

109:4 in return for...: …의 답례로
109:12 take pity on...: …를 불쌍히 여기다
109:13 cut off: 단절시키다
109:13 blot out: 지워 버리다
109:17 pronounce a curse: 저주하다
109:19 wrap about...: …를 둘러싸다

이니이다
21 그러나 주 여호와여 주의 이름으로 말미
암아 나를 선대하소서 주의 인자하심이
선하시오니 나를 건지소서
22 나는 가난하고 궁핍하여 나의 중심이 상
함이니이다 40:17
23 나는 석양 그림자같이 지나가고 또 메뚜
기같이 불려 가오며
24 금식하므로 내 무릎이 흔들리고 내 육체
는 수척하오며
25 나는 또 그들의 비방거리라 그들이 나를
보면 머리를 흔드나이다
26 여호와 나의 하나님이여 나를 도우시며
주의 인자하심을 따라 나를 구원하소서
27 이것이 주의 손이 하신 일인 줄을 그들이
알게 하소서 주 여호와께서 이를 행하셨
나이다
28 그들은 내게 저주하여도 주는 내게 복을
주소서 그들은 일어날 때에 수치를 당할
지라도 주의 종은 즐거워하리이다
29 나의 대적들이 욕을 옷 입듯 하게 하시며
자기 수치를 겉옷같이 입게 하소서
30 내가 입으로 여호와께 크게 감사하며 많
은 사람 중에서 찬송하리니
31 그가 궁핍한 자의 오른쪽에 서사 그의 영
혼을 심판하려 하는 자들에게서 구원하
실 것임이로다

〔다윗의 시〕 (♪ 363, 539, 572장)

110 여호와께서 내 주에게 말씀하시
기를 내가 네 원수들로 네 발판이
되게 하기까지 너는 내 오른쪽에 앉아 있
으라 하셨도다
2 여호와께서 시온에서부터 [1]주의 권능의
규를 내보내시리니 주는 원수들 중에서
다스리소서
3 주의 권능의 날에 주의 백성이 거룩한 옷
을 입고 즐거이 헌신하니 새벽 이슬 같은
주의 청년들이 주께 나오는도다
4 여호와는 맹세하고 변하지 아니하시리
라 이르시기를 너는 멜기세덱의 서열을
따라 영원한 제사장이라 하셨도다
5 주의 오른쪽에 계신 주께서 그의 노하시
는 날에 왕들을 쳐서 깨뜨리실 것이라
6 뭇 나라를 심판하여 시체로 가득하게 하
시고 여러 나라의 머리를 쳐서 깨뜨리시
며 사 2:4
7 길가의 시냇물을 마시므로 그의 머리를

21 •But you, Sovereign LORD,
help me for your name's sake;
out of the goodness of your love, deliver me.
22 •For I am poor and needy,
and my heart is wounded within me.
23 •I fade away like an evening shadow;
I am shaken off like a locust.
24 •My knees give way from fasting;
my body is thin and gaunt.
25 •I am an object of scorn to my accusers;
when they see me, they shake their heads.
26 •Help me, LORD my God;
save me according to your unfailing love.
27 •Let them know that it is your hand,
that you, LORD, have done it.
28 •While they curse, may you bless;
may those who attack me be put to shame,
but may your servant rejoice.
29 •May my accusers be clothed with disgrace
and wrapped in shame as in a cloak.
30 •With my mouth I will greatly extol the LORD;
in the great throng of worshipers I will
praise him.
31 •For he stands at the right hand of the needy,
to save their lives from those who would
condemn them.

Psalm 110

Of David. A psalm.

1 •The LORD says to my lord:[a]
"Sit at my right hand
until I make your enemies
a footstool for your feet."
2 •The LORD will extend your mighty scepter from
Zion, saying,
"Rule in the midst of your enemies!"
3 •Your troops will be willing on your day of battle.
Arrayed in holy splendor,
your young men will come to you
like dew from the morning's womb.[b]
4 •The LORD has sworn
and will not change his mind:
"You are a priest forever,
in the order of Melchizedek."
5 •The Lord is at your right hand[c];
he will crush kings on the day of his wrath.
6 •He will judge the nations, heaping up the dead
and crushing the rulers of the whole earth.
7 •He will drink from a brook along the way,[d]

[a]*1* Or *Lord* [b]*3* The meaning of the Hebrew for this sentence is uncertain. [c]*5* Or *My lord is at your right hand, LORD* [d]*7* The meaning of the Hebrew for this clause is uncertain.

1) 힘의 지팡이를 나타내시리니

accuser [əkjú:zər] *n.* 비난자
cloak [klouk] *n.* 겉옷
condemn [kəndém] *vt.* 비난하다
disgrace [disgréis] *n.* 치욕
fasting [fǽstiŋ] *n.* 금식
footstool [fútstù:l] *n.* 발판
gaunt [gɔ:nt] *a.* 수척한
needy [ní:di] *a.* 몹시 가난한
object [ábdʒikt] *n.* 대상
scepter [séptər] *n.* 홀
scorn [skɔ:rn] *n.* 조롱
unfailing [ʌnféiliŋ] *a.* 무한한
willing [wíliŋ] *a.* 자발적인
womb [wu:m] *n.* 자궁
wound [wu:nd] *vt.* 상처를 입히다

109:21 for one's name's sake: …의 명예를 위해
109:23 fade away: 서서히 사라지다
109:26 according to...: …에 따라
109:28 put to shame: 모욕을 주다
110:4 in the order of...: …의 순서대로

드시리로다 27:6

111 1)할렐루야, 내가 정직한 자들의
모임과 회중 가운데에서 전심으
로 여호와께 감사하리로다
2 여호와께서 행하시는 일들이 크시오니
이를 즐거워하는 자들이 다 기리는도다
3 그의 행하시는 일이 존귀하고 엄위하며
그의 의가 영원히 서 있도다 145:5
4 그의 기적을 사람이 기억하게 하셨으니
여호와는 은혜로우시고 자비로우시도다
5 여호와께서 자기를 경외하는 자들에게
양식을 주시며 그의 언약을 영원히 기억
하시리로다
6 그가 그들에게 뭇 나라의 기업을 주사 그
가 행하시는 일의 능력을 그들에게 알리
셨도다
7 그의 손이 하는 일은 진실과 정의이며 그
의 법도는 다 확실하니
8 영원무궁토록 정하신 바요 진실과 정의
로 행하신 바로다
9 여호와께서 그의 백성을 속량하시며 그
의 언약을 영원히 세우셨으니 그의 이름
이 거룩하고 지존하시도다 99:3
10 여호와를 경외함이 지혜의 근본이라 그
의 계명을 지키는 자는 다 훌륭한 지각을
가진 자이니 여호와를 찬양함이 영원히
계속되리로다

112 1)할렐루야, 여호와를 경외하며
그의 계명을 크게 즐거워하는 자
는 복이 있도다
2 그의 후손이 땅에서 강성함이여 정직한
자들의 후손에게 복이 있으리로다
3 부와 재물이 그의 집에 있음이여 그의 공
의가 영구히 서 있으리로다 잠 3:16
4 정직한 자들에게는 흑암 중에 빛이 일어
나나니 그는 자비롭고 긍휼이 많으며 의
로운 이로다
5 은혜를 베풀며 꾸어 주는 자는 잘 되나니
그 2)일을 정의로 행하리로다
6 그는 영원히 흔들리지 아니함이여 의인
은 영원히 기억되리로다 잠 10:7
7 그는 흉한 소문을 두려워하지 아니함이
여 여호와를 의뢰하고 그의 마음을 굳게
정하였도다
8 그의 마음이 견고하여 두려워하지 아니
할 것이라 그의 대적들이 받는 보응을 마
침내 보리로다

and so he will lift his head high.

Psalm 111[a]

1 • Praise the LORD.[b]
I will extol the LORD with all my heart
in the council of the upright and in the
assembly.
2 • Great are the works of the LORD;
they are pondered by all who delight in them.
3 • Glorious and majestic are his deeds,
and his righteousness endures forever.
4 • He has caused his wonders to be remembered;
the LORD is gracious and compassionate.
5 • He provides food for those who fear him;
he remembers his covenant forever.
6 • He has shown his people the power of his works,
giving them the lands of other nations.
7 • The works of his hands are faithful and just;
all his precepts are trustworthy.
8 • They are established for ever and ever,
enacted in faithfulness and uprightness.
9 • He provided redemption for his people;
he ordained his covenant forever—
holy and awesome is his name.
10 • The fear of the LORD is the beginning of wisdom;
all who follow his precepts have good
understanding.
To him belongs eternal praise.

Psalm 112[a]

1 • Praise the LORD.[b]
Blessed are those who fear the LORD,
who find great delight in his commands.
2 • Their children will be mighty in the land;
the generation of the upright will be blessed.
3 • Wealth and riches are in their houses,
and their righteousness endures forever.
4 • Even in darkness light dawns for the upright,
for those who are gracious and compassionate
and righteous.
5 • Good will come to those who are generous and
lend freely,
who conduct their affairs with justice.
6 • Surely the righteous will never be shaken;
they will be remembered forever.
7 • They will have no fear of bad news;
their hearts are steadfast, trusting in the LORD.
8 • Their hearts are secure, they will have no fear;
in the end they will look in triumph on their
foes.

[a]This psalm is an acrostic poem, the lines of which begin with the successive letters of the Hebrew alphabet. [b]1 Hebrew *Hallelu Yah* 1) 여호와를 찬송하라 2) 재판에 이기리라

awesome [ɔ́:səm] *a.* 경외감을 일으키는
command [kəmǽnd] *n.* 명령
compassionate [kəmpǽʃənət] *a.* 인자한
council [káunsəl] *n.* 의회
covenant [kʌvənənt] *n.* 언약
dawn [dɔ:n] *vi.* 밝아오다
extol [ikstóul] *vt.* 찬양하다
faithfulness [féiθfəlnis] *n.* 성실
generous [dʒénərəs] *a.* 관대한
ordain [ɔ:rdéin] *vt.* 정하다
ponder [pándər] *vt.* 숙고하다
precept [prí:sept] *n.* 교훈
redemption [ridémpʃən] *n.* 구원
trustworthy [trʌ́stwə̀:rði] *a.* 믿을 수 있는
upright [ʌpràit] *a.* 정직한, 올바른

111:1 with all one's heart: 전심으로
111:2 delight in...: …를 즐거워하다
111:4 cause... to~: …를 ~하게 하다
111:5 provide A for B: B에게 A를 공급하다
112:5 conduct affairs: 일을 보다
112:8 in triumph: 의기양양하여

9 그가 재물을 흩어 빈궁한 자들에게 주었
으니 그의 의가 영구히 있고 그의 뿔이
영광 중에 들리리로다
10 악인은 이를 보고 한탄하여 이를 갈면서
소멸되리니 악인들의 욕망은 사라지리
로다

113 1)할렐루야, 여호와의 종들아 찬
양하라 여호와의 이름을 찬양하
라
2 이제부터 영원까지 여호와의 이름을 찬
송할지로다 단 2:20
3 해 돋는 데에서부터 해 지는 데에까지 여
호와의 이름이 찬양을 받으시리로다
4 여호와는 모든 나라보다 높으시며 그의
영광은 하늘보다 높으시도다 97:9
5 여호와 우리 하나님과 같은 이가 누구리
요 높은 곳에 앉으셨으나
6 스스로 낮추사 천지를 살피시고
7 가난한 자를 먼지 더미에서 일으키시며
궁핍한 자를 거름 더미에서 들어 세워
8 지도자들 곧 그의 백성의 지도자들과 함
께 세우시며 욥 36:7
9 또 임신하지 못하던 여자를 집에 살게 하
사 자녀들을 즐겁게 하는 어머니가 되게
하시는도다 1)할렐루야

114 이스라엘이 애굽에서 나오며 야
곱의 집안이 언어가 다른 민족에
게서 나올 때에
2 유다는 여호와의 성소가 되고 이스라엘
은 그의 영토가 되었도다
3 바다가 보고 도망하며 요단은 물러갔으
니
4 산들은 숫양들같이 뛰놀며 작은 산들은
어린 양들같이 뛰었도다
5 바다야 네가 도망함은 어찌함이며 요단
아 네가 물러감은 어찌함인가
6 너희 산들아 숫양들같이 뛰놀며 작은 산
들아 어린 양들같이 뛰놂은 어찌함인가
7 땅이여 너는 주 앞 곧 야곱의 하나님 앞
에서 떨지어다
8 그가 반석을 쳐서 못물이 되게 하시며 차
돌로 샘물이 되게 하셨도다 신 8:15

115 여호와여 영광을 우리에게 돌리
지 마옵소서 우리에게 돌리지 마
옵소서 오직 주는 *인자하시고* 진실하시
므로 주의 이름에만 영광을 돌리소서

9 •They have freely scattered their gifts to the poor,
their righteousness endures forever;
their horn[a] will be lifted high in honor.
10 •The wicked will see and be vexed,
they will gnash their teeth and waste away;
the longings of the wicked will come to nothing.

Psalm 113

1 •Praise the LORD.[b]
Praise the LORD, you his servants;
praise the name of the LORD.
2 •Let the name of the LORD be praised,
both now and forevermore.
3 •From the rising of the sun to the place where it sets,
the name of the LORD is to be praised.
4 •The LORD is exalted over all the nations,
his glory above the heavens.
5 •Who is like the LORD our God,
the One who sits enthroned on high,
6 •who stoops down to look
on the heavens and the earth?
7 •He raises the poor from the dust
and lifts the needy from the ash heap;
8 •he seats them with princes,
with the princes of his people.
9 •He settles the childless woman in her home
as a happy mother of children.
Praise the LORD.

Psalm 114

1 •When Israel came out of Egypt,
Jacob from a people of foreign tongue,
2 •Judah became God's sanctuary,
Israel his dominion.
3 •The sea looked and fled,
the Jordan turned back;
4 •the mountains leaped like rams,
the hills like lambs.
5 •Why was it, sea, that you fled?
Why, Jordan, did you turn back?
6 •Why, mountains, did you leap like rams,
you hills, like lambs?
7 •Tremble, earth, at the presence of the Lord,
at the presence of the God of Jacob,
8 •who turned the rock into a pool,
the hard rock into springs of water.

Psalm 115

1 •Not to us, LORD, not to us
but to your name be the glory,
because of your love and faithfulness.

[a]9 *Horn* here symbolizes dignity. [b]1 Hebrew *Hallelu Yah*; also in verse 9 1) 여호와를 찬송하라

ash [æʃ] *n.* 재
dominion [dəmínjən] *n.* 통치권
enthrone [inθróun] *vt.* 왕좌에 앉히다
exalt [igzɔ́:lt] *vt.* 높이다
flee [fli:] *vi.* 달아나다
gnash [næʃ] *vt.* 이를 갈다
heap [hi:p] *n.* 더미
lamb [læm] *n.* 어린 양
leap [li:p] *vi.* 껑충 뛰다
longing [lɔ́:ŋiŋ] *n.* 갈망
needy [ní:di] *a.* 빈궁한
ram [ræm] *n.* 숫양
sanctuary [sǽŋktʃuèri] *n.* 성소
scatter [skǽtər] *vt.* 흩어버리다
vex [veks] *vt.* 괴롭게 하다

112:10 waste away: 쇠약해지다
112:10 come to nothing: 수포로 돌아가다
113:6 stoop down: 웅크리다
114:5 turn back: 물러가다
114:7 at the presence of...: …앞에서
114:8 turn A into B: A를 B가 되게 하다

2 어찌하여 뭇 나라가 그들의 하나님이 이
제 어디 있느냐 말하게 하리이까
3 오직 우리 하나님은 하늘에 계셔서 원하
시는 모든 것을 행하셨나이다 단 4:35
4 그들의 우상들은 은과 금이요 사람이 손
으로 만든 것이라
5 입이 있어도 말하지 못하며 눈이 있어도
보지 못하며 렘 10:5
6 귀가 있어도 듣지 못하며 코가 있어도 냄
새 맡지 못하며
7 손이 있어도 만지지 못하며 발이 있어도
걷지 못하며 목구멍이 있어도 작은 소리
조차 내지 못하느니라
8 우상들을 만드는 자들과 그것을 의지하
는 자들이 다 그와 같으리로다
9 이스라엘아 여호와를 의지하라 그는 너
희의 도움이시요 너희의 방패시로다
10 아론의 집이여 여호와를 의지하라 그는
너희의 도움이시요 너희의 방패시로다
11 여호와를 경외하는 자들아 너희는 여호
와를 의지하여라 그는 너희의 도움이시
요 너희의 방패시로다
12 여호와께서 우리를 생각하사 복을 주시
되 이스라엘 집에도 복을 주시고 아론의
집에도 복을 주시며
13 높은 사람이나 낮은 사람을 막론하고 여호
와를 경외하는 자들에게 복을 주시리로다
14 여호와께서 너희를 곧 너희와 너희의 자
손을 더욱 번창하게 하시기를 원하노라
15 너희는 천지를 지으신 여호와께 복을 받
는 자로다
16 하늘은 여호와의 하늘이라도 땅은 사람
에게 주셨도다 89:11
17 죽은 자들은 여호와를 찬양하지 못하나
니 적막한 데로 내려가는 자들은 아무도
찬양하지 못하리로다
18 우리는 이제부터 영원까지 여호와를 송
축하리로다 [1)]할렐루야

116 여호와께서 내 음성과 내 간구를
들으시므로 내가 그를 사랑하는
도다
2 그의 귀를 내게 기울이셨으므로 내가 평
생에 기도하리로다
3 사망의 줄이 나를 두르고 스올의 고통이
내게 이르므로 내가 환난과 슬픔을 만났
을 때에
4 내가 여호와의 이름으로 기도하기를 여

2 •Why do the nations say,
"Where is their God?"
3 •Our God is in heaven;
he does whatever pleases him.
4 •But their idols are silver and gold,
made by human hands.
5 •They have mouths, but cannot speak,
eyes, but cannot see.
6 •They have ears, but cannot hear,
noses, but cannot smell.
7 •They have hands, but cannot feel,
feet, but cannot walk,
nor can they utter a sound with their
throats.
8 •Those who make them will be like them,
and so will all who trust in them.
9 •All you Israelites, trust in the LORD —
he is their help and shield.
10 •House of Aaron, trust in the LORD —
he is their help and shield.
11 •You who fear him, trust in the LORD —
he is their help and shield.
12 •The LORD remembers us and will bless us:
He will bless his people Israel,
he will bless the house of Aaron,
13 •he will bless those who fear the LORD —
small and great alike.
14 •May the LORD cause you to flourish,
both you and your children.
15 •May you be blessed by the LORD,
the Maker of heaven and earth.
16 •The highest heavens belong to the LORD,
but the earth he has given to mankind.
17 •It is not the dead who praise the LORD,
those who go down to the place of silence;
18 •it is we who extol the LORD,
both now and forevermore.
Praise the LORD.[a]

Psalm 116

1 •I love the LORD, for he heard my voice;
he heard my cry for mercy.
2 •Because he turned his ear to me,
I will call on him as long as I live.
3 •The cords of death entangled me,
the anguish of the grave came over me;
I was overcome by distress and sorrow.
4 •Then I called on the name of the LORD:
"LORD, save me!"

[a]*18* Hebrew *Hallelu Yah*

1) 여호와를 찬송하라

anguish [æŋgwiʃ] *n.* 고통
cord [kɔːrd] *n.* 끈
entangle [intǽŋgl] *vt.* 얽히게 하다
extol [ikstóul] *vt.* 찬미하다
fear [fiər] *vt.* 두려워하다
flourish [flɔ́ːriʃ] *vi.* 번창하다
forevermore [fərèvərmɔ́ːr] *ad.* 영원히
grave [greiv] *n.* 무덤
mankind [mænkaind] *n.* 인류, 인간
mercy [mɔ́ːrsi] *n.* 자비
overcome [òuvərkʌ́m] *vt.* 압도하다
shield [ʃiːld] *n.* 방패
sorrow [sárou] *n.* 슬픔
throat [θrout] *n.* 목구멍
utter [ʌtər] *vt.* 소리내다

115:9 trust in: …를 신뢰하다
115:14 cause... to~: …를 ~하게 하다
115:16 belong to...: …에 속하다
116:2 turn one's ear to: …에 귀 기울이다
116:2 call on...: …에게 청하다, 부탁하다
116:2 as long as...: …하는 한

호와여 주께 구하오니 내 영혼을 건지소
서 하였도다
5 여호와는 은혜로우시며 의로우시며 우
리 하나님은 긍휼이 많으시도다
6 여호와께서는 순진한 자를 지키시나니
내가 어려울 때에 나를 구원하셨도다
7 내 영혼아 네 평안함으로 돌아갈지어다
여호와께서 너를 후대하심이로다
8 주께서 내 영혼을 사망에서, 내 눈을 눈
물에서, 내 발을 넘어짐에서 건지셨나이
다 56:13
9 내가 생명이 있는 땅에서 여호와 앞에 행
하리로다 27:13
10 내가 크게 고통을 당하였다고 말할 때에
도 나는 믿었도다
11 내가 놀라서 이르기를 모든 사람이 거짓
말쟁이라 하였도다 롬 3:4
12 내게 주신 모든 은혜를 내가 여호와께 무
엇으로 보답할까
13 내가 구원의 잔을 들고 여호와의 이름을
부르며
14 여호와의 모든 백성 앞에서 나는 나의 서
원을 여호와께 갚으리로다
15 그의 경건한 자들의 죽음은 여호와께서
보시기에 귀중한 것이로다 72:14
16 여호와여 나는 진실로 주의 종이요 주의
여종의 아들 곧 주의 종이라 주께서 나의
결박을 푸셨나이다 119:125
17 내가 주께 감사제를 드리고 여호와의 이
름을 부르리이다
18 내가 여호와께 서원한 것을 그의 모든 백
성이 보는 앞에서 내가 지키리로다
19 예루살렘아, 네 한가운데에서 곧 여호와
의 성전 뜰에서 지키리로다 [1)]할렐루야

117 너희 모든 나라들아 여호와를 찬
양하며 너희 모든 백성들아 그를
찬송할지어다
2 우리에게 향하신 여호와의 인자하심이
크시고 여호와의 진실하심이 영원함이
로다 [1)]할렐루야 100:5

118 여호와께 감사하라 그는 선하시며
그의 인자하심이 영원함이로다
2 이제 이스라엘은 말하기를 그의 인자하
심이 영원하다 할지로다
3 이제 아론의 집은 말하기를 그의 인자하
심이 영원하다 할지로다
4 이제 여호와를 경외하는 자는 말하기를

5 ●The LORD is gracious and righteous;
our God is full of compassion.
6 ●The LORD protects the unwary;
when I was brought low, he saved me.
7 ●Return to your rest, my soul,
for the LORD has been good to you.
8 ●For you, LORD, have delivered me from death,
my eyes from tears,
my feet from stumbling,
9 ●that I may walk before the LORD
in the land of the living.
10 ●I trusted in the LORD when I said,
"I am greatly afflicted";
11 ●in my alarm I said,
"Everyone is a liar."
12 ●What shall I return to the LORD
for all his goodness to me?
13 ●I will lift up the cup of salvation
and call on the name of the LORD.
14 ●I will fulfill my vows to the LORD
in the presence of all his people.
15 ●Precious in the sight of the LORD
is the death of his faithful servants.
16 ●Truly I am your servant, LORD;
I serve you just as my mother did;
you have freed me from my chains.
17 ●I will sacrifice a thank offering to you
and call on the name of the LORD.
18 ●I will fulfill my vows to the LORD
in the presence of all his people,
19 ●in the courts of the house of the LORD—
in your midst, Jerusalem.

Praise the LORD.[a]

Psalm 117

1 ●Praise the LORD, all you nations;
extol him, all you peoples.
2 ●For great is his love toward us,
and the faithfulness of the LORD endures
forever.

Praise the LORD.[a]

Psalm 118

1 ●Give thanks to the LORD, for he is good;
his love endures forever.
2 ●Let Israel say:
"His love endures forever."
3 ●Let the house of Aaron say:
"His love endures forever."
4 ●Let those who fear the LORD say:

[a] *19, 2* Hebrew *Hallelu Yah* 1) 여호와를 찬송하라

afflict [əflíkt] *vt.* 괴롭히다
compassion [kəmpǽʃən] *n.* 동정심
court [kɔːrt] *n.* 궁정, 안뜰
endure [indjúər] *vi.* 지속되다
extol [ikstóul] *vt.* 찬미하다
fulfill [fulfíl] *vt.* 완수하다
gracious [gréiʃəs] *a.* 은혜로운
liar [láiər] *n.* 거짓말쟁이
offering [ɔ́ːfəriŋ] *n.* 제물
precious [préʃəs] *a.* 귀중한
presence [prézns] *n.* 면전, 앞
sacrifice [sǽkrəfàis] *vt.* 희생 제사를 드리다
stumble [stʌmbl] *vi.* 비틀거리다
unwary [ʌnwέəri] *a.* 방심한
vow [vau] *n.* 맹세

116:6 bring low: 쇠퇴하게 하다
116:8 deliver A from B: B에서 A를 구하다
116:11 in alarm: 놀라서
116:13 call on...: …에게 청하다
116:15 in the sight of...: …가 보기에
116:16 free... from~: …를 ~에서 풀어 주다

그의 인자하심이 영원하다 할지로다
5 내가 고통 중에 여호와께 부르짖었더니
여호와께서 응답하시고 나를 넓은 곳에
세우셨도다
6 여호와는 내 편이시라 내가 두려워하지
아니하리니 사람이 내게 어찌할까
7 여호와께서 내 편이 되사 나를 돕는 자들
중에 계시니 그러므로 나를 미워하는 자
들에게 보응하시는 것을 내가 보리로다
8 여호와께 피하는 것이 사람을 신뢰하는
것보다 나으며
9 여호와께 피하는 것이 고관들을 신뢰하
는 것보다 낫도다 146:3
10 뭇 나라가 나를 에워쌌으니 내가 여호와
의 이름으로 그들을 끊으리로다 3:6
11 그들이 나를 에워싸고 에워쌌으니 내가
여호와의 이름으로 그들을 끊으리로다
12 그들이 벌들처럼 나를 에워쌌으나 가시
덤불의 불같이 타 없어졌나니 내가 여호
와의 이름으로 그들을 끊으리로다
13 너는 나를 밀쳐 넘어뜨리려 하였으나 여
호와께서는 나를 도우셨도다 86:17
14 여호와는 나의 능력과 찬송이시요 또 나
의 구원이 되셨도다
15 의인들의 장막에는 기쁜 소리, 구원의 소
리가 있음이여 여호와의 오른손이 권능
을 베푸시며
16 여호와의 오른손이 높이 들렸으며 여호
와의 오른손이 권능을 베푸시는도다
17 내가 죽지 않고 살아서 여호와께서 하시
는 일을 선포하리로다
18 여호와께서 나를 심히 경책하셨어도 죽
음에는 넘기지 아니하셨도다 고후 6:9
19 내게 의의 문들을 열지어다 내가 그리로
들어가서 여호와께 감사하리로다
20 이는 여호와의 문이라 의인들이 그리로
들어가리로다 계 22:14
21 주께서 내게 응답하시고 나의 구원이 되
셨으니 내가 주께 감사하리이다
22 건축자가 버린 돌이 집 모퉁이의 머릿돌
이 되었나니 마 21:42
23 이는 여호와께서 행하신 것이요 우리 눈
에 기이한 바로다
24 이날은 여호와께서 1)정하신 것이라 이날
에 우리가 즐거워하고 기뻐하리로다
25 여호와여 구하옵나니 이제 구원하소서
여호와여 우리가 구하옵나니 이제 형통
하게 하소서

"His love endures forever."
5 •When hard pressed, I cried to the LORD;
he brought me into a spacious place.
6 •The LORD is with me; I will not be afraid.
What can mere mortals do to me?
7 •The LORD is with me; he is my helper.
I look in triumph on my enemies.
8 •It is better to take refuge in the LORD
than to trust in humans.
9 •It is better to take refuge in the LORD
than to trust in princes.
10 •All the nations surrounded me,
but in the name of the LORD I cut them down.
11 •They surrounded me on every side,
but in the name of the LORD I cut them down.
12 •They swarmed around me like bees,
but they were consumed as quickly as
burning thorns;
in the name of the LORD I cut them down.
13 •I was pushed back and about to fall,
but the LORD helped me.
14 •The LORD is my strength and my defense[a];
he has become my salvation.
15 •Shouts of joy and victory
resound in the tents of the righteous:
"The LORD's right hand has done mighty things!
16 • The LORD's right hand is lifted high;
the LORD's right hand has done mighty
things!"
17 •I will not die but live,
and will proclaim what the LORD has done.
18 •The LORD has chastened me severely,
but he has not given me over to death.
19 •Open for me the gates of the righteous;
I will enter and give thanks to the LORD.
20 •This is the gate of the LORD
through which the righteous may enter.
21 •I will give you thanks, for you answered me;
you have become my salvation.
22 •The stone the builders rejected
has become the cornerstone;
23 •the LORD has done this,
and it is marvelous in our eyes.
24 •The LORD has done it this very day;
let us rejoice today and be glad.
25 •LORD, save us!
LORD, grant us success!

[a]14 Or *song* 1) 지으신 날

afraid [əfréid] *a.* 두려워하는
chasten [tʃéisn] *vt.* 벌하다
consume [kənsúːm] *vt.* 태워버리다
cornerstone [kɔ́ːrnərstòun] *n.* 모퉁잇돌
defense [diféns] *n.* 방어
marvelous [mɑ́ːrvələs] *a.* 놀라운
mortal [mɔ́ːrtl] *n.* 인간
proclaim [proukléim] *vt.* 선포하다
resound [rizáund] *vi.* 울려퍼지다
salvation [sælvéiʃən] *n.* 구원
spacious [spéiʃəs] *a.* 넓은
surround [səráund] *vt.* 에워싸다
swarm [swɔːrm] *vi.* 많이 모여들다
thorn [θɔːrn] *n.* 가시나무
triumph [tráiəmf] *n.* 승리

118:8 take refuse in...: …에 피난하다
118:10 cut... down: …를 단절시키다
118:11 on every side: 팔방에
118:13 be about to...: 막 …하려고 하다
118:17 not A but B: A가 아니라 B이다
118:18 give over: 내어 주다, 양도하다

26 여호와의 이름으로 오는 자가 복이 있음이여 우리가 여호와의 집에서 너희를 축복하였도다
27 여호와는 하나님이시라 그가 우리에게 빛을 비추셨으니 밧줄로 절기 제물을 제단 뿔에 맬지어다
28 주는 나의 하나님이시라 내가 주께 감사하리이다 주는 나의 하나님이시라 내가 주를 높이리이다
29 여호와께 감사하라 그는 선하시며 그의 인자하심이 영원함이로다

119 행위가 온전하여 여호와의 율법을 따라 행하는 자들은 복이 있음이여
2 여호와의 증거들을 지키고 전심으로 여호와를 구하는 자는 복이 있도다
3 참으로 그들은 불의를 행하지 아니하고 주의 도를 행하는도다
4 주께서 명령하사 주의 법도를 잘 지키게 하셨나이다
5 내 길을 굳게 정하사 주의 율례를 지키게 하소서
6 내가 주의 모든 계명에 주의할 때에는 부끄럽지 아니하리이다
7 내가 주의 의로운 판단을 배울 때에는 정직한 마음으로 주께 감사하리이다
8 내가 주의 율례들을 지키오리니 나를 아주 버리지 마옵소서
9 ●청년이 무엇으로 그의 행실을 깨끗하게 하리이까 주의 말씀만 지킬 따름이니이다
10 내가 전심으로 주를 찾았사오니 주의 계명에서 떠나지 말게 하소서 대하 15:15
11 내가 주께 범죄하지 아니하려 하여 주의 말씀을 내 마음에 두었나이다
12 찬송을 받으실 주 여호와여 주의 율례들을 내게 가르치소서
13 주의 입의 모든 규례들을 나의 입술로 선포하였으며
14 내가 모든 재물을 즐거워함같이 주의 증거들의 도를 즐거워하였나이다
15 내가 주의 법도들을 작은 소리로 읊조리며 주의 길들에 주의하며 사 58:2
16 주의 율례들을 즐거워하며 주의 말씀을 잊지 아니하리이다 1:2
17 ●주의 종을 후대하여 살게 하소서 그리하시면 주의 말씀을 지키리이다

26 ●Blessed is he who comes in the name of the LORD.
From the house of the LORD we bless you.[a]
27 ●The LORD is God,
and he has made his light shine on us.
With boughs in hand, join in the festal procession
up[b] to the horns of the altar.
28 ●You are my God, and I will praise you;
you are my God, and I will exalt you.
29 ●Give thanks to the LORD, for he is good;
his love endures forever.

Psalm 119[c]

א Aleph

1 ●Blessed are those whose ways are blameless,
who walk according to the law of the LORD.
2 ●Blessed are those who keep his statutes
and seek him with all their heart —
3 ●they do no wrong
but follow his ways.
4 ●You have laid down precepts
that are to be fully obeyed.
5 ●Oh, that my ways were steadfast
in obeying your decrees!
6 ●Then I would not be put to shame
when I consider all your commands.
7 ●I will praise you with an upright heart
as I learn your righteous laws.
8 ●I will obey your decrees;
do not utterly forsake me.

ב Beth

9 ●How can a young person stay on the path of purity?
By living according to your word.
10 ●I seek you with all my heart;
do not let me stray from your commands.
11 ●I have hidden your word in my heart
that I might not sin against you.
12 ●Praise be to you, LORD;
teach me your decrees.
13 ●With my lips I recount
all the laws that come from your mouth.
14 ●I rejoice in following your statutes
as one rejoices in great riches.
15 ●I meditate on your precepts
and consider your ways.
16 ●I delight in your decrees;
I will not neglect your word.

ג Gimel

17 ●Be good to your servant while I live,

[a]*26* The Hebrew is plural. [b]*27* Or *Bind the festal sacrifice with ropes / and take it* [c]This psalm is an acrostic poem, the stanzas of which begin with successive letters of the Hebrew alphabet; moreover, the verses of each stanza begin with the same letter of the Hebrew alphabet.

altar [ɔ́:ltər] *n.* 제단	**festal** [féstl] *a.* 축제의	**procession** [prəséʃən] *n.* 행렬
blameless [bléimlis] *a.* 죄없는	**forsake** [fərséik] *vt.* 버리다	**recount** [rikáunt] *vt.* 열거하다
bough [bau] *n.* 큰 가지	**neglect** [niglékt] *vt.* 무시하다	**steadfast** [stédfæst] *a.* 확고한
endure [indjúər] *vi.* 지속되다	**obey** [oubéi] *vt.* 복종하다	**upright** [ʌpràit] *a.* 정직한
exalt [igzɔ́:lt] *vt.* 높이다	**precept** [prí:sept] *n.* 교훈	**utterly** [ʌtərli] *ad.* 완전히

118:27 with... in hand: …를 손에 들고	**119:1 according to...:** …에 따라서	**119:4 lay down:** (규칙, 원칙을) 정하다
118:29 give thanks to...: …에게 감사하다	**119:2 with all one's heart:** 전심으로	**119:6 put to shame:** 창피주다

18 내 눈을 열어서 주의 율법에서 놀라운 것을 보게 하소서
19 나는 땅에서 나그네가 되었사오니 주의 계명들을 내게 숨기지 마소서
20 주의 규례들을 항상 사모함으로 내 마음이 상하나이다 42:1–2
21 교만하여 저주를 받으며 주의 계명들에서 떠나는 자들을 주께서 꾸짖으셨나이다
22 내가 주의 교훈들을 지켰사오니 비방과 멸시를 내게서 떠나게 하소서 39:8
23 고관들도 앉아서 나를 비방하였사오나 주의 종은 주의 율례들을 작은 소리로 읊조렸나이다
24 주의 증거들은 나의 즐거움이요 나의 충고자니이다 119:16
25 ●내 영혼이 진토에 붙었사오니 주의 말씀대로 나를 살아나게 하소서 44:25
26 내가 나의 행위를 아뢰매 주께서 내게 응답하셨사오니 주의 율례들을 내게 가르치소서
27 나에게 주의 법도들의 길을 깨닫게 하여 주소서 그리하시면 내가 주의 기이한 일들을 작은 소리로 읊조리리이다
28 나의 영혼이 눌림으로 말미암아 녹사오니 주의 말씀대로 나를 세우소서
29 거짓 행위를 내게서 떠나게 하시고 주의 법을 내게 은혜로이 베푸소서
30 내가 성실한 길을 택하고 주의 규례들을 내 앞에 두었나이다
31 내가 주의 증거들에 매달렸사오니 여호와여 내가 수치를 당하지 말게 하소서
32 주께서 내 마음을 넓히시면 내가 주의 계명들의 길로 달려가리이다 사 60:5
33 ●여호와여 주의 율례들의 도를 내게 가르치소서 내가 끝까지 지키리이다
34 나로 하여금 깨닫게 하여 주소서 내가 주의 법을 준행하며 전심으로 지키리이다
35 나로 하여금 주의 계명들의 길로 행하게 하소서 내가 이를 즐거워함이니이다
36 내 마음을 주의 증거들에게 향하게 하시고 탐욕으로 향하지 말게 하소서
37 내 눈을 돌이켜 허탄한 것을 보지 말게 하시고 주의 길에서 나를 살아나게 하소서 사 33:15
38 주를 경외하게 하는 주의 말씀을 주의 종에게 세우소서
39 내가 두려워하는 비방을 내게서 떠나게

that I may obey your word.
18 •Open my eyes that I may see
wonderful things in your law.
19 •I am a stranger on earth;
do not hide your commands from me.
20 •My soul is consumed with longing
for your laws at all times.
21 •You rebuke the arrogant, who are accursed,
those who stray from your commands.
22 •Remove from me their scorn and contempt,
for I keep your statutes.
23 •Though rulers sit together and slander me,
your servant will meditate on your decrees.
24 •Your statutes are my delight;
they are my counselors.

ד Daleth

25 •I am laid low in the dust;
preserve my life according to your word.
26 •I gave an account of my ways and you answered me;
teach me your decrees.
27 •Cause me to understand the way of your precepts,
that I may meditate on your wonderful deeds.
28 •My soul is weary with sorrow;
strengthen me according to your word.
29 •Keep me from deceitful ways;
be gracious to me and teach me your law.
30 •I have chosen the way of faithfulness;
I have set my heart on your laws.
31 •I hold fast to your statutes, LORD;
do not let me be put to shame.
32 •I run in the path of your commands,
for you have broadened my understanding.

ה He

33 •Teach me, LORD, the way of your decrees,
that I may follow it to the end.[a]
34 •Give me understanding, so that I may keep your law
and obey it with all my heart.
35 •Direct me in the path of your commands,
for there I find delight.
36 •Turn my heart toward your statutes
and not toward selfish gain.
37 •Turn my eyes away from worthless things;
preserve my life according to your word.[b]
38 •Fulfill your promise to your servant,
so that you may be feared.
39 •Take away the disgrace I dread,
for your laws are good.

[a]33 Or *follow it for its reward* [b]37 Two manuscripts of the Masoretic Text and Dead Sea Scrolls; most manuscripts of the Masoretic Text *life in your way*

accursed [əkə́:rst] *a.* 저주받은
arrogant [ǽrəgənt] *a.* 오만한
consume [kənsú:m] *vt.* 소멸하다
deceitful [disí:tfəl] *a.* 거짓된
decree [dikrí:] *n.* 명령
disgrace [disgréis] *n.* 수치
fulfill [fulfíl] *vt.* 실현하다
gracious [gréiʃəs] *a.* 인자한
meditate [médətèit] *vi.* 묵상하다
preserve [prizə́:rv] *vt.* 보호하다
selfish [sélfiʃ] *a.* 이기적인
slander [slǽndər] *vi.* 중상하다
sorrow [sárou] *n.* 슬픔
statute [stǽtʃu:t] *n.* 법규
stray [strei] *vi.* 빗나가다

119:20 long for...: …를 열망하다
119:25 lay low: 쓰러뜨리다
119:26 give an account of: 설명하다
119:27 cause... to~: …를 ~하게 하다
119:28 be weary with...: …로 지치다
119:31 hold fast to...: …를 꼭 잡다

하소서 주의 규례들은 선하심이니이다
40 내가 주의 법도들을 사모하였사오니 주
의 의로 나를 살아나게 하소서
41 ●여호와여 주의 말씀대로 주의 인자하
심과 주의 구원을 내게 임하게 하소서
42 그리하시면 내가 나를 비방하는 자들에
게 대답할 말이 있사오리니 내가 주의 말
씀을 의지함이니이다 잠 27:11
43 진리의 말씀이 내 입에서 조금도 떠나지
말게 하소서 내가 주의 규례를 바랐음이
니이다
44 내가 주의 율법을 항상 지키리이다 영원
히 지키리이다
45 내가 주의 법도들을 구하였사오니 자유
롭게 걸어갈 것이오며
46 또 왕들 앞에서 주의 교훈들을 말할 때에
수치를 당하지 아니하겠사오며
47 내가 사랑하는 주의 계명들을 스스로 즐
거워하며
48 또 내가 사랑하는 주의 계명들을 향하여
내 손을 들고 주의 율례들을 작은 소리로
읊조리리이다
49 ●주의 종에게 하신 말씀을 기억하소서
주께서 내게 소망을 가지게 하셨나이다
50 이 말씀은 나의 고난 중의 위로라 주의
말씀이 나를 살리셨기 때문이니이다
51 교만한 자들이 나를 심히 조롱하였어도
나는 주의 법을 떠나지 아니하였나이다
52 여호와여 주의 옛 규례들을 내가 기억하
고 스스로 위로하였나이다
53 주의 율법을 버린 악인들로 말미암아 내
가 맹렬한 분노에 사로잡혔나이다
54 내가 나그네 된 집에서 주의 율례들이 나
의 노래가 되었나이다
55 여호와여 내가 밤에 주의 이름을 기억하
고 주의 법을 지켰나이다
56 내 소유는 이것이니 곧 주의 법도들을 지
킨 것이니이다
57 ●여호와는 나의 분깃이시니 나는 주의
말씀을 지키리라 하였나이다 신 33:9
58 내가 전심으로 주께 간구하였사오니 주
의 말씀대로 내게 은혜를 베푸소서
59 내가 내 행위를 생각하고 주의 증거들을
향하여 내 발길을 돌이켰사오며
60 주의 계명들을 지키기에 신속히 하고 지
체하지 아니하였나이다
61 *악인들의 줄이 내게 두루 얽혔을지라도*
나는 주의 법을 잊지 아니하였나이다

40 ●How I long for your precepts!
In your righteousness preserve my life.

ו Waw

41 ●May your unfailing love come to me, LORD,
your salvation, according to your promise;
42 ●then I can answer anyone who taunts me,
for I trust in your word.
43 ●Never take your word of truth from my mouth,
for I have put my hope in your laws.
44 ●I will always obey your law,
for ever and ever.
45 ●I will walk about in freedom,
for I have sought out your precepts.
46 ●I will speak of your statutes before kings
and will not be put to shame,
47 ●for I delight in your commands
because I love them.
48 ●I reach out for your commands, which
I love,
that I may meditate on your decrees.

ז Zayin

49 ●Remember your word to your servant,
for you have given me hope.
50 ●My comfort in my suffering is this:
Your promise preserves my life.
51 ●The arrogant mock me unmercifully,
but I do not turn from your law.
52 ●I remember, LORD, your ancient laws,
and I find comfort in them.
53 ●Indignation grips me because of the wicked,
who have forsaken your law.
54 ●Your decrees are the theme of my song
wherever I lodge.
55 ●In the night, LORD, I remember your name,
that I may keep your law.
56 ●This has been my practice:
I obey your precepts.

ח Heth

57 ●You are my portion, LORD;
I have promised to obey your words.
58 ●I have sought your face with all my heart;
be gracious to me according to your promise.
59 ●I have considered my ways
and have turned my steps to your statutes.
60 ●I will hasten and not delay
to obey your commands.
61 ●Though the wicked bind me with ropes,
I will not forget your law.
62 ●At midnight I rise to give you thanks

ancient [éinʃənt] *a.* 옛날의
command [kəmǽnd] *n.* 명령
forsake [fərséik] *vt.* 버리다
gracious [gréiʃəs] *a.* 인자한
grip [grip] *vt.* 마음을 사로잡다
hasten [héisn] *vi.* 서두르다
indignation [ìndignéiʃən] *n.* 분개
lodge [ladʒ] *vi.* 숙박하다
mock [mak] *vt.* 조롱하다
obey [oubéi] *vt.* 복종하다
portion [pɔ́:rʃən] *n.* 일부, 부분
practice [prǽktis] *n.* 습관, 관행
preserve [prizə́:rv] *vt.*보전하다
taunt [tɔ:nt] *vt.* 조롱하다
unmercifully [ʌnmə́:rsifəli] *ad.* 무자비하게

119:41 according to...: …에 따라서
119:45 seek out: 찾아내다
119:48 reach out for...: …를 추구하다
119:48 meditate on...: …를 묵상하다
119:59 turn one's steps to: …쪽으로 방향을 바꾸다

62 내가 주의 의로운 규례들로 말미암아 밤
중에 일어나 주께 감사하리이다
63 나는 주를 경외하는 모든 자들과 주의 법
도들을 지키는 자들의 친구라
64 여호와여 주의 인자하심이 땅에 충만하였
사오니 주의 율례들로 나를 가르치소서
65 ●여호와여 주의 말씀대로 주의 종을 선
대하셨나이다
66 내가 주의 계명들을 믿었사오니 좋은 명
철과 지식을 내게 가르치소서
67 고난 당하기 전에는 내가 그릇 행하였더
니 이제는 주의 말씀을 지키나이다
68 주는 선하사 선을 행하시오니 주의 율례
들로 나를 가르치소서
69 교만한 자들이 거짓을 지어 나를 치려 하
였사오나 나는 전심으로 주의 법도들을
지키리이다
70 그들의 마음은 [1]살져서 기름덩이 같으나
나는 주의 법을 즐거워하나이다
71 고난 당한 것이 내게 유익이라 이로 말미
암아 내가 주의 율례들을 배우게 되었나
이다
72 주의 입의 법이 내게는 천천 금은보다 좋
으니이다
73 ●주의 손이 나를 만들고 세우셨사오니 내
가 깨달아 주의 계명들을 배우게 하소서
74 주를 경외하는 자들이 나를 보고 기뻐하
는 것은 내가 주의 말씀을 바라는 까닭
이니이다
75 여호와여 내가 알거니와 주의 심판은 의
로우시고 주께서 나를 괴롭게 하심은 성
실하심 때문이니이다
76 구하오니 주의 종에게 하신 말씀대로 주
의 인자하심이 나의 위안이 되게 하시며
77 주의 긍휼히 여기심이 내게 임하사 내가
살게 하소서 주의 법은 나의 즐거움이니
이다
78 교만한 자들이 거짓으로 나를 엎드러뜨
렸으니 그들이 수치를 당하게 하소서 나
는 주의 법도들을 작은 소리로 읊조리리
이다
렘 50:32
79 주를 경외하는 자들이 내게 돌아오게 하
소서 그리하시면 그들이 주의 증거들을
알리이다
80 내 마음으로 주의 율례들에 완전하게 하
사 내가 수치를 당하지 아니하게 하소서
81 ●나의 영혼이 주의 구원을 사모하기에
피곤하오나 나는 주의 말씀을 바라나이다

for your righteous laws.
63 ●I am a friend to all who fear you,
to all who follow your precepts.
64 ●The earth is filled with your love, LORD;
teach me your decrees.

ט Teth

65 ●Do good to your servant
according to your word, LORD.
66 ●Teach me knowledge and good judgment,
for I trust your commands.
67 ●Before I was afflicted I went astray,
but now I obey your word.
68 ●You are good, and what you do is good;
teach me your decrees.
69 ●Though the arrogant have smeared me with lies,
I keep your precepts with all my heart.
70 ●Their hearts are callous and unfeeling,
but I delight in your law.
71 ●It was good for me to be afflicted
so that I might learn your decrees.
72 ●The law from your mouth is more precious to me
than thousands of pieces of silver and gold.

י Yodh

73 ●Your hands made me and formed me;
give me understanding to learn your commands.
74 ●May those who fear you rejoice when they see me,
for I have put my hope in your word.
75 ●I know, LORD, that your laws are righteous,
and that in faithfulness you have afflicted me.
76 ●May your unfailing love be my comfort,
according to your promise to your servant.
77 ●Let your compassion come to me that I may live,
for your law is my delight.
78 ●May the arrogant be put to shame for wronging me without cause;
but I will meditate on your precepts.
79 ●May those who fear you turn to me,
those who understand your statutes.
80 ●May I wholeheartedly follow your decrees,
that I may not be put to shame.

כ Kaph

81 ●My soul faints with longing for your salvation,
but I have put my hope in your word.
82 ●My eyes fail, looking for your promise;
I say, "When will you comfort me?"

1) 마음이 둔하여 기름에 잠김 같으나

afflict [əflíkt] *vt.* 괴롭히다
arrogant [ǽrəgənt] *a.* 거만한
callous [kǽləs] *a.* 무감각한
comfort [kʌmfərt] *n.* 위로
compassion [kəmpǽʃən] *n.* 동정
decree [dikríː] *n.* 명령
faithfulness [féiθfəlnis] *n.* 성실함
judgment [dʒʌdʒmənt] *n.* 판결, 심판
precept [príːsept] *n.* 교훈
precious [préʃəs] *a.* 귀중한
salvation [sælvéiʃən] *n.* 구원
smear [smíər] *vt.* 더럽히다
statute [stǽtʃuːt] *n.* 규례
unfailing [ʌnféiliŋ] *a.* 무한한
unfeeling [ʌnfíːliŋ] *a.* 냉담한

119:64 be filled with...: …으로 가득차다
119:67 go astray: 타락하다
119:69 with all one's heart: 전심으로
119:78 put to shame: 창피주다
119:81 faint with: …로 피로해 어지럽다
119:81 long for...: …를 갈망하다

82 나의 말이 주께서 언제나 나를 안위하실까 하면서 내 눈이 주의 말씀을 바라기에 피곤하니이다
83 내가 연기 속의 가죽 부대같이 되었으나 주의 율례들을 잊지 아니하나이다
84 주의 종의 날이 얼마나 되나이까 나를 핍박하는 자들을 주께서 언제나 심판하시리이까
85 주의 법을 따르지 아니하는 교만한 자들이 나를 해하려고 웅덩이를 팠나이다
86 주의 모든 계명들은 신실하니이다 그들이 이유 없이 나를 핍박하오니 나를 도우소서
87 그들이 나를 세상에서 거의 멸하였으나 나는 주의 법도들을 버리지 아니하였사오니
88 주의 인자하심을 따라 나를 살아나게 하소서 그리하시면 주의 입의 교훈들을 내가 지키리이다
89 ●여호와여 주의 말씀은 영원히 하늘에 굳게 섰사오며
90 주의 성실하심은 대대에 이르나이다 주께서 땅을 세우셨으므로 땅이 항상 있사오니 전 1:4
91 천지가 주의 규례들대로 오늘까지 있음은 만물이 주의 종이 된 까닭이니이다
92 주의 법이 나의 즐거움이 되지 아니하였더면 내가 내 고난 중에 멸망하였으리이다
93 내가 주의 법도들을 영원히 잊지 아니하오니 주께서 이것들 때문에 나를 살게 하심이니이다
94 나는 주의 것이오니 나를 구원하소서 내가 주의 법도들만을 찾았나이다
95 악인들이 나를 멸하려고 엿보오나 나는 주의 증거들만을 생각하겠나이다
96 내가 보니 모든 완전한 것이 다 끝이 있어도 주의 계명들은 심히 넓으니이다
97 ●내가 주의 법을 어찌 그리 사랑하는지요 내가 그것을 종일 작은 소리로 읊조리나이다
98 주의 계명들이 항상 나와 함께하므로 그것들이 나를 원수보다 지혜롭게 하나이다 신 4:6
99 내가 주의 증거들을 늘 읊조리므로 나의 명철함이 나의 모든 스승보다 나으며
100 주의 법도들을 지키므로 나의 명철함이

83 ●Though I am like a wineskin in the smoke,
I do not forget your decrees.
84 ●How long must your servant wait?
When will you punish my persecutors?
85 ●The arrogant dig pits to trap me,
contrary to your law.
86 ●All your commands are trustworthy;
help me, for I am being persecuted without cause.
87 ●They almost wiped me from the earth,
but I have not forsaken your precepts.
88 ●In your unfailing love preserve my life,
that I may obey the statutes of your mouth.

ל Lamedh

89 ●Your word, LORD, is eternal;
it stands firm in the heavens.
90 ●Your faithfulness continues through all generations;
you established the earth, and it endures.
91 ●Your laws endure to this day,
for all things serve you.
92 ●If your law had not been my delight,
I would have perished in my affliction.
93 ●I will never forget your precepts,
for by them you have preserved my life.
94 ●Save me, for I am yours;
I have sought out your precepts.
95 ●The wicked are waiting to destroy me,
but I will ponder your statutes.
96 ●To all perfection I see a limit,
but your commands are boundless.

מ Mem

97 ●Oh, how I love your law!
I meditate on it all day long.
98 ●Your commands are always with me
and make me wiser than my enemies.
99 ●I have more insight than all my teachers,
for I meditate on your statutes.
100 ●I have more understanding than the elders,
for I obey your precepts.
101 ●I have kept my feet from every evil path
so that I might obey your word.
102 ●I have not departed from your laws,
for you yourself have taught me.
103 ●How sweet are your words to my taste,
sweeter than honey to my mouth!
104 ●I gain understanding from your precepts;
therefore I hate every wrong path.

affliction [əflíkʃən] *n.* 고통
arrogant [ǽrəgənt] *a.* 거만한
boundless [báundlis] *a.* 무한한
elder [éldər] *n.* 장로
forsake [fərséik] *vt.* 버리다
insight [ínsàit] *n.* 통찰력
meditate [médətèit] *vi.* 묵상하다
obey [oubéi] *vt.* 순종하다
perish [périʃ] *vi.* 멸망하다
persecute [pə́:rsikjù:t] *vt.* 박해하다
ponder [pándər] *vt.* 숙고하다
precept [prí:sept] *n.* 교훈
preserve [prizə́:rv] *vt.* 보호하다
punish [pʌniʃ] *vt.* 벌하다
wineskin [wáinskìn] *n.* 가죽부대

119:85 dig a pit: 구덩이를 파다
119:85 contrary to...: …에 반해서
119:89 stand firm: 굳건히 서다
119:94 seek out: 찾아내다
119:97 meditate on...: …를 묵상하다
119:102 depart from...: …로부터 떠나다

노인보다 나으니이다
101 내가 주의 말씀을 지키려고 발을 금하여
모든 악한 길로 가지 아니하였사오며
102 주께서 나를 가르치셨으므로 내가 주의
규례들에서 떠나지 아니하였나이다
103 주의 말씀의 맛이 내게 어찌 그리 단지
요 내 입에 꿀보다 더 다니이다
104 주의 법도들로 말미암아 내가 명철하게
되었으므로 모든 거짓 행위를 미워하나
이다
105 ●주의 말씀은 내 발에 등이요 내 길에
빛이니이다
106 주의 의로운 규례들을 지키기로 맹세하
고 굳게 정하였나이다
107 나의 고난이 매우 심하오니 여호와여
주의 말씀대로 나를 살아나게 하소서
108 여호와여 구하오니 내 입이 드리는 자
원제물을 받으시고 주의 공의를 내게
가르치소서
109 나의 생명이 항상 위기에 있사오나 나
는 주의 법을 잊지 아니하나이다
110 악인들이 나를 해하려고 올무를 놓았사
오나 나는 주의 법도들에서 떠나지 아
니하였나이다
111 주의 증거들로 내가 영원히 나의 기업
을 삼았사오니 이는 내 마음의 즐거움
이 됨이니이다
112 내가 주의 율례들을 영원히 행하려고
내 마음을 기울였나이다
113 ●내가 두 마음 품는 자들을 미워하고
주의 법을 사랑하나이다
114 주는 나의 은신처요 방패시라 내가 주
의 말씀을 바라나이다
115 너희 행악자들이여 나를 떠날지어다 나
는 내 하나님의 계명들을 지키리로다
116 주의 말씀대로 나를 붙들어 살게 하시
고 내 소망이 부끄럽지 않게 하소서
117 나를 붙드소서 그리하시면 내가 구원을
얻고 주의 율례들에 항상 주의하리이다
118 주의 율례들에서 떠나는 자는 주께서
다 멸시하셨으니 그들의 속임수는 허무
함이니이다
119 주께서 세상의 모든 악인들을 찌꺼기같
이 버리시니 그러므로 내가 주의 증거
들을 사랑하나이다
120 내 육체가 주를 두려워함으로 떨며 내
가 또 주의 심판을 두려워하나이다
121 ●내가 정의와 공의를 행하였사오니 나

נ Nun

105 ●Your word is a lamp for my feet,
a light on my path.
106 ●I have taken an oath and confirmed it,
that I will follow your righteous laws.
107 ●I have suffered much;
preserve my life, LORD, according to your
word.
108 ●Accept, LORD, the willing praise of my
mouth,
and teach me your laws.
109 ●Though I constantly take my life in my hands,
I will not forget your law.
110 ●The wicked have set a snare for me,
but I have not strayed from your precepts.
111 ●Your statutes are my heritage forever;
they are the joy of my heart.
112 ●My heart is set on keeping your decrees
to the very end.[a]

ס Samekh

113 ●I hate double-minded people,
but I love your law.
114 ●You are my refuge and my shield;
I have put my hope in your word.
115 ●Away from me, you evildoers,
that I may keep the commands of my
God!
116 ●Sustain me, my God, according to your
promise, and I will live;
do not let my hopes be dashed.
117 ●Uphold me, and I will be delivered;
I will always have regard for your decrees.
118 ●You reject all who stray from your decrees,
for their delusions come to nothing.
119 ●All the wicked of the earth you discard like
dross;
therefore I love your statutes.
120 ●My flesh trembles in fear of you;
I stand in awe of your laws.

ע Ayin

121 ●I have done what is righteous and just;
do not leave me to my oppressors.
122 ●Ensure your servant's well-being;
do not let the arrogant oppress me.
123 ●My eyes fail, looking for your salvation,
looking for your righteous promise.
124 ●Deal with your servant according to your love

[a]*112 Or decrees / for their enduring reward*

confirm [kənfə́:rm] *vt.* 굳게 하다
constantly [kánstəntli] *ad.* 끊임없이
decree [dikrí:] *n.* 법령
deliver [dilívər] *vt.* 구원하다
discard [diskɑ́:rd] *vt.* 버리다
dross [drɔ:s] *n.* 찌꺼기
evildoer [i:vəldù:ər] *n.* 악행자
flesh [fleʃ] *n.* 살, 육체
heritage [héritidʒ] *n.* 유산
refuge [réfju:dʒ] *n.* 피난처
snare [snεər] *n.* 덫
statute [stǽtʃu:t] *n.* 규례
sustain [səstéin] *vt.* 떠받치다
tremble [trémbl] *vi.* 떨다
willing [wíliŋ] *a.* 자발적인

119:106 take an oath: 맹세하다
119:110 stray from...: …에서 빗나가다
119:117 have regard for...: …에 주의하다
119:118 come to nothing: 수포로 돌아가다
119:120 in fear of...: …를 두려워하여

를 박해하는 자들에게 나를 넘기지 마
옵소서
122 주의 종을 보증하사 복을 얻게 하시고
교만한 자들이 나를 박해하지 못하게
하소서
123 내 눈이 주의 구원과 주의 의로운 말씀
을 사모하기에 피곤하니이다
124 주의 인자하심대로 주의 종에게 행하사
내게 주의 율례들을 가르치소서
125 나는 주의 종이오니 나를 깨닫게 하사
주의 증거들을 알게 하소서
126 그들이 주의 법을 폐하였사오니 지금은
여호와께서 일하실 때니이다
127 그러므로 내가 주의 계명들을 금 곧 순
금보다 더 사랑하나이다
128 그러므로 내가 범사에 모든 주의 법도
들을 바르게 여기고 모든 거짓 행위를
미워하나이다
129 ●주의 증거들은 놀라우므로 내 영혼이
이를 지키나이다
130 주의 말씀을 열면 빛이 비치어 우둔한
사람들을 깨닫게 하나이다
131 내가 주의 계명들을 사모하므로 내가
입을 열고 헐떡였나이다
132 주의 이름을 사랑하는 자들에게 베푸시
던 대로 내게 돌이키사 내게 은혜를 베
푸소서
133 나의 발걸음을 주의 말씀에 굳게 세우
시고 어떤 죄악도 나를 주관하지 못하
게 하소서
134 사람의 박해에서 나를 구원하소서 그리
하시면 내가 주의 법도들을 지키리이다
135 주의 얼굴을 주의 종에게 비추시고 주
의 율례로 나를 가르치소서
136 그들이 주의 법을 지키지 아니하므로
내 눈물이 시냇물같이 흐르나이다
137 ●여호와여 주는 의로우시고 주의 판단
은 옳으니이다
138 주께서 명령하신 증거들은 의롭고 지극
히 성실하니이다 19:7-9
139 내 대적들이 주의 말씀을 잊어버렸으므
로 내 열정이 나를 삼켰나이다
140 주의 말씀이 심히 순수하므로 주의 종
이 이를 사랑하나이다 12:6
141 내가 미천하여 멸시를 당하나 주의 법
도를 잊지 아니하였나이다
142 주의 의는 영원한 의요 주의 율법은 진
리로소이다

and teach me your decrees.
125 ●I am your servant; give me discernment
that I may understand your statutes.
126 ●It is time for you to act, LORD;
your law is being broken.
127 ●Because I love your commands
more than gold, more than pure gold,
128 ●and because I consider all your precepts right,
I hate every wrong path.

פ Pe

129 ●Your statutes are wonderful;
therefore I obey them.
130 ●The unfolding of your words gives light;
it gives understanding to the simple.
131 ●I open my mouth and pant,
longing for your commands.
132 ●Turn to me and have mercy on me,
as you always do to those who love your
name.
133 ●Direct my footsteps according to your word;
let no sin rule over me.
134 ●Redeem me from human oppression,
that I may obey your precepts.
135 ●Make your face shine on your servant
and teach me your decrees.
136 ●Streams of tears flow from my eyes,
for your law is not obeyed.

צ Tsadhe

137 ●You are righteous, LORD,
and your laws are right.
138 ●The statutes you have laid down are righteous;
they are fully trustworthy.
139 ●My zeal wears me out,
for my enemies ignore your words.
140 ●Your promises have been thoroughly tested,
and your servant loves them.
141 ●Though I am lowly and despised,
I do not forget your precepts.
142 ●Your righteousness is everlasting
and your law is true.
143 ●Trouble and distress have come upon me,
but your commands give me delight.
144 ●Your statutes are always righteous;
give me understanding that I may live.

ק Qoph

145 ●I call with all my heart; answer me, LORD,
and I will obey your decrees.
146 ●I call out to you; save me
and I will keep your statutes.

command [kəmǽnd] *n.* 계명
consider [kənsídər] *vt.* …로 여기다
despise [dispáiz] *vt.* 멸시하다
discernment [disə́ːrnmənt] *n.* 분별력
footstep [fútstèp] *n.* 발걸음
ignore [ignɔ́ːr] *vt.* 무시하다
lowly [lóuli] *a.* 천한
oppression [əpréʃən] *n.* 압제
pant [pænt] *vi.* 헐떡이다
precept [príːsept] *n.* 교훈
statute [stǽtʃuːt] *n.* 법규
thoroughly [θə́ːrouli] *ad.* 철저하게
trustworthy [trʌ́stwə̀ːrði] *a.* 믿을 만한
unfold [ʌnfóuld] *vt.* 펼치다
zeal [ziːl] *n.* 열성

119:126 time for...: …하기 위한 시간
119:132 have mercy on: 자비를 베풀다
119:133 rule over: 다스리다
119:139 wear out: 지치게 하다
119:145 with all one's heart: 전심으로
119:146 call out to...: …에게 큰소리로 말하다

143 환난과 우환이 내게 미쳤으나 주의 계명
은 나의 즐거움이니이다
144 주의 증거들은 영원히 의로우시니 나로
하여금 깨닫게 하사 살게 하소서
145 ●여호와여 내가 전심으로 부르짖었사오
니 내게 응답하소서 내가 주의 교훈들을
지키리이다
146 내가 주께 부르짖었사오니 나를 구원하
소서 내가 주의 증거들을 지키리이다
147 내가 날이 밝기 전에 부르짖으며 주의 말
씀을 바랐사오며
148 주의 말씀을 조용히 읊조리려고 내가 새
벽녘에 눈을 떴나이다
149 주의 인자하심을 따라 내 소리를 들으소
서 여호와여 주의 규례들을 따라 나를 살
리소서
150 악을 따르는 자들이 가까이 왔사오니 그
들은 주의 법에서 머니이다
151 여호와여 주께서 가까이 계시오니 주의
모든 계명들은 진리니이다
152 내가 전부터 주의 증거들을 알고 있었으
므로 주께서 영원히 세우신 것인 줄을 알
았나이다
153 ●나의 고난을 보시고 나를 건지소서 내
가 주의 율법을 잊지 아니함이니이다
154 주께서 나를 변호하시고 나를 구하사 주
의 말씀대로 나를 살리소서 삼상 24:15
155 구원이 악인들에게서 멀어짐은 그들이
주의 율례들을 구하지 아니함이니이다
156 여호와여 주의 긍휼이 많으오니 주의 규
례들에 따라 나를 살리소서
157 나를 핍박하는 자들과 나의 대적들이 많
으나 나는 주의 증거들에서 떠나지 아니
하였나이다
158 주의 말씀을 지키지 아니하는 거짓된 자
들을 내가 보고 슬퍼하였나이다
159 내가 주의 법도들을 사랑함을 보옵소서
여호와여 주의 인자하심을 따라 나를 살
리소서
160 주의 말씀의 강령은 진리이오니 주의 의
로운 모든 규례들은 영원하리이다
161 ●고관들이 거짓으로 나를 핍박하오나
나의 마음은 주의 말씀만 경외하나이다
162 사람이 많은 탈취물을 얻은 것처럼 나는
주의 말씀을 즐거워하나이다
163 나는 거짓을 미워하며 싫어하고 주의 율
법을 사랑하나이다
164 주의 의로운 규례들로 말미암아 내가 하

147 ●I rise before dawn and cry for help;
I have put my hope in your word.
148 ●My eyes stay open through the watches
of the night,
that I may meditate on your promises.
149 ●Hear my voice in accordance with your love;
preserve my life, LORD, according to
your laws.
150 ●Those who devise wicked schemes are near,
but they are far from your law.
151 ●Yet you are near, LORD,
and all your commands are true.
152 ●Long ago I learned from your statutes
that you established them to last forever.

ר Resh

153 ●Look on my suffering and deliver me,
for I have not forgotten your law.
154 ●Defend my cause and redeem me;
preserve my life according to your promise.
155 ●Salvation is far from the wicked,
for they do not seek out your decrees.
156 ●Your compassion, LORD, is great;
preserve my life according to your laws.
157 ●Many are the foes who persecute me,
but I have not turned from your statutes.
158 ●I look on the faithless with loathing,
for they do not obey your word.
159 ●See how I love your precepts;
preserve my life, LORD, in accordance with
your love.
160 ●All your words are true;
all your righteous laws are eternal.

ש Sin and Shin

161 ●Rulers persecute me without cause,
but my heart trembles at your word.
162 ●I rejoice in your promise
like one who finds great spoil.
163 ●I hate and detest falsehood
but I love your law.
164 ●Seven times a day I praise you
for your righteous laws.
165 ●Great peace have those who love your law,
and nothing can make them stumble.
166 ●I wait for your salvation, LORD,
and I follow your commands.
167 ●I obey your statutes,
for I love them greatly.
168 ●I obey your precepts and your statutes,
for all my ways are known to you.

compassion [kəmpǽʃən] *n.* 동정
deliver [dilívər] *vt.* 구원하다
devise [diváiz] *vt.* (방법을) 궁리하다
falsehood [fɔ́:lshùd] *n.* 거짓말
foe [fou] *n.* 적
loathing [lóuðiŋ] *n.* 혐오
persecute [pə́:rsikjù:t] *vt.* 박해하다
preserve [prizə́:rv] *vt.* 보호하다
redeem [ridí:m] *vt.* 구원하다
salvation [sælvéiʃən] *n.* 구원
scheme [ski:m] *n.* 계획
spoil [spɔil] *n.* 전리품
stumble [stʌ́mbl] *vi.* 비틀거리다
suffering [sʌ́fəriŋ] *n.* 고통
tremble [trémbl] *vi.* 떨다

119:148 meditate on...: …를 묵상하다
119:149 in accordance with...: …에 따라서
119:150 far form...: …에서 멀리
119:153 look on...: …를 지켜보다
119:155 seek out: 찾아내다
119:162 rejoice in...: …를 기뻐하다

루 일곱 번씩 주를 찬양하나이다
165 주의 법을 사랑하는 자에게는 큰 평안이
있으니 그들에게 장애물이 없으리이다
166 여호와여 내가 주의 구원을 바라며 주의
계명들을 행하였나이다
167 내 영혼이 주의 증거들을 지켰사오며 내
가 이를 지극히 사랑하나이다
168 내가 주의 법도들과 증거들을 지켰사오니
나의 모든 행위가 주 앞에 있음이니이다
169 ●여호와여 나의 부르짖음이 주의 앞에
이르게 하시고 주의 말씀대로 나를 깨닫
게 하소서
170 나의 간구가 주의 앞에 이르게 하시고 주
의 말씀대로 나를 건지소서 28:2
171 주께서 율례를 내게 가르치시므로 내 입
술이 주를 찬양하리이다 51:15
172 주의 모든 계명들이 의로우므로 내 혀가
주의 말씀을 노래하리이다
173 내가 주의 법도들을 택하였사오니 주의
손이 항상 나의 도움이 되게 하소서
174 여호와여 내가 주의 구원을 사모하였사오
며 주의 율법을 즐거워하나이다
175 내 영혼을 살게 하소서 그리하시면 주를
찬송하리이다 주의 규례들이 나를 돕게
하소서
176 잃은 양같이 내가 방황하오니 주의 종을
찾으소서 내가 주의 계명들을 잊지 아니
함이니이다

〔성전에 올라가는 노래〕(♪86, 369장)

120 내가 환난 중에 여호와께 부르짖었
더니 내게 응답하셨도다 욘 2:2
2 여호와여 거짓된 입술과 속이는 혀에서 내
생명을 건져 주소서
3 너 속이는 혀여 무엇을 네게 주며 무엇을
네게 더할꼬
4 장사의 날카로운 화살과 로뎀나무 숯불이
리로다
5 메섹에 머물며 게달의 장막 중에 머무는 것
이 내게 화로다
6 내가 화평을 미워하는 자들과 함께 오래 거
주하였도다
7 나는 화평을 원할지라도 내가 말할 때에 그
들은 싸우려 하는도다

〔성전에 올라가는 노래〕(♪73, 383장)

121 내가 산을 향하여 눈을 들리라 나의
도움이 어디서 올까
2 나의 도움은 천지를 지으신 여호와에게서
로다
3 ●여호와께서 너를 실족하지 아니하게 하시

ת Taw

169 ●May my cry come before you, LORD;
give me understanding according to your word.
170 ●May my supplication come before you;
deliver me according to your promise.
171 ●May my lips overflow with praise,
for you teach me your decrees.
172 ●May my tongue sing of your word,
for all your commands are righteous.
173 ●May your hand be ready to help me,
for I have chosen your precepts.
174 ●I long for your salvation, LORD,
and your law gives me delight.
175 ●Let me live that I may praise you,
and may your laws sustain me.
176 ●I have strayed like a lost sheep.
Seek your servant,
for I have not forgotten your commands.

Psalm 120

A song of ascents.

1 ●I call on the LORD in my distress,
and he answers me.
2 ●Save me, LORD,
from lying lips
and from deceitful tongues.
3 ●What will he do to you,
and what more besides,
you deceitful tongue?
4 ●He will punish you with a warrior's sharp arrows,
with burning coals of the broom bush.
5 ●Woe to me that I dwell in Meshek,
that I live among the tents of Kedar!
6 ●Too long have I lived
among those who hate peace.
7 ●I am for peace;
but when I speak, they are for war.

Psalm 121

A song of ascents.

1 ●I lift up my eyes to the mountains—
where does my help come from?
2 ●My help comes from the LORD,
the Maker of heaven and earth.
3 ●He will not let your foot slip—
he who watches over you will not slumber;
4 ●indeed, he who watches over Israel
will neither slumber nor sleep.

broom [bru:m] *n.* 로뎀나무
coal [koul] *n.* 숯
command [kəmǽnd] *n.* 명령
deceitful [disí:tfəl] *a.* 기만적인
deliver [dilívər] *vt.* 구원하다
indeed [indí:d] *ad.* 참으로
overflow [òuvərflóu] *vi.* 넘치다
precept [prí:sept] *n.* 교훈
salvation [sælvéiʃən] *n.* 구원
sharp [ʃa:rp] *a.* 날카로운
slumber [slʌ́mbər] *vi.* 선잠을 자다
stray [stréi] *vi.* 길을 잃다
supplication [sʌ̀pləkéiʃən] *n.* 탄원
sustain [səstéin] *vt.* 지탱하다
tongue [tʌŋ] *n.* 혀

119:170 according to...: …에 따라서
119:173 be ready to...: …할 준비가 되다
119:174 long for...: …를 열망하다
120:1 call on: 요청하다
121:1 lift up: 들어 올리다
121:4 neither A nor B: A도 B도 아닌

며 너를 지키시는 이가 졸지 아니하시리로다
4 이스라엘을 지키시는 이는 졸지도 아니하
시고 주무시지도 아니하시리로다
5 여호와는 너를 지키시는 이시라 여호와께
서 네 오른쪽에서 네 그늘이 되시나니
6 낮의 해가 너를 상하게 하지 아니하며 밤의
달도 너를 해치지 아니하리로다
7 여호와께서 너를 지켜 모든 환난을 면하게
하시며 또 네 영혼을 지키시리로다
8 여호와께서 너의 출입을 지금부터 영원까
지 지키시리로다

〔다윗의 시 곧 성전에 올라가는 노래〕

122 사람이 내게 말하기를 여호와의 집
에 올라가자 할 때에 내가 기뻐하였
도다
2 예루살렘아 우리 발이 네 성문 안에 섰도다
3 예루살렘아 너는 잘 짜여진 성읍과 같이 건
설되었도다
4 지파들 곧 여호와의 지파들이 여호와의 이
름에 감사하려고 이스라엘의 전례대로 그
리로 올라가는도다
5 거기에 심판의 보좌를 두셨으니 곧 다윗의
집의 보좌로다
6 예루살렘을 위하여 평안을 구하라 예루살
렘을 사랑하는 자는 형통하리로다
7 네 성 안에는 평안이 있고 네 궁중에는 형통
함이 있을지어다
8 내가 내 형제와 친구를 위하여 이제 말하리
니 네 가운데에 평안이 있을지어다
9 여호와 우리 하나님의 집을 위하여 내가 너
를 위하여 복을 구하리로다

〔성전에 올라가는 노래〕(♪ 272장)

123 하늘에 계시는 주여 내가 눈을 들어
주께 향하나이다
2 상전의 손을 바라보는 종들의 눈같이, 여주
인의 손을 바라보는 여종의 눈같이 우리의
눈이 여호와 우리 하나님을 바라보며 우리
에게 은혜 베풀어 주시기를 기다리나이다
3 여호와여 우리에게 은혜를 베푸시고 또 은
혜를 베푸소서 심한 멸시가 우리에게 넘치
나이다
4 안일한 자의 조소와 교만한 자의 멸시가 우
리 영혼에 넘치나이다

〔다윗의 시 곧 성전에 올라가는 노래〕

124 이스라엘은 이제 말하기를 여호와
께서 우리 편에 계시지 아니하셨더

5 •The LORD watches over you—
the LORD is your shade at your right hand;
6 •the sun will not harm you by day,
nor the moon by night.
7 •The LORD will keep you from all harm—
he will watch over your life;
8 •the LORD will watch over your coming and
going
both now and forevermore.

Psalm 122

A song of ascents. Of David.

1 •I rejoiced with those who said to me,
"Let us go to the house of the LORD."
2 •Our feet are standing
in your gates, Jerusalem.
3 •Jerusalem is built like a city
that is closely compacted together.
4 •That is where the tribes go up—
the tribes of the LORD—
to praise the name of the LORD
according to the statute given to Israel.
5 •There stand the thrones for judgment,
the thrones of the house of David.
6 •Pray for the peace of Jerusalem:
"May those who love you be secure.
7 •May there be peace within your walls
and security within your citadels."
8 •For the sake of my family and friends,
I will say, "Peace be within you."
9 •For the sake of the house of the LORD our God,
I will seek your prosperity.

Psalm 123

A song of ascents.

1 •I lift up my eyes to you,
to you who sit enthroned in heaven.
2 •As the eyes of slaves look to the hand of their
master,
as the eyes of a female slave look to the
hand of her mistress,
so our eyes look to the LORD our God,
till he shows us his mercy.
3 •Have mercy on us, LORD, have mercy on us,
for we have endured no end of contempt.
4 •We have endured no end
of ridicule from the arrogant,
of contempt from the proud.

Psalm 124

A song of ascents. Of David.

1 •If the LORD had not been on our side—
let Israel say—

arrogant [ǽrəgənt] *a.* 거만한
citadel [sítədl] *n.* 요새
closely [klóusli] *ad.* 면밀히
compact [kəmpǽkt] *vt.* 조밀하다
contempt [kəntémpt] *n.* 멸시
forevermore [fərèvərmɔ́ːr] *ad.* 영원토록
judgment [dʒʌ́dʒmənt] *n.* 재판, 심판
mistress [místris] *n.* 여주인
prosperity [praspérəti] *n.* 번영
ridicule [rídikjùːl] *n.* 조롱
security [sikjúərəti] *n.* 안전
shade [ʃeid] *n.* 그림자
statute [stǽtʃuːt] *n.* 법규
throne [θroun] *n.* 왕좌
tribe [traib] *n.* 지파, 일족

121:5 watch over: 돌보아주다
121:8 both A and B: A, B 둘 다
122:6 pray for...: …위해 기도하다
122:8 for the sake of...: …를 위하여
123:2 look to...: …를 기대하다
124:1 be on one's side: …의 편에 있다

라면 우리가 어떻게 하였으랴
2 사람들이 우리를 치러 일어날 때에 여호
와께서 우리 편에 계시지 아니하셨더라면
3 그때에 그들의 노여움이 우리에게 맹렬
하여 우리를 산 채로 삼켰을 것이며
4 그때에 물이 우리를 휩쓸며 시내가 우리
영혼을 삼켰을 것이며
5 그때에 넘치는 물이 우리 영혼을 삼켰을
것이라 할 것이로다
6 우리를 내주어 그들의 이에 씹히지 아니
하게 하신 여호와를 찬송할지로다
7 우리의 영혼이 사냥꾼의 올무에서 벗어
난 새같이 되었나니 올무가 끊어지므로
우리가 벗어났도다
8 우리의 도움은 천지를 지으신 여호와의
이름에 있도다 창 1:1

〔성전에 올라가는 노래〕(♪ 543장)

125 여호와를 의지하는 자는 시온 산
이 흔들리지 아니하고 영원히 있
음 같도다
2 산들이 예루살렘을 두름과 같이 여호와
께서 그의 백성을 지금부터 영원까지 두
르시리로다
3 악인의 규가 의인들의 땅에서는 그 권세
를 누리지 못하리니 이는 의인들로 하여
금 죄악에 손을 대지 아니하게 함이로다
4 여호와여 선한 자들과 마음이 정직한 자
들에게 선대하소서
5 자기의 굽은 길로 치우치는 자들은 여호
와께서 죄를 범하는 자들과 함께 다니게
하시리로다 이스라엘에게는 평강이 있
을지어다

〔성전에 올라가는 노래〕(♪ 496, 501장)

126 여호와께서 시온의 포로를 돌려
보내실 때에 우리는 꿈꾸는 것
같았도다
2 그때에 우리 입에는 웃음이 가득하고 우
리 혀에는 찬양이 찼었도다 그때에 뭇 나
라 가운데에서 말하기를 여호와께서 그
들을 위하여 큰 일을 행하셨다 하였도다
3 여호와께서 우리를 위하여 큰일을 행하
셨으니 우리는 기쁘도다
4 여호와여 우리의 포로를 남방 시내들같
이 돌려 보내소서
5 눈물을 흘리며 씨를 뿌리는 자는 기쁨으
로 거두리로다
6 울며 씨를 뿌리러 나가는 자는 반드시 기

2 • if the LORD had not been on our side
when people attacked us,
3 • they would have swallowed us alive
when their anger flared against us;
4 • the flood would have engulfed us,
the torrent would have swept over us,
5 • the raging waters
would have swept us away.
6 • Praise be to the LORD,
who has not let us be torn by their teeth.
7 • We have escaped like a bird
from the fowler's snare;
the snare has been broken,
and we have escaped.
8 • Our help is in the name of the LORD,
the Maker of heaven and earth.

Psalm 125
A song of ascents.

1 • Those who trust in the LORD are like Mount Zion,
which cannot be shaken but endures forever.
2 • As the mountains surround Jerusalem,
so the LORD surrounds his people
both now and forevermore.
3 • The scepter of the wicked will not remain
over the land allotted to the righteous,
for then the righteous might use
their hands to do evil.
4 • LORD, do good to those who are good,
to those who are upright in heart.
5 • But those who turn to crooked ways
the LORD will banish with the evildoers.
Peace be on Israel.

Psalm 126
A song of ascents.

1 • When the LORD restored the fortunes of[a] Zion,
we were like those who dreamed.[b]
2 • Our mouths were filled with laughter,
our tongues with songs of joy.
Then it was said among the nations,
"The LORD has done great things for them."
3 • The LORD has done great things for us,
and we are filled with joy.
4 • Restore our fortunes,[c] LORD,
like streams in the Negev.
5 • Those who sow with tears
will reap with songs of joy.
6 • Those who go out weeping,
carrying seed to sow,
will return with songs of joy,

[a]1 *Or LORD brought back the captives to* [b]1 *Or those restored to health* [c]4 *Or Bring back our captives*

banish [bǽniʃ] *vt.* 추방하다
crooked [krúkid] *a.* 구부러진
engulf [ingʌ́lf] *vt.* 삼키다
escape [iskéip] *vi.* 달아나다
evildoer [ìːvəldúːər] *n.* 악인
flare [flɛər] *vi.* 타오르다
flood [flʌd] *vt.* 넘쳐흐르다
laughter [lǽftər] *n.* 웃음
raging [réidʒiŋ] *a.* 미친 듯이 사나운
reap [riːp] *vt.* 거둬들이다
restore [ristɔ́ːr] *vt.* 회복하다
scepter [séptər] *n.* 홀, 왕위
snare [snɛər] *n.* 덫
torrent [tɔ́ːrənt] *n.* 급류
weep [wiːp] *vi.* 울다

124:2 have... on one's side: …가 (유리한 조건으로서) 가지고 있다
124:4 sweep over: 압도하다
125:3 allot to...: …에 할당하다
125:5 turn to...: …에 의지하다
126:2 be filled with...: …로 가득차다

뿜으로 그 곡식 단을 가지고 돌아오리로
다

〔솔로몬의 시 곧 성전에 올라가는 노래〕

127 여호와께서 집을 세우지 아니하
시면 세우는 자의 수고가 헛되며
여호와께서 성을 지키지 아니하시면 파
수꾼의 깨어 있음이 헛되도다
2 너희가 일찍이 일어나고 늦게 누우며 수
고의 떡을 먹음이 헛되도다 그러므로 여
호와께서 그의 사랑하시는 자에게는 잠
을 주시는도다
3 보라 자식들은 여호와의 기업이요 태의
열매는 그의 상급이로다 수 24:3
4 젊은 자의 자식은 장사의 수중의 화살 같
으니
5 이것이 그의 화살통에 가득한 자는 복되
도다 그들이 성문에서 그들의 원수와
담판할 때에 수치를 당하지 아니하리로
다

〔성전에 올라가는 노래〕 (♪ 559, 588장)

128 여호와를 경외하며 그의 길을 걷
는 자마다 복이 있도다
2 네가 네 손이 수고한 대로 먹을 것이라
네가 복되고 형통하리로다
3 네 집 안방에 있는 네 아내는 결실한 포
도나무 같으며 네 식탁에 둘러 앉은 자식
들은 어린 감람나무 같으리로다
4 여호와를 경외하는 자는 이같이 복을 얻
으리로다
5 여호와께서 시온에서 네게 복을 주실지
어다 너는 평생에 예루살렘의 번영을 보
며 134:3
6 네 자식의 자식을 볼지어다 이스라엘에
게 평강이 있을지로다

〔성전에 올라가는 노래〕 (♪ 268, 536장)

129 이스라엘은 이제 말하기를 그들
이 내가 어릴 때부터 여러 번 나
를 괴롭혔도다
2 그들이 내가 어릴 때부터 여러 번 나를
괴롭혔으나 나를 이기지 못하였도다
3 밭 가는 자들이 내 등을 갈아 그 고랑을
길게 지었도다 140:5
4 여호와께서는 의로우사 악인들의 줄을
끊으셨도다 119:137
5 무릇 시온을 미워하는 자들은 수치를 당
하여 물러갈지어다

carrying sheaves with them.

Psalm 127

A song of ascents. Of Solomon.

1 •Unless the LORD builds the house,
the builders labor in vain.
Unless the LORD watches over the city,
the guards stand watch in vain.
2 •In vain you rise early
and stay up late,
toiling for food to eat—
for he grants sleep to[a] those he loves.
3 •Children are a heritage from the LORD,
offspring a reward from him.
4 •Like arrows in the hands of a warrior
are children born in one's youth.
5 •Blessed is the man
whose quiver is full of them.
They will not be put to shame
when they contend with their opponents in
court.

Psalm 128

A song of ascents.

1 •Blessed are all who fear the LORD,
who walk in obedience to him.
2 •You will eat the fruit of your labor;
blessings and prosperity will be yours.
3 •Your wife will be like a fruitful vine
within your house;
your children will be like olive shoots
around your table.
4 •Yes, this will be the blessing
for the man who fears the LORD.
5 •May the LORD bless you from Zion;
may you see the prosperity of Jerusalem
all the days of your life.
6 •May you live to see your children's children—
peace be on Israel.

Psalm 129

A song of ascents.

1 •"They have greatly oppressed me from my
youth,"
let Israel say;
2 •"they have greatly oppressed me from my youth,
but they have not gained the victory over me.
3 •Plowmen have plowed my back
and made their furrows long.
4 •But the LORD is righteous;
he has cut me free from the cords of the
wicked."
5 •May all who hate Zion

[a]2 Or *eat— / for while they sleep he provides for*

contend [kənténd] *vi.* 다투다
fear [fiər] *vt.* 경외하다
fruitful [frú:tfəl] *a.* 결실 있는
furrow [fə́:rou] *n.* 도랑
gain [gein] *vt.* 얻다
heritage [héritidʒ] *n.* 유산
labor [léibər] *vi.* 수고하다
oppress [əprés] *vt.* 억압하다
plow [plau] *vi.* (밭을) 갈다
prosperity [prəspérəti] *n.* 번영
quiver [kwívər] *n.* 화살통
reward [riwɔ́:rd] *n.* 보상
sheaf [ʃi:f] *n.* 다발
toil [tɔil] *vi.* 수고하다
warrior [wɔ́:riər] *n.* 전사

127:1 in vain: 허사가 되어
127:2 stay up: 일어나 (자지 않고) 있다
127:5 put to shame: 창피주다
128:1 obedience to...: …에 대한 복종
129:4 cut A free from B: A를 B로부터 끊어서 자유롭게 하다

6 그들은 지붕의 풀과 같을지어다 그것은
자라기 전에 마르는 것이라 37:2
7 이런 것은 베는 자의 손과 묶는 자의 품
에 차지 아니하나니
8 지나가는 자들도 여호와의 복이 너희에
게 있을지어다 하거나 우리가 여호와의
이름으로 너희에게 축복한다 하지 아니
하느니라

〔성전에 올라가는 노래〕
(♪ 61, 272, 361, 363장)

130 여호와여 내가 깊은 곳에서 주
께 부르짖었나이다
2 주여 내 소리를 들으시며 나의 부르짖는
소리에 귀를 기울이소서
3 여호와여 주께서 죄악을 지켜보실진대
주여 누가 서리이까
4 그러나 사유하심이 주께 있음은 주를 경
외하게 하심이니이다
5 나 곧 내 영혼은 여호와를 기다리며 나는
주의 말씀을 바라는도다
6 파수꾼이 아침을 기다림보다 내 영혼이
주를 더 기다리나니 참으로 파수꾼이 아
침을 기다림보다 더하도다 63:6
7 이스라엘아 여호와를 바랄지어다 여호
와께서는 인자하심과 풍성한 속량이 있
음이라
8 그가 이스라엘을 그의 모든 죄악에서 속
량하시리로다 눅 1:68

〔다윗의 시 곧 성전에 올라가는 노래〕

131 여호와여 내 마음이 교만하지 아
니하고 내 눈이 오만하지 아니하
오며 내가 큰일과 감당하지 못할 놀라운
일을 하려고 힘쓰지 아니하나이다
2 실로 내가 내 영혼으로 고요하고 평온하
게 하기를 젖 뗀 아이가 그의 어머니 품
에 있음 같게 하였나니 내 영혼이 젖 뗀
아이와 같도다
3 이스라엘아 지금부터 영원까지 여호와
를 바랄지어다 130:7

〔성전에 올라가는 노래〕 (♪ 208, 354장)

132 여호와여 다윗을 위하여 그의 모
든 겸손을 기억하소서
2 그가 여호와께 맹세하며 야곱의 전능자
에게 서원하기를
3 내가 내 장막 집에 들어가지 아니하며 내
침상에 오르지 아니하고
4 내 눈으로 잠들게 하지 아니하며 내 눈꺼

be turned back in shame.
6 ● May they be like grass on the roof,
which withers before it can grow;
7 ● a reaper cannot fill his hands with it,
nor one who gathers fill his arms.
8 ● May those who pass by not say to them,
"The blessing of the LORD be on you;
we bless you in the name of the LORD."

Psalm 130
A song of ascents.

1 ● Out of the depths I cry to you, LORD;
2 ● Lord, hear my voice.
Let your ears be attentive
to my cry for mercy.
3 ● If you, LORD, kept a record of sins,
Lord, who could stand?
4 ● But with you there is forgiveness,
so that we can, with reverence, serve you.
5 ● I wait for the LORD, my whole being waits,
and in his word I put my hope.
6 ● I wait for the Lord
more than watchmen wait for the morning,
more than watchmen wait for the morning.
7 ● Israel, put your hope in the LORD,
for with the LORD is unfailing love
and with him is full redemption.
8 ● He himself will redeem Israel
from all their sins.

Psalm 131
A song of ascents. Of David.

1 ● My heart is not proud, LORD,
my eyes are not haughty;
I do not concern myself with great matters
or things too wonderful for me.
2 ● But I have calmed and quieted myself,
I am like a weaned child with its mother;
like a weaned child I am content.
3 ● Israel, put your hope in the LORD
both now and forevermore.

Psalm 132
A song of ascents.

1 ● LORD, remember David
and all his self-denial.
2 ● He swore an oath to the LORD,
he made a vow to the Mighty One of Jacob:
3 ● "I will not enter my house
or go to my bed,
4 ● I will allow no sleep to my eyes
or slumber to my eyelids,

attentive [əténtiv] *a.* 주의 깊은
calm [ka:m] *a.* 고요한
eyelid [áilìd] *n.* 눈꺼풀
forevermore [fərèvərmɔ́:r] *ad.* 영원히
forgiveness [fərgívnis] *n.* 관대함
gather [gǽðər] *vt.* 모으다
haughty [hɔ́:ti] *a.* 오만한
proud [praud] *a.* 교만한
reaper [rí:pər] *n.* 수확하는 자
redemption [ridémpʃən] *n.* 구원
reverence [révərəns] *n.* 경외, 존경
slumber [slʌ́mbər] *n.* 선잠
watchman [wɑ́tʃmən] *n.* 파수꾼
wean [wi:n] *vt.* 젖을 떼다
wither [wíðər] *vt.* 마르다, 시들다

129:5 turn back: 되돌려 보내다
129:8 pass by: 지나가다
130:5 wait for...: …를 기다리다
130:8 redeem A from B: A를 B로부터 구원하다
132:2 swear an oath: 맹세하다

풀로 졸게 하지 아니하기를
5 여호와의 처소 곧 야곱의 전능자의 성막
을 발견하기까지 하리라 하였나이다
6 우리가 그것이 [1]에브라다에 있다 함을
들었더니 [2]나무 밭에서 찾았도다
7 우리가 그의 계신 곳으로 들어가서 그의
발등상 앞에서 엎드려 예배하리로다
8 여호와여 일어나사 주의 권능의 궤와 함
께 평안한 곳으로 들어가소서
9 주의 제사장들은 의를 옷 입고 주의 성도
들은 즐거이 외칠지어다
10 주의 종 다윗을 위하여 주의 기름부음 받
은 자의 얼굴을 외면하지 마옵소서
11 여호와께서 다윗에게 성실히 맹세하셨
으니 변하지 아니하실지라 이르시기를
네 몸의 소생을 네 왕위에 둘지라
12 네 자손이 내 언약과 그들에게 교훈하는
내 증거를 지킬진대 그들의 후손도 영원
히 네 왕위에 앉으리라 하셨도다
13 여호와께서 시온을 택하시고 자기 거처
를 삼고자 하여 이르시기를 48:1-2
14 이는 내가 영원히 쉴 곳이라 내가 여기
거주할 것은 이를 원하였음이로다
15 내가 이 성의 식료품에 풍족히 복을 주고
떡으로 그 빈민을 만족하게 하리로다
16 내가 그 제사장들에게 구원을 옷 입히리
니 그 성도들은 즐거이 외치리로다
17 내가 거기서 다윗에게 뿔이 나게 할 것이
라 내가 내 기름부음 받은 자를 위하여
등을 준비하였도다
18 내가 그의 원수에게는 수치를 옷 입히고
그에게는 왕관이 빛나게 하리라 하셨도
다 35:26

〔다윗의 시 곧 성전에 올라가는 노래〕(♪ 221장)

133 보라 형제가 연합하여 동거함이
어찌 그리 선하고 아름다운고
2 머리에 있는 보배로운 기름이 수염 곧 아
론의 수염에 흘러서 그의 옷깃까지 내림
같고
3 헐몬의 이슬이 시온의 산들에 내림 같도
다 거기서 여호와께서 복을 명령하셨나
니 곧 영생이로다

〔성전에 올라가는 노래〕(♪ 89, 465장)

134 보라 밤에 여호와의 성전에 서
있는 여호와의 모든 종들아 여호
와를 송축하라

5 •till I find a place for the LORD,
a dwelling for the Mighty One of Jacob."
6 •We heard it in Ephrathah,
we came upon it in the fields of Jaar:[a]
7 •"Let us go to his dwelling place,
let us worship at his footstool, saying,
8 •'Arise, LORD, and come to your resting place,
you and the ark of your might.
9 •May your priests be clothed with your
righteousness;
may your faithful people sing for joy.' "
10 •For the sake of your servant David,
do not reject your anointed one.
11 •The LORD swore an oath to David,
a sure oath he will not revoke:
"One of your own descendants
I will place on your throne.
12 •If your sons keep my covenant
and the statutes I teach them,
then their sons will sit
on your throne for ever and ever."
13 •For the LORD has chosen Zion,
he has desired it for his dwelling, saying,
14 •"This is my resting place for ever and ever;
here I will sit enthroned, for I have desired it.
15 •I will bless her with abundant provisions;
her poor I will satisfy with food.
16 •I will clothe her priests with salvation,
and her faithful people will ever sing for joy.
17 •"Here I will make a horn[b] grow for David
and set up a lamp for my anointed one.
18 •I will clothe his enemies with shame,
but his head will be adorned with a
radiant crown."

Psalm 133

A song of ascents. Of David.

1 •How good and pleasant it is
when God's people live together in unity!
2 •It is like precious oil poured on the head,
running down on the beard,
running down on Aaron's beard,
down on the collar of his robe.
3 •It is as if the dew of Hermon
were falling on Mount Zion.
For there the LORD bestows his blessing,
even life forevermore.

Psalm 134

A song of ascents.

1 •Praise the LORD, all you servants of the LORD

[a]6 Or *heard of it in Ephrathah, / we found it in the fields of Jearim.* (See 1 Chron. 13:5,6) (And no quotation marks around verses 7-9) [b]17 *Horn* here symbolizes strong one, that is, king. 1) 에브라임 2) 야알의 밭에서

abundant [əbʌ́ndənt] *a.* 풍족한
adorn [ədɔ́:rn] *vt.* 꾸미다
anoint [ənɔ́int] *vt.* 기름붓다
beard [biərd] *n.* 수염
dwelling [dwéliŋ] *n.* 거처
enthrone [inθróun] *vt.* 왕좌에 앉히다
footstool [fútstù:l] *n.* 발등상, 발판
forevermore [fərèvərmɔ́:r] *ad.* 영원히
priest [pri:st] *n.* 성직자
provisions [prəvíʒənz] *n.(pl.)* 식료품
radiant [réidiənt] *a.* 빛나는
revoke [rivóuk] *vt.* 취소하다
robe [roub] *n.* 옷
statute [stǽtʃu:t] *n.* 규례
throne [θroun] *n.* 왕위

132:6 come upon: 우연히 만나다
132:10 for the sake of...: …를 위하여
132:16 clothe A with B: A를 B로 입히다
132:17 set up: 제공하다, 갖추다
133:1 in unity: 결속하여
133:2 run down: 아래로 흐르다

2 1)성소를 향하여 너희 손을 들고 여호와를 송축하라 28:2
3 천지를 지으신 여호와께서 시온에서 네게 복을 주실지어다

135

2)할렐루야 여호와의 이름을 찬송하라 여호와의 종들아 찬송하라
2 여호와의 집 우리 여호와의 성전 곧 우리 하나님의 성전 뜰에 서 있는 너희여
3 여호와를 찬송하라 여호와는 선하시며 그의 이름이 아름다우니 그의 이름을 찬양하라
4 여호와께서 자기를 위하여 야곱 곧 이스라엘을 자기의 특별한 소유로 택하셨음이로다
5 내가 알거니와 여호와께서는 위대하시며 우리 주는 모든 신들보다 위대하시도다
6 여호와께서 그가 기뻐하시는 모든 일을 천지와 바다와 모든 깊은 데서 다 행하셨도다
7 안개를 땅끝에서 일으키시며 비를 위하여 번개를 만드시며 바람을 그 곳간에서 내시는도다
8 그가 애굽의 처음 난 자를 사람부터 짐승까지 치셨도다
9 애굽이여 여호와께서 네게 행한 표적들과 징조들을 바로와 그의 모든 신하들에게 보내셨도다
10 그가 많은 나라를 치시고 강한 왕들을 죽이셨나니
11 곧 아모리인의 왕 시혼과 바산 왕 옥과 가나안의 모든 국왕이로다
12 그들의 땅을 기업으로 주시되 자기 백성 이스라엘에게 기업으로 주셨도다
13 여호와여 주의 이름이 영원하시니이다 여호와여 주를 기념함이 대대에 이르리이다
14 여호와께서 자기 백성을 판단하시며 그의 종들로 말미암아 위로를 받으시리로다
15 ●열국의 우상은 은금이요 사람의 손으로 만든 것이라
16 입이 있어도 말하지 못하며 눈이 있어도 보지 못하며
17 귀가 있어도 듣지 못하며 그들의 입에는 아무 호흡도 없나니
18 그것을 만든 자와 그것을 의지하는 자가 다 그것과 같으리로다
19 이스라엘 족속아 여호와를 송축하라 아

who minister by night in the house of the
LORD.
2 ●Lift up your hands in the sanctuary
and praise the LORD.
3 ●May the LORD bless you from Zion,
he who is the Maker of heaven and earth.

Psalm 135

1 ●Praise the LORD.[a]
Praise the name of the LORD;
praise him, you servants of the LORD,
2 ●you who minister in the house of the LORD,
in the courts of the house of our God.
3 ●Praise the LORD, for the LORD is good;
sing praise to his name, for that is pleasant.
4 ●For the LORD has chosen Jacob to be his own,
Israel to be his treasured possession.
5 ●I know that the LORD is great,
that our Lord is greater than all gods.
6 ●The LORD does whatever pleases him,
in the heavens and on the earth,
in the seas and all their depths.
7 ●He makes clouds rise from the ends of the earth;
he sends lightning with the rain
and brings out the wind from his storehouses.
8 ●He struck down the firstborn of Egypt,
the firstborn of people and animals.
9 ●He sent his signs and wonders into your midst,
Egypt,
against Pharaoh and all his servants.
10 ●He struck down many nations
and killed mighty kings —
11 ●Sihon king of the Amorites,
Og king of Bashan,
and all the kings of Canaan—
12 ●and he gave their land as an inheritance,
an inheritance to his people Israel.
13 ●Your name, LORD, endures forever,
your renown, LORD, through all generations.
14 ●For the LORD will vindicate his people
and have compassion on his servants.
15 ●The idols of the nations are silver and gold,
made by human hands.
16 ●They have mouths, but cannot speak,
eyes, but cannot see.
17 ●They have ears, but cannot hear,
nor is there breath in their mouths.
18 ●Those who make them will be like them,
and so will all who trust in them.

[a]1 Hebrew *Hallelu Yah*; also in verses 3 and 21
1) 너희 손을 거룩하게 들고 2) 여호와를 찬송하라

bless [bles] *vt.* 복을 주다
depth [depθ] *n.* 깊은 곳
endure [indjúər] *vi.* 지속되다
firstborn [fə́ːrstbɔ́ːrn] *n.* 장자
inheritance [inhérətəns] *n.* 유산
mighty [máiti] *a.* 강한
minister [mínəstər] *vi.* 섬기다
pleasant [plézənt] *a.* 즐거운
possession [pəzéʃən] *n.* 소유
praise [preiz] *vt.* 찬양하다
renown [rináun] *n.* 명성
sanctuary [sǽŋktʃuèri] *n.* 성소
storehouse [stɔ́ːrhàus] *n.* 창고
treasure [trédʒər] *vt.* 소중히 하다
vindicate [víndəkèit] *vt.* 혐의를 풀다

134:2 lift up: 들어올리다
135:7 rise from...: …에서 다시 일어나다
135:7 bring out...: …을 끌어내다
135:14 have compassion on...: …을 긍휼히 여기다
135:15 make by hand: 손으로 만들다

론의 족속아 여호와를 송축하라
20 레위 [1]족속아 여호와를 송축하라 여호와
를 경외하는 너희들아 여호와를 송축하라
21 예루살렘에 계시는 여호와는 시온에서
찬송을 받으실지어다 [2]할렐루야

136 여호와께 감사하라 그는 선하시며 그 인자하심이 영원함이로다
2 신들 중에 뛰어난 하나님께 감사하라 그
인자하심이 영원함이로다
3 주들 중에 뛰어난 주께 감사하라 그 인자
하심이 영원함이로다
4 홀로 큰 기이한 일들을 행하시는 이에게
감사하라 그 인자하심이 영원함이로다
5 지혜로 하늘을 지으신 이에게 감사하라
그 인자하심이 영원함이로다 창 1:1
6 땅을 물 위에 펴신 이에게 감사하라 그
인자하심이 영원함이로다
7 큰 빛들을 지으신 이에게 감사하라 그 인
자하심이 영원함이로다
8 해로 낮을 주관하게 하신 이에게 감사하
라 그 인자하심이 영원함이로다 창 1:16
9 달과 별들로 밤을 주관하게 하신 이에게
감사하라 그 인자하심이 영원함이로다
10 애굽의 장자를 치신 이에게 감사하라 그
인자하심이 영원함이로다 출 12:29
11 이스라엘을 그들 중에서 인도하여 내신
이에게 감사하라 그 인자하심이 영원함
이로다
12 강한 손과 펴신 팔로 인도하여 내신 이
에게 감사하라 그 인자하심이 영원함이
로다
13 홍해를 가르신 이에게 감사하라 그 인자
하심이 영원함이로다
14 이스라엘을 그 가운데로 통과하게 하신
이에게 감사하라 그 인자하심이 영원함
이로다
15 바로와 그의 군대를 홍해에 엎드러뜨리
신 이에게 감사하라 그 인자하심이 영원
함이로다
16 그의 백성을 인도하여 광야를 통과하게
하신 이에게 감사하라 그 인자하심이 영
원함이로다
17 큰 왕들을 치신 이에게 감사하라 그 인자
하심이 영원함이로다
18 유명한 왕들을 죽이신 이에게 감사하라
그 인자하심이 영원함이로다
19 아모리인의 왕 시혼을 죽이신 이에게 감

19 • All you Israelites, praise the LORD;
house of Aaron, praise the LORD;
20 • house of Levi, praise the LORD;
you who fear him, praise the LORD.
21 • Praise be to the LORD from Zion,
to him who dwells in Jerusalem.
Praise the LORD.

Psalm 136

1 • Give thanks to the LORD, for he is good.
His love endures forever.
2 • Give thanks to the God of gods.
His love endures forever.
3 • Give thanks to the Lord of lords:
His love endures forever.
4 • to him who alone does great wonders,
His love endures forever.
5 • who by his understanding made the heavens,
His love endures forever.
6 • who spread out the earth upon the waters,
His love endures forever.
7 • who made the great lights —
His love endures forever.
8 • the sun to govern the day,
His love endures forever.
9 • the moon and stars to govern the night;
His love endures forever.
10 • to him who struck down the firstborn of Egypt
His love endures forever.
11 • and brought Israel out from among them
His love endures forever.
12 • with a mighty hand and outstretched arm;
His love endures forever.
13 • to him who divided the Red Sea[a] asunder
His love endures forever.
14 • and brought Israel through the midst of it,
His love endures forever.
15 • but swept Pharaoh and his army into the Red Sea;
His love endures forever.
16 • to him who led his people through the wilderness;
His love endures forever.
17 • to him who struck down great kings,
His love endures forever.
18 • and killed mighty kings —
His love endures forever.
19 • Sihon king of the Amorites

[a]13 Or *the Sea of Reeds*; also in verse 15

1) 집 2) 여호와를 찬송하라

Aaron [ɛ́ərən] *n.* 아론
Amorite [ǽməràit] *n.* 아모리인
asunder [əsʌ́ndər] *a.* 두 개로 떨어져
divide [diváid] *vt.* 가르다
fear [fíər] *vt.* 두려워하다
firstborn [fə́:rstbɔ̀:rn] *n.* 장자
govern [gʌ́vərn] *vt.* 다스리다
Levi [lí:vai] *n.* 레위
midst [midst] *n.* 한가운데
outstretched [àutstrétʃt] *a.* 펼친
sweep [swi:p] *vi.* 쓸어버리다
understanding [ʌ̀ndərstǽndiŋ] *n.* 지식
wilderness [wíldərnis] *n.* 광야
wonder [wʌ́ndər] *n.* 이적
zion [záiən] *n.* 시온

135:21 dwell in...: …에 거주하다
136:1 give thanks to...: …에게 감사하다
136:6 spread out: 활짝 펼치다, 전개하다
136:11 bring out from...: …에서 내놓다
136:14 bring through: 이겨내게 하다
136:17 strike down: 때려눕히다, 죽이다

사하라 그 인자하심이 영원함이로다
20 바산 왕 옥을 죽이신 이에게 감사하라 그
인자하심이 영원함이로다 수 12:1
21 그들의 땅을 기업으로 주신 이에게 감사하
라 그 인자하심이 영원함이로다
22 곧 그 종 이스라엘에게 기업으로 주신 이에
게 감사하라 그 인자하심이 영원함이로다
23 우리를 비천한 가운데에서도 기억해 주신
이에게 감사하라 그 인자하심이 영원함이
로다
24 우리를 우리의 대적에게서 건지신 이에게
감사하라 그 인자하심이 영원함이로다 107:2
25 모든 육체에게 먹을 것을 주신 이에게 감사
하라 그 인자하심이 영원함이로다
26 하늘의 하나님께 감사하라 그 인자하심이
영원함이로다

137

우리가 바벨론의 여러 강변 거기에
앉아서 시온을 기억하며 울었도다
2 그 중의 버드나무에 우리가 우리의 수금을
걸었나니
3 이는 우리를 사로잡은 자가 거기서 우리에
게 노래를 청하며 우리를 황폐하게 한 자가
기쁨을 청하고 자기들을 위하여 시온의 노
래 중 하나를 노래하라 함이로다
4 우리가 이방 땅에서 어찌 여호와의 노래를
부를까
5 예루살렘아 내가 너를 잊을진대 내 오른손
이 그의 재주를 잊을지로다
6 내가 예루살렘을 기억하지 아니하거나 내
가 가장 즐거워하는 것보다 더 즐거워하지
아니할진대 내 혀가 내 입천장에 붙을지로
다
7 여호와여 예루살렘이 멸망하던 날을 기억
하시고 에돔 자손을 치소서 그들의 말이 헐
어 버리라 헐어 버리라 그 기초까지 헐어
버리라 하였나이다
8 멸망할 딸 바벨론아 네가 우리에게 행한 대
로 네게 갚는 자가 복이 있으리로다
9 네 어린 것들을 바위에 메어치는 자는 복이
있으리로다

〔다윗의 시〕

138

내가 전심으로 주께 감사하며 신들
앞에서 주께 찬송하리이다
2 내가 주의 성전을 향하여 예배하며 주의 인
자하심과 성실하심으로 말미암아 주의 이
름에 감사하오리니 이는 주께서 1)주의 말
씀을 주의 모든 이름보다 높게 하셨음이라

His love endures forever.
20 •and Og king of Bashan—
His love endures forever.
21 •and gave their land as an inheritance,
His love endures forever.
22 •an inheritance to his servant Israel.
His love endures forever.
23 •He remembered us in our low estate
His love endures forever.
24 •and freed us from our enemies.
His love endures forever.
25 •He gives food to every creature.
His love endures forever.
26 •Give thanks to the God of heaven.
His love endures forever.

Psalm 137

1 •By the rivers of Babylon we sat and wept
when we remembered Zion.
2 •There on the poplars
we hung our harps,
3 •for there our captors asked us for songs,
our tormentors demanded songs of joy;
they said, "Sing us one of the songs of Zion!"
4 •How can we sing the songs of the LORD
while in a foreign land?
5 •If I forget you, Jerusalem,
may my right hand forget its skill.
6 •May my tongue cling to the roof of my mouth
if I do not remember you,
if I do not consider Jerusalem
my highest joy.
7 •Remember, LORD, what the Edomites did
on the day Jerusalem fell.
"Tear it down," they cried,
"tear it down to its foundations!"
8 •Daughter Babylon, doomed to destruction,
happy is the one who repays you
according to what you have done to us.
9 •Happy is the one who seizes your infants
and dashes them against the rocks.

Psalm 138

Of David.

1 •I will praise you, LORD, with all my heart;
before the "gods" I will sing your praise.
2 •I will bow down toward your holy temple
and will praise your name
for your unfailing love and your faithfulness,
for you have so exalted your solemn decree

1) 주의 모든 이름대로 주의 말씀을 크게 하셨음이라

captor [kǽptər] *n.* 체포자
consider [kənsídər] *vt.* 깊이 생각하다
dash [dæʃ] *vt.* 내던지다
destruction [distrʌ́kʃən] *n.* 파괴
doom [du:m] *vt.* 운명짓다
estate [istéit] *n.* 생활상태, 재산
exalt [igzɔ́:lt] *vt.* 높이다
foundation [faundéiʃən] *n.* 기초
harp [ha:rp] *n.* 하프
infant [ínfənt] *n.* 유아
inheritance [inhérətəns] *n.* 유산
repay [ripéi] *vt.* 갚다
solemn [sáləm] *a.* 엄숙한
tormentor [tɔ:rméntər] *n.* 괴롭히는 자
weep [wi:p] *vi.* 울다

136:24 free A from B: A를 B로부터 자유케 하다
136:26 give thanks to...: …에게 감사하다
137:6 cling to...: …에 착 달라붙다
137:7 tear down: 헐다, 부수다
138:2 bow down: 절하다

3 내가 간구하는 날에 주께서 응답하시고 내
영혼에 힘을 주어 나를 강하게 하셨나이다
4 여호와여 세상의 모든 왕들이 주께 감사
할 것은 그들이 주의 입의 말씀을 들음이
오며
5 그들이 여호와의 도를 노래할 것은 여호
와의 영광이 크심이니이다
6 여호와께서는 높이 계셔도 낮은 자를 굽
어살피시며 멀리서도 교만한 자를 아심
이니이다
7 내가 환난 중에 다닐지라도 주께서 나를
살아나게 하시고 주의 손을 펴사 내 원수
들의 분노를 막으시며 주의 오른손이 나
를 구원하시리이다
8 여호와께서 나를 위하여 보상해 주시리이
다 여호와여 주의 인자하심이 영원하오니
주의 손으로 지으신 것을 버리지 마옵소서

〔다윗의 시, 인도자를 따라 부르는 노래〕
(♪ 20, 524장)

139 여호와여 주께서 나를 살펴 보셨
으므로 나를 아시나이다
2 주께서 내가 앉고 일어섬을 아시고 멀리
서도 나의 생각을 밝히 아시오며
3 나의 모든 길과 내가 눕는 것을 살펴 보셨
으므로 나의 모든 행위를 익히 아시오니
4 여호와여 내 혀의 말을 알지 못하시는 것
이 하나도 없으시니이다
5 주께서 나의 앞뒤를 둘러싸시고 내게 안
수하셨나이다
6 이 지식이 내게 너무 기이하니 높아서 내
가 능히 미치지 못하나이다 롬 11:33
7 내가 주의 영을 떠나 어디로 가며 주의
앞에서 어디로 피하리이까
8 내가 하늘에 올라갈지라도 거기 계시며
스올에 내 자리를 펼지라도 거기 계시니
이다
9 내가 새벽 날개를 치며 바다 끝에 가서
거주할지라도
10 거기서도 주의 손이 나를 인도하시며 주
의 오른손이 나를 붙드시리이다
11 내가 혹시 말하기를 흑암이 반드시 나를 덮
고 나를 두른 빛은 밤이 되리라 할지라도
12 주에게서는 흑암이 숨기지 못하며 밤이
낮과 같이 비추이나니 주에게는 흑암과
빛이 같음이니이다
13 주께서 내 내장을 지으시며 나의 모태에
서 나를 만드셨나이다

that it surpasses your fame.
3 •When I called, you answered me;
you greatly emboldened me.
4 •May all the kings of the earth praise you, LORD,
when they hear what you have decreed.
5 •May they sing of the ways of the LORD,
for the glory of the LORD is great.
6 •Though the LORD is exalted, he looks
kindly on the lowly;
though lofty, he sees them from afar.
7 •Though I walk in the midst of trouble,
you preserve my life.
You stretch out your hand against the anger
of my foes;
with your right hand you save me.
8 •The LORD will vindicate me;
your love, LORD, endures forever—
do not abandon the works of your hands.

Psalm 139

For the director of music. Of David. A psalm.

1 •You have searched me, LORD,
and you know me.
2 •You know when I sit and when I rise;
you perceive my thoughts from afar.
3 •You discern my going out and my lying down;
you are familiar with all my ways.
4 •Before a word is on my tongue
you, LORD, know it completely.
5 •You hem me in behind and before,
and you lay your hand upon me.
6 •Such knowledge is too wonderful for me,
too lofty for me to attain.
7 •Where can I go from your Spirit?
Where can I flee from your presence?
8 •If I go up to the heavens, you are there;
if I make my bed in the depths, you are
there.
9 •If I rise on the wings of the dawn,
if I settle on the far side of the sea,
10 •even there your hand will guide me,
your right hand will hold me fast.
11 •If I say, "Surely the darkness will hide me
and the light become night around me,"
12 •even the darkness will not be dark to you;
the night will shine like the day,
for darkness is as light to you.
13 •For you created my inmost being;
you knit me together in my mother's womb.

abandon [əbǽndən] *vt.* 버리다
afar [əfáːr] *ad.* 멀리
attain [ətéin] *vi.* 도달하다
completely [kəmplíːtli] *ad.* 완전히
decree [dikríː] *n.* 계명, 율례
depth [depθ] *n.* 깊은 곳
discern [disə́ːrn] *vt.* 식별하다
embolden [imbóuldən] *vt.* 대담하게 하다
endure [indjúər] *vi.* 지속되다
fame [feim] *n.* 명성, 평판
inmost [ínmòust] *a.* 깊은 속의
kindly [káindli] *ad.* 친절하게
lofty [lɔ́ːfti] *a.* 높은
perceive [pərsíːv] *vt.* 감지하다
presence [prézns] *n.* 면전

138:7 in the midst of...: …(하는) 중에
138:7 stretch out: 내뻗다
139:3 lie down: 눕다
139:3 be familiar with...: …를 잘 알고 있다
139:7 go from...: …에서 가다
139:7 flee from...: …에서 달아나다

14 내가 주께 감사하옴은 나를 지으심이 심히
기묘하심이라 주께서 하시는 일이 기이함
을 내 영혼이 잘 아나이다
15 내가 은밀한 데서 지음을 받고 땅의 깊은 곳
에서 기이하게 지음을 받은 때에 나의 형체
가 주의 앞에 숨겨지지 못하였나이다
16 내 형질이 이루어지기 전에 주의 눈이 보셨
으며 나를 위하여 정한 날이 하루도 되기
전에 주의 책에 다 기록이 되었나이다
17 하나님이여 주의 생각이 내게 어찌 그리
보배로우신지요 그 수가 어찌 그리 많은지
요 40:5
18 내가 세려고 할지라도 그 수가 모래보다 많
도소이다 내가 깰 때에도 여전히 주와 함께
있나이다
19 하나님이여 주께서 반드시 악인을 죽이시
리이다 피 흘리기를 즐기는 자들아 나를 떠
날지어다
20 그들이 주를 대하여 악하게 말하며 주의 원
수들이 주의 이름으로 헛되이 맹세하나이
다
21 여호와여 내가 주를 미워하는 자들을 미워
하지 아니하오며 주를 치러 일어나는 자들
을 미워하지 아니하나이까
22 내가 그들을 심히 미워하니 그들은 나의 원
수들이니이다
23 하나님이여 나를 살피사 내 마음을 아시며
나를 시험하사 내 뜻을 아옵소서
24 내게 무슨 악한 행위가 있나 보시고 나를
영원한 길로 인도하소서

〔다윗의 시, 인도자를 따라 부르는 노래〕
(♪ 259, 400장)

140 여호와여 악인에게서 나를 건지시
며 포악한 자에게서 나를 보전하소
서
2 그들이 마음속으로 악을 꾀하고 싸우기 위
하여 매일 모이오며
3 뱀같이 그 혀를 날카롭게 하니 그 입술 아
래에는 독사의 독이 있나이다 (셀라)
4 여호와여 나를 지키사 악인의 손에 빠지지
않게 하시며 나를 보전하사 포악한 자에게
서 벗어나게 하소서 그들은 나의 걸음을 밀
치려 하나이다
5 교만한 자가 나를 해하려고 올무와 줄을 놓
으며 길 곁에 그물을 치며 함정을 두었나이
다 (셀라)
6 ●내가 여호와께 말하기를 주는 나의 하나

14 ●I praise you because I am fearfully and
wonderfully made;
your works are wonderful,
I know that full well.
15 ●My frame was not hidden from you
when I was made in the secret place,
when I was woven together in the depths of
the earth.
16 ●Your eyes saw my unformed body;
all the days ordained for me were written
in your book
before one of them came to be.
17 ●How precious to me are your thoughts[a], God!
How vast is the sum of them!
18 ●Were I to count them,
they would outnumber the grains of sand—
when I awake, I am still with you.
19 ●If only you, God, would slay the wicked!
Away from me, you who are bloodthirsty!
20 ●They speak of you with evil intent;
your adversaries misuse your name.
21 ●Do I not hate those who hate you, LORD,
and abhor those who are in rebellion
against you?
22 ●I have nothing but hatred for them;
I count them my enemies.
23 ●Search me, God, and know my heart;
test me and know my anxious thoughts.
24 ●See if there is any offensive way in me,
and lead me in the way everlasting.

Psalm 140[b]

For the director of music. A psalm of David.

1 ●Rescue me, LORD, from evildoers;
protect me from the violent,
2 ●who devise evil plans in their hearts
and stir up war every day.
3 ●They make their tongues as sharp as a
serpent's;
the poison of vipers is on their lips.[c]
4 ●Keep me safe, LORD, from the hands of the
wicked;
protect me from the violent,
who devise ways to trip my feet.
5 ●The arrogant have hidden a snare for me;
they have spread out the cords of their net
and have set traps for me along my path.
6 ●I say to the LORD, "You are my God."

[a]*17* Or *How amazing are your thoughts concerning me* [b]In Hebrew texts 140:1-13 is numbered 140:2-14. [c]*3* The Hebrew has *Selah* (a word of uncertain meaning) here and at the end of verses 5 and 8.

adversary [ǽdvərsèri] *n.* 대적
anxious [ǽŋkʃəs] *a.* 걱정하는
bloodthirsty [blʌ́dθə̀:rsti] *a.* 피에 굶주린
devise [diváiz] *vt.* 궁리하다
fearfully [fíərfəli] *ad.* 몹시, 굉장히
frame [freim] *n.* 틀
hatred [héitrid] *n.* 증오
intent [intént] *n.* 의지, 의도
offensive [əfénsiv] *a.* 무례한
ordain [ɔ:rdéin] *vt.* 정하다
outnumber [autnʌ́mbər] *vt.*…보다 많다
precious [préʃəs] *a.* 귀한
serpent [sə́:rpənt] *n.* 뱀
snare [snɛər] *n.* 덫
viper [váipər] *n.* 독사

139:22 nothing but: 오직
140:1 protect A from B: A를 B로부터 보호하다
140:2 stir up: 일으키다, 선동하다
140:5 spread out: 펴다
140:5 set (a) trap for...: …을 빠뜨릴 함정을 마련하다

님이시니 여호와여 나의 간구하는 소리에
귀를 기울이소서 하였나이다
7 내 구원의 능력이신 주 여호와여 전쟁의
날에 주께서 내 머리를 가려 주셨나이다
8 여호와여 악인의 소원을 허락하지 마시며
그의 악한 꾀를 이루지 못하게 하소서 그
들이 스스로 높일까 하나이다 (셀라)
9 나를 에워싸는 자들이 그들의 머리를 들
때에 그들의 입술의 재난이 그들을 덮게
하소서
10 뜨거운 숯불이 그들 위에 떨어지게 하시며
불 가운데와 깊은 웅덩이에 그들로 하여금
빠져 다시 일어나지 못하게 하소서
11 악담하는 자는 세상에서 굳게 서지 못하며
포악한 자는 재앙이 따라서 패망하게 하리
이다
12 내가 알거니와 여호와는 고난 당하는 자를
변호해 주시며 궁핍한 자에게 정의를 베푸
시리이다
13 진실로 의인들이 주의 이름에 감사하며 정
직한 자들이 주의 앞에서 살리이다

〔다윗의 시〕(♪ 282, 445장)

141 여호와여 내가 주를 불렀사오니 속
히 내게 오시옵소서 내가 주께 부
르짖을 때에 내 음성에 귀를 기울이소서
2 나의 기도가 주의 앞에 분향함과 같이 되
며 나의 손 드는 것이 저녁 제사같이 되게
하소서
3 여호와여 내 입에 파수꾼을 세우시고 내
입술의 문을 지키소서
4 내 마음이 악한 일에 기울어 죄악을 행하
는 자들과 함께 악을 행하지 말게 하시며
그들의 진수성찬을 먹지 말게 하소서
5 의인이 나를 칠지라도 은혜로 여기며 책망
할지라도 머리의 기름같이 여겨서 내 머리
가 이를 거절하지 아니할지라 그들의 1)재
난 중에도 내가 항상 기도하리로다
6 그들의 재판관들이 바위 곁에 내려 던져졌
도다 내 말이 달므로 무리가 들으리로다
7 사람이 밭 갈아 흙을 부스러뜨림같이 우리
의 해골이 스올 입구에 흩어졌도다
8 주 여호와여 내 눈이 주께 향하며 내가 주
께 피하오니 2)내 영혼을 빈궁한 대로 버려
두지 마옵소서
9 나를 지키사 그들이 나를 잡으려고 놓은
올무와 악을 행하는 자들의 함정에서 벗어
나게 하옵소서

Hear, LORD, my cry for mercy.
7 •Sovereign LORD, my strong deliverer,
you shield my head in the day of battle.
8 •Do not grant the wicked their desires, LORD;
do not let their plans succeed.
9 •Those who surround me proudly rear their
heads;
may the mischief of their lips engulf them.
10 •May burning coals fall on them;
may they be thrown into the fire,
into miry pits, never to rise.
11 •May slanderers not be established in the land;
may disaster hunt down the violent.
12 •I know that the LORD secures justice for the poor
and upholds the cause of the needy.
13 •Surely the righteous will praise your name,
and the upright will live in your presence.

Psalm 141

A psalm of David.

1 •I call to you, LORD, come quickly to me;
hear me when I call to you.
2 •May my prayer be set before you like incense;
may the lifting up of my hands be like the
evening sacrifice.
3 •Set a guard over my mouth, LORD;
keep watch over the door of my lips.
4 •Do not let my heart be drawn to what is evil
so that I take part in wicked deeds
along with those who are evildoers;
do not let me eat their delicacies.
5 •Let a righteous man strike me—that is a
kindness;
let him rebuke me—that is oil on my head.
My head will not refuse it,
for my prayer will still be against the deeds
of evildoers.
6 •Their rulers will be thrown down from the
cliffs,
and the wicked will learn that my words
were well spoken.
7 •They will say, "As one plows and breaks up
the earth,
so our bones have been scattered at the
mouth of the grave."
8 •But my eyes are fixed on you, Sovereign LORD;
in you I take refuge—do not give me over
to death.
9 •Keep me safe from the traps set by evildoers,
from the snares they have laid for me.

1) 악을 대하여 내가 2) 내 심령을 쏟아버리지 마옵소서

deed [diːd] *n.* 행위
delicacy [délikəsi] *n.* 맛있는 음식
disaster [dizǽstər] *n.* 재앙
engulf [ingʌ́lf] *vt.* …을 삼키다
incense [ínsens] *n.* 향
miry [máiəri] *a.* 진흙 투성이의
pit [pit] *n.* 구덩이
proudly [práudli] *ad.* 당당하게
refuge [réfjuːdʒ] *n.* 피난
sacrifice [sǽkrəfàis] *n.* 희생 제사
scatter [skǽtər] *vt.* 흩뿌리다
sovereign [sɑ́vərin] *a.* 주권이 있는
trap [træp] *n.* 덫, 그물
uphold [ʌphóuld] *vt.* 지키다
upright [ʌ́pràit] *a.* 정직한

140:11 hunt down: 추적하여 잡다
141:3 watch over: 돌보아주다
141:4 take part in...: …에 참가하다
141:7 break up: 분쇄하다, 해체하다
141:8 be fixed on...: …에 고정되다
141:9 safe from...: …의 위험이 없는

10 악인은 자기 그물에 걸리게 하시고 나만
은 온전히 면하게 하소서

〔다윗이 굴에 있을 때에 지은 1)마스길 곧 기도〕

142 내가 소리 내어 여호와께 부르짖
으며 소리 내어 여호와께 간구하
는도다 77:1
2 내가 내 원통함을 그의 앞에 토로하며 내
우환을 그의 앞에 진술하는도다
3 내 영이 내 속에서 상할 때에도 주께서 내
길을 아셨나이다 내가 가는 길에 그들이
나를 잡으려고 올무를 숨겼나이다 143:4
4 오른쪽을 살펴 보소서 나를 아는 이도 없
고 나의 피난처도 없고 내 영혼을 돌보
는 이도 없나이다
5 여호와여 내가 주께 부르짖어 말하기를
주는 나의 피난처시요 살아 있는 사람
들의 땅에서 나의 분깃이시라 하였나이
다
6 나의 부르짖음을 들으소서 나는 심히 비
천하니이다 나를 핍박하는 자들에게서
나를 건지소서 그들은 나보다 강하니이
다
7 내 영혼을 옥에서 이끌어 내사 주의 이름
을 감사하게 하소서 주께서 나에게 갚아
주시리니 의인들이 나를 두르리이다

〔다윗의 시〕 (♪ 362, 365, 631장)

143 여호와여 내 기도를 들으시며 내
간구에 귀를 기울이시고 주의 진
실과 의로 내게 응답하소서
2 주의 종에게 심판을 행하지 마소서 주의
눈앞에는 의로운 인생이 하나도 없나이
다 욥 14:3
3 원수가 내 영혼을 핍박하며 내 생명을 땅
에 엎어서 나로 죽은 지 오랜 자같이 나
를 암흑 속에 두었나이다
4 그러므로 내 심령이 속에서 상하며 내 마
음이 내 속에서 참담하니이다 애 3:11
5 내가 옛날을 기억하고 주의 모든 행하신
것을 읊조리며 주의 손이 행하는 일을 생
각하고
6 주를 향하여 손을 펴고 내 영혼이 마른
땅같이 주를 사모하나이다 (셀라)
7 여호와여 속히 내게 응답하소서 내 영이
피곤하니이다 주의 얼굴을 내게서 숨기
지 마소서 내가 무덤에 내려가는 자 같을
까 두려워하나이다

10 •Let the wicked fall into their own nets,
while I pass by in safety.

Psalm 142[a]

A maskil[b] *of David. When he was in the cave. A prayer.*

1 •I cry aloud to the LORD;
I lift up my voice to the LORD for mercy.
2 •I pour out before him my complaint;
before him I tell my trouble.
3 •When my spirit grows faint within me,
it is you who watch over my way.
In the path where I walk
people have hidden a snare for me.
4 •Look and see, there is no one at my right hand;
no one is concerned for me.
I have no refuge;
no one cares for my life.
5 •I cry to you, LORD;
I say, "You are my refuge,
my portion in the land of the living."
6 •Listen to my cry,
for I am in desperate need;
rescue me from those who pursue me,
for they are too strong for me.
7 •Set me free from my prison,
that I may praise your name.
Then the righteous will gather about me
because of your goodness to me.

Psalm 143

A psalm of David.

1 •LORD, hear my prayer,
listen to my cry for mercy;
in your faithfulness and righteousness
come to my relief.
2 •Do not bring your servant into judgment,
for no one living is righteous before you.
3 •The enemy pursues me,
he crushes me to the ground;
he makes me dwell in the darkness
like those long dead.
4 •So my spirit grows faint within me;
my heart within me is dismayed.
5 •I remember the days of long ago;
I meditate on all your works
and consider what your hands have done.
6 •I spread out my hands to you;
I thirst for you like a parched land.[c]
7 •Answer me quickly, LORD;
my spirit fails.
Do not hide your face from me

[a]In Hebrew texts 142:1-7 is numbered 142:2-8. [b]Title: Probably a literary or musical term [c]6 The Hebrew has *Selah* (a word of uncertain meaning) here. 1) 교훈

aloud [əláud] *ad.* 큰 소리로
complaint [kəmpléint] *n.* 불평
concern [kənsə́:rn] *vt.* 관심을 갖다
desperate [déspərət] *a.* 필사적인
dismay [disméi] *vt.* 놀라게 하다
faint [feint] *a.* 연약한, 희미한
meditate [médətèit] *vi.* 묵상하다
parched [pa:rtʃt] *a.* 바짝 마른
path [pæθ] *n.* 길
portion [pɔ́:rʃən] *n.* 몫
pursue [pərsú:] *vt.* 추적하다
relief [rilí:f] *n.* 편안함, 구조
righteous [ráitʃəs] *a.* 의로운
spirit [spírit] *n.* 영혼
wicked [wíkid] *a.* 사악한

142:1 lift up: 들어올리다
142:2 pour out: 퍼붓다
142:3 grow faint: 실신상태가 되다
142:6 rescue A from B: A를 B로부터 구하다
142:7 set free: 자유롭게 하다
143:6 spread out: 펴다, 뻗다

8 아침에 나로 하여금 주의 인자한 말씀을
듣게 하소서 내가 주를 의뢰함이니이다
내가 다닐 길을 알게 하소서 내가 내 영
혼을 주께 드림이니이다
9 여호와여 나를 내 원수들에게서 건지소
서 내가 주께 피하여 숨었나이다
10 주는 나의 하나님이시니 나를 가르쳐 주
의 뜻을 행하게 하소서 주의 영은 선하시
니 나를 공평한 땅에 인도하소서
11 여호와여 주의 이름을 위하여 나를 살리
시고 주의 의로 내 영혼을 환난에서 끌어
내소서
12 주의 인자하심으로 나의 원수들을 끊으
시고 내 영혼을 괴롭게 하는 자를 다 멸
하소서 나는 주의 종이니이다

〔다윗의 시〕 (♪ 204, 330장)

144 나의 반석이신 여호와를 찬송하
리로다 그가 내 손을 가르쳐 싸
우게 하시며 손가락을 가르쳐 전쟁하게
하시는도다
2 여호와는 나의 사랑이시요 나의 요새이
시요 나의 산성이시요 나를 건지시는 이
시요 나의 방패이시니 내가 그에게 피하
였고 그가 내 백성을 내게 복종하게 하셨
나이다
3 여호와여 사람이 무엇이기에 주께서 그
를 알아 주시며 인생이 무엇이기에 그를
생각하시나이까
4 사람은 [1)]헛것 같고 그의 날은 지나가는
그림자 같으니이다
5 여호와여 주의 하늘을 드리우고 강림하
시며 산들에 접촉하사 연기를 내게 하소
서 사 64:1
6 번개를 번쩍이사 원수들을 흩으시며 주
의 화살을 쏘아 그들을 무찌르소서 7:13
7 위에서부터 주의 손을 펴사 나를 큰 물과
이방인의 손에서 구하여 건지소서
8 그들의 입은 거짓을 말하며 그의 오른손
은 거짓의 오른손이니이다
9 하나님이여 내가 주께 새 노래로 노래하
며 열 줄 비파로 주를 찬양하리이다
10 주는 왕들에게 구원을 베푸시는 자시요
그의 종 다윗을 그 해하려는 칼에서 구하
시는 자시니이다
11 이방인의 손에서 나를 구하여 건지소서
그들의 입은 거짓을 말하며 그 오른손은
거짓의 오른손이니이다 사 44:20

or I will be like those who go down to the pit.
8 •Let the morning bring me word of your
unfailing love,
for I have put my trust in you.
Show me the way I should go,
for to you I entrust my life.
9 •Rescue me from my enemies, LORD,
for I hide myself in you.
10 •Teach me to do your will,
for you are my God;
may your good Spirit
lead me on level ground.
11 •For your name's sake, LORD, preserve my life;
in your righteousness, bring me out of trouble.
12 •In your unfailing love, silence my enemies;
destroy all my foes,
for I am your servant.

Psalm 144

Of David.

1 •Praise be to the LORD my Rock,
who trains my hands for war,
my fingers for battle.
2 •He is my loving God and my fortress,
my stronghold and my deliverer,
my shield, in whom I take refuge,
who subdues peoples[a] under me.
3 •LORD, what are human beings that you care
for them,
mere mortals that you think of them?
4 •They are like a breath;
their days are like a fleeting shadow.
5 •Part your heavens, LORD, and come down;
touch the mountains, so that they smoke.
6 •Send forth lightning and scatter the enemy;
shoot your arrows and rout them.
7 •Reach down your hand from on high;
deliver me and rescue me
from the mighty waters,
from the hands of foreigners
8 •whose mouths are full of lies,
whose right hands are deceitful.
9 •I will sing a new song to you, my God;
on the ten-stringed lyre I will make music to
you,
10 •to the One who gives victory to kings,
who delivers his servant David.
11 From the deadly sword •deliver me;
rescue me from the hands of foreigners
whose mouths are full of lies,

[a]2 Many manuscripts of the Masoretic Text, Dead Sea Scrolls, Aquila, Jerome and Syriac; most manuscripts of the Masoretic Text *subdues my people*

1) 숨과 같고

arrow [ǽrou] *n.* 화살
deadly [dédli] *a.* 치명적인
deceitful [disíːtfəl] *a.* 거짓의
destroy [distrɔ́i] *vt.* 죽이다, 멸하다
entrust [intrʌ́st] *vt.* 맡기다
fleet [fliːt] *vi.* 빨리 지나가다
fortress [fɔ́ːrtris] *n.* 요새
hide [haid] *vt.* 숨기다
mortal [mɔ́ːrtl] *n.* 육체, 인간
silence [sáiləns] *vt.* 침묵시키다
string [striŋ] *n.* (악기의) 줄, 현
stronghold [strɔ́ːŋhòuld] *n.* 피난처
subdue [səbdjúː] *vt.* 복종시키다
train [trein] *vt.* 가르치다, 훈련하다
unfailing [ʌnféiliŋ] *a.* 무한한

143:8 trust in...: …을 신뢰하다
143:11 for one's sake: …을 위하여
144:3 care for...: …를 돌보다
144:6 send forth: 방출하다, 발하다
144:7 reach down: 몸을 아래로 뻗다
144:11 rescue A from B: B에서 A를 구하다

12 ● 우리 아들들은 어리다가 장성한 나무들과 같으며 우리 딸들은 궁전의 양식대로 아름답게 다듬은 모퉁잇돌들과 같으며

13 우리의 곳간에는 백곡이 가득하며 우리의 양은 들에서 천천과 만만으로 번성하며

14 우리 수소는 무겁게 실었으며 또 우리를 침노하는 일이나 우리가 나아가 막는 일이 없으며 우리 거리에는 슬피 부르짖음이 없을진대

15 이러한 백성은 복이 있나니 여호와를 자기 하나님으로 삼는 백성은 복이 있도다

〔다윗의 찬송시〕(♪ 10, 67장)

145 왕이신 나의 하나님이여 내가 주를 높이고 영원히 주의 이름을 송축하리이다

2 내가 날마다 주를 송축하며 영원히 주의 이름을 송축하리이다

3 여호와는 위대하시니 크게 찬양할 것이라 그의 위대하심을 측량하지 못하리로다

4 대대로 주께서 행하시는 일을 크게 찬양하며 주의 능한 일을 선포하리로다

5 주의 존귀하고 영광스러운 위엄과 주의 기이한 일들을 나는 작은 소리로 읊조리리이다

6 사람들은 주의 두려운 일의 권능을 말할 것이요 나도 주의 위대하심을 선포하리이다

7 그들이 주의 크신 은혜를 기념하여 말하며 주의 의를 노래하리이다 63:7

8 여호와는 은혜로우시며 긍휼이 많으시며 노하기를 더디 하시며 인자하심이 크시도다

9 여호와께서는 모든 것을 선대하시며 그 지으신 모든 것에 긍휼을 베푸시는도다

10 여호와여 주께서 지으신 모든 것들이 주께 감사하며 주의 성도들이 주를 송축하리이다

11 그들이 주의 나라의 영광을 말하며 주의 업적을 일러서

12 주의 업적과 주의 나라의 위엄 있는 영광을 인생들에게 알게 하리이다 105:1

13 주의 나라는 영원한 나라이니 주의 통치는 대대에 이르리이다

whose right hands are deceitful.
12 ● Then our sons in their youth
will be like well-nurtured plants,
and our daughters will be like pillars
carved to adorn a palace.
13 ● Our barns will be filled
with every kind of provision.
Our sheep will increase by thousands,
by tens of thousands in our fields;
14 ● our oxen will draw heavy loads.[a]
There will be no breaching of walls,
no going into captivity,
no cry of distress in our streets.
15 ● Blessed is the people of whom this is true;
blessed is the people whose God is the LORD.

Psalm 145[b]

A psalm of praise. Of David.

1 ● I will exalt you, my God the King;
I will praise your name for ever and ever.
2 ● Every day I will praise you
and extol your name for ever and ever.
3 ● Great is the LORD and most worthy of praise;
his greatness no one can fathom.
4 ● One generation commends your works to
another;
they tell of your mighty acts.
5 ● They speak of the glorious splendor of
your majesty—
and I will meditate on your wonderful works.[c]
6 ● They tell of the power of your awesome works—
and I will proclaim your great deeds.
7 ● They celebrate your abundant goodness
and joyfully sing of your righteousness.
8 ● The LORD is gracious and compassionate,
slow to anger and rich in love.
9 ● The LORD is good to all;
he has compassion on all he has made.
10 ● All your works praise you, LORD;
your faithful people extol you.
11 ● They tell of the glory of your kingdom
and speak of your might,
12 ● so that all people may know of your mighty acts
and the glorious splendor of your kingdom.
13 ● Your kingdom is an everlasting kingdom,
and your dominion endures through all
generations.
The LORD is trustworthy in all he promises

[a]14 Or *our chieftains will be firmly established* [b]This psalm is an acrostic poem, the verses of which (including verse 13b) begin with the successive letters of the Hebrew alphabet. [c]5 Dead Sea Scrolls and Syriac (see also Septuagint); Masoretic Text *On the glorious splendor of your majesty / and on your wonderful works I will meditate*

abundant [əbʌ́ndənt] *a.* 풍부한
awesome [ɔ́:səm] *a.* 경외감을 일으키는
breach [bri:tʃ] *n.* 갈라진 틈
captivity [kæptívəti] *n.* 포로
compassion [kəmpǽʃən] *n.* 동정심
distress [distrés] *n.* 고통, 재난
dominion [dəmínjən] *n.* 통치권
endure [indjúər] *vi.* 지속하다
exalt [igzɔ́:lt] *vt.* 높이다
extol [ikstóul] *vt.* 찬양하다
fathom [fǽðəm] *vt.* 헤아리다
glorious [glɔ́:riəs] *a.* 영광스러운
majesty [mǽdʒəsti] *n.* 장엄
provision [prəvíʒən] *n.* 식량
splendor [spléndər] *n.* 훌륭함

145:1 for ever and ever: 영원히
145:5 meditate on...: …에 대해 묵상하다
145:6 tell of...: …을 알리다
145:8 rich in...: …이 풍부한
145:9 good to...: …에게 친절한
145:12 so that: 하기 위해서

14 여호와께서는 모든 넘어지는 자들을 붙드시며 비굴한 자들을 일으키시는도다
15 모든 사람의 눈이 주를 앙망하오니 주는 때를 따라 그들에게 먹을 것을 주시며
16 손을 펴사 [1)]모든 생물의 소원을 만족하게 하시나이다
17 여호와께서는 그 모든 행위에 의로우시며 그 모든 일에 은혜로우시도다
18 여호와께서는 자기에게 간구하는 모든 자 곧 진실하게 간구하는 모든 자에게 가까이하시는도다
19 그는 자기를 경외하는 자들의 소원을 이루시며 또 그들의 부르짖음을 들으사 구원하시리로다
20 여호와께서 자기를 사랑하는 자들은 다 보호하시고 악인들은 다 멸하시리로다
21 내 입이 여호와의 영예를 말하며 모든 육체가 그의 거룩하신 이름을 영원히 송축할지로다

146 [2)]할렐루야 내 영혼아 여호와를 찬양하라
2 나의 생전에 여호와를 찬양하며 나의 평생에 내 하나님을 찬송하리로다
3 귀인들을 의지하지 말며 도울 힘이 없는 인생도 의지하지 말지니
4 그의 호흡이 끊어지면 흙으로 돌아가서 그날에 그의 생각이 소멸하리로다
5 야곱의 하나님을 자기의 도움으로 삼으며 여호와 자기 하나님에게 자기의 소망을 두는 자는 복이 있도다
6 여호와는 천지와 바다와 그 중의 만물을 지으시며 영원히 진실함을 지키시며
7 억눌린 사람들을 위해 정의로 심판하시며 주린 자들에게 먹을 것을 주시는 이시로다 여호와께서는 갇힌 자들에게 자유를 주시는도다
8 여호와께서 맹인들의 눈을 여시며 여호와께서 비굴한 자들을 일으키시며 여호와께서 의인들을 사랑하시며
9 여호와께서 나그네들을 보호하시며 고아와 과부를 붙드시고 악인들의 길은 굽게 하시는도다
10 시온아 여호와는 영원히 다스리시고 네 하나님은 대대로 통치하시리로다 [2)]할렐루야

and faithful in all he does.[a]
14 The LORD upholds all who fall
and lifts up all who are bowed down.
15 The eyes of all look to you,
and you give them their food at the proper time.
16 You open your hand
and satisfy the desires of every living thing.
17 The LORD is righteous in all his ways
and faithful in all he does.
18 The LORD is near to all who call on him,
to all who call on him in truth.
19 He fulfills the desires of those who fear him;
he hears their cry and saves them.
20 The LORD watches over all who love him,
but all the wicked he will destroy.
21 My mouth will speak in praise of the LORD.
Let every creature praise his holy name
for ever and ever.

Psalm 146

1 Praise the LORD.[b]

Praise the LORD, my soul.
2 I will praise the LORD all my life;
I will sing praise to my God as long as I live.
3 Do not put your trust in princes,
in human beings, who cannot save.
4 When their spirit departs, they return to the ground;
on that very day their plans come to nothing.
5 Blessed are those whose help is the God of Jacob,
whose hope is in the LORD their God.
6 He is the Maker of heaven and earth,
the sea, and everything in them—
he remains faithful forever.
7 He upholds the cause of the oppressed
and gives food to the hungry.
The LORD sets prisoners free,
8 the LORD gives sight to the blind,
the LORD lifts up those who are bowed down,
the LORD loves the righteous.
9 The LORD watches over the foreigner
and sustains the fatherless and the widow,
but he frustrates the ways of the wicked.
10 The LORD reigns forever,
your God, O Zion, for all generations.

Praise the LORD.

[a] *13* One manuscript of the Masoretic Text, Dead Sea Scrolls and Syriac (see also Septuagint); most manuscripts of the Masoretic Text do not have the last two lines of verse 13. [b] *1* Hebrew *Hallelu Yah*; also in verse 10

1) 은혜로 모든 생물을 만족하게 하시나이다 2) 여호와를 찬양하라

bow [bau] *vi.* 굽히다, 절하다
creature [kríːtʃər] *n.* 창조물
depart [dipáːrt] *vi.* 떠나다
desire [dizáiər] *n.* 갈망
destroy [distrɔ́i] *vt.* 멸하다
faithful [féiθfəl] *a.* 신실한
frustrate [frʌ́streit] *vt.* 좌절시키다
oppress [əprés] *vt.* 억압하다
prince [prins] *n.* 제후, 귀족
prisoner [prízənər] *n.* 죄수
reign [rein] *vi.* 다스리다
remain [riméin] *vi.* 남다
satisfy [sǽtisfài] *vt.* 만족시키다
sustain [səstéin] *vt.* 떠받치다
widow [wídou] *n.* 과부

145:14 lift up: 들어올리다
145:15 look to...: …을 기대하다
145:16 open one's hand: 손을 펴다
145:18 call on...: …에게 요구(부탁)하다
146:2 as long as...: …하는 한
146:7 set free: 자유롭게 하다

147 [1)] 할렐루야 우리 하나님을 찬양하는 일이 선함이여 찬송하는 일이 아름답고 마땅하도다
2 여호와께서 예루살렘을 세우시며 이스라엘의 흩어진 자들을 모으시며 신 30:3
3 상심한 자들을 고치시며 그들의 상처를 싸매시는도다 욥 5:18
4 그가 별들의 수효를 세시고 그것들을 다 이름대로 부르시는도다
5 우리 주는 위대하시며 능력이 많으시며 그의 지혜가 무궁하시도다
6 여호와께서 겸손한 자들은 붙드시고 악인들은 땅에 엎드러뜨리시는도다
7 감사함으로 여호와께 노래하며 수금으로 하나님께 찬양할지어다
8 그가 구름으로 하늘을 덮으시며 땅을 위하여 비를 준비하시며 산에 풀이 자라게 하시며
9 들짐승과 우는 까마귀 새끼에게 먹을 것을 주시는도다
10 여호와는 말의 힘이 세다 하여 기뻐하지 아니하시며 사람의 다리가 억세다 하여 기뻐하지 아니하시고 33:17
11 여호와는 자기를 경외하는 자들과 그의 인자하심을 바라는 자들을 기뻐하시는도다
12 예루살렘아 여호와를 찬송할지어다 시온아 네 하나님을 찬양할지어다
13 그가 네 문빗장을 견고히 하시고 네 가운데에 있는 너의 자녀들에게 복을 주셨으며 느 3:3
14 네 경내를 평안하게 하시고 아름다운 밀로 너를 배불리시며
15 그의 명령을 땅에 보내시니 그의 말씀이 속히 달리는도다 욥 37:12
16 눈을 양털같이 내리시며 서리를 재같이 흩으시며 욥 37:6
17 우박을 떡 부스러기같이 뿌리시나니 누가 능히 그의 추위를 감당하리요
18 그의 말씀을 보내사 그것들을 녹이시고 바람을 불게 하신즉 물이 흐르는도다
19 그가 그의 말씀을 야곱에게 보이시며 그의 율례와 규례를 이스라엘에게 보이시는도다
20 그는 어느 민족에게도 이와 같이 행하지 아니하셨나니 그들은 그의 법도를 알지 못하였도다 [1)] 할렐루야

148 [1)] 할렐루야 하늘에서 여호와를 찬양하며 높은 데서 그를 찬양할

Psalm 147

1 Praise the LORD.[a]

How good it is to sing praises to our God,
how pleasant and fitting to praise him!

2 The LORD builds up Jerusalem;
he gathers the exiles of Israel.
3 He heals the brokenhearted
and binds up their wounds.
4 He determines the number of the stars
and calls them each by name.
5 Great is our Lord and mighty in power;
his understanding has no limit.
6 The LORD sustains the humble
but casts the wicked to the ground.
7 Sing to the LORD with grateful praise;
make music to our God on the harp.
8 He covers the sky with clouds;
he supplies the earth with rain
and makes grass grow on the hills.
9 He provides food for the cattle
and for the young ravens when they call.
10 His pleasure is not in the strength of the horse,
nor his delight in the legs of the warrior;
11 the LORD delights in those who fear him,
who put their hope in his unfailing love.
12 Extol the LORD, Jerusalem;
praise your God, Zion.
13 He strengthens the bars of your gates
and blesses your people within you.
14 He grants peace to your borders
and satisfies you with the finest of wheat.
15 He sends his command to the earth;
his word runs swiftly.
16 He spreads the snow like wool
and scatters the frost like ashes.
17 He hurls down his hail like pebbles.
Who can withstand his icy blast?
18 He sends his word and melts them;
he stirs up his breezes, and the waters flow.
19 He has revealed his word to Jacob,
his laws and decrees to Israel.
20 He has done this for no other nation;
they do not know his laws.[b]

Praise the LORD.

Psalm 148

1 Praise the LORD.[c]

[a]1 Hebrew *Hallelu Yah*; also in verse 20 [b]20 Masoretic Text; Dead Sea Scrolls and Septuagint *nation; / he has not made his laws known to them* [c]1 Hebrew Hallelu Yah; also in verse 14 1) 여호와를 찬양하라

ash [æʃ] *n.* 재
blast [blæst] *n.* 광풍
border [bɔ́ːrdər] *n.* 접경
breeze [briːz] *n.* 산들바람, 미풍
brokenhearted [bróukənhάːrtid] *a.* 상심한
decree [dikríː] *n.* 규례
determine [ditə́ːrmin] *vt.* 결정하다
humble [hʌ́mbl] *a.* 겸손한
hurl [həːrl] *vt.* 세게 던지다
mighty [máiti] *a.* 강한
raven [réivn] *n.* 갈까마귀
reveal [rivíːl] *vt.* 드러내다
scatter [skǽtər] *vt.* 흩뿌리다
swiftly [swíftli] *ad.* 신속히
withstand [wiθstǽnd] *vt.* 저항하다

147:3 bind up: 붕대로 매다
147:4 call a person by name: 사람들의 이름대로 부르다
147:8 cover A with B: A를 B로 덮다
147:9 provide A for B: B에게 A를 공급하다
147:18 stir up: 일으키다, 선동하다

지어다
2 그의 모든 천사여 찬양하며 모든 군대여
그를 찬양할지어다
3 해와 달아 그를 찬양하며 밝은 별들아 다
그를 찬양할지어다
4 하늘의 하늘도 그를 찬양하며 하늘 위에
있는 물들도 그를 찬양할지어다
5 그것들이 여호와의 이름을 찬양함은 그
가 명령하시므로 지음을 받았음이로다
6 그가 또 그것들을 영원히 세우시고 폐하
지 못할 명령을 정하셨도다
7 너희 용들과 바다여 땅에서 여호와를 찬
양하라
8 불과 우박과 눈과 안개와 그의 말씀을 따
르는 광풍이며
9 산들과 모든 작은 산과 과수와 모든 백향
목이며
10 짐승과 모든 가축과 기는 것과 나는 새
며
11 세상의 왕들과 모든 백성들과 고관들과
땅의 모든 재판관들이며
12 총각과 처녀와 노인과 아이들아
13 여호와의 이름을 찬양할지어다 그의 이
름이 홀로 높으시며 그의 영광이 땅과 하
늘 위에 뛰어나심이로다
14 그가 그의 백성의 뿔을 높이셨으니 그는
모든 성도 곧 그를 가까이하는 백성 이스
라엘 자손의 찬양 받을 이시로다 [1] 할렐
루야

149 [1] 할렐루야 새 노래로 여호와께
노래하며 성도의 모임 가운데에
서 찬양할지어다
2 이스라엘은 자기를 지으신 이로 말미암
아 즐거워하며 시온의 주민은 그들의 왕
으로 말미암아 즐거워할지어다
3 춤 추며 그의 이름을 찬양하며 소고와 수
금으로 그를 찬양할지어다 150:4
4 여호와께서는 자기 백성을 기뻐하시며
겸손한 자를 구원으로 아름답게 하심이
로다
5 성도들은 영광 중에 즐거워하며 그들의
침상에서 기쁨으로 노래할지어다
6 그들의 [2] 입에는 하나님에 대한 찬양이
있고 그들의 손에는 두 날 가진 칼이 있
도다
7 이것으로 뭇 나라에 보수하며 민족들을

Praise the LORD from the heavens;
praise him in the heights above.
2 ● Praise him, all his angels;
praise him, all his heavenly hosts.
3 ● Praise him, sun and moon;
praise him, all you shining stars.
4 ● Praise him, you highest heavens
and you waters above the skies.
5 ● Let them praise the name of the LORD,
for at his command they were created,
6 ● and he established them for ever and ever—
he issued a decree that will never pass away.
7 ● Praise the LORD from the earth,
you great sea creatures and all ocean depths,
8 ● lightning and hail, snow and clouds,
stormy winds that do his bidding,
9 ● you mountains and all hills,
fruit trees and all cedars,
10 ● wild animals and all cattle,
small creatures and flying birds,
11 ● kings of the earth and all nations,
you princes and all rulers on earth,
12 ● young men and women,
old men and children.
13 ● Let them praise the name of the LORD,
for his name alone is exalted;
his splendor is above the earth and the heavens.
14 ● And he has raised up for his people a horn,[a]
the praise of all his faithful servants,
of Israel, the people close to his heart.

Praise the LORD.

Psalm 149

1 ● Praise the LORD.[b]

Sing to the LORD a new song,
his praise in the assembly of his faithful people.
2 ● Let Israel rejoice in their Maker;
let the people of Zion be glad in their King.
3 ● Let them praise his name with dancing
and make music to him with timbrel and harp.
4 ● For the LORD takes delight in his people;
he crowns the humble with victory.
5 ● Let his faithful people rejoice in this honor
and sing for joy on their beds.
6 ● May the praise of God be in their mouths
and a double-edged sword in their hands,
7 ● to inflict vengeance on the nations

[a]14 *Horn* here symbolizes strength. [b]1 Hebrew *Hallelu Yah*; also in verse 9 1) 여호와를 찬양하라 2) 히, 목구멍

assembly [əsémbli] *n.* 회중
bidding [bídiŋ] *n.* 명령
cedar [síːdər] *n.* 백향목
command [kəmǽnd] *n.* 명령
create [kriéit] *vt.* 창조하다, 만들다
depth [depθ] *n.* 깊은 곳
establish [istǽbliʃ] *vt.* 세우다
exalt [igzɔ́ːlt] *vt.* 높이다
faithful [féiθfəl] *a.* 신실한
height [hait] *n.* 높은 곳
host [houst] *n.* 군대, 많은 무리
praise [preiz] *vt.* 찬양하다
ruler [rúːlər] *n.* 통치자
splendor [spléndər] *n.* 빛남
vengeance [véndʒəns] *n.* 복수

148:6 pass away: 사라지다, 죽다
148:14 raise up: 높이다, 올리다
148:14 close to one's heart: …에게 소중한, 중요한
149:2 rejoice in...: …를 기뻐하다
149:7 inflict A on B: A를 B에게 가하다

벌하며
8 그들의 왕들은 사슬로, 그들의 귀인은 철
고랑으로 결박하고
9 기록한 판결대로 그들에게 시행할지로
다 1)이런 영광은 그의 모든 성도에게 있
도다 2)할렐루야

150 2)할렐루야 그의 성소에서 하나
님을 찬양하며 그의 권능의 궁
창에서 그를 찬양할지어다
2 그의 능하신 행동을 찬양하며 그의 지극
히 위대하심을 따라 찬양할지어다 신 3:24
3 나팔 소리로 찬양하며 비파와 수금으로
찬양할지어다 149:3
4 소고 치며 춤 추어 찬양하며 현악과 퉁소
로 찬양할지어다
5 큰 소리 나는 제금으로 찬양하며 높은 소
리 나는 제금으로 찬양할지어다
6 호흡이 있는 자마다 여호와를 찬양할지
어다 2)할렐루야

and punishment on the peoples,
8 •to bind their kings with fetters,
their nobles with shackles of iron,
9 •to carry out the sentence written against them—
this is the glory of all his faithful people.
Praise the LORD.

Psalm 150

1 •Praise the LORD.[a]
Praise God in his sanctuary;
praise him in his mighty heavens.
2 •Praise him for his acts of power;
praise him for his surpassing greatness.
3 •Praise him with the sounding of the trumpet,
praise him with the harp and lyre,
4 •praise him with timbrel and dancing,
praise him with the strings and pipe,
5 •praise him with the clash of cymbals,
praise him with resounding cymbals.
6 •Let everything that has breath praise the LORD.
Praise the LORD.

[a]1 Hebrew *Hallelu Yah*; also in verse 6
1) 여호와는 그 성도들의 영광이로다 2) 여호와를 찬양하라

breath [breθ] *n.* 호흡
clash [klæʃ] *n.* 맞부딪치는 소리
fetter [fétər] *n.* 족쇄
punishment [pʌ́niʃmənt] *n.* 형벌
sanctuary [sǽŋktʃuèri] *n.* 성소
shackle [ʃǽkl] *n.* 족쇄
string [striŋ] *n.* 현악기
surpassing [sərpǽsiŋ] *a.* 탁월한

149:8 bind A with B: A를 B로 묶다
149:9 carry out: 실행하다, 성취하다

Proverbs | 잠언

● 저자 _ 솔로몬, 아굴, 르무엘 왕, 그 외에 몇몇 사람들 ● 저작 연대 _ B.C. 1000-700년 사이 ● 기록 장소 _ 유다로 추정 ● 기록 대상 _ 젊은이들과 '장로들의 학생들' ● 핵심어 및 내용 _ 핵심어는 '지혜'와 '진리'이다.

지혜는 선과 악, 진리와 거짓, 하나님의 뜻과 인간의 생각을 분별할 수 있게 해 주며 진리는 인생의 올바른 길 곧 하나님의 말씀대로 사는 길을 제시해 준다.

솔로몬의 잠언 (♪ 204, 546장)

1 다윗의 아들 이스라엘 왕 솔로몬의 잠언이라
2 이는 지혜와 훈계를 알게 하며 명철의 말씀을 깨닫게 하며
3 지혜롭게, 공의롭게, 정의롭게, 정직하게 행할 일에 대하여 훈계를 받게 하며
4 어리석은 자를 슬기롭게 하며 젊은 자에게 지식과 근신함을 주기 위한 것이니
5 지혜 있는 자는 듣고 학식이 더할 것이요 명철한 자는 지략을 얻을 것이라
6 잠언과 비유와 지혜 있는 자의 말과 그 오묘한 말을 깨달으리라

젊은이에게 주는 교훈 (♪ 276장)

7 ●여호와를 경외하는 것이 지식의 근본이거늘 미련한 자는 지혜와 훈계를 멸시하느니라
8 내 아들아 네 아비의 훈계를 들으며 네 어미의 법을 떠나지 말라
9 이는 네 머리의 아름다운 관이요 네 목의 금사슬이니라
10 ●내 아들아 악한 자가 너를 꾈지라도 따르지 말라

시 1:1

11 그들이 네게 말하기를 우리와 함께 가자 우리가 가만히 엎드렸다가 사람의 피를 흘리자 죄 없는 자를 까닭 없이 숨어 기다리다가
12 스올같이 그들을 산 채로 삼키며 무덤에 내려가는 자들같이 통으로 삼키자
13 우리가 온갖 보화를 얻으며 빼앗은 것으로 우리 집을 채우리니
14 너는 우리와 함께 제비를 뽑고 우리가 함께 전대 하나만 두자 할지라도
15 내 아들아 그들과 함께 길에 다니지 말라 네 발을 금하여 그 길을 밟지 말라
16 대저 그 발은 악으로 달려가며 피를 흘리는 데 빠름이니라
17 새가 보는 데서 그물을 치면 헛일이겠거늘
18 그들이 가만히 엎드림은 자기의 피를 흘릴 뿐이요 숨어 기다림은 자기의 생명을 해할 뿐이니

Purpose and Theme

1 The proverbs of Solomon son of David, king of Israel:

2 ●for gaining wisdom and instruction;
for understanding words of insight;
3 ●for receiving instruction in prudent behavior,
doing what is right and just and fair;
4 ●for giving prudence to those who are simple,[a]
knowledge and discretion to the young—
5 ●let the wise listen and add to their learning,
and let the discerning get guidance—
6 ●for understanding proverbs and parables,
the sayings and riddles of the wise.[b]
7 ●The fear of the LORD is the beginning of knowledge,
but fools[c] despise wisdom and instruction.

Prologue: Exhortations to Embrace Wisdom

Warning Against the Invitation of Sinful Men

8 ●Listen, my son, to your father's instruction
and do not forsake your mother's teaching.
9 ●They are a garland to grace your head
and a chain to adorn your neck.
10 ●My son, if sinful men entice you,
do not give in to them.
11 ●If they say, "Come along with us;
let's lie in wait for innocent blood,
let's ambush some harmless soul;
12 ●let's swallow them alive, like the grave,
and whole, like those who go down to the pit;
13 ●we will get all sorts of valuable things
and fill our houses with plunder;
14 ●cast lots with us;
we will all share the loot"—
15 ●my son, do not go along with them,
do not set foot on their paths;
16 ●for their feet rush into evil,
they are swift to shed blood.
17 ●How useless to spread a net
where every bird can see it!
18 ●These men lie in wait for their own blood;
they ambush only themselves!

[a]4 The Hebrew word rendered *simple* in Proverbs denotes a person who is gullible, without moral direction and inclined to evil. [b]6 Or *understanding a proverb, namely, a parable, / and the sayings of the wise, their riddles* [c]7 The Hebrew words rendered *fool* in Proverbs, and often elsewhere in the Old Testament, denote a person who is morally deficient.

19 이익을 탐하는 모든 자의 길은 다 이러
하여 자기의 생명을 잃게 하느니라

지혜가 부른다

20 ●지혜가 길거리에서 부르며 광장에서
소리를 높이며 8:1-5
21 시끄러운 길목에서 소리를 지르며 성문
어귀와 성중에서 그 소리를 발하여 이르
되
22 너희 어리석은 자들은 어리석음을 좋아
하며 거만한 자들은 거만을 기뻐하며 미
련한 자들은 지식을 미워하니 어느 때까
지 하겠느냐
23 나의 책망을 듣고 돌이키라 보라 내가
나의 영을 너희에게 부어 주며 내 말을
너희에게 보이리라
24 내가 불렀으나 너희가 듣기 싫어하였고
내가 손을 폈으나 돌아보는 자가 없었고
25 도리어 나의 모든 교훈을 멸시하며 나의
책망을 받지 아니하였은즉
26 너희가 재앙을 만날 때에 내가 웃을 것
이며 너희에게 두려움이 임할 때에 내가
비웃으리라
27 너희의 두려움이 광풍같이 임하겠고 너
희의 재앙이 폭풍같이 이르겠고 너희에
게 근심과 슬픔이 임하리니 3:25
28 그때에 [1]너희가 나를 부르리라 그래도 내
가 대답하지 아니하겠고 [2]부지런히 나를
찾으리라 그래도 나를 만나지 못하리니
29 대저 너희가 지식을 미워하며 여호와 경
외하기를 즐거워하지 아니하며
30 나의 교훈을 받지 아니하고 나의 모든
책망을 업신여겼음이니라
31 그러므로 자기 행위의 열매를 먹으며 자
기 꾀에 배부르리라
32 어리석은 자의 퇴보는 자기를 죽이며 미
련한 자의 안일은 자기를 멸망시키려니
와 롬 2:19
33 오직 내 말을 듣는 자는 평안히 살며 재
앙의 두려움이 없이 안전하리라

지혜가 주는 유익 — B.C. 950년경

2 내 아들아 네가 만일 나의 말을 받으며
나의 계명을 네게 간직하며
2 네 귀를 지혜에 기울이며 네 마음을 명
철에 두며
3 지식을 불러 구하며 명철을 얻으려고 소
리를 높이며
4 은을 구하는 것같이 그것을 구하며 감추

19 •Such are the paths of all who go after ill-gotten
gain;
it takes away the life of those who get it.

Wisdom's Rebuke

20 •Out in the open wisdom calls aloud,
she raises her voice in the public square;
21 •on top of the wall[a] she cries out,
at the city gate she makes her
speech:
22 •"How long will you who are simple love your
simple ways?
How long will mockers delight in mockery
and fools hate knowledge?
23 •Repent at my rebuke!
Then I will pour out my thoughts to you,
I will make known to you my teachings.
24 •But since you refuse to listen when I call
and no one pays attention when I stretch out
my hand,
25 •since you disregard all my advice
and do not accept my rebuke,
26 •I in turn will laugh when disaster strikes you;
I will mock when calamity overtakes you—
27 •when calamity overtakes you like a storm,
when disaster sweeps over you like a
whirlwind,
when distress and trouble overwhelm you.
28 •"Then they will call to me but I will not answer;
they will look for me but will not find me,
29 •since they hated knowledge
and did not choose to fear the LORD.
30 •Since they would not accept my advice
and spurned my rebuke,
31 •they will eat the fruit of their ways
and be filled with the fruit of their schemes.
32 •For the waywardness of the simple will kill
them,
and the complacency of fools will destroy
them;
33 •but whoever listens to me will live in safety
and be at ease, without fear of harm."

Moral Benefits of Wisdom

2 My son, if you accept my words
and store up my commands within you,
2 •turning your ear to wisdom
and applying your heart to understanding—
3 •indeed, if you call out for insight
and cry aloud for understanding,
4 •and if you look for it as for silver

[a]21 Septuagint; Hebrew / *at noisy street corners*

1) 히, 그들 2) 이른 아침에

잠

calamity [kəlǽməti] *n.* 재앙, 재난
command [kəmǽnd] *n.* 계명, 명령
complacency [kəmpléisnsi] *n.* 자기만족
ill-gotten [ílgátn] *a.* 부당하게 얻은
mockery [mákəri] *n.* 조롱
moral [mɔ́:rəl] *a.* 도덕의
overtake [òuvərtéik] *vt.* 덮치다
overwhelm [òuvərhwélm] *vt.* 압도하다
rebuke [ribjú:k] *n.* 책망
repent [ripént] *vi.* 회개하다
scheme [ski:m] *n.* 음모, 계획
simple [símpl] *a.* 어리석은
spurn [spə:rn] *vt.* 경멸하다
waywardness [wéiwərdnis] *n.* 고집
whirlwind [hwə́:rlwìnd] *n.* 회오리바람

1:23 pour out A to B: A를 B에 쏟아 붓다
1:24 stretch out: (손 등을) 뻗다
1:26 in turn: 차례로, 결국
1:27 sweep over: 엄습하다, 압도하다
1:33 be at ease: 안심하다, 마음 놓다
2:2 apply... to~ : ~에 …를 쏟다, 기울이다

어진 보배를 찾는 것같이 그것을 찾으면
5 여호와 경외하기를 깨달으며 하나님을 알게 되리니 1:7
6 대저 여호와는 지혜를 주시며 지식과 명철을 그 입에서 내심이며
7 그는 정직한 자를 위하여 완전한 지혜를 예비하시며 행실이 온전한 자에게 방패가 되시나니
8 대저 그는 정의의 길을 보호하시며 그의 성도들의 길을 보전하려 하심이니라
9 그런즉 네가 공의와 정의와 정직 곧 모든 선한 길을 깨달을 것이라
10 곧 지혜가 네 마음에 들어가며 지식이 네 영혼을 즐겁게 할 것이요
11 근신이 너를 지키며 명철이 너를 보호하여
12 악한 자의 길과 패역을 말하는 자에게서 건져 내리라
13 이 무리는 정직한 길을 떠나 어두운 길로 행하며
14 행악하기를 기뻐하며 악인의 패역을 즐거워하나니 10:23
15 그 길은 구부러지고 그 행위는 패역하니라
16 지혜가 또 너를 음녀에게서, 말로 호리는 이방 계집에게서 구원하리니
17 그는 젊은 시절의 짝을 버리며 그의 하나님의 언약을 잊어버린 자라
18 그의 집은 사망으로, 그의 길은 스올로 기울어졌나니 7:27
19 누구든지 그에게로 가는 자는 돌아오지 못하며 또 생명 길을 얻지 못하느니라
20 지혜가 너를 선한 자의 길로 행하게 하며 또 의인의 길을 지키게 하리니
21 대저 정직한 자는 땅에 거하며 완전한 자는 땅에 남아 있으리라
22 그러나 악인은 땅에서 끊어지겠고 간사한 자는 땅에서 뽑히리라

젊은이에게 주는 교훈 (♪ 449, 524장)

3 내 아들아 나의 법을 잊어버리지 말고 네 마음으로 나의 명령을 지키라
2 그리하면 그것이 네가 장수하여 많은 해를 누리게 하며 평강을 더하게 하리라
3 인자와 진리가 네게서 떠나지 말게 하고 그것을 네 목에 매며 네 마음판에 새기라

and search for it as for hidden treasure,
5 •then you will understand the fear of the LORD
and find the knowledge of God.
6 •For the LORD gives wisdom;
from his mouth come knowledge and understanding.
7 •He holds success in store for the upright,
he is a shield to those whose walk is blameless,
8 •for he guards the course of the just
and protects the way of his faithful ones.
9 •Then you will understand what is right and just
and fair—every good path.
10 •For wisdom will enter your heart,
and knowledge will be pleasant to your soul.
11 •Discretion will protect you,
and understanding will guard you.
12 •Wisdom will save you from the ways of wicked men,
from men whose words are perverse,
13 •who have left the straight paths
to walk in dark ways,
14 •who delight in doing wrong
and rejoice in the perverseness of evil,
15 •whose paths are crooked
and who are devious in their ways.
16 •Wisdom will save you also from the adulterous woman,
from the wayward woman with her seductive words,
17 •who has left the partner of her youth
and ignored the covenant she made before God.[a]
18 •Surely her house leads down to death
and her paths to the spirits of the dead.
19 •None who go to her return
or attain the paths of life.
20 •Thus you will walk in the ways of the good
and keep to the paths of the righteous.
21 •For the upright will live in the land,
and the blameless will remain in it;
22 •but the wicked will be cut off from the land,
and the unfaithful will be torn from it.

Wisdom Bestows Well-Being

3 My son, do not forget my teaching,
but keep my commands in your heart,
2 •for they will prolong your life many years
and bring you peace and prosperity.
3 •Let love and faithfulness never leave you;
bind them around your neck,
write them on the tablet of your heart.

[a]17 Or *covenant of her God*

adulteress [ədʌ́ltəris] *n.* 음녀
attain [ətéin] *vt.* 성취하다, 이르다
bestow [bistóu] *vt.* 주다
blameless [bléimlis] *a.* 흠없는
covenant [kʌ́vənənt] *n.* 언약
crooked [krúkid] *a.* 구부러진
devious [dí:viəs] *a.* 그릇된
discretion [diskréʃən] *n.* 분별
ignore [ignɔ́:r] *vt.* 무시하다
perverseness [pərvə́:rsnis] *n.* 사악함
prolong [prəlɔ́:ŋ] *vt.* 연장하다
prosperity [praspérəti] *n.* 번영
seductive [sidʌ́ktiv] *a.* 유혹적인
treasure [tréʒər] *n.* 보물
upright [ʌ́pràit] *a.* 정직한, 올바른

2:7 in store for...: …을 위해 준비하여
2:13 the straight path: 옳은 길
2:18 lead down to...: 점차 …에 이르다
2:20 keep to...: …에서 벗어나지 않다
2:22 be cut off from...: …로부터 끊어지다
2:22 tear from: 떨어져 나오다

4 그리하면 네가 하나님과 사람 앞에서 은
총과 귀중히 여김을 받으리라
5 너는 마음을 다하여 여호와를 신뢰하고
네 명철을 의지하지 말라
6 너는 범사에 그를 인정하라 그리하면 네
길을 지도하시리라
7 스스로 지혜롭게 여기지 말지어다 여호
와를 경외하며 악을 떠날지어다
8 이것이 네 몸에 양약이 되어 네 골수를
윤택하게 하리라
9 네 재물과 네 소산물의 처음 익은 열매
로 여호와를 공경하라
10 그리하면 네 창고가 가득히 차고 네 포
도즙 틀에 새 포도즙이 넘치리라
11 ● 내 아들아 여호와의 징계를 경히 여기
지 말라 그 꾸지람을 싫어하지 말라
12 대저 여호와께서 그 사랑하시는 자를 징
계하시기를 마치 아비가 그 기뻐하는 아
들을 징계함같이 하시느니라
13 지혜를 얻은 자와 명철을 얻은 자는 복
이 있나니
14 이는 지혜를 얻는 것이 은을 얻는 것보
다 낫고 그 이익이 정금보다 나음이니라
15 지혜는 진주보다 귀하니 네가 사모하는
모든 것으로도 이에 비교할 수 없도다
16 그의 오른손에는 장수가 있고 그의 왼손
에는 부귀가 있나니 8:18
17 그 길은 즐거운 길이요 그의 지름길은
다 평강이니라
18 지혜는 그 얻은 자에게 생명 나무라 지
혜를 가진 자는 복되도다
19 여호와께서는 지혜로 땅에 터를 놓으셨
으며 명철로 하늘을 견고히 세우셨고
20 그의 지식으로 깊은 바다를 갈라지게 하
셨으며 공중에서 이슬이 내리게 하셨느
니라
21 내 아들아 완전한 지혜와 근신을 지키고
이것들이 네 눈앞에서 떠나지 말게 하라
22 그리하면 그것이 네 영혼의 생명이 되며
네 목에 장식이 되리니
23 네가 네 길을 평안히 행하겠고 네 발이
거치지 아니하겠으며
24 네가 누울 때에 두려워하지 아니하겠고
네가 누운즉 네 잠이 달리로다
25 너는 갑작스러운 두려움도 악인에게 닥
치는 멸망도 두려워하지 말라
26 대저 여호와는 네가 의지할 이시니라 네

4 Then you will win favor and a good name
in the sight of God and man.
5 Trust in the LORD with all your heart
and lean not on your own understanding;
6 in all your ways submit to him,
and he will make your paths straight.[a]
7 Do not be wise in your own eyes;
fear the LORD and shun evil.
8 This will bring health to your body
and nourishment to your bones.
9 Honor the LORD with your wealth,
with the firstfruits of all your crops;
10 then your barns will be filled to overflowing,
and your vats will brim over with new wine.

11 My son, do not despise the LORD's discipline,
and do not resent his rebuke,
12 because the LORD disciplines those he loves,
as a father the son he delights in.[b]

13 Blessed are those who find wisdom,
those who gain understanding,
14 for she is more profitable than silver
and yields better returns than gold.
15 She is more precious than rubies;
nothing you desire can compare with her.
16 Long life is in her right hand;
in her left hand are riches and honor.
17 Her ways are pleasant ways,
and all her paths are peace.
18 She is a tree of life to those who take hold of her;
those who hold her fast will be blessed.

19 By wisdom the LORD laid the earth's
foundations,
by understanding he set the heavens in
place;
20 by his knowledge the watery depths were divided,
and the clouds let drop the dew.

21 My son, do not let wisdom and
understanding out of your sight,
preserve sound judgment and discretion;
22 they will be life for you,
an ornament to grace your neck.
23 Then you will go on your way in safety,
and your foot will not stumble.
24 When you lie down, you will not be afraid;
when you lie down, your sleep will be sweet.
25 Have no fear of sudden disaster
or of the ruin that overtakes the wicked,
26 for the LORD will be at your side

[a]6 *Or will direct your paths* [b]12 *Hebrew; Septuagint loves, / and he chastens everyone he accepts as his child*

barn [baːrn] *n.* 창고
despise [dispáiz] *vt.* 경멸하다
dew [djuː] *n.* 이슬
discipline [dísəplin] *n.* 징계
discretion [diskréʃən] *n.* 분별
nourishment [nə́ːriʃmənt] *n.* 자양분
ornament [ɔ́ːrnəmənt] *n.* 장식
overtake [òuvərtéik] *vt.* 압도하다
preserve [prizə́ːrv] *vt.* 보전하다
rebuke [ribjúːk] *n.* 책망
resent [rizént] *vt.* 분개하다
shun [ʃʌn] *vt.* 피하다, 멀리하다
stumble [stʌ́mbl] *vi.* 비틀거리다
wicked [wíkid] *a.* 악한
yield [jiːld] *vt.* 산출하다

3:4 in the sight of...: …앞에서
3:5 lean on...: …에 의지하다
3:6 in all one's way: 모든 면에서
3:6 submit to...: …에 따르다
3:10 brim over with...: …으로 차 넘치다
3:19 set... in place: …을 제자리에 두다

발을 지켜 걸리지 않게 하시리라
27 ●네 손이 선을 베풀 힘이 있거든 마땅
히 받을 자에게 베풀기를 아끼지 말며
28 네게 있거든 이웃에게 이르기를 갔다가
다시 오라 내일 주겠노라 하지 말며
29 네 이웃이 네 곁에서 평안히 살거든 그
를 해하려고 꾀하지 말며
30 사람이 네게 악을 행하지 아니하였거든
까닭 없이 더불어 다투지 말며
31 포학한 자를 부러워하지 말며 그의 어떤
행위도 따르지 말라
32 대저 패역한 자는 여호와께서 미워하시
나 정직한 자에게는 그의 교통하심이 있
으며
33 악인의 집에는 여호와의 저주가 있거니
와 의인의 집에는 복이 있느니라
34 진실로 그는 거만한 자를 비웃으시며 겸
손한 자에게 은혜를 베푸시나니
35 지혜로운 자는 영광을 기업으로 받거니와
미련한 자의 영달함은 수치가 되느니라

지혜와 명철을 얻으라 (♪ 382, 419장)

4 아들들아 아비의 훈계를 들으며 명철
을 얻기에 주의하라
2 내가 선한 도리를 너희에게 전하노니 내
법을 떠나지 말라
3 나도 내 아버지에게 아들이었으며 내 어
머니 보기에 유약한 외아들이었노라
4 아버지가 내게 가르쳐 이르기를 내 말
을 네 마음에 두라 내 명령을 지키라 그
리하면 살리라
5 지혜를 얻으며 명철을 얻으라 내 입의
말을 잊지 말며 어기지 말라
6 지혜를 버리지 말라 그가 너를 보호하리
라 그를 사랑하라 그가 너를 지키리라
7 지혜가 제일이니 지혜를 얻으라 네가 얻
은 모든 것을 가지고 명철을 얻을지니라
8 그를 높이라 그리하면 그가 너를 높이
들리라 만일 그를 품으면 그가 너를 영
화롭게 하리라
9 그가 아름다운 관을 네 머리에 두겠고
영화로운 면류관을 네게 주리라 하셨느
니라 1:9
10 ●내 아들아 들으라 내 말을 받으라 그
리하면 네 생명의 해가 길리라
11 내가 지혜로운 길을 네게 가르쳤으며 정
직한 길로 너를 인도하였은즉
12 다닐 때에 네 걸음이 곤고하지 아니하겠

and will keep your foot from being snared.
27 ●Do not withhold good from those
to whom it is due,
when it is in your power to act.
28 ●Do not say to your neighbor,
"Come back tomorrow and I'll give it to you"—
when you already have it with you.
29 ●Do not plot harm against your neighbor,
who lives trustfully near you.
30 ●Do not accuse anyone for no reason—
when they have done you no harm.
31 ●Do not envy the violent
or choose any of their ways.
32 ●For the LORD detests the perverse
but takes the upright into his confidence.
33 ●The LORD's curse is on the house of the wicked,
but he blesses the home of the righteous.
34 ●He mocks proud mockers
but shows favor to the humble and oppressed.
35 ●The wise inherit honor,
but fools get only shame.

Get Wisdom at Any Cost

4 Listen, my sons, to a father's instruction;
pay attention and gain understanding.
2 ●I give you sound learning,
so do not forsake my teaching.
3 ●For I too was a son to my father,
still tender, and cherished by my mother.
4 ●Then he taught me, and he said to me,
"Take hold of my words with all your heart;
keep my commands, and you will live.
5 ●Get wisdom, get understanding;
do not forget my words or turn away from
them.
6 ●Do not forsake wisdom, and she will protect
you;
love her, and she will watch over you.
7 ●The beginning of wisdom is this: Get[a] wisdom.
Though it cost all you have,[b] get
understanding.
8 ●Cherish her, and she will exalt you;
embrace her, and she will honor you.
9 ●She will give you a garland to grace your head
and present you with a glorious crown."
10 ●Listen, my son, accept what I say,
and the years of your life will be many.
11 ●I instruct you in the way of wisdom
and lead you along straight paths.
12 ●When you walk, your steps will not be
hampered;

[a]7 Or *Wisdom is supreme; therefore get* [b]7 Or *wisdom. / Whatever else you get*

잠

accuse [əkjúːz] *vt.* 고발하다
curse [kəːrs] *n.* 저주
detest [ditést] *vt.* 혐오하다
due [djuː] *a.* 마땅한
embrace [imbréis] *vt.* 받아들이다
exalt [igzɔ́ːlt] *vt.* 높이다
forsake [fərséik] *vt.* 저버리다
garland [gɑ́ːrlənd] *n.* 화환
hamper [hǽmpər] *vt.* 방해하다
inherit [inhérit] *vt.* 상속하다, 물려받다
mock [mak] *vt.* 조롱하다
perverse [pərvə́ːrs] *a.* 사악한
snare [snɛər] *vt.* 덫으로 잡다
upright [ʌ́pràit] *a.* 정직한
violent [váiələnt] *a.* 난폭한

3:27 withhold from: 주지 않고 보류하다
3:29 plot against: 음모를 꾸미다
3:32 take A into one's confidence: A에게 마음을 주다, A를 신임하다
4:6 watch over...: …를 보살피다
4:9 present A with B: A에게 B를 주다

고 달려갈 때에 실족하지 아니하리라
13 훈계를 굳게 잡아 놓치지 말고 지키라
이것이 네 생명이니라
14 사악한 자의 길에 들어가지 말며 악인의
길로 다니지 말지어다
15 그의 길을 피하고 지나가지 말며 돌이켜
떠나갈지어다 욥 11:14
16 그들은 악을 행하지 못하면 자지 못하며
사람을 넘어뜨리지 못하면 잠이 오지 아
니하며
17 불의의 떡을 먹으며 강포의 술을 마심이
니라
18 의인의 길은 돋는 햇살 같아서 크게 빛
나 한낮의 광명에 이르거니와
19 악인의 길은 어둠 같아서 그가 걸려 넘어
져도 그것이 무엇인지 깨닫지 못하느니라
20 ● 내 아들아 내 말에 주의하며 내가 말
하는 것에 네 귀를 기울이라
21 그것을 네 눈에서 떠나게 하지 말며 네
마음 속에 지키라 3:21
22 그것은 얻는 자에게 생명이 되며 그의
온 육체의 건강이 됨이니라
23 모든 지킬 만한 것 중에 더욱 네 마음을
지키라 생명의 근원이 이에서 남이니라
24 구부러진 말을 네 입에서 버리며 비뚤어
진 말을 네 입술에서 멀리하라
25 네 눈은 바로 보며 네 눈꺼풀은 네 앞을
곧게 살펴
26 네 발이 행할 길을 [1]평탄하게 하며 네 모
든 길을 든든히 하라
27 좌로나 우로나 치우치지 말고 네 발을
악에서 떠나게 하라

사지와 스올로 가지 말라 (♪ 372, 424장)

5 내 아들아 내 지혜에 주의하며 내 명
철에 네 귀를 기울여서
2 근신을 지키며 네 입술로 지식을 지키
도록 하라
3 대저 음녀의 입술은 꿀을 떨어뜨리며 그
의 입은 기름보다 미끄러우나
4 나중은 쑥같이 쓰고 두 날 가진 칼같이
날카로우며 전 7:26
5 그의 발은 사지로 내려가며 그의 걸음은
스올로 나아가나니
6 그는 생명의 평탄한 길을 찾지 못하며
자기 길이 든든하지 못하여도 그것을 깨
닫지 못하느니라
7 ● 그런즉 아들들아 나에게 들으며 내 입

when you run, you will not stumble.
13 • Hold on to instruction, do not let it go;
guard it well, for it is your life.
14 • Do not set foot on the path of the wicked
or walk in the way of evildoers.
15 • Avoid it, do not travel on it;
turn from it and go on your way.
16 • For they cannot rest until they do evil;
they are robbed of sleep till they
make someone stumble.
17 • They eat the bread of wickedness
and drink the wine of violence.
18 • The path of the righteous is like the morning
sun,
shining ever brighter till the full light of day.
19 • But the way of the wicked is like deep
darkness;
they do not know what makes them
stumble.
20 • My son, pay attention to what I say;
turn your ear to my words.
21 • Do not let them out of your sight,
keep them within your heart;
22 • for they are life to those who find them
and health to one's whole body.
23 • Above all else, guard your heart,
for everything you do flows from it.
24 • Keep your mouth free of perversity;
keep corrupt talk far from your lips.
25 • Let your eyes look straight ahead;
fix your gaze directly before you.
26 • Give careful thought to the[a] paths for your feet
and be steadfast in all your ways.
27 • Do not turn to the right or the left;
keep your foot from evil.

Warning Against Adultery

5 My son, pay attention to my wisdom,
turn your ear to my words of insight,
2 • that you may maintain discretion
and your lips may preserve knowledge.
3 • For the lips of the adulterous woman drip honey,
and her speech is smoother than oil;
4 • but in the end she is bitter as gall,
sharp as a double-edged sword.
5 • Her feet go down to death;
her steps lead straight to the grave.
6 • She gives no thought to the way of life;
her paths wander aimlessly, but she does
not know it.
7 • Now then, my sons, listen to me;

[a]26 Or *Make level* 1) 헤아리며

잠

adultery [ədʌ́ltəri] *n.* 간음, 부정
aimlessly [éimlisli] *ad.* 목적 없이
bitter [bítər] *a.* 쓴
corrupt [kərʌ́pt] *a.* 부정한, 사악한
discretion [diskréʃən] *n.* 분별
double-edged [dʌ́bléd3d] *a.* 쌍날의
evildoer [í:vəldù:ər] *n.* 악행자
gall [gɔ:l] *n.* 담즙, 쓴 것
gaze [geiz] *n.* 눈길, 시선
insight [ínsàit] *n.* 통찰력
perversity [pərvə́:rsəti] *n.* 사악함
steadfast [stédfæ̀st] *a.* 확고한
stumble [stʌ́mbl] *vi.* 넘어지다
wander [wándər] *vi.* 방황하다
wickedness [wíkidnis] *n.* 사악함

4:13 hold on to: 지키다, 고수하다
4:14 set foot on...: …에 발을 들여놓다
4:16 be robbed of...: …를 빼앗기다
4:20 pay attention to...: …를 주목하다
4:20 turn one's ear to...: …에 귀를 기울이다
4:24 far from...: …에서 멀리

의 말을 버리지 말고
8 네 길을 그에게서 멀리하라 그의 집 문
에도 가까이 가지 말라
9 두렵건대 네 존영이 남에게 잃어버리게
되며 네 수한이 잔인한 자에게 빼앗기
게 될까 하노라
10 두렵건대 타인이 네 재물로 충족하게 되
며 네 수고한 것이 외인의 집에 있게 될
까 하노라
11 두렵건대 마지막에 이르러 네 몸, 네 육
체가 쇠약할 때에 네가 한탄하여
12 말하기를 내가 어찌하여 훈계를 싫어하
며 내 마음이 꾸지람을 가벼이 여기고
13 내 선생의 목소리를 청종하지 아니하며
나를 가르치는 이에게 귀를 기울이지 아
니하였던고
14 많은 무리들이 모인 중에서 큰 악에 빠
지게 되었노라 하게 될까 염려하노라
15 ●너는 네 우물에서 물을 마시며 네 샘
에서 흐르는 물을 마시라
16 어찌하여 네 샘물을 집 밖으로 넘치게 하
며 네 도랑물을 거리로 흘러가게 하겠느냐
17 그 물이 네게만 있게 하고 타인과 더불
어 그것을 나누지 말라
18 네 샘으로 복되게 하라 네가 젊어서 취
한 아내를 즐거워하라
19 그는 사랑스러운 암사슴 같고 아름다운
암노루 같으니 너는 그의 품을 항상 족
하게 여기며 그의 사랑을 항상 연모하라
20 내 아들아 어찌하여 음녀를 연모하겠으며
어찌하여 이방 계집의 가슴을 안겠느냐
21 대저 사람의 길은 여호와의 눈앞에 있나
니 그가 그 사람의 모든 길을 1)평탄하게
하시느니라
22 악인은 자기의 악에 걸리며 그 죄의 줄
에 매이나니 민 32:23
23 그는 훈계를 받지 아니함으로 말미암아
죽겠고 심히 미련함으로 말미암아 혼미
하게 되느니라

실제적 교훈 (♪ 347, 450장)

6 내 아들아 네가 만일 이웃을 위하여
담보하며 타인을 위하여 2)보증하였
으면 11:15
2 네 입의 말로 네가 얽혔으며 네 입의 말
로 인하여 잡히게 되었느니라
3 내 아들아 네가 네 이웃의 손에 빠졌은
즉 이같이 하라 너는 곧 가서 겸손히 네

do not turn aside from what I say.
8 •Keep to a path far from her,
do not go near the door of her house,
9 •lest you lose your honor to others
and your dignity[a] to one who is cruel,
10 •lest strangers feast on your wealth
and your toil enrich the house of another.
11 •At the end of your life you will groan,
when your flesh and body are spent.
12 •You will say, "How I hated discipline!
How my heart spurned correction!
13 •I would not obey my teachers
or turn my ear to my instructors.
14 •And I was soon in serious trouble
in the assembly of God's people."
15 •Drink water from your own cistern,
running water from your own well.
16 •Should your springs overflow in the streets,
your streams of water in the public squares?
17 •Let them be yours alone,
never to be shared with strangers.
18 •May your fountain be blessed,
and may you rejoice in the wife of your
youth.
19 •A loving doe, a graceful deer—
may her breasts satisfy you always,
may you ever be intoxicated with her love.
20 •Why, my son, be intoxicated with another
man's wife?
Why embrace the bosom of a wayward
woman?
21 •For your ways are in full view of the LORD,
and he examines all your paths.
22 •The evil deeds of the wicked ensnare them;
the cords of their sins hold them fast.
23 •For lack of discipline they will die,
led astray by their own great folly.

Warnings Against Folly

6 My son, if you have put up security
for your neighbor,
if you have shaken hands in pledge for
a stranger,
2 •you have been trapped by what you said,
ensnared by the words of your mouth.
3 •So do this, my son, to free yourself,
since you have fallen into your neighbor's
hands:
Go—to the point of exhaustion—[b]
and give your neighbor no rest!

[a]9 Or *years* [b]3 Or *Go and humble yourself,*

1) 헤아리시느니라 2) 히, 네 손을 치면

cistern [sístərn] *n.* 저수지
correction [kərékʃən] *n.* 징계
cruel [krúːəl] *a.* 잔인한
dignity [dígnəti] *n.* 위엄
embrace [imbréis] *vt.* 받아들이다
ensnare [insnέər] *vt.* 덫에 걸리게 하다
flesh [fleʃ] *n.* 육체
folly [fáli] *n.* 어리석음
fountain [fáuntən] *n.* 근원
groan [groun] *vi.* 신음하다
intoxicate [intáksikèit] *vt.* 취하게 하다
pledge [pledʒ] *n.* 맹세, 서약
spurn [spəːrn] *vt.* 거절하다
toil [tɔil] *n.* 수고
wayward [wéiwərd] *a.* 고집스러운

5:8 keep... from~: …가 ~못하게 하다
5:17 be shared with...: …와 공유하다
5:21 in full view of...: …가 다 보는 곳에서
5:22 hold... fast: …를 꼭 쥐다
5:23 lack of...: …이 부족한
5:23 lead astray: 미혹시키다

이웃에게 간구하여 스스로 구원하되
4 네 눈을 잠들게 하지 말며 눈꺼풀을 감
기게 하지 말고
5 노루가 사냥꾼의 손에서 벗어나는 것같
이, 새가 그물 치는 자의 손에서 벗어나
는 것같이 스스로 구원하라 시 91:3
6 ●게으른 자여 개미에게 가서 그가 하는
것을 보고 지혜를 얻으라
7 개미는 두령도 없고 감독자도 없고 통치
자도 없으되
8 먹을 것을 여름 동안에 예비하며 추수
때에 양식을 모으느니라
9 게으른 자여 네가 어느 때까지 누워 있
겠느냐 네가 어느 때에 잠이 깨어 일어
나겠느냐
10 좀더 자자, 좀더 졸자, 손을 모으고 좀더
누워 있자 하면 24:33
11 네 빈궁이 강도같이 오며 네 곤핍이 군
사같이 이르리라 24:34
12 ●불량하고 악한 자는 구부러진 말을 하
고 다니며 10:32
13 눈짓을 하며 발로 뜻을 보이며 손가락질
을 하며
14 그의 마음에 패역을 품으며 항상 악을
꾀하여 다툼을 일으키는 자라
15 그러므로 그의 재앙이 갑자기 내려 당장
에 멸망하여 살릴 길이 없으리라
16 여호와께서 미워하시는 것 곧 그의 마음
에 싫어하시는 것이 예닐곱 가지이니
17 곧 교만한 눈과 거짓된 혀와 무죄한 자
의 피를 흘리는 손과
18 악한 계교를 꾀하는 마음과 빨리 악으로
달려가는 발과
19 거짓을 말하는 망령된 증인과 및 형제
사이를 이간하는 자이니라

훈계와 명령

20 ●내 아들아 네 아비의 명령을 지키며
네 어미의 법을 떠나지 말고
21 그것을 항상 네 마음에 새기며 네 목에
매라
22 그것이 네가 다닐 때에 너를 인도하며
네가 잘 때에 너를 보호하며 네가 깰 때
에 너와 더불어 말하리니 3:23, 24
23 대저 명령은 등불이요 법은 빛이요 훈계
의 책망은 곧 생명의 길이라 시 19:8
24 이것이 너를 지켜 악한 여인에게, 이방
여인의 혀로 호리는 말에 빠지지 않게

4 ●Allow no sleep to your eyes,
no slumber to your eyelids.
5 ●Free yourself, like a gazelle from the hand
of the hunter,
like a bird from the snare of the fowler.

6 ●Go to the ant, you sluggard;
consider its ways and be wise!
7 ●It has no commander,
no overseer or ruler,
8 ●yet it stores its provisions in summer
and gathers its food at harvest.

9 ●How long will you lie there, you sluggard?
When will you get up from your sleep?
10 ●A little sleep, a little slumber,
a little folding of the hands to rest—
11 ●and poverty will come on you like a thief
and scarcity like an armed man.

12 ●A troublemaker and a villain,
who goes about with a corrupt mouth,
13 ●who winks maliciously with his eye,
signals with his feet
and motions with his fingers,
14 ●who plots evil with deceit in his heart—
he always stirs up conflict.
15 ●Therefore disaster will overtake him in an
instant;
he will suddenly be destroyed—without
remedy.

16 ●There are six things the LORD hates,
seven that are detestable to him:
17 ●haughty eyes,
a lying tongue,
hands that shed innocent blood,
18 ●a heart that devises wicked schemes,
feet that are quick to rush into evil,
19 ●a false witness who pours out lies
and a person who stirs up conflict in
the community.

Warning Against Adultery

20 ●My son, keep your father's command
and do not forsake your mother's teaching.
21 ●Bind them always on your heart;
fasten them around your neck.
22 ●When you walk, they will guide you;
when you sleep, they will watch over you;
when you awake, they will speak to you.
23 ●For this command is a lamp,
this teaching is a light,
and correction and instruction
are the way to life,
24 ●keeping you from your neighbor's wife,

adultery [ədʌ́ltəri] *n.* 간음, 부정
corrupt [kərʌ́pt] *a.* 부정한, 타락한
devise [diváiz] *vt.* (방법을) 궁리하다
fowler [fáulər] *n.* 사냥꾼
haughty [hɔ́:ti] *a.* 교만한
maliciously [məlíʃəsli] *ad.* 악의적으로
overseer [óuvərsì:ər] *n.* 감독
plot [plat] *vt.* 몰래 꾸미다
poverty [pávərti] *n.* 가난
provision [prəvíʒən] *n.* 양식
scheme [ski:m] *n.* 계획
sluggard [slʌ́gərd] *n.* 게으름뱅이
slumber [slʌ́mbər] *n.* 선잠, 잠
snare [snεər] *n.* 덫, 올무
villain [vílən] *n.* 악인

6:12 go about...: …을 하다
6:14 stir up: 일으키다
6:18 rush into...: 급하게…하다
6:19 pour out: (말이) 쏟아져 나오다
6:22 watch over...: …를 보살피다
6:24 keep...from~: …를 ~하지 못하게 하다

하리라
25 네 마음에 그의 아름다움을 탐하지 말며
그 눈꺼풀에 홀리지 말라
26 음녀로 말미암아 사람이 한 조각 떡만
남게 됨이며 음란한 여인은 귀한 생명을
사냥함이니라
27 사람이 불을 품에 품고서야 어찌 그의
옷이 타지 아니하겠으며
28 사람이 숯불을 밟고서야 어찌 그의 발이
데지 아니하겠느냐
29 남의 아내와 통간하는 자도 이와 같을 것
이라 그를 만지는 자마다 벌을 면하지 못
하리라
30 도둑이 만일 주릴 때에 배를 채우려고
도둑질하면 사람이 그를 멸시하지는 아
니하려니와
31 들키면 칠 배를 갚아야 하리니 심지어
자기 집에 있는 것을 다 내주게 되리라
32 여인과 간음하는 자는 무지한 자라 이것
을 행하는 자는 자기의 영혼을 망하게
하며
33 상함과 능욕을 받고 부끄러움을 씻을 수
없게 되나니 18:3
34 남편이 투기로 분노하여 원수 갚는 날에
용서하지 아니하고 27:4
35 어떤 보상도 받지 아니하며 많은 선물을
줄지라도 듣지 아니하리라

음녀의 길로 치우치지 말라 (♪ 400, 414장)

7 내 아들아 내 말을 지키며 내 계명을
간직하라
2 내 계명을 지켜 살며 내 법을 네 눈동자
처럼 지키라
3 이것을 네 손가락에 매며 이것을 네 마
음판에 새기라 신 6:8
4 지혜에게 너는 내 누이라 하며 명철에게
너는 내 친족이라 하라
5 그리하면 이것이 너를 지켜서 음녀에
게, 말로 호리는 이방 여인에게 빠지지
않게 하리라
6 내가 내 집 들창으로, 살창으로 내다보
다가
7 어리석은 자 중에, 젊은이 가운데에 한
지혜 없는 자를 보았노라
8 그가 거리를 지나 음녀의 골목 모퉁이로
가까이하여 그의 집쪽으로 가는데
9 저물 때, 황혼 때, 깊은 밤 흑암 중에라
10 그때에 기생의 옷을 입은 간교한 여인이

from the smooth talk of a wayward woman.
25 •Do not lust in your heart after her beauty
or let her captivate you with her eyes.
26 •For a prostitute can be had for a loaf of bread,
but another man's wife preys on your very life.
27 •Can a man scoop fire into his lap
without his clothes being burned?
28 •Can a man walk on hot coals
without his feet being scorched?
29 •So is he who sleeps with another man's wife;
no one who touches her will go unpunished.
30 •People do not despise a thief if he steals
to satisfy his hunger when he is starving.
31 •Yet if he is caught, he must pay sevenfold,
though it costs him all the wealth
of his house.
32 •But a man who commits adultery
has no sense;
whoever does so destroys himself.
33 •Blows and disgrace are his lot,
and his shame will never be wiped away.
34 •For jealousy arouses a husband's fury,
and he will show no mercy when he takes
revenge.
35 •He will not accept any compensation;
he will refuse a bribe, however great it is.

Warning Against the Adulterous Woman

7 My son, keep my words and store up my
commands within you.
2 •Keep my commands and you will live;
guard my teachings as the apple of your eye.
3 •Bind them on your fingers;
write them on the tablet of your heart.
4 •Say to wisdom, "You are my sister,"
and to insight, "You are my relative."
5 •They will keep you from the adulterous woman,
from the wayward woman with her seductive
words.
6 •At the window of my house
I looked down through the lattice.
7 •I saw among the simple,
I noticed among the young men,
a youth who had no sense.
8 •He was going down the street near her corner,
walking along in the direction of her house
9 •at twilight, as the day was fading,
as the dark of night set in.
10 •Then out came a woman to meet him,
dressed like a prostitute and with crafty
intent.

bribe [bráib] *n.* 뇌물
captivate [kǽptəvèit] *vt.* 사로잡다
compensation [kɑ̀mpənséiʃən] *n.* 보상
crafty [krǽfti] *a.* 간교한
despise [dispáiz] *vt.* 멸시하다
fury [fjúəri] *n.* 분노
lattice [lǽtis] *n.* 격자창
lot [lat] *n.* 무리
prostitute [prɑ́stətjù:t] *n.* 창녀
revenge [rivéndʒ] *n.* 복수
scorch [skɔ:rtʃ] *vt.* 태우다, 시들다
sevenfold [sévnfòuld] *ad.* 7배로
simple [símpl] *a.* 어리석은
starving [stɑ́:rviŋ] *a.* 굶주리는
wayward [wéiwərd] *a.* 변덕스러운

6:25 lust after...: …을 갈망하다
6:26 prey on...: …를 먹이로 삼다
6:32 commit adultery: 간음하다
6:32 have no sense: 지각이 없다
6:33 wipe away: 닦아 내다, 지우다
6:34 show no mercy: 자비를 베풀지 않다

그를 맞으니
11 이 여인은 떠들며 완악하며 그의 발이
집에 머물지 아니하여
12 어떤 때에는 거리, 어떤 때에는 광장 또
모퉁이마다 서서 사람을 기다리는 자라
13 그 여인이 그를 붙잡고 그에게 입맞추며
부끄러움을 모르는 얼굴로 그에게 말하
되
14 내가 화목제를 드려 서원한 것을 오늘
갚았노라
15 이러므로 내가 너를 맞으려고 나와 네
얼굴을 찾다가 너를 만났도다
16 내 침상에는 요와 애굽의 무늬 있는 이
불을 폈고
17 몰약과 침향과 계피를 뿌렸노라
18 오라 우리가 아침까지 흡족하게 서로 사
랑하며 사랑함으로 희락하자
19 남편은 집을 떠나 먼 길을 갔는데
20 은 주머니를 가졌은즉 보름 날에나 집에
돌아오리라 하여
21 여러 가지 고운 말로 유혹하며 입술의
호리는 말로 꾀므로
22 젊은이가 곧 그를 따랐으니 소가 도수장
으로 가는 것 같고 미련한 자가 벌을 받
으려고 쇠사슬에 매이러 가는 것과 같도
다 욥 18:10
23 필경은 화살이 그 간을 뚫게 되리라 새
가 빨리 그물로 들어가되 그의 생명을
잃어버릴 줄을 알지 못함과 같으니라
24 ●이제 아들들아 내 말을 듣고 내 입의
말에 주의하라
25 네 마음이 음녀의 길로 치우치지 말며
그 길에 미혹되지 말지어다
26 대저 그가 많은 사람을 상하여 엎드러지
게 하였나니 그에게 죽은 자가 허다하니
라 9:18
27 그의 집은 스올의 길이라 사망의 방으로
내려가느니라 5:5

지혜와 명철 찬양 (♪425, 549장)

8 지혜가 부르지 아니하느냐 명철이 소
리를 높이지 아니하느냐 1:20
2 그가 길가의 높은 곳과 네거리에 서며
3 성문 곁과 문 어귀와 여러 출입하는 문
에서 불러 이르되
4 사람들아 내가 너희를 부르며 내가 인자
들에게 소리를 높이노라
5 어리석은 자들아 너희는 명철할지니라

11 ●(She is unruly and defiant,
her feet never stay at home;
12 ●now in the street, now in the squares,
at every corner she lurks.)
13 ●She took hold of him and kissed him
and with a brazen face she said:
14 ●"Today I fulfilled my vows,
and I have food from my fellowship
offering at home.
15 ●So I came out to meet you;
I looked for you and have found you!
16 ●I have covered my bed
with colored linens from Egypt.
17 ●I have perfumed my bed
with myrrh, aloes and cinnamon.
18 ●Come, let's drink deeply of love till morning;
let's enjoy ourselves with love!
19 ●My husband is not at home;
he has gone on a long journey.
20 ●He took his purse filled with money
and will not be home till full moon."
21 ●With persuasive words she led him astray;
she seduced him with her smooth talk.
22 ●All at once he followed her
like an ox going to the slaughter,
like a deer[a] stepping into a noose[b]
23 ● till an arrow pierces his liver,
like a bird darting into a snare,
little knowing it will cost him his life.
24 ●Now then, my sons, listen to me;
pay attention to what I say.
25 ●Do not let your heart turn to her ways
or stray into her paths.
26 ●Many are the victims she has brought down;
her slain are a mighty throng.
27 ●Her house is a highway to the grave,
leading down to the chambers of death.

Wisdom's Call

8 Does not wisdom call out?
Does not understanding raise her voice?
2 ●At the highest point along the way,
where the paths meet, she takes her stand;
3 ●beside the gate leading into the city,
at the entrance, she cries aloud:
4 ●"To you, O people, I call out;
I raise my voice to all mankind.
5 ●You who are simple, gain prudence;
you who are foolish, set your hearts on it.[c]

[a]22 Syriac (see also Septuagint); Hebrew *fool* [b]22 The meaning of the Hebrew for this line is uncertain. [c]5 Septuagint; Hebrew *foolish, instruct your minds*

brazen [bréizn] *a.* 뻔뻔스러운	**noose** [nu:s] *n.* 올가미	**slay** [slei] *vt.* 살해하다
chamber [tʃéimbər] *n.* 방	**offering** [ɔ́:fəriŋ] *n.* 제물	**snare** [snɛər] *n.* 덫, 함정
defiant [difáiənt] *a.* 반항적인	**prudence** [prú:dns] *n.* 신중함	**stray** [strei] *vi.* 벗어나다
lurk [lə:rk] *vi.* 숨어서 기다리다	**seduce** [sidjú:s] *vt.* 유혹하다	**throng** [θrɔ:ŋ] *n.* 군중
myrrh [mə:r] *n.* 몰약	**slaughter** [slɔ́:tər] *n.* 살육	**vow** [vau] *n.* 서약

7:15 look for...: …을 찾다, 기대하다
7:21 lead... astray: …를 나쁜 길로 인도하다
7:22 at once: 즉시
7:23 dart into...: …로 뛰어들다
7:26 bring down: 파멸시키다
8:2 take one's stand: 서다

미련한 자들아 너희는 마음이 밝을지니
라 1:4
6 너희는 들을지어다 내가 가장 선한 것을
말하리라 내 입술을 열어 정직을 내리라
7 내 입은 진리를 말하며 내 입술은 악을
미워하느니라 시 37:30
8 내 입의 말은 다 의로운즉 그 가운데에
굽은 것과 패역한 것이 없나니
9 이는 다 총명 있는 자가 밝히 아는 바요
지식 얻은 자가 정직하게 여기는 바니라
10 너희가 은을 받지 말고 나의 훈계를 받
으며 정금보다 지식을 얻으라 3:14
11 대저 지혜는 진주보다 나으므로 원하는
모든 것을 이에 비교할 수 없음이니라
12 나 지혜는 명철로 주소를 삼으며 지식과
근신을 찾아 얻나니 1:4
13 여호와를 경외하는 것은 악을 미워하는
것이라 나는 교만과 거만과 악한 행실과
패역한 입을 미워하느니라 16:6
14 내게는 계략과 참 지식이 있으며 나는
명철이라 내게 능력이 있으므로
15 나로 말미암아 왕들이 치리하며 방백들
이 공의를 세우며
16 나로 말미암아 재상과 존귀한 자 곧 모
든 의로운 재판관들이 다스리느니라
17 나를 사랑하는 자들이 나의 사랑을 입으
며 나를 [1]간절히 찾는 자가 나를 만날 것
이니라
18 부귀가 내게 있고 장구한 재물과 공의도
그러하니라
19 내 열매는 금이나 정금보다 나으며 내
소득은 순은보다 나으니라
20 나는 정의로운 길로 행하며 공의로운 길
가운데로 다니나니
21 이는 나를 사랑하는 자가 재물을 얻어서
그 곳간에 채우게 하려 함이니라
22 ● 여호와께서 그 조화의 시작 곧 태초에
일하시기 전에 나를 가지셨으며
23 만세 전부터, 태초부터, 땅이 생기기 전
부터 내가 세움을 받았나니 요 17:5
24 아직 바다가 생기지 아니하였고 큰 샘들
이 있기 전에 내가 이미 났으며
25 산이 세워지기 전에, 언덕이 생기기 전
에 내가 이미 났으니
26 하나님이 아직 땅도, 들도, 세상 진토의
근원도 짓지 아니하셨을 때에라
27 그가 하늘을 지으시며 궁창을 해면에 두

6 ● Listen, for I have trustworthy things to say;
I open my lips to speak what is right.
7 ● My mouth speaks what is true,
for my lips detest wickedness.
8 ● All the words of my mouth are just;
none of them is crooked or perverse.
9 ● To the discerning all of them are right;
they are upright to those who have
found knowledge.
10 ● Choose my instruction instead of silver,
knowledge rather than choice gold,
11 ● for wisdom is more precious than rubies,
and nothing you desire can compare with her.
12 ● "I, wisdom, dwell together with prudence;
I possess knowledge and discretion.
13 ● To fear the LORD is to hate evil;
I hate pride and arrogance,
evil behavior and perverse speech.
14 ● Counsel and sound judgment are mine;
I have insight, I have power.
15 ● By me kings reign
and rulers issue decrees that are just;
16 ● by me princes govern,
and nobles—all who rule on earth.[a]
17 ● I love those who love me,
and those who seek me find me.
18 ● With me are riches and honor,
enduring wealth and prosperity.
19 ● My fruit is better than fine gold;
what I yield surpasses choice silver.
20 ● I walk in the way of righteousness,
along the paths of justice,
21 ● bestowing a rich inheritance on those
who love me
and making their treasuries full.
22 ● "The LORD brought me forth as the first of his
works,[b, c]
before his deeds of old;
23 ● I was formed long ages ago,
at the very beginning, when the world came
to be.
24 ● When there were no watery depths, I was
given birth,
when there were no springs overflowing with
water;
25 ● before the mountains were settled in place,
before the hills, I was given birth,
26 ● before he made the world or its fields
or any of the dust of the earth.
27 ● I was there when he set the heavens in place,

[a]16 Some Hebrew manuscripts and Septuagint; other Hebrew manuscripts *all righteous rulers* [b]22 Or *way*; or *dominion* [c]22 Or *The LORD possessed me at the beginning of his work*; or *The LORD brought me forth at the beginning of his work*

1) 히, 새벽에

arrogance [ǽrəgəns] *n.* 오만	**discerning** [disə́:rniŋ] *a.* 통찰력 있는	**possess** [pəzés] *vt.* 소유하다
crooked [krúkid] *a.* 구부러진	**discretion** [diskréʃən] *n.* 분별	**prosperity** [praspérəti] *n.* 번영
decree [dikrí:] *n.* 규례, 법령	**enduring** [indjúəriŋ] *a.* 지속되는	**surpass** [sərpǽs] *vt.* 능가하다
deed [di:d] *n.* 행위	**inheritance** [inhérətəns] *n.* 기업, 상속	**treasury** [tréʒəri] *n.* 금고
detest [ditést] *vt.* 혐오하다	**perverse** [pərvə́:rs] *a.* 사악한	**wickedness** [wíkidnis] *n.* 악

8:10 instead of...: … 대신에	**8:11 compare with...**: …와 비교하다	**8:22 bring forth**: 생기게 하다, 낳다
8:10 A rather than B: B보다는 오히려 A	**8:21 bestow A on B**: B에게 A를 부여하다	**8:25 in place**: 제자리에

르실 때에 내가 거기 있었고
28 그가 위로 구름 하늘을 견고하게 하시며 바다의 샘들을 힘 있게 하시며
29 바다의 한계를 정하여 물이 명령을 거스르지 못하게 하시며 또 땅의 기초를 정하실 때에
30 내가 그 곁에 있어서 [1)]창조자가 되어 날마다 그의 기뻐하신 바가 되었으며 항상 그 앞에서 즐거워하였으며
31 사람이 거처할 땅에서 즐거워하며 인자들을 기뻐하였느니라
32 ●아들들아 이제 내게 들으라 내 도를 지키는 자가 복이 있느니라
33 훈계를 들어서 지혜를 얻으라 그것을 버리지 말라 4:1
34 누구든지 내게 들으며 날마다 내 문 곁에서 기다리며 문설주 옆에서 기다리는 자는 복이 있나니
35 대저 나를 얻는 자는 생명을 얻고 여호와께 은총을 얻을 것임이니라 4:22
36 그러나 [2)]나를 잃는 자는 자기의 영혼을 해하는 자라 나를 미워하는 자는 사망을 사랑하느니라

지혜와 어리석음 (♪ 204장)

9 지혜가 그의 집을 짓고 일곱 기둥을 다듬고
2 짐승을 잡으며 포도주를 혼합하여 상을 갖추고 마 22:4
3 자기의 여종을 보내어 성중 높은 곳에서 불러 이르기를 시 68:11
4 어리석은 자는 이리로 돌이키라 또 지혜 없는 자에게 이르기를 8:5
5 너는 와서 내 식물을 먹으며 내 혼합한 포도주를 마시고
6 어리석음을 버리고 생명을 얻으라 명철의 길을 행하라 하느니라
7 ●거만한 자를 징계하는 자는 도리어 능욕을 받고 악인을 책망하는 자는 도리어 흠이 잡히느니라
8 거만한 자를 책망하지 말라 그가 너를 미워할까 두려우니라 지혜 있는 자를 책망하라 그가 너를 사랑하리라 마 7:6
9 지혜 있는 자에게 교훈을 더하라 그가 더욱 지혜로워질 것이요 의로운 사람을 가르치라 그의 학식이 더하리라 1:5
10 여호와를 경외하는 것이 지혜의 근본이요 거룩하신 자를 아는 것이 명철이니라

1) 장인 2) 내게 범죄하는 자는

when he marked out the horizon on the
face of the deep,
28 ●when he established the clouds above
and fixed securely the fountains of the deep,
29 ●when he gave the sea its boundary
so the waters would not overstep his
command,
and when he marked out the foundations
of the earth.
30 ● Then I was constantly[a] at his side.
I was filled with delight day after day,
rejoicing always in his presence,
31 ●rejoicing in his whole world
and delighting in mankind.
32 ●"Now then, my children, listen to me;
blessed are those who keep my ways.
33 ●Listen to my instruction and be wise;
do not disregard it.
34 ●Blessed are those who listen to me,
watching daily at my doors,
waiting at my doorway.
35 ●For those who find me find life
and receive favor from the LORD.
36 ●But those who fail to find me harm themselves;
all who hate me love death."

Invitations of Wisdom and Folly

9 Wisdom has built her house;
she has set up[b] its seven pillars.
2 ●She has prepared her meat and mixed her
wine;
she has also set her table.
3 ●She has sent out her servants, and she calls
from the highest point of the city,
4 ● "Let all who are simple come to my house!"
To those who have no sense she says,
5 ● "Come, eat my food
and drink the wine I have mixed.
6 ●Leave your simple ways and you will live;
walk in the way of insight."
7 ●Whoever corrects a mocker invites insults;
whoever rebukes the wicked incurs
abuse.
8 ●Do not rebuke mockers or they will hate you;
rebuke the wise and they will love you.
9 ●Instruct the wise and they will be wiser still;
teach the righteous and they will add to
their learning.
10 ●The fear of the LORD is the beginning of
wisdom,

[a]30 Or *was the artisan;* or *was a little child* [b]1 Septuagint, Syriac and Targum; Hebrew *has hewn out*

abuse [əbjúːz] *n.* 모욕
command [kəmǽnd] *n.* 명령
correct [kərékt] *vt.* 바로잡다, 고치다
establish [istǽbliʃ] *vt.* 자리잡게 하다
folly [fáli] *n.* 어리석음
fountain [fáuntən] *n.* 샘
incur [inkə́ːr] *vt.* 초래하다
insult [insʌ́lt] *n.* 모욕
mocker [mákər] *n.* 조롱하는 자
overstep [òuvərstép] *vt.* 한계를 넘다
pillar [pílər] *n.* 기둥
rebuke [ribjúːk] *vt.* 꾸짖다
securely [sikjúərli] *ad.* 안전하게
simple [símpl] *a.* 어리석은, 단순한
wicked [wíkid] *a.* 악한

8:27 mark out: 구획하다
8:30 in one's presence: …의 면전에서
8:32 keep one's way: 흔들리지 않고 나아가다
9:3 send out: 파견하다, 발송하다
9:9 add to...: …에 더하다

11 나 지혜로 말미암아 네 날이 많아질 것
이요 네 생명의 해가 네게 더하리라
12 네가 만일 지혜로우면 그 지혜가 네게
유익할 것이나 네가 만일 거만하면 너
홀로 해를 당하리라
13 ●미련한 여인이 떠들며 어리석어서
아무것도 알지 못하고
14 자기 집 문에 앉으며 성읍 높은 곳에
있는 자리에 앉아서
15 자기 길을 바로 가는 행인들을 불러 이
르되
16 어리석은 자는 이리로 돌이키라 또 지
혜 없는 자에게 이르기를 9:4
17 도둑질한 물이 달고 몰래 먹는 떡이 맛
이 있다 하는도다
18 오직 그 어리석은 자는 죽은 자들이 거
기 있는 것과 그의 객들이 스올 깊은
곳에 있는 것을 알지 못하느니라

솔로몬의 잠언 (♪ 375, 449장)

10 솔로몬의 잠언이라 ●지혜로운
아들은 아비를 기쁘게 하거니와
미련한 아들은 어미의 근심이니라
2 불의의 재물은 무익하여도 공의는 죽
음에서 건지느니라
3 여호와께서 의인의 영혼은 주리지 않
게 하시나 악인의 소욕은 물리치시느
니라
4 손을 게으르게 놀리는 자는 가난하게
되고 손이 부지런한 자는 부하게 되느
니라
5 여름에 거두는 자는 지혜로운 아들이
나 추수 때에 자는 자는 부끄러움을
끼치는 아들이니라
6 의인의 머리에는 복이 임하나 악인의
입은 1)독을 머금었느니라
7 의인을 기념할 때에는 칭찬하거니와
악인의 이름은 썩게 되느니라
8 마음이 지혜로운 자는 계명을 받거니와
입이 미련한 자는 멸망하리라 13:3
9 바른 길로 행하는 자는 걸음이 평안하
려니와 굽은 길로 행하는 자는 드러나
리라
10 눈짓하는 자는 근심을 끼치고 입이 미
련한 자는 멸망하느니라
11 의인의 입은 생명의 샘이라도 악인의
입은 1)독을 머금었느니라
12 미움은 다툼을 일으켜도 사랑은 모든

and knowledge of the Holy One is understanding.
11 ●For through wisdom[a] your days will be many,
and years will be added to your life.
12 ●If you are wise, your wisdom will reward you;
if you are a mocker, you alone will suffer.
13 ●Folly is an unruly woman;
she is simple and knows nothing.
14 ●She sits at the door of her house,
on a seat at the highest point of the city,
15 ●calling out to those who pass by,
who go straight on their way,
16 ● "Let all who are simple come to my house!"
To those who have no sense she says,
17 ● "Stolen water is sweet;
food eaten in secret is delicious!"
18 ●But little do they know that the dead are there,
that her guests are deep in the realm of the dead.

Proverbs of Solomon

10 The proverbs of Solomon:
A wise son brings joy to his father,
but a foolish son brings grief to his mother.
2 ●Ill-gotten treasures have no lasting value,
but righteousness delivers from death.
3 ●The LORD does not let the righteous go hungry,
but he thwarts the craving of the wicked.
4 ●Lazy hands make for poverty,
but diligent hands bring wealth.
5 ●He who gathers crops in summer is a prudent son,
but he who sleeps during harvest is a
disgraceful son.
6 ●Blessings crown the head of the righteous,
but violence overwhelms the mouth of
the wicked.[b]
7 ●The name of the righteous is used in blessings,[c]
but the name of the wicked will rot.
8 ●The wise in heart accept commands,
but a chattering fool comes to ruin.
9 ●Whoever walks in integrity walks securely,
but whoever takes crooked paths will be
found out.
10 ●Whoever winks maliciously causes grief,
and a chattering fool comes to ruin.
11 ●The mouth of the righteous is a fountain of life,
but the mouth of the wicked conceals violence.
12 ●Hatred stirs up conflict,
but love covers over all wrongs.

[a] *11* Septuagint, Syriac and Targum; Hebrew *me* [b] *6* Or *righteous, / but the mouth of the wicked conceals violence* [c] *7* See Gen. 48:20.

1) 독이 가리워 있느니라

chatter [tʃǽtər] *vi.* 잡담하다
conceal [kənsí:l] *vt.* 숨기다
craving [kréiviŋ] *n.* 욕망
crooked [krúkid] *a.* 구부러진
diligent [dílədʒənt] *a.* 부지런한
folly [fáli] *n.* 어리석음
ill-gotten [ilgátn] *a.* 부정한 수단으로 얻은
integrity [íntégrəti] *n.* 성실, 진실
maliciously [məlíʃəsli] *ad.* 심술궂게
overwhelm [òuvərhwélm] *vt.* 압도하다
poverty [pávərti] *n.* 가난
securely [sikjúərli] *ad.* 안전하게
thwart [θwɔ:rt] *vt.* 좌절시키다
treasure [tréʒər] *n.* 부, 재물
unruly [ʌnrú:li] *a.* 제멋대로 하는

9:15 call out to...: …에게 큰소리로 말하다
9:15 pass by: 지나가다
10:2 deliver from...: …에서 구해내다
10:8 come to ruin: 파멸에 이르다
10:9 find out: 발견하다
10:12 stir up: 부추기다, 일으키다

허물을 가리느니라
13 명철한 자의 입술에는 지혜가 있어도 지혜 없는 자의 등을 위하여는 채찍이 있느니라 26:3
14 지혜로운 자는 지식을 간직하거니와 미련한 자의 입은 멸망에 가까우니라
15 부자의 재물은 그의 견고한 성이요 가난한 자의 궁핍은 그의 멸망이니라
16 의인의 수고는 생명에 이르고 악인의 소득은 죄에 이르느니라
17 훈계를 지키는 자는 생명 길로 행하여도 징계를 버리는 자는 그릇 가느니라
18 미움을 감추는 자는 거짓된 입술을 가진 자요 중상하는 자는 미련한 자이니라
19 말이 많으면 허물을 면하기 어려우나 그 입술을 제어하는 자는 지혜가 있느니라
20 의인의 혀는 순은과 같거니와 악인의 마음은 가치가 적으니라
21 의인의 입술은 여러 사람을 교육하나 미련한 자는 지식이 없어 죽느니라 5:23
22 여호와께서 주시는 복은 사람을 부하게 [1]하고 근심을 겸하여 주지 아니하시느니라
23 미련한 자는 행악으로 낙을 삼는 것같이 명철한 자는 지혜로 낙을 삼느니라
24 악인에게는 그의 두려워하는 것이 임하거니와 의인은 그 원하는 것이 이루어지느니라
25 회오리바람이 지나가면 악인은 없어져도 의인은 영원한 기초 같으니라
26 게으른 자는 그 부리는 사람에게 마치 이에 식초 같고 눈에 연기 같으니라
27 여호와를 경외하면 장수하느니라 그러나 악인의 수명은 짧아지느니라 9:11
28 의인의 소망은 즐거움을 이루어도 악인의 소망은 끊어지느니라
29 여호와의 도가 정직한 자에게는 산성이요 행악하는 자에게는 멸망이니라
30 의인은 영영히 이동되지 아니하여도 악인은 땅에 거하지 못하게 되느니라
31 의인의 입은 지혜를 내어도 패역한 혀는 베임을 당할 것이니라
32 의인의 입술은 기쁘게 할 것을 알거늘 악인의 입은 패역을 말하느니라

13 •Wisdom is found on the lips of the discerning,
but a rod is for the back of one who has no sense.
14 •The wise store up knowledge,
but the mouth of a fool invites ruin.
15 •The wealth of the rich is their fortified city,
but poverty is the ruin of the poor.
16 •The wages of the righteous is life,
but the earnings of the wicked are sin and death.
17 •Whoever heeds discipline shows the way to life,
but whoever ignores correction leads others astray.
18 •Whoever conceals hatred with lying lips
and spreads slander is a fool.
19 •Sin is not ended by multiplying words,
but the prudent hold their tongues.
20 •The tongue of the righteous is choice silver,
but the heart of the wicked is of little value.
21 •The lips of the righteous nourish many,
but fools die for lack of sense.
22 •The blessing of the LORD brings wealth,
without painful toil for it.
23 •A fool finds pleasure in wicked schemes,
but a person of understanding delights in wisdom.
24 •What the wicked dread will overtake them;
what the righteous desire will be granted.
25 •When the storm has swept by, the wicked are gone,
but the righteous stand firm forever.
26 •As vinegar to the teeth and smoke to the eyes,
so are sluggards to those who send them.
27 •The fear of the LORD adds length to life,
but the years of the wicked are cut short.
28 •The prospect of the righteous is joy,
but the hopes of the wicked come to nothing.
29 •The way of the LORD is a refuge for the blameless,
but it is the ruin of those who do evil.
30 •The righteous will never be uprooted,
but the wicked will not remain in the land.
31 •From the mouth of the righteous comes the fruit of wisdom,
but a perverse tongue will be silenced.
32 •The lips of the righteous know what finds favor,
but the mouth of the wicked only what is perverse.

1) 되나니 수고함으로 더하지 못하느니라

correction [kərékʃən] *n.* 교정, 수정
discerning [disə́:rniŋ] *a.* 통찰력 있는
discipline [dísəplin] *n.* 훈계
dread [dred] *vt.* 두려워하다
fortify [fɔ́:rtəfài] *vt.* 강화시키다
hatred [héitrid] *n.* 증오
nourish [nə́:riʃ] *vt.* 영양을 공급하다
perverse [pərvə́:rs] *a.* 사악한
poverty [pávərti] *n.* 가난
prospect [práspekt] *n.* 기대, 전망
refuge [réfju:dʒ] *n.* 피난처
rod [rad] *n.* 막대기, 매
ruin [rú:in] *n.* 파멸
sluggard [slʌ́gərd] *n.* 게으른 자
uproot [ʌprú:t] *vt.* 뿌리를 뽑다

10:14 store up knowledge: 지식을 축적하다
10:17 lead A astray: A를 나쁜 길로 이끌다
10:25 sweep by: 휙 쓸어가다, 휩쓸다
10:25 stand firm: 굳건히 서다
10:27 cut short: (목숨을) 갑자기 끝내다

11 속이는 저울은 여호와께서 미워하
시나 공평한 추는 그가 기뻐하시느
니라
2 교만이 오면 욕도 오거니와 겸손한 자
에게는 지혜가 있느니라
3 정직한 자의 성실은 자기를 인도하거니
와 사악한 자의 패역은 자기를 망하게
하느니라
4 재물은 진노하시는 날에 무익하나 공
의는 죽음에서 건지느니라
5 완전한 자의 공의는 자기의 길을 곧게
하려니와 악한 자는 자기의 악으로 말
미암아 넘어지리라
6 정직한 자의 공의는 자기를 건지려니
와 사악한 자는 자기의 악에 잡히리라
7 악인은 죽을 때에 그 소망이 끊어지나
니 불의의 소망이 없어지느니라 10:28
8 의인은 환난에서 구원을 얻으나 악인
은 자기의 길로 가느니라
9 악인은 입으로 그의 이웃을 망하게 하
여도 의인은 그의 지식으로 말미암아
구원을 얻느니라
10 의인이 형통하면 성읍이 즐거워하고
악인이 패망하면 기뻐 외치느니라
11 성읍은 정직한 자의 축복으로 인하여
진흥하고 악한 자의 입으로 말미암아
무너지느니라
12 지혜 없는 자는 그의 이웃을 멸시하나
명철한 자는 잠잠하느니라
13 두루 다니며 한담하는 자는 남의 비밀
을 누설하나 마음이 신실한 자는 그런
것을 숨기느니라
14 지략이 없으면 백성이 망하여도 지략
이 많으면 평안을 누리느니라 15:22
15 타인을 위하여 보증이 되는 자는 손해
를 당하여도 보증이 되기를 싫어하는
자는 평안하니라
16 유덕한 여자는 존영을 얻고 근면한 남
자는 재물을 얻느니라
17 인자한 자는 자기의 영혼을 이롭게 하
고 잔인한 자는 자기의 몸을 해롭게 하
느니라
18 악인의 삯은 허무하되 공의를 뿌린 자
의 상은 확실하니라
19 공의를 굳게 지키는 자는 생명에 이르
고 악을 따르는 자는 사망에 이르느니
라

11 The LORD detests dishonest scales,
but accurate weights find favor with him.
2 When pride comes, then comes disgrace,
but with humility comes wisdom.
3 The integrity of the upright guides them,
but the unfaithful are destroyed by their
duplicity.
4 Wealth is worthless in the day of wrath,
but righteousness delivers from death.
5 The righteousness of the blameless makes
their paths straight,
but the wicked are brought down by
their own wickedness.
6 The righteousness of the upright delivers them,
but the unfaithful are trapped by evil desires.
7 Hopes placed in mortals die with them;
all the promise of [a] their power comes to
nothing.
8 The righteous person is rescued from trouble,
and it falls on the wicked instead.
9 With their mouths the godless destroy their
neighbors,
but through knowledge the righteous escape.
10 When the righteous prosper, the city rejoices;
when the wicked perish, there are shouts of joy.
11 Through the blessing of the upright a city
is exalted,
but by the mouth of the wicked it is destroyed.
12 Whoever derides their neighbor has no sense,
but the one who has understanding holds
their tongue.
13 A gossip betrays a confidence,
but a trustworthy person keeps a secret.
14 For lack of guidance a nation falls,
but victory is won through many advisers.
15 Whoever puts up security for a stranger will
surely suffer,
but whoever refuses to shake hands in
pledge is safe.
16 A kindhearted woman gains honor,
but ruthless men gain only wealth.
17 Those who are kind benefit themselves,
but the cruel bring ruin on themselves.
18 A wicked person earns deceptive wages,
but the one who sows righteousness reaps
a sure reward.
19 Truly the righteous attain life,
but whoever pursues evil finds death.

[a] 7 Two Hebrew manuscripts; most Hebrew manuscripts, Vulgate, Syriac and Targum *When the wicked die, their hope perishes; / all they expected from*

accurate [ǽkjurət] *a.* 정확한
betray [bitréi] *vt.* 누설하다
deceptive [diséptiv] *a.* 속이는
deliver [dilívər] *vt.* 구하다
deride [diráid] *vt.* 조롱하다
detest [ditést] *vt.* 혐오하다
duplicity [dju:plísəti] *n.* 이중성
exalt [igzɔ́:lt] *vt.* 높이다
humility [hju:míləti] *n.* 겸손
integrity [intégrəti] *n.* 성실
mortal [mɔ́:rtl] *n.* 육체, 인간
perish [périʃ] *vi.* 사라지다
pledge [pledʒ] *n.* 서약
reap [ri:p] *vt.* 거둬들이다
ruthless [rú:θlis] *a.* 가차없는

11:5bring down: 파멸시키다
11:7come to nothing: 허사가 되다
11:8rescue from...: …에서 구출하다
11:12hold one's tongue: 말을 삼가다
11:15put up A for...: …를 위해 A를 제공하다

20 마음이 굽은 자는 여호와께 미움을 받아
도 행위가 온전한 자는 그의 기뻐하심을
받느니라
21 악인은[1] 피차 손을 잡을지라도 벌을 면하
지 못할 것이나 의인의 자손은 구원을 얻
으리라
22 아름다운 여인이 삼가지 아니하는 것은
마치 돼지 코에 금고리 같으니라
23 의인의 소원은 오직 선하나 악인의 소망
은 진노를 이루느니라
24 흩어 구제하여도 더욱 부하게 되는 일이
있나니 과도히 아껴도 가난하게 될 뿐이
니라
25 구제를 좋아하는 자는 풍족하여질 것이
요 남을 윤택하게 하는 자는 자기도 윤
택하여지리라
26 곡식을 내놓지 아니하는 자는 백성에게
저주를 받을 것이나 파는 자는 그의 머
리에 복이 임하리라
27 선을 간절히 구하는 자는 은총을 얻으려
니와 악을 더듬어 찾는 자에게는 악이 임
하리라
28 자기의 재물을 의지하는 자는 패망하려
니와 의인은 푸른 잎사귀 같아서 번성하
리라
29 자기 집을 해롭게 하는 자의 소득은 바
람이라 미련한 자는 마음이 지혜로운 자
의 종이 되리라
30 의인의 열매는 생명 나무라 지혜로운 자
는 사람을 얻느니라
31 보라 의인이라도 이 세상에서 보응을 받
겠거든 하물며 악인과 죄인이리요

12 훈계를 좋아하는 자는 지식을 좋아
하거니와 징계를 싫어하는 자는 짐
승과 같으니라
2 선인은 여호와께 은총을 받으려니와 악
을 꾀하는 자는 정죄하심을 받으리라
3 사람이 악으로서 굳게 서지 못하거니와
의인의 뿌리는 움직이지 아니하느니라
4 어진 여인은 그 지아비의 면류관이나 욕
을 끼치는 여인은 그 지아비의 뼈가 썩
음 같게 하느니라
5 의인의 생각은 정직하여도 악인의 도모
는 속임이니라
6 악인의 말은 사람을 엿보아 피를 흘리자
하는 것이거니와 정직한 자의 입은 사람
을 구원하느니라

20 • The LORD detests those whose hearts are perverse,
but he delights in those whose ways
are blameless.
21 • Be sure of this: The wicked will not go
unpunished,
but those who are righteous will go free.
22 • Like a gold ring in a pig's snout
is a beautiful woman who shows no
discretion.
23 • The desire of the righteous ends only in good,
but the hope of the wicked only in wrath.
24 • One person gives freely, yet gains even more;
another withholds unduly, but comes to
poverty.
25 • A generous person will prosper;
whoever refreshes others will be
refreshed.
26 • People curse the one who hoards grain,
but they pray God's blessing on the one
who is willing to sell.
27 • Whoever seeks good finds favor,
but evil comes to one who searches for it.
28 • Those who trust in their riches will fall,
but the righteous will thrive like a green leaf.
29 • Whoever brings ruin on their family will
inherit only wind,
and the fool will be servant to the wise.
30 • The fruit of the righteous is a tree of life,
and the one who is wise saves lives.
31 • If the righteous receive their due on earth,
how much more the ungodly and the sinner!

12 Whoever loves discipline loves knowledge,
but whoever hates correction is stupid.
2 • Good people obtain favor from the LORD,
but he condemns those who devise
wicked schemes.
3 • No one can be established through
wickedness,
but the righteous cannot be uprooted.
4 • A wife of noble character is her husband's
crown,
but a disgraceful wife is like decay in his
bones.
5 • The plans of the righteous are just,
but the advice of the wicked is deceitful.
6 • The words of the wicked lie in wait for blood,
but the speech of the upright rescues them.

1) 정녕히

condemn [kəndém] *vt.* 정죄하다
correction [kərékʃən] *n.* 교정
decay [dikéi] *n.* 부식
deceitful [disí:tfəl] *a.* 속이는
discipline [dísəplin] *n.* 징계
discretion [diskréʃən] *n.* 분별
hoard [hɔ:rd] *vt.* 저장하다
snout [snaut] *n.* 코
thrive [θraiv] *vi.* 번성하다
unduly [ʌndjú:li] *ad.* 과도하게
ungodly [ʌngádli] *a.* 불경건한
upright [ʌpràit] *a.* 정직한, 바른
uproot [ʌprút] *vt.* 뿌리를 뽑다
wickedness [wíkidnis] *n.* 악
withhold [wiθhóuld] *vt.* 억제하다

11:21 go free: 해방되다
11:23 end in...: …로 끝나다
11:26 be willing to...: 흔쾌히 …하다
11:27 find favor: 총애를 받다
12:6 lie in wait for...: …를 잠복하여 기다리다

7 악인은 엎드러져서 소멸되려니와 의인
의 집은 서 있으리라
8 사람은 그 지혜대로 칭찬을 받으려니와
마음이 굽은 자는 멸시를 받으리라
9 비천히 여김을 받을지라도 종을 부리는
자는 스스로 높은 체하고도 음식이 핍절
한 자보다 나으니라
10 의인은 자기의 가축의 생명을 돌보나 악
인의 긍휼은 잔인이니라
11 자기의 토지를 경작하는 자는 먹을 것이
많거니와 방탕한 것을 따르는 자는 지혜
가 없느니라
12 악인은 [1]불의의 이익을 탐하나 의인은
그 뿌리로 말미암아 결실하느니라
13 악인은 입술의 허물로 말미암아 그물에
걸려도 의인은 환난에서 벗어나느니라
14 사람은 입의 열매로 말미암아 복록에 족
하며 그 손이 행하는 대로 자기가 받느
니라
15 미련한 자는 자기 행위를 바른 줄로 여
기나 지혜로운 자는 권고를 듣느니라
16 미련한 자는 당장 분노를 나타내거니와
슬기로운 자는 수욕을 참느니라
17 진리를 말하는 자는 의를 나타내어도 거
짓 증인은 속이는 말을 하느니라 14:5
18 칼로 찌름같이 함부로 말하는 자가 있거
니와 지혜로운 자의 혀는 양약과 같으니
라
19 진실한 입술은 영원히 보존되거니와 거
짓 혀는 잠시 동안만 있을 뿐이니라
20 악을 꾀하는 자의 마음에는 속임이 있고
화평을 의논하는 자에게는 희락이 있느
니라
21 의인에게는 어떤 재앙도 임하지 아니하
려니와 악인에게는 앙화가 가득하리라
22 거짓 입술은 여호와께 미움을 받아도
진실하게 행하는 자는 그의 기뻐하심
을 받느니라
23 슬기로운 자는 지식을 감추어도 미련한
자의 마음은 미련한 것을 전파하느니라
24 부지런한 자의 손은 사람을 다스리게 되
어도 게으른 자는 부림을 받느니라
25 근심이 사람의 마음에 있으면 그것으로
번뇌하게 되나 선한 말은 그것을 즐겁
게 하느니라
26 의인은 그 이웃의 인도자가 되나 악인의
소행은 자신을 미혹하느니라

7 • The wicked are overthrown and are no more,
but the house of the righteous stands firm.
8 • A person is praised according to their prudence,
and one with a warped mind is despised.
9 • Better to be a nobody and yet have a servant
than pretend to be somebody and have no
food.
10 • The righteous care for the needs of their
animals,
but the kindest acts of the wicked are cruel.
11 • Those who work their land will have abundant
food,
but those who chase fantasies have no sense.
12 • The wicked desire the stronghold of evildoers,
but the root of the righteous endures.
13 • Evildoers are trapped by their sinful talk,
and so the innocent escape trouble.
14 • From the fruit of their lips people are filled
with good things,
and the work of their hands brings
them reward.
15 • The way of fools seems right to them,
but the wise listen to advice.
16 • Fools show their annoyance at once,
but the prudent overlook an insult.
17 • An honest witness tells the truth,
but a false witness tells lies.
18 • The words of the reckless pierce like swords,
but the tongue of the wise brings healing.
19 • Truthful lips endure forever,
but a lying tongue lasts only a moment.
20 • Deceit is in the hearts of those who plot
evil,
but those who promote peace have joy.
21 • No harm overtakes the righteous,
but the wicked have their fill of trouble.
22 • The LORD detests lying lips,
but he delights in people who are trustworthy.
23 • The prudent keep their knowledge to themselves,
but a fool's heart blurts out folly.
24 • Diligent hands will rule,
but laziness ends in forced labor.
25 • Anxiety weighs down the heart,
but a kind word cheers it up.
26 • The righteous choose their friends carefully,
but the way of the wicked leads them astray.

1) 악인의 그물질한 것을

abundant [əbʌ́ndənt] *a.* 풍부한
annoyance [ənɔ́iəns] *n.* 괴로움
chase [tʃeis] *vt.* 좇다
cruel [krú:əl] *a.* 잔인한
despise [dispáiz] *vt.* 멸시하다
detest [ditést] *vt.* 혐오하다
folly [fáli] *n.* 어리석음
insult [insʌ́lt] *n.* 모욕
overlook [òuvərlúk] *vt.* 너그럽게 보아주다
overthrow [òuvərθróu] *vt.* 망하게 하다
plot [plat] *vt.* 몰래 꾸미다
prudent [prú:dnt] *a.* 신중한, 분별 있는
reckless [réklis] *a.* 앞뒤를 가리지 않는
stronghold [strɔ́:ŋhòuld] *n.* 본거지
warp [wɔ:rp] *vt.* 구부리다

12:9 pretend to...: …인 체하다
12:13 be trapped: 함정에 빠지다
12:23 keep... to oneself: 알리지 않다
12:23 blurt out: 무심결에 누설하다
12:25 weigh down: 누르다, 압박하다
12:26 lead A astray: A를 미혹시키다

27 게으른 자는 그 [1]잡을 것도 사냥하지 아니하나니 [2]사람의 부귀는 부지런한 것이니라

28 공의로운 길에 생명이 있나니 그 길에는 사망이 없느니라

13

1 지혜로운 아들은 아비의 훈계를 들으나 거만한 자는 꾸지람을 즐겨 듣지 아니하느니라 10:1;15:12

2 사람은 입의 열매로 인하여 복록을 누리거니와 마음이 궤사한 자는 강포를 당하느니라

3 입을 지키는 자는 자기의 생명을 보전하나 입술을 크게 벌리는 자에게는 멸망이 오느니라

4 게으른 자는 마음으로 원하여도 얻지 못하나 부지런한 자의 마음은 풍족함을 얻느니라

5 의인은 거짓말을 미워하나 악인은 행위가 흉악하여 부끄러운 데에 이르느니라

6 공의는 행실이 정직한 자를 보호하고 악은 죄인을 패망하게 하느니라

7 스스로 부[3]한 체하여도 아무것도 없는 자가 있고 스스로 가난[3]한 체하여도 재물이 많은 자가 있느니라 11:24; 눅 12:20

8 사람의 재물이 자기 생명의 속전일 수 있으나 가난한 자는 협박을 받을 일이 없느니라

9 의인의 빛은 환하게 빛나고 악인의 등불은 꺼지느니라

10 교만에서는 다툼만 일어날 뿐이라 권면을 듣는 자는 지혜가 있느니라

11 망령되이 얻은 재물은 줄어가고 손으로 모은 것은 늘어가느니라

12 소망이 더디 이루어지면 그것이 마음을 상하게 하거니와 소원이 이루어지는 것은 곧 생명 나무니라

13 말씀을 멸시하는 자는 자기에게 패망을 이루고 계명을 두려워하는 자는 상을 받느니라

14 지혜 있는 자의 교훈은 생명의 샘이니 사망의 그물에서 벗어나게 하느니라

15 선한 지혜는 은혜를 베푸나 사악한 자의 길은 험하니라 3:4

16 무릇 슬기로운 자는 지식으로 행하거니와 미련한 자는 자기의 미련한 것을 나타내느니라

17 *악한 사자는 재앙에 빠져도 충성된 사신*

27 • The lazy do not roast[a] any game,
but the diligent feed on the riches of the hunt.

28 • In the way of righteousness there is life;
along that path is immortality.

13

1 A wise son heeds his father's instruction,
but a mocker does not respond to rebukes.

2 • From the fruit of their lips people enjoy good things,
but the unfaithful have an appetite for violence.

3 • Those who guard their lips preserve their lives,
but those who speak rashly will come to ruin.

4 • A sluggard's appetite is never filled,
but the desires of the diligent are fully satisfied.

5 • The righteous hate what is false,
but the wicked make themselves a stench
and bring shame on themselves.

6 • Righteousness guards the person of integrity,
but wickedness overthrows the sinner.

7 • One person pretends to be rich, yet has nothing;
another pretends to be poor, yet has great wealth.

8 • A person's riches may ransom their life,
but the poor cannot respond to threatening rebukes.

9 • The light of the righteous shines brightly,
but the lamp of the wicked is snuffed out.

10 • Where there is strife, there is pride,
but wisdom is found in those who take advice.

11 • Dishonest money dwindles away,
but whoever gathers money little by little makes it grow.

12 • Hope deferred makes the heart sick,
but a longing fulfilled is a tree of life.

13 • Whoever scorns instruction will pay for it,
but whoever respects a command is rewarded.

14 • The teaching of the wise is a fountain of life,
turning a person from the snares of death.

15 • Good judgment wins favor,
but the way of the unfaithful leads to their destruction.[b]

16 • All who are prudent act with[c] knowledge,
but fools expose their folly.

17 • A wicked messenger falls into trouble,
but a trustworthy envoy brings healing.

18 • Whoever disregards discipline comes to poverty

[a] *27* The meaning of the Hebrew for this word is uncertain [b] *15* Septuagint and Syriac; the meaning of the Hebrew for this phrase is uncertain. [c] *16* Or *prudent protect themselves through*

1) 사냥한 것도 굽지 아니하나니 2) 부지런한 자에게는 귀한 재물이 있느니라 3) 하게

appetite [ǽpətàit] *n.* 식욕, 욕구
defer [difə́:r] *vt.* 연기하다
envoy [énvɔi] *n.* 사절
heed [hi:d] *vi.* 주의하다
immortality [ìmɔ:rtǽləti] *n.* 영원한 생명
integrity [intégrəti] *n.* 성실
poverty [pávərti] *n.* 가난
ransom [rǽnsəm] *vt.* 몸값을 요구하다
rashly [rǽʃli] *ad.* 경솔하게
rebuke [ribjú:k] *n.* 질책
scorn [skɔ:rn] *vt.* 경멸하다
sluggard [slʌ́gərd] *n.* 게으름뱅이
snare [snεər] *n.* 덫, 함정
stench [stentʃ] *n.* 김새
strife [straif] *n.* 투쟁

13:3 come to ruin: 망하다
13:9 snuff out: (초, 불 등이) 꺼지다
13:11 dwindle away: 점차 줄어들다
13:13 pay for: 벌(고통)을 받다
13:15 lead to...: …로 이어지다
13:17 fall into...: …에 빠지다

은 양약이 되느니라
18 훈계를 저버리는 자에게는 궁핍과 수욕
이 이르거니와 경계를 받는 자는 존영을
받느니라
19 소원을 성취하면 마음에 달아도 미련한
자는 악에서 떠나기를 싫어하느니라
20 지혜로운 자와 동행하면 지혜를 얻고 미
련한 자와 사귀면 해를 받느니라
21 재앙은 죄인을 따르고 선한 보응은 의인
에게 이르느니라
22 선인은 그 산업을 자자손손에게 끼쳐도
죄인의 재물은 의인을 위하여 쌓이느니라
23 가난한 자는 밭을 경작함으로 양식이 많
아지거니와 불의로 말미암아 가산을 탕
진하는 자가 있느니라 12:11
24 매를 아끼는 자는 그의 자식을 미워함이
라 자식을 사랑하는 자는 근실히 징계하
느니라
25 의인은 포식하여도 악인의 배는 주리
느니라

14 지혜로운 여인은 자기 집을 세우되
미련한 여인은 자기 손으로 그것을
허느니라
2 정직하게 행하는 자는 여호와를 경외하
여도 패역하게 행하는 자는 여호와를 경
멸하느니라
3 미련한 자는 교만하여 입으로 매를 자청
하고 지혜로운 자의 입술은 자기를 보전
하느니라
4 소가 없으면 구유는 깨끗하려니와 소의
힘으로 얻는 것이 많으니라
5 신실한 증인은 거짓말을 아니하여도 거
짓 증인은 거짓말을 뱉느니라 출 20:16
6 거만한 자는 지혜를 구하여도 얻지 못하거
니와 명철한 자는 지식 얻기가 쉬우니라
7 너는 미련한 자의 [1]앞을 떠나라 그 입술
에 지식 있음을 보지 못함이니라
8 슬기로운 자의 지혜는 자기의 길을 아는
것이라도 미련한 자의 어리석음은 속이
는 것이니라
9 미련한 자는 죄를 심상히 여겨도 정직한
자 중에는 은혜가 있느니라
10 마음의 고통은 자기가 알고 마음의 즐거
움은 타인이 참여하지 못하느니라
11 악한 자의 집은 망하겠고 정직한 자의
장막은 흥하리라
12 어떤 길은 사람이 보기에 바르나 필경은

and shame,
but whoever heeds correction is honored.
19 •A longing fulfilled is sweet to the soul,
but fools detest turning from evil.
20 •Walk with the wise and become wise,
for a companion of fools suffers harm.
21 •Trouble pursues the sinner,
but the righteous are rewarded with good things.
22 •A good person leaves an inheritance for their children's children,
but a sinner's wealth is stored up for the righteous.
23 •An unplowed field produces food for the poor,
but injustice sweeps it away.
24 •Whoever spares the rod hates their children,
but the one who loves their children is careful to discipline them.
25 •The righteous eat to their hearts' content,
but the stomach of the wicked goes hungry.

14 The wise woman builds her house,
but with her own hands the foolish one tears hers down.
2 •Whoever fears the LORD walks uprightly,
but those who despise him are devious in their ways.
3 •A fool's mouth lashes out with pride,
but the lips of the wise protect them.
4 •Where there are no oxen, the manger is empty,
but from the strength of an ox come abundant harvests.
5 •An honest witness does not deceive,
but a false witness pours out lies.
6 •The mocker seeks wisdom and finds none,
but knowledge comes easily to the discerning.
7 •Stay away from a fool,
for you will not find knowledge on their lips.
8 •The wisdom of the prudent is to give thought to their ways,
but the folly of fools is deception.
9 •Fools mock at making amends for sin,
but goodwill is found among the upright.
10 •Each heart knows its own bitterness,
and no one else can share its joy.
11 •The house of the wicked will be destroyed,
but the tent of the upright will flourish.
12 •There is a way that appears to be right,

1) 앞으로 가라 그 입술에 지식 있음을 보지 못하리라

bitterness [bítərnis] *n.* 고통
companion [kəmpǽnjən] *n.* 동반자
deception [disépʃən] *n.* 속임, 사기
despise [dispáiz] *vt.* 멸시하다
detest [ditést] *vt.* 혐오하다
devious [dí:viəs] *a.* 악한
discerning [disə́:rniŋ] *a.* 총명한
discipline [dísəplin] *vt.* 징계하다
flourish [flə́:riʃ] *vi.* 번성하다
manger [méindʒər] *n.* 구유
mock [mak] *vi.* 비웃다
prudent [prú:dnt] *a.* 현명한
rod [rad] *n.* 매, 막대기
spare [spɛər] *vt.* 아끼다
upright [ʌ́pràit] *a.* 정직한

13:22 store up: 저장하다
13:23 sweep away: 휩쓸어가다
14:1 tear down: 부수다, 해체하다
14:5 pour out: 쏟아내다
14:8 give thought to...: …을 생각해보다
14:9 make amends for...: …을 보상하다

사망의 길이니라
13 웃을 때에도 마음에 슬픔이 있고 즐거움
의 끝에도 근심이 있느니라
14 마음이 굽은 자는 자기 행위로 보응이
가득하겠고 선한 사람도 자기의 행위로
그러하리라
15 어리석은 자는 온갖 말을 믿으나 슬기로
운 자는 자기의 행동을 삼가느니라
16 지혜로운 자는 두려워하여 악을 떠나나
어리석은 자는 방자하여 스스로 믿느니라
17 노하기를 속히 하는 자는 어리석은 일을
행하고 악한 계교를 꾀하는 자는 미움을
받느니라
18 어리석은 자는 어리석음으로 기업을 삼
아도 슬기로운 자는 지식으로 면류관을
삼느니라
19 악인은 선인 앞에 엎드리고 불의한 자는
의인의 문에 엎드리느니라
20 가난한 자는 이웃에게도 미움을 받게 되
나 부요한 자는 친구가 많으니라
21 이웃을 업신여기는 자는 죄를 범하는 자
요 빈곤한 자를 불쌍히 여기는 자는 복
이 있는 자니라
22 악을 도모하는 자는 잘못 가는 것이 아
니냐 선을 도모하는 자에게는 인자와 진
리가 있으리라
23 모든 수고에는 이익이 있어도 입술의 말
은 궁핍을 이룰 뿐이니라
24 지혜로운 자의 재물은 그의 면류관이요 미
련한 자의 소유는 다만 미련한 것이니라
25 진실한 증인은 사람의 생명을 구원하여
도 거짓말을 뱉는 사람은 속이느니라
26 여호와를 경외하는 자에게는 견고한 의
뢰가 있나니 그 자녀들에게 피난처가 있
으리라
27 여호와를 경외하는 것은 생명의 샘이니
사망의 그물에서 벗어나게 하느니라
28 백성이 많은 것은 왕의 영광이요 백성이
적은 것은 주권자의 패망이니라
29 노하기를 더디 하는 자는 크게 명철하여
도 마음이 조급한 자는 어리석음을 나타
내느니라
30 평온한 마음은 육신의 생명이나 시기는
뼈를 썩게 하느니라
31 가난한 사람을 학대하는 자는 그를 지으
신 이를 멸시하는 자요 궁핍한 사람을 불
*쌍히 여기*는 자는 주를 공경하는 자니라

but in the end it leads to death.

13 •Even in laughter the heart may ache,
and rejoicing may end in grief.

14 •The faithless will be fully repaid for their ways,
and the good rewarded for theirs.

15 •The simple believe anything,
but the prudent give thought to their steps.

16 •The wise fear the LORD and shun evil,
but a fool is hotheaded and yet feels secure.

17 •A quick-tempered person does foolish things,
and the one who devises evil schemes is hated.

18 •The simple inherit folly,
but the prudent are crowned with knowledge.

19 •Evildoers will bow down in the presence of
the good,
and the wicked at the gates of the righteous.

20 •The poor are shunned even by their neighbors,
but the rich have many friends.

21 •It is a sin to despise one's neighbor,
but blessed is the one who is kind to the needy.

22 •Do not those who plot evil go astray?
But those who plan what is good find[a]
love and faithfulness.

23 •All hard work brings a profit,
but mere talk leads only to poverty.

24 •The wealth of the wise is their crown,
but the folly of fools yields folly.

25 •A truthful witness saves lives,
but a false witness is deceitful.

26 •Whoever fears the LORD has a secure fortress,
and for their children it will be a refuge.

27 •The fear of the LORD is a fountain of life,
turning a person from the snares of death.

28 •A large population is a king's glory,
but without subjects a prince is ruined.

29 •Whoever is patient has great understanding,
but one who is quick-tempered displays folly.

30 •A heart at peace gives life to the body,
but envy rots the bones.

31 •Whoever oppresses the poor shows contempt
for their Maker,
but whoever is kind to the needy honors God.

32 •When calamity comes, the wicked are brought
down,
but even in death the righteous seek refuge
in God.

[a]22 Or *show*

calamity [kəlǽməti] *n.* 재앙
deceitful [disíːtfəl] *a.* 속이는
despise [dispáiz] *vt.* 멸시하다
devise [diváiz] *vt.* 계획을 꾸미다
fortress [fɔ́ːrtris] *n.* 요새
fountain [fáuntən] *n.* 샘, 근원
grief [griːf] *n.* 슬픔
hotheaded [hàthédid] *a.* 성급한
oppress [əprés] *vt.* 억압하다
quick-tempered [kwiktémpərd] *a.* 성급한
refuge [réfjuːdʒ] *n.* 피난처
rot [rat] *vt.* 썩게 하다
scheme [skiːm] *n.* 계획, 음모
shun [ʃʌn] *vt.* 피하다
snare [snɛər] *n.* 덫, 함정

14:15 give thought to...: …을 숙고하다
14:18 be crowned with...: …의 월계관을 쓰다
14:19 in the presence of...: …앞에서
14:22 plot evil: 악을 도모하다
14:22 go astray: 길을 잃다, 타락하다
14:32 bring down: 파멸시키다

32 악인은 그의 환난에 엎드러져도 의인은
그의 죽음에도 소망이 있느니라 욥 13:15
33 지혜는 명철한 자의 마음에 머물거니와 미
련한 자의 속에 있는 것은 나타나느니라
34 공의는 나라를 영화롭게 하고 죄는 백성
을 욕되게 하느니라
35 슬기롭게 행하는 신하는 왕에게 은총을
입고 욕을 끼치는 신하는 그의 진노를
당하느니라

15 유순한 대답은 분노를 쉬게 하여도
과격한 말은 노를 격동하느니라
2 지혜 있는 자의 혀는 지식을 선히 베풀고
미련한 자의 입은 미련한 것을 쏟느니라
3 여호와의 눈은 어디서든지 악인과 선인
을 감찰하시느니라
4 온순한 혀는 곧 생명 나무이지만 패역한
혀는 마음을 상하게 하느니라
5 아비의 훈계를 업신여기는 자는 미련한 자
요 경계를 받는 자는 슬기를 얻을 자니라
6 의인의 집에는 많은 보물이 있어도 악인
의 소득은 고통이 되느니라
7 지혜로운 자의 입술은 지식을 전파하여
도 미련한 자의 마음은 정함이 없느니라
8 악인의 제사는 여호와께서 미워하셔도 정
직한 자의 기도는 그가 기뻐하시느니라
9 악인의 길은 여호와께서 미워하셔도 공의
를 따라가는 자는 그가 사랑하시느니라
10 도를 배반하는 자는 엄한 징계를 받을
것이요 견책을 싫어하는 자는 죽을 것이
니라
11 스올과 [1)]아바돈도 여호와의 앞에 드러나
거든 하물며 사람의 마음이리요
12 거만한 자는 견책 받기를 좋아하지 아
니하며 지혜 있는 자에게로 가지도 아
니하느니라
13 마음의 즐거움은 얼굴을 빛나게 하여도
마음의 근심은 심령을 상하게 하느니라
14 명철한 자의 마음은 지식을 요구하고 미
련한 자의 입은 미련한 것을 즐기느니라
15 고난 받는 자는 그날이 다 험악하나 마
음이 즐거운 자는 항상 잔치하느니라
16 가산이 적어도 여호와를 경외하는 것이
크게 부하고 번뇌하는 것보다 나으니라
17 채소를 먹으며 서로 사랑하는 것이 살진
소를 먹으며 서로 미워하는 것보다 나으
니라
18 분을 쉽게 내는 자는 다툼을 일으켜도

33 • Wisdom reposes in the heart of the discerning
and even among fools she lets herself be
known.[a]
34 • Righteousness exalts a nation,
but sin condemns any people.
35 • A king delights in a wise servant,
but a shameful servant arouses his fury.

15 A gentle answer turns away wrath,
but a harsh word stirs up anger.
2 • The tongue of the wise adorns knowledge,
but the mouth of the fool gushes folly.
3 • The eyes of the LORD are everywhere,
keeping watch on the wicked and the good.
4 • The soothing tongue is a tree of life,
but a perverse tongue crushes the spirit.
5 • A fool spurns a parent's discipline,
but whoever heeds correction shows prudence.
6 • The house of the righteous contains great treasure,
but the income of the wicked brings ruin.
7 • The lips of the wise spread knowledge,
but the hearts of fools are not upright.
8 • The LORD detests the sacrifice of the wicked,
but the prayer of the upright pleases him.
9 • The LORD detests the way of the wicked,
but he loves those who pursue righteousness.
10 • Stern discipline awaits anyone who leaves
the path;
the one who hates correction will die.
11 • Death and Destruction[b] lie open before the
LORD —
how much more do human hearts!
12 • Mockers resent correction,
so they avoid the wise.
13 • A happy heart makes the face cheerful,
but heartache crushes the spirit.
14 • The discerning heart seeks knowledge,
but the mouth of a fool feeds on folly.
15 • All the days of the oppressed are wretched,
but the cheerful heart has a continual feast.
16 • Better a little with the fear of the LORD
than great wealth with turmoil.
17 • Better a small serving of vegetables with love
than a fattened calf with hatred.
18 • A hot-tempered person stirs up conflict,
but the one who is patient calms a quarrel.

[a]*33* Hebrew; Septuagint and Syriac *discerning / but in the heart of fools she is not known* [b]*11* Hebrew *Abaddon*

1) '죽음의 자리' 라는 뜻

detest [ditést] *vt.* 싫어하다
discerning [disə́:rniŋ] *a.* 총명한
discipline [dísəplin] *n.* 훈계, 징계
exalt [igzɔ́:lt] *vt.* 높이다
fatten [fǽtn] *vt.* 살찌우다
gush [gʌʃ] *vt.* 쏟아내다
heartache [há:rtèik] *n.* 고민
heed [hi:d] *vi.* 주의하다
hot-tempered [háttémpərd] *a.* 화 잘 내는
prudence [prú:dns] *n.* 사려 분별
repose [ripóuz] *vi.* 머물다
stern [stə:rn] *a.* 엄중한
turmoil [tə́:rmɔil] *n.* 불안
wrath [ræθ] *n.* 진노
wretched [rétʃid] *a.* 비참한

15:1 turn away: 쫓아버리다
15:1 stir up: 불러일으키다
15:3 keep watch on...: …을 감시하다
15:11 lie open: 열려있다, 눈에띄다
15:14 feed on...: …를 먹고 살다, …를 즐기다

노하기를 더디 하는 자는 시비를 그치
게 하느니라
19 게으른 자의 길은 가시 울타리 같으나
정직한 자의 길은 대로니라
20 지혜로운 아들은 아비를 즐겁게 하여도
미련한 자는 어미를 업신여기느니라
21 무지한 자는 미련한 것을 즐겨 하여도
명철한 자는 그 길을 바르게 하느니라
22 의논이 없으면 경영이 무너지고 지략이
많으면 경영이 성립하느니라 11:14
23 사람은 그 입의 대답으로 말미암아 기쁨
을 얻나니 때에 맞는 말이 얼마나 아름
다운고
24 지혜로운 자는 위로 향한 생명 길로 말
미암음으로 그 아래에 있는 스올을 떠나
게 되느니라
25 여호와는 교만한 자의 집을 허시며 과부
의 지계를 정하시느니라
26 악한 꾀는 여호와께서 미워하시나 선한
말은 정결하니라
27 이익을 탐하는 자는 자기 집을 해롭게 하
나 뇌물을 싫어하는 자는 살게 되느니라
28 의인의 마음은 대답할 말을 깊이 생각하
여도 악인의 입은 악을 쏟느니라
29 여호와는 악인을 멀리하시고 의인의 기
도를 들으시느니라
30 눈이 밝은 것은 마음을 기쁘게 하고 좋
은 기별은 뼈를 윤택하게 하느니라
31 생명의 경계를 듣는 귀는 지혜로운 자
가운데에 있느니라
32 훈계 받기를 싫어하는 자는 자기의 영혼
을 경히 여김이라 견책을 달게 받는 자
는 지식을 얻느니라
33 여호와를 경외하는 것은 지혜의 훈계라
겸손은 존귀의 길잡이니라 18:12

16

마음의 경영은 사람에게 있어도 말
의 응답은 여호와께로부터 나오느
니라
2 사람의 행위가 자기 보기에는 모두 깨끗
하여도 여호와는 심령을 감찰하시느니라
3 너의 행사를 여호와께 맡기라 그리하면
네가 경영하는 것이 이루어지리라
4 여호와께서 온갖 것을 1)그 쓰임에 적당
하게 지으셨나니 악인도 악한 날에 적당
하게 하셨느니라
5 무릇 마음이 교만한 자를 여호와께서 미
워하시나니 2)피차 손을 잡을지라도 벌을

19 •The way of the sluggard is blocked with thorns,
but the path of the upright is a highway.
20 •A wise son brings joy to his father,
but a foolish man despises his mother.
21 •Folly brings joy to one who has no sense,
but whoever has understanding keeps
a straight course.
22 •Plans fail for lack of counsel,
but with many advisers they succeed.
23 •A person finds joy in giving an apt reply—
and how good is a timely word!
24 •The path of life leads upward for the prudent
to keep them from going down to the realm
of the dead.
25 •The LORD tears down the house of the proud,
but he sets the widow's boundary stones in
place.
26 •The LORD detests the thoughts of the wicked,
but gracious words are pure in his sight.
27 •The greedy bring ruin to their households,
but the one who hates bribes will live.
28 •The heart of the righteous weighs its answers,
but the mouth of the wicked gushes evil.
29 •The LORD is far from the wicked,
but he hears the prayer of the righteous.
30 •Light in a messenger's eyes brings joy to the heart,
and good news gives health to the bones.
31 •Whoever heeds life-giving correction
will be at home among the wise.
32 •Those who disregard discipline despise themselves,
but the one who heeds correction gains
understanding.
33 •Wisdom's instruction is to fear the LORD,
and humility comes before honor.

16

To humans belong the plans of the heart,
but from the LORD comes the proper
answer of the tongue.
2 •All a person's ways seem pure to them,
but motives are weighed by the LORD.
3 •Commit to the LORD whatever you do,
and he will establish your plans.
4 •The LORD works out everything to its proper
end—
even the wicked for a day of disaster.
5 •The LORD detests all the proud of heart.
Be sure of this: They will not go unpunished.

1) 주의 2) 정녕히

apt [æpt] *a.* 적절한
boundary stone [báundəristoun] *n.* 경계돌
bribe [braib] *n.* 뇌물
correction [kərékʃən] *n.* 교정
despise [dispáiz] *vt.* 멸시하다
detest [ditést] *vt.* 싫어하다
greedy [grí:di] *a.* 탐욕스러운
gush [gʌʃ] *vt.* 쏟아내다
humility [hju:míləti] *n.* 겸손
instruction [instrʌ́kʃən] *n.* 교훈
motive [móutiv] *n.* 동기
prudent [prú:dnt] *a.* 신중한
realm [relm] *n.* 영역
sluggard [slʌ́gərd] *n.* 게으름뱅이
thorn [θɔ́:rn] *n.* 가시

15:24 keep A from B: A로 하여금 B하지 못하게 하다
15:25 tear down: 헐다, 부수다
15:31 be at home...: …에 대해 편히 하다
16:3 commit to...: …에게 맡기다
16:4 work out: 일이 잘 풀리다

면하지 못하리라

6 인자와 진리로 인하여 죄악이 속하게 되고 여호와를 경외함으로 말미암아 악에서 떠나게 되느니라

7 사람의 행위가 여호와를 기쁘시게 하면 그 사람의 원수라도 그와 더불어 화목하게 하시느니라

8 적은 소득이 공의를 겸하면 많은 소득이 불의를 겸한 것보다 나으니라

9 사람이 마음으로 자기의 길을 계획할지라도 그의 걸음을 인도하시는 이는 여호와시니라

10 하나님의 말씀이 왕의 입술에 있은즉 재판할 때에 그의 입이 그르치지 아니하리라

11 공평한 저울과 접시 저울은 여호와의 것이요 주머니 속의 저울추도 다 그가 지으신 것이니라

12 악을 행하는 것은 왕들이 미워할 바니 이는 그 보좌가 공의로 말미암아 굳게 섬이니라

13 의로운 입술은 왕들이 기뻐하는 것이요 정직하게 말하는 자는 그들의 사랑을 입느니라

14 왕의 진노는 죽음의 사자들과 같아도 지혜로운 사람은 그것을 쉬게 하리라

15 왕의 희색은 생명을 뜻하나니 그의 은택이 [1]늦은 비를 내리는 구름과 같으니라

16 지혜를 얻는 것이 금을 얻는 것보다 얼마나 나은고 명철을 얻는 것이 은을 얻는 것보다 더욱 나으니라 8:10

17 악을 떠나는 것은 정직한 사람의 대로이니 자기의 길을 지키는 자는 자기의 영혼을 보전하느니라

18 교만은 패망의 선봉이요 거만한 마음은 넘어짐의 앞잡이니라

19 겸손한 자와 함께하여 마음을 낮추는 것이 교만한 자와 함께하여 탈취물을 나누는 것보다 나으니라

20 삼가 [2]말씀에 주의하는 자는 좋은 것을 얻나니 여호와를 의지하는 자는 복이 있느니라

21 마음이 지혜로운 자는 명철하다 일컬음을 받고 입이 선한 자는 남의 학식을 더하게 하느니라

22 명철한 자에게는 그 명철이 생명의 샘이 되거니와 미련한 자에게는 그 미련한 것이 징계가 되느니라 13:14

23 지혜로운 자의 마음은 그의 입을 슬기롭게 하고 또 그의 [3]입술에 지식을 더하느니라

6 • Through love and faithfulness sin is atoned for;
through the fear of the LORD evil is avoided.

7 • When the LORD takes pleasure in anyone's way,
he causes their enemies to make peace with them.

8 • Better a little with righteousness
than much gain with injustice.

9 • In their hearts humans plan their course,
but the LORD establishes their steps.

10 • The lips of a king speak as an oracle,
and his mouth does not betray justice.

11 • Honest scales and balances belong to the LORD;
all the weights in the bag are of his making.

12 • Kings detest wrongdoing,
for a throne is established through righteousness.

13 • Kings take pleasure in honest lips;
they value the one who speaks what is right.

14 • A king's wrath is a messenger of death,
but the wise will appease it.

15 • When a king's face brightens, it means life;
his favor is like a rain cloud in spring.

16 • How much better to get wisdom than gold,
to get insight rather than silver!

17 • The highway of the upright avoids evil;
those who guard their ways preserve their lives.

18 • Pride goes before destruction,
a haughty spirit before a fall.

19 • Better to be lowly in spirit along with the oppressed
than to share plunder with the proud.

20 • Whoever gives heed to instruction prospers,[a]
and blessed is the one who trusts in the LORD.

21 • The wise in heart are called discerning,
and gracious words promote instruction.[b]

22 • Prudence is a fountain of life to the prudent,
but folly brings punishment to fools.

23 • The hearts of the wise make their mouths prudent,
and their lips promote instruction.[c]

[a]20 Or *whoever speaks prudently finds what is good* [b]21 Or *words make a person persuasive* [c]23 Or *prudent / and make their lips persuasive*

1) 봄비 2) 일을 처리하는 자는 3) 입술로

appease [əpíːz] *vt.* 가라앉히다
betray [bitréi] *vt.* 배반하다
discerning [disə́ːrniŋ] *a.* 통찰력 있는
haughty [hɔ́ːti] *a.* 거만한
injustice [indʒʌ́stis] *n.* 불의
insight [ínsàit] *n.* 통찰력
lowly [lóuli] *a.* 겸손한
oppress [əprés] *vt.* 억압하다
oracle [ɔ́ːrəkl] *n.* 신탁
plunder [plʌ́ndər] *n.* 전리품
preserve [prizə́ːrv] *vt.* 보전하다
prosper [prɑ́spər] *vi.* 번영하다
scale [skeil] *n.* 저울
throne [θroun] *n.* 왕좌
wrath [ræθ] *n.* 진노

16:6 be atoned for: 속죄받다
16:7 take pleasure in...: …를 좋아하다
16:7 make peace with...: …와 화해하다
16:16 rather than...: …보다는
16:18 go before...: …에 앞서 가다
16:20 give heed to...: …에 주의하다

24 선한 말은 꿀송이 같아서 마음에 달고
뼈에 양약이 되느니라
25 어떤 길은 사람이 보기에 바르나 필경은
사망의 길이니라
26 고되게 일하는 자는 식욕으로 말미암아
애쓰나니 이는 그의 입이 자기를 독촉함
이니라
27 불량한 자는 악을 꾀하나니 그 입술에는
맹렬한 불 같은 것이 있느니라 6:12
28 패역한 자는 다툼을 일으키고 말쟁이는
친한 벗을 이간하느니라
29 강포한 사람은 그 이웃을 꾀어 좋지 아
니한 길로 인도하느니라
30 눈짓을 하는 자는 패역한 일을 도모하며
입술을 닫는 자는 악한 일을 이루느니라
31 백발은 영화의 면류관이라 공의로운 길
에서 얻으리라 20:29
32 노하기를 더디하는 자는 용사보다 낫고
자기의 마음을 다스리는 자는 성을 빼앗
는 자보다 나으니라
33 제비는 사람이 뽑으나 모든 일을 작정하
기는 여호와께 있느니라

17 마른 떡 한 조각만 있고도 화목하는
것이 제육이 집에 가득하고도 다투
는 것보다 나으니라 15:17
2 슬기로운 종은 부끄러운 짓을 하는 주인
의 아들을 다스리겠고 또 형제들 중에서
유업을 나누어 얻으리라 10:5
3 도가니는 은을, 풀무는 금을 연단하거니
와 여호와는 마음을 연단하시느니라
4 악을 행하는 자는 사악한 입술이 하는
말을 잘 듣고 거짓말을 하는 자는 악한
혀가 하는 말에 귀를 기울이느니라
5 가난한 자를 조롱하는 자는 그를 지으신
주를 멸시하는 자요 사람의 재앙을 기뻐
하는 자는 형벌을 면하지 못할 자니라
6 손자는 노인의 면류관이요 아비는 자식
의 영화니라 시 128:5,6
7 지나친 말을 하는 것도 미련한 자에게
합당하지 아니하거든 하물며 거짓말을
하는 것이 존귀한 자에게 합당하겠느냐
8 뇌물은 그 임자가 보기에 보석 같은즉 그
가 어디로 향하든지 형통하게 하느니라
9 허물을 덮어 주는 자는 사랑을 구하는
자요 그것을 거듭 말하는 자는 친한 벗
을 이간하는 자니라
10 한 마디 말로 총명한 자에게 충고하는

24 •Gracious words are a honeycomb,
sweet to the soul and healing to the bones.
25 •There is a way that appears to be right,
but in the end it leads to death.
26 •The appetite of laborers works for them;
their hunger drives them on.
27 •A scoundrel plots evil,
and on their lips it is like a scorching fire.
28 •A perverse person stirs up conflict,
and a gossip separates close friends.
29 •A violent person entices their neighbor
and leads them down a path that is not good.
30 •Whoever winks with their eye is plotting
perversity;
whoever purses their lips is bent on evil.
31 •Gray hair is a crown of splendor;
it is attained in the way of righteousness.
32 •Better a patient person than a warrior,
one with self-control than one
who takes a city.
33 •The lot is cast into the lap,
but its every decision is from the LORD.

17 Better a dry crust with peace and quiet
than a house full of feasting, with strife.
2 •A prudent servant will rule over a disgraceful son
and will share the inheritance as one of
the family.
3 •The crucible for silver and the furnace for gold,
but the LORD tests the heart.
4 •A wicked person listens to deceitful lips;
a liar pays attention to a destructive tongue.
5 •Whoever mocks the poor shows contempt for
their Maker;
whoever gloats over disaster will not go
unpunished.
6 •Children's children are a crown to the aged,
and parents are the pride of their children.
7 •Eloquent lips are unsuited to a godless fool—
how much worse lying lips to a ruler!
8 •A bribe is seen as a charm by the one who gives it;
they think success will come at every turn.
9 •Whoever would foster love covers over
an offense,
but whoever repeats the matter separates
close friends.
10 •A rebuke impresses a discerning person
more than a hundred lashes a fool.

appetite [ǽpətàit] *n.* 식욕
attain [ətéin] *vt.* 얻다
contempt [kəntémpt] *n.* 경멸
crucible [krú:səbl] *n.* 도가니
discerning [disə́:rniŋ] *a.* 통찰력 있는
entice [intáis] *vt.* 유혹하다
furnace [fə́:rnis] *n.* 용광로
honeycomb [hʌ́nikòum] *n.* 벌집
impress [imprés] *vt.* 깊은 인상을 주다
lash [læʃ] *vt.* 채찍질하다
mock [mak] *vt.* 조롱하다
scorching [skɔ́:rtʃiŋ] *a.* 몹시 뜨거운
scoundrel [skáundrəl] *n.* 악당
splendor [spléndər] *n.* 광채
strife [straif] *n.* 투쟁

16:25 in the end: 결국에는
16:25 lead to...: …로 이어지다
16:27 plot evil: 악을 도모하다
16:28 stir up: 일으키다, 선동하다
16:30 be bent on...: …에 여념이 없다
17:2 rule over...: …를 다스리다

것이 매 백 대로 미련한 자를 때리는 것
보다 더욱 깊이 박히느니라
11 악한 자는 반역만 힘쓰나니 그러므로 그
에게 잔인한 사자가 보냄을 받으리라
12 차라리 새끼 빼앗긴 암곰을 만날지언정
미련한 일을 행하는 미련한 자를 만나지
말 것이니라
13 누구든지 악으로 선을 갚으면 악이 그
집을 떠나지 아니하리라
14 다투는 시작은 둑에서 물이 새는 것 같
은즉 싸움이 일어나기 전에 시비를 그칠
것이니라
15 악인을 의롭다 하고 의인을 악하다 하는
이 두 사람은 다 여호와께 미움을 받느
니라
16 미련한 자는 무지하거늘 손에 값을 가지
고 지혜를 사려 함은 어찜인고
17 친구는 사랑이 끊어지지 아니하고 형제
는 위급한 때를 위하여 났느니라 18:24
18 지혜 없는 자는 남의 손을 잡고 그의 이
웃 앞에서 보증이 되느니라
19 다툼을 좋아하는 자는 죄과를 좋아하는
자요 자기 문을 높이는 자는 파괴를 구
하는 자니라
20 마음이 굽은 자는 복을 얻지 못하고 혀
가 패역한 자는 재앙에 빠지느니라
21 미련한 자를 낳는 자는 근심을 당하나니
미련한 자의 아비는 낙이 없느니라
22 마음의 즐거움은 양약이라도 심령의 근
심은 뼈를 마르게 하느니라 15:13
23 악인은 사람의 품에서 뇌물을 받고 재판
을 굽게 하느니라
24 지혜는 명철한 자 앞에 있거늘 미련한
자는 눈을 땅끝에 두느니라 4:7
25 미련한 아들은 그 아비의 근심이 되고
그 어미의 고통이 되느니라
26 의인을 벌하는 것과 귀인을 정직하다고
때리는 것은 선하지 못하니라 18:5
27 말을 아끼는 자는 지식이 있고 성품이
냉철한 자는 명철하니라 약 1:19
28 미련한 자라도 잠잠하면 지혜로운 자로
여겨지고 그의 입술을 닫으면 슬기로운
자로 여겨지느니라

18 무리에게서 스스로 갈라지는 자는
자기 소욕을 따르는 자라 온갖 참
지혜를 배척하느니라
2 미련한 자는 명철을 기뻐하지 아니하고

11 •Evildoers foster rebellion against God;
the messenger of death will be sent against them.
12 •Better to meet a bear robbed of her cubs
than a fool bent on folly.
13 •Evil will never leave the house
of one who pays back evil for good.
14 •Starting a quarrel is like breaching a dam;
so drop the matter before a dispute breaks out.
15 •Acquitting the guilty and condemning the
innocent—
the LORD detests them both.
16 •Why should fools have money in hand to buy
wisdom,
when they are not able to understand it?
17 •A friend loves at all times,
and a brother is born for a time of adversity.
18 •One who has no sense shakes hands in pledge
and puts up security for a neighbor.
19 •Whoever loves a quarrel loves sin;
whoever builds a high gate invites destruction.
20 •One whose heart is corrupt does not prosper;
one whose tongue is perverse falls into
trouble.
21 •To have a fool for a child brings grief;
there is no joy for the parent of a godless fool.
22 •A cheerful heart is good medicine,
but a crushed spirit dries up the bones.
23 •The wicked accept bribes in secret
to pervert the course of justice.
24 •A discerning person keeps wisdom in view,
but a fool's eyes wander to the ends of the
earth.
25 •A foolish son brings grief to his father
and bitterness to the mother who bore him.
26 •If imposing a fine on the innocent is not good,
surely to flog honest officials is not right.
27 •The one who has knowledge uses words with
restraint,
and whoever has understanding is
even-tempered.
28 •Even fools are thought wise if they keep silent,
and discerning if they hold their tongues.

18 An unfriendly person pursues selfish
ends
and against all sound judgment starts
quarrels.
2 •Fools find no pleasure in understanding
but delight in airing their own opinions.

acquit [əkwít] *vt.* 사면하다
adversity [ædvə́:rsəti] *n.* 역경
bitterness [bítərnis] *n.* 쓰라림
breach [bri:tʃ] *vt.* 무너지다
bribe [braib] *n.* 뇌물
corrupt [kərʌ́pt] *a.* 부패한, 타락한
cub [kʌb] *n.* 새끼
dispute [dispjú:t] *n.* 논쟁
flog [flag] *vt.* 매질하다
foster [fɔ́:stər] *vt.* 육성하다, 촉진하다
innocent [ínəsənt] *a.* 결백한, 무죄의
perverse [pərvə́:rs] *a.* 사악한
pervert [pərvə́:rt] *vt.* 곡해하다, 오해하다
pledge [pledʒ] *n.* 서약
prosper [prɑ́spər] *vi.* 번영하다

17:14 break out: 발생하다
17:18 shake hands: 악수하다
17:22 dry up: 바싹 마르다
17:24 keep... in view: …을 주목하다
17:27 with restraint: 억제하여, 절제하여
18:2 pleasure in..: …을 좋아하다

자기의 의사를 드러내기만 기뻐하느니라
3 악한 자가 이를 때에는 멸시도 따라오고
부끄러운 것이 이를 때에는 능욕도 함께
오느니라
4 명철한 사람의 입의 말은 깊은 물과 같
고 지혜의 샘은 솟구쳐 흐르는 내와 같
으니라
5 악인을 두둔하는 것과 재판할 때에 의인을
억울하게 하는 것이 선하지 아니하니라
6 미련한 자의 입술은 다툼을 일으키고 그
의 입은 매를 자청하느니라
7 미련한 자의 입은 그의 멸망이 되고 그
의 입술은 그의 영혼의 그물이 되느니라
8 남의 말하기를 좋아하는 자의 말은 별
식과 같아서 뱃속 깊은 데로 내려가느
니라 26:22
9 자기의 일을 게을리하는 자는 패가하는
자의 형제니라
10 여호와의 이름은 견고한 망대라 의인은
그리로 달려가서 안전함을 얻느니라
11 부자의 재물은 그의 견고한 성이라 그가
높은 성벽같이 여기느니라
12 사람의 마음의 교만은 멸망의 선봉이요
겸손은 존귀의 길잡이니라 11:2
13 사연을 듣기 전에 대답하는 자는 미련하
여 욕을 당하느니라
14 사람의 심령은 그의 병을 능히 이기려니
와 심령이 상하면 그것을 누가 [1]일으키
겠느냐
15 명철한 자의 마음은 지식을 얻고 지혜로
운 자의 귀는 지식을 구하느니라
16 사람의 선물은 그의 길을 넓게 하며 또
존귀한 자 앞으로 그를 인도하느니라
17 송사에서는 먼저 온 사람의 말이 바른 것
같으나 그의 상대자가 와서 밝히느니라
18 제비 뽑는 것은 다툼을 그치게 하여 강
한 자 사이에 해결하게 하느니라 16:33
19 노엽게 한 형제와 화목하기가 견고한 성
을 취하기보다 어려운즉 이러한 다툼은
산성 문빗장 같으니라
20 사람은 입에서 나오는 열매로 말미암아
배부르게 되나니 곧 그의 입술에서 나는
것으로 말미암아 만족하게 되느니라
21 죽고 사는 것이 혀의 힘에 달렸나니 혀
를 쓰기 좋아하는 자는 혀의 열매를 먹
으리라
22 아내를 얻는 자는 복을 얻고 여호와께

3 •When wickedness comes, so does contempt,
and with shame comes reproach.
4 •The words of the mouth are deep waters,
but the fountain of wisdom is a rushing
stream.
5 •It is not good to be partial to the wicked
and so deprive the innocent of justice.
6 •The lips of fools bring them strife,
and their mouths invite a beating.
7 •The mouths of fools are their undoing,
and their lips are a snare to their very lives.
8 •The words of a gossip are like choice morsels;
they go down to the inmost parts.
9 •One who is slack in his work
is brother to one who destroys.
10 •The name of the LORD is a fortified tower;
the righteous run to it and are safe.
11 •The wealth of the rich is their fortified city;
they imagine it a wall too high to scale.
12 •Before a downfall the heart is haughty,
but humility comes before honor.
13 •To answer before listening —
that is folly and shame.
14 •The human spirit can endure in sickness,
but a crushed spirit who can bear?
15 •The heart of the discerning acquires knowledge,
for the ears of the wise seek it out.
16 •A gift opens the way
and ushers the giver into the presence of the
great.
17 •In a lawsuit the first to speak seems right,
until someone comes forward and cross-
examines.
18 •Casting the lot settles disputes
and keeps strong opponents apart.
19 •A brother wronged is more unyielding
than a fortified city;
disputes are like the barred gates of a citadel.
20 •From the fruit of their mouth a person's
stomach is filled;
with the harvest of their lips they are
satisfied.
21 •The tongue has the power of life and death,
and those who love it will eat its fruit.
22 •He who finds a wife finds what is good
and receives favor from the LORD.

1) 견디겠느냐

barred [ba:rd] *a.* 빗장이 채워진
citadel [sítədl] *n.* 성채
contempt [kəntémpt] *n.* 경멸
discerning [disə́:rniŋ] *a.* 총명한
downfall [dáunfɔ̀:l] *n.* 멸망, 몰락
fortify [fɔ́:rtəfài] *vt.* 요새화하다
fountain [fáuntən] *n.* 샘
haughty [hɔ́:ti] *a.* 교만한
inmost [ínmòust] *a.* 깊은 속의
morsel [mɔ́:rsəl] *n.* 특히 맛있는 것
reproach [ripróutʃ] *n.* 치욕
slack [slæk] *a.* 게으른
undoing [ʌndú:iŋ] *n.* 파멸
unyielding [ʌnjí:ldiŋ] *a.* 완고한
usher [ʌ́ʃər] *vt.* 인도하다

18:5 be partial to...: …를 유달리 좋아하다
18:5 deprive A of B: A에서 B를 박탈하다
18:8 go down to...: …로 내려가다
18:17 come forward: 나서다
18:18 cast lots: 제비뽑아 결정하다

은총을 받는 자니라
23 가난한 자는 간절한 말로 구하여도 부자
는 엄한 말로 대답하느니라 약 2:3
24 [1]많은 친구를 얻는 자는 해를 당하게 되
거니와 어떤 친구는 형제보다 친밀하니
라 17:17

19 가난하여도 성실하게 행하는 자는
입술이 패역하고 미련한 자보다 나
으니라
2 지식 없는 소원은 선하지 못하고 발이
급한 사람은 잘못 가느니라
3 사람이 미련하므로 자기 길을 굽게 하고
마음으로 여호와를 원망하느니라
4 재물은 많은 친구를 더하게 하나 가난한
즉 친구가 끊어지느니라
5 거짓 증인은 벌을 면하지 못할 것이요
거짓말을 하는 자도 피하지 못하리라
6 너그러운 사람에게는 은혜를 구하는 자
가 많고 선물 주기를 좋아하는 자에게는
사람마다 친구가 되느니라
7 가난한 자는 그의 형제들에게도 미움을
받거든 하물며 친구야 그를 멀리 하지
아니하겠느냐 따라가며 말하려 할지라
도 그들이 없어졌으리라
8 지혜를 얻는 자는 자기 영혼을 사랑하고
명철을 지키는 자는 복을 얻느니라
9 거짓 증인은 벌을 면하지 못할 것이요
거짓말을 뱉는 자는 망할 것이니라
10 미련한 자가 사치하는 것이 적당하지 못
하거든 하물며 종이 방백을 다스림이랴
11 노하기를 더디 하는 것이 사람의 슬기요
허물을 용서하는 것이 자기의 영광이니라
12 왕의 노함은 사자의 부르짖음 같고 그의
은택은 풀 위의 이슬 같으니라
13 미련한 아들은 그의 아비의 재앙이요 다
투는 아내는 이어 떨어지는 물방울이니
라 10:1
14 집과 재물은 조상에게서 상속하거니와
슬기로운 아내는 여호와께로서 말미암느
니라
15 게으름이 사람으로 깊이 잠들게 하나니
태만한 사람은 주릴 것이니라 6:9; 10:4
16 계명을 지키는 자는 자기의 영혼을 지키
거니와 자기의 행실을 삼가지 아니하는
자는 죽으리라
17 가난한 자를 불쌍히 여기는 것은 여호와
께 꾸어 드리는 것이니 그의 선행을 그

23 •The poor plead for mercy,
but the rich answer harshly.
24 •One who has unreliable friends soon comes to ruin,
but there is a friend who sticks closer than a brother.

19 Better the poor whose walk is blameless
than a fool whose lips are perverse.
2 •Desire without knowledge is not good—
how much more will hasty feet miss the way!
3 •A person's own folly leads to their ruin,
yet their heart rages against the LORD.
4 •Wealth attracts many friends,
but even the closest friend of the poor person deserts them.
5 •A false witness will not go unpunished,
and whoever pours out lies will not go free.
6 •Many curry favor with a ruler,
and everyone is the friend of one who gives gifts.
7 •The poor are shunned by all their relatives—
how much more do their friends avoid them!
Though the poor pursue them with pleading,
they are nowhere to be found.[a]
8 •The one who gets wisdom loves life;
the one who cherishes understanding will soon prosper.
9 •A false witness will not go unpunished,
and whoever pours out lies will perish.
10 •It is not fitting for a fool to live in luxury—
how much worse for a slave to rule over princes!
11 •A person's wisdom yields patience;
it is to one's glory to overlook an offense.
12 •A king's rage is like the roar of a lion,
but his favor is like dew on the grass.
13 •A foolish child is a father's ruin,
and a quarrelsome wife is like
the constant dripping of a leaky roof.
14 •Houses and wealth are inherited from parents,
but a prudent wife is from the LORD.
15 •Laziness brings on deep sleep,
and the shiftless go hungry.
16 •Whoever keeps commandments keep their life,
but whoever shows contempt for their ways will die.
17 •Whoever is kind to the poor lends to the LORD,

[a]7 The meaning of the Hebrew for this sentence is uncertain.

1) 해를 끼치는 친구들이 있으나

cherish [tʃériʃ] *vt.* 소중히 하다
dew [djuː] *n.* 이슬
dripping [drípiŋ] *n.* (떨어지는) 물방울
harshly [háːrʃli] *ad.* 엄하게
hasty [héisti] *a.* 급한
nowhere [nóuhwɛər] *ad.* 아무 데도
perish [périʃ] *vi.* 사라지다
perverse [pərvə́ːrs] *a.* 사악한
pleading [plíːdiŋ] *n.* 간청, 변론
prudent [prúːdnt] *a.* 분별력 있는
quarrelsome [kwɔ́ːrəlsəm] *a.* 싸움 좋아하는
rage [reidʒ] *n.* 분노
roar [rɔːr] *n.* 으르렁거림
shiftless [ʃíftlis] *a.* 무능한
stick [stik] *vi.* 충실하다

18:23 plead for...: …를 간청하다
18:24 come to ruin: 파멸에 이르다
19:5 pour out: 쏟아 놓다
19:6 curry favor with...: …의 비위를 맞추다
19:7 be shunned by...: …에 의해 따돌림을 당하다

에게 갚아 주시리라
18 네가 네 아들에게 희망이 있은즉 그를
징계하되 죽일 마음은 두지 말지니라
19 노하기를 맹렬히 하는 자는 벌을 받을 것
이라 네가 그를 건져 주면 다시 그런 일
이 생기리라
20 너는 권고를 들으며 훈계를 받으라 그리
하면 네가 필경은 지혜롭게 되리라
21 사람의 마음에는 많은 계획이 있어도 오
직 여호와의 뜻만이 완전히 서리라
22 [1]사람은 자기의 인자함으로 남에게 사모
함을 받느니라 가난한 자는 거짓말하는
자보다 나으니라
23 여호와를 경외하는 것은 사람으로 생명에
이르게 하는 것이라 경외하는 자는 족하
게 지내고 재앙을 당하지 아니하느니라
24 게으른 자는 자기의 손을 그릇에 넣고서
도 입으로 올리기를 괴로워하느니라
25 거만한 자를 때리라 그리하면 어리석은
자도 지혜를 얻으리라 명철한 자를 견책
하라 그리하면 그가 지식을 얻으리라
26 아비를 구박하고 어미를 쫓아내는 자는
부끄러움을 끼치며 능욕을 부르는 자식
이니라
27 내 아들아 지식의 말씀에서 떠나게 하는
교훈을 듣지 말지니라
28 망령된 증인은 정의를 업신여기고 악인
의 입은 죄악을 삼키느니라 욥 15:16
29 심판은 거만한 자를 위하여 예비된 것이
요 채찍은 어리석은 자의 등을 위하여
예비된 것이니라

20

포도주는 거만하게 하는 것이요 독
주는 떠들게 하는 것이라 이에 미
혹되는 자마다 지혜가 없느니라 창 9:21
2 왕의 진노는 사자의 부르짖음 같으니 그
를 노하게 하는 것은 자기의 생명을 해
하는 것이니라
3 다툼을 멀리하는 것이 사람에게 영광이
거늘 미련한 자마다 다툼을 일으키느니라
4 게으른 자는 가을에 밭 갈지 아니하나니
그러므로 거둘 때에는 구걸할지라도 얻
지 못하리라 6:6
5 사람의 마음에 있는 모략은 깊은 물 같
으니라 그럴지라도 명철한 사람은 그것
을 길어 내느니라
6 많은 사람이 각기 자기의 인자함을 자랑
하나니 충성된 자를 누가 만날 수 있으

and he will reward them for what they
have done.
18 • Discipline your children, for in that there is hope;
do not be a willing party to their death.
19 • A hot-tempered person must pay the penalty;
rescue them, and you will have to do it again.
20 • *Listen to advice and accept discipline,*
and at the end you will be counted
among the wise.
21 • Many are the plans in a person's heart,
but it is the LORD's purpose that prevails.
22 • What a person desires is unfailing love[a];
better to be poor than a liar.
23 • The fear of the LORD leads to life;
then one rests content, untouched by trouble.
24 • A sluggard buries his hand in the dish;
he will not even bring it back to his mouth!
25 • Flog a mocker, and the simple will learn
prudence;
rebuke the discerning, and they will
gain knowledge.
26 • Whoever robs their father and drives out their
mother
is a child who brings shame and disgrace.
27 • Stop listening to instruction, my son,
and you will stray from the words of
knowledge.
28 • A corrupt witness mocks at justice,
and the mouth of the wicked gulps down
evil.
29 • Penalties are prepared for mockers,
and beatings for the backs of fools.

20

Wine is a mocker and beer a brawler;
whoever is led astray by them is not wise.
2 • A king's wrath strikes terror like the roar
of a lion;
those who anger him forfeit their lives.
3 • It is to one's honor to avoid strife,
but every fool is quick to quarrel.
4 • Sluggards do not plow in season;
so at harvest time they look but find nothing.
5 • The purposes of a person's heart are deep waters,
but one who has insight draws
them out.
6 • Many claim to have unfailing love,
but a faithful person who can find?

[a]22 Or *Greed is a person's shame*

1) 인자를 베푸는 것이 사람의 즐거움이니라

brawler [brɔ́:lər] *n.* 말다툼 하는 사람
corrupt [kərʌ́pt] *a.* 타락한
discerning [disə́:rniŋ] *a.* 통찰력 있는
discipline [dísəplin] *vt.* 징계하다
flog [flag] *vt.* 세게 치다
forfeit [fɔ́:rfit] *vt.* 잃다, 상실하다
mocker [mákər] *n.* 조롱하는 사람
penalty [pénəlti] *n.* 벌, 형벌
plow [plau] *vi.* 경작하다
prevail [privéil] *vi.* 우세하다
quarrel [kwɔ́:rəl] *n.* 싸움
rebuke [ribjú:k] *vt.* 책망하다
roar [rɔ:r] *n.* 으르렁거림
sluggard [slʌ́gərd] *n.* 게으른 자
wise [waiz] *a.* 슬기로운

19 **reward for...**: …에 대해 보상하다
19 **drive out**: 몰아내다, 배격하다
19:27 **stray from...**: …에서 빗나가다
19:28 **gulp down**: 한 입에 꿀꺽 집어삼키다
19:29 **be prepared for**: 각오하고 있다
20:1 **lead astray**: 나쁜 길로 인도하다

랴
7 온전하게 행하는 자가 의인이라 그의 후
손에게 복이 있느니라
8 심판 자리에 앉은 왕은 그의 눈으로 모든
악을 흩어지게 하느니라
9 내가 내 마음을 정하게 하였다 내 죄를 깨
끗하게 하였다 할 자가 누구냐
10 한결같지 않은 저울 추와 한결같지 않은
되는 다 여호와께서 미워하시느니라
11 비록 아이라도 자기의 동작으로 자기 품
행이 청결한 여부와 정직한 여부를 나타
내느니라
12 듣는 귀와 보는 눈은 다 여호와께서 지으
신 것이니라
출 4:11
13 너는 잠자기를 좋아하지 말라 네가 빈궁
하게 될까 두려우니라 네 눈을 뜨라 그리
하면 양식이 족하리라
6:9, 10
14 물건을 사는 자가 좋지 못하다 좋지 못하
다 하다가 돌아간 후에는 자랑하느니라
15 세상에 금도 있고 진주도 많거니와 지혜
로운 입술이 더욱 귀한 보배니라
16 타인을 위하여 보증 선 자의 옷을 취하라
외인들을 위하여 보증 선 자는 그의 몸을
볼모 잡을지니라
17 속이고 취한 음식물은 사람에게 맛이 좋
은 듯하나 후에는 그의 입에 모래가 가득
하게 되리라
18 경영은 의논함으로 성취하나니 지략을 베
풀고 전쟁할지니라
15:22
19 두루 다니며 한담하는 자는 남의 비밀을
누설하나니 입술을 벌린 자를 사귀지 말
지니라
20 자기의 아비나 어미를 저주하는 자는 그
의 등불이 흑암 중에 꺼짐을 당하리라
21 처음에 속히 잡은 산업은 마침내 복이 되
지 아니하느니라
22 너는 악을 갚겠다 말하지 말고 여호와를
기다리라 그가 너를 구원하시리라
23 한결같지 않은 저울 추는 여호와께서 미
워하시는 것이요 속이는 저울은 좋지 못
한 것이니라
24 사람의 걸음은 여호와로 말미암나니 사람
이 어찌 자기의 길을 알 수 있으랴
25 함부로 이 물건은 거룩하다 하여 서원하
고 그 후에 살피면 그것이 그 사람에게
덫이 되느니라
26 지혜로운 왕은 악인들을 키질하며 타작하

7 •The righteous lead blameless lives;
blessed are their children after them.
8 •When a king sits on his throne to judge,
he winnows out all evil with his eyes.
9 •Who can say, "I have kept my heart pure;
I am clean and without sin"?
10 •Differing weights and differing measures—
the LORD detests them both.
11 •Even small children are known by their actions,
so is their conduct really pure and upright?
12 •Ears that hear and eyes that see—
the LORD has made them both.
13 •Do not love sleep or you will grow poor;
stay awake and you will have food to spare.
14 •"It's no good, it's no good!" says the buyer—
then goes off and boasts about the
purchase.
15 •Gold there is, and rubies in abundance,
but lips that speak knowledge are a rare
jewel.
16 •Take the garment of one who puts up security
for a stranger;
hold it in pledge if it is done for an
outsider.
17 •Food gained by fraud tastes sweet,
but one ends up with a mouth full of gravel.
18 •Plans are established by seeking advice;
so if you wage war, obtain guidance.
19 •A gossip betrays a confidence;
so avoid anyone who talks too much.
20 •If someone curses their father or mother,
their lamp will be snuffed out in pitch
darkness.
21 •An inheritance claimed too soon
will not be blessed at the end.
22 •Do not say, "I'll pay you back for this wrong!"
Wait for the LORD, and he will avenge you.
23 •The LORD detests differing weights,
and dishonest scales do not please him.
24 •A person's steps are directed by the LORD.
How then can anyone understand their
own way?
25 •It is a trap to dedicate something rashly
and only later to consider one's vows.
26 •A wise king winnows out the wicked;
he drives the threshing wheel over them.

abundance [əbʌ́ndəns] *n.* 풍성함
betray [bitréi] *vt.* 폭로하다
blameless [bléimlis] *a.* 결백한
confidence [kánfədəns] *n.* 비밀
dedicate [dédikèit] *vt.* 바치다
detest [ditést] *vt.* 혐오하다
dishonest [disánist] *a.* 부정직한
gravel [grǽvəl] *n.* 자갈, 모래
guidance [gáidns] *n.* 도략, 지도
obtain [əbtéin] *vt.* 얻다
rashly [rǽʃli] *ad.* 경솔하게
scale [skeil] *n.* 저울
thresh [θreʃ] *vt.* 타작하다
vow [vau] *n.* 서원
winnow [wínou] *vt.* 키질하다

20:16 security for...: …를 위한 담보
20:16 hold it in pledge: 보증 서다
20:17 by fraud: 속임수로, 사기로
20:17 end up with...: 결국 …가 되다
20:20 snuff out: (불 등이) 꺼지다
20:20 pitch darkness: 칠흑 같은 어둠

는 바퀴를 그들 위에 굴리느니라
27 사람의 영혼은 여호와의 등불이라 사람
의 깊은 속을 살피느니라
28 왕은 인자와 진리로 스스로 보호하고
그의 왕위도 인자함으로 말미암아 견
고하니라
29 젊은 자의 영화는 그의 힘이요 늙은 자
의 아름다움은 백발이니라
30 상하게 때리는 것이 악을 없이하나니 매
는 사람 속에 깊이 들어가느니라

21

왕의 마음이 여호와의 손에 있음이
마치 봇물과 같아서 그가 임의로 인
도하시느니라
2 사람의 행위가 자기 보기에는 모두 정직
하여도 여호와는 마음을 감찰하시느니
라
3 공의와 정의를 행하는 것은 제사 드리는
것보다 여호와께서 기쁘게 여기시느니
라
4 눈이 높은 것과 마음이 교만한 것과 악
인이[1] 형통한 것은 다 죄니라
5 부지런한 자의 경영은 풍부함에 이를
것이나 조급한 자는 궁핍함에 이를 따
름이니라
6 속이는 말로 재물을 모으는 것은 죽음을
구하는 것이라 곧 불려다니는 안개니라
7 악인의 강포는 자기를 소멸하나니 이는
정의를 행하기 싫어함이니라
8 죄를 크게 범한 자의 길은 심히 구부러
지고 깨끗한 자의 길은 곧으니라
9 다투는 여인과 함께 큰 집에서 사는 것
보다[2] 움막에서 사는 것이 나으니라
10 악인의 마음은 남의 재앙을 원하나니 그
이웃도 그 앞에서 은혜를 입지 못하느니
라
11 거만한 자가 벌을 받으면 어리석은 자도
지혜를 얻겠고 지혜로운 자가 교훈을 받
으면 지식이 더하리라 19:25
12[3] 의로우신 자는 악인의 집을 감찰하시
고 악인을 환난에 던지시느니라 14:11
13 귀를 막고 가난한 자가 부르짖는 소리를
듣지 아니하면 자기가 부르짖을 때에도
들을 자가 없으리라
14 은밀한 선물은 노를 쉬게 하고 품 안의
뇌물은 맹렬한 분을 그치게 하느니라
15 정의를 행하는 것이 의인에게는 즐거움
이요 죄인에게는 패망이니라

27 • The human spirit is[a] the lamp of the LORD
that sheds light on one's inmost being.
28 • Love and faithfulness keep a king safe;
through love his throne is made secure.
29 • The glory of young men is their strength,
gray hair the splendor of the old.
30 • Blows and wounds scrub away evil,
and beatings purge the inmost being.

21

In the LORD's hand the king's heart is
a stream of water
that he channels toward all who please him.
2 • A person may think their own ways are right,
but the LORD weighs the heart.
3 • To do what is right and just
is more acceptable to the LORD than sacrifice.
4 • Haughty eyes and a proud heart—
the unplowed field of the wicked—produce
sin.
5 • The plans of the diligent lead to profit
as surely as haste leads to poverty.
6 • A fortune made by a lying tongue
is a fleeting vapor and a deadly snare.[b]
7 • The violence of the wicked will drag them away,
for they refuse to do what is right.
8 • The way of the guilty is devious,
but the conduct of the innocent is upright.
9 • Better to live on a corner of the roof
than share a house with a quarrelsome wife.
10 • The wicked crave evil;
their neighbors get no mercy from them.
11 • When a mocker is punished, the simple gain
wisdom;
by paying attention to the wise they get
knowledge.
12 • The Righteous One[c] takes note of the house
of the wicked
and brings the wicked to ruin.
13 • Whoever shuts their ears to the cry of the poor
will also cry out and not be answered.
14 • A gift given in secret soothes anger,
and a bribe concealed in the cloak pacifies
great wrath.
15 • When justice is done, it brings joy to the righteous
but terror to evildoers.

[a]27 Or *A person's words are* [b]6 Some Hebrew manuscripts, Septuagint and Vulgate; most Hebrew manuscripts *vapor for those who seek death* [c]12 Or *The righteous person*

1) 히, 등불 2) 지붕 한 모퉁이에서 3) 의로운 자는 악인의 집을 헤아려서 악인의 망할 것을 아느니라

acceptable [ækséptəbl] *a.* 만족스러운
blow [blou] *n.* 구타
cloak [klouk] *n.* 망토, 가면
crave [kreiv] *vt.* 열망하다
deadly [dédli] *a.* 죽음과 같은
devious [dí:viəs] *a.* 사악한
diligent [dílədʒənt] *a.* 부지런한
evildoer [í:vəldù:ər] *n.* 악인
fleeting [flí:tiŋ] *a.* 급히 지나가는
inmost [ínmòust] *a.* 깊은 속의
purge [pə:rdʒ] *vt.* 정화하다
quarrelsome [kwɔ́:rəlsəm] *a.* 싸우기를 좋아하는
soothe [su:ð] *vt.* 누그러뜨리다
vapor [véipər] *n.* 수증기
wound [wu:nd] *n.* 상처, 부상

21:5 as surely as...: 마치 …인 것처럼
21:7 drag away: 뽑아버리다
21:7 refuse to...: …을 거절하다
21:11 pay attention to...: …에 주목하다
21:12 take note of...: …를 주목하다
21:12 bring... to ruin: …를 파멸케 하다

16 명철의 길을 떠난 사람은 사망의 회중에 거하리라 시 49:14
17 연락을 좋아하는 자는 가난하게 되고 술과 기름을 좋아하는 자는 부하게 되지 못하느니라
18 악인은 의인의 속전이 되고 사악한 자는 정직한 자의 대신이 되느니라 11:8
19 다투며 성내는 여인과 함께 사는 것보다 광야에서 사는 것이 나으니라
20 지혜 있는 자의 집에는 귀한 보배와 기름이 있으나 미련한 자는 이것을 다 삼켜 버리느니라
21 공의와 인자를 따라 구하는 자는 생명과 공의와 영광을 얻느니라
22 지혜로운 자는 용사의 성에 올라가서 그 성이 의지하는 방벽을 허느니라
23 입과 혀를 지키는 자는 자기의 영혼을 환난에서 보전하느니라
24 무례하고 교만한 자를 이름하여 망령된 자라 하나니 이는 넘치는 교만으로 행함이니라
25 게으른 자의 욕망이 자기를 죽이나니 이는 자기의 손으로 일하기를 싫어함이니라
26 어떤 자는 종일토록 탐하기만 하나 의인은 아끼지 아니하고 베푸느니라
27 악인의 제물은 본래 가증하거든 하물며 악한 뜻으로 드리는 것이랴 사 66:3
28 거짓 증인은 패망하려니와 확실히 듣은 사람의 말은 힘이 있느니라
29 악인은 자기의 얼굴을 굳게 하나 정직한 자는 자기의 행위를 삼가느니라
30 지혜로도 못하고, 명철로도 못하고 모략으로도 여호와를 당하지 못하느니라
31 싸울 날을 위하여 마병을 예비하거니와 이김은 여호와께 있느니라 사 31:1

22 많은 재물보다 명예를 택할 것이요 은이나 금보다 은총을 더욱 택할 것이니라
2 가난한 자와 부한 자가 [1)] 함께 살거니와 그 모두를 지으신 이는 여호와시니라
3 슬기로운 자는 재앙을 보면 숨어 피하여도 어리석은 자는 나가다가 해를 받느니라
4 겸손과 여호와를 경외함의 보상은 재물과 영광과 생명이니라
5 패역한 자의 길에는 가시와 올무가 있

16 • Whoever strays from the path of prudence
comes to rest in the company of the dead.
17 • Whoever loves pleasure will become poor;
whoever loves wine and olive oil will never
be rich.
18 • The wicked become a ransom for the righteous,
and the unfaithful for the upright.
19 • Better to live in a desert
than with a quarrelsome and nagging wife.
20 • The wise store up choice food and olive oil,
but fools gulp theirs down.
21 • Whoever pursues righteousness and love
finds life, prosperity[a] and honor.
22 • One who is wise can go up against the city of
the mighty
and pull down the stronghold in which they
trust.
23 • Those who guard their mouths and their tongues
keep themselves from calamity.
24 • The proud and arrogant person —
"Mocker" is his name —
behaves with insolent fury.
25 • The craving of a sluggard will be the death of him,
because his hands refuse to work.
26 • All day long he craves for more,
but the righteous give without sparing.
27 • The sacrifice of the wicked is detestable —
how much more so when brought with evil
intent!
28 • A false witness will perish,
but a careful listener will testify successfully.
29 • The wicked put up a bold front,
but the upright give thought to their ways.
30 • There is no wisdom, no insight, no plan
that can succeed against the LORD.
31 • The horse is made ready for the day of battle,
but victory rests with the LORD.

22 A good name is more desirable
than great riches;
to be esteemed is better than silver or gold.
2 • Rich and poor have this in common:
The LORD is the Maker of them all.
3 • The prudent see danger and take refuge,
but the simple keep going and pay the
penalty.
4 • Humility is the fear of the LORD;
its wages are riches and honor and life.
5 • In the paths of the wicked are snares and pitfalls,

[a]21 Or *righteousness* 1) 히, 서로 만나거니와

arrogant [ǽrəgənt] *a.* 거만한
crave [kreiv] *vt.* 열망하다
desirable [dizáiərəbl] *a.* 바람직한
detestable [ditéstəbl] *a.* 혐오스러운
esteem [istí:m] *vt.* 좋게 평가하다
gulp [gʌlp] *vt.* 삼키다
insolent [ínsələnt] *a.* 거만한
pitfall [pítfɔ̀:l] *n.* 함정
prosperity [praspérəti] *n.* 형통
prudent [prú:dnt] *a.* 신중한, 분별력 있는
ransom [rǽnsəm] *n.* 배상금
refuge [réfju:dʒ] *n.* 피난
sacrifice [sǽkrəfàis] *n.* 제물
sluggard [slʌ́gərd] *n.* 게으름뱅이
stronghold [strɔ́:ŋhòuld] *n.* 요새

21:16 in the company of...: …과 함께
21:22 pull down: 무너뜨리다
21:29 put up a bold front: 태연한[뻔뻔한] 태도를 취하다
21:31 make ready for...: …을 준비하다
22:3 keep -ing: 계속 …하다

거니와 영혼을 지키는 자는 이를 멀리
하느니라
6 마땅히 행할 길을 아이에게 가르치라 그
리하면 늙어도 그것을 떠나지 아니하리
라
7 부자는 가난한 자를 주관하고 빚진 자는
채주의 종이 되느니라
8 악을 뿌리는 자는 재앙을 거두리니 그
분노의 [1]기세가 쇠하리라
9 선한 눈을 가진 자는 복을 받으리니 이
는 양식을 가난한 자에게 줌이니라
10 거만한 자를 쫓아내면 다툼이 쉬고 싸움
과 수욕이 그치느니라
11 마음의 정결을 사모하는 자의 입술에
는 덕이 있으므로 임금이 그의 친구가
되느니라
12 여호와의 눈은 지식 있는 사람을 지키시
나 사악한 사람의 말은 패하게 하시느니
라
13 게으른 자는 말하기를 사자가 밖에 있은
즉 내가 나가면 거리에서 찢기겠다 하느
니라
14 음녀의 입은 깊은 함정이라 여호와의 노
를 당한 자는 거기 빠지리라 2:16
15 아이의 마음에는 미련한 것이 얽혔으나
징계하는 채찍이 이를 멀리 쫓아내리라
16 이익을 얻으려고 가난한 자를 학대하는
자와 부자에게 주는 자는 가난하여질
뿐이니라
17 ●너는 귀를 기울여 지혜 있는 자의 말
씀을 들으며 내 지식에 마음을 둘지어다
18 이것을 네 속에 보존하며 네 입술 위에
함께 있게 함이 아름다우니라
19 내가 네게 여호와를 의뢰하게 하려 하
여 이것을 오늘 특별히 네게 알게 하였
노니 3:5
20 내가 모략과 지식의 아름다운 것을 너를
위해 기록하여 8:6, 10
21 네가 진리의 확실한 말씀을 깨닫게 하며
또 너를 보내는 자에게 진리의 말씀으로
회답하게 하려 함이 아니냐
22 ●약한 자를 그가 약하다고 탈취하지
말며 곤고한 자를 성문에서 압제하지
말라
23 대저 여호와께서 신원하여 주시고 또 그
를 노략하는 자의 생명을 빼앗으시리라
24 노를 품는 자와 사귀지 말며 울분한 자

but those who would preserve their life stay
far from them.
6 •Start children off on the way they should go,
and even when they are old they will not turn
from it.
7 •The rich rule over the poor,
and the borrower is slave to the lender.
8 •Whoever sows injustice reaps calamity,
and the rod they wield in fury will be broken.
9 •The generous will themselves be blessed,
for they share their food with the poor.
10 •Drive out the mocker, and out goes strife;
quarrels and insults are ended.
11 •One who loves a pure heart and who speaks
with grace
will have the king for a friend.
12 •The eyes of the LORD keep watch over knowledge,
but he frustrates the words of the unfaithful.
13 •The sluggard says, "There's a lion outside!
I'll be killed in the public square!"
14 •The mouth of an adulterous woman is a deep pit;
a man who is under the LORD's wrath falls
into it.
15 •Folly is bound up in the heart of a child,
but the rod of discipline will drive it far away.
16 •One who oppresses the poor to increase his wealth
and one who gives gifts to the rich—both
come to poverty.

Thirty Sayings of the Wise

Saying 1

17 •Pay attention and turn your ear to the sayings of
the wise;
apply your heart to what I teach,
18 •for it is pleasing when you keep them in your
heart
and have all of them ready on your lips.
19 •So that your trust may be in the LORD,
I teach you today, even you.
20 •Have I not written thirty sayings for you,
sayings of counsel and knowledge,
21 •teaching you to be honest and to speak the truth,
so that you bring back truthful reports
to those you serve?

Saying 2

22 •Do not exploit the poor because they are poor
and do not crush the needy in court,
23 •for the LORD will take up their case
and will exact life for life.

Saying 3

24 •Do not make friends with a hot-tempered person,

1) 지팡이

adulterous [ədʌltərəs] *a.* 간음하는
borrower [bárouər] *n.* 빚진 자
discipline [dísəplin] *n.* 훈계
exact [igzǽkt] *vt.* 거두어 들이다
exploit [iksplɔ́it] *vt.* 착취하다
frustrate [frʌ́streit] *vt.* 실패시키다
hot-tempered [háttempərd] *a.* 성미 급한
insult [insʌ́lt] *n.* 모욕
mocker [mákər] *n.* 조롱하는 사람
oppress [əprés] *vt.* 억압하다
poverty [pávərti] *n.* 가난
preserve [prizə́:rv] *vt.* 보호하다
strife [straif] *n.* 싸움
truthful [trú:θfəl] *a.* 진실한
wield [wi:ld] *vt.* 휘두르다

22:7 rule over: 지배하다
22:10 drive out: 쫓아내다
22:15 be bound up in...: …에 푹 빠져있다
22:15 far away: 멀리
22:17 apply to...: …에 적용되다
22:23 take up: 처리하다

와 동행하지 말지니
25 그의 행위를 본받아 네 영혼을 올무에
빠뜨릴까 두려움이니라
26 너는 사람과 더불어 손을 잡지 말며 남
의 빚에 보증을 서지 말라
27 만일 갚을 것이 네게 없으면 네 누운 침
상도 빼앗길 것이라 네가 어찌 그리하겠
느냐
28 네 선조가 세운 옛 지계석을 옮기지 말
지니라
29 네가 자기의 일에 능숙한 사람을 보았느
냐 이러한 사람은 왕 앞에 설 것이요 천
한 자 앞에 서지 아니하리라

23 네가 관원과 함께 앉아 음식을 먹
게 되거든 삼가 네 앞에 있는 자가
누구인지를 생각하며
2 네가 만일 음식을 탐하는 자이거든 네
목에 칼을 둘 것이니라 23:20
3 그의 맛있는 음식을 탐하지 말라 그것은
속이는 음식이니라
4 부자 되기에 애쓰지 말고 네 사사로운
지혜를 버릴지어다
5 네가 어찌 허무한 것에 주목하겠느냐 정
녕히 재물은 스스로 날개를 내어 하늘을
나는 독수리처럼 날아가리라
6 악한 눈이 있는 자의 음식을 먹지 말며
그의 맛있는 음식을 탐하지 말지어다
7 대저 그 마음의 생각이 어떠하면 그 위인
도 그러한즉 그가 네게 먹고 마시라 할지
라도 그의 마음은 너와 함께 하지 아니함
이라 26:24
8 네가 조금 먹은 것도 토하겠고 네 아름
다운 말도 헛된 데로 돌아가리라
9 미련한 자의 귀에 말하지 말지니 이는
그가 네 지혜로운 말을 업신여길 것임이
니라
10 옛 지계석을 옮기지 말며 고아들의 밭을
침범하지 말지어다
11 대저 그들의 구속자는 강하시니 그가 너
를 대적하여 그들의 원한을 풀어 주시리
라
12 훈계에 착심하며 지식의 말씀에 귀를 기
울이라
13 아이를 훈계하지 아니하려고 하지 말라
채찍으로 그를 때릴지라도 그가 죽지 아
니하리라

do not associate with one easily angered,
25 • or you may learn their ways
and get yourself ensnared.

Saying 4

26 • Do not be one who shakes hands in pledge
or puts up security for debts;
27 • if you lack the means to pay,
your very bed will be snatched from under you.

Saying 5

28 • Do not move an ancient boundary stone
set up by your ancestors.

Saying 6

29 • Do you see someone skilled in their work?
They will serve before kings;
they will not serve before officials of low rank.

Saying 7

23 When you sit to dine with a ruler,
note well what[a] is before you,
2 • and put a knife to your throat
if you are given to gluttony.
3 • Do not crave his delicacies,
for that food is deceptive.

Saying 8

4 • Do not wear yourself out to get rich;
do not trust your own cleverness.
5 • Cast but a glance at riches, and they are gone,
for they will surely sprout wings
and fly off to the sky like an eagle.

Saying 9

6 • Do not eat the food of a begrudging host,
do not crave his delicacies;
7 • for he is the kind of person
who is always thinking about the cost.[b]
"Eat and drink," he says to you,
but his heart is not with you.
8 • You will vomit up the little you have eaten
and will have wasted your compliments.

Saying 10

9 • Do not speak to fools,
for they will scorn your prudent words.

Saying 11

10 • Do not move an ancient boundary stone
or encroach on the fields of the fatherless,
11 • for their Defender is strong;
he will take up their case against you.

Saying 12

12 • Apply your heart to instruction
and your ears to words of knowledge.

Saying 13

13 • Do not withhold discipline from a child;

[a]1 Or *who* [b]7 Or *for as he thinks within himself, / so he is;* or *for as he puts on a feast, / so he is*

ancient [éinʃənt] *a.* 옛날의
begrudge [bigrʌ́dʒ] *vt.* 시기하다
boundary [báundəri] *n.* 경계
cleverness [klévərnis] *n.* 영리함
compliment [kámpləmənt] *n.* 칭찬
deceptive [diséptiv] *a.* 속이는
delicacy [délikəsi] *n.* 맛있는 음식
dine [dain] *vi.* 정찬을 먹다
discipline [dísəplin] *n.* 훈계
ensnare [insnέər] *vt.* 함정에 빠뜨리다
gluttony [glʌ́təni] *n.* 탐식
pledge [pledʒ] *n.* 서약
scorn [skɔːrn] *vt.* 경멸하다
sprout [spraut] *vt.* 자라나게 하다
withhold [wiθhóuld] *vt.* 보류하다

22:24 associate with...: …과 어울리다
22:27 snatch from...: …에서 낚아채다
23:4 wear out: 지치게 하다
23:5 cast a glance at: 힐끗보다
23:8 vomit up: 게워내다, 토하다
23:10 encroach on...: …을 침범하다

14 네가 그를 채찍으로 때리면 그의 영혼을
스올에서 구원하리라
15 내 아들아 만일 네 마음이 지혜로우면
나 곧 내 마음이 즐겁겠고
16 만일 네 입술이 정직을 말하면 내 속이
유쾌하리라 23:24,25
17 네 마음으로 죄인의 형통을 부러워하지
말고 항상 여호와를 경외하라
18 정녕히 네 장래가 있겠고 네 소망이 끊
어지지 아니하리라
19 내 아들아 너는 듣고 지혜를 얻어 네 마
음을 바른 길로 인도할지니라
20 술을 즐겨 하는 자들과 고기를 탐하는
자들과도 더불어 사귀지 말라
21 술 취하고 음식을 탐하는 자는 가난하여
질 것이요 잠 자기를 즐겨 하는 자는 해
어진 옷을 입을 것임이니라 21:17
22 너를 낳은 아비에게 청종하고 네 늙은
어미를 경히 여기지 말지니라
23 진리를 사되 팔지는 말며 지혜와 훈계와
명철도 그리할지니라 4:7
24 의인의 아비는 크게 즐거울 것이요 지혜
로운 자식을 낳은 자는 그로 말미암아
즐거울 것이니라
25 네 부모를 즐겁게 하며 너를 낳은 어미
를 기쁘게 하라
26 내 아들아 네 마음을 내게 주며 네 눈으
로 내 길을 즐거워할지어다 3:1
27 대저 음녀는 깊은 구덩이요 이방 여인은
좁은 함정이라
28 참으로 그는 강도같이 매복하며 사람들
중에 사악한 자가 많아지게 하느니라
29 재앙이 뉘게 있느뇨 근심이 뉘게 있느뇨
분쟁이 뉘게 있느뇨 원망이 뉘게 있느뇨
까닭 없는 상처가 뉘게 있느뇨 붉은 눈
이 뉘게 있느뇨
30 술에 잠긴 자에게 있고 혼합한 술을 구
하러 다니는 자에게 있느니라 엡 5:18
31 포도주는 붉고 잔에서 번쩍이며 순하게
내려가나니 너는 그것을 보지도 말지어
다
32 그것이 마침내 뱀같이 물 것이요 독사같
이 쏠 것이며
33 또 네 눈에는 괴이한 것이 보일 것이요
네 마음은 구부러진 말을 할 것이며
34 너는 바다 가운데에 누운 자 같을 것이

if you punish them with the rod, they will
not die.
14 •Punish them with the rod
and save them from death.

Saying 14

15 •My son, if your heart is wise,
then my heart will be glad indeed;
16 •my inmost being will rejoice
when your lips speak what is right.

Saying 15

17 •Do not let your heart envy sinners,
but always be zealous for the fear of the LORD.
18 •There is surely a future hope for you,
and your hope will not be cut off.

Saying 16

19 •Listen, my son, and be wise,
and set your heart on the right path:
20 •Do not join those who drink too much wine
or gorge themselves on meat,
21 •for drunkards and gluttons become poor,
and drowsiness clothes them in rags.

Saying 17

22 •Listen to your father, who gave you life,
and do not despise your mother when
she is old.
23 •Buy the truth and do not sell it—
wisdom, instruction and insight as well.
24 •The father of a righteous child has great joy;
a man who fathers a wise son rejoices in him.
25 •May your father and mother rejoice;
may she who gave you birth be joyful!

Saying 18

26 •My son, give me your heart
and let your eyes delight in my ways,
27 •for an adulterous woman is a deep pit,
and a wayward wife is a narrow well.
28 •Like a bandit she lies in wait
and multiplies the unfaithful among men.

Saying 19

29 •Who has woe? Who has sorrow?
Who has strife? Who has complaints?
Who has needless bruises? Who has
bloodshot eyes?
30 •Those who linger over wine,
who go to sample bowls of mixed wine.
31 •Do not gaze at wine when it is red,
when it sparkles in the cup,
when it goes down smoothly!
32 •In the end it bites like a snake
and poisons like a viper.
33 •Your eyes will see strange sights,
and your mind will imagine confusing
things.

bandit [bǽndit] *n.* 강도
bloodshot [blʌ́dʃàt] *a.* 핏발 선
bruise [bru:z] *n.* 상처
confuse [kənfjú:z] *vt.* 혼란케 하다
despise [dispáiz] *vt.* 멸시하다
drowsiness [dráuzinis] *n.* 졸음
drunkard [drʌ́ŋkərd] *n.* 술고래
glutton [glʌ́tn] *n.* 폭식가
narrow [nǽrou] *a.* 폭이 좁은
rag [ræg] *n.* 누더기
rod [rad] *n.* 매, 회초리
sparkle [spá:rkl] *vi.* (거품이) 일다
strange [streindʒ] *a.* 이상한
strife [stráif] *n.* 다툼
wayward [wéiwərd] *a.* 고집스러운

23:17 be zealous for...: …을 열망하다
23:18 cut off: 베어내다, 끊다
23:20 gorge oneself on: 게걸스럽게 먹다
23:23 as well: 또한, 역시
23:30 linger over: (아쉬운듯이) 남아 있다
23:31 gaze at: 응시하다

요 돛대 위에 누운 자 같을 것이며
35 네가 스스로 말하기를 사람이 나를 때려
도 나는 아프지 아니하고 나를 상하게
하여도 내게 감각이 없도다 내가 언제나
깰까 다시 술을 찾겠다 하리라
24 너는 악인의 형통함을 부러워하지
말며 그와 함께 있으려고 하지도
말지어다
2 그들의 마음은 강포를 품고 그들의 입술
은 재앙을 말함이니라
3 집은 지혜로 말미암아 건축되고 명철로
말미암아 견고하게 되며
4 또 방들은 지식으로 말미암아 각종 귀하
고 아름다운 보배로 채우게 되느니라
5 지혜 있는 자는 강하고 지식 있는 자는
힘을 더하나니
21:22
6 너는 전략으로 싸우라 승리는 지략이 많
음에 있느니라
7 지혜는 너무 높아서 미련한 자가 미치지
못할 것이므로 그는 성문에서 입을 열지
못하느니라
8 악행하기를 꾀하는 자를 일컬어 사악한
자라 하느니라
9 미련한 자의 생각은 죄요 거만한 자는
사람에게 미움을 받느니라
10 네가 만일 환난 날에 낙담하면 네 힘이
미약함을 보임이니라
11 너는 사망으로 끌려가는 자를 건져 주며
살륙을 당하게 된 자를 구원하지 아니하
려고 하지 말라
12 네가 말하기를 나는 그것을 알지 못하였
노라 할지라도 마음을 저울질 하시는 이
가 어찌 통찰하지 못하시겠으며 네 영혼
을 지키시는 이가 어찌 알지 못하시겠느
냐 그가 각 사람의 행위대로 보응하시리
라
13 내 아들아 꿀을 먹으라 이것이 좋으니
라 송이꿀을 먹으라 이것이 네 입에 다
니라
14 지혜가 네 영혼에게 이와 같은 줄을 알
라 이것을 얻으면 정녕히 네 장래가 있
겠고 네 소망이 끊어지지 아니하리라
15 악한 자여 의인의 집을 엿보지 말며 그
가 쉬는 처소를 헐지 말지니라
16 대저 의인은 일곱 번 넘어질지라도 다시
일어나려니와 악인은 재앙으로 말미암

34 •You will be like one sleeping on the high seas,
lying on top of the rigging.
35 •"They hit me," you will say, "but I'm not hurt!
They beat me, but I don't feel it!
When will I wake up
so I can find another drink?"

Saying 20

24 Do not envy the wicked,
do not desire their company;
2 •for their hearts plot violence,
and their lips talk about making trouble.

Saying 21

3 •By wisdom a house is built,
and through understanding it is established;
4 •through knowledge its rooms are filled
with rare and beautiful treasures.

Saying 22

5 •The wise prevail through great power,
and those who have knowledge muster
their strength.
6 •Surely you need guidance to wage war,
and victory is won through many advisers.

Saying 23

7 •Wisdom is too high for fools;
in the assembly at the gate they must
not open their mouths.

Saying 24

8 •Whoever plots evil
will be known as a schemer.
9 •The schemes of folly are sin,
and people detest a mocker.

Saying 25

10 •If you falter in a time of trouble,
how small is your strength!
11 •Rescue those being led away to death;
hold back those staggering toward slaughter.
12 •If you say, "But we knew nothing about this,"
does not he who weighs the heart perceive it?
Does not he who guards your life know it?
Will he not repay everyone according
to what they have done?

Saying 26

13 •Eat honey, my son, for it is good;
honey from the comb is sweet to your taste.
14 •Know also that wisdom is like honey for you:
If you find it, there is a future hope for you,
and your hope will not be cut off.

Saying 27

15 •Do not lurk like a thief near the house
of the righteous,
do not plunder their dwelling place;
16 •for though the righteous fall seven
times, they rise again,

adviser [ædváizər] *n.* 조언자
comb [koum] *n.* 벌집
dwelling [dwéliŋ] *n.* 거처
falter [fɔ́:ltər] *vi.* 넘어지다, 흔들리다
guidance [gáidns] *n.* 도략
lurk [lə:rk] *vi.* 잠복하다
perceive [pərsí:v] *vt.* 인식하다
rare [rɛər] *a.* 드문
repay [ri:péi] *vt.* 갚다
rigging [ríɡiŋ] *n.* (돛, 돛대 등의 총칭)삭구
schemer [skí:mər] *n.* 음모자
slaughter [slɔ́:tər] *n.* 도살
stagger [stǽgər] *vi.* 비틀거리다
violence [váiələns] *n.* 사나움, 폭력
wisdom [wízdəm] *n.* 지혜

24:6 wage war: 전쟁을 수행하다
24:8 plot evil: 악을 도모하다
24:8 be known as...: …으로 알려져 있다
24:11 lead away: 끌고가다
24:14 hope for...: …에 대한 희망
24:16 rise again: 소생하다

아 엎드러지느니라
17 네 원수가 넘어질 때에 즐거워하지 말
며 그가 엎드러질 때에 마음에 기뻐하
지 말라
18 여호와께서 이것을 보시고 기뻐하지
아니하사 그의 진노를 그에게서 옮기
실까 두려우니라
19 너는 행악자들로 말미암아 분을 품지
말며 악인의 형통함을 부러워하지 말
라
20 대저 행악자는 장래가 없겠고 악인의
등불은 꺼지리라 13:9
21 내 아들아 여호와와 왕을 경외하고 반
역자와 더불어 사귀지 말라
22 대저 그들의 재앙은 속히 임하리니 그
둘의 멸망을 누가 알랴
23 ● 이것도 지혜로운 자들의 말씀이라
● 재판할 때에 낯을 보아 주는 것이
옳지 못하니라
24 악인에게 네가 옳다 하는 자는 백성에
게 저주를 받을 것이요 국민에게 미움
을 받으려니와
25 오직 그를 견책하는 자는 기쁨을 얻을
것이요 또 좋은 복을 받으리라 28:23
26 적당한 말로 대답함은 입맞춤과 같으
니라
27 네 일을 밖에서 다스리며 너를 위하여
밭에서 준비하고 그 후에 네 집을 세울
지니라
28 너는 까닭 없이 네 이웃을 쳐서 증인
이 되지 말며 네 입술로 속이지 말지
니라
29 너는 그가 내게 행함같이 나도 그에게
행하여 그가 행한 대로 그 사람에게 갚
겠다 말하지 말지니라
30 내가 게으른 자의 밭과 지혜 없는 자의
포도원을 지나며 본즉 6:6
31 가시덤불이 그 전부에 퍼졌으며 그 지
면이 거친 풀로 덮였고 돌담이 무너져
있기로
32 내가 보고 생각이 깊었고 내가 보고 훈
계를 받았노라
33 네가 좀더 자자, 좀더 졸자, 손을 모으
고 좀더 누워 있자 하니 6:10,11
34 네 빈궁이 강도같이 오며 네 곤핍이 군
사같이 이르리라

but the wicked stumble when calamity
strikes.

Saying 28

17 ● Do not gloat when your enemy falls;
when they stumble, do not let your heart
rejoice,
18 ● or the LORD will see and disapprove
and turn his wrath away from them.

Saying 29

19 ● Do not fret because of evildoers
or be envious of the wicked,
20 ● for the evildoer has no future hope,
and the lamp of the wicked will be snuffed out.

Saying 30

21 ● Fear the LORD and the king, my son,
and do not join with rebellious officials,
22 ● for those two will send sudden destruction
on them,
and who knows what calamities they can bring?

Further Sayings of the Wise

23 ● These also are sayings of the wise:

To show partiality in judging is not good:
24 ● Whoever says to the guilty, "You are innocent,"
will be cursed by peoples and denounced
by nations.
25 ● But it will go well with those who convict the
guilty,
and rich blessing will come on them.
26 ● An honest answer
is like a kiss on the lips.
27 ● Put your outdoor work in order
and get your fields ready;
after that, build your house.
28 ● Do not testify against your neighbor without
cause —
would you use your lips to mislead?
29 ● Do not say, "I'll do to them as they have done to me;
I'll pay them back for what they did."
30 ● I went past the field of a sluggard,
past the vineyard of someone who
has no sense;
31 ● thorns had come up everywhere,
the ground was covered with weeds,
and the stone wall was in ruins.
32 ● I applied my heart to what I observed
and learned a lesson from what I saw:
33 ● A little sleep, a little slumber,
a little folding of the hands to rest —
34 ● and poverty will come on you like a thief
and scarcity like an armed man.

apply [əplái] *vt.* 집중시키다
calamity [kəlǽməti] *n.* 재앙
convict [kənvíkt] *vt.* 깨닫게 하다
curse [kəːrs] *n.* 저주
disapprove [disəprúːv] *vt.* 안 된다고 하다
fold [fould] *vt.* 포개다
mislead [mìslíːd] *vt.* 잘못 이끌다
observe [əbzə́ːrv] *vt.* 보다
partiality [pàːrʃiǽləti] *n.* 편파
rebellious [ribéljəs] *a.* 반항하는
sluggard [slʌ́gərd] *n.* 게으름뱅이
slumber [slʌ́mbər] *n.* 선잠
stumble [stʌ́mbl] *vi.* 비틀거리다
weed [wiːd] *n.* 잡초
wicked [wíkid] *a.* 악한

24:18 turn A away from B: B로부터 A를 외면하다
24:20 snuff out: 꺼지다
24:25 go well with...: …가 잘되다
24:28 testify against...: …에게 불리한 증언을 하다

솔로몬의 잠언

25 이것도 솔로몬의 잠언이요 유다 왕 히스기야의 신하들이 편집한 것이니라
2 ●일을 숨기는 것은 하나님의 영화요 일을 살피는 것은 왕의 영화니라
3 하늘의 높음과 땅의 깊음같이 왕의 마음은 헤아릴 수 없느니라
4 은에서 찌꺼기를 제하라 그리하면 장색의 쓸 만한 그릇이 나올 것이요
5 왕 앞에서 악한 자를 제하라 그리하면 그의 왕위가 의로 말미암아 견고히 서리라
6 왕 앞에서 스스로 높은 체하지 말며 대인들의 자리에 서지 말라
7 이는 사람이 네게 이리로 올라오라고 말하는 것이 네 눈에 보이는 귀인 앞에서 저리로 내려가라고 말하는 것보다 나음이니라
8 너는 서둘러 나가서 다투지 말라 마침내 네가 이웃에게서 욕을 보게 될 때에 네가 어찌할 줄을 알지 못할까 두려우니라 마 5:25
9 너는 이웃과 다투거든 변론만 하고 남의 은밀한 일은 누설하지 말라 마 18:15
10 듣는 자가 너를 꾸짖을 터이요 또 네게 대한 악평이 네게서 떠나지 아니할까 두려우니라
11 경우에 합당한 말은 아로새긴 은 쟁반에 금 사과니라 15:23
12 슬기로운 자의 책망은 청종하는 귀에 금 고리와 정금 장식이니라
13 충성된 사자는 그를 보낸 이에게 마치 추수하는 날에 얼음 냉수 같아서 능히 그 주인의 마음을 시원하게 하느니라
14 선물한다고 거짓 자랑하는 자는 비 없는 구름과 바람 같으니라
15 오래 참으면 관원도 설득할 수 있나니 부드러운 혀는 뼈를 꺾느니라
16 너는 꿀을 보거든 족하리만큼 먹으라 과식함으로 토할까 두려우니라 25:27
17 너는 이웃집에 자주 다니지 말라 그가 너를 싫어하며 미워할까 두려우니라
18 자기의 이웃을 쳐서 거짓 증거하는 사람은 방망이요 칼이요 뾰족한 화살이니라
19 환난 날에 진실하지 못한 자를 의뢰하는 것은 부러진 이와 위골된 발 같으니라

More Proverbs of Solomon

25 These are more proverbs of Solomon, compiled by the men of Hezekiah king of Judah:

2 •It is the glory of God to conceal a matter;
to search out a matter is the glory of kings.
3 •As the heavens are high and the earth is deep,
so the hearts of kings are unsearchable.
4 •Remove the dross from the silver,
and a silversmith can produce a vessel;
5 •remove wicked officials from the king's presence,
and his throne will be established
through righteousness.
6 •Do not exalt yourself in the king's presence,
and do not claim a place among his great men;
7 •it is better for him to say to you, "Come up here,"
than for him to humiliate you before his
nobles.
What you have seen with your eyes
8 • do not bring[a] hastily to court,
for what will you do in the end
if your neighbor puts you to shame?
9 •If you take your neighbor to court,
do not betray another's confidence,
10 •or the one who hears it may shame you
and the charge against you will stand.
11 • Like apples[b] of gold in settings of silver
is a ruling rightly given.
12 •Like an earring of gold or an ornament of fine
gold
is the rebuke of a wise judge to a listening ear.
13 • Like a snow-cooled drink at harvest time
is a trustworthy messenger to the one who
sends him;
he refreshes the spirit of his master.
14 •Like clouds and wind without rain
is one who boasts of gifts never given.
15 •Through patience a ruler can be persuaded,
and a gentle tongue can break a bone.
16 •If you find honey, eat just enough—
too much of it, and you will vomit.
17 •Seldom set foot in your neighbor's house—
too much of you, and they will hate you.
18 •Like a club or a sword or a sharp arrow
is one who gives false testimony against
a neighbor.
19 •Like a broken tooth or a lame foot

[a]8 Or *nobles / on whom you had set your eyes.* / [8]*Do not go*
[b]11 Or possibly *apricots*

arrow [ǽrou] *n.* 화살
betray [bitréi] *vt.* 누설하다
conceal [kənsí:l] *vt.* 숨기다
exalt [igzɔ́:lt] *vt.* 높이다
hastily [héistili] *ad.* 성급하게
humiliate [hju:mílièit] *vt.* 굴욕을 주다
ornament [ɔ́:rnəmənt] *n.* 장식
patience [péiʃəns] *n.* 인내
persuade [pərswéid] *vt.* 설득하다
rebuke [ribjú:k] *n.* 질책
refresh [rifréʃ] *vt.* 상쾌하게 하다
ruling [rú:liŋ] *n.* 판정
silversmith [sílvərsmìθ] *n.* 은세공인
trustworthy [trʌ́stwə̀:rði] *a.* 믿을 만한
vomit [vámit] *vt.* 토하다

25:2 search out...: …을 찾아내다
25:5 be established: 정해지다
25:7 come up: 나오다
25:8 put... to shame: …을 부끄럽게 하다
25:14 boast of...: …를 자랑하다
25:17 set foot in...: …에 발을 들여놓다

20 마음이 상한 자에게 노래하는 것은 추운
날에 옷을 벗음 같고 소다 위에 식초를
부음 같으니라
21 네 원수가 배고파하거든 음식을 먹이고
목말라하거든 물을 마시게 하라
22 그리하는 것은 핀 숯을 그의 머리에 놓
는 것과 일반이요 여호와께서 네게 갚아
주시리라
23 북풍이 비를 일으킴같이 참소하는 혀는
사람의 얼굴에 분을 일으키느니라
24 다투는 여인과 함께 큰 집에서 사는 것보
다 [1]움막에서 혼자 사는 것이 나으니라
25 먼 땅에서 오는 좋은 기별은 목마른 사
람에게 냉수와 같으니라
26 의인이 악인 앞에 굴복하는 것은 우물이
흐려짐과 샘이 더러워짐과 같으니라
27 꿀을 많이 먹는 것이 좋지 못하고 자기
의 영예를 구하는 것이 헛되니라
28 자기의 마음을 제어하지 아니하는 자는 성
읍이 무너지고 성벽이 없는 것과 같으니라

26 미련한 자에게는 영예가 적당하지
아니하니 마치 여름에 눈 오는 것
과 추수 때에 비 오는 것 같으니라
2 까닭 없는 저주는 참새가 떠도는 것과
제비가 날아가는 것같이 이루어지지 아
니하느니라
3 말에게는 채찍이요 나귀에게는 재갈이
요 미련한 자의 등에는 막대기니라
4 미련한 자의 어리석은 것을 따라 대답하
지 말라 두렵건대 너도 그와 같을까 하
노라 23:9
5 미련한 자에게는 그의 어리석음을 따라
대답하라 두렵건대 그가 스스로 지혜롭
게 여길까 하노라
6 미련한 자 편에 기별하는 것은 자기의
발을 베어 버림과 해를 받음과 같으니라
7 저는 자의 다리는 힘없이 달렸나니 미련
한 자의 입의 잠언도 그러하니라
8 미련한 자에게 영예를 주는 것은 돌을
물매에 매는 것과 같으니라
9 미련한 자의 입의 잠언은 술 취한 자가
손에 든 가시나무 같으니라
10 장인이 온갖 것을 만들지라도 미련한 자
를 고용하는 것은 지나가는 행인을 고용
함과 같으니라
11 개가 그 토한 것을 도로 먹는 것같이 미련
한 자는 그 미련한 것을 거듭 행하느니라

is reliance on the unfaithful in a time of
trouble.
20 • Like one who takes away a garment on a cold day,
or like vinegar poured on a wound,
is one who sings songs to a heavy heart.
21 • If your enemy is hungry, give him food to eat;
if he is thirsty, give him water to drink.
22 • In doing this, you will heap burning coals on
his head,
and the LORD will reward you.
23 • Like a north wind that brings unexpected rain
is a sly tongue—which provokes a horrified
look.
24 • Better to live on a corner of the roof
than share a house with a quarrelsome wife.
25 • Like cold water to a weary soul
is good news from a distant land.
26 • Like a muddied spring or a polluted well
are the righteous who give way to the
wicked.
27 • It is not good to eat too much honey,
nor is it honorable to search out matters
that are too deep.
28 • Like a city whose walls are broken through
is a person who lacks self-control.

26 Like snow in summer or rain in harvest,
honor is not fitting for a fool.
2 • Like a fluttering sparrow or a darting swallow,
an undeserved curse does not come to rest.
3 • A whip for the horse, a bridle for the donkey,
and a rod for the backs of fools!
4 • Do not answer a fool according to his folly,
or you yourself will be just like him.
5 • Answer a fool according to his folly,
or he will be wise in his own eyes.
6 • Sending a message by the hands of a fool
is like cutting off one's feet or drinking
poison.
7 • Like the useless legs of one who is lame
is a proverb in the mouth of a fool.
8 • Like tying a stone in a sling
is the giving of honor to a fool.
9 • Like a thornbush in a drunkard's hand
is a proverb in the mouth of a fool.
10 • Like an archer who wounds at random
is one who hires a fool or any passer-by.
11 • As a dog returns to its vomit,
so fools repeat their folly.
12 • Do you see a person wise in their own eyes?

1) 지붕 한 모퉁이에서

archer [ɑ́:rtʃər] *n.* 궁사
coal [koul] *n.* 석탄
dart [da:rt] *vi.* 휙 날아가다
drunkard [drʌŋkərd] *n.* 술고래
flutter [flʌtər] *vi.* 날개치다
heap [hi:p] *vt.* 쌓아 올리다
honorable [ɑ́nərəbl] *a.* 영예로운
horrify [hɔ́:rəfài] *vt.* 소름끼치게 하다
muddy [mʌdi] *vt.* 진흙으로 더럽히다
sly [slai] *a.* 간교한
swallow [swɑ́lou] *n.* 제비
thornbush [θɔ́:rnbùʃ] *n.* 가시나무
vinegar [vínəgər] *n.* 식초
vomit [vɑ́mit] *n.* 토한 것
wound [wu:nd] *n.* 상처, 부상

25:19 reliance on...: …를 의지하는 것
25:20 take away: 제거하다
25:26 give way to...: …에 굴복하다
26:4 according to...: …에 따라
26:5 in one's own eyes: 스스로 판단하기로는

12 네가 스스로 지혜롭게 여기는 자를 보느
냐 그보다 미련한 자에게 오히려 희망이
있느니라
13 게으른 자는 길에 사자가 있다 거리에
사자가 있다 하느니라
14 문짝이 돌쩌귀를 따라서 도는 것같이 게
으른 자는 침상에서 도느니라 6:9
15 게으른 자는 그 손을 그릇에 넣고도 입
으로 올리기를 괴로워하느니라 19:24
16 게으른 자는 사리에 맞게 대답하는 사람
일곱보다 자기를 지혜롭게 여기느니라
17 길로 지나가다가 자기와 상관없는 다툼
을 간섭하는 자는 개의 귀를 잡는 자와 같
으니라
18 횃불을 던지며 화살을 쏘아서 사람을 죽
이는 미친 사람이 있나니
19 자기의 이웃을 속이고 말하기를 내가 희
롱하였노라 하는 자도 그러하니라
20 나무가 다하면 불이 꺼지고 말쟁이가 없
어지면 다툼이 쉬느니라
21 숯불 위에 숯을 더하는 것과 타는 불에
나무를 더하는 것같이 다툼을 좋아하는
자는 시비를 일으키느니라 15:18
22 남의 말 하기를 좋아하는 자의 말은 별식
과 같아서 뱃속 깊은 데로 내려가느니라
23 온유한 입술에 악한 마음은 낮은 은을
입힌 토기니라
24 원수는 입술로는 꾸미고 속으로는 속임
을 품나니
25 그 말이 좋을지라도 믿지 말 것은 그 마
음에 일곱 가지 가증한 것이 있음이니라
26 속임으로 그 미움을 감출지라도 그의 악
이 회중 앞에 드러나리라
27 함정을 파는 자는 그것에 빠질 것이요 돌
을 굴리는 자는 도리어 그것에 치이리라
28 거짓말하는 자는 자기가 해한 자를 미워
하고 아첨하는 입은 패망을 일으키느니라

27 너는 내일 일을 자랑하지 말라 하
루 동안에 무슨 일이 일어날는지 네
가 알 수 없음이니라
2 타인이 너를 칭찬하게 하고 네 입으로는
하지 말며 외인이 너를 칭찬하게 하고
네 입술로는 하지 말지니라 25:27
3 돌은 무겁고 모래도 가볍지 아니하거니
와 미련한 자의 분노는 이 둘보다 무거
우니라
4 분은 잔인하고 노는 창수 같거니와 투기

There is more hope for a fool than for them.
13 •A sluggard says, "There's a lion in the road,
a fierce lion roaming the streets!"
14 •As a door turns on its hinges,
so a sluggard turns on his bed.
15 •A sluggard buries his hand in the dish;
he is too lazy to bring it back to his mouth.
16 •A sluggard is wiser in his own eyes
than seven people who answer discreetly.
17 •Like one who grabs a stray dog by the ears
is someone who rushes into a quarrel not
their own.
18 •Like a maniac shooting
flaming arrows of death
19 •is one who deceives their neighbor
and says, "I was only joking!"
20 •Without wood a fire goes out;
without a gossip a quarrel dies down.
21 •As charcoal to embers and as wood to fire,
so is a quarrelsome person for kindling strife.
22 •The words of a gossip are like choice morsels;
they go down to the inmost parts.
23 •Like a coating of silver dross on earthenware
are fervent[a] lips with an evil heart.
24 •Enemies disguise themselves with their lips,
but in their hearts they harbor deceit.
25 •Though their speech is charming, do not believe
them,
for seven abominations fill their hearts.
26 •Their malice may be concealed by deception,
but their wickedness will be exposed in the
assembly.
27 •Whoever digs a pit will fall into it;
if someone rolls a stone, it will roll back on
them.
28 •A lying tongue hates those it hurts,
and a flattering mouth works ruin.

27 Do not boast about tomorrow,
for you do not know what a day may
bring.
2 •Let someone else praise you, and not your
own mouth;
an outsider, and not your own lips.
3 •Stone is heavy and sand a burden,
but a fool's provocation is heavier than both.
4 •Anger is cruel and fury overwhelming,
but who can stand before jealousy?

[a]23 Hebrew; Septuagint *smooth*

abomination [əbɑ̀mənéiʃən] *n.* 가증한 행위
charcoal [tʃɑ́:rkòul] *n.* 숯
deception [disépʃən] *n.* 속임
discreetly [diskrí:tli] *ad.* 신중하게
earthenware [ɔ́:rθənwɛ̀ər] *n.* 토기
ember [émbər] *n.* 깜부기불
fervent [fə́:rvənt] *a.* 열정적인
flattering [flǽtəriŋ] *a.* 아첨하는
grab [græb] *vt.* 붙들다
kindle [kíndl] *vt.* 불을 붙이다
lazy [léizi] *a.* 게으른
maniac [méiniæk] *n.* 미치광이
morsel [mɔ́:rsəl] *n.* 특히 맛있는 것
overwhelm [òuvərhwélm] *vt.* 압도하다
provocation [prɑ̀vəkéiʃən] *n.* 화남, 분개

26:12 more... than~: ~라기보다는 …
26:14 turn on...: …를 따라 방향을 돌리다
26:17 rush into...: 무모하게 …하다
26:20 die down: 차츰 잦아들다
26:24 disguise oneself with...: …로 변장하다
26:27 fall into...: …에 빠지다

앞에야 누가 서리요
5 면책은 숨은 사랑보다 나으니라
6 친구의 아픈 책망은 충직으로 말미암는
것이나 원수의 잦은 입맞춤은 거짓에서
난 것이니라
7 배부른 자는 꿀이라도 [1]싫어하고 주린
자에게는 쓴 것이라도 다니라 25:16
8 고향을 떠나 유리하는 사람은 보금자리
를 떠나 떠도는 새와 같으니라
9 기름과 향이 사람의 마음을 즐겁게 하나
니 친구의 충성된 권고가 이와 같이 아
름다우니라
10 네 친구와 네 아비의 친구를 버리지 말
며 네 환난 날에 형제의 집에 들어가지
말지어다 가까운 이웃이 먼 형제보다 나
으니라
11 내 아들아 지혜를 얻고 내 마음을 기쁘
게 하라 그리하면 나를 비방하는 자에게
내가 대답할 수 있으리라 10:1
12 슬기로운 자는 재앙을 보면 숨어 피하
여도 어리석은 자들은 나가다가 해를
받느니라
13 타인을 위하여 보증 선 자의 옷을 취하
라 외인들을 위하여 보증 선 자는 그의
몸을 볼모 잡을지니라
14 [2]이른 아침에 큰 소리로 자기 이웃을
축복하면 도리어 저주같이 여기게 되
리라
15 다투는 여자는 비 오는 날에 이어 떨어
지는 물방울이라
16 그를 제어하기가 바람을 제어하는 것 같
고 오른손으로 기름을 움키는 것 같으니
라
17 철이 철을 날카롭게 하는 것같이 사람이
그의 친구의 얼굴을 [3]빛나게 하느니라
18 무화과나무를 지키는 자는 그 과실을 먹
고 자기 주인에게 시중드는 자는 영화를
얻느니라
19 물에 비치면 얼굴이 서로 같은 것같이
사람의 마음도 서로 비치느니라
20 스올과 [4]아바돈은 만족함이 없고 사람
의 눈도 만족함이 없느니라
21 도가니로 은을, 풀무로 금을, 칭찬으로
사람을 단련하느니라
22 미련한 자를 곡물과 함께 절구에 넣고
공이로 찧을지라도 그의 미련은 벗겨지
지 아니하느니라

5 • Better is open rebuke
than hidden love.
6 • Wounds from a friend can be trusted,
but an enemy multiplies kisses.
7 • One who is full loathes honey from the comb,
but to the hungry even what is bitter tastes
sweet.
8 • Like a bird that flees its nest
is anyone who flees from home.
9 • Perfume and incense bring joy to the heart,
and the pleasantness of a friend
springs from their heartfelt advice.
10 • Do not forsake your friend or a friend of
your family,
and do not go to your relative's house when
disaster strikes you—
better a neighbor nearby than a relative far
away.
11 • Be wise, my son, and bring joy to my heart;
then I can answer anyone who treats me
with contempt.
12 • The prudent see danger and take refuge,
but the simple keep going and pay the penalty.
13 • Take the garment of one who puts up security
for a stranger;
hold it in pledge if it is done for an outsider.
14 • If anyone loudly blesses their neighbor early in
the morning,
it will be taken as a curse.
15 • A quarrelsome wife is like the dripping
of a leaky roof in a rainstorm;
16 • restraining her is like restraining the wind
or grasping oil with the hand.
17 • As iron sharpens iron,
so one person sharpens another.
18 • The one who guards a fig tree will eat its fruit,
and whoever protects their master will be
honored.
19 • As water reflects the face,
so one's life reflects the heart.[a]
20 • Death and Destruction[b] are never satisfied,
and neither are human eyes.
21 • The crucible for silver and the furnace for gold,
but people are tested by their praise.
22 • Though you grind a fool in a mortar,
grinding them like grain with a pestle,

[a] 19 Or *so others reflect your heart back to you* [b] 20 Hebrew *Abaddon* 1) 밟고 2) 부지런히 3) 히, 날카롭게 4) '죽음의 자리' 라는 뜻

comb [koum] *n.* 벌집
contempt [kəntémpt] *n.* 멸시
crucible [krú:səbl] *n.* 도가니
dripping [drípiŋ] *n.* 물방울이 떨어짐
furnace [fə́:rnis] *n.* 풀무
grasp [græsp] *vt.* 붙잡다
grind [graind] *vt.* 갈다
incense [ínsens] *n.* 향
loathe [louð] *vt.* 싫어하다
mortar [mɔ́:rtər] *n.* 절구
pleasantness [plézntnis] *n.* 기쁨
prudent [prú:dnt] *a.* 신중한, 현명한
rebuke [ribjú:k] *n.* 면책
reflect [riflékt] *vt.* 나타나다
restrain [ristréin] *vt.* 제어하다

27:8 **flee from...**: …에서 달아나다
27:9 **spring from...**: …로부터 솟아나오다
27:10 **far away**: 멀리
27:11 **treat A with B**: A를 B로 취급하다
27:13 **hold... in pledge**: …를 저당잡다
27:14 **be taken as...**: …으로 여겨지다

23 ●네 양 떼의 형편을 부지런히 살피며
네 소 떼에게 마음을 두라
24 대저 재물은 영원히 있지 못하나니 면
류관이 어찌 대대에 있으랴
25 풀을 벤 후에는 새로 움이 돋나니 산에
서 꼴을 거둘 것이니라
26 어린 양의 털은 네 옷이 되며 염소는
밭을 사는 값이 되며
27 염소의 젖은 넉넉하여 너와 네 집의 음
식이 되며 네 여종의 먹을 것이 되느니
라

28 악인은 쫓아오는 자가 없어도 도
망하나 의인은 사자같이 담대하
니라
2 나라는 죄가 있으면 주관자가 많아져
도 명철과 지식 있는 사람으로 말미암
아 장구하게 되느니라
3 가난한 자를 학대하는 가난한 자는 곡
식을 남기지 아니하는 폭우 같으니라
4 율법을 버린 자는 악인을 칭찬하나 율
법을 지키는 자는 악인을 대적하느니라
5 악인은 정의를 깨닫지 못하나 여호와
를 찾는 자는 모든 것을 깨닫느니라
6 가난하여도 성실하게 행하는 자는 부유
하면서 굽게 행하는 자보다 나으니라
7 율법을 지키는 자는 지혜로운 아들이
요 음식을 탐하는 자와 사귀는 자는 아
비를 욕되게 하는 자니라
8 중한 변리로 자기 재산을 늘리는 것은
가난한 사람을 불쌍히 여기는 자를 위
해 그 재산을 저축하는 것이니라
9 사람이 귀를 돌려 율법을 듣지 아니하
면 그의 기도도 가증하니라 시 66:18
10 정직한 자를 악한 길로 유인하는 자는
스스로 자기 함정에 빠져도 성실한 자
는 복을 받느니라
11 부자는 자기를 지혜롭게 여기나 가난
해도 명철한 자는 자기를 살펴 아느니
라
12 의인이 득의하면 큰 영화가 있고 악인
이 일어나면 사람이 숨느니라 11:10
13 자기의 죄를 숨기는 자는 형통하지 못
하나 죄를 자복하고 버리는 자는 불쌍
히 여김을 받으리라
14 항상 경외하는 자는 복되거니와 마음을
완악하게 하는 자는 재앙에 빠지리라
15 가난한 백성을 압제하는 악한 관원은

you will not remove their folly from them.
23 ●Be sure you know the condition of your flocks,
give careful attention to your herds;
24 ●for riches do not endure forever,
and a crown is not secure for all generations.
25 ●When the hay is removed and new growth appears
and the grass from the hills is gathered in,
26 ●the lambs will provide you with clothing,
and the goats with the price of a field.
27 ●You will have plenty of goats' milk to feed
your family
and to nourish your female servants.

28 The wicked flee though no one pursues, but
the righteous are as bold as a lion.
2 ●When a country is rebellious, it has many rulers,
but a ruler with discernment and
knowledge maintains order.
3 ●A ruler[a] who oppresses the poor
is like a driving rain that leaves no crops.
4 ●Those who forsake instruction praise the wicked,
but those who heed it resist them.
5 ●Evildoers do not understand what is right,
but those who seek the LORD understand it fully.
6 ●Better the poor whose walk is blameless
than the rich whose ways are perverse.
7 ●A discerning son heeds instruction,
but a companion of gluttons disgraces his father.
8 ●Whoever increases wealth by taking interest
or profit from the poor
amasses it for another, who will be kind to
the poor.
9 ●If anyone turns a deaf ear to my instruction,
even their prayers are detestable.
10 ●Whoever leads the upright along an evil path
will fall into their own trap,
but the blameless will receive a good inheritance.
11 ●The rich are wise in their own eyes;
one who is poor and discerning sees
how deluded they are.
12 ●When the righteous triumph, there is great elation;
but when the wicked rise to power, people
go into hiding.
13 ●Whoever conceals their sins does not prosper,
but the one who confesses and renounces
them finds mercy.
14 ●Blessed is the one who always trembles before God,
but whoever hardens their heart falls into trouble.
15 ●Like a roaring lion or a charging bear

[a]3 Or *A poor person*

amass [əmǽs] *vt.* 축적하다
confess [kənfés] *vt.* 자백하다
detestable [ditéstəbl] *a.* 혐오스러운
discernment [disə́ːrnmənt] *n.* 분별
elation [iléiʃən] *n.* 의기양양
feed [fiːd] *n.* 먹이
glutton [glʌtn] *n.* 폭식하는 사람
harden [háːrdn] *vt.* 강퍅하게 하다
heed [hiːd] *vi.* 주의하다
nourish [nə́ːriʃ] *vt.* …에게 먹을 것을 주다
perverse [pərvə́ːrs] *a.* 뒤틀어진, 잘못된
prosper [prɑ́spər] *vi.* 번영하다
rebellious [ribéljəs] *a.* 반역하는
renounce [rináuns] *vt.* 포기하다
wicked [wíkid] *a.* 악한

27:23 give careful attention to...: …를 자세히 살피다
27:26 provide A with B: A에게 B를 공급하다
28:9 turn a deaf ear to...: …를 듣지 않다
28:10 fall into...: …에 빠지다

부르짖는 사자와 주린 곰 같으니라
16 무지한 치리자는 포학을 크게 행하거니
와 탐욕을 미워하는 자는 장수하리라
17 사람의 피를 흘린 자는 함정으로 달려갈
것이니 그를 막지 말지니라
18 성실하게 행하는 자는 구원을 받을 것이
나 굽은 길로 행하는 자는 곧 넘어지리
라
19 자기의 토지를 경작하는 자는 먹을 것이
많으려니와 방탕을 따르는 자는 궁핍함
이 많으리라
20 충성된 자는 복이 많아도 속히 부하고자
하는 자는 형벌을 면하지 못하리라
21 사람의 낯을 보아 주는 것이 좋지 못하
고 한 조각 떡으로 말미암아 사람이 범
법하는 것도 그러하니라
22 악한 눈이 있는 자는 재물을 얻기에만
급하고 빈궁이 자기에게로 임할 줄은 알
지 못하느니라
23 사람을 경책하는 자는 혀로 아첨하는 자
보다 나중에 더욱 사랑을 받느니라
24 부모의 물건을 도둑질하고서도 죄가 아
니라 하는 자는 멸망 받게 하는 자의 동
류니라 19:26
25 욕심이 많은 자는 다툼을 일으키나 여
호와를 의지하는 자는 풍족하게 되느니
라
26 자기의 마음을 믿는 자는 미련한 자요
지혜롭게 행하는 자는 구원을 얻을 자니
라 3:5
27 가난한 자를 구제하는 자는 궁핍하지 아
니하려니와 못 본 체하는 자에게는 저주
가 크리라
28 악인이 일어나면 사람이 숨고 그가 멸망
하면 의인이 많아지느니라 28:12

29 자주 책망을 받으면서도 목이 곧은
사람은 갑자기 패망을 당하고 피하
지 못하리라
2 의인이 많아지면 백성이 즐거워하고 악
인이 권세를 잡으면 백성이 탄식하느니
라 에 8:15
3 지혜를 사모하는 자는 아비를 즐겁게 하
여도 창기와 사귀는 자는 재물을 잃느니
라
4 왕은 정의로 나라를 견고하게 하나 뇌물
을 억지로 내게 하는 자는 나라를 멸망

is a wicked ruler over a helpless people.
16 •A tyrannical ruler practices extortion,
but one who hates ill-gotten gain will enjoy a long reign.
17 •Anyone tormented by the guilt of murder
will seek refuge in the grave;
let no one hold them back.
18 •The one whose walk is blameless is kept safe,
but the one whose ways are perverse will fall into the pit.[a]
19 •Those who work their land will have abundant food,
but those who chase fantasies will have their fill of poverty.
20 •A faithful person will be richly blessed,
but one eager to get rich will not go unpunished.
21 •To show partiality is not good —
yet a person will do wrong for a piece of bread.
22 •The stingy are eager to get rich
and are unaware that poverty awaits them.
23 •Whoever rebukes a person will in the end gain favor
rather than one who has a flattering tongue.
24 •Whoever robs their father or mother
and says, "It's not wrong,"
is partner to one who destroys.
25 •The greedy stir up conflict,
but those who trust in the LORD will prosper.
26 •Those who trust in themselves are fools,
but those who walk in wisdom are kept safe.
27 •Those who give to the poor will lack nothing,
but those who close their eyes to them receive many curses.
28 •When the wicked rise to power, people go into hiding;
but when the wicked perish, the righteous thrive.

29 Whoever remains stiff-necked
after many rebukes
will suddenly be destroyed — without remedy.
2 •When the righteous thrive, the people rejoice;
when the wicked rule, the people groan.
3 •A man who loves wisdom brings joy to his father,
but a companion of prostitutes squanders his wealth.
4 •By justice a king gives a country stability,

[a]18 Syriac (see Septuagint); Hebrew *into one*

extortion [ikstɔ́ːrʃən] *n.* 강탈
flatter [flǽtər] *vt.* 아첨하다
greedy [gríːdi] *a.* 탐욕스러운
helpless [hélplis] *a.* 무력한
ill-gotten [ilgátn] *a.* 부정하게 얻은
partiality [pàːrʃiǽləti] *n.* 편파
prostitute [prástətjùːt] *n.* 창녀
remedy [rémədi] *n.* 치유책
richly [rítʃli] *ad.* 풍부하게
squander [skwándər] *vt.* 탕진하다
stability [stəbíləti] *n.* 안정
stiff-necked [stífnékt] *a.* 완고한
stingy [stíndʒi] *a.* 인색한
torment [tɔːrmént] *vt.* 괴롭히다
tyrannical [tirǽnikəl] *a.* 독재적인

28:15 rule over...: …을 지배하다
28:20 go unpunished: 형벌을 면하다
28:22 be eager to...: …을 열망하다
28:25 stir up: 일으키다, 선동하다
28:27 close one's eyes to...: …를 못 본 체하다

시키느니라
5 이웃에게 아첨하는 것은 그의 발 앞에
그물을 치는 것이니라
6 악인이 범죄하는 것은 스스로 올무가 되
게 하는 것이나 의인은 노래하고 기뻐하
느니라
7 의인은 가난한 자의 사정을 알아주나 악
인은 알아줄 지식이 없느니라
8 거만한 자는 성읍을 요란하게 하여도 슬
기로운 자는 노를 그치게 하느니라
9 지혜로운 자와 미련한 자가 다투면 지혜
로운 자가 노하든지 웃든지 그 다툼은
그침이 없느니라
10 피 흘리기를 좋아하는 자는 온전한 자
를 미워하고 정직한 자의 생명을 찾느
니라
11 어리석은 자는 자기의 노를 다 드러내
어도 지혜로운 자는 그것을 억제하느니
라
12 관원이 거짓말을 들으면 그의 하인들은
다 악하게 되느니라
13 가난한 자와 포학한 자가 [1)]섞여 살거니
와 여호와께서는 그 모두의 눈에 빛을
주시느니라
14 왕이 가난한 자를 성실히 신원하면 그의
왕위가 영원히 견고하리라
15 채찍과 꾸지람이 지혜를 주거늘 임의로
행하게 버려둔 자식은 어미를 욕되게
하느니라
16 악인이 많아지면 죄도 많아지나니 의인
은 그들의 망함을 보리라
17 네 자식을 징계하라 그리하면 그가 너를
평안하게 하겠고 또 네 마음에 기쁨을
주리라
18 묵시가 없으면 백성이 방자히 행하거니
와 율법을 지키는 자는 복이 있느니라
19 종은 말로만 하면 고치지 아니하나니 이
는 그가 알고도 따르지 아니함이니라
20 네가 말이 조급한 사람을 보느냐 그보
다 미련한 자에게 오히려 희망이 있느
니라
21 종을 어렸을 때부터 곱게 양육하면 그가
나중에는 자식인 체하리라
22 노하는 자는 다툼을 일으키고 성내는 자
는 범죄함이 많으니라 15:18
23 사람이 교만하면 낮아지게 되겠고 마음
이 겸손하면 영예를 얻으리라

but those who are greedy for[a] bribes tear it
down.
5 • Those who flatter their neighbors
are spreading nets for their feet.
6 • Evildoers are snared by their own sin,
but the righteous shout for joy and are glad.
7 • The righteous care about justice for the poor,
but the wicked have no such concern.
8 • Mockers stir up a city,
but the wise turn away anger.
9 • If a wise person goes to court with a fool,
the fool rages and scoffs, and there is no peace.
10 • The bloodthirsty hate a person of integrity
and seek to kill the upright.
11 • Fools give full vent to their rage,
but the wise bring calm in the end.
12 • If a ruler listens to lies,
all his officials become wicked.
13 • The poor and the oppressor have this
in common:
The LORD gives sight to the eyes of both.
14 • If a king judges the poor with fairness,
his throne will be established forever.
15 • A rod and a reprimand impart wisdom,
but a child left undisciplined disgraces its
mother.
16 • When the wicked thrive, so does sin,
but the righteous will see their downfall.
17 • Discipline your children, and they will give
you peace;
they will bring you the delights you desire.
18 • Where there is no revelation, people cast
off restraint;
but blessed is the one who heeds wisdom's
instruction.
19 • Servants cannot be corrected by mere words;
though they understand, they will not
respond.
20 • Do you see someone who speaks in haste?
There is more hope for a fool than for them.
21 • A servant pampered from youth
will turn out to be insolent.
22 • An angry person stirs up conflict,
and a hot-tempered person commits many
sins.
23 • Pride brings a person low,

[a]4 Or *who give* 1) 히, 서로 만나거니와

bloodthirsty [blʌ́dθəːrsti] *a.* 잔인한
calm [kaːm] *vt.* 진정시키다
fairness [fέərnis] *n.* 공평
haste [heist] *n.* 서두름
impart [impáːrt] *vt.* 주다, 가르치다
insolent [ínsələnt] *a.* 거만한
integrity [intégrəti] *n.* 성실, 완전
oppressor [əprésər] *n.* 억압자
pamper [pǽmpər] *vt.* 오냐오냐하다
rage [reidʒ] *vi.* 분노하다
reprimand [réprəmæ̀nd] *vt.* 꾸짖다
restraint [ristréint] *n.* 조심
revelation [rèvəléiʃən] *n.* 계시
scoff [skɔːf] *vi.* 비웃다
snare [snεər] *vt.* 덫으로 잡다

29:7 care about...: …에 관심을 쏟다
29:8 stir up: 소란케 하다
29:8 turn away: 쫓아내다
29:11 give vent to...: …을 겉으로 드러내다
29:13 in common: 공동으로
29:18 cast off: 던져버리다

24 도둑과 짝하는 자는 자기의 영혼을 미워
하는 자라 그는 저주를 들어도 진술하지
아니하느니라
25 사람을 두려워하면 올무에 걸리게 되거니
와 여호와를 의지하는 자는 안전하리라
26 주권자에게 은혜를 구하는 자가 많으나
사람의 일의 작정은 여호와께로 말미암
느니라
27 불의한 자는 의인에게 미움을 받고 바르
게 행하는 자는 악인에게 미움을 받느니
라

아굴의 잠언 (♪ 381장)

30 이 말씀은 야게의 아들 아굴의 1)잠
언이니 그가 이디엘 곧 이디엘과
우갈에게 이른 것이니라
2 ●나는 다른 사람에게 비하면 짐승이라
내게는 사람의 총명이 있지 아니하니라
3 나는 지혜를 배우지 못하였고 또 거룩하
신 자를 아는 지식이 없거니와 9:10
4 하늘에 올라갔다가 내려온 자가 누구인
지, 바람을 그 장중에 모은 자가 누구인
지, 물을 옷에 싼 자가 누구인지, 땅의 모
든 끝을 정한 자가 누구인지, 그의 이름
이 무엇인지, 그의 아들의 이름이 무엇
인지 너는 아느냐 요 3:13
5 ●하나님의 말씀은 다 순전하며 하나님
은 그를 의지하는 자의 방패시니라
6 너는 그의 말씀에 더하지 말라 그가 너
를 책망하시겠고 너는 거짓말하는 자가
될까 두려우니라
7 ●내가 두 가지 일을 주께 구하였사오니
내가 죽기 전에 내게 거절하지 마시옵소
서
8 곧 헛된 것과 거짓말을 내게서 멀리하
옵시며 나를 가난하게도 마옵시고 부하
게도 마옵시고 오직 필요한 양식으로
나를 먹이시옵소서
9 혹 내가 배불러서 하나님을 모른다 여호
와가 누구냐 할까 하오며 혹 내가 가난
하여 도둑질하고 내 하나님의 이름을 욕
되게 할까 두려워함이니이다
10 ●너는 종을 그의 상전에게 비방하지 말
라 그가 너를 저주하겠고 너는 죄책을
당할까 두려우니라
11 ●아비를 저주하며 어미를 축복하지 아
니하는 무리가 있느니라
12 스스로 깨끗한 자로 여기면서도 자기의

but the lowly in spirit gain honor.
24 ●The accomplices of thieves are their own
enemies;
they are put under oath and dare not testify.
25 ●Fear of man will prove to be a snare,
but whoever trusts in the LORD is kept safe.
26 ●Many seek an audience with a ruler,
but it is from the LORD that one gets justice.
27 ●The righteous detest the dishonest;
the wicked detest the upright.

Sayings of Agur

30 The sayings of Agur son of Jakeh—
an inspired utterance.
This man's utterance to Ithiel:
"I am weary, God,
but I can prevail.[a]
2 ●Surely I am only a brute, not a man;
I do not have human understanding.
3 ●I have not learned wisdom,
nor have I attained to the knowledge of
the Holy One.
4 ●Who has gone up to heaven and come down?
Whose hands have gathered up the wind?
Who has wrapped up the waters in a cloak?
Who has established all the ends of the earth?
What is his name, and what is the name of
his son?
Surely you know!
5 ●"Every word of God is flawless;
he is a shield to those who take refuge in him.
6 ●Do not add to his words,
or he will rebuke you and prove you a liar.
7 ●"Two things I ask of you, LORD;
do not refuse me before I die:
8 ●Keep falsehood and lies far from me;
give me neither poverty nor riches,
but give me only my daily bread.
9 ●Otherwise, I may have too much and disown
you
and say, 'Who is the LORD?'
Or I may become poor and steal,
and so dishonor the name of my God.
10 ●"Do not slander a servant to their master,
or they will curse you, and you will pay for it.
11 ●"There are those who curse their fathers
and do not bless their mothers;
12 ●those who are pure in their own eyes

[a]1 With a different word division of the Hebrew; Masoretic Text *utterance to Ithiel, / to Ithiel and Ukal:* 1) 경고

accomplice [əkámplis] *n.* 공범
audience [ɔ́:diəns] *n.* 접견
brute [bru:t] *n.* 짐승
curse [kə:rs] *vt.* 저주하다
disown [disóun] *vt.* 부인하다
falsehood [fɔ́:lshùd] *n.* 거짓말
flawless [flɔ́:lis] *a.* 흠없는
inspire [inspáiər] *vt.* 격려하다
poverty [pávərti] *n.* 가난
rebuke [ribjú:k] *vt.* 책망하다
shield [ʃi:ld] *n.* 방패
slander [slǽndər] *vi.* 중상하다
testify [téstəfài] *vi.* 증언하다
thief [θi:f] *n.* 도둑, 절도
utterance [ʌtərəns] *n.* 말

30:4 gather up: 한데 모으다
30:4 wrap up: 싸다
30:5 take refuge in...: …에 피신하다
30:8 keep A far from B: A를 B에서 멀리 있게 하다
30:8 neither A nor B: A도 B도 …아니다

더러운 것을 씻지 아니하는 무리가 있느
니라
13 눈이 심히 높으며 눈꺼풀이 높이 들린
무리가 있느니라
14 앞니는 장검 같고 어금니는 군도 같아서
가난한 자를 땅에서 삼키며 궁핍한 자를
사람 중에서 삼키는 무리가 있느니라
15 ●거머리에게는 두 딸이 있어 다오 다오
하느니라 족한 줄을 알지 못하여 족하다
하지 아니하는 것 서넛이 있나니
16 곧 스올과 아이 배지 못하는 태와 물로
채울 수 없는 땅과 족하다 하지 아니하
는 불이니라
17 ●아비를 조롱하며 어미 순종하기를 싫
어하는 자의 눈은 골짜기의 까마귀에게
쪼이고 독수리 새끼에게 먹히리라
18 ●내가 심히 기이히 여기고도 깨닫지 못
하는 것 서넛이 있나니
19 곧 공중에 날아다니는 독수리의 자취와
반석 위로 기어다니는 뱀의 자취와 바다
로 지나다니는 배의 자취와 남자가 여자
와 함께한 자취며
20 음녀의 자취도 그러하니라 그가 먹고 그
의 입을 씻음같이 말하기를 내가 악을
행하지 아니하였다 하느니라
21 ●세상을 진동시키며 세상이 견딜 수 없
게 하는 것 서넛이 있나니
22 곧 종이 임금된 것과 미련한 자가 음식
으로 배부른 것과 19:10
23 미움받는 여자가 시집간 것과 여종이 주
모를 이은 것이니라
24 ●땅에 작고도 가장 지혜로운 것 넷이
있나니
25 곧 힘이 없는 종류로되 먹을 것을 여름
에 준비하는 개미와
26 약한 종류로되 집을 바위 사이에 짓는
사반과
27 임금이 없으되 다 떼를 지어 나아가는
메뚜기와
28 손에 잡힐 만하여도 왕궁에 있는 도마뱀
이니라
29 ●잘 걸으며 위풍 있게 다니는 것 서넛
이 있나니
30 곧 짐승 중에 가장 강하여 아무 짐승 앞
에서도 물러가지 아니하는 사자와
31 사냥개와 숫염소와 및 당할 수 없는 왕
이니라

and yet are not cleansed of their filth;
13 ●those whose eyes are ever so haughty,
whose glances are so disdainful;
14 ●those whose teeth are swords
and whose jaws are set with knives
to devour the poor from the earth
and the needy from among mankind.

15 ●"The leech has two daughters.
'Give! Give!' they cry.

"There are three things that are never satisfied,
four that never say, 'Enough!':
16 ●the grave, the barren womb,
land, which is never satisfied with water,
and fire, which never says, 'Enough!'

17 ●"The eye that mocks a father,
that scorns an aged mother,
will be pecked out by the ravens of the valley,
will be eaten by the vultures.

18 ●"There are three things that are too amazing
for me,
four that I do not understand:
19 ●the way of an eagle in the sky,
the way of a snake on a rock,
the way of a ship on the high seas,
and the way of a man with a young woman.

20 ●"This is the way of an adulterous woman:
She eats and wipes her mouth
and says, 'I've done nothing wrong.'

21 ●"Under three things the earth trembles,
under four it cannot bear up:
22 ●a servant who becomes king,
a godless fool who gets plenty to eat,
23 ●a contemptible woman who gets married,
and a servant who displaces her mistress.

24 ●"Four things on earth are small,
yet they are extremely wise:
25 ●Ants are creatures of little strength,
yet they store up their food in the summer;
26 ●hyraxes are creatures of little power,
yet they make their home in the crags;
27 ●locusts have no king,
yet they advance together in ranks;
28 ●a lizard can be caught with the hand,
yet it is found in kings' palaces.

29 ●"There are three things that are stately in their
stride,
four that move with stately bearing:
30 ●a lion, mighty among beasts,
who retreats before nothing;

adulterous [ədʌltərəs] *a.* 간음하는
barren [bǽrən] *a.* 불임의
bearing [bέəriŋ] *n.* 태도
contemptible [kəntémptəbl] *a.* 경멸할만한
crag [kræg] *n.* 바위산
devour [diváuər] *vt.* 탐욕스럽게 삼키다
disdainful [disdéinfəl] *a.* 경멸하는
displace [displéis] *vt.* 대신 들어서다
glance [glæns] *n.* 눈초리
haughty [hɔ́:ti] *a.* 교만한
lizard [lízərd] *n.* 도마뱀
raven [réivn] *n.* 갈까마귀
retreat [ritrí:t] *vi.* 물러나다
stately [stéitli] *a.* 당당한
stride [straid] *n.* 발걸음

30:13 ever so: 매우, 몹시
30:14 from among...: …의 가운데서
30:16 be satisfied with: …에 만족하다
30:17 peck out: 쪼아먹다
30:21 bear up: 견디다
30:25 store up: 저장하다

32 ●만일 네가 미련하여 스스로 높은 체하
였거나 혹 악한 일을 도모하였거든 네
손으로 입을 막으라
33 대저 젖을 저으면 엉긴 젖이 되고 코를
비틀면 피가 나는 것같이 노를 격동하면
다툼이 남이니라

르무엘 왕을 훈계한 잠언
(♪ 337, 375, 604장)

31 르무엘 왕이 말씀한 바 곧 그의 어
머니가 그를 훈계한 [1]잠언이라
2 ●내 아들아 내가 무엇을 말하랴 내 태
에서 난 아들아 내가 무엇을 말하랴 서
원대로 얻은 아들아 내가 무엇을 말하랴
3 네 힘을 여자들에게 쓰지 말며 왕들을
멸망시키는 일을 행하지 말지어다
4 르무엘아 포도주를 마시는 것이 왕들에
게 마땅하지 아니하고 왕들에게 마땅하
지 아니하며 독주를 찾는 것이 주권자들
에게 마땅하지 않도다
5 술을 마시다가 법을 잊어버리고 모든 곤고
한 자들의 송사를 굽게 할까 두려우니라
6 독주는 죽게 된 자에게, 포도주는 마음
에 근심하는 자에게 줄지어다
7 그는 마시고 자기의 빈궁한 것을 잊어버
리겠고 다시 자기의 고통을 기억하지 아
니하리라
8 너는 말 못하는 자와 모든 고독한 자의
송사를 위하여 입을 열지니라
9 너는 입을 열어 공의로 재판하여 곤고한
자와 궁핍한 자를 신원할지니라

현숙한 아내

10 ●누가 현숙한 여인을 찾아 얻겠느냐 그
의 값은 진주보다 더 하니라
11 그런 자의 남편의 마음은 그를 믿나니
산업이 핍절하지 아니하겠으며
12 그런 자는 살아 있는 동안에 그의 남편
에게 선을 행하고 악을 행하지 아니하느
니라
13 그는 양털과 삼을 구하여 부지런히 손으
로 일하며 31:21-24
14 상인의 배와 같아서 먼 데서 양식을 가
져 오며
15 밤이 새기 전에 일어나서 자기 집안 사
람들에게 음식을 나누어 주며 여종들에
게 일을 정하여 맡기며
16 밭을 살펴보고 사며 자기의 손으로 번
것을 가지고 포도원을 일구며

31 ●a strutting rooster, a he-goat,
and a king secure against revolt.[a]

32 ●"If you play the fool and exalt yourself,
or if you plan evil,
clap your hand over your mouth!
33 ●For as churning cream produces butter,
and as twisting the nose produces blood,
so stirring up anger produces strife."

Sayings of King Lemuel

31 The sayings of King Lemuel—an inspired
utterance his mother taught him.

2 ●Listen, my son! Listen, son of my womb!
Listen, my son, the answer to my prayers!
3 ●Do not spend your strength[b] on women,
your vigor on those who ruin kings.

4 ●It is not for kings, Lemuel—
it is not for kings to drink wine,
not for rulers to crave beer,
5 ●lest they drink and forget what has been decreed,
and deprive all the oppressed of their rights.
6 ●Let beer be for those who are perishing,
wine for those who are in anguish!
7 ●Let them drink and forget their poverty
and remember their misery no more.

8 ●Speak up for those who cannot speak for
themselves,
for the rights of all who are destitute.
9 ●Speak up and judge fairly;
defend the rights of the poor and needy.

Epilogue: The Wife of Noble Character

10 ●[c]A wife of noble character who can find?
She is worth far more than rubies.
11 ●Her husband has full confidence in her
and lacks nothing of value.
12 ●She brings him good, not harm,
all the days of her life.
13 ●She selects wool and flax
and works with eager hands.
14 ●She is like the merchant ships,
bringing her food from afar.
15 ●She gets up while it is still night;
she provides food for her family
and portions for her female servants.
16 ●She considers a field and buys it;
out of her earnings she plants a vineyard.

[a]31 The meaning of the Hebrew for this phrase is uncertain. [b]3 Or *wealth* [c]10 Verses 10-31 are an acrostic poem, the verses of which begin with the successive letters of the Hebrew alphabet. 1) 경고

anguish [ǽŋgwiʃ] *n.* 고뇌
churn [tʃəːrn] *vt.* 휘젓다
crave [kreiv] *vt.* 탐하다
defend [difénd] *vt.* 변호하다
deprive [dipráiv] *vt.* 빼앗다, 허용치않다
destitute [déstətjùːt] *a.* 가난한
eager [íːgər] *a.* 열심인
fairly [fέərli] *ad.* 공정히
flax [flæks] *n.* 삼(아마 섬유)
merchant [mə́ːrtʃənt] *n.* 상인
misery [mízəri] *n.* 고통
needy [níːdi] *a.* 빈궁한
portion [pɔ́ːrʃən] *n.* 몫
revolt [rivóult] *n.* 반항
vigor [vígər] *n.* 정력, 힘

30:32 play the fool: 바보짓을 하다
30:32 exalt oneself: 잘난척 하다
30:33 as... so~: …하듯이 ~하다
30:33 stir up: 일으키다
31:8 speak up for...: …를 위해 변호하다
31:14 from afar: (아주) 멀리서

17 힘 있게 허리를 묶으며 자기의 팔을 강하게 하며
18 자기의 장사가 잘되는 줄을 깨닫고 밤에 등불을 끄지 아니하며
19 손으로 솜뭉치를 들고 손가락으로 가락을 잡으며
20 그는 곤고한 자에게 손을 펴며 궁핍한 자를 위하여 손을 내밀며
21 자기 집 사람들은 다 홍색 옷을 입었으므로 눈이 와도 그는 자기 집 사람들을 위하여 염려하지 아니하며
22 그는 자기를 위하여 아름다운 이불을 지으며 세마포와 자색 옷을 입으며
23 그의 남편은 그 땅의 장로들과 함께 성문에 앉으며 사람들의 인정을 받으며
24 그는 베로 옷을 지어 팔며 띠를 만들어 상인들에게 맡기며
25 능력과 존귀로 옷을 삼고 후일을 웃으며
26 입을 열어 지혜를 베풀며 그의 혀로 인애의 법을 말하며 10:31
27 자기의 집안일을 보살피고 게을리 얻은 양식을 먹지 아니하나니
28 그의 자식들은 일어나 감사하며 그의 남편은 칭찬하기를 딤후 1:5
29 덕행 있는 여자가 많으나 그대는 모든 여자보다 뛰어나다 하느니라 12:4
30 고운 것도 거짓되고 아름다운 것도 헛되나 오직 여호와를 경외하는 여자는 칭찬을 받을 것이라
31 그 손의 열매가 그에게로 돌아갈 것이요 그 행한 일로 말미암아 성문에서 칭찬을 받으리라

17 •She sets about her work vigorously;
her arms are strong for her tasks.
18 •She sees that her trading is profitable,
and her lamp does not go out at night.
19 •In her hand she holds the distaff
and grasps the spindle with her fingers.
20 •She opens her arms to the poor
and extends her hands to the needy.
21 •When it snows, she has no fear for her household;
for all of them are clothed in scarlet.
22 •She makes coverings for her bed;
she is clothed in fine linen and purple.
23 •Her husband is respected at the city gate,
where he takes his seat among the elders of the land.
24 •She makes linen garments and sells them,
and supplies the merchants with sashes.
25 •She is clothed with strength and dignity;
she can laugh at the days to come.
26 •She speaks with wisdom,
and faithful instruction is on her tongue.
27 •She watches over the affairs of her household
and does not eat the bread of idleness.
28 •Her children arise and call her blessed;
her husband also, and he praises her:
29 •"Many women do noble things,
but you surpass them all."
30 •Charm is deceptive, and beauty is fleeting;
but a woman who fears the LORD is to be praised.
31 •Honor her for all that her hands have done,
and let her works bring her praise at the city gate.

affair [əféər] *n.* 일
deceptive [diséptiv] *a.* 속이는
dignity [dígnəti] *n.* 위엄
distaff [dístæf] *n.* 실톳대, 실패
extend [iksténd] *vi.* 뻗다
fleeting [flíːtiŋ] *a.* 덧없는, 순식간의
grasp [græsp] *vt.* 움켜쥐다
idleness [áidlnis] *n.* 게으름
sash [sæʃ] *n.* 장식 띠
spindle [spíndl] *n.* 물렛가락
surpass [sərpǽs] *vt.* 능가하다
vigorously [vígərəsli] *ad.* 힘차게

31:17 set about: 착수하다
31:19 grasp A with B: A를 B로 잡다
31:23 take one's seat: 자리잡다
31:24 supply A with B: A에게 B를 공급해주다
32:27 watch over...: …를 돌보다

전도서 | Ecclesiastes

● 저자 _ 솔로몬 ● 저작 연대 _ B.C. 935년경 ● 기록 장소 _ 예루살렘
● 기록 대상 _ 젊은이들과 '장로들의 학생들' ● 핵심어 및 내용 _ 핵심어는 '헛되다' 와 '야망' 이다.

하나님께서 함께하시지 않는다면 우리들의 야망이나 우리들이 하는 모든 일들은 아무런 의미 없이 헛되고 공허하며 소망이 없다.

모든 것이 헛되다 (♪ 485장) — B.C. 935년경

1 다윗의 아들 예루살렘 왕 전도자의 말씀이라

2 ●전도자가 이르되 헛되고 헛되며 헛되고 헛되니 모든 것이 헛되도다

3 해 아래에서 수고하는 모든 수고가 사람에게 무엇이 유익한가 2:22

4 한 세대는 가고 한 세대는 오되 땅은 영원히 있도다 시 104:5

5 해는 뜨고 해는 지되 그 떴던 곳으로 빨리 돌아가고 시 19:5, 6

6 바람은 남으로 불다가 북으로 돌아가며 이리 돌며 저리 돌아 바람은 그 불던 곳으로 돌아가고

7 모든 강물은 다 바다로 흐르되 바다를 채우지 못하며 강물은 어느 곳으로 흐르든지 그리로 연하여 흐르느니라

8 모든 만물이 피곤하다는 것을 사람이 말로 다 말할 수는 없나니 눈은 보아도 족함이 없고 귀는 들어도 가득 차지 아니하도다

9 이미 있던 것이 후에 다시 있겠고 이미 한 일을 후에 다시 할지라 해 아래에는 새것이 없나니

10 무엇을 가리켜 이르기를 보라 이것이 새것이라 할 것이 있으랴 우리가 있기 오래전 세대들에도 이미 있었느니라

11 이전 세대들이 기억됨이 없으니 장래 세대도 그 후 세대들과 함께 기억됨이 없으리라

지혜가 많으면 번뇌도 많다 (♪ 366, 539장)

12 ●나 전도자는 예루살렘에서 이스라엘 왕이 되어

13 마음을 다하며 지혜를 써서 하늘 아래에서 행하는 모든 일을 연구하며 살핀즉 이는 괴로운 것이니 하나님이 인생들에게 주사 수고하게 하신 것이라

14 내가 해 아래에서 행하는 모든 일을 보았노라 보라 모두 다 헛되어 바람을 잡으려는 것이로다

15 구부러진 것도 곧게 할 수 없고 모자란 것도 셀 수 없도다

Everything Is Meaningless

1 The words of the Teacher,[a] son of David,
king in Jerusalem:

2 ●"Meaningless! Meaningless!"
says the Teacher.
"Utterly meaningless!
Everything is meaningless."

3 ●What do people gain from all their labors
at which they toil under the sun?

4 ●Generations come and generations go,
but the earth remains forever.

5 ●The sun rises and the sun sets,
and hurries back to where it rises.

6 ●The wind blows to the south
and turns to the north;
round and round it goes,
ever returning on its course.

7 ●All streams flow into the sea,
yet the sea is never full.
To the place the streams come from,
there they return again.

8 ●All things are wearisome,
more than one can say.
The eye never has enough of seeing,
nor the ear its fill of hearing.

9 ●What has been will be again,
what has been done will be done again;
there is nothing new under the sun.

10 ●Is there anything of which one can say,
"Look! This is something new"?
It was here already, long ago;
it was here before our time.

11 ●No one remembers the former generations,
and even those yet to come
will not be remembered
by those who follow them.

Wisdom Is Meaningless

12 ●I, the Teacher, was king over Israel in
13 Jerusalem. ●I applied my mind to study and to
explore by wisdom all that is done under the
heavens. What a heavy burden God has laid
14 on mankind! ●I have seen all the things that
are done under the sun; all of them are mean-
ingless, a chasing after the wind.

[a]1 Or *the leader of the assembly;* also in verses 2 and 12

16 내가 내 마음속으로 말하여 이르기를 보라 내가 크게 되고 지혜를 더 많이 얻었으므로 나보다 먼저 예루살렘에 있던 모든 사람들보다 낫다 하였나니 내 마음이 지혜와 지식을 많이 만나 보았음이로다
17 내가 다시 지혜를 알고자 하며 미친 것들과 미련한 것들을 알고자 하여 마음을 썼으나 이것도 바람을 잡으려는 것인 줄을 깨달았도다
18 지혜가 많으면 번뇌도 많으니 지식을 더하는 자는 근심을 더하느니라 12:12

즐거움도 헛되다

2 나는 내 마음에 이르기를 자, 내가 시험 삼아 너를 즐겁게 하리니 너는 낙을 누리라 하였으나 보라 이것도 헛되도다
2 내가 웃음에 관하여 말하여 이르기를 그것은 미친 것이라 하였고 희락에 대하여 이르기를 이것이 무슨 소용이 있는가 하였노라
3 내가 내 마음으로 깊이 생각하기를 내가 어떻게 하여야 내 마음을 지혜로 다스리면서 술로 내 육신을 즐겁게 할까 또 내가 어떻게 하여야 천하의 인생들이 그들의 인생을 살아가는 동안 어떤 것이 선한 일인지를 알아볼 때까지 내 어리석음을 꼭 붙잡아 둘까 하여
4 나의 사업을 크게 하였노라 내가 나를 위하여 집들을 짓고 포도원을 일구며
5 여러 동산과 과원을 만들고 그 가운데에 각종 과목을 심었으며
6 나를 위하여 수목을 기르는 삼림에 물을 주기 위하여 못들을 팠으며
7 남녀 노비들을 사기도 하였고 나를 위하여 집에서 종들을 낳기도 하였으며 나보다 먼저 예루살렘에 있던 모든 자들보다도 내가 소와 양 떼의 소유를 더 많이 가졌으며
8 은 금과 왕들이 소유한 보배와 여러 지방의 보배를 나를 위하여 쌓고 또 노래하는 남녀들과 인생들이 기뻐하는 처첩들을 많이 두었노라
9 내가 이같이 창성하여 나보다 먼저 예루살렘에 있던 모든 자들보다 더 창성하니 내 지혜도 내게 여전하도다
10 무엇이든지 내 눈이 원하는 것을 내가 금하지 아니하며 무엇이든지 내 마음이 즐거워하는 것을 내가 막지 아니하였으니 이는 나의 모든 수고를 내 마음이 기뻐하였음이라 이것이 나의 모든 수고로 말미암아 얻

15 •What is crooked cannot be straightened;
what is lacking cannot be counted.

16 •I said to myself, "Look, I have increased in
wisdom more than anyone who has ruled over
Jerusalem before me; I have experienced much
17 of wisdom and knowledge." •Then I applied
myself to the understanding of wisdom, and
also of madness and folly, but I learned that
this, too, is a chasing after the wind.

18 •For with much wisdom comes much
sorrow;
the more knowledge, the more grief.

Pleasures Are Meaningless

2 I said to myself, "Come now, I will test
you with pleasure to find out what is
good." But that also proved to be meaning-
2 less. •"Laughter," I said, "is madness. And
3 what does pleasure accomplish?" •I tried
cheering myself with wine, and embracing
folly — my mind still guiding me with wis-
dom. I wanted to see what was good for peo-
ple to do under the heavens during the few
days of their lives.
4 •I undertook great projects: I built houses
5 for myself and planted vineyards. •I made
gardens and parks and planted all kinds of
6 fruit trees in them. •I made reservoirs to
7 water groves of flourishing trees. •I bought
male and female slaves and had other slaves
who were born in my house. I also owned
more herds and flocks than anyone in Jeru-
8 salem before me. •I amassed silver and gold
for myself, and the treasure of kings and pro-
vinces. I acquired male and female singers,
and a harem[a] as well—the delights of a man's
9 heart. •I became greater by far than anyone
in Jerusalem before me. In all this my wis-
dom stayed with me.

10 •I denied myself nothing my eyes desired;
I refused my heart no pleasure.
My heart took delight in all my labor,
and this was the reward for all my toil.
11 •Yet when I surveyed all that my hands
had done
and what I had toiled to achieve,
everything was meaningless, a chasing
after the wind;
nothing was gained under the sun.

[a]8 The meaning of the Hebrew for this phrase is uncertain.

accomplish [əkámpliʃ] *vt.* 성취하다
amass [əmǽs] *vt.* 축적하다
crooked [krúkid] *a.* 구부러진
deny [dinái] *vt.* 거절하다
embrace [imbréis] *vt.* 껴안다
flourish [flə́:riʃ] *vi.* 무성하게 자라다
folly [fáli] *n.* 어리석음
grief [gri:f] *n.* 비탄, 슬픔
lack [læk] *n.* 부족
madness [mǽdnis] *n.* 광기, 무모한 짓
province [právins] *n.* 지방
reservoir [rézərvwà:r] *n.* 저수지
reward [riwɔ́:rd] *n.* 보상
sorrow [sárou] *n.* 슬픔
survey [sərvéi] *vt.* 살피다

1:16 rule over: 지배하다
2:1 find out: 발견하다
2:1 prove to be...: …인 것으로 입증되다
2:8 as well: 게다가, 더구나
2:9 greater by far: 훨씬 위대한
2:10 take delight in...: …을 기뻐하다

은 몫이로다

11 그 후에 내가 생각해 본즉 내 손으로 한 모든 일과 내가 수고한 모든 것이 다 헛되어 바람을 잡는 것이며 해 아래에서 무익한 것이로다

지혜자나 우매자나 (♪ 325, 384장)

12 ● 내가 돌이켜 지혜와 망령됨과 어리석음을 보았나니 왕 뒤에 오는 자는 무슨 일을 행할까 이미 행한 지 오래전의 일일 뿐이리라

13 내가 보니 지혜가 우매보다 뛰어남이 빛이 어둠보다 뛰어남 같도다

14 지혜자는 그의 눈이 그의 머리 속에 있고 우매자는 어둠 속에 다니지만 그들 모두가 당하는 일이 모두 같으리라는 것을 나도 깨달아 알았도다

15 내가 내 마음속으로 이르기를 우매자가 당한 것을 나도 당하리니 내게 지혜가 있었다 한들 내게 무슨 유익이 있으리요 하였도다 이에 내가 내 마음속으로 이르기를 이것도 헛되도다 하였도다

16 지혜자도 우매자와 함께 영원하도록 기억함을 얻지 못하나니 후일에는 모두 다 잊어버린 지 오랠 것임이라 오호라 지혜자의 죽음이 우매자의 죽음과 일반이로다

17 이러므로 내가 사는 것을 미워하였노니 이는 해 아래에서 하는 일이 내게 괴로움이요 모두 다 헛되어 바람을 잡으려는 것이기 때문이로다

수고도 헛되다

18 ● 내가 해 아래에서 내가 한 모든 수고를 미워하였노니 이는 내 뒤를 이을 이에게 남겨 주게 됨이라

19 그 사람이 지혜자일지, 우매자일지야 누가 알랴마는 내가 해 아래에서 내 지혜를 다하여 수고한 모든 결과를 그가 다 관리하리니 이것도 헛되도다

20 이러므로 내가 해 아래에서 한 모든 수고에 대하여 내가 내 마음에 실망하였도다

21 어떤 사람은 그 지혜와 지식과 재주를 다하여 수고하였어도 그가 얻은 것을 수고하지 아니한 자에게 그의 몫으로 넘겨 주리니 이것도 헛된 것이며 큰 악이로다

22 사람이 해 아래에서 행하는 모든 수고와 마음에 애쓰는 것이 무슨 소득이 있으랴

23 일평생에 근심하며 수고하는 것이 슬픔뿐이라 그의 마음이 밤에도 쉬지 못하나니 이것도 헛되도다

24 ● 사람이 먹고 마시며 수고하는 것보다 그의 마음을 더 기쁘게 하는 것은 없나니 내가 이

Wisdom and Folly Are Meaningless

12 ● Then I turned my thoughts to consider
wisdom,
and also madness and folly.
What more can the king's successor do
than what has already been done?
13 ● I saw that wisdom is better than folly,
just as light is better than darkness.
14 ● The wise have eyes in their heads,
while the fool walks in the darkness;
but I came to realize
that the same fate overtakes them both.

15 ● Then I said to myself,
"The fate of the fool will overtake me also.
What then do I gain by being wise?"
I said to myself,
"This too is meaningless."
16 ● For the wise, like the fool, will not be
long remembered;
the days have already come when both
have been forgotten.
Like the fool, the wise too must die!

Toil Is Meaningless

17 ● So I hated life, because the work that is
done under the sun was grievous to me.
All of it is meaningless, a chasing after the
18 wind. ● I hated all the things I had toiled
for under the sun, because I must leave them
19 to the one who comes after me. ● And who
knows whether that person will be wise or
foolish? Yet they will have control over all
the fruit of my toil into which I have poured
my effort and skill under the sun. This too is
20 meaningless. ● So my heart began to despair
over all my toilsome labor under the sun.
21 ● For a person may labor with wisdom,
knowledge and skill, and then they must
leave all they own to another who has not
toiled for it. This too is meaningless and a
22 great misfortune. ● What do people get for
all the toil and anxious striving with which
23 they labor under the sun? ● All their days
their work is grief and pain; even at night
their minds do not rest. This too is meaning-
less.
24 ● A person can do nothing better than to
eat and drink and find satisfaction in their
own toil. This too, I see, is from the hand of
25 God, ● for without him, who can eat or
26 find enjoyment? ● To the person who pleas-
es him, God gives wisdom, knowledge and

anxious [æŋkʃəs] *a.* 근심하는
despair [dispέər] *vi.* 절망하다
enjoyment [indʒɔ́imənt] *n.* 즐거움
fate [feit] *n.* 운명
folly [fáli] *n.* 어리석음
grievous [gríːvəs] *a.* 슬픔을 주는
madness [mǽdnis] *n.* 무모한 짓
meaningless [míːniŋlis] *a.* 무의미한
misfortune [misfɔ́ːrtʃən] *n.* 불행
overtake [òuvərtéik] *vt.* 따라잡다
pour [pɔːr] *vt.* 쏟다
satisfaction [sætisfǽkʃən] *n.* 만족
striving [straiviŋ] *n.* 노력
toilsome [tɔ́ilsəm] *a.* 수고로운
whether [hwéðər] *conj.* …인지, 어떤지

2:17 chase after: …를 뒤쫓다
2:18 toil for...: …을 위해 힘써 일하다
2:19 whether... or ~: …이든지 ~이든지
2:22 get for: …로써 얻다
2:24 nothing better than to...: …보다 더 좋은 일은 없다

것도 본즉 하나님의 손에서 나오는 것이로다
25 아, 먹고 즐기는 일을 누가 나보다 더 해 보았
으랴
26 하나님은 그가 기뻐하시는 자에게는 지혜와
지식과 희락을 주시나 죄인에게는 노고를 주
시고 그가 모아 쌓게 하사 하나님을 기뻐하는
자에게 그가 주게 하시지만 이것도 헛되어 바
람을 잡는 것이로다

모든 일에 때가 있다

3 범사에 기한이 있고 천하만사가 다 때가
있나니 8:6
2 날 때가 있고 죽을 때가 있으며 심을 때가 있
고 심은 것을 뽑을 때가 있으며
3 죽일 때가 있고 치료할 때가 있으며 헐 때가
있고 세울 때가 있으며
4 울 때가 있고 웃을 때가 있으며 슬퍼할 때가
있고 춤출 때가 있으며
5 돌을 던져 버릴 때가 있고 돌을 거둘 때가 있
으며 안을 때가 있고 안는 일을 멀리할 때가
있으며
6 찾을 때가 있고 잃을 때가 있으며 지킬 때가
있고 버릴 때가 있으며
7 찢을 때가 있고 꿰맬 때가 있으며 잠잠할 때
가 있고 말할 때가 있으며
8 사랑할 때가 있고 미워할 때가 있으며 전쟁할
때가 있고 평화할 때가 있느니라
9 일하는 자가 그의 수고로 말미암아 무슨 이익
이 있으랴 2:11
10 하나님이 인생들에게 노고를 주사 애쓰게 하
신 것을 내가 보았노라 1:13
11 하나님이 모든 것을 지으시되 때를 따라 아름
답게 하셨고 또 사람들에게는 영원을 사모하
는 마음을 주셨느니라 그러나 하나님이 하시
는 일의 시종을 사람으로 측량할 수 없게 하
셨도다
12 사람들이 사는 동안에 기뻐하며 선을 행하는
것보다 더 나은 것이 없는 줄을 내가 알았고
13 사람마다 먹고 마시는 것과 수고함으로 낙을
누리는 그것이 하나님의 선물인 줄도 또한 알
았도다
14 하나님께서 행하시는 모든 것은 영원히 있을
것이라 그 위에 더할 수도 없고 그것에서 덜
할 수도 없나니 하나님이 이같이 행하심은 사
람들이 그의 앞에서 경외하게 하려 하심인 줄
을 내가 알았도다
15 이제 있는 것이 옛적에 있었고 장래에 있을
것도 옛적에 있었나니 하나님은 이미 지난 것

happiness, but to the sinner he gives the
task of gathering and storing up wealth to
hand it over to the one who pleases God.
This too is meaningless, a chasing after the
wind.

A Time for Everything

3 There is a time for everything,
and a season for every activity under
the heavens:
2 • a time to be born and a time to die,
a time to plant and a time to uproot,
3 • a time to kill and a time to heal,
a time to tear down and a time to build,
4 • a time to weep and a time to laugh,
a time to mourn and a time to dance,
5 • a time to scatter stones and a time to
gather them,
a time to embrace and a time to refrain
from embracing,
6 • a time to search and a time to give up,
a time to keep and a time to throw away,
7 • a time to tear and a time to mend,
a time to be silent and a time to speak,
8 • a time to love and a time to hate,
a time for war and a time for peace.
9 •What do workers gain from their toil?
10 •I have seen the burden God has laid on
11 the human race. •He has made everything
beautiful in its time. He has also set eternity
in the human heart; yet[a] no one can fath-
om what God has done from beginning to
12 end. •I know that there is nothing better
for people than to be happy and to do good
13 while they live. •That each of them may
eat and drink, and find satisfaction in all
14 their toil—this is the gift of God. •I know
that everything God does will endure forev-
er; nothing can be added to it and nothing
taken from it. God does it so that people will
fear him.

15 •Whatever is has already been,
and what will be has been before;
and God will call the past to account.[b]
16 •And I saw something else under the sun:
In the place of judgment—wickedness
was there,
in the place of justice—wickedness
was there.

[a]11 Or *also placed ignorance in the human heart, so that* [b]15 Or *God calls back the past*

burden [bə́:rdn] *n.* 짐
else [els] *a.* 그밖의
embrace [imbréis] *vt.* 안다
endure [indjúər] *vt.* 지탱하다
eternity [itə́:rnəti] *n.* 영원
fathom [fǽðəm] *vt.* 측량하다
fear [fiər] *n.* 경외
gather [gǽðər] *vt.* 모으다
mend [mend] *vt.* 고치다
mourn [mɔ:rn] *vi.* 애도하다
refrain [rifréin] *vi.* 멀리하다
scatter [skǽtər] *vt.* 흩뿌리다
task [tæsk] *n.* 직무
uproot [ʌprú:t] *vt.* 뿌리뽑다
weep [wi:p] *vi.* 울다

2:26 store up: 쌓아 두다
2:26 hand over: 넘겨주다
3:3 tear down: 헐다
3:6 throw away: 버리다
3:15 call... to account: …에 관해 해명을 요구하다

을 다시 찾으시느니라 1:9
16 ●또 내가 해 아래에서 보건대 재판하는 곳
거기에도 악이 있고 정의를 행하는 곳 거기
에도 악이 있도다
17 내가 내 마음속으로 이르기를 의인과 악인
을 하나님이 심판하시리니 이는 모든 소망
하는 일과 모든 행사에 때가 있음이라 하였
으며
18 내가 내 마음속으로 이르기를 인생들의 일
에 대하여 하나님이 그들을 시험하시리니
그들이 자기가 짐승과 다름이 없는 줄을 깨
닫게 하려 하심이라 하였노라
19 인생이 당하는 일을 짐승도 당하나니 그들
이 당하는 일이 일반이라 다 동일한 호흡이
있어서 짐승이 죽음같이 사람도 죽으니 사
람이 짐승보다 뛰어남이 없음은 모든 것이
헛됨이로다
20 다 흙으로 말미암았으므로 다 흙으로 돌아
가나니 다 한 곳으로 가거니와
21 인생들의 1)혼은 위로 올라가고 짐승의 1)혼은
아래 곧 땅으로 내려가는 줄을 누가 알랴
22 그러므로 나는 사람이 자기 일에 즐거워하는
것보다 더 나은 것이 없음을 보았나니 이는
그것이 그의 몫이기 때문이라 아, 그의 뒤에
일어날 일이 무엇인지를 보게 하려고 그를
도로 데리고 올 자가 누구이랴 2:24

학대, 수고, 동무

4 내가 다시 해 아래에서 행하는 모든 학대
를 살펴보았도다 보라 학대받는 자들의
눈물이로다 그들에게 위로자가 없도다 그들
을 학대하는 자들의 손에는 권세가 있으나
그들에게는 위로자가 없도다
2 그러므로 나는 아직 살아 있는 산 자들보다
죽은 지 오랜 죽은 자들을 더 복되다 하였
으며
3 이 둘보다도 아직 출생하지 아니하여 해 아
래에서 행하는 악한 일을 보지 못한 자가 더
복되다 하였노라
4 ●내가 또 본즉 사람이 모든 수고와 모든 재
주로 말미암아 이웃에게 시기를 받으니 이
것도 헛되어 바람을 잡는 것이로다
5 우매자는 팔짱을 끼고 있으면서 자기의 몸
만 축내는도다
6 두 손에 가득하고 수고하며 바람을 잡는 것
보다 한 손에만 가득하고 평온함이 더 나으
니라
7 ●내가 또다시 해 아래에서 헛된 것을 보았

17 ●I said to myself,
"God will bring into judgment
both the righteous and the wicked,
for there will be a time for every activity,
a time to judge every deed."
18 ●I also said to myself, "As for humans,
God tests them so that they may see that
19 they are like the animals. ●Surely the fate of
human beings is like that of the animals; the
same fate awaits them both: As one dies, so
dies the other. All have the same breath[a];
humans have no advantage over animals.
20 Everything is meaningless. ●All go to the same
place; all come from dust, and to dust all
21 return. ●Who knows if the human spirit rises
upward and if the spirit of the animal goes
down into the earth?"
22 ●So I saw that there is nothing better for a
person than to enjoy their work, because that
is their lot. For who can bring them to see
what will happen after them?

Oppression, Toil, Friendlessness

4 Again I looked and saw all the oppression
that was taking place under the sun:
I saw the tears of the oppressed—
and they have no comforter;
power was on the side of their oppressors—
and they have no comforter.
2 ●And I declared that the dead,
who had already died,
are happier than the living,
who are still alive.
3 ●But better than both
is the one who has never been born,
who has not seen the evil
that is done under the sun.
4 ●And I saw that all toil and all achieve-
ment spring from one person's envy of an-
other. This too is meaningless, a chasing after
the wind.
5 ●Fools fold their hands
and ruin themselves.
6 ●Better one handful with tranquillity
than two handfuls with toil
and chasing after the wind.
7 ●Again I saw something meaningless
under the sun:
8 ●There was a man all alone;
he had neither son nor brother.

[a]19 Or *spirit* 1) 히, 영

achievement [ətʃíːvmənt] *n.* 성취
await [əwéit] *vt.* 기다리다
chase [tʃeis] *vt.* 쫓아가다
comforter [kʌmfərtər] *n.* 위로자
declare [diklέər] *vt.* 선포하다
deed [diːd] *n.* 행실
envy [énvi] *n.* 시기
fate [feit] *n.* 운명
handful [hǽndfùl] *n.* 한 줌
judgment [dʒʌdʒmənt] *n.* 심판
lot [lat] *n.* 몫
oppression [əpréʃən] *n.* 억압, 학대
righteous [ráitʃəs] *a.* 의로운
toil [tɔil] *n.* 수고
tranquillity [træŋkwíləti] *n.* 평온

3:17 both...and~: …도 ~도(양쪽 다)
3:18 as for: …은 어떠냐 하면
3:19 have an advantage over...: 유리한 위치에 있다
4:4 spring from: 솟아오르다
4:5 fold one's hands: 손을 깍지 끼다

도다
8 어떤 사람은 아들도 없고 형제도 없이 홀로 있으나 그의 모든 수고에는 끝이 없도다 또 비록 그의 눈은 부요를 족하게 여기지 아니하면서 이르기를 내가 누구를 위하여는 이같이 수고하고 나를 위하여는 행복을 누리지 못하게 하는가 하여도 이것도 헛되어 불행한 노고로다
9 두 사람이 한 사람보다 나음은 그들이 수고함으로 좋은 상을 얻을 것임이라
10 혹시 그들이 넘어지면 하나가 그 동무를 붙들어 일으키려니와 홀로 있어 넘어지고 붙들어 일으킬 자가 없는 자에게는 화가 있으리라
11 또 두 사람이 함께 누우면 따뜻하거니와 한 사람이면 어찌 따뜻하랴
12 한 사람이면 패하겠거니와 두 사람이면 맞설 수 있나니 세 겹 줄은 쉽게 끊어지지 아니하느니라

가난하게 태어나서 왕이 되어도

13 •가난하여도 지혜로운 젊은이가 늙고 둔하여 경고를 더 받을 줄 모르는 왕보다 나으니
14 그는 자기의 나라에서 가난하게 태어났을지라도 감옥에서 나와 왕이 되었음이니라
15 내가 본즉 해 아래에서 다니는 인생들이 왕의 다음 자리에 있다가 왕을 대신하여 일어난 젊은이와 함께 있고
16 그의 치리를 받는 모든 백성들이 무수하였을지라도 후에 오는 자들은 그를 기뻐하지 아니하리니 이것도 헛되어 바람을 잡는 것이로다

하나님을 경외하라 — B.C. 935년경

5 너는 하나님의 집에 들어갈 때에 네 발을 삼갈지어다 가까이하여 말씀을 듣는 것이 우매한 자들이 제물 드리는 것보다 나으니 그들은 악을 행하면서도 깨닫지 못함이니라
2 너는 하나님 앞에서 함부로 입을 열지 말며 급한 마음으로 말을 내지 말라 하나님은 하늘에 계시고 너는 땅에 있음이니라 그런즉 마땅히 말을 적게 할 것이라
3 걱정이 많으면 꿈이 생기고 말이 많으면 우매한 자의 소리가 나타나느니라
4 네가 하나님께 서원하였거든 갚기를 더디게 하지 말라 하나님은 우매한 자들을 기뻐하지 아니하시나니 서원한 것을 갚으라

There was no end to his toil,
  yet his eyes were not content with his wealth.
"For whom am I toiling," he asked,
  "and why am I depriving myself of enjoyment?"
This too is meaningless—
  a miserable business!

9 •Two are better than one,
  because they have a good return for their labor:
10 •If either of them falls down,
  one can help the other up.
But pity anyone who falls
  and has no one to help them up.
11 •Also, if two lie down together, they will keep warm.
  But how can one keep warm alone?
12 •Though one may be overpowered,
  two can defend themselves.
A cord of three strands is not quickly broken.

Advancement Is Meaningless

13 •Better a poor but wise youth than an old
but foolish king who no longer knows how to
14 heed a warning. •The youth may have come
from prison to the kingship, or he may have
15 been born in poverty within his kingdom. •I
saw that all who lived and walked under the
sun followed the youth, the king's successor.
16 •There was no end to all the people who were
before them. But those who came later were
not pleased with the successor. This too is
meaningless, a chasing after the wind.

Fulfill Your Vow to God

5[a] Guard your steps when you go to the house of God. Go near to listen rather than to offer the sacrifice of fools, who do not know that they do wrong.

2 •Do not be quick with your mouth,
  do not be hasty in your heart
  to utter anything before God.
God is in heaven
  and you are on earth,
  so let your words be few.
3 •A dream comes when there are many cares,
  and many words mark the speech of a fool.

4 •When you make a vow to God, do not
delay to fulfill it. He has no pleasure in fools;

[a]In Hebrew texts 5:1 is numbered 4:17, and 5:2-20 is numbered 5:1-19.

cord [kɔːrd] *n.* 끈
defend [difénd] *vt.* 방어하다
fall [fɔːl] *vi.* 넘어지다
fulfill [fulfíl] *vt.* 이행하다
hasty [héisti] *a.* 급한
heed [hiːd] *vi.* 주의하다
kingship [kíŋʃip] *n.* 왕권
miserable [mízərəbl] *a.* 불쌍한
overpower [òuvərpáuər] *vt.* 제압하다
pity [píti] *vt.* 불쌍히 여기다
poverty [pávərti] *n.* 가난
sacrifice [sǽkrəfàis] *n.* 제사, 제물
strand [strænd] *n.* 가닥, 꼰 끈
successor [səksésər] *n.* 후계자
utter [ʌtər] *vt.* 발언하다

4:8 be content with: 만족하다
4:8 deprive A of B: A에서 B를 빼앗다
4:11 lie down: 눕다
4:16 no end: 한없이
5:1 rather than: …보다는
5:4 make a vow: 맹세하다, 서원하다

5 서원하고 갚지 아니하는 것보다 서원하지
아니하는 것이 더 나으니
6 네 입으로 네 육체가 범죄하게 하지 말라 [1]사
자 앞에서 내가 서원한 것이 실수라고 말하
지 말라 어찌 하나님께서 네 목소리로 말미
암아 진노하사 네 손으로 한 것을 멸하시게
하랴
7 꿈이 많으면 헛된 일들이 많아지고 말이 많아
도 그러하니 오직 너는 하나님을 경외할지니
라
8 ●너는 어느 지방에서든지 빈민을 학대하는
것과 정의와 공의를 짓밟는 것을 볼지라도
그것을 이상히 여기지 말라 높은 자는 더 높
은 자가 감찰하고 또 그들보다 더 높은 자들
도 있음이니라
9 땅의 소산물은 모든 사람을 위하여 있나니
왕도 밭의 소산을 받느니라

재물과 부요와 존귀도 헛되다

10 ●은을 사랑하는 자는 은으로 만족하지 못
하고 풍요를 사랑하는 자는 소득으로 만족
하지 아니하나니 이것도 헛되도다
11 재산이 많아지면 먹는 자들도 많아지나니
그 소유주들은 눈으로 보는 것 외에 무엇이
유익하랴
12 노동자는 먹는 것이 많든지 적든지 잠을 달
게 자거니와 부자는 그 부요함 때문에 자지
못하느니라
13 ●내가 해 아래에서 큰 폐단 되는 일이 있는
것을 보았나니 곧 소유주가 재물을 자기에
게 해가 되도록 소유하는 것이라
14 그 재물이 재난을 당할 때 없어지나니 비록
아들은 낳았으나 그 손에 아무것도 없느니라
15 그가 모태에서 벌거벗고 나왔은즉 그가 나
온 대로 돌아가고 수고하여 얻은 것을 아무
것도 자기 손에 가지고 가지 못하리니
16 이것도 큰 불행이라 어떻게 왔든지 그대로
가리니 바람을 잡는 수고가 그에게 무엇이
유익하랴
17 일평생을 어두운 데에서 먹으며 많은 근심
과 질병과 분노가 그에게 있느니라
18 ●사람이 하나님께서 그에게 주신 바 그 일
평생에 먹고 마시며 해 아래에서 하는 모든
수고 중에서 낙을 보는 것이 선하고 아름다
움을 내가 보았나니 그것이 그의 몫이로다
19 또한 어떤 사람에게든지 하나님이 재물과
부요를 그에게 주사 능히 누리게 하시며 제
몫을 받아 수고함으로 즐거워하게 하신 것

5 fulfill your vow. •It is better not to make a
6 vow than to make one and not fulfill it. •Do
not let your mouth lead you into sin. And do
not protest to the temple messenger, "My vow
was a mistake." Why should God be angry at
what you say and destroy the work of your
7 hands? •Much dreaming and many words
are meaningless. Therefore fear God.

Riches Are Meaningless

8 •If you see the poor oppressed in a district,
and justice and rights denied, do not be sur-
prised at such things; for one official is eyed
by a higher one, and over them both are oth-
9 ers higher still. •The increase from the land
is taken by all; the king himself profits from
the fields.

10 •Whoever loves money never has enough;
whoever loves wealth is never satisfied
with their income.
This too is meaningless.
11 •As goods increase,
so do those who consume them.
And what benefit are they to the owners
except to feast their eyes on them?
12 •The sleep of a laborer is sweet,
whether they eat little or much,
but as for the rich, their abundance
permits them no sleep.
13 •I have seen a grievous evil under the sun:
wealth hoarded to the harm of its owners,
14 • or wealth lost through some misfortune,
so that when they have children
there is nothing left for them to inherit.
15 •Everyone comes naked from their mother's
womb,
and as everyone comes, so they depart.
They take nothing from their toil
that they can carry in their hands.
16 •This too is a grievous evil:
As everyone comes, so they depart,
and what do they gain,
since they toil for the wind?
17 •All their days they eat in darkness,
with great frustration, affliction and
anger.
18 •This is what I have observed to be good:
that it is appropriate for a person to eat, to
drink and to find satisfaction in their toilsome
labor under the sun during the few days of
life God has given them—for this is their lot.
19 •Moreover, when God gives someone wealth

1) 말 2:7을 보라

abundance [əbʌndəns] *n.* 부유
affliction [əflíkʃən] *n.* (심신의)고통
appropriate [əproúpriət] *a.* 적합한
consume [kənsú:m] *vt.* 소비하다
deny [dinái] *vt.* 거절하다
district [dístrikt] *n.* 구역
feast [fi:st] *vt.* 즐겁게 하다
frustration [frʌstréiʃən] *n.* 좌절
grievous [grí:vəs] *a.* 심한, 극악한
hoard [hɔ:rd] *vi.* 축적하다
misfortune [misfɔ́:rtʃən] *n.* 재난
naked [néikid] *a.* 벌거숭이의
oppress [əprés] *vt.* 학대하다
protest [pròutest] *vt.* 이의를 제기하다
satisfaction [sætisfǽkʃən] *n.* 만족

5:11 as..., so ~: …와 마찬가지로 ~하다
5:13 to the harm of...: …에게 해로울 정도로
5:14 so that: …하도록 …하다
5:15 carry in: 거두어 들이다

은 하나님의 선물이라
20 그는 자기의 생명의 날을 깊이 생각하지 아
니하리니 이는 하나님이 그의 마음에 기뻐
하는 것으로 응답하심이니라

6 내가 해 아래에서 한 가지 불행한 일이 있
는 것을 보았나니 이는 사람의 마음을 무
겁게 하는 것이라 5:13
2 어떤 사람은 그의 영혼이 바라는 모든 소원
에 부족함이 없어 재물과 부요와 존귀를 하
나님께 받았으나 하나님께서 그가 그것을
누리도록 허락하지 아니하셨으므로 다른 사
람이 누리나니 이것도 헛되어 악한 병이로
다
3 사람이 비록 백 명의 자녀를 낳고 또 장수하
여 사는 날이 많을지라도 그의 영혼은 그러
한 행복으로 만족하지 못하고 또 그가 안장
되지 못하면 나는 이르기를 낙태된 자가 그
보다는 낫다 하나니
4 낙태된 자는 헛되이 왔다가 어두운 중에 가
매 그의 이름이 어둠에 덮이니
5 햇빛도 보지 못하고 또 그것을 알지도 못하
나 이가 그보다 더 평안함이라
6 그가 비록 천 년의 갑절을 산다 할지라도 행
복을 보지 못하면 마침내 다 한 곳으로 돌아
가는 것뿐이 아니냐 2:14
7 ●사람의 수고는 다 자기의 입을 위함이나
그 식욕은 채울 수 없느니라
8 지혜자가 우매자보다 나은 것이 무엇이냐
살아 있는 자들 앞에서 행할 줄을 아는 가난
한 자에게는 무슨 유익이 있는가 2:15
9 눈으로 보는 것이 마음으로 공상하는 것보
다 나으나 이것도 헛되어 바람을 잡는 것이
로다
10 ●이미 있는 것은 무엇이든지 오래전부터
그의 이름이 이미 불린 바 되었으며 사람이
무엇인지도 이미 안 바 되었나니 자기보다
강한 자와는 능히 다툴 수 없느니라 1:9
11 헛된 것을 더하게 하는 많은 [1]일들이 있나니
그것들이 사람에게 무슨 유익이 있으랴
12 헛된 생명의 모든 날을 그림자같이 보내는
일평생에 사람에게 무엇이 낙인지를 누가
알며 그 후에 해 아래에서 무슨 일이 있을 것
을 누가 능히 그에게 고하리요 약 4:14

지혜자와 우매한 자 (♪ 447, 549장)

— B.C. 935년경

7 좋은 이름이 좋은 기름보다 낫고 죽는 날
이 출생하는 날보다 나으며

and possessions, and the ability to enjoy
them, to accept their lot and be happy in
20 their toil—this is a gift of God. •They seldom
reflect on the days of their life, because God
keeps them occupied with gladness of heart.

6 I have seen another evil under the sun,
2 and it weighs heavily on mankind: •God
gives some people wealth, possessions and
honor, so that they lack nothing their hearts
desire, but God does not grant them the abili-
ty to enjoy them, and strangers enjoy them
instead. This is meaningless, a grievous evil.
3 •A man may have a hundred children and
live many years; yet no matter how long he
lives, if he cannot enjoy his prosperity and
does not receive proper burial, I say that a still-
4 born child is better off than he. •It comes
without meaning, it departs in darkness, and
5 in darkness its name is shrouded. •Though it
never saw the sun or knew anything, it has
6 more rest than does that man— •even if he
lives a thousand years twice over but fails to
enjoy his prosperity. Do not all go to the same
place?

7 •Everyone's toil is for their mouth,
yet their appetite is never satisfied.
8 •What advantage have the wise over fools?
What do the poor gain
by knowing how to conduct themselves
before others?
9 •Better what the eye sees
than the roving of the appetite.
This too is meaningless,
a chasing after the wind.
10 •Whatever exists has already been named,
and what humanity is has been known;
no one can contend
with someone who is stronger.
11 •The more the words,
the less the meaning,
and how does that profit anyone?

12 •For who knows what is good for a person
in life, during the few and meaningless days
they pass through like a shadow? Who can
tell them what will happen under the sun
after they are gone?

Wisdom

7 A good name is better than fine perfume,
and the day of death better than the day
of birth.

1) 언론

ability [əbíləti] *n.* 능력
appetite [ǽpətàit] *n.* 입맛
burial [bériəl] *n.* 장례
conduct [kándʌkt] *vt.* 행동하다
desire [dizáiər] *n.* 소망
exist [igzíst] *vi.* 있다
grant [grænt] *vt.* 승낙하다
possession [pəzéʃən] *n.* 소유, 재산
profit [práfit] *vt.* 이익이 되다
prosperity [prɑspérəti] *n.* 형통
rove [rouv] *vi.* 수시로 변하다
seldom [séldəm] *ad.* 드물게
shroud [ʃraud] *vt.* 가리다, 덮다
stillborn [stílbɔ̀ːrn] *a.* 유산된
toil [tɔil] *vi.* 수고하다

5:20 reflect on: 숙고하다
5:20 occupy with...: …으로 채우다
6:1 weigh on: 압박하다
6:3 be better off: 더 잘 살다
6:6 even if...: 비록 …라 할지라도
6:10 contend with...: …와 다투다

2 초상집에 가는 것이 잔칫집에 가는 것보
다 나으니 모든 사람의 끝이 이와 같이
됨이라 산 자는 이것을 그의 마음에 둘지
어다
3 슬픔이 웃음보다 나음은 얼굴에 근심하
는 것이 마음에 유익하기 때문이니라
4 지혜자의 마음은 초상집에 있으되 우매
한 자의 마음은 혼인집에 있느니라
5 ●지혜로운 사람의 책망을 듣는 것이 우매
한 자들의 노래를 듣는 것보다 나으니라
6 우매한 자들의 웃음소리는 솥 밑에서 가
시나무가 타는 소리 같으니 이것도 헛되
니라
7 탐욕이 지혜자를 우매하게 하고 뇌물이
사람의 [1]명철을 망하게 하느니라
8 ●일의 끝이 시작보다 낫고 참는 마음이
교만한 마음보다 나으니
9 급한 마음으로 노를 발하지 말라 노는 우
매한 자들의 품에 머무름이니라
10 옛날이 오늘보다 나은 것이 어찌이냐 하
지 말라 이렇게 묻는 것은 지혜가 아니니
라
11 ●지혜는 유산같이 아름답고 햇빛을 보
는 자에게 유익이 되도다
12 지혜의 그늘 아래에 있음은 돈의 그늘 아
래에 있음과 같으나, 지혜에 관한 지식이
더 유익함은 지혜가 그 지혜 있는 자를
살리기 때문이니라 9:18
13 하나님께서 행하시는 일을 보라 하나님
께서 굽게 하신 것을 누가 능히 곧게 하
겠느냐 3:11
14 형통한 날에는 기뻐하고 곤고한 날에는
되돌아보아라 이 두 가지를 하나님이 병
행하게 하사 사람이 그의 장래 일을 능히
헤아려 알지 못하게 하셨느니라
15 ●내 허무한 날을 사는 동안 내가 그 모든
일을 살펴보았더니 자기의 의로움에도
불구하고 멸망하는 의인이 있고 자기의
악행에도 불구하고 장수하는 악인이 있
으니
16 지나치게 의인이 되지도 말며 지나치게
지혜자도 되지 말라 어찌하여 스스로 패
망하게 하겠느냐
17 지나치게 악인이 되지도 말며 지나치게
우매한 자도 되지 말라 어찌하여 기한 전
에 죽으려고 하느냐 욥 15:32
18 너는 이것도 잡으며 저것에서도 네 손

2 ●It is better to go to a house of mourning
than to go to a house of feasting,
for death is the destiny of everyone;
the living should take this to heart.
3 ●Frustration is better than laughter,
because a sad face is good for the heart.
4 ●The heart of the wise is in the house of
mourning,
but the heart of fools is in the house of
pleasure.
5 ●It is better to heed the rebuke of a wise person
than to listen to the song of fools.
6 ●Like the crackling of thorns under the pot,
so is the laughter of fools.
This too is meaningless.
7 ●Extortion turns a wise person into a fool,
and a bribe corrupts the heart.
8 ●The end of a matter is better than its beginning,
and patience is better than pride.
9 ●Do not be quickly provoked in your spirit,
for anger resides in the lap of fools.
10 ●Do not say, “Why were the old days
better than these?”
For it is not wise to ask such questions.
11 ●Wisdom, like an inheritance, is a good thing
and benefits those who see the sun.
12 ●Wisdom is a shelter
as money is a shelter,
but the advantage of knowledge is this:
Wisdom preserves those who have it.
13 ●Consider what God has done:
Who can straighten
what he has made crooked?
14 ●When times are good, be happy;
but when times are bad, consider this:
God has made the one
as well as the other.
Therefore, no one can discover
anything about their future.
15 ●In this meaningless life of mine I have seen
both of these:
the righteous perishing in their righteousness,
and the wicked living long in their
wickedness.
16 ●Do not be overrighteous,
neither be overwise—
why destroy yourself?
17 ●Do not be overwicked,
and do not be a fool—
why die before your time?
18 ●It is good to grasp the one

1) 마음을

bribe [braib] *n.* 뇌물
corrupt [kərʌpt] *vt.* 부패하다
crackling [krǽkliŋ] *n.* 딱딱 소리냄
crook [kruk] *vt.* 구부리다
destiny [déstəni] *n.* 운명
extortion [ikstɔ́:rʃən] *n.* 강탈
feasting [fi:stiŋ] *n.* 잔치
grasp [græsp] *vt.* 붙잡다
mourning [mɔ́:rniŋ] *n.* 상(喪)
overrighteous [ouvərráitʃəs] *a.* 너무 의로운
patience [péiʃəns] *n.* 인내
preserve [prizə́:rv] *vt.* 지키다
provoke [prəvóuk] *vt.* 성나게 하다
rebuke [ribjú:k] *n.* 힐책
reside [rizáid] *vi.* 거하다

7:4 in the house: 집안에
7:7 turn into...: …로 변화시키다
7:9 in the lap of...: …의 의향대로
7:14 as well as: …에 더하여
7:15 perish in: …으로 죽다
7:15 live long: 오래살다

을 놓지 아니하는 것이 좋으니 하나님
을 경외하는 자는 이 모든 일에서 벗
어날 것임이니라
19 ●지혜가 지혜자를 성읍 가운데에 있는
열 명의 권력자들보다 더 능력이 있게
하느니라
20 선을 행하고 전혀 죄를 범하지 아니하
는 의인은 세상에 없기 때문이로다
21 또한 사람들이 하는 모든 말에 네 마음
을 두지 말라 그리하면 네 종이 너를 저
주하는 것을 듣지 아니하리라
22 너도 가끔 사람을 저주하였다는 것을
네 마음도 알고 있느니라
23 ●내가 이 모든 것을 지혜로 시험하며
스스로 이르기를 내가 지혜자가 되리라
하였으나 지혜가 나를 멀리하였도다
24 이미 있는 것은 멀고 또 깊고 깊도다 누
가 능히 통달하랴
25 내가 돌이켜 전심으로 지혜와 명철을
살피고 연구하여 악한 것이 얼마나 어
리석은 것이요 어리석은 것이 얼마나
미친 것인 줄을 알고자 하였더니
26 마음은 올무와 그물 같고 손은 포승 같
은 여인은 사망보다 더 쓰다는 사실을
내가 알아내었도다 그러므로 하나님을
기쁘게 하는 자는 그 여인을 피하려니
와 죄인은 그 여인에게 붙잡히리로다
27 전도자가 이르되 보라 내가 낱낱이 살
펴 그 이치를 연구하여 이것을 깨달았
노라
28 내 마음이 계속 찾아보았으나 아직도
찾지 못한 것이 이것이라 천 사람 가운
데서 한 사람을 내가 찾았으나 이 모든
사람들 중에서 여자는 한 사람도 찾지
못하였느니라
29 내가 깨달은 것은 오직 이것이라 곧 하
나님은 사람을 정직하게 지으셨으나 사
람이 많은 꾀들을 낸 것이니라 창 1:27

8 누가 지혜자와 같으며 누가 사물의
이치를 아는 자이냐 사람의 지혜는
그의 얼굴에 광채가 나게 하나니 그의
얼굴의 사나운 것이 변하느니라
2 내가 권하노라 왕의 명령을 지키라 이
미 하나님을 가리켜 맹세하였음이니라
3 왕 앞에서 물러가기를 급하게 하지 말
며 악한 것을 일삼지 말라 왕은 자기가
하고자 하는 것을 다 행함이니라

and not let go of the other.
Whoever fears God will avoid all extremes.[a]
19 ●Wisdom makes one wise person more powerful
than ten rulers in a city.
20 ●Indeed, there is no one on earth who is righteous,
no one who does what is right and never sins.
21 ●Do not pay attention to every word people say,
or you may hear your servant cursing you—
22 ●for you know in your heart
that many times you yourself have cursed
others.
23 ●All this I tested by wisdom and I said,
"I am determined to be wise"—
but this was beyond me.
24 ●Whatever exists is far off and most profound—
who can discover it?
25 ●So I turned my mind to understand,
to investigate and to search out wisdom
and the scheme of things
and to understand the stupidity of wickedness
and the madness of folly.
26 ●I find more bitter than death
the woman who is a snare,
whose heart is a trap
and whose hands are chains.
The man who pleases God will escape her,
but the sinner she will ensnare.
27 ●"Look," says the Teacher,[b] "this is what I have
discovered:
"Adding one thing to another to discover
the scheme of things—
28 ● while I was still searching
but not finding—
I found one upright man among a thousand,
but not one upright woman among them all.
29 ●This only have I found:
God created mankind upright,
but they have gone in search of many
schemes."

8 Who is like the wise?
Who knows the explanation of things?
A person's wisdom brightens their face
and changes its hard appearance.

Obey the King

2 ●Obey the king's command, I say, because you
3 took an oath before God. ●Do not be in a hurry to
leave the king's presence. Do not stand up for
a bad cause, for he will do whatever he pleases.

[a]18 Or *will follow them both* [b]27 Or *the leader of the assembly*

appearance [əpíərəns] *n.* 생김새
avoid [əvɔ́id] *vt.* 피하다
bitter [bítər] *a.* 쓴
curse [kəːrs] *vt.* 저주하다
explanation [èksplənéiʃən] *n.* 뜻, 의미
extreme [ikstríːm] *n.* 극단적인 상태
indeed [indíːd] *ad.* 진실로
investigate [invéstəgèit] *vt.* 연구하다
madness [mǽdnis] *n.* 광기
presence [prézns] *n.* 앞
profound [prəfáund] *a.* 심오한
scheme [skiːm] *n.* 개요
snare [snɛər] *n.* 올무
stupidity [stjuːpídəti] *n.* 어리석음
trap [træp] *vt.* 함정에 빠뜨리다

7:18 let go of: 놓아 주다, 포기하다
7:21 pay attention to: …에 주목하다
7:23 be determined to...: …하기로 결심하다
7:24 far off: 멀리에, 아득히
8:2 take an oath: 맹세하다

4 왕의 말은 권능이 있나니 누가 그에게 이르기를 왕께서 무엇을 하시나이까 할 수 있으랴
5 명령을 지키는 자는 불행을 알지 못하리라 지혜자의 마음은 때와 판단을 분변하나니
6 무슨 일에든지 때와 판단이 있으므로 사람에게 임하는 화가 심함이니라
7 사람이 장래 일을 알지 못하나니 장래 일을 가르칠 자가 누구이랴
8 바람을 주장하여 바람을 움직이게 할 사람도 없고 죽는 날을 주장할 사람도 없으며 전쟁할 때를 모면할 사람도 없으니 악이 그의 주민들을 건져낼 수는 없느니라

악인들과 의인들

9 ●내가 이 모든 것들을 보고 해 아래에서 행하는 모든 일을 마음에 두고 살핀즉 사람이 사람을 주장하여 해롭게 하는 때가 있도다
10 그런 후에 내가 본즉 악인들은 장사지낸 바 되어 거룩한 곳을 떠나 그들이 그렇게 행한 성읍 안에서 잊어버린 바 되었으니 이것도 헛되도다
11 악한 일에 관한 징벌이 속히 실행되지 아니하므로 인생들이 악을 행하는 데에 마음이 담대하도다
12 죄인은 백 번이나 악을 행하고도 장수하거니와 또한 내가 아노니 하나님을 경외하여 그를 경외하는 자들은 잘 될 것이요
13 악인은 잘 되지 못하며 장수하지 못하고 그날이 그림자와 같으리니 이는 하나님을 경외하지 아니함이니라 6:12
14 ●세상에서 행해지는 헛된 일이 있나니 곧 악인들의 행위에 따라 벌을 받는 의인들도 있고 의인들의 행위에 따라 상을 받는 악인들도 있다는 것이라 내가 이르노니 이것도 헛되도다
15 이에 내가 희락을 찬양하노니 이는 사람이 먹고 마시고 즐거워하는 것보다 더 나은 것이 해 아래에는 없음이라 하나님이 사람을 해 아래에서 살게 하신 날 동안 수고하는 일 중에 그러한 일이 그와 함께 있을 것이니라 2:24
16 ●내가 마음을 다하여 지혜를 알고자 하며 세상에서 행해지는 일을 보았는데 밤낮으로 자지 못하는 자도 있도다
17 또 내가 하나님의 모든 행사를 살펴보니 해 아래에서 행해지는 일을 사람이 능히

4 ●Since a king's word is supreme, who can say to him,"What are you doing?"
5 ●Whoever obeys his command will come to no harm,
and the wise heart will know the proper time and procedure.
6 ●For there is a proper time and procedure for every matter,
though a person may be weighed down by misery.
7 ●Since no one knows the future,
who can tell someone else what is to come?
8 ●As no one has power over the wind to contain it,
so[a] no one has power over the time of their death.
As no one is discharged in time of war,
so wickedness will not release those who practice it.

9 ●All this I saw, as I applied my mind to every-
thing done under the sun. There is a time when
a man lords it over others to his own[b] hurt.
10 ●Then too, I saw the wicked buried — those
who used to come and go from the holy place
and receive praise[c] in the city where they did
this. This too is meaningless.
11 ●When the sentence for a crime is not quick-
ly carried out, people's hearts are filled with
12 schemes to do wrong. ●Although a wicked
person who commits a hundred crimes may
live a long time, I know that it will go better
with those who fear God, who are reverent
13 before him. ●Yet because the wicked do not
fear God, it will not go well with them, and
their days will not lengthen like a shadow.
14 ●There is something else meaningless that
occurs on earth: the righteous who get what the
wicked deserve, and the wicked who get what
the righteous deserve. This too, I say, is mean-
15 ingless. ●So I commend the enjoyment of life,
because there is nothing better for a person
under the sun than to eat and drink and be glad.
Then joy will accompany them in their toil all
the days of the life God has given them under
the sun.
16 ●When I applied my mind to know wisdom
and to observe the labor that is done on earth—
17 people getting no sleep day or night— ●then I

[a]8 Or *over the human spirit to retain it, / and so* [b]9 Or *to their* [c]10 Some Hebrew manuscripts and Septuagint (Aquila); most Hebrew manuscripts *and are forgotten*

accompany [əkʌmpəni] *vt.* 동행하다	**misery** [mízəri] *n.* 불행	**proper** [prάpər] *a.* 적절한
commit [kəmít] *vt.* 범하다	**observe** [əbzə́:rv] *vt.* 관찰하다	**release** [rilí:s] *vt.* 해방시키다
contain [kəntéin] *vt.* 품다	**occur** [əkə́:r] *vi.* 발생하다	**reverent** [révərənt] *a.* 경건한
discharge [distʃά:rdʒ] *vt.* (책임을) 면제하다	**practice** [prǽktis] *vt.* 실행하다	**sentence** [séntəns] *n.* 선고
lengthen [léŋkθən] *vi.* 길어지다	**procedure** [prəsí:dʒər] *n.* 절차	**supreme** [səprí:m] *a.* 최고의

8:6 weigh down by: …로 내리누르다
8:9 lord (it) over…: …에 군림하다
8:11 carry out: 수행하다
8:11 do wrong: 행악하다
8:12 go better (well) with…: …에게 더 잘 되다

알아낼 수 없도다 사람이 아무리 애써 알
아보려고 할지라도 능히 알지 못하나니 비
록 지혜자가 아노라 할지라도 능히 알아내
지 못하리로다

모두 다 하나님의 손 안에 있다 — B.C. 935년경

9 이 모든 것을 내가 마음에 두고 이 모든
것을 살펴본즉 의인들이나 지혜자들이
나 그들의 행위나 모두 다 하나님의 손 안
에 있으니 사랑을 받을는지 미움을 받을는
지 사람이 알지 못하는 것은 모두 그들의
미래의 일들임이니라
2 ●모든 사람에게 임하는 그 모든 것이 일
반이라 의인과 악인, 선한 자와 깨끗한 자
와 깨끗하지 아니한 자, 제사를 드리는 자
와 제사를 드리지 아니하는 자에게 일어나
는 일들이 모두 일반이니 선인과 죄인, 맹
세하는 자와 맹세하기를 무서워하는 자가
일반이로다
3 모든 사람의 결국은 일반이라 이것은 해
아래에서 행해지는 모든 일 중의 악한 것
이니 곧 인생의 마음에는 악이 가득하여
그들의 평생에 미친 마음을 품고 있다가
후에는 죽은 자들에게로 돌아가는 것이라
4 모든 산 자들 중에 들어 있는 자에게는 누
구나 소망이 있음은 산 개가 죽은 사자보
다 낫기 때문이니라
5 산 자들은 죽을 줄을 알되 죽은 자들은 아
무것도 모르며 그들이 다시는 상을 받지 못
하는 것은 그들의 [1]이름이 잊어버린 바 됨
이니라
6 그들의 사랑과 미움과 시기도 없어진 지 오
래이니 해 아래에서 행하는 모든 일 중에서
그들에게 돌아갈 몫은 영원히 없느니라
7 ●너는 가서 기쁨으로 네 음식물을 먹고 즐거
운 마음으로 네 포도주를 마실지어다 이는 하
나님이 네가 하는 일들을 벌써 기쁘게 받으셨
음이니라
8 네 의복을 항상 희게 하며 네 머리에 향 기
름을 그치지 아니하도록 할지니라
9 네 헛된 평생의 모든 날 곧 하나님이 해 아
래에서 네게 주신 모든 헛된 날에 네가 사
랑하는 아내와 함께 즐겁게 살지어다 그것
이 네가 평생에 해 아래에서 수고하고 얻은
네 몫이니라
10 네 손이 일을 얻는 대로 힘을 다하여 할지
어다 네가 장차 들어갈 스올에는 일도 없
고 계획도 없고 지식도 없고 지혜도 없음

saw all that God has done. No one can com-
prehend what goes on under the sun. Despite
all their efforts to search it out, no one can dis-
cover its meaning. Even if the wise claim they
know, they cannot really comprehend it.

A Common Destiny for All

9 So I reflected on all this and concluded
that the righteous and the wise and what
they do are in God's hands, but no one knows
2 whether love or hate awaits them. ●All share
a common destiny — the righteous and the
wicked, the good and the bad, [a]the clean and the
unclean, those who offer sacrifices and those
who do not.

As it is with the good,
so with the sinful;
as it is with those who take oaths,
so with those who are afraid to take them.

3 ●This is the evil in everything that happens
under the sun: The same destiny overtakes all.
The hearts of people, moreover, are full of evil
and there is madness in their hearts while
they live, and afterward they join the dead.
4 ●Anyone who is among the living has hope [b]
— even a live dog is better off than a dead
lion!

5 ●For the living know that they will die,
but the dead know nothing;
they have no further reward,
and even their name is forgotten.
6 ●Their love, their hate
and their jealousy have long since
vanished;
never again will they have a part
in anything that happens under the sun.

7 ●Go, eat your food with gladness, and drink
your wine with a joyful heart, for God has
8 already approved what you do. ●Always be
clothed in white, and always anoint your
9 head with oil. ●Enjoy life with your wife,
whom you love, all the days of this meaning-
less life that God has given you under the sun
— all your meaningless days. For this is your
lot in life and in your toilsome labor under
10 the sun. ●Whatever your hand finds to do, do it
with all your might, for in the realm of the
dead, where you are going, there is neither work-
ing nor planning nor knowledge nor wisdom.

[a]2 Septuagint (Aquila), Vulgate and Syriac; Hebrew does not have *and the bad.* [b]4 Or *What then is to be chosen? With all who live, there is hope* 1) 기념이

afraid [əfréid] *a.* 두려운
afterward [ǽftərwərd] *ad.* 후에
approve [əprúːv] *vt.* 인정하다
claim [kleim] *vt.* 주장하다
comprehend [kàmprihénd] *vt.* 이해하다
conclude [kənklúːd] *vt.* 결론내리다
despite [dispáit] *prep.* …에도 불구하고
destiny [déstəni] *n.* 운명, 종국
gladness [glǽdnis] *n.* 기쁨
jealousy [dʒéləsi] *n.* 질투
madness [mǽdnis] *n.* 광기, 무모한 짓
overtake [òuvərtéik] *vt.* 덮치다
realm [relm] *n.* 영역
toilsome [tɔ́ilsəm] *a.* 수고스러운
vanish [vǽniʃ] *vi.* 사라지다

8:17 **what goes on**: 진행되고 있는 일
8:17 **search out**: 찾아내다
9:2 **take oath**: 맹세하다
9:4 **be better off**: 한결 더 잘 살다
9:8 **be clothed in...**: …로 옷 입다
9:10 **neither A nor B**: A도 B도 아니다

이니라
11 ●내가 다시 해 아래에서 보니 빠른 경주
자들이라고 선착하는 것이 아니며 용사들
이라고 전쟁에 승리하는 것이 아니며 지혜
자들이라고 음식물을 얻는 것도 아니며 명
철자들이라고 재물을 얻는 것도 아니며 지
식인들이라고 은총을 입는 것이 아니니 이
는 시기와 기회는 그들 모두에게 임함이니
라
12 분명히 사람은 자기의 시기도 알지 못하나
니 물고기들이 재난의 그물에 걸리고 새들
이 올무에 걸림같이 인생들도 재앙의 날이
그들에게 홀연히 임하면 거기에 걸리느니
라 8:7

지혜를 보고 크게 여긴 것

13 ●내가 또 해 아래에서 지혜를 보고 내가
크게 여긴 것이 이러하니
14 곧 작고 인구가 많지 아니한 어떤 성읍에
큰 왕이 와서 그것을 에워싸고 큰 흉벽을
쌓고 치고자 할 때에
15 그 성읍 가운데에 가난한 지혜자가 있어서
그의 지혜로 그 성읍을 건진 그것이라 그
러나 그 가난한 자를 기억하는 사람이 없
었도다
16 그러므로 내가 이르기를 지혜가 힘보다 나
으나 가난한 자의 지혜가 멸시를 받고 그
의 말들을 사람들이 듣지 아니한다 하였노
라
17 ●조용히 들리는 지혜자들의 말들이 우매
한 자들을 다스리는 자의 호령보다 나으니
라
18 지혜가 무기보다 나으니라 그러나 죄인 한
사람이 많은 선을 무너지게 하느니라

10 죽은 파리들이 향기름을 악취가 나게
만드는 것같이 적은 우매가 지혜와 존
귀를 난처하게 만드느니라
2 지혜자의 마음은 오른쪽에 있고 우매자의
마음은 왼쪽에 있느니라
3 우매한 자는 길을 갈 때에도 1)지혜가 부족
하여 각 사람에게 자기가 우매함을 말하느
니라
4 주권자가 네게 분을 일으키거든 너는 네
자리를 떠나지 말라 공손함이 큰 허물을
용서받게 하느니라 8:3
5 ●내가 해 아래에서 한 가지 재난을 보았
노니 곧 주권자에게서 나오는 허물이라
6 우매한 자가 크게 높은 지위들을 얻고 부

11 ●I have seen something else under the sun:
The race is not to the swift
or the battle to the strong,
nor does food come to the wise
or wealth to the brilliant
or favor to the learned;
but time and chance happen to them all.
12 ●Moreover, no one knows when their hour
will come:
As fish are caught in a cruel net,
or birds are taken in a snare,
so people are trapped by evil times
that fall unexpectedly upon them.

Wisdom Better Than Folly

13 ●I also saw under the sun this example of
14 wisdom that greatly impressed me: ●There was
once a small city with only a few people in it.
And a powerful king came against it, surround-
ed it and built huge siege works against it.
15 ●Now there lived in that city a man poor but
wise, and he saved the city by his wisdom. But
16 nobody remembered that poor man. ●So I said,
"Wisdom is better than strength." But the poor
man's wisdom is despised, and his words are no
longer heeded.
17 ●The quiet words of the wise are more to be
heeded
than the shouts of a ruler of fools.
18 ●Wisdom is better than weapons of war,
but one sinner destroys much good.

10 As dead flies give perfume a bad smell,
so a little folly outweighs wisdom and
honor.
2 ●The heart of the wise inclines to the right,
but the heart of the fool to the left.
3 ●Even as fools walk along the road,
they lack sense
and show everyone how stupid they are.
4 ●If a ruler's anger rises against you,
do not leave your post;
calmness can lay great offenses to rest.
5 ●There is an evil I have seen under the sun,
the sort of error that arises from a ruler:
6 ●Fools are put in many high positions,
while the rich occupy the low ones.
7 ●I have seen slaves on horseback,
while princes go on foot like slaves.
8 ●Whoever digs a pit may fall into it;
whoever breaks through a wall may be
bitten by a snake.

1) 마음이 부족하여

calmness [ká:mnis] *n.* 평온
cruel [krú:əl] *a.* 무자비한
despise [dispáiz] *vt.* 경멸하다
folly [fáli] *n.* 어리석음
heed [hi:d] *vi.* 주의하다
horseback [hɔ́:rsbæ̀k] *n.* 말등
huge [hju:dʒ] *a.* 거대한
impress [imprés] *vt.* 좋은 인상을 주다
lack [læk] *vi.* 모자라다
occupy [ákjupài] *vt.* 차지하다
outweigh [àutwéi] *vt.* …를 능가하다
siege [si:dʒ] *n.* 포위 공격
swift [swift] *a.* 신속한
trap [træp] *vt.* 올덫으로 잡다
unexpectedly [ʌ̀nikspéktidli] *ad.* 예상치 않게

10:2 incline to...: …로 기울다
10:3 even as: …하는 바로 그 순간에
10:3 walk along: …을 따라 걷다
10:4 lay... to rest: …를 해결하다
10:5 arise from: …에서 발생하다
10:7 go on foot: 걸어가다

자들이 낮은 지위에 앉는도다
7 또 내가 보았노니 종들은 말을 타고 고관
들은 종들처럼 땅에 걸어 다니는도다
8 ●함정을 파는 자는 거기에 빠질 것이요
담을 허는 자는 뱀에게 물리리라
9 돌들을 떠내는 자는 그로 말미암아 상할
것이요 나무들을 쪼개는 자는 그로 말미암
아 위험을 당하리라
10 철 연장이 무디어졌는데도 날을 갈지 아니
하면 힘이 더 드느니라 오직 지혜는 성공
하기에 유익하니라
11 주술을 베풀기 전에 뱀에게 물렸으면 술객
은 소용이 없느니라
12 ●지혜자의 입의 말들은 은혜로우나 우매
자의 입술들은 자기를 삼키나니
13 그의 입의 말들의 시작은 우매요 그의 입
의 결말들은 심히 미친 것이니라
14 우매한 자는 말을 많이 하거니와 사람은
장래 일을 알지 못하나니 나중에 일어날
일을 누가 그에게 알리리요
15 우매한 자들의 수고는 자신을 피곤하게 할
뿐이라 그들은 성읍에 들어갈 줄도 알지
못함이니라
16 ●왕은 어리고 대신들은 아침부터 잔치하
는 나라여 네게 화가 있도다
17 왕은 귀족들의 아들이요 대신들은 취하지
아니하고 기력을 보하려고 정한 때에 먹는
나라여 네게 복이 있도다
18 게으른즉 서까래가 내려앉고 손을 놓은즉
집이 새느니라
19 잔치는 희락을 위하여 베푸는 것이요 포도
주는 생명을 기쁘게 하는 것이나 돈은 범
사에 이용되느니라 시 104:15
20 심중에라도 왕을 저주하지 말며 침실에서
라도 부자를 저주하지 말라 공중의 새가
그 소리를 전하고 날짐승이 그 일을 전파
할 것임이니라

지혜로운 삶 — B.C. 935년경

11 너는 네 떡을 물 위에 던져라 여러 날
후에 도로 찾으리라
2 일곱에게나 여덟에게 나눠 줄지어다 무
슨 재앙이 땅에 임할는지 네가 알지 못함
이니라
3 구름에 비가 가득하면 땅에 쏟아지며 나무
가 남으로나 북으로나 쓰러지면 그 쓰러진
곳에 그냥 있으리라

9 •Whoever quarries stones may be injured by them;
whoever splits logs may be endangered by them.
10 •If the ax is dull
and its edge unsharpened,
more strength is needed,
but skill will bring success.
11 •If a snake bites before it is charmed,
the charmer receives no fee.
12 •Words from the mouth of the wise are gracious,
but fools are consumed by their own lips.
13 •At the beginning their words are folly;
at the end they are wicked madness—
14 • and fools multiply words.
No one knows what is coming—
who can tell someone else what will happen after them?
15 •The toil of fools wearies them;
they do not know the way to town.
16 •Woe to the land whose king was a servant[a]
and whose princes feast in the morning.
17 •Blessed is the land whose king is of noble birth
and whose princes eat at a proper time—
for strength and not for drunkenness.
18 •Through laziness, the rafters sag;
because of idle hands, the house leaks.
19 •A feast is made for laughter,
wine makes life merry,
and money is the answer for everything.
20 •Do not revile the king even in your thoughts,
or curse the rich in your bedroom,
because a bird in the sky may carry your words,
and a bird on the wing may report what you say.

Invest in Many Ventures

11 Ship your grain across the sea;
after many days you may receive a return.
2 •Invest in seven ventures, yes, in eight;
you do not know what disaster may come upon the land.
3 •If clouds are full of water,
they pour rain on the earth.
Whether a tree falls to the south or to the north,
in the place where it falls, there it will lie.

[a]16 Or *king is a child*

charm [tʃa:rm] *vt.* 뱀을 길들여 부리다
consume [kənsú:m] *vt.* 다 먹어버리다
curse [kə:rs] *vt.* 저주하다
drunkenness [drʌŋkənnis] *n.* 술취함
endanger [indéindʒər] *vt.* 위험하게 하다
feast [fi:st] *vi.* 잔치를 베풀다
injure [índʒər] *vt.* 상처입히다
merry [méri] *a.* 즐거운
quarry [kwɔ́:ri] *vt.* 돌을 채취하다
rafter [rǽftər] *n.* 서까래
revile [riváil] *vt.* 욕하다
sag [sǽg] *vt.* 꺼지다
split [split] *vt.* 쪼개다
unsharpen [ʌnʃá:rpən] *vt.* 무디게 하다
weary [wíəri] *vt.* 지치게 하다

10:19 make for: …위해 준비하다
10:19 answer for: …에 대해 책임지다
10:20 in the sky: 하늘에서
11:1 many days: 여러 날
11:2 come upon: 갑자기 습격하다
11:3 be full of water: 물로 가득차다

4 풍세를 살펴보는 자는 파종하지 못할 것
이요 구름만 바라보는 자는 거두지 못하
리라
5 바람의 길이 어떠함과 아이 밴 자의 태에
서 뼈가 어떻게 자라는지를 네가 알지 못
함같이 만사를 성취하시는 하나님의 일
을 네가 알지 못하느니라
6 너는 아침에 씨를 뿌리고 저녁에도 손을
놓지 말라 이것이 잘 될는지, 저것이 잘
될는지, 혹 둘이 다 잘 될는지 알지 못함
이니라
7 빛은 실로 아름다운 것이라 눈으로 해를
보는 것이 즐거운 일이로다 7:11
8 사람이 여러 해를 살면 항상 즐거워할지
로다 그러나 캄캄한 날들이 많으리니 그
날들을 생각할지로다 다가올 일은 다 헛
되도다 9:7

젊은이에게 주는 교훈 — B.C. 935년경

9 ● 청년이여 네 어린 때를 즐거워하며 네
청년의 날들을 마음에 기뻐하여 마음에
원하는 길들과 네 눈이 보는 대로 행하라
그러나 하나님이 이 모든 일로 말미암아
너를 심판하실 줄 알라
10 그런즉 근심이 네 마음에서 떠나게 하며
악이 네 몸에서 물러가게 하라 어릴 때와
검은 머리의 시절이 다 헛되니라

12 너는 청년의 때에 너의 창조주를 기
억하라 곧 곤고한 날이 이르기 전
에, 나는 아무 낙이 없다고 할 해들이 가
깝기 전에
2 해와 빛과 달과 별들이 어둡기 전에, 비
뒤에 구름이 다시 일어나기 전에 그리하
라 겔 32:8
3 그런 날에는 집을 지키는 자들이 떨 것이
며 힘 있는 자들이 구부러질 것이며 맷돌
질 하는 자들이 적으므로 그칠 것이며 창
들로 내다보는 자가 어두워질 것이며
4 길거리 문들이 닫혀질 것이며 맷돌 소리
가 적어질 것이며 새의 소리로 말미암아
일어날 것이며 음악하는 여자들은 다 쇠
하여질 것이며
5 또한 그런 자들은 높은 곳을 두려워할 것
이며 길에서는 놀랄 것이며 살구나무가
꽃이 필 것이며 메뚜기도 짐이 될 것이며
정욕이 그치리니 이는 사람이 자기의 영
원한 집으로 돌아가고 조문객들이 거리

4 ● Whoever watches the wind will not plant;
whoever looks at the clouds will not reap.
5 ● As you do not know the path of the wind,
or how the body is formed[a] in a mother's
womb,
so you cannot understand the work of God,
the Maker of all things.
6 ● Sow your seed in the morning,
and at evening let your hands not be idle,
for you do not know which will succeed,
whether this or that,
or whether both will do equally well.

Remember Your Creator While Young

7 ● Light is sweet,
and it pleases the eyes to see the sun.
8 ● However many years anyone may live,
let them enjoy them all.
But let them remember the days of darkness,
for there will be many.
Everything to come is meaningless.
9 ● You who are young, be happy while you are
young,
and let your heart give you joy in the days of
your youth.
Follow the ways of your heart
and whatever your eyes see,
but know that for all these things
God will bring you into judgment.
10 ● So then, banish anxiety from your heart
and cast off the troubles of your body,
for youth and vigor are meaningless.

12 Remember your Creator
in the days of your youth,
before the days of trouble come
and the years approach when you will say,
"I find no pleasure in them"—
2 ● before the sun and the light
and the moon and the stars grow dark,
and the clouds return after the rain;
3 ● when the keepers of the house tremble,
and the strong men stoop,
when the grinders cease because they are few,
and those looking through the windows
grow dim;
4 ● when the doors to the street are closed
and the sound of grinding fades;
when people rise up at the sound of birds,
but all their songs grow faint;
5 ● when people are afraid of heights
and of dangers in the streets;

[a]5 Or *know how life* (or *the spirit*) / *enters the body being formed*

anxiety [æŋzáiəti] *n.* 근심
approach [əpróutʃ] *vi.* 다가오다
banish [bǽniʃ] *vt.* 쫓아내다
equally [íːkwəli] *ad.* 똑같이
fade [feid] *vi.* 희미해지다
faint [feint] *a.* 쇠약한
grind [graind] *vt.* 맷돌로 타다
idle [áidl] *a.* 게으른
judgment [dʒʌdʒmənt] *n.* 심판
pleasure [pléʒər] *n.* 즐거움
reap [riːp] *vi.* 수확하다
sow [sou] *vt.* 씨를 뿌리다
tremble [trémbl] *vi.* 떨다
vigor [vígər] *n.* 활력
womb [wuːm] *n.* 태

11:4 look at: 바라보다
11:8 many years: 오랜 세월
11:10 cast off: 던져버리다
12:3 look through...: …를 통하여 보다
12:3 grow dim: 점점 어둑해지다
12:5 be afraid of: …을 두려워하다

로 왕래하게 됨이니라
6 은 줄이 풀리고 금 그릇이 깨지고 항아리가 샘 곁에서 깨지고 바퀴가 우물 위에서 깨지고
7 흙은 여전히 땅으로 돌아가고 영은 그것을 주신 하나님께로 돌아가기 전에 기억하라
8 전도자가 이르되 헛되고 헛되도다 모든 것이 헛되도다 시 62:9

사람의 본분 (♪31, 64장)

9 ● 전도자는 지혜자이어서 여전히 백성에게 지식을 가르쳤고 또 깊이 생각하고 연구하여 잠언을 많이 지었으며
10 전도자는 힘써 아름다운 말들을 구하였나니 진리의 말씀들을 정직하게 기록하였느니라
11 ● 지혜자들의 말씀들은 찌르는 채찍들 같고 [1]회중의 스승들의 말씀들은 잘 박힌 못 같으니 다 한 목자가 주신 바이니라 7:5
12 내 아들아 또 이것들로부터 경계를 받으라 많은 책들을 짓는 것은 끝이 없고 많이 공부하는 것은 몸을 피곤하게 하느니라
13 ● 일의 결국을 다 들었으니 하나님을 경외하고 그의 명령들을 지킬지어다 이것이 모든 사람의 본분이니라
14 하나님은 모든 행위와 모든 은밀한 일을 선악 간에 심판하시리라

when the almond tree blossoms
and the grasshopper drags itself along
and desire no longer is stirred.
Then people go to their eternal home
and mourners go about the streets.

6 ● Remember him — before the silver cord is severed,
and the golden bowl is broken;
before the pitcher is shattered at the spring,
and the wheel broken at the well,
7 ● and the dust returns to the ground it came from,
and the spirit returns to God who gave it.

8 ● "Meaningless! Meaningless!" says the Teacher.[a]
"Everything is meaningless!"

The Conclusion of the Matter

9 ● Not only was the Teacher wise, but he also
imparted knowledge to the people. He pondered
and searched out and set in order many proverbs.
10 ● The Teacher searched to find just the right words,
and what he wrote was upright and true.
11 ● The words of the wise are like goads, their col-
lected sayings like firmly embedded nails — given
12 by one shepherd.[b] ● Be warned, my son, of any-
thing in addition to them.
Of making many books there is no end, and
much study wearies the body.

13 ● Now all has been heard;
here is the conclusion of the matter:
Fear God and keep his commandments,
for this is the duty of all mankind.
14 ● For God will bring every deed into judgment,
including every hidden thing,
whether it is good or evil.

[a]8 Or *the leader of the assembly*; also in verses 9 and 10
[b]11 Or *Shepherd*
1) 수집한 명담은

almond [á:mənd] *n.* 아몬드
conclusion [kənklú:ʒən] *n.* 결론
desire [dizáiər] *n.* 욕망
embed [imbéd] *vt.* 깊숙히 박다
eternal [itə́:rnəl] *a.* 영원(영구)한
goad [goud] *n.* 막대기
grasshopper [grǽshɑ̀pər] *n.* 메뚜기
impart [impá:rt] *vt.* 나누어 주다
mourner [mɔ́:rnər] *n.* 애도자
pitcher [pítʃər] *n.* 물주전자
ponder [pándər] *vi.* 숙고하다
sever [sévər] *vi.* 끊어지다
shatter [ʃǽtər] *vt.* 산산이 부수다
stir [stə:r] *vi.* 발동하다
weary [wíəri] *vt.* 지치게 하다

12:5 drag along: 느릿느릿 나아가다
12:5 no longer: 더 이상 …아닌
12:5 go about: 돌아다니다, 나다니다
12:9 set in order: 정돈하다, 정리하다
12:12 in addition to: …에 더하여
12:14 whether... or~: …이든지 ~이든지

아가 | Song of songs

● 저자 _ 솔로몬 ● 저작 연대 _ B.C. 10세기경 ● 기록 장소 _ 예루살렘
● 기록 대상 _ 솔로몬의 신부 ● 핵심어 및 내용 _ 핵심어는 '사랑'과 '결혼'이다.

본서는 순수한 사랑의 특성들은 어떤 것이고 행복한 결혼 생활에 필요한 요소들은 무엇인지 아름답게 묘사하고 있다.

1 솔로몬의 아가라 왕상 4:32
2 ●내게 입맞추기를 원하니 네 사
랑이 포도주보다 나음이로구나
3 네 기름이 향기로워 아름답고 네 이
름이 쏟은 향기름 같으므로 처녀들
이 너를 사랑하는구나
4 왕이 나를 그의 방으로 이끌어 들
이시니 너는 나를 인도하라 우리
가 너를 따라 달려가리라 우리가
너로 말미암아 기뻐하며 즐거워하
니 네 사랑이 포도주보다 더 진함
이라 처녀들이 너를 사랑함이 마
땅하니라 시 45:14, 15
5 ●예루살렘 딸들아 내가 비록 검
으나 아름다우니 게달의 장막 같
을지라도 솔로몬의 휘장과도 같구
나
6 내가 햇볕에 쬐어서 거무스름할지
라도 흘겨보지 말 것은 내 어머니의
아들들이 나에게 노하여 포도원지
기로 삼았음이라 나의 포도원을 내
가 지키지 못하였구나
7 내 마음으로 사랑하는 자야 네가
양 치는 곳과 정오에 쉬게 하는 곳
을 내게 말하라 내가 네 친구의 양
떼 곁에서 어찌 얼굴을 가린 자같
이 되랴
8 ●여인 중에 어여쁜 자야 네가 알지
못하겠거든 양 떼의 발자취를 따라
목자들의 장막 곁에서 너의 염소 새
끼를 먹일지니라
9 ●내 사랑아 내가 너를 바로의 병거
의 준마에 비하였구나
10 네 두 뺨은 땋은 머리털로, 네 목은
구슬 꿰미로 아름답구나
11 우리가 너를 위하여 금 사슬에 은을
박아 만들리라
12 ●왕이 침상에 앉았을 때에 나의 나
도 기름이 향기를 뿜어냈구나

1 Solomon's Song of Songs.

She[a]
2 ●Let him kiss me with the kisses of his mouth—
for your love is more delightful than wine.
3 ●Pleasing is the fragrance of your perfumes;
your name is like perfume poured out.
No wonder the young women love you!
4 ●Take me away with you—let us hurry!
Let the king bring me into his chambers.
Friends
We rejoice and delight in you[b];
we will praise your love more than wine.
She
How right they are to adore you!
5 ●Dark am I, yet lovely,
daughters of Jerusalem,
dark like the tents of Kedar,
like the tent curtains of Solomon.[c]
6 ●Do not stare at me because I am dark,
because I am darkened by the sun.
My mother's sons were angry with me
and made me take care of the vineyards;
my own vineyard I had to neglect.
7 ●Tell me, you whom I love,
where you graze your flock
and where you rest your sheep at midday.
Why should I be like a veiled woman
beside the flocks of your friends?
Friends
8 ●If you do not know, most beautiful of women,
follow the tracks of the sheep
and graze your young goats
by the tents of the shepherds.
He
9 ●I liken you, my darling, to a mare
among Pharaoh's chariot horses.
10 ●Your cheeks are beautiful with earrings,
your neck with strings of jewels.
11 ●We will make you earrings of gold,
studded with silver.
She
12 ●While the king was at his table,

[a]The main male and female speakers (identified primarily on the basis of the gender of the relevant Hebrew forms) are indicated by the captions *He* and *She* respectively. The words of others are marked *Friends*. In some instances the divisions and their captions are debatable. [b]4 The Hebrew is masculine singular. [c]5 Or *Salma*

13 나의 사랑하는 자는 내 품 가운데
몰약 향주머니요
14 나의 사랑하는 자는 내게 엔게디 포
도원의 고벨화 송이로구나
15 ●내 사랑아 너는 어여쁘고 어여쁘
다 네 눈이 비둘기 같구나
16 ●나의 사랑하는 자야 너는 어여쁘
고 화창하다 우리의 침상은 푸르고
17 우리 집은 백향목 들보, 잣나무 서
까래로구나

2 나는 사론의 수선화요 골짜기의
백합화로다
2 ●여자들 중에 내 사랑은 가시나무
가운데 백합화 같도다
3 ●남자들 중에 나의 사랑하는 자
는 수풀 가운데 사과나무 같구나
내가 그 그늘에 앉아서 심히 기뻐
하였고 그 열매는 내 입에 달았도
다
4 그가 나를 인도하여 잔칫집에 들
어갔으니 그 사랑은 내 위에 깃발
이로구나
5 너희는 건포도로 내 힘을 돕고 사과
로 나를 시원하게 하라 내가 사랑하
므로 병이 생겼음이라
6 그가 왼팔로 내 머리를 고이고 오른
팔로 나를 안는구나
7 예루살렘 딸들아 내가 노루와 들사
슴을 두고 너희에게 부탁한다 내
사랑이 원하기 전에는 흔들지 말고
깨우지 말지니라
8 ●내 사랑하는 자의 목소리로구나
보라 그가 산에서 달리고 작은 산을
빨리 넘어오는구나
9 내 사랑하는 자는 노루와도 같고 어
린 사슴과도 같아서 우리 벽 뒤에
서서 창으로 들여다보며 창살 틈으
로 엿보는구나

잠 6:5

10 ●나의 사랑하는 자가 내게 말하여
이르기를 나의 사랑, 내 어여쁜 자
야 일어나서 함께 가자
11 겨울도 지나고 비도 그쳤고

my perfume spread its fragrance.
13 ●My beloved is to me a sachet of myrrh
resting between my breasts.
14 ●My beloved is to me a cluster of henna blossoms
from the vineyards of En Gedi.

He

15 ●How beautiful you are, my darling!
Oh, how beautiful!
Your eyes are doves.

She

16 ●How handsome you are, my beloved!
Oh, how charming!
And our bed is verdant.

He

17 ●The beams of our house are cedars;
our rafters are firs.

She[a]

2 I am a rose[b] of Sharon,
a lily of the valleys.

He

2 ●Like a lily among thorns
is my darling among the young women.

She

3 ●Like an apple[c] tree among the trees of the forest
is my beloved among the young men.
I delight to sit in his shade,
and his fruit is sweet to my taste.
4 ●Let him lead me to the banquet hall,
and let his banner over me be love.
5 ●Strengthen me with raisins,
refresh me with apples,
for I am faint with love.
6 ●His left arm is under my head,
and his right arm embraces me.
7 ●Daughters of Jerusalem, I charge you
by the gazelles and by the does of the field:
Do not arouse or awaken love
until it so desires.
8 ●Listen! My beloved!
Look! Here he comes,
leaping across the mountains,
bounding over the hills.
9 ●My beloved is like a gazelle or a young stag.
Look! There he stands behind our wall,
gazing through the windows,
peering through the lattice.
10 ●My beloved spoke and said to me,
"Arise, my darling,
my beautiful one, come with me.
11 ●See! The winter is past;
the rains are over and gone.

[a] Or *He* [b]1 Probably a member of the crocus family [c]3 Or possibly *apricot*; here and elsewhere in Song of Songs

banquet [bǽŋkwit] *n.* 연회
beam [biːm] *n.* 들보
cedar [síːdər] *n.* 백향목
cluster [klʌstər] *n.* 송이
doe [dou] *n.* 암사슴
embrace [imbréis] *vt.* 안다
lattice [lǽtis] *n.* 격자창
myrrh [məːr] *n.* 몰약
peer [piər] *vi.* 응시하다
rafter [rǽftər] *n.* 서까래
raisin [réizn] *n.* 건포도
sachet [sæʃéi] *n.* 향주머니
spread [spred] *vt.* 풍기다
stag [stæg] *n.* 수사슴
verdant [vəːrdnt] *a.* 푸른

2:3 to one's taste: 취향에 맞는
2:4 lead...to~: …를 ~로 데려가다
2:5 refresh with: 원기를 회복시키다
2:5 be faint with...: …로 어질어질하다
2:8 leap across: …를 뛰어 넘다
2:11 over and gone: 그친, 끝나버린

12 지면에는 꽃이 피고 새가 노래할 때
가 이르렀는데 비둘기의 소리가 우
리 땅에 들리는구나
13 무화과나무에는 푸른 열매가 익었
고 포도나무는 꽃을 피워 향기를 토
하는구나 나의 사랑, 나의 어여쁜
자야 일어나서 함께 가자
14 바위틈 낭떠러지 은밀한 곳에 있
는 나의 비둘기야 내가 네 얼굴을
보게 하라 네 소리를 듣게 하라
네 소리는 부드럽고 네 얼굴은 아
름답구나
15 ●우리를 위하여 여우 곧 포도원을
허는 작은 여우를 잡으라 우리의 포
도원에 꽃이 피었음이라
16 내 사랑하는 자는 내게 속하였고
나는 그에게 속하였도다 그가 백
합화 가운데에서 양 떼를 먹이는
구나
6:3
17 내 사랑하는 자야 날이 저물고 그
림자가 사라지기 전에 돌아와서 베
데르 산의 노루와 어린 사슴 같을
지라
4:6

3 내가 밤에 침상에서 마음으로 사
랑하는 자를 찾았노라 찾아도 찾
아내지 못하였노라
2 이에 내가 일어나서 성안을 돌아다
니며 마음에 사랑하는 자를 거리에
서나 큰길에서나 찾으리라 하고 찾
으나 만나지 못하였노라
3 성안을 순찰하는 자들을 만나서 묻
기를 내 마음으로 사랑하는 자를 너
희가 보았느냐 하고
4 그들을 지나치자마자 마음에 사랑
하는 자를 만나서 그를 붙잡고 내
어머니 집으로, 나를 잉태한 이의
방으로 가기까지 놓지 아니하였노
라
5 ●예루살렘 딸들아 내가 노루와 들
사슴을 두고 너희에게 부탁한다 사
랑하는 자가 원하기 전에는 흔들지
말고 깨우지 말지니라
6 ●몰약과 유향과 상인의 여러 가지
향품으로 향내 풍기며 연기 기둥처
럼 거친 들에서 오는 자가 누구인가
7 볼지어다 솔로몬의 가마라 이스

12 •Flowers appear on the earth;
the season of singing has come,
the cooing of doves
is heard in our land.
13 •The fig tree forms its early fruit;
the blossoming vines spread their fragrance.
Arise, come, my darling;
my beautiful one, come with me."

He

14 •My dove in the clefts of the rock,
in the hiding places on the mountainside,
show me your face,
let me hear your voice;
for your voice is sweet,
and your face is lovely.
15 •Catch for us the foxes,
the little foxes
that ruin the vineyards,
our vineyards that are in bloom.

She

16 •My beloved is mine and I am his;
he browses among the lilies.
17 •Until the day breaks
and the shadows flee,
turn, my beloved,
and be like a gazelle
or like a young stag
on the rugged hills.[a]

3 All night long on my bed
I looked for the one my heart loves;
I looked for him but did not find him.
2 •I will get up now and go about the city,
through its streets and squares;
I will search for the one my heart loves.
So I looked for him but did not find him.
3 •The watchmen found me
as they made their rounds in the city.
"Have you seen the one my heart loves?"
4 •Scarcely had I passed them
when I found the one my heart loves.
I held him and would not let him go
till I had brought him to my mother's house,
to the room of the one who conceived me.
5 •Daughters of Jerusalem, I charge you
by the gazelles and by the does of the field:
Do not arouse or awaken love
until it so desires.
6 •Who is this coming up from the wilderness
like a column of smoke,
perfumed with myrrh and incense
made from all the spices of the merchant?
7 •Look! It is Solomon's carriage,

[a]17 Or *the hills of Bether*

appear [əpíər] *vi.* 나타나다, 출현하다
blossom [blásəm] *vi.* 꽃이 피다
cleft [kleft] *n.* 갈라진 틈
column [káləm] *n.* 기둥
conceive [kənsíːv] *vt.* 임신하다
coo [kuː] *vi.* 비둘기가 울다
doe [dou] *n.* 암사슴
fig [fig] *n.* 무화과
merchant [mə́ːrtʃənt] *n.* 상인
mountainside [máuntənsàid] *n.* 산허리
rugged [rʌgid] *a.* 바위투성이의
scarcely [skɛ́ərsli] *ad.* 간신히
spice [spais] *n.* 향료
stag [stæg] *n.* 수사슴
watchman [wátʃmən] *n.* 파수꾼

2:15 in bloom: 꽃이 활짝 핀
3:1 all night long: 밤새
3:1 look for: 찾다
3:2 go about: 돌아다니다
3:2 search for: 찾다(=look for)
3:3 make one's rounds: 순찰을 돌다

라엘 용사 중 육십 명이 둘러쌌는
데
8 다 칼을 잡고 싸움에 익숙한 사람들
이라 밤의 두려움으로 말미암아 각
기 허리에 칼을 찼느니라
9 솔로몬 왕이 레바논 나무로 자기의
가마를 만들었는데
10 그 기둥은 은이요 바닥은 금이요
자리는 자색 깔개라 그 안에는 예
루살렘 딸들의 사랑이 엮어져 있구
나
11 시온의 딸들아 나와서 솔로몬 왕을
보라 혼인날 마음이 기쁠 때에 그의
어머니가 씌운 왕관이 그 머리에 있
구나

4 내 사랑 너는 어여쁘고도 어여쁘
다 너울 속에 있는 네 눈이 비둘
기 같고 네 머리털은 길르앗 산 기
슭에 누운 염소 떼 같구나
2 네 이는 목욕장에서 나오는 털 깎인
암양 곧 새끼 없는 것은 하나도 없
이 각각 쌍태를 낳은 양 같구나 6:6
3 네 입술은 홍색 실 같고 네 입은 어
여쁘고 너울 속의 네 1)뺨은 석류 한
쪽 같구나 6:7
4 네 목은 무기를 두려고 건축한 다윗
의 망대 곧 방패 천 개, 용사의 모든
방패가 달린 망대 같고
5 네 두 유방은 백합화 가운데서 꼴을
먹는 쌍태 어린 사슴 같구나
6 ●날이 저물고 그림자가 사라지기
전에 내가 몰약 산과 유향의 작은
산으로 가리라 2:17
7 ●나의 사랑 너는 어여쁘고 아무 흠
이 없구나
8 내 신부야 너는 레바논에서부터 나
와 함께하고 레바논에서부터 나와
함께 가자 아마나와 스닐과 헤르몬
꼭대기에서 사자 굴과 표범 산에서
내려오너라
9 내 누이, 내 신부야 네가 내 마음을
빼앗았구나 네 눈으로 한 번 보는
것과 네 목의 구슬 한 꿰미로 내 마
음을 빼앗았구나

escorted by sixty warriors,
the noblest of Israel,
8 ●all of them wearing the sword,
all experienced in battle,
each with his sword at his side,
prepared for the terrors of the night.
9 ●King Solomon made for himself the carriage;
he made it of wood from Lebanon.
10 ●Its posts he made of silver,
its base of gold.
Its seat was upholstered with purple,
its interior inlaid with love.
11 Daughters of Jerusalem, ●come out,
and look, you daughters of Zion.
Look[a] on King Solomon wearing a crown,
the crown with which his mother crowned him
on the day of his wedding,
the day his heart rejoiced.

He

4 How beautiful you are, my darling!
Oh, how beautiful!
Your eyes behind your veil are doves.
Your hair is like a flock of goats
descending from the hills of Gilead.
2 ●Your teeth are like a flock of sheep just shorn,
coming up from the washing.
Each has its twin;
not one of them is alone.
3 ●Your lips are like a scarlet ribbon;
your mouth is lovely.
Your temples behind your veil
are like the halves of a pomegranate.
4 ●Your neck is like the tower of David,
built with courses of stone[b];
on it hang a thousand shields,
all of them shields of warriors.
5 ●Your breasts are like two fawns,
like twin fawns of a gazelle
that browse among the lilies.
6 ●Until the day breaks
and the shadows flee,
I will go to the mountain of myrrh
and to the hill of incense.
7 ●You are altogether beautiful, my darling;
there is no flaw in you.
8 ●Come with me from Lebanon, my bride,
come with me from Lebanon.
Descend from the crest of Amana,
from the top of Senir, the summit of Hermon,
from the lions' dens
and the mountain haunts of leopards.

[a] 10,11 Or *interior lovingly inlaid / by the daughters of Jerusalem. / 11Come out, you daughters of Zion, / and look* [b] 4 The meaning of the Hebrew for this phrase is uncertain. 1) 히, 관골

browse [brauz] *vt.* (가축에게) 풀을 뜯게하다
den [den] *n.* 굴
fawn [fɔːn] *n.* 새끼사슴
flaw [flɔː] *n.* 흠
flee [fliː] *vi.* 급히 지나가다
haunt [hɔːnt] *n.* 소굴
incense [ínsens] *n.* 향
interior [intíəriər] *n.* 내부
leopard [lépərd] *n.* 표범
myrrh [məːr] *n.* 몰약(沒藥)
pomegranate [pámәgrænәt] *n.* 석류
scarlet [skáːrlit] *n.* 진홍색
shield [ʃiːld] *n.* 방패
upholster [ʌphóulstər] *vt.* 덮개를 대다
warrior [wɔ́ːriər] *n.* 전사

3:8 experienced in...: …에 익숙한
3:10 inlay with: …를 박다
4:1 descending from...: …에서 내려오는
4:2 just shorn: 양털을 이제 막 깎은
4:2 come up from...: …에서 걸어나오다
4:8 the summit of...: …의 정상(꼭대기)

10 내 누이, 내 신부야 네 사랑이 어찌
그리 아름다운지 네 사랑은 포도주
보다 진하고 네 기름의 향기는 각양
향품보다 향기롭구나
11 내 신부야 네 입술에서는 꿀 방울이
떨어지고 네 혀 밑에는 꿀과 젖이
있고 네 의복의 향기는 레바논의 향
기 같구나
12 내 누이, 내 신부는 잠근 동산이요
덮은 우물이요 봉한 샘이로구나
13 네게서 나는 것은 석류나무와 각종
아름다운 과수와 고벨화와 나도풀
과
14 나도와 번홍화와 창포와 계수와 각
종 유향목과 몰약과 침향과 모든 귀
한 향품이요
1:12
15 너는 동산의 샘이요 생수의 우물이
요 레바논에서부터 흐르는 시내로
구나
16 ●북풍아 일어나라 남풍아 오라 나
의 동산에 불어서 향기를 날리라 나
의 사랑하는 자가 그 동산에 들어가
서 그 아름다운 열매 먹기를 원하노
라

5 내 누이, 내 신부야 내가 내 동산
에 들어와서 나의 몰약과 향 재료
를 거두고 나의 꿀송이와 꿀을 먹고
내 포도주와 내 우유를 마셨으니 나
의 친구들아 먹으라 나의 사랑하는
사람들아 많이 마시라
6:2
2 ●내가 잘지라도 마음은 깨었는
데 나의 사랑하는 자의 소리가 들
리는구나 문을 두드려 이르기를
나의 누이, 나의 사랑, 나의 비둘
기, 나의 완전한 자야 문을 열어
다오 내 머리에는 이슬이, 내 머
리털에는 밤이슬이 가득하였다
하는구나
3 내가 옷을 벗었으니 어찌 다시 입겠
으며 내가 발을 씻었으니 어찌 다시
더럽히랴마는
4 내 사랑하는 자가 문틈으로 손을 들
이밀매 내 마음이 움직여서
5 일어나 내 사랑하는 자를 위하여 문
을 열 때 몰약이 내 손에서, 몰약의
즙이 내 손가락에서 문빗장에 떨어
지는구나

9 ●You have stolen my heart, my sister, my bride;
you have stolen my heart
with one glance of your eyes,
with one jewel of your necklace.
10 ●How delightful is your love, my sister, my bride!
How much more pleasing is your love than wine,
and the fragrance of your perfume
more than any spice!
11 ●Your lips drop sweetness as the honeycomb, my bride;
milk and honey are under your tongue.
The fragrance of your garments
is like the fragrance of Lebanon.
12 ●You are a garden locked up, my sister, my bride;
you are a spring enclosed, a sealed fountain.
13 ●Your plants are an orchard of pomegranates
with choice fruits,
with henna and nard,
14 ● nard and saffron,
calamus and cinnamon,
with every kind of incense tree,
with myrrh and aloes
and all the finest spices.
15 ●You are[a] a garden fountain,
a well of flowing water
streaming down from Lebanon.

She

16 ●Awake, north wind,
and come, south wind!
Blow on my garden,
that its fragrance may spread everywhere.
Let my beloved come into his garden
and taste its choice fruits.

He

5 I have come into my garden, my sister, my bride;
I have gathered my myrrh with my spice.
I have eaten my honeycomb and my honey;
I have drunk my wine and my milk.

Friends

Eat, friends, and drink;
drink your fill of love.

She

2 ●I slept but my heart was awake.
Listen! My beloved is knocking:
"Open to me, my sister, my darling,
my dove, my flawless one.
My head is drenched with dew,
my hair with the dampness of the night."
3 ●I have taken off my robe—
must I put it on again?
I have washed my feet—
must I soil them again?
4 ●My beloved thrust his hand through the latch-opening;
my heart began to pound for him.

[a]15 Or *I am* (spoken by *She*)

bride [braid] *n.* 신부
calamus [kǽləməs] *n.* 창포
dampness [dǽmpnis] *n.* 이슬, 습기
enclose [inklóuz] *vt.* 둘러싸다
flawless [flɔ́:lis] *a.* 흠없는
fountain [fáuntən] *n.* 샘
glance [glæns] *n.* 곁눈질
incense [ínsens] *n.* 향
latch [lætʃ] *n.* 빗장
orchard [ɔ́:rtʃərd] *n.* 과수원
pomegranate [pɑ́məgrænət] *n.* 석류
pound [paund] *vi.* 두근거리다
robe [roub] *n.* 옷, 의복
soil [sɔil] *vt.* 더럽히다
thrust [θrʌst] *vt.* 밀어넣다, 내밀다

4:12 lock up: 폐쇄하다
4:14 every kind of: 모든 종류의
5:2 be drenched with...: …으로 흠뻑 젖다
5:3 take off: (옷 등을) 벗다
5:3 put on: (옷 등을) 입다

6 내가 내 사랑하는 자를 위하여 문
을 열었으나 그는 벌써 물러갔네
그가 말할 때에 내 혼이 나갔구나
내가 그를 찾아도 못 만났고 불러
도 응답이 없었노라
7 성 안을 순찰하는 자들이 나를 만
나매 나를 쳐서 상하게 하였고 성
벽을 파수하는 자들이 나의 겉옷
을 벗겨 가졌도다
8 예루살렘 딸들아 너희에게 내가
부탁한다 너희가 내 사랑하는 자
를 만나거든 내가 사랑하므로 병
이 났다고 하려무나 2:7
9 ●여자들 가운데에 어여쁜 자야
너의 사랑하는 자가 남의 사랑
하는 자보다 나은 것이 무엇인
가 너의 사랑하는 자가 남의 사
랑하는 자보다 나은 것이 무엇
이기에 이같이 우리에게 부탁하
는가
10 ●내 사랑하는 자는 희고도 붉
어 많은 사람 가운데에 뛰어나
구나
11 머리는 순금 같고 머리털은 고불
고불하고 까마귀같이 검구나
12 눈은 시냇가의 비둘기 같은데 우
유로 씻은 듯하고 아름답게도 박
혔구나 1:15
13 뺨은 향기로운 꽃밭 같고 향기로
운 풀언덕과도 같고 입술은 백합
화 같고 몰약의 즙이 뚝뚝 떨어지
는구나 2:1; 6:2
14 손은 황옥을 물린 황금 노리개 같
고 몸은 아로새긴 상아에 청옥을
입힌 듯하구나
15 다리는 순금 받침에 세운 화반석
기둥 같고 생김새는 레바논 같으
며 백향목처럼 보기 좋고
16 입은 심히 달콤하니 그 전체가 사
랑스럽구나 예루살렘 딸들아 이
는 내 사랑하는 자요 나의 친구로
다 7:9

6 여자들 가운데에서 어여쁜 자
야 네 사랑하는 자가 어디로 갔
는가 네 사랑하는 자가 어디로 돌
아갔는가 우리가 너와 함께 찾으

5 ●I arose to open for my beloved,
and my hands dripped with myrrh,
my fingers with flowing myrrh,
on the handles of the bolt.
6 ●I opened for my beloved,
but my beloved had left; he was gone.
My heart sank at his departure.[a]
I looked for him but did not find him.
I called him but he did not answer.
7 ●The watchmen found me
as they made their rounds in the city.
They beat me, they bruised me;
they took away my cloak,
those watchmen of the walls!
8 ●Daughters of Jerusalem, I charge you—
if you find my beloved,
what will you tell him?
Tell him I am faint with love.

Friends

9 ●How is your beloved better than others,
most beautiful of women?
How is your beloved better than others,
that you so charge us?

She

10 ●My beloved is radiant and ruddy,
outstanding among ten thousand.
11 ●His head is purest gold;
his hair is wavy
and black as a raven.
12 ●His eyes are like doves
by the water streams,
washed in milk,
mounted like jewels.
13 ●His cheeks are like beds of spice
yielding perfume.
His lips are like lilies
dripping with myrrh.
14 ●His arms are rods of gold
set with topaz.
His body is like polished ivory
decorated with lapis lazuli.
15 ●His legs are pillars of marble
set on bases of pure gold.
His appearance is like Lebanon,
choice as its cedars.
16 ●His mouth is sweetness itself;
he is altogether lovely.
This is my beloved, this is my friend,
daughters of Jerusalem.

Friends

6 Where has your beloved gone,
most beautiful of women?

[a]6 Or *heart had gone out to him when he spoke*

bolt [boult] *n.* 빗장
bruise [bru:z] *vt.* 상처를 주다
cedar [sí:dər] *n.* 백향목
charge [tʃa:rdʒ] *vt.* 맡기다
cloak [klouk] *n.* 겉옷
departure [dipá:rtʃər] *n.* 떠남
drip [drip] *vi.* (물이) 떨어지다
myrrh [mə:r] *n.* 몰약(沒藥)
pillar [pílər] *n.* 기둥
polished [páliʃt] *a.* 광택나는
radiant [réidiənt] *a.* 빛나는
raven [réivn] *n.* 까마귀
ruddy [rʌ́di] *a.* 불그스레한
sink [siŋk] *vi.* 쇠약해지다, 가라 앉다
watchman [wátʃmən] *n.* 파수꾼

5:7 make one's rounds: 순찰 돌다
5:7 take away: 가져가다
5:8 be faint with...: …로 기절할 듯한, …로 어질어질하다
5:9 be... better than~: …가 ~하는 것보다 낫다

리라
2 ●내 사랑하는 자가 자기 동산으
로 내려가 향기로운 꽃밭에 이르
러서 동산 가운데에서 양 떼를 먹
이며 백합화를 꺾는구나
3 나는 내 사랑하는 자에게 속하였
고 내 사랑하는 자는 내게 속하였
으며 그가 백합화 가운데에서 그
양 떼를 먹이는도다
4 ●내 사랑아 너는 디르사같이 어
여쁘고, 예루살렘같이 곱고, 깃발
을 세운 군대같이 당당하구나
5 네 눈이 나를 놀라게 하니 돌이켜
나를 보지 말라 네 머리털은 길르
앗 산 기슭에 누운 염소 떼 같고
6 네 이는 목욕하고 나오는 암양 떼
같으니 쌍태를 가졌으며 새끼 없
는 것은 하나도 없구나
7 너울 속의 네 [1)]뺨은 석류 한 쪽 같
구나
8 왕비가 육십 명이요 후궁이 팔십
명이요 시녀가 무수하되 왕상 11:3
9 내 비둘기, 내 완전한 자는 하나뿐
이로구나 그는 그의 어머니의 외
딸이요 그 낳은 자가 귀중하게 여
기는 자로구나 여자들이 그를 보
고 복된 자라 하고 왕비와 후궁들
도 그를 칭찬하는구나
10 ●아침 빛같이 뚜렷하고 달같이
아름답고 해같이 맑고 깃발을 세
운 군대같이 당당한 여자가 누구
인가 6:4
11 ●골짜기의 푸른 초목을 보려고
포도나무가 순이 났는가 석류나무
가 꽃이 피었는가 알려고 내가 호
도 동산으로 내려갔을 때에
12 부지중에 내 마음이 나를 내 귀한
백성의 수레 가운데에 이르게 하
였구나
13 ●돌아오고 돌아오라 술람미 여자
야 돌아오고 돌아오라 우리가 너
를 보게 하라 ●너희가 어찌하여
마하나임에서 춤추는 것을 보는
것처럼 술람미 여자를 보려느냐

7

귀한 자의 딸아 신을 신은 네 발
이 어찌 그리 아름다운가 네 넓
적다리는 둥글어서 숙련공의 손이

Which way did your beloved turn,
that we may look for him with you?

She

2 ●My beloved has gone down to his garden,
to the beds of spices,
to browse in the gardens
and to gather lilies.
3 ●I am my beloved's and my beloved is mine;
he browses among the lilies.

He

4 ●You are as beautiful as Tirzah, my darling,
as lovely as Jerusalem,
as majestic as troops with banners.
5 ●Turn your eyes from me;
they overwhelm me.
Your hair is like a flock of goats
descending from Gilead.
6 ●Your teeth are like a flock of sheep
coming up from the washing.
Each has its twin,
not one of them is missing.
7 ●Your temples behind your veil
are like the halves of a pomegranate.
8 ●Sixty queens there may be,
and eighty concubines,
and virgins beyond number;
9 ●but my dove, my perfect one, is unique,
the only daughter of her mother,
the favorite of the one who bore her.
The young women saw her and called her blessed;
the queens and concubines praised her.

Friends

10 ●Who is this that appears like the dawn,
fair as the moon, bright as the sun,
majestic as the stars in procession?

He

11 ●I went down to the grove of nut trees
to look at the new growth in the valley,
to see if the vines had budded
or the pomegranates were in bloom.
12 ●Before I realized it,
my desire set me among the royal
chariots of my people.[a]

Friends

13 ●Come back, come back, O Shulammite;
come back, come back, that we may gaze on you!

He

Why would you gaze on the Shulammite
as on the dance of Mahanaim?[b]

7

[c]How beautiful your sandaled feet,
O prince's daughter!

[a]12 Or *among the chariots of Amminadab*; or *among the chariots of the people of the prince* [b]13 In Hebrew texts this verse (6:13) is numbered 7:1. [c]In Hebrew texts 7:1-13 is numbered 7:2-14. 1) 히, 관골

banner [bǽnər] *n.* 깃발
browse [brauz] *vt.* 풀을 뜯게 하다
bud [bʌd] *vi.* 봉오리 맺다
chariot [tʃǽriət] *n.* 마차
concubine [káŋkjubàin] *n.* 첩
dawn [dɔːn] *n.* 새벽
descend [disénd] *vi.* 내려오다
goat [gout] *n.* 염소
grove [grouv] *n.* 작은 숲
majestic [mədʒéstik] *a.* 당당한
overwhelm [òuvərhwélm] *vt.* 압도하다
pomegranate [pámәgrænәt] *n.* 석류
spice [spais] *vt.* 향을 넣다
troop [truːp] *n.* 군대
virgin [vəːrdʒin] *n.* 처녀

6:1 look for: 찾다
6:8 beyond number: 셀 수 없이 많은
6:10 in procession: 열을 지어
6:11 in bloom: 꽃이 핀
6:13 gaze on...: …을 응시하다
6:13 as on the dance: 춤을 구경하듯이

만든 구슬 꿰미 같구나
2 배꼽은 섞은 포도주를 가득히 부은
둥근 잔 같고 허리는 백합화로 두른
밀단 같구나
3 두 유방은 암사슴의 쌍태 새끼 같고
4 목은 상아 망대 같구나 눈은 헤스본
바드랍빔 문 곁에 있는 연못 같고
코는 다메섹을 향한 레바논 망대 같
구나 4:4
5 머리는 갈멜 산 같고 드리운 머리털
은 자주 빛이 있으니 왕이 그 머리
카락에 매이었구나
6 사랑아 네가 어찌 그리 아름다운지,
어찌 그리 화창한지 즐겁게 하는구
나
7 네 키는 종려나무 같고 네 유방은
그 열매송이 같구나
8 내가 말하기를 종려나무에 올라가
서 그 가지를 잡으리라 하였나니 네
유방은 포도송이 같고 네 콧김은 사
과 냄새 같고
9 네 입은 좋은 포도주 같을 것이니라
●이 포도주는 내 사랑하는 자를 위
하여 미끄럽게 흘러내려서 자는 자
의 입을 움직이게 하느니라
10 ●나는 내 사랑하는 자에게 속하였
도다 그가 나를 사모하는구나 2:16
11 내 사랑하는 자야 우리가 함께 들로
가서 동네에서 유숙하자
12 우리가 일찍이 일어나서 포도원으
로 가서 포도 움이 돋았는지, 꽃술
이 퍼졌는지, 석류 꽃이 피었는지
보자 거기에서 내가 내 사랑을 네게
주리라
13 합환채가 향기를 뿜어내고 우리의
문 앞에는 여러 가지 귀한 열매가
새것, 묵은 것으로 마련되었구나
내가 내 사랑하는 자 너를 위하여
쌓아 둔 것이로다

8 네가 내 어머니의 젖을 먹은 오라
비 같았더라면 내가 밖에서 너를
만날 때에 입을 맞추어도 나를 업신
여길 자가 없었을 것이라
2 내가 너를 이끌어 내 어머니 집에
들이고 네게서 교훈을 받았으리라
나는 향기로운 술 곧 석류즙으로 네
게 마시게 하겠고 3:4

Your graceful legs are like jewels,
the work of an artist's hands.
2 ●Your navel is a rounded goblet
that never lacks blended wine.
Your waist is a mound of wheat
encircled by lilies.
3 ●Your breasts are like two fawns,
like twin fawns of a gazelle.
4 ●Your neck is like an ivory tower.
Your eyes are the pools of Heshbon
by the gate of Bath Rabbim.
Your nose is like the tower of Lebanon
looking toward Damascus.
5 ●Your head crowns you like Mount Carmel.
Your hair is like royal tapestry;
the king is held captive by its tresses.
6 ●How beautiful you are and how pleasing,
my love, with your delights!
7 ●Your stature is like that of the palm,
and your breasts like clusters of fruit.
8 ●I said, "I will climb the palm tree;
I will take hold of its fruit."
May your breasts be like clusters of grapes on the vine,
the fragrance of your breath like apples,
9 ●and your mouth like the best wine.

She

May the wine go straight to my beloved,
flowing gently over lips and teeth.[a]
10 ●I belong to my beloved,
and his desire is for me.
11 ●Come, my beloved, let us go to the countryside,
let us spend the night in the villages.[b]
12 ●Let us go early to the vineyards
to see if the vines have budded,
if their blossoms have opened,
and if the pomegranates are in bloom —
there I will give you my love.
13 ●The mandrakes send out their fragrance,
and at our door is every delicacy,
both new and old,
that I have stored up for you, my beloved.

8 If only you were to me like a brother,
who was nursed at my mother's breasts!
Then, if I found you outside,
I would kiss you,
and no one would despise me.
2 ●I would lead you
and bring you to my mother's house —
she who has taught me.
I would give you spiced wine to drink,
the nectar of my pomegranates.
3 ●His left arm is under my head

[a]9 Septuagint, Aquila, Vulgate and Syriac; Hebrew *lips of sleepers*
[b]11 Or *the henna bushes*

blended [blendid] *a.* 혼합된
cluster [klʌ́stər] *n.* 송이
countryside [kʌ́ntrisàid] *n.* 시골
delicacy [délikəsi] *n.* 진미
despise [dispáiz] *vt.* 경멸하다
encircle [insə́ːrkl] *vt.* 둘러싸다
fragrance [fréigrəns] *n.* 향기
gazelle [gəzél] *n.* 영양의 일종
goblet [gáblit] *n.* 잔, 술잔
mandrake [mǽndreik] *n.* 합환채
navel [néivəl] *n.* 배꼽
nectar [néktər] *n.* 즙
stature [stǽtʃər] *n.* 키
tapestry [tǽpəstri] *n.* 융단
tress [tres] *n.* 머리털

7:2 a mound of...: …의 더미
7:5 be held captive: 매혹되다
7:8 take hold of...: …을 잡다, 쥐다
7:10 belong to...: …에 속하다
7:13 send out: (향기 등을) 내뿜다
7:13 store up: 저장하다

3 너는 왼팔로는 내 머리를 고이고 오
른손으로는 나를 안았으리라 2:6
4 예루살렘 딸들아 내가 너희에게 부
탁한다 내 사랑하는 자가 원하기
전에는 흔들지 말며 깨우지 말지니
라 3:5
5 ●그의 사랑하는 자를 의지하고 거
친 들에서 올라오는 여자가 누구인
가 ●너로 말미암아 네 어머니가 고
생한 곳 너를 낳은 자가 애쓴 그곳
사과나무 아래에서 내가 너를 깨웠
노라
6 ●너는 나를 도장같이 마음에 품고
도장같이 팔에 두라 사랑은 죽음같
이 강하고 질투는 스올같이 잔인하
며 불길같이 일어나니 그 기세가 여
호와의 불과 같으니라
7 많은 물도 이 사랑을 끄지 못하겠고
홍수라도 삼키지 못하나니 사람이
그의 온 가산을 다 주고 사랑과 바
꾸려 할지라도 오히려 멸시를 받으
리라
8 ●우리에게 있는 작은 누이는 아직
도 유방이 없구나 그가 청혼을 받는
날에는 우리가 그를 위하여 무엇을
할까
9 그가 성벽이라면 우리는 은 망대를
그 위에 세울 것이요 그가 문이라면
우리는 백향목 판자로 두르리라
10 ●나는 성벽이요 내 유방은 망대 같
으니 그러므로 나는 그가 보기에 화
평을 얻은 자 같구나
11 솔로몬이 바알하몬에 포도원이 있
어 지키는 자들에게 맡겨 두고 그들
로 각기 그 열매로 말미암아 은 천
을 바치게 하였구나
12 솔로몬 너는 천을 얻겠고 열매를 지
키는 자도 이백을 얻으려니와 내게
속한 내 포도원은 내 앞에 있구나
13 ●너 동산에 거주하는 자야 친구들
이 네 소리에 귀를 기울이니 내가
듣게 하려무나 1:7
14 ●내 사랑하는 자야 너는 빨리 달리
라 향기로운 산 위에 있는 노루와도
같고 어린 사슴과도 같아라 2:17

and his right arm embraces me.
4 ●Daughters of Jerusalem, I charge you:
Do not arouse or awaken love
until it so desires.

Friends

5 ●Who is this coming up from the wilderness
leaning on her beloved?

She

Under the apple tree I roused you;
there your mother conceived you,
there she who was in labor gave you birth.
6 ●Place me like a seal over your heart,
like a seal on your arm;
for love is as strong as death,
its jealousy[a] unyielding as the grave.
It burns like blazing fire,
like a mighty flame.[b]
7 ●Many waters cannot quench love;
rivers cannot sweep it away.
If one were to give
all the wealth of one's house for love,
it[c] would be utterly scorned.

Friends

8 ●We have a little sister,
and her breasts are not yet grown.
What shall we do for our sister
on the day she is spoken for?
9 ●If she is a wall,
we will build towers of silver on her.
If she is a door,
we will enclose her with panels of cedar.

She

10 ●I am a wall,
and my breasts are like towers.
Thus I have become in his eyes
like one bringing contentment.
11 ●Solomon had a vineyard in Baal Hamon;
he let out his vineyard to tenants.
Each was to bring for its fruit
a thousand shekels[d] of silver.
12 ●But my own vineyard is mine to give;
the thousand shekels are for you, Solomon,
and two hundred[e] are for those who tend its fruit.

He

13 ●You who dwell in the gardens
with friends in attendance,
let me hear your voice!

She

14 ●Come away, my beloved,
and be like a gazelle
or like a young stag
on the spice-laden mountains.

[a]6 Or *ardor* [b]6 Or *fire, / like the very flame of the* LORD [c]7 Or *he* [d]11 That is, about 25 pounds or about 12 kilograms; also in verse 12 [e]12 That is, about 5 pounds or about 2.3 kilograms

attendance [əténdəns] *n.* 주의, 돌봄
beloved [bilʌ́vid] *n.* 가장 사랑하는
blazing [bléiziŋ] *a.* 타오르는
contentment [kənténtmənt] *n.* 만족
enclose [inklóuz] *vt.* 둘러싸다
gazelle [gəzél] *n.* 영양의 일종
grave [greiv] *n.* 무덤
jealousy [dʒéləsi] *n.* 질투
quench [kwentʃ] *vt.* 끄다
rouse [rauz] *vt.* 깨우다
scorn [skɔ:rn] *vt.* 멸시하다
shekel [ʃékəl] *n.* 세겔(통화단위)
tenant [ténənt] *n.* 소작인
unyielding [ʌnjí:ldiŋ] *a.* 완고한
utterly [ʌ́tərli] *ad.* 전혀

8:5 lean on...: …를 의지하다
8:5 be in labor: 분만 중이다
8:5 give birth: 낳다
8:7 sweep away: 완전히 없애다
8:8 not yet...: 아직도 (…않다)
8:11 let out: 소작을 맡기다

Isaiah | 이사야

● 저자 _ 이사야 ● 저작 연대 _ B.C. 745–680년 사이 ● 기록 장소 _ 예루살렘으로 추정
● 기록 대상 _ 유다 민족 및 그 밖의 주변 민족들 ● 핵심어 및 내용 _ 핵심어는 '심판'과 '구원'이다.

앞 부분은 하나님께 돌아오기를 거부한 이스라엘에 대한 하나님의 심판을 강조하는 구약의 내용과 유사하고, 뒷 부분은 메시아의 초림에 관한 신약의 내용과 유사하다.

1 유다 왕 웃시야와 요담과 아하스와 히
스기야 시대에 [1]아모스의 아들 이사
야가 유다와 예루살렘에 관하여 본 계
시라

여호와의 말씀 (♪ 213, 255장)
— B.C. 740년경

2 ●하늘이여 들으라 땅이여 귀를 기울이
라 여호와께서 말씀하시기를 내가 자
식을 [2]양육하였거늘 그들이 나를 거역
하였도다 신 32:1
3 소는 그 임자를 알고 나귀는 그 주인의
구유를 알건마는 이스라엘은 알지 못하
고 나의 백성은 깨닫지 못하는도다 하
셨도다
4 슬프다 범죄한 나라요 허물 진 백성이
요 행악의 종자요 행위가 부패한 자식
이로다 그들이 여호와를 버리며 이스라
엘의 거룩하신 이를 만홀히 여겨 멀리
하고 물러갔도다
5 너희가 어찌하여 매를 더 맞으려고 패
역을 거듭하느냐 온 머리는 병들었고
온 마음은 피곤하였으며 31:6
6 발바닥에서 머리까지 성한 곳이 없이
상한 것과 터진 것과 새로 맞은 흔적뿐
이거늘 그것을 짜며 싸매며 기름으로
부드럽게 함을 받지 못하였도다
7 너희의 땅은 황폐하였고 너희의 성읍들
은 불에 탔고 너희의 토지는 너희 목전
에서 이방인에게 삼켜졌으며 이방인에
게 파괴됨같이 황폐하였고
8 딸 시온은 포도원의 망대같이, 참외밭
의 원두막같이, 에워 싸인 성읍같이 겨
우 남았도다
9 만군의 여호와께서 우리를 위하여 생
존자를 조금 남겨 두지 아니하셨더면
우리가 소돔 같고 고모라 같았으리로
다
10 ●너희 소돔의 관원들아 여호와의 말씀
을 들을지어다 너희 고모라의 백성아
우리 하나님의 [3]법에 귀를 기울일지어
다

1 The vision concerning Judah and Jerusalem
that Isaiah son of Amoz saw during the reigns
of Uzziah, Jotham, Ahaz and Hezekiah, kings of
Judah.

A Rebellious Nation

2 ●Hear me, you heavens! Listen, earth!
For the LORD has spoken:
"I reared children and brought them up,
but they have rebelled against me.
3 ●The ox knows its master,
the donkey its owner's manger,
but Israel does not know,
my people do not understand."
4 ●Woe to the sinful nation,
a people whose guilt is great,
a brood of evildoers,
children given to corruption!
They have forsaken the LORD;
they have spurned the Holy One of Israel
and turned their backs on him.
5 ●Why should you be beaten anymore?
Why do you persist in rebellion?
Your whole head is injured,
your whole heart afflicted.
6 ●From the sole of your foot to the top of your head
there is no soundness—
only wounds and welts
and open sores,
not cleansed or bandaged
or soothed with olive oil.
7 ●Your country is desolate,
your cities burned with fire;
your fields are being stripped by foreigners
right before you,
laid waste as when overthrown by strangers.
8 ●Daughter Zion is left
like a shelter in a vineyard,
like a hut in a cucumber field,
like a city under siege.
9 ●Unless the LORD Almighty
had left us some survivors,
we would have become like Sodom,
we would have been like Gomorrah.
10 ●Hear the word of the LORD,
you rulers of Sodom;

1) 히, 아모츠 2) 자라게 하였거늘(겔 31:4) 3) 교훈

사

11 여호와께서 말씀하시되 너희의 무수
한 제물이 내게 무엇이 유익하뇨 나는
숫양의 번제와 살진 짐승의 기름에 배
불렀고 나는 수송아지나 어린 양이나
숫염소의 피를 기뻐하지 아니하노라
12 너희가 내 앞에 보이러 오니 이것을
누가 너희에게 요구하였느냐 내 마당
만 밟을 뿐이니라
13 헛된 제물을 다시 가져오지 말라 분향
은 내가 가증히 여기는 바요 월삭과
안식일과 대회로 모이는 것도 그러하
니 성회와 아울러 악을 행하는 것을
내가 견디지 못하겠노라
14 내 마음이 너희의 월삭과 정한 절기를
싫어하나니 그것이 내게 무거운 짐이
라 내가 지기에 곤비하였느니라
15 너희가 손을 펼 때에 내가 내 눈을 너
희에게서 가리고 너희가 많이 기도할
지라도 내가 듣지 아니하리니 이는 너
희의 손에 피가 가득함이라
16 너희는 스스로 씻으며 스스로 깨끗하
게 하여 내 목전에서 너희 악한 행실
을 버리며 행악을 그치고
17 선행을 배우며 정의를 구하며 학대받
는 자를 도와주며 고아를 위하여 신원
하며 과부를 위하여 변호하라 하셨느니
라

시 82:3

18 ●여호와께서 말씀하시되 오라 우리
가 서로 변론하자 너희의 죄가 주홍
같을지라도 눈과 같이 희어질 것이요
진홍같이 붉을지라도 양털같이 희게
되리라
19 너희가 즐겨 순종하면 땅의 아름다운
소산을 먹을 것이요
20 너희가 거절하여 배반하면 칼에 삼켜
지리라 여호와의 입의 말씀이니라

죄로 가득 찬 성읍

21 ●신실하던 성읍이 어찌하여 창기가
되었는고 정의가 거기에 충만하였고
공의가 그 가운데에 거하였더니 이제
는 살인자들뿐이로다
22 네 은은 찌꺼기가 되었고 네 포도주에
는 물이 섞였도다
23 네 고관들은 패역하여 도둑과 짝하며
다 뇌물을 사랑하며 예물을 구하며 고
아를 위하여 신원하지 아니하며 과부
의 송사를 수리하지 아니하는도다

listen to the instruction of our God,
you people of Gomorrah!
11 ●"The multitude of your sacrifices —
what are they to me?" says the LORD.
"I have more than enough of burnt offerings,
of rams and the fat of fattened animals;
I have no pleasure
in the blood of bulls and lambs and goats.
12 ●When you come to appear before me,
who has asked this of you,
this trampling of my courts?
13 ●Stop bringing meaningless offerings!
Your incense is detestable to me.
New Moons, Sabbaths and convocations —
I cannot bear your worthless assemblies.
14 ●Your New Moon feasts and your appointed festivals
I hate with all my being.
They have become a burden to me;
I am weary of bearing them.
15 ●When you spread out your hands in prayer,
I hide my eyes from you;
even when you offer many prayers,
I am not listening.
Your hands are full of blood!
16 ● Wash and make yourselves clean.
Take your evil deeds out of my sight;
stop doing wrong.
17 ● Learn to do right; seek justice.
Defend the oppressed.[a]
Take up the cause of the fatherless;
plead the case of the widow.
18 ●"Come now, let us settle the matter,"
says the LORD.
"Though your sins are like scarlet,
they shall be as white as snow;
though they are red as crimson,
they shall be like wool.
19 ●If you are willing and obedient,
you will eat the good things of the land;
20 ●but if you resist and rebel,
you will be devoured by the sword."
For the mouth of the LORD has spoken.
21 ●See how the faithful city
has become a prostitute!
She once was full of justice;
righteousness used to dwell in her —
but now murderers!
22 ●Your silver has become dross,
your choice wine is diluted with water.
23 ●Your rulers are rebels,
partners with thieves;

[a]17 *Or justice. / Correct the oppressor*

assembly [əsémbli] *n.* 집회
burden [bə́:rdn] *n.* 짐
convocation [kὰnvəkéiʃən] *n.* 집회
crimson [krímzn] *n.* 진홍색
devour [diváuər] *vt.* 삼켜버리다
dross [drɔ:s] *n.* 찌꺼기
incense [ínsens] *n.* 향
instruction [instrʌ́kʃən] *n.* 명령
multitude [mʌ́ltətjù:d] *n.* 다수
obedient [oubí:diənt] *a.* 순종하는
oppress [əprés] *vt.* 억압하다
plead [pli:d] *vi.* 변호하다
resist [rizíst] *vt.* 저항하다
trample [trǽmpl] *vt.* 짓밟다
widow [wídou] *n.* 과부

1:13 be detestable to...: …에게 미움받다
1:14 be weary of...: …에 싫증나다
1:15 spread out: (팔, 다리 등을)펼치다
1:16 take out: 끄집어내다
1:21 used to...: …하곤 했다
1:22 be diluted with...: …로 희석되다

24 ● 그러므로 주 만군의 여호와 이스라
엘의 전능자가 말씀하시되 슬프다 내
가 장차 내 대적에게 보응하여 내 마
음을 편하게 하겠고 내 원수에게 보복
하리라 49:26
25 내가 또 내 손을 네게 [1]돌려 네 찌꺼기
를 잿물로 씻듯이 녹여 청결하게 하며
네 혼잡물을 다 제하여 버리고 말 3:3
26 내가 네 재판관들을 처음과 같이, 네
모사들을 본래와 같이 회복할 것이
라 그리한 후에야 네가 의의 성읍이
라, 신실한 고을이라 불리리라 하셨
나니
27 시온은 정의로 구속함을 받고 그 돌아
온 자들은 공의로 구속함을 받으리라
28 그러나 패역한 자와 죄인은 함께 패망
하고 여호와를 버린 자도 멸망할 것이
라 시 9:5
29 [2]너희가 기뻐하던 상수리나무로 말미
암아 너희가 부끄러움을 당할 것이요
너희가 택한 동산으로 말미암아 수치
를 당할 것이며
30 너희는 잎사귀 마른 상수리나무 같을
것이요 물 없는 동산 같으리니
31 강한 자는 삼오라기 같고 그의 행위는
불티 같아서 함께 탈 것이나 끌 사람
이 없으리라

칼을 쳐서 보습을 만들고 — B.C. 740년경

2 아모스의 아들 이사야가 받은 바 유
다와 예루살렘에 관한 말씀이라
2 ● 말일에 여호와의 전의 산이 모든 산
꼭대기에 굳게 설 것이요 모든 작은
산 위에 뛰어나리니 만방이 그리로 모
여들 것이라
3 많은 백성이 가며 이르기를 오라 우리
가 여호와의 산에 오르며 야곱의 하나
님의 전에 이르자 그가 그의 길을 우
리에게 가르치실 것이라 우리가 그 길
로 행하리라 하리니 이는 [3]율법이 시
온에서부터 나올 것이요 여호와의 말
씀이 예루살렘에서부터 나올 것임이
니라
4 그가 열방 사이에 판단하시며 많은 백
성을 판결하시리니 무리가 그들의 칼
을 쳐서 보습을 만들고 그들의 창을
쳐서 낫을 만들 것이며 이 나라와 저

they all love bribes
and chase after gifts.
They do not defend the cause of the fatherless;
the widow's case does not come before them.
24 ● Therefore the Lord, the LORD Almighty,
the Mighty One of Israel, declares:
"Ah! I will vent my wrath on my foes
and avenge myself on my enemies.
25 ● I will turn my hand against you;[a]
I will thoroughly purge away your dross
and remove all your impurities.
26 ● I will restore your leaders as in days of old,
your rulers as at the beginning.
Afterward you will be called
the City of Righteousness,
the Faithful City."
27 ● Zion will be delivered with justice,
her penitent ones with righteousness.
28 ● But rebels and sinners will both be broken,
and those who forsake the LORD will perish.
29 ● "You will be ashamed because of the sacred oaks
in which you have delighted;
you will be disgraced because of the gardens
that you have chosen.
30 ● You will be like an oak with fading leaves,
like a garden without water.
31 ● The mighty man will become tinder
and his work a spark;
both will burn together,
with no one to quench the fire."

The Mountain of the LORD

2 This is what Isaiah son of Amoz saw concerning
Judah and Jerusalem:
2 ● In the last days
the mountain of the LORD's temple will be
established
as the highest of the mountains;
it will be exalted above the hills,
and all nations will stream to it.
3 ● Many peoples will come and say,
"Come, let us go up to the mountain of the LORD,
to the temple of the God of Jacob.
He will teach us his ways,
so that we may walk in his paths."
The law will go out from Zion,
the word of the LORD from Jerusalem.
4 ● He will judge between the nations
and will settle disputes for many peoples.
They will beat their swords into plowshares
and their spears into pruning hooks.

[a]25 That is, against Jerusalem

1) 대어 2) 히, 그들이 3) 교훈

avenge [əvéndʒ] *vt.* 보복하다
bribe [braib] *n.* 뇌물
establish [istǽbliʃ] *vt.* 세우다
exalt [igzɔ́:lt] *vt.* 높이다
fade [feid] *vt.* 시들다
impurity [impjúərəti] *n.* 부정한 것
penitent [pénətənt] *a.* 회개하는
perish [périʃ] *vi.* 사라지다
plowshare [pláuʃɛər] *n.* 쟁기날
prune [pru:n] *vt.* 가지치다
quench [kwentʃ] *vt.* (불을) 끄다
settle [sétl] *vt.* 결정하다
thoroughly [θə́:rouli] *ad.* 완전히
tinder [tíndər] *n.* 불붙기 쉬운 것
vent [vent] *vt.* 발산하다

1:23 chase after...: …을 추구하다
1:25 turn against...: …에 대해 등을 돌리다
1:25 purge away: 제거하다, 일소하다
1:26 in days of old: 옛날
2:3 so that: (결과) 그래서
2:4 beat A into B: A를 두드려서 B로 만들다

사

나라가 다시는 칼을 들고 서로 치지 아
니하며 다시는 전쟁을 연습하지 아니하
리라

여호와의 날

5 ●야곱 족속아 오라 우리가 여호와의
빛에 행하자 60:1,2,19
6 주께서 주의 백성 야곱 족속을 버리셨
음은 그들에게 동방 풍속이 가득하며
그들이 블레셋 사람들같이 점을 치며
이방인과 더불어 손을 잡아 언약하였음
이라
7 그 땅에는 은금이 가득하고 보화가 무
한하며 그 땅에는 마필이 가득하고 병
거가 무수하며
8 그 땅에는 우상도 가득하므로 그들이
자기 손으로 짓고 자기 손가락으로 만
든 것을 경배하여
9 천한 자도 절하며 귀한 자도 [1]굴복하오
니 그들을 용서하지 마옵소서 느 4:5
10 너희는 바위틈에 들어가며 진토에 숨어
여호와의 위엄과 그 광대하심의 영광을
피하라
11 그날에 눈이 높은 자가 낮아지며 교만
한 자가 굴복되고 여호와께서 홀로 높
임을 받으시리라
12 ●대저 만군의 여호와의 날이 모든 교
만한 자와 거만한 자와 자고한 자에게
임하리니 그들이 낮아지리라 24:21
13 또 레바논의 높고 높은 모든 백향목과
바산의 모든 상수리나무와
14 모든 높은 산과 모든 솟아 오른 작은 언
덕과
15 모든 높은 망대와 모든 견고한 성벽과
16 다시스의 모든 배와 모든 아름다운 [2]조
각물에 임하리니
17 그날에 자고한 자는 굴복되며 교만한
자는 낮아지고 여호와께서 홀로 높임을
받으실 것이요 2:11
18 우상들은 온전히 없어질 것이며
19 사람들이 암혈과 토굴로 들어가서 여호
와께서 땅을 진동시키려고 일어나실 때
에 그의 위엄과 그 광대하심의 영광을
피할 것이라
20 사람이 자기를 위하여 경배하려고 만들
었던 은 우상과 금 우상을 그날에 두더
지와 박쥐에게 던지고

1) 겸비하오니 2) 망대에

Nation will not take up sword against nation,
nor will they train for war anymore.
5 ●Come, descendants of Jacob,
let us walk in the light of the LORD.

The Day of the LORD

6 ●You, LORD, have abandoned your people,
the descendants of Jacob.
They are full of superstitions from the East;
they practice divination like the Philistines
and embrace pagan customs.
7 ●Their land is full of silver and gold;
there is no end to their treasures.
Their land is full of horses;
there is no end to their chariots.
8 ●Their land is full of idols;
they bow down to the work of their hands,
to what their fingers have made.
9 ●So people will be brought low
and everyone humbled—
do not forgive them.[a]
10 ●Go into the rocks, hide in the ground
from the fearful presence of the LORD
and the splendor of his majesty!
11 ●The eyes of the arrogant will be humbled
and human pride brought low;
the LORD alone will be exalted in that day.
12 ●The LORD Almighty has a day in store
for all the proud and lofty,
for all that is exalted
(and they will be humbled),
13 ●for all the cedars of Lebanon, tall and lofty,
and all the oaks of Bashan,
14 ●for all the towering mountains
and all the high hills,
15 ●for every lofty tower
and every fortified wall,
16 ●for every trading ship[b]
and every stately vessel.
17 ●The arrogance of man will be brought low
and human pride humbled;
the LORD alone will be exalted in that day,
18 ● and the idols will totally disappear.
19 ●People will flee to caves in the rocks
and to holes in the ground
from the fearful presence of the LORD
and the splendor of his majesty,
when he rises to shake the earth.
20 ●In that day people will throw away
to the moles and bats
their idols of silver and idols of gold,

a9 Or *not raise them up* b16 Hebrew *every ship of Tarshish*

abandon [əbǽndən] *vt.* 버리다
arrogant [ǽrəgənt] *a.* 오만한
chariot [tʃǽriət] *n.* 병거
disappear [dìsəpíər] *vi.* 사라지다
divination [dìvənéiʃən] *n.* 점치는 것
embrace [imbréis] *vt.* 받아들이다
humble [hʌ́mbl] *vt.* 낮추다
lofty [lɔ́:fti] *a.* 높은
pagan [péigən] *n.* 이방인
practice [prǽktis] *n.* 실행
splendor [spléndər] *n.* 광채
stately [stéitli] *a.* 위풍당당한
superstition [sù:pərstíʃən] *n.* 미신
trading [tréidiŋ] *a.* 통상용의
vessel [vésəl] *n.* 배

2:4 take up: 들어 올리다
2:4 train for...: …에 대비해 훈련하다
2:8 bow down: 절하다
2:9 bring low: 몰락하게 하다
2:12 in store for...: …에게 닥쳐오는
2:20 throw away: 던지다, 버리다

21 암혈과 험악한 바위틈에 들어가서 여호와께서 땅을 진동시키려고 일어나실 때에 그의 위엄과 그 광대하심의 영광을 피하리라 2:10
22 너희는 인생을 의지하지 말라 그의 호흡은 코에 있나니 셈할 가치가 어디 있느냐

예루살렘의 멸망 (♪ 446장) — B.C. 740년경

3 보라 주 만군의 여호와께서 예루살렘과 유다가 의뢰하며 의지하는 것을 제하여 버리시되 곧 그가 의지하는 모든 양식과 그가 의지하는 모든 물과
2 용사와 전사와 재판관과 선지자와 복술자와 장로와
3 오십부장과 귀인과 모사와 정교한 장인과 능란한 요술자를 그리하실 것이며
4 [1)]그가 또 소년들을 그들의 고관으로 삼으시며 아이들이 그들을 다스리게 하시리니
5 백성이 서로 학대하며 각기 이웃을 잔해하며 아이가 노인에게, 비천한 자가 존귀한 자에게 교만할 것이며
6 혹시 사람이 자기 아버지 집에서 자기의 형제를 붙잡고 말하기를 네게는 겉옷이 있으니 너는 우리의 통치자가 되어 이 폐허를 네 손아래에 두라 할 것이면
7 그날에 그가 소리를 높여 이르기를 나는 고치는 자가 되지 아니하겠노라 내 집에는 양식도 없고 의복도 없으니 너희는 나를 백성의 통치자로 삼지 말라 하리라
8 예루살렘이 멸망하였고 유다가 엎드러졌음은 그들의 언어와 행위가 여호와를 거역하여 그의 영광의 눈을 범하였음이라
9 그들의 안색이 불리하게 증거하며 그들의 죄를 말해 주고 숨기지 못함이 소돔과 같으니 그들의 영혼에 화가 있을진저 그들이 재앙을 자취하였도다
10 너희는 의인에게 복이 있으리라 말하라 그들은 그들의 행위의 열매를 먹을 것임이요
11 악인에게는 화가 있으리니 이는 그의 손으로 행한 대로 그가 보응을 받을 것임이니라

which they made to worship.
21 • They will flee to caverns in the rocks
and to the overhanging crags
from the fearful presence of the LORD
and the splendor of his majesty,
when he rises to shake the earth.
22 • Stop trusting in mere humans,
who have but a breath in their nostrils.
Why hold them in esteem?

Judgment on Jerusalem and Judah

3 See now, the Lord,
the LORD Almighty,
is about to take from Jerusalem and Judah
both supply and support:
all supplies of food and all supplies of water,
2 • the hero and the warrior,
the judge and the prophet,
the diviner and the elder,
3 • the captain of fifty and the man of rank,
the counselor, skilled craftsman and clever enchanter.
4 • "I will make mere youths their officials;
children will rule over them."
5 • People will oppress each other—
man against man, neighbor against neighbor.
The young will rise up against the old,
the nobody against the honored.
6 • A man will seize one of his brothers
in his father's house, and say,
"You have a cloak, you be our leader;
take charge of this heap of ruins!"
7 • But in that day he will cry out,
"I have no remedy.
I have no food or clothing in my house;
do not make me the leader of the people."
8 • Jerusalem staggers,
Judah is falling;
their words and deeds are against the LORD,
defying his glorious presence.
9 • The look on their faces testifies against them;
they parade their sin like Sodom;
they do not hide it.
Woe to them!
They have brought disaster upon themselves.
10 • Tell the righteous it will be well with them,
for they will enjoy the fruit of their deeds.
11 • Woe to the wicked!
Disaster is upon them!
They will be paid back
for what their hands have done.

1) 히, 내가

cavern [kǽvərn] *n.* 동굴
clever [klévər] *a.* 숙련된
cloak [klouk] *n.* 겉옷
craftsman [krǽftsmən] *n.* 장인
crag [kræg] *n.* (험한) 바위산
defy [difái] *vt.* 무시하다
disaster [dizǽstər] *n.* 재앙
enchanter [intʃǽntər] *n.* 요술쟁이
esteem [istíːm] *vt.* 높이 평가하다
mere [miər] *a.* 단순한
nostril [nástrəl] *n.* 콧구멍
overhang [ouvərhǽŋ] *n.* 돌출부
parade [pəréid] *vt.* 과시하다
remedy [rémədi] *n.* 치료책
stagger [stǽgər] *vi.* 비틀거리다

2:22 trust in...: …를 신뢰하다
3:1 be about to...: 막 …하려 하다
3:6 take charge of...: …를 책임지다
3:9 testify against...: …에 대하여 불리하게 증언하다
3:11 pay back: 갚다

사

12 내 백성을 학대하는 자는 아이요 다스리
는 자는 여자들이라 내 백성이여 네 인도
자들이 너를 유혹하여 네가 다닐 길을 어
지럽히느니라

여호와께서 백성을 심판하시다

13 ●여호와께서 변론하러 일어나시며 백성
들을 심판하려고 서시도다 미 6:2
14 여호와께서 자기 백성의 장로들과 고관들
을 심문하러 오시리니 포도원을 삼킨 자
는 너희이며 가난한 자에게서 탈취한 물
건이 너희의 집에 있도다
15 어찌하여 너희가 내 백성을 짓밟으며 가
난한 자의 얼굴에 맷돌질하느냐 주 만군
의 여호와 내가 말하였느니라 하시도다

시온의 딸들에게 말씀하시다

16 ●여호와께서 또 말씀하시되 시온의 딸들
이 교만하여 늘인 목, 정을 통하는 눈으로
다니며 아기작거려 걸으며 발로는 쟁쟁한
소리를 낸다 하시도다
17 그러므로 주께서 시온의 딸들의 정수리에
딱지가 생기게 하시며 여호와께서 그들의
하체가 드러나게 하시리라
18 주께서 그날에 그들이 장식한 발목 고리
와 머리의 망사와 반달 장식과
19 귀고리와 팔목 고리와 얼굴 가리개와
20 화관과 발목 사슬과 띠와 향합과 호신부와
21 반지와 코 고리와 겔 16:12
22 예복과 겉옷과 목도리와 손 주머니와
23 손거울과 세마포 옷과 머리 수건과 너울
을 제하시리니
24 그때에 썩은 냄새가 향기를 대신하고 노끈
이 띠를 대신하고 대머리가 숱한 머리털을
대신하고 굵은 베옷이 화려한 옷을 대신하
고 수치스러운 흔적이 아름다움을 대신할
것이며
25 너희의 장정은 칼에, 너희의 용사는 전란
에 망할 것이며
26 그 성문은 슬퍼하며 곡할 것이요 시온은
황폐하여 땅에 앉으리라

4 그날에 일곱 여자가 한 남자를 붙잡고 말
하기를 우리가 우리 떡을 먹으며 우리 옷
을 입으리니 다만 당신의 이름으로 우리를
부르게 하여 우리가 수치를 면하게 하라 하
리라

예루살렘을 청결하게 하실 때 (♪ 197장)
— B.C. 740년경

2 ●그날에 여호와의 싹이 아름답고 영화로

12 ●Youths oppress my people,
women rule over them.
My people, your guides lead you astray;
they turn you from the path.
13 ●The LORD takes his place in court;
he rises to judge the people.
14 ●The LORD enters into judgment
against the elders and leaders of his people:
"It is you who have ruined my vineyard;
the plunder from the poor is in your houses.
15 ●What do you mean by crushing my people
and grinding the faces of the poor?"
declares the Lord, the LORD Almighty.
16 ●The LORD says,
"The women of Zion are haughty,
walking along with outstretched necks,
flirting with their eyes,
strutting along with swaying hips,
with ornaments jingling on their ankles.
17 ●Therefore the Lord will bring sores on the heads
of the women of Zion;
the LORD will make their scalps bald."
18 ●In that day the Lord will snatch away their
finery: the bangles and headbands and crescent
19 necklaces, ●the earrings and bracelets and veils,
20 ●the headdresses and anklets and sashes, the per-
21 fume bottles and charms, ●the signet rings and
22 nose rings, ●the fine robes and the capes and
23 cloaks, the purses ●and mirrors, and the linen
garments and tiaras and shawls.
24 ●Instead of fragrance there will be a stench;
instead of a sash, a rope;
instead of well-dressed hair, baldness;
instead of fine clothing, sackcloth;
instead of beauty, branding.
25 ●Your men will fall by the sword,
your warriors in battle.
26 ●The gates of Zion will lament and mourn;
destitute, she will sit on the ground.

4 In that day seven women
will take hold of one man
and say, "We will eat our own food
and provide our own clothes;
only let us be called by your name.
Take away our disgrace!"

The Branch of the LORD

2 ●In that day the Branch of the LORD will be
beautiful and glorious, and the fruit of the land
will be the pride and glory of the survivors in

branding [brǽndiŋ] *n.* 낙인
crescent [krésnt] *a.* 초승달 모양의
destitute [déstətjùːt] *a.* 궁핍한, 결핍한
finery [fáinəri] *n.* 아름다운 장식품
flirting [fləːrtiŋ] *a.* 희롱하는
grinding [gráindiŋ] *n.* 빻기
haughty [hɔ́ːti] *a.* 교만한
jingle [dʒíŋgl] *vi.* 짤랑짤랑 울리며 나아가다
lament [ləmént] *n.* 슬픔
ornament [ɔ́ːrnəmənt] *n.* 장식
outstretched [àutstrétʃt] *a.* 뻗은
plunder [plʌ́ndər] *n.* 약탈물
scalp [skælp] *n.* 두피
stench [stentʃ] *n.* 악취
sway [swei] *n.* 흔들림

3:12 rule over: 다스리다
3:12 lead astray: 나쁜 길로 이끌다
3:18 snatch away: 잡아채다
3:24 instead of...: …대신에
4:1 take hold of...: …를 잡다, 쥐다
4:1 take away: 제거하다, 없애다

울 것이요 그 땅의 소산은 이스라엘의 피난
한 자를 위하여 영화롭고 아름다울 것이며
3 시온에 남아 있는 자, 예루살렘에 머물러
있는 자 곧 예루살렘 안에 생존한 자 중 기
록된 모든 사람은 거룩하다 칭함을 얻으
리니
28:5
4 이는 주께서 심판하는 영과 소멸하는 영
으로 시온의 딸들의 더러움을 씻기시며
예루살렘의 피를 그 중에서 청결하게 하
실 때가 됨이라
5 여호와께서 거하시는 온 시온 산과 모든 집
회 위에 낮이면 구름과 연기, 밤이면 화염의
빛을 만드시고 그 모든 영광 위에 덮개를 두
시며
6 또 초막이 있어서 낮에는 더위를 피하는
그늘을 지으며 또 풍우를 피하여 숨는 곳
이 되리라

포도원 노래 — B.C. 740년경

5 나는 내가 사랑하는 자를 위하여 노래
하되 내가 사랑하는 자의 포도원을 노
래하리라 내가 사랑하는 자에게 포도원이
있음이여 심히 기름진 산에로다
2 땅을 파서 돌을 제하고 극상품 포도나무
를 심었도다 그 중에 망대를 세웠고 또 그
안에 술틀을 팠도다 좋은 포도 맺기를 바
랐더니 들포도를 맺었도다
3 •예루살렘 주민과 유다 사람들아 구하노
니 이제 나와 내 포도원 사이에서 사리를
판단하라
4 내가 내 포도원을 위하여 행한 것 외에 무
엇을 더할 것이 있으랴 내가 좋은 포도 맺
기를 기다렸거늘 들포도를 맺음은 어찌
됨인고
5 이제 내가 내 포도원에 어떻게 행할지를
너희에게 이르리라 내가 그 울타리를 걷
어 [1]먹힘을 당하게 하며 그 담을 헐어 짓
밟히게 할 것이요
계 11:2
6 내가 그것을 황폐하게 하리니 다시는 가
지를 자름이나 북을 돋우지 못하여 찔레
와 가시가 날 것이며 내가 또 구름에게 명
하여 그 위에 비를 내리지 못하게 하리라
하셨으니
히 6:8
7 무릇 만군의 여호와의 포도원은 이스라엘
족속이요 그가 기뻐하시는 나무는 유다
사람이라 그들에게 정의를 바라셨더니 도
리어 포학이요 그들에게 공의를 바라셨더
니 도리어 부르짖음이었도다

3 Israel. •Those who are left in Zion, who remain
in Jerusalem, will be called holy, all who are
4 recorded among the living in Jerusalem. •The
Lord will wash away the filth of the women of
Zion; he will cleanse the bloodstains from
Jerusalem by a spirit [a] of judgment and a spirit [a] of
5 fire. •Then the LORD will create over all of Mount
Zion and over those who assemble there a cloud
of smoke by day and a glow of flaming fire by
night; over everything the glory [b] will be a
6 canopy. •It will be a shelter and shade from the
heat of the day, and a refuge and hiding place
from the storm and rain.

The Song of the Vineyard

5 I will sing for the one I love
a song about his vineyard:
My loved one had a vineyard
on a fertile hillside.
2 •He dug it up and cleared it of stones
and planted it with the choicest vines.
He built a watchtower in it
and cut out a winepress as well.
Then he looked for a crop of good grapes,
but it yielded only bad fruit.
3 •"Now you dwellers in Jerusalem and people of
Judah,
judge between me and my vineyard.
4 •What more could have been done for my
vineyard
than I have done for it?
When I looked for good grapes,
why did it yield only bad?
5 •Now I will tell you
what I am going to do to my vineyard:
I will take away its hedge,
and it will be destroyed;
I will break down its wall,
and it will be trampled.
6 •I will make it a wasteland,
neither pruned nor cultivated,
and briers and thorns will grow there.
I will command the clouds
not to rain on it."
7 •The vineyard of the LORD Almighty
is the nation of Israel,
and the people of Judah
are the vines he delighted in.
And he looked for justice, but saw bloodshed;
for righteousness, but heard cries of distress.

[a] 4 Or *the Spirit* [b] 5 Or *over all the glory there* 1) 불사름을

assemble [əsémbl] *vi.* 모이다
bloodstain [blʌ́dstèin] *n.* 핏자국
brier [bráiər] *n.* 찔레
canopy [kǽnəpi] *n.* (천으로 된)덮개
choicest [tʃɔ́isist] *a.* 최상의
cultivate [kʌ́ltəvèit] *vt.* 경작하다
fertile [fə́:rtl] *a.* 비옥한
filth [fílθ] *n.* 더러움, 불결
flaming [fléimiŋ] *a.* 타오르는
hedge [hedʒ] *n.* 울타리
prune [pru:n] *vt.* 가지치다
refuge [réfju:dʒ] *n.* 피난처
shade [ʃeid] *n.* 그늘
trample [trǽmpl] *vt.* 밟다
yield [ji:ld] *vt.* 산출하다

4:4 wash away: 씻어버리다
5:2 dig up: 파헤치다, 일구다
5:2 clear A of B: A에서 B를 제거하다
5:2 cut out: (무엇을 잘라) 만들다
5:4 look for...: …을 바라다
5:6 neither A nor B: A도 B도 아니다

사람이 저지르는 악한 일

8 ●가옥에 가옥을 이으며 전토에 전토를
더하여 빈 틈이 없도록 하고 이 땅 가운
데에서 홀로 거주하려 하는 자들은 화
있을진저
9 만군의 여호와께서 내 귀에 말씀하시
되 정녕히 허다한 가옥이 황폐하리니
크고 아름다울지라도 거주할 자가 없
을 것이며
10 열흘 갈이 포도원에 겨우 포도주 한 바
트가 나겠고 한 호멜의 종자를 뿌려도
간신히 한 [1]에바가 나리라 하시도다
11 아침에 일찍이 일어나 독주를 마시며
밤이 깊도록 포도주에 취하는 자들은
화 있을진저
12 그들이 연회에는 수금과 비파와 소고와
피리와 포도주를 갖추었어도 여호와께
서 행하시는 일에 관심을 두지 아니하
며 그의 손으로 하신 일을 보지 아니하
는도다
13 ●그러므로 내 백성이 무지함으로 말미
암아 사로잡힐 것이요 그들의 귀한 자는
굶주릴 것이요 무리는 목마를 것이라
14 그러므로 스올이 욕심을 크게 내어 한
량 없이 그 입을 벌린즉 그들의 호화로
움과 그들의 많은 무리와 그들의 떠드
는 것과 그 중에서 즐거워하는 자가 거
기에 빠질 것이라
15 여느 사람은 구푸리고 존귀한 자는 낮아
지고 오만한 자의 눈도 낮아질 것이로되
16 오직 만군의 여호와는 정의로우시므로
높임을 받으시며 거룩하신 하나님은 공
의로우시므로 거룩하다 일컬음을 받으
시리니
17 그때에는 어린 양들이 자기 초장에 있
는 것같이 풀을 먹을 것이요 유리하는
자들이 부자의 버려진 밭에서 먹으리라
18 ●거짓으로 끈을 삼아 죄악을 끌며 수
레 줄로 함같이 죄악을 끄는 자는 화 있
을진저
19 그들이 이르기를 그는 자기의 일을 속
속히 이루어 우리에게 보게 할 것이며
이스라엘의 거룩한 이는 자기의 계획을
속히 이루어 우리가 알게 할 것이라 하
는도다
20 악을 선하다 하며 선을 악하다 하며 흑
암으로 광명을 삼으며 광명으로 흑암을

Woes and Judgments

8 ●Woe to you who add house to house
and join field to field
till no space is left
and you live alone in the land.
9 ●The LORD Almighty has declared in my hearing:
"Surely the great houses will become desolate,
the fine mansions left without occupants.
10 ●A ten-acre vineyard will produce only a bath[a]
of wine,
a homer[b] of seed will yield only an ephah[c]
of grain."
11 ●Woe to those who rise early in the morning
to run after their drinks,
who stay up late at night
till they are inflamed with wine.
12 ●They have harps and lyres at their banquets,
pipes and timbrels and wine,
but they have no regard for the deeds of the LORD,
no respect for the work of his hands.
13 ●Therefore my people will go into exile
for lack of understanding;
those of high rank will die of hunger
and the common people will be parched with
thirst.
14 ●Therefore Death expands its jaws,
opening wide its mouth;
into it will descend their nobles and masses
with all their brawlers and revelers.
15 ●So people will be brought low
and everyone humbled,
the eyes of the arrogant humbled.
16 ●But the LORD Almighty will be exalted by his
justice,
and the holy God will be proved holy by his
righteous acts.
17 ●Then sheep will graze as in their own pasture;
lambs will feed[d] among the ruins of the rich.
18 ●Woe to those who draw sin along with cords of
deceit,
and wickedness as with cart ropes,
19 ●to those who say, "Let God hurry;
let him hasten his work
so we may see it.
The plan of the Holy One of Israel—
let it approach, let it come into view,
so we may know it."
20 ●Woe to those who call evil good

[a]*10* That is, about 6 gallons or about 22 liters [b]*10* That is, probably about 360 pounds or about 160 kilograms [c]*10* That is, probably about 36 pounds or about 16 kilograms [d]*17* Septuagint; Hebrew / *strangers will eat* 1) 10에바는 1호멜임

acre [éikər] *n.* (면적 단위) 에이커
banquet [bǽŋkwit] *n.* 연회
brawler [brɔ́ːlər] *n.* 싸움하는 사람
deceit [disíːt] *n.* 기만
desolate [désələt] *a.* 황량한
expand [ikspǽnd] *vt.* 넓히다
graze [greiz] *vt.* 풀을 뜯다
hasten [héisn] *vt.* 서두르게 하다
inflame [infléim] *vt.* 자극하다
mass [mæs] *n.* 대중
occupant [ákjupənt] *n.* 거주민
parch [paːrtʃ] *vt.* 바싹 말리다
pasture [pǽstʃər] *n.* 초원
prove [pruːv] *vt.* 입증하다
reveler [révlər] *n.* 술마시고 홍청거림

5:12 have no regard for...: …를 중히 여기지 않다
5:13 go into exile: 추방당하다
5:13 for lack of...: …가 부족하여
5:15 bring low: 몰락하게 하다
5:18 draw along: 질질 끌다

삼으며 쓴 것으로 단 것을 삼으며 단 것
으로 쓴 것을 삼는 자들은 화 있을진저
21 스스로 지혜롭다 하며 스스로 명철하다
하는 자들은 화 있을진저
22 포도주를 마시기에 용감하며 독주를 잘
빚는 자들은 화 있을진저
23 그들은 뇌물로 말미암아 악인을 의롭다
하고 의인에게서 그 공의를 빼앗는도다
24 ●이로 말미암아 불꽃이 그루터기를 삼
킴같이, 마른 풀이 불 속에 떨어짐같이
그들의 뿌리가 썩겠고 꽃이 티끌처럼
날리리니 그들이 만군의 여호와의 율법
을 버리며 이스라엘의 거룩하신 이의
말씀을 멸시하였음이라
25 그러므로 여호와께서 자기 백성에게 노를
발하시고 그들 위에 손을 들어 그들을 치
신지라 산들은 진동하며 그들의 시체는
거리 가운데에 분토같이 되었도다 그럴지
라도 그의 노가 돌아서지 아니하였고 그
의 손이 여전히 펼쳐져 있느니라
26 ●또 그가 기치를 세우시고 먼 나라들을
불러 땅끝에서부터 자기에게로 오게 하
실 것이라 보라 그들이 빨리 달려올 것이
로되 7:18
27 그 중에 곤핍하여 넘어지는 자도 없을
것이며 조는 자나 자는 자도 없을 것이
며 그들의 허리띠는 풀리지 아니하며
그들의 들메끈은 끊어지지 아니하며
28 그들의 화살은 날카롭고 모든 활은 당
겨졌으며 그들의 말굽은 부싯돌 같고
병거 바퀴는 회오리바람 같을 것이며
29 그들의 부르짖음은 암사자 같을 것이요
그들의 소리지름은 어린 사자들과 같을
것이라 그들이 부르짖으며 먹이를 움켜
가져가 버려도 건질 자가 없으리로다
30 그날에 그들이 바다 물결 소리같이 백성
을 향하여 부르짖으리니 사람이 그 땅을
바라보면 흑암과 고난이 있고 빛은 구름
에 가려서 어두우리라

이사야를 선지자로 부르시다 (♪ 323장)
— B.C. 740년경

6 웃시야 왕이 죽던 해에 내가 본즉 주
께서 높이 들린 보좌에 앉으셨는데
그의 옷자락은 성전에 가득하였고
2 스랍들이 모시고 섰는데 각기 여섯 날
개가 있어 그 둘로는 자기의 얼굴을 가
리었고 그 둘로는 자기의 발을 가리었

and good evil,
who put darkness for light
and light for darkness,
who put bitter for sweet
and sweet for bitter.
21 ●Woe to those who are wise in their own eyes
and clever in their own sight.
22 ●Woe to those who are heroes at drinking wine
and champions at mixing drinks,
23 ●who acquit the guilty for a bribe,
but deny justice to the innocent.
24 ●Therefore, as tongues of fire lick up straw
and as dry grass sinks down in the flames,
so their roots will decay
and their flowers blow away like dust;
for they have rejected the law of the LORD
Almighty
and spurned the word of the Holy One of Israel.
25 ●Therefore the LORD's anger burns against his
people;
his hand is raised and he strikes them down.
The mountains shake,
and the dead bodies are like refuse in the
streets.
Yet for all this, his anger is not turned away,
his hand is still upraised.
26 ●He lifts up a banner for the distant nations,
he whistles for those at the ends of the earth.
Here they come,
swiftly and speedily!
27 ●Not one of them grows tired or stumbles,
not one slumbers or sleeps;
not a belt is loosened at the waist,
not a sandal strap is broken.
28 ●Their arrows are sharp,
all their bows are strung;
their horses' hooves seem like flint,
their chariot wheels like a whirlwind.
29 ●Their roar is like that of the lion,
they roar like young lions;
they growl as they seize their prey
and carry it off with no one to rescue.
30 ●In that day they will roar over it
like the roaring of the sea.
And if one looks at the land,
there is only darkness and distress;
even the sun will be darkened by clouds.

Isaiah's Commission

6 In the year that King Uzziah died, I saw the
Lord, high and exalted, seated on a throne;
2 and the train of his robe filled the temple. ●Above

acquit [əkwít] *vt.* 사면하다
decay [dikéi] *vi.* 썩다
deny [dinái] *vt.* 거절하다
exalted [igzɔ́:ltid] *a.* 고귀한
flint [flint] *n.* 부싯돌
growl [graul] *vi.* 으르렁거리다
hoof [huf] *n.* (소, 말 등의) 발굽
prey [prei] *n.* 먹이
refuse [réfju:s] *n.* 폐물
roar [rɔ:r] *n.* 외치는 소리
slumber [slʌ́mbər] *vi.* 선잠 자다
spurn [spə:rn] *vt.* 멸시하다
stumble [stʌ́mbl] *vi.* 걸려 넘어지다
swiftly [swíftli] *ad.* 신속히
whirlwind [hwə́:rlwìnd] *n.* 회오리바람

5:24 lick up: 핥다
5:24 sink down: 풀썩 주저앉다
5:24 blow away: 불어날리다
5:26 lift up: 치켜들다
5:29 carry off: 빼앗아 가다, 채가다
5:30 look at...: …을 보다

고 그 둘로는 날며
3 서로 불러 이르되 거룩하다 거룩하다
거룩하다 만군의 여호와여 그의 영광이
온 땅에 충만하도다 하더라 시 72:19
4 이같이 화답하는 자의 소리로 말미암아
문지방의 터가 요동하며 성전에 연기가
충만한지라
5 그때에 내가 말하되 화로다 나여 망하
게 되었도다 나는 입술이 부정한 사람
이요 나는 입술이 부정한 백성 중에 거
주하면서 만군의 여호와이신 왕을 뵈
었음이로다 하였더라
6 ● 그때에 그 스랍 중의 하나가 부젓가
락으로 제단에서 집은 바 핀 숯을 손에
가지고 내게로 날아와서
7 그것을 내 입술에 대며 이르되 보라 이
것이 네 입에 닿았으니 네 악이 제하여
졌고 네 죄가 사하여졌느니라 하더라
8 내가 또 주의 목소리를 들으니 주께서
이르시되 내가 누구를 보내며 누가 우
리를 위하여 갈꼬 하시니 그때에 내가
이르되 내가 여기 있나이다 나를 보내
소서 하였더니
9 여호와께서 이르시되 가서 이 백성에게
이르기를 너희가 듣기는 들어도 깨닫지
못할 것이요 보기는 보아도 알지 못하
리라 하여
10 이 백성의 마음을 둔하게 하며 그들의
귀가 막히고 그들의 눈이 감기게 하라
염려하건대 그들이 눈으로 보고 귀로
듣고 마음으로 깨닫고 다시 돌아와 고
침을 받을까 하노라 하시기로
11 내가 이르되 주여 어느 때까지니이까
하였더니 주께서 대답하시되 성읍들은
황폐하여 주민이 없으며 가옥들에는 사
람이 없고 이 토지는 황폐하게 되며
12 여호와께서 사람들을 멀리 옮기셔서 이
땅 가운데에 황폐한 곳이 많을 때까지
니라
13 그 중에 십분의 일이 아직 남아 있을지
라도 이것도 황폐하게 될 것이나 밤나
무와 상수리나무가 베임을 당하여도 그
그루터기는 남아 있는 것같이 거룩한
씨가 이 땅의 그루터기니라 하시더라

아하스 왕에게 삼가며 조용하라 하시다 (♪ 105장)

7 웃시야의 손자요 요담의 아들인 유다
의 아하스 왕 때에 아람의 르신 왕과

him were seraphim, each with six wings: With two
wings they covered their faces, with two they cov-
ered their feet, and with two they were flying.
3 ● And they were calling to one another:

"Holy, holy, holy is the LORD Almighty;
the whole earth is full of his glory."

4 ● At the sound of their voices the doorposts and
thresholds shook and the temple was filled with
smoke.
5 ● "Woe to me!" I cried. "I am ruined! For I am a
man of unclean lips, and I live among a people of
unclean lips, and my eyes have seen the King, the
LORD Almighty."
6 ● Then one of the seraphim flew to me with a live
coal in his hand, which he had taken with tongs
7 from the altar. ● With it he touched my mouth and
said, "See, this has touched your lips; your guilt is
taken away and your sin atoned for."
8 ● Then I heard the voice of the Lord saying,
"Whom shall I send? And who will go for us?"
And I said, "Here am I. Send me!"
9 ● He said, "Go and tell this people:

" 'Be ever hearing, but never understanding;
be ever seeing, but never perceiving.'
10 ● Make the heart of this people calloused;
make their ears dull
and close their eyes.[a]
Otherwise they might see with their eyes,
hear with their ears,
understand with their hearts,
and turn and be healed."

11 ● Then I said, "For how long, Lord?"
And he answered:

"Until the cities lie ruined
and without inhabitant,
until the houses are left deserted
and the fields ruined and ravaged,
12 ● until the LORD has sent everyone far away
and the land is utterly forsaken.
13 ● And though a tenth remains in the land,
it will again be laid waste.
But as the terebinth and oak
leave stumps when they are cut down,
so the holy seed will be the stump in the land."

The Sign of Immanuel

7 When Ahaz son of Jotham, the son of Uzziah,
was king of Judah, King Rezin of Aram and

[a] 9,10 Hebrew; Septuagint '*You will be ever hearing, but never understanding; / you will be ever seeing, but never perceiving.' / [10]This people's heart has become calloused; / they hardly hear with their ears, / and they have closed their eyes*

callous [kǽləs] *vi.* 무감각하게 하다	**perceive** [pərsíːv] *vt.* 인식하다	**terebinth** [térəbinθ] *n.* 테레빈나무
doorpost [dɔ́ːrpoust] *n.* 문설주	**ravage** [rǽvidʒ] *vi.* 파괴하다	**threshold** [θréʃhould] *n.* 문지방
dull [dʌl] *a.* 둔한	**ruin** [rúːin] *n.* 황폐	**tongs** [tɔːŋz] *n.* 부젓가락
forsake [fərséik] *vt.* 버리다	**seraph** [sérəf] *n.* 스랍	**utterly** [ʌ́tərli] *ad.* 완전히
inhabitant [inhǽbətənt] *n.* 거주민	**stump** [stʌmp] *n.* 그루터기	**woe** [wou] *n.* 화
6:3 one another: 서로	**6:7 take away**: 가져가다, 없애다	**6:12 far away**: 멀리
6:3 be full of...: …로 가득차다	**6:7 atone for...**: …를 속죄하다	**6:13 lay waste**: 황폐시키다

르말리야의 아들 이스라엘의 베가 왕이
올라와서 예루살렘을 쳤으나 능히 이기지
못하니라
2 어떤 사람이 다윗의 집에 알려 이르되 아
람이 에브라임과 동맹하였다 하였으므로
왕의 마음과 그의 백성의 마음이 숲이 바
람에 흔들림같이 흔들렸더라
3 ●그때에 여호와께서 이사야에게 이르시
되 너와 네 아들 [1)]스알야숩은 윗못 수도 끝
세탁자의 밭 큰길에 나가서 아하스를 만나
4 그에게 이르기를 너는 삼가며 조용하라 르
신과 아람과 르말리야의 아들이 심히 노할
지라도 이들은 연기 나는 두 부지깽이 그루
터기에 불과하니 두려워하지 말며 낙심하
지 말라
5 아람과 에브라임과 르말리야의 아들이 악
한 꾀로 너를 대적하여 이르기를
6 우리가 올라가 유다를 쳐서 그것을 쓰러
뜨리고 우리를 위하여 그것을 무너뜨리고
다브엘의 아들을 그 중에 세워 왕으로 삼
자 하였으나
7 주 여호와의 말씀이 그 일은 서지 못하며
이루어지지 못하리라
8 대저 아람의 머리는 다메섹이요 다메섹의
머리는 르신이며 육십오 년 내에 에브라
임이 패망하여 다시는 나라를 이루지 못
할 것이며
9 에브라임의 머리는 사마리아요 사마리아
의 머리는 르말리야의 아들이니라 만일
너희가 굳게 믿지 아니하면 너희는 굳게
서지 못하리라 하시니라

임마누엘의 징조 — B.C. 734년경

10 ●여호와께서 또 아하스에게 말씀하여 이
르시되
11 너는 네 하나님 여호와께 한 징조를 구하되
깊은 데에서든지 높은 데에서든지 구하라
하시니
12 아하스가 이르되 나는 구하지 아니하겠
나이다 나는 여호와를 시험하지 아니하
겠나이다 한지라
13 이사야가 이르되 다윗의 집이여 원하건대
들을지어다 너희가 사람을 괴롭히고서 그
것을 작은 일로 여겨 또 나의 하나님을 괴롭
히려 하느냐
14 그러므로 주께서 친히 징조를 너희에게
주실 것이라 보라 처녀가 잉태하여 아들
을 낳을 것이요 그의 이름을 [2)]임마누엘이

Pekah son of Remaliah king of Israel marched up
to fight against Jerusalem, but they could not
overpower it.
2 ●Now the house of David was told, "Aram has
allied itself with[a] Ephraim"; so the hearts of Ahaz
and his people were shaken, as the trees of the
forest are shaken by the wind.
3 ●Then the LORD said to Isaiah, "Go out, you
and your son Shear-Jashub,[b] to meet Ahaz at the
end of the aqueduct of the Upper Pool, on the
4 road to the Launderer's Field. ●Say to him, 'Be
careful, keep calm and don't be afraid. Do not
lose heart because of these two smoldering stubs
of firewood— because of the fierce anger of
Rezin and Aram and of the son of Remaliah.
5 ●Aram, Ephraim and Remaliah's son have plot-
6 ted your ruin, saying, ●"Let us invade Judah; let
us tear it apart and divide it among ourselves,
7 and make the son of Tabeel king over it." ●Yet
this is what the Sovereign LORD says:

" 'It will not take place,
it will not happen,
8 ●for the head of Aram is Damascus,
and the head of Damascus is only Rezin.
Within sixty-five years
Ephraim will be too shattered to be a people.
9 ●The head of Ephraim is Samaria,
and the head of Samaria is only Remaliah's
son.
If you do not stand firm in your faith,
you will not stand at all.' "

10–11 ●Again the LORD spoke to Ahaz, ●"Ask the
LORD your God for a sign, whether in the deepest
depths or in the highest heights."
12 ●But Ahaz said, "I will not ask; I will not put
the LORD to the test."
13 ●Then Isaiah said, "Hear now, you house of
David! Is it not enough to try the patience of
humans? Will you try the patience of my God
14 also? ●Therefore the Lord himself will give you[c]
a sign: The virgin[d] will conceive and give birth to
15 a son, and[e] will call him Immanuel.[f] ●He will be
eating curds and honey when he knows enough
16 to reject the wrong and choose the right, ●for
before the boy knows enough to reject the wrong
and choose the right, the land of the two kings

[a]2 Or *has set up camp in* [b]3 *Shear-Jashub* means *a remnant will return.* [c]14 The Hebrew is plural. [d]14 Or *young woman* [e]14 Masoretic Text; Dead Sea Scrolls *son, and he* or *son, and they* [f]14 *Immanuel* means *God with us.*

1) 남는 자가 돌아오리라는 뜻 2) 하나님이 우리와 같이 계심이라.

aqueduct [ǽkwədʌ̀kt] *n.* 수로
conceive [kənsíːv] *vi.* 임신하다
curd [kəːrd] *n.* 엉긴 젖
divide [diváid] *vt.* 나누다
fierce [fíərs] *a.* 격렬한
invade [invéid] *vt.* 침입하다
overpower [òuvərpáuər] *vt.* 이기다
patience [péiʃəns] *n.* 인내
plot [plat] *vt.* 음모하다
reject [ridʒékt] *vt.* 거절하다
shatter [ʃǽtər] *vt.* 산산이 부서지다
smolder [smóuldər] *vt.* 연기가 나다
sovereign [sávərin] *n.* 주권자
stub [stʌb] *n.* 그루터기
virgin [vəːrdʒin] *n.* 동정녀

7:2 ally oneself with...: …과 연합하다
7:4 keep calm: 침착하다
7:4 lose heart: 낙담하다
7:6 tear apart: 허물다
7:7 take place: 발생하다, 일어나다
7:12 put... to the test: …를 시험하다

라 하리라
15 그가 악을 버리며 선을 택할 줄 알 때[1] 가 되
면 엉긴 젖과 꿀을 먹을 것이라
16 대저 이 아이가 악을 버리며 선을 택할 줄 알
기 전에 네가 [2]미워하는 두 왕의 땅이 황폐
하게 되리라
17 여호와께서 에브라임이 유다를 떠날 때부터
당하여 보지 못한 날을 너와 네 백성과 네 아
버지 집에 임하게 하시리니 곧 앗수르 왕이
오는 날이니라
18 ●그날에는 여호와께서 애굽 하수에서 먼
곳의 파리와 앗수르 땅의 벌을 부르시리니
19 다 와서 거친 골짜기와 바위틈과 가시나무
울타리와 모든 초장에 앉으리라
20 ●그날에는 주께서 하수 저쪽에서 세내어
온 삭도 곧 앗수르 왕으로 네 백성의 머리 털
과 발 털을 미실 것이요 수염도 깎으시리라
21 ●그날에는 사람이 한 어린 암소와 두 양을
기르리니
22 그것들이 내는 젖이 많으므로 엉긴 젖을 먹
을 것이라 그 땅 가운데에 남아 있는 자는 엉
긴 젖과 꿀을 먹으리라
23 ●그날에는 천 그루에 은 천 개의 가치가 있
는 포도나무가 있던 곳마다 찔레와 가시가
날 것이라
24 온 땅에 찔레와 가시가 있으므로 화살과 활
을 가지고 그리로 갈 것이요
25 보습으로 갈던 모든 산에도 찔레와 가시 때문
에 두려워서 그리로 가지 못할 것이요 그 땅은
소를 풀어 놓으며 양이 밟는 곳이 되리라

이사야의 아들 — B.C. 734년경

8 여호와께서 내게 이르시되 너는 큰 서판
을 가지고 그 위에 통용 문자로 [3]마헬살랄
하스바스라 쓰라
합 2:2
2 내가 진실한 증인 제사장 우리야와 여베레
기야의 아들 스가랴를 불러 증언하게 하리
라 하시더니
3 내가 [4]내 아내를 가까이하매 그가 임신하여
아들을 낳은지라 여호와께서 내게 이르시되
그의 이름을 [3]마헬살랄하스바스라 하라
4 이는 이 아이가 내 아빠, 내 엄마라 부를 줄
알기 전에 다메섹의 재물과 사마리아의 노
략물이 앗수르 왕 앞에 옮겨질 것임이라 하
시니라
7:16

앗수르 왕의 침략

5 ●여호와께서 다시 내게 말씀하여 이르시되
6 이 백성이 천천히 흐르는 실로아 물을 버리

17 you dread will be laid waste. •The LORD will
bring on you and on your people and on the
house of your father a time unlike any since
Ephraim broke away from Judah—he will
bring the king of Assyria."

Assyria, the LORD's Instrument

18 •In that day the LORD will whistle for flies
from the Nile delta in Egypt and for bees from
19 the land of Assyria. •They will all come and set-
tle in the steep ravines and in the crevices in the
rocks, on all the thornbushes and at all the
20 water holes. •In that day the Lord will use a
razor hired from beyond the Euphrates River—
the king of Assyria — to shave your head and
private parts, and to cut off your beard also.
21 •In that day, a person will keep alive a young
22 cow and two goats. •And because of the abun-
dance of the milk they give, there will be curds
to eat. All who remain in the land will eat
23 curds and honey. •In that day, in every place
where there were a thousand vines worth a
thousand silver shekels,[a] there will be only
24 briers and thorns. •Hunters will go there with
bow and arrow, for the land will be covered
25 with briers and thorns. •As for all the hills
once cultivated by the hoe, you will no longer
go there for fear of the briers and thorns; they
will become places where cattle are turned
loose and where sheep run.

Isaiah and His Children as Signs

8 The LORD said to me, "Take a large scroll
and write on it with an ordinary pen:
2 Maher-Shalal-Hash-Baz."[b] •So I called in Uriah
the priest and Zechariah son of Jeberekiah as
3 reliable witnesses for me. •Then I made love to
the prophetess, and she conceived and gave
birth to a son. And the LORD said to me, "Name
4 him Maher-Shalal-Hash-Baz. •For before
the boy knows how to say 'My father' or 'My
mother,' the wealth of Damascus and the
plunder of Samaria will be carried off by the
king of Assyria."
5 •The LORD spoke to me again:
6 •"Because this people has rejected
the gently flowing waters of Shiloah
and rejoices over Rezin
and the son of Remaliah,

[a]23 That is, about 25 pounds or about 12 kilograms
[b]1 *Maher-Shalal-Hash-Baz* means *quick to the plunder, swift to the spoil*; also in verse 3.
1) 까지 2) 두려워하는 3) 노략이 속함 4) 히, 선지자의 아내

beard [biərd] *n.* 수염
brier [bráiər] *n.* 찔레
crevice [krévis] *n.* 갈라진 틈
cultivate [kʌ́ltəvèit] *vt.* 경작하다
dread [dred] *vt.* 두려워 하다
hired [haiərd] *a.* 고용한
hoe [hou] *n.* 괭이
ordinary [ɔ́:rdənèri] *a.* 보통의
plunder [plʌ́ndər] *n.* 약탈품
private [práivət] *a.* 사적인
ravine [rəví:n] *n.* 작은 계곡
reliable [riláiəbl] *a.* 믿을 만한
steep [sti:p] *a.* 가파른
thornbush [θɔ́:rnbùʃ] *n.* 가시나무 수풀
whistle [wísl] *vt.* 휘파람 불다

7:17 **break away**: 이탈하다
7:21 **keep alive**: 살려 두다
7:25 **as for...**: …에 관해 말하면
7:25 **for fear of...**: …을 두려워하여
8:3 **give birth to...**: …를 낳다
8:4 **carry off**: 빼앗다

고 르신과 르말리야의 아들을 기뻐하느
니라
7 그러므로 주 내가 흉용하고 창일한 큰
하수 곧 앗수르 왕과 그의 모든 위력으
로 그들을 뒤덮을 것이라 그 모든 골짜
기에 차고 모든 언덕에 넘쳐
8 흘러 유다에 들어와서 가득하여 목에까
지 미치리라 임마누엘이여 그가 펴는
날개가 네 땅에 가득하리라 하셨느니라

여호와께서 깨우치시다

9 ● 너희 민족들아 함성을 질러 보아라
그러나 끝내 패망하리라 너희 먼 나라
백성들아 들을지니라 너희 허리를 동이
라 그러나 끝내 패망하리라 너희 허리
에 띠를 띠라 그러나 끝내 패망하리라
10 너희는 함께 계획하라 그러나 끝내 이루
지 못하리라 말을 해 보아라 끝내 시행되
지 못하리라 이는[1)]하나님이 우리와 함께
계심이니라
11 여호와께서 강한 손으로 내게 알려 주
시며 이 백성의 길로 가지 말 것을 내게
깨우쳐 이르시되
12 이 백성이 반역자가 있다고 말하여도 너
희는 그 모든 말을 따라 반역자가 있다
고 하지 말며 그들이 두려워하는 것을
너희는 두려워하지 말며 놀라지 말고
13 만군의 여호와 그를 너희가 거룩하다 하
고 그를 너희가 두려워하며 무서워할 자
로 삼으라
14 그가 성소가 되시리라 그러나 이스라엘
의 두 집에는 걸림돌과 걸려 넘어지는
반석이 되실 것이며 예루살렘 주민에게
는 함정과 올무가 되시리니
15 많은 사람들이 그로 말미암아 걸려 넘
어질 것이며 부러질 것이며 덫에 걸려
잡힐 것이니라

율법과 증거의 말씀을 따르라

16 ● 너는 증거의 말씀을 싸매며 율법을
내 제자들 가운데에서 봉함하라
17 이제 야곱의 집에 대하여 얼굴을 가리
시는 여호와를 나는 기다리며 그를 바
라보리라
18 보라 나와 및 여호와께서 내게 주신 자
녀들이 이스라엘 중에 징조와 예표가
되었나니 이는 시온 산에 계신 만군의
여호와께로 말미암은 것이니라
19 ● 어떤 사람이 너희에게 말하기를 주절

7 • therefore the Lord is about to bring against them
the mighty floodwaters of the Euphrates—
the king of Assyria with all his pomp.
It will overflow all its channels,
run over all its banks
8 • and sweep on into Judah, swirling over it,
passing through it and reaching up to the neck.
Its outspread wings will cover the breadth of
your land,
Immanuel[a]!"
9 • Raise the war cry,[b] you nations, and be shattered!
Listen, all you distant lands.
Prepare for battle, and be shattered!
Prepare for battle, and be shattered!
10 • Devise your strategy, but it will be thwarted;
propose your plan, but it will not stand,
for God is with us.[c]
11 • This is what the LORD says to me with his strong
hand upon me, warning me not to follow the way
of this people:
12 • "Do not call conspiracy
everything this people calls a conspiracy;
do not fear what they fear,
and do not dread it.
13 • The LORD Almighty is the one you are to regard as
holy,
he is the one you are to fear,
he is the one you are to dread,
14 • He will be a holy place;
for both Israel and Judah he will be
a stone that causes people to stumble
and a rock that makes them fall.
And for the people of Jerusalem he will be
a trap and a snare.
15 • Many of them will stumble;
they will fall and be broken,
they will be snared and captured."
16 • Bind up this testimony of warning
and seal up God's instruction among my
disciples.
17 • I will wait for the LORD,
who is hiding his face from the descendants
of Jacob.
I will put my trust in him.
18 • Here am I, and the children the LORD has given
me. We are signs and symbols in Israel from the
LORD Almighty, who dwells on Mount Zion.

The Darkness Turns to Light

19 • When someone tells you to consult mediums

[a]8 *Immanuel* means *God with us.* [b]9 Or *Do your worst* [c]10 Hebrew *Immanuel* 1) 히, 임마누엘

conspiracy [kənspírəsi] *n.* 음모
devise [diváiz] *vt.* 고안하다
floodwater [flʌ́dwɔ̀:tər] *n.* 홍수
medium [mí:diəm] *n.* 영매, 무당
outspread [àutspréd] *a.* 펼쳐진
overflow [òuvərflóu] *vt.* 범람하다
pomp [pamp] *n.* 화려, 겉치레
seal [si:l] *vt.* 봉인하다
shatter [ʃǽtər] *vt.* 파괴하다
snare [snɛər] *n.* 덫, 함정
strategy [strǽtədʒi] *n.* 전략
stumble [stʌ́mbl] *vi.* 넘어지다
swirl [swə:rl] *vi.* 소용돌이치다
testimony [téstəmòuni] *n.* 증거
thwart [θwɔ:rt] *vt.* 방해하다, 좌절시키다

8:8 sweep on into...: …로 휩쓸고 들어오다
8:8 reach up to...: …에까지 미치다
8:13 regard A as B: A를 B로 여기다
8:16 bind up: 봉인하다
8:17 put one's trust in...: …를 신뢰하다

거리며 속살거리는 신접한 자와 마술사
에게 물으라 하거든 백성이 자기 하나
님께 구할 것이 아니냐 산 자를 위하여
죽은 자에게 구하겠느냐 하라
20 마땅히 율법과 증거의 말씀을 따를지니
그들이 말하는 바가 이 말씀에 맞지 아
니하면 그들이 정녕 아침 빛을 보지 못
하고
21 이 땅으로 헤매며 곤고하며 굶주릴 것
이라 그가 굶주릴 때에 격분하여 자기
의 왕과 자기의 하나님을 저주할 것이
며 위를 쳐다보거나
22 땅을 굽어보아도 환난과 흑암과 고통의
흑암뿐이리니 그들이 심한 흑암 가운데
로 쫓겨 들어가리라

평강의 왕 (♪ 590장) — B.C. 734년경

9 전에 고통 받던 자들에게는 흑암이
없으리로다 옛적에는 여호와께서 스
불론 땅과 납달리 땅이 멸시를 당하게
하셨더니 후에는 해변 길과 요단 저쪽
이방의 [1)]갈릴리를 영화롭게 하셨느니
라
2 흑암에 행하던 백성이 큰 빛을 보고 사망
의 그늘진 땅에 거주하던 자에게 빛이 비
치도다
3 주께서 이 나라를 창성하게 하시며 그
즐거움을 더하게 하셨으므로 추수하는
즐거움과 탈취물을 나눌 때의 즐거움같
이 그들이 주 앞에서 즐거워하오니
4 이는 그들이 무겁게 멘 멍에와 그들의
어깨의 채찍과 그 압제자의 막대기를
주께서 꺾으시되 미디안의 날과 같이
하셨음이니이다 49:26
5 어지러이 싸우는 군인들의 신과 피 묻
은 겉옷이 불에 섶같이 살라지리니
6 이는 한 아기가 우리에게 났고 한 아들
을 우리에게 주신 바 되었는데 그의 어
깨에는 정사를 메었고 그의 이름은 기
묘자라, 모사라, 전능하신 하나님이라,
영존하시는 아버지라, 평강의 왕이라
할 것임이라
7 그 정사와 평강의 더함이 무궁하며 또
다윗의 왕좌와 그의 나라에 군림하여
그 나라를 굳게 세우고 지금 이후로 영
원히 정의와 공의로 그것을 보존하실
것이라 만군의 여호와의 열심이 이를
이루시리라

and spiritists, who whisper and mutter, should not
a people inquire of their God? Why consult the
20 dead on behalf of the living? •Consult God's
instruction and the testimony of warning. If any-
one does not speak according to this word, they
21 have no light of dawn. •Distressed and hungry,
they will roam through the land; when they are
famished, they will become enraged and, looking
22 upward, will curse their king and their God. •Then
they will look toward the earth and see only distress
and darkness and fearful gloom, and they will be
thrust into utter darkness.

9[a] Nevertheless, there will be no more gloom for
those who were in distress. In the past he hum-
bled the land of Zebulun and the land of Naphtali,
but in the future he will honor Galilee of the
nations, by the Way of the Sea, beyond the Jordan—

2 •The people walking in darkness
have seen a great light;
on those living in the land of deep darkness
a light has dawned.
3 •You have enlarged the nation
and increased their joy;
they rejoice before you
as people rejoice at the harvest,
as warriors rejoice
when dividing the plunder.
4 •For as in the day of Midian's defeat,
you have shattered
the yoke that burdens them,
the bar across their shoulders,
the rod of their oppressor.
5 •Every warrior's boot used in battle
and every garment rolled in blood
will be destined for burning,
will be fuel for the fire.
6 •For to us a child is born,
to us a son is given,
and the government will be on his shoulders.
And he will be called
Wonderful Counselor, Mighty God,
Everlasting Father, Prince of Peace.
7 •Of the greatness of his government and peace
there will be no end.
He will reign on David's throne
and over his kingdom,
establishing and upholding it
with justice and righteousness
from that time on and forever.
The zeal of the LORD Almighty
will accomplish this.

[a]In Hebrew texts 9:1 is numbered 8:23, and 9:2-21 is numbered 9:1-20. 1) 지경을

accomplish [əkámpliʃ] *vt.* 이루다
consult [kənsʌ́lt] *vt.* 의견을 묻다
defeat [difíːt] *n.* 패배
enlarge [inláːrdʒ] *vt.* 확장하다
enrage [inréidʒ] *vt.* 분노하게 하다
establish [istǽbliʃ] *vt.* 세우다
famish [fǽmiʃ] *vt.* 굶주리게 하다
fuel [fjúːəl] *n.* 연료
garment [gáːrmənt] *n.* 의복, 옷
gloom [gluːm] *n.* 어두움
mutter [mʌ́tər] *vt.* 중얼거리다
oppressor [əprésər] *n.* 억압자
roam [roum] *vi.* (정처없이) 걸어다니다
utter [ʌ́tər] *a.* 완전한, 철저한
zeal [ziːl] *n.* 열심, 열의

8:19 inquire of...: …에게 문의하다
8:19 on behalf of...: …를 위하여
8:22 thrust into...: …에 끼어들다
9:1 no more: 그 이상 …하지 않다
9:5 be destined for...: …되기로 정해지다
9:7 no end: 한없이

주께서 이스라엘을 벌하시리라
(♪ 272, 278장)

8 ●주께서 야곱에게 말씀을 보내시며 그
것을 이스라엘에게 임하게 하셨은즉
9 모든 백성 곧 에브라임과 사마리아 주
민이 알 것이어늘 그들이 교만하고 완
악한 마음으로 말하기를 7:8,9
10 벽돌이 무너졌으나 우리는 다듬은 돌로
쌓고 뽕나무들이 찍혔으나 우리는 백향
목으로 그것을 대신하리라 하는도다
11 그러므로 여호와께서 르신의 대적들을
일으켜 그를 치게 하시며 그의 원수들
을 격동시키시리니
12 앞에는 아람 사람이요 뒤에는 블레셋
사람이라 그들이 모두 입을 벌려 이스
라엘을 삼키리라 그럴지라도 여호와의
진노가 돌아서지 아니하며 그의 손이
여전히 펴져 있으리라
13 ●그리하여도 그 백성이 자기들을 치시
는 이에게로 돌아오지 아니하며 만군의
여호와를 찾지 아니하도다 호 7:10
14 그러므로 여호와께서 하루 사이에 이스
라엘 중에서 머리와 꼬리와 종려나무
가지와 갈대를 끊으시리니 계 18:8
15 그 머리는 곧 장로와 존귀한 자요 그 꼬
리는 곧 거짓말을 가르치는 선지자라
16 백성을 인도하는 자가 그들을 미혹하니
인도를 받는 자들이 멸망을 당하는도다
17 이 백성이 모두 경건하지 아니하며 악
을 행하며 모든 입으로 망령되이 말하
니 그러므로 주께서 그들의 장정들을
기뻐하지 아니하시며 그들의 고아와 과
부를 긍휼히 여기지 아니하시리라 그럴
지라도 여호와의 진노가 돌아서지 아니
하며 그의 손이 여전히 펴져 있으리라
18 ●대저 악행은 불 타오르는 것 같으니
곧 찔레와 가시를 삼키며 빽빽한 수풀을
살라 연기가 위로 올라가게 함과 같은
것이라
19 만군의 여호와의 진노로 말미암아 이 땅
이 불타리니 백성은 불에 섶과 같을 것
이라 사람이 자기의 형제를 아끼지 아니
하며
20 오른쪽으로 움킬지라도 주리고 왼쪽으
로 먹을지라도 배부르지 못하여 각각
자기 팔의 고기를 먹을 것이며 8:21,22
21 므낫세는 에브라임을, 에브라임은 므낫

The LORD's Anger Against Israel

8 ●The Lord has sent a message against Jacob;
it will fall on Israel.
9 ●All the people will know it—
Ephraim and the inhabitants of Samaria—
who say with pride
and arrogance of heart,
10 ●"The bricks have fallen down,
but we will rebuild with dressed stone;
the fig trees have been felled,
but we will replace them with cedars."
11 ●But the LORD has strengthened Rezin's foes against them
and has spurred their enemies on.
12 ●Arameans from the east and Philistines from the west
have devoured Israel with open mouth.
Yet for all this, his anger is not turned away,
his hand is still upraised.
13 ●But the people have not returned to him who struck them,
nor have they sought the LORD Almighty.
14 ●So the LORD will cut off from Israel both head and tail,
both palm branch and reed in a single day;
15 ●the elders and dignitaries are the head,
the prophets who teach lies are the tail.
16 ●Those who guide this people mislead them,
and those who are guided are led astray.
17 ●Therefore the Lord will take no pleasure in the young men,
nor will he pity the fatherless and widows,
for everyone is ungodly and wicked,
every mouth speaks folly.
Yet for all this, his anger is not turned away,
his hand is still upraised.
18 ●Surely wickedness burns like a fire;
it consumes briers and thorns,
it sets the forest thickets ablaze,
so that it rolls upward in a column of smoke.
19 ●By the wrath of the LORD Almighty
the land will be scorched
and the people will be fuel for the fire;
they will not spare one another.
20 ●On the right they will devour,
but still be hungry;
on the left they will eat,
but not be satisfied.
Each will feed on the flesh of their own offspring[a]:
21 ●Manasseh will feed on Ephraim, and

[a]20 Or *arm*

ablaze [əbléiz] *a.* 불타는
arrogance [ǽrəgəns] *n.* 거만
brick [brik] *n.* 벽돌
brier [bráiər] *n.* 찔레
column [káləm] *n.* 기둥
consume [kənsú:m] *vt.* 소비하다
devour [diváuər] *vt.* 삼키다
foe [fou] *n.* 적
folly [fáli] *n.* 어리석음
mislead [mìslí:d] *vt.* 잘못 인도하다
pity [píti] *vt.* 불쌍히여기다
reed [ri:d] *n.* 갈대
scorch [skɔ:rtʃ] *vt.* 태우다
throne [θroun] *n.* 왕좌
ungodly [ʌngádli] *a.* 신앙심이 없는

9:10 fall down: 무너지다
9:10 replace A with B: A를 B로 대체하다
9:11 spur... on: …를 격동시키다
9:12 turn away: 돌아서다
9:16 lead astray: 나쁜 길로 인도하다
9:18 set ablaze: 불타오르게 하다

세를 먹을 것이요 또 그들이 합하여 유다
를 치리라 그럴지라도 여호와의 진노가 돌
아서지 아니하며 그의 손이 여전히 펴져
있으리라

10 불의한 법령을 만들며 불의한 말을 기
록하며
2 가난한 자를 불공평하게 판결하여 가난한
내 백성의 권리를 박탈하며 과부에게 토색
하고 고아의 것을 약탈하는 자는 화 있을
진저
3 벌하시는 날과 멀리서 오는 환난 때에 너
희가 어떻게 하려느냐 누구에게로 도망하
여 도움을 구하겠으며 너희의 영화를 어느
곳에 두려느냐
4 포로 된 자 아래에 구푸리며 죽임을 당한
자 아래에 엎드러질 따름이니라 그럴지라
도 여호와의 진노가 돌아서지 아니하며 그
의 손이 여전히 펴져 있으리라

하나님의 도구인 앗수르 — B.C. 734년경

5 ●앗수르 사람은 화 있을진저 그는 내 진노
의 막대기요 그 손의 몽둥이는 내 분노라
6 내가 그를 보내어 경건하지 아니한 나라를
치게 하며 내가 그에게 명령하여 나를 노
하게 한 백성을 쳐서 탈취하며 노략하게
하며 또 그들을 길거리의 진흙같이 짓밟게
하려 하거니와
7 그의 뜻은 이같지 아니하며 그의 마음의
생각도 이같지 아니하고 다만 그의 마음은
허다한 나라를 파괴하며 멸절하려 하는도
다
8 그가 이르기를 내 고관들은 다 왕들이 아니
냐
9 갈로는 갈그미스와 같지 아니하며 하맛은
아르밧과 같지 아니하며 사마리아는 다메
섹과 같지 아니하냐
10 내 손이 이미 우상을 섬기는 나라들에 미
쳤나니 그들이 조각한 신상들이 예루살렘
과 사마리아의 신상들보다 뛰어났느니라
11 내가 사마리아와 그의 우상들에게 행함같
이 예루살렘과 그의 우상들에게 행하지 못
하겠느냐 하는도다
12 ●그러므로 주께서 주의 일을 시온 산과
예루살렘에 다 행하신 후에 앗수르 왕의
완악한 마음의 열매와 높은 눈의 자랑을
벌하시리라
13 그의 말에 나는 내 손의 힘과 내 지혜로 이
일을 행하였나니 나는 총명한 자라 열국의

Ephraim on Manasseh;
together they will turn against Judah.
Yet for all this, his anger is not turned away,
his hand is still upraised.

10 Woe to those who make unjust laws,
to those who issue oppressive decrees,
2 ●to deprive the poor of their rights
and withhold justice from the oppressed
of my people,
making widows their prey
and robbing the fatherless.
3 ●What will you do on the day of reckoning,
when disaster comes from afar?
To whom will you run for help?
Where will you leave your riches?
4 ●Nothing will remain but to cringe among the
captives
or fall among the slain.
Yet for all this, his anger is not turned away,
his hand is still upraised.

God's Judgment on Assyria

5 ●"Woe to the Assyrian, the rod of my anger,
in whose hand is the club of my wrath!
6 ●I send him against a godless nation,
I dispatch him against a people who anger
me,
to seize loot and snatch plunder,
and to trample them down like mud in the
streets.
7 ●But this is not what he intends,
this is not what he has in mind;
his purpose is to destroy,
to put an end to many nations.
8 ●'Are not my commanders all kings?' he says.
9 ●'Has not Kalno fared like Carchemish?
Is not Hamath like Arpad,
and Samaria like Damascus?
10 ●As my hand seized the kingdoms of the idols,
kingdoms whose images excelled those of
Jerusalem and Samaria—
11 ●shall I not deal with Jerusalem and her images
as I dealt with Samaria and her idols?'"
12 ●When the Lord has finished all his work
against Mount Zion and Jerusalem, he will say,
"I will punish the king of Assyria for the willful
pride of his heart and the haughty look in his
13 eyes. ●For he says:
"'By the strength of my hand I have done
this,
and by my wisdom, because I have
understanding.
I removed the boundaries of nations,

cringe [krindʒ] *vi.* 움츠리다
decree [dikríː] *n.* 법령
dispatch [dispǽtʃ] *vt.* 급파하다
fare [fɛər] *vt.* (특정상황에서) 더 잘하다
haughty [hɔ́ːti] *a.* 거만한
intend [inténd] *vt.* …하려 하다
loot [luːt] *n.* 전리품, 약탈품
reckoning [rékəniŋ] *n.* 판단, 계산
seize [siːz] *vt.* 몰수하다, 압류하다
slay [slei] *vt.* 죽이다
snatch [snætʃ] *vt.* 낚아채다
trample [træmpl] *vt.* 짓밟다
willful [wílfəl] *a.* 의도적인
withhold [wiθhóuld] *vt.* 보류하다
wrath [ræθ] *n.* 분노

10:2 deprive A of B: A에서 B를 빼앗다
10:3 from afar: (아주) 멀리서
10:3 run for...: …을 부르러 달려가다
10:4 for all this: 이에 불구하고
10:7 put an end to...: …를 끝내다
10:11 deal with...: …을 처리하다

경계선을 걷어치웠고 그들의 재물을 약
탈하였으며 또 용감한 자처럼 위에 거
주한 자들을 낮추었으며
14 내 손으로 열국의 재물을 얻은 것은 새
의 보금자리를 얻음 같고 온 세계를 얻
은 것은 내버린 알을 주움 같았으나 날
개를 치거나 입을 벌리거나 지저귀는
것이 하나도 없었다 하는도다
15 ●도끼가 어찌 찍는 자에게 스스로 자
랑하겠으며 톱이 어찌 켜는 자에게 스
스로 큰 체하겠느냐 이는 막대기가 자
기를 드는 자를 움직이려 하며 몽둥이
가 나무 아닌 사람을 들려 함과 같음이
로다
16 그러므로 주 만군의 여호와께서 살진
자를 파리하게 하시며 그의 영화 아래
에 불이 붙는 것같이 맹렬히 타게 하실
것이라
17 이스라엘의 빛은 불이 되고 그의 거룩
하신 이는 불꽃이 되실 것이니라 하루
사이에 그의 가시와 찔레가 소멸되며
18 그의 숲과 기름진 밭의 영광이 [1]전부 소
멸되리니 병자가 점점 쇠약하여 감 같
을 것이라
19 그의 숲에 남은 나무의 수가 희소하여
아이라도 능히 계수할 수 있으리라

남은 자만 돌아오리라 (♪ 509, 527장)

20 ●그날에 이스라엘의 남은 자와 야곱
족속의 피난한 자들이 다시는 자기를
친 자를 의지하지 아니하고 이스라엘
의 거룩하신 이 여호와를 진실하게 의
지하리니 17:7,8
21 남은 자 곧 야곱의 남은 자가 능하신 하
나님께로 돌아올 것이라
22 이스라엘이여 네 백성이 바다의 모래
같을지라도 남은 자만 돌아오리니 넘치
는 공의로 파멸이 작정되었음이라
23 이미 작정된 파멸을 주 만군의 여호
와께서 온 세계 중에 끝까지 행하시리
라

주께서 앗수르를 멸하시리라

24 ●그러므로 주 만군의 여호와께서 이르
시되 시온에 거주하는 내 백성들아 앗
수르가 애굽이 한 것처럼 막대기로 너
를 때리며 몽둥이를 들어 너를 칠지라
도 그를 두려워하지 말라

I plundered their treasures;
like a mighty one I subdued[a] their kings.
14 ●As one reaches into a nest,
so my hand reached for the wealth of the nations;
as people gather abandoned eggs,
so I gathered all the countries;
not one flapped a wing,
or opened its mouth to chirp.' "
15 ●Does the ax raise itself above the person who swings it,
or the saw boast against the one who uses it?
As if a rod were to wield the person who lifts it up,
or a club brandish the one who is not wood!
16 ●Therefore, the Lord, the LORD Almighty,
will send a wasting disease upon his sturdy warriors;
under his pomp a fire will be kindled
like a blazing flame.
17 ●The Light of Israel will become a fire,
their Holy One a flame;
in a single day it will burn and consume
his thorns and his briers.
18 ●The splendor of his forests and fertile fields
it will completely destroy,
as when a sick person wastes away.
19 ●And the remaining trees of his forests
will be so few
that a child could write them down.

The Remnant of Israel

20 ●In that day the remnant of Israel,
the survivors of Jacob,
will no longer rely on him
who struck them down
but will truly rely on the LORD,
the Holy One of Israel.
21 ●A remnant will return,[b] a remnant of Jacob
will return to the Mighty God.
22 ●Though your people be like the sand by the sea, Israel,
only a remnant will return.
Destruction has been decreed,
overwhelming and righteous.
23 ●The Lord, the LORD Almighty, will carry out
the destruction decreed upon the whole land.
24 ●Therefore this is what the Lord, the LORD Almighty, says:
"My people who live in Zion,
do not be afraid of the Assyrians,
who beat you with a rod
and lift up a club against you, as Egypt did.

[a]*13* Or *treasures; / I subdued the mighty,* [b]*21* Hebrew *shear-jashub* (see 7:3 and note); also in verse 22

1) 히, 영혼과 육체가 아울러

abandon [əbǽndən] *vt.* 버리다
blazing [bléiziŋ] *a.* 타오르는
brandish [brǽndiʃ] *vt.* 휘두르다
chirp [tʃə:rp] *vt.* 짹짹 울다
destruction [distrʌ́kʃən] *n.* 파멸
fertile [fə́:rtl] *a.* 비옥한
flame [fleim] *n.* 불꽃
flap [flæp] *vt.* 날개를 치다
kindle [kíndl] *vt.* 불붙이다
overwhelming [òuvərhwélmiŋ] *a.* 압도적인
pomp [pamp] *n.* 화려함
remnant [rémnənt] *n.* 나머지
sturdy [stə́:rdi] *a.* 억센, 견고한
subdue [səbdjú:] *vt.* 정복하다
wield [wi:ld] *vt.* 휘두르다

10:14 reach into...: …안에 손을 넣다
10:14 reach for...: …를 잡으려고 손을 뻗다
10:16 send A upon B: A(질병, 재앙 등)를 B에게 보내다
10:18 waste away: 야위고 쇠약해지다
10:20 rely on...: …를 의지하다

25 내가 오래지 아니하여 네게는 분을 그
치고 그들은 내 진노로 멸하리라 하시
도다
26 만군의 여호와께서 채찍을 들어 그를
치시되 오렙 바위에서 미디안을 쳐죽이
신 것같이 하실 것이며 막대기를 드시
되 바다를 향하여 애굽에서 하신 것같
이 하실 것이라
27 그날에 그의 무거운 짐이 네 어깨에서
떠나고 그의 멍에가 네 목에서 벗어지
되 기름진 까닭에 멍에가 부러지리라

침략자들의 공격

28 ●[1)]그가 아얏에 이르러 미그론을 지나
믹마스에 그의 장비를 두고
29 산을 넘어 게바에서 유숙하매 라마는
떨고 사울의 기브아는 도망하도다
30 딸 갈림아 큰 소리로 외칠지어다 라이
사야 자세히 들을지어다 가련하다 너
아나돗이여
31 맛메나는 피난하며 게빔 주민은 도망하
도다
32 아직 이날에 그가 놉에서 쉬고 딸 시온
산 곧 예루살렘 산을 향하여 그 손을 흔
들리로다
33 ●보라 주 만군의 여호와께서 혁혁한
위력으로 그 가지를 꺾으시리니 그 장
대한 자가 찍힐 것이요 그 높은 자가
낮아질 것이며

암 2:9

34 쇠로 그 빽빽한 숲을 베시리니 레바논
이 권능 있는 자에게 베임을 당하리라

평화의 나라 (♪ 550장) — B.C. 734년경

11 이새의 줄기에서 한 싹이 나며 그
뿌리에서 한 가지가 나서 결실할 것
이요
2 그의 위에 여호와의 영 곧 지혜와 총명
의 영이요 모략과 재능의 영이요 지식
과 여호와를 경외하는 영이 강림하시리
니
3 그가 여호와를 경외함으로 즐거움을 삼
을 것이며 그의 눈에 보이는 대로 심판
하지 아니하며 그의 귀에 들리는 대로
판단하지 아니하며
4 공의로 가난한 자를 심판하며 정직으로
세상의 겸손한 자를 판단할 것이며 그
의 입의 막대기로 세상을 치며 그의 입
술의 기운으로 악인을 죽일 것이며

25 ●Very soon my anger against you will end
and my wrath will be directed to their
destruction."
26 ●The LORD Almighty will lash them with a whip,
as when he struck down Midian at the rock
of Oreb;
and he will raise his staff over the waters,
as he did in Egypt.
27 ●In that day their burden will be lifted from your
shoulders,
their yoke from your neck;
the yoke will be broken
because you have grown so fat.[a]
28 ●They enter Aiath;
they pass through Migron;
they store supplies at Mikmash.
29 ●They go over the pass, and say,
"We will camp overnight at Geba."
Ramah trembles;
Gibeah of Saul flees.
30 ●Cry out, Daughter Gallim!
Listen, Laishah!
Poor Anathoth!
31 ●Madmenah is in flight;
the people of Gebim take cover.
32 ●This day they will halt at Nob;
they will shake their fist
at the mount of Daughter Zion,
at the hill of Jerusalem.
33 ●See, the Lord, the LORD Almighty,
will lop off the boughs with great power.
The lofty trees will be felled,
the tall ones will be brought low.
34 ●He will cut down the forest thickets with an ax;
Lebanon will fall before the Mighty One.

The Branch From Jesse

11 A shoot will come up from the stump of Jesse;
from his roots a Branch will bear fruit.
2 ●The Spirit of the LORD will rest on him —
the Spirit of wisdom and of understanding,
the Spirit of counsel and of might,
the Spirit of the knowledge and fear
of the LORD —
3 ●and he will delight in the fear of the LORD.
He will not judge by what he sees with his eyes,
or decide by what he hears with his ears;
4 ●but with righteousness he will judge the needy,
with justice he will give decisions for the
poor of the earth.
He will strike the earth with the rod of his mouth;

[a]27 Hebrew; Septuagint *broken / from your shoulders*

1) 앗수르 왕이

decision [disíʒən] *n.* 판결	**lash** [læʃ] *vt.* 채찍으로 때리다	**supply** [səplái] *n.* 비축물자
fell [fel] *vt.* 넘어뜨리다	**lofty** [lɔ́:fti] *a.* 높은	**thicket** [θíkit] *n.* 덤불
fist [fist] *n.* 손, 주먹	**needy** [ní:di] *a.* 매우 가난한	**tremble** [trémbl] *vi.* 떨다
flight [flait] *n.* 도망, 도주	**shoot** [ʃu:t] *n.* 싹	**yoke** [jouk] *n.* 멍에
halt [hɔ:lt] *vi.* 멈추다	**stump** [stʌmp] *n.* 그루터기	**whip** [hwip] *n.* 채찍
10:27 lift from...: …에서 들어올리다	**10:33 lop off**: 잘라버리다	**11:2 rest on...**: …위에 머무르다
10:31 take cover: 숨다, 피하다	**10:33 bring low**: 몰락하게 하다	**11:3 delight in...**: …을 즐기다

5 공의로 그의 허리띠를 삼으며 성실로 그의 몸의 띠를 삼으리라
6 ●그때에 이리가 어린 양과 함께 살며 표범이 어린 염소와 함께 누우며 송아지와 어린 사자와 살진 짐승이 함께 있어 어린아이에게 끌리며
7 암소와 곰이 함께 먹으며 그것들의 새끼가 함께 엎드리며 사자가 소처럼 풀을 먹을 것이며
8 젖 먹는 아이가 독사의 구멍에서 장난하며 젖 뗀 어린아이가 독사의 굴에 손을 넣을 것이라
9 내 거룩한 산 모든 곳에서 해 됨도 없고 상함도 없을 것이니 이는 물이 바다를 덮음같이 여호와를 아는 지식이 세상에 충만할 것임이니라

남은 백성이 돌아오리라

10 ●그날에 이새의 뿌리에서 한 싹이 나서 만민의 기치로 설 것이요 열방이 그에게로 돌아오리니 그가 거한 곳이 영화로우리라
11 ●그날에 주께서 다시 그의 손을 펴사 그의 남은 백성을 앗수르와 애굽과 바드로스와 구스와 엘람과 시날과 하맛과 바다 섬들에서 돌아오게 하실 것이라
12 여호와께서 열방을 향하여 기치를 세우시고 이스라엘의 쫓긴 자들을 모으시며 땅 사방에서 유다의 흩어진 자들을 모으시리니

슥 10:6

13 에브라임의 질투는 없어지고 유다를 괴롭게 하던 자들은 끊어지며 에브라임은 유다를 질투하지 아니하며 유다는 에브라임을 괴롭게 하지 아니할 것이요

겔 37:16, 17

14 그들이 서쪽으로 블레셋 사람들의 어깨에 날아 앉고 함께 동방 백성을 노략하며 에돔과 모압에 손을 대며 암몬 자손을 자기에게 복종시키리라
15 여호와께서 애굽 해만을 말리시고 그의 손을 유브라데 하수 위에 흔들어 뜨거운 바람을 일으켜 그 하수를 쳐 일곱 갈래로 나누어 신을 신고 건너가게 하실 것이라
16 그의 남아 있는 백성 곧 앗수르에서 남은 자들을 위하여 큰길이 있게 하시되 이스라엘이 애굽 땅에서 나오던 날과

with the breath of his lips he will slay the wicked.
5 •Righteousness will be his belt
and faithfulness the sash around his waist.
6 •The wolf will live with the lamb,
the leopard will lie down with the goat,
the calf and the lion and the yearling [a] together;
and a little child will lead them.
7 •The cow will feed with the bear,
their young will lie down together,
and the lion will eat straw like the ox.
8 •The infant will play near the cobra's den,
and the young child will put its hand into the viper's nest.
9 •They will neither harm nor destroy
on all my holy mountain,
for the earth will be filled with the knowledge of the LORD
as the waters cover the sea.

10 •In that day the Root of Jesse will stand as a
banner for the peoples; the nations will rally to him,
11 and his resting place will be glorious. •In that day
the Lord will reach out his hand a second time to
reclaim the surviving remnant of his people from
Assyria, from Lower Egypt, from Upper Egypt, from
Cush, [b] from Elam, from Babylonia, [c] from Hamath
and from the islands of the Mediterranean.

12 •He will raise a banner for the nations
and gather the exiles of Israel;
he will assemble the scattered people of Judah
from the four quarters of the earth.
13 •Ephraim's jealousy will vanish,
and Judah's enemies [d] will be destroyed;
Ephraim will not be jealous of Judah,
nor Judah hostile toward Ephraim.
14 •They will swoop down on the slopes of Philistia to the west;
together they will plunder the people to the east.
They will subdue Edom and Moab,
and the Ammonites will be subject to them.
15 •The LORD will dry up
the gulf of the Egyptian sea;
with a scorching wind he will sweep his hand
over the Euphrates River.
He will break it up into seven streams
so that anyone can cross over in sandals.
16 •There will be a highway for the remnant of his people
that is left from Assyria,

[a] 6 Hebrew; Septuagint *lion will feed* [b] 11 That is, the upper Nile region [c] 11 Hebrew *Shinar* [d] 13 Or *hostility*

assemble [əsémbl] *vt.* 모으다
banner [bǽnər] *n.* 깃발
hostile [hástl] *a.* 적대하는
infant [ínfənt] *n.* 유아
philistia [filístiə] *n.* 블레셋
rally [rǽli] *vi.* 모이다
reclaim [rikléim] *vt.* 개선하다
remnant [rémnənt] *n.* 남은 자
sash [sæʃ] *n.* 허리띠
scatter [skǽtər] *vt.* 흩어지다
scorching [skɔ́:rtʃiŋ] *a.* 몹시 뜨거운
slope [sloup] *n.* 비탈, 경사지
subdue [səbdjú:] *vt.* 정복하다
sweep [swi:p] *vi.* 휩쓸다
viper [váipər] *n.* 독사

11:11 reach out: (손 등을) 뻗다
11:13 be jealous of...: …를 시기하다
11:14 swoop down on...: …을 갑자기 덮치다
11:14 be subject to...: …에 예속되다
11:15 dry up: 완전히 바싹 마르다

갈게 하시리라

감사 찬송 (♪ 377장) — B.C. 732년경

12 그날에 네가 말하기를 여호와여 주
께서 전에는 내게 노하셨사오나 이
제는 주의 진노가 돌아섰고 또 주께서
나를 안위하시오니 내가 주께 감사하겠
나이다 할 것이니라
2 보라 하나님은 나의 구원이시라 내가
신뢰하고 두려움이 없으리니 주 여호와
는 나의 힘이시며 나의 노래시며 나의
구원이심이라
3 그러므로 너희가 기쁨으로 구원의 우물
들에서 물을 길으리로다
4 그날에 너희가 또 말하기를 여호와께
감사하라 그의 이름을 부르며 그의 행
하심을 만국 중에 선포하며 그의 이름
이 높다 하라
5 여호와를 찬송할 것은 극히 아름다운
일을 하셨음이니 이를 온 땅에 알게 할
지어다
6 시온의 주민아 소리 높여 부르라 이스
라엘의 거룩하신 이가 너희 중에서 크
심이니라 할 것이니라

바벨론에 대한 경고 — B.C. 732년경

13 [1]아모스의 아들 이사야가 바벨론
에 대하여 받은 경고라
2 ● 너희는 민둥산 위에 기치를 세우고
소리를 높여 그들을 부르며 손을 흔들
어 그들을 존귀한 자의 문에 들어가게
하라 10:32
3 내가 거룩하게 구별한 자들에게 명령하
고 나의 위엄을 기뻐하는 용사들을 불
러 나의 노여움을 전하게 하였느니라
4 산에서 무리의 소리가 남이여 많은 백
성의 소리 같으니 곧 열국 민족이 함께
모여 떠드는 소리라 만군의 여호와께
서 싸움을 위하여 군대를 검열하심이
로다
5 무리가 먼 나라에서, 하늘 끝에서 왔음
이여 곧 여호와와 그의 진노의 병기라
온 땅을 멸하려 함이로다
6 ● 너희는 애곡할지어다 여호와의 날이
가까웠으니 전능자에게서 멸망이 임할
것임이로다
7 그러므로 모든 손의 힘이 풀리고 각 사

as there was for Israel
when they came up from Egypt.

Songs of Praise

12 In that day you will say:
"I will praise you, LORD.
Although you were angry with me,
your anger has turned away
and you have comforted me.
2 ● Surely God is my salvation;
I will trust and not be afraid.
The LORD, the LORD himself, is my strength and
my defense[a];
he has become my salvation."
3 ● With joy you will draw water
from the wells of salvation.
4 ● In that day you will say:
"Give praise to the LORD, proclaim his name;
make known among the nations what he has
done,
and proclaim that his name is exalted.
5 ● Sing to the LORD, for he has done glorious things;
let this be known to all the world.
6 ● Shout aloud and sing for joy, people of Zion,
for great is the Holy One of Israel among you."

A Prophecy Against Babylon

13 A prophecy against Babylon that Isaiah son
of Amoz saw:
2 ● Raise a banner on a bare hilltop,
shout to them;
beckon to them
to enter the gates of the nobles.
3 ● I have commanded those I prepared for battle;
I have summoned my warriors to carry out my
wrath—
those who rejoice in my triumph.
4 ● Listen, a noise on the mountains,
like that of a great multitude!
Listen, an uproar among the kingdoms,
like nations massing together!
The LORD Almighty is mustering
an army for war.
5 ● They come from faraway lands,
from the ends of the heavens —
the LORD and the weapons of his wrath —
to destroy the whole country.
6 ● Wail, for the day of the LORD is near;
it will come like destruction from the Almighty.[b]
7 ● Because of this, all hands will go limp,

[a]2 Or *song* [b]6 Hebrew *Shaddai* 1) 히, 아모츠

aloud [əláud] *ad.* 큰 소리로
bare [bɛər] *a.* 벌거벗은
comfort [kʌ́mfərt] *n.* 위로
defense [diféns] *n.* 방어
exalt [igzɔ́:lt] *vt.* 높이다
mass [mæs] *vi.* 모이다
multitude [mʌ́ltətjù:d] *n.* 군중
muster [mʌ́stər] *vt.* 소집하다
proclaim [proukléim] *vt.* 선포하다
prophecy [prɑ́fəsi] *n.* 예언
salvation [sælvéiʃən] *n.* 구원
summon [sʌ́mən] *vt.* 소집하다
triumph [tráiəmf] *n.* 승리
uproar [ʌ́prɔ̀:r] *n.* 소란
wail [weil] *vi.* 통곡하다

12:1 **turn away**: 돌아서다
12:4 **make known**: 알리다, 공표하다
13:2 **beckon to...**: …를 손짓하여 부르다
13:3 **carry out**: 실행하다
13:4 **like that**: 이런 식으로
13:7 **go limp**: 힘없이 축 늘어지다

람의 마음이 녹을 것이라
8 그들이 놀라며 괴로움과 슬픔에 사로잡
혀 해산이 임박한 여자같이 고통하며
서로 보고 놀라며 얼굴이 불꽃 같으리
로다
9 보라 여호와의 날 곧 잔혹히 분냄과 맹
렬히 노하는 날이 이르러 땅을 황폐하
게 하며 그중에서 죄인들을 멸하리니
10 하늘의 별들과 별 무리가 그 빛을 내지
아니하며 해가 돋아도 어두우며 달이
그 빛을 비추지 아니할 것이로다
11 내가 세상의 악과 악인의 죄를 벌하며
교만한 자의 오만을 끊으며 강포한 자
의 거만을 낮출 것이며
12 내가 사람을 순금보다 희소하게 하며
인생을 오빌의 금보다 희귀하게 하리로
다 4:1
13 그러므로 나 만군의 여호와가 분하여
맹렬히 노하는 날에 하늘을 진동시키
며 땅을 흔들어 그 자리에서 떠나게 하
리니 학 2:6
14 그들이 쫓긴 노루나 모으는 자 없는 양
같이 각기 자기 동족에게로 돌아가며
각기 본향으로 도망할 것이나
15 만나는 자마다 창에 찔리겠고 잡히는
자마다 칼에 엎드러지겠고
16 그들의 어린아이들은 그들의 목전에서
메어침을 당하겠고 그들의 집은 노략
을 당하겠고 그들의 아내는 욕을 당하
리라 나 3:10
17 ●보라 은을 돌아보지 아니하며 금을
기뻐하지 아니하는 메대 사람을 내가
충동하여 그들을 치게 하리니 단 5:28
18 메대 사람이 활로 청년을 쏘아 죽이며
태의 열매를 긍휼히 여기지 아니하며
아이를 애석하게 보지 아니하리라
19 열국의 영광이요 갈대아 사람의 자랑하
는 노리개가 된 바벨론이 하나님께 멸
망 당한 소돔과 고모라같이 되리니
20 그곳에 거주할 자가 없겠고 거처할 사
람이 대대에 없을 것이며 아라비아 사
람도 거기에 장막을 치지 아니하며 목
자들도 그곳에 그들의 양 떼를 쉬게 하
지 아니할 것이요
21 오직 들짐승들이 거기에 엎드리고 부
르짖는 짐승이 그들의 가옥에 가득하
며 타조가 거기에 깃들이며 들양이 거

every heart will melt with fear.
8 •Terror will seize them,
pain and anguish will grip them;
they will writhe like a woman in labor.
They will look aghast at each other,
their faces aflame.
9 •See, the day of the LORD is coming
—a cruel day, with wrath and fierce anger—
to make the land desolate
and destroy the sinners within it.
10 •The stars of heaven and their constellations
will not show their light.
The rising sun will be darkened
and the moon will not give its light.
11 •I will punish the world for its evil,
the wicked for their sins.
I will put an end to the arrogance of the haughty
and will humble the pride of the ruthless.
12 •I will make people scarcer than pure gold,
more rare than the gold of Ophir.
13 •Therefore I will make the heavens tremble;
and the earth will shake from its place
at the wrath of the LORD Almighty,
in the day of his burning anger.
14 •Like a hunted gazelle,
like sheep without a shepherd,
they will all return to their own people,
they will flee to their native land.
15 •Whoever is captured will be thrust through;
all who are caught will fall by the sword.
16 •Their infants will be dashed to pieces before
their eyes;
their houses will be looted and their wives
violated.
17 •See, I will stir up against them the Medes,
who do not care for silver
and have no delight in gold.
18 •Their bows will strike down the young men;
they will have no mercy on infants,
nor will they look with compassion on
children.
19 •Babylon, the jewel of kingdoms,
the pride and glory of the Babylonians,[a]
will be overthrown by God
like Sodom and Gomorrah.
20 •She will never be inhabited
or lived in through all generations;
there no nomads will pitch their tents,
there no shepherds will rest their flocks.
21 •But desert creatures will lie there,
jackals will fill her houses;

[a]19 Or *Chaldeans*

aflame [əfléim] *a.* (얼굴이) 화끈 달아오른
anguish [ǽŋgwiʃ] *n.* 고뇌
compassion [kəmpǽʃən] *n.* 긍휼
constellation [kɑ̀nstəléiʃən] *n.* 별자리
dash [dæʃ] *vt.* 내던지다
desolate [désələt] *a.* 황량한
flee [fli:] *vi.* 달아나다
grip [grip] *vt.* 움켜 쥐다
haughty [hɔ́:ti] *a.* 오만한
loot [lu:t] *vt.* 약탈하다
nomad [nóumæd] *n.* 유목민
overthrow [òuvərθróu] *vt.* 무너뜨리다
ruthless [rú:θlis] *a.* 무자비한
scarce [skεərs] *a.* 드문, 진귀한
writhe [raið] *vt.* 괴로워하다

13:8 look aghast...: 멍하니 …을 바라보다
13:11 put an end to...: …를 끝내다
13:15 thrust through...: …를 꿰찌르다
13:17 stir up: 선동하다
13:17 care for...: …에 관심 갖다
13:20 pitch a tent: 천막을 치다

기에서 뛸 것이요
22 그의 궁성에는 승냥이가 부르짖을 것이요 화려하던 궁전에는 들개가 울 것이라 그의 때가 가까우며 그의 날이 오래지 아니하리라

포로에서 돌아오다

14 여호와께서 야곱을 긍휼히 여기시며 이스라엘을 다시 택하여 그들의 땅에 두시리니 나그네 된 자가 야곱 족속과 연합하여 그들에게 예속될 것이며
2 민족들이 그들을 데리고 그들의 본토에 돌아오리니 이스라엘 족속이 여호와의 땅에서 그들을 얻어 노비로 삼겠고 전에 자기를 사로잡던 자들을 사로잡고 자기를 압제하던 자들을 주관하리라

스올로 내려간 바벨론 왕

3 ● 여호와께서 너를 슬픔과 곤고와 및 네가 수고하는 고역에서 놓으시고 안식을 주시는 날에 40:2
4 너는 바벨론 왕에 대하여 이 노래를 지어 이르기를 압제하던 자가 어찌 그리 그쳤으며 강포한 성이 어찌 그리 폐하였는고
5 여호와께서 악인의 몽둥이와 통치자의 규를 꺾으셨도다
6 그들이 분내어 여러 민족을 치되 치기를 마지아니하였고 노하여 열방을 억압하여도 그 억압을 막을 자 없었더니
7 이제는 온 땅이 조용하고 평온하니 무리가 소리 높여 노래하는도다
8 향나무와 레바논의 백향목도 너로 말미암아 기뻐하여 이르기를 네가 넘어져 있은즉 올라와서 우리를 베어 버릴 자 없다 하는도다
9 아래의 스올이 너로 말미암아 소동하여 네가 오는 것을 영접하되 그것이 세상의 모든 영웅을 너로 말미암아 움직이게 하며 열방의 모든 왕을 그들의 왕좌에서 일어서게 하므로
10 그들은 다 네게 말하여 이르기를 너도 우리같이 연약하게 되었느냐 너도 우리 같이 되었느냐 하리로다
11 네 영화가 스올에 떨어졌음이여 네 비파 소리까지로다 구더기가 네 아래에 깔림이여 지렁이가 너를 덮었도다

there the owls will dwell,
and there the wild goats will leap about.
22 ● Hyenas will inhabit her strongholds,
jackals her luxurious palaces.
Her time is at hand,
and her days will not be prolonged.

14 The LORD will have compassion on Jacob;
once again he will choose Israel
and will settle them in their own land.
Foreigners will join them
and unite with the descendants of Jacob.
2 ● Nations will take them
and bring them to their own place.
And Israel will take possession of the nations
and make them male and female servants in
the LORD's land.
They will make captives of their captors
and rule over their oppressors.

3 ● On the day the LORD gives you relief from your
suffering and turmoil and from the harsh labor
4 forced on you, ● you will take up this taunt against
the king of Babylon:

How the oppressor has come to an end!
How his fury[a] has ended!
5 ● The LORD has broken the rod of the wicked,
the scepter of the rulers,
6 ● which in anger struck down peoples
with unceasing blows,
and in fury subdued nations
with relentless aggression.
7 ● All the lands are at rest and at peace;
they break into singing.
8 ● Even the junipers and the cedars of Lebanon
gloat over you and say,
"Now that you have been laid low,
no one comes to cut us down."
9 ● The realm of the dead below is all astir
to meet you at your coming;
it rouses the spirits of the departed to greet you—
all those who were leaders in the world;
it makes them rise from their thrones—
all those who were kings over the nations.
10 ● They will all respond,
they will say to you,
"You also have become weak, as we are;
you have become like us."
11 ● All your pomp has been brought down to the
grave,
along with the noise of your harps;
maggots are spread out beneath you

[a]4 Dead Sea Scrolls, Septuagint and Syriac; the meaning of the word in the Masoretic Text is uncertain.

aggression [əgréʃən] *n.* 공격
astir [əstə́ːr] *a.* 웅성거리는
captor [kǽptər] *n.* 체포자, 획득자
luxurious [lʌgʒúəriəs] *a.* 사치스러운
maggot [mǽgət] *n.* 구더기
pomp [paːmp] *n.* 화려함
prolong [prəlɔ́ːŋ] *vt.* 연장하다
relentless [riléntlis] *a.* 냉혹한
relief [rilíːf] *n.* 구조, 안심
rouse [rauz] *vt.* (감정을)일으키다
scepter [séptər] *n.* (제왕의 상징으로서의) 홀
stronghold [strɔ́ːŋhòuld] *n.* 요새
taunt [tɔːnt] *n.* 조롱
turmoil [tə́ːrmɔil] *n.* 소란
unceasing [ʌnsíːsiŋ] *a.* 끊임없는

13:21 leap about: 뛰어다니다
13:22 be at hand: 가까운
14:4 come to an end: 끝나다
14:7 break into...: 갑자기 …하기 시작하다
14:8 now that...: …이기 때문에
14:11 bring down: 파멸시키다

12 ● 너 아침의 아들[1] 계명성이여 어찌 그
리 하늘에서 떨어졌으며 너 열국을 엎
은 자여 어찌 그리 땅에 찍혔는고
13 네가 네 마음에 이르기를 내가 하늘에
올라 하나님의 뭇 별 위에 내 자리를 높
이리라 내가 북극 집회의 산 위에 앉으
리라
14 가장 높은 구름에 올라가 지극히 높은
이와 같아지리라 하는도다
15 그러나 이제 네가 스올 곧 구덩이 맨 밑
에 떨어짐을 당하리로다
16 너를 보는 이가 주목하여 너를 자세히
살펴 보며 말하기를 이 사람이 땅을 진
동시키며 열국을 놀라게 하며 렘 50:23
17 세계를 황무하게 하며 성읍을 파괴하
며 그에게 사로잡힌 자들을 집으로 놓
아 보내지 아니하던 자가 아니냐 하리
로다
18 열방의 모든 왕들은 모두 각각 자기 집
에서 영광 중에 자건마는
19 오직 너는 자기 무덤에서 내쫓겼으니
가증한 나무 가지 같고 칼에 찔려 돌구
덩이에 떨어진 주검들에 둘러싸였으니
밟힌 시체와 같도다
20 네가 네 땅을 망하게 하였고 네 백성을
죽였으므로 그들과 함께 안장되지 못하
나니 악을 행하는 자들의 후손은 영원
히 이름이 불려지지 아니하리로다 할지
니라

여호와께서 바벨론을 멸하시리라

21 ● 너희는 그들의 조상들의 죄악으로 말
미암아 그의 자손 도륙하기를 준비하여
그들이 일어나 땅을 차지하여 성읍들로
세상을 가득하게 하지 못하게 하라
22 만군의 여호와께서 말씀하시되 내가 일
어나 그들을 쳐서 이름과 남은 자와 아
들과 후손을 바벨론에서 끊으리라 나
여호와의 말이니라
23 내가 또 그것이 고슴도치의 굴혈과 물
웅덩이가 되게 하고 또 멸망의 빗자루
로 청소하리라 나 만군의 여호와의 말
이니라 하시니라

여호와께서 앗수르를 파하시리라 (♪ 383장)

24 ● 만군의 여호와께서 맹세하여 이르시
되 내가 생각한 것이 반드시 되며 내가
경영한 것을 반드시 이루리라

and worms cover you.
12 ● How you have fallen from heaven,
morning star, son of the dawn!
You have been cast down to the earth,
you who once laid low the nations!
13 ● You said in your heart,
"I will ascend to the heavens;
I will raise my throne
above the stars of God;
I will sit enthroned on the mount of assembly,
on the utmost heights of Mount Zaphon.[a]
14 ● I will ascend above the tops of the clouds;
I will make myself like the Most High."
15 ● But you are brought down to the realm of the dead,
to the depths of the pit.
16 ● Those who see you stare at you,
they ponder your fate:
"Is this the man who shook the earth
and made kingdoms tremble,
17 ● the man who made the world a wilderness,
who overthrew its cities
and would not let his captives go home?"
18 ● All the kings of the nations lie in state,
each in his own tomb.
19 ● But you are cast out of your tomb
like a rejected branch;
you are covered with the slain,
with those pierced by the sword,
those who descend to the stones of the pit.
Like a corpse trampled underfoot,
20 ● you will not join them in burial,
for you have destroyed your land
and killed your people.

Let the offspring of the wicked
never be mentioned again.
21 ● Prepare a place to slaughter his children
for the sins of their ancestors;
they are not to rise to inherit the land
and cover the earth with their cities.
22 ● "I will rise up against them,"
declares the LORD Almighty.
"I will wipe out Babylon's name and survivors,
her offspring and descendants,"
declares the LORD.
23 ● "I will turn her into a place for owls
and into swampland;
I will sweep her with the broom of destruction,"
declares the LORD Almighty.
24 ● The LORD Almighty has sworn,

[a]13 Or *of the north;* Zaphon was the most sacred mountain of the Canaanites. 1) 새벽별

ascend [əsénd] *vi.* 오르다
broom [bru:m] *n.* 빗자루
burial [bériəl] *n.* 매장
corpse [kɔ:rps] *n.* 시체
enthrone [inθróun] *vt.* 왕위에 올리다
fate [feit] *n.* 운명
inherit [inhérit] *vt.* 물려받다
offspring [ɔ́:fspriŋ] *n.* 자손
owl [aul] *n.* 올빼미
pierce [piərs] *vt.* 꿰뚫다
pit [pit] *n.* 구덩이, 구멍
ponder [pándər] *vt.* 깊이 생각하다
reject [ridʒékt] *vt.* 거절하다
slaughter [slɔ́:tər] *vt.* 학살하다
swampland [swámplænd] *n.* 습지

14:12 lay low: 쓰러뜨리다
14:16 stare at...: …를 응시하다
14:18 lie in state: 정장(正裝)하여 안치되다
14:19 cast out: 내쫓다
14:22 wipe out: 없애버리다
14:23 turn A into B: A를 B로 바꾸다

25 내가 앗수르를 나의 땅에서 파하며 나
의 산에서 그것을 짓밟으리니 그때에
그의 멍에가 [1]이스라엘에게서 떠나고
그의 짐이 그들의 어깨에서 벗어질 것
이라
26 이것이 온 세계를 향하여 정한 경영이
며 이것이 열방을 향하여 편 손이라 하
셨나니
27 만군의 여호와께서 경영하셨은즉 누가
능히 그것을 폐하며 그의 손을 펴셨은
즉 누가 능히 그것을 돌이키랴 43:13

여호와께서 블레셋을 소멸시키시리라

28 ●아하스 왕이 죽던 해에 이 경고가 임
하니라
29 블레셋 온 땅이여 너를 치던 막대기가
부러졌다고 기뻐하지 말라 뱀의 뿌리에
서는 독사가 나겠고 그의 열매는 날아
다니는 불뱀이 되리라
30 가난한 자의 장자는 먹겠고 궁핍한 자
는 평안히 누우려니와 내가 네 뿌리를
기근으로 죽일 것이요 네게 남은 자는
살륙을 당하리라
31 성문이여 슬피 울지어다 성읍이여 부르
짖을지어다 너 블레셋이여 다 소멸되리
로다 대저 연기가 북방에서 오는데 그
대열에서 벗어난 자가 없느니라
32 ●그 나라 사신들에게 어떻게 대답하겠
느냐 여호와께서 시온을 세우셨으니 그
의 백성의 곤고한 자들이 그 안에서 피
난하리라 할 것이니라

여호와께서 모압을 황폐하게 하시리라
(♪ 519, 532장)

15 모압에 관한 경고라 ●하룻밤에 모
압 알이 망하여 황폐할 것이며 하
룻밤에 모압 기르가 망하여 황폐할 것
이라
2 그들은 바잇과 디본 산당에 올라가서
울며 모압은 느보와 메드바 [2]를 위하여
통곡하는도다 그들이 각각 머리카락을
밀고 각각 수염을 깎았으며
3 거리에서는 굵은 베로 몸을 동였으며
지붕과 넓은 곳에서는 각기 애통하여
심히 울며
4 헤스본과 엘르알레는 부르짖으며 그들
의 소리는 아하스까지 들리니 그러므로
모압의 군사들이 크게 부르짖으며 그들
의 혼이 속에서 떠는도다

"Surely, as I have planned, so it will be,
and as I have purposed, so it will happen.
25 •I will crush the Assyrian in my land;
on my mountains I will trample him down.
His yoke will be taken from my people,
and his burden removed from their shoulders."
26 •This is the plan determined for the whole world;
this is the hand stretched out over all nations.
27 •For the LORD Almighty has purposed, and
who can thwart him?
His hand is stretched out, and who can turn it
back?

A Prophecy Against the Philistines

28 •This prophecy came in the year King Ahaz died:
29 •Do not rejoice, all you Philistines,
that the rod that struck you is broken;
from the root of that snake will spring up a viper,
its fruit will be a darting, venomous serpent.
30 •The poorest of the poor will find pasture,
and the needy will lie down in safety.
But your root I will destroy by famine;
it will slay your survivors.
31 •Wail, you gate! Howl, you city!
Melt away, all you Philistines!
A cloud of smoke comes from the north,
and there is not a straggler in its ranks.
32 •What answer shall be given
to the envoys of that nation?
"The LORD has established Zion,
and in her his afflicted people will find refuge."

A Prophecy Against Moab

15 A prophecy against Moab:

Ar in Moab is ruined,
destroyed in a night!
Kir in Moab is ruined,
destroyed in a night!
2 •Dibon goes up to its temple,
to its high places to weep;
Moab wails over Nebo and Medeba.
Every head is shaved
and every beard cut off.
3 •In the streets they wear sackcloth;
on the roofs and in the public squares
they all wail,
prostrate with weeping.
4 •Heshbon and Elealeh cry out,
their voices are heard all the way to Jahaz.
Therefore the armed men of Moab cry out,
and their hearts are faint.

1) 히, 그들에게서 2) 위에서 통곡

afflicted [əflíktid] *a.* 괴로워하는
dart [dɑːrt] *vt.* 달려들다
determine [ditə́ːrmin] *vt.* 정하다
envoy [énvɔi] *n.* 사신
faint [feint] *a.* 기절할 것 같은
melt [melt] *vi.* 없어지다
pasture [pǽstʃər] *n.* 목장, 목초
prophecy [prɑ́fəsi] *n.* 예언
prostrate [prɑ́streit] *a.* 엎드린
sackcloth [sǽkklɔ̀ːθ] *n.* 베옷
serpent [sə́ːrpənt] *n.* 뱀
slay [slei] *vt.* 살해하다
straggler [strǽglər] *n.* 낙오자
thwart [θwɔːrt] *vt.* 방해하다
venomous [vénəməs] *a.* 독이 있는

14:25 trample down: 짓밟다
14:27 turn back: 되돌아가게 하다
14:29 spring up: 생기다, 나다
14:30 lie down: (휴식하려고) 눕다
15:2 wail over: 한탄하다
15:4 all the way to...: …에 이르기까지

5 내 마음이 모압을 위하여 부르짖는도
다 그 피난민들은 소알과 에글랏 슬
리시야까지 이르고 울며 루힛 비탈길
로 올라가며 호로나임 길에서 패망을
울부짖으니
6 니므림 물이 마르고 풀이 시들었으며
연한 풀이 말라 청청한 것이 없음이로
다
7 그러므로 그들이 얻은 재물과 쌓았던
것을 가지고 버드나무 시내를 건너리니
8 이는 곡성이 모압 사방에 둘렸고 슬피
부르짖음이 에글라임에 이르며 부르짖
음이 브엘엘림에 미치며
9 디몬 물에는 피가 가득함이로다 그럴지
라도 내가 디몬에 재앙을 더 내리되 모
압에 도피한 자와 그 땅에 남은 자에게
사자를 보내리라

모압이 통곡하고 근심하리라

16 너희는 이 땅 통치자에게 어린 양
들을 드리되 셀라에서부터 광야를
지나 딸 시온 산으로 보낼지니라
2 모압의 [1)]딸들은 아르논 나루에서 떠다
니는 새 같고 보금자리에서 흩어진 새
새끼 같을 것이라
3 너는 방도를 베풀며 공의로 판결하며
대낮에 밤같이 그늘을 지으며 쫓겨난
자들을 숨기며 도망한 자들을 발각되게
하지 말며
4 나의 쫓겨난 자들이 너와 함께 있게
하되 너 모압은 멸절하는 자 앞에서
그들에게 피할 곳이 되라 대저 토색하
는 자가 망하였고 멸절하는 자가 그쳤
고 압제하는 자가 이 땅에서 멸절하였
으며
5 다윗의 장막에 인자함으로 왕위가 굳게
설 것이요 그 위에 앉을 자는 충실함으
로 판결하며 정의를 구하며 공의를 신
속히 행하리라
6 ●우리가 모압의 교만을 들었나니 심
히 교만하도다 그가 거만하며 교만하
며 분노함도 들었거니와 그의 자랑이
헛되도다
7 그러므로 모압이 모압을 위하여 통곡하
되 다 통곡하며 길하레셋 건포도 떡을
위하여 [2)]그들이 슬퍼하며 심히 근심하
리니

5 ●My heart cries out over Moab;
her fugitives flee as far as Zoar,
as far as Eglath Shelishiyah.
They go up the hill to Luhith,
weeping as they go;
on the road to Horonaim
they lament their destruction.
6 ●The waters of Nimrim are dried up
and the grass is withered;
the vegetation is gone
and nothing green is left.
7 ●So the wealth they have acquired and stored up
they carry away over the Ravine of the Poplars.
8 ●Their outcry echoes along the border of Moab;
their wailing reaches as far as Eglaim,
their lamentation as far as Beer Elim.
9 ●The waters of Dimon[a] are full of blood,
but I will bring still more upon Dimon[a] —
a lion upon the fugitives of Moab
and upon those who remain in the land.

16 Send lambs as tribute
to the ruler of the land,
from Sela, across the desert,
to the mount of Daughter Zion.
2 ●Like fluttering birds
pushed from the nest,
so are the women of Moab
at the fords of the Arnon.
3 ●"Make up your mind," Moab says.
"Render a decision.
Make your shadow like night —
at high noon.
Hide the fugitives,
do not betray the refugees.
4 ●Let the Moabite fugitives stay with you;
be their shelter from the destroyer."
The oppressor will come to an end,
and destruction will cease;
the aggressor will vanish from the land.
5 ●In love a throne will be established;
in faithfulness a man will sit on it —
one from the house[b] of David —
one who in judging seeks justice
and speeds the cause of righteousness.
6 ●We have heard of Moab's pride —
how great is her arrogance! —
of her conceit, her pride and her insolence;
but her boasts are empty.
7 ●Therefore the Moabites wail,
they wail together for Moab.

[a]9 *Dimon*, a wordplay on *Dibon* (see verse 2), sounds like the Hebrew for *blood*. [b]5 Hebrew *tent* 1) 여러 성 거민들은 2) 히, 너희

acquire [əkwáiər] *vt.* 얻다
betray [bitréi] *vt.* 배반하다
boast [boust] *n.* 자랑거리, 허풍
conceit [kənsí:t] *n.* 자만
destruction [distrʌ́kʃən] *n.* 멸망
flutter [flʌ́tər] *vi.* 날개를 퍼덕이다
ford [fɔ:rd] *n.* 여울, 나루터
fugitive [fjú:dʒətiv] *n.* 도망자
insolence [ínsələns] *n.* 오만
lament [ləmént] *vt.* 슬퍼하다
nest [nest] *n.* 둥지
outcry [áutkrai] *n.* 부르짖음
tribute [tríbju:t] *n.* 공물
vegetation [vèdʒətéiʃən] *n.* 한 지방(특유)의 식물
wither [wíðər] *vt.* 시들게 하다

15:5 as far as: …까지
15:6 dry up: 바싹 말라버리다
15:7 store up: 저장하다, 쌓아두다
15:7 carry away: 채 가다
15:9 still more: 더욱더
16:4 come to an end: 끝장나다, 망하다

8 이는 헤스본의 밭과 십마의 포도나무가
말랐음이라 전에는 그 가지가 야셀에
미쳐 광야에 이르고 그 싹이 자라서 바
다를 건넜더니 이제 열국의 주권자들이
그 좋은 가지를 꺾었도다
9 그러므로 내가 야셀의 울음처럼 십마의
포도나무를 위하여 울리라 헤스본이여,
엘르알레여, 내 눈물로 너를 적시리니
너의 여름 실과, 네 농작물에 즐거운 소
리가 그쳤음이라
10 즐거움과 기쁨이 기름진 밭에서 떠났고
포도원에는 노래와 즐거운 소리가 없어
지겠고 틀에는 포도를 밟을 사람이 없
으리니 이는 내가 즐거운 소리를 그치
게 하였음이라
11 이러므로 내 마음이 모압을 위하여 수
금같이 소리를 발하며 내 창자가 길하
레셋을 위하여 그러하도다
12 모압이 그 산당에서 피곤하도록 봉사하
며 자기 성소에 나아가서 기도할지라도
소용없으리로다
13 ●이는 여호와께서 오래 전부터 모압을
들어 하신 말씀이거니와
14 이제 여호와께서 말씀하여 이르시되 품
꾼의 정한 해와 같이 삼 년 내에 모압의
영화와 그 큰 무리가 능욕을 당할지라
그 남은 수가 심히 적어 보잘것없이 되
리라 하시도다

여호와께서 에브라임과 다메섹을
멸하시리라 (♪ 538장)

17 다메섹에 관한 경고라 ●보라 다메
섹이 장차 성읍을 이루지 못하고
무너진 무더기가 될 것이라
2 아로엘의 성읍들이 버림을 당하리니 양
무리를 치는 곳이 되어 양이 눕되 놀라
게 할 자가 없을 것이며
렘 7:33
3 에브라임의 요새와 다메섹 나라와 아람
의 남은 자가 멸절하여 이스라엘 자손의
영광같이 되리라 만군의 여호와의 말씀
이니라
4 ●그날에 야곱의 영광이 쇠하고 그의
살진 몸이 파리하리니
5 마치 추수하는 자가 곡식을 거두어 가
지고 그의 손으로 이삭을 벤 것 같고 르
바임 골짜기에서 이삭을 주운 것 같으
리라

Lament and grieve
for the raisin cakes of Kir Hareseth.
8 ●The fields of Heshbon wither,
the vines of Sibmah also.
The rulers of the nations
have trampled down the choicest vines,
which once reached Jazer
and spread toward the desert.
Their shoots spread out
and went as far as the sea.[a]
9 ●So I weep, as Jazer weeps,
for the vines of Sibmah.
Heshbon and Elealeh,
I drench you with tears!
The shouts of joy over your ripened fruit
and over your harvests have been stilled.
10 ●Joy and gladness are taken away from the
orchards;
no one sings or shouts in the vineyards;
no one treads out wine at the presses,
for I have put an end to the shouting.
11 ●My heart laments for Moab like a harp,
my inmost being for Kir Hareseth.
12 ●When Moab appears at her high place,
she only wears herself out;
when she goes to her shrine to pray,
it is to no avail.

13 ●This is the word the LORD has already spoken
14 concerning Moab. ●But now the LORD says: "Within
three years, as a servant bound by contract would
count them, Moab's splendor and all her many
people will be despised, and her survivors will be
very few and feeble."

A Prophecy Against Damascus

17 A prophecy against Damascus:

"See, Damascus will no longer be a city
but will become a heap of ruins.
2 ●The cities of Aroer will be deserted
and left to flocks, which will lie down,
with no one to make them afraid.
3 ●The fortified city will disappear from Ephraim,
and royal power from Damascus;
the remnant of Aram will be
like the glory of the Israelites,"
declares the LORD Almighty.
4 ●"In that day the glory of Jacob will fade;
the fat of his body will waste away.
5 ●It will be as when reapers harvest the standing
grain,
gathering the grain in their arms—

[a]8 Probably the Dead Sea

bound [baund] *a.* 속박된
contract [kɑ́ntrækt] *n.* 계약, 약정
desert [dézərt] *vt.* 버리다
despise [dispáiz] *vt.* 멸시하다
drench [drentʃ] *vt.* 젖게 하다
fade [feid] *vi.* 희미해지다
feeble [fíːbl] *a.* 약한
fortified [fɔ́ːrtəfàid] *a.* 요새화된
inmost [ínmòust] *a.* 깊은 속의
orchard [ɔ́ːrtʃərd] *n.* 과수원
raisin [réizn] *n.* 건포도
reaper [ríːpər] *n.* 수확자
remnant [rémnənt] *n.* 남은 자
ripen [ráipən] *vt.* 익게 하다
shrine [ʃrain] *n.* 산당, 신당

16:10 tread out: (포도즙 등을) 밟아 짜다
16:10 put an end to...: …를 없애버리다
16:12 wear oneself out: 스스로를 지치게 하다
16:12 to no avail: 소용이 없는
17:4 waste away: 쇠약해지다

6 그러나 그 안에 주울 것이 남으리니 감람나무를 흔들 때에 가장 높은 가지 꼭대기에 과일 두세 개가 남음 같겠고 무성한 나무의 가장 먼 가지에 네다섯 개가 남음 같으리라 이스라엘의 하나님 여호와의 말씀이니라 24:13
7 그날에 사람이 자기를 지으신 이를 바라보겠으며 그의 눈이 이스라엘의 거룩하신 이를 뵙겠고
8 자기 손으로 만든 제단을 바라보지 아니하며 자기 손가락으로 지은 아세라나 태양상을 보지 아니할 것이며
9 그날에 그 견고한 성읍들이 옛적에 이스라엘 자손 앞에서 버린 바 된 수풀 속의 처소와 작은 산꼭대기의 처소 같아서 황폐하리니
10 이는 네가 네 구원의 하나님을 잊어버리며 네 능력의 반석을 마음에 두지 아니한 까닭이라 그러므로 네가 기뻐하는 나무를 심으며 이방의 나무가지도 이종하는도다
11 네가 심는 날에 울타리를 두르고 아침에 네 씨가 잘 발육하도록 하였으나 근심과 심한 슬픔의 날에 농작물이 없어지리라

주께서 열방을 꾸짖어 흩으시리라

12 ●슬프다 많은 민족이 소동하였으되 바다 파도가 치는 소리같이 그들이 소동하였고 열방이 충돌하였으되 큰 물이 몰려옴같이 그들도 충돌하였도다
13 열방이 충돌하기를 많은 물이 몰려옴과 같이 하나 주께서 그들을 꾸짖으시리니 그들이 멀리 도망함이 산에서 겨가 바람 앞에 흩어짐 같겠고 폭풍 앞에 떠도는 티끌 같을 것이라
14 보라 저녁에 두려움을 당하고 아침이 오기 전에 그들이 없어졌나니 이는 우리를 노략한 자들의 몫이요 우리를 강탈한 자들의 보응이니라

여호와께서 구스를 두고 하신 말씀 (♪ 526장)

18 슬프다 구스의 강 건너편 날개 치는 소리 나는 땅이여
2 갈대 배를 물에 띄우고 그 사자를 수로로 보내며 이르기를 민첩한 사절들아 너희는 강들이 흘러 나누인 나라로 가되 장대하고 준수한 백성 곧 시초부터 두려움이 되며 강성하여 대적을 밟는

as when someone gleans heads of grain
in the Valley of Rephaim.
6 •Yet some gleanings will remain,
as when an olive tree is beaten,
leaving two or three olives on the topmost
branches,
four or five on the fruitful boughs,"
declares the LORD, the God of Israel.
7 •In that day people will look to their Maker
and turn their eyes to the Holy One of Israel.
8 •They will not look to the altars,
the work of their hands,
and they will have no regard for the Asherah
poles[a]
and the incense altars their fingers have made.
9 •In that day their strong cities, which they left
because of the Israelites, will be like places aban-
doned to thickets and undergrowth. And all will
be desolation.
10 •You have forgotten God your Savior;
you have not remembered the Rock, your
fortress.
Therefore, though you set out the finest plants
and plant imported vines,
11 •though on the day you set them out, you make
them grow,
and on the morning when you plant
them, you bring them to bud,
yet the harvest will be as nothing
in the day of disease and incurable pain.
12 •Woe to the many nations that rage—
they rage like the raging sea!
Woe to the peoples who roar—
they roar like the roaring of great waters!
13 •Although the peoples roar like the roar of
surging waters,
when he rebukes them they flee far away,
driven before the wind like chaff on the hills,
like tumbleweed before a gale.
14 •In the evening, sudden terror!
Before the morning, they are gone!
This is the portion of those who loot us,
the lot of those who plunder us.

A Prophecy Against Cush

18 Woe to the land of whirring wings[b]
along the rivers of Cush,[c]
2 •which sends envoys by sea
in papyrus boats over the water.
Go, swift messengers,

[a]8 That is, wooden symbols of the goddess Asherah [b]1 Or *of locusts* [c]1 That is, the upper Nile region

bough [bau] *n.* (나뭇)가지
desolation [dèsəléiʃən] *n.* 황폐
envoy [énvɔi] *n.* 사신
fortress [fɔ́:rtris] *n.* 요새
gale [geil] *n.* 돌풍
glean [gli:n] *vt.* (이삭을) 줍다
incurable [inkjúərəbl] *a.* 불치의
portion [pɔ́:rʃən] *n.* 몫, 분배 재산
rage [reidʒ] *vi.* 격노하다
surge [sə:rdʒ] *vi.* 밀려들다
swift [swift] *a.* 빠른
thicket [θíkit] *n.* 덤불
tumbleweed [tʌmblwi:d] *n.* 회전초
undergrowth [ʌ́ndərgrouθ] *n.* 덤불
whir [hwə:r] *n.* 씽하는 소리

17:7 look to...: …에 시선을 돌리다
17:8 have no regard for...: …를 무시하다
17:10 set out: 심다
17:11 bring... to bud: …를 싹트게 하다
17:11 as nothing: 아무것도 아닌
17:12 woe to...: …에게 화가 있다

백성에게로 가라 하는도다
3 세상의 모든 거민, 지상에 사는 너희
여 산들 위에 기치를 세우거든 너희
는 보고 나팔을 불거든 너희는 들을
지니라
4 ● 여호와께서 내게 이르시되 [1]내가
나의 처소에서 조용히 감찰함이 쬐이
는 일광 같고 가을 더위에 운무 같도
다
5 추수하기 전에 꽃이 떨어지고 포도
가 맺혀 익어갈 때에 [2]내가 낫으로
그 연한 가지를 베며 퍼진 가지를
찍어 버려서
6 산의 독수리들과 땅의 들짐승들에게
던져 주리니 산의 독수리들이 그것으
로 여름을 지내며 땅의 들짐승들이
다 그것으로 겨울을 지내리라 하셨음
이라
7 그때에 강들이 흘러 나누인 나라의
장대하고 준수한 백성 곧 시초부터
두려움이 되며 강성하여 대적을 밟는
백성이 만군의 여호와께 드릴 예물을
가지고 만군의 여호와의 이름을 두신
곳 시온 산에 이르리라

여호와께서 애굽에 임하시리라 (♪426장)

19 애굽에 관한 경고라 ●보라 여
호와께서 빠른 구름을 타고 애
굽에 임하시리니 애굽의 우상들이 그
앞에서 떨겠고 애굽인의 마음이 그
속에서 녹으리로다 시 104:3
2 내가 애굽인을 격동하여 애굽인을 치
리니 그들이 각기 형제를 치며 각기
이웃을 칠 것이요 성읍이 성읍을 치
며 나라가 나라를 칠 것이며 삿 7:22
3 애굽인의 정신이 그 속에서 쇠약할
것이요 그의 계획을 내가 깨뜨리리니
그들이 우상과 마술사와 신접한 자와
요술객에게 물으리로다
4 내가 애굽인을 잔인한 주인의 손에
붙이리니 포학한 왕이 그들을 다스리
리라 주 만군의 여호와의 말씀이니라
5 ●바닷물이 없어지겠고 강이 잦아서
마르겠고
6 강들에서는 악취가 나겠고 애굽의 강
물은 줄어들고 마르므로 갈대와 부들

to a people tall and smooth-skinned,
to a people feared far and wide,
an aggressive nation of strange speech,
whose land is divided by rivers.
3 ●All you people of the world,
you who live on the earth,
when a banner is raised on the mountains,
you will see it,
and when a trumpet sounds,
you will hear it.
4 ●This is what the LORD says to me:
"I will remain quiet and will look on from
my dwelling place,
like shimmering heat in the sunshine,
like a cloud of dew in the heat of harvest."
5 ●For, before the harvest, when the blossom is gone
and the flower becomes a ripening grape,
he will cut off the shoots with pruning knives,
and cut down and take away the spreading
branches.
6 ●They will all be left to the mountain birds of prey
and to the wild animals;
the birds will feed on them all summer,
the wild animals all winter.
7 ●At that time gifts will be brought to the LORD
Almighty
from a people tall and smooth-skinned,
from a people feared far and wide,
an aggressive nation of strange speech,
whose land is divided by rivers —
the gifts will be brought to Mount Zion, the place of
the Name of the LORD Almighty.

A Prophecy Against Egypt

19 A prophecy against Egypt:
See, the LORD rides on a swift cloud
and is coming to Egypt.
The idols of Egypt tremble before him,
and the hearts of the Egyptians melt with fear.
2 ●"I will stir up Egyptian against Egyptian —
brother will fight against brother,
neighbor against neighbor,
city against city,
kingdom against kingdom.
3 ●The Egyptians will lose heart,
and I will bring their plans to nothing;
they will consult the idols and the spirits of the dead,
the mediums and the spiritists.
4 ●I will hand the Egyptians over
to the power of a cruel master,
and a fierce king will rule over them,"

1) 일광이 불같이 쬐고 가을 더위에 이슬이 무르녹을 때에 내가 나의 처소에서 조용히 보리라
2) 히, 그가

aggressive [əgrésiv] *a.* 침략적인
blossom [blásəm] *n.* 꽃
cruel [krú:əl] *a.* 잔인한
dew [dju:] *n.* 이슬
divide [diváid] *vt.* 나누다
fierce [fiərs] *a.* 사나운
idol [áidl] *n.* 우상
medium [mí:diəm] *n.* 영매
melt [melt] *vi.* 녹다
prey [prei] *n.* 먹이
prune [pru:n] *vt.* 가지치다
ripen [ráipən] *vi.* 익다
shimmer [ʃímər] *vi.* 희미하게 반짝이다
stir [stə:r] *vt.* 선동하다
tremble [trémbl] *vi.* 떨다

18:2 far and wide: 도처에
18:4 in the heat of...: …가 한창일 때
18:6 feed on...: …를 먹다
19:3 lose heart: 낙심하다
19:3 bring... to nothing: …를 무효로 만들다
19:4 hand over: 넘겨 주다

이 시들겠으며
7 나일 가까운 곳 나일 언덕의 초장과
나일 강 가까운 곡식 밭이 다 말라서
날려가 없어질 것이며
8 어부들은 탄식하며 나일 강에 낚시를
던지는 자마다 슬퍼하며 물 위에 그
물을 치는 자는 피곤할 것이며
9 세마포를 만드는 자와 베 짜는 자들
이 수치를 당할 것이며
10 그의 기둥이 부서지고 품꾼들이 다
마음에 근심하리라
11 ●소안의 방백은 어리석었고 바로의
가장 지혜로운 모사의 책략은 우둔하
여졌으니 너희가 어떻게 바로에게 이
르기를 나는 지혜로운 자들의 자손이
라 나는 옛 왕들의 후예라 할 수 있으
랴
12 너의 지혜로운 자가 어디 있느냐 그
들이 만군의 여호와께서 애굽에 대하
여 정하신 뜻을 알 것이요 곧 네게 말
할 것이니라
13 소안의 방백들은 어리석었고 놉의 방
백들은 미혹되었도다 그들은 애굽 종
족들의 모퉁잇돌이거늘 애굽을 그릇
가게 하였도다
14 여호와께서 그 가운데 어지러운 마음
을 섞으셨으므로 그들이 애굽을 매사
에 잘못 가게 함이 취한 자가 토하면
서 비틀거림 같게 하였으니 3:12
15 애굽에서 머리나 꼬리며 종려나무
가지나 갈대가 아무 할 일이 없으리
라

애굽 사람이 여호와께 경배하리라

16 ●그날에 애굽이 부녀와 같을 것이라
그들이 만군의 여호와께서 흔드시는
손이 그들 위에 흔들림으로 말미암아
떨며 두려워할 것이며
17 유다의 땅은 애굽의 두려움이 되리니
이는 만군의 여호와께서 애굽에 대하
여 정하신 계획으로 말미암음이라 그
소문을 듣는 자마다 떨리라 단 4:35
18 ●그날에 애굽 땅에 가나안 방언을
말하며 만군의 여호와를 가리켜 맹
세하는 다섯 성읍이 있을 것이며 그
중 하나를 [1)]멸망의 성읍이라 칭하
리라

declares the Lord, the LORD Almighty.
5 •The waters of the river will dry up,
and the riverbed will be parched and dry.
6 •The canals will stink;
the streams of Egypt will dwindle and dry up.
The reeds and rushes will wither,
7 • also the plants along the Nile,
at the mouth of the river.
Every sown field along the Nile
will become parched, will blow away and be
no more.
8 •The fishermen will groan and lament,
all who cast hooks into the Nile;
those who throw nets on the water
will pine away.
9 •Those who work with combed flax will despair,
the weavers of fine linen will lose hope.
10 •The workers in cloth will be dejected,
and all the wage earners will be sick at heart.
11 •The officials of Zoan are nothing but fools;
the wise counselors of Pharaoh give senseless
advice.
How can you say to Pharaoh,
"I am one of the wise men,
a disciple of the ancient kings"?
12 •Where are your wise men now?
Let them show you and make known
what the LORD Almighty
has planned against Egypt.
13 •The officials of Zoan have become fools,
the leaders of Memphis are deceived;
the cornerstones of her peoples
have led Egypt astray.
14 •The LORD has poured into them
a spirit of dizziness;
they make Egypt stagger in all that she does,
as a drunkard staggers around in his vomit.
15 •There is nothing Egypt can do —
head or tail, palm branch or reed.

16 •In that day the Egyptians will become weaklings.
They will shudder with fear at the uplifted hand that
17 the LORD Almighty raises against them. •And the
land of Judah will bring terror to the Egyptians;
everyone to whom Judah is mentioned will be terri-
fied, because of what the LORD Almighty is planning
against them.
18 •In that day five cities in Egypt will speak the lan-
guage of Canaan and swear allegiance to the LORD
Almighty. One of them will be called the City of the
sun.[a]

[a]18 Some manuscripts of the Masoretic Text, Dead Sea Scrolls, Symmachus and Vulgate; most manuscripts of the Masoretic Text *City of Destruction*

1) '일하헤레스' 또는 '태양성'

allegiance [əlíːdʒəns] *n.* 충성
canal [kənǽl] *n.* 운하
deject [didʒékt] *vt.* 낙담하다
dizziness [dízinis] *n.* 어지러움
dwindle [dwíndl] *vi.* 줄어들다
flax [flæks] *n.* 아마(亞麻)
groan [groun] *vi.* 신음하다
parch [paːrtʃ] *vt.* 바싹 말리다
reed [riːd] *n.* 갈대
riverbed [rívərbèd] *n.* 강바닥
shudder [ʃʌdər] *vi.* 떨다
stagger [stǽgər] *vi.* 비틀거리다
stink [stiŋk] *vi.* 악취가 나다
weaver [wíːvər] *n.* (천 등을)짜는 사람
wither [wíðər] *vi.* 시들다

19:8 pine away: (슬픔 등으로) 수척해지다
19:9 lose hope: 실망하다
19:11 nothing but: 오직, 단지
19:12 make known: 알리다
19:13 lead astray: 나쁜 길로 이끌다
19:14 in one's vomit: 구토하면서

19 ●그날에 애굽 땅 중앙에는 여호와를 위하여
제단이 있겠고 그 변경에는 여호와를 위하여
기둥이 있을 것이요
20 이것이 애굽 땅에서 만군의 여호와를 위하여
징조와 증거가 되리니 이는 그들이 그 압박
하는 자들로 말미암아 여호와께 부르짖겠고
여호와께서는 그들에게 한 구원자이자 보호
자를 보내사 그들을 건지실 것임이라 43:3,11
21 여호와께서 자기를 애굽에 알게 하시리니 그
날에 애굽이 여호와를 알고 제물과 예물을
그에게 드리고 경배할 것이요 여호와께 서원
하고 그대로 행하리라
22 여호와께서 애굽을 치실지라도 치시고는 고
치실 것이므로 그들이 여호와께로 돌아올 것
이라 여호와께서 그들의 간구함을 들으시고
그들을 고쳐 주시리라
23 ●그날에 애굽에서 앗수르로 통하는 대로가
있어 앗수르 사람은 애굽으로 가겠고 애굽
사람은 앗수르로 갈 것이며 애굽 사람이 앗
수르 사람과 함께 경배하리라
24 ●그날에 이스라엘이 애굽 및 앗수르와 더불
어 셋이 세계 중에 복이 되리니
25 이는 만군의 여호와께서 복 주시며 이르시되
내 백성 애굽이여, 내 손으로 지은 앗수르여,
나의 기업 이스라엘이여, 복이 있을지어다 하
실 것임이라

벗은 선지자의 예표 (♪ 218, 328장)

20 앗수르의 사르곤 왕이 다르단을 아스돗
으로 보내매 그가 와서 아스돗을 쳐서
취하던 해니라
2 그때에 여호와께서 [1]아모스의 아들 이사야
에게 말씀하여 이르시되 갈지어다 네 허리에
서 베를 끄르고 네 발에서 신을 벗을지니라
하시매 그가 그대로 하여 벗은 몸과 벗은 발
로 다니니라
3 여호와께서 이르시되 나의 종 이사야가 삼 년
동안 벗은 몸과 벗은 발로 다니며 애굽과 구
스에 대하여 징조와 예표가 되었느니라
4 이와 같이 애굽의 포로와 구스의 사로잡힌
자가 앗수르 왕에게 끌려갈 때에 젊은 자나
늙은 자가 다 벗은 몸과 벗은 발로 볼기까지
드러내어 애굽의 수치를 보이리니 렘 13:22,26
5 [2]그들이 바라던 구스와 자랑하던 애굽으로
말미암아 그들이 놀라고 부끄러워할 것이
라
6 그날에 이 해변 주민이 말하기를 우리가 믿
던 나라 곧 우리가 앗수르 왕에게서 벗어나

19 ●In that day there will be an altar to the
LORD in the heart of Egypt, and a monument
20 to the LORD at its border. ●It will be a sign and
witness to the LORD Almighty in the land of
Egypt. When they cry out to the LORD because
of their oppressors, he will send them a savior
21 and defender, and he will rescue them. ●So
the LORD will make himself known to the
Egyptians, and in that day they will acknowl-
edge the LORD. They will worship with sacri-
fices and grain offerings; they will make vows
22 to the LORD and keep them. ●The LORD will
strike Egypt with a plague; he will strike them
and heal them. They will turn to the LORD,
and he will respond to their pleas and heal
them.
23 ●In that day there will be a highway from
Egypt to Assyria. The Assyrians will go to
Egypt and the Egyptians to Assyria. The Egyp-
24 tians and Assyrians will worship together. ●In
that day Israel will be the third, along with
Egypt and Assyria, a blessing[a] on the earth.
25 ●The LORD Almighty will bless them, saying,
"Blessed be Egypt my people, Assyria my
handiwork, and Israel my inheritance."

A Prophecy Against Egypt and Cush

20 In the year that the supreme com-
mander, sent by Sargon king of Assyr-
ia, came to Ashdod and attacked and captured
2 it— ●at that time the LORD spoke through Isa-
iah son of Amoz. He said to him, "Take off the
sackcloth from your body and the sandals
from your feet." And he did so, going around
stripped and barefoot.
3 ●Then the LORD said, "Just as my servant
Isaiah has gone stripped and barefoot for
three years, as a sign and portent against
4 Egypt and Cush,[b] ●so the king of Assyria will
lead away stripped and barefoot the Egypt-
ian captives and Cushite exiles, young and
old, with buttocks bared—to Egypt's shame.
5 ●Those who trusted in Cush and boasted in
Egypt will be dismayed and put to shame.
6 ●In that day the people who live on this
coast will say, 'See what has happened to
those we relied on, those we fled to for help
and deliverance from the king of Assyria!
How then can we escape?' "

[a]24 *Or Assyria, whose names will be used in blessings* (see Gen. 48:20); or *Assyria, who will be seen by others as blessed* [b]3 That is, the upper Nile region; also in verse 5 1) 히, 아모츠 2) 이스라엘이

acknowledge [əknálidʒ] *vt.* 인식하다
barefoot [béərfùt] *a.* 맨발의
boast [boust] *vi.* 자랑하다
buttock [bʌtək] *n.* 엉덩이
dismay [disméi] *vt.* 경악하게 만들다
escape [iskéip] *vi.* 피하다
exile [égzail] *n.* 유배자, 추방자
handiwork [hǽndiwə̀ːrk] *n.* 손으로 만든 작품
inheritance [inhérətəns] *n.* 상속
monument [mánjumənt] *n.* 기념비
plague [pleig] *n.* 역병
plea [pliː] *n.* 간청
portent [pɔ́ːrtent] *n.* 조짐
rely [rilái] *vi.* 의지하다
supreme [səpríːm] *a.* 최고의

19:21 make oneself known...: …에게 자신을 알리다
19:21 make a vow: 맹세하다
19:22 strike A with B: A를 B로 때리다
19:24 along with...: …과 더불어
20:5 put to shame: 창피주다

기를 바라고 달려가서 도움을 구하던
나라가 이같이 되었은즉 우리가 어찌
능히 피하리요 하리라

바벨론 멸망에 관한 묵시

21 해변 광야에 관한 경고라 ●적병
이 광야에서, 두려운 땅에서 네
겝 회오리바람같이 몰려왔도다
2 혹독한 묵시가 내게 보였도다 속이는
자는 속이고 약탈하는 자는 약탈하도
다 엘람이여 올라가고 메대여 에워싸
라 그의 모든 탄식을 내가 그치게 하
였노라 하시도다 13:17
3 이러므로 나의 요통이 심하여 해산이
임박한 여인의 고통 같은 고통이 나
를 엄습하였으므로 내가 괴로워서 듣
지 못하며 놀라서 보지 못하도다
4 내 마음이 어지럽고 두려움이 나를
놀라게 하며 희망의 [1]서광이 변하여
내게 떨림이 되도다
5 그들이 식탁을 베풀고 파수꾼을
세우고 먹고 마시도다 너희 고관들
아 일어나 방패에 기름을 바를지어
다 렘 51:39, 57
6 주께서 내게 이르시되 가서 파수꾼을
세우고 그가 보는 것을 보고하게 하
되
7 마병대가 쌍쌍이 오는 것과 나귀 떼
와 낙타 떼를 보거든 귀 기울여 자세
히 들으라 하셨더니
8 파수꾼이 사자같이 부르짖기를 주여
내가 낮에 늘 망대에 서 있었고 밤이
새도록 파수하는 곳에 있었더니 합 2:1
9 보소서 마병대가 쌍쌍이 오나이다 하
니 그가 대답하여 이르시되 함락되었
도다 함락되었도다 바벨론이여 그들
이 조각한 신상들이 다 부서져 땅에
떨어졌도다 하시도다 렘 50:2
10 ●내가 짓밟은 너여, 내가 타작한 너
여, 내가 이스라엘의 하나님 만군의
여호와께 들은 대로 너희에게 전하였
노라

두마에 관한 경고 (♪ 317, 324장)

11 ●두마에 관한 경고라 ●사람이 세일
에서 나를 부르되 파수꾼이여 밤이
어떻게 되었느냐 파수꾼이여 밤이
어떻게 되었느냐

1) 밤이

A Prophecy Against Babylon

21 A prophecy against the Desert by the Sea:

Like whirlwinds sweeping through the
southland,
an invader comes from the desert,
from a land of terror.
2 ●A dire vision has been shown to me:
The traitor betrays, the looter takes loot.
Elam, attack! Media, lay siege!
I will bring to an end all the groaning she caused.
3 ●At this my body is racked with pain,
pangs seize me, like those of a woman in labor;
I am staggered by what I hear,
I am bewildered by what I see.
4 ●My heart falters,
fear makes me tremble;
the twilight I longed for
has become a horror to me.
5 ●They set the tables,
they spread the rugs,
they eat, they drink!
Get up, you officers,
oil the shields!
6 ●This is what the Lord says to me:
"Go, post a lookout
and have him report what he sees.
7 ●When he sees chariots
with teams of horses,
riders on donkeys
or riders on camels,
let him be alert,
fully alert."
8 ●And the lookout[a] shouted,
"Day after day, my lord, I stand on the watchtower;
every night I stay at my post.
9 ●Look, here comes a man in a chariot
with a team of horses.
And he gives back the answer:
'Babylon has fallen, has fallen!
All the images of its gods
lie shattered on the ground!' "
10 ●My people who are crushed on the threshing floor,
I tell you what I have heard
from the LORD Almighty,
from the God of Israel.

A Prophecy Against Edom

11 ●A prophecy against Dumah[b]:
Someone calls to me from Seir,

[a]8 Dead Sea Scrolls and Syriac; Masoretic Text *A lion* [b]11 *Dumah*, a wordplay on *Edom*, means *silence* or *stillness*.

alert [əlɔ́:rt] *a.* 빈틈없는
betray [bitréi] *vt.* 속이다
bewilder [biwíldər] *vt.* 어리둥절하게 하다
dire [daiər] *a.* 무시무시한
falter [fɔ́:ltər] *vi.* 약해지다
invader [invéidər] *n.* 침략군
looter [lú:tər] *n.* 약탈자
pang [pæŋ] *n.* 고통
rack [ræk] *vt.* 괴롭히다
shatter [ʃǽtər] *vt.* 산산이 부수다
stagger [stǽgər] *vi.* 동요하다
thresh [θreʃ] *vi.* 타작하다
traitor [tréitər] *n.* 반역자
twilight [twáilàit] *n.* 황혼
whirlwind [hwə́:rlwìnd] *n.* 회오리바람

21:2 lay siege: 포위하여 공격하다
21:2 bring... to an end: …를 끝내다
21:3 in labor: 분만중인
21:4 long for...: …를 갈망하다
21:8 at one's post: 맡은 자리에서
21:9 give back: 되돌려주다, 응수하다

12 파수꾼이 이르되 아침이 오나니 밤도 오리라 네가 물으려거든 물으라 너희는 돌아올지니라 하더라

아라비아에 관한 경고

13 ●아라비아에 관한 경고라 ●드단 대상들이여 너희가 아라비아 수풀에서 유숙하리라
14 데마 땅의 주민들아 물을 가져다가 목마른 자에게 주고 떡을 가지고 도피하는 자를 영접[1]하라
15 그들이 칼날을 피하며 뺀 칼과 당긴 활과 전쟁의 어려움에서 도망하였음이니라
16 주께서 이같이 내게 이르시되 품꾼의 정한 기한같이 일 년 내에 게달의 영광이 다 쇠멸하리니
17 게달 자손 중 활 가진 용사의 남은 수가 적으리라 하시니라 이스라엘의 하나님 여호와의 말씀이니라

환상의 골짜기에 관한 경고 (♪ 515, 520장)

22 환상의 골짜기에 관한 경고라 ●네가 지붕에 올라감은 어찌함인고
2 소란하며 떠들던 성, 즐거워하던 고을이여 너의 죽임을 당한 자들은 칼에 죽은 것도 아니요 전쟁에 사망한 것도 아니라
3 너의 관원들도 다 함께 도망하였다가 활을 버리고 결박을 당하였고 너의 멀리 도망한 자들도 발견되어 다 함께 결박을 당하였도다
4 그러므로 내가 말하노니 돌이켜 나를 보지 말지어다 나는 슬피 통곡하겠노라 내 딸 백성이 패망하였음으로 말미암아 나를 위로하려고 힘쓰지 말지니라
5 ●환상의 골짜기에 주 만군의 여호와께로부터 이르는 소란과 밟힘과 혼란의 날이여 성벽의 무너뜨림과 산악에 사무쳐 부르짖는 소리로다
6 엘람 사람은 화살통을 메었고 병거 탄 자와 마병이 함께하였고 기르 사람은 방패를 드러냈으니
7 병거는 네 아름다운 골짜기에 가득하였고 마병은 성문에 정렬되었도다
8 그가 유다에게 덮였던 것을 벗기매 그 날에야 네가 수풀 곳간의 병기를 바라보았고

1) 하였도다

"Watchman, what is left of the night?
Watchman, what is left of the night?"
12 ●The watchman replies,
"Morning is coming, but also the night.
If you would ask, then ask;
and come back yet again."

A Prophecy Against Arabia

13 ●A prophecy against Arabia:
You caravans of Dedanites,
who camp in the thickets of Arabia,
14 ● bring water for the thirsty;
you who live in Tema,
bring food for the fugitives.
15 ●They flee from the sword,
from the drawn sword,
from the bent bow
and from the heat of battle.
16 ●This is what the Lord says to me: "Within one
year, as a servant bound by contract would count it,
17 all the splendor of Kedar will come to an end. ●The
survivors of the archers, the warriors of Kedar, will be
few." The LORD, the God of Israel, has spoken.

A Prophecy About Jerusalem

22 A prophecy against the Valley of Vision:
What troubles you now,
that you have all gone up on the roofs,
2 ●you town so full of commotion,
you city of tumult and revelry?
Your slain were not killed by the sword,
nor did they die in battle.
3 ●All your leaders have fled together;
they have been captured without using the bow.
All you who were caught were taken prisoner
together,
having fled while the enemy was still far away.
4 ●Therefore I said, "Turn away from me;
let me weep bitterly.
Do not try to console me
over the destruction of my people."
5 ●The Lord, the LORD Almighty, has a day
of tumult and trampling and terror
in the Valley of Vision,
a day of battering down walls
and of crying out to the mountains.
6 ●Elam takes up the quiver,
with her charioteers and horses;
Kir uncovers the shield.
7 ●Your choicest valleys are full of chariots,
and horsemen are posted at the city gates.
8 ● The Lord stripped away the defenses of Judah,

archer [ɑ́ːrtʃər] *n.* 활 쏘는 사람
bent [bent] *a.* 휜, 구부러진
bitterly [bítərli] *ad.* 비통하게
bound [baund] *a.* 속박된
caravan [kǽrəvæn] *n.* 대상
choicest [tʃɔisist] *a.* 최상의
commotion [kəmóuʃən] *n.* 소동
console [kənsóul] *vt.* 위로하다
fugitive [fjúːdʒətiv] *n.* 도피자
quiver [kwívər] *n.* 화살통
revelry [révəlri] *n.* 환락
thicket [θíkit] *n.* 수풀
trample [trǽmpl] *vt.* 짓밟다
tumult [tjúːməlt] *n.* 소란
watchman [wɑ́tʃmən] *n.* 파수꾼

21:16 come to an end: 끝나다
22:2 full of...: …로 가득한
22:5 batter down: 쳐부수다
22:5 cry out to...: …에게 외치다
22:6 take up...: …을 집어 올리다, 메다
22:8 strip away: 벗기다, 없애다

9 너희가 다윗 성의 무너진 곳이 많은 것도 보며 너희가 아랫못의 물도 모으며 느 3:16
10 또 예루살렘의 가옥을 계수하며 그 가옥을 헐어 성벽을 견고하게도 하며
11 너희가 또 옛 못의 물을 위하여 두 성벽 사이에 저수지를 만들었느니라 그러나 너희가 이를 행하신 이를 앙망하지 아니하였고 이 일을 옛적부터 경영하신 이를 공경하지 아니하였느니라
12 ●그날에 주 만군의 여호와께서 명령하사 통곡하며 애곡하며 머리털을 뜯으며 굵은 베를 띠라 하셨거늘 32:11
13 너희가 기뻐하며 즐거워하여 소를 죽이고 양을 잡아 고기를 먹고 포도주를 마시면서 내일 죽으리니 먹고 마시자 하는도다
14 만군의 여호와께서 친히 내 귀에 들려 이르시되 진실로 이 죄악은 너희가 죽기까지 용서하지 못하리라 하셨느니라 주 만군의 여호와의 말씀이니라

셉나에게 경고하시다

15 ●주 만군의 여호와께서 이르시되 너는 가서 그 국고를 맡고 왕궁 맡은 자 셉나를 보고 이르기를
16 네가 여기와 무슨 관계가 있느냐 여기에 누가 있기에 여기서 너를 위하여 묘실을 팠느냐 높은 곳에 자기를 위하여 묘실을 팠고 반석에 자기를 위하여 처소를 쪼아내었도다
17 나 여호와가 너를 단단히 결박하고 장사같이 세게 던지되
18 반드시 너를 모질게 감싸서 공같이 광막한 곳에 던질 것이라 주인의 집에 수치를 끼치는 너여 네가 그곳에서 죽겠고 네 영광의 수레도 거기에 있으리라
19 내가 너를 네 관직에서 쫓아내며 네 지위에서 낮추리니
20 그날에 내가 힐기야의 아들 내 종 엘리아김을 불러 36:3
21 네 옷을 그에게 입히며 네 띠를 그에게 띠워 힘 있게 하고 네 정권을 그의 손에 맡기리니 그가 예루살렘 주민과 유다의 집의 아버지가 될 것이며
22 내가 또 다윗의 집의 열쇠를 그의 어깨에 두리니 그가 열면 닫을 자가 없겠고 닫으면 열 자가 없으리라 계 3:7
23 못이 단단한 곳에 박힘같이 그를 견고

and you looked in that day
to the weapons in the Palace of the Forest.
9 •You saw that the walls of the City of David
were broken through in many places;
you stored up water
in the Lower Pool.
10 •You counted the buildings in Jerusalem
and tore down houses to strengthen the wall.
11 •You built a reservoir between the two walls
for the water of the Old Pool,
but you did not look to the One who made it,
or have regard for the One who planned it
long ago.

12 •The Lord, the LORD Almighty,
called you on that day
to weep and to wail,
to tear out your hair and put on sackcloth.
13 •But see, there is joy and revelry,
slaughtering of cattle and killing of sheep,
eating of meat and drinking of wine!
"Let us eat and drink," you say,
"for tomorrow we die!"

14 •The LORD Almighty has revealed this in my
hearing: "Till your dying day this sin will not be
atoned for," says the Lord, the LORD Almighty.

15 •This is what the Lord, the LORD Almighty, says:

"Go, say to this steward,
to Shebna the palace administrator:
16 •What are you doing here and who gave you
permission
to cut out a grave for yourself here,
hewing your grave on the height
and chiseling your resting place in the rock?
17 •"Beware, the LORD is about to take firm hold of
you
and hurl you away, you mighty man.
18 •He will roll you up tightly like a ball
and throw you into a large country.
There you will die
and there the chariots you were so proud of
will become a disgrace to your master's house.
19 •I will depose you from your office,
and you will be ousted from your position.

20 •"In that day I will summon my servant, Eliakim
21 son of Hilkiah. •I will clothe him with your robe
and fasten your sash around him and hand your
authority over to him. He will be a father to those
who live in Jerusalem and to the people of Judah.
22 •I will place on his shoulder the key to the house of
David; what he opens no one can shut, and what
23 he shuts no one can open. •I will drive him like a

administrator [ədmínistrèitər] n. 행정관
authority [əθɔ́:rəti] n. 권한
beware [biwέər] vi. 조심하다
chisel [tʃízəl] vt. 끌로 파다
depose [dipóuz] vt. 물러나게 하다
disgrace [disgréis] n. 불명예
dying [dáiiŋ] a. 죽어가는
hew [hju:] vt. 도끼 등으로 쪼아서 만들다
hurl [hə:rl] vt. 세게 내던지다
reservoir [rézərvwà:r] n. 저수지
reveal [riví:l] vt. 계시하다
sash [sæʃ] n. 장식띠
slaughter [slɔ́:tər] vt. 학살하다
summon [sʌmən] vt. 부르다
wail [weil] vt. 통곡하다

22:9 store up: 저장하다
22:10 tear down: 무너뜨리다
22:11 have regard for...: …를 존경하다
22:14 atone for...: …를 속죄하다
22:17 take firm hold of...: …를 굳게 붙잡다
22:19 oust A from B: A를 B에서 내쫓다

하게 하리니 그가 그의 아버지 집에 영
광의 보좌가 될 것이요
24 그의 아버지 집의 모든 영광이 그 위에
걸리리니 그 후손과 족속 되는 각 작은
그릇 곧 종지로부터 모든 항아리까지
니라
25 만군의 여호와께서 이르시되 그날에는
단단한 곳에 박혔던 못이 삭으리니 그
못이 부러져 떨어지므로 그 위에 걸린
물건이 부서지리라 하셨다 하라 나 여
호와의 말이니라

두로와 시돈에 대한 경고 (♪ 329, 504장)

23 두로에 관한 경고라 ●다시스의
배들아 너희는 슬피 부르짖을지
어다 두로가 황무하여 집이 없고 들어
갈 곳도 없음이요 이 소식이 깃딤 땅에
서부터 그들에게 전파되었음이라
2 바다에 왕래하는 시돈 상인들로 말미
암아 부요하게 된 너희 해변 주민들아
잠잠하라
3 시홀의 곡식 곧 나일의 추수를 큰 물
로 수송하여 들였으니 열국의 시장이
되었도다
4 시돈이여 너는 부끄러워할지어다 대저
바다 곧 바다의 요새가 말하기를 나는
산고를 겪지 못하였으며 출산하지 못
하였으며 청년들을 양육하지도 못하였
으며 처녀들을 생육하지도 못하였다
하였음이라
5 그 소식이 애굽에 이르면 그들이 두로
의 소식으로 말미암아 고통받으리로
다
6 너희는 다시스로 건너갈지어다 해변
주민아 너희는 슬피 부르짖을지어다
7 이것이 옛날에 건설된 너희 희락의 성
곧 그 백성이 자기 발로 먼 지방까지
가서 머물던 성읍이냐
8 ●면류관을 씌우던 자요 그 상인들은
고관들이요 그 무역상들은 세상에 존
귀한 자들이었던 두로에 대하여 누가
이 일을 정하였느냐
9 만군의 여호와께서 그것을 정하신 것
이라 모든 누리던 영화를 욕되게 하시
며 세상의 모든 교만하던 자가 멸시를
받게 하려 하심이라
10 딸 다시스여 나일같이 너희 땅에 넘칠
지어다 너를 속박함이 다시는 없으리라

peg into a firm place; he will become a seat[a] of
24 honor for the house of his father. ●All the glory of
his family will hang on him: its offspring and off-
shoots—all its lesser vessels, from the bowls to all the
jars.
25 ●"In that day," declares the LORD Almighty, "the
peg driven into the firm place will give way; it will
be sheared off and will fall, and the load hanging on
it will be cut down." The LORD has spoken.

A Prophecy Against Tyre

23 A prophecy against Tyre:
Wail, you ships of Tarshish!
For Tyre is destroyed
and left without house or harbor.
From the land of Cyprus
word has come to them.
2 ●Be silent, you people of the island
and you merchants of Sidon,
whom the seafarers have enriched.
3 ●On the great waters
came the grain of the Shihor;
the harvest of the Nile[b] was the revenue of Tyre,
and she became the marketplace of the nations.
4 ●Be ashamed, Sidon, and you fortress of the sea,
for the sea has spoken:
"I have neither been in labor nor given birth;
I have neither reared sons nor brought up
daughters."
5 ●When word comes to Egypt,
they will be in anguish at the report from Tyre.
6 ●Cross over to Tarshish;
wail, you people of the island.
7 ●Is this your city of revelry,
the old, old city,
whose feet have taken her
to settle in far-off lands?
8 ●Who planned this against Tyre,
the bestower of crowns,
whose merchants are princes,
whose traders are renowned in the earth?
9 ●The LORD Almighty planned it,
to bring down her pride in all her splendor
and to humble all who are renowned on the
earth.
10 ●Till[c] your land as they do along the Nile,
Daughter Tarshish,
for you no longer have a harbor.

[a]23 Or *throne* [b]2,3 Masoretic Text; Dead Sea Scrolls *Sidon, / who cross over the sea; / your envoys [3]are on the great waters. / The grain of the Shihor, / the harvest of the Nile,* [c]10 Dead Sea Scrolls and some Septuagint manuscripts; Masoretic Text *Go through*

anguish [æŋgwiʃ] *n.* 고뇌
ashamed [əʃéimd] *a.* 부끄러운
bestower [bistóuər] *n.* 수여자
enrich [inrítʃ] *vt.* 부유하게 하다
harbor [há:rbər] *n.* 은신처
humble [hʌmbl] *vt.* 낮추다
merchant [mə́:rtʃənt] *n.* 상인
offshoot [ɔ́:fʃù:t] *n.* (씨족의) 분파
peg [peg] *n.* 못
rear [riər] *vt.* 키우다
renowned [rináund] *a.* 명성 있는
revenue [révənjù:] *n.* 세입
seafarer [sí:fɛ̀ərər] *n.* 항해자
shear [ʃiər] *vt.* 자르다
splendor [spléndər] *n.* 뛰어남

22:25 drive into...: (못, 말뚝 등을)…에 박다
22:25 give way: 물러나다, 빠지다
23:4 neither A nor B: A도 B도 아니다
23:4 be in labor: 분만(진통)중이다
23:4 give birth: 낳다
23:4 bring up: 양육하다, 기르다

11 여호와께서 바다 위에 그의 손을 펴사 열방을 흔드시며 여호와께서 가나안에 대하여 명령을 내려 그 견고한 성들을 무너뜨리게 하시고
12 이르시되 너 학대받은 처녀 딸 시돈아 네게 다시는 희락이 없으리니 일어나 깃딤으로 건너가라 거기에서도 네가 평안을 얻지 못하리라 하셨느니라
13 ●갈대아 사람의 땅을 보라 그 백성이 없어졌나니 곧 앗수르 사람이 그곳을 들짐승이 사는 곳이 되게 하였으되 그들이 망대를 세우고 궁전을 헐어 황무하게 하였느니라
14 다시스의 배들아 너희는 슬피 부르짖으라 너희의 견고한 성이 파괴되었느니라

23:1

15 그날부터 두로가 한 왕의 연한같이 칠십 년 동안 잊어버린 바 되었다가 칠십 년이 찬 후에 두로는 기생의 노래같이 될 것이라
16 잊어버린 바 되었던 너 음녀여 수금을 가지고 성읍에 두루 다니며 기묘한 곡조로 많은 노래를 불러서 너를 다시 기억하게 하라 하였느니라
17 칠십 년이 찬 후에 여호와께서 두로를 돌보시리니 그가 다시 값을 받고 지면에 있는 열방과 음란을 행할 것이며
18 그 무역한 것과 이익을 거룩히 여호와께 돌리고 간직하거나 쌓아 두지 아니하리니 그 무역한 것이 여호와 앞에 사는 자가 배불리 먹을 양식, 잘 입을 옷감이 되리라

슥 14:20

여호와께서 땅을 벌하시리라 (♪ 14, 65장)

24 보라 여호와께서 땅을 공허하게 하시며 황폐하게 하시며 지면을 뒤집어엎으시고 그 주민을 흩으시리니
2 백성과 제사장이 같을 것이며 종과 상전이 같을 것이며 여종과 여주인이 같을 것이며 사는 자와 파는 자가 같을 것이며 빌려 주는 자와 빌리는 자가 같을 것이며 이자를 받는 자와 이자를 내는 자가 같을 것이라
3 땅이 온전히 공허하게 되고 온전히 황무하게 되리라 여호와께서 이 말씀을 하셨느니라
4 땅이 슬퍼하고 쇠잔하며 세계가 쇠약하고 쇠잔하며 세상 백성 중에 높은 자가

11 ●The LORD has stretched out his hand over the sea
and made its kingdoms tremble.
He has given an order concerning Phoenicia
that her fortresses be destroyed.
12 ●He said, "No more of your reveling,
Virgin Daughter Sidon, now crushed!
"Up, cross over to Cyprus;
even there you will find no rest."
13 ●Look at the land of the Babylonians,[a]
this people that is now of no account!
The Assyrians have made it
a place for desert creatures;
they raised up their siege towers,
they stripped its fortresses bare
and turned it into a ruin.
14 ●Wail, you ships of Tarshish;
your fortress is destroyed!
15 ●At that time Tyre will be forgotten for seventy
years, the span of a king's life. But at the end of
these seventy years, it will happen to Tyre as in the
song of the prostitute:
16 ●"Take up a harp, walk through the city,
you forgotten prostitute;
play the harp well, sing many a song,
so that you will be remembered."
17 ●At the end of seventy years, the LORD will deal
with Tyre. She will return to her lucrative prostitution
and will ply her trade with all the kingdoms on
18 the face of the earth. ●Yet her profit and her earnings
will be set apart for the LORD; they will not be
stored up or hoarded. Her profits will go to those
who live before the LORD, for abundant food and
fine clothes.

The LORD's Devastation of the Earth

24 See, the LORD is going to lay waste the earth
and devastate it;
he will ruin its face
and scatter its inhabitants —
2 ●it will be the same
for priest as for people,
for the master as for his servant,
for the mistress as for her servant,
for seller as for buyer,
for borrower as for lender,
for debtor as for creditor.
3 ●The earth will be completely laid waste
and totally plundered.
The LORD has spoken this word.
4 ●The earth dries up and withers,

[a]13 Or *Chaldeans*

abundant [əbʌndənt] *a.* 풍족한
bare [bɛər] *a.* 노출된
concerning [kənsə́:rniŋ] *prep.* …에 관해
creature [krí:tʃər] *n.* 동물
debtor [détər] *n.* 채무자
devastate [dévəstèit] *vt.* 황폐케 하다
fortress [fɔ́:rtris] *n.* 요새
hoard [hɔ:rd] *vt.* 축적하다
inhabitant [inhǽbətənt] *n.* 거주자
lucrative [lú:krətiv] *a.* 돈이 벌리는
plunder [plʌndər] *vt.* 약탈하다
profit [prɑ́fit] *n.* 이익
prostitute [prɑ́stətjù:t] *n.* 창녀
revel [révəl] *vi.* 흥청거리다
siege [si:dʒ] *n.* 포위 공격

23:13 turn A into B: A를 B가 되게 하다
23:17 deal with...: …를 다루다
23:17 ply one's trade with...: …와의 거래[장사]에 힘쓰다
23:18 set apart: 따로 떼어놓다
24:1 lay waste: 황폐하게 하다

쇠약하며
5 땅이 또한 그 주민 아래서 더럽게 되었
으니 이는 그들이 율법을 범하며 율례
를 어기며 영원한 언약을 깨뜨렸음이라
6 그러므로 저주가 땅을 삼켰고 그중에
사는 자들이 정죄함을 당하였고 땅의
주민이 불타서 남은 자가 적도다
7 새 포도즙이 슬퍼하고 포도나무가 쇠잔
하며 마음이 즐겁던 자가 다 탄식하며
8 소고 치는 기쁨이 그치고 즐거워하는
자의 소리가 끊어지고 수금 타는 기쁨
이 그쳤으며
9 노래하면서 포도주를 마시지 못하고
독주는 그 마시는 자에게 쓰게 될 것이
라 5:11, 20, 22
10 약탈을 당한 성읍이 허물어지고 집마다
닫혀서 들어가는 자가 없으며 23:1
11 포도주가 없으므로 거리에서 부르짖으
며 모든 즐거움이 사라졌으며 땅의 기
쁨이 소멸되었도다
12 성읍이 황무하고 성문이 파괴되었느니
라
13 세계 민족 중에 이러한 일이 있으리니
곧 감람나무를 흔듦 같고 포도를 거둔
후에 그 남은 것을 주움 같을 것이니라
14 ●무리가 소리를 높여 부를 것이며 여
호와의 위엄으로 말미암아 바다에서부
터 크게 외치리니
15 그러므로 너희가 동방에서 여호와를 영
화롭게 하며 바다 모든 섬에서 이스라
엘의 하나님 여호와의 이름을 영화롭게
할 것이라
16 땅끝에서부터 노래하는 소리가 우리에
게 들리기를 의로우신 이에게 영광을
돌리세 하도다 그러나 나는 이르기를
나는 쇠잔하였고 나는 쇠잔하였으니 내
게 화가 있도다 배신자들은 배신하고
배신자들이 크게 배신하였도다
17 땅의 주민아 두려움과 함정과 올무가
네게 이르렀나니
18 두려운 소리로 말미암아 도망하는 자는
함정에 빠지겠고 함정 속에서 올라오는
자는 올무에 걸리리니 이는 위에 있는
문이 열리고 땅의 기초가 진동함이라
19 땅이 깨지고 깨지며 땅이 갈라지고 갈
라지며 땅이 흔들리고 흔들리며
20 땅이 취한 자같이 비틀비틀하며 원두막

the world languishes and withers,
the heavens languish with the earth.
5 ●The earth is defiled by its people;
they have disobeyed the laws,
violated the statutes
and broken the everlasting covenant.
6 ●Therefore a curse consumes the earth;
its people must bear their guilt.
Therefore earth's inhabitants are burned up,
and very few are left.
7 ●The new wine dries up and the vine withers;
all the merrymakers groan.
8 ●The joyful timbrels are stilled,
the noise of the revelers has stopped,
the joyful harp is silent.
9 ●No longer do they drink wine with a song;
the beer is bitter to its drinkers.
10 ●The ruined city lies desolate;
the entrance to every house is barred.
11 ●In the streets they cry out for wine;
all joy turns to gloom,
all joyful sounds are banished from the earth.
12 ●The city is left in ruins,
its gate is battered to pieces.
13 ●So will it be on the earth
and among the nations,
as when an olive tree is beaten,
or as when gleanings are left after the grape
harvest.
14 ●They raise their voices, they shout for joy;
from the west they acclaim the LORD's majesty.
15 ●Therefore in the east give glory to the LORD;
exalt the name of the LORD, the God of Israel,
in the islands of the sea.
16 ●From the ends of the earth we hear singing:
"Glory to the Righteous One."
But I said, "I waste away, I waste away!
Woe to me!
The treacherous betray!
With treachery the treacherous betray!"
17 ●Terror and pit and snare await you,
people of the earth.
18 ●Whoever flees at the sound of terror
will fall into a pit;
whoever climbs out of the pit
will be caught in a snare.
The floodgates of the heavens are opened,
the foundations of the earth shake.
19 ●The earth is broken up,
the earth is split asunder,
the earth is violently shaken.
20 ●The earth reels like a drunkard,

acclaim [əkléim] *vt.* 환호하며 인정하다
asunder [əsʌndər] *a.* 나누어진
banish [bǽniʃ] *vt.* 쫓아내다
batter [bǽtər] *vt.* 때려부수다
consume [kənsú:m] *vt.* 소멸시키다
defile [difáil] *vt.* 더럽히다
floodgate [flʌ́dgèit] *n.* 수문
gleaning [glí:niŋ] *n.* 주워 모은 것
gloom [glu:m] *n.* 어둠
languish [lǽŋgwiʃ] *vi.* 기운이 빠지다
merrymaker [mérimèikər] *n.* 흥겹게 떠드는 사람
reel [ri:l] *vi.* 비틀거리다
snare [snɛər] *n.* 올무
split [split] *vi.* 갈라지다
treacherous [trétʃərəs] *a.* 배신하는

24:6 burn up...: …을 깡그리 태우다
24:7 dry up: 고갈되다
24:11 turn to...: …로 변하다
24:14 shout for joy: 기뻐 소리치다
24:16 waste away: 쇠약해지다
24:19 break up: 깨뜨리다

갈이 흔들리며 그 위의 죄악이 중하므
로 떨어져서 다시는 일어나지 못하리라
21 ●그날에 여호와께서 높은 데에서 높은
군대를 벌하시며 땅에서 땅의 왕들을
벌하시리니
22 그들이 죄수가 깊은 옥에 모임같이 모
이게 되고 옥에 갇혔다가 여러 날 후에
형벌을 받을 것이라
23 그때에 달이 수치를 당하고 해가 부끄러
워하리니 이는 만군의 여호와께서 시온
산과 예루살렘에서 왕이 되시고 그 장로
들 앞에서 영광을 나타내실 것임이라

찬송 (♪ 298장)

25 여호와여 주는 나의 하나님이시라
내가 주를 높이고 주의 이름을 찬
송하오리니 주는 기사를 옛적에 정하신
뜻대로 성실함과 진실함으로 행하셨음
이라

민 23:19

2 주께서 성읍을 돌무더기로 만드시며 견
고한 성읍을 황폐하게 하시며 외인의
궁성을 성읍이 되지 못하게 하사 영원
히 건설되지 못하게 하셨으므로
3 강한 민족이 주를 영화롭게 하며 포학
한 나라들의 성읍이 주를 경외하리이다
4 주는 포학자의 기세가 성벽을 치는 폭
풍과 같을 때에 빈궁한 자의 요새이시
며 환난 당한 가난한 자의 요새이시며
폭풍 중의 피난처시며 폭양을 피하는
그늘이 되셨사오니
5 마른 땅에 폭양을 제함같이 주께서 이방
인의 소란을 그치게 하시며 폭양을 구름
으로 가림같이 포학한 자의 노래를 낮추
시리이다

여호와께서 연회를 베푸시리라

6 ●만군의 여호와께서 이 산에서 만민을
위하여 기름진 것과 오래 저장하였던
포도주로 연회를 베푸시리니 곧 골수가
가득한 기름진 것과 오래 저장하였던
맑은 포도주로 하실 것이며
7 또 이 산에서 모든 민족의 얼굴을 가린
가리개와 열방 위에 덮인 덮개를 제하
시며
8 사망을 영원히 멸하실 것이라 주 여호
와께서 모든 얼굴에서 눈물을 씻기시며
자기 백성의 수치를 온 천하에서 제하
시리라 여호와께서 이같이 말씀하셨느
니라

it sways like a hut in the wind;
so heavy upon it is the guilt of its rebellion
that it falls — never to rise again.
21 ●In that day the LORD will punish
the powers in the heavens above
and the kings on the earth below.
22 ●They will be herded together
like prisoners bound in a dungeon;
they will be shut up in prison
and be punished[a] after many days.
23 ●The moon will be dismayed,
the sun ashamed;
for the LORD Almighty will reign
on Mount Zion and in Jerusalem,
and before its elders — with great glory.

Praise to the LORD

25 LORD, you are my God;
I will exalt you and praise your name,
for in perfect faithfulness
you have done wonderful things,
things planned long ago.
2 ●You have made the city a heap of rubble,
the fortified town a ruin,
the foreigners' stronghold a city no more;
it will never be rebuilt.
3 ●Therefore strong peoples will honor you;
cities of ruthless nations will revere you.
4 ●You have been a refuge for the poor,
a refuge for the needy in their distress,
a shelter from the storm
and a shade from the heat.
For the breath of the ruthless
is like a storm driving against a wall
5 ● and like the heat of the desert.
You silence the uproar of foreigners;
as heat is reduced by the shadow of a cloud,
so the song of the ruthless is stilled.
6 ●On this mountain the LORD Almighty will prepare
a feast of rich food for all peoples,
a banquet of aged wine—
the best of meats and the finest of wines.
7 ●On this mountain he will destroy
the shroud that enfolds all peoples,
the sheet that covers all nations;
8 ● he will swallow up death forever.
The Sovereign LORD will wipe away the tears
from all faces;
he will remove his people's disgrace
from all the earth.
The LORD has spoken.

[a]22 Or *released*

banquet [bǽŋkwit] *n.* 잔치
dungeon [dʌndʒən] *n.* 지하 감옥
enfold [infóuld] *vt.* 싸다
exalt [igzɔ́:lt] *vt.* 높이다
fortified [fɔ́:rtəfàid] *a.* 견고한
herd [hə:rd] *vt.* 모으다
rebellion [ribéljən] *n.* 반란
rubble [rʌbl] *n.* 잡석
ruthless [rú:θlis] *a.* 무정한
shroud [ʃraud] *n.* 수의, 덮개
sovereign [sάvərin] *n.* 주권자
still [stil] *vt.* 고요하게 하다
stronghold [strɔ́:ŋhòuld] *n.* 요새
sway [swei] *vi.* 흔들리다
uproar [ʌprɔ:r] *n.* 소란

24:20 **rise again**: 소생하다
24:22 **be shut up**: 납작해지다
25:2 **no more...**: 그 이상 …하지 않다
25:6 **prepare A for B**: B를 위해 A를 준비하다
25:8 **swallow up**: 완전히 없애다
25:8 **wipe away**: 닦아서 없애다

여호와께서 모압을 벌하시리라
9 ●그날에 말하기를 이는 우리의 하나
님이시라 우리가 그를 기다렸으니 그
가 우리를 구원하시리로다 이는 여호
와시라 우리가 그를 기다렸으니 우리
는 그의 구원을 기뻐하며 즐거워하리
라 할 것이며 30:18
10 여호와의 손이 이 산에 나타나시리니
모압이 거름물 속에서 초개가 밟힘같
이 자기 처소에서 밟힐 것인즉
11 그가 헤엄치는 자가 헤엄치려고 손을
폄같이 그 속에서 그의 손을 펼 것이나
여호와께서 그의 교만으로 인하여 그
손이 능숙함에도 불구하고 그를 누르
실 것이라
12 네 성벽의 높은 요새를 헐어 땅에 내리
시되 진토에 미치게 하시리라

여호와께서 백성에게 승리를 주시리라
(♪ 74, 386장)

26 그날에 유다 땅에서 이 노래를 부
르리라 우리에게 견고한 성읍이
있음이여 여호와께서 구원을 성벽과
외벽으로 삼으시리로다
2 너희는 문들을 열고 신의를 지키는 의
로운 나라가 들어오게 할지어다
3 주께서 심지가 견고한 자를 평강하고
평강하도록 지키시리니 이는 그가 주
를 신뢰함이니이다
4 너희는 여호와를 영원히 신뢰하라 주
여호와는 영원한 반석이심이로다
5 높은 데에 거주하는 자를 낮추시며 솟
은 성을 헐어 땅에 엎으시되 진토에 미
치게 하셨도다
6 발이 그것을 밟으리니 곧 빈궁한 자의
발과 곤핍한 자의 걸음이리로다 28:3
7 의인의 길은 정직함이여 정직하신 주
께서 의인의 첩경을 평탄하게 하시도
다
8 ●여호와여 주께서 심판하시는 길에서
우리가 주를 기다렸사오며 주의 이름
을 위하여 또 주를 기억하려고 우리 영
혼이 사모하나이다
9 밤에 내 영혼이 주를 사모하였사온즉
내 중심이 주를 간절히 구하오리니 이
는 주께서 땅에서 심판하시는 때에 세
계의 거민이 의를 배움이니이다
10 악인은 은총을 입을지라도 의를 배우

9 ●In that day they will say,
"Surely this is our God;
we trusted in him, and he saved us.
This is the LORD, we trusted in him;
let us rejoice and be glad in his salvation."
10 ●The hand of the LORD will rest on this mountain;
but Moab will be trampled in their land
as straw is trampled down in the manure.
11 ●They will stretch out their hands in it,
as swimmers stretch out their hands to swim.
God will bring down their pride
despite the cleverness [a] of their hands.
12 ●He will bring down your high fortified walls
and lay them low;
he will bring them down to the ground,
to the very dust.

A Song of Praise

26 In that day this song will be sung in the land
of Judah:
We have a strong city;
God makes salvation
its walls and ramparts.
2 ●Open the gates
that the righteous nation may enter,
the nation that keeps faith.
3 ●You will keep in perfect peace
those whose minds are steadfast,
because they trust in you.
4 ●Trust in the LORD forever,
for the LORD, the LORD himself, is the Rock eternal.
5 ●He humbles those who dwell on high,
he lays the lofty city low;
he levels it to the ground
and casts it down to the dust.
6 ●Feet trample it down—
the feet of the oppressed,
the footsteps of the poor.
7 ●The path of the righteous is level;
you, the Upright One, make the way of the
righteous smooth.
8 ●Yes, LORD, walking in the way of your laws,[b]
we wait for you;
your name and renown
are the desire of our hearts.
9 ●My soul yearns for you in the night;
in the morning my spirit longs for you.
When your judgments come upon the earth,
the people of the world learn righteousness.
10 ●But when grace is shown to the wicked,

[a] 11 The meaning of the Hebrew for this word is uncertain.
[b] 8 Or *judgments*

cast [kæst] *vt.* 주조하다
cleverness [klévərnis] *n.* 영리함
desire [dizáiər] *n.* 갈망
despite [dispáit] *ad.* …에도 불구하고
footstep [fútstèp] *n.* 걸음걸이
fortified [fɔ́:rtəfàid] *a.* 견고한
humble [hʌmbl] *vt.* 낮추다
judgment [dʒʌdʒmənt] *n.* 심판
lofty [lɔ́:fti] *a.* 우뚝 솟은
manure [mənjúər] *n.* 거름
oppressed [əprést] *a.* 억압당하는
rampart [rǽmpa:rt] *n.* 성벽
renown [rináun] *n.* 명성
salvation [sælvéiʃən] *n.* 구원
steadfast [stédfæst] *a.* 확고한

25:9 trust in…: …를 신뢰하다
25:10 trample down: 짓밟다
25:11 stretch out: 손발을 뻗다
25:11 bring down: 떨어뜨리다
26:8 wait for…: …을 기다리다
26:9 yearn for…: …를 사모하다

지 아니하며 정직한 자의 땅에서 불의
를 행하고 여호와의 위엄을 돌아보지
아니하는도다
11 ●여호와여 주의 손이 높이 들릴지라도
그들이 보지 아니하오나 백성을 위하시
는 주의 열성을 보면 부끄러워할 것이
라 불이 주의 대적들을 사르리이다
12 여호와여 주께서 우리를 위하여 평강을
베푸시오리니 주께서 우리의 모든 일도
우리를 위하여 이루심이니이다
13 여호와 우리 하나님이시여 주 외에 다
른 주들이 우리를 관할하였사오나 우리
는 주만 의지하고 주의 이름을 부르리
이다
14 그들은 죽었은즉 다시 살지 못하겠고 [1]사
망하였은즉 일어나지 못할 것이니 이는
주께서 벌하여 그들을 멸하사 그들의
모든 기억을 없이하셨음이니이다
15 여호와여 주께서 이 나라를 더 크게 하
셨고 이 나라를 더 크게 하셨나이다 스
스로 영광을 얻으시고 이 땅의 모든 경
계를 확장하셨나이다
9:3
16 ●여호와여 그들이 환난 중에 주를 앙
모하였사오며 주의 징벌이 그들에게
임할 때에 그들이 간절히 주께 기도하
였나이다
호 5:15
17 여호와여 잉태한 여인이 산기가 임박하
여 산고를 겪으며 부르짖음같이 우리가
주 앞에서 그와 같으니이다
18 우리가 잉태하고 산고를 당하였을지라
도 바람을 낳은 것 같아서 땅에 구원을
베풀지 못하였고 세계의 거민을 출산하
지 못하였나이다
19 주의 죽은 자들은 살아나고 [2]그들의
시체들은 일어나리이다 티끌에 누운
자들아 너희는 깨어 노래하라 주의 이
슬은 빛난 이슬이니 땅이 [3]죽은 자들
을 내놓으리로다

심판과 회복

20 ●내 백성아 갈지어다 네 밀실에 들어
가서 네 문을 닫고 분노가 지나기까지
잠깐 숨을지어다
21 보라 여호와께서 그의 처소에서 나오
사 땅의 거민의 죄악을 벌하실 것이라
땅이 그 위에 잦았던 피를 드러내고 그
살해 당한 자를 다시는 덮지 아니하리
라

they do not learn righteousness;
even in a land of uprightness they go on doing evil
and do not regard the majesty of the LORD.
11 ●LORD, your hand is lifted high,
but they do not see it.
Let them see your zeal for your people and be put to shame;
let the fire reserved for your enemies consume them.
12 ●LORD, you establish peace for us;
all that we have accomplished you have done for us.
13 ●LORD our God, other lords besides you have ruled over us,
but your name alone do we honor.
14 ●They are now dead, they live no more;
their spirits do not rise.
You punished them and brought them to ruin;
you wiped out all memory of them.
15 ●You have enlarged the nation, LORD;
you have enlarged the nation.
You have gained glory for yourself;
you have extended all the borders of the land.
16 ●LORD, they came to you in their distress;
when you disciplined them,
they could barely whisper a prayer.[a]
17 ●As a pregnant woman about to give birth
writhes and cries out in her pain,
so were we in your presence, LORD.
18 ●We were with child, we writhed in labor,
but we gave birth to wind.
We have not brought salvation to the earth,
and the people of the world have not come to life.
19 ●But your dead will live, LORD;
their bodies will rise—
let those who dwell in the dust
wake up and shout for joy—
your dew is like the dew of the morning;
the earth will give birth to her dead.
20 ●Go, my people, enter your rooms
and shut the doors behind you;
hide yourselves for a little while
until his wrath has passed by.
21 ●See, the LORD is coming out of his dwelling
to punish the people of the earth for their sins.
The earth will disclose the blood shed on it;
the earth will conceal its slain no longer.

[a]16 The meaning of the Hebrew for this clause is uncertain.
1) 음령이 되었은즉 2) 히, 나의. 수리아역과 탈굼, 그들의 3) 음령을

accomplish [əkámpliʃ] *vt.* 이루다
barely [béərli] *ad.* 거의 …않다
border [bɔ́:rdər] *n.* 경계선
conceal [kənsí:l] *vt.* 숨기다
consume [kənsú:m] *vt.* 태우다
discipline [dísəplin] *vt.* 징계하다
disclose [disklóuz] *vt.* 폭로하다
distress [distrés] *n.* 고뇌, 고통
enlarge [inlá:rdʒ] *vt.* 확장하다
extend [iksténd] *vt.* 확장하다
presence [prézns] *n.* 앞
reserve [rizə́:rv] *vt.* 남겨두다
uprightness [ʌ́praitnis] *n.* 정직
writhe [raið] *vi.* 몸부림치다
zeal [zi:l] *n.* 열심

26:11 put to shame: …을 부끄럽게 하다
26:14 wipe out: 깨끗이 지우다
26:17 cry out: 절규하다, 부르짖다
26:18 give birth to...: …를 낳다
26:19 shout for joy: 환호하다
26:20 pass by: 지나가다

27 그날에 여호와께서 그의 견고하
고 크고 강한 칼로 날랜 뱀 리워
야단 곧 꼬불꼬불한 뱀 리워야단을
벌하시며 바다에 있는 [1]용을 죽이시
리라
2 ●그날에 너희는 아름다운 포도원을
두고 노래를 부를지어다
3 나 여호와는 포도원지기가 됨이여 때
때로 물을 주며 밤낮으로 간수하여
아무든지 이를 해치지 못하게 하리로
다
4 나는 포도원에 대하여 노함이 없나니
찔레와 가시가 나를 대적하여 싸운다
하자 내가 그것을 밟고 모아 불사르
리라
5 그리하지 아니하면 내 힘을 의지하고
나와 화친하며 나와 화친할 것이니라
6 후일에는 야곱의 뿌리가 박히며 이스
라엘의 움이 돋고 꽃이 필 것이라 그
들이 그 결실로 지면을 채우리로다
7 ●주께서 그 백성을 치셨던들 그 백
성을 친 자들을 치심과 같았겠으며
백성이 죽임을 당하였던들 백성을 죽
인 자가 죽임을 당함과 같았겠느냐
8 주께서 백성을 적당하게 견책하사 쫓
아내실 때에 동풍 부는 날에 폭풍으
로 그들을 옮기셨느니라
9 야곱의 불의가 속함을 얻으며 그의
죄 없이함을 받을 결과는 이로 말미
암나니 곧 그가 제단의 모든 돌을 부
서진 횟돌 같게 하며 아세라와 태양
상이 다시 서지 못하게 함에 있는 것
이라
10 대저 견고한 성읍은 적막하고 거처가
황무하며 버림 받아 광야와 같은즉
송아지가 거기에서 먹고 거기에 누우
며 그 나무가지를 먹어 없이하리라
11 가지가 마르면 꺾이나니 여인들이 와
서 그것을 불사를 것이라 백성이 지
각이 없으므로 그들을 지으신 이가
불쌍히 여기지 아니하시며 그들을 조
성하신 이가 은혜를 베풀지 아니하시
리라
12 ●너희 이스라엘 자손들아 그날에 여
호와께서 창일하는 [2]하수에서부터
애굽 시내에까지 과실을 떠는 것같이
너희를 하나하나 모으시리라

Deliverance of Israel

27 In that day,

the LORD will punish with his sword—
his fierce, great and powerful sword—
Leviathan the gliding serpent,
Leviathan the coiling serpent;
he will slay the monster of the sea.
2 ●In that day—
"Sing about a fruitful vineyard:
3 ● I, the LORD, watch over it;
I water it continually.
I guard it day and night
so that no one may harm it.
4 ● I am not angry.
If only there were briers and thorns confronting me!
I would march against them in battle;
I would set them all on fire.
5 ●Or else let them come to me for refuge;
let them make peace with me,
yes, let them make peace with me."
6 ●In days to come Jacob will take root,
Israel will bud and blossom
and fill all the world with fruit.
7 ●Has the LORD struck her
as he struck down those who struck her?
Has she been killed
as those were killed who killed her?
8 ●By warfare[a] and exile you contend with her—
with his fierce blast he drives her out,
as on a day the east wind blows.
9 ●By this, then, will Jacob's guilt be atoned for,
and this will be the full fruit of the removal of
his sin:
When he makes all the altar stones
to be like limestone crushed to pieces,
no Asherah poles[b] or incense altars
will be left standing.
10 ●The fortified city stands desolate,
an abandoned settlement, forsaken like the
wilderness;
there the calves graze,
there they lie down;
they strip its branches bare.
11 ●When its twigs are dry, they are broken off
and women come and make fires with them.
For this is a people without understanding;
so their Maker has no compassion on them,
and their Creator shows them no favor.
12 ●In that day the LORD will thresh from the flowing

[a]8 See Septuagint; the meaning of the Hebrew for this word is uncertain. [b]9 That is, wooden symbols of the goddess Asherah

1) 악어를 2) 유브라데 하수

abandon [əbǽndən] *vt.* 버리다
altar [ɔ́:ltər] *n.* 제단
blast [blæst] *n.* 강풍
brier [bráiər] *n.* 찔레
bud [bʌd] *vi.* 싹트다
coil [kɔil] *vt.* 똘똘 감다
confront [kənfrʌ́nt] *vt.* 맞서다
contend [kənténd] *vi.* 다투다
fierce [fiərs] *a.* 맹렬한
gliding [gláidiŋ] *a.* 활주하는
refuge [réfju:dʒ] *n.* 피난
removal [rimú:vəl] *n.* 제거
serpent [sə́:rpənt] *n.* 뱀
twig [twig] *n.* 작은 가지
warfare [wɔ́:rfɛər] *n.* 전쟁

27:4 set... on fire: …에 불내다
27:5 make peace with...: …와 화해하다
27:8 drive out: 추방하다
27:9 atone for...: …를 속죄하다
27:11 have compassion on...: …을 측은하게 여기다

13 ●그날에 큰 나팔을 불리니 앗수르 땅
에서 멸망하는 자들과 애굽 땅으로 쫓
겨난 자들이 돌아와서 예루살렘 성산
에서 여호와께 예배하리라

에브라임의 면류관이 밟히리라 (♪ 279장)

— B.C. 730년경

28 에브라임의 술취한 자들의 교만
한 면류관은 화 있을진저 술에
빠진 자의 성 곧 영화로운 관같이 기
름진 골짜기 꼭대기에 세운 성이여 쇠
잔해 가는 꽃 같으니 화 있을진저
2 보라 주께 있는 강하고 힘 있는 자가
쏟아지는 우박같이, 파괴하는 광풍같
이, 큰 물이 넘침같이 손으로 그 면류
관을 땅에 던지리니
3 에브라임의 술취한 자들의 교만한 면
류관이 발에 밟힐 것이라
4 그 기름진 골짜기 꼭대기에 있는 그의
영화가 쇠잔해 가는 꽃이 여름 전에
처음 익은 무화과와 같으리니 보는 자
가 그것을 보고 얼른 따서 먹으리로다
5 그날에 만군의 여호와께서 자기 백성
의 남은 자에게 영화로운 면류관이 되
시며 아름다운 화관이 되실 것이라
6 재판석에 앉은 자에게는 판결하는 영
이 되시며 성문에서 싸움을 물리치는
자에게는 힘이 되시리로다 11:2
7 그리하여도 이들은 포도주로 말미암
아 옆걸음 치며 독주로 말미암아 비틀
거리며 제사장과 선지자도 독주로 말
미암아 옆걸음 치며 포도주에 빠지며
독주로 말미암아 비틀거리며 환상을
잘못 풀며 재판할 때에 실수하나니
8 모든 상에는 토한 것, 더러운 것이 가
득하고 깨끗한 곳이 없도다

여호와께서 그들이 붙잡히게 하시리라

9 ●그들이 이르기를 그가 누구에게 지
식을 가르치며 누구에게 도를 전하여
깨닫게 하려는가 젖 떨어져 품을 떠난
자들에게 하려는가
10 대저 경계에 경계를 더하며 경계에 경
계를 더하며 교훈에 교훈을 더하며 교
훈에 교훈을 더하되 여기서도 조금,
저기서도 조금 하는구나 하는도다
11 ●그러므로 더듬는 입술과 다른 방
언으로 그가 이 백성에게 말씀하시
리라

Euphrates to the Wadi of Egypt, and you, Israel, will
13 be gathered up one by one. ●And in that day a great
trumpet will sound. Those who were perishing in
Assyria and those who were exiled in Egypt will come
and worship the LORD on the holy mountain in
Jerusalem.

Woe to the Leaders of Ephraim and Judah

28 Woe to that wreath, the pride of Ephraim's
drunkards,
to the fading flower, his glorious beauty,
set on the head of a fertile valley—
to that city, the pride of those laid low by wine!
2 ●See, the Lord has one who is powerful and strong.
Like a hailstorm and a destructive wind,
like a driving rain and a flooding downpour,
he will throw it forcefully to the ground.
3 ●That wreath, the pride of Ephraim's drunkards,
will be trampled underfoot.
4 ●That fading flower, his glorious beauty,
set on the head of a fertile valley,
will be like figs ripe before harvest—
as soon as people see them and take them in hand,
they swallow them.
5 ●In that day the LORD Almighty
will be a glorious crown,
a beautiful wreath
for the remnant of his people.
6 ●He will be a spirit of justice
to the one who sits in judgment,
a source of strength
to those who turn back the battle at the gate.
7 ●And these also stagger from wine
and reel from beer:
Priests and prophets stagger from beer
and are befuddled with wine;
they reel from beer,
they stagger when seeing visions,
they stumble when rendering decisions.
8 ●All the tables are covered with vomit
and there is not a spot without filth.
9 ●"Who is it he is trying to teach?
To whom is he explaining his message?
To children weaned from their milk,
to those just taken from the breast?
10 ●For it is:
Do this, do that,
a rule for this, a rule for that[a];
a little here, a little there."
11 ●Very well then, with foreign lips and strange

[a]10 Hebrew / *sav lasav sav lasav / kav lakav kav lakav* (probably meaningless sounds mimicking the prophet's words); also in verse 13

befuddle [bifʌdl] *vt.* 정신을 잃게 하다
fertile [fə́:rtl] *a.* 비옥한
filth [filθ] *n.* 오염
forcefully [fɔ́:rsfəli] *ad.* 힘있게
hailstorm [héilstɔ̀:rm] *n.* 우박
perish [périʃ] *vi.* 멸망하다
reel [ri:l] *vi.* 비틀거리다
remnant [rémnənt] *n.* 나머지
stagger [stǽgər] *vi.* 비틀거리다
stumble [stʌmbl] *vi.* 넘어지다
swallow [swálou] *vi.* 삼키다
trample [trǽmpl] *vt.* 밟다
vomit [vámit] *n.* 토한 것
wean [wi:n] *vt.* 젖을 떼다
wreath [ri:θ] *n.* 화관

27:12 gather up: 모으다
27:12 one by one: 하나하나씩
28:1 lay low: 망치다, 타도하다
28:4 as soon as...: …하자마자
28:6 turn back: 되돌려보내다
28:7 render a decision: 판결을 선도하다

12 전에 그들에게 이르시기를 이것이 너희
안식이요 이것이 너희 상쾌함이니 너희
는 곤비한 자에게 안식을 주라 하셨으
나 그들이 듣지 아니하였으므로
13 여호와께서 그들에게 말씀하시되 경계
에 경계를 더하며 경계에 경계를 더하
며 교훈에 교훈을 더하며 교훈에 교훈
을 더하고 여기서도 조금, 저기서도 조
금 하사 그들이 가다가 뒤로 넘어져 부
러지며 걸리며 붙잡히게 하시리라

시온의 기초 돌

14 ● 이러므로 예루살렘에서 이 백성을 다
스리는 너희 오만한 자여 여호와의 말
씀을 들을지어다 28:22
15 너희가 말하기를 우리는 사망과 언약하
였고 스올과 맹약하였은즉 넘치는 재앙
이 밀려올지라도 우리에게 미치지 못하
리니 우리는 거짓을 우리의 피난처로
삼았고 허위 아래에 우리를 숨겼음이라
하는도다
16 그러므로 주 여호와께서 이같이 이르시
되 보라 내가 한 돌을 시온에 두어 기초
를 삼았노니 곧 시험한 돌이요 귀하고
견고한 기촛돌이라 그것을 믿는 이는
다급하게 되지 아니하리로다
17 나는 정의를 측량줄로 삼고 공의를 저
울추로 삼으니 우박이 거짓의 피난처를
소탕하며 물이 그 숨는 곳에 넘칠 것인
즉
18 너희가 사망과 더불어 세운 언약이 폐
하며 스올과 더불어 맺은 맹약이 서지
못하여 넘치는 재앙이 밀려올 때에 너
희가 그것에게 밟힘을 당할 것이라
19 그것이 지나갈 때마다 너희를 잡을 것
이니 아침마다 지나가며 주야로 지나가
리니 소식을 깨닫는 것이 오직 두려움
이라
20 침상이 짧아서 능히 몸을 펴지 못하며
이불이 좁아서 능히 몸을 싸지 못함 같
으리라 하셨느니라
21 대저 여호와께서 브라심 산에서와 같이
일어나시며 기브온 골짜기에서와 같이
진노하사 자기의 일을 행하시리니 그의
일이 비상할 것이며 자기의 사역을 이
루시리니 그의 사역이 기이할 것임이라
22 그러므로 너희는 오만한 자가 되지 말
라 너희 결박이 단단해질까 하노라 대

tongues
God will speak to this people,
12 ● to whom he said,
"This is the resting place, let the weary rest";
and, "This is the place of repose"—
but they would not listen.
13 ● So then, the word of the LORD to them will
become:
Do this, do that,
a rule for this, a rule for that;
a little here, a little there—
so that as they go they will fall backward;
they will be injured and snared and captured.
14 ● Therefore hear the word of the LORD, you scoffers
who rule this people in Jerusalem.
15 ● You boast, "We have entered into a covenant
with death,
with the realm of the dead we have made an
agreement.
When an overwhelming scourge sweeps by,
it cannot touch us,
for we have made a lie our refuge
and falsehood[a] our hiding place."
16 ● So this is what the Sovereign LORD says:
"See, I lay a stone in Zion, a tested stone,
a precious cornerstone for a sure foundation;
the one who relies on it
will never be stricken with panic.
17 ● I will make justice the measuring line
and righteousness the plumb line;
hail will sweep away your refuge, the lie,
and water will overflow your hiding place.
18 ● Your covenant with death will be annulled;
your agreement with the realm of the dead
will not stand.
When the overwhelming scourge sweeps by,
you will be beaten down by it.
19 ● As often as it comes it will carry you away;
morning after morning, by day and by night,
it will sweep through."
The understanding of this message
will bring sheer terror.
20 ● The bed is too short to stretch out on,
the blanket too narrow to wrap around you.
21 ● The LORD will rise up as he did at Mount Perazim,
he will rouse himself as in the Valley of
Gibeon—
to do his work, his strange work,
and perform his task, his alien task.
22 ● Now stop your mocking,
or your chains will become heavier;

[a]15 *Or false gods*

annul [ənʌl] *vt.* 무효화하다
boast [boust] *vi.* 호언장담하다
cornerstone [kɔ́:rnərstòun] *n.* 모퉁잇돌
mock [mak] *n.* 조롱
overwhelming [òuvərhwélmiŋ] *a.* 압도적인
plumb [plʌm] *n.* 다림추
refuge [réfju:dʒ] *n.* 피난
rely [rilái] *vi.* 의지하다
repose [ri:póuz] *n.* 휴식
scoffer [skɑ́fər] *n.* 조롱하는 자
scourge [skə:rdʒ] *n.* 재앙
sheer [ʃiər] *a.* 섞인 것이 없는, 완전한
snare [snɛər] *vt.* 올가미에 걸리게 하다
sovereign [sávərin] *a.* 주권을 가진
weary [wíəri] *a.* 지친

28:15 enter into a covenant with...: …와 언약을 맺다
28:15 make an agreement with...: …와 계약을 맺다
28:17 sweep away: 완전히 파괴하다
28:19 carry away: 채가다

저 온 땅을 멸망시키기로 작정하신 것
을 내가 만군의 주 여호와께로부터 들
었느니라

여호와의 모략과 지혜

23 ●너희는 귀를 기울여 내 목소리를 들
으라 자세히 내 말을 들으라
24 파종하려고 가는 자가 어찌 쉬지 않고
갈기만 하겠느냐 자기 땅을 개간하며
고르게만 하겠느냐
25 지면을 이미 평평히 하였으면 소회향
을 뿌리며 대회향을 뿌리며 소맥을 줄
줄이 심으며 대맥을 정한 곳에 심으며
귀리를 그 가에 심지 아니하겠느냐
26 이는 그의 하나님이 그에게 적당한 방
법을 보이사 가르치셨음이며
27 소회향은 도리깨로 떨지 아니하며 대
회향에는 수레 바퀴를 굴리지 아니하
고 소회향은 작대기로 떨고 대회향은
막대기로 떨며
28 곡식은 부수는가, 아니라 늘 떨기만 하
지 아니하고 그것에 수레바퀴를 굴리
고 그것을 말굽으로 밟게 할지라도 부
수지는 아니하나니
29 이도 만군의 여호와께로부터 난 것이
라 그의 경영은 기묘하며 지혜는 광대
하니라

아리엘을 괴롭게 하리라 (♪ 527장)
— B.C. 730년경

29 슬프다 [1]아리엘이여 아리엘이여
다윗이 진친 성읍이여 해마다 절
기가 돌아오려니와
2 내가 아리엘을 괴롭게 하리니 그가 슬
퍼하고 애곡하며 내게 [2]아리엘과 같이
되리라 애 2:5
3 내가 너를 사면으로 둘러 진을 치며 너
를 에워 대를 쌓아 너를 치리니
4 네가 낮아져서 땅에서 말하며 네 말소
리가 나직이 티끌에서 날 것이라 네 목
소리가 신접한 자의 목소리같이 땅에
서 나며 네 말소리가 티끌에서 지껄이
리라
5 ●그럴지라도 네 대적의 무리는 세미
한 티끌 같겠고 강포한 자의 무리는 날
려 가는 겨 같으리니 그 일이 순식간에
갑자기 일어날 것이라
6 만군의 여호와께서 우레와 지진과 큰
소리와 회오리바람과 폭풍과 맹렬한

1) 예루살렘을 가리킴 2) 하나님의 제단의 면

the Lord, the LORD Almighty, has told me
of the destruction decreed against the whole
land.
23 ●Listen and hear my voice;
pay attention and hear what I say.
24 ●When a farmer plows for planting, does he
plow continually?
Does he keep on breaking up and
working the soil?
25 ●When he has leveled the surface,
does he not sow caraway and scatter cumin?
Does he not plant wheat in its place,[a]
barley in its plot,[a]
and spelt in its field?
26 ●His God instructs him
and teaches him the right way.
27 ●Caraway is not threshed with a sledge,
nor is the wheel of a cart rolled over cumin;
caraway is beaten out with a rod,
and cumin with a stick.
28 ●Grain must be ground to make bread;
so one does not go on threshing it forever.
The wheels of a threshing cart may be rolled over
it,
but one does not use horses to grind grain.
29 ●All this also comes from the LORD Almighty,
whose plan is wonderful,
whose wisdom is magnificent.

Woe to David's City

29 Woe to you, Ariel, Ariel,
the city where David settled!
Add year to year
and let your cycle of festivals go on.
2 ●Yet I will besiege Ariel;
she will mourn and lament,
she will be to me like an altar hearth.[b]
3 ●I will encamp against you on all sides;
I will encircle you with towers
and set up my siege works against you.
4 ●Brought low, you will speak from the ground;
your speech will mumble out of the dust.
Your voice will come ghostlike from the earth;
out of the dust your speech will whisper.
5 ●But your many enemies will become like fine dust,
the ruthless hordes like blown chaff.
Suddenly, in an instant,
6 ● the LORD Almighty will come
with thunder and earthquake and great noise,
with windstorm and tempest and flames of

[a]25 The meaning of the Hebrew for this word is uncertain.
[b]2 The Hebrew for *altar hearth* sounds like the Hebrew for *Ariel*.

besiege [bisíːdʒ] *vt.* 포위하다
caraway [kǽrəwèi] *n.* 회향풀
cumin [kʌmən] *n.* 커민(미나리과)
decree [dikríː] *vt.* (신이)명하다, 정하다
ghostlike [góustlàik] *ad.* 망령같이
horde [hɔːrd] *n.* 무리
level [lévəl] *vt.* 평평하게 하다
magnificent [mægnífəsnt] *a.* 훌륭한
mumble [mʌmbl] *vt.* 중얼거리다
plow [plau] *vt.* 밭을 갈다
siege [siːdʒ] *n.* 포위 공격
sledge [slédʒ] *n.* (대장간의) 큰 쇠망치
tempest [témpist] *n.* 대폭풍우
thresh [θreʃ] *vt.* 타작하다
windstorm [wíndstɔ̀ːrm] *n.* 폭풍

28:24 keep on ~ing: 계속하여 ~하다
28:27 beat out: 두들겨 펴다
29:3 encamp against...: …를 공격하려 진치다
29:3 encircle A with B: A를 B로 둘러싸다
29:5 in an instant: 눈 깜짝할 사이에

불꽃으로 그들을 징벌하실 것인즉
7 아리엘을 치는 열방의 무리 곧 아리엘과
그 요새를 쳐서 그를 곤고하게 하는 모든
자는 꿈같이, 밤의 환상같이 되리니
8 주린 자가 꿈에 먹었을지라도 깨면 그 속
은 여전히 비고 목마른 자가 꿈에 마셨을
지라도 깨면 곤비하며 그 속에 갈증이 있
는 것같이 시온 산을 치는 열방의 무리가
그와 같으리라

입술로는 공경하나 마음은 떠났다

9 ●너희는 놀라고 놀라라 너희는 맹인이
되고 맹인이 되라 그들의 취함이 포도주
로 말미암음이 아니며 그들의 비틀거림
이 독주로 말미암음이 아니니라
10 대저 여호와께서 깊이 잠들게 하는 영을
너희에게 부어 주사 너희의 눈을 감기셨
음이니 그가 선지자들과 너희의 지도자
인 선견자들을 덮으셨음이라
11 그러므로 모든 계시가 너희에게는 봉한
책의 말처럼 되었으니 그것을 글 아는 자
에게 주며 이르기를 그대에게 청하노니
이를 읽으라 하면 그가 대답하기를 그것
이 봉해졌으니 나는 못 읽겠노라 할 것이
요
12 또 그 책을 글 모르는 자에게 주며 이르
기를 그대에게 청하노니 이를 읽으라 하
면 그가 대답하기를 나는 글을 모른다 할
것이니라
13 ●주께서 이르시되 이 백성이 입으로는
나를 가까이하며 입술로는 나를 공경하
나 그들의 마음은 내게서 멀리 떠났나니
그들이 나를 경외함은 사람의 계명으로
가르침을 받았을 뿐이라
14 그러므로 내가 이 백성 중에 기이한 일
곧 기이하고 가장 기이한 일을 다시 행하
리니 그들 중에서 지혜자의 지혜가 없어
지고 명철자의 총명이 가려지리라

이제부터는 교훈을 받으리라

15 ●자기의 계획을 여호와께 깊이 숨기려
하는 자들은 화 있을진저 그들의 일을 어
두운 데에서 행하며 이르기를 누가 우리
를 보랴 누가 우리를 알랴 하니
16 너희의 패역함이 심하도다 토기장이를
어찌 진흙같이 여기겠느냐 지음을 받은
물건이 어찌 자기를 지은 이에게 대하여
이르기를 그가 나를 짓지 아니하였다 하
겠으며 빚음을 받은 물건이 자기를 빚은

a devouring fire.
7 ●Then the hordes of all the nations that fight
against Ariel,
that attack her and her fortress and besiege
her,
will be as it is with a dream,
with a vision in the night—
8 ●as when a hungry person dreams of eating,
but awakens hungry still;
as when a thirsty person dreams of drinking,
but awakens faint and thirsty still.
So will it be with the hordes of all the nations
that fight against Mount Zion.
9 ●Be stunned and amazed,
blind yourselves and be sightless;
be drunk, but not from wine,
stagger, but not from beer.
10 ●The LORD has brought over you a deep sleep:
He has sealed your eyes (the prophets);
he has covered your heads (the seers).
11 ●For you this whole vision is nothing but
words sealed in a scroll. And if you give the scroll
to someone who can read, and say, "Read this,
please," they will answer, "I can't; it is sealed."
12 ●Or if you give the scroll to someone who can-
not read, and say, "Read this, please," they will
answer, "I don't know how to read."
13 ●The Lord says:
"These people come near to me with their
mouth
and honor me with their lips,
but their hearts are far from me.
Their worship of me
is based on merely human rules they have
been taught.[a]
14 ●Therefore once more I will astound these people
with wonder upon wonder;
the wisdom of the wise will perish,
the intelligence of the intelligent will vanish."
15 ●Woe to those who go to great depths
to hide their plans from the LORD,
who do their work in darkness and think,
"Who sees us? Who will know?"
16 ●You turn things upside down,
as if the potter were thought to be like the
clay!
Shall what is formed say to the one who
formed it,
"You did not make me"?
Can the pot say to the potter,

[a]13 Hebrew; Septuagint *They worship me in vain; / their teachings are merely human rules*

astound [əstáund] *vt.* 몹시 놀라게 하다
besiege [bisíːdʒ] *vt.* 포위하다
clay [klei] *n.* 진흙
devouring [diváuəriŋ] *a.* 맹렬한
fortress [fɔ́ːrtris] *n.* 요새
horde [hɔːrd] *n.* 무리
intelligence [intélədʒəns] *n.* 지혜
perish [périʃ] *vi.* 사라지다
potter [pɑ́tər] *n.* 도공
scroll [skroul] *n.* 두루마리
seal [siːl] *vt.* 봉하다
stagger [stǽgər] *vt.* 비틀거리다
stun [stʌ́n] *vt.* 놀라게 하다
vanish [vǽniʃ] *vi.* 사라지다
vision [víʒən] *n.* 환상

29:9 be drunk from...: …로 취하다
29:10 bring... over: …을 인도하다
29:11 nothing but: 단지, 오직
29:13 be based on...: …에 기초하다
29:15 woe to...: …에게 화가 미칠진저
29:16 turn upside down: 거꾸로 하다

이에게 대하여 이르기를 그가 총명이
없다 하겠느냐
17 ●오래지 아니하여 레바논이 기름진 밭
으로 변하지 아니하겠으며 기름진 밭이
숲으로 여겨지지 아니하겠느냐
18 그날에 못 듣는 사람이 책의 말을 들을
것이며 어둡고 캄캄한 데에서 맹인의
눈이 볼 것이며
19 겸손한 자에게 여호와로 말미암아 기쁨
이 더하겠고 사람 중 가난한 자가 이스
라엘의 거룩하신 이로 말미암아 즐거워
하리니
20 이는 강포한 자가 소멸되었으며 오만한
자가 그쳤으며 죄악의 기회를 엿보던
자가 다 끊어졌음이라 20:5
21 그들은 송사로 사람에게 죄를 씌우며
성문에서 판단하는 자를 올무로 잡듯
하며 헛된 일로 의인을 억울하게 하느
니라
22 ●그러므로 아브라함을 구속하신 여호
와께서 야곱 족속에 대하여 이같이 말씀
하시되 야곱이 이제는 부끄러워하지 아
니하겠고 그의 얼굴이 이제는 창백해지
지 아니할 것이며
23 그의 자손은 내 손이 그 가운데에서 행
한 것을 볼 때에 내 이름을 거룩하다 하
며 야곱의 거룩한 이를 거룩하다 하며
이스라엘의 하나님을 경외할 것이며
24 마음이 혼미하던 자들도 총명하게 되며
원망하던 자들도 교훈을 받으리라 하셨
느니라

애굽과 맺은 맹약이 헛되다

30 여호와께서 이르시되 패역한 자
식들은 화 있을진저 그들이 계교
를 베푸나 나로 말미암지 아니하며 맹
약을 맺으나 나의 영으로 말미암지 아
니하고 죄에 죄를 더하도다
2 그들이 바로의 세력 안에서 스스로 강
하려 하며 애굽의 그늘에 피하려 하여
애굽으로 내려갔으되 나의 입에 묻지
아니하였도다
3 그러므로 바로의 세력이 너희의 수치가
되며 애굽의 그늘에 피함이 너희의 수
욕이 될 것이라 36:6
4 그 고관들이 소안에 있고 그 사신들이
하네스에 이르렀으나
5 그들이 다 자기를 유익하게 하지 못하

"You know nothing"?
17 ●In a very short time, will not Lebanon be turned
into a fertile field
and the fertile field seem like a forest?
18 ●In that day the deaf will hear the words of the
scroll,
and out of gloom and darkness
the eyes of the blind will see.
19 ●Once more the humble will rejoice in the LORD;
the needy will rejoice in the Holy One of Israel.
20 ●The ruthless will vanish,
the mockers will disappear,
and all who have an eye for evil will be cut
down—
21 ●those who with a word make someone out to be
guilty,
who ensnare the defender in court
and with false testimony deprive the innocent
of justice.

22 ●Therefore this is what the LORD, who redeemed
Abraham, says to the descendants of Jacob:
"No longer will Jacob be ashamed;
no longer will their faces grow pale.
23 ●When they see among them their children,
the work of my hands,
they will keep my name holy;
they will acknowledge the holiness of the
Holy One of Jacob,
and will stand in awe of the God of Israel.
24 ●Those who are wayward in spirit will gain
understanding;
those who complain will accept instruction."

Woe to the Obstinate Nation

30 "Woe to the obstinate children,"
declares the LORD,
"to those who carry out plans that are not mine,
forming an alliance, but not by my Spirit,
heaping sin upon sin;
2 ●who go down to Egypt
without consulting me;
who look for help to Pharaoh's protection,
to Egypt's shade for refuge.
3 ●But Pharaoh's protection will be to your shame,
Egypt's shade will bring you disgrace.
4 ●Though they have officials in Zoan
and their envoys have arrived in Hanes,
5 ●everyone will be put to shame
because of a people useless to them,
who bring neither help nor advantage,
but only shame and disgrace."

acknowledge [æknɑ́lidʒ] *vt.* 인정하다
alliance [əláiəns] *n.* 동맹
deaf [def] *a.* 청각장애가 있는
disappear [dìsəpíər] *vi.* 사라지다
ensnare [insnέər] *vt.* 올가미에 걸리게 하다
envoy [énvɔi] *n.* 사신
fertile [fə́:rtl] *a.* 비옥한
heap [hi:p] *vt.* 쌓다
mocker [mɑ́kər] *n.* 조롱하는 사람
needy [ní:di] *a.* 빈궁한
obstinate [ɑ́bstənət] *a.* 완강한
redeem [ridí:m] *vt.* 구원하다
refuge [réfju:dʒ] *n.* 피난
shade [ʃeid] *n.* 그늘
testimony [téstəmouni] *n.* 증언

29:20 have an eye for...: …에 관심이 있다
29:21 deprive A of B: A에게서 B를 빼앗다, 허용하지 않다
30:2 look for: 찾다
30:5 put to shame: 수치를 당하게 하다
30:5 neither A nor B: A도 B도 아니다

는 민족으로 말미암아 수치를 당하리니
그 민족이 돕지도 못하며 유익하게도
못하고 수치가 되게 하며 수욕이 되게
할 뿐임이니라
6 ●네겝 짐승들에 관한 경고라 ●사신들
이 그들의 재물을 어린 나귀 등에 싣고
그들의 보물을 낙타 안장에 얹고 암사
자와 수사자와 독사와 및 날아다니는
불뱀이 나오는 위험하고 곤고한 땅을
지나 자기에게 무익한 민족에게로 갔으
나
7 애굽의 도움은 헛되고 무익하니라 그러
므로 내가 애굽을 가만히 앉은 라합이
라 일컬었느니라

패역한 백성

8 ●이제 가서 백성 앞에서 서판에 기록
하며 책에 써서 [1]후세에 영원히 있게 하
라
9 대저 이는 패역한 백성이요 거짓말 하
는 자식들이요 여호와의 법을 듣기 싫
어하는 자식들이라
10 그들이 선견자들에게 이르기를 선견하
지 말라 선지자들에게 이르기를 우리에
게 바른 것을 보이지 말라 우리에게 부
드러운 말을 하라 거짓된 것을 보이라
11 너희는 바른 길을 버리며 첩경에서 돌
이키라 이스라엘의 거룩하신 이를 우리
앞에서 떠나시게 하라 하는도다
12 이러므로 이스라엘의 거룩하신 이가 이
같이 말씀하시되 너희가 이 말을 업신
여기고 압박과 허망을 믿어 그것을 의
지하니
13 이 죄악이 너희에게 마치 무너지려고
터진 담이 불쑥 나와 순식간에 무너짐
같게 되리라 하셨은즉
14 그가 이 나라를 무너뜨리시되 토기장이
가 그릇을 깨뜨림같이 아낌이 없이 부수
시리니 그 조각 중에서, 아궁이에서 불
을 붙이거나 물 웅덩이에서 물을 뜰 것
도 얻지 못하리라
15 ●주 여호와 이스라엘의 거룩하신 이가
이같이 말씀하시되 너희가 돌이켜 조용
히 있어야 구원을 얻을 것이요 잠잠하고
신뢰하여야 힘을 얻을 것이거늘 너희가
원하지 아니하고
16 이르기를 아니라 우리가 말 타고 도망
하리라 하였으므로 너희가 도망할 것이

6 ●A prophecy concerning the animals of the Negev:

Through a land of hardship and distress,
of lions and lionesses,
of adders and darting snakes,
the envoys carry their riches on donkeys' backs,
their treasures on the humps of camels,
to that unprofitable nation,
7 ● to Egypt, whose help is utterly useless.
Therefore I call her
Rahab the Do-Nothing.

8 ●Go now, write it on a tablet for them,
inscribe it on a scroll,
that for the days to come
it may be an everlasting witness.
9 ●For these are rebellious people, deceitful children,
children unwilling to listen to the LORD's
instruction.
10 ●They say to the seers,
"See no more visions!"
and to the prophets,
"Give us no more visions of what is right!
Tell us pleasant things,
prophesy illusions.
11 ●Leave this way,
get off this path,
and stop confronting us
with the Holy One of Israel!"

12 ●Therefore this is what the Holy One of Israel says:

"Because you have rejected this message,
relied on oppression
and depended on deceit,
13 ●this sin will become for you
like a high wall, cracked and bulging,
that collapses suddenly, in an instant.
14 ●It will break in pieces like pottery,
shattered so mercilessly
that among its pieces not a fragment will be
found
for taking coals from a hearth
or scooping water out of a cistern."

15 ●This is what the Sovereign LORD, the Holy One of Israel, says:

"In repentance and rest is your salvation,
in quietness and trust is your strength,
but you would have none of it.
16 ●You said, 'No, we will flee on horses.'
Therefore you will flee!
You said, 'We will ride off on swift horses.'

[1] 전하여 영영한 증거를 삼으라

adder [ǽdər] *n.* 살모사
bulging [bʌldʒiŋ] *a.* 불룩해진, 솟아오른
cistern [sístərn] *n.* 웅덩이
collapse [kəlǽps] *vi.* 무너지다
dart [da:rt] *vi.* 날아가다, 돌진하다
deceit [disí:t] *n.* 기만
fragment [frǽgmənt] *n.* 조각
hump [hʌmp] *n.* (낙타 등의) 혹
illusion [ilú:ʒən] *n.* 환상
inscribe [inskráib] *vt.* (문자 등을) 새기다
mercilessly [mə́:rsilisli] *ad.* 무자비하게
rebellious [ribéljəs] *a.* 반항하는
repentance [ripéntəns] *n.* 후회, 회개
scroll [skroul] *n.* 두루마리
utterly [ʌtərli] *ad.* 완전히

30:9 be unwilling to...: …하기를 꺼려하다
30:11 get off: 벗어나다
30:11 confront A with B: A의 눈앞에 B를 들이대다
30:13 in an instant: 순식간에
30:16 ride off: 타고 가버리다

요 또 이르기를 우리가 빠른 짐승을 타리라
하였으므로 너희를 쫓는 자들이 빠르리니
17 한 사람이 꾸짖은즉 천 사람이 도망하겠고
다섯이 꾸짖은즉 너희가 다 도망하고 너희
남은 자는 겨우 산꼭대기의 깃대 같겠고
산마루 위의 기치 같으리라 하셨느니라

하나님을 기다리는 자는 복이 있도다

18 ●그러나 여호와께서 기다리시나니 이는
너희에게 은혜를 베풀려 하심이요 일어나
시리니 이는 너희를 긍휼히 여기려 하심이
라 대저 여호와는 정의의 하나님이심이라
그를 기다리는 자마다 복이 있도다 25:9
19 시온에 거주하며 예루살렘에 거주하는 백
성아 너는 다시 통곡하지 아니할 것이라
그가 네 부르짖는 소리로 말미암아 네게
은혜를 베푸시되 그가 들으실 때에 네게
응답하시리라
20 주께서 너희에게 환난의 떡과 고생의 물을
주시나 네 스승은 다시 숨기지 아니하시리
니 네 눈이 네 스승을 볼 것이며
21 너희가 오른쪽으로 치우치든지 왼쪽으로
치우치든지 네 뒤에서 말소리가 네 귀에
들려 이르기를 이것이 바른 길이니 너희는
이리로 가라 할 것이며
22 또 너희가 너희 조각한 우상에 입힌 은과
부어 만든 우상에 올린 금을 더럽게 하여
[1]불결한 물건을 던짐같이 던지며 이르기를
나가라 하리라
23 ●네가 땅에 뿌린 종자에 주께서 비를 주
사 땅이 먹을 것을 내며 곡식이 풍성하고
기름지게 하실 것이며 그날에 네 가축이
광활한 목장에서 먹을 것이요
24 밭 가는 소와 어린 나귀도 키와 쇠스랑으로
까부르고 [2]맛있게 한 먹이를 먹을 것이며
25 크게 살륙하는 날 망대가 무너질 때에 고
산마다 준령마다 그 위에 개울과 시냇물이
흐를 것이며
26 여호와께서 자기 백성의 상처를 싸매시며
그들의 맞은 자리를 고치시는 날에는 달빛
은 햇빛 같겠고 햇빛은 일곱 배가 되어 일
곱 날의 빛과 같으리라

여호와께서 앗수르를 치시리라

27 ●보라 여호와의 이름이 원방에서부터 오
되 그의 진노가 불붙듯 하며 빽빽한 연기
가 일어나듯 하며 그의 입술에는 분노가
찼으며 그의 혀는 맹렬한 불 같으며
28 그의 호흡은 마치 창일하여 목에까지 미치

Therefore your pursuers will be swift!
17 ●A thousand will flee
at the threat of one;
at the threat of five
you will all flee away,
till you are left
like a flagstaff on a mountaintop,
like a banner on a hill."

18 ●Yet the LORD longs to be gracious to you;
therefore he will rise up to show you
compassion.
For the LORD is a God of justice.
Blessed are all who wait for him!

19 ●People of Zion, who live in Jerusalem, you will
weep no more. How gracious he will be when
you cry for help! As soon as he hears, he will
20 answer you. ●Although the Lord gives you the
bread of adversity and the water of affliction,
your teachers will be hidden no more; with your
21 own eyes you will see them. ●Whether you turn
to the right or to the left, your ears will hear a
voice behind you, saying, "This is the way; walk
22 in it." ●Then you will desecrate your idols over-
laid with silver and your images covered with
gold; you will throw them away like a menstru-
al cloth and say to them, "Away with you!"

23 ●He will also send you rain for the seed you
sow in the ground, and the food that comes
from the land will be rich and plentiful. In that
day your cattle will graze in broad meadows.
24 ●The oxen and donkeys that work the soil will
eat fodder and mash, spread out with fork and
25 shovel. ●In the day of great slaughter, when the
towers fall, streams of water will flow on every
26 high mountain and every lofty hill. ●The moon
will shine like the sun, and the sunlight will be
seven times brighter, like the light of seven full
days, when the LORD binds up the bruises of his
people and heals the wounds he inflicted.

27 ●See, the Name of the LORD comes from afar,
with burning anger and dense clouds of
smoke;
his lips are full of wrath,
and his tongue is a consuming fire.
28 ●His breath is like a rushing torrent,
rising up to the neck.
He shakes the nations in the sieve of
destruction;
he places in the jaws of the peoples
a bit that leads them astray.

1) 월경대를 2) 히, 소금 친

adversity [ædvə́:rsəti] *n.* 역경
affliction [əflíkʃən] *n.* 고통
bruise [bru:z] *n.* 상처
dense [dens] *a.* 빽빽한
flagstaff [flǽgstæ̀f] *n.* 깃대
fodder [fádər] *n.* (가축) 사료
inflict [inflíkt] *vt.* (상처를) 입히다
lofty [lɔ́:fti] *a.* 매우 높은
mash [mæʃ] *n.* (가축) 사료
meadow [médou] *n.* 목장
menstrual [ménstruəl] *a.* 월경의
overlay [òuvərléi] *vt.* 입히다
pursuer [pərsú:ər] *n.* 추적자
torrent [tɔ́:rənt] *n.* 급류
wrath [ræθ] *n.* 분노

30:18 long to...: …하기를 열망하다
30:22 throw...away: …를 버리다
30:24 spread out: 펴지다
30:26 bind up: 붕대로 매다
30:27 come from afar: 원방에서 오다
30:28 lead astray: 나쁜 길로 인도하다

는 하수 같은즉 그가 멸하는 키로 열방
을 까부르며 여러 민족의 입에 미혹하
는 재갈을 물리시리니
29 너희가 거룩한 절기를 지키는 밤에 하
듯이 노래할 것이며 피리를 불며 여호
와의 산으로 가서 이스라엘의 반석에게
로 나아가는 자같이 마음에 즐거워할
것이라
30 여호와께서 그의 장엄한 목소리를 듣게
하시며 혁혁한 진노로 그의 팔의 치심
을 보이시되 맹렬한 화염과 폭풍과 폭
우와 우박으로 하시리니 28:2
31 여호와의 목소리에 앗수르가 낙담할 것
이며 주께서는 막대기로 치실 것이라
32 여호와께서 예정하신 몽둥이를 앗수르
위에 더하실 때마다 소고를 치며 수금
을 탈 것이며 그는 전쟁 때에 팔을 들어
그들을 치시리라
33 대저 도벳은 이미 세워졌고 또 왕을 위
하여 예비된 것이라 깊고 넓게 하였고
거기에 불과 많은 나무가 있은즉 여호
와의 호흡이 유황 개천 같아서 이를 사
르시리라

31 도움을 구하러 애굽으로 내려가는
자들은 화 있을진저 그들은 말을
의지하며 병거의 많음과 마병의 심히
강함을 의지하고 이스라엘의 거룩하신
이를 앙모하지 아니하며 여호와를 구하
지 아니하나니
2 여호와께서도 지혜로우신즉 재앙을 내
리실 것이라 그의 말씀들을 변하게 하
지 아니하시고 일어나사 악행하는 자들
의 집을 치시며 행악을 돕는 자들을 치
시리니
3 애굽은 사람이요 신이 아니며 그들의
말들은 육체요 영이 아니라 여호와께서
그의 손을 펴시면 돕는 자도 넘어지며
도움을 받는 자도 엎드러져서 다 함께
멸망하리라
4 ●여호와께서 이같이 내게 이르시되 큰
사자나 젊은 사자가 자기의 먹이를 움
키고 으르렁거릴 때에 그것을 치려고
여러 목자를 불러왔다 할지라도 그것이
그들의 소리로 말미암아 놀라지 아니할
것이요 그들의 떠듦으로 말미암아 굴복
하지 아니할 것이라 이와 같이 나 만군
의 여호와가 강림하여 시온 산과 그 언

29 ●And you will sing
as on the night you celebrate a holy festival;
your hearts will rejoice
as when people playing pipes go up
to the mountain of the LORD,
to the Rock of Israel.
30 ●The LORD will cause people to hear his majestic
voice
and will make them see his arm coming down
with raging anger and consuming fire,
with cloudburst, thunderstorm and hail.
31 ●The voice of the LORD will shatter Assyria;
with his rod he will strike them down.
32 ●Every stroke the LORD lays on them
with his punishing club
will be to the music of timbrels and harps,
as he fights them in battle with the blows of
his arm.
33 ●Topheth has long been prepared;
it has been made ready for the king.
Its fire pit has been made deep and wide,
with an abundance of fire and wood;
the breath of the LORD,
like a stream of burning sulfur,
sets it ablaze.

Woe to Those Who Rely on Egypt

31 Woe to those who go down to Egypt
for help,
who rely on horses,
who trust in the multitude of their chariots
and in the great strength of their horsemen,
but do not look to the Holy One of Israel,
or seek help from the LORD.
2 ●Yet he too is wise and can bring disaster;
he does not take back his words.
He will rise up against that wicked nation,
against those who help evildoers.
3 ●But the Egyptians are mere mortals and not God;
their horses are flesh and not spirit.
When the LORD stretches out his hand,
those who help will stumble,
those who are helped will fall;
all will perish together.
4 ●This is what the LORD says to me:
"As a lion growls,
a great lion over its prey—
and though a whole band of shepherds
is called together against it,
it is not frightened by their shouts
or disturbed by their clamor—
so the LORD Almighty will come down

abundance [əbʌndəns] *n.* 풍부
chariot [tʃǽriət] *n.* 병거
clamor [klǽmər] *n.* 외침
consume [kənsú:m] *vt.* 태워 버리다
flesh [fleʃ] *n.* 육체
growl [graul] *vi.* 으르렁거리다
majestic [mədʒéstik] *a.* 위엄있는
mortal [mɔ́:rtl] *n.* 인간
perish [périʃ] *vi.* 멸망하다
prey [prei] *n.* 먹이
rod [rad] *n.* 막대기
shatter [ʃǽtər] *vt.* 파괴하다
shepherd [ʃépərd] *n.* 목자, 양치기
stumble [stʌmbl] *vi.* 넘어지다
sulfur [sʌlfər] *n.* 유황

30:33 **set ablaze**: 불타오르게 하다
31:1 **rely on~**: ~에 의지하다
31:1 **a multitude of**: 다수의
31:1 **look to...**: …를 의지하다
31:2 **take back**: 철회하다, 취소하다
31:4 **call together**: 불러모으다

덕에서 싸울 것이라
5 새가 날개 치며 그 새끼를 보호함같이 나
만군의 여호와가 예루살렘을 보호할 것
이라 그것을 호위하며 건지며 뛰어넘어
구원하리라 하셨느니라
6 [1]이스라엘 자손들아 너희는 심히 거역하
던 자에게로 돌아오라
7 너희가 자기 손으로 만들어 범죄한 은 우
상, 금 우상을 그날에는 각 사람이 던져
버릴 것이며
8 앗수르는 칼에 엎드러질 것이나 사람의
칼로 말미암음이 아니겠고 칼에 삼켜질
것이나 사람의 칼로 말미암음이 아닐 것
이며 그는 칼 앞에서 도망할 것이요 그의
장정들은 복역하는 자가 될 것이라
9 그의 반석은 두려움으로 말미암아 물러
가겠고 그의 고관들은 기치로 말미암아
놀라리라 이는 여호와의 말씀이라 여호
와의 [2]불은 시온에 있고 여호와의 풀무는
예루살렘에 있느니라

의로 통치할 왕 (♪ 420, 426장)

32 보라 장차 한 왕이 공의로 통치할 것
이요 방백들이 정의로 다스릴 것이
며
2 또 [3]그 사람은 광풍을 피하는 곳, 폭우를
가리는 곳 같을 것이며 마른 땅에 냇물 같
을 것이며 곤비한 땅에 큰 바위 그늘 같으
리니
3 보는 자의 눈이 감기지 아니할 것이요 듣
는 자가 귀를 기울일 것이며
4 조급한 자의 마음이 지식을 깨닫고 어눌
한 자의 혀가 민첩하여 말을 분명히 할
것이라
5 어리석은 자를 다시 존귀하다 부르지 아
니하겠고 우둔한 자를 다시 존귀한 자라
말하지 아니하리니
6 이는 어리석은 자는 어리석은 것을 말하
며 그 마음에 불의를 품어 간사를 행하며
패역한 말로 여호와를 거스르며 주린 자
의 속을 비게 하며 목마른 자에게서 마실
것을 없어지게 함이며
7 악한 자는 그 그릇이 악하여 악한 계획
을 세워 거짓말로 가련한 자를 멸하며
가난한 자가 말을 바르게 할지라도 그
리함이거니와
8 존귀한 자는 존귀한 일을 계획하나니 그
는 항상 존귀한 일에 서리라

to do battle on Mount Zion and on its heights.
5 •Like birds hovering overhead,
the LORD Almighty will shield Jerusalem;
he will shield it and deliver it,
he will 'pass over' it and will rescue it."
6 •Return, you Israelites, to the One you have so
7 greatly revolted against. •For in that day every
one of you will reject the idols of silver and gold
your sinful hands have made.
8 •"Assyria will fall by no human sword;
a sword, not of mortals, will devour them.
They will flee before the sword
and their young men will be put to forced
labor.
9 •Their stronghold will fall because of terror;
at the sight of the battle standard their
commanders will panic,"
declares the LORD,
whose fire is in Zion,
whose furnace is in Jerusalem.

The Kingdom of Righteousness

32 See, a king will reign in righteousness
and rulers will rule with justice.
2 •Each one will be like a shelter from the wind
and a refuge from the storm,
like streams of water in the desert
and the shadow of a great rock in a thirsty
land.
3 •Then the eyes of those who see will no longer be
closed,
and the ears of those who hear will listen.
4 •The fearful heart will know and understand,
and the stammering tongue will be fluent
and clear.
5 •No longer will the fool be called noble
nor the scoundrel be highly respected.
6 •For fools speak folly,
their hearts are bent on evil:
They practice ungodliness
and spread error concerning the LORD;
the hungry they leave empty
and from the thirsty they withhold water.
7 •Scoundrels use wicked methods,
they make up evil schemes
to destroy the poor with lies,
even when the plea of the needy is just.
8 •But the noble make noble plans,
and by noble deeds they stand.

1) 이스라엘 자손이 심히 거역하던 여호와께 너희는 돌아오라 2) 히, 빛은 3) 한 사람이 있어서

deliver [dilívər] *vt.* 구원하다
devour [diváuər] *vt.* 삼켜버리다
fluent [flú:ənt] *a.* 유창한
folly [fáli] *n.* 어리석음
furnace [fə́:rnis] *n.* 용광로
hover [hʌvər] *vt.* 공중을 떠돌다
plea [pli:] *n.* 탄원
reign [rein] *vi.* 통치하다
revolt [rivóult] *vt.* 반역하다
scheme [ski:m] *n.* 계획, 음모
scoundrel [skáundrəl] *a.* 비열한, 천한
shelter [ʃéltər] *n.* 피난처
shield [ʃi:ld] *vt.* 보호하다
stammer [stǽmər] *vt.* 더듬거리다
thirsty [θə́:rsti] *a.* 메마른

31:5 pass over: 넘어지다
31:8 put to forced labor: 강제적인 노역을 시키다
31:9 at the sight of...: …를 보고서
32:6 withhold A from B: A를 B에서 거두다
32:7 make up: 꾸미다, 만들어내다

심판과 회복

9 ●너희 안일한 여인들아 일어나 내 목
소리를 들을지어다 너희 염려 없는 딸
들아 내 말에 귀를 기울일지어다
10 너희 염려 없는 여자들아 일 년 남짓 지
나면 너희가 당황하리니 포도 수확이 없
으며 열매 거두는 일이 이르지 않을 것
임이라
11 너희 안일한 여자들아 떨지어다 너희
염려 없는 자들아 당황할지어다 옷을
벗어 몸을 드러내고 베로 허리를 동일
지어다
12 그들은 좋은 밭으로 인하여 열매 많은
포도나무로 인하여 가슴을 치게 될 것
이니라
13 내 백성의 땅에 가시와 찔레가 나며
희락의 성읍, 기뻐하는 모든 집에 나
리니
14 대저 궁전이 폐한 바 되며 인구 많던 성
읍이 적막하며 오벨과 망대가 영원히
굴혈이 되며 들나귀가 즐기는 곳과 양
떼의 초장이 되려니와
15 마침내 위에서부터 영을 우리에게 부
어 주시리니 광야가 아름다운 밭이 되
며 아름다운 밭을 숲으로 여기게 되리
라
16 ●그때에 정의가 광야에 거하며 공의가
아름다운 밭에 거하리니
17 공의의 열매는 화평이요 공의의 결과는
영원한 평안과 안전이라

2:4

18 내 백성이 화평한 집과 안전한 거처와
조용히 쉬는 곳에 있으려니와
19 그 숲은 우박에 상하고 성읍은 파괴되
리라
20 모든 물가에 씨를 뿌리고 소와 나귀를
그리로 모는 너희는 복이 있느니라

은혜를 구하는 기도 (♪365장)

33 너 학대를 당하지 아니하고도 학
대하며 속이고도 속임을 당하지
아니하는 자여 화 있을진저 네가 학대
하기를 그치면 네가 학대를 당할 것이
며 네가 속이기를 그치면 사람이 너를
속이리라

합 2:8

2 여호와여 우리에게 은혜를 베푸소서
우리가 주를 앙망하오니 주는 아침마
다 [1]우리의 팔이 되시며 환난 때에 우리
의 구원이 되소서

The Women of Jerusalem

9 ●You women who are so complacent,
rise up and listen to me;
you daughters who feel secure,
hear what I have to say!
10 ●In little more than a year
you who feel secure will tremble;
the grape harvest will fail,
and the harvest of fruit will not come.
11 ●Tremble, you complacent women;
shudder, you daughters who feel secure!
Strip off your fine clothes
and wrap yourselves in rags.
12 ●Beat your breasts for the pleasant fields,
for the fruitful vines
13 ●and for the land of my people,
a land overgrown with thorns and briers—
yes, mourn for all houses of merriment
and for this city of revelry.
14 ●The fortress will be abandoned,
the noisy city deserted;
citadel and watchtower will become a
wasteland forever,
the delight of donkeys, a pasture for flocks,
15 ●till the Spirit is poured on us from on high,
and the desert becomes a fertile field,
and the fertile field seems like a forest.
16 ●The LORD's justice will dwell in the desert,
his righteousness live in the fertile field.
17 ●The fruit of that righteousness will be peace;
its effect will be quietness and
confidence forever.
18 ●My people will live in peaceful dwelling places,
in secure homes,
in undisturbed places of rest.
19 ●Though hail flattens the forest
and the city is leveled completely,
20 ●how blessed you will be,
sowing your seed by every stream,
and letting your cattle and donkeys range free.

Distress and Help

33 Woe to you, destroyer,
you who have not been destroyed!
Woe to you, betrayer,
you who have not been betrayed!
When you stop destroying,
you will be destroyed;
when you stop betraying,
you will be betrayed.
2 ●LORD, be gracious to us;
we long for you.

1) 히, 그들

betray [bitréi] *vt.* 배신하다
brier [bráiər] *n.* 찔레
citadel [sítədl] *n.* 요새
complacent [kəmpléisnt] *a.* 자기 만족의
fertile [fə́:rtl] *a.* 비옥한
flatten [flǽtn] *vt.* 완전히 쓰러뜨리다
merriment [mérimənt] *n.* 명랑함
overgrow [òuvərgróu] *vt.* 웃자라다
pasture [pǽstʃər] *n.* 목초지
range [réindʒ] *vi.* 돌아다니다
revelry [revəlri] *n.* 환락
shudder [ʃʌdər] *vi.* 떨다
sow [sou] *vt.* 씨를 뿌리다
tremble [trémbl] *vi.* 떨다
undisturb [ʌndistə́:rb] *a.* 평정한

32:9 feel secure: 안심하다
32:11 strip off: 벗어버리다
32:13 mourn for: 슬퍼하다, 한탄하다
32:16 dwell in...: …에 거주하다
33:1 woe to...: …에게 화가 있다
33:2 long for...: …를 사모하다, 앙망하다

3 요란한 소리로 말미암아 민족들이 도망
하며 주께서 일어나심으로 말미암아 나
라들이 흩어졌나이다 17:13
4 황충의 떼같이 사람이 너희의 노략물을
모을 것이며 메뚜기가 뛰어오름같이 그
들이 그 위로 뛰어오르리라
5 여호와께서는 지극히 존귀하시니 그는
높은 곳에 거하심이요 정의와 공의를
시온에 충만하게 하심이라
6 네 시대에 평안함이 있으며 구원과 지
혜와 지식이 풍성할 것이니 여호와를
경외함이 네 보배니라

높은 곳에 거할 자

7 ●보라 그들의 용사가 밖에서 부르짖으
며 평화의 사신들이 슬피 곡하며
8 대로가 황폐하여 행인이 끊어지며 대적
이 조약을 파하고 성읍들을 멸시하며
사람을 생각하지 아니하며 35:8
9 땅이 슬퍼하고 쇠잔하며 레바논은 부끄
러워하고 마르며 사론은 [1]사막과 같고
바산과 갈멜은 나뭇잎을 떨어뜨리는도
다
10 여호와께서 이르시되 내가 이제 일어나
며 내가 이제 나를 높이며 내가 이제 지
극히 높아지리니
11 너희가 겨를 잉태하고 짚을 해산할 것
이며 너희의 호흡은 불이 되어 너희를
삼킬 것이며
12 민족들은 불에 굽는 횟돌 같겠고 잘라
서 불에 사르는 가시나무 같으리로다
13 너희 먼 데에 있는 자들아 내가 행한 것
을 들으라 너희 가까이에 있는 자들아
나의 권능을 알라
14 시온의 죄인들이 두려워하며 경건하지
아니한 자들이 떨며 이르기를 우리 중
에 누가 삼키는 불과 함께 거하겠으며
우리 중에 누가 영영히 타는 것과 함께
거하리요 하도다
15 오직 공의롭게 행하는 자, 정직히 말하
는 자, 토색한 재물을 가증히 여기는
자, 손을 흔들어 뇌물을 받지 아니하는
자, 귀를 막아 피 흘리려는 꾀를 듣지
아니하는 자, 눈을 감아 악을 보지 아니
하는 자, 시 15:2
16 그는 높은 곳에 거하리니 견고한 바위
가 그의 요새가 되며 그의 양식은 공급
되고 그의 물은 끊어지지 아니하리라

Be our strength every morning,
our salvation in time of distress.
3 •At the uproar of your army, the peoples flee;
when you rise up, the nations scatter.
4 •Your plunder, O nations, is harvested as by
young locusts;
like a swarm of locusts people pounce on it.
5 •The LORD is exalted, for he dwells on high;
he will fill Zion with his justice and
righteousness.
6 •He will be the sure foundation for your times,
a rich store of salvation and wisdom and
knowledge;
the fear of the LORD is the key to this treasure.[a]
7 •Look, their brave men cry aloud in the streets;
the envoys of peace weep bitterly.
8 •The highways are deserted,
no travelers are on the roads.
The treaty is broken,
its witnesses[b] are despised,
no one is respected.
9 •The land dries up and wastes away,
Lebanon is ashamed and withers;
Sharon is like the Arabah,
and Bashan and Carmel drop their leaves.
10 •"Now will I arise," says the LORD.
"Now will I be exalted;
now will I be lifted up.
11 •You conceive chaff,
you give birth to straw;
your breath is a fire that consumes you.
12 •The peoples will be burned to ashes;
like cut thornbushes they will be set ablaze."
13 •You who are far away, hear what I have done;
you who are near, acknowledge my power!
14 •The sinners in Zion are terrified;
trembling grips the godless:
"Who of us can dwell with the consuming fire?
Who of us can dwell with everlasting burning?"
15 •Those who walk righteously
and speak what is right,
who reject gain from extortion
and keep their hands from accepting bribes,
who stop their ears against plots of murder
and shut their eyes against contemplating
evil —
16 •they are the ones who will dwell on the heights,
whose refuge will be the mountain fortress.
Their bread will be supplied,
and water will not fail them.

[a]6 Or *is a treasure from him* [b]8 Dead Sea Scrolls; Masoretic Text / *the cities* 1) 아라바와

conceive [kənsíːv] *vt.* 잉태하다
consume [kənsúːm] *vt.* 태워 버리다
contemplate [kɑ́ntəmplèit] *vt.* 응시하다
despise [dispáiz] *vt.* 멸시하다
envoy [énvɔi] *n.* 사신
exalt [igzɔ́ːlt] *vt.* 높이다
extortion [ikstɔ́ːrʃən] *n.* 강탈
plunder [plʌ́ndər] *n.* 탈취물
salvation [sælvéiʃən] *n.* 구원
scatter [skǽtər] *vi.* 뿔뿔이 흩어지다
straw [strɔː] *n.* 짚
thornbush [θɔ́ːrnbùʃ] *n.* 가시나무
treasure [tréʒər] *n.* 보물
treaty [tríːti] *n.* 조약
wither [wíðər] *vi.* 시들다

33:4 a swarm of locusts: 메뚜기 떼
33:9 waste away: 야위고 쇠약해지다
33:10 lift up: 높이다
33:11 give birth to: (아이를) 낳다
33:12 set ablaze: 불타오르게 하다
33:15 accept a bribe: 뇌물을 받다

시온 성을 보라

17 ● 네 눈은 왕을 그의 아름다운 가운데
에서 보며 [1]광활한 땅을 눈으로 보겠고
18 네 마음은 두려워하던 것을 생각해 내
리라 [2]계산하던 자가 어디 있느냐 공세
를 계량하던 자가 어디 있느냐 망대를
계수하던 자가 어디 있느냐
19 네가 강포한 백성을 보지 아니하리라
그 백성은 방언이 어려워 네가 알아듣
지 못하며 말이 이상하여 네가 깨닫지
못하는 자니라
20 우리 절기의 시온 성을 보라 네 눈이 안
정된 처소인 예루살렘을 보리니 그것은
옮겨지지 아니할 장막이라 그 말뚝이
영영히 뽑히지 아니할 것이요 그 줄이
하나도 끊어지지 아니할 것이며
21 여호와는 거기에 위엄 중에 우리와 함
께 계시리니 그곳에는 여러 강과 큰 호
수가 있으나 노 젓는 배나 큰 배가 통행
하지 못하리라
22 대저 여호와는 우리 재판장이시요 여호
와는 우리에게 율법을 세우신 이요 여
호와는 우리의 왕이시니 그가 우리를
구원하실 것임이라
23 네 돛대 줄이 풀렸으니 돛대의 밑을 튼
튼히 하지 못하였고 돛을 달지 못하였
느니라 때가 되면 많은 재물을 탈취하
여 나누리니 저는 자도 그 재물을 취할
것이며
24 그 거주민은 내가 병들었노라 하지 아
니할 것이라 거기에 사는 백성이 사죄
함을 받으리라

여호와께서 원수들을 벌하시리라

(♪ 174, 179장)

34 열국이여 너희는 나아와 들을지
어다 민족들이여 귀를 기울일지
어다 땅과 땅에 충만한 것, 세계와 세계
에서 나는 모든 것이여 들을지어다
2 대저 여호와께서 열방을 향하여 진노하
시며 그들의 만군을 향하여 분내사 그
들을 진멸하시며 살륙 당하게 하셨은즉
3 그 살륙 당한 자는 내던진 바 되며 그 사
체의 악취가 솟아오르고 그 피에 산들
이 녹을 것이며
4 하늘의 [3]만상이 사라지고 하늘들이 두
루마리같이 말리되 그 만상의 쇠잔함이
포도나무 잎이 마름 같고 무화과나무

17 ● Your eyes will see the king in his beauty
and view a land that stretches afar.
18 ● In your thoughts you will ponder the former
terror:
"Where is that chief officer?
Where is the one who took the revenue?
Where is the officer in charge of the towers?"
19 ● You will see those arrogant people no more,
people whose speech is obscure,
whose language is strange and incompre-
hensible.
20 ● Look on Zion, the city of our festivals;
your eyes will see Jerusalem,
a peaceful abode, a tent that will not be moved;
its stakes will never be pulled up,
nor any of its ropes broken.
21 ● There the LORD will be our Mighty One.
It will be like a place of broad rivers and
streams.
No galley with oars will ride them,
no mighty ship will sail them.
22 ● For the LORD is our judge,
the LORD is our lawgiver,
the LORD is our king;
it is he who will save us.
23 ● Your rigging hangs loose:
The mast is not held secure,
the sail is not spread.
Then an abundance of spoils will be divided
and even the lame will carry off plunder.
24 ● No one living in Zion will say, "I am ill";
and the sins of those who dwell there will
be forgiven.

Judgment Against the Nations

34 Come near, you nations, and listen;
pay attention, you peoples!
Let the earth hear, and all that is in it,
the world, and all that comes out of it!
2 ● The LORD is angry with all nations;
his wrath is on all their armies.
He will totally destroy[a] them,
he will give them over to slaughter.
3 ● Their slain will be thrown out,
their dead bodies will stink;
the mountains will be soaked with their blood.
4 ● All the stars in the sky will be dissolved
and the heavens rolled up like a scroll;
all the starry host will fall
like withered leaves from the vine,

[a]2 The Hebrew term refers to the irrevocable giving over of things or persons to the LORD, often by totally destroying them; also in verse 5. 1) 매우 먼 2) 기록 3) 일월성신

abode [əbóud] *n.* 거처
abundance [əbʌndəns] *n.* 풍부
arrogant [ǽrəgənt] *a.* 오만한
dissolve [dizálv] *vt.* 해산하다
galley [gǽli] *n.* 갤리선
incomprehensible [inkɑmprihénsəbl] *a.* 이해할 수 없는
mast [mæst] *n.* 돛대
oar [ɔːr] *n.* 노
obscure [əbskjúər] *a.* 모호한
ponder [pándər] *vt.* 심사숙고하다
revenue [révənjùː] *n.* 세금
rigging [ríɡiŋ] *n.* 삭구(돛, 돛대, 로프 등의 총칭)
spoil [spɔil] *n.* 약탈품
stake [steik] *n.* 말뚝
stretch [stretʃ] *vi.* 뻗다, 펼치다

33:18 in charge of...: …을 담당하다
33:20 pull up: 뽑다
33:23 carry off: 빼앗다, 채가다
34:2 give A over to B: A를 B에게 양도하다, 넘겨 주다
34:3 be soaked with...: …로 적셔지다

잎이 마름 같으리라
5 [1]여호와의 칼이 하늘에서 족하게 마셨
은즉 보라 이것이 에돔 위에 내리며 진
멸하시기로 한 백성 위에 내려 그를 심
판할 것이라
6 여호와의 칼이 피 곧 어린양과 염소의
피에 만족하고 기름 곧 숫양의 콩팥 기
름으로 윤택하니 이는 여호와를 위한
희생이 보스라에 있고 큰 살륙이 에돔
땅에 있음이라
7 들소와 송아지와 수소가 함께 도살장에
내려가니 그들의 땅이 피에 취하며 흙
이 기름으로 윤택하리라
8 ●이것은 여호와께서 보복하시는 날이
요 시온의 송사를 위하여 신원하시는
해라
9 에돔의 시내들은 변하여 역청이 되고
그 티끌은 유황이 되고 그 땅은 불붙는
역청이 되며
10 낮에나 밤에나 꺼지지 아니하고 그 연
기가 끊임없이 떠오를 것이며 세세에
황무하여 그리로 지날 자가 영영히 없
겠고
11 당아새와 고슴도치가 그 땅을 차지하며
부엉이와 까마귀가 거기에 살 것이라
여호와께서 그 위에 혼란의 줄과 공허
의 추를 드리우실 것인즉
12 [2]그들이 국가를 이으려 하여 귀인들을
부르되 아무도 없겠고 그 모든 방백도
없게 될 것이요
13 그 궁궐에는 가시나무가 나며 그 견고
한 성에는 엉겅퀴와 새품이 자라서 승
냥이의 굴과 타조의 처소가 될 것이니
14 들짐승이 이리와 만나며 숫염소가 그
동류를 부르며 올빼미가 거기에 살면서
쉬는 처소로 삼으며
15 [3]부엉이가 거기에 깃들이고 알을 낳아
까서 그 그늘에 모으며 솔개들도 각각
제 짝과 함께 거기에 모이리라
16 ●너희는 여호와의 책에서 찾아 읽어보
라 이것들 가운데서 빠진 것이 하나도
없고 제 짝이 없는 것이 없으리니 이는
여호와의 입이 이를 명령하셨고 그의
영이 이것들을 모으셨음이라
17 여호와께서 그것들을 위하여 제비를 뽑
으시며 그의 손으로 줄을 띠어 그 땅을
그것들에게 나누어 주셨으니 그들이 영

like shriveled figs from the fig tree.
5 ●My sword has drunk its fill in the heavens;
see, it descends in judgment on Edom,
the people I have totally destroyed.
6 ●The sword of the LORD is bathed in blood,
it is covered with fat—
the blood of lambs and goats,
fat from the kidneys of rams.
For the LORD has a sacrifice in Bozrah
and a great slaughter in the land of Edom.
7 ●And the wild oxen will fall with them,
the bull calves and the great bulls.
Their land will be drenched with blood,
and the dust will be soaked with fat.
8 ●For the LORD has a day of vengeance,
a year of retribution, to uphold Zion's cause.
9 ●Edom's streams will be turned into pitch,
her dust into burning sulfur;
her land will become blazing pitch!
10 ●It will not be quenched night or day;
its smoke will rise forever.
From generation to generation it will lie desolate;
no one will ever pass through it again.
11 ●The desert owl[a] and screech owl[a] will possess it;
the great owl[a] and the raven will nest there.
God will stretch out over Edom
the measuring line of chaos
and the plumb line of desolation.
12 ●Her nobles will have nothing there to be called a
kingdom,
all her princes will vanish away.
13 ●Thorns will overrun her citadels,
nettles and brambles her strongholds.
She will become a haunt for jackals,
a home for owls.
14 ●Desert creatures will meet with hyenas,
and wild goats will bleat to each other;
there the night creatures will also lie down
and find for themselves places of rest.
15 ●The owl will nest there and lay eggs,
she will hatch them, and care for her young
under the shadow of her wings;
there also the falcons will gather,
each with its mate.
16 ●Look in the scroll of the LORD and read:
None of these will be missing,
not one will lack her mate.
For it is his mouth that has given the order,
and his Spirit will gather them together.
17 ●He allots their portions;

[a]11 The precise identification of these birds is uncertain.

1) 히, 나 2) 국가를 선언할 귀인들이 없고 3) 독사

blazing [bléiziŋ] *a.* 타오르는
bleat [bliːt] *vi.* (염소 등이) 매애하고 울다
bramble [brǽmbl] *n.* 가시나무
citadel [sítədl] *n.* 성곽
falcon [fɔ́ːlkən] *n.* 매
hatch [hætʃ] *vt.* 부화하다
haunt [hɔːnt] *n.* 서식처
overrun [òuvərrʌ́n] *vt.* …에 퍼지다, 우거지다
plumb [plʌm] *n.* 추
quench [kwentʃ] *vt.* 끄다
sacrifice [sǽkrəfàis] *n.* 희생물
scroll [skroul] *n.* 두루마리
shrivel [ʃrívəl] *vt.* 시들게 하다
sulfur [sʌlfər] *n.* 유황
vengeance [véndʒəns] *n.* 보복

34:5 drink one's fill: 실컷 마시다
34:6 be bathed in...: …로 젖다
34:7 be drenched with...: …로 적셔지다
34:9 be turned into...: …로 바뀌어지다
34:11 stretch out: 뻗다
34:12 vanish away: 없어지다

원히 차지하며 대대로 거기에 살리라

거룩한 길 (♪242장)

35 광야와 메마른 땅이 기뻐하며 사
막이 1) 백합화같이 피어 즐거워하
며
2 무성하게 피어 기쁜 노래로 즐거워하
며 레바논의 영광과 갈멜과 사론의 아
름다움을 얻을 것이라 그것들이 여호
와의 영광 곧 우리 하나님의 아름다움
을 보리로다
3 ● 너희는 약한 손을 강하게 하며 떨리
는 무릎을 굳게 하며 욥 4:3, 4
4 2) 겁내는 자들에게 이르기를 굳세어라,
두려워하지 말라, 보라 너희 하나님이
오사 보복하시며 갚아주실 것이라 하나
님이 오사 너희를 구하시리라 하라
5 ● 그때에 맹인의 눈이 밝을 것이며 못
듣는 사람의 귀가 열릴 것이며
6 그때에 저는 자는 사슴같이 뛸 것이며
말 못하는 자의 혀는 노래하리니 이는
광야에서 물이 솟겠고 사막에서 시내가
흐를 것임이라
7 뜨거운 사막이 변하여 못이 될 것이며
메마른 땅이 변하여 원천이 될 것이며
승냥이의 눕던 곳에 풀과 갈대와 부들
이 날 것이며
8 거기에 대로가 있어 그 길을 거룩한 길
이라 일컫는 바 되리니 깨끗하지 못한
자는 지나가지 못하겠고 오직 구속함을
입은 자들을 위하여 있게 될 것이라 우
매한 행인은 그 길로 다니지 못할 것이
며
9 거기에는 사자가 없고 사나운 짐승이
그리로 올라가지 아니하므로 그것을 만
나지 못하겠고 오직 구속함을 받은 자
만 그리로 행할 것이며
10 여호와의 속량함을 받은 자들이 돌아오
되 노래하며 시온에 이르러 그들의 머
리 위에 영영한 희락을 띠고 기쁨과 즐
거움을 얻으리니 슬픔과 탄식이 사라지
리로다

앗수르가 예루살렘을 협박하다
(왕하 18:13-37; 대하 32:1-19)
— B.C. 701년경

36 히스기야 왕 십사 년에 앗수르 왕
산헤립이 올라와서 유다의 모든
견고한 성을 쳐서 취하니라

his hand distributes them by measure.
They will possess it forever
and dwell there from generation to generation.

Joy of the Redeemed

35 The desert and the parched land will be glad;
the wilderness will rejoice and blossom.
2 Like the crocus, ● it will burst into bloom;
it will rejoice greatly and shout for joy.
The glory of Lebanon will be given to it,
the splendor of Carmel and Sharon;
they will see the glory of the LORD,
the splendor of our God.
3 ● Strengthen the feeble hands,
steady the knees that give way;
4 ● say to those with fearful hearts,
"Be strong, do not fear;
your God will come,
he will come with vengeance;
with divine retribution
he will come to save you."
5 ● Then will the eyes of the blind be opened
and the ears of the deaf unstopped.
6 ● Then will the lame leap like a deer,
and the mute tongue shout for joy.
Water will gush forth in the wilderness
and streams in the desert.
7 ● The burning sand will become a pool,
the thirsty ground bubbling springs.
In the haunts where jackals once lay,
grass and reeds and papyrus will grow.
8 ● And a highway will be there;
it will be called the Way of Holiness;
it will be for those who walk on that Way.
The unclean will not journey on it;
wicked fools will not go about on it.
9 ● No lion will be there,
nor any ravenous beast;
they will not be found there.
But only the redeemed will walk there,
10 ● and those the LORD has rescued will return.
They will enter Zion with singing;
everlasting joy will crown their heads.
Gladness and joy will overtake them,
and sorrow and sighing will flee away.

Sennacherib Threatens Jerusalem

36 In the fourteenth year of King Hezekiah's
reign, Sennacherib king of Assyria attack-
ed all the fortified cities of Judah and captured
2 them. ● Then the king of Assyria sent his field

1) 장미 2) 성급한

crocus [króukəs] *n.* 크로커스 (꽃)
distribute [distríbjuːt] *vt.* 분배하다
divine [diváin] *a.* 하나님의, 신성한
feeble [fíːbl] *a.* 연약한
lame [leim] *a.* 절름발이의
overtake [òuvərtéik] *vt.* 덮치다, 압도하다
parched [paːrtʃt] *a.* (땅 등이)바짝 마른
ravenous [rǽvənəs] *a.* 굶주린
redeem [ridíːm] *vt.* 도로 찾다, 구하다
retribution [rètrəbjúːʃən] *n.* 응보
splendor [spléndər] *n.* 광채, 훌륭함
steady [stédi] *vt.* 흔들리지 않게 하다
unstopped [ʌnstápt] *a.* 막히지 않은
vengeance [véndʒəns] *n.* 보복
wilderness [wíldərnis] *n.* 광야

34:17 **by measure**: 분량에 따라
35:2 **burst into...**: 갑자기 …하기 시작하다
35:2 **shout for joy**: 기쁨으로 소리지르다
35:3 **give way**: 힘이 빠지다, 굽히다
35:6 **gush forth**: 세차게 분출하다
35:8 **go about**: 돌아다니다

2 앗수르 왕이 라기스에서부터 랍사게를 예루
살렘으로 보내되 대군을 거느리고 히스기야
왕에게로 가게 하매 그가 윗못 수도 곁 세탁
자의 밭 큰길에 서매
3 힐기야의 아들 왕궁 맡은 자 엘리아김과 서
기관 셉나와 아삽의 아들 사관 요아가 그에
게 나아가니라
4 ● 랍사게가 그들에게 이르되 이제 히스기야
에게 말하라 대왕 앗수르 왕이 이같이 말씀하
시기를 네가 믿는 바 그 믿는 것이 무엇이냐
5 내가 말하노니 네가 족히 싸울 계략과 용맹
이 있노라 함은 입술에 붙은 말뿐이니라 네
가 이제 누구를 믿고 나를 반역하느냐
6 보라 네가 애굽을 믿는도다 그것은 상한 갈
대 지팡이와 같은 것이라 사람이 그것을 의
지하면 손이 찔리리니 애굽 왕 바로는 그를
믿는 모든 자에게 이와 같으니라 겔 29:6,7
7 혹시 네가 내게 이르기를 우리는 우리 하나
님 여호와를 신뢰하노라 하리라마는 그는
그의 산당과 제단을 히스기야가 제하여 버
리고 유다와 예루살렘에 명령하기를 너희는
이 제단 앞에서만 예배하라 하던 그 신이 아
니냐 하셨느니라
8 그러므로 이제 청하노니 내 주 앗수르 왕과
내기하라 내가 네게 말 이천 필을 주어도 너
는 그 탈 자를 능히 내지 못하리라
9 그런즉 네가 어찌 내 주의 종 가운데 극히 작
은 총독 한 사람인들 물리칠 수 있으랴 어찌
애굽을 믿고 병거와 기병을 얻으려 하느냐
10 내가 이제 올라와서 이 땅을 멸하는 것이 여
호와의 뜻이 없음이겠느냐 여호와께서 내게
이르시기를 올라가 그 땅을 쳐서 멸하라 하
셨느니라 하니라
11 ● 이에 엘리아김과 셉나와 요아가 랍사게에
게 이르되 우리가 아람 방언을 아오니 청하
건대 그 방언으로 당신의 종들에게 말하고
성 위에 있는 백성이 듣는 데에서 우리에게
유다 방언으로 말하지 마소서 하니
12 랍사게가 이르되 내 주께서 이 일을 네 주와
네게만 말하라고 나를 보내신 것이냐 너희
와 함께 자기의 대변을 먹으며 자기의 소변
을 마실 성 위에 앉은 사람들에게도 하라고
보내신 것이 아니냐 하더라
13 ● 이에 랍사게가 일어서서 유다 방언으로
크게 외쳐 이르되 너희는 대왕 앗수르 왕의
말씀을 들으라 대하 32:18
14 왕의 말씀에 너희는 히스기야에게 미혹되지

commander with a large army from Lachish
to King Hezekiah at Jerusalem. When the
commander stopped at the aqueduct of the
Upper Pool, on the road to the Launderer's
3 Field, ● Eliakim son of Hilkiah the palace
administrator, Shebna the secretary, and
Joah son of Asaph the recorder went out to
him.
4 ● The field commander said to them, "Tell
Hezekiah:

" 'This is what the great king, the king of
Assyria, says: On what are you basing this
5 confidence of yours? ● You say you have
counsel and might for war—but you speak
only empty words. On whom are you de-
6 pending, that you rebel against me? ● Look,
I know you are depending on Egypt, that
splintered reed of a staff, which pierces the
hand of anyone who leans on it! Such is
Pharaoh king of Egypt to all who depend
7 on him. ● But if you say to me, "We are de-
pending on the LORD our God"—isn't he the
one whose high places and altars Hezekiah
removed, saying to Judah and Jerusalem,
"You must worship before this altar"?
8 ● " 'Come now, make a bargain with my
master, the king of Assyria: I will give you
two thousand horses—if you can put rid-
9 ers on them! ● How then can you repulse
one officer of the least of my master's offi-
cials, even though you are depending on
10 Egypt for chariots and horsemen[a]? ● Fur-
thermore, have I come to attack and de-
stroy this land without the LORD? The LORD
himself told me to march against this
country and destroy it.' "
11 ● Then Eliakim, Shebna and Joah said to the
field commander, "Please speak to your ser-
vants in Aramaic, since we understand it.
Don't speak to us in Hebrew in the hearing of
the people on the wall."
12 ● But the commander replied, "Was it only
to your master and you that my master sent
me to say these things, and not to the people
sitting on the wall—who, like you, will have
to eat their own excrement and drink their
own urine?"
13 ● Then the commander stood and called
out in Hebrew, "Hear the words of the great
14 king, the king of Assyria! ● This is what the
king says: Do not let Hezekiah deceive you.

a9 Or *charioteers*

administrator [ədmínistrèitər] *n.* 관리자
aqueduct [ǽkwədʌ̀kt] *n.* 수로
commander [kəmǽndər] *n.* 지휘관,사령관
confidence [kɑ́nfədəns] *n.* 믿음
deceive [disíːv] *vt.* 현혹시키다
destroy [distrɔ́i] *vt.* 파괴하다
empty [émpti] *a.* 빈
excrement [ékskrəmənt] *n.* 대변
furthermore [fə́ːrðərmɔ̀ːr] *ad.* 또한
launderer [lɔ́ːndərər] *n.* 세탁자
march [maːrtʃ] *vi.* 진군하다
repulse [ripʌ́ls] *vt.* 물리치다
secretary [sékrətèri] *n.* 서기관
splinter [splíntər] *vi.* 쪼개지다
urine [júərin] *n.* 소변

36:5 rebel against...: …에 대항하다
36:6 depend on...: …에 의존하다
36:6 lean on...: …를 의지하다
36:8 make a bargain with...: …와 내기하다, 흥정하다
36:8 put A on B: A를 B에 태우다

말라 그가 능히 너희를 건지지 못할 것이니라
15 히스기야가 너희에게 여호와를 신뢰하게 하려
는 것을 따르지 말라 그가 말하기를 여호와께
서 반드시 우리를 건지시리니 이 성이 앗수르
왕의 손에 넘어가지 아니하리라 할지라도
16 히스기야의 말을 듣지 말라 앗수르 왕이 또 이
같이 말씀하시기를 너희는 내게 항복하고 내게
로 나아오라 그리하면 너희가 각각 자기의 포
도와 자기의 무화과를 먹을 것이며 각각 자기
의 우물 물을 마실 것이요
17 내가 와서 너희를 너희 본토와 같이 곡식과 포
도주와 떡과 포도원이 있는 땅에 옮기기까지
하리라
18 혹시 히스기야가 너희에게 이르기를 여호와께
서 우리를 건지시리라 할지라도 속지 말라 열
국의 신들 중에 자기의 땅을 앗수르 왕의 손에
서 건진 자가 있느냐
19 하맛과 아르밧의 신들이 어디 있느냐 스발와임
의 신들이 어디 있느냐 그들이 사마리아를 내
손에서 건졌느냐
20 이 열방의 신들 중에 어떤 신이 자기의 나라를
내 손에서 건져냈기에 여호와가 능히 예루살렘
을 내 손에서 건지겠느냐 하셨느니라 하니라
21 •그러나 그들이 잠잠하여 한 말도 대답하지 아
니하였으니 이는 왕이 그들에게 명령하여 대답
하지 말라 하였음이었더라
22 그때에 힐기야의 아들 왕궁 맡은 자 엘리아김
과 서기관 셉나와 아삽의 아들 사관 요아가 자
기의 옷을 찢고 히스기야에게 나아가서 랍사게
의 말을 그에게 전하니라

왕이 이사야의 말을 듣고자 하다 (왕하 19:1-7)

37 히스기야 왕이 듣고 자기의 옷을 찢고 굵
은 베옷을 입고 여호와의 전으로 갔고
2 왕궁 맡은 자 엘리아김과 서기관 셉나와 제사
장 중 어른들도 굵은 베옷을 입으니라 왕이 그
들을 1)아모스의 아들 선지자 이사야에게로 보
내매 22:15
3 그들이 이사야에게 이르되 히스기야의 말씀에
오늘은 환난과 책벌과 능욕의 날이라 아이를
낳으려 하나 해산할 힘이 없음 같도다
4 당신의 하나님 여호와께서 랍사게의 말을 들으
셨을 것이라 그가 그의 상전 앗수르 왕의 보냄
을 받고 살아 계시는 하나님을 훼방하였은즉
당신의 하나님 여호와께서 혹시 그 말로 말미
암아 견책하실까 하노라 그런즉 바라건대 당신
은 이 남아 있는 자를 위하여 기도하라 하시더
이다 하니라

15 He cannot deliver you! •Do not let Hezeki-
ah persuade you to trust in the LORD when
he says, 'The LORD will surely deliver us;
this city will not be given into the hand of
the king of Assyria.'
16 •"Do not listen to Hezekiah. This is what
the king of Assyria says: Make peace with
me and come out to me. Then each of you
will eat fruit from your own vine and fig
tree and drink water from your own cistern,
17 •until I come and take you to a land like
your own—a land of grain and new wine,
a land of bread and vineyards.
18 •"Do not let Hezekiah mislead you
when he says, 'The LORD will deliver us.'
Have the gods of any nations ever deliv-
ered their lands from the hand of the
19 king of Assyria? •Where are the gods of
Hamath and Arpad? Where are the gods of
Sepharvaim? Have they rescued Samaria
20 from my hand? •Who of all the gods of
these countries have been able to save their
lands from me? How then can the LORD
deliver Jerusalem from my hand?"
21 •But the people remained silent and said
nothing in reply, because the king had
commanded, "Do not answer him."
22 •Then Eliakim son of Hilkiah the palace
administrator, Shebna the secretary and
Joah son of Asaph the recorder went to
Hezekiah, with their clothes torn, and told
him what the field commander had said.

Jerusalem's Deliverance Foretold

37 When King Hezekiah heard this,
he tore his clothes and put on sack-
cloth and went into the temple of the LORD.
2 •He sent Eliakim the palace administrator,
Shebna the secretary, and the leading
priests, all wearing sackcloth, to the prophet
3 Isaiah son of Amoz. •They told him, "This
is what Hezekiah says: This day is a day of
distress and rebuke and disgrace, as when
children come to the moment of birth and
4 there is no strength to deliver them. •It
may be that the LORD your God will hear
the words of the field commander, whom
his master, the king of Assyria, has sent to
ridicule the living God, and that he will
rebuke him for the words the LORD your
God has heard. Therefore pray for the rem-
nant that still survives."

1) 히, 아모츠

administrator [ədmínistreitər] *n.* 행정관
cistern [sístərn] *n.* (천연의) 저수지
deliver [dilívər] *vt.* 구해내다
disgrace [disgréis] *n.* 치욕
distress [distrés] *n.* 고난
fig [fig] *n.* 무화과
mislead [mislíːd] *vt.* 속이다
palace [pǽlis] *n.* 궁전
persuade [pərswéid] *vt.* 믿게 하다
remain [riméin] *vi.* 남아 있다
reply [riplái] *vi.* 대답하다
ridicule [rídikjùːl] *vt.* 조롱하다
sackcloth [sǽkklɔ̀ːθ] *n.* 굵은 베옷
temple [témpl] *n.* 성전
vineyard [vínjərd] *n.* 포도원

36:16 make peace with...: …와 화해하다
36:19 rescue A from B: A를 B에서 구하다
37:1 put on: 입다
37:4 rebuke A for B: A에게 B에 대해 비난하다
37:4 pray for...: …을 위해 기도하다

5 ●그리하여 히스기야 왕의 신하들이 이사야
에게 나아가매
6 이사야가 그들에게 이르되 너희는 너희 주에
게 이렇게 말하라 여호와께서 이같이 말씀하
시되 너희가 들은 바 앗수르 왕의 종들이 나를
능욕한 말로 말미암아 두려워하지 말라
7 보라 내가 영을 그의 속에 두리니 그가 소문을
듣고 그의 고국으로 돌아갈 것이며 또 내가 그
를 그의 고국에서 칼에 죽게 하리라 하셨느니
라 하니라

앗수르가 또 다른 협박을 하다 (왕하 19:8-19)

8 ●앗수르 왕이 라기스를 떠났다 함을 듣고 랍
사게가 돌아가다가 그 왕을 만나니 립나를 치
고 있더라
9 그때에 앗수르 왕이 구스 왕 디르하가의 일에
관하여 들은즉 사람들이 이르기를 그가 나와
서 왕과 싸우려 한다 하는지라 이 말을 듣고
사자들을 히스기야에게 보내며 이르되
10 너희는 유다의 히스기야 왕에게 이같이 말하
여 이르기를 너는 네가 신뢰하는 하나님이 예
루살렘이 앗수르 왕의 손에 넘어가지 아니하
리라 하는 말에 속지 말라
11 앗수르 왕들이 모든 나라에 어떤 일을 행하였
으며 그것을 어떻게 멸절시켰는지 네가 들었
으리니 네가 구원을 받겠느냐
12 나의 조상들이 멸하신 열방 고산과 하란과 레
셉과 및 들라살에 있는 에덴 자손을 그 나라들
의 신들이 건졌더냐
13 하맛 왕과 아르밧 왕과 스발와임 성의 왕과 헤
나 왕과 이와 왕이 어디 있느냐 하라 하였더라
14 ●히스기야가 그 사자들의 손에서 글을 받아
보고 여호와의 전에 올라가서 그 글을 여호와
앞에 펴 놓고
15 여호와께 기도하여 이르되
16 그룹 사이에 계신 이스라엘 하나님 만군의 여
호와여 주는 천하 만국에 유일하신 하나님이
시라 주께서 천지를 만드셨나이다
17 여호와여 귀를 기울여 들으시옵소서 여호와
여 눈을 뜨고 보시옵소서 산헤립이 사람을 보
내어 살아 계시는 하나님을 훼방한 모든 말을
들으시옵소서

단 9:18

18 여호와여 앗수르 왕들이 과연 열국과 그들의
땅을 황폐하게 하였고
19 그들의 신들을 불에 던졌사오나 그들은 신이
아니라 사람의 손으로 만든 것일 뿐이요 나무
와 돌이라 그러므로 멸망을 당하였나이다
20 우리 하나님 여호와여 이제 우리를 그의 손에

5 ●When King Hezekiah's officials came to
6 Isaiah, ●Isaiah said to them, "Tell your mas-
ter, 'This is what the LORD says: Do not be
afraid of what you have heard—those words
with which the underlings of the king of
7 Assyria have blasphemed me. ●Listen!
When he hears a certain report, I will make
him want to return to his own country, and
there I will have him cut down with the
sword.'"
8 ●When the field commander heard that
the king of Assyria had left Lachish, he with-
drew and found the king fighting against
Libnah.
9 ●Now Sennacherib received a report that
Tirhakah, the king of Cush,[a] was marching
out to fight against him. When he heard it,
he sent messengers to Hezekiah with this
10 word: ●"Say to Hezekiah king of Judah: Do
not let the god you depend on deceive you
when he says, 'Jerusalem will not be given
into the hands of the king of Assyria.'
11 ●Surely you have heard what the kings
of Assyria have done to all the countries,
destroying them completely. And will you
12 be delivered? ●Did the gods of the nations
that were destroyed by my predecessors
deliver them—the gods of Gozan, Harran,
Rezeph and the people of Eden who were
13 in Tel Assar? ●Where is the king of Hamath
or the king of Arpad? Where are the kings
of Lair, Sepharvaim, Hena and Ivvah?"

Hezekiah's Prayer

14 ●Hezekiah received the letter from the
messengers and read it. Then he went up to
the temple of the LORD and spread it out
15 before the LORD. ●And Hezekiah prayed to
16 the LORD: ●"LORD Almighty, the God of
Israel, enthroned between the cherubim,
you alone are God over all the kingdoms of
the earth. You have made heaven and earth.
17 ●Give ear, LORD, and hear; open your eyes,
LORD, and see; listen to all the words Sen-
nacherib has sent to ridicule the living God.
18 ●"It is true, LORD, that the Assyrian kings
have laid waste all these peoples and their
19 lands. ●They have thrown their gods into the
fire and destroyed them, for they were not
gods but only wood and stone, fashioned by
20 human hands. ●Now, LORD our God, deliver us
from his hand, so that all the kingdoms of the

[a]9 That is, the upper Nile region

blaspheme [blæsfíːm] *vt.* 모독하다
certain [sə́ːrtn] *a.* 어떤
cherubim [tʃérəbim] *n.* 그룹, 천사
commander [kəmǽndər] *n.* 지휘관
completely [kəmplíːtli] *ad.* 완전히
deceive [disíːv] *vt.* 속이다
destroy [distrɔ́i] *vt.* 멸하다
enthrone [inθróun] *vt.* 왕좌에 앉히다
fashion [fǽʃən] *vt.* 만들다
Isaiah [aizéiə] *n.* 이사야
messenger [mésəndʒər] *n.* 사자
predecessor [prédəsèsər] *n.* 조상
Sennacherib [sənǽkərib] *n.* 산헤립
underling [ʌ́ndərliŋ] *n.* 부하
withdraw [wiðdrɔ́ː] *vi.* 물러나다

37:6 be afraid of...: …을 두려워하다
37:9 march out: 줄지어 내보내다
37:14 spread out: 넓히다, 활짝 펴다
37:18 lay waste: 황폐하게 만들다
37:20 deliver A from B: A를 B에서 구출하다

서 구원하사 천하 만국이 주만이 여호
와이신 줄을 알게 하옵소서 하니라

이사야가 왕에게 전한 말 (왕하 19:20-37)

21 ●[1]아모스의 아들 이사야가 사람을 보
내어 히스기야에게 이르되 이스라엘
의 하나님 여호와께서 말씀하시되 네
가 앗수르의 산헤립 왕의 일로 내게
기도하였도다 하시고
22 여호와께서 그에 대하여 이같이 이르
시되 처녀 딸 시온이 너를 멸시하며
조소하였고 딸 예루살렘이 [2]너를 향
하여 머리를 흔들었느니라
23 네가 훼방하며 능욕한 것은 누구에게
냐 네가 소리를 높이며 눈을 높이 들
어 향한 것은 누구에게냐 곧 이스라엘
의 거룩하신 이에게니라 합 1:12
24 네가 네 종을 통해서 주를 훼방하여
이르기를 내가 나의 허다한 병거를 거
느리고 산들의 꼭대기에 올라가며 레
바논의 깊은 곳에 이르렀으니 높은 백
향목과 아름다운 향나무를 베고 또 그
제일 높은 곳에 들어가 살진 땅의 수
풀에 이를 것이며
25 내가 우물을 파서 물을 마셨으니 내 발
바닥으로 애굽의 모든 하수를 말리리
라 하였도다
26 네가 어찌하여 듣지 못하였느냐 이 일
들은 내가 태초부터 행한 바요 상고부
터 정한 바로서 이제 내가 이루어 네
가 견고한 성읍들을 헐어 돌무더기가
되게 하였노라
27 그러므로 그 주민들이 힘이 약하여 놀
라며 수치를 당하여 들의 풀같이, 푸
른 나물같이, 지붕의 풀같이, 자라지
못한 곡초같이 되었느니라
28 네 거처와 네 출입과 네가 나를 거슬
러 분노함을 내가 아노라
29 네가 나를 거슬러 분노함과 네 오만함
이 내 귀에 들렸으므로 내가 갈고리로
네 코를 꿰며 재갈을 네 입에 물려 너
를 오던 길로 돌아가게 하리라 하셨나
이다
30 ●왕이여 이것이 왕에게 징조가 되리
니 올해는 스스로 난 것을 먹을 것이
요 둘째 해에는 또 거기에서 난 것을
먹을 것이요 셋째 해에는 심고 거두며

earth may know that you, LORD, are the only God.[a]"

Sennacherib's Fall

21 •Then Isaiah son of Amoz sent a message to
Hezekiah: "This is what the LORD, the God of Israel,
says: Because you have prayed to me concerning
22 Sennacherib king of Assyria, •this is the word the
LORD has spoken against him:

"Virgin Daughter Zion
despises and mocks you.
Daughter Jerusalem
tosses her head as you flee.
23 •Who is it you have ridiculed and blasphemed?
Against whom have you raised your voice
and lifted your eyes in pride?
Against the Holy One of Israel!
24 •By your messengers
you have ridiculed the Lord.
And you have said,
'With my many chariots
I have ascended the heights of the mountains,
the utmost heights of Lebanon.
I have cut down its tallest cedars,
the choicest of its junipers.
I have reached its remotest heights,
the finest of its forests.
25 •I have dug wells in foreign lands[b]
and drunk the water there.
With the soles of my feet
I have dried up all the streams of Egypt.'

26 •"Have you not heard?
Long ago I ordained it.
In days of old I planned it;
now I have brought it to pass,
that you have turned fortified cities
into piles of stone.
27 •Their people, drained of power,
are dismayed and put to shame.
They are like plants in the field,
like tender green shoots,
like grass sprouting on the roof,
scorched[c] before it grows up.

28 •"But I know where you are
and when you come and go
and how you rage against me.
29 •Because you rage against me
and because your insolence has reached my ears,

[a]20 Dead Sea Scrolls (see also 2 Kings 19:19); Masoretic Text *you alone are the LORD* [b]25 Dead Sea Scrolls (see also 2 Kings 19:24); Masoretic Text does not have *in foreign lands.* [c]27 Some manuscripts of the Masoretic Text, Dead Sea Scrolls and some Septuagint manuscripts (see also 2 Kings 19:26); most manuscripts of the Masoretic Text *roof / and terraced fields* 1) 히, 아모츠 2) 히, 네 뒤에서

ascend [əsénd] *vt.* 올라가다
blaspheme [blæsfíːm] *vt.* 모독하다
cedar [síːdər] *n.* 백향목
chariot [tʃǽriət] *n.* 병거
despise [dispáiz] *vt.* 멸시하다
dig [dig] *vt.* 파다
dismay [disméi] *vt.* 당황케 하다
fortified [fɔ́ːrtəfàid] *a.* 견고한
height [hait] *n.* 높은 곳
ordain [ɔːrdéin] *vt.* 정하다
rage [reidʒ] *vi.* 격노하다
scorch [skɔːrtʃ] *vi.* 바싹 마르다
sprout [spraut] *vi.* 싹이 트다
toss [tɔːs] *vt.* 흔들다, 들다
utmost [ʌ́tmòust] *a.* 최고의

37:21 send a message: 전언을 보내다
37:21 pray to...: …에게 기도하다
37:24 cut down: 베어 쓰러뜨리다
37:25 dry up: 바싹 마르다
37:26 turn A into B: A를 B로 바꾸다
37:27 put to shame: 창피 주다

포도나무를 심고 그 열매를 먹을 것이
니이다
31 유다 족속 중에 피하여 남은 자는 다시
아래로 뿌리를 박고 위로 열매를 맺으
리니 4:2
32 이는 남은 자가 예루살렘에서 나오며
피하는 자가 시온 산에서 나올 것임이
라 만군의 여호와의 열심이 이를 이루
시리이다
33 ●그러므로 여호와께서 앗수르 왕에 대
하여 이같이 이르시되 그가 이 성에 이
르지 못하며 화살 하나도 이리로 쏘지
못하며 방패를 가지고 성에 가까이 오
지도 못하며 흉벽을 쌓고 치지도 못할
것이요
34 그가 오던 길 곧 그 길로 돌아가고 이 성
에 이르지 못하리라 나 여호와의 말이
니라
35 대저 내가 나를 위하며 내 종 다윗을 위
하여 이 성을 보호하며 구원하리라 하
셨나이다 하니라
36 ●여호와의 사자가 나가서 앗수르 진중
에서 십팔만 오천인을 쳤으므로 아침에
일찍이 일어나 본즉 시체뿐이라
37 이에 앗수르의 산헤립 왕이 떠나 돌아
가서 니느웨에 거주하더니
38 자기 신 니스록의 신전에서 경배할 때
에 그의 아들 아드람멜렉과 사레셀이
그를 칼로 죽이고 아라랏 땅으로 도망
하였으므로 그의 아들 에살핫돈이 이어
왕이 되니라

히스기야 왕의 발병과 회복 (왕하 20:1-11; 대하 32:24-26) — B.C. 701년경

38 그때에 히스기야가 병들어 죽게
되니 [1]아모스의 아들 선지자 이사
야가 나아가 그에게 이르되 여호와께서
이같이 말씀하시기를 너는 네 집에 유
언하라 네가 죽고 살지 못하리라 하셨
나이다 하니
2 히스기야가 얼굴을 벽으로 향하고 여호
와께 기도하여
3 이르되 여호와여 구하오니 내가 주 앞
에서 진실과 전심으로 행하며 주의 목
전에서 선하게 행한 것을 기억하옵소서
하고 히스기야가 심히 통곡하니
4 이에 여호와의 말씀이 이사야에게 임하
여 이르시되

I will put my hook in your nose
and my bit in your mouth,
and I will make you return
by the way you came.

30 ●"This will be the sign for you, Hezekiah:

"This year you will eat what grows by itself,
and the second year what springs from that.
But in the third year sow and reap,
plant vineyards and eat their fruit.
31 ●Once more a remnant of the kingdom of Judah
will take root below and bear fruit above.
32 ●For out of Jerusalem will come a remnant,
and out of Mount Zion a band of survivors.
The zeal of the LORD Almighty
will accomplish this.

33 ●"Therefore this is what the LORD says concerning the king of Assyria:

"He will not enter this city
or shoot an arrow here.
He will not come before it with shield
or build a siege ramp against it.
34 ●By the way that he came he will return;
he will not enter this city,"
declares the LORD.
35 ●"I will defend this city and save it,
for my sake and for the sake of David my
servant!"

36 ●Then the angel of the LORD went out and put to
death a hundred and eighty-five thousand in the
Assyrian camp. When the people got up the next
37 morning—there were all the dead bodies! ●So
Sennacherib king of Assyria broke camp and with-
drew. He returned to Nineveh and stayed there.
38 ●One day, while he was worshiping in the tem-
ple of his god Nisrok, his sons Adrammelek and
Sharezer killed him with the sword, and they
escaped to the land of Ararat. And Esarhaddon his
son succeeded him as king.

Hezekiah's Illness

38 In those days Hezekiah became ill and was
at the point of death. The prophet Isaiah
son of Amoz went to him and said, "This is what
the LORD says: Put your house in order, because you
are going to die; you will not recover."
2 ●Hezekiah turned his face to the wall and
3 prayed to the LORD, ●"Remember, LORD, how I
have walked before you faithfully and with
wholehearted devotion and have done what is
good in your eyes." And Hezekiah wept bitterly.
4 ●Then the word of the LORD came to Isaiah:

1) 히, 아모츠

accomplish [əkámpliʃ] *vt.* 성취하다
bear [bɛər] *vt.* (열매)맺다
below [bilóu] *ad.* …아래에
bitterly [bítərli] *ad.* 심하게
concerning [kənsə́:rniŋ] *prep.* …에 관하여
declare [diklɛ́ər] *vt.* 선언하다
devotion [divóuʃən] *n.* 헌신
prophet [práfit] *n.* 선지자
reap [ri:p] *vt.* 거두다
remnant [rémnənt] *n.* 나머지
shield [ʃi:ld] *n.* 방패
siege [si:dʒ] *n.* 포위 공격
wholehearted [hóulhá:rtid] *a.* 전심전력의
withdraw [wiθdrɔ́:] *vt.* 철수하다
zeal [zi:l] *n.* 열심, 열의

37:30 by itself: 저절로, 자연히
37:31 take root: 뿌리를 박다
37:35 for one's sake...: …를 위하여
37:36 put to death: …를 처형하다, 죽이다
37:37 break camp: 천막을 걷다
38:1 put... in order: …를 정리하다

5 너는 가서 히스기야에게 이르기를 네 조상
다윗의 하나님 여호와께서 이같이 말씀하
시기를 내가 네 기도를 들었고 네 눈물을
보았노라 내가 네 수한에 십오 년을 더하고
6 너와 이 성을 앗수르 왕의 손에서 건져내
겠고 내가 또 이 성을 보호하리라
7 이는 여호와께로 말미암는 너를 위한 징
조이니 곧 여호와께서 하신 말씀을 그가
이루신다는 증거이니라 7:11,14
8 보라 아하스의 해시계에 나아갔던 해 그
림자를 뒤로 십 도를 물러가게 하리라 하
셨다 하라 하시더니 이에 해시계에 나아
갔던 해의 그림자가 십 도를 물러가니라
9 ●유다 왕 히스기야가 병들었다가 그의
병이 나은 때에 기록한 글이 이러하니라
10 내가 말하기를 나의 중년에 스올의 문
에 들어가고 나의 여생을 빼앗기게 되
리라 하였도다
11 내가 또 말하기를 내가 다시는 여호와
를 뵈옵지 못하리니 산 자의 땅에서 다
시는 여호와를 뵈옵지 못하겠고 내가
세상의 거민 중에서 한 사람도 다시는
보지 못하리라 하였도다
12 나의 거처는 목자의 장막을 걷음같이 나
를 떠나 옮겨졌고 직공이 베를 걷어 말음
같이 내가 내 생명을 말았도다 주께서 나
를 틀에서 끊으시리니 조석간에 나를 끝
내시리라
13 내가 아침까지 견디었사오나 주께서 사
자같이 나의 모든 뼈를 꺾으시오니 조
석간에 나를 끝내시리라
14 나는 제비같이, 학같이 지저귀며 비둘
기같이 슬피 울며 내 눈이 쇠하도록 앙
망하나이다 여호와여 내가 압제를 받사
오니 나의 중보가 되옵소서
15 주께서 내게 말씀하시고 또 친히 이루
셨사오니 내가 무슨 말씀을 하오리이까
내 영혼의 고통으로 말미암아 내가 종
신토록 방황하리이다
16 주여 사람이 사는 것이 이에 있고 내 심령
의 생명도 온전히 거기에 있사오니 원하건
대 나를 치료하시며 나를 살려 주옵소서
17 보옵소서 내게 큰 고통을 더하신 것은 내
게 평안을 주려 하심이라 주께서 내 영혼
을 사랑하사 멸망의 구덩이에서 건지셨고
내 모든 죄를 주의 등 뒤에 던지셨나이다
18 스올이 주께 감사하지 못하며 사망이

5 ●"Go and tell Hezekiah, 'This is what the LORD,
the God of your father David, says: I have
heard your prayer and seen your tears; I will
6 add fifteen years to your life. ●And I will deliv-
er you and this city from the hand of the king
of Assyria. I will defend this city.
7 ●" 'This is the LORD's sign to you that the
8 LORD will do what he has promised: ●I will
make the shadow cast by the sun go back the
ten steps it has gone down on the stairway of
Ahaz.' " So the sunlight went back the ten steps
it had gone down.
9 ●A writing of Hezekiah king of Judah after
his illness and recovery:
10 ●I said, "In the prime of my life
must I go through the gates of death
and be robbed of the rest of my years?"
11 ●I said, "I will not again see the LORD himself
in the land of the living;
no longer will I look on my fellow man,
or be with those who now dwell in this
world.
12 ●Like a shepherd's tent my house
has been pulled down and taken from me.
Like a weaver I have rolled up my life,
and he has cut me off from the loom;
day and night you made an end of me.
13 ●I waited patiently till dawn,
but like a lion he broke all my bones;
day and night you made an end of me.
14 ●I cried like a swift or thrush,
I moaned like a mourning dove.
My eyes grew weak as I looked to the heavens.
I am being threatened; Lord, come to my
aid!"
15 ●But what can I say?
He has spoken to me, and he himself has
done this.
I will walk humbly all my years
because of this anguish of my soul.
16 ●Lord, by such things people live;
and my spirit finds life in them too.
You restored me to health
and let me live.
17 ●Surely it was for my benefit
that I suffered such anguish.
In your love you kept me
from the pit of destruction;
you have put all my sins
behind your back.
18 ●For the grave cannot praise you,

anguish [æŋgwiʃ] *n.* 고뇌
dawn [dɔːn] *n.* 새벽
dove [dʌv] *n.* 비둘기
dwell [dwel] *vi.* 거하다
humbly [hʌ́mbli] *ad.* 초라하게, 겸허하게
moan [moun] *vi.* 한탄하다
mourn [mɔːrn] *vi.* 슬퍼하다
patiently [péiʃəntli] *ad.* 끈기 있게
prime [praim] *n.* 전성기
recovery [rikʌ́vəri] *n.* 회복
restore [ristɔ́ːr] *vt.* 회복하다
shepherd [ʃépərd] *n.* 목자
stairway [stέərwèi] *n.* 층계
thrush [θrʌʃ] *n.* 개똥지빠귀
weaver [wíːvər] *n.* 직공

38:5 add A to B: A를 B에 더하다
38:8 cast by: 배척하다
38:12 pull down: 허물다
38:12 take from: 떨어뜨리다
38:12 roll up: 둥글게 말다
38:12 make an end of...: …를 끝내다

주를 찬양하지 못하며 구덩이에 들어간
자가 주의 신실을 바라지 못하되
19 오직 산 자 곧 산 자는 오늘 내가 하는 것
과 같이 주께 감사하며 주의 신실을 아버
지가 그의 자녀에게 알게 하리이다
20 여호와께서 나를 구원하시리니 우리가
종신토록 여호와의 전에서 수금으로 나
의 노래를 노래하리로다
21 ●이사야가 이르기를 한 뭉치 무화과를 가져
다가 종처에 붙이면 왕이 나으리라 하였고
22 히스기야도 말하기를 내가 여호와의 전에
올라갈 징조가 무엇이냐 하였더라

바벨론에서 온 사자들
(왕하 20:12-19 ♪ 149, 150장)

39 그때에 발라단의 아들 바벨론 왕 므로
닥발라단이 히스기야가 병 들었다가
나았다 함을 듣고 히스기야에게 글과 예물
을 보낸지라
2 히스기야가 사자들로 말미암아 기뻐하여
그들에게 보물 창고 곧 은금과 향료와 보배
로운 기름과 모든 [1]무기고에 있는 것을 다
보여 주었으니 히스기야가 궁중의 소유와
전 국내의 소유를 보이지 아니한 것이 없는
지라
3 이에 선지자 이사야가 히스기야 왕에게 나
아와 묻되 그 사람들이 무슨 말을 하였으며
어디서 왕에게 왔나이까 하니 히스기야가
이르되 그들이 원방 곧 바벨론에서 내게 왔
나이다 하니라
4 이사야가 이르되 그들이 왕의 궁전에서 무
엇을 보았나이까 하니 히스기야가 대답하
되 그들이 내 궁전에 있는 것을 다 보았나
이다 내 창고에 있는 것으로 보이지 아니한
보물이 하나도 없나이다 하니라
5 이사야가 히스기야에게 이르되 왕은 만군
의 여호와의 말씀을 들으소서
6 보라 날이 이르리니 네 집에 있는 모든 소
유와 네 조상들이 오늘까지 쌓아 둔 것이
모두 바벨론으로 옮긴 바 되고 남을 것이
없으리라 여호와의 말이니라
7 또 네게서 태어날 자손 중에서 몇이 사로잡
혀 바벨론 왕궁의 환관이 되리라 하셨나이
다 하니
8 히스기야가 이사야에게 이르되 당신이 이
른 바 여호와의 말씀이 좋소이다 하고 또
이르되 내 생전에는 평안과 견고함이 있으
리로다 하니라

death cannot sing your praise;
those who go down to the pit
cannot hope for your faithfulness.
19 •The living, the living—they praise you,
as I am doing today;
parents tell their children
about your faithfulness.
20 •The LORD will save me,
and we will sing with stringed instruments
all the days of our lives
in the temple of the LORD.
21 •Isaiah had said, "Prepare a poultice of figs
and apply it to the boil, and he will recover."
22 •Hezekiah had asked, "What will be the sign
that I will go up to the temple of the LORD?"

Envoys From Babylon

39 At that time Marduk-Baladan son of
Baladan king of Babylon sent Hezeki-
ah letters and a gift, because he had heard of
2 his illness and recovery. •Hezekiah received
the envoys gladly and showed them what
was in his storehouses—the silver, the gold,
the spices, the fine olive oil—his entire armory
and everything found among his treasures.
There was nothing in his palace or in all his
kingdom that Hezekiah did not show them.
3 •Then Isaiah the prophet went to King
Hezekiah and asked, "What did those men
say, and where did they come from?"
"From a distant land," Hezekiah replied.
"They came to me from Babylon."
4 •The prophet asked, "What did they see in
your palace?"
"They saw everything in my palace," Hezeki-
ah said. "There is nothing among my treasures
that I did not show them."
5 •Then Isaiah said to Hezekiah, "Hear the
6 word of the LORD Almighty: •The time will
surely come when everything in your palace,
and all that your predecessors have stored up
until this day, will be carried off to Babylon.
7 Nothing will be left, says the LORD. •And some
of your descendants, your own flesh and blood
who will be born to you, will be taken away,
and they will become eunuchs in the palace of
the king of Babylon."
8 •"The word of the LORD you have spoken is
good," Hezekiah replied. For he thought, "There
will be peace and security in my lifetime."

[1] 보옥고

armory [á:rməri] *n.* 무기고
descendant [diséndənt] *n.* 자손
distant [dístənt] *a.* (거리가) 먼
envoy [énvɔi] *n.* 사신
eunuch [jú:nək] *n.* 내시
faithfulness [féiθfəlnis] *n.* 신실
gladly [glǽdli] *ad.* 즐거이
instrument [ínstrəmənt] *n.* 악기
pit [pit] *n.* 구덩이
poultice [póultis] *n.* 찜질약
prepare [pripέər] *vt.* 준비하다
receive [risí:v] *vt.* 받다
security [sikjúərəti] *n.* 안전
storehouse [stɔ́:rhàus] *n.* 창고
stringed [striŋd] *a.* 현악의

38:18 hope for...: …를 바라다
38:21 apply A to B: A를 B에 적용하다
39:6 store up: 저장하다
39:7 flesh and blood: 육친, 혈육
39:7 be born to...: …의 자녀로 태어나다
39:7 take away: 가져가다

희망의 말씀 (♪ 354, 504장)
— B.C. 690년경

40 너희의 하나님이 이르시되 너희는 위로하라 내 백성을 위로하라
2 너희는 예루살렘의 마음에 닿도록 말하며 그것에게 외치라 그 노역의 때가 끝났고 그 죄악이 사함을 받았느니라 그의 모든 죄로 말미암아 여호와의 손에서 벌을 배나 받았느니라 할지니라 하시니라
3 ●외치는 자의 소리여 이르되 너희는 광야에서 여호와의 길을 예비하라 사막에서 우리 하나님의 대로를 평탄하게 하라
4 골짜기마다 돋우어지며 산마다, 언덕마다 낮아지며 고르지 아니한 곳이 평탄하게 되며 험한 곳이 평지가 될 것이요
5 여호와의 영광이 나타나고 모든 육체가 그것을 함께 보리라 이는 여호와의 입이 말씀하셨느니라
6 ●말하는 자의 소리여 이르되 외치라 대답하되 내가 무엇이라 외치리이까 하니 이르되 모든 육체는 풀이요 그의 모든 아름다움은 들의 꽃과 같으니 욥 14:2
7 풀은 마르고 꽃이 시듦은 여호와의 기운이 그 위에 불이라 이 백성은 실로 풀이로다
8 풀은 마르고 꽃은 시드나 우리 하나님의 말씀은 영원히 서리라 하라 마 5:18
9 ●아름다운 소식을 시온에 전하는 자여 너는 높은 산에 오르라 아름다운 소식을 예루살렘에 전하는 자여 너는 힘써 소리를 높이라 두려워하지 말고 소리를 높여 유다의 성읍들에게 이르기를 너희의 하나님을 보라 하라
10 보라 주 여호와께서 장차 강한 자로 임하실 것이요 친히 그의 팔로 다스리실 것이라 보라 상급이 그에게 있고 보응이 그의 앞에 있으며
11 그는 목자같이 양 떼를 먹이시며 어린 양을 그 팔로 모아 품에 안으시며 젖 먹이는 암컷들을 온순히 인도하시리로다 마 5:4

비교할 수 없는 하나님

12 ●누가 손바닥으로 바닷물을 헤아렸으며 뼘으로 하늘을 쟀으며 땅의 티끌을 되에 담아 보았으며 접시 저울로 산들

Comfort for God's People

40 Comfort, comfort my people,
says your God.
2 ●Speak tenderly to Jerusalem,
and proclaim to her
that her hard service has been completed,
that her sin has been paid for,
that she has received from the LORD's hand
double for all her sins.
3 ●A voice of one calling:
"In the wilderness prepare
the way for the LORD[a];
make straight in the desert
a highway for our God.[b]
4 ●Every valley shall be raised up,
every mountain and hill made low;
the rough ground shall become level,
the rugged places a plain.
5 ●And the glory of the LORD will be revealed,
and all people will see it together.
For the mouth of the LORD has spoken."
6 ●A voice says, "Cry out."
And I said, "What shall I cry?"
"All people are like grass,
and all their faithfulness is like the flowers of the field.
7 ●The grass withers and the flowers fall,
because the breath of the LORD blows on them.
Surely the people are grass.
8 ●The grass withers and the flowers fall,
but the word of our God endures forever."
9 ●You who bring good news to Zion,
go up on a high mountain.
You who bring good news to Jerusalem,[c]
lift up your voice with a shout,
lift it up, do not be afraid;
say to the towns of Judah,
"Here is your God!"
10 ●See, the Sovereign LORD comes with power,
and he rules with a mighty arm.
See, his reward is with him,
and his recompense accompanies him.
11 ●He tends his flock like a shepherd:
He gathers the lambs in his arms
and carries them close to his heart;
he gently leads those that have young.
12 ●Who has measured the waters in the hollow of his hand,
or with the breadth of his hand marked off

[a]3 Or *A voice of one calling in the wilderness: / "Prepare the way for the LORD* [b]3 Hebrew; Septuagint *make straight the paths of our God* [c]9 Or *Zion, bringer of good news, / go up on a high mountain. / Jerusalem, bringer of good news*

accompany [əkʌ́mpəni] *vt.* 수반하다
blow [blou] *vt.* 불다
comfort [kʌ́mfərt] *vt.* 위로하다
complete [kəmplíːt] *vt.* 끝마치다
endure [indjúər] *vi.* 지속하다
hollow [hálou] *n.* 움푹한 곳
measure [méʒər] *vt.* 측정하다
proclaim [proukléim] *vt.* 선포하다
recompense [rékəmpèns] *n.* 보상
reveal [rivíːl] *vt.* 드러내다
rugged [rʌ́gid] *a.* 거친
sovereign [sávərin] *a.* 주권의
tenderly [téndərli] *ad.* 부드럽게
wilderness [wíldərnis] *n.* 광야
wither [wíðər] *vi.* 시들다

40:2 receive from...: …에게서 받다
40:3 make straight: 정돈하다
40:6 cry out...: …을 외치다
40:9 with a shout: 외치면서
40:11 close to...: 바로 …의 곁에서
40:12 mark off: 경계선을 그어 구별하다

을, 막대 저울로 언덕들을 달아 보았으
랴 히 1:10–12
13 누가 여호와의 영을 지도하였으며 그의
모사가 되어 그를 가르쳤으랴
14 그가 누구와 더불어 의논하셨으며 누가
그를 교훈하였으며 그에게 정의의 길로
가르쳤으며 지식을 가르쳤으며 통달의
도를 보여 주었느냐 골 2:3
15 보라 그에게는 열방이 통의 한 방울 물
과 같고 저울의 작은 티끌 같으며 [1]섬들
은 떠오르는 먼지 같으리니 렘 10:10
16 레바논은 땔감에도 부족하겠고 그 짐승
들은 번제에도 부족할 것이라
17 그의 앞에는 모든 열방이 아무것도 아
니라 그는 그들을 없는 것같이, 빈 것같
이 여기시느니라
18 ●그런즉 너희가 하나님을 누구와 같다
하겠으며 무슨 형상을 그에게 비기겠느
냐
19 우상은 장인이 부어 만들었고 장색이
금으로 입혔고 또 은사슬을 만든 것이
니라
20 궁핍한 자는 거제를 드릴 때에 썩지 아
니하는 나무를 택하고 지혜로운 장인을
구하여 우상을 만들어 흔들리지 아니하
도록 세우느니라
21 너희가 알지 못하였느냐 너희가 듣지
못하였느냐 태초부터 너희에게 전하지
아니하였느냐 땅의 기초가 창조될 때부
터 너희가 깨닫지 못하였느냐
22 그는 땅 위 궁창에 앉으시나니 땅에 사
는 사람들은 메뚜기 같으니라 그가 하
늘을 차일같이 펴셨으며 거주할 천막같
이 치셨고
23 귀인들을 폐하시며 세상의 사사들을 헛
되게 하시나니
24 그들은 겨우 심기고 겨우 뿌려졌으며
그 줄기가 겨우 땅에 뿌리를 박자 곧 하
나님이 입김을 부시니 그들은 말라 회
오리바람에 불려 가는 초개 같도다
25 거룩하신 이가 이르시되 그런즉 너희가
나를 누구에게 비교하여 나를 그와 동
등하게 하겠느냐 하시니라
26 너희는 눈을 높이 들어 누가 이 모든 것
을 창조하였나 보라 주께서는 수효대로
만상을 이끌어내시고 그들의 모든 이름
을 부르시나니 그의 권세가 크고 그의

the heavens?
Who has held the dust of the earth in a basket,
or weighed the mountains on the scales
and the hills in a balance?
13 ●Who can fathom the Spirit[a] of the LORD,
or instruct the LORD as his counselor?
14 ●Whom did the LORD consult to enlighten him,
and who taught him the right way?
Who was it that taught him knowledge,
or showed him the path of understanding?
15 ●Surely the nations are like a drop in a bucket;
they are regarded as dust on the scales;
he weighs the islands as though they were
fine dust.
16 ●Lebanon is not sufficient for altar fires,
nor its animals enough for burnt offerings.
17 ●Before him all the nations are as nothing;
they are regarded by him as worthless
and less than nothing.
18 ●With whom, then, will you compare God?
To what image will you liken him?
19 ●As for an idol, a metalworker casts it,
and a goldsmith overlays it with gold
and fashions silver chains for it.
20 ●A person too poor to present such an offering
selects wood that will not rot;
they look for a skilled worker
to set up an idol that will not topple.
21 ●Do you not know?
Have you not heard?
Has it not been told you from the beginning?
Have you not understood since the earth was
founded?
22 ●He sits enthroned above the circle of the earth,
and its people are like grasshoppers.
He stretches out the heavens like a canopy,
and spreads them out like a tent to live in.
23 ●He brings princes to naught
and reduces the rulers of this world to nothing.
24 ●No sooner are they planted,
no sooner are they sown,
no sooner do they take root in the ground,
than he blows on them and they wither,
and a whirlwind sweeps them away like chaff.
25 ●"To whom will you compare me?
Or who is my equal?" says the Holy One.
26 ●Lift up your eyes and look to the heavens:
Who created all these?
He who brings out the starry host one by one
and calls forth each of them by name.

[a]13 Or *mind* 1) 섬들을 티끌같이 드시나니

canopy [kǽnəpi] *n.* 천개(天蓋), 닫집
chaff [tʃæf] *n.* 왕겨
enlighten [inláitn] *vt.* 계몽하다
enthrone [inθróun] *vt.* 왕좌에 앉히다
fathom [fǽðəm] *vt.* 헤아리다
goldsmith [góuldsmìθ] *n.* 금세공인
grasshopper [grǽshɑ̀pər] *n.* 메뚜기
metalworker [métlwə̀ːrkər] *n.* 금속세공사
overlay [òuvərléi] *vt.* 입히다, 씌우다
rot [rat] *vi.* 썩다
scale [skeil] *n.* 접시 저울
starry [stáːri] *a.* 별이 많은
topple [tápl] *vi.* 넘어질듯 비틀거리다
whirlwind [hwə́ːrlwìnd] *n.* 회오리바람
worthless [wə́ːrθlis] *a.* 가치 없는

40:17 less than nothing: 아무것도 아닌
40:23 bring... to naught: …를 무효로 만들다
40:23 reduce... to nothing: …를 아무것도 아닌 것이 되게 하다
40:26 bring out: 이끌어내다

능력이 강하므로 하나도 빠짐이 없느니
라
27 ●야곱아 어찌하여 네가 말하며 이스라
엘아 네가 이르기를 내 길은 여호와께
숨겨졌으며 내 송사는 내 하나님에게서
벗어난다 하느냐
28 너는 알지 못하였느냐 듣지 못하였느냐
영원하신 하나님 여호와, 땅끝까지 창
조하신 이는 피곤하지 않으시며 곤비하
지 않으시며 명철이 한이 없으시며
29 피곤한 자에게는 능력을 주시며 무능한
자에게는 힘을 더하시나니 50:4
30 소년이라도 피곤하며 곤비하며 장정이
라도 넘어지며 쓰러지되
31 오직 여호와를 앙망하는 자는 새 힘을
얻으리니 독수리가 날개치며 올라감 같
을 것이요 달음박질하여도 곤비하지 아
니하겠고 걸어가도 피곤하지 아니하리
로다

나 여호와가 응답하리라 (♪ 399, 440장)

—B.C. 690년경

41 섬들아 내 앞에 잠잠하라 민족들아
힘을 새롭게 하라 가까이 나아오라
그리고 말하라 우리가 서로 재판 자리
에 가까이 나아가자 합 2:20
2 누가 동방에서 사람을 일깨워서 공의로
그를 불러 자기 발 앞에 이르게 하였느
냐 열국을 그의 앞에 넘겨 주며 그가 왕
들을 다스리게 하되 그들이 그의 칼에
티끌 같게, 그의 활에 불리는 초개 같게
하매
3 그가 그들을 쫓아가서 그의 발로 가 보
지 못한 길을 안전히 지났나니
4 이 일을 누가 행하였느냐 누가 이루었
느냐 누가 처음부터 만대를 불러내었느
냐 나 여호와라 처음에도 나요 나중 있
을 자에게도 내가 곧 그니라
5 섬들이 보고 두려워하며 땅끝이 무서워
떨며 함께 모여 와서
6 각기 이웃을 도우며 그 형제에게 이르
기를 너는 힘을 내라 하고
7 목공은 금장색을 격려하며 망치로 고르
게 하는 자는 메질꾼을 격려하며 이르
되 땜질이 잘 된다 하니 그가 못을 단단
히 박아 우상을 흔들리지 아니하게 하
는도다

Because of his great power and mighty strength,
not one of them is missing.
27 ●Why do you complain, Jacob?
Why do you say, Israel,
"My way is hidden from the LORD;
my cause is disregarded by my God"?
28 ●Do you not know?
Have you not heard?
The LORD is the everlasting God,
the Creator of the ends of the earth.
He will not grow tired or weary,
and his understanding no one can fathom.
29 ●He gives strength to the weary
and increases the power of the weak.
30 ●Even youths grow tired and weary,
and young men stumble and fall;
31 ●but those who hope in the LORD
will renew their strength.
They will soar on wings like eagles;
they will run and not grow weary,
they will walk and not be faint.

The Helper of Israel

41 "Be silent before me, you islands!
Let the nations renew their strength!
Let them come forward and speak;
let us meet together at the place of judgment.
2 ●"Who has stirred up one from the east,
calling him in righteousness to his service[a]?
He hands nations over to him
and subdues kings before him.
He turns them to dust with his sword,
to windblown chaff with his bow.
3 ●He pursues them and moves on unscathed,
by a path his feet have not traveled before.
4 ●Who has done this and carried it through,
calling forth the generations from the
beginning?
I, the LORD—with the first of them
and with the last—I am he."
5 ●The islands have seen it and fear;
the ends of the earth tremble.
They approach and come forward;
6 ● they help each other
and say to their companions, "Be strong!"
7 ●The metalworker encourages the goldsmith,
and the one who smooths with the hammer
spurs on the one who strikes the anvil.
One says of the welding, "It is good."
The other nails down the idol so it will not
topple.

[a]2 *Or east, / whom victory meets at every step*

anvil [ǽnvil] *n.* 모루, 물건을 두드리는 대
approach [əpróutʃ] *vt.* 다가오다
encourage [inkə́:ridʒ] *vt.* 격려하다
everlasting [èvərlǽstiŋ] *a.* 영원한
faint [féint] *a.* 힘 없는
fall [fɔ:l] *vi.* 떨어지다
hidden [hídn] *a.* 숨겨진
nail [neil] *vt.* 못질하다
renew [rinjú:] *vt.* 새롭게 하다
soar [sɔ:r] *vi.* 솟아오르다
stumble [stʌ́mbl] *vi.* 걸려 넘어지다
subdue [səbdjú:] *vt.* 정복하다
unscathed [ʌnskéiðd] *a.* 상처입지 않은
weary [wíəri] *a.* 지친
windblown [wíndblòun] *a.* 바람에 날린

41:2 stir up: 일으키다
41:2 hand A over B: A를 B에게 넘기다
41:2 turn A to B: A를 B로 바꾸다
41:4 carry through: 완성해내다
41:4 call forth: 불러내다, 야기시키다
41:7 spur on: 격려하다

8 ●그러나 나의 종 너 이스라엘아 내가 택한 야곱아 나의 벗 아브라함의 자손아
9 내가 땅끝에서부터 너를 붙들며 땅 모퉁이에서부터 너를 부르고 네게 이르기를 너는 나의 종이라 내가 너를 택하고 싫어하여 버리지 아니하였다 하였노라
10 두려워하지 말라 내가 너와 함께함이라 놀라지 말라 나는 네 하나님이 됨이라 내가 너를 굳세게 하리라 참으로 너를 도와 주리라 참으로 나의 의로운 오른손으로 너를 붙들리라
11 보라 네게 노하던 자들이 수치와 욕을 당할 것이요 너와 다투는 자들이 아무것도 아닌 것같이 될 것이며 멸망할 것이라
12 네가 찾아도 너와 싸우던 자들을 만나지 못할 것이요 너를 치는 자들은 아무것도 아닌 것 같고 허무한 것같이 되리니
13 이는 나 여호와 너의 하나님이 네 오른손을 붙들고 네게 이르기를 두려워하지 말라 내가 너를 도우리라 할 것임이니라
14 버러지 같은 너 야곱아, 너희 이스라엘 사람들아 두려워하지 말라 나 여호와가 말하노니 내가 너를 도울 것이라 네 구속자는 이스라엘의 거룩한 이이니라
15 보라 내가 너를 이가 날카로운 새 타작기로 삼으리니 네가 산들을 쳐서 부스러기를 만들 것이며 작은 산들을 겨같이 만들 것이라
16 네가 그들을 까부른즉 바람이 그들을 날리겠고 회오리바람이 그들을 흩어 버릴 것이로되 너는 여호와로 말미암아 즐거워하겠고 이스라엘의 거룩한 이로 말미암아 자랑하리라
17 ●가련하고 가난한 자가 물을 구하되 물이 없어서 갈증으로 그들의 혀가 마를 때에 나 여호와가 그들에게 응답하겠고 나 이스라엘의 하나님이 그들을 버리지 아니할 것이라
18 내가 헐벗은 산에 강을 내며 골짜기 가운데에 샘이 나게 하며 광야가 못이 되게 하며 마른 땅이 샘 근원이 되게 할 것이며
19 내가 광야에는 백향목과 싯딤나무와 화석류와 들감람나무를 심고 사막에는 잣나무와 소나무와 황양목을 함께 두리니

8 ●"But you, Israel, my servant,
Jacob, whom I have chosen,
you descendants of Abraham my friend,
9 ●I took you from the ends of the earth,
from its farthest corners I called you.
I said, 'You are my servant';
I have chosen you and have not rejected you.
10 ●So do not fear, for I am with you;
do not be dismayed, for I am your God.
I will strengthen you and help you;
I will uphold you with my righteous right hand.
11 ●"All who rage against you
will surely be ashamed and disgraced;
those who oppose you
will be as nothing and perish.
12 ●Though you search for your enemies,
you will not find them.
Those who wage war against you
will be as nothing at all.
13 ●For I am the LORD your God
who takes hold of your right hand
and says to you, Do not fear;
I will help you.
14 ●Do not be afraid, you worm Jacob,
little Israel, do not fear,
for I myself will help you," declares the LORD,
your Redeemer, the Holy One of Israel.
15 ●"See, I will make you into a threshing sledge,
new and sharp, with many teeth.
You will thresh the mountains and crush them,
and reduce the hills to chaff.
16 ●You will winnow them, the wind will pick them up,
and a gale will blow them away.
But you will rejoice in the LORD
and glory in the Holy One of Israel.
17 ●"The poor and needy search for water,
but there is none;
their tongues are parched with thirst.
But I the LORD will answer them;
I, the God of Israel, will not forsake them.
18 ●I will make rivers flow on barren heights,
and springs within the valleys.
I will turn the desert into pools of water,
and the parched ground into springs.
19 ●I will put in the desert
the cedar and the acacia, the myrtle and the olive.
I will set junipers in the wasteland,
the fir and the cypress together,

barren [bǽrən] *a.* 불모의
dismay [disméi] *vt.* 당황케 하다
farthest [fɑ:rðist] *a.* 가장 먼
fir [fə:r] *n.* 전나무
gale [geil] *n.* 돌풍
oppose [əpóuz] *vt.* 대항하다
parch [pɑ:rtʃ] *vt.* 바싹 말리다
rage [reidʒ] *vi.* 분노하다
redeemer [ridí:mər] *n.* 구속자
reduce [ridjú:s] *vt.* 격하시키다
sledge [sledʒ] *n.* 쇠망치
thresh [θreʃ] *vt.* 타작하다
uphold [ʌphóuld] *vt.* 지키다
wasteland [wéistlæ̀nd] *n.* 황무지
winnow [wínou] *vt.* 까부르다

41:13 take hold of...: …를 붙잡다
41:16 pick up: 집어올리다
41:16 rejoice in...: …을 기뻐하다
41:16 glory in...: …를 자랑으로 여기다
41:17 search for...: …를 찾다
41:17 parched with thirst: 갈증으로 바싹 마른

20 무리가 보고 여호와의 손이 지으신 바요
이스라엘의 거룩한 이가 이것을 창조하
신 바인 줄 알며 함께 헤아리며 깨달으리
라

여호와께서 거짓 신들에게 말씀하시다

21 ●나 여호와가 말하노니 너희 우상들은
소송하라 야곱의 왕이 말하노니 너희는
확실한 증거를 보이라
22 장차 당할 일을 우리에게 진술하라 또 이
전 일이 어떠한 것도 알게 하라 우리가 마
음에 두고 그 결말을 알아보리라 혹 앞으
로 올 일을 듣게 하며
23 뒤에 올 일을 알게 하라 그리하면 너희가
신들인 줄 우리가 알리라 또 복을 내리든
지 재난을 내리든지 하라 우리가 함께 보
고 놀라리라
24 보라 너희는 아무것도 아니며 너희 일은
허망하며 너희를 택한 자는 가증하니라
25 ●내가 한 사람을 일으켜 북방에서 오게
하며 내 이름을 부르는 자를 해 돋는 곳에
서 오게 하였나니 그가 이르러 고관들을
석회같이, 토기장이가 진흙을 밟음같이
하리니
26 누가 처음부터 이 일을 알게 하여 우리가
알았느냐 누가 이전부터 알게 하여 우리
가 옳다고 말하게 하였느냐 알게 하는 자
도 없고 들려 주는 자도 없고 너희 말을
듣는 자도 없도다
27 내가 비로소 시온에게 너희는 이제 그들
을 보라 하였노라 내가 기쁜 소식을 전할
자를 예루살렘에 주리라
28 내가 본즉 한 사람도 없으며 내가 물어도
그들 가운데에 한 말도 대답할 조언자가
없도다
29 보라 그들은 다 헛되며 그들의 행사는 허
무하며 그들이 부어 만든 우상들은 바람
이요 공허한 것뿐이니라
렘 5:13

주의 종 (♪ 268장) — B.C. 690년경

42 내가 붙드는 나의 종, 내 마음에 기
뻐하는 자 곧 내가 택한 사람을 보라
내가 나의 영을 그에게 주었은즉 그가 이
방에 정의를 베풀리라
2 그는 외치지 아니하며 목소리를 높이지
아니하며 그 소리를 거리에 들리게 하지
아니하며
3 상한 갈대를 꺾지 아니하며 꺼져가는 등
불을 끄지 아니하고 진실로 정의를 시행

20 ●so that people may see and know,
may consider and understand,
that the hand of the LORD has done this,
that the Holy One of Israel has created it.

21 ●"Present your case," says the LORD.
"Set forth your arguments," says Jacob's
King.
22 ●"Tell us, you idols,
what is going to happen.
Tell us what the former things were,
so that we may consider them
and know their final outcome.
Or declare to us the things to come,
23 ● tell us what the future holds,
so we may know that you are gods.
Do something, whether good or bad,
so that we will be dismayed and filled with
fear.
24 ●But you are less than nothing
and your works are utterly worthless;
whoever chooses you is detestable.

25 ●"I have stirred up one from the north, and he
comes—
one from the rising sun who calls on my
name.
He treads on rulers as if they were mortar,
as if he were a potter treading the clay.
26 ●Who told of this from the beginning, so we
could know,
or beforehand, so we could say, 'He was
right'?
No one told of this,
no one foretold it,
no one heard any words from you.
27 ●I was the first to tell Zion, 'Look, here they are!'
I gave to Jerusalem a messenger of good news.
28 ●I look but there is no one—
no one among the gods to give counsel,
no one to give answer when I ask them.
29 ●See, they are all false!
Their deeds amount to nothing;
their images are but wind and confusion.

The Servant of the LORD

42 "Here is my servant, whom I uphold,
my chosen one in whom I delight;
I will put my Spirit on him,
and he will bring justice to the nations.
2 ●He will not shout or cry out,
or raise his voice in the streets.
3 ●A bruised reed he will not break,
and a smoldering wick he will not snuff out.

beforehand [bifɔ́:rhæ̀nd] *ad.* 미리
bruised [bru:zd] *a.* 상처입은, 상한
confusion [kənfjú:ʒən] *n.* 혼란
deed [di:d] *n.* 행위
delight [diláit] *vi.* 기뻐하다
detestable [ditéstəbl] *a.* 혐오스러운
foretell [fɔ:rtél] *vt.* 예언하다
justice [dʒʌ́stis] *n.* 정의
mortar [mɔ́:rtər] *n.* 회반죽
outcome [áutkʌ̀m] *n.* 결과
potter [pátər] *n.* 토기장이
reed [ri:d] *n.* 갈대
smolder [smóuldər] *vi.* 연기가 나다
utterly [ʌ́tərli] *ad.* 완전히
worthless [wə́:rθlis] *a.* 가치 없는

41:21 set forth: 진술하다, 밝히다
41:24 less than nothing: 아무것도 아닌
41:25 stir up: 일으키다
41:28 give counsel: 조언하다
41:29 amount to...: …와 매한가지이다
42:3 snuff out: 심지를 잘라 끄다

할 것이며
4 그는 쇠하지 아니하며 낙담하지 아니하
고 세상에 정의를 세우기에 이르리니
섬들이 그 교훈을 앙망하리라 66:19
5 ●하늘을 창조하여 펴시고 땅과 그 소
산을 내시며 땅 위의 백성에게 호흡을
주시며 땅에 행하는 자에게 영을 주시
는 하나님 여호와께서 이같이 말씀하시
되
6 나 여호와가 의로 너를 불렀은즉 내가
네 손을 잡아 너를 보호하며 너를 세워
백성의 언약과 이방의 빛이 되게 하리
니
7 네가 눈먼 자들의 눈을 밝히며 갇힌 자
를 감옥에서 이끌어 내며 흑암에 앉은
자를 감방에서 나오게 하리라 딤후 2:26
8 나는 여호와이니 이는 내 이름이라 나
는 내 영광을 다른 자에게, 내 찬송을
우상에게 주지 아니하리라 48:11
9 보라 전에 예언한 일이 이미 이루어졌
느니라 이제 내가 새 일을 알리노라 그
일이 시작되기 전에라도 너희에게 이르
노라

새 노래로 찬송하라

10 ●항해하는 자들과 바다 가운데의 만물
과 섬들과 거기에 사는 사람들아 여호
와께 새 노래로 노래하며 땅끝에서부터
찬송하라
11 광야와 거기에 있는 성읍들과 게달 사
람이 사는 마을들은 소리를 높이라 셀
라의 주민들은 노래하며 산꼭대기에서
즐거이 부르라
12 여호와께 영광을 돌리며 섬들 중에서
그의 찬송을 전할지어다
13 여호와께서 용사같이 나가시며 전사같
이 분발하여 외쳐 크게 부르시며 그 대
적을 크게 치시리로다 출 15:3

구원의 약속

14 ●내가 오랫동안 조용하며 잠잠하고 참
았으나 내가 해산하는 여인같이 부르짖
으리니 숨이 차서 심히 헐떡일 것이라
15 내가 산들과 언덕들을 황폐하게 하며
그 모든 초목들을 마르게 하며 강들이
섬이 되게 하며 못들을 마르게 할 것이
며
16 내가 맹인들을 그들이 알지 못하는 길
로 이끌며 그들이 알지 못하는 지름길

In faithfulness he will bring forth justice;
4 ● he will not falter or be discouraged
till he establishes justice on earth.
In his teaching the islands will put their hope."
5 ●This is what God the LORD says—
the Creator of the heavens, who stretches them
out,
who spreads out the earth with all that springs
from it,
who gives breath to its people,
and life to those who walk on it:
6 ●"I, the LORD, have called you in righteousness;
I will take hold of your hand.
I will keep you and will make you
to be a covenant for the people
and a light for the Gentiles,
7 ●to open eyes that are blind,
to free captives from prison
and to release from the dungeon those
who sit in darkness.
8 ●"I am the LORD; that is my name!
I will not yield my glory to another
or my praise to idols.
9 ●See, the former things have taken place,
and new things I declare;
before they spring into being
I announce them to you."

Song of Praise to the LORD

10 ●Sing to the LORD a new song,
his praise from the ends of the earth,
you who go down to the sea, and all that is in it,
you islands, and all who live in them.
11 ●Let the wilderness and its towns raise their voices;
let the settlements where Kedar lives rejoice.
Let the people of Sela sing for joy;
let them shout from the mountaintops.
12 ●Let them give glory to the LORD
and proclaim his praise in the islands.
13 ●The LORD will march out like a champion,
like a warrior he will stir up his zeal;
with a shout he will raise the battle cry
and will triumph over his enemies.
14 ●"For a long time I have kept silent,
I have been quiet and held myself back.
But now, like a woman in childbirth,
I cry out, I gasp and pant.
15 ●I will lay waste the mountains and hills
and dry up all their vegetation;
I will turn rivers into islands
and dry up the pools.
16 ●I will lead the blind by ways they have not
known,

announce [ənáuns] *vt.* 알리다
covenant [kʌ́vənənt] *n.* 언약
discourage [diskə́:ridʒ] *vt.* 낙담시키다
dungeon [dʌ́ndʒən] *n.* 지하 감옥
establish [istǽbliʃ] *vt.* 세우다
falter [fɔ́:ltər] *vi.* 비틀거리다
gasp [gæsp] *vi.* 숨을 헐떡이다
pant [pænt] *vi.* 헐떡거리다
prison [prízn] *n.* 감옥
proclaim [proukléim] *vt.* 선포하다
settlement [sétlmənt] *n.* 거주지
triumph [tráiəmf] *vi.* 이기다
vegetation [vèdʒətéiʃən] *n.* 식물
warrior [wɔ́:riər] *n.* 용사
zeal [zi:l] *n.* 열심, 열의

42:7 release A from B: A를 B에서 풀어주다
42:9 take place: 생기다, 발생하다
42:9 spring into being: 갑자기 나타나다
42:13 march out: 행군하여 나가다
42:13 stir up: 자극(선동)하다
42:14 hold back: 저지하다

로 인도하며 암흑이 그 앞에서 광명이
되게 하며 굽은 데를 곧게 할 것이라 내
가 이 일을 행하여 그들을 버리지 아니
하리니
17 조각한 우상을 의지하며 부어 만든
우상을 향하여 너희는 우리의 신이라
하는 자는 물리침을 받아 크게 수치
를 당하리라

백성들이 깨닫지 못하다

18 ●너희 못 듣는 자들아 들으라 너희 맹
인들아 밝히 보라 35:5
19 맹인이 누구냐 내 종이 아니냐 누가 내
가 보내는 내 사자같이 못 듣는 자겠느
냐 누가 [1]내게 충성된 자같이 맹인이겠
느냐 누가 여호와의 종같이 맹인이겠느
냐
20 네가 많은 것을 볼지라도 유의하지 아
니하며 귀가 열려 있을지라도 듣지 아
니하는도다
21 여호와께서 그의 의로 말미암아 기쁨으
로 [2]교훈을 크게 하며 존귀하게 하려 하
셨으나
22 이 백성이 도둑맞으며 탈취를 당하며
다 굴 속에 잡히며 옥에 갇히도다 노략
을 당하되 구할 자가 없고 탈취를 당하
되 되돌려 주라 말할 자가 없도다
23 ●너희 중에 누가 이 일에 귀를 기울이겠
느냐 누가 뒤에 올 일을 삼가 듣겠느냐
24 야곱이 탈취를 당하게 하신 자가 누구
냐 이스라엘을 약탈자들에게 넘기신 자
가 누구냐 여호와가 아니시냐 우리가
그에게 범죄하였도다 그들이 그의 길로
다니기를 원하지 아니하며 그의 [2]교훈
을 순종하지 아니하였도다 30:15
25 그러므로 여호와께서 맹렬한 진노와 전
쟁의 위력을 이스라엘에게 쏟아 부으시
매 그 사방에서 불타오르나 깨닫지 못
하며 몸이 타나 마음에 두지 아니하는
도다

구원의 약속 (♪553장) — B.C. 690년경

43 야곱아 너를 창조하신 여호와께
서 지금 말씀하시느니라 이스라
엘아 너를 지으신 이가 말씀하시느니라
너는 두려워하지 말라 내가 너를 구속
하였고 내가 너를 지명하여 불렀나니
너는 내 것이라
2 네가 물 가운데로 지날 때에 내가 너와

along unfamiliar paths I will guide them;
I will turn the darkness into light before them
and make the rough places smooth.
These are the things I will do;
I will not forsake them.
17 ●But those who trust in idols,
who say to images, 'You are our gods,'
will be turned back in utter shame.

Israel Blind and Deaf

18 ●"Hear, you deaf;
look, you blind, and see!
19 ●Who is blind but my servant,
and deaf like the messenger I send?
Who is blind like the one in covenant with me,
blind like the servant of the LORD?
20 ●You have seen many things, but you pay no
attention;
your ears are open, but you do not listen."
21 ●It pleased the LORD
for the sake of his righteousness
to make his law great and glorious.
22 ●But this is a people plundered and looted,
all of them trapped in pits
or hidden away in prisons.
They have become plunder,
with no one to rescue them;
they have been made loot,
with no one to say, "Send them back."
23 ●Which of you will listen to this
or pay close attention in time to come?
24 ●Who handed Jacob over to become loot,
and Israel to the plunderers?
Was it not the LORD,
against whom we have sinned?
For they would not follow his ways;
they did not obey his law.
25 ●So he poured out on them his burning anger,
the violence of war.
It enveloped them in flames, yet they did
not understand;
it consumed them, but they did not take it to
heart.

Israel's Only Savior

43 But now, this is what the LORD
says—
he who created you, Jacob,
he who formed you, Israel:
"Do not fear, for I have redeemed you;
I have summoned you by name; you are mine.
2 ●When you pass through the waters,

1) 나와 친한 자 2) 히, 율법

consume [kənsú:m] *vt.* 태워버리다
deaf [def] *a.* 귀가 먼
envelop [invéləp] *vt.* 덮어싸다
forsake [fərséik] *vt.* 저버리다
loot [lu:t] *vt.* 약탈하다
plunder [plʌ́ndər] *vt.* 약탈하다
redeem [ridí:m] *vt.* 구해내다
rescue [réskju:] *vt.* 구출하다
rough [rʌf] *a.* 거친
servant [sə́:rvənt] *n.* 종, 하인
summon [sʌ́mən] *vt.* 호출하다
trap [træp] *vt.* 가두다
unfamiliar [ʌnfəmíljər] *a.* 낯선
utter [ʌ́tər] *a.* 철저한, 완전한
violence [váiələns] *n.* 폭력, 충돌

42:17 turn back: 되돌아오다
42:20 pay attention: 유의하다
42:21 for the sake of...: … 때문에
42:22 send back...: …을 되돌려주다
42:25 pour out: 쏟아 놓다
43:2 pass through: 지나가다

함께할 것이라 강을 건널 때에 물이 너를
침몰하지 못할 것이며 네가 불 가운데로
지날 때에 타지도 아니할 것이요 불꽃이
너를 사르지도 못하리니
3 대저 나는 여호와 네 하나님이요 이스라
엘의 거룩한 이요 네 구원자임이라 내가
애굽을 너의 속량물로, 구스와 스바를 너
를 대신하여 주었노라
4 네가 내 눈에 보배롭고 존귀하며 내가 너
를 사랑하였은즉 내가 네 대신 사람들을
내어 주며 백성들이 네 생명을 대신하리
니
5 두려워하지 말라 내가 너와 함께하여 네
자손을 동쪽에서부터 오게 하며 서쪽에서
부터 너를 모을 것이며 44:2
6 내가 북쪽에게 이르기를 내놓으라 남쪽에
게 이르기를 가두어 두지 말라 내 아들들
을 먼 곳에서 이끌며 내 딸들을 땅끝에서
오게 하며
7 내 이름으로 불려지는 모든 자 곧 내가
내 영광을 위하여 창조한 자를 오게 하라
그를 내가 지었고 그를 내가 만들었느니
라

이스라엘은 여호와의 증인

8 ●눈이 있어도 보지 못하고 귀가 있어도
듣지 못하는 백성을 이끌어내라
9 열방은 모였으며 민족들이 회집하였는데
그들 중에 누가 이 일을 알려 주며 이전 일
들을 우리에게 들려 주겠느냐 그들이 그
들의 증인을 세워서 자기들의 옳음을 나
타내고 듣는 자들이 옳다고 말하게 하여
보라
10 나 여호와가 말하노라 너희는 나의 증인,
나의 종으로 택함을 입었나니 이는 너희
가 나를 알고 믿으며 내가 그인 줄 깨닫게
하려 함이라 나의 전에 지음을 받은 신이
없었느니라 나의 후에도 없으리라
11 나 곧 나는 여호와라 나 외에 구원자가 없
느니라
12 내가 알려 주었으며 구원하였으며 보였고
너희 중에 [1)]다른 신이 없었나니 그러므로
너희는 나의 증인이요 나는 하나님이니라
여호와의 말씀이니라
13 [2)]과연 태초로부터 나는 그이니 내 손에서
건질 자가 없도다 내가 행하리니 누가 막
으리요

I will be with you;
and when you pass through the rivers,
they will not sweep over you.
When you walk through the fire,
you will not be burned;
the flames will not set you ablaze.
3 ●For I am the LORD your God,
the Holy One of Israel, your Savior;
I give Egypt for your ransom,
Cush[a] and Seba in your stead.
4 ●Since you are precious and honored in my
sight,
and because I love you,
I will give people in exchange for you,
nations in exchange for your life.
5 ●Do not be afraid, for I am with you;
I will bring your children from the east
and gather you from the west.
6 ●I will say to the north, 'Give them up!'
and to the south, 'Do not hold them back.'
Bring my sons from afar
and my daughters from the ends of the
earth—
7 ●everyone who is called by my name,
whom I created for my glory,
whom I formed and made."
8 ●Lead out those who have eyes but are blind,
who have ears but are deaf.
9 ●All the nations gather together
and the peoples assemble.
Which of their gods foretold this
and proclaimed to us the former things?
Let them bring in their witnesses to prove
they were right,
so that others may hear and say, "It is true."
10 ●"You are my witnesses," declares the LORD,
"and my servant whom I have chosen,
so that you may know and believe me
and understand that I am he.
Before me no god was formed,
nor will there be one after me.
11 ●I, even I, am the LORD,
and apart from me there is no savior.
12 ●I have revealed and saved and proclaimed—
I, and not some foreign god among you.
You are my witnesses," declares the LORD,
"that I am God.
13 ● Yes, and from ancient days I am he.
No one can deliver out of my hand.
When I act, who can reverse it?"

[a]3 That is, the upper Nile region 1) 이방 신 2) 이제부터

afar [əfáːr] *ad.* 멀리	**gather** [gǽðər] *vi.* 모이다	**ransom** [rǽnsəm] *n.* 몸값
assemble [əsémbl] *vi.* 모으다	**honored** [ánərd] *a.* 명예로운	**reveal** [rivíːl] *vt.* 드러내다
declare [dikléər] *vt.* 선포하다	**precious** [préʃəs] *a.* 귀한	**reverse** [rivə́ːrs] *vt.* 뒤집다, 바꾸어 놓다
flame [fleim] *n.* 화염	**proclaim** [proukléim] *vt.* 나타내다	**savior** [séivjər] *n.* 구원자
form [fɔːrm] *vt.* 만들다	**prove** [pruːv] *vt.* 증명하다	**witness** [wítnis] *n.* 증인

43:2 sweep over: 압도하다, 휩쓸어가다
43:2 set ablaze: 불타오르게 하다
43:3 in one's stead: …의 대신에
43:4 in exchange for...: …와 교환으로
43:6 hold back: 구류하다, 제지하다
43:11 apart from...: …를 제외하고

바벨론으로부터 빠져 나오다

14 ●너희의 구속자요 이스라엘의 거룩한 이 여호와가 말하노라 너희를 위하여 내가 바벨론에 사람을 보내어 모든 [1]갈대아 사람에게 자기들이 연락하던 배를 타고 도망하여 내려가게 하리라

15 나는 여호와 너희의 거룩한 이요 이스라엘의 창조자요 너희의 왕이니라

16 나 여호와가 이같이 말하노라 바다 가운데에 길을, 큰 물 가운데에 지름길을 내고

17 병거와 말과 군대의 용사를 이끌어내어 그들이 일시에 엎드러져 일어나지 못하고 소멸하기를 꺼져가는 등불 같게 하였느니라

18 너희는 이전 일을 기억하지 말며 옛날 일을 생각하지 말라

19 보라 내가 새 일을 행하리니 이제 나타낼 것이라 너희가 그것을 알지 못하겠느냐 반드시 내가 광야에 길을 사막에 강을 내리니

20 장차 들짐승 곧 승냥이와 타조도 나를 존경할 것은 내가 광야에 물을, 사막에 강들을 내어 내 백성, 내가 택한 자에게 마시게 할 것임이라 48:21

21 이 백성은 내가 나를 위하여 지었나니 나를 찬송하게 하려 함이니라

이스라엘의 죄

22 ●그러나 야곱아 너는 나를 부르지 아니하였고 이스라엘아 너는 나를 괴롭게 여겼으며

23 네 번제의 양을 내게로 가져오지 아니하였고 네 제물로 나를 공경하지 아니하였느니라 나는 [2]제물로 말미암아 너를 수고롭게 하지 아니하였고 유향으로 말미암아 너를 괴롭게 하지 아니하였거늘

24 너는 나를 위하여 돈으로 [3]향품을 사지 아니하며 희생의 기름으로 나를 흡족하게 하지 아니하고 네 죄짐으로 나를 수고롭게 하며 네 죄악으로 나를 괴롭게 하였느니라

25 ●나 곧 나는 나를 위하여 네 허물을 도말하는 자니 네 죄를 기억하지 아니하리라

26 너는 나에게 기억이 나게 하라 우리가 함께 변론하자 너는 말하여 네가 의로움을 나타내라 1:18

27 네 시조가 범죄하였고 너의 교사들이 나

God's Mercy and Israel's Unfaithfulness

14 ●This is what the LORD says—
your Redeemer, the Holy One of Israel:
"For your sake I will send to Babylon
and bring down as fugitives all the
Babylonians,[a]
in the ships in which they took pride.
15 ●I am the LORD, your Holy One,
Israel's Creator, your King."
16 ●This is what the LORD says—
he who made a way through the sea,
a path through the mighty waters,
17 ●who drew out the chariots and horses,
the army and reinforcements together,
and they lay there, never to rise again,
extinguished, snuffed out like a wick:
18 ●"Forget the former things;
do not dwell on the past.
19 ●See, I am doing a new thing!
Now it springs up; do you not perceive it?
I am making a way in the wilderness
and streams in the wasteland.
20 ●The wild animals honor me,
the jackals and the owls,
because I provide water in the wilderness
and streams in the wasteland,
to give drink to my people, my chosen,
21 ● the people I formed for myself
that they may proclaim my praise.
22 ●"Yet you have not called on me, Jacob,
you have not wearied yourselves for[b] me,
Israel.
23 ●You have not brought me sheep for burnt
offerings,
nor honored me with your sacrifices.
I have not burdened you with grain offerings
nor wearied you with demands for incense.
24 ●You have not bought any fragrant calamus
for me,
or lavished on me the fat of your sacrifices.
But you have burdened me with your sins
and wearied me with your offenses.
25 ●"I, even I, am he who blots out
your transgressions, for my own sake,
and remembers your sins no more.
26 ●Review the past for me,
let us argue the matter together;
state the case for your innocence.
27 ●Your first father sinned;
those I sent to teach you rebelled against me.

[a]14 Or *Chaldeans* [b]22 Or *Jacob; / surely you have grown weary of*

1) 존귀한 자 곧 갈대아 사람으로 2) 소제로 3) 창포로

burden [bə́:rdn] *vt.* 짐을 지우다
calamus [kǽləməs] *n.* 창포
chariot [tʃǽriət] *n.* 병거
extinguish [ikstíŋgwiʃ] *vt.* 끄다
fugitive [fjú:dʒətiv] *n.* 도망자
incense [ínsens] *n.* 향료
lavish [lǽviʃ] *vt.* 아낌없이 후하게 주다
offense [əféns] *n.* 범죄
owl [aul] *n.* 올빼미
perceive [pərsí:v] *vt.* 인식하다
rebel [rebə́l] *vi.* 반역하다
reinforcement [ri:infɔ́:rsmənt] *n.* 지원병, 증원대
state [steit] *vt.* 분명히 말하다
transgression [trænsgréʃən] *n.* 죄
weary [wíəri] *vt.* 지치게 하다

43:14 send to...: …에 보내다
43:14 bring down: 내리다
43:17 snuff out: 심지를 잘라 끄다
43:18 dwell on...: (곰곰이) …를 생각하다
43:19 spring up: 갑자기 나타나다
43:25 blot out: 지우다, 가리다

를 배반하였나니
28 그러므로 내가 1)성소의 어른들을 욕되
게 하며 야곱이 진멸 당하도록 내어주
며 이스라엘이 비방거리가 되게 2)하리
라

나 외에 다른 신이 없다 — B.C. 690년경

44 나의 종 야곱, 내가 택한 이스라엘
아 이제 들으라
2 너를 만들고 너를 모태에서부터 지어
낸 너를 도와줄 여호와가 이같이 말하
노라 나의 종 야곱, 내가 택한 여수룬아
두려워하지 말라
3 나는 3)목마른 자에게 물을 주며 마른 땅
에 시내가 흐르게 하며 나의 영을 네 자
손에게, 나의 복을 네 후손에게 부어 주
리니
4 그들이 풀 가운데에서 솟아나기를 시냇
가의 버들같이 할 것이라
5 한 사람은 이르기를 나는 여호와께 속
하였다 할 것이며 또 한 사람은 야곱의
이름으로 자기를 부를 것이며 또 다른
사람은 자기가 여호와께 속하였음을 4)그
의 손으로 기록하고 이스라엘의 이름으
로 존귀히 여김을 받으리라
6 ●이스라엘의 왕인 여호와, 이스라엘의
구원자인 만군의 여호와가 이같이 말하
노라 나는 처음이요 나는 마지막이라
나 외에 다른 신이 없느니라
7 내가 영원한 백성을 세운 이후로 나처
럼 외치며 알리며 나에게 설명할 자가
누구냐 있거든 될 일과 장차 올 일을 그
들에게 알릴지어다
8 너희는 두려워하지 말며 겁내지 말라
내가 예로부터 너희에게 듣게 하지 아
니하였느냐 알리지 아니하였느냐 너희
는 나의 증인이라 나 외에 신이 있겠느
냐 과연 반석은 없나니 다른 신이 있음
을 내가 알지 못하노라

우상은 무익한 것

9 ●우상을 만드는 자는 다 허망하도다
그들이 원하는 것들은 무익한 것이거늘
그것들의 증인들은 보지도 못하며 알지
도 못하니 그러므로 수치를 당하리라
10 신상을 만들며 무익한 우상을 부어 만
든 자가 누구냐 렘 10:5
11 보라 그와 같은 무리들이 다 수치를 당
할 것이라 그 대장장이들은 사람일 뿐

28 ●So I disgraced the dignitaries of your temple;
I consigned Jacob to destruction[a]
and Israel to scorn.

Israel the Chosen

44 "But now listen, Jacob, my servant,
Israel, whom I have chosen.
2 ●This is what the LORD says—
he who made you, who formed you in the womb,
and who will help you:
Do not be afraid, Jacob, my servant,
Jeshurun,[b] whom I have chosen.
3 ●For I will pour water on the thirsty land,
and streams on the dry ground;
I will pour out my Spirit on your offspring,
and my blessing on your descendants.
4 ●They will spring up like grass in a meadow,
like poplar trees by flowing streams.
5 ●Some will say, 'I belong to the LORD';
others will call themselves by the name of Jacob;
still others will write on their hand, 'The LORD's,'
and will take the name Israel.

The LORD, Not Idols

6 ●"This is what the LORD says—
Israel's King and Redeemer, the LORD Almighty:
I am the first and I am the last;
apart from me there is no God.
7 ●Who then is like me? Let him proclaim it.
Let him declare and lay out before me
what has happened since I established my ancient people,
and what is yet to come—
yes, let them foretell what will come.
8 ●Do not tremble, do not be afraid.
Did I not proclaim this and foretell it long ago?
You are my witnesses. Is there any God besides me?
No, there is no other Rock; I know not one."
9 ●All who make idols are nothing,
and the things they treasure are worthless.
Those who would speak up for them are blind;
they are ignorant, to their own shame.
10 ●Who shapes a god and casts an idol,
which can profit nothing?
11 ●People who do that will be put to shame;
such craftsmen are only human beings.
Let them all come together and take their stand;

[a] *28* The Hebrew term refers to the irrevocable giving over of things or persons to the LORD, often by totally destroying them.
[b] *2 Jeshurun* means *the upright one,* that is, Israel.

1) 거룩한 방백 2) 하였노라 3) 건조한 땅에 4) 그의 손에

blind [blaind] *a.* 눈 먼
consign [kənsáin] *vt.* 맡기다
dignitary [dígnitèri] *n.* 고위 성직자
disgrace [disgréis] *vt.* 욕보이다
establish [istǽbliʃ] *vt.* 세우다
foretell [fɔːrtél] *vt.* 예언하다
ignorant [ígnərənt] *a.* 무지한
meadow [médou] *n.* 목장, 초원
offspring [ɔ́ːfsprìŋ] *n.* 자손
proclaim [proukléim] *vt.* 선포하다
scorn [skɔːrn] *n.* 조롱, 모멸감
shape [ʃeip] *vt.* …의 형체로 만들다
thirsty [θə́ːrsti] *a.* 목마른
tremble [trémbl] *vi.* 떨다
worthless [wə́ːrθlis] *a.* 가치 없는

44:3 pour out A on B: A를 B에 쏟아 붓다
44:5 belong to...: …에 속하다
44:6 apart from...: …외에는
44:7 lay out: 나타내 보이다, 펼치다
44:9 speak up for...: …를 변호하다
44:11 take one's stand: 입장을 취하다

이라 그들이 다 모여 서서 두려워하며
함께 수치를 당할 것이니라
12 ●철공은 [1]철로 연장을 만들고 숯불로
일하며 망치를 가지고 그것을 만들며
그의 힘센 팔로 그 일을 하나 배가 고프
면 기운이 없고 물을 마시지 아니하면
피로하니라
13 목공은 줄을 늘여 재고 붓으로 긋고 대
패로 밀고 곡선자로 그어 사람의 아름
다움을 따라 사람의 모양을 만들어 집
에 두게 하며
14 그는 자기를 위하여 백향목을 베며 디르
사나무와 상수리나무를 취하며 숲의 나
무들 가운데에서 자기를 위하여 한 나무
를 정하며 나무를 심고 비를 맞고 자라게
도 하느니라
15 이 나무는 사람이 땔감을 삼는 것이거
늘 그가 그것을 가지고 자기 몸을 덥게
도 하고 불을 피워 떡을 굽기도 하고 신
상을 만들어 경배하며 우상을 만들고
그 앞에 엎드리기도 하는구나
16 그 중의 절반은 불에 사르고 그 절반으
로는 고기를 구워 먹고 배불리며 또 몸
을 덥게 하여 이르기를 아하 따뜻하다
내가 불을 보았구나 하면서
17 그 나머지로 신상 곧 자기의 우상을 만
들고 그 앞에 엎드려 경배하며 그것에
게 기도하여 이르기를 너는 나의 신이
니 나를 구원하라 하는도다
18 ●그들이 알지도 못하고 깨닫지도 못함
은 그들의 눈이 가려서 보지 못하며 그
들의 마음이 어두워져서 깨닫지 못함이
니라
19 마음에 생각도 없고 지식도 없고 총명
도 없으므로 내가 그것의 절반을 불 사
르고 또한 그 숯불 위에서 떡도 굽고 고
기도 구워 먹었거늘 내가 어찌 그 나머
지로 가증한 물건을 만들겠으며 내가
어찌 그 나무 토막 앞에 굴복하리요 말
하지 아니하니 45:20
20 그는 재를 먹고 허탄한 마음에 미혹되
어 자기의 영혼을 구원하지 못하며 나
의 오른손에 거짓 것이 있지 아니하냐
하지도 못하느니라

창조자요 구속자이신 여호와

21 ●야곱아 이스라엘아 이 일을 기억하라
너는 내 종이니라 내가 너를 지었으니

they will be brought down to terror and shame.
12 ●The blacksmith takes a tool
and works with it in the coals;
he shapes an idol with hammers,
he forges it with the might of his arm.
He gets hungry and loses his strength;
he drinks no water and grows faint.
13 ●The carpenter measures with a line
and makes an outline with a marker;
he roughs it out with chisels
and marks it with compasses.
He shapes it in human form,
human form in all its glory,
that it may dwell in a shrine.
14 ●He cut down cedars,
or perhaps took a cypress or oak.
He let it grow among the trees of the forest,
or planted a pine, and the rain made it grow.
15 ●It is used as fuel for burning;
some of it he takes and warms himself,
he kindles a fire and bakes bread.
But he also fashions a god and worships it;
he makes an idol and bows down to it.
16 ●Half of the wood he burns in the fire;
over it he prepares his meal,
he roasts his meat and eats his fill.
He also warms himself and says,
"Ah! I am warm; I see the fire."
17 ●From the rest he makes a god, his idol;
he bows down to it and worships.
He prays to it and says,
"Save me! You are my god!"
18 ●They know nothing, they understand nothing;
their eyes are plastered over so they cannot see,
and their minds closed so they cannot
understand.
19 ●No one stops to think,
no one has the knowledge or
understanding to say,
"Half of it I used for fuel;
I even baked bread over its coals,
I roasted meat and I ate.
Shall I make a detestable thing from what is left?
Shall I bow down to a block of wood?"
20 ●Such a person feeds on ashes; a deluded heart
misleads him;
he cannot save himself, or say,
"Is not this thing in my right hand a lie?"
21 ●"Remember these things, Jacob,
for you, Israel, are my servant.
I have made you, you are my servant;

1) 연장을 벼리되 숯불에

blacksmith [blǽksmiθ] *n.* 대장장이
carpenter [kɑ́ːrpəntər] *n.* 목공
cedar [síːdər] *n.* 백향목
chisel [tʃízəl] *n.* 끌
cypress [sáiprəs] *n.* 사이프러스
delude [dilúːd] *vt.* 속이다
detestable [ditéstəbl] *a.* 혐오할만한
fashion [fǽʃən] *vt.* 만들다
forge [fɔːrdʒ] *vt.* 만들다
fuel [fjúːəl] *n.* 연료
kindle [kíndl] *vt.* 불을 붙이다
mislead [mìslíːd] *vt.* 속이다
outline [áutlàin] *n.* 윤곽선
plaster [plǽstər] *vt.* 회반죽을 바르다
roast [roust] *vt.* 굽다

44:11 bring down: 콧대를 꺾다
44:13 rough out: 대충 그리다
44:15 bow down to...: …에게 절하다
44:16 eat one's fill: 양껏 먹다
44:19 used for...: …에 사용하는
44:20 feed on...: …를 먹고 살다

너는 내 종이니라 이스라엘아 너는 나
에게 잊혀지지 아니하리라
22 내가 네 허물을 빽빽한 구름같이, 네 죄
를 안개같이 없이하였으니 너는 내게로
돌아오라 내가 너를 구속하였음이니라
23 여호와께서 이 일을 행하셨으니 하늘아
노래할지어다 땅의 깊은 곳들아 높이
부를지어다 산들아 숲과 그 가운데의
모든 나무들아 소리내어 노래할지어다
여호와께서 야곱을 구속하셨으니 이스
라엘 중에 자기의 영광을 나타내실 것
임이로다
24 ●네 구속자요 모태에서 너를 지은 나
여호와가 이같이 말하노라 나는 만물을
지은 여호와라 홀로 하늘을 폈으며 나
와 함께 한 자 없이 땅을 펼쳤고
25 헛된 말을 하는 자들의 징표를 폐하며
점치는 자들을 미치게 하며 지혜로운
자들을 물리쳐 그들의 지식을 어리석게
하며 40:14
26 그의 종의 말을 세워 주며 그의 사자들
의 계획을 성취하게 하며 예루살렘에
대하여는 이르기를 거기에 사람이 살리
라 하며 유다 성읍들에 대하여는 중건
될 것이라 내가 그 황폐한 곳들을 복구
시키리라 하며
27 깊음에 대하여는 이르기를 마르라 내가
네 강물들을 마르게 하리라 하며
28 고레스에 대하여는 이르기를 내 목자라
그가 나의 모든 기쁨을 성취하리라 하
며 예루살렘에 대하여는 이르기를 중건
되리라 하며 성전에 대하여는 네 기초
가 놓여지리라 하는 자니라 14:32

여호와께서 고레스를 세우시다
— B.C. 690년경

45 여호와께서 [1]그의 기름부음을 받
은 고레스에게 이같이 말씀하시
되 내가 그의 오른손을 붙들고 그 앞에
열국을 항복하게 하며 내가 왕들의 허
리를 풀어 그 앞에 문들을 열고 성문들
이 닫히지 못하게 하리라
2 내가 너보다 앞서 가서 험한 곳을 평탄
하게 하며 놋문을 쳐서 부수며 쇠빗장
을 꺾고
3 네게 흑암 중의 보화와 은밀한 곳에 숨
은 재물을 주어 네 이름을 부르는 자가
나 여호와 이스라엘의 하나님인 줄을

Israel, I will not forget you.
22 ●I have swept away your offenses like a cloud,
your sins like the morning mist.
Return to me,
for I have redeemed you."
23 ●Sing for joy, you heavens, for the LORD has done
this;
shout aloud, you earth beneath.
Burst into song, you mountains,
you forests and all your trees,
for the LORD has redeemed Jacob,
he displays his glory in Israel.

Jerusalem to Be Inhabited

24 ●"This is what the LORD says —
your Redeemer, who formed you in the womb:
I am the LORD,
the Maker of all things,
who stretches out the heavens,
who spreads out the earth by myself,
25 ●who foils the signs of false prophets
and makes fools of diviners,
who overthrows the learning of the wise
and turns it into nonsense,
26 ●who carries out the words of his servants
and fulfills the predictions of his messengers,
who says of Jerusalem, 'It shall be inhabited,'
of the towns of Judah, 'They shall be rebuilt,'
and of their ruins, 'I will restore them,'
27 ●who says to the watery deep, 'Be dry,
and I will dry up your streams,'
28 ●who says of Cyrus, 'He is my shepherd
and will accomplish all that I please;
he will say of Jerusalem, "Let it be rebuilt,"
and of the temple, "Let its foundations be
laid."'

45 "This is what the LORD says to his anointed,
to Cyrus, whose right hand I take hold of
to subdue nations before him
and to strip kings of their armor,
to open doors before him
so that gates will not be shut:
2 ●I will go before you
and will level the mountains[a];
I will break down gates of bronze
and cut through bars of iron.
3 ●I will give you hidden treasures,
riches stored in secret places,
so that you may know that I am the LORD,
the God of Israel, who summons you by name.

[a]2 Dead Sea Scrolls and Septuagint; the meaning of the word in the Masoretic Text is uncertain. 1) 칠십인역, 나의

accomplish [əkámpliʃ] *vt.* 성취하다
armor [á:rmər] *n.* 갑옷
display [displéi] *vt.* 나타내다
diviner [diváinər] *n.* 점치는 자
fulfill [fulfíl] *vt.* 성취시키다
inhabit [inhǽbit] *vt.* 거주하다
nonsense [nánsens] *n.* 의미없는 말
offense [əféns] *n.* 과오, 위반
overthrow [òuvərθróu] *vt.* 타도하다
prediction [pridíkʃən] *n.* 예견
redeem [ridí:m] *vt.* 구하다
restore [ristɔ́:r] *vt.* 회복하다
stretch [stretʃ] *vt.* 펴다
strip [strip] *vt.* 벗기다
subdue [səbdjú:] *vt.* 정복하다

44:22 sweep away: 쓸어버리다
44:23 burst into...: 갑자기 …하기 시작하다
44:24 by oneself: 혼자서, 혼자 힘으로
44:25 make fools of...: …를 놀리다
44:25 turn A into B: A를 B가 되게하다
44:26 carry out: 실행하다

네가 알게 하리라
4 내가 나의 종 야곱, 내가 택한 자 이
스라엘을 위하여 네 이름을 불러 너
는 나를 알지 못하였을지라도 네게
칭호를 주었노라
5 나는 여호와라 나 외에 다른 이가 없
나니 나 밖에 신이 없느니라 너는 나
를 알지 못하였을지라도 나는 네 띠를
동일 것이요
6 해 뜨는 곳에서든지 지는 곳에서든지
나 밖에 다른 이가 없는 줄을 알게 하
리라 나는 여호와라 다른 이가 없느니
라
7 나는 빛도 짓고 어둠도 창조하며 나는
평안도 짓고 환난도 창조하나니 나는
여호와라 이 모든 일들을 행하는 자니
라 하였노라
8 ● 하늘이여 위로부터 공의를 뿌리며
구름이여 의를 부을지어다 땅이여 열
려서 [1]구원을 싹트게 하고 공의도 함
께 움돋게 할지어다 나 여호와가 이
일을 창조하였느니라 61:11

창조의 주, 역사의 주

9 ● 질그릇 조각 중 한 조각 같은 자가
자기를 지으신 이와 더불어 다툴진대
화 있을진저 진흙이 토기장이에게 너
는 무엇을 만드느냐 또는 네가 만든
것이 그는 손이 없다 말할 수 있겠느
냐
10 아버지에게는 무엇을 낳았소 하고 묻
고 어머니에게는 무엇을 낳으려고 해
산의 수고를 하였소 하고 묻는 자는
화 있을진저
11 ● 이스라엘의 거룩하신 이 곧 이스라
엘을 지으신 여호와께서 이같이 이르
시되 너희가 장래 일을 내게 물으며
또 내 아들들과 내 손으로 한 일에 관
하여 내게 명령하려느냐
12 내가 땅을 만들고 그 위에 사람을 창조
하였으며 내가 내 손으로 하늘을 펴고
하늘의 모든 군대에게 명령하였노라
13 내가 공의로 그를 일으킨지라 그의 모
든 길을 곧게 하리니 그가 나의 성읍
을 건축할 것이며 사로잡힌 내 백성을
값이나 갚음이 없이 놓으리라 만군의
여호와의 말이니라 하셨느니라
14 ● 여호와께서 이같이 말씀하시되 애

1) 구원이 열매 맺게 하고

4 ● For the sake of Jacob my servant,
of Israel my chosen,
I summon you by name
and bestow on you a title of honor,
though you do not acknowledge me.
5 ● I am the LORD, and there is no other;
apart from me there is no God.
I will strengthen you,
though you have not acknowledged me,
6 ● so that from the rising of the sun
to the place of its setting
people may know there is none besides me.
I am the LORD, and there is no other.
7 ● I form the light and create darkness,
I bring prosperity and create disaster;
I, the LORD, do all these things.

8 ● "You heavens above, rain down my righteousness;
let the clouds shower it down.
Let the earth open wide,
let salvation spring up,
let righteousness flourish with it;
I, the LORD, have created it.

9 ● "Woe to those who quarrel with their Maker,
those who are nothing but potsherds
among the potsherds on the ground.
Does the clay say to the potter,
'What are you making?'
Does your work say,
'The potter has no hands'?
10 ● Woe to the one who says to a father,
'What have you begotten?'
or to a mother,
'What have you brought to birth?'

11 ● "This is what the LORD says—
the Holy One of Israel, and its Maker:
Concerning things to come,
do you question me about my children,
or give me orders about the work of my hands?
12 ● It is I who made the earth
and created mankind on it.
My own hands stretched out the heavens;
I marshaled their starry hosts.
13 ● I will raise up Cyrus[a] in my righteousness:
I will make all his ways straight.
He will rebuild my city
and set my exiles free,
but not for a price or reward,
says the LORD Almighty."

14 ● This is what the LORD says:

"The products of Egypt and the merchandise of

[a]13 Hebrew *him*

acknowledge [æknálidʒ] *vt.* 알다
almighty [ɔːlmáiti] *a.* 전능한
beget [bigét] *vt.* 낳다
bestow [bistóu] *vt.* 수여하다
clay [klei] *n.* 진흙
disaster [dizǽstər] *n.* 재앙
flourish [flə́ːriʃ] *vt.* 성장하다
marshal [máːrʃəl] *vt.* 집결시키다
merchandise [məːrtʃəndàiz] *n.* 상품
potsherd [pátʃəːrd] *n.* 질그릇 조각
potter [pátər] *n.* 도공
prosperity [praspérəti] *n.* 번성
righteousness [ráitʃəsnis] *n.* 의
salvation [sælvéiʃən] *n.* 구원
starry [stáːri] *a.* 별의

45:5 apart from...: …를 제외하고
45:9 quarrel with...: …와 언쟁하다
45:9 nothing but...: 그저 …일 뿐인
45:11 order about...: …에게 자꾸 이래라저래라 하다
45:12 stretch out: (손발을) 뻗다

굽의 소득과 구스가 무역한 것과 스
바의 장대한 남자들이 네게로 건너와
서 네게 속할 것이요 그들이 너를 따
를 것이라 사슬에 매여 건너와서 네
게 굴복하고 간구하기를 하나님이 과
연 네게 계시고 그 외에는 다른 하나
님이 없다 하리라 하시니라 14:1,2
15 구원자 이스라엘의 하나님이여 진실
로 주는 스스로 숨어 계시는 하나님이
시니이다
16 우상을 만드는 자는 부끄러움을 당하
며 욕을 받아 다 함께 수욕 중에 들어
갈 것이로되
17 이스라엘은 여호와께 구원을 받아
영원한 구원을 얻으리니 너희가 영
원히 부끄러움을 당하거나 욕을 받
지 아니하리로다
18 ●대저 여호와께서 이같이 말씀하시
되 하늘을 창조하신 이 그는 하나님이
시니 그가 땅을 지으시고 그것을 만드
셨으며 그것을 견고하게 하시되 혼돈
하게 창조하지 아니하시고 사람이 거
주하게 그것을 지으셨으니 나는 여호
와라 나 외에 다른 이가 없느니라
19 나는 감추어진 곳과 캄캄한 땅에서 말
하지 아니하였으며 야곱 자손에게 너
희가 나를 혼돈 중에서 찾으라고 이르
지 아니하였노라 나 여호와는 의를 말
하고 정직한 것을 알리느니라

구원을 베푸시는 분은 하나님

20 ●열방 중에서 피난한 자들아 너희는
모여 오라 함께 가까이 나아오라 나무
우상을 가지고 다니며 구원하지 못하
는 신에게 기도하는 자들은 무지한 자
들이니라
21 너희는 알리며 진술하고 또 함께 의논
하여 보라 이 일을 옛부터 듣게 한 자
가 누구냐 이전부터 그것을 알게 한
자가 누구냐 나 여호와가 아니냐 나
외에 다른 신이 없나니 나는 공의를
행하며 구원을 베푸는 하나님이라 나
외에 다른 이가 없느니라 41:23,26
22 땅의 모든 끝이여 내게로 돌이켜 구
원을 받으라 나는 하나님이라 다른
이가 없느니라
23 내가 나를 두고 맹세하기를 내 입에서
공의로운 말이 나갔은즉 돌아오지 아

Cush,[a]
and those tall Sabeans —
they will come over to you
and will be yours;
they will trudge behind you,
coming over to you in chains.
They will bow down before you
and plead with you, saying,
'Surely God is with you, and there is no other;
there is no other god.' "
15 ●Truly you are a God who has been hiding himself,
the God and Savior of Israel.
16 ●All the makers of idols will be put to shame and
disgraced;
they will go off into disgrace together.
17 ●But Israel will be saved by the LORD
with an everlasting salvation;
you will never be put to shame or disgraced,
to ages everlasting.
18 ●For this is what the LORD says —
he who created the heavens,
he is God;
he who fashioned and made the earth,
he founded it;
he did not create it to be empty,
but formed it to be inhabited —
he says:
"I am the LORD,
and there is no other.
19 ●I have not spoken in secret,
from somewhere in a land of darkness;
I have not said to Jacob's descendants,
'Seek me in vain.'
I, the LORD, speak the truth;
I declare what is right.
20 ●"Gather together and come;
assemble, you fugitives from the nations.
Ignorant are those who carry about idols of wood,
who pray to gods that cannot save.
21 ●Declare what is to be, present it —
let them take counsel together.
Who foretold this long ago,
who declared it from the distant past?
Was it not I, the LORD?
And there is no God apart from me,
a righteous God and a Savior;
there is none but me.
22 ●"Turn to me and be saved,
all you ends of the earth;
for I am God, and there is no other.
23 ●By myself I have sworn,

[a]14 That is, the upper Nile region

assemble [əsémbl] *vi.* 모으다
create [kriéit] *vt.* 창조하다
descendant [diséndənt] *n.* 자손
disgrace [disgréis] *vt.* 욕보이다
empty [émpti] *a.* 공허한
everlasting [evərlǽstiŋ] *a.* 영원한
fashion [fǽʃən] *vt.* 만들다
foretell [fɔːrtél] *vt.* 예언하다
fugitive [fjúːdʒətiv] *n.* 도망자
ignorant [ígnərənt] *a.* 무지한
inhabit [inhǽbit] *vt.* 거주하다
present [préznt] *vt.* 바치다
savior [séivjər] *n.* 구원자
swear [swɛər] *vi.* 맹세하다
trudge [trʌdʒ] *vi.* 터벅터벅 걷다

45:14 come over: 들르다
45:14 bow down: 굴복하다
45:14 plead with...: …에게 간청하다
45:16 go into...: …에 들어가다
45:19 in vain: 헛되이
45:20 gather together: …을 모으다

니하나니 내게 모든 무릎이 꿇겠고 모
든 혀가 맹세하리라 하였노라
24 내게 대한 어떤 자의 말에 공의와 힘은
여호와께만 있나니 사람들이 그에게로
나아갈 것이라 무릇 그에게 노하는 자
는 부끄러움을 당하리라 그러나
25 이스라엘 자손은 다 여호와로 말미암
아 의롭다 함을 얻고 자랑하리라 하느
니라 53:11

46 벨은 엎드러졌고 느보는 구부러
졌도다 그들의 우상들은 짐승과
가축에게 실렸으니 너희가 떠메고 다
니던 그것들이 피곤한 짐승의 무거운
짐이 되었도다
2 그들은 구부러졌고 그들은 일제히 엎드
러졌으므로 그 짐을 구하여내지 못하고
자기들도 잡혀갔느니라
3 ●야곱의 집이여 이스라엘 집에 남은
모든 자여 내게 들을지어다 배에서 태
어남으로부터 내게 안겼고 태에서 남으
로부터 내게 업힌 너희여
4 너희가 노년에 이르기까지 내가 그리하
겠고 백발이 되기까지 내가 너희를 품
을 것이라 내가 지었은즉 내가 업을 것
이요 내가 품고 구하여내리라
5 너희가 나를 누구에게 비기며 누구와
짝하며 누구와 비교하여 서로 같다 하
겠느냐
6 사람들이 주머니에서 금을 쏟아 내며
은을 저울에 달아 도금장이에게 주고
그것으로 신을 만들게 하고 그것에게
엎드려 경배하며
7 그것을 들어 어깨에 메어다가 그의 처
소에 두면 그것이 서 있고 거기에서 능
히 움직이지 못하며 그에게 부르짖어도
능히 응답하지 못하며 고난에서 구하여
내지도 못하느니라
8 ●너희 패역한 자들아 이 일을 기억하
고 장부가 되라 이 일을 마음에 두라
9 너희는 옛적 일을 기억하라 나는 하나
님이라 나 외에 다른 이가 없느니라 나
는 하나님이라 나 같은 이가 없느니라
10 내가 시초부터 종말을 알리며 아직 이
루지 아니한 일을 옛적부터 보이고 이
르기를 나의 뜻이 설 것이니 내가 나의
모든 기뻐하는 것을 이루리라 하였노
라

my mouth has uttered in all integrity
a word that will not be revoked:
Before me every knee will bow;
by me every tongue will swear.
24 •They will say of me, 'In the LORD alone
are deliverance and strength.' "
All who have raged against him
will come to him and be put to shame.
25 •But all the descendants of Israel
will find deliverance in the LORD
and will make their boast in him.

Gods of Babylon

46 Bel bows down, Nebo stoops low;
their idols are borne by beasts of burden.[a]
The images that are carried about are burden-
some,
a burden for the weary.
2 •They stoop and bow down together;
unable to rescue the burden,
they themselves go off into captivity.
3 •"Listen to me, you descendants of Jacob,
all the remnant of the people of Israel,
you whom I have upheld since your birth,
and have carried since you were born.
4 •Even to your old age and gray hairs
I am he, I am he who will sustain you.
I have made you and I will carry you;
I will sustain you and I will rescue you.
5 •"With whom will you compare me or count me
equal?
To whom will you liken me that we may
be compared?
6 •Some pour out gold from their bags
and weigh out silver on the scales;
they hire a goldsmith to make it into a god,
and they bow down and worship it.
7 •They lift it to their shoulders and carry it;
they set it up in its place, and there it stands.
From that spot it cannot move.
Even though someone cries out to it, it cannot
answer;
it cannot save them from their troubles.
8 •"Remember this, keep it in mind,
take it to heart, you rebels.
9 •Remember the former things, those of long ago;
I am God, and there is no other;
I am God, and there is none like me.
10 •I make known the end from the beginning,
from ancient times, what is still to come.
I say, 'My purpose will stand,

[a]1 Or *are but beasts and cattle*

burdensome [bə́:rdnsəm] *a.* 고된
captivity [kæptívəti] *n.* 포로
deliverance [dilívərəns] *n.* 구원
descendant [diséndənt] *n.* 자손
goldsmith [góuldsmìθ] *n.* 금세공인
rage [réidʒ] *vi.* 격노하다
rebel [rebə́l] *vi.* 반역하다
remnant [rémnənt] *n.* 나머지
rescue [réskju:] *vt.* 구하다
revoke [rivóuk] *vt.* 취소하다
scale [skeil] *n.* 저울
sustain [səstéin] *vt.* 떠받치다
uphold [ʌphoúld] *vt.* 들어올리다
utter [ʌ́tər] *vt.* 말하다
weary [wíəri] *a.* 피곤한

45:23 in all intergrity: 온전하게
45:24 be put to shame: 망신을 당하다
46:1 stoop low: 몸을 낮게 숙이다
46:1 carry about...: …를 지니고 다니다
46:5 compare with: …와 비교하다
46:8 keep in mind: 명심하다

11 내가 동쪽에서 사나운 날짐승을 부르며
먼 나라에서 나의 뜻을 이룰 사람을 부
를 것이라 내가 말하였은즉 반드시 이
룰 것이요 계획하였은즉 반드시 시행하
리라
12 ●마음이 완악하여 공의에서 멀리 떠난
너희여 내게 들으라
13 내가 나의 공의를 가깝게 할 것인즉 그
것이 멀지 아니하나니 나의 구원이 지
체하지 아니할 것이라 내가 나의 영광
인 이스라엘을 위하여 구원을 시온에
베풀리라

바벨론 심판 (♪ 84장) — B.C. 690년경

47 처녀 딸 바벨론이여 내려와서 티
끌에 앉으라 딸 갈대아여 보좌가
없어졌으니 땅에 앉으라 네가 다시는
곱고 아리땁다 일컬음을 받지 못할 것
임이라
2 맷돌을 가지고 가루를 갈고 너울을 벗
으며 치마를 걷어 다리를 드러내고 강
을 건너라
3 네 속살이 드러나고 네 부끄러운 것이
보일 것이라 내가 보복하되 사람을 아
끼지 아니하리라 63:4
4 우리의 구원자는 그의 이름이 만군의
여호와 이스라엘의 거룩한 이시니라
5 딸 갈대아여 잠잠히 앉으라 흑암으로
들어가라 네가 다시는 여러 왕국의 여
주인이라 일컬음을 받지 못하리라
6 전에 내가 내 백성에게 노하여 내 기
업을 욕되게 하여 그들을 네 손에 넘
겨 주었거늘 네가 그들을 긍휼히 여기
지 아니하고 늙은이에게 네 멍에를 심
히 무겁게 메우며
7 말하기를 내가 영영히 여주인이 되리
라 하고 이 일을 네 마음에 두지도 아
니하며 그들의 종말도 생각하지 아니
하였도다
8 ●그러므로 사치하고 평안히 지내며
마음에 이르기를 나뿐이라 나 외에 다
른 이가 없도다 나는 과부로 지내지도
아니하며 자녀를 잃어버리는 일도 모
르리라 하는 자여 너는 이제 들을지어
다
9 한 날에 갑자기 자녀를 잃으며 과부가
되는 이 두 가지 일이 네게 임할 것이라

and I will do all that I please.'
11 ●From the east I summon a bird of prey;
from a far-off land, a man to fulfill my purpose.
What I have said, that I will bring about;
what I have planned, that I will do.
12 ●Listen to me, you stubborn-hearted,
you who are now far from my righteousness.
13 ●I am bringing my righteousness near,
it is not far away;
and my salvation will not be delayed.
I will grant salvation to Zion,
my splendor to Israel.

The Fall of Babylon

47 "Go down, sit in the dust,
Virgin Daughter Babylon;
sit on the ground without a throne,
queen city of the Babylonians.[a]
No more will you be called
tender or delicate.
2 ●Take millstones and grind flour;
take off your veil.
Lift up your skirts, bare your legs,
and wade through the streams.
3 ●Your nakedness will be exposed
and your shame uncovered.
I will take vengeance;
I will spare no one."
4 ●Our Redeemer—the LORD Almighty is his name—
is the Holy One of Israel.
5 ●"Sit in silence, go into darkness,
queen city of the Babylonians;
no more will you be called
queen of kingdoms.
6 ●I was angry with my people
and desecrated my inheritance;
I gave them into your hand,
and you showed them no mercy.
Even on the aged
you laid a very heavy yoke.
7 ●You said, 'I am forever—
the eternal queen!'
But you did not consider these things
or reflect on what might happen.
8 ●"Now then, listen, you lover of pleasure,
lounging in your security
and saying to yourself,
'I am, and there is none besides me.
I will never be a widow
or suffer the loss of children.'
9 ●Both of these will overtake you

[a]1 Or *Chaldeans*; also in verse 5

delicate [délikət] *a.* 가냘픈
desecrate [désikrèit] *vt.* 더럽히다
expose [ikspóuz] *vt.* 드러내다
fulfill [fulfíl] *vt.* 완수하다
inheritance [inhérətəns] *n.* 유산
lounge [laundʒ] *vi.* 빈둥빈둥 놀고 지내다
millstone [mílstòun] *n.* 맷돌
nakedness [néikidnis] *n.* 벌거벗음
overtake [òuvərtéik] *vt.* 갑자기 닥치다
redeemer [ridíːmər] *n.* 구원자
splendor [spléndər] *n.* 존귀함, 영광
stubborn [stʌ́bərn] *a.* 완고한
summon [sʌ́mən] *vt.* 불러내다
vengeance [véndʒəns] *n.* 보복
yoke [jouk] *n.* 멍에

46:11 bring about: 이루어지게 하다
47:2 take off: (옷 등을) 벗다
47:6 show mercy: 자비를 베풀다
47:7 reflect on...: …에 대해 되돌아보다
47:8 say to oneself: 혼잣말을 하다
47:8 suffer the loss of...: …를 잃어버리다

네가 무수한 주술과 많은 주문을 빌릴
지라도 이 일이 온전히 네게 임하리라
10 네가 네 악을 의지하고 스스로 이르기
를 나를 보는 자가 없다 하나니 네 지
혜와 네 지식이 너를 유혹하였음이라
네 마음에 이르기를 나뿐이라 나 외에
다른 이가 없다 하였으므로
11 재앙이 네게 임하리라 그러나 네가 [1]그
근원을 알지 못할 것이며 손해가 네
게 이르리라 그러나 이를 물리칠 능력
이 없을 것이며 파멸이 홀연히 네게
임하리라 그러나 네가 알지 못할 것이
니라
12 ●이제 너는 젊어서부터 힘쓰던 주문
과 많은 주술을 가지고 맞서 보라 혹
시 유익을 얻을 수 있을는지, 혹시 놀
라게 할 수 있을는지,
13 네가 많은 계략으로 말미암아 피곤하
게 되었도다 하늘을 살피는 자와 별을
보는 자와 초하룻날에 예고하는 자들
에게 일어나 네게 임할 그 일에서 너
를 구원하게 하여 보라
14 보라 그들은 초개 같아서 불에 타리니
그 불꽃의 세력에서 스스로 구원하지
못할 것이라 이 불은 덥게 할 숯불이
아니요 그 앞에 앉을 만한 불도 아니
니라
15 네가 같이 힘쓰던 자들이 네게 이같이
되리니 어려서부터 너와 함께 장사하
던 자들이 각기 제 길로 흩어지고 너
를 구원할 자가 없으리라

하나님께서 새 일을 약속하시다

— B.C. 690년경

48 야곱의 집이여 이를 들을지어다
너희는 이스라엘의 이름으로 일
컬음을 받으며 유다의 허리에서 나왔
으며 여호와의 이름으로 맹세하며 이
스라엘의 하나님을 기념하면서도 진
실이 없고 공의가 없도다
2 그들은 거룩한 성 출신이라고 스스로
부르며 이스라엘의 하나님을 의지한
다 하며 그의 이름이 만군의 여호와라
고 하나
3 내가 예로부터 처음 일들을 알게 하였
고 내 입에서 그것들이 나갔으며 또
내가 그것들을 듣게 하였고 내가 홀연
히 행하여 그 일들이 이루어졌느니라

in a moment, on a single day:
loss of children and widowhood.
They will come upon you in full measure,
in spite of your many sorceries
and all your potent spells.
10 ●You have trusted in your wickedness
and have said, 'No one sees me.'
Your wisdom and knowledge mislead you
when you say to yourself,
'I am, and there is none besides me.'
11 ●Disaster will come upon you,
and you will not know how to conjure it away.
A calamity will fall upon you
that you cannot ward off with a ransom;
a catastrophe you cannot foresee
will suddenly come upon you.
12 ●"Keep on, then, with your magic spells
and with your many sorceries,
which you have labored at since childhood.
Perhaps you will succeed,
perhaps you will cause terror.
13 ●All the counsel you have received has only worn
you out!
Let your astrologers come forward,
those stargazers who make predictions month by
month,
let them save you from what is coming upon you.
14 ●Surely they are like stubble;
the fire will burn them up.
They cannot even save themselves
from the power of the flame.
These are not coals for warmth;
this is not a fire to sit by.
15 ●That is all they are to you—
these you have dealt with
and labored with since childhood.
All of them go on in their error;
there is not one that can save you.

Stubborn Israel

48 "Listen to this, you descendants of Jacob,
you who are called by the name of Israel
and come from the line of Judah,
you who take oaths in the name of the LORD
and invoke the God of Israel—
but not in truth or righteousness—
2 ●you who call yourselves citizens of the holy city
and claim to rely on the God of Israel—
the LORD Almighty is his name:
3 ●I foretold the former things long ago,
my mouth announced them and I made
them known;

1) 술법으로 그것을 물리칠 줄을 알지 못할 것이며

announce [ənáuns] *vt.* 알리다
astrologer [əstrálədʒər] *n.* 점성술사
calamity [kəlǽməti] *n.* 재난
catastrophe [kətǽstrəfi] *n.* 재난
counsel [káunsəl] *n.* 권고, 조언
foresee [fɔːrsíː] *vt.* 예견하다
invoke [invóuk] *vt.* 기원하다
potent [póutnt] *a.* 효과있는
prediction [pridíkʃən] *n.* 예견
ransom [rǽnsəm] *n.* 몸값
sorcery [sɔ́ːrsəri] *n.* 주술
stargazer [stáːrgèizər] *n.* 점성가
stubble [stʌ́bl] *n.* 그루터기
wickedness [wíkidnis] *n.* 악함
widowhood [wídouhùd] *n.* 과부 생활

47:9 in full measure: (분량을) 가득하게
47:9 in spite of...: …에도 불구하고
47:11 conjure away: 마술로 쫓아 버리다
47:11 ward off: 물리치다
47:13 wear out: 지치다
48:1 take an oath: 선서하다, 맹세하다

4 내가 알거니와 너는 완고하며 네 목은
쇠의 힘줄이요 네 이마는 놋이라 겔 2:4
5 그러므로 내가 이 일을 예로부터 네게
알게 하였고 일이 이루어지기 전에 그
것을 네게 듣게 하였느니라 그것을 네
가 듣게 하여 네가 이것을 내 신이 행한
바요 내가 새긴 신상과 부어 만든 신상
이 명령한 바라 말하지 못하게 하였느
니라
6 네가 들었으니 이 모든 것을 보라 너희
가 선전하지 아니하겠느냐 이제부터 내
가 새 일 곧 네가 알지 못하던 은비한 일
을 네게 듣게 하노니
7 이 일들은 지금 창조된 것이요 옛 것이
아니라 오늘 이전에는 네가 듣지 못하
였으니 이는 네가 말하기를 내가 이미
알았노라 하지 못하게 하려 함이라
8 네가 과연 듣지도 못하였고 알지도 못
하였으며 네 귀가 옛적부터 열리지 못
하였나니 이는 네가 정녕 배신하여 모
태에서부터 네가 배역한 자라 불린 줄
을 내가 알았음이라
9 내 이름을 위하여 내가 노하기를 더디
할 것이며 내 영광을 위하여 내가 참고
너를 멸절하지 아니하리라 시 78:38
10 보라 내가 너를 연단하였으나 은처럼
하지 아니하고 너를 고난의 [1]풀무 불에
서 택하였노라
11 나는 나를 위하며 나를 위하여 이를 이
룰 것이라 어찌 내 이름을 욕되게 하리
요 내 영광을 다른 자에게 주지 아니하
리라

처음이요 마지막이신 분

12 ●야곱아 내가 부른 이스라엘아 내게
들으라 나는 그니 나는 처음이요 또 나
는 마지막이라
13 과연 내 손이 땅의 기초를 정하였고 내
오른손이 하늘을 폈나니 내가 그들을
부르면 그것들이 일제히 서느니라
14 너희는 다 모여 들으라 나 여호와가 사
랑하는 자는 나의 기뻐하는 뜻을 바벨
론에 행하리니 그의 팔이 갈대아인에
게 임할 것이라 그들 중에 누가 이 일
들을 알게 하였느냐
15 나 곧 내가 말하였고 또 내가 그를 부르
며 그를 인도하였나니 그 길이 형통하
리라 41:2

then suddenly I acted, and they came to pass.
4 ●For I knew how stubborn you were;
your neck muscles were iron,
your forehead was bronze.
5 ●Therefore I told you these things long ago;
before they happened I announced them to you
so that you could not say,
'My images brought them about;
my wooden image and metal god ordained them.'
6 ●You have heard these things; look at them all.
Will you not admit them?
"From now on I will tell you of new things,
of hidden things unknown to you.
7 ●They are created now, and not long ago;
you have not heard of them before today.
So you cannot say,
'Yes, I knew of them.'
8 ●You have neither heard nor understood;
from of old your ears have not been open.
Well do I know how treacherous you are;
you were called a rebel from birth.
9 ●For my own name's sake I delay my wrath;
for the sake of my praise I hold it back from you,
so as not to destroy you completely.
10 ●See, I have refined you, though not as silver;
I have tested you in the furnace of affliction.
11 ●For my own sake, for my own sake, I do this.
How can I let myself be defamed?
I will not yield my glory to another.

Israel Freed

12 ●"Listen to me, Jacob,
Israel, whom I have called:
I am he;
I am the first and I am the last.
13 ●My own hand laid the foundations of the earth,
and my right hand spread out the heavens;
when I summon them,
they all stand up together.
14 ●"Come together, all of you, and listen:
Which of the idols has foretold these things?
The LORD's chosen ally
will carry out his purpose against Babylon;
his arm will be against the Babylonians.[a]
15 ●I, even I, have spoken;
yes, I have called him.
I will bring him,
and he will succeed in his mission.

[a]14 Or *Chaldeans;* also in verse 20
1) 풀무 불로 시련하였노라

admit [ædmít] *vt.* 인정하다
affliction [əflíkʃən] *n.* 고통
ally [əlái] *n.* 동맹국
defame [diféim] *vt.* 비방하다
delay [diléi] *vt.* 연기하다
foundation [faundéiʃən] *n.* 기초
free [fri:] *vt.* 자유를 주다
furnace [fə́:rnis] *n.* 풀무, 용광로
ordain [ɔ:rdéin] *vt.* 정하다
rebel [rebə́l] *n.* 반역자
refine [rifáin] *vt.* 정련하다
stubborn [stʌ́bərn] *a.* 완고한
summon [sʌ́mən] *vt.* 불러들이다
treacherous [trétʃərəs] *a.* 배반하는
wrath [ræθ] *n.* 분노

48:6 from now on: 지금부터
48:8 neither A nor B: A도 B도 아닌
48:9 for the sake of...: …를 위하여
48:9 hold back: 유보하다, 참다
48:11 yield A to B: A가 B로 대체되다
48:13 spread out: 펼치다

16 너희는 내게 가까이 나아와 이것을 들으
라 내가 처음부터 비밀히 말하지 아니하
였나니 그것이 있을 때부터 내가 거기에
있었노라 하셨느니라 이제는 주 여호와
께서 나와 그의 영을 보내셨느니라 45:19

백성을 인도하시는 하나님

17 ●너희의 구속자시요 이스라엘의 거룩
하신 이이신 여호와께서 이르시되 나는
네게 유익하도록 가르치고 너를 마땅히
행할 길로 인도하는 네 하나님 여호와라
18 네가 나의 명령에 주의하였더라면 네 평
강이 강과 같았겠고 네 공의가 바다 물
결 같았을 것이며
19 네 자손이 모래 같았겠고 네 몸의 소생
이 모래 알 같아서 그의 이름이 내 앞에
서 끊어지지 아니하였겠고 없어지지 아
니하였으리라 하셨느니라
20 ●너희는 바벨론에서 나와서 갈대아인을
피하고 즐거운 소리로 이를 알게 하여 들
려 주며 땅끝까지 반포하여 이르기를 여
호와께서 그의 종 야곱을 구속하셨다 하
라
21 여호와께서 그들을 사막으로 통과하게
하시던 때에 그들이 목마르지 아니하게
하시되 그들을 위하여 바위에서 물이 흘
러나게 하시며 바위를 쪼개사 물이 솟아
나게 하셨느니라
22 여호와께서 말씀하시되 악인에게는 평
강이 없다 하셨느니라

이방의 빛 이스라엘 — B.C. 690년경

49 섬들아 내게 들으라 먼 곳 백성들
아 귀를 기울이라 여호와께서 태에
서부터 나를 부르셨고 내 어머니의 복중
에서부터 내 이름을 기억하셨으며
2 내 입을 날카로운 칼같이 만드시고 나를
그의 손 그늘에 숨기시며 나를 갈고 닦
은 화살로 만드사 그의 화살통에 감추시
고
3 내게 이르시되 너는 나의 종이요 내 영
광을 네 속에 나타낼 이스라엘이라 하셨
느니라
4 그러나 나는 말하기를 내가 헛되이 수고
하였으며 무익하게 공연히 내 힘을 다하
였다 하였도다 참으로 나에 대한 판단이
여호와께 있고 나의 보응이 나의 하나님
께 있느니라 65:23
5 ●이제 여호와께서 말씀하시나니 그는

16 ●"Come near me and listen to this:
"From the first announcement I have not
spoken in secret;
at the time it happens, I am there."
And now the Sovereign LORD has sent me,
endowed with his Spirit.
17 ●This is what the LORD says —
your Redeemer, the Holy One of Israel:
"I am the LORD your God,
who teaches you what is best for you,
who directs you in the way you should go.
18 ●If only you had paid attention to my commands,
your peace would have been like a river,
your well-being like the waves of the sea.
19 ●Your descendants would have been like the sand,
your children like its numberless grains;
their name would never be blotted out
nor destroyed from before me."
20 ●Leave Babylon,
flee from the Babylonians!
Announce this with shouts of joy
and proclaim it.
Send it out to the ends of the earth;
say, "The LORD has redeemed his servant
Jacob."
21 ●They did not thirst when he led them through
the deserts;
he made water flow for them from the rock;
he split the rock
and water gushed out.
22 ●"There is no peace," says the LORD, "for the
wicked."

The Servant of the LORD

49 Listen to me, you islands;
hear this, you distant nations:
Before I was born the LORD called me;
from my mother's womb he has spoken my
name.
2 ●He made my mouth like a sharpened sword,
in the shadow of his hand he hid me;
he made me into a polished arrow
and concealed me in his quiver.
3 ●He said to me, "You are my servant,
Israel, in whom I will display my splendor."
4 ●But I said, "I have labored in vain;
I have spent my strength for nothing at all.
Yet what is due me is in the LORD's hand,
and my reward is with my God."
5 ●And now the LORD says —
he who formed me in the womb to be his
servant

command [kəmǽnd] *n.* 명령
conceal [kənsíːl] *vt.* 숨기다
direct [dirékt] *vt.* 지시하다
due [djuː] *a.* 응당 주어야 할
endow [indáu] *vt.* 주다
flee [fliː] *vi.* 달아나다
gush [gʌʃ] *vi.* 쏟아져 나오다
labor [léibər] *vi.* 애쓰다
polish [páliʃ] *vt.* 윤내다
proclaim [proukléim] *vt.* 선포하다
quiver [kwívər] *n.* 화살통
redeem [ridíːm] *vt.* 값주고 다시 사다
splendor [spléndər] *n.* 존귀함, 영광
vain [vein] *a.* 헛된
wicked [wíkid] *a.* 악한

48:18 pay attention to...: …에 유의하다
48:19 blot out: 지워 없애다
48:20 send A out to...: A를 …까지 발송하다, 보내다
49:2 make A into B: A(원료, 물건, 사람)를 (가공 영향을 주어) B로 만들다

태에서부터 나를 그의 종으로 지으신 이
시요 야곱을 그에게로 돌아오게 하시는
이시니 이스라엘이 그에게로 모이는도
다 그러므로 내가 여호와 보시기에 영화
롭게 되었으며 나의 하나님은 나의 힘이
되셨도다
6 그가 이르시되 네가 나의 종이 되어 야
곱의 지파들을 일으키며 이스라엘 중
에 보전된 자를 돌아오게 할 것은 매우
쉬운 일이라 내가 또 너를 이방의 빛으
로 삼아 나의 구원을 베풀어서 땅끝까
지 이르게 하리라
7 이스라엘의 구속자 이스라엘의 거룩한
이이신 여호와께서 사람에게 멸시를 당
하는 자, 백성에게 미움을 받는 자, 관
원들에게 종이 된 자에게 이같이 이르
시되 왕들이 보고 일어서며 고관들이
경배하리니 이는 이스라엘의 거룩하신
이 신실하신 여호와 그가 너를 택하였
음이니라

예루살렘의 회복

8 ●여호와께서 이같이 이르시되 은혜의
때에 내가 네게 응답하였고 구원의 날
에 내가 너를 도왔도다 내가 장차 너를
보호하여 너를 백성의 언약으로 삼으며
1)나라를 일으켜 그들에게 그 황무하였
던 땅을 기업으로 상속하게 하리라
9 내가 잡혀 있는 자에게 이르기를 나오
라 하며 흑암에 있는 자에게 나타나라
하리라 그들이 길에서 먹겠고 모든 헐
벗은 산에도 그들의 풀밭이 있을 것인
즉
10 그들이 주리거나 목마르지 아니할 것이
며 더위와 볕이 그들을 상하지 아니하
리니 이는 그들을 긍휼히 여기는 이가
그들을 이끌되 샘물 근원으로 인도할
것임이라 계 7:16
11 내가 나의 모든 산을 길로 삼고 나의 대
로를 돋우리니 40:4
12 어떤 사람은 먼 곳에서, 어떤 사람은 북
쪽과 서쪽에서, 어떤 사람은 시님 땅에
서 오리라
13 하늘이여 노래하라 땅이여 기뻐하라 산
들이여 즐거이 노래하라 여호와께서 그
의 백성을 위로하셨은즉 그의 고난 당
한 자를 긍휼히 여기실 것임이라
14 ●오직 시온이 이르기를 여호와께서 나

to bring Jacob back to him
and gather Israel to himself,
for I am[a] honored in the eyes of the LORD
and my God has been my strength—
6 ●he says:
"It is too small a thing for you to be my servant
to restore the tribes of Jacob
and bring back those of Israel I have kept.
I will also make you a light for the Gentiles,
that my salvation may reach to the ends
of the earth."
7 ●This is what the LORD says—
the Redeemer and Holy One of Israel—
to him who was despised and abhorred by the
nation,
to the servant of rulers:
"Kings will see you and stand up,
princes will see and bow down,
because of the LORD, who is faithful,
the Holy One of Israel, who has chosen you."

Restoration of Israel

8 ●This is what the LORD says:
"In the time of my favor I will answer you,
and in the day of salvation I will help you;
I will keep you and will make you
to be a covenant for the people,
to restore the land
and to reassign its desolate inheritances,
9 ●to say to the captives, 'Come out,'
and to those in darkness, 'Be free!'
"They will feed beside the roads
and find pasture on every barren hill.
10 ●They will neither hunger nor thirst,
nor will the desert heat or the sun beat down
on them.
He who has compassion on them will guide
them
and lead them beside springs of water.
11 ●I will turn all my mountains into roads,
and my highways will be raised up.
12 ●See, they will come from afar—
some from the north, some from the west,
some from the region of Aswan.[b]"
13 ●Shout for joy, you heavens;
rejoice, you earth;
burst into song, you mountains!
For the LORD comforts his people
and will have compassion on his afflicted ones.
14 ●But Zion said, "The LORD has forsaken me,

[a] *5 Or him, / but Israel would not be gathered; / yet I will be*
[b] *12* Dead Sea Scrolls; Masoretic Text *Sinim*

1) 땅

abhor [æbhɔ́:r] *vt.* 몹시 싫어하다
afflict [əflíkt] *vt.* 괴롭히다
barren [bǽrən] *a.* 불모의
captive [kǽptiv] *n.* 포로
comfort [kʌ́mfərt] *vt.* 위로하다
covenant [kʌ́vənənt] *n.* 언약
desolate [désələt] *a.* 황폐한
despise [dispáiz] *vt.* 멸시하다
forsake [fərséik] *vt.* 버리다
inheritance [inhérətəns] *n.* 유산, 기업
pasture [pǽstʃər] *n.* 초원
reassign [rì:əsáin] *vt.* 다시 양여하다
restore [ristɔ́:r] *vt.* 회복하다
salvation [sælvéiʃən] *n.* 구원
tribe [traib] *n.* 종족, 부족

49:5 in the eyes of...: …이 보는 바로는
49:6 bring back: 데리고 오다, 되부르다
49:10 beat on...: …를 때리다, 두드리다
49:10 have compassion on...: …를 긍휼히 여기다, 측은히 여기다
49:13 burst into...: 갑자기 …하기 시작하다

를 버리시며 주께서 나를 잊으셨다 하였
거니와
15 여인이 어찌 그 젖 먹는 자식을 잊겠으
며 자기 태에서 난 아들을 긍휼히 여기
지 않겠느냐 그들은 혹시 잊을지라도
나는 너를 잊지 아니할 것이라
16 내가 너를 내 손바닥에 새겼고 너의 성
벽이 항상 내 앞에 있나니
17 네 자녀들은 빨리 걸으며 너를 헐며 너
를 황폐하게 하던 자들은 너를 떠나가
리라
18 네 눈을 들어 사방을 보라 그들이 다 모
여 네게로 오느니라 나 여호와가 이르
노라 내가 나의 삶으로 맹세하노니 네
가 반드시 그 모든 무리를 장식처럼 몸
에 차며 그것을 띠기를 신부처럼 할 것
이라
19 이는 네 황폐하고 적막한 곳들과 네 파
멸을 당하였던 땅이 이제는 주민이 많
아 좁게 될 것이며 너를 삼켰던 자들이
멀리 떠날 것이니라
20 자식을 잃었을 때에 낳은 자녀가 후일
에 네 귀에 말하기를 이곳이 내게 좁
으니 넓혀서 내가 거주하게 하라 하리
니
21 그때에 네가 네 마음에 이르기를 누가
나를 위하여 이들을 낳았는고 나는 자
녀를 잃고 외로워졌으며 사로잡혀 유리
하였거늘 이들을 누가 양육하였는고 나
는 홀로 남았거늘 이들은 어디서 생겼
는고 하리라 애 1:1
22 ●주 여호와가 이같이 이르노라 내가
뭇 나라를 향하여 나의 손을 들고 민족
들을 향하여 나의 기치를 세울 것이라
그들이 네 아들들을 품에 안고 네 딸들
을 어깨에 메고 올 것이며
23 왕들은 네 양부가 되며 왕비들은 네 유
모가 될 것이며 그들이 얼굴을 땅에 대
고 네게 절하고 네 발의 티끌을 핥을 것
이니 네가 나를 여호와인 줄을 알리라
나를 바라는 자는 수치를 당하지 아니
하리라
24 ●용사가 빼앗은 것을 어떻게 도로 빼
앗으며 [1]승리자에게 사로잡힌 자를 어
떻게 건져낼 수 있으랴
25 여호와가 이같이 말하노라 용사의 포로
도 빼앗을 것이요 두려운 자의 빼앗은

the Lord has forgotten me."
15 •"Can a mother forget the baby at her breast
and have no compassion on the child she has borne?
Though she may forget,
I will not forget you!
16 •See, I have engraved you on the palms of my hands;
your walls are ever before me.
17 •Your children hasten back,
and those who laid you waste depart from you.
18 •Lift up your eyes and look around;
all your children gather and come to you.
As surely as I live," declares the LORD,
"you will wear them all as ornaments;
you will put them on, like a bride.
19 •"Though you were ruined and made desolate
and your land laid waste,
now you will be too small for your people,
and those who devoured you will be far away.
20 •The children born during your bereavement
will yet say in your hearing,
'This place is too small for us;
give us more space to live in.'
21 •Then you will say in your heart,
'Who bore me these?
I was bereaved and barren;
I was exiled and rejected.
Who brought these up?
I was left all alone,
but these—where have they come from?' "
22 •This is what the Sovereign LORD says:
"See, I will beckon to the nations,
I will lift up my banner to the peoples;
they will bring your sons in their arms
and carry your daughters on their hips.
23 •Kings will be your foster fathers,
and their queens your nursing mothers.
They will bow down before you with their faces to the ground;
they will lick the dust at your feet.
Then you will know that I am the LORD;
those who hope in me will not be disappointed."
24 •Can plunder be taken from warriors,
or captives be rescued from the fierce[a]?
25 •But this is what the LORD says:
"Yes, captives will be taken from warriors,
and plunder retrieved from the fierce;

[a]24 Dead Sea Scrolls, Vulgate and Syriac (see also Septuagint and verse 25); Masoretic Text *righteous* 1) 히. 의인

banner [bǽnər] *n.* 깃발
barren [bǽrən] *a.* 불모의
beckon [békən] *vt.* (손짓하여) 부르다
bereave [birí:v] *vt.* (가족, 근친을) 여의다
desolate [désələt] *a.* 황폐한
devour [diváuər] *vt.* 삼키다
engrave [ingréiv] *vt.* 새기다
exile [égzail] *vt.* 추방하다
fierce [fíərs] *a.* 사나운
hasten [héisn] *vi.* 서둘러 가다
lick [lik] *vt.* 핥다
ornament [ɔ́:rnəmənt] *n.* 장식
palm [pa:m] *n.* 손바닥
plunder [plʌ́ndər] *n.* 약탈물
retrieve [ritrí:v] *vt.* 다시 찾다

49:15 at one's breast: …의 가슴에 품고 있는
49:15 have compassion on...: …를 측은히 여기다
49:17 lay waste: 황폐화시키다
49:21 bring up: 양육하다
49:22 carry A on B: A를 B에 얹어 운반하다

것도 건져낼 것이니 이는 내가 너를 대
적하는 자를 대적하고 네 자녀를 내가
구원할 것임이라 14:1, 2
26 내가 너를 억압하는 자들에게 자기의
살을 먹게 하며 새 술에 취함같이 자기
의 피에 취하게 하리니 모든 육체가 나
여호와는 네 구원자요 네 구속자요 야
곱의 전능자인 줄 알리라 9:4
50 나 여호와가 이같이 말하노라 내
가 너희의 어미를 내보낸 이혼
증서가 어디 있느냐 내가 어느 채주에
게 너희를 팔았느냐 보라 너희는 너희
의 죄악으로 말미암아 팔렸고 너희의
어미는 너희의 배역함으로 말미암아
내보냄을 받았느니라
2 내가 왔어도 사람이 없었으며 내가 불
러도 대답하는 자가 없었음은 어찌 됨
이냐 내 손이 어찌 짧아 구속하지 못하
겠느냐 내게 어찌 건질 능력이 없겠느
냐 보라 내가 꾸짖어 바다를 마르게 하
며 강들을 사막이 되게 하며 물이 없어
졌으므로 그 물고기들이 악취를 내며
갈하여 죽으리라
3 내가 흑암으로 하늘을 입히며 굵은 베
로 덮느니라 계 6:12

주를 거역하지 아니하다

4 ●주 여호와께서 [1]학자들의 혀를 내게
주사 나로 곤고한 자를 말로 어떻게 도
와줄 줄을 알게 하시고 아침마다 깨우
치시되 나의 귀를 깨우치사 학자들같
이 알아듣게 하시도다
5 주 여호와께서 나의 귀를 여셨으므로
내가 거역하지도 아니하며 뒤로 물러
가지도 아니하며
6 나를 때리는 자들에게 내 등을 맡기며
나의 수염을 뽑는 자들에게 나의 뺨을
맡기며 모욕과 침 뱉음을 당하여도 내
얼굴을 가리지 아니하였느니라 53:5
7 주 여호와께서 나를 도우시므로 내가
부끄러워하지 아니하고 내 얼굴을 부
싯돌같이 굳게 하였으므로 내가 수치
를 당하지 아니할 줄 아노라
8 나를 의롭다 하시는 이가 가까이 계시
니 나와 다툴 자가 누구냐 나와 함께
설지어다 나의 대적이 누구냐 내게 가
까이 나아올지어다
9 보라 주 여호와께서 나를 도우시리니

I will contend with those who contend with you,
and your children I will save.
26 ●I will make your oppressors eat their own flesh;
they will be drunk on their own blood, as with
wine.
Then all mankind will know
that I, the LORD, am your Savior,
your Redeemer, the Mighty One of Jacob."

Israel's Sin and the Servant's Obedience

50 This is what the LORD says:
"Where is your mother's certificate of divorce
with which I sent her away?
Or to which of my creditors
did I sell you?
Because of your sins you were sold;
because of your transgressions your mother
was sent away.
2 ●When I came, why was there no one?
When I called, why was there no one to answer?
Was my arm too short to deliver you?
Do I lack the strength to rescue you?
By a mere rebuke I dry up the sea,
I turn rivers into a desert;
their fish rot for lack of water
and die of thirst.
3 ●I clothe the heavens with darkness
and make sackcloth its covering."
4 ●The Sovereign LORD has given me a well-instructed
tongue,
to know the word that sustains the weary.
He wakens me morning by morning,
wakens my ear to listen like one being
instructed.
5 ●The Sovereign LORD has opened my ears;
I have not been rebellious,
I have not turned away.
6 ●I offered my back to those who beat me,
my cheeks to those who pulled out my beard;
I did not hide my face
from mocking and spitting.
7 ●Because the Sovereign LORD helps me,
I will not be disgraced.
Therefore have I set my face like flint,
and I know I will not be put to shame.
8 ●He who vindicates me is near.
Who then will bring charges against me?
Let us face each other!
Who is my accuser?
Let him confront me!
9 ●It is the Sovereign LORD who helps me.

1) 제자들, 가르침을 받은 자들

accuser [əkjúːzər] *n.* 고발자, 고소자
certificate [sərtífikeit] *n.* 증서
confront [kənfrʌ́nt] *vt.* 대면하다
creditor [kréditər] *n.* 채권자
flesh [fleʃ] *n.* 육체
mock [mak] *vt.* 조롱하다
obedience [oubíːdiəns] *n.* 순종
rebuke [ribjúːk] *n.* 질책
sackcloth [sǽkklɔ̀ːθ] *n.* 베옷
savior [séivjər] *n.* 구원자
sovereign [sɑ́vərin] *a.* 주권을 가진
spit [spit] *vt.* 침뱉다
sustain [səstéin] *vt.* 격려하다
transgression [trænsgréʃən] *n.* 범죄
vindicate [víndəkèit] *vt.* …의 혐의를 풀어 주다

49:25 contend with...: …과 싸우다
49:26 as with wine: 마치 술로 취하듯
50:5 turn away: 외면하다, 거부하다
50:6 pull out: 떼어내다
50:7 be put to shame: 망신을 당하다
50:8 bring charges against...: …를 기소하다

나를 정죄할 자 누구냐 보라 그들은
다 옷과 같이 해어지며 좀이 그들을
먹으리라
10 ●너희 중에 여호와를 경외하며 그의
종의 목소리를 청종하는 자가 누구냐
흑암 중에 행하여 빛이 없는 자라도
여호와의 이름을 의뢰하며 자기 하나
님께 의지할지어다
11 보라 불을 피우고 횃불을 둘러 띤 자
여 너희가 다 너희의 불꽃 가운데로
걸어가며 너희가 피운 횃불 가운데로
걸어갈지어다 너희가 내 손에서 얻을
것이 이것이라 너희가 고통이 있는 곳
에 누우리라

위로의 말씀

51 의를 따르며 여호와를 찾아 구하
는 너희는 내게 들을지어다 너희
를 떠낸 반석과 너희를 파낸 우묵한
구덩이를 생각하여 보라
2 너희의 조상 아브라함과 너희를 낳
은 사라를 생각하여 보라 아브라함
이 혼자 있을 때에 내가 그를 부르고
그에게 복을 주어 창성하게 하였느
니라
3 나 여호와가 시온의 모든 황폐한 곳
들을 위로하여 그 사막을 에덴 같게,
그 광야를 여호와의 동산 같게 하였
나니 그 가운데에 기뻐함과 즐거워함
과 감사함과 창화하는 소리가 있으리
라
4 ●내 백성이여 내게 주의하라 내 나라
여 내게 귀를 기울이라 이는 율법이
내게서부터 나갈 것임이라 내가 내 공
의를 만민의 빛으로 세우리라
5 내 공의가 가깝고 내 구원이 나갔은즉
내 팔이 만민을 심판하리니 섬들이 나
를 앙망하여 내 팔에 의지하리라 46:13
6 너희는 하늘로 눈을 들며 그 아래의
땅을 살피라 하늘이 연기같이 사라지
고 땅이 옷같이 해어지며 거기에 사
는 자들이 [1]하루살이같이 죽으려니
와 나의 구원은 영원히 있고 나의 공
의는 폐하여지지 아니하리라 벧후 3:10
7 ●의를 아는 자들아, 마음에 내 율법
이 있는 백성들아, 너희는 내게 듣고
그들의 비방을 두려워하지 말라 그들
의 비방에 놀라지 말라

Who will condemn me?
They will all wear out like a garment;
the moths will eat them up.
10 ●Who among you fears the LORD
and obeys the word of his servant?
Let the one who walks in the dark,
who has no light,
trust in the name of the LORD
and rely on their God.
11 ●But now, all you who light fires
and provide yourselves with flaming torches,
go, walk in the light of your fires
and of the torches you have set ablaze.
This is what you shall receive from my hand:
You will lie down in torment.

Everlasting Salvation for Zion

51 "Listen to me, you who pursue
righteousness
and who seek the LORD:
Look to the rock from which you were cut
and to the quarry from which you were hewn;
2 ●look to Abraham, your father,
and to Sarah, who gave you birth.
When I called him he was only one man,
and I blessed him and made him many.
3 ●The LORD will surely comfort Zion
and will look with compassion on all her ruins;
he will make her deserts like Eden,
her wastelands like the garden of the LORD.
Joy and gladness will be found in her,
thanksgiving and the sound of singing.
4 ●"Listen to me, my people;
hear me, my nation:
Instruction will go out from me;
my justice will become a light to the nations.
5 ●My righteousness draws near speedily,
my salvation is on the way,
and my arm will bring justice to the nations.
The islands will look to me
and wait in hope for my arm.
6 ●Lift up your eyes to the heavens,
look at the earth beneath;
the heavens will vanish like smoke,
the earth will wear out like a garment
and its inhabitants die like flies.
But my salvation will last forever,
my righteousness will never fail.
7 ●"Hear me, you who know what is right,
you people who have taken my instruction to
heart:
Do not fear the reproach of mere mortals

1) 그와 같이

comfort [kʌmfərt] *vt.* 위로하다
compassion [kəmpǽʃən] *n.* 긍휼
condemn [kəndém] *vt.* 정죄하다
flaming [fléimiŋ] *a.* 불타는
hew [hjuː] *vt.* (도끼 등으로) 패다
inhabitant [inhǽbətənt] *n.* 거주민
instruction [instrʌkʃən] *n.* 가르침
provide [prəváid] *vt.* 주다
pursue [pərsúː] *vt.* 추구하다
quarry [kwɔ́ːri] *n.* 채석장
reproach [ripróutʃ] *n.* 책망
torch [tɔːrtʃ] *n.* 횃불
torment [tɔːrmént] *n.* 고통
vanish [vǽniʃ] *vi.* 사라지다
wasteland [wéistlæ̀nd] *n.* 황무지

50:9 wear out: 낡아지다
50:10 rely on...: …에 의지하다
50:11 set ablaze: 불붙이다
51:5 draw near: 다가오다
51:5 bring justice to...: …에 공의를 이루다
51:6 lift up one's eyes: 쳐다보다

8 옷같이 좀이 그들을 먹을 것이며 양털
같이 좀벌레가 그들을 먹을 것이나 나
의 공의는 영원히 있겠고 나의 구원은
세세에 미치리라
9 ●여호와의 팔이여 깨소서 깨소서 능력
을 베푸소서 옛날 옛시대에 깨신 것같
이 하소서 라합을 저미시고 [1]용을 찌르
신 이가 어찌 주가 아니시며
10 바다를, 넓고 깊은 물을 말리시고 바다
깊은 곳에 길을 내어 구속 받은 자들을
건너게 하신 이가 어찌 주가 아니시니
이까
11 여호와께 구속 받은 자들이 돌아와 노
래하며 시온으로 돌아오니 영원한 기쁨
이 그들의 머리 위에 있고 즐거움과 기
쁨을 얻으리니 슬픔과 탄식이 달아나리
이다
12 ●이르시되 너희를 위로하는 자는 나
곧 나이니라 너는 어떠한 자이기에 죽
을 사람을 두려워하며 풀같이 될 사람
의 아들을 두려워하느냐 시 118:6
13 하늘을 펴고 땅의 기초를 정하고 너를
지은 자 여호와를 어찌하여 잊어버렸
느냐 너를 멸하려고 준비하는 저 학대
자의 분노를 어찌하여 항상 종일 두려
워하느냐 학대자의 분노가 어디 있느
냐
14 결박된 포로가 속히 놓일 것이니 죽지
도 아니할 것이요 구덩이로 내려가지
도 아니할 것이며 그의 양식이 부족하
지도 아니하리라
15 나는 네 하나님 여호와라 바다를 휘저
어서 그 물결을 뒤흔들게 하는 자이니
그의 이름은 만군의 여호와니라
16 내가 내 말을 네 입에 두고 내 손 그늘
로 너를 덮었나니 이는 내가 하늘을 펴
며 땅의 기초를 정하며 시온에게 이르
기를 너는 내 백성이라 말하기 위함이
니라

비틀걸음 치게 하는 잔을 거두리라 (♪ 212장)

17 ●여호와의 손에서 그의 분노의 잔을
마신 예루살렘이여 깰지어다 깰지어다
일어설지어다 네가 이미 비틀걸음 치게
하는 큰 잔을 마셔 다 비웠도다
18 [2]네가 낳은 모든 아들 중에 너를 인도할
자가 없고 네가 양육한 모든 아들 중에
그 손으로 너를 이끌 자도 없도다

or be terrified by their insults.
8 •For the moth will eat them up like a garment;
the worm will devour them like wool.
But my righteousness will last forever,
my salvation through all generations."
9 •Awake, awake, arm of the LORD,
clothe yourself with strength!
Awake, as in days gone by,
as in generations of old.
Was it not you who cut Rahab to pieces,
who pierced that monster through?
10 •Was it not you who dried up the sea,
the waters of the great deep,
who made a road in the depths of the sea
so that the redeemed might cross over?
11 •Those the LORD has rescued will return.
They will enter Zion with singing;
everlasting joy will crown their heads.
Gladness and joy will overtake them,
and sorrow and sighing will flee away.
12 •"I, even I, am he who comforts you.
Who are you that you fear mere mortals,
human beings who are but grass,
13 •that you forget the LORD your Maker,
who stretches out the heavens
and who lays the foundations of the earth,
that you live in constant terror every day
because of the wrath of the oppressor,
who is bent on destruction?
For where is the wrath of the oppressor?
14 • The cowering prisoners will soon be set free;
they will not die in their dungeon,
nor will they lack bread.
15 •For I am the LORD your God,
who stirs up the sea so that its waves roar—
the LORD Almighty is his name.
16 •I have put my words in your mouth
and covered you with the shadow of my
hand—
I who set the heavens in place,
who laid the foundations of the earth,
and who say to Zion, 'You are my people.'"

The Cup of the LORD's Wrath

17 •Awake, awake!
Rise up, Jerusalem,
you who have drunk from the hand of the LORD
the cup of his wrath,
you who have drained to its dregs
the goblet that makes people stagger.
18 •Among all the children she bore
there was none to guide her;

1) 히, 바다의 큰 짐승 2) 히, 그

cower [káuər] *vi.* 위축되다
devour [diváuər] *vt.* 삼키다
drain [drein] *vt.* 소모시키다
dungeon [dʌndʒən] *n.* 지하 감옥
garment [gá:rmənt] *n.* 의복
goblet [gáblit] *n.* 잔
insult [insʌlt] *n.* 모욕
mortal [mɔ́:rtl] *n.* 인간
moth [mɔ:θ] *n.* 나방
overtake [òuvərtéik] *vt.* 덮쳐오다
redeem [ridí:m] *vt.* 구속하다
roar [rɔ:r] *vi.* 고함치다
salvation [sælvéiʃən] *n.* 구원
stagger [stǽgər] *vi.* 비틀거리다
wrath [ræθ] *n.* 진노

51:9 **clothe oneself with...**: …로 무장하다
51:9 **go by**: (시간이) 지나가다
51:9 **pierce through**: 뚫고 들어가다
51:11 **flee away**: 달아나버리다
51:13 **be bent on...**: …에 열심이다
51:14 **set free**: 자유케 하다

19 이 두 가지 일이 네게 닥쳤으니 누가
너를 위하여 슬퍼하랴 곧 황폐와 멸망
이요 기근과 칼이라[1] 누가 너를 위로하
랴
20 네 아들들이 곤비하여 그물에 걸린 영
양같이 온 거리 모퉁이에 누웠으니 그
들에게 여호와의 분노와 네 하나님의
견책이 가득하도다
21 ● 그러므로 너 곤고하며 포도주가 아
니라도 취한 자여 이 말을 들으라
22 네 주 여호와, 그의 백성의 억울함을
풀어 주시는 네 하나님이 이같이 말씀
하시되 보라 내가 비틀걸음 치게 하는
잔 곧 나의 분노의 큰 잔을 네 손에서
거두어서 네가 다시는 마시지 못하게
하고
23 그 잔을 너를 괴롭게 하던 자들의 손
에 두리라 그들은 일찍이 네게 이르
기를 엎드리라 우리가 넘어가리라 하
던 자들이라 너를 넘어가려는 그들에
게 네가 네 허리를 땅과 같게, 길거리
와 같게 하였느니라 하시니라

여호와께서 예루살렘을 구속하시다

52 시온이여 깰지어다 깰지어다 네
힘을 낼지어다 거룩한 성 예루살
렘이여 네 아름다운 옷을 입을지어다
이제부터 할례받지 아니한 자와 부정
한 자가 다시는 네게로 들어옴이 없을
것임이라
2 너는 티끌을 털어 버릴지어다 예루살
렘이여 일어나 앉을지어다 사로잡힌
딸 시온이여 네 목의[2] 줄을 스스로 풀
지어다
3 ● 여호와께서 이와 같이 말씀하시되
너희가 값없이 팔렸으니 돈 없이 속량
되리라
4 주 여호와께서 이와 같이 말씀하시되
내 백성이 전에 애굽에 내려가서 거기
에 거류하였고 앗수르인은 공연히 그
들을 압박하였도다
5 그러므로 이제 여호와께서 말씀하시되
내 백성이 까닭 없이 잡혀갔으니 내가
여기서 어떻게 하랴 여호와께서 말씀
하시되 그들을 관할하는 자들이 떠들
며 내 이름을 항상 종일토록 더럽히도
다
6 그러므로 내 백성은 내 이름을 알리라

among all the children she reared
there was none to take her by the hand.
19 ● These double calamities have come upon you—
who can comfort you?—
ruin and destruction, famine and sword—
who can[a] console you?
20 ● Your children have fainted;
they lie at every street corner,
like antelope caught in a net.
They are filled with the wrath of the LORD,
with the rebuke of your God.
21 ● Therefore hear this, you afflicted one,
made drunk, but not with wine.
22 ● This is what your Sovereign LORD says,
your God, who defends his people:
"See, I have taken out of your hand
the cup that made you stagger;
from that cup, the goblet of my wrath,
you will never drink again.
23 ● I will put it into the hands of your tormentors,
who said to you,
'Fall prostrate that we may walk on you.'
And you made your back like the ground,
like a street to be walked on."

52 Awake, awake, Zion,
clothe yourself with strength!
Put on your garments of splendor,
Jerusalem, the holy city.
The uncircumcised and defiled
will not enter you again.
2 ● Shake off your dust;
rise up, sit enthroned, Jerusalem.
Free yourself from the chains on your neck,
Daughter Zion, now a captive.
3 ● For this is what the LORD says:
"You were sold for nothing,
and without money you will be redeemed."
4 ● For this is what the Sovereign LORD says:
"At first my people went down to Egypt to live;
lately, Assyria has oppressed them.
5 ● "And now what do I have here?" declares the LORD.
"For my people have been taken away for nothing,
and those who rule them mock,[b]"
declares the LORD.
"And all day long
my name is constantly blasphemed.
6 ● Therefore my people will know my name;

[a]19 Dead Sea Scrolls, Septuagint, Vulgate and Syriac; Masoretic Text / *how can I* [b]5 Dead Sea Scrolls and Vulgate; Masoretic Text *wail*

1) 히, 내가 어떻게 너를 위로하랴 2) 줄이 풀렸도다

afflicted [əflíktid] *a.* 괴로워하는
antelope [ǽntəlòup] *n.* 영양
blaspheme [blæsfíːm] *vt.* 모독하다
calamity [kəlǽməti] *n.* 재앙
captive [kǽptiv] *a.* 사로잡힌
defiled [difáild] *a.* 더럽혀진
goblet [gáblit] *n.* 잔
mock [mak] *vt.* 조롱하다
prostrate [prástreit] *a.* 엎드린
rebuke [ribjúːk] *n.* 비난, 질책
redeem [ridíːm] *vt.* 구원하다
splendor [spléndər] *n.* 광채
stagger [stǽgər] *vi.* 비틀거리다
tormentor [tɔːrméntər] *n.* 괴롭히는 사람
uncircumcised [ʌnsə́ːrkəmsaizd] *a.* 할례받지 않은

51:18 take...by the hand: …의 손을 잡다
51:19 come upon: 갑자기 습격하다
52:2 shake off: 털어버리다
52:3 for nothing: 공짜로
52:5 be taken away: 피랍되다

그러므로 그날에는 그들이 이 말을 하
는 자가 나인 줄을 알리라 내가 여기
있느니라
7 ● 좋은 소식을 전하며 평화를 공포하
며 복된 좋은 소식을 가져오며 구원을
공포하며 시온을 향하여 이르기를 네
하나님이 통치하신다 하는 자의 산을
넘는 발이 어찌 그리 아름다운가
8 네 파수꾼들의 소리로다 그들이 소리
를 높여 일제히 노래하니 이는 여호와
께서 시온으로 돌아오실 때에 그들의
눈이 마주 보리로다
9 너 예루살렘의 황폐한 곳들아 기쁜 소
리를 내어 함께 노래할지어다 이는 여
호와께서 그의 백성을 위로하셨고 예
루살렘을 구속하셨음이라 44:23, 26
10 여호와께서 열방의 목전에서 그의 거
룩한 팔을 나타내셨으므로 땅끝까지
도 모두 우리 하나님의 구원을 보았도
다
11 ● 너희는 떠날지어다 떠날지어다 거
기서 나오고 부정한 것을 만지지 말지
어다 그 가운데에서 나올지어다 여호
와의 기구를 메는 자들이여 스스로 정
결하게 할지어다
12 여호와께서 너희 앞에서 행하시며 이
스라엘의 하나님이 너희 뒤에서 호위
하시리니 너희가 황급히 나오지 아니
하며 도망하듯 다니지 아니하리라

고난 받는 종

13 ● 보라 내 종이 [1]형통하리니 받들어
높이 들려서 지극히 존귀하게 되리라
14 전에는 그의 모양이 타인보다 상하였
고 그의 모습이 사람들보다 상하였으
므로 많은 사람이 [2]그에 대하여 놀랐
거니와
15 그가 [3]나라들을 놀라게 할 것이며 왕
들은 그로 말미암아 그들의 입을 봉하
리니 이는 그들이 아직 그들에게 전파
되지 아니한 것을 볼 것이요 아직 듣
지 못한 것을 깨달을 것임이라

53 우리가 [4]전한 것을 누가 믿었느
냐 여호와의 팔이 누구에게 나타
났느냐
2 그는 주 앞에서 자라나기를 연한 순
같고 마른 땅에서 나온 [5]뿌리 같아서
고운 모양도 없고 풍채도 없은즉 우리

therefore in that day they will know
that it is I who foretold it.
Yes, it is I."
7 ● How beautiful on the mountains
are the feet of those who bring good news,
who proclaim peace,
who bring good tidings,
who proclaim salvation,
who say to Zion,
"Your God reigns!"
8 ● Listen! Your watchmen lift up their voices;
together they shout for joy.
When the LORD returns to Zion,
they will see it with their own eyes.
9 ● Burst into songs of joy together,
you ruins of Jerusalem,
for the LORD has comforted his people,
he has redeemed Jerusalem.
10 ● The LORD will lay bare his holy arm
in the sight of all the nations,
and all the ends of the earth will see
the salvation of our God.
11 ● Depart, depart, go out from there!
Touch no unclean thing!
Come out from it and be pure,
you who carry the articles of the LORD's house.
12 ● But you will not leave in haste
or go in flight;
for the LORD will go before you,
the God of Israel will be your rear guard.

The Suffering and Glory of the Servant

13 ● See, my servant will act wisely[a];
he will be raised and lifted up and highly exalted.
14 ● Just as there were many who were appalled at him[b]—
his appearance was so disfigured beyond
that of any human being
and his form marred beyond human likeness—
15 ● so he will sprinkle many nations,[c]
and kings will shut their mouths because of him.
For what they were not told, they will see,
and what they have not heard, they will
understand.

53 Who has believed our message
and to whom has the arm of the LORD
been revealed?
2 ● He grew up before him like a tender shoot,
and like a root out of dry ground.
He had no beauty or majesty to attract us to him,
nothing in his appearance that we should

[a]13 Or *will prosper* [b]14 Hebrew *you* [c]15 Or *so will many nations be amazed at him* (see also Septuagint)

1) 지혜롭게 행하리니 2) 히, 네게 대하여 3) 열방에 뿌릴 것 4) 들은 5) 줄기

appearance [əpíərəns] *n.* 외양, 얼굴
article [á:rtikl] *n.* 기구
depart [dipá:rt] *vi.* 떠나다
disfigure [disfígjər] *vt.* …의 외관을 손상하다
exalt [igzɔ́:lt] *vt.* 높이다
foretell [fɔ:rtél] *vt.* 예언(예고)하다
mar [ma:r] *vt.* 망쳐놓다
proclaim [proukléim] *vt.* 선포하다
rear [riər] *a.* 후방의
reign [rein] *vi.* 통치하다
salvation [sælvéiʃən] *n.* 구원
sprinkle [spríŋkl] *vt.* 뿌리다
tender [téndər] *a.* 부드러운, 연한
tidings [táidiŋz] *n.* 소식
watchman [wátʃmən] *n.* 파수꾼

52:9 burst into: (갑자기) …을 하다
52:10 lay bare...: …를 드러내다
52:10 in the sight of...: …의 목전에서
52:12 in haste: 서둘러, 급히
52:12 go in flight: 도망가다
52:14 be appalled at...: …때문에 아연실색하다

가 보기에 흠모할 만한 아름다운 것이
없도다
3 그는 멸시를 받아 사람들에게 버림받
았으며 간고를 많이 겪었으며 질고를
아는 자라 마치 사람들이 그에게서 얼
굴을 가리는 것같이 멸시를 당하였고
우리도 그를 귀히 여기지 아니하였도
다
4 ●그는 실로 우리의 질고를 지고 우리
의 슬픔을 당하였거늘 우리는 생각하기
를 그는 징벌을 받아 하나님께 맞으며
고난을 당한다 하였노라
5 그가 찔림은 우리의 허물 때문이요 그
가 상함은 우리의 죄악 때문이라 그가
징계를 받으므로 우리는 평화를 누리고
그가 채찍에 맞으므로 우리는 나음을
받았도다
6 우리는 다 양 같아서 그릇 행하여 각기
제 길로 갔거늘 여호와께서는 우리 모
두의 죄악을 그에게 담당시키셨도다
7 ●그가 곤욕을 당하여 괴로울 때에도
그의 입을 열지 아니하였음이여 마치
도수장으로 끌려가는 어린 양과 털 깎
는 자 앞에서 잠잠한 양같이 그의 입을
열지 아니하였도다
8 그는 곤욕과 심문을 당하고 끌려갔으나
그 세대 중에 누가 생각하기를 그가 살
아 있는 자들의 땅에서 끊어짐은 마땅
히 형벌 받을 내 백성의 허물 때문이라
하였으리요
9 그는 강포를 행하지 아니하였고 그의
입에 거짓이 없었으나 그의 무덤이 악
인들과 함께 있었으며 그가 죽은 후에
부자와 함께 있었도다
10 ●여호와께서 그에게 상함을 받게 하시
기를 원하사 질고를 당하게 하셨은즉
그의 영혼을 속건제물로 드리기에 이르
면 그가 [1]씨를 보게 되며 그의 날은 길
것이요 또 그의 손으로 여호와께서 기
뻐하시는 뜻을 성취하리로다
11 그가 자기 영혼의 수고한 것을 보고 만
족하게 여길 것이라 나의 의로운 종이
자기 지식으로 많은 사람을 의롭게 하
며 또 그들의 죄악을 친히 담당하리로
다
12 그러므로 내가 그에게 존귀한 자와 함
께 몫을 받게 하며 강한 자와 함께 탈취

desire him.
3 ●He was despised and rejected by mankind,
a man of suffering, and familiar with pain.
Like one from whom people hide their faces
he was despised, and we held him in low
esteem.
4 ●Surely he took up our pain
and bore our suffering,
yet we considered him punished by God,
stricken by him, and afflicted.
5 ●But he was pierced for our transgressions,
he was crushed for our iniquities;
the punishment that brought us peace was on
him,
and by his wounds we are healed.
6 ●We all, like sheep, have gone astray,
each of us has turned to our own way;
and the LORD has laid on him
the iniquity of us all.
7 ●He was oppressed and afflicted,
yet he did not open his mouth;
he was led like a lamb to the slaughter,
and as a sheep before its shearers is silent,
so he did not open his mouth.
8 ●By oppression [a] and judgment he was taken away.
Yet who of his generation protested?
For he was cut off from the land of the living;
for the transgression of my people he was
punished.[b]
9 ●He was assigned a grave with the wicked,
and with the rich in his death,
though he had done no violence,
nor was any deceit in his mouth.
10 ●Yet it was the LORD's will to crush him and
cause him to suffer,
and though the LORD makes [c] his life an
offering for sin,
he will see his offspring and prolong his days,
and the will of the LORD will prosper in his
hand.
11 ●After he has suffered,
he will see the light of life[d] and be satisfied[e];
by his knowledge[f] my righteous servant will
justify many,
and he will bear their iniquities.
12 ●Therefore I will give him a portion among the

[a]8 Or *From arrest* [b]8 Or *generation considered / that he was cut off from the land of the living, / that he was punished for the transgression of my people?* [c]10 Hebrew *though you make* [d]11 Dead Sea Scrolls (see also Septuagint); Masoretic Text does not have *the light of life.* [e]11 Or (with Masoretic Text) [11]*He will see the fruit of his suffering / and will be satisfied* [f]11 Or *by knowledge of him* 1) 후손

afflict [əflíkt] *vt.* 고통을 주다
deceit [disíːt] *n.* 속임
despise [dispáiz] *vt.* 경멸하다
esteem [istíːm] *vt.* 높이 평가하다
iniquity [iníkwəti] *n.* 죄악
justify [dʒʌstəfài] *vt.* 의롭게 하다
offering [ɔ́ːfəriŋ] *n.* 제물
offspring [ɔ́ːfspriŋ] *n.* 자손
oppress [əprés] *vt.* 억압하다
prolong [prəlɔ́ːŋ] *vt.* 연장하다
prosper [práspər] *vi.* 번영하다
righteous [ráitʃəs] *a.* 옳은, 정직한
shearer [ʃíərər] *n.* 양털 깎는 사람
slaughter [slɔ́ːtər] *n.* 살육
suffering [sʌfəriŋ] *n.* 고통

53:3 familiar with...: …에 익숙한
53:4 take up: 짊어지다, 처리하다
53:6 go astray: 길을 잃다, 타락하다
53:6 turn to one's own way...: …의 길로(자기 마음대로) 가다
53:8 cut off from...: …에서 단절되다

한 것을 나누게 하리니 이는 그가 자
기 영혼을 버려 사망에 이르게 하며
범죄자 중 하나로 헤아림을 받았음이
니라 그러나 그가 많은 사람의 죄를
담당하며 범죄자를 위하여 기도하였
느니라

하나님의 영원한 자비

54 잉태하지 못하며 출산하지 못한
너는 노래할지어다 산고를 겪지
못한 너는 외쳐 노래할지어다 이는 홀
로 된 여인의 자식이 남편 있는 자의
자식보다 많음이라 여호와께서 말씀
하셨느니라
2 네 장막터를 넓히며 네 처소의 휘장을
아끼지 말고 널리 펴되 너의 줄을 길
게 하며 너의 말뚝을 견고히 할지어다
3 이는 네가 좌우로 퍼지며 네 자손은
열방을 얻으며 황폐한 성읍들을 사람
살 곳이 되게 할 것임이라 43:5,6
4 ●두려워하지 말라 네가 수치를 당하
지 아니하리라 놀라지 말라 네가 부끄
러움을 보지 아니하리라 네가 네 젊었
을 때의 수치를 잊겠고 과부 때의 치
욕을 다시 기억함이 없으리니
5 이는 너를 지으신 이가 네 남편이시라
그의 이름은 만군의 여호와이시며 네
구속자는 이스라엘의 거룩한 이시라
그는 온 땅의 하나님이라 일컬음을 받
으실 것이라
6 여호와께서 너를 부르시되 마치 버림
을 받아 마음에 근심하는 아내 곧 어릴
때에 아내가 되었다가 버림을 받은 자
에게 함과 같이 하실 것임이라 네 하나
님께서 말씀하셨느니라
7 내가 잠시 너를 버렸으나 큰 긍휼로
너를 모을 것이요
8 내가 넘치는 진노로 내 얼굴을 네게
서 잠시 가렸으나 영원한 자비로 너
를 긍휼히 여기리라 네 구속자 여호
와께서 말씀하셨느니라 26:20
9 ●이는 내게 노아의 홍수와 같도다 내
가 다시는 노아의 홍수로 땅 위에 범
람하지 못하게 하리라 맹세한 것같이
내가 네게 노하지 아니하며 너를 책망
하지 아니하기로 맹세하였노니
10 산들이 떠나며 언덕들은 옮겨질지라
도 나의 자비는 네게서 떠나지 아니

great,[a]
and he will divide the spoils with the strong,[b]
because he poured out his life unto death,
and was numbered with the transgressors.
For he bore the sin of many,
and made intercession for the transgressors.

The Future Glory of Zion

54 "Sing, barren woman,
you who never bore a child;
burst into song, shout for joy,
you who were never in labor;
because more are the children of the desolate woman
than of her who has a husband,"
says the LORD.
2 ●"Enlarge the place of your tent,
stretch your tent curtains wide,
do not hold back;
lengthen your cords,
strengthen your stakes.
3 ●For you will spread out to the right and to the left;
your descendants will dispossess nations
and settle in their desolate cities.
4 ●"Do not be afraid; you will not be put to shame.
Do not fear disgrace; you will not be humiliated.
You will forget the shame of your youth
and remember no more the reproach of
your widowhood.
5 ●For your Maker is your husband—
the LORD Almighty is his name—
the Holy One of Israel is your Redeemer;
he is called the God of all the earth.
6 ●The LORD will call you back
as if you were a wife deserted and
distressed in spirit—
a wife who married young,
only to be rejected," says your God.
7 ●"For a brief moment I abandoned you,
but with deep compassion I will bring you back.
8 ●In a surge of anger
I hid my face from you for a moment,
but with everlasting kindness
I will have compassion on you,"
says the LORD your Redeemer.
9 ●"To me this is like the days of Noah,
when I swore that the waters of Noah
would never again cover the earth.
So now I have sworn not to be angry with you,
never to rebuke you again.
10 ●Though the mountains be shaken
and the hills be removed,

[a]12 Or *many* [b]12 Or *numerous*

abandon [əbǽndən] *vt.* 버리다
barren [bǽrən] *a.* 불임의
compassion [kəmpǽʃən] *n.* 자비
cord [kɔːrd] *n.* 끈
desolate [désələt] *a.* 고독한
disgrace [disgréis] *n.* 수치
dispossess [dìspəzés] *vt.* 뺏다
distressed [distrést] *a.* 슬퍼하는
divide [diváid] *vt.* 나누다
humiliate [hjuːmílièit] *vt.* 굴욕감을 느끼게 하다
intercession [ìntərséʃən] *n.* 중보
redeemer [ridíːmər] *n.* 구속자
reject [ridʒékt] *vt.* 거절하다
reproach [ripróutʃ] *n.* 치욕
transgressor [trænsgrésər] *n.* 범죄자

53:12 pour out: 쏟다, 붓다
54:1 burst into...: 갑자기 …하기 시작하다
54:1 be in labor: 산고를 치르다
54:2 hold back: 유보하다, 주저하다
54:3 spread out: 퍼지다
54:8 in a surge of...: …가 넘쳐서

하며 나의 화평의 언약은 흔들리지 아니
하리라 너를 긍휼히 여기시는 여호와께
서 말씀하셨느니라 삼하 23:5

미래의 예루살렘

11 ●너 곤고하며 광풍에 요동하여 안위를 받
지 못한 자여 보라 내가 화려한 채색으로
네 돌 사이에 더하며 청옥으로 네 기초를
쌓으며
12 홍보석으로 네 성벽을 지으며 석류석으로
네 성문을 만들고 네 지경을 다 보석으로
꾸밀 것이며
13 네 모든 자녀는 여호와의 1)교훈을 받을 것
이니 네 자녀에게는 큰 평안이 있을 것이
며
14 너는 공의로 설 것이며 학대가 네게서 멀
어질 것인즉 네가 두려워하지 아니할 것
이며 공포도 네게 가까이하지 못할 것이
라 9:4
15 보라 그들이 분쟁을 일으킬지라도 나로 말
미암지 아니한 것이니 누구든지 너와 분쟁
을 일으키는 자는 너로 말미암아 패망하리
라
16 보라 숯불을 불어서 자기가 쓸 만한 연장
을 제조하는 장인도 내가 창조하였고 파
괴하며 진멸하는 자도 내가 창조하였은즉
17 너를 치려고 제조된 모든 연장이 쓸모가
없을 것이라 일어나 너를 대적하여 송사
하는 모든 혀는 네게 정죄를 당하리니 이
는 여호와의 종들의 기업이요 이는 그들
이 내게서 얻은 공의니라 여호와의 말씀
이니라

하나님의 긍휼 (♪ 234장) — B.C. 690년경

55 오호라 너희 모든 목마른 자들아 물
로 나아오라 돈 없는 자도 오라 너희
는 와서 사 먹되 돈 없이, 값없이 와서 포
도주와 젖을 사라
2 너희가 어찌하여 양식이 아닌 것을 위하
여 은을 달아 주며 배부르게 하지 못할
것을 위하여 수고하느냐 내게 듣고 들을
지어다 그리하면 너희가 좋은 것을 먹을
것이며 너희 자신들이 기름진 것으로 즐
거움을 얻으리라
3 너희는 귀를 기울이고 내게로 나아와 들으
라 그리하면 너희의 영혼이 살리라 내가
너희를 위하여 영원한 언약을 맺으리니 곧
다윗에게 허락한 확실한 은혜이니라
4 보라 내가 그를 만민에게 증인으로 세웠

yet my unfailing love for you will not be
shaken
nor my covenant of peace be removed,"
says the LORD, who has compassion on you.

11 ●"Afflicted city, lashed by storms and not
comforted,
I will rebuild you with stones of turquoise,[a]
your foundations with lapis lazuli.
12 ●I will make your battlements of rubies,
your gates of sparkling jewels,
and all your walls of precious stones.
13 ●All your children will be taught by the LORD,
and great will be their peace.
14 ●In righteousness you will be established:
Tyranny will be far from you;
you will have nothing to fear.
Terror will be far removed;
it will not come near you.
15 ●If anyone does attack you, it will not be my
doing;
whoever attacks you will surrender to you.
16 ●"See, it is I who created the blacksmith
who fans the coals into flame
and forges a weapon fit for its work.
And it is I who have created the destroyer to
wreak havoc;
17 ● no weapon forged against you will prevail,
and you will refute every tongue that accuses
you.
This is the heritage of the servants of the LORD,
and this is their vindication from me,"
declares the LORD.

Invitation to the Thirsty

55 "Come, all you who are thirsty,
come to the waters;
and you who have no money,
come, buy and eat!
Come, buy wine and milk
without money and without cost.
2 ●Why spend money on what is not bread,
and your labor on what does not satisfy?
Listen, listen to me, and eat what is good,
and you will delight in the richest of fare.
3 ●Give ear and come to me;
listen, that you may live.
I will make an everlasting covenant with you,
my faithful love promised to David.
4 ●See, I have made him a witness to the peoples,
a ruler and commander of the peoples.

[a]11 The meaning of the Hebrew for this word is uncertain.

1) 제자가 될 것이니

accuse [əkjúːz] *vt.* 정죄하다
afflict [əflíkt] *vt.* 괴롭히다
battlement [bǽtlmənt] *n.* 흉벽
blacksmith [blǽksmìθ] *n.* 대장장이
coal [koul] *n.* 석탄
covenant [kʌ́vənənt] *n.* 언약
fan [fæn] *vt.* 부채질하다
forge [fɔːrdʒ] *vt.* 만들다
heritage [héritidʒ] *n.* 유산
lash [læʃ] *vt.* 몰아치게 하다
prevail [privéil] *vi.* 이기다
refute [rifjúːt] *vt.* 반박하다
sparkling [spáːrkliŋ] *a.* 번쩍이는
unfailing [ʌ̀nféiliŋ] *a.* 다함이 없는
vindication [vìndəkéiʃən] *n.* 정당성

54:10 have compassion on: 측은히 여기다
54:14 be far from...: …로부터 멀다
54:15 surrender to...: …에 굴복하다
54:16 fit for...: …에 적합한
54:16 wreak havoc: 사정없이 파괴하다

고 만민의 인도자와 명령자로 삼았나니
5 보라 네가 알지 못하는 나라를 네가 부
를 것이며 너를 알지 못하는 나라가 네
게로 달려올 것은 여호와 네 하나님 곧
이스라엘의 거룩하신 이로 말미암음이
니라 이는 그가 너를 영화롭게 하였느
니라
6 ●너희는 여호와를 만날 만한 때에 찾
으라 가까이 계실 때에 그를 부르라
7 악인은 그의 길을, 불의한 자는 그의 생
각을 버리고 여호와께로 돌아오라 그리
하면 그가 긍휼히 여기시리라 우리 하
나님께로 돌아오라 그가 너그럽게 용서
하시리라
8 이는 내 생각이 너희의 생각과 다르며
내 길은 너희의 길과 다름이니라 여호
와의 말씀이니라
65:2
9 이는 하늘이 땅보다 높음같이 내 길은
너희의 길보다 높으며 내 생각은 너희
의 생각보다 높음이니라
10 이는 비와 눈이 하늘로부터 내려서 그
리로 되돌아가지 아니하고 땅을 적셔서
소출이 나게 하며 싹이 나게 하여 파종
하는 자에게는 종자를 주며 먹는 자에
게는 양식을 줌과 같이
11 내 입에서 나가는 말도 이와 같이 헛되
이 내게로 되돌아오지 아니하고 나의
기뻐하는 뜻을 이루며 내가 보낸 일에
형통함이니라
12 너희는 기쁨으로 나아가며 평안히 인도
함을 받을 것이요 산들과 언덕들이 너
희 앞에서 노래를 발하고 들의 모든 나
무가 손뼉을 칠 것이며
51:11
13 잣나무는 가시나무를 대신하여 나며 화
석류는 찔레를 대신하여 날 것이라 이
것이 여호와의 [1]기념이 되며 영영한 표
징이 되어 끊어지지 아니하리라

여호와께 연합한 사람 (♪421장)

—B.C. 690년경

56 여호와께서 이와 같이 말씀하시
기를 너희는 정의를 지키며 의를
행하라 이는 나의 구원이 가까이 왔고
나의 공의가 나타날 것임이라 하셨도다
2 안식일을 지켜 더럽히지 아니하며 그의
손을 금하여 모든 악을 행하지 아니하
여야 하나니 이와 같이 하는 사람, 이와
같이 굳게 잡는 사람은 복이 있느니라

5 ●Surely you will summon nations you know not,
and nations you do not know will come
running to you,
because of the LORD your God,
the Holy One of Israel,
for he has endowed you with splendor."
6 ●Seek the LORD while he may be found;
call on him while he is near.
7 ●Let the wicked forsake their ways
and the unrighteous their thoughts.
Let them turn to the LORD, and he will have
mercy on them,
and to our God, for he will freely pardon.
8 ●"For my thoughts are not your thoughts,
neither are your ways my ways,"
declares the LORD.
9 ●"As the heavens are higher than the earth,
so are my ways higher than your ways
and my thoughts than your thoughts.
10 ●As the rain and the snow
come down from heaven,
and do not return to it
without watering the earth
and making it bud and flourish,
so that it yields seed for the sower and
bread for the eater,
11 ●so is my word that goes out from my mouth:
It will not return to me empty,
but will accomplish what I desire
and achieve the purpose for which I sent it.
12 ●You will go out in joy
and be led forth in peace;
the mountains and hills
will burst into song before you,
and all the trees of the field
will clap their hands.
13 ●Instead of the thornbush will grow the juniper,
and instead of briers the myrtle will grow.
This will be for the LORD's renown,
for an everlasting sign,
that will endure forever."

Salvation for Others

56 This is what the LORD says:

"Maintain justice
and do what is right,
for my salvation is close at hand
and my righteousness will soon be revealed.
2 ●Blessed is the one who does this—
the person who holds it fast,
who keeps the Sabbath without desecrating it,

1) 히, 이름이

accomplish [əkámpliʃ] *vt.* 이루다
achieve [ətʃíːv] *vt.* 달성하다
brier [bráiər] *n.* 찔레
bud [bʌd] *vi.* 싹트다
desecrate [désikrèit] *vt.* 더럽히다
flourish [flə́ːriʃ] *vi.* 번성하다
forsake [fərséik] *vt.* 버리다
maintain [meintéin] *vt.* 지키다
myrtle [mə́ːrtl] *n.* 은매화
sower [sóuər] *n.* 씨뿌리는 자
splendor [spléndər] *n.* 광채
summon [sʌmən] *vt.* 소집하다
thornbush [θɔ́ːnbùʃ] *n.* 가시덤불
wicked [wíkid] *a.* 사악한
yield [jiːld] *vt.* 양보하다, 양도하다

55:5 endow A with B: A에게 B를 부여하다
55:12 in peace: 편안히, 안심하여
55:12 clap one's hands: 손뼉(박수)을 치다
55:13 instead of...: …대신에
56:1 close at hand: 바로 가까이에
56:2 hold fast: 굳게 붙잡다

3 여호와께 연합한 이방인은 말하기를
여호와께서 나를 그의 백성 중에서
반드시 갈라내시리라 하지 말며 고
자도 말하기를 나는 마른 나무라 하
지 말라
4 여호와께서 이와 같이 말씀하시기를
나의 안식일을 지키며 내가 기뻐하
는 일을 선택하며 나의 언약을 굳게
잡는 고자들에게는
5 내가 내 집에서, 내 성안에서 아들이
나 딸보다 나은 기념물과 이름을 그
들에게 주며 영원한 이름을 주어 끊
어지지 아니하게 할 것이며
6 또 여호와와 연합하여 그를 섬기며
여호와의 이름을 사랑하며 그의 종
이 되며 안식일을 지켜 더럽히지 아
니하며 나의 언약을 굳게 지키는 이
방인마다
7 내가 곧 그들을 나의 성산으로 인도
하여 기도하는 내 집에서 그들을 기
쁘게 할 것이며 그들의 번제와 희생
을 나의 제단에서 기꺼이 받게 되리
니 이는 내 집은 1)만민이 기도하는
집이라 일컬음이 될 것임이라
8 이스라엘의 쫓겨난 자를 모으시는
주 여호와가 말하노니 내가 이미 모
은 백성 외에 또 모아 그에게 속하게
하리라 하셨느니라

몰지각한 목자들

9 ●들의 모든 짐승들아 숲 가운데의
모든 짐승들아 와서 먹으라
10 2)이스라엘의 파수꾼들은 맹인이요
다 무지하며 벙어리 개들이라 짖지
못하며 다 꿈꾸는 자들이요 누워 있
는 자들이요 잠자기를 좋아하는 자
들이니
11 이 개들은 탐욕이 심하여 족한 줄
을 알지 못하는 자들이요 그들은
몰지각한 목자들이라 다 제 길로
돌아가며 사람마다 자기 이익만 추
구하며
렘 22:17
12 오라 내가 포도주를 가져오리라 우
리가 독주를 잔뜩 마시자 내일도 오
늘같이 크게 넘치리라 하느니라

우상 숭배를 규탄하시다

57 *의인이 죽을지라도 마음에 두*
는 자가 없고 진실한 이들이 거

and keeps their hands from doing any evil."
3 ●Let no foreigner who is bound to the
LORD say,
"The LORD will surely exclude me from his people."
And let no eunuch complain,
"I am only a dry tree."
4 ●For this is what the LORD says:
"To the eunuchs who keep my Sabbaths,
who choose what pleases me
and hold fast to my covenant—
5 ●to them I will give within my temple and its walls
a memorial and a name
better than sons and daughters;
I will give them an everlasting name
that will endure forever.
6 ●And foreigners who bind themselves to the LORD
to minister to him,
to love the name of the LORD,
and to be his servants,
all who keep the Sabbath without desecrating it
and who hold fast to my covenant—
7 ●these I will bring to my holy mountain
and give them joy in my house of prayer.
Their burnt offerings and sacrifices
will be accepted on my altar;
for my house will be called
a house of prayer for all nations."
8 ●The Sovereign LORD declares—
he who gathers the exiles of Israel:
"I will gather still others to them
besides those already gathered."

God's Accusation Against the Wicked

9 ●Come, all you beasts of the field,
come and devour, all you beasts of the forest!
10 ●Israel's watchmen are blind,
they all lack knowledge;
they are all mute dogs,
they cannot bark;
they lie around and dream,
they love to sleep.
11 ●They are dogs with mighty appetites;
they never have enough.
They are shepherds who lack understanding;
they all turn to their own way,
they seek their own gain.
12 ●"Come," each one cries, "let me get wine!
Let us drink our fill of beer!
And tomorrow will be like today,
or even far better."
57 The righteous perish,
and no one takes it to heart;

1) 만민을 위하여 기도하는 집 2) 히, 그의

accept [æksépt] *vt.* 받아들이다
altar [ɔ́:ltər] *n.* 제단
appetite [ǽpətàit] *n.* 식욕
covenant [kʌvənənt] *n.* 언약
desecrate [désikrèit] *vt.* 더럽히다
devour [diváuər] *vt.* 삼키다
eunuch [jú:nək] *n.* 내시
exclude [iksklú:d] *vt.* 배척하다
exile [égzail] *n.* 유배자, 추방자
minister [mínəstər] *vi.* 섬기다
offering [ɔ́:fəriŋ] *n.* 제물
perish [périʃ] *vi.* 죽다
Sabbath [sǽbəθ] *n.* 안식일
shepherd [ʃépərd] *n.* 목자
watchman [wátʃmən] *n.* 파수꾼

56:2 keep A from ~ing: A로 하여금 ~를 하지 못하게 하다
56:3 be bound to: 의무가 있다
56:4 hold fast to...: …을 꼭 붙들다
56:10 lie around: 빈둥빈둥 지내다
57:1 take...to heart: …에 신경쓰다

두어 감을 당할지라도 깨닫는 자가 없
도다 의인들은 악한 자들 앞에서 불리
어가도다
2 그들은 평안에 들어갔나니 바른 길로
가는 자들은 그들의 침상에서 편히 쉬
리라
3 ●무당의 자식, 간음자와 음녀의 자식
들아 너희는 가까이 오라
4 너희가 누구를 희롱하느냐 누구를 향하
여 입을 크게 벌리며 혀를 내미느냐 너
희는 패역의 자식, 거짓의 후손이 아니
냐
5 너희가 상수리나무 사이, 모든 푸른 나
무 아래에서 음욕을 피우며 골짜기 가
운데 바위 틈에서 자녀를 도살하는도다
6 골짜기 가운데 매끄러운 돌들 중에 네
몫이 있으니 그것들이 곧 네가 제비 뽑
아 얻은 것이라 또한 네가 전제와 [1)]예
물을 그것들에게 드리니 내가 어찌 위
로를 받겠느냐
7 네가 높고 높은 산 위에 네 침상을 베풀
었고 네가 또 거기에 올라가서 제사를
드렸으며
8 네가 또 네 기념표를 문과 문설주 뒤에
두었으며 네가 나를 떠나 벗고 올라가
서 네 침상을 넓히고 그들과 언약하며
또 네가 그들의 침상을 사랑하여 그 벌
거벗은 것을 보았으며
9 네가 기름을 가지고 몰렉에게 나아가되
향품을 더하였으며 네가 또 사신을 먼
곳에 보내고 스올에까지 내려가게 하였
으며
10 네가 길이 멀어서 피곤할지라도 헛되다
말하지 아니함은 네 힘이 살아났으므로
쇠약하여지지 아니함이라
11 ●네가 누구를 두려워하며 누구로 말미
암아 놀랐기에 거짓을 말하며 나를 생
각하지 아니하며 이를 마음에 두지 아
니하였느냐 네가 나를 경외하지 아니함
은 내가 오랫동안 잠잠했기 때문이 아
니냐
12 네 공의를 내가 보이리라 네가 행한 일
이 네게 무익하니라
13 네가 부르짖을 때에 네가 모은 우상들
에게 너를 구원하게 하라 그것들은 다
바람에 날려 가겠고 기운에 불려 갈 것
이로되 나를 의뢰하는 자는 땅을 차지

the devout are taken away,
and no one understands
that the righteous are taken away
to be spared from evil.
2 •Those who walk uprightly
enter into peace;
they find rest as they lie in death.
3 •"But you—come here, you children of a sorceress,
you offspring of adulterers and prostitutes!
4 •Who are you mocking?
At whom do you sneer
and stick out your tongue?
Are you not a brood of rebels,
the offspring of liars?
5 •You burn with lust among the oaks
and under every spreading tree;
you sacrifice your children in the ravines
and under the overhanging crags.
6 •The idols among the smooth stones of the
ravines are your portion;
indeed, they are your lot.
Yes, to them you have poured out drink offerings
and offered grain offerings.
In view of all this, should I relent?
7 •You have made your bed on a high and lofty hill;
there you went up to offer your sacrifices.
8 •Behind your doors and your doorposts
you have put your pagan symbols.
Forsaking me, you uncovered your bed,
you climbed into it and opened it wide;
you made a pact with those whose beds you love,
and you looked with lust on their naked
bodies.
9 •You went to Molek[a] with olive oil
and increased your perfumes.
You sent your ambassadors[b] far away;
you descended to the very realm of the dead!
10 •You wearied yourself by such going about,
but you would not say, 'It is hopeless.'
You found renewal of your strength,
and so you did not faint.
11 •"Whom have you so dreaded and feared
that you have not been true to me,
and have neither remembered me
nor taken this to heart?
Is it not because I have long been silent
that you do not fear me?
12 •I will expose your righteousness and your works,
and they will not benefit you.
13 •When you cry out for help,
let your collection of idols save you!

[a]9 Or *to the king* [b]9 Or *idols* 1) 소제를

adulterer [ədʌltərər] *n.* 간음하는 자
ambassador [æmbǽsədər] *n.* 대사
brood [bru:d] *n.* 한 배 새끼
crag [kræg] *n.* 바위
devout [diváut] *a.* 믿음이 깊은, 독실한
forsake [fərséik] *vt.* 버리다
lust [lʌst] *n.* 정욕
mock [mak] *vt.* 조롱하다
overhanging [òuvərhǽŋiŋ] *a.* 돌출한
prostitute [prástətjù:t] *n.* 창녀
ravine [rəví:n] *n.* 골짜기
sacrifice [sǽkrəfàis] *vt.* 희생물로 바치다
sneer [sniər] *vt.* 조롱하다
sorceress [sɔ́:rsəris] *n.* 무당
spare [spɛər] *vt.* 살려주다

57:1 take away: 가져가다
57:4 stick out: 쑥 내밀다
57:5 burn with...: …로 불타오르다
57:6 in view of...: …을 고려해서
57:8 make a pact with...: …과 계약[협약]을 맺다

하겠고 나의 거룩한 산을 기업으로 얻
으리라

인도하고 고치겠다고 하신 약속

14 ●그가 말하기를 돋우고 돋우어 길을
수축하여 내 백성의 길에서 거치는 것
을 제하여 버리라 하리라 62:10
15 지극히 존귀하며 영원히 거하시며 거룩
하다 이름하는 이가 이와 같이 말씀하
시되 내가 높고 거룩한 곳에 있으며 또
한 통회하고 마음이 겸손한 자와 함께
있나니 이는 겸손한 자의 영을 소생시
키며 통회하는 자의 마음을 소생시키려
함이라
16 내가 영원히 다투지 아니하며 내가 끊
임없이 노하지 아니할 것은 내가 지은
그의 영과 혼이 내 앞에서 피곤할까 함
이라
17 그의 탐심의 죄악으로 말미암아 내가
노하여 그를 쳤으며 또 내 얼굴을 가리
고 노하였으나 그가 아직도 패역하여
자기 마음의 길로 걸어가도다
18 내가 그의 길을 보았은즉 그를 고쳐 줄
것이라 그를 인도하며 그와 그를 슬퍼
하는 자들에게 위로를 다시 얻게 하리라
19 입술의 열매를 창조하는 자 여호와가
말하노라 먼 데 있는 자에게든지 가까
운 데 있는 자에게든지 평강이 있을지
어다 평강이 있을지어다 내가 그를 고
치리라 하셨느니라
20 그러나 악인은 평온함을 얻지 못하고
그 물이 진흙과 더러운 것을 늘 솟구쳐
내는 요동하는 바다와 같으니라
21 내 하나님의 말씀에 악인에게는 평강이
없다 하셨느니라

여호와께서 기뻐하시는 금식 (♪45장)

58 크게 외치라 목소리를 아끼지 말
라 네 목소리를 나팔같이 높여 내
백성에게 그들의 허물을, 야곱의 집에
그들의 죄를 알리라
2 그들이 날마다 나를 찾아 나의 길 알기
를 즐거워함이 마치 공의를 행하여 그
의 하나님의 규례를 저버리지 아니하는
나라 같아서 의로운 판단을 내게 구하
며 하나님과 가까이하기를 즐거워하는
도다
3 우리가 금식하되 어찌하여 주께서 보지
아니하시오며 우리가 마음을 괴롭게 하

The wind will carry all of them off,
a mere breath will blow them away.
But whoever takes refuge in me
will inherit the land
and possess my holy mountain."

Comfort for the Contrite

14 ●And it will be said:
"Build up, build up, prepare the road!
Remove the obstacles out of the way of my
people."
15 ●For this is what the high and exalted One says —
he who lives forever, whose name is holy:
"I live in a high and holy place,
but also with the one who is contrite and
lowly in spirit,
to revive the spirit of the lowly
and to revive the heart of the contrite.
16 ●I will not accuse them forever,
nor will I always be angry,
for then they would faint away because of
me —
the very people I have created.
17 ●I was enraged by their sinful greed;
I punished them, and hid my face in anger,
yet they kept on in their willful ways.
18 ●I have seen their ways, but I will heal them;
I will guide them and restore comfort to
Israel's mourners,
19 ● creating praise on their lips.
Peace, peace, to those far and near,"
says the LORD. "And I will heal them."
20 ●But the wicked are like the tossing sea,
which cannot rest,
whose waves cast up mire and mud.
21 ●"There is no peace," says my God, "for the wicked."

True Fasting

58 "Shout it aloud, do not hold back.
Raise your voice like a trumpet.
Declare to my people their rebellion
and to the descendants of Jacob their sins.
2 ●For day after day they seek me out;
they seem eager to know my ways,
as if they were a nation that does what is right
and has not forsaken the commands of its God.
They ask me for just decisions
and seem eager for God to come near them.
3 ●'Why have we fasted,' they say,
'and you have not seen it?
Why have we humbled ourselves,
and you have not noticed?'

accuse [əkjúːz] *vt.* 비난하다
contrite [kəntráit] *a.* 통회하는
enrage [inréidʒ] *vt.* 화나게 하다
exalted [igzɔ́ːltid] *a.* 고귀한
forsake [fərséik] *vt.* 버리다
greed [griːd] *n.* 탐욕
lowly [lóuli] *a.* 겸손한
mire [maiər] *n.* 진흙탕
mourner [mɔ́ːrnər] *n.* 애도자, 조객
obstacle [ábstəkl] *n.* 장애물
rebellion [ribéljən] *n.* 반역
refuge [réfjuːdʒ] *n.* 피난처
restore [ristɔ́ːr] *vt.* 회복하다
toss [tɔːs] *vi.* 동요하다
willful [wílfəl] *a.* 고집센

57:13 carry off: 채가다
57:19 far and near: 여기 저기
57:20 cast up: 쌓아올리다
58:1 hold back: 자제하다
58:2 seek out: 찾아내다
58:2 as if...: 마치 …처럼

되 어찌하여 주께서 알아주지 아니하시
나이까 보라 너희가 금식하는 날에 오
락을 구하며 [1]온갖 일을 시키는도다
4 보라 너희가 금식하면서 논쟁하며 다투
며 악한 주먹으로 치는도다 너희가 오
늘 금식하는 것은 너희의 목소리를 상
달하게 하려는 것이 아니니라
5 이것이 어찌 내가 기뻐하는 금식이 되겠
으며 이것이 어찌 사람이 자기의 마음을
괴롭게 하는 날이 되겠느냐 그의 머리를
갈대같이 숙이고 굵은 베와 재를 펴는
것을 어찌 금식이라 하겠으며 여호와께
열납될 날이라 하겠느냐
6 내가 기뻐하는 금식은 흉악의 결박을
풀어 주며 멍에의 줄을 끌러 주며 압제
당하는 자를 자유하게 하며 모든 멍에
를 꺾는 것이 아니겠느냐 느 5:10-12
7 또 주린 자에게 네 양식을 나누어 주며
유리하는 빈민을 집에 들이며 헐벗은
자를 보면 입히며 또 네 골육을 피하여
스스로 숨지 아니하는 것이 아니겠느냐
8 그리하면 네 빛이 새벽같이 비칠 것이
며 네 치유가 급속할 것이며 네 공의가
네 앞에 행하고 여호와의 영광이 네 뒤
에 호위하리니
9 네가 부를 때에는 나 여호와가 응답하
겠고 네가 부르짖을 때에는 내가 여기
있다 하리라 ●만일 네가 너희 중에서
멍에와 손가락질과 허망한 말을 제하여
버리고
10 주린 자에게 네 심정이 동하며 괴로워
하는 자의 심정을 만족하게 하면 네 빛
이 흑암 중에서 떠올라 네 어둠이 낮과
같이 될 것이며
11 여호와가 너를 항상 인도하여 [2]메마른
곳에서도 네 영혼을 만족하게 하며 네
뼈를 견고하게 하리니 너는 물 댄 동산
같겠고 물이 끊어지지 아니하는 샘 같
을 것이라
12 네게서 날 자들이 오래 황폐된 곳들을
다시 세울 것이며 너는 역대의 파괴된
기초를 쌓으리니 너를 일컬어 무너진
데를 보수하는 자라 할 것이며 길을 수
축하여 거할 곳이 되게 하는 자라 하리
라

안식일을 지키면 — B.C. 690년경

13 ●만일 안식일에 네 발을 금하여 내 성

"Yet on the day of your fasting, you do as you
please
and exploit all your workers.
4 ●Your fasting ends in quarreling and strife,
and in striking each other with wicked fists.
You cannot fast as you do today
and expect your voice to be heard on high.
5 ●Is this the kind of fast I have chosen,
only a day for people to humble themselves?
Is it only for bowing one's head like a reed
and for lying in sackcloth and ashes?
Is that what you call a fast,
a day acceptable to the LORD?

6 ●"Is not this the kind of fasting I have chosen:
to loose the chains of injustice
and untie the cords of the yoke,
to set the oppressed free
and break every yoke?
7 ●Is it not to share your food with the hungry
and to provide the poor wanderer with
shelter—
when you see the naked, to clothe them,
and not to turn away from your own flesh
and blood?
8 ●Then your light will break forth like the dawn,
and your healing will quickly appear;
then your righteousness[a] will go before you,
and the glory of the LORD will be your rear
guard.
9 ●Then you will call, and the LORD will answer;
you will cry for help, and he will say: Here
am I.

"If you do away with the yoke of oppression,
with the pointing finger and malicious talk,
10 ●and if you spend yourselves in behalf of the
hungry
and satisfy the needs of the oppressed,
then your light will rise in the darkness,
and your night will become like the noonday.
11 ●The LORD will guide you always;
he will satisfy your needs in a sun-scorched
land
and will strengthen your frame.
You will be like a well-watered garden,
like a spring whose waters never fail.
12 ●Your people will rebuild the ancient ruins
and will raise up the age-old foundations;
you will be called Repairer of Broken Walls,
Restorer of Streets with Dwellings.

13 ●"If you keep your feet from breaking the Sabbath

[a]8 Or *your righteous One*

1) 너희 역군을 압제하는도다 2) 가물 때에도

exploit [iksplɔ́it] *vt.* 착취하다
flesh [fleʃ] *n.* 육체
humble [hʌmbl] *vt.* 낮추다
injustice [indʒʌ́stis] *n.* 불의
malicious [məlíʃəs] *a.* 사악한
oppression [əpréʃən] *n.* 억압
rear [riər] *n.* 뒤, 배후
ruin [rú:in] *n.* 황폐
sackcloth [sǽkklɔ̀:θ] *n.* 굵은 베
scorched [skɔ:rtʃt] *a.* 탄, 메마른
strife [straif] *n.* 투쟁
untie [ʌntái] *vt.* 풀다
wanderer [wɑ́ndərər] *n.* 방랑자
well-watered [wélwɔ́:tərd] *a.* 물을 충분히 준
yoke [jouk] *n.* 멍에

58:7 turn away from...: …을 외면하다
58:8 break forth: 갑자기 비춰다
58:9 do away with...: …를 제거하다
58:10 in behalf of...: …를 위하여
58:13 keep A from ~ing: A로 하여금 ~하지 못하게 하다

일에 오락을 행하지 아니하고 안식일을
일컬어 즐거운 날이라, 여호와의 성일을
존귀한 날이라 하여 1)이를 존귀하게 여
기고 네 길로 행하지 아니하며 네 오락
을 구하지 아니하며 사사로운 말을 하지
아니하면
14 네가 여호와 안에서 즐거움을 얻을 것
이라 내가 너를 땅의 높은 곳에 올리고
네 조상 야곱의 기업으로 기르리라 여
호와의 입의 말씀이니라

선지자가 백성의 죄악을 규탄하다 (♪ 258장)

59 여호와의 손이 짧아 구원하지 못
하심도 아니요 귀가 둔하여 듣지
못하심도 아니라
2 오직 너희 죄악이 너희와 너희 하나님
사이를 갈라놓았고 너희 죄가 그의 얼굴
을 가리어서 너희에게서 듣지 않으시게
함이니라
3 이는 너희 손이 피에, 너희 손가락이 죄
악에 더러워졌으며 너희 입술은 거짓을
말하며 너희 혀는 악독을 냄이라
4 공의대로 소송하는 자도 없고 진실하게
판결하는 자도 없으며 허망한 것을 의
뢰하며 거짓을 말하며 악행을 잉태하여
죄악을 낳으며
5 독사의 알을 품으며 거미줄을 짜나니
그 알을 먹는 자는 죽을 것이요 그 알
이 밟힌즉 터져서 독사가 나올 것이니
라
6 그 짠 것으로는 옷을 이룰 수 없을 것이
요 그 행위로는 자기를 가릴 수 없을 것
이며 그 행위는 죄악의 행위라 그 손에
는 포악한 행동이 있으며
7 그 발은 행악하기에 빠르고 무죄한 피
를 흘리기에 신속하며 그 생각은 악한
생각이라 황폐와 파멸이 그 길에 있으
며
8 그들은 평강의 길을 알지 못하며 그들
이 행하는 곳에는 정의가 없으며 굽은
길을 스스로 만드나니 무릇 이 길을 밟
는 자는 평강을 알지 못하느니라

백성이 죄악을 자백하다

9 ●그러므로 정의가 우리에게서 멀고 공
의가 우리에게 미치지 못한즉 우리가
빛을 바라나 어둠뿐이요 밝은 것을 바
라나 캄캄한 가운데에 행하므로

and from doing as you please on my holy day,
if you call the Sabbath a delight
and the LORD's holy day honorable,
and if you honor it by not going your own way
and not doing as you please or speaking idle
words,
14 ●then you will find your joy in the LORD,
and I will cause you to ride in triumph on the
heights of the land
and to feast on the inheritance of your
father Jacob."
For the mouth of the LORD
has spoken.

Sin, Confession and Redemption

59 Surely the arm of the LORD is not too short
to save,
nor his ear too dull to hear.
2 ●But your iniquities have separated
you from your God;
your sins have hidden his face from you,
so that he will not hear.
3 ●For your hands are stained with blood,
your fingers with guilt.
Your lips have spoken falsely,
and your tongue mutters wicked things.
4 ●No one calls for justice;
no one pleads a case with integrity.
They rely on empty arguments, they utter lies;
they conceive trouble and give birth to evil.
5 ●They hatch the eggs of vipers
and spin a spider's web.
Whoever eats their eggs will die,
and when one is broken, an adder is hatched.
6 ●Their cobwebs are useless for clothing;
they cannot cover themselves with what
they make.
Their deeds are evil deeds,
and acts of violence are in their hands.
7 ●Their feet rush into sin;
they are swift to shed innocent blood.
They pursue evil schemes;
acts of violence mark their ways.
8 ●The way of peace they do not know;
there is no justice in their paths.
They have turned them into crooked roads;
no one who walks along them will know
peace.
9 ●So justice is far from us,
and righteousness does not reach us.
We look for light, but all is darkness;
for brightness, but we walk in deep shadows.

1) 그

adder [ǽdər] *n.* 독사
cobweb [kábwèb] *n.* 거미집(줄)
conceive [kənsíːv] *vt.* 임신하다
crooked [krúkid] *a.* 굽은
feast [fiːst] *vi.* 마음껏 즐기다
honorable [ánərəbl] *a.* 훌륭한, 명예로운
idle [áidl] *a.* 쓸데없는
inheritance [inhérətəns] *n.* 기업, 상속
iniquity [iníkwəti] *n.* 죄악
integrity [intégrəti] *n.* 성실, 정직
mutter [mʌtər] *vt.* 투덜투덜 하다
plead [pliːd] *vt.* 변호하다
Sabbath [sǽbəθ] *n.* 안식일
scheme [skiːm] *n.* 계획, 음모
viper [váipər] *n.* 독사

58:14 in triumph: 의기양양하여
59:3 be stained with...: …로 얼룩지다
59:4 rely on: 의지하다
59:4 give birth to: 낳다
59:7 rush into...: 서둘러 …하다
59:8 turn A into B: A를 B로 바꾸다

10 우리가 맹인같이 담을 더듬으며 눈 없
는 자같이 두루 더듬으며 낮에도 황혼
때같이 넘어지니 우리는 [1]강장한 자 중
에서도 죽은 자 같은지라
11 우리가 곰같이 부르짖으며 비둘기같이
슬피 울며 정의를 바라나 없고 구원을
바라나 우리에게서 멀도다 겔 7:16
12 이는 우리의 허물이 주의 앞에 심히 많
으며 우리의 죄가 우리를 쳐서 증언하
오니 이는 우리의 허물이 우리와 함께
있음이니라 우리의 죄악을 우리가 아나
이다
13 우리가 여호와를 배반하고 속였으며 우
리 하나님을 따르는 데에서 돌이켜 포학
과 패역을 말하며 거짓말을 마음에 잉태
하여 낳으니
14 정의가 뒤로 물리침이 되고 공의가 멀
리 섰으며 성실이 거리에 엎드러지고
정직이 나타나지 못하는도다 1:21
15 성실이 없어지므로 악을 떠나는 자가
탈취를 당하는도다

여호와께서 백성을 구원하려고 하시다

●여호와께서 이를 살피시고 그 정의가
없는 것을 기뻐하지 아니하시고
16 사람이 없음을 보시며 [2]중재자가 없음을
이상히 여기셨으므로 자기 팔로 스스로
구원을 베푸시며 자기의 공의를 스스로
의지하사
17 공의를 갑옷으로 삼으시며 구원을 자기
의 머리에 써서 투구로 삼으시며 보복
을 속옷으로 삼으시며 열심을 입어 겉
옷으로 삼으시고
18 그들의 행위대로 갚으시되 그 원수에게
분노하시며 그 원수에게 보응하시며 섬
들에게 보복하실 것이라 65:6, 7
19 서쪽에서 여호와의 이름을 두려워하겠
고 해 돋는 쪽에서 그의 영광을 두려워
할 것은 여호와께서 그 기운에 몰려 급
히 흐르는 강물같이 오실 것임이로다
20 여호와의 말씀이니라 구속자가 시온에
임하며 야곱의 자손 가운데에서 죄과를
떠나는 자에게 임하리라
21 여호와께서 이르시되 내가 그들과 세운
나의 언약이 이러하니 곧 네 위에 있는
나의 영과 네 입에 둔 나의 말이 이제부
터 영원하도록 네 입에서와 네 후손의
입에서와 네 후손의 후손의 입에서 떠

1) 우리는 어두운 데 처하여 죽은 자 2) 중재

10 ●Like the blind we grope along the wall,
feeling our way like people without eyes.
At midday we stumble as if it were twilight;
among the strong, we are like the dead.
11 ●We all growl like bears;
we moan mournfully like doves.
We look for justice, but find none;
for deliverance, but it is far away.
12 ●For our offenses are many in your sight,
and our sins testify against us.
Our offenses are ever with us,
and we acknowledge our iniquities:
13 ●rebellion and treachery against the LORD,
turning our backs on our God,
inciting revolt and oppression,
uttering lies our hearts have conceived.
14 ●So justice is driven back,
and righteousness stands at a distance;
truth has stumbled in the streets,
honesty cannot enter.
15 ●Truth is nowhere to be found,
and whoever shuns evil becomes a prey.
The LORD looked and was displeased
that there was no justice.
16 ●He saw that there was no one,
he was appalled that there was no one to
intervene;
so his own arm achieved salvation for him,
and his own righteousness sustained him.
17 ●He put on righteousness as his breastplate,
and the helmet of salvation on his head;
he put on the garments of vengeance
and wrapped himself in zeal as in a cloak.
18 ●According to what they have done,
so will he repay
wrath to his enemies
and retribution to his foes;
he will repay the islands their due.
19 ●From the west, people will fear the name of the
LORD,
and from the rising of the sun, they will revere
his glory.
For he will come like a pent-up flood
that the breath of the LORD drives along.[a]
20 ●"The Redeemer will come to Zion,
to those in Jacob who repent of their sins,"
declares the LORD.
21 ●"As for me, this is my covenant with them," says
the LORD. "My Spirit, who is on you, will not depart

[a]19 Or *When enemies come in like a flood, / the Spirit of the LORD will put them to flight*

appall [əpɔ́:l] *vt.* 간담이 서늘하게 하다
breastplate [bréstplèit] *n.* 흉배
deliverance [dilívərəns] *n.* 구원
due [dju:] *n.* 당연히 지불되어야할 것
foe [fou] *n.* 적, 원수
garment [gá:rmənt] *n.* 의복
intervene [intərví:n] *vi.* 끼어들다
moan [moun] *vi.* 한탄하다
retribution [rètrəbjú:ʃən] *n.* 응보
revere [rivíər] *vt.* 경외하다
revolt [rivóult] *vt.* 반역하다
shun [ʃʌn] *vt.* 피하다
testify [téstəfài] *vi.* 증언하다
treachery [trétʃəri] *n.* 배반
vengeance [véndʒəns] *n.* 보복

59:13 turn one's back on...: …을 저버리다
59:17 wrap oneself in...: …로 몸을 감싸다
59:18 according to...: …에 따라서
59:20 repent of...: …를 회개하다
59:21 as for...: …에 관하여는

나지 아니하리라 하시니라 여호와의 말
씀이니라

예루살렘이 받을 영광 (♪210, 550장)
— B.C. 690년경

60 일어나라 빛을 발하라 이는 네 빛
이 이르렀고 여호와의 영광이 네
위에 임하였음이니라
2 보라 어둠이 땅을 덮을 것이며 캄캄함
이 만민을 가리려니와 오직 여호와께서
네 위에 임하실 것이며 그의 영광이 네
위에 나타나리니
3 나라들은 네 빛으로, 왕들은 비치는 네
광명으로 나아오리라
4 ●네 눈을 들어 사방을 보라 무리가 다
모여 네게로 오느니라 네 아들들은 먼
곳에서 오겠고 네 딸들은 안기어 올 것
이라
5 그때에 네가 보고 기쁜 빛을 내며 네 마
음이 놀라고 또 화창하리니 이는 바다
의 부가 네게로 돌아오며 이방 나라들
의 재물이 네게로 옴이라
6 허다한 낙타, 미디안과 에바의 어린 낙
타가 네 가운데에 가득할 것이며 스바
사람들은 다 금과 유향을 가지고 와서
여호와의 찬송을 전파할 것이며
7 게달의 양 무리는 다 네게로 모일 것이
요 느바욧의 숫양은 네게 공급되고 내
제단에 올라 기꺼이 받음이 되리니 내
가 내 [1]영광의 집을 영화롭게 하리라
8 저 구름같이, 비둘기들이 그 보금자리
로 날아가는 것같이 날아오는 자들이
누구냐
9 곧 섬들이 나를 앙망하고 다시스의 배
들이 먼저 이르되 먼 곳에서 네 자손과
그들의 은금을 아울러 싣고 와서 네 하
나님 여호와의 이름에 드리려 하며 이
스라엘의 거룩한 이에게 드리려 하는
자들이라 이는 [2]내가 너를 [3]영화롭게
하였음이라
10 ●내가 노하여 너를 쳤으나 이제는 나
의 은혜로 너를 불쌍히 여겼은즉 이방
인들이 네 성벽을 쌓을 것이요 그들의
왕들이 너를 섬길 것이며 슥 6:15
11 네 성문이 항상 열려 주야로 닫히지 아
니하리니 이는 사람들이 네게로 이방
나라들의 재물을 가져오며 그들의 왕들
을 포로로 이끌어 옴이라

from you, and my words that I have put in your
mouth will always be on your lips, on the lips of
your children and on the lips of their descendants
—from this time on and forever," says the LORD.

The Glory of Zion

60 "Arise, shine, for your light has come,
and the glory of the LORD rises upon you.
2 ●See, darkness covers the earth
and thick darkness is over the peoples,
but the LORD rises upon you
and his glory appears over you.
3 ●Nations will come to your light,
and kings to the brightness of your dawn.
4 ●"Lift up your eyes and look about you:
All assemble and come to you;
your sons come from afar,
and your daughters are carried on the hip.
5 ●Then you will look and be radiant,
your heart will throb and swell with joy;
the wealth on the seas will be brought to you,
to you the riches of the nations will come.
6 ●Herds of camels will cover your land,
young camels of Midian and Ephah.
And all from Sheba will come,
bearing gold and incense
and proclaiming the praise of the LORD.
7 ●All Kedar's flocks will be gathered to you,
the rams of Nebaioth will serve you;
they will be accepted as offerings on my altar,
and I will adorn my glorious temple.
8 ●"Who are these that fly along like clouds,
like doves to their nests?
9 ●Surely the islands look to me;
in the lead are the ships of Tarshish,[a]
bringing your children from afar,
with their silver and gold,
to the honor of the LORD your God,
the Holy One of Israel,
for he has endowed you with splendor.
10 ●"Foreigners will rebuild your walls,
and their kings will serve you.
Though in anger I struck you,
in favor I will show you compassion.
11 ●Your gates will always stand open,
they will never be shut, day or night,
so that people may bring you the wealth of the
nations—
their kings led in triumphal procession.
12 ●For the nation or kingdom that will not serve

[a]9 *Or the trading ships*
1) 아름다운 집을 아름답게 하리라 2) 히, 그 3) 아름답게

adorn [ədɔ́:rn] *vt.* 장식하다
altar [ɔ́:ltər] *n.* 제단
assemble [əsémbl] *vt.* 모으다
compassion [kəmpǽʃən] *n.* 동정, 연민
descendant [diséndənt] *n.* 후손
herd [hə:rd] *n.* (동물의) 떼
incense [ínsens] *n.* 향
lead [li:d] *n.* 선도
offering [ɔ́:fəriŋ] *n.* 제물
procession [prəséʃən] *n.* 행렬
proclaim [proukléim] *vt.* 선포하다
radiant [réidiənt] *a.* 광채나는, 즐거운
swell [swel] *vi.* 벅차다
throb [θrab] *vi.* 심장이 뛰다
triumphal [traiʌmfəl] *a.* 승리를 자랑하는

59:21 from this time on: 이로부터
60:4 lift up one's eyes: 쳐다보다
60:4 look about: 이리저리 둘러보다
60:9 look to...: …를 기대하다
60:9 endow A with B: A에게 B를 부여하다
60:11 stand open: 열려 있다

12 너를 섬기지 아니하는 백성과 나라는
파멸하리니 그 백성들은 반드시 진멸되
리라
13 레바논의 영광 곧 잣나무와 소나무와
황양목이 함께 네게 이르러 내 거룩한
곳을 아름답게 할 것이며 내가 나의 발
둘 곳을 영화롭게 할 것이라
14 너를 괴롭히던 자의 자손이 몸을 굽혀
네게 나아오며 너를 멸시하던 모든 자
가 네 발 아래에 엎드려 너를 일컬어
여호와의 성읍이라, 이스라엘의 거룩
한 이의 시온이라 하리라
15 ● 전에는 네가 버림을 당하며 미움을
당하였으므로 네게로 가는 자가 없었으
나 이제는 내가 너를 영원한 아름다움
과 대대의 기쁨이 되게 하리니
16 네가 이방 나라들의 젖을 빨며 뭇 왕의
젖을 빨고 나 여호와는 네 구원자, 네
구속자, 야곱의 전능자인 줄 알리라
17 내가 금을 가지고 놋을 대신하며 은을
가지고 철을 대신하며 놋으로 나무를
대신하며 철로 돌을 대신하며 화평을
세워 관원으로 삼으며 공의를 세워 감
독으로 삼으리니
18 다시는 강포한 일이 네 땅에 들리지 않
을 것이요 황폐와 파멸이 네 국경 안에
다시 없을 것이며 네가 네 성벽을 구원
이라, 네 성문을 찬송이라 부를 것이라
19 다시는 낮에 해가 네 빛이 되지 아니하
며 달도 네게 빛을 비추지 않을 것이요
오직 여호와가 네게 영원한 빛이 되며
네 하나님이 네 영광이 되리니
20 다시는 네 해가 지지 아니하며 네 달이
물러가지 아니할 것은 여호와가 네 영
원한 빛이 되고 네 슬픔의 날이 끝날 것
임이라
21 네 백성이 다 의롭게 되어 영원히 땅을
차지하리니 그들은 내가 심은 가지요
내가 손으로 만든 것으로서 나의 영광
을 나타낼 것인즉
22 그 작은 자가 천 명을 이루겠고 그 약한
자가 강국을 이룰 것이라 때가 되면 나
여호와가 속히 이루리라 51:2

구원의 아름다운 소식 (♪ 272장)
— B.C. 690년경

61 주 여호와의 영이 내게 내리셨으니
이는 여호와께서 내게 기름을 부으

you will perish;
it will be utterly ruined.
13 ●"The glory of Lebanon will come to you,
the juniper, the fir and the cypress together,
to adorn my sanctuary;
and I will glorify the place for my feet.
14 ●The children of your oppressors will come
bowing before you;
all who despise you will bow down at your feet
and will call you the City of the LORD,
Zion of the Holy One of Israel.
15 ●"Although you have been forsaken and hated,
with no one traveling through,
I will make you the everlasting pride
and the joy of all generations.
16 ●You will drink the milk of nations
and be nursed at royal breasts.
Then you will know that I, the LORD, am your
Savior,
your Redeemer, the Mighty One of Jacob.
17 ●Instead of bronze I will bring you gold,
and silver in place of iron.
Instead of wood I will bring you bronze,
and iron in place of stones.
I will make peace your governor
and well-being your ruler.
18 ●No longer will violence be heard in your land,
nor ruin or destruction within your borders,
but you will call your walls Salvation
and your gates Praise.
19 ●The sun will no more be your light by day,
nor will the brightness of the moon shine on
you,
for the LORD will be your everlasting light,
and your God will be your glory.
20 ●Your sun will never set again,
and your moon will wane no more;
the LORD will be your everlasting light,
and your days of sorrow will end.
21 ●Then all your people will be righteous
and they will possess the land forever.
They are the shoot I have planted,
the work of my hands,
for the display of my splendor.
22 ●The least of you will become a thousand,
the smallest a mighty nation.
I am the LORD;
in its time I will do this swiftly."

The Year of the LORD's Favor

61 The Spirit of the Sovereign LORD is on me,
because the LORD has anointed me

anoint [ənɔ́int] *vt.* 기름을 붓다
despise [dispáiz] *vt.* 무시하다
forsake [fərséik] *vt.* 버리다
glorify [glɔ́:rəfài] *vt.* 영화롭게 하다
oppressor [əprésər] *n.* 압제자
perish [périʃ] *vi.* 멸망하다
redeemer [ridí:mər] *n.*구속자
ruin [rú:in] *vt.* 파멸시키다
salvation [sælvéiʃən] *n.* 구원
sanctuary [sǽŋktʃuèri] *n.* 성소
savior [séivjər] *n.* 구원자
splendor [spléndər] *n.* 광채
swiftly [swíftli] *ad.* 신속히
utterly [ʌtərli] *ad.* 철저히
wane [wein] *vi.* (달 등이)이지러지다

60:14 bow down: 절하다
60:16 nurse at...: …의 젖을 빨다
60:17 instead of...: …대신에
60:17 in place of...: …대신에
60:18 no longer...: 더 이상 …않다
60:19 by day: 낮에는

사 1)가난한 자에게 아름다운 소식을 전
하게 하려 하심이라 나를 보내사 마음
이 상한 자를 고치며 포로된 자에게 자
유를, 갇힌 자에게 놓임을 선포하며
2 여호와의 은혜의 해와 우리 하나님의
보복의 날을 선포하여 모든 슬픈 자를
위로하되
3 무릇 시온에서 슬퍼하는 자에게 화관을
주어 그 재를 대신하며 기쁨의 기름으
로 그 슬픔을 대신하며 찬송의 옷으로
그 근심을 대신하시고 그들이 의의 나
무 곧 여호와께서 심으신 그 영광을 나
타낼 자라 일컬음을 받게 하려 하심이
라
4 ●그들은 오래 황폐하였던 곳을 다시
쌓을 것이며 옛부터 무너진 곳을 다시
일으킬 것이며 황폐한 성읍 곧 대대로
무너져 있던 것들을 중수할 것이며
5 외인은 서서 너희 양 떼를 칠 것이요 이
방 사람은 너희 농부와 포도원지기가
될 것이나
6 오직 너희는 여호와의 제사장이라 일
컬음을 받을 것이라 사람들이 너희를
우리 하나님의 봉사자라 할 것이며 너
희가 이방 나라들의 재물을 먹으며 그
들의 영광을 얻어 자랑할 것이니라 66:21
7 너희가 수치 대신에 보상을 배나 얻으
며 능욕 대신에 몫으로 말미암아 즐거
워할 것이라 그리하여 그들의 땅에서
갑절이나 얻고 영원한 기쁨이 있으리
라
8 무릇 나 여호와는 정의를 사랑하며 불
의의 강탈을 미워하여 성실히 그들에
게 갚아 주고 그들과 영원한 언약을
맺을 것이라
9 그들의 자손을 뭇 나라 가운데에, 그들
의 후손을 만민 가운데에 알리리니 무
릇 이를 보는 자가 그들은 여호와께 복
받은 자손이라 인정하리라 54:3
10 ●내가 여호와로 말미암아 크게 기뻐하
며 내 영혼이 나의 하나님으로 말미암
아 즐거워하리니 이는 그가 구원의 옷
을 내게 입히시며 공의의 겉옷을 내게
더하심이 신랑이 2)사모를 쓰며 신부가
자기 보석으로 단장함 같게 하셨음이라
11 땅이 싹을 내며 동산이 거기 뿌린 것을
움돋게 함같이 주 여호와께서 공의와

to proclaim good news to the poor.
He has sent me to bind up the brokenhearted,
to proclaim freedom for the captives
and release from darkness for the prisoners,[a]
2 ●to proclaim the year of the LORD's favor
and the day of vengeance of our God,
to comfort all who mourn,
3 ● and provide for those who grieve in Zion—
to bestow on them a crown of beauty
instead of ashes,
the oil of joy
instead of mourning,
and a garment of praise
instead of a spirit of despair.
They will be called oaks of righteousness,
a planting of the LORD
for the display of his splendor.
4 ●They will rebuild the ancient ruins
and restore the places long devastated;
they will renew the ruined cities
that have been devastated for generations.
5 ●Strangers will shepherd your flocks;
foreigners will work your fields and vineyards.
6 ●And you will be called priests of the LORD,
you will be named ministers of our God.
You will feed on the wealth of nations,
and in their riches you will boast.
7 ●Instead of your shame
you will receive a double portion,
and instead of disgrace
you will rejoice in your inheritance.
And so you will inherit a double portion in
your land,
and everlasting joy will be yours.
8 ●"For I, the LORD, love justice;
I hate robbery and wrongdoing.
In my faithfulness I will reward my people
and make an everlasting covenant with them.
9 ●Their descendants will be known among the
nations
and their offspring among the peoples.
All who see them will acknowledge
that they are a people the LORD has blessed."
10 ●I delight greatly in the LORD;
my soul rejoices in my God.
For he has clothed me with garments of salvation
and arrayed me in a robe of his righteousness,
as a bridegroom adorns his head like a priest,
and as a bride adorns herself with her jewels.
11 ●For as the soil makes the sprout come up
and a garden causes seeds to grow,

[a]1 Hebrew; Septuagint *the blind*

1) 겸비한 자 2) 히, 제사장의 관

captive [kǽptiv] *n.* 포로
covenant [kʌvənənt] *n.* 언약
despair [dispέər] *n.* 절망
devastate [dévəstèit] *vt.* 황폐시키다
garment [gɑ́:rmənt] *n.* 의복
grieve [gri:v] *vi.* 몹시 슬퍼하다
inheritance [inhérətəns] *n.* 유산
minister [mínəstər] *n.* 성직자
offspring [ɔ́:fsprìŋ] *n.* 자손
release [rilí:s] *vt.* 해방시키다
robbery [rɑ́bəri] *n.* 강도질
shepherd [ʃépərd] *vt.* 인도하다
sprout [spraut] *n.* 싹
vengeance [véndʒəns] *n.* 보복
vineyard [vínjərd] *n.* 포도원

61:1 bind up: (상처를) 싸매다
61:3 bestow on...: …에게 헌정하다
61:4 for generations: 여러 세대에 걸쳐
61:6 feed on...: …를 먹고 살다
61:10 array in...: …로 차려입다
61:10 adorn oneself with...: …로 치장하다

찬송을 모든 나라 앞에 솟아나게 하시
리라

62 나는 시온의 의가 빛같이, 예루
살렘의 구원이 횃불같이 나타나
도록 시온을 위하여 잠잠하지 아니하
며 예루살렘을 위하여 쉬지 아니할 것
인즉
2 이방 나라들이 네 공의를, 뭇 왕이 다
네 영광을 볼 것이요 너는 여호와의 입
으로 정하실 새 이름으로 일컬음이 될
것이며
3 너는 또 여호와의 손의 아름다운 관, 네
하나님의 손의 왕관이 될 것이라
4 다시는 너를 버림받은 자라 부르지 아
니하며 다시는 네 땅을 황무지라 부르
지 아니하고 오직 너를 1) 헵시바라 하며
네 땅을 2) 쁄라라 하리니 이는 여호와께
서 너를 기뻐하실 것이며 네 땅이 결혼
한 것처럼 될 것임이라 습 3:17
5 마치 청년이 처녀와 결혼함같이 네 아
들들이 너를 취하겠고 신랑이 신부를
기뻐함같이 네 하나님이 너를 기뻐하시
리라
6 ●예루살렘이여 내가 너의 성벽 위에
파수꾼을 세우고 그들로 하여금 주야로
계속 잠잠하지 않게 하였느니라 너희
여호와로 기억하시게 하는 자들아 너희
는 쉬지 말며
7 또 여호와께서 예루살렘을 세워 세상에
서 찬송을 받게 하시기까지 그로 쉬지
못하시게 하라
8 여호와께서 그 오른손, 그 능력의 팔로
맹세하시되 내가 다시는 네 곡식을 네
원수들에게 양식으로 주지 아니하겠고
네가 수고하여 얻은 포도주를 이방인이
마시지 못하게 할 것인즉
9 오직 추수한 자가 그것을 먹고 나 여호
와를 찬송할 것이요 거둔 자가 그것을
나의 성소 뜰에서 마시리라 하셨느니
라
10 ●성문으로 나아가라 나아가라 백성
이 올 길을 닦으라 큰길을 수축하고
수축하라 돌을 제하라 만민을 위하여
기치를 들라
11 여호와께서 땅끝까지 선포하시되 너희
는 딸 시온에게 이르라 보라 네 구원이
이르렀느니라 보라 상급이 그에게 있고

so the Sovereign LORD will make righteousness
and praise spring up before all nations.

Zion's New Name

62 For Zion's sake I will not keep silent,
for Jerusalem's sake I will not remain quiet,
till her vindication shines out like the dawn,
her salvation like a blazing torch.
2 ●The nations will see your vindication,
and all kings your glory;
you will be called by a new name
that the mouth of the LORD will bestow.
3 ●You will be a crown of splendor in the LORD's
hand,
a royal diadem in the hand of your God.
4 ●No longer will they call you Deserted,
or name your land Desolate.
But you will be called Hephzibah,[a]
and your land Beulah[b];
for the LORD will take delight in you,
and your land will be married.
5 ●As a young man marries a young woman,
so will your Builder marry you;
as a bridegroom rejoices over his bride,
so will your God rejoice over you.
6 ●I have posted watchmen on your walls, Jerusalem;
they will never be silent day or night.
You who call on the LORD,
give yourselves no rest,
7 ●and give him no rest till he establishes Jerusalem
and makes her the praise of the earth.
8 ●The LORD has sworn by his right hand
and by his mighty arm:
"Never again will I give your grain
as food for your enemies,
and never again will foreigners drink the new
wine
for which you have toiled;
9 ●but those who harvest it will eat it
and praise the LORD,
and those who gather the grapes will drink it
in the courts of my sanctuary."
10 ●Pass through, pass through the gates!
Prepare the way for the people.
Build up, build up the highway!
Remove the stones.
Raise a banner for the nations.
11 ●The LORD has made proclamation
to the ends of the earth:
"Say to Daughter Zion,
'See, your Savior comes!

[a]4 *Hephzibah* means *my delight is in her.* [b]4 *Beulah* means *married.* 1) 나의 기쁨이 그에게 있다 2) 결혼한 여자

bestow [bistóu] *vt.* 주다
blazing [bléiziŋ] *a.* 불타는
bridegroom [bráidgrùːm] *n.* 신랑
deserted [dizə́ːrtid] *a.* 버림받은
desolate [désələt] *a.* 내버려진
diadem [dáiədèm] *n.* 왕관
proclamation [prɑ̀kləméiʃən] *n.* 선포
salvation [sælvéiʃən] *n.* 구원
sanctuary [sǽŋktʃuèri] *n.* 성소
sovereign [sɑ́vərin] *n.* 주권자
splendor [spléndər] *n.* 광채
toil [tɔil] *vi.* 수고하다
torch [tɔːrtʃ] *n.* 횃불
vindication [vìndəkéiʃən] *n.* 변호
watchman [wɑ́tʃmən] *n.* 파수꾼, 경비원

61:11 spring up: 솟아오르다
62:1 for one's sake: …을 위하여
62:1 shine out: 빛을 발하다
62:4 no longer: 더 이상 …아닌
62:4 take delight in...: …를 기뻐하다
62:6 call on...: …에게 부탁하다, …을 부르다

보응이 그 앞에 있느니라 하셨느니라
12 사람들이 너를 일컬어 거룩한 백성
이라 여호와께서 구속하신 자라 하
겠고 또 [1]너를 일컬어 찾은 바 된 자
요 버림받지 아니한 성읍이라 하리
라 4:3

여호와의 승리

63 에돔에서 오는 이 누구며 붉은
옷을 입고 보스라에서 오는 이
누구냐 그의 화려한 의복 큰 능력으
로 걷는 이가 누구냐 그는 나이니 공
의를 말하는 이요 구원하는 능력을
가진 이니라
2 어찌하여 네 의복이 붉으며 네 옷이
포도즙틀을 밟는 자 같으냐 계 19:13,15
3 만민 가운데 나와 함께한 자가 없이
내가 홀로 포도즙틀을 밟았는데 내가
노함으로 말미암아 무리를 밟았고 분
함으로 말미암아 짓밟았으므로 그들
의 [2]선혈이 내 옷에 튀어 내 의복을
다 더럽혔음이니
4 이는 내 원수 갚는 날이 내 마음에 있
고 내가 구속할 해가 왔으나
5 내가 본즉 도와주는 자도 없고 붙들어
주는 자도 없으므로 이상하게 여겨 내
팔이 나를 구원하며 내 분이 나를 붙
들었음이라
6 내가 노함으로 말미암아 만민을 밟았
으며 내가 분함으로 말미암아 그들을
[3]취하게 하고 그들의 선혈이 땅에 쏟
아지게 하였느니라

이스라엘에게 베푸신 은총

7 ●내가 여호와께서 우리에게 베푸신
모든 자비와 그의 찬송을 말하며 그
의 사랑을 따라, 그의 많은 자비를
따라 이스라엘 집에 베푸신 큰 은총
을 말하리라
8 그가 말씀하시되 그들은 실로 나의
백성이요 거짓을 행하지 아니하는 자
녀라 하시고 그들의 구원자가 되사
9 그들의 모든 환난에 동참하사 자기 앞
의 사자로 하여금 그들을 구원하시며
그의 사랑과 그의 자비로 그들을 구원
하시고 옛적 모든 날에 그들을 드시며
안으셨으나
10 그들이 반역하여 주의 성령을 근심하
게 하였으므로 그가 돌이켜 그들의 대

See, his reward is with him,
and his recompense accompanies him.' "
12 •They will be called the Holy People,
the Redeemed of the LORD;
and you will be called Sought After,
the City No Longer Deserted.

God's Day of Vengeance and Redemption

63 Who is this coming from Edom,
from Bozrah, with his garments stained
crimson?
Who is this, robed in splendor,
striding forward in the greatness of his strength?
"It is I, proclaiming victory,
mighty to save."
2 •Why are your garments red,
like those of one treading the winepress?
3 •"I have trodden the winepress alone;
from the nations no one was with me.
I trampled them in my anger
and trod them down in my wrath;
their blood spattered my garments,
and I stained all my clothing.
4 •It was for me the day of vengeance;
the year for me to redeem had come.
5 •I looked, but there was no one to help,
I was appalled that no one gave support;
so my own arm achieved salvation for me,
and my own wrath sustained me.
6 •I trampled the nations in my anger;
in my wrath I made them drunk
and poured their blood on the ground."

Praise and Prayer

7 •I will tell of the kindnesses of the LORD,
the deeds for which he is to be praised,
according to all the LORD has done for us—
yes, the many good things
he has done for Israel,
according to his compassion and many kindnesses.
8 •He said, "Surely they are my people,
children who will be true to me";
and so he became their Savior.
9 •In all their distress he too was distressed,
and the angel of his presence saved them.[a]
In his love and mercy he redeemed them;
he lifted them up and carried them
all the days of old.
10 •Yet they rebelled
and grieved his Holy Spirit.
So he turned and became their enemy

a9 Or *Savior* [9]*in their distress. / It was no envoy or angel / but his own presence that saved them*

1) 히, 그들 2) 정력 3) 부수고

accompany [əkʌmpəni] *vt.* 동반하다
appall [əpɔ́:l] *vt.* 간담이 서늘하게 하다
compassion [kəmpǽʃən] *n.* 동정
crimson [krímzn] *a.* 진홍색의
deserted [dizə́:rtid] *a.* 버림받은
garment [gá:rmənt] *n.* 의복
grieve [gri:v] *vt.* 몹시 슬프게 하다
rebel [rebə́l] *vi.* 반역하다
recompense [rékəmpèns] *n.* 보응
redeem [ridí:m] *vt.* 구원하다
spatter [spǽtər] *vi.* 튀다
stride [straid] *vt.* 활보하다
sustain [səstéin] *vt.* 지탱하다
trample [trǽmpl] *vt.* 밟다
vengeance [véndʒəns] *n.* 복수

62:12 seek after...: …를 얻고자 갈망하다
63:3 tread down: 짓밟다, 억누르다
63:5 give support: 지지하다
63:7 tell of...: …에 대해서 이야기하다
63:7 according to...: …에 따라서
63:9 lift up: 들어올리다

적이 되사 친히 그들을 치셨더니 엡 4:30
11 백성이 옛적 모세의 때를 기억하여 이르
되 백성과 양 떼의 [1]목자를 바다에서 올
라오게 하신 이가 이제 어디 계시냐 그
들 가운데에 성령을 두신 이가 이제 어
디 계시냐
12 그의 영광의 팔이 모세의 오른손을 이
끄시며 그의 이름을 영원하게 하려 하
사 그들 앞에서 물을 갈라지게 하시고
13 그들을 깊음으로 인도하시되 광야에 있
는 말같이 넘어지지 않게 하신 이가 이
제 어디 계시냐
14 여호와의 영이 그들을 골짜기로 내려가
는 가축같이 편히 쉬게 하셨도다 주께
서 이와 같이 주의 백성을 인도하사 이
름을 영화롭게 하셨나이다 하였느니라

자비와 사랑을 구하는 기도

15 ●주여 하늘에서 굽어 살피시며 주의
거룩하고 영화로운 처소에서 보옵소서
주의 열성과 주의 능하신 행동이 이제
어디 있나이까 주께서 베푸시던 간곡한
자비와 사랑이 내게 그쳤나이다
16 주는 우리 아버지시라 아브라함은 우리
를 모르고 이스라엘은 우리를 인정하지
아니할지라도 여호와여, 주는 우리의
아버지시라 옛날부터 주의 이름을 우리
의 구속자라 하셨거늘
17 여호와여 어찌하여 우리로 주의 길에서
떠나게 하시며 우리의 마음을 완고하게
하사 주를 경외하지 않게 하시나이까
원하건대 주의 종들 곧 주의 기업인 지
파들을 위하사 돌아오시옵소서
18 주의 거룩한 백성이 땅을 차지한 지 오
래지 아니하여서 우리의 원수가 주의
성소를 유린하였사오니
19 우리는 주의 다스림을 받지 못하는 자
같으며 주의 이름으로 일컬음을 받지
못하는 자같이 되었나이다

64 원하건대 주는 하늘을 가르고 강
림하시고 주 앞에서 산들이 진동
하기를
2 불이 섶을 사르며 불이 물을 끓임 같게
하사 주의 원수들이 주의 이름을 알게
하시며 이방 나라들로 주 앞에서 떨게
하옵소서
3 주께서 강림하사 우리가 생각하지 못한
두려운 일을 행하시던 그때에 산들이

and he himself fought against them.
11 •Then his people recalled [a] the days of old,
the days of Moses and his people —
where is he who brought them through the sea,
with the shepherd of his flock?
Where is he who set
his Holy Spirit among them,
12 •who sent his glorious arm of power
to be at Moses' right hand,
who divided the waters before them,
to gain for himself everlasting renown,
13 •who led them through the depths?
Like a horse in open country,
they did not stumble;
14 •like cattle that go down to the plain,
they were given rest by the Spirit of the LORD.
This is how you guided your people
to make for yourself a glorious name.
15 •Look down from heaven and see,
from your lofty throne, holy and glorious.
Where are your zeal and your might?
Your tenderness and compassion are withheld
from us.
16 •But you are our Father,
though Abraham does not know us
or Israel acknowledge us;
you, LORD, are our Father,
our Redeemer from of old is your name.
17 •Why, LORD, do you make us wander from your
ways
and harden our hearts so we do not revere you?
Return for the sake of your servants,
the tribes that are your inheritance.
18 •For a little while your people possessed your holy
place,
but now our enemies have trampled down
your sanctuary.
19 •We are yours from of old;
but you have not ruled over them,
they have not been called [b] by your name.

64 [c] Oh, that you would rend the heavens
and come down,
that the mountains would tremble before you!
2 •As when fire sets twigs ablaze
and causes water to boil,
come down to make your name known to
your enemies
and cause the nations to quake before you!
3 •For when you did awesome things that we
did not expect,

[a] 11 Or *But may he recall* [b] 19 Or *We are like those you have never ruled, / like those never called* [c] In Hebrew texts 64:1 is numbered 63:19b, and 64:2-12 is numbered 64:1-11. 1) 목자들

acknowledge [əknálidʒ] *vt.* 인정하다
awesome [ɔ́:səm] *a.* 경외감을 일으키는
compassion [kəmpǽʃən] *n.* 긍휼
harden [há:rdn] *vt.* 강퍅하게 하다
inheritance [inhérətəns] *n.* 유산
lofty [lɔ́:fti] *a.* 높은
quake [kweik] *vi.* 덜덜 떨다
recall [rikɔ́:l] *vt.* 회상하다
renown [rináun] *n.* 명성
revere [rivíər] *vt.* 공경하다
sanctuary [sǽŋktʃuèri] *n.* 성소
stumble [stʌmbl] *vi.* 넘어지다
tenderness [téndərnis] *n.* 친절
twig [twig] *n.* 작은 가지
withhold [wiθhóuld] *vt.* 억제하다

63:17 wander from...: …에서 벗나가다
63:17 for the sake of...: …를 위하여
63:18 trample down: 마구 짓밟다
63:19 from of old: 옛날부터
63:19 rule over: 통치하다
64:2 set ablaze: 타오르게 하다

주 앞에서 진동하였사오니 사 65:5
4 주 외에는 자기를 앙망하는 자를 위하여 이
런 일을 행한 신을 옛부터 들은 자도 없고
귀로 들은 자도 없고 눈으로 본 자도 없었나
이다
5 주께서 기쁘게 공의를 행하는 자와 주의
길에서 주를 기억하는 자를 선대하시거늘
우리가 범죄하므로 주께서 진노하셨사오
며 이 현상이 이미 오래되었사오니 우리
가 어찌 구원을 얻을 수 있으리이까
6 무릇 우리는 다 부정한 자 같아서 우리의
의는 다 더러운 옷 같으며 우리는 다 잎사
귀같이 시들므로 우리의 죄악이 바람같이
우리를 몰아가나이다
7 주의 이름을 부르는 자가 없으며 스스로
분발하여 주를 붙잡는 자가 없사오니 이
는 주께서 우리에게 얼굴을 숨기시며 우
리의 죄악으로 말미암아 우리가 소멸되게
하셨음이니이다
8 ●그러나 여호와여, 이제 주는 우리 아버
지시니이다 우리는 진흙이요 주는 토기장
이시니 우리는 다 주의 손으로 지으신 것
이니이다
9 여호와여, 너무 분노하지 마시오며 죄악
을 영원히 기억하지 마시옵소서 구하오니
보시옵소서 보시옵소서 우리는 다 주의
백성이니이다
10 주의 거룩한 성읍들이 광야가 되었으며
시온이 광야가 되었으며 예루살렘이 황폐
하였나이다
11 우리 조상들이 주를 찬송하던 우리의 거
룩하고 아름다운 성전이 불에 탔으며 우
리가 즐거워하던 곳이 다 황폐하였나이다
12 여호와여 일이 이러하거늘 주께서 아직도
가만히 계시려 하시나이까 주께서 아직도
잠잠하시고 우리에게 심한 괴로움을 받게
하시려나이까

하나님께서 패역한 백성을 벌하시다 (♪ 121장)

65 나는 나를 구하지 아니하던 자에게
물음을 받았으며 나를 찾지 아니하
던 자에게 찾아냄이 되었으며 내 이름을
부르지 아니하던 나라에 내가 여기 있노
라 내가 여기 있노라 하였노라
2 내가 종일 손을 펴서 자기 생각을 따라 옳
지 않은 길을 걸어가는 패역한 백성들을
불렀나니
3 곧 동산에서 제사하며 벽돌 위에서 분향하

you came down, and the mountains
trembled before you.
4 ●Since ancient times no one has heard,
no ear has perceived,
no eye has seen any God besides you,
who acts on behalf of those who wait for
him.
5 ●You come to the help of those who gladly do
right,
who remember your ways.
But when we continued to sin against them,
you were angry.
How then can we be saved?
6 ●All of us have become like one who is unclean,
and all our righteous acts are like filthy rags;
we all shrivel up like a leaf,
and like the wind our sins sweep us away.
7 ●No one calls on your name
or strives to lay hold of you;
for you have hidden your face from us
and have given us over to[a] our sins.
8 ●Yet you, LORD, are our Father.
We are the clay, you are the potter;
we are all the work of your hand.
9 ●Do not be angry beyond measure, LORD;
do not remember our sins forever.
Oh, look on us, we pray,
for we are all your people.
10 ●Your sacred cities have become a wasteland;
even Zion is a wasteland, Jerusalem a
desolation.
11 ●Our holy and glorious temple, where
our ancestors praised you,
has been burned with fire,
and all that we treasured lies in ruins.
12 ●After all this, LORD, will you hold yourself back?
Will you keep silent and punish us beyond
measure?

Judgment and Salvation

65 "I revealed myself to those who
did not ask for me;
I was found by those who did not seek me.
To a nation that did not call on my name,
I said, 'Here am I, here am I.'
2 ●All day long I have held out my hands
to an obstinate people,
who walk in ways not good,
pursuing their own imaginations —
3 ●a people who continually provoke me
to my very face,

[a]7 Septuagint, Syriac and Targum; Hebrew *have made us melt because of*

ancestor [ǽnsestər] *n.* 선조
desolation [dèsəléiʃən] *n.* 황폐
filthy [fílθi] *a.* 더러운
obstinate [ábstənət] *a.* 완고한
perceive [pərsíːv] *vt.* 인식하다
potter [pátər] *n.* 토기장이
provoke [prəvóuk] *vt.* 화나게 하다
punish [pʌniʃ] *vt.* 처벌하다
pursue [pərsúː] *vt.* 추구하다
sacred [séikrid] *a.* 거룩한
strive [straiv] *vi.* 얻으려고 애쓰다
sweep [swiːp] *vt.* 휩쓸다
temple [témpl] *n.* 성전
treasure [tréʒər] *vt.* 소중히 여기다
tremble [trémbl] *vi.* 진동하다

64:4 on behalf of...: …를 위하여
64:6 shrivel up: 바싹 마르다
64:7 lay hold of...: …을 잡다
64:9 beyond measure: 정도를 넘어서서
64:9 look on...: …를 고려하다
64:11 lie in...: …한 상태에 있다

여 내 앞에서 항상 내 노를 일으키는 백
성이라
4 그들이 무덤 사이에 [1]앉으며 은밀한 처
소에서 밤을 지내며 돼지고기를 먹으며
가증한 것들의 국을 그릇에 담으면서
5 사람에게 이르기를 너는 네 자리에 서
있고 내게 가까이하지 말라 나는 너보
다 거룩함이라 하나니 이런 자들은 내
코의 연기요 종일 타는 불이로다
6 보라 이것이 내 앞에 기록되었으니 내
가 잠잠하지 아니하고 반드시 보응하되
그들의 품에 보응하리라 렘 16:18
7 너희의 죄악과 너희 조상들의 죄악은 한
가지니 그들이 산 위에서 분향하며 작은
산 위에서 나를 능욕하였음이라 그러므
로 내가 먼저 그들의 행위를 헤아리고 그
들의 품에 보응하리라 여호와가 말하였
느니라 렘 13:25
8 ●여호와께서 이와 같이 말씀하시되 포
도송이에는 즙이 있으므로 사람들이 말
하기를 그것을 상하지 말라 거기 복이
있느니라 하나니 나도 내 종들을 위하
여 그와 같이 행하여 다 멸하지 아니하
고
9 내가 야곱에게서 씨를 내며 유다에게
서 나의 산들을 기업으로 얻을 자를 내
리니 내가 택한 자가 이를 기업으로 얻
을 것이요 나의 종들이 거기에 살 것이
라
10 사론은 양 떼의 [2]우리가 되겠고 아골 골
짜기는 소 떼가 눕는 곳이 되어 나를 찾
은 내 백성의 소유가 되려니와 33:9
11 오직 나 여호와를 버리며 나의 성산을
잊고 [3]갓에게 상을 베풀며 [4]므니에게
섞은 술을 가득히 붓는 너희여
12 내가 너희를 칼에 붙일 것인즉 다 구푸
리고 죽임을 당하리니 이는 내가 불러
도 너희가 대답하지 아니하며 내가 말
하여도 듣지 아니하고 나의 눈에 악을
행하였으며 내가 즐겨하지 아니하는 일
을 택하였음이니라
13 ●이러므로 주 여호와께서 이와 같이
말씀하시니라 보라 나의 종들은 먹을
것이로되 너희는 주릴 것이니라 보라
나의 종들은 마실 것이로되 너희는 갈
할 것이니라 보라 나의 종들은 기뻐할

offering sacrifices in gardens
and burning incense on altars of brick;
4 ●who sit among the graves
and spend their nights keeping secret vigil;
who eat the flesh of pigs,
and whose pots hold broth of impure meat;
5 ●who say, 'Keep away; don't come near me,
for I am too sacred for you!'
Such people are smoke in my nostrils,
a fire that keeps burning all day.
6 ●"See, it stands written before me:
I will not keep silent but will pay back in full;
I will pay it back into their laps —
7 ●both your sins and the sins of your ancestors,"
says the LORD.
"Because they burned sacrifices on the mountains
and defied me on the hills,
I will measure into their laps
the full payment for their former deeds."
8 ●This is what the LORD says:
"As when juice is still found in a cluster of grapes
and people say, 'Don't destroy it,
there is still a blessing in it,'
so will I do in behalf of my servants;
I will not destroy them all.
9 ●I will bring forth descendants from Jacob,
and from Judah those who will possess my
mountains;
my chosen people will inherit them,
and there will my servants live.
10 ●Sharon will become a pasture for flocks,
and the Valley of Achor a resting place for
herds,
for my people who seek me.
11 ●"But as for you who forsake the LORD
and forget my holy mountain,
who spread a table for Fortune
and fill bowls of mixed wine for Destiny,
12 ●I will destine you for the sword,
and all of you will fall in the slaughter;
for I called but you did not answer,
I spoke but you did not listen.
You did evil in my sight
and chose what displeases me."
13 ●Therefore this is what the Sovereign LORD says:
"My servants will eat,
but you will go hungry;
my servants will drink,
but you will go thirsty;
my servants will rejoice,

1) 처하며 2) 초장이 3) 운수신 4) 운명신

altar [ɔ́:ltər] *n.* 제단
brick [brik] *n.* 벽돌
broth [brɔ:θ] *n.* 국, 묽은 수프
cluster [klʌstər] *n.* 송이, 한덩어리
defy [difái] *vt.* 무시하다
destine [déstin] *vt.* 예정해 두다
forsake [fərséik] *vt.* 버리다
incense [ínsens] *n.* 향
inherit [inhérit] *vt.* 상속하다
nostril [nástrəl] *n.* 콧구멍
pasture [pǽstʃər] *n.* 초장
sacrifice [sǽkrəfàis] *n.* 희생물
slaughter [slɔ́:tər] *n.* 살육
sovereign [sávərin] *a.* 주권있는
vigil [vídʒəl] *n.* 불침번

65:5 keep away: 가까이 못하게 하다
65:6 pay back: 갚아주다
65:8 in behalf of...: …를 위하여
65:9 bring forth: 생기게 하다, 낳다
65:11 as for...: …에 관하여는
65:12 in one's sight: …의 견해에 따라

것이로되 너희는 수치를 당할 것이니라
14 보라 나의 종들은 마음이 즐거우므로
노래할 것이로되 너희는 마음이 슬프므
로 울며 심령이 상하므로 통곡할 것이
며
15 또 너희가 남겨 놓은 이름은 내가 택한
자의 저줏거리가 될 것이니라 주 여호
와 내가 너를 죽이고 내 종들은 다른 이
름으로 부르리라
16 이러므로 땅에서 자기를 위하여 복을
구하는 자는 [1]진리의 하나님을 향하여
복을 구할 것이요 땅에서 맹세하는 자
는 진리의 하나님으로 맹세하리니 이
는 이전 환난이 잊어졌고 내 눈앞에
숨겨졌음이라

새 하늘과 새 땅 창조

17 ● 보라 내가 새 하늘과 새 땅을 창조하
나니 이전 것은 기억되거나 마음에 생
각나지 아니할 것이라 벧후 3:13
18 너희는 내가 창조하는 것으로 말미암아
영원히 기뻐하며 즐거워할지니라 보라
내가 예루살렘을 즐거운 성으로 창조하
며 그 백성을 기쁨으로 삼고
19 내가 예루살렘을 즐거워하며 나의 백성
을 기뻐하리니 우는 소리와 부르짖는
소리가 그 가운데에서 다시는 들리지
아니할 것이며
20 거기는 날 수가 많지 못하여 죽는 어린
이와 수한이 차지 못한 노인이 다시는
없을 것이라 곧 백 세에 죽는 자를 젊
은이라 하겠고 [2]백 세가 못되어 죽는
자는 저주받은 자이리라
21 그들이 가옥을 건축하고 그 안에 살겠
고 포도나무를 심고 열매를 먹을 것이
며
22 그들이 건축한 데에 타인이 살지 아니
할 것이며 그들이 심은 것을 타인이
먹지 아니하리니 이는 내 백성의 수한
이 나무의 수한과 같겠고 내가 택한
자가 그 손으로 일한 것을 길이 누릴
것이며
23 그들의 수고가 헛되지 않겠고 그들이
생산한 것이 재난을 당하지 아니하리
니 그들은 여호와의 복된 자의 자손이
요 그들의 후손도 그들과 같을 것임이
라

but you will be put to shame.
14 ● My servants will sing
out of the joy of their hearts,
but you will cry out
from anguish of heart
and wail in brokenness of spirit.
15 ● You will leave your name
for my chosen ones to use in their curses;
the Sovereign LORD will put you to death,
but to his servants he will give another name.
16 ● Whoever invokes a blessing in the land
will do so by the one true God;
whoever takes an oath in the land
will swear by the one true God.
For the past troubles will be forgotten
and hidden from my eyes.

New Heavens and a New Earth

17 ● "See, I will create
new heavens and a new earth.
The former things will not be remembered,
nor will they come to mind.
18 ● But be glad and rejoice forever
in what I will create,
for I will create Jerusalem to be a delight
and its people a joy.
19 ● I will rejoice over Jerusalem
and take delight in my people;
the sound of weeping and of crying
will be heard in it no more.
20 ● "Never again will there be in it
an infant who lives but a few days,
or an old man who does not live out his years;
the one who dies at a hundred
will be thought a mere child;
the one who fails to reach[a] a hundred
will be considered accursed.
21 ● They will build houses and dwell in them;
they will plant vineyards and eat their fruit.
22 ● No longer will they build houses and others live
in them,
or plant and others eat.
For as the days of a tree,
so will be the days of my people;
my chosen ones will long enjoy
the work of their hands.
23 ● They will not labor in vain,
nor will they bear children doomed to
misfortune;
for they will be a people blessed by the LORD,
they and their descendants with them.

[a]20 Or *the sinner who reaches*
1) 아멘 '고후 1:20; 계 3:14' 2) 히, 백 세 된 죄인은 저주를 당한 것이라

accursed [əkə́:rst] *a.* 저주받은
anguish [ǽŋgwiʃ] *n.* 고뇌
brokenness [bróukənnis] *n.* 낙담
consider [kənsídər] *vt.* …로 여기다
dwell [dwel] *vi.* 거주하다
infant [ínfənt] *n.* 유아
invoke [invóuk] *vt.* 기원하다
mere [miər] *a.* 단순한
misfortune [misfɔ́:rtʃən] *n.* 불행
oath [ouθ] *n.* 맹세
sovereign [sávərin] *a.* 주권을 가진
swear [swɛər] *vi.* 맹세하다
vineyard [vínjərd] *n.* 포도원
wail [weil] *vt.* 통곡하다
weep [wi:p] *vi.* 흐느껴 울다

65:14 out of...: … 중에
65:17 come to mind: 마음에 떠오르다
65:20 live out one's years: 수명대로 살다
65:22 no longer...: 더 이상 …않다
65:23 in vain: 헛되이
65:23 doomed to...: …될 운명에 처한

24 그들이 부르기 전에 내가 응답하겠고
그들이 말을 마치기 전에 내가 들을 것
이며
25 이리와 어린 양이 함께 먹을 것이며 사
자가 소처럼 짚을 먹을 것이며 뱀은 흙
을 양식으로 삼을 것이니 나의 성산에
서는 해함도 없겠고 상함도 없으리라
여호와께서 말씀하시니라

여호와께서 민족들을 심판하시다 (♪44장)

— B.C. 690년경

66 여호와께서 이와 같이 말씀하시
되 하늘은 나의 보좌요 땅은 나의
발판이니 너희가 나를 위하여 무슨 집
을 지으랴 내가 안식할 처소가 어디랴
2 나 여호와가 말하노라 내 손이 이 모든
것을 지었으므로 그들이 생겼느니라 무
릇 마음이 가난하고 심령에 통회하며 내
말을 듣고 떠는 자 그 사람은 내가 돌보
려니와 마 5:3, 4
3 소를 잡아 드리는 것은 살인함과 다름
이 없이 하고 어린 양으로 제사드리는
것은 개의 목을 꺾음과 다름이 없이 하
며 드리는 1)예물은 돼지의 피와 다름이
없이 하고 분향하는 것은 우상을 찬송
함과 다름이 없이 행하는 그들은 자기
의 길을 택하며 그들의 마음은 가증한
것을 기뻐한즉 1:11
4 나 또한 유혹을 그들에게 택하여 주며 그
들이 무서워하는 것을 그들에게 임하게
하리니 이는 내가 불러도 대답하는 자가
없으며 내가 말하여도 그들이 듣지 않고
오직 나의 목전에서 악을 행하며 내가 기
뻐하지 아니하는 것을 택하였음이라 하
시니라 잠 1:31, 32
5 ●여호와의 말씀으로 말미암아 떠는 자
들아 그의 말씀을 들을지어다 이르시되
너희 형제가 너희를 미워하며 내 이름
으로 말미암아 너희를 쫓아내며 이르기
를 여호와께서는 영광을 나타내사 너희
기쁨을 우리에게 보이시기를 원하노라
하였으나 그들은 수치를 당하리라 하셨
느니라
6 떠드는 소리가 성읍에서부터 들려오며
목소리가 성전에서부터 들리니 이는
여호와께서 그의 원수에게 보응하시는
목소리로다
7 ●시온은 진통을 하기 전에 해산하며

24 ●Before they call I will answer;
while they are still speaking I will hear.
25 ●The wolf and the lamb will feed together,
and the lion will eat straw like the ox,
and dust will be the serpent's food.
They will neither harm nor destroy
on all my holy mountain,"
says the LORD.

Judgment and Hope

66 This is what the LORD says:

"Heaven is my throne,
and the earth is my footstool.
Where is the house you will build for me?
Where will my resting place be?
2 ●Has not my hand made all these things,
and so they came into being?"
declares the LORD.

"These are the ones I look on with favor:
those who are humble and contrite in spirit,
and who tremble at my word.
3 ●But whoever sacrifices a bull
is like one who kills a person,
and whoever offers a lamb
is like one who breaks a dog's neck;
whoever makes a grain offering
is like one who presents pig's blood,
and whoever burns memorial incense
is like one who worships an idol.
They have chosen their own ways,
and they delight in their abominations;
4 ●so I also will choose harsh treatment for them
and will bring on them what they dread.
For when I called, no one answered,
when I spoke, no one listened.
They did evil in my sight
and chose what displeases me."
5 ●Hear the word of the LORD,
you who tremble at his word:
"Your own people who hate you,
and exclude you because of my name, have
said,
'Let the LORD be glorified,
that we may see your joy!'
Yet they will be put to shame.
6 ●Hear that uproar from the city,
hear that noise from the temple!
It is the sound of the LORD
repaying his enemies all they deserve.
7 ●"Before she goes into labor,

1) 소제

abomination [əbὰmənéiʃən] *n.* 혐오
contrite [kəntráit] *a.* 통회하는
dread [dred] *vt.* 무서워하다
exclude [iksklúːd] *vt.* 쫓아내다
footstool [fútstùːl] *n.* 발등상
glorify [glɔ́ːrəfài] *vt.* 영화롭게 하다
incense [ínsens] *n.* 향
memorial [məmɔ́ːriəl] *a.* 기념의
offering [ɔ́ːfəriŋ] *n.* 제물
sacrifice [sǽkrəfàis] *vt.* 희생물로 바치다
serpent [sə́ːrpənt] *n.* 뱀
straw [strɔː] *n.* 지푸라기
throne [θroun] *n.* 보좌, 왕좌
tremble [trémbl] *vi.* 떨다
uproar [ʌprɔ̀ːr] *n.* 소란

65:25 neither A nor B: A도 B도 아니다
66:2 come into being: 생겨나다
66:3 delight in: …을 즐기다
66:4 bring on: (질병 등이)나게 하다
66:4 in one's sight: …의 견해에 따라
66:5 be put to shame: 수치를 당하다

고통을 당하기 전에 남아를 낳았으니
8 이러한 일을 들은 자가 누구이며 이러
한 일을 본 자가 누구이냐 나라가 어찌
하루에 생기겠으며 민족이 어찌 한 순
간에 태어나겠느냐 그러나 시온은 진통
하는 즉시 그 아들을 순산하였도다
9 여호와께서 이르시되 내가 아이를 갖도
록 하였은즉 해산하게 하지 아니하겠느
냐 네 하나님이 이르시되 나는 해산하
게 하는 이인즉 어찌 태를 닫겠느냐 하
시니라
10 ●예루살렘을 사랑하는 자들이여 다 그
성읍과 함께 기뻐하라 다 그 성읍과 함
께 즐거워하라 그 성을 위하여 슬퍼하
는 자들이여 다 그 성의 기쁨으로 말미
암아 그 성과 함께 기뻐하라 시 122:6
11 너희가 젖을 빠는 것같이 그 위로하는
품에서 만족하겠고 젖을 넉넉히 빤 것
같이 그 영광의 풍성함으로 말미암아
즐거워하리라
12 여호와께서 이와 같이 말씀하시되 보라
내가 그에게 평강을 강같이, 그에게 뭇
나라의 영광을 넘치는 시내같이 주리니
너희가 그 성읍의 젖을 빨 것이며 너희
가 옆에 안기며 그 무릎에서 놀 것이라
13 어머니가 자식을 위로함같이 내가 너희
를 위로할 것인즉 너희가 예루살렘에서
위로를 받으리니
14 너희가 이를 보고 마음이 기뻐서 너희
뼈가 연한 풀의 무성함 같으리라 여호
와의 손은 그의 종들에게 나타나겠고
그의 진노는 그의 원수에게 더하리라
15 ●보라 여호와께서 불에 둘러싸여 강림
하시리니 그의 수레들은 회오리바람 같
으리로다 그가 혁혁한 위세로 노여움을
나타내시며 맹렬한 화염으로 책망하실
것이라
16 여호와께서 불과 칼로 모든 혈육에게
심판을 베푸신즉 여호와께 죽임당할 자
가 많으리니
17 스스로 거룩하게 구별하며 스스로 정결
하게 하고 동산에 들어가서 그 가운데
에 있는 [1]자를 따라 돼지고기와 가증한
물건과 쥐를 먹는 자가 다 함께 망하리
라 여호와의 말씀이니라
18 ●내가 그들의 행위와 사상을 아노라
때가 이르면 뭇 나라와 언어가 다른 민

she gives birth;
before the pains come upon her,
she delivers a son.
8 •Who has ever heard of such things?
Who has ever seen things like this?
Can a country be born in a day
or a nation be brought forth in a moment?
Yet no sooner is Zion in labor
than she gives birth to her children.
9 •Do I bring to the moment of birth
and not give delivery?" says the LORD.
"Do I close up the womb
when I bring to delivery?" says your God.
10 •"Rejoice with Jerusalem and be glad for her,
all you who love her;
rejoice greatly with her,
all you who mourn over her.
11 •For you will nurse and be satisfied
at her comforting breasts;
you will drink deeply
and delight in her overflowing abundance."
12 •For this is what the LORD says:
"I will extend peace to her like a river,
and the wealth of nations like a flooding
stream;
you will nurse and be carried on her arm
and dandled on her knees.
13 •As a mother comforts her child,
so will I comfort you;
and you will be comforted over Jerusalem."
14 •When you see this, your heart will rejoice
and you will flourish like grass;
the hand of the LORD will be made known to his
servants,
but his fury will be shown to his foes.
15 •See, the LORD is coming with fire,
and his chariots are like a whirlwind;
he will bring down his anger with fury,
and his rebuke with flames of fire.
16 •For with fire and with his sword
the LORD will execute judgment on all
people,
and many will be those slain by the LORD.
17 •"Those who consecrate and purify themselves
to go into the gardens, following one who is among
those who eat the flesh of pigs, rats and other
unclean things—they will meet their end together
with the one they follow," declares the LORD.
18 •"And I, because of what they have planned and

1) 목상의 뒤에서

abundance [əbʌndəns] *n.* 풍부
chariot [tʃǽriət] *n.* 수레
consecrate [kánsəkrèit] *vt.* 신성케 하다
dandle [dǽndl] *vt.* 달래다, 귀여워하다
execute [éksikjùːt] *vt.* 집행하다
flame [fleim] *n.* 화염
flourish [flə́ːriʃ] *vi.* 번성하다
foe [fou] *n.* 악인, 적
fury [fjúəri] *n.* 분노
mourn [mɔːrn] *vi.* 슬퍼하다
nurse [nəːrs] *vt.* 젖을 빨다
rebuke [ribjúːk] *n.* 꾸짖음
slay [slei] *vt.* 살해하다
whirlwind [hwə́ːrlwìnd] *n.* 회오리 바람
womb [wuːm] *n.* 태내, 자궁

66:8 bring forth: 낳다
66:12 extend A to B: B에게 A를 베풀다
66:14 be made known to...: …에게 알려지다
66:15 bring down: (재앙을) 초래하다
66:17 meet one's end: 숨을 거두다

족들을 모으리니 그들이 와서 나의 영
광을 볼 것이며
19 내가 그들 가운데에서 징조를 세워서
그들 가운데에서 도피한 자를 여러 나
라 곧 다시스와 뿔과 활을 당기는 룻과
및 두발과 야완과 또 나의 명성을 듣지
도 못하고 나의 영광을 보지도 못한 먼
섬들로 보내리니 그들이 나의 영광을
뭇 나라에 전파하리라
20 나 여호와가 말하노라 이스라엘 자손이
예물을 깨끗한 그릇에 담아 여호와의
집에 드림같이 그들이 너희 모든 형제
를 뭇 나라에서 나의 성산 예루살렘으
로 말과 수레와 교자와 노새와 낙타에
태워다가 여호와께 예물로 드릴 것이요
21 나는 그 가운데에서 택하여 제사장과
레위인을 삼으리라 여호와의 말이니라
22 ●내가 지을 새 하늘과 새 땅이 내 앞에
항상 있는 것같이 너희 자손과 너희 이
름이 항상 있으리라 여호와의 말이니라
23 여호와가 말하노라 매월 초하루와 매 안
식일에 모든 혈육이 내 앞에 나아와 예배
하리라
24 그들이 나가서 내게 패역한 자들의 시
체들을 볼 것이라 그 벌레가 죽지 아니
하며 그 불이 꺼지지 아니하여 모든 혈
육에게 가증함이 되리라 5:25

done, am about to come[a] and gather the people
of all nations and languages, and they will come
and see my glory.
19 ●"I will set a sign among them, and I will send
some of those who survive to the nations—to
Tarshish, to the Libyans[b] and Lydians (famous as
archers), to Tubal and Greece, and to the distant
islands that have not heard of my fame or seen
my glory. They will proclaim my glory among the
20 nations. ●And they will bring all your people,
from all the nations, to my holy mountain in
Jerusalem as an offering to the LORD—on horses,
in chariots and wagons, and on mules and
camels," says the LORD. "They will bring them, as
the Israelites bring their grain offerings, to the
temple of the LORD in ceremonially clean vessels.
21 ●And I will select some of them also to be priests
and Levites," says the LORD.

22 ●"As the new heavens and the new earth that I
make will endure before me," declares the LORD,
"so will your name and descendants endure.
23 ●From one New Moon to another and from one
Sabbath to another, all mankind will come and
24 bow down before me," says the LORD. ●"And they
will go out and look on the dead bodies of those
who rebelled against me; the worms that eat them
will not die, the fire that burns them will not be
quenched, and they will be loathsome to all
mankind."

[a]*18* The meaning of the Hebrew for this clause is uncertain. [b]*19* Some Septuagint manuscripts *Put* (Libyans); Hebrew *Pul*

ceremonially [sèrəmóuniəli] *ad.* 의식적으로
endure [indjúər] *vi.* 오래 지속하다
fame [feim] *n.* 명성
loathsome [lóuðsəm] *a.* 싫어서 견딜수 없는
mule [mju:l] *n.* 노새
offering [ɔ́:fəriŋ] *n.* 제물
proclaim [proukléim] *vt.* 선포하다
quench [kwentʃ] *vt.* 끄다
Sabbath [sǽbəθ] *n.* 안식일
vessel [vésəl] *n.* 그릇

66:18 be about to...: 막 …하려고 하다
66:19 hear of...: …의 소문을 듣다, 전해듣다

예레미야 | Jeremiah

● 저자 _ 예레미야 ● 저작 연대 _ B.C. 627-580년 사이 ● 기록 장소 _ 예루살렘으로 추정
● 기록 대상 _ 유다 민족 및 그 밖의 주변 민족들 ● 핵심어 및 내용 _ 핵심어는 '죄'와 '비탄'이다.

유다 민족의 죄와 사악함은 극에 달했고, 하나님은 심판을 선포하도록 예레미야를 부르셨다. 예레미야는 핍박을 받으면서도 자기 민족이 당하는 고통으로 인해 비통해한다.

1 베냐민 땅 아나돗의 제사장들 중 힐기야의
아들 예레미야의 말이라
2 아몬의 아들 유다 왕 요시야가 다스린 지 십삼
년에 여호와의 말씀이 예레미야에게 임하였고
3 요시야의 아들 유다의 왕 여호야김 시대부터
요시야의 아들 유다의 왕 시드기야의 십일 년
말까지 곧 오월에 예루살렘이 사로잡혀 가기
까지 임하니라

여호와의 말씀이 예레미야에게 임하다

4 ●여호와의 말씀이 내게 임하니라 이르시되
5 내가 너를 모태에 짓기 전에 너를 알았고 네
가 배에서 나오기 전에 너를 성별하였고 너를
여러 나라의 선지자로 세웠노라 하시기로
6 내가 이르되 슬프도소이다 주 여호와여 보소서
나는 아이라 말할 줄을 알지 못하나이다 하니
7 여호와께서 내게 이르시되 너는 아이라 말하
지 말고 내가 너를 누구에게 보내든지 너는 가
며 내가 네게 무엇을 명령하든지 너는 말할지
니라
8 너는 그들 때문에 두려워하지 말라 내가 너와
함께하여 너를 구원하리라 나 여호와의 말이
니라 하시고 겔 2:6
9 여호와께서 그의 손을 내밀어 내 입에 대시며
여호와께서 내게 이르시되 보라 내가 내 말을
네 입에 두었노라
10 보라 내가 오늘 너를 여러 나라와 여러 왕국
위에 세워 네가 그것들을 뽑고 파괴하며 파멸
하고 넘어뜨리며 건설하고 심게 하였느니라
하시니라

살구나무 가지와 끓는 가마 환상

11 ●여호와의 말씀이 또 내게 임하니라 이르시
되 예레미야야 네가 무엇을 보느냐 하시매 내
가 대답하되 내가 살구나무 가지를 보나이다
12 여호와께서 내게 이르시되 네가 잘 보았도다
이는 내가 내 말을 [1]지켜 그대로 이루려 함이
라 하시니라
13 ●여호와의 말씀이 다시 내게 임하니라 이르
시되 네가 무엇을 보느냐 대답하되 끓는 가마
를 보나이다 그 윗면이 북에서부터 기울어졌
나이다 하니
14 여호와께서 내게 이르시되 재앙이 북방에서
일어나 이 땅의 모든 주민들에게 부어지리라

1 The words of Jeremiah son of Hilkiah,
one of the priests at Anathoth in the ter-
2 ritory of Benjamin. •The word of the LORD
came to him in the thirteenth year of the
reign of Josiah son of Amon king of Judah,
3 •and through the reign of Jehoiakim son
of Josiah king of Judah, down to the fifth
month of the eleventh year of Zedekiah son
of Josiah king of Judah, when the people of
Jerusalem went into exile.

The Call of Jeremiah

4 •The word of the LORD came to me, saying,
5 •"Before I formed you in the womb I knew[a]
you,
before you were born I set you apart;
I appointed you as a prophet to the
nations."
6 •"Alas, Sovereign LORD," I said, "I do not
know how to speak; I am too young."
7 •But the LORD said to me, "Do not say, 'I
am too young.' You must go to everyone I
send you to and say whatever I command
8 you. •Do not be afraid of them, for I am with
you and will rescue you," declares the LORD.
9 •Then the LORD reached out his hand and
touched my mouth and said to me, "I have
10 put my words in your mouth. •See, today I
appoint you over nations and kingdoms to
uproot and tear down, to destroy and over-
throw, to build and to plant."
11 •The word of the LORD came to me: "What
do you see, Jeremiah?"
"I see the branch of an almond tree," I
replied.
12 •The LORD said to me, "You have seen cor-
rectly, for I am watching[b] to see that my
word is fulfilled."
13 •The word of the LORD came to me again:
"What do you see?"
"I see a pot that is boiling," I answered. "It
is tilting toward us from the north."
14 •The LORD said to me, "From the north dis-
aster will be poured out on all who live in the

[a]5 Or *chose* [b]12 The Hebrew for *watching* sounds like the Hebrew for *almond tree.*

1) 히, 살구나무라는 말과 지킨다는 말의 음이 비슷함

15 내가 북방 왕국들의 모든 족속들을 부를
것인즉 그들이 와서 예루살렘 성문 어귀
에 각기 자리를 정하고 그 사방 모든 성벽
과 유다 모든 성읍들을 치리라 여호와의
말이니라
16 무리가 나를 버리고 다른 신들에게 분향
하며 자기 손으로 만든 것들에 절하였은
즉 내가 나의 심판을 그들에게 선고하여
그들의 모든 죄악을 징계하리라
17 그러므로 너는 네 허리를 동이고 일어나
내가 네게 명령한 바를 다 그들에게 말
하라 그들 때문에 두려워하지 말라 네가
그들 앞에서 두려움을 당하지 않게 하리
라

왕상 18:46

18 보라 내가 오늘 너를 그 온 땅과 유다 왕
들과 그 지도자들과 그 제사장들과 그 땅
백성 앞에 견고한 성읍, 쇠기둥, 놋성벽이
되게 하였은즉
19 그들이 너를 치나 너를 이기지 못하리니
이는 내가 너와 함께하여 너를 구원할 것
임이니라 여호와의 말이니라

여호와께서 기억하시다

2 여호와의 말씀이 내게 임하니라 이르시
되
2 가서 예루살렘의 귀에 외칠지니라 여호
와께서 이와 같이 말씀하시기를 내가 너
를 위하여 네 청년 때의 인애와 네 신혼 때
의 사랑을 기억하노니 곧 씨 뿌리지 못하
는 땅, 그 광야에서 나를 따랐음이니라
3 이스라엘은 여호와를 위한 성물 곧 그의
소산 중 첫 열매이니 그를 삼키는 자면 모
두 벌을 받아 재앙이 그들에게 닥치리라
여호와의 말씀이니라

조상들이 여호와를 멀리하였다

4 ●야곱의 집과 이스라엘의 집 모든 족속
들아 여호와의 말씀을 들으라
5 나 여호와가 이와 같이 말하노라 너희 조
상들이 내게서 무슨 불의함을 보았기에
나를 멀리하고 가서 헛된 것을 따라 헛되
이 행하였느냐
6 그들이 우리를 애굽 땅에서 인도하여 내
시고 광야 곧 사막과 구덩이 땅, 건조하고
1)사망의 그늘진 땅, 사람이 그곳으로 다니
지 아니하고 그곳에 사람이 거주하지 아
니하는 땅을 우리가 통과하게 하시던 여
호와께서 어디 계시냐 하고 말하지 아니
하였도다

15 land. •I am about to summon all the peoples of
the northern kingdoms," declares the LORD.

"Their kings will come and set up their
thrones
in the entrance of the gates of Jerusalem;
they will come against all her surrounding walls
and against all the towns of Judah.
16 •I will pronounce my judgments on my people
because of their wickedness in forsaking me,
in burning incense to other gods
and in worshiping what their hands have
made.

17 •"Get yourself ready! Stand up and say to
them whatever I command you. Do not be ter-
rified by them, or I will terrify you before them.
18 •Today I have made you a fortified city, an iron
pillar and a bronze wall to stand against the
whole land — against the kings of Judah, its
officials, its priests and the people of the land.
19 •They will fight against you but will not over-
come you, for I am with you and will rescue
you," declares the LORD.

Israel Forsakes God

2 1-2 The word of the LORD came to me: •"Go
and proclaim in the hearing of Jerusalem:

" This is what the LORD says:

" 'I remember the devotion of your youth,
how as a bride you loved me
and followed me through the wilderness,
through a land not sown.
3 •Israel was holy to the LORD,
the firstfruits of his harvest;
all who devoured her were held guilty,
and disaster overtook them,' "
declares the LORD.

4 •Hear the word of the LORD, you descendants
of Jacob,
all you clans of Israel.

5 •This is what the LORD says:

"What fault did your ancestors find in me,
that they strayed so far from me?
They followed worthless idols
and became worthless themselves.
6 •They did not ask, 'Where is the LORD,
who brought us up out of Egypt
and led us through the barren wilderness,
through a land of deserts and ravines,
a land of drought and utter darkness,
a land where no one travels and no one lives?'

1) 깊은 흑암의 땅

barren [bǽrən] *a.* 불모의
devotion [divóuʃən] *n.* 헌신
devour [diváuər] *vt.* 게걸스럽게 먹다
drought [draut] *n.* 가뭄, 건조
forsake [fərséik] *vt.* 저버리다
fortify [fɔ́:rtəfài] *vt.* 강화하다
incense [ínsens] *n.* 향
proclaim [proukléim] *vt.* 선포하다
pronounce [prənáuns] *vt.* 선고하다
ravine [rəví:n] *n.* 협곡
stray [strei] *vi.* 타락하다
summon [sʌmən] *vt.* 소집하다
terrify [térəfài] *vt.* 무섭게 하다
throne [θroun] *n.* 왕좌
utter [ʌtər] *a.* 철저한

1:17 get oneself ready: 준비하다
1:18 stand against: …에 저항하다
1:19 fight against: …와 싸우다
2:2 in the hearing of...: …가 듣는 데서
2:5 far from...: …에서 멀리
2:6 bring up: 이끌어내다

7 내가 너희를 기름진 땅에 인도하여 그것
의 열매와 그것의 아름다운 것을 먹게 하
였거늘 너희가 이리로 들어와서는 내 땅
을 더럽히고 내 기업을 역겨운 것으로 만
들었으며 민 13:27
8 제사장들은 여호와께서 어디 계시냐 말하
지 아니하였으며 율법을 다루는 자들은
나를 알지 못하며 1)관리들도 나에게 반역
하며 선지자들은 바알의 이름으로 예언하
고 무익한 것들을 따랐느니라

백성이 행한 악

9 ●그러므로 내가 다시 싸우고 너희 자손
들과도 싸우리라 여호와의 말씀이니라
10 너희는 깃딤 섬들에 건너가 보며 게달에
도 사람을 보내 이같은 일이 있었는지를
자세히 살펴보라
11 어느 나라가 그들의 신들을 신 아닌 것과
바꾼 일이 있느냐 그러나 나의 백성은 그
의 영광을 무익한 것과 바꾸었도다
12 너 하늘아 이 일로 말미암아 놀랄지어다
심히 떨지어다 두려워할지어다 여호와
의 말씀이니라
13 내 백성이 두 가지 악을 행하였나니 곧 그
들이 생수의 근원되는 나를 버린 것과 스
스로 웅덩이를 판 것인데 그것은 그 물을
가두지 못할 터진 웅덩이들이니라

이스라엘의 악과 반역

14 ●이스라엘이 종이냐 씨종이냐 어찌하여
포로가 되었느냐
15 어린 사자들이 그를 향하여 부르짖으며
소리를 질러 그의 땅을 황폐하게 하였으
며 그의 성읍들은 불타서 주민이 없게 되
었으며
16 놉과 다바네스의 자손도 네 정수리를 상
하였으니
17 네 하나님 여호와가 너를 길로 인도할 때
에 네가 그를 떠남으로 이를 자취함이 아
니냐
18 네가 2)시홀의 물을 마시려고 애굽으로 가
는 길에 있음은 어찌 됨이며 또 네가 3)그
강물을 마시려고 앗수르로 가는 길에 있
음은 어찌 됨이냐
19 네 악이 너를 징계하겠고 네 반역이 너
를 책망할 것이라 그런즉 네 하나님 여
호와를 버림과 네 속에 나를 경외함이
없는 것이 악이요 고통인 줄 알라 주 만
군의 여호와의 말씀이니라

7 ●I brought you into a fertile land
to eat its fruit and rich produce.
But you came and defiled my land
and made my inheritance detestable.
8 ●The priests did not ask,
'Where is the LORD?'
Those who deal with the law did not know me;
the leaders rebelled against me.
The prophets prophesied by Baal,
following worthless idols.
9 ●"Therefore I bring charges against you again,"
declares the LORD.
"And I will bring charges against your
children's children.
10 ●Cross over to the coasts of Cyprus and look,
send to Kedar[a] and observe closely;
see if there has ever been anything like this:
11 ●Has a nation ever changed its gods?
(Yet they are not gods at all.)
But my people have exchanged their
glorious God
for worthless idols.
12 ●Be appalled at this, you heavens,
and shudder with great horror,"
declares the LORD.
13 ●"My people have committed two sins:
They have forsaken me,
the spring of living water,
and have dug their own cisterns,
broken cisterns that cannot hold water.
14 ●Is Israel a servant, a slave by birth?
Why then has he become plunder?
15 ●Lions have roared;
they have growled at him.
They have laid waste his land;
his towns are burned and deserted.
16 ●Also, the men of Memphis and Tahpanhes
have cracked your skull.
17 ●Have you not brought this on yourselves
by forsaking the LORD your God
when he led you in the way?
18 ●Now why go to Egypt
to drink water from the Nile[b]?
And why go to Assyria
to drink water from the Euphrates?
19 ●Your wickedness will punish you;
your backsliding will rebuke you.
Consider then and realize
how evil and bitter it is for you
when you forsake the LORD your God
and have no awe of me,"

[a]10 In the Syro-Arabian desert [b]18 Hebrew *Shihor*; that is, a branch of the Nile

1) 히, 목자 2) 나일 3) 유브라데

awe [ɔː] *n.* 경외
backsliding [bǽkslàidiŋ] *n.* 타락
charge [tʃaːrdʒ] *n.* 돌격, 돌진
cistern [sístərn] *n.* 저수지
closely [klousli] *ad.* 주의깊게
commit [kəmít] *vt.* 범하다
cracked [krækt] *a.* 갈라진
defile [difáil] *vt.* 더럽히다
detestable [ditéstəbl] *a.* 혐오할 만한
fertile [fə́ːrtl] *a.* 비옥한
forsake [fərséik] *vt.* 저버리다
rebuke [ribjúːk] *vt.* 꾸짖다
skull [skʌl] *n.* 두개골
waste [weist] *a.* 황폐한
worthless [wə́ːrθlis] *a.* 가치없는

2:8 deal with: 다루다
2:8 rebel against...: …에 반대하다
2:12 be appalled at...: …에 간담이 서늘해지다
2:12 shudder with...: …로 떨다
2:15 growl at: 으르렁거리다

렘

이방 신을 따라 가는 이스라엘

20 ●네가 옛적부터 네 멍에를 꺾고 네 결박
을 끊으며 말하기를 나는 순종하지 아니
하리라 하고 모든 높은 산 위에서와 모든
푸른 나무 아래에서 너는 몸을 굽혀 행음
하도다
21 내가 너를 순전한 참 종자 곧 귀한 포도나
무로 심었거늘 내게 대하여 이방 포도나
무의 악한 가지가 됨은 어찌 됨이냐
22 주 여호와의 말씀이니라 네가 잿물로 스
스로 씻으며 네가 많은 비누를 쓸지라도
네 죄악이 내 앞에 그대로 있으리니
23 네가 어찌 말하기를 나는 더럽혀지지 아
니하였다 바알들의 뒤를 따르지 아니하였
다 하겠느냐 골짜기 속에 있는 네 길을 보
라 네 행한 바를 알 것이니라 발이 빠른 암
낙타가 그의 길을 어지러이 달리는 것과
같았으며

잠 30:12

24 너는 광야에 익숙한 들암나귀들이 그들
의 성욕이 일어나므로 헐떡거림 같았도
다 그 발정기에 누가 그것을 막으리요 그
것을 찾는 것들이 수고하지 아니하고 그
발정기에 만나리라
25 내가 또 말하기를 네 발을 제어하여 벗은
발이 되게 하지 말며 목을 갈하게 하지
말라 하였으나 오직 너는 말하기를 아니
라 이는 헛된 말이라 내가 이방 신들을
사랑하였은즉 그를 따라가겠노라 하도
다

유다를 심판하리라

26 ●도둑이 붙들리면 수치를 당함같이 이스
라엘 집 곧 그들의 왕들과 지도자들과 제
사장들과 선지자들이 수치를 당하였느니
라
27 그들이 나무를 향하여 너는 나의 아버지
라 하며 돌을 향하여 너는 나를 낳았다 하
고 그들의 등을 내게로 돌리고 그들의 얼
굴은 내게로 향하지 아니하다가 그들이
환난을 당할 때에는 이르기를 일어나 우
리를 구원하소서 하리라
28 너를 위하여 네가 만든 네 신들이 어디 있
느냐 그들이 네가 환난을 당할 때에 구원
할 수 있으면 일어날 것이니라 유다여 너
의 신들이 너의 성읍 수와 같도다

11:13

29 ●너희가 나에게 대항함은 어찌 됨이냐
너희가 다 내게 잘못하였느니라 여호와의
말씀이니라

declares the Lord,
the LORD Almighty.

20 ●"Long ago you broke off your yoke
and tore off your bonds;
you said, 'I will not serve you!'
Indeed, on every high hill
and under every spreading tree
you lay down as a prostitute.
21 ●I had planted you like a choice vine
of sound and reliable stock.
How then did you turn against me
into a corrupt, wild vine?
22 ●Although you wash yourself with soap
and use an abundance of cleansing powder,
the stain of your guilt is still before me,"
declares the Sovereign LORD.
23 ●"How can you say, 'I am not defiled;
I have not run after the Baals'?
See how you behaved in the valley;
consider what you have done.
You are a swift she-camel
running here and there,
24 ●a wild donkey accustomed to the desert,
sniffing the wind in her craving—
in her heat who can restrain her?
Any males that pursue her need not tire
themselves;
at mating time they will find her.
25 ●Do not run until your feet are bare
and your throat is dry.
But you said, 'It's no use!
I love foreign gods,
and I must go after them.'
26 ●"As a thief is disgraced when he is caught,
so the people of Israel are disgraced—
they, their kings and their officials,
their priests and their prophets.
27 ●They say to wood, 'You are my father,'
and to stone, 'You gave me birth.'
They have turned their backs to me
and not their faces;
yet when they are in trouble, they say,
'Come and save us!'
28 ●Where then are the gods you made for
yourselves?
Let them come if they can save you
when you are in trouble!
For you, Judah, have as many gods
as you have towns.
29 ●"Why do you bring charges against me?
You have all rebelled against me,"
declares the LORD.

abundance [əbʌndəns] *n.* 풍부
bare [bεər] *a.* 발가벗은
bond [band] *n.* 속박
corrupt [kərʌpt] *a.* 타락한
crave [kreiv] *vi.* 간청하다
disgrace [disgréis] *vt.* 수치스럽게 하다
guilt [gilt] *n.* 죄
prostitute [prástətjù:t] *n.* 매춘부
pursue [pərsú:] *vt.* 따라다니다
reliable [riláiəbl] *a.* 믿을 수 있는
restrain [ristréin] *vt.* 제지하다
sniff [snif] *vt.* 코를 킁킁거리다
stain [stein] *vt.* 더럽히다
stock [stak] *n.* 그루터기
swift [swift] *a.* 빠른

2:20 tear off: 벗기다
2:23 run after...: …의 뒤를 쫓다
2:24 accustom to...: …에 익숙하게 하다
2:27 turn one's back: 등을 돌리다
2:29 bring charges against...: …를 고발하다

30 내가 너희 자녀들을 때린 것이 무익함은
그들이 징계를 받아들이지 아니함이라 너
희 칼이 사나운 사자같이 너희 선지자들
을 삼켰느니라
31 너희 이 세대여 여호와의 말을 들어 보라
내가 이스라엘에게 광야가 되었었느냐 캄
캄한 땅이 되었었느냐 무슨 이유로 내 백
성이 말하기를 우리는 놓였으니 다시 주께
로 가지 아니하겠다 하느냐
32 처녀가 어찌 그의 패물을 잊겠느냐 신부가
어찌 그의 예복을 잊겠느냐 오직 내 백성
은 나를 잊었나니 그 날 수는 셀 수 없거늘
33 네가 어찌 사랑을 얻으려고 네 행위를 아
름답게 꾸미느냐 그러므로 네 행위를 악한
여자들에게까지 가르쳤으며
34 또 네 옷단에는 죄 없는 가난한 자를 죽인
피가 묻었나니 그들이 담 구멍을 뚫었기
때문이 아니라 오직 이 모든 일 때문이니
라
35 그러나 너는 말하기를 나는 무죄하니 그
의 진노가 참으로 내게서 떠났다 하거니
와 보라 네 말이 나는 죄를 범하지 아니
하였다 하였으므로 내가 너를 심판하리
라
25:31
36 네가 어찌하여 네 길을 바꾸어 부지런히
돌아다니느냐 네가 앗수르로 말미암아 수
치를 당함같이 또한 애굽으로 말미암아 수
치를 당할 것이라
37 네가 두 손으로 네 머리를 싸고 거기서도
나가리니 이는 네가 의지하는 자들을 나
여호와가 버렸으므로 네가 그들로 말미암
아 형통하지 못할 것임이라

유다의 음란과 행악

3 그들이 말하기를 가령 사람이 그의 아내
를 버리므로 그가 그에게서 떠나 타인의
아내가 된다 하자 남편이 그를 다시 받겠느
냐 그리하면 그 땅이 크게 더러워지지 아니
하겠느냐 하느니라 네가 많은 무리와 1)행음
하고서도 내게로 돌아오려느냐 여호와의
말씀이니라
2 네 눈을 들어 헐벗은 산을 보라 네가 행음
하지 아니한 곳이 어디 있느냐 네가 길가
에 앉아 사람들을 기다린 것이 광야에 있
는 아라바 사람 같아서 음란과 행악으로
이 땅을 더럽혔도다
3 그러므로 단비가 그쳤고 늦은 비가 없어졌
느니라 그럴지라도 네가 창녀의 낯을 가졌

30 •"In vain I punished your people;
they did not respond to correction.
Your sword has devoured your prophets
like a ravenous lion.
31 •"You of this generation, consider the word of
the LORD:
"Have I been a desert to Israel
or a land of great darkness?
Why do my people say, 'We are free to roam;
we will come to you no more'?
32 •Does a young woman forget her jewelry,
a bride her wedding ornaments?
Yet my people have forgotten me,
days without number.
33 •How skilled you are at pursuing love!
Even the worst of women can learn from
your ways.
34 •On your clothes is found
the lifeblood of the innocent poor,
though you did not catch them breaking in.
Yet in spite of all this
35 • you say, 'I am innocent;
he is not angry with me.'
But I will pass judgment on you
because you say, 'I have not sinned.'
36 •Why do you go about so much,
changing your ways?
You will be disappointed by Egypt
as you were by Assyria.
37 •You will also leave that place
with your hands on your head,
for the LORD has rejected those you trust;
you will not be helped by them.

3 "If a man divorces his wife
and she leaves him and marries another
man,
should he return to her again?
Would not the land be completely defiled?
But you have lived as a prostitute with many
lovers—
would you now return to me?"
declares the LORD.
2 •"Look up to the barren heights and see.
Is there any place where you have not been
ravished?
By the roadside you sat waiting for lovers,
sat like a nomad in the desert.
You have defiled the land
with your prostitution and wickedness.
3 •Therefore the showers have been withheld,
and no spring rains have fallen.

1) 행음하였으나 내게로 돌아오라

barren [bǽrən] *a.* 불모의
completely [kəmplíːtli] *ad.* 철저히
correction [kərékʃən] *n.* 교정
declare [dikléər] *vt.* 선포하다
defile [difáil] *vt.* 더럽히다
devour [diváuər] *vt.* 삼키다
disappointed [dìsəpɔ́intid] *a.* 실망한
nomad [nóumæd] *n.* 방랑자
ornament [ɔ́ːrnəmənt] *n.* 장식품
prostitution [prɑ̀stətjúːʃən] *n.* 매춘
ravenous [rǽvənəs] *a.* 굶주린
ravish [rǽviʃ] *vt.* 강간하다
roam [roum] *vi.* 돌아다니다
wickedness [wíkidnis] *n.* 악함
withhold [wiθhóuld] *vt.* 억누르다

2:30 in vain: 헛되이, 공연히
2:34 break in: (도둑이) 침입하다
2:34 in spite of...: …에도 불구하고
2:35 pass judgment on: 판결을 내리다
2:36 go about: 돌아다니다
3:2 by the roadside: 길가에

으므로 수치를 알지 못하느니라
4 네가 이제부터는 내게 부르짖기를 나의 아버
지여 아버지는 나의 청년 시절의 [1]보호자이시
오니
5 노여움을 한없이 계속하시겠으며 끝까지 품
으시겠나이까 하지 아니하겠느냐 보라 네가
이같이 말하여도 악을 행하여 네 욕심을 이루
었느니라 하시니라

배역한 이스라엘과 반역한 유다 (♪272장)

6 ●요시야 왕 때에 여호와께서 또 내게 이르시
되 너는 배역한 이스라엘이 행한 바를 보았느
냐 그가 모든 높은 산에 오르며 모든 푸른 나
무 아래로 가서 거기서 행음하였도다
7 그가 이 모든 일들을 행한 후에 내가 말하기
를 그가 내게로 돌아오리라 하였으나 아직도
내게로 돌아오지 아니하였고 그의 반역한 자
매 유다는 그것을 보았느니라
8 내게 배역한 이스라엘이 간음을 행하였으므
로 내가 그를 내쫓고 그에게 이혼서까지 주었
으되 그의 반역한 자매 유다가 두려워하지 아
니하고 자기도 가서 행음함을 내가 보았노라
9 그가 돌과 나무와 더불어 행음함을 가볍게 여
기고 행음하여 이 땅을 더럽혔거늘
10 이 모든 일이 있어도 그의 반역한 자매 유다
가 진심으로 내게 돌아오지 아니하고 거짓으
로 할 뿐이니라 여호와의 말씀이니라
11 ●여호와께서 내게 이르시되 배역한 이스라
엘은 반역한 유다보다 자신이 더 의로움이 나
타났나니
12 너는 가서 북을 향하여 이 말을 선포하여 이
르라 여호와께서 이르시되 배역한 이스라엘
아 돌아오라 나의 노한 얼굴을 너희에게로 향
하지 아니하리라 나는 긍휼이 있는 자라 노를
한없이 품지 아니하느니라 여호와의 말씀이
니라
13 너는 오직 네 죄를 자복하라 이는 네 하나님
여호와를 배반하고 네 길로 달려 이방인들에
게로 나아가 모든 푸른 나무 아래로 가서 내
목소리를 듣지 아니하였음이라 여호와의 말
씀이니라
14 여호와의 말씀이니라 배역한 자식들아 돌아
오라 나는 너희 남편임이라 내가 너희를 성읍
에서 하나와 족속 중에서 둘을 택하여 너희를
시온으로 데려오겠고
15 내가 또 내 마음에 합한 목자들을 너희에게 주
리니 그들이 지식과 명철로 너희를 양육하리라
16 여호와의 말씀이니라 너희가 이 땅에서 번성

Yet you have the brazen look of a
prostitute;
you refuse to blush with shame.
4 ●Have you not just called to me:
'My Father, my friend from my youth,
5 ●will you always be angry?
Will your wrath continue forever?'
This is how you talk,
but you do all the evil you can."

Unfaithful Israel

6 ●During the reign of King Josiah, the LORD
said to me, "Have you seen what faithless
Israel has done? She has gone up on every
high hill and under every spreading tree and
7 has committed adultery there. ●I thought
that after she had done all this she would
return to me but she did not, and her un-
8 faithful sister Judah saw it. ●I gave faithless
Israel her certificate of divorce and sent her
away because of all her adulteries. Yet I saw
that her unfaithful sister Judah had no fear;
she also went out and committed adultery.
9 ●Because Israel's immorality mattered so lit-
tle to her, she defiled the land and commit-
10 ted adultery with stone and wood. ●In spite
of all this, her unfaithful sister Judah did not
return to me with all her heart, but only in
pretense," declares the LORD.
11 ●The LORD said to me, "Faithless Israel is
12 more righteous than unfaithful Judah. ●Go,
proclaim this message toward the north:

" 'Return, faithless Israel,' declares the LORD,
'I will frown on you no longer,
for I am faithful,' declares the LORD,
'I will not be angry forever.
13 ●Only acknowledge your guilt—
you have rebelled against the LORD your
God,
you have scattered your favors to foreign
gods
under every spreading tree,
and have not obeyed me,' "
declares the LORD.

14 ●"Return, faithless people," declares the
LORD, "for I am your husband. I will choose
you—one from a town and two from a clan
15 —and bring you to Zion. ●Then I will give
you shepherds after my own heart, who
will lead you with knowledge and under-
16 standing. ●In those days, when your num-

1) 동무

acknowledge [æknálidʒ] *vt.* 인정하다
adultery [ədʌ́ltəri] *n.* 간통
blush [blʌ́ʃ] *vi.* 얼굴을 붉히다
brazen [bréizn] *a.* 뻔뻔스러운
certificate [sərtífikeit] *n.* 증서
divorce [divɔ́:rs] *n.* 이혼
frown [fraun] *vi.* 눈살을 찌푸리다
immorality [imərǽləti] *n.* 부도덕
pretense [priténs] *n.* 가짜, 속임수
proclaim [proukléim] *vt.* 선언하다
rebel [rebə́l] *vi.* 반역하다
refuse [rifjú:z] *vt.* 거절하다
scatter [skǽtər] *vt.* 흩뿌리다
shepherd [ʃépərd] *n.* 목자
wrath [ræθ] *n.* 진노

3:6 commit adultery: 간음하다
3:8 send A away: A를 내쫓다
3:10 not A but B: A가 아니고 B
3:10 with all one's heart: 진심으로
3:12 no longer: 더 이상…하지 않는
3:15 after one's own heart: …의 마음에 맞는

하여 많아질 때에는 사람들이 여호와의 언
약궤를 다시는 말하지 아니할 것이요 생각
하지 아니할 것이요 기억하지 아니할 것이
요 찾지 아니할 것이요 다시는 만들지 아니
할 것이며
17 그때에 예루살렘이 그들에게 여호와의 보좌
라 일컬음이 되며 모든 백성이 그리로 모이
리니 곧 여호와의 이름으로 말미암아 예루
살렘에 모이고 다시는 그들의 악한 마음의
완악한 대로 그들이 행하지 아니할 것이며
18 그때에 유다 족속이 이스라엘 족속과 동행
하여 북에서부터 나와서 내가 너희 조상들
에게 기업으로 준 땅에 그들이 함께 이르리
라

이스라엘의 배역

19 ●내가 말하기를 내가 어떻게 하든지 너를
자녀들 중에 두며 허다한 나라들 중에 아름
다운 기업인 이 귀한 땅을 네게 주리라 하
였고 내가 다시 말하기를 [1]너희가 나를 나
의 아버지라 하고 나를 떠나지 말 것이니라
하였노라
20 그런데 이스라엘 족속아 마치 아내가 그의
남편을 속이고 떠나감같이 너희가 확실히
나를 속였느니라 여호와의 말씀이니라
21 소리가 헐벗은 산 위에서 들리니 곧 이스라
엘 자손이 애곡하며 간구하는 것이라 그들
이 그들의 길을 굽게 하며 자기 하나님 여
호와를 잊어버렸음이로다
22 배역한 자식들아 돌아오라 내가 너희의 배
역함을 고치리라 하시니라

진실한 회개

●보소서 우리가 주께 왔사오니 주는 우리
하나님 여호와이심이니이다
23 작은 산들과 큰 산 위에서 떠드는 것은 참
으로 헛된 일이라 이스라엘의 구원은 진실
로 우리 하나님 여호와께 있나이다
24 부끄러운 그것이 우리가 청년의 때로부터
우리 조상들의 산업인 양 떼와 소 떼와 아
들들과 딸들을 삼켰사온즉
25 우리는 수치 중에 눕겠고 우리의 치욕이 우
리를 덮을 것이니 이는 우리와 우리 조상들
이 청년의 때로부터 오늘까지 우리 하나님
여호와께 범죄하여 우리 하나님 여호와의
목소리에 순종하지 아니하였음이니이다

돌아오라고 하시다

4 여호와께서 이르시되 이스라엘아 네가
돌아오려거든 내게로 돌아오라 네가 만

bers have increased greatly in the land," declares
the LORD, "people will no longer say, 'The ark of
the covenant of the LORD.' It will never enter
their minds or be remembered; it will not be
17 missed, nor will another one be made. ●At that
time they will call Jerusalem The Throne of the
LORD, and all nations will gather in Jerusalem
to honor the name of the LORD. No longer will
they follow the stubbornness of their evil
18 hearts. ●In those days the people of Judah will
join the people of Israel, and together they will
come from a northern land to the land I gave
your ancestors as an inheritance.

19 ●"I myself said,

" 'How gladly would I treat you like my
children
and give you a pleasant land,
the most beautiful inheritance of any
nation.'
I thought you would call me 'Father'
and not turn away from following me.
20 ●But like a woman unfaithful to her husband,
so you, Israel, have been unfaithful to me,"
declares the LORD.
21 ●A cry is heard on the barren heights,
the weeping and pleading of the people
of Israel,
because they have perverted their ways
and have forgotten the LORD their God.
22 ●"Return, faithless people;
I will cure you of backsliding."

"Yes, we will come to you,
for you are the LORD our God.
23 ●Surely the idolatrous commotion on the hills
and mountains is a deception;
surely in the LORD our God
is the salvation of Israel.
24 ●From our youth shameful gods have
consumed
the fruits of our ancestors' labor—
their flocks and herds,
their sons and daughters.
25 ●Let us lie down in our shame,
and let our disgrace cover us.
We have sinned against the LORD our God,
both we and our ancestors;
from our youth till this day
we have not obeyed the LORD our God."

4 "If you, Israel, will return,
then return to me,"

1) 네가

backsliding [bǽkslàidiŋ] *n.* 되돌아가는 것
barren [bǽrən] *a.* 불모의
commotion [kəmóuʃən] *n.* 동요, 소동
consume [kənsú:m] *vt.* 다 먹어버리다
covenant [kʌ́vənənt] *n.* 언약
deception [disépʃən] *n.* 속임
herd [hə:rd] *n.* 짐승의 떼
idolatrous [aidɑ́lətrəs] *a.* 우상 숭배적인
inheritance [inhérətəns] *n.* 기업, 상속
obey [oubéi] *vt.* 순종하다
pervert [pərvə́:rt] *vt.* 그르치다
plead [pli:d] *vi.* 탄원하다
pleasant [plézənt] *a.* 즐거운
stubbornness [stʌ́bərnnis] *n.* 완고
weep [wi:p] *vi.* 울다

3:19 treat A like B: A를 B처럼 취급(대우)하다
3:19 turn away from...: …에서 돌이키다
3:22 cure A of B: A의 B를 고치다
3:25 lie down: 눕다
3:25 sin against...: …에 대해 죄를 짓다

일 나의 목전에서 가증한 것을 버리고 네
가 흔들리지 아니하며
2 진실과 정의와 공의로 여호와의 삶을 두
고 맹세하면 나라들이 [1]나로 말미암아 스
스로 복을 빌며 나로 말미암아 자랑하리
라
3 ●여호와께서 유다와 예루살렘 사람에게
이와 같이 이르노라 너희 묵은 땅을 갈고
가시덤불에 파종하지 말라
4 유다인과 예루살렘 주민들아 너희는 스스
로 할례를 행하여 너희 마음 가죽을 베고
나 여호와께 속하라 그리하지 아니하면
너희 악행으로 말미암아 나의 분노가 불
같이 일어나 사르리니 그것을 끌 자가 없
으리라

나라들을 멸하는 자가 나아오다 (♪ 259, 261장)

5 ●너희는 유다에 선포하며 예루살렘에
공포하여 이르기를 이 땅에서 나팔을 불
라 하며 또 크게 외쳐 이르기를 너희는
모이라 우리가 견고한 성으로 들어가자
하고 6:1
6 시온을 향하여 깃발을 세우라, 도피하라,
지체하지 말라, 내가 북방에서 재난과 큰
멸망을 가져오리라
7 사자가 그 수풀에서 올라왔으며 나라들을
멸하는 자가 나아왔으되 네 땅을 황폐하
게 하려고 이미 그의 처소를 떠났은즉 네
성읍들이 황폐하여 주민이 없게 되리니
8 이로 말미암아 너희는 굵은 베를 두르고
애곡하라 이는 여호와의 맹렬한 노가 아
직 [2]너희에게서 돌이키지 아니하였음이
라
9 여호와의 말씀이니라 그날에 왕과 지도자
들은 낙심할 것이며 제사장들은 놀랄 것
이며 선지자들은 깜짝 놀라리라
10 ●[3]내가 이르되 슬프도소이다 주 여호와
여 주께서 진실로 이 백성과 예루살렘을
크게 속이셨나이다 이르시기를 너희에
게 평강이 있으리라 하시더니 칼이 생명
에 [4]이르렀나이다

백성에게 심판을 행하리라

11 ●그때에 이 백성과 예루살렘에 전할 자
가 있어서 뜨거운 바람이 광야에 있는 헐
벗은 산에서 내 딸 백성에게 불어온다 하
리라 이는 키질하기 위함도 아니요 정결
하게 하려 함도 아니며

declares the LORD.
"If you put your detestable idols out of my sight
and no longer go astray,
2 ●and if in a truthful, just and righteous way
you swear, 'As surely as the LORD lives,'
then the nations will invoke blessings by him
and in him they will boast."

3 ●This is what the LORD says to the people of
Judah and to Jerusalem:

"Break up your unplowed ground
and do not sow among thorns.
4 ●Circumcise yourselves to the LORD,
circumcise your hearts,
you people of Judah and inhabitants
of Jerusalem,
or my wrath will flare up and burn like fire
because of the evil you have done—
burn with no one to quench it.

Disaster From the North

5 ●"Announce in Judah and proclaim in Jerusalem
and say:
'Sound the trumpet throughout the land!'
Cry aloud and say:
'Gather together!
Let us flee to the fortified cities!'
6 ●Raise the signal to go to Zion!
Flee for safety without delay!
For I am bringing disaster from the north,
even terrible destruction."

7 ●A lion has come out of his lair;
a destroyer of nations has set out.
He has left his place
to lay waste your land.
Your towns will lie in ruins
without inhabitant.
8 ●So put on sackcloth,
lament and wail,
for the fierce anger of the LORD
has not turned away from us.

9 ●"In that day," declares the LORD,
"the king and the officials will lose heart,
the priests will be horrified,
and the prophets will be appalled."

10 ●Then I said, "Alas, Sovereign LORD! How com-
pletely you have deceived this people and Jeru-
salem by saying, 'You will have peace,' when the
sword is at our throats!"
11 ●At that time this people and Jerusalem will be
told, "A scorching wind from the barren heights
in the desert blows toward my people, but not to

1) 히, 그 2) 히, 우리 3) 그들이 이르기를 4) 미쳤나이다 하리이다

appall [əpɔ́:l] *vt.* 오싹하게 하다
astray [əstréi] *ad.* 못된 길에 빠져
boast [boust] *vi.* 자랑하다
detestable [ditéstəbl] *a.* 혐오할 만한
fierce [fiərs] *a.* 맹렬한
fortified [fɔ́:rtəfàid] *a.* 견고한
horrify [hɔ́:rəfài] *vt.* 소름끼치게 하다
invoke [invóuk] *vt.* 빌다
lament [ləment] *vi.* 슬퍼하다
quench [kwentʃ] *vt.* 끄다
scorching [skɔ́:rtʃiŋ] *a.* 타는 듯한
sovereign [sávərin] *a.* 주권적인
thorn [θɔ:rn] *n.* 가시
unplowed [ʌnpláud] *a.* 밭 갈지 않은
wail [weil] *vi.* 울부짖다

4:3 break up...: …을 갈다, 분해하다
4:4 flare up: 확 타다
4:5 flee to: 피난하다
4:7 set out: 출발하다, 착수하다
4:8 put on: 몸에 걸치다
4:9 lose heart: 용기를 잃다, 낙담하다

12 [1]이보다 더 강한 바람이 나를 위하여 오
리니 이제 내가 그들에게 심판을 행할
것이라
13 보라 그가 구름같이 올라오나니 그의 병
거는 회오리바람 같고 그의 말들은 독수
리보다 빠르도다 우리에게 화 있도다 우
리는 멸망하도다 하리라
14 예루살렘아 네 마음의 악을 씻어 버리
라 그리하면 구원을 얻으리라 네 악한
생각이 네 속에 얼마나 오래 머물겠느
냐
15 단에서 소리를 선포하며 에브라임 산에
서 재앙을 공포하는도다
16 너희는 여러 나라에 전하며 또 예루살
렘에 알리기를 에워싸고 치는 자들이
먼 땅에서부터 와서 유다 성읍들을 향
하여 소리를 지른다 하라
17 그들이 밭을 지키는 자같이 예루살렘을
에워싸나니 이는 그가 나를 거역했기 때
문이니라 여호와의 말씀이니라
18 네 길과 행위가 이 일들을 부르게 하였
나니 이는 네가 악함이라 그 고통이 네
마음에까지 미치느니라 시 107:17

선지자의 탄식

19 ●[2]슬프고 아프다 내 마음속이 아프고
내 마음이 답답하여 잠잠할 수 없으니
이는 나의 심령이 나팔 소리와 전쟁의
경보를 들음이로다
20 패망에 패망이 연속하여 온 땅이 탈취를
당하니 나의 장막과 휘장은 갑자기 파멸
되도다
21 내가 저 깃발을 보며 나팔 소리 듣기를
어느 때까지 할꼬
22 내 백성은 나를 알지 못하는 어리석은
자요 지각이 없는 미련한 자식이라 악
을 행하기에는 지각이 있으나 선을 행
하기에는 무지하도다

혼돈의 환상

23 ● 보라 내가 땅을 본즉 혼돈하고 공허하
며 하늘에는 빛이 없으며
24 내가 산들을 본즉 다 진동하며 작은 산
들도 요동하며 사 5:25
25 내가 본즉 사람이 없으며 공중의 새가
다 날아갔으며 습 1:3
26 보라 내가 본즉 [3]좋은 땅이 황무지가 되
었으며 그 모든 성읍이 여호와의 앞 그

12 winnow or cleanse; ● a wind too strong for that comes from me. Now I pronounce my judgments against them."

13 ● Look! He advances like the clouds,
his chariots come like a whirlwind,
his horses are swifter than eagles.
Woe to us! We are ruined!
14 ● Jerusalem, wash the evil from your
heart and be saved.
How long will you harbor wicked thoughts?
15 ● A voice is announcing from Dan,
proclaiming disaster from the hills of Ephraim.
16 ● "Tell this to the nations,
proclaim concerning Jerusalem:
'A besieging army is coming from a distant land,
raising a war cry against the cities of Judah.
17 ● They surround her like men guarding a field,
because she has rebelled against me,' "
declares the LORD.
18 ● "Your own conduct and actions
have brought this on you.
This is your punishment.
How bitter it is!
How it pierces to the heart!"

19 ● Oh, my anguish, my anguish!
I writhe in pain.
Oh, the agony of my heart!
My heart pounds within me,
I cannot keep silent.
For I have heard the sound of the trumpet;
I have heard the battle cry.
20 ● Disaster follows disaster;
the whole land lies in ruins.
In an instant my tents are destroyed,
my shelter in a moment.
21 ● How long must I see the battle standard
and hear the sound of the trumpet?
22 ● "My people are fools;
they do not know me.
They are senseless children;
they have no understanding.
They are skilled in doing evil;
they know not how to do good."
23 ● I looked at the earth,
and it was formless and empty;
and at the heavens,
and their light was gone.
24 ● I looked at the mountains,
and they were quaking;
all the hills were swaying.
25 ● I looked, and there were no people;

1) 저기서 강한 2) 내 창자여 내 창자여 3) 히, 갈멜

agony [ǽgəni] *n.* 심한 고통
anguish [ǽŋgwiʃ] *n.* 고통
announce [ənáuns] *vt.* 선포하다
besiege [bisíːdʒ] *vt.* 포위하다
conduct [kándʌkt] *n.* 행위
harbor [háːrbər] *vt.* 품다
pierce [piərs] *vt.* 관통하다
pound [paund] *vi.* 쿵쿵거리다
pronounce [prənáuns] *vt.* 선고하다
punishment [pʌ́niʃmənt] *n.* 형벌
quake [kweik] *vi.* 흔들리다
senseless [sénslis] *a.* 분별없는
sway [swei] *vi.* 요동하다
swift [swift] *a.* 빠른
winnow [wínou] *vi.* 키질하다

4:17 rebel against: 반대하다, 대항하다
4:19 writhe in pain: 고통으로 몸부림치다
4:19 battle cry: 함성
4:20 lie in ruins: 황폐해 있다
4:20 in an instant: 눈 깜짝할 사이에, 금세
4:22 be skilled in...: …에 능숙하다

의 맹렬한 진노 앞에 무너졌으니
27 여호와께서 이와 같이 말씀하시길 이
온 땅이 황폐할 것이나 내가 진멸하지
는 아니할 것이며
28 이로 말미암아 땅이 슬퍼할 것이며 위의
하늘이 어두울 것이라 내가 이미 말하였
으며 작정하였고 후회하지 아니하였은
즉 또한 거기서 돌이키지 아니하리라 하
셨음이로다
29 기병과 활 쏘는 자의 함성으로 말미암
아 모든 성읍 사람들이 도망하여 수풀
에 들어가고 바위에 기어오르며 각 성
읍이 버림을 당하여 거기 사는 사람이
없나니
30 멸망을 당한 자여 네가 어떻게 하려느냐
네가 붉은 옷을 입고 금장식으로 단장하
고 눈을 그려 [1]꾸밀지라도 네가 화장한
것이 헛된 일이라 연인들이 너를 멸시하
여 네 생명을 찾느니라
31 내가 소리를 들은즉 여인의 해산하는 소
리 같고 초산하는 자의 고통하는 소리
같으니 이는 시온의 딸의 소리라 그가
헐떡이며 그의 손을 펴고 이르기를 내게
화가 있도다 죽이는 자로 말미암아 나의
심령이 피곤하도다 하는도다

예루살렘의 허물과 반역 (♪ 433장)

5 너희는 예루살렘 거리로 빨리 다니며
그 넓은 거리에서 찾아보고 알라 너희
가 만일 정의를 행하며 진리를 구하는
자를 한 사람이라도 찾으면 내가 이 성
읍을 용서하리라 대하 16:9
2 그들이 여호와께서 살아 계심을 두고 맹
세할지라도 실상은 거짓 맹세니라
3 여호와여 주의 눈이 진리를 찾지 아니하
시나이까 주께서 그들을 치셨을지라도
그들이 아픈 줄을 알지 못하며 그들을
멸하셨을지라도 그들이 징계를 받지 아
니하고 그들의 얼굴을 바위보다 굳게 하
여 돌아오기를 싫어하므로
4 내가 말하기를 이 무리는 비천하고 어리
석은 것뿐이라 여호와의 길, 자기 하나
님의 법을 알지 못하니
5 내가 지도자들에게 가서 그들에게 말하
리라 그들은 여호와의 길, 자기 하나님
의 법을 안다 하였더니 그들도 일제히
멍에를 꺾고 결박을 끊은지라

every bird in the sky had flown away.
26 • I looked, and the fruitful land was a desert;
all its towns lay in ruins
before the LORD, before his fierce anger.
27 • This is what the LORD says:
"The whole land will be ruined,
though I will not destroy it completely.
28 • Therefore the earth will mourn
and the heavens above grow dark,
because I have spoken and will not relent,
I have decided and will not turn back."
29 • At the sound of horsemen and archers
every town takes to flight.
Some go into the thickets;
some climb up among the rocks.
All the towns are deserted;
no one lives in them.
30 • What are you doing, you devastated one?
Why dress yourself in scarlet
and put on jewels of gold?
Why highlight your eyes with makeup?
You adorn yourself in vain.
Your lovers despise you;
they want to kill you.
31 • I hear a cry as of a woman in labor,
a groan as of one bearing her first child—
the cry of Daughter Zion gasping for breath,
stretching out her hands and saying,
"Alas! I am fainting;
my life is given over to murderers."

Not One Is Upright

5 "Go up and down the streets of Jerusalem,
look around and consider,
search through her squares.
If you can find but one person
who deals honestly and seeks the truth,
I will forgive this city.
2 • Although they say, 'As surely as the LORD lives,'
still they are swearing falsely."
3 • LORD, do not your eyes look for truth?
You struck them, but they felt no pain;
you crushed them, but they refused correction.
They made their faces harder than stone
and refused to repent.
4 • I thought, "These are only the poor;
they are foolish,
for they do not know the way of the LORD,
the requirements of their God.
5 • So I will go to the leaders
and speak to them;
surely they know the way of the LORD,

1) 크게 할지라도

adorn [ədɔ́ːrn] *vt.* 치장하다
archer [ɑ́ːrtʃər] *n.* 궁수
correction [kərékʃən] *n.* 징계
despise [dispáiz] *vt.* 멸시하다
devastate [dévəstèit] *vt.* 철저하게 파괴하다
faint [feint] *vi.* 약해지다
falsely [fɔ́ːlsli] *ad.* 거짓으로
fierce [fiərs] *a.* 격렬한
gasping [gǽspiŋ] *a.* 헐떡거리는
groan [gróun] *n.* 신음소리
relent [rilént] *vi.* 마음이 누그러지다
repent [ripént] *vi.* 회개하다
requirement [rikwáiərmənt] *n.* 요구
swear [swɛər] *vi.* 맹세하다
thicket [θíkit] *n.* 덤불

4:25 fly away: 날아서 가다
4:29 take (to) flight: 도망치다
4:30 in vain: 헛되이, 공연히
4:31 stretch out: (손 등을) 뻗다
4:31 give over to...: …에게 내어 주다
5:1 look around: 주위를 살펴보다

6 그러므로 수풀에서 나오는 사자가 그들을 죽이며 사막의 이리가 그들을 멸하며 표범이 성읍들을 엿본즉 그리로 나오는 자마다 찢기리니 이는 그들의 허물이 많고 반역이 심함이니이다
7 ●내가 어찌 너를 용서하겠느냐 네 자녀가 나를 버리고 신이 아닌 것들로 맹세하였으며 내가 그들을 배불리 먹인즉 그들이 간음하며 창기의 집에 허다히 모이며
8 그들은 두루 다니는 살진 수말같이 각기 이웃의 아내를 따르며 소리 지르는도다
9 여호와의 말씀이니라 내가 어찌 이 일들에 대하여 벌하지 아니하겠으며 내 마음이 이런 나라에 보복하지 않겠느냐

여호와께서 백성을 버리시다

10 ●너희는 그 [1]성벽에 올라가 무너뜨리되 다 무너뜨리지 말고 그 가지만 꺾어 버리라 여호와의 것이 아님이니라
11 여호와의 말씀이니라 이스라엘의 집과 유다의 집이 내게 심히 반역하였느니라
12 그들이 여호와를 인정하지 아니하며 말하기를 여호와께서는 계시지 아니하니 재앙이 우리에게 임하지 아니할 것이요 우리가 칼과 기근을 보지 아니할 것이며
13 선지자들은 바람이라 말씀이 그들의 속에 있지 아니한즉 그같이 그들이 당하리라 하느니라
14 ●그러므로 만군의 하나님 여호와께서 이와 같이 말씀하시니라 너희가 이 말을 하였은즉 볼지어다 내가 네 입에 있는 나의 말을 불이 되게 하고 이 백성을 나무가 되게 하여 불사르리라
15 여호와의 말씀이니라 이스라엘 집이여 보라 내가 한 나라를 먼 곳에서 너희에게로 오게 하리니 곧 강하고 오랜 민족이라 그 나라 말을 네가 알지 못하며 그 말을 [2]네가 깨닫지 못하느니라
16 그 화살통은 열린 무덤이요 그 사람들은 다 용사라
17 그들이 네 자녀들이 먹을 추수 곡물과 양식을 먹으며 네 양 떼와 소 떼를 먹으며 네 포도나무와 무화과나무 열매를 먹으며 네가 믿는 견고한 성들을 칼로 파멸하리라

레 26:16

18 여호와의 말씀이니라 그때에도 내가 너희를 진멸하지는 아니하리라

4:27

the requirements of their God."
But with one accord they too had broken off
the yoke
and torn off the bonds.
6 ●Therefore a lion from the forest will attack them,
a wolf from the desert will ravage them,
a leopard will lie in wait near their towns
to tear to pieces any who venture out,
for their rebellion is great
and their backslidings many.
7 ●"Why should I forgive you?
Your children have forsaken me
and sworn by gods that are not gods.
I supplied all their needs,
yet they committed adultery
and thronged to the houses of prostitutes.
8 ●They are well-fed, lusty stallions,
each neighing for another man's wife.
9 ●Should I not punish them for this?"
declares the LORD.
"Should I not avenge myself
on such a nation as this?
10 ●"Go through her vineyards and ravage them,
but do not destroy them completely.
Strip off her branches,
for these people do not belong to the LORD.
11 ●The people of Israel and the people of Judah
have been utterly unfaithful to me,"
declares the LORD.
12 ●They have lied about the LORD;
they said, "He will do nothing!
No harm will come to us;
we will never see sword or famine.
13 ●The prophets are but wind
and the word is not in them;
so let what they say be done to them."
14 ●Therefore this is what the LORD God Almighty
says:
"Because the people have spoken these words,
I will make my words in your mouth a fire
and these people the wood it consumes.
15 ●People of Israel," declares the LORD,
"I am bringing a distant nation against you—
an ancient and enduring nation,
a people whose language you do not know,
whose speech you do not understand.
16 ●Their quivers are like an open grave;
all of them are mighty warriors.
17 ●They will devour your harvests and food,
devour your sons and daughters;
they will devour your flocks and herds,

1) 히, 포도나무 2) 히, 너희

backsliding [bǽkslàidiŋ] *n.* 퇴보
devour [diváuər] *vt.* 게걸스럽게 먹다
enduring [indjúəriŋ] *a.* 영속적인
famine [fǽmin] *n.* 기근
forsake [fərséik] *vt.* 저버리다
leopard [lépərd] *n.* 표범
lusty [lʌ́sti] *a.* 원기 좋은
prostitute [prástətjùːt] *n.* 매춘부
quiver [kwívər] *n.* 화살통
ravage [rǽvidʒ] *vt.* 약탈하다
stallion [stǽljən] *n.* 종마(말의 종류)
throng [θrɔːŋ] *vi.* 모여들다
utterly [ʌ́tərli] *ad.* 완전히
venture [véntʃər] *vi.* 과감히 …하다
well-fed [wélféd] *a.* 살찐

5:5 with one accord: 합심해서
5:5 break off: 꺾어버리다
5:6 lie in wait: 기다리다, 매복하다
5:7 commit adultery: 간음하다
5:9 avenge oneself on: …에게 복수하다
5:10 strip off: 벗기다, 떼어버리다

19 ●[1]그들이 만일 이르기를 우리 하나님
여호와께서 어찌하여 이 모든 일을 우
리에게 행하셨느냐 하거든 너는 그들에
게 이르기를 너희가 [2]여호와를 버리고
너희 땅에서 이방 신들을 섬겼은즉 이
와 같이 너희 것이 아닌 땅에서 이방인
들을 섬기리라 하라

여호와께서 백성에게 이르시다

20 ●[1]너는 이를 야곱 집에 선포하며 유다
에 공포하여 이르기를
21 어리석고 지각이 없으며 눈이 있어도 보
지 못하며 귀가 있어도 듣지 못하는 백
성이여 이를 들을지어다 사 6:9
22 여호와의 말씀이니라 너희가 나를 두려
워하지 아니하느냐 내 앞에서 떨지 아니
하겠느냐 내가 모래를 두어 바다의 한계
를 삼되 그것으로 영원한 한계를 삼고
지나치지 못하게 하였으므로 파도가 거
세게 이나 그것을 이기지 못하며 뛰노나
그것을 넘지 못하느니라
23 그러나 너희 백성은 배반하며 반역하는
마음이 있어서 이미 배반하고 갔으며
24 또 [3]너희 마음으로 우리에게 이른 비와
늦은 비를 때를 따라 주시며 우리를 위
하여 추수 기한을 정하시는 우리 하나님
여호와를 경외하자 말하지도 아니하니
25 너희 허물이 이러한 일들을 물리쳤고 너
희 죄가 너희로부터 좋은 것을 막았느니
라
26 내 백성 가운데 악인이 있어서 새 사냥
꾼이 매복함같이 지키며 덫을 놓아 사람
을 잡으며
27 새장에 새들이 가득함같이 [3]너희 집들
에 속임이 가득하도다 그러므로 [3]너희
가 번창하고 거부가 되어 9:6
28 살지고 윤택하며 또 행위가 심히 악하여
자기 이익을 얻으려고 송사 곧 고아의
송사를 공정하게 하지 아니하며 빈민의
재판을 공정하게 판결하지 아니하니
29 내가 이 일들에 대하여 벌하지 아니하겠
으며 내 마음이 이같은 나라에 보복하지
아니하겠느냐 여호와의 말씀이니라
30 ●이 땅에 무섭고 놀라운 일이 있도다
31 선지자들은 거짓을 예언하며 제사장들
은 자기 권력으로 다스리며 내 백성은
그것을 좋게 여기니 마지막에는 너희가
어찌하려느냐

devour your vines and fig trees.
With the sword they will destroy
the fortified cities in which you trust.
18 ●"Yet even in those days," declares the LORD, "I
19 will not destroy you completely. ●And when the
people ask, 'Why has the LORD our God done all
this to us?' you will tell them, 'As you have forsak-
en me and served foreign gods in your own land,
so now you will serve foreigners in a land not your
own.'

20 ●"Announce this to the descendants of Jacob
and proclaim it in Judah:
21 ●Hear this, you foolish and senseless people,
who have eyes but do not see,
who have ears but do not hear:
22 ●Should you not fear me?" declares the LORD.
"Should you not tremble in my presence?
I made the sand a boundary for the sea,
an everlasting barrier it cannot cross.
The waves may roll, but they cannot prevail;
they may roar, but they cannot cross it.
23 ●But these people have stubborn and rebellious
hearts;
they have turned aside and gone away.
24 ●They do not say to themselves,
'Let us fear the LORD our God,
who gives autumn and spring rains in season,
who assures us of the regular weeks of harvest.'
25 ●Your wrongdoings have kept these away;
your sins have deprived you of good.
26 ●"Among my people are the wicked
who lie in wait like men who snare birds
and like those who set traps to catch people.
27 ●Like cages full of birds,
their houses are full of deceit;
they have become rich and powerful
28 ● and have grown fat and sleek.
Their evil deeds have no limit;
they do not seek justice.
They do not promote the case of the fatherless;
they do not defend the just cause of the poor.
29 ●Should I not punish them for this?"
declares the LORD.
"Should I not avenge myself
on such a nation as this?
30 ●"A horrible and shocking thing
has happened in the land:
31 ●The prophets prophesy lies,
the priests rule by their own authority,
and my people love it this way.
But what will you do in the end?

1) 히, 너희 2) 히, 나 3) 히, 그들

authority [əθɔ́:rəti] *n.* 권력
barrier [bǽriər] *n.* 장벽, 장애
cage [keidʒ] *n.* 새장, 우리
deceit [disí:t] *n.* 기만
deed [di:d] *n.* 행위
fig [fig] *n.* 무화과
fortified [fɔ́:rtəfàid] *a.* 요새화된
prevail [privéil] *vi.* 이기다
promote [prəmóut] *vt.* 승진시키다
rebellious [ribéljəs] *a.* 반역하는
sleek [sli:k] *a.* 윤기나는
snare [snɛər] *vt.* 덫으로 잡다
stubborn [stʌ́bərn] *a.* 완고한
tremble [trémbl] *vi.* 떨다
wrongdoing [rɔ́:ŋdù:iŋ] *n.* 잘못

5:23 turn aside: 벗어나다
5:24 assure A of B: A에게 B를 확신시키다
5:25 deprive A of B: A에게서 B를 빼앗다, 허용하지 않다
5:26 set a trap: 덫을 놓다
5:31 in the end: 마침내

벌 받을 성 예루살렘

6 베냐민 자손들아 예루살렘 가운데로부
터 피난하라 드고아에서 나팔을 불고
벧학게렘에서 깃발을 들라 재앙과 큰 파
멸이 북방에서 엿보아 옴이니라
2 아름답고 우아한 시온의 딸을 내가 멸
절하리니
3 목자들이 그 양 떼를 몰고 와서 주위에
자기 장막을 치고 각기 그 처소에서 먹이
리로다
4 너희는 그를 칠 준비를 하라 일어나라 우
리가 정오에 올라가자 아하 아깝다 날이
기울어 저녁 그늘이 길었구나
5 일어나라 우리가 밤에 올라가서 그 요새
들을 헐자 하도다
6 만군의 여호와께서 이와 같이 말하노라
너희는 나무를 베어서 예루살렘을 향하
여 목책을 만들라 이는 벌받을 성이라 그
중에는 오직 포학한 것뿐이니라
7 샘이 그 물을 솟구쳐냄같이 그가 그 악
을 드러내니 폭력과 탈취가 거기에서 들
리며 질병과 살상이 내 앞에 계속하느니
라
8 예루살렘아 너는 훈계를 받으라 그리하
지 아니하면 내 마음이 너를 싫어하고 너
를 황폐하게 하여 주민이 없는 땅으로 만
들리라

벌 받을 백성

9 ●만군의 여호와께서 이와 같이 말씀하
시되 포도를 따듯이 그들이 이스라엘의
남은 자를 말갛게 주우리라 너는 포도
따는 자처럼 네 손을 광주리에 자주자주
놀리라 하시나니
10 내가 누구에게 말하며 누구에게 경책하
여 듣게 할꼬 보라 그 귀가 할례를 받지
못하였으므로 듣지 못하는도다 보라 여
호와의 말씀을 그들이 자신들에게 욕으
로 여기고 이를 즐겨 하지 아니하니
11 그러므로 여호와의 분노가 내게 가득
하여 참기 어렵도다 그것을 거리에 있
는 아이들과 모인 청년들에게 부으리
니 남편과 아내와 나이 든 사람과 늙은
이가 다 잡히리로다 욥 32:18
12 내가 그 땅 주민에게 내 손을 펼 것인즉
그들의 집과 밭과 아내가 타인의 소유로
이전되리라 여호와의 말씀이니라

Jerusalem Under Siege

6 "Flee for safety, people of Benjamin!
Flee from Jerusalem!
Sound the trumpet in Tekoa!
Raise the signal over Beth Hakkerem!
For disaster looms out of the north,
even terrible destruction.
2 •I will destroy Daughter Zion,
so beautiful and delicate.
3 •Shepherds with their flocks will come against her;
they will pitch their tents around her,
each tending his own portion."
4 •"Prepare for battle against her!
Arise, let us attack at noon!
But, alas, the daylight is fading,
and the shadows of evening grow long.
5 •So arise, let us attack at night
and destroy her fortresses!"
6 •This is what the LORD Almighty says:
"Cut down the trees
and build siege ramps against Jerusalem.
This city must be punished;
it is filled with oppression.
7 •As a well pours out its water,
so she pours out her wickedness.
Violence and destruction resound in her;
her sickness and wounds are ever before me.
8 •Take warning, Jerusalem,
or I will turn away from you
and make your land desolate
so no one can live in it."
9 •This is what the LORD Almighty says:
"Let them glean the remnant of Israel
as thoroughly as a vine;
pass your hand over the branches again,
like one gathering grapes."
10 •To whom can I speak and give warning?
Who will listen to me?
Their ears are closed[a]
so they cannot hear.
The word of the LORD is offensive to them;
they find no pleasure in it.
11 •But I am full of the wrath of the LORD,
and I cannot hold it in.
"Pour it out on the children in the street
and on the young men gathered together;
both husband and wife will be caught in it,
and the old, those weighed down with years.
12 •Their houses will be turned over to others,
together with their fields and their wives,

[a]10 Hebrew *uncircumcised*

delicate [délikət] *a.* 고운
desolate [désələt] *a.* 황폐한
fade [feid] *vi.* 빛이 바래다
fortress [fɔ́:rtris] *n.* 요새
glean [gli:n] *vt.* (이삭을) 줍다
loom [lu:m] *vi.* 갑자기 크게 나타나다
offensive [əfénsiv] *a.* 모욕적인
oppression [əpréʃən] *n.* 압제
pitch [pitʃ] *vt.* (천막을) 치다
portion [pɔ́:rʃən] *n.* 분량
ramp [ræmp] *n.* 경사로
resound [rizáund] *vi.* 울려 퍼지다
siege [si:dʒ] *n.* 포위 공격
tend [tend] *vt.* 돌보다
thoroughly [θə́:rouli] *ad.* 완전히

6:4 prepare for...: …를 위해 준비하다
6:7 pour out: 쏟아내다
6:9 pass one's hand over: …을 어루만지다
6:11 hold in: 억제하다, 참다
6:11 weigh down: 내리 누르다

13 이는 그들이 가장 작은 자로부터 큰 자
까지 다 탐욕을 부리며 선지자로부터 제
사장까지 다 거짓을 행함이라
14 그들이 내 백성의 상처를 가볍게 여기면
서 말하기를 평강하다 평강하다 하나 평
강이 없도다
15 그들이 가증한 일을 행할 때에 부끄러워
하였느냐 아니라 조금도 부끄러워하지
않을 뿐 아니라 얼굴도 붉어지지 않았느
니라 그러므로 그들이 엎드러지는 자와
함께 엎드러질 것이라 내가 그들을 벌하
리니 그때에 그들이 거꾸러지리라 여호
와의 말씀이니라

3:3

선한 길로 가지 아니하다

16 ●여호와께서 이와 같이 말씀하시되 너
희는 길에 서서 보며 옛적 길 곧 선한 길
이 어디인지 알아보고 그리로 가라 너희
심령이 평강을 얻으리라 하나 그들의 대
답이 우리는 그리로 가지 않겠노라 하였
으며
17 내가 또 너희 위에 파수꾼을 세웠으니
나팔 소리를 들으라 하나 그들의 대답이
우리는 듣지 않겠노라 하였도다
18 그러므로 너희 나라들아 들으라 무리들
아 그들이 당할 일을 알라
19 땅이여 들으라 내가 이 백성에게 재앙을
내리리니 이것이 그들의 생각의 결과라
그들이 내 말을 듣지 아니하며 내 율법
을 거절하였음이니라
20 시바에서 유향과 먼 곳에서 [1]향품을 내
게로 가져옴은 어찌함이냐 나는 [2]그들
의 번제를 받지 아니하며 그들의 희생제
물을 달게 여기지 않노라
21 그러므로 여호와께서 이와 같이 말씀하
시니라 보라 내가 이 백성 앞에 장애물
을 두리니 아버지와 아들들이 함께 거기
에 걸려 넘어지며 이웃과 그의 친구가
함께 멸망하리라

북방에서 쳐들어오는 민족

22 ●여호와께서 이와 같이 말씀하시되 보
라 한 민족이 북방에서 오며 큰 나라가
땅끝에서부터 떨쳐 일어나나니
23 그들은 활과 창을 잡았고 잔인하여 사랑
이 없으며 그 목소리는 바다처럼 포효하
는 소리라 그들이 말을 타고 전사같이
다 대열을 벌이고 시온의 딸인 너를 치

when I stretch out my hand
against those who live in the land,"
declares the LORD.
13 •"From the least to the greatest,
all are greedy for gain;
prophets and priests alike,
all practice deceit.
14 •They dress the wound of my people
as though it were not serious.
'Peace, peace,' they say,
when there is no peace.
15 •Are they ashamed of their detestable conduct?
No, they have no shame at all;
they do not even know how to blush.
So they will fall among the fallen;
they will be brought down when I punish
them,"
says the LORD.
16 •This is what the LORD says:
"Stand at the crossroads and look;
ask for the ancient paths,
ask where the good way is, and walk in it,
and you will find rest for your souls.
But you said, 'We will not walk in it.'
17 •I appointed watchmen over you and said,
'Listen to the sound of the trumpet!'
But you said, 'We will not listen.'
18 •Therefore hear, you nations;
you who are witnesses,
observe what will happen to them.
19 •Hear, you earth:
I am bringing disaster on this people,
the fruit of their schemes,
because they have not listened to my words
and have rejected my law.
20 •What do I care about incense from Sheba
or sweet calamus from a distant land?
Your burnt offerings are not acceptable;
your sacrifices do not please me."
21 •Therefore this is what the LORD says:
"I will put obstacles before this people.
Parents and children alike will stumble over
them;
neighbors and friends will perish."
22 •This is what the LORD says:
"Look, an army is coming
from the land of the north;
a great nation is being stirred up
from the ends of the earth.
23 •They are armed with bow and spear;
they are cruel and show no mercy.

1) 창포 2) 히, 너희

acceptable [ækséptəbl] *a.* 받아들일 수 있는
blush [blʌʃ] *vi.* 부끄러워하다
calamus [kǽləməs] *n.* 창포
conduct [kándʌkt] *n.* 행실
cruel [krú:əl] *a.* 잔인한
deceit [disí:t] *n.* 허위, 속임
declare [dikléər] *vt.* 선포하다
incense [ínsens] *n.* 향
obstacle [ábstəkl] *n.* 장애물
offering [ɔ́:fəriŋ] *n.* 제물
perish [périʃ] *vi.* 멸망하다
sacrifice [sǽkrəfàis] *n.* 회생, 제물
scheme [ski:m] *n.* 계획
serious [síəriəs] *a.* 심각한
wound [wu:nd] *n.* 상처, 부상

6:13 be greedy for...: …를 몹시 탐내다
6:15 be ashamed of...: …를 부끄러워하다
6:15 no... at all: 결코 …가 아니다
6:21 stumble over: 걸려 넘어지다
6:22 stir up: 일으키다
6:23 be armed with...: …로 무장하다

려 하느니라 하시도다

24 우리가 그 소문을 들었으므로 손이 약하여 졌고 고통이 우리를 잡았으므로 그 아픔이 해산하는 여인 같도다 4:31

25 너희는 밭에도 나가지 말라 길로도 다니지 말라 원수의 칼이 있고 사방에 두려움이 있음이라

26 딸 내 백성이 굵은 베를 두르고 재에서 구르며 독자를 잃음같이 슬퍼하며 통곡할지어다 멸망시킬 자가 갑자기 우리에게 올 것임이라

27 ●내가 이미 너를 내 백성 중에 망대와 요새로 삼아 그들의 길을 알고 살피게 하였노라

28 그들은 다 심히 반역한 자며 비방하며 돌아다니는 자며 그들은 놋과 철이며 다 사악한 자라

29 풀무불을 맹렬히 불면 그 불에 납이 살라져서 단련하는 자의 일이 헛되게 되느니라 이와 같이 악한 자가 제거되지 아니하나니

30 사람들이 그들을 내버린 은이라 부르게 될 것은 여호와께서 그들을 버렸음이라

여호와의 말씀을 들으라

7 여호와께로부터 예레미야에게 말씀이 임하니라 이르시되

2 너는 여호와의 집 문에 서서 이 말을 선포하여 이르기를 여호와께 예배하러 이 문으로 들어가는 유다 사람들아 여호와의 말씀을 들으라

3 만군의 여호와 이스라엘의 하나님께서 이와 같이 말씀하시되 너희 길과 행위를 바르게 하라 그리하면 내가 너희로 이곳에 살게 하리라

4 너희는 이것이 여호와의 성전이라, 여호와의 성전이라, 여호와의 성전이라 하는 거짓말을 믿지 말라

5 너희가 만일 길과 행위를 참으로 바르게 하여 이웃들 사이에 정의를 행하며

6 이방인과 고아와 과부를 압제하지 아니하며 무죄한 자의 피를 이곳에서 흘리지 아니하며 다른 신들 뒤를 따라 화를 자초하지 아니하면

7 내가 너희를 이곳에 살게 하리니 곧 너희 조상에게 영원무궁토록 준 땅에니라

8 ●보라 너희가 무익한 거짓말을 의존하는도다

9 *너희가 도둑질하며* 살인하며 간음하며 거짓 맹세하며 바알에게 분향하며 너희가 알지

They sound like the roaring sea
as they ride on their horses;
they come like men in battle formation
to attack you, Daughter Zion."

24 ●We have heard reports about them,
and our hands hang limp.
Anguish has gripped us,
pain like that of a woman in labor.

25 ●Do not go out to the fields
or walk on the roads,
for the enemy has a sword,
and there is terror on every side.

26 ●Put on sackcloth, my people,
and roll in ashes;
mourn with bitter wailing
as for an only son,
for suddenly the destroyer
will come upon us.

27 ●"I have made you a tester of metals
and my people the ore,
that you may observe
and test their ways.

28 ●They are all hardened rebels,
going about to slander.
They are bronze and iron;
they all act corruptly.

29 ●The bellows blow fiercely
to burn away the lead with fire,
but the refining goes on in vain;
the wicked are not purged out.

30 ●They are called rejected silver,
because the LORD has rejected them."

False Religion Worthless

7 This is the word that came to Jeremiah
2 from the LORD: ●"Stand at the gate of the
LORD's house and there proclaim this message:
" 'Hear the word of the LORD, all you people
of Judah who come through these gates to
3 worship the LORD. ●This is what the LORD
Almighty, the God of Israel, says: Reform your
ways and your actions, and I will let you live in
4 this place. ●Do not trust in deceptive words
and say, "This is the temple of the LORD, the
temple of the LORD, the temple of the LORD!"
5 ●If you really change your ways and your
6 actions and deal with each other justly, ●if you
do not oppress the foreigner, the fatherless or
the widow and do not shed innocent blood in
this place, and if you do not follow other gods
7 to your own harm, ●then I will let you live in
this place, in the land I gave your ancestors for
8 ever and ever. ●But look, you are trusting in

ash [æʃ] *n.* 재
bellows [bélouz] *n.* 풀무
corruptly [kərʌ́ptli] *ad.* 타락하여
deceptive [diséptiv] *a.* 기만적인
fiercely [fíərsli] *ad.* 사납게
grip [grip] *vt.* 꽉 잡다
harm [ha:rm] *vt.* 해치다, 상하게 하다
mourn [mɔ:rn] *vi.* 슬퍼하다
oppress [əprés] *vt.* 억압하다
ore [ɔ:r] *n.* 광석, 금속
refine [rifáin] *vt.* 제련하다
roaring [rɔ́:riŋ] *a.* 포효하는
sackcloth [sǽkklɔ:θ] *n.* 삼베옷
slander [slǽndər] *vi.* 비방하다
wail [weil] *vi.* 통곡하다

6:26 **come upon...**: …에게 갑자기 닥치다
6:28 **go about**: 돌아다니다
6:29 **in vain**: 헛되이
6:29 **purge out**: 제거하다, 깨끗이 하다
7:4 **trust in...**: …를 신뢰하다
7:5 **deal with**: 행동하다, 다루다

못하는 다른 신들을 따르면서
10 내 이름으로 일컬음을 받는 이 집에 들어와서
내 앞에 서서 말하기를 우리가 구원을 얻었나
이다 하느냐 이는 이 모든 가증한 일을 행하려
함이로다
11 내 이름으로 일컬음을 받는 이 집이 너희 눈
에는 도둑의 소굴로 보이느냐 보라 나 곧 내
가 그것을 보았노라 여호와의 말씀이니라
12 ●너희는 내가 처음으로 내 이름을 둔 처소
실로에 가서 내 백성 이스라엘의 악에 대하
여 내가 어떻게 행하였는지를 보라 26:6
13 여호와의 말씀이니라 이제 너희가 그 모든
일을 행하였으며 내가 너희에게 말하되 새벽
부터 부지런히 말하여도 듣지 아니하였고 너
희를 불러도 대답하지 아니하였느니라
14 그러므로 내가 실로에 행함같이 너희가 신뢰
하는 바 내 이름으로 일컬음을 받는 이 집 곧
너희와 너희 조상들에게 준 이곳에 행하겠고
15 내가 너희 모든 형제 곧 에브라임 온 자손을
쫓아낸 것같이 내 앞에서 너희를 쫓아내리라
하셨다 할지니라 15:1

여호와를 순종하지 아니하는 백성

16 ●그런즉 너는 이 백성을 위하여 기도하지
말라 그들을 위하여 부르짖어 구하지 말라
내게 간구하지 말라 내가 네게서 듣지 아니
하리라
17 너는 그들이 유다 성읍들과 예루살렘 거리에
서 행하는 일을 보지 못하느냐
18 자식들은 나무를 줍고 아버지들은 불을 피우
며 부녀들은 가루를 반죽하여 하늘의 여왕을
위하여 과자를 만들며 그들이 또 다른 신들에
게 전제를 부음으로 나의 노를 일으키느니라
19 여호와의 말씀이니라 그들이 나를 격노하게
함이냐 자기 얼굴에 부끄러움을 자취함이 아
니냐
20 그러므로 주 여호와께서 이와 같이 말씀하시
니라 보라 나의 진노와 분노를 이곳과 사람과
짐승과 들나무와 땅의 소산에 부으리니 불같
이 살라지고 꺼지지 아니하리라 하시니라
21 ●만군의 여호와 이스라엘의 하나님께서 이
와 같이 말씀하시되 너희 희생제물과 번제물
의 고기를 아울러 먹으라
22 사실은 내가 너희 조상들을 애굽 땅에서 인
도하여 낸 날에 번제나 희생에 대하여 말하
지 아니하며 명령하지 아니하고
23 오직 내가 이것을 그들에게 명령하여 이르기
를 너희는 내 목소리를 들으라 그리하면 나

deceptive words that are worthless.
9 ●" 'Will you steal and murder, commit
adultery and perjury,[a] burn incense to Baal
and follow other gods you have not known,
10 ●and then come and stand before me in this
house, which bears my Name, and say, "We
are safe" —safe to do all these detestable
11 things? ●Has this house, which bears my
Name, become a den of robbers to you? But I
have been watching! declares the LORD.
12 ●" 'Go now to the place in Shiloh where I
first made a dwelling for my Name, and see
what I did to it because of the wickedness of
13 my people Israel. ●While you were doing all
these things, declares the LORD, I spoke to you
again and again, but you did not listen; I
14 called you, but you did not answer. ●There-
fore, what I did to Shiloh I will now do to the
house that bears my Name, the temple you
trust in, the place I gave to you and your
15 ancestors. ●I will thrust you from my pres-
ence, just as I did all your fellow Israelites, the
people of Ephraim.'
16 ●"So do not pray for this people nor offer
any plea or petition for them; do not plead
17 with me, for I will not listen to you. ●Do you
not see what they are doing in the towns of
18 Judah and in the streets of Jerusalem? ●The
children gather wood, the fathers light the
fire, and the women knead the dough and
make cakes to offer to the Queen of Heaven.
They pour out drink offerings to other gods to
19 arouse my anger. ●But am I the one they are
provoking? declares the LORD. Are they not
rather harming themselves, to their own
shame?
20 ●" 'Therefore this is what the Sovereign
LORD says: My anger and my wrath will be
poured out on this place—on man and beast,
on the trees of the field and on the crops of
your land — and it will burn and not be
quenched.
21 ●" 'This is what the LORD Almighty, the
God of Israel, says: Go ahead, add your burnt
offerings to your other sacrifices and eat the
22 meat yourselves! ●For when I brought your
ancestors out of Egypt and spoke to them, I
did not just give them commands about
23 burnt offerings and sacrifices, ●but I gave
them this command: Obey me, and I will be
your God and you will be my people. Walk in
obedience to all I command you, that it may

[a]9 Or *and swear by false gods*

arouse [əráuz] *vt.* 자극하다
bear [bɛər] *vt.* 받다
declare [dikléər] *vt.* 언명하다
detestable [ditéstəbl] *a.* 혐오할 만한
dough [dou] *n.* 가루 반죽
incense [ínsens] *n.* 향
knead [ni:d] *vt.* 반죽하다
perjury [pə́:rdʒəri] *n.* 위증
petition [pətíʃən] *n.* 청원
plead [pli:d] *vi.* 탄원하다
provoke [prəvóuk] *vt.* 유발하다
quench [kwentʃ] *vt.* 끄다
sovereign [sávərin] *a.* 주권을 가진
thrust [θrʌst] *vt.* 떠밀다, 밀치다
wickedness [wíkidnis] *n.* 사악함

7:9 commit adultery: 간음하다
7:15 just as: …와 꼭 마찬가지로
7:18 pour out: 쏟아붓다
7:21 add A to B: B에 A를 더하다
7:22 bring A out of B: B에서 A를 데리고 나오다

는 너희 하나님이 되겠고 너희는 내 백성이
되리라 너희는 내가 명령한 모든 길로 걸어가
라 그리하면 복을 받으리라 하였으나
24 그들이 순종하지 아니하며 귀를 기울이지도 아
니하고 자신들의 악한 마음의 꾀와 완악한 대
로 행하여 그 등을 내게로 돌리고 그 얼굴을 향
하지 아니하였으며
25 너희 조상들이 애굽 땅에서 나온 날부터 오늘
까지 내가 내 종 선지자들을 너희에게 보내되
끊임없이 보내었으나
26 [1]너희가 나에게 순종하지 아니하며 귀를 기울
이지 아니하고 목을 굳게 하여 [1]너희 조상들
보다 악을 더 행하였느니라
27 ● 네가 그들에게 이 모든 말을 할지라도 그들
이 너에게 순종하지 아니할 것이요 네가 그들
을 불러도 그들이 네게 대답하지 아니하리니
28 너는 그들에게 말하기를 [2]너희는 [1]너희 하나
님 여호와의 목소리를 순종하지 아니하며 교
훈을 받지 아니하는 민족이라 진실이 없어져
[1]너희 입에서 끊어졌다 할지니라

도벳 사당을 건축

29 ● 너의 머리털을 베어 버리고 벗은 산 위에서
통곡할지어다 여호와께서 그 노하신 바 이 세
대를 끊어 버리셨음이라
30 여호와께서 말씀하시되 유다 자손이 나의 눈
앞에 악을 행하여 내 이름으로 일컬음을 받는
집에 그들의 가증한 것을 두어 집을 더럽혔으
며
31 힌놈의 아들 골짜기에 도벳 사당을 건축하
고 그들의 자녀들을 불에 살랐나니 내가 명
령하지 아니하였고 내 마음에 생각하지도
아니한 일이니라
32 그러므로 여호와께서 말씀하시니라 날이 이
르면 이곳을 도벳이라 하거나 힌놈의 아들의
골짜기라 말하지 아니하고 죽임의 골짜기라
말하리니 이는 도벳에 자리가 없을 만큼 매장
했기 때문이니라
33 이 백성의 시체가 공중의 새와 땅의 짐승의 밥
이 될 것이나 그것을 쫓을 자가 없을 것이라
34 그때에 내가 유다 성읍들과 예루살렘 거리에
기뻐하는 소리, 즐거워하는 소리, 신랑의 소
리, 신부의 소리가 끊어지게 하리니 땅이 황
폐하리라

8 여호와의 말씀이니라 그때에 사람들이 유
다 왕들의 뼈와 그의 지도자들의 뼈와 제사
장들의 뼈와 선지자들의 뼈와 예루살렘 주민
의 뼈를 그 무덤에서 끌어내어

24 go well with you. ●But they did not listen
or pay attention; instead, they followed the
stubborn inclinations of their evil hearts.
They went backward and not forward.
25 ●From the time your ancestors left Egypt
until now, day after day, again and again I
26 sent you my servants the prophets. ●But
they did not listen to me or pay attention.
They were stiff-necked and did more evil
than their ancestors.'
27 ●"When you tell them all this, they will not
listen to you; when you call to them, they will
28 not answer. ●Therefore say to them, 'This is
the nation that has not obeyed the LORD its
God or responded to correction. Truth has
perished; it has vanished from their lips.
29 ●" 'Cut off your hair and throw it away;
take up a lament on the barren heights, for
the LORD has rejected and abandoned this
generation that is under his wrath.

The Valley of Slaughter

30 ●" 'The people of Judah have done evil
in my eyes, declares the LORD. They have set
up their detestable idols in the house that
31 bears my Name and have defiled it. ●They
have built the high places of Topheth in the
Valley of Ben Hinnom to burn their sons
and daughters in the fire—something I did
not command, nor did it enter my mind.
32 ●So beware, the days are coming, declares
the LORD, when people will no longer call it
Topheth or the Valley of Ben Hinnom, but
the Valley of Slaughter, for they will bury
the dead in Topheth until there is no more
33 room. ●Then the carcasses of this people
will become food for the birds and the wild
animals, and there will be no one to fright-
34 en them away. ●I will bring an end to the
sounds of joy and gladness and to the voices
of bride and bridegroom in the towns of
Judah and the streets of Jerusalem, for the
land will become desolate.

8 " 'At that time, declares the LORD, the
bones of the kings and officials of Judah,
the bones of the priests and prophets, and
the bones of the people of Jerusalem will be
2 removed from their graves. ●They will be
exposed to the sun and the moon and all the
stars of the heavens, which they have loved
and served and which they have followed
and consulted and worshiped. They will not

1) 히, 그들 2) 히, 이는

abandon [əbǽndən] *vt.* 버리다
barren [bǽrən] *a.* 불모의
beware [biwέər] *vi.* 조심하다
bridegroom [bráidgrùːm] *n.* 신랑
carcass [kάːrkəs] *n.* 시체
correction [kərékʃən] *n.* 교정
defile [difáil] *vt.* 더럽히다
desolate [désələt] *a.* 황량한
detestable [ditéstəbl] *a.* 혐오할 만한
expose [ikspóuz] *vt.* 드러내다
grave [greiv] *n.* 무덤
inclination [inklənéiʃən] *n.* 기질, 성향
perish [périʃ] *vi.* 사라지다
slaughter [slɔ́ːtər] *n.* 살육
stiff-necked [stífnékt] *a.* 목이 굳어진

7:24 pay attention: 관심을 갖다
7:28 vanish from...: …에서 사라지다
7:29 take up: 시작하다, 계속하다
7:32 no longer: 더 이상 …하지 않는
7:33 frighten... away: …를 위협해 몰아내다
7:34 bring an end to...: …를 끝내다

2 그들이 사랑하며 섬기며 뒤따르며 구하며
경배하던 해와 달과 하늘의 뭇별 아래에서
펼쳐지게 하리니 그 뼈가 거두이거나 묻히
지 못하여 지면에서 분토 같을 것이며
3 이 악한 민족의 남아 있는 자, 무릇 내게 쫓
겨나서 각처에 남아 있는 자들이 사는 것보
다 죽는 것을 원하리라 만군의 여호와의 말
씀이니라

죄와 벌 — B.C. 610년경

4 ●너는 또 그들에게 말하기를 여호와의 말
씀에 사람이 엎드러지면 어찌 일어나지 아
니하겠으며 사람이 떠나갔으면 어찌 돌아오
지 아니하겠느냐
5 이 예루살렘 백성이 항상 나를 떠나 물러감
은 어찌함이냐 그들이 거짓을 고집하고 돌
아오기를 거절하도다
6 내가 귀를 기울여 들은즉 그들이 정직을 말
하지 아니하며 그들의 악을 뉘우쳐서 내가
행한 것이 무엇인고 말하는 자가 없고 전쟁
터로 향하여 달리는 말같이 각각 그 길로 행
하도다
7 공중의 학은 그 정한 시기를 알고 산비둘기
와 제비와 두루미는 그들이 올 때를 지키거
늘 내 백성은 여호와의 규례를 알지 못하도
다
8 ●너희가 어찌 우리는 지혜가 있고 우리에
게는 여호와의 율법이 있다 말하겠느냐 참
으로 서기관의 거짓의 붓이 [1]거짓되게 하였
나니
9 지혜롭다 하는 자들은 부끄러움을 당하며
두려워 떨다가 잡히리라 보라 그들이 여호
와의 말을 버렸으니 그들에게 무슨 지혜가
있으랴
10 그러므로 내가 그들의 아내를 타인에게 주
겠고 그들의 밭을 그 차지할 자들에게 주리
니 그들은 가장 작은 자로부터 큰 자까지 다
욕심내며 선지자로부터 제사장까지 다 거짓
을 행함이라
11 그들이 딸 내 백성의 상처를 가볍게 여기면
서 말하기를 평강하다, 평강하다 하나 평강
이 없도다
12 그들이 가증한 일을 행할 때에 부끄러워하
였느냐 아니라 조금도 부끄러워하지 않을
뿐 아니라 얼굴도 붉어지지 아니하였느니
라 그러므로 그들이 엎드러질 자와 함께 엎
드러질 것이라 내가 그들을 벌할 때에 그들
이 거꾸러지리라 여호와의 말씀이니라

be gathered up or buried, but will be like dung
3 lying on the ground. ●Wherever I banish them,
all the survivors of this evil nation will prefer
death to life, declares the LORD Almighty.'

Sin and Punishment

4 ●"Say to them, 'This is what the LORD says:

" 'When people fall down, do they not get up?
When someone turns away, do they not
return?
5 ●Why then have these people turned away?
Why does Jerusalem always turn away?
They cling to deceit;
they refuse to return.
6 ●I have listened attentively,
but they do not say what is right.
None of them repent of their wickedness,
saying, "What have I done?"
Each pursues their own course
like a horse charging into battle.
7 ●Even the stork in the sky
knows her appointed seasons,
and the dove, the swift and the thrush
observe the time of their migration.
But my people do not know
the requirements of the LORD.
8 ●" 'How can you say, "We are wise,
for we have the law of the LORD,"
when actually the lying pen of the scribes
has handled it falsely?
9 ●The wise will be put to shame;
they will be dismayed and trapped.
Since they have rejected the word of the LORD,
what kind of wisdom do they have?
10 ●Therefore I will give their wives to other men
and their fields to new owners.
From the least to the greatest,
all are greedy for gain;
prophets and priests alike,
all practice deceit.
11 ●They dress the wound of my people
as though it were not serious.
"Peace, peace," they say,
when there is no peace.
12 ●Are they ashamed of their detestable
conduct?
No, they have no shame at all;
they do not even know how to blush.
So they will fall among the fallen;
they will be brought down when they are
punished,
says the LORD.

1) 법을 거짓되게

ashamed [əʃéimd] *a.* 부끄러워하는
attentively [əténtivli] *ad.* 주의 깊게
banish [bǽniʃ] *vt.* 내쫓다
blush [blʌʃ] *vi.* 얼굴을 붉히다
conduct [kándʌkt] *n.* 행실
deceit [disí:t] *n.* 사기, 허위
dismay [disméi] *vt.* 당황케 하다
migration [maigréiʃən] *n.* 이주
pursue [pərsú:] *vt.* 추구하다
requirement [rikwáiərmənt] *n.* 요구
scribe [skraib] *n.* 서기관
stork [stɔ:rk] *n.* 황새
survivor [sərváivər] *n.* 생존자
swift [swift] *n.* 칼새
thrush [θrʌʃ] *n.* 개똥지빠귀

8:3 prefer A to B: B보다 A를 좋아하다
8:5 cling to...: …에 집착하다, 고집하다
8:6 repent of...: …를 후회하다
8:9 put to shame: 부끄럽게 하다
8:10 greedy for...: …를 몹시 탐내는
8:11 as though...: 마치 …인 것처럼

13 ●여호와의 말씀이니라 내가 그들을
진멸하리니 포도나무에 포도가 없을
것이며 무화과나무에 무화과가 없을
것이며 그 잎사귀가 마를 것이라 [1]내가
그들에게 준 것이 없어지리라 하셨나
니
14 우리가 어찌 가만히 앉았으랴 모일지어
다 우리가 견고한 성읍들로 들어가서
거기에서 멸망하자 우리가 여호와께 범
죄하였으므로 우리 하나님 여호와께서
우리를 멸하시며 우리에게 독한 물을
마시게 하심이니라 4:5
15 우리가 평강을 바라나 좋은 것이 없으
며 고침을 입을 때를 바라나 놀라움뿐
이로다
16 그 말의 부르짖음이 단에서부터 들리고
그 준마들이 우는 소리에 온 땅이 진동
하며 그들이 이르러 이 땅과 그 소유와
성읍과 그 중의 주민을 삼켰도다
17 여호와의 말씀이니라 내가 술법으로도
제어할 수 없는 뱀과 독사를 너희 가운
데 보내리니 그것들이 너희를 물리라
하시도다

선지자의 번뇌

18 ●슬프다 나의 근심이여 어떻게 위로를
받을 수 있을까 내 마음이 병들었도다
19 딸 내 백성의 심히 먼 땅에서 부르짖는
소리로다 여호와께서 시온에 계시지 아
니한가, 그의 왕이 그 가운데 계시지 아
니한가 그들이 어찌하여 그 조각한 신
상과 이방의 헛된 것들로 나를 격노하
게 하였는고 하시니
20 추수할 때가 지나고 여름이 다하였으나
우리는 구원을 얻지 못한다 하는도다
21 딸 내 백성이 상하였으므로 나도 상하여
슬퍼하며 놀라움에 잡혔도다 욜 2:6
22 길르앗에는 유향이 있지 아니한가 그곳
에는 의사가 있지 아니한가 딸 내 백성
이 치료를 받지 못함은 어찌 됨인고

9 어찌하면 내 머리는 물이 되고 내 눈
은 눈물 근원이 될꼬 죽임을 당한 딸
내 백성을 위하여 주야로 울리로다
2 내가 광야에서 나그네가 머무를 곳을
얻는다면 내 백성을 떠나가리니 그들은
다 간음하는 자요 반역한 자의 무리가
됨이로다

13 ●" 'I will take away their harvest,
declares the LORD.
There will be no grapes on the vine.
There will be no figs on the tree,
and their leaves will wither.
What I have given them
will be taken from them.[a]' "
14 ●Why are we sitting here?
Gather together!
Let us flee to the fortified cities
and perish there!
For the LORD our God has doomed us to perish
and given us poisoned water to drink,
because we have sinned against him.
15 ●We hoped for peace
but no good has come,
for a time of healing
but there is only terror.
16 ●The snorting of the enemy's horses
is heard from Dan;
at the neighing of their stallions
the whole land trembles.
They have come to devour
the land and everything in it,
the city and all who live there.
17 ●"See, I will send venomous snakes among you,
vipers that cannot be charmed,
and they will bite you,"
declares the LORD.
18 ●You who are my Comforter[b] in sorrow,
my heart is faint within me.
19 ●Listen to the cry of my people
from a land far away:
"Is the LORD not in Zion?
Is her King no longer there?"
"Why have they aroused my anger with their
images,
with their worthless foreign idols?"
20 ●"The harvest is past,
the summer has ended,
and we are not saved."
21 ●Since my people are crushed, I am crushed;
I mourn, and horror grips me.
22 ●Is there no balm in Gilead?
Is there no physician there?
Why then is there no healing
for the wound of my people?

9 [c]Oh, that my head were a spring of water
and my eyes a fountain of tears!

[a]13 The meaning of the Hebrew for this sentence is uncertain.
[b]18 The meaning of the Hebrew for this word is uncertain.
[c]In Hebrew texts 9:1 is numbered 8:23, and 9:2-26 is numbered 9:1-25.
1) 그들을 진멸할 자를 내가 이미 정하였느니라

balm [ba:m] *n.* 유향
charmed [tʃa:rmd] *a.* 마법으로 보호된
crush [krʌʃ] *vt.* 뭉개다
devour [diváuər] *vt.* 게걸스럽게 먹다
doom [du:m] *vt.* 운명을 정하다
faint [feint] *a.* 힘 없는, 활기 없는
horror [hɔ́:rər] *n.* 공포, 무서움
mourn [mɔ:rn] *vi.* 슬퍼하다
physician [fizíʃən] *n.* 의사
snort [snɔ:rt] *vi.* (말이) 콧김을 뿜다
stallion [stǽljən] *n.* 종마
tremble [trémbl] *vi.* 진동하다
venomous [vénəməs] *a.* 독이 있는
viper [váipər] *n.* 독사
wound [wu:nd] *n.* 상처, 부상

8:14 gather together: 집합하다
8:14 flee to...: …로 피하다, 피난하다
8:14 sin against...: …에 대해서 죄를 짓다
8:15 hope for...: …을 바라다
8:19 arouse (a person's) anger: 노여움을 사다

3 여호와의 말씀이니라 그들이 활을 당김
같이 그들의 혀를 놀려 거짓을 말하며 그
들이 이 땅에서 강성하나 진실하지 아니
하고 악에서 악으로 진행하며 또 나를 알
지 못하느니라
4 너희는 각기 이웃을 조심하며 어떤 형제
든지 믿지 말라 형제마다 완전히 속이며
이웃마다 다니며 비방함이라
5 그들은 각기 이웃을 속이며 진실을 말하
지 아니하며 그들의 혀로 거짓말하기를
가르치며 악을 행하기에 지치거늘
6 네가 사는 곳이 속이는 일 가운데 있도
다 그들은 속이는 일로 말미암아 나를
알기를 싫어하느니라 여호와의 말씀이
니라
7 ●그러므로 만군의 여호와께서 이와 같
이 말씀하시되 보라 내가 내 딸 백성을
어떻게 처치할꼬 그들을 녹이고 연단
하리라
8 그들의 혀는 죽이는 화살이라 거짓을 말
하며 입으로는 그 이웃에게 평화를 말하
나 마음으로는 해를 꾸미는도다
9 내가 이 일들로 말미암아 그들에게 벌하
지 아니하겠으며 내 마음이 이런 나라에
보복하지 않겠느냐 여호와의 말씀이니
라
10 ●내가 산들을 위하여 울며 부르짖으며
광야 목장을 위하여 슬퍼하나니 이는 그
것들이 불에 탔으므로 지나는 자가 없으
며 거기서 가축의 소리가 들리지 아니하
며 공중의 새도 짐승도 다 도망하여 없어
졌음이라

호 4:3

11 내가 예루살렘을 무더기로 만들며 승냥
이 굴이 되게 하겠고 유다의 성읍들을 황
폐하게 하여 주민이 없게 하리라
12 ●지혜가 있어서 이 일을 깨달을 만한 자
가 누구며 여호와의 입의 말씀을 받아서
선포할 자가 누구인고 이 땅이 어찌하여
멸망하여 광야같이 불타서 지나가는 자
가 없게 되었느냐
13 여호와께서 말씀하시되 이는 그들이 내가
그들의 앞에 세운 나의 율법을 버리고 내
목소리를 순종하지 아니하며 그대로 행하
지 아니하고
14 그 마음의 완악함을 따라 그 조상들이 자
기에게 가르친 바알들을 따랐음이라

I would weep day and night
for the slain of my people.
2 ●Oh, that I had in the desert
a lodging place for travelers,
so that I might leave my people
and go away from them;
for they are all adulterers,
a crowd of unfaithful people.
3 ●"They make ready their tongue
like a bow, to shoot lies;
it is not by truth
that they triumph[a] in the land.
They go from one sin to another;
they do not acknowledge me,"
declares the LORD.
4 ●"Beware of your friends;
do not trust anyone in your clan.
For every one of them is a deceiver,[b]
and every friend a slanderer.
5 ●Friend deceives friend,
and no one speaks the truth.
They have taught their tongues to lie;
they weary themselves with sinning.
6 ●You[c] live in the midst of deception;
in their deceit they refuse to acknowledge me,"
declares the LORD.
7 ●Therefore this is what the LORD Almighty says:
"See, I will refine and test them,
for what else can I do
because of the sin of my people?
8 ●Their tongue is a deadly arrow;
it speaks deceitfully.
With their mouths they all speak cordially to
their neighbors,
but in their hearts they set traps for them.
9 ●Should I not punish them for this?"
declares the LORD.
"Should I not avenge myself
on such a nation as this?"
10 ●I will weep and wail for the mountains
and take up a lament concerning the
wilderness grasslands.
They are desolate and untraveled,
and the lowing of cattle is not heard.
The birds have all fled
and the animals are gone.
11 ●"I will make Jerusalem a heap of ruins,
a haunt of jackals;
and I will lay waste the towns of Judah
so no one can live there."
12 ●Who is wise enough to understand this? Who

[a]3 Or *lies; / they are not valiant for truth* [b]4 Or *a deceiving Jacob* [c]6 That is, Jeremiah (the Hebrew is singular)

acknowledge [æknálidʒ] *vt.* 인정하다
concerning [kənsə́:rniŋ] *prep.* …에 관하여
cordially [kɔ́:rdʒəli] *ad.* 진심으로
deceit [disí:t] *n.* 기만
deceive [disí:v] *vt.* 속이다
haunt [hɔ:nt] *n.* 소굴
lodge [ladʒ] *vi.* 숙박하다
lowing [lóuiŋ] *n.* 소의 울음소리
midst [midst] *n.* 한가운데
refine [rifáin] *vt.* 제련하다
slay [slei] *vt.* 살해하다
triumph [tráiəmf] *vi.* 의기 양양해하다
untraveled [ʌntrǽvəld] *a.* 행인이 다니지 않는
wail [weil] *vi.* 울부짖다
weep [wi:p] *vi.* 울다

9:2 go away from...: …에서 떠나가다
9:4 beware of...: …에 주의하다
9:5 weary A with B: A로 B를 싫증나게 하다, 넌더리나게 하다
9:9 avenge oneself on...: …에게 복수하다
9:11 a heap of...: …의 더미

15 그러므로 만군의 여호와 이스라엘의
하나님께서 이와 같이 말씀하시니라
보라 내가 그들 곧 이 백성에게 쑥을
먹이며 독한 물을 마시게 하고
16 그들과 그들의 조상이 알지 못하던 여
러 나라 가운데에 그들을 흩어 버리고
진멸되기까지 그 뒤로 칼을 보내리라
하셨느니라

사랑과 정의와 공의를 행하시는 여호와

17 ●만군의 여호와께서 이와 같이 말씀
하시되 너희는 잘 생각해 보고 곡하는
부녀를 불러오며 또 사람을 보내 지혜
로운 부녀를 불러오되
18 그들로 빨리 와서 우리를 위하여 애곡
하여 우리의 눈에서 눈물이 떨어지게
하며 우리 눈꺼풀에서 물이 쏟아지게
하라
19 이는 시온에서 통곡하는 소리가 들리
기를 우리가 아주 망하였구나 우리가
크게 부끄러움을 당하였구나 우리가
그 땅을 떠난 것은 그들이 우리 거처
를 헐었음이로다 함이로다
20 부녀들이여 여호와의 말씀을 들으라
너희 귀에 그 입의 말씀을 받으라 너
희 딸들에게 애곡하게 하고 각기 이웃
에게 슬픈 노래를 가르치라
21 무릇 사망이 우리 창문을 통하여 넘어
들어오며 우리 궁실에 들어오며 밖에
서는 자녀들을 거리에서는 청년들을
멸절하려 하느니라
22 너는 이같이 말하라 여호와의 말씀에
사람의 시체가 분토같이 들에 떨어질
것이며 추수하는 자의 뒤에 버려져 거
두지 못한 곡식단같이 되리라 하셨느
니라
23 ●여호와께서 이와 같이 말씀하시되
지혜로운 자는 그의 지혜를 자랑하지
말라 용사는 그의 용맹을 자랑하지 말
라 부자는 그의 부함을 자랑하지 말라
24 자랑하는 자는 이것으로 자랑할지니 곧
명철하여 나를 아는 것과 나 여호와는
사랑과 정의와 공의를 땅에 행하는 자
인 줄 깨닫는 것이라 나는 이 일을 기뻐
하노라 여호와의 말씀이니라
25 ●여호와의 말씀이니라 보라 날이 이
르면 [1]할례받은 자와 할례받지 못한
자를 내가 다 벌하리니

has been instructed by the LORD and can explain it?
Why has the land been ruined and laid waste like a
desert that no one can cross?
13 ●The LORD said, "It is because they have forsaken
my law, which I set before them; they have not
14 obeyed me or followed my law. ●Instead, they have
followed the stubbornness of their hearts; they have
followed the Baals, as their ancestors taught them."
15 ●Therefore this is what the LORD Almighty, the God
of Israel, says: "See, I will make this people eat bitter
16 food and drink poisoned water. ●I will scatter them
among nations that neither they nor their ancestors
have known, and I will pursue them with the sword
until I have made an end of them."

17 ●This is what the LORD Almighty says:

"Consider now! Call for the wailing women to come;
send for the most skillful of them.
18 ●Let them come quickly
and wail over us
till our eyes overflow with tears
and water streams from our eyelids.
19 ●The sound of wailing is heard from Zion:
'How ruined we are!
How great is our shame!
We must leave our land
because our houses are in ruins.'"
20 ●Now, you women, hear the word of the LORD;
open your ears to the words of his mouth.
Teach your daughters how to wail;
teach one another a lament.
21 ●Death has climbed in through our windows
and has entered our fortresses;
it has removed the children from the streets
and the young men from the public squares.

22 ●Say, "This is what the LORD declares:

" 'Dead bodies will lie
like dung on the open field,
like cut grain behind the reaper,
with no one to gather them.' "

23 ●This is what the LORD says:

"Let not the wise boast of their wisdom
or the strong boast of their strength
or the rich boast of their riches,
24 ●but let the one who boasts boast about this:
that they have the understanding to know me,
that I am the LORD, who exercises kindness,
justice and righteousness on earth,
for in these I delight,"
declares the LORD.

25 ●"The days are coming," declares the LORD, "when

1) 할례를 받았어도 마음으로 받지 아니한 자

ancestor [ǽnsestər] *n.* 조상
climb [klaim] *vi.* 오르다
declare [diklɛ́ər] *vt.* 선포하다
exercise [éksərsàiz] *vt.* 행하다
explain [ikspléin] *vt.* 설명하다
eyelid [áilìd] *n.* 눈꺼풀
forsake [fərséik] *vt.* 저버리다
fortress [tɔ́ːrtris] *n.* 요새
instruct [instrʌ́kt] *vt.* 가르치다
lament [ləmént] *n.* 애가
public [pʌ́blik] *a.* 공공의
reaper [ríːpər] *n.* 거두어들이는 사람
skillful [skílfəl] *a.* 능숙한
square [skwɛər] *n.* 광장
stubbornness [stʌ́bərnnis] *n.* 완고함

9:16 scatter A among B: B 사이에 A를 흩뿌리다
9:16 neither A nor B: A도 B도 아니다
9:18 overflow with...: …이 넘쳐나다
9:19 in ruins: 폐허가 된
9:23 boast of...: …를 자랑하다

26 곧 애굽과 유다와 에돔과 암몬 자손과
모압과 및 광야에 살면서 살쩍을 깎은
자들에게라 무릇 모든 민족은 할례를 받
지 못하였고 이스라엘은 마음에 할례를
받지 못하였느니라 하셨느니라

우상의 가르침과 참 하나님 여호와 (♪293장)

10 이스라엘 집이여 여호와께서 너희
에게 이르시는 말씀을 들을지어다
2 여호와께서 이와 같이 말씀하시되 여러
나라의 길을 배우지 말라 이방 사람들은
하늘의 징조를 두려워하거니와 너희는
그것을 두려워하지 말라
3 여러 나라의 [1)]풍습은 헛된 것이니 삼림
에서 벤 나무요 기술공의 두 손이 도끼
로 만든 것이라
4 그들이 은과 금으로 그것에 꾸미고 못
과 장도리로 그것을 든든히 하여 흔들
리지 않게 하나니
5 그것이 둥근 기둥 같아서 말도 못하며
걸어 다니지도 못하므로 사람이 메어야
하느니라 그것이 그들에게 화를 주거나
복을 주지 못하나니 너희는 두려워하지
말라 하셨느니라
6 ●여호와여 주와 같은 이 없나이다 주는
크시니 주의 이름이 그 권능으로 말미암
아 크시니이다
7 이방 사람들의 왕이시여 주를 경외하지
아니할 자가 누구리이까 이는 주께 당연
한 일이라 여러 나라와 여러 왕국들의
지혜로운 자들 가운데 주와 같은 이가
없음이니이다
8 그들은 다 무지하고 어리석은 것이니 우
상의 가르침은 나무뿐이라
9 다시스에서 가져온 은박과 우바스에서
가져온 금으로 꾸미되 기술공과 은장색
의 손으로 만들었고 청색 자색 옷을 입
었나니 이는 정교한 솜씨로 만든 것이거
니와
10 오직 여호와는 참 하나님이시요 살아 계
신 하나님이시요 영원한 왕이시라 그 진
노하심에 땅이 진동하며 그 분노하심을
이방이 능히 당하지 못하느니라
11 ●너희는 이같이 그들에게 이르기를 천
지를 짓지 아니한 신들은 땅 위에서, 이
하늘 아래에서 망하리라 하라

만물의 조성자 만군의 여호와

12 ●여호와께서 그의 권능으로 땅을 지으

I will punish all who are circumcised only in the
26 flesh— ●Egypt, Judah, Edom, Ammon, Moab and
all who live in the wilderness in distant places.[a]
For all these nations are really uncircumcised, and
even the whole house of Israel is uncircumcised in
heart."

God and Idols

10 Hear what the LORD says to you, people of
2 Israel. ●This is what the LORD says:

"Do not learn the ways of the nations
or be terrified by signs in the heavens,
though the nations are terrified by them.
3 ●For the practices of the peoples are worthless;
they cut a tree out of the forest,
and a craftsman shapes it with his chisel.
4 ●They adorn it with silver and gold;
they fasten it with hammer and nails
so it will not totter.
5 ●Like a scarecrow in a cucumber field,
their idols cannot speak;
they must be carried
because they cannot walk.
Do not fear them;
they can do no harm
nor can they do any good."
6 ●No one is like you, LORD;
you are great,
and your name is mighty in power.
7 ●Who should not fear you,
King of the nations?
This is your due.
Among all the wise leaders of the nations
and in all their kingdoms,
there is no one like you.
8 ●They are all senseless and foolish;
they are taught by worthless wooden idols.
9 ●Hammered silver is brought from Tarshish
and gold from Uphaz.
What the craftsman and goldsmith have made
is then dressed in blue and purple—
all made by skilled workers.
10 ●But the LORD is the true God;
he is the living God, the eternal King.
When he is angry, the earth trembles;
the nations cannot endure his wrath.
11 ●"Tell them this: 'These gods, who did not make
the heavens and the earth, will perish from the
earth and from under the heavens.' "[b]
12 ●But God made the earth by his power;

[a]26 Or *wilderness and who clip the hair by their foreheads*
[b]11 The text of this verse is in Aramaic.

1) 풍속은

chisel [tʃízəl] *n.* 조각칼
circumcise [sə́ːrkəmsàiz] *vt.* 할례를 베풀다
craftsman [krǽftsmən] *n.* 장인
due [djuː] *n.* 당연한 권리
endure [indjúər] *vt.* 참다
eternal [itə́ːrnəl] *a.* 영원(영구)한
goldsmith [góuldsmìθ] *n.* 금세공인
perish [périʃ] *vi.* 망하다
punish [pʌ́niʃ] *vt.* 벌하다
scarecrow [skɛ́ərkròu] *n.* 허수아비
senseless [sénslis] *a.* 분별 없는
shape [ʃeip] *vt.* …의 형체로 만들다
totter [tátər] *vi.* 흔들리다
tremble [trémbl] *vi.* 진동하다
wrath [ræθ] *n.* 진노

10:2 be terrified by...: …로 인해 두려워하다
10:3 cut A out of B: B에서 A를 베어내다
10:4 adorn A with B: A를 B로 꾸미다
10:5 do no harm: 해가 되지 않다
10:5 any good: 조금은 도움이 되는
10:6 no one: 아무도 …없다(않다)

셨고 그의 지혜로 세계를 세우셨고 그의
명철로 하늘을 펴셨으며 51:15
13 그가 목소리를 내신즉 하늘에 많은 물이
생기나니 그는 땅끝에서 구름이 오르게
하시며 비를 위하여 번개치게 하시며 그
곳간에서 바람을 내시거늘
14 사람마다 어리석고 무식하도다 은장이
마다 자기의 조각한 신상으로 말미암아
수치를 당하나니 이는 그가 부어 만든 우
상은 거짓 것이요 그 속에 생기가 없음
이라
15 그것들은 헛것이요 [1]망령되이 만든 것인
즉 징벌하실 때에 멸망할 것이나
16 야곱의 분깃은 이같지 아니하시니 그는
만물의 조성자요 이스라엘은 그의 기업의
지파라 그 이름은 만군의 여호와시니라

백성의 탄식

17 ●에워싸인 가운데에 앉은 자여 네 짐꾸
러미를 이 땅에서 꾸리라
18 여호와께서 이와 같이 말씀하시되 보라
내가 이 땅에 사는 자를 이번에는 내던질
것이라 그들을 괴롭게 하여 깨닫게 하리
라 하셨느니라
19 ●슬프다 내 상처여 내가 중상을 당하였
도다 그러나 내가 말하노라 이는 참으로
고난이라 내가 참아야 하리로다
20 내 장막이 무너지고 나의 모든 줄이 끊어
졌으며 내 자녀가 나를 떠나가고 있지 아
니하니 내 장막을 세울 자와 내 휘장을
칠 자가 다시 없도다
21 목자들은 어리석어 여호와를 찾지 아니하
므로 [2]형통하지 못하며 그 모든 양 떼는 흩
어졌도다
22 들을지어다 북방에서부터 크게 떠드는
소리가 들리니 유다 성읍들을 황폐하게
하여 승냥이의 거처가 되게 하리로다
23 ●여호와여 내가 알거니와 사람의 길이
자신에게 있지 아니하니 걸음을 지도함
이 걷는 자에게 있지 아니하니이다
24 여호와여 나를 징계하옵시되 너그러이
하시고 진노로 하지 마옵소서 주께서 내
가 없어지게 하실까 두려워하나이다
25 주를 알지 못하는 이방 사람들과 주의 이
름으로 기도하지 아니하는 족속들에게
주의 분노를 부으소서 그들은 야곱을 씹
어 삼켜 멸하고 그의 [3]거처를 황폐하게
하였나이다 하니라

he founded the world by his wisdom
and stretched out the heavens by his understanding.
13 ●When he thunders, the waters in the heavens roar;
he makes clouds rise from the ends of the earth.
He sends lightning with the rain
and brings out the wind from his storehouses.
14 ●Everyone is senseless and without knowledge;
every goldsmith is shamed by his idols.
The images he makes are a fraud;
they have no breath in them.
15 ●They are worthless, the objects of mockery;
when their judgment comes, they will perish.
16 ●He who is the Portion of Jacob is not like these,
for he is the Maker of all things,
including Israel, the people of his inheritance—
the LORD Almighty is his name.

Coming Destruction

17 ●Gather up your belongings to leave the land,
you who live under siege.
18 ●For this is what the LORD says:
"At this time I will hurl out
those who live in this land;
I will bring distress on them
so that they may be captured."
19 ●Woe to me because of my injury!
My wound is incurable!
Yet I said to myself,
"This is my sickness, and I must endure it."
20 ●My tent is destroyed;
all its ropes are snapped.
My children are gone from me and are no more;
no one is left now to pitch my tent
or to set up my shelter.
21 ●The shepherds are senseless
and do not inquire of the LORD;
so they do not prosper
and all their flock is scattered.
22 ●Listen! The report is coming —
a great commotion from the land of the north!
It will make the towns of Judah desolate,
a haunt of jackals.

Jeremiah's Prayer

23 ●LORD, I know that people's lives are not their own;
it is not for them to direct their steps.
24 ●Discipline me, LORD, but only in due measure —

1) 조롱함을 받을 것인즉 2) 지혜롭게 행하지 못하며 3) 목장

commotion [kəmóuʃən] *n.* 소요
desolate [désələt] *a.* 황량한
distress [distrés] *n.* 고난
fraud [frɔːd] *n.* 가짜, 사기
haunt [hɔːnt] *n.* 소굴
incurable [inkjúərəbl] *a.* 불치의
inheritance [inhérətəns] *n.* 기업
injury [indʒəri] *n.* 상처
measure [méʒər] *n.* 양, 측정
mockery [mákəri] *n.* 비웃음
pitch [pítʃ] *vt.* (천막을) 치다
prosper [práspər] *vi.* 성공하다
scatter [skǽtər] *vt.* 흩어지게 하다
siege [siːdʒ] *n.* 포위 공격
snap [snæp] *vi.* 툭 끊어지다

10:13 **bring out**: 갖고 나오다
10:17 **gather up**: 모으다
10:18 **hurl out**: 내던지다
10:18 **bring A on B**: A를 B에게 가지고 오다
10:19 **say to oneself**: 혼잣말하다
10:21 **inquire of...**: …에게 묻다

여호와께서 이르신 언약의 말

11 여호와께로부터 예레미야에게 임한 말씀이라 이르시되
2 너희는 이 언약의 말을 듣고 유다인과 예루살렘 주민에게 말하라
3 그들에게 이르기를 이스라엘의 하나님 여호와께서 이와 같이 말씀하시되 이 언약의 말을 따르지 않는 자는 저주를 받을 것이니라
4 이 언약은 내가 너희 조상들을 쇠풀무 애굽 땅에서 이끌어내던 날에 그들에게 명령한 것이라 곧 내가 이르기를 너희는 내 목소리를 순종하고 나의 모든 명령을 따라 행하라 그리하면 너희는 내 백성이 되겠고 나는 너희의 하나님이 되리라
5 내가 또 너희 조상들에게 한 맹세는 그들에게 젖과 꿀이 흐르는 땅을 주리라 한 언약을 이루리라 한 것인데 오늘이 그것을 증언하느니라 하라 하시기로 내가 대답하여 이르되 아멘 여호와여 하였노라
출 13:5
6 ●여호와께서 내게 이르시되 너는 이 모든 말로 유다 성읍들과 예루살렘 거리에서 선포하여 이르기를 너희는 이 언약의 말을 듣고 지키라
7 내가 너희 조상들을 애굽 땅에서 인도하여 낸 날부터 오늘까지 간절히 경계하며 끊임없이 경계하기를 너희는 내 목소리를 순종하라 하였으나
8 그들이 순종하지 아니하며 귀를 기울이지도 아니하고 각각 그 악한 마음의 완악한 대로 행하였으므로 내가 그들에게 행하라 명령하였어도 그들이 행하지 아니한 이 언약의 모든 규정대로 그들에게 이루게 하였느니라 하라
9 ●여호와께서 또 내게 이르시되 유다인과 예루살렘 주민 중에 반역이 있도다
10 그들이 내 말 듣기를 거절한 자기들의 선조의 죄악으로 돌아가서 다른 신들을 따라 섬겼은즉 이스라엘 집과 유다 집이 내가 그들의 조상들과 맺은 언약을 깨뜨렸도다
11 그러므로 나 여호와가 이와 같이 말하노라 보라 내가 재앙을 그들에게 내리리니 그들이 피할 수 없을 것이라 그들이 내게 부르짖을지라도 내가 듣지 아니할 것인즉
12 유다 성읍들과 예루살렘 주민이 그 분향하는 신들에게 가서 부르짖을지라도 그 신들이 그 고난 가운데에서 절대로 그들을 구원하지 못하리라
13 유다야 네 신들이 네 성읍의 수와 같도다

not in your anger,
or you will reduce me to nothing.
25 ●Pour out your wrath on the nations
that do not acknowledge you,
on the peoples who do not call on your name.
For they have devoured Jacob;
they have devoured him completely
and destroyed his homeland.

The Covenant Is Broken

11 This is the word that came to Jeremiah
2 from the LORD: ●"Listen to the terms of
this covenant and tell them to the people of
3 Judah and to those who live in Jerusalem. ●Tell
them that this is what the LORD, the God of
Israel, says: 'Cursed is the one who does not
4 obey the terms of this covenant — ●the terms I
commanded your ancestors when I brought
them out of Egypt, out of the iron-smelting fur-
nace.' I said, 'Obey me and do everything I
command you, and you will be my people,
5 and I will be your God. ●Then I will fulfill the
oath I swore to your ancestors, to give them a
land flowing with milk and honey'— the land
you possess today."
I answered, "Amen, LORD."
6 ●The LORD said to me, "Proclaim all these
words in the towns of Judah and in the streets
of Jerusalem: 'Listen to the terms of this co-
7 venant and follow them. ●From the time I
brought your ancestors up from Egypt until
today, I warned them again and again, saying,
8 "Obey me." ●But they did not listen or pay
attention; instead, they followed the stubborn-
ness of their evil hearts. So I brought on them
all the curses of the covenant I had command-
ed them to follow but that they did not keep.' "
9 ●Then the LORD said to me, "There is a con-
spiracy among the people of Judah and those
10 who live in Jerusalem. ●They have returned to
the sins of their ancestors, who refused to listen
to my words. They have followed other gods to
serve them. Both Israel and Judah have broken
the covenant I made with their ancestors.
11 ●Therefore this is what the LORD says: 'I will
bring on them a disaster they cannot escape.
Although they cry out to me, I will not listen to
12 them. ●The towns of Judah and the people of
Jerusalem will go and cry out to the gods to
whom they burn incense, but they will not
13 help them at all when disaster strikes. ●You,
Judah, have as many gods as you have towns;

acknowledge [æknálidʒ] *vt.* 인정하다
ancestor [ǽnsestər] *n.* 선조
conspiracy [kənspírəsi] *n.* 공모
covenant [kʌ́vənənt] *n.* 언약
curse [kə:rs] *vt.* 저주하다
devour [diváuər] *vt.* 게걸스레 먹다
disaster [dizǽstər] *n.* 재앙
escape [iskéip] *vi.* 피하다
furnace [fə́:rnis] *n.* 용광로
incense [ínsens] *n.* 향
oath [ouθ] *n.* 맹세
possess [pəzés] *vt.* 소유하다
smelt [smelt] *vt.* 제련하다
stubbornness [stʌ́bərnnis] *n.* 완고함
swear [swɛər] *vi.* 맹세하다

10:24 reduce A to nothing: A를 없어지게 하다, A를 무(無)로 만들다
10:25 pour out A on B: A를 B 위에 쏟아내다
11:5 a land flowing with milk and honey: 젖과 꿀이 흐르는 땅

너희가 예루살렘 거리의 수대로 그 수치
스러운 물건의 제단 곧 바알에게 분향하
는 제단을 쌓았도다
14 ●그러므로 너는 이 백성을 위하여 기도
하지 말라 그들을 위하여 부르짖거나 구
하지 말라 그들이 그 고난으로 말미암아
내게 부르짖을 때에 내가 그들에게서 듣
지 아니하리라
15 [1]나의 사랑하는 자가 많은 악한 음모를
꾸미더니 나의 집에서 무엇을 하려느냐
거룩한 제물 고기로 네 재난을 피할 수 있
겠느냐 그때에 네가 기뻐하겠느냐
16 여호와께서는 그의 이름을 일컬어 좋은
열매 맺는 아름다운 푸른 감람나무라 하
였었으나 큰 소동 중에 그 위에 불을 피웠
고 그 가지는 꺾였도다
17 바알에게 분향함으로 나의 노여움을 일으
킨 이스라엘 집과 유다 집의 악으로 말미
암아 그를 심은 만군의 여호와께서 그에
게 재앙을 선언하셨느니라

아나돗 사람들이 예레미야를 죽이려고 꾀하다

18 ●여호와께서 내게 알게 하셨으므로 내가
그것을 알았나이다 그때에 주께서 그들의
행위를 내게 보이셨나이다
19 나는 끌려서 도살 당하러 가는 순한 어린
양과 같으므로 그들이 나를 해하려고 꾀
하기를 우리가 그 나무와 열매를 함께 박
멸하자 그를 살아 있는 자의 땅에서 끊어
서 그의 이름이 다시 기억되지 못하게 하
자 함을 내가 알지 못하였나이다
20 공의로 판단하시며 사람의 마음을 감찰하
시는 만군의 여호와여 나의 원통함을 주
께 아뢰었사오니 그들에게 대한 주의 보
복을 내가 보리이다 하였더니
21 여호와께서 아나돗 사람들에 대하여 이와
같이 말씀하시되 그들이 네 생명을 빼앗
으려고 찾아 이르기를 너는 여호와의 이
름으로 예언하지 말라 두렵건대 우리 손
에 죽을까 하노라 하도다
22 그러므로 만군의 여호와께서 이와 같이 말
씀하시니라 보라 내가 그들을 벌하리니 청
년들은 칼에 죽으며 자녀들은 기근에 죽고
23 남는 자가 없으리라 내가 아나돗 사람에게
재앙을 내리리니 곧 그들을 벌할 해에니라

예레미야의 질문

12 여호와여 내가 주와 변론할 때에는
주께서 의로우시니이다 그러나 내가

and the altars you have set up to burn incense to
that shameful god Baal are as many as the streets
of Jerusalem.'
14 ●"Do not pray for this people or offer any plea
or petition for them, because I will not listen
when they call to me in the time of their distress.
15 ●"What is my beloved doing in my temple
as she, with many others, works out her evil
schemes?
Can consecrated meat avert your
punishment?
When you engage in your wickedness,
then you rejoice.[a]"
16 ●The LORD called you a thriving olive tree
with fruit beautiful in form.
But with the roar of a mighty storm
he will set it on fire,
and its branches will be broken.
17 ●The LORD Almighty, who planted you, has de-
creed disaster for you, because the people of both
Israel and Judah have done evil and aroused
my anger by burning incense to Baal.

Plot Against Jeremiah

18 ●Because the LORD revealed their plot to me, I
knew it, for at that time he showed me what they
19 were doing. ●I had been like a gentle lamb led to
the slaughter; I did not realize that they had plot-
ted against me, saying,
"Let us destroy the tree and its fruit;
let us cut him off from the land of the living,
that his name be remembered no more."
20 ●But you, LORD Almighty, who judge righteously
and test the heart and mind,
let me see your vengeance on them,
for to you I have committed my cause.
21 ●Therefore this is what the LORD says about
the people of Anathoth who are threatening to
kill you, saying, "Do not prophesy in the name of
22 the LORD or you will die by our hands"— ●there-
fore this is what the LORD Almighty says: "I will
punish them. Their young men will die by the
23 sword, their sons and daughters by famine. ●Not
even a remnant will be left to them, because I will
bring disaster on the people of Anathoth in the
year of their punishment."

Jeremiah's Complaint

12 You are always righteous, LORD,
when I bring a case before you.

[a]15 Or *Could consecrated meat avert your punishment? / Then you would rejoice*

1) 본문의 뜻은 분명하지 아니하고 칠십인역에는 내 사랑하는 자가 가증한 일을 행하였거늘 내 집에 있음은 어찜이뇨 서원이나 거룩한 고기가 죄악을 없게 하겠으며 혹 이것으로 피하겠느냐

altar [ɔ́:ltər] *n.* 제단
arouse [əráuz] *vt.* 자극하다
avert [əvə́:rt] *vt.* (위협을) 막다
consecrate [kánsəkrèit] *vt.* 신성하게 하다
decree [dikrí:] *vt.* 포고하다
distress [distrés] *n.* 고통
petition [pətíʃən] *n.* 청원
plea [pli:] *n.* 탄원
prophesy [práfəsài] *vt.* 예언하다
punishment [pʌ́niʃmənt] *n.* 형벌
reveal [riví:l] *vt.* 밝히다
scheme [ski:m] *n.* 음모
slaughter [slɔ́:tər] *n.* 살육
thriving [θráiviŋ] *a.* 번영하는
vengeance [véndʒəns] *n.* 복수

11:15 **work out**: 계획을 세우다
11:15 **engage in...**: …에 관여하다
11:16 **set ... on fire**: …에 불을 지르다
11:19 **plot against**: 음모를 꾸미다
11:21 **die by...**: …으로 죽다
12:1 **bring a case**: 소송을 일으키다

주께 질문하옵나니 악한 자의 길이 형통
하며 반역한 자가 다 평안함은 무슨 까
닭이니이까
2 주께서 그들을 심으시므로 그들이 뿌리
가 박히고 장성하여 열매를 맺었거늘 그
들의 입은 주께 가까우나 그들의 [1]마음
은 머니이다
3 여호와여 주께서 나를 아시고 나를 보시
며 내 마음이 주를 향하여 어떠함을 감
찰하시오니 양을 잡으려고 끌어냄과 같
이 그들을 끌어내시되 죽일 날을 위하여
그들을 구별하옵소서
4 언제까지 이 땅이 슬퍼하며 온 지방의
채소가 마르리이까 짐승과 새들도 멸절
하게 되었사오니 이는 이 땅 주민이 악
하여 스스로 말하기를 그가 우리의 나중
일을 보지 못하리라 함이니이다
5 ●만일 네가 보행자와 함께 달려도 피곤
하면 어찌 능히 말과 경주하겠느냐 네가
평안한 땅에서는 무사하려니와 요단 강
물이 넘칠 때에는 어찌하겠느냐
6 네 형제와 아버지의 집이라도 너를 속이
며 네 뒤에서 크게 외치나니 그들이 네
게 좋은 말을 할지라도 너는 믿지 말지
니라 9:4

황무지의 슬픔과 여호와의 분노

7 ●내가 내 집을 버리며 내 소유를 내던
져 내 마음으로 사랑하는 것을 그 원수
의 손에 넘겼나니
8 내 소유가 숲 속의 사자같이 되어서 나
를 향하여 그 소리를 내므로 내가 그를
미워하였음이로라
9 내 소유가 내게 대하여는 무늬 있는 매
가 아니냐 매들이 그것을 에워싸지 아니
하느냐 너희는 가서 들짐승들을 모아다
가 그것을 삼키게 하라
10 많은 목자가 내 포도원을 헐며 내 몫을
짓밟아서 내가 기뻐하는 땅을 황무지로
만들었도다
11 그들이 이를 황폐하게 하였으므로 그 황
무지가 나를 향하여 슬퍼하는도다 온 땅
이 황폐함은 이를 마음에 두는 자가 없
음이로다
12 파괴하는 자들이 광야의 모든 벗은 산
위에 이르렀고 여호와의 칼이 땅 이 끝
에서 저 끝까지 삼키니 모든 육체가 평
안하지 못하도다

Yet I would speak with you about your justice:
Why does the way of the wicked prosper?
Why do all the faithless live at ease?
2 ●You have planted them, and they have taken root;
they grow and bear fruit.
You are always on their lips
but far from their hearts.
3 ●Yet you know me, LORD;
you see me and test my thoughts about you.
Drag them off like sheep to be butchered!
Set them apart for the day of slaughter!
4 ●How long will the land lie parched
and the grass in every field be withered?
Because those who live in it are wicked,
the animals and birds have perished.
Moreover, the people are saying,
"He will not see what happens to us."

God's Answer

5 ●"If you have raced with men on foot
and they have worn you out,
how can you compete with horses?
If you stumble[a] in safe country,
how will you manage in the thickets by[b] the Jordan?
6 ●Your relatives, members of your own family—
even they have betrayed you;
they have raised a loud cry against you.
Do not trust them,
though they speak well of you.
7 ●"I will forsake my house,
abandon my inheritance;
I will give the one I love
into the hands of her enemies.
8 ●My inheritance has become to me
like a lion in the forest.
She roars at me;
therefore I hate her.
9 ●Has not my inheritance become to me
like a speckled bird of prey
that other birds of prey surround and attack?
Go and gather all the wild beasts;
bring them to devour.
10 ●Many shepherds will ruin my vineyard
and trample down my field;
they will turn my pleasant field
into a desolate wasteland.
11 ●It will be made a wasteland,
parched and desolate before me;
the whole land will be laid waste
because there is no one who cares.
12 ●Over all the barren heights in the desert
destroyers will swarm,

[a]5 Or *you feel secure only* [b]5 Or *the flooding of* 1) 히, 콩팥

abandon [əbǽndən] *vt.* 버리다
barren [bǽrən] *a.* 불모의
butcher [bútʃər] *vt.* 도살하다
care [kɛər] *n.* 돌봄
compete [kəmpíːt] *vi.* 경쟁하다
desolate [désələt] *a.* 황량한
devour [diváuər] *vt.* 게걸스럽게 먹다
forsake [fərséik] *vt.* 버리다
manage [mǽnidʒ] *vt.* …을 해내다
parch [paːrtʃ] *vi.* 바싹 마르다
prey [prei] *n.* 포식, 잡아먹는 습성
speckled [spékld] *a.* 얼룩덜룩한
swarm [swɔːrm] *vi.* 집합하다
thicket [θíkit] *n.* 덤불
wither [wíðər] *vt.* 시들게 하다

12:3 **set... apart**: …의 몫으로 따로 두다
12:5 **wear out**: 지치다
12:6 **speak well of...**: …를 좋게 말하다
12:10 **trample down**: 짓밟다
12:10 **turn A into B**: A로 B가 되게 하다
12:11 **lay waste**: 황폐하게 하다

13 무리가 밀을 심어도 가시를 거두며 수고하여도 소득이 없은즉 그 소산으로 말미암아 스스로 수치를 당하리니 이는 여호와의 분노로 말미암음이니라

여호와의 악한 이웃에 대하여

14 ●내가 내 백성 이스라엘에게 기업으로 준 소유에 손을 대는 나의 모든 악한 이웃에 대하여 여호와께서 이와 같이 말씀하시니라 보라 내가 그들을 그 땅에서 뽑아 버리겠고 유다 집을 그들 가운데서 뽑아내리라
15 내가 그들을 뽑아낸 후에 내가 돌이켜 그들을 불쌍히 여겨서 각 사람을 그들의 기업으로, 각 사람을 그 땅으로 다시 인도하리니
16 그들이 내 백성의 도를 부지런히 배우며 살아 있는 여호와라는 내 이름으로 맹세하기를 자기들이 내 백성을 가르쳐 바알로 맹세하게 한 것같이 하면 그들이 내 백성 가운데에 세움을 입으려니와
17 그들이 [1]순종하지 아니하면 내가 반드시 그 나라를 뽑으리라 뽑아 멸하리라 여호와의 말씀이니라

허리 띠 (♪ 310장)

13 여호와께서 이와 같이 내게 이르시되 너는 가서 베 띠를 사서 네 허리에 띠고 물에 적시지 말라 하시기로
2 내가 여호와의 말씀대로 띠를 사서 내 허리에 띠니라 사 20:2
3 여호와의 말씀이 다시 내게 임하여 이르시되
4 너는 사서 네 허리에 띤 띠를 가지고 일어나 유브라데로 가서 거기서 그것을 바위틈에 감추라 하시기로 51:63
5 내가 여호와께서 내게 명령하신 대로 가서 그것을 유브라데 물가에 감추니라
6 여러 날 후에 여호와께서 내게 이르시되 일어나 유브라데로 가서 내가 네게 명령하여 거기 감추게 한 띠를 가져오라 하시기로
7 내가 유브라데로 가서 그 감추었던 곳을 파고 띠를 가져오니 띠가 썩어서 쓸 수 없게 되었더라
8 ●여호와의 말씀이 내게 임하니라 이르시되
9 여호와께서 이와 같이 말씀하시니라 내가 유다의 교만과 예루살렘의 큰 교만을 이같이 썩게 하리라
10 이 악한 백성이 내 말 듣기를 거절하고 그 마음의 완악한 대로 행하며 다른 신들을 따라 그를 섬기며 그에게 절하니 그들이 이 띠가 쓸 수 없음같이 되리라

for the sword of the LORD will devour
from one end of the land to the other;
no one will be safe.
13 ●They will sow wheat but reap thorns;
they will wear themselves out but gain
nothing.
They will bear the shame of their harvest
because of the LORD's fierce anger."
14 ●This is what the LORD says: "As for all my
wicked neighbors who seize the inheritance I
gave my people Israel, I will uproot them from
their lands and I will uproot the people of Judah
15 from among them. ●But after I uproot them, I
will again have compassion and will bring each
of them back to their own inheritance and their
16 own country. ●And if they learn well the ways
of my people and swear by my name, saying,
'As surely as the LORD lives'— even as they once
taught my people to swear by Baal — then they
17 will be established among my people. ●But if
any nation does not listen, I will completely
uproot and destroy it," declares the LORD.

A Linen Belt

13 This is what the LORD said to me: "Go
and buy a linen belt and put it around
2 your waist, but do not let it touch water." ●So I
bought a belt, as the LORD directed, and put it
around my waist.
3 ●Then the word of the LORD came to me a
4 second time: ●"Take the belt you bought and
are wearing around your waist, and go now to
Perath[a] and hide it there in a crevice in the
5 rocks." ●So I went and hid it at Perath, as the
LORD told me.
6 ●Many days later the LORD said to me, "Go
now to Perath and get the belt I told you to hide
7 there." ●So I went to Perath and dug up the belt
and took it from the place where I had hidden
it, but now it was ruined and completely use-
less.
8 ●Then the word of the LORD came to me:
9 ●"This is what the LORD says: 'In the same way
I will ruin the pride of Judah and the great pride
10 of Jerusalem. ●These wicked people, who refuse
to listen to my words, who follow the stub-
bornness of their hearts and go after other
gods to serve and worship them, will be like
11 this belt — completely useless! ●For as a belt is
bound around the waist, so I bound all the peo-
ple of Israel and all the people of Judah to me,'
declares the LORD, 'to be my people for my

[a]4 Or possibly *to the Euphrates*; similarly in verses 5-7

1) 히, 듣지 아니하면

compassion [kəmpǽʃən] *n.* 측은히 여김
completely [kəmplí:tli] *ad.* 철저히
crevice [krévis] *n.* 갈라진 틈
declare [dikléər] *vt.* 선포하다
direct [dirékt] *vi.* 지시하다
establish [istǽbliʃ] *vt.* 세우다
fierce [fiərs] *a.* 맹렬한
linen [línən] *a.* 아마(포)의
pride [praid] *n.* 자만심
reap [ri:p] *vt.* 거두다
seize [si:z] *vt.* 붙잡다
stubbornness [stʌ́bərnnis] *n.* 완고함
uproot [ʌprú:t] *vt.* 뿌리째 뽑다
useless [jú:slis] *a.* 쓸모없는
waist [weist] *n.* 허리

12:13 wear out: 못쓰게 되다
12:14 as for...: …에 관해서는
12:16 swear by...: …의 이름으로 맹세하다
12:16 even as...: …하는 바로 그 순간에
13:6 many days: 여러 날
13:7 dig up: 파내다

11 여호와의 말씀이니라 띠가 사람의 허리에
속함같이 내가 이스라엘 온 집과 유다 온 집
으로 내게 속하게 하여 그들로 내 백성이 되
게 하며 내 이름과 명예와 영광이 되게 하려
하였으나 그들이 듣지 아니하였느니라

포도주 가죽부대 (♪ 143, 268장)

12 ●그러므로 너는 이 말로 그들에게 이르기
를 이스라엘의 하나님 여호와의 말씀에 모
든 가죽부대가 포도주로 차리라 하셨다 하
라 그리하면 그들이 네게 이르기를 모든 가
죽부대가 포도주로 찰 줄을 우리가 어찌 알
지 못하리요 하리니
13 너는 다시 그들에게 이르기를 여호와의 말
씀에 보라 내가 이 땅의 모든 주민과 다윗
의 왕위에 앉은 왕들과 제사장들과 선지자
들과 예루살렘 모든 주민으로 잔뜩 취하게
하고
14 또 그들로 피차 충돌하여 상하게 하되 부자
사이에도 그러하게 할 것이라 내가 그들을
불쌍히 여기지 아니하며 사랑하지 아니하
며 아끼지 아니하고 멸하리라 하셨다 하라
여호와의 말씀이니라

교만에 대한 경고

15 ●너희는 들을지어다, 귀를 기울일지어다,
교만하지 말지어다, 여호와께서 말씀하셨
음이라
16 그가 어둠을 일으키시기 전, 너희 발이 [1]어
두운 산에 거치기 전, 너희 바라는 빛이 사
망의 그늘로 변하여 침침한 어둠이 되게 하
시기 전에 너희 하나님 여호와께 영광을 돌
리라
17 너희가 이를 듣지 아니하면 나의 심령이 너
희 교만으로 말미암아 은밀한 곳에서 울 것
이며 여호와의 양 떼가 사로잡힘으로 말미
암아 눈물을 흘려 통곡하리라
18 ●너는 왕과 왕후에게 전하기를 스스로 낮
추어 앉으라 관 곧 영광의 면류관이 내려졌
다 하라
19 네겝의 성읍들이 봉쇄되어 열 자가 없고 유
다가 다 잡혀가되 온전히 잡혀가도다
20 ●너는 눈을 들어 북방에서 오는 자들을 보
라 네게 맡겼던 양 떼, 네 아름다운 양 떼는
어디 있느냐
21 너의 친구 삼았던 자를 그가 네 위에 우두
머리로 세우실 때에 네가 무슨 말을 하겠느
냐 네가 고통에 사로잡힘이 산고를 겪는 여
인 같지 않겠느냐

renown and praise and honor. But they have
not listened.'

Wineskins

12 ●"Say to them: 'This is what the LORD, the
God of Israel, says: Every wineskin should be
filled with wine.' And if they say to you, 'Don't
we know that every wineskin should be filled
13 with wine?' ●then tell them, 'This is what the
LORD says: I am going to fill with drunkenness
all who live in this land, including the kings
who sit on David's throne, the priests, the
14 prophets and all those living in Jerusalem. ●I
will smash them one against the other, parents
and children alike, declares the LORD. I will
allow no pity or mercy or compassion to keep
me from destroying them.' "

Threat of Captivity

15 ●Hear and pay attention,
do not be arrogant,
for the LORD has spoken.
16 ●Give glory to the LORD your God
before he brings the darkness,
before your feet stumble
on the darkening hills.
You hope for light,
but he will turn it to utter darkness
and change it to deep gloom.
17 ●If you do not listen,
I will weep in secret
because of your pride;
my eyes will weep bitterly,
overflowing with tears,
because the LORD's flock will be taken
captive.
18 ●Say to the king and to the queen mother,
"Come down from your thrones,
for your glorious crowns
will fall from your heads."
19 ●The cities in the Negev will be shut up,
and there will be no one to open them.
All Judah will be carried into exile,
carried completely away.
20 ●Look up and see
those who are coming from the north.
Where is the flock that was entrusted to you,
the sheep of which you boasted?
21 ●What will you say when the LORD sets over
you
those you cultivated as your special allies?
Will not pain grip you
like that of a woman in labor?

1) 황혼의 산

ally [əlái] *n.* 자기편, 동맹
arrogant [ǽrəgənt] *a.* 거만한
bitterly [bítərli] *ad.* 비통하게
boast [boust] *vi.* 자랑하다
captive [kǽptiv] *a.* 사로잡힌
compassion [kəmpǽʃən] *n.* 동정
cultivate [kʌ́ltəvèit] *vt.* (우정을)깊게 하다
exile [égzail] *n.* 유배, 망명
flock [flak] *n.* (양) 떼
gloom [glu:m] *n.* 침울
grip [grip] *vt.* 단단히 잡다
renown [rináun] *n.* 명성
stumble [stʌ́mbl] *vi.* 넘어지다
throne [θroun] *n.* 왕좌
wineskin [wáinskìn] *n.* 포도주 담는 가죽부대

13:12 be filled with...: …로 가득차다
13:14 keep... from -ing: …가 ~하지 못하게 하다
13:19 carry away: 채가다, 가져가 버리다
13:20 entrust to...: …에게 위임하다
13:21 a woman in labor: 산모

22 네가 마음으로 이르기를 어찌하여 이런
일이 내게 닥쳤는고 하겠으나 네 죄악이
크므로 네 치마가 들리고 네 발뒤꿈치가
상함이니라
23 구스인이 그의 피부를, 표범이 그의 반점
을 변하게 할 수 있느냐 할 수 있을진대
악에 익숙한 너희도 선을 행할 수 있으리
라
24 그러므로 내가 그들을 사막 바람에 불려
가는 검불같이 흩으리로다 9:16
25 여호와의 말씀이니라 이는 네 몫이요 내
가 헤아려 정하여 네게 준 분깃이니 네가
나를 잊어버리고 거짓을 신뢰하는 까닭이
라
26 그러므로 내가 네 치마를 네 얼굴에까지
들춰서 네 수치를 드러내리라
27 내가 너의 간음과 사악한 소리와 들의 작
은 산 위에서 네가 행한 음란과 음행과 가
증한 것을 보았노라 화 있을진저 예루살
렘이여 네가 얼마나 오랜 후에야 정결하
게 되겠느냐 하시니라

칼과 기근

14 가뭄에 대하여 예레미야에게 임한 여
호와의 말씀이라
2 ●유다가 슬퍼하며 성문의 무리가 피곤하
여 땅 위에서 애통하니 예루살렘의 부르
짖음이 위로 오르도다 사 3:26
3 귀인들은 자기 사환들을 보내어 물을 얻
으려 하였으나 그들이 우물에 갔어도 물
을 얻지 못하여 빈 그릇으로 돌아오니
부끄럽고 근심하여 그들의 머리를 가리
며
4 땅에 비가 없어 지면이 갈라지니 밭 가는
자가 부끄러워서 그의 머리를 가리는도다
5 들의 암사슴은 새끼를 낳아도 풀이 없으
므로 내버리며
6 들 나귀들은 벗은 산 위에 서서 승냥이같
이 헐떡이며 풀이 없으므로 눈이 흐려지
는도다
7 ●여호와여 우리의 죄악이 우리에게 대하
여 증언할지라도 주는 주의 이름을 위하
여 일하소서 우리의 타락함이 많으니이다
우리가 주께 범죄하였나이다
8 이스라엘의 소망이시요 고난 당한 때의
구원자시여 어찌하여 이 땅에서 거류하는
자같이, 하룻밤을 유숙하는 나그네같이

22 ●And if you ask yourself,
"Why has this happened to me?"—
it is because of your many sins
that your skirts have been torn off
and your body mistreated.
23 ●Can an Ethiopian[a] change his skin
or a leopard its spots?
Neither can you do good
who are accustomed to doing evil.
24 ●"I will scatter you like chaff
driven by the desert wind.
25 ●This is your lot,
the portion I have decreed for you,"
declares the LORD,
"because you have forgotten me
and trusted in false gods.
26 ●I will pull up your skirts over your face
that your shame may be seen—
27 ●your adulteries and lustful neighings,
your shameless prostitution!
I have seen your detestable acts
on the hills and in the fields.
Woe to you, Jerusalem!
How long will you be unclean?"

Drought, Famine, Sword

14 This is the word of the LORD that came to Jeremiah concerning the drought:

2 ●"Judah mourns,
her cities languish;
they wail for the land,
and a cry goes up from Jerusalem.
3 ●The nobles send their servants for water;
they go to the cisterns
but find no water.
They return with their jars unfilled;
dismayed and despairing,
they cover their heads.
4 ●The ground is cracked
because there is no rain in the land;
the farmers are dismayed
and cover their heads.
5 ●Even the doe in the field
deserts her newborn fawn
because there is no grass.
6 ●Wild donkeys stand on the barren heights
and pant like jackals;
their eyes fail
for lack of food."
7 ●Although our sins testify against us,
do something, LORD, for the sake of your name.

[a]23 Hebrew *Cushite* (probably a person from the upper Nile region)

accustomed [əkʌ́stəmd] *a.* 익숙한
adultery [ədʌ́ltəri] *n.* 간음
barren [bǽrən] *a.* 황량한
cracked [krækt] *a.* 갈라진
despairing [dispɛ́əriŋ] *a.* 절망적인
dismay [disméi] *vt.* 놀라게 하다
drought [draut] *n.* 가뭄
fawn [fɔːn] *n.* 새끼 사슴
languish [lǽŋgwiʃ] *vi.* 기운이 없어지다
leopard [lépərd] *n.* 표범
lustful [lʌ́stfəl] *a.* 음란한
mistreat [mìstríːt] *vt.* 학대하다
mourn [mɔːrn] *vi.* 슬퍼하다
prostitution [prɑ̀stətjúːʃən] *n.* 타락
scatter [skǽtər] *vt.* 흩어버리다

13:22 tear off: 벗기다
13:25 trust in...: …을 믿다, 신뢰하다
13:26 pull up: 끌어올리다
14:7 testify against...: …에게 불리한 증언을 하다
14:7 for the sake of...: …를 위하여

하시나이까
9 어찌하여 놀란 자 같으시며 구원하지 못하
는 용사 같으시니이까 여호와여 주는 그래
도 우리 가운데 계시고 우리는 주의 이름으
로 일컬음을 받는 자이오니 우리를 버리지
마옵소서
10 ●여호와께서 이 백성에 대하여 이와 같이
말씀하시되 그들이 어그러진 길을 사랑하
여 그들의 발을 멈추지 아니하므로 여호와
께서 그들을 받지 아니하고 이제 그들의 죄
를 기억하시고 그 죄를 벌하시리라 하시고
11 여호와께서 또 내게 이르시되 너는 이 백성
을 위하여 복을 구하지 말라 7:16
12 그들이 금식할지라도 내가 그 부르짖음을
듣지 아니하겠고 번제와 소제를 드릴지라
도 내가 그것을 받지 아니할 뿐 아니라 칼
과 기근과 전염병으로 내가 그들을 멸하리
라
13 ●이에 내가 말하되 슬프도소이다 주 여호와
여 보시옵소서 선지자들이 그들에게 이르기
를 너희가 칼을 보지 아니하겠고 기근은 너
희에게 이르지 아니할 것이라 내가 이곳에서
너희에게 확실한 평강을 주리라 하나이다
14 여호와께서 내게 이르시되 선지자들이 내
이름으로 거짓 예언을 하도다 나는 그들을
보내지 아니하였고 그들에게 명령하거나
이르지 아니하였거늘 그들이 거짓 계시와
점술과 헛된 것과 자기 마음의 거짓으로 너
희에게 예언하는도다
15 그러므로 내가 보내지 아니하였어도 내 이
름으로 예언하여 이르기를 칼과 기근이 이
땅에 이르지 아니하리라 하는 선지자들에
대하여 여호와께서 이와 같이 말씀하셨노라
그 선지자들은 칼과 기근에 멸망할 것이요
16 그들의 예언을 받은 백성은 기근과 칼로 말
미암아 예루살렘 거리에 던짐을 당할 것인
즉 그들을 장사할 자가 없을 것이요 그들의
아내와 아들과 딸이 그렇게 되리니 이는 내
가 그들의 악을 그 위에 부음이니라
17 너는 이 말로 그들에게 이르라 내 눈이 밤
낮으로 그치지 아니하고 눈물을 흘리리니
이는 처녀 딸 내 백성이 큰 파멸, 중한 상처
로 말미암아 망함이라
18 내가 들에 나간즉 칼에 죽은 자요 내가 성
읍에 들어간즉 기근으로 병든 자며 선지자
나 제사장이나 알지 못하는 땅으로 두루 다
니도다

For we have often rebelled;
we have sinned against you.
8 ●You who are the hope of Israel,
its Savior in times of distress,
why are you like a stranger in the land,
like a traveler who stays only a night?
9 ●Why are you like a man taken by surprise,
like a warrior powerless to save?
You are among us, LORD,
and we bear your name;
do not forsake us!
10 ●This is what the LORD says about this people:
"They greatly love to wander;
they do not restrain their feet.
So the LORD does not accept them;
he will now remember their wickedness
and punish them for their sins."
11 ●Then the LORD said to me, "Do not pray for
12 the well-being of this people. ●Although they
fast, I will not listen to their cry; though they
offer burnt offerings and grain offerings, I will
not accept them. Instead, I will destroy them
with the sword, famine and plague."
13 ●But I said, "Alas, Sovereign LORD! The
prophets keep telling them, 'You will not see
the sword or suffer famine. Indeed, I will give
you lasting peace in this place.'"
14 ●Then the LORD said to me, "The prophets are
prophesying lies in my name. I have not sent
them or appointed them or spoken to them.
They are prophesying to you false visions, div-
inations, idolatries[a] and the delusions of their
15 own minds. ●Therefore this is what the LORD
says about the prophets who are prophesying in
my name: I did not send them, yet they are say-
ing, 'No sword or famine will touch this land.'
Those same prophets will perish by sword and
16 famine. ●And the people they are prophesying
to will be thrown out into the streets of
Jerusalem because of the famine and sword.
There will be no one to bury them, their wives,
their sons and their daughters. I will pour out
on them the calamity they deserve.
17 ●"Speak this word to them:
" 'Let my eyes overflow with tears
night and day without ceasing;
for the Virgin Daughter, my people,
has suffered a grievous wound,
a crushing blow.
18 ●If I go into the country,
I see those slain by the sword;

[a]14 Or *visions, worthless divinations*

calamity [kəlǽməti] *n.* 재난
cease [si:s] *vi.* 멈추다
crush [krʌʃ] *vt.* 짓뭉개다
delusion [dilú:ʒən] *n.* 기만
deserve [dizə́:rv] *vt.* …할 만하다
divination [dìvənéiʃən] *n.* 점치는 것
famine [fǽmin] *n.* 기근
grievous [grí:vəs] *a.* 비통한
idolatry [aidɑ́lətri] *n.* 우상 숭배
offering [ɔ́:fəriŋ] *n.* 제물
plague [pleig] *n.* 전염병
restrain [ristréin] *vt.* 제지하다
sovereign [sɑ́vərin] *a.* 주권을 가진
suffer [sʌ́fər] *vt.* 겪다
wander [wɑ́ndər] *vi.* 방황하다

14:7 sin against...: …에 대해 죄를 짓다
14:10 punish A for B: B의 죄로 A를 벌하다
14:16 throw out: 내던지다
14:16 pour out: 쏟아 놓다
14:17 overflow with: …이 넘쳐나다

백성이 주께 간구하다

19 ●주께서 유다를 온전히 버리시나이까 주의 심령이 시온을 싫어하시나이까 어찌하여 우리를 치시고 치료하지 아니하시나이까 우리가 평강을 바라도 좋은 것이 없고 치료받기를 기다리나 두려움만 보나이다
20 여호와여 우리의 악과 우리 조상의 죄악을 인정하나이다 우리가 주께 범죄하였나이다
21 주의 이름을 위하여 우리를 미워하지 마옵소서 주의 영광의 보좌를 욕되게 마옵소서 주께서 우리와 세우신 언약을 기억하시고 폐하지 마옵소서
22 이방인의 우상 가운데 능히 비를 내리게 할 자가 있나이까 하늘이 능히 소나기를 내릴 수 있으리이까 우리 하나님 여호와여 그리하는 자는 주가 아니시니이까 그러므로 우리가 주를 앙망하옵는 것은 주께서 이 모든 것을 만드셨음이니이다 하니라

네 가지로 백성을 벌하리라

15 여호와께서 내게 이르시되 모세와 사무엘이 내 앞에 섰다 할지라도 내 마음은 이 백성을 향할 수 없나니 그들을 내 앞에서 쫓아 내보내라
2 그들이 만일 네게 말하기를 우리가 어디로 나아가리요 하거든 너는 그들에게 이르기를 여호와께서 이와 같이 말씀하시니라 죽을 자는 죽음으로 나아가고 칼을 받을 자는 칼로 나아가고 기근을 당할 자는 기근으로 나아가고 포로 될 자는 포로 됨으로 나아갈지니라 하셨다 하라
3 여호와의 말씀이니라 내가 그들을 네 가지로 벌하리니 곧 죽이는 칼과 찢는 개와 삼켜 멸하는 공중의 새와 땅의 짐승으로 할 것이며
4 유다 왕 히스기야의 아들 므낫세가 예루살렘에 행한 것으로 말미암아 내가 1)그들을 세계 여러 민족 가운데에 흩으리라
5 ●예루살렘아 너를 불쌍히 여길 자 누구며 너를 위해 울 자 누구며 돌이켜 네 평안을 물을 자 누구냐
6 여호와께서 이르시되 네가 나를 버렸고 내게서 물러갔으므로 네게로 내 손을 펴서 너를 멸하였노니 이는 내가 뜻을 돌이키기에 지쳤음이로다

if I go into the city,
I see the ravages of famine.
Both prophet and priest
have gone to a land they know not.' "
19 ●Have you rejected Judah completely?
Do you despise Zion?
Why have you afflicted us
so that we cannot be healed?
We hoped for peace
but no good has come,
for a time of healing
but there is only terror.
20 ●We acknowledge our wickedness, LORD,
and the guilt of our ancestors;
we have indeed sinned against you.
21 ●For the sake of your name do not despise us;
do not dishonor your glorious throne.
Remember your covenant with us
and do not break it.
22 ●Do any of the worthless idols of the
nations bring rain?
Do the skies themselves send down showers?
No, it is you, LORD our God.
Therefore our hope is in you,
for you are the one who does all this.

15 Then the LORD said to me: "Even if Moses
and Samuel were to stand before me, my
heart would not go out to this people. Send them
2 away from my presence! Let them go! ●And if
they ask you, 'Where shall we go?' tell them,
'This is what the LORD says:

" 'Those destined for death, to death;
those for the sword, to the sword;
those for starvation, to starvation;
those for captivity, to captivity.'

3 ●"I will send four kinds of destroyers against
them," declares the LORD, "the sword to kill and
the dogs to drag away and the birds and the wild
4 animals to devour and destroy. ●I will make
them abhorrent to all the kingdoms of the earth
because of what Manasseh son of Hezekiah king
of Judah did in Jerusalem.

5 ●"Who will have pity on you, Jerusalem?
Who will mourn for you?
Who will stop to ask how you are?
6 ●You have rejected me," declares the LORD.
"You keep on backsliding.
So I will reach out and destroy you;
I am tired of holding back.
7 ●I will winnow them with a winnowing fork
at the city gates of the land.

1) 그들로 세계 열방에게 두려움이 되게 하리라

abhorrent [æbhɔ́:rənt] *a.* 혐오하는
acknowledge [æknɑ́lidʒ] *vt.* 인정하다
afflict [əflíkt] *vt.* 괴롭히다
backslide [bǽkslàid] *vi.* 신앙을 버리다
captivity [kæptívəti] *n.* 포로
covenant [kʌ́vənənt] *n.* 언약
despise [dispáiz] *vt.* 멸시하다
destined [déstind] *a.* 운명 지어진
devour [diváuər] *vt.* 삼키다
dishonor [disɑ́nər] *vt.* 명예를 더럽히다
presence [prézns] *n.* 앞, 면전
ravage [rǽvidʒ] *n.* 파괴
starvation [sta:rvéiʃən] *n.* 기아
wickedness [wíkidnis] *n.* 사악함
winnow [wínou] *vt.* 까부르다

15:1 send away: 내쫓다
15:3 drag away: 떼어놓다
15:5 have pity on...: …을 불쌍히 여기다
15:5 mourn for...: …을 애도하다
15:6 keep on -ing: 계속하여 …하다
15:6 hold back: 저지하다

7 내가 그들을 그 땅의 여러 성문에서 키로
까불러 그 자식을 끊어서 내 백성을 멸하
였나니 이는 그들이 자기들의 길에서 돌
이키지 아니하였음이라
8 그들의 과부가 내 앞에 바다 모래보다 더
많아졌느니라 내가 대낮에 파멸시킬 자를
그들에게로 데려다가 그들과 청년들의 어
미를 쳐서 놀람과 두려움을 그들에게 갑
자기 닥치게 하였으며
9 일곱을 낳은 여인에게는 쇠약하여 기절하
게 하며 아직도 대낮에 그의 해가 떨어져
서 그에게 수치와 근심을 당하게 하였느
니라 그 남은 자는 그들의 대적의 칼에 붙
이리라 여호와의 말씀이니라

예레미야의 기도와 여호와의 말씀

10 ●내게 재앙이로다 나의 어머니여 어머
니께서 나를 온 세계에 다투는 자와 싸우
는 자를 만날 자로 낳으셨도다 내가 꾸어
주지도 아니하였고 사람이 내게 꾸이지
도 아니하였건마는 다 나를 저주하는도
다
11 여호와께서 이르시되 내가 진실로 너를
강하게 할 것이요 너에게 복을 받게 할 것
이며 내가 진실로 네 원수로 재앙과 환난
의 때에 네게 간구하게 하리라
12 [1]누가 능히 철 곧 북방의 철과 놋을 꺾으
리요
13 그러나 네 모든 죄로 말미암아 네 국경 안
의 모든 재산과 보물로 값없이 탈취를 당
하게 할 것이며
14 네 원수와 함께 네가 알지 못하는 땅에 이
르게 하리니 이는 나의 진노의 맹렬한 불
이 너희를 사르려 함이라
15 ●여호와여 주께서 아시오니 원하건대 주
는 나를 기억하시며 돌보시사 나를 박해
하는 자에게 보복하시고 주의 오래 참으
심으로 말미암아 나로 멸망하지 아니하게
하옵시며 주를 위하여 내가 부끄러움 당
하는 줄을 아시옵소서
16 만군의 하나님 여호와시여 나는 주의 이
름으로 일컬음을 받는 자라 내가 주의 말
씀을 얻어먹었사오니 주의 말씀은 내게
기쁨과 내 마음의 즐거움이오나
17 내가 기뻐하는 자의 모임 가운데 앉지 아
니하며 즐거워하지도 아니하고 주의 손에
붙들려 홀로 앉았사오니 이는 주께서 분
노로 내게 채우셨음이니이다

I will bring bereavement and destruction
on my people,
for they have not changed their ways.
8 ●I will make their widows more numerous
than the sand of the sea.
At midday I will bring a destroyer
against the mothers of their young men;
suddenly I will bring down on them
anguish and terror.
9 ●The mother of seven will grow faint
and breathe her last.
Her sun will set while it is still day;
she will be disgraced and humiliated.
I will put the survivors to the sword
before their enemies,"
declares the LORD.

10 ●Alas, my mother, that you gave me birth,
a man with whom the whole land strives
and contends!
I have neither lent nor borrowed,
yet everyone curses me.
11 ●The LORD said,
"Surely I will deliver you for a good purpose;
surely I will make your enemies plead with
you
in times of disaster and times of distress.
12 ●"Can a man break iron—
iron from the north — or bronze?
13 ●"Your wealth and your treasures
I will give as plunder, without charge,
because of all your sins
throughout your country.
14 ●I will enslave you to your enemies
in[a] a land you do not know,
for my anger will kindle a fire
that will burn against you."
15 ●LORD, you understand;
remember me and care for me.
Avenge me on my persecutors.
You are long-suffering — do not take me away;
think of how I suffer reproach for your sake.
16 ●When your words came, I ate them;
they were my joy and my heart's delight,
for I bear your name,
LORD God Almighty.
17 ●I never sat in the company of revelers,
never made merry with them;
I sat alone because your hand was on me
and you had filled me with indignation.

[a]14 Some Hebrew manuscripts, Septuagint and Syriac (see also 17:4); most Hebrew manuscripts *I will cause your enemies to bring you / into* 1) 철이 어찌 능히 북방의 철과

anguish [ǽŋgwiʃ] *n.* 고통
bereavement [biríːvmənt] *n.* 여읨
contend [kənténd] *vi.* 싸우다
curse [kəːrs] *vt.* 저주하다
deliver [dilívər] *vt.* 구해내다
distress [distrés] *n.* 고난
enslave [insléiv] *vt.* 사로잡다
humiliate [hjuːmílièit] *vt.* 굴욕감을 느끼게 하다
indignation [indignéiʃən] *n.* 분개
persecutor [pə́ːrsikjùːtər] *n.* 박해자
plunder [plʌ́ndər] *n.* 탈취물
reproach [ripróutʃ] *n.* 치욕
reveler [révlər] *n.* 취한 사람
strive [straiv] *vi.* 싸우다
widow [wídou] *n.* 미망인, 과부

15:8 bring down: (재앙을) 가져오다
15:9 grow faint: 기절하다
15:9 put A to the sword: A를 칼로 죽이다
15:15 long-suffering: 참을성이 많은
15:17 make merry with...: (먹고 마시며) …과 흥겹게 떠들다

18 나의 고통이 계속하며 상처가 중하여 낫지
아니함은 어찌 됨이니이까 주께서는 내게 대
하여 물이 말라서 속이는 시내 같으시리이까
19 ●여호와께서 이와 같이 말씀하시되 네가
만일 돌아오면 내가 너를 다시 이끌어 내 앞
에 세울 것이며 네가 만일 헛된 것을 버리고
귀한 것을 말한다면 너는 나의 입이 될 것이
라 그들은 네게로 돌아오려니와 너는 그들
에게로 돌아가지 말지니라
20 내가 너로 이 백성 앞에 견고한 놋 성벽이
되게 하리니 그들이 너를 칠지라도 이기지
못할 것은 내가 너와 함께하여 너를 구하여
건짐이라 여호와의 말씀이니라
21 내가 너를 악한 자의 손에서 건지며 무서운
자의 손에서 구원하리라 20:13

백성에게 할 말

16 여호와의 말씀이 또 내게 임하여 이르시
되
2 너는 이 땅에서 아내를 맞이하지 말며 자
녀를 두지 말지니라
3 이곳에서 낳은 자녀와 이 땅에서 그들을 해
산한 어머니와 그들을 낳은 아버지에 대하
여 여호와께서 이와 같이 말씀하시오니
4 그들은 독한 병으로 죽어도 아무도 슬퍼하
지 않을 것이며 묻어 주지 않아 지면의 분토
와 같을 것이며 칼과 기근에 망하고 그 시체
는 공중의 새와 땅의 짐승의 밥이 되리라
5 ●여호와께서 이와 같이 말씀하시되 초상
집에 들어가지 말라 가서 통곡하지 말며 그
들을 위하여 애곡하지 말라 내가 이 백성에
게서 나의 평강을 빼앗으며 인자와 사랑을
제함이라 여호와의 말씀이니라
6 큰 자든지 작은 자든지 이 땅에서 죽으리니
그들이 매장되지 못할 것이며 그들을 위하
여 애곡하는 자도 없겠고 자기 몸을 베거나
머리털을 미는 자도 없을 것이며
7 그 죽은 자로 말미암아 슬퍼하는 자와 떡을
떼며 위로하는 자가 없을 것이며 그들의 아
버지나 어머니의 상사를 위하여 위로의 잔을
그들에게 마시게 할 자가 없으리라 겔 24:17
8 너는 잔칫집에 들어가서 그들과 함께 앉아
먹거나 마시지 말라
9 만군의 여호와 이스라엘의 하나님께서 이
와 같이 말씀하시니라 보라 기뻐하는 소리
와 즐거워하는 소리와 신랑의 소리와 신부
의 소리를 내가 네 목전, 네 시대에 이곳에
서 끊어지게 하리라

18 ●Why is my pain unending
and my wound grievous and incurable?
You are to me like a deceptive brook,
like a spring that fails.
19 ●Therefore this is what the LORD says:
"If you repent, I will restore you
that you may serve me;
if you utter worthy, not worthless, words,
you will be my spokesman.
Let this people turn to you,
but you must not turn to them.
20 ●I will make you a wall to this people,
a fortified wall of bronze;
they will fight against you
but will not overcome you,
for I am with you
to rescue and save you,"
declares the LORD.
21 ●"I will save you from the hands of the wicked
and deliver you from the grasp of the
cruel."

Day of Disaster

16 Then the word of the LORD came to me:
2 ●"You must not marry and have sons or
3 daughters in this place." ●For this is what the
LORD says about the sons and daughters born in
this land and about the women who are their
mothers and the men who are their fathers:
4 ●"They will die of deadly diseases. They will
not be mourned or buried but will be like dung
lying on the ground. They will perish by sword
and famine, and their dead bodies will become
food for the birds and the wild animals."
5 ●For this is what the LORD says: "Do not enter
a house where there is a funeral meal; do not go
to mourn or show sympathy, because I have
withdrawn my blessing, my love and my pity
6 from this people," declares the LORD. ●"Both
high and low will die in this land. They will not
be buried or mourned, and no one will cut
themselves or shave their head for the dead.
7 ●No one will offer food to comfort those who
mourn for the dead — not even for a father or a
mother — nor will anyone give them a drink to
console them.
8 ●"And do not enter a house where there is
9 feasting and sit down to eat and drink. ●For this
is what the LORD Almighty, the God of Israel,
says: Before your eyes and in your days I will
bring an end to the sounds of joy and gladness
and to the voices of bride and bridegroom in
this place.

console [kənsóul] *vt.* 위로하다
deceptive [diséptiv] *a.* 속이는
feast [fi:st] *n.* 잔치
fortified [fɔ́:rtəfàid] *a.* 견고한
funeral [fjú:nərəl] *a.* 장례의
grasp [græsp] *n.* 손아귀
grievous [grí:vəs] *a.* 몹시 아픈
incurable [inkjúərəbl] *a.* 치료할 수 없는
overcome [òuvərkʌ́m] *vt.* 극복하다
perish [périʃ] *vi.* 멸망하다
repent [ripént] *vi.* 뉘우치다
shave [ʃeiv] *vt.* 밀다
sympathy [símpəθi] *n.* 동정심, 연민
utter [ʌ́tər] *vt.* 말하다
withdraw [wiðdrɔ́:] *vt.* 빼앗아버리다

15:20 **fight against...**: …와 싸우다
16:4 **die of...**: …로 죽다
16:6 **both A and B**: A와 B 양쪽 모두
16:6 **no one**: 아무도 …않다
16:7 **mourn for...**: …을 애도하다
16:9 **bring an end to...**: 끝내다, 마치다

10 ●네가 이 모든 말로 백성에게 말할 때에 그
들이 네게 묻기를 여호와께서 우리에게 이
모든 큰 재앙을 선포하심은 어찌 됨이며 우
리의 죄악은 무엇이며 우리가 우리 하나님
여호와께 범한 죄는 무엇이냐 하거든
11 너는 그들에게 대답하기를 여호와께서 말씀하
시되 너희 조상들이 나를 버리고 다른 신들을
따라서 그들을 섬기며 그들에게 절하고 나를
버려 내 율법을 지키지 아니하였음이라
12 너희가 너희 조상들보다 더욱 악을 행하였도
다 보라 너희가 각기 악한 마음의 완악함을 따
라 행하고 나에게 순종하지 아니하였으므로
13 내가 너희를 이 땅에서 쫓아내어 너희와 너희
조상들이 알지 못하던 땅에 이르게 할 것이라
너희가 거기서 주야로 다른 신들을 섬기리니
이는 내가 너희에게 은혜를 베풀지 아니함이
라 하셨다 하라

포로의 귀환

14 ●여호와의 말씀이니라 그러나 보라 날이 이
르리니 다시는 이스라엘 자손을 애굽 땅에서
인도하여 내신 여호와께서 살아 계심을 두고
맹세하지 아니하고
15 이스라엘 자손을 북방 땅과 그 쫓겨났던 모든
나라에서 인도하여 내신 여호와께서 살아 계심
을 두고 맹세하리라 내가 그들을 그들의 조상
들에게 준 그들의 땅으로 인도하여 들이리라

악과 죄를 배나 갚을 것이라

16 ●여호와의 말씀이니라 보라 내가 많은 어부
를 불러다가 그들을 낚게 하며 그 후에 많은
포수를 불러다가 그들을 모든 산과 모든 언덕
과 바위틈에서 사냥하게 하리니
암 4:2
17 이는 내 눈이 그들의 행위를 살펴보므로 그
들이 내 얼굴 앞에서 숨기지 못하며 그들의
죄악이 내 목전에서 숨겨지지 못함이라
18 내가 우선 그들의 악과 죄를 배나 갚을 것은
그들이 그 미운 물건의 시체로 내 땅을 더럽히
며 그들의 가증한 것으로 내 기업에 가득하게
하였음이라

예레미야의 기도

19 ●여호와 나의 힘, 나의 요새, 환난날의 피난
처시여 민족들이 땅끝에서 주께 이르러 말하
기를 우리 조상들의 계승한 바는 허망하고
거짓되고 무익한 것뿐이라
시 18:2
20 사람이 어찌 신 아닌 것을 자기의 신으로 삼
겠나이까 하리이다
21 여호와께서 이르시되 보라 이번에 그들에게
내 손과 내 능력을 알려서 그들로 내 이름이
여호와인 줄 알게 하리라

10 ●"When you tell these people all this and
they ask you, 'Why has the LORD decreed such
a great disaster against us? What wrong have
we done? What sin have we committed
11 against the LORD our God?' ●then say to them,
'It is because your ancestors forsook me,'
declares the LORD, 'and followed other gods
and served and worshiped them. They for-
12 sook me and did not keep my law. ●But you
have behaved more wickedly than your
ancestors. See how all of you are following the
stubbornness of your evil hearts instead of
13 obeying me. ●So I will throw you out of this
land into a land neither you nor your ances-
tors have known, and there you will serve
other gods day and night, for I will show you
no favor.'
14 ●"However, the days are coming," declares
the LORD, "when it will no longer be said, 'As
surely as the LORD lives, who brought the
15 Israelites up out of Egypt,' ●but it will be said,
'As surely as the LORD lives, who brought the
Israelites up out of the land of the north and
out of all the countries where he had banished
them.' For I will restore them to the land I
gave their ancestors.
16 ●"But now I will send for many fishermen,"
declares the LORD, "and they will catch them.
After that I will send for many hunters, and
they will hunt them down on every moun-
tain and hill and from the crevices of the
17 rocks. ●My eyes are on all their ways; they
are not hidden from me, nor is their sin con-
18 cealed from my eyes. ●I will repay them dou-
ble for their wickedness and their sin, because
they have defiled my land with the lifeless
forms of their vile images and have filled my
inheritance with their detestable idols."
19 ●LORD, my strength and my fortress,
my refuge in time of distress,
to you the nations will come
from the ends of the earth and say,
"Our ancestors possessed nothing but false
gods,
worthless idols that did them no good.
20 ●Do people make their own gods?
Yes, but they are not gods!"
21 ●"Therefore I will teach them—
this time I will teach them
my power and might.
Then they will know
that my name is the LORD.

banish [bǽniʃ] *vt.* 추방하다
behave [bihéiv] *vi.* 행동하다
commit [kəmít] *vt.* 범하다
conceal [kənsí:l] *vt.* 숨기다
crevice [krévis] *n.* 갈라진 틈
decree [dikrí:] *vt.* 명하다
defile [difáil] *vt.* 더럽히다
detestable [ditéstəbl] *a.* 혐오할 만한
distress [distrés] *n.* 고난
forsake [fərséik] *vt.* 버리다
possess [pəzés] *vt.* 소유하다
refuge [réfju:dʒ] *n.* 피난처
stubbornness [stʌ́bərnnis] *n.* 완고함
vile [vail] *a.* 타락한
wickedly [wíkidli] *ad.* 사악하게

16:12 instead of...: …대신에
16:14 no longer: 더 이상 …아닌
16:15 as surely as: …와 마찬가지로 틀림없이
16:16 hunt... down: …을 추적하다
16:19 nothing but...: 단지 …일 따름인

유다의 죄와 벌

17 유다의 죄는 금강석 끝 철필로 기록
되되 그들의 마음 판과 그들의 제단
뿔에 새겨졌거늘
2 그들의 자녀가 높은 언덕 위 푸른 나무
곁에 있는 그 제단들과 아세라들을 생각
하도다
3 들에 있는 나의 산아 네 온 영토의 죄로
말미암아 내가 네 재산과 네 모든 보물
과 산당들로 노략을 당하게 하리니
4 내가 네게 준 네 기업에서 네 손을 뗄 것
이며 또 내가 너로 하여금 너의 알지 못
하는 땅에서 네 원수를 섬기게 하리니
이는 너희가 내 노를 맹렬하게 하여 영
원히 타는 불을 일으켰음이라
5 ●여호와께서 이와 같이 말씀하시니라
무릇 사람을 믿으며 육신으로 그의 힘을
삼고 마음이 여호와에게서 떠난 그 사람
은 저주를 받을 것이라
6 그는 사막의 떨기나무 같아서 좋은 일이
오는 것을 보지 못하고 광야 간조한 곳,
건건한 땅, 사람이 살지 않는 땅에 살리
라
7 그러나 무릇 여호와를 의지하며 여호와
를 의뢰하는 그 사람은 복을 받을 것이
라 시 34:8
8 그는 물가에 심어진 나무가 그 뿌리를
강변에 뻗치고 더위가 올지라도 두려워
하지 아니하며 그 잎이 청청하며 가무는
해에도 걱정이 없고 결실이 그치지 아니
함 같으리라 시 1:3
9 ●만물보다 거짓되고 심히 부패한 것은
마음이라 누가 능히 이를 알리요마는
10 나 여호와는 심장을 살피며 폐부를 시
험하고 각각 그의 행위와 그의 행실대
로 보응하나니
11 불의로 치부하는 자는 자고새가 낳지 아
니한 알을 품음 같아서 그의 중년에 그
것이 떠나겠고 마침내 어리석은 자가 되
리라

예레미야의 간구

12 ●영화로우신 보좌여 시작부터 높이 계
시며 우리의 성소이시며
13 이스라엘의 소망이신 여호와여 무릇 주
를 버리는 자는 다 수치를 당할 것이라
무릇 [1)]여호와를 떠나는 자는 흙에 기록
이 되오리니 이는 생수의 근원이신 여호

17 "Judah's sin is engraved with an iron tool,
inscribed with a flint point,
on the tablets of their hearts
and on the horns of their altars.
2 ●Even their children remember
their altars and Asherah poles[a]
beside the spreading trees
and on the high hills.
3 ●My mountain in the land
and your[b] wealth and all your treasures
I will give away as plunder,
together with your high places,
because of sin throughout your country.
4 ●Through your own fault you will lose
the inheritance I gave you.
I will enslave you to your enemies
in a land you do not know,
for you have kindled my anger,
and it will burn forever."
5 ●This is what the LORD says:
"Cursed is the one who trusts in man,
who draws strength from mere flesh
and whose heart turns away from the LORD.
6 ●That person will be like a bush in the wastelands;
they will not see prosperity when it comes.
They will dwell in the parched places of the desert,
in a salt land where no one lives.
7 ●"But blessed is the one who trusts in the LORD,
whose confidence is in him.
8 ●They will be like a tree planted by the water
that sends out its roots by the stream.
It does not fear when heat comes;
its leaves are always green.
It has no worries in a year of drought
and never fails to bear fruit."
9 ●The heart is deceitful above all things
and beyond cure.
Who can understand it?
10 ●"I the LORD search the heart
and examine the mind,
to reward each person according to their conduct,
according to what their deeds deserve."
11 ●Like a partridge that hatches eggs it did not lay
are those who gain riches by unjust means.
When their lives are half gone, their riches will
desert them,
and in the end they will prove to be fools.
12 ●A glorious throne, exalted from the beginning,
is the place of our sanctuary.
13 ●LORD, you are the hope of Israel;

[a]2 That is, wooden symbols of the goddess Asherah [b]2,3 Or *hills* / [3]*and the mountains of the land. / Your*
1) 히, 나

deceitful [disíːtfəl] *a.* 허위의
deed [diːd] *n.* 행위
enslave [insléiv] *vt.* 사로잡다
exalt [igzɔ́ːlt] *vt.* 높이다
flesh [fleʃ] *n.* 살, 육체
flint [flint] *n.* 부싯돌
hatch [hætʃ] *vt.* 부화하다
inscribe [inskráib] *vt.* 새기다
kindle [kíndl] *vt.* 불붙이다
parch [paːrtʃ] *vt.* 바짝 말리다
partridge [páːrtridʒ] *n.* (조류)자고새
prosperity [praspérəti] *n.* 번영
reward [riwɔ́ːrd] *vt.* 보상하다
sanctuary [sǽŋktʃuèri] *n.* 신성한 장소
unjust [ʌ̀ndʒʌ́st] *a.* 부당한

17:1 engrave with...: …을 새겨넣다
17:3 together with...: …을 포함하여
17:5 turn away from...: …를 외면하다
17:6 dwell in...: …에 거주하다
17:8 send out: (나무가 싹 등을) 내다
17:9 above all things: 특히

와를 버림이니이다
14 여호와여 주는 나의 찬송이시오니 나를 고
치소서 그리하시면 내가 낫겠나이다 나를
구원하소서 그리하시면 내가 구원을 얻으
리이다
15 보라 그들이 내게 이르기를 여호와의 말씀
이 어디 있느냐 이제 임하게 할지어다 하나
이다
16 나는 목자의 직분에서 물러가지 아니하고
주를 따랐사오며 재앙의 날도 내가 원하지
아니하였음을 주께서 아시는 바라 내 입술
에서 나온 것이 주의 목전에 있나이다
17 주는 내게 두려움이 되지 마옵소서 재앙의
날에 주는 나의 피난처시니이다
18 나를 박해하는 자로 치욕을 당하게 하시고
나로 치욕을 당하게 마옵소서 그들은 놀라
게 하시고 나는 놀라게 하지 마시옵소서 재
앙의 날을 그들에게 임하게 하시며 배나 되
는 멸망으로 그들을 멸하소서

안식일을 거룩하게 하라 (♪44, 46장)

19 ●여호와께서 내게 이와 같이 말씀하시되
너는 가서 유다 왕들이 출입하는 평민의 문
과 예루살렘 모든 문에 서서
20 무리에게 이르기를 이 문으로 들어오는 유
다 왕들과 유다 모든 백성과 예루살렘 모든
주민인 너희는 여호와의 말씀을 들을지어
다
21 여호와께서 이와 같이 말씀하시되 너희는
스스로 삼가서 안식일에 짐을 지고 예루살
렘 문으로 들어오지 말며
22 안식일에 너희 집에서 짐을 내지 말며 어떤
일이라도 하지 말고 내가 너희 조상들에게
명령함같이 안식일을 거룩히 할지어다
23 그들은 순종하지 아니하며 귀를 기울이지
아니하며 그 목을 곧게 하여 듣지 아니하며
교훈을 받지 아니하였느니라
24 ●여호와의 말씀이니라 너희가 만일 삼가
나를 순종하여 안식일에 짐을 지고 이 성문
으로 들어오지 아니하며 안식일을 거룩히
하여 어떤 일이라도 하지 아니하면
25 다윗의 왕위에 앉아 있는 왕들과 고관들이
병거와 말을 타고 이 성문으로 들어오되 그
들과 유다 모든 백성과 예루살렘 주민들이
함께 그리할 것이요 이 성은 영원히 있을
것이며
26 사람들이 유다 성읍들과 예루살렘에 둘린
곳들과 베냐민 땅과 1)평지와 산지와 네겝으

all who forsake you will be put to shame.
Those who turn away from you will be
written in the dust
because they have forsaken the LORD,
the spring of living water.
14 ●Heal me, LORD, and I will be healed;
save me and I will be saved,
for you are the one I praise.
15 ●They keep saying to me,
"Where is the word of the LORD?
Let it now be fulfilled!"
16 ●I have not run away from being your
shepherd;
you know I have not desired the day of
despair.
What passes my lips is open before you.
17 ●Do not be a terror to me;
you are my refuge in the day of disaster.
18 ●Let my persecutors be put to shame,
but keep me from shame;
let them be terrified,
but keep me from terror.
Bring on them the day of disaster;
destroy them with double destruction.

Keeping the Sabbath Day Holy

19 ●This is what the LORD said to me: "Go and
stand at the Gate of the People,[a] through which
the kings of Judah go in and out; stand also at
20 all the other gates of Jerusalem. ●Say to them,
'Hear the word of the LORD, you kings of Judah
and all people of Judah and everyone living
in Jerusalem who come through these gates.
21 ●This is what the LORD says: Be careful not to
carry a load on the Sabbath day or bring it
22 through the gates of Jerusalem. ●Do not bring
a load out of your houses or do any work on
the Sabbath, but keep the Sabbath day holy, as
23 I commanded your ancestors. ●Yet they did
not listen or pay attention; they were stiff-
necked and would not listen or respond to dis-
24 cipline. ●But if you are careful to obey me, de-
clares the LORD, and bring no load through the
gates of this city on the Sabbath, but keep the
Sabbath day holy by not doing any work on it,
25 ●then kings who sit on David's throne will
come through the gates of this city with their
officials. They and their officials will come rid-
ing in chariots and on horses, accompanied by
the men of Judah and those living in Jerusalem,
26 and this city will be inhabited forever. ●People
will come from the towns of Judah and the vil-
lages around Jerusalem, from the territory of

[a]19 Or *Army* 1) 스펠라

accompany [əkʌmpəni] *vt.* 동반하다
chariot [tʃǽriət] *n.* 병거
despair [dispέər] *n.* 절망
discipline [dísəplin] *n.* 규율
dust [dʌst] *n.* 먼지
forsake [fərséik] *vt.* 버리다
inhabit [inhǽbit] *vt.* …에 존재하다
obey [oubéi] *vt.* 순종하다
persecutor [pə́:rsikjù:tər] *n.* 박해자
refuge [réfju:dʒ] *n.* 피난
respond [rispɑ́nd] *vi.* 응하다
Sabbath [sǽbəθ] *n.* 안식일
shepherd [ʃépərd] *n.* 양치기
stiff-necked [stífnékt] *a.* 목이 곧은
territory [térətɔ̀:ri] *n.* 지역

17:18 keep A from B: A를 B로부터 지키다, 멀리하다
17:19 go in and out: 들락날락하다
17:21 be careful: 조심하다
17:22 bring A out of B: A를 B에서 인도해내다

로부터 와서 번제와 희생과 소제와 유향과 감
사제물을 여호와의 성전에 가져오려니와
27 그러나 만일 너희가 나를 순종하지 아니하고 안
식일을 거룩되게 아니하여 안식일에 짐을 지고
예루살렘 문으로 들어오면 내가 성문에 불을 놓
아 예루살렘 궁전을 삼키게 하리니 그 불이 꺼
지지 아니하리라 하셨다 할지니라 하시니라

토기장이의 비유 (♪ 261장)

18 여호와께로부터 예레미야에게 임한 말씀
에 이르시되
2 너는 일어나 토기장이의 집으로 내려가라 내가
거기에서 내 말을 네게 들려주리라 하시기로
3 내가 토기장이의 집으로 내려가서 본즉 그가
녹로로 일을 하는데
4 진흙으로 만든 그릇이 토기장이의 손에서 터지
매 그가 그것으로 자기 의견에 좋은 대로 다른
그릇을 만들더라
5 ●그때에 여호와의 말씀이 내게 임하니라 이르
시되
6 여호와의 말씀이니라 이스라엘 족속아 이 토기
장이가 하는 것같이 내가 능히 너희에게 행하
지 못하겠느냐 이스라엘 족속아 진흙이 토기장
이의 손에 있음같이 너희가 내 손에 있느니라
7 내가 어느 민족이나 국가를 뽑거나 부수거나
멸하려 할 때에 1:10
8 만일 내가 말한 그 민족이 그의 악에서 돌이키
면 내가 그에게 내리기로 생각하였던 재앙에
대하여 뜻을 돌이키겠고
9 내가 어느 민족이나 국가를 건설하거나 심으려
할 때에
10 만일 그들이 나 보기에 악한 것을 행하여 내 목
소리를 청종하지 아니하면 내가 그에게 유익하
게 하리라고 한 복에 대하여 뜻을 돌이키리라
11 그러므로 이제 너는 유다 사람들과 예루살렘 주민
들에게 말하여 이르기를 여호와의 말씀에 보라 내
가 너희에게 재앙을 내리며 계책을 세워 너희를
치려 하노니 너희는 각기 악한 길에서 돌이키며
너희의 길과 행위를 아름답게 하라 하셨다 하라
12 그러나 그들이 말하기를 이는 헛되니 우리는
우리의 계획대로 행하며 우리는 각기 악한 마
음이 완악한 대로 행하리라 하느니라 2:25

이스라엘이 가증한 일을 행하다

13 ●그러므로 여호와께서 이와 같이 말씀하시니
라 너희는 누가 이러한 일을 들었는지 여러 나
라 가운데 물어보라 처녀 이스라엘이 심히 가
증한 일을 행하였도다
14 레바논의 눈이 어찌 들의 바위를 떠나겠으며

Benjamin and the western foothills, from
the hill country and the Negev, bringing
burnt offerings and sacrifices, grain offer-
ings and incense, and bringing thank offer-
27 ings to the house of the LORD. ●But if you
do not obey me to keep the Sabbath day
holy by not carrying any load as you come
through the gates of Jerusalem on the Sab-
bath day, then I will kindle an unquench-
able fire in the gates of Jerusalem that will
consume her fortresses.' "

At the Potter's House

18 This is the word that came to Jere-
2 miah from the LORD: ●"Go down to
the potter's house, and there I will give you
3 my message." ●So I went down to the pot-
ter's house, and I saw him working at the
4 wheel. ●But the pot he was shaping from
the clay was marred in his hands; so the
potter formed it into another pot, shaping it
as seemed best to him.
5 ●Then the word of the LORD came to
6 me. ●He said, "Can I not do with you,
Israel, as this potter does?" declares the LORD.
"Like clay in the hand of the potter, so are
7 you in my hand, Israel. ●If at any time I
announce that a nation or kingdom is to be
8 uprooted, torn down and destroyed, ●and
if that nation I warned repents of its evil,
then I will relent and not inflict on it the
9 disaster I had planned. ●And if at another
time I announce that a nation or kingdom
10 is to be built up and planted, ●and if it does
evil in my sight and does not obey me, then
I will reconsider the good I had intended to
do for it.
11 ●"Now therefore say to the people of
Judah and those living in Jerusalem, 'This is
what the LORD says: Look! I am preparing a
disaster for you and devising a plan against
you. So turn from your evil ways, each one
of you, and reform your ways and your
12 actions.' ●But they will reply, 'It's no use.
We will continue with our own plans; we
will all follow the stubbornness of our evil
hearts.' "
13 ●Therefore this is what the LORD says:
"Inquire among the nations:
Who has ever heard anything like this?
A most horrible thing has been done
by Virgin Israel.
14 ●Does the snow of Lebanon

announce [ənáuns] *vt.* 선포하다
clay [klei] *n.* 진흙
devise [diváiz] *vt.* 궁리하다
foothill [fúthìl] *n.* 산기슭
fortress [fɔ́:rtris] *n.* 요새
incense [ínsens] *n.* 향
kindle [kíndl] *vt.* 불을 붙이다
offering [ɔ́:fəriŋ] *n.* 제물
potter [pátər] *n.* 토기장이
reconsider [rì:kənsídər] *vt.* 다시 생각하다
relent [rilént] *vi.* 마음이 누그러지다
repent [ripént] *n.* 회개
stubbornness [stʌbərnnis] *n.* 완고
unquenchable [ʌnkwéntʃəbl] *a.* 끌 수 없는
uproot [ʌprú:t] *vt.* 뿌리뽑다

18:1 go down: 내려가다
18:4 form into...: …을 만들다
18:7 tear down: (건물 등을) 헐다
18:8 inflict on...: …에게 타격을 입히다
18:10 intend to...: …할 작정이다
18:11 turn from: 그만두다

먼 곳에서 흘러내리는 찬물이 어찌 마르겠느냐
15 무릇 내 백성은 나를 잊고 허무한 것에게 분향하거니와 이러한 것들은 그들로 그들의 길 곧 그 옛길에서 넘어지게 하며 곁길 곧 닦지 아니한 길로 행하게 하여
16 그들의 땅으로 두려움과 영원한 웃음거리가 되게 하리니 그리로 지나는 자마다 놀라서 그의 머리를 흔들리라
17 내가 그들을 그들의 원수 앞에서 흩어 버리기를 동풍으로 함같이 할 것이며 그들의 재난의 날에는 내가 그들에게 등을 보이고 얼굴을 보이지 아니하리라

예레미야를 죽이려 하다

18 ●그들이 말하기를 오라 우리가 꾀를 내어 예레미야를 치자 제사장에게서 율법이, 지혜로운 자에게서 책략이, 선지자에게서 말씀이 끊어지지 아니할 것이니 오라 우리가 혀로 그를 치고 그의 어떤 말에도 주의하지 말자 하나이다
19 ●여호와여 나를 돌아보사 나와 더불어 다투는 그들의 목소리를 들어 보옵소서
20 어찌 악으로 선을 갚으리이까마는 그들이 나의 생명을 해하려고 구덩이를 팠나이다 내가 주의 분노를 그들에게서 돌이키려 하고 주의 앞에 서서 그들을 위하여 유익한 말을 한 것을 기억하옵소서
21 그러하온즉 그들의 자녀를 기근에 내어 주시며 그들을 칼의 세력에 넘기시며 그들의 아내들은 자녀를 잃고 과부가 되며 그 장정은 죽음을 당하며 그 청년은 전장에서 칼을 맞게 하시며
22 주께서 군대로 갑자기 그들에게 이르게 하사 그들의 집에서 부르짖음이 들리게 하옵소서 이는 그들이 나를 잡으려고 구덩이를 팠고 내 발을 빠뜨리려고 올무를 놓았음이니이다
23 여호와여 그들이 나를 죽이려 하는 계략을 주께서 다 아시오니 그 악을 사하지 마옵시며 그들의 죄를 주의 목전에서 지우지 마시고 그들을 주 앞에 넘어지게 하시되 주께서 노하시는 때에 이같이 그들에게 행하옵소서 하니라

깨진 옹기

19 여호와께서 이와 같이 말씀하시되 가서 토기장이의 옹기를 사고 백성의 어른들과 제사장의 어른 몇 사람과

ever vanish from its rocky slopes?
Do its cool waters from distant sources
ever stop flowing? [a]
15 ●Yet my people have forgotten me;
they burn incense to worthless idols,
which made them stumble in their ways,
in the ancient paths.
They made them walk in byways,
on roads not built up.
16 ●Their land will be an object of horror
and of lasting scorn;
all who pass by will be appalled
and will shake their heads.
17 ●Like a wind from the east,
I will scatter them before their enemies;
I will show them my back and not my face
in the day of their disaster."

18 ●They said, "Come, let's make plans against
Jeremiah; for the teaching of the law by the
priest will not cease, nor will counsel from the
wise, nor the word from the prophets. So come,
let's attack him with our tongues and pay no
attention to anything he says."

19 ●Listen to me, LORD;
hear what my accusers are saying!
20 ●Should good be repaid with evil?
Yet they have dug a pit for me.
Remember that I stood before you
and spoke in their behalf
to turn your wrath away from them.
21 ●So give their children over to famine;
hand them over to the power of the sword.
Let their wives be made childless and widows;
let their men be put to death,
their young men slain by the sword in battle.
22 ●Let a cry be heard from their houses
when you suddenly bring invaders against them,
for they have dug a pit to capture me
and have hidden snares for my feet.
23 ●But you, LORD, know
all their plots to kill me.
Do not forgive their crimes
or blot out their sins from your sight.
Let them be overthrown before you;
deal with them in the time of your anger.

19 This is what the LORD says: "Go and buy a clay jar from a potter. Take along some of the elders of the people and of the priests

[a]14 The meaning of the Hebrew for this sentence is uncertain.

accuser [əkjú:zər] *n.* 비난자
appall [əpɔ́:l] *vt.* 오싹하게 하다
cease [si:s] *vt.* 그만두다
counsel [káunsəl] *n.* 권고
overthrow [òuvərθróu] *vt.* 넘어뜨리다
scorn [skɔ:rn] *n.* 경멸
slope [sloup] *n.* 비탈
snare [snεər] *n.* 올무
source [sɔ:rs] *n.* 근원
stumble [stʌmbl] *vi.* 넘어지다
suddenly [sʌdnli] *ad.* 갑자기
vanish [vǽniʃ] *vi.* 없어지다
widow [wídou] *n.* 과부
worthless [wə́:rθlis] *a.* 가치없는
wrath [ræθ] *n.* 진노

18:16 pass by: 지나가다
18:20 repay with: 보답하다
18:20 in one's behalf: …를 위하여
18:21 put to death: 죽이다
18:23 blot out: 지우다, 파괴하다
18:23 deal with...: …를 다루다, 처리하다

2 [1)]하시드 문 어귀 곁에 있는 힌놈의 아들의 골
짜기로 가서 거기에서 내가 네게 이른 말을 선
포하여
3 말하기를 너희 유다 왕들과 예루살렘 주민아
여호와의 말씀을 들으라 만군의 여호와 이스
라엘의 하나님이 이같이 말씀하시되 보라 내
가 이곳에 재앙을 내릴 것이라 그것을 듣는
모든 자의 귀가 떨리니
4 이는 그들이 나를 버리고 이곳을 불결하게
하며 이곳에서 자기와 자기 조상들과 유다
왕들이 알지 못하던 다른 신들에게 분향하며
무죄한 자의 피로 이곳에 채웠음이며
5 또 그들이 바알을 위하여 산당을 건축하고 자
기 아들들을 바알에게 번제로 불살라 드렸나
니 이는 내가 명령하거나 말하거나 뜻한 바가
아니니라
6 그러므로 보라 다시는 이곳을 도벳이나 힌놈의
아들의 골짜기라 부르지 아니하고 오직 죽임의
골짜기라 부르는 날이 이를 것이라 여호와의
말이니라
7 내가 이곳에서 유다와 예루살렘의 계획을 무
너뜨려 그들로 그 대적 앞과 생명을 찾는 자
의 손의 칼에 엎드러지게 하고 그 시체를 공
중의 새와 땅의 짐승의 밥이 되게 하며
8 이 성읍으로 놀람과 조롱거리가 되게 하리니
그 모든 재앙으로 말미암아 지나는 자마다
놀라며 조롱할 것이며
9 그들이 그들의 원수와 그들의 생명을 찾는 자에
게 둘러싸여 곤경에 빠질 때에 내가 그들이 그들
의 아들의 살, 딸의 살을 먹게 하고 또 각기 친구
의 살을 먹게 하리라 하셨다 하고
10 너는 함께 가는 자의 목전에서 그 옹기를 깨
뜨리고
11 그들에게 이르기를 만군의 여호와께서 이와
같이 말씀하시되 사람이 토기장이의 그릇을
한번 깨뜨리면 다시 완전하게 할 수 없나니
이와 같이 내가 이 백성과 이 성읍을 무너뜨
리리니 도벳에 매장할 자리가 없을 만큼 매장
하리라
12 여호와의 말씀이니라 내가 이곳과 그 가운데
주민에게 이같이 행하여 이 성읍으로 도벳 같
게 할 것이라
13 예루살렘 집들과 유다 왕들의 집들이 그 집
위에서 하늘의 만상에 분향하고 다른 신들에
게 전제를 부음으로 더러워졌은즉 도벳 땅처
럼 되리라 하셨다 하라 하시니
14 ●예레미야가 여호와께서 자기를 보내사 예

2 ●and go out to the Valley of Ben Hinnom,
near the entrance of the Potsherd Gate. There
3 proclaim the words I tell you, ●and say, 'Hear
the word of the LORD, you kings of Judah and
people of Jerusalem. This is what the LORD
Almighty, the God of Israel, says: Listen! I am
going to bring a disaster on this place that will
make the ears of everyone who hears of it tin-
4 gle. ●For they have forsaken me and made
this a place of foreign gods; they have burned
incense in it to gods that neither they nor their
ancestors nor the kings of Judah ever knew,
and they have filled this place with the blood
5 of the innocent. ●They have built the high
places of Baal to burn their children in the
fire as offerings to Baal—something I did
not command or mention, nor did it enter
6 my mind. ●So beware, the days are coming,
declares the LORD, when people will no
longer call this place Topheth or the Valley
of Ben Hinnom, but the Valley of Slaughter.
7 ●" 'In this place I will ruin[a] the plans of
Judah and Jerusalem. I will make them fall
by the sword before their enemies, at the
hands of those who want to kill them, and I
will give their carcasses as food to the birds
8 and the wild animals. ●I will devastate this
city and make it an object of horror and
scorn; all who pass by will be appalled and
9 will scoff because of all its wounds. ●I will
make them eat the flesh of their sons and
daughters, and they will eat one another's
flesh because their enemies will press the
siege so hard against them to destroy them.'
10 ●"Then break the jar while those who go
11 with you are watching, ●and say to them,
'This is what the LORD Almighty says: I will
smash this nation and this city just as this pot-
ter's jar is smashed and cannot be repaired.
They will bury the dead in Topheth until
12 there is no more room. ●This is what I will do
to this place and to those who live here,
declares the LORD. I will make this city like
13 Topheth. ●The houses in Jerusalem and those
of the kings of Judah will be defiled like this
place, Topheth—all the houses where they
burned incense on the roofs to all the starry
hosts and poured out drink offerings to other
gods.' "
14 ●Jeremiah then returned from Topheth,
where the LORD had sent him to prophesy,

[a]7 The Hebrew for *ruin* sounds like the Hebrew for *jar* (see verses 1 and 10). 1) 질그릇 조각의 문

appall [əpɔ́:l] *vt.* 오싹하게 하다
beware [biwέər] *vi.* 조심하다
carcass [kά:rkəs] *n.* 시체
declare [diklέər] *vt.* 선포하다
defile [difáil] *vt.* 더럽히다
devastate [dévəstèit] *vt.* 황폐시키다
potter [pάtər] *n.* 토기장이
proclaim [proukléim] *vt.* 선포하다
prophesy [prάfəsài] *vi.* 예언하다
scoff [skɔ:f] *vi.* 비웃다
scorn [skɔ:rn] *n.* 조롱
siege [si:dʒ] *n.* 포위 공격
smash [smæʃ] *vt.* 두들겨 패다
starry [stά:ri] *a.* 별의
tingle [tíŋgl] *vi.* 얼얼하다

19:4 neither A nor B nor C: A도 B도 C도 아니다
19:7 at the hands of: …의 손에 의해
19:8 pass by: 지나가다
19:11 just as...: 꼭 …처럼
19:13 pour out: 쏟아붓다

언하게 하신 도벳에서 돌아와 여호와의 집
뜰에 서서 모든 백성에게 말하되 26:2
15 만군의 여호와 이스라엘의 하나님께서 이와
같이 말씀하시되 보라 내가 이 성읍에 대하
여 선언한 모든 재앙을 이 성읍과 그 모든 촌
락에 내리리니 이는 그들의 목을 곧게 하여
내 말을 듣지 아니함이라 하시니라

예레미야와 바스훌 (♪ 86장)

20 임멜의 아들 제사장 바스훌은 여호와의
성전의 총감독이라 그가 예레미야의 이
일 예언함을 들은지라
2 이에 바스훌이 선지자 예레미야를 때리고 여
호와의 성전에 있는 베냐민 문 위층에 목에
씌우는 나무 고랑으로 채워 두었더니
3 다음날 바스훌이 예레미야를 목에 씌우는 나
무 고랑에서 풀어 주매 예레미야가 그에게
이르되 여호와께서 네 이름을 바스훌이라 아
니하시고 [1]마골밋사빕이라 하시느니라
4 여호와께서 이와 같이 말씀하시되 보라 내가
너로 너와 네 모든 친구에게 두려움이 되게
하리니 그들이 그들의 원수들의 칼에 엎드러
질 것이요 네 눈은 그것을 볼 것이며 내가 온
유다를 바벨론 왕의 손에 넘기리니 그가 그
들을 사로잡아 바벨론으로 옮겨 칼로 죽이리
라
5 내가 또 이 성읍의 모든 부와 그 모든 소득과
그 모든 귀중품과 유다 왕들의 모든 보물을
그 원수의 손에 넘기리니 그들이 그것을 탈
취하여 바벨론으로 가져가리라
6 바스훌아 너와 네 집에 사는 모든 사람이 포
로 되어 옮겨지리니 네가 바벨론에 이르러
거기서 죽어 거기 묻힐 것이라 너와 너의 거
짓 예언을 들은 네 모든 친구도 그와 같으리
라 하셨느니라

예레미야가 여호와께 사정을 아뢰다

7 ●여호와여 주께서 나를 권유하시므로 내가
그 권유를 받았사오며 주께서 나보다 강하사
이기셨으므로 내가 조롱거리가 되니 사람마
다 종일토록 나를 조롱하나이다 애 3:14
8 내가 말할 때마다 외치며 파멸과 멸망을 선
포하므로 여호와의 말씀으로 말미암아 내가
종일토록 치욕과 모욕거리가 됨이니이다 6:7
9 내가 다시는 여호와를 선포하지 아니하며 그
의 이름으로 말하지 아니하리라 하면 나의
마음이 불붙는 것 같아서 골수에 사무치니
답답하여 견딜 수 없나이다
10 나는 무리의 비방과 사방이 두려워함을 들었

1) 사방으로 두려움

and stood in the court of the LORD's temple
15 and said to all the people, ●"This is what
the LORD Almighty, the God of Israel, says:
'Listen! I am going to bring on this city and
all the villages around it every disaster I pro-
nounced against them, because they were
stiff-necked and would not listen to my
words.' "

Jeremiah and Pashhur

20 When the priest Pashhur son of
Immer, the official in charge of the
temple of the LORD, heard Jeremiah proph-
2 esying these things, ●he had Jeremiah the
prophet beaten and put in the stocks at the
Upper Gate of Benjamin at the LORD's temple.
3 ●The next day, when Pashhur released him
from the stocks, Jeremiah said to him, "The
LORD's name for you is not Pashhur, but Ter-
4 ror on Every Side. ●For this is what the LORD
says: 'I will make you a terror to yourself and
to all your friends; with your own eyes you
will see them fall by the sword of their ene-
mies. I will give all Judah into the hands of
the king of Babylon, who will carry them
5 away to Babylon or put them to the sword. ●I
will deliver all the wealth of this city into the
hands of their enemies—all its products,
all its valuables and all the treasures of the
kings of Judah. They will take it away as
6 plunder and carry it off to Babylon. ●And
you, Pashhur, and all who live in your house
will go into exile to Babylon. There you will
die and be buried, you and all your friends
to whom you have prophesied lies.' "

Jeremiah's Complaint

7 ●You deceived[a] me, LORD, and I was deceived[a];
you overpowered me and prevailed.
I am ridiculed all day long;
everyone mocks me.
8 ●Whenever I speak, I cry out
proclaiming violence and destruction.
So the word of the LORD has brought me
insult and reproach all day long.
9 ●But if I say, "I will not mention his word
or speak anymore in his name,"
his word is in my heart like a fire,
a fire shut up in my bones.
I am weary of holding it in;
indeed, I cannot.
10 ●I hear many whispering,
"Terror on every side!

[a]7 Or *persuaded*

deceive [disíːv] *vt.* 속이다
insult [insʌlt] *n.* 모욕
mention [ménʃən] *vt.* 언급하다
mock [mak] *vt.* 조롱하다
overpower [òuvərpáuər] *vt.* 이기다
plunder [plʌndər] *n.* 약탈품
prevail [privéil] *vi.* 우세하다
pronounce [prənáuns] *vt.* 선언하다
reproach [ripróutʃ] *n.* 비난
ridicule [rídikjùːl] *vt.* 조롱하다
stiff-necked [stífnékt] *a.* 목이 굳어진
stock [stak] *n.* 족쇄
treasure [tréʒər] *n.* 보물
valuable [vǽljuəbl] *n.* 귀중품
whisper [hwíspər] *vi.* 속삭이다

20:3 release from...: …에서 놓아주다
20:5 take... away: …을 빼앗다
20:5 carry off: 빼앗아 가다, 채가다
20:6 go into exile: 추방당하다
20:9 be weary of: 싫증나다
20:9 hold in: 억제하다, 삼가다

나이다 그들이 이르기를 고소하라 우리도
고소하리라 하오며 내 친한 벗도 다 내가
실족하기를 기다리며 그가 혹시 유혹을 받
게 되면 우리가 그를 이기어 우리 원수를
갚자 하나이다
11 그러하오나 여호와는 두려운 용사 같으시
며 나와 함께하시므로 나를 박해하는 자들
이 넘어지고 이기지 못할 것이오며 그들은
지혜롭게 행하지 못하므로 큰 치욕을 당하
오리니 그 치욕은 길이 잊지 못할 것이니이
다 1:8,19
12 의인을 시험하사 그 폐부와 심장을 보시는
만군의 여호와여 나의 사정을 주께 아뢰었
사온즉 주께서 그들에게 보복하심을 나에게
보게 하옵소서
13 여호와께 노래하라 너희는 여호와를 찬양
하라 가난한 자의 생명을 행악자의 손에서
구원하셨음이니라 31:7
14 ● 내 생일이 저주를 받았더면, 나의 어머니
가 나를 낳던 날이 복이 없었더면,
15 나의 아버지에게 소식을 전하여 이르기를
당신이 득남하였다 하여 아버지를 즐겁게
하던 자가 저주를 받았더면,
16 그 사람은 여호와께서 무너뜨리시고 후회
하지 아니하신 성읍같이 되었더면, 그가 아
침에는 부르짖는 소리, 낮에는 떠드는 소리
를 듣게 하였더면, 좋을 뻔하였나니
17 이는 그가 나를 태에서 죽이지 아니하셨으
며 나의 어머니를 내 무덤이 되지 않게 하
셨으며 그의 배가 부른 채로 항상 있지 않
게 하신 까닭이로다
18 어찌하여 내가 태에서 나와서 고생과 슬픔
을 보며 나의 날을 부끄러움으로 보내는고
하니라

여호와께서 두신 생명의 길과 사망의 길 (♪461장)

21 여호와께로부터 예레미야에게 말씀이
임하니라 시드기야 왕이 말기야의 아
들 바스훌과 제사장 마아세야의 아들 스바
냐를 예레미야에게 보내니라
2 바벨론의 느부갓네살 왕이 우리를 치니 청
컨대 너는 우리를 위하여 여호와께 간구하
라 여호와께서 혹시 그의 모든 기적으로 우
리를 도와 행하시면 그가 우리를 떠나리라
하니
3 ● 예레미야가 그들에게 대답하되 너희는
시드기야에게 이같이 말하라
4 이스라엘의 하나님 여호와께서 이와 같이

Denounce him! Let's denounce him!"
All my friends
are waiting for me to slip, saying,
"Perhaps he will be deceived;
then we will prevail over him
and take our revenge on him."
11 ● But the LORD is with me like a mighty warrior;
so my persecutors will stumble and not
prevail.
They will fail and be thoroughly disgraced;
their dishonor will never be forgotten.
12 ● LORD Almighty, you who examine the
righteous
and probe the heart and mind,
let me see your vengeance on them,
for to you I have committed my cause.
13 ● Sing to the LORD!
Give praise to the LORD!
He rescues the life of the needy
from the hands of the wicked.
14 ● Cursed be the day I was born!
May the day my mother bore me not be
blessed!
15 ● Cursed be the man who brought my father
the news,
who made him very glad, saying,
"A child is born to you — a son!"
16 ● May that man be like the towns
the LORD overthrew without pity.
May he hear wailing in the morning,
a battle cry at noon.
17 ● For he did not kill me in the womb,
with my mother as my grave,
her womb enlarged forever.
18 ● Why did I ever come out of the womb
to see trouble and sorrow
and to end my days in shame?

God Rejects Zedekiah's Request

21 The word came to Jeremiah from the
LORD when King Zedekiah sent to him
Pashhur son of Malkijah and the priest Zepha-
2 niah son of Maaseiah. They said: ● "Inquire
now of the LORD for us because Nebuchadnez-
zar[a] king of Babylon is attacking us. Perhaps
the LORD will perform wonders for us as in times
past so that he will withdraw from us."
3 ● But Jeremiah answered them, "Tell Ze-
4 dekiah, ● 'This is what the LORD, the God of
Israel, says: I am about to turn against you the

[a]2 Hebrew *Nebuchadrezzar,* of which *Nebuchadnezzar* is a variant; here and often in Jeremiah and Ezekiel

curse [kəːrs] *vt.* 저주하다
deceive [disíːv] *vt.* 속이다
denounce [dináuns] *vt.* 비난(고발)하다
grave [greiv] *n.* 무덤
overthrow [òuvərθróu] *vt.* 무너뜨리다
perform [pərfɔ́ːrm] *vt.* 실행하다
persecutor [pə́ːrsikjùːtər] *n.* 박해자
pity [píti] *n.* 동정
probe [proub] *vt.* 엄밀히 조사하다
rescue [réskjuː] *vt.* 구원하다
stumble [stʌmbl] *vi.* 넘어지다
thoroughly [θə́ːrouli] *ad.* 철저히
vengeance [véndʒəns] *n.* 복수
withdraw [wiðdrɔ́ː] *vi.* 물러가다
womb [wuːm] *n.* 자궁

20:10 prevail over[against]...: …에게 이기다
20:10 take one's revenge on...: …에게 복수하다
21:2 inquire of...: …에게 묻다
21:4 be about to: 지금 막 …하려 하다

말씀하시되 보라 너희가 성 밖에서 바벨론의
왕과 또 너희를 에워싼 갈대아인과 싸우는
데 쓰는 너희 손의 무기를 내가 뒤로 돌릴 것
이요 그것들을 이 성 가운데 모아들이리라
5 내가 든 손과 강한 팔 곧 진노와 분노와 대노
로 친히 너희를 칠 것이며
6 내가 또 사람이나 짐승이나 이 성에 있는 것을
다 치리니 그들이 큰 전염병에 죽으리라 하셨
다 하라
7 여호와의 말씀이니라 그 후에 내가 유다의 왕
시드기야와 그의 신하들과 백성과 및 이 성읍
에서 전염병과 칼과 기근에서 남은 자를 바벨
론의 느부갓네살 왕의 손과 그들의 원수의 손
과 그들의 생명을 찾는 자들의 손에 넘기리니
그가 칼날로 그들을 치되 측은히 여기지 아니
하며 긍휼히 여기지 아니하며 불쌍히 여기지
아니하리라 하셨느니라
8 ● 여호와께서 말씀하시기를 보라 내가 너희
앞에 생명의 길과 사망의 길을 두었노라 너
는 이 백성에게 전하라 하셨느니라 신 30:15
9 이 성읍에 사는 자는 칼과 기근과 전염병에 죽
으려니와 너희를 에워싼 갈대아인에게 나가서
항복하는 자는 살 것이나 그의 목숨은 전리품
같이 되리라
10 여호와의 말씀이니라 내가 나의 얼굴을 이
성읍으로 향함은 복을 내리기 위함이 아니요
화를 내리기 위함이라 이 성읍이 바벨론 왕
의 손에 넘김이 될 것이요 그는 그것을 불사
르리라

유다 왕의 집에 내린 벌

11 ● 유다 왕의 집에 대한 여호와의 말을 들으라
12 여호와께서 이와 같이 말씀하시니라 다윗의
집이여 너는 아침마다 정의롭게 판결하여 탈
취 당한 자를 압박자의 손에서 건지라 그리
하지 아니하면 너희의 악행 때문에 내 분노
가 불같이 일어나서 사르리니 능히 끌 자가
없으리라
13 여호와의 말씀이니라 골짜기와 평원 바위의
주민아 보라 너희가 말하기를 누가 내려와서
우리를 치리요 누가 우리의 거처에 들어오리
요 하거니와 나는 네 대적이라 겔 13:8
14 내가 너희 행위대로 너희를 벌할 것이요 내
가 또 수풀에 불을 놓아 그 모든 주위를 사르
리라 여호와의 말씀이니라

유다 왕의 집에 선언하다 (♪ 585장)

22 여호와께서 이와 같이 말씀하시되 너는
유다 왕의 집에 내려가서 거기에서 이

weapons of war that are in your hands, which
you are using to fight the king of Babylon and
the Babylonians[a] who are outside the wall
besieging you. And I will gather them inside
5 this city. • I myself will fight against you with
an outstretched hand and a mighty arm in
6 furious anger and in great wrath. • I will strike
down those who live in this city—both man
and beast — and they will die of a terrible
7 plague. • After that, declares the LORD, I will
give Zedekiah king of Judah, his officials and
the people in this city who survive the plague,
sword and famine, into the hands of Neb-
uchadnezzar king of Babylon and to their ene-
mies who want to kill them. He will put them
to the sword; he will show them no mercy or
pity or compassion.'
8 •"Furthermore, tell the people, 'This is
what the LORD says: See, I am setting before
you the way of life and the way of death.
9 • Whoever stays in this city will die by the
sword, famine or plague. But whoever goes
out and surrenders to the Babylonians who
are besieging you will live; they will escape
10 with their lives. • I have determined to do this
city harm and not good, declares the LORD. It
will be given into the hands of the king of
Babylon, and he will destroy it with fire.'
11 •"Moreover, say to the royal house of
12 Judah, 'Hear the word of the LORD. • This is
what the LORD says to you, house of David:

" 'Administer justice every morning;
rescue from the hand of the oppressor
the one who has been robbed,
or my wrath will break out and burn like
fire
because of the evil you have done—
burn with no one to quench it.
13 • I am against you, Jerusalem,
you who live above this valley
on the rocky plateau, declares the LORD—
you who say, "Who can come against us?
Who can enter our refuge?"
14 • I will punish you as your deeds deserve,
declares the LORD.
I will kindle a fire in your forests
that will consume everything around
you.' "

Judgment Against Wicked Kings

22 This is what the LORD says: "Go down
to the palace of the king of Judah and

[a]4 Or *Chaldeans*; also in verse 9

administer [ədmínistər] *vt.* 집행하다
besiege [bisíːdʒ] *vt.* 포위하다
compassion [kəmpǽʃən] *n.* 긍휼
famine [fǽmin] *n.* 기근
furthermore [fə́ːrðərmɔ̀ːr] *ad.* 게다가
oppressor [əprésər] *n.* 압제자
outstretched [àutstrétʃt] *a.* 뻗친
plague [pleig] *n.* 역병
plateau [plætóu] *n.* 높고 편평한 땅
quench [kwentʃ] *vt.* 끄다
refuge [réfjuːdʒ] *n.* 피난
rob [rab] *vt.* 약탈하다
surrender [səréndər] *vi.* 항복하다
weapon [wépən] *n.* 무기
wrath [ræθ] *n.* 진노

21:6 strike down: 죽이다
21:7 after that : 그후
21:8 set before...: …앞에 제시하다
21:9 stay in: 남아있다
21:12 rescue from...: …로부터 구하다
21:12 break out: (화재, 전쟁이) 돌발하다

말을 선언하여
2 이르기를 다윗의 왕위에 앉은 유다 왕이여
너와 네 신하와 이 문들로 들어오는 네 백
성은 여호와의 말씀을 들을지니라
3 여호와께서 이와 같이 말씀하시되 너희가
정의와 공의를 행하여 탈취 당한 자를 압
박하는 자의 손에서 건지고 이방인과 고아
와 과부를 압제하거나 학대하지 말며 이곳
에서 무죄한 피를 흘리지 말라
4 너희가 참으로 이 말을 준행하면 다윗의 왕
위에 앉을 왕들과 신하들과 백성이 병거와
말을 타고 이 집 문으로 들어오게 되리라
5 그러나 너희가 이 말을 듣지 아니하면 내
가 나를 두고 맹세하노니 이 집이 황폐하
리라 여호와의 말씀이니라 17:27
6 여호와께서 유다 왕의 집에 대하여 이와
같이 말씀하시니라 네가 내게 길르앗 같고
레바논의 머리이나 내가 반드시 너로 광야
와 주민이 없는 성읍을 만들 것이라
7 내가 너를 파멸할 자를 준비하리니 그들이
각기 손에 무기를 가지고 네 아름다운 백
향목을 찍어 불에 던지리라
8 여러 민족들이 이 성읍으로 지나가며 서로
말하기를 여호와가 이 큰 성읍에 이같이
행함은 어찌 됨인고 하겠고
9 그들이 대답하기는 이는 그들이 자기 하나
님 여호와의 언약을 버리고 다른 신들에게
절하고 그를 섬긴 까닭이라 하셨다 할지니
라

살룸 왕에 대하여 말하다

10 ●너희는 죽은 자를 위하여 울지 말며 그
를 위하여 애통하지 말고 잡혀 간 자를 위
하여 슬피 울라 그는 다시 돌아와 그 고국
을 보지 못할 것임이라
11 여호와께서 유다 왕 요시야의 아들 곧 그
의 아버지 요시야를 이어 왕이 되었다가
이곳에서 나간 [1]살룸에 대하여 이와 같이
말씀하시니라 그가 이곳으로 다시 돌아오
지 못하고
12 잡혀 간 곳에서 그가 거기서 죽으리니 이
땅을 다시 보지 못하리라

여호야김 왕에 대하여 말하다

13 ●불의로 그 집을 세우며 부정하게 그 다
락방을 지으며 자기의 이웃을 고용하고 그
의 품삯을 주지 아니하는 자에게 화 있을
진저
14 그가 이르기를 내가 나를 위하여 큰 집과

2 proclaim this message there: •'Hear the word of
the LORD to you, king of Judah, you who sit on
David's throne—you, your officials and your
3 people who come through these gates. •This is
what the LORD says: Do what is just and right.
Rescue from the hand of the oppressor the one
who has been robbed. Do no wrong or violence
to the foreigner, the fatherless or the widow, and
4 do not shed innocent blood in this place. •For if
you are careful to carry out these commands,
then kings who sit on David's throne will come
through the gates of this palace, riding in chari-
ots and on horses, accompanied by their officials
5 and their people. •But if you do not obey these
commands, declares the LORD, I swear by myself
that this palace will become a ruin.'"
6 •For this is what the LORD says about the
palace of the king of Judah:

"Though you are like Gilead to me,
like the summit of Lebanon,
I will surely make you like a wasteland,
like towns not inhabited.
7 •I will send destroyers against you,
each man with his weapons,
and they will cut up your fine cedar beams
and throw them into the fire.

8 •"People from many nations will pass by this
city and will ask one another, 'Why has the
9 LORD done such a thing to this great city?' •And
the answer will be: 'Because they have forsaken
the covenant of the LORD their God and have
worshiped and served other gods.'"

10 •Do not weep for the dead king or mourn
his loss;
rather, weep bitterly for him who is exiled,
because he will never return
nor see his native land again.

11 •For this is what the LORD says about Shallum[a]
son of Josiah, who succeeded his father as king
of Judah but has gone from this place: "He will
12 never return. •He will die in the place where
they have led him captive; he will not see this
land again."

13 •"Woe to him who builds his palace by
unrighteousness,
his upper rooms by injustice,
making his own people work for nothing,
not paying them for their labor.
14 •He says, 'I will build myself a great palace
with spacious upper rooms.'

[a]11 Also called *Jehoahaz*
1) 왕하 23:30 '여호아하스', 대상 3:15 대조

accompany [əkʌmpəni] *vt.* 동행하다
bitterly [bítərli] *ad.* 비통하게
cedar [síːdər] *n.* 삼나무
covenant [kʌvənənt] *n.* 언약
exile [égzail] *vt.* 추방하다
forsake [fərséik] *vt.* 버리다
inhabit [inhǽbit] *vt.* 거주하다
injustice [indʒʌstis] *n.* 불의
oppressor [əprésər] *n.* 압제자
ride [raid] *vt.* 말을 타다
shed [ʃed] *vt.* 흘리다
spacious [spéiʃəs] *a.* 드넓은
summit [sʌmit] *n.* 꼭대기
weep [wiːp] *vi.* 울다
widow [wídou] *n.* 과부

22:4 **be careful to...**: …하는 데 있어서 주의하다
22:4 **carry out**: 실행하다
22:5 **swear by...**: …를 두고 맹세하다
22:11 **succeed A as B**: A를 계승하여 B가 되다

넓은 다락방을 지으리라 하고 자기를 위하여 창문을 만들고 그것에 백향목으로 입히고 붉은 빛으로 칠하도다
15 네가 백향목을 많이 사용하여 왕이 될 수 있겠느냐 네 아버지가 먹거나 마시지 아니하였으며 정의와 공의를 행하지 아니하였느냐 그때에 그가 형통하였었느니라 21:12
16 그는 가난한 자와 궁핍한 자를 변호하고 형통하였나니 이것이 나를 앎이 아니냐 여호와의 말씀이니라
17 그러나 네 두 눈과 마음은 탐욕과 무죄한 피를 흘림과 압박과 포악을 행하려 할 뿐이니라
18 그러므로 여호와께서 유다의 왕 요시야의 아들 여호야김에게 대하여 이와 같이 말씀하시니라 무리가 그를 위하여 슬프다 내 형제여, 슬프다 내 자매여 하며 통곡하지 아니할 것이며 그를 위하여 슬프다 주여 슬프다 그 영광이여 하며 통곡하지도 아니할 것이라
19 그가 끌려 예루살렘 문밖에 던져지고 나귀같이 매장함을 당하리라 36:30

예루살렘에 대한 탄식

20 ●너는 레바논에 올라 외치며 바산에서 네 소리를 높이며 아바림에서 외치라 이는 너를 사랑하는 자가 다 멸망하였음이라
21 네가 평안할 때에 내가 네게 말하였으나 네 말이 나는 듣지 아니하리라 하였나니 네가 어려서부터 내 목소리를 청종하지 아니함이 네 습관이라 13:10
22 네 목자들은 다 바람에 삼켜질 것이요 너를 사랑하는 자들은 사로잡혀 가리니 그때에 네가 반드시 네 모든 악 때문에 수치와 욕을 당하리라
23 레바논에 살면서 백향목에 깃들이는 자여 여인이 해산하는 고통 같은 고통이 네게 임할 때에 너의 가련함이 얼마나 심하랴

여호와께서 고니야 왕을 심판하시다

24 ●여호와의 말씀이니라 나의 삶으로 맹세하노니 유다 왕 여호야김의 아들 1)고니야가 나의 오른손의 인장반지라 할지라도 내가 빼어
25 네 생명을 찾는 자의 손과 네가 두려워하는 자의 손 곧 바벨론의 왕 느부갓네살의 손과 갈대아인의 손에 줄 것이라

So he makes large windows in it,
panels it with cedar
and decorates it in red.

15 ●"Does it make you a king
to have more and more cedar?
Did not your father have food and drink?
He did what was right and just,
so all went well with him.
16 ●He defended the cause of the poor and needy,
and so all went well.
Is that not what it means to know me?"
declares the LORD.
17 ●"But your eyes and your heart
are set only on dishonest gain,
on shedding innocent blood
and on oppression and extortion."

18 ●Therefore this is what the LORD says about Jehoiakim son of Josiah king of Judah:

"They will not mourn for him:
'Alas, my brother! Alas, my sister!'
They will not mourn for him:
'Alas, my master! Alas, his splendor!'
19 ●He will have the burial of a donkey—
dragged away and thrown
outside the gates of Jerusalem."
20 ●"Go up to Lebanon and cry out,
let your voice be heard in Bashan,
cry out from Abarim,
for all your allies are crushed.
21 ●I warned you when you felt secure,
but you said, 'I will not listen!'
This has been your way from your youth;
you have not obeyed me.
22 ●The wind will drive all your shepherds away,
and your allies will go into exile.
Then you will be ashamed and disgraced
because of all your wickedness.
23 ●You who live in 'Lebanon,[a]'
who are nestled in cedar buildings,
how you will groan when pangs come upon you,
pain like that of a woman in labor!

24 ●"As surely as I live," declares the LORD, "even if
you, Jehoiachin[b] son of Jehoiakim king of Judah,
were a signet ring on my right hand, I would still
25 pull you off. ●I will deliver you into the hands of
those who want to kill you, those you fear—Neb-
uchadnezzar king of Babylon and the Babyloni-

[a]23 That is, the palace in Jerusalem (see 1 Kings 7:2) [b]24 Hebrew *Koniah*, a variant of *Jehoiachin*; also in verse 28

1) 24:1; 대상 3:16 '여고냐', 왕하 24:6,8 '여호야긴'

ally [əlái] *n.* 동맹국
burial [bériəl] *n.* 매장
decorate [dékərèit] *vt.* 페인트를 칠하다
defend [difénd] *vt.* 변호하다
exile [égzail] *n.* 유배, 망명
extortion [ikstɔ́ːrʃən] *n.* 강탈
groan [groun] *vi.* 신음하다
mourn [mɔːrn] *vi.* 슬퍼하다
oppression [əpréʃən] *n.* 압제
pang [pæŋ] *n.* 심한 아픔
secure [sikjúər] *a.* 안정된
shepherd [ʃépərd] *n.* 목자
signet [sígnit] *n.* 인장
splendor [spléndər] *n.* 광채
wickedness [wíkidnis] *n.* 사악함

22:15 more and more: 점점 더 많은
22:17 set on...: …에 마음을 기울이다
22:19 drag away: 끌어가다
22:22 drive... away: …을 몰아내다
22:23 be nestled in...: …에 자리잡다
22:24 pull... off: …을 뽑다

26 내가 너와 너를 낳은 어머니를 너희가 나지
아니한 다른 지방으로 쫓아내리니 너희가
거기에서 죽으리라
27 그들이 그들의 마음에 돌아오기를 사모하
는 땅에 돌아오지 못하리라
28 이 사람 고니야는 천하고 깨진 그릇이냐 좋
아하지 아니하는 그릇이냐 어찌하여 그와
그의 자손이 쫓겨나서 알지 못하는 땅에 들
어갔는고
29 땅이여, 땅이여, 땅이여, 여호와의 말을 들
을지니라 미 1:2
30 여호와께서 이와 같이 말씀하시니라 너희
는 이 사람이 자식이 없겠고 그의 평생 동
안 형통하지 못할 자라 기록하라 이는 그의
자손 중 형통하여 다윗의 왕위에 앉아 유다
를 다스릴 사람이 다시는 없을 것임이라 하
시니라

미래의 왕 메시아

23 여호와의 말씀이니라 내 목장의 양 떼
를 멸하며 흩어지게 하는 목자에게 화
있으리라
2 그러므로 이스라엘의 하나님 여호와께서
내 백성을 기르는 목자에게 이와 같이 말씀
하시니라 너희가 내 양 떼를 흩으며 그것을
몰아내고 돌보지 아니하였도다 보라 내가
너희의 악행 때문에 너희에게 보응하리라
여호와의 말씀이니라
3 내가 내 양 떼의 남은 것을 그 몰려갔던 모
든 지방에서 모아 다시 그 우리로 돌아오게
하리니 그들의 생육이 번성할 것이며
4 내가 그들을 기르는 목자들을 그들 위에 세
우리니 그들이 다시는 두려워하거나 놀라
거나 잃어버리지 아니하리라 여호와의 말
씀이니라
5 ●여호와의 말씀이니라 보라 때가 이르리
니 내가 다윗에게 한 의로운 가지를 일으킬
것이라 그가 왕이 되어 [1)]지혜롭게 다스리며
세상에서 정의와 공의를 행할 것이며 사 4:2
6 그의 날에 유다는 구원을 받겠고 이스라엘
은 평안히 살 것이며 그의 이름은 여호와
우리의 공의라 일컬음을 받으리라
7 그러므로 여호와의 말씀이니라 보라 날이
이르리니 그들이 다시는 이스라엘 자손을
애굽 땅에서 인도하여 내신 여호와의 사심
으로 맹세하지 아니하고
8 *이스라엘 집 자손을 북쪽 땅, 그 모든 쫓겨*
났던 나라에서 인도하여 내신 여호와의 사

26 ans.[a] ●I will hurl you and the mother who gave
you birth into another country, where neither of
27 you was born, and there you both will die. ●You
will never come back to the land you long to
return to."
28 ●Is this man Jehoiachin a despised, broken pot,
an object no one wants?
Why will he and his children be hurled out,
cast into a land they do not know?
29 ●O land, land, land,
hear the word of the LORD!
30 ●This is what the LORD says:
"Record this man as if childless,
a man who will not prosper in his lifetime,
for none of his offspring will prosper,
none will sit on the throne of David
or rule anymore in Judah."

The Righteous Branch

23 "Woe to the shepherds who are des-
troying and scattering the sheep of my
2 pasture!" declares the LORD. ●Therefore this is
what the LORD, the God of Israel, says to the
shepherds who tend my people: "Because you
have scattered my flock and driven them
away and have not bestowed care on them, I
will bestow punishment on you for the evil
3 you have done," declares the LORD. ●"I myself
will gather the remnant of my flock out of all
the countries where I have driven them and
will bring them back to their pasture, where
they will be fruitful and increase in number.
4 ●I will place shepherds over them who will
tend them, and they will no longer be afraid
or terrified, nor will any be missing," declares
the LORD.
5 ●"The days are coming," declares the LORD,
"when I will raise up for David[b] a righteous
Branch,
a King who will reign wisely
and do what is just and right in the land.
6 ●In his days Judah will be saved
and Israel will live in safety.
This is the name by which he will be called:
The LORD Our Righteous Savior.
7 ●"So then, the days are coming," declares the
LORD, "when people will no longer say, 'As sure-
ly as the LORD lives, who brought the Israelites
8 up out of Egypt,' ●but they will say, 'As surely
as the LORD lives, who brought the descendants
of Israel up out of the land of the north and out

[a]25 Or *Chaldeans* [b]5 Or *up from David's line*

1) 형통하며

bestow [bistóu] *vt.* 주다
branch [bræntʃ] *n.* 가지
cast [kæst] *vt.* 던지다
descendant [diséndənt] *n.* 자손
despise [dispáiz] *vt.* 멸시하다
flock [flak] *n.* 양 떼
fruitful [frúːtfəl] *a.* 다산의
hurl [həːrl] *vt.* 내팽개치다
offspring [ɔ́ːfsprìŋ] *n.* 자손
pasture [pǽstʃər] *n.* 초원
prosper [práspər] *vi.* 번영하다
punishment [pʌ́niʃmənt] *n.* 징벌
remnant [rémnənt] *n.* 나머지
scatter [skǽtər] *vt.* 흩뿌리다
throne [θroun] *n.* 왕좌

22:27 long to...: …하기를 간절히 바라다
22:30 as if...: 마치 …처럼
23:2 bestow A on B: B에게 A를 주다
23:4 no longer...: 더 이상 …않다
23:4 no A nor B: A도 B도 아니다
23:5 raise up: 일으키다

심으로 맹세할 것이며 그들이 자기 땅
에 살리라 하시니라

선지자들에 대한 말씀 (♪ 213, 279장)

9 ●선지자들에 대한 말씀이라 ●내 마음
이 상하며 내 모든 뼈가 떨리며 내가 취
한 사람 같으며 포도주에 잡힌 사람 같
으니 이는 여호와와 그 거룩한 말씀 때
문이라 합 3:16
10 이 땅에 간음하는 자가 가득하도다 저
주로 말미암아 땅이 슬퍼하며 광야의
초장들이 마르나니 그들의 행위가 악
하고 힘쓰는 것이 정직하지 못함이로다
11 여호와의 말씀이니라 선지자와 제사장
이 다 사악한지라 내가 내 집에서도 그
들의 악을 발견하였노라
12 그러므로 그들의 길이 그들에게 어두운
가운데 미끄러운 곳과 같이 되고 그들
이 밀어냄을 당하여 그 길에 엎드러질
것이라 그들을 벌하는 해에 내가 그들
에게 재앙을 내리리라 여호와의 말씀이
니라
13 ●내가 사마리아 선지자들 가운데 우
매함을 보았나니 그들은 바알을 의지
하고 예언하여 내 백성 이스라엘을
그릇되게 하였고 호 9:7
14 내가 예루살렘 선지자들 가운데도 가
증한 일을 보았나니 그들은 간음을 행
하며 거짓을 말하며 악을 행하는 자의
손을 강하게 하여 사람으로 그 악에서
돌이킴이 없게 하였은즉 그들은 다 내
앞에서 소돔과 다름이 없고 그 주민은
고모라와 다름이 없느니라
15 그러므로 만군의 여호와께서 선지자에
대하여 이와 같이 말씀하시니라 보라
내가 그들에게 쑥을 먹이며 독한 물을
마시게 하리니 이는 사악이 예루살렘
선지자들로부터 나와서 온 땅에 퍼짐이
라 하시니라 8:14
16 ●만군의 여호와께서 이와 같이 말씀하
시되 너희에게 예언하는 선지자들의 말
을 듣지 말라 그들은 너희에게 헛된 것
을 가르치나니 그들이 말한 묵시는 자
기 마음으로 말미암은 것이요 여호와의
입에서 나온 것이 아니니라
17 항상 그들이 나를 멸시하는 자에게 이
르기를 너희가 평안하리라 여호와의 말
씀이니라 하며 또 자기 마음이 완악한

of all the countries where he had banished them.'
Then they will live in their own land."

Lying Prophets

9 ●Concerning the prophets:
My heart is broken within me;
all my bones tremble.
I am like a drunken man,
like a strong man overcome by wine,
because of the LORD
and his holy words.
10 ●The land is full of adulterers;
because of the curse[a] the land lies parched
and the pastures in the wilderness are withered.
The prophets follow an evil course
and use their power unjustly.
11 ●"Both prophet and priest are godless;
even in my temple I find their wickedness,"
declares the LORD.
12 ●"Therefore their path will become slippery;
they will be banished to darkness
and there they will fall.
I will bring disaster on them
in the year they are punished,"
declares the LORD.
13 ●"Among the prophets of Samaria
I saw this repulsive thing:
They prophesied by Baal
and led my people Israel astray.
14 ●And among the prophets of Jerusalem
I have seen something horrible:
They commit adultery and live a lie.
They strengthen the hands of evildoers,
so that not one of them turns from their
wickedness.
They are all like Sodom to me;
the people of Jerusalem are like Gomorrah."
15 ●Therefore this is what the LORD Almighty says
concerning the prophets:
"I will make them eat bitter food
and drink poisoned water,
because from the prophets of Jerusalem
ungodliness has spread throughout the land."
16 ●This is what the LORD Almighty says:
"Do not listen to what the prophets are
prophesying to you;
they fill you with false hopes.
They speak visions from their own minds,
not from the mouth of the LORD.
17 ●They keep saying to those who despise me,
'The LORD says: You will have peace.'
And to all who follow the stubbornness of their

[a]10 Or *because of these things*

banish [bǽniʃ] *vt.* 추방하다
bitter [bítər] *a.* 쓴
despise [dispáiz] *vt.* 멸시하다
evildoer [íːvəldùːər] *n.* 악인
overcome [òuvərkʌ́m] *vt.* 정복하다
parched [paːrtʃt] *a.* 바싹 마른
prophesy [prάfəsài] *vi.* 예언하다
prophet [prάfit] *n.* 선지자
repulsive [ripʌ́lsiv] *a.* 불쾌한
slippery [slípəri] *a.* 미끄러운
stubbornness [stʌ́bərnnis] *n.* 완고
tremble [trémbl] *vi.* 떨다
ungodliness [ʌngάdlinis] *n.* 불경건함
wickedness [wíkidnis] *n.* 사악함
wither [wíðər] *vi.* 마르다

23:10 be full of...: …로 가득 차다
23:11 both A and B: A, B 둘 다
23:12 bring on: 일으키다
23:13 lead... astray: …를 타락시키다
23:14 commit adultery: 간음하다
23:17 keep -ing: 계속해서 …하다

대로 행하는 모든 사람에게 이르기를 재앙
이 너희에게 임하지 아니하리라 하였느니
라
18 누가 여호와의 회의에 참여하여 그 말을
알아들었으며 누가 귀를 기울여 [1]그 말을
들었느냐
19 보라 여호와의 노여움이 일어나 폭풍과 회
오리바람처럼 악인의 머리를 칠 것이라 25:32
20 여호와의 진노가 [2]내 마음의 뜻하는 바를
행하여 이루기까지는 그치지 아니하나니
너희가 끝날에 그것을 완전히 깨달으리라
21 이 선지자들은 내가 보내지 아니하였어도
달음질하며 내가 그들에게 이르지 아니하
였어도 예언하였은즉 14:14
22 그들이 만일 나의 회의에 참여하였더라
면 내 백성에게 내 말을 들려서 그들을 악
한 길과 악한 행위에서 돌이키게 하였으
리라
23 ● 여호와의 말씀이니라 나는 가까운 데에
있는 하나님이요 먼 데에 있는 하나님은
아니냐
24 여호와의 말씀이니라 사람이 내게 보이지
아니하려고 누가 자신을 은밀한 곳에 숨길
수 있겠느냐 여호와가 말하노라 나는 천지
에 충만하지 아니하냐
25 내 이름으로 거짓을 예언하는 선지자들의
말에 내가 꿈을 꾸었다 꿈을 꾸었다고 말
하는 것을 내가 들었노라
26 거짓을 예언하는 선지자들이 언제까지 이
마음을 품겠느냐 그들은 그 마음의 간교한
것을 예언하느니라
27 그들이 서로 꿈 꾼 것을 말하니 그 생각인즉
그들의 조상들이 바알로 말미암아 내 이름
을 잊어버린 것같이 내 백성으로 내 이름을
잊게 하려 함이로다
28 여호와의 말씀이니라 꿈을 꾼 선지자는 꿈
을 말할 것이요 내 말을 받은 자는 성실함
으로 내 말을 말할 것이라 겨가 어찌 알곡
과 같겠느냐
29 여호와의 말씀이니라 내 말이 불 같지 아니
하냐 바위를 쳐서 부스러뜨리는 방망이 같
지 아니하냐
30 여호와의 말씀이라 그러므로 보라 서로 내
말을 도둑질하는 선지자들을 내가 치리라
31 여호와의 말씀이니라 보라 그들이 혀를 놀
려 여호와가 말씀하셨다 하는 선지자들을
내가 치리라

hearts
they say, 'No harm will come to you.'
18 ●But which of them has stood in the council of
the LORD
to see or to hear his word?
Who has listened and heard his word?
19 ●See, the storm of the LORD
will burst out in wrath,
a whirlwind swirling down
on the heads of the wicked.
20 ●The anger of the LORD will not turn back
until he fully accomplishes
the purposes of his heart.
In days to come
you will understand it clearly.
21 ●I did not send these prophets,
yet they have run with their message;
I did not speak to them,
yet they have prophesied.
22 ●But if they had stood in my council,
they would have proclaimed my words
to my people
and would have turned them from their evil
ways
and from their evil deeds.
23 ●"Am I only a God nearby,"
declares the LORD,
"and not a God far away?
24 ●Who can hide in secret places
so that I cannot see them?"
declares the LORD.
"Do not I fill heaven and earth?"
declares the LORD.

25 ●"I have heard what the prophets say who
prophesy lies in my name. They say, 'I had a
26 dream! I had a dream!' ●How long will this
continue in the hearts of these lying prophets,
who prophesy the delusions of their own
27 minds? ●They think the dreams they tell one
another will make my people forget my name,
just as their ancestors forgot my name through
28 Baal worship. ●Let the prophet who has a
dream recount the dream, but let the one who
has my word speak it faithfully. For what has
29 straw to do with grain?" declares the LORD. ●"Is
not my word like fire," declares the LORD, "and
like a hammer that breaks a rock in pieces?
30 ●"Therefore," declares the LORD, "I am
against the prophets who steal from one anoth-
31 er words supposedly from me. ●Yes," declares
the LORD, "I am against the prophets who wag

1) 히, 내 2) 히, 그

accomplish [əkámpliʃ] *vt.* 이루다
council [káunsəl] *n.* 자문
deed [di:d] *n.* 행위
delusion [dilú:ʒən] *n.* 기만
faithfully [féiθfəli] *ad.* 성실하게
proclaim [proukléim] *vt.* 선포하다
prophesy [práfəsài] *vt, vi.* 예언하다
recount [rikáunt] *vt.* 자세히 말하다
steal [sti:l] *vi.* 도둑질하다
straw [strɔ:] *n.* 짚
supposedly [səpóuzidli] *ad.* 아마도
swirl [swə:rl] *vi.* 소용돌이치다
wag [wæg] *vt.* (혀, 턱을)연방 움직이다
whirlwind [hwə́:rlwìnd] *n.* 회오리바람
wrath [ræθ] *n.* 분노

23:18 stand in: (…를) 대신하다
23:19 burst out: 갑자기 나타나다
23:20 in days to come: 장차, 앞으로
23:24 so that...: …하기 위하여
23:24 far away: 멀리
23:27 just as...: 꼭 …처럼

32 여호와의 말씀이니라 보라 거짓 꿈을 예언하여
이르며 거짓과 헛된 자만으로 내 백성을 미혹하
게 하는 자를 내가 치리라 내가 그들을 보내지
아니하였으며 명령하지 아니하였나니 그들은
이 백성에게 아무 유익이 없느니라 여호와의 말
씀이니라

여호와의 엄중한 말씀

33 ●이 백성이나 선지자나 제사장이 네게 물어
이르기를 여호와의 엄중한 말씀이 무엇인가
묻거든 [1)]너는 그들에게 대답하기를 엄중한 말
씀이 무엇이냐 묻느냐 여호와의 말씀에 내가
너희를 버리리라 하셨고
34 또 여호와의 엄중한 말씀이라 하는 선지자에
게나 제사장에게나 백성에게는 내가 그 사람
과 그 집안을 벌하리라 하셨다 하고
35 너희는 서로 이웃과 형제에게 묻기를 여호와
께서 무엇이라 응답하셨으며 여호와께서 무엇
이라 말씀하셨느냐 하고
36 다시는 여호와의 엄중한 말씀이라 말하지 말
라 각 사람의 말이 자기에게 중벌이 되리니 이
는 너희가 살아 계신 하나님, 만군의 여호와
우리 하나님의 말씀을 망령되이 사용함이니라
하고
37 너는 또 선지자에게 말하기를 여호와께서 네
게 무엇이라 대답하셨으며 여호와께서 무엇이
라 말씀하셨느냐
38 너희는 여호와의 엄중한 말씀이라 말하도다
그러므로 여호와께서 이와 같이 말씀하시되
내가 너희에게 사람을 보내어 너희는 여호와
의 엄중한 말씀이라 하지 말라 하였으나 너희
가 여호와의 엄중한 말씀이라는 이 말을 하였
은즉
39 내가 너희를 온전히 잊어버리며 내가 너희와
너희 조상들에게 준 이 성읍을 내 앞에서 내버
려
40 너희는 영원한 치욕과 잊지 못할 영구한 수치
를 당하게 하리라 하셨느니라

좋은 무화과 나쁜 무화과

24 바벨론의 느부갓네살 왕이 유다 왕 여호
야김의 아들 여고냐와 유다 고관들과 목
공들과 철공들을 예루살렘에서 바벨론으로 옮
긴 후에 여호와께서 여호와의 성전 앞에 놓인
무화과 두 광주리를 내게 보이셨는데
2 한 광주리에는 처음 익은 듯한 극히 좋은 무화
과가 있고 한 광주리에는 나빠서 먹을 수 없는
극히 나쁜 무화과가 있더라
3 여호와께서 내게 이르시되 예레미야야 네가

their own tongues and yet declare, 'The
32 LORD declares.' ●Indeed, I am against those
who prophesy false dreams," declares the
LORD. "They tell them and lead my people
astray with their reckless lies, yet I did not
send or appoint them. They do not benefit
these people in the least," declares the LORD.

False Prophecy

33 ●"When these people, or a prophet or a
priest, ask you, 'What is the message from
the LORD?' say to them, 'What message? I
34 will forsake you, declares the LORD.' ●If a
prophet or a priest or anyone else claims,
'This is a message from the LORD,' I will
35 punish them and their household. ●This
is what each of you keeps saying to your
friends and other Israelites: 'What is the
LORD's answer?' or 'What has the LORD spo-
36 ken?' ●But you must not mention 'a mes-
sage from the LORD' again, because each
one's word becomes their own message.
So you distort the words of the living
37 God, the LORD Almighty, our God. ●This is
what you keep saying to a prophet: 'What
is the LORD's answer to you?' or 'What has
38 the LORD spoken?' ●Although you claim,
'This is a message from the LORD,' this is
what the LORD says: You used the words,
'This is a message from the LORD,' even
though I told you that you must not claim,
39 'This is a message from the LORD.' ●There-
fore, I will surely forget you and cast you
out of my presence along with the city I
40 gave to you and your ancestors. ●I will
bring on you everlasting disgrace—ever-
lasting shame that will not be forgotten."

Two Baskets of Figs

24 After Jehoiachin[a] son of Jehoiakim
king of Judah and the officials, the
skilled workers and the artisans of Judah
were carried into exile from Jerusalem to
Babylon by Nebuchadnezzar king of Baby-
lon, the LORD showed me two baskets of figs
placed in front of the temple of the LORD.
2 ●One basket had very good figs, like those
that ripen early; the other basket had very
bad figs, so bad they could not be eaten.
3 ●Then the LORD asked me, "What do you
see, Jeremiah?"
"Figs," I answered. "The good ones are

[a]1 Hebrew *Jeconiah*, a variant of *Jehoiachin*

1) 너는 여호와의 엄중한 말씀에 대하여 말하기를 여호와의 말씀에

artisan [ɑ́:rtizən] *n.* 기계공
benefit [bénəfit] *vt.* 이익을 주다
claim [kleim] *vt.* 주장하다
declare [dikléər] *vt.* 선포하다
disgrace [disgréis] *n.* 치욕
distort [distɔ́:rt] *vt.* 곡해하다
everlasting [èvərlǽstiŋ] *a.* 영원한
exile [égzail] *n.* 망명, 유배
fig [fig] *n.* 무화과
forsake [fərséik] *vt.* 버리다
official [əfíʃəl] *n.* 관공리
presence [prézns] *n.* 앞
prophet [prɑ́fit] *n.* 예언자
punish [pʌ́niʃ] *vt.* 처벌하다
ripen [ráipən] *vi.* (과일 등이)익다

23:32 lead... astray: …를 타락시키다
23:32 not... in the least: 조금도 …않다
23:34 a message from: …로부터의 전언
23:38 even though...: 비록 …일지라도
23:39 cast A out B: A를 B에서 내쫓다
24:1 place in: … 에 두다

무엇을 보느냐 하시매 내가 대답하되 무화과
이온데 그 좋은 무화과는 극히 좋고 그 나쁜 것
은 아주 나빠서 먹을 수 없게 나쁘니이다 하니
4 ●여호와의 말씀이 또 내게 임하니라 이르시되
5 이스라엘의 하나님 여호와께서 이와 같이 말
씀하시니라 내가 이곳에서 옮겨 갈대아인의
땅에 이르게 한 유다 포로를 이 좋은 무화과같
이 잘 돌볼 것이라
6 내가 그들을 돌아보아 좋게 하여 다시 이 땅으
로 인도하여 세우고 헐지 아니하며 심고 뽑지
아니하겠고 29:10
7 내가 여호와인 줄 아는 마음을 그들에게 주어
서 그들이 전심으로 내게 돌아오게 하리니 그
들은 내 백성이 되겠고 나는 그들의 하나님이
되리라
8 ●여호와께서 이와 같이 말씀하시니라 내가
유다의 왕 시드기야와 그 고관들과 예루살렘
의 남은 자로서 이 땅에 남아 있는 자와 애굽
땅에 사는 자들을 나빠서 먹을 수 없는 이 나
쁜 무화과같이 버리되
9 세상 모든 나라 가운데 [1)]흩어서 그들에게 환난
을 당하게 할 것이며 또 그들에게 내가 쫓아 보
낼 모든 곳에서 부끄러움을 당하게 하며 말거
리가 되게 하며 조롱과 저주를 받게 할 것이며
10 내가 칼과 기근과 전염병을 그들 가운데 보내
그들이 내가 그들과 그들의 조상들에게 준 땅
에서 멸절하기까지 이르게 하리라 하시니라

칠십 년 동안 바벨론 왕을 섬기리라

25 유다의 왕 요시야의 아들 여호야김 넷째
해 곧 바벨론의 왕 느부갓네살 원년에 유
다의 모든 백성에 관한 말씀이 예레미야에게
임하니라
2 선지자 예레미야가 유다의 모든 백성과 예루
살렘의 모든 주민에게 말하여 이르되 18:11
3 유다의 왕 아몬의 아들 요시야 왕 열셋째 해부
터 오늘까지 이십삼 년 동안 여호와의 말씀이
내게 임하기로 내가 너희에게 꾸준히 일렀으
나 너희가 순종하지 아니하였느니라 1:2
4 그러므로 여호와께서 그의 모든 종 선지자를 너
희에게 끊임없이 보내셨으나 너희가 순종하지
아니하였으며 귀를 기울여 듣지도 아니하였도
다
5 그가 이르시기를 너희는 각자의 악한 길과 악
행을 버리고 돌아오라 그리하면 나 여호와가
너희와 너희 조상들에게 영원부터 영원까지
준 그 땅에 살리라
6 너희는 다른 신을 따라다니며 섬기거나 경배

very good, but the bad ones are so bad they
cannot be eaten."
4 ●Then the word of the LORD came to me:
5 ●"This is what the LORD, the God of Israel,
says: 'Like these good figs, I regard as good
the exiles from Judah, whom I sent away
from this place to the land of the Babyloni-
6 ans.[a] ●My eyes will watch over them for
their good, and I will bring them back to this
land. I will build them up and not tear them
down; I will plant them and not uproot
7 them. ●I will give them a heart to know me,
that I am the LORD. They will be my people,
and I will be their God, for they will return
to me with all their heart.
8 ●" 'But like the bad figs, which are so bad
they cannot be eaten,' says the LORD, 'so will
I deal with Zedekiah king of Judah, his
officials and the survivors from Jerusalem,
whether they remain in this land or live in
9 Egypt. ●I will make them abhorrent and
an offense to all the kingdoms of the earth,
a reproach and a byword, a curse[b] and an
object of ridicule, wherever I banish them.
10 ●I will send the sword, famine and plague
against them until they are destroyed from
the land I gave to them and their ancestors.' "

Seventy Years of Captivity

25 The word came to Jeremiah con-
cerning all the people of Judah in
the fourth year of Jehoiakim son of Josiah
king of Judah, which was the first year of
2 Nebuchadnezzar king of Babylon. ●So Jere-
miah the prophet said to all the people of
Judah and to all those living in Jerusalem:
3 ●For twenty-three years — from the thir-
teenth year of Josiah son of Amon king of
Judah until this very day — the word of the
LORD has come to me and I have spoken to
you again and again, but you have not lis-
tened.
4 ●And though the LORD has sent all his ser-
vants the prophets to you again and again,
you have not listened or paid any attention.
5 ●They said, "Turn now, each of you, from
your evil ways and your evil practices, and
you can stay in the land the LORD gave to
you and your ancestors for ever and ever.
6 ●Do not follow other gods to serve and wor-
ship them; do not arouse my anger with

[a]5 Or *Chaldeans* [b]9 That is, their names will be used in cursing (see 29:22); or, others will see that they are cursed. 1) 두려움이 되게 하고

abhorrent [æbhɔ́:rənt] *a.* 아주 질색인
ancestor [ǽnsestər] *n.* 조상
banish [bǽniʃ] *vt.* 추방하다
byword [báiwə̀:rd] *n.* 웃음거리
curse [kə:rs] *vt.* 저주하다
famine [fǽmin] *n.* 기근
object [ábdʒikt] *n.* 대상
offense [əféns] *n.* 모욕
plague [pleig] *n.* 역병
practice [prǽktis] *n.* 관행, 악습
remain [riméin] *vi.* 남아있다
reproach [ripróutʃ] *n.* 치욕
ridicule [rídikjù:l] *n.* 조롱
survivor [sərváivər] *n.* 생존자
uproot [ʌ̀prú:t] *vt.* 뿌리뽑다

24:5 regard as...: …로 여기다
24:6 watch over...: …을 돌보아주다
24:6 tear down: 헐다, 부수다
24:8 deal with: 다루다
25:3 again and again: 되풀이하여
25:4 pay attention: 주의를 기울이다

하지 말며 너희 손으로 만든 것으로써 나의
노여움을 일으키지 말라 그리하면 내가 너희
를 해하지 아니하리라 하였으나
7 너희가 내 말을 순종하지 아니하고 너희 손으
로 만든 것으로써 나의 노여움을 일으켜 스스
로 해하였느니라 여호와의 말씀이니라
8 그러므로 만군의 여호와께서 이와 같이 말씀
하시니라 너희가 내 말을 듣지 아니하였느니
라
9 보라 내가 북쪽 모든 종족과 내 종 바벨론의
왕 느부갓네살을 불러다가 이 땅과 그 주민과
사방 모든 나라를 쳐서 진멸하여 그들을 놀램
과 비웃음거리가 되게 하며 땅으로 영원한 폐
허가 되게 할 것이라 여호와의 말씀이니라
10 내가 그들 중에서 기뻐하는 소리와 즐거워하
는 소리와 신랑의 소리와 신부의 소리와 맷돌
소리와 등불 빛이 끊어지게 하리니
11 이 모든 땅이 폐허가 되어 놀랄 일이 될 것이
며 이 민족들은 칠십 년 동안 바벨론의 왕을
섬기리라
12 ●여호와의 말씀이니라 칠십 년이 끝나면 내
가 바벨론의 왕과 그의 나라와 갈대아인의 땅
을 그 죄악으로 말미암아 벌하여 영원히 폐허
가 되게 하되 29:10
13 내가 그 땅을 향하여 선언한 바 곧 예레미야
가 모든 민족을 향하여 예언하고 이 책에 기
록한 나의 모든 말을 그 땅에 임하게 하리라
14 그리하여 여러 민족과 큰 왕들이 그들로 자기
들을 섬기게 할 것이나 나는 그들의 행위와
그들의 손이 행한 대로 갚으리라 50:9

모든 나라에 내리는 진노의 술잔

15 ●이스라엘의 하나님 여호와께서 이같이 내
게 이르시되 너는 내 손에서 이 진노의 술잔
을 받아가지고 내가 너를 보내는 바 그 모든
나라로 하여금 마시게 하라 사 51:17
16 그들이 마시고 비틀거리며 미친 듯이 행동하
리니 이는 내가 그들 중에 칼을 보냈기 때문
이니라 하시기로
17 내가 여호와의 손에서 그 잔을 받아서 여호와
께서 나를 보내신 바 그 모든 나라로 마시게
하되
18 예루살렘과 유다 성읍들과 그 왕들과 그 고관
들로 마시게 하였더니 그들이 멸망과 놀램과
비웃음과 저주를 당함이 오늘과 같으니라
19 또 애굽의 왕 바로와 그의 신하들과 그의 고
관들과 그의 모든 백성과
20 모든 섞여 사는 민족들과 우스 땅의 모든 왕

what your hands have made. Then I will not
harm you."
7 •"But you did not listen to me," declares
the LORD, "and you have aroused my anger
with what your hands have made, and you
have brought harm to yourselves."
8 •Therefore the LORD Almighty says this:
"Because you have not listened to my
9 words, •I will summon all the peoples of the
north and my servant Nebuchadnezzar king
of Babylon," declares the LORD, "and I will
bring them against this land and its inhabi-
tants and against all the surrounding nations.
I will completely destroy[a] them and make
them an object of horror and scorn, and an
10 everlasting ruin. •I will banish from them
the sounds of joy and gladness, the voices of
bride and bridegroom, the sound of mill-
11 stones and the light of the lamp. •This whole
country will become a desolate wasteland,
and these nations will serve the king of Baby-
lon seventy years.
12 •"But when the seventy years are fulfilled,
I will punish the king of Babylon and his
nation, the land of the Babylonians,[b] for
their guilt," declares the LORD, "and will
13 make it desolate forever. •I will bring on that
land all the things I have spoken against it,
all that are written in this book and prophe-
sied by Jeremiah against all the nations.
14 •They themselves will be enslaved by many
nations and great kings; I will repay them
according to their deeds and the work of
their hands."

The Cup of God's Wrath

15 •This is what the LORD, the God of Israel,
said to me: "Take from my hand this cup
filled with the wine of my wrath and make
all the nations to whom I send you drink it.
16 •When they drink it, they will stagger and
go mad because of the sword I will send
among them."
17 •So I took the cup from the LORD's hand
and made all the nations to whom he sent
18 me drink it: •Jerusalem and the towns of
Judah, its kings and officials, to make them a
ruin and an object of horror and scorn, a cur-
19 se[c] — as they are today; •Pharaoh king of
Egypt, his attendants, his officials and all his

[a]9 The Hebrew term refers to the irrevocable giving over of things or persons to the LORD, often by totally destroying them. [b]12 Or *Chaldeans* [c]18 That is, their names to be used in cursing (see 29:22); or, to be seen by others as cursed

arouse [əráuz] *vt.* 자극하다
attendant [əténdənt] *n.* 시종
banish [bǽniʃ] *vt.* 추방하다
desolate [désələt] *a.* 황량한
enslave [insléiv] *vt.* 사로잡다
inhabitant [inhǽbətənt] *n.* (장기 거주의)주민
millstone [mílstòun] *n.* 맷돌
prophesy [práfəsài] *vi.* 예언하다
punish [pʌniʃ] *vt.* 처벌하다
ruin [rú:in] *n.* 폐허
scorn [skɔ:rn] *n.* 비웃음
stagger [stǽgər] *vi.* 비틀거리다
summon [sʌmən] *vt.* 소환하다
wasteland [wéistlæ̀nd] *n.* 황무지
wrath [ræθ] *n.* 진노

25:7 bring... to: …로 이끌다
25:13 bring on: …을 야기하다
25:14 according to: …에 따르면
25:15 take from...: …에서 받다, 얻다
25:15 filled with...: …로 가득찬
25:16 go mad: 미치다

과 블레셋 사람의 땅 모든 왕과 아스글론과
가사와 에그론과 아스돗의 나머지 사람들과
21 에돔과 모압과 암몬 자손과
22 두로의 모든 왕과 시돈의 모든 왕과 바다 건
너쪽 섬의 왕들과
23 드단과 데마와 부스와 살쩍을 깎은 모든 자
와
24 아라비아의 모든 왕과 광야에서 섞여 사는
민족들의 모든 왕과
25 시므리의 모든 왕과 엘람의 모든 왕과 메대
의 모든 왕과
26 북쪽 원근의 모든 왕과 지면에 있는 세상의
모든 나라로 마시게 하니라 세삭 왕은 그 후
에 마시리라
27 ●너는 그들에게 이르기를 만군의 여호와
이스라엘의 하나님의 말씀에 너희는 내가
너희 가운데 보내는 칼 앞에서 마시며 취하
여 토하고 엎드러져 다시는 일어나지 말아
라 하셨느니라
합 2:16
28 그들이 만일 네 손에서 잔을 받아 마시기를
거절하거든 너는 그들에게 이르기를 만군의
여호와께서 말씀하시기를 너희가 반드시 마
셔야 하리라
29 보라 내가 내 이름으로 일컬음을 받는 성에
서부터 재앙 내리기를 시작하였은즉 너희가
어찌 능히 형벌을 면할 수 있느냐 면하지 못
하리니 이는 내가 칼을 불러 세상의 모든 주
민을 칠 것임이라 하셨다 하라 만군의 여호
와의 말씀이니라
겔 9:6
30 ●그러므로 너는 그들에게 이 모든 말로 예
언하여 이르기를 여호와께서 높은 데서 포
효하시고 그의 거룩한 처소에서 소리를 내
시며 그의 초장을 향하여 크게 부르시고 세
상 모든 주민에 대하여 포도 밟는 자같이 흥
겹게 노래하시리라
31 요란한 소리가 땅끝까지 이름은 여호와께서
뭇 민족과 다투시며 모든 육체를 심판하시
며 악인을 칼에 내어주셨음이라 여호와의
말씀이니라
32 ●만군의 여호와께서 이와 같이 말씀하시니
라 보라 재앙이 나서 나라에서 나라에 미칠
것이며 큰 바람이 땅끝에서 일어날 것이라
33 그날에 여호와에게 죽임을 당한 자가 땅 이
끝에서 땅 저 끝에 미칠 것이나 그들을 위하
여 애곡하는 자도 없고 시신을 거두어 주는
자도 없고 매장하여 주는 자도 없으리니 그
들은 지면에서 분토가 되리로다

20 people, ●and all the foreign people there; all
the kings of Uz; all the kings of the Philistines
(those of Ashkelon, Gaza, Ekron, and the
21 people left at Ashdod); ●Edom, Moab and
22 Ammon; ●all the kings of Tyre and Sidon; the
23 kings of the coastlands across the sea; ●Dedan,
Tema, Buz and all who are in distant places[a];
24 ●all the kings of Arabia and all the kings of the
25 foreign people who live in the wilderness; ●all
26 the kings of Zimri, Elam and Media; ●and all
the kings of the north, near and far, one after
the other—all the kingdoms on the face of the
earth. And after all of them, the king of She-
shak[b] will drink it too.
27 ●"Then tell them, 'This is what the LORD
Almighty, the God of Israel, says: Drink, get
drunk and vomit, and fall to rise no more
because of the sword I will send among you.'
28 ●But if they refuse to take the cup from your
hand and drink, tell them, 'This is what the
29 LORD Almighty says: You must drink it! ●See,
I am beginning to bring disaster on the city
that bears my Name, and will you indeed go
unpunished? You will not go unpunished, for
I am calling down a sword on all who live on
the earth, declares the LORD Almighty.'
30 ●"Now prophesy all these words against
them and say to them:

" 'The LORD will roar from on high;
he will thunder from his holy dwelling
and roar mightily against his land.
He will shout like those who tread the
grapes,
shout against all who live on the earth.
31 ●The tumult will resound to the ends of the
earth,
for the LORD will bring charges against
the nations;
he will bring judgment on all mankind
and put the wicked to the sword,' "
declares the LORD.

32 ●This is what the LORD Almighty says:

"Look! Disaster is spreading
from nation to nation;
a mighty storm is rising
from the ends of the earth."

33 ●At that time those slain by the LORD will be
everywhere — from one end of the earth to
the other. They will not be mourned or gath-
ered up or buried, but will be like dung lying

[a]23 Or *who clip the hair by their foreheads* [b]26 *Sheshak* is a cryptogram for Babylon.

bear [bɛər] *vt.* (짐을) 지다
charge [tʃɑːrdʒ] *n.* 돌격
coastland [kóustlæ̀nd] *n.* 연안지대
dung [dʌŋ] *n.* 분뇨
dwelling [dwéliŋ] *n.* 처소
indeed [indíːd] *ad.* 정말로
mankind [mænkaind] *n.* 인류
mourn [mɔːrn] *vt.* 애도하다
resound [rizáund] *vi.* 울리다
roar [rɔːr] *vi.* 큰소리 지르다
slain [slein] *vt.* 죽임을 당하다
tread [tred] *vt.* 밟다
tumult [tjúməlt] *n.* 떠들썩함
unpunished [ʌnpʌ́niʃt] *a.* 형벌을 면한
vomit [vámit] *vi.* 토하다

25:26 near and far: 원근에서
25:26 one after the other: 서로 번갈아
25:29 bring on: (질병 등이) 나게 하다
25:29 call down: 불러 내리다
25:30 from on high: 하늘에서
25:31 bring a charge against: 비난하다

34 너희 목자들아 외쳐 애곡하라 너희 양 떼의 인도자들아 잿더미에서 뒹굴라 이는 너희가 도살 당할 날과 흩음을 당할 기한이 찼음인즉 너희가 귀한 그릇이 떨어짐같이 될 것이라

35 목자들은 도망할 수 없겠고 양 떼의 인도자들은 도주할 수 없으리로다

36 목자들이 부르짖는 소리와 양 떼의 인도자들이 애곡하는 소리여 여호와가 그들의 초장을 황폐하게 함이로다 25:34

37 평화로운 목장들이 여호와의 진노하시는 열기 앞에서 적막하게 되리라

38 그가 젊은 사자같이 그 굴에서 나오셨으니 그 호통치시는 분의 분노와 그의 극렬한 진노로 말미암아 그들의 땅이 폐허가 되리로다 하시니라 4:7

여호와의 성전 뜰에서 말씀을 전하다 (♪ 339장)

26 유다의 왕 요시야의 아들 여호야김이 다스리기 시작한 때에 여호와께로부터 이 말씀이 임하여 이르시되 왕하 23:36

2 여호와께서 이와 같이 말씀하시니라 너는 여호와의 성전 뜰에 서서 유다 모든 성읍에서 여호와의 성전에 와서 예배하는 자에게 내가 네게 명령하여 이르게 한 모든 말을 전하되 한마디도 감하지 말라

3 그들이 듣고 혹시 각각 그 악한 길에서 돌아오리라 그리하면 내가 그들의 악행으로 말미암아 그들에게 재앙을 내리려 하던 뜻을 돌이키리라

4 너는 그들에게 이와 같이 이르라 여호와의 말씀에 너희가 나를 순종하지 아니하며 내가 너희 앞에 둔 내 율법을 행하지 아니하며

5 내가 너희에게 나의 종 선지자들을 꾸준히 보내 그들의 말을 순종하라고 하였으나 너희는 순종하지 아니하였느니라

6 내가 이 성전을 실로같이 되게 하고 이 성을 세계 모든 민족의 저줏거리가 되게 하리라 하셨느니라

7 예레미야가 여호와의 성전에서 이 말을 하매 제사장들과 선지자들과 모든 백성이 듣더라

8 ●예레미야가 여호와께서 명령하신 말씀을 모든 백성에게 전하기를 마치매 제사장들과 선지자들과 모든 백성이 그를 붙잡고 이르되 네가 반드시 죽어야 하리라

9 어찌하여 네가 여호와의 이름을 의지하고 예언하여 이르기를 이 성전이 실로같이 되겠고 이 성이 황폐하여 주민이 없으리라 하느냐 하며 그 모든 백성이 여호와의 성전에서 예레미야를 향하여 모여드니라

on the ground.
34 •Weep and wail, you shepherds;
roll in the dust, you leaders of the flock.
For your time to be slaughtered has come;
you will fall like the best of the rams.[a]
35 •The shepherds will have nowhere to flee,
the leaders of the flock no place to escape.
36 •Hear the cry of the shepherds,
the wailing of the leaders of the flock,
for the LORD is destroying their pasture.
37 •The peaceful meadows will be laid waste
because of the fierce anger of the LORD.
38 •Like a lion he will leave his lair,
and their land will become desolate
because of the sword[b] of the oppressor
and because of the LORD's fierce anger.

Jeremiah Threatened With Death

26 Early in the reign of Jehoiakim son of
Josiah king of Judah, this word came
2 from the LORD: •"This is what the LORD says:
Stand in the courtyard of the LORD's house
and speak to all the people of the towns of
Judah who come to worship in the house of
the LORD. Tell them everything I command
3 you; do not omit a word. •Perhaps they will
listen and each will turn from their evil ways.
Then I will relent and not inflict on them the
disaster I was planning because of the evil
4 they have done. •Say to them, 'This is what
the LORD says: If you do not listen to me and
follow my law, which I have set before you,
5 •and if you do not listen to the words of my
servants the prophets, whom I have sent to
you again and again (though you have not
6 listened), •then I will make this house like
Shiloh and this city a curse[c] among all the
nations of the earth.' "
7 •The priests, the prophets and all the people heard Jeremiah speak these words in the
8 house of the LORD. •But as soon as Jeremiah
finished telling all the people everything
the LORD had commanded him to say, the
priests, the prophets and all the people seized
9 him and said, "You must die! •Why do you
prophesy in the LORD's name that this house
will be like Shiloh and this city will be desolate and deserted?" And all the people crowded around Jeremiah in the house of the LORD.

[a]34 Septuagint; Hebrew *fall and be shattered like fine pottery* [b]38 Some Hebrew manuscripts and Septuagint (see also 46:16 and 50:16); most Hebrew manuscripts *anger* [c]6 That is, its name will be used in cursing (see 29:22); or, others will see that it is cursed.

command [kəmǽnd] *vt.* 명령하다
courtyard [kɔ́:rtjɑ̀:rd] *n.* 안뜰
desolate [désələt] *a.* 황량한
disaster [dizǽstər] *n.* 재앙
fierce [fiərs] *a.* 맹렬한
meadow [médou] *n.* 목초지
nowhere [nóuhwɛər] *ad.* 아무데도…없다
omit [oumít] *vt.* …를 빠뜨리다
oppressor [əprésər] *n.* 압제자
reign [rein] *n.* 통치
relent [rilént] *vi.* 마음이 풀리다
seize [si:z] *vt.* 붙잡다
slaughter [slɔ́:tər] *vt.* 도살하다
wail [weil] *vi.* 통곡하다
weep [wi:p] *vi.* 울다

26:1 come from: …에서 나오다
26:3 turn from...: …에서 돌이키다
26:3 inflict on: …에 영향을 주다
26:4 set before: 제시하다
26:5 again and again: 되풀이해서
26:8 as soon as...: …하자마자

10 ●유다의 고관들이 이 말을 듣고 왕궁에서
여호와의 성전으로 올라가 여호와의 성전 새
대문의 입구에 앉으매 36:10
11 제사장들과 선지자들이 고관들과 모든 백성
에게 말하여 이르되 이 사람은 죽는 것이 합
당하니 너희 귀로 들음같이 이 성에 관하여
예언하였음이라
12 예레미야가 모든 고관과 백성에게 말하여 이
르되 여호와께서 나를 보내사 너희가 들은 바
모든 말로 이 성전과 이 성을 향하여 예언하
게 하셨느니라
13 그런즉 너희는 너희 길과 행위를 고치고 너
희 하나님 여호와의 목소리를 청종하라 그리
하면 여호와께서 너희에게 선언하신 재앙에
대하여 뜻을 돌이키시리라
14 보라 나는 너희 손에 있으니 너희 의견에 좋
은 대로, 옳은 대로 하려니와
15 너희는 분명히 알아라 너희가 나를 죽이면 반
드시 무죄한 피를 너희 몸과 이 성과 이 성 주
민에게 돌리는 것이니라 이는 여호와께서 진
실로 나를 보내사 이 모든 말을 너희 귀에 말
하게 하셨음이라
16 ●고관들과 모든 백성이 제사장들과 선지자
들에게 이르되 이 사람이 우리 하나님 여호
와의 이름으로 우리에게 말하였으니 죽일 만
한 이유가 없느니라
17 그러자 그 지방의 장로 중 몇 사람이 일어나
백성의 온 회중에게 말하여 이르기를
18 유다의 왕 히스기야 시대에 모레셋 사람 미
가가 유다의 모든 백성에게 예언하여 이르되
만군의 여호와께서 이와 같이 말씀하셨느니
라 시온은 밭 같이 경작지가 될 것이며 예루
살렘은 돌무더기가 되며 이 성전의 산은 산
당의 숲과 같이 되리라 하였으나 미 1:1
19 유다의 왕 히스기야와 모든 유다가 그를 죽
였느냐 히스기야가 여호와를 두려워하여 여
호와께 간구하매 여호와께서 그들에게 선언
한 재앙에 대하여 뜻을 돌이키지 아니하셨느
냐 우리가 이같이 하면 우리의 생명을 스스
로 심히 해롭게 하는 것이니라
20 ●또 여호와의 이름으로 예언한 사람이 있었
는데 곧 기럇여아림 스마야의 아들 우리야라
그가 예레미야의 모든 말과 같이 이 성과 이
땅에 경고하여 예언하매
21 여호야김 왕과 그의 모든 용사와 모든 고관
이 그의 말을 듣고서 왕이 그를 죽이려 하매
우리야가 그 말을 듣고 두려워 애굽으로 도

10 ●When the officials of Judah heard about
these things, they went up from the royal
palace to the house of the LORD and took their
places at the entrance of the New Gate of the
11 LORD's house. ●Then the priests and the
prophets said to the officials and all the peo-
ple, "This man should be sentenced to death
because he has prophesied against this city.
You have heard it with your own ears!"
12 ●Then Jeremiah said to all the officials and
all the people: "The LORD sent me to prophesy
against this house and this city all the things
13 you have heard. ●Now reform your ways and
your actions and obey the LORD your God.
Then the LORD will relent and not bring the
14 disaster he has pronounced against you. ●As
for me, I am in your hands; do with me what-
15 ever you think is good and right. ●Be assured,
however, that if you put me to death, you will
bring the guilt of innocent blood on your-
selves and on this city and on those who live
in it, for in truth the LORD has sent me to you
to speak all these words in your hearing."
16 ●Then the officials and all the people said
to the priests and the prophets, "This man
should not be sentenced to death! He has spo-
ken to us in the name of the LORD our God."
17 ●Some of the elders of the land stepped
forward and said to the entire assembly of
18 people, ●"Micah of Moresheth prophesied
in the days of Hezekiah king of Judah. He
told all the people of Judah, 'This is what the
LORD Almighty says:

" 'Zion will be plowed like a field,
Jerusalem will become a heap of rubble,
the temple hill a mound overgrown
with thickets.'[a]

19 ●"Did Hezekiah king of Judah or anyone
else in Judah put him to death? Did not
Hezekiah fear the LORD and seek his favor?
And did not the LORD relent, so that he did
not bring the disaster he pronounced against
them? We are about to bring a terrible disas-
ter on ourselves!"
20 ●(Now Uriah son of Shemaiah from Kiri-
ath Jearim was another man who prophe-
sied in the name of the LORD; he prophesied
the same things against this city and this
21 land as Jeremiah did. ●When King Jeho-
iakim and all his officers and officials heard
his words, the king was determined to put

[a]18 Micah 3:12

assembly [əsémbli] *n.* 집회
assure [əʃúər] *vt.* 확인하다
elder [éldər] *n.* 장로
innocent [ínəsənt] *a.* 무죄의
mound [maund] *n.* 흙무더기
overgrow [òuvərgróu] *vi.* 무성하다
plow [plau] *vt.* 경작하다
pronounce [prənáuns] *vt.* 선언하다
prophesy [práfəsài] *vi.* 예언하다
reform [rifɔ́:rm] *vt.* 교정하다
relent [rilént] *vi.* 마음이 풀리다
rubble [rʌbl] *n.* 잡석
seek [si:k] *vt.* 구하다
terrible [térəbl] *a.* 무서운
thicket [θíkit] *n.* 덤불

26:10 hear about...: …에 관해서 듣다
26:11 be sentenced to: 형을 받다
26:14 as for me: 나로서는
26:14 do with...: …를 처리하다
26:15 put to death: 죽이다
26:21 be determined to: 마음에 두다

망하여 간지라
22 여호야김 왕이 사람을 애굽으로 보내되 곧
악볼의 아들 엘라단과 몇 사람을 함께 애굽
으로 보냈더니
23 그들이 우리야를 애굽에서 연행하여 여호야
김 왕에게로 그를 데려오매 왕이 칼로 그를
죽이고 그의 시체를 평민의 묘지에 던지게
하니라
24 사반의 아들 아히감의 손이 예레미야를 도와
주어 그를 백성의 손에 내어주지 아니하여
죽이지 못하게 하니라

거짓 선지자들과 싸우는 예레미야

27 유다의 왕 요시야의 아들 [1)]여호야김이
다스리기 시작할 때에 여호와께서 말씀
으로 예레미야에게 임하시니라
2 여호와께서 이와 같이 내게 말씀하시되 너는
줄과 멍에를 만들어 네 목에 걸고
3 유다의 왕 시드기야를 보러 예루살렘에 온 사
신들의 손에도 그것을 주어 에돔의 왕과 모압
의 왕과 암몬 자손의 왕과 두로의 왕과 시돈
의 왕에게 보내며
4 그들에게 명령하여 그들의 주에게 말하게 하
기를 만군의 여호와 이스라엘의 하나님께서
이와 같이 말씀하시되 너희는 너희의 주에게
이같이 전하라
5 나는 내 큰 능력과 나의 쳐든 팔로 땅과 지상
에 있는 사람과 짐승들을 만들고 내가 보기
에 옳은 사람에게 그것을 주었노라
6 이제 내가 이 모든 땅을 내 종 바벨론의 왕 느
부갓네살의 손에 주고 또 들짐승들을 그에게
주어서 섬기게 하였나니 44:30
7 모든 나라가 그와 그의 아들과 손자를 그 땅
의 기한이 이르기까지 섬기리라 또한 많은
나라들과 큰 왕들이 그 자신을 섬기리라
8 여호와의 말씀이니라 바벨론의 왕 느부갓네
살을 섬기지 아니하며 그 목으로 바벨론의
왕의 멍에를 메지 아니하는 백성과 나라는
내가 그들이 멸망하기까지 칼과 기근과 전
염병으로 그 민족을 벌하리라
9 너희는 너희 선지자나 복술가나 꿈꾸는 자나
술사나 요술자가 이르기를 너희가 바벨론의
왕을 섬기게 되지 아니하리라 하여도 너희는
듣지 말라
10 그들은 너희에게 거짓을 예언하여 너희가 너
희 땅에서 멀리 떠나게 하며 또 내가 너희를
몰아내게 하며 너희를 멸망하게 하느니라
11 그러나 그 목으로 바벨론의 왕의 멍에를 메

him to death. But Uriah heard of it and fled
22 in fear to Egypt. •King Jehoiakim, however,
sent Elnathan son of Akbor to Egypt, along
23 with some other men. •They brought Uriah
out of Egypt and took him to King Jeho-
iakim, who had him struck down with a
sword and his body thrown into the burial
place of the common people.)
24 •Furthermore, Ahikam son of Shaphan
supported Jeremiah, and so he was not hand-
ed over to the people to be put to death.

Judah to Serve Nebuchadnezzar

27 Early in the reign of Zedekiah[a] son
of Josiah king of Judah, this word
2 came to Jeremiah from the LORD: •This is
what the LORD said to me: "Make a yoke out
of straps and crossbars and put it on your
3 neck. •Then send word to the kings of Edom,
Moab, Ammon, Tyre and Sidon through
the envoys who have come to Jerusalem to
4 Zedekiah king of Judah. •Give them a mes-
sage for their masters and say, 'This is what
the LORD Almighty, the God of Israel, says:
5 "Tell this to your masters: •With my great
power and outstretched arm I made the earth
and its people and the animals that are on it,
6 and I give it to anyone I please. •Now I will
give all your countries into the hands of my
servant Nebuchadnezzar king of Babylon; I
will make even the wild animals subject to
7 him. •All nations will serve him and his son
and his grandson until the time for his land
comes; then many nations and great kings
will subjugate him.
8 •" ' "If, however, any nation or kingdom
will not serve Nebuchadnezzar king of Baby-
lon or bow its neck under his yoke, I will pun-
ish that nation with the sword, famine and
plague, declares the LORD, until I destroy it by
9 his hand. •So do not listen to your prophets,
your diviners, your interpreters of dreams,
your mediums or your sorcerers who tell
you, 'You will not serve the king of Baby-
10 lon.' •They prophesy lies to you that will only
serve to remove you far from your lands; I will
11 banish you and you will perish. •But if any
nation will bow its neck under the yoke of the
king of Babylon and serve him, I will let that
nation remain in its own land to till it and

a1 A few Hebrew manuscripts and Syriac (see also 27:3, 12 and 28:1); most Hebrew manuscripts *Jehoiakim* (Most Septuagint manuscripts do not have this verse.)

1) '시드기야' 본 장 3, 12, 20; 28:1 비교

banish [bǽniʃ] *vt.* 추방하다
burial [bériəl] *n.* 매장
crossbar [krɔ́:sbàr] *n.* 빗장
declare [dikléər] *vt.* 선포하다
diviner [diváinər] *n.* 점쟁이
envoy [énvɔi] *n.* 사절
famine [fǽmin] *n.* 기근
flee [fli:] *vi.* 도망가다
interpreter [intə́:rpritər] *n.* 해석자
outstretched [àutstrétʃt] *a.* 뻗친
plague [pleig] *n.* 전염병
remain [riméin] *vi.* 머무르다
sorcerer [sɔ́:rsərər] *n.* 마술사
subjugate [sʌbdʒugèit] *vt.* 복종시키다
yoke [jouk] *n.* 멍에

26:23 strike down: 때려 눕히다
26:24 hand over: 건네 주다, 넘겨 주다
27:2 make A out of B: B로 A를 만들다
27:3 send word to...: …에게 전갈하다
27:6 make... subject to~: …을 ~에게 복종시키다

고 그를 섬기는 나라는 내가 그들을 그 땅에 머
물러 밭을 갈며 거기서 살게 하리라 하셨다 하라
여호와의 말씀이니라 하시니라
12 ●내가 이 모든 말씀대로 유다의 왕 시드기야에게
전하여 이르되 왕과 백성은 바벨론 왕의 멍에를 목
에 메고 그와 그의 백성을 섬기소서 그리하면 사시
리라
13 어찌하여 당신과 당신의 백성이 여호와께서 바
벨론의 왕을 섬기지 아니하는 나라에 대하여 하
신 말씀과 같이 칼과 기근과 전염병에 죽으려 하
나이까
14 그러므로 당신들은 바벨론의 왕을 섬기게 되지
아니하리라 하는 선지자의 말을 듣지 마소서 그
들은 거짓을 예언함이니이다 14:14
15 이는 여호와의 말씀이니라 내가 그들을 보내지
아니하였거늘 그들이 내 이름으로 거짓을 예언
하니 내가 너희를 몰아내리니 너희와 너희에게
예언하는 선지자들이 멸망하리라
16 ●내가 또 제사장들과 그 모든 백성에게 전하여 이
르되 여호와께서 이와 같이 말씀하시기를 보라 여
호와의 성전의 기구를 이제 바벨론에서 속히 돌려
오리라고 너희에게 예언하는 선지자들의 말을 듣지
말라 이는 그들이 거짓을 예언함이니라 하셨나니
17 너희는 그들의 말을 듣지 말고 바벨론의 왕을 섬
기라 그리하면 살리라 어찌하여 이 성을 황무지
가 되게 하려느냐
18 만일 그들이 선지자이고 여호와의 말씀을 가지
고 있다면 그들이 여호와의 성전에와 유다의 왕
의 궁전에와 예루살렘에 남아 있는 기구를 바벨
론으로 옮겨가지 못하도록 만군의 여호와께 구
하여야 할 것이니라
19 만군의 여호와께서 기둥들과 큰 대야와 받침들과 이
성에 남아 있는 기구에 대하여 이같이 말씀하시나니
20 이것은 바벨론의 왕 느부갓네살이 유다의 왕 여
호야김의 아들 여고니야와 유다와 예루살렘 모
든 귀인을 예루살렘에서 바벨론으로 사로잡아
옮길 때에 가져가지 아니하였던 것이라
21 만군의 여호와 이스라엘의 하나님께서 여호와의
성전과 유다의 왕의 궁전과 예루살렘에 남아 있
는 그 기구에 대하여 이와 같이 말씀하셨느니라
22 그것들이 바벨론으로 옮겨지고 내가 이것을 돌
보는 날까지 거기에 있을 것이니라 그 후에 내가
그것을 올려 와 이곳에 그것들을 되돌려 두리라
여호와의 말씀이니라

예레미야와 하나냐 (♪ 516장) — B.C. 593년경

28 그 해 곧 유다 왕 시드기야가 다스리기 시
작한 지 사 년 다섯째 달 기브온 앗술의 아

to live there, declares the LORD.' ' "
12 ●I gave the same message to Zedekiah
king of Judah. I said, "Bow your neck
under the yoke of the king of Babylon;
serve him and his people, and you will
13 live. ●Why will you and your people die
by the sword, famine and plague with
which the LORD has threatened any
nation that will not serve the king of Baby-
14 lon? ●Do not listen to the words of the
prophets who say to you, 'You will not
serve the king of Babylon,' for they are
15 prophesying lies to you. ●'I have not sent
them,' declares the LORD. 'They are proph-
esying lies in my name. Therefore, I will
banish you and you will perish, both you
and the prophets who prophesy to you.' "
16 ●Then I said to the priests and all these
people, "This is what the LORD says: Do not
listen to the prophets who say, 'Very soon
now the articles from the LORD's house will
be brought back from Babylon.' They are
17 prophesying lies to you. ●Do not listen to
them. Serve the king of Babylon, and you
will live. Why should this city become a
18 ruin? ●If they are prophets and have the
word of the LORD, let them plead with the
LORD Almighty that the articles remaining
in the house of the LORD and in the palace
of the king of Judah and in Jerusalem not
19 be taken to Babylon. ●For this is what the
LORD Almighty says about the pillars, the
bronze Sea, the movable stands and the
other articles that are left in this city,
20 ●which Nebuchadnezzar king of Baby-
lon did not take away when he carried
Jehoiachin[a] son of Jehoiakim king of
Judah into exile from Jerusalem to Baby-
lon, along with all the nobles of Judah and
21 Jerusalem — ●yes, this is what the LORD
Almighty, the God of Israel, says about the
things that are left in the house of the LORD
and in the palace of the king of Judah and
22 in Jerusalem: ●'They will be taken to
Babylon and there they will remain until
the day I come for them,' declares the
LORD. 'Then I will bring them back and
restore them to this place.' "

The False Prophet Hananiah

28 In the fifth month of that same
year, the fourth year, early in the

[a]20 Hebrew *Jeconiah,* a variant of *Jehoiachin*

article [á:rtikl] *n.* 물품
bow [bau] *vt.* 굽히다
declare [diklέər] *vt.* 선포하다
exile [égzail] *n.* 유배, 망명
movable [mú:vəbl] *a.* 움직일 수 있는
noble [nóubl] *n.* 귀족
perish [périʃ] *vi.* 멸망하다
pillar [pílər] *n.* 기둥
plague [pleig] *n.* 전염병
prophesy [práfəsài] *vt.* 예언하다
prophet [práfit] *n.* 선지자
restore [ristɔ́:r] *vt.* 되돌려 주다
ruin [rú:in] *n.* 폐허
threaten [θrétn] *vt.* 위협하다
yoke [jouk] *n.* 멍에

27:13 threaten with...: …으로 위협하다
27:18 plead with...: …에게 빌다, 간청하다
27:20 along with...: …과 함께
27:22 come for: …을 가지러오다
27:22 bring back: …을 돌려주다

들 선지자 하나냐가 여호와의 성전에서 제사
장들과 모든 백성이 보는 앞에서 내게 말하
여 이르되
2 만군의 여호와 이스라엘의 하나님이 이같이
일러 말씀하시기를 내가 바벨론의 왕의 멍에
를 꺾었느니라
3 내가 바벨론의 왕 느부갓네살이 이곳에서 빼앗
아 바벨론으로 옮겨 간 여호와의 성전 모든 기
구를 이 년 안에 다시 이곳으로 되돌려 오리라
4 내가 또 유다의 왕 여호야김의 아들 여고니야
와 바벨론으로 간 유다 모든 포로를 다시 이
곳으로 돌아오게 하리니 이는 내가 바벨론의
왕의 멍에를 꺾을 것임이라 여호와의 말씀이
니라 하니라
5 선지자 예레미야가 여호와의 성전에 서 있는
제사장들과 모든 백성들이 보는 앞에서 선지
자 하나냐에게 말하니라
6 선지자 예레미야가 말하니라 아멘, 여호와는
이같이 하옵소서 여호와께서 네가 예언한 말
대로 이루사 여호와의 성전 기구와 모든 포
로를 바벨론에서 이곳으로 되돌려 오시기를
원하노라
7 그러나 너는 내가 네 귀와 모든 백성의 귀에
이르는 이 말을 잘 들으라
8 나와 너 이전의 선지자들이 예로부터 많은
땅들과 큰 나라들에 대하여 전쟁과 재앙과
전염병을 예언하였느니라
9 평화를 예언하는 선지자는 그 예언자의 말이
응한 후에야 그가 진실로 여호와께서 보내신
선지자로 인정 받게 되리라
10 선지자 하나냐가 선지자 예레미야의 목에서
멍에를 빼앗아 꺾고
11 모든 백성 앞에서 하나냐가 말하여 이르되 여
호와께서 이와 같이 말씀하시니라 내가 이 년
안에 모든 민족의 목에서 바벨론의 왕 느부갓
네살의 멍에를 이와 같이 꺾어 버리리라 하셨
느니라 하매 선지자 예레미야가 자기의 길을
가니라 27:10
12 ●선지자 하나냐가 선지자 예레미야의 목에
서 멍에를 꺾어 버린 후에 여호와의 말씀이
예레미야에게 임하니라 이르시기를
13 너는 가서 하나냐에게 말하여 이르기를 여호
와의 말씀에 네가 나무 멍에들을 꺾었으나
그 대신 쇠 멍에들을 만들었느니라
14 만군의 여호와 이스라엘의 하나님께서 이와
같이 말씀하시니라 내가 쇠 멍에로 이 모든
나라의 목에 메워 바벨론의 왕 느부갓네살을

reign of Zedekiah king of Judah, the prophet
Hananiah son of Azzur, who was from Gi-
beon, said to me in the house of the LORD in
the presence of the priests and all the people:
2 ●"This is what the LORD Almighty, the God of
Israel, says: 'I will break the yoke of the king of
3 Babylon. ●Within two years I will bring back
to this place all the articles of the LORD's house
that Nebuchadnezzar king of Babylon
4 removed from here and took to Babylon. ●I
will also bring back to this place Jehoiachin[a]
son of Jehoiakim king of Judah and all the
other exiles from Judah who went to Baby-
lon,' declares the LORD, 'for I will break the
yoke of the king of Babylon.' "
5 ●Then the prophet Jeremiah replied to the
prophet Hananiah before the priests and all
the people who were standing in the house of
6 the LORD. ●He said, "Amen! May the LORD do
so! May the LORD fulfill the words you have
prophesied by bringing the articles of the
LORD's house and all the exiles back to this
7 place from Babylon. ●Nevertheless, listen to
what I have to say in your hearing and in the
8 hearing of all the people: ●From early times
the prophets who preceded you and me have
prophesied war, disaster and plague against
9 many countries and great kingdoms. ●But
the prophet who prophesies peace will be rec-
ognized as one truly sent by the LORD only if
his prediction comes true."
10 ●Then the prophet Hananiah took the
yoke off the neck of the prophet Jeremiah and
11 broke it, ●and he said before all the people,
"This is what the LORD says: 'In the same way
I will break the yoke of Nebuchadnezzar king
of Babylon off the neck of all the nations
within two years.' " At this, the prophet Jere-
miah went on his way.
12 ●After the prophet Hananiah had broken
the yoke off the neck of the prophet Jeremi-
ah, the word of the LORD came to Jeremiah:
13 ●"Go and tell Hananiah, 'This is what the
LORD says: You have broken a wooden yoke,
but in its place you will get a yoke of iron.
14 ●This is what the LORD Almighty, the God of
Israel, says: I will put an iron yoke on the
necks of all these nations to make them
serve Nebuchadnezzar king of Babylon, and
they will serve him. I will even give him con-
trol over the wild animals.' "

[a]4 Hebrew *Jeconiah*, a variant of *Jehoiachin*

Almighty [ɔːlmáiti] *n.* 전능자
control [kəntróul] *n.* 지배권
disaster [dizǽstər] *n.* 재난
exile [égzail] *n.* 포로
fulfill [fulfíl] *vt.* 이행하다
nevertheless [nèvərðəlés] *ad.* 그러나
precede [prisíːd] *vt.* 앞서다
prediction [pridíkʃən] *n.* 예언
priest [priːst] *n.* 사제
recognize [rékəgnàiz] *vt.* 인정하다
reign [rein] *n.* 통치
truly [trúːli] *ad.* 진실로
within [wiðín] *prep.* 이내에
wooden [wúdn] *a.* 나무로 만든
yoke [jouk] *n.* 멍에

28:1 in the presence of...: …의 앞에
28:3 remove A from B: A를 B에서 제거하다
28:4 bring back: 되돌리다
28:10 take... off: …을 벗다, 제거하다
28:11 break off: 꺾어버리다
28:13 in one's place: 그 대신에

섬기게 하였으니 그들이 그를 섬기리라 내가
들짐승도 그에게 주었느니라 하라 신 28:48
15 선지자 예레미야가 선지자 하나냐에게 이르
되 하나냐여 들으라 여호와께서 너를 보내지
아니하셨거늘 네가 이 백성에게 거짓을 믿게
하는도다
16 그러므로 여호와께서 이와 같이 말씀하시되
내가 너를 지면에서 제하리니 네가 여호와께
패역한 말을 하였음이라 네가 금년에 죽으리
라 하셨느니라 하더니
17 선지자 하나냐가 그 해 일곱째 달에 죽었더라

포로에게 보낸 예레미야의 편지 — B.C. 596년경

29 선지자 예레미야가 예루살렘에서 이같
은 편지를 느부갓네살이 예루살렘에서
바벨론으로 끌고 간 포로 중 남아 있는 장로
들과 제사장들과 선지자들과 모든 백성에게
보냈는데
2 그때는 여고니야 왕과 왕후와 궁중 내시들과
유다와 예루살렘의 고관들과 기능공과 토공
들이 예루살렘에서 떠난 후라
3 유다의 왕 시드기야가 바벨론으로 보내어 바
벨론의 왕 느부갓네살에게로 가게 한 사반의
아들 엘라사와 힐기야의 아들 그마랴 편으로
말하되
4 만군의 여호와 이스라엘의 하나님께서 예루
살렘에서 바벨론으로 사로잡혀 가게 한 모든
포로에게 이와 같이 말씀하시니라
5 너희는 집을 짓고 거기에 살며 텃밭을 만들
고 그 열매를 먹으라
6 아내를 맞이하여 자녀를 낳으며 너희 아들이
아내를 맞이하며 너희 딸이 남편을 맞아 그
들로 자녀를 낳게 하여 너희가 거기에서 번
성하고 줄어들지 아니하게 하라 16:2-4
7 너희는 내가 사로잡혀 가게 한 그 성읍의 평
안을 구하고 그를 위하여 여호와께 기도하라
이는 그 성읍이 평안함으로 너희도 평안할
것임이라
8 만군의 여호와 이스라엘의 하나님께서 이와
같이 말씀하시니라 너희 중에 있는 선지자들
에게와 점쟁이에게 미혹되지 말며 너희가 꾼
꿈도 곧이 듣고 믿지 말라
9 내가 그들을 보내지 아니하였어도 그들이 내
이름으로 거짓을 예언함이라 여호와의 말씀
이니라
10 여호와께서 이와 같이 말씀하시니라 바벨론
에서 칠십 년이 차면 내가 너희를 돌보고 나
의 선한 말을 너희에게 성취하여 너희를 이

15 •Then the prophet Jeremiah said to Hana-
niah the prophet, "Listen, Hananiah! The
LORD has not sent you, yet you have persuad-
16 ed this nation to trust in lies. •Therefore this is
what the LORD says: 'I am about to remove
you from the face of the earth. This very year
you are going to die, because you have
preached rebellion against the LORD.' "
17 •In the seventh month of that same year,
Hananiah the prophet died.

A Letter to the Exiles

29 This is the text of the letter that
the prophet Jeremiah sent from
Jerusalem to the surviving elders among the
exiles and to the priests, the prophets and all
the other people Nebuchadnezzar had car-
ried into exile from Jerusalem to Babylon.
2 •(This was after King Jehoiachin [a] and the
queen mother, the court officials and the
leaders of Judah and Jerusalem, the skilled
workers and the artisans had gone into exile
3 from Jerusalem.) •He entrusted the letter to
Elasah son of Shaphan and to Gemariah son
of Hilkiah, whom Zedekiah king of Judah
sent to King Nebuchadnezzar in Babylon. It
said:

4 •This is what the LORD Almighty, the
God of Israel, says to all those I carried
into exile from Jerusalem to Babylon:
5 •"Build houses and settle down; plant
gardens and eat what they produce.
6 •Marry and have sons and daughters;
find wives for your sons and give your
daughters in marriage, so that they too
may have sons and daughters. Increase
7 in number there; do not decrease. •Also,
seek the peace and prosperity of the city
to which I have carried you into exile.
Pray to the LORD for it, because if it pros-
8 pers, you too will prosper." •Yes, this is
what the LORD Almighty, the God of
Israel, says: "Do not let the prophets and
diviners among you deceive you. Do not
listen to the dreams you encourage them
9 to have. •They are prophesying lies to
you in my name. I have not sent them,"
declares the LORD.
10 •This is what the LORD says: "When
seventy years are completed for Babylon,
I will come to you and fulfill my good
promise to bring you back to this place.

[a]2 Hebrew *Jeconiah*, a variant of *Jehoiachin*

artisan [ɑ́ːrtizən] *n.* 기계공
complete [kəmplíːt] *vt.* 마치다
deceive [disíːv] *vt.* 속이다
declare [diklɛ́ər] *vt.* 선포하다
diviner [diváinər] *n.* 점쟁이
elder [éldər] *n.* 장로
encourage [inkɑ́ːridʒ] *vt.* 격려하다
entrust [intrʌ́st] *vt.* 맡기다
persuade [pərswéid] *vt.* 설득하다
preach [priːtʃ] *vi.* 설교하다
produce [prədjúːs] *vt.* 생산하다
promise [prámis] *n.* 언약
prophet [práfit] *n.* 예언자
prosperity [praspérəti] *n.* 번영
remove [rimúːv] *vt.* 제거하다

28:15 trust in...: …를 신뢰하다, 신용하다
28:16 rebellion against...: …에 대한 반항
29:2 go into exile: 망명을 하다
29:5 settle down: 정주하다
29:6 so that... may: …할 수 있도록
29:7 carry A into B: A를 B로 이끌다

곳으로 돌아오게 하리라
11 여호와의 말씀이니라 너희를 향한 나의 생각
을 내가 아나니 평안이요 재앙이 아니니라
너희에게 미래와 희망을 주는 것이니라
12 너희가 내게 부르짖으며 내게 와서 기도하면
내가 너희들의 기도를 들을 것이요
13 너희가 온 마음으로 나를 구하면 나를 찾을
것이요 나를 만나리라 대상 22:19
14 이것은 여호와의 말씀이니라 나는 너희들을
만날 것이며 너희를 포로된 중에서 다시 돌아
오게 하되 내가 쫓아 보내었던 나라들과 모든
곳에서 모아 사로잡혀 떠났던 그곳으로 돌아
오게 하리라 이것은 여호와의 말씀이니라
15 ●너희가 말하기를 여호와께서 우리를 위하
여 바벨론에서 선지자를 일으키셨느니라
16 다윗의 왕좌에 앉은 왕과 이 성에 사는 모든
백성 곧 너희와 함께 포로 되어 가지 아니한
너희 형제에게 여호와께서 이와 같이 말씀하
셨느니라
17 만군의 여호와께서 이와 같이 말씀하시되 보
라 내가 칼과 기근과 전염병을 그들에게 보
내어 그들에게 상하여 먹을 수 없는 몹쓸 무
화과 같게 하겠고 27:8
18 내가 칼과 기근과 전염병으로 그들을 뒤따르
게 하며 그들을 세계 여러 나라 가운데에 흩
어 학대를 당하게 할 것이며 내가 그들을 쫓
아낸 나라들 가운데에서 저주와 경악과 조소
와 수모의 대상이 되게 하리라
19 여호와의 말씀이니라 너희들이 내 말을 듣지
않았기 때문이니라 내가 내 종 선지자들을
너희들에게 꾸준히 보냈으나 너희는 그들의
말을 듣지 않았느니라 여호와의 말씀이니라
20 그런즉 내가 예루살렘에서 바벨론으로 보낸
너희 모든 포로여 여호와의 말씀을 들을지니
라
21 만군의 여호와 이스라엘의 하나님께서 골라
야의 아들 아합과 마아세야의 아들 시드기야
에 대하여 이와 같이 말씀하시니라 그들은
내 이름으로 너희에게 거짓을 예언한 자라
보라 내가 그들을 바벨론의 왕 느부갓네살의
손에 넘기리니 그가 너희 눈앞에서 그들을
죽일 것이라
22 바벨론에 있는 유다의 모든 포로가 그들을
저줏거리로 삼아서 이르기를 여호와께서 너
를 바벨론 왕이 불살라 죽인 시드기야와 아
합 같게 하시기를 원하노라 하리니
23 이는 그들이 이스라엘 중에서 어리석게 행하

11 •For I know the plans I have for you,"
declares the LORD, "plans to prosper you
and not to harm you, plans to give you
12 hope and a future. •Then you will call on
me and come and pray to me, and I will
13 listen to you. •You will seek me and find
me when you seek me with all your
14 heart. •I will be found by you," declares
the LORD, "and will bring you back from
captivity.[a] I will gather you from all the
nations and places where I have banished
you," declares the LORD, "and will bring
you back to the place from which I carried you into exile."
15 •You may say, "The LORD has raised
16 up prophets for us in Babylon," •but
this is what the LORD says about the king
who sits on David's throne and all the
people who remain in this city, your fellow citizens who did not go with you
17 into exile— •yes, this is what the LORD
Almighty says: "I will send the sword,
famine and plague against them and I
will make them like figs that are so bad
18 they cannot be eaten. •I will pursue
them with the sword, famine and plague
and will make them abhorrent to all the
kingdoms of the earth, a curse[b] and an
object of horror, of scorn and reproach,
among all the nations where I drive
19 them. •For they have not listened to my
words," declares the LORD, "words that I
sent to them again and again by my servants the prophets. And you exiles have
not listened either," declares the LORD.
20 •Therefore, hear the word of the LORD,
all you exiles whom I have sent away
21 from Jerusalem to Babylon. •This is what
the LORD Almighty, the God of Israel, says
about Ahab son of Kolaiah and Zedekiah
son of Maaseiah, who are prophesying lies
to you in my name: "I will deliver them
into the hands of Nebuchadnezzar king of
Babylon, and he will put them to death
22 before your very eyes. •Because of them,
all the exiles from Judah who are in
Babylon will use this curse: 'May the
LORD treat you like Zedekiah and Ahab,
whom the king of Babylon burned in the
23 fire.' •For they have done outrageous

[a]14 Or *will restore your fortunes* [b]18 That is, their names will be used in cursing (see verse 22); or, others will see that they are cursed.

abhorrent [æbhɔ́:rənt] *a.* 아주 질색인
banish [bǽniʃ] *vt.* 추방하다
captivity [kæptívəti] *n.* 포로
declare [diklɛ́ər] *vt.* 선포하다
exile [égzail] *n.* 유배, 유배자
fellow [félou] *n.* 동료
fig [fig] *n.* 무화과
gather [gǽðər] *vt.* 모으다
harm [ha:rm] *vt.* 해치다
object [ábdʒikt] *n.* 대상
outrageous [autréidʒəs] *a.* 괘씸한
plague [pleig] *n.* 전염병
pursue [pərsú:] *vt.* 쫓다
reproach [ripróutʃ] *n.* 비난
scorn [skɔ:rn] *n.* 조롱

29:12 call on: 요청하다
29:14 bring back: 되돌려주다
29:15 raise up: 일으키다
29:19 again and again: 계속하여
29:20 send away: 쫓아내다
29:21 put to death: 사형에 처하다

여 그 이웃의 아내와 간음하며 내가 그들에게
명령하지 아니한 거짓을 내 이름으로 말함이라
나는 알고 있는 자로서 증인이니라 여호와의 말
씀이니라 하시니라

스마야에게 보낸 편지와 여호와의 말씀

24 ●너는 느헬람 사람 스마야에게 이같이 말하여
이르라
25 만군의 여호와 이스라엘의 하나님께서 이와 같
이 말씀하여 이르시되 네가 네 이름으로 예루살
렘에 있는 모든 백성과 제사장 마아세야의 아들
스바냐와 모든 제사장에게 글을 보내 이르기를
26 여호와께서 너를 제사장 여호야다를 대신하여
제사장을 삼아 여호와의 성전 [1)]감독자로 세우심
은 모든 미친 자와 선지자 노릇을 하는 자들을
목에 씌우는 나무 고랑과 목에 씌우는 쇠고랑을
채우게 하심이어늘
27 이제 네가 어찌하여 너희 중에 선지자 노릇을
하는 아나돗 사람 예레미야를 책망하지 아니하
느냐
28 그가 바벨론에 있는 우리에게 편지하기를 오래
지내야 하리니 너희는 집을 짓고 살며 밭을 일
구고 그 열매를 먹으라 하셨다 하니라
29 제사장 스바냐가 스마야의 글을 선지자 예레미
야에게 읽어서 들려줄 때에
30 여호와의 말씀이 예레미야에게 임하여 이르시되
31 너는 모든 포로에게 전언하여 이르기를 여호와
께서 느헬람 사람 스마야를 두고 이같이 말씀하
셨느니라 내가 그를 보내지 아니하였거늘 스마
야가 너희에게 예언하고 너희에게 거짓을 믿게
하였도다
32 그러므로 여호와께서 이와 같이 말씀하시니라
보라 내가 느헬람 사람 스마야와 그의 자손을
벌하리니 그가 나 여호와께 패역한 말을 하였기
때문에 이 백성 중에 살아 남을 그의 자손이 하
나도 없을 것이라 내가 내 백성에게 행하려 하
는 복된 일을 그가 보지 못하리라 하셨느니라
이것은 여호와의 말씀이니라

포로를 돌아오게 할 것이라

30 여호와께로부터 말씀이 예레미야에게 임
하여 이르시니라
2 이스라엘의 하나님 여호와께서 이와 같이 말씀
하여 이르시기를 내가 네게 일러준 모든 말을 책
에 기록하라
3 여호와의 말씀이니라 보라 내가 내 백성 이스라
엘과 유다의 포로를 돌아가게 할 날이 오리니
내가 그들을 그 조상들에게 준 땅으로 돌아오게
할 것이니 그들이 그 땅을 차지하리라 여호와께

things in Israel; they have commit-
ted adultery with their neighbors'
wives, and in my name they have
uttered lies — which I did not autho-
rize. I know it and am a witness to
it," declares the LORD.

Message to Shemaiah

24-25 ●Tell Shemaiah the Nehelamite, ●"This
is what the LORD Almighty, the God of
Israel, says: You sent letters in your own
name to all the people in Jerusalem, to
the priest Zephaniah son of Maaseiah, and
to all the other priests. You said to Zepha-
26 niah, ●'The LORD has appointed you priest
in place of Jehoiada to be in charge of
the house of the LORD; you should put any
maniac who acts like a prophet into
27 the stocks and neck-irons. ●So why have
you not reprimanded Jeremiah from
Anathoth, who poses as a prophet among
28 you? ●He has sent this message to us in
Babylon: It will be a long time. Therefore
build houses and settle down; plant gar-
dens and eat what they produce.' "
29 ●Zephaniah the priest, however, read
30 the letter to Jeremiah the prophet. ●Then
the word of the LORD came to Jeremiah:
31 ●"Send this message to all the exiles: 'This
is what the LORD says about Shemaiah
the Nehelamite: Because Shemaiah has
prophesied to you, even though I did not
send him, and has persuaded you to trust
32 in lies, ●this is what the LORD says: I will
surely punish Shemaiah the Nehelamite
and his descendants. He will have no one
left among this people, nor will he see the
good things I will do for my people,
declares the LORD, because he has preached
rebellion against me.' "

Restoration of Israel

30 This is the word that came to
2 Jeremiah from the LORD: ●"This
is what the LORD, the God of Israel, says:
'Write in a book all the words I have
3 spoken to you. ●The days are coming,'
declares the LORD, 'when I will bring my
people Israel and Judah back from captiv-
ity[a] and restore them to the land I gave
their ancestors to possess,' says the LORD."

*a*3 Or *will restore the fortunes of my people Israel and Judah* 1) 히, 유사들

adultery [ədʌltəri] *n.* 간통
captivity [kæptívəti] *n.* 포로
commit [kəmít] *vt.* 범하다
descendant [diséndənt] *n.* 자손
exile [égzail] *n.* 포로
maniac [méiniæk] *n.* 미치광이
neck-iron [nékaiərn] *n.* (목에 씌우는) 칼
possess [pəzés] *vt.* 가지다
preach [priːtʃ] *vt.* 설교하다
prophesy [práfəsài] *vi.* 예언하다
punish [pʌniʃ] *vt.* 벌하다
rebellion [ribéljən] *n.* 반란
reprimand [réprəmænd] *vt.* 꾸짖다
restore [ristɔ́ːr] *vt.* 회복하다
utter [ʌtər] *vt.* 말하다

29:26 in place of...: …를 대신하여
29:26 in charge of...: …를 맡고 있는
29:27 pose as...: …인 체하다
29:28 settle down: 정착하다, 안주하다
29:31 say about...: …에 대해 말하다
29:31 even though...: 비록 …일지라도

서 말씀하시니라
4 ●여호와께서 이스라엘과 유다에 대하
여 하신 말씀이 이러하니라
5 여호와께서 이와 같이 말씀하시되 우리
가 무서워 떠는 자의 소리를 들으니 두
려움이요 평안함이 아니로다
6 너희는 자식을 해산하는 남자가 있는가
물어보라 어찌하여 모든 남자가 해산하
는 여자같이 손을 자기 허리에 대고 모
든 얼굴이 겁에 질려 새파래졌는가
7 슬프다 그날이여 그와 같이 엄청난 날
이 없으리라 그날은 야곱의 환난의 때
가 됨이로다 그러나 그가 환난에서 구
하여 냄을 얻으리로다
8 만군의 여호와의 말씀이라 그날에 내가
1)네 목에서 그 멍에를 꺾어 버리며 네 포
박을 끊으리니 다시는 이방인을 섬기지
않으리라
9 그들은 그들의 하나님 여호와를 섬기며
내가 그들을 위하여 세울 그들의 왕 다
윗을 섬기리라
10 여호와의 말씀이니라 그러므로 나의 종
야곱아 너는 두려워하지 말라 이스라엘
아 놀라지 말라 내가 너를 먼 곳으로부
터 구원하고 네 자손을 잡혀가 있는 땅
에서 구원하리니 야곱이 돌아와서 태평
과 안락을 누릴 것이며 두렵게 할 자가
없으리라
11 이는 여호와의 말씀이라 내가 너와 함께
있어 너를 구원할 것이라 너를 흩었던
그 모든 이방을 내가 멸망시키리라 그럴
지라도 너만은 멸망시키지 아니하리라
그러나 내가 법에 따라 너를 징계할 것
이요 결코 무죄한 자로만 여기지는 아니
하리라 46:28
12 ●여호와께서 이와 같이 말씀하시니라
네 상처는 고칠 수 없고 네 부상은 중하
도다
13 네 송사를 처리할 재판관이 없고 네 상
처에는 약도 없고 처방도 없도다
14 너를 사랑하던 자가 다 너를 잊고 찾지
아니하니 이는 네 악행이 많고 네 죄가
많기 때문에 나는 네 원수가 당할 고난
을 네가 받게 하며 잔인한 징계를 내렸
도다
15 너는 어찌하여 네 상처 때문에 부르짖느
냐 네 고통이 심하도다 네 악행이 많고

1) 히, 그

4 ●These are the words the LORD spoke concerning
5 Israel and Judah: ●"This is what the LORD says:

" 'Cries of fear are heard—
terror, not peace.
6 ●Ask and see:
Can a man bear children?
Then why do I see every strong man
with his hands on his stomach like a
woman in labor,
every face turned deathly pale?
7 ●How awful that day will be!
No other will be like it.
It will be a time of trouble for Jacob,
but he will be saved out of it.
8 ●" 'In that day,' declares the LORD Almighty,
'I will break the yoke off their necks
and will tear off their bonds;
no longer will foreigners enslave them.
9 ●Instead, they will serve the LORD their God
and David their king,
whom I will raise up for them.
10 ●" 'So do not be afraid, Jacob my servant;
do not be dismayed, Israel,'
declares the LORD.
'I will surely save you out of a distant place,
your descendants from the land of their exile.
Jacob will again have peace and security,
and no one will make him afraid.
11 ●I am with you and will save you,'
declares the LORD.
'Though I completely destroy all the nations
among which I scatter you,
I will not completely destroy you.
I will discipline you but only in due measure;
I will not let you go entirely unpunished.'
12 ●"This is what the LORD says:

" 'Your wound is incurable,
your injury beyond healing.
13 ●There is no one to plead your cause,
no remedy for your sore,
no healing for you.
14 ●All your allies have forgotten you;
they care nothing for you.
I have struck you as an enemy would
and punished you as would the cruel,
because your guilt is so great
and your sins so many.
15 ●Why do you cry out over your wound,
your pain that has no cure?
Because of your great guilt and many sins

awful [ɔ́:fəl] *a.* 무시무시한
completely [kəmplí:tli] *ad.* 완전히
cruel [krú:əl] *a.* 잔인한
cure [kjuər] *n.* 치료약
deathly [déθli] *ad.* 죽은 듯이
discipline [dísəplin] *vt.* 징계하다
dismay [disméi] *vt.* 놀라게 하다
enslave [insléiv] *vt.* 사로잡다
incurable [inkjúərəbl] *a.* 불치의
injury [índʒəri] *n.* 상처
remedy [rémədi] *n.* 치료약
scatter [skǽtər] *vt.* 흩어지게 하다
sore [sɔ:r] *n.* 상처
stomach [stʌmək] *n.* 배
yoke [jouk] *n.* 멍에

30:6 turn pale: 창백해지다
30:7 out of...: …을 벗어나서
30:8 break off: 꺾다
30:8 tear off: 벗기다, 떼내다
30:13 plead one's cause: 소송 사유를 진술하다(변호하다)

네 죄가 허다하므로 내가 이 일을 너에게
행하였느니라 15:18
16 그러므로 너를 먹는 모든 자는 잡아먹힐
것이며 네 모든 대적은 사로잡혀 갈 것이
고 너에게서 탈취해 간 자는 탈취를 당할
것이며 너에게서 노략질한 모든 자는 노략
물이 되리라
17 여호와의 말씀이니라 그들이 쫓겨난 자라
하매 시온을 찾는 자가 없은즉 내가 너의
상처로부터 새 살이 돋아나게 하여 너를
고쳐 주리라
18 ● 여호와께서 말씀하시니라 보라 내가 야
곱 장막의 포로들을 돌아오게 할 것이고
그 거처들에 사랑을 베풀 것이라 성읍은
그 폐허가 된 언덕 위에 건축될 것이요 그
보루는 규정에 따라 사람이 살게 되리라
19 그들에게서 감사하는 소리가 나오고 즐거
워하는 자들의 소리가 나오리라 내가 그들
을 번성하게 하리니 그들의 수가 줄어들지
아니하겠고 내가 그들을 존귀하게 하리니
그들은 비천하여지지 아니하리라 사 35:10
20 그의 자손은 예전과 같겠고 그 회중은 내
앞에 굳게 설 것이며 그를 압박하는 모든
사람은 내가 다 벌하리라 31:17
21 그 영도자는 그들 중에서 나올 것이요 그
통치자도 그들 중에서 나오리라 내가 그를
가까이 오게 하리니 그가 내게 가까이 오
리라 참으로 담대한 마음으로 내게 가까이
올 자가 누구냐 여호와의 말씀이니라
22 너희는 내 백성이 되겠고 나는 너희들의
하나님이 되리라 출 6:7
23 ● 보라 여호와의 노여움이 일어나 폭풍과
회오리바람처럼 악인의 머리 위에서 회오
리칠 것이라
24 여호와의 진노는 그의 마음의 뜻한 바를
행하여 이루기까지는 돌이키지 아니하나
니 너희가 끝날에 그것을 깨달으리라 4:8

이스라엘을 다시 세우고 지키시리라

31 여호와의 말씀이니라 그때에 내가 이
스라엘 모든 종족의 하나님이 되고 그
들은 내 백성이 되리라
2 여호와께서 이같이 말씀하시니라 칼에서
벗어난 백성이 광야에서 은혜를 입었나니
곧 내가 이스라엘로 안식을 얻게 하러 갈
때에라
3 옛적에 여호와께서 나에게 나타나사 내가
영원한 사랑으로 너를 사랑하기에 인자함

I have done these things to you.
16 ●" 'But all who devour you will be devoured;
all your enemies will go into exile.
Those who plunder you will be plundered;
all who make spoil of you I will despoil.
17 ● But I will restore you to health
and heal your wounds,'
declares the LORD,
'because you are called an outcast,
Zion for whom no one cares.'
18 ●"This is what the LORD says:
" 'I will restore the fortunes of Jacob's tents
and have compassion on his dwellings;
the city will be rebuilt on her ruins,
and the palace will stand in its proper place.
19 ● From them will come songs of thanksgiving
and the sound of rejoicing.
I will add to their numbers,
and they will not be decreased;
I will bring them honor,
and they will not be disdained.
20 ● Their children will be as in days of old,
and their community will be established
before me;
I will punish all who oppress them.
21 ● Their leader will be one of their own;
their ruler will arise from among them.
I will bring him near and he will come close
to me—
for who is he who will devote himself
to be close to me?'
declares the LORD.
22 ●" 'So you will be my people,
and I will be your God.' "
23 ● See, the storm of the LORD
will burst out in wrath,
a driving wind swirling down
on the heads of the wicked.
24 ● The fierce anger of the LORD will not turn back
until he fully accomplishes
the purposes of his heart.
In days to come
you will understand this.

31 "At that time," declares the LORD, "I will
be the God of all the families of Israel,
and they will be my people."
2 ● This is what the LORD says:
"The people who survive the sword
will find favor in the wilderness;
I will come to give rest to Israel."
3 ● The LORD appeared to us in the past,[a] saying:

[a]3 Or LORD has appeared to us from afar

accomplish [əkámpliʃ] *vt.* 성취하다
despoil [dispɔ́il] *vt.* 약탈하다
devour [diváuər] *vt.* 먹다
disdain [disdéin] *vt.* 멸시하다
dwelling [dwéliŋ] *n.* 거처
establish [istǽbliʃ] *vt.* 자리잡게 하다
fierce [fiərs] *a.* 맹렬한
honor [ánər] *n.* 명예, 영광
oppress [əprés] *vt.* 억압하다
outcast [áutkæ̀st] *n.* 추방된 사람
plunder [plʌ́ndər] *vt.* 약탈하다
spoil [spɔil] *n.* 약탈
swirl [swəːrl] *vi.* 소용돌이치다
wound [wuːnd] *n.* 상처
wrath [ræθ] *n.* 진노

30:18 have compassion on...: …에게 긍휼을 베풀다
30:19 add to...: …에 더하다
30:21 arise from...: …에서 생기다
30:23 burst out: 갑자기 나타나다
30:24 turn back: 되돌아오다

으로 너를 이끌었다 하였노라
4 처녀 이스라엘아 내가 다시 너를 세우리
니 네가 세움을 입을 것이요 네가 다시
소고를 들고 즐거워하는 자들과 함께 춤
추며 나오리라
5 네가 다시 사마리아 산들에 포도나무
들을 심되 심는 자가 그 열매를 따기
시작하리라
6 에브라임 산 위에서 파수꾼이 외치는 날
이 있을 것이라 이르기를 너희는 일어나
라 우리가 시온에 올라가서 우리 하나님
여호와께로 나아가자 하리라
7 ●여호와께서 이와 같이 말씀하시니라
너희는 여러 민족의 앞에 서서 야곱을
위하여 기뻐 외치라 너희는 전파하며 찬
양하며 말하라 여호와여 주의 백성 이스
라엘의 남은 자를 구원하소서 하라
8 보라 나는 그들을 북쪽 땅에서 인도하며
땅 끝에서부터 모으리라 그들 중에는 맹
인과 다리 저는 사람과 잉태한 여인과
해산하는 여인이 함께 있으며 큰 무리를
이루어 이곳으로 돌아오리라
9 그들이 울며 돌아오리니 나의 인도함을
받고 간구할 때에 내가 그들을 넘어지지
아니하고 물 있는 계곡의 곧은 길로 가
게 하리라 나는 이스라엘의 아버지요 에
브라임은 나의 장자니라
10 ●이방들이여 너희는 여호와의 말씀을
듣고 먼 섬에 전파하여 이르기를 이스라
엘을 흩으신 자가 그를 모으시고 목자가
그 양 떼에게 행함같이 그를 지키시리로
다
11 여호와께서 야곱을 구원하시되 그들보
다 강한 자의 손에서 속량하셨으니
12 그들이 와서 시온의 높은 곳에서 찬송하
며 여호와의 복 곧 곡식과 새 포도주와
기름과 어린 양의 떼와 소의 떼를 얻고
크게 기뻐하리라 그 심령은 물 댄 동산
같겠고 다시는 근심이 없으리로다 할지
어다
13 그때에 처녀는 춤추며 즐거워하겠고 청
년과 노인은 함께 즐거워하리니 내가 그
들의 슬픔을 돌려서 즐겁게 하며 그들을
위로하여 그들의 근심으로부터 기쁨을
얻게 할 것임이라
14 내가 기름으로 제사장들의 마음을 흡족
하게 하며 내 복으로 내 백성을 만족하

"I have loved you with an everlasting love;
I have drawn you with unfailing kindness.
4 ●I will build you up again,
and you, Virgin Israel, will be rebuilt.
Again you will take up your timbrels
and go out to dance with the joyful.
5 ●Again you will plant vineyards
on the hills of Samaria;
the farmers will plant them
and enjoy their fruit.
6 ●There will be a day when watchmen cry out
on the hills of Ephraim,
'Come, let us go up to Zion,
to the LORD our God.' "
7 ●This is what the LORD says:
"Sing with joy for Jacob;
shout for the foremost of the nations.
Make your praises heard, and say,
'LORD, save your people,
the remnant of Israel.'
8 ●See, I will bring them from the land of the north
and gather them from the ends of the earth.
Among them will be the blind and the lame,
expectant mothers and women in labor;
a great throng will return.
9 ●They will come with weeping;
they will pray as I bring them back.
I will lead them beside streams of water
on a level path where they will not stumble,
because I am Israel's father,
and Ephraim is my firstborn son.
10 ●"Hear the word of the LORD, you nations;
proclaim it in distant coastlands:
'He who scattered Israel will gather them
and will watch over his flock like a shepherd.'
11 ●For the LORD will deliver Jacob
and redeem them from the hand of those
stronger than they.
12 ●They will come and shout for joy on the heights
of Zion;
they will rejoice in the bounty of the LORD—
the grain, the new wine and the olive oil,
the young of the flocks and herds.
They will be like a well-watered garden,
and they will sorrow no more.
13 ●Then young women will dance and be glad,
young men and old as well.
I will turn their mourning into gladness;
I will give them comfort and joy instead of
sorrow.
14 ●I will satisfy the priests with abundance,
and my people will be filled with my bounty,"

abundance [əbʌndəns] *n.* 풍부
bounty [báunti] *n.* 관대
coastland [kóustlænd] *n.* 연안
everlasting [èvərlǽstiŋ] *a.* 영원한
expectant [ikspéktənt] *a.* 기다리는
foremost [fɔ́:rmòust] *a.* 으뜸가는
lame [leim] *a.* 절름발이의
mourning [mɔ́:rniŋ] *n.* 비탄
proclaim [proukléim] *vt.* 선포하다
redeem [ridí:m] *vt.* 되찾다
remnant [rémnənt] *n.* 남은 자
scatter [skǽtər] *vt.* 흩어지게 하다
stumble [stʌmbl] *vi.* 발부리가 걸리다
watchman [wátʃmən] *n.* 파수꾼
weep [wi:p] *vi.* 울다

31:3 draw A with B: B로 A를 이끌다
31:10 watch over: 돌보다
31:12 shout for joy: 환호하다
31:13 turn... into~: …를 ~로 바꾸다
31:14 satisfy... with~: …를 ~로 만족시키다

계 하리라 여호와의 말씀이니라
라헬의 애곡과 여호와의 위로
15 ●여호와께서 이와 같이 말씀하시니라
라마에서 슬퍼하며 통곡하는 소리가 들
리니 라헬이 그 자식 때문에 애곡하는
것이라 그가 자식이 없어져서 위로 받기
를 거절하는도다
16 여호와께서 이와 같이 말씀하시니라 네
울음 소리와 네 눈물을 멈추어라 네 일
에 삯을 받을 것인즉 그들이 그의 대적
의 땅에서 돌아오리라 여호와의 말씀이
니라
17 너의 장래에 소망이 있을 것이라 너의
자녀가 자기들의 지경으로 돌아오리라
여호와의 말씀이니라
18 에브라임이 스스로 탄식함을 내가 분명
히 들었노니 주께서 나를 징벌하시매 멍
에에 익숙하지 못한 송아지 같은 내가
징벌을 받았나이다 주는 나의 하나님 여
호와이시니 나를 이끌어 돌이키소서 그
리하시면 내가 돌아오겠나이다
19 내가 돌이킨 후에 뉘우쳤고 내가 교훈을
받은 후에 내 볼기를 쳤사오니 이는 어
렸을 때의 치욕을 지므로 부끄럽고 욕됨
이니이다 하도다
20 에브라임은 나의 사랑하는 아들 기뻐하
는 자식이 아니냐 내가 그를 책망하여 말
할 때마다 깊이 생각하노라 그러므로 그
를 위하여 내 창자가 들끓으니 내가 반드
시 그를 불쌍히 여기리라 여호와의 말씀
이니라 호 11:8
21 ●처녀 이스라엘아 너의 이정표를 세우
며 너의 푯말을 만들고 큰길 곧 네가 전
에 가던 길을 마음에 두라 돌아오라 네
성읍들로 돌아오라
22 반역한 딸아 네가 어느 때까지 방황하겠
느냐 여호와가 새 일을 세상에 창조하였
나니 곧 여자가 남자를 둘러 싸리라
사로잡힌 자를 돌아오게 할 때
23 ●만군의 여호와 이스라엘의 하나님께
서 이와 같이 말씀하시니라 내가 그 사
로잡힌 자를 돌아오게 할 때에 그들이
유다 땅과 그 성읍들에서 다시 이 말을
쓰리니 곧 의로운 처소여, 거룩한 산이
여, 여호와께서 네게 복 주시기를 원하
노라 할 것이며 30:18
24 유다와 그 모든 성읍의 농부와 양 떼를

declares the LORD.
15 ●This is what the LORD says:
"A voice is heard in Ramah,
mourning and great weeping,
Rachel weeping for her children
and refusing to be comforted,
because they are no more."
16 ●This is what the LORD says:
"Restrain your voice from weeping
and your eyes from tears,
for your work will be rewarded,"
declares the LORD.
"They will return from the land of the enemy.
17 ●So there is hope for your descendants,"
declares the LORD.
"Your children will return to their own land.
18 ●"I have surely heard Ephraim's moaning:
'You disciplined me like an unruly calf,
and I have been disciplined.
Restore me, and I will return,
because you are the LORD my God.
19 ●After I strayed,
I repented;
after I came to understand,
I beat my breast.
I was ashamed and humiliated
because I bore the disgrace of my youth.'
20 ●Is not Ephraim my dear son,
the child in whom I delight?
Though I often speak against him,
I still remember him.
Therefore my heart yearns for him;
I have great compassion for him,"
declares the LORD.
21 ●"Set up road signs;
put up guideposts.
Take note of the highway,
the road that you take.
Return, Virgin Israel,
return to your towns.
22 ●How long will you wander,
unfaithful Daughter Israel?
The LORD will create a new thing on earth—
the woman will return to[a] the man."
23 ●This is what the LORD Almighty, the God of
Israel, says: "When I bring them back from cap-
tivity,[b] the people in the land of Judah and in its
towns will once again use these words: 'The LORD
bless you, you prosperous city, you sacred moun-
24 tain.' ●People will live together in Judah and all its

[a]22 Or *will protect* [b]23 Or *I restore their fortunes*

captivity [kæptívəti] *n.* 포로, 감금
comfort [kʌmfərt] *vt.* 위로하다
compassion [kəmpǽʃən] *n.* 긍휼
discipline [dísəplin] *vt.* 징계하다
guidepost [gáidpòust] *n.* 길표지
humiliate [hjuːmílièit] *vt.* 굴욕감을 주다
moan [moun] *vi.* 신음하다
mourn [mɔːrn] *vi.* 슬퍼하다
prosperous [prásperəs] *a.* 번영하는
refuse [rifjúːz] *vt.* 거절하다
repent [ripént] *vi.* 회개하다
sacred [séikrid] *a.* 거룩한
stray [strei] *vi.* 옳은 길에서 빗나가다
unruly [ʌnrúːli] *a.* 휘어잡을 수 없는
wander [wándər] *vi.* 헤매다

31:16 restrain... from~: …로 하여금 ~하지 못하게 하다
31:16 return from: …로부터 돌아오다
31:20 yearn for...: 동경하다
31:21 put up: 게시하다, 고시하다
31:21 take note of...: …에 주의하다

인도하는 자가 거기에 함께 살리니
25 이는 내가 그 피곤한 심령을 상쾌하게
하며 모든 연약한 심령을 만족하게 하
였음이라 하시기로
26 내가 깨어 보니 내 잠이 달았더라
27 ● 여호와의 말씀이니라 보라 내가 사
람의 씨와 짐승의 씨를 이스라엘 집과
유다 집에 뿌릴 날이 이르리니
28 깨어서 그들을 뿌리 뽑으며 무너뜨리
며 전복하며 멸망시키며 괴롭게 하던
것과 같이 내가 깨어서 그들을 세우며
심으리라 여호와의 말씀이니라
29 그때에 그들이 말하기를 다시는 아버
지가 신 포도를 먹었으므로 아들들의
이가 시다 하지 아니하겠고 겔 18:2
30 신 포도를 먹는 자마다 그의 이가 신
것같이 누구나 자기의 죄악으로 말미
암아 죽으리라

새 언약

31 ● 여호와의 말씀이니라 보라 날이 이
르리니 내가 이스라엘 집과 유다 집에
새 언약을 맺으리라
32 이 언약은 내가 그들의 조상들의 손
을 잡고 애굽 땅에서 인도하여 내던
날에 맺은 것과 같지 아니할 것은 내
가 그들의 남편이 되었어도 그들이
내 언약을 깨뜨렸음이라 여호와의 말
씀이니라
33 그러나 그날 후에 내가 이스라엘 집과
맺을 언약은 이러하니 곧 내가 나의 법
을 그들의 속에 두며 그들의 마음에 기
록하여 나는 그들의 하나님이 되고 그
들은 내 백성이 될 것이라 여호와의 말
씀이니라
34 그들이 다시는 각기 이웃과 형제를 가
르쳐 이르기를 너는 여호와를 알라 하
지 아니하리니 이는 작은 자로부터 큰
자까지 다 나를 알기 때문이라 내가 그
들의 악행을 사하고 다시는 그 죄를 기
억하지 아니하리라 여호와의 말씀이
니라
35 ● 여호와께서 이와 같이 말씀하셨느니
라 그는 해를 낮의 빛으로 주셨고 달과
별들을 밤의 빛으로 정하였고 바다를
뒤흔들어 그 파도로 소리치게 하나니
그의 이름은 만군의 여호와니라

towns—farmers and those who move about with
25 their flocks. ●I will refresh the weary and satisfy the
faint."
26 ●At this I awoke and looked around. My sleep had
been pleasant to me.
27 ●"The days are coming," declares the LORD,
"when I will plant the kingdoms of Israel and Judah
28 with the offspring of people and of animals. ●Just as
I watched over them to uproot and tear down, and
to overthrow, destroy and bring disaster, so I will
watch over them to build and to plant," declares the
29 LORD. ●"In those days people will no longer say,

'The parents have eaten sour grapes,
and the children's teeth are set on edge.'

30 ●Instead, everyone will die for their own sin; who-
ever eats sour grapes — their own teeth will be set
on edge.
31 ●"The days are coming," declares the LORD,
"when I will make a new covenant
with the people of Israel
and with the people of Judah.
32 ●It will not be like the covenant
I made with their ancestors
when I took them by the hand
to lead them out of Egypt,
because they broke my covenant,
though I was a husband to[a] them,[b]"
declares the LORD.
33 ●"This is the covenant I will make with the people
of Israel
after that time," declares the LORD.
"I will put my law in their minds
and write it on their hearts.
I will be their God,
and they will be my people.
34 ●No longer will they teach their neighbor,
or say to one another, 'Know the LORD,'
because they will all know me,
from the least of them to the greatest,"
declares the LORD.
"For I will forgive their wickedness
and will remember their sins no more."
35 ●This is what the LORD says,

he who appoints the sun
to shine by day,
who decrees the moon and stars
to shine by night,
who stirs up the sea
so that its waves roar—
the LORD Almighty is his name:

[a]32 Hebrew; Septuagint and Syriac / *and I turned away from*
[b]32 Or *was their master*

appoint [əpɔ́int] *vt.* 지정하다
covenant [kʌvənənt] *n.* 언약
declare [dikléər] *vt.* 선언하다
decree [dikríː] *vt.* 명하다
faint [feint] *a.* 연약한
least [liːst] *a.* 가장 작은
measure [méʒər] *vt.* 측정하다
offspring [ɔ́ːfspriŋ] *n.* 자손
plant [plænt] *vt.* 심다
pleasant [plézənt] *a.* 즐거운
roar [rɔːr] *vi.* 으르렁거리다
sour [sauər] *a.* 신
uproot [ʌprúːt] *vt.* 뿌리뽑다
weary [wíəri] *a.* 지친
wickedness [wíkidnis] *n.* 사악함

31:24 move about: 돌아다니다
31:28 just as: 꼭 …처럼
31:28 tear down: (건물 등을) 헐다
31:33 make with: 만들어내다
31:33 after that time: 그 이후
31:35 stir up: 일으키다

36 이 법도가 내 앞에서 폐할진대 이스라엘 자
손도 내 앞에서 끊어져 영원히 나라가 되지
못하리라 여호와의 말씀이니라 암 9:8,9
37 여호와께서 이와 같이 말씀하시니라 위에
있는 하늘을 측량할 수 있으며 밑에 있는
땅의 기초를 탐지할 수 있다면 내가 이스라
엘 자손이 행한 모든 일로 말미암아 그들을
다 버리리라 여호와의 말씀이니라
38 ●보라, 날이 이르리니 이 성은 하나넬 망
대로부터 모퉁이 문에 이르기까지 여호와
를 위하여 건축될 것이라 여호와의 말씀이
니라
39 측량줄이 곧게 가렙 언덕 밑에 이르고 고아
로 돌아 슥 2:1
40 시체와 재의 모든 골짜기와 기드론 시내에
이르는 모든 고지 곧 동쪽 마문의 모퉁이에
이르기까지 여호와의 거룩한 곳이니라 영원
히 다시는 뽑거나 전복하지 못할 것이니라

여호와의 말씀대로 아나돗의 밭을 사다

32 유다의 시드기야 왕 열째 해 곧 느부
갓네살 열여덟째 해에 여호와의 말씀
이 예레미야에게 임하니라
2 그때에 바벨론 군대는 예루살렘을 에워싸
고 선지자 예레미야는 유다의 왕의 궁중에
있는 시위대 뜰에 갇혔으니
3-5 이는 그가 예언하기를 여호와의 말씀에 보
라 내가 이 성을 바벨론 왕의 손에 넘기리
니 그가 차지할 것이며 유다 왕 시드기야는
갈대아인의 손에서 벗어나지 못하고 반드
시 바벨론 왕의 손에 넘겨진 바 되리니 입
이 입을 대하여 말하고 눈이 서로 볼 것이
며 그가 시드기야를 바벨론으로 끌어 가리
니 시드기야는 내가 돌볼 때까지 거기에 있
으리라 여호와께서 이와 같이 말씀하시니
라 너희가 갈대아인과 싸울지라도 승리하
지 못하리라 하셨다 하였더니 유다 왕 시드
기야가 이르되 네가 어찌하여 이같이 예언
하였느냐 하고 그를 가두었음이었더라 39:7
6 ●예레미야가 이르되 여호와의 말씀이 내
게 임하였느니라 이르시기를
7 보라 네 숙부 살룸의 아들 하나멜이 네게
와서 말하기를 너는 아나돗에 있는 내 밭을
사라 이 기업을 무를 권리가 네게 있느니라
하리라 하시더니
8 여호와의 말씀과 같이 나의 숙부의 아들 하
나멜이 시위대 뜰 안 나에게 와서 이르되
청하노니 너는 베냐민 땅 아나돗에 있는 나

36 ●"Only if these decrees vanish from my sight,"
declares the LORD,
"will Israel ever cease
being a nation before me."
37 ●This is what the LORD says:
"Only if the heavens above can be measured
and the foundations of the earth below be
searched out
will I reject all the descendants of Israel
because of all they have done,"
declares the LORD.
38 ●"The days are coming," declares the LORD,
"when this city will be rebuilt for me from the
39 Tower of Hananel to the Corner Gate. ●The
measuring line will stretch from there straight
to the hill of Gareb and then turn to Goah.
40 ●The whole valley where dead bodies and
ashes are thrown, and all the terraces out to the
Kidron Valley on the east as far as the corner of
the Horse Gate, will be holy to the LORD. The
city will never again be uprooted or demol-
ished."

Jeremiah Buys a Field

32 This is the word that came to Jeremiah
from the LORD in the tenth year of Ze-
dekiah king of Judah, which was the eigh-
2 teenth year of Nebuchadnezzar. ●The army of
the king of Babylon was then besieging
Jerusalem, and Jeremiah the prophet was con-
fined in the courtyard of the guard in the royal
palace of Judah.
3 ●Now Zedekiah king of Judah had impris-
oned him there, saying, "Why do you prophesy
as you do? You say, 'This is what the LORD says:
I am about to give this city into the hands of
the king of Babylon, and he will capture it.
4 ●Zedekiah king of Judah will not escape the
Babylonians[a] but will certainly be given into
the hands of the king of Babylon, and will
speak with him face to face and see him with
5 his own eyes. ●He will take Zedekiah to Baby-
lon, where he will remain until I deal with him,
declares the LORD. If you fight against the Baby-
lonians, you will not succeed.' "
6 ●Jeremiah said, "The word of the LORD came
7 to me: ●Hanamel son of Shallum your uncle is
going to come to you and say, 'Buy my field at
Anathoth, because as nearest relative it is your
right and duty to buy it.'
8 ●"Then, just as the LORD had said, my cousin

[a]4 Or *Chaldeans;* also in verses 5, 24, 25, 28, 29 and 43

ash [æʃ] *n.* 재
below [bilóu] *ad.* …아래에
besiege [bisíːdʒ] *vt.* 포위하다
cease [siːs] *vi.* 끝나다
certainly [sə́ːrtnli] *ad.* 틀림없이
confine [kənfáin] *vt.* 감금하다
decree [dikríː] *vt.* 명하다
demolish [dimáliʃ] *vt.* 헐다
escape [iskéip] *vi.* 달아나다
imprison [imprízn] *vt.* 감옥에 가두다
prophet [práfit] *n.* 선지자
stretch [stretʃ] *vi.* 이르다
succeed [səksíːd] *vt.* 성공하다
terrace [térəs] *n.* 대지, 고지
uproot [ʌprúːt] *vt.* 뿌리뽑다

31:36 vanish from...: …에서 사라지다
31:37 search out: 탐지하다
32:4 face to face: (…와) 서로 얼굴을 맞대고
32:5 deal with: 취급하다, 다루다
32:5 fight against...: …에 대항하다

의 밭을 사라 기업의 상속권이 네게 있고
무를 권리가 네게 있으니 너를 위하여 사라
하는지라 내가 이것이 여호와의 말씀인 줄
알았으므로
9 내 숙부의 아들 하나멜의 아나돗에 있는 밭
을 사는데 은 십칠 세겔을 달아 주되 창 23:16
10 증서를 써서 봉인하고 증인을 세우고 은을
저울에 달아 주고
11 법과 규례대로 봉인하고 봉인하지 아니한
매매 증서를 내가 가지고
12 나의 숙부의 아들 하나멜과 매매 증서에 인
친 증인 앞과 시위대 뜰에 앉아 있는 유다
모든 사람 앞에서 그 매매 증서를 마세야의
손자 네리야의 아들 바룩에게 부치며 36:4
13 그들의 앞에서 바룩에게 명령하여 이르되
14 만군의 여호와 이스라엘의 하나님께서 이
와 같이 말씀하시기를 너는 이 증서 곧 봉
인하고 봉인하지 않은 매매 증서를 가지고
토기에 담아 오랫동안 보존하게 하라
15 만군의 여호와 이스라엘의 하나님께서 이
와 같이 말씀하시니라 사람이 이 땅에서 집
과 밭과 포도원을 다시 사게 되리라 하셨다
하니라

예레미야의 기도

16 ●내가 매매 증서를 네리야의 아들 바룩에
게 넘겨 준 뒤에 여호와께 기도하여 이르되
17 슬프도소이다 주 여호와여 주께서 큰 능력
과 펴신 팔로 천지를 지으셨사오니 주에게
는 할 수 없는 일이 없으시니이다
18 주는 은혜를 천만인에게 베푸시며 아버지
의 죄악을 그 후손의 품에 갚으시오니 크고
능력 있으신 하나님이시요 이름은 만군의
여호와시니이다
19 주는 책략에 크시며 하시는 일에 능하시며
인류의 모든 길을 주목하시며 그의 길과 그
의 행위의 열매대로 보응하시나이다
20 주께서 애굽 땅에서 표적과 기사를 행하셨
고 오늘까지도 이스라엘과 인류 가운데 그
와 같이 행하사 주의 이름을 오늘과 같이
되게 하셨나이다
21 주께서 표적과 기사와 강한 손과 펴신 팔과
큰 두려움으로 주의 백성 이스라엘을 애굽
땅에서 인도하여 내시고
22 그들에게 주시기로 그 조상들에게 맹세하
신 바 젖과 꿀이 흐르는 땅을 그들에게 주
셨으므로
23 그들이 들어가서 이를 차지하였거늘 주의

Hanamel came to me in the courtyard of the
guard and said, 'Buy my field at Anathoth in
the territory of Benjamin. Since it is your right
to redeem it and possess it, buy it for yourself.'
"I knew that this was the word of the LORD;
9 ●so I bought the field at Anathoth from my
cousin Hanamel and weighed out for him sev-
10 enteen shekels[a] of silver. ●I signed and sealed
the deed, had it witnessed, and weighed out the
11 silver on the scales. ●I took the deed of purchase
— the sealed copy containing the terms and
conditions, as well as the unsealed copy —
12 ●and I gave this deed to Baruch son of Neriah,
the son of Mahseiah, in the presence of my
cousin Hanamel and of the witnesses who had
signed the deed and of all the Jews sitting in the
courtyard of the guard.
13 ●"In their presence I gave Baruch these
14 instructions: ●'This is what the LORD Almighty,
the God of Israel, says: Take these documents,
both the sealed and unsealed copies of the deed
of purchase, and put them in a clay jar so they
15 will last a long time. ●For this is what the LORD
Almighty, the God of Israel, says: Houses, fields
and vineyards will again be bought in this
land.'
16 ●"After I had given the deed of purchase to
Baruch son of Neriah, I prayed to the LORD:
17 ●"Ah, Sovereign LORD, you have made
the heavens and the earth by your great
power and outstretched arm. Nothing is
18 too hard for you. ●You show love to thou-
sands but bring the punishment for the
parents' sins into the laps of their children
after them. Great and mighty God, whose
19 name is the LORD Almighty, ●great are
your purposes and mighty are your deeds.
Your eyes are open to the ways of all man-
kind; you reward each person according
to their conduct and as their deeds de-
20 serve. ●You performed signs and wonders
in Egypt and have continued them to this
day, in Israel and among all mankind,
and have gained the renown that is still
21 yours. ●You brought your people Israel
out of Egypt with signs and wonders, by a
mighty hand and an outstretched arm
22 and with great terror. ●You gave them
this land you had sworn to give their
ancestors, a land flowing with milk and
23 honey. ●They came in and took posses-

[a]9 That is, about 7 ounces or about 200 grams

condition [kəndíʃən] *n.* 조건
conduct [kándʌkt] *n.* 행실
deed [diːd] *n.* 증서, 행위
document [dákjumənt] *n.* 문서
instruction [instrʌ́kʃən] *n.* 가르침
mankind [mænkaind] *n.* 인류
outstretched [àutstrétʃt] *a.* 펼친
perform [pərfɔ́ːrm] *vi.* 행하다
punishment [pʌ́niʃmənt] *n.* 처벌
redeem [ridíːm] *vt.* 상환하다
renown [rináun] *n.* 명성
reward [riwɔ́ːrd] *vt.* 보답하다
scale [skeil] *n.* 저울
seal [siːl] *vt.* 봉인하다
territory [térətɔ̀ːri] *n.* 영토

32:9 weigh out: (무게를) 달아서 나누다
32:11 as well as...: …는 물론, …역시
32:14 put A in B: A를 B 안에 넣다
32:19 according to...: …에 따라
32:23 take possession of...: …를 점령하다, …를 손에 넣다

목소리를 순종하지 아니하며 주의 율법에서
행하지 아니하며 무릇 주께서 행하라 명령하
신 일을 행하지 아니하였으므로 주께서 이 모
든 재앙을 그들에게 내리셨나이다 2:7
24 보옵소서 이 성을 빼앗으려고 만든 참호가 이
성에 이르렀고 칼과 기근과 전염병으로 말미암
아 이 성이 이를 치는 갈대아인의 손에 넘긴 바
되었으니 주의 말씀대로 되었음을 주께서 보시
나이다
25 주 여호와여 주께서 내게 은으로 밭을 사며 증
인을 세우라 하셨으나 이 성은 갈대아인의 손
에 넘기신 바 되었나이다
26 ●그때에 여호와의 말씀이 예레미야에게 임하
여 이르시되
27 나는 여호와요 모든 육체의 하나님이라 내게
할 수 없는 일이 있겠느냐
28 그러므로 여호와께서 이와 같이 말씀하시니라
보라 내가 이 성을 갈대아인의 손과 바벨론의
느부갓네살 왕의 손에 넘길 것인즉 그가 차지
할 것이라
29 이 성을 치는 갈대아인이 와서 이 성읍에 불을
놓아 성과 집 곧 그 지붕에서 바알에게 분향하
며 다른 신들에게 전제를 드려 나를 격노하게
한 집들을 사르리니
30 이는 이스라엘 자손과 유다 자손이 예로부터
내 눈앞에 악을 행하였을 뿐이라 이스라엘 자
손은 그의 손으로 만든 것을 가지고 나를 격노
하게 한 것뿐이니라 여호와의 말씀이니라
31 이 성이 건설된 날부터 오늘까지 나의 노여움
과 분을 일으키므로 내가 내 앞에서 그것을 옮
기려 하노니
32 이는 이스라엘 자손과 유다 자손이 모든 악을
행하여 내 노여움을 일으켰음이라 그들과 그
들의 왕들과 그의 고관들과 그의 제사장들과
그의 선지자들과 유다 사람들과 예루살렘 주
민들이 다 그러하였느니라 사 1:4-6
33 그들이 등을 내게로 돌리고 얼굴을 내게로 향
하지 아니하며 내가 그들을 가르치되 끊임없
이 가르쳤는데도 그들이 교훈을 듣지 아니하
며 받지 아니하고
34 내 이름으로 일컫는 집에 자기들의 가증한 물
건들을 세워서 그 집을 더럽게 하며
35 힌놈의 아들의 골짜기에 바알의 산당을 건축하
였으며 자기들의 아들들과 딸들을 몰렉 앞으로
지나가게 하였느니라 그들이 이런 가증한 일을
행하여 유다로 범죄하게 한 것은 내가 명령한
것도 아니요 내 마음에 둔 것도 아니니라

sion of it, but they did not obey you or
follow your law; they did not do what
you commanded them to do. So you
brought all this disaster on them.
24 ●"See how the siege ramps are built
up to take the city. Because of the
sword, famine and plague, the city will
be given into the hands of the Babylo-
nians who are attacking it. What you
said has happened, as you now see.
25 ●And though the city will be given into
the hands of the Babylonians, you, Sov-
ereign LORD, say to me, 'Buy the field
with silver and have the transaction
witnessed.' "

26 ●Then the word of the LORD came to
27 Jeremiah: ●"I am the LORD, the God of all
mankind. Is anything too hard for me?
28 ●Therefore this is what the LORD says: I am
about to give this city into the hands of the
Babylonians and to Nebuchadnezzar king
29 of Babylon, who will capture it. ●The
Babylonians who are attacking this city
will come in and set it on fire; they will
burn it down, along with the houses where
the people aroused my anger by burning
incense on the roofs to Baal and by pouring
out drink offerings to other gods.
30 ●"The people of Israel and Judah have
done nothing but evil in my sight from
their youth; indeed, the people of Israel
have done nothing but arouse my anger
with what their hands have made, declares
31 the LORD. ●From the day it was built until
now, this city has so aroused my anger and
wrath that I must remove it from my sight.
32 ●The people of Israel and Judah have pro-
voked me by all the evil they have done—
they, their kings and officials, their priests
and prophets, the people of Judah and
33 those living in Jerusalem. ●They turned
their backs to me and not their faces;
though I taught them again and again,
they would not listen or respond to disci-
34 pline. ●They set up their vile images in the
house that bears my Name and defiled it.
35 ●They built high places for Baal in the Val-
ley of Ben Hinnom to sacrifice their sons
and daughters to Molek, though I never
commanded—nor did it enter my mind—
that they should do such a detestable thing
and so make Judah sin.

arouse [əráuz] *vt.* 자극하다
defile [difáil] *vt.* 더럽히다
detestable [ditéstəbl] *a.* 몹시 싫은
disaster [dizǽstər] *n.* 재앙
discipline [dísəplin] *n.* 징계
famine [fǽmin] *n.* 기근
indeed [indí:d] *ad.* 진실로
plague [pleig] *n.* 역병
provoke [prəvóuk] *vt.* 도발하다
ramp [ræmp] *n.* 경사로
remove [rimú:v] *vt.* 옮기다
sacrifice [sǽkrəfàis] *vt.* 산 제물을 바치다
sovereign [sávərin] *a.* 주권을 가진
transaction [trænsǽkʃən] *n.* 처리
vile [vail] *a.* 비열한, 사악한

32:29 **set... on fire**: …에 불을 지르다
32:29 **pour out**: 쏟아붓다
32:30 **do nothing but...**: …만 하고 있다
32:30 **in one's sight**: …의 면전에서
32:33 **respond to...**: …에 대응하다
32:34 **set up**: 건립하다

영원한 언약

36 ●그러나 이스라엘의 하나님 여호와께서 너희
가 말하는 바 칼과 기근과 전염병으로 말미암
아 바벨론 왕의 손에 넘긴 바 되었다 하는 이 성
에 대하여 이와 같이 말씀하시니라
37 보라 내가 노여움과 분함과 큰 분노로 그들을
쫓아 보내었던 모든 지방에서 그들을 모아들여
이곳으로 돌아오게 하여 안전히 살게 할 것이라
38 그들은 내 백성이 되겠고 나는 그들의 하나님
이 될 것이며 30:22
39 내가 그들에게 한 마음과 한 길을 주어 자기들
과 자기 후손의 복을 위하여 항상 나를 경외하
게 하고
40 내가 그들에게 복을 주기 위하여 그들을 떠나지
아니하리라 하는 영원한 언약을 그들에게 세우
고 나를 경외함을 그들의 마음에 두어 나를 떠나
지 않게 하고
41 내가 기쁨으로 그들에게 복을 주되 분명히 나
의 마음과 정성을 다하여 그들을 이 땅에 심으
리라
42 여호와께서 이와 같이 말씀하시니라 내가 이
백성에게 이 큰 재앙을 내린 것같이 허락한 모
든 복을 그들에게 내리리라
43 너희가 말하기를 황폐하여 사람이나 짐승이 없
으며 갈대아인의 손에 넘긴 바 되었다 하는 이
땅에서 사람들이 밭을 사되
44 베냐민 땅과 예루살렘 사방과 유다 성읍들과
산지의 성읍들과 저지대의 성읍들과 네겝의 성
읍들에 있는 밭을 은으로 사고 증서를 기록하
여 봉인하고 증인을 세우리니 이는 내가 그들
의 포로를 돌아오게 함이니라 여호와의 말씀이
니라

이스라엘과 유다의 회복에 대한 언약

33 예레미야가 아직 시위대 뜰에 갇혀 있을
때에 여호와의 말씀이 그에게 두 번째로
임하니라 이르시되
2 일을 행하시는 여호와, 그것을 만들며 성취하
시는 여호와, 그의 이름을 여호와라 하는 이가
이와 같이 이르시도다
3 너는 내게 부르짖으라 내가 네게 응답하겠고
네가 알지 못하는 크고 은밀한 일을 네게 보이
리라
4 이스라엘의 하나님 여호와께서 말씀하시니라
무리가 이 성읍의 가옥과 유다 왕궁을 헐어서
갈대아인의 참호와 칼을 대항하여
5 싸우려 하였으나 내가 나의 노여움과 분함으로
그들을 죽이고 그들의 시체로 이 성을 채우게

36 ●"You are saying about this city, 'By the
sword, famine and plague it will be given
into the hands of the king of Babylon'; but
this is what the LORD, the God of Israel, says:
37 ●I will surely gather them from all the
lands where I banish them in my furious
anger and great wrath; I will bring them
back to this place and let them live in safe-
38 ty. ●They will be my people, and I will be
39 their God. ●I will give them singleness of
heart and action, so that they will always
fear me and that all will then go well for
40 them and for their children after them. ●I
will make an everlasting covenant with
them: I will never stop doing good to them,
and I will inspire them to fear me, so that
41 they will never turn away from me. ●I will
rejoice in doing them good and will
assuredly plant them in this land with all
my heart and soul.
42 ●"This is what the LORD says: As I have
brought all this great calamity on this peo-
ple, so I will give them all the prosperity I
43 have promised them. ●Once more fields
will be bought in this land of which you
say, 'It is a desolate waste, without people
or animals, for it has been given into the
44 hands of the Babylonians.' ●Fields will be
bought for silver, and deeds will be signed,
sealed and witnessed in the territory of Ben-
jamin, in the villages around Jerusalem, in
the towns of Judah and in the towns of the
hill country, of the western foothills and of
the Negev, because I will restore their for-
tunes,[a] declares the LORD."

Promise of Restoration

33 While Jeremiah was still confined in
the courtyard of the guard, the word
of the LORD came to him a second time:
2 ●"This is what the LORD says, he who made
the earth, the LORD who formed it and estab-
3 lished it—the LORD is his name: ●'Call to me
and I will answer you and tell you great and
4 unsearchable things you do not know.' ●For
this is what the LORD, the God of Israel, says
about the houses in this city and the royal
palaces of Judah that have been torn down
to be used against the siege ramps and the
5 sword ●in the fight with the Babylonians[b]:
'They will be filled with the dead bodies of

[a]44 Or *will bring them back from captivity* [b]5 Or *Chaldeans*

assuredly [əʃúəridli] *ad.* 틀림없이
banish [bǽniʃ] *vt.* 추방하다
calamity [kəlǽməti] *n.* 재난
confine [kənfaín] *vt.* 감금하다
covenant [kʌ́vənənt] *n.* 언약
desolate [désələt] *a.* 황량한
furious [fjúəriəs] *a.* 맹렬한
inspire [inspáiər] *vt.* 불어넣다
prosperity [praspérəti] *n.* 번영
restore [ristɔ́ːr] *vt.* 되돌려 주다
seal [siːl] *vt.* 봉인하다
singleness [síŋglnis] *n.* 단일성
territory [térətɔ̀ːri] *n.* 영토
unsearchable [ʌnsə́ːrtʃəbl] *a.* 알 수 없는
wrath [ræθ] *n.* 진노

32:39 **go well**: 형통하다
32:40 **turn away**: 외면하다, 떠나다
32:43 **once more**: 한 번 더
33:3 **call to...**: …에게 큰 소리로 말하다
33:4 **tear down**: 부수다, 헐다
33:5 **be filled with...**: …로 채워지다

하였나니 이는 그들의 모든 악행으로 말미
암아 나의 얼굴을 가리어 이 성을 돌아보지
아니하였음이라
6 그러나 보라 내가 이 성읍을 치료하며 고쳐
낫게 하고 평안과 진실이 풍성함을 그들에
게 나타낼 것이며 사 66:12
7 내가 유다의 포로와 이스라엘의 포로를 돌
아오게 하여 그들을 처음과 같이 세울 것이
며
8 내가 그들을 내게 범한 그 모든 죄악에서
정하게 하며 그들이 내게 범하며 행한 모든
죄악을 사할 것이라 슥 13:1
9 이 성읍이 세계 열방 앞에서 나의 기쁜 이
름이 될 것이며 찬송과 영광이 될 것이요
그들은 내가 이 백성에게 베푼 모든 복을
들을 것이요 내가 이 성읍에 베푼 모든 복
과 모든 평안으로 말미암아 두려워하며 떨
리라 사 62:7
10-11 ●여호와께서 이와 같이 말씀하시니라
너희가 가리켜 말하기를 황폐하여 사람도
없고 짐승도 없다 하던 여기 곧 황폐하여
사람도 없고 주민도 없고 짐승도 없던 유다
성읍들과 예루살렘 거리에서 즐거워하는
소리, 기뻐하는 소리, 신랑의 소리, 신부의
소리와 및 만군의 여호와께 감사하라, 여호
와는 선하시니 그 인자하심이 영원하다 하
는 소리와 여호와의 성전에 감사제를 드리
는 자들의 소리가 다시 들리리니 이는 내가
이 땅의 포로를 돌려보내어 지난 날처럼 되
게 할 것임이라 여호와의 말씀이니라
12 ●만군의 여호와께서 이와 같이 말씀하시
니라 황폐하여 사람도 없고 짐승도 없던 이
곳과 그 모든 성읍에 다시 목자가 살 곳이
있으리니 그의 양 떼를 눕게 할 것이라
13 산지 성읍들과 [1]평지 성읍들과 네겝의 성
읍들과 베냐민 땅과 예루살렘 사면과 유다
성읍들에서 양 떼가 다시 계수하는 자의 손
아래로 지나리라 여호와께서 말씀하시니
라 17:26
14 ●여호와의 말씀이니라 보라 내가 이스라
엘 집과 유다 집에 대하여 일러 준 선한 말
을 성취할 날이 이르리라
15 그날 그때에 내가 다윗에게서 한 공의로운
가지가 나게 하리니 그가 이 땅에 정의와
공의를 실행할 것이라 23:5
16 그날에 유다가 구원을 받겠고 예루살렘이
안전히 살 것이며 이 성은 여호와는 우리의

the people I will slay in my anger and wrath. I
will hide my face from this city because of all its
wickedness.
6 ●" 'Nevertheless, I will bring health and heal-
ing to it; I will heal my people and will let
7 them enjoy abundant peace and security. ●I
will bring Judah and Israel back from captivity[a]
8 and will rebuild them as they were before. ●I
will cleanse them from all the sin they have
committed against me and will forgive all their
9 sins of rebellion against me. ●Then this city will
bring me renown, joy, praise and honor before
all nations on earth that hear of all the good
things I do for it; and they will be in awe and
will tremble at the abundant prosperity and
peace I provide for it.'
10 ●"This is what the LORD says: 'You say about
this place, "It is a desolate waste, without people
or animals." Yet in the towns of Judah and the
streets of Jerusalem that are deserted, inhabited
by neither people nor animals, there will be
11 heard once more ●the sounds of joy and glad-
ness, the voices of bride and bridegroom, and
the voices of those who bring thank offerings to
the house of the LORD, saying,

"Give thanks to the LORD Almighty,
for the LORD is good;
his love endures forever."

For I will restore the fortunes of the land as they
were before,' says the LORD.
12 ●"This is what the LORD Almighty says: 'In
this place, desolate and without people or
animals — in all its towns there will again be
13 pastures for shepherds to rest their flocks. ●In
the towns of the hill country, of the western
foothills and of the Negev, in the territory of
Benjamin, in the villages around Jerusalem and
in the towns of Judah, flocks will again pass
under the hand of the one who counts them,'
says the LORD.
14 ●" 'The days are coming,' declares the LORD,
'when I will fulfill the good promise I made to
the people of Israel and Judah.
15 ●" 'In those days and at that time
I will make a righteous Branch sprout
from David's line;
he will do what is just and right in the land.
16 ●In those days Judah will be saved
and Jerusalem will live in safety.
This is the name by which it[b] will be called:

[a]7 Or *will restore the fortunes of Judah and Israel* [b]16 Or *he*

1) 스펠라

abundant [əbʌ́ndənt] *a.* 풍족한
awe [ɔː] *n.* 두려움
commit [kəmít] *vt.* 범하다
desolate [désələt] *a.* 황량한
endure [indjúər] *vi.* 참다, 견디다
foothill [fúthil] *n.* 산기슭의 작은 언덕
fulfill [fulfíl] *vt.* 성취하다
neverthless [nevərðəlés] *ad.* 그러나
offering [ɔ́ːfəriŋ] *n.* 제물
pasture [pǽstʃər] *n.* 목초지
rebellion [ribéljən] *n.* 반항, 저항
renown [rináun] *n.* 명성
restore [ristɔ́ːr] *vt.* 되돌려 주다
sprout [spraut] *vt.* 자라나게 하다
tremble [trémbl] *vi.* 떨리다

33:5 hide one's face from: …에서 얼굴을 돌리다
33:9 hear of...: …의 이야기를 듣다
33:9 provide for...: …에게 제공하다
33:10 be deserted: 사람의 왕래가 그치다
33:10 neither A nor B: A, B 둘 다 아니다

의라는 이름을 얻으리라
17 여호와께서 이와 같이 말씀하시니라 이스라엘
집의 왕위에 앉을 사람이 다윗에게 영원히 끊
어지지 아니할 것이며
18 내 앞에서 번제를 드리며 소제를 사르며 다른
제사를 항상 드릴 레위 사람 제사장들도 끊어
지지 아니하리라 하시니라 신 18:1
19 ●여호와의 말씀이 예레미야에게 임하니라 이
르시되
20 여호와께서 이와 같이 말씀하시니라 너희가 능
히 낮에 대한 나의 언약과 밤에 대한 나의 언약
을 깨뜨려 주야로 그때를 잃게 할 수 있을진대
21 내 종 다윗에게 세운 나의 언약도 깨뜨려 그에
게 그의 자리에 앉아 다스릴 아들이 없게 할 수
있겠으며 내가 나를 섬기는 레위인 제사장에게
세운 언약도 파할 수 있으리라
22 하늘의 만상은 셀 수 없으며 바다의 모래는 측
량할 수 없나니 내가 그와 같이 내 종 다윗의 자
손과 나를 섬기는 레위인을 번성하게 하리라
하시니라
23 ●여호와의 말씀이 예레미야에게 임하니라 이
르시되
24 이 백성이 말하기를 여호와께서 자기가 택하신
그들 중에 두 가계를 버리셨다 한 것을 네가 생
각하지 아니하느냐 그들이 내 백성을 멸시하여
자기들 앞에서 나라로 인정하지 아니하도다
25 여호와께서 이와 같이 말씀하시니라 내가 주야
와 맺은 언약이 없다든지 천지의 법칙을 내가
정하지 아니하였다면
26 야곱과 내 종 다윗의 자손을 버리고 다시는 다
윗의 자손 중에서 아브라함과 이삭과 야곱의
자손을 다스릴 자를 택하지 아니하리라 내가
그 포로된 자를 돌아오게 하고 그를 불쌍히 여
기리라

시드기야 왕에 대한 말씀 — B.C. 585년경

34 바벨론의 느부갓네살 왕과 그의 모든 군
대와 그의 통치하에 있는 땅의 모든 나라
와 모든 백성이 예루살렘과 그 모든 성읍을 칠
때에 말씀이 여호와께로부터 예레미야에게 임
하여 이르시되
2 이스라엘의 하나님 여호와께서 이와 같이 말씀
하시니라 너는 가서 유다의 시드기야 왕에게
아뢰어 이르기를 여호와의 말씀에 보라 내가
이 성을 바벨론 왕의 손에 넘기리니 그가 이 성
을 불사를 것이라
3 네가 그의 손에서 벗어나지 못하고 반드시 사
로잡혀 그의 손에 넘겨져서 네 눈은 바벨론 왕

The LORD Our Righteous Savior.'
17 •For this is what the LORD says: 'David
will never fail to have a man to sit on the
18 throne of Israel, •nor will the Levitical
priests ever fail to have a man to stand
before me continually to offer burnt offer-
ings, to burn grain offerings and to pre-
sent sacrifices.' "
19 •The word of the LORD came to Jeremi-
20 ah: •"This is what the LORD says: 'If you can
break my covenant with the day and my
covenant with the night, so that day and
night no longer come at their appointed
21 time, •then my covenant with David my
servant—and my covenant with the Levi-
tes who are priests ministering before me—
can be broken and David will no longer
have a descendant to reign on his throne.
22 •I will make the descendants of David my
servant and the Levites who minister before
me as countless as the stars in the sky and
as measureless as the sand on the seashore.' "
23 •The word of the LORD came to Jeremi-
24 ah: •"Have you not noticed that these peo-
ple are saying, 'The LORD has rejected the
two kingdoms[a] he chose'? So they despise
my people and no longer regard them as a
25 nation. •This is what the LORD says: 'If I
have not made my covenant with day and
night and established the laws of heaven
26 and earth, •then I will reject the descen-
dants of Jacob and David my servant and
will not choose one of his sons to rule over
the descendants of Abraham, Isaac and
Jacob. For I will restore their fortunes[b] and
have compassion on them.' "

Warning to Zedekiah

34 While Nebuchadnezzar king of
Babylon and all his army and all
the kingdoms and peoples in the empire he
ruled were fighting against Jerusalem and
all its surrounding towns, this word came
2 to Jeremiah from the LORD: •"This is what
the LORD, the God of Israel, says: Go to
Zedekiah king of Judah and tell him, 'This
is what the LORD says: I am about to give
this city into the hands of the king of Baby-
3 lon, and he will burn it down. •You will
not escape from his grasp but will surely be
captured and given into his hands. You will

[a]24 Or *families* [b]26 Or *will bring them back from captivity*

capture [kǽptʃər] *vt.* 사로잡다
countless [káuntlis] *a.* 셀 수 없이 많은
covenant [kʌ́vənənt] *n.* 언약
descendant [diséndənt] *n.* 후손
despise [dispáiz] *vt.* 멸시하다
empire [émpaiər] *n.* 왕국
establish [istǽbliʃ] *vt.* 설립하다
fortune [fɔ́:rtʃən] *n.* 운, 행운
grasp [græsp] *n.* 손아귀
measureless [méʒərlis] *a.* 무한한
minister [mínəstər] *vi.* 섬기다
present [prizént] *vt.* 바치다
reign [rein] *vi.* 통치하다
sacrifice [sǽkrəfàis] *n.* 희생제물
seashore [sí:ʃɔ̀:r] *n.* 해변

33:17 never fail to...: 반드시 …하다
33:21 no longer...: 더 이상…않다
33:24 regard A as B: A를 B로 간주하다
33:26 have compassion on...: …를 측은히 여기다
34:3 escape from...: …로부터 달아나다

의 눈을 볼 것이며 그의 입은 네 입을 마주 대
하여 말할 것이요 너는 바벨론으로 가리라
4 그러나 유다의 시드기야 왕이여 여호와의 말
씀을 들으라 여호와께서 네게 대하여 이와 같
이 말씀하시니라 네가 칼에 죽지 아니하고
5 평안히 죽을 것이며 사람이 너보다 먼저 있은
네 조상들 곧 선왕들에게 분향하던 것같이 네
게 분향하며 너를 위하여 애통하기를 슬프다
주여 하리니 이는 내가 말하였음이라 여호와
의 말씀이니라 하시니라
6 선지자 예레미야가 이 모든 말씀을 예루살
렘에서 유다의 시드기야 왕에게 아뢰니라
7 그때에 바벨론의 왕의 군대가 예루살렘과 유
다의 남은 모든 성읍들을 쳤으니 곧 라기스와
아세가라 유다의 견고한 성읍 중에 이것들만
남았음이더라

여호와 앞에서 맺은 계약을 어기다

8 시드기야 왕이 예루살렘에 있는 모든 백성
과 한가지로 하나님 앞에서 계약을 맺고 자유
를 선포한 후에 여호와께로부터 말씀이 예레
미야에게 임하니라
9 그 계약은 사람마다 각기 히브리 남녀 노비를
놓아 자유롭게 하고 그의 동족 유다인을 종으
로 삼지 못하게 한 것이라
10 이 계약에 가담한 고관들과 모든 백성이 각기
노비를 자유롭게 하고 다시는 종을 삼지 말라
함을 듣고 순복하여 놓았더니
11 후에 그들의 뜻이 변하여 자유를 주었던 노비
를 끌어다가 복종시켜 다시 노비로 삼았더라
12 그러므로 여호와의 말씀이 여호와께로부터
예레미야에게 임하니라 이르시되
13 이스라엘 하나님 여호와께서 이와 같이 말씀
하시니라 내가 너희 선조를 애굽 땅 종의 집에
서 인도하여 낼 때에 그들과 언약을 맺으며 이
르기를
14 너희 형제 히브리 사람이 [1]네게 팔려 왔거든
너희는 칠 년 되는 해에 그를 놓아 줄 것이니
라 그가 육 년 동안 너를 섬겼은즉 그를 놓아
자유롭게 할지니라 하였으나 너희 선조가 내
게 순종하지 아니하며 귀를 기울이지도 아니
하였느니라
15 그러나 너희는 이제 돌이켜 내 눈 앞에 바른
일을 행하여 각기 이웃에게 자유를 선포하되
내 이름으로 일컬음을 받는 집에서 내 앞에서
계약을 맺었거늘
16 *너희가 돌이켜 내 이름을 더럽히고 각기 놓아*
그들의 마음대로 자유롭게 하였던 노비를 끌어

see the king of Babylon with your own eyes,
and he will speak with you face to face. And
you will go to Babylon.
4 " 'Yet hear the LORD's promise to you,
Zedekiah king of Judah. This is what the
LORD says concerning you: You will not die
5 by the sword; you will die peacefully. As
people made a funeral fire in honor of your
predecessors, the kings who ruled before
you, so they will make a fire in your honor
and lament, "Alas, master!" I myself make
this promise, declares the LORD.' "
6 Then Jeremiah the prophet told all this
to Zedekiah king of Judah, in Jerusalem,
7 while the army of the king of Babylon was
fighting against Jerusalem and the other
cities of Judah that were still holding out—
Lachish and Azekah. These were the only
fortified cities left in Judah.

Freedom for Slaves

8 The word came to Jeremiah from the
LORD after King Zedekiah had made a
covenant with all the people in Jerusalem
9 to proclaim freedom for the slaves. Every-
one was to free their Hebrew slaves, both
male and female; no one was to hold a fel-
10 low Hebrew in bondage. So all the officials
and people who entered into this covenant
agreed that they would free their male and
female slaves and no longer hold them in
bondage. They agreed, and set them free.
11 But afterward they changed their minds
and took back the slaves they had freed and
enslaved them again.
12 Then the word of the LORD came to Jere-
13 miah: "This is what the LORD, the God of
Israel, says: I made a covenant with your
ancestors when I brought them out of Egypt,
14 out of the land of slavery. I said, 'Every sev-
enth year each of you must free any fellow
Hebrews who have sold themselves to you.
After they have served you six years, you
must let them go free.'[a] Your ancestors,
however, did not listen to me or pay atten-
15 tion to me. Recently you repented and did
what is right in my sight: Each of you pro-
claimed freedom to your own people. You
even made a covenant before me in the
16 house that bears my Name. But now you
have turned around and profaned my
name; each of you has taken back the male

[a]14 Deut. 15:12 1) 스스로 네게

bear [bɛər] *vt.* (칭호)를 갖다
bondage [bándidʒ] *n.* 노예의 신분
covenant [kʌ́vənənt] *n.* 언약
declare [diklέər] *vt.* 선언하다
enslave [insléiv] *vt.* 노예삼다
fellow [félou] *n.* 사람
fortify [fɔ́:rtəfài] *vt.* 강화하다
funeral [fjú:nərəl] *a.* 장례의
lament [ləmént] *n.* 슬픔
official [əfíʃəl] *n.* 관리자
predecessor [prédəsèsər] *n.* 조상
proclaim [proukléim] *vt.* 선포하다
profane [prəféin] *vt.* 신성을 더럽히다
recently [rí:sntli] *ad.* 요즘, 근래에
repent [ripént] *vi.* 회개하다

34:5 in honor of...: …에게 경의를 표하여
34:7 hold out: 최후까지 버티다
34:10 enter into: 관계[협약]를 맺다
34:10 set free: 석방하다
34:13 bring out: 데리고 나가다
34:16 turn around: 돌아서다

다가 다시 너희에게 복종시켜 너희의 노비
로 삼았도다
17 ●그러므로 여호와께서 이와 같이 말씀하시
니라 너희가 나에게 순종하지 아니하고 각
기 형제와 이웃에게 자유를 선포한 것을 실
행하지 아니하였은즉 내가 너희를 대적하여
칼과 전염병과 기근에게 자유를 주리라 여
호와의 말씀이니라 내가 너희를 세계 여러
나라 가운데에 1)흩어지게 할 것이며 신 28:25
18 송아지를 둘로 쪼개고 그 두 조각 사이로
지나매 내 앞에 언약을 맺었으나 그 말을
실행하지 아니하여 내 계약을 어긴 그들을
19 곧 송아지 두 조각 사이로 지난 유다 고관
들과 예루살렘 고관들과 내시들과 제사장
들과 이 땅 모든 백성을 34:10
20 내가 그들의 원수의 손과 그들의 생명을 찾
는 자의 손에 넘기리니 그들의 시체가 공중
의 새와 땅의 짐승의 먹이가 될 것이며 11:21
21 또 내가 유다의 시드기야 왕과 그의 고관들
을 그의 원수의 손과 그의 생명을 찾는 자의
손과 너희에게서 떠나간 바벨론 왕의 군대
의 손에 넘기리라
22 여호와의 말씀이니라 보라 내가 그들에게
명령하여 이 성읍에 다시 오게 하리니 그들
이 이 성을 쳐서 빼앗아 불사를 것이라 내
가 유다의 성읍들을 주민이 없어 처참한 황
무지가 되게 하리라

예레미야와 레갑 사람들 (♪ 14장) — B.C. 605년경

35 유다의 요시야 왕의 아들 여호야김 때
에 여호와께로부터 말씀이 예레미야
에게 임하여 이르시되
2 너는 레갑 사람들의 집에 가서 그들에게 말
하고 그들을 여호와의 집 한 방으로 데려다
가 포도주를 마시게 하라 하시니라 왕하 10:15
3 이에 내가 하바시냐의 손자요 예레미야의
아들인 야아사냐와 그의 형제와 그의 모든
아들과 모든 레갑 사람들을 데리고
4 여호와의 집에 이르러 익다랴의 아들 하나
님의 사람 하난의 아들들의 방에 들였는데
그 방은 고관들의 방 곁이요 문을 지키는
살룸의 아들 마아세야의 방 위더라
5 내가 레갑 사람들의 후손들 앞에 포도주가
가득한 종지와 술잔을 놓고 마시라 권하매
6 그들이 이르되 우리는 포도주를 마시지 아
니하겠노라 레갑의 아들 우리 선조 요나답
이 우리에게 명령하여 이르기를 너희와 너
희 자손은 영원히 포도주를 마시지 말며

and female slaves you had set free to go where
they wished. You have forced them to become
your slaves again.
17 •"Therefore this is what the LORD says: You
have not obeyed me; you have not proclaimed
freedom to your own people. So I now pro-
claim 'freedom' for you, declares the LORD
—'freedom' to fall by the sword, plague and
famine. I will make you abhorrent to all the
18 kingdoms of the earth. •Those who have violat-
ed my covenant and have not fulfilled the terms
of the covenant they made before me, I will treat
like the calf they cut in two and then walked
19 between its pieces. •The leaders of Judah and
Jerusalem, the court officials, the priests and all
the people of the land who walked between
20 the pieces of the calf, •I will deliver into the
hands of their enemies who want to kill them.
Their dead bodies will become food for the
birds and the wild animals.
21 •"I will deliver Zedekiah king of Judah and
his officials into the hands of their enemies
who want to kill them, to the army of the king
of Babylon, which has withdrawn from you.
22 •I am going to give the order, declares the
LORD, and I will bring them back to this city.
They will fight against it, take it and burn it
down. And I will lay waste the towns of Judah
so no one can live there."

The Rekabites

35 This is the word that came to Jeremiah
from the LORD during the reign of
2 Jehoiakim son of Josiah king of Judah: •"Go to
the Rekabite family and invite them to come to
one of the side rooms of the house of the LORD
and give them wine to drink."
3 •So I went to get Jaazaniah son of Jeremiah,
the son of Habazziniah, and his brothers and
all his sons—the whole family of the Rek-
4 abites. •I brought them into the house of the
LORD, into the room of the sons of Hanan son
of Igdaliah the man of God. It was next to the
room of the officials, which was over that of
Maaseiah son of Shallum the doorkeeper.
5 •Then I set bowls full of wine and some cups
before the Rekabites and said to them, "Drink
some wine."
6 •But they replied, "We do not drink wine,
because our forefather Jehonadab[a] son of Rekab
gave us this command: 'Neither you nor your

[a]6 Hebrew *Jonadab*, a variant of *Jehonadab*; here and often in this chapter 1) 두려움이 되게 할 것이며

abhorrent [æbhɔ́:rənt] *a.* 싫어서 견딜 수 없는
bowl [boul] *n.* 사발
calf [kæf] *n.* 송아지
command [kəmǽnd] *n.* 명령
deliver [dilívər] *vt.* 구해내다
doorkeeper [dɔ́:rkì:pər] *n.* 문지기
enemy [énəmi] *n.* 원수
famine [fǽmin] *n.* 기근
forefather [fɔ́:rfɑ̀:ðər] *n.* 선조
obey [oubéi] *vt.* 복종하다
order [ɔ́:rdər] *vi.* 명령하다
plague [pleig] *n.* 역병(疫病)
sword [sɔ:rd] *n.* 칼
treat [tri:t] *vt.* 대하다
violate [váiəlèit] *vt.* 위반하다

34:16 force A to B: A가 B하도록 강요하다
34:21 withdraw from...: …에서 물러나다
34:22 burn down: 태워버리다
34:22 lay waste: 황폐화시키다
35:2 invite to...: …에 초대하다
35:6 neither A nor B: A도 B도 다 아니다

7 너희가 집도 짓지 말며 파종도 하지 말며 포도
원을 소유하지도 말고 너희는 평생 동안 장막
에 살아라 그리하면 너희가 머물러 사는 땅에
서 너희 생명이 길리라 하였으므로
8 우리가 레갑의 아들 우리 선조 요나답이 우리
에게 명령한 모든 말을 순종하여 우리와 우리
아내와 자녀가 평생 동안 포도주를 마시지 아
니하며
9 살 집도 짓지 아니하며 포도원이나 밭이나 종
자도 가지지 아니하고 35:7
10 장막에 살면서 우리 선조 요나답이 우리에게
명령한 대로 다 지켜 행하였노라
11 그러나 바벨론의 느부갓네살 왕이 이 땅에 올
라왔을 때에 우리가 말하기를 갈대아인의 군
대와 수리아인의 군대를 피하여 예루살렘으로
가자 하고 우리가 예루살렘에 살았노라
12 ● 그때에 여호와의 말씀이 예레미야에게 임하
여 이르시되
13 만군의 여호와 이스라엘의 하나님께서 이와
같이 말씀하시니라 너는 가서 유다 사람들과
예루살렘 주민에게 이르기를 너희가 내 말을
들으며 교훈을 받지 아니하겠느냐 여호와의
말씀이니라
14 레갑의 아들 요나답이 그의 자손에게 포도주를
마시지 말라 한 그 명령은 실행되도다 그들은
그 선조의 명령을 순종하여 오늘까지 마시지
아니하거늘 내가 너희에게 말하고 끊임없이 말
하여도 너희는 내게 순종하지 아니하도다
15 내가 내 종 모든 선지자를 너희에게 보내고 끊
임없이 보내며 이르기를 너희는 이제 각기 악
한 길에서 돌이켜 행위를 고치고 다른 신을 따
라 그를 섬기지 말라 그리하면 너희는 내가 너
희와 너희 선조에게 준 이 땅에 살리라 하여도
너희가 귀를 기울이지 아니하며 내게 순종하
지 아니하였느니라
16 레갑의 아들 요나답의 자손은 그의 선조가 그
들에게 명령한 그 명령을 지켜 행하나 이 백성
은 내게 순종하지 아니하도다 말 1:6
17 그러므로 만군의 여호와 이스라엘의 하나님께
서 이와 같이 말씀하시니라 보라 내가 유다와
예루살렘의 모든 주민에게 내가 그들에게 대
하여 선포한 모든 재앙을 내리리니 이는 내가
그들에게 말하여도 듣지 아니하며 불러도 대
답하지 아니함이니라 하셨다 하라 19:3,15
18 ● 예레미야가 레갑 사람의 가문에게 이르되
만군의 여호와 이스라엘의 하나님께서 이와
같이 말씀하시기를 너희가 너희 선조 요나답

7 descendants must ever drink wine. ● Also you
must never build houses, sow seed or plant
vineyards; you must never have any of these
things, but must always live in tents. Then
you will live a long time in the land where
8 you are nomads.' ● We have obeyed every-
thing our forefather Jehonadab son of Rekab
commanded us. Neither we nor our wives
nor our sons and daughters have ever drunk
9 wine ● or built houses to live in or had vine-
10 yards, fields or crops. ● We have lived in
tents and have fully obeyed everything our
11 forefather Jehonadab commanded us. ● But
when Nebuchadnezzar king of Babylon
invaded this land, we said, 'Come, we must
go to Jerusalem to escape the Babylonian[a]
and Aramean armies.' So we have remained
in Jerusalem."
12 ● Then the word of the LORD came to
13 Jeremiah, saying: ● "This is what the LORD
Almighty, the God of Israel, says: Go and
tell the people of Judah and those living
in Jerusalem, 'Will you not learn a lesson
and obey my words?' declares the LORD.
14 ● 'Jehonadab son of Rekab ordered his des-
cendants not to drink wine and this com-
mand has been kept. To this day they do not
drink wine, because they obey their forefa-
ther's command. But I have spoken to you
again and again, yet you have not obeyed
15 me. ● Again and again I sent all my servants
the prophets to you. They said, "Each of you
must turn from your wicked ways and re-
form your actions; do not follow other gods
to serve them. Then you will live in the land
I have given to you and your ancestors." But
you have not paid attention or listened to
16 me. ● The descendants of Jehonadab son of
Rekab have carried out the command their
forefather gave them, but these people have
not obeyed me.'
17 ● "Therefore this is what the LORD God
Almighty, the God of Israel, says: 'Listen! I
am going to bring on Judah and on every-
one living in Jerusalem every disaster I pro-
nounced against them. I spoke to them, but
they did not listen; I called to them, but they
did not answer.' "
18 ● Then Jeremiah said to the family of
the Rekabites, "This is what the LORD Al-
mighty, the God of Israel, says: 'You have
obeyed the command of your forefather

[a]11 Or *Chaldean*

Almighty [ɔːlmáiti] *n.* 전능자
crop [krap] *n.* 농작물
descendant [diséndənt] *n.* 자손
disaster [dizǽstər] *n.* 재앙
escape [iskéip] *vi.* 달아나다
follow [fálou] *vt.* 따르다
forefather [fɔ́ːrfɑ̀ːðər] *n.* 조상
invade [invéid] *vt.* 침략하다
nomad [nóumæd] *n.* 유목민
order [ɔ́ːrdər] *n.* 명령
prophet [práfit] *n.* 선지자
reform [rifɔ́ːrm] *vt.* 개선하다
sow [sou] *vt.* 씨를 뿌리다
vineyard [vínjərd] *n.* 포도원
wicked [wíkid] *a.* 사악한

35:15 turn from...: …에서 돌이키다
35:15 pay attention: 유의하다
35:16 carry out: 준행하다
35:17 bring on...: …을 야기하다
35:17 pronounce against...: …에 불리한 판결을 내리다

의 명령을 순종하여 그의 모든 규율을 지키며
그가 너희에게 명령한 것을 행하였도다
19 그러므로 만군의 여호와 이스라엘의 하나님
께서 이와 같이 말씀하시니라 레갑의 아들 요
나답에게서 내 앞에 설 사람이 영원히 끊어지
지 아니하리라 하시니라

바룩이 여호와의 성전에서 두루마리를 낭독하다

36 유다의 요시야 왕의 아들 여호야김 제사
년에 여호와께로부터 예레미야에게 말
씀이 임하니라 이르시되 25:1
2 너는 두루마리 책을 가져다가 내가 네게 말하
던 날 곧 요시야의 날부터 오늘까지 이스라엘
과 유다와 모든 나라에 대하여 내가 네게 일
러 준 모든 말을 거기에 기록하라
3 유다 가문이 내가 그들에게 내리려 한 모든 재
난을 듣고 각기 악한 길에서 돌이키리니 그리
하면 내가 그 악과 죄를 용서하리라 하시니라
4 ● 이에 예레미야가 네리야의 아들 바룩을 부르
매 바룩이 예레미야가 불러 주는 대로 여호와
께서 그에게 이르신 모든 말씀을 두루마리 책
에 기록하니라
5 예레미야가 바룩에게 명령하여 이르되 나는 붙
잡혔으므로 여호와의 집에 들어갈 수 없으니
6 너는 들어가서 내가 말한 대로 두루마리에 기
록한 여호와의 말씀을 금식일에 여호와의 성
전에 있는 백성의 귀에 낭독하고 유다 모든
성읍에서 온 자들의 귀에도 낭독하라
7 그들이 여호와 앞에 기도를 드리며 각기 악한
길을 떠나리라 여호와께서 이 백성에 대하여
선포하신 노여움과 분이 크니라
8 네리야의 아들 바룩이 선지자 예레미야가 자
기에게 명령한 대로 하여 여호와의 성전에서
책에 있는 여호와의 모든 말씀을 낭독하니라
9 ● 유다의 요시야 왕의 아들 여호야김의 제오
년 구월에 예루살렘 모든 백성과 유다 성읍들
에서 예루살렘에 이른 모든 백성이 여호와 앞
에서 금식을 선포한지라 에 4:16
10 바룩이 여호와의 성전 위뜰 곧 여호와의 성전
에 있는 새 문 어귀 곁에 있는 사반의 아들 서
기관 그마랴의 방에서 그 책에 기록된 예레미
야의 말을 모든 백성에게 낭독하니라 26:10

바룩이 고관 앞에서 두루마리를 낭독하다

11 ● 사반의 손자요 그마랴의 아들인 미가야가
그 책에 기록된 여호와의 말씀을 다 듣고
12 왕궁에 내려가서 서기관의 방에 들어가니 모
든 고관 곧 서기관 엘리사마와 스마야의 아들
들라야와 악볼의 아들 엘라단과 사반의 아들

Jehonadab and have followed all his instruc-
tions and have done everything he ordered.'
19 ● Therefore this is what the LORD Almighty,
the God of Israel, says: 'Jehonadab son of
Rekab will never fail to have a descendant to
serve me.' "

Jehoiakim Burns Jeremiah's Scroll

36 In the fourth year of Jehoiakim son
of Josiah king of Judah, this word
2 came to Jeremiah from the LORD: ● "Take a
scroll and write on it all the words I have
spoken to you concerning Israel, Judah and
all the other nations from the time I began
speaking to you in the reign of Josiah till
3 now. ● Perhaps when the people of Judah
hear about every disaster I plan to inflict on
them, they will each turn from their wicked
ways; then I will forgive their wickedness
and their sin."
4 ● So Jeremiah called Baruch son of Neriah,
and while Jeremiah dictated all the words the
LORD had spoken to him, Baruch wrote them
5 on the scroll. ● Then Jeremiah told Baruch, "I
am restricted; I am not allowed to go to the
6 LORD's temple. ● So you go to the house of the
LORD on a day of fasting and read to the peo-
ple from the scroll the words of the LORD that
you wrote as I dictated. Read them to all the
people of Judah who come in from their
7 towns. ● Perhaps they will bring their petition
before the LORD and will each turn from their
wicked ways, for the anger and wrath pro-
nounced against this people by the LORD are
great."
8 ● Baruch son of Neriah did everything
Jeremiah the prophet told him to do; at the
LORD's temple he read the words of the LORD
9 from the scroll. ● In the ninth month of the
fifth year of Jehoiakim son of Josiah king of
Judah, a time of fasting before the LORD was
proclaimed for all the people in Jerusalem
and those who had come from the towns of
10 Judah. ● From the room of Gemariah son of
Shaphan the secretary, which was in the
upper courtyard at the entrance of the New
Gate of the temple, Baruch read to all the
people at the LORD's temple the words of
Jeremiah from the scroll.
11 ● When Micaiah son of Gemariah, the son
of Shaphan, heard all the words of the LORD
12 from the scroll, ● he went down to the secre-
tary's room in the royal palace, where all the

anger [ǽŋgər] *n.* 노여움
Baruch [bá:ruk] *n.* 바룩(예언자)
concerning [kənsə́:rniŋ] *prep.* …에 관하여
courtyard [kɔ́:rtjὰ:rd] *n.* 안마당
dictate [díkteit] *vt.* 받아쓰게 하다
fasting [fǽstiŋ] *n.* 금식
forgive [fərgív] *vt.* 용서하다
instruction [instrʌ́kʃən] *n.* 지시
perhaps [pərhǽps] *ad.* 혹시
petition [pətíʃən] *n.* 청원
reign [rein] *n.* 군림
restrict [ristríkt] *vt.* 제한하다
scroll [skróul] *n.* 두루마리
secretary [sékrətèri] *n.* 서기관
temple [témpl] *n.* 성전

35:19 never fail to...: 반드시 …하다
36:3 hear about: …에 관해서 듣다
36:3 inflict on...: …을 가하다
36:6 read to...: …에게 읽어주다
36:9 come from...: …에서 나오다
36:12 go down to...: …로 내려가다

그마랴와 하나냐의 아들 시드기야와 모든 고
관이 거기에 앉아 있는지라
13 미가야가 바룩이 백성의 귀에 책을 낭독할 때
에 들은 모든 말을 그들에게 전하매 왕하 22:10
14 이에 모든 고관이 구시의 증손 셀레먀의 손자
느다냐의 아들 여후디를 바룩에게 보내 이르
되 너는 백성의 귀에 낭독한 두루마리를 손에
가지고 오라 네리야의 아들 바룩이 두루마리
를 손에 가지고 그들에게로 오니
15 그들이 바룩에게 이르되 앉아서 이를 우리 귀
에 낭독하라 바룩이 그들의 귀에 낭독하매
16 그들이 그 모든 말씀을 듣고 놀라 서로 보며 바
룩에게 이르되 우리가 이 모든 말을 왕에게 아
뢰리라
17 그들이 또 바룩에게 물어 이르되 너는 그가 불
러 주는 이 모든 말을 어떻게 기록하였느냐 청
하노니 우리에게 알리라
18 바룩이 대답하되 그가 그의 입으로 이 모든 말
을 내게 불러 주기로 내가 먹으로 책에 기록하
였노라
19 이에 고관들이 바룩에게 이르되 너는 가서 예
레미야와 함께 숨고 너희가 있는 곳을 사람에
게 알리지 말라 하니라

왕이 두루마리를 태우다

20 ●그들이 두루마리를 서기관 엘리사마의 방에
두고 뜰에 들어가 왕께 나아가서 이 모든 말을
왕의 귀에 아뢰니
21 왕이 여후디를 보내어 두루마리를 가져오게
하매 여후디가 서기관 엘리사마의 방에서 가
져다가 왕과 왕의 곁에 선 모든 고관의 귀에
낭독하니 36:14
22 그때는 아홉째 달이라 왕이 겨울 궁전에 앉았
고 그 앞에는 불 피운 화로가 있더라 암 3:15
23 여후디가 서너 쪽을 낭독하면 왕이 칼로 그것
을 연하여 베어 화로 불에 던져서 두루마리를
모두 태웠더라
24 왕과 그의 신하들이 이 모든 말을 듣고도 두려
워하거나 자기들의 옷을 찢지 아니하였고
25 엘라단과 들라야와 그마랴가 왕께 두루마리를
불사르지 말도록 아뢰어도 왕이 듣지 아니하
였으며
26 왕이 왕의 아들 여라므엘과 아스리엘의 아들
스라야와 압디엘의 아들 셀레마에게 명령하여
서기관 바룩과 선지자 예레미야를 잡으라 하
였으나 여호와께서 그들을 숨기셨더라

예레미야가 말씀을 다시 쓰다

27 ●왕이 두루마리와 바룩이 예레미야의 입을

officials were sitting: Elishama the secretary,
Delaiah son of Shemaiah, Elnathan son of
Akbor, Gemariah son of Shaphan, Zedekiah
son of Hananiah, and all the other offi-
13 cials. •After Micaiah told them everything
he had heard Baruch read to the people
14 from the scroll, •all the officials sent Jehudi
son of Nethaniah, the son of Shelemiah,
the son of Cushi, to say to Baruch, "Bring
the scroll from which you have read to the
people and come." So Baruch son of Neriah
went to them with the scroll in his hand.
15 •They said to him, "Sit down, please, and
read it to us."
16 So Baruch read it to them. •When they
heard all these words, they looked at each
other in fear and said to Baruch, "We must
17 report all these words to the king." •Then
they asked Baruch, "Tell us, how did you
come to write all this? Did Jeremiah dictate
it?"
18 •"Yes," Baruch replied, "he dictated all
these words to me, and I wrote them in ink
on the scroll."
19 •Then the officials said to Baruch, "You
and Jeremiah, go and hide. Don't let anyone
know where you are."
20 •After they put the scroll in the room of
Elishama the secretary, they went to the
king in the courtyard and reported every-
21 thing to him. •The king sent Jehudi to get
the scroll, and Jehudi brought it from the
room of Elishama the secretary and read it to
the king and all the officials standing beside
22 him. •It was the ninth month and the king
was sitting in the winter apartment, with a
fire burning in the firepot in front of him.
23 •Whenever Jehudi had read three or four
columns of the scroll, the king cut them off
with a scribe's knife and threw them into
the firepot, until the entire scroll was burned
24 in the fire. •The king and all his attendants
who heard all these words showed no
25 fear, nor did they tear their clothes. •Even
though Elnathan, Delaiah and Gemariah
urged the king not to burn the scroll, he
26 would not listen to them. •Instead, the king
commanded Jerahmeel, a son of the king,
Seraiah son of Azriel and Shelemiah son of
Abdeel to arrest Baruch the scribe and Jere-
miah the prophet. But the LORD had hidden
them.
27 •After the king burned the scroll contain-

apartment [əpáːrtmənt] *n.* 궁전(별채)
arrest [ərést] *vt.* 체포하다
attendant [əténdənt] *n.* 시중드는 사람
beside [bisáid] *prep.* …의 곁에
burn [bəːrn] *vi.* 타다
column [káləm] *n.* (세로) 단
dictate [díkteit] *vt.* 받아쓰게 하다
entire [intáiər] *a.* 모든
firepot [fáiərpàt] *n.* 화로
hide [haid] *vt.* 숨기다
official [əfíʃəl] *n.* 관공리
prophet [práfit] *n.* 선지자
report [ripɔ́ːrt] *vt.* 알리다
scribe [skraib] *n.* 서기관
scroll [skroul] *n.* 두루마리

36:16 look at...: …를 바라보다
36:17 come to: (어떤 상태에) 이르다
36:22 in front of...: …의 앞에
36:23 cut... off: …을 베어내다
36:25 urge A to B: A가 B하도록 강하게 권하다

통해 기록한 말씀을 불사른 후에 여호와의
말씀이 예레미야에게 임하니라 이르시되
28 너는 다시 다른 두루마리를 가지고 유다의
여호야김 왕이 불사른 첫 두루마리의 모든
말을 기록하고
29 또 유다의 여호야김 왕에 대하여 이와 같이 말
하기를 여호와의 말씀에 네가 이 두루마리를
불사르며 말하기를 네가 어찌하여 바벨론의 왕
이 반드시 와서 이 땅을 멸하고 사람과 짐승을
이 땅에서 없어지게 하리라 하는 말을 이 두루
마리에 기록하였느냐 하도다
30 그러므로 여호와께서 유다의 왕 여호야김에
대하여 이와 같이 말씀하시니라 그에게 다윗
의 왕위에 앉을 자가 없게 될 것이요 그의 시
체는 버림을 당하여 낮에는 더위, 밤에는 추
위를 당하리라
31 또 내가 그와 그의 자손과 신하들을 그들의
죄악으로 말미암아 벌할 것이라 내가 일찍이
그들과 예루살렘 주민과 유다 사람에게 그
모든 재난을 내리리라 선포하였으나 그들이
듣지 아니하였느니라 신 28:15
32 이에 예레미야가 다른 두루마리를 가져다가
네리야의 아들 서기관 바룩에게 주매 그가
유다의 여호야김 왕이 불사른 책의 모든 말
을 예레미야가 전하는 대로 기록하고 그 외
에도 그 같은 말을 많이 더 하였더라

느부갓네살이 시드기야를 유다 왕으로 삼다 (♪ 94장)

37 요시야의 아들 시드기야가 여호야김의
아들 고니야의 뒤를 이어 왕이 되었으
니 이는 바벨론의 느부갓네살 왕이 그를 유
다 땅의 왕으로 삼음이었더라
2 그와 그의 신하와 그의 땅 백성이 여호와께서
선지자 예레미야에게 하신 말씀을 듣지 아니
하니라
3 ●시드기야 왕이 셀레먀의 아들 여후갈과 마
아세야의 아들 제사장 스바냐를 선지자 예레
미야에게 보내 청하되 너는 우리를 위하여 우
리 하나님 여호와께 기도하라 하였으니 21:1
4 그때에 예레미야가 갇히지 아니하였으므로
백성 가운데 출입하는 중이었더라
5 바로의 군대가 애굽에서 나오매 예루살렘을
에워쌌던 갈대아인이 그 소문을 듣고 예루살
렘에서 떠났더라 34:21
6 ●여호와의 말씀이 선지자 예레미야에게 임
하여 이르시되
7 이스라엘의 하나님 여호와께서 이와 같이 말
씀하시니라 너희를 보내어 내게 구하게 한 유

ing the words that Baruch had written at
Jeremiah's dictation, the word of the LORD
28 came to Jeremiah: ●"Take another scroll
and write on it all the words that were on
the first scroll, which Jehoiakim king of
29 Judah burned up. ●Also tell Jehoiakim
king of Judah, 'This is what the LORD says:
You burned that scroll and said, "Why did
you write on it that the king of Babylon
would certainly come and destroy this land
and wipe from it both man and beast?"
30 ●Therefore this is what the LORD says about
Jehoiakim king of Judah: He will have no
one to sit on the throne of David; his body
will be thrown out and exposed to the heat
31 by day and the frost by night. ●I will punish
him and his children and his attendants for
their wickedness; I will bring on them and
those living in Jerusalem and the people of
Judah every disaster I pronounced against
them, because they have not listened.'"
32 ●So Jeremiah took another scroll and gave
it to the scribe Baruch son of Neriah, and as
Jeremiah dictated, Baruch wrote on it all the
words of the scroll that Jehoiakim king of
Judah had burned in the fire. And many sim-
ilar words were added to them.

Jeremiah in Prison

37 Zedekiah son of Josiah was made
king of Judah by Nebuchadnezzar
king of Babylon; he reigned in place of
2 Jehoiachin[a] son of Jehoiakim. ●Neither he
nor his attendants nor the people of the land
paid any attention to the words the LORD
had spoken through Jeremiah the prophet.
3 ●King Zedekiah, however, sent Jehukal
son of Shelemiah with the priest Zephaniah
son of Maaseiah to Jeremiah the prophet
with this message: "Please pray to the LORD
our God for us."
4 ●Now Jeremiah was free to come and go
among the people, for he had not yet been
5 put in prison. ●Pharaoh's army had mar-
ched out of Egypt, and when the Babyloni-
ans[b] who were besieging Jerusalem heard the
report about them, they withdrew from
Jerusalem.
6 ●Then the word of the LORD came to Jere-
7 miah the prophet: ●"This is what the LORD,
the God of Israel, says: Tell the king of Judah,

[a]1 Hebrew *Koniah,* a variant of *Jehoiachin* [b]5 Or *Chaldeans;* also in verses 8, 9, 13 and 14

beast [bi:st] *n.* 짐승
besiege [bisí:dʒ] *vt.* 포위하다
certainly [sə́:rtnli] *ad.* 확실히
destroy [distrɔ́i] *vt.* 파괴하다
frost [frɔ:st] *n.* 서리
march [ma:rtʃ] *vi.* 행군하다
priest [pri:st] *n.* 제사장
prison [prízn] *n.* 감옥
pronounce [prənáuns] *vt.* 선언하다
punish [pʌ́niʃ] *vt.* 처벌하다
reign [rein] *vi.* 통치하다
similar [símələr] *a.* 유사한
throne [θroun] *n.* 왕위
wickedness [wíkidnis] *n.* 사악
wipe [waip] *vt.* 없애다

36:29 both A and B: A, B 둘다
36:30 be exposed to...: …에 노출되다
36:32 add to...: …에 더하다
37:2 pay attention to...: …에 유의하다
37:5 report about...: …에 대해 보고하다
37:5 withdraw from...: …에서 물러나다

다의 왕에게 아뢰라 너희를 도우려고 나왔던
바로의 군대는 자기 땅 애굽으로 돌아가겠고
8 갈대아인이 다시 와서 이 성을 쳐서 빼앗아 불
사르리라
9 여호와께서 이와 같이 말씀하시니라 너희는
스스로 속여 말하기를 갈대아인이 반드시 우
리를 떠나리라 하지 말라 그들이 떠나지 아니
하리라
10 가령 너희가 너희를 치는 갈대아인의 온 군대를
쳐서 그중에 부상자만 남긴다 할지라도 그들이
각기 장막에서 일어나 이 성을 불사르리라

예레미야를 붙잡아 가두다

11 ●갈대아인의 군대가 바로의 군대를 두려워하
여 예루살렘에서 떠나매
12 예레미야가 베냐민 땅에서 백성 가운데 분깃을
받으려고 예루살렘을 떠나 그리로 가려 하여
13 베냐민 문에 이른즉 하나냐의 손자요 셀레먀
의 아들인 이리야라 이름하는 문지기의 우두
머리가 선지자 예레미야를 붙잡아 이르되 네
가 갈대아인에게 항복하려 하는도다 38:7
14 예레미야가 이르되 거짓이다 나는 갈대아인에
게 항복하려 하지 아니하노라 이리야가 듣지
아니하고 예레미야를 잡아 고관들에게로 끌어
가매
15 고관들이 노여워하여 예레미야를 때려서 서기
관 요나단의 집에 가두었으니 이는 그들이 이
집을 옥으로 삼았음이더라
16 ●예레미야가 뚜껑 씌운 웅덩이에 들어간 지
여러 날 만에
17 시드기야 왕이 사람을 보내어 그를 이끌어내
고 왕궁에서 그에게 비밀히 물어 이르되 여호
와께로부터 받은 말씀이 있느냐 예레미야가
대답하되 있나이다 또 이르되 왕이 바벨론의
왕의 손에 넘겨지리이다
18 예레미야가 다시 시드기야 왕에게 이르되 내
가 왕에게나 왕의 신하에게나 이 백성에게 무
슨 죄를 범하였기에 나를 옥에 가두었나이까
19 바벨론의 왕이 와서 왕과 이 땅을 치지 아니
하리라고 예언한 왕의 선지자들이 이제 어디
있나이까
20 내 주 왕이여 이제 청하건대 내게 들으시며 나
의 탄원을 받으사 나를 서기관 요나단의 집으
로 돌려보내지 마옵소서 내가 거기에서 죽을
까 두려워하나이다
21 이에 시드기야 왕이 명령하여 예레미야를 감
옥 뜰에 두고 떡 만드는 자의 거리에서 매일
떡 한 개씩 그에게 주게 하매 성중에 떡이 떨

who sent you to inquire of me, 'Pharaoh's
army, which has marched out to support
you, will go back to its own land, to Egypt.
8 •Then the Babylonians will return and
attack this city; they will capture it and burn
it down.'
9 •"This is what the LORD says: Do not
deceive yourselves, thinking, 'The Babylo-
nians will surely leave us.' They will not!
10 •Even if you were to defeat the entire Baby-
lonian[a] army that is attacking you and only
wounded men were left in their tents, they
would come out and burn this city down."
11 •After the Babylonian army had with-
drawn from Jerusalem because of Phara-
12 oh's army, •Jeremiah started to leave the
city to go to the territory of Benjamin to get
his share of the property among the people
13 there. •But when he reached the Benjamin
Gate, the captain of the guard, whose name
was Irijah son of Shelemiah, the son of
Hananiah, arrested him and said, "You are
deserting to the Babylonians!"
14 •"That's not true!" Jeremiah said. "I am
not deserting to the Babylonians." But Irijah
would not listen to him; instead, he arrested
Jeremiah and brought him to the officials.
15 •They were angry with Jeremiah and had
him beaten and imprisoned in the house of
Jonathan the secretary, which they had
made into a prison.
16 •Jeremiah was put into a vaulted cell
in a dungeon, where he remained a long
17 time. •Then King Zedekiah sent for him
and had him brought to the palace, where
he asked him privately, "Is there any word
from the LORD?"
"Yes," Jeremiah replied, "you will be deliv-
ered into the hands of the king of Babylon."
18 •Then Jeremiah said to King Zedekiah,
"What crime have I committed against you
or your attendants or this people, that you
19 have put me in prison? •Where are your
prophets who prophesied to you, 'The king
of Babylon will not attack you or this land'?
20 •But now, my lord the king, please listen.
Let me bring my petition before you: Do not
send me back to the house of Jonathan the
secretary, or I will die there."
21 •King Zedekiah then gave orders for Jere-
miah to be placed in the courtyard of the
guard and given a loaf of bread from the

[a]10 Or *Chaldean*; also in verse 11

cell [sel] *n.* 독방
commit [kəmít] *vt.* 범하다
courtyard [kɔ́:rtjà:rd] *n.* 안뜰
deceive [disí:v] *vt.* 속이다
defeat [difí:t] *vt.* 패배시키다
desert [dézərt] *vt.* 버리다
dungeon [dʌ́ndʒən] *n.* 지하 감옥
imprison [imprízn] *vt.* 가두다
petition [pətíʃən] *n.* 탄원
privately [práivitli] *ad.* 은밀히
property [prápərti] *n.* 재산
prophet [práfit] *n.* 선지자
secretary [sékrətèri] *n.* 서기관
territory [térətɔ̀:ri] *n.* 영토
vaulted [vɔ́:ltid] *a.* 둥근 천장으로 된

37:7 inquire of...: …에게 묻다
37:7 march out: 행군하다
37:7 go back to: …로 돌아가다
37:12 get one's share: …의 몫을 차지하다, 받다
37:15 be angry with...: …에게 화나다

어질 때까지 이르니라 예레미야가 감옥 뜰
에 머무니라

예레미야가 구덩이에 갇히다 — B.C. 587년경

38 맛단의 아들 스바댜와 바스훌의 아들
그다랴와 셀레먀의 아들 유갈과 말기
야의 아들 바스훌이 예레미야가 모든 백성
에게 이르는 말을 들은즉 이르기를
2 여호와께서 이와 같이 말씀하시되 이 성에
머무는 자는 칼과 기근과 전염병에 죽으리
라 그러나 갈대아인에게 항복하는 자는 살
리니 그는 노략물을 얻음같이 자기의 목숨
을 건지리라
21:9
3 여호와께서 이와 같이 말씀하시니라 이 성
이 반드시 바벨론의 왕의 군대의 손에 넘어
가리니 그가 차지하리라 하셨다 하는지라
4 이에 그 고관들이 왕께 아뢰되 이 사람이
백성의 평안을 구하지 아니하고 재난을 구
하오니 청하건대 이 사람을 죽이소서 그가
이같이 말하여 이 성에 남은 군사의 손과
모든 백성의 손을 약하게 하나이다
5 시드기야 왕이 이르되 보라 그가 너희 손
안에 있느니라 왕은 조금도 너희를 거스를
수 없느니라 하는지라
6 그들이 예레미야를 끌어다가 감옥 뜰에 있
는 1)왕의 아들 말기야의 2)구덩이에 던져 넣
을 때에 예레미야를 줄로 달아내렸는데 그
구덩이에는 물이 없고 진창뿐이므로 예레
미야가 진창 속에 빠졌더라
7 ●왕궁 내시 구스인 에벳멜렉이 그들이 예
레미야를 구덩이에 던져 넣었음을 들으니
라 그때에 왕이 베냐민 문에 앉았더니
8 에벳멜렉이 왕궁에서 나와 왕께 아뢰어 이
르되
9 내 주 왕이여 저 사람들이 선지자 예레미야
에게 행한 모든 일은 악하니이다 성중에 떡
이 떨어졌거늘 그들이 그를 구덩이에 던져
넣었으니 그가 거기에서 굶어 죽으리이다
하니
10 왕이 구스 사람 에벳멜렉에게 명령하여 이
르되 너는 여기서 삼십 명을 데리고 가서
선지자 예레미야가 죽기 전에 그를 구덩이
에서 끌어내라
11 에벳멜렉이 사람들을 데리고 왕궁 곳간 밑
방에 들어가서 거기에서 헝겊과 낡은 옷을
가져다가 그것을 구덩이에 있는 예레미야
에게 밧줄로 내리며
12 구스인 에벳멜렉이 예레미야에게 이르되

street of the bakers each day until all the bread
in the city was gone. So Jeremiah remained in
the courtyard of the guard.

Jeremiah Thrown Into a Cistern

38 Shephatiah son of Mattan, Gedaliah
son of Pashhur, Jehukal[a] son of She-
lemiah, and Pashhur son of Malkijah heard
what Jeremiah was telling all the people when
2 he said, ●"This is what the LORD says: 'Whoev-
er stays in this city will die by the sword, fa-
mine or plague, but whoever goes over to the
Babylonians[b] will live. They will escape with
3 their lives; they will live.' ●And this is what the
LORD says: 'This city will certainly be given
into the hands of the army of the king of Baby-
lon, who will capture it.' "
4 ●Then the officials said to the king, "This
man should be put to death. He is discourag-
ing the soldiers who are left in this city, as well
as all the people, by the things he is saying to
them. This man is not seeking the good of
these people but their ruin."
5 ●"He is in your hands," King Zedekiah an-
swered. "The king can do nothing to oppose
you."
6 ●So they took Jeremiah and put him into
the cistern of Malkijah, the king's son, which
was in the courtyard of the guard. They low-
ered Jeremiah by ropes into the cistern; it had
no water in it, only mud, and Jeremiah sank
down into the mud.
7 ●But Ebed-Melek, a Cushite,[c] an official[d] in
the royal palace, heard that they had put Jere-
miah into the cistern. While the king was sit-
8 ting in the Benjamin Gate, ●Ebed-Melek went
9 out of the palace and said to him, ●"My lord
the king, these men have acted wickedly in
all they have done to Jeremiah the prophet.
They have thrown him into a cistern, where
he will starve to death when there is no longer
any bread in the city."
10 ●Then the king commanded Ebed-Melek
the Cushite, "Take thirty men from here with
you and lift Jeremiah the prophet out of the cis-
tern before he dies."
11 ●So Ebed-Melek took the men with him and
went to a room under the treasury in the palace.
He took some old rags and worn-out clothes
from there and let them down with ropes to
12 Jeremiah in the cistern. ●Ebed-Melek the

[a]1 Hebrew *Jukal*, a variant of *Jehukal* [b]2 Or *Chaldeans*; also in verses 18, 19 and 23 [c]7 Probably from the upper Nile region [d]7 Or *a eunuch* 1) 함멜렉 2) 옥

certainly [sə́:rtnli] *ad.* 반드시
cistern [sístərn] *n.* 물웅덩이
command [kəmǽnd] *vt.* 명령하다
discourage [diskə́:ridʒ] *vt.* 낙담시키다
escape [iskeip] *vi.* 달아나다
famine [fǽmin] *n.* 기근
oppose [əpóuz] *vt.* 반대하다
plague [pleig] *n.* 역병
rag [ræg] *n.* 누더기
rope [roup] *n.* 밧줄
royal [rɔ́iəl] *a.* 왕의
ruin [rú:in] *n.* 멸망
seek [si:k] *vt.* 찾다
wickedly [wíkidli] *ad.* 악하게
worn-out [wɔ́:rnáut] *a.* 닳아 해진

38:2 go over to: (적의 편으로) 투항하다
38:4 put to death: 죽이다
38:6 put A into B: B에 A를 집어넣다
38:6 sink down into...: …속으로 가라앉다
38:9 starve to death: 굶어 죽다
38:11 let... down: …를 내려놓다

당신은 이 헝겊과 낡은 옷을 당신의 겨드랑이
에 대고 줄을 그 아래에 대시오 예레미야가
그대로 하매
13 그들이 줄로 예레미야를 구덩이에서 끌어낸
지라 예레미야가 시위대 뜰에 머무니라

시드기야가 예레미야에게 묻다

14 ●시드기야 왕이 사람을 보내어 선지자 예레미
야를 여호와의 성전 셋째 문으로 데려오게 하
고 왕이 예레미야에게 이르되 내가 네게 한 가
지 일을 물으리니 한 마디도 내게 숨기지 말라
15 예레미야가 시드기야에게 이르되 내가 이 일
을 왕에게 아시게 하여도 왕이 결코 나를 죽
이지 아니하시리이까 가령 내가 왕을 권한다
할지라도 왕이 듣지 아니하시리이다
16 시드기야 왕이 비밀히 예레미야에게 맹세하
여 이르되 우리에게 이 영혼을 지으신 여호와
께서 살아 계심을 두고 맹세하노니 내가 너를
죽이지도 아니하겠으며 네 생명을 찾는 그 사
람들의 손에 넘기지도 아니하리라 하는지라
17 ●예레미야가 시드기야에게 이르되 만군의
하나님이신 이스라엘의 하나님 여호와께서
이와 같이 말씀하시되 네가 만일 바벨론의 왕
의 고관들에게 항복하면 네 생명이 살겠고 이
성이 불사름을 당하지 아니하겠고 너와 네 가
족이 살려니와
18 네가 만일 나가서 바벨론의 왕의 고관들에게
항복하지 아니하면 이 성이 갈대아인의 손에
넘어가리니 그들이 이 성을 불사를 것이며 너
는 그들의 손을 벗어나지 못하리라 하셨나이
다
19 시드기야 왕이 예레미야에게 이르되 나는 갈
대아인에게 항복한 유다인을 두려워하노라
염려하건대 갈대아인이 나를 그들의 손에 넘
기면 그들이 나를 조롱할까 하노라 하는지라
20 예레미야가 이르되 그 무리가 왕을 그들에게
넘기지 아니하리이다 원하옵나니 내가 왕에
게 아뢴 바 여호와의 목소리에 순종하소서 그
리하면 왕이 복을 받아 생명을 보전하시리이
다
21 그러나 만일 항복하기를 거절하시면 여호와
께서 내게 보이신 말씀대로 되리이다
22 보라 곧 유다 왕궁에 남아 있는 모든 여자가
바벨론 왕의 고관들에게로 끌려갈 것이요 그
여자들은 네게 말하기를 네 친구들이 너를 꾀
어 이기고 네 발이 진흙에 빠짐을 보고 물러
갔도다 하리라
23 네 아내들과 자녀는 갈대아인에게로 끌려가

Cushite said to Jeremiah, "Put these old rags
and worn-out clothes under your arms to
13 pad the ropes." Jeremiah did so, ●and they
pulled him up with the ropes and lifted him
out of the cistern. And Jeremiah remained in
the courtyard of the guard.

Zedekiah Questions Jeremiah Again

14 ●Then King Zedekiah sent for Jeremiah
the prophet and had him brought to the
third entrance to the temple of the LORD. "I
am going to ask you something," the king
said to Jeremiah. "Do not hide anything from
me."
15 ●Jeremiah said to Zedekiah, "If I give you
an answer, will you not kill me? Even if I
did give you counsel, you would not listen
to me."
16 ●But King Zedekiah swore this oath secret-
ly to Jeremiah: "As surely as the LORD lives,
who has given us breath, I will neither kill
you nor hand you over to those who want to
kill you."
17 ●Then Jeremiah said to Zedekiah, "This is
what the LORD God Almighty, the God of
Israel, says: 'If you surrender to the officers of
the king of Babylon, your life will be spared
and this city will not be burned down; you
18 and your family will live. ●But if you will not
surrender to the officers of the king of Baby-
lon, this city will be given into the hands of
the Babylonians and they will burn it down;
you yourself will not escape from them.' "
19 ●King Zedekiah said to Jeremiah, "I am
afraid of the Jews who have gone over to the
Babylonians, for the Babylonians may hand
me over to them and they will mistreat me."
20 ●"They will not hand you over," Jeremiah
replied. "Obey the LORD by doing what I tell
you. Then it will go well with you, and your
21 life will be spared. ●But if you refuse to sur-
render, this is what the LORD has revealed to
22 me: ●All the women left in the palace of the
king of Judah will be brought out to the offi-
cials of the king of Babylon. Those women
will say to you:

" 'They misled you and overcame you—
those trusted friends of yours.
Your feet are sunk in the mud;
your friends have deserted you.'

23 ●"All your wives and children will be
brought out to the Babylonians. You yourself

counsel [káunsəl] *vt.* 권고하다
courtyard [kɔ́:rtjà:rd] *n.* 안뜰
desert [dézərt] *vt.* 버리다
entrance [éntrəns] *n.* 문간
mislead [mìslí:d] *vt.* 잘못 인도하다
mistreat [mìstrí:t] *vt.* 학대하다
oath [ouθ] *n.* 서약
obey [oubéi] *vt.* 순종하다
officer [ɔ́:fisər] *n.* 장교
overcome [òuvərkʌ́m] *vt.* 이기다
refuse [rifjú:z] *vt.* 거절하다
secretly [sí:krətli] *ad.* 비밀히
spare [spɛər] *vt.* 아끼다
sunk [sʌŋk] *a.* 잠긴
surrender [səréndər] *vi.* 항복하다

38:13 **pull up**: 끌어내다
38:14 **send for...**: …을 부르러 보내다
38:16 **as surely as...**: …와 마찬가지로 틀림없이
38:18 **escape from...**: …에서 벗어나다
38:21 **reveal to...**: …에게 드러내다, 밝히다

겠고 너는 그들의 손에서 벗어나지 못하고
바벨론 왕의 손에 잡히리라 또 네가 이 성
읍으로 불사름을 당하게 하리라 하셨나이
다 39:6
24 ●시드기야가 예레미야에게 이르되 너는 이
말을 어느 사람에게도 알리지 말라 그리하
면 네가 죽지 아니하리라
25 만일 고관들이 내가 너와 말하였다 함을 듣
고 와서 네게 말하기를 네가 왕에게 말씀한
것을 우리에게 전하라 우리에게 숨기지 말
라 그리하면 우리가 너를 죽이지 아니하리
라 또 왕이 네게 말씀한 것을 전하라 하거든
26 그들에게 대답하되 내가 왕 앞에 간구하기
를 나를 요나단의 집으로 되돌려 보내지 마
소서 그리하여 거기서 죽지 않게 하옵소서
하였다 하라 하니라
27 모든 고관이 예레미야에게 와서 물으매 그
가 왕이 명령한 모든 말대로 대답하였으므
로 일이 탄로되지 아니하였고 그들은 그와
더불어 말하기를 그쳤더라
28 예레미야가 예루살렘이 함락되는 날까지 감
옥 뜰에 머물렀더라

예루살렘이 함락되다 (왕하 25:1-12; 렘 52:4-16)

39 유다의 시드기야 왕의 제구 년 열째 달
에 바벨론의 느부갓네살 왕과 그의 모
든 군대가 와서 예루살렘을 에워싸고 치더
니
2 시드기야의 제십일 년 넷째 달 아홉째 날에
성이 함락되니라 예루살렘이 함락되매 52:5
3 바벨론의 왕의 모든 고관이 나타나 중문에
앉으니 곧 네르갈사레셀과 삼갈네부와 내시
장 살스김이니 네르갈사레셀은 궁중 장관이
며 바벨론의 왕의 나머지 고관들도 있더라
4 ●유다의 시드기야 왕과 모든 군사가 그들
을 보고 도망하되 밤에 왕의 동산 길을 따라
두 담 샛문을 통하여 성읍을 벗어나서 아라
바로 갔더니
5 갈대아인의 군대가 그들을 따라 여리고 평
원에서 시드기야에게 미쳐 그를 잡아서 데
리고 하맛 땅 리블라에 있는 바벨론의 느부
갓네살 왕에게로 올라가매 왕이 그를 심문
하였더라
6 바벨론의 왕이 리블라에서 시드기야의 눈
앞에서 그의 아들들을 죽였고 왕이 또 유다
의 모든 귀족을 죽였으며 왕하 25:7
7 왕이 또 시드기야의 눈을 빼게 하고 바벨론
으로 옮기려고 사슬로 결박하였더라

will not escape from their hands but will be
captured by the king of Babylon; and this city
will[a] be burned down."
24 ●Then Zedekiah said to Jeremiah, "Do not
let anyone know about this conversation,
25 or you may die. ●If the officials hear that I
talked with you, and they come to you and
say, 'Tell us what you said to the king and
what the king said to you; do not hide it from
26 us or we will kill you,' ●then tell them, 'I was
pleading with the king not to send me back
to Jonathan's house to die there.' "
27 ●All the officials did come to Jeremiah and
question him, and he told them everything
the king had ordered him to say. So they said
no more to him, for no one had heard his
conversation with the king.
28 ●And Jeremiah remained in the courtyard
of the guard until the day Jerusalem was
captured.

The Fall of Jerusalem

39 This is how Jerusalem was taken:
1 ●In the ninth year of Zedekiah king
of Judah, in the tenth month, Nebuchadnez-
zar king of Babylon marched against Jeru-
salem with his whole army and laid siege
2 to it. ●And on the ninth day of the fourth
month of Zedekiah's eleventh year, the city
3 wall was broken through. ●Then all the offi-
cials of the king of Babylon came and took
seats in the Middle Gate: Nergal-Sharezer of
Samgar, Nebo-Sarsekim a chief officer, Ner-
gal-Sharezer a high official and all the other
4 officials of the king of Babylon. ●When Zede-
kiah king of Judah and all the soldiers saw
them, they fled; they left the city at night by
way of the king's garden, through the gate
between the two walls, and headed toward
the Arabah.[b]
5 ●But the Babylonian[c] army pursued them
and overtook Zedekiah in the plains of Jericho.
They captured him and took him to Neb-
uchadnezzar king of Babylon at Riblah in the
land of Hamath, where he pronounced sen-
6 tence on him. ●There at Riblah the king of
Babylon slaughtered the sons of Zedekiah
before his eyes and also killed all the nobles of
7 Judah. ●Then he put out Zedekiah's eyes and
bound him with bronze shackles to take him
to Babylon.

[a]23 Or *and you will cause this city to* [b]4 Or *the Jordan Valley* [c]5 Or *Chaldean*

bronze [branz] *n.* 청동
capture [kǽptʃər] *vt.* 붙잡다
chief [tʃiːf] *a.* 주요한
conversation [kɑ̀nvərséiʃən] *n.* 대화
flee [fliː] *vi.* 도망가다
gate [ɡeit] *n.* 문
march [maːrtʃ] *vi.* 행진하다
noble [nóubl] *n.* 귀족
overtake [òuvərtéik] *vt.* 따라잡다
plead [pliːd] *vi.* 간청하다
pursue [pərsúː] *vt.* 추적하다
remain [riméin] *vi.* 남다
shackle [ʃǽkl] *n.* 족쇄
slaughter [slɔ́ːtər] *vt.* 학살하다
soldier [sóuldʒər] *n.* 군인

38:23 burn down: 태워버리다
38:25 hide A from B: A를 B에게 숨기다
39:1 lay siege to...: …를 포위(공격)하다
39:4 head toward...: …로 나아가다
39:5 pronounce sentence on...: …에게 선고하다
39:7 bind A with B: B로 A를 묶다

8 갈대아인들이 왕궁과 백성의 집을 불사르
며 예루살렘 성벽을 헐었고
9 사령관 느부사라단이 성중에 남아 있는 백
성과 자기에게 항복한 자와 그 외의 남은
백성을 잡아 바벨론으로 옮겼으며
10 사령관 느부사라단이 아무 소유가 없는 빈
민을 유다 땅에 남겨 두고 그날에 포도원과
밭을 그들에게 주었더라

예레미야가 석방되다

11 ●바벨론의 느부갓네살 왕이 예레미야에 대
하여 사령관 느부사라단에게 명령하여 이르
되
12 그를 데려다가 선대하고 해하지 말며 그가
네게 말하는 대로 행하라
13 이에 사령관 느부사라단과 내시장 느부사
스반과 궁중 장관 네르갈사레셀과 바벨론
왕의 모든 장관이
14 사람을 보내어 예레미야를 감옥 뜰에서 데
리고 사반의 손자 아히감의 아들 그다랴에
게 넘겨서 그를 집으로 데려가게 하매 그가
백성 가운데에 사니라

여호와께서 에벳멜렉에게 구원을 약속하시다

15 ●예레미야가 감옥 뜰에 갇혔을 때에 여호
와의 말씀이 그에게 임하니라 이르시되
16 너는 가서 구스인 에벳멜렉에게 말하기를
만군의 여호와 이스라엘의 하나님의 말씀
에 내가 이 성에 재난을 내리고 복을 내리
지 아니하리라 한 나의 말이 그날에 네 눈
앞에 이루리라
17 여호와의 말씀이니라 내가 그날에 너를 구
원하리니 네가 그 두려워하는 사람들의 손
에 넘겨지지 아니하리라
18 내가 반드시 너를 구원할 것인즉 네가 칼에
죽지 아니하고 네가 노략물같이 네 목숨을
얻을 것이니 이는 네가 나를 믿었음이라 여
호와의 말씀이니라 하시더라 21:9

40 사령관 느부사라단이 예루살렘과 유
다의 포로를 바벨론으로 옮기는 중에
예레미야도 잡혀 사슬로 결박되어 가다가
라마에서 풀려난 후에 말씀이 여호와께로
부터 예레미야에게 임하니라 39:9,15
2 사령관이 예레미야를 불러다가 이르되 네
하나님 여호와께서 이곳에 이 재난을 선포
하시더니
3 여호와께서 그가 말씀하신 대로 행하셨으니
이는 너희가 여호와께 범죄하고 그의 목소
리에 순종하지 아니하였으므로 이제 이루어

8 ●The Babylonians[a] set fire to the royal palace
and the houses of the people and broke down
9 the walls of Jerusalem. ●Nebuzaradan com-
mander of the imperial guard carried into exile
to Babylon the people who remained in the
city, along with those who had gone over to
10 him, and the rest of the people. ●But Neb-
uzaradan the commander of the guard left
behind in the land of Judah some of the poor
people, who owned nothing; and at that time
he gave them vineyards and fields.
11 ●Now Nebuchadnezzar king of Babylon had
given these orders about Jeremiah through
Nebuzaradan commander of the imperial
12 guard: ●"Take him and look after him; don't
harm him but do for him whatever he asks."
13 ●So Nebuzaradan the commander of the
guard, Nebushazban a chief officer, Nergal-
Sharezer a high official and all the other offi-
14 cers of the king of Babylon ●sent and had
Jeremiah taken out of the courtyard of the
guard. They turned him over to Gedaliah son
of Ahikam, the son of Shaphan, to take him
back to his home. So he remained among his
own people.
15 ●While Jeremiah had been confined in the
courtyard of the guard, the word of the LORD
16 came to him: ●"Go and tell Ebed-Melek the
Cushite, 'This is what the LORD Almighty, the
God of Israel, says: I am about to fulfill my
words against this city — words concerning dis-
aster, not prosperity. At that time they will be
17 fulfilled before your eyes. ●But I will rescue you
on that day, declares the LORD; you will not be
18 given into the hands of those you fear. ●I will
save you; you will not fall by the sword but will
escape with your life, because you trust in me,
declares the LORD.' "

Jeremiah Freed

40 The word came to Jeremiah from the
LORD after Nebuzaradan commander of
the imperial guard had released him at Ramah.
He had found Jeremiah bound in chains
among all the captives from Jerusalem and
Judah who were being carried into exile to
2 Babylon. ●When the commander of the guard
found Jeremiah, he said to him, "The LORD your
3 God decreed this disaster for this place. ●And
now the LORD has brought it about; he has done
just as he said he would. All this happened
because you people sinned against the LORD and

[a]8 Or *Chaldean*

bind [baind] *vt.* 결박하다
captive [kǽptiv] *n.* 포로
commander [kəmǽndər] *n.* 지휘관
confine [kənfáin] *vt.* 가두다
concerning [kənsə́ːrniŋ] *prep.* …에 관하여
declare [dikléər] *vt.* 선언하다
decree [dikríː] *vt.* 명령하다
fear [fiər] *vt.* 두려워하다
fulfill [fulfíl] *vt.* 성취하다
guard [gaːrd] *n.* 호위병
imperial [impíəriəl] *a.* 제국의
prosperity [prospérəti] *n.* 번영
release [rilíːs] *vt.* 놓아 주다
rescue [réskjuː] *vt.* 구하다
vineyard [vínjərd] *n.* 포도원

39:10 leave behind...: …를 남겨두다
39:12 look after...: …를 보살피다
39:18 trust in: 신뢰하다, 믿고 맡기다
40:1 carry into exile: 포로로 잡아가다
40:3 bring about: 야기하다
40:3 just as...: 꼭 …처럼

졌도다 이 일이 너희에게 임한 것이니라
4 보라 내가 오늘 네 손의 사슬을 풀어 너를
풀어 주노니 만일 네가 나와 함께 바벨론으
로 가는 것을 좋게 여기거든 가자 내가 너를
선대하리라 만일 나와 함께 바벨론으로 가
는 것을 좋지 않게 여기거든 그만두라 보라
온 땅이 네 앞에 있나니 네가 좋게 여기는
대로 옳게 여기는 곳으로 갈지니라 하니라
5 예레미야가 아직 돌이키기 전에 그가 다시
이르되 너는 바벨론의 왕이 유다 성읍들을
맡도록 세운 사반의 손자 아히감의 아들 그
다랴에게로 돌아가서 그와 함께 백성 가운
데 살거나 네가 옳게 여기는 곳으로 가거나
할지니라 하고 그 사령관이 그에게 양식과
선물을 주어 보내매
6 예레미야가 미스바로 가서 아히감의 아들
그다랴에게로 나아가서 그 땅에 남아 있는
백성 가운데서 그와 함께 사니라

유다 총독 그다랴 (왕하 25:22-24)

7 ●들에 있는 모든 지휘관과 그 부하들이 바
벨론의 왕이 아히감의 아들 그다랴에게 그
땅을 맡기고 남녀와 유아[1)]와 바벨론으로
잡혀가지 아니한 빈민을 그에게 위임하였
다 함을 듣고
8 그들 곧 느다냐의 아들 이스마엘과 가레아
의 두 아들 요하난과 요나단과 단후멧의 아
들 스라야와 느도바 사람 에배의 아들들과
마아가 사람의 아들 여사냐와 그들의 사람
들이 미스바로 가서 그다랴에게 이르니 41:1
9 사반의 손자 아히감의 아들 그다랴가 그들
과 그들의 사람들에게 맹세하며 이르되 너
희는 갈대아 사람을 섬기기를 두려워하지
말고 이 땅에 살면서 바벨론의 왕을 섬기라
그리하면 너희에게 유익하리라
10 보라 나는 미스바에 살면서 우리에게로 오
는 갈대아 사람을 섬기리니 너희는 포도주
와 여름 과일과 기름을 모아 그릇에 저장하
고 너희가 얻은 성읍들에 살라 하니라
11 모압과 암몬 자손 중과 에돔과 모든 지방에
있는 유다 사람도 바벨론의 왕이 유다에 사
람을 남겨 둔 것과 사반의 손자 아히감의
아들 그다랴를 그들을 위하여 세웠다 함을
듣고
12 그 모든 유다 사람이 쫓겨났던 각처에서 돌
아와 유다 땅 미스바에 사는 그다랴에게 이
르러 포도주와 여름 과일을 심히 많이 모으
니라

4 did not obey him. •But today I am freeing you
from the chains on your wrists. Come with me
to Babylon, if you like, and I will look after you;
but if you do not want to, then don't come.
Look, the whole country lies before you; go
5 wherever you please." •However, before Jere-
miah turned to go,[a] Nebuzaradan added, "Go
back to Gedaliah son of Ahikam, the son of
Shaphan, whom the king of Babylon has
appointed over the towns of Judah, and live
with him among the people, or go anywhere
else you please."
Then the commander gave him provisions
6 and a present and let him go. •So Jeremiah
went to Gedaliah son of Ahikam at Mizpah and
stayed with him among the people who were
left behind in the land.

Gedaliah Assassinated

7 •When all the army officers and their men
who were still in the open country heard that
the king of Babylon had appointed Gedaliah
son of Ahikam as governor over the land and
had put him in charge of the men, women and
children who were the poorest in the land and
who had not been carried into exile to Babylon,
8 •they came to Gedaliah at Mizpah—Ishmael
son of Nethaniah, Johanan and Jonathan the
sons of Kareah, Seraiah son of Tanhumeth, the
sons of Ephai the Netophathite, and Jaazaniah[b]
the son of the Maakathite, and their men.
9 •Gedaliah son of Ahikam, the son of Shaphan,
took an oath to reassure them and their men.
"Do not be afraid to serve the Babylonians,[c]" he
said. "Settle down in the land and serve the
king of Babylon, and it will go well with you.
10 •I myself will stay at Mizpah to represent you
before the Babylonians who come to us, but
you are to harvest the wine, summer fruit and
olive oil, and put them in your storage jars, and
live in the towns you have taken over."
11 •When all the Jews in Moab, Ammon, Edom
and all the other countries heard that the king
of Babylon had left a remnant in Judah and
had appointed Gedaliah son of Ahikam, the
12 son of Shaphan, as governor over them, •they
all came back to the land of Judah, to Gedaliah
at Mizpah, from all the countries where they
had been scattered. And they harvested an
abundance of wine and summer fruit.

[a]5 Or *Jeremiah answered* [b]8 Hebrew *Jezaniah,* a variant of *Jaazaniah* [c]9 Or *Chaldeans;* also in verse 10

1) 곧

abundance [əbʌ́ndəns] *n.* 풍부
add [æd] *vt.* 더하다
appoint [əpɔ́int] *vt.* 임명하다
governor [gʌ́vərnər] *n.* 총독
harvest [há:rvist] *vt.* 거두어들이다
jar [dʒa:r] *n.* 단지
officer [ɔ́:fisər] *n.* 장교
provision [prəvíʒən] *n.* 식량
reassure [ri:əʃúər] *vt.* 안심시키다
remnant [rémnənt] *n.* 남은 자
represent [rèprizént] *vt.* 대표하다
scatter [skǽtər] *vt.* 흩뿌리다
serve [sə:rv] *vt.* 섬기다
storage [stɔ́:ridʒ] *n.* 저장
wrist [rist] *n.* 손목

40:4 look after somebody: …을 돌보다 담당시키다
40:7 put A in charge of B: A에게 B를
40:9 take an oath: 맹세하다
40:9 settle down: 정착하다, 자리잡다
40:10 take over: 인계받다, 대신하다

그다랴 총독을 죽이다 (왕하 25:25-26)

13 ●가레아의 아들 요하난과 들에 있던 모든 군
지휘관들이 미스바에 사는 그다랴에게 이르러
14 그에게 이르되 암몬 자손의 왕 바알리스가 네
생명을 빼앗으려 하여 느다냐의 아들 이스마
엘을 보낸 줄 네가 아느냐 하되 아히감의 아
들 그다랴가 믿지 아니한지라
15 가레아의 아들 요하난이 미스바에서 그다랴에
게 비밀히 말하여 이르되 청하노니 내가 가서
사람이 모르게 느다냐의 아들 이스마엘을 죽
이게 하라 어찌하여 그가 네 생명을 빼앗게 하
여 네게 모인 모든 유다 사람을 흩어지게 하며
유다의 남은 자로 멸망을 당하게 하랴 하니라
16 그러나 아히감의 아들 그다랴가 가레아의 아
들 요하난에게 이르되 네가 이 일을 행하지
말 것이니라 네가 이스마엘에 대하여 한 말은
진정이 아니니라 하니라

41 일곱째 달에 왕의 종친 엘리사마의 손자
요 느다냐의 아들로서 왕의 장관인 이스
마엘이 열 사람과 함께 미스바로 가서 아히감
의 아들 그다랴에게 이르러 미스바에서 함께
떡을 먹다가
2 느다냐의 아들 이스마엘과 그와 함께 있던 열
사람이 일어나서 바벨론의 왕의 그 땅을 위임
했던 사반의 손자 아히감의 아들 그다랴를 칼
로 쳐죽였고
3 이스마엘이 또 미스바에서 그다랴와 함께 있
던 모든 유다 사람과 거기에 있는 갈대아 군
사를 죽였더라
4 ●그가 그다랴를 죽인 지 이틀이 되었어도 이
를 아는 사람이 없었더라
5 그때에 사람 팔십 명이 자기들의 수염을 깎고
옷을 찢고 몸에 상처를 내고 손에 소제물과
유향을 가지고 세겜과 실로와 사마리아로부
터 와서 여호와의 성전으로 나아가려 한지라
6 느다냐의 아들 이스마엘이 그들을 영접하러
미스바에서 나와 울면서 가다가 그들을 만나
아히감의 아들 그다랴에게로 가자 하더라
7 그들이 성읍 중앙에 이를 때에 느다냐의 아들
이스마엘이 자기와 함께 있던 사람들과 더불
어 그들을 죽여 구덩이 가운데에 던지니라
8 그 중의 열 사람은 이스마엘에게 이르기를 우
리가 밀과 보리와 기름과 꿀을 밭에 감추었으
니 우리를 죽이지 말라 하니 그가 그치고 그
들을 그의 형제와 마찬가지로 죽이지 아니하
였더라
9 이스마엘이 그다랴에게 속한 사람들을 죽이

13 ●Johanan son of Kareah and all the army
officers still in the open country came to
14 Gedaliah at Mizpah ●and said to him,
"Don't you know that Baalis king of the
Ammonites has sent Ishmael son of Netha-
niah to take your life?" But Gedaliah son of
Ahikam did not believe them.
15 ●Then Johanan son of Kareah said pri-
vately to Gedaliah in Mizpah, "Let me go
and kill Ishmael son of Nethaniah, and no
one will know it. Why should he take your
life and cause all the Jews who are gathered
around you to be scattered and the remnant
of Judah to perish?"
16 ●But Gedaliah son of Ahikam said to
Johanan son of Kareah, "Don't do such a
thing! What you are saying about Ishmael is
not true."

41 In the seventh month Ishmael son of
Nethaniah, the son of Elishama, who
was of royal blood and had been one of the
king's officers, came with ten men to Gedali-
ah son of Ahikam at Mizpah. While they
2 were eating together there, ●Ishmael son of
Nethaniah and the ten men who were with
him got up and struck down Gedaliah son of
Ahikam, the son of Shaphan, with the sword,
killing the one whom the king of Babylon
had appointed as governor over the land.
3 ●Ishmael also killed all the men of Judah
who were with Gedaliah at Mizpah, as well
as the Babylonian[a] soldiers who were there.
4 ●The day after Gedaliah's assassination,
5 before anyone knew about it, ●eighty men
who had shaved off their beards, torn their
clothes and cut themselves came from She-
chem, Shiloh and Samaria, bringing grain
offerings and incense with them to the
6 house of the LORD. ●Ishmael son of Netha-
niah went out from Mizpah to meet them,
weeping as he went. When he met them, he
said, "Come to Gedaliah son of Ahikam."
7 ●When they went into the city, Ishmael son
of Nethaniah and the men who were with
him slaughtered them and threw them into
8 a cistern. ●But ten of them said to Ishmael,
"Don't kill us! We have wheat and barley,
olive oil and honey, hidden in a field." So he
let them alone and did not kill them with
9 the others. ●Now the cistern where he threw
all the bodies of the men he had killed along
with Gedaliah was the one King Asa had

a3 Or *Chaldean*

assassination [əsæsənéiʃən] *n.* 암살
barley [báːrli] *n.* 보리
beard [biərd] *n.* 턱수염
cistern [sístərn] *n.* 저수지
gather [gǽðər] *vi.* 모이다
grain [grein] *n.* 곡식
hidden [hídn] *a.* 숨겨진
incense [ínsens] *n.* 향
offering [ɔ́ːfəriŋ] *n.* 제물
perish [périʃ] *vi.* 멸망하다
privately [práivitli] *ad.* 은밀히
remnant [rémnənt] *n.* 남은 자
scatter [skǽtər] *vt.* 흩어지게 하다
slaughter [slɔ́ːtər] *vt.* 살육하다
weep [wiːp] *vi.* 눈물 흘리다

40:15 cause... to~: …가 ~하게 하다
41:1 come with...: …이 딸려있다
41:2 strike down: 쓰러뜨리다
41:5 shave off: 깎아버리다
41:5 come from...: …에서 나오다
41:7 throw A into B: A를 B에 던지다

고 그 시체를 던진 구덩이는 아사 왕이 이스라엘의 바아사 왕을 두려워하여 팠던 것이라 느다냐의 아들 이스마엘이 그가 쳐죽인 사람들의 시체를 거기에 채우고
10 미스바에 남아 있는 왕의 딸들과 모든 백성 곧 사령관 느부사라단이 아히감의 아들 그다랴에게 위임하였던 바 미스바에 남아 있는 모든 백성을 이스마엘이 사로잡되 곧 느다냐의 아들 이스마엘이 그들을 사로잡고 암몬 자손에게로 가려고 떠나니라
11 ●가레아의 아들 요하난과 그와 함께 있는 모든 군 지휘관이 느다냐의 아들 이스마엘이 행한 모든 악을 듣고
12 모든 사람을 데리고 느다냐의 아들 이스마엘과 싸우러 가다가 기브온 큰 물가에서 그를 만나매
13 이스마엘과 함께 있던 모든 백성이 가레아의 아들 요하난과 그와 함께 있던 모든 군 지휘관을 보고 기뻐한지라
14 이에 미스바에서 이스마엘이 사로잡은 그 모든 백성이 돌이켜 가레아의 아들 요하난에게로 돌아가니
15 느다냐의 아들 이스마엘이 여덟 사람과 함께 요하난을 피하여 암몬 자손에게로 가니라
16 가레아의 아들 요하난과 그와 함께 있던 모든 군 지휘관이 느다냐의 아들 이스마엘이 아히감의 아들 그다랴를 죽이고 미스바에서 잡아간 모든 남은 백성 곧 군사와 여자와 유아와 내시를 기브온에서 빼앗아 가지고 돌아와서
17 애굽으로 가려고 떠나 베들레헴 근처에 있는 [1)]게롯김함에 머물렀으니
18 이는 느다냐의 아들 이스마엘이 바벨론의 왕이 그 땅을 위임한 아히감의 아들 그다랴를 죽였으므로 그들이 갈대아 사람을 두려워함이었더라

백성이 예레미야에게 기도를 간구하다

42 이에 모든 군대의 지휘관과 가레아의 아들 요하난과 호사야의 아들 [2)]여사냐와 백성의 낮은 자로부터 높은 자까지 다 나아와
2 선지자 예레미야에게 이르되 당신은 우리의 탄원을 듣고 이 남아 있는 모든 자를 위하여 당신의 하나님 여호와께 기도해 주소서 당신이 보는 바와 같이 우리는 많은 사람 중에서 남은 적은 무리이니
3 당신의 하나님 여호와께서 우리가 마땅히

made as part of his defense against Baasha
king of Israel. Ishmael son of Nethaniah filled
it with the dead.
10 ●Ishmael made captives of all the rest of
the people who were in Mizpah—the king's
daughters along with all the others who were
left there, over whom Nebuzaradan comman-
der of the imperial guard had appointed Ge-
daliah son of Ahikam. Ishmael son of Netha-
niah took them captive and set out to cross
over to the Ammonites.
11 ●When Johanan son of Kareah and all
the army officers who were with him heard
about all the crimes Ishmael son of Nethaniah
12 had committed, ●they took all their men and
went to fight Ishmael son of Nethaniah. They
caught up with him near the great pool in
13 Gibeon. ●When all the people Ishmael had
with him saw Johanan son of Kareah and
the army officers who were with him, they
14 were glad. ●All the people Ishmael had taken
captive at Mizpah turned and went over to
15 Johanan son of Kareah. ●But Ishmael son of
Nethaniah and eight of his men escaped from
Johanan and fled to the Ammonites.

Flight to Egypt

16 ●Then Johanan son of Kareah and all the
army officers who were with him led away all
the people of Mizpah who had survived, whom
Johanan had recovered from Ishmael son of
Nethaniah after Ishmael had assassinated
Gedaliah son of Ahikam — the soldiers, wo-
men, children and court officials he had re-
17 covered from Gibeon. ●And they went on,
stopping at Geruth Kimham near Bethlehem
18 on their way to Egypt ●to escape the Babylo-
nians.[a] They were afraid of them because Ish-
mael son of Nethaniah had killed Gedaliah
son of Ahikam, whom the king of Babylon had
appointed as governor over the land.

42 Then all the army officers, including
Johanan son of Kareah and Jezaniah[b]
son of Hoshaiah, and all the people from the
2 least to the greatest approached ●Jeremiah
the prophet and said to him, "Please hear
our petition and pray to the LORD your God
for this entire remnant. For as you now see,
though we were once many, now only a few
3 are left. ●Pray that the LORD your God will tell

[a]18 Or *Chaldean* [b]1 Hebrew; Septuagint (see also 43:2) *Azariah*

1) 김함의 여관 2) 43:2 '아사랴', 왕하 25:23을 보라(야아사니야)

approach [əpróutʃ] *vt.* …에 다가가다
assassinate [əsǽsənèit] *vt.* 암살하다
commander [kəmǽndər] *n.* 지휘관
commit [kəmít] *vt.* 범하다
crime [kraim] *n.* 죄악
defense [diféns] *n.* 방어, 방위
entire [intáiər] *a.* 전체의
escape [iskéip] *vi.* 피하다
flee [fli:] *vi.* 도망치다
glad [glæd] *a.* 기쁜
imperial [impíəriəl] *a.* 제국의
petition [pitíʃən] *n.* 탄원
prophet [práfit] *n.* 선지자
recover [rikʌ́vər] *vt.* 되찾다
remnant [rémnənt] *n.* 남은 자

41:10 make captive of...: …을 포로로 잡다
41:10 set out: 출발하다
41:12 catch up with: 따라잡다
41:14 go over to...: …로 옮겨가다
41:16 lead away...: …를 데리고 가다
41:17 on one's way to...: …로 가는 도중에

갈 길과 할 일을 보이시기를 원하나이다 시 86:11
4 선지자 예레미야가 그들에게 이르되 내가 너희
말을 들었은즉 너희 말대로 너희 하나님 여호와
께 기도하고 무릇 여호와께서 너희에게 응답하시
는 것을 숨김이 없이 너희에게 말하리라
5 그들이 예레미야에게 이르되 우리가 당신의 하나
님 여호와께서 당신을 보내사 우리에게 이르시는
모든 말씀대로 행하리이다 여호와께서는 우리 가
운데에 진실하고 성실한 증인이 되시옵소서
6 우리가 당신을 우리 하나님 여호와께 보냄은 그
의 목소리가 우리에게 좋든지 좋지 않든지를 막
론하고 순종하려 함이라 우리가 우리 하나님 여
호와의 목소리를 순종하면 우리에게 복이 있으리
이다 하니라

여호와의 말씀

7 ●십 일 후에 여호와의 말씀이 예레미야에게 임
하니
8 그가 가레아의 아들 요하난과 그와 함께 있는 모
든 군 지휘관과 백성의 낮은 자로부터 높은 자까
지 다 부르고 42:1
9 그들에게 이르되 너희가 나를 보내어 너희의 간
구를 이스라엘의 하나님 여호와께 드리게 하지
아니하였느냐 그가 이렇게 이르니라
10 너희가 이 땅에 눌러 앉아 산다면 내가 너희를 세우
고 헐지 아니하며 너희를 심고 뽑지 아니하리니 이
는 내가 너희에게 내린 재난에 대하여 뜻을 돌이킴
이라
11 여호와의 말씀이니라 너희는 너희가 두려워하는
바벨론의 왕을 겁내지 말라 내가 너희와 함께 있
어 너희를 구원하며 그의 손에서 너희를 건지리
니 두려워하지 말라 롬 8:31
12 내가 너희를 불쌍히 여기리니 그도 너희를 불쌍
히 여겨 너희를 너희 본향으로 돌려보내리라 하
셨느니라
13 그러나 만일 너희가 너희 하나님 여호와의 말씀
을 복종하지 아니하고 말하기를 우리는 이 땅에
살지 아니하리라 하며
14 또 너희가 말하기를 아니라 우리는 전쟁도 보이
지 아니하며 나팔 소리도 들리지 아니하며 양식
의 궁핍도 당하지 아니하는 애굽 땅으로 들어가
살리라 하면 잘못되리라
15 너희 유다의 남은 자여 이제 여호와의 말씀을 들
으라 만군의 여호와 이스라엘의 하나님께서 이와
같이 말씀하시되 너희가 만일 애굽에 들어가서
거기에 살기로 고집하면 44:12-14
16 너희가 두려워하는 칼이 애굽 땅으로 따라가서
너희에게 미칠 것이요 너희가 두려워하는 기근이

us where we should go and what we
should do."
4 •"I have heard you," replied Jeremi-
ah the prophet. "I will certainly pray to
the LORD your God as you have request-
ed; I will tell you everything the LORD
says and will keep nothing back from
you."
5 •Then they said to Jeremiah, "May
the LORD be a true and faithful witness
against us if we do not act in accordance
with everything the LORD your God
6 sends you to tell us. •Whether it is favor-
able or unfavorable, we will obey the
LORD our God, to whom we are sending
you, so that it will go well with us, for
we will obey the LORD our God."
7 •Ten days later the word of the LORD
8 came to Jeremiah. •So he called togeth-
er Johanan son of Kareah and all the
army officers who were with him and
all the people from the least to the great-
9 est. •He said to them, "This is what the
LORD, the God of Israel, to whom you
sent me to present your petition, says:
10 •'If you stay in this land, I will build
you up and not tear you down; I will
plant you and not uproot you, for I
have relented concerning the disaster I
11 have inflicted on you. •Do not be afraid
of the king of Babylon, whom you now
fear. Do not be afraid of him, declares
the LORD, for I am with you and will
save you and deliver you from his hands.
12 •I will show you compassion so that
he will have compassion on you and
restore you to your land.'
13 •"However, if you say, 'We will not
stay in this land,' and so disobey the
14 LORD your God, •and if you say, 'No, we
will go and live in Egypt, where we will
not see war or hear the trumpet or be
15 hungry for bread,' •then hear the word
of the LORD, you remnant of Judah. This
is what the LORD Almighty, the God of
Israel, says: 'If you are determined to go
to Egypt and you do go to settle there,
16 •then the sword you fear will overtake
you there, and the famine you dread
will follow you into Egypt, and there
17 you will die. •Indeed, all who are deter-
mined to go to Egypt to settle there will
die by the sword, famine and plague;

certainly [sə́:rtnli] *ad.* 확실히
compassion [kəmpǽʃən] *n.* 측은히 여김
declare [diklέər] *vt.* 선포하다
dread [dred] *vt.* 두려워하다
famine [fǽmin] *n.* 기근
indeed [indí:d] *ad.* 실로, 정말로
overtake [òuvərtéik] *vt.* 따라잡다
petition [pətíʃən] *n.* 탄원
plague [pleig] *n.* 역병
relent [rilént] *vi.* 누그러지다
remnant [rémnənt] *n.* 남은 자
restore [ristɔ́:r] *vt.* 회복하다
settle [sétl] *vi.* 거주하다
uproot [ʌprú:t] *vt.* 뿌리째 뽑다
witness [wítnis] *n.* 증인

42:5 in accordance with...: …을 따라서
42:6 whether A or B: A든지 B든지
42:10 tear down: (건물 등을) 헐다
42:10 inflict on...: …에게 벌을 주다
42:11 deliver A from B: A를 B에서 구하다
42:15 determine to...: …하기로 결심하다

애굽으로 급히 따라가서 너희에게 임하리니 너희
가 거기에서 죽을 것이라 44:13
17 무릇 애굽으로 들어가서 거기에 머물러 살기로
고집하는 모든 사람은 이와 같이 되리니 곧 칼과
기근과 전염병에 죽을 것인즉 내가 그들에게 내
리는 재난을 벗어나서 남을 자 없으리라
18 ●만군의 여호와 이스라엘의 하나님께서 이와 같
이 말씀하시되 나의 노여움과 분을 예루살렘 주
민에게 부은 것같이 너희가 애굽에 이를 때에 나
의 분을 너희에게 부으리니 너희가 가증함과 놀
램과 저주와 치욕거리가 될 것이라 너희가 다시
는 이 땅을 보지 못하리라 하시도다
19 유다의 남은 자들아 여호와께서 너희를 두고 하신
말씀에 너희는 애굽으로 가지 말라 하셨고 나도
오늘 너희에게 경고한 것을 너희는 분명히 알라
20 너희가 나를 너희 하나님 여호와께 보내며 이르기
를 우리를 위하여 우리 하나님 여호와께 기도하고
우리 하나님 여호와께서 말씀하신 대로 우리에게
전하라 우리가 그대로 행하리라 하여 너희 마음을
속였느니라
21 너희 하나님 여호와께서 나를 보내사 너희에게
명하신 말씀을 내가 오늘 너희에게 전하였어도
너희가 너희 하나님 여호와의 목소리를 도무지
순종하지 아니하였은즉
22 너희가 가서 머물려고 하는 곳에서 칼과 기근과
전염병에 죽을 줄 분명히 알지니라 44:13

예레미야가 애굽으로 가다 — B.C. 586년경

43 예레미야가 모든 백성에게 그들의 하나님
여호와의 말씀 곧 그들의 하나님 여호와께
서 자기를 보내사 그들에게 이르신 이 모든 말씀
을 말하기를 마치니
2 호사야의 아들 아사랴와 가레아의 아들 요하난과
모든 오만한 자가 예레미야에게 말하기를 네가
거짓을 말하는도다 우리 하나님 여호와께서 너희
는 애굽에서 살려고 그리로 가지 말라고 너를 보
내어 말하게 하지 아니하셨느니라
3 이는 네리야의 아들 바룩이 너를 부추겨서 우리
를 대적하여 갈대아 사람의 손에 넘겨 죽이며 바
벨론으로 붙잡아가게 하려 함이라 38:4
4 이에 가레아의 아들 요하난과 모든 군 지휘관과
모든 백성이 유다 땅에 살라 하시는 여호와의 목
소리를 순종하지 아니하고
5 가레아의 아들 요하난과 모든 군 지휘관이 유다
의 남은 자 곧 쫓겨났던 여러 나라 가운데에서 유
다 땅에 살려 하여 돌아온 자
6 곧 남자와 여자와 유아와 왕의 딸들과 사령관 느
부사라단이 사반의 손자 아히감의 아들 그다랴에

not one of them will survive or escape
the disaster I will bring on them.'
18 ●This is what the LORD Almighty, the
God of Israel, says: 'As my anger and
wrath have been poured out on those
who lived in Jerusalem, so will my
wrath be poured out on you when you
go to Egypt. You will be a curse[a] and an
object of horror, a curse[a] and an object
of reproach; you will never see this place
again.'
19 ●"Remnant of Judah, the LORD has
told you, 'Do not go to Egypt.' Be sure of
20 this: I warn you today ●that you made a
fatal mistake when you sent me to the
LORD your God and said, 'Pray to the
LORD our God for us; tell us everything
21 he says and we will do it.' ●I have told
you today, but you still have not obeyed
the LORD your God in all he sent me to
22 tell you. ●So now, be sure of this: You
will die by the sword, famine and pla-
gue in the place where you want to go
to settle."

43 When Jeremiah had finished
telling the people all the words
of the LORD their God—everything the
2 LORD had sent him to tell them— ●Aza-
riah son of Hoshaiah and Johanan son
of Kareah and all the arrogant men said
to Jeremiah, "You are lying! The LORD
our God has not sent you to say, 'You
must not go to Egypt to settle there.'
3 ●But Baruch son of Neriah is inciting
you against us to hand us over to the Ba-
bylonians,[b] so they may kill us or carry
us into exile to Babylon."
4 ●So Johanan son of Kareah and all the
army officers and all the people dis-
obeyed the LORD's command to stay in
5 the land of Judah. ●Instead, Johanan son
of Kareah and all the army officers led
away all the remnant of Judah who had
come back to live in the land of Judah
from all the nations where they had been
6 scattered. ●They also led away all those
whom Nebuzaradan commander of the
imperial guard had left with Gedaliah
son of Ahikam, the son of Shaphan —
the men, the women, the children and

[a] *18* That is, your name will be used in cursing (see 29:22); or, others will see that you are cursed.
[b] *3* Or *Chaldeans*

arrogant [ǽrəgənt] *a.* 거만한
curse [kəːrs] *n.* 저주
escape [iskéip] *vi.* 피하다
exile [égzail] *n.* 추방
fatal [féitl] *a.* 치명적인
imperial [impíəriəl] *a.* 제국의
incite [insáit] *vt.* 선동하다
mistake [mistéik] *n.* 잘못
obey [oubéi] *vt.* 순종하다
object [ábdʒikt] *n.* 물건
reproach [ripróutʃ] *n.* 질책
scatter [skǽtər] *vi.* 달아나다, 쫓겨나다
survive [sərváiv] *vi.* 살아남다
warn [wɔːrn] *vt.* 경고하다
wrath [ræθ] *n.* 진노

42:18 pour out on...: …에 쏟아붓다
42:19 be sure of...: …에 확신을 가지다
43:3 hand over: 넘겨주다
43:3 carry... into~: …을 ~에 옮기다
43:5 lead away...: …를 데리고 가다
43:5 come back to...: …로 돌아오다

게 맡겨 둔 모든 사람과 선지자 예레미야와 네
리야의 아들 바룩을 거느리고
7 애굽 땅에 들어가 다바네스에 이르렀으니 그들
이 여호와의 목소리를 순종하지 아니함이러라
8 ●다바네스에서 여호와의 말씀이 예레미야에
게 임하여 이르시되
9 너는 유다 사람의 눈 앞에서 네 손으로 큰 돌 여
러 개를 가져다가 다바네스에 있는 바로의 궁전
대문의 벽돌로 쌓은 축대에 진흙으로 [1]감추라
10 그리고 너는 그들에게 말하기를 만군의 여호와
이스라엘의 하나님께서 이와 같이 말씀하시되
보라 내가 내 종 바벨론의 느부갓네살 왕을 불
러오리니 그가 그의 왕좌를 내가 감추게 한 이
돌들 위에 놓고 또 그 화려한 큰 장막을 그 위
에 치리라
11 그가 와서 애굽 땅을 치고 죽일 자는 죽이고 사
로잡을 자는 사로잡고 칼로 칠 자는 칼로 칠 것
이라
12 내가 애굽 신들의 신당들을 불지르리라 느부갓
네살이 그들을 불사르며 그들을 사로잡을 것이
요 목자가 그의 몸에 옷을 두름같이 애굽 땅을
자기 몸에 두르고 평안히 그곳을 떠날 것이며
13 그가 또 애굽 땅 벧세메스의 석상들을 깨뜨리
고 애굽 신들의 신당들을 불사르리라 하셨다
할지니라 하시니라

애굽의 유다 사람에게 하신 말씀 — B.C. 586년경

44 애굽 땅에 사는 모든 유다 사람 곧 믹돌
과 다바네스와 놉과 바드로스 지방에 사
는 자에 대하여 말씀이 예레미야에게 임하니
라 이르시되
2 만군의 여호와 이스라엘의 하나님께서 이와 같
이 말씀하시니라 너희가 예루살렘과 유다 모든
성읍에 내린 나의 모든 재난을 보았느니라 보
라 오늘 그것들이 황무지가 되었고 사는 사람
이 없나니
3 이는 그들이 자기나 너희나 너희 조상들이 알
지 못하는 다른 신들에게 나아가 분향하여 섬
겨서 나의 노여움을 일으킨 악행으로 말미암음
이라
4 내가 나의 모든 종 선지자들을 너희에게 보내
되 끊임없이 보내어 이르기를 너희는 내가 미
워하는 이 가증한 일을 행하지 말라 하였으나
5 그들이 듣지 아니하며 귀를 기울이지 아니하고
다른 신들에게 여전히 분향하여 그들의 악에서
돌이키지 아니하였으므로 11:8,10
6 나의 분과 나의 노여움을 쏟아서 유다 성읍들
과 예루살렘 거리를 불살랐더니 그것들이 오늘

the king's daughters. And they took Jere-
miah the prophet and Baruch son of Neri-
7 ah along with them. •So they entered
Egypt in disobedience to the LORD and
went as far as Tahpanhes.
8 •In Tahpanhes the word of the LORD
9 came to Jeremiah: •"While the Jews are
watching, take some large stones with you
and bury them in clay in the brick pave-
ment at the entrance to Pharaoh's palace
10 in Tahpanhes. •Then say to them, 'This is
what the LORD Almighty, the God of Israel,
says: I will send for my servant Nebuchad-
nezzar king of Babylon, and I will set his
throne over these stones I have buried here;
he will spread his royal canopy above them.
11 •He will come and attack Egypt, bringing
death to those destined for death, captivity
to those destined for captivity, and the
12 sword to those destined for the sword. •He
will set fire to the temples of the gods of
Egypt; he will burn their temples and take
their gods captive. As a shepherd picks his
garment clean of lice, so he will pick Egypt
13 clean and depart. •There in the temple of
the sun[a] in Egypt he will demolish the
sacred pillars and will burn down the tem-
ples of the gods of Egypt.'"

Disaster Because of Idolatry

44 This word came to Jeremiah con-
cerning all the Jews living in Lower
Egypt—in Migdol, Tahpanhes and Mem-
2 phis—and in Upper Egypt: •"This is what
the LORD Almighty, the God of Israel, says:
You saw the great disaster I brought on
Jerusalem and on all the towns of Judah.
3 Today they lie deserted and in ruins •be-
cause of the evil they have done. They
aroused my anger by burning incense to
and worshiping other gods that neither
they nor you nor your ancestors ever knew.
4 •Again and again I sent my servants the
prophets, who said, 'Do not do this detestable
5 thing that I hate!' •But they did not listen or
pay attention; they did not turn from their
wickedness or stop burning incense to other
6 gods. •Therefore, my fierce anger was
poured out; it raged against the towns of
Judah and the streets of Jerusalem and made
them the desolate ruins they are today.

[a]13 Or *in Heliopolis* 1) 갈라

brick [brik] *n.* 벽돌
canopy [kǽnəpi] *n.* 천개(天蓋), 닫집
captivity [kæptívəti] *n.* 포로
clay [klei] *n.* 진흙
demolish [dimáliʃ] *vt.* 파괴하다
desolate [désələt] *a.* 황폐한
destine [déstin] *vt.* (운명을) 정하다
detestable [ditéstəbl] *a.* 혐오할 만한
disobedience [dìsəbíːdiəns] *n.* 불순종
fierce [fíərs] *a.* 맹렬한
garment [gáːrmənt] *n.* 옷
louse [laus] *n.* 이, 기생충
pavement [péivmənt] *n.* 포장도로
sacred [séikrid] *a.* 신성한
throne [θroun] *n.* 왕좌

43:7 as far as...: …까지
43:12 set fire to...: …에 불지르다
43:13 burn down: 태워버리다
44:2 lie in ruin: 황폐해 있다
44:3 neither A nor B: A도 B도 아니다
44:6 rage against...: …에게 몹시 노하다

과 같이 폐허와 황무지가 되었느니라
7 만군의 하나님 이스라엘의 하나님 여호와께
서 이와 같이 말씀하셨느니라 너희가 어찌하
여 큰 악을 행하여 자기 영혼을 해하며 유다
가운데에서 너희의 남자와 여자와 아이와
젖 먹는 자를 멸절하여 남은 자가 없게 하려
느냐
8 어찌하여 너희가 너희 손이 만든 것으로 나
의 노여움을 일으켜 너희가 가서 머물러 사
는 애굽 땅에서 다른 신들에게 분향함으로
끊어 버림을 당하여 세계 여러 나라 가운데
에서 저주와 수치거리가 되고자 하느냐
9 너희가 유다 땅과 예루살렘 거리에서 행한
너희 조상들의 악행과 유다 왕들의 악행과
왕비들의 악행과 너희의 악행과 너희 아내들
의 악행을 잊었느냐
10 그들이 오늘까지 겸손하지 아니하며 두려워
하지도 아니하고 내가 너희와 너희 조상들 앞
에 세운 나의 율법과 나의 법규를 지켜 행하지
아니하느니라
11 •그러므로 만군의 여호와 이스라엘의 하나
님께서 이와 같이 말씀하시니라 보라 내가
얼굴을 너희에게로 향하여 환난을 내리고 온
유다를 끊어 버릴 것이며
12 내가 또 애굽 땅에 머물러 살기로 고집하고
그리로 들어간 유다의 남은 자들을 처단하리
니 그들이 다 멸망하여 애굽 땅에서 엎드러
질 것이라 그들이 칼과 기근에 망하되 낮은
자로부터 높은 자까지 칼과 기근에 죽어서
저주와 놀램과 조롱과 수치의 대상이 되리라
13 내가 예루살렘을 벌한 것같이 애굽 땅에 사
는 자들을 칼과 기근과 전염병으로 벌하리니
14 애굽 땅에 들어가서 거기에 머물러 살려는
유다의 남은 자 중에 피하거나 살아남아 소
원대로 돌아와서 살고자 하여 유다 땅에 돌
아올 자가 없을 것이라 도망치는 자들 외에
는 돌아올 자가 없으리라 하셨느니라
15 •그리하여 자기 아내들이 다른 신들에게 분
향하는 줄을 아는 모든 남자와 곁에 섰던 모든
여인 곧 애굽 땅 바드로스에 사는 모든 백성의
큰 무리가 예레미야에게 대답하여 이르되
16 네가 여호와의 이름으로 우리에게 하는 말을
우리가 듣지 아니하고 8:6,12
17 우리 입에서 낸 모든 말을 반드시 실행하여
우리가 본래 하던 것 곧 우리와 우리 선조와
우리 왕들과 우리 고관들이 유다 성읍들과
예루살렘 거리에서 하던 대로 하늘의 여왕에

7 •"Now this is what the LORD God Almighty,
the God of Israel, says: Why bring such great
disaster on yourselves by cutting off from Judah
the men and women, the children and infants,
and so leave yourselves without a remnant?
8 •Why arouse my anger with what your hands
have made, burning incense to other gods in
Egypt, where you have come to live? You will
destroy yourselves and make yourselves a
curse[a] and an object of reproach among all the
9 nations on earth. •Have you forgotten the
wickedness committed by your ancestors and
by the kings and queens of Judah and the
wickedness committed by you and your wives
in the land of Judah and the streets of
10 Jerusalem? •To this day they have not hum-
bled themselves or shown reverence, nor have
they followed my law and the decrees I set
before you and your ancestors.
11 •"Therefore this is what the LORD Almighty,
the God of Israel, says: I am determined to
bring disaster on you and to destroy all Judah.
12 •I will take away the remnant of Judah who
were determined to go to Egypt to settle there.
They will all perish in Egypt; they will fall by
the sword or die from famine. From the least
to the greatest, they will die by sword or
famine. They will become a curse and an object
of horror, a curse and an object of reproach.
13 •I will punish those who live in Egypt with
the sword, famine and plague, as I punished
14 Jerusalem. •None of the remnant of Judah
who have gone to live in Egypt will escape or
survive to return to the land of Judah, to
which they long to return and live; none will
return except a few fugitives."
15 •Then all the men who knew that their
wives were burning incense to other gods,
along with all the women who were present
— a large assembly — and all the people liv-
ing in Lower and Upper Egypt, said to Jere-
16 miah, •"We will not listen to the message
you have spoken to us in the name of the
17 LORD! •We will certainly do everything we
said we would: We will burn incense to the
Queen of Heaven and will pour out drink
offerings to her just as we and our ancestors,
our kings and our officials did in the towns
of Judah and in the streets of Jerusalem. At
that time we had plenty of food and were

[a]8 That is, your name will be used in cursing (see 29:22); or, others will see that you are cursed; also in verse 12; similarly in verse 22.

assembly [əsémbli] *n.* 회중
commit [kəmít] *vt.* 범하다
curse [kəːrs] *vi.* 저주하다
decree [dikríː] *n.* 법령
famine [fǽmin] *n.* 기근
fugitive [fjúːdʒətiv] *n.* 도망자
humble [hʌ́mbl] *vt.* 낮추다
incense [ínsens] *n.* 향
least [liːst] *n.* 가장 작은 자
plague [pleig] *n.* 전염병
plenty [plénti] *n.* 풍부
remnant [rémnənt] *n.* 남은 자
reproach [ripróutʃ] *n.* 질책
reverence [révərəns] *n.* 경외
wickedness [wíkidnis] *n.* 사악함

44:11 be determined to(do): …하기로 결심하다
44:12 take away…: …를 제거하다
44:14 long to…: …하기를 갈망하다
44:15 along with…: …와 함께
44:17 just as…: …와 꼭 마찬가지로

게 분향하고 그 앞에 전제를 드리리라 그때에
는 우리가 먹을 것이 풍부하며 복을 받고 재난
을 당하지 아니하였더니 왕하 17:16
18 우리가 하늘의 여왕에게 분향하고 그 앞에 전
제 드리던 것을 폐한 후부터는 모든 것이 궁핍
하고 칼과 기근에 멸망을 당하였느니라 하며
19 여인들은 이르되 우리가 하늘의 여왕에게 분
향하고 그 앞에 전제를 드릴 때에 어찌 우리
남편의 허락이 없이 그의 형상과 같은 과자를
만들어 놓고 전제를 드렸느냐 하는지라
20 ●예레미야가 남녀 모든 무리 곧 이 말로 대답
하는 모든 백성에게 일러 이르되
21 너희가 너희 선조와 너희 왕들과 고관들과 유
다 땅 백성이 유다 성읍들과 예루살렘 거리에
서 분향한 일을 여호와께서 기억하셨고 그의
마음에 떠오른 것이 아닌가 호 7:2
22 여호와께서 너희 악행과 가증한 행위를 더 참
을 수 없으셨으므로 너희 땅이 오늘과 같이 황
폐하며 놀램과 저줏거리가 되어 주민이 없게
되었나니
23 너희가 분향하여 여호와께 범죄하였으며 여호
와의 목소리를 순종하지 아니하고 여호와의
율법과 법규와 여러 증거대로 행하지 아니하
였으므로 이 재난이 오늘과 같이 너희에게 일
어났느니라
24 ●예레미야가 다시 모든 백성과 모든 여인에
게 말하되 애굽 땅에서 사는 모든 유다 사람이
여 여호와의 말씀을 들으라
25 만군의 여호와 이스라엘의 하나님께서 이와
같이 말씀하시되 너희와 너희 아내들이 입으
로 말하고 손으로 이루려 하여 이르기를 우리
가 서원한 대로 반드시 이행하여 하늘의 여왕
에게 분향하고 전제를 드리리라 하였은즉 너
희 서원을 성취하며 너희 서원을 이행하라 하
시느니라
26 그러므로 애굽 땅에서 사는 모든 유다 사람이
여 여호와의 말씀을 들으라 여호와께서 말씀
하시되 보라 내가 나의 큰 이름으로 맹세하였
은즉 애굽 온 땅에 사는 유다 사람들의 입에서
다시는 내 이름을 부르며 주 여호와의 살아 계
심을 두고 맹세하노라 하는 자가 없으리라
27 보라 내가 깨어 있어 그들에게 재난을 내리고
복을 내리지 아니하리니 애굽 땅에 있는 유다
모든 사람이 칼과 기근에 망하여 멸절되리라
28 그런즉 칼을 피한 소수의 사람이 애굽 땅에서
나와 유다 땅으로 돌아오리니 애굽 땅에 들어
가서 거기에 머물러 사는 유다의 모든 남은 자

18 well off and suffered no harm. •But ever
since we stopped burning incense to the
Queen of Heaven and pouring out drink
offerings to her, we have had nothing and
have been perishing by sword and fa-
mine."
19 •The women added, "When we burned
incense to the Queen of Heaven and pour-
ed out drink offerings to her, did not our
husbands know that we were making
cakes impressed with her image and pour-
ing out drink offerings to her?"
20 •Then Jeremiah said to all the people,
both men and women, who were answer-
21 ing him, •"Did not the LORD remember and
call to mind the incense burned in the
towns of Judah and the streets of Jerusalem
by you and your ancestors, your kings and
your officials and the people of the land?
22 •When the LORD could no longer endure
your wicked actions and the detestable
things you did, your land became a curse
and a desolate waste without inhabitants,
23 as it is today. •Because you have burned
incense and have sinned against the LORD
and have not obeyed him or followed his
law or his decrees or his stipulations, this dis-
aster has come upon you, as you now see."
24 •Then Jeremiah said to all the people,
including the women, "Hear the word of the
LORD, all you people of Judah in Egypt.
25 •This is what the LORD Almighty, the God of
Israel, says: You and your wives have done
what you said you would do when you
promised, 'We will certainly carry out the
vows we made to burn incense and pour out
drink offerings to the Queen of Heaven.'
"Go ahead then, do what you promised!
26 Keep your vows! •But hear the word of the
LORD, all you Jews living in Egypt: 'I swear
by my great name,' says the LORD, 'that no
one from Judah living anywhere in Egypt
will ever again invoke my name or swear,
"As surely as the Sovereign LORD lives."
27 •For I am watching over them for harm,
not for good; the Jews in Egypt will perish
by sword and famine until they are all
28 destroyed. •Those who escape the sword
and return to the land of Judah from Egypt
will be very few. Then the whole remnant
of Judah who came to live in Egypt will
know whose word will stand—mine or
theirs.

decree [dikríː] *n.* 법령
detestable [ditéstəbl] *a.* 혐오하는
endure [indjúər] *vt.* 견디다
escape [iskéip] *vi.* 피하다
impress [imprés] *vt.* 새겨지다
incense [ínsens] *n.* 향
inhabitant [inhǽbətənt] *n.* 거주자
invoke [invóuk] *vt.* 기원하다
offering [ɔ́ːfəriŋ] *n.* 제물
perish [périʃ] *vi.* 사라지다
remnant [rémnənt] *n.* 남은 자
sovereign [sɑ́vərin] *n.* 주권자
stipulation [stìpjuléiʃən] *n.* 규정
vow [vau] *n.* 서원, 맹세
wicked [wíkid] *a.* 악한

44:17 **well off**: 부유한, 유복한
44:18 **stop -ing**: …하기를 멈추다
44:19 **pour out**: 쏟아붓다
44:23 **sin against...**: …에게 죄를 짓다
44:25 **carry out**: 실행하다
44:27 **watch over**: 경계하다, 지키다

가 내 말과 그들의 말 가운데서 누구의 말
이 진리인지 알리라
29 여호와의 말씀이니라 내가 이곳에서 너희
를 벌할 표징이 이것이라 내가 너희에게 재
난을 내리리라 한 말이 반드시 이루어질 것
을 그것으로 알게 하리라
30 보라 내가 유다의 시드기야 왕을 그의 원수
곧 그의 생명을 찾는 바벨론의 느부갓네살
왕의 손에 넘긴 것같이 애굽의 바로 호브라
왕을 그의 원수들 곧 그의 생명을 찾는 자
들의 손에 넘겨 주리라 여호와께서 이와 같
이 말씀하셨느니라

여호와께서 바룩에게 구원을 약속하시다 (♪ 365장)

45 유다의 요시야 왕의 아들 여호야김 넷
째 해에 네리야의 아들 바룩이 예레미
야가 불러 주는 대로 이 모든 말을 책에 기
록하니라 그때에 선지자 예레미야가 그에
게 말하여 이르되
2 바룩아 이스라엘의 하나님 여호와께서 네
게 이같이 말씀하셨느니라
3 네가 일찍이 말하기를 화로다 여호와께서
나의 고통에 슬픔을 더하셨으니 나는 나의
탄식으로 피곤하여 평안을 찾지 못하도다
4 너는 그에게 이르라 여호와께서 이와 같이
말씀하시기를 보라 나는 내가 세운 것을 헐
기도 하며 내가 심은 것을 뽑기도 하나니
온 땅에 그리하겠거늘
5 네가 너를 위하여 큰 일을 찾느냐 그것을
찾지 말라 보라 내가 모든 육체에 재난을
내리리라 그러나 네가 가는 모든 곳에서는
내가 너에게 네 생명을 노략물 주듯 하리라
여호와의 말씀이니라

애굽에 관한 여호와의 말씀 — B.C. 604년경

46 이방 나라들에 대하여 선지자 예레
미야에게 임한 여호와의 말씀이라
2 ●애굽에 관한 것이라 곧 유다의 요시야 왕
의 아들 여호야김 넷째 해에 유브라데 강가
갈그미스에서 바벨론의 느부갓네살 왕에게
패한 애굽의 왕 바로 느고의 군대에 대한
말씀이라
3 ●너희는 작은 방패와 큰 방패를 예비하고
나가서 싸우라
4 너희 기병이여 말에 안장을 지워 타며 투구
를 쓰고 나서며 창을 갈며 갑옷을 입으라
5 여호와의 말씀이니라 내가 본즉 그들이 놀
라 물러가며 그들의 용사는 패하여 황급히
도망하며 뒤를 돌아보지 아니함은 어찜이냐

29 ●" 'This will be the sign to you that I will
punish you in this place,' declares the LORD, 'so
that you will know that my threats of harm
30 against you will surely stand.' ●This is what the
LORD says: 'I am going to deliver Pharaoh
Hophra king of Egypt into the hands of his ene-
mies who want to kill him, just as I gave Zedeki-
ah king of Judah into the hands of Nebuchad-
nezzar king of Babylon, the enemy who want-
ed to kill him.' "

A Message to Baruch

45 When Baruch son of Neriah wrote on a
scroll the words Jeremiah the prophet
dictated in the fourth year of Jehoiakim son of
Josiah king of Judah, Jeremiah said this to
2 Baruch: ●"This is what the LORD, the God of
3 Israel, says to you, Baruch: ●You said, 'Woe to
me! The LORD has added sorrow to my pain; I
am worn out with groaning and find no rest.'
4 ●But the LORD has told me to say to you, 'This
is what the LORD says: I will overthrow what I
have built and uproot what I have planted,
5 throughout the earth. ●Should you then seek
great things for yourself? Do not seek them.
For I will bring disaster on all people, declares
the LORD, but wherever you go I will let you
escape with your life.' "

A Message About Egypt

46 This is the word of the LORD that came
to Jeremiah the prophet concerning
the nations:
2 ●Concerning Egypt:

This is the message against the army of
Pharaoh Necho king of Egypt, which was
defeated at Carchemish on the Euphrates River
by Nebuchadnezzar king of Babylon in the
fourth year of Jehoiakim son of Josiah king of
Judah:

3 ●"Prepare your shields, both large and small,
and march out for battle!
4 ●Harness the horses,
mount the steeds!
Take your positions
with helmets on!
Polish your spears,
put on your armor!
5 ●What do I see?
They are terrified,
they are retreating,
their warriors are defeated.
They flee in haste
without looking back,

concerning [kənsə́:rniŋ] *prep.* …에 관하여
declare [diklέər] *vt.* 선포하다
defeat [difí:t] *n.* 패배
dictate [díkteit] *vt.* 받아쓰게 하다
groan [groun] *vi.* 신음하다
mount [maunt] *vt.* 오르다
polish [páliʃ] *vt.* 갈다, 다듬다
punish [pániʃ] *vt.* 벌하다
retreat [ritrí:t] *vi.* 퇴각하다
scroll [skroul] *n.* 두루마리
shield [ʃi:ld] *n.* 방패
steed [sti:d] *n.* 군마, 준마
terrified [térəfàid] *a.* 겁먹은
threat [θret] *n.* 위협
uproot [ʌprú:t] *vt.* 뿌리째 뽑다

44:30 deliver... into the hands of~: …를 ~의 손에 넘기다
45:3 wear out: 지치게 하다
46:4 take one's position: (어떤) 태도를 취하다, 자세를 갖다
46:5 in haste: 급하게

두려움이 그들의 사방에 있음이로다
6 발이 빠른 자도 도망하지 못하며 용사
도 피하지 못하고 그들이 다 북쪽에서
유브라데 강가에 넘어지며 엎드러지
는도다
7 강의 물이 출렁임 같고 나일 강이 불어
남 같은 자가 누구냐
8 애굽은 나일 강이 불어남 같고 강물
이 출렁임 같도다 그가 이르되 내가
일어나 땅을 덮어 성읍들과 그 주민
을 멸할 것이라
9 말들아 달려라 병거들아 정신 없이 달
려라 용사여 나오라 방패 잡은 구스 사
람과 붓 사람과 활을 당기는 루딤 사람
이여 나올지니라 하거니와
10 그날은 주 만군의 여호와께서 그의
대적에게 원수 갚는 보복일이라 칼이
배부르게 삼키며 그들의 피를 넘치도
록 마시리니 주 만군의 여호와께서
북쪽 유브라데 강가에서 희생제물을
받으실 것임이로다
11 처녀 딸 애굽이여 길르앗으로 올라가
서 유향을 취하라 네가 치료를 많이 받
아도 효력이 없어 낫지 못하리라
12 네 수치가 나라들에 들렸고 네 부르짖음
은 땅에 가득하였나니 용사가 용사에게
걸려 넘어져 둘이 함께 엎드러졌음이라

느부갓네살이 애굽을 치리라

13 ●바벨론의 느부갓네살 왕이 와서 애
굽 땅을 칠 일에 대하여 선지자 예레미
야에게 이르신 여호와의 말씀이라 사 19:1
14 ●너희는 애굽에 선포하며 믹돌과 놉
과 다바네스에 선포하여 말하기를 너
희는 굳건히 서서 준비하라 네 사방이
칼에 삼키웠느니라
15 너희 장사들이 쓰러짐은 어찌함이냐
그들이 서지 못함은 여호와께서 그들
을 몰아내신 까닭이니라
16 그가 많은 사람을 넘어지게 하시매
사람이 사람 위에 엎드러지며 이르
되 일어나라 우리가 포악한 칼을 피
하여 우리 민족에게로, 우리 고향으
로 돌아가자 하도다 레 26:37
17 그들이 그곳에서 부르짖기를 [1]애굽의
바로 왕이 망하였도다 그가 기회를 놓
쳤도다
18 만군의 여호와라 일컫는 왕이 이르시

and there is terror on every side,"
declares the LORD.
6 ●"The swift cannot flee
nor the strong escape.
In the north by the River Euphrates
they stumble and fall.
7 ●"Who is this that rises like the Nile,
like rivers of surging waters?
8 ●Egypt rises like the Nile,
like rivers of surging waters.
She says, 'I will rise and cover the earth;
I will destroy cities and their people.'
9 ●Charge, you horses!
Drive furiously, you charioteers!
March on, you warriors — men of Cush[a] and Put
who carry shields,
men of Lydia who draw the bow.
10 ●But that day belongs to the Lord, the LORD
Almighty —
a day of vengeance, for vengeance on his foes.
The sword will devour till it is satisfied,
till it has quenched its thirst with blood.
For the Lord, the LORD Almighty, will offer sacrifice
in the land of the north by the River Euphrates.
11 ●"Go up to Gilead and get balm,
Virgin Daughter Egypt.
But you try many medicines in vain;
there is no healing for you.
12 ●The nations will hear of your shame;
your cries will fill the earth.
One warrior will stumble over another;
both will fall down together."
13 ●This is the message the LORD spoke to Jeremiah
the prophet about the coming of Nebuchadnezzar
king of Babylon to attack Egypt:
14 ●"Announce this in Egypt, and proclaim it in Migdol;
proclaim it also in Memphis and Tahpanhes:
'Take your positions and get ready,
for the sword devours those around you.'
15 ●Why will your warriors be laid low?
They cannot stand, for the LORD will push them
down.
16 ●They will stumble repeatedly;
they will fall over each other.
They will say, 'Get up, let us go back
to our own people and our native lands,
away from the sword of the oppressor.'
17 ●There they will exclaim,
'Pharaoh king of Egypt is only a loud noise;
he has missed his opportunity.'
18 ●"As surely as I live," declares the King,

[a]9 That is, the upper Nile region
1) 애굽 왕 바로는 소리뿐이라

announce [ənáuns] vt. 알리다
balm [ba:m] n. 향유
charioteer [tʃæriətíər] n. 전차를 모는 사람
devour [diváuər] vt. 게걸스럽게 먹다
exclaim [ikskléim] vt. 외치다
foe [fou] n. 원수, 적
furiously [fjúəriəsli] ad. 맹렬하게
medicine [médəsin] n. 약
opportunity [ɑ̀pərtjú:nəti] n. 기회
oppressor [əprésər] n. 압제자
repeatedly [ripí:tidli] ad. 되풀이하여
satisfy [sǽtisfài] vi. 만족하다
surge [sə:rdʒ] vi. 밀려오다
swift [swift] a. 빠른
vengeance [véndʒəns] n. 복수

46:10 quench one's thirst: 갈증을 풀다
46:11 in vain: 헛되이
46:12 stumble over: 걸려 넘어지다
46:16 fall over: 넘어지다
46:18 as surely as...: …와 마찬가지로 틀림없이

되 나의 삶으로 맹세하노니 그가 과연 산들 중의 다볼같이, 해변의 갈멜같이 오리라
19 애굽에 사는 딸이여 너는 너를 위하여 포로의 짐을 꾸리라 놉이 황무하며 불에 타서 주민이 없을 것임이라
20 애굽은 심히 아름다운 암송아지일지라도 북으로부터 쇠파리 떼가 줄곧 오리라
21 또 그중의 고용꾼은 살진 수송아지 같아서 돌이켜 함께 도망하고 서지 못하였나니 재난의 날이 이르렀고 벌 받는 때가 왔음이라 50:27
22 애굽의 소리가 뱀의 소리 같으리니 이는 그들의 군대가 벌목하는 자같이 도끼를 가지고 올 것임이라 사 29:4
23 여호와의 말씀이니라 그들이 황충보다 많아서 셀 수 없으므로 조사할 수 없는 그의 수풀을 찍을 것이라 21:14
24 딸 애굽이 수치를 당하여 북쪽 백성의 손에 붙임을 당하리로다
25 만군의 여호와 이스라엘의 하나님께서 말씀하시니라 보라 내가 노의 아몬과 바로와 애굽과 애굽 신들과 왕들 곧 바로와 및 그를 의지하는 자들을 벌할 것이라 겔 30:14
26 내가 그들의 생명을 노리는 자의 손 곧 바벨론의 느부갓네살 왕의 손과 그 종들의 손에 넘기리라 그럴지라도 그 후에는 그 땅이 이전같이 사람 살 곳이 되리라 여호와의 말씀이니라

이스라엘을 구원하리라

27 ●내 종 야곱아 두려워하지 말라 이스라엘아 놀라지 말라 보라 내가 너를 먼 곳에서 구원하며 네 자손을 포로된 땅에서 구원하리니 야곱이 돌아와서 평안하며 걱정 없이 살게 될 것이라 그를 두렵게 할 자 없으리라
28 여호와의 말씀이니라 내 종 야곱아 내가 너와 함께 있나니 두려워하지 말라 내가 너를 흩었던 그 나라들은 다 멸할지라도 너는 사라지지 아니하리라 내가 너를 법도대로 징계할 것이요 결코 무죄한 자로 여기지 아니하리라 하시니라

블레셋 사람을 유린하시는 날 (♪ 358장)

47 바로가 가사를 치기 전에 블레셋 사람에 대하여 선지자 예레미야

whose name is the LORD Almighty,
"one will come who is like Tabor among the mountains,
like Carmel by the sea.
19 ●Pack your belongings for exile,
you who live in Egypt,
for Memphis will be laid waste
and lie in ruins without inhabitant.
20 ●"Egypt is a beautiful heifer,
but a gadfly is coming
against her from the north.
21 ●The mercenaries in her ranks
are like fattened calves.
They too will turn and flee together,
they will not stand their ground,
for the day of disaster is coming upon them,
the time for them to be punished.
22 ●Egypt will hiss like a fleeing serpent
as the enemy advances in force;
they will come against her with axes,
like men who cut down trees.
23 ●They will chop down her forest,"
declares the LORD,
"dense though it be.
They are more numerous than locusts,
they cannot be counted.
24 ●Daughter Egypt will be put to shame,
given into the hands of the people of the north."
25 ●The LORD Almighty, the God of Israel, says: "I
am about to bring punishment on Amon god of
Thebes, on Pharaoh, on Egypt and her gods and
26 her kings, and on those who rely on Pharaoh. ●I
will give them into the hands of those who want
to kill them — Nebuchadnezzar king of Babylon
and his officers. Later, however, Egypt will be inhabited as in times past," declares the LORD.
27 ●"Do not be afraid, Jacob my servant;
do not be dismayed, Israel.
I will surely save you out of a distant place,
your descendants from the land of their exile.
Jacob will again have peace and security,
and no one will make him afraid.
28 ●Do not be afraid, Jacob my servant,
for I am with you," declares the LORD.
"Though I completely destroy all the nations
among which I scatter you,
I will not completely destroy you.
I will discipline you but only in due measure;
I will not let you go entirely unpunished."

A Message About the Philistines

47 This is the word of the LORD that came to Jeremiah the prophet concerning the

ax [æks] *n.* 도끼
dense [dens] *a.* 빽빽한
discipline [dísəplin] *vt.* 징계하다
dismay [disméi] *vt.* 당황케 하다
entirely [intáiərli] *ad.* 완전히
exile [égzail] *n.* 유배, 망명
fatten [fǽtn] *vt.* 살찌우다
gadfly [gǽdflài] *n.* 쇠파리
heifer [héfər] *n.* 젊은 암소
hiss [his] *vi.* 쉿 하는 소리를 내다
locust [lóukəst] *n.* 메뚜기
measure [méʒər] *n.* 측정
mercenary [mə́:rsənèri] *n.* 용병
rank [ræŋk] *n.* 군대, 사병
serpent [sə́:rpənt] *n.* 뱀

46:19 lie in ruins: 황폐해 있다
46:22 advance in...: …이 진보(향상)하다
46:23 chop down: (도끼로) 찍어 넘어뜨리다
46:25 rely on...: …를 의지하다
46:27 a distant place: 멀찍이 떨어진 곳

에게 임한 여호와의 말씀이라
2 ●여호와께서 이와 같이 말씀하시되
보라 물이 북쪽에서 일어나 물결치
는 시내를 이루어 그 땅과 그 중에 있
는 모든 것과 그 성읍과 거기에 사는
자들을 휩쓸리니 사람들이 부르짖으
며 그 땅 모든 주민이 울부짖으리라
3 군마의 발굽 소리와 달리는 병거 바
퀴가 진동하는 소리 때문에 아버지
의 손맥이 풀려서 자기의 자녀를 돌
보지 못하리니
4 이는 블레셋 사람을 유린하시며 두
로와 시돈에 남아 있는 바 도와줄 자
를 다 끊어 버리시는 날이 올 것임이
라 여호와께서 갑돌 섬에 남아 있는
블레셋 사람을 유린하시리라 사 14:31
5 가사는 대머리가 되었고 아스글론과
그들에게 남아 있는 평지가 잠잠하
게 되었나니 네가 네 몸 베기를 어느
때까지 하겠느냐
6 오호라 여호와의 칼이여 네가 언제
까지 쉬지 않겠느냐 네 칼집에 들어
가서 가만히 쉴지어다
7 여호와께서 이를 명령하셨은즉 어떻
게 잠잠하며 쉬겠느냐 아스글론과
해변을 치려 하여 그가 정하셨느니
라 하니라

모압의 멸망 (♪ 290장)

48 모압에 관한 것이라 만군의 여
호와 이스라엘의 하나님께서
이와 같이 말씀하시되 오호라 느보여
그가 유린 당하였도다 기랴다임이 수
치를 당하여 점령되었고 미스갑이 수
치를 당하여 파괴되었으니 사 15:2
2 모압의 찬송 소리가 없어졌도다 헤
스본에서 무리가 그를 해하려고 악
을 도모하고 이르기를 와서 그를 끊
어서 나라를 이루지 못하게 하자 하
는도다 맛멘이여 너도 조용하게 되
리니 칼이 너를 뒤쫓아 가리라
3 호로나임에서 부르짖는 소리여 황폐
와 큰 파멸이로다
4 모압이 멸망을 당하여 그 어린이들
의 부르짖음이 들리는도다
5 그들이 루힛 언덕으로 올라가면서
울고 호로나임 내리막길에서 파멸의
고통스런 울부짖음을 듣는도다 사 15:5

Philistines before Pharaoh attacked Gaza:
2 ●This is what the LORD says:
"See how the waters are rising in the north;
they will become an overflowing torrent.
They will overflow the land and everything in it,
the towns and those who live in them.
The people will cry out;
all who dwell in the land will wail
3 ●at the sound of the hooves of galloping steeds,
at the noise of enemy chariots
and the rumble of their wheels.
Parents will not turn to help their children;
their hands will hang limp.
4 ●For the day has come
to destroy all the Philistines
and to remove all survivors
who could help Tyre and Sidon.
The LORD is about to destroy the Philistines,
the remnant from the coasts of Caphtor.[a]
5 ●Gaza will shave her head in mourning;
Ashkelon will be silenced.
You remnant on the plain,
how long will you cut yourselves?
6 ●" 'Alas, sword of the LORD,
how long till you rest?
Return to your sheath;
cease and be still.'
7 ●But how can it rest
when the LORD has commanded it,
when he has ordered it
to attack Ashkelon and the coast?"

A Message About Moab

48 Concerning Moab:

This is what the LORD Almighty, the God of Israel, says:
"Woe to Nebo, for it will be ruined.
Kiriathaim will be disgraced and captured;
the stronghold[b] will be disgraced and shattered.
2 ●Moab will be praised no more;
in Heshbon[c] people will plot her downfall:
'Come, let us put an end to that nation.'
You, the people of Madmen,[d] will also be silenced;
the sword will pursue you.
3 ●Cries of anguish arise from Horonaim,
cries of great havoc and destruction.
4 ●Moab will be broken;
her little ones will cry out.[e]
5 ●They go up the hill to Luhith,

[a]4 That is, Crete [b]1 Or *captured; / Misgab* [c]2 The Hebrew for *Heshbon* sounds like the Hebrew for *plot.* [d]2 The name of the Moabite town Madmen sounds like the Hebrew for *be silenced.* [e]4 Hebrew; Septuagint / *proclaim it to Zoar*

anguish [ǽŋgwiʃ] *vt.* 괴로워하다
cease [siːs] *vi.* 멈추다
chariot [tʃǽriət] *n.* 병거
gallop [gǽləp] *vi.* 전속력으로 달리다
havoc [hǽvək] *n.* 대파괴
hoof [huf] *n.* 발굽
limp [limp] *a.* 약한
mourning [mɔ́ːrniŋ] *n.* 슬픔
overflow [òuvərflóu] *vi.* 넘쳐흐르다
remnant [rémnənt] *n.* 남은 자
rumble [rʌ́mbl] *n.* 덜커덕 소리
shatter [ʃǽtər] *vt.* 분쇄하다
sheath [ʃiːθ] *n.* 칼집
steed [stiːd] *n.* 말
torrent [tɔ́ːrənt] *n.* 급류

47:2 cry out: 절규하다
47:2 dwell in...: …에 살다
47:2-3 wail at...: …에 대해 통곡하다
47:4 be about to...: 막 …하려 하다
47:7 order... to~: …로 하여금 ~하게 하다
48:2 put an end to...: …을 끝내다

6 도망하여 네 생명을 구원하여 광야
의 노간주나무같이 될지어다
7 네가 네 업적과 보물을 의뢰하므로
너도 정복을 당할 것이요 그모스는
그의 제사장들과 고관들과 함께 포
로되어 갈 것이라
8 파멸하는 자가 각 성읍에 이를 것인
즉 한 성읍도 면하지 못할 것이며 골
짜기가 멸망하였으며 평지는 파멸되
어 여호와의 말씀과 같으리로다
9 모압에 날개를 주어 날아 피하게 하
라 그 성읍들이 황폐하여 거기에 사
는 자가 없으리로다
10 여호와의 일을 게을리 하는 자는 저
주를 받을 것이요 자기 칼을 금하여
피를 흘리지 아니하는 자도 저주를
받을 것이로다

모압이 황폐하였다

11 ●모압은 젊은 시절부터 평안하고 포
로도 되지 아니하였으므로 마치 술
이 그 찌끼 위에 있고 이 그릇에서 저
그릇으로 옮기지 않음 같아서 그 맛
이 남아 있고 냄새가 변하지 아니하
였도다
12 그러므로 여호와께서 말씀하시니라
날이 이르리니 내가 술을 옮겨 담는
사람을 보낼 것이라 그들이 기울여
서 그 그릇을 비게 하고 그 병들을 부
수리니
13 이스라엘 집이 벧엘을 의뢰하므로 수
치를 당한 것같이 모압이 그모스로
말미암아 수치를 당하리로다 사 45:16
14 너희가 어찌하여 말하기를 우리는
용사요 능란한 전사라 하느냐
15 만군의 여호와라 일컫는 왕께서 이
와 같이 말하노라 모압이 황폐하였
도다 그 성읍들은 사라졌고 그 선택
받은 장정들은 내려가서 죽임을 당
하니
16 모압의 재난이 가까웠고 그 고난이
속히 닥치리로다
17 그의 사면에 있는 모든 자여, 그의 이
름을 아는 모든 자여, 그를 위로하며
말하기를 어찌하여 강한 막대기, 아
름다운 지팡이가 부러졌는고 할지니
라
18 디본에 사는 딸아 네 영화에서 내려

weeping bitterly as they go;
on the road down to Horonaim
anguished cries over the destruction are heard.
6 •Flee! Run for your lives;
become like a bush[a] in the desert.
7 •Since you trust in your deeds and riches,
you too will be taken captive,
and Chemosh will go into exile,
together with his priests and officials.
8 •The destroyer will come against every town,
and not a town will escape.
The valley will be ruined
and the plateau destroyed,
because the LORD has spoken.
9 •Put salt on Moab,
for she will be laid waste[b];
her towns will become desolate,
with no one to live in them.
10 •"A curse on anyone who is lax in doing the LORD's work!
A curse on anyone who keeps their sword from
bloodshed!
11 •"Moab has been at rest from youth,
like wine left on its dregs,
not poured from one jar to another—
she has not gone into exile.
So she tastes as she did,
and her aroma is unchanged.
12 •But days are coming,"
declares the LORD,
"when I will send men who pour from pitchers,
and they will pour her out;
they will empty her pitchers
and smash her jars.
13 •Then Moab will be ashamed of Chemosh,
as Israel was ashamed
when they trusted in Bethel.
14 •"How can you say, 'We are warriors,
men valiant in battle'?
15 •Moab will be destroyed and her towns invaded;
her finest young men will go down in the
slaughter,"
declares the King, whose name is the LORD
Almighty.
16 •"The fall of Moab is at hand;
her calamity will come quickly.
17 •Mourn for her, all who live around her,
all who know her fame;
say, 'How broken is the mighty scepter,
how broken the glorious staff!'
18 •"Come down from your glory
and sit on the parched ground,

[a]6 *Or like Aroer* [b]9 *Or Give wings to Moab, / for she will fly away*

bloodshed [blʌ́dʃèd] *n.* 피흘림
calamity [kəlǽməti] *n.* 재난
curse [kəːrs] *n.* 저주
deed [diːd] *n.* 행위
desolate [désələt] *a.* 황폐한
dreg [dreg] *n.* 잔재, 찌꺼기
empty [émpti] *vt.* 비우다
invade [invéid] *vt.* 침략하다
lax [læks] *a.* 태만한
parched [paːrtʃt] *a.* 바짝 마른
plateau [plætóu] *n.* 높고 편편한 땅
scepter [séptər] *n.* 홀, 막대기
slaughter [slɔ́ːtər] *n.* 살육
smash [smæʃ] *vt.* 부서지다
valiant [vǽljənt] *a.* 용맹스런

48:7 go into exile: 추방당하다
48:9 lay waste: 황폐화시키다
48:10 keep A from B: A가 B하지 못하게 하다
48:13 be ashamed of...: …를 수치스러워하다
48:16 at hand: 가까이에
48:17 mourn for...: …을 슬퍼하다

와 메마른 데 앉으라 모압을 파멸하는
자가 올라와서 너를 쳐서 네 요새를
깨뜨렸음이로다
19 아로엘에 사는 여인이여 길 곁에 서서
지키며 도망하는 자와 피하는 자에게
무슨 일이 생겼는지 물을지어다
20 모압이 패하여 수치를 받나니 너희는
울면서 부르짖으며 아르논 가에서 이르
기를 모압이 황폐하였다 할지어다
21 심판이 평지에 이르렀나니 곧 홀론과
야사와 메바앗과
22 디본과 느보와 벧디블라다임과
23 기라다임과 벧가물과 벧므온과
24 그리욧과 보스라와 모압 땅 원근 모든
성읍에로다 암 2:2
25 모압의 뿔이 잘렸고 그 팔이 부러졌도
다 여호와의 말씀이니라

모압이 조롱거리가 되리라

26 ●모압으로 취하게 할지어다 이는 그가
여호와에 대하여 교만함이라 그가 그
토한 것에서 뒹굴므로 조롱거리가 되리
로다
27 네가 이스라엘을 조롱하지 아니하였
느냐 그가 도둑 가운데에서 발견되었
느냐 네가 그를 말할 때마다 네 머리
를 흔드는도다
28 모압 주민들아 너희는 성읍을 떠나 바
위 사이에 살지어다 깊은 골짜기 어귀
에 깃들이는 비둘기같이 할지어다
29 우리가 모압의 교만을 들었나니 심한
교만 곧 그의 자고와 오만과 자랑과 그
마음의 거만이로다
30 여호와의 말씀이니라 내가 그의 노여워
함의 허탄함을 아노니 그가 자랑하여도
아무것도 성취하지 못하였도다
31 그러므로 내가 모압을 위하여 울며 온
모압을 위하여 부르짖으리니 무리가 길
헤레스 사람을 위하여 신음하리로다
32 십마의 포도나무여 너의 가지가 바다를
넘어 야셀 바다까지 뻗었더니 너의 여
름 과일과 포도 수확을 탈취하는 자가
나타났으니 내가 너를 위하여 울기를
야셀이 우는 것보다 더하리로다
33 기쁨과 환희가 옥토와 모압 땅에서 빼
앗겼도다 내가 포도주 틀에 포도주가
끊어지게 하리니 외치며 밟는 자가 없
을 것이라 그 외침은 즐거운 외침이 되

you inhabitants of Daughter Dibon,
for the one who destroys Moab
will come up against you
and ruin your fortified cities.
19 ●Stand by the road and watch,
you who live in Aroer.
Ask the man fleeing and the woman escaping,
ask them, 'What has happened?'
20 ●Moab is disgraced, for she is shattered.
Wail and cry out!
Announce by the Arnon
that Moab is destroyed.
21 ●Judgment has come to the plateau —
to Holon, Jahzah and Mephaath,
22 ● to Dibon, Nebo and Beth Diblathaim,
23 ● to Kiriathaim, Beth Gamul and Beth Meon,
24 ● to Kerioth and Bozrah —
to all the towns of Moab, far and near.
25 ●Moab's horn[a] is cut off;
her arm is broken,"
declares the LORD.
26 ●"Make her drunk,
for she has defied the LORD.
Let Moab wallow in her vomit;
let her be an object of ridicule.
27 ●Was not Israel the object of your ridicule?
Was she caught among thieves,
that you shake your head in scorn
whenever you speak of her?
28 ●Abandon your towns and dwell among the rocks,
you who live in Moab.
Be like a dove that makes its nest
at the mouth of a cave.
29 ●"We have heard of Moab's pride —
how great is her arrogance! —
of her insolence, her pride, her conceit
and the haughtiness of her heart.
30 ●I know her insolence but it is futile,"
declares the LORD,
"and her boasts accomplish nothing.
31 ●Therefore I wail over Moab,
for all Moab I cry out,
I moan for the people of Kir Hareseth.
32 ●I weep for you, as Jazer weeps,
you vines of Sibmah.
Your branches spread as far as the sea[b];
they reached as far as[c] Jazer.
The destroyer has fallen
on your ripened fruit and grapes.
33 ●Joy and gladness are gone

[a]*25 Horn* here symbolizes strength. [b]*32* Probably the Dead Sea [c]*32* Two Hebrew manuscripts and Septuagint; most Hebrew manuscripts *as far as the Sea of*

accomplish [əkámpliʃ] *vt.* 성취하다
abandon [əbǽndən] *vt.* 버리다
arrogance [ǽrəgəns] *n.* 거만
conceit [kənsíːt] *n.* 자만
futile [fjúːtl] *a.* 쓸데없는
haughtiness [hɔ́ːtinis] *n.* 거만, 오만
insolence [ínsələns] *n.* 오만
moan [moun] *vi.* 신음하다
plateau [plætóu] *n.* 고원, 편평한 땅
ridicule [rídikjùːl] *n.* 조롱
ripen [ráipən] *vi.* 익다
scorn [skɔːrn] *n.* 조롱
shatter [ʃǽtər] *vt.* 산산이 부수다
vomit [vámit] *n.* 구토
wallow [wálou] *vi.* 뒹굴다

48:19 stand by: 가만히 있다
48:24 far and near: 원근을 불문하고, 여기저기로부터
48:25 cut off: 자르다
48:31 wail over: 울며 슬퍼하다
48:32 as far as...: …까지

지 못하리로다
34 헤스본에서 엘르알레를 지나 야하스
까지와 소알에서 호로나임을 지나 에
글랏 셀리시야에 이르는 지역에 사는
사람들이 소리를 내어 부르짖음은 니
므림의 물도 황폐하였음이로다
35 여호와의 말씀이라 모압 산당에서 제
사하며 그 신들에게 분향하는 자를 내
가 끊어버리리라

모압이 벌 받을 해

36 ●그러므로 나의 마음이 모압을 위하
여 피리같이 소리 내며 나의 마음이
길헤레스 사람들을 위하여 피리같이
소리 내나니 이는 그가 모은 재물이
없어졌음이라
37 모든 사람이 대머리가 되었고 모든 사
람이 수염을 밀었으며 손에 칼자국이
있고 허리에 굵은 베가 둘렸고
38 모압의 모든 지붕과 거리 각처에서 슬
피 우는 소리가 들리니 내가 모압을
마음에 들지 않는 그릇같이 깨뜨렸음
이라 여호와의 말씀이니라
39 어찌하여 모압이 파괴되었으며 어찌
하여 그들이 애곡하는가 모압이 부끄
러워서 등을 돌렸도다 그런즉 모압이
그 사방 모든 사람의 조롱거리와 공포
의 대상이 되리로다
40 이는 여호와의 말씀이니라 보라 그가
독수리같이 날아와서 모압 위에 그의
날개를 펴리라
41 성읍들이 점령을 당하며 요새가 함락
되는 날에 모압 용사의 마음이 산고를
당하는 여인 같을 것이라
42 모압이 여호와를 거슬러 자만하였으
므로 멸망하고 다시 나라를 이루지 못
하리로다
43 여호와의 말씀이니라 모압 주민아 두
려움과 함정과 올무가 네게 닥치나니
44 두려움에서 도망하는 자는 함정에
떨어지겠고 함정에서 나오는 자는
올무에 걸리리니 이는 내가 모압에
벌 받을 해가 임하게 할 것임이라 여
호와의 말씀이니라
45 ●도망하는 자들이 기진하여 헤스본
그늘 아래에 서니 이는 불이 헤스본에
서 나며 불길이 시혼 가운데 나서 모
압의 살쩍과 떠드는 자들의 정수리를

from the orchards and fields of Moab.
I have stopped the flow of wine from the presses;
no one treads them with shouts of joy.
Although there are shouts,
they are not shouts of joy.
34 ●"The sound of their cry rises
from Heshbon to Elealeh and Jahaz,
from Zoar as far as Horonaim and Eglath
Shelishiyah,
for even the waters of Nimrim are dried up.
35 ●In Moab I will put an end
to those who make offerings on the high places
and burn incense to their gods,"
declares the LORD.
36 ●"So my heart laments for Moab like the music
of a pipe;
it laments like a pipe for the people of Kir
Hareseth.
The wealth they acquired is gone.
37 ●Every head is shaved
and every beard cut off;
every hand is slashed
and every waist is covered with sackcloth.
38 ●On all the roofs in Moab
and in the public squares
there is nothing but mourning,
for I have broken Moab
like a jar that no one wants,"
declares the LORD.
39 ●"How shattered she is! How they wail!
How Moab turns her back in shame!
Moab has become an object of ridicule,
an object of horror to all those around her."
40 ●This is what the LORD says:
"Look! An eagle is swooping down,
spreading its wings over Moab.
41 ●Kerioth[a] will be captured
and the strongholds taken.
In that day the hearts of Moab's warriors
will be like the heart of a woman in labor.
42 ●Moab will be destroyed as a nation
because she defied the LORD.
43 ●Terror and pit and snare await you,
you people of Moab,"
declares the LORD.
44 ●"Whoever flees from the terror
will fall into a pit,
whoever climbs out of the pit
will be caught in a snare;
for I will bring on Moab
the year of her punishment,"
declares the LORD.
45 ●"In the shadow of Heshbon

[a]41 Or *The cities*

acquire [əkwáiər] *vt.* 획득하다
await [əwéit] *vt.* 기다리다
defy [difái] *vt.* 도전하다
incense [ínsens] *n.* 향
lament [ləmént] *vi.* 슬퍼하다
orchard [ɔ́:rtʃərd] *n.* 과수원
pit [pit] *n.* 함정
press [pres] *n.* 즙을 짜는 틀
sackcloth [sǽkklɔ̀:θ] *n.* 질긴 삼베옷
shave [ʃeiv] *vt.* 깎다
slash [slæʃ] *vt.* 깊이 베다
snare [snεər] *vt.* 덫으로 잡다
stronghold [strɔ́:ŋhòuld] *n.* 요새
tread [tred] *vt.* 밟다
wail [weil] *vi.* 울부짖다

48:34 dry up: 바짝 마르다
48:35 put an end to...: …을 끝내다
48:38 nothing but: 단지
48:40 swoop down: 급습하다
48:44 flee from...: …에서 도망치다
48:44 bring on...: …을 초래하다

사름이로다 48:2
46 모압이여 네게 화가 있도다 그모스의
백성이 망하였도다 네 아들들은 사로
잡혀 갔고 네 딸들은 포로가 되었도다
47 그러나 내가 마지막 날에 모압의 포로
를 돌려보내리라 여호와의 말씀이니
라 모압의 심판이 여기까지니라

암몬이 받을 심판 (♪ 351장)

49 암몬 자손에 대한 말씀이라 여호
와께서 이와 같이 말씀하시되 이
스라엘이 자식이 없느냐 상속자가 없
느냐 [1]말감이 갓을 점령하며 그 백성이
그 성읍들에 사는 것은 어찌 됨이냐
2 여호와의 말씀이니라 그러므로 보라
날이 이르리니 내가 전쟁 소리로 암몬
자손의 랍바에 들리게 할 것이라 랍바
는 폐허더미 언덕이 되겠고 그 [2]마을
들은 불에 탈 것이며 그때에 이스라엘
은 자기를 점령하였던 자를 점령하리
라 여호와의 말씀이니라
3 헤스본아 슬피 울지어다 아이가 황폐
하였도다 너희 랍바의 딸들아 부르짖
을지어다 굵은 베를 감고 애통하며 울
타리 가운데에서 허둥지둥할지어다
말감과 그 제사장들과 그 고관들이 다
사로잡혀 가리로다
4 패역한 딸아 어찌하여 [3]골짜기 곧 네
흐르는 골짜기를 자랑하느냐 네가 어
찌하여 재물을 의뢰하여 말하기를 누
가 내게 대적하여 오리요 하느냐
5 주 만군의 여호와의 말씀이니라 보라
내가 두려움을 네 사방에서 네게 오게
하리니 너희 각 사람이 앞으로 쫓겨 나
갈 것이요 도망하는 자들을 모을 자가
없으리라
6 그러나 그 후에 내가 암몬 자손의 포로
를 돌아가게 하리라 여호와의 말씀이
니라

에돔이 받을 심판

7 ●에돔에 대한 말씀이라 만군의 여호
와께서 이와 같이 말씀하시되 데만에
다시는 지혜가 없게 되었느냐 명철한
자에게 책략이 끊어졌느냐 그들의 지
혜가 없어졌느냐 사 34:5, 6
8 드단 주민아 돌이켜 도망할지어다 깊
은 곳에 숨을지어다 내가 에서의 재난
을 그에게 닥치게 하여 그를 벌할 때가

the fugitives stand helpless,
for a fire has gone out from Heshbon,
a blaze from the midst of Sihon;
it burns the foreheads of Moab,
the skulls of the noisy boasters.
46 ●Woe to you, Moab!
The people of Chemosh are destroyed;
your sons are taken into exile
and your daughters into captivity.
47 ●"Yet I will restore the fortunes of Moab
in days to come,"
declares the LORD.
Here ends the judgment on Moab.

A Message About Ammon

49 Concerning the Ammonites:
This is what the LORD says:
"Has Israel no sons?
Has Israel no heir?
Why then has Molek[a] taken possession of Gad?
Why do his people live in its towns?
2 ●But the days are coming,"
declares the LORD,
"when I will sound the battle cry
against Rabbah of the Ammonites;
it will become a mound of ruins,
and its surrounding villages will be set on fire.
Then Israel will drive out
those who drove her out,"
says the LORD.
3 ●"Wail, Heshbon, for Ai is destroyed!
Cry out, you inhabitants of Rabbah!
Put on sackcloth and mourn;
rush here and there inside the walls,
for Molek will go into exile,
together with his priests and officials.
4 ●Why do you boast of your valleys,
boast of your valleys so fruitful?
Unfaithful Daughter Ammon,
you trust in your riches and say,
'Who will attack me?'
5 ●I will bring terror on you
from all those around you,"
declares the Lord,
the LORD Almighty.
"Every one of you will be driven away,
and no one will gather the fugitives.
6 ●"Yet afterward, I will restore the fortunes
of the Ammonites,"
declares the LORD.

A Message About Edom

7 ●Concerning Edom:
This is what the LORD Almighty says:

[a]1 Or *their king*; also in verse 3 1) 그들의 왕이 2) 딸들은 3) 골짜기를 자랑하느냐 골짜기는 흘러가나니 네가 어찌하여 재물을

afterward [ǽftərwərd] *ad.* 그후에
blaze [bleiz] *n.* 불꽃, 화염
boaster [bóustər] *n.* 제 자랑하는 자
captivity [kæptívəti] *n.* 포로
declare [diklέər] *vt.* 선언하다
exile [égzail] *n.* 유배, 망명
fortune [fɔ́:rtʃən] *n.* 운수, 행운
fugitive [fjú:dʒətiv] *n.* 도망자
heir [εər] *n.* 상속인
inhabitant [inhǽbətənt] *n.* 거주자
midst [midst] *n.* 한가운데
mourn [mɔ:rn] *vi.* 슬퍼하다
ruin [rú:in] *n.* 황폐
rush [rʌʃ] *vi.* 돌진하다
skull [skʌl] *n.* 두개골

49:1 take possession of...: …을 소유하다
49:2 a mound of...: …의 더미
49:2 set on fire: 불을 지르다
49:2 drive out: 몰아내다
49:3 go into exile: 추방당한 몸이 되다
49:4 boast of...: …을 자랑하며 말하다

이르게 하리로다
9 포도를 거두는 자들이 1)네게 이르면 약간의 열매도 남기지 아니하겠고 밤에 도둑이 오면 그 욕심이 차기까지 멸하느니라
10 그러나 내가 에서의 옷을 벗겨 그 숨은 곳이 드러나게 하였나니 그가 그 몸을 숨길 수 없을 것이라 그 자손과 형제와 이웃이 멸망하였은즉 그가 없어졌느니라
13:26
11 네 고아들을 버려도 내가 그들을 살리리라 네 과부들은 나를 의지할 것이니라
12 여호와께서 이와 같이 말씀하시니라 보라 술잔을 마시는 습관이 없는 자도 반드시 마시겠거든 네가 형벌을 온전히 면하겠느냐 면하지 못하리니 너는 반드시 마시리라
13 여호와의 말씀이니라 내가 나를 두고 맹세하노니 보스라가 놀램과 치욕거리와 황폐함과 저줏거리가 될 것이요 그 모든 성읍이 영원히 황폐하리라 하시니라
14 ●내가 여호와에게서부터 오는 소식을 들었노라 사절을 여러 나라 가운데 보내어 이르시되 너희는 모여와서 그를 치며 일어나서 싸우라
15 보라 내가 너를 여러 나라 가운데에서 작아지게 하였고 사람들 가운데에서 멸시를 받게 하였느니라
눅 1:51
16 바위틈에 살며 산꼭대기를 점령한 자여 스스로 두려운 자인 줄로 여김과 네 마음의 교만이 너를 속였도다 네가 독수리같이 보금자리를 높은 데에 지었을지라도 내가 그리로부터 너를 끌어내리리라 이는 여호와의 말씀이니라
17 에돔이 공포의 대상이 되리니 그리로 지나는 자마다 놀라며 그 모든 재앙으로 말미암아 탄식하리로다
18 여호와께서 말씀하시니라 소돔과 고모라와 그 이웃 성읍들이 멸망한 것같이 거기에 사는 사람이 없으며 그 가운데에 머물러 살 사람이 아무도 없으리라
19 보라 사자가 요단 강의 깊은 숲에서 나타나듯이 그가 와서 2)견고한 처소를 칠 것이라 내가 즉시 그들을 거기

"Is there no longer wisdom in Teman?
Has counsel perished from the prudent?
Has their wisdom decayed?
8 ●Turn and flee, hide in deep caves,
you who live in Dedan,
for I will bring disaster on Esau
at the time when I punish him.
9 ●If grape pickers came to you,
would they not leave a few grapes?
If thieves came during the night,
would they not steal only as much as they wanted?
10 ●But I will strip Esau bare;
I will uncover his hiding places,
so that he cannot conceal himself.
His armed men are destroyed,
also his allies and neighbors,
so there is no one to say,
11 ●'Leave your fatherless children; I will keep them alive.
Your widows too can depend on me.' "
12 ●This is what the LORD says: "If those who do not
deserve to drink the cup must drink it, why should
you go unpunished? You will not go unpunished,
13 but must drink it. ●I swear by myself," declares the
LORD, "that Bozrah will become a ruin and a curse,[a]
an object of horror and reproach; and all its towns
will be in ruins forever."
14 ●I have heard a message from the LORD;
an envoy was sent to the nations to say,
"Assemble yourselves to attack it!
Rise up for battle!"
15 ●"Now I will make you small among the nations,
despised by mankind.
16 ●The terror you inspire
and the pride of your heart have deceived you,
you who live in the clefts of the rocks,
who occupy the heights of the hill.
Though you build your nest as high as the eagle's,
from there I will bring you down,"
declares the LORD.
17 ●"Edom will become an object of horror;
all who pass by will be appalled and will scoff
because of all its wounds.
18 ●As Sodom and Gomorrah were overthrown,
along with their neighboring towns,"
says the LORD,
"so no one will live there;
no people will dwell in it.
19 ●"Like a lion coming up from Jordan's thickets
to a rich pastureland,
I will chase Edom from its land in an instant.
Who is the chosen one I will appoint for this?

[a]13 That is, its name will be used in cursing (see 29:22); or, others will see that it is cursed.

1) 네게 이를지라도 약간의 열매를 남기지 아니하겠느냐 밤에 도적도 그 욕심이 차면 그치지 아니하겠느냐 2) 항상 무성한 초장에 이를 것이나

appall [əpɔ́:l] *vt.* 질겁하게 하다
chase [tʃeis] *vt.* 쫓아내다
cleft [kleft] *n.* 갈라진 틈
conceal [kənsí:l] *vt.* 숨기다
decay [dikéi] *vi.* 쇠하다
despise [dispáiz] *vt.* 경멸하다
envoy [énvɔi] *n.* 사절(使節)
inspire [inspáiər] *vt.* (감정을) 불어넣다
mankind [mænkaind] *n.* 인간, 인류
pastureland [pǽstʃərlæ̀nd] *n.* 초지
perish [périʃ] *vi.* 멸망하다, 사라지다
prudent [prú:dnt] *a.* 신중한
reproach [ripróutʃ] *n.* 비난
scoff [skɔ:f] *vi.* 비웃다
thicket [θíkit] *n.* 덤불

49:7 no longer...: 더 이상…않다
49:12 deserve to...: …할 만하다
49:13 swear by...: …을 두고 맹세하다
49:17 pass by: 지나가다
49:18 dwell in...: …에 거하다, 살다
49:19 in an instant: 즉시

에서 쫓아내고 택한 자를 내가 그 위에
세우리니 나와 같은 자 누구며 [1]나와 더
불어 다툴 자 누구며 내 앞에 설 목자가
누구냐
20 ●그런즉 에돔에 대한 여호와의 의도
와 데만 주민에 대하여 결심하신 여호
와의 계획을 들으라 양 떼의 어린 것들
을 그들이 반드시 끌고 다니며 괴롭히
고 그 [2]처소로 황폐하게 하지 않으랴
21 그들이 넘어지는 소리에 땅이 진동하
며 그가 부르짖는 소리는 홍해에 들리
리라
22 보라 원수가 독수리같이 날아와서 그
의 날개를 보스라 위에 펴는 그날에
에돔 용사의 마음이 진통하는 여인같
이 되리라 하시니라

다메섹이 받을 심판 (♪ 310, 384장)

23 ●다메섹에 대한 말씀이라 하맛과 아르
밧이 수치를 당하리니 이는 흉한 소문
을 듣고 낙담함이니라 바닷가에서 비틀
거리며 평안이 없도다
24 다메섹이 피곤하여 몸을 돌이켜 달아나
려 하니 떨림이 그를 움켜잡고 해산하
는 여인같이 고통과 슬픔이 그를 사로
잡았도다
25 어찌하여 찬송의 성읍, 나의 즐거운 성
읍이 버린 것이 되었느냐
26 이는 만군의 여호와의 말씀이니라 그런
즉 그날에 그의 장정들은 그 거리에 엎
드러지겠고 모든 군사는 멸절될 것이며
27 내가 다메섹의 성벽에 불을 지르리니
벤하닷의 궁전이 불타리라

게달과 하솔이 받을 심판

28 ●바벨론의 느부갓네살 왕에게 공격을
받은 게달과 하솔 나라들에 대한 말씀
이라 여호와께서 이와 같이 말씀하시되
너희는 일어나 게달로 올라가서 동방
자손들을 황폐하게 하라
29 [3]너희는 그들의 장막과 양 떼를 빼앗으
며 휘장과 모든 기구와 낙타를 빼앗아
다가 소유로 삼고 그들을 향하여 외치
기를 두려움이 사방에 있다 할지니라
30 여호와의 말씀이니라 하솔 주민아 도망
하라 멀리 가서 깊은 곳에 살라 이는 바
벨론의 느부갓네살 왕이 너를 칠 모략
과 너를 칠 계책을 세웠음이라
31 여호와의 말씀이니라 너는 일어나 고

Who is like me and who can challenge me?
And what shepherd can stand against me?"
20 ●Therefore, hear what the LORD has planned
against Edom,
what he has purposed against those who live in
Teman:
The young of the flock will be dragged away;
their pasture will be appalled at their fate.
21 ●At the sound of their fall the earth will tremble;
their cry will resound to the Red Sea.[a]
22 ●Look! An eagle will soar and swoop down,
spreading its wings over Bozrah.
In that day the hearts of Edom's warriors
will be like the heart of a woman in labor.

A Message About Damascus

23 ●Concerning Damascus:
"Hamath and Arpad are dismayed,
for they have heard bad news.
They are disheartened,
troubled like[b] the restless sea.
24 ●Damascus has become feeble,
she has turned to flee
and panic has gripped her;
anguish and pain have seized her,
pain like that of a woman in labor.
25 ●Why has the city of renown not been abandoned,
the town in which I delight?
26 ●Surely, her young men will fall in the streets;
all her soldiers will be silenced in that day,"
declares the LORD Almighty.
27 ●"I will set fire to the walls of Damascus;
it will consume the fortresses of Ben-Hadad."

A Message About Kedar and Hazor

28 ●Concerning Kedar and the kingdoms of Hazor,
which Nebuchadnezzar king of Babylon attacked:
This is what the LORD says:
"Arise, and attack Kedar
and destroy the people of the East.
29 ●Their tents and their flocks will be taken;
their shelters will be carried off
with all their goods and camels.
People will shout to them,
'Terror on every side!'
30 ●"Flee quickly away!
Stay in deep caves, you who live in Hazor,"
declares the LORD.
"Nebuchadnezzar king of Babylon has plotted
against you;
he has devised a plan against you.
31 ●"Arise and attack a nation at ease,

[a]21 Or *the Sea of Reeds* [b]23 Hebrew *on* or *by*

1) 나의 시기를 정할 자 2) 초장 3) 히, 그들

abandon [əbǽndən] *vt.* 버리다
anguish [ǽŋgwiʃ] *n.* 번민
challenge [tʃǽlindʒ] *vt.* 도전하다
consume [kənsúːm] *vt.* 불사르다
devise [diváiz] *vt.* (방법을) 궁리하다
dishearten [dishάːrtn] *vt.* 낙담시키다
dismay [disméi] *vt.* 당황하게 하다
feeble [fíːbl] *a.* 약한
fortress [fɔ́ːrtris] *n.* 요새
grip [grip] *vt.* 잡다
renown [rináun] *n.* 명성
resound [rizáund] *vi.* 울려 퍼지다
shelter [ʃéltər] *n.* 피난처
soar [sɔːr] *vi.* 높이 치솟다
tremble [trémbl] *vi.* 떨다

49:20 drag away: 질질 끌어가다
49:22 swoop down: 급습하다
49:27 set fire to...: …에 불을 지르다
49:29 carry off: 빼앗다
49:30 plot against: 음모를 꾸미다
49:31 at ease: 마음 편히, 안심하고

요하고도 평안히 사는 백성 곧 성문이
나 문빗장이 없이 홀로 사는 국민을 치
라
32 그들의 낙타들은 노략물이 되겠고 그들
의 많은 가축은 탈취를 당할 것이라 내
가 그 살쩍을 깎는 자들을 사면에 흩고
그 재난을 여러 곳에서 오게 하리라 여
호와의 말씀이니라
33 하솔은 큰 뱀의 거처가 되어 영원히 황
폐하리니 거기 사는 사람이나 그 가운
데에 머물러 사는 사람이 아무도 없게
되리라 하시니라

엘람이 받을 심판 (♪449, 543장)

34 ●유다 왕 시드기야가 즉위한 지 오래
지 아니하여서 엘람에 대한 여호와의
말씀이 선지자 예레미야에게 임하여
이르시되
35 만군의 여호와가 이같이 말하노라 보
라 내가 엘람의 힘의 으뜸가는 활을 꺾
을 것이요
36 하늘의 사방에서부터 사방 바람을 엘람
에 오게 하여 그들을 사방으로 흩으리
니 엘람에서 쫓겨난 자가 가지 않는 나
라가 없으리라
37 여호와의 말씀이니라 내가 엘람으로
그의 원수의 앞, 그의 생명을 노리는
자의 앞에서 놀라게 할 것이며 내가
재앙 곧 나의 진노를 그들 위에 내릴
것이며 내가 또 그 뒤로 칼을 보내어
그들을 멸망시키리라
38 내가 나의 보좌를 엘람에 주고 왕과 고
관들을 그곳에서 멸하리라 여호와의 말
씀이니라
39 그러나 말일에 이르러 내가 엘람의 포
로를 돌아가게 하리라 여호와의 말씀이
니라

바벨론이 받을 심판 (♪569장)
— B.C. 595년경

50 여호와께서 선지자 예레미야에게
바벨론과 갈대아 사람의 땅에 대
하여 하신 말씀이라
2 너희는 나라들 가운데에 전파하라 공포
하라 깃발을 세우라 숨김이 없이 공포
하여 이르라 바벨론이 함락되고 벨이
수치를 당하며 므로닥이 부스러지며 그
신상들은 수치를 당하며 우상들은 부스
러진다 하라

which lives in confidence,"
declares the LORD,
"a nation that has neither gates nor bars;
its people live far from danger.
32 ●Their camels will become plunder,
and their large herds will be spoils of war.
I will scatter to the winds those who are in
distant places[a]
and will bring disaster on them from every side,"
declares the LORD.
33 ●"Hazor will become a haunt of jackals,
a desolate place forever.
No one will live there;
no people will dwell in it."

A Message About Elam

34 ●This is the word of the LORD that came to Jere-
miah the prophet concerning Elam, early in the
reign of Zedekiah king of Judah:
35 ●This is what the LORD Almighty says:
"See, I will break the bow of Elam,
the mainstay of their might.
36 ●I will bring against Elam the four winds
from the four quarters of heaven;
I will scatter them to the four winds,
and there will not be a nation
where Elam's exiles do not go.
37 ●I will shatter Elam before their foes,
before those who want to kill them;
I will bring disaster on them,
even my fierce anger,"
declares the LORD.
"I will pursue them with the sword
until I have made an end of them.
38 ●I will set my throne in Elam
and destroy her king and officials,"
declares the LORD.
39 ●"Yet I will restore the fortunes of Elam
in days to come,"
declares the LORD.

A Message About Babylon

50 This is the word the LORD spoke through
Jeremiah the prophet concerning Babylon
and the land of the Babylonians[b]:
2 ●"Announce and proclaim among the nations,
lift up a banner and proclaim it;
keep nothing back, but say,
'Babylon will be captured;
Bel will be put to shame,
Marduk filled with terror.
Her images will be put to shame

[a]32 Or *who clip the hair by their foreheads* [b]1 Or *Chaldeans*; also in verses 8, 25, 35 and 45

confidence [kάnfədəns] *n.* 신뢰
desolate [désələt] *a.* 황폐한
exile [égzail] *n.* 유배, 망명
fierce [fiərs] *a.* 사나운
foe [fou] *n.* 원수, 적
fortune [fɔ́ːrtʃən] *n.* (운의) 성쇠
haunt [hɔːnt] *n.* 서식지
mainstay [méinstèi] *n.* 대들보
plunder [plʌ́ndər] *n.* 약탈품
proclaim [proukléim] *vt.* 선언하다
reign [rein] *n.* 통치
scatter [skǽtər] *vt.* 흩어지게 하다
shatter [ʃǽtər] *vt.* 산산이 부수다
spoil [spɔil] *n.* 전리품
throne [θróun] *n.* 왕좌

49:31 neither A nor B: A도 B도 아니다
49:31 live far: 멀리에 산다
49:36 bring against...: …을 상대로 일으키다
50:2 lift up: 들어올리다
50:2 keep back: 감추다
50:2 put to shame: 모욕하다

3 이는 한 나라가 북쪽에서 나와서 그를
쳐서 그 땅으로 황폐하게 하여 그 가운
데에 사는 자가 없게 할 것임이라 사람
이나 짐승이 다 도망할 것임이니라
4 여호와의 말씀이니라 그날 그때에 이스
라엘 자손이 돌아오며 유다 자손도 함
께 돌아오되 그들이 울면서 그 길을 가
며 그의 하나님 여호와께 구할 것이며
5 그들이 그 얼굴을 시온으로 향하여 그
길을 물으며 말하기를 너희는 오라 잊
을 수 없는 영원한 언약으로 여호와와
연합하라 하리라

바벨론에서 도망하라 갈대아 땅에서 나오라

6 ●내 백성은 잃어 버린 양 떼로다 그 목
자들이 그들을 곁길로 가게 하여 산으
로 돌이키게 하였으므로 그들이 산에
서 언덕으로 돌아다니며 쉴 곳을 잊었
도다
7 그들을 만나는 자들은 그들을 삼키며
그의 대적은 말하기를 그들이 여호와
곧 의로운 처소시며 그의 조상들의 소
망이신 여호와께 범죄하였음인즉 우리
는 무죄하다 하였느니라
8 너희는 바벨론 가운데에서 도망하라 갈
대아 사람의 땅에서 나오라 양 떼에 앞
서가는 숫염소같이 하라
9 보라 내가 큰 민족의 무리를 북쪽에서
올라오게 하여 바벨론을 대항하게 하리
니 그들이 대열을 벌이고 쳐서 정복할
것이라 그들의 화살은 노련한 용사의
화살 같아서 허공을 치지 아니하리라
10 갈대아가 약탈을 당할 것이라 그를 약
탈하는 자마다 만족하리라 여호와의
말씀이니라

바벨론의 멸망

11 ●나의 소유를 노략하는 자여 너희가
즐거워하며 기뻐하고 타작하는 송아지
같이 발굽을 구르며 군마같이 우는도다
12 그러므로 너희의 어머니가 큰 수치를
당하리라 너희를 낳은 자가 치욕을
당하리라 보라 그가 나라들 가운데의
마지막과 광야와 마른 땅과 거친 계
곡이 될 것이며
13 여호와의 진노로 말미암아 주민이 없어
완전히 황무지가 될 것이라 바벨론을
지나가는 자마다 그 모든 재난에 놀라
며 탄식하리로다

and her idols filled with terror.'
3 ●A nation from the north will attack her
and lay waste her land.
No one will live in it;
both people and animals will flee away.
4 ●"In those days, at that time,"
declares the LORD,
"the people of Israel and the people of Judah
together
will go in tears to seek the LORD their God.
5 ●They will ask the way to Zion
and turn their faces toward it.
They will come and bind themselves to the LORD
in an everlasting covenant
that will not be forgotten.
6 ●"My people have been lost sheep;
their shepherds have led them astray
and caused them to roam on the mountains.
They wandered over mountain and hill
and forgot their own resting place.
7 ●Whoever found them devoured them;
their enemies said, 'We are not guilty,
for they sinned against the LORD, their verdant
pasture,
the LORD, the hope of their ancestors.'
8 ●"Flee out of Babylon;
leave the land of the Babylonians,
and be like the goats that lead the flock.
9 ●For I will stir up and bring against Babylon
an alliance of great nations from the
land of the north.
They will take up their positions against her,
and from the north she will be captured.
Their arrows will be like skilled warriors
who do not return empty-handed.
10 ●So Babylonia[a] will be plundered;
all who plunder her will have their fill,"
declares the LORD.
11 ●"Because you rejoice and are glad,
you who pillage my inheritance,
because you frolic like a heifer threshing grain
and neigh like stallions,
12 ●your mother will be greatly ashamed;
she who gave you birth will be disgraced.
She will be the least of the nations —
a wilderness, a dry land, a desert.
13 ●Because of the LORD's anger she will not be
inhabited
but will be completely desolate.
All who pass Babylon will be appalled;
they will scoff because of all her wounds.

[a]10 Or *Chaldea*

alliance [əláiəns] *n.* 동맹
covenant [kʌ́vənənt] *n.* 언약
devour [diváuər] *vt.* 삼키다
everlasting [èvərlǽstiŋ] *a.* 영원한
frolic [frálik] *vi.* 장난치며 놀다
heifer [héfər] *n.* 암송아지
neigh [nei] *vi.* (말이) 울다
pasture [pǽstʃər] *n.* 목장
pillage [pílidʒ] *vi.* 약탈하다
plunder [plʌ́ndər] *vt.* 약탈하다
roam [roum] *vi.* 돌아다니다
scoff [skɔːf] *vi.* 비웃다
stallion [stǽljən] *n.* 종마
thresh [θreʃ] *vt.* 도리깨질하다
verdant [vəːrdnt] *a.* 푸른

50:3 **lay waste**: 황폐케 하다
50:5 **bind... to~**: …를 ~에게 묶다
50:6 **lead astray**: 나쁜 길로 이끌다
50:6 **cause A to B**: A로 B하게 하다
50:6 **wander over**: 사방을 방황하다
50:9 **stir up**: 자극시키다, 일으키다

14 바벨론을 둘러 대열을 벌이고 활을 당기
는 모든 자여 화살을 아끼지 말고 쏘라
그가 여호와께 범죄하였음이라
15 그 주위에서 고함을 지르리로다 그가
1)항복하였고 그 요새는 무너졌고 그 성
벽은 허물어졌으니 이는 여호와께서 그
가 행한 대로 그에게 내리시는 보복이
라 그가 행한 대로 그에게 갚으시는도
다
16 파종하는 자와 추수 때에 낫을 잡은 자
를 바벨론에서 끊어 버리라 사람들이
그 압박하는 칼을 두려워하여 각기 동
족에게로 돌아가며 고향으로 도망하리
라

이스라엘을 돌아오게 하리라

17 ●이스라엘은 흩어진 양이라 사자들이
그를 따르도다 처음에는 앗수르 왕이 먹
었고 다음에는 바벨론의 느부갓네살 왕
이 그의 뼈를 꺾도다
18 그러므로 만군의 여호와 이스라엘의 하
나님이 이와 같이 말하노라 보라 내가
앗수르의 왕을 벌한 것같이 바벨론의 왕
과 그 땅을 벌하고
19 이스라엘을 다시 그의 목장으로 돌아가
게 하리니 그가 갈멜과 바산에서 양을
기를 것이며 그의 마음이 에브라임과 길
르앗 산에서 만족하리라
20 여호와의 말씀이니라 그날 그때에는
이스라엘의 죄악을 찾을지라도 없겠고
유다의 죄를 찾을지라도 찾아내지 못
하리니 이는 내가 남긴 자를 용서할 것
임이라 31:34

여호와께서 바벨론을 심판하시다

21 ●이는 여호와의 말씀이니라 너희는 올
라가서 므라다임의 땅을 치며 브곳의 주
민을 쳐서 진멸하되 내가 너희에게 명령
한 대로 다하라
22 그 땅에 싸움의 소리와 큰 파멸이 있으
리라
23 온 세계의 망치가 어찌 그리 꺾여 부서
졌는고 바벨론이 어찌 그리 나라들 가운
데에 황무지가 되었는고
24 바벨론아 내가 너를 잡으려고 올무를
놓았더니 네가 깨닫지 못하여 걸렸고
네가 여호와와 싸웠으므로 발각되어
잡혔도다

14 ●"Take up your positions around Babylon,
all you who draw the bow.
Shoot at her ! Spare no arrows,
for she has sinned against the LORD.
15 ●Shout against her on every side!
She surrenders, her towers fall,
her walls are torn down.
Since this is the vengeance of the LORD,
take vengeance on her;
do to her as she has done to others.
16 ●Cut off from Babylon the sower,
and the reaper with his sickle at harvest.
Because of the sword of the oppressor
let everyone return to their own people,
let everyone flee to their own land.
17 ●"Israel is a scattered flock
that lions have chased away.
The first to devour them
was the king of Assyria;
the last to crush their bones
was Nebuchadnezzar king of Babylon."
18 ●Therefore this is what the LORD Almighty, the
God of Israel, says:
"I will punish the king of Babylon and his land
as I punished the king of Assyria.
19 ●But I will bring Israel back to their own pasture,
and they will graze on Carmel and Bashan;
their appetite will be satisfied
on the hills of Ephraim and Gilead.
20 ●In those days, at that time,"
declares the LORD,
"search will be made for Israel's guilt,
but there will be none,
and for the sins of Judah,
but none will be found,
for I will forgive the remnant I spare.
21 ●"Attack the land of Merathaim
and those who live in Pekod.
Pursue, kill and completely destroy [a] them,"
declares the LORD.
"Do everything I have commanded you.
22 ●The noise of battle is in the land,
the noise of great destruction!
23 ●How broken and shattered
is the hammer of the whole earth!
How desolate is Babylon
among the nations!
24 ●I set a trap for you, Babylon,
and you were caught before you knew it;

[a]21 The Hebrew term refers to the irrevocable giving over of things or persons to the LORD, often by totally destroying them; also in verse 26.

1) 히, 손을 주었고

appetite [ǽpətàit] *n.* 식욕
desolate [désələt] *a.* 황폐한
destruction [distrʌ́kʃən] *n.* 파멸
graze [gréiz] *vi.* 풀을 뜯어먹다
guilt [gilt] *n.* 죄
oppressor [əprésər] *n.* 압제자
pursue [pərsúː] *vt.* 뒤쫓다
reaper [ríːpər] *n.* 수확하는 자
remnant [rémnənt] *n.* 남은 자
scatter [skǽtər] *vt.* 흩뿌리다
shatter [ʃǽtər] *vt.* 산산이 부수다
sickle [síkl] *n.* 낫
sower [sóuər] *n.* 파종자
surrender [səréndər] *vi.* 항복하다
tear [tεər] *vt.* 파괴하다

50:14 sin against...: …에 대해서 죄를 짓다
50:15 take vengeance on...: …에게 복수하다
50:16 flee to...: …로 달아나다
50:17 chase away...: …을 쫓아내다
50:20 at that time: 그때에
50:24 set a trap: 덫을 놓다

25 여호와께서 그의 병기창을 열고 분노의
무기를 꺼냄은 주 만군의 여호와께서
갈대아 사람의 땅에 행할 일이 있음이
라
26 먼 곳에 있는 너희는 와서 그를 치고 그
의 곳간을 열고 그것을 곡식더미처럼
쌓아 올려라 그를 진멸하고 남기지 말
라
27 그의 황소를 다 죽이라 그를 도살하러
내려 보내라 그들에게 화 있도다 그들
의 날, 그 벌 받는 때가 이르렀음이로
다
28 바벨론 땅에서 도피한 자의 소리여 시
온에서 우리 하나님 여호와의 보복하시
는 것, 그의 성전의 보복하시는 것을 선
포하는 소리로다
29 ●활 쏘는 자를 바벨론에 소집하라 활
을 당기는 자여 그 사면으로 진을 쳐서
피하는 자가 없게 하라 그가 일한 대로
갚고 그가 행한 대로 그에게 갚으라 그
가 이스라엘의 거룩한 자 여호와를 향
하여 교만하였음이라
30 그러므로 그날에 장정들이 그 거리에
엎드러지겠고 군사들이 멸절되리라 여
호와의 말씀이니라
31 주 만군의 여호와의 말씀이니라 교만한
자여 보라 내가 너를 대적하나니 너의
날 곧 내가 너를 벌할 때가 이르렀음이
라
32 교만한 자가 걸려 넘어지겠고 그를 일
으킬 자가 없을 것이며 내가 그의 성읍
들에 불을 지르리니 그의 주위에 있는
것을 다 삼키리라
33 ●만군의 여호와께서 이와 같이 말씀하
시니라 이스라엘 자손과 유다 자손이
함께 학대를 받는도다 그들을 사로잡은
자는 다 그들을 붙들고 놓아 주지 아니
하리라
34 그들의 구원자는 강하니 그의 이름은
만군의 여호와라 반드시 그들 때문에
싸우시리니 그 땅에 평안함을 주고 바
벨론 주민은 불안하게 하리라
35 여호와의 말씀이니라 칼이 갈대아인
의 위에와 바벨론 주민의 위에와 그 고
관들과 지혜로운 자의 위에 떨어지리
라

you were found and captured
because you opposed the LORD.
25 ●The LORD has opened his arsenal
and brought out the weapons of his wrath,
for the Sovereign LORD Almighty has work to do
in the land of the Babylonians.
26 ●Come against her from afar.
Break open her granaries;
pile her up like heaps of grain.
Completely destroy her
and leave her no remnant.
27 ●Kill all her young bulls;
let them go down to the slaughter!
Woe to them! For their day has come,
the time for them to be punished.
28 ●Listen to the fugitives and refugees from Babylon
declaring in Zion
how the LORD our God has taken vengeance,
vengeance for his temple.
29 ●"Summon archers against Babylon,
all those who draw the bow.
Encamp all around her;
let no one escape.
Repay her for her deeds;
do to her as she has done.
For she has defied the LORD,
the Holy One of Israel.
30 ●Therefore, her young men will fall in the streets;
all her soldiers will be silenced in that day,"
declares the LORD.
31 ●"See, I am against you, you arrogant one,"
declares the Lord, the LORD Almighty,
"for your day has come,
the time for you to be punished.
32 ●The arrogant one will stumble and fall
and no one will help her up;
I will kindle a fire in her towns
that will consume all who are around her."
33 ●This is what the LORD Almighty says:
"The people of Israel are oppressed,
and the people of Judah as well.
All their captors hold them fast,
refusing to let them go.
34 ●Yet their Redeemer is strong;
the LORD Almighty is his name.
He will vigorously defend their cause
so that he may bring rest to their land,
but unrest to those who live in Babylon.
35 ●"A sword against the Babylonians!"
declares the LORD —
"against those who live in Babylon
and against her officials and wise men!

archer [á:rtʃər] *n.* 궁수
arsenal [á:rsənl] *n.* 병기고
captor [kǽptər] *n.* 체포자
consume [kənsú:m] *vt.* 다 먹어버리다
defy [difái] *vt.* 무시하다
encamp [inkǽmp] *vi.* 야영하다
granary [gréinəri] *n.* 곡물 창고
oppose [əpóuz] *vt.* 대적하다
redeemer [ridí:mər] *n.* 구속자
refugee [rèfjudʒí:] *n.* 도망자, 난민
slaughter [slɔ́:tər] *n.* 도살
stumble [stʌ́mbl] *vi.* 비틀거리며 걷다
unrest [ʌnrést] *n.* 불안
vengeance [véndʒəns] *n.* 복수
vigorously [vígərəsli] *ad.* 격렬하게

50:25 bring out: 끌어내다
50:26 pile up: 겹쳐 쌓다, 쌓이다
50:26 heaps of...: …의 더미
50:27 woe to...: …에게 화 있을진저
50:29 repay A for B: B대로 A에게 갚다
50:33 as well: 마찬가지로, 또한

36 칼이 자랑하는 자의 위에 떨어지리니
그들이 어리석게 될 것이며 칼이 용사
의 위에 떨어지리니 그들이 놀랄 것이
며
37 칼이 그들의 말들과 병거들과 그들 중
에 있는 여러 민족의 위에 떨어지리니
그들이 여인들같이 될 것이며 칼이 보
물 위에 떨어지리니 그것이 약탈되리라
38 가뭄이 물 위에 내리어 그것을 말리리
니 이는 그 땅이 조각한 신상의 땅이요
그들은 무서운 것을 보고 실성하였음이
니라
39 그러므로 사막의 들짐승이 승냥이와 함
께 거기에 살겠고 타조도 그 가운데에
살 것이요 영원히 주민이 없으며 대대
에 살 자가 없으리라
40 여호와의 말씀이니라 하나님께서 소
돔과 고모라와 그 이웃 성읍들을 뒤엎
었듯이 거기에 사는 사람이 없게 하며
그 가운데에 머물러 사는 사람이 아무
도 없게 하시리라
41 ●보라 한 민족이 북쪽에서 오고 큰 나
라와 여러 왕이 충동을 받아 땅끝에서
일어나리니
42 그들은 활과 투창을 가진 자라 잔인하
여 불쌍히 여기지 아니하며 그들의 목
소리는 바다가 설레임 같도다 딸 바벨
론아 그들이 말을 타고 무사같이 각기
네 앞에서 대열을 갖추었도다
43 바벨론의 왕이 그 소문을 듣고 손이 약
하여지며 고통에 사로잡혀 해산하는 여
인처럼 진통하는도다
44 보라 사자가 요단의 깊은 숲에서 나타
나듯이 그가 와서 견고한 처소를 칠 것
이라 내가 즉시 그들을 거기에서 쫓아
내고 택한 자를 내가 그 자리에 세우리
니 나와 같은 자 누구며 출두하라고 나
에게 명령할 자가 누구며 내 앞에 설 목
자가 누구냐
45 그런즉 바벨론에 대한 여호와의 계획과
갈대아 사람의 땅에 대하여 품은 여호
와의 생각을 들으라 양 떼의 어린 것들
을 그들이 반드시 끌어 가고 그들의 초
장을 황폐하게 하리니
46 바벨론이 약탈 당하는 소리에 땅이 진
동하며 그 부르짖음이 나라들 가운데에
들리리라 하시도다

36 ●A sword against her false prophets!
They will become fools.
A sword against her warriors!
They will be filled with terror.
37 ●A sword against her horses and chariots
and all the foreigners in her ranks!
They will become weaklings.
A sword against her treasures!
They will be plundered.
38 ●A drought on[a] her waters!
They will dry up.
For it is a land of idols,
idols that will go mad with terror.
39 ●"So desert creatures and hyenas will live there,
and there the owl will dwell.
It will never again be inhabited
or lived in from generation to generation.
40 ●As I overthrew Sodom and Gomorrah
along with their neighboring towns,"
declares the LORD,
"so no one will live there;
no people will dwell in it.
41 ●"Look! An army is coming from the north;
a great nation and many kings
are being stirred up from the ends of the earth.
42 ●They are armed with bows and spears;
they are cruel and without mercy.
They sound like the roaring sea
as they ride on their horses;
they come like men in battle formation
to attack you, Daughter Babylon.
43 ●The king of Babylon has heard reports about them,
and his hands hang limp.
Anguish has gripped him,
pain like that of a woman in labor.
44 ●Like a lion coming up from Jordan's thickets
to a rich pastureland,
I will chase Babylon from its land in an instant.
Who is the chosen one I will appoint for this?
Who is like me and who can challenge me?
And what shepherd can stand against me?"
45 ●Therefore, hear what the LORD has planned
against Babylon,
what he has purposed against the land of the
Babylonians:
The young of the flock will be dragged away;
their pasture will be appalled at their fate.
46 ●At the sound of Babylon's capture the earth will
tremble;
its cry will resound among the nations.

[a]38 Or *A sword against*

anguish [ǽŋgwiʃ] *n.* 번민
appall [əpɔ́:l] *vt.* 질겁하게 하다
challenge [tʃǽlindʒ] *vt.* 도전하다
chariot [tʃǽriət] *n.* 병거
creature [kríːtʃər] *n.* 동물
cruel [krúːəl] *a.* 잔인한
drought [draut] *n.* 가뭄
formation [fɔːrméiʃən] *n.* 대형
grip [grip] *vt.* 꽉잡다
instant [ínstənt] *n.* 순간
limp [limp] *a.* 맥빠진
mercy [mə́ːrsi] *n.* 자비
plunder [plʌ́ndər] *vt.* 약탈하다
roaring [rɔ́ːriŋ] *a.* 으르렁거리는
thicket [θíkit] *n.* 덤불

50:36 **be filled with...**: …로 가득 차다
50:38 **dry up**: 바싹 말리다
50:38 **go mad**: 미치다
50:40 **along with...**: …와 함께, 더불어
50:42 **be armed with...**: …로 무장되다
50:45 **drag away**: 끌어가다

바벨론을 멸하시는 여호와

51 여호와께서 이와 같이 말씀하시되
보라 내가 멸망시키는 자의 심령을
부추겨 바벨론을 치고 또 나를 대적하
는 자 중에 있는 자를 치되
2 내가[1)] 타국인을 바벨론에 보내어 키질
하여 그의 땅을 비게 하리니 재난의 날
에 그를 에워싸고 치리로다
3 활을 당기는 자를 향하며 갑옷을 입고
일어선 자를 향하여 쏘는 자는 그의
활을 당길 것이라 그의 장정들을 불쌍
히 여기지 말며 그의 군대를 전멸시켜
라 50:14
4 무리가 갈대아 사람의 땅에서 죽임을
당하여 엎드러질 것이요 관통상을 당한
자가 거리에 있으리라
5 ● 이스라엘과 유다가 이스라엘의 거룩
하신 이를 거역하므로 죄과가 땅에 가
득하나 그의 하나님 만군의 여호와에게
버림 받은 홀아비는 아니니라
6 바벨론 가운데서 도망하여 나와서 각기
생명을 구원하고 그의 죄악으로 말미암
아 끊어짐을 보지 말지어다 이는 여호
와의 보복의 때니 그에게 보복하시리라
7 바벨론은 여호와의 손에 잡혀 있어 온
세계가 취하게 하는 금잔이라 뭇 민족
이 그 포도주를 마심으로 미쳤도다
8 바벨론이 갑자기 넘어져 파멸되니 이로
말미암아 울라 그 상처를 위하여 유향
을 구하라 혹 나으리로다
9 우리가 바벨론을 치료하려 하여도 낫
지 아니한즉 버리고 각기 고향으로 돌
아가자 그 화가 하늘에 미쳤고 궁창에
달하였음이로다
10 여호와께서 우리 공의를 드러내셨으니
오라 시온에서 우리 하나님 여호와의
일을 선포하자
11 ● 화살을 갈며 둥근 방패를 준비하라
여호와께서 메대 왕들의 마음을 부추기
사 바벨론을 멸하기로 뜻하시나니 이는
여호와께서 보복하시는 것 곧 그의 성
전을 위하여 보복하시는 것이라
12 바벨론 성벽을 향하여 깃발을 세우고
튼튼히 지키며 파수꾼을 세우며 복병
을 매복시켜 방비하라 이는 여호와께
서 바벨론 주민에 대하여 말씀하신 대
로 계획하시고 행하심이로다

51 This is what the LORD says:
"See, I will stir up the spirit of a destroyer
against Babylon and the people of Leb Kamai.[a]
2 ● I will send foreigners to Babylon
to winnow her and to devastate her land;
they will oppose her on every side
in the day of her disaster.
3 ● Let not the archer string his bow,
nor let him put on his armor.
Do not spare her young men;
completely destroy[b] her army.
4 ● They will fall down slain in Babylon,[c]
fatally wounded in her streets.
5 ● For Israel and Judah have not been forsaken
by their God, the LORD Almighty,
though their land[d] is full of guilt
before the Holy One of Israel.
6 ● "Flee from Babylon!
Run for your lives!
Do not be destroyed because of her sins.
It is time for the LORD's vengeance;
he will repay her what she deserves.
7 ● Babylon was a gold cup in the LORD's hand;
she made the whole earth drunk.
The nations drank her wine;
therefore they have now gone mad.
8 ● Babylon will suddenly fall and be broken.
Wail over her!
Get balm for her pain;
perhaps she can be healed.
9 ● " 'We would have healed Babylon,
but she cannot be healed;
let us leave her and each go to our own land,
for her judgment reaches to the skies,
it rises as high as the heavens.'
10 ● " 'The LORD has vindicated us;
come, let us tell in Zion
what the LORD our God has done.'
11 ● "Sharpen the arrows,
take up the shields!
The LORD has stirred up the kings of the Medes,
because his purpose is to destroy Babylon.
The LORD will take vengeance,
vengeance for his temple.
12 ● Lift up a banner against the walls of Babylon!
Reinforce the guard,
station the watchmen,

[a]1 *Leb Kamai* is a cryptogram for Chaldea, that is, Babylonia.
[b]3 The Hebrew term refers to the irrevocable giving over of things or persons to the LORD, often by totally destroying them.
[c]4 Or *Chaldea* [d]5 Or *Almighty,/ and the land of the Babylonians*

1) 키질하는 자를

almighty [ɔːlmáiti] *a.* 전능한
armor [ɑ́ːrmər] *n.* 갑옷
balm [baːm] *n.* 향유
banner [bǽnər] *n.* 깃발
devastate [dévəstèit] *vt.* 황폐시키다
fatally [féitəli] *ad.* 치명적으로
forsake [fərséik] *vt.* 저버리다
heal [hiːl] *vt.* 치료하다
reach [riːtʃ] *vt.* 닿다
reinforce [rìːinfɔ́ːrs] *vt.* 강화하다
repay [ripéi] *vt.* 보복하다
sharpen [ʃɑ́ːrpən] *vt.* 갈다
spare [spɛər] *vt.* 살려 주다
string [striŋ] *vt.* (활에) 시위를 메다
vindicate [víndəkèit] *vt.* 정당함을 입증하다

51:3 put on: (옷을) 입다
51:4 fall down: 엎어지다
51:8 wail over...: …때문에 울다
51:11 take up: (손에) 집어들다
51:11 stir up: 선동하다, 일으키다
51:11 take vengeance: 원수를 갚다

13 많은 물가에 살면서 재물이 많은 자여
네 재물의 한계 곧 네 끝이 왔도다
14 만군의 여호와께서 자기의 목숨을 두고
맹세하시되 내가 진실로 사람을 메뚜기
같이 네게 가득하게 하리니 그들이 너를
향하여 환성을 높이리라 하시도다 49:13

여호와를 찬양하다

15 ● 여호와께서 그의 능력으로 땅을 지으
셨고 그의 지혜로 세계를 세우셨고 그의
명철로 하늘들을 펴셨으며
16 그가 목소리를 내신즉 하늘에 많은 물이
생기나니 그는 땅끝에서 구름이 오르게
하시며 비를 위하여 번개를 치게 하시며
그의 곳간에서 바람을 내시거늘
17 사람마다 어리석고 무식하도다 금장색
마다 자기가 만든 신상으로 말미암아
수치를 당하나니 이는 그 부어 만든 우
상은 거짓이요 그 속에 생기가 없음이
라
18 그것들은 헛된 것이요 조롱거리이니 징
벌하시는 때에 멸망할 것이나
19 야곱의 분깃은 그와 같지 아니하시니 그
는 만물을 지으신 분이요 이스라엘은 그
의 소유인 지파라 그의 이름은 만군의
여호와시니라

바벨론은 여호와의 철퇴

20 ● 여호와께서 이르시되 너는 나의 철퇴
곧 무기라 나는 네가 나라들을 분쇄하며
네가 국가들을 멸하며 50:23
21 네가 말과 기마병을 분쇄하며 네가 병거
와 병거대를 부수며
22 네가 남자와 여자를 분쇄하며 네가 노년
과 유년을 분쇄하며 네가 청년과 처녀를
분쇄하며
23 네가 목자와 그 양 떼를 분쇄하며 네가
농부와 그 멍엣소를 분쇄하며 네가 도백
과 태수들을 분쇄하도록 하리로다
24 너희 눈앞에서 그들이 시온에서 모든
악을 행한 대로 내가 바벨론과 갈대아
모든 주민에게 갚으리라 여호와의 말
씀이니라

바벨론이 황무지가 되리라

25 ● 여호와의 말씀이니라 온 세계를 멸하
는 멸망의 산아 보라 나는 네 원수라 나
의 손을 네 위에 펴서 너를 바위에서 굴
리고 너로 불탄 산이 되게 할 것이니

prepare an ambush!
The LORD will carry out his purpose,
his decree against the people of Babylon.
13 ● You who live by many waters
and are rich in treasures,
your end has come,
the time for you to be destroyed.
14 ● The LORD Almighty has sworn by himself:
I will surely fill you with troops, as with a swarm of locusts,
and they will shout in triumph over you.
15 ● "He made the earth by his power;
he founded the world by his wisdom
and stretched out the heavens by his understanding.
16 ● When he thunders, the waters in the heavens roar;
he makes clouds rise from the ends of the earth.
He sends lightning with the rain
and brings out the wind from his storehouses.
17 ● "Everyone is senseless and without knowledge;
every goldsmith is shamed by his idols.
The images he makes are a fraud;
they have no breath in them.
18 ● They are worthless, the objects of mockery;
when their judgment comes, they will perish.
19 ● He who is the Portion of Jacob is not like these,
for he is the Maker of all things,
including the people of his inheritance—
the LORD Almighty is his name.
20 ● "You are my war club,
my weapon for battle—
with you I shatter nations,
with you I destroy kingdoms,
21 ● with you I shatter horse and rider,
with you I shatter chariot and driver,
22 ● with you I shatter man and woman,
with you I shatter old man and youth,
with you I shatter young man and young woman,
23 ● with you I shatter shepherd and flock,
with you I shatter farmer and oxen,
with you I shatter governors and officials.
24 ● "Before your eyes I will repay Babylon and all
who live in Babylonia[a] for all the wrong they have
done in Zion," declares the LORD.
25 ● "I am against you, you destroying mountain,
you who destroy the whole earth,"
declares the LORD.
"I will stretch out my hand against you,

[a]24 Or *Chaldea*; also in verse 35

ambush [ǽmbuʃ] *n.* 복병
breath [breθ] *n.* 호흡
decree [dikríː] *n.* 법령
fraud [frɔːd] *n.* 기만
goldsmith [góuldsmìθ] *n.* 금세공인
mockery [mákəri] *n.* 조롱
perish [périʃ] *vi.* 멸망하다
portion [pɔ́ːrʃən] *n.* 분깃
purpose [pə́ːrpəs] *n.* 목적
repay [ripéi] *vt.* 갚다
roar [rɔːr] *vi.* 큰소리를 내며 움직이다
senseless [sénslis] *a.* 무분별한
shatter [ʃǽtər] *vt.* 분쇄하다
swarm [swɔːrm] *n.* 무리, 떼
thunder [θʌ́ndər] *vi.* 큰소리를 내다

51:14 swear by...: …을 두고 맹세하다
51:14 in triumph: 의기 양양하여
51:15 stretch out...: …를 뻗다, 펴다
51:19 all things: 만물
51:20 war club: 전투용 곤봉
51:24 live in: 살다

26 사람이 네게서 집 모퉁잇돌이나 기
촛돌을 취하지 아니할 것이요 너는
영원히 황무지가 될 것이니라 여호
와의 말씀이니라
27 ●땅에 깃발을 세우며 나라들 가운데
에 나팔을 불어서 나라들을 동원시켜
그를 치며 아라랏과 민니와 아스그나
스 나라를 불러 모아 그를 치며 사무관
을 세우고 그를 치되 극성스런 메뚜기
같이 그 말들을 몰아오게 하라 사 13:2
28 못 백성 곧 메대 사람의 왕들과 그
도백들과 그 모든 태수와 그 관할하
는 모든 땅을 준비시켜 그를 치게 하
라 51:11
29 땅이 진동하며 소용돌이치나니 이는
여호와께서 바벨론을 쳐서 그 땅으로
황폐하여 주민이 없게 할 계획이 섰음
이라
30 바벨론의 용사는 싸움을 그치고 그들
의 요새에 머무르나 기력이 쇠하여 여
인같이 되며 그들의 거처는 불타고 그
문빗장은 부러졌으며
31 보발꾼은 보발꾼을 맞으려고 달리며
전령은 전령을 맞으려고 달려가 바벨
론의 왕에게 전하기를 그 성읍 사방
이 함락되었으며 50:24
32 모든 나루는 빼앗겼으며 갈대밭이 불
탔으며 군사들이 겁에 질렸더이다 하
리라

여호와께서 이스라엘을 위하여 보복하시다

33 ●만군의 여호와 이스라엘의 하나님
께서 이와 같이 말씀하시되 딸 바벨
론은 때가 이른 타작마당과 같은지라
멀지 않아 추수 때가 이르리라 하시
도다
34 바벨론의 느부갓네살 왕이 [1)]나를 먹
으며 나를 멸하며 나를 빈 그릇이 되
게 하며 큰 뱀같이 나를 삼키며 나의
좋은 음식으로 그 배를 채우고 나를
쫓아내었으니
35 내가 받은 폭행과 내 육체에 대한 학
대가 바벨론에 돌아가기를 원한다
고 시온 주민이 말할 것이요 내 피
흘린 죄가 갈대아 주민에게로 돌아
가기를 원한다고 예루살렘이 말하
리라

roll you off the cliffs,
and make you a burned-out mountain.
26 ●No rock will be taken from you for a cornerstone,
nor any stone for a foundation,
for you will be desolate forever,"
declares the LORD.
27 ●"Lift up a banner in the land!
Blow the trumpet among the nations!
Prepare the nations for battle against her;
summon against her these kingdoms:
Ararat, Minni and Ashkenaz.
Appoint a commander against her;
send up horses like a swarm of locusts.
28 ●Prepare the nations for battle against her —
the kings of the Medes,
their governors and all their officials,
and all the countries they rule.
29 ●The land trembles and writhes,
for the LORD's purposes against Babylon stand —
to lay waste the land of Babylon
so that no one will live there.
30 ●Babylon's warriors have stopped fighting;
they remain in their strongholds.
Their strength is exhausted;
they have become weaklings.
Her dwellings are set on fire;
the bars of her gates are broken.
31 ●One courier follows another
and messenger follows messenger
to announce to the king of Babylon
that his entire city is captured,
32 ●the river crossings seized,
the marshes set on fire,
and the soldiers terrified."
33 ●This is what the LORD Almighty, the God of Israel, says:
"Daughter Babylon is like a threshing floor
at the time it is trampled;
the time to harvest her will soon come."
34 ●"Nebuchadnezzar king of Babylon has devoured us,
he has thrown us into confusion,
he has made us an empty jar.
Like a serpent he has swallowed us
and filled his stomach with our delicacies,
and then has spewed us out.
35 ●May the violence done to our flesh[a] be on
Babylon,"
say the inhabitants of Zion.
"May our blood be on those who live in Babylonia,"
says Jerusalem.

[a]35 Or *done to us and to our children* 1) 우리

cliff [klif] *n.* 벼랑
confusion [kənfjú:ʒən] *n.* 혼란
cornerstone [kɔ́:rnərstoun] *n.* 기촛돌
courier [kə́:riər] *n.* 밀사, 급사
delicacy [délikəsi] *n.* 진미
desolate [désələt] *a.* 황폐한
exhausted [igzɔ́:stid] *a.* 다 써버린
marsh [ma:rʃ] *n.* 습지
seize [si:z] *vt.* 붙잡다
serpent [sə́:rpənt] *n.* 뱀
spew [spju:] *vt.* 토하다
stronghold [strɔ́:ŋhòuld] *n.* 요새
summon [sʌ́mən] *vt.* 소집하다
trample [trǽmpl] *vi.* 짓밟다
writhe [raið] *vi.* 몸부림치다

51:27 **lift up**: 들어올리다
51:29 **lay waste**: 황폐케하다
51:29 **so that**: …하도록 …하다
51:30 **set on fire**: 불을 지르다
51:34 **thrown into**: (어떤 상태에) 빠뜨리다

36 그러므로 여호와께서 이와 같이 말씀하
시되 보라 내가 네 송사를 듣고 너를 위
하여 보복하여 그의 바다를 말리며 그
의 샘을 말리리니
37 바벨론이 돌무더기가 되어서 승냥이의
거처와 혐오의 대상과 탄식거리가 되고
주민이 없으리라
38 그들이 다 젊은 사자같이 소리지르며
새끼 사자같이 으르렁거리며
39 열정이 일어날 때에 내가 연회를 베풀
고 그들이 취하여 기뻐하다가 영원히
잠들어 깨지 못하게 하리라 여호와의
말씀이니라
40 내가 그들을 끌어내려서 어린 양과 숫
양과 숫염소가 도살장으로 가는 것 같
게 하리라

바벨론의 파멸을 노래하다

41 ● 슬프다 세삭이 함락되었도다 온 세상
의 칭찬 받는 성읍이 빼앗겼도다 슬프
다 바벨론이 나라들 가운데에 황폐하였
도다
42 바다가 바벨론에 넘침이여 그 노도 소
리가 그 땅을 뒤덮었도다
43 그 성읍들은 황폐하여 마른 땅과 사막
과 사람이 살지 않는 땅이 되었으니 그
리로 지나가는 사람이 없도다 50:12
44 내가 벨을 바벨론에서 벌하고 그가 삼
킨 것을 그의 입에서 끌어내리니 민족
들이 다시는 그에게로 몰려가지 아니하
겠고 바벨론 성벽은 무너졌도다
45 ● 나의 백성아 너희는 그 중에서 나와
각기 여호와의 진노를 피하라
46 너희 마음을 나약하게 말며 이 땅에서
들리는 소문으로 말미암아 두려워하지
말라 소문은 이 해에도 있겠고 저 해에
도 있으리라 그 땅에는 강포함이 있어
다스리는 자가 다스리는 자를 서로 치
리라 46:27
47 그러므로 보라 날이 이르리니 내가 바
벨론의 우상들을 벌할 것이라 그 온 땅
이 치욕을 당하겠고 그 죽임 당할 자가
모두 그 가운데에 엎드러질 것이며
48 하늘과 땅과 그 안에 있는 모든 것이 바
벨론으로 말미암아 기뻐 노래하리니 이
는 파멸시키는 자가 북쪽에서 그에게
옴이라 여호와의 말씀이니라

36 ● Therefore this is what the LORD says:
"See, I will defend your cause
and avenge you;
I will dry up her sea
and make her springs dry.
37 ● Babylon will be a heap of ruins,
a haunt of jackals,
an object of horror and scorn,
a place where no one lives.
38 ● Her people all roar like young lions,
they growl like lion cubs.
39 ● But while they are aroused,
I will set out a feast for them
and make them drunk,
so that they shout with laughter —
then sleep forever and not awake,"
declares the LORD.
40 ● "I will bring them down
like lambs to the slaughter,
like rams and goats.
41 ● "How Sheshak[a] will be captured,
the boast of the whole earth seized!
How desolate Babylon will be
among the nations!
42 ● The sea will rise over Babylon;
its roaring waves will cover her.
43 ● Her towns will be desolate,
a dry and desert land,
a land where no one lives,
through which no one travels.
44 ● I will punish Bel in Babylon
and make him spew out what he has
swallowed.
The nations will no longer stream to him.
And the wall of Babylon will fall.
45 ● "Come out of her, my people!
Run for your lives!
Run from the fierce anger of the LORD.
46 ● Do not lose heart or be afraid
when rumors are heard in the land;
one rumor comes this year, another the next,
rumors of violence in the land
and of ruler against ruler.
47 ● For the time will surely come
when I will punish the idols of Babylon;
her whole land will be disgraced
and her slain will all lie fallen within her.
48 ● Then heaven and earth and all that is in them
will shout for joy over Babylon,
for out of the north
destroyers will attack her,"

[a]41 *Sheshak* is a cryptogram for Babylon.

arouse [əráuz] *vt.* 깨우다
avenge [əvéndʒ] *vt.* 원수를 갚다
cub [kʌb] *n.* 새끼
feast [fiːst] *n.* 잔치
fierce [fiərs] *a.* 맹렬한
growl [graul] *vi.* 으르렁거리다
haunt [hɔːnt] *n.* 서식지
rumor [rúːmər] *n.* 소문
scorn [skɔːrn] *n.* 조롱
slay [slei] *vt.* 살해하다
slaughter [slɔ́ːtər] *n.* 도살
stream [striːm] *vi.* 흘러가다
swallow [swálou] *vt.* 삼키다
travel [trǽvəl] *vi.* 이동하다
violence [váiələns] *n.* 폭력

51:36 dry up: 바싹 말리다
51:39 set out: 음식을 내놓다
51:40 bring down: 끌어 내리다
51:42 rise over: 넘치다
51:44 spew out: 토하다, 분출하다
51:46 lose heart: 용기를 잃다, 낙담하다

49 바벨론이 이스라엘을 죽여 엎드러뜨림같
이 온 세상이 바벨론에서 죽임을 당하여
엎드러지리라

여호와께서 바벨론에 보복하시다

50 ●칼을 피한 자들이여 멈추지 말고 걸어가
라 먼 곳에서 여호와를 생각하며 예루살렘
을 너희 마음에 두라 시 137:6
51 외국인이 여호와의 거룩한 성전에 들어가
므로 우리가 책망을 들으며 수치를 당하여
모욕이 우리 얼굴을 덮었느니라
52 보라 날이 이르리니 내가 그 우상들을 벌할
것이라 부상자들이 그 땅에서 한숨을 지으
리라 여호와의 말씀이니라
53 가령 바벨론이 하늘까지 솟아오른다 하자
높은 곳에 있는 피난처를 요새로 삼더라도
멸망시킬 자가 내게로부터 그들에게 임하
리라 여호와의 말씀이니라

바벨론이 황폐하리라

54 ●바벨론으로부터 부르짖는 소리가 들리
도다 갈대아 사람의 땅에 큰 파멸의 소리
가 들리도다
55 이는 여호와께서 바벨론을 황폐하게 하사
그 큰 소리를 끊으심이로다 원수는 많은 물
같이 그 파도가 사나우며 그 물결은 요란한
소리를 내는도다
56 곧 멸망시키는 자가 바벨론에 이르렀음이
라 그 용사들이 사로잡히고 그들의 활이 꺾
이도다 여호와는 보복의 하나님이시니 반
드시 보응하시리로다
57 만군의 여호와라 일컫는 왕이 이와 같이 말
씀하시되 내가 그 고관들과 지혜 있는 자들
과 도백들과 태수들과 용사들을 취하게 하
리니 그들이 영원히 잠들어 깨어나지 못하
리라
58 만군의 여호와께서 이와 같이 말씀하시니
라 바벨론의 성벽은 훼파되겠고 그 높은 문
들은 불에 탈 것이며 백성들의 수고는 헛될
것이요 민족들의 수고는 불탈 것인즉 그들
이 쇠잔하리라

예레미야가 바벨론에 예언을 전하다

59 ●유다의 시드기야 왕 제사 년에 마세야의
손자 네리야의 아들 스라야가 그 왕과 함께
바벨론으로 갈 때에 선지자 예레미야가 그
에게 말씀을 명령하니 스라야는 병참감이
더라
60 예레미야가 바벨론에 닥칠 모든 재난 곧 바
벨론에 대하여 기록한 이 모든 말씀을 한 책

declares the LORD.

49 •"Babylon must fall because of Israel's slain,
just as the slain in all the earth
have fallen because of Babylon.
50 •You who have escaped the sword,
leave and do not linger!
Remember the LORD in a distant land,
and call to mind Jerusalem."
51 •"We are disgraced,
for we have been insulted
and shame covers our faces,
because foreigners have entered
the holy places of the LORD's house."
52 •"But days are coming," declares the LORD,
"when I will punish her idols,
and throughout her land
the wounded will groan.
53 •Even if Babylon ascends to the heavens
and fortifies her lofty stronghold,
I will send destroyers against her,"
declares the LORD.
54 •"The sound of a cry comes from Babylon,
the sound of great destruction
from the land of the Babylonians.[a]
55 •The LORD will destroy Babylon;
he will silence her noisy din.
Waves of enemies will rage like great waters;
the roar of their voices will resound.
56 •A destroyer will come against Babylon;
her warriors will be captured,
and their bows will be broken.
For the LORD is a God of retribution;
he will repay in full.
57 •I will make her officials and wise men drunk,
her governors, officers and warriors as well;
they will sleep forever and not awake,"
declares the King, whose name is the LORD
Almighty.
58 •This is what the LORD Almighty says:
"Babylon's thick wall will be leveled
and her high gates set on fire;
the peoples exhaust themselves for nothing,
the nations' labor is only fuel for the flames."
59 •This is the message Jeremiah the prophet
gave to the staff officer Seraiah son of Neriah,
the son of Mahseiah, when he went to Babylon
with Zedekiah king of Judah in the fourth
60 year of his reign. •Jeremiah had written on a
scroll about all the disasters that would come

[a]54 Or *Chaldeans*

ascend [əsénd] *vi.* 오르다
destruction [distrʌ́kʃən] *n.* 파멸
din [din] *n.* 소음
exhaust [igzɔ́:st] *vt.* 기진맥진하다
flame [fleim] *n.* 불꽃
fuel [fjú:əl] *n.* 연료
groan [groun] *vi.* 신음하다
insult [insʌ́lt] *vt.* 모욕하다
linger [líŋgər] *vi.* 남아 있다
lofty [lɔ́:fti] *a.* 매우 높은
rage [reidʒ] *vi.* 격노하다
retribution [rètrəbjú:ʃən] *n.* 보복
stronghold [strɔ́:ŋhòuld] *n.* 요새
thick [θik] *a.* 두꺼운
wounded [wú:ndid] *a.* 부상당한

51:49 because of...: …때문에
51:49 just as...: 바로 …처럼
51:50 call to mind: 상기하다
51:56 in full: 전부, 빠짐없이
51:57 A and B as well: A와 B 모두
51:58 set on fire: 불을 지르다

에 기록하고
61 스라야에게 말하기를 너는 바벨론에 이르
거든 삼가 이 모든 말씀을 읽고
62 말하기를 여호와여 주께서 이곳에 대하여
말씀하시기를 이 땅을 멸하여 사람이나 짐
승이 거기에 살지 못하게 하고 영원한 폐허
가 되리라 하셨나이다 하라 하니라 겔 35:9
63 너는 이 책 읽기를 다한 후에 책에 돌을 매
어 유브라데 강 속에 던지며
64 말하기를 바벨론이 나의 재난 때문에 이
같이 몰락하여 다시 일어서지 못하리니
그들이 피폐하리라 하라 하니라 예레미야
의 말이 이에 끝나니라 나 1:8, 9

시드기야의 배반과 죽음
(왕하 24:18-25:7 ♪ 388장)

52 시드기야가 왕위에 오를 때에 나이가
이십일 세라 예루살렘에서 십일 년 동
안 다스리니라 그의 어머니의 이름은 하무
달이라 립나인 예레미야의 딸이더라
2 그가 여호야김의 모든 행위를 본받아 여호
와 보시기에 악을 행한지라
3 여호와께서 예루살렘과 유다에게 진노하심
이 그들을 자기 앞에서 쫓아내시기까지 이
르렀더라 ●시드기야가 바벨론 왕을 배반
하니라
4 시드기야 제구 년 열째 달 열째 날에 바벨
론 왕 느부갓네살이 그의 모든 군대를 거느
리고 예루살렘을 치러 올라와서 그 성에 대
하여 진을 치고 주위에 토성을 쌓으매
5 그 성이 시드기야 왕 제십일 년까지 포위
되었더라
6 그 해 넷째 달 구일에 성중에 기근이 심하
여 그 땅 백성의 양식이 떨어졌더라
7 그 성벽이 파괴되매 모든 군사가 밤중에 그
성에서 나가 두 성벽 사이 왕의 동산 곁문
길로 도망하여 갈대아인들이 그 성읍을 에
워쌌으므로 그들이 아라바 길로 가더니 39:4
8 갈대아 군대가 그 왕을 뒤쫓아 가서 여리고
평지에서 시드기야를 따라 잡으매 왕의 모
든 군대가 그를 떠나 흩어진지라
9 그들이 왕을 사로잡아 그를 하맛 땅 리블라
에 있는 바벨론 왕에게로 끌고 가매 그가
시드기야를 심문하니라
10 바벨론 왕이 시드기야의 아들들을 그의 눈
앞에서 죽이고 또 리블라에서 유다의 모든
고관을 죽이며
11 시드기야의 두 눈을 빼고 놋사슬로 그를 결

upon Babylon—all that had been recorded
61 concerning Babylon. ●He said to Seraiah,
"When you get to Babylon, see that you read
62 all these words aloud. ●Then say, 'LORD, you
have said you will destroy this place, so that
neither people nor animals will live in it; it will
63 be desolate forever.' ●When you finish reading
this scroll, tie a stone to it and throw it into
64 the Euphrates. ●Then say, 'So will Babylon
sink to rise no more because of the disaster I will
bring on her. And her people will fall.' "

The words of Jeremiah end here.

The Fall of Jerusalem

52 Zedekiah was twenty-one years old
when he became king, and he reigned
in Jerusalem eleven years. His mother's name
was Hamutal daughter of Jeremiah; she was
2 from Libnah. ●He did evil in the eyes of the
3 LORD, just as Jehoiakim had done. ●It was
because of the LORD's anger that all this hap-
pened to Jerusalem and Judah, and in the end
he thrust them from his presence.

Now Zedekiah rebelled against the king of
Babylon.

4 ●So in the ninth year of Zedekiah's reign, on
the tenth day of the tenth month, Nebuchad-
nezzar king of Babylon marched against Jeru-
salem with his whole army. They encamped
outside the city and built siege works all around
5 it. ●The city was kept under siege until the
eleventh year of King Zedekiah.

6 ●By the ninth day of the fourth month the
famine in the city had become so severe that
7 there was no food for the people to eat. ●Then
the city wall was broken through, and the
whole army fled. They left the city at night
through the gate between the two walls near
the king's garden, though the Babylonians[a]
were surrounding the city. They fled toward
8 the Arabah,[b] ●but the Babylonian[c] army pur-
sued King Zedekiah and overtook him in the
plains of Jericho. All his soldiers were separat-
9 ed from him and scattered, ●and he was cap-
tured.

He was taken to the king of Babylon at
Riblah in the land of Hamath, where he pro-
10 nounced sentence on him. ●There at Riblah
the king of Babylon killed the sons of Zedeki-
ah before his eyes; he also killed all the officials
11 of Judah. ●Then he put out Zedekiah's eyes,

[a]7 Or *Chaldeans*; also in verse 17 [b]7 Or *the Jordan Valley* [c]8 Or *Chaldean*; also in verse 14

aloud [əláud] *ad.* 큰 소리로
capture [kǽptʃər] *vt.* 체포하다
desolate [désələt] *a.* 황폐한
famine [fǽmin] *n.* 기근
official [əfíʃəl] *n.* 관공리
overtake [òuvərtéik] *vt.* 따라잡다
pursue [pərsúː] *vt.* 추적하다
reign [rein] *vi.* 지배하다
scatter [skǽtər] *vt.* 흩뿌리다
scroll [skroul] *n.* 두루마리
sentence [séntəns] *n.* 판결
severe [sivíər] *a.* 엄한
siege [siːdʒ] *n.* 포위 공격
sink [siŋk] *vi.* 가라앉다
thrust [θrʌst] *vt.* 밀치다

51:62 neither A nor B: A도 B도 아니다
52:3 rebel against...: …에 반역하다
52:8 be separated from...: …으로부터 분리되다, 떨어지다
52:9 pronounce sentence on...: …에게 선고를 내리다

박하여 바벨론 왕이 그를 바벨론으로 끌
고 가서 그가 죽는 날까지 옥에 가두었더
라

여호와의 성전이 헐리다 (왕하 25:8-17)

12 ●바벨론의 느부갓네살 왕의 열아홉째 해
다섯째 달 열째 날에 바벨론 왕의 어전 사
령관 느부사라단이 예루살렘에 이르러
13 여호와의 성전과 왕궁을 불사르고 예루살
렘의 모든 집과 고관들의 집까지 불살랐
으며
14 사령관을 따르는 갈대아 사람의 모든 군
대가 예루살렘 사면 성벽을 헐었더라
15 사령관 느부사라단이 백성 중 가난한 자
와 성중에 남아 있는 백성과 바벨론 왕에
게 항복한 자와 무리의 남은 자를 사로잡
아 갔고 39:9
16 가난한 백성은 남겨 두어 포도원을 관리
하는 자와 농부가 되게 하였더라
17 ●갈대아 사람은 또 여호와의 성전의 두
놋기둥과 받침들과 여호와의 성전의 놋대
야를 깨뜨려 그 놋을 바벨론으로 가져갔
고
18 가마들과 부삽들과 부집게들과 주발들과
숟가락들과 섬길 때에 쓰는 모든 놋그릇
을 다 가져갔고 왕상 7:45
19 사령관은 잔들과 화로들과 주발들과 솥들
과 촛대들과 숟가락들과 바리들 곧 금으
로 만든 물건의 금과 은으로 만든 물건의
은을 가져갔더라
20 솔로몬 왕이 여호와의 성전을 위하여 만
든 두 기둥과 한 바다와 그 받침 아래에
있는 열두 놋 소 곧 이 모든 기구의 놋 무
게는 헤아릴 수 없었더라
21 그 기둥은 한 기둥의 높이가 십팔 [1]규빗이
요 그 둘레는 십이 규빗이며 그 속이 비었
고 그 두께는 네 손가락 두께이며
22 기둥 위에 놋머리가 있어 그 높이가 다섯
규빗이요 머리 사면으로 돌아가며 꾸민
망사와 석류가 다 놋이며 또 다른 기둥에
도 이런 모든 것과 석류가 있었더라
23 그 사면에 있는 석류는 아흔여섯 개요 그
기둥에 둘린 그물 위에 있는 석류는 도합
이 백 개이었더라

유다 백성이 바벨론으로 사로잡혀 가다
(왕하 25:18-21,27-30)

24 ●사령관이 대제사장 스라야와 부제사
장 스바냐와 성전 문지기 세 사람을 사로

bound him with bronze shackles and took him
to Babylon, where he put him in prison till the
day of his death.
12 ●On the tenth day of the fifth month, in the
nineteenth year of Nebuchadnezzar king of
Babylon, Nebuzaradan commander of the im-
perial guard, who served the king of Babylon,
13 came to Jerusalem. ●He set fire to the temple of
the LORD, the royal palace and all the houses of
Jerusalem. Every important building he burned
14 down. ●The whole Babylonian army, under the
commander of the imperial guard, broke down
15 all the walls around Jerusalem. ●Nebuzaradan
the commander of the guard carried into exile
some of the poorest people and those who re-
mained in the city, along with the rest of the
craftsmen[a] and those who had deserted to the
16 king of Babylon. ●But Nebuzaradan left behind
the rest of the poorest people of the land to
work the vineyards and fields.
17 ●The Babylonians broke up the bronze pil-
lars, the movable stands and the bronze Sea that
were at the temple of the LORD and they carried
18 all the bronze to Babylon. ●They also took away
the pots, shovels, wick trimmers, sprinkling
bowls, dishes and all the bronze articles used in
19 the temple service. ●The commander of the
imperial guard took away the basins, censers,
sprinkling bowls, pots, lampstands, dishes and
bowls used for drink offerings—all that were
made of pure gold or silver.
20 ●The bronze from the two pillars, the Sea
and the twelve bronze bulls under it, and the
movable stands, which King Solomon had
made for the temple of the LORD, was more
21 than could be weighed. ●Each pillar was eigh-
teen cubits high and twelve cubits in circum-
ference[b]; each was four fingers thick, and hol-
22 low. ●The bronze capital on top of one pillar
was five cubits[c] high and was decorated with a
network and pomegranates of bronze all
around. The other pillar, with its pomegranates,
23 was similar. ●There were ninety-six pomegran-
ates on the sides; the total number of pome-
granates above the surrounding network was a
hundred.
24 ●The commander of the guard took as pris-
oners Seraiah the chief priest, Zephaniah the
priest next in rank and the three doorkeep-

[a]15 Or *the populace* [b]21 That is, about 27 feet high and 18 feet in circumference or about 8.1 meters high and 5.4 meters in circumference [c]22 That is, about 7 1/2 feet or about 2.3 meters 1) 히, 암마

article [á:rtikl] *n.* 물품
basin [béisn] *n.* 대야
censer [sénsər] *n.* 향로
circumference [sərkʌ́mfərəns] *n.* 원주
decorate [dékərèit] *vt.* 장식하다
hollow [hálou] *a.* 속이 빈
imperial [impíəriəl] *a.* 왕의
important [impɔ́:rtənt] *a.* 중요한
movable [mú:vəbl] *a.* 움직일 수 있는
pomegranate [pʌ́məgrænət] *n.* 석류
shovel [ʃʌ́vəl] *n.* 삽
similar [símələr] *a.* 유사한
sprinkling [spríŋkliŋ] *n.* 흩뿌림
trimmer [trímər] *n.* 베어내는 도구
vineyard [vínjərd] *n.* 포도원

52:11 bind A with B: A를 B로 묶다
52:11 put in prison: 감금하다
52:13 burn down: 태워버리다
52:14 break down: 파괴하다, 부수다
52:15 carry into exile: 포로로 잡아가다
52:18 take away: 가져가다

잡고
25 또 성 안에서 사람을 사로잡았으니 곧 군사
를 거느린 [1]지휘관 한 사람과 또 성중에서
만난 왕의 내시 칠 명과 군인을 감독하는
군 지휘관의 서기관 하나와 성 안에서 만난
평민 육십 명이라
26 사령관 느부사라단은 그들을 사로잡아 리
블라에 있는 바벨론의 왕에게 나아가매
27 바벨론의 왕이 하맛 땅 리블라에서 다 쳐
죽였더라 이와 같이 유다가 사로잡혀 본국
에서 떠났더라
28 ●느부갓네살이 사로잡아 간 백성은 이러
하니라 제칠 년에 유다인이 삼천이십삼 명
이요
29 느부갓네살의 열여덟째 해에 예루살렘에서
사로잡아 간 자가 팔백삼십이 명이요
30 느부갓네살의 제이십삼 년에 사령관 느부
사라단이 사로잡아 간 유다 사람이 칠백사
십오 명이니 그 총수가 사천육백 명이더라
31 ●유다 왕 여호야긴이 사로잡혀 간 지 삼십
칠 년 곧 바벨론의 에윌므로닥 왕의 즉위
원년 열두째 달 스물다섯째 날 그가 유다의
여호야긴 왕의 머리를 들어 주었고 감옥에
서 풀어 주었더라
32 그에게 친절하게 말하고 그의 자리를 그와
함께 바벨론에 있는 왕들의 자리보다 높이
고
33 그 죄수의 의복을 갈아 입혔고 그의 평생
동안 항상 왕의 앞에서 먹게 하였으며
34 그가 날마다 쓸 것을 바벨론의 왕에게서 받
는 정량이 있었고 죽는 날까지 곧 종신토록
받았더라

25 ers. •Of those still in the city, he took the
officer in charge of the fighting men, and
seven royal advisers. He also took the secre-
tary who was chief officer in charge of con-
scripting the people of the land, sixty of
26 whom were found in the city. •Nebuzaradan
the commander took them all and brought
them to the king of Babylon at Riblah.
27 •There at Riblah, in the land of Hamath, the
king had them executed.
So Judah went into captivity, away from
28 her land. •This is the number of the people
Nebuchadnezzar carried into exile:

in the seventh year, 3,023 Jews;
29 •in Nebuchadnezzar's eighteenth year,
832 people from Jerusalem;
30 •in his twenty-third year,
745 Jews taken into exile by Nebuza-
radan
the commander of the imperial guard.
There were 4,600 people in all.

Jehoiachin Released

31 •In the thirty-seventh year of the exile of
Jehoiachin king of Judah, in the year Awel-
Marduk became king of Babylon, on the twen-
ty-fifth day of the twelfth month, he released
Jehoiachin king of Judah and freed him from
32 prison. •He spoke kindly to him and gave
him a seat of honor higher than those of the
other kings who were with him in Babylon.
33 •So Jehoiachin put aside his prison clothes
and for the rest of his life ate regularly at the
34 king's table. •Day by day the king of Babylon
gave Jehoiachin a regular allowance as long as
he lived, till the day of his death.

1) 환관

adviser [ædváizər] *n.* 조언자
allowance [əláuəns] *n.* 수당
chief [tʃiːf] *n.* 우두머리
commander [kəmǽndər] *n.* 지휘관
conscript [kənskrípt] *vt.* 징발하다
execute [éksikjùːt] *vt.* 처형하다
exile [égzail] *n.* 망명자
free [friː] *vt.* 풀어주다
guard [gaːrd] *n.* 호위병
honor [ánər] *n.* 영예
kindly [káindli] *ad.* 친절하게
prison [prízn] *n.* 감옥
release [rilíːs] *vt.* 해방시키다
rest [rest] *n.* 나머지
secretary [sékrətèri] *n.* 서기관

52:25 **in charge of...**: …를 맡고 있는
52:27 **go into captivity**: 사로잡히다
52:33 **put aside**: 제쳐두다, 치우다
52:33 **eat regularly**: 규칙적으로 식사를 하다
52:34 **as long as...**: …하는 한

예레미야애가 | Lamentations

● 저자 _ 예레미야 ● 저작 연대 _ B.C. 586-585년 사이 ● 기록 장소 _ 애굽으로 추정
● 기록 대상 _ 무너진 예루살렘 거민들 ● 핵심어 및 내용 _ 핵심어는 '분노'와 '비탄'이다.

하나님의 분노로 예루살렘 성은 멸망하였고, 그분의 의로우심과 공의가 드러났다. 예레미야는 한때 영광스럽고 위대한 성이었던 예루살렘을 바라보며 슬피 운다.

예루살렘의 슬픔 (♪ 9, 406장)

1 슬프다 이 성이여 전에는 사람들이
많더니 이제는 어찌 그리 적막하게
앉았는고 전에는 열국 중에 크던 자
가 이제는 과부같이 되었고 전에는
열방 중에 공주였던 자가 이제는 강
제 노동을 하는 자가 되었도다
2 밤에는 슬피 우니 눈물이 뺨에 흐름
이여 사랑하던 자들 중에 그에게 위
로하는 자가 없고 친구들도 다 배반
하여 원수들이 되었도다 시 6:6
3 유다는 환난과 많은 고난 가운데에
사로잡혀 갔도다 그가 열국 가운데에
거주하면서 쉴 곳을 얻지 못함이여
그를 핍박하는 모든 자들이 궁지에서
그를 뒤따라 잡았도다
4 시온의 도로들이 슬퍼함이여 절기를
지키러 나아가는 사람이 없음이로다
모든 성문들이 적막하며 제사장들이
탄식하며 처녀들이 근심하며 시온도
곤고를 받았도다 렘 9:11
5 그의 대적들이 머리가 되고 그의 원
수들이 형통함은 그의 죄가 많으므로
여호와께서 그를 곤고하게 하셨음이
라 어린 자녀들이 대적에게 사로잡혔
도다
6 딸 시온의 모든 영광이 떠나감이여
그의 지도자들은 꼴을 찾지 못한 사
슴들처럼 뒤쫓는 자 앞에서 힘없이
달아났도다
7 예루살렘이 환난과 유리하는 고통을
당하는 날에 옛날의 모든 즐거움을
기억하였음이여 그의 백성이 대적의
손에 넘어졌으나 그를 돕는 자가 없
었고 대적들은 그의 멸망을 비웃는도
다 4:17
8 예루살렘이 크게 범죄함으로 조소거
리가 되었으니 전에 그에게 영광을
돌리던 모든 사람이 그의 벗었음을
보고 업신여김이여 그는 탄식하며 물

1[a] How deserted lies the city,
once so full of people!
How like a widow is she,
who once was great among the nations!
She who was queen among the provinces
has now become a slave.
2 ●Bitterly she weeps at night,
tears are on her cheeks.
Among all her lovers
there is no one to comfort her.
All her friends have betrayed her;
they have become her enemies.
3 ●After affliction and harsh labor,
Judah has gone into exile.
She dwells among the nations;
she finds no resting place.
All who pursue her have overtaken her
in the midst of her distress.
4 ●The roads to Zion mourn,
for no one comes to her appointed festivals.
All her gateways are desolate,
her priests groan,
her young women grieve,
and she is in bitter anguish.
5 ●Her foes have become her masters;
her enemies are at ease.
The LORD has brought her grief
because of her many sins.
Her children have gone into exile,
captive before the foe.
6 ●All the splendor has departed
from Daughter Zion.
Her princes are like deer
that find no pasture;
in weakness they have fled
before the pursuer.
7 ●In the days of her affliction and wandering
Jerusalem remembers all the treasures
that were hers in days of old.
When her people fell into enemy hands,
there was no one to help her.
Her enemies looked at her
and laughed at her destruction.
8 ●Jerusalem has sinned greatly

[a] This chapter is an acrostic poem, the verses of which begin with the successive letters of the Hebrew alphabet.

러가는도다
9 그의 더러운 것이 그의 옷깃에 묻어
있으나 그의 나중을 생각하지 아니함
이여 그러므로 놀랍도록 낮아져도 그
를 위로할 자가 없도다 여호와여 원
수가 스스로 큰 체하오니 나의 환난
을 감찰하소서
10 대적이 손을 펴서 그의 모든 보물들
을 빼앗았나이다 주께서 이미 이방
인들을 막아 주의 성회에 들어오지
못하도록 명령하신 그 성소에 그들
이 들어간 것을 예루살렘이 보았나
이다
11 그 모든 백성이 생명을 이으려고 보
물로 먹을 것들을 바꾸었더니 지금도
탄식하며 양식을 구하나이다 나는 비
천하오니 여호와여 나를 돌보시옵소
서
12 지나가는 모든 사람들이여 너희에게
는 관계가 없는가 나의 고통과 같은
고통이 있는가 볼지어다 여호와께서
그의 진노하신 날에 나를 괴롭게 하
신 것이로다
13 높은 곳에서 나의 골수에 불을 보내
어 이기게 하시고 내 발 앞에 그물을
치사 나로 물러가게 하셨음이여 종일
토록 나를 피곤하게 하여 황폐하게
하셨도다
14 내 죄악의 멍에를 그의 손으로 묶고
얽어 내 목에 올리사 내 힘을 피곤
하게 하셨음이여 내가 감당할 수 없
는 자의 손에 주께서 나를 넘기셨도
다
15 주께서 내 영토 안 나의 모든 용사
들을 없는 것같이 여기시고 성회를
모아 내 청년들을 부수심이여 처녀
딸 유다를 내 주께서 술틀에 밟으셨
도다
16 이로 말미암아 내가 우니 내 눈에 눈
물이 물같이 흘러내림이여 나를 위로
하여 내 생명을 회복시켜 줄 자가 멀
리 떠났음이로다 원수들이 이기매 내
자녀들이 외롭도다 전 4:1
17 시온이 두 손을 폈으나 그를 위로할
자가 없도다 여호와께서 야곱의 사방
에 있는 자들에게 명령하여 야곱의

and so has become unclean.
All who honored her despise her,
for they have all seen her naked;
she herself groans
and turns away.
9 •Her filthiness clung to her skirts;
she did not consider her future.
Her fall was astounding;
there was none to comfort her.
"Look, LORD, on my affliction,
for the enemy has triumphed."
10 •The enemy laid hands
on all her treasures;
she saw pagan nations
enter her sanctuary—
those you had forbidden
to enter your assembly.
11 •All her people groan
as they search for bread;
they barter their treasures for food
to keep themselves alive.
"Look, LORD, and consider,
for I am despised."
12 •"Is it nothing to you, all you who pass by?
Look around and see.
Is any suffering like my suffering
that was inflicted on me,
that the LORD brought on me
in the day of his fierce anger?
13 •"From on high he sent fire,
sent it down into my bones.
He spread a net for my feet
and turned me back.
He made me desolate,
faint all the day long.
14 •"My sins have been bound into a yoke[a];
by his hands they were woven together.
They have been hung on my neck,
and the Lord has sapped my strength.
He has given me into the hands
of those I cannot withstand.
15 •"The Lord has rejected
all the warriors in my midst;
he has summoned an army against me
to[b] crush my young men.
In his winepress the Lord has trampled
Virgin Daughter Judah.
16 •"This is why I weep
and my eyes overflow with tears.
No one is near to comfort me,

[a]14 Most Hebrew manuscripts; many Hebrew manuscripts and Septuagint *He kept watch over my sins* [b]15 Or *has set a time for me / when he will*

astounding [əstáundiŋ] *a.* 몹시 놀라게 하는
despise [dispáiz] *vt.* 경멸하다
fierce [fiərs] *a.* 맹렬한
filthiness [fílθinis] *n.* 더러움
forbid [fərbíd] *vt.* 금지하다
pagan [péigən] *a.* 이교의
sanctuary [sǽŋktʃuèri] *n.* 지성소
sap [sæp] *vt.* 활력을 잃게 하다
summon [sʌ́mən] *vt.* 호출하다
trample [trǽmpl] *vt.* 짓밟다
triumph [tráiəmf] *vi.* 의기양양해하다
weave [wi:v] *vt.* 엮어내다
winepress [wáinprès] *n.* 포도즙 틀
withstand [wiθstǽnd] *vt.* 견디다
yoke [jouk] *n.* 멍에

1:8 **turn away**: 쫓아버리다
1:9 **cling to...**: …에 달라붙다
1:10 **lay hands on...**: …을 손에 넣다
1:11 **barter A for B**: A를 B와 바꾸다
1:12 **inflict on**: 괴롭히다, 타격을 주다
1:13 **spread a net**: 망을 치다

대적들이 되게 하셨으니 예루살렘은
그들 가운데에 있는 불결한 자가 되
었도다
18 여호와는 의로우시도다 그러나 내가
그의 명령을 거역하였도다 너희 모
든 백성들아 내 말을 듣고 내 고통을
볼지어다 나의 처녀들과 나의 청년
들이 사로잡혀 갔도다
19 내가 내 사랑하는 자들을 불렀으나
그들은 나를 속였으며 나의 제사장들
과 장로들은 그들의 목숨을 회복시킬
그들의 양식을 구하다가 성 가운데에
서 기절하였도다
20 여호와여 보시옵소서 내가 환난을 당
하여 나의 애를 다 태우고 나의 마음
이 상하오니 나의 반역이 심히 큼이
니이다 밖에서는 칼이 내 아들을 빼
앗아 가고 집 안에서는 죽음 같은 것
이 있나이다
21 그들이 내가 탄식하는 것을 들었으나
나를 위로하는 자가 없으며 나의 모
든 원수들은 내가 재난 당하는 것을
듣고 주께서 이렇게 행하신 것을 기
뻐하나이다 그러나 주께서 그 선포하
신 날을 이르게 하셔서 그들이 나와
같이 되게 하소서
22 그들의 모든 악을 주 앞에 가지고 오
게 하시고 나의 모든 죄악들로 말미
암아 내게 행하신 것같이 그들에게
행하옵소서 나의 탄식이 많고 나의
마음이 병들었나이다

예루살렘에 대한 여호와의 진노 (♪84장)

2 슬프다 주께서 어찌 그리 진노하
사 딸 시온을 구름으로 덮으셨는
가 이스라엘의 아름다움을 하늘에서
땅에 던지셨음이여 그의 진노의 날
에 그의 발판을 기억하지 아니하셨
도다
2 주께서 야곱의 모든 거처들을 삼키시
고 긍휼히 여기지 아니하셨음이여 노
하사 딸 유다의 견고한 성채들을 허
물어 땅에 엎으시고 나라와 그 지도
자들을 욕되게 하셨도다 3:43
3 맹렬한 진노로 이스라엘의 모든 뿔
을 자르셨음이여 원수 앞에서 그의

no one to restore my spirit.
My children are destitute
because the enemy has prevailed."
17 Zion stretches out her hands,
but there is no one to comfort her.
The LORD has decreed for Jacob
that his neighbors become his foes;
Jerusalem has become
an unclean thing among them.
18 "The LORD is righteous,
yet I rebelled against his command.
Listen, all you peoples;
look on my suffering.
My young men and young women
have gone into exile.
19 "I called to my allies
but they betrayed me.
My priests and my elders
perished in the city
while they searched for food
to keep themselves alive.
20 "See, LORD, how distressed I am!
I am in torment within,
and in my heart I am disturbed,
for I have been most rebellious.
Outside, the sword bereaves;
inside, there is only death.
21 "People have heard my groaning,
but there is no one to comfort me.
All my enemies have heard of my distress;
they rejoice at what you have done.
May you bring the day you have announced
so they may become like me.
22 "Let all their wickedness come before you;
deal with them
as you have dealt with me
because of all my sins.
My groans are many
and my heart is faint."

2 [a] How the Lord has covered Daughter Zion
with the cloud of his anger[b]!
He has hurled down the splendor of Israel
from heaven to earth;
he has not remembered his footstool
in the day of his anger.
2 Without pity the Lord has swallowed up
all the dwellings of Jacob;
in his wrath he has torn down
the strongholds of Daughter Judah.
He has brought her kingdom and its princes
down to the ground in dishonor.

[a] This chapter is an acrostic poem, the verses of which begin with the successive letters of the Hebrew alphabet. [b] 1 Or *How the Lord in his anger / has treated Daughter Zion with contempt*

ally [əlái] *n.* 동맹
bereave [bирí:v] *vt.* 앗아가다
betray [bitréi] *vt.* 속이다
command [kəmǽnd] *n.* 명령
decree [dikrí:] *vi.* 법령을 포고하다
destitute [déstətjù:t] *a.* 빈곤한
disturb [distə́:rb] *vt.* 혼란시키다
elder [éldər] *n.* 장로
exile [égzail] *n.* 망명자
foe [fou] *n.* 적
groan [groun] *n.* 신음소리
hurl [hə:rl] *vt.* 세게 내던지다
perish [périʃ] *vi.* 사라지다
prevail [privéil] *vi.* 우세하다
torment [tɔ:rmént] *n.* 고통

1:17 **stretch out**: (손발을) 뻗다
1:18 **rebel against...**: …에 반항하다
1:19 **search for...**: …을 찾다
1:22 **deal with...**: …를 다루다
2:2 **swallow up**: 삼키다
2:2 **tear down**: 부수다

오른손을 뒤로 거두어 들이시고 맹
렬한 불이 사방으로 불사름같이 야
곱을 불사르셨도다
4 원수같이 그의 활을 당기고 대적처
럼 그의 오른손을 들고 서서 눈에 드
는 아름다운 모든 사람을 죽이셨음
이여 딸 시온의 장막에 그의 노를 불
처럼 쏟으셨도다
3:12
5 주께서 원수같이 되어 이스라엘을
삼키셨음이여 그 모든 궁궐들을 삼
키셨고 견고한 성들을 무너뜨리사
딸 유다에 근심과 애통을 더하셨도
다
렘 30:14
6 주께서 그의 초막을 동산처럼 헐어
버리시며 그의 절기를 폐하셨도다 여
호와께서 시온에서 절기와 안식일을
잊어버리게 하시며 그가 진노하사 왕
과 제사장을 멸시하셨도다
7 여호와께서 또 자기 제단을 버리시며
자기 성소를 미워하시며 궁전의 성벽
들을 원수의 손에 넘기셨으매 그들이
여호와의 전에서 떠들기를 절기의 날
과 같이 하였도다
8 여호와께서 딸 시온의 성벽을 헐기로
결심하시고 줄을 띠고 무너뜨리는 일
에서 손을 거두지 아니하사 성벽과
성곽으로 통곡하게 하셨으매 그들이
함께 쇠하였도다
9 성문이 땅에 묻히며 빗장이 부서져
파괴되고 왕과 지도자들이 율법 없
는 이방인들 가운데에 있으며 그 성
의 선지자들은 여호와의 묵시를 받
지 못하는도다
10 딸 시온의 장로들이 땅에 앉아 잠잠
하고 티끌을 머리에 덮어쓰고 굵은
베를 허리에 둘렀음이여 예루살렘 처
녀들은 머리를 땅에 숙였도다
11 ●내 눈이 눈물에 상하며 내 창자가
끊어지며 내 간이 땅에 쏟아졌으니
이는 딸 내 백성이 패망하여 어린 자
녀와 젖 먹는 아이들이 성읍 길거리
에 기절함이로다
시 6:7
12 그들이 성읍 길거리에서 상한 자처
럼 기절하여 그의 어머니들의 품에
서 혼이 떠날 때에 어머니들에게 이
르기를 곡식과 포도주가 어디 있느

3 ●In fierce anger he has cut off
every horn[a,b] of Israel.
He has withdrawn his right hand
at the approach of the enemy.
He has burned in Jacob like a flaming fire
that consumes everything around it.
4 ●Like an enemy he has strung his bow;
his right hand is ready.
Like a foe he has slain
all who were pleasing to the eye;
he has poured out his wrath like fire
on the tent of Daughter Zion.
5 ●The Lord is like an enemy;
he has swallowed up Israel.
He has swallowed up all her palaces
and destroyed her strongholds.
He has multiplied mourning and lamentation
for Daughter Judah.
6 ●He has laid waste his dwelling like a garden;
he has destroyed his place of meeting.
The LORD has made Zion forget
her appointed festivals and her Sabbaths;
in his fierce anger he has spurned
both king and priest.
7 ●The Lord has rejected his altar
and abandoned his sanctuary.
He has given the walls of her palaces
into the hands of the enemy;
they have raised a shout in the house of the LORD
as on the day of an appointed festival.
8 ●The LORD determined to tear down
the wall around Daughter Zion.
He stretched out a measuring line
and did not withhold his hand from destroying.
He made ramparts and walls lament;
together they wasted away.
9 ●Her gates have sunk into the ground;
their bars he has broken and destroyed.
Her king and her princes are exiled among the
nations,
the law is no more,
and her prophets no longer find
visions from the LORD.
10 ●The elders of Daughter Zion
sit on the ground in silence;
they have sprinkled dust on their heads
and put on sackcloth.
The young women of Jerusalem
have bowed their heads to the ground.
11 ●My eyes fail from weeping,
I am in torment within;
my heart is poured out on the ground

[a]3 Or *Off / all the strength;* or *every king* [b]3 *Horn* here symbolizes strength.

abandon [əbǽndən] *vt.* 버리다
altar [ɔ́:ltər] *n.* 제단
consume [kənsú:m] *vt.* 불사르다
lamentation [læməntéiʃən] *n.* 비탄
rampart [rǽmpa:rt] *n.* 성벽
Sabbath [sǽbəθ] *n.* 안식일
sackcloth [sǽkklɔ̀:θ] *n.* 베옷
sanctuary [sǽŋktʃuèri] *n.* 성소
slay [slei] *vt.* 살해하다
sprinkle [spríŋkl] *vt.* 흩뿌리다
spurn [spə:rn] *vt.* 경멸하다
stronghold [strɔ́:ŋhòuld] *n.* 요새
torment [tɔ:rmént] *n.* 고통
withdraw [wiðdrɔ́:] *vi.* 물러나다
withhold [wiθhóuld] *vt.* 억제하다

2:4 string a bow: 활시위를 당기다
2:4 pour out: 쏟다
2:6 lay waste: 황폐화시키다
2:8 tear down: 파괴하다
2:9 sink into: 묻다, 빠져들다
2:10 put on: 몸에 걸치다

냐 하도다
13 딸 예루살렘이여 내가 무엇으로 네게
증거하며 무엇으로 네게 비유할까 처
녀 딸 시온이여 내가 무엇으로 네게
비교하여 너를 위로할까 너의 파괴됨
이 바다같이 크니 누가 너를 고쳐 줄
소냐
14 네 선지자들이 네게 대하여 헛되고
어리석은 묵시를 보았으므로 네 죄악
을 드러내어서 네가 사로잡힌 것을
돌이키지 못하였도다 그들이 거짓 경
고와 미혹하게 할 것만 보았도다
15 모든 지나가는 자들이 다 너를 향하
여 박수치며 딸 예루살렘을 향하여
비웃고 머리를 흔들며 말하기를 온
전한 영광이라, 모든 세상 사람들의
기쁨이라 일컫던 성이 이 성이냐 하
며
16 네 모든 원수들은 너를 향하여 그들
의 입을 벌리며 비웃고 이를 갈며
말하기를 우리가 그를 삼켰도다 우
리가 바라던 날이 과연 이날이라 우
리가 얻기도 하고 보기도 하였다 하
도다
17 여호와께서 이미 정하신 일을 행하시
고 옛날에 명령하신 말씀을 다 이루
셨음이여 긍휼히 여기지 아니하시고
무너뜨리사 원수가 너로 말미암아 즐
거워하게 하며 네 대적자들의 뿔로
높이 들리게 하셨도다
18 그들의 마음이 주를 향하여 부르짖기
를 딸 시온의 성벽아 너는 밤낮으로
눈물을 강처럼 흘릴지어다 스스로 쉬
지 말고 네 눈동자를 쉬게 하지 말지
어다
19 초저녁에 일어나 부르짖을지어다 네
마음을 주의 얼굴 앞에 물 쏟듯 할지
어다 각 길 어귀에서 주려 기진한 네
어린 자녀들의 생명을 위하여 주를
향하여 손을 들지어다 하였도다
20 ●여호와여 보시옵소서 주께서 누구
에게 이같이 행하셨는지요 여인들이
어찌 자기 열매 곧 그들이 낳은 아이
들을 먹으오며 제사장들과 선지자들
이 어찌 주의 성소에서 죽임을 당하

because my people are destroyed,
because children and infants faint
in the streets of the city.
12 ●They say to their mothers,
"Where is bread and wine?"
as they faint like the wounded
in the streets of the city,
as their lives ebb away
in their mothers' arms.
13 ●What can I say for you?
With what can I compare you,
Daughter Jerusalem?
To what can I liken you,
that I may comfort you,
Virgin Daughter Zion?
Your wound is as deep as the sea.
Who can heal you?
14 ●The visions of your prophets
were false and worthless;
they did not expose your sin
to ward off your captivity.
The prophecies they gave you
were false and misleading.
15 ●All who pass your way
clap their hands at you;
they scoff and shake their heads
at Daughter Jerusalem:
"Is this the city that was called
the perfection of beauty,
the joy of the whole earth?"
16 ●All your enemies open their mouths
wide against you;
they scoff and gnash their teeth
and say, "We have swallowed her up.
This is the day we have waited for;
we have lived to see it."
17 ●The LORD has done what he planned;
he has fulfilled his word,
which he decreed long ago.
He has overthrown you without pity,
he has let the enemy gloat over you,
he has exalted the horn[a] of your foes.
18 ●The hearts of the people
cry out to the Lord.
You walls of Daughter Zion,
let your tears flow like a river
day and night;
give yourself no relief,
your eyes no rest.
19 ●Arise, cry out in the night,
as the watches of the night begin;
pour out your heart like water
in the presence of the Lord.

[a]17 *Horn* here symbolizes strength.

captivity [kæptívəti] *n.* 포로
comfort [kʌ́mfərt] *vt.* 위로하다
decree [dikríː] *vt.* 명하다, 정하다
exalt [igzɔ́ːlt] *vt.* 높이다
expose [ikspóuz] *vt.* 노출시키다
faint [feint] *vi.* 기절하다
foe [fou] *n.* 적
gnash [næʃ] *vt.* (이를) 갈다
liken [láikən] *vt.* 비유하다
mislead [mìslíːd] *vt.* 오도하다
overthrow [òuvərθróu] *vt.* 뒤엎다
prophet [prάfit] *n.* 선지자
scoff [skɔːf] *vi.* 조롱하다
virgin [vɔ́ːrdʒin] *n.* 처녀
vision [víʒən] *n.* 환상

2:12 ebb away: (썰물처럼) 밀려나가다
2:13 compare with...: …와 비교하다
2:14 ward off: 피하다
2:16 swallow up: (꿀꺽) 삼키다
2:17 gloat over: 고소한 듯이 바라보다
2:19 pour out: 억수같이 퍼붓다

오리이까
21 늙은이와 젊은이가 다 길바닥에 엎드
러졌사오며 내 처녀들과 내 청년들이
칼에 쓰러졌나이다 주께서 주의 진노
의 날에 죽이시되 긍휼히 여기지 아
니하시고 도륙하셨나이다
22 주께서 내 두려운 일들을 사방에서 부
르시기를 절기 때 무리를 부름같이 하
셨나이다 여호와께서 진노하시는 날
에는 피하거나 남은 자가 없나이다 내
가 낳아 기르는 아이들을 내 원수가 다
멸하였나이다

진노, 회개, 소망 (♪ 259장)

3 여호와의 분노의 매로 말미암아 고
난 당한 자는 나로다
2 나를 이끌어 어둠 안에서 걸어가게
하시고 빛 안에서 걸어가지 못하게
하셨으며
3 종일토록 손을 들어 자주자주 나를
치시는도다
4 나의 살과 가죽을 쇠하게 하시며 나
의 뼈들을 꺾으셨고
5 고통과 수고를 쌓아 나를 에우셨으며
6 나를 어둠 속에 살게 하시기를 죽은
지 오랜 자 같게 하셨도다
7 나를 둘러싸서 나가지 못하게 하시고
내 사슬을 무겁게 하셨으며 욥 3:23
8 내가 부르짖어 도움을 구하나 내 기
도를 물리치시며 욥 30:20
9 다듬은 돌을 쌓아 내 길들을 막으사
내 길들을 굽게 하셨도다
10 그는 내게 대하여 엎드려 기다리는
곰과 은밀한 곳에 있는 사자 같으사
11 나의 길들로 치우치게 하시며 내 몸
을 찢으시며 나를 적막하게 하셨도
다
12 활을 당겨 나를 화살의 과녁으로 삼
으심이여
13 화살통의 화살들로 내 허리를 맞추셨
도다
14 나는 내 모든 백성에게 조롱거리 곧
종일토록 그들의 노랫거리가 되었도
다
15 나를 쓴 것들로 배불리시고 쑥으로
취하게 하셨으며

Lift up your hands to him
for the lives of your children,
who faint from hunger
at every street corner.

20 •"Look, LORD, and consider:
Whom have you ever treated like this?
Should women eat their offspring,
the children they have cared for?
Should priest and prophet be killed
in the sanctuary of the Lord?

21 •"Young and old lie together
in the dust of the streets;
my young men and young women
have fallen by the sword.
You have slain them in the day of your anger;
you have slaughtered them without pity.

22 •"As you summon to a feast day,
so you summoned against me terrors on
every side.
In the day of the LORD's anger
no one escaped or survived;
those I cared for and reared
my enemy has destroyed."

3[a] I am the man who has seen affliction
by the rod of the LORD's wrath.
2 •He has driven me away and made me walk
in darkness rather than light;
3 •indeed, he has turned his hand against me
again and again, all day long.
4 •He has made my skin and my flesh grow old
and has broken my bones.
5 •He has besieged me and surrounded me
with bitterness and hardship.
6 •He has made me dwell in darkness
like those long dead.
7 •He has walled me in so I cannot escape;
he has weighed me down with chains.
8 •Even when I call out or cry for help,
he shuts out my prayer.
9 •He has barred my way with blocks of stone;
he has made my paths crooked.
10 •Like a bear lying in wait,
like a lion in hiding,
11 •he dragged me from the path and mangled me
and left me without help.
12 •He drew his bow
and made me the target for his arrows.
13 •He pierced my heart
with arrows from his quiver.
14 •I became the laughingstock of all my people;
they mock me in song all day long.

[a] This chapter is an acrostic poem; the verses of each stanza begin with the successive letters of the Hebrew alphabet, and the verses within each stanza begin with the same letter.

affliction [əflíkʃən] *n.* 고통
besiege [bisí:dʒ] *vt.* 포위하다
bitterness [bítərnis] *n.* 비통, 쓴맛
crooked [krúkid] *a.* 구부러진
flesh [fleʃ] *n.* 살
hardship [há:rdʃip] *n.* 고난
laughingstock [lǽfiŋstàk] *n.* 웃음거리
mangle [mǽŋgl] *vt.* 난도질하다
mock [mak] *vt.* 조롱하다
offspring [ɔ́:fspriŋ] *n.* 자식
quiver [kwívər] *n.* 전동, 화살통
sanctuary [sǽŋktʃuèri] *n.* 성소
slaughter [slɔ́:tər] *vt.* 살육하다
slay [slei] *vt.* 살해하다
summon [sʌ́mən] *vt.* 불러들이다

2:21 without pity: 무참하게
3:2 A rather than B: B보다 오히려 A
3:4 grow old: 늙다, 쇠하다
3:7 wall...in: …둘레에 담을 치다
3:7 weigh down: 내리누르다
3:8 shut out: 들이지 않다, 내쫓다

16 조약돌로 내 이들을 꺾으시고 재로 나를 덮으셨도다
17 주께서 내 심령이 평강에서 멀리 떠나게 하시니 내가 복을 내어버렸음이여
18 스스로 이르기를 나의 힘과 여호와께 대한 내 소망이 끊어졌다 하였도다
19 ●내 고초와 재난 곧 쑥과 담즙을 기억하소서
20 내 마음이 그것을 기억하고 내가 낙심이 되오나
21 이것을 내가 내 마음에 담아 두었더니 그것이 오히려 나의 소망이 되었사옴은
22 여호와의 인자와 긍휼이 무궁하시므로 우리가 진멸되지 아니함이니이다
23 이것들이 아침마다 새로우니 주의 성실하심이 크시도소이다
24 내 심령에 이르기를 여호와는 나의 기업이시니 그러므로 내가 그를 바라리라 하도다
25 기다리는 자들에게나 구하는 영혼들에게 여호와는 선하시도다
26 사람이 여호와의 구원을 바라고 잠잠히 기다림이 좋도다
27 사람은 젊었을 때에 멍에를 메는 것이 좋으니
28 혼자 앉아서 잠잠할 것은 주께서 그것을 그에게 메우셨음이라
29 그대의 입을 땅의 티끌에 댈지어다 혹시 소망이 있을지로다
30 자기를 치는 자에게 뺨을 돌려대어 치욕으로 배불릴지어다 사 50:6
31 이는 주께서 영원하도록 버리지 아니하실 것임이며 시 94:14
32 그가 비록 근심하게 하시나 그의 풍부한 인자하심에 따라 긍휼히 여기실 것임이라
33 주께서 인생으로 고생하게 하시며 근심하게 하심은 본심이 아니시로다
34 세상에 있는 모든 갇힌 자들을 발로 밟는 것과
35 지존자의 얼굴 앞에서 사람의 재판을 굽게 하는 것과
36 사람의 송사를 억울하게 하는 것은 다 주께서 기쁘게 보시는 것이 아니로다
37 주의 명령이 아니면 누가 이것을 능히 말하여 이루게 할 수 있으랴 시 33:9
38 화와 복이 지존자의 입으로부터 나오

15 ●He has filled me with bitter herbs
and given me gall to drink.
16 ●He has broken my teeth with gravel;
he has trampled me in the dust.
17 ●I have been deprived of peace;
I have forgotten what prosperity is.
18 ●So I say, "My splendor is gone
and all that I had hoped from the LORD."
19 ●I remember my affliction and my wandering,
the bitterness and the gall.
20 ●I well remember them,
and my soul is downcast within me.
21 ●Yet this I call to mind
and therefore I have hope:
22 ●Because of the LORD's great love we are not consumed,
for his compassions never fail.
23 ●They are new every morning;
great is your faithfulness.
24 ●I say to myself, "The LORD is my portion;
therefore I will wait for him."
25 ●The LORD is good to those whose hope is in him,
to the one who seeks him;
26 ●it is good to wait quietly
for the salvation of the LORD.
27 ●It is good for a man to bear the yoke
while he is young.
28 ●Let him sit alone in silence,
for the LORD has laid it on him.
29 ●Let him bury his face in the dust—
there may yet be hope.
30 ●Let him offer his cheek to one who would strike him,
and let him be filled with disgrace.
31 ●For no one is cast off
by the Lord forever.
32 ●Though he brings grief, he will show compassion,
so great is his unfailing love.
33 ●For he does not willingly bring affliction
or grief to anyone.
34 ●To crush underfoot
all prisoners in the land,
35 ●to deny people their rights
before the Most High,
36 ●to deprive them of justice—
would not the Lord see such things?
37 ●Who can speak and have it happen
if the Lord has not decreed it?
38 ●Is it not from the mouth of the Most High

affliction [əflíkʃən] *n.* 고통
bear [bɛər] *vt.* 짊어지다
compassion [kəmpǽʃən] *n.* 동정
consume [kənsú:m] *vt.* 불사르다
decree [dikrí:] *vt.* 명하다, 정하다
deny [dinái] *vt.* 부인하다
deprive [dipráiv] *vt.* 빼앗다
downcast [dáunkæst] *a.* 풀이 죽은
gall [gɔ:l] *n.* 담즙, 쓴 것
gravel [grǽvəl] *n.* 자갈
prosperity [prespérəti] *n.* 번영
salvation [sælvéiʃən] *n.* 구원
splendor [spléndər] *n.* 뛰어남
trample [trǽmpl] *vt.* 짓밟다
yoke [jouk] *n.* 멍에

3:17 be deprived of...: …를 빼앗기다
3:21 call to mind: 상기하다
3:24 say to oneself: 마음 속에서 생각하다
3:28 in silence: 조용히
3:30 be filled with...: …로 가득 차다
3:31 cast off: 던져버리다

지 아니하느냐
39 살아 있는 사람은 자기 죄들 때문에
벌을 받나니 어찌 원망하랴
40 ●우리가 스스로 우리의 행위들을 조
사하고 여호와께로 돌아가자
41 우리의 마음과 손을 아울러 하늘에
계신 하나님께 들자
시 25:1
42 우리의 범죄함과 우리의 반역함을 주
께서 사하지 아니하시고
단 9:5
43 진노로 자신을 가리시고 우리를 추격
하시며 죽이시고 긍휼을 베풀지 아니
하셨나이다
44 주께서 구름으로 자신을 가리사 기도
가 상달되지 못하게 하시고
45 우리를 뭇 나라 가운데에서 쓰레기와
폐물로 삼으셨으므로
46 우리의 모든 원수들이 우리를 향하여
그들의 입을 크게 벌렸나이다
47 두려움과 함정과 파멸과 멸망이 우리
에게 임하였도다
48 딸 내 백성의 파멸로 말미암아 내 눈
에는 눈물이 시내처럼 흐르도다
49 내 눈에 흐르는 눈물이 그치지 아니
하고 쉬지 아니함이여
50 여호와께서 하늘에서 살피시고 돌아
보실 때까지니라
51 나의 성읍의 모든 여자들을 내 눈으
로 보니 내 심령이 상하는도다
52 나의 원수들이 이유없이 나를 새처럼
사냥하는도다
53 그들이 내 생명을 끊으려고 나를 구
덩이에 넣고 그 위에 돌을 던짐이여
54 물이 내 머리 위로 넘치니 내가 스스로
이르기를 이제는 멸절되었다 하도다
55 ●여호와여 내가 심히 깊은 구덩이에
서 주의 이름을 불렀나이다
56 주께서 이미 나의 음성을 들으셨사오
니 이제 나의 탄식과 부르짖음에 주의
귀를 가리지 마옵소서
57 내가 주께 아뢴 날에 주께서 내게 가
까이하여 이르시되 두려워하지 말라
하셨나이다
58 주여 주께서 내 심령의 원통함을 풀
어 주셨고 내 생명을 속량하셨나이다
59 여호와여 나의 억울함을 보셨사오니
나를 위하여 원통함을 풀어주옵소서
60 그들이 내게 보복하며 나를 모해함을

that both calamities and good things come?
39 ●Why should the living complain
when punished for their sins?
40 ●Let us examine our ways and test them,
and let us return to the LORD.
41 ●Let us lift up our hearts and our hands
to God in heaven, and say:
42 ●"We have sinned and rebelled
and you have not forgiven.
43 ●"You have covered yourself with anger
and pursued us;
you have slain without pity.
44 ●You have covered yourself with a cloud
so that no prayer can get through.
45 ●You have made us scum and refuse
among the nations.
46 ●"All our enemies have opened their mouths
wide against us.
47 ●We have suffered terror and pitfalls,
ruin and destruction."
48 ●Streams of tears flow from my eyes
because my people are destroyed.
49 ●My eyes will flow unceasingly,
without relief,
50 ●until the LORD looks down
from heaven and sees.
51 ●What I see brings grief to my soul
because of all the women of my city.
52 ●Those who were my enemies without cause
hunted me like a bird.
53 ●They tried to end my life in a pit
and threw stones at me;
54 ●the waters closed over my head,
and I thought I was about to perish.
55 ●I called on your name, LORD,
from the depths of the pit.
56 ●You heard my plea: "Do not close your ears
to my cry for relief."
57 ●You came near when I called you,
and you said, "Do not fear."
58 ●You, Lord, took up my case;
you redeemed my life.
59 ●LORD, you have seen the wrong done to me.
Uphold my cause!
60 ●You have seen the depth of their
vengeance,
all their plots against me.
61 ●LORD, you have heard their insults,
all their plots against me —

calamity [kəlǽməti] *n.* 재난
complain [kəmpléin] *vt.* 불평하다
grief [gri:f] *n.* 슬픔
perish [périʃ] *vi.* 소멸하다
pitfall [pítfɔ̀:l] *n.* 함정
plea [pli:] *n.* 간청
punish [pʌ́niʃ] *vt.* 벌하다
rebel [rebél] *vi.* 반역하다
redeem [ridí:m] *vt.* 속량하다
relief [rilí:f] *n.* 안심, 구원
ruin [rú:in] *n.* 파멸
scum [skʌm] *n.* 찌꺼기
slay [slei] *vt.* 살해하다
unceasingly [ʌ̀nsí:siŋli] *ad.* 쉴새없이
vengeance [véndʒəns] *n.* 복수

3:43 **cover oneself with...**: …을 온몸에 지니다
3:44 **get through**: 도달하다
3:54 **be about to...**: 막 …하려고 하다
3:59 **uphold a cause**: 명분을 지키다
3:60 **plot against**: 음모를 꾸미다

주께서 다 보셨나이다
61 여호와여 그들이 나를 비방하며 나를 모
해하는 모든 것 5:1
62 곧 일어나 나를 치는 자들의 입술에서 나
오는 것들과 종일 나를 모해하는 것들을
들으셨나이다
63 그들이 앉으나 서나 나를 조롱하여 노래
하는 것을 주목하여 보옵소서
64 여호와여 주께서 그들의 손이 행한 대로
그들에게 보응하사 시 28:4
65 그들에게 거만한 마음을 주시고 그들에
게 저주를 내리소서 사 6:10
66 주께서 진노로 그들을 뒤쫓으사 여호와
의 하늘 아래에서 멸하소서

멸망 후의 예루살렘 (♪ 280, 585장)

4 슬프다 어찌 그리 금이 빛을 잃고 순금
이 변질하였으며 성소의 돌들이 거리
어귀마다 쏟아졌는고
2 순금에 비할 만큼 보배로운 시온의 아들
들이 어찌 그리 토기장이가 만든 질항아
리같이 여김이 되었는고 사 51:18
3 들개들도 젖을 주어 그들의 새끼를 먹이
나 딸 내 백성은 잔인하여 마치 광야의
타조 같도다
4 젖먹이가 목말라서 혀가 입천장에 붙음
이여 어린아이들이 떡을 구하나 떼어 줄
사람이 없도다
5 맛있는 음식을 먹던 자들이 외롭게 거리
거리에 있으며 이전에는 붉은 옷을 입고
자라난 자들이 이제는 거름더미를 안았
도다 렘 6:2
6 전에 소돔이 사람의 손을 대지 아니하였
는데도 순식간에 무너지더니 이제는 딸
내 백성의 죄가 소돔의 죄악보다 무겁도
다
7 전에는 존귀한 자들의 몸이 눈보다 깨끗
하고 젖보다 희며 산호들보다 붉어 그들
의 윤택함이 갈아서 빛낸 청옥 같더니
8 이제는 그들의 얼굴이 숯보다 검고 그들
의 가죽이 뼈들에 붙어 막대기같이 말랐
으니 어느 거리에서든지 알아볼 사람이
없도다 욥 30:30
9 칼에 죽은 자들이 주려 죽은 자들보다 나
음은 토지 소산이 끊어지므로 그들은 찔림
받은 자들처럼 점점 쇠약하여 감이로다
10 딸 내 백성이 멸망할 때에 자비로운 부녀
들이 자기들의 손으로 자기들의 자녀들

62 •what my enemies whisper and mutter
against me all day long.
63 •Look at them! Sitting or standing,
they mock me in their songs.
64 •Pay them back what they deserve, LORD,
for what their hands have done.
65 •Put a veil over their hearts,
and may your curse be on them!
66 •Pursue them in anger and destroy them
from under the heavens of the LORD.

4[a] How the gold has lost its luster,
the fine gold become dull!
The sacred gems are scattered
at every street corner.
2 •How the precious children of Zion,
once worth their weight in gold,
are now considered as pots of clay,
the work of a potter's hands!
3 •Even jackals offer their breasts
to nurse their young,
but my people have become heartless
like ostriches in the desert.
4 •Because of thirst the infant's tongue
sticks to the roof of its mouth;
the children beg for bread,
but no one gives it to them.
5 •Those who once ate delicacies
are destitute in the streets.
Those brought up in royal purple
now lie on ash heaps.
6 •The punishment of my people
is greater than that of Sodom,
which was overthrown in a moment
without a hand turned to help her.
7 •Their princes were brighter than snow
and whiter than milk,
their bodies more ruddy than rubies,
their appearance like lapis lazuli.
8 •But now they are blacker than soot;
they are not recognized in the streets.
Their skin has shriveled on their bones;
it has become as dry as a stick.
9 •Those killed by the sword are better off
than those who die of famine;
racked with hunger, they waste away
for lack of food from the field.
10 •With their own hands compassionate women
have cooked their own children,

[a] This chapter is an acrostic poem, the verses of which begin with the successive letters of the Hebrew alphabet.

compassionate [kəmpǽʃənət] *a.* 인자한
curse [kəːrs] *n.* 저주
delicacy [délikəsi] *n.* 진미
destitute [déstətjùːt] *a.* 가난한
dull [dʌl] *a.* 무딘
famine [fǽmin] *n.* 기근
gem [dʒem] *n.* 보석
luster [lʌ́stər] *n.* 광채, 빛남
mutter [mʌ́tər] *vi.* 중얼거리다
ostrich [ɑ́stritʃ] *n.* 타조
precious [préʃəs] *a.* 귀중한
rack [ræk] *vt.* 괴롭히다
ruddy [rʌ́di] *a.* 불그레한
sacred [séikrid] *a.* 신성한
shrivel [ʃrívəl] *vi.* 오그라들다

3:64 pay back: 보응하다, 되돌려주다
4:2 worth one's weight in gold: 매우 귀중한
4:4 the roof of the mouth: 입천장
4:9 be better off: 한결 더 잘 살다
4:9 waste away: 점점 쇠약해지다

을 삶아 먹었도다
11 ●여호와께서 그의 분을 내시며 그의 맹
렬한 진노를 쏟으심이여 시온에 불을 지
르사 그 터를 사르셨도다
12 대적과 원수가 예루살렘 성문으로 들어
갈 줄은 세상의 모든 왕들과 천하 모든
백성이 믿지 못하였었도다
13 그의 선지자들의 죄들과 제사장들의 죄
악들 때문이니 그들이 성읍 안에서 의인
들의 피를 흘렸도다
14 그들이 거리 거리에서 맹인같이 방황함
이여 그들의 옷들이 피에 더러워졌으므
로 아무도 만질 수 없도다
15 사람들이 그들에게 외쳐 이르기를 저리
가라 부정하다, 저리 가라, 저리 가라, 만
지지 말라 하였음이여 그들이 도망하여
방황할 때에 이방인들이 말하기를 그들
이 다시는 여기서 살지 못하리라 하였도
다
16 여호와께서 노하여 그들을 흩으시고 다
시는 돌보지 아니하시리니 그들이 제사
장들을 높이지 아니하였으며 장로들을
대접하지 아니하였음이로다
17 ●우리가 헛되이 도움을 바라므로 우리
의 눈이 상함이여 우리를 구원하지 못할
나라를 바라보고 바라보았도다
18 그들이 우리의 걸음을 엿보니 우리가 거
리마다 다 다닐 수 없음이여 우리의 끝
이 가깝고 우리의 날들이 다하였으며 우
리의 종말이 이르렀도다
19 우리를 뒤쫓는 자들이 하늘의 독수리들
보다 빠름이여 산꼭대기까지도 뒤쫓으며
광야에서도 우리를 잡으려고 매복하였도
다

신 28:49

20 우리의 콧김 곧 여호와께서 기름부으신
자가 그들의 함정에 빠졌음이여 우리가
그를 가리키며 전에 이르기를 우리가 그
의 그늘 아래에서 이방인들 중에 살겠다
하던 자로다
21 우스 땅에 사는 딸 에돔아 즐거워하며
기뻐하라 잔이 네게도 이를지니 네가 취
하여 벌거벗으리라
22 딸 시온아 네 죄악의 형벌이 다하였으니
주께서 다시는 너로 사로잡혀 가지 아니
하게 하시리로다 딸 에돔아 주께서 네
죄악을 벌하시며 네 허물을 드러내시리
로다

who became their food
when my people were destroyed.
11 •The LORD has given full vent to his wrath;
he has poured out his fierce anger.
He kindled a fire in Zion
that consumed her foundations.
12 •The kings of the earth did not believe,
nor did any of the peoples of the world,
that enemies and foes could enter
the gates of Jerusalem.
13 •But it happened because of the sins of her
prophets
and the iniquities of her priests,
who shed within her
the blood of the righteous.
14 •Now they grope through the streets
as if they were blind.
They are so defiled with blood
that no one dares to touch their garments.
15 •"Go away! You are unclean!" people cry to them.
"Away! Away! Don't touch us!"
When they flee and wander about,
people among the nations say,
"They can stay here no longer."
16 •The LORD himself has scattered them;
he no longer watches over them.
The priests are shown no honor,
the elders no favor.
17 •Moreover, our eyes failed,
looking in vain for help;
from our towers we watched
for a nation that could not save us.
18 •People stalked us at every step,
so we could not walk in our streets.
Our end was near, our days were numbered,
for our end had come.
19 •Our pursuers were swifter
than eagles in the sky;
they chased us over the mountains
and lay in wait for us in the desert.
20 •The LORD's anointed, our very life breath,
was caught in their traps.
We thought that under his shadow
we would live among the nations.
21 •Rejoice and be glad, Daughter Edom,
you who live in the land of Uz.
But to you also the cup will be passed;
you will be drunk and stripped naked.
22 •Your punishment will end, Daughter Zion;
he will not prolong your exile.

anoint [ənɔ́int] *vt.* 기름을 바르다
chase [tʃeis] *vt.* 추적하다
consume [kənsú:m] *vt.* 불사르다
defile [difáil] *vt.* 더럽히다
elder [éldər] *n.* 연장자
flee [fli:] *vi.* 도망치다
garment [gá:rmənt] *n.* 의복
grope [group] *vi.* 손으로 더듬다
iniquity [iníkwəti] *n.* 죄, 부정
kindle [kíndl] *vt.* 불붙이다
prolong [prəlɔ́:ŋ] *vt.* 늘리다
scatter [skǽtər] *vi.* 뿔뿔이 흩어지다
shed [ʃed] *vt.* 흘리다
stalk [stɔ:k] *vt.* 가만히 뒤를 밟다
swift [swift] *a.* 신속한, 빠른

4:11 **give vent to**: (감정을) 터뜨리다
4:14 **as if...**: 마치 …인 듯이
4:14 **dare to...**: 감히 …하다
4:16 **watch over...**: …을 돌보아주다
4:17 **in vain**: 헛되이
4:19 **lie in wait for...**: …을 숨어서 기다리다

긍휼을 위한 기도 (♪276, 279장)

5 여호와여 우리가 당한 것을 기억하시고
우리가 받은 치욕을 살펴보옵소서
2 우리의 기업이 외인들에게, 우리의 집들도
이방인들에게 돌아갔나이다
3 우리는 아버지 없는 고아들이오며 우리의
어머니는 과부들 같으니
4 우리가 은을 주고 물을 마시며 값을 주고
나무들을 가져오며
5 우리를 뒤쫓는 자들이 우리의 목을 눌렀사
오니 우리가 기진하여 쉴 수 없나이다
6 우리가 애굽 사람과 앗수르 사람과 악수하
고 양식을 얻어 배불리고자 하였나이다
7 우리의 조상들은 범죄하고 없어졌으며 우
리는 그들의 죄악을 담당하였나이다 렘 14:20
8 종들이 우리를 지배함이여 그들의 손에서
건져낼 자가 없나이다
9 광야에는 칼이 있으므로 죽기를 무릅써야
양식을 얻사오니
10 굶주림의 열기로 말미암아 우리의 피부가
아궁이처럼 검으니이다
11 대적들이 시온에서 부녀들을, 유다 각 성
읍에서 처녀들을 욕보였나이다
12 지도자들은 그들의 손에 매달리고 장로들
의 얼굴도 존경을 받지 못하나이다
13 청년들이 맷돌을 지며 아이들이 나무를 지
다가 엎드러지오며
14 노인들은 다시 성문에 앉지 못하며 청년들
은 다시 노래하지 못하나이다 4:8
15 우리의 마음에는 기쁨이 그쳤고 우리의 춤
은 변하여 슬픔이 되었사오며
16 우리의 머리에서는 면류관이 떨어졌사오니
오호라 우리의 범죄 때문이니이다 시 89:39
17 이러므로 우리의 마음이 피곤하고 이러므
로 우리 눈들이 어두우며
18 시온 산이 황폐하여 여우가 그 안에서 노나
이다
19 ● 여호와여 주는 영원히 계시오며 주의 보
좌는 대대에 이르나이다 시 9:7
20 주께서 어찌하여 우리를 영원히 잊으시오
며 우리를 이같이 오래 버리시나이까 시 13:1
21 여호와여 우리를 주께로 돌이키소서 그리
하시면 우리가 주께로 돌아가겠사오니 우
리의 날들을 다시 새롭게 하사 옛적 같게
하옵소서
22[1] 주께서 우리를 아주 버리셨사오며 우리
에게 진노하심이 참으로 크시니이다

But he will punish your sin, Daughter Edom,
and expose your wickedness.

5 Remember, LORD, what has happened to
us; look, and see our disgrace.
2 ● Our inheritance has been turned over to
strangers,
our homes to foreigners.
3 ● We have become fatherless,
our mothers are widows.
4 ● We must buy the water we drink;
our wood can be had only at a price.
5 ● Those who pursue us are at our heels;
we are weary and find no rest.
6 ● We submitted to Egypt and Assyria
to get enough bread.
7 ● Our ancestors sinned and are no more,
and we bear their punishment.
8 ● Slaves rule over us,
and there is no one to free us from their
hands.
9 ● We get our bread at the risk of our lives
because of the sword in the desert.
10 ● Our skin is hot as an oven,
feverish from hunger.
11 ● Women have been violated in Zion,
and virgins in the towns of Judah.
12 ● Princes have been hung up by their hands;
elders are shown no respect.
13 ● Young men toil at the millstones;
boys stagger under loads of wood.
14 ● The elders are gone from the city gate;
the young men have stopped their music.
15 ● Joy is gone from our hearts;
our dancing has turned to mourning.
16 ● The crown has fallen from our head.
Woe to us, for we have sinned!
17 ● Because of this our hearts are faint,
because of these things our eyes grow dim
18 ● for Mount Zion, which lies desolate,
with jackals prowling over it.
19 ● You, LORD, reign forever;
your throne endures from generation to
generation.
20 ● Why do you always forget us?
Why do you forsake us so long?
21 ● Restore us to yourself, LORD, that we may
return;
renew our days as of old
22 ● unless you have utterly rejected us
and are angry with us beyond measure.

1) 주께서 우리를 아주 버리셨나이까 우리에게 심히 진노하셨나이까

desolate [désələt] *a.* 황폐한
dim [dim] *a.* 침침한
expose [ikspóuz] *vt.* 드러내다
feverish [fíːvəriʃ] *a.* 열이 있는
forsake [fərséik] *vt.* 버리다
inheritance [inhérətəns] *n.* 상속
millstone [mílstòun] *n.* 맷돌
mourning [mɔ́ːrniŋ] *n.* 비탄
prowl [praul] *vi.* 어슬렁거리다
restore [ristɔ́ːr] *vt.* 회복시키다
stagger [stǽgər] *vi.* 비틀거리다
submit [səbmít] *vi.* 굴복하다
toil [tɔil] *vi.* 힘써 일하다
utterly [ʌ́tərli] *ad.* 철저히, 전적으로
weary [wíəri] *a.* 피곤한

5:2 **turn over to...**: …에게 넘기다
5:4 **at a price**: 대가를 치르고
5:7 **bear punishment**: 형벌을 받다
5:9 **at the risk of...**: …의 위험을 무릅쓰고
5:16 **woe to...**: …에게 재난 있으라!
5:22 **beyond measure**: 몹시, 대단히

Ezekiel | 에스겔

● 저자 _ 에스겔 ● 저작 연대 _ B.C. 593-571년 ● 기록 장소 _ 바벨론
● 기록 대상 _ 포로 생활을 하고 있는 이스라엘 백성들 ● 핵심어 및 내용 _ 핵심어는 '환상'과 '파수꾼'이다.

에스겔은 곧 도래할 하나님의 계획에 대한 환상을 보았고 이 환상을 가지고 백성을 권면하고 때로는 경고하기도 하며 하나님의 파수꾼 역할을 잘 감당하였다.

여호와의 보좌 — B.C. 593년경

1 서른째 해 넷째 달 초닷새에 내가 그발 강가 사로잡힌 자 중에 있을 때에 하늘이 열리며 하나님의 모습이 내게 보이니
2 여호야긴 왕이 사로잡힌 지 오 년 그달 초닷새라
3 갈대아 땅 그발 강가에서 여호와의 말씀이 부시의 아들 제사장 나 에스겔에게 특별히 임하고 여호와의 권능이 내 위에 있으니라
4 ●내가 보니 북쪽에서부터 폭풍과 큰 구름이 오는데 그 속에서 불이 번쩍번쩍하여 빛이 그 사방에 비치며 그 불 가운데 단 쇠 같은 것이 나타나 보이고
5 그 속에서 네 생물의 형상이 나타나는데 그들의 모양이 이러하니 그들에게 사람의 형상이 있더라
6 그들에게 각각 네 얼굴과 네 날개가 있고
7 그들의 다리는 곧은 다리요 그들의 발바닥은 송아지 발바닥 같고 광낸 구리같이 빛나며
8 그 사방 날개 밑에는 각각 사람의 손이 있더라 그 네 생물의 얼굴과 날개가 이러하니
9 날개는 다 서로 연하였으며 갈 때에는 돌이키지 아니하고 일제히 앞으로 곧게 행하며
10 그 얼굴들의 모양은 넷의 앞은 사람의 얼굴이요 넷의 오른쪽은 사자의 얼굴이요 넷의 왼쪽은 소의 얼굴이요 넷의 뒤는 독수리의 얼굴이니
11 그 얼굴은 그러하며 그 날개는 들어 펴서 각기 둘씩 서로 연하였고 또 둘은 몸을 가렸으며
12 영이 어떤 쪽으로 가면 그 생물들도 그대로 가되 돌이키지 아니하고 일제히 앞으로 곧게 행하며
13 또 생물들의 모양은 타는 숯불과 횃불 모양 같은데 그 불이 그 생물 사이에서 오르락내리락 하며 그 불은 광채가 있고 그 가운데에서는 번개가 나며
14 그 생물들은 번개 모양같이 왕래하더라
15 ●내가 그 생물들을 보니 그 생물들 곁에 있는 땅 위에는 바퀴가 있는데 그 네 얼굴을 따라 하나씩 있고
16 그 바퀴의 모양과 그 구조는 황옥같이 보이는데 그 넷은 똑같은 모양을 가지고 있으며 그

Ezekiel's Inaugural Vision

1 In my thirtieth year, in the fourth month
on the fifth day, while I was among the
exiles by the Kebar River, the heavens were
opened and I saw visions of God.
2 ●On the fifth of the month — it was the
fifth year of the exile of King Jehoiachin —
3 ●the word of the LORD came to Ezekiel the
priest, the son of Buzi, by the Kebar River in
the land of the Babylonians.[a] There the
hand of the LORD was on him.
4 ●I looked, and I saw a windstorm com-
ing out of the north—an immense cloud
with flashing lightning and surrounded by
brilliant light. The center of the fire looked
5 like glowing metal, ●and in the fire was
what looked like four living creatures. In
6 appearance their form was human, ●but
each of them had four faces and four wings.
7 ●Their legs were straight; their feet were
like those of a calf and gleamed like bur-
8 nished bronze. ●Under their wings on their
four sides they had human hands. All four
9 of them had faces and wings, ●and the
wings of one touched the wings of another.
Each one went straight ahead; they did not
turn as they moved.
10 ●Their faces looked like this: Each of the
four had the face of a human being, and on
the right side each had the face of a lion, and
on the left the face of an ox; each also had
11 the face of an eagle. ●Such were their faces.
They each had two wings spreading out
upward, each wing touching that of the
creature on either side; and each had two
12 other wings covering its body. ●Each one
went straight ahead. Wherever the spirit
would go, they would go, without turning as
13 they went. ●The appearance of the living
creatures was like burning coals of fire or like
torches. Fire moved back and forth among
the creatures; it was bright, and lightning
14 flashed out of it. ●The creatures sped back
and forth like flashes of lightning.
15 ●As I looked at the living creatures, I saw
a wheel on the ground beside each creature
16 with its four faces. ●This was the appear-

[a]3 Or *Chaldeans*

들의 모양과 구조는 바퀴 안에 바퀴가 있는
것 같으며
17 그들이 갈 때에는 사방으로 향한 대로 돌이
키지 아니하고 가며
18 그 둘레는 높고 무서우며 그 네 둘레로 돌
아가면서 눈이 가득하며 계 4:6-8
19 그 생물들이 갈 때에 바퀴들도 그 곁에서
가고 그 생물들이 땅에서 들릴 때에 바퀴들
도 들려서
20 영이 어떤 쪽으로 가면 생물들도 영이 가려
하는 곳으로 가고 바퀴들도 그 곁에서 들리
니 이는 생물의 영이 그 바퀴들 가운데에
있음이니라
21 그들이 가면 이들도 가고 그들이 서면 이들
도 서고 그들이 땅에서 들릴 때에는 이들도
그 곁에서 들리니 이는 생물의 영이 그 바
퀴들 가운데에 있음이더라
22 ● 그 생물의 머리 위에는 수정 같은 궁창의
형상이 있어 보기에 두려운데 그들의 머리
위에 펼쳐져 있고 10:1
23 그 궁창 밑에 생물들의 날개가 서로 향하여
펴 있는데 이 생물은 두 날개로 몸을 가렸
고 저 생물도 두 날개로 몸을 가렸더라
24 생물들이 갈 때에 내가 그 날개 소리를 들
으니 많은 물소리와도 같으며 전능자의 음
성과도 같으며 떠드는 소리 곧 군대의 소리
와도 같더니 그 생물이 설 때에 그 날개를
내렸더라
25 그 머리 위에 있는 궁창 위에서부터 음성이
나더라 그 생물이 설 때에 그 날개를 내렸
더라
26 ● 그 머리 위에 있는 궁창 위에 보좌의 형
상이 있는데 그 모양이 남보석 같고 그 보
좌의 형상 위에 한 형상이 있어 사람의 모
양 같더라
27 내가 보니 그 허리 위의 모양은 단 쇠 같아
서 그 속과 주위가 불 같고 내가 보니 그 허
리 아래의 모양도 불 같아서 사방으로 광채
가 나며
28 그 사방 광채의 모양은 비 오는 날 구름에
있는 무지개 같으니 이는 여호와의 영광의
형상의 모양이라 내가 보고 엎드려 말씀하
시는 이의 음성을 들으니라 단 8:17

에스겔을 선지자로 부르시다 (♪ 531장)

2 그가 내게 이르시되 인자야 네 발로 일어
서라 내가 네게 말하리라 하시며
2 그가 내게 말씀하실 때에 그 영이 내게 임

ance and structure of the wheels: They
sparkled like topaz, and all four looked alike.
Each appeared to be made like a wheel inter-
17 secting a wheel. ● As they moved, they would go
in any one of the four directions the creatures
faced; the wheels did not change direction as
18 the creatures went. ● Their rims were high and
awesome, and all four rims were full of eyes all
around.
19 ● When the living creatures moved, the
wheels beside them moved; and when the liv-
ing creatures rose from the ground, the wheels
20 also rose. ● Wherever the spirit would go, they
would go, and the wheels would rise along
with them, because the spirit of the living crea-
21 tures was in the wheels. ● When the creatures
moved, they also moved; when the creatures
stood still, they also stood still; and when the
creatures rose from the ground, the wheels rose
along with them, because the spirit of the living
creatures was in the wheels.
22 ● Spread out above the heads of the living
creatures was what looked something like a
vault, sparkling like crystal, and awesome.
23 ● Under the vault their wings were stretched out
one toward the other, and each had two wings
24 covering its body. ● When the creatures moved,
I heard the sound of their wings, like the roar of
rushing waters, like the voice of the Almighty,[a]
like the tumult of an army. When they stood
still, they lowered their wings.
25 ● Then there came a voice from above the
vault over their heads as they stood with lowered
26 wings. ● Above the vault over their heads was
what looked like a throne of lapis lazuli, and
high above on the throne was a figure like that
27 of a man. ● I saw that from what appeared to be
his waist up he looked like glowing metal, as if
full of fire, and that from there down he looked
like fire; and brilliant light surrounded him.
28 ● Like the appearance of a rainbow in the clouds
on a rainy day, so was the radiance around him.
This was the appearance of the likeness of the
glory of the LORD. When I saw it, I fell face-
down, and I heard the voice of one speaking.

Ezekiel's Call to Be a Prophet

2 He said to me, "Son of man,[b] stand up on
2 your feet and I will speak to you." ● As he

[a]24 Hebrew *Shaddai* [b]1 The Hebrew phrase *ben adam* means *human being*. The phrase *son of man* is retained as a form of address here and throughout Ezekiel because of its possible association with "Son of Man" in the New Testament.

appearance [əpíərəns] *n.* 생김새
awesome [ɔ́:səm] *a.* 무서운
brilliant [bríljənt] *a.* 찬란한
direction [dirékʃən] *n.* 방향
figure [fígjər] *n.* 형상
glowing [glóuiŋ] *a.* 시뻘건
intersect [ìntərsékt] *vt.* 교차하다
likeness [láiknis] *n.* 사진, 초상, 닮음
radiance [réidiəns] *n.* 광휘, 빛남
rim [rim] *n.* 테두리
roar [rɔ:r] *n.* 외치는 소리
sparkle [spá:rkl] *vi.* 불꽃을 튀기다
structure [strʌ́ktʃər] *n.* 구조
tumult [tjú:məlt] *n.* 소란
vault [vɔ:lt] *n.* 창공

1:18 be full of...: …로 가득차다
1:21 stand still: 가만히 있다
1:21 along with...: …과 함께
1:22 spread out: 넓은 공간을 차지하다
1:23 stretch out: 쭉 펴다
1:27 as if: 마치 …인 듯이

하사 나를 일으켜 내 발로 세우시기로 내가 그
말씀하시는 자의 소리를 들으니
3 내게 이르시되 인자야 내가 너를 이스라엘 자손
곧 패역한 백성, 나를 배반하는 자에게 보내노
라 그들과 그 조상들이 내게 범죄하여 오늘까지
이르렀나니
4 이 자손은 얼굴이 뻔뻔하고 마음이 굳은 자니라
내가 너를 그들에게 보내노니 너는 그들에게 이
르기를 주 여호와의 말씀이 이러하시다 하라
5 그들은 패역한 족속이라 그들이 듣든지 아니 듣
든지 그들 가운데에 선지자가 있음을 알지니라
6 인자야 너는 비록 가시와 찔레와 함께 있으며
전갈 가운데에 거주할지라도 그들을 두려워하
지 말고 그들의 말을 두려워하지 말지어다 그들
은 패역한 족속이라도 그 말을 두려워하지 말며
그 얼굴을 무서워하지 말지어다
7 그들은 심히 패역한 자라 그들이 듣든지 아니
듣든지 너는 내 말로 고할지어다
8 ●너 인자야 내가 네게 이르는 말을 듣고 그 패
역한 족속같이 패역하지 말고 네 입을 벌리고
내가 네게 주는 것을 먹으라 하시기로
9 내가 보니 보라 한 손이 나를 향하여 펴지고 보
라 그 안에 두루마리 책이 있더라
10 그가 그것을 내 앞에 펴시니 그 안팎에 글이 있
는데 그 위에 애가와 애곡과 재앙의 말이 기록
되었더라

3 또 그가 내게 이르시되 인자야 너는 발견한
것을 먹으라 너는 이 두루마리를 먹고 가서
이스라엘 족속에게 말하라 하시기로 2:8, 9
2 내가 입을 벌리니 그가 그 두루마리를 내게 먹이
시며
3 내게 이르시되 인자야 내가 네게 주는 이 두루
마리를 네 배에 넣으며 네 창자에 채우라 하시
기에 내가 먹으니 그것이 내 입에서 달기가 꿀
같더라
4 ●그가 또 내게 이르시되 인자야 이스라엘 족속
에게 가서 내 말로 그들에게 고하라 3:11
5 너를 언어가 다르거나 말이 어려운 백성에게 보내
는 것이 아니요 이스라엘 족속에게 보내는 것이라
6 너를 언어가 다르거나 말이 어려워 네가 그들의
말을 알아듣지 못할 나라들에게 보내는 것이 아
니니라 내가 너를 그들에게 보냈다면 그들은 정
녕 네 말을 들었으리라
7 그러나 이스라엘 족속은 이마가 굳고 마음이 굳
어 네 말을 듣고자 아니하리니 이는 내 말을 듣
고자 아니함이니라
8 보라 내가 그들의 얼굴을 마주 보도록 네 얼굴

spoke, the Spirit came into me and raised
me to my feet, and I heard him speaking to
me.
3 ●He said: "Son of man, I am sending
you to the Israelites, to a rebellious nation
that has rebelled against me; they and
their ancestors have been in revolt against
4 me to this very day. ●The people to whom
I am sending you are obstinate and stub-
born. Say to them, 'This is what the Sover-
5 eign LORD says.' ●And whether they listen
or fail to listen—for they are a rebellious
people—they will know that a prophet
6 has been among them. ●And you, son of
man, do not be afraid of them or their
words. Do not be afraid, though briers and
thorns are all around you and you live
among scorpions. Do not be afraid of what
they say or be terrified by them, though
7 they are a rebellious people. ●You must
speak my words to them, whether they lis-
ten or fail to listen, for they are rebellious.
8 ●But you, son of man, listen to what I say
to you. Do not rebel like that rebellious
people; open your mouth and eat what I
give you."
9 ●Then I looked, and I saw a hand
stretched out to me. In it was a scroll,
10 ●which he unrolled before me. On both
sides of it were written words of lament
and mourning and woe.

3 And he said to me, "Son of man, eat
what is before you, eat this scroll;
then go and speak to the people of Israel."
2 ●So I opened my mouth, and he gave me
the scroll to eat.
3 ●Then he said to me, "Son of man, eat
this scroll I am giving you and fill your
stomach with it." So I ate it, and it tasted as
sweet as honey in my mouth.
4 ●He then said to me: "Son of man, go
now to the people of Israel and speak my
5 words to them. ●You are not being sent to
a people of obscure speech and strange
language, but to the people of Israel—
6 ●not to many peoples of obscure speech
and strange language, whose words you
cannot understand. Surely if I had sent
you to them, they would have listened to
7 you. ●But the people of Israel are not will-
ing to listen to you because they are not
willing to listen to me, for all the Israelites
8 are hardened and obstinate. ●But I will

ancestor [ǽnsestər] *n.* 선조
brier [bráiər] *n.* 찔레
hardened [há:rdnd] *a.* 굳어진, 냉담한
lament [ləmént] *n.* 애가
mourn [mɔ:rn] *vi.* 애곡하다
obscure [əbskjúər] *a.* 불분명한
obstinate [ábstənət] *a.* 완고한
rebel [rebəl] *vi.* 반역하다
scroll [skroul] *n.* 두루마리
sovereign [sávərin] *a.* 주권을 가진
stubborn [stʌ́bərn] *a.* 고집센
terrify [térəfài] *vt.* 겁나게 하다
thorn [θɔ:rn] *n.* 가시나무
unroll [ʌ̀nróul] *vt.* 펼치다
woe [wou] *n.* 재앙

2:2 to one's feet: 일어선 상태로
2:3 in revolt against...: …에 반항하여
2:5 fail to...: …하지 않다
2:6 be afraid of...: …을 두려워하다
3:3 fill A with B: A를 B로 채우다
3:7 be willing to...: 기꺼이 …하다

겔

을 굳게 하였고 그들의 이마를 마주 보도록 네
이마를 굳게 하였으되
9 네 이마를 화석보다 굳은 금강석같이 하였으니
그들이 비록 반역하는 족속이라도 두려워하지
말며 그들의 얼굴을 무서워하지 말라 하시니라
10 또 내게 이르시되 인자야 내가 네게 이를 모든
말을 너는 마음으로 받으며 귀로 듣고
11 사로잡힌 네 민족에게로 가서 그들이 듣든지
아니 듣든지 그들에게 고하여 이르기를 주 여
호와의 말씀이 이러하시다 하라 2:5
12 ●때에 주의 영이 나를 들어 올리시는데 내가
내 뒤에서 크게 울리는 소리를 들으니 찬송할
지어다 여호와의 영광이 그의 처소로부터 나
오는도다 하니
13 이는 생물들의 날개가 서로 부딪치는 소리와
생물 곁의 바퀴 소리라 크게 울리는 소리더라
14 주의 영이 나를 들어 올려 데리고 가시는데 내
가 근심하고 분한 마음으로 가니 여호와의 권
능이 힘 있게 나를 감동시키시더라 렘 6:11
15 이에 내가 델아빕에 이르러 그 사로잡힌 백성
곧 그발 강가에 거주하는 자들에게 나아가 그
중에서 두려워 떨며 칠 일을 지내니라

파수꾼 에스겔 (겔 33:1-9) — B.C. 593년경

16 ●칠 일 후에 여호와의 말씀이 내게 임하여 이
르시되 렘 42:7
17 인자야 내가 너를 이스라엘 족속의 파수꾼으
로 세웠으니 너는 내 입의 말을 듣고 나를 대
신하여 그들을 깨우치라
18 가령 내가 악인에게 말하기를 너는 꼭 죽으리
라 할 때에 네가 깨우치지 아니하거나 말로 악
인에게 일러서 그의 악한 길을 떠나 생명을 구
원하게 하지 아니하면 그 악인은 그의 죄악 중
에서 죽으려니와 내가 그의 피 값을 네 손에서
찾을 것이고
19 네가 악인을 깨우치되 그가 그의 악한 마음과
악한 행위에서 돌이키지 아니하면 그는 그의
죄악 중에서 죽으려니와 너는 네 생명을 보존
하리라
20 또 의인이 그의 공의에서 돌이켜 악을 행할 때
에는 이미 행한 그의 공의는 기억할 바 아니라
내가 그 앞에 거치는 것을 두면 그가 죽을지니
이는 네가 그를 깨우치지 않음이니라 그는 그
의 죄 중에서 죽으려니와 그의 피 값은 내가 네
손에서 찾으리라
21 그러나 네가 그 의인을 깨우쳐 범죄하지 아니
하게 함으로 그가 범죄하지 아니하면 정녕 살
리니 이는 깨우침을 받음이며 너도 네 영혼을

make you as unyielding and hardened as
9 they are. ●I will make your forehead like the
hardest stone, harder than flint. Do not be
afraid of them or terrified by them, though
they are a rebellious people."
10 ●And he said to me, "Son of man, listen
carefully and take to heart all the words I
11 speak to you. ●Go now to your people in
exile and speak to them. Say to them, 'This
is what the Sovereign LORD says,' whether
they listen or fail to listen."
12 ●Then the Spirit lifted me up, and I heard
behind me a loud rumbling sound as the
glory of the LORD rose from the place where
13 it was standing.[a] ●It was the sound of the
wings of the living creatures brushing
against each other and the sound of the
wheels beside them, a loud rumbling sound.
14 ●The Spirit then lifted me up and took me
away, and I went in bitterness and in the
anger of my spirit, with the strong hand of
15 the LORD on me. ●I came to the exiles who
lived at Tel Aviv near the Kebar River. And
there, where they were living, I sat among
them for seven days—deeply distressed.

Ezekiel's Task as Watchman

16 ●At the end of seven days the word of
17 the LORD came to me: ●"Son of man, I have
made you a watchman for the people of
Israel; so hear the word I speak and give them
18 warning from me. ●When I say to a wicked
person, 'You will surely die,' and you do not
warn them or speak out to dissuade them
from their evil ways in order to save their life,
that wicked person will die for[b] their sin, and
I will hold you accountable for their blood.
19 ●But if you do warn the wicked person and
they do not turn from their wickedness or
from their evil ways, they will die for their
sin; but you will have saved yourself.
20 ●"Again, when a righteous person turns
from their righteousness and does evil, and I
put a stumbling block before them, they
will die. Since you did not warn them, they
will die for their sin. The righteous things
that person did will not be remembered,
and I will hold you accountable for their
21 blood. ●But if you do warn the righteous
person not to sin and they do not sin, they
will surely live because they took warning,

[a] *12* Probable reading of the original Hebrew text; Masoretic Text *sound—may the glory of the LORD be praised from his place* [b] *18* Or *in*; also in verses 19 and 20

accountable [əkáuntəbl] *a.* 책임이 있는
bitterness [bítərnis] *n.* 비통
distressed [distrést] *a.* 고민하는
exile [égzail] *n.* 사로잡힘
flint [flint] *n.* 아주 단단한 것
forehead [fɔ́:rid] *n.* 이마
rebellious [ribéljəs] *a.* 반역하는
righteous [ráitʃəs] *a.* 의로운
rumbling [rʌmbliŋ] *a.* 우르르 소리내는
sovereign [sávərin] *a.* 주권을 가진
stumbling [stʌmbliŋ] *n.* 장애물
terrify [térəfài] *vt.* 겁나게 하다
unyielding [ʌnjí:ldiŋ] *a.* 완고한
warning [wɔ́:rniŋ] *n.* 경고
watchman [wátʃmən] *n.* 파수꾼

3:10 **take to heart**: 마음에 두다
3:13 **brush against...**: …에 부딪치다, 스치다
3:18 **dissuade A from B**: A를 B로부터 단념시키다
3:18 **in order to...**: …하기 위하여

보존하리라

에스겔이 말 못하는 자가 되다

22 ●여호와께서 권능으로 거기서 내게 임하시
고 또 내게 이르시되 일어나 들로 나아가라
내가 거기서 너와 말하리라 하시기로
23 내가 일어나 들로 나아가니 여호와의 영광이
거기에 머물렀는데 내가 전에 그발 강가에서
보던 영광과 같은지라 내가 곧 엎드리니
24 주의 영이 내게 임하사 나를 일으켜 내 발로
세우시고 내게 말씀하여 이르시되 너는 가서
네 집에 들어가 문을 닫으라
25 너 인자야 보라 무리가 네 위에 줄을 놓아 너
를 동여매리니 네가 그들 가운데에서 나오지
못할 것이라 4:8
26 내가 네 혀를 네 입천장에 붙게 하여 네가 말
못하는 자가 되어 그들을 꾸짖는 자가 되지
못하게 하리니 그들은 패역한 족속임이니라
27 그러나 내가 너와 말할 때에 네 입을 열리니
너는 그들에게 이르기를 주 여호와의 말씀이
이러하시다 하라 들을 자는 들을 것이요 듣
기 싫은 자는 듣지 아니하리니 그들은 반역
하는 족속임이니라

예루살렘을 그리고 에워싸라 — B.C. 593년경

4 너 인자야 토판을 가져다가 그것을 네 앞에
놓고 한 성읍 곧 예루살렘을 그 위에 그리고
2 그 성읍을 에워싸되 그것을 향하여 사다리를
세우고 그것을 향하여 흙으로 언덕을 쌓고
그것을 향하여 진을 치고 그것을 향하여 공
성퇴를 둘러 세우고
3 또 철판을 가져다가 너와 성읍 사이에 두어
철벽을 삼고 성을 포위하는 것처럼 에워싸라
이것이 이스라엘 족속에게 징조가 되리라 12:6
4 ●너는 또 왼쪽으로 누워 이스라엘 족속의
죄악을 짊어지되 네가 눕는 날수대로 그 죄
악을 담당할지니라 민 18:1
5 내가 그들의 범죄한 햇수대로 네게 날수를
정하였나니 곧 삼백구십 일이니라 너는 이렇
게 이스라엘 족속의 죄악을 담당하고
6 그 수가 차거든 너는 오른쪽으로 누워 유다
족속의 죄악을 담당하라 내가 네게 사십 일
로 정하였나니 하루가 일 년이니라
7 너는 또 네 얼굴을 에워싸인 예루살렘 쪽으
로 향하고 팔을 걷어 올리고 예언하라
8 내가 줄로 너를 동이리니 네가 에워싸는 날이
끝나기까지 몸을 이리저리 돌리지 못하리라
9 ●너는 밀과 보리와 콩과 팥과 조와 귀리를
가져다가 한 그릇에 담고 너를 위하여 떡을

and you will have saved yourself."
22 ●The hand of the LORD was on me there,
and he said to me, "Get up and go out to the
23 plain, and there I will speak to you." ●So I got
up and went out to the plain. And the glory of
the LORD was standing there, like the glory I
had seen by the Kebar River, and I fell face-
down.
24 ●Then the Spirit came into me and raised
me to my feet. He spoke to me and said: "Go,
25 shut yourself inside your house. ●And you,
son of man, they will tie with ropes; you will
be bound so that you cannot go out among
26 the people. ●I will make your tongue stick to
the roof of your mouth so that you will be
silent and unable to rebuke them, for they are
27 a rebellious people. ●But when I speak to you,
I will open your mouth and you shall say to
them, 'This is what the Sovereign LORD says.'
Whoever will listen let them listen, and who-
ever will refuse let them refuse; for they are a
rebellious people.

Siege of Jerusalem Symbolized

4 "Now, son of man, take a block of clay,
put it in front of you and draw the city of
2 Jerusalem on it. ●Then lay siege to it: Erect
siege works against it, build a ramp up to it,
set up camps against it and put battering rams
3 around it. ●Then take an iron pan, place it as
an iron wall between you and the city and
turn your face toward it. It will be under siege,
and you shall besiege it. This will be a sign to
the people of Israel.
4 ●"Then lie on your left side and put the sin
of the people of Israel upon yourself.[a] You are
to bear their sin for the number of days you lie
5 on your side. ●I have assigned you the same
number of days as the years of their sin. So for
390 days you will bear the sin of the people of
Israel.
6 ●"After you have finished this, lie down
again, this time on your right side, and bear
the sin of the people of Judah. I have assigned
7 you 40 days, a day for each year. ●Turn your
face toward the siege of Jerusalem and with
8 bared arm prophesy against her. ●I will tie
you up with ropes so that you cannot turn
from one side to the other until you have fin-
ished the days of your siege.
9 ●"Take wheat and barley, beans and lentils,
millet and spelt; put them in a storage jar and

[a]4 Or *upon your side*

assign [əsáin] *vt.* 지정하다
barley [bá:rli] *n.* 보리
battering ram [bǽtəriŋræm] *n.* 대형 망치
besiege [bisí:dʒ] *vt.* 에워싸다
erect [irékt] *vt.* 세우다
lentil [léntil] *n.* 렌즈콩
millet [mílit] *n.* 기장, 조
plain [plein] *n.* 평원
prophesy [práfəsai] *vi.* 예언하다
ramp [ræmp] *n.* 진입로
rebuke [ribjú:k] *vt.* 꾸짖다
refuse [rifjú:z] *vt.* 거절하다
roof [ru:f] *n.* 지붕, 옥상, 천장
rope [roup] *n.* 밧줄
spelt [spelt] *n.* 스펠트밀(가축 사료)

3:24 shut oneself: 틀어박히다
3:26 stick to...: …에 달라붙다, 집착하다
3:26 be unable to...: …할 수 없다
4:1 in front of...: …의 앞에
4:2 lay siege to...: …을 포위(공격)하다
4:3 be a sign: 전조이다

만들어 네가 옆으로 눕는 날수 곧 삼백구십
일 동안 먹되
10 너는 음식물을 달아서 하루 이십 세겔씩 때
를 따라 먹고
11 물도 육분의 일 힌씩 되어서 때를 따라 마시라
12 너는 그것을 보리떡처럼 만들어 먹되 그들의
목전에서 인분 불을 피워 구울지니라
13 또 여호와께서 이르시되 내가 여러 나라들로
쫓아내어 흩어 버릴 이스라엘 자손이 거기서
이같이 부정한 떡을 먹으리라 하시기로
14 내가 말하되 아하 주 여호와여 나는 영혼을
더럽힌 일이 없었나이다 어려서부터 지금까
지 스스로 죽은 것이나 짐승에게 찢긴 것을
먹지 아니하였고 가증한 고기를 입에 넣지
아니하였나이다
15 여호와께서 내게 이르시되 보라 쇠똥으로 인
분을 대신하기를 허락하노니 너는 그것으로
떡을 구울지니라
16 또 내게 이르시되 인자야 내가 예루살렘에서
의뢰하는 양식을 끊으리니 백성이 근심 중에
떡을 달아 먹고 두려워 떨며 물을 되어 마시
다가
17 떡과 물이 부족하여 피차에 두려워하여 떨
며 그 죄악 중에서 쇠패하리라

머리털과 수염을 깎는 상징

5 너 인자야 너는 날카로운 칼을 가져다가
삭도로 삼아 네 머리털과 수염을 깎아서
저울로 달아 나누어 두라
2 그 성읍을 에워싸는 날이 차거든 너는 터럭
삼분의 일은 성읍 안에서 불사르고 삼분의
일은 성읍 사방에서 칼로 치고 또 삼분의 일
은 바람에 흩으라 내가 그 뒤를 따라 칼을 빼
리라
3 너는 터럭 중에서 조금을 네 옷자락에 싸고
4 또 그 가운데에서 얼마를 불에 던져 사르라
그 속에서 불이 이스라엘 온 족속에게로 나
오리라
5 •주 여호와께서 이와 같이 이르시되 이것이
곧 예루살렘이라 내가 그를 이방인 가운데에
두어 나라들이 둘러 있게 하였거늘 4:1-2
6 그가 내 규례를 거슬러서 이방인보다 악을 더
행하며 내 율례도 그리함이 그를 둘러 있는
나라들보다 더하니 이는 그들이 내 규례를 버
리고 내 율례를 행하지 아니하였음이니라
7 그러므로 나 주 여호와가 말하노라 너희 요
란함이 너희를 둘러싸고 있는 이방인들보다
더하여 내 율례를 행하지 아니하며 내 규례

use them to make bread for yourself. You are to
eat it during the 390 days you lie on your side.
10 •Weigh out twenty shekels[a] of food to eat each
11 day and eat it at set times. •Also measure out a
sixth of a hin[b] of water and drink it at set times.
12 •Eat the food as you would a loaf of barley
bread; bake it in the sight of the people, using
13 human excrement for fuel." •The LORD said, "In
this way the people of Israel will eat defiled food
among the nations where I will drive them."
14 •Then I said, "Not so, Sovereign LORD! I
have never defiled myself. From my youth
until now I have never eaten anything found
dead or torn by wild animals. No impure
meat has ever entered my mouth."
15 •"Very well," he said, "I will let you bake
your bread over cow dung instead of human
excrement."
16 •He then said to me: "Son of man, I am
about to cut off the food supply in Jerusalem.
The people will eat rationed food in anxiety
17 and drink rationed water in despair, •for
food and water will be scarce. They will be
appalled at the sight of each other and will
waste away because of[c] their sin.

God's Razor of Judgment

5 "Now, son of man, take a sharp sword
and use it as a barber's razor to shave your
head and your beard. Then take a set of scales
2 and divide up the hair. •When the days of
your siege come to an end, burn a third of the
hair inside the city. Take a third and strike it
with the sword all around the city. And scat-
ter a third to the wind. For I will pursue them
3 with drawn sword. •But take a few hairs and
tuck them away in the folds of your gar-
4 ment. •Again, take a few of these and throw
them into the fire and burn them up. A fire
will spread from there to all Israel.
5 •"This is what the Sovereign LORD says: This
is Jerusalem, which I have set in the center of
6 the nations, with countries all around her. •Yet
in her wickedness she has rebelled against my
laws and decrees more than the nations and
countries around her. She has rejected my laws
and has not followed my decrees.
7 •"Therefore this is what the Sovereign LORD
says: You have been more unruly than the
nations around you and have not followed my
decrees or kept my laws. You have not even[d]

[a]*10* That is, about 8 ounces or about 230 grams
[b]*11* That is, about 2/3 quart or about 0.6 liter [c]*17* Or *away in* [d]*7* Most Hebrew manuscripts; some Hebrew manuscripts and Syriac *You have*

appall [əpɔ́:l] *vt.* 오싹하게 하다
barber [bá:rbər] *n.* 이발사
barley [bá:rli] *n.* 보리
defile [difáil] *vt.* 더럽히다
despair [dispέər] *n.* 절망
excrement [ékskrəmənt] *n.* 배설물
loaf [louf] *n.* (빵) 덩어리
ration [rǽʃən] *vt.* 배급하다
razor [réizər] *n.* 면도날
rebel [rebə́l] *vi.* 반항하다
scarce [skεərs] *a.* 드문
scatter [skǽtər] *vt.* 흩다
siege [si:dʒ] *n.* 포위 공격
tear [tiər] *vt.* 찢다
unruly [ʌnrú:li] *a.* 제멋대로 하는

4:10 **weigh out**: (저울로) 달아서 나누다
4:10 **at set times**: 정해진 때에
4:11 **measure out**: 정량을 따르다
4:12 **in the sight of...**: …가 보는 앞에서
4:15 **A instead of B**: B 대신에 A
5:3 **tuck away**: 보이지 않는 곳에 두다

를 지키지 아니하고 너희를 둘러 있는 이방
인들의 규례대로도 행하지 아니하였느니라
8 그러므로 나 주 여호와가 말하노라 나 곧 내
가 너를 치며 이방인의 목전에서 너에게 벌
을 내리되
9 네 모든 가증한 일로 말미암아 내가 전무후
무하게 네게 내릴지라
10 그리한즉 네 가운데에서 아버지가 아들을 잡
아먹고 아들이 그 아버지를 잡아먹으리라 내
가 벌을 네게 내리고 너희 중에 남은 자를 다
사방에 흩으리라
11 그러므로 나 주 여호와가 말하노라 내가 나
의 삶을 두고 맹세하노니 네가 모든 미운 물
건과 모든 가증한 일로 내 성소를 더럽혔은
즉 나도 너를 아끼지 아니하며 긍휼을 베풀
지 아니하고 미약하게 하리니 대하 36:14
12 너희 가운데에서 삼분의 일은 전염병으로 죽
으며 기근으로 멸망할 것이요 삼분의 일은
너의 사방에서 칼에 엎드러질 것이며 삼분의
일은 내가 사방에 흩어 버리고 또 그 뒤를 따
라가며 칼을 빼리라
13 •이와 같이 내 노가 다한즉 그들을 향한 분
이 풀려서 내 마음이 가라앉으리라 내 분이
그들에게 다한즉 나 여호와가 열심으로 말한
줄을 그들이 알리라
14 내가 이르되 또 너를 황무하게 하고 너를 둘
러싸고 있는 이방인들 중에서 모든 지나가는
자의 목전에 모욕거리가 되게 하리니 느 2:17
15 내 노와 분과 중한 책망으로 네게 벌을 내린
즉 너를 둘러싸고 있는 이방인들에게 네가
수치와 조롱거리가 되고 두려움과 경고가 되
리라 나 여호와의 말이니라
16 내가 멸망하게 하는 기근의 독한 화살을 너
희에게 보내되 기근을 더하여 너희가 의뢰하
는 양식을 끊을 것이라
17 내가 기근과 사나운 짐승을 너희에게 보내
외롭게 하고 너희 가운데에 전염병과 살륙
이 일어나게 하고 또 칼이 너희에게 임하게
하리라 나 여호와의 말이니라 14:21

여호와께서 우상 숭배를 심판하시다

6 여호와의 말씀이 내게 임하여 이르시되
2 인자야 너는 이스라엘 산을 향하여 그들
에게 예언하여 36:1
3 이르기를 이스라엘 산들아 주 여호와의 말씀
을 들으라 주 여호와께서 산과 언덕과 시내
와 골짜기를 향하여 이같이 말씀하시기를 나
곧 내가 칼이 너희에게 임하게 하여 너희 산

conformed to the standards of the nations
around you.
8 •"Therefore this is what the Sovereign
LORD says: I myself am against you, Jerusalem,
and I will inflict punishment on you in the
9 sight of the nations. •Because of all your
detestable idols, I will do to you what I have
never done before and will never do again.
10 •Therefore in your midst parents will eat
their children, and children will eat their
parents. I will inflict punishment on you
and will scatter all your survivors to the
11 winds. •Therefore as surely as I live, declares
the Sovereign LORD, because you have defiled
my sanctuary with all your vile images and
detestable practices, I myself will shave you;
I will not look on you with pity or spare
12 you. •A third of your people will die of the
plague or perish by famine inside you; a
third will fall by the sword outside your
walls; and a third I will scatter to the winds
and pursue with drawn sword.
13 •"Then my anger will cease and my wrath
against them will subside, and I will be
avenged. And when I have spent my wrath
on them, they will know that I the LORD have
spoken in my zeal.
14 •"I will make you a ruin and a reproach
among the nations around you, in the sight of
15 all who pass by. •You will be a reproach and
a taunt, a warning and an object of horror to
the nations around you when I inflict pun-
ishment on you in anger and in wrath and
with stinging rebuke. I the LORD have spoken.
16 •When I shoot at you with my deadly and
destructive arrows of famine, I will shoot to
destroy you. I will bring more and more
famine upon you and cut off your supply of
17 food. •I will send famine and wild beasts
against you, and they will leave you childless.
Plague and bloodshed will sweep through
you, and I will bring the sword against you. I
the LORD have spoken."

Doom for the Mountains of Israel

6 The word of the LORD came to me:
2 •"Son of man, set your face against the
mountains of Israel; prophesy against them
3 •and say: 'You mountains of Israel, hear the
word of the Sovereign LORD. This is what the
Sovereign LORD says to the mountains and
hills, to the ravines and valleys: I am about to
bring a sword against you, and I will destroy

avenge [əvéndʒ] *vt.* …의 복수를 하다
bloodshed [blʌ́dʃed] *n.* 살해, 유혈
cease [siːs] *vi.* 멈추다
detestable [ditéstəbl] *a.* 혐오할만한
famine [fǽmin] *n.* 기근
perish [périʃ] *vi.* 멸망하다
plague [pleig] *n.* 역병
ravine [rəvíːn] *n.* 좁은 골짜기
reproach [ripróutʃ] *n.* 비난
sanctuary [sǽŋktʃuèri] *n.* 신전
spare [spɛər] *vt.* 용서하다
subside [səbsáid] *vi.* 가라앉다
taunt [tɔːnt] *n.* 조롱
vile [vail] *a.* 수치스러운
zeal [ziːl] *n.* 열심

5:7 conform to...: …에 따르다
5:8 inflict A on B: B에게 A를 가하다
5:11 as surely as...: …와 마찬가지로 틀림없이
5:14 pass by: (옆을) 지나가다
6:3 be about to...: 이제 막 …하려고 하다

당을 멸하리니
4 너희 제단들이 황폐하고 분향제단들이 깨뜨
려질 것이며 너희가 죽임을 당하여 너희 우
상 앞에 엎드러지게 할 것이라
5 이스라엘 자손의 시체를 그 우상 앞에 두며
너희 해골을 너희 제단 사방에 흩으리라
6 내가 너희가 거주하는 모든 성읍이 사막이
되게 하며 산당을 황폐하게 하리니 이는 너
희 제단이 깨어지고 황폐하며 너희 우상들이
깨어져 없어지며 너희 분향제단들이 찍히며
너희가 만든 것이 폐하여지며
7 또 너희가 죽임을 당하여 엎드러지게 하여 내
가 여호와인 줄을 너희가 알게 하려 함이라
8 ●그러나 너희가 여러 나라에 흩어질 때에
내가 너희 중에서 칼을 피하여 이방인들 중
에 살아남은 자가 있게 할지라
9 너희 중에서 살아남은 자가 사로잡혀 이방인
들 중에 있어서 나를 기억하되 그들이 음란
한 마음으로 나를 떠나고 음란한 눈으로 우
상을 섬겨 나를 근심하게 한 것을 기억하고
스스로 한탄하리니 이는 그 모든 가증한 일
로 악을 행하였음이라
10 그때에야 그들이 나를 여호와인 줄 알리라
내가 이런 재앙을 그들에게 내리겠다 한 말
이 헛되지 아니하니라 6:7
11 ●주 여호와께서 이같이 이르시되 너는 손뼉
을 치고 발을 구르며 말할지어다 오호라 이
스라엘 족속이 모든 가증한 악을 행하므로
마침내 칼과 기근과 전염병에 망하되 21:14
12 먼 데 있는 자는 전염병에 죽고 가까운 데 있
는 자는 칼에 엎드러지고 남아 있어 에워싸
인 자는 기근에 죽으리라 이같이 내 진노를
그들에게 이룬즉
13 그 죽임당한 시체들이 그 우상들 사이에, 제
단 사방에, 각 높은 고개 위에, 모든 산꼭대
기에, 모든 푸른 나무 아래에, 무성한 상수리
나무 아래 곧 그 우상에게 분향하던 곳에 있
으리니 내가 여호와인 줄을 너희가 알리라
14 내가 내 손을 그들의 위에 펴서 그가 사는 온
땅 곧 광야에서부터 디블라까지 황량하고 황
폐하게 하리니 내가 여호와인 줄을 그들이
알리라

이스라엘의 끝이 다가오다 (♪83, 86장)

7 또 여호와의 말씀이 내게 임하여 이르시되
2 너 인자야 주 여호와께서 이스라엘 땅에
관하여 이같이 말씀하셨느니라 끝났도다 이
땅 사방의 일이 끝났도다

4 your high places. •Your altars will be demol-
ished and your incense altars will be sma-
shed; and I will slay your people in front of
5 your idols. •I will lay the dead bodies of the
Israelites in front of their idols, and I will scat-
6 ter your bones around your altars. •Wherever
you live, the towns will be laid waste and the
high places demolished, so that your altars
will be laid waste and devastated, your idols
smashed and ruined, your incense altars bro-
ken down, and what you have made wiped
7 out. •Your people will fall slain among you,
and you will know that I am the LORD.
8 •" 'But I will spare some, for some of you will
escape the sword when you are scattered among
9 the lands and nations. •Then in the nations
where they have been carried captive, those who
escape will remember me—how I have been
grieved by their adulterous hearts, which have
turned away from me, and by their eyes, which
have lusted after their idols. They will loathe
themselves for the evil they have done and for
10 all their detestable practices. •And they will
know that I am the LORD; I did not threaten in
vain to bring this calamity on them.
11 •" 'This is what the Sovereign LORD says:
Strike your hands together and stamp your feet
and cry out "Alas!" because of all the wicked
and detestable practices of the people of Israel,
for they will fall by the sword, famine and
12 plague. •One who is far away will die of the
plague, and one who is near will fall by the
sword, and anyone who survives and is spared
will die of famine. So will I pour out my wrath
13 on them. •And they will know that I am the
LORD, when their people lie slain among their
idols around their altars, on every high hill and
on all the mountaintops, under every spread-
ing tree and every leafy oak — places where
they offered fragrant incense to all their idols.
14 •And I will stretch out my hand against them
and make the land a desolate waste from the
desert to Diblah[a] — wherever they live. Then
they will know that I am the LORD.' "

The End Has Come

7 The word of the LORD came to me:
2 •"Son of man, this is what the Sover-
eign LORD says to the land of Israel:
" 'The end! The end has come
upon the four corners of the land!

[a]14 Most Hebrew manuscripts; a few Hebrew manuscripts *Riblah*

adulterous [ədʌ́ltərəs] *a.* 간통의
altar [ɔ́:ltər] *n.* 제단
calamity [kəlǽməti] *n.* 재난
captive [kǽptiv] *n.* 포로
demolish [dimɑ́liʃ] *vt.* 파괴하다
devastate [dévəstèit] *vt.* 황폐시키다
fragrant [fréigrənt] *a.* 향기로운
grieved [gri:vd] *a.* 슬픈
incense [ínsens] *n.* 향
leafy [lí:fi] *a.* 잎이 무성한
loathe [louð] *vt.* 지긋지긋하도록 싫다
plague [pleig] *n.* 역병, 전염병
slay [slei] *vt.* 살해하다
smash [smæʃ] *vt.* 때려 부수다
threaten [θrétn] *vt.* 위협하다

6:6 **lay waste**: 황폐시키다
6:6 **break down**: 파괴하다
6:6 **wipe out**: 지우다, 무찌르다
6:9 **lust after...**: …을 갈망하다
6:10 **in vain**: 헛되이
6:12 **die of...**: …로 죽다

3 이제는 네게 끝이 이르렀나니 내가 내
진노를 네게 나타내어 네 행위를 심판하
고 네 모든 가증한 일을 보응하리라
4 내가 너를 불쌍히 여기지 아니하며 긍휼
히 여기지도 아니하고 네 행위대로 너를
벌하여 네 가증한 일이 너희 중에 나타
나게 하리니 내가 여호와인 줄을 너희가
알리라
5 ●주 여호와께서 이같이 이르시되 재앙
이로다, 비상한 재앙이로다 볼지어다
그것이 왔도다
6 끝이 왔도다, 끝이 왔도다 끝이 너에게
왔도다 볼지어다 그것이 왔도다 7:2,10
7 이 땅 주민아 정한 재앙이 네게 임하도
다 때가 이르렀고 날이 가까웠으니 요란
한 날이요 산에서 즐거이 부르는 날이
아니로다
8 이제 내가 속히 분을 네게 쏟고 내 진노
를 네게 이루어서 네 행위대로 너를 심
판하여 네 모든 가증한 일을 네게 보응
하되 20:8
9 내가 너를 불쌍히 여기지 아니하며 긍휼
히 여기지도 아니하고 네 행위대로 너를
벌하여 너의 가증한 일이 너희 중에 나
타나게 하리니 나 여호와가 때리는 이임
을 네가 알리라
10 ●볼지어다 그날이로다 볼지어다 임박
하도다 정한 재앙이 이르렀으니 몽둥이
가 꽃이 피며 교만이 싹이 났도다
11 포학이 일어나서 죄악의 몽둥이가 되었
은즉 그들도, 그 무리도, 그 재물도 하나
도 남지 아니하며 그 중의 아름다운 것
도 없어지리로다
12 때가 이르렀고 날이 가까웠으니 사는 자
도 기뻐하지 말고 파는 자도 근심하지
말 것은 진노가 그 모든 무리에게 임함
이로다
13 파는 자가 살아 있다 할지라도 다시 돌아
가서 그 판 것을 얻지 못하리니 이는 묵
시가 그 모든 무리에게 돌아오지 아니하
고, 사람이 그 죄악으로 말미암아 자기의
목숨을 유지할 수 없으리라 하였음이로
다

이스라엘이 받는 벌

14 ●그들이 나팔을 불어 온갖 것을 준비하
였을지라도 전쟁에 나갈 사람이 없나니
이는 내 진노가 그 모든 무리에게 이르

3 ●The end is now upon you,
and I will unleash my anger against you.
I will judge you according to your conduct
and repay you for all your detestable practices.
4 ●I will not look on you with pity;
I will not spare you.
I will surely repay you for your conduct
and for the detestable practices among you.
" 'Then you will know that I am the LORD.'
5 ●"This is what the Sovereign LORD says:
" 'Disaster! Unheard-of[a] disaster!
See, it comes!
6 ●The end has come! The end has come!
It has roused itself against you. See, it comes!
7 ●Doom has come upon you,
upon you who dwell in the land.
The time has come! The day is near!
There is panic, not joy, on the mountains.
8 ●I am about to pour out my wrath on you
and spend my anger against you.
I will judge you according to your conduct
and repay you for all your detestable practices.
9 ●I will not look on you with pity;
I will not spare you.
I will repay you for your conduct
and for the detestable practices among you.
" 'Then you will know that it is I the LORD who strikes you.
10 ●" 'See, the day! See, it comes!
Doom has burst forth, the rod has budded,
arrogance has blossomed!
11 ●Violence has arisen,[b]
a rod to punish the wicked.
None of the people will be left,
none of that crowd—
none of their wealth, nothing of value.
12 ●The time has come! The day has arrived!
Let not the buyer rejoice
nor the seller grieve,
for my wrath is on the whole crowd.
13 ●The seller will not recover
the property that was sold—
as long as both buyer and seller live.
For the vision concerning the whole crowd
will not be reversed.
Because of their sins, not one of them
will preserve their life.
14 ●" 'They have blown the trumpet,
they have made all things ready,
but no one will go into battle,

[a]5 Most Hebrew manuscripts; some Hebrew manuscripts and Syriac *Disaster after* [b]11 Or *The violent one has become*

arrogance [ǽrəgəns] *n.* 거만
conduct [kɑ́ndʌkt] *n.* 행위
detestable [ditéstəbl] *a.* 혐오할만한
disaster [dizǽstər] *n.* 재앙
doom [du:m] *n.* 파멸, 운명
judge [dʒʌdʒ] *vt.* 심판하다
panic [pǽnik] *n.* 공포
practice [prǽktis] *n.* 관행
preserve [prizə́:rv] *vt.* 보존하다
reverse [rivə́:rs] *vt.* 취소하다
rouse [rauz] *vt.* 깨우다
spare [spɛər] *vt.* 용서하다
unleash [ʌnlí:ʃ] *vt.* 자유롭게 하다
violence [váiələns] *n.* 폭력
vision [víʒən] *n.* 환상

7:3 according to...: …에 따라서
7:3 repay for...: …에 대해 보답하다
7:8 be about to...: 막 …하려고 하다
7:8 pour out... on~: …을 ~에 쏟다
7:10 burst forth: 갑자기 나타나다
7:13 as long as...: …하는 한

렀음이라
15 밖에는 칼이 있고 안에는 전염병과 기근
이 있어서 밭에 있는 자는 칼에 죽을 것이
요 성읍에 있는 자는 기근과 전염병에 망
할 것이며
16 도망하는 자는 산 위로 피하여 다 각기 자
기 죄악 때문에 골짜기의 비둘기들처럼
슬피 울 것이며
17 모든 손은 피곤하고 모든 무릎은 물과 같
이 약할 것이라
18 그들이 굵은 베로 허리를 묶을 것이요 두
려움이 그들을 덮을 것이요 모든 얼굴에
는 수치가 있고 모든 머리는 대머리가 될
것이며
19 그들이 그 은을 거리에 던지며 그 금을 오
물같이 여기리니 이는 여호와 내가 진노
를 내리는 날에 그들의 은과 금이 능히 그
들을 건지지 못하며 능히 그 심령을 족하
게 하거나 그 창자를 채우지 못하고 오직
죄악의 걸림돌이 됨이로다
20 그들이 그 화려한 장식으로 말미암아 교
만을 품었고 또 그것으로 가증한 우상과
미운 물건을 만들었은즉 내가 그것을 그
들에게 오물이 되게 하여
21 타국인의 손에 넘겨 노략하게 하며 세상
악인에게 넘겨 그들이 약탈하여 더럽히
게 하고
22 내가 또 내 얼굴을 그들에게서 돌이키리
니 그들이 내 은밀한 처소를 더럽히고 포
악한 자도 거기 들어와서 더럽히리라
23 ●너는 쇠사슬을 만들라 이는 피 흘리는
죄가 그 땅에 가득하고 포악이 그 성읍에
찼음이라
24 내가 극히 악한 이방인들을 데려와서 그
들이 그 집들을 점령하게 하고 강한 자의
교만을 그치게 하리니 그들의 성소가 더
럽힘을 당하리라
25 패망이 이르리니 그들이 평강을 구하여
도 없을 것이라
26 환난에 환난이 더하고 소문에 소문이 더
할 때에 그들이 선지자에게서 묵시를 구
하나 헛될 것이며 제사장에게는 율법이
없어질 것이요 장로에게는 책략이 없어
질 것이며
27 왕은 애통하고 고관은 놀람을 옷 입듯 하
며 주민의 손은 떨리리라 내가 그 행위대
로 그들에게 갚고 그 죄악대로 그들을 심

for my wrath is on the whole crowd.
15 •Outside is the sword;
inside are plague and famine.
Those in the country will die by the sword;
those in the city
will be devoured by famine and plague.
16 •The fugitives who escape
will flee to the mountains.
Like doves of the valleys, they will all moan,
each for their own sins.
17 •Every hand will go limp;
every leg will be wet with urine.
18 •They will put on sackcloth
and be clothed with terror.
Every face will be covered with shame,
and every head will be shaved.
19 •" 'They will throw their silver into the streets,
and their gold will be treated as a thing unclean.
Their silver and gold
will not be able to deliver them
in the day of the LORD's wrath.
It will not satisfy their hunger
or fill their stomachs,
for it has caused them to stumble into sin.
20 •They took pride in their beautiful jewelry
and used it to make their detestable idols.
They made it into vile images;
therefore I will make it a thing unclean for
them.
21 •I will give their wealth as plunder to foreigners
and as loot to the wicked of the earth,
who will defile it.
22 •I will turn my face away from the people,
and robbers will desecrate the place I treasure.
They will enter it and will defile it.
23 •" 'Prepare chains!
For the land is full of bloodshed,
and the city is full of violence.
24 •I will bring the most wicked of nations
to take possession of their houses.
I will put an end to the pride of the mighty,
and their sanctuaries will be desecrated.
25 •When terror comes, they will seek peace in vain.
26 •Calamity upon calamity will come,
and rumor upon rumor.
They will go searching for a vision from the prophet,
priestly instruction in the law will cease,
the counsel of the elders will come to an end.
27 •The king will mourn,
the prince will be clothed with despair,
and the hands of the people of the land will
tremble.
I will deal with them according to their conduct,
and by their own standards I will judge them.

bloodshed [blʌ́dʃèd] *n.* 피흘림
calamity [kəlǽməti] *n.* 재난
defile [difáil] *vt.* 더럽히다
deliver [dilívər] *vt.* 구하다
desecrate [désikrèit] *vt.* …의 신성을 더럽히다
despair [dispέər] *n.* 절망
devour [diváuər] *vt.* 멸망시키다
fugitive [fjúːdʒətiv] *n.* 도망자
plague [pleig] *n.* 역병, 전염병
plunder [plʌndər] *n.* 약탈물
robber [rábər] *n.* 강도
sackcloth [sǽkklɔ̀ːθ] *n.* 삼베옷
sanctuary [sǽŋktʃuèri] *n.* 신전
tremble [trémbl] *vi.* 벌벌 떨다
urine [júərin] *n.* 오줌

7:17 go limp: 축 늘어지다
7:20 take pride in...: …을 자랑하다
7:20 make A into B: A를 가공해 B로 만들다
7:24 take possession of...: …을 점령하다
7:24 put an end to...: …을 끝내다

판하리니 내가 여호와인 줄을 그들이 알리라

예루살렘의 우상 숭배 — B.C. 592년경

8 여섯째 해 여섯째 달 초닷새에 나는 집에 앉
았고 유다의 장로들은 내 앞에 앉아 있는데
주 여호와의 권능이 거기에서 내게 내리기로
2 내가 보니 불 같은 형상이 있더라 그 허리 아
래의 모양은 불 같고 허리 위에는 광채가 나서
단 쇠 같은데 1:4,27
3 그가 손 같은 것을 펴서 내 머리털 한 모숨을
잡으며 주의 영이 나를 들어 천지 사이로 올리
시고 하나님의 환상 가운데에 나를 이끌어 예
루살렘으로 가서 안뜰로 들어가는 북향한 문
에 이르시니 거기에는 질투의 우상 곧 질투를
일어나게 하는 우상의 자리가 있는 곳이라
4 이스라엘 하나님의 영광이 거기에 있는데 내
가 들에서 본 모습과 같더라
5 ●그가 내게 이르시되 인자야 이제 너는 눈을
들어 북쪽을 바라보라 하시기로 내가 눈을 들
어 북쪽을 바라보니 제단문 어귀 북쪽에 그 질
투의 우상이 있더라
6 그가 또 내게 이르시되 인자야 이스라엘 족속
이 행하는 일을 보느냐 그들이 여기에서 크게
가증한 일을 행하여 나로 내 성소를 멀리 떠나
게 하느니라 너는 다시 다른 큰 가증한 일을
보리라 하시더라
7 그가 나를 이끌고 뜰 문에 이르시기로 내가 본
즉 담에 구멍이 있더라
8 그가 내게 이르시되 인자야 너는 이 담을 헐라
하시기로 내가 그 담을 허니 한 문이 있더라
9 또 내게 이르시되 들어가서 그들이 거기에서
행하는 가증하고 악한 일을 보라 하시기로
10 내가 들어가 보니 각양 곤충과 가증한 짐승과
이스라엘 족속의 모든 우상을 그 사방 벽에 그
렸고
11 이스라엘 족속의 장로 중 칠십 명이 그 앞에
섰으며 사반의 아들 야아사냐도 그 가운데에
섰고 각기 손에 향로를 들었는데 향연이 구름
같이 오르더라
12 또 내게 이르시되 인자야 이스라엘 족속의 장
로들이 각각 그 우상의 방안 어두운 가운데에
서 행하는 것을 네가 보았느냐 그들이 이르기
를 여호와께서 우리를 보지 아니하시며 여호
와께서 이 땅을 버리셨다 하느니라 9:9
13 또 내게 이르시되 너는 다시 그들이 행하는 바
다른 큰 가증한 일을 보리라 하시더라
14 ●그가 또 나를 데리고 여호와의 전으로 들어
가는 북문에 이르시기로 보니 거기에 여인들

" 'Then they will know that I am the LORD.' "

Idolatry in the Temple

8 In the sixth year, in the sixth month on
the fifth day, while I was sitting in my
house and the elders of Judah were sitting
before me, the hand of the Sovereign LORD
2 came on me there. ●I looked, and I saw a fig-
ure like that of a man. [a]From what appeared
to be his waist down he was like fire, and
from there up his appearance was as bright
3 as glowing metal. ●He stretched out what
looked like a hand and took me by the hair
of my head. The Spirit lifted me up between
earth and heaven and in visions of God he
took me to Jerusalem, to the entrance of the
north gate of the inner court, where the idol
4 that provokes to jealousy stood. ●And there
before me was the glory of the God of Israel,
as in the vision I had seen in the plain.
5 ●Then he said to me, "Son of man, look
toward the north." So I looked, and in the
entrance north of the gate of the altar I saw
this idol of jealousy.
6 ●And he said to me, "Son of man, do you
see what they are doing—the utterly de-
testable things the Israelites are doing here,
things that will drive me far from my sanc-
tuary? But you will see things that are even
more detestable."
7 ●Then he brought me to the entrance to
the court. I looked, and I saw a hole in the
8 wall. ●He said to me, "Son of man, now dig
into the wall." So I dug into the wall and
saw a doorway there.
9 ●And he said to me, "Go in and see the
wicked and detestable things they are do-
10 ing here." ●So I went in and looked, and I
saw portrayed all over the walls all kinds of
crawling things and unclean animals and
11 all the idols of Israel. ●In front of them
stood seventy elders of Israel, and Jaazani-
ah son of Shaphan was standing among
them. Each had a censer in his hand, and a
fragrant cloud of incense was rising.
12 ●He said to me, "Son of man, have you
seen what the elders of Israel are doing in
the darkness, each at the shrine of his own
idol? They say, 'The LORD does not see us;
13 the LORD has forsaken the land.' " ●Again,
he said, "You will see them doing things
that are even more detestable."
14 ●Then he brought me to the entrance of

[a]2 Or *saw a fiery figure*

altar [ɔ́:ltər] *n.* 제단
censer [sénsər] *n.* 향로
court [kɔ:rt] *n.* 마당
crawl [krɔ:l] *vi.* 기어가다
detestable [ditéstəbl] *a.* 혐오할만한
elder [éldər] *n.* 장로
forsake [fərséik] *vt.* 버리다
fragrant [fréigrənt] *a.* 향기로운
glowing [glóuiŋ] *a.* 시뻘건
incense [ínsens] *n.* 향
portray [pɔ:rtréi] *vt.* 그리다
provoke [prəvóuk] *vt.* 불러일으키다
shrine [ʃrain] *n.* 사당, 성소
utterly [ʌtərli] *ad.* 완전히
vision [víʒən] *n.* 환상

8:3 **stretch out**: 내뻗치다, 내밀다
8:6 **drive A far from B**: A를 B에서 멀리 쫓아내다, 몰아내다
8:8 **dig into...**: …를 파들어가다
8:10 **all kinds of**: 온갖 종류의
8:11 **in front of...**: …의 앞에

이 앉아 담무스를 위하여 애곡하더라
15 그가 또 내게 이르시되 인자야 네가 그것을
보았느냐 너는 또 이보다 더 큰 가증한 일을
보리라 하시더라
16 ●그가 또 나를 데리고 여호와의 성전 안뜰
에 들어가시니라 보라 여호와의 성전 문 곧
현관과 제단 사이에서 약 스물다섯 명이 여
호와의 성전을 등지고 낯을 동쪽으로 향하
여 동쪽 태양에게 예배하더라 욥 31:26-27
17 또 내게 이르시되 인자야 네가 보았느냐 유
다 족속이 여기에서 행한 가증한 일을 적다
하겠느냐 그들이 그 땅을 폭행으로 채우고
또다시 내 노여움을 일으키며 심지어 나뭇
가지를 그 코에 두었느니라 16:26
18 그러므로 나도 분노로 갚아 불쌍히 여기지
아니하며 긍휼을 베풀지도 아니하리니 그
들이 큰 소리로 내 귀에 부르짖을지라도 내
가 듣지 아니하리라

예루살렘을 향하여 분노를 쏟으시다

9 또 그가 큰 소리로 내 귀에 외쳐 이르시되
이 성읍을 관할하는 자들이 각기 죽이는
무기를 손에 들고 나아오게 하라 하시더라
2 내가 보니 여섯 사람이 북향한 윗문 길로부
터 오는데 각 사람의 손에 죽이는 무기를 잡
았고 그 중의 한 사람은 가는 베옷을 입고
허리에 서기관의 먹 그릇을 찼더라 그들이
들어와서 놋 제단 곁에 서더라 계 15:6
3 ●그룹에 머물러 있던 이스라엘 하나님의
영광이 성전 문지방에 이르더니 여호와께
서 그 가는 베옷을 입고 서기관의 먹 그릇을
찬 사람을 불러
4 여호와께서 이르시되 너는 예루살렘 성읍
중에 순행하여 그 가운데에서 행하는 모든
가증한 일로 말미암아 탄식하며 우는 자의
이마에 [1]표를 그리라 하시고
5 그들에 대하여 내 귀에 이르시되 너희는 그
를 따라 성읍 중에 다니며 불쌍히 여기지 말
며 긍휼을 베풀지 말고 쳐서
6 늙은 자와 젊은 자와 처녀와 어린이와 여자
를 다 죽이되 이마에 표 있는 자에게는 가까
이하지 말라 내 성소에서 시작할지니라 하
시매 그들이 성전 앞에 있는 [2]늙은 자들로
부터 시작하더라
7 그가 또 그들에게 이르시되 너희는 성전을
더럽혀 시체로 모든 뜰에 채우라 너희는 나
가라 하시매 그들이 나가서 성읍 중에서 치
더라

the north gate of the house of the LORD, and I
saw women sitting there, mourning the god
15 Tammuz. ●He said to me, "Do you see this, son
of man? You will see things that are even more
detestable than this."
16 ●He then brought me into the inner court
of the house of the LORD, and there at the
entrance to the temple, between the portico
and the altar, were about twenty-five men.
With their backs toward the temple of the
LORD and their faces toward the east, they were
bowing down to the sun in the east.
17 ●He said to me, "Have you seen this, son of
man? Is it a trivial matter for the people of
Judah to do the detestable things they are
doing here? Must they also fill the land with
violence and continually arouse my anger?
Look at them putting the branch to their nose!
18 ●Therefore I will deal with them in anger; I
will not look on them with pity or spare them.
Although they shout in my ears, I will not listen
to them."

Judgment on the Idolaters

9 Then I heard him call out in a loud voice,
"Bring near those who are appointed to
execute judgment on the city, each with a
2 weapon in his hand." ●And I saw six men
coming from the direction of the upper gate,
which faces north, each with a deadly weapon
in his hand. With them was a man clothed in
linen who had a writing kit at his side. They
came in and stood beside the bronze altar.
3 ●Now the glory of the God of Israel went up
from above the cherubim, where it had been,
and moved to the threshold of the temple.
Then the LORD called to the man clothed in
4 linen who had the writing kit at his side ●and
said to him, "Go throughout the city of Jeru-
salem and put a mark on the foreheads of
those who grieve and lament over all the
detestable things that are done in it."
5 ●As I listened, he said to the others, "Follow
him through the city and kill, without show-
6 ing pity or compassion. ●Slaughter the old
men, the young men and women, the moth-
ers and children, but do not touch anyone
who has the mark. Begin at my sanctuary."
So they began with the old men who were in
front of the temple.
7 ●Then he said to them, "Defile the temple
and fill the courts with the slain. Go!" So they

1) 히브리어 문자 타우를 가리킴 2) 또는 장로

altar [ɔ́:ltər] *n.* 제단
compassion [kəmpǽʃən] *n.* 긍휼, 동정
deadly [dédli] *a.* 치명적인
defile [difáil] *vt.* 더럽히다
detestable [ditéstəbl] *a.* 혐오할만한
execute [éksikjù:t] *vt.* 집행하다
kit [kit] *n.* 나무통
portico [pɔ́:rtəkòu] *n.* 현관
sanctuary [sǽŋkʧuèri] *n.* 성소
slaughter [slɔ́:tər] *vt.* 학살하다
slay [slei] *vt.* 살해하다
spare [spɛər] *vt.* 용서하다
temple [témpl] *n.* 성전
threshold [θréʃhould] *n.* 문지방
trivial [tríviəl] *a.* 하찮은

8:16 bow down to...: …에게 절하다
8:17 fill A with B: A를 B로 채우다
8:18 deal with...: …를 대하다
9:4 put a mark: 표시하다
9:4 lament over...: …를 슬퍼하다, 애도하다
9:6 begin with...: …부터 시작하다

8 그들이 칠 때에 내가 홀로 있었는지라 엎드
려 부르짖어 이르되 아하 주 여호와여 예루
살렘을 향하여 분노를 쏟으시오니 이스라엘
의 남은 자를 모두 멸하려 하시나이까 11:13
9 ●그가 내게 이르시되 이스라엘과 유다 족속
의 죄악이 심히 중하여 그 땅에 피가 가득하
며 그 성읍에 불법이 찼나니 이는 그들이 이
르기를 여호와께서 이 땅을 버리셨으며 여호
와께서 보지 아니하신다 함이라
10 그러므로 내가 그들을 불쌍히 여기지 아니하
며 긍휼을 베풀지 아니하고 그들의 행위대로
그들의 머리에 갚으리라 하시더라
11 보라 가는 베옷을 입고 허리에 먹 그릇을 찬
사람이 복명하여 이르되 주께서 내게 명령하
신 대로 내가 준행하였나이다 하더라

여호와의 영광이 성전을 떠나시다

10 이에 내가 보니 그룹들 머리 위 궁창에
남보석 같은 것이 나타나는데 그들 위
에 보좌의 형상이 있는 것 같더라 1:22, 26
2 하나님이 가는 베옷을 입은 사람에게 말씀하
여 이르시되 너는 그룹 밑에 있는 바퀴 사이
로 들어가 그 속에서 숯불을 두 손에 가득히
움켜 가지고 성읍 위에 흩으라 하시매 그가
내 목전에서 들어가더라
3 그 사람이 들어갈 때에 그룹들은 성전 오른
쪽에 서 있고 구름은 안뜰에 가득하며
4 여호와의 영광이 그룹에서 올라와 성전 문지
방에 이르니 구름이 성전에 가득하며 여호와
의 영화로운 광채가 뜰에 가득하였고 1:28
5 그룹들의 날개 소리는 바깥뜰까지 들리는데
전능하신 하나님이 말씀하시는 음성 같더라
6 하나님이 가는 베옷을 입은 자에게 명령하시
기를 바퀴 사이 곧 그룹들 사이에서 불을 가
져가라 하셨으므로 그가 들어가 바퀴 옆에
서매
7 그 그룹이 그룹들 사이에서 손을 내밀어 그
그룹들 사이에 있는 불을 집어 가는 베옷을
입은 자의 손에 주매 그가 받아 가지고 나가
는데
8 그룹들의 날개 밑에 사람의 손 같은 것이 나
타나더라 1:8
9 ●내가 보니 그룹들 곁에 네 바퀴가 있는데
이 그룹 곁에도 한 바퀴가 있고 저 그룹 곁에
도 한 바퀴가 있으며 그 바퀴 모양은 황옥 같
으며
10 그 모양은 넷이 꼭 같은데 마치 바퀴 안에 바
퀴가 있는 것 같으며

went out and began killing throughout the
8 city. ●While they were killing and I was left
alone, I fell facedown, crying out, "Alas, Sov-
ereign LORD! Are you going to destroy the
entire remnant of Israel in this outpouring
of your wrath on Jerusalem?"
9 ●He answered me, "The sin of the people of
Israel and Judah is exceedingly great; the
land is full of bloodshed and the city is full of
injustice. They say, 'The LORD has forsaken the
10 land; the LORD does not see.' ●So I will not
look on them with pity or spare them, but I
will bring down on their own heads what
they have done."
11 ●Then the man in linen with the writing
kit at his side brought back word, saying, "I
have done as you commanded."

God's Glory Departs From the Temple

10 I looked, and I saw the likeness of a
throne of lapis lazuli above the vault
that was over the heads of the cherubim.
2 ●The LORD said to the man clothed in linen,
"Go in among the wheels beneath the cheru-
bim. Fill your hands with burning coals from
among the cherubim and scatter them over
the city." And as I watched, he went in.
3 ●Now the cherubim were standing on the
south side of the temple when the man went
4 in, and a cloud filled the inner court. ●Then
the glory of the LORD rose from above the
cherubim and moved to the threshold of the
temple. The cloud filled the temple, and the
court was full of the radiance of the glory of
5 the LORD. ●The sound of the wings of the
cherubim could be heard as far away as the
outer court, like the voice of God Almighty[a]
when he speaks.
6 ●When the LORD commanded the man in
linen, "Take fire from among the wheels,
from among the cherubim," the man went in
7 and stood beside a wheel. ●Then one of the
cherubim reached out his hand to the fire
that was among them. He took up some of it
and put it into the hands of the man in linen,
8 who took it and went out. ●(Under the wings
of the cherubim could be seen what looked
like human hands.)
9 ●I looked, and I saw beside the cherubim
four wheels, one beside each of the cherubim;
10 the wheels sparkled like topaz. ●As for their
appearance, the four of them looked alike;

[a]5 Hebrew *El-Shaddai*

almighty [ɔ:lmáiti] *a.* 전능한	**forsake** [fərséik] *vt.* 버리다	**remnant** [rémnənt] *n.* 나머지
appearance [əpíərəns] *n.* 생김새	**injustice** [indʒʌ́stis] *n.* 불법, 부정	**sovereign** [sávərin] *a.* 주권을 가진
cherubim [tʃérəbim] *n.* 천사, 그룹	**likeness** [láiknis] *n.* 닮은 것	**sparkle** [spá:rkl] *vi.* 빛나다
court [kɔ:rt] *n.* 안뜰	**outpouring** [áutpɔ̀:riŋ] *n.* 쏟아져 나옴	**throne** [θroun] *n.* 왕좌
exceedingly [iksí:diŋli] *ad.* 대단히	**radiance** [réidiəns] *n.* 광채	**vault** [vɔ:lt] *n.* 창공
9:10 **bring down**: (재앙, 죄 등)가져오다	10:4 **be full of...**: …로 가득차다	10:10 **as for...**: …에 관해서는
10:2 **scatter A over B**: A를 B에 흩뿌리다	10:7 **reach out A to B**: A를 B에까지 뻗다	10:10 **look alike...**: …같아 보이다

11 그룹들이 나아갈 때에는 사방으로 몸을 돌리
지 아니하고 나아가되 몸을 돌리지 아니하고
그 머리 향한 곳으로 나아가며
12 그 온몸과 등과 손과 날개와 바퀴 곧 네 그룹
의 바퀴의 둘레에 다 눈이 가득하더라
13 내가 들으니[1] 그 바퀴들을 도는 것이라 부르며
14 그룹들에게는 각기 네 면이 있는데 첫째 면
은 그룹의 얼굴이요 둘째 면은 사람의 얼굴
이요 셋째는 사자의 얼굴이요 넷째는 독수리
의 얼굴이더라
15 ● 그룹들이 올라가니 그들은 내가 그발 강가
에서 보던 생물이라
16 그룹들이 나아갈 때에는 바퀴도 그 곁에서
나아가고 그룹들이 날개를 들고 땅에서 올라
가려 할 때에도 바퀴가 그 곁을 떠나지 아니
하며
17 그들이 서면 이들도 서고 그들이 올라가면
이들도 함께 올라가니 이는 생물의 영이 바
퀴 가운데에 있음이더라
18 ● 여호와의 영광이 성전 문지방을 떠나서 그
룹들 위에 머무르니
19 그룹들이 날개를 들고 내 눈앞의 땅에서 올
라가는데 그들이 나갈 때에 바퀴도 그 곁에
서 함께하더라 그들이 여호와의 전으로 들어
가는 동문에 머물고 이스라엘 하나님의 영광
이 그 위에 덮였더라
20 ● 그것은 내가 그발 강가에서 보던 이스라엘
의 하나님 아래에 있던 생물이라 그들이 그
룹인 줄을 내가 아니라
21 각기 네 얼굴과 네 날개가 있으며 날개 밑에
는 사람의 손 형상이 있으니 1:6, 8
22 그 얼굴의 형상은 내가 그발 강가에서 보던
얼굴이며 그 모양과 그 몸도 그러하며 각기
곧게 앞으로 가더라

예루살렘이 심판을 받다 (♪ 387장) — B.C. 592년경

11 그때에 주의 영이 나를 들어 올려서 여호
와의 전 동문 곧 동향한 문에 이르시기로
보니 그 문에 사람이 스물다섯 명이 있는데
내가 그 중에서 앗술의 아들 야아사냐와 브
나야의 아들 블라댜를 보았으니 그들은 백성
의 고관이라
2 그가 내게 이르시되 인자야 이 사람들은 불
의를 품고 이 성중에서 악한 꾀를 꾸미는 자
니라
3 그들의 말이 집 건축할 때가 가깝지 아니한
즉 이 성읍은 가마가 되고 우리는 고기가 된
다 하나니

each was like a wheel intersecting a wheel.
11 ● As they moved, they would go in any one of
the four directions the cherubim faced; the
wheels did not turn about[a] as the cherubim
went. The cherubim went in whatever direc-
tion the head faced, without turning as they
12 went. ● Their entire bodies, including their
backs, their hands and their wings, were
completely full of eyes, as were their four
13 wheels. ● I heard the wheels being called "the
14 whirling wheels." ● Each of the cherubim had
four faces: One face was that of a cherub, the
second the face of a human being, the third
the face of a lion, and the fourth the face of
an eagle.
15 ● Then the cherubim rose upward. These
were the living creatures I had seen by the
16 Kebar River.● When the cherubim moved, the
wheels beside them moved; and when the
cherubim spread their wings to rise from the
ground, the wheels did not leave their side.
17 ● When the cherubim stood still, they also
stood still; and when the cherubim rose, they
rose with them, because the spirit of the living
creatures was in them.
18 ● Then the glory of the LORD departed from
over the threshold of the temple and stopped
19 above the cherubim. ● While I watched, the
cherubim spread their wings and rose from
the ground, and as they went, the wheels
went with them. They stopped at the entrance
of the east gate of the LORD's house, and the
glory of the God of Israel was above them.
20 ● These were the living creatures I had seen
beneath the God of Israel by the Kebar Ri-
ver, and I realized that they were cherubim.
21 ● Each had four faces and four wings, and
under their wings was what looked like
22 human hands. ● Their faces had the same
appearance as those I had seen by the Kebar
River. Each one went straight ahead.

God's Sure Judgment on Jerusalem

11 Then the Spirit lifted me up and
brought me to the gate of the house of
the LORD that faces east. There at the entrance
of the gate were twenty-five men, and I saw
among them Jaazaniah son of Azzur and
Pelatiah son of Benaiah, leaders of the people.
2 ● The LORD said to me, "Son of man, these are
the men who are plotting evil and giving
3 wicked advice in this city. ● They say, 'Haven't

[a] 11 Or *aside*　1) 그 바퀴들에게 돌라 하며

advice [ædváis] *n.* 충고, 꾀
appearance [əpíərəns] *n.* 생김새
cherub [tʃérəb] *n.* 케루빔, 천사
creature [kríːtʃər] *n.* 생물
depart [dipáːrt] *vi.* 떠나다
direction [dirékʃən] *n.* 방향
entire [intáiər] *a.* 전체의
face [feis] *vt.* 직면하다
intersect [intərsékt] *vt.* 교차하다
plot [plat] *vt.* 음모하다
spirit [spírit] *n.* 영혼
temple [témpl] *n.* 성전
threshold [θréʃhould] *n.* 문지방
whirl [hwəːrl] *vi.* 핑핑 돌다
wicked [wíkid] *a.* 사악한

10:11 turn about: 빙 돌다
10:12 full of...: …로 가득찬
10:14 each of...: …의 각각
10:16 rise from...: …에서 오르다
10:17 stand still: 가만히 서 있다
10:21 look like...: …처럼 보이다

4 그러므로 인자야 너는 그들을 쳐서 예언하고
예언할지니라
5 ● 여호와의 영이 내게 임하여 이르시되 너는
말하기를 여호와의 말씀에 이스라엘 족속아
너희가 이렇게 말하였도다 너희 마음에서 일
어나는 것을 내가 다 아노라 2:2
6 너희가 이 성읍에서 많이 죽여 그 거리를 시
체로 채웠도다
7 그러므로 주 여호와께서 이같이 말씀하셨느
니라 이 성읍 중에서 너희가 죽인 시체는 그
고기요 이 성읍은 그 가마인데 너희는 그 가
운데에서 끌려 나오리라
8 나 주 여호와가 말하노라 너희가 칼을 두려워
하니 내가 칼로 너희에게 이르게 하고
9 너희를 그 성읍 가운데에서 끌어내어 타국인
의 손에 넘겨 너희에게 벌을 내리리니
10 너희가 칼에 엎드러질 것이라 내가 이스라엘
변경에서 너희를 심판하리니 너희는 내가 여
호와인 줄을 알리라
11 이 성읍은 너희 가마가 되지 아니하고 너희는
그 가운데에 고기가 되지 아니할지라 내가 너
희를 이스라엘 변경에서 심판하리니 11:3
12 너희는 내가 여호와인 줄을 알리라 너희가 내
율례를 행하지 아니하며 규례를 지키지 아니
하고 너희 사방에 있는 이방인의 규례대로 행
하였느니라 하셨다 하라 11:10
13 이에 내가 예언할 때에 브나야의 아들 블라댜
가 죽기로 내가 엎드려 큰 소리로 부르짖어
이르되 오호라 주 여호와여 이스라엘의 남은
자를 다 멸절하고자 하시나이까 하니라 9:8

이스라엘의 회복을 이르시다

14 ● 여호와의 말씀이 내게 임하여 이르시되
15 인자야 예루살렘 주민이 네 형제 곧 네 형제와
친척과 온 이스라엘 족속을 향하여 이르기를 너
희는 여호와에게서 멀리 떠나라 이 땅은 우리에
게 주어 기업이 되게 하신 것이라 하였나니
16 그런즉 너는 말하기를 주 여호와의 말씀에 내가
비록 그들을 멀리 이방인 가운데로 쫓아내어 여
러 나라에 흩었으나 그들이 도달한 나라들에서
내가 잠깐 그들에게 성소가 되리라 하셨다 하고
17 너는 또 말하기를 주 여호와의 말씀에 내가
너희를 만민 가운데에서 모으며 너희를 흩은
여러 나라 가운데에서 모아 내고 이스라엘 땅
을 너희에게 주리라 하셨다 하라
18 그들이 그리로 가서 그 가운데의 모든 미운
물건과 모든 가증한 것을 제거하여 버릴지라
19 내가 그들에게 한마음을 주고 그 속에 새 영

our houses been recently rebuilt? This city
4 is a pot, and we are the meat in it.' ● There-
fore prophesy against them; prophesy, son
of man."
5 ● Then the Spirit of the LORD came on me,
and he told me to say: "This is what the LORD
says: That is what you are saying, you leaders
in Israel, but I know what is going through
6 your mind. ● You have killed many people
in this city and filled its streets with the dead.
7 ● "Therefore this is what the Sovereign
LORD says: The bodies you have thrown there
are the meat and this city is the pot, but I
8 will drive you out of it. ● You fear the sword,
and the sword is what I will bring against
9 you, declares the Sovereign LORD. ● I will
drive you out of the city and deliver you into
the hands of foreigners and inflict punish-
10 ment on you. ● You will fall by the sword,
and I will execute judgment on you at the
borders of Israel. Then you will know that
11 I am the LORD. ● This city will not be a pot
for you, nor will you be the meat in it; I will
execute judgment on you at the borders of
12 Israel. ● And you will know that I am the
LORD, for you have not followed my decrees
or kept my laws but have conformed to the
standards of the nations around you."
13 ● Now as I was prophesying, Pelatiah son
of Benaiah died. Then I fell facedown and
cried out in a loud voice, "Alas, Sovereign
LORD! Will you completely destroy the rem-
nant of Israel?"

The Promise of Israel's Return

14 ● The word of the LORD came to me:
15 ● "Son of man, the people of Jerusalem have
said of your fellow exiles and all the other
Israelites, 'They are far away from the LORD;
this land was given to us as our possession.'
16 ● "Therefore say: 'This is what the Sover-
eign LORD says: Although I sent them far
away among the nations and scattered them
among the countries, yet for a little while I
have been a sanctuary for them in the coun-
tries where they have gone.'
17 ● "Therefore say: 'This is what the Sover-
eign LORD says: I will gather you from the
nations and bring you back from the coun-
tries where you have been scattered, and I
will give you back the land of Israel again.'
18 ● "They will return to it and remove all
19 its vile images and detestable idols. ● I will

border [bɔ́:rdər] *n.* 국경
decree [dikríː] *n.* 규례
detestable [ditéstəbl] *a.* 혐오스러운
execute [éksikjùːt] *vt.* 집행하다
exile [égzail] *n.* 포로
possession [pəzéʃən] *n.* 소유물
pot [pat] *n.* 가마, 항아리
prophesy [práfəsài] *vi.* 예언하다
punishment [pʌ́niʃmənt] *n.* 형벌
remnant [rémnənt] *n.* 나머지
sanctuary [sǽŋktʃuèri] *n.* 성소
scatter [skǽtər] *vt.* 흩어지게 하다
sovereign [sávərin] *a.* 주권을 가진
sword [sɔːrd] *n.* 검
vile [vail] *a.* 상스러운, 몹시 나쁜

11:6 fill A with B: A를 B로 채우다
11:7 drive out of...: …에서 몰아내다
11:9 inflict A on B: B에게 A를 가하다
11:12 conform to...: …에 따르다
11:13 fall facedown: 얼굴을 숙여 엎드리다
11:16 for a little while: 잠깐 동안, 잠시

을 주며 그 몸에서 돌 같은 마음을 제거하고
살처럼 부드러운 마음을 주어
20 내 율례를 따르며 내 규례를 지켜 행하게 하
리니 그들은 내 백성이 되고 나는 그들의 하
나님이 되리라 렘 32:38
21 그러나 미운 것과 가증한 것을 마음으로 따
르는 자는 내가 그 행위대로 그 머리에 갚으
리라 나 주 여호와의 말이니라

여호와의 영광이 떠나시다

22 ●그때에 그룹들이 날개를 드는데 바퀴도 그
곁에 있고 이스라엘 하나님의 영광도 그 위
에 덮였더니
23 여호와의 영광이 성읍 가운데에서부터 올라
가 성읍 동쪽 산에 머무르고
24 주의 영이 나를 들어 하나님의 영의 환상 중에
데리고 갈대아에 있는 사로잡힌 자 중에 이르
시더니 내가 본 환상이 나를 떠나 올라간지라
25 내가 사로잡힌 자에게 여호와께서 내게 보이
신 모든 일을 말하니라

포로가 될 것을 나타내는 상징행위

12 또 여호와의 말씀이 내게 임하여 이르시
되
2 인자야 네가 반역하는 족속 중에 거주하는
도다 그들은 볼 눈이 있어도 보지 아니하고
들을 귀가 있어도 듣지 아니하나니 그들은
반역하는 족속임이라
3 인자야 너는 [1]포로의 행장을 꾸리고 낮에 그
들의 목전에서 끌려가라 네가 네 처소를 다른
곳으로 옮기는 것을 그들이 보면 비록 반역하
는 족속이라도 혹 생각이 있으리라 렘 39:4
4 너는 낮에 그들의 목전에서 네 포로의 행장
을 밖에 내놓기를 끌려가는 포로의 행장같이
하고 저물 때에 너는 그들의 목전에서 밖으
로 나가기를 포로되어 가는 자같이 하라
5 너는 그들의 목전에서 성벽을 뚫고 그리로
따라 옮기되
6 캄캄할 때에 그들의 목전에서 어깨에 메고
나가며 얼굴을 가리고 땅을 보지 말지어다
이는 내가 너를 세워 이스라엘 족속에게 징
조가 되게 함이라 하시기로
7 내가 그 명령대로 행하여 낮에 나의 행장을 끌
려가는 포로의 행장같이 내놓고 저물 때에 내
손으로 성벽을 뚫고 캄캄할 때에 행장을 내다
가 그들의 목전에서 어깨에 메고 나가니라
8 ●이튿날 아침에 여호와의 말씀이 또 내게
임하여 이르시되
9 인자야 이스라엘 족속 곧 그 반역하는 족속

give them an undivided heart and put a new
spirit in them; I will remove from them their
heart of stone and give them a heart of flesh.
20 ●Then they will follow my decrees and be
careful to keep my laws. They will be my peo-
21 ple, and I will be their God. ●But as for those
whose hearts are devoted to their vile images
and detestable idols, I will bring down on
their own heads what they have done,
declares the Sovereign LORD."
22 ●Then the cherubim, with the wheels be-
side them, spread their wings, and the glory
23 of the God of Israel was above them. ●The
glory of the LORD went up from within the
city and stopped above the mountain east of
24 it. ●The Spirit lifted me up and brought me
to the exiles in Babylonia[a] in the vision given
by the Spirit of God.
Then the vision I had seen went up from
25 me, ●and I told the exiles everything the LORD
had shown me.

The Exile Symbolized

12 The word of the LORD came to me:
2 ●"Son of man, you are living among a
rebellious people. They have eyes to see but
do not see and ears to hear but do not hear,
for they are a rebellious people.
3 ●"Therefore, son of man, pack your belong-
ings for exile and in the daytime, as they
watch, set out and go from where you are to
another place. Perhaps they will understand,
4 though they are a rebellious people. ●During
the daytime, while they watch, bring out
your belongings packed for exile. Then in the
evening, while they are watching, go out like
5 those who go into exile. ●While they watch,
dig through the wall and take your belong-
6 ings out through it. ●Put them on your shoul-
der as they are watching and carry them out
at dusk. Cover your face so that you cannot
see the land, for I have made you a sign to the
Israelites."
7 ●So I did as I was commanded. During the
day I brought out my things packed for exile.
Then in the evening I dug through the wall
with my hands. I took my belongings out at
dusk, carrying them on my shoulders while
they watched.
8 ●In the morning the word of the LORD came
9 to me: ●"Son of man, did not the Israelites, that
rebellious people, ask you, 'What are you doing?'

[a]24 Or *Chaldea* 1) 포로의 기구

belonging [bilɔ́:ŋiŋ] *n.* 소유물, 재산
cherubim [tʃérəbim] *n.* 천사, 그룹
command [kəmǽnd] *vt.* 명령하다
daytime [déitàim] *n.* 낮
declare [diklέər] *vt.* 선언하다
decree [dikrí:] *n.* 규례
detestable [ditéstəbl] *a.* 혐오스러운
flesh [fleʃ] *n.* 살, 육체
idol [áidl] *n.* 우상
pack [pæk] *vt.* 꾸리다
rebellious [ribéljəs] *a.* 반역하는
sovereign [sávərin] *a.* 주권을 가진
undivided [ʌ̀ndiváidid] *a.* 나눌 수 없는
vile [vail] *a.* 상스러운, 몹시 나쁜
vision [víʒən] *n.* 환상

11:19 remove from...: …로부터 제거하다
11:21 be devoted to...: …에 헌신하다
12:3 set out: 출발하다, 길을 떠나다
12:4 bring out: 내놓다
12:4 go into exile: 추방당한 몸이 되다
12:6 at dusk: 해질 무렵에

이 네게 묻기를 무엇을 하느냐 하지 아니하더냐
10 너는 그들에게 말하기를 주 여호와의 말씀에 이
것은 예루살렘 왕과 그 가운데에 있는 이스라엘
온 족속에 대한 묵시라 하셨다 하고
11 또 말하기를 나는 너희 징조라 내가 행한 대로
그들도 포로로 사로잡혀 가리라
12 무리가 성벽을 뚫고 행장을 그리로 가지고 나가
고 그 중에 왕은 어두울 때에 어깨에 행장을 메
고 나가며 눈으로 땅을 보지 아니하려고 자기
얼굴을 가리리라 하라 렘 39:4
13 내가 또 내 그물을 그의 위에 치고 내 올무에 걸
리게 하여 그를 끌고 갈대아 땅 바벨론에 이르
리니 그가 거기에서 죽으려니와 그 땅을 보지
못하리라
14 내가 그 호위하는 자와 부대들을 다 사방으로
흩고 또 그 뒤를 따라 칼을 빼리라
15 내가 그들을 이방인 가운데로 흩으며 여러 나라
가운데에 헤친 후에야 내가 여호와인 줄을 그들
이 알리라
16 그러나 내가 그 중 몇 사람을 남겨 칼과 기근과
전염병에서 벗어나게 하여 그들이 이르는 이방
인 가운데에서 자기의 모든 가증한 일을 자백하
게 하리니 내가 여호와인 줄을 그들이 알리라

떨면서 먹고 마시며 보이는 징조

17 ●여호와의 말씀이 또 내게 임하여 이르시되
18 인자야 너는 떨면서 네 음식을 먹고 놀라고 근
심하면서 네 물을 마시며
19 이 땅 백성에게 말하되 주 여호와께서 예루살렘
주민과 이스라엘 땅에 대하여 이르시기를 그들
이 근심하면서 그 음식을 먹으며 놀라면서 그
물을 마실 것은 이 땅 모든 주민의 포악으로 말
미암아 땅에 가득한 것이 황폐하게 됨이라
20 사람이 거주하는 성읍들이 황폐하며 땅이 적막
하리니 내가 여호와인 줄을 너희가 알리라 하셨
다 하라

속담과 묵시

21 ●여호와의 말씀이 또 내게 임하여 이르시되
22 인자야 이스라엘 땅에서 이르기를 날이 더디고
모든 묵시가 사라지리라 하는 너희의 이 속담이
어찌 됨이냐
23 그러므로 너는 그들에게 이르기를 주 여호와께서
이같이 말씀하시기를 내가 이 속담을 그치게 하
리니 사람이 다시는 이스라엘 가운데에서 이 속
담을 사용하지 못하리라 하셨다 하고 또 그들에
게 이르기를 날과 모든 묵시의 응함이 가까우니
24 이스라엘 족속 중에 허탄한 묵시나 아첨하는 복
술이 다시 있지 못하리라 하라 슥 13:2-4

10 ●"Say to them, 'This is what the Sover-
eign LORD says: This prophecy concerns
the prince in Jerusalem and all the
11 Israelites who are there.' ●Say to them, 'I
am a sign to you.'
"As I have done, so it will be done to
them. They will go into exile as captives.
12 ●"The prince among them will put his
things on his shoulder at dusk and leave,
and a hole will be dug in the wall for him
to go through. He will cover his face so
13 that he cannot see the land. ●I will spread
my net for him, and he will be caught in
my snare; I will bring him to Babylonia,
the land of the Chaldeans, but he will not
14 see it, and there he will die. ●I will scatter
to the winds all those around him—his
staff and all his troops—and I will pursue
them with drawn sword.
15 ●"They will know that I am the LORD,
when I disperse them among the nations
and scatter them through the countries.
16 ●But I will spare a few of them from the
sword, famine and plague, so that in the
nations where they go they may acknowl-
edge all their detestable practices. Then
they will know that I am the LORD."
17 ●The word of the LORD came to me:
18 ●"Son of man, tremble as you eat your
food, and shudder in fear as you drink
19 your water. ●Say to the people of the land:
'This is what the Sovereign LORD says
about those living in Jerusalem and in the
land of Israel: They will eat their food in
anxiety and drink their water in despair,
for their land will be stripped of every-
thing in it because of the violence of all
20 who live there. ●The inhabited towns will
be laid waste and the land will be desolate.
Then you will know that I am the LORD.' "

There Will Be No Delay

21 ●The word of the LORD came to me:
22 ●"Son of man, what is this proverb you
have in the land of Israel: 'The days go by
23 and every vision comes to nothing'? ●Say
to them, 'This is what the Sovereign LORD
says: I am going to put an end to this
proverb, and they will no longer quote it
in Israel.' Say to them, 'The days are near
24 when every vision will be fulfilled. ●For
there will be no more false visions or flat-
tering divinations among the people of

captive [kǽptiv] *n.* 포로
desolate [désələt] *a.* 황량한
despair [dispέər] *n.* 절망
disperse [dispə́:rs] *vt.* 흩어지게 하다
divination [dìvənéiʃən] *n.* 점
famine [fǽmin] *n.* 기근, 식량부족
flattering [flǽtəriŋ] *a.* 아첨하는
plague [pleig] *n.* 역병, 전염병
practice [prǽktis] *n.* 관습
prophecy [prάfəsi] *n.* 예언
proverb [prάvə:rb] *n.* 속담
quote [kwout] *vt.* 인용하다
scatter [skǽtər] *vt.* 흩어지게 하다
snare [snεər] *n.* 덫
troop [tru:p] *n.* 군대

12:12 go through...: …를 통과하다
12:16 spare from...: …을 피하게 해주다
12:19 say about...: …에 대해 말하다
12:19 because of...: …때문에
12:20 lay waste: 황폐하게 하다
12:22 come to nothing: 아무것도 안 되다

25 나는 여호와라 내가 말하리니 내가 하는 말이
다시는 더디지 아니하고 응하리라 반역하는 족
속이여 내가 너희 생전에 말하고 이루리라 나
주 여호와의 말이니라 하셨다 하라 단 9:12
26 ●여호와의 말씀이 또 내게 임하여 이르시되
27 인자야 이스라엘 족속의 말이 그가 보는 묵시
는 여러 날 후의 일이라 그가 멀리 있는 때에
대하여 예언하였다 하느니라
28 그러므로 너는 그들에게 이르기를 주 여호와의
말씀에 나의 말이 하나도 다시 더디지 아니할
지니 내가 한 말이 이루어지리라 나 주 여호와
의 말이니라 하셨다 하라

거짓 선지자의 종말 — B.C. 592년경

13 여호와의 말씀이 내게 임하여 이르시되
2 인자야 너는 이스라엘의 예언하는 선지자
들에게 경고하여 예언하되 자기 마음대로 예언
하는 자에게 말하기를 너희는 여호와의 말씀을
들으라
3 주 여호와의 말씀에 본 것이 없이 자기 심령을
따라 예언하는 어리석은 선지자에게 화가 있을
진저
4 이스라엘아 너의 선지자들은 황무지에 있는 여
우 같으니라
5 너희 선지자들이 성 무너진 곳에 올라가지도
아니하였으며 이스라엘 족속을 위하여 여호와
의 날에 전쟁에서 견디게 하려고 성벽을 수축
하지도 아니하였느니라
6 여호와께서 말씀하셨다고 하는 자들이 허탄한
것과 거짓된 점괘를 보며 사람들에게 그 말이
확실히 이루어지기를 바라게 하거니와 그들은
여호와가 보낸 자가 아니라
7 너희가 말하기는 여호와의 말씀이라 하여도 내
가 말한 것이 아닌즉 어찌 허탄한 묵시를 보며
거짓된 점괘를 말한 것이 아니냐
8 ●그러므로 주 여호와께서 이같이 말씀하셨느
니라 너희가 허탄한 것을 말하며 거짓된 것을
보았은즉 내가 너희를 치리라 주 여호와의 말
씀이니라
9 그 선지자들이 허탄한 묵시를 보며 거짓 것을
점쳤으니 내 손이 그들을 쳐서 내 백성의 공회
에 들어오지 못하게 하며 이스라엘 족속의 호
적에도 기록되지 못하게 하며 이스라엘 땅에도
들어가지 못하게 하리니 너희가 나를 여호와인
줄 알리라
10 이렇게 칠 것은 그들이 내 백성을 유혹하여 평
강이 없으나 평강이 있다 함이라 어떤 사람이
담을 쌓을 때에 그들이 회칠을 하는도다

25 Israel. ●But I the LORD will speak what I
will, and it shall be fulfilled without delay.
For in your days, you rebellious people, I
will fulfill whatever I say, declares the Sov-
ereign LORD.' "
26 ●The word of the LORD came to me:
27 ●"Son of man, the Israelites are saying, 'The
vision he sees is for many years from now,
and he prophesies about the distant future.'
28 ●"Therefore say to them, 'This is what
the Sovereign LORD says: None of my
words will be delayed any longer; whatev-
er I say will be fulfilled, declares the Sover-
eign LORD.' "

False Prophets Condemned

13 The word of the LORD came to me:
2 ●"Son of man, prophesy against the
prophets of Israel who are now prophesy-
ing. Say to those who prophesy out of their
own imagination: 'Hear the word of the
3 LORD! ●This is what the Sovereign LORD says:
Woe to the foolish[a] prophets who follow
their own spirit and have seen nothing!
4 ●Your prophets, Israel, are like jackals
5 among ruins. ●You have not gone up to the
breaches in the wall to repair it for the peo-
ple of Israel so that it will stand firm in the
6 battle on the day of the LORD. ●Their visions
are false and their divinations a lie. Even
though the LORD has not sent them, they
say, "The LORD declares," and expect him to
7 fulfill their words. ●Have you not seen false
visions and uttered lying divinations when
you say, "The LORD declares," though I have
not spoken?
8 ●" 'Therefore this is what the Sovereign
LORD says: Because of your false words and
lying visions, I am against you, declares the
9 Sovereign LORD. ●My hand will be against
the prophets who see false visions and utter
lying divinations. They will not belong to
the council of my people or be listed in the
records of Israel, nor will they enter the
land of Israel. Then you will know that I
am the Sovereign LORD.
10 ●" 'Because they lead my people astray,
saying, "Peace," when there is no peace,
and because, when a flimsy wall is built,
11 they cover it with whitewash, ●therefore
tell those who cover it with whitewash that
it is going to fall. Rain will come in torrents,

[a]3 Or *wicked*

breach [briːtʃ] *n.* 갈라진 틈
council [káunsəl] *n.* 회의
delay [diléi] *vt.* 지연시키다
divination [dìvənéiʃən] *n.* 점
flimsy [flímzi] *a.* 얇은
jackal [dʒǽkəl] *n.* 자칼(야생개)
prophesy [práfəsài] *vi.* 예언하다
prophet [práfit] *n.* 선지자
rebellious [ribéljəs] *a.* 반역하는
repair [ripέər] *vt.* 수리하다
ruin [rúːin] *n.* 폐허
sovereign [sávərin] *a.* 주권을 가진
utter [ʌ́tər] *vt.* 발언하다
vision [víʒən] *n.* 환상
whitewash [hwáitwɔ̀ːʃ] *n.* 수성 백색도료

13:2 out of...: …중에
13:3 woe to...: …에게 화가 미칠진저
13:5 stand firm: 꿋꿋이 서다
13:6 even though...: 비록 …일지라도
13:9 belong to...: …에 속하다
13:10 lead astray: 나쁜 길로 인도하다

11 그러므로 너는 회칠하는 자에게 이르기를 그
것이 무너지리라 폭우가 내리며 큰 우박덩이
가 떨어지며 폭풍이 몰아치리니 38:22
12 그 담이 무너진즉 어떤 사람이 너희에게 말하
기를 그것에 칠한 회가 어디 있느냐 하지 아니
하겠느냐
13 그러므로 나 주 여호와가 말하노라 내가 분노
하여 폭풍을 퍼붓고 내가 진노하여 폭우를 내
리고 분노하여 큰 우박 덩어리로 무너뜨리리라
14 회칠한 담을 내가 이렇게 허물어서 땅에 넘어
뜨리고 그 기초를 드러낼 것이라 담이 무너진
즉 너희가 그 가운데에서 망하리니 나를 여호
와인 줄 알리라
15 이와 같이 내가 내 노를 담과 회칠한 자에게
모두 이루고 또 너희에게 말하기를 담도 없어
지고 칠한 자들도 없어졌다 하리니
16 이들은 예루살렘에 대하여 예언하기를 평강이
없으나 평강의 묵시를 보았다고 하는 이스라
엘의 선지자들이니라 주 여호와의 말씀이니라

거짓말로 예언하는 여자들

17 ●너 인자야 너의 백성 중 자기 마음대로 예언
하는 여자들에게 경고하며 예언하여
18 이르기를 주 여호와의 말씀에 사람의 영혼을
사냥하려고 손목마다 부적을 꿰어 매고 키가
큰 자나 작은 자의 머리를 위하여 수건을 만드
는 여자들에게 화 있을진저 너희가 어찌하여
내 백성의 영혼은 사냥하면서 자기를 위하여는
영혼을 살리려 하느냐
19 너희가 두어 움큼 보리와 두어 조각 떡을 위하
여 나를 내 백성 가운데에서 욕되게 하여 거짓
말을 곧이 듣는 내 백성에게 너희가 거짓말을
지어내어 죽지 아니할 영혼을 죽이고 살지 못
할 영혼을 살리는도다
20 그러므로 나 주 여호와가 이같이 말하노라 너
희가 새를 사냥하듯 영혼들을 사냥하는 그 부
적을 내가 너희 팔에서 떼어 버리고 너희가 새
처럼 사냥한 그 영혼들을 놓아주며
21 또 너희 수건을 찢고 내 백성을 너희 손에서 건
지고 다시는 너희 손에 사냥물이 되지 아니하
게 하리니 내가 여호와인 줄을 너희가 알리라
22 내가 슬프게 하지 아니한 의인의 마음을 너희
가 거짓말로 근심하게 하며 너희가 또 악인의
손을 굳게 하여 그 악한 길에서 돌이켜 떠나
삶을 얻지 못하게 하였은즉 암 5:12
23 너희가 다시는 허탄한 묵시를 보지 못하고 점복
도 못할지라 내가 내 백성을 너희 손에서 건져
내리니 내가 여호와인 줄을 너희가 알리라 하라

and I will send hailstones hurtling down,
12 and violent winds will burst forth. •When
the wall collapses, will people not ask you,
"Where is the whitewash you covered it
with?"
13 •" 'Therefore this is what the Sovereign
LORD says: In my wrath I will unleash a vio-
lent wind, and in my anger hailstones and
torrents of rain will fall with destructive
14 fury. •I will tear down the wall you have
covered with whitewash and will level it to
the ground so that its foundation will be
laid bare. When it[a] falls, you will be des-
troyed in it; and you will know that I am
15 the LORD. •So I will pour out my wrath
against the wall and against those who
covered it with whitewash. I will say to
you, "The wall is gone and so are those who
16 whitewashed it, •those prophets of Israel
who prophesied to Jerusalem and saw
visions of peace for her when there was no
peace, declares the Sovereign LORD." '
17 •"Now, son of man, set your face against
the daughters of your people who prophesy
out of their own imagination. Prophesy
18 against them •and say, 'This is what the
Sovereign LORD says: Woe to the women
who sew magic charms on all their wrists
and make veils of various lengths for their
heads in order to ensnare people. Will you
ensnare the lives of my people but preserve
19 your own? •You have profaned me among
my people for a few handfuls of barley and
scraps of bread. By lying to my people, who
listen to lies, you have killed those who
should not have died and have spared those
who should not live.
20 •" 'Therefore this is what the Sovereign
LORD says: I am against your magic charms
with which you ensnare people like birds
and I will tear them from your arms; I will
set free the people that you ensnare like
21 birds. •I will tear off your veils and save my
people from your hands, and they will no
longer fall prey to your power. Then you
22 will know that I am the LORD. •Because you
disheartened the righteous with your lies,
when I had brought them no grief, and
because you encouraged the wicked not to
turn from their evil ways and so save their
23 lives, •therefore you will no longer see false
visions or practice divination. I will save my

[a]14 Or *the city*

barley [báːrli] *n.* 보리
collapse [kəlǽps] *vi.* 무너지다
dishearten [dishάːrtn] *vt.* 낙담시키다
ensnare [insnέər] *vt.* 덫에 걸리게 하다
fury [fjúəri] *n.* 격분, 격노
hailstone [héilstòun] *n.* 우박
level [lévəl] *vt.*(건물을) 쓰러뜨리다
magic charm [mǽdʒik tʃaːrm] *n.* 마법 부적
profane [prəféin] *vt.* 신성을 더럽히다
scrap [skrǽp] *n.* 먹다 남은 것
sew [sou] *vt.* 꿰매어 붙이다
spare [spεər] *vt.* 살려주다
torrent [tɔ́ːrənt] *n.* 급류
unleash [ʌnlíːʃ] *vt.* 풀어놓다
wrath [ræθ] *n.* 분노

13:11 burst forth: 갑자기 나타나다
13:14 tear down: (건물 등을) 헐다
13:14 lay bare: 발가벗기다
13:15 pour out: (감정 등을) 쏟아 놓다
13:20 set free: 자유하게 하다
13:21 no longer...: 더 이상 …아닌

여호와께서 우상 숭배를 심판하시다

14 이스라엘 장로 두어 사람이 나아와 내 앞에 앉으니
2 여호와의 말씀이 내게 임하여 이르시되
3 인자야 이 사람들이 자기 우상을 마음에 들이며 죄악의 걸림돌을 자기 앞에 두었으니 그들이 내게 묻기를 내가 조금인들 용납하랴
4 그런즉 너는 그들에게 말하여 이르라 나 주 여호와가 말하노라 이스라엘 족속 중에 그 우상을 마음에 들이며 죄악의 걸림돌을 자기 앞에 두고 선지자에게로 가는 모든 자에게 나 여호와가 그 우상의 수효대로 보응하리니
5 이는 이스라엘 족속이 다 그 우상으로 말미암아 나를 배반하였으므로 내가 그들이 마음먹은 대로 그들을 잡으려 함이라
6 ●그런즉 너는 이스라엘 족속에게 이르기를 주 여호와의 말씀에 너희는 마음을 돌이켜 우상을 떠나고 얼굴을 돌려 모든 가증한 것을 떠나라 사 2:20
7 이스라엘 족속과 이스라엘 가운데에 거류하는 외국인 중에 누구든지 나를 떠나고 자기 우상을 마음에 들이며 죄악의 걸림돌을 자기 앞에 두고 자기를 위하여 내게 묻고자 하여 선지자에게 가는 모든 자에게는 나 여호와가 친히 응답하여
8 그 사람을 대적하여 그들을 놀라움과 표징과 속담거리가 되게 하여 내 백성 가운데에서 끊으리니 내가 여호와인 줄을 너희가 알리라
9 만일 선지자가 유혹을 받고 말을 하면 나 여호와가 그 선지자를 유혹을 받게 하였음이거니와 내가 손을 펴서 내 백성 이스라엘 가운데에서 그를 멸할 것이라
10 선지자의 죄악과 그에게 묻는 자의 죄악이 같은즉 각각 자기의 죄악을 담당하리니
11 이는 이스라엘 족속이 다시는 미혹되어 나를 떠나지 아니하게 하며 다시는 모든 죄로 스스로 더럽히지 아니하게 하여 그들을 내 백성으로 삼고 나는 그들의 하나님이 되려 함이라 주 여호와의 말씀이니라 44:10

의인도 자기의 생명만 건지리라

12 ●여호와의 말씀이 또 내게 임하여 이르시되
13 인자야 가령 어떤 나라가 불법을 행하여 내게 범죄하므로 내가 손을 그 위에 펴서 그 의지하는 양식을 끊어 기근을 내려 사람과 짐승을 그 나라에서 끊는다 하자
14 비록 노아, 다니엘, 욥, 이 세 사람이 거기에 있을지라도 그들은 자기의 공의로 자기의 생

people from your hands. And then you will
know that I am the LORD.' "

Idolaters Condemned

14 Some of the elders of Israel came to me
2 and sat down in front of me. •Then
3 the word of the LORD came to me: •"Son of
man, these men have set up idols in their
hearts and put wicked stumbling blocks
before their faces. Should I let them inquire
4 of me at all? •Therefore speak to them and
tell them, 'This is what the Sovereign LORD
says: When any of the Israelites set up idols in
their hearts and put a wicked stumbling block
before their faces and then go to a prophet, I
the LORD will answer them myself in keeping
5 with their great idolatry. •I will do this to
recapture the hearts of the people of Israel,
who have all deserted me for their idols.'
6 •"Therefore say to the people of Israel,
'This is what the Sovereign LORD says: Repent!
Turn from your idols and renounce all your
detestable practices!
7 •" 'When any of the Israelites or any foreigner
residing in Israel separate themselves
from me and set up idols in their hearts and
put a wicked stumbling block before their
faces and then go to a prophet to inquire of
8 me, I the LORD will answer them myself. •I
will set my face against them and make them
an example and a byword. I will remove them
from my people. Then you will know that I
am the LORD.
9 •" 'And if the prophet is enticed to utter
a prophecy, I the LORD have enticed that
prophet, and I will stretch out my hand
against him and destroy him from among
10 my people Israel. •They will bear their
guilt—the prophet will be as guilty as the
11 one who consults him. •Then the people of
Israel will no longer stray from me, nor will
they defile themselves anymore with all their
sins. They will be my people, and I will be
their God, declares the Sovereign LORD.' "

Jerusalem's Judgment Inescapable

12-13 •The word of the LORD came to me: •"Son
of man, if a country sins against me by being
unfaithful and I stretch out my hand against
it to cut off its food supply and send famine
upon it and kill its people and their animals,
14 •even if these three men—Noah, Daniel[a] and
Job—were in it, they could save only them-

[a]14 Or *Danel*, a man of renown in ancient literature; also in verse 20

byword [báiwə̀:rd] *n.* (나쁜) 본보기
consult [kənsʌ́lt] *vt.* 의견을 묻다
defile [difáil] *vt.* 더럽히다
detestable [ditéstəbl] *a.* 혐오할만한
elder [éldər] *n.* 장로
entice [intáis] *vt.* 유혹하다
guilt [gilt] *n.* 죄
idolatry [aidálətri] *n.* 우상숭배
recapture [ri:kǽptʃər] *vt.* 되찾다
renounce [rináuns] *vt.* 포기하다
repent [ripént] *vi.* 회개하다
sovereign [sávərin] *a.* 주권을 가진
stumbling block [stʌ́mbliŋ blàk] *n.* 장애물
unfaithful [ʌnféiθfəl] *a.* 불성실한
utter [ʌtər] *vt.* 발언하다

14:4 in keeping with...: …에 상응하여
14:5 desert for...: …을 위해 포기하다
14:9 stretch out: 뻗다
14:11 stray from...: …로부터 떠나 길을 잃다
14:13 cut off: 끊다, 중단하다
14:14 even if...: 비록 …할지라도

명만 건지리라 나 주 여호와의 말이니라
15 가령 내가 사나운 짐승을 그 땅에 다니게 하여
그 땅을 황폐하게 하여 사람이 그 짐승 때문에
능히 다니지 못하게 한다 하자 5:17
16 비록 이 세 사람이 거기에 있을지라도 나의 삶
을 두고 맹세하노니 그들도 자녀는 건지지 못
하고 자기만 건지겠고 그 땅은 황폐하리라 주
여호와의 말씀이니라
17 가령 내가 칼이 그 땅에 임하게 하고 명령하기
를 칼아 그 땅에 돌아다니라 하고 내가 사람과
짐승을 거기에서 끊는다 하자 5:12
18 비록 이 세 사람이 거기에 있을지라도 나의 삶
을 두고 맹세하노니 그들도 자녀는 건지지 못하
고 자기만 건지리라 나 주 여호와의 말이니라
19 가령 내가 그 땅에 전염병을 내려 죽임으로 내
분노를 그 위에 쏟아 사람과 짐승을 거기에서
끊는다 하자 38:22
20 비록 노아, 다니엘, 욥이 거기에 있을지라도
나의 삶을 두고 맹세하노니 그들도 자녀는 건
지지 못하고 자기의 공의로 자기의 생명만 건
지리라 주 여호와의 말씀이니라
21 ●주 여호와께서 이같이 이르시되 내가 나의
네 가지 중한 벌 곧 칼과 기근과 사나운 짐승과
전염병을 예루살렘에 함께 내려 사람과 짐승을
그 중에서 끊으리니 그 해가 더욱 심하지 아니
하겠느냐
22 그러나 그 가운데에 피하는 자가 남아 있어 끌
려 나오리니 곧 자녀들이라 그들이 너희에게
로 나아오리니 너희가 그 행동과 소행을 보면
내가 예루살렘에 내린 재앙 곧 그 내린 모든
일에 대하여 너희가 위로를 받을 것이라
23 너희가 그 행동과 소행을 볼 때에 그들에 의해
위로를 받고 내가 예루살렘에서 행한 모든 일
이 이유 없이 한 것이 아닌 줄을 알리라 주 여
호와의 말씀이니라

불에 던질 땔감 같은 예루살렘 주민 (♪ 450장)

15 여호와의 말씀이 내게 임하여 이르시되
2 인자야 포도나무가 모든 나무보다 나은
것이 무엇이랴 숲 속의 여러 나무 가운데에 있
는 그 포도나무 가지가 나은 것이 무엇이랴
3 그 나무를 가지고 무엇을 제조할 수 있겠느냐 그
것으로 무슨 그릇을 걸 못을 만들 수 있겠느냐
4 불에 던질 땔감이 될 뿐이라 불이 그 두 끝을
사르고 그 가운데도 태웠으면 제조에 무슨 소
용이 있겠느냐 19:14
5 그것이 온전할 때에도 아무 제조에 합당하지
아니하였거든 하물며 불에 살라지고 탄 후에

selves by their righteousness, declares the
Sovereign LORD.
15 ●"Or if I send wild beasts through that
country and they leave it childless and it
becomes desolate so that no one can pass
16 through it because of the beasts, ●as surely
as I live, declares the Sovereign LORD, even if
these three men were in it, they could not
save their own sons or daughters. They
alone would be saved, but the land would
be desolate.
17 ●"Or if I bring a sword against that coun-
try and say, 'Let the sword pass throughout
the land,' and I kill its people and their
18 animals, ●as surely as I live, declares the Sov-
ereign LORD, even if these three men were in
it, they could not save their own sons or
daughters. They alone would be saved.
19 ●"Or if I send a plague into that land and
pour out my wrath on it through bloodshed,
20 killing its people and their animals, ●as sure-
ly as I live, declares the Sovereign LORD, even
if Noah, Daniel and Job were in it, they could
save neither son nor daughter. They would
save only themselves by their righteousness.
21 ●"For this is what the Sovereign LORD
says: How much worse will it be when I send
against Jerusalem my four dreadful judg-
ments—sword and famine and wild beasts
and plague—to kill its men and their ani-
22 mals! ●Yet there will be some survivors—
sons and daughters who will be brought out
of it. They will come to you, and when you
see their conduct and their actions, you will
be consoled regarding the disaster I have
brought on Jerusalem—every disaster I have
23 brought on it. ●You will be consoled when
you see their conduct and their actions, for
you will know that I have done nothing in
it without cause, declares the Sovereign
LORD."

Jerusalem as a Useless Vine

15 The word of the LORD came to me:
2 ●"Son of man, how is the wood of a
vine different from that of a branch from
3 any of the trees in the forest? ●Is wood ever
taken from it to make anything useful? Do
they make pegs from it to hang things on?
4 ●And after it is thrown on the fire as fuel
and the fire burns both ends and chars the
5 middle, is it then useful for anything? ●If it
was not useful for anything when it was
whole, how much less can it be made into

action [ǽkʃən] *n.* 행동
beast [biːst] *n.* 짐승
bloodshed [blʌ́dʃèd] *n.* 피흘림
branch [bræntʃ] *n.* 가지
char [tʃaːr] *vt.* 숯으로 만들다
childless [tʃáildlis] *a.* 아이가 없는, 적막한
conduct [kándʌkt] *n.* 행실
console [kənsóul] *vt.* 위로하다
desolate [désələt] *a.* 황량한
dreadful [drédfəl] *a.* 무서운
famine [fǽmin] *n.* 기근, 식량 부족
peg [peg] *n.* 못
plague [pleig] *n.* 역병, 전염병
survivor [sərváivər] *n.* 생존자
wrath [ræθ] *n.* 분노

14:16 as surely as...: …와 마찬가지로 틀림없이
14:23 without cause: 까닭없이
15:4 be useful for...: …에 유용하다
15:5 much less...: 하물며 …은 아니다
15:5 be made into...: …로 만들어지다

어찌 제조에 합당하겠느냐
6 그러므로 주 여호와께서 이같이 말씀하셨느
니라 내가 수풀 가운데에 있는 포도나무를
불에 던질 땔감이 되게 한 것같이 내가 예루
살렘 주민도 그같이 할지라
7 내가 그들을 대적한즉 그들이 그 불에서 나
와도 불이 그들을 사르리니 내가 그들을 대
적할 때에 내가 여호와인 줄 너희가 알리라
8 내가 그 땅을 황폐하게 하리니 이는 그들이
범법함이니라 나 주 여호와의 말이니라 하시
니라

가증한 예루살렘 — B.C. 592년경

16 또 여호와의 말씀이 내게 임하여 이르
시되
2 인자야 예루살렘으로 그 가증한 일을 알게
하여
3 이르기를 주 여호와께서 예루살렘에 관하여
이같이 말씀하시되 네 근본과 난 땅은 가나안
이요 네 아버지는 아모리 사람이요 네 어머니
는 헷 사람이라
4 네가 난 것을 말하건대 네가 날 때에 네 배꼽
줄을 자르지 아니하였고 너를 물로 씻어 정결
하게 하지 아니하였고 네게 소금을 뿌리지 아
니하였고 너를 강보로 싸지도 아니하였나니
5 아무도 너를 돌보아 이 중에 한 가지라도 네
게 행하여 너를 불쌍히 여긴 자가 없었으므로
네가 나던 날에 네 몸이 천하게 여겨져 네가
들에 버려졌느니라
6 ●내가 네 곁으로 지나갈 때에 네가 피투성
이가 되어 발짓하는 것을 보고 네게 이르기
를 너는 피투성이라도 살아 있으라 다시 이
르기를 너는 피투성이라도 살아 있으라 하고
7 내가 너를 들의 풀같이 많게 하였더니 네가
크게 자라고 심히 아름다우며 유방이 뚜렷하
고 네 머리털이 자랐으나 네가 여전히 벌거
벗은 알몸이더라
8 내가 네 곁으로 지나며 보니 네 때가 사랑을
할 만한 때라 내 옷으로 너를 덮어 벌거벗은
것을 가리고 네게 맹세하고 언약하여 너를
내게 속하게 하였느니라 나 주 여호와의 말
이니라
9 내가 물로 네 피를 씻어 없애고 네게 기름을
바르고
10 수놓은 옷을 입히고 물돼지 가죽신을 신기고
가는 베로 두르고 모시로 덧입히고
11 패물을 채우고 팔고리를 손목에 끼우고 목걸
이를 목에 걸고

something useful when the fire has burned
it and it is charred?
6 ●"Therefore this is what the Sovereign
LORD says: As I have given the wood of the
vine among the trees of the forest as fuel for
the fire, so will I treat the people living in
7 Jerusalem. ●I will set my face against them.
Although they have come out of the fire, the
fire will yet consume them. And when I set
my face against them, you will know that I
8 am the LORD. ●I will make the land desolate
because they have been unfaithful, declares
the Sovereign LORD."

Jerusalem as an Adulterous Wife

16 The word of the LORD came to me:
2 ●"Son of man, confront Jerusalem
3 with her detestable practices ●and say, 'This
is what the Sovereign LORD says to Jerusalem:
Your ancestry and birth were in the land of
the Canaanites; your father was an Amorite
4 and your mother a Hittite. ●On the day you
were born your cord was not cut, nor were
you washed with water to make you clean,
nor were you rubbed with salt or wrapped in
5 cloths. ●No one looked on you with pity or
had compassion enough to do any of these
things for you. Rather, you were thrown out
into the open field, for on the day you were
born you were despised.
6 ●" 'Then I passed by and saw you kicking
about in your blood, and as you lay there in
7 your blood I said to you, "Live!"[a] ●I made you
grow like a plant of the field. You grew and
developed and entered puberty. Your breasts
had formed and your hair had grown, yet
you were stark naked.
8 ●" 'Later I passed by, and when I looked at
you and saw that you were old enough for
love, I spread the corner of my garment over
you and covered your naked body. I gave you
my solemn oath and entered into a covenant
with you, declares the Sovereign LORD, and
you became mine.
9 ●" 'I bathed you with water and washed
the blood from you and put ointments on
10 you. ●I clothed you with an embroidered
dress and put sandals of fine leather on you. I
dressed you in fine linen and covered you
11 with costly garments. ●I adorned you with
jewelry: I put bracelets on your arms and a

[a]6 A few Hebrew manuscripts, Septuagint and Syriac; most Hebrew manuscripts repeat *and as you lay there in your blood I said to you, "Live!"*

adorn [ədɔ́:rn] *vt.* 치장하다
ancestry [ǽnsèstri] *n.* 기원
bracelet [bréislit] *n.* 팔찌
consume [kənsú:m] *vt.* 태워 버리다
cord [kɔ́:rd] *n.* 탯줄
costly [kɔ:stli] *a.* 값비싼
despise [dispáiz] *vt.* 경멸하다
detestable [ditéstəbl] *a.* 혐오스러운
embroider [imbrɔ́idər] *vt.* 수놓다
garment [gɑ́:rmənt] *n.* 옷, 의복
oath [ouθ] *n.* 서약
ointment [ɔ́intmənt] *n.* 연고
practice [prǽktis] *n.* 관습
puberty [pjú:bərti] *n.* 사춘기, 성숙기
solemn [sɑ́ləm] *a.* 엄숙한

16:2 confront A with B: A의 눈앞에 B를 들이대다
16:4 rub A with B: A를 B로 문지르다
16:5 enough to...: …하기에 족한
16:5 throw out: 내던지다, 버리다
16:8 pass by: 지나가다
16:8 enter into...: …를 맺다

12 코고리를 코에 달고 귀고리를 귀에 달고 화
려한 왕관을 머리에 씌웠나니
13 이와 같이 네가 금, 은으로 장식하고 가는 베
와 모시와 수놓은 것을 입으며 또 고운 밀가
루와 꿀과 기름을 먹음으로 극히 곱고 형통
하여 왕후의 지위에 올랐느니라 삼상 10:1
14 네 화려함으로 말미암아 네 명성이 이방인
중에 퍼졌음은 내가 네게 입힌 영화로 네 화
려함이 온전함이라 나 주 여호와의 말이니라
15 ●그러나 네가 네 화려함을 믿고 네 명성을
가지고 행음하되 지나가는 모든 자와 더불어
음란을 많이 행하므로 네 몸이 그들의 것이
되도다
16 네가 네 의복을 가지고 너를 위하여 각색으
로 산당을 꾸미고 거기에서 행음하였나니 이
런 일은 전무후무하니라
17 네가 또 내가 준 금, 은 장식품으로 너를 위
하여 남자 우상을 만들어 행음하며
18 또 네 수놓은 옷을 그 우상에게 입히고 나의
기름과 향을 그 앞에 베풀며 16:10
19 또 내가 네게 주어 먹게 한 내 음식물 곧 고
운 밀가루와 기름과 꿀을 네가 그 앞에 베풀
어 향기를 삼았나니 과연 그렇게 하였느니라
주 여호와의 말씀이니라
20 또 네가 나를 위하여 낳은 네 자녀를 그들에
게 데리고 가서 드려 제물로 삼아 불살랐느
니라 네가 네 음행을 작은 일로 여겨서
21 나의 자녀들을 죽여 우상에게 넘겨 [1]불 가운
데로 지나가게 하였느냐 렘 19:5
22 네가 어렸을 때에 벌거벗은 몸이었으며 피투
성이가 되어서 발짓하던 것을 기억하지 아니
하고 네가 모든 가증한 일과 음란을 행하였
느니라

방자한 음녀 예루살렘

23 ●주 여호와의 말씀이니라 너는 화 있을진저
화 있을진저 네가 모든 악을 행한 후에
24 너를 위하여 누각을 건축하며 모든 거리에
높은 대를 쌓았도다
25 네가 높은 대를 모든 길 어귀에 쌓고 네 아름
다움을 가증하게 하여 모든 지나가는 자에게
다리를 벌려 심히 음행하고
26 하체가 큰 네 이웃 나라 애굽 사람과도 음행
하되 심히 음란히 하여 내 진노를 샀도다
27 그러므로 내가 내 손을 네 위에 펴서 네 일용
할 양식을 감하고 너를 미워하는 블레셋 여
자 곧 네 더러운 행실을 부끄러워하는 자에
게 너를 넘겨 임의로 하게 하였거늘

12 necklace around your neck, •and I put a ring
on your nose, earrings on your ears and a
13 beautiful crown on your head. •So you were
adorned with gold and silver; your clothes
were of fine linen and costly fabric and
embroidered cloth. Your food was honey,
olive oil and the finest flour. You became
14 very beautiful and rose to be a queen. •And
your fame spread among the nations on
account of your beauty, because the splendor
I had given you made your beauty perfect,
declares the Sovereign LORD.
15 •" 'But you trusted in your beauty and used
your fame to become a prostitute. You lav-
ished your favors on anyone who passed by
16 and your beauty became his. •You took some
of your garments to make gaudy high places,
where you carried on your prostitution. You
went to him, and he possessed your beauty.[a]
17 •You also took the fine jewelry I gave you, the
jewelry made of my gold and silver, and you
made for yourself male idols and engaged in
18 prostitution with them. •And you took your
embroidered clothes to put on them, and you
19 offered my oil and incense before them. •Also
the food I provided for you—the flour, olive
oil and honey I gave you to eat—you offered
as fragrant incense before them. That is what
happened, declares the Sovereign LORD.
20 •" 'And you took your sons and daugh-
ters whom you bore to me and sacrificed
them as food to the idols. Was your prostitu-
21 tion not enough? •You slaughtered my chil-
22 dren and sacrificed them to the idols. •In all
your detestable practices and your prostitu-
tion you did not remember the days of your
youth, when you were naked and bare, kick-
ing about in your blood.
23 •" 'Woe! Woe to you, declares the Sovereign
LORD. In addition to all your other wickedness,
24 •you built a mound for yourself and made a
25 lofty shrine in every public square. •At every
street corner you built your lofty shrines and
degraded your beauty, spreading your legs
with increasing promiscuity to anyone who
26 passed by. •You engaged in prostitution with
the Egyptians, your neighbors with large
genitals, and aroused my anger with your
27 increasing promiscuity. •So I stretched out
my hand against you and reduced your terri-
tory; I gave you over to the greed of your ene-
mies, the daughters of the Philistines, who

[a]*16* The meaning of the Hebrew for this sentence is uncertain.

1) 화제를 삼았느냐

degrade [digréid] *vt.* 품위를 떨어뜨리다
gaudy [gɔ́:di] *a.* 저속한
genitals [dʒénitlz] *n.* 생식기
greed [gri:d] *n.* 탐욕
incense [ínsens] *n.* 향
lavish [lǽviʃ] *vt.* 아낌없이 주다
lofty [lɔ́:fti] *a.* 매우 높은
mound [maund] *n.* 고분, 토루
promiscuity [pràməskjú:əti] *n.* 난잡한 성행위
prostitute [prástətjù:t] *n.* 매춘
sacrifice [sǽkrəfàis] *vt.* 희생제물로 바치다
shrine [ʃrain] *n.* 사당
slaughter [slɔ́:tər] *vt.* 학살하다
splendor [spléndər] *n.* 빛남
territory [térətɔ̀:ri] *n.* 영토

16:14 **on account of...**: …때문에
16:16 **carry on**: (남녀가) 추잡한 관계를 맺다
16:17 **engage in...**: …에 관여하다
16:19 **provide for...**: …를 주다
16:23 **woe to...**: …에게 화가 있을진저
16:23 **in addition to...**: …에 더하여, 게다가

28 네가 음욕이 차지 아니하여 또 앗수르 사람
과 행음하고 그들과 행음하고도 아직도 부족
하게 여겨
29 [1]장사하는 땅 갈대아에까지 심히 행음하되
아직도 족한 줄을 알지 못하였느니라 23:14–17
30 ●주 여호와의 말씀이니라 네가 이 모든 일
을 행하니 이는 방자한 음녀의 행위라 네 마
음이 어찌 그리 약한지
31 네가 누각을 모든 길 어귀에 건축하며 높은
대를 모든 거리에 쌓고도 값을 싫어하니 창
기 같지도 아니하도다 16:24
32 그 남편 대신에 다른 남자들과 내통하여 간
음하는 아내로다
33 사람들은 모든 창기에게 선물을 주거늘 오직
너는 네 모든 정든 자에게 선물을 주며 값을
주어서 사방에서 와서 너와 행음하게 하니
34 네 음란함이 다른 여인과 같지 아니함은 행
음하려고 너를 따르는 자가 없음이며 또 네
가 값을 받지 아니하고 도리어 값을 줌이라
그런즉 다른 여인과 같지 아니하니라

예루살렘을 벌하시다

35 ●그러므로 너 음녀야 여호와의 말씀을 들을
지어다
36 주 여호와께서 이같이 말씀하셨느니라 네가
네 누추한 것을 쏟으며 네 정든 자와 행음함으
로 벗은 몸을 드러내며 또 가증한 우상을 위
하며 네 자녀의 피를 그 우상에게 드렸은즉
37 내가 너의 즐거워하는 정든 자와 사랑하던
모든 자와 미워하던 모든 자를 모으되 사방
에서 모아 너를 대적하게 할 것이요 또 네 벗
은 몸을 그 앞에 드러내 그들이 그것을 다 보
게 할 것이며
38 내가 또 간음하고 사람의 피를 흘리는 여인
을 심판함같이 너를 심판하여 진노의 피와
질투의 피를 네게 돌리고
39 내가 또 너를 그들의 손에 넘기리니 그들이
네 누각을 헐며 네 높은 대를 부수며 네 의복
을 벗기고 네 장식품을 빼앗고 네 몸을 벌거
벗겨 버려두며
40 무리를 데리고 와서 너를 돌로 치며 칼로 찌
르며
41 불로 네 집들을 사르고 여러 여인의 목전에서
너를 벌할지라 내가 너에게 곧 음행을 그치게
하리니 네가 다시는 값을 주지 아니하리라
42 그리한즉 나는 네게 대한 내 분노가 그치며
내 질투가 네게서 떠나고 마음이 평안하여
다시는 노하지 아니하리라

28 were shocked by your lewd conduct. ●You
engaged in prostitution with the Assyrians too,
because you were insatiable; and even after
29 that, you still were not satisfied. ●Then you
increased your promiscuity to include Babylo-
nia,[a] a land of merchants, but even with this
you were not satisfied.
30 ●" 'I am filled with fury against you,[b] de-
clares the Sovereign LORD, when you do all
these things, acting like a brazen prostitute!
31 ●When you built your mounds at every street
corner and made your lofty shrines in every
public square, you were unlike a prostitute,
because you scorned payment.
32 ●" 'You adulterous wife! You prefer
33 strangers to your own husband! ●All prosti-
tutes receive gifts, but you give gifts to all your
lovers, bribing them to come to you from
34 everywhere for your illicit favors. ●So in your
prostitution you are the opposite of others; no
one runs after you for your favors. You are the
very opposite, for you give payment and none
is given to you.
35 ●" 'Therefore, you prostitute, hear the word
36 of the LORD! ●This is what the Sovereign LORD
says: Because you poured out your lust and
exposed your naked body in your promiscu-
ity with your lovers, and because of all your
detestable idols, and because you gave them
37 your children's blood, ●therefore I am going
to gather all your lovers, with whom you
found pleasure, those you loved as well as
those you hated. I will gather them against
you from all around and will strip you in
front of them, and they will see you stark
38 naked. ●I will sentence you to the punish-
ment of women who commit adultery and
who shed blood; I will bring on you the blood
vengeance of my wrath and jealous anger.
39 ●Then I will deliver you into the hands of
your lovers, and they will tear down your
mounds and destroy your lofty shrines. They
will strip you of your clothes and take your
40 fine jewelry and leave you stark naked. ●They
will bring a mob against you, who will stone
you and hack you to pieces with their swords.
41 ●They will burn down your houses and inflict
punishment on you in the sight of many
women. I will put a stop to your prostitution,
and you will no longer pay your lovers.
42 ●Then my wrath against you will subside and

[a]29 Or *Chaldea* [b]30 Or *How feverish is your heart,*

1) 가나안 땅

adulterous [ədʌ́ltərəs] *a.* 간음하는
brazen [bréizn] *a.* 뻔뻔스러운
bribe [braib] *vt.* 뇌물을 주다
hack [hæk] *vt.* 난도질하다
illicit [illísit] *a.* 불법의
inflict [inflíkt] *vt.* 가하다
insatiable [inséiʃəbl] *a.* 만족할 줄 모르는
lewd [luːd] *a.* 외설의
mound [maund] *n.* 고분, 토루
promiscuity [prɑ̀məskjúːəti] *n.* 난잡한 성행위
prostitution [prɑ̀stətjúːʃən] *n.* 매춘
scorn [skɔːrn] *vt.* 경멸하다, 거절하다
sentence [séntəns] *vt.* 판결하다
subside [səbsáid] *vi.* 가라앉다
vengeance [véndʒəns] *n.* 복수

16:29 **be satisfied**: 만족하다
16:32 **prefer A to B**: B보다 A를 좋아하다
16:34 **run after...**: …를 따라가다, 뒤쫓다
16:36 **pour out**: 쏟다, 붓다
16:37 **A as well as B**: B뿐만 아니라 A도
16:41 **in the sight of...**: …의 눈앞에서

43 네가 어렸을 때를 기억하지 아니하고 이 모든
일로 나를 분노하게 하였은즉 내가 네 행위대
로 네 머리에 보응하리니 네가 이 음란과 네
모든 가증한 일을 다시는 행하지 아니하리라
주 여호와의 말씀이니라 시 78:42

그 어머니에 그 딸

44 ●속담을 말하는 자마다 네게 대하여 속담을
말하기를 어머니가 그러하면 딸도 그러하다
하리라
45 너는 그 남편과 자녀를 싫어한 어머니의 딸이
요 너는 그 남편과 자녀를 싫어한 형의 동생이
로다 네 어머니는 헷 사람이요 네 아버지는 아
모리 사람이며
46 네 형은 그 딸들과 함께 네 왼쪽에 거주하는
사마리아요 네 아우는 그 딸들과 함께 네 오른
쪽에 거주하는 소돔이라
47 네가 그들의 행위대로만 행하지 아니하며 그 가
증한 대로만 행하지 아니하고 그것을 적게 여겨
서 네 모든 행위가 그보다 더욱 부패하였도다
48 주 여호와의 말씀이니라 내가 나의 삶을 두고 맹
세하노니 네 아우 소돔 곧 그와 그의 딸들은 너
와 네 딸들의 행위같이 행하지 아니하였느니라
49 네 아우 소돔의 죄악은 이러하니 그와 그의 딸
들에게 교만함과 음식물의 풍족함과 태평함이
있음이며 또 그가 가난하고 궁핍한 자를 도와
주지 아니하며
50 거만하여 가증한 일을 내 앞에서 행하였음이라
그러므로 내가 보고 곧 그들을 없이 하였느니라
51 사마리아는 네 죄의 절반도 범하지 아니하였
느니라 네가 그들보다 가증한 일을 심히 행하
였으므로 네 모든 가증한 행위로 네 형과 아우
를 의롭게 하였느니라
52 네가 네 형과 아우를 유리하게 판단하였은즉
너도 네 수치를 담당할지니라 네가 그들보다
더욱 가증한 죄를 범하므로 그들이 너보다 의
롭게 되었나니 네가 네 형과 아우를 의롭게 하
였은즉 너는 놀라며 네 수치를 담당할지니라

소돔과 사마리아도 회복되리라

53 ●내가 그들의 사로잡힘 곧 소돔과 그의 딸들
의 사로잡힘과 사마리아와 그의 딸들의 사로
잡힘과 그들 중에 너의 사로잡힌 자의 사로잡
힘을 풀어 주어
54 네가 네 수욕을 담당하고 네가 행한 모든 일로
말미암아 부끄럽게 하리니 이는 네가 그들에
게 위로가 됨이라
55 네 아우 소돔과 그의 딸들이 옛 지위를 회복할
것이요 사마리아와 그의 딸들도 그의 옛 지위

my jealous anger will turn away from you; I
will be calm and no longer angry.
43 •" 'Because you did not remember the
days of your youth but enraged me with all
these things, I will surely bring down on
your head what you have done, declares the
Sovereign LORD. Did you not add lewdness
to all your other detestable practices?
44 •" 'Everyone who quotes proverbs will
quote this proverb about you: "Like mother,
45 like daughter." •You are a true daughter of
your mother, who despised her husband
and her children; and you are a true sister of
your sisters, who despised their husbands
and their children. Your mother was a Hit-
46 tite and your father an Amorite. •Your
older sister was Samaria, who lived to the
north of you with her daughters; and your
younger sister, who lived to the south of
47 you with her daughters, was Sodom. •You
not only followed their ways and copied
their detestable practices, but in all your
ways you soon became more depraved
48 than they. •As surely as I live, declares the
Sovereign LORD, your sister Sodom and her
daughters never did what you and your
daughters have done.
49 •" 'Now this was the sin of your sister
Sodom: She and her daughters were arro-
gant, overfed and unconcerned; they did
50 not help the poor and needy. •They were
haughty and did detestable things before
me. Therefore I did away with them as
51 you have seen. •Samaria did not commit
half the sins you did. You have done more
detestable things than they, and have made
your sisters seem righteous by all these
52 things you have done. •Bear your disgrace,
for you have furnished some justification
for your sisters. Because your sins were more
vile than theirs, they appear more righteous
than you. So then, be ashamed and bear
your disgrace, for you have made your sis-
ters appear righteous.
53 •" 'However, I will restore the fortunes of
Sodom and her daughters and of Samaria
and her daughters, and your fortunes along
54 with them, •so that you may bear your dis-
grace and be ashamed of all you have done
55 in giving them comfort. •And your sisters,
Sodom with her daughters and Samaria
with her daughters, will return to what they
were before; and you and your daughters

arrogant [ǽrəgənt] *a.* 거만한
commit [kəmít] *vt.* 범하다
depraved [dipréivd] *a.* 타락한
despise [dispáiz] *vt.* 경멸하다
detestable [ditéstəbl] *a.* 혐오할만한
disgrace [disgréis] *vt.* 수치스럽게 하다
furnish [fə́:rniʃ] *vt.* 공급하다
haughty [hɔ́:ti] *a.* 오만한
justification [dʒʌstəfikéiʃən] *n.* 정당화
overfeed [òuvərfí:d] *vt.* 너무 많이 먹이다
proverb [prάvə:rb] *n.* 잠언, 속담
quote [kwout] *vt.* 인용하다
restore [ristɔ́:r] *vt.* 회복시키다
unconcerned [ʌ̀nkənsə́:rnd] *a.* 무사태평한
vile [vail] *a.* 사악한, 상스러운

16:43 **enrage A with B**: B로 A를 격노시키다
16:48 **as surely as...**: …와 마찬가지로 틀림없이
16:50 **do away with...**: …를 없애다
16:53 **along with...**: …과 함께, 같이
16:54 **be ashamed of...**: …를 부끄러워하다

를 회복할 것이며 너와 네 딸들도 너희 옛 지
위를 회복할 것이니라
56 네가 교만하던 때에 네 아우 소돔을 네 입으
로 말하지도 아니하였나니
57 곧 네 악이 드러나기 전이며 아람의 딸들이
너를 능욕하기 전이며 너의 사방에 둘러 있
는 블레셋의 딸들이 너를 멸시하기 전이니라
58 네 음란과 네 가증한 일을 네가 담당하였느
니라 나 여호와의 말이니라
59 나 주 여호와가 이같이 말하노라 네가 맹세
를 멸시하여 언약을 배반하였은즉 내가 네
행한 대로 네게 행하리라

영원한 언약

60 ●그러나 내가 너의 어렸을 때에 너와 세운
언약을 기억하고 너와 영원한 언약을 세우리
라
61 네가 네 형과 아우를 접대할 때에 네 행위를
기억하고 부끄러워할 것이라 내가 그들을 네
게 딸로 주려니와 네 언약으로 말미암음이
아니니라
62 내가 네게 내 언약을 세워 내가 여호와인 줄
네가 알게 하리니
63 이는 내가 네 모든 행한 일을 용서한 후에 네
가 기억하고 놀라고 부끄러워서 다시는 입을
열지 못하게 하려 함이니라 주 여호와의 말
씀이니라

독수리와 포도나무의 비유 — B.C. 592년경

17 여호와의 말씀이 내게 임하여 이르시
되
2 인자야 너는 이스라엘 족속에게 수수께끼와
비유를 말하라
3 여호와께서 이같이 말씀하여 이르시되 색깔
이 화려하고 날개가 크고 깃이 길고 털이 숱
한 큰 독수리가 레바논에 이르러 백향목 높
은 가지를 꺾되
4 그 연한 가지 끝을 꺾어 가지고 [1]장사하는 땅
에 이르러 상인의 성읍에 두고
5 또 그 땅의 종자를 꺾어 옥토에 심되 수양버
들 가지처럼 큰 물가에 심더니
6 그것이 자라며 퍼져서 높지 아니한 포도나무
곧 굵은 가지와 가는 가지가 난 포도나무가
되어 그 가지는 독수리를 향하였고 그 뿌리
는 독수리 아래에 있었더라
7 ●또 날개가 크고 털이 많은 큰 독수리 하나
가 있었는데 그 포도나무가 이 독수리에게
물을 받으려고 그 심어진 두둑에서 그를 향
하여 뿌리가 뻗고 가지가 퍼졌도다

17:15

56 will return to what you were before. ●You
would not even mention your sister Sodom
57 in the day of your pride, ●before your wicked-
ness was uncovered. Even so, you are now
scorned by the daughters of Edom[a] and all
her neighbors and the daughters of the Phil-
istines — all those around you who despise
58 you. ●You will bear the consequences of
your lewdness and your detestable practices,
declares the LORD.
59 ●" 'This is what the Sovereign LORD says:
I will deal with you as you deserve, because
you have despised my oath by breaking the
60 covenant. ●Yet I will remember the covenant
I made with you in the days of your youth,
and I will establish an everlasting covenant
61 with you. ●Then you will remember your
ways and be ashamed when you receive your
sisters, both those who are older than you and
those who are younger. I will give them to
you as daughters, but not on the basis of my
62 covenant with you. ●So I will establish my
covenant with you, and you will know that I
63 am the LORD. ●Then, when I make atone-
ment for you for all you have done, you will
remember and be ashamed and never again
open your mouth because of your humilia-
tion, declares the Sovereign LORD.' "

Two Eagles and a Vine

17 The word of the LORD came to me:
2 ●"Son of man, set forth an allegory
3 and tell it to the Israelites as a parable. ●Say to
them, 'This is what the Sovereign LORD says: A
great eagle with powerful wings, long feath-
ers and full plumage of varied colors came
to Lebanon. Taking hold of the top of a cedar,
4 ●he broke off its topmost shoot and carried it
away to a land of merchants, where he plant-
ed it in a city of traders.
5 ●" 'He took one of the seedlings of the land
and put it in fertile soil. He planted it like a
6 willow by abundant water, ●and it sprouted
and became a low, spreading vine. Its branch-
es turned toward him, but its roots remained
under it. So it became a vine and produced
branches and put out leafy boughs.
7 ●" 'But there was another great eagle with
powerful wings and full plumage. The vine
now sent out its roots toward him from the
plot where it was planted and stretched out its

[a]57 Many Hebrew manuscripts and Syriac; most Hebrew manuscripts, Septuagint and Vulgate *Aram*

1) 가나안 땅에

abundant [əbʌ́ndənt] *a.* 풍족한
bough [bau] *n.* (나뭇)가지
cedar [síːdər] *n.* 백향목
consequence [kánsəkwèns] *n.* 결과
covenant [kʌ́vənənt] *n.* 언약
deserve [dizə́ːrv] *vt.* …할 만하다
despise [dispáiz] *vt.* 경멸하다
establish [istǽbliʃ] *vt.* 설립하다
lewdness [lúːdnis] *n.* 음탕함
mention [ménʃən] *vt.* 언급하다
parable [pǽrəbl] *n.* 비유
plumage [plúːmidʒ] *n.* 깃털
scorn [skɔːrn] *vt.* 경멸하다
sprout [spraut] *vi.* 싹이 트다
varied [vɛ́ərid] *a.* 여러 가지의

16:59 deal with...: …를 대하다
16:61 on the basis of...: …에 근거하여
16:63 make atonement for...: …를 속죄하다
17:2 set forth: 보이다, 진술하다
17:4 break off: 꺾어버리다
17:6 put out: 내밀다, (새싹이) 트다

8 그 포도나무를 큰 물가 옥토에 심은 것은 가지
를 내고 열매를 맺어서 아름다운 포도나무를
이루게 하려 하였음이라
9 너는 이르기를 주 여호와의 말씀에 그 나무가
능히 번성하겠느냐 이 독수리가 어찌 그 뿌리
를 빼고 열매를 따며 그 나무가 시들게 하지 아
니하겠으며 그 연한 잎사귀가 마르게 하지 아
니하겠느냐 많은 백성이나 강한 팔이 아니라도
그 뿌리를 뽑으리라
10 볼지어다 그것이 심어졌으나 번성하겠느냐 동
풍에 부딪힐 때에 아주 마르지 아니하겠느냐
그 자라던 두둑에서 마르리라 하셨다 하라

비유의 해석

11 ●여호와의 말씀이 또 내게 임하여 이르시되
12 너는 반역하는 족속에게 묻기를 너희가 이 비
유를 깨닫지 못하겠느냐 하고 그들에게 말하기
를 바벨론 왕이 예루살렘에 이르러 왕과 고관
을 사로잡아 바벨론 자기에게로 끌어가고
13 그 왕족 중에서 하나를 택하여 언약을 세우고
그에게 맹세하게 하고 또 그 땅의 능한 자들을
옮겨 갔나니
14 이는 나라를 낮추어 스스로 서지 못하고 그 언
약을 지켜야 능히 서게 하려 하였음이거늘
15 그가 사절을 애굽에 보내 말과 군대를 구함으로
바벨론 왕을 배반하였으니 형통하겠느냐 이런
일을 행한 자가 피하겠느냐 언약을 배반하고야
피하겠느냐
16 주 여호와의 말씀이니라 내가 나의 삶을 두고
맹세하노니 바벨론 왕이 그를 왕으로 세웠거
늘 그가 맹세를 저버리고 언약을 배반하였은
즉 그 왕이 거주하는 곳 바벨론에서 왕과 함께
있다가 죽을 것이라
17 대적이 토성을 쌓고 사다리를 세우고 많은 사람
을 멸절하려 할 때에 바로가 그 큰 군대와 많은
무리로도 그 전쟁에 그를 도와주지 못하리라
18 그가 이미 손을 내밀어 언약하였거늘 맹세를
업신여겨 언약을 배반하고 이 모든 일을 행하
였으니 피하지 못하리라
19 그러므로 주 여호와의 말씀이니라 내가 나의
삶을 두고 맹세하노니 그가 내 맹세를 업신여
기고 내 언약을 배반하였은즉 내가 그 죄를 그
머리에 돌리되
20 그 위에 내 그물을 치며 내 올무에 걸리게 하여
끌고 바벨론으로 가서 나를 반역한 그 반역을
거기에서 심판할지며
21 그 모든 군대에서 도망한 자들은 다 칼에 엎드
러질 것이요 그 남은 자는 사방으로 흩어지리

8 branches to him for water. ●It had been
planted in good soil by abundant water so
that it would produce branches, bear fruit
and become a splendid vine.'
9 ●"Say to them, 'This is what the Sover-
eign LORD says: Will it thrive? Will it not be
uprooted and stripped of its fruit so that it
withers? All its new growth will wither. It
will not take a strong arm or many people
10 to pull it up by the roots. ●It has been plant-
ed, but will it thrive? Will it not wither
completely when the east wind strikes it
—wither away in the plot where it grew?' "
11 ●Then the word of the LORD came to
12 me: ●"Say to this rebellious people, 'Do
you not know what these things mean?'
Say to them: 'The king of Babylon went to
Jerusalem and carried off her king and her
nobles, bringing them back with him to
13 Babylon. ●Then he took a member of the
royal family and made a treaty with him,
putting him under oath. He also carried
14 away the leading men of the land, ●so
that the kingdom would be brought low,
unable to rise again, surviving only by
15 keeping his treaty. ●But the king rebelled
against him by sending his envoys to Egypt
to get horses and a large army. Will he suc-
ceed? Will he who does such things escape?
Will he break the treaty and yet escape?
16 ●" 'As surely as I live, declares the Sover-
eign LORD, he shall die in Babylon, in the
land of the king who put him on the
throne, whose oath he despised and whose
17 treaty he broke. ●Pharaoh with his mighty
army and great horde will be of no help to
him in war, when ramps are built and
siege works erected to destroy many lives.
18 ●He despised the oath by breaking the
covenant. Because he had given his hand
in pledge and yet did all these things, he
shall not escape.
19 ●" 'Therefore this is what the Sovereign
LORD says: As surely as I live, I will repay
him for despising my oath and breaking
20 my covenant. ●I will spread my net for
him, and he will be caught in my snare. I
will bring him to Babylon and execute
judgment on him there because he was
21 unfaithful to me. ●All his choice troops will
fall by the sword, and the survivors will be
scattered to the winds. Then you will know
that I the LORD have spoken.

envoy [énvɔi] *n.* 사절, 사신
erect [irékt] *vt.* 세우다
noble [nóubl] *n.* 귀족
oath [ouθ] *n.* 맹세
pledge [pledʒ] *n.* 담보물, 저당물
plot [plat] *n.* 작은 구획의 땅
ramp [ramp] *n.* 경사로
rebellious [ribéljəs] *a.* 반역하는
siege [siːdʒ] *n.* 포위 공격
snare [snɛər] *n.* 덫, 올무
splendid [spléndid] *a.* 화려한, 멋진
thrive [θraiv] *vi.* 무성해지다
troop [truːp] *n.* 군대
uproot [ʌprúːt] *vt.* 뿌리째 뽑다
wither [wíðər] *vt.* 마르다

17:9 strip of...: …을 빼앗다
17:10 wither away: 시들다
17:12 carry off: 유괴하다, 채 가다
17:15 rebel against...: …에 반역하다
17:16 as surely as...: …와 마찬가지로 틀림없이
17:19 repay for...: …에 대해 보답하다

니 나 여호와가 이것을 말한 줄을 너희가
알리라

높은 나무를 낮추고

22 ●주 여호와께서 이같이 말씀하시되 내가
백향목 꼭대기에서 높은 가지를 꺾어다가
심으리라 내가 그 높은 새 가지 끝에서 연
한 가지를 꺾어 높고 우뚝 솟은 산에 심되
23 이스라엘 높은 산에 심으리니 그 가지가 무
성하고 열매를 맺어서 아름다운 백향목이
될 것이요 각종 새가 그 아래에 깃들이며
그 가지 그늘에 살리라
24 들의 모든 나무가 나 여호와는 높은 나무를
낮추고 낮은 나무를 높이며 푸른 나무를 말
리고 마른 나무를 무성하게 하는 줄 알리라
나 여호와는 말하고 이루느니라 하라

아버지의 죄악과 아들의 의 — B.C. 592년경

18 또 여호와의 말씀이 내게 임하여 이르
시되
2 너희가 이스라엘 땅에 관한 속담에 이르기
를 아버지가 신 포도를 먹었으므로 그의 아
들의 이가 시다고 함은 어찌 됨이냐
3 주 여호와의 말씀이니라 내가 나의 삶을 두
고 맹세하노니 너희가 이스라엘 가운데에
서 다시는 이 속담을 쓰지 못하게 되리라
4 모든 영혼이 다 내게 속한지라 아버지의 영
혼이 내게 속함같이 그의 아들의 영혼도 내
게 속하였나니 범죄하는 그 영혼은 죽으리라
5 ●사람이 만일 의로워서 정의와 공의를 따
라 행하며
6 산 위에서 제물을 먹지 아니하며 이스라엘
족속의 우상에게 눈을 들지 아니하며 이웃
의 아내를 더럽히지 아니하며 월경 중에 있
는 여인을 가까이하지 아니하며
7 사람을 학대하지 아니하며 빚진 자의 저당물
을 돌려주며 강탈하지 아니하며 주린 자에게
음식물을 주며 벗은 자에게 옷을 입히며
8 변리를 위하여 꾸어 주지 아니하며 이자를
받지 아니하며 스스로 손을 금하여 죄를 짓
지 아니하며 사람과 사람 사이에 진실하게
판단하며
9 내 율례를 따르며 내 규례를 지켜 진실하게
행할진대 그는 의인이니 반드시 살리라 주
여호와의 말씀이니라

암 5:4

10 ●가령 그가 아들을 낳았다 하자 그 아들이
이 모든 선은 하나도 행하지 아니하고 이 죄
악 중 하나를 범하여 강포하거나 살인하거나
11 산 위에서 제물을 먹거나 이웃의 아내를 더

22 ●" 'This is what the Sovereign LORD says: I
myself will take a shoot from the very top of a
cedar and plant it; I will break off a tender sprig
from its topmost shoots and plant it on a high
23 and lofty mountain. ●On the mountain heights
of Israel I will plant it; it will produce branches
and bear fruit and become a splendid cedar.
Birds of every kind will nest in it; they will find
24 shelter in the shade of its branches. ●All the
trees of the forest will know that I the LORD
bring down the tall tree and make the low tree
grow tall. I dry up the green tree and make the
dry tree flourish.

" 'I the LORD have spoken, and I will do it.' "

The One Who Sins Will Die

18 The word of the LORD came to me:
2 ●"What do you people mean by quot-
ing this proverb about the land of Israel:

" 'The parents eat sour grapes,
and the children's teeth are set on edge'?

3 ●"As surely as I live, declares the Sovereign
LORD, you will no longer quote this proverb in
4 Israel. ●For everyone belongs to me, the parent
as well as the child — both alike belong to me.
The one who sins is the one who will die.

5 ●"Suppose there is a righteous man
who does what is just and right.
6 ●He does not eat at the mountain shrines
or look to the idols of Israel.
He does not defile his neighbor's wife
or have sexual relations with a woman
during her period.
7 ●He does not oppress anyone,
but returns what he took in pledge for a
loan.
He does not commit robbery
but gives his food to the hungry
and provides clothing for the naked.
8 ●He does not lend to them at interest
or take a profit from them.
He withholds his hand from doing wrong
and judges fairly between two parties.
9 ●He follows my decrees
and faithfully keeps my laws.
That man is righteous;
he will surely live,
declares the Sovereign LORD.

10 ●"Suppose he has a violent son, who sheds
blood or does any of these other things[a]
11 ●(though the father has done none of them):

[a]10 *Or things to a brother*

decree [dikríː] *n.* 규례
defile [difáil] *vt.* 더럽히다
flourish [flə́ːriʃ] *vi.* 무성하게 자라다
loan [loun] *n.* 대부, 대출
lofty [lɔ́ːfti] *a.* 매우 높은
nest [nest] *vi.* 둥지를 치다
oppress [əprés] *vt.* 억압하다
period [píːəriəd] *n.* 월경
pledge [pledʒ] *n.* 담보물, 저당물
relation [riléiʃən] *n.* 관계
shelter [ʃéltər] *n.* 피난처
shoot [ʃuːt] *n.* 새로 나온 가지
splendid [spléndid] *a.* 화려한, 멋진
sprig [sprig] *n.* 작은 가지
topmost [tápmòust] *a.* 최고의

17:23 **bear fruit**: 열매를 맺다
18:4 **belong to...**: …에 속하다
18:6 **look to...**: …에 시선을 돌리다
18:7 **provide A for B**: A를 B에게 공급하다
18:8 **at interest**: 이자를 붙여서
18:8 **withhold A from B**: A를 B에서 억제하다

럽히거나
12 가난하고 궁핍한 자를 학대하거나 강탈하
거나 빚진 자의 저당물을 돌려주지 아니하
거나 우상에게 눈을 들거나 가증한 일을
행하거나
13 변리를 위하여 꾸어 주거나 이자를 받거나
할진대 그가 살겠느냐 결코 살지 못하리니
이 모든 가증한 일을 행하였은즉 반드시 죽
을지라 자기의 피가 자기에게로 돌아가리
라
14 ●또 가령 그가 아들을 낳았다 하자 그 아
들이 그 아버지가 행한 모든 죄를 보고 두
려워하여 그대로 행하지 아니하고
15 산 위에서 제물을 먹지도 아니하며 이스라
엘 족속의 우상에게 눈을 들지도 아니하며
이웃의 아내를 더럽히지도 아니하며
16 사람을 학대하지도 아니하며 저당을 잡지
도 아니하며 강탈하지도 아니하고 주린 자
에게 음식물을 주며 벗은 자에게 옷을 입히
며
17 손을 금하여 가난한 자를 압제하지 아니하
며 변리나 이자를 받지 아니하여 내 규례를
지키며 내 율례를 행할진대 이 사람은 그의
아버지의 죄악으로 죽지 아니하고 반드시
살겠고
18 그의 아버지는 심히 포학하여 그 동족을 강
탈하고 백성들 중에서 선을 행하지 아니하
였으므로 그는 그의 죄악으로 죽으리라
19 ●그런데 너희는 이르기를 아들이 어찌 아
버지의 죄를 담당하지 아니하겠느냐 하는
도다 아들이 정의와 공의를 행하며 내 모든
율례를 지켜 행하였으면 그는 반드시 살려
니와
20 범죄하는 그 영혼은 죽을지라 아들은 아버
지의 죄악을 담당하지 아니할 것이요 아버
지는 아들의 죄악을 담당하지 아니하리니
의인의 공의도 자기에게로 돌아가고 악인
의 악도 자기에게로 돌아가리라
21 ●그러나 악인이 만일 그가 행한 모든 죄에
서 돌이켜 떠나 내 모든 율례를 지키고 정
의와 공의를 행하면 반드시 살고 죽지 아니
할 것이라
22 그 범죄한 것이 하나도 기억함이 되지 아니
하리니 그가 행한 공의로 살리라
23 주 여호와의 말씀이니라 내가 어찌 악인이
죽는 것을 조금인들 기뻐하랴 그가 돌이켜
그 길에서 떠나 사는 것을 어찌 기뻐하지

"He eats at the mountain shrines.
He defiles his neighbor's wife.
12 ●He oppresses the poor and needy.
He commits robbery.
He does not return what he took in pledge.
He looks to the idols.
He does detestable things.
13 ●He lends at interest and takes a profit.

Will such a man live? He will not! Because he
has done all these detestable things, he is to be
put to death; his blood will be on his own head.
14 ●"But suppose this son has a son who sees all
the sins his father commits, and though he sees
them, he does not do such things:

15 ●"He does not eat at the mountain shrines
or look to the idols of Israel.
He does not defile his neighbor's wife.
16 ●He does not oppress anyone
or require a pledge for a loan.
He does not commit robbery
but gives his food to the hungry
and provides clothing for the naked.
17 ●He withholds his hand from mistreating
the poor
and takes no interest or profit from them.
He keeps my laws and follows my decrees.

He will not die for his father's sin; he will sure-
18 ly live. ●But his father will die for his own sin,
because he practiced extortion, robbed his
brother and did what was wrong among his
people.
19 ●"Yet you ask, 'Why does the son not share
the guilt of his father?' Since the son has done
what is just and right and has been careful to
20 keep all my decrees, he will surely live. ●The
one who sins is the one who will die. The child
will not share the guilt of the parent, nor will
the parent share the guilt of the child. The right-
eousness of the righteous will be credited to
them, and the wickedness of the wicked will be
charged against them.
21 ●"But if a wicked person turns away from all
the sins they have committed and keeps all my
decrees and does what is just and right, that
22 person will surely live; they will not die. ●None
of the offenses they have committed will be
remembered against them. Because of the
righteous things they have done, they will
23 live. ●Do I take any pleasure in the death of the
wicked? declares the Sovereign LORD. Rather,
am I not pleased when they turn from their
ways and live?

charge [tʃa:rdʒ] *vt.* 청구하다
clothing [klóuðiŋ] *n.* 옷, 의류
commit [kəmít] *vt.* 범하다
detestable [ditéstəbl] *a.* 혐오할만한
extortion [ikstɔ́:rʃən] *n.* 강탈
mistreat [mìstrí:t] *vt.* 학대하다
naked [néikid] *a.* 벌거벗은
needy [ní:di] *a.* 빈궁한
offense [əféns] *n.* 범죄
pleasure [pléʒər] *n.* 즐거움
require [rikwáiər] *vt.* 요구하다
robbery [rábəri] *n.* 강도질
shrine [ʃrain] *n.* 사당
suppose [səpóuz] *vt.* 가정하다, 생각하다
withhold [wiðhóuld] *vt.* 억누르다

18:12 look to...: …에 시선을 돌리다
18:13 put... to death: …를 죽이다
18:17 profit from...: …로부터 이익을 얻다
18:17 die for...: …때문에 죽다
18:21 turn away from...: …로부터 떠나 돌아서다

아니하겠느냐
24 만일 의인이 돌이켜 그 공의에서 떠나 범죄
하고 악인이 행하는 모든 가증한 일대로 행
하면 살겠느냐 그가 행한 공의로운 일은 하
나도 기억함이 되지 아니하리니 그가 그 범
한 허물과 그 지은 죄로 죽으리라 3:20
25 ●그런데 너희는 이르기를 주의 길이 공평
하지 아니하다 하는도다 이스라엘 족속아
들을지어다 내 길이 어찌 공평하지 아니하
냐 너희 길이 공평하지 아니한 것이 아니냐
26 만일 의인이 그 공의를 떠나 죄악을 행하고
그로 말미암아 죽으면 그 행한 죄악으로 말
미암아 죽는 것이요
27 만일 악인이 그 행한 악을 떠나 정의와 공
의를 행하면 그 영혼을 보전하리라
28 그가 스스로 헤아리고 그 행한 모든 죄악에
서 돌이켜 떠났으니 반드시 살고 죽지 아니
하리라
29 그런데 이스라엘 족속은 이르기를 주의 길
이 공평하지 아니하다 하는도다 이스라엘
족속아 나의 길이 어찌 공평하지 아니하냐
너희 길이 공평하지 아니한 것 아니냐
30 주 여호와의 말씀이니라 이스라엘 족속아
내가 너희 각 사람이 행한 대로 심판할지라
너희는 돌이켜 회개하고 모든 죄에서 떠날
지어다 그리한즉 그것이 너희에게 죄악의
걸림돌이 되지 아니하리라
31 너희는 너희가 범한 모든 죄악을 버리고 마
음과 영을 새롭게 할지어다 이스라엘 족속
아 너희가 어찌하여 죽고자 하느냐
32 주 여호와의 말씀이니라 죽을 자가 죽는 것
도 내가 기뻐하지 아니하노니 너희는 스스
로 돌이키고 살지니라

애가 — B.C. 592년경

19 너는 이스라엘 고관들을 위하여 애가
를 지어
2 부르라 네 어머니는 무엇이냐 암사자라 그
가 사자들 가운데에 엎드려 젊은 사자 중에
서 그 새끼를 기르는데
3 그 새끼 하나를 키우매 젊은 사자가 되어
먹이 물어뜯기를 배워 사람을 삼키매
4 이방이 듣고 함정으로 그를 잡아 갈고리로
꿰어 끌고 애굽 땅으로 간지라
5 암사자가 기다리다가 소망이 끊어진 줄을
알고 그 새끼 하나를 또 골라 젊은 사자로
키웠더니
6 젊은 사자가 되매 여러 사자 가운데에 왕래

24 •"But if a righteous person turns from their
righteousness and commits sin and does the
same detestable things the wicked person does,
will they live? None of the righteous things that
person has done will be remembered. Because of
the unfaithfulness they are guilty of and because
of the sins they have committed, they will die.
25 •"Yet you say, 'The way of the Lord is not
just.' Hear, you Israelites: Is my way unjust? Is it
26 not your ways that are unjust? •If a righteous
person turns from their righteousness and com-
mits sin, they will die for it; because of the sin
27 they have committed they will die. •But if a
wicked person turns away from the wickedness
they have committed and does what is just and
28 right, they will save their life. •Because they
consider all the offenses they have committed
and turn away from them, that person will
29 surely live; they will not die. •Yet the Israelites
say, 'The way of the Lord is not just.' Are my
ways unjust, people of Israel? Is it not your ways
that are unjust?
30 •"Therefore, you Israelites, I will judge each
of you according to your own ways, declares
the Sovereign LORD. Repent! Turn away from all
your offenses; then sin will not be your down-
31 fall. •Rid yourselves of all the offenses you
have committed, and get a new heart and a
new spirit. Why will you die, people of Israel?
32 •For I take no pleasure in the death of anyone,
declares the Sovereign LORD. Repent and live!

A Lament Over Israel's Princes

19 "Take up a lament concerning the
2 princes of Israel •and say:

" 'What a lioness was your mother
among the lions!
She lay down among them
and reared her cubs.
3 •She brought up one of her cubs,
and he became a strong lion.
He learned to tear the prey
and he became a man-eater.
4 •The nations heard about him,
and he was trapped in their pit.
They led him with hooks
to the land of Egypt.
5 •" 'When she saw her hope unfulfilled,
her expectation gone,
she took another of her cubs
and made him a strong lion.
6 •He prowled among the lions,
for he was now a strong lion.
He learned to tear the prey

cub [kʌb] *n.* (야수의) 새끼
declare [diklέər] *vt.* 분명히 말하다
detestable [ditéstəbl] *a.* 혐오스러운
downfall [dáunfɔ̀:l] *n.* 몰락
expectation [èkspektéiʃən] *n.* 기대
judge [dʒʌdʒ] *vt.* 심판하다
lament [ləmént] *n.* 비탄, 애가
pit [pit] *n.* 구덩이, 함정
prey [prei] *n.* 먹이
prowl [praul] *vi.* 어슬렁거리다
rear [riər] *vt.* 기르다
repent [ripént] *vi.* 뉘우치다
sovereign [sɑ́vərin] *n.* 주권자
unjust [ʌndʒʌ́st] *a.* 불공정한
wicked [wíkid] *a.* 사악한, 나쁜

18:24 turn from...: …를 그만두다
18:27 turn away: 외면하다
18:30 according to...: …에 따라서
18:31 rid A of B: A에게서 B를 제거하다
18:32 take pleasure in...: …을 즐기다
19:2 lie down: 눕다

하며 먹이 물어뜯기를 배워 사람을 삼
키며
7 [1]그의 궁궐들을 헐고 성읍들을 부수니
그 우는 소리로 말미암아 땅과 그 안에
가득한 것이 황폐한지라
8 이방이 포위하고 있는 지방에서 그를
치러 와서 그의 위에 그물을 치고 함정
에 잡아
9 우리에 넣고 갈고리를 꿰어 끌고 바벨
론 왕에게 이르렀나니 그를 옥에 가두
어 그 소리가 다시 이스라엘 산에 들리
지 아니하게 하려 함이라
10 ●네 피의 어머니는 물가에 심겨진 포
도나무 같아서 물이 많으므로 열매가
많고 가지가 무성하며
11 그 가지들은 강하여 권세 잡은 자의 규
가 될 만한데 그 하나의 키가 굵은 가지
가운데에서 높았으며 많은 가지 가운
데에서 뛰어나 보이다가
12 분노 중에 뽑혀서 땅에 던짐을 당하매
그 열매는 동풍에 마르고 그 강한 가지
들은 꺾이고 말라 불에 탔더니 렘 31:28
13 이제는 광야, 메마르고 가물이 든 땅에
심어진 바 되고 호 2:3
14 불이 그 가지 중 하나에서부터 나와 그
열매를 태우니 권세 잡은 자의 규가 될
만한 강한 가지가 없도다 하라 이것이
애가라 후에도 애가가 되리라

하나님의 뜻, 이스라엘의 반역
— B.C. 591년경

20 일곱째 해 다섯째 달 열째 날에 이
스라엘 장로 여러 사람이 여호와
께 물으려고 와서 내 앞에 앉으니 8:1;11
2 여호와의 말씀이 내게 임하여 이르시
되
3 인자야 이스라엘 장로들에게 말하여
이르라 주 여호와께서 이렇게 말씀하
셨느니라 너희가 내게 물으려고 왔느
냐 내가 나의 목숨을 걸고 맹세하거
니와 너희가 내게 묻기를 내가 용납
하지 아니하리라 주 여호와의 말씀이
니라
4 인자야 네가 그들을 심판하려느냐 네
가 그들을 심판하려느냐 너는 그들에
게 그들의 조상들의 가증한 일을 알게
하여

1) 과부를 알고

and he became a man-eater.
7 •He broke down [a] their strongholds
and devastated their towns.
The land and all who were in it
were terrified by his roaring.
8 •Then the nations came against him,
those from regions round about.
They spread their net for him,
and he was trapped in their pit.
9 •With hooks they pulled him into a cage
and brought him to the king of Babylon.
They put him in prison,
so his roar was heard no longer
on the mountains of Israel.
10 •" 'Your mother was like a vine in your vineyard [b]
planted by the water;
it was fruitful and full of branches
because of abundant water.
11 •Its branches were strong,
fit for a ruler's scepter.
It towered high
above the thick foliage,
conspicuous for its height
and for its many branches.
12 •But it was uprooted in fury
and thrown to the ground.
The east wind made it shrivel,
it was stripped of its fruit;
its strong branches withered
and fire consumed them.
13 •Now it is planted in the desert,
in a dry and thirsty land.
14 •Fire spread from one of its main [c] branches
and consumed its fruit.
No strong branch is left on it
fit for a ruler's scepter.'
"This is a lament and is to be used as a lament."

Rebellious Israel Purged

20 In the seventh year, in the fifth month on
the tenth day, some of the elders of Israel
came to inquire of the LORD, and they sat down in
front of me.
2 •Then the word of the LORD came to me:
3 •"Son of man, speak to the elders of Israel and say
to them, 'This is what the Sovereign LORD says:
Have you come to inquire of me? As surely as I live,
I will not let you inquire of me, declares the Sover-
eign LORD.'
4 •"Will you judge them? Will you judge them,
son of man? Then confront them with the

[a] 7 Targum (see Septuagint); Hebrew *He knew* [b] 10 Two Hebrew manuscripts; most Hebrew manuscripts *your blood* [c] 14 Or *from under its*

cage [keidʒ] *n.* 새장
confront [kənfrʌ́nt] *vt.* 직면하다
conspicuous [kənspíkjuəs] *a.* 확실히 보이는
consume [kənsú:m] *vt.* 불사르다
devastate [dévəstèit] *vt.* 황폐시키다
foliage [fóuliidʒ] *n.* 잎
fruitful [frú:tfəl] *a.* 열매가 많이 열리는
fury [fjúəri] *n.* 격노
scepter [séptər] *n.* 홀
shrivel [ʃrívəl] *vi.* 시들다
stronghold [strɔ́:ŋhòuld] *n.* 요새
thirsty [θə́:rsti] *a.* 건조한, 메마른
trap [træp] *vt.* 덫으로 잡다
uproot [ʌprú:t] *vt.* 뿌리째 뽑다
wither [wíðər] *vi.* 시들다

19:8 round about: 둘레에, 주위에
19:11 be fit for...: …에 적당하다
19:12 strip A of B: A에게서 B를 빼앗다
20:1 inquire of...: …에게 묻다, 질문하다
20:3 as surely as...: …와 마찬가지로 틀림없이

5 이르라 주 여호와께서 이같이 말씀하셨느니라
옛날에 내가 이스라엘을 택하고 야곱 집의 후
예를 향하여 내 손을 들어 맹세하고 애굽 땅에
서 그들에게 나타나 맹세하여 이르기를 나는
여호와 너희 하나님이라 하였노라
6 그날에 내가 내 손을 들어 그들에게 맹세하기
를 애굽 땅에서 인도하여 내어 그들을 위하여
찾아 두었던 땅 곧 젖과 꿀이 흐르는 땅이요 모
든 땅 중의 아름다운 곳에 이르게 하리라 하고
7 또 그들에게 이르기를 너희는 눈을 끄는 바 가
증한 것을 각기 버리고 애굽의 우상들로 말미
암아 스스로 더럽히지 말라 나는 여호와 너희
하나님이니라 하였으나
8 그들이 내게 반역하여 내 말을 즐겨 듣지 아니
하고 그들의 눈을 끄는 바 가증한 것을 각기
버리지 아니하며 애굽의 우상들을 떠나지 아
니하므로 내가 말하기를 내가 애굽 땅에서 그
들에게 나의 분노를 쏟으며 그들에게 진노를
이루리라 하였노라
9 그러나 내가 그들이 거주하는 이방인의 눈 앞
에서 그들에게 나타나 그들을 애굽 땅에서 인
도하여 내었나니 이는 내 이름을 위함이라 내
이름을 그 이방인의 눈 앞에서 더럽히지 아니
하려고 행하였음이라
10 ●그러므로 내가 그들을 애굽 땅에서 나와서
광야에 이르게 하고
11 사람이 준행하면 그로 말미암아 삶을 얻을 내
율례를 주며 내 규례를 알게 하였고 레 18:5
12 또 내가 그들을 거룩하게 하는 여호와인 줄 알
게 하려고 내 안식일을 주어 그들과 나 사이에
표징을 삼았노라
13 그러나 이스라엘 족속이 광야에서 내게 반역
하여 사람이 준행하면 그로 말미암아 삶을 얻
을 나의 율례를 준행하지 아니하며 나의 규례
를 멸시하였고 나의 안식일을 크게 더럽혔으
므로 내가 이르기를 내가 내 분노를 광야에서
그들에게 쏟아 멸하리라 하였으나
14 내가 내 이름을 위하여 달리 행하였었나니 내
가 그들을 인도하여 내는 것을 본 나라들 앞에
서 내 이름을 더럽히지 아니하려 하였음이로라
15 또 내가 내 손을 들어 광야에서 그들에게 맹세
하기를 내가 그들에게 허락한 땅 곧 젖과 꿀이
흐르는 땅이요 모든 땅 중의 아름다운 곳으로
그들을 인도하여 들이지 아니하리라 한 것은
16 그들이 마음으로 우상을 따라 나의 규례를 업
신여기며 나의 율례를 행하지 아니하며 나의
안식일을 더럽혔음이라

detestable practices of their ancestors
5 ●and say to them: 'This is what the Sover-
eign LORD says: On the day I chose Israel, I
swore with uplifted hand to the descendants
of Jacob and revealed myself to them in
Egypt. With uplifted hand I said to them, "I
6 am the LORD your God." ●On that day I
swore to them that I would bring them out
of Egypt into a land I had searched out for
them, a land flowing with milk and honey,
7 the most beautiful of all lands. ●And I said
to them, "Each of you, get rid of the vile
images you have set your eyes on, and do
not defile yourselves with the idols of Egypt.
I am the LORD your God."
8 ●" 'But they rebelled against me and
would not listen to me; they did not get rid
of the vile images they had set their eyes on,
nor did they forsake the idols of Egypt. So I
said I would pour out my wrath on them
and spend my anger against them in Egypt.
9 ●But for the sake of my name, I brought
them out of Egypt. I did it to keep my name
from being profaned in the eyes of the
nations among whom they lived and in
whose sight I had revealed myself to the
10 Israelites. ●Therefore I led them out of
Egypt and brought them into the wilder-
11 ness. ●I gave them my decrees and made
known to them my laws, by which the
12 person who obeys them will live. ●Also I
gave them my Sabbaths as a sign between
us, so they would know that I the LORD
made them holy.
13 ●" 'Yet the people of Israel rebelled against
me in the wilderness. They did not follow
my decrees but rejected my laws—by which
the person who obeys them will live—and
they utterly desecrated my Sabbaths. So I
said I would pour out my wrath on them
14 and destroy them in the wilderness. ●But
for the sake of my name I did what would
keep it from being profaned in the eyes of
the nations in whose sight I had brought
15 them out. ●Also with uplifted hand I swore
to them in the wilderness that I would not
bring them into the land I had given them
—a land flowing with milk and honey,
16 the most beautiful of all lands— ●because
they rejected my laws and did not follow
my decrees and desecrated my Sabbaths.
For their hearts were devoted to their idols.

decree [dikríː] *n.* 계명, 율례
defile [difáil] *vt.* 더럽히다
descendant [diséndənt] *n.* 후손
desecrate [désikrèit] *vt.* 신성을 더럽히다
detestable [ditéstəbl] *a.* 혐오스러운
forsake [fərséik] *vt.* 버리다
obey [oubéi] *vt.* 복종하다
reject [ridʒékt] *vt.* 거절하다
reveal [rivíːl] *vt.* 드러내다
Sabbath [sǽbəθ] *n.* 안식일
spend [sépnd] *vi.* 쏟다, 쓰다
uplift [ʌplíft] *vt.* 들어올리다
utterly [ʌ́tərli] *ad.* 완전히
vile [vail] *a.* 비열한
wrath [ræθ] *n.* 진노

20:6 search out for...: …을 끝까지 찾아내다
20:7 get rid of...: …를 없애버리다, 처리하다
20:9 for the sake of...: …를 위하여
20:9 keep... from ~ing: …가 ~하지 않도록 하다
20:16 be devoted to...: …에게 전념하다

17 그러나 내가 그들을 아껴서 광야에서 멸하여
아주 없이하지 아니하였었노라
18 ●내가 광야에서 그들의 자손에게 이르기를
너희 조상들의 율례를 따르지 말며 그 규례를
지키지 말며 그 우상들로 말미암아 스스로 더
럽히지 말라
19 나는 여호와 너희 하나님이라 너희는 나의 율
례를 따르며 나의 규례를 지켜 행하고 출 6:7
20 또 나의 안식일을 거룩하게 할지어다 이것이 나
와 너희 사이에 표징이 되어 내가 여호와 너희
하나님인 줄을 너희가 알게 하리라 하였노라
21 그러나 그들의 자손이 내게 반역하여 사람이
지켜 행하면 그로 말미암아 삶을 얻을 나의 율
례를 따르지 아니하며 나의 규례를 지켜 행하
지 아니하였고 나의 안식일을 더럽힌지라 이
에 내가 이르기를 내가 광야에서 그들에게 내
분노를 쏟으며 그들에게 내 진노를 이루리라
하였으나
22 내가 내 이름을 위하여 내 손을 막아 달리 행
하였나니 내가 그들을 인도하여 내는 것을 본
여러 나라 앞에서 내 이름을 더럽히지 아니하
려 하였음이로라
23 또 내가 내 손을 들어 광야에서 그들에게 맹세
하기를 내가 그들을 이방인 중에 흩으며 여러
민족 가운데에 헤치리라 하였나니
24 이는 그들이 나의 규례를 행하지 아니하며 나
의 율례를 멸시하며 내 안식일을 더럽히고 눈
으로 그들의 조상들의 우상들을 사모함이며
25 또 내가 그들에게 선하지 못한 율례와 능히 지
키지 못할 규례를 주었고
26 그들이 장자를 다 화제로 드리는 그 예물로 내
가 그들을 더럽혔음은 그들을 멸망하게 하여
나를 여호와인 줄 알게 하려 하였음이라
27 ●그런즉 인자야 이스라엘 족속에게 말하여
이르라 주 여호와께서 이같이 말씀하셨느니라
너희 조상들이 또 내게 범죄하여 나를 욕되게
하였느니라
28 내가 내 손을 들어 그들에게 주기로 맹세한 땅
으로 그들을 인도하여 들였더니 그들이 모든
높은 산과 모든 무성한 나무를 보고 거기에서
제사를 드리고 분노하게 하는 제물을 올리며
거기서 또 분향하고 전제물을 부어 드린지라
29 이에 내가 그들에게 이르기를 너희가 다니는
산당이 무엇이냐 하였노라 (그것을 오늘날까
지 [1]바마라 일컫느니라)
30 그러므로 너는 이스라엘 족속에게 이르라 주
여호와께서 이같이 말씀하셨느니라 너희가 조

17 ●Yet I looked on them with pity and did
not destroy them or put an end to them in
18 the wilderness. ●I said to their children in
the wilderness, "Do not follow the statutes
of your parents or keep their laws or defile
19 yourselves with their idols. ●I am the LORD
your God; follow my decrees and be careful
20 to keep my laws. ●Keep my Sabbaths holy,
that they may be a sign between us. Then
you will know that I am the LORD your
God."
21 ●" 'But the children rebelled against me:
They did not follow my decrees, they were
not careful to keep my laws, of which I said,
"The person who obeys them will live by
them," and they desecrated my Sabbaths. So
I said I would pour out my wrath on them
and spend my anger against them in the
22 wilderness. ●But I withheld my hand, and
for the sake of my name I did what would
keep it from being profaned in the eyes of
the nations in whose sight I had brought
23 them out. ●Also with uplifted hand I swore
to them in the wilderness that I would dis-
perse them among the nations and scatter
24 them through the countries, ●because they
had not obeyed my laws but had rejected
my decrees and desecrated my Sabbaths,
and their eyes lusted after their parents'
25 idols. ●So I gave them other statutes that
were not good and laws through which
26 they could not live; ●I defiled them through
their gifts — the sacrifice of every firstborn
— that I might fill them with horror so
they would know that I am the LORD.'
27 ●"Therefore, son of man, speak to the
people of Israel and say to them, 'This is
what the Sovereign LORD says: In this also
your ancestors blasphemed me by being
28 unfaithful to me: ●When I brought them
into the land I had sworn to give them and
they saw any high hill or any leafy tree,
there they offered their sacrifices, made
offerings that aroused my anger, presented
their fragrant incense and poured out their
29 drink offerings. ●Then I said to them: What
is this high place you go to?' " (It is called
Bamah[a] to this day.)

Rebellious Israel Renewed

30 ●"Therefore say to the Israelites: 'This
is what the Sovereign LORD says: Will you

[a]29 ***Bamah*** **means *high place.*** 1) 히, 바마는 산당이라는 뜻인데 '바'는 다니다는 뜻이요 '마'는 무엇이냐라는 뜻

ancestor [ǽnsestər] *n.* 조상
blaspheme [blæsfíːm] *vt.* 모욕하다
destroy [distrɔ́i] *vt.* 멸하다
disperse [dispə́ːrs] *vt.* 흩어지게 하다
firstborn [fə́ːrstbɔ́ːrn] *n.* 초태생, 장자
fragrant [fréigrənt] *a.* 향기로운
leafy [líːfi] *a.* 잎이 무성한
present [prizént] *vt.* 주다, 바치다
profane [prəféin] *vt.* 신성을 더럽히다
rebel [rebə́l] *vi.* 반역하다
sacrifice [sǽkrəfàis] *n.* 희생물
scatter [skǽtər] *vt.* 흩어지게 하다
statute [stǽtʃuːt] *n.* 법령, 법규
wilderness [wíldərnis] *n.* 광야
withhold [wiθhóuld] *vt.* 억제하다

20:17 put an end to...: …를 끝내다
20:22 keep from...: …하지 않다
20:24 lust after...: …을 갈망하다
20:26 fill A with B: A를 B로 가득채우다
20:28 bring A into B: A를 B로 들여오다
20:28 pour out: 쏟아놓다

상들의 풍속을 따라 너희 자신을 더럽히며 그
모든 가증한 것을 따라 행음하느냐 렘 7:26
31 너희가 또 너희 아들을 화제로 삼아 불 가운데
로 지나게 하며 오늘까지 너희 자신을 우상들로
말미암아 더럽히느냐 이스라엘 족속아 너희가
내게 묻기를 내가 용납하겠느냐 주 여호와의 말
씀이니라 내가 나의 삶을 두고 맹세하노니 너희
가 내게 묻기를 내가 용납하지 아니하리라
32 너희가 스스로 이르기를 우리가 이방인 곧 여
러 나라 족속같이 되어서 목석을 경배하리라
하거니와 너희 마음에 품은 것을 결코 이루지
못하리라

맹세한 땅으로 이스라엘을 인도하리라

33 ● 주 여호와의 말씀이니라 내가 나의 삶을 두
고 맹세하노니 내가 능한 손과 편 팔로 분노를
쏟아 너희를 반드시 다스릴지라
34 능한 손과 편 팔로 분노를 쏟아 너희를 여러 나
라에서 나오게 하며 너희의 흩어진 여러 지방
에서 모아내고 애 2:4
35 너희를 인도하여 여러 나라 광야에 이르러 거
기에서 너희를 대면하여 심판하되
36 내가 애굽 땅 광야에서 너희 조상들을 심판한
것같이 너희를 심판하리라 주 여호와의 말씀이
니라
37 내가 너희를 막대기 아래로 지나가게 하며 언
약의 줄로 매려니와
38 너희 가운데에서 반역하는 자와 내게 범죄하는
자를 모두 제하여 버릴지라 그들을 그 머물러
살던 땅에서는 나오게 하여도 이스라엘 땅에는
들어가지 못하게 하리니 너희가 나는 여호와인
줄을 알리라
39 주 여호와께서 이같이 말씀하셨느니라 이스라
엘 족속아 너희가 내 말을 듣지 아니하려거든
가서 각각 그 우상을 섬기라 그렇게 하려거든
이후에 다시는 너희 예물과 너희 우상들로 내
거룩한 이름을 더럽히지 말지니라 암 4:4
40 ● 주 여호와의 말씀이니라 이스라엘 온 족속이
그 땅에 있어서 내 거룩한 산 곧 이스라엘의 높은
산에서 다 나를 섬기리니 거기에서 내가 그들을
기쁘게 받을지라 거기에서 너희 예물과 너희가
드리는 첫 열매와 너희 모든 성물을 요구하리라
41 내가 너희를 인도하여 여러 나라 가운데에서
나오게 하고 너희가 흩어진 여러 민족 가운데
에서 모아 낼 때에 내가 너희를 향기로 받고 내
가 또 너희로 말미암아 내 거룩함을 여러 나라
의 목전에서 나타낼 것이며
42 *내가 내* 손을 들어 너희 조상들에게 주기로 맹

defile yourselves the way your ancestors
31 did and lust after their vile images? • When
you offer your gifts — the sacrifice of your
children in the fire — you continue to defile
yourselves with all your idols to this day.
Am I to let you inquire of me, you Israelites?
As surely as I live, declares the Sovereign
LORD, I will not let you inquire of me.
32 • " 'You say, "We want to be like the
nations, like the peoples of the world, who
serve wood and stone." But what you have
33 in mind will never happen. • As surely as I
live, declares the Sovereign LORD, I will
reign over you with a mighty hand and an
outstretched arm and with outpoured
34 wrath. • I will bring you from the nations
and gather you from the countries where
you have been scattered — with a mighty
hand and an outstretched arm and with
35 outpoured wrath. • I will bring you into
the wilderness of the nations and there,
face to face, I will execute judgment upon
36 you. • As I judged your ancestors in the
wilderness of the land of Egypt, so I will
judge you, declares the Sovereign LORD.
37 • I will take note of you as you pass under
my rod, and I will bring you into the bond
38 of the covenant. • I will purge you of those
who revolt and rebel against me. Although
I will bring them out of the land where
they are living, yet they will not enter the
land of Israel. Then you will know that I
am the LORD.
39 • " 'As for you, people of Israel, this is
what the Sovereign LORD says: Go and serve
your idols, every one of you! But afterward
you will surely listen to me and no longer
profane my holy name with your gifts and
40 idols. • For on my holy mountain, the high
mountain of Israel, declares the Sovereign
LORD, there in the land all the people of
Israel will serve me, and there I will accept
them. There I will require your offerings
and your choice gifts,[a] along with all your
41 holy sacrifices. • I will accept you as fra-
grant incense when I bring you out from
the nations and gather you from the coun-
tries where you have been scattered, and I
will be proved holy through you in the
42 sight of the nations. • Then you will know
that I am the LORD, when I bring you into

[a]40 Or *and the gifts of your firstfruits*

choice [tʃɔis] *a.* (음식 등이) 고급의
covenant [kʌ́vənənt] *n.* 언약
declare [dikléər] *vt.* 선포하다
execute [éksikjù:t] *vt.* 집행하다
fragrant [fréigrənt] *a.* 향기로운
incense [ínsens] *n.* 향
judgment [dʒʌ́dʒmənt] *n.* 심판
offering [ɔ́:fəriŋ] *n.* 제물
outpour [áutpɔ̀:r] *vt.* 흘러나오게 하다
outstrech [àutstrétʃ] *vt.* 뻗다, 펴다
profane [prəféin] *vt.* 신성을 더럽히다
require [rikwáiər] *vt.* 요구하다
revolt [rivóult] *vi.* 반란을 일으키다
sacrifice [sǽkrəfàis] *n.* 제물
sovereign [sávərin] *n.* 주권자

20:30 lust after...: …에 대해 욕정을 느끼다
20:31 inquire of...: …에게 묻다
20:33 reign over...: …을 다스리다
20:35 face to face: 얼굴을 맞대고
20:37 take note of...: …에 주의하다
20:38 purge A of B: A에서 B를 제거하다

세한 땅 곧 이스라엘 땅으로 너희를 인도하
여 들일 때에 너희는 내가 여호와인 줄 알고
43 거기에서 너희의 길과 스스로 더럽힌 모든
행위를 기억하고 이미 행한 모든 악으로 말
미암아 스스로 미워하리라
44 이스라엘 족속아 내가 너희의 악한 길과 더
러운 행위대로 하지 아니하고 내 이름을 위
하여 행한 후에야 내가 여호와인 줄 너희가
알리라 주 여호와의 말씀이니라 36:22

불타는 숲의 비유

45 ●여호와의 말씀이 또 내게 임하여 이르시되
46 인자야 너는 얼굴을 남으로 향하라 남으로
향하여 소리내어 남쪽의 숲을 쳐서 예언하라
47 남쪽의 숲에게 이르기를 여호와의 말씀을
들을지어다 주 여호와께서 이같이 말씀하
셨느니라 내가 너의 가운데에 불을 일으켜
모든 푸른 나무와 모든 마른 나무를 없애리
니 맹렬한 불꽃이 꺼지지 아니하고 남에서
북까지 모든 얼굴이 그슬릴지라
48 혈기 있는 모든 자는 나 여호와가 그 불을 일
으킨 줄을 [1]알리니 그것이 꺼지지 아니하리
라 하셨다 하라 하시기로
49 내가 이르되 아하 주 여호와여 그들이 나를
가리켜 말하기를 그는 비유로 말하는 자가
아니냐 하나이다 하니라

여호와의 칼 — B.C. 591년경

21 또 여호와의 말씀이 내게 임하여 이르
시되
2 인자야 너는 얼굴을 예루살렘으로 향하며
성소를 향하여 소리내어 이스라엘 땅에게
예언하라
3 이스라엘 땅에게 이르기를 여호와의 말씀에
내가 너를 대적하여 내 칼을 칼집에서 빼어
의인과 악인을 네게서 끊을지라
4 내가 의인과 악인을 네게서 끊을 터이므로
내 칼을 칼집에서 빼어 모든 육체를 남에서
북까지 치리니
5 모든 육체는 나 여호와가 내 칼을 칼집에서
빼낸 줄을 알지라 칼이 다시 꽂히지 아니하
리라 하셨다 하라
6 인자야 탄식하되 너는 허리가 끊어지듯 탄식
하라 그들의 목전에서 슬피 탄식하라 사 22:4
7 그들이 네게 묻기를 네가 어찌하여 탄식하느
냐 하거든 대답하기를 재앙이 다가온다는
소문 때문이니 각 마음이 녹으며 모든 손이
약하여지며 각 영이 쇠하며 모든 무릎이 물
과 같이 약해지리라 보라 재앙이 오나니 반

the land of Israel, the land I had sworn with
uplifted hand to give to your ancestors.
43 •There you will remember your conduct and
all the actions by which you have defiled
yourselves, and you will loathe yourselves for
44 all the evil you have done. •You will know
that I am the LORD, when I deal with you for
my name's sake and not according to your
evil ways and your corrupt practices, you peo-
ple of Israel, declares the Sovereign LORD.' "

Prophecy Against the South

45 •The word of the LORD came to me:
46 •"Son of man, set your face toward the
south; preach against the south and proph-
esy against the forest of the southland.
47 •Say to the southern forest: 'Hear the word
of the LORD. This is what the Sovereign LORD
says: I am about to set fire to you, and it will
consume all your trees, both green and dry.
The blazing flame will not be quenched,
and every face from south to north will
48 be scorched by it. •Everyone will see that
I the LORD have kindled it; it will not be
quenched.' "
49 •Then I said, "Sovereign LORD, they are say-
ing of me, 'Isn't he just telling parables?' "[a]

Babylon as God's Sword of Judgment

21 [b]The word of the LORD came to me:
2 •"Son of man, set your face against
Jerusalem and preach against the sanctuary.
3 Prophesy against the land of Israel •and
say to her: 'This is what the LORD says: I am
against you. I will draw my sword from its
sheath and cut off from you both the right-
4 eous and the wicked. •Because I am going to
cut off the righteous and the wicked, my
sword will be unsheathed against everyone
5 from south to north. •Then all people will
know that I the LORD have drawn my sword
from its sheath; it will not return again.'
6 •"Therefore groan, son of man! Groan
before them with broken heart and bitter
7 grief. •And when they ask you, 'Why are you
groaning?' you shall say, 'Because of the news
that is coming. Every heart will melt with fear
and every hand go limp; every spirit will
become faint and every leg will be wet with
urine.' It is coming! It will surely take place,
declares the Sovereign LORD."

[a]49 In Hebrew texts 20:45-49 is numbered 21:1-5.
[b]In Hebrew texts 21:1-32 is numbered 21:6-37.
1) 히, 보리니

blazing [bléiziŋ] *a.* 타오르는
corrupt [kərʌ́pt] *a.* 타락한
defile [difáil] *vt.* 더럽히다
groan [groun] *vi.* 신음하다
kindle [kindl] *vt.* 불붙이다
limp [limp] *a.* 맥빠진
loathe [louð] *vt.* 몹시 싫어하다
parable [pǽrəbl] *n.* 비유
preach [pri:tʃ] *vi.* 설교하다
prophesy [prάfəsài] *vt.* …을 예언하다
quench [kwentʃ] *vt.* 끄다
sanctuary [sǽŋktʃuèri] *n.* 성소
scorch [skɔ:rtʃ] *vt.* 태우다, 시들다
sheath [ʃi:θ] *n.* 칼집
unsheathe [ʌnʃí:ð] *vt.* 칼을 뽑다

20:44 deal with...: …를 대하다
20:44 according to...: …에 따라서
20:47 be about to...: 막 …하려고 하다
20:47 set fire to...: …에 불을 지르다
21:3 draw A from B: A를 B에서 뽑다
21:7 take place: 일어나다, 발생하다

드시 이루어지리라 주 여호와의 말씀이
니라 하라
8 ●여호와의 말씀이 또 내게 임하여 이르
시되
9 인자야 너는 예언하여 여호와의 말씀을
이같이 말하라 칼이여 칼이여 날카롭고
도 빛나도다
10 그 칼이 날카로움은 죽임을 위함이요 빛
남은 번개같이 되기 위함이니 우리가 즐
거워하겠느냐 내 아들의 규가 모든 나무
를 업신여기는도다
11 그 칼을 손에 잡아 쓸 만하도록 빛나게
하되 죽이는 자의 손에 넘기기 위하여 날
카롭고도 빛나게 하였도다 하셨다 하라
12 인자야 너는 부르짖어 슬피 울지어다 이
것이 내 백성에게 임하며 이스라엘 모든
고관에게 임함이로다 그들과 내 백성이
함께 칼에 넘긴 바 되었으니 너는 네 넓
적다리를 칠지어다
13 이것이 시험이라 만일 업신여기는 규가
없어지면 어찌할까 주 여호와의 말씀이
니라
14 그러므로 인자야 너는 예언하며 손뼉을
쳐서 칼로 두세 번 거듭 쓰이게 하라 이
칼은 죽이는 칼이라 사람들을 둘러싸고
죽이는 큰 칼이로다
15 내가 그들이 낙담하여 많이 엎드러지게
하려고 그 모든 성문을 향하여 번쩍번쩍
하는 칼을 세워 놓았도다 오호라 그 칼
이 번개 같고 죽이기 위하여 날카로웠도
다
16 칼아 모이라 오른쪽을 치라 대열을 맞추
라 왼쪽을 치라 향한 대로 가라
17 나도 내 손뼉을 치며 내 분노를 다 풀리
로다 나 여호와가 말하였노라 21:14
18 여호와의 말씀이 내게 임하여 이르시되
19 인자야 너는 바벨론 왕의 칼이 올 두
길을 한 땅에서 나오도록 그리되 곧 성
으로 들어가는 길 어귀에다가 길이 나
뉘는 지시표를 하여
20 칼이 암몬 족속의 랍바에 이르는 길과 유
다의 견고한 성 예루살렘에 이르는 길을
그리라
21 바벨론 왕이 갈랫길 곧 두 길 어귀에 서
서 점을 치되 화살들을 흔들어 우상에게
묻고 희생제물의 간을 살펴서

8–9 •The word of the LORD came to me: •"Son of
man, prophesy and say, 'This is what the Lord says:
" 'A sword, a sword,
sharpened and polished —
10 •sharpened for the slaughter,
polished to flash like lightning!
" 'Shall we rejoice in the scepter of my royal
son? The sword despises every such stick.
11 •" 'The sword is appointed to be polished,
to be grasped with the hand;
it is sharpened and polished,
made ready for the hand of the slayer.
12 •Cry out and wail, son of man,
for it is against my people;
it is against all the princes of Israel.
They are thrown to the sword
along with my people.
Therefore beat your breast.
13 •" 'Testing will surely come. And what if even
the scepter, which the sword despises, does not
continue? declares the Sovereign LORD.'
14 •"So then, son of man, prophesy
and strike your hands together.
Let the sword strike twice,
even three times.
It is a sword for slaughter —
a sword for great slaughter,
closing in on them from every side.
15 •So that hearts may melt with fear
and the fallen be many,
I have stationed the sword for slaughter[a]
at all their gates.
Look! It is forged to strike like lightning,
it is grasped for slaughter.
16 •Slash to the right, you sword,
then to the left,
wherever your blade is turned.
17 •I too will strike my hands together,
and my wrath will subside.
I the LORD have spoken."
18–19 •The word of the LORD came to me: •"Son of
man, mark out two roads for the sword of the king
of Babylon to take, both starting from the same
country. Make a signpost where the road branches
20 off to the city. •Mark out one road for the sword
to come against Rabbah of the Ammonites and
another against Judah and fortified Jerusalem.
21 •For the king of Babylon will stop at the fork in
the road, at the junction of the two roads, to seek
an omen: He will cast lots with arrows, he will con-

[a]15 Septuagint; the meaning of the Hebrew for this word is uncertain.

appoint [əpɔ́int] *vt.* 정하다
blade [bleid] *n.* 칼날
fork [fɔːrk] *n.* 갈라진 것, 분기
fortify [fɔ́ːrtəfài] *vt.* 요새화하다
junction [dʒʌ́ŋkʃən] *n.* 교차점
omen [óumən] *n.* 조짐
polish [páliʃ] *vt.* 윤내다
prophesy [práfəsai] *vi.* 예언하다
sharpen [ʃáːrpən] *vt.* 예리하게 하다
signpost [sáinpòust] *n.* 푯말
slash [slæʃ] *vt.* 깊이 베다
slayer [sléiər] *n.* 살육자
subside [səbsáid] *vi.* 가라앉다
sword [sɔ́ːrd] *n.* 칼
wail [weil] *vi.* 울부짖다

21:10 rejoice in...: …를 기뻐하다
21:14 close in on...: …를 포위하다
21:15 grasp for...: …을 단단히 붙잡다
21:19 branch off: 갈라지다, 나뉘다
21:20 mark out...: …을 그리다
21:21 cast lots: 제비를 뽑다

22 오른손에 예루살렘으로 갈 점괘를 얻었
으므로 공성퇴를 설치하며 입을 벌리고
죽이며 소리를 높여 외치며 성문을 향하
여 공성퇴를 설치하고 토성을 쌓고 사다
리를 세우게 되었나니
23 전에 그들에게 맹약한 자들은 그것을 거
짓 점괘로 여길 것이나 바벨론 왕은 그 죄
악을 기억하고 그 무리를 잡으리라
24 ●그러므로 주 여호와께서 이같이 말씀하
셨느니라 너희의 악이 기억을 되살리며
너희의 허물이 드러나며 너희 모든 행위
의 죄가 나타났도다 너희가 기억한 바 되
었은즉 그 손에 잡히리라
25 너 극악하여 중상을 당할 이스라엘 왕아
네 날이 이르렀나니 곧 죄악의 마지막 때
이니라
26 주 여호와께서 이같이 말씀하셨느니라
관을 제거하며 왕관을 벗길지라 그대로
두지 못하리니 낮은 자를 높이고 높은 자
를 낮출 것이니라
27 내가 엎드러뜨리고 엎드러뜨리고 엎드러
뜨리려니와 이것도 다시 있지 못하리라
마땅히 얻을 자가 이르면 그에게 주리라
28 ●인자야 너는 주 여호와께서 암몬 족속
과 그의 능욕에 대하여 이같이 말씀하셨
다고 예언하라 너는 이르기를 칼이 뽑히
도다 칼이 뽑히도다 죽이며 멸절하며 번
개같이 되기 위하여 빛났도다
29 네게 대하여 허무한 것을 보며 네게 대하
여 거짓 복술을 하는 자가 너를 중상 당한
악인의 목 위에 두리니 이는 그의 날 곧
죄악의 마지막 때가 이름이로다
30 그러나 칼을 그 칼집에 꽂을지어다 네가
지음을 받은 곳에서, 네가 출생한 땅에서
내가 너를 심판하리로다
31 내가 내 분노를 네게 쏟으며 내 진노의 불
을 네게 내뿜고 너를 짐승 같은 자 곧 멸
하기에 익숙한 자의 손에 넘기리로다
32 네가 불에 섶과 같이 될 것이며 네 피가
나라 가운데에 있을 것이며 네가 다시
기억되지 못할 것이니 나 여호와가 말하
였음이라 하라

벌 받을 예루살렘 (♪413장) — B.C. 591년경

22 또 여호와의 말씀이 내게 임하여 이
르시되
2 인자야 네가 심판하려느냐 이 피흘린 성
읍을 심판하려느냐 그리하려거든 자기의

22 sult his idols, he will examine the liver. ●Into his
right hand will come the lot for Jerusalem, where
he is to set up battering rams, to give the com-
mand to slaughter, to sound the battle cry, to set
battering rams against the gates, to build a ramp
23 and to erect siege works. ●It will seem like a false
omen to those who have sworn allegiance to
him, but he will remind them of their guilt and
take them captive.
24 ●"Therefore this is what the Sovereign LORD
says: 'Because you people have brought to mind
your guilt by your open rebellion, revealing your
sins in all that you do — because you have done
this, you will be taken captive.
25 ●" 'You profane and wicked prince of Israel,
whose day has come, whose time of punishment
26 has reached its climax, ●this is what the Sover-
eign LORD says: Take off the turban, remove the
crown. It will not be as it was: The lowly will be
exalted and the exalted will be brought low.
27 ●A ruin! A ruin! I will make it a ruin! The crown
will not be restored until he to whom it right-
fully belongs shall come; to him I will give it.'
28 ●"And you, son of man, prophesy and say,
'This is what the Sovereign LORD says about the
Ammonites and their insults:
" 'A sword, a sword,
drawn for the slaughter,
polished to consume
and to flash like lightning!
29 ●Despite false visions concerning you
and lying divinations about you,
it will be laid on the necks
of the wicked who are to be slain,
whose day has come,
whose time of punishment has reached
its climax.
30 ●" 'Let the sword return to its sheath.
In the place where you were created,
in the land of your ancestry,
I will judge you.
31 ●I will pour out my wrath on you
and breathe out my fiery anger against you;
I will deliver you into the hands of brutal men,
men skilled in destruction.
32 ●You will be fuel for the fire,
your blood will be shed in your land,
you will be remembered no more;
for I the LORD have spoken.' "

Judgment on Jerusalem's Sins

22 The word of the LORD came to me:
2 ●"Son of man, will you judge her? Will you

allegiance [əlíːdʒəns] *n.* 충성
ancestry [ǽnsèstri] *n.* 선조, 기원
brutal [brúːtl] *a.* 난폭한
destruction [distrʌ́kʃən] *n.* 파괴
divination [divənéiʃən] *n.* 점
exalt [igzɔ́ːlt] *vt.* 높이다
fiery [fáiəri] *a.* 불타는
insult [insʌ́lt] *n.* 모욕
profane [prəféin] *a.* 신성을 더럽히는
ramp [rǽmp] *n.* 진입로, 경사로
reveal [rivíːl] *vt.* 드러내다
shed [ʃed] *vt.* 흘리다
siege [siːdʒ] *n.* 포위 공격
slaughter [slɔ́ːtər] *n.* 학살
slay [slei] *vt.* 살해하다

21:22 **battering ram**: 성문(성벽) 파괴용 대형 망치
21:23 **remind A of B**: A로 하여금 B가 생각나게 하다
21:23 **take... captive**: …를 사로잡다
21:26 **take off**: (옷, 모자, 신발 등을) 벗다
21:32 **no more**: 그 이상 …하지 않다

모든 가증한 일을 그들이 알게 하라
3 너는 말하라 주 여호와께서 이같이 말씀하셨느
니라 자기 가운데에 피를 흘려 벌 받을 때가 이
르게 하며 우상을 만들어 스스로 더럽히는 성아
4 네가 흘린 피로 말미암아 죄가 있고 네가 만든
우상으로 말미암아 스스로 더럽혔으니 네 날
이 가까웠고 네 연한이 찼도다 그러므로 내가
너로 이방의 능욕을 받으며 만국의 조롱거리
가 되게 하였노라
5 너 이름이 더럽고 어지러움이 많은 자여 가까
운 자나 먼 자나 다 너를 조롱하리라 사 22:5
6 ●이스라엘 모든 고관은 각기 권세대로 피를
흘리려고 [1]네 가운데에 있었도다
7 그들이 네 가운데에서 부모를 업신여겼으며
네 가운데에서 나그네를 학대하였으며 네 가
운데에서 고아와 과부를 해하였도다
8 너는 나의 성물들을 업신여겼으며 나의 안식
일을 더럽혔으며
9 네 가운데에 피를 흘리려고 이간을 붙이는 자
도 있었으며 네 가운데에 산 위에서 제물을 먹
는 자도 있었으며 네 가운데에 음행하는 자도
있었으며
10 네 가운데에 자기 아버지의 하체를 드러내는
자도 있었으며 네 가운데에 월경하는 부정한
여인과 관계하는 자도 있었으며
11 어떤 사람은 그 이웃의 아내와 가증한 일을 행
하였으며 어떤 사람은 그의 며느리를 더럽혀
음행하였으며 네 가운데에 어떤 사람은 그 자
매 곧 아버지의 딸과 관계하였으며
12 네 가운데에 피를 흘리려고 뇌물을 받는 자도
있었으며 네가 변돈과 이자를 받았으며 이익
을 탐하여 이웃을 속여 빼앗았으며 나를 잊어
버렸도다 주 여호와의 말씀이니라
13 ●네가 불의를 행하여 이익을 얻은 일과 네 가운
데에 피 흘린 일로 말미암아 내가 손뼉을 쳤나니
14 내가 네게 보응하는 날에 네 마음이 견디겠느
냐 네 손이 힘이 있겠느냐 나 여호와가 말하였
으니 내가 이루리라
15 내가 너를 뭇 나라 가운데에 흩으며 각 나라에
헤치고 너의 더러운 것을 네 가운데에서 멸하
리라
16 네가 자신 때문에 나라들의 목전에서 수치를 당
하리니 내가 여호와인 줄 알리라 하셨다 하라

풀무 불에 들어간 이스라엘

17 ●여호와의 말씀이 내게 임하여 이르시되
18 인자야 이스라엘 족속이 내게 찌꺼기가 되었
나니 곧 풀무 불 가운데에 있는 놋이나 주석이

judge this city of bloodshed? Then confront
3 her with all her detestable practices •and
say: 'This is what the Sovereign LORD says:
You city that brings on herself doom by
shedding blood in her midst and defiles her-
4 self by making idols, •you have become
guilty because of the blood you have shed
and have become defiled by the idols you
have made. You have brought your days to
a close, and the end of your years has come.
Therefore I will make you an object of scorn
to the nations and a laughingstock to all the
5 countries. •Those who are near and those
who are far away will mock you, you infa-
mous city, full of turmoil.
6 •" 'See how each of the princes of Israel
who are in you uses his power to shed
7 blood. •In you they have treated father and
mother with contempt; in you they have
oppressed the foreigner and mistreated
8 the fatherless and the widow. •You have
despised my holy things and desecrated my
9 Sabbaths. •In you are slanderers who are
bent on shedding blood; in you are those
who eat at the mountain shrines and com-
10 mit lewd acts. •In you are those who dis-
honor their father's bed; in you are those
who violate women during their period,
11 when they are ceremonially unclean. •In
you one man commits a detestable offense
with his neighbor's wife, another shameful-
ly defiles his daughter-in-law, and another
violates his sister, his own father's daughter.
12 •In you are people who accept bribes to
shed blood; you take interest and make a
profit from the poor. You extort unjust gain
from your neighbors. And you have forgot-
ten me, declares the Sovereign LORD.
13 •" 'I will surely strike my hands together
at the unjust gain you have made and at the
14 blood you have shed in your midst. •Will
your courage endure or your hands be
strong in the day I deal with you? I the LORD
15 have spoken, and I will do it. •I will disperse
you among the nations and scatter you
through the countries; and I will put an end
16 to your uncleanness. •When you have been
defiled[a] in the eyes of the nations, you will
know that I am the LORD.' "
17 •Then the word of the LORD came to me:
18 •"Son of man, the people of Israel have be-

[a]16 Or When I have allotted you your inheritance

1) 6절부터 15절까지 나오는 '너'는 예루살렘 성을 가리킴

bribe [braib] n. 뇌물
contempt [kəntémpt] n. 경멸
defile [difáil] vt. 더럽히다
desecrate [désikrèit] vt. 신성을 더럽히다
detestable [ditéstəbl] a. 혐오스러운
disperse [dispə́:rs] vt. 흩어지게 하다
extort [ikstɔ́:rt] vt. 강제로 탈취하다
infamous [ínfəməs] a. 수치스러운
lewd [lu:d] a. 외설의, 음란한
mistreat [mìstrí:t] vt. 학대하다
mock [mak] vt. 조롱하다
offense [əféns] n. 범죄
scorn [skɔ:rn] n. 경멸
shamefully [ʃéimfəli] ad. 수치스럽게
shrine [ʃrain] n. 사당, 성소

22:2 **confront A with B**: A에게 B를 들이대다
22:3 **bring on**: 가져오다, 초래하다
22:5 **be far away:** 멀리 떨어져 있다
22:9 **be bent on ~ing**: ~하려고 결심하다
22:12 **take interest:** 재미를 붙이다
22:14 **deal with...**: …를 대하다

나 쇠나 납이며 은의 찌꺼기로다
19 그러므로 주 여호와께서 이와 같이 말씀하셨
느니라 너희가 다 찌꺼기가 되었은즉 내가 너
희를 예루살렘 가운데로 모으고
20 사람이 은이나 놋이나 쇠나 납이나 주석이나
모아서 풀무 불 속에 넣고 불을 불어 녹이는 것
같이 내가 노여움과 분으로 너희를 모아 거기
에 두고 녹이리라
21 내가 너희를 모으고 내 분노의 불을 너희에게
불면 너희가 그 가운데에서 녹되
22 은이 풀무 불 가운데에서 녹는 것같이 너희가
그 가운데에서 녹으리니 나 여호와가 분노를
너희 위에 쏟은 줄을 너희가 알리라

선지자 제사장 고관들의 죄

23 ● 여호와의 말씀이 내게 임하여 이르시되
24 인자야 너는 그에게 이르기를 너는 정결함을
얻지 못한 땅이요 진노의 날에 비를 얻지 못한
땅이로다 하라 (24:13)
25 그 가운데에서 선지자들의 반역함이 우는 사
자가 음식물을 움킴 같았도다 그들이 사람의
영혼을 삼켰으며 재산과 보물을 탈취하며 과
부를 그 가운데에 많게 하였으며 (호 6:9)
26 그 제사장들은 내 율법을 범하였으며 나의 성
물을 더럽혔으며 거룩함과 속된 것을 구별하
지 아니하였으며 부정함과 정한 것을 사람이
구별하게 하지 아니하였으며 그의 눈을 가리
어 나의 안식일을 보지 아니하였으므로 내가
그들 가운데에서 더럽힘을 받았느니라
27 그 가운데에 그 고관들은 음식물을 삼키는 이
리 같아서 불의한 이익을 얻으려고 피를 흘려
영혼을 멸하거늘 (사 1:23)
28 그 선지자들이 그들을 위하여 회를 칠하고 스
스로 허탄한 이상을 보며 거짓 복술을 행하며
여호와가 말하지 아니하였어도 주 여호와께서
이같이 말씀하셨느니라 하였으며
29 이 땅 백성은 포악하고 강탈을 일삼고 가난하
고 궁핍한 자를 압제하고 나그네를 부당하게
학대하였으므로
30 이 땅을 위하여 성을 쌓으며 성 무너진 데를 막
아 서서 나로 하여금 멸하지 못하게 할 사람을
내가 그 가운데에서 찾다가 찾지 못하였으므로
31 내가 내 분노를 그들 위에 쏟으며 내 진노의
불로 멸하여 그들 행위대로 그들 머리에 보응
하였느니라 주 여호와의 말씀이니라

오홀라와 오홀리바의 행음 — B.C. 591년경

23

또 여호와의 말씀이 내게 임하여 이르시되
2 인자야 두 여인이 있었으니 한 어머니의

come dross to me; all of them are the copper,
tin, iron and lead left inside a furnace. They
19 are but the dross of silver. ●Therefore this is
what the Sovereign LORD says: 'Because you
have all become dross, I will gather you into
20 Jerusalem. ●As silver, copper, iron, lead and
tin are gathered into a furnace to be melted
with a fiery blast, so will I gather you in my
anger and my wrath and put you inside the
21 city and melt you. ●I will gather you and I
will blow on you with my fiery wrath, and
22 you will be melted inside her. ●As silver is
melted in a furnace, so you will be melted
inside her, and you will know that I the
LORD have poured out my wrath on you.' "
23 ●Again the word of the LORD came to
24 me: ●"Son of man, say to the land, 'You are
a land that has not been cleansed or rained
25 on in the day of wrath.' ●There is a conspir-
acy of her princes[a] within her like a roaring
lion tearing its prey; they devour people,
take treasures and precious things and make
26 many widows within her. ●Her priests do
violence to my law and profane my holy
things; they do not distinguish between the
holy and the common; they teach that there
is no difference between the unclean and
the clean; and they shut their eyes to the
keeping of my Sabbaths, so that I am pro-
27 faned among them. ●Her officials within
her are like wolves tearing their prey; they
shed blood and kill people to make unjust
28 gain. ●Her prophets whitewash these deeds
for them by false visions and lying divina-
tions. They say, 'This is what the Sovereign
LORD says'—when the LORD has not spoken.
29 ●The people of the land practice extortion
and commit robbery; they oppress the poor
and needy and mistreat the foreigner, deny-
ing them justice.
30 ●"I looked for someone among them who
would build up the wall and stand before me
in the gap on behalf of the land so I would
not have to destroy it, but I found no one.
31 ●So I will pour out my wrath on them and
consume them with my fiery anger, bring-
ing down on their own heads all they have
done, declares the Sovereign LORD."

Two Adulterous Sisters

23

The word of the LORD came to me:
2 ●"Son of man, there were two

[a]25 Septuagint; Hebrew *prophets*

blast [blæst] *n.* 광풍
cleanse [klenz] *vt.* 정결케 하다
conspiracy [kənspírəsi] *n.* 음모
copper [kápər] *n.* 구리
devour [diváuər] *vt.* 삼키다
difference [dífərəns] *n.* 구별
distinguish [distíŋgwiʃ] *vt.* 구별하다
divination [divənéiʃən] *n.* 예언, 점
dross [drɔ:s] *n.* 찌꺼기
fiery [fáiəri] *a.* 불같은
furnace [fə́:rnis] *n.* 아궁이
oppress [əprés] *vt.* 억압하다
profane [prəféin] *vt.* 신성을 더럽히다
robbery [rábəri] *n.* 강도질
whitewash [hwáitwɔ̀:ʃ] *vt.* 회칠하다

22:26 do violence to...: …에 위반하다
22:30 build up: 쌓아올리다
22:30 on behalf of...: …를 위하여
22:30 look for: 찾다
22:30 stand in the gap: 몸으로 막다
22:31 bring down: 내리다

딸이라
3 그들이 애굽에서 행음하되 어렸을 때에 행음
하여 그들의 유방이 눌리며 그 처녀의 가슴이
어루만져졌나니
4 그 이름이 형은 오홀라요 아우는 오홀리바라
그들이 내게 속하여 자녀를 낳았나니 그 이름
으로 말하면 오홀라는 사마리아요 오홀리바는
예루살렘이니라
5 ●오홀라가 내게 속하였을 때에 행음하여 그가
연애하는 자 곧 그의 이웃 앗수르 사람을 사모
하였나니
6 그들은 다 자색 옷을 입은 고관과 감독이요 준
수한 청년이요 말 타는 자들이라
7 그가 앗수르 사람들 가운데에 잘생긴 그 모든
자들과 행음하고 누구를 연애하든지 그들의
모든 우상으로 자신을 더럽혔으며 16:15
8 그가 젊었을 때에 애굽 사람과 동침하매 그 처
녀의 가슴이 어루만져졌으며 그의 몸에 음란
을 쏟음을 당한 바 되었더니 그가 그때부터 행
음함을 마지아니하였느니라
9 그러므로 내가 그를 그의 정든 자 곧 그가 연애
하는 앗수르 사람의 손에 넘겼더니 왕하 18:9-11
10 그들이 그의 하체를 드러내고 그의 자녀를 빼
앗으며 칼로 그를 죽여 여인들에게 이야깃거
리가 되게 하였나니 이는 그들이 그에게 심판
을 행함이니라
11 ●그 아우 오홀리바가 이것을 보고도 그의 형
보다 음욕을 더하며 그의 형의 간음함보다 그
간음이 더 심하므로 그의 형보다 더 부패하여
졌느니라
12 그가 그의 이웃 앗수르 사람을 연애하였나니
그들은 화려한 의복을 입은 고관과 감독이요
말 타는 자들과 준수한 청년이었느니라
13 그 두 여인이 한 길로 행하므로 그도 더러워졌
음을 내가 보았노라
14 그가 음행을 더하였음은 붉은색으로 벽에 그
린 사람의 형상 곧 갈대아 사람의 형상을 보았
음이니
15 그 형상은 허리를 띠로 동이고 머리를 긴 수건
으로 쌌으며 그의 용모는 다 준수한 자 곧 그
의 고향 갈대아 바벨론 사람 같은 것이라
16 그가 보고 곧 사랑하게 되어 사절을 갈대아 그
들에게로 보내매
17 바벨론 사람이 나아와 연애하는 침상에 올라
음행으로 그를 더럽히매 그가 더럽힘을 입은
후에 그들을 싫어하는 마음이 생겼느니라
18 그가 이같이 그의 음행을 나타내며 그가 하체

women, daughters of the same mother.
3 ●They became prostitutes in Egypt, engag-
ing in prostitution from their youth. In
that land their breasts were fondled and
4 their virgin bosoms caressed. ●The older
was named Oholah, and her sister was
Oholibah. They were mine and gave birth to
sons and daughters. Oholah is Samaria, and
Oholibah is Jerusalem.
5 ●"Oholah engaged in prostitution while
she was still mine; and she lusted after her
6 lovers, the Assyrians—warriors ●clothed in
blue, governors and commanders, all of
them handsome young men, and mounted
7 horsemen. ●She gave herself as a prostitute
to all the elite of the Assyrians and defiled
herself with all the idols of everyone she
8 lusted after. ●She did not give up the prosti-
tution she began in Egypt, when during her
youth men slept with her, caressed her vir-
gin bosom and poured out their lust on her.
9 ●"Therefore I delivered her into the
hands of her lovers, the Assyrians, for whom
10 she lusted. ●They stripped her naked, took
away her sons and daughters and killed
her with the sword. She became a byword
among women, and punishment was
inflicted on her.
11 ●"Her sister Oholibah saw this, yet in her
lust and prostitution she was more deprav-
12 ed than her sister. ●She too lusted after the
Assyrians — governors and commanders,
warriors in full dress, mounted horsemen,
13 all handsome young men. ●I saw that she
too defiled herself; both of them went the
same way.
14 ●"But she carried her prostitution still fur-
ther. She saw men portrayed on a wall, fig-
15 ures of Chaldeans[a] portrayed in red, ●with
belts around their waists and flowing tur-
bans on their heads; all of them looked
like Babylonian chariot officers, natives of
16 Chaldea.[b] ●As soon as she saw them, she
lusted after them and sent messengers to
17 them in Chaldea. ●Then the Babylonians
came to her, to the bed of love, and in their
lust they defiled her. After she had been
defiled by them, she turned away from
18 them in disgust. ●When she carried on her
prostitution openly and exposed her naked
body, I turned away from her in disgust, just

[a]14 Or *Babylonians* [b]15 Or *Babylonia;* also in verse 16

bosom [búzəm] *n.* 가슴
breast [brest] *n.* 가슴
byword [báiwə:rd] *n.* 웃음거리
caress [kərés] *vt.* 어루만지다
chariot [tʃǽriət] *n.* 전차
defile [difáil] *vt.* 더럽히다
depraved [dipréivd] *a.* 타락한
disgust [disgʌ́st] *n.* 싫음
expose [ikspóuz] *vt.* 드러내다
fondle [fándl] *vt.* 애무하다
further [fə́:rðər] *a.* 한층 더한
idol [áidl] *n.* 우상
portray [pɔ:rtréi] *vt.* (인물, 풍경을) 그리다
prostitute [prástətjù:t] *n.* 매춘부
virgin [və́:rdʒin] *n.* 처녀

23:3 **engage in...**: …에 관계하게 하다
23:4 **give birth to...**: …를 낳다
23:5 **lust after...**: …에 대해 강한 욕망을 느끼다
23:10 **inflict on...**: …에 영향을 주다
23:17 **turn away**: 돌아서다, 돌이키다

를 드러내므로 내 마음이 그의 형을 싫어한
것같이 그를 싫어하였으나
19 그가 그의 음행을 더하여 젊었을 때 곧 애굽
땅에서 행음하던 때를 생각하고 23:3,14
20 그의 하체는 나귀 같고 그의 정수는 말 같은
음란한 간부를 사랑하였도다
21 네가 젊었을 때에 행음하여 애굽 사람에게
네 가슴과 유방이 어루만져졌던 것을 아직도
생각하도다 23:3

오홀리바가 받은 재판

22 ●그러므로 오홀리바야 주 여호와께서 이같
이 말씀하셨느니라 나는 네가 사랑하다가 싫
어하던 자들을 충동하여 그들이 사방에서 와
서 너를 치게 하리니 16:37
23 그들은 바벨론 사람과 갈대아 모든 무리 브
곳과 소아와 고아 사람과 또 그와 함께한 모
든 앗수르 사람 곧 준수한 청년이며 다 고관
과 감독이며 귀인과 유명한 자요 다 말 타는
자들이라
24 그들이 무기와 병거와 수레와 크고 작은 방
패를 이끌고 투구 쓴 군대를 거느리고 치러
와서 너를 에워싸리라 내가 재판을 그들에게
맡긴즉 그들이 그들의 법대로 너를 재판하리
라
25 내가 너를 향하여 질투하리니 그들이 분내어
네 코와 귀를 깎아 버리고 남은 자를 칼로 엎
드러뜨리며 네 자녀를 빼앗고 그 남은 자를
불에 사르며
26 또 네 옷을 벗기며 네 장식품을 빼앗을지라
27 이와 같이 내가 네 음란과 애굽 땅에서부터
행음하던 것을 그치게 하여 너로 그들을 향
하여 눈을 들지도 못하게 하며 다시는 애굽
을 기억하지도 못하게 하리라 16:41
28 주 여호와께서 이같이 말씀하셨느니라 나는
네가 미워하는 자와 네 마음에 싫어하는 자
의 손에 너를 붙이리니
29 그들이 미워하는 마음으로 네게 행하여 네
모든 수고한 것을 빼앗고 너를 벌거벗은 몸
으로 두어서 네 음행의 벗은 몸 곧 네 음란하
며 행음하던 것을 드러낼 것이라 16:39
30 네가 이같이 당할 것은 네가 음란하게 이방
을 따르고 그 우상들로 더럽혔기 때문이로다
31 네가 네 형의 길로 행하였은즉 내가 그의 잔
을 네 손에 주리라
32 주 여호와께서 이같이 말씀하셨느니라 깊고
크고 가득히 담긴 네 형의 잔을 네가 마시고
코웃음과 조롱을 당하리라 사 51:17

19 as I had turned away from her sister. •Yet she
became more and more promiscuous as she
recalled the days of her youth, when she was
20 a prostitute in Egypt. •There she lusted after
her lovers, whose genitals were like those of
donkeys and whose emission was like that of
21 horses. •So you longed for the lewdness of
your youth, when in Egypt your bosom was
caressed and your young breasts fondled.[a]
22 •"Therefore, Oholibah, this is what the
Sovereign LORD says: I will stir up your lovers
against you, those you turned away from in
disgust, and I will bring them against you
23 from every side— •the Babylonians and all
the Chaldeans, the men of Pekod and Shoa
and Koa, and all the Assyrians with them,
handsome young men, all of them governors
and commanders, chariot officers and men
24 of high rank, all mounted on horses. •They
will come against you with weapons,[b] chari-
ots and wagons and with a throng of people;
they will take up positions against you on
every side with large and small shields and
with helmets. I will turn you over to them
for punishment, and they will punish you
25 according to their standards. •I will direct my
jealous anger against you, and they will deal
with you in fury. They will cut off your noses
and your ears, and those of you who are left
will fall by the sword. They will take away
your sons and daughters, and those of you
26 who are left will be consumed by fire. •They
will also strip you of your clothes and take
27 your fine jewelry. •So I will put a stop to the
lewdness and prostitution you began in
Egypt. You will not look on these things with
longing or remember Egypt anymore.
28 •"For this is what the Sovereign LORD
says: I am about to deliver you into the hands
of those you hate, to those you turned away
29 from in disgust. •They will deal with you in
hatred and take away everything you have
worked for. They will leave you stark naked,
and the shame of your prostitution will be
exposed. Your lewdness and promiscuity
30 •have brought this on you, because you lust-
ed after the nations and defiled yourself with
31 their idols. •You have gone the way of your
sister; so I will put her cup into your hand.
32 •"This is what the Sovereign LORD says:

[a]21 Syriac (see also verse 3); Hebrew *caressed because of your young breasts* [b]24 The meaning of the Hebrew for this word is uncertain.

consume [kənsúːm] *vt.* 태워버리다
emission [imíʃən] *n.* 사정
fondle [fándl] *vt.* 애무하다
fury [fjúəri] *n.* 격분
genital [dʒénətl] *a.* 생식기의
hatred [héitrid] *n.* 미움
lewdness [lúːdnis] *n.* 음행
naked [néikid] *a.* 벌거벗은
promiscuous [prəmískjuəs] *a.* 난잡한
recall [rikɔ́ːl] *vt.* 회고하다
shield [ʃiːld] *n.* 방패
standard [stǽndərd] *n.* 기준, 규범
throng [θrɔːŋ] *vi.* 모여들다
wagon [wǽgən] *n.* 마차
weapon [wépən] *n.* 무기

23:22 **stir up**: 선동하다
23:22 **in disgust**: 싫증나서
23:24 **take up**: 차지하다
23:24 **turn A over to B**: A를 B에 넘기다
23:26 **strip A of B**: A에게서 B를 빼앗다
23:28 **be about to...**: 막 …하려고 하다

33 네가 네 형 사마리아의 잔 곧 놀람과 패망
의 잔에 넘치게 취하고 근심할지라 렘 25:15
34 네가 그 잔을 다 기울여 마시고 그 깨어진
조각을 씹으며 네 유방을 꼬집을 것은 내
가 이렇게 말하였음이라 주 여호와의 말씀
이니라
35 그러므로 주 여호와께서 이같이 말씀하셨
느니라 네가 나를 잊었고 또 나를 네 등 뒤
에 버렸은즉 너는 네 음란과 네 음행의 죄
를 담당할지니라 하시니라

오홀라와 오홀리바가 받은 재판

36 ●여호와께서 또 내게 이르시되 인자야 네
가 오홀라와 오홀리바를 심판하려느냐 그
러면 그 가증한 일을 그들에게 말하라 20:4
37 그들이 행음하였으며 피를 손에 묻혔으며
또 그 우상과 행음하며 내게 낳아 준 자식
들을 우상을 위하여 화제로 살랐으며
38 이 외에도 그들이 내게 행한 것이 있나니 당
일에 내 성소를 더럽히며 내 안식일을 범하
였도다
39 그들이 자녀를 죽여 그 우상에게 드린 그
날에 내 성소에 들어와서 더럽혔으되 그들
이 내 성전 가운데에서 그렇게 행하였으며
40 또 사절을 먼 곳에 보내 사람을 불러오게
하고 그들이 오매 그들을 위하여 목욕하며
눈썹을 그리며 스스로 단장하고
41 화려한 자리에 앉아 앞에 상을 차리고 내
향과 기름을 그 위에 놓고 에 1:6
42 그 무리와 편히 지껄이고 즐겼으며 또 광
야에서 잡류와 술 취한 사람을 청하여 오
매 그들이 팔찌를 그 손목에 끼우고 아름
다운 관을 그 머리에 씌웠도다
43 ●내가 음행으로 쇠한 여인을 가리켜 말하
노라 그가 그래도 그들과 피차 행음하는도
다
44 그들이 그에게 나오기를 기생에게 나옴같
이 음란한 여인 오홀라와 오홀리바에게 나
왔은즉
45 의인이 간통한 여자들을 재판함같이 재판
하며 피를 흘린 여인을 재판함같이 재판하
리니 그들은 간통한 여자들이요 또 피가
그 손에 묻었음이라
46 주 여호와께서 이같이 말씀하셨느니라 그
들에게 무리를 올려 보내 그들이 공포와
약탈을 당하게 하라 23:24
47 무리가 그들을 돌로 치며 칼로 죽이고 그
자녀도 죽이며 그 집들을 불사르리라

"You will drink your sister's cup,
a cup large and deep;
it will bring scorn and derision,
for it holds so much.
33 •You will be filled with drunkenness and sorrow,
the cup of ruin and desolation,
the cup of your sister Samaria.
34 •You will drink it and drain it dry
and chew on its pieces—
and you will tear your breasts.
I have spoken, declares the Sovereign LORD.

35 •"Therefore this is what the Sovereign LORD
says: Since you have forgotten me and turned
your back on me, you must bear the conse-
quences of your lewdness and prostitution."
36 •The LORD said to me: "Son of man, will you
judge Oholah and Oholibah? Then confront
37 them with their detestable practices, •for they
have committed adultery and blood is on their
hands. They committed adultery with their
idols; they even sacrificed their children, whom
38 they bore to me, as food for them. •They have
also done this to me: At that same time they
defiled my sanctuary and desecrated my Sab-
39 baths. •On the very day they sacrificed their
children to their idols, they entered my sanctu-
ary and desecrated it. That is what they did in
my house.
40 •"They even sent messengers for men who
came from far away, and when they arrived you
bathed yourself for them, applied eye makeup
41 and put on your jewelry. •You sat on an elegant
couch, with a table spread before it on which
you had placed the incense and olive oil that
belonged to me.
42 •"The noise of a carefree crowd was around
her; drunkards were brought from the desert
along with men from the rabble, and they put
bracelets on the wrists of the woman and her sis-
43 ter and beautiful crowns on their heads. •Then
I said about the one worn out by adultery,
'Now let them use her as a prostitute, for that is
44 all she is.' •And they slept with her. As men
sleep with a prostitute, so they slept with those
45 lewd women, Oholah and Oholibah. •But
righteous judges will sentence them to the pun-
ishment of women who commit adultery and
shed blood, because they are adulterous and
blood is on their hands.
46 •"This is what the Sovereign LORD says: Bring
a mob against them and give them over to ter-
47 ror and plunder. •The mob will stone them and
cut them down with their swords; they will kill

adultery [ədʌ́ltəri] *n.* 간음
bracelet [bréislit] *n.* 팔찌
carefree [kέərfrìː] *a.* 근심이 없는
consequence [kánsəkwèns] *n.* 결과
couch [kautʃ] *n.* 침상
derision [diríʒən] *n.* 비웃음
desecrate [désikrèit] *vt.* 신성을 더럽히다
desolation [desəléiʃən] *n.* 폐허
detestable [ditéstəbl] *a.* 혐오스러운
drain [drein] *vt.* 쭉 마셔버리다
lewdness [lúːdnis] *n.* 음행
mob [mab] *n.* 폭도
plunder [plʌ́ndər] *n.* 약탈
rabble [rǽbl] *n.* 어중이떠중이
scorn [skɔːrn] *n.* 경멸, 멸시

23:34 chew on...: …을 씹다
23:38 at that same time: 동시에
23:41 belong to...: …에 속하다
23:42 along with...: …과 함께
23:43 wear out: 지치게 하다
23:44 sleep with...: …와 동침하다

48 이같이 내가 이 땅에서 음란을 그치게
한즉 모든 여인이 정신이 깨어 너희 음
행을 본받지 아니하리라
49 그들이 너희 음란으로 너희에게 보응한
즉 너희가 모든 우상을 위하던 죄를 담
당할지라 내가 주 여호와인 줄을 너희가
알리라 하시니라

녹슨 가마 예루살렘 (♪21장) — B.C. 589년경

24 아홉째 해 열째 달 열째 날에 여호
와의 말씀이 내게 임하여 이르시
되
2 인자야 너는 날짜 곧 오늘의 이름을 기
록하라 바벨론 왕이 오늘 예루살렘에 가
까이 왔느니라
3 너는 이 반역하는 족속에게 비유를 베풀
어 이르기를 주 여호와께서 이같이 말씀
하시기를 가마 하나를 걸라
4-5 건 후에 물을 붓고 양 떼에서 한 마리
를 골라 각을 뜨고 그 넓적다리와 어깨
고기의 모든 좋은 덩이를 그 가운데에
모아 넣으며 고른 뼈를 가득히 담고 그
뼈를 위하여 가마 밑에 나무를 쌓아 넣
고 잘 삶되 가마 속의 뼈가 무르도록 삶
을지어다
6 •그러므로 주 여호와께서 이같이 말씀
하셨느니라 피를 흘린 성읍, 녹슨 가마
곧 그 속의 녹을 없이하지 아니한 가마
여 화 있을진저 제비 뽑을 것도 없이 그
덩이를 하나하나 꺼낼지어다
7 그 피가 그 가운데에 있음이여 피를 땅
에 쏟아 티끌이 덮이게 하지 않고 맨 바
위 위에 두었도다
8 내가 그 피를 맨 바위 위에 두고 덮이지
아니하게 함은 분노를 나타내어 보응하
려 함이로라
9 그러므로 주 여호와께서 이같이 말씀하
셨느니라 화 있을진저 피를 흘린 성읍이
여 내가 또 나무 무더기를 크게 하리라
10 나무를 많이 쌓고 불을 피워 그 고기를
삶아 녹이고 국물을 졸이고 그 뼈를 태
우고
11 가마가 빈 후에는 숯불 위에 놓아 뜨겁
게 하며 그 가마의 놋을 달궈서 그 속에
더러운 것을 녹게 하며 녹이 소멸되게
하라
12 이 성읍이 수고하므로 스스로 피곤하나
많은 녹이 그 속에서 벗겨지지 아니하며

their sons and daughters and burn down their
houses.
48 •"So I will put an end to lewdness in the land,
that all women may take warning and not imitate
49 you. •You will suffer the penalty for your lewd-
ness and bear the consequences of your sins of
idolatry. Then you will know that I am the Sover-
eign LORD."

Jerusalem as a Cooking Pot

24 In the ninth year, in the tenth month on
the tenth day, the word of the LORD came
2 to me: •"Son of man, record this date, this very
date, because the king of Babylon has laid siege to
3 Jerusalem this very day. •Tell this rebellious peo-
ple a parable and say to them: 'This is what the
Sovereign LORD says:

" 'Put on the cooking pot; put it on
and pour water into it.
4 •Put into it the pieces of meat,
all the choice pieces—the leg and the shoulder.
Fill it with the best of these bones;
5 • take the pick of the flock.
Pile wood beneath it for the bones;
bring it to a boil
and cook the bones in it.

6 •" 'For this is what the Sovereign LORD says:

" 'Woe to the city of bloodshed,
to the pot now encrusted,
whose deposit will not go away!
Take the meat out piece by piece
in whatever order it comes.

7 •" 'For the blood she shed is in her midst:
She poured it on the bare rock;
she did not pour it on the ground,
where the dust would cover it.
8 •To stir up wrath and take revenge
I put her blood on the bare rock,
so that it would not be covered.

9 •" 'Therefore this is what the Sovereign LORD says:

" 'Woe to the city of bloodshed!
I, too, will pile the wood high.
10 •So heap on the wood
and kindle the fire.
Cook the meat well,
mixing in the spices;
and let the bones be charred.
11 •Then set the empty pot on the coals
till it becomes hot and its copper glows,
so that its impurities may be melted
and its deposit burned away.
12 •It has frustrated all efforts;

bare [bɛər] *a.* 노출된
bloodshed [blʌ́dʃèd] *n.* 피흘림
char [tʃaːr] *vt.* 까맣게 태우다
coal [koul] *n.* 석탄
copper [kápər] *n.* 구리
deposit [dipázit] *n.* 녹, 침전물
encrust [inkrʌ́st] *vt.* 외피로 덮다
flock [flak] *n.* (양) 떼
frustrate [frʌ́streit] *vt.* 좌절시키다
idolatry [aidálətri] *n.* 우상숭배
imitate [ímətèit] *vt.* 본받다
impurity [impjúərəti] *n.* 불순물
kindle [kíndl] *vt.* 불을 붙이다
parable [pǽrəbl] *n.* 비유
penalty [pénəlti] *n.* 형벌

23:47 burn down: 태워버리다
24:2 lay siege to...: …을 포위하다
24:3 put on...: …을 걸치다
24:8 stir up: 일으키다, 야기시키다
24:8 take revenge: 복수하다
24:11 burn away: 타 없어지다

불에서도 없어지지 아니하는도다
13 너의 더러운 것들 중에 음란이 그 하나이니라 내가 너를 깨끗하게 하나 네가 깨끗하여지지 아니하니 내가 네게 향한 분노를 풀기 전에는 네 더러움이 다시 깨끗하여지지 아니하리라
14 나 여호와가 말하였은즉 그 일이 이루어질지라 내가 돌이키지도 아니하고 아끼지도 아니하며 뉘우치지도 아니하고 행하리니 그들이 네 모든 행위대로 너를 재판하리라 주 여호와의 말씀이니라

에스겔의 아내가 죽다

15 ● 여호와의 말씀이 또 내게 임하여 이르시되
16 인자야 내가 네 눈에 기뻐하는 것을 한 번 쳐서 빼앗으리니 너는 슬퍼하거나 울거나 눈물을 흘리거나 하지 말며
17 죽은 자들을 위하여 슬퍼하지 말고 조용히 탄식하며 수건으로 머리를 동이고 발에 신을 신고 입술을 가리지 말고 사람이 초상집에서 먹는 음식물을 먹지 말라 하신지라 삼하 15:30
18 내가 아침에 백성에게 말하였더니 저녁에 내 아내가 죽었으므로 아침에 내가 받은 명령대로 행하매
19 백성이 내게 이르되 네가 행하는 이 일이 우리와 무슨 상관이 있는지 너는 우리에게 말하지 아니하겠느냐 하므로
20 내가 그들에게 대답하기를 여호와의 말씀이 내게 임하여 이르시되
21 너는 이스라엘 족속에게 이르기를 주 여호와의 말씀에 내 성소는 너희 세력의 영광이요 너희 눈의 기쁨이요 너희 마음에 아낌이 되거니와 내가 더럽힐 것이며 너희의 버려 둔 자녀를 칼에 엎드러지게 할지라 시 27:4
22 너희가 에스겔이 행한 바와 같이 행하여 입술을 가리지 아니하며 사람의 음식물을 먹지 아니하며
23 수건으로 머리를 동인 채, 발에 신을 신은 채로 두고 슬퍼하지도 아니하며 울지도 아니하되 죄악 중에 패망하여 피차 바라보고 탄식하리라
24 이같이 에스겔이 너희에게 표징이 되리니 그가 행한 대로 너희가 다 행할지라 이 일이 이루어지면 내가 주 여호와인 줄을 너희가 알리라 하라 하셨느니라
25 ● 인자야 내가 그 힘과 그 즐거워하는 영광과 그 눈이 기뻐하는 것과 그 마음이 간절하게 생각하는 자녀를 데려가는 날
26 곧 그날에 도피한 자가 네게 나와서 네 귀에 그 일을 들려 주지 아니하겠느냐

its heavy deposit has not been removed,
not even by fire.
13 ●" 'Now your impurity is lewdness. Be-
cause I tried to cleanse you but you would
not be cleansed from your impurity, you
will not be clean again until my wrath
against you has subsided.
14 ●" 'I the LORD have spoken. The time has
come for me to act. I will not hold back; I
will not have pity, nor will I relent. You will
be judged according to your conduct and
your actions, declares the Sovereign LORD.' "

Ezekiel's Wife Dies

15 ●The word of the LORD came to me:
16 ●"Son of man, with one blow I am about to
take away from you the delight of your eyes.
Yet do not lament or weep or shed any
17 tears. ●Groan quietly; do not mourn for the
dead. Keep your turban fastened and your
sandals on your feet; do not cover your mus-
tache and beard or eat the customary food
of mourners."
18 ●So I spoke to the people in the morning,
and in the evening my wife died. The next
morning I did as I had been commanded.
19 ●Then the people asked me, "Won't you
tell us what these things have to do with us?
Why are you acting like this?"
20 ●So I said to them, "The word of the LORD
21 came to me: ●Say to the people of Israel,
'This is what the Sovereign LORD says: I am
about to desecrate my sanctuary — the
stronghold in which you take pride, the
delight of your eyes, the object of your affec-
tion. The sons and daughters you left be-
22 hind will fall by the sword. ●And you will
do as I have done. You will not cover your
mustache and beard or eat the customary
23 food of mourners. ●You will keep your tur-
bans on your heads and your sandals on
your feet. You will not mourn or weep but
will waste away because of[a] your sins and
24 groan among yourselves. ●Ezekiel will be a
sign to you; you will do just as he has done.
When this happens, you will know that I
am the Sovereign LORD.'
25 ●"And you, son of man, on the day I take
away their stronghold, their joy and glory,
the delight of their eyes, their heart's desire,
26 and their sons and daughters as well— ●on
that day a fugitive will come to tell you the

[a]23 Or *away in*

affection [əfékʃən] *n.* 애정
customary [kʌ́stəmèri] *a.* 습관적인
desecrate [désikrèit] *vt.* 더럽히다
desire [dizáiər] *n.* 욕망
fasten [fǽsn] *vt.* 묶다
fugitive [fjúːdʒətiv] *n.* 도망자
groan [groun] *vi.* 신음하다
lament [ləmént] *n.* 비탄
mourner [mɔ́ːrnər] *n.* 슬퍼하는 사람
object [ábdʒikt] *n.* 대상
relent [rilént] *vi.* 마음이 누그러지다
sanctuary [sǽŋktʃuèri] *n.* 지성소
sovereign [sávərin] *a.* 주권을 가진
stronghold [strɔ́ːŋhòuld] *n.* 요새
subside [səbsáid] *vi.* 잠잠해지다

24:14 hold back: 저지하다, 방해하다
24:16 take away from...: …에게서 가져가 버리다
24:19 have to do with...: …와 관계가 있다
24:23 not A but B: A가 아니라 B이다
24:23 waste away: 쇠약해지다

27 그날에 네 입이 열려서 도피한 자에게 말하고
다시는 잠잠하지 아니하리라 이같이 너는 그
들에게 표징이 되고 그들은 내가 여호와인 줄
알리라

암몬이 받을 심판 (♪ 465장) — B.C. 589년경

25 여호와의 말씀이 또 내게 임하여 이르시
되
2 인자야 네 얼굴을 암몬 족속에게 돌리고 그들
에게 예언하라
3 너는 암몬 족속에게 이르기를 너희는 주 여호
와의 말씀을 들을지어다 주 여호와께서 이같
이 말씀하셨느니라 내 성소가 더럽힘을 받을
때에 네가 그것에 관하여, 이스라엘 땅이 황폐
할 때에 네가 그것에 관하여, 유다 족속이 사
로잡힐 때에 네가 그들에 대하여 이르기를 아
하 좋다 하였도다
4 그러므로 내가 너를 동방 사람에게 기업으로 넘
겨 주리니 그들이 네 가운데에 진을 치며 네 가
운데에 그 거처를 베풀며 네 열매를 먹으며 네
젖을 마실지라
5 내가 랍바를 낙타의 우리로 만들며 암몬 족속
의 땅을 양 떼가 눕는 곳으로 삼은즉 내가 주
여호와인 줄을 너희가 알리라 습 2:14
6 주 여호와께서 이같이 말씀하셨느니라 네가
이스라엘 땅에 대하여 손뼉을 치며 발을 구르
며 마음을 다하여 멸시하며 즐거워하였나니
7 그런즉 내가 손을 네 위에 펴서 너를 다른 민
족에게 넘겨 주어 노략을 당하게 하며 너를 만
민 중에서 끊어 버리며 너를 여러 나라 가운데
에서 패망하게 하여 멸하리니 내가 주 여호와
인 줄을 너희가 알리라 하셨다 하라

모압과 세일이 받을 심판

8 ●주 여호와께서 이같이 말씀하셨느니라 모압
과 세일이 이르기를 유다 족속은 모든 이방과
다름이 없다 하도다
9 그러므로 내가 모압의 한편 곧 그 나라 국경에
있는 영화로운 성읍들 벧여시못과 바알므온과
기랴다임을 열고
10 암몬 족속과 더불어 동방 사람에게 넘겨 주어
기업을 삼게 할 것이라 암몬 족속이 다시는 이
방 가운데에서 기억되지 아니하게 하려니와
11 내가 모압에 벌을 내리리니 내가 주 여호와인
줄을 너희가 알리라

에돔과 블레셋이 받을 심판

12 ●주 여호와께서 이같이 말씀하셨느니라 에돔
이 유다 족속을 쳐서 원수를 갚았고 원수를 갚
음으로 심히 범죄하였도다 애 4:21

27 news. ●At that time your mouth will be
opened; you will speak with him and will
no longer be silent. So you will be a sign to
them, and they will know that I am the
LORD."

A Prophecy Against Ammon

25 The word of the LORD came to me:
2 ●"Son of man, set your face against
the Ammonites and prophesy against
3 them. ●Say to them, 'Hear the word of the
Sovereign LORD. This is what the Sovereign
LORD says: Because you said "Aha!" over my
sanctuary when it was desecrated and over
the land of Israel when it was laid waste and
over the people of Judah when they went
4 into exile, ●therefore I am going to give you
to the people of the East as a possession.
They will set up their camps and pitch their
tents among you; they will eat your fruit
5 and drink your milk. ●I will turn Rabbah
into a pasture for camels and Ammon into
a resting place for sheep. Then you will
6 know that I am the LORD. ●For this is what
the Sovereign LORD says: Because you have
clapped your hands and stamped your feet,
rejoicing with all the malice of your heart
7 against the land of Israel, ●therefore I will
stretch out my hand against you and give
you as plunder to the nations. I will wipe
you out from among the nations and exter-
minate you from the countries. I will
destroy you, and you will know that I am
the LORD.' "

A Prophecy Against Moab

8 ●"This is what the Sovereign LORD says:
'Because Moab and Seir said, "Look, Judah
9 has become like all the other nations," ●the-
refore I will expose the flank of Moab, begin-
ning at its frontier towns — Beth Jeshimoth,
Baal Meon and Kiriathaim — the glory of
10 that land. ●I will give Moab along with
the Ammonites to the people of the East
as a possession, so that the Ammonites will
not be remembered among the nations;
11 ●and I will inflict punishment on Moab.
Then they will know that I am the LORD.' "

A Prophecy Against Edom

12 ●"This is what the Sovereign LORD says:
'Because Edom took revenge on Judah
and became very guilty by doing so,
13 ●therefore this is what the Sovereign

clap [klæp] *vi.* 손뼉치다
expose [ikspóuz] *vt.* 드러내다
exterminate [ikstə́ːrmənèit] *vt.* 근절시키다
flank [flæŋk] *n.* 측면
frontier [frʌntíər] *n.* 변경
guilty [gílti] *a.* 죄를 범한
malice [mǽlis] *n.* 악의
pasture [pǽstʃər] *n.* 목장
pitch [pitʃ] *vt.* (천막을) 치다
plunder [plʌ́ndər] *n.* 약탈
possession [pəzéʃən] *n.* 소유물
prophesy [práfəsài] *vt.* …을 예언하다
punishment [pʌ́niʃmənt] *n.* 형벌
silent [sáilənt] *a.* 조용한
stamp [stæmp] *vt.* (발을) 구르다

25:3 go into exile: 추방당한 몸이 되다
25:7 stretch out: 뻗다
25:7 from among: …의 가운데서
25:10 along with...: …와 함께
25:11 inflict A on B: B에게 A를 가하다
25:12 take revenge on...: …에게 복수하다

13 그러므로 주 여호와께서 이같이 말씀하셨느
니라 내가 내 손을 에돔 위에 펴서 사람과 짐
승을 그 가운데에서 끊어 데만에서부터 황
폐하게 하리니 드단까지 칼에 엎드러지리라
14 내가 내 백성 이스라엘의 손으로 내 원수를
에돔에게 갚으리니 그들이 내 진노와 분노를
따라 에돔에 행한즉 내가 원수를 갚음인 줄
을 에돔이 알리라 주 여호와의 말씀이니라
15 주 여호와께서 이같이 말씀하셨느니라 블레
셋 사람이 옛날부터 미워하여 멸시하는 마
음으로 원수를 갚아 진멸하고자 하였도다
16 그러므로 주 여호와께서 이같이 말씀하셨느
니라 내가 블레셋 사람 위에 손을 펴서 그렛
사람을 끊으며 해변에 남은 자를 진멸하되
17 분노의 책벌로 내 원수를 그들에게 크게 갚
으리라 내가 그들에게 원수를 갚은즉 내가
여호와인 줄을 그들이 알리라 하시니라

두로가 받을 심판 (♪ 86, 90장) — B.C. 589년경

26 열한째 해 어느 달 초하루에 여호와
의 말씀이 내게 임하여 이르시되
2 인자야 두로가 예루살렘에 관하여 이르기를
아하 만민의 문이 깨져서 내게로 돌아왔도다
그가 황폐하였으니 내가 충만함을 얻으리라
하였도다
3 그러므로 주 여호와께서 이같이 말씀하셨
느니라 두로야 내가 너를 대적하여 바다가
그 파도를 굽이치게 함같이 여러 민족들이
와서 너를 치게 하리니
4 그들이 두로의 성벽을 무너뜨리며 그 망대
를 헐 것이요 나도 티끌을 그 위에서 쓸어
버려 맨 바위가 되게 하며
5 바다 가운데에 그물 치는 곳이 되게 하리니
내가 말하였음이라 주 여호와의 말씀이니
라 그가 이방의 노략거리가 될 것이요
6 들에 있는 그의 딸들은 칼에 죽으리니 그들
이 나를 여호와인 줄을 알리라
7 ● 주 여호와께서 이같이 말씀하셨느니라
내가 왕들 중의 왕 곧 바벨론의 느부갓네살
왕으로 하여금 북쪽에서 말과 병거와 기병
과 군대와 백성의 큰 무리를 거느리고 와서
두로를 치게 할 때에
8 그가 들에 있는 너의 딸들을 칼로 죽이고
너를 치려고 사다리를 세우며 토성을 쌓으
며 방패를 갖출 것이며 렘 6:6
9 공성퇴를 가지고 네 성을 치며 도끼로 망대
를 찍을 것이며
10 말이 많으므로 그 티끌이 너를 가릴 것이며

Lord says: I will stretch out my hand against
Edom and kill both man and beast. I will lay
it waste, and from Teman to Dedan they will
14 fall by the sword. ● I will take vengeance on
Edom by the hand of my people Israel, and
they will deal with Edom in accordance with
my anger and my wrath; they will know my
vengeance, declares the Sovereign Lord.' "

A Prophecy Against Philistia

15 ● "This is what the Sovereign Lord says: 'Be-
cause the Philistines acted in vengeance and
took revenge with malice in their hearts, and
with ancient hostility sought to destroy Judah,
16 ● therefore this is what the Sovereign Lord says: I
am about to stretch out my hand against the
Philistines, and I will wipe out the Kerethites and
17 destroy those remaining along the coast. ● I will
carry out great vengeance on them and punish
them in my wrath. Then they will know that I
am the Lord, when I take vengeance on them.' "

A Prophecy Against Tyre

26 In the eleventh month of the twelfth[a]
year, on the first day of the month, the
2 word of the Lord came to me: ● "Son of man,
because Tyre has said of Jerusalem, 'Aha! The gate
to the nations is broken, and its doors have swung
open to me; now that she lies in ruins I will pros-
3 per,' ● therefore this is what the Sovereign Lord
says: I am against you, Tyre, and I will bring many
nations against you, like the sea casting up its
4 waves. ● They will destroy the walls of Tyre and
pull down her towers; I will scrape away her rub-
5 ble and make her a bare rock. ● Out in the sea she
will become a place to spread fishnets, for I have
spoken, declares the Sovereign Lord. She will
6 become plunder for the nations, ● and her settle-
ments on the mainland will be ravaged by the
sword. Then they will know that I am the Lord.
7 ● "For this is what the Sovereign Lord says:
From the north I am going to bring against
Tyre Nebuchadnezzar[b] king of Babylon, king
of kings, with horses and chariots, with horse-
8 men and a great army. ● He will ravage your
settlements on the mainland with the sword;
he will set up siege works against you, build a
ramp up to your walls and raise his shields
9 against you. ● He will direct the blows of his
battering rams against your walls and demolish
10 your towers with his weapons. ● His horses will

[a]1 Probable reading of the original Hebrew text; Masoretic Text does not have *month of the twelfth*. [b]7 Hebrew *Nebuchadrezzar*, of which *Nebuchadnezzar* is a variant; here and often in Ezekiel and Jeremiah

ancient [éinʃənt] *a.* 옛날의
coast [koust] *n.* 해안
demolish [dimáliʃ] *vt.* 파괴하다
mainland [méinlænd] *n.* 본토
plunder [plʌ́ndər] *vt.* 약탈하다
prosper [práspər] *vi.* 번영하다
ramp [ræmp] *n.* 경사로
ravage [rǽvidʒ] *vt.* 유린하다, 약탈하다
remain [riméin] *vi.* 잔존하다
rubble [rʌ́bl] *n.* 파편
settlement [sétlmənt] *n.* 정착지
siege [siːdʒ] *n.* 포위 공격
sovereign [sávərin] *a.* 주권을 가진
vengeance [véndʒəns] *n.* 복수
wrath [ræθ] *n.* 분노

25:14 in accordance with...: …에 따라서
25:16 be about to...: 막 …하려고 하다
25:17 carry out: 수행하다
26:3 cast up: 쌓아 올리다, 밀어 올리다
26:4 pull down: (건축물을) 헐다
26:4 scrape away: 문질러대다

사람이 무너진 성 구멍으로 들어가는 것같이
그가 네 성문으로 들어갈 때에 그 기병과 수
레와 병거의 소리로 말미암아 네 성곽이 진
동할 것이며
11 그가 그 말굽으로 네 모든 거리를 밟을 것이
며 칼로 네 백성을 죽일 것이며 네 견고한 석
상을 땅에 엎드러뜨릴 것이며
12 네 재물을 빼앗을 것이며 네가 무역한 것을
노략할 것이며 네 성을 헐 것이며 네가 기뻐
하는 집을 무너뜨릴 것이며 또 네 돌들과 네
재목과 네 흙을 다 물 가운데에 던질 것이라
13 내가 네 노래 소리를 그치게 하며 네 수금 소
리를 다시 들리지 않게 하고
14 너를 맨 바위가 되게 한즉 네가 그물 말리
는 곳이 되고 다시는 건축되지 못하리니
나 여호와가 말하였음이니라 주 여호와의
말씀이니라
15 ● 주 여호와께서 이같이 두로에 대하여 말씀
하시되 네가 엎드러지는 소리에 모든 섬이
진동하지 아니하겠느냐 곧 너희 가운데에 상
한 자가 부르짖으며 죽임을 당할 때에라
16 그때에 바다의 모든 왕이 그 보좌에서 내려
조복을 벗으며 수 놓은 옷을 버리고 떨림을
입듯 하고 땅에 앉아서 너로 말미암아 무시
로 떨며 놀랄 것이며
17 그들이 너를 위하여 슬픈 노래를 불러 이르
기를 항해자가 살았던 유명한 성읍이여 너와
너의 주민이 바다 가운데에 있어 견고하였도
다 해변의 모든 주민을 두렵게 하였더니 어
찌 그리 멸망하였는고
18 네가 무너지는 그날에 섬들이 진동할 것임이
여 바다 가운데의 섬들이 네 결국을 보고 놀
라리로다 하리라 26:15
19 ● 주 여호와께서 이같이 말씀하셨느니라 내
가 너를 주민이 없는 성읍과 같이 황폐한 성
읍이 되게 하고 깊은 바다가 네 위에 오르게
하며 큰 물이 너를 덮게 할 때에
20 내가 너를 구덩이에 내려가는 자와 함께 내
려가서 옛적 사람에게로 나아가게 하고 너를
그 구덩이에 내려간 자와 함께 땅 깊은 곳 예
로부터 황폐한 곳에 살게 하리라 네가 다시
는 사람이 거주하는 곳이 되지 못하리니 살
아 있는 자의 땅에서 영광을 얻지 못하리라
21 내가 너를 패망하게 하여 다시 있지 못하게
하리니 사람이 비록 너를 찾으나 다시는 영
원히 만나지 못하리라 주 여호와의 말씀이니
라

be so many that they will cover you with
dust. Your walls will tremble at the noise of
the warhorses, wagons and chariots when
he enters your gates as men enter a city
11 whose walls have been broken through. ● The
hooves of his horses will trample all your
streets; he will kill your people with the
sword, and your strong pillars will fall to the
12 ground. ● They will plunder your wealth and
loot your merchandise; they will break down
your walls and demolish your fine houses
and throw your stones, timber and rubble
13 into the sea. ● I will put an end to your noisy
songs, and the music of your harps will be
14 heard no more. ● I will make you a bare rock,
and you will become a place to spread fish-
nets. You will never be rebuilt, for I the LORD
have spoken, declares the Sovereign LORD.
15 ● "This is what the Sovereign LORD says to
Tyre: Will not the coastlands tremble at the
sound of your fall, when the wounded groan
16 and the slaughter takes place in you? ● Then
all the princes of the coast will step down
from their thrones and lay aside their robes
and take off their embroidered garments.
Clothed with terror, they will sit on the
ground, trembling every moment, appalled
17 at you. ● Then they will take up a lament
concerning you and say to you:

" 'How you are destroyed, city of renown,
peopled by men of the sea!
You were a power on the seas,
you and your citizens;
you put your terror
on all who lived there.
18 ● Now the coastlands tremble
on the day of your fall;
the islands in the sea
are terrified at your collapse.'

19 ● "This is what the Sovereign LORD says:
When I make you a desolate city, like cities no
longer inhabited, and when I bring the ocean
depths over you and its vast waters cover you,
20 ● then I will bring you down with those who
go down to the pit, to the people of long ago.
I will make you dwell in the earth below, as in
ancient ruins, with those who go down to the
pit, and you will not return or take your
21 place[a] in the land of the living. ● I will bring
you to a horrible end and you will be no
more. You will be sought, but you will never
again be found, declares the Sovereign LORD."

[a]20 Septuagint; Hebrew *return, and I will give glory*

coastland [kóustlæ̀nd] *n.* 해안지대
collapse [kəlǽps] *n.* 무너짐, 붕괴
concerning [kənsə́:rniŋ] *prep.* …에 관하여
desolate [désələt] *a.* 황량한
embroider [imbrɔ́idər] *vt.* 수놓다
garment [gá:rmənt] *n.* 의복
inhabit [inhǽbit] *vt.* 거주하다
lament [ləmént] *n.* 애가
merchandise [mə́:rtʃəndaiz] *n.* 상품
pillar [pílər] *n.* 기둥
rebuild [ri:bíld] *vt.* 재건축하다
throne [θroun] *n.* 보좌, 왕좌
timber [tímbər] *n.* 목재
vast [væst] *a.* 거대한
wounded [wú:ndid] *a.* 부상당한

26:12 **break down**: 파괴하다
26:13 **put an end to...**: …를 그치게 하다
26:15 **take place**: (사건 등이) 일어나다
26:16 **lay aside**: 옆에 두다, 제쳐놓다
26:16 **be appalled at...**: …에 간담이 서늘해지다
26:19 **no longer...**: 더이상 …않다

두로에 대한 애가 — B.C. 589년경

27 여호와의 말씀이 내게 임하여 이르시되
2 인자야 너는 두로를 위하여 슬픈 노래를 지으라
3 너는 두로를 향하여 이르기를 바다 어귀에 거주하면서 여러 섬 백성과 거래하는 자여 주 여호와께서 이같이 말씀하시되 두로야 네가 말하기를 나는 온전히 아름답다 하였도다
4 네 땅이 바다 가운데에 있음이여 너를 지은 자가 네 아름다움을 온전하게 하였도다
5 스닐의 잣나무로 네 판자를 만들었음이여 너를 위하여 레바논의 백향목을 가져다 돛대를 만들었도다
6 바산의 상수리나무로 네 노를 만들었음이여 깃딤 섬 황양목에 상아로 꾸며 갑판을 만들었도다
7 애굽의 수놓은 가는 베로 돛을 만들어 깃발을 삼았음이여 엘리사 섬의 청색 자색 베로 차일을 만들었도다 렘 10:9
8 시돈과 아르왓 주민들이 네 사공이 되었음이여 두로야 네 가운데에 있는 지혜자들이 네 선장이 되었도다
9 그발의 노인들과 지혜자들이 네 가운데에서 배의 틈을 막는 자가 되었음이여 바다의 모든 배와 그 사공들은 네 가운데에서 무역하였도다
10 바사와 룻과 붓이 네 군대 가운데에서 병정이 되었음이여 네 가운데에서 방패와 투구를 달아 네 영광을 나타냈도다
11 아르왓 사람과 네 군대는 네 사방 성 위에 있었고 용사들은 네 여러 망대에 있었음이여 네 사방 성 위에 방패를 달아 네 아름다움을 온전하게 하였도다
12 ●다시스는 각종 보화가 풍부하므로 너와 거래하였음이여 은과 철과 주석과 납을 네 물품과 바꾸어 갔도다
13 야완과 두발과 메섹은 네 상인이 되었음이여 사람과 놋그릇을 가지고 네 상품을 바꾸어 갔도다
14 도갈마 족속은 말과 군마와 노새를 네 물품과 바꾸었으며
15 드단 사람은 네 상인이 되었음이여 여

A Lament Over Tyre

27 The word of the LORD came to me:
2 ●"Son of man, take up a lament concern-
3 ing Tyre. ●Say to Tyre, situated at the gateway to
the sea, merchant of peoples on many coasts, 'This
is what the Sovereign LORD says:

" 'You say, Tyre,
"I am perfect in beauty."
4 ●Your domain was on the high seas;
your builders brought your beauty to perfection.
5 ●They made all your timbers
of juniper from Senir[a];
they took a cedar from Lebanon
to make a mast for you.
6 ●Of oaks from Bashan
they made your oars;
of cypress wood[b] from the coasts of Cyprus
they made your deck, adorned with ivory.
7 ●Fine embroidered linen from Egypt was your sail
and served as your banner;
your awnings were of blue and purple
from the coasts of Elishah.
8 ●Men of Sidon and Arvad were your oarsmen;
your skilled men, Tyre, were aboard as
your sailors.
9 ●Veteran craftsmen of Byblos were on board
as shipwrights to caulk your seams.
All the ships of the sea and their sailors
came alongside to trade for your wares.
10 ●" 'Men of Persia, Lydia and Put
served as soldiers in your army.
They hung their shields and helmets on your walls,
bringing you splendor.
11 ●Men of Arvad and Helek
guarded your walls on every side;
men of Gammad
were in your towers.
They hung their shields around your walls;
they brought your beauty to perfection.

12 ●" 'Tarshish did business with you because of
your great wealth of goods; they exchanged silver,
iron, tin and lead for your merchandise.
13 ●" 'Greece, Tubal and Meshek did business with
you; they traded human beings and articles of
bronze for your wares.
14 ●" 'Men of Beth Togarmah exchanged chariot
horses, cavalry horses and mules for your merchan-
dise.
15 ●" 'The men of Rhodes[c] traded with you, and
many coastlands were your customers; they paid

[a]5 That is, Mount Hermon [b]6 Targum; the Masoretic Text has a different division of the consonants. [c]15 Septuagint; Hebrew *Dedan*

alongside [əlɔ́:ŋsáid] *ad.* 옆에
awning [ɔ́:niŋ] *n.* 차양, 천막
banner [bǽnər] *n.* 깃발
caulk [kɔ:k] *vt.* (선체의) 틈을 막다
cavalry [kǽvəlri] *n.* 기병
cedar [sí:dər] *n.* 백향목
cypress [sáiprəs] *n.* 사이프러스(상록침엽수)
domain [douméin] *n.* 영토
embroider [imbrɔ́idər] *vt.* 수놓다
mast [mǽst] *n.* 돛대
merchandise [mə́:rtʃəndàiz] *n.* 상품
oarsman [ɔ́:rzmən] *n.* 노젓는 사람
sailor [séilər] *n.* 선원
shield [ʃi:ld] *n.* 방패
shipwright [ʃípràit] *n.* 선장

27:2 take up: 시작하다
27:3 be situated at...: …에 위치해 있다
27:6 adorn with...: …으로 꾸미다
27:7 serve as...: …의 역할을 하다
27:9 on board: 배 위에, 배 안에
27:12 exchange A for B: A와 B를 교환하다

러 섬이 너와 거래하여 상아와 박달나무를
네 물품과 바꾸어 갔도다
창 10:7
16 너의 제품이 풍부하므로 아람은 너와 거래하
였음이여 남보석과 자색 베와 수놓은 것과
가는 베와 산호와 홍보석을 네 물품과 바꾸
어 갔도다
17 유다와 이스라엘 땅 사람이 네 상인이 되었
음이여 민닛 밀과 과자와 꿀과 기름과 유향
을 네 물품과 바꾸어 갔도다
18 너의 제품이 많고 각종 보화가 풍부하므로
다메섹이 너와 거래하였음이여 헬본 포도주
와 흰 양털을 너와 거래하였도다
19 워단과 야완은 길쌈하는 실로 네 물품을 거
래하였음이여 가공한 쇠와 계피와 대나무 제
품이 네 상품 중에 있었도다
20 드단은 네 상인이 되었음이여 말을 탈 때 까
는 천을 너와 거래하였도다
21 아라비아와 게달의 모든 고관은 네 손아래
상인이 되어 어린 양과 숫양과 염소들, 그것
으로 너와 거래하였도다
22 스바와 라아마의 상인들도 너의 상인들이 됨
이여 각종 극상품 향 재료와 각종 보석과 황
금으로 네 물품을 바꾸어 갔도다
23 하란과 간네와 에덴과 스바와 앗수르와 길맛
의 장사꾼들도 너의 상인들이라
24 이들이 아름다운 물품 곧 청색 옷과 수놓은
물품과 빛난 옷을 백향목 상자에 담고 노끈
으로 묶어 가지고 너와 거래하여 네 물품을
바꾸어 갔도다
25 다시스의 배는 떼를 지어 네 화물을 나르니
네가 바다 중심에서 풍부하여 영화가 매우
크도다
26 ●네 사공이 너를 인도하여 큰 물에 이르게
함이여 동풍이 바다 한가운데에서 너를 무찔
렀도다
27 네 재물과 상품과 바꾼 물건과 네 사공과 선
장과 네 배의 틈을 막는 자와 네 상인과 네
가운데에 있는 모든 용사와 네 가운데에 있
는 모든 무리가 네가 패망하는 날에 다 바다
한가운데에 빠질 것임이여
28 네 선장이 부르짖는 소리에 1)물결이 흔들리
리로다
26:15
29 노를 잡은 모든 자와 사공과 바다의 선장들
이 다 배에서 내려 언덕에 서서
30 너를 위하여 크게 소리 질러 통곡하고 티끌
을 머리에 덮어쓰며 재 가운데에 뒹굴며

you with ivory tusks and ebony.
16 ●" 'Aram[a] did business with you because of
your many products; they exchanged tur-
quoise, purple fabric, embroidered work, fine
linen, coral and rubies for your merchandise.
17 ●" 'Judah and Israel traded with you; they
exchanged wheat from Minnith and confec-
tions,[b] honey, olive oil and balm for your
wares.
18 ●" 'Damascus did business with you
because of your many products and great
wealth of goods. They offered wine from
19 Helbon, wool from Zahar ●and casks of
wine from Izal in exchange for your wares:
wrought iron, cassia and calamus.
20 ●" 'Dedan traded in saddle blankets with
you.
21 ●" 'Arabia and all the princes of Kedar
were your customers; they did business with
you in lambs, rams and goats.
22 ●" 'The merchants of Sheba and Raamah
traded with you; for your merchandise they
exchanged the finest of all kinds of spices
and precious stones, and gold.
23 ●" 'Harran, Kanneh and Eden and mer-
chants of Sheba, Ashur and Kilmad traded
24 with you. ●In your marketplace they traded
with you beautiful garments, blue fabric,
embroidered work and multicolored rugs
with cords twisted and tightly knotted.

25 ●" 'The ships of Tarshish serve
as carriers for your wares.
You are filled with heavy cargo
as you sail the sea.
26 ●Your oarsmen take you
out to the high seas.
But the east wind will break you to pieces
far out at sea.
27 ●Your wealth, merchandise and wares,
your mariners, sailors and shipwrights,
your merchants and all your soldiers,
and everyone else on board
will sink into the heart of the sea
on the day of your shipwreck.
28 ●The shorelands will quake
when your sailors cry out.
29 ●All who handle the oars
will abandon their ships;
the mariners and all the sailors
will stand on the shore.
30 ●They will raise their voice

[a]16 Most Hebrew manuscripts; some Hebrew manuscripts and Syriac *Edom* [b]17 The meaning of the Hebrew for this word is uncertain. 1) 또는 들

abandon [əbǽndən] *vt.* 버리다
balm [ba:m] *n.* 유향
calamus [kǽləməs] *n.* 창포
cargo [ká:rgou] *n.* 화물
confection [kənfékʃən] *n.* 과자
ebony [ébəni] *n.* 흑단
exchange [ikstʃéindʒ] *vt.* 교환하다
fabric [fǽbrik] *n.* 직물, 천
knot [nat] *vt.* 매듭을 짓다
mariner [mǽrənər] *n.* 선원
multicolored [mʌ́ltikʌ́lərd] *a.* 다채로운
rug [rʌg] *n.* 깔개
shipwreck [ʃíprèk] *n.* 난파
turquoise [tə́:rkwɔiz] *n.* 터키산 옥
ware [wɛər] *n.* 상품

27:20 trade in...: …를 거래하다
27:21 do business with...: …과 거래하다
27:23 trade with...: …와 무역하다
27:26 break... to pieces: …을 산산조각 내다
27:27 sink into...: …으로 가라앉다

31 그들이 다 너를 위하여 머리털을 밀고
굵은 베로 띠를 띠고 마음이 아프게 슬
피 통곡하리로다
32 그들이 통곡할 때에 너를 위하여 슬픈
노래를 불러 애도하여 말하기를 두로와
같이 바다 가운데에서 적막한 자 누구인
고
33 네 물품을 바다로 실어 낼 때에 네가 여
러 백성을 풍족하게 하였음이여 네 재물
과 무역품이 많으므로 세상 왕들을 풍부
하게 하였었도다
34 네가 바다 깊은 데에서 파선한 때에 네
무역품과 네 승객이 다 빠졌음이여
35 섬의 주민들이 너로 말미암아 놀라고 왕
들이 심히 두려워하여 얼굴에 근심이 가
득하도다
36 많은 민족의 상인들이 다 너를 비웃음이
여 네가 공포의 대상이 되고 네가 영원
히 다시 있지 못하리라 하셨느니라

두로 왕이 받을 심판 — B.C. 589년경

28 또 여호와의 말씀이 내게 임하여
이르시되
2 인자야 너는 두로 왕에게 이르기를 주
여호와께서 이같이 말씀하시되 네 마음
이 교만하여 말하기를 나는 신이라 내가
하나님의 자리 곧 바다 가운데에 앉아
있다 하도다 네 마음이 하나님의 마음
같은 체할지라도 너는 사람이요 신이 아
니거늘
3 네가 다니엘보다 지혜로워서 은밀한 것
을 깨닫지 못할 것이 없다 하고
4 네 지혜와 총명으로 재물을 얻었으며 금
과 은을 곳간에 저축하였으며 27:33
5 네 큰 지혜와 네 무역으로 재물을 더하
고 그 재물로 말미암아 네 마음이 교만
하였도다
6 그러므로 주 여호와께서 이같이 말씀하
셨느니라 네 마음이 하나님의 마음 같은
체하였으니
7 그런즉 내가 이방인 곧 여러 나라의 강
포한 자를 거느리고 와서 너를 치리니
그들이 칼을 빼어 네 지혜의 아름다운
것을 치며 네 영화를 더럽히며
8 또 너를 구덩이에 빠뜨려서 너를 바다
가운데에서 죽임을 당한 자의 죽음같이
바다 가운데에서 죽게 할지라 32:30

and cry bitterly over you;
they will sprinkle dust on their heads
and roll in ashes.
31 They will shave their heads because of you
and will put on sackcloth.
They will weep over you with anguish of soul
and with bitter mourning.
32 As they wail and mourn over you,
they will take up a lament concerning you:
"Who was ever silenced like Tyre,
surrounded by the sea?"
33 When your merchandise went out on the seas,
you satisfied many nations;
with your great wealth and your wares
you enriched the kings of the earth.
34 Now you are shattered by the sea
in the depths of the waters;
your wares and all your company
have gone down with you.
35 All who live in the coastlands
are appalled at you;
their kings shudder with horror
and their faces are distorted with fear.
36 The merchants among the nations scoff at you;
you have come to a horrible end
and will be no more.' "

A Prophecy Against the King of Tyre

28 The word of the LORD came to me:
2 "Son of man, say to the ruler of Tyre,
'This is what the Sovereign LORD says:
" 'In the pride of your heart
you say, "I am a god;
I sit on the throne of a god
in the heart of the seas."
But you are a mere mortal and not a god,
though you think you are as wise as a god.
3 Are you wiser than Daniel[a]?
Is no secret hidden from you?
4 By your wisdom and understanding
you have gained wealth for yourself
and amassed gold and silver
in your treasuries.
5 By your great skill in trading
you have increased your wealth,
and because of your wealth
your heart has grown proud.
6 " 'Therefore this is what the Sovereign LORD says:
" 'Because you think you are wise,
as wise as a god,
7 I am going to bring foreigners against you,
the most ruthless of nations;
they will draw their swords against your

[a]3 Or *Danel,* a man of renown in ancient literature

amass [əmǽs] *vt.* 쌓다
anguish [ǽŋgwiʃ] *n.* 고통
bitterly [bítərli] *ad.* 비통하게
enrich [inrítʃ] *vt.* 풍성하게 하다
lament [ləmént] *n.* 비탄, 애가(哀歌)
proud [praud] *a.* 교만한
ruthless [rú:θlis] *a.* 무자비한
sackcloth [sǽkklɔ̀:θ] *n.* 베옷
scoff [skɔ:f] *vi.* 비웃다
shatter [ʃǽtər] *vt.* 박살내다
shudder [ʃʌ́dər] *vi.* 떨다
sprinkle [spríŋkl] *vt.* 뿌리다
treasury [tréʒəri] *n.* 보물광, 금고
ware [wɛər] *n.* 제품
weep [wi:p] *vi.* 울다

27:32 mourn over...: …을 애도하다
27:34 in the depth of...: …의 한가운데
27:35 be appalled at...: …에 간담이 서늘해지다
27:35 be distorted with...: …로 찌푸리다
28:7 bring A against B: B에 맞서 A를 일으키다

9 네가 너를 죽이는 자 앞에서도 내가 하나님이라고 말하겠느냐 너를 치는 자들 앞에서 사람일 뿐이요 신이 아니라
10 네가 이방인의 손에서 죽기를 할례받지 않은 자의 죽음같이 하리니 내가 말하였음이니라 주 여호와의 말씀이니라 하셨다 하라
11 여호와의 말씀이 또 내게 임하여 이르시되
12 인자야 두로 왕을 위하여 슬픈 노래를 지어 그에게 이르기를 주 여호와의 말씀에 너는 완전한 도장이었고 지혜가 충족하며 온전히 아름다웠도다
13 네가 옛적에 하나님의 동산 에덴에 있어서 각종 보석 곧 홍보석과 황보석과 금강석과 황옥과 홍마노와 창옥과 청보석과 남보석과 홍옥과 황금으로 단장하였음이여 네가 지음을 받던 날에 너를 위하여 소고와 비파가 준비되었도다
14 너는 기름부음을 받고 지키는 그룹임이여 내가 너를 세우매 네가 하나님의 성산에 있어서 불타는 돌들 사이에 왕래하였도다
15 네가 지음을 받던 날로부터 네 모든 길에 완전하더니 마침내 네게서 불의가 드러났도다
16 네 무역이 많으므로 네 가운데에 강포가 가득하여 네가 범죄하였도다 너 지키는 그룹아 그러므로 내가 너를 더럽게 여겨 하나님의 산에서 쫓아냈고 불타는 돌들 사이에서 멸하였도다
17 네가 아름다우므로 마음이 교만하였으며 네가 영화로우므로 네 지혜를 더럽혔음이여 내가 너를 땅에 던져 왕들 앞에 두어 그들의 구경거리가 되게 하였도다
18 네가 죄악이 많고 무역이 불의하므로 네 모든 성소를 더럽혔음이여 내가 네 가운데에서 불을 내어 너를 사르게 하고 너를 보고 있는 모든 자 앞에서 너를 땅 위에 재가 되게 하였도다
19 만민 중에 너를 아는 자가 너로 말미암아 다 놀랄 것임이여 네가 공포의 대상이 되고 네가 영원히 다시 있지 못하리로다 하셨다 하라

beauty and wisdom
and pierce your shining splendor.
8 •They will bring you down to the pit,
and you will die a violent death
in the heart of the seas.
9 •Will you then say, "I am a god,"
in the presence of those who kill you?
You will be but a mortal, not a god,
in the hands of those who slay you.
10 •You will die the death of the uncircumcised
at the hands of foreigners.
I have spoken, declares the Sovereign LORD.' "

11-12 •The word of the LORD came to me: •"Son of
man, take up a lament concerning the king of Tyre
and say to him: 'This is what the Sovereign LORD
says:

" 'You were the seal of perfection,
full of wisdom and perfect in beauty.
13 •You were in Eden,
the garden of God;
every precious stone adorned you:
carnelian, chrysolite and emerald,
topaz, onyx and jasper,
lapis lazuli, turquoise and beryl.[a]
Your settings and mountings[b] were made of gold;
on the day you were created they were prepared.
14 •You were anointed as a guardian cherub,
for so I ordained you.
You were on the holy mount of God;
you walked among the fiery stones.
15 •You were blameless in your ways
from the day you were created
till wickedness was found in you.
16 •Through your widespread trade
you were filled with violence,
and you sinned.
So I drove you in disgrace from the mount of God,
and I expelled you, guardian cherub,
from among the fiery stones.
17 •Your heart became proud
on account of your beauty,
and you corrupted your wisdom
because of your splendor.
So I threw you to the earth;
I made a spectacle of you before kings.
18 •By your many sins and dishonest trade
you have desecrated your sanctuaries.
So I made a fire come out from you,
and it consumed you,
and I reduced you to ashes on the ground
in the sight of all who were watching.

[a]13 The precise identification of some of these precious stones is uncertain. [b]13 The meaning of the Hebrew for this phrase is uncertain.

adorn [ədɔ́:rn] *vt.* 꾸미다
beryl [bérəl] *n.* 녹주석
blameless [bléimlis] *a.* 흠없는
cherub [tʃérəb] *n.* 그룹, 천사
chrysolite [krísəlàit] *n.* 귀감람석
corrupt [kərʌ́pt] *vt.* 타락시키다
desecrate [désikrèit] *vt.* 신성을 더럽히다
expel [ikspél] *vt.* 내쫓다
fiery [fáiəri] *a.* 불타는
guardian [gá:rdiən] *a.* 보호하는
ordain [ɔ:rdéin] *vt.* 세우다
splendor [spléndər] *n.* 영광
sovereign [sávərin] *a.* 주권을 가진
topaz [tóupæz] *n.* 황옥
violent [váiələnt] *a.* 폭력적인

28:8 bring A down to B: A를 B로 떨어뜨리다
28:9 in the presence of...: …의 면전에서
28:9 in the hands of...: …의 수중에
28:16 be filled with...: …로 가득차다
28:17 on account of...: …때문에

시돈이 받을 심판

20 ●여호와의 말씀이 또 내게 임하여 이르시되
21 인자야 너는 얼굴을 시돈으로 향하고 그에게 예언하라
22 너는 이르기를 주 여호와께서 이같이 말씀하시되 시돈아 내가 너를 대적하나니 네 가운데에서 내 영광이 나타나리라 하셨다 하라 내가 그 가운데에서 심판을 행하여 내 거룩함을 나타낼 때에 무리가 나를 여호와인 줄을 알지라
23 내가 그에게 전염병을 보내며 그의 거리에 피가 흐르게 하리니 사방에서 오는 칼에 상한 자가 그 가운데에 엎드러질 것인즉 무리가 나를 여호와인 줄을 알겠고
24 이스라엘 족속에게는 그 사방에서 그들을 멸시하는 자 중에 찌르는 가시와 아프게 하는 가시가 다시는 없으리니 내가 주 여호와인 줄을 그들이 알리라

이스라엘이 복을 받으리라

25 ●주 여호와께서 이같이 말씀하셨느니라 내가 여러 민족 가운데에 흩어져 있는 이스라엘 족속을 모으고 그들로 말미암아 여러 나라의 눈 앞에서 내 거룩함을 나타낼 때에 그들이 고국 땅 곧 내 종 야곱에게 준 땅에 거주할지라
26 그들이 그 가운데에 평안히 살면서 집을 건축하며 포도원을 만들고 그들의 사방에서 멸시하던 모든 자를 내가 심판할 때에 그들이 평안히 살며 내가 그 하나님 여호와인 줄을 그들이 알리라

애굽이 받을 심판 (♪ 105장) — B.C. 588년경

29 열째 해 열째 달 열두째 날에 여호와의 말씀이 내게 임하여 이르시되
2 인자야 너는 애굽의 바로 왕과 온 애굽으로 얼굴을 향하고 예언하라 28:21
3 너는 말하여 이르기를 주 여호와께서 이같이 말씀하시되 애굽의 바로 왕이여 내가 너를 대적하노라 너는 자기의 강들 가운데에 누운 큰 악어라 스스로 이르기를 나의 이 강은 내 것이라 내가 나를 위하여 만들었다 하는도다
4 내가 갈고리로 네 아가미를 꿰고 너의 강의 고기가 네 비늘에 붙게 하고 네 비늘에 붙은 강의 모든 고기와 함께 너를 너의 강들 가운데에서 끌어내고
5 너와 너의 강의 모든 고기를 들에 던지리

19 ●All the nations who knew you
are appalled at you;
you have come to a horrible end
and will be no more.' "

A Prophecy Against Sidon

20-21 ●The word of the LORD came to me: ●"Son
of man, set your face against Sidon; prophesy
22 against her ●and say: 'This is what the Sovereign LORD says:

" 'I am against you, Sidon,
and among you I will display my glory.
You will know that I am the LORD,
when I inflict punishment on you
and within you am proved to be holy.
23 ●I will send a plague upon you
and make blood flow in your streets.
The slain will fall within you,
with the sword against you on every side.
Then you will know that I am the LORD.

24 ●" 'No longer will the people of Israel have
malicious neighbors who are painful briers and
sharp thorns. Then they will know that I am the
Sovereign LORD.

25 ●" 'This is what the Sovereign LORD says: When
I gather the people of Israel from the nations
where they have been scattered, I will be proved
holy through them in the sight of the nations.
Then they will live in their own land, which I
26 gave to my servant Jacob. ●They will live there in
safety and will build houses and plant vineyards;
they will live in safety when I inflict punishment
on all their neighbors who maligned them. Then
they will know that I am the LORD their God.' "

A Prophecy Against Egypt
Judgment on Pharaoh

29 In the tenth year, in the tenth month on
the twelfth day, the word of the LORD
2 came to me: ●"Son of man, set your face against
Pharaoh king of Egypt and prophesy against him
3 and against all Egypt. ●Speak to him and say:
'This is what the Sovereign LORD says:

" 'I am against you, Pharaoh king of Egypt,
you great monster lying among
your streams.
You say, "The Nile belongs to me;
I made it for myself."
4 ●But I will put hooks in your jaws
and make the fish of your streams stick to
your scales.
I will pull you out from among your streams,
with all the fish sticking to your scales.
5 ●I will leave you in the desert,

brier [bráiər] *n.* 찔레
hook [huk] *n.* 갈고리
jaw [dʒɔː] *n.* 입
malicious [məlíʃəs] *a.* 악의 있는
malign [məláin] *vt.* 헐뜯다
plague [pleig] *n.* 역병
prophesy [práfəsài] *vi.* 예언하다
prove [pruːv] *vt.* 증명하다
punishment [pániʃmənt] *n.* 형벌
scale [skeil] *n.* 비늘
scatter [skǽtər] *vt.* 흩어지게 하다
slay [slei] *vt.* 살해하다
sovereign [sávərin] *a.* 주권을 가진
stream [striːm] *n.* 강
vineyard [vínjərd] *n.* 포도원

28:19 **be appalled at...**: …에 간담이 서늘해지다
28:22 **inflict A on B**: B에게 A를 가하다
28:26 **in safety**: 안전하게, 무사히
29:3 **belong to...**: …의 소유이다
29:4 **pull out**: 끌어내다, 빼내다
29:4 **stick to...**: …에 달라붙다

니 네가 지면에 떨어지고 다시는 거두거나
모으지 못할 것은 내가 너를 들짐승과 공중
의 새의 먹이로 주었음이라
6 애굽의 모든 주민이 내가 여호와인 줄을 알
리라 애굽은 본래 이스라엘 족속에게 갈대
지팡이라
7 그들이 너를 손으로 잡은즉 네가 부러져서
그들의 모든 어깨를 찢었고 그들이 너를 의
지한즉 네가 부러져서 그들의 모든 허리가
흔들리게 하였느니라
8 ●그러므로 주 여호와께서 이같이 말씀하셨
느니라 내가 칼이 네게 임하게 하여 네게서
사람과 짐승을 끊은즉
9 애굽 땅이 사막과 황무지가 되리니 내가 여
호와인 줄을 그들이 알리라 네가 스스로 이
르기를 이 강은 내 것이라 내가 만들었다 하
도다
10 그러므로 내가 너와 네 강들을 쳐서 애굽 땅
믹돌에서부터 수에네 곧 구스 지경까지 황폐
한 황무지 곧 사막이 되게 하리니
11 그 가운데로 사람의 발도 지나가지 아니하며
짐승의 발도 지나가지 아니하고 거주하는 사
람이 없이 사십 년이 지날지라
12 내가 애굽 땅을 황폐한 나라들같이 황폐하게
하며 애굽 성읍도 사막이 된 나라들의 성읍
같이 사십 년 동안 황폐하게 하고 애굽 사람
들은 각국 가운데로 흩으며 여러 민족 가운
데로 헤치리라
13 주 여호와께서 이같이 말씀하셨느니라 사십
년 끝에 내가 만민 중에 흩은 애굽 사람을 다
시 모아 내되
14 애굽의 사로잡힌 자들을 돌이켜 바드로스 땅
곧 그 고국 땅으로 돌아가게 할 것이라 그들
이 거기에서 미약한 나라가 되되
15 나라 가운데에 지극히 미약한 나라가 되어
다시는 나라들 위에 스스로 높이지 못하리니
내가 그들을 감하여 다시는 나라들을 다스리
지 못하게 할 것임이라
16 그들이 다시는 이스라엘 족속의 의지가 되지
못할 것이요 이스라엘 족속은 돌이켜 그들을
바라보지 아니하므로 그 죄악이 기억되지 아
니하리니 내가 여호와인 줄을 그들이 알리라
하셨다 하라

느부갓네살이 애굽을 정복하리라

17 ●스물일곱째 해 첫째 달 초하루에 여호와의
말씀이 내게 임하여 이르시되
18 인자야 바벨론의 느부갓네살 왕이 그의 군대

you and all the fish of your streams.
You will fall on the open field
and not be gathered or picked up.
I will give you as food
to the beasts of the earth and the birds of
the sky.
6 ●Then all who live in Egypt will know that I
am the LORD.
" 'You have been a staff of reed for the peo-
7 ple of Israel. ●When they grasped you with
their hands, you splintered and you tore open
their shoulders; when they leaned on you,
you broke and their backs were wrenched.[a]
8 ●" 'Therefore this is what the Sovereign
LORD says: I will bring a sword against you
9 and kill both man and beast. ●Egypt will
become a desolate wasteland. Then they will
know that I am the LORD.
" 'Because you said, "The Nile is mine; I
10 made it," ●therefore I am against you and
against your streams, and I will make the land
of Egypt a ruin and a desolate waste from
Migdol to Aswan, as far as the border of
11 Cush.[b] ●The foot of neither man nor beast
will pass through it; no one will live there for
12 forty years. ●I will make the land of Egypt
desolate among devastated lands, and her
cities will lie desolate forty years among
ruined cities. And I will disperse the Egyptians
among the nations and scatter them through
the countries.
13 ●" 'Yet this is what the Sovereign LORD says:
At the end of forty years I will gather the Egyp-
tians from the nations where they were scat-
14 tered. ●I will bring them back from captivity
and return them to Upper Egypt, the land of
their ancestry. There they will be a lowly king-
15 dom. ●It will be the lowliest of kingdoms and
will never again exalt itself above the other
nations. I will make it so weak that it will
16 never again rule over the nations. ●Egypt will
no longer be a source of confidence for the
people of Israel but will be a reminder of their
sin in turning to her for help. Then they will
know that I am the Sovereign LORD.' "

Nebuchadnezzar's Reward

17 ●In the twenty-seventh year, in the first
month on the first day, the word of the LORD
18 came to me: ●"Son of man, Nebuchadnezzar
king of Babylon drove his army in a hard

[a]7 Syriac (see also Septuagint and Vulgate); Hebrew *and you caused their backs to stand* [b]10 That is, the upper Nile region

ancestry [ǽnsèstri] *n.* 조상, 혈통
border [bɔ́ːrdər] *n.* 국경 지역
captivity [kæptívəti] *n.* 포로(상태)
confidence [kɑ́nfədəns] *n.* 확신, 신뢰
desolate [désələt] *a.* 황량한
devastate [dévəstèit] *vt.* 황폐화시키다
disperse [dispə́ːrs] *vt.* 흩뜨리다
exalt [igzɔ́ːlt] *vt.* 높이다
grasp [græsp] *vt.* 붙잡다
lowly [lóuli] *a.* 초라한
reed [riːd] *n.* 갈대
reminder [rimáindər] *n.* 생각나게 하는 것
splinter [splíntər] *vi.* 쪼개지다
wasteland [wéistlæ̀nd] *n.* 황무지
wrench [rentʃ] *vt.* 비틀다

29:5 pick up: 줍다, 집어 올리다
29:7 tear open: 찢어 열다
29:7 lean on...: …를 의지하다
29:10 as far as...: …까지
29:15 so... that~: 너무 …해서 ~하다
29:15 rule over: 다스리다, 통치하다

로 두로를 치게 할 때에 크게 수고하여 모
든 머리털이 무지러졌고 모든 어깨가 벗어
졌으나 그와 군대가 그 수고한 대가를 두로
에서 얻지 못하였느니라
19 그러므로 주 여호와께서 이같이 말씀하셨
느니라 내가 애굽 땅을 바벨론의 느부갓네
살 왕에게 넘기리니 그가 그 무리를 잡아가
며 물건을 노략하며 빼앗아 갈 것이라 이것
이 그 군대의 보상이 되리라
20 그들의 수고는 나를 위하여 함인즉 그 대가
로 내가 애굽 땅을 그에게 주었느니라 주
여호와의 말씀이니라
21 ●그날에 나는 이스라엘 족속에게 한 뿔이
돋아나게 하고 나는 또 네가 그들 가운데에
서 입을 열게 하리니 내가 여호와인 줄을
그들이 알리라

여호와께서 애굽을 심판하시다

30 또 여호와의 말씀이 내게 임하여 이
르시되
2 인자야 너는 예언하여 이르라 주 여호와께
서 이와 같이 말씀하시되 너희는 통곡하며
이르기를 슬프다 이날이여 하라 사 13:6
3 그날이 가깝도다 여호와의 날이 가깝도다
구름의 날일 것이요 여러 나라들의 때이리
로다
4 애굽에 칼이 임할 것이라 애굽에서 죽임 당
한 자들이 엎드러질 때에 구스에 심한 근심
이 있을 것이며 애굽의 무리가 잡혀 가며
그 터가 헐릴 것이요
5 구스와 붓과 룻과 모든 섞인 백성과 굽과
및 동맹한 땅의 백성들이 그들과 함께 칼에
엎드러지리라 사 18:1;20:4
6 ●여호와께서 이같이 말씀하셨느니라 애
굽을 붙들어 주는 자도 엎드러질 것이요 애
굽의 교만한 권세도 낮아질 것이라 믹돌에
서부터 수에네까지 무리가 그 가운데에서
칼에 엎드러지리라 주 여호와의 말씀이니
라
7 황폐한 나라들같이 그들도 황폐할 것이며
사막이 된 성읍들같이 그 성읍들도 사막이
될 것이라
8 내가 애굽에 불을 일으키며 그 모든 돕는
자를 멸할 때에 그들이 나를 여호와인 줄
알리라
9 그날에 사절들이 내 앞에서 배로 나아가서
염려 없는 구스 사람을 두렵게 하리니 애굽
의 재앙의 날과 같이 그들에게도 심한 근심

campaign against Tyre; every head was rubbed
bare and every shoulder made raw. Yet he and
his army got no reward from the campaign he
19 led against Tyre. ●Therefore this is what the
Sovereign LORD says: I am going to give Egypt to
Nebuchadnezzar king of Babylon, and he will
carry off its wealth. He will loot and plunder
20 the land as pay for his army. ●I have given him
Egypt as a reward for his efforts because he and
his army did it for me, declares the Sovereign
LORD.
21 ●"On that day I will make a horn[a] grow for
the Israelites, and I will open your mouth
among them. Then they will know that I am
the LORD."

A Lament Over Egypt

30 The word of the LORD came to me:
2 ●"Son of man, prophesy and say:
'This is what the Sovereign LORD says:
" 'Wail and say,
"Alas for that day!"
3 ●For the day is near,
the day of the LORD is near —
a day of clouds,
a time of doom for the nations.
4 ●A sword will come against Egypt,
and anguish will come upon Cush.[b]
When the slain fall in Egypt,
her wealth will be carried away
and her foundations torn down.
5 ●Cush and Libya, Lydia and all Arabia, Kub
and the people of the covenant land will fall by
the sword along with Egypt.
6 ●" 'This is what the LORD says:
" 'The allies of Egypt will fall
and her proud strength will fail.
From Migdol to Aswan
they will fall by the sword within her,
declares the Sovereign LORD.
7 ●" 'They will be desolate
among desolate lands,
and their cities will lie
among ruined cities.
8 ●Then they will know that I am the LORD,
when I set fire to Egypt
and all her helpers are crushed.
9 ●" 'On that day messengers will go out from
me in ships to frighten Cush out of her com-
placency. Anguish will take hold of them on

[a]21 *Horn* here symbolizes strength. [b]4 That is, the upper Nile region; also in verses 5 and 9

ally [əlái] *n.* 자기편, 동맹국
anguish [ǽŋgwiʃ] *n.* 고뇌
campaign [kæmpéin] *n.* 전투
complacency [kəmpléisnsi] *n.* 자기 만족
covenant [kʌ́vənənt] *n.* 언약, 계약
crush [krʌʃ] *vt.* 눌러부수다
desolate [désələt] *a.* 황량한
doom [du:m] *n.* 운명
foundation [faundéiʃən] *n.* 기초
loot [lu:t] *vt.* 약탈하다
plunder [plʌ́ndər] *vt.* 약탈하다
proud [praud] *a.* 교만한
raw [rɔ:] *a.* 날것의
reward [riwɔ́:rd] *n.* 보수
wail [weil] *vi.* 통곡하다

29:18 **lead against...**: …에 대항해 인솔하다
30:4 **carry away**: 채 가다, 가져가버리다
30:4 **tear down**: 부수다, 헐다
30:8 **set fire to...**: …에 불을 지르다
30:9 **take hold of...**: …를 붙잡다

이 있으리라 이것이 오리로다
10 ●주 여호와께서 이같이 말씀하셨느니라
내가 또 바벨론의 느부갓네살 왕의 손으
로 애굽의 무리들을 끊으리니
11 그가 여러 나라 가운데에 강포한 자기 군
대를 거느리고 와서 그 땅을 멸망시킬 때
에 칼을 빼어 애굽을 쳐서 죽임 당한 자로
땅에 가득하게 하리라
12 내가 그 모든 강을 마르게 하고 그 땅을
악인의 손에 팔겠으며 타국 사람의 손으
로 그 땅과 그 가운데에 있는 모든 것을
황폐하게 하리라 나 여호와의 말이니라
13 주 여호와께서 이같이 말씀하셨느니라
내가 그 우상들을 없애며 신상들을 놉 가
운데에서 부수며 애굽 땅에서 왕이 다시
나지 못하게 하고 그 땅에 두려움이 있게
하리라
14 내가 바드로스를 황폐하게 하며 소안에
불을 지르며 노 나라를 심판하며
15 내 분노를 애굽의 견고한 성읍 신에 쏟고
또 노 나라의 무리를 끊을 것이라
16 내가 애굽에 불을 일으키리니 신 나라가
심히 근심할 것이며 노 나라는 찢겨 나누
일 것이며 놉 나라가 날로 대적이 있을 것
이며
17 아웬과 비베셋의 장정들은 칼에 엎드러
질 것이며 그 성읍 주민들은 포로가 될 것
이라
18 내가 애굽의 멍에를 꺾으며 그 교만한 권
세를 그 가운데에서 그치게 할 때에 드합
느헤스에서는 날이 어둡겠고 그 성읍에
는 구름이 덮일 것이며 그 딸들은 포로가
될 것이라
19 이같이 내가 애굽을 심판하리니 내가 여
호와인 줄을 그들이 알리라 하셨다 하라

애굽 왕의 꺾인 팔

20 ●열한째 해 첫째 달 일곱째 날에 여호와
의 말씀이 내게 임하여 이르시되
21 인자야 내가 애굽의 바로 왕의 팔을 꺾었
더니 칼을 잡을 힘이 있도록 그것을 아주
싸매지도 못하였고 약을 붙여 싸매지도
못하였느니라
22 그러므로 주 여호와께서 이같이 말씀하
셨느니라 내가 애굽의 바로 왕을 대적하
여 그 두 팔 곧 성한 팔과 이미 꺾인 팔을
꺾어서 칼이 그 손에서 떨어지게 하고
23 애굽 사람을 뭇 나라 가운데로 흩으며 뭇

the day of Egypt's doom, for it is sure to come.
10 •" 'This is what the Sovereign LORD says:
" 'I will put an end to the hordes of Egypt
by the hand of Nebuchadnezzar king of
Babylon.
11 •He and his army—the most ruthless of nations—
will be brought in to destroy the land.
They will draw their swords against Egypt
and fill the land with the slain.
12 •I will dry up the waters of the Nile
and sell the land to an evil nation;
by the hand of foreigners
I will lay waste the land and everything in it.
I the LORD have spoken.
13 •" 'This is what the Sovereign LORD says:
" 'I will destroy the idols
and put an end to the images in Memphis.
No longer will there be a prince in Egypt,
and I will spread fear throughout the land.
14 •I will lay waste Upper Egypt,
set fire to Zoan
and inflict punishment on Thebes.
15 •I will pour out my wrath on Pelusium,
the stronghold of Egypt,
and wipe out the hordes of Thebes.
16 •I will set fire to Egypt;
Pelusium will writhe in agony.
Thebes will be taken by storm;
Memphis will be in constant distress.
17 •The young men of Heliopolis and Bubastis
will fall by the sword,
and the cities themselves will go into captivity.
18 •Dark will be the day at Tahpanhes
when I break the yoke of Egypt;
there her proud strength will come to an end.
She will be covered with clouds,
and her villages will go into captivity.
19 •So I will inflict punishment on Egypt,
and they will know that I am the LORD.' "

Pharaoh's Arms Are Broken

20 •In the eleventh year, in the first month on the
seventh day, the word of the LORD came to me:
21 •"Son of man, I have broken the arm of Pha-
raoh king of Egypt. It has not been bound up to
be healed or put in a splint so that it may be-
22 come strong enough to hold a sword. •There-
fore this is what the Sovereign LORD says: I am
against Pharaoh king of Egypt. I will break both
his arms, the good arm as well as the broken
23 one, and make the sword fall from his hand. •I
will disperse the Egyptians among the nations

agony [ǽgəni] *n.* 심한 고통
captivity [kæptívəti] *n.* 포로(상태)
constant [kánstənt] *a.* 끊임없는
destroy [distrɔ́i] *vt.* 파괴하다
disperse [dispə́:rs] *vt.* 흩어지게 하다
distress [distrés] *n.* 고뇌
evil [í:vəl] *n.* 악
horde [hɔ:rd] *n.* 큰 무리
image [ímidʒ] *n.* 형상
punishment [pʌ́niʃmənt] *n.* 형벌
ruthless [rú:θlis] *a.* 무자비한
splint [splint] *n.* 부목
stronghold [strɔ́:ŋhòuld] *n.* 요새
writhe [raið] *vi.* 몸부림치다
yoke [jouk] *n.* 멍에

30:10 put an end to...: …를 끝내다
30:12 dry up: 바싹 마르다
30:12 lay waste: 황폐하게 하다
30:15 pour out: 붓다
30:19 inflict A on B: B에게 A를 가하다
30:22 A as well as B: B뿐만 아니라 A도

백성 가운데로 헤칠지라
24 내가 바벨론 왕의 팔을 견고하게 하고
내 칼을 그 손에 넘겨 주려니와 내가 바
로의 팔을 꺾으리니 그가 바벨론 왕 앞
에서 고통하기를 죽게 상한 자의 고통하
듯 하리라
25 내가 바벨론 왕의 팔은 들어 주고 바
로의 팔은 내려뜨릴 것이라 내가 내
칼을 바벨론 왕의 손에 넘기고 그를
들어 애굽 땅을 치게 하리니 내가 여
호와인 줄을 그들이 알리라
26 내가 애굽 사람을 나라들 가운데로 흩으
며 백성들 가운데로 헤치리니 내가 여호
와인 줄을 그들이 알리라

한때 백향목 같았던 애굽 — B.C. 587년경

31 열한째 해 셋째 달 초하루에 여호
와의 말씀이 내게 임하여 이르시되
2 인자야 너는 애굽의 바로 왕과 그 무리
에게 이르기를 네 큰 위엄을 누구에게
비하랴
3 볼지어다 앗수르 사람은 가지가 아름
답고 그늘은 숲의 그늘 같으며 키가
크고 꼭대기가 구름에 닿은 레바논 백
향목이었느니라
4 물들이 그것을 기르며 깊은 물이 그것
을 자라게 하며 강들이 그 심어진 곳을
둘러 흐르며 둑의 물이 들의 모든 나무
에까지 미치매
5 그 나무가 물이 많으므로 키가 들의 모
든 나무보다 크며 굵은 가지가 번성하며
가는 가지가 길게 뻗어 나갔고
6 공중의 모든 새가 그 큰 가지에 깃들이
며 들의 모든 짐승이 그 가는 가지 밑에
새끼를 낳으며 모든 큰 나라가 그 그늘
아래에 거주하였느니라
7 그 뿌리가 큰 물가에 있으므로 그 나무
가 크고 가지가 길어 모양이 아름다우매
8 하나님의 동산의 백향목이 능히 그를 가
리지 못하며 잣나무가 그 굵은 가지만
못하며 단풍나무가 그 가는 가지만 못하
며 하나님의 동산의 어떤 나무도 그 아
름다운 모양과 같지 못하였도다
9 내가 그 가지를 많게 하여 모양이 아름
답게 하였더니 하나님의 동산 에덴에
있는 모든 나무가 다 시기하였느니라
10 • 그러므로 주 여호와께서 이같이 말씀

24 and scatter them through the countries. •I will
strengthen the arms of the king of Babylon and
put my sword in his hand, but I will break the
arms of Pharaoh, and he will groan before him
25 like a mortally wounded man. •I will strengthen
the arms of the king of Babylon, but the arms of
Pharaoh will fall limp. Then they will know that
I am the LORD, when I put my sword into the hand
of the king of Babylon and he brandishes it against
26 Egypt. •I will disperse the Egyptians among the
nations and scatter them through the countries.
Then they will know that I am the LORD."

Pharaoh as a Felled Cedar of Lebanon

31 In the eleventh year, in the third month
on the first day, the word of the LORD came
2 to me: •"Son of man, say to Pharaoh king of
Egypt and to his hordes:

" 'Who can be compared with you in majesty?
3 •Consider Assyria, once a cedar in Lebanon,
with beautiful branches overshadowing the
forest;
it towered on high,
its top above the thick foliage.
4 •The waters nourished it,
deep springs made it grow tall;
their streams flowed
all around its base
and sent their channels
to all the trees of the field.
5 •So it towered higher
than all the trees of the field;
its boughs increased
and its branches grew long,
spreading because of abundant waters.
6 •All the birds of the sky
nested in its boughs,
all the animals of the wild
gave birth under its branches;
all the great nations
lived in its shade.
7 •It was majestic in beauty,
with its spreading boughs,
for its roots went down
to abundant waters.
8 •The cedars in the garden of God
could not rival it,
nor could the junipers
equal its boughs,
nor could the plane trees
compare with its branches —
no tree in the garden of God
could match its beauty.

abundant [əbʌ́ndənt] *a.* 풍부한
bough [bau] *n.* (나뭇)가지
brandish [brǽndiʃ] *vt.* 휘두르다
cedar [síːdər] *n.* 백향목
disperse [dispə́ːrs] *vt.* 흩어지게 하다
foliage [fóuliidʒ] *n.* 잎, 군엽
groan [groun] *vi.* 신음하다
horde [hɔːrd] *n.* 무리
majestic [mədʒéstik] *a.* 위엄 있는
mortally [mɔ́ːrtəli] *ad.* 치명적으로
nest [nest] *vi.* 보금자리를 짓다
nourish [nə́ːriʃ] *vt.* 기르다
overshadow [òuvərʃǽdou] *vt.* 그늘지게 하다
spread [spred] *vt.* 뻗다, 퍼지다
tower [táuər] *vi.* 솟다

30:25 fall limp: 약해지다
31:2 compare A with B: A와 B를 비교하다
31:3 on high: 하늘의
31:3 thick foliage: 빽빽한 잎
31:6 give birth: 낳다, 분만하다
31:6 live in...: …에 거주하다

하셨느니라 그의 키가 크고 꼭대기가 구름
에 닿아서 높이 솟아났으므로 마음이 교만
하였은즉
11 내가 여러 나라의 능한 자의 손에 넘겨 줄
지라 그가 임의로 대우할 것은 내가 그의
악으로 말미암아 쫓아내었음이라
12 여러 나라의 포악한 다른 민족이 그를 찍어
버렸으므로 그 가는 가지가 산과 모든 골짜
기에 떨어졌고 그 굵은 가지가 그 땅 모든
물가에 꺾어졌으며 세상 모든 백성이 그를
버리고 그 그늘 아래에서 떠나매
13 공중의 모든 새가 그 넘어진 나무에 거주하
며 들의 모든 짐승이 그 가지에 있으리니
14 이는 물가에 있는 모든 나무는 키가 크다고
교만하지 못하게 하며 그 꼭대기가 구름에
닿지 못하게 하며 또 물을 마시는 모든 나
무가 스스로 높아 서지 못하게 함이니 그들
을 다 죽음에 넘겨 주어 사람들 가운데에서
구덩이로 내려가는 자와 함께 지하로 내려
가게 하였음이라
15 ●주 여호와께서 이같이 말씀하셨느니라
그가 스올에 내려가던 날에 내가 그를 위하
여 슬프게 울게 하며 깊은 바다를 덮으며
모든 강을 쉬게 하며 큰 물을 그치게 하고
레바논이 그를 위하여 슬프게 울게 하며 들
의 모든 나무를 그로 말미암아 쇠잔하게 하
였느니라
16 내가 그를 구덩이에 내려가는 자와 함께 스
올에 떨어뜨리던 때에 백성들이 그 떨어지
는 소리로 말미암아 진동하게 하였고 물을
마시는 에덴의 모든 나무 곧 레바논의 뛰어
나고 아름다운 나무들이 지하에서 위로를
받게 하였느니라
17 그러나 그들도 그와 함께 스올에 내려 칼에
죽임을 당한 자에게 이르렀나니 그들은 옛
적에 그의 팔이 된 자요 나라들 가운데에서
그 그늘 아래에 거주하던 자니라
18 ●너의 영광과 위대함이 에덴의 나무들 중에
서 어떤 것과 같은고 그러나 네가 에덴의 나
무들과 함께 지하에 내려갈 것이요 거기에서
할례를 받지 못하고 칼에 죽임을 당한 자 가
운데에 누우리라 이들은 바로와 그의 모든
군대니라 주 여호와의 말씀이니라 하라

큰 악어 애굽 왕

32 열두째 해 열두째 달 초하루에 여호와
의 말씀이 내게 임하여 이르시되
2 인자야 너는 애굽의 바로 왕에 대하여 슬픈

9 ●I made it beautiful
with abundant branches,
the envy of all the trees of Eden
in the garden of God.
10 ●" 'Therefore this is what the Sovereign LORD
says: Because the great cedar towered over the
thick foliage, and because it was proud of its
11 height, ● I gave it into the hands of the ruler of
the nations, for him to deal with according to
12 its wickedness. I cast it aside, ●and the most
ruthless of foreign nations cut it down and left
it. Its boughs fell on the mountains and in all
the valleys; its branches lay broken in all the
ravines of the land. All the nations of the earth
13 came out from under its shade and left it. ●All
the birds settled on the fallen tree, and all the
14 wild animals lived among its branches. ●There-
fore no other trees by the waters are ever to
tower proudly on high, lifting their tops above
the thick foliage. No other trees so well-watered
are ever to reach such a height; they are all des-
tined for death, for the earth below, among
mortals who go down to the realm of the dead.
15 ●" 'This is what the Sovereign LORD says:
On the day it was brought down to the realm
of the dead I covered the deep springs with
mourning for it; I held back its streams, and its
abundant waters were restrained. Because of it
I clothed Lebanon with gloom, and all the
16 trees of the field withered away. ●I made the
nations tremble at the sound of its fall when
I brought it down to the realm of the dead to
be with those who go down to the pit. Then
all the trees of Eden, the choicest and best of
Lebanon, the well-watered trees, were con-
17 soled in the earth below. ●They too, like the
great cedar, had gone down to the realm of the
dead, to those killed by the sword, along with
the armed men who lived in its shade among
the nations.
18 ●" 'Which of the trees of Eden can be com-
pared with you in splendor and majesty? Yet
you, too, will be brought down with the trees of
Eden to the earth below; you will lie among the
uncircumcised, with those killed by the sword.
" 'This is Pharaoh and all his hordes, declares
the Sovereign LORD.' "

A Lament Over Pharaoh

32 In the twelfth year, in the twelfth
month on the first day, the word of the
2 LORD came to me: ●"Son of man, take up a
lament concerning Pharaoh king of Egypt and

branch [brænʃ] *n.* 가지
choicest [tʃɔisist] *a.* 최상의
concerning [kənsə́ːrniŋ] *prep.* …에 관하여
envy [énvi] *n.* 시기, 질투
mortal [mɔ́ːrtl] *a.* 죽어야 할 운명의
pit [pit] *n.* 구덩이
ravine [rəvíːn] *n.* 골짜기
realm [relm] *n.* 영역
restrain [ristréin] *vt.* 억제하다
ruthless [rúːθlis] *a.* 무자비한
shade [ʃeid] *n.* 그늘
splendor [spléndər] *n.* 장엄, 영광
uncircumcised [ʌnsə́ːrkəmsaizd] *a.* 할례받지 않은
wickedness [wíkidnis] *n.* 사악함
wither [wíðər] *vi.* 시들다

31:11 deal with...: …를 대하다
31:11 cast aside: 버리다, 벗어던지다
31:14 be destined for...: …로 운명이 정해지다
31:15 mourn for...: …를 슬퍼하다
32:2 take up: 시작하다, 계속하다

노래를 불러 그에게 이르라 너를 여러 나
라에서 사자로 생각하였더니 실상은 바
다 가운데의 큰 악어라 강에서 튀어 일어
나 발로 물을 휘저어 그 강을 더럽혔도다
3 주 여호와께서 이같이 말씀하셨느니라 내
가 많은 백성의 무리를 거느리고 내 그물
을 네 위에 치고 그 그물로 너를 끌어오리
로다 호 7:12
4 내가 너를 뭍에 버리며 들에 던져 공중의
새들이 네 위에 앉게 할 것임이여 온 땅
의 짐승이 너를 먹어 배부르게 하리로다
5 내가 네 살점을 여러 산에 두며 네 시체
를 여러 골짜기에 채울 것임이여
6 네 피로 네 헤엄치는 땅에 물 대듯 하여
산에 미치게 하며 그 모든 개천을 채우리
로다
7 내가 너를 불 끄듯 할 때에 하늘을 가리
어 별을 어둡게 하며 해를 구름으로 가리
며 달이 빛을 내지 못하게 할 것임이여
8 하늘의 모든 밝은 빛을 내가 네 위에서
어둡게 하여 어둠을 네 땅에 베풀리로다
주 여호와의 말씀이니라
9 내가 네 패망의 소문이 여러 나라 곧 네가
알지 못하는 나라들에 이르게 할 때에 많
은 백성의 마음을 번뇌하게 할 것임이여
10 내가 그 많은 백성을 너로 말미암아 놀
라게 할 것이며 내가 내 칼이 그들의
왕 앞에서 춤추게 할 때에 그 왕이 너
로 말미암아 심히 두려워할 것이며 네
가 엎드러지는 날에 그들이 각각 자기
생명을 위하여 무시로 떨리로다
11 ●주 여호와께서 이같이 말씀하셨느니
라 바벨론 왕의 칼이 네게 오리로다
12 나는 네 무리가 용사 곧 모든 나라의 무
서운 자들의 칼에 엎드러지게 할 것임이
여 그들이 애굽의 교만을 폐하며 그 모
든 무리를 멸하리로다
13 내가 또 그 모든 짐승을 큰 물가에서 멸
하리니 사람의 발이나 짐승의 굽이 다시
는 그 물을 흐리지 못할 것임이여
14 그때에 내가 그 물을 맑게 하여 그 강이
기름같이 흐르게 하리로다 주 여호와
의 말씀이니라
15 내가 애굽 땅이 황폐하여 사막이 되게 하
여 거기에 풍성한 것이 없게 할 것임이여
그 가운데의 모든 주민을 치리니 내가 여
호와인 줄을 그들이 알리라

say to him:
" 'You are like a lion among the nations;
you are like a monster in the seas
thrashing about in your streams,
churning the water with your feet
and muddying the streams.
3 ●" 'This is what the Sovereign LORD says:
" 'With a great throng of people
I will cast my net over you,
and they will haul you up in my net.
4 ●I will throw you on the land
and hurl you on the open field.
I will let all the birds of the sky settle on you
and all the animals of the wild gorge
themselves on you.
5 ●I will spread your flesh on the mountains
and fill the valleys with your remains.
6 ●I will drench the land with your flowing blood
all the way to the mountains,
and the ravines will be filled with your flesh.
7 ●When I snuff you out, I will cover the heavens
and darken their stars;
I will cover the sun with a cloud,
and the moon will not give its light.
8 ●All the shining lights in the heavens
I will darken over you;
I will bring darkness over your land,
declares the Sovereign LORD.
9 ●I will trouble the hearts of many peoples
when I bring about your destruction among
the nations,
among[a] lands you have not known.
10 ●I will cause many peoples to be appalled at you,
and their kings will shudder with horror
because of you
when I brandish my sword before them.
On the day of your downfall
each of them will tremble
every moment for his life.
11 ●" 'For this is what the Sovereign LORD says:
" 'The sword of the king of Babylon
will come against you.
12 ●I will cause your hordes to fall
by the swords of mighty men —
the most ruthless of all nations.
They will shatter the pride of Egypt,
and all her hordes will be overthrown.
13 ●I will destroy all her cattle
from beside abundant waters
no longer to be stirred by the foot of man

[a]9 Hebrew; Septuagint *bring you into captivity among the nations, / to*

brandish [brǽndiʃ] *vt.* 휘두르다
churn [tʃəːrn] *vt.* 휘젓다
downfall [dáunfɔ̀ːl] *n.* 멸망
drench [drentʃ] *vt.* 흠뻑 물에 적시다
gorge [gɔːrdʒ] *vt.* 배불리 먹다
haul [hɔːl] *vt.* 끌어당기다
hurl [həːrl] *vt.* 내던지다
muddy [mʌdi] *vt.* 흐리게 하다
ravine [rəvíːn] *n.* 골짜기
shatter [ʃǽtər] *vt.* 산산이 부수다
shudder [ʃʌ́dər] *vi.* 벌벌 떨다
stir [stəːr] *vt.* 휘젓다
thrash [θræʃ] *vi.* 뒹굴다, 몸부림치다
throng [θrɔːŋ] *n.* 군중
tremble [trémbl] *vi.* 진동하다

32:3 cast A over B: A를 B 위로 덮다
32:7 snuff out: 소멸시키다
32:9 bring about: 야기하다, 초래하다
32:10 cause... to~: …가 ~하게 하다
32:10 be appalled at...: …에 간담이 서늘해지다
32:13 no longer...: 더 이상 …않다

16 이는 슬피 부를 노래이니 여러 나라 여자들
이 이것을 슬피 부름이여 애굽과 그 모든 무
리를 위하여 이것을 슬피 부르리로다 주 여
호와의 말씀이니라

죽은 자들의 세계

17 ● 열두째 해 어느 달 열다섯째 날에 여호와
의 말씀이 내게 임하여 이르시되
18 인자야 애굽의 무리를 위하여 슬피 울고 그
와 유명한 나라의 여자들을 구덩이에 내려가
는 자와 함께 지하에 던지며
19 이르라 너의 아름다움이 어떤 사람들보다도
뛰어나도다 너는 내려가서 할례를 받지 아니
한 자와 함께 누울지어다
20 그들이 죽임을 당한 자 가운데에 엎드러질
것임이여 그는 칼에 넘겨진 바 되었은즉 그
와 그 모든 무리를 끌지어다
21 용사 가운데에 강한 자가 그를 돕는 자와 함
께 스올 가운데에서 그에게 말함이여 할례를
받지 아니한 자 곧 칼에 죽임을 당한 자들이
내려와서 가만히 누웠다 하리로다
22 ● 거기에 앗수르와 그 온 무리가 있음이여
다 죽임을 당하여 칼에 엎드러진 자라 그 무
덤이 그 사방에 있도다
23 그 무덤이 구덩이 깊은 곳에 만들어졌고 그
무리가 그 무덤 사방에 있음이여 그들은 다
죽임을 당하여 칼에 엎드러진 자 곧 생존하
는 사람들의 세상에서 사람을 두렵게 하던
자로다
24 ● 거기에 엘람이 있고 그 모든 무리가 그 무
덤 사방에 있음이여 그들은 다 할례를 받지
못하고 죽임을 당하여 칼에 엎드러져 지하에
내려간 자로다 그들이 생존하는 사람들의 세
상에서 두렵게 하였으나 이제는 구덩이에 내
려가는 자와 함께 수치를 당하였도다
25 그와 그 모든 무리를 위하여 죽임을 당한 자
가운데에 침상을 놓았고 그 여러 무덤은 사
방에 있음이여 그들은 다 할례를 받지 못하
고 칼에 죽임을 당한 자로다 그들이 생존하
는 사람들의 세상에서 두렵게 하였으나 이제
는 구덩이에 내려가는 자와 함께 수치를 당
하고 죽임을 당한 자 가운데에 뉘었도다
26 ● 거기에 메섹과 두발과 그 모든 무리가 있
고 그 여러 무덤은 사방에 있음이여 그들은
다 할례를 받지 못하고 칼에 죽임을 당한 자
로다 그들이 생존하는 사람들의 세상에서 두
렵게 하였으나
27 그들이 할례를 받지 못한 자 가운데에 이미

or muddied by the hooves of cattle.
14 ● Then I will let her waters settle
and make her streams flow like oil,
declares the Sovereign LORD.
15 ● When I make Egypt desolate
and strip the land of everything in it,
when I strike down all who live there,
then they will know that I am the LORD.'
16 ● "This is the lament they will chant for her.
The daughters of the nations will chant it; for
Egypt and all her hordes they will chant it,
declares the Sovereign LORD."

Egypt's Descent Into the Realm of the Dead

17 ● In the twelfth year, on the fifteenth day
of the month, the word of the LORD came
18 to me: ● "Son of man, wail for the hordes of
Egypt and consign to the earth below both
her and the daughters of mighty nations,
along with those who go down to the pit.
19 ● Say to them, 'Are you more favored than
others? Go down and be laid among the
20 uncircumcised.' ● They will fall among those
killed by the sword. The sword is drawn; let
21 her be dragged off with all her hordes. ● From
within the realm of the dead the mighty
leaders will say of Egypt and her allies, 'They
have come down and they lie with the uncir-
cumcised, with those killed by the sword.'
22 ● "Assyria is there with her whole army; she
is surrounded by the graves of all her slain, all
23 who have fallen by the sword. ● Their graves
are in the depths of the pit and her army lies
around her grave. All who had spread terror in
the land of the living are slain, fallen by the
sword.
24 ● "Elam is there, with all her hordes around
her grave. All of them are slain, fallen by the
sword. All who had spread terror in the land of
the living went down uncircumcised to the
earth below. They bear their shame with those
25 who go down to the pit. ● A bed is made for
her among the slain, with all her hordes
around her grave. All of them are uncircum-
cised, killed by the sword. Because their terror
had spread in the land of the living, they bear
their shame with those who go down to the
pit; they are laid among the slain.
26 ● "Meshek and Tubal are there, with all their
hordes around their graves. All of them are
uncircumcised, killed by the sword because
they spread their terror in the land of the living.
27 ● But they do not lie with the fallen warriors of

chant [tʃænt] *vt.* (노래를) 부르다
consign [kənsáin] *vt.* 위탁하다
desolate [désələt] *a.* 황량한
favor [féivər] *vt.* 선호하다
grave [greiv] *n.* 무덤
hoof [huf] *n.* 발굽
horde [hɔːrd] *n.* 큰 무리
lament [ləmént] *n.* 비탄, 애도
pit [pit] *n.* 구덩이
shame [ʃeim] *n.* 수치
slay [slei] *vt.* 살해하다
surround [səráund] *vt.* 에워싸다
terror [térər] *n.* 공포
uncircumcised [ʌnsə́ːrkəmsaizd] *a.* 할례받지 않은
warrior [wɔ́ːriər] *n.* 전사

32:15 strip A of B: A에서 B를 없애다
32:15 strike down: 때려눕히다, 죽이다
32:18 wail for...: …를 위해 통곡하다
32:18 both A and B: A와 B 모두
32:20 drag off: 억지로 끌고 가다
32:27 lie with...: …의 책임이다

엎드러진 용사와 함께 누운 것이 마땅하지 아
니하냐 이 용사들은 다 무기를 가지고 스올에
내려가서 자기의 칼을 베개로 삼았으니 그 백
골이 자기 죄악을 졌음이여 생존하는 사람들
의 세상에서 용사의 두려움이 있던 자로다
28 오직 너는 할례를 받지 못한 자와 함께 패망
할 것임이여 칼에 죽임을 당한 자와 함께 누
우리로다
29 ●거기에 에돔 곧 그 왕들과 그 모든 고관이
있음이여 그들이 강성하였었으나 칼에 죽임
을 당한 자와 함께 있겠고 할례를 받지 못하고
구덩이에 내려간 자와 함께 누우리로다 사 34:5
30 거기에 죽임을 당한 자와 함께 내려간 북쪽 모
든 방백과 모든 시돈 사람이 있음이여 그들이
본래는 강성하였으므로 두렵게 하였으나 이
제는 부끄러움을 품고 할례를 받지 못하고 칼
에 죽임을 당한 자와 함께 누웠고 구덩이에 내
려가는 자와 함께 수치를 당하였도다
31 ●바로가 그들을 보고 그 모든 무리로 말미
암아 위로를 받을 것임이여 칼에 죽임을 당
한 바로와 그 온 군대가 그러하리로다 주 여
호와의 말씀이니라
32 내가 바로로 하여금 생존하는 사람들의 세상
에서 사람을 두렵게 하게 하였으나 이제는 그
가 그 모든 무리와 더불어 할례를 받지 못한
자 곧 칼에 죽임을 당한 자와 함께 누이리로
다 주 여호와의 말씀이니라

여호와께서 에스겔을 파수꾼으로 삼으시다
(겔 3:16-21) — B.C. 586년경

33 여호와의 말씀이 내게 임하여 이르시되
2 인자야 너는 네 민족에게 말하여 이르
라 가령 내가 칼을 한 땅에 임하게 한다 하자
그 땅 백성이 자기들 가운데의 하나를 택하
여 파수꾼을 삼은
3 그 사람이 그 땅에 칼이 임함을 보고 나팔을
불어 백성에게 경고하되 호 8:1
4 그들이 나팔 소리를 듣고도 정신 차리지 아
니하므로 그 임하는 칼에 제거함을 당하면
그 피가 자기의 머리로 돌아갈 것이라
5 그가 경고를 받았던들 자기 생명을 보전하였
을 것이나 나팔 소리를 듣고도 경고를 받지 아
니하였으니 그 피가 자기에게로 돌아가리라
6 그러나 칼이 임함을 파수꾼이 보고도 나팔을
불지 아니하여 백성에게 경고하지 아니하므
로 그 중의 한 사람이 그 임하는 칼에 제거
당하면 그는 자기 죄악으로 말미암아 제거되
려니와 그 죄는 내가 파수꾼의 손에서 찾으

old,[a] who went down to the realm of the dead
with their weapons of war — their swords
placed under their heads and their shields[b]
resting on their bones — though these warriors
also had terrorized the land of the living.
28 ●"You too, Pharaoh, will be broken and
will lie among the uncircumcised, with
those killed by the sword.
29 ●"Edom is there, her kings and all her
princes; despite their power, they are laid
with those killed by the sword. They lie
with the uncircumcised, with those who go
down to the pit.
30 ●"All the princes of the north and all the
Sidonians are there; they went down with
the slain in disgrace despite the terror caus-
ed by their power. They lie uncircumcised
with those killed by the sword and bear their
shame with those who go down to the pit.
31 ●"Pharaoh — he and all his army — will
see them and he will be consoled for all his
hordes that were killed by the sword, declares
32 the Sovereign LORD. ●Although I had him
spread terror in the land of the living, Pha-
raoh and all his hordes will be laid among
the uncircumcised, with those killed by the
sword, declares the Sovereign LORD."

Renewal of Ezekiel's Call as Watchman

33 The word of the LORD came to me:
2 ●"Son of man, speak to your people
and say to them: 'When I bring the sword
against a land, and the people of the land
choose one of their men and make him their
3 watchman, ●and he sees the sword coming
against the land and blows the trumpet to
4 warn the people, ●then if anyone hears the
trumpet but does not heed the warning and
the sword comes and takes their life, their
5 blood will be on their own head. ●Since they
heard the sound of the trumpet but did not
heed the warning, their blood will be on their
own head. If they had heeded the warning,
6 they would have saved themselves. ●But if the
watchman sees the sword coming and does
not blow the trumpet to warn the people and
the sword comes and takes someone's life,
that person's life will be taken because of their
sin, but I will hold the watchman account-
able for their blood.'

[a]27 Septuagint; Hebrew *warriors who were uncircumcised* [b]27 Probable reading of the original Hebrew text; Masoretic Text *punishment*

cause [kɔːz] *vt.* 야기시키다
console [kənsóul] *vt.* 위로하다
declare [diklέər] *vt.* 분명히 말하다
despite [dispáit] *prep.* …에도 불구하고
heed [hiːd] *vi.* 주의하다
pit [pit] *n.* 구덩이, 함정
realm [relm] *n.* 영역
shield [ʃiːld] *n.* 방패
sovereign [sávərin] *a.* 주권을 가진
spread [spred] *vt.* 퍼뜨리다
uncircumcised [ʌnsə́ːrkəmsaizd] *a.* 할례받지 않은
warn [wɔːrn] *vt.* 경고하다
warrior [wɔ́ːriər] *n.* 전사
watchman [wátʃmən] *n.* 파수꾼
weapon [wépən] *n.* 무기

32:29 lie with...: …에 있다
32:30 in disgrace: 불명예스럽게
32:30 bear one's shame: …의 창피함을 담당하다, 수치를 참다
33:4 take one's life: 생명을 빼앗다
33:6 accountable for...: …에 책임이 있는

리라
7 ●인자야 내가 너를 이스라엘 족속의 파수꾼으
로 삼음이 이와 같으니라 그런즉 너는 내 입의 말
을 듣고 나를 대신하여 그들에게 경고할지어다
8 가령 내가 악인에게 이르기를 악인아 너는 반
드시 죽으리라 하였다 하자 네가 그 악인에게
말로 경고하여 그의 길에서 떠나게 하지 아니
하면 그 악인은 자기 죄악으로 말미암아 죽으
려니와 내가 그의 피를 네 손에서 찾으리라
9 그러나 너는 악인에게 경고하여 돌이켜 그의
길에서 떠나라고 하되 그가 돌이켜 그의 길에
서 떠나지 아니하면 그는 자기 죄악으로 말미
암아 죽으려니와 너는 네 생명을 보전하리라

의인의 범죄와 악인의 회개

10 ●그런즉 인자야 너는 이스라엘 족속에게 이르
기를 너희가 말하여 이르되 우리의 허물과 죄
가 이미 우리에게 있어 우리로 그 가운데에서
쇠퇴하게 하니 어찌 능히 살리요 하거니와
11 너는 그들에게 말하라 주 여호와의 말씀이니라
나의 삶을 두고 맹세하노니 나는 악인이 죽는
것을 기뻐하지 아니하고 악인이 그의 길에서
돌이켜 떠나 사는 것을 기뻐하노라 이스라엘
족속아 돌이키고 돌이키라 너희 악한 길에서
떠나라 어찌 죽고자 하느냐 하셨다 하라
12 인자야 너는 네 민족에게 이르기를 의인이 범죄
하는 날에는 그 공의가 구원하지 못할 것이요
악인이 돌이켜 그 악에서 떠나는 날에는 그 악
이 그를 엎드러뜨리지 못할 것인즉 의인이 범죄
하는 날에는 그 의로 말미암아 살지 못하리라
13 가령 내가 의인에게 말하기를 너는 살리라 하
였다 하자 그가 그 공의를 스스로 믿고 죄악을
행하면 그 모든 의로운 행위가 하나도 기억되
지 아니하리니 그가 그 지은 죄악으로 말미암
아 곧 그 안에서 죽으리라
14 가령 내가 악인에게 말하기를 너는 죽으리라
하였다 하자 그가 돌이켜 자기의 죄에서 떠나
서 정의와 공의로 행하여
15 저당물을 도로 주며 강탈한 물건을 돌려 보내
고 생명의 율례를 지켜 행하여 죄악을 범하지
아니하면 그가 반드시 살고 죽지 아니할지라
16 그가 본래 범한 모든 죄가 기억되지 아니하리니
그가 반드시 살리라 이는 정의와 공의를 행하였
음이라 하라
17 ●그래도 네 민족은 말하기를 주의 길이 바르
지 아니하다 하는도다 그러나 실상은 그들의
길이 바르지 아니하니라
18 만일 의인이 돌이켜 그 공의에서 떠나 죄악을

7 ●"Son of man, I have made you a watch-
man for the people of Israel; so hear the
word I speak and give them warning from
8 me. ●When I say to the wicked, 'You
wicked person, you will surely die,' and you
do not speak out to dissuade them from
their ways, that wicked person will die for[a]
their sin, and I will hold you accountable
9 for their blood. ●But if you do warn the
wicked person to turn from their ways and
they do not do so, they will die for their sin,
though you yourself will be saved.
10 ●"Son of man, say to the Israelites,
'This is what you are saying: "Our offens-
es and sins weigh us down, and we are
wasting away because of[b] them. How
11 then can we live?" ' ●Say to them, 'As sure-
ly as I live, declares the Sovereign LORD, I
take no pleasure in the death of the wicked,
but rather that they turn from their ways
and live. Turn! Turn from your evil ways!
Why will you die, people of Israel?'
12 ●"Therefore, son of man, say to your
people, 'If someone who is righteous dis-
obeys, that person's former righteousness
will count for nothing. And if someone
who is wicked repents, that person's for-
mer wickedness will not bring condemna-
tion. The righteous person who sins will
not be allowed to live even though they
13 were formerly righteous.' ●If I tell a right-
eous person that they will surely live, but
then they trust in their righteousness and
do evil, none of the righteous things that
person has done will be remembered; they
14 will die for the evil they have done. ●And
if I say to a wicked person, 'You will surely
die,' but they then turn away from their
15 sin and do what is just and right — ●if
they give back what they took in pledge
for a loan, return what they have stolen,
follow the decrees that give life, and do no
evil — that person will surely live; they will
16 not die. ●None of the sins that person has
committed will be remembered against
them. They have done what is just and
right; they will surely live.
17 ●"Yet your people say, 'The way of the
Lord is not just.' But it is their way that is not
18 just. ●If a righteous person turns from their
righteousness and does evil, they will die for

[a]8 Or *in*; also in verse 9 [b]10 Or *away in*

allow [əláu] *vt.* 허락하다
commit [kəmít] *vt.* 범하다
condemnation [kɑ̀ndemnéiʃən] *n.* 정죄
decree [dikríː] *n.* 계명, 율례
disobey [dìsəbéi] *vt.* 불순종하다
dissuade [diswéid] *vt.* 그만두게 하다
former [fɔ́ːrmər] *a.* 이전의
loan [loun] *n.* 대부
offense [əféns] *n.* 범죄
pleasure [pléʒər] *n.* 기쁨
pledge [pledʒ] *n.* 담보물
repent [ripént] *vi.* 회개하다
righteousness [ráitʃəsnis] *n.* 의로움
trust [trʌst] *vi.* 신뢰하다
wicked [wíkid] *a.* 사악한

33:10 weigh down: 짓누르다
33:10 waste away: 쇠약해지다
33:11 as surely as: 틀림없이
33:12 count for nothing: 아무 쓸모가 없다, 보잘것 없다
33:15 give back: 되돌려주다

범하면 그가 그 가운데에서 죽을 것이고 18:26
19 만일 악인이 돌이켜 그 악에서 떠나 정의와 공
의대로 행하면 그가 그로 말미암아 살리라
20 그러나 너희가 이르기를 주의 길이 바르지 아
니하다 하는도다 이스라엘 족속아 나는 너희가
각기 행한 대로 심판하리라 하시니라

예루살렘의 함락 소식

21 ●우리가 사로잡힌 지 열두째 해 열째 달 다섯
째 날에 예루살렘에서부터 도망하여 온 자가
내게 나아와 말하기를 그 성이 함락되었다 하
였는데
22 그 도망한 자가 내게 나아오기 전날 저녁에 여
호와의 손이 내게 임하여 내 입을 여시더니 다
음 아침 그 사람이 내게 나아올 그때에 내 입이
열리기로 내가 다시는 잠잠하지 아니하였노라

백성의 죄와 여호와의 맹세

23 ●여호와의 말씀이 내게 임하여 이르시되
24 인자야 이 이스라엘의 이 황폐한 땅에 거주하
는 자들이 말하여 이르기를 아브라함은 오직
한 사람이라도 이 땅을 기업으로 얻었나니 우
리가 많은즉 더욱 이 땅을 우리에게 기업으로
주신 것이 되느니라 하는도다 사 51:2
25 그러므로 너는 그들에게 이르기를 주 여호와께
서 이같이 말씀하시되 너희가 고기를 피째 먹
으며 너희 우상들에게 눈을 들며 피를 흘리니
그 땅이 너희의 기업이 될까보냐
26 너희가 칼을 믿어 가증한 일을 행하며 각기 이
웃의 아내를 더럽히니 그 땅이 너희의 기업이
될까보냐 하고 22:11
27 너는 그들에게 이르기를 주 여호와께서 이같이
말씀하시되 내가 나의 삶을 두고 맹세하노니
황무지에 있는 자는 칼에 엎드러뜨리고 들에
있는 자는 들짐승에게 넘겨 먹히게 하고 산성
과 굴에 있는 자는 전염병에 죽게 하리라
28 내가 그 땅이 황무지와 공포의 대상이 되게 하
고 그 권능의 교만을 그치게 하리니 이스라엘
의 산들이 황폐하여 지나갈 사람이 없으리라
29 내가 그들이 행한 모든 가증한 일로 말미암아
그 땅을 황무지와 공포의 대상이 되게 하면 그
때에 내가 여호와인 줄을 그들이 알리라 하라

선지자의 말과 백성

30 ●인자야 네 민족이 담 곁에서와 집 문에서 너
에 대하여 말하며 각각 그 형제와 더불어 말하
여 이르기를 자, 가서 여호와께로부터 무슨 말
씀이 나오는가 들어 보자 하고
31 백성이 모이는 것같이 네게 나아오며 내 백성
처럼 네 앞에 앉아서 네 말을 들으나 그대로 행

19 it. ●And if a wicked person turns away
from their wickedness and does what is
just and right, they will live by doing so.
20 ●Yet you Israelites say, 'The way of the
Lord is not just.' But I will judge each of
you according to your own ways."

Jerusalem's Fall Explained

21 ●In the twelfth year of our exile, in the
tenth month on the fifth day, a man who
had escaped from Jerusalem came to me
22 and said, "The city has fallen!" ●Now the
evening before the man arrived, the hand
of the LORD was on me, and he opened my
mouth before the man came to me in the
morning. So my mouth was opened and I
was no longer silent.
23 ●Then the word of the LORD came to me:
24 ●"Son of man, the people living in those
ruins in the land of Israel are saying, 'Abra-
ham was only one man, yet he possessed
the land. But we are many; surely the land
has been given to us as our possession.'
25 ●Therefore say to them, 'This is what the
Sovereign LORD says: Since you eat meat
with the blood still in it and look to your
idols and shed blood, should you then pos-
26 sess the land? ●You rely on your sword,
you do detestable things, and each of you
defiles his neighbor's wife. Should you
then possess the land?'
27 ●"Say this to them: 'This is what the
Sovereign LORD says: As surely as I live,
those who are left in the ruins will fall by
the sword, those out in the country I will
give to the wild animals to be devoured,
and those in strongholds and caves will
28 die of a plague. ●I will make the land a
desolate waste, and her proud strength
will come to an end, and the mountains
of Israel will become desolate so that no
29 one will cross them. ●Then they will
know that I am the LORD, when I have ma-
de the land a desolate waste because of
all the detestable things they have done.'
30 ●"As for you, son of man, your people
are talking together about you by the
walls and at the doors of the houses, say-
ing to each other, 'Come and hear the
message that has come from the LORD.'
31 ●My people come to you, as they usually
do, and sit before you to hear your words,
but they do not put them into practice.

arrive [əráiv] *vi.* 도착하다
defile [difáil] *vt.* 더럽히다
desolate [désələt] *a.* 황량한
detestable [ditéstəbl] *a.* 가증한
devour [diváuər] *vt.* 게걸스럽게 먹다
escape [iskéip] *vi.* 도망하다
exile [égzail] *n.* 추방, 유배
judge [dʒʌdʒ] *vt.* 재판하다
plague [pleig] *n.* 역병
possess [pəzés] *vt.* 소유하다
proud [praud] *a.* 오만한
ruin [rú:in] *n.* 폐허
silent [sáilənt] *a.* 조용한
sovereign [sávərin] *a.* 주권을 가진
stronghold [strɔ́:ŋhòuld] *n.* 요새

33:20 **according to...**: …에 따라서
33:22 **no longer...**: 더이상 …하지 않는
33:26 **rely on...**: …를 의지하다
33:27 **die of...**: (병, 굶주림 등) …로 죽다
33:28 **come to an end**: 끝나다, 죽다
33:31 **put... into practice**: …를 실행에 옮기다

하지 아니하니 이는 그 입으로는 사랑을 나
타내어도 마음으로는 이익을 따름이라
32 그들은 네가 고운 음성으로 사랑의 노래를
하며 음악을 잘하는 자같이 여겼나니 네 말
을 듣고도 행하지 아니하거니와
33 그 말이 응하리니 응할 때에는 그들이 한 선
지자가 자기 가운데에 있었음을 알리라

자기만 먹는 이스라엘 목자들 (♪ 183, 378, 567장)

34 여호와의 말씀이 내게 임하여 이르시
되
2 인자야 너는 이스라엘 목자들에게 예언하라
그들 곧 목자들에게 예언하여 이르기를 주
여호와께서 이같이 말씀하시되 자기만 먹는
이스라엘 목자들은 화 있을진저 목자들이 양
떼를 먹이는 것이 마땅하지 아니하냐 렘 23:1
3 너희가 살진 양을 잡아 그 기름을 먹으며 그
털을 입되 양 떼는 먹이지 아니하는도다
4 너희가 그 연약한 자를 강하게 아니하며 병든
자를 고치지 아니하며 상한 자를 싸매 주지
아니하며 쫓기는 자를 돌아오게 하지 아니하
며 잃어버린 자를 찾지 아니하고 다만 포악으
로 그것들을 다스렸도다
5 목자가 없으므로 그것들이 흩어지고 흩어져
서 모든 들짐승의 밥이 되었도다
6 내 양 떼가 모든 산과 높은 멧부리에마다 유
리되었고 내 양 떼가 온 지면에 흩어졌으되
찾고 찾는 자가 없었도다

여호와께서 양 떼를 구원하시리라

7 •그러므로 목자들아 여호와의 말씀을 들을
지어다
8 주 여호와의 말씀에 내가 나의 삶을 두고 맹
세하노라 내 양 떼가 노략거리가 되고 모든
들짐승의 밥이 된 것은 목자가 없기 때문이
라 내 목자들이 내 양을 찾지 아니하고 자기
만 먹이고 내 양 떼를 먹이지 아니하였도다
9 그러므로 너희 목자들아 여호와의 말씀을 들
을지어다
10 주 여호와께서 이같이 말씀하시되 내가 목
자들을 대적하여 내 양 떼를 그들의 손에서
찾으리니 목자들이 양을 먹이지 못할 뿐 아
니라 그들이 다시는 자기도 먹이지 못할지
라 내가 내 양을 그들의 입에서 건져내어서
다시는 그 먹이가 되지 아니하게 하리라
11 주 여호와께서 이같이 말씀하셨느니라 나 곧
내가 내 양을 찾고 찾되
12 목자가 양 가운데에 있는 날에 양이 흩어졌
으면 그 떼를 찾는 것같이 내가 내 양을 찾아

Their mouths speak of love, but their hearts
32 are greedy for unjust gain. •Indeed, to them
you are nothing more than one who sings
love songs with a beautiful voice and plays
an instrument well, for they hear your words
but do not put them into practice.
33 •"When all this comes true — and it sure-
ly will — then they will know that a prophet
has been among them."

The LORD Will Be Israel's Shepherd

34 The word of the LORD came to me:
2 •"Son of man, prophesy against the
shepherds of Israel; prophesy and say to
them: 'This is what the Sovereign LORD says:
Woe to you shepherds of Israel who only
take care of yourselves! Should not shep-
3 herds take care of the flock? •You eat the
curds, clothe yourselves with the wool and
slaughter the choice animals, but you do
4 not take care of the flock. •You have not
strengthened the weak or healed the sick or
bound up the injured. You have not brought
back the strays or searched for the lost. You
5 have ruled them harshly and brutally. •So
they were scattered because there was no
shepherd, and when they were scattered
they became food for all the wild animals.
6 •My sheep wandered over all the mountains
and on every high hill. They were scattered
over the whole earth, and no one searched or
looked for them.
7 •" 'Therefore, you shepherds, hear the
8 word of the LORD: •As surely as I live, declares
the Sovereign LORD, because my flock lacks a
shepherd and so has been plundered and has
become food for all the wild animals, and
because my shepherds did not search for my
flock but cared for themselves rather than for
9 my flock, •therefore, you shepherds, hear
10 the word of the LORD: •This is what the Sov-
ereign LORD says: I am against the shepherds
and will hold them accountable for my
flock. I will remove them from tending the
flock so that the shepherds can no longer
feed themselves. I will rescue my flock from
their mouths, and it will no longer be food
for them.
11 •" 'For this is what the Sovereign LORD
says: I myself will search for my sheep and
12 look after them. •As a shepherd looks after
his scattered flock when he is with them, so
will I look after my sheep. I will rescue them

accountable [əkáuntəbl] *a.* 책임이 있는
brutally [brú:təli] *ad.* 잔인하게
curd [kə:rd] *n.* 굳어진 우유
flock [flak] *n.* (양) 떼
greedy [grí:di] *a.* 탐욕스러운
harshly [há:rʃli] *ad.* 가혹하게
injure [índʒər] *vt.* 상하게 하다
instrument [ínstrəmənt] *n.* 악기
plunder [plʌ́ndər] *vt.* 약탈하다
rescue [réskju:] *vt.* 구조하다
scatter [skǽtər] *vt.* 흩어버리다
slaughter [slɔ́:tər] *vt.* 학살하다
stray [strei] *n.* 길을 잃은 사람(가축)
tend [tend] *vt.* 돌보다
wander [wándər] *vi.* 헤매다

33:33 come true: 실현되다
34:2 woe to...: …에게 화 있으라!
34:2 take care of...: …를 돌보다
34:4 bind up: 붕대로 싸매다
34:4 bring back: 돌아오다
34:8 rather than: 대신에

서 흐리고 캄캄한 날에 그 흩어진 모든 곳에
서 그것들을 건져낼지라
13 내가 그것들을 만민 가운데에서 끌어내며 여
러 백성 가운데에서 모아 그 본토로 데리고
가서 이스라엘 산 위에와 시냇가에와 그 땅
모든 거주지에서 먹이되
14 좋은 꼴을 먹이고 그 우리를 이스라엘 높은
산에 두리니 그것들이 그곳에 있는 좋은 우
리에 누워 있으며 이스라엘 산에서 살진 꼴
을 먹으리라
15 내가 친히 내 양의 목자가 되어 그것들을 누
워 있게 할지라 주 여호와의 말씀이니라
16 그 잃어버린 자를 내가 찾으며 쫓기는 자를
내가 돌아오게 하며 상한 자를 내가 싸매 주
며 병든 자를 내가 강하게 하려니와 살진 자
와 강한 자는 내가 없애고 정의대로 그것들
을 먹이리라
17 ●주 여호와께서 이같이 말씀하셨느니라 나
의 양 떼 너희여 내가 양과 양 사이와 숫양과
숫염소 사이에서 심판하노라
18 너희가 좋은 꼴을 먹는 것을 작은 일로 여
기느냐 어찌하여 남은 꼴을 발로 밟았느냐
너희가 맑은 물을 마시는 것을 작은 일로
여기느냐 어찌하여 남은 물을 발로 더럽혔
느냐
19 나의 양은 너희 발로 밟은 것을 먹으며 너희
발로 더럽힌 것을 마시는도다 하셨느니라
20 ●그러므로 주 여호와께서 그들에게 이같이
말씀하시되 나 곧 내가 살진 양과 파리한 양
사이에서 심판하리라
21 너희가 옆구리와 어깨로 밀어뜨리고 모든 병
든 자를 뿔로 받아 무리를 밖으로 흩어지게
하는도다
22 그러므로 내가 내 양 떼를 구원하여 그들로
다시는 노략거리가 되지 아니하게 하고 양과
양 사이에 심판하리라
23 내가 한 목자를 그들 위에 세워 먹이게 하리
니 그는 내 종 다윗이라 그가 그들을 먹이고
그들의 목자가 될지라
24 나 여호와는 그들의 하나님이 되고 내 종 다
윗은 그들 중에 왕이 되리라 나 여호와의 말
이니라
25 ●내가 또 그들과 화평의 언약을 맺고 악한
짐승을 그 땅에서 그치게 하리니 그들이 빈
들에 평안히 거하며 수풀 가운데에서 잘지라
26 내가 그들에게 복을 내리고 내 산 사방에 복
을 내리며 때를 따라 소낙비를 내리되 복된

from all the places where they were scattered
13 on a day of clouds and darkness. ●I will
bring them out from the nations and gather
them from the countries, and I will bring
them into their own land. I will pasture them
on the mountains of Israel, in the ravines and
14 in all the settlements in the land. ●I will tend
them in a good pasture, and the mountain
heights of Israel will be their grazing land.
There they will lie down in good grazing
land, and there they will feed in a rich pas-
15 ture on the mountains of Israel. ●I myself
will tend my sheep and have them lie down,
16 declares the Sovereign LORD. ●I will search for
the lost and bring back the strays. I will bind
up the injured and strengthen the weak, but
the sleek and the strong I will destroy. I will
shepherd the flock with justice.
17 ●" 'As for you, my flock, this is what the
Sovereign LORD says: I will judge between one
sheep and another, and between rams and
18 goats. ●Is it not enough for you to feed on the
good pasture? Must you also trample the
rest of your pasture with your feet? Is it not
enough for you to drink clear water? Must
you also muddy the rest with your feet?
19 ●Must my flock feed on what you have
trampled and drink what you have muddied
with your feet?
20 ●" 'Therefore this is what the Sovereign
LORD says to them: See, I myself will judge
between the fat sheep and the lean sheep.
21 ●Because you shove with flank and shoul-
der, butting all the weak sheep with your
22 horns until you have driven them away, ●I
will save my flock, and they will no longer be
plundered. I will judge between one sheep
23 and another. ●I will place over them one
shepherd, my servant David, and he will
tend them; he will tend them and be their
24 shepherd. ●I the LORD will be their God, and
my servant David will be prince among
them. I the LORD have spoken.
25 ●" 'I will make a covenant of peace with
them and rid the land of savage beasts so that
they may live in the wilderness and sleep in
26 the forests in safety. ●I will make them and
the places surrounding my hill a blessing.[a] I
will send down showers in season; there will

[a]26 Or *I will cause them and the places surrounding my hill to be named in blessings* (see Gen. 48:20); or *I will cause them and the places surrounding my hill to be seen as blessed*

butt [bʌt] *vt.* 머리(뿔)로 받다
covenant [kʌ́vənənt] *n.* 언약
flank [flæŋk] *n.* 옆구리
graze [greiz] *vi.* 풀을 뜯다
justice [dʒʌ́stis] *n.* 공의
lean [li:n] *a.* 야윈
muddy [mʌ́di] *vt.* 더럽히다
pasture [pǽstʃər] *n.* 목초지
ravine [rəví:n] *n.* 산골짜기
savage [sǽvidʒ] *a.* 사나운
settlement [sétlmənt] *n.* 정착지
shove [ʃʌv] *vt.* 밀다
sleek [sli:k] *a.* 윤이 나는, 영양이 좋은
tend [tend] *vt.* 돌보다
trample [trǽmpl] *vt.* 내리밟다

34:13 bring A out from B: A를 B로부터 끌고 나오다
34:16 bind up: 붕대로 싸매다
34:18 feed on...: …을 먹고 살다
34:21 drive away: 몰아내다
34:25 rid A of B: A에서 B를 제거하다

소낙비를 내리리라 사 56:7
27 그리한즉 밭에 나무가 열매를 맺으며 땅이 그 소
산을 내리니 그들이 그 땅에서 평안할지라 내가
그들의 멍에의 나무를 꺾고 그들을 종으로 삼은
자의 손에서 그들을 건져낸 후에 내가 여호와인
줄을 그들이 알겠고
28 그들이 다시는 이방의 노략거리가 되지 아니하
며 땅의 짐승들에게 잡아먹히지도 아니하고 평
안히 거주하리니 놀랠 사람이 없으리라
29 내가 그들을 위하여 파종할 좋은 땅을 일으키리
니 그들이 다시는 그 땅에서 기근으로 멸망하지
아니할지며 다시는 여러 나라의 수치를 받지 아
니할지라
30 그들이 내가 여호와 그들의 하나님이며 그들과
함께 있는 줄을 알고 그들 곧 이스라엘 족속이
내 백성인 줄 알리라 주 여호와의 말씀이라
31 내 양 곧 내 초장의 양 너희는 사람이요 나는 너
희 하나님이라 주 여호와의 말씀이니라

세일 산과 에돔이 황무하리라 — B.C. 586년경

35 또 여호와의 말씀이 내게 임하여 이르시되
2 인자야 네 얼굴을 세일 산으로 향하고 그
에게 예언하여
3 이르기를 주 여호와께서 이같이 말씀하시되 세
일 산아 내가 너를 대적하여 내 손을 네 위에 펴
서 네가 황무지와 공포의 대상이 되게 할지라
4 내가 네 성읍들을 무너뜨리며 네가 황폐하게 되
리니 네가 나를 여호와인 줄을 알리라 말 1:3
5 네가 옛날부터 한을 품고 이스라엘 족속의 환
난 때 곧 죄악의 마지막 때에 칼의 위력에 그들
을 넘겼도다 옵 1:10
6 그러므로 주 여호와의 말씀이니라 내가 나의 삶
을 두고 맹세하노니 내가 너에게 피를 만나게 한
즉 피가 너를 따르리라 네가 피를 미워하지 아니
하였은즉 피가 너를 따르리라 16:38
7 내가 세일 산이 황무지와 폐허가 되게 하여 그
위에 왕래하는 자를 다 끊을지라
8 내가 그 죽임 당한 자를 그 여러 산에 채우되 칼
에 죽임 당한 자를 네 여러 멧부리와, 골짜기와,
모든 시내에 엎드러지게 하고
9 너를 영원히 황폐하게 하여 네 성읍들에 다시는
거주하는 자가 없게 하리니 내가 여호와인 줄을
너희가 알리라
10 ●네가 말하기를 이 두 민족과 두 땅은 다 내 것
이며 내 기업이 되리라 하였도다 그러나 여호와
께서 거기에 계셨느니라
11 그러므로 주 여호와의 말씀이니라 내가 나의 삶

27 be showers of blessing. •The trees will
yield their fruit and the ground will yield
its crops; the people will be secure in their
land. They will know that I am the LORD,
when I break the bars of their yoke and
rescue them from the hands of those who
28 enslaved them. •They will no longer be
plundered by the nations, nor will wild
animals devour them. They will live in
safety, and no one will make them afraid.
29 •I will provide for them a land renowned
for its crops, and they will no longer be
victims of famine in the land or bear the
30 scorn of the nations. •Then they will
know that I, the LORD their God, am with
them and that they, the Israelites, are my
31 people, declares the Sovereign LORD. •You
are my sheep, the sheep of my pasture,
and I am your God, declares the Sovereign
LORD.' "

A Prophecy Against Edom

35 The word of the LORD came to
2 me: •"Son of man, set your face
against Mount Seir; prophesy against it
3 •and say: 'This is what the Sovereign
LORD says: I am against you, Mount Seir,
and I will stretch out my hand against
4 you and make you a desolate waste. •I
will turn your towns into ruins and you
will be desolate. Then you will know that
I am the LORD.
5 •" 'Because you harbored an ancient
hostility and delivered the Israelites over
to the sword at the time of their calamity,
the time their punishment reached its cli-
6 max, •therefore as surely as I live, declares
the Sovereign LORD, I will give you over to
bloodshed and it will pursue you. Since
you did not hate bloodshed, bloodshed
7 will pursue you. •I will make Mount Seir
a desolate waste and cut off from it all
8 who come and go. •I will fill your moun-
tains with the slain; those killed by the
sword will fall on your hills and in your
9 valleys and in all your ravines. •I will
make you desolate forever; your towns
will not be inhabited. Then you will
know that I am the LORD.
10 •" 'Because you have said, "These two
nations and countries will be ours and
we will take possession of them," even
11 though I the LORD was there, •therefore as

bloodshed [blʌ́dʃèd] *n.* 유혈
calamity [kəlǽməti] *n.* 재난
climax [kláimæks] *n.* 절정
crop [krap] *n.* 작물
desolate [désələt] *a.* 황폐한
enslave [insléiv] *vt.* 노예로 만들다
famine [fǽmin] *n.* 기근
harbor [hɑ́ːrbər] *vt.* 품다
hostility [hastíləti] *n.* 적대감
inhabit [inhǽbit] *vt.* 거주하다
prophecy [prɑ́fəsi] *n.* 예언
pursue [pərsúː] *vt.* 추적하다
scorn [skɔːrn] *n.* 경멸
victim [víktim] *n.* 희생물
yield [jiːld] *vt.* 산출하다

34:29 provide A for B: B에게 A를 공급하다
34:29 renowned for...: …로 유명한
35:3 stretch out: 내뻗치다, 쭉 펴다
35:6 as surely as...: …와 마찬가지로
35:10 take possession of...: …을 소유하다
35:10 even though...: 비록…일지라도

을 두고 맹세하노니 네가 그들을 미워하여
노하며 질투한 대로 내가 네게 행하여 너를
심판할 때에 그들이 나를 알게 하리라
12 네가 이스라엘 산들을 가리켜 말하기를 저
산들이 황폐하였으므로 우리에게 넘겨 주어
서 삼키게 되었다 하여 욕하는 모든 말을 나
여호와가 들은 줄을 네가 알리로다
13 너희가 나를 대적하여 입으로 자랑하며 나를
대적하여 여러 가지로 말한 것을 내가 들었
노라
14 주 여호와께서 이같이 말씀하셨느니라 온 땅
이 즐거워할 때에 내가 너를 황폐하게 하되
15 이스라엘 족속의 기업이 황폐하므로 네가 즐
거워한 것같이 내가 너를 황폐하게 하리라 세
일 산아 너와 에돔 온 땅이 황폐하리니 내가
여호와인 줄을 무리가 알리라 하셨다 하라

이스라엘이 받을 복 (♪151장) — B.C. 586년경

36 인자야 너는 이스라엘 산들에게 예언
하여 이르기를 이스라엘 산들아 여호
와의 말씀을 들으라
2 주 여호와께서 이같이 말씀하시기를 원수들
이 네게 대하여 말하기를 아하 옛적 높은 곳
이 우리의 기업이 되었도다 하였느니라
3 그러므로 너는 예언하여 이르기를 주 여호와
께서 이같이 말씀하시기를 그들이 너희를 황
폐하게 하고 너희 사방을 삼켜 너희가 남은
이방인의 기업이 되게 하여 사람의 말거리와
백성의 비방거리가 되게 하였도다
4 그러므로 이스라엘 산들아 주 여호와의 말씀
을 들을지어다 산들과 멧부리들과 시내들과
골짜기들과 황폐한 사막들과 사방에 남아 있
는 이방인의 노략거리와 조롱거리가 된 버린
성읍들에게 주 여호와께서 이같이 말씀하셨
느니라
5 주 여호와께서 이같이 말씀하시기를 내가 진
실로 내 맹렬한 질투로 남아 있는 이방인과
에돔 온 땅을 쳐서 말하였노니 이는 그들이
심히 즐거워하는 마음과 멸시하는 심령으로
내 땅을 빼앗아 노략하여 자기 소유를 삼았
음이라
6 그러므로 너는 이스라엘 땅에 대하여 예언하
되 그 산들과 멧부리들과 시내들과 골짜기들
에 관하여 이르기를 주 여호와께서 이같이
말씀하시기를 내가 내 질투와 내 분노로 말
하였나니 이는 너희가 이방의 수치를 당하였
음이라
7 그러므로 주 여호와께서 이같이 말씀하시기

surely as I live, declares the Sovereign LORD, I
will treat you in accordance with the anger
and jealousy you showed in your hatred of
them and I will make myself known among
12 them when I judge you. • Then you will
know that I the LORD have heard all the con-
temptible things you have said against the
mountains of Israel. You said, "They have
been laid waste and have been given over to
13 us to devour." • You boasted against me and
spoke against me without restraint, and I
14 heard it. • This is what the Sovereign LORD
says: While the whole earth rejoices, I will
15 make you desolate. • Because you rejoiced
when the inheritance of Israel became deso-
late, that is how I will treat you. You will be
desolate, Mount Seir, you and all of Edom.
Then they will know that I am the LORD.' "

Hope for the Mountains of Israel

36 "Son of man, prophesy to the moun-
tains of Israel and say, 'Mountains of
2 Israel, hear the word of the LORD. • This is
what the Sovereign LORD says: The enemy
said of you, "Aha! The ancient heights have
3 become our possession." ' • Therefore proph-
esy and say, 'This is what the Sovereign LORD
says: Because they ravaged and crushed you
from every side so that you became the pos-
session of the rest of the nations and the
object of people's malicious talk and slander,
4 • therefore, mountains of Israel, hear the
word of the Sovereign LORD: This is what the
Sovereign LORD says to the mountains and
hills, to the ravines and valleys, to the deso-
late ruins and the deserted towns that have
been plundered and ridiculed by the rest of
5 the nations around you— • this is what the
Sovereign LORD says: In my burning zeal I
have spoken against the rest of the nations,
and against all Edom, for with glee and with
malice in their hearts they made my land
their own possession so that they might
6 plunder its pastureland.' • Therefore proph-
esy concerning the land of Israel and say to
the mountains and hills, to the ravines and
valleys: 'This is what the Sovereign LORD says:
I speak in my jealous wrath because you have
7 suffered the scorn of the nations. • Therefore
this is what the Sovereign LORD says: I swear
with uplifted hand that the nations around
you will also suffer scorn.

boast [boust] *vt.* 자랑하다
contemptible [kəntémptəbl] *a.* 비열한
glee [gli:] *n.* 기쁨, 환희
hatred [héitrid] *n.* 증오
inheritance [inhérətəns] *n.* 상속 (재산)
jealousy [dʒéləsi] *n.* 질투
malicious [məlíʃəs] *a.* 적의가 있는
pastureland [pǽstʃərlæ̀nd] *n.* 목초지
plunder [plʌ́ndər] *vt.* 약탈하다
ravage [rǽvidʒ] *vt.* 황폐케 하다
restraint [ristréint] *n.* 억제
ridicule [rídikjù:l] *vt.* 비웃다, 조롱하다
slander [slǽndər] *n.* 비방
treat [tri:t] *vt.* 대하다
zeal [zi:l] *n.* 열의, 열심

35:11 in accordance with...: …에 따라서
35:12 lay waste: 황폐화시키다
36:3 from every side: 사방에서
36:3 ...so that~: ~하도록 …하다
36:5 speak against...: …에 반대하여 말하다

를 내가 맹세하였은즉 너희 사방에 있는 이방인
이 자신들의 수치를 반드시 당하리라
8 그러나 너희 이스라엘 산들아 너희는 가지를 내
고 내 백성 이스라엘을 위하여 열매를 맺으리니
그들이 올 때가 가까이 이르렀음이라
9 내가 돌이켜 너희와 함께 하리니 사람이 너희를
갈고 심을 것이며
10 내가 또 사람을 너희 위에 많게 하리니 이들은
이스라엘 온 족속이라 그들을 성읍들에 거주하
게 하며 빈 땅에 건축하게 하리라
11 내가 너희 위에 사람과 짐승을 많게 하되 그들
의 수가 많고 번성하게 할 것이라 너희 전 지위
대로 사람이 거주하게 하여 너희를 처음보다 낫
게 대우하리니 내가 여호와인 줄을 너희가 알리
라
12 내가 사람을 너희 위에 다니게 하리니 그들은 내
백성 이스라엘이라 그들은 너를 얻고 너는 그 기
업이 되어 다시는 그들이 자식들을 잃어버리지
않게 하리라
13 주 여호와께서 이같이 말씀하셨느니라 그들이
너희에게 이르기를 너는 사람을 삼키는 자요 네
나라 백성을 제거한 자라 하거니와
14 네가 다시는 사람을 삼키지 아니하며 다시는 네
나라 백성을 제거하지 아니하리라 주 여호와의
말씀이니라
15 내가 또 너를 여러 나라의 수치를 듣지 아니하
게 하며 만민의 비방을 다시 받지 아니하게 하
며 네 나라 백성을 다시 넘어뜨리지 아니하게
하리라 주 여호와의 말씀이니라 하셨다 하라

이스라엘을 정결하게 하시다

16 ●여호와의 말씀이 또 내게 임하여 이르시되
17 인자야 이스라엘 족속이 그들의 고국 땅에 거주
할 때에 그들의 행위로 그 땅을 더럽혔나니 나
보기에 그 행위가 월경 중에 있는 여인의 부정
함과 같았느니라 렘 2:7
18 그들이 땅 위에 피를 쏟았으며 그 우상들로 말미
암아 자신들을 더럽혔으므로 내가 분노를 그들
위에 쏟아
19 그들을 그 행위대로 심판하여 각국에 흩으며 여
러 나라에 헤쳤더니
20 그들이 이른바 그 여러 나라에서 내 거룩한 이
름이 그들로 말미암아 더러워졌나니 곧 사람들
이 그들을 가리켜 이르기를 이들은 여호와의 백
성이라도 여호와의 땅에서 떠난 자라 하였음이
라
21 그러나 이스라엘 족속이 들어간 그 여러 나라에
서 더럽힌 내 거룩한 이름을 내가 아꼈노라

8 ●" 'But you, mountains of Israel, will
produce branches and fruit for my peo-
ple Israel, for they will soon come home.
9 ●I am concerned for you and will look
on you with favor; you will be plowed
10 and sown, ●and I will cause many peo-
ple to live on you — yes, all of Israel. The
towns will be inhabited and the ruins
11 rebuilt. ●I will increase the number of
people and animals living on you, and
they will be fruitful and become numer-
ous. I will settle people on you as in the
past and will make you prosper more
than before. Then you will know that I
12 am the LORD. ●I will cause people, my
people Israel, to live on you. They will
possess you, and you will be their inheri-
tance; you will never again deprive them
of their children.
13 ●" 'This is what the Sovereign LORD
says: Because some say to you, "You de-
vour people and deprive your nation of
14 its children," ●therefore you will no
longer devour people or make your na-
tion childless, declares the Sovereign LORD.
15 ●No longer will I make you hear the
taunts of the nations, and no longer will
you suffer the scorn of the peoples or
cause your nation to fall, declares the Sov-
ereign LORD.' "

Israel's Restoration Assured

16 ●Again the word of the LORD came to
17 me: ●"Son of man, when the people of
Israel were living in their own land, they
defiled it by their conduct and their
actions. Their conduct was like a woman's
18 monthly uncleanness in my sight. ●So I
poured out my wrath on them because
they had shed blood in the land and be-
cause they had defiled it with their idols.
19 ●I dispersed them among the nations,
and they were scattered through the coun-
tries; I judged them according to their con-
20 duct and their actions. ●And wherever
they went among the nations they pro-
faned my holy name, for it was said of
them, 'These are the LORD's people, and
21 yet they had to leave his land.' ●I had con-
cern for my holy name, which the people
of Israel profaned among the nations
where they had gone.

conduct [kándʌkt] *n.* 행실
declare [diklέər] *vt.* 선포하다
defile [difáil] *vt.* 더럽히다
devour [diváuər] *vt.* 삼켜버리다
disperse [dispə́ːrs] *vt.* 흩뜨리다
increase [inkríːs] *vi.* 번성하다
plow [plau] *vt.* 갈다
profane [prəféin] *vt.* 신성을 더럽히다
prosper [prɑ́spər] *vi.* 번영하다
ruin [rúːin] *n.* 황폐
scatter [skǽtər] *vt.* 흩어지게 하다
scorn [skɔːrn] *n.* 경멸
sow [sou] *vt.* 씨를 뿌리다
taunt [tɔːnt] *n.* 비웃음
wrath [ræθ] *n.* 분노

36:9 be concerned for...: …에 관심을 갖다
36:9 look on... with favor: …을 호의를 갖고 보다
36:12 deprive A of B: A에게서 B를 빼앗다
36:15 cause... to~: …로 ~하게 하다

22 ●그러므로 너는 이스라엘 족속에게 이르기
를 주 여호와께서 이같이 말씀하시기를 이스
라엘 족속아 내가 이렇게 행함은 너희를 위
함이 아니요 너희가 들어간 그 여러 나라에
서 더럽힌 나의 거룩한 이름을 위함이라
23 여러 나라 가운데에서 더럽혀진 이름 곧 너
희가 그들 가운데에서 더럽힌 나의 큰 이름
을 내가 거룩하게 할지라 내가 그들의 눈 앞
에서 너희로 말미암아 나의 거룩함을 나타내
리니 내가 여호와인 줄을 여러 나라 사람이
알리라 주 여호와의 말씀이니라
24 내가 너희를 여러 나라 가운데에서 인도하여
내고 여러 민족 가운데에서 모아 데리고 고
국 땅에 들어가서 34:13
25 맑은 물을 너희에게 뿌려서 너희로 정결하게
하되 곧 너희 모든 더러운 것에서와 모든 우
상 숭배에서 너희를 정결하게 할 것이며
26 또 새 영을 너희 속에 두고 새 마음을 너희에
게 주되 너희 육신에서 [1]굳은 마음을 제거하
고 [2]부드러운 마음을 줄 것이며
27 또 내 영을 너희 속에 두어 너희로 내 율례를
행하게 하리니 너희가 내 규례를 지켜 행할
지라
28 내가 너희 조상들에게 준 땅에서 너희가 거
주하면서 내 백성이 되고 나는 너희 하나님
이 되리라
29 내가 너희를 모든 더러운 데에서 구원하고
곡식이 풍성하게 하여 기근이 너희에게 닥치
지 아니하게 할 것이며
30 또 나무의 열매와 밭의 소산을 풍성하게 하
여 너희가 다시는 기근의 욕을 여러 나라에
게 당하지 아니하게 하리니
31 그때에 너희가 너희 악한 길과 너희 좋지 못
한 행위를 기억하고 너희 모든 죄악과 가증
한 일로 말미암아 스스로 밉게 보리라
32 ●주 여호와의 말씀이니라 내가 이렇게 행함
은 너희를 위함이 아닌 줄을 너희가 알리라
이스라엘 족속아 너희 행위로 말미암아 부끄
러워하고 한탄할지어다
33 주 여호와께서 이같이 말씀하셨느니라 내가
너희를 모든 죄악에서 정결하게 하는 날에
성읍들에 사람이 거주하게 하며 황폐한 것이
건축되게 할 것인즉
34 전에는 지나가는 자의 눈에 황폐하게 보이던
그 황폐한 땅이 장차 경작이 될지라 36:9
35 사람이 이르기를 이 땅이 황폐하더니 이제는
에덴 동산같이 되었고 황량하고 적막하고 무

22 ●"Therefore say to the Israelites, 'This is
what the Sovereign LORD says: It is not for
your sake, people of Israel, that I am going to
do these things, but for the sake of my holy
name, which you have profaned among the
23 nations where you have gone. ●I will show
the holiness of my great name, which has
been profaned among the nations, the name
you have profaned among them. Then the
nations will know that I am the LORD,
declares the Sovereign LORD, when I am
proved holy through you before their eyes.
24 ●" 'For I will take you out of the nations; I
will gather you from all the countries and
25 bring you back into your own land. ●I will
sprinkle clean water on you, and you will be
clean; I will cleanse you from all your impu-
26 rities and from all your idols. ●I will give you
a new heart and put a new spirit in you; I will
remove from you your heart of stone and
27 give you a heart of flesh. ●And I will put my
Spirit in you and move you to follow my
decrees and be careful to keep my laws.
28 ●Then you will live in the land I gave your
ancestors; you will be my people, and I will
29 be your God. ●I will save you from all your
uncleanness. I will call for the grain and
make it plentiful and will not bring famine
30 upon you. ●I will increase the fruit of the
trees and the crops of the field, so that you
will no longer suffer disgrace among the
31 nations because of famine. ●Then you will
remember your evil ways and wicked deeds,
and you will loathe yourselves for your sins
32 and detestable practices. ●I want you to
know that I am not doing this for your sake,
declares the Sovereign LORD. Be ashamed and
disgraced for your conduct, people of Israel!
33 ●" 'This is what the Sovereign LORD says:
On the day I cleanse you from all your sins, I
will resettle your towns, and the ruins will be
34 rebuilt. ●The desolate land will be cultivated
instead of lying desolate in the sight of all
35 who pass through it. ●They will say, "This
land that was laid waste has become like the
garden of Eden; the cities that were lying in
ruins, desolate and destroyed, are now for-
36 tified and inhabited." ●Then the nations
around you that remain will know that I the
LORD have rebuilt what was destroyed and
have replanted what was desolate. I the LORD

1) 돌 2) 고기

ashamed [əʃéimd] *a.* 부끄러워하여
cleanse [klenz] *vt.* 깨끗이 하다
cultivate [kʌ́ltəvèit] *vt.* 경작하다
decree [dikríː] *n.* 법령
desolate [désələt] *a.* 황량한
detestable [ditéstəbl] *a.* 혐오스러운
famine [fǽmin] *n.* 기근
fortify [fɔ́ːrtəfài] *vt.* 요새화하다
holiness [hóulinis] *n.* 거룩함, 신성
impurity [impjúərəti] *n.* 불순
loathe [louð] *vt.* 몹시 싫어하다
plentiful [pléntifəl] *a.* 풍부한
replant [rìplǽnt] *vt.* 다시 심다
resettle [riːsétl] *vt.* 다시 자리잡다
sprinkle [spríŋkl] *vt.* 뿌리다

36:22 for the sake of...: …을 위하여
36:30 so that: (결과) 그래서
36:30 no longer...: 더 이상 …하지 않는
36:34 instead of... : …를 대신하여
36:34 in the sight of...: …가 보기에는
36:35 lay waste: 황폐화시키다

너진 성읍들에 성벽과 주민이 있다 하리니
36 너희 사방에 남은 이방 사람이 나 여호와가 무
너진 곳을 건축하며 황폐한 자리에 심은 줄을
알리라 나 여호와가 말하였으니 이루리라
37 ●주 여호와께서 이같이 말씀하셨느니라 그래
도 이스라엘 족속이 이같이 자기들에게 이루어
주기를 내게 구하여야 할지라 내가 그들의 수
효를 양 떼같이 많아지게 하되
38 제사 드릴 양 떼 곧 예루살렘이 정한 절기의 양
무리같이 황폐한 성읍을 사람의 떼로 채우리라
그리한즉 그들이 나를 여호와인 줄 알리라 하
셨느니라

마른 뼈들이 살아나다 — B.C. 586년경

37 여호와께서 권능으로 내게 임재하시고 그
의 영으로 나를 데리고 가서 골짜기 가운
데 두셨는데 거기 뼈가 가득하더라
2 나를 그 뼈 사방으로 지나가게 하시기로 본즉 그
골짜기 지면에 뼈가 심히 많고 아주 말랐더라
3 그가 내게 이르시되 인자야 이 뼈들이 능히 살
수 있겠느냐 하시기로 내가 대답하되 주 여호
와여 주께서 아시나이다
4 또 내게 이르시되 너는 이 모든 뼈에게 대언하
여 이르기를 너희 마른 뼈들아 여호와의 말씀
을 들을지어다
5 주 여호와께서 이 뼈들에게 이같이 말씀하시기
를 내가 생기를 너희에게 들어가게 하리니 너
희가 살아나리라
6 너희 위에 힘줄을 두고 살을 입히고 가죽으로
덮고 너희 속에 생기를 넣으리니 너희가 살아
나리라 또 내가 여호와인 줄 너희가 알리라 하
셨다 하라
7 ●이에 내가 명령을 따라 대언하니 대언할 때
에 소리가 나고 움직이며 이 뼈, 저 뼈가 들어
맞아 뼈들이 서로 연결되더라
8 내가 또 보니 그 뼈에 힘줄이 생기고 살이 오르며
그 위에 가죽이 덮이나 그 속에 생기는 없더라
9 또 내게 이르시되 인자야 너는 생기를 향하여
대언하라 생기에게 대언하여 이르기를 주 여호
와께서 이같이 말씀하시기를 생기야 사방에서
부터 와서 이 죽음을 당한 자에게 불어서 살아
나게 하라 하셨다 하라
10 이에 내가 그 명령대로 대언하였더니 생기가
그들에게 들어가매 그들이 곧 살아나서 일어나
서는데 극히 큰 군대더라
11 ●또 내게 이르시되 인자야 이 뼈들은 이스라
엘 온 족속이라 그들이 이르기를 우리의 뼈들
이 말랐고 우리의 소망이 없어졌으니 우리는

have spoken, and I will do it.'
37 ●"This is what the Sovereign LORD says:
Once again I will yield to Israel's plea and
do this for them: I will make their people
38 as numerous as sheep, ●as numerous as
the flocks for offerings at Jerusalem during
her appointed festivals. So will the ruined
cities be filled with flocks of people. Then
they will know that I am the LORD."

The Valley of Dry Bones

37 The hand of the LORD was on me,
and he brought me out by the
Spirit of the LORD and set me in the mid-
2 dle of a valley; it was full of bones. ●He
led me back and forth among them, and
I saw a great many bones on the floor of
3 the valley, bones that were very dry. ●He
asked me, "Son of man, can these bones
live?"
I said, "Sovereign LORD, you alone know."
4 ●Then he said to me, "Prophesy to these
bones and say to them, 'Dry bones, hear
5 the word of the LORD! ●This is what the
Sovereign LORD says to these bones: I will
make breath[a] enter you, and you will
6 come to life. ●I will attach tendons to you
and make flesh come upon you and cover
you with skin; I will put breath in you, and
you will come to life. Then you will know
that I am the LORD.'"
7 ●So I prophesied as I was commanded.
And as I was prophesying, there was a
noise, a rattling sound, and the bones
8 came together, bone to bone. ●I looked,
and tendons and flesh appeared on them
and skin covered them, but there was no
breath in them.
9 ●Then he said to me, "Prophesy to the
breath; prophesy, son of man, and say to it,
'This is what the Sovereign LORD says:
Come, breath, from the four winds and
breathe into these slain, that they may
10 live.'" ●So I prophesied as he commanded
me, and breath entered them; they came
to life and stood up on their feet — a vast
army.
11 ●Then he said to me: "Son of man, these
bones are the people of Israel. They say,
'Our bones are dried up and our hope is

[a]5 The Hebrew for this word can also mean *wind* or *spirit* (see verses 6-14).

appear [əpíər] *vi.* 나타나다
appointed [əpɔ́intid] *a.* 정해진
breath [breθ] *n.* 숨
command [kəmǽnd] *vt.* 명령하다
flesh [fleʃ] *n.* 살
flock [flak] *n.* 떼
offering [ɔ́:fəriŋ] *n.* 제물
plea [pli:] *n.* 탄원
prophesy [práfəsài] *vi.* 예언하다
rattling [rǽtliŋ] *a.* 덜거덕거리는
ruin [rú:in] *n.* 폐허
slay [slei] *vt.* 살해하다
sovereign [sávərin] *a.* 주권을 가진
tendon [téndən] *n.* 힘줄
vast [væst] *a.* 광대한

36:38 be filled with...: …로 가득차다
37:1 bring out: 데리고 가다
37:2 back and forth: 앞뒤로, 왔다갔다
37:5 come to life: 활기를 띠다
37:6 attach A to B: A를 B에 부착하다
37:9 breathe into...: …에 불어넣다

다 멸절되었다 하느니라
12 그러므로 너는 대언하여 그들에게 이르기를
주 여호와께서 이같이 말씀하시기를 내 백성
들아 내가 너희 무덤을 열고 너희로 거기에
서 나오게 하고 이스라엘 땅으로 들어가게
하리라
13 내 백성들아 내가 너희 무덤을 열고 너희로
거기에서 나오게 한즉 너희는 내가 여호와인
줄을 알리라
14 내가 또 내 영을 너희 속에 두어 너희가 살아
나게 하고 내가 또 너희를 너희 고국 땅에 두
리니 나 여호와가 이 일을 말하고 이룬 줄을
너희가 알리라 여호와의 말씀이니라

유다와 이스라엘의 통일

15 ●여호와의 말씀이 또 내게 임하여 이르시되
16 인자야 너는 막대기 하나를 가져다가 그 위
에 유다와 그 짝 이스라엘 자손이라 쓰고 또
다른 막대기 하나를 가지고 그 위에 에브라
임의 막대기 곧 요셉과 그 짝 이스라엘 온 족
속이라 쓰고
17 그 막대기들을 서로 합하여 하나가 되게 하
라 네 손에서 둘이 하나가 되리라
18 네 민족이 네게 말하여 이르기를 이것이 무
슨 뜻인지 우리에게 말하지 아니하겠느냐 하
거든
19 너는 곧 이르기를 주 여호와께서 이같이 말씀
하시기를 내가 에브라임의 손에 있는 바 요셉
과 그 짝 이스라엘 지파들의 막대기를 가져다
가 유다의 막대기에 붙여서 한 막대기가 되게
한즉 내 손에서 하나가 되리라 하셨다 하고
20 너는 그 글 쓴 막대기들을 무리의 눈 앞에서
손에 잡고
21 그들에게 이르기를 주 여호와께서 이같이 말
씀하시기를 내가 이스라엘 자손을 잡혀 간
여러 나라에서 인도하며 그 사방에서 모아서
그 고국 땅으로 돌아가게 하고
22 그 땅 이스라엘 모든 산에서 그들이 한 나라
를 이루어서 한 임금이 모두 다스리게 하리
니 그들이 다시는 두 민족이 되지 아니하며
두 나라로 나누이지 아니할지라
23 그들이 그 우상들과 가증한 물건과 그 모든
죄악으로 더 이상 자신들을 더럽히지 아니하
리라 내가 그들을 그 범죄한 모든 처소에서
구원하여 정결하게 한즉 그들은 내 백성이
되고 나는 그들의 하나님이 되리라 43:7
24 ●내 종 다윗이 그들의 왕이 되리니 그들 모
두에게 한 목자가 있을 것이라 그들이 내 규

12 gone; we are cut off.' •Therefore prophesy
and say to them: 'This is what the Sovereign
LORD says: My people, I am going to open
your graves and bring you up from them; I
will bring you back to the land of Israel.
13 •Then you, my people, will know that I am
the LORD, when I open your graves and bring
14 you up from them. •I will put my Spirit in
you and you will live, and I will settle you in
your own land. Then you will know that I
the LORD have spoken, and I have done it,
declares the LORD.' "

One Nation Under One King

15 •The word of the LORD came to me:
16 •"Son of man, take a stick of wood and
write on it, 'Belonging to Judah and the
Israelites associated with him.' Then take
another stick of wood, and write on it,
'Belonging to Joseph (that is, to Ephraim)
and all the Israelites associated with him.'
17 •Join them together into one stick so that
they will become one in your hand.
18 •"When your people ask you, 'Won't you
19 tell us what you mean by this?' •say to
them, 'This is what the Sovereign LORD
says: I am going to take the stick of Joseph
—which is in Ephraim's hand — and of the
Israelite tribes associated with him, and join
it to Judah's stick. I will make them into a
single stick of wood, and they will become
20 one in my hand.' •Hold before their eyes
21 the sticks you have written on •and say to
them, 'This is what the Sovereign LORD
says: I will take the Israelites out of the
nations where they have gone. I will gather
them from all around and bring them back
22 into their own land. •I will make them one
nation in the land, on the mountains of
Israel. There will be one king over all of
them and they will never again be two
nations or be divided into two kingdoms.
23 •They will no longer defile themselves with
their idols and vile images or with any of
their offenses, for I will save them from all
their sinful backsliding,[a] and I will cleanse
them. They will be my people, and I will be
their God.
24 •" 'My servant David will be king over
them, and they will all have one shepherd.
They will follow my laws and be careful to

[a]23 Many Hebrew manuscripts (see also Septuagint); most Hebrew manuscripts *all their dwelling places where they sinned*

backslide [bǽkslàid] *vi.* 타락하다
declare [dikléər] *vt.* 선언하다
defile [difáil] *vt.* 더럽히다
grave [greiv] *n.* 무덤
image [ímidʒ] *n.* 형상
offense [əféns] *n.* 범죄
servant [sə́ːrvənt] *n.* 종
settle [sétl] *vt.* 정착시키다
shepherd [ʃépərd] *n.* 양치는 사람
sinful [sínfəl] *a.* 죄 많은
sovereign [sɑ́vərin] *a.* 주권을 가진
spirit [spírit] *n.* 신(神), 영(靈)
stick [stik] *n.* 막대기
tribe [traib] *n.* 부족
vile [vail] *a.* 혐오감을 주는

37:11 **cut off**: 끊다, 베어내다
37:16 **belong to...**: …에 속하다
37:16 **be associated with...**: …와 관련되다
37:16 **that is**: 즉(말하자면)
37:22 **be divided into...**: …로 나뉘다
37:23 **no longer...**: 더이상 …않다

례를 준수하고 내 율례를 지켜 행하며
25 내가 내 종 야곱에게 준 땅 곧 그의 조상들이
거주하던 땅에 그들이 거주하되 그들과 그들
의 자자손손이 영원히 거기에 거주할 것이요
내 종 다윗이 영원히 그들의 왕이 되리라
26 내가 그들과 화평의 언약을 세워서 영원한
언약이 되게 하고 또 그들을 견고하고 번성
하게 하며 내 성소를 그 가운데에 세워서 영
원히 이르게 하리니
27 내 처소가 그들 가운데에 있을 것이며 나는
그들의 하나님이 되고 그들은 내 백성이 되
리라
28 내 성소가 영원토록 그들 가운데에 있으리니
내가 이스라엘을 거룩하게 하는 여호와인 줄
을 열국이 알리라 하셨다 하라

하나님의 도구 곡 (♪ 352, 358장) — B.C. 586년경

38 여호와의 말씀이 내게 임하여 이르시되
2 인자야 너는 마곡 땅에 있는 로스와
메섹과 두발 왕 곧 곡에게로 얼굴을 향하고
그에게 예언하여
3 이르기를 주 여호와께서 이같이 말씀하시기
를 로스와 메섹과 두발 왕 곡아 내가 너를 대
적하여
4 너를 돌이켜 갈고리로 네 아가리를 꿰고 너
와 말과 기마병 곧 네 온 군대를 끌어내되 완
전한 갑옷을 입고 큰 방패와 작은 방패를 가
지며 칼을 잡은 큰 무리와
5 그들과 함께 한 방패와 투구를 갖춘 바사와
구스와 붓과
6 고멜과 그 모든 떼와 북쪽 끝의 도갈마 족속
과 그 모든 떼 곧 많은 백성의 무리를 너와
함께 끌어내리라
7 ●너는 스스로 예비하되 너와 네게 모인 무
리들이 다 스스로 예비하고 너는 그들의 우
두머리가 될지어다
렘 46:3
8 여러 날 후 곧 말년에 네가 명령을 받고 그
땅 곧 오래 황폐하였던 이스라엘 산에 이르
리니 그 땅 백성은 칼을 벗어나서 여러 나라
에서 모여 들어오며 이방에서 나와 다 평안
히 거주하는 중이라
9 네가 올라오되 너와 네 모든 떼와 너와 함께
한 많은 백성이 광풍같이 이르고 구름같이
땅을 덮으리라
욜 2:2
10 ●주 여호와께서 이같이 말씀하셨느니라
그날에 네 마음에서 여러 가지 생각이 나서
악한 꾀를 내어
11 말하기를 내가 평원의 고을들로 올라 가리라

25 keep my decrees. •They will live in the land
I gave to my servant Jacob, the land where
your ancestors lived. They and their chil-
dren and their children's children will
live there forever, and David my servant
26 will be their prince forever. •I will make a
covenant of peace with them; it will be an
everlasting covenant. I will establish them
and increase their numbers, and I will put
27 my sanctuary among them forever. •My
dwelling place will be with them; I will be
their God, and they will be my people.
28 •Then the nations will know that I the
LORD make Israel holy, when my sanctuary
is among them forever.' "

The LORD's Great Victory Over the Nations

38 The word of the LORD came to me:
2 •"Son of man, set your face against
Gog, of the land of Magog, the chief prince
of[a] Meshek and Tubal; prophesy against him
3 •and say: 'This is what the Sovereign LORD
says: I am against you, Gog, chief prince of[b]
4 Meshek and Tubal. •I will turn you around,
put hooks in your jaws and bring you out
with your whole army — your horses, your
horsemen fully armed, and a great horde
with large and small shields, all of them
5 brandishing their swords. •Persia, Cush[c] and
Put will be with them, all with shields and
6 helmets, •also Gomer with all its troops, and
Beth Togarmah from the far north with all its
troops — the many nations with you.
7 •" 'Get ready; be prepared, you and all the
hordes gathered about you, and take com-
8 mand of them. •After many days you will be
called to arms. In future years you will invade
a land that has recovered from war, whose
people were gathered from many nations to
the mountains of Israel, which had long
been desolate. They had been brought out
from the nations, and now all of them live
9 in safety. •You and all your troops and the
many nations with you will go up, advanc-
ing like a storm; you will be like a cloud cov-
ering the land.
10 •" 'This is what the Sovereign LORD says:
On that day thoughts will come into your
mind and you will devise an evil scheme.
11 •You will say, "I will invade a land of un-
walled villages; I will attack a peaceful and

[a]2 Or *the prince of Rosh,* [b]3 Or *Gog, prince of Rosh,* [c]5 That is, the upper Nile region

advance [ædvǽns] *vi.* 나아가다
brandish [brǽndiʃ] *vt.* (칼, 창 등을) 휘두르다
covenant [kʌ́vənənt] *n.* 언약
decree [dikríː] *n.* 법령
devise [diváiz] *vt.* 고안(계획)하다
dwell [dwel] *vi.* 거주하다
establish [istǽbliʃ] *vt.* 설립하다
everlasting [èvərlǽstiŋ] *a.* 영원한
horde [hɔːrd] *n.* 큰 무리
invade [invéid] *vt.* 침입하다
jaw [dʒɔː] *n.* 턱
sanctuary [sǽŋktʃuèri] *n.* 성소
scheme [skiːm] *n.* 계획, 음모
shield [ʃiːld] *n.* 방패
troop [truːp] *n.* 군대

38:2 prophesy against...: …에게 불리한 예언을 하다, …를 대적하여 예언하다
38:4 turn around: 돌려 세우다
38:4 bring out: 데리고 나오다
38:7 gather about...: …의 주위에 모이다
38:7 take command of...: …를 지휘하다

성벽도 없고 문이나 빗장이 없어도 염려 없
이 다 평안히 거주하는 백성에게 나아가서
12 물건을 겁탈하며 노략하리라 하고 네 손을 들
어서 황폐하였다가 지금 사람이 거주하는 땅
과 여러 나라에서 모여서 짐승과 재물을 얻고
세상 중앙에 거주하는 백성을 치고자 할 때에
13 스바와 드단과 다시스의 상인과 그 1)부자들
이 네게 이르기를 네가 탈취하러 왔느냐 네
가 네 무리를 모아 노략하고자 하느냐 은과
금을 빼앗으며 짐승과 재물을 빼앗으며 물건
을 크게 약탈하여 가고자 하느냐 하리라
14 인자야 너는 또 예언하여 곡에게 이르기를
주 여호와께서 이같이 말씀하시기를 내 백성
이스라엘이 평안히 거주하는 날에 네가 어찌
그것을 알지 못하겠느냐
15 네가 네 고국 땅 북쪽 끝에서 많은 백성 곧
다 말을 탄 큰 무리와 능한 군대와 함께 오되
16 구름이 땅을 덮음같이 내 백성 이스라엘을
치러 오리라 곡아 끝 날에 내가 너를 이끌어
다가 내 땅을 치게 하리니 이는 내가 너로 말
미암아 이방 사람의 눈 앞에서 내 거룩함을
나타내어 그들이 다 나를 알게 하려 함이라

곡의 심판

17 ●주 여호와께서 이같이 말씀하셨느니라 내
가 옛적에 내 종 이스라엘 선지자들을 통하
여 말한 사람이 네가 아니냐 그들이 그때에
여러 해 동안 예언하기를 내가 너를 이끌어
다가 그들을 치게 하리라
18 그날에 곡이 이스라엘 땅을 치러 오면 내 노
여움이 내 얼굴에 나타나리라 주 여호와의
말씀이니라
19 내가 질투와 맹렬한 노여움으로 말하였거니
와 그날에 큰 지진이 이스라엘 땅에 일어나서
20 바다의 고기들과 공중의 새들과 들의 짐승들
과 땅에 기는 모든 벌레와 지면에 있는 모든
사람이 내 앞에서 떨 것이며 모든 산이 무너
지며 절벽이 떨어지며 모든 성벽이 땅에 무
너지리라
21 주 여호와의 말씀이니라 내가 내 모든 산 중
에서 그를 칠 칼을 부르리니 각 사람이 칼로
그 형제를 칠 것이며
삿 7:22
22 내가 또 전염병과 피로 그를 심판하며 쏟아
지는 폭우와 큰 우박덩이와 불과 유황으로
그와 그 모든 무리와 그와 함께 있는 많은 백
성에게 비를 내리듯 하리라
23 이같이 내가 여러 나라의 눈에 내 위대함과
내 거룩함을 나타내어 나를 알게 하리니 내

unsuspecting people—all of them living
without walls and without gates and bars.
12 •I will plunder and loot and turn my hand
against the resettled ruins and the people
gathered from the nations, rich in livestock
and goods, living at the center of the land.[a]"
13 •Sheba and Dedan and the merchants of
Tarshish and all her villages[b] will say to you,
"Have you come to plunder? Have you gath-
ered your hordes to loot, to carry off silver
and gold, to take away livestock and goods
and to seize much plunder?" '
14 •"Therefore, son of man, prophesy and say
to Gog: 'This is what the Sovereign LORD says:
In that day, when my people Israel are liv-
ing in safety, will you not take notice of it?
15 •You will come from your place in the far
north, you and many nations with you, all
of them riding on horses, a great horde, a
16 mighty army. •You will advance against my
people Israel like a cloud that covers the land.
In days to come, Gog, I will bring you against
my land, so that the nations may know me
when I am proved holy through you before
their eyes.
17 •" 'This is what the Sovereign LORD says:
You are the one I spoke of in former days by
my servants the prophets of Israel. At that
time they prophesied for years that I would
18 bring you against them. •This is what will
happen in that day: When Gog attacks the
land of Israel, my hot anger will be aroused,
19 declares the Sovereign LORD. •In my zeal and
fiery wrath I declare that at that time there
shall be a great earthquake in the land of
20 Israel. •The fish in the sea, the birds in the
sky, the beasts of the field, every creature that
moves along the ground, and all the people
on the face of the earth will tremble at my
presence. The mountains will be overturned,
the cliffs will crumble and every wall will
21 fall to the ground. •I will summon a sword
against Gog on all my mountains, declares
the Sovereign LORD. Every man's sword will
22 be against his brother. •I will execute judg-
ment on him with plague and bloodshed; I
will pour down torrents of rain, hailstones
and burning sulfur on him and on his troops
23 and on the many nations with him. •And so
I will show my greatness and my holiness,
and I will make myself known in the sight of

[a]12 The Hebrew for this phrase means *the navel of the earth.* [b]13 Or *her strong lions* 1) 히, 젊은 사자

bloodshed [blʌ́dʃèd] *n.* 피흘림
crumble [krʌ́mbl] *vi.* 무너지다
execute [éksikjùːt] *vt.* 실행하다
horde [hɔːrd] *n.* 큰 무리
livestock [láivstɑ̀k] *n.* 가축
overturn [òuvərtə́ːrn] *vt.* 뒤집다
plague [pleig] *n.* 전염병
plunder [plʌ́ndər] *vt.* 약탈하다
resettle [riːsétl] *vt.* 다시 자리잡다
ruin [rúːin] *n.* 폐허
seize [siːz] *vt.* 잡다
sovereign [sɑ́vərin] *a.* 주권을 가진
torrent [tɔ́ːrənt] *n.* 폭우, 억수
troop [trúːp] *n.* 군대
unsuspecting [ʌ̀nsəspéktiŋ] *a.* 의심하지 않는

38:12 **rich in...**: …이 풍부한
38:12 **gather from...**: …으로부터 추측하다
38:13 **carry off**: 채가다, 빼앗다
38:13 **take away**: 가져가다
38:14 **take notice of...**: …에 주의하다
38:23 **in the sight of...**: …가 보기에는

가 여호와인 줄을 그들이 알리라

침략자 곡의 멸망 — B.C. 586년경

39 그러므로 인자야 너는 곡에게 예언하여
이르기를 주 여호와께서 이같이 말씀하
시되 로스와 메섹과 두발 왕 곡아 내가 너를
대적하여
2 너를 돌이켜서 이끌고 북쪽 끝에서부터 나와
서 이스라엘 산 위에 이르러
3 네 활을 쳐서 네 왼손에서 떨어뜨리고 네 화
살을 네 오른손에서 떨어뜨리리니
4 너와 네 모든 무리와 너와 함께 있는 백성이
다 이스라엘 산 위에 엎드러지리라 내가 너
를 각종 사나운 새와 들짐승에게 넘겨 먹게
하리니
5 네가 빈 들에 엎드러지리라 이는 내가 말하
였음이니라 주 여호와의 말씀이니라
6 내가 또 불을 마곡과 및 섬에 평안히 거주하는
자에게 내리리니 내가 여호와인 줄을 그들이
알리라
7 내가 내 거룩한 이름을 내 백성 이스라엘 가
운데에 알게 하여 다시는 내 거룩한 이름을
더럽히지 아니하게 하리니 내가 여호와 곧
이스라엘의 거룩한 자인 줄을 민족들이 알리
라 하라
8 주 여호와의 말씀이니라 볼지어다 그날이 와
서 이루어지리니 내가 말한 그날이 이날이라
9 이스라엘 성읍들에 거주하는 자가 나가서 그
들의 무기를 불태워 사르되 큰 방패와 작은
방패와 활과 화살과 몽둥이와 창을 가지고
일곱 해 동안 불태우리라
10 이같이 그 무기로 불을 피울 것이므로 그들
이 들에서 나무를 주워 오지 아니하며 숲에
서 벌목하지 아니하겠고 전에 자기에게서 약
탈하던 자의 것을 약탈하며 전에 자기에게서
늑탈하던 자의 것을 늑탈하리라 주 여호와의
말씀이니라
11 그날에 내가 곡을 위하여 이스라엘 땅 곧 바
다 동쪽 사람이 통행하는 골짜기를 매장지로
주리니 통행하던 길이 막힐 것이라 사람이
거기에서 곡과 그 모든 무리를 매장하고 그
이름을 [1]하몬곡의 골짜기라 일컬으리라
12 이스라엘 족속이 일곱 달 동안에 그들을 매
장하여 그 땅을 정결하게 할 것이라
13 그 땅 모든 백성이 그들을 매장하고 그로 말
미암아 이름을 얻으리니 이는 나의 영광이
나타나는 날이니라 주 여호와의 말씀이니라
14 그들이 사람을 택하여 그 땅에 늘 순행하며

many nations. Then they will know that I
am the LORD.'

39 "Son of man, prophesy against Gog
and say: 'This is what the Sovereign
LORD says: I am against you, Gog, chief prince
2 of[a] Meshek and Tubal. •I will turn you
around and drag you along. I will bring you
from the far north and send you against the
3 mountains of Israel. •Then I will strike your
bow from your left hand and make your
4 arrows drop from your right hand. •On the
mountains of Israel you will fall, you and all
your troops and the nations with you. I will
give you as food to all kinds of carrion birds
5 and to the wild animals. •You will fall in the
open field, for I have spoken, declares the
6 Sovereign LORD. •I will send fire on Magog
and on those who live in safety in the coast-
lands, and they will know that I am the LORD.
7 •" 'I will make known my holy name
among my people Israel. I will no longer let
my holy name be profaned, and the nations
will know that I the LORD am the Holy One
8 in Israel. •It is coming! It will surely take
place, declares the Sovereign LORD. This is the
day I have spoken of.
9 •" 'Then those who live in the towns of
Israel will go out and use the weapons for
fuel and burn them up—the small and large
shields, the bows and arrows, the war clubs
and spears. For seven years they will use them
10 for fuel. •They will not need to gather wood
from the fields or cut it from the forests,
because they will use the weapons for fuel.
And they will plunder those who plundered
them and loot those who looted them,
declares the Sovereign LORD.
11 •" 'On that day I will give Gog a burial
place in Israel, in the valley of those who
travel east of the Sea. It will block the way of
travelers, because Gog and all his hordes will
be buried there. So it will be called the Valley
of Hamon Gog.[b]
12 •" 'For seven months the Israelites will be
burying them in order to cleanse the land.
13 •All the people of the land will bury them,
and the day I display my glory will be a
memorable day for them, declares the So-
14 vereign LORD. •People will be continually
employed in cleansing the land. They will
spread out across the land and, along with

[a]1 Or *Gog, prince of Rosh,* [b]11 *Hamon Gog* means *hordes of Gog.* 1) 곡의 무리라는 뜻

burial [bériəl] *n.* 매장
carrion [kǽriən] *a.* 썩은 고기를 먹는
cleanse [klenz] *vt.* 정결케 하다
coastland [kóustlæ̀nd] *n.* 연안 지대
continually [kəntínjuəli] *ad.* 계속해서
display [displéi] *vt.* 나타내다
employ [implɔ́i] *vt.* 쓰다, 사용하다
forest [fɔ́:rist] *n.* 숲
fuel [fjú:əl] *n.* 연료
horde [hɔ:rd] *n.* 큰 무리
loot [lu:t] *vt.* 훔치다
memorable [mémərəbl] *a.* 기억할 만한
profane [prəféin] *vt.* 모독하다
shield [ʃi:ld] *n.* 방패
spear [spiər] *n.* 창, 작살

39:2 drag... along: …를 끌다
39:6 send fire on...: …에 불을 보내다
39:7 make known: 알게 하다, 알리다
39:8 take place: 일어나다
39:9 burn up: 태워버리다
39:12 in order to...: …하기 위하여

매장할 사람과 더불어 지면에 남아 있는 시
체를 매장하여 그 땅을 정결하게 할 것이라
일곱 달 후에 그들이 살펴 보되
15 지나가는 사람들이 그 땅으로 지나가다가 사
람의 뼈를 보면 그 곁에 푯말을 세워 매장하
는 사람에게 가서 하몬곡 골짜기에 매장하게
할 것이요
16 성읍의 이름도 하모나라 하리라 그들이 이같
이 그 땅을 정결하게 하리라 39:12
17 ●주 여호와께서 이같이 말씀하셨느니라 너
인자야 너는 각종 새와 들의 각종 짐승에게
이르기를 너희는 모여 오라 내가 너희를 위
한 잔치 곧 이스라엘 산 위에 예비한 큰 잔치
로 너희는 사방에서 모여 살을 먹으며 피를
마실지어다
18 너희가 용사의 살을 먹으며 세상 왕들의 피
를 마시기를 바산의 살진 짐승 곧 숫양이나
어린 양이나 염소나 수송아지를 먹듯 할지라
19 내가 너희를 위하여 예비한 잔치의 기름을 너
희가 배불리 먹으며 그 피를 취하도록 마시되
20 내 상에서 말과 기병과 용사와 모든 군사를
배부르게 먹을지니라 하라 주 여호와의 말씀
이니라

이스라엘의 회복

21 ●내가 내 영광을 여러 민족 가운데에 나타
내어 모든 민족이 내가 행한 심판과 내가 그
위에 나타낸 권능을 보게 하리니
22 그날 이후에 이스라엘 족속은 내가 여호와
자기들의 하나님인 줄을 알겠고
23 여러 민족은 이스라엘 족속이 그 죄악으로 말
미암아 사로잡혀 갔던 줄을 알지라 그들이 내
게 범죄하였으므로 내 얼굴을 그들에게 가리
고 그들을 그 원수의 손에 넘겨 다 칼에 엎드
러지게 하였으되
24 내가 그들의 더러움과 그들의 범죄한 대로
행하여 그들에게 내 얼굴을 가리었었느니라
25 ●그러므로 주 여호와께서 이같이 말씀하셨
느니라 내가 이제 내 거룩한 이름을 위하여
열심을 내어 야곱의 사로잡힌 자를 돌아오게
하며 이스라엘 온 족속에게 사랑을 베풀지라
26 그들이 그 땅에 평안히 거주하고 두렵게 할
자가 없게 될 때에 부끄러움을 품고 내게 범
한 죄를 뉘우치리니 단 9:16
27 내가 그들을 만민 중에서 돌아오게 하고 적국
중에서 모아 내어 많은 민족이 보는 데에서 그
들로 말미암아 나의 거룩함을 나타낼 때라
28 전에는 내가 그들이 사로잡혀 여러 나라에 이

others, they will bury any bodies that are
lying on the ground.
"'After the seven months they will carry
15 out a more detailed search. ●As they go
through the land, anyone who sees a human
bone will leave a marker beside it until the
gravediggers bury it in the Valley of Hamon
16 Gog, ●near a town called Hamonah.[a] And so
they will cleanse the land.'
17 ●"Son of man, this is what the Sovereign
LORD says: Call out to every kind of bird and
all the wild animals: 'Assemble and come
together from all around to the sacrifice I am
preparing for you, the great sacrifice on the
mountains of Israel. There you will eat flesh
18 and drink blood. ●You will eat the flesh of
mighty men and drink the blood of the
princes of the earth as if they were rams and
lambs, goats and bulls—all of them fattened
19 animals from Bashan. ●At the sacrifice I am
preparing for you, you will eat fat till you are
glutted and drink blood till you are drunk.
20 ●At my table you will eat your fill of horses
and riders, mighty men and soldiers of every
kind,' declares the Sovereign LORD.
21 ●"I will display my glory among the
nations, and all the nations will see the pun-
ishment I inflict and the hand I lay on them.
22 ●From that day forward the people of Israel
will know that I am the LORD their God.
23 ●And the nations will know that the people
of Israel went into exile for their sin, because
they were unfaithful to me. So I hid my face
from them and handed them over to their
24 enemies, and they all fell by the sword. ●I
dealt with them according to their unclean-
ness and their offenses, and I hid my face
from them.
25 ●"Therefore this is what the Sovereign
LORD says: I will now restore the fortunes of
Jacob[b] and will have compassion on all the
people of Israel, and I will be zealous for my
26 holy name. ●They will forget their shame
and all the unfaithfulness they showed
toward me when they lived in safety in their
land with no one to make them afraid.
27 ●When I have brought them back from the
nations and have gathered them from the
countries of their enemies, I will be proved
holy through them in the sight of many
28 nations. ●Then they will know that I am the

[a]16 *Hamonah* means *horde.* [b]25 *Or now bring Jacob back from captivity*

afraid [əfréid] *a.* 두려워하는
assemble [əsémbl] *vi.* 모이다
declare [diklέər] *vt.* 선언하다
fatten [fǽtn] *vt.* 살찌우다
flesh [fleʃ] *n.* 살
gather [gǽðər] *vt.* 모으다
glut [glʌt] *vt.* 배불리 먹이다
gravedigger [gréivdìgər] *n.* 무덤 파는 사람
inflict [inflíkt] *vt.* 가하다
offense [əféns] *n.* 과실, 위반
punishment [pʌ́niʃmənt] *n.* 형벌
ram [ræm] *n.* 숫양
restore [ristɔ́ːr] *vt.* 되돌려주다
sacrifice [sǽkrəfàis] *n.* 제물
zealous [zéləs] *a.* 열심인

39:20 eat one's fill: 배불리 먹다
39:23 be unfaithful to...: …에게 불충실하다
39:23 hand over: 넘겨주다
39:24 deal with...: …를 다루다
39:25 have compassion on...: …를 불쌍히 여기다

르게 하였거니와 후에는 내가 그들을 모아
고국 땅으로 돌아오게 하고 그 한 사람도
이방에 남기지 아니하리니 그들이 내가 여
호와 자기들의 하나님인 줄을 알리라 34:30
29 내가 다시는 내 얼굴을 그들에게 가리지 아
니하리니 이는 내가 내 영을 이스라엘 족속
에게 쏟았음이라 주 여호와의 말씀이니라

이상 중에 본 성읍 — B.C. 573년경

40 우리가 사로잡힌 지 스물다섯째 해,
성이 함락된 후 열넷째 해 첫째 달
열째 날에 곧 그날에 여호와의 권능이 내
게 임하여 나를 데리고 이스라엘 땅으로
가시되
2 하나님의 이상 중에 나를 데리고 이스라엘
땅에 이르러 나를 매우 높은 산 위에 내려놓
으시는데 거기에서 남으로 향하여 성읍 형
상 같은 것이 있더라
3 나를 데리시고 거기에 이르시니 모양이 놋
같이 빛난 사람 하나가 손에 삼줄과 측량
하는 장대를 가지고 문에 서 있더니
4 그 사람이 내게 이르되 인자야 내가 네게
보이는 그것을 눈으로 보고 귀로 들으며
네 마음으로 생각할지어다 내가 이것을 네
게 보이려고 이리로 데리고 왔나니 너는
본 것을 다 이스라엘 족속에게 전할지어다
하더라

동쪽을 향한 문 (♪ 287장)

5 ●내가 본즉 집 바깥 사방으로 담이 있더
라 그 사람의 손에 측량하는 장대를 잡았
는데 그 길이가 팔꿈치에서 손가락에 이르
고 한 손바닥 너비가 더한 자로 여섯 척이
라 그 담을 측량하니 두께가 한 장대요 높
이도 한 장대며
6 그가 동쪽을 향한 문에 이르러 층계에 올
라 그 문의 통로를 측량하니 길이가 한 장
대요 그 문 안쪽 통로의 길이도 한 장대며
7 그 문간에 문지기 방들이 있는데 각기 길
이가 한 장대요 너비가 한 장대요 각방 사
이 벽이 다섯 척이며 안쪽 문 통로의 길이
가 한 장대요 그 앞에 현관이 있고 그 앞에
안 문이 있으며
8 [1]그가 또 안 문의 현관을 측량하니 한 장대
며
9 안 문의 현관을 또 측량하니 여덟 척이요
그 문 벽은 두 척이라 그 문의 현관이 안으
로 향하였으며
10 그 동문간의 문지기 방은 왼쪽에 셋이 있

LORD their God, for though I sent them into
exile among the nations, I will gather them to
29 their own land, not leaving any behind. ●I will
no longer hide my face from them, for I will
pour out my Spirit on the people of Israel, de-
clares the Sovereign LORD."

The Temple Area Restored

40 In the twenty-fifth year of our exile, at
the beginning of the year, on the tenth
of the month, in the fourteenth year after the
fall of the city — on that very day the hand of
2 the LORD was on me and he took me there. ●In
visions of God he took me to the land of Israel
and set me on a very high mountain, on whose
south side were some buildings that looked
3 like a city. ●He took me there, and I saw a man
whose appearance was like bronze; he was
standing in the gateway with a linen cord and
4 a measuring rod in his hand. ●The man said
to me, "Son of man, look carefully and listen
closely and pay attention to everything I am
going to show you, for that is why you have
been brought here. Tell the people of Israel
everything you see."

The East Gate to the Outer Court

5 ●I saw a wall completely surrounding the
temple area. The length of the measuring rod in
the man's hand was six long cubits,[a] each of
which was a cubit and a handbreadth. He mea-
sured the wall; it was one measuring rod thick
and one rod high.
6 ●Then he went to the east gate. He climbed
its steps and measured the threshold of the
7 gate; it was one rod deep. ●The alcoves for the
guards were one rod long and one rod wide,
and the projecting walls between the alcoves
were five cubits[b] thick. And the threshold of the
gate next to the portico facing the temple was
one rod deep.
8 ●Then he measured the portico of the gate-
9 way; ●it[c] was eight cubits[d] deep and its jambs
were two cubits[e] thick. The portico of the gate-
way faced the temple.
10 ●Inside the east gate were three alcoves on

[a]5 That is, about 11 feet or about 3.2 meters; also in verse 12. The long cubit of about 21 inches or about 53 centimeters is the basic unit of measurement of length throughout chapters 40-48. [b]7 That is, about 8 3/4 feet or about 2.7 meters; also in verse 48 [c]8,9 Many Hebrew manuscripts, Septuagint, Vulgate and Syriac; most Hebrew manuscripts *gateway facing the temple; it was one rod deep. [9]Then he measured the portico of the gateway; it* [d]9 That is, about 14 feet or about 4.2 meters [e]9 That is, about 3 1/2 feet or about 1 meter 1) 고대 사본에는, 8절이 없음

alcove [ǽlkouv] *n.* 골방
appearance [əpíərəns] *n.* 외양
bronze [branz] *n.* 청동
cord [kɔːrd] *n.* 끈
exile [égzail] *n.* 유배, 망명
gateway [géitwèi] *n.* 대문, 출입구
handbreadth [hǽndbrèdθ] *n.* 손바닥 넓이
linen [línən] *n.* 아마포
measure [méʒər] *vt.* 측량하다
portico [pɔ́ːrtəkòu] *n.* 낭실, 현관
projecting [pradʒéktiŋ] *a.* 돌출한
rod [rad] *n.* 막대
surrounding [səráundiŋ] *a.* 둘러싸는
thick [θik] *a.* 두꺼운
threshold [θréʃhould] *n.* 문지방

39:28 send into...: …에 보내다
39:29 no longer...: 더 이상 …하지 않는
39:29 hide my face: 얼굴을 숨기다
39:29 pour out: 쏟다
40:2 look like...: …인 것처럼 보이다
40:4 pay attention to...: …에 주의하다

고 오른쪽에 셋이 있으니 그 셋이 각각
같은 크기요 그 좌우편 벽도 다 같은 크
기며 40:7
11 또 그 문 통로를 측량하니 너비가 열 척이
요 길이가 열세 척이며
12 방 앞에 칸막이 벽이 있는데 이쪽 칸막이
벽도 한 척이요 저쪽 칸막이 벽도 한 척이
며 그 방은 이쪽도 여섯 척이요 저쪽도 여
섯 척이며
13 그가 그 문간을 측량하니 이 방 지붕 가에
서 저 방 지붕 가까지 너비가 스물다섯 척
인데 방문은 서로 반대되었으며
14 그가 [1])또 현관을 측량하니 너비가 스무 척
이요 현관 사방에 뜰이 있으며
15 바깥 문 통로에서부터 안 문 현관 앞까지
쉰 척이며
16 문지기 방에는 각각 닫힌 창이 있고 문 안
좌우편에 있는 벽 사이에도 창이 있고 그
현관도 그러하고 그 창은 안 좌우편으로
벌여 있으며 각 문 벽 위에는 종려나무를
새겼더라

바깥뜰

17 ●그가 나를 데리고 바깥뜰에 들어가니
뜰 삼면에 박석 깔린 땅이 있고 그 박석
깔린 땅 위에 여러 방이 있는데 모두 서른
이며
18 그 박석 깔린 땅의 위치는 각 문간의 좌우
편인데 그 너비가 문간 길이와 같으니 이
는 아래 박석 땅이며
19 그가 아래 문간 앞에서부터 안뜰 바깥 문
간 앞까지 측량하니 그 너비가 백 척이며
동쪽과 북쪽이 같더라

북쪽을 향한 문

20 ●그가 바깥뜰 북쪽을 향한 문간의 길이와
너비를 측량하니 40:6
21 길이는 쉰 척이요 너비는 스물다섯 척이며
문지기 방이 이쪽에도 셋이요 저쪽에도 셋
이요 그 벽과 그 현관도 먼저 측량한 문간
과 같으며
22 그 창과 현관의 길이와 너비와 종려나무가
다 동쪽을 향한 문간과 같으며 그 문간으
로 올라가는 일곱 층계가 있고 그 안에 현
관이 있으며
23 안뜰에도 북쪽 문간과 동쪽 문간과 마주
대한 문간들이 있는데 그가 이 문간에서
맞은쪽 문간까지 측량하니 백 척이더라

each side; the three had the same measure-
ments, and the faces of the projecting walls on
11 each side had the same measurements. ●Then
he measured the width of the entrance of the
gateway; it was ten cubits and its length was
12 thirteen cubits.[a] ●In front of each alcove was a
wall one cubit high, and the alcoves were six
13 cubits square. ●Then he measured the gateway
from the top of the rear wall of one alcove to the
top of the opposite one; the distance was twen-
ty-five cubits[b] from one parapet opening to the
14 opposite one. ●He measured along the faces of
the projecting walls all around the inside of the
gateway — sixty cubits.[c] The measurement was
15 up to the portico[d] facing the courtyard.[e] ●The
distance from the entrance of the gateway to the
16 far end of its portico was fifty cubits.[f] ●The
alcoves and the projecting walls inside the gate-
way were surmounted by narrow parapet open-
ings all around, as was the portico; the openings
all around faced inward. The faces of the pro-
jecting walls were decorated with palm trees.

The Outer Court

17 ●Then he brought me into the outer court.
There I saw some rooms and a pavement that
had been constructed all around the court;
there were thirty rooms along the pavement.
18 ●It abutted the sides of the gateways and was as
wide as they were long; this was the lower pave-
19 ment. ●Then he measured the distance from
the inside of the lower gateway to the outside of
the inner court; it was a hundred cubits[g] on the
east side as well as on the north.

The North Gate

20 ●Then he measured the length and width
of the north gate, leading into the outer court.
21 ●Its alcoves — three on each side — its project-
ing walls and its portico had the same measure-
ments as those of the first gateway. It was fifty
22 cubits long and twenty-five cubits wide. ●Its
openings, its portico and its palm tree decora-
tions had the same measurements as those of
the gate facing east. Seven steps led up to it,
23 with its portico opposite them. ●There was a
gate to the inner court facing the north gate,
just as there was on the east. He measured from

[a]11 That is, about 18 feet wide and 23 feet long or about 5.3 meters wide and 6.9 meters long [b]13 That is, about 44 feet or about 13 meters; also in verses 21, 25, 29, 30, 33 and 36 [c]14 That is, about 105 feet or about 32 meters [d]14 Septuagint; Hebrew *projecting wall* [e]14 The meaning of the Hebrew for this verse is uncertain. [f]15 That is, about 88 feet or about 27 meters; also in verses 21, 25, 29, 33 and 36 [g]19 That is, about 175 feet or about 53 meters; also in verses 23, 27 and 47

1) 히, 기둥들을 만들었으니 육십 암마씩이요 문 사면에 뜰이 있어 기둥까지 미쳤으며

abut [əbʌ́t] *vi.* 인접하다
alcove [ǽlkouv] *n.* 골방
court [kɔːrt] *n.* 안뜰
courtyard [kɔ́ːrtjàːrd] *n.* 안뜰
entrance [éntrəns] *n.* 입구
gateway [géitwèi] *n.* 대문
inner [ínər] *a.* 안쪽의
measure [méʒər] *vt.* 측량하다
measurement [méʒərmənt] *n.* 크기
opposite [ápəzit] *a.* 반대의
palm [paːm] *n.* 종려잎
parapet [pǽrəpit] *n.* 난간, 흉벽
pavement [péivmənt] *n.* 포장 도로
rear [riər] *n.* 뒤
surmount [sərmáunt] *vt.* …위에 놓다

40:12 in front of...: …의 앞에
40:14 all around...: …의 사방에, 둘레에
40:16 be decorated with...: …로 장식되어 있다
40:17 bring A into B: A를 B로 데려오다
40:18 as... as~: ~만큼 …한
40:19 A as well as B: B뿐 아니라 A도

남쪽을 향한 문
24 ●그가 또 나를 이끌고 남으로 간즉 남쪽을
향한 문간이 있는데 그 벽과 현관을 측량하
니 먼저 측량한 것과 같고
25 그 문간과 현관 좌우에 있는 창도 먼저 말한
창과 같더라 그 문간의 길이는 쉰 척이요 너
비는 스물다섯 척이며
26 또 그리로 올라가는 일곱 층계가 있고 그 안
에 현관이 있으며 또 이쪽 저쪽 문 벽 위에
종려나무를 새겼으며
27 안뜰에도 남쪽을 향한 문간이 있는데 그가
남쪽을 향한 그 문간에서 맞은쪽 문간까지
측량하니 백 척이더라

안뜰 남쪽 문 (♪ 235, 245장)
28 ●그가 나를 데리고 그 남문을 통하여 안뜰
에 들어가서 그 남문의 너비를 측량하니 크
기는
29 길이가 쉰 척이요 너비가 스물다섯 척이며
그 문지기 방과 벽과 현관도 먼저 측량한 것
과 같고 그 문간과 그 현관 좌우에도 창이
있으며
30 [1]그 사방 현관의 길이는 스물다섯 척이요 너
비는 다섯 척이며
31 현관이 바깥뜰로 향하였고 그 문 벽 위에도
종려나무를 새겼으며 그 문간으로 올라가
는 여덟 층계가 있더라

안뜰 동쪽 문
32 ●그가 나를 데리고 안뜰 동쪽으로 가서 그
문간을 측량하니 크기는
33 길이가 쉰 척이요 너비가 스물다섯 척이며
그 문지기 방과 벽과 현관이 먼저 측량한 것
과 같고 그 문간과 그 현관 좌우에도 창이
있으며
34 그 현관이 바깥뜰로 향하였고 그 이쪽, 저쪽
문 벽 위에도 종려나무를 새겼으며 그 문간
으로 올라가는 여덟 층계가 있더라

안뜰 북쪽 문
35 ●그가 또 나를 데리고 북문에 이르러 측량
하니 크기는
36 길이가 쉰 척이요 너비가 스물다섯 척이며
그 문지기 방과 벽과 현관이 다 그러하여 그
좌우에도 창이 있으며
37 그 [2]현관이 바깥뜰로 향하였고 그 이쪽, 저
쪽 문 벽 위에도 종려나무를 새겼으며 그 문
간으로 올라가는 여덟 층계가 있더라

안뜰 북쪽 문의 부속 건물들
38 ●그 문 벽 곁에 문이 있는 방이 있는데 그

one gate to the opposite one; it was a hun-
dred cubits.

The South Gate

24 ●Then he led me to the south side and I saw
the south gate. He measured its jambs and its
portico, and they had the same measurements
25 as the others. ●The gateway and its portico
had narrow openings all around, like the
openings of the others. It was fifty cubits long
26 and twenty-five cubits wide. ●Seven steps led
up to it, with its portico opposite them; it had
palm tree decorations on the faces of the pro-
27 jecting walls on each side. ●The inner court
also had a gate facing south, and he measured
from this gate to the outer gate on the south
side; it was a hundred cubits.

The Gates to the Inner Court

28 ●Then he brought me into the inner court
through the south gate, and he measured the
south gate; it had the same measurements as
29 the others. ●Its alcoves, its projecting walls and
its portico had the same measurements as the
others. The gateway and its portico had open-
ings all around. It was fifty cubits long and
30 twenty-five cubits wide. ●(The porticoes of the
gateways around the inner court were twenty-
31 five cubits wide and five cubits deep.) ●Its por-
tico faced the outer court; palm trees decorated
its jambs, and eight steps led up to it.
32 ●Then he brought me to the inner court on
the east side, and he measured the gateway; it
had the same measurements as the others.
33 ●Its alcoves, its projecting walls and its por-
tico had the same measurements as the oth-
ers. The gateway and its portico had openings
all around. It was fifty cubits long and twenty-
34 five cubits wide. ●Its portico faced the outer
court; palm trees decorated the jambs on
either side, and eight steps led up to it.
35 ●Then he brought me to the north gate and
measured it. It had the same measurements as
36 the others, ●as did its alcoves, its projecting
walls and its portico, and it had openings all
around. It was fifty cubits long and twenty-
37 five cubits wide. ●Its portico[a] faced the outer
court; palm trees decorated the jambs on
either side, and eight steps led up to it.

The Rooms for Preparing Sacrifices

38 ●A room with a doorway was by the porti-
co in each of the inner gateways, where the

[a]37 Septuagint (see also verses 31 and 34); Hebrew *jambs*

1) 어떤 사본에는, 30절이 없음 2) 히, 문설주

decorate [dékərèit] *vt.* 장식하다
doorway [dɔ́ːrwèi] *n.* 문간
either [íːðər] *a.* 어느쪽의
face [feis] *vt.* 마주보다, 직면하다
jamb [dʒæm] *n.* 문설주
measure [méʒər] *vt.* 측량하다
narrow [nǽrou] *a.* 폭이 좁은
opening [óupəniŋ] *n.* 창문
opposite [ápəzit] *a.* 반대편의
outer [áutər] *a.* 바깥쪽의
palm [paːm] *n.* 종려잎
portico [pɔ́ːrtəkòu] *n.* 현관
projecting [prədʒéktiŋ] *a.* 돌출한
step [step] *n.* 계단
wide [waid] *a.* 넓은

40:24 lead A to B: A를 B로 이끌다
40:26 on the faces of...: …의 표면에
40:26 on each side: 각 면에
40:28 bring into...: …로 이동시키다
40:31 lead up to...: …에 이르다
40:34 on either side: 양쪽에

것은 번제물을 씻는 방이며 42:13
39 그 문의 현관 이쪽에 상 둘이 있고 저쪽
에 상 둘이 있으니 그 위에서 번제와 속
죄제와 속건제의 희생제물을 잡게 한
것이며
40 그 북문 바깥 곧 입구로 올라가는 곳
이쪽에 상 둘이 있고 문의 현관 저쪽
에 상 둘이 있으니
41 문 곁 이쪽에 상이 넷이 있고 저쪽에 상
이 넷이 있어 상이 모두 여덟 개라 그
위에서 희생제물을 잡았더라 40:39, 40
42 또 다듬은 돌로 만들어 번제에 쓰는 상
넷이 있는데 그 길이는 한 척 반이요 너
비는 한 척 반이요 높이는 한 척이라 번
제의 희생제물을 잡을 때에 쓰는 기구
가 그 위에 놓였으며
43 현관 안에는 길이가 손바닥 넓이만한
갈고리가 사방에 박혔으며 상들에는
희생제물의 고기가 있더라
44 ● 안문 밖에 있는 안뜰에는 노래하는
자의 [1]방 둘이 있는데 북문 곁에 있는
방은 남쪽으로 향하였고[2] 남문 곁에 있
는 방은 북쪽으로 향하였더라
45 그가 내게 이르되 남쪽을 향한 이 방은
성전을 지키는 제사장들이 쓸 것이요
46 북쪽을 향한 방은 제단을 지키는 제사
장들이 쓸 것이라 이들은 레위의 후손
중 사독의 자손으로서 여호와께 가까
이 나아가 수종드는 자니라 하고 44:15
47 그가 또 그 뜰을 측량하니 길이는 백 척
이요 너비는 백 척이라 네모 반듯하며
제단은 성전 앞에 있더라 40:19, 23

성전 문 현관 (♪ 415장)

48 ● 그가 나를 데리고 성전 문 현관에 이
르러 그 문의 좌우 벽을 측량하니 너비
는 이쪽도 다섯 척이요 저쪽도 다섯 척
이며 두께는 문 이쪽도 세 척이요 문 저
쪽도 세 척이며
49 그 현관의 너비는 스무 척이요 길이는
[3]열한 척이며 문간으로 올라가는 층계
가 있고 문 벽 곁에는 기둥이 있는데 하
나는 이쪽에 있고 다른 하나는 저쪽에
있더라

성소와 지성소와 골방들 — B.C. 573년경

41 그가 나를 데리고 성전에 이르러
그 문 벽을 측량하니 이쪽 두께도

39 burnt offerings were washed. ● In the portico of the
gateway were two tables on each side, on which the
burnt offerings, sin offerings[a] and guilt offerings
40 were slaughtered. ● By the outside wall of the porti-
co of the gateway, near the steps at the entrance of
the north gateway were two tables, and on the other
41 side of the steps were two tables. ● So there were
four tables on one side of the gateway and four on
the other — eight tables in all — on which the sac-
42 rifices were slaughtered. ● There were also four
tables of dressed stone for the burnt offerings, each
a cubit and a half long, a cubit and a half wide and
a cubit high.[b] On them were placed the utensils for
slaughtering the burnt offerings and the other sac-
43 rifices. ● And double-pronged hooks, each a hand-
breadth[c] long, were attached to the wall all around.
The tables were for the flesh of the offerings.

The Rooms for the Priests

44 ● Outside the inner gate, within the inner court,
were two rooms, one[d] at the side of the north gate
and facing south, and another at the side of the
45 south[e] gate and facing north. ● He said to me, "The
room facing south is for the priests who guard the
46 temple, ● and the room facing north is for the
priests who guard the altar. These are the sons of
Zadok, who are the only Levites who may draw
near to the LORD to minister before him."
47 ● Then he measured the court: It was square —
a hundred cubits long and a hundred cubits wide.
And the altar was in front of the temple.

The New Temple

48 ● He brought me to the portico of the temple
and measured the jambs of the portico; they were
five cubits wide on either side. The width of the
entrance was fourteen cubits[f] and its projecting
49 walls were[g] three cubits[h] wide on either side. ● The
portico was twenty cubits[i] wide, and twelve[j]
cubits[k] from front to back. It was reached by a
flight of stairs,[l] and there were pillars on each
side of the jambs.

41 Then the man brought me to the main
hall and measured the jambs; the width of
2 the jambs was six cubits[m] on each side.[n] ● The

[a]39 Or *purification offerings* [b]42 That is, about 2 2/3 feet long and wide and 21 inches high or about 80 centimeters long and wide and 53 centimeters high [c]43 That is, about 3 1/2 inches or about 9 centimeters [d]44 Septuagint; Hebrew *were rooms for singers, which were* [e]44 Septuagint; Hebrew *east* [f]48 That is, about 25 feet or about 7.4 meters [g]48 Septuagint; Hebrew *entrance was* [h]48 That is, about 5 1/4 feet or about 1.6 meters [i]49 That is, about 35 feet or about 11 meters [j]49 Septuagint; Hebrew *eleven* [k]49 That is, about 21 feet or about 6.4 meters [l]49 Hebrew; Septuagint *Ten steps led up to it* [m]1 That is, about 11 feet or about 3.2 meters; also in verses 3, 5 and 8 [n]1 One Hebrew manuscript and Septuagint; most Hebrew manuscripts *side, the width of the tent*

1) 히, 방들이 있는데 2) 히, 동문 3) 칠십인역본에는, 십이 척

altar [ɔ́:ltər] *n.* 제단
burnt [bə:rnt] *a.* 불에 탄
dressed [drest] *a.* 다듬은
flight [flait] *n.* 계단
handbreadth [hǽndbrèdθ] *n.* 손의 폭
jamb [dʒæm] *n.* 문설주
measure [méʒər] *vt.* 측량하다
minister [mínəstər] *vi.* 섬기다
offering [ɔ́:fəriŋ] *n.* 제물
pillar [pílər] *n.* 기둥
portico [pɔ́:rtəkòu] *n.* 현관
sacrifice [sǽkrəfàis] *n.* 희생, 제물
slaughter [slɔ́:tər] *vt.* 죽이다
temple [témpl] *n.* 성전
utensil [ju:ténsəl] *n.* 기구

40:41 in all: 전부해서, 통틀어
40:43 be attached to...: …에 붙어 있다
40:43 all around: 도처에
40:46 draw near to...: …에 가까이 가다
40:48 on either side: 양쪽 모두에
41:1 bring A to B: A를 B로 데리고 가다

여섯 척이요 저쪽 두께도 여섯 척이라 두
께가[1] 그와 같으며
2 그 문 통로의 너비는 열 척이요 문 통로 이
쪽 벽의 너비는 다섯 척이요 저쪽 벽의 너
비는 다섯 척이며 그가 성소를 측량하니
그 길이는 마흔 척이요 그 너비는 스무 척
이며 왕상 6:2, 17
3 그가 안으로 들어가서 내전 문 통로의 벽
을 측량하니 두께는 두 척이요 문 통로가
여섯 척이요 문 통로의 벽의 너비는 각기
일곱 척이며
4 그가 내전을 측량하니 길이는 스무 척이요
너비는 스무 척이라 그가 내게 이르되 이
는 지성소니라 하고
5 성전의 벽을 측량하니 두께가 여섯 척이
며 성전 삼면에 골방이 있는데 너비는 각
기 네 척이며
6 골방은 삼 층인데 골방 위에 골방이 있어
모두 서른이라 그 삼면 골방이 성전 벽 밖
으로 그 벽에 붙어 있는데 성전 벽 속을 뚫
지는 아니하였으며
7 [2]이 두루 있는 골방은 그 층이 높아질수록
넓으므로 성전에 둘린 이 골방이 높아질수
록 성전에 가까워졌으나 성전의 넓이는 아
래 위가 같으며 골방은 아래층에서 중층으
로 위층에 올라가게 되었더라
8 내가 보니 성전 삼 면의 지대 곧 모든 골방
밑 지대의 높이는 한 장대 곧 큰 자로 여섯
척인데
9 성전에 붙어 있는 그 골방 바깥 벽 두께는
다섯 척이요 그 외에 빈 터가 남았으며
10 성전 골방 삼 면에 너비가 스무 척 되는 뜰
이 둘려 있으며 40:17
11 그 골방 문은 다 빈 터로 향하였는데 한 문
은 북쪽으로 향하였고 한 문은 남쪽으로
향하였으며 그 둘려 있는 빈 터의 너비는
다섯 척이더라

서쪽 건물과 성전의 넓이

12 ● 서쪽 뜰 뒤에 건물이 있는데 너비는 일
흔 척이요 길이는 아흔 척이며 그 사방 벽
의 두께는 다섯 척이더라
13 그가 성전을 측량하니 길이는 백 척이요
또 서쪽 뜰과 그 건물과 그 벽을 합하여 길
이는 백 척이요
14 성전 앞면의 너비는 백 척이요 그 앞 동쪽
을 향한 뜰의 너비도 그러하며

entrance was ten cubits[a] wide, and the project-
ing walls on each side of it were five cubits[b]
wide. He also measured the main hall; it was
forty cubits long and twenty cubits wide.[c]
3 ● Then he went into the inner sanctuary and
measured the jambs of the entrance; each was
two cubits[d] wide. The entrance was six cubits
wide, and the projecting walls on each side of it
4 were seven cubits[e] wide. ● And he measured the
length of the inner sanctuary; it was twenty
cubits, and its width was twenty cubits across
the end of the main hall. He said to me, "This is
the Most Holy Place."
5 ● Then he measured the wall of the temple; it
was six cubits thick, and each side room around
6 the temple was four cubits[f] wide. ● The side
rooms were on three levels, one above another,
thirty on each level. There were ledges all
around the wall of the temple to serve as sup-
ports for the side rooms, so that the supports
were not inserted into the wall of the temple.
7 ● The side rooms all around the temple were
wider at each successive level. The structure sur-
rounding the temple was built in ascending
stages, so that the rooms widened as one went
upward. A stairway went up from the lowest
floor to the top floor through the middle floor.
8 ● I saw that the temple had a raised base all
around it, forming the foundation of the side
rooms. It was the length of the rod, six long
9 cubits. ● The outer wall of the side rooms was
five cubits thick. The open area between the side
10 rooms of the temple ● and the priests' rooms was
twenty cubits wide all around the temple.
11 ● There were entrances to the side rooms from
the open area, one on the north and another on
the south; and the base adjoining the open area
was five cubits wide all around.
12 ● The building facing the temple courtyard
on the west side was seventy cubits[g] wide. The
wall of the building was five cubits thick all
around, and its length was ninety cubits.[h]
13 ● Then he measured the temple; it was a hun-
dred cubits[i] long, and the temple courtyard and
the building with its walls were also a hundred
14 cubits long. ● The width of the temple court-

[a]*2* That is, about 18 feet or about 5.3 meters [b]*2* That is, about 8 3/4 feet or about 2.7 meters; also in verses 9, 11 and 12 [c]*2* That is, about 70 feet long and 35 feet wide or about 21 meters long and 11 meters wide [d]*3* That is, about 3 1/2 feet or about 1.1 meters; also in verse 22 [e]*3* That is, about 12 feet or about 3.7 meters [f]*5* That is, about 7 feet or about 2.1 meters [g]*12* That is, about 123 feet or about 37 meters [h]*12* That is, about 158 feet or about 48 meters [i]*13* That is, about 175 feet or about 53 meters; also in verses 14 and 15

1) 히, 성막과 같으며 2) 본 절은 히브리 글이 분명하지 않으므로 의역하였음

adjoin [ədʒɔ́in] *vt.* …에 인접하다
entrance [éntrəns] *n.* 입구
foundation [faundéiʃən] *n.* 기초
jamb [dʒæm] *n.* 문설주
ledge [ledʒ] *n.* (선반 모양의) 턱
length [léŋkθ] *n.* 길이, 기간
measure [méʒər] *vt.* 치수를 재다
projecting [prədʒéktiŋ] *a.* 돌출한
sanctuary [sǽŋktʃuèri] *n.* 성소
stairway [stɛ́ərwèi] *n.* 계단
structure [strʌ́ktʃər] *n.* 건물
successive [səksésiv] *a.* 연속적인
support [səpɔ́:rt] *n.* 지지물
temple [témpl] *n.* 성전
widen [wáidn] *vi.* 넓어지다

41:3 go into...: …에 들어가다
41:3 each side: 각 면
41:6 serve as...: …의 역할을 하다
41:6 support for...: …에 대한 지원
41:6 insert A into B: A를 B에 끼워넣다
41:10 all around: 도처에

15 그가 뒤뜰 너머 있는 건물을 측량하니 그
좌우편 회랑까지 백 척이더라 내전과 외
전과 그 뜰의 현관과 42:1,10,13
16 문 통로 벽과 닫힌 창과 삼면에 둘려 있
는 회랑은 문 통로 안쪽에서부터 땅에서
창까지 널판자로 가렸고 (창은 이미 닫혔
더라)
17 문 통로 위와 내전과 외전의 사방 벽도
다 그러하니 곧 측량한 크기대로며
18 널판자에는 그룹들과 종려나무를 새겼
는데 두 그룹 사이에 종려나무 한 그루가
있으며 각 그룹에 두 얼굴이 있으니
19 하나는 사람의 얼굴이라 이쪽 종려나무를
향하였고 하나는 어린 사자의 얼굴이라
저쪽 종려나무를 향하였으며 온 성전 사
방이 다 그러하여
20 땅에서부터 문 통로 위에까지 그룹들과
종려나무들을 새겼으니 성전 벽이 다 그
러하더라

나무 제단과 성전의 문들

21 ●외전 문설주는 네모졌고 내전 전면에
있는 양식은 이러하니
22 곧 나무 제단의 높이는 세 척이요 길이는
두 척이며 그 모퉁이와 옆과 면을 다 나
무로 만들었더라 그가 내게 이르되 이는
여호와의 앞의 상이라 하더라
23 내전과 외전에 각기 문이 있는데
24 문마다 각기 두 문짝 곧 접는 두 문짝이
있어 이 문에 두 짝이요 저 문에 두 짝이
며
25 이 성전 문에 그룹과 종려나무를 새겼는
데 벽에 있는 것과 같고 현관 앞에는 나
무 디딤판이 있으며
26 현관 좌우편에는 닫힌 창도 있고 종려나
무도 새겨져 있고 성전의 골방과 디딤판
도 그러하더라

제사장 방 (♪8, 42장) — B.C. 573년경

42 그가 나를 데리고 밖으로 나가 북쪽
뜰로 가서 두 방에 이르니 그 두 방
의 하나는 골방 앞 뜰을 향하였고 다른
하나는 북쪽 건물을 향하였는데
2 그 방들의 자리의 길이는 백 척이요 너비
는 쉰 척이며 그 문은 북쪽을 향하였고
3 그 방 삼 층에 회랑들이 있는데 한 방의
회랑은 스무 척 되는 안뜰과 마주 대하였
고 다른 한 방의 회랑은 바깥뜰 박석 깔
린 곳과 마주 대하였으며

yard on the east, including the front of the tem-
ple, was a hundred cubits.
15 •Then he measured the length of the building
facing the courtyard at the rear of the temple,
including its galleries on each side; it was a hun-
dred cubits.
The main hall, the inner sanctuary and the
16 portico facing the court, •as well as the thresh-
olds and the narrow windows and galleries
around the three of them — everything beyond
and including the threshold was covered with
wood. The floor, the wall up to the windows, and
17 the windows were covered. •In the space above
the outside of the entrance to the inner sanctuary
and on the walls at regular intervals all around
18 the inner and outer sanctuary •were carved
cherubim and palm trees. Palm trees alternated
19 with cherubim. Each cherub had two faces: •the
face of a human being toward the palm tree on
one side and the face of a lion toward the palm
tree on the other. They were carved all around
20 the whole temple. •From the floor to the area
above the entrance, cherubim and palm trees
were carved on the wall of the main hall.
21 •The main hall had a rectangular doorframe,
and the one at the front of the Most Holy Place
22 was similar. •There was a wooden altar three
cubits[a] high and two cubits square[b]; its corners,
its base[c] and its sides were of wood. The man said
to me, "This is the table that is before the LORD."
23 •Both the main hall and the Most Holy Place
24 had double doors. •Each door had two leaves —
25 two hinged leaves for each door. •And on the
doors of the main hall were carved cherubim
and palm trees like those carved on the walls,
and there was a wooden overhang on the front
26 of the portico. •On the sidewalls of the portico
were narrow windows with palm trees carved on
each side. The side rooms of the temple also had
overhangs.

The Rooms for the Priests

42 Then the man led me northward into the
outer court and brought me to the rooms
opposite the temple courtyard and opposite the
2 outer wall on the north side. •The building
whose door faced north was a hundred cubits
3 long and fifty cubits wide.[d] •Both in the section
twenty cubits[e] from the inner court and in the
section opposite the pavement of the outer court,

[a]22 That is, about 5 1/4 feet or about 1.5 meters [b]22 Septuagint; Hebrew *long* [c]22 Septuagint; Hebrew *length* [d]2 That is, about 175 feet long and 88 feet wide or about 53 meters long and 27 meters wide [e]3 That is, about 35 feet or about 11 meters

altar [ɔ́:ltər] *n.* 제단
carve [ka:rv] *vt.* 새기다
cherubim [tʃérəbim] *n.* 그룹, 천사
doorframe [dɔ́:rfrèim] *n.* 문틀
entrance [éntrəns] *n.* 입구
gallery [gǽləri] *n.* 회랑
hinge [hindʒ] *vt.* 경첩을 달다
interval [íntərvəl] *n.* 간격
opposite [ápəzit] *a.* 반대편의
overhang [òuvərhǽŋ] *n.* 돌출부
pavement [péivmənt] *n.* 포장한 바닥
rear [riər] *a.* 후방의
rectangular [rektǽŋgjulər] *a.* 직사각형의
section [sékʃən] *n.* 부분
threshold [θréʃhould] *n.* 문지방

41:16 as well as...: …뿐만 아니라
41:16 be covered with...: …로 덮여 있다
41:18 alternate with...: …와 번갈아가며 나타나다
41:19 all around...: …의 사방에
41:23 both A and B: A와 B 모두
42:1 lead A into B: A를 B로 끌고 가다

4 그 두 방 사이에 통한 길이 있어 너비는 열 척이요 길이는 백 척이며 그 문들은 북쪽을 향하였으며
5 그 위층의 방은 가장 좁으니 이는 회랑들로 말미암아 아래층과 가운데 층보다 위층이 더 줄어짐이라
6 그 방은 삼 층인데도 뜰의 기둥 같은 기둥이 없으므로 그 위층이 아래층과 가운데 층보다 더욱 좁아짐이더라 41:6
7 그 한 방의 바깥 담 곧 뜰의 담과 마주 대한 담의 길이는 쉰 척이니
8 바깥뜰로 향한 방의 길이는 쉰 척이며 성전 앞을 향한 방은 백 척이며
9 이 방들 아래에 동쪽에서 들어가는 통행구가 있으니 곧 바깥뜰에서 들어가는 통행구더라
10 ●[1]남쪽 골방 뜰 맞은쪽과 남쪽 건물 맞은쪽에도 방 둘이 있는데
11 그 두 방 사이에 길이 있고 그 방들의 모양은 북쪽 방 같고 그 길이와 너비도 같으며 그 출입구와 문도 그와 같으며
12 이 남쪽 방에 출입하는 문이 있는데 담 동쪽 길 어귀에 있더라
13 ●그가 내게 이르되 좌우 골방 뜰 앞 곧 북쪽과 남쪽에 있는 방들은 거룩한 방이라 여호와를 가까이 하는 제사장들이 지성물을 거기에서 먹을 것이며 지성물 곧 소제와 속죄제와 속건제의 제물을 거기 둘 것이니 이는 거룩한 곳이라
14 제사장의 의복은 거룩하므로 제사장이 성소에 들어갔다가 나올 때에 바로 바깥뜰로 가지 못하고 수종드는 그 의복을 그 방에 두고 다른 옷을 입고 백성의 뜰로 나갈 것이니라 하더라

성전의 사면 담을 측량하다

15 ●그가 안에 있는 성전 측량하기를 마친 후에 나를 데리고 동쪽을 향한 문의 길로 나가서 사방 담을 측량하는데 40:6
16 그가 측량하는 장대 곧 그 장대로 동쪽을 측량하니 오백 척이요
17 그 장대로 북쪽을 측량하니 오백 척이요
18 그 장대로 남쪽을 측량하니 오백 척이요
19 서쪽으로 돌이켜 그 장대로 측량하니 오백 척이라

4 gallery faced gallery at the three levels. ●In front of
the rooms was an inner passageway ten cubits
wide and a hundred cubits[a] long.[b] Their doors
5 were on the north. ●Now the upper rooms were
narrower, for the galleries took more space from
them than from the rooms on the lower and mid-
6 dle floors of the building. ●The rooms on the top
floor had no pillars, as the courts had; so they were
smaller in floor space than those on the lower and
7 middle floors. ●There was an outer wall parallel to
the rooms and the outer court; it extended in front
8 of the rooms for fifty cubits. ●While the row of
rooms on the side next to the outer court was fifty
cubits long, the row on the side nearest the sanctu-
9 ary was a hundred cubits long. ●The lower rooms
had an entrance on the east side as one enters
them from the outer court.
10 ●On the south side[c] along the length of the wall
of the outer court, adjoining the temple courtyard
11 and opposite the outer wall, were rooms ●with a
passageway in front of them. These were like the
rooms on the north; they had the same length and
width, with similar exits and dimensions. Similar
12 to the doorways on the north ●were the doorways
of the rooms on the south. There was a doorway at
the beginning of the passageway that was parallel
to the corresponding wall extending eastward, by
which one enters the rooms.
13 ●Then he said to me, "The north and south rooms
facing the temple courtyard are the priests' rooms,
where the priests who approach the LORD will eat the
most holy offerings. There they will put the most
holy offerings — the grain offerings, the sin offer-
ings[d] and the guilt offerings — for the place is holy.
14 ●Once the priests enter the holy precincts, they are
not to go into the outer court until they leave behind
the garments in which they minister, for these are
holy. They are to put on other clothes before they go
near the places that are for the people."
15 ●When he had finished measuring what was
inside the temple area, he led me out by the east
16 gate and measured the area all around: ●He mea-
sured the east side with the measuring rod; it was
17 five hundred cubits.[e,f] ●He measured the north
side; it was five hundred cubits[g] by the measuring
18 rod. ●He measured the south side; it was five
19 hundred cubits by the measuring rod. ●Then he
turned to the west side and measured; it was five

[a]4 Septuagint and Syriac; Hebrew *and one cubit* [b]4 That is, about 18 feet wide and 175 feet long or about 5.3 meters wide and 53 meters long [c]10 Septuagint; Hebrew *Eastward* [d]13 Or *purification offerings* [e]16 See Septuagint of verse 17; Hebrew *rods*; also in verses 18 and 19. [f]16 Five hundred cubits equal about 875 feet or about 265 meters; also in verses 17, 18 and 19. [g]17 Septuagint; Hebrew *rods* 1) 10절로 12절은 히브리 글이 분명하지 않으므로 의역하였음

adjoin [ədʒɔ́in] *vt.* …에 인접하다
approach [əpróutʃ] *vt.* 가까이 가다
corresponding [kɔ̀:rəspándiŋ] *a.* 상응하는
dimension [diménʃən] *n.* 규모
doorway [dɔ́:rwèi] *n.* 문간
extend [iksténd] *vi.* 이르다, 미치다
garment [gá:rmənt] *n.* 의복
measure [méʒər] *vt.* 측량하다
minister [mínəstər] *vi.* 봉사하다
offering [ɔ́:fəriŋ] *n.* 제물
parallel [pǽrəlèl] *a.* 평행의
passageway [pǽsidʒwèi] *n.* 복도
precinct [prí:siŋkt] *n.* 경내
row [rou] *n.* 거리
sanctuary [sǽŋktʃuèri] *n.* 성소

42:4 in front of...: …의 앞에
42:5 take space: 장소를 차지하다
42:7 parallel to...: …에 대응하는
42:11 similar to...: …과 유사한
42:14 put on...: …을 입다
42:17 measuring rod: 측량 장대

20 그가 이같이 그 사방을 측량하니 그 사방 담안 마당의 길이가 오백 척이며 너비가 오백 척이라 그 담은 거룩한 것과 속된 것을 구별하는 것이더라

여호와께서 성전에 들어가시다 — B.C. 573년경

43 그 후에 그가 나를 데리고 문에 이르니 곧 동쪽을 향한 문이라

2 이스라엘 하나님의 영광이 동쪽에서부터 오는데 하나님의 음성이 많은 물소리 같고 땅은 그 영광으로 말미암아 빛나니

3 그 모양이 내가 본 환상 곧 전에 성읍을 멸하러 올 때에 보던 환상 같고 그발 강가에서 보던 환상과도 같기로 내가 곧 얼굴을 땅에 대고 엎드렸더니

4 여호와의 영광이 동문을 통하여 성전으로 들어가고

5 영이 나를 들어 데리고 안뜰에 들어가시기로 내가 보니 여호와의 영광이 성전에 가득하더라

6 ●성전에서 내게 하는 말을 내가 듣고 있을 때에 어떤 사람이 내 곁에 서 있더라

7 그가 내게 이르시되 인자야 이는 내 보좌의 처소, 내 발을 두는 처소, 내가 이스라엘 족속 가운데에 영원히 있을 곳이라 이스라엘 족속 곧 그들과 그들의 왕들이 음행하며 그 죽은 왕들의 시체로 다시는 내 거룩한 이름을 더럽히지 아니하리라 시 47:8

8 그들이 그 문지방을 내 문지방 곁에 두며 그 문설주를 내 문설주 곁에 두어서 그들과 나 사이에 겨우 한 담이 막히게 하였고 또 그 행하는 가증한 일로 내 거룩한 이름을 더럽혔으므로 내가 노하여 멸망시켰거니와 23:39

9 이제는 그들이 그 음란과 그 왕들의 시체를 내게서 멀리 제거하여 버려야 할 것이라 그리하면 내가 그들 가운데에 영원히 살리라

10 ●인자야 너는 이 성전을 이스라엘 족속에게 보여서 그들이 자기의 죄악을 부끄러워하고 그 형상을 측량하게 하라

11 만일 그들이 자기들이 행한 모든 일을 부끄러워하거든 너는 이 성전의 제도와 구조와 그 출입하는 곳과 그 모든 형상을 보이며 또 그 모든 규례와 그 모든 법도와 그 모든 율례를 알게 하고 그 목전에 그것을 써서 그들로 그 모든 법도와 그 모든 규례를 지켜 행하게 하라

12 성전의 법은 이러하니라 산꼭대기 지점의 주위는 지극히 거룩하리라 성전의 법은 이러하니라

20 hundred cubits by the measuring rod. •So he
measured the area on all four sides. It had a
wall around it, five hundred cubits long and
five hundred cubits wide, to separate the holy
from the common.

God's Glory Returns to the Temple

43 Then the man brought me to the gate
2 facing east, •and I saw the glory of
the God of Israel coming from the east. His
voice was like the roar of rushing waters, and
3 the land was radiant with his glory. •The
vision I saw was like the vision I had seen
when he[a] came to destroy the city and like
the visions I had seen by the Kebar River, and
4 I fell facedown. •The glory of the LORD en-
tered the temple through the gate facing east.
5 •Then the Spirit lifted me up and brought
me into the inner court, and the glory of the
LORD filled the temple.
6 •While the man was standing beside me, I
heard someone speaking to me from inside
7 the temple. •He said: "Son of man, this is the
place of my throne and the place for the soles
of my feet. This is where I will live among the
Israelites forever. The people of Israel will never
again defile my holy name — neither they nor
their kings — by their prostitution and the
funeral offerings[b] for their kings at their death.[c]
8 •When they placed their threshold next to
my threshold and their doorposts beside my
doorposts, with only a wall between me and
them, they defiled my holy name by their
detestable practices. So I destroyed them in my
9 anger. •Now let them put away from me their
prostitution and the funeral offerings for their
kings, and I will live among them forever.
10 •"Son of man, describe the temple to the
people of Israel, that they may be ashamed
of their sins. Let them consider its perfection,
11 •and if they are ashamed of all they have
done, make known to them the design of
the temple — its arrangement, its exits and
entrances — its whole design and all its regu-
lations[d] and laws. Write these down before
them so that they may be faithful to its
design and follow all its regulations.
12 •"This is the law of the temple: All the sur-
rounding area on top of the mountain will be
most holy. Such is the law of the temple.

[a]3 Some Hebrew manuscripts and Vulgate; most Hebrew manuscripts *I* [b]7 Or *the memorial monuments;* also in verse 9 [c]7 Or *their high places* [d]11 Some Hebrew manuscripts and Septuagint; most Hebrew manuscripts *regulations and its whole design*

arrangement [əréindʒmənt] *n.* 배치
common [kάmən] *a.* 저속한
defile [difáil] *vt.* 더럽히다
describe [diskráib] *vt.* 묘사하다
detestable [ditéstəbl] *a.* 혐오스러운
doorpost [dɔ́:rpòust] *n.* 문설주
facedown [féisdáun] *ad.* 엎드려
funeral [fjú:nərəl] *a.* 장례의
prostitution [prὰstətjú:ʃən] *n.* 음란, 매춘
radiant [réidiənt] *a.* 빛나는
regulation [règjuléiʃən] *n.* 규례, 규정
roar [rɔ:r] *n.* 으르렁거리는 소리
rush [rʌʃ] *vi.* 돌진하다
threshold [θréʃhould] *n.* 문지방
throne [θroun] *n.* 보좌, 왕좌

42:20 separate A from B: A와 B를 구별하다, 격리시키다
43:5 lift up: 들어올리다
43:7 neither A nor B: A도 B도 아닌
43:9 put away: 치우다, 물리치다
43:10 be ashamed of...: …를 부끄러워하다

번제단의 모양과 크기 (♪ 22, 27장)

13 ●제단의 크기는 이러하니라 한 자는 팔꿈
치에서부터 손가락에 이르고 한 손바닥 넓
이가 더한 것이라 제단 밑받침의 높이는
한 척이요 그 사방 가장자리의 너비는 한
척이며 그 가로 둘린 턱의 너비는 한 뼘이
니 이는 제단 밑받침이요
14 이 땅에 닿은 밑받침 면에서 아래층의 높이
는 두 척이요 그 가장자리의 너비는 한 척
이며 이 아래층 면에서 이 층의 높이는 네
척이요 그 가장자리의 너비는 한 척이며
15 그 번제단 위층의 높이는 네 척이며 그 번
제하는 바닥에서 솟은 뿔이 넷이며
16 그 번제하는 바닥의 길이는 열두 척이요
너비도 열두 척이니 네모 반듯하고
17 그 아래층의 길이는 열네 척이요 너비는
열네 척이니 네모 반듯하고 그 밑받침에
둘린 턱의 너비는 반 척이며 그 가장자리
의 너비는 한 척이니라 그 층계는 동쪽을
향하게 할지니라

번제단의 봉헌

18 ●그가 내게 이르시되 인자야 주 여호와께
서 이같이 말씀하셨느니라 이 제단을 만드
는 날에 그 위에 번제를 드리며 피를 뿌리는
규례는 이러하니라
19 주 여호와의 말씀이니라 나를 가까이 하여
내게 수종드는 사독의 자손 레위 사람 제사
장에게 너는 어린 수송아지 한 마리를 주어
속죄제물을 삼되
20 네가 그 피를 가져다가 제단의 네 뿔과 아
래층 네 모퉁이와 사방 가장자리에 발라
속죄하여 제단을 정결하게 하고
21 그 속죄제물의 수송아지를 가져다가 성전
의 정한 처소 곧 성소 밖에서 불사를지며
22 다음 날에는 흠 없는 숫염소 한 마리를 속
죄제물로 삼아 드려서 그 제단을 정결하게
하기를 수송아지로 정결하게 함과 같이 하
고
23 정결하게 하기를 마친 후에는 흠 없는 수
송아지 한 마리와 떼 가운데에서 흠 없는
숫양 한 마리를 드리되
24 나 여호와 앞에 받들어다가 제사장은 그
위에 소금을 쳐서 나 여호와께 번제로 드
릴 것이며
25 칠 일 동안은 매일 염소 한 마리를 갖추어
속죄제물을 삼고 또 어린 수송아지 한 마
리와 떼 가운데에서 숫양 한 마리를 흠 없

The Great Altar Restored

13 ●"These are the measurements of the altar in
long cubits,[a] that cubit being a cubit and a
handbreadth: Its gutter is a cubit deep and a
cubit wide, with a rim of one span[b] around the
14 edge. And this is the height of the altar: ●From
the gutter on the ground up to the lower ledge
that goes around the altar it is two cubits high,
and the ledge is a cubit wide.[c] From this lower
ledge to the upper ledge that goes around the
altar it is four cubits high, and that ledge is also
15 a cubit wide.[d] ●Above that, the altar hearth is
four cubits high, and four horns project upward
16 from the hearth. ●The altar hearth is square,
twelve cubits[e] long and twelve cubits wide.
17 ●The upper ledge also is square, fourteen cubits[f]
long and fourteen cubits wide. All around the
altar is a gutter of one cubit with a rim of half a
cubit.[b] The steps of the altar face east."
18 ●Then he said to me, "Son of man, this is
what the Sovereign LORD says: These will be the
regulations for sacrificing burnt offerings and
splashing blood against the altar when it is
19 built: ●You are to give a young bull as a sin
offering[g] to the Levitical priests of the family of
Zadok, who come near to minister before me,
20 declares the Sovereign LORD. ●You are to take
some of its blood and put it on the four horns
of the altar and on the four corners of the upper
ledge and all around the rim, and so purify the
21 altar and make atonement for it. ●You are to
take the bull for the sin offering and burn it in
the designated part of the temple area outside
the sanctuary.
22 ●"On the second day you are to offer a male
goat without defect for a sin offering, and the
altar is to be purified as it was purified with
23 the bull. ●When you have finished purifying
it, you are to offer a young bull and a ram from
24 the flock, both without defect. ●You are to
offer them before the LORD, and the priests are
to sprinkle salt on them and sacrifice them as a
burnt offering to the LORD.
25 ●"For seven days you are to provide a male
goat daily for a sin offering; you are also to

[a]*13* That is, about 21 inches or about 53 centimeters; also in verses 14 and 17. The long cubit is the basic unit for linear measurement throughout Ezekiel 40-48. [b]*13,17* That is, about 11 inches or about 27 centimeters [c]*14* That is, about 3 1/2 feet high and 1 3/4 feet wide or about 105 centimeters high and 53 centimeters wide [d]*14* That is, about 7 feet high and 1 3/4 feet wide or about 2.1 meters high and 53 centimeters wide [e]*16* That is, about 21 feet or about 6.4 meters [f]*17* That is, about 25 feet or about 7.4 meters [g]*19* Or *purification offering*; also in verses 21, 22 and 25

altar [ɔ́:ltər] *n.* 제단
defect [dí:fekt] *n.* 결함
designated [dézignèitid] *a.* 지정된
flock [flak] *n.* 떼
gutter [gʌ́tər] *n.* 도랑
hearth [ha:rθ] *n.* 화로
ledge [ledʒ] *n.* (선반 모양의) 턱
measurement [méʒərmənt] *n.* 크기
outside [áutsáid] *ad.* 밖으로
project [prádʒekt] *vt.* 돌출하다
rim [rim] *n.* 가장자리
span [spæn] *n.* 한 뼘
splash [splæʃ] *vt.* 튀기다
square [skwɛər] *n.* 정사각형
upward [ʌ́pwərd] *ad.* 위로 향하여

43:20 put A on B: A를 B의 위에 올려놓다
43:20 make atonement for...: …를 보상하다, 속죄하다
43:24 sprinkle A on B: A를 B에 흩뿌리다
43:24 sacrifice A as B: A를 B로 드리다
43:25 provide A for B: A를 B로 준비하다

는 것으로 갖출 것이며
26 이같이 칠 일 동안 제단을 위하여 속죄제를 드
려 정결하게 하며 드릴 것이요
27 이 모든 날이 찬 후 제팔 일과 그 다음에는 제
사장이 제단 위에서 너희 번제와 감사제를 드
릴 것이라 그리하면 내가 너희를 즐겁게 받으
리라 주 여호와의 말씀이니라

성전 동쪽 문은 닫아 두라 — B.C. 573년경

44 그가 나를 데리고 성소의 동쪽을 향한 바
깥 문에 돌아오시니 그 문이 닫혔더라
2 여호와께서 내게 이르시되 이 문은 닫고 다시
열지 못할지니 아무도 그리로 들어오지 못할
것은 이스라엘 하나님 나 여호와가 그리로 들
어왔음이라 그러므로 닫아 둘지니라 43:4
3 왕은 왕인 까닭에 안 길로 이 문 현관으로 들어
와서 거기에 앉아서 나 여호와 앞에서 음식을
먹고 그 길로 나갈 것이니라

여호와의 영광이 성전에 가득하다

4 ●그가 또 나를 데리고 북문을 통하여 성전 앞
에 이르시기로 내가 보니 여호와의 영광이 여
호와의 성전에 가득한지라 내가 얼굴을 땅에
대고 엎드리니
5 여호와께서 내게 이르시되 인자야 너는 전심으
로 주목하여 내가 네게 말하는 바 여호와의 성
전의 모든 규례와 모든 율례를 귀로 듣고 또 성
전의 입구와 성소의 출구를 전심으로 주목하고
6 너는 반역하는 자 곧 이스라엘 족속에게 이르기
를 주 여호와께서 이같이 말씀하시기를 이스라
엘 족속아 너희의 모든 가증한 일이 족하니라
7 너희가 마음과 몸에 할례 받지 아니한 이방인
을 데려오고 내 떡과 기름과 피를 드릴 때에 그
들로 내 성소 안에 있게 하여 내 성전을 더럽히
므로 너희의 모든 가증한 일 외에 그들이 내 언
약을 위반하게 하는 것이 되었으며
8 너희가 내 성물의 직분을 지키지 아니하고 내 성
소에 사람을 두어 너희 직분을 대신 지키게 하였
느니라

레위 사람들의 제사장 직분을 박탈하다

9 ●주 여호와께서 이같이 말씀하셨느니라 이스
라엘 족속 중에 있는 이방인 중에 마음과 몸에
할례를 받지 아니한 이방인은 내 성소에 들어오
지 못하리라
10 이스라엘 족속이 그릇 행하여 나를 떠날 때에
레위 사람도 그릇 행하여 그 우상을 따라 나를
멀리 떠났으니 그 죄악을 담당하리라
11 그러나 그들이 내 성소에서 수종들어 성전 문을
맡을 것이며 성전에서 수종들어 백성의 번제의

provide a young bull and a ram from the
26 flock, both without defect. ●For seven
days they are to make atonement for the
altar and cleanse it; thus they will dedi-
27 cate it. ●At the end of these days, from the
eighth day on, the priests are to present
your burnt offerings and fellowship offer-
ings on the altar. Then I will accept you,
declares the Sovereign LORD."

The Priesthood Restored

44 Then the man brought me back to
the outer gate of the sanctuary, the
2 one facing east, and it was shut. ●The LORD
said to me, "This gate is to remain shut. It
must not be opened; no one may enter
through it. It is to remain shut because the
LORD, the God of Israel, has entered
3 through it. ●The prince himself is the only
one who may sit inside the gateway to eat
in the presence of the LORD. He is to enter
by way of the portico of the gateway and
go out the same way."
4 ●Then the man brought me by way of
the north gate to the front of the temple. I
looked and saw the glory of the LORD fill-
ing the temple of the LORD, and I fell face-
down.
5 ●The LORD said to me, "Son of man, look
carefully, listen closely and give attention to
everything I tell you concerning all the reg-
ulations and instructions regarding the
temple of the LORD. Give attention to the
entrance to the temple and all the exits of
6 the sanctuary. ●Say to rebellious Israel, 'This
is what the Sovereign LORD says: Enough of
your detestable practices, people of Israel!
7 ●In addition to all your other detestable
practices, you brought foreigners uncircum-
cised in heart and flesh into my sanctuary,
desecrating my temple while you offered
me food, fat and blood, and you broke my
8 covenant. ●Instead of carrying out your
duty in regard to my holy things, you put
9 others in charge of my sanctuary. ●This is
what the Sovereign LORD says: No foreigner
uncircumcised in heart and flesh is to enter
my sanctuary, not even the foreigners who
live among the Israelites.
10 ●" 'The Levites who went far from me
when Israel went astray and who wander-
ed from me after their idols must bear the
11 consequences of their sin. ●They may
serve in my sanctuary, having charge of

accept [æksépt] *vt.* 받아들이다
atonement [ətóunmənt] *n.* 속죄
bull [bul] *n.* 수송아지
consequence [kánsəkwèns] *n.* 결과
covenant [kʌ́vənənt] *n.* 언약
desecrate [désikrèit] *vt.* 신성을 더럽히다
detestable [ditéstəbl] *a.* 혐오스러운
portico [pɔ́:rtəkòu] *n.* 낭실, 현관
priesthood [prí:sthùd] *n.* 제사장직
rebellious [ribéljəs] *a.* 반역하는
regarding [rigá:rdiŋ] *prep.* …에 관하여
regulation [règjuléiʃən] *n.* 규정, 규례
sanctuary [sǽŋktʃuèri] *n.* 성소
uncircumcised [ʌnsə́:rkəmsaizd] *a.* 할례받지 못한
wander [wándər] *vi.* 유랑하다

44:3 in the presence of...: …의 면전에서
44:7 in addition to...: …에 더하여
44:8 carry out: (의무, 책임을) 수행하다
44:8 in regard to...: …에 관하여
44:8 in charge of...: …를 담당하고 있는
44:10 go astray: 타락하다

희생물과 다른 희생물을 잡아 백성 앞에 서서
수종들게 되리라
12 그들이 전에 백성을 위하여 그 우상 앞에서
수종들어 이스라엘 족속이 죄악에 걸려 넘어
지게 하였으므로 내가 내 손을 들어 쳐서 그
들이 그 죄악을 담당하였느니라 주 여호와의
말씀이니라
13 그들이 내게 가까이 나아와 제사장의 직분을
행하지 못하며 또 내 성물 곧 지성물에 가까
이 오지 못하리니 그들이 자기의 수치와 그
행한 바 가증한 일을 담당하리라 민 18:3
14 그러나 내가 그들을 세워 성전을 지키게 하
고 성전에 모든 수종드는 일과 그 가운데에
서 행하는 모든 일을 맡기리라

제사장들

15 ●이스라엘 족속이 그릇 행하여 나를 떠날
때에 사독의 자손 레위 사람 제사장들은 내
성소의 직분을 지켰은즉 그들은 내게 가까이
나아와 수종을 들되 내 앞에 서서 기름과 피
를 내게 드릴지니라 주 여호와의 말씀이니라
16 그들이 내 성소에 들어오며 또 내 상에 가까
이 나아와 내게 수종들어 내가 맡긴 직분을
지키되
17 그들이 안뜰 문에 들어올 때에나 안뜰 문과
성전 안에서 수종들 때에는 양털 옷을 입지
말고 가는 베 옷을 입을 것이니 출 28:39, 40
18 가는 베 관을 머리에 쓰며 가는 베 바지를 입
고 땀이 나게 하는 것으로 허리를 동이지 말
것이며
19 그들이 바깥뜰 백성에게로 나갈 때에는 수종
드는 옷을 벗어 거룩한 방에 두고 다른 옷을
입을지니 이는 그 옷으로 백성을 거룩하게
할까 함이라
20 그들은 또 머리털을 밀지도 말며 머리털을
길게 자라게도 말고 그 머리털을 깎기만 할
것이며
21 아무 제사장이든지 안뜰에 들어갈 때에는 포
도주를 마시지 말 것이며 레 10:9
22 과부나 이혼한 여인에게 장가들지 말고 오직
이스라엘 족속의 처녀나 혹시 제사장의 과부
에게 장가들 것이며
23 내 백성에게 거룩한 것과 속된 것의 구별을
가르치며 부정한 것과 정한 것을 분별하게
할 것이며
24 송사하는 일을 재판하되 내 규례대로 재판할
것이며 내 모든 정한 절기에는 내 법도와 율
례를 지킬 것이며 또 내 안식일을 거룩하게

the gates of the temple and serving in it; they
may slaughter the burnt offerings and sacri-
fices for the people and stand before the peo-
12 ple and serve them. ●But because they served
them in the presence of their idols and made
the people of Israel fall into sin, therefore I
have sworn with uplifted hand that they
must bear the consequences of their sin,
13 declares the Sovereign LORD. ●They are not to
come near to serve me as priests or come near
any of my holy things or my most holy offer-
ings; they must bear the shame of their
14 detestable practices. ●And I will appoint
them to guard the temple for all the work
that is to be done in it.
15 ●" 'But the Levitical priests, who are
descendants of Zadok and who guarded my
sanctuary when the Israelites went astray
from me, are to come near to minister before
me; they are to stand before me to offer sacri-
fices of fat and blood, declares the Sovereign
16 LORD. ●They alone are to enter my sanctuary;
they alone are to come near my table to min-
ister before me and serve me as guards.
17 ●" 'When they enter the gates of the inner
court, they are to wear linen clothes; they
must not wear any woolen garment while
ministering at the gates of the inner court or
18 inside the temple. ●They are to wear linen
turbans on their heads and linen undergar-
ments around their waists. They must not
wear anything that makes them perspire.
19 ●When they go out into the outer court
where the people are, they are to take off the
clothes they have been ministering in and
are to leave them in the sacred rooms, and
put on other clothes, so that the people are
not consecrated through contact with their
garments.
20 ●" 'They must not shave their heads or let
their hair grow long, but they are to keep the
21 hair of their heads trimmed. ●No priest is to
drink wine when he enters the inner court.
22 ●They must not marry widows or divorced
women; they may marry only virgins of
23 Israelite descent or widows of priests. ●They
are to teach my people the difference bet-
ween the holy and the common and show
them how to distinguish between the un-
clean and the clean.
24 ●" 'In any dispute, the priests are to serve as
judges and decide it according to my ordi-
nances. They are to keep my laws and my

consecrate [kánsəkrèit] *vt.* 신성하게 하다
descent [disént] *n.* 출신, 혈통
dispute [dispjúːt] *n.* 분쟁
divorce [divɔ́ːrs] *vt.* 이혼하다
garment [gáːrmənt] *n.* 옷, 의복
minister [mínəstər] *vi.* 섬기다
ordinance [ɔ́ːrdənəns] *n.* 법령
perspire [pərspáiər] *vi.* 땀을 흘리다
sacred [séikrid] *a.* 신성한
sacrifice [sǽkrəfàis] *n.* 희생(제사)
sanctuary [sǽŋktʃuèri] *n.* 성소
serve [səːrv] *vt.* 섬기다
trim [trim] *vt.* 깎다, 다듬다
turban [tə́ːrbən] *n.* 두건
uplifted [ʌplíftid] *a.* 들어올린, 높여진

44:11 sacrifice for...: …을 위해서 희생하다
44:19 take off: 벗다
44:19 contact with: …와 접촉하다
44:23 distinguish between A and B: A 와 B 사이를 구분하다
44:24 according to...: …에 따라

하며
25 시체를 가까이하여 스스로 더럽히지 못할
것이로되 부모나 자녀나 형제나 시집가지
아니한 자매를 위하여는 더럽힐 수 있으며
26 이런 자는 스스로 정결하게 한 후에 칠 일
을 더 지낼 것이요
27 성소에서 수종 들기 위해 안뜰과 성소에
들어갈 때에는 속죄제를 드릴지니라 주 여
호와의 말씀이니라
28 ●그들에게는 기업이 있으리니 내가 곧 그
기업이라 너희는 이스라엘 가운데에서 그
들에게 산업을 주지 말라 내가 그 산업이
됨이라
29 그들은 소제와 속죄제와 속건제의 제물을
먹을지니 이스라엘 중에서 구별하여 드리
는 물건을 다 그들에게 돌리며
30 또 각종 처음 익은 열매와 너희 모든 예물
중에 각종 거제 제물을 다 제사장에게 돌
리고 너희가 또 첫 밀가루를 제사장에게
주어 그들에게 네 집에 복이 내리도록 하
게 하라
31 새나 가축이 저절로 죽은 것이나 찢겨서
죽은 것은 다 제사장이 먹지 말 것이니라

거룩한 구역 — B.C. 573년경

45 너희는 제비 뽑아 땅을 나누어 기업
으로 삼을 때에 한 구역을 거룩한 땅
으로 삼아 여호와께 예물로 드릴지니 그
길이는 이만 오천 척이요 너비는 1)만 척이
라 그 구역 안 전부가 거룩하리라
2 그 중에서 성소에 속할 땅은 길이가 오백
척이요 너비가 오백 척이니 네모가 반듯하
며 그 외에 사방 쉰 척으로 전원이 되게 하
되
3 이 측량한 가운데에서 길이는 이만 오천
척을 너비는 만 척을 측량하고 그 안에 성
소를 둘지니 지극히 거룩한 곳이요 48:10
4 그곳은 성소에서 수종 드는 제사장들 곧
하나님께 가까이 나아가서 수종 드는 자들
에게 주는 거룩한 땅이니 그들이 집을 지
을 땅이며 성소를 위한 거룩한 곳이라
5 또 길이는 이만 오천 척을 너비는 만 척을
측량하여 성전에서 수종 드는 레위 사람에
게 돌려 그들의 거주지를 삼아 2)마을 스물
을 세우게 하고
6 구별한 거룩한 구역 옆에 너비는 오천 척
을 길이는 이만 오천 척을 측량하여 성읍
의 기지로 삼아 이스라엘 온 족속에게 돌

decrees for all my appointed festivals, and they
are to keep my Sabbaths holy.
25 ●" 'A priest must not defile himself by going
near a dead person; however, if the dead person
was his father or mother, son or daughter,
brother or unmarried sister, then he may defile
26 himself. ●After he is cleansed, he must wait
27 seven days. ●On the day he goes into the inner
court of the sanctuary to minister in the sanctu-
ary, he is to offer a sin offering[a] for himself,
declares the Sovereign LORD.
28 ●" 'I am to be the only inheritance the priests
have. You are to give them no possession in
29 Israel; I will be their possession. ●They will eat
the grain offerings, the sin offerings and the
guilt offerings; and everything in Israel devot-
30 ed[b] to the LORD will belong to them. ●The best
of all the firstfruits and of all your special gifts
will belong to the priests. You are to give them
the first portion of your ground meal so that a
31 blessing may rest on your household. ●The
priests must not eat anything, whether bird or
animal, found dead or torn by wild animals.

Israel Fully Restored

45 " 'When you allot the land as an inher-
itance, you are to present to the LORD a
portion of the land as a sacred district, 25,000
cubits[c] long and 20,000[d] cubits[e] wide; the entire
2 area will be holy. ●Of this, a section 500 cubits[f]
square is to be for the sanctuary, with 50 cubits[g]
3 around it for open land. ●In the sacred district,
measure off a section 25,000 cubits long and
10,000 cubits[h] wide. In it will be the sanctuary,
4 the Most Holy Place. ●It will be the sacred por-
tion of the land for the priests, who minister in
the sanctuary and who draw near to minister
before the LORD. It will be a place for their hous-
5 es as well as a holy place for the sanctuary. ●An
area 25,000 cubits long and 10,000 cubits wide
will belong to the Levites, who serve in the tem-
ple, as their possession for towns to live in.[i]
6 ●" 'You are to give the city as its property an
area 5,000 cubits[j] wide and 25,000 cubits long,
adjoining the sacred portion; it will belong to

[a]27 Or *purification offering*; also in verse 29 [b]29 The Hebrew term refers to the irrevocable giving over of things or persons to the LORD. [c]1 That is, about 8 miles or about 13 kilometers; also in verses 3, 5 and 6 [d]1 Septuagint (see also verses 3 and 5 and 48:9); Hebrew *10,000* [e]1 That is, about 6 1/2 miles or about 11 kilometers [f]2 That is, about 875 feet or about 265 meters [g]2 That is, about 88 feet or about 27 meters [h]3 That is, about 3 1/3 miles or about 5.3 kilometers; also in verse 5 [i]5 Septuagint; Hebrew *temple; they will have as their possession 20 rooms* [j]6 That is, about 1 2/3 miles or about 2.7 kilometers 1) 칠십인역본에는, 이만 2) 히, 방

adjoin [ədʒɔ́in] *vt.* 인접하다
appointed [əpɔ́intid] *a.* 지정된
decree [dikríː] *n.* 법령
defile [difáil] *vt.* 더럽히다
district [dístrikt] *n.* 구역
firstfruits [fəːrstfrúːts] *n.* 첫 열매
household [háushòuld] *n.* 집안
inheritance [inhérətəns] *n.* 유산, 상속
inner [ínər] *a.* 안의
minister [mínəstər] *vi.* 봉사하다
portion [pɔ́ːrʃən] *n.* 부분, 몫
possession [pəzéʃən] *n.* 소유, 재산
property [prápərti] *n.* 재산
sanctuary [sǽŋktʃuèri] *n.* 성소
section [sékʃən] *n.* 부분

44:29 belong to...: …에 속하다
45:1 allot A as B: A를 B로서 배당하다
45:3 measure off: 재어서 자르다
45:4 draw near to...: …에 가까이 나아가다
45:4 A as well as B: B뿐 아니라 A도
45:5 live in: 거주하다, 살다

리고
7 드린 거룩한 구역과 성읍의 기지 된 땅의
좌우편 곧 드린 거룩한 구역의 옆과 성읍
의 기지 옆의 땅을 왕에게 돌리되 서쪽으
로 향하여 서쪽 국경까지와 동쪽으로 향
하여 동쪽 국경까지니 그 길이가 구역 하
나와 서로 같을지니라
8 이 땅을 왕에게 돌려 이스라엘 가운데에
기업으로 삼게 하면 나의 왕들이 다시는
내 백성을 압제하지 아니하리라 그 나머
지 땅은 이스라엘 족속에게 그 지파대로
줄지니라
사 11:3-5

통치자들의 통치 법칙

9 ●주 여호와께서 이같이 말씀하셨느니라
이스라엘의 통치자들아 너희에게 만족하
니라 너희는 포악과 겁탈을 제거하여 버
리고 정의와 공의를 행하여 내 백성에게
속여 빼앗는 것을 그칠지니라 주 여호와
의 말씀이니라
10 너희는 공정한 저울과 공정한 에바와 공
정한 밧을 쓸지니
11 에바와 밧은 그 용량을 동일하게 하되 호
멜의 용량을 따라 밧은 십분의 일 호멜을
담게 하고 에바도 십분의 일 호멜을 담게
할 것이며
12 세겔은 이십 게라니 이십 세겔과 이십오 세
겔과 십오 세겔로 너희 마네가 되게 하라
13 ●너희가 마땅히 드릴 예물은 이러하니
밀 한 호멜에서는 육분의 일 에바를 드리
고 보리 한 호멜에서도 육분의 일 에바를
드리며
14 기름은 정한 규례대로 한 고르에서 십분
의 일 밧을 드릴지니 기름의 밧으로 말하
면 한 고르는 십 밧 곧 한 호멜이며 (십 밧
은 한 호멜이라)
15 또 이스라엘의 윤택한 초장의 가축 떼 이
백 마리에서는 어린 양 한 마리를 드릴 것
이라 백성을 속죄하기 위하여 이것들을
소제와 번제와 감사 제물로 삼을지니라
주 여호와의 말씀이니라
16 이 땅 모든 백성은 이 예물을 이스라엘의
군주에게 드리고
17 군주의 본분은 번제와 소제와 전제를 명
절과 초하루와 안식일과 이스라엘 족속의
모든 정한 명절에 갖추는 것이니 이스라
엘 족속을 속죄하기 위하여 이 속죄제와
소제와 번제와 감사 제물을 갖출지니라

all Israel.
7 ●" 'The prince will have the land bordering
each side of the area formed by the sacred dis-
trict and the property of the city. It will extend
westward from the west side and eastward from
the east side, running lengthwise from the west-
ern to the eastern border parallel to one of the
8 tribal portions. ●This land will be his possession
in Israel. And my princes will no longer oppress
my people but will allow the people of Israel to
possess the land according to their tribes.
9 ●" 'This is what the Sovereign LORD says: You
have gone far enough, princes of Israel! Give up
your violence and oppression and do what is
just and right. Stop dispossessing my people,
10 declares the Sovereign LORD. ●You are to use
accurate scales, an accurate ephah[a] and an accu-
11 rate bath.[b] ●The ephah and the bath are to be
the same size, the bath containing a tenth of a
homer and the ephah a tenth of a homer; the
homer is to be the standard measure for both.
12 ●The shekel[c] is to consist of twenty gerahs.
Twenty shekels plus twenty-five shekels plus fif-
teen shekels equal one mina.[d]
13 ●" 'This is the special gift you are to offer: a
sixth of an ephah[e] from each homer of wheat
and a sixth of an ephah[f] from each homer of
14 barley. ●The prescribed portion of olive oil, mea-
sured by the bath, is a tenth of a bath[g] from each
cor (which consists of ten baths or one homer,
15 for ten baths are equivalent to a homer). ●Also
one sheep is to be taken from every flock of two
hundred from the well-watered pastures of
Israel. These will be used for the grain offerings,
burnt offerings and fellowship offerings to make
atonement for the people, declares the Sover-
16 eign LORD. ●All the people of the land will be
required to give this special offering to the prince
17 in Israel. ●It will be the duty of the prince to pro-
vide the burnt offerings, grain offerings and
drink offerings at the festivals, the New Moons
and the Sabbaths—at all the appointed festivals
of Israel. He will provide the sin offerings,[h] grain
offerings, burnt offerings and fellowship offer-
ings to make atonement for the Israelites.

[a] *10* An ephah was a dry measure having the capacity of about 3/5 bushel or about 22 liters. [b] *10* A bath was a liquid measure equaling about 6 gallons or about 22 liters. [c] *12* A shekel weighed about 2/5 ounce or about 12 grams. [d] *12* That is, 60 shekels; the common mina was 50 shekels. Sixty shekels were about 1 1/2 pounds or about 690 grams. [e] *13* That is, probably about 6 pounds or about 2.7 kilograms [f] *13* That is, probably about 5 pounds or about 2.3 kilograms [g] *14* That is, about 2 1/2 quarts or about 2.2 liters [h] *17* Or *purification offerings*; also in verses 19, 22, 23 and 25

accurate [ǽkjurət] *a.* 정확한
appointed [əpɔ́intid] *a.* 정해진
barley [bɑ́:rli] *n.* 보리
border [bɔ́:rdər] *vt.* …에 접하다
consist [kənsíst] *vi.* …으로 되어 있다
contain [kəntéin] *vt.* 담고 있다
extend [iksténd] *vi.* 이르다
lengthwise [léŋkθwàiz] *ad.* 세로로
oppress [əprés] *vt.* 억압하다
parallel [pǽrəlèl] *a.* 서로 같은
possession [pəzéʃən] *n.* 소유, 재산
prescribe [priskráib] *vt.* 규정하다
provide [prəváid] *vt.* 준비하다
require [rikwáiər] *vt.* 요구하다
standard [stǽndərd] *n.* 표준, 기준

45:8 according to...: …에 따라서
45:12 consist of...: …으로 구성되다
45:14 be equivalent to...: …과 똑같다
45:15 used for...: …을 위해 사용하다
45:15 make atonement for...: …를 보상하다, 속죄하다

유월절과 일곱째 달 열다섯째 날
(출 12:1-20; 레 23:33-43)

18 ●여호와께서 이같이 말씀하셨느니라 첫째 달 초하룻날에 흠 없는 수송아지 한 마리를 가져다가 성소를 정결하게 하되
19 제사장이 그 속죄제 희생제물의 피를 가져다가 성전 문설주와 제단 아래층 네 모퉁이와 안뜰 문설주에 바를 것이요
20 [1)]그달 칠 일에도 모든 과실범과 모르고 범죄한 자를 위하여 역시 그렇게 하여 성전을 속죄할지니라 레 4:27
21 ●첫째 달 열나흗날에는 유월절을 칠 일 동안 명절로 지키며 누룩 없는 떡을 먹을 것이라
22 그날에 왕은 자기와 이 땅 모든 백성을 위하여 송아지 한 마리를 갖추어 속죄제를 드릴 것이요
23 또 명절 칠 일 동안에는 그가 나 여호와를 위하여 번제를 준비하되 곧 이레 동안에 매일 흠 없는 수송아지 일곱 마리와 숫양 일곱 마리이며 또 매일 숫염소 한 마리를 갖추어 속죄제를 드릴 것이며
24 또 소제를 갖추되 수송아지 한 마리에는 밀가루 한 에바요 숫양 한 마리에도 한 에바며 밀가루 한 에바에는 기름 한 힌 씩이며
25 일곱째 달 열다섯째 날에 칠 일 동안 명절을 지켜 속죄제와 번제며 그 밀가루와 기름을 드릴지니라 신 16:13

안식일과 초하루 — B.C. 573년경

46 주 여호와께서 이같이 말씀하셨느니라 안뜰 동쪽을 향한 문은 일하는 엿새 동안에는 닫되 안식일에는 열며 초하루에도 열고
2 군주는 바깥 문 현관을 통하여 들어와서 문벽 곁에 서고 제사장은 그를 위하여 번제와 감사제를 드릴 것이요 군주는 문 통로에서 예배한 후에 밖으로 나가고 그 문은 저녁까지 닫지 말 것이며
3 이 땅 백성도 안식일과 초하루에 이 문 입구에서 나 여호와 앞에 예배할 것이며
4 안식일에 군주가 여호와께 드릴 번제는 흠 없는 어린 양 여섯 마리와 흠 없는 숫양 한 마리라
5 그 소제는 숫양 하나에는 밀가루 한 에바요 모든 어린 양에는 그 힘대로 할 것이며 밀가루 한 에바에는 기름 한 힌 씩이니라

18 ●" 'This is what the Sovereign LORD says: In
the first month on the first day you are to take
a young bull without defect and purify the
19 sanctuary. ●The priest is to take some of the
blood of the sin offering and put it on the door-
posts of the temple, on the four corners of the
upper ledge of the altar and on the gateposts of
20 the inner court. ●You are to do the same on
the seventh day of the month for anyone who
sins unintentionally or through ignorance; so
you are to make atonement for the temple.
21 ●" 'In the first month on the fourteenth day
you are to observe the Passover, a festival last-
ing seven days, during which you shall eat
22 bread made without yeast. ●On that day the
prince is to provide a bull as a sin offering for
himself and for all the people of the land.
23 ●Every day during the seven days of the festi-
val he is to provide seven bulls and seven rams
without defect as a burnt offering to the LORD,
24 and a male goat for a sin offering. ●He is to
provide as a grain offering an ephah for each
bull and an ephah for each ram, along with a
hin[a] of olive oil for each ephah.
25 ●" 'During the seven days of the festival,
which begins in the seventh month on the fif-
teenth day, he is to make the same provision
for sin offerings, burnt offerings, grain offer-
ings and oil.

46 " 'This is what the Sovereign LORD says:
The gate of the inner court facing east is
to be shut on the six working days, but on the
Sabbath day and on the day of the New Moon
2 it is to be opened. ●The prince is to enter from
the outside through the portico of the gateway
and stand by the gatepost. The priests are to
sacrifice his burnt offering and his fellowship
offerings. He is to bow down in worship at the
threshold of the gateway and then go out, but
3 the gate will not be shut until evening. ●On
the Sabbaths and New Moons the people of the
land are to worship in the presence of the LORD
4 at the entrance of that gateway. ●The burnt
offering the prince brings to the LORD on the
Sabbath day is to be six male lambs and a ram,
5 all without defect. ●The grain offering given
with the ram is to be an ephah,[b] and the grain
offering with the lambs is to be as much as he
pleases, along with a hin[c] of olive oil for each

[a]24 That is, about 1 gallon or about 3.8 liters [b]5 That is, probably about 35 pounds or about 16 kilograms; also in verses 7 and 11 [c]5 That is, about 1 gallon or about 3.8 liters; also in verses 7 and 11

1) 칠십인역본에는, 칠월 초하루

defect [díːfekt] *n.* 결함, 흠
doorpost [dɔ́ːrpòust] *n.* 문설주
face [feis] *vt.* 직면하다
gatepost [géitpòust] *n.* 문기둥
grain [grein] *n.* 곡식
ignorance [ígnərəns] *n.* 무지
lamb [læm] *n.* 새끼양
ledge [ledʒ] *n.* (선반 모양의) 턱
observe [əbzə́ːrv] *vt.* 준수하다
offering [ɔ́ːfəriŋ] *n.* 제물
Passover [pǽsòuvər] *n.* 유월절
portico [pɔ́ːrtəkòu] *n.* 현관
purify [pjúərəfài] *vt.* 정결케하다
ram [ræm] *n.* 숫양
unintentionally [ʌninténʃənəli] *ad.* 무심결에

45:20 do the same: 똑같이 하다
45:24 along with...: …와 같이
45:25 make provision for...: …를 준비하다
46:3 in the presence of...: …의 면전에서
46:5 as much as...: …만큼

6 ●초하루에는 흠 없는 수송아지 한 마리와
어린 양 여섯 마리와 숫양 한 마리를 드리되
모두 흠 없는 것으로 할 것이며
7 또 소제를 준비하되 수송아지에는 밀가루
한 에바요 숫양에도 밀가루 한 에바며 모든
어린 양에는 그 힘대로 할 것이요 밀가루 한
에바에는 기름 한 힌 씩이며
8 군주가 올 때에는 이 문 현관을 통하여 들어
오고 나갈 때에도 그리할지니라
9 ●그러나 모든 정한 절기에 이 땅 백성이 나
여호와 앞에 나아올 때에는 북문으로 들어
와서 경배하는 자는 남문으로 나가고 남문
으로 들어오는 자는 북문으로 나갈지라 들
어온 문으로 도로 나가지 말고 그 몸이 앞으
로 향한 대로 나갈지며
10 군주가 무리 가운데에 있어서 그들이 들어
올 때에 들어오고 그들이 나갈 때에 나갈지
니라
11 명절과 성회 때에 그 소제는 수송아지 한 마
리에 밀가루 한 에바요 숫양 한 마리에도 한
에바요 모든 어린 양에는 그 힘대로 할 것이
며 밀가루 한 에바에는 기름 한 힌씩이며
12 만일 군주가 자원하여 번제를 준비하거나 혹
은 자원하여 감사제를 준비하여 나 여호와께
드릴 때에는 그를 위하여 동쪽을 향한 문을
열고 그가 번제와 감사제를 안식일에 드림같
이 드리고 밖으로 나갈지며 나간 후에 문을
닫을지니라

매일 드리는 제사

13 ●아침마다 일 년 되고 흠 없는 어린 양 한
마리를 번제를 갖추어 나 여호와께 드리고
14 또 아침마다 그것과 함께 드릴 소제를 갖추
되 곧 밀가루 육분의 일 에바와 기름 삼분의
일 힌을 섞을 것이니 이는 영원한 규례로 삼
아 항상 나 여호와께 드릴 소제라
15 이같이 아침마다 그 어린 양과 밀가루와 기
름을 준비하여 항상 드리는 번제물로 삼을지
니라

군주와 그의 기업

16 ●주 여호와께서 이같이 말씀하셨느니라 군
주가 만일 한 아들에게 선물을 준즉 그의 기
업이 되어 그 자손에게 속하나니 이는 그 기
업을 이어받음이어니와
17 군주가 만일 그 기업을 한 종에게 선물로 준
즉 그 종에게 속하여 희년까지 이르고 그 후
에는 군주에게로 돌아갈 것이니 군주의 기
업은 그 아들이 이어받을 것임이라

6 ephah. ●On the day of the New Moon he is to
offer a young bull, six lambs and a ram, all
7 without defect. ●He is to provide as a grain
offering one ephah with the bull, one ephah
with the ram, and with the lambs as much as
he wants to give, along with a hin of oil for
8 each ephah. ●When the prince enters, he is to
go in through the portico of the gateway, and
he is to come out the same way.
9 ●" 'When the people of the land come
before the LORD at the appointed festivals,
whoever enters by the north gate to worship is
to go out the south gate; and whoever enters
by the south gate is to go out the north gate.
No one is to return through the gate by which
they entered, but each is to go out the oppo-
10 site gate. ●The prince is to be among them,
going in when they go in and going out when
11 they go out. ●At the feasts and the appointed
festivals, the grain offering is to be an ephah
with a bull, an ephah with a ram, and with
the lambs as much as he pleases, along with a
hin of oil for each ephah.
12 ● " 'When the prince provides a freewill
offering to the LORD — whether a burnt offer-
ing or fellowship offerings — the gate facing
east is to be opened for him. He shall offer his
burnt offering or his fellowship offerings as he
does on the Sabbath day. Then he shall go
out, and after he has gone out, the gate will be
shut.
13 ●" 'Every day you are to provide a yearold
lamb without defect for a burnt offering to
the LORD; morning by morning you shall pro-
14 vide it. ●You are also to provide with it morn-
ing by morning a grain offering, consisting of
a sixth of an ephah[a] with a third of a hin[b] of
oil to moisten the flour. The presenting of this
grain offering to the LORD is a lasting ordi-
15 nance. ●So the lamb and the grain offering
and the oil shall be provided morning by
morning for a regular burnt offering.
16 ●" 'This is what the Sovereign LORD says: If
the prince makes a gift from his inheritance
to one of his sons, it will also belong to his
descendants; it is to be their property by inher-
17 itance. ●If, however, he makes a gift from his
inheritance to one of his servants, the servant
may keep it until the year of freedom; then
it will revert to the prince. His inheritance

[a]14 That is, probably about 6 pounds or about 2.7 kilograms [b]14 That is, about 1 1/2 quarts or about 1.3 liters

descendant [diséndənt] *n.* 자손
feast [fi:st] *n.* 잔치
fellowship [félouʃip] *n.* 화목
freewill [frí:wìl] *a.* 자발적인
gateway [géitwèi] *n.* 대문, 출입구
inheritance [inhérətəns] *n.* 유산
moisten [mɔ́isn] *vi.* 축축하게 하다
offering [ɔ́:fəriŋ] *n.* 제물
opposite [ápəzit] *a.* 반대편의
ordinance [ɔ́:rdənəns] *n.* 법령
please [pli:z] *vt.* 기쁘게 하다
property [prápərti] *n.* 재산, 소유
provide [prəváid] *vt.* 제공하다
regular [régjulər] *a.* 정기적인
worship [wə́:rʃip] *vt.* 경배하다

46:8 come out: 나오다
46:12 whether A or B: A든지, B든지
46:14 consist of...: …로 구성되다
46:16 make a gift: 선물을 주다
46:16 belong to...: …에 속하다
46:17 revert to...: …로 되돌아가다

18 군주는 백성의 기업을 빼앗아 그 산업에서
쫓아내지 못할지니 군주가 자기 아들에게 기
업으로 줄 것은 자기 산업으로만 할 것임이
라 백성이 각각 그 산업을 떠나 흩어지지 않
게 할 것이니라

성전 부엌

19 ●그 후에 그가 나를 데리고 문 곁 통행구
를 통하여 북쪽을 향한 제사장의 거룩한 방
에 들어가시니 그 방 뒤 서쪽에 한 처소가
있더라 42:9
20 그가 내게 이르시되 이는 제사장이 속건제
와 속죄제 희생제물을 삶으며 소제 제물을
구울 처소니 그들이 이 성물을 가지고 바깥
뜰에 나가면 백성을 거룩하게 할까 함이니
라 하시고
21 나를 데리고 바깥뜰로 나가서 나를 뜰 네
구석을 지나가게 하시는데 본즉 그 뜰 매
구석에 또 뜰이 있는데
22 뜰의 네 구석 안에는 집이 있으니 길이는
마흔 척이요 너비는 서른 척이라 구석의 네
뜰이 같은 크기며
23 그 작은 네 뜰 사방으로 돌아가며 부엌이
있고 그 사방 부엌에 삶는 기구가 설비되었
는데
24 그가 내게 이르시되 이는 삶는 부엌이니 성
전에서 수종드는 자가 백성의 제물을 여기
서 삶을 것이니라 하시더라

성전에서 나오는 물 (♪ 258장) — B.C. 573년경

47 그가 나를 데리고 성전 문에 이르시
니 성전의 앞면이 동쪽을 향하였는데
그 문지방 밑에서 물이 나와 동쪽으로 흐르
다가 성전 오른쪽 제단 남쪽으로 흘러내리
더라
2 그가 또 나를 데리고 북문으로 나가서 바깥
길로 꺾여 동쪽을 향한 바깥 문에 이르시기
로 본즉 물이 그 오른쪽에서 스며 나오더라
3 ●그 사람이 손에 줄을 잡고 동쪽으로 나아
가며 천 척을 측량한 후에 내게 그 물을 건
너게 하시니 물이 발목에 오르더니 40:3
4 다시 천 척을 측량하고 내게 물을 건너게
하시니 물이 무릎에 오르고 다시 천 척을
측량하고 내게 물을 건너게 하시니 물이 허
리에 오르고
5 다시 천 척을 측량하시니 물이 내가 건너지
못할 강이 된지라 그 물이 가득하여 헤엄칠
만한 물이요 사람이 능히 건너지 못할 강이
더라

18 belongs to his sons only; it is theirs. •The
prince must not take any of the inheritance of
the people, driving them off their property. He
is to give his sons their inheritance out of his
own property, so that not one of my people
will be separated from their property.' "
19 •Then the man brought me through the
entrance at the side of the gate to the sacred
rooms facing north, which belonged to the
priests, and showed me a place at the western
20 end. •He said to me, "This is the place where
the priests are to cook the guilt offering and the
sin offering[a] and bake the grain offering, to
avoid bringing them into the outer court and
consecrating the people."
21 •He then brought me to the outer court and
led me around to its four corners, and I saw in
22 each corner another court. •In the four cor-
ners of the outer court were enclosed[b] courts,
forty cubits long and thirty cubits wide;[c] each
of the courts in the four corners was the same
23 size. •Around the inside of each of the four
courts was a ledge of stone, with places for fire
24 built all around under the ledge. •He said to
me, "These are the kitchens where those who
minister at the temple are to cook the sacrifices
of the people."

The River From the Temple

47 The man brought me back to the en-
trance to the temple, and I saw water
coming out from under the threshold of the
temple toward the east (for the temple faced
east). The water was coming down from un-
der the south side of the temple, south of the
2 altar. •He then brought me out through the
north gate and led me around the outside to
the outer gate facing east, and the water was
trickling from the south side.
3 •As the man went eastward with a measur-
ing line in his hand, he measured off a thou-
sand cubits[d] and then led me through water
4 that was ankle-deep. •He measured off anoth-
er thousand cubits and led me through water
that was knee-deep. He measured off another
thousand and led me through water that was
5 up to the waist. •He measured off another
thousand, but now it was a river that I could
not cross, because the water had risen and was
deep enough to swim in — a river that no one

[a]20 Or *purification offering* [b]22 The meaning of the Hebrew for this word is uncertain. [c]22 That is, about 70 feet long and 53 feet wide or about 21 meters long and 16 meters wide [d]3 That is, about 1,700 feet or about 530 meters

altar [ɔ́:ltər] *n.* 제단
ankle-deep [ǽŋkldí:p] *a.* (깊이가)발목까지인
avoid [əvɔ́id] *vt.* 피하다
consecrate [kánsəkrèit] *vt.* 신성하게 하다
enclose [inklóuz] *vt.* 둘러싸다
entrance [éntrəns] *n.* 입구
inheritance [inhérətəns] *n.* 유산
ledge [ledʒ] *n.* 선반, 가로대
minister [mínəstər] *vi.* 섬기다
offering [ɔ́:fəriŋ] *n.* 제물
risen [rízn] *a.* 오른, 일어난
sacred [séikrid] *a.* 신성한
temple [témpl] *n.* 성전
threshold [θréʃhould] *n.* 문지방
trickle [tríkl] *vi.* 졸졸 흐르다

46:18 drive off...: …에서 쫓아내다
46:18 be separated from...: …에서 분리되다
46:23 inside of: …안에
47:2 bring out: 데리고 나가다
47:3 measure off: 측정하다
47:5 enough to...: …하기에 충분한

6 ● 그가 내게 이르시되 인자야 네가 이것을 보았느냐 하시고 나를 인도하여 강가로 돌아가게 하시기로
7 내가 돌아가니 강 좌우편에 나무가 심히 많더라
8 그가 내게 이르시되 이 물이 동쪽으로 향하여 흘러 아라바로 내려가서 바다에 이르리니 이 흘러내리는 물로 그 바다의 물이 되살아나리라
9 이 강물이 이르는 곳마다 번성하는 모든 생물이 살고 또 고기가 심히 많으리니 이 물이 흘러 들어가므로 바닷물이 되살아나겠고 이 강이 이르는 각처에 모든 것이 살 것이며
10 또 이 강가에 어부가 설 것이니 엔게디에서부터 에네글라임까지 그물 치는 곳이 될 것이라 그 고기가 각기 종류를 따라 큰 바다의 고기같이 심히 많으려니와
11 그 진펄과 개펄은 되살아나지 못하고 소금 땅이 될 것이며
12 강 좌우 가에는 각종 먹을 과실나무가 자라서 그 잎이 시들지 아니하며 열매가 끊이지 아니하고 달마다 새 열매를 맺으리니 그 물이 성소를 통하여 나옴이라 그 열매는 먹을 만하고 그 잎사귀는 약 재료가 되리라

땅의 경계선과 분배

13 ● 주 여호와께서 이같이 말씀하셨느니라 너희는 이 경계선대로 이스라엘 열두 지파에게 이 땅을 나누어 기업이 되게 하되 요셉에게는 두 몫이니라
14 내가 옛적에 내 손을 들어 맹세하여 이 땅을 너희 조상들에게 주겠다고 하였나니 너희는 공평하게 나누어 기업을 삼으라 이 땅이 너희의 기업이 되리라
15 이 땅 경계선은 이러하니라 북쪽은 대해에서 헤들론 길을 거쳐 스닷 어귀까지니
16 곧 하맛과 브로다며 다메섹 경계선과 하맛 경계선 사이에 있는 시브라임과 하우란 경계선 곁에 있는 하셀핫디곤이라
17 그 경계선이 바닷가에서부터 다메섹 경계선에 있는 하살에논까지요 그 경계선이 또 북쪽 끝에 있는 하맛 경계선에 이르렀나니 이는 그 북쪽이요
18 동쪽은 하우란과 다메섹과 및 길르앗과 이스라엘 땅 사이에 있는 요단 강이니 북쪽 경계선에서부터 동쪽 바다까지 측량하라 이는 그 동쪽이요

렘 50:19

6 could cross. ● He asked me, "Son of man, do
you see this?"
Then he led me back to the bank of the river.
7 ● When I arrived there, I saw a great number
8 of trees on each side of the river. ● He said to
me, "This water flows toward the eastern
region and goes down into the Arabah,[a] where
it enters the Dead Sea. When it empties into
the sea, the salty water there becomes fresh.
9 ● Swarms of living creatures will live wherever
the river flows. There will be large numbers of
fish, because this water flows there and makes
the salt water fresh; so where the river flows
10 everything will live. ● Fishermen will stand
along the shore; from En Gedi to En Eglaim
there will be places for spreading nets. The
fish will be of many kinds—like the fish of the
11 Mediterranean Sea. ● But the swamps and
marshes will not become fresh; they will be left
12 for salt. ● Fruit trees of all kinds will grow on
both banks of the river. Their leaves will not
wither, nor will their fruit fail. Every month
they will bear fruit, because the water from
the sanctuary flows to them. Their fruit will
serve for food and their leaves for healing."

The Boundaries of the Land

13 ● This is what the Sovereign LORD says:
"These are the boundaries of the land that you
will divide among the twelve tribes of Israel
as their inheritance, with two portions for
14 Joseph. ● You are to divide it equally among
them. Because I swore with uplifted hand to
give it to your ancestors, this land will become
your inheritance.

15 ● "This is to be the boundary of the land:

"On the north side it will run from the Mediterranean Sea by the Hethlon road past
16 Lebo Hamath to Zedad, ● Berothah[b] and
Sibraim (which lies on the border between
Damascus and Hamath), as far as Hazer
Hattikon, which is on the border of Hau-
17 ran. ● The boundary will extend from the
sea to Hazar Enan,[c] along the northern
border of Damascus, with the border of
Hamath to the north. This will be the northern boundary.

18 ● "On the east side the boundary will run
between Hauran and Damascus, along
the Jordan between Gilead and the land
of Israel, to the Dead Sea and as far as

[a]8 Or *the Jordan Valley* [b]15,16 See Septuagint and 48:1; Hebrew *road to go into Zedad,* [16]*Hamath, Berothah.* [c]17 Hebrew *Enon,* a variant of *Enan*

border [bɔ́:rdər] *n.vt.* 경계, …에 접하다
boundary [báundəri] *n.* 경계(선)
divide [diváid] *vt.* 나누다
extend [iksténd] *vi.* 뻗치다
inheritance [inhérətəns] *n.* 유산
marsh [ma:rʃ] *n.* 습지
portion [pɔ́:rʃən] *n.* 부분
region [rí:dʒən] *n.* 지방, 지역
sanctuary [sǽŋktʃuèri] *n.* 지성소, 신전
shore [ʃɔ:r] *n.* 물가
sovereign [sávərin] *a.* 주권을 가진
spread [spred] *vt.* 펴다
swamp [swamp] *n.* 늪지대
tribe [traib] *n.* 지파
uplifted [ʌplíftid] *a.* 들어올린

47:7 a great number of: 매우 많은 수의
47:8 empty into...: …로 흘러들다
47:9 swarm of...: …의 떼
47:12 serve for...: …에 도움이 되다
47:16 between A and B: A와 B사이에
47:16 as far as...: …까지 멀리

19 남쪽은 다말에서부터 므리봇 가데스 물
에 이르고 애굽 시내를 따라 대해에 이르
나니 이는 그 남쪽이요 신 32:51
20 서쪽은 대해라 남쪽 경계선에서부터 맞
은쪽 하맛 어귀까지 이르나니 이는 그 서
쪽이니라
21 ●그런즉 너희가 이스라엘 모든 지파대로
이 땅을 나누어 차지하라
22 너희는 이 땅을 나누되 제비 뽑아 너희와
너희 가운데에 머물러 사는 타국인 곧 너
희 가운데에서 자녀를 낳은 자의 기업이
되게 할지니 너희는 그 타국인을 본토에
서 난 이스라엘 족속같이 여기고 그들도
이스라엘 지파 중에서 너희와 함께 기업
을 얻게 하되 롬 10:12
23 타국인이 머물러 사는 그 지파에서 그 기
업을 줄지니라 주 여호와의 말씀이니라

각 지파의 몫과 거룩한 땅 (♪339, 439장)

— B.C. 573년경

48 모든 지파의 이름은 이와 같으니라
북쪽 끝에서부터 헤들론 길을 거쳐
하맛 어귀를 지나서 다메섹 경계선에 있
는 하살에논까지 곧 북쪽으로 하맛 경계
선에 미치는 땅 동쪽에서 서쪽까지는 단
의 몫이요
2 단 경계선 다음으로 동쪽에서 서쪽까지
는 아셀의 몫이요
3 아셀 경계선 다음으로 동쪽에서 서쪽까
지는 납달리의 몫이요
4 납달리 경계선 다음으로 동쪽에서 서쪽
까지는 므낫세의 몫이요
5 므낫세 경계선 다음으로 동쪽에서 서쪽
까지는 에브라임의 몫이요
6 에브라임 경계선 다음으로 동쪽에서 서
쪽까지는 르우벤의 몫이요 수 13:15-23
7 르우벤 경계선 다음으로 동쪽에서 서쪽
까지는 유다의 몫이요
8 유다 경계선 다음으로 동쪽에서 서쪽까
지는 너희가 예물로 드릴 땅이라 너비는
이만 오천 척이요 길이는 다른 몫의 동쪽
에서 서쪽까지와 같고 성소는 그 중앙에
있을지니 45:1-6
9 곧 너희가 여호와께 드려 예물로 삼을 땅
의 길이는 이만 오천 척이요 너비는 [1]만
척이라
10 이 드리는 거룩한 땅은 제사장에게 돌릴
지니 북쪽으로 길이가 이만 오천 척이요

Tamar.[a] This will be the eastern boundary.
19 ●"On the south side it will run from Tamar as far
as the waters of Meribah Kadesh, then along
the Wadi of Egypt to the Mediterranean Sea.
This will be the southern boundary.
20 ●"On the west side, the Mediterranean Sea will
be the boundary to a point opposite Lebo
Hamath. This will be the western boundary.
21 ●"You are to distribute this land among your-
22 selves according to the tribes of Israel. ●You are
to allot it as an inheritance for yourselves and
for the foreigners residing among you and who
have children. You are to consider them as
native-born Israelites; along with you they are to
be allotted an inheritance among the tribes of
23 Israel. ●In whatever tribe a foreigner resides,
there you are to give them their inheritance,"
declares the Sovereign LORD.

The Division of the Land

48 "These are the tribes, listed by name: At
the northern frontier, Dan will have one
portion; it will follow the Hethlon road to Lebo
Hamath; Hazar Enan and the northern border
of Damascus next to Hamath will be part of its
border from the east side to the west side.
2 ●"Asher will have one portion; it will border
the territory of Dan from east to west.
3 ●"Naphtali will have one portion; it will bor-
der the territory of Asher from east to west.
4 ●"Manasseh will have one portion; it will bor-
der the territory of Naphtali from east to west.
5 ●"Ephraim will have one portion; it will bor-
der the territory of Manasseh from east to west.
6 ●"Reuben will have one portion; it will border
the territory of Ephraim from east to west.
7 ●"Judah will have one portion; it will border
the territory of Reuben from east to west.
8 ●"Bordering the territory of Judah from east
to west will be the portion you are to present as
a special gift. It will be 25,000 cubits[b] wide, and
its length from east to west will equal one of the
tribal portions; the sanctuary will be in the cen-
ter of it.
9 ●"The special portion you are to offer to the
LORD will be 25,000 cubits long and 10,000
10 cubits[c] wide. ●This will be the sacred portion for
the priests. It will be 25,000 cubits long on the
north side, 10,000 cubits wide on the west side,

[a] 18 See Syriac; Hebrew *Israel. You will measure to the Dead Sea.* [b] 8 That is, about 8 miles or about 13 kilometers; also in verses 9, 10, 13, 15, 20 and 21 [c] 9 That is, about 3 1/3 miles or about 5.3 kilometers; also in verses 10, 13 and 18

1) 칠십인역본에는, 이만

allot [əlát] *vt.* (제비뽑기로) 분배하다
border [bɔ́:rdər] *n.* 경계
declare [diklέər] *vt.* 선언하다
distribute [distríbju:t] *vt.* 분배하다
division [divíʒən] *n.* 분배, 분할
equal [í:kwəl] *a.* 같은
frontier [frʌntíər] *n.* 국경
inheritance [inhérətəns] *n.* 유산
native-born [néitivbɔ́:rn] *a.* 본토의
opposite [ápəzit] *a.* 반대편의
portion [pɔ́:rʃən] *n.* 몫
reside [rizáid] *vi.* 살다
sacred [séikrid] *a.* 거룩한
sanctuary [sǽŋktʃuèri] *n.* 성소
territory [térətɔ̀:ri] *n.* 영역, 영토

47:21 according to...: …에 따라서
47:22 consider A as B: A를 B라고 간주하다
47:22 along with...: …와 함께
48:8 present A as B: A를 B로 바치다
48:9 offer A to B: A를 B에게 바치다

서쪽으로 너비는 만 척이요 동쪽으로 너비
가 만 척이요 남쪽으로 길이가 이만 오천
척이라 그 중앙에 여호와의 성소가 있게 하
고 44:28; 45:4
11 이 땅을 사독의 자손 중에서 거룩하게 구별
한 제사장에게 돌릴지어다 그들은 직분을 지
키고 이스라엘 족속이 그릇될 때에 레위 사
람이 그릇된 것처럼 그릇되지 아니하였느니
라
12 땅의 예물 중에서 그들이 예물을 받을지니
레위인의 접경지에 관한 가장 거룩한 예물이
니라
13 ●제사장의 경계선을 따라 레위 사람의 몫을
주되 길이는 이만 오천 척이요 너비는 만 척
으로 할지니 이 구역의 길이가 이만 오천 척
이요 너비가 각기 만 척이라
14 그들이 그 땅을 팔지도 못하며 바꾸지도 못
하며 그 땅의 처음 익은 열매를 남에게 주지
도 못하리니 이는 여호와께 거룩히 구별한
것임이라
15 ●이 이만 오천 척 다음으로 너비 오천 척은
속된 땅으로 구분하여 성읍을 세우며 거주하
는 곳과 전원을 삼되 성읍이 그 중앙에 있게
할지니
16 그 크기는 북쪽도 사천오백 척이요 남쪽도
사천오백 척이요 동쪽도 사천오백 척이요 서
쪽도 사천오백 척이며 계 21:16
17 그 성읍의 들은 북쪽으로 이백오십 척이요
남쪽으로 이백오십 척이요 동쪽으로 이백오
십 척이요 서쪽으로 이백오십 척이며
18 예물을 삼아 거룩히 구별할 땅과 연접하여
남아 있는 땅의 길이는 동쪽으로 만 척이요
서쪽으로 만 척이라 곧 예물을 삼아 거룩하
게 구별할 땅과 연접하였으며 그 땅의 소산
을 성읍에서 일하는 자의 양식을 삼을지라
19 이스라엘 모든 지파 가운데에 그 성읍에서
일하는 자는 그 땅을 경작할지니라
20 그런즉 예물로 드리는 땅의 합계는 길이도
이만 오천 척이요 너비도 이만 오천 척이라
너희가 거룩히 구별하여 드릴 땅은 성읍의
기지와 합하여 네모 반듯할 것이니라
21 ●거룩하게 구별할 땅과 성읍의 기지 좌우편
에 남은 땅은 군주에게 돌릴지니 곧 거룩하
게 구별할 땅의 동쪽을 향한 그 경계선 앞 이
만 오천 척과 서쪽을 향한 그 경계선 앞 이만
오천 척이라 다른 몫들과 연접한 땅이니 이
것을 군주에게 돌릴 것이며 거룩하게 구별할

10,000 cubits wide on the east side and
25,000 cubits long on the south side. In the
center of it will be the sanctuary of the LORD.
11 ●This will be for the consecrated priests, the
Zadokites, who were faithful in serving me
and did not go astray as the Levites did when
12 the Israelites went astray. ●It will be a special
gift to them from the sacred portion of the
land, a most holy portion, bordering the ter-
ritory of the Levites.
13 ●"Alongside the territory of the priests, the
Levites will have an allotment 25,000 cubits
long and 10,000 cubits wide. Its total length
will be 25,000 cubits and its width 10,000
14 cubits. ●They must not sell or exchange any
of it. This is the best of the land and must not
pass into other hands, because it is holy to the
LORD.
15 ●"The remaining area, 5,000 cubits[a] wide
and 25,000 cubits long, will be for the com-
mon use of the city, for houses and for pas-
tureland. The city will be in the center of it
16 ●and will have these measurements: the
north side 4,500 cubits,[b] the south side 4,500
cubits, the east side 4,500 cubits, and the west
17 side 4,500 cubits. ●The pastureland for the
city will be 250 cubits[c] on the north, 250
cubits on the south, 250 cubits on the east,
18 and 250 cubits on the west. ●What remains
of the area, bordering on the sacred portion
and running the length of it, will be 10,000
cubits on the east side and 10,000 cubits on
the west side. Its produce will supply food for
19 the workers of the city. ●The workers from
the city who farm it will come from all the
20 tribes of Israel. ●The entire portion will be a
square, 25,000 cubits on each side. As a spe-
cial gift you will set aside the sacred portion,
along with the property of the city.
21 ●"What remains on both sides of the area
formed by the sacred portion and the proper-
ty of the city will belong to the prince. It will
extend eastward from the 25,000 cubits of
the sacred portion to the eastern border, and
westward from the 25,000 cubits to the west-
ern border. Both these areas running the
length of the tribal portions will belong to
the prince, and the sacred portion with the
temple sanctuary will be in the center of

[a] *15* That is, about 1 2/3 miles or about 2.7 kilometers
[b] *16* That is, about 1 1/2 miles or about 2.4 kilometers; also in verses 30, 32, 33 and 34 [c] *17* That is, about 440 feet or about 135 meters

allotment [əlátmənt] *n.* 할당, 몫
common [kámən] *a.* 공통의, 공유의
consecrate [kánsəkrèit] *vt.* 성별하다
entire [intáiər] *a.* 전부의
faithful [féiθfəl] *a.* 충실한
farm [fa:rm] *vt.* (토지를) 경작하다
form [fɔ:rm] *vt.* 형성하다
length [leŋkθ] *n.* 길이
measurement [méʒərmənt] *n.* 치수
pastureland [pǽstʃərlæ̀nd] *n.* 목초지
priest [pri:st] *n.* 성직자
produce [prədjú:s] *n.* 수확물
property [prápərti] *n.* 땅, 소유지
remain [riméin] *vi.* 남다
width [widθ] *n.* 너비, 폭

48:11 **go astray**: 길을 잃다, 타락하다
48:18 **supply A for B**: B에게 A를 공급하다
48:20 **set aside**: 따로 두다, 제쳐놓다
48:21 **belong to...**: …에 속하다
48:21 **extend from A to B**: A에서 B까지 뻗어 있다

땅과 성전의 성소가 그 중앙에 있으리라 45:7
22 그런즉 군주에게 돌려 그에게 속할 땅은 레
위 사람의 기업 좌우편과 성읍의 기지 좌우
편이며 유다 지경과 베냐민 지경 사이에 있
을지니라

나머지 지파들의 몫

23 ●그 나머지 모든 지파는 동쪽에서 서쪽까지
는 베냐민의 몫이요
24 베냐민 경계선 다음으로 동쪽에서 서쪽까지
는 시므온의 몫이요
25 시므온 경계선 다음으로 동쪽에서 서쪽까지
는 잇사갈의 몫이요
26 잇사갈 경계선 다음으로 동쪽에서 서쪽까지
는 스불론의 몫이요
27 스불론 경계선 다음으로 동쪽에서 서쪽까지
는 갓의 몫이며
28 갓 경계선 다음으로 남쪽 경계선은 다말에서
부터 므리바가데스 샘에 이르고 애굽 시내를
따라 대해에 이르나니
29 이것은 너희가 제비 뽑아 이스라엘 지파에게
나누어 주어 기업이 되게 할 땅이요 또 이것
들은 그들의 몫이니라 주 여호와의 말씀이니
라

예루살렘 성읍의 문들

30 ●그 성읍의 출입구는 이러하니라 북쪽의 너
비가 사천오백 척이라
31 그 성읍의 문들은 이스라엘 지파들의 이름을
따를 것인데 북쪽으로 문이 셋이라 하나는
르우벤 문이요 하나는 유다 문이요 하나는
레위 문이며
32 동쪽의 너비는 사천오백 척이니 또한 문이
셋이라 하나는 요셉 문이요 하나는 베냐민
문이요 하나는 단 문이며
33 남쪽의 너비는 사천오백 척이니 또한 문이
셋이라 하나는 시므온 문이요 하나는 잇사갈
문이요 하나는 스불론 문이며
34 서쪽도 사천오백 척이니 또한 문이 셋이라
하나는 갓 문이요 하나는 아셀 문이요 하나
는 납달리 문이며
35 그 사방의 합계는 만 팔천 척이라 그날 후
로는 그 성읍의 이름을 [1)]여호와삼마라 하리
라

22 them. ●So the property of the Levites and the
property of the city will lie in the center of
the area that belongs to the prince. The area
belonging to the prince will lie between the
border of Judah and the border of Benjamin.
23 ●"As for the rest of the tribes: Benjamin
will have one portion; it will extend from the
east side to the west side.
24 ●"Simeon will have one portion; it will
border the territory of Benjamin from east to
west.
25 ●"Issachar will have one portion; it will
border the territory of Simeon from east to
west.
26 ●"Zebulun will have one portion; it will
border the territory of Issachar from east to
west.
27 ●"Gad will have one portion; it will border
the territory of Zebulun from east to west.
28 ●"The southern boundary of Gad will run
south from Tamar to the waters of Meribah
Kadesh, then along the Wadi of Egypt to the
Mediterranean Sea.
29 ●"This is the land you are to allot as an
inheritance to the tribes of Israel, and these
will be their portions," declares the Sovereign
LORD.

The Gates of the New City

30 ●"These will be the exits of the city: Begin-
ning on the north side, which is 4,500 cubits
31 long, ●the gates of the city will be named
after the tribes of Israel. The three gates on the
north side will be the gate of Reuben, the gate
of Judah and the gate of Levi.
32 ●"On the east side, which is 4,500 cubits
long, will be three gates: the gate of Joseph,
the gate of Benjamin and the gate of Dan.
33 ●"On the south side, which measures 4,500
cubits, will be three gates: the gate of Simeon,
the gate of Issachar and the gate of Zebulun.
34 ●"On the west side, which is 4,500 cubits
long, will be three gates: the gate of Gad, the
gate of Asher and the gate of Naphtali.
35 ●"The distance all around will be 18,000
cubits.[a]

"And the name of the city from that time
on will be:

THE LORD IS THERE."

[a]35 That is, about 6 miles or about 9.5 kilometers
1) 여호와께서 거기에 계시다

area [ɛ́əriə] *n.* 지역, 영역
border [bɔ́:rdər] *n.vt.* 국경, …에 접하다
boundary [báundəri] *n.* 경계
declare [diklɛ́ər] *vt.* 선언하다
distance [dístəns] *n.* 거리
exit [égzit] *n.* 출입구
extend [iksténd] *vi.* 이르다
gate [geit] *n.* 문
inheritance [inhérətəns] *n.* 유산
measure [méʒər] *vt.* 측량하다
portion [pɔ́:rʃən] *n.* 몫
property [prápərti] *n.* 재산
sovereign [sávərin] *n.* 주권자
territory [térətɔ̀:ri] *n.* 영토
tribe [traib] *n.* 지파

48:22 belong to...: …에 속하다
48:23 for the rest: 그 외에는
48:28 run from: …에서부터 계속하다
48:29 allot A to B: (제비뽑기로)A를 B에게 분배하다
48:31 name after...: …의 이름을 따라 짓다

Daniel | 다니엘

● 저자 _ 다니엘 ● 저작 연대 _ B.C. 605–530년 사이로 추정 ● 기록 장소 _ 바벨론
● 기록 대상 _ 바벨론에서 포로 생활하는 유다인들 ● 핵심어 및 내용 _ 핵심어는 '용기'와 '보호'이다.

본서는 참된 용기와 하나님에 대한 헌신을 보여주는 이야기와 하나님을 온전히 의지하는 자는 어떠한 역경 속에서도 보호하신다는 말씀이 기록되어 있다.

느부갓네살 왕궁의 소년들 — B.C. 605년경

1 유다 왕 여호야김이 다스린 지 삼 년이 되는 해에 바벨론 왕 느부갓네살이 예루살렘에 이르러 성을 에워쌌더니
2 주께서 유다 왕 여호야김과 하나님의 전 그릇 얼마를 그의 손에 넘기시매 그가 그것을 가지고 시날 땅 자기 신들의 신전에 가져다가 그 신들의 보물 창고에 두었더라
3 왕이 환관장 아스부나스에게 말하여 이스라엘 자손 중에서 왕족과 귀족 몇 사람 사 39:7
4 곧 흠이 없고 용모가 아름다우며 모든 지혜를 통찰하며 지식에 통달하며 학문에 익숙하여 왕궁에 설 만한 소년을 데려오게 하였고 그들에게 갈대아 사람의 학문과 언어를 가르치게 하였고
5 또 왕이 지정하여 그들에게 왕의 음식과 그가 마시는 포도주에서 날마다 쓸 것을 주어 삼 년을 기르게 하였으니 그 후에 그들은 왕 앞에 서게 될 것이더라
6 그들 가운데는 유다 자손 곧 다니엘과 하나냐와 미사엘과 아사랴가 있었더니
7 환관장이 그들의 이름을 고쳐 다니엘은 벨드사살이라 하고 하나냐는 사드락이라 하고 미사엘은 메삭이라 하고 아사랴는 아벳느고라 하였더라 4:8
8 •다니엘은 뜻을 정하여 왕의 음식과 그가 마시는 포도주로 자기를 더럽히지 아니하리라 하고 자기를 더럽히지 아니하도록 환관장에게 구하니
9 하나님이 다니엘로 하여금 환관장에게 은혜와 긍휼을 얻게 하신지라
10 환관장이 다니엘에게 이르되 내가 내 주 왕을 두려워하노라 그가 너희 먹을 것과 너희 마실 것을 지정하셨거늘 너희의 얼굴이 초췌하여 같은 또래의 소년들만 못한 것을 그가 보게 할 것이 무엇이냐 그렇게 되면 너희 때문에 내 머리가 왕 앞에서 위태롭게 되리라 하니라
11 환관장이 다니엘과 하나냐와 미사엘과 아사랴를 감독하게 한 자에게 다니엘이 말하되
12 청하오니 당신의 종들을 열흘 동안 시험하여 채식을 주어 먹게 하고 물을 주어 마시게 한 후에

Daniel's Training in Babylon

1 In the third year of the reign of Jehoiakim
king of Judah, Nebuchadnezzar king of
Babylon came to Jerusalem and besieged it.
2 •And the Lord delivered Jehoiakim king of
Judah into his hand, along with some of the
articles from the temple of God. These he car-
ried off to the temple of his god in Babyloni-
a[a] and put in the treasure house of his god.
3 •Then the king ordered Ashpenaz, chief
of his court officials, to bring into the king's
service some of the Israelites from the royal
4 family and the nobility— •young men with-
out any physical defect, handsome, show-
ing aptitude for every kind of learning, well
informed, quick to understand, and qualified
to serve in the king's palace. He was to teach
them the language and literature of the Baby-
5 lonians.[b] •The king assigned them a daily
amount of food and wine from the king's
table. They were to be trained for three years,
and after that they were to enter the king's
service.
6 •Among those who were chosen were
some from Judah: Daniel, Hananiah, Mishael
7 and Azariah. •The chief official gave them
new names: to Daniel, the name Belteshaz-
zar; to Hananiah, Shadrach; to Mishael, Me-
shach; and to Azariah, Abednego.
8 •But Daniel resolved not to defile himself
with the royal food and wine, and he asked
the chief official for permission not to defile
9 himself this way. •Now God had caused the
official to show favor and compassion to
10 Daniel, •but the official told Daniel, "I am
afraid of my lord the king, who has assigned
your[c] food and drink. Why should he see
you looking worse than the other young
men your age? The king would then have
my head because of you."
11 •Daniel then said to the guard whom the
chief official had appointed over Daniel,
12 Hananiah, Mishael and Azariah, •"Please test
your servants for ten days: Give us nothing
but vegetables to eat and water to drink.

[a]2 Hebrew *Shinar* [b]4 Or *Chaldeans* [c]10 The Hebrew for *your* and *you* in this verse is plural.

13 당신 앞에서 우리의 얼굴과 왕의 음식을 먹
는 소년들의 얼굴을 비교하여 보아서 당신이
보는 대로 종들에게 행하소서 하매
14 그가 그들의 말을 따라 열흘 동안 시험하더
니
15 열흘 후에 그들의 얼굴이 더욱 아름답고 살
이 더욱 윤택하여 왕의 음식을 먹는 다른 소
년들보다 더 좋아 보인지라
16 그리하여 감독하는 자가 그들에게 지정된 음
식과 마실 포도주를 제하고 채식을 주니라
17 ●하나님이 이 네 소년에게 학문을 주시고 모
든 서적을 깨닫게 하시고 지혜를 주셨으니 다
니엘은 또 모든 환상과 꿈을 깨달아 알더라
18 왕이 말한 대로 그들을 불러들일 기한이 찼
으므로 환관장이 그들을 느부갓네살 앞으로
데리고 가니 1:3,5,7
19 왕이 그들과 말하여 보매 무리 중에 다니엘
과 하나냐와 미사엘과 아사랴와 같은 자가
없으므로 그들을 왕 앞에 서게 하고
20 왕이 그들에게 모든 일을 묻는 중에 그 지혜
와 총명이 온 나라 박수와 술객보다 십 배나
나은 줄을 아니라
21 다니엘은 고레스 왕 원년까지 있으니라 6:28

느부갓네살의 꿈 (♪ 15, 28장) — B.C. 604년경

2 느부갓네살이 다스린 지 이 년이 되는 해
에 느부갓네살이 꿈을 꾸고 그로 말미암아
마음이 번민하여 잠을 이루지 못한지라 에 6:1
2 왕이 그의 꿈을 자기에게 알려 주도록 박수
와 술객과 점쟁이와 갈대아 술사를 부르라
말하매 그들이 들어가서 왕의 앞에 선지라
3 왕이 그들에게 이르되 내가 꿈을 꾸고 그 꿈을
알고자 하여 마음이 번민하도다 하니 창 40:8
4 갈대아 술사들이 아람 말로 왕에게 말하되
[1]왕이여 만수무강 하옵소서 왕께서 그 꿈을
종들에게 이르시면 우리가 해석하여 드리겠
나이다 하는지라
5 왕이 갈대아인들에게 대답하여 이르되 [2]내
가 명령을 내렸나니 너희가 만일 꿈과 그 해
석을 내게 알게 하지 아니하면 너희 몸을 쪼
갤 것이며 너희의 집을 거름더미로 만들 것
이요
6 너희가 만일 꿈과 그 해석을 보이면 너희가
선물과 상과 큰 영광을 내게서 얻으리라 그
런즉 꿈과 그 해석을 내게 보이라 하니
7 그들이 다시 대답하여 이르되 원하건대 왕은
꿈을 종들에게 이르소서 그리하시면 우리가
해석하여 드리겠나이다 하니

13 •Then compare our appearance with that of
the young men who eat the royal food, and
treat your servants in accordance with what
14 you see." •So he agreed to this and tested
them for ten days.
15 •At the end of the ten days they looked
healthier and better nourished than any of
16 the young men who ate the royal food. •So
the guard took away their choice food and
the wine they were to drink and gave them
vegetables instead.
17 •To these four young men God gave
knowledge and understanding of all kinds of
literature and learning. And Daniel could
understand visions and dreams of all kinds.
18 •At the end of the time set by the king to
bring them into his service, the chief official
19 presented them to Nebuchadnezzar. •The
king talked with them, and he found none
equal to Daniel, Hananiah, Mishael and
20 Azariah; so they entered the king's service. •In
every matter of wisdom and understanding
about which the king questioned them, he
found them ten times better than all the magi-
cians and enchanters in his whole kingdom.
21 •And Daniel remained there until the first
year of King Cyrus.

Nebuchadnezzar's Dream

2 In the second year of his reign, Neb-
uchadnezzar had dreams; his mind was
2 troubled and he could not sleep. •So the king
summoned the magicians, enchanters, sor-
cerers and astrologers[a] to tell him what he
had dreamed. When they came in and stood
3 before the king, •he said to them, "I have
had a dream that troubles me and I want to
know what it means.[b]"
4 •Then the astrologers answered the king,[c]
"May the king live forever! Tell your servants
the dream, and we will interpret it."
5 •The king replied to the astrologers, "This
is what I have firmly decided: If you do not
tell me what my dream was and interpret it,
I will have you cut into pieces and your hous-
6 es turned into piles of rubble. •But if you tell
me the dream and explain it, you will receive
from me gifts and rewards and great honor.
So tell me the dream and interpret it for me."
7 •Once more they replied, "Let the king tell

[a]2 Or *Chaldeans*; also in verses 4, 5 and 10 [b]3 Or *was* [c]4 At this point the Hebrew text has *in Aramaic*, indicating that the text from here through the end of chapter 7 is in Aramaic.

1) 2:4 하반부터 7:28까지는 아람 말로 기록되었음 2) 내 명령이 확실하니

appearance [əpíərəns] *n.* 외모
astrologer [əstrɑ́lədʒər] *n.* 점성가
enchanter [intʃǽntər] *n.* 요술쟁이
firmly [fə́ːrmli] *ad.* 단호히
interpret [intə́ːrprit] *vt.* 해석하다
knowledge [nɑ́lidʒ] *n.* 지식
literature [lítərətʃər] *n.* 문학
nourish [nə́ːriʃ] *vt.* 영양을 공급하다
reign [rein] *n.* 통치
remain [riméin] *vi.* 남다, 살아남다
reward [riwɔ́ːrd] *n.* 보상
rubble [rʌbl] *n.* 돌조각
sorcerer [sɔ́ːrsərər] *n.* 마법사
summon [sʌmən] *vt.* 소환하다
vegetable [védʒətəbl] *n.* (보통 pl.) 야채

1:13 compare A with B: A와 B를 비교하다
1:13 in accordance with...: …에 따라서
1:14 agree to...: …에 동의하다
1:16 take away: 가져가다
1:19 equal to...: …에 필적하는, 견줄 만한
2:5 cut into pieces: 산산조각을 내다

8 왕이 대답하여 이르되 내가 분명히 아노라 너희가 나의 [1]명령이 내렸음을 보았으므로 시간을 지연하려 함이로다

9 너희가 만일 이 꿈을 내게 알게 하지 아니하면 너희를 처치할 법이 오직 하나이니 이는 너희가 거짓말과 망령된 말을 내 앞에서 꾸며 말하여 때가 변하기를 기다리려 함이라 이제 그 꿈을 내게 알게 하라 그리하면 너희가 그 해석도 보일 줄을 내가 알리라 하더라

10 갈대아인들이 왕 앞에 대답하여 이르되 세상에는 왕의 그 일을 보일 자가 한 사람도 없으므로 어떤 크고 권력 있는 왕이라도 이런 것으로 박수에게나 술객에게나 갈대아인들에게 물은 자가 없었나이다

11 왕께서 물으신 것은 어려운 일이라 육체와 함께 살지 아니하는 신들 외에는 왕 앞에 그것을 보일 자가 없나이다 한지라

12 왕이 이로 말미암아 진노하고 통분하여 바벨론의 모든 지혜자들을 다 죽이라 명령하니라

13 왕의 명령이 내리매 지혜자들은 죽게 되었고 다니엘과 그의 친구들도 죽이려고 찾았더라

다니엘에게 은밀한 것을 보이시다

14 ●그때에 왕의 근위대장 아리옥이 바벨론 지혜자들을 죽이러 나가매 다니엘이 명철하고 슬기로운 말로

15 왕의 근위대장 아리옥에게 물어 이르되 왕의 명령이 어찌 그리 급하냐 하니 아리옥이 그 일을 다니엘에게 알리매

16 다니엘이 들어가서 왕께 구하기를 시간을 주시면 왕에게 그 해석을 알려 드리리이다 하니라

17 ●이에 다니엘이 자기 집으로 돌아가서 그 친구 하나냐와 미사엘과 아사랴에게 그 일을 알리고

18 하늘에 계신 하나님이 이 은밀한 일에 대하여 불쌍히 여기사 다니엘과 친구들이 바벨론의 다른 지혜자들과 함께 죽임을 당하지 않게 하시기를 그들로 하여금 구하게 하니라

19 이에 이 은밀한 것이 밤에 환상으로 다니엘에게 나타나 보이매 다니엘이 하늘에 계신 하나님을 찬송하니라

20 다니엘이 말하여 이르되 영원부터 영원까지 하나님의 이름을 찬송할 것은 지혜와 능력이 그에게 있음이로다

21 그는 때와 계절을 바꾸시며 왕들을 폐하시고 왕들을 세우시며 지혜자에게 지혜를 주시고 총명한 자에게 지식을 주시는도다

his servants the dream, and we will interpret
it."
8 •Then the king answered, "I am certain
that you are trying to gain time, because you
realize that this is what I have firmly decid-
9 ed: •If you do not tell me the dream, there
is only one penalty for you. You have con-
spired to tell me misleading and wicked
things, hoping the situation will change. So
then, tell me the dream, and I will know that
you can interpret it for me."
10 •The astrologers answered the king, "There
is no one on earth who can do what the king
asks! No king, however great and mighty, has
ever asked such a thing of any magician or
11 enchanter or astrologer. •What the king asks
is too difficult. No one can reveal it to the
king except the gods, and they do not live
among humans."
12 •This made the king so angry and furious
that he ordered the execution of all the wise
13 men of Babylon. •So the decree was issued to
put the wise men to death, and men were
sent to look for Daniel and his friends to put
them to death.
14 •When Arioch, the commander of the
king's guard, had gone out to put to death
the wise men of Babylon, Daniel spoke to
15 him with wisdom and tact. •He asked the
king's officer, "Why did the king issue such a
harsh decree?" Arioch then explained the
16 matter to Daniel. •At this, Daniel went in to
the king and asked for time, so that he might
interpret the dream for him.
17 •Then Daniel returned to his house and
explained the matter to his friends Hanani-
18 ah, Mishael and Azariah. •He urged them to
plead for mercy from the God of heaven con-
cerning this mystery, so that he and his
friends might not be executed with the rest
19 of the wise men of Babylon. •During the
night the mystery was revealed to Daniel
in a vision. Then Daniel praised the God of
20 heaven •and said:

"Praise be to the name of God for ever and
ever;
wisdom and power are his.
21 •He changes times and seasons;
he deposes kings and raises up others.
He gives wisdom to the wise
and knowledge to the discerning.

1) 명령이 확실함을

astrologer [əstrálədʒər] *n.* 점성가
conspire [kənspáiər] *vi.* 공모하다
decree [dikríː] *n.* 법령
depose [dipóuz] *vt.* 물러나게 하다
discerning [disə́ːrniŋ] *a.* 통찰력 있는
enchanter [intʃǽntər] *n.* 요술쟁이
execute [éksikjùːt] *vt.* 처형하다
furious [fjúəriəs] *a.* 격노한
harsh [haːrʃ] *a.* 가혹한
misleading [mìslíːdiŋ] *a.* 현혹시키는
penalty [pénəlti] *n.* 벌
plead [pliːd] *vi.* 간청하다
realize [ríːəlàiz] *vt.* 깨닫다
reveal [rivíːl] *vt.* 보여주다
tact [tækt] *n.* 재치

2:12 so... that~: 너무 …해서 ~하다
2:13 put... to death: …를 죽이다
2:13 look for...: …를 찾다
2:16 ask for...: …를 요청하다
2:18 urge... to~: …에게 ~하도록 강권하다
2:21 raise up: 세우다

22 그는 깊고 은밀한 일을 나타내시고 어두운
데에 있는 것을 아시며 또 빛이 그와 함께 있
도다
23 나의 조상들의 하나님이여 주께서 이제 내게
지혜와 능력을 주시고 우리가 주께 구한 것
을 내게 알게 하셨사오니 내가 주께 감사하
고 주를 찬양하나이다 곧 주께서 왕의 그 일
을 내게 보이셨나이다 하니라 창 31:42
24 이에 다니엘은 왕이 바벨론 지혜자들을 죽이
라 명령한 아리옥에게로 가서 그에게 이같이
이르되 바벨론 지혜자들을 죽이지 말고 나를
왕의 앞으로 인도하라 그리하면 내가 그 해
석을 왕께 알려 드리리라 하니 2:12-16

다니엘이 꿈을 해석하다 (♪ 22, 25장)

25 ● 이에 아리옥이 다니엘을 데리고 급히 왕 앞
에 들어가서 아뢰되 내가 사로잡혀 온 유다
자손 중에서 한 사람을 찾아내었나이다 그가
그 해석을 왕께 알려 드리리이다 하니라 1:6
26 왕이 대답하여 벨드사살이라 이름한 다니엘
에게 이르되 내가 꾼 꿈과 그 해석을 네가 능
히 내게 알게 하겠느냐 하니
27 다니엘이 왕 앞에 대답하여 이르되 왕이 물
으신 바 은밀한 것은 지혜자나 술객이나 박
수나 점쟁이가 능히 왕께 보일 수 없으되 2:2
28 오직 은밀한 것을 나타내실 이는 하늘에 계
신 하나님이시라 그가 느부갓네살 왕에게 후
일에 될 일을 알게 하셨나이다 왕의 꿈 곧 왕
이 침상에서 머리 속으로 받은 환상은 이러
하니이다
29 왕이여 왕이 침상에서 장래 일을 생각하실
때에 은밀한 것을 나타내시는 이가 장래 일
을 왕에게 알게 하셨사오며
30 내게 이 은밀한 것을 나타내심은 내 지혜가
모든 사람보다 낫기 때문이 아니라 오직 그
해석을 왕에게 알려서 왕이 마음으로 생각하
던 것을 왕에게 알려 주려 하심이니이다
31 ● 왕이여 왕이 한 큰 신상을 보셨나이다 그
신상이 왕의 앞에 섰는데 크고 광채가 매우
찬란하며 그 모양이 심히 두려우니
32 그 우상의 머리는 순금이요 가슴과 두 팔은
은이요 배와 넓적다리는 놋이요
33 그 종아리는 쇠요 그 발은 얼마는 쇠요 얼마
는 진흙이었나이다 2:40-43
34 또 왕이 보신즉 손대지 아니한 돌이 나와서
신상의 쇠와 진흙의 발을 쳐서 부서뜨리매
35 그때에 쇠와 진흙과 놋과 은과 금이 다 부서
져 여름 타작마당의 겨같이 되어 바람에 불

22 ● He reveals deep and hidden things;
he knows what lies in darkness,
and light dwells with him.
23 ● I thank and praise you, God of my ancestors:
You have given me wisdom and power,
you have made known to me what we asked of you,
you have made known to us the dream of the king."

Daniel Interprets the Dream

24 ● Then Daniel went to Arioch, whom the
king had appointed to execute the wise men
of Babylon, and said to him, "Do not execute
the wise men of Babylon. Take me to the
king, and I will interpret his dream for him."
25 ● Arioch took Daniel to the king at once
and said, "I have found a man among the
exiles from Judah who can tell the king what
his dream means."
26 ● The king asked Daniel (also called Belteshazzar),
"Are you able to tell me what I saw in
my dream and interpret it?"
27 ● Daniel replied, "No wise man, enchanter,
magician or diviner can explain to the king
28 the mystery he has asked about, ● but there is
a God in heaven who reveals mysteries. He
has shown King Nebuchadnezzar what will
happen in days to come. Your dream and the
visions that passed through your mind as
you were lying in bed are these:
29 ● "As Your Majesty was lying there, your
mind turned to things to come, and the revealer
of mysteries showed you what is go-
30 ing to happen. ● As for me, this mystery has
been revealed to me, not because I have
greater wisdom than anyone else alive, but so
that Your Majesty may know the interpretation
and that you may understand what
went through your mind.
31 ● "Your Majesty looked, and there before
you stood a large statue—an enormous, daz-
32 zling statue, awesome in appearance. ● The
head of the statue was made of pure gold, its
chest and arms of silver, its belly and thighs
33 of bronze, ● its legs of iron, its feet partly of
34 iron and partly of baked clay. ● While you
were watching, a rock was cut out, but not by
human hands. It struck the statue on its feet
35 of iron and clay and smashed them. ● Then
the iron, the clay, the bronze, the silver and
the gold were all broken to pieces and became
like chaff on a threshing floor in the summer.

ancestor [ǽnsestər] *n.* 조상
appearance [əpíərəns] *n.* 생김새
awesome [ɔ́:səm] *a.* 무서운
chaff [tʃæf] *n.* 왕겨
dazzling [dǽzliŋ] *a.* 현혹시키는
diviner [diváinər] *n.* 점쟁이
dwell [dwel] *vi.* 머무르다, 자리잡다
enormous [inɔ́:rməs] *a.* 거대한, 큰
execute [éksikjù:t] *vt.* 처형하다
exile [égzail] *n.* 포로, 유배자
interpretation [intə̀:rprətéiʃən] *n.* 해석
reveal [riví:l] *vt.* 드러내다
smash [smæʃ] *vt.* 산산이 부수다
thigh [θai] *n.* 넓적다리
thresh [θreʃ] *vt.* 타작하다

2:23 make known to...: …에게 알리다
2:26 be able to...: …할 수 있다
2:30 not A but B: A가 아니라 B이다
2:30 go through...: …를 관통하다
2:32 be made of...: …로 만들어지다
2:35 break to pieces: 산산조각내다

려 간 곳이 없었고 우상을 친 돌은 태산을 이
루어 온 세계에 가득하였나이다 사 17:13
36 ●그 꿈이 이러한즉 [1]내가 이제 그 해석을 왕
앞에 아뢰리이다
37 왕이여 왕은 여러 왕들 중의 왕이시라 하늘
의 하나님이 나라와 권세와 능력과 영광을
왕에게 주셨고
38 사람들과 들짐승과 공중의 새들, 어느 곳에
있는 것을 막론하고 그것들을 왕의 손에 넘
기사 다 다스리게 하셨으니 왕은 곧 그 금 머
리니이다
39 왕을 뒤이어 왕보다 못한 다른 나라가 일어
날 것이요 셋째로 또 놋 같은 나라가 일어나
서 온 세계를 다스릴 것이며
40 넷째 나라는 강하기가 쇠 같으리니 쇠는 모
든 물건을 부서뜨리고 이기는 것이라 쇠가
모든 것을 부수는 것같이 그 나라가 뭇 나라
를 부서뜨리고 찧을 것이며
41 왕께서 그 발과 발가락이 얼마는 토기장이의
진흙이요 얼마는 쇠인 것을 보셨은즉 그 나
라가 나누일 것이며 왕께서 쇠와 진흙이 섞
인 것을 보셨은즉 그 나라가 쇠 같은 든든함
이 있을 것이나
42 그 발가락이 얼마는 쇠요 얼마는 진흙인즉 그
나라가 얼마는 든든하고 얼마는 부서질 만할
것이며
43 왕께서 쇠와 진흙이 섞인 것을 보셨은즉 그
들이 다른 민족과 서로 섞일 것이나 그들이
피차에 합하지 아니함이 쇠와 진흙이 합하지
않음과 같으리이다
44 이 여러 왕들의 시대에 하늘의 하나님이 한 나
라를 세우시리니 이것은 영원히 망하지도 아
니할 것이요 그 국권이 다른 백성에게로 돌아
가지도 아니할 것이요 도리어 이 모든 나라를
쳐서 멸망시키고 영원히 설 것이라 고전 15:24
45 손대지 아니한 돌이 산에서 나와서 쇠와 놋
과 진흙과 은과 금을 부서뜨린 것을 왕께서
보신 것은 크신 하나님이 장래 일을 왕께 알
게 하신 것이라 이 꿈은 참되고 이 해석은 확
실하니이다 하니

왕이 다니엘을 높이다

46 ●이에 느부갓네살 왕이 엎드려 다니엘에게
절하고 명하여 예물과 향품을 그에게 주게
하니라
47 왕이 대답하여 다니엘에게 이르되 너희 하나
님은 참으로 모든 신들의 신이시요 모든 왕
의 주재시로다 네가 능히 이 은밀한 것을 나

The wind swept them away without leaving
a trace. But the rock that struck the statue
became a huge mountain and filled the
whole earth.
36 •"This was the dream, and now we will
37 interpret it to the king. •Your Majesty, you
are the king of kings. The God of heaven has
given you dominion and power and might
38 and glory; •in your hands he has placed all
mankind and the beasts of the field and the
birds in the sky. Wherever they live, he has
made you ruler over them all. You are that
head of gold.
39 •"After you, another kingdom will arise,
inferior to yours. Next, a third kingdom, one
of bronze, will rule over the whole earth.
40 •Finally, there will be a fourth kingdom,
strong as iron — for iron breaks and smashes
everything — and as iron breaks things to
pieces, so it will crush and break all the oth-
41 ers. •Just as you saw that the feet and toes
were partly of baked clay and partly of iron,
so this will be a divided kingdom; yet it will
have some of the strength of iron in it, even
42 as you saw iron mixed with clay. •As the toes
were partly iron and partly clay, so this king-
dom will be partly strong and partly brittle.
43 •And just as you saw the iron mixed with
baked clay, so the people will be a mixture
and will not remain united, any more than
iron mixes with clay.
44 •"In the time of those kings, the God of
heaven will set up a kingdom that will never
be destroyed, nor will it be left to another
people. It will crush all those kingdoms and
bring them to an end, but it will itself endure
45 forever. •This is the meaning of the vision of
the rock cut out of a mountain, but not by
human hands — a rock that broke the iron,
the bronze, the clay, the silver and the gold to
pieces.
"The great God has shown the king what
will take place in the future. The dream is
true and its interpretation is trustworthy."
46 •Then King Nebuchadnezzar fell prostrate
before Daniel and paid him honor and
ordered that an offering and incense be pre-
47 sented to him. •The king said to Daniel,
"Surely your God is the God of gods and the
Lord of kings and a revealer of mysteries, for
you were able to reveal this mystery."

1) 히, 우리가

arise [əráiz] *vi.* 일어나다
brittle [brítl] *a.* 부서지기 쉬운
clay [klei] *n.* 진흙
crush [krʌʃ] *vt.* 눌러서 뭉개다
destroy [distrɔ́i] *vt.* 진멸하다
endure [indjúər] *vi.* 지속하다
incense [ínsens] *n.* 향
mixture [míkstʃər] *n.* 혼합물
offering [ɔ́:fəriŋ] *n.* 제물, 예물
prostrate [prástreit] *a.* 엎드린
smash [smæʃ] *vt.* 산산이 부수다
statue [stǽtʃu:] *n.* 조각상
strength [streŋkθ] *n.* 힘, 강함
trace [treis] *n.* 흔적
trustworthy [trʌ́stwə̀:rði] *a.* 신뢰할 수 있는

2:35 sweep away: 쓸어버리다
2:39 inferior to...: …보다 하위의, 열등한
2:39 rule over: 통치하다
2:40 break to pieces: 산산조각내다
2:42 as..., so~: …하듯이 ~하다
2:45 take place: (사건 등이)일어나다

타내었으니 네 하나님은 또 은밀한 것을 나
타내시는 이시로다
48 왕이 이에 다니엘을 높여 귀한 선물을 많이 주
며 그를 세워 바벨론 온 지방을 다스리게 하며
또 바벨론 모든 지혜자의 어른을 삼았으며
49 왕이 또 다니엘의 요구대로 사드락과 메삭과
아벳느고를 세워 바벨론 지방의 일을 다스리
게 하였고 다니엘은 왕궁에 있었더라

금 신상 숭배 — B.C. 585년경

3 느부갓네살 왕이 금으로 신상을 만들었으
니 높이는 육십 [1)]규빗이요 너비는 여섯 규
빗이라 그것을 바벨론 지방의 두라 평지에
세웠더라
2 느부갓네살 왕이 사람을 보내어 총독과 수령
과 행정관과 모사와 재무관과 재판관과 법률
사와 각 지방 모든 관원을 느부갓네살 왕이
세운 신상의 낙성식에 참석하게 하매
3 이에 총독과 수령과 행정관과 모사와 재무관
과 재판관과 법률사와 각 지방 모든 관원이 느
부갓네살 왕이 세운 신상의 낙성식에 참석하
여 느부갓네살 왕이 세운 신상 앞에 서니라
4 선포하는 자가 크게 외쳐 이르되 백성들과
나라들과 각 언어로 말하는 자들아 왕이 너
희 무리에게 명하시나니
5 너희는 나팔과 피리와 수금과 삼현금과 양금
과 생황과 및 모든 악기 소리를 들을 때에 엎
드리어 느부갓네살 왕이 세운 금 신상에게 절
하라 3:7,10,15
6 누구든지 엎드려 절하지 아니하는 자는 즉시
맹렬히 타는 풀무불에 던져 넣으리라 하였더
라
7 모든 백성과 나라들과 각 언어를 말하는 자
들이 나팔과 피리와 수금과 삼현금과 양금
과 및 모든 악기 소리를 듣자 곧 느부갓네살
왕이 세운 금 신상에게 엎드려 절하니라

다니엘의 세 친구

8 ●그때에 어떤 갈대아 사람들이 나아와 유다
사람들을 참소하니라 6:12,13
9 그들이 느부갓네살 왕에게 이르되 왕이여 만
수무강 하옵소서
10 왕이여 왕이 명령을 내리사 모든 사람이 나팔
과 피리와 수금과 삼현금과 양금과 생황과 및
모든 악기 소리를 듣거든 엎드려 금 신상에게
절할 것이라
11 누구든지 엎드려 절하지 아니하는 자는 맹렬
히 타는 풀무불 가운데에 던져 넣음을 당하
리라 하지 아니하셨나이까

48 ●Then the king placed Daniel in a high
position and lavished many gifts on him. He
made him ruler over the entire province of
Babylon and placed him in charge of all its
49 wise men. ●Moreover, at Daniel's request the
king appointed Shadrach, Meshach and
Abednego administrators over the province
of Babylon, while Daniel himself remained
at the royal court.

The Image of Gold and the Blazing Furnace

3 King Nebuchadnezzar made an image
of gold, sixty cubits high and six cubits
wide,[a] and set it up on the plain of Dura in
2 the province of Babylon. ●He then sum-
moned the satraps, prefects, governors, advis-
ers, treasurers, judges, magistrates and all
the other provincial officials to come to the
3 dedication of the image he had set up. ●So
the satraps, prefects, governors, advisers, trea-
surers, judges, magistrates and all the other
provincial officials assembled for the dedica-
tion of the image that King Nebuchadnezzar
had set up, and they stood before it.
4 ●Then the herald loudly proclaimed,
"Nations and peoples of every language, this
5 is what you are commanded to do: ●As soon
as you hear the sound of the horn, flute,
zither, lyre, harp, pipe and all kinds of music,
you must fall down and worship the image
of gold that King Nebuchadnezzar has set up.
6 ●Whoever does not fall down and worship
will immediately be thrown into a blazing
furnace."
7 ●Therefore, as soon as they heard the
sound of the horn, flute, zither, lyre, harp and
all kinds of music, all the nations and peoples
of every language fell down and worshiped
the image of gold that King Nebuchadnezzar
had set up.
8 ●At this time some astrologers[b] came for-
9 ward and denounced the Jews. ●They said
to King Nebuchadnezzar, "May the king live
10 forever! ●Your Majesty has issued a decree
that everyone who hears the sound of the
horn, flute, zither, lyre, harp, pipe and all
kinds of music must fall down and worship
11 the image of gold, ●and that whoever does
not fall down and worship will be thrown

[a]1 That is, about 90 feet high and 9 feet wide or about 27 meters high and 2.7 meters wide [b]8 Or *Chaldeans* 1) 히, 암마

administrator [ədmínistrèitər] *n.* 행정관
adviser [ædváizər] *n.* 고문
assemble [əsémbl] *vt.* 모으다
decree [dikrí:] *n.* 법령
dedication [dèdikéiʃən] *n.* 봉헌식
denounce [dináuns] *vt.* 비난하다
herald [hérəld] *n.* 사자(使者)
image [ímidʒ] *n.* 우상
lyre [láiər] *n.* 수금
magistrate [mǽdʒəstrèit] *n.* 행정 장관
prefect [prí:fekt] *n.* 지사, 장관
province [právins] *n.* 지방, 지역
request [rikwést] *n.* 요구
summon [sʌ́mən] *vt.* 소환하다
zither [zíθər] *n.* 치터(하프류)

2:48 in charge of...: …를 맡고 있는
3:3 set up: 세우다
3:5 as soon as...: …하자마자
3:6 fall down: 엎드리다
3:6 throw into: 처넣다, 던져 넣다
3:7 all kinds of: 모든 종류의

12 이제 몇 유다 사람 사드락과 메삭과 아벳느고
는 왕이 세워 바벨론 지방을 다스리게 하신
자이거늘 왕이여 이 사람들이 왕을 높이지 아
니하며 왕의 신들을 섬기지 아니하며 왕이 세
우신 금 신상에게 절하지 아니하나이다 2:49
13 ●느부갓네살 왕이 노하고 분하여 사드락과
메삭과 아벳느고를 끌어오라 말하매 드디어
그 사람들을 왕의 앞으로 끌어온지라
14 느부갓네살이 그들에게 물어 이르되 사드락,
메삭, 아벳느고야 너희가 내 신을 섬기지 아
니하며 내가 세운 금 신상에게 절하지 아니
한다 하니 사실이냐
15 이제라도 너희가 준비하였다가 나팔과 피리
와 수금과 삼현금과 양금과 생황과 및 모든
악기 소리를 들을 때 내가 만든 신상 앞에 엎
드려 절하면 좋거니와 너희가 만일 절하지
아니하면 즉시 너희를 맹렬히 타는 풀무불
가운데에 던져 넣을 것이니 능히 너희를 내
손에서 건져낼 신이 누구이겠느냐 하니
16 사드락과 메삭과 아벳느고가 왕에게 대답하
여 이르되 느부갓네살이여 우리가 이 일에
대하여 왕에게 대답할 필요가 없나이다
17 왕이여 우리가 섬기는 하나님이 계시다면 우
리를 맹렬히 타는 풀무불 가운데에서 능히 건
져내시겠고 왕의 손에서도 건져내시리이다
18 그렇게 하지 아니하실지라도 왕이여 우리가
왕의 신들을 섬기지도 아니하고 왕이 세우신
금 신상에게 절하지도 아니할 줄을 아옵소서

세 친구를 풀무불에 던지다

19 ●느부갓네살이 분이 가득하여 사드락과 메
삭과 아벳느고를 향하여 얼굴빛을 바꾸고 명
령하여 이르되 그 풀무불을 뜨겁게 하기를
평소보다 칠 배나 뜨겁게 하라 하고
20 군대 중 용사 몇 사람에게 명령하여 사드락
과 메삭과 아벳느고를 결박하여 극렬히 타는
풀무불 가운데에 던지라 하니라
21 그러자 그 사람들을 겉옷과 속옷과 모자와
다른 옷을 입은 채 결박하여 맹렬히 타는 풀
무불 가운데에 던졌더라
22 왕의 명령이 엄하고 풀무불이 심히 뜨거우므
로 불꽃이 사드락과 메삭과 아벳느고를 붙든
사람을 태워 죽였고
23 이 세 사람 사드락과 메삭과 아벳느고는 결
박된 채 맹렬히 타는 풀무불 가운데에 떨어
졌더라

왕이 세 친구를 높이다

24 ●그때에 느부갓네살 왕이 놀라 급히 일어나

12 into a blazing furnace. •But there are some
Jews whom you have set over the affairs of
the province of Babylon — Shadrach, Me-
shach and Abednego — who pay no atten-
tion to you, Your Majesty. They neither serve
your gods nor worship the image of gold you
have set up."
13 •Furious with rage, Nebuchadnezzar sum-
moned Shadrach, Meshach and Abednego.
So these men were brought before the king,
14 •and Nebuchadnezzar said to them, "Is it
true, Shadrach, Meshach and Abednego, that
you do not serve my gods or worship the
15 image of gold I have set up? •Now when you
hear the sound of the horn, flute, zither, lyre,
harp, pipe and all kinds of music, if you are
ready to fall down and worship the image I
made, very good. But if you do not worship
it, you will be thrown immediately into a
blazing furnace. Then what god will be able
to rescue you from my hand?"
16 •Shadrach, Meshach and Abednego re-
plied to him, "King Nebuchadnezzar, we do
not need to defend ourselves before you in
17 this matter. •If we are thrown into the blaz-
ing furnace, the God we serve is able to deliv-
er us from it, and he will deliver us[a] from
18 Your Majesty's hand. •But even if he does
not, we want you to know, Your Majesty,
that we will not serve your gods or worship
the image of gold you have set up."
19 •Then Nebuchadnezzar was furious with
Shadrach, Meshach and Abednego, and
his attitude toward them changed. He
ordered the furnace heated seven times hot-
20 ter than usual •and commanded some of
the strongest soldiers in his army to tie up
Shadrach, Meshach and Abednego and
21 throw them into the blazing furnace. •So
these men, wearing their robes, trousers, tur-
bans and other clothes, were bound and
22 thrown into the blazing furnace. •The king's
command was so urgent and the furnace so
hot that the flames of the fire killed the sol-
diers who took up Shadrach, Meshach and
23 Abednego, •and these three men, firmly tied,
fell into the blazing furnace.
24 •Then King Nebuchadnezzar leaped to his
feet in amazement and asked his advisers,
"Weren't there three men that we tied up
and threw into the fire?"

[a]17 Or *If the God we serve is able to deliver us, then he will deliver us from the blazing furnace and*

affair [əfέər] *n.* 직무, 일
attitude [ǽtitjùːd] *n.* 자세, 태도
blaze [bleiz] *vi.* 타오르다
command [kəmǽnd] *vt.* 명령하다
defend [difénd] *vt.* 변호하다
flame [fleim] *n.* 불꽃
furious [fjúəriəs] *a.* 격노한
furnace [fə́ːrnis] *n.* 용광로
immediately [imíːdiətli] *ad.* 곧
province [prάvins] *n.* 지방, 지역
robe [roub] *n.* 겉옷
trousers [tráuzərz] *n.* 바지
turban [tə́ːrbən] *n.* 터번, 모자
urgent [ə́ːrdʒənt] *a.* 재촉이 성화 같은
worship [wə́ːrʃip] *vt.* 숭배하다

3:12 **set over**: 양도하다, 넘겨주다
3:12 **pay attention to...**: …에 주의하다
3:15 **rescue A from B**: A를 B에서 구하다
3:20 **tie up**: 단단히 묶다, 구속하다
3:22 **so... that~**: 너무 …해서 ~하다
3:24 **leap to one's feet**: 후다닥 일어서다

서 모사들에게 물어 이르되 우리가 결박하여
불 가운데에 던진 자는 세 사람이 아니었느
냐 하니 그들이 왕에게 대답하여 이르되 왕
이여 옳소이다 하더라
25 왕이 또 말하여 이르되 내가 보니 결박되지
아니한 네 사람이 불 가운데로 다니는데 상
하지도 아니하였고 그 넷째의 모양은 신들의
아들과 같도다 하고
26 느부갓네살이 맹렬히 타는 풀무불 아귀 가까
이 가서 불러 이르되 지극히 높으신 하나님
의 종 사드락, 메삭, 아벳느고야 나와서 이리
로 오라 하매 사드락과 메삭과 아벳느고가
불 가운데에서 나온지라 3:17
27 총독과 지사와 행정관과 왕의 모사들이 모여
이 사람들을 본즉 불이 능히 그들의 몸을 해
하지 못하였고 머리털도 그을리지 아니하였
고 겉옷 빛도 변하지 아니하였고 불 탄 냄새
도 없었더라
28 ●느부갓네살이 말하여 이르되 사드락과 메
삭과 아벳느고의 하나님을 찬송할지로다 그
가 그의 천사를 보내사 자기를 의뢰하고 그
들의 몸을 바쳐 왕의 명령을 거역하고 그 하
나님밖에는 다른 신을 섬기지 아니하며 그에
게 절하지 아니한 종들을 구원하셨도다
29 그러므로 내가 이제 조서를 내리노니 각 백
성과 각 나라와 각 언어를 말하는 자가 모두
사드락과 메삭과 아벳느고의 하나님께 경솔
히 말하거든 그 몸을 쪼개고 그 집을 거름터
로 삼을지니 이는 이같이 사람을 구원할 다
른 신이 없음이니라 하더라
30 왕이 드디어 사드락과 메삭과 아벳느고를 바
벨론 지방에서 더욱 높이니라

느부갓네살 왕의 두 번째 꿈 — B.C. 570년경

4 느부갓네살 왕은 천하에 거주하는 모든 백
성들과 나라들과 각 언어를 말하는 자들에
게 조서를 내리노라 원하노니 너희에게 큰
평강이 있을지어다
2 지극히 높으신 하나님이 내게 행하신 이적과
놀라운 일을 내가 알게 하기를 즐겨 하노라
3 참으로 크도다 그의 이적이여, 참으로 능하도
다 그의 놀라운 일이여, 그의 나라는 영원한
나라요 그의 통치는 대대에 이르리로다 2:44
4 ●나 느부갓네살이 내 집에 편히 있으며 내
궁에서 평강할 때에
5 한 꿈을 꾸고 그로 말미암아 두려워하였으니
곧 내 침상에서 생각하는 것과 머리 속으로
받은 환상으로 말미암아 번민하였었노라

They replied, "Certainly, Your Majesty."
25 ●He said, "Look! I see four men walking
around in the fire, unbound and unharmed,
and the fourth looks like a son of the gods."
26 ●Nebuchadnezzar then approached the
opening of the blazing furnace and shouted,
"Shadrach, Meshach and Abednego, servants
of the Most High God, come out! Come here!"
So Shadrach, Meshach and Abednego
27 came out of the fire, ●and the satraps, pre-
fects, governors and royal advisers crowded
around them. They saw that the fire had not
harmed their bodies, nor was a hair of their
heads singed; their robes were not scorched,
and there was no smell of fire on them.
28 ●Then Nebuchadnezzar said, "Praise be to
the God of Shadrach, Meshach and Abed-
nego, who has sent his angel and rescued his
servants! They trusted in him and defied the
king's command and were willing to give up
their lives rather than serve or worship any
29 god except their own God. ●Therefore I decree
that the people of any nation or language who
say anything against the God of Shadrach,
Meshach and Abednego be cut into pieces and
their houses be turned into piles of rubble, for
no other god can save in this way."
30 ●Then the king promoted Shadrach,
Meshach and Abednego in the province of
Babylon.

Nebuchadnezzar's Dream of a Tree

4 [a] King Nebuchadnezzar,

To the nations and peoples of
every language, who live in all the earth:

May you prosper greatly!

2 ●It is my pleasure to tell you about the
miraculous signs and wonders that the
Most High God has performed for me.

3 ●How great are his signs,
how mighty his wonders!
His kingdom is an eternal kingdom;
his dominion endures from
generation to generation.

4 ●I, Nebuchadnezzar, was at home in
5 my palace, contented and prosperous. ●I
had a dream that made me afraid. As I
was lying in bed, the images and visions
that passed through my mind terrified

[a] In Aramaic texts 4:1-3 is numbered 3:31-33, and 4:4-37 is numbered 4:1-34.

approach [əpróutʃ] *vt.* 접근하다
contented [kənténtid] *a.* 만족하고 있는
decree [dikríː] *vt.* 포고하다
defy [difái] *vt.* 무시하다
dominion [dəmínjən] *n.* 권세, 주권
mighty [máiti] *a.* 강력한
miraculous [mirǽkjuləs] *a.* 기적적인
promote [prəmóut] *vt.* 승진시키다
prosperous [prɑ́spərəs] *a.* 번영하는
rubble [rʌbl] *n.* 돌조각
satrap [séitræp] *n.* 지방 장관
scorch [skɔːrtʃ] *vt.* (…의 겉을 검게) 태우다
singe [sindʒ] *vt.* 그을다
unbound [ʌnbáund] *a.* 묶이지 않은
unharmed [ʌnháːrmd] *a.* 무사한

3:28 trust in...: …를 의뢰하다
3:28 be willing to...: 기꺼이 …하다
3:28 give up: 포기하다
3:29 cut into pieces: 산산조각내다
3:29 turn into...: …으로 변하다
4:5 pass through...: …를 관통하다

6 **이러므로 내가 명령을 내려 바벨론의 모든**
지혜자들을 내 앞으로 불러다가 그 꿈의 해
석을 내게 알게 하라 하였더라 2:2
7 **그때에 박수와 술객과 갈대아 술사와 점쟁**
이가 들어왔으므로 내가 그 꿈을 그들에게
말하였으나 그들이 그 해석을 내게 알려 주
지 못하였느니라
8 **그 후에 다니엘이 내 앞에 들어왔으니 그는**
내 신의 이름을 따라 벨드사살이라 이름한
자요 그의 안에는 거룩한 신들의 영이 있는
자라 내가 그에게 꿈을 말하여 이르되 1:7
9 **박수장 벨드사살아 네 안에는 거룩한 신들의**
영이 있은즉 어떤 은밀한 것이라도 네게는
어려울 것이 없는 줄을 내가 아노니 내 꿈에
본 환상의 해석을 내게 말하라
10 **내가 침상에서 나의 머리 속으로 받은 환상**
이 이러하니라 내가 본즉 땅의 중앙에 한 나
무가 있는 것을 보았는데 높이가 높더니
11 **그 나무가 자라서 견고하여지고 그 높이는**
하늘에 닿았으니 그 모양이 땅끝에서도 보이
겠고
12 **그 잎사귀는 아름답고 그 열매는 많아서 만**
민의 먹을 것이 될 만하고 들짐승이 그 그늘
에 있으며 공중에 나는 새는 그 가지에 깃들
이고 육체를 가진 모든 것이 거기에서 먹을
것을 얻더라
13 **내가 침상에서 머리 속으로 받은 환상 가운**
데에 또 본즉 한 순찰자, 한 거룩한 자가 하
늘에서 내려왔는데 슥 14:5
14 **그가 소리 질러 이처럼 이르기를 그 나무를**
베고 그 가지를 자르고 그 잎사귀를 떨고 그
열매를 헤치고 짐승들을 그 아래에서 떠나게
하고 새들을 그 가지에서 쫓아내라
15 **그러나 그 뿌리의 그루터기를 땅에 남겨 두**
고 쇠와 놋줄로 동이고 그것을 들풀 가운데
에 두어라 그것이 하늘 이슬에 젖고 땅의 풀
가운데에서 짐승과 더불어 제 몫을 얻으리라
16 **또 그 마음은 변하여 사람의 마음 같지 아니**
하고 짐승의 마음을 받아 일곱 때를 지내리라
17 **이는 순찰자들의 명령대로요 거룩한 자들의**
말대로이니 지극히 높으신 이가 사람의 나
라를 다스리시며 자기의 뜻대로 그것을 누
구에게든지 주시며 또 지극히 천한 자를 그
위에 세우시는 줄을 사람들이 알게 하려 함
이라 하였느니라
18 **나 느부갓네살 왕이 이 꿈을 꾸었나니 너 벨**
드사살아 그 해석을 밝히 말하라 내 나라 모

6 me. •So I commanded that all the wise
men of Babylon be brought before me to
7 interpret the dream for me. •When the
magicians, enchanters, astrologers[a] and
diviners came, I told them the dream, but
8 they could not interpret it for me. •Final-
ly, Daniel came into my presence and I
told him the dream. (He is called Beltes-
hazzar, after the name of my god, and the
spirit of the holy gods is in him.)
9 •I said, "Belteshazzar, chief of the
magicians, I know that the spirit of the
holy gods is in you, and no mystery is too
difficult for you. Here is my dream; inter-
10 pret it for me. •These are the visions I saw
while lying in bed: I looked, and there
before me stood a tree in the middle of
11 the land. Its height was enormous. •The
tree grew large and strong and its top
touched the sky; it was visible to the ends
12 of the earth. •Its leaves were beautiful, its
fruit abundant, and on it was food for all.
Under it the wild animals found shelter,
and the birds lived in its branches; from it
every creature was fed.
13 •"In the visions I saw while lying in
bed, I looked, and there before me was a
holy one, a messenger,[b] coming down
14 from heaven. •He called in a loud voice:
'Cut down the tree and trim off its bran-
ches; strip off its leaves and scatter its
fruit. Let the animals flee from under it
15 and the birds from its branches. •But let
the stump and its roots, bound with iron
and bronze, remain in the ground, in the
grass of the field.
" 'Let him be drenched with the dew of
heaven, and let him live with the animals
16 among the plants of the earth. •Let his
mind be changed from that of a man and
let him be given the mind of an animal,
till seven times[c] pass by for him.
17 •" 'The decision is announced by mes-
sengers, the holy ones declare the verdict,
so that the living may know that the Most
High is sovereign over all kingdoms on
earth and gives them to anyone he wishes
and sets over them the lowliest of people.'
18 •"This is the dream that I, King Neb-
uchadnezzar, had. Now, Belteshazzar, tell
me what it means, for none of the wise

[a] *7* Or *Chaldeans* [b] *13* Or *watchman*; also in verses 17 and 23 [c] *16* Or *years*; also in verses 23, 25 and 32

abundant [əbʌndənt] *a.* 풍부한
decision [disíʒən] *n.* 결심, 결정
declare [dikléər] *vt.* 선언하다
diviner [diváinər] *n.* 점쟁이
enchanter [intʃǽntər] *n.* 마법사
enormous [inɔ́:rməs] *a.* 거대한
interpret [intə́:rprit] *vt.* 해석하다
scatter [skǽtər] *vt.* 흩뿌리다
shelter [ʃéltər] *n.* 피난처, 집
sovereign [sávərin] *a.* 주권을 가진
stump [stʌmp] *n.* 그루터기
trim [trim] *vt.* 잘라내다
verdict [və́:rdikt] *n.* 판정
visible [vízəbl] *a.* 눈에 보이는
vision [víʒən] *n.* 환상

4:14 strip off: 떼어내다
4:15 bind with...: …로 묶다
4:15 be drench: 흠뻑 젖게 하다
4:16 pass by: 지나가다
4:17 be announced by...: …에 의해 발표되다

든 지혜자가 능히 내게 그 해석을 알게 하지
못하였으나 오직 너는 능히 하리니 이는 거
룩한 신들의 영이 네 안에 있음이라 창 41:8

다니엘의 꿈 해석

19 ●벨드사살이라 이름한 다니엘이 한동안 놀
라며 마음으로 번민하는지라 왕이 그에게 말
하여 이르기를 벨드사살아 너는 이 꿈과 그
해석으로 말미암아 번민할 것이 아니니라 벨
드사살이 대답하여 이르되 내 주여 그 꿈은
왕을 미워하는 자에게 응하며 그 해석은 왕
의 대적에게 응하기를 원하나이다
20 왕께서 보신 그 나무가 자라서 견고하여지고
그 높이는 하늘에 닿았으니 땅끝에서도 보이
겠고
21 그 잎사귀는 아름답고 그 열매는 많아서 만
민의 먹을 것이 될 만하고 들짐승은 그 아래
에 살며 공중에 나는 새는 그 가지에 깃들었
나이다
22 왕이여 이 나무는 곧 왕이시라 이는 왕이 자
라서 견고하여지고 창대하사 하늘에 닿으시
며 권세는 땅끝까지 미치심이니이다
23 왕이 보신즉 한 순찰자, 한 거룩한 자가 하늘
에서 내려와서 이르기를 그 나무를 베어 없
애라 그러나 그 뿌리의 그루터기는 땅에 남
겨 두고 쇠와 놋줄로 동이고 그것을 들풀 가
운데에 두라 그것이 하늘 이슬에 젖고 또 들
짐승들과 더불어 제 몫을 얻으며 일곱 때를
지내리라 하였나이다 5:21
24 왕이여 그 해석은 이러하니이다 곧 지극히 높
으신 이가 명령하신 것이 내 주 왕에게 미칠
것이라
25 왕이 사람에게서 쫓겨나서 들짐승과 함께 살
며 소처럼 풀을 먹으며 하늘 이슬에 젖을 것
이요 이와 같이 일곱 때를 지낼 것이라 그때
에 지극히 높으신 이가 사람의 나라를 다스
리시며 자기의 뜻대로 그것을 누구에게든지
주시는 줄을 아시리이다
26 또 그들이 그 나무뿌리의 그루터기를 남겨
두라 하였은즉 [1)]하나님이 다스리시는 줄을
왕이 깨달은 후에야 왕의 나라가 견고하리이
다
27 그런즉 왕이여 내가 아뢰는 것을 받으시고
공의를 행함으로 죄를 사하고 가난한 자를
긍휼히 여김으로 죄악을 사하소서 그리하
시면 왕의 평안함이 혹시 장구하리이다 하
니라

men in my kingdom can interpret it for
me. But you can, because the spirit of the
holy gods is in you."

Daniel Interprets the Dream

19 ●Then Daniel (also called Belteshazzar)
was greatly perplexed for a time, and his
thoughts terrified him. So the king said,
"Belteshazzar, do not let the dream or its
meaning alarm you."
Belteshazzar answered, "My lord, if
only the dream applied to your enemies
20 and its meaning to your adversaries! ●The
tree you saw, which grew large and strong,
with its top touching the sky, visible to
21 the whole earth, ●with beautiful leaves
and abundant fruit, providing food for
all, giving shelter to the wild animals, and
having nesting places in its branches for
22 the birds — ●Your Majesty, you are that
tree! You have become great and strong;
your greatness has grown until it reaches
the sky, and your dominion extends to
distant parts of the earth.
23 ●"Your Majesty saw a holy one, a mes-
senger, coming down from heaven and
saying, 'Cut down the tree and destroy it,
but leave the stump, bound with iron
and bronze, in the grass of the field, while
its roots remain in the ground. Let him
be drenched with the dew of heaven; let
him live with the wild animals, until
seven times pass by for him.'
24 ●"This is the interpretation, Your Ma-
jesty, and this is the decree the Most High
25 has issued against my lord the king: ●You
will be driven away from people and will
live with the wild animals; you will eat
grass like the ox and be drenched with
the dew of heaven. Seven times will pass
by for you until you acknowledge that
the Most High is sovereign over all king-
doms on earth and gives them to anyone
26 he wishes. ●The command to leave the
stump of the tree with its roots means
that your kingdom will be restored to you
when you acknowledge that Heaven rules.
27 ●Therefore, Your Majesty, be pleased to
accept my advice: Renounce your sins by
doing what is right, and your wickedness
by being kind to the oppressed. It may be
that then your prosperity will continue."

1) 하늘이

abundant [əbʌndənt] *a.* 풍부한
acknowledge [æknálidʒ] *vt.* 인정하다
adversary [ǽdvərsèri] *n.* 대적
advice [ædváis] *n.* 충고, 조언
decree [dikríː] *n.* 칙령
dominion [dəmínjən] *n.* 지배
drench [drentʃ] *vt.* 흠뻑 적시다
interpret [intə́ːprit] *vt.* 해석하다
oppressed [əprést] *a.* 억압받는
perplex [pərpléks] *vt.* 난처하게 하다
prosperity [praspérəti] *n.* 번영
renounce [rináuns] *vt.* 버리다
sovereign [sávərin] *a.* 주권을 가진
stump [stʌmp] *n.* 그루터기
wickedness [wíkidnis] *n.* 사악함

4:19 **for a time**: 한동안은, 당분간
4:19 **apply to...**: …에 적용되다
4:21 **give shelter to...**: …를 비호하다
4:22 **Your Majesty**: 폐하
4:22 **extend to...**: …에 미치다
4:25 **drive away**: 쫓아내다

28 ●이 모든 일이 다 나 느부갓네살 왕에게
임하였느니라
29 열두 달이 지난 후에 [1]내가 바벨론 왕궁 지
붕에서 거닐새
30 나 왕이 말하여 이르되 이 큰 바벨론은 내
가 능력과 권세로 건설하여 나의 도성으로
삼고 이것으로 내 위엄의 영광을 나타낸
것이 아니냐 하였더니
31 이 말이 아직도 나 왕의 입에 있을 때에 하
늘에서 소리가 내려 이르되 느부갓네살 왕
아 네게 말하노니 나라의 왕위가 네게서
떠났느니라
32 네가 사람에게서 쫓겨나서 들짐승과 함께
살면서 소처럼 풀을 먹을 것이요 이와 같
이 일곱 때를 지내서 지극히 높으신 이가
사람의 나라를 다스리시며 자기의 뜻대로
그것을 누구에게든지 주시는 줄을 알기까
지 이르리라 하더라
33 바로 그때에 이 일이 나 느부갓네살에게
응하므로 내가 사람에게 쫓겨나서 소처럼
풀을 먹으며 몸이 하늘 이슬에 젖고 머리
털이 독수리 털과 같이 자랐고 손톱은 새
발톱과 같이 되었더라

느부갓네살 왕의 하나님 찬양

34 ●그 기한이 차매 나 느부갓네살이 하늘을
우러러 보았더니 내 총명이 다시 내게로
돌아온지라 이에 내가 지극히 높으신 이에
게 감사하며 영생하시는 이를 찬양하고 경
배하였나니 그 권세는 영원한 권세요 그
나라는 대대에 이르리로다 계 4:10
35 땅의 모든 사람들을 없는 것같이 여기시며
하늘의 군대에게든지 땅의 사람에게든지
그는 자기 뜻대로 행하시나니 그의 손을
금하든지 혹시 이르기를 네가 무엇을 하느
냐고 할 자가 아무도 없도다
36 그때에 내 총명이 내게로 돌아왔고 또 내
나라의 영광에 대하여도 내 위엄과 광명이
내게로 돌아왔고 또 나의 모사들과 관원들
이 내게 찾아오니 내가 내 나라에서 다시
세움을 받고 또 지극한 위세가 내게 더하
였느니라
37 그러므로 지금 나 느부갓네살은 하늘의 왕
을 찬양하며 칭송하며 경배하노니 그의 일
이 다 진실하고 그의 행하심이 의로우시므
로 교만하게 행하는 자를 그가 능히 낮추
심이라

The Dream Is Fulfilled

28 ●All this happened to King Nebuchad-
29 nezzar. ●Twelve months later, as the king
was walking on the roof of the royal palace
30 of Babylon, ●he said, "Is not this the great
Babylon I have built as the royal residence,
by my mighty power and for the glory of
my majesty?"
31 ●Even as the words were on his lips, a
voice came from heaven, "This is what is
decreed for you, King Nebuchadnezzar:
Your royal authority has been taken from
32 you. ●You will be driven away from people
and will live with the wild animals; you will
eat grass like the ox. Seven times will pass by
for you until you acknowledge that the Most
High is sovereign over all kingdoms on earth
and gives them to anyone he wishes."
33 ●Immediately what had been said about
Nebuchadnezzar was fulfilled. He was dri-
ven away from people and ate grass like the
ox. His body was drenched with the dew of
heaven until his hair grew like the feathers
of an eagle and his nails like the claws of a
bird.
34 ●At the end of that time, I, Nebuchadnez-
zar, raised my eyes toward heaven, and my
sanity was restored. Then I praised the Most
High; I honored and glorified him who lives
forever.

His dominion is an eternal dominion;
his kingdom endures from generation
to generation.
35 ●All the peoples of the earth
are regarded as nothing.
He does as he pleases
with the powers of heaven
and the peoples of the earth.
No one can hold back his hand
or say to him: "What have you done?"

36 ●At the same time that my sanity was
restored, my honor and splendor were
returned to me for the glory of my king-
dom. My advisers and nobles sought me
out, and I was restored to my throne and
37 became even greater than before. ●Now I,
Nebuchadnezzar, praise and exalt and glo-
rify the King of heaven, because everything
he does is right and all his ways are just.
And those who walk in pride he is able to
humble.

1) 히, 그가

authority [əθárəti] *n.* 권위
claw [klɔ:] *n.* 발톱
dominion [dəmínjən] *n.* 권세
drench [drentʃ] *vt.* 흠뻑 적시다
eternal [itə́:rnəl] *a.* 영원한
exalt [igzɔ́:lt] *vt.* 높이다
fulfill [fulfíl] *vt.* 성취하다
glorify [glɔ́:rəfài] *vt.* 영광스럽게 하다
humble [hʌmbl] *vt.* 낮추다
noble [nóubl] *n.* 귀족
residence [rézədəns] *n.* 거처
restore [ristɔ́:r] *vt.* 회복하다
sanity [sǽnəti] *n.* 제정신
splendor [spléndər] *n.* 빛남
throne [θroun] *n.* 보좌, 왕좌

4:28 **happen to...**: …에 일어나다
4:32 **drive away**: 내쫓다
4:32 **pass by**: 지나가다
4:34 **at the end:** 마침내, ~한 끝에
4:35 **regard as...**: …으로 여기다
4:35 **hold back**: 제지하다

벨사살 왕이 잔치를 베풀다 — B.C. 539년경

5 벨사살 왕이 그의 귀족 천 명을 위하여 큰 잔치를 베풀고 그 천 명 앞에서 술을 마시니라

2 벨사살이 술을 마실 때에 명하여 그의 부친 느부갓네살이 예루살렘 성전에서 탈취하여 온 금, 은 그릇을 가져오라고 명하였으니 이는 왕과 귀족들과 왕후들과 후궁들이 다 그것으로 마시려 함이었더라

3 이에 예루살렘 하나님의 전 성소 중에서 탈취하여 온 금 그릇을 가져오매 왕이 그 귀족들과 왕후들과 후궁들과 더불어 그것으로 마시더라

4 그들이 술을 마시고는 그 금, 은, 구리, 쇠, 나무, 돌로 만든 신들을 찬양하니라

5 ●그때에 사람의 손가락들이 나타나서 왕궁 촛대 맞은편 석회벽에 글자를 쓰는데 왕이 그 글자 쓰는 손가락을 본지라

6 이에 왕의 즐기던 얼굴빛이 변하고 그 생각이 번민하여 넓적다리 마디가 녹는 듯하고 그의 무릎이 서로 부딪친지라

7 왕이 크게 소리 질러 술객과 갈대아 술사와 점쟁이를 불러오게 하고 바벨론의 지혜자들에게 말하되 누구를 막론하고 이 글자를 읽고 그 해석을 내게 보이면 자주색 옷을 입히고 금사슬을 그의 목에 걸어 주리니 그를 나라의 셋째 통치자로 삼으리라 하니라 사 47:13

8 그때에 왕의 지혜자가 다 들어왔으나 능히 그 글자를 읽지 못하며 그 해석을 왕께 알려 주지 못하는지라 2:10,27

9 그러므로 벨사살 왕이 크게 번민하여 그의 얼굴빛이 변하였고 귀족들도 다 놀라니라

10 ●왕비가 왕과 그 귀족들의 말로 말미암아 잔치하는 궁에 들어왔더니 이에 말하여 이르되 왕이여 만수무강 하옵소서 왕의 생각을 번민하게 하지 말며 얼굴빛을 변할 것도 아니니이다

11 왕의 나라에 거룩한 신들의 영이 있는 사람이 있으니 곧 왕의 부친 때에 있던 자로서 명철과 총명과 지혜가 신들의 지혜와 같은 자니이다 왕의 부친 느부갓네살 왕이 그를 세워 박수와 술객과 갈대아 술사와 점쟁이의 어른을 삼으셨으니

12 왕이 벨드사살이라 이름하는 이 다니엘은 마음이 민첩하고 지식과 총명이 있어 능히 꿈을 해석하며 은밀한 말을 밝히며 의문을 풀 수 있었나이다 이제 다니엘을 부르소서 그리

The Writing on the Wall

5 King Belshazzar gave a great banquet
for a thousand of his nobles and drank
2 wine with them. ●While Belshazzar was
drinking his wine, he gave orders to bring in
the gold and silver goblets that Nebuchad-
nezzar his father[a] had taken from the temple
in Jerusalem, so that the king and his nobles,
his wives and his concubines might drink
3 from them. ●So they brought in the gold
goblets that had been taken from the temple
of God in Jerusalem, and the king and his
nobles, his wives and his concubines drank
4 from them. ●As they drank the wine, they
praised the gods of gold and silver, of bronze,
iron, wood and stone.
5 ●Suddenly the fingers of a human hand
appeared and wrote on the plaster of the
wall, near the lampstand in the royal palace.
6 The king watched the hand as it wrote. ●His
face turned pale and he was so frightened
that his legs became weak and his knees were
knocking.
7 ●The king summoned the enchanters,
astrologers[b] and diviners. Then he said to
these wise men of Babylon, "Whoever reads
this writing and tells me what it means will
be clothed in purple and have a gold chain
placed around his neck, and he will be made
the third highest ruler in the kingdom."
8 ●Then all the king's wise men came in, but
they could not read the writing or tell the
9 king what it meant. ●So King Belshazzar
became even more terrified and his face grew
more pale. His nobles were baffled.
10 ●The queen,[c] hearing the voices of the
king and his nobles, came into the ban-
quet hall. "May the king live forever!" she
said. "Don't be alarmed! Don't look so pale!
11 ●There is a man in your kingdom who has
the spirit of the holy gods in him. In the time
of your father he was found to have insight
and intelligence and wisdom like that of the
gods. Your father, King Nebuchadnezzar,
appointed him chief of the magicians, en-
12 chanters, astrologers and diviners. ●He did
this because Daniel, whom the king called
Belteshazzar, was found to have a keen mind
and knowledge and understanding, and also
the ability to interpret dreams, explain rid-

[a]2 Or *ancestor*; or *predecessor*; also in verses 11, 13 and 18 [b]7 Or *Chaldeans*; also in verse 11 [c]10 Or *queen mother*

ability [əbíləti] *n.* 능력	**concubine** [káŋkjubàin] *n.* 첩	**goblet** [gáblit] *n.* 받침 달린 잔
appear [əpíər] *vi.* 나타나다	**diviner** [diváinər] *n.* 점쟁이	**insight** [ínsàit] *n.* 통찰력
astrologer [əstrálədʒər] *n.* 점성가	**enchanter** [intʃǽntər] *n.* 마법사	**intelligence** [intélədʒəns] *n.* 총명
baffle [bǽfl] *vt.* 당황케 하다	**explain** [ikspléin] *vt.* 설명하다	**knock** [nak] *vt.* 부딪치다
banquet [bǽŋkwit] *n.* 연회	**frightened** [fráitnd] *a.* 깜짝 놀란	**plaster** [plǽstər] *n.* 회반죽

5:2 give orders: 명령을 내리다	**5:4 the gods of...**: …으로 만든 신들	**5:6 so...that~**: 대단히…해서 ~하다
5:2 bring in...: …을 가져오다	**5:6 turn pale:** 창백해지다	**5:7 be clothed in...**: …을 입다

하시면 그가 그 해석을 알려 드리리이다 하니라

다니엘이 글을 해석하다

13 ●이에 다니엘이 부름을 받아 왕의 앞에 나오매 왕이 다니엘에게 말하되 네가 나의 부왕이 유다에서 사로잡아 온 유다 자손 중의 그 다니엘이냐

14 내가 네게 대하여 들은즉 네 안에는 신들의 영이 있으므로 네가 명철과 총명과 비상한 지혜가 있다 하도다

15 지금 여러 지혜자와 술객을 내 앞에 불러다가 그들에게 이 글을 읽고 그 해석을 내게 알게 하라 하였으나 그들이 다 그 해석을 내게 보이지 못하였느니라

16 내가 네게 대하여 들은즉 너는 해석을 잘하고 의문을 푼다 하도다 그런즉 이제 네가 이 글을 읽고 그 해석을 내게 알려 주면 네게 자주색 옷을 입히고 금사슬을 네 목에 걸어 주어 너를 나라의 셋째 통치자로 삼으리라 하니

17 ●다니엘이 왕에게 대답하여 이르되 왕의 예물은 왕이 친히 가지시며 왕의 상급은 다른 사람에게 주옵소서 그럴지라도 내가 왕을 위하여 이 글을 읽으며 그 해석을 아뢰리이다

18 왕이여 지극히 높으신 하나님이 왕의 부친 느부갓네살에게 나라와 큰 권세와 영광과 위엄을 주셨고 렘 27:5-7

19 그에게 큰 권세를 주셨으므로 백성들과 나라들과 언어가 다른 모든 사람들이 그의 앞에서 떨며 두려워하였으며 그는 임의로 죽이며 임의로 살리며 임의로 높이며 임의로 낮추었더니

20 그가 마음이 높아지며 뜻이 완악하여 교만을 행하므로 그의 왕위가 폐한 바 되며 그의 영광을 빼앗기고

21 사람 중에서 쫓겨나서 그의 마음이 들짐승의 마음과 같았고 또 들나귀와 함께 살며 또 소처럼 풀을 먹으며 그의 몸이 하늘 이슬에 젖었으며 지극히 높으신 하나님이 사람 나라를 다스리시며 자기의 뜻대로 누구든지 그 자리에 세우시는 줄을 알기에 이르렀나이다

22 벨사살이여 왕은 그의 아들이 되어서 이것을 다 알고도 아직도 마음을 낮추지 아니하고

23 도리어 자신을 하늘의 주재보다 높이며 그의 성전 그릇을 왕 앞으로 가져다가 왕과 귀족들과 왕후들과 후궁들이 다 그것으로 술을 마시고 왕이 또 보지도 듣지도 알지도 못하

dles and solve difficult problems. Call for
Daniel, and he will tell you what the writing
means."
13 ●So Daniel was brought before the king,
and the king said to him, "Are you Daniel,
one of the exiles my father the king brought
14 from Judah? ●I have heard that the spirit of
the gods is in you and that you have insight,
15 intelligence and outstanding wisdom. ●The
wise men and enchanters were brought
before me to read this writing and tell me
what it means, but they could not explain it.
16 ●Now I have heard that you are able to give
interpretations and to solve difficult prob-
lems. If you can read this writing and tell me
what it means, you will be clothed in purple
and have a gold chain placed around your
neck, and you will be made the third highest
ruler in the kingdom."
17 ●Then Daniel answered the king, "You
may keep your gifts for yourself and give
your rewards to someone else. Nevertheless, I
will read the writing for the king and tell him
what it means.
18 ●"Your Majesty, the Most High God gave
your father Nebuchadnezzar sovereignty
19 and greatness and glory and splendor. ●Be-
cause of the high position he gave him, all
the nations and peoples of every language
dreaded and feared him. Those the king
wanted to put to death, he put to death;
those he wanted to spare, he spared; those he
wanted to promote, he promoted; and those
20 he wanted to humble, he humbled. ●But
when his heart became arrogant and hard-
ened with pride, he was deposed from his
21 royal throne and stripped of his glory. ●He
was driven away from people and given the
mind of an animal; he lived with the wild
donkeys and ate grass like the ox; and his
body was drenched with the dew of heaven,
until he acknowledged that the Most High
God is sovereign over all kingdoms on earth
and sets over them anyone he wishes.
22 ●"But you, Belshazzar, his son,[a] have not
humbled yourself, though you knew all this.
23 ●Instead, you have set yourself up against
the Lord of heaven. You had the goblets from
his temple brought to you, and you and your
nobles, your wives and your concubines
drank wine from them. You praised the gods
of silver and gold, of bronze, iron, wood and

[a]22 Or *descendant;* or *successor*

acknowledge [ækná lidʒ] *vt.* 알리다
arrogant [ǽrəgənt] *a.* 교만한
concubine [káŋkjubàin] *n.* 첩
depose [dipóuz] *vt.* 면직하다
dread [dred] *vt.* 두려워하다
drench [drentʃ] *vt.* 흠뻑 적시다
exile [égzail] *n.* 포로, 유배자
fear [fiər] *vt.* 두려워하다
outstanding [àutstǽndiŋ] *a.* 걸출한
problem [prábləm] *n.* 문제
promote [prəmóut] *vt.* 승진시키다
purple [pə́:rpl] *n.* 자주색
reward [riwɔ́:rd] *n.* 보상
sovereignty [sávərənti] *n.* 통치권
splendor [spléndər] *n.* 빛남

5:12 call for...: …를 부르다, 소환하다
5:16 be able to...: …할 수 있다
5:19 put to death: 죽이다
5:20 strip of...: …를 빼앗다
5:21 drive away: 쫓아내다
5:21 set over: 양도하다

는 금, 은, 구리, 쇠와 나무, 돌로 만든 신상들
을 찬양하고 도리어 왕의 호흡을 주장하시고
왕의 모든 길을 작정하시는 하나님께는 영광
을 돌리지 아니한지라
24 이러므로 그의 앞에서 이 손가락이 나와서
이 글을 기록하였나이다 5:5
25 기록된 글자는 이것이니 곧 메네 메네 데겔
우바르신이라
26 그 글을 해석하건대 메네는 하나님이 이미
왕의 나라의 시대를 세어서 그것을 끝나게
하셨다 함이요 렘 25:11
27 데겔은 왕을 저울에 달아 보니 부족함이 보
였다 함이요 시 62:9
28 베레스는 왕의 나라가 나뉘어서 메대와 바사
사람에게 준 바 되었다 함이니이다 하니
29 •이에 벨사살이 명하여 그들이 다니엘에게
자주색 옷을 입히게 하며 금사슬을 그의 목
에 걸어 주고 그를 위하여 조서를 내려 나라
의 셋째 통치자로 삼으니라
30 •그날 밤에 갈대아 왕 벨사살이 죽임을 당하
였고
31 메대 사람 다리오가 나라를 얻었는데 그때에
다리오는 육십이 세였더라 6:1

사자 굴 속의 다니엘 — B.C. 538년경

6 다리오가 자기의 뜻대로 고관 백이십 명을
세워 전국을 통치하게 하고
2 또 그들 위에 총리 셋을 두었으니 다니엘이
그중의 하나이라 이는 고관들로 총리에게 자
기의 직무를 보고하게 하여 왕에게 손해가
없게 하려 함이었더라
3 다니엘은 마음이 민첩하여 총리들과 고관들
위에 뛰어나므로 왕이 그를 세워 전국을 다
스리게 하고자 한지라
4 이에 총리들과 고관들이 국사에 대하여 다니
엘을 고발할 근거를 찾고자 하였으나 아무
근거, 아무 허물도 찾지 못하였으니 이는 그
가 충성되어 아무 그릇됨도 없고 아무 허물
도 없음이었더라
5 그들이 이르되 이 다니엘은 그 하나님의 율법
에서 근거를 찾지 못하면 그를 고발할 수 없으
리라 하고
6 이에 총리들과 고관들이 모여 왕에게 나아가
서 그에게 말하되 다리오 왕이여 만수무강
하옵소서
7 나라의 모든 총리와 지사와 총독과 법관과
관원이 의논하고 왕에게 한 법률을 세우며
한 금령을 정하실 것을 구하나이다 왕이여

stone, which cannot see or hear or under-
stand. But you did not honor the God who
holds in his hand your life and all your ways.
24 •Therefore he sent the hand that wrote the
inscription.
25 •"This is the inscription that was written:

MENE, MENE, TEKEL, PARSIN

26 •"Here is what these words mean:
Mene[a]: God has numbered the days of
your reign and brought it to an
end.
27 •*Tekel*[b]: You have been weighed on
the scales and found wanting.
28 •*Peres*[c]: Your kingdom is divided and
given to the Medes and Persians."

29 •Then at Belshazzar's command, Daniel
was clothed in purple, a gold chain was placed
around his neck, and he was proclaimed the
third highest ruler in the kingdom.
30 •That very night Belshazzar, king of the
31 Babylonians,[d] was slain, •and Darius the
Mede took over the kingdom, at the age of
sixty-two.[e]

Daniel in the Den of Lions

6 [f] It pleased Darius to appoint 120 satraps
2 to rule throughout the kingdom, •with
three administrators over them, one of
whom was Daniel. The satraps were made
accountable to them so that the king might
3 not suffer loss. •Now Daniel so distinguished
himself among the administrators and the
satraps by his exceptional qualities that the
king planned to set him over the whole king-
4 dom. •At this, the administrators and the
satraps tried to find grounds for charges
against Daniel in his conduct of government
affairs, but they were unable to do so. They
could find no corruption in him, because he
was trustworthy and neither corrupt nor
5 negligent. •Finally these men said, "We will
never find any basis for charges against this
man Daniel unless it has something to do
with the law of his God."
6 •So these administrators and satraps went
as a group to the king and said: "May King
7 Darius live forever! •The royal administra-
tors, prefects, satraps, advisers and governors

[a]26 *Mene* can mean *numbered* or *mina* (a unit of money). [b]27 *Tekel* can mean *weighed* or *shekel*. [c]28 *Peres* (the singular of *Parsin*) can mean *divided* or *Persia* or *a half mina* or *a half shekel*. [d]30 Or *Chaldeans* [e]31 In Aramaic texts this verse (5:31) is numbered 6:1. [f]In Aramaic texts 6:1-28 is numbered 6:2-29.

accountable [əkáuntəbl] *a.* 책임이 있는
administrator [ədmínəstrèitər] *n.* 행정관
corruption [kərʌ́pʃən] *n.* 부패
distinguish [distíŋgwiʃ] *vt.* 구별하다
divide [diváid] *vt.* 나누다
exceptional [iksépʃənl] *a.* 비범한
honor [ánər] *vt.* 공경하다
inscription [inskrípʃən] *n.* 새김
negligent [néglidʒənt] *a.* 태만한
proclaim [proukléim] *vt.* 선언하다
reign [rein] *n.* 통치
satrap [séitræp] *n.* 총독, 지사
scale [skeil] *n.* 저울
slay [slei] *vt.* 죽이다
trustworthy [trʌstwə:rði] *a.* 믿을 만한

5:26 **bring... to an end**: …를 끝내다
5:31 **take over**: 이어받다, 인계받다
6:4 **try to...**: …하려고 하다
6:4 **neither A nor B**: A, B 둘다 아니다
6:5 **have something to do with...**: …와 조금 관련이 있다

그것은 곧 이제부터 삼십 일 동안에 누구든
지 왕 외의 어떤 신에게나 사람에게 무엇을
구하면 사자 굴에 던져 넣기로 한 것이니이
다
8 그런즉 왕이여 원하건대 금령을 세우시고 그
조서에 왕의 도장을 찍어 메대와 바사의 고
치지 아니하는 규례를 따라 그것을 다시 고
치지 못하게 하옵소서 하매
9 이에 다리오 왕이 조서에 왕의 도장을 찍어
금령을 내니라
10 ●다니엘이 이 조서에 왕의 도장이 찍힌 것
을 알고도 자기 집에 돌아가서는 윗방에 올
라가 예루살렘으로 향한 창문을 열고 전에
하던 대로 하루 세 번씩 무릎을 꿇고 기도하
며 그의 하나님께 감사하였더라
11 그 무리들이 모여서 다니엘이 자기 하나님
앞에 기도하며 간구하는 것을 발견하고 6:6
12 이에 그들이 나아가서 왕의 금령에 관하여
왕께 아뢰되 왕이여 왕이 이미 금령에 왕의
도장을 찍어서 이제부터 삼십 일 동안에는
누구든지 왕 외의 어떤 신에게나 사람에게
구하면 사자 굴에 던져 넣기로 하지 아니하
였나이까 하니 왕이 대답하여 이르되 이 일
이 확실하니 메대와 바사의 고치지 못하는
규례니라 하는지라
13 그들이 왕 앞에서 말하여 이르되 왕이여 사
로잡혀 온 유다 자손 중에 다니엘이 왕과 왕
의 도장이 찍힌 금령을 존중하지 아니하고
하루 세 번씩 기도하나이다 하니 행 5:29
14 왕이 이 말을 듣고 그로 말미암아 심히 근심
하여 다니엘을 구원하려고 마음을 쓰며 그를
건져내려고 힘을 다하다가 해가 질 때에 이
르렀더라
15 그 무리들이 또 모여 왕에게로 나아와서 왕
께 말하되 왕이여 메대와 바사의 규례를 아
시거니와 왕께서 세우신 금령과 법도는 고치
지 못할 것이니이다 하니 에 8:8
16 ●이에 왕이 명령하매 다니엘을 끌어다가 사
자 굴에 던져 넣는지라 왕이 다니엘에게 이
르되 네가 항상 섬기는 너의 하나님이 너를
구원하시리라 하니라
17 이에 돌을 굴려다가 굴 어귀를 막으매 왕이
그의 도장과 귀족들의 도장으로 봉하였으니
이는 다니엘에 대한 조치를 고치지 못하게
하려 함이었더라
18 왕이 궁에 돌아가서는 밤이 새도록 금식하고
그 앞에 오락을 그치고 잠자기를 마다하니라

have all agreed that the king should issue
an edict and enforce the decree that anyone
who prays to any god or human being dur-
ing the next thirty days, except to you, Your
Majesty, shall be thrown into the lions' den.
8 •Now, Your Majesty, issue the decree and
put it in writing so that it cannot be altered
— in accordance with the law of the Medes
and Persians, which cannot be repealed."
9 •So King Darius put the decree in writing.
10 •Now when Daniel learned that the decree
had been published, he went home to his
upstairs room where the windows opened
toward Jerusalem. Three times a day he got
down on his knees and prayed, giving
thanks to his God, just as he had done before.
11 •Then these men went as a group and found
12 Daniel praying and asking God for help. •So
they went to the king and spoke to him
about his royal decree: "Did you not publish
a decree that during the next thirty days
anyone who prays to any god or human
being except to you, Your Majesty, would be
thrown into the lions' den?"
The king answered, "The decree stands —
in accordance with the law of the Medes and
Persians, which cannot be repealed."
13 •Then they said to the king, "Daniel, who
is one of the exiles from Judah, pays no atten-
tion to you, Your Majesty, or to the decree
you put in writing. He still prays three times
14 a day." •When the king heard this, he was
greatly distressed; he was determined to res-
cue Daniel and made every effort until sun-
down to save him.
15 •Then the men went as a group to King
Darius and said to him, "Remember, Your
Majesty, that according to the law of the
Medes and Persians no decree or edict that
the king issues can be changed."
16 •So the king gave the order, and they
brought Daniel and threw him into the lions'
den. The king said to Daniel, "May your God,
whom you serve continually, rescue you!"
17 •A stone was brought and placed over the
mouth of the den, and the king sealed it
with his own signet ring and with the rings
of his nobles, so that Daniel's situation might
18 not be changed. •Then the king returned to
his palace and spent the night without eat-
ing and without any entertainment being
brought to him. And he could not sleep.

agreed [əgríːd] *a.* 동의된
alter [ɔ́ːltər] *vt.* 변경하다
continually [kəntínjuəli] *ad.* 지속적으로
decree [dikríː] *n.* 조서
den [den] *n.* 굴
determine [ditə́ːrmin] *vi.* 결심하다
distress [distrés] *vt.* 근심스럽게 하다
edict [íːdikt] *n.* 칙령
enforce [infɔ́ːrs] *vt.* 시행하다
publish [pʌ́bliʃ] *vt.* 공표하다
repeal [ripíːl] *vt.* 무효로 하다
rescue [réskjuː] *vt.* 구원하다
signet [sígnit] *n.* 도장
situation [sìtʃuéiʃən] *n.* 상황
upstairs [ʌpstɛ́ərz] *ad.* 위층

6:8 in accordance with...: …에 따라
6:13 pay attention to...: …에 주의를 기울이다
6:14 make every effort to...: …하려고 온갖 노력을 기울이다
6:15 according to...: …에 따라서

19 ● 이튿날에 왕이 새벽에 일어나 급히 사자
굴로 가서
20 다니엘이 든 굴에 가까이 이르러서 슬피 소
리 질러 다니엘에게 묻되 살아 계시는 하나
님의 종 다니엘아 네가 항상 섬기는 네 하나
님이 사자들에게서 능히 너를 구원하셨느냐
하니라
21 다니엘이 왕에게 아뢰되 왕이여 원하건대 왕
은 만수무강 하옵소서
22 나의 하나님이 이미 그의 천사를 보내어 사
자들의 입을 봉하셨으므로 사자들이 나를 상
해하지 못하였사오니 이는 나의 무죄함이 그
앞에 명백함이오며 또 왕이여 나는 왕에게도
해를 끼치지 아니하였나이다 하니라 시 91:11-13
23 왕이 심히 기뻐서 명하여 다니엘을 굴에서
올리라 하매 그들이 다니엘을 굴에서 올린즉
그의 몸이 조금도 상하지 아니하였으니 이는
그가 자기의 하나님을 믿음이었더라
24 ● 왕이 말하여 다니엘을 참소한 사람들을
끌어오게 하고 그들을 그들의 처자들과 함
께 사자 굴에 던져 넣게 하였더니 그들이 굴
바닥에 닿기도 전에 사자들이 곧 그들을 움
켜서 그 뼈까지도 부서뜨렸더라
25 ● 이에 다리오 왕이 온 땅에 있는 모든 백성
과 나라들과 언어가 다른 모든 사람들에게
조서를 내려 이르되 원하건대 너희에게 큰
평강이 있을지어다
26 내가 이제 조서를 내리노라 내 나라 관할 아
래에 있는 사람들은 다 다니엘의 하나님 앞
에서 떨며 두려워할지니 그는 살아 계시는
하나님이시요 영원히 변하지 않으실 이시며
그의 나라는 멸망하지 아니할 것이요 그의
권세는 무궁할 것이며
27 그는 구원도 하시며 건져내기도 하시며 하늘
에서든지 땅에서든지 이적과 기사를 행하시
는 이로서 다니엘을 구원하여 사자의 입에서
벗어나게 하셨음이라 하였더라 4:3
28 ● 이 다니엘이 다리오 왕의 시대와 바사 사
람 고레스 왕의 시대에 형통하였더라

네 짐승 환상 — B.C. 553년경

7 바벨론 벨사살 왕 원년에 다니엘이 그의 침
상에서 꿈을 꾸며 머리 속으로 환상을 받고
그 꿈을 기록하며 그 일의 대략을 진술하니
라
2 다니엘이 진술하여 이르되 내가 밤에 환상
을 보았는데 하늘의 네 바람이 큰 바다로 몰
려 불더니

19 ● At the first light of dawn, the king got up
20 and hurried to the lions' den. ● When he
came near the den, he called to Daniel in an
anguished voice, "Daniel, servant of the living
God, has your God, whom you serve continu-
ally, been able to rescue you from the lions?"
21 ● Daniel answered, "May the king live for-
22 ever! ● My God sent his angel, and he shut
the mouths of the lions. They have not hurt
me, because I was found innocent in his
sight. Nor have I ever done any wrong before
you, Your Majesty."
23 ● The king was overjoyed and gave orders
to lift Daniel out of the den. And when Daniel
was lifted from the den, no wound was found
on him, because he had trusted in his God.
24 ● At the king's command, the men who
had falsely accused Daniel were brought in
and thrown into the lions' den, along with
their wives and children. And before they
reached the floor of the den, the lions over-
powered them and crushed all their bones.
25 ● Then King Darius wrote to all the nations
and peoples of every language in all the earth:

"May you prosper greatly!

26 ● "I issue a decree that in every part of my
kingdom people must fear and reverence
the God of Daniel.

"For he is the living God
and he endures forever;
his kingdom will not be destroyed,
his dominion will never end.
27 ● He rescues and he saves;
he performs signs and wonders
in the heavens and on the earth.
He has rescued Daniel
from the power of the lions."

28 ● So Daniel prospered during the reign of
Darius and the reign of Cyrus[a] the Persian.

Daniel's Dream of Four Beasts

7 In the first year of Belshazzar king of
Babylon, Daniel had a dream, and vi-
sions passed through his mind as he was
lying in bed. He wrote down the substance of
his dream.
2 ● Daniel said: "In my vision at night I
looked, and there before me were the four
winds of heaven churning up the great sea.
3 ● Four great beasts, each different from the
others, came up out of the sea.

[a]28 Or *Darius, that is, the reign of Cyrus*

accuse [əkjúːz] *vt.* 고소하다
anguished [ǽŋgwiʃt] *a.* 괴로운
churn [tʃəːrn] *vt.* 휘젓다
crush [krʌʃ] *vt.* 부수다
decree [dikríː] *n.* 조서
den [den] *n.* 굴
destroy [distrɔ́i] *vt.* 멸하다
dominion [dəmínjən] *n.* 지배
endure [indjúər] *vt.* 오래 지속되다
innocent [ínəsənt] *a.* 결백한
overjoy [òuvərdʒɔ́i] *vt.* 매우 기쁘게 하다
overpower [òuvərpáuər] *vt.* 압도하다
prosper [práspər] *vi.* 번영하다
reverence [révərəns] *vt.* 숭상하다
substance [sʌ́bstəns] *n.* 요지, 요점

6:20 be able to...: …할 수 있다
6:20 rescue A from B: A를 B에서 구하다
6:22 do wrong: 행악하다, 잘못하다
6:23 trust in...: …를 믿다, 신뢰하다
6:24 along with...: …과 함께
7:1 pass through...: …를 관통하다

3 큰 짐승 넷이 바다에서 나왔는데 그 모양
이 각각 다르더라
4 첫째는 사자와 같은데 독수리의 날개가
있더니 내가 보는 중에 그 날개가 뽑혔고
또 땅에서 들려서 사람처럼 두 발로 서게
함을 받았으며 또 사람의 마음을 받았더
라
5 또 보니 다른 짐승 곧 둘째는 곰과 같은데
그것이 몸 한쪽을 들었고 그 입의 잇사이
에는 세 갈빗대가 물렸는데 그것에게 말하
는 자들이 있어 이르기를 일어나서 많은
고기를 먹으라 하였더라
6 그 후에 내가 또 본즉 다른 짐승 곧 표범
과 같은 것이 있는데 그 등에는 새의 날개
넷이 있고 그 짐승에게 또 머리 넷이 있으
며 권세를 받았더라
7 내가 밤 환상 가운데에 그 다음에 본 넷째
짐승은 무섭고 놀라우며 또 매우 강하며
또 쇠로 된 큰 이가 있어서 먹고 부서뜨리
고 그 나머지를 발로 밟았으며 이 짐승은
전의 모든 짐승과 다르고 또 열 뿔이 있더
라 계 12:3
8 내가 그 뿔을 유심히 보는 중에 다른 작은
뿔이 그 사이에서 나더니 첫 번째 뿔 중의
셋이 그 앞에서 뿌리까지 뽑혔으며 이 작
은 뿔에는 사람의 눈 같은 눈들이 있고 또
입이 있어 큰 말을 하였더라

옛적부터 항상 계신 자

9 ● 내가 보니 왕좌가 놓이고 옛적부터 항
상 계신 이가 좌정하셨는데 그의 옷은 희
기가 눈 같고 그의 머리털은 깨끗한 양의
털 같고 그의 보좌는 불꽃이요 그의 바퀴
는 타오르는 불이며
10 불이 강처럼 흘러 그의 앞에서 나오며
그를 섬기는 자는 천천이요 그 앞에서
모셔 선 자는 만만이며 심판을 베푸는데
책들이 펴 놓였더라
11 그때에 내가 작은 뿔이 말하는 큰 목소리
로 말미암아 주목하여 보는 사이에 짐승
이 죽임을 당하고 그의 시체가 상한 바 되
어 타오르는 불에 던져졌으며
12 그 남은 짐승들은 그의 권세를 빼앗겼으
나 그 생명은 보존되어 정한 시기가 이르
기를 기다리게 되었더라 7:3–6
13 ● 내가 또 밤 환상 중에 보니 인자 같은
이가 하늘 구름을 타고 와서 옛적부터 항

4 ●"The first was like a lion, and it had the
wings of an eagle. I watched until its wings were
torn off and it was lifted from the ground so that
it stood on two feet like a human being, and the
mind of a human was given to it.
5 ●"And there before me was a second beast,
which looked like a bear. It was raised up on one
of its sides, and it had three ribs in its mouth
between its teeth. It was told, 'Get up and eat
your fill of flesh!'
6 ●"After that, I looked, and there before me
was another beast, one that looked like a leop-
ard. And on its back it had four wings like those
of a bird. This beast had four heads, and it was
given authority to rule.
7 ●"After that, in my vision at night I looked,
and there before me was a fourth beast—terrify-
ing and frightening and very powerful. It had
large iron teeth; it crushed and devoured its vic-
tims and trampled underfoot whatever was left.
It was different from all the former beasts, and it
had ten horns.
8 ●"While I was thinking about the horns,
there before me was another horn, a little one,
which came up among them; and three of the
first horns were uprooted before it. This horn
had eyes like the eyes of a human being and a
mouth that spoke boastfully.
9 ●"As I looked,

"thrones were set in place,
  and the Ancient of Days took his seat.
His clothing was as white as snow;
  the hair of his head was white like wool.
His throne was flaming with fire,
  and its wheels were all ablaze.
10 ● A river of fire was flowing,
  coming out from before him.
Thousands upon thousands attended him;
  ten thousand times ten thousand stood
    before him.
The court was seated,
  and the books were opened.

11 ●"Then I continued to watch because of the
boastful words the horn was speaking. I kept
looking until the beast was slain and its body
12 destroyed and thrown into the blazing fire. ●(The
other beasts had been stripped of their authority,
but were allowed to live for a period of time.)
13 ●"In my vision at night I looked, and there
before me was one like a son of man,[a] coming

[a]13 The Aramaic phrase *bar enash* means *human being.* The phrase *son of man* is retained here because of its use in the New Testament as a title of Jesus, probably based largely on this verse.

ablaze [əbléiz] *a.* 불타는
attend [əténd] *vt.* 시중들다
authority [ɔːθɔ́ːrəti] *n.* 권세
boastfully [bóustfəli] *ad.* 뽐내며
devour [diváuər] *vt.* 게걸스레 먹다
flame [fleim] *vi.* 타오르다
frightening [fráitniŋ] *a.* 놀라운
horn [hɔːrn] *n.* 뿔
leopard [lépərd] *n.* 표범
period [píːəriəd] *n.* 기간
slay [slei] *vt.* 죽이다
terrifying [térəfàiiŋ] *a.* 무서운
trample [trǽmpl] *vt.* 짓밟다
underfoot [ʌ̀ndərfút] *ad.* 발 밑에
uproot [ʌprúːt] *vt.* 뿌리째 뽑다

7:4 tear off: 쥐어뜯다, 잡아채어 벗기다
7:5 eat one's fill: 양껏 먹다
7:6 look like...: …인 것 같다
7:7 be different from...: …와 다르다
7:9 take one's seat: (지정된)좌석에 앉다
7:11 keep ~ing: 계속해서 ~하다

상 계신 이에게 나아가 그 앞으로 인도되매
14 그에게 권세와 영광과 나라를 주고 모든 백
성과 나라들과 다른 언어를 말하는 모든 자
들이 그를 섬기게 하였으니 그의 권세는 소
멸되지 아니하는 영원한 권세요 그의 나라는
멸망하지 아니할 것이니라

환상 해석 (♪531, 537장)

15 ●나 다니엘이 중심에 근심하며 내 머리 속
의 환상이 나를 번민하게 한지라
16 내가 그 곁에 모셔 선 자들 중 하나에게 나아
가서 이 모든 일의 진상을 물으매 그가 내게
말하여 그 일의 해석을 알려 주며 이르되
17 그 네 큰 짐승은 세상에 일어날 네 왕이라
18 지극히 높으신 이의 성도들이 나라를 얻으
리니 그 누림이 영원하고 영원하고 영원하
리라
19 이에 내가 넷째 짐승에 관하여 확실히 알고
자 하였으니 곧 그것은 모든 짐승과 달라서
심히 무섭더라 그 이는 쇠요 그 발톱은 놋이
니 먹고 부서뜨리고 나머지는 발로 밟았으
며 7:7,8
20 또 그것의 머리에는 열 뿔이 있고 그 외에 또
다른 뿔이 나오매 세 뿔이 그 앞에서 빠졌으
며 그 뿔에는 눈도 있고 큰 말을 하는 입도
있고 그 모양이 그의 동류보다 커 보이더라
21 내가 본즉 이 뿔이 성도들과 더불어 싸워 그
들에게 이겼더니 계 13:7
22 옛적부터 항상 계신 이가 와서 지극히 높
으신 이의 성도들을 위하여 원한을 풀어
주셨고 때가 이르매 성도들이 나라를 얻었
더라
23 ●모신 자가 이처럼 이르되 넷째 짐승은 곧
땅의 넷째 나라인데 이는 다른 나라들과는
달라서 온 천하를 삼키고 밟아 부서뜨릴 것
이며
24 그 열 뿔은 그 나라에서 일어날 열 왕이요
그 후에 또 하나가 일어나리니 그는 먼저 있
던 자들과 다르고 또 세 왕을 복종시킬 것이
며
25 그가 장차 지극히 높으신 이를 말로 대적하
며 또 지극히 높으신 이의 성도를 괴롭게 할
것이며 그가 또 때와 법을 고치고자 할 것이
며 성도들은 그의 손에 붙인 바 되어 한 때와
두 때와 반 때를 지내리라
26 그러나 심판이 시작되면 그는 권세를 빼앗기
고 완전히 멸망할 것이요 7:10

with the clouds of heaven. He approached
the Ancient of Days and was led into his
14 presence. ●He was given authority, glory and
sovereign power; all nations and peoples of
every language worshiped him. His domin-
ion is an everlasting dominion that will not
pass away, and his kingdom is one that will
never be destroyed.

The Interpretation of the Dream

15 ●"I, Daniel, was troubled in spirit, and
the visions that passed through my mind
16 disturbed me. ●I approached one of those
standing there and asked him the meaning
of all this.

"So he told me and gave me the interpreta-
17 tion of these things: ●'The four great beasts
are four kings that will rise from the earth.
18 ●But the holy people of the Most High will
receive the kingdom and will possess it for-
ever—yes, for ever and ever.'
19 ●"Then I wanted to know the meaning of
the fourth beast, which was different from
all the others and most terrifying, with its
iron teeth and bronze claws—the beast that
crushed and devoured its victims and tram-
20 pled underfoot whatever was left. ●I also
wanted to know about the ten horns on its
head and about the other horn that came up,
before which three of them fell—the horn
that looked more imposing than the others
and that had eyes and a mouth that spoke
21 boastfully. ●As I watched, this horn was wag-
ing war against the holy people and defeat-
22 ing them, ●until the Ancient of Days came
and pronounced judgment in favor of the
holy people of the Most High, and the time
came when they possessed the kingdom.
23 ●"He gave me this explanation: 'The fourth
beast is a fourth kingdom that will appear on
earth. It will be different from all the other
kingdoms and will devour the whole earth,
24 trampling it down and crushing it. ●The ten
horns are ten kings who will come from this
kingdom. After them another king will arise,
different from the earlier ones; he will subdue
25 three kings. ●He will speak against the Most
High and oppress his holy people and try to
change the set times and the laws. The holy
people will be delivered into his hands for a
time, times and half a time.[a]
26 ●" 'But the court will sit, and his power
will be taken away and completely destroyed

[a]25 Or *for a year, two years and half a year*

approach [əpróutʃ] *vt.* 가까이 가다
boastfully [bóustfəli] *ad.* 뽐내며
claw [klɔː] *n.* 발톱
defeat [difíːt] *vt.* 쳐부수다
disturb [distə́ːrb] *vt.* 어지럽히다
dominion [dəmínjən] *n.* 지배
everlasting [èvərlǽstiŋ] *a.* 영원한
explanation [èksplənéiʃən] *n.* 설명
imposing [impóuziŋ] *a.* 눈길을 끄는
judgment [dʒʌ́dʒmənt] *n.* 재판, 판결
pronounce [prənáuns] *vt.* 선언하다
sovereign [sávərin] *a.* 주권을 가진
trample [trǽmpl] *vi.* 밟다
victim [víktim] *n.* 먹이, 희생자
wage [weidʒ] *vt.* (전쟁 · 투쟁 등을) 행하다

7:14 **pass away**: 끝나다, 쇠퇴하다
7:15 **pass through...**: …를 관통하다
7:18 **for ever and ever**: 영원히
7:22 **in favor of...**: …의 이익이 되도록
7:25 **for a time**: 한동안은, 당분간
7:26 **take away**: 빼앗다

27 나라와 권세와 온 천하 나라들의 위세가 지극
히 높으신 이의 거룩한 백성에게 붙인 바 되
리니 그의 나라는 영원한 나라이라 모든 권세
있는 자들이 다 그를 섬기며 복종하리라
28 그 말이 이에 그친지라 나 다니엘은 중심에
번민하였으며 내 얼굴빛이 변하였으나 내가
이 일을 마음에 간직하였느니라

숫양과 숫염소의 환상 — B.C. 553년경

8 나 다니엘에게 처음에 나타난 환상 후 벨
사살 왕 제삼 년에 다시 한 환상이 나타나
니라
2 내가 환상을 보았는데 내가 그것을 볼 때에
내 몸은 엘람 지방 수산 성에 있었고 내가 환
상을 보기는 을래 강변에서이니라 에 1:2
3 내가 눈을 들어 본즉 강가에 두 뿔 가진 숫
양이 섰는데 그 두 뿔이 다 길었으며 그 중
한 뿔은 다른 뿔보다 길었고 그 긴 것은 나
중에 난 것이더라
4 내가 본즉 그 숫양이 서쪽과 북쪽과 남쪽을
향하여 받으나 그것을 당할 짐승이 하나도
없고 그 손에서 구할 자가 없으므로 그것이
원하는 대로 행하고 강하여졌더라 8:7
5 ●내가 생각할 때에 한 숫염소가 서쪽에서
부터 와서 온 지면에 두루 다니되 땅에 닿
지 아니하며 그 염소의 두 눈 사이에는 현
저한 뿔이 있더라
6 그것이 두 뿔 가진 숫양 곧 내가 본 바 강가
에 섰던 양에게로 나아가되 분노한 힘으로
그것에게로 달려가더니
7 내가 본즉 그것이 숫양에게로 가까이 나아가
서는 더욱 성내어 그 숫양을 쳐서 그 두 뿔을
꺾으나 숫양에게는 그것을 대적할 힘이 없으
므로 그것이 숫양을 땅에 엎드러뜨리고 짓밟
았으나 숫양을 그 손에서 벗어나게 할 자가
없었더라
8 숫염소가 스스로 심히 강대하여 가더니 강성
할 때에 그 큰 뿔이 꺾이고 그 대신에 현저한
뿔 넷이 하늘 1)사방을 향하여 났더라
9 ●그 중 한 뿔에서 또 작은 뿔 하나가 나서 남
쪽과 동쪽과 또 영화로운 땅을 향하여 심히
커지더니
10 그것이 하늘 군대에 미칠 만큼 커져서 그 군
대와 별들 중의 몇을 땅에 떨어뜨리고 그것
들을 짓밟고
11 또 스스로 높아져서 군대의 주재를 대적하며
그에게 매일 드리는 제사를 없애 버렸고 그

27 forever. ●Then the sovereignty, power and
greatness of all the kingdoms under heaven
will be handed over to the holy people of the
Most High. His kingdom will be an everlast-
ing kingdom, and all rulers will worship and
obey him.'
28 ●"This is the end of the matter. I, Daniel,
was deeply troubled by my thoughts, and
my face turned pale, but I kept the matter to
myself."

Daniel's Vision of a Ram and a Goat

8 In the third year of King Belshazzar's
reign, I, Daniel, had a vision, after the
2 one that had already appeared to me. ●In
my vision I saw myself in the citadel of Susa
in the province of Elam; in the vision I was
3 beside the Ulai Canal. ●I looked up, and
there before me was a ram with two horns,
standing beside the canal, and the horns
were long. One of the horns was longer than
4 the other but grew up later. ●I watched the
ram as it charged toward the west and the
north and the south. No animal could stand
against it, and none could rescue from its
power. It did as it pleased and became great.
5 ●As I was thinking about this, suddenly
a goat with a prominent horn between its
eyes came from the west, crossing the whole
6 earth without touching the ground. ●It came
toward the two-horned ram I had seen stand-
ing beside the canal and charged at it in great
7 rage. ●I saw it attack the ram furiously, strik-
ing the ram and shattering its two horns. The
ram was powerless to stand against it; the
goat knocked it to the ground and trampled
on it, and none could rescue the ram from its
8 power. ●The goat became very great, but at
the height of its power the large horn was
broken off, and in its place four prominent
horns grew up toward the four winds of
heaven.
9 ●Out of one of them came another horn,
which started small but grew in power to the
south and to the east and toward the Beauti-
10 ful Land. ●It grew until it reached the host
of the heavens, and it threw some of the star-
ry host down to the earth and trampled on
11 them. ●It set itself up to be as great as the
commander of the army of the LORD; it took
away the daily sacrifice from the LORD, and

1) 네 바람

attack [ətǽk] *vt.* 공격하다
canal [kənǽl] *n.* 운하
citadel [sítədl] *n.* 성곽
furiously [fjúəriəsli] *ad.* 맹렬하게
goat [gout] *n.* 염소
knock [nak] *vt.* 쳐서 …이 되게 하다
obey [oubéi] *vt.* 복종하다
prominent [prámənənt] *a.* 두드러진
province [právins] *n.* 지역
ram [ræm] *n.* 숫양
ruler [rú:lər] *n.* 통치자
sacrifice [sǽkrəfàis] *n.* 제사
shatter [ʃǽtər] *vt.* 분쇄하다
sovereignty [sávərənti] *n.* 주권
strike [straik] *vt.* 치다

7:28 **turn pale**: 창백해지다
7:28 **keep to oneself**: 남에게 알리지 않다
8:3 **grow up**: 생기다
8:6 **charge at...**: …에 돌격하다
8:7 **trample on...**: …를 짓밟다
8:11 **take away**: 빼다, 제거하다

의 성소를 헐었으며

12 그의 악으로 말미암아 [1)]백성이 매일 드리는 제사가 넘긴 바 되었고 그것이 또 진리를 땅에 던지며 자의로 행하여 형통하였더라

13 내가 들은즉 한 거룩한 이가 말하더니 다른 거룩한 이가 그 말하는 이에게 묻되 환상에 나타난 바 매일 드리는 제사와 망하게 하는 죄악에 대한 일과 성소와 [2)]백성이 내준 바 되며 짓밟힐 일이 어느 때까지 이를꼬 하매

14 그가 내게 이르되 이천삼백 주야까지니 그때에 성소가 정결하게 되리라 하였느니라

가브리엘 천사가 환상을 깨닫게 하다

(♪ 95, 488장)

15 ●나 다니엘이 이 환상을 보고 그 뜻을 알고자 할 때에 사람 모양 같은 것이 내 앞에 섰고

16 내가 들은즉 을래 강 두 언덕 사이에서 사람의 목소리가 있어 외쳐 이르되 가브리엘아 이 환상을 이 사람에게 깨닫게 하라 하더니

17 그가 내가 선 곳으로 나왔는데 그가 나올 때에 내가 두려워서 얼굴을 땅에 대고 엎드리매 그가 내게 이르되 인자야 깨달아 알라 이 환상은 정한 때 끝에 관한 것이니라

18 그가 내게 말할 때에 내가 얼굴을 땅에 대고 엎드리어 깊이 잠들매 그가 나를 어루만져서 일으켜 세우며 겔 2:2

19 이르되 진노하시는 때가 마친 후에 될 일을 내가 네게 알게 하리니 이 환상은 정한 때 끝에 관한 것임이라

20 네가 본 바 두 뿔 가진 숫양은 곧 메대와 바사 왕들이요

21 털이 많은 숫염소는 곧 헬라 왕이요 그의 두 눈 사이에 있는 큰 뿔은 곧 그 첫째 왕이요

22 이 뿔이 꺾이고 그 대신에 네 뿔이 났은즉 그 나라 가운데에서 네 나라가 일어나되 그의 권세만 못하리라 8:8

23 이 네 나라 마지막 때에 반역자들이 가득할 즈음에 한 왕이 일어나리니 그 얼굴은 뻔뻔하며 속임수에 능하며

24 그 권세가 강할 것이나 자기의 힘으로 말미암은 것이 아니며 그가 장차 놀랍게 파괴 행위를 하고 자의로 행하여 형통하며 강한 자들과 거룩한 백성을 멸하리라

12 his sanctuary was thrown down. •Because of
rebellion, the LORD's people[a] and the daily
sacrifice were given over to it. It prospered in
everything it did, and truth was thrown to
the ground.
13 •Then I heard a holy one speaking, and
another holy one said to him, "How long
will it take for the vision to be fulfilled—the
vision concerning the daily sacrifice, the
rebellion that causes desolation, the surren-
der of the sanctuary and the trampling un-
derfoot of the LORD's people?"
14 •He said to me, "It will take 2,300 evenings
and mornings; then the sanctuary will be
reconsecrated."

The Interpretation of the Vision

15 •While I, Daniel, was watching the vision
and trying to understand it, there before me
16 stood one who looked like a man. •And I
heard a man's voice from the Ulai calling,
"Gabriel, tell this man the meaning of the
vision."
17 •As he came near the place where I was
standing, I was terrified and fell prostrate.
"Son of man,"[b] he said to me, "understand
that the vision concerns the time of the end."
18 •While he was speaking to me, I was in a
deep sleep, with my face to the ground. Then
he touched me and raised me to my feet.
19 •He said: "I am going to tell you what will
happen later in the time of wrath, because
the vision concerns the appointed time of the
20 end.[c] •The two-horned ram that you saw
represents the kings of Media and Persia.
21 •The shaggy goat is the king of Greece, and
the large horn between its eyes is the first
22 king. •The four horns that replaced the one
that was broken off represent four kingdoms
that will emerge from his nation but will not
have the same power.
23 •"In the latter part of their reign, when
rebels have become completely wicked, a
fierce-looking king, a master of intrigue, will
24 arise. •He will become very strong, but not
by his own power. He will cause astounding
devastation and will succeed in whatever he
does. He will destroy those who are mighty,

[a]12 Or *rebellion, the armies* [b]17 The Hebrew phrase *ben adam* means *human being*. The phrase *son of man* is retained as a form of address here because of its possible association with "Son of Man" in the New Testament. [c]19 Or *because the end will be at the appointed time*

1) 군대와 2) 군대가

astounding [əstáundiŋ] *a.* 놀라운
concerning [kənsə́ːrniŋ] *prep.* …에 관하여
desolation [dèsəléiʃən] *n.* 황폐함
devastation [dèvəstéiʃən] *n.* 유린
intrigue [intríːg] *n.* 음모
prosper [prάspər] *vi.* 번창하다
prostrate [prάstreit] *a.* 엎드린
rebellion [ribéljən] *n.* 반란
reconsecrate [riːkάnsəkreit] *vt.* 재정화시키다
replace [ripléis] *vt.* 대체하다
represent [rèprizént] *vt.* 나타내다
sanctuary [sǽŋktʃuèri] *n.* 성소
shaggy [ʃǽgi] *a.* 털이 많은
surrender [səréndər] *n.* 함락
wrath [ræθ] *n.* 진노

8:12 give over: 내어주다
8:13 it take for A to B: A가 B 하는데 얼마의 시간이 걸리다
8:22 break off: 꺾어버리다
8:22 emerge from...: …에서 나타나다
8:24 succeed in...: …에 성공하다

25 그가 꾀를 베풀어 제 손으로 속임수를 행하
고 마음에 스스로 큰 체하며 또 평화로운 때
에 많은 무리를 멸하며 또 스스로 서서 만왕
의 왕을 대적할 것이나 그가 사람의 손으로
말미암지 아니하고 깨지리라
26 이미 말한 바 주야에 대한 환상은 확실하니
너는 그 환상을 간직하라 이는 여러 날 후의
일임이라 하더라
27 이에 나 다니엘이 지쳐서 여러 날 앓다가
일어나서 왕의 일을 보았느니라 내가 그 환
상으로 말미암아 놀랐고 그 뜻을 깨닫는 사
람도 없었느니라

다니엘의 기도 — B.C. 538년경

9 메대 족속 아하수에로의 아들 다리오가 갈
대아 나라 왕으로 세움을 받던 첫 해
2 곧 그 통치 원년에 나 다니엘이 책을 통해 여
호와께서 말씀으로 선지자 예레미야에게 알
려 주신 그 연수를 깨달았나니 곧 예루살렘의
황폐함이 칠십 년 만에 그치리라 하신 것이니
라

대하 36:21

3 ●내가 금식하며 베옷을 입고 재를 덮어쓰
고 주 하나님께 기도하며 간구하기를 결심
하고
4 내 하나님 여호와께 기도하며 자복하여 이
르기를 크시고 두려워할 주 하나님, 주를 사
랑하고 주의 계명을 지키는 자를 위하여 언
약을 지키시고 그에게 인자를 베푸시는 이
시여
5 우리는 이미 범죄하여 패역하며 행악하며 반
역하여 주의 법도와 규례를 떠났사오며
6 우리가 또 주의 종 선지자들이 주의 이름으
로 우리의 왕들과 우리의 고관과 조상들과
온 국민에게 말씀한 것을 듣지 아니하였나이
다
7 주여 공의는 주께로 돌아가고 수치는 우리
얼굴로 돌아옴이 오늘과 같아서 유다 사람
들과 예루살렘 거민들과 이스라엘이 가까운
곳에 있는 자들이나 먼 곳에 있는 자들이 다
주께서 쫓아내신 각국에서 수치를 당하였사
오니 이는 그들이 주께 죄를 범하였음이니
이다
8 주여 수치가 우리에게 돌아오고 우리의 왕들
과 우리의 고관과 조상들에게 돌아온 것은
우리가 주께 범죄하였음이니이다마는
9 주 우리 하나님께는 긍휼과 용서하심이 있사
오니 이는 우리가 주께 패역하였음이오며

25 the holy people. ●He will cause deceit to
prosper, and he will consider himself superi-
or. When they feel secure, he will destroy
many and take his stand against the Prince of
princes. Yet he will be destroyed, but not by
human power.
26 ●"The vision of the evenings and morn-
ings that has been given you is true, but seal
up the vision, for it concerns the distant
future."
27 ●I, Daniel, was worn out. I lay exhausted
for several days. Then I got up and went
about the king's business. I was appalled by
the vision; it was beyond understanding.

Daniel's Prayer

9 In the first year of Darius son of Xerxes[a]
(a Mede by descent), who was made
2 ruler over the Babylonian[b] kingdom— ●in
the first year of his reign, I, Daniel, under-
stood from the Scriptures, according to the
word of the LORD given to Jeremiah the pro-
phet, that the desolation of Jerusalem would
3 last seventy years. ●So I turned to the Lord
God and pleaded with him in prayer and
petition, in fasting, and in sackcloth and
ashes.
4 ●I prayed to the LORD my God and con-
fessed:

"Lord, the great and awesome God,
who keeps his covenant of love with
those who love him and keep his com-
5 mandments, ●we have sinned and done
wrong. We have been wicked and have
rebelled; we have turned away from your
6 commands and laws. ●We have not lis-
tened to your servants the prophets, who
spoke in your name to our kings, our
princes and our ancestors, and to all the
people of the land.
7 ●"Lord, you are righteous, but this day
we are covered with shame—the people
of Judah and the inhabitants of Jeru-
salem and all Israel, both near and far, in
all the countries where you have scat-
tered us because of our unfaithfulness to
8 you. ●We and our kings, our princes and
our ancestors are covered with shame,
LORD, because we have sinned against
9 you. ●The Lord our God is merciful and
forgiving, even though we have rebelled

[a]1 Hebrew *Ahasuerus* [b]1 Or *Chaldean*

appall [əpɔ́:l] *vt.* 오싹하게 하다
consider [kənsídər] *vt.* …로 여기다
covenant [kʌvənənt] *n.* 계약
deceit [disí:t] *n.* 속임
desolation [dèsəléiʃən] *n.* 황폐함
exhausted [igzɔ́:stid] *a.* 완전히 지친
fasting [fǽstiŋ] *n.* 금식
inhabitant [inhǽbətənt] *n.* 거주민
merciful [mə́:rsifəl] *a.* 자비로운
petition [pətíʃən] *n.* 탄원
prophet [prɑ́fit] *n.* 선지자
scatter [skǽtər] *vt.* 흩어버리다
secure [sikjúər] *a.* 안전한
shame [ʃeim] *n.* 치욕
unfaithfulness [ʌnféiθfəlnis] *n.* 불성실함

8:26 seal up: 봉하다
9:3 plead with...: …에게 간청하다
9:5 turn away: 외면하다
9:7 be covered with...: …으로 뒤덮이다
9:7 both A and B: A, B 둘 다
9:9 even though...: 비록 …일지라도

10 우리 하나님 여호와의 목소리를 듣지 아니하
며 여호와께서 그의 종 선지자들에게 부탁하
여 우리 앞에 세우신 율법을 행하지 아니하였
음이니이다
11 온 이스라엘이 주의 율법을 범하고 치우쳐 가
서 주의 목소리를 듣지 아니하였으므로 이 저
주가 우리에게 내렸으되 곧 하나님의 종 모세
의 율법에 기록된 맹세대로 되었사오니 이는
우리가 주께 범죄하였음이니이다
12 주께서 큰 재앙을 우리에게 내리사 우리와 및
우리를 재판하던 재판관을 쳐서 하신 말씀을
이루셨사오니 온 천하에 예루살렘에서 일어난
일 같은 것이 없나이다
13 모세의 율법에 기록된 대로 이 모든 재앙이 이
미 우리에게 내렸사오나 우리는 우리의 죄악
을 떠나고 주의 진리를 깨달아 우리 하나님 여
호와의 얼굴을 기쁘게 하지 아니하였나이다
14 그러므로 여호와께서 이 재앙을 간직하여 두
셨다가 우리에게 내리게 하셨사오니 우리의
하나님 여호와께서 행하시는 모든 일이 공의
로우시나 우리가 그 목소리를 듣지 아니하였
음이니이다
15 강한 손으로 주의 백성을 애굽 땅에서 인도하
여 내시고 오늘과 같이 명성을 얻으신 우리 주
하나님이여 우리는 범죄하였고 악을 행하였나
이다
16 주여 구하옵나니 주는 주의 공의를 따라 주의
분노를 주의 성 예루살렘, 주의 거룩한 산에서
떠나게 하옵소서 이는 우리의 죄와 우리 조상들
의 죄악으로 말미암아 예루살렘과 주의 백성이
사면에 있는 자들에게 수치를 당함이니이다
17 그러하온즉 우리 하나님이여 지금 주의 종의
기도와 간구를 들으시고 주를 위하여 주의 얼
굴빛을 주의 황폐한 성소에 비추시옵소서
18 나의 하나님이여 귀를 기울여 들으시며 눈을
떠서 우리의 황폐한 상황과 주의 이름으로 일
컫는 성을 보옵소서 우리가 주 앞에 간구하옵
는 것은 우리의 공의를 의지하여 하는 것이 아
니요 주의 큰 긍휼을 의지하여 함이니이다
19 주여 들으소서 주여 용서하소서 주여 귀를
기울이시고 행하소서 지체하지 마옵소서 나
의 하나님이여 주 자신을 위하여 하시옵소서
이는 주의 성과 주의 백성이 주의 이름으로
일컫는 바 됨이니이다

가브리엘이 환상을 설명하다 (♪ 203장)

20 ●내가 이같이 말하여 기도하며 내 죄와 내 백
성 이스라엘의 죄를 자복하고 내 하나님의 거

10 against him; ●we have not obeyed the
LORD our God or kept the laws he gave
us through his servants the prophets.
11 ●All Israel has transgressed your law
and turned away, refusing to obey you.
"Therefore the curses and sworn judg-
ments written in the Law of Moses, the
servant of God, have been poured out
on us, because we have sinned against
12 you. ●You have fulfilled the words
spoken against us and against our rulers
by bringing on us great disaster. Under
the whole heaven nothing has ever
been done like what has been done to
13 Jerusalem. ●Just as it is written in the
Law of Moses, all this disaster has come
on us, yet we have not sought the favor
of the LORD our God by turning from
our sins and giving attention to your
14 truth. ●The LORD did not hesitate to
bring the disaster on us, for the LORD our
God is righteous in everything he does;
yet we have not obeyed him.
15 ●"Now, Lord our God, who brought
your people out of Egypt with a mighty
hand and who made for yourself a
name that endures to this day, we have
16 sinned, we have done wrong. ●Lord, in
keeping with all your righteous acts,
turn away your anger and your wrath
from Jerusalem, your city, your holy
hill. Our sins and the iniquities of our
ancestors have made Jerusalem and
your people an object of scorn to all
those around us.
17 ●"Now, our God, hear the prayers
and petitions of your servant. For your
sake, Lord, look with favor on your des-
18 olate sanctuary. ●Give ear, our God,
and hear; open your eyes and see the
desolation of the city that bears your
Name. We do not make requests of you
because we are righteous, but because of
19 your great mercy. ●Lord, listen! Lord,
forgive! Lord, hear and act! For your
sake, my God, do not delay, because
your city and your people bear your
Name."

The Seventy "Sevens"

20 ●While I was speaking and praying, con-
fessing my sin and the sin of my people
Israel and making my request to the LORD

bear [bɛər] *vt.* (칭호를) 갖다
curse [kəːrs] *n.* 저주
delay [diléi] *vt.* 늦추다
desolate [désələt] *a.* 황폐한
disaster [dizǽstər] *n.* 재앙
favor [féivər] *n.* 은혜
hesitate [hézətèit] *vi.* 주저하다
iniquity [iníkwəti] *n.* 범죄
mercy [mə́ːrsi] *n.* 은총
obey [oubéi] *vt.* 순종하다
petition [pətíʃən] *n.* 간구
refuse [rifjúːz] *vt.* 거절하다
sanctuary [sǽŋktʃuèri] *n.* 성소
scorn [skɔːrn] *n.* 경멸
transgress [trænsgrés] *vt.* 어기다

9:15 **make for oneself a name**: 유명해지다, 명성을 얻다
9:16 **in keeping with...**: …를 따라
9:17 **for one's sake**: …를 위하여
9:18 **make requests of...**: …에게 요구하다
9:20 **confess one's sin**: 죄를 고백하다

룩한 산을 위하여 내 하나님 여호와 앞에
간구할 때
21 곧 내가 기도할 때에 이전에 환상 중에 본
그 사람 가브리엘이 빨리 날아서 저녁 제사
를 드릴 때 즈음에 내게 이르더니
22 내게 가르치며 내게 말하여 이르되 다니엘
아 내가 이제 네게 지혜와 총명을 주려고
왔느니라
23 곧 네가 기도를 시작할 즈음에 명령이 내렸
으므로 이제 네게 알리러 왔느니라 너는 크
게 은총을 입은 자라 그런즉 너는 이 일을
생각하고 그 환상을 깨달을지니라
24 네 백성과 네 거룩한 성을 위하여 일흔 이
레를 기한으로 정하였나니 허물이 그치며
죄가 끝나며 죄악이 용서되며 영원한 의가
드러나며 환상과 예언이 응하며 또 지극히
거룩한 이가 기름부음을 받으리라
25 그러므로 너는 깨달아 알지니라 예루살렘
을 중건하라는 영이 날 때부터 [1)]기름부음
을 받은 자 곧 왕이 일어나기까지 일곱 이
레와 예순두 이레가 지날 것이요 그 곤란한
동안에 성이 중건되어 광장과 거리가 세워
질 것이며
26 예순두 이레 후에 [1)]기름부음을 받은 자가
끊어져 없어질 것이며 장차 한 왕의 백성이
와서 그 성읍과 성소를 무너뜨리려니와 그
의 마지막은 홍수에 휩쓸림 같을 것이며 또
끝까지 전쟁이 있으리니 황폐할 것이 작정
되었느니라
27 그가 장차 많은 사람들과 더불어 한 이레
동안의 언약을 굳게 맺고 그가 그 이레의
절반에 제사와 예물을 금지할 것이며 또 포
악하여 가증한 것이 날개를 의지하여 설 것
이며 또 이미 정한 종말까지 진노가 황폐하
게 하는 자에게 쏟아지리라 하였느니라 하
니라
막 13:14

힛데겔 강가에서 본 환상 — B.C. 536년경

10 바사 왕 고레스 제삼 년에 한 일이 벨
드사살이라 이름한 다니엘에게 나타
났는데 그 일이 참되니 곧 큰 전쟁에 관한
것이라 다니엘이 그 일을 분명히 알았고 그
환상을 깨달으니라
2 그때에 나 다니엘이 세 이레 동안을 슬퍼하며
3 세 이레가 차기까지 좋은 떡을 먹지 아니하
며 고기와 포도주를 입에 대지 아니하며 또
기름을 바르지 아니하니라
4 첫째 달 이십사 일에 내가 힛데겔이라 하는

21 my God for his holy hill— •while I was still
in prayer, Gabriel, the man I had seen in the
earlier vision, came to me in swift flight about
22 the time of the evening sacrifice. •He instruct-
ed me and said to me, "Daniel, I have now
come to give you insight and understanding.
23 •As soon as you began to pray, a word went
out, which I have come to tell you, for you are
highly esteemed. Therefore, consider the word
and understand the vision:
24 •"Seventy 'sevens'[a] are decreed for your peo-
ple and your holy city to finish[b] transgression,
to put an end to sin, to atone for wickedness, to
bring in everlasting righteousness, to seal up
vision and prophecy and to anoint the Most
Holy Place.[c]
25 •"Know and understand this: From the
time the word goes out to restore and rebuild
Jerusalem until the Anointed One,[d] the ruler,
comes, there will be seven 'sevens,' and sixty-
two 'sevens.' It will be rebuilt with streets and
26 a trench, but in times of trouble. •After the
sixty-two 'sevens,' the Anointed One will be
put to death and will have nothing.[e] The peo-
ple of the ruler who will come will destroy the
city and the sanctuary. The end will come like
a flood: War will continue until the end, and
27 desolations have been decreed. •He will con-
firm a covenant with many for one 'seven.'[f]
In the middle of the 'seven'[f] he will put an
end to sacrifice and offering. And at the tem-
ple[g] he will set up an abomination that caus-
es desolation, until the end that is decreed is
poured out on him.[h]"[i]

Daniel's Vision of a Man

10 In the third year of Cyrus king of Persia,
a revelation was given to Daniel (who
was called Belteshazzar). Its message was true
and it concerned a great war.[j] The understand-
ing of the message came to him in a vision.
2 •At that time I, Daniel, mourned for three
3 weeks. •I ate no choice food; no meat or wine
touched my lips; and I used no lotions at all
until the three weeks were over.
4 •On the twenty-fourth day of the first

[a]24 Or *'weeks'*; also in verses 25 and 26 [b]24 Or *restrain* [c]24 Or *the most holy One* [d]25 Or *an anointed one*; also in verse 26 [e]26 Or *death and will have no one*; or *death, but not for himself* [f]27 Or *'week'* [g]27 Septuagint and Theodotion; Hebrew *wing* [h]27 Or *it* [i]27 Or *And one who causes desolation will come upon the wing of the abominable temple, until the end that is decreed is poured out on the desolated city* [j]1 Or *true and burdensome*

1) 메시야가

abomination [əbàmənéiʃən] *n.* 혐오스러운 것
anoint [ənɔ́int] *vt.* 기름을 바르다
concern [kənsə́:rn] *vt.* …에 관계하다
covenant [kʌ́vənənt] *n.* 언약
esteem [istí:m] *vt.* 총애하다
everlasting [èvərlǽstiŋ] *a.* 영원한
insight [ínsàit] *n.* 통찰력
instruct [instrʌ́kt] *vt.* 가르치다
mourn [mɔ:rn] *vi.* 슬퍼하다
prophecy [prɑ́fəsi] *n.* 예언
restore [ristɔ́:r] *vt.* 회복하다
revelation [rèvəléiʃən] *n.* 계시
sanctuary [sǽŋktʃuèri] *n.* 성소
transgression [trænsgréʃən] *n.* 범죄
trench [trentʃ] *n.* 도랑, 참호

9:24 **atone for...**: …를 속죄하다
9:27 **in the middle of...**: …중간에
9:27 **put an end to...**: …를 끝내다
9:27 **set up**: 세우다
9:27 **pour out**: 퍼붓다
10:3 **be over**: 끝나다, 마치다

큰 강가에 있었는데
5 그때에 내가 눈을 들어 바라본즉 한 사람이
세마포 옷을 입었고 허리에는 우바스 순금
띠를 띠었더라 계 15:6
6 또 그의 몸은 황옥 같고 그의 얼굴은 번갯빛
같고 그의 눈은 횃불 같고 그의 팔과 발은 빛
난 놋과 같고 그의 말소리는 무리의 소리와
같더라
7 이 환상을 나 다니엘이 홀로 보았고 나와 함
께한 사람들은 이 환상은 보지 못하였어도
그들이 크게 떨며 도망하여 숨었느니라 행 9:7
8 그러므로 나만 홀로 있어서 이 큰 환상을 볼
때에 내 몸에 힘이 빠졌고 나의 아름다운 빛
이 변하여 썩은 듯하였고 나의 힘이 다 없어
졌으나
9 내가 그의 음성을 들었는데 그의 음성을 들
을 때에 내가 얼굴을 땅에 대고 깊이 잠들었
느니라
10 ● 한 손이 있어 나를 어루만지기로 내가 떨
었더니 그가 내 무릎과 손바닥이 땅에 닿게
일으키고
11 내게 이르되 큰 은총을 받은 사람 다니엘아
내가 네게 이르는 말을 깨닫고 일어서라 내가
네게 보내심을 받았느니라 하더라 그가 내게
이 말을 한 후에 내가 떨며 일어서니 8:16,17
12 그가 내게 이르되 다니엘아 두려워하지 말라
네가 깨달으려 하여 네 하나님 앞에 스스로
겸비하게 하기로 결심하던 첫날부터 네 말이
응답받았으므로 내가 네 말로 말미암아 왔느
니라
13 그런데 바사 왕국의 군주가 이십일 일 동안
나를 막았으므로 내가 거기 바사 왕국의 왕
들과 함께 머물러 있더니 가장 높은 군주 중
하나인 미가엘이 와서 나를 도와주므로
14 이제 내가 마지막 날에 네 백성이 당할 일을
네게 깨닫게 하러 왔노라 이는 이 환상이 오
랜 후의 일임이라 하더라
15 그가 이런 말로 내게 이를 때에 내가 곧 얼굴
을 땅에 향하고 말문이 막혔더니
16 인자와 같은 이가 있어 내 입술을 만진지라
내가 곧 입을 열어 내 앞에 서 있는 자에게
말하여 이르되 내 주여 이 환상으로 말미암
아 근심이 내게 더하므로 내가 힘이 없어졌
나이다
17 내 몸에 힘이 없어졌고 호흡이 남지 아니하
였사오니 내 주의 이 종이 어찌 능히 내 주와
더불어 말씀할 수 있으리이까 하니 사 6:1-5

month, as I was standing on the bank of the
5 great river, the Tigris, •I looked up and there
before me was a man dressed in linen, with
a belt of fine gold from Uphaz around his
6 waist. •His body was like topaz, his face like
lightning, his eyes like flaming torches, his
arms and legs like the gleam of burnished
bronze, and his voice like the sound of a mul-
titude.
7 •I, Daniel, was the only one who saw the
vision; those who were with me did not see
it, but such terror overwhelmed them that
8 they fled and hid themselves. •So I was left
alone, gazing at this great vision; I had no
strength left, my face turned deathly pale and
9 I was helpless. •Then I heard him speaking,
and as I listened to him, I fell into a deep
sleep, my face to the ground.
10 •A hand touched me and set me trem-
11 bling on my hands and knees. •He said,
"Daniel, you who are highly esteemed, con-
sider carefully the words I am about to speak
to you, and stand up, for I have now been
sent to you." And when he said this to me, I
stood up trembling.
12 •Then he continued, "Do not be afraid,
Daniel. Since the first day that you set your
mind to gain understanding and to humble
yourself before your God, your words were
heard, and I have come in response to them.
13 •But the prince of the Persian kingdom
resisted me twenty-one days. Then Michael,
one of the chief princes, came to help me,
because I was detained there with the king of
14 Persia. •Now I have come to explain to you
what will happen to your people in the
future, for the vision concerns a time yet to
come."
15 •While he was saying this to me, I bowed
with my face toward the ground and was
16 speechless. •Then one who looked like a
man[a] touched my lips, and I opened my
mouth and began to speak. I said to the one
standing before me, "I am overcome with
anguish because of the vision, my lord, and I
17 feel very weak. •How can I, your servant,
talk with you, my lord? My strength is gone
and I can hardly breathe."

[a]16 Most manuscripts of the Masoretic Text; one manuscript of the Masoretic Text, Dead Sea Scrolls and Septuagint *Then something that looked like a human hand*

anguish [æŋgwiʃ] *n.* 고민
breathe [briːð] *vt.* 호흡하다
burnish [bə́ːrniʃ] *vt.* 광내다
deathly [déθli] *ad.* 죽은듯이
detain [ditéin] *vt.* 보류하다
esteem [istíːm] *vt.* 존중하다
flee [fliː] *vi.* 달아나다
gleam [gliːm] *n.* 섬광
multitude [mʌltətjùːd] *n.* 군중
overcome [òuvərkʌ́m] *vt.* 극복하다
overwhelm [òuvərhwélm] *vt.* 압도하다
resist [rizíst] *vt.* 저항하다
speechless [spíːtʃlis] *a.* 말문이 막힌
torch [tɔːrtʃ] *n.* 횃불
tremble [trémbl] *vi.* 떨리다

10:5 dress in...: …로 옷 입다
10:8 gaze at...: …를 응시하다
10:9 fall into...: …에 빠지다
10:11 be about to...: 막 …하려고 하다
10:12 in response to...: …에 응답하여
10:14 happen to...: …에 일어나다

18 ●또 사람의 모양 같은 것 하나가 나를 만지
며 나를 강건하게 하여
19 이르되 큰 은총을 받은 사람이여 두려워하지
말라 평안하라 강건하라 강건하라 그가 이같
이 내게 말하매 내가 곧 힘이 나서 이르되 내
주께서 나를 강건하게 하셨사오니 말씀하옵
소서
20 그가 이르되 내가 어찌하여 네게 왔는지 네
가 아느냐 이제 내가 돌아가서 바사 군주와
싸우려니와 내가 나간 후에는 헬라의 군주
가 이를 것이라
21 오직 내가 먼저 진리의 글에 기록된 것으로
네게 보이리라 나를 도와서 그들을 대항할
자는 너희의 군주 미가엘뿐이니라

11 내가 또 메대 사람 다리오 원년에 일어
나 그를 도와서 그를 강하게 한 일이 있
었느니라

남방 왕과 북방 왕이 싸우리라

2 ●이제 내가 참된 것을 네게 보이리라 보라
바사에서 또 세 왕들이 일어날 것이요 그 후
의 넷째는 그들보다 심히 부요할 것이며 그
가 그 부요함으로 강하여진 후에는 모든 사
람을 충동하여 헬라 왕국을 칠 것이며
3 장차 한 능력 있는 왕이 일어나서 큰 권세로
다스리며 자기 마음대로 행하리라
4 그러나 그가 강성할 때에 그의 나라가 갈라
져 천하 사방에 나누일 것이나 그의 자손에
게로 돌아가지도 아니할 것이요 또 자기가
주장하던 권세대로도 되지 아니하리니 이는
그 나라가 뽑혀서 그 외의 다른 사람들에게
로 돌아갈 것임이라
5 ●남방의 왕은 강할 것이나 그 군주들 중 하
나는 그보다 강하여 권세를 떨치리니 그의
권세가 심히 클 것이요
6 몇 해 후에 그들이 서로 단합하리니 곧 남방
왕의 딸이 북방 왕에게 가서 화친하리라 그
러나 그 공주의 힘이 쇠하고 그 왕은 서지도
못하며 권세가 없어질 뿐 아니라 그 공주와
그를 데리고 온 자와 그를 낳은 자와 그때에
도와주던 자가 다 버림을 당하리라
7 ●그러나 그 공주의 본 족속에게서 난 자 중
의 한 사람이 왕위를 이어 권세를 받아 북방
왕의 군대를 치러 와서 그의 성에 들어가서
그들을 쳐서 이기고
8 그 신들과 부어 만든 우상들과 은과 금의 아
름다운 그릇들은 다 노략하여 애굽으로 가져
갈 것이요 몇 해 동안은 그가 북방 왕을 치지

18 ●Again the one who looked like a man
19 touched me and gave me strength. ●"Do not
be afraid, you who are highly esteemed," he
said. "Peace! Be strong now; be strong."
When he spoke to me, I was strengthened
and said, "Speak, my lord, since you have
given me strength."
20 ●So he said, "Do you know why I have
come to you? Soon I will return to fight
against the prince of Persia, and when I go,
21 the prince of Greece will come; ●but first I
will tell you what is written in the Book of
Truth. (No one supports me against them
except Michael, your prince.

1 **11** ●And in the first year of Darius the
Mede, I took my stand to support and
protect him.)

The Kings of the South and the North

2 ●"Now then, I tell you the truth: Three
more kings will arise in Persia, and then a
fourth, who will be far richer than all the
others. When he has gained power by his
wealth, he will stir up everyone against the
3 kingdom of Greece. ●Then a mighty king
will arise, who will rule with great power and
4 do as he pleases. ●After he has arisen, his
empire will be broken up and parceled out
toward the four winds of heaven. It will not
go to his descendants, nor will it have the
power he exercised, because his empire will
be uprooted and given to others.
5 ●"The king of the South will become
strong, but one of his commanders will
become even stronger than he and will rule
6 his own kingdom with great power. ●After
some years, they will become allies. The
daughter of the king of the South will go to
the king of the North to make an alliance,
but she will not retain her power, and he and
his power[a] will not last. In those days she
will be betrayed, together with her royal
escort and her father[b] and the one who sup-
ported her.
7 ●"One from her family line will arise to
take her place. He will attack the forces of
the king of the North and enter his fortress;
he will fight against them and be victorious.
8 ●He will also seize their gods, their metal
images and their valuable articles of silver
and gold and carry them off to Egypt. For

[a]6 Or *offspring* [b]6 Or *child* (see Vulgate and Syriac)

alliance [əláiəns] *n.* 동맹
ally [əlái] *n.* 동맹국
betray [bitréi] *vt.* 팔다, 배반하다
commander [kəmǽndər] *n.* 사령관
descendant [diséndənt] *n.* 자손
empire [émpaiər] *n.* 왕국
escort [éskɔ:rt] *n.* 호위대
fortress [fɔ́:rtris] *n.* 요새
protect [prətékt] *vt.* 보호하다
retain [ritéin] *vt.* 유지하다
seize [si:z] *vt.* 빼앗다
strengthen [stréŋkθən] *vt.* 강하게 하다
support [səpɔ́:rt] *vt.* 지지하다
uproot [ʌprú:t] *vt.* 뿌리뽑다
victorious [viktɔ́:riəs] *a.* 승리의, 이긴

10:20 fight against...: …에 대항해 싸우다
11:2 gain power: 권력을 잡다
11:2 stir up: 일으키다, 동요시키다
11:4 parcel out: 나누다, 분배하다
11:7 take one's place: 위치를 차지하다
11:8 carry off: 획득하다, 빼앗다

아니하리라
9 북방 왕이 남방 왕의 왕국으로 쳐들어갈 것
이나 자기 본국으로 물러가리라
10 ●그러나 그의 아들들이 전쟁을 준비하고
심히 많은 군대를 모아서 물이 넘침같이 나
아올 것이며 그가 또 와서 남방 왕의 견고한
성까지 칠 것이요
11 남방 왕은 크게 노하여 나와서 북방 왕과 싸
울 것이라 북방 왕이 큰 무리를 일으킬 것이나
그 무리는 그의 손에 넘겨 준 바 되리라 8:7
12 그가 큰 무리를 사로잡은 후에 그의 마음이
스스로 높아져서 수만 명을 엎드러뜨릴 것이
나 그 세력은 더하지 못할 것이요
13 북방 왕은 돌아가서 다시 군대를 전보다 더
많이 준비하였다가 몇 때 곧 몇 해 후에 대군
과 많은 물건을 거느리고 오리라
14 그때에 여러 사람이 일어나서 남방 왕을 칠
것이요 네 백성 중에서도 포악한 자가 스스
로 높아져서 환상을 이루려 할 것이나 그들
이 도리어 걸려 넘어지리라
15 이에 북방 왕은 와서 토성을 쌓고 견고한 성
읍을 점령할 것이요 남방 군대는 그를 당할
수 없으며 또 그가 택한 군대라도 그를 당할
힘이 없을 것이므로
16 오직 와서 치는 자가 자기 마음대로 행하리니
그를 당할 사람이 없겠고 그는 영화로운 땅에
설 것이요 그의 손에는 멸망이 있으리라
17 그가 결심하고 전국의 힘을 다하여 이르렀다
가 그와 화친할 것이요 또 여자의 딸을 그에
게 주어 그의 나라를 망하게 하려 할 것이나
이루지 못하리니 그에게 무익하리라
18 그 후에 그가 그의 얼굴을 바닷가로 돌려 많
이 점령할 것이나 한 장군이 나타나 그의 정
복을 그치게 하고 그 수치를 그에게로 돌릴
것이므로
19 그가 드디어 그 얼굴을 돌려 자기 땅 산성들
로 향할 것이나 거쳐 넘어지고 다시는 보이
지 아니하리라 욥 20:8

비천한 북방 왕

20 ●그 왕위를 이을 자가 압제자를 그 나라의
아름다운 곳으로 두루 다니게 할 것이나 그
는 분노함이나 싸움이 없이 몇 날이 못 되어
망할 것이요
21 또 그의 왕위를 이을 자는 한 비천한 사람이
라 나라의 영광을 그에게 주지 아니할 것이
나 그가 평안한 때를 타서 속임수로 그 나라
를 얻을 것이며

some years he will leave the king of the
9 North alone. •Then the king of the North
will invade the realm of the king of the
South but will retreat to his own country.
10 •His sons will prepare for war and assemble
a great army, which will sweep on like an
irresistible flood and carry the battle as far as
his fortress.
11 •"Then the king of the South will march
out in a rage and fight against the king of
the North, who will raise a large army, but
12 it will be defeated. •When the army is car-
ried off, the king of the South will be filled
with pride and will slaughter many thou-
sands, yet he will not remain triumphant.
13 •For the king of the North will muster an-
other army, larger than the first; and after
several years, he will advance with a huge
army fully equipped.
14 •"In those times many will rise against the
king of the South. Those who are violent
among your own people will rebel in fulfill-
ment of the vision, but without success.
15 •Then the king of the North will come and
build up siege ramps and will capture a forti-
fied city. The forces of the South will be pow-
erless to resist; even their best troops will not
16 have the strength to stand. •The invader will
do as he pleases; no one will be able to stand
against him. He will establish himself in the
Beautiful Land and will have the power to
17 destroy it. •He will determine to come with
the might of his entire kingdom and will
make an alliance with the king of the South.
And he will give him a daughter in marriage
in order to overthrow the kingdom, but his
18 plans[a] will not succeed or help him. •Then
he will turn his attention to the coastlands
and will take many of them, but a comman-
der will put an end to his insolence and will
19 turn his insolence back on him. •After this,
he will turn back toward the fortresses of his
own country but will stumble and fall, to be
seen no more.
20 •"His successor will send out a tax collec-
tor to maintain the royal splendor. In a few
years, however, he will be destroyed, yet not
in anger or in battle.
21 •"He will be succeeded by a contemptible
person who has not been given the honor

[a]17 Or *but she*

contemptible [kəntémptəbl] *a.* 경멸할 만한
determine [ditə́ːrmin] *vt.* 정하다
insolence [ínsələns] *n.* 거만
invade [invéid] *vt.* 침공하다
irresistible [ìrizístəbl] *a.* 대항할 수 없는
muster [mʌstər] *vt.* 소집하다
rage [reidʒ] *n.* 분노
realm [relm] *n.* 왕국
retreat [ritríːt] *vi.* 후퇴하다
siege [siːdʒ] *n.* 포위
slaughter [slɔ́ːtər] *vt.* 학살하다
stumble [stʌmbl] *vi.* 발부리가 걸리다
sweep [swiːp] *vi.* 밀려오다
triumphant [traiʌ́mfənt] *a.* 의기양양한
troop [truːp] *n.* 군대

11:10 prepare for...: …를 준비하다
11:17 make an alliance with...: …와 동맹을 맺다, 제휴하다
11:17 in order to...: …하기 위하여
11:18 turn one's attention to...: …로 관심을 돌리다

22 넘치는 물 같은 군대가 그에게 넘침으로 말미암아 패할 것이요 동맹한 왕도 그렇게 될 것이며

23 그와 약조한 후에 그는 거짓을 행하여 올라올 것이요 소수의 백성을 가지고 세력을 얻을 것이며

24 그가 평안한 때에 그 지방의 가장 기름진 곳에 들어와서 그의 조상들과 조상들의 조상이 행하지 못하던 것을 행할 것이요 그는 노략하고 탈취한 재물을 무리에게 흩어 주며 계략을 세워 얼마 동안 산성들을 칠 것인데 때가 이르기까지 그리하리라 겔 34:14

25 그가 그의 힘을 떨치며 용기를 다하여 큰 군대를 거느리고 남방 왕을 칠 것이요 남방 왕도 심히 크고 강한 군대를 거느리고 맞아 싸울 것이나 능히 당하지 못하리니 이는 그들이 계략을 세워 그를 침이니라

26 그의 음식을 먹는 자들이 그를 멸하리니 그의 군대가 흩어질 것이요 많은 사람이 엎드러져 죽으리라

27 이 두 왕이 마음에 서로 해하고자 하여 한 밥상에 앉았을 때에 거짓말을 할 것이라 일이 형통하지 못하리니 이는 아직 때가 이르지 아니하였으므로 그 일이 이루어지지 아니할 것임이니라

28 ●북방 왕은 많은 재물을 가지고 본국으로 돌아가리니 그는 마음으로 거룩한 언약을 거스르며 자기 마음대로 행하고 본토로 돌아갈 것이며

29 작정된 기한에 그가 다시 나와서 남방에 이를 것이나 이번이 그 전번만 못하리니

30 이는 깃딤의 배들이 이르러 그를 칠 것임이라 그가 낙심하고 돌아가면서 맺은 거룩한 언약에 분노하였고 자기 땅에 돌아가서는 맺은 거룩한 언약을 배반하는 자들을 살필 것이며

31 군대는 그의 편에 서서 성소 곧 견고한 곳을 더럽히며 매일 드리는 제사를 폐하며 멸망하게 하는 가증한 것을 세울 것이며 8:11

32 그가 또 언약을 배반하고 악행하는 자를 속임수로 타락시킬 것이나 오직 자기의 하나님을 아는 백성은 강하여 용맹을 떨치리라

33 백성 중에 지혜로운 자들이 많은 사람을 가르칠 것이나 그들이 칼날과 불꽃과 사로잡힘과 약탈을 당하여 여러 날 동안 몰락하리라

34 그들이 몰락할 때에 도움을 조금 얻을 것이나 많은 사람들이 속임수로 그들과 결합할

of royalty. He will invade the kingdom
when its people feel secure, and he will seize
22 it through intrigue. ●Then an overwhelm-
ing army will be swept away before him;
both it and a prince of the covenant will be
23 destroyed. ●After coming to an agreement
with him, he will act deceitfully, and with
only a few people he will rise to power.
24 ●When the richest provinces feel secure, he
will invade them and will achieve what
neither his fathers nor his forefathers did.
He will distribute plunder, loot and wealth
among his followers. He will plot the over-
throw of fortresses—but only for a time.
25 ●"With a large army he will stir up his
strength and courage against the king of the
South. The king of the South will wage war
with a large and very powerful army, but he
will not be able to stand because of the plots
26 devised against him. ●Those who eat from
the king's provisions will try to destroy him;
his army will be swept away, and many will
27 fall in battle. ●The two kings, with their
hearts bent on evil, will sit at the same table
and lie to each other, but to no avail, because
an end will still come at the appointed time.
28 ●The king of the North will return to his
own country with great wealth, but his heart
will be set against the holy covenant. He will
take action against it and then return to his
own country.
29 ●"At the appointed time he will invade the
South again, but this time the outcome will
30 be different from what it was before. ●Ships
of the western coastlands will oppose him,
and he will lose heart. Then he will turn back
and vent his fury against the holy covenant.
He will return and show favor to those who
forsake the holy covenant.
31 ●"His armed forces will rise up to desecrate
the temple fortress and will abolish the daily
sacrifice. Then they will set up the abomina-
32 tion that causes desolation. ●With flattery he
will corrupt those who have violated the
covenant, but the people who know their
God will firmly resist him.
33 ●"Those who are wise will instruct many,
though for a time they will fall by the sword
or be burned or captured or plundered.
34 ●When they fall, they will receive a little
help, and many who are not sincere will join

abolish [əbáliʃ] *vt.* 폐지하다
corrupt [kərʌ́pt] *vt.* 타락시키다
covenant [kʌ́vənənt] *n.* 언약
deceitfully [disíːtfəli] *ad.* 사기로
desecrate [désikrèit] *vt.* 신성 모독하다
flattery [flǽtəri] *n.* 아첨
forsake [fərséik] *vt.* 저버리다
intrigue [intríːg] *n.* 음모
loot [luːt] *n.* 전리품
overthrow [òuvərθróu] *n.* 전복, 정복
overwhelm [òuvərhwélm] *vt.* 제압하다
plunder [plʌ́ndər] *n.* 약탈품
provisions [prəvíʒənz] *n.(pl.)* 양식
violate [váiəlèit] *vt.* 위반하다
wage [weidʒ] *vt.* (전쟁 등을) 행하다

11:22 **sweep away**: 쓸어버리다
11:24 **neither A nor B**: A, B 둘다 아니다
11:25 **stir up**: 일으키다
11:25 **be able to...**: …를 할 수 있다
11:27 **to no avail**: 보람없이, 헛되이
11:30 **lose heart**: 낙담하다, 희망을 잃다

것이며
35 또 그들 중 지혜로운 자 몇 사람이 몰락하여
무리 중에서 연단을 받아 정결하게 되며 희
게 되어 마지막 때까지 이르게 하리니 이는
아직 정한 기한이 남았음이라
36 ●그 왕은 자기 마음대로 행하며 스스로 높
여 모든 신보다 크다 하며 비상한 말로 신
들의 신을 대적하며 형통하기를 분노하심
이 그칠 때까지 하리니 이는 그 작정된 일
을 반드시 이루실 것임이라
37 그가 모든 것보다 스스로 크다 하고 그의 조
상들의 신들과 여자들이 흠모하는 것을 돌아
보지 아니하며 어떤 신도 돌아보지 아니하고
38 그 대신에 강한 신을 공경할 것이요 또 그의
조상들이 알지 못하던 신에게 금 은 보석과
보물을 드려 공경할 것이며
39 그는 이방신을 힘입어 크게 견고한 산성들을
점령할 것이요 무릇 그를 안다 하는 자에게
는 영광을 더하여 여러 백성을 다스리게도
하며 그에게서 뇌물을 받고 땅을 나눠 주기
도 하리라
40 ●마지막 때에 남방 왕이 그와 힘을 겨룰 것
이나 북방 왕이 병거와 마병과 많은 배로 회
오리바람처럼 그에게로 마주 와서 그 여러
나라에 침공하여 물이 넘침같이 지나갈 것이
요
41 그가 또 영화로운 땅에 들어갈 것이요 많은
나라를 패망하게 할 것이나 오직 에돔과 모
압과 암몬 자손의 지도자들은 그의 손에서
벗어나리라
42 그가 여러 나라들에 그의 손을 펴리니 애굽
땅도 면하지 못할 것이니
43 그가 권세로 애굽의 금 은과 모든 보물을 차
지할 것이요 리비아 사람과 구스 사람이 그
의 시종이 되리라 나 3:9
44 그러나 동북에서부터 소문이 이르러 그를 번
민하게 하므로 그가 분노하여 나가서 많은
무리를 다 죽이며 멸망시키고자 할 것이요
45 그가 장막 궁전을 바다와 영화롭고 거룩한
산 사이에 세울 것이나 그의 종말이 이르리
니 도와줄 자가 없으리라

끝날 — B.C. 536년경

12 그때에 네 민족을 호위하는 큰 군주 미
가엘이 일어날 것이요 또 환난이 있으
리니 이는 개국 이래로 그때까지 없던 환난
일 것이며 그때에 네 백성 중 책에 기록된 모
든 자가 구원을 받을 것이라 계 16:18

35 them. •Some of the wise will stumble, so
that they may be refined, purified and made
spotless until the time of the end, for it will
still come at the appointed time.

The King Who Exalts Himself

36 •"The king will do as he pleases. He will
exalt and magnify himself above every god
and will say unheard-of things against the
God of gods. He will be successful until the
time of wrath is completed, for what has
37 been determined must take place. •He will
show no regard for the gods of his ancestors
or for the one desired by women, nor will he
regard any god, but will exalt himself above
38 them all. •Instead of them, he will honor
a god of fortresses; a god unknown to his
ancestors he will honor with gold and silver,
39 with precious stones and costly gifts. •He will
attack the mightiest fortresses with the help
of a foreign god and will greatly honor those
who acknowledge him. He will make them
rulers over many people and will distribute
the land at a price.[a]
40 •"At the time of the end the king of the
South will engage him in battle, and the king
of the North will storm out against him with
chariots and cavalry and a great fleet of ships.
He will invade many countries and sweep
41 through them like a flood. •He will also
invade the Beautiful Land. Many countries
will fall, but Edom, Moab and the leaders of
Ammon will be delivered from his hand.
42 •He will extend his power over many coun-
43 tries; Egypt will not escape. •He will gain
control of the treasures of gold and silver and
all the riches of Egypt, with the Libyans and
44 Cushites[b] in submission. •But reports from
the east and the north will alarm him, and
he will set out in a great rage to destroy and
45 annihilate many. •He will pitch his royal
tents between the seas at[c] the beautiful holy
mountain. Yet he will come to his end, and
no one will help him.

The End Times

12 "At that time Michael, the great prince
who protects your people, will arise.
There will be a time of distress such as has
not happened from the beginning of nations
until then. But at that time your people—
everyone whose name is found written in

[a]39 Or *land for a reward* [b]43 That is, people from the upper Nile region [c]45 Or *the sea and*

annihilate [ənáiəlèit] *vt.* 전멸시키다
cavalry [kǽvəlri] *n.* 기병(대)
chariot [tʃǽriət] *n.* 전차
complete [kəmplíːt] *vt.* 끝마치다
costly [kɔ́ːstli] *a.* 비싼
desire [dizáiər] *vt.* 갈망하다
distress [distrés] *n.* 비통함
engage [ingéidʒ] *vt.* 교전(交戰)하다
escape [iskéip] *vt.* 피하다
exalt [igzɔ́ːlt] *vt.* 높이다
magnify [mǽgnəfài] *vt.* 과장하다
purify [pjúərəfài] *vt.* 정결케 하다
rage [reidʒ] *n.* 격노
refine [rifáin] *vt.* 순화하다
spotless [spátlis] *a.* 흠없는

11:36 take place: 일어나다, 이루어지다
11:37 show no regard for...: …에 대해 관심을 갖지 않다
11:40 storm out: 뛰쳐나가다, 돌진하다
11:41 deliver from...: …에서 구출하다
11:44 set out: 시작하다

2 땅의 티끌 가운데에서 자는 자 중에서 많은
사람이 깨어나 영생을 받는 자도 있겠고 수
치를 당하여서 영원히 부끄러움을 당할 자
도 있을 것이며
3 지혜 있는 자는 궁창의 빛과 같이 빛날 것이
요 많은 사람을 옳은 데로 돌아오게 한 자는
별과 같이 영원토록 빛나리라 마 13:43
4 다니엘아 마지막 때까지 이 말을 간수하고
이 글을 봉함하라 많은 사람이 빨리 왕래하
며 지식이 더하리라 사 11:9
5 ●나 다니엘이 본즉 다른 두 사람이 있어 하
나는 강 이쪽 언덕에 섰고 하나는 강 저쪽
언덕에 섰더니 10:4
6 그 중에 하나가 세마포 옷을 입은 자 곧 강물
위쪽에 있는 자에게 이르되 이 놀라운 일의
끝이 어느 때까지냐 하더라
7 내가 들은즉 그 세마포 옷을 입고 강물 위쪽
에 있는 자가 자기의 좌우 손을 들어 하늘을
향하여 영원히 살아 계시는 이를 가리켜 맹
세하여 이르되 반드시 한 때 두 때 반 때를
지나서 성도의 권세가 다 깨지기까지이니 그
렇게 되면 이 모든 일이 다 끝나리라 하더라
8 내가 듣고도 깨닫지 못한지라 내가 이르되
내 주여 이 모든 일의 결국이 어떠하겠나이
까 하니
9 그가 이르되 다니엘아 갈지어다 이 말은 마
지막 때까지 간수하고 봉함할 것임이니라
10 많은 사람이 연단을 받아 스스로 정결하게
하며 희게 할 것이나 악한 사람은 악을 행하
리니 악한 자는 아무것도 깨닫지 못하되 오
직 지혜 있는 자는 깨달으리라
11 매일 드리는 제사를 폐하며 멸망하게 할 가
증한 것을 세울 때부터 천이백구십 일을 지
낼 것이요
12 기다려서 천삼백삼십오 일까지 이르는 그 사
람은 복이 있으리라
13 너는 가서 마지막을 기다리라 이는 네가 평
안히 쉬다가 끝날에는 네 몫을 누릴 것임이
라

2 the book—will be delivered. ●Multitudes
who sleep in the dust of the earth will awake:
some to everlasting life, others to shame and
3 everlasting contempt. ●Those who are wise[a]
will shine like the brightness of the heavens,
and those who lead many to righteousness,
4 like the stars for ever and ever. ●But you,
Daniel, roll up and seal the words of the scroll
until the time of the end. Many will go here
and there to increase knowledge."
5 ●Then I, Daniel, looked, and there before
me stood two others, one on this bank of the
6 river and one on the opposite bank. ●One of
them said to the man clothed in linen, who
was above the waters of the river, "How long
will it be before these astonishing things are
fulfilled?"
7 ●The man clothed in linen, who was
above the waters of the river, lifted his right
hand and his left hand toward heaven, and
I heard him swear by him who lives forever,
saying, "It will be for a time, times and half a
time.[b] When the power of the holy people
has been finally broken, all these things will
be completed."
8 ●I heard, but I did not understand. So I
asked, "My lord, what will the outcome of
all this be?"
9 ●He replied, "Go your way, Daniel, be-
cause the words are rolled up and sealed
10 until the time of the end. ●Many will be
purified, made spotless and refined, but the
wicked will continue to be wicked. None of
the wicked will understand, but those who
are wise will understand.
11 ●"From the time that the daily sacrifice
is abolished and the abomination that caus-
es desolation is set up, there will be 1,290
12 days. ●Blessed is the one who waits for and
reaches the end of the 1,335 days.
13 ●"As for you, go your way till the end.
You will rest, and then at the end of the
days you will rise to receive your allotted
inheritance."

[a]3 Or *who impart wisdom* [b]7 Or *a year, two years and half a year*

abolish [əbáliʃ] *vt.* 폐지하다
abomination [əbàmənéiʃən] *n.* 가증한 것
allot [əlát] *vt.* 할당하다
astonishing [əstániʃiŋ] *a.* 놀라운
contempt [kəntémpt] *n.* 경멸
desolation [dèsəléiʃən] *n.* 황폐
increase [inkríːs] *vt.* 증가시키다
inheritance [inhérətəns] *n.* 유업
multitude [mʌltətjùːd] *n.* 다수
opposite [ápəzit] *a.* 반대편의
outcome [áutkʌ̀m] *n.* 결과
sacrifice [sǽkrəfàis] *n.* 희생 제사
seal [siːl] *vt.* 봉인하다
spotless [spátlis] *a.* 흠 없는
wicked [wíkid] *a.* 악한

12:3 for ever and ever: 영원히
12:4 here and there: 여기저기로
12:7 swear by...: …에 대고 맹세하다
12:7 for a time: 한 때
12:9 go one's way: …의 길을 가다
12:13 as for...: …로서

호세아 | Hosea

● 저자 _ 호세아 ● 저작 연대 _ B.C. 790-710년 사이로 추정 ● 기록 장소 _ 북이스라엘
● 기록 대상 _ 음란하게 우상을 섬기는 이스라엘 백성 ● 핵심어 및 내용 _ 핵심어는 '결혼' 과 '용서' 이다.

본서는 호세아가 간음한 아내를 용서하고 다시 찾기 위하여 나선 것처럼, 하나님께서는 타락한 이스라엘을 용서하시기 위하여 그들을 찾고 계신다는 것을 보여준다.

1 웃시야와 요담과 아하스와 히스기야가 이어
유다 왕이 된 시대 곧 요아스의 아들 여로보
암이 이스라엘 왕이 된 시대에 브에리의 아들
호세아에게 임한 여호와의 말씀이라

호세아의 아내와 자식들

2 ●여호와께서 처음 호세아에게 말씀하실 때 여
호와께서 호세아에게 이르시되 너는 가서 음
란한 여자를 맞이하여 음란한 자식들을 낳으
라 이 나라가 여호와를 떠나 크게 음란함이니
라 하시니
3 이에 그가 가서 디블라임의 딸 고멜을 맞이하
였더니 고멜이 임신하여 아들을 낳으매
4 여호와께서 호세아에게 이르시되 그의 이름을
이스르엘이라 하라 조금 후에 내가 이스르엘
의 피를 예후의 집에 갚으며 이스라엘 족속의
나라를 폐할 것임이니라
5 그날에 내가 이스르엘 골짜기에서 이스라엘의
활을 꺾으리라 하시니라
6 고멜이 또 임신하여 딸을 낳으매 여호와께서
호세아에게 이르시되 그의 이름을 1)로루하마
라 하라 내가 다시는 이스라엘 족속을 긍휼히
여겨서 용서하지 않을 것임이니라
7 그러나 내가 유다 족속을 긍휼히 여겨 그들의
하나님 여호와로 구원하겠고 활과 칼이나 전
쟁이나 말과 마병으로 구원하지 아니하리라
하시니라
8 고멜이 로루하마를 젖뗀 후에 또 임신하여 아
들을 낳으매
9 여호와께서 이르시되 그의 이름을 2)로암미라
하라 너희는 내 백성이 아니요 나는 너희 하나
님이 되지 아니할 것임이니라 1:6

이스라엘이 회복되리라

10 ●그러나 이스라엘 자손의 수가 바닷가의 모래
같이 되어서 헤아릴 수도 없고 셀 수도 없을 것
이며 전에 그들에게 이르기를 너희는 내 백성이
*아니라 한 그곳에서 그들에게 이르기*를 너희는
살아 계신 하나님의 아들들이라 할 것이라
11 이에 유다 자손과 이스라엘 자손이 함께 모여
한 우두머리를 세우고 그 땅에서부터 올라오
리니 이스르엘의 날이 클 것이로다

2 너희 형제에게는 3)암미라 하고 너희 자매에
게는 4)루하마라 하라

1 The word of the LORD that came to Ho-
sea son of Beeri during the reigns of
Uzziah, Jotham, Ahaz and Hezekiah, kings
of Judah, and during the reign of Jeroboam
son of Jehoash[a] king of Israel:

Hosea's Wife and Children

2 ●When the LORD began to speak through
Hosea, the LORD said to him, "Go, marry a
promiscuous woman and have children
with her, for like an adulterous wife this
land is guilty of unfaithfulness to the LORD."
3 ●So he married Gomer daughter of Diblaim,
and she conceived and bore him a son.
4 ●Then the LORD said to Hosea, "Call him
Jezreel, because I will soon punish the house
of Jehu for the massacre at Jezreel, and I will
5 put an end to the kingdom of Israel. ●In
that day I will break Israel's bow in the Val-
ley of Jezreel."
6 ●Gomer conceived again and gave birth
to a daughter. Then the LORD said to Hosea,
"Call her Lo-Ruhamah (which means "not
loved"), for I will no longer show love to
7 Israel, that I should at all forgive them. ●Yet
I will show love to Judah; and I will save
them — not by bow, sword or battle, or by
horses and horsemen, but I, the LORD their
God, will save them."
8 ●After she had weaned Lo-Ruhamah,
9 Gomer had another son. ●Then the LORD
said, "Call him Lo-Ammi (which means
"not my people"), for you are not my peo-
ple, and I am not your God.[b]
10 ●"Yet the Israelites will be like the sand
on the seashore, which cannot be measured
or counted. In the place where it was said to
them, 'You are not my people,' they will be
11 called 'children of the living God.' ●The
people of Judah and the people of Israel will
come together; they will appoint one leader
and will come up out of the land, for great
will be the day of Jezreel.[c]

2 [d] "Say of your brothers, 'My people,'
and of your sisters, 'My loved one.'

---

[a]1 Hebrew *Joash,* a variant of *Jehoash* [b]9 Or *your I AM* [c]*11* In Hebrew texts 1:10,11 is numbered 2:1,2. [d]In Hebrew texts 2:1-23 is numbered 2:3-25. 1) 긍휼히 여김을 받지 못하는 자 2) 내 백성이 아니라 3) 내 백성이라 4) 긍휼히 여김을 받는 자

음란을 제거할지라
2 ●너희 어머니와 논쟁하고 논쟁하라 그
는 내 아내가 아니요 나는 그의 남편이
아니라 그가 그의 얼굴에서 음란을 제
하게 하고 그 유방 사이에서 음행을 제
하게 하라
3 그렇지 아니하면 내가 그를 벌거벗겨서
그 나던 날과 같게 할 것이요 그로 광야
같이 되게 하며 마른 땅같이 되게 하여
목말라 죽게 할 것이며
4 내가 그의 자녀를 긍휼히 여기지 아니
하리니 이는 그들이 음란한 자식들임이
니라
5 그들의 어머니는 음행하였고 그들을 임
신했던 자는 부끄러운 일을 행하였나니
이는 그가 이르기를 나는 나를 사랑하
는 자들을 따르리니 그들이 내 떡과 내
물과 내 양털과 내 삼과 내 기름과 내 술
들을 내게 준다 하였음이라
6 그러므로 내가 가시로 그 길을 막으며
담을 쌓아 그로 그 길을 찾지 못하게 하
리니
7 그가 그 사랑하는 자를 따라갈지라도
미치지 못하며 그들을 찾을지라도 만나
지 못할 것이라 그제야 그가 이르기를
내가 본 남편에게로 돌아가리니 그때의
내 형편이 지금보다 나았음이라 하리라
8 ●곡식과 새 포도주와 기름은 내가 그에
게 준 것이요 그들이 1)바알을 위하여 쓴
은과 금도 내가 그에게 더하여 준 것이
거늘 그가 알지 못하도다
9 그러므로 내가 내 곡식을 그것이 익을
계절에 도로 찾으며 내가 내 새 포도주
를 그것이 맛들 시기에 도로 찾으며 또
그들의 벌거벗은 몸을 가릴 내 양털과
내 삼을 빼앗으리라
10 이제 내가 그 수치를 그 사랑하는 자의
눈앞에 드러내리니 그를 내 손에서 건
져낼 사람이 없으리라
11 내가 그의 모든 희락과 절기와 월삭과
안식일과 모든 명절을 폐하겠고 암 8:10
12 그가 전에 이르기를 이것은 나를 사랑하
는 자들이 내게 준 값이라 하던 그 포도
나무와 무화과나무를 거칠게 하여 수풀
이 되게 하며 들짐승들에게 먹게 하리라
13 그가 귀고리와 패물로 장식하고 그가
사랑하는 자를 따라가서 나를 잊어버리

Israel Punished and Restored

2 ●"Rebuke your mother, rebuke her,
for she is not my wife,
and I am not her husband.
Let her remove the adulterous look from her face
and the unfaithfulness from between her breasts.
3 ●Otherwise I will strip her naked
and make her as bare as on the day she was born;
I will make her like a desert,
turn her into a parched land,
and slay her with thirst.
4 ●I will not show my love to her children,
because they are the children of adultery.
5 ●Their mother has been unfaithful
and has conceived them in disgrace.
She said, 'I will go after my lovers,
who give me my food and my water,
my wool and my linen, my olive oil and my drink.'
6 ●Therefore I will block her path with thornbushes;
I will wall her in so that she cannot find her way.
7 ●She will chase after her lovers but not catch them;
she will look for them but not find them.
Then she will say,
'I will go back to my husband as at first,
for then I was better off than now.'
8 ●She has not acknowledged that I was the one
who gave her the grain, the new wine and oil,
who lavished on her the silver and gold—
which they used for Baal.
9 ●"Therefore I will take away my grain when it ripens,
and my new wine when it is ready.
I will take back my wool and my linen,
intended to cover her naked body.
10 ●So now I will expose her lewdness
before the eyes of her lovers;
no one will take her out of my hands.
11 ●I will stop all her celebrations:
her yearly festivals, her New Moons,
her Sabbath days—all her appointed festivals.
12 ●I will ruin her vines and her fig trees,
which she said were her pay from her lovers;
I will make them a thicket,
and wild animals will devour them.
13 ●I will punish her for the days
she burned incense to the Baals;
she decked herself with rings and jewelry,
and went after her lovers,

1) 바알 우상을 만든 은과 금도

acknowledge [æknálidʒ] *vt.* 인정하다
bare [bɛər] *a.* 벌거벗은
celebration [sèləbréiʃən] *n.* 의식
devour [diváuər] *vt.* 삼켜버리다
disgrace [disgréis] *n.* 치욕
expose [ikspoúz] *vt.* 드러내다
grain [grein] *n.* 곡식
incense [ínsens] *n.* 향
lavish [lǽviʃ] *vt.* 아낌없이 주다
lewdness [lú:dnis] *n.* 음란함
parched [pa:rtʃt] *a.* 바짝 마른
rebuke [ribjú:k] *vt.* 꾸짖다
ripen [ráipən] *vi.* 익다
slay [slei] *vt.* 살해하다
thornbush [θɔ́:rnbùʃ] *n.* 가시덤불

2:2 remove A from B: B에서 A를 제거하다
2:3 turn A into B: A로 B가 되게 하다
2:5 go after...: …뒤를 좇아다니다
2:7 chase after...: …의 뒤를 좇다
2:7 be better off: 더욱 형편이 나아지다
2:13 deck oneself with...: …로 장식하다

고 향을 살라 바알들을 섬긴 시일대로
내가 그에게 벌을 주리라 여호와의 말
씀이니라

백성을 향한 여호와의 사랑

14 ●그러므로 보라 내가 그를 타일러 거
친 들로 데리고 가서 말로 위로하고
15 거기서 비로소 그의 포도원을 그에게
주고 [1]아골 골짜기로 소망의 문을 삼아
주리니 그가 거기서 응대하기를 어렸을
때와 애굽 땅에서 올라오던 날과 같이
하리라
16 여호와께서 이르시되 그날에 네가 나를
내 남편이라 일컫고 다시는 내 [2]바알이
라 일컫지 아니하리라
17 내가 바알들의 이름을 그의 입에서 제
거하여 다시는 그의 이름을 기억하여
부르는 일이 없게 하리라
18 그날에는 내가 그들을 위하여 들짐승과
공중의 새와 땅의 곤충과 더불어 언약
을 맺으며 또 이 땅에서 활과 칼을 꺾어
전쟁을 없이하고 그들로 평안히 눕게
하리라 시 46:9
19 내가 네게 장가들어 영원히 살되 공의
와 정의와 은총과 긍휼히 여김으로 네
게 장가들며
20 진실함으로 네게 장가들리니 네가 여호
와를 알리라
21 ●여호와께서 이르시되 그날에 내가 응
답하리라 나는 하늘에 응답하고 하늘은
땅에 응답하고
22 땅은 곡식과 포도주와 기름에 응답하고
또 이것들은 [3]이스르엘에 응답하리라
23 내가 나를 위하여 그를 이 땅에 심고 긍
휼히 여김을 받지 못하였던 자를 긍휼
히 여기며 내 백성 아니었던 자에게 향
하여 이르기를 너는 내 백성이라 하리
니 그들은 이르기를 주는 내 하나님이
시라 하리라 하시니라

호세아와 음녀가 된 여인 — B.C. 760년경

3 여호와께서 내게 이르시되 이스라엘
자손이 다른 신을 섬기고 건포도 과자
를 즐길지라도 여호와가 그들을 사랑하
나니 너는 또 가서 타인의 사랑을 받아
음녀가 된 그 여자를 사랑하라 하시기로
2 내가 은 열다섯 개와 보리 한 호멜 반으
로 나를 위하여 그를 사고
3 그에게 이르기를 너는 많은 날 동안 나

1) 환난 2) 주인 3) 심으심

but me she forgot,"
declares the LORD.
14 •"Therefore I am now going to allure her;
I will lead her into the wilderness
and speak tenderly to her.
15 •There I will give her back her vineyards,
and will make the Valley of Achor[a] a door
of hope.
There she will respond[b] as in the days of her youth,
as in the day she came up out of Egypt.
16 •"In that day," declares the LORD,
"you will call me 'my husband';
you will no longer call me 'my master.[c]'
17 •I will remove the names of the Baals from her lips;
no longer will their names be invoked.
18 •In that day I will make a covenant for them
with the beasts of the field, the birds in the sky
and the creatures that move along the ground.
Bow and sword and battle
I will abolish from the land,
so that all may lie down in safety.
19 •I will betroth you to me forever;
I will betroth you in[d] righteousness and justice,
in[d] love and compassion.
20 •I will betroth you in[d] faithfulness,
and you will acknowledge the LORD.
21 •"In that day I will respond,"
declares the LORD—
"I will respond to the skies,
and they will respond to the earth;
22 •and the earth will respond to the grain,
the new wine and the olive oil,
and they will respond to Jezreel.[e]
23 •I will plant her for myself in the land;
I will show my love to the one I called
'Not my loved one.[f]'
I will say to those called 'Not my people,[g]'
'You are my people';
and they will say, 'You are my God.' "

Hosea's Reconciliation With His Wife

3 The LORD said to me, "Go, show your love to
your wife again, though she is loved by anoth-
er man and is an adulteress. Love her as the LORD
loves the Israelites, though they turn to other gods
and love the sacred raisin cakes."
2 •So I bought her for fifteen shekels[h] of silver and
3 about a homer and a lethek[i] of barley. •Then I told

[a]15 *Achor* means *trouble.* [b]15 Or *sing* [c]16 Hebrew *baal* [d]19,20 Or *with* [e]22 *Jezreel* means *God plants.* [f]23 Hebrew *Lo-Ruhamah* (see 1:6) [g]23 Hebrew *Lo-Ammi* (see 1:9) [h]2 That is, about 6 ounces or about 170 grams [i]2 A homer and a lethek possibly weighed about 430 pounds or about 195 kilograms.

abolish [əbáliʃ] *vt.* 폐지하다
acknowledge [æknálidʒ] *vt.* 인정하다
allure [əlúər] *vt.* 꾀다
barley [bá:rli] *n.* 보리
beast [bi:st] *n.* 짐승
betroth [bitróuð] *vt.* 약혼시키다
compassion [kəmpǽʃən] *n.* 측은히 여김
covenant [kʌvənənt] *n.* 계약
declare [diklέər] *vt.* 선언하다
faithfulness [féiθfəlnis] *n.* 진실
invoke [invóuk] *vt.* 부르다
justice [dʒʌstis] *n.* 정의
raisin [réizn] *n.* 건포도
sacred [séikrid] *a.* 신성한
vineyard [vínjərd] *n.* 포도원

2:14 be going to...: …할 예정이다
2:16 no longer...: 더이상 …않다
2:18 in safety: 안전하게
2:21 respond to...: …에 응답하다
2:23 for oneself: 자신을 위하여
3:2 buy A for B: B로 A를 사다

와 함께 지내고 음행하지 말며 다른 남
자를 따르지 말라 나도 네게 그리하리
라 하였노라
4 이스라엘 자손들이 많은 날 동안 왕도
없고 지도자도 없고 제사도 없고 주상
도 없고 에봇도 없고 드라빔도 없이 지
내다가 삿 17:5
5 그 후에 이스라엘 자손이 돌아와서 그
들의 하나님 여호와와 그들의 왕 다윗
을 찾고 마지막 날에는 여호와를 경외
하므로 여호와와 그의 은총으로 나아가
리라

어머니를 멸하리라 — B.C. 755년경

4 이스라엘 자손들아 여호와의 말씀을
들으라 여호와께서 이 땅 주민과 논
쟁하시나니 이 땅에는 진실도 없고 인
애도 없고 하나님을 아는 지식도 없고
2 오직 저주와 속임과 살인과 도둑질과
간음뿐이요 포악하여 피가 피를 뒤이음
이라
3 그러므로 이 땅이 슬퍼하며 거기 사는
자와 들짐승과 공중에 나는 새가 다 쇠
잔할 것이요 바다의 고기도 없어지리라
4 그러나 어떤 사람이든지 다투지도 말며
책망하지도 말라 네 백성들이 제사장과
다투는 자처럼 되었음이니라
5 너는 낮에 넘어지겠고 너와 함께 있는
선지자는 밤에 넘어지리라 내가 네 어
머니를 멸하리라

여호와께서 백성과 제사장을 심판하시다

6 •내 백성이 지식이 없으므로 망하는도
다 네가 지식을 버렸으니 나도 너를 버
려 내 제사장이 되지 못하게 할 것이요
네가 네 하나님의 율법을 잊었으니 나
도 네 자녀들을 잊어버리리라
7 그들은 번성할수록 내게 범죄하니 내가
그들의 영화를 변하여 욕이 되게 하리라
8 그들이 내 백성의 속죄제물을 먹고 그
마음을 그들의 죄악에 두는도다
9 장차는 백성이나 제사장이나 동일함이
라 내가 그들의 행실대로 벌하며 그들
의 행위대로 갚으리라
10 그들이 먹어도 배부르지 아니하며 음행
하여도 수효가 늘지 못하니 이는 여호
와를 버리고 따르지 아니하였음이니라

이교 예배를 책망하시다

11 •음행과 묵은 포도주와 새 포도주가

her, "You are to live with me many days; you must
not be a prostitute or be intimate with any man,
and I will behave the same way toward you."
4 •For the Israelites will live many days without
king or prince, without sacrifice or sacred stones,
5 without ephod or household gods. •Afterward the
Israelites will return and seek the LORD their God
and David their king. They will come trembling to
the LORD and to his blessings in the last days.

The Charge Against Israel

4 Hear the word of the LORD, you Israelites,
because the LORD has a charge to bring
against you who live in the land:
"There is no faithfulness, no love,
no acknowledgment of God in the land.
2 •There is only cursing,[a] lying and murder,
stealing and adultery;
they break all bounds,
and bloodshed follows bloodshed.
3 •Because of this the land dries up,
and all who live in it waste away;
the beasts of the field, the birds in the sky
and the fish in the sea are swept away.
4 •"But let no one bring a charge,
let no one accuse another,
for your people are like those
who bring charges against a priest.
5 •You stumble day and night,
and the prophets stumble with you.
So I will destroy your mother—
6 • my people are destroyed from lack of knowledge.

"Because you have rejected knowledge,
I also reject you as my priests;
because you have ignored the law of your God,
I also will ignore your children.
7 •The more priests there were,
the more they sinned against me;
they exchanged their glorious God[b] for
something disgraceful.
8 •They feed on the sins of my people
and relish their wickedness.
9 •And it will be: Like people, like priests.
I will punish both of them for their ways
and repay them for their deeds.
10 •"They will eat but not have enough;
they will engage in prostitution but not flourish,
because they have deserted the LORD
11 to give themselves •to prostitution;
old wine and new wine

[a]2 That is, to pronounce a curse on [b]7 Syriac (see also an ancient Hebrew scribal tradition); Masoretic Text *me; / I will exchange their glory*

accuse [əkjúːz] *vt.* 책망하다
adultery [ədʌltəri] *n.* 간통
bloodshed [blʌ́dʃèd] *n.* 유혈
charge [tʃaːrdʒ] *n.* 비난
destroy [distrɔ́i] *vt.* 파괴하다
disgraceful [disgréisfəl] *a.* 수치스러운
ephod [éfad] *n.* 제의(祭衣)
flourish [flə́ːriʃ] *vi.* 번창하다
ignore [ignɔ́ːr] *vt.* 무시하다
prophet [práfit] *n.* 선지자
prostitute [prástətjùːt] *n.* 창녀
prostitution [pràstətjúːʃən] *n.* 매춘
reject [ridʒékt] *vt.* 버리다
relish [réliʃ] *vt.* 즐기다
stumble [stʌmbl] *vi.* 비틀거리다

3:3 be intimate with...: …과 깊은 관계에 있다
4:3 waste away: 쇠약해지다
4:6 from lack of...: …가 부족하기 때문에
4:7 the more..., the more~: …하면 할수록 더욱더 ~하다
4:8 feed on...: …를 먹고 살다

마음을 빼앗느니라
12 내 백성이 나무에게 묻고 그 막대기는
그들에게 고하나니 이는 그들이 음란한
마음에 미혹되어 하나님을 버리고 음행
하였음이니라
13 그들이 산꼭대기에서 제사를 드리며 작
은 산 위에서 분향하되 참나무와 버드
나무와 상수리나무 아래에서 하니 이는
그 나무 그늘이 좋음이라 이러므로 너
희 딸들은 음행하며 너희 며느리들은
간음을 행하는도다 암 7:17
14 너희 딸들이 음행하며 너희 며느리들이
간음하여도 내가 벌하지 아니하리니 이
는 남자들도 창기와 함께 나가며 음부
와 함께 희생을 드림이니라 깨닫지 못
하는 백성은 망하리라
15 ●이스라엘아 너는 음행하여도 유다는
죄를 범하지 못하게 할 것이라 너희는
길갈로 가지 말며 벧아웬으로 올라가지
말며 여호와의 사심을 두고 맹세하지
말지어다 왕상 12:28,29
16 이스라엘은 완강한 암소처럼 완강하니
이제 여호와께서 어린 양을 넓은 들에
서 먹임같이 그들을 먹이시겠느냐
17 에브라임이 우상과 연합하였으니 버려
두라
18 그들이 마시기를 다 하고는 이어서 음
행하였으며 그들은 부끄러운 일을 좋아
하느니라
19 바람이 그 날개로 그를 쌌나니 그들이
그 제물로 말미암아 부끄러운 일을 당
하리라

우상 숭배를 경고하다 — B.C. 755년경

5 제사장들아 이를 들으라 이스라엘 족
속들아 깨달으라 왕족들아 귀를 기울
이라 너희에게 심판이 있나니 너희가
미스바에 대하여 올무가 되며 다볼 위
에 친 그물이 됨이라 4:1
2 패역자가 살육죄에 깊이 빠졌으매 내가
그들을 다 벌하노라
3 에브라임은 내가 알고 이스라엘은 내게
숨기지 못하나니 에브라임아 이제 네가
음행하였고 이스라엘이 더러워졌느니
라 암 3:2
4 그들의 행위가 그들로 자기 하나님에게
돌아가지 못하게 하나니 이는 음란한
마음이 그 속에 있어 여호와를 알지 못

take away their understanding.
12 ●My people consult a wooden idol,
and a diviner's rod speaks to them.
A spirit of prostitution leads them astray;
they are unfaithful to their God.
13 ●They sacrifice on the mountaintops
and burn offerings on the hills,
under oak, poplar and terebinth,
where the shade is pleasant.
Therefore your daughters turn to prostitution
and your daughters-in-law to adultery.
14 ●"I will not punish your daughters
when they turn to prostitution,
nor your daughters-in-law
when they commit adultery,
because the men themselves consort with harlots
and sacrifice with shrine prostitutes—
a people without understanding will come to ruin!
15 ●"Though you, Israel, commit adultery,
do not let Judah become guilty.

"Do not go to Gilgal;
do not go up to Beth Aven.[a]
And do not swear, 'As surely as the LORD lives!'
16 ●The Israelites are stubborn,
like a stubborn heifer.
How then can the LORD pasture them
like lambs in a meadow?
17 ●Ephraim is joined to idols;
leave him alone!
18 ●Even when their drinks are gone,
they continue their prostitution;
their rulers dearly love shameful ways.
19 ●A whirlwind will sweep them away,
and their sacrifices will bring them shame.

Judgment Against Israel

5 "Hear this, you priests!
Pay attention, you Israelites!
Listen, royal house!
This judgment is against you:
You have been a snare at Mizpah,
a net spread out on Tabor.
2 ●The rebels are knee-deep in slaughter.
I will discipline all of them.
3 ●I know all about Ephraim;
Israel is not hidden from me.
Ephraim, you have now turned to prostitution;
Israel is corrupt.
4 ●"Their deeds do not permit them
to return to their God.
A spirit of prostitution is in their heart;

[a]15 *Beth Aven* means *house of wickedness* (a derogatory name for Bethel, which means *house of God*).

consult [kənsʌlt] *vt.* 의견을 묻다
corrupt [kərʌpt] *a.* 타락한
dearly [díərli] *ad.* 끔찍이
discipline [dísəplin] *vt.* 징계하다
harlot [há:rlət] *n.* 매춘부
heifer [héfər] *n.* 암소
meadow [médou] *n.* 목초지
pasture [pǽstʃər] *vt.* 목초를 먹이다
permit [pərmít] *vt.* 허락하다
sacrifice [sǽkrəfàis] *vi.* 희생제사를 드리다
shrine [ʃrain] *n.* 사원, 사당
snare [snεər] *n.* 덫
stubborn [stʌbərn] *a.* 완고한
terebinth [térebìnθ] *n.* 테레빈 나무
whirlwind [hwə:rlwìnd] *n.* 회오리바람

4:12 **lead astray**: 나쁜 길로 이끌다
4:14 **consort with...**: …와 사귀다
4:17 **join to...**: …과 합치다
4:19 **sweep ... away**: …을 쓸어버리다
5:1 **spread out**: 펴다, 펼치다
5:4 **return to~**: ~에 돌아오다

하는 까닭이라 4:11
5 이스라엘의 교만이 그 얼굴에 드러났나
니 그 죄악으로 말미암아 이스라엘과
에브라임이 넘어지고 유다도 그들과 함
께 넘어지리라
6 그들이 양 떼와 소 떼를 끌고 여호와를
찾으러 갈지라도 만나지 못할 것은 이
미 그들에게서 떠나셨음이라 겔 8:6
7 그들이 여호와께 정조를 지키지 아니하
고 사생아를 낳았으니 그러므로 새 달
이 그들과 그 기업을 함께 삼키리로다

유다와 이스라엘 사이의 전쟁

8 ● 너희가 기브아에서 뿔나팔을 불며
라마에서 나팔을 불며 벧아웬에서 외
치기를 베냐민아 네 뒤를 쫓는다 할지
어다 4:15
9 벌하는 날에 에브라임이 황폐할 것이라
내가 이스라엘 지파 중에서 반드시 있
을 일을 보였노라
10 유다 지도자들은 경계표를 옮기는 자
같으니 내가 나의 진노를 그들에게 물
같이 부으리라
11 에브라임은 사람의 명령 뒤따르기를 좋
아하므로 학대를 받고 재판의 압제를
받는도다
12 그러므로 내가 에브라임에게는 좀 같으
며 유다 족속에게는 썩이는 것 같도다
13 에브라임이 자기의 병을 깨달으며 유다
가 자기의 상처를 깨달았고 에브라임은
앗수르로 가서 [1]야렙 왕에게 사람을 보
내었으나 그가 능히 너희를 고치지 못
하겠고 너희 상처를 낫게 하지 못하리
라
14 내가 에브라임에게는 사자 같고 유다
족속에게는 젊은 사자 같으니 바로 내
가 움켜갈지라 내가 탈취하여 갈지라도
건져낼 자가 없으리라
15 그들이 그 죄를 뉘우치고 내 얼굴을 구
하기까지 내가 내 곳으로 돌아가리라
그들이 고난받을 때에 나를 간절히 구
하리라

백성들의 불성실한 회개 — B.C. 755년경

6 오라 우리가 여호와께로 돌아가자 여
호와께서 우리를 찢으셨으나 도로 낫
게 하실 것이요 우리를 치셨으나 싸매
어 주실 것임이라

they do not acknowledge the LORD.
5 ● Israel's arrogance testifies against them;
the Israelites, even Ephraim, stumble in their sin;
Judah also stumbles with them.
6 ● When they go with their flocks and herds
to seek the LORD,
they will not find him;
he has withdrawn himself from them.
7 ● They are unfaithful to the LORD;
they give birth to illegitimate children.
When they celebrate their New Moon feasts,
he will devour[a] their fields.
8 ● "Sound the trumpet in Gibeah,
the horn in Ramah.
Raise the battle cry in Beth Aven[b];
lead on, Benjamin.
9 ● Ephraim will be laid waste
on the day of reckoning.
Among the tribes of Israel
I proclaim what is certain.
10 ● Judah's leaders are like those
who move boundary stones.
I will pour out my wrath on them
like a flood of water.
11 ● Ephraim is oppressed,
trampled in judgment,
intent on pursuing idols.[c]
12 ● I am like a moth to Ephraim,
like rot to the people of Judah.
13 ● "When Ephraim saw his sickness,
and Judah his sores,
then Ephraim turned to Assyria,
and sent to the great king for help.
But he is not able to cure you,
not able to heal your sores.
14 ● For I will be like a lion to Ephraim,
like a great lion to Judah.
I will tear them to pieces and go away;
I will carry them off, with no one to rescue them.
15 ● Then I will return to my lair
until they have borne their guilt
and seek my face—
in their misery
they will earnestly seek me."

Israel Unrepentant

6 "Come, let us return to the LORD.
He has torn us to pieces
but he will heal us;
he has injured us

[a]7 Or *Now their New Moon feasts / will devour them and* [b]8 *Beth Aven* means *house of wickedness* (a derogatory name for Bethel, which means *house of God*). [c]11 The meaning of the Hebrew for this word is uncertain.

1) 싸움의 왕

arrogance [ǽrəgəns] *n.* 거만
boundary [báundəri] *n.* 경계
earnestly [ə́ːrnistli] *ad.* 간절하게
flock [flak] *n.* 양 떼
herd [həːrd] *n.* 가축의 떼
illegitimate [ìlidʒítəmət] *a.* 서출의
injure [índʒər] *vt.* 상처입히다
moth [mɔːθ] *n.* 곰팡이
oppress [əprés] *vt.* 압박하다
reckoning [rékəniŋ] *n.* 응보
rescue [réskjuː] *vt.* 구출하다
rot [rat] *n.* 썩음
sore [sɔːr] *n.* 상처
trample [trǽmpl] *vt.* 짓밟다
wrath [ræθ] *n.* 분노

5:5 stumble in...: …로 인하여 빠지다
5:6 withdraw A from B: A를 B로부터 물러나게 하다
5:7 be unfaithful to...: …에 불충실하다
5:9 lay waste: 황폐하게 하다
5:13 turn to...: …에 의지하다, 착수하다

2 여호와께서 이틀 후에 우리를 살리시며
셋째 날에 우리를 일으키시리니 우리가
그의 앞에서 살리라
3 그러므로 우리가 여호와를 알자 힘써
여호와를 알자 그의 나타나심은 새벽
빛같이 어김없나니 비와 같이, 땅을 적
시는 늦은 비와 같이 우리에게 임하시
리라 하니라
4 ● 에브라임아 내가 네게 어떻게 하랴
유다야 내가 네게 어떻게 하랴 너희의
인애가 아침 구름이나 쉬 없어지는 이
슬 같도다
5 그러므로 내가 선지자들로 그들을 치고
내 입의 말로 그들을 죽였노니 내 심판
은 빛처럼 나오느니라
6 나는 인애를 원하고 제사를 원하지 아
니하며 번제보다 하나님을 아는 것을
원하노라
7 그들은 아담처럼 언약을 어기고 거기에
서 나를 반역하였느니라 8:1
8 길르앗은 악을 행하는 자의 고을이라
피 발자국으로 가득 찼도다
9 강도 떼가 사람을 기다림같이 제사장의
무리가 세겜 길에서 살인하니 그들이
사악을 행하였느니라
10 내가 이스라엘 집에서 가증한 일을 보
았나니 거기서 에브라임은 음행하였고
이스라엘은 더럽혀졌느니라
11 또한 유다여 내가 내 백성의 사로잡힘
을 돌이킬 때에 네게도 추수할 일을 정
하였느니라

왕궁 안의 반란

7 내가 이스라엘을 치료하려 할 때에 에
브라임의 죄와 사마리아의 악이 드러
나도다 그들은 거짓을 행하며 안으로
들어가 도둑질하고 밖으로 떼 지어 노
략질하며
2 내가 모든 악을 기억하였음을 그들이
마음에 생각하지 아니하거니와 이제 그
들의 행위가 그들을 에워싸고 내 얼굴
앞에 있도다
3 그들이 그 악으로 왕을, 그 거짓말로 지
도자들을 기쁘게 하도다
4 그들은 다 간음하는 자라 과자 만드는
자에 의해 달궈진 화덕과 같도다 그가
반죽을 뭉침으로 발효되기까지만 불 일
*으키기를 그칠 뿐*이니라

but he will bind up our wounds.
2 ● After two days he will revive us;
on the third day he will restore us,
that we may live in his presence.
3 ● Let us acknowledge the LORD;
let us press on to acknowledge him.
As surely as the sun rises,
he will appear;
he will come to us like the winter rains,
like the spring rains that water the earth."

4 ● "What can I do with you, Ephraim?
What can I do with you, Judah?
Your love is like the morning mist,
like the early dew that disappears.
5 ● Therefore I cut you in pieces with my prophets,
I killed you with the words of my mouth —
then my judgments go forth like the sun.[a]
6 ● For I desire mercy, not sacrifice,
and acknowledgment of God rather than
burnt offerings.
7 ● As at Adam,[b] they have broken the covenant;
they were unfaithful to me there.
8 ● Gilead is a city of evildoers,
stained with footprints of blood.
9 ● As marauders lie in ambush for a victim,
so do bands of priests;
they murder on the road to Shechem,
carrying out their wicked schemes.
10 ● I have seen a horrible thing in Israel:
There Ephraim is given to prostitution,
Israel is defiled.
11 ● "Also for you, Judah,
a harvest is appointed.
"Whenever I would restore the fortunes of my
people,
1 **7** ● whenever I would heal Israel,
the sins of Ephraim are exposed
and the crimes of Samaria revealed.
They practice deceit,
thieves break into houses,
bandits rob in the streets;
2 ● but they do not realize
that I remember all their evil deeds.
Their sins engulf them;
they are always before me.
3 ● "They delight the king with their wickedness,
the princes with their lies.
4 ● They are all adulterers,
burning like an oven
whose fire the baker need not stir
from the kneading of the dough till it rises.

[a]5 The meaning of the Hebrew for this line is uncertain.
[b]7 Or *Like Adam*; or *Like human beings*

acknowledge [æknálidʒ] *vt.* 인정하다
bandit [bǽndit] *n.* 강도
defile [difáil] *vt.* 더럽히다
dew [djuː] *n.* 이슬
dough [dou] *n.* 반죽
engulf [ingʌ́lf] *vt.* 삼키다
footprint [fútprìnt] *n.* 발자국
fortune [fɔ́ːrtʃən] *n.* [pl.] (운의) 성쇠
horrible [hɔ́ːrəbl] *a.* 끔찍한
knead [niːd] *vt.* 반죽하다
marauder [mərɔ́ːdər] *n.* 약탈자
prostitution [pràstətjúːʃən] *n.* 매춘
restore [ristɔ́ːr] *vt.* 회복하다
revive [riváiv] *vt.* 소생시키다
stain [stein] *vt.* 더럽히다

6:2 **in one's presence**: …의 면전에서
6:3 **press on to...**: 서둘러 …하다
6:9 **lie in ambush for...**: 숨어서 …를 기다리다
7:1 **practice deceit**: 사기치다
7:1 **break into...**: …에 침입하다

5 우리 왕의 날에 지도자들은 술의 뜨거
움으로 병이 나며 왕은 오만한 자들과
더불어 악수하는도다
6 그들이 가까이 올 때에 그들의 마음은
간교하여 화덕 같으니 그들의 분노는
밤새도록 자고 아침에 피우는 불꽃 같
도다
7 그들이 다 화덕같이 뜨거워져서 그 재
판장들을 삼키며 그들의 왕들을 다 엎
드러지게 하며 그들 중에는 내게 부르
짖는 자가 하나도 없도다

이스라엘과 여러 민족

8 ●에브라임이 여러 민족 가운데에 혼합
되니 그는 곧 뒤집지 않은 전병이로다
9 이방인들이 그의 힘을 삼켰으나 알지
못하고 백발이 무성할지라도 알지 못하
는도다
10 이스라엘의 교만은 그 얼굴에 드러났나
니 그들이 이 모든 일을 당하여도 그들
의 하나님 여호와께로 돌아오지 아니하
며 구하지 아니하도다
11 에브라임은 어리석은 비둘기같이 지혜
가 없어서 애굽을 향하여 부르짖으며
앗수르로 가는도다
12 그들이 갈 때에 내가 나의 그물을 그 위
에 쳐서 공중의 새처럼 떨어뜨리고 전
에 그 회중에 들려준 대로 그들을 징계
하리라
13 화 있을진저 그들이 나를 떠나 그릇 갔
음이니라 패망할진저 그들이 내게 범죄
하였음이니라 내가 그들을 건져 주려 하
나 그들이 나를 거슬러 거짓을 말하고
14 성심으로 나를 부르지 아니하였으며 오
직 침상에서 슬피 부르짖으며 곡식과
새 포도주로 말미암아 모이며 나를 거
역하는도다
15 내가 그들 팔을 연습시켜 힘 있게 하였
으나 그들은 내게 대하여 악을 꾀하는
도다 나 1:9
16 그들은 돌아오나 높으신 자에게로 돌아
오지 아니하니 속이는 활과 같으며 그
들의 지도자들은 그 혀의 거친 말로 말
미암아 칼에 엎드러지리니 이것이 애굽
땅에서 조롱거리가 되리라

우상 숭배를 책망하시다 — B.C. 755년경

8 나팔을 네 입에 댈지어다 원수가 독
수리처럼 여호와의 집에 덮치리니 이

5 ●On the day of the festival of our king
the princes become inflamed with wine,
and he joins hands with the mockers.
6 ●Their hearts are like an oven;
they approach him with intrigue.
Their passion smolders all night;
in the morning it blazes like a flaming fire.
7 ●All of them are hot as an oven;
they devour their rulers.
All their kings fall,
and none of them calls on me.
8 ●"Ephraim mixes with the nations;
Ephraim is a flat loaf not turned over.
9 ●Foreigners sap his strength,
but he does not realize it.
His hair is sprinkled with gray,
but he does not notice.
10 ●Israel's arrogance testifies against him,
but despite all this
he does not return to the LORD his God
or search for him.

11 ●"Ephraim is like a dove,
easily deceived and senseless—
now calling to Egypt,
now turning to Assyria.
12 ●When they go, I will throw my net over them;
I will pull them down like the birds in the sky.
When I hear them flocking together,
I will catch them.
13 ●Woe to them,
because they have strayed from me!
Destruction to them,
because they have rebelled against me!
I long to redeem them
but they speak about me falsely.
14 ●They do not cry out to me from their hearts
but wail on their beds.
They slash themselves,[a] appealing to their gods
for grain and new wine,
but they turn away from me.
15 ●I trained them and strengthened their arms,
but they plot evil against me.
16 ●They do not turn to the Most High;
they are like a faulty bow.
Their leaders will fall by the sword
because of their insolent words.
For this they will be ridiculed
in the land of Egypt.

Israel to Reap the Whirlwind

8 "Put the trumpet to your lips!
An eagle is over the house of the LORD

[a]14 Some Hebrew manuscripts and Septuagint; most Hebrew manuscripts *They gather together*

approach [əpróutʃ] *vt.* 다가가다	**insolent** [ínsələnt] *a.* 건방진	**ridicule** [rídikjùːl] *vt.* 조롱하다
destruction [distrʌ́kʃən] *n.* 멸망	**intrigue** [intríːg] *n.* 음모	**senseless** [sénslis] *a.* 분별없는
devour [diváuər] *vt.* 삼키다	**mocker** [mákər] *n.* 조롱하는 사람	**slash** [slæʃ] *vt.* 베다
faulty [fɔ́ːlti] *a.* 그릇된	**plot** [plat] *vt.* 음모하다	**smolder** [smóuldər] *vi.* 연기나다
inflame [infléim] *vt.* (염증을) 일으키다	**redeem** [ridíːm] *vt.* 구제하다	**sprinkle** [spríŋkl] *vt.* 흩뿌리다
7:5 join hands with...: …와 손잡다	**7:8 turn over**: 뒤집다	**7:13 stray from...**: …에서 빗나가다
7:7 call on...: …에게 요구(부탁)하다	**7:10 testify against...**: …에게 불리한 증언을 하다	**7:14 cry out**: 고함을 지르다

는 그들이 내 언약을 어기며 내 율법을
범함이로다
2 그들이 장차 내게 부르짖기를 나의 하
나님이여 우리 이스라엘이 주를 아나이
다 하리라
3 이스라엘이 이미 선을 버렸으니 원수가
그를 따를 것이라
4 그들이 왕들을 세웠으나 내게서 난 것
이 아니며 그들이 지도자들을 세웠으나
내가 모르는 바이며 그들이 또 그 은,
금으로 자기를 위하여 우상을 만들었나
니 결국은 파괴되고 말리라
5 사마리아여 네 송아지는 버려졌느니라
내 진노가 무리를 향하여 타오르나니
그들이 어느 때에야 무죄하겠느냐
6 이것은 이스라엘에서 나고 장인이 만든
것이라 참 신이 아니니 사마리아의 송
아지가 산산조각이 나리라
7 그들이 바람을 심고 광풍을 거둘 것이
라 심은 것이 줄기가 없으며 이삭은 열
매를 맺지 못할 것이요 혹시 맺을지라
도 이방 사람이 삼키리라
8 ●이스라엘은 이미 삼켜졌은즉 이제 여
러 나라 가운데에 있는 것이 즐겨 쓰지
아니하는 그릇 같도다
9 그들이 홀로 떨어진 들나귀처럼 앗수르
로 갔고 에브라임이 값 주고 사랑하는
자들을 얻었도다
10 그들이 여러 나라에게 값을 주었을지라
도 이제 내가 그들을 모으리니 그들은
지도자의 임금이 지워 준 짐으로 말미
암아 쇠하기 시작하리라
11 ●에브라임은 죄를 위하여 제단을 많이
만들더니 그 제단이 그에게 범죄하게
하는 것이 되었도다
12 내가 그를 위하여 내 율법을 만 가지로
기록하였으나 그들은 이상한 것으로 여
기도다
13 그들이 내게 고기를 제물로 드리고 먹
을지라도 여호와는 그것을 기뻐하지 아
니하고 이제 그들의 죄악을 기억하여
그 죄를 벌하리니 그들은 애굽으로 다
시 가리라
14 이스라엘은 자기를 지으신 이를 잊어버
리고 왕궁들을 세웠으며 유다는 견고한
성읍을 많이 쌓았으나 내가 그 성읍들에
불을 보내어 그 성들을 삼키게 하리라

because the people have broken my covenant
and rebelled against my law.
2 ●Israel cries out to me,
'Our God, we acknowledge you!'
3 ●But Israel has rejected what is good;
an enemy will pursue him.
4 ●They set up kings without my consent;
they choose princes without my approval.
With their silver and gold
they make idols for themselves
to their own destruction.
5 ●Samaria, throw out your calf-idol!
My anger burns against them.
How long will they be incapable of purity?
6 ● They are from Israel!
This calf—a metalworker has made it;
it is not God.
It will be broken in pieces,
that calf of Samaria.
7 ●"They sow the wind
and reap the whirlwind.
The stalk has no head;
it will produce no flour.
Were it to yield grain,
foreigners would swallow it up.
8 ●Israel is swallowed up;
now she is among the nations
like something no one wants.
9 ●For they have gone up to Assyria
like a wild donkey wandering alone.
Ephraim has sold herself to lovers.
10 ●Although they have sold themselves among
the nations,
I will now gather them together.
They will begin to waste away
under the oppression of the mighty king.
11 ●"Though Ephraim built many altars for sin
offerings,
these have become altars for sinning.
12 ●I wrote for them the many things of my law,
but they regarded them as something foreign.
13 ●Though they offer sacrifices as gifts to me,
and though they eat the meat,
the LORD is not pleased with them.
Now he will remember their wickedness
and punish their sins:
They will return to Egypt.
14 ●Israel has forgotten their Maker
and built palaces;
Judah has fortified many towns.
But I will send fire on their cities
that will consume their fortresses."

altar [ɔ́:ltər] *n.* 제단
approval [əprú:vəl] *n.* 승인
consume [kənsú:m] *vt.* 태워 버리다
covenant [kʌvənənt] *n.* 계약
flour [fláuər] *n.* 곡물 가루
fortify [fɔ́:rtəfài] *vt.* 요새화하다
fortress [fɔ́:rtris] *n.* 요새
metalworker [métlwə̀:rkər] *n.* 금속세공사
oppression [əpréʃən] *n.* 압제
palace [pǽlis] *n.* 궁전, 왕실
reap [ri:p] *vt.* 수확하다
sacrifice [sǽkrəfàis] *n.* 제물
stalk [stɔ:k] *n.* 줄기
whirlwind [hwə́:rlwìnd] *n.* 회오리바람
yield [ji:ld] *vt.* (열매를) 맺다

8:4 **set up**: 세우다
8:5 **throw out**: 내던지다
8:5 **be incapable of...**: …할 수 없다
8:8 **swallow up**: 삼키다
8:10 **waste away**: 쇠약해지다
8:13 **be pleased with...**: …을 기뻐하다

형벌의 날 보응의 날 (♪531장)
— B.C. 735년경

9 이스라엘아 너는 이방 사람처럼 기뻐
뛰놀지 말라 네가 음행하여 네 하나
님을 떠나고 각 타작마당에서 음행의
값을 좋아하였느니라
2 타작마당이나 술 틀이 그들을 기르지
못할 것이며 새 포도주도 떨어질 것이
요 2:9
3 그들은 여호와의 땅에 거주하지 못하며
에브라임은 애굽으로 다시 가고 앗수르
에서 더러운 것을 먹을 것이니라
4 그들은 여호와께 포도주를 부어 드리지
못하며 여호와께서 기뻐하시는 바도 되
지 못할 것이라 그들의 제물은 애곡하
는 자의 떡과 같아서 그것을 먹는 자는
더러워지나니 그들의 떡은 자기의 먹기
에만 소용될 뿐이라 여호와의 집에 드
릴 것이 아님이니라
5 너희는 명절날과 여호와의 절기의 날에
무엇을 하겠느냐 욜 1:13
6 보라 그들이 멸망을 피하여 갈지라도
애굽은 그들을 모으고 놉은 그들을 장
사하리니 그들의 은은 귀한 것이나 찔
레가 덮을 것이요 그들의 장막 안에는
가시덩굴이 퍼지리라 겔 30:13
7 형벌의 날이 이르렀고 보응의 날이 온
것을 이스라엘이 알지라 선지자가 어리
석었고 신에 감동하는 자가 미쳤나니
이는 네 죄악이 많고 네 원한이 큼이니
라
8 에브라임은 나의 하나님과 함께한 파수
꾼이며 선지자는 모든 길에 친 새 잡는
자의 그물과 같고 그의 하나님의 전에
는 원한이 있도다
9 그들은 기브아의 시대와 같이 심히 부
패한지라 여호와께서 그 악을 기억하시
고 그 죄를 벌하시리라

이스라엘의 죄와 하나님의 심판

10 ●옛적에 내가 이스라엘을 만나기를 광
야에서 포도를 만남같이 하였으며 너희
조상들을 보기를 무화과나무에서 처음
맺힌 첫 열매를 봄같이 하였거늘 그들
이 바알브올에 가서 부끄러운 우상에게
몸을 드림으로 저희가 사랑하는 우상같
이 가증하여졌도다 민 25:3
11 에브라임의 영광이 새같이 날아가리니

Punishment for Israel

9 Do not rejoice, Israel;
do not be jubilant like the other nations.
For you have been unfaithful to your God;
you love the wages of a prostitute
at every threshing floor.
2 ●Threshing floors and winepresses will not
feed the people;
the new wine will fail them.
3 ●They will not remain in the LORD's land;
Ephraim will return to Egypt
and eat unclean food in Assyria.
4 ●They will not pour out wine offerings to the LORD,
nor will their sacrifices please him.
Such sacrifices will be to them like the bread of
mourners;
all who eat them will be unclean.
This food will be for themselves;
it will not come into the temple of the LORD.
5 ●What will you do on the day of your appointed
festivals,
on the feast days of the LORD?
6 ●Even if they escape from destruction,
Egypt will gather them,
and Memphis will bury them.
Their treasures of silver will be taken over by briers,
and thorns will overrun their tents.
7 ●The days of punishment are coming,
the days of reckoning are at hand.
Let Israel know this.
Because your sins are so many
and your hostility so great,
the prophet is considered a fool,
the inspired person a maniac.
8 ●The prophet, along with my God,
is the watchman over Ephraim,[a]
yet snares await him on all his paths,
and hostility in the house of his God.
9 ●They have sunk deep into corruption,
as in the days of Gibeah.
God will remember their wickedness
and punish them for their sins.
10 ●"When I found Israel,
it was like finding grapes in the desert;
when I saw your ancestors,
it was like seeing the early fruit on the fig tree.
But when they came to Baal Peor,
they consecrated themselves to that shameful
idol
and became as vile as the thing they loved.
11 ●Ephraim's glory will fly away like a bird—

[a]8 Or *The prophet is the watchman over Ephraim, / the people of my God*

await [əwéit] *vt.* 기다리다
corruption [kərʌpʃən] *n.* 타락
destruction [distrʌkʃən] *n.* 멸망
hostility [hastíləti] *n.* 적의
inspire [inspáiər] *vt.* 고무하다
jubilant [dʒúːbələnt] *a.* 기뻐하는
maniac [méiniæk] *n.* 미치광이
mourner [mɔ́ːrnər] *n.* 애도자
overrun [òuvərʌ́n] *vt.* 퍼지다
prostitute [prástətjùːt] *n.* 창녀
reckoning [rékəniŋ] *n.* 응보
snare [snɛər] *n.* 덫
thresh [θreʃ] *vt.* 타작하다
vile [vail] *a.* 몹시 나쁜
wage [weidʒ] *n.* 품삯

9:4 **pour out**: 붓다
9:6 **escape from...**: …로부터 달아나다
9:7 **at hand**: 가까이에
9:9 **punish A for B**: B의 죄로 A를 벌하다
9:10 **consecrate A to B**: A를 B에게 바치다

해산하는 것이나 아이 배는 것이나 임
신하는 것이 없으리라
12 혹 그들이 자식을 기를지라도 내가 그
자식을 없이하여 한 사람도 남기지 아
니할 것이라 내가 그들을 떠나는 때에
는 그들에게 화가 미치리로다
13 내가 보건대 에브라임은 아름다운 곳
에 심긴 두로와 같으나 그 자식들을 살
인하는 자에게로 끌어내리로다
14 여호와여 그들에게 주소서 무엇을 주
시려 하나이까 아이 배지 못하는 태와
젖 없는 유방을 주시옵소서
15 그들의 모든 악이 길갈에 있으므로 내
가 거기에서 그들을 미워하였노라 그
들의 행위가 악하므로 내 집에서 그들
을 쫓아내고 다시는 사랑하지 아니하
리라 그들의 지도자들은 다 반역한 자
니라
16 에브라임은 매를 맞아 그 뿌리가 말라
열매를 맺지 못하나니 비록 아이를 낳
을지라도 내가 그 사랑하는 태의 열매
를 죽이리라 5:7
17 그들이 듣지 아니하므로 내 하나님이
그들을 버리시리니 그들이 여러 나라
가운데에 떠도는 자가 되리라 4:10

하나님의 심판에 대한 선지자의 경고

10 이스라엘은 열매 맺는 무성한 포
도나무라 그 열매가 많을수록 제
단을 많게 하며 그 땅이 번영할수록 주
상을 아름답게 하도다
2 그들이 두 마음을 품었으니 이제 벌을
받을 것이라 하나님이 그 제단을 쳐서
깨뜨리시며 그 주상을 허시리라
3 그들이 이제 이르기를 우리가 여호와
를 두려워하지 아니하므로 우리에게
왕이 없거니와 왕이 우리를 위하여 무
엇을 하리요 하리로다
4 ●그들이 헛된 말을 내며 거짓 맹세로
언약을 세우니 그 재판이 밭이랑에 돋
는 독초 같으리로다
5 사마리아 주민이 벧아웬의 송아지로
말미암아 두려워할 것이라 그 백성이
슬퍼하며 그것을 기뻐하던 [1]제사장들
도 슬퍼하리니 이는 그의 영광이 떠나
감이며

no birth, no pregnancy, no conception.
12 •Even if they rear children,
I will bereave them of every one.
Woe to them
when I turn away from them!
13 •I have seen Ephraim, like Tyre,
planted in a pleasant place.
But Ephraim will bring out
their children to the slayer."
14 •Give them, LORD —
what will you give them?
Give them wombs that miscarry
and breasts that are dry.
15 •"Because of all their wickedness in Gilgal,
I hated them there.
Because of their sinful deeds,
I will drive them out of my house.
I will no longer love them;
all their leaders are rebellious.
16 •Ephraim is blighted,
their root is withered,
they yield no fruit.
Even if they bear children,
I will slay their cherished offspring."
17 •My God will reject them
because they have not obeyed him;
they will be wanderers among the nations.

10 Israel was a spreading vine;
he brought forth fruit for himself.
As his fruit increased,
he built more altars;
as his land prospered,
he adorned his sacred stones.
2 •Their heart is deceitful,
and now they must bear their guilt.
The LORD will demolish their altars
and destroy their sacred stones.
3 •Then they will say, "We have no king
because we did not revere the LORD.
But even if we had a king,
what could he do for us?"
4 •They make many promises,
take false oaths
and make agreements;
therefore lawsuits spring up
like poisonous weeds in a plowed field.
5 •The people who live in Samaria fear
for the calf-idol of Beth Aven.[a]
Its people will mourn over it,
and so will its idolatrous priests,
those who had rejoiced over its splendor,
because it is taken from them into exile.

[a]5 *Beth Aven* means *house of wickedness* (a derogatory name for Bethel, which means *house of God*). 1) 히, 그마림

adorn [ədɔ́:rn] *vt.* 꾸미다
blight [blait] *vt.* 마르게 하다
cherished [tʃériʃt] *a.* 소중하게 간직한
conception [kənsépʃən] *n.* 수태
deceitful [disí:tfəl] *a.* 허위의
demolish [dimáliʃ] *vt.* 파괴하다
idolatrous [aidálətrəs] *a.* 우상 숭배적인
lawsuit [lɔ́:sù:t] *n.* 소송
miscarry [mìskǽri] *vi.* 유산하다
plow [plau] *vi.* 경작하다
pregnancy [prégnənsi] *n.* 임신
prosper [práspər] *vt.* 번영하다
rear [riər] *vt.* 기르다
revere [rivíər] *vt.* 경외하다
wither [wíðər] *vt.* 시들게 하다

9:12 bereave A of B: A에게서 B를 앗아가다
9:13 bring out: 끌어내다
10:4 take oath: 맹세하다
10:4 make an agreement: 계약을 맺다
10:4 spring up: 생기다

6 그 송아지는 앗수르로 옮겨다가 예물
로 [1)]아렙 왕에게 드리리니 에브라임
은 수치를 받을 것이요 이스라엘은
자기들의 계책을 부끄러워할 것이며
7 사마리아 왕은 물 위에 있는 거품같
이 멸망할 것이며
8 이스라엘의 죄 곧 아웬의 산당은 파
괴되어 가시와 찔레가 그 제단 위에
날 것이니 그때에 그들이 산더러 우
리를 가리라 할 것이요 작은 산더러
우리 위에 무너지라 하리라

이스라엘에게 징계를 선언하시다

9 ●이스라엘아 네가 기브아 시대로부
터 범죄하더니 지금까지 죄를 짓는구
나 그러니 범죄한 자손들에 대한 전
쟁이 어찌 기브아에서 일어나지 않겠
느냐
10 내가 원하는 때에 그들을 징계하리니
그들이 두 가지 죄에 걸릴 때에 만민
이 모여서 그들을 치리라
11 에브라임은 마치 길들인 암소 같아서
곡식 밟기를 좋아하나 내가 그의 아
름다운 목에 멍에를 메우고 에브라임
위에 사람을 태우리니 유다가 밭을
갈고 야곱이 흙덩이를 깨뜨리리라
12 ●너희가 자기를 위하여 공의를 심고
인애를 거두라 너희 묵은 땅을 기경
하라 지금이 곧 여호와를 찾을 때니
마침내 여호와께서 오사 공의를 비처
럼 너희에게 내리시리라
13 너희는 악을 밭 갈아 죄를 거두고 거
짓 열매를 먹었나니 이는 네가 네 길
과 네 용사의 많음을 의뢰하였음이
라
14 그러므로 너희 백성 중에 요란함이
일어나며 네 산성들이 다 무너지되
살만이 전쟁의 날에 벧아벨을 무너뜨
린 것같이 될 것이라 그때에 어머니
와 자식이 함께 부서졌도다
15 너희의 큰 악으로 말미암아 벧엘이
이같이 너희에게 행하리니 이스라엘
왕이 새벽에 정녕 망하리로다

백성을 버리지 않으시는 하나님 (♪ 299장)

11 이스라엘이 어렸을 때에 내가 사
랑하여 내 아들을 애굽에서 불러
냈거늘

6 •It will be carried to Assyria
as tribute for the great king.
Ephraim will be disgraced;
Israel will be ashamed of its foreign alliances.
7 •Samaria's king will be destroyed,
swept away like a twig on the surface of the waters.
8 •The high places of wickedness[a] will be destroyed—
it is the sin of Israel.
Thorns and thistles will grow up
and cover their altars.
Then they will say to the mountains, "Cover us!"
and to the hills, "Fall on us!"
9 •"Since the days of Gibeah, you have sinned,
Israel,
and there you have remained.[b]
Will not war again overtake
the evildoers in Gibeah?
10 •When I please, I will punish them;
nations will be gathered against them
to put them in bonds for their double sin.
11 •Ephraim is a trained heifer
that loves to thresh;
so I will put a yoke
on her fair neck.
I will drive Ephraim,
Judah must plow,
and Jacob must break up the ground.
12 •Sow righteousness for yourselves,
reap the fruit of unfailing love,
and break up your unplowed ground;
for it is time to seek the LORD,
until he comes
and showers his righteousness on you.
13 •But you have planted wickedness,
you have reaped evil,
you have eaten the fruit of deception.
Because you have depended on your own strength
and on your many warriors,
14 •the roar of battle will rise against your people,
so that all your fortresses will be devastated—
as Shalman devastated Beth Arbel on the day of
battle,
when mothers were dashed to the ground
with their children.
15 •So will it happen to you, Bethel,
because your wickedness is great.
When that day dawns,
the king of Israel will be completely destroyed.

God's Love for Israel

11 "When Israel was a child, I loved him,
and out of Egypt I called my son.

[a]8 Hebrew *aven*, a reference to Beth Aven (a derogatory name for Bethel); see verse 5. [b]9 Or *there a stand was taken* 1) 싸움의 왕

completely [kəmplíːtli] *ad.* 완전히
deception [disépʃən] *n.* 속임
devastate [dévəstèit] *vt.* 황폐시키다
disgrace [disgréis] *vt.* 수치스럽게 하다
evildoer [íːvəldùːər] *n.* 악인
fair [fɛər] *a.* 아름다운
heifer [héfər] *n.* 암소
overtake [òuvərtéik] *vt.* 덮치다
reap [riːp] *vt.* 수확하다
surface [sə́ːrfis] *n.* 표면
thistle [θísl] *n.* 엉겅퀴
thresh [θreʃ] *vt.* 타작하다
tribute [tríbjuːt] *n.* 바치는 물건
warrior [wɔ́ːriər] *n.* 전사
yoke [jouk] *n.* 멍에

10:6 **be ashamed of...**: …을 부끄러워하다
10:8 **grow up**: 자라다, 성장하다
10:9 **since the days...**: …이래 지금까지
10:11 **break up**: 분쇄하다
10:13 **depend on...**: …에 의존하다
10:14 **dash to...**: …로 내던지다

2 선지자들이 그들을 부를수록 그들은 점
점 멀리하고 바알들에게 제사하며 아로
새긴 우상 앞에서 분향하였느니라
3 그러나 내가 에브라임에게 걸음을 가르
치고 내 팔로 안았음에도 내가 그들을
고치는 줄을 그들은 알지 못하였도다
4 내가 사람의 줄 곧 사랑의 줄로 그들을
이끌었고 그들에게 대하여 그 목에서
멍에를 벗기는 자같이 되었으며 그들
앞에 먹을 것을 두었노라
5 ●그들은 애굽 땅으로 되돌아가지 못하
겠거늘 내게 돌아오기를 싫어하니 앗수
르 사람이 그 임금이 될 것이라
6 칼이 그들의 성읍들을 치며 빗장을 깨
뜨려 없이하리니 이는 그들의 계책으로
말미암음이니라
7 내 백성이 끝끝내 내게서 물러가나니
비록 그들을 불러 위에 계신 이에게로
돌아오라 할지라도 일어나는 자가 하나
도 없도다
8 ●에브라임이여 내가 어찌 너를 놓겠느
냐 이스라엘이여 내가 어찌 너를 버리
겠느냐 내가 어찌 너를 아드마같이 놓
겠느냐 어찌 너를 스보임같이 두겠느냐
내 마음이 내 속에서 돌이키어 나의 긍
휼이 온전히 불붙듯 하도다
9 내가 나의 맹렬한 진노를 나타내지 아
니하며 내가 다시는 에브라임을 멸하지
아니하리니 이는 내가 하나님이요 사람
이 아님이라 네 가운데 있는 거룩한 이
니 진노함으로 네게 임하지 아니하리라
10 그들은 사자처럼 소리를 내시는 여호와
를 따를 것이라 여호와께서 소리를 내
시면 자손들이 서쪽에서부터 떨며 오되
11 그들은 애굽에서부터 새같이, 앗수르에
서부터 비둘기같이 떨며 오리니 내가
그들을 그들의 집에 머물게 하리라 나
여호와의 말이니라

하나님께로 돌아오라 (♪ 539장)

12 ●에브라임은 거짓으로, 이스라엘 족속
은 속임수로 나를 에워쌌고 유다는 하
나님 곧 신실하시고 거룩하신 자에게
대하여 정함이 없도다

12 에브라임은 바람을 먹으며 동풍을
따라가서 종일토록 거짓과 포학을
더하여 앗수르와 계약을 맺고 기름을
애굽에 보내도다

2 ●But the more they were called,
the more they went away from me.[a]
They sacrificed to the Baals
and they burned incense to images.
3 ●It was I who taught Ephraim to walk,
taking them by the arms;
but they did not realize
it was I who healed them.
4 ●I led them with cords of human kindness,
with ties of love.
To them I was like one who lifts
a little child to the cheek,
and I bent down to feed them.
5 ●"Will they not return to Egypt
and will not Assyria rule over them
because they refuse to repent?
6 ●A sword will flash in their cities;
it will devour their false prophets
and put an end to their plans.
7 ●My people are determined to turn from me.
Even though they call me God Most High,
I will by no means exalt them.
8 ●"How can I give you up, Ephraim?
How can I hand you over, Israel?
How can I treat you like Admah?
How can I make you like Zeboyim?
My heart is changed within me;
all my compassion is aroused.
9 ●I will not carry out my fierce anger,
nor will I devastate Ephraim again.
For I am God, and not a man—
the Holy One among you.
I will not come against their cities.
10 ●They will follow the LORD;
he will roar like a lion.
When he roars,
his children will come trembling from the west.
11 ●They will come from Egypt,
trembling like sparrows,
from Assyria, fluttering like doves.
I will settle them in their homes,"
declares the LORD.

Israel's Sin

12 ●Ephraim has surrounded me with lies,
Israel with deceit.
And Judah is unruly against God,
even against the faithful Holy One.[b]

1 **12**[c] ●Ephraim feeds on the wind;
he pursues the east wind all day
and multiplies lies and violence.
He makes a treaty with Assyria

[a]2 Septuagint; Hebrew *them* [b]12 In Hebrew texts this verse (11:12) is numbered 12:1. [c]In Hebrew texts 12:1-14 is numbered 12:2-15.

arouse [əráuz] *vt.* 자극하다
compassion [kəmpǽʃən] *n.* 긍휼
cord [kɔːrd] *n.* 노끈
devastate [dévəstèit] *vt.* 황폐시키다
exalt [igzɔ́ːlt] *vt.* 높이다
fierce [fiərs] *a.* 맹렬한
incense [ínsens] *n.* 향
multiply [mʌ́ltəplài] *vt.* 증가시키다
pursue [pərsúː] *vt.* 따라다니다
refuse [rifjúːz] *vt.* 거절하다
repent [ripént] *vi.* 회개하다
sparrow [spǽrou] *n.* 참새
treaty [tríːti] *n.* 조약
unruly [ʌnrúːli] *a.* 말을 듣지 않는
violence [váiələns] *n.* 폭력

11:5 **rule over...**: …을 통치하다
11:6 **put an end to...**: …를 끝내다
11:7 **by no means...**: 결코 …않다
11:8 **give ... up**: …을 포기하다
11:8 **hand over**: 넘겨주다
11:9 **carry out**: 수행하다

2 여호와께서 유다와 논쟁하시고 야곱을
그 행실대로 벌하시며 그의 행위대로
그에게 보응하시리라
3 야곱은 모태에서 그의 형의 발뒤꿈치를
잡았고 또 힘으로는 하나님과 겨루되
4 천사와 겨루어 이기고 울며 그에게 간구
하였으며 하나님은 벧엘에서 그를 만나
셨고 거기에서 우리에게 말씀하셨나니
5 여호와는 만군의 하나님이시라 여호와
는 그를 기억하게 하는 이름이니라
6 그런즉 너의 하나님께로 돌아와서 인애
와 정의를 지키며 항상 너의 하나님을
바랄지니라

거짓 저울을 쓰는 에브라임

7 그는 상인이라 손에 거짓 저울을 가
지고 속이기를 좋아하는도다 암 8:5
8 에브라임이 말하기를 나는 실로 부자라
내가 재물을 얻었는데 내가 수고한 모
든 것 중에서 죄라 할 만한 불의를 내게
서 찾아낼 자 없으리라 하거니와
9 네가 애굽 땅에 있을 때부터 나는 네 하
나님 여호와니라 내가 너로 다시 장막
에 거주하게 하기를 명절날에 하던 것
같게 하리라
10 내가 여러 선지자에게 말하였고 이상을
많이 보였으며 선지자들을 통하여 비유
를 베풀었노라
11 길르앗은 불의한 것이냐 과연 그러하다
그들은 거짓되도다 길갈에서는 무리가
수송아지로 제사를 드리며 그 제단은
밭이랑에 쌓인 돌무더기 같도다
12 야곱이 아람의 들로 도망하였으며 이스
라엘이 아내를 얻기 위하여 사람을 섬
기며 아내를 얻기 위하여 양을 쳤고
13 여호와께서는 한 선지자로 이스라엘을
애굽에서 인도하여 내셨고 이스라엘이
한 선지자로 보호받았거늘
14 에브라임이 격노하게 함이 극심하였으
니 그의 주께서 그의 피로 그의 위에 머
물러 있게 하시며 그의 수치를 그에게
돌리시리라

바알로 말미암아 범죄한 에브라임

13 에브라임이 [1]말을 하면 사람들이
떨었도다 그가 이스라엘 중에서
자기를 높이더니 바알로 말미암아 범죄
하므로 망하였거늘
2 이제도 그들은 더욱 범죄하여 그 은으

and sends olive oil to Egypt.
2 The LORD has a charge to bring against Judah;
he will punish Jacob[a] according to his ways
and repay him according to his deeds.
3 In the womb he grasped his brother's heel;
as a man he struggled with God.
4 He struggled with the angel and overcame him;
he wept and begged for his favor.
He found him at Bethel
and talked with him there—
5 the LORD God Almighty,
the LORD is his name!
6 But you must return to your God;
maintain love and justice,
and wait for your God always.
7 The merchant uses dishonest scales
and loves to defraud.
8 Ephraim boasts,
"I am very rich; I have become wealthy.
With all my wealth they will not find in me
any iniquity or sin."
9 "I have been the LORD your God
ever since you came out of Egypt;
I will make you live in tents again,
as in the days of your appointed festivals.
10 I spoke to the prophets,
gave them many visions
and told parables through them."
11 Is Gilead wicked?
Its people are worthless!
Do they sacrifice bulls in Gilgal?
Their altars will be like piles of stones
on a plowed field.
12 Jacob fled to the country of Aram[b];
Israel served to get a wife,
and to pay for her he tended sheep.
13 The LORD used a prophet to bring Israel up
from Egypt,
by a prophet he cared for him.
14 But Ephraim has aroused his bitter anger;
his Lord will leave on him the guilt of
his bloodshed
and will repay him for his contempt.

The LORD's Anger Against Israel

13 When Ephraim spoke, people trembled;
he was exalted in Israel.
But he became guilty of Baal worship and died.
2 Now they sin more and more;
they make idols for themselves from their silver,

[a]*2 Jacob* means *he grasps the heel*, a Hebrew idiom for *he takes advantage of* or *he deceives*. [b]*12* That is, Northwest Mesopotamia [1]) 떨으로 말할 때에

beg [beg] *vt.* 간청하다
bloodshed [blʌ́dʃèd] *n.* 유혈
boast [boust] *vt.* 자랑하다
contempt [kəntémpt] *n.* 치욕
defraud [difrɔ́:d] *vt.* 속여서 빼앗다
grasp [græsp] *vt.* 붙잡다
iniquity [iníkwəti] *n.* 부정
merchant [mə́:rtʃənt] *n.* 상인
parable [pǽrəbl] *n.* 비유
prophet [prɑ́fit] *n.* 선지자
repay [ripéi] *vt.* 되갚다
scale [skeil] *n.* 저울
struggle [strʌgl] *vi.* 겨루다
tend [tend] *vt.* (가축을) 치다
tremble [trémbl] *vi.* 벌벌 떨다

12:2 according to...: …에 따라
12:6 return to...: …로 되돌아가다
12:6 wait for...: …을 기다리다
12:12 pay for...: …의 대가를 치르다
12:13 care for...: …를 돌보다
13:2 more and more: 더욱더

로 자기를 위하여 우상을 부어 만들되
자기의 정교함을 따라 우상을 만들었으
며 그것은 다 은장색이 만든 것이거늘
그들은 그것에 대하여 말하기를 제사를
드리는 자는 송아지와 입을 맞출 것이
라 하도다
3 이러므로 그들은 아침 구름 같으며 쉬
사라지는 이슬 같으며 타작마당에서 광
풍에 날리는 쭉정이 같으며 굴뚝에서
나가는 연기 같으리라
4 ●그러나 애굽 땅에 있을 때부터 나는
네 하나님 여호와라 나밖에 네가 다른
신을 알지 말 것이라 나 외에는 구원자
가 없느니라
5 내가 광야 마른 땅에서 너를 알았거늘
6 그들이 먹여 준 대로 배가 불렀고 배가
부르니 그들의 마음이 교만하여 이로
말미암아 나를 잊었느니라
7 그러므로 내가 그들에게 사자 같고 길
가에서 기다리는 표범 같으니라
8 내가 새끼 잃은 곰같이 그들을 만나 그
의 염통 꺼풀을 찢고 거기서 암사자같
이 그들을 삼키리라 들짐승이 그들을
찢으리라
9 ●이스라엘아 네가 패망하였나니 이는
너를 도와주는 나를 대적함이니라
10 전에 네가 이르기를 내게 왕과 지도자
들을 주소서 하였느니라 네 모든 성읍
에서 너를 구원할 자 곧 네 왕이 이제 어
디 있으며 네 재판장들이 어디 있느냐
11 내가 분노하므로 네게 왕을 주고 진노
하므로 폐하였노라
12 에브라임의 불의가 봉함되었고 그 죄가
저장되었나니 롬 2:5
13 해산하는 여인의 어려움이 그에게 임
하리라 그는 지혜 없는 자식이로다 해
산할 때가 되어도 그가 나오지 못하느
니라 사 37:3
14 내가 그들을 스올의 권세에서 속량하며
사망에서 구속하리니 사망아 네 재앙이
어디 있느냐 스올아 네 멸망이 어디 있
느냐 뉘우침이 내 눈앞에서 숨으리라
15 ●그가 비록 형제 중에서 결실하나 동
풍이 오리니 곧 광야에서 일어나는 여
호와의 바람이라 그의 근원이 마르며
그의 샘이 마르고 그 쌓아둔 바 모든 보
배의 그릇이 약탈되리로다

cleverly fashioned images,
all of them the work of craftsmen.
It is said of these people,
"They offer human sacrifices!
They kiss[a] calf-idols!"
3 ●Therefore they will be like the morning mist,
like the early dew that disappears,
like chaff swirling from a threshing floor,
like smoke escaping through a window.
4 ●"But I have been the LORD your God
ever since you came out of Egypt.
You shall acknowledge no God but me,
no Savior except me.
5 ●I cared for you in the wilderness,
in the land of burning heat.
6 ●When I fed them, they were satisfied;
when they were satisfied, they became proud;
then they forgot me.
7 ●So I will be like a lion to them,
like a leopard I will lurk by the path.
8 ●Like a bear robbed of her cubs,
I will attack them and rip them open;
like a lion I will devour them—
a wild animal will tear them apart.
9 ●"You are destroyed, Israel,
because you are against me, against your helper.
10 ●Where is your king, that he may save you?
Where are your rulers in all your towns,
of whom you said,
'Give me a king and princes'?
11 ●So in my anger I gave you a king,
and in my wrath I took him away.
12 ●The guilt of Ephraim is stored up,
his sins are kept on record.
13 ●Pains as of a woman in childbirth come to him,
but he is a child without wisdom;
when the time arrives,
he doesn't have the sense to come out
of the womb.
14 ●"I will deliver this people from the power of the
grave;
I will redeem them from death.
Where, O death, are your plagues?
Where, O grave, is your destruction?
"I will have no compassion,
15 ● even though he thrives among his brothers.
An east wind from the LORD will come,
blowing in from the desert;
his spring will fail
and his well dry up.

[a]2 Or "*Men who sacrifice / kiss*

chaff [tʃæf] *n.* 왕겨
childbirth [tʃáildbə̀ːrθ] *n.* 분만
cleverly [klévərli] *ad.* 교묘하게
cub [kʌb] *n.* 새끼
devour [diváuər] *vt.* 게걸스레 먹다
dew [djuː] *n.* 이슬
fashion [fǽʃən] *vt.* 형성하다
leopard [lépərd] *n.* 표범
lurk [ləːrk] *vi.* 잠복하다
plague [pleig] *n.* 재앙
rip [rip] *vt.* 찢다
swirl [swəːrl] *vi.* 소용돌이치다
thrive [θraiv] *vi.* 번영하다
womb [wuːm] *n.* 태내, 자궁
wrath [ræθ] *n.* 격노

13:5 care for...: …를 돌보다
13:8 rob of...: …을 빼앗다
13:11 take away: 가져가다
13:12 store up: 쌓아두다
13:12 on record: 기록되어
13:14 redeem A from B: A를 B에서 구하다

16 사마리아가 그들의 하나님을 배반하였
으므로 형벌을 당하여 칼에 엎드러질
것이요 그 어린아이는 부서뜨려지며 아
이 밴 여인은 배가 갈라지리라

이스라엘을 향한 호세아의 호소

14 이스라엘아 네 하나님 여호와께로
돌아오라 네가 불의함으로 말미암
아 엎드러졌느니라
2 너는 말씀을 가지고 여호와께로 돌아
와서 아뢰기를 모든 불의를 제거하시
고 선한 바를 받으소서 우리가 수송아
지를 대신하여 입술의 열매를 주께 드
리리이다
3 우리가 앗수르의 구원을 의지하지 아니
하며 말을 타지 아니하며 다시는 우리
의 손으로 만든 것을 향하여 너희는 우
리의 신이라 하지 아니하오리니 이는
고아가 주로 말미암아 긍휼을 얻음이니
이다 할지니라

여호와의 진노가 떠나다

4 ●내가 그들의 반역을 고치고 기쁘게
그들을 사랑하리니 나의 진노가 그에게
서 떠났음이니라 렘 3:22
5 내가 이스라엘에게 이슬과 같으리니 그
가 백합화같이 피겠고 레바논 백향목같
이 뿌리가 박힐 것이라
6 그의 가지는 퍼지며 그의 아름다움은
감람나무와 같고 그의 향기는 레바논
백향목 같으리니
7 그 그늘 아래에 거주하는 자가 돌아올
지라 그들은 곡식같이 풍성할 것이며
포도나무같이 꽃이 필 것이며 그 향기
는 레바논의 포도주같이 되리라
8 에브라임의 말이 내가 다시 우상과 무
슨 상관이 있으리요 할지라 내가 그를
돌아보아 대답하기를 나는 푸른 잣나무
같으니 네가 나로 말미암아 열매를 얻
으리라 하리라

여호와의 도

9 ●누가 지혜가 있어 이런 일을 깨달으
며 누가 총명이 있어 이런 일을 알겠느
냐 여호와의 도는 정직하니 의인은 그
길로 다니거니와 그러나 죄인은 그 길
에 걸려 넘어지리라

His storehouse will be plundered
of all its treasures.
16 ●The people of Samaria must bear their guilt,
because they have rebelled against their God.
They will fall by the sword;
their little ones will be dashed to the ground,
their pregnant women ripped open."[a]

Repentance to Bring Blessing

14 [b] Return, Israel, to the LORD your God.
Your sins have been your downfall!
2 ●Take words with you
and return to the LORD.
Say to him:
"Forgive all our sins
and receive us graciously,
that we may offer the fruit of our lips.[c]
3 ●Assyria cannot save us;
we will not mount warhorses.
We will never again say 'Our gods'
to what our own hands have made,
for in you the fatherless find compassion."
4 ●"I will heal their waywardness
and love them freely,
for my anger has turned away from them.
5 ●I will be like the dew to Israel;
he will blossom like a lily.
Like a cedar of Lebanon
he will send down his roots;
6 ● his young shoots will grow.
His splendor will be like an olive tree,
his fragrance like a cedar of Lebanon.
7 ●People will dwell again in his shade;
they will flourish like the grain,
they will blossom like the vine —
Israel's fame will be like the wine of
Lebanon.
8 ●Ephraim, what more have I[d] to do with idols?
I will answer him and care for him.
I am like a flourishing juniper;
your fruitfulness comes from me."
9 ●Who is wise? Let them realize these things.
Who is discerning? Let them understand.
The ways of the LORD are right;
the righteous walk in them,
but the rebellious stumble in them.

[a]16 In Hebrew texts this verse (13:16) is numbered 14:1. [b]In Hebrew texts 14:1-9 is numbered 14:2-10. [c]2 Or *offer our lips as sacrifices of bulls* [d]8 Or Hebrew; Septuagint *What more has Ephraim*

blossom [blɑ́səm] *vi.* 꽃피다
cedar [síːdər] *n.* 백향목
compassion [kəmpǽʃən] *n.* 동정
discerning [disə́ːrniŋ] *a.* 총명한
downfall [dáunfɔ̀ːl] *n.* 멸망
flourish [flə́ːriʃ] *vi.* 번창하다
fragrance [fréigrəns] *n.* 향기
fruitfulness [frúːtfəlnis] *n.* 다산, 풍작
graciously [gréiʃəsli] *ad.* 관대하게
mount [maunt] *vt.* 타다, 오르다
rebellious [ribéljəs] *a.* 반역하는
splendor [spléndər] *n.* 훌륭함, 광채
storehouse [stɔ́ːrhàus] *n.* 창고
stumble [stʌmbl] *vi.* 발부리가 걸리다
waywardness [wéiwərdnis] *n.* 고집, 불법

13:16 rebel against...: …에 저항하다
13:16 dash ... to the ground: …을 땅 바닥에 내동댕이치다
14:4 turn away from...: …에게서 떠나다
14:8 have to do with...: …과 관계가 있다

요엘 | Joel

● 저자 _ 요엘 ● 저작 연대 _ B.C. 830년 또는 B.C. 400년 ● 기록 장소 _ 예루살렘으로 추정
● 기록 대상 _ 남유다를 비롯한 모든 유다인들과 이방인 ● 핵심어 및 내용 _ 핵심어는 '메뚜기'와 '성령'이다.

본서에는 이스라엘에 임한 메뚜기 재앙의 사건과 성령이 임하여 자녀들이 예언을 하고 늙은이가 꿈을 꾸며 젊은이들이 환상을 보게 되는 사건이 기록되어 있다.

1 브두엘의 아들 요엘에게 임한 여호
와의 말씀이라

농사를 망친 농부들의 애곡

2 ●늙은 자들아 너희는 이것을 들을
지어다 땅의 모든 주민들아 너희는
귀를 기울일지어다 너희의 날에나
너희 조상들의 날에 이런 일이 있었
느냐 호 4:1
3 너희는 이 일을 너희 자녀에게 말하고
너희 자녀는 자기 자녀에게 말하고 그
자녀는 후세에 말할 것이니라 시 78:4
4 팥중이가 남긴 것을 메뚜기가 먹고
메뚜기가 남긴 것을 느치가 먹고 느
치가 남긴 것을 황충이 먹었도다
5 ●취하는 자들아 너희는 깨어 울지어
다 포도주를 마시는 자들아 너희는
울지어다 이는 단 포도주가 너희 입
에서 끊어졌음이니
6 다른 한 민족이 내 땅에 올라왔음이
로다 그들은 강하고 수가 많으며 그
이빨은 사자의 이빨 같고 그 어금니
는 암사자의 어금니 같도다
7 그들이 내 포도나무를 멸하며 내 무
화과나무를 긁어 말갛게 벗겨서 버
리니 그 모든 가지가 하얗게 되었도
다
8 ●너희는 처녀가 어렸을 때에 약혼한
남자로 말미암아 굵은 베로 동이고
애곡함같이 할지어다
9 소제와 전제가 여호와의 성전에서 끊
어졌고 여호와께 수종 드는 제사장은
슬퍼하도다
10 밭이 황무하고 토지가 마르니 곡식이
떨어지며 새 포도주가 말랐고 기름이
다하였도다
11 농부들아 너희는 부끄러워할지어다
포도원을 가꾸는 자들아 곡할지어다
이는 밀과 보리 때문이라 밭의 소산
이 다 없어졌음이로다

1 The word of the LORD that came to Joel son of
Pethuel.

An Invasion of Locusts

2 ●Hear this, you elders;
listen, all who live in the land.
Has anything like this ever happened in your days
or in the days of your ancestors?
3 ●Tell it to your children,
and let your children tell it to their children,
and their children to the next generation.
4 ●What the locust swarm has left
the great locusts have eaten;
what the great locusts have left
the young locusts have eaten;
what the young locusts have left
other locusts[a] have eaten.
5 ●Wake up, you drunkards, and weep!
Wail, all you drinkers of wine;
wail because of the new wine,
for it has been snatched from your lips.
6 ●A nation has invaded my land,
a mighty army without number;
it has the teeth of a lion,
the fangs of a lioness.
7 ●It has laid waste my vines
and ruined my fig trees.
It has stripped off their bark
and thrown it away,
leaving their branches white.
8 ●Mourn like a virgin in sackcloth
grieving for the betrothed of her youth.
9 ●Grain offerings and drink offerings
are cut off from the house of the LORD.
The priests are in mourning,
those who minister before the LORD.
10 ●The fields are ruined,
the ground is dried up;
the grain is destroyed,
the new wine is dried up,
the olive oil fails.
11 ●Despair, you farmers,
wail, you vine growers;
grieve for the wheat and the barley,
because the harvest of the field is destroyed.

[a]4 The precise meaning of the four Hebrew words used here for locusts is uncertain.

12 포도나무가 시들었고 무화과나무가 말랐으며 석류나무와 대추나무와 사과나무와 밭의 모든 나무가 다 시들었으니 이러므로 사람의 즐거움이 말랐도다

13 ●제사장들아 너희는 굵은 베로 동이고 슬피 울지어다 제단에 수종드는 자들아 너희는 울지어다 내 하나님께 수종드는 자들아 너희는 와서 굵은 베옷을 입고 밤이 새도록 누울지어다 이는 소제와 전제를 너희 하나님의 성전에 드리지 못함이로다

렘 4:8

14 너희는 금식일을 정하고 성회를 소집하여 장로들과 이 땅의 모든 주민들을 너희 하나님 여호와의 성전으로 모으고 여호와께 부르짖을지어다

15 슬프다 그날이여 여호와의 날이 가까웠나니 곧 멸망같이 전능자에게로부터 이르리로다

16 먹을 것이 우리 눈앞에 끊어지지 아니하였느냐 기쁨과 즐거움이 우리 하나님의 성전에서 끊어지지 아니하였느냐

17 씨가 흙덩이 아래에서 썩어졌고 창고가 비었고 곳간이 무너졌으니 이는 곡식이 시들었음이로다

18 가축이 울부짖고 소 떼가 소란하니 이는 꼴이 없음이라 양 떼도 피곤하도다

19 여호와여 내가 주께 부르짖으오니 불이 목장의 풀을 살랐고 불꽃이 들의 모든 나무를 살랐음이니이다

20 들짐승도 주를 향하여 헐떡거리오니 시내가 다 말랐고 들의 풀이 불에 탔음이니이다

여호와의 날을 경고하는 메뚜기 떼

2 시온에서 나팔을 불며 나의 거룩한 산에서 경고의 소리를 질러 이 땅 주민들로 다 떨게 할지니 이는 여호와의 날이 이르게 됨이니라 이제 임박하였으니

2 곧 어둡고 캄캄한 날이요 짙은 구름

12 ●The vine is dried up
and the fig tree is withered;
the pomegranate, the palm and the apple[a] tree—
all the trees of the field—are dried up.
Surely the people's joy
is withered away.

A Call to Lamentation

13 ●Put on sackcloth, you priests, and mourn;
wail, you who minister before the altar.
Come, spend the night in sackcloth,
you who minister before my God;
for the grain offerings and drink offerings
are withheld from the house of your God.
14 ●Declare a holy fast;
call a sacred assembly.
Summon the elders
and all who live in the land
to the house of the LORD your God,
and cry out to the LORD.
15 ●Alas for that day!
For the day of the LORD is near;
it will come like destruction from the Almighty.[b]
16 ●Has not the food been cut off
before our very eyes—
joy and gladness
from the house of our God?
17 ●The seeds are shriveled
beneath the clods.[c]
The storehouses are in ruins,
the granaries have been broken down,
for the grain has dried up.
18 ●How the cattle moan!
The herds mill about
because they have no pasture;
even the flocks of sheep are suffering.
19 ●To you, LORD, I call,
for fire has devoured the pastures in the wilderness
and flames have burned up all the trees of the field.
20 ●Even the wild animals pant for you;
the streams of water have dried up
and fire has devoured the pastures in the wilderness.

An Army of Locusts

2 Blow the trumpet in Zion;
sound the alarm on my holy hill.
Let all who live in the land tremble,
for the day of the LORD is coming.

[a]12 Or possibly *apricot* [b]15 Hebrew *Shaddai* [c]17 The meaning of the Hebrew for this word is uncertain.

Almighty [ɔːlmáiti] *n.* 전능자
assembly [əsémbli] *n.* 집회, 모임
beneath [biníːθ] *prep.* …아래에
destruction [distrʌ́kʃən] *n.* 멸망
devour [diváuər] *vt.* 삼켜버리다
flame [fleim] *n.* 불꽃
gladness [glǽdnis] *n.* 즐거움
granary [gréinəri] *n.* 곡물 창고
herd [həːrd] *n.* (동물의) 떼
minister [mínəstər] *n.* 종, 봉사자
moan [moun] *vi.* 한탄하다
pomegranate [pɑ́məgrænət] *n.* 석류
shrivel [ʃrívəl] *vt.* 시들게 하다
summon [sʌ́mən] *vt.* 소환하다
tremble [trémbl] *vi.* 진동하다, 떨다

1:12 **wither away**: 시들게 하다
1:13 **put on**: 입다
1:13 **withhold from**: 억제하다, 보류하다
1:17 **dry up**: 바싹 마르다
1:18 **mill about**: 헤매다
1:20 **pant for...**: …으로 헐떡이다

이 덮인 날이라 새벽빛이 산꼭대기
에 덮인 것과 같으니 이는 많고 강한
백성이 이르렀음이라 이와 같은 것
이 옛날에도 없었고 이후에도 대대
에 없으리로다
3 불이 그들의 앞을 사르며 불꽃이 그
들의 뒤를 태우니 그들의 예전의 땅
은 에덴동산 같았으나 그들의 나중
의 땅은 황폐한 들 같으니 그것을 피
한 자가 없도다 1:19
4 ● 그의 모양은 말 같고 그 달리는 것
은[1] 기병 같으며 계 9:7
5 그들이 산꼭대기에서 뛰는 소리는
병거 소리와도 같고 불꽃이 검불을
사르는 소리와도 같으며 강한 군사
가 줄을 벌이고 싸우는 것 같으니
6 그 앞에서 백성들이 질리고, 무리의
낯빛이 하얘졌도다 나 2:10
7 그들이 용사같이 달리며 무사같이
성을 기어오르며 각기 자기의 길로
나아가되 그 줄을 이탈하지 아니하
며
8 피차에 부딪치지 아니하고 각기 자
기의 길로 나아가며 무기를 돌파하
고 나아가나 [2]상하지 아니하며
9 성 중에 뛰어들어가며 성 위에 달리
며 집에 기어오르며 도둑같이 창으
로 들어가니
10 그 앞에서 땅이 진동하며 하늘이 떨
며 해와 달이 캄캄하며 별들이 빛을
거두도다
11 여호와께서 그의 군대 앞에서 소리
를 지르시고 그의 진영은 심히 크고
그의 명령을 행하는 자는 강하니 여
호와의 날이 크고 심히 두렵도다 당
할 자가 누구이랴

여호와께로 돌아올지어다

12 ● 여호와의 말씀에 너희는 이제라도
금식하고 울며 애통하고 마음을 다하
여 내게로 돌아오라 하셨나니 호 12:6
13 너희는 옷을 찢지 말고 마음을 찢고
너희 하나님 여호와께로 돌아올지
어다 그는 은혜로우시며 자비로우
시며 노하기를 더디하시며 인애가
크시사 뜻을 돌이켜 재앙을 내리지

It is close at hand—
2 ● a day of darkness and gloom,
a day of clouds and blackness.
Like dawn spreading across the mountains
a large and mighty army comes,
such as never was in ancient times
nor ever will be in ages to come.
3 ● Before them fire devours,
behind them a flame blazes.
Before them the land is like the garden of Eden,
behind them, a desert waste—
nothing escapes them.
4 ● They have the appearance of horses;
they gallop along like cavalry.
5 ● With a noise like that of chariots
they leap over the mountaintops,
like a crackling fire consuming stubble,
like a mighty army drawn up for battle.
6 ● At the sight of them, nations are in anguish;
every face turns pale.
7 ● They charge like warriors;
they scale walls like soldiers.
They all march in line,
not swerving from their course.
8 ● They do not jostle each other;
each marches straight ahead.
They plunge through defenses
without breaking ranks.
9 ● They rush upon the city;
they run along the wall.
They climb into the houses;
like thieves they enter through the windows.
10 ● Before them the earth shakes,
the heavens tremble,
the sun and moon are darkened,
and the stars no longer shine.
11 ● The LORD thunders
at the head of his army;
his forces are beyond number,
and mighty is the army that obeys his command.
The day of the LORD is great;
it is dreadful.
Who can endure it?

Rend Your Heart

12 ● "Even now," declares the LORD,
"return to me with all your heart,
with fasting and weeping and mourning."
13 ● Rend your heart
and not your garments.
Return to the LORD *your God,*

1) 전마 2) 끊치지 아니하며

anguish [æŋgwiʃ] *n.* 격통, 고뇌
blaze [bleiz] *vi.* 타오르다
cavalry [kǽvəlri] *n.* 기병대
chariot [tʃǽriət] *n.* 병거
crackle [krǽkl] *vi.* 딱딱 소리를 내다
fast [fæst] *vi.* 금식하다
gallop [gǽləp] *vi.* 전속력으로 달리다
garment [gá:rmənt] *n.* 의복
gloom [glu:m] *n.* 암흑
jostle [dʒásl] *vt.* 밀다
plunge [plʌndʒ] *vi.* 뛰어들다
rank [ræŋk] *n.* 대열
spread [spred] *vt.* 덮다
stubble [stʌbl] *n.* 그루터기
thunder [θʌndər] *vi.* 큰소리를 내다

2:1 close at hand: 바로 가까이에
2:6 at the sight of...: …를 보고
2:7 swerve from a course: 진로에서 휙 방향을 틀다
2:9 rush upon...: …에 돌격하다
2:11 beyond number: 무수한, 셀 수 없는

아니하시나니
14 주께서 혹시 마음과 뜻을 돌이키시
고 그 뒤에 복을 내리사 너희 하나님
여호와께 소제와 전제를 드리게 하
지 아니하실는지 누가 알겠느냐
15 ● 너희는 시온에서 나팔을 불어 거
룩한 금식일을 정하고 성회를 소집
하라
16 백성을 모아 그 모임을 거룩하게 하
고 장로들을 모으며 어린이와 젖 먹
는 자를 모으며 신랑을 그 방에서 나
오게 하며 신부도 그 신방에서 나오
게 하고
17 여호와를 섬기는 제사장들은 낭실과
제단 사이에서 울며 이르기를 여호
와여 주의 백성을 불쌍히 여기소서
주의 기업을 욕되게 하여 [1]나라들로
그들을 관할하지 못하게 하옵소서
어찌하여 이방인으로 그들의 하나님
이 어디 있느냐 말하게 하겠나이까
할지어다

이른 비와 늦은 비를 적당하게 주시다

18 ● 그때에 여호와께서 자기의 땅을
극진히 사랑하시어 그의 백성을 불
쌍히 여기[2]실 것이라
19 여호와께서 그들에게 응답하여 이르
시기를 내가 너희에게 곡식과 새 포
도주와 기름을 주리니 너희가 이로
말미암아 흡족하리라 내가 다시는
너희가 나라들 가운데에서 욕을 당
하지 않게 할 것이며
20 내가 북쪽 군대를 너희에게서 멀리
떠나게 하여 메마르고 적막한 땅으
로 쫓아내리니 그 앞의 부대는 동해
로, 그 뒤의 부대는 서해로 들어갈 것
이라 상한 냄새가 일어나고 악취가
오르리니 이는 큰일을 행하였음이니
라 하[2]시리라
21 ● 땅이여 두려워하지 말고 기뻐하며
즐거워할지어다 여호와께서 큰일을
행하셨음이로다
22 들짐승들아 두려워하지 말지어다 들
의 풀이 싹이 나며 나무가 열매를 맺
으며 무화과나무와 포도나무가 다
힘을 내는도다
23 시온의 자녀들아 너희는 너희 하나
님 여호와로 말미암아 기뻐하며 즐

for he is gracious and compassionate,
slow to anger and abounding in love,
and he relents from sending calamity.
14 ● Who knows? He may turn and relent
and leave behind a blessing—
grain offerings and drink offerings
for the LORD your God.
15 ● Blow the trumpet in Zion,
declare a holy fast,
call a sacred assembly.
16 ● Gather the people,
consecrate the assembly;
bring together the elders,
gather the children,
those nursing at the breast.
Let the bridegroom leave his room
and the bride her chamber.
17 ● Let the priests, who minister before the LORD,
weep between the portico and the altar.
Let them say, "Spare your people, LORD.
Do not make your inheritance an object of scorn,
a byword among the nations.
Why should they say among the peoples,
'Where is their God?' "

The LORD's Answer

18 ● Then the LORD was jealous for his land
and took pity on his people.
19 ● The LORD replied[a] to them:
"I am sending you grain, new wine and olive oil,
enough to satisfy you fully;
never again will I make you
an object of scorn to the nations.
20 ● "I will drive the northern horde far from you,
pushing it into a parched and barren land;
its eastern ranks will drown in the Dead Sea
and its western ranks in the Mediterranean Sea.
And its stench will go up;
its smell will rise."
Surely he has done great things!
21 ● Do not be afraid, land of Judah;
be glad and rejoice.
Surely the LORD has done great things!
22 ● Do not be afraid, you wild animals,
for the pastures in the wilderness are becoming
green.
The trees are bearing their fruit;
the fig tree and the vine yield their riches.
23 ● Be glad, people of Zion,
rejoice in the LORD your God,

a18, 19 Or LORD will be jealous . . . / and take pity . . . / 19The LORD will reply 1) 이방의 조롱거리가 되지 말게 하옵소서 2) 히, 과거사를 썼음

altar [ɔ́:ltər] *n.* 제단
barren [bǽrən] *a.* 불모의
byword [báiwə̀:rd] *n.* 웃음거리
calamity [kəlǽməti] *n.* 재난
chamber [tʃéimbər] *n.* 방
compassionate [kəmpǽʃənət] *a.* 자비로운
consecrate [kɑ́nsəkrèit] *vt.* 성별하다
inheritance [inhérətəns] *n.* 유업
nursing [nə́:rsiŋ] *a.* 젖 먹이는
parched [pa:rtʃt] *a.* 바짝 마른
pasture [pǽstʃər] *n.* 목장, 목초지
portico [pɔ́:rtəkòu] *n.* 낭실, 현관
relent [rilént] *vi.* 마음이 누그러지다
sacred [séikrid] *a.* 신성한
scorn [skɔ:rn] *n.* 조롱

2:13 be slow to anger: 좀체로 화를 안 낸다
2:13 abound in...: …가 많이 있다
2:16 bring together: 불러 모으다
2:18 take pity on...: …를 불쌍히 여기다
2:23 rejoice in...: …를 기뻐하다

거워할지어다 그가 너희를 위하여 비
를 내리시되 이른 비를 너희에게 적
당하게 주시리니 이른 비와 늦은 비
가 예전과 같을 것이라
24 마당에는 밀이 가득하고 독에는 새
포도주와 기름이 넘치리로다
25 내가 전에 너희에게 보낸 큰 군대 곧
메뚜기와 느치와 황충과 팥중이가 먹
은 햇수대로 너희에게 갚아 주리니 1:4
26 너희는 먹되 풍족히 먹고 너희에게
놀라운 일을 행하신 너희 하나님 여
호와의 이름을 찬송할 것이라 내 백
성이 영원히 수치를 당하지 아니하리
로다
27 그런즉 내가 이스라엘 가운데에 있어
너희 하나님 여호와가 되고 다른 이
가 없는 줄을 너희가 알 것이라 내 백
성이 영원히 수치를 당하지 아니하리
로다

내 영을 만민에게 부어 주리니
(♪ 184, 190장)

28 ●그 후에 내가 내 영을 [1]만민에게
부어 주리니 너희 자녀들이 장래 일
을 말할 것이며 너희 늙은이는 꿈을
꾸며 너희 젊은이는 이상을 볼 것이
며 사 40:5
29 그때에 내가 또 내 영을 남종과 여종
에게 부어 줄 것이며
30 내가 이적을 하늘과 땅에 베풀리니
곧 피와 불과 연기 기둥이라
31 여호와의 크고 두려운 날이 이르기
전에 해가 어두워지고 달이 핏빛같이
변하려니와
32 누구든지 여호와의 이름을 부르는 자
는 구원을 얻으리니 이는 나 여호와
의 말대로 시온 산과 예루살렘에서
피할 자가 있을 것임이요 남은 자 중
에 나 여호와의 부름을 받을 자가 있
을 것임이니라

여호와께서 민족들을 심판하시다 (♪ 358장)

3 보라 그날 곧 내가 유다와 예루살렘
가운데에서 사로잡힌 자를 돌아오
게 할 그때에
2 내가 만국을 모아 데리고 여호사밧
골짜기에 내려가서 내 백성 곧 내 기
업인 이스라엘을 위하여 거기에서 그
들을 심문하리니 이는 그들이 이스라

for he has given you the autumn rains
because he is faithful.
He sends you abundant showers,
both autumn and spring rains, as before.
24 ●The threshing floors will be filled with grain;
the vats will overflow with new wine and oil.
25 ●"I will repay you for the years the locusts have
eaten—
the great locust and the young locust,
the other locusts and the locust swarm[a]—
my great army that I sent among you.
26 ●You will have plenty to eat, until you are full,
and you will praise the name of the LORD your
God,
who has worked wonders for you;
never again will my people be shamed.
27 ●Then you will know that I am in Israel,
that I am the LORD your God,
and that there is no other;
never again will my people be shamed.

The Day of the LORD

28 ●"And afterward,
I will pour out my Spirit on all people.
Your sons and daughters will prophesy,
your old men will dream dreams,
your young men will see visions.
29 ●Even on my servants, both men and women,
I will pour out my Spirit in those days.
30 ●I will show wonders in the heavens
and on the earth,
blood and fire and billows of smoke.
31 ●The sun will be turned to darkness
and the moon to blood
before the coming of the great and dreadful day
of the LORD.
32 ●And everyone who calls
on the name of the LORD will be saved;
for on Mount Zion and in Jerusalem
there will be deliverance,
as the LORD has said,
even among the survivors
whom the LORD calls.[b]

The Nations Judged

3 [c] "In those days and at that time,
when I restore the fortunes of Judah and
Jerusalem,
2 ●I will gather all nations
and bring them down to the Valley of

[a]25 The precise meaning of the four Hebrew words used here for locusts is uncertain. [b]32 In Hebrew texts 2:28-32 is numbered 3:1-5. [c]In Hebrew texts 3:1-21 is numbered 4:1-21. 1) 모든 육체

abundant [əbʌndənt] *a.* 풍성한
autumn [ɔ́:təm] *n.* 가을
billow [bílou] *n.* 소용돌이치는 것
deliverance [dilívərəns] *n.* 구출
dreadful [drédfəl] *a.* 두려운
grain [grein] *n.* 곡물
locust [lóukəst] *n.* 메뚜기
plenty [plénti] *ad.* 충분히
prophesy [prɑ́fəsài] *vi.* 예언하다
repay [ripéi] *vt.* 갚다
shame [ʃeim] *n.* 수치
swarm [swɔ:rm] *n.* 무리, 떼
thresh [θreʃ] *vi.* 타작하다
vat [væt] *n.* 큰 통
wonder [wʌndər] *n.* 경이

2:24 be filled with...: …로 가득차다
2:24 overflow with...: …로 넘치다
2:27 never again: 두 번 다시 …않다
2:28 pour out: 쏟아붓다
2:31 turn A to B: A를 B가 되게 하다
2:32 call on...: (하나님의 이름 등)…을 부르다

엘을 나라들 가운데에 흩어 버리고
나의 땅을 나누었음이며
3 또 제비 뽑아 내 백성을 끌어가서 소
년을 기생과 바꾸며 소녀를 술과 바
꾸어 마셨음이니라
4 두로와 시돈과 블레셋 사방아 너희가
나와 무슨 상관이 있느냐 너희가 내
게 보복하겠느냐 만일 내게 보복하면
너희가 보복하는 것을 내가 신속히
너희 머리에 돌리리니
5 곧 너희가 내 은과 금을 빼앗고 나의
진기한 보물을 너희 신전으로 가져갔
으며
6 또 유다 자손과 예루살렘 자손들을
헬라 족속에게 팔아서 그들의 영토에
서 멀리 떠나게 하였음이니라
7 보라 내가 그들을 너희가 팔아 이르
게 한 곳에서 일으켜 나오게 하고 너
희가 행한 것을 너희 머리에 돌려서
8 너희 자녀를 유다 자손의 손에 팔리
니 그들은 다시 먼 나라 스바 사람에
게 팔리라 여호와께서 말씀하셨느니
라
9 ●너희는 모든 민족에게 이렇게 널리
선포할지어다 너희는 전쟁을 준비하
고 용사를 격려하고 병사로 다 가까
이 나아와서 올라오게 할지어다
10 너희는 보습을 쳐서 칼을 만들지어
다 낫을 쳐서 창을 만들지어다 약한
자도 이르기를 나는 강하다 할지어
다
사 2:4
11 사면의 민족들아 너희는 속히 와서
모일지어다 여호와여 주의 용사들로
그리로 내려오게 하옵소서
12 민족들은 일어나서 여호사밧 골짜기
로 올라올지어다 내가 거기에 앉아
서 사면의 민족들을 다 심판하리로
다
사 3:13
13 너희는 낫을 쓰라 곡식이 익었도다
와서 밟을지어다 포도주 틀이 가득히
차고 포도주 독이 넘치니 그들의 악
이 큼이로다

여호와께서 백성들에게 복을 주시다 (♪ 210장)

14 ●사람이 많음이여, 심판의 골짜기에
사람이 많음이여, 심판의 골짜기에
여호와의 날이 가까움이로다

Jehoshaphat.[a]
There I will put them on trial
for what they did to my inheritance, my people Israel,
because they scattered my people among the nations
and divided up my land.
3 •They cast lots for my people
and traded boys for prostitutes;
they sold girls for wine to drink.

4 •"Now what have you against me, Tyre and Sidon
and all you regions of Philistia? Are you repaying
me for something I have done? If you are paying
me back, I will swiftly and speedily return on your
5 own heads what you have done. •For you took my
silver and my gold and carried off my finest trea-
6 sures to your temples.[b] •You sold the people of
Judah and Jerusalem to the Greeks, that you might
send them far from their homeland.
7 •"See, I am going to rouse them out of the places
to which you sold them, and I will return on your
8 own heads what you have done. •I will sell your
sons and daughters to the people of Judah, and they
will sell them to the Sabeans, a nation far away."
The LORD has spoken.

9 •Proclaim this among the nations:
Prepare for war!
Rouse the warriors!
Let all the fighting men draw near and attack.
10 •Beat your plowshares into swords
and your pruning hooks into spears.
Let the weakling say,
"I am strong!"
11 •Come quickly, all you nations from every side,
and assemble there.

Bring down your warriors, LORD!

12 •"Let the nations be roused;
let them advance into the Valley of Jehoshaphat,
for there I will sit
to judge all the nations on every side.
13 •Swing the sickle,
for the harvest is ripe.
Come, trample the grapes,
for the winepress is full
and the vats overflow—
so great is their wickedness!"

14 •Multitudes, multitudes
in the valley of decision!
For the day of the LORD is near
in the valley of decision.

[a]2 *Jehoshaphat* means *the* LORD *judges*; also in verse 12. [b]5 Or *palaces*

decision [disíʒən] *n.* 판결
inheritance [inhérətəns] *n.* 유산, 기업
multitude [mʌltətjùːd] *n.* 다수
overflow [òuvərflóu] *vi.* 넘치다
plowshare [pláuʃɛ̀ər] *n.* 보습
proclaim [proukléim] *vt.* 공포하다
prostitute [prástətjùːt] *n.* 창녀
pruning [prúːniŋ] *n.* 가지치기
ripe [raip] *a.* 곡물이 익은
rouse [rauz] *vt.* 고무하다
scatter [skǽtər] *vt.* 흩다
sickle [síkl] *n.* 낫
swiftly [swíftli] *ad.* 신속히
trade [treid] *vi.* 매매하다
trample [trǽmpl] *vt.* 짓밟다
3:2 put ... on trial: …에게 재판을 걸다
3:2 divide up: 나누다
3:3 cast lots: 제비를 뽑다
3:4 pay back: 돌려주다
3:5 carry off: 빼앗아 가다
3:9 draw near: 가까이 나아가다

15 해와 달이 캄캄하며 별들이 그 빛을
거두도다
16 여호와께서 시온에서 부르짖고 예루
살렘에서 목소리를 내시리니 하늘과
땅이 진동하리로다 그러나 여호와께
서 그의 백성의 피난처, 이스라엘 자
손의 산성이 되시리로다 렘 17:17
17 그런즉 너희가 나는 내 성산 시온에
사는 너희 하나님 여호와인 줄 알 것
이라 예루살렘이 거룩하리니 다시는
이방 사람이 그 가운데로 통행하지
못하리로다
18 ●그날에 산들이 단 포도주를 떨어뜨
릴 것이며 작은 산들이 젖을 흘릴 것
이며 유다 모든 시내가 물을 흘릴 것
이며 여호와의 성전에서 샘이 흘러
나와서 싯딤 골짜기에 대리라
19 그러나 애굽은 황무지가 되겠고 에돔
은 황무한 들이 되리니 이는 그들이
유다 자손에게 포악을 행하여 무죄한
피를 그 땅에서 흘렸음이니라
20 유다는 영원히 있겠고 예루살렘은 대
대로 있으리라 겔 37:25
21 내가 전에는 그들의 피 흘림 당한 것
을 1)갚아 주지 아니하였거니와 이제
는 1)갚아 주리니 이는 여호와께서 시
온에 거하심이니라

15 •The sun and moon will be darkened,
and the stars no longer shine.
16 •The LORD will roar from Zion
and thunder from Jerusalem;
the earth and the heavens will tremble.
But the LORD will be a refuge for his people,
a stronghold for the people of Israel.

Blessings for God's People

17 •"Then you will know that I, the LORD your God,
dwell in Zion, my holy hill.
Jerusalem will be holy;
never again will foreigners invade her.
18 •"In that day the mountains will drip new wine,
and the hills will flow with milk;
all the ravines of Judah will run with water.
A fountain will flow out of the LORD's house
and will water the valley of acacias.[a]
19 •But Egypt will be desolate,
Edom a desert waste,
because of violence done to the people of Judah,
in whose land they shed innocent blood.
20 •Judah will be inhabited forever
and Jerusalem through all generations.
21 •Shall I leave their innocent blood unavenged?
No, I will not."
The LORD dwells in Zion!

[a]18 Or *Valley of Shittim* 1) 정결하게

desolate [désələt] *a.* 황폐한
drip [drip] *vt.* 떨어뜨리다
fountain [fáuntən] *n.* 샘
inhabit [inhǽbit] *vt.* 존재하다
innocent [ínəsənt] *a.* 무죄의
invade [invéid] *vt.* 침범하다
ravine [rəví:n] *n.* 좁은 골짜기
refuge [réfju:dʒ] *n.* 피난
roar [rɔ:r] *vi.* 외치다
shed [ʃed] *vt.* 흘리다
stronghold [strɔ́:ŋhòuld] *n.* 요새
thunder [θʌndər] *vi.* 큰소리를 내다
tremble [trémbl] *vi.* 진동하다
unavenged [ʌnəvéndʒd] *a.* 복수를 하지 못한
violence [váiələns] *n.* 폭력

3:15 no longer: 더 이상 …아닌
3:17 dwell in...: …에 거하다
3:17 never again...: 두 번 다시 …않는 (않다)
3:18 flow with...: …으로 충만하다
3:18 flow out of...: …에서 흘러나오다

Amos | 아모스

● 저자 _ 아모스 ● 저작 연대 _ B.C. 760~753년 사이로 추정 ● 기록 장소 _ 예루살렘 근처
● 기록 대상 _ 이스라엘을 비롯한 유다와 주변 민족들 ● 핵심어 및 내용 _ 핵심어는 '다림줄'과 '희망'이다.

하나님께서 백성들을 시험하시고 심판하실 다림줄을 아모스에게 환상으로 보여주셨다. 그러나 하나님은 자기 백성과 그 땅을 회복시켜 주실 희망의 빛을 비춰 주신다.

1 유다 왕 웃시야의 시대 곧 이스라엘
왕 요아스의 아들 여로보암의 시대
지진 전 이 년에 드고아 목자 중 아모
스가 이스라엘에 대하여 이상으로 받
은 말씀이라 삼하 14:2
2 ●그가 이르되 여호와께서 시온에서
부터 부르짖으시며 예루살렘에서부
터 소리를 내시리니 목자의 초장이
마르고 갈멜 산 꼭대기가 마르리로
다

이스라엘 이웃 나라들에 내리신 벌

3 ●여호와께서 이와 같이 말씀하시되
다메섹의 서너 가지 죄로 말미암아 내
가 그 벌을 돌이키지 아니하리니 이는
그들이 철 타작기로 타작하듯 길르앗
을 압박하였음이라
4 내가 하사엘의 집에 불을 보내리니 벤
하닷의 궁궐들을 사르리라
5 내가 다메섹의 빗장을 꺾으며 [1]아웬
골짜기에서 그 주민들을 끊으며 [2]벧에
덴에서 규 잡은 자를 끊으리니 아람 백
성이 사로잡혀 기르에 이르리라 여호
와께서 말씀하셨느니라
6 ●여호와께서 이와 같이 말씀하시되
가사의 서너 가지 죄로 말미암아 내가
그 벌을 돌이키지 아니하리니 이는 그
들이 모든 사로잡은 자를 끌어 에돔에
넘겼음이라
7 내가 가사 성에 불을 보내리니 그 궁궐
들을 사르리라
8 내가 또 아스돗에서 그 주민들과 아스
글론에서 규를 잡은 자를 끊고 또 손을
돌이켜 에그론을 치리니 블레셋의 남
아 있는 자가 멸망하리라 주 여호와께
서 말씀하셨느니라
9 ●여호와께서 이와 같이 말씀하시되
두로의 서너 가지 죄로 말미암아 내가
그 벌을 돌이키지 아니하리니 이는 그
들이 그 형제의 계약을 기억하지 아니
하고 모든 사로잡은 자를 에돔에 넘겼
음이라

1 The words of Amos, one of the shepherds of
Tekoa—the vision he saw concerning Israel
two years before the earthquake, when Uzziah was
king of Judah and Jeroboam son of Jehoash[a] was
king of Israel.
2 ●He said:

"The LORD roars from Zion
and thunders from Jerusalem;
the pastures of the shepherds dry up,
and the top of Carmel withers."

Judgment on Israel's Neighbors

3 ●This is what the LORD says:

"For three sins of Damascus,
even for four, I will not relent.
Because she threshed Gilead
with sledges having iron teeth,
4 ●I will send fire on the house of Hazael
that will consume the fortresses of Ben-Hadad.
5 ●I will break down the gate of Damascus;
I will destroy the king who is in[b] the Valley of
Aven[c]
and the one who holds the scepter in Beth Eden.
The people of Aram will go into exile to Kir,"
says the LORD.
6 ●This is what the LORD says:

"For three sins of Gaza,
even for four, I will not relent.
Because she took captive whole communities
and sold them to Edom,
7 ●I will send fire on the walls of Gaza
that will consume her fortresses.
8 ●I will destroy the king[d] of Ashdod
and the one who holds the scepter in
Ashkelon.
I will turn my hand against Ekron,
till the last of the Philistines are dead,"
says the Sovereign LORD.
9 ●This is what the LORD says:

"For three sins of Tyre,
even for four, I will not relent.
Because she sold whole communities of captives
to Edom,

[a]1 Hebrew *Joash,* a variant of *Jehoash* [b]5 Or *the inhabitants of* [c]5 *Aven* means *wickedness.* [d]8 Or *inhabitants*

1) 우상 숭배하는 2) 에덴 집

10 내가 두로 성에 불을 보내리니 그 궁궐
들을 사르리라 슥 9:4
11 ●여호와께서 이와 같이 말씀하시되
에돔의 서너 가지 죄로 말미암아 내가
그 벌을 돌이키지 아니하리니 이는 그
가 칼로 그의 형제를 쫓아가며 긍휼을
버리며 항상 맹렬히 화를 내며 분을 끝
없이 품었음이라
12 내가 데만에 불을 보내리니 보스라의
궁궐들을 사르리라
13 ●여호와께서 이와 같이 말씀하시되
암몬 자손의 서너 가지 죄로 말미암아
내가 그 벌을 돌이키지 아니하리니 이
는 그들이 자기 지경을 넓히고자 하여
길르앗의 아이 밴 여인의 배를 갈랐음
이니라
14 내가 랍바 성에 불을 놓아 그 궁궐들을
사르되 전쟁의 날에 외침과 회오리바
람의 날에 폭풍으로 할 것이며 사 29:6
15 그들의 왕은 그 지도자들과 함께 사로
잡혀 가리라 여호와께서 말씀하셨느니
라

2 여호와께서 이와 같이 말씀하시되 모
압의 서너 가지 죄로 말미암아 내가
그 벌을 돌이키지 아니하리니 이는 그
가 에돔 왕의 뼈를 불살라 재를 만들었
음이라
2 내가 모압에 불을 보내리니 그리욧 궁
궐들을 사르리라 모압이 요란함과 외
침과 나팔 소리 중에서 죽을 것이라
3 내가 그 중에서 재판장을 멸하며 지도
자들을 그와 함께 죽이리라 여호와께
서 말씀하시니라

유다에 내리신 벌

4 ●여호와께서 이와 같이 말씀하시되
유다의 서너 가지 죄로 말미암아 내
가 그 벌을 돌이키지 아니하리니 이
는 그들이 여호와의 율법을 멸시하며
그 율례를 지키지 아니하고 그의 조
상들이 따라가던 1)거짓 것에 미혹되
었음이라
5 내가 유다에 불을 보내리니 예루살렘
의 궁궐들을 사르리라

이스라엘에 내리신 벌 (♪430, 445장)

6 ●여호와께서 이와 같이 말씀하시되
이스라엘의 서너 가지 죄로 말미암아

disregarding a treaty of brotherhood,
10 •I will send fire on the walls of Tyre
that will consume her fortresses."
11 •This is what the LORD says:
"For three sins of Edom,
even for four, I will not relent.
Because he pursued his brother with a sword
and slaughtered the women of the land,
because his anger raged continually
and his fury flamed unchecked,
12 •I will send fire on Teman
that will consume the fortresses of Bozrah."
13 •This is what the LORD says:
"For three sins of Ammon,
even for four, I will not relent.
Because he ripped open the pregnant women
of Gilead
in order to extend his borders,
14 •I will set fire to the walls of Rabbah
that will consume her fortresses
amid war cries on the day of battle,
amid violent winds on a stormy day.
15 •Her king[a] will go into exile,
he and his officials together,"
says the LORD.

2 This is what the LORD says:
"For three sins of Moab,
even for four, I will not relent.
Because he burned to ashes
the bones of Edom's king,
2 •I will send fire on Moab
that will consume the fortresses of Kerioth.[b]
Moab will go down in great tumult
amid war cries and the blast of the trumpet.
3 •I will destroy her ruler
and kill all her officials with him,"
says the LORD.
4 •This is what the LORD says:
"For three sins of Judah,
even for four, I will not relent.
Because they have rejected the law of the LORD
and have not kept his decrees,
because they have been led astray by false gods,[c]
the gods[d] their ancestors followed,
5 •I will send fire on Judah
that will consume the fortresses of Jerusalem."

Judgment on Israel

6 •This is what the LORD says:

[a]15 Or / *Molek* [b]2 Or *of her cities* [c]4 Or *by lies* [d]4 Or *lies*

1) 우상

amid [əmíd] *prep.* …의 한복판에
blast [blæst] *n.* 강하게 부는 소리
continually [kəntínjuəli] *ad.* 계속해서
decree [dikríː] *n.* 계율, 법령
disregard [dìsrigáːrd] *vt.* 무시하다
1:13 in order to...: …하기 위해
1:14 on the day: 그날에는
extend [iksténd] *vt.* 넓히다
flame [fleim] *vi.* 타오르다
fury [fjúəri] *n.* 격분
pregnant [prégnənt] *a.* 임신한
pursue [pərsúː] *vt.* 쫓다
1:15 go into exile: 추방당하다
2:1 burn to ashes: 타서 재로 화하다
rage [reidʒ] *vi.* 고조에 달하다
rip [rip] *vt.* 째다, 찢다
treaty [tríːti] *n.* 조약
tumult [tjúːməlt] *n.* 소란
unchecked [ʌntʃékt] *a.* 억제되지 않은
2:4 lead astray: 타락시키다
2:5 send on...: …에 보내다

내가 그 벌을 돌이키지 아니하리니 이
는 그들이 은을 받고 의인을 팔며 신 한
켤레를 받고 가난한 자를 팔며
7 힘없는 자의 머리를 티끌 먼지 속에 발
로 밟고 연약한 자의 길을 굽게 하며 아
버지와 아들이 한 젊은 여인에게 다녀
서 내 거룩한 이름을 더럽히며
8 모든 제단 옆에서 전당 잡은 옷 위에 누
우며 그들의 신전에서 벌금으로 얻은
포도주를 마심이니라
9 ●내가 아모리 사람을 그들 앞에서 멸
하였나니 그 키는 백향목 높이와 같고
강하기는 상수리나무 같으나 내가 그
위의 열매와 그 아래의 뿌리를 진멸하
였느니라
10 내가 너희를 애굽 땅에서 이끌어 내어
사십 년 동안 광야에서 인도하고 아모리
사람의 땅을 너희가 차지하게 하였고
11 또 너희 아들 중에서 선지자를, 너희 청
년 중에서 나실인을 일으켰나니 이스
라엘 자손들아 과연 그렇지 아니하냐
이는 여호와의 말씀이니라
12 그러나 너희가 나실 사람으로 포도주
를 마시게 하며 또 선지자에게 명령하
여 예언하지 말라 하였느니라
미 2:6
13 ●보라 곡식 단을 가득히 실은 수레가
흙을 누름같이 내가 너희를 누르리니
14 빨리 달음박질하는 자도 도망할 수 없
으며 강한 자도 자기 힘을 낼 수 없으며
용사도 자기 목숨을 구할 수 없으며
15 활을 가진 자도 설 수 없으며 발이 빠
른 자도 피할 수 없으며 말 타는 자도
자기 목숨을 구할 수 없고
16 용사 가운데 그 마음이 굳센 자도 그날
에는 벌거벗고 도망하리라 여호와의
말씀이니라

여호와의 말씀을 받은 선지자 (♪ 31장)
— B.C. 760년경

3 이스라엘 자손들아 여호와께서 너희
에 대하여 이르시는 이 말씀을 들으
라 애굽 땅에서 인도하여 올리신 모든
족속에 대하여 이르시기를
2 내가 땅의 모든 족속 가운데 너희만을
알았나니 그러므로 내가 너희 모든 죄
악을 너희에게 보응하리라 하셨나니
3 두 사람이 뜻이 같지 않은데 어찌 동행
하겠으며

"For three sins of Israel,
even for four, I will not relent.
They sell the innocent for silver,
and the needy for a pair of sandals.
7 •They trample on the heads of the poor
as on the dust of the ground
and deny justice to the oppressed.
Father and son use the same girl
and so profane my holy name.
8 •They lie down beside every altar
on garments taken in pledge.
In the house of their god
they drink wine taken as fines.
9 •"Yet I destroyed the Amorites before them,
though they were tall as the cedars
and strong as the oaks.
I destroyed their fruit above
and their roots below.
10 •I brought you up out of Egypt
and led you forty years in the wilderness
to give you the land of the Amorites.
11 •"I also raised up prophets from among your children
and Nazirites from among your youths.
Is this not true, people of Israel?"
declares the LORD.
12 •"But you made the Nazirites drink wine
and commanded the prophets not to prophesy.
13 •"Now then, I will crush you
as a cart crushes when loaded with grain.
14 •The swift will not escape,
the strong will not muster their strength,
and the warrior will not save his life.
15 •The archer will not stand his ground,
the fleet-footed soldier will not get away,
and the horseman will not save his life.
16 •Even the bravest warriors
will flee naked on that day,"
declares the LORD.

Witnesses Summoned Against Israel

3 Hear this word, people of Israel, the word the LORD has spoken against you—against the whole family I brought up out of Egypt:

2 •"You only have I chosen
of all the families of the earth;
therefore I will punish you
for all your sins."
3 •Do two walk together
unless they have agreed to do so?

brave [breiv] *a.* 용감한
cedar [síːdər] *n.* 백향목
crush [krʌʃ] *vt.* 뭉개다
declare [dikléər] *vt.* 선언하다
deny [dinái] *vt.* 거절하다
fine [fain] *n.* 벌금
garment [gáːrmənt] *n.* 옷, 의복
load [loud] *vt.* 짐을 싣다
muster [mʌ́stər] *vt.* 불러 일으키다
naked [néikid] *a.* 벌거벗은
oppress [əprés] *vt.* 억압하다
pledge [pledʒ] *n.* 담보, 저당
profane [prəféin] *vt.* 신성을 더럽히다
swift [swift] *a.* 빠른
trample [trǽmpl] *vt.* 짓밟다

2:6 a pair of sandals: 샌들 한 켤레
2:8 lie down: 눕다
2:11 raise up: 일으키다, 세우다
2:11 from among...: …의 가운데서
2:15 get away: 도망치다
3:2 punish... for~: ~로 …를 벌하다

4 사자가 움킨 것이 없는데 어찌 수풀에서 부르짖겠으며 젊은 사자가 잡은 것이 없는데 어찌 굴에서 소리를 내겠느냐
5 덫을 땅에 놓지 않았는데 새가 어찌 거기 치이겠으며 잡힌 것이 없는데 덫이 어찌 땅에서 튀겠느냐
6 성읍에서 나팔이 울리는데 백성이 어찌 두려워하지 아니하겠으며 여호와의 행하심이 없는데 재앙이 어찌 성읍에 임하겠느냐
7 주 여호와께서는 자기의 비밀을 그 종 선지자들에게 보이지 아니하시고는 결코 행하심이 없으시리라
8 사자가 부르짖은즉 누가 두려워하지 아니하겠느냐 주 여호와께서 말씀하신즉 누가 예언하지 아니하겠느냐

사마리아에 내리신 벌

9 ●아스돗의 궁궐들과 애굽 땅의 궁궐들에 선포하여 이르기를 너희는 사마리아 산들에 모여 그 성 중에서 얼마나 큰 요란함과 학대함이 있나 보라 하라
10 자기 궁궐에서 포학과 겁탈을 쌓는 자들이 바른 일 행할 줄을 모르느니라 여호와의 말씀이니라
11 그러므로 주 여호와께서 이와 같이 말씀하시되 이 땅 사면에 대적이 있어 네 힘을 쇠하게 하며 네 궁궐을 약탈하리라
12 여호와께서 이와 같이 말씀하시되 목자가 사자 입에서 양의 두 다리나 귀 조각을 건져냄과 같이 사마리아에서 침상 모서리에나 걸상의 방석에 앉은 이스라엘 자손도 건져냄을 입으리라
13 ●주 여호와 만군의 하나님의 말씀이니라 너희는 듣고 야곱의 족속에게 증언하라 겔 2:7
14 내가 이스라엘의 모든 죄를 보응하는 날에 벧엘의 제단들을 벌하여 그 제단의 뿔들을 꺾어 땅에 떨어뜨리고 4:4
15 겨울 궁과 여름 궁을 치리니 상아 궁들이 파괴되며 큰 궁들이 무너지리라 여호와의 말씀이니라

4 ●Does a lion roar in the thicket
when it has no prey?
Does it growl in its den
when it has caught nothing?
5 ●Does a bird swoop down to a trap on the ground
when no bait is there?
Does a trap spring up from the ground
if it has not caught anything?
6 ●When a trumpet sounds in a city,
do not the people tremble?
When disaster comes to a city,
has not the LORD caused it?
7 ●Surely the Sovereign LORD does nothing
without revealing his plan
to his servants the prophets.
8 ●The lion has roared—
who will not fear?
The Sovereign LORD has spoken—
who can but prophesy?
9 ●Proclaim to the fortresses of Ashdod
and to the fortresses of Egypt:
"Assemble yourselves on the mountains of Samaria;
see the great unrest within her
and the oppression among her people."
10 ●"They do not know how to do right," declares the LORD,
"who store up in their fortresses
what they have plundered and looted."
11 ●Therefore this is what the Sovereign LORD says:
"An enemy will overrun your land,
pull down your strongholds
and plunder your fortresses."
12 ●This is what the LORD says:
"As a shepherd rescues from the lion's mouth
only two leg bones or a piece of an ear,
so will the Israelites living in Samaria be rescued,
with only the head of a bed
and a piece of fabric[a] from a couch.[b]"
13 ●"Hear this and testify against the descendants of Jacob," declares the Lord, the LORD God Almighty.
14 ●"On the day I punish Israel for her sins,
I will destroy the altars of Bethel;
the horns of the altar will be cut off
and fall to the ground.
15 ●I will tear down the winter house
along with the summer house;
the houses adorned with ivory will be destroyed
and the mansions will be demolished,"
declares the LORD.

[a]12 The meaning of the Hebrew for this phrase is uncertain.
[b]12 Or *Israelites be rescued, / those who sit in Samaria / on the edge of their beds / and in Damascus on their couches.*

adorn [ədɔ́:rn] *vt.* 꾸미다
bait [beit] *n.* 미끼
couch [kautʃ] *n.* 침상
demolish [dimáliʃ] *vt.* 파괴하다
den [den] *n.* 굴
disaster [dizǽstər] *n.* 재앙
fabric [fǽbrik] *n.* 천
growl [graul] *vi.* 으르렁거리다
horn [hɔ:rn] *n.* 뿔
loot [lu:t] *n.* 전리품
mansion [mǽnʃən] *n.* 대저택
reveal [rivíːl] *vt.* 드러내다
stronghold [strɔ́:ŋhòuld] *n.* 요새
thicket [θíkit] *n.* 덤불
unrest [ʌnrést] *n.* 동요, 불안

3:5 swoop down...: …에 덤벼들다
3:5 spring up: 튀어오르다
3:11 pull down: 헐다
3:12 as..., so~: …하듯이 ~하다
3:13 testify against...: …에게 불리한 증언을 하다
3:15 tear down: 헐다

4 사마리아의 산에 있는 바산의 암소들
아 이 말을 들으라 너희는 힘없는 자
를 학대하며 가난한 자를 압제하며 가
장에게 이르기를 술을 가져다가 우리
로 마시게 하라 하는도다
2 주 여호와께서 자기의 거룩함을 두고
맹세하시되 때가 너희에게 이를지라
사람이 갈고리로 너희를 끌어가며 낚
시로 너희의 남은 자들도 그리하리라
3 너희가 성 무너진 데를 통하여 각기 앞
으로 바로 나가서 하르몬에 던져지리
라 여호와의 말씀이니라

돌아오지 아니하는 백성 이스라엘

4 ●너희는 벧엘에 가서 범죄하며 길갈
에 가서 죄를 더하며 아침마다 너희 희
생을, 삼일마다 너희 십일조를 드리며
5 누룩 넣은 것을 불살라 수은제로 드리
며 낙헌제를 소리내어 선포하려무나
이스라엘 자손들아 이것이 너희가 기
뻐하는 바니라 주 여호와의 말씀이니
라
6 ●또 내가 너희 모든 성읍에서 너희 이
를 깨끗하게 하며 너희의 각 처소에서
양식이 떨어지게 하였으나 너희가 내
게로 돌아오지 아니하였느니라 여호와
의 말씀이니라
7 또 추수하기 석 달 전에 내가 너희에게
비를 멈추게 하여 어떤 성읍에는 내리
고 어떤 성읍에는 내리지 않게 하였더
니 땅 한 부분은 비를 얻고 한 부분은
비를 얻지 못하여 말랐으매
8 두 세 성읍 사람이 어떤 성읍으로 비틀
거리며 물을 마시러 가서 만족하게 마
시지 못하였으나 너희가 내게로 돌아
오지 아니하였느니라 여호와의 말씀이
니라
9 내가 곡식을 마르게 하는 재앙과 깜부
기 재앙으로 너희를 쳤으며 팥중이로
너희의 많은 동산과 포도원과 무화과
나무와 감람나무를 다 먹게 하였으나
너희가 내게로 돌아오지 아니하였느니
라 여호와의 말씀이니라 신 28:22
10 내가 너희 중에 전염병 보내기를 애굽
에서 한 것처럼 하였으며 칼로 너희 청
년들을 죽였으며 너희 말들을 노략하
게 하며 너희 진영의 악취로 코를 찌르

Israel Has Not Returned to God

4 Hear this word, you cows of Bashan on Mount Samaria,
you women who oppress the poor and crush the needy
and say to your husbands, "Bring us some drinks!"
2 ●The Sovereign LORD has sworn by his holiness:
"The time will surely come
when you will be taken away with hooks,
the last of you with fishhooks.[a]
3 ●You will each go straight out
through breaches in the wall,
and you will be cast out toward Harmon,[b]"
declares the LORD.
4 ●"Go to Bethel and sin;
go to Gilgal and sin yet more.
Bring your sacrifices every morning,
your tithes every three years.[c]
5 ●Burn leavened bread as a thank offering
and brag about your freewill offerings—
boast about them, you Israelites,
for this is what you love to do,"
declares the Sovereign LORD.
6 ●"I gave you empty stomachs in every city
and lack of bread in every town,
yet you have not returned to me,"
declares the LORD.
7 ●"I also withheld rain from you
when the harvest was still three months away.
I sent rain on one town,
but withheld it from another.
One field had rain;
another had none and dried up.
8 ●People staggered from town to town for water
but did not get enough to drink,
yet you have not returned to me,"
declares the LORD.
9 ●"Many times I struck your gardens and vineyards,
destroying them with blight and mildew.
Locusts devoured your fig and olive trees,
yet you have not returned to me,"
declares the LORD.
10 ●"I sent plagues among you
as I did to Egypt.
I killed your young men with the sword,
along with your captured horses.

[a]2 Or *away in baskets, / the last of you in fish baskets* [b]3 Masoretic Text; with a different word division of the Hebrew (see Septuagint) *out, you mountain of oppression* [c]4 Or *days*

blight [blait] *n.* 충해(蟲害)
brag [bræg] *vi.* 자랑하다
capture [kǽptʃər] *vt.* 포획하다
declare [diklɛ́ər] *vt.* 선언하다
devour [diváuər] *vt.* 게걸스레 먹다
fig [fig] *n.* 무화과나무
freewill [fríːwìl] *a.* 자유의지의, 자발적인
leaven [lévən] *vt.* 발효시키다
mildew [míldjùː] *n.* 곰팡이
needy [níːdi] *a.* 가난한
oppress [əprés] *vt.* 압박하다
plague [pleig] *n.* 전염병
sacrifice [sǽkrəfàis] *n.* 희생
stomach [stʌ́mək] *n.* 배
withhold [wiθhóuld] *vt.* 억제하다

4:2 swear by...: …를 두고 맹세하다
4:3 cast out: 내던지다, 내쫓다
4:5 boast about...: …를 자랑하다
4:7 dry up: 바싹 마르다
4:8 stagger from...: …으로 비틀거리다
4:10 along with...: …에 덧붙여

게 하였으나 너희가 내게로 돌아오지
아니하였느니라 여호와의 말씀이니라
11 내가 너희 중의 성읍 무너뜨리기를 하
나님인 내가 소돔과 고모라를 무너뜨
림같이 하였으므로 너희가 불붙는 가
운데서 빼낸 나무 조각같이 되었으나
너희가 내게로 돌아오지 아니하였느니
라 여호와의 말씀이니라 사 13:19
12 ●그러므로 이스라엘아 내가 이와 같
이 네게 행하리라 내가 이것을 네게 행
하리니 이스라엘아 네 하나님 만나기
를 준비하라
13 보라 산들을 지으며 바람을 창조하며
자기 뜻을 사람에게 보이며 아침을 어
둡게 하며 땅의 높은 데를 밟는 이는 그
의 이름이 만군의 하나님 여호와시니
라

애가 (♪549장) — B.C. 760년경

5 이스라엘 족속아 내가 너희에게 대
하여 애가로 지은 이 말을 들으라
2 처녀 이스라엘이 엎드러졌음이여 다시
일어나지 못하리로다 자기 땅에 던지
움이여 일으킬 자 없으리로다 8:14
3 주 여호와께서 이와 같이 말씀하시되
이스라엘 중에서 천 명이 행군해 나가
던 성읍에는 백 명만 남고 백 명이 행군
해 나가던 성읍에는 열 명만 남으리라
하셨느니라 사 6:13

여호와를 찾으라

4 ●여호와께서 이스라엘 족속에게 이와
같이 말씀하시기를 너희는 나를 찾으
라 그리하면 살리라
5 벧엘을 찾지 말며 길갈로 들어가지 말
며 브엘세바로도 나아가지 말라 길갈
은 반드시 사로잡히겠고 벧엘은 비참
하게 될 것임이라 하셨나니 삼상 7:16
6 너희는 여호와를 찾으라 그리하면 살
리라 그렇지 않으면 그가 불같이 요셉
의 집에 임하여 멸하시리니 벧엘에서
그 불들을 끌 자가 없으리라
7 정의를 쓴 쑥으로 바꾸며 공의를 땅에
던지는 자들아
8 묘성과 삼성을 만드시며 사망의 그늘
을 아침으로 바꾸시고 낮을 어두운 밤
으로 바꾸시며 바닷물을 불러 지면에
쏟으시는 이를 찾으라 그의 이름은 여

I filled your nostrils with the stench of your
camps,
yet you have not returned to me,"
declares the LORD.
11 ●"I overthrew some of you
as I overthrew Sodom and Gomorrah.
You were like a burning stick snatched from
the fire,
yet you have not returned to me,"
declares the LORD.
12 ●"Therefore this is what I will do to you, Israel,
and because I will do this to you, Israel,
prepare to meet your God."
13 ●He who forms the mountains,
who creates the wind,
and who reveals his thoughts to mankind,
who turns dawn to darkness,
and treads on the heights of the earth—
the LORD God Almighty is his name.

A Lament and Call to Repentance

5 Hear this word, Israel, this lament I take up
concerning you:
2 ●"Fallen is Virgin Israel,
never to rise again,
deserted in her own land,
with no one to lift her up."
3 ●This is what the Sovereign LORD says to Israel:
"Your city that marches out a thousand strong
will have only a hundred left;
your town that marches out a hundred strong
will have only ten left."
4 ●This is what the LORD says to Israel:
"Seek me and live;
5 ● do not seek Bethel,
do not go to Gilgal,
do not journey to Beersheba.
For Gilgal will surely go into exile,
and Bethel will be reduced to nothing.[a]"
6 ●Seek the LORD and live,
or he will sweep through the tribes of Joseph
like a fire;
it will devour them,
and Bethel will have no one to quench it.
7 ●There are those who turn justice into bitterness
and cast righteousness to the ground.
8 ●He who made the Pleiades and Orion,
who turns midnight into dawn
and darkens day into night,
who calls for the waters of the sea

[a]5 Hebrew *aven,* a reference to Beth Aven (a derogatory name for Bethel); see Hosea 4:15.

bitterness [bítərnis] *n.* 쓴맛
cast [kæst] *vt.* 던지다
create [kriéit] *vt.* 창조하다
dawn [dɔːn] *n.* 새벽
form [fɔːrm] *vt.* 만들다
journey [dʒə́ːrni] *vi.* 여행하다
lament [ləmént] *n.* 애가(哀歌)
mankind [mænkaind] *n.* 인류, 인간
nostril [nástrəl] *n.* 콧구멍
overthrow [òuvərθróu] *vt.* 무너뜨리다
quench [kwentʃ] *vt.* 끄다
reduce [ridjúːs] *vt.* 축소하다
stench [stentʃ] *n.* 악취
sweep [swiːp] *vt.* 휩쓸다
tread [tred] *vt.* 밟다

4:10 fill A with B: A를 B로 가득 채우다
4:11 snatch from...: …에서 낚아채다
5:1 take up: 시작하다
5:3 march out: 줄지어 내보내다
5:5 go into exile: 추방당하다
5:8 turn A into B: A를 B로 바꾸다

호와시니라
9 그가 강한 자에게 갑자기 패망이 이
르게 하신즉 그 패망이 산성에 미치
느니라
10 무리가 성문에서 책망하는 자를 미
워하며 정직히 말하는 자를 싫어하
는도다
11 너희가 힘없는 자를 밟고 그에게서
밀의 부당한 세를 거두었은즉 너희
가 비록 다듬은 돌로 집을 건축하였
으나 거기 거주하지 못할 것이요 아
름다운 포도원을 가꾸었으나 그 포
도주를 마시지 못하리라
12 너희의 허물이 많고 죄악이 무거움
을 내가 아노라 너희는 의인을 학대
하며 뇌물을 받고 성문에서 가난한
자를 억울하게 하는 자로다
13 그러므로 이런 때에 지혜자가 잠잠
하나니 이는 악한 때임이니라
14 ●너희는 살려면 선을 구하고 악을
구하지 말지어다 만군의 하나님 여
호와께서 너희의 말과 같이 너희와
함께하시리라
15 너희는 악을 미워하고 선을 사랑하
며 성문에서 정의를 세울지어다 만
군의 하나님 여호와께서 혹시 요셉
의 남은 자를 불쌍히 여기시리라
16 ●그러므로 주 만군의 하나님 여호
와께서 이와 같이 말씀하시기를 사
람이 모든 광장에서 울겠고 모든 거
리에서 슬프도다 슬프도다 하겠으
며 농부를 불러다가 애곡하게 하며
울음꾼을 불러다가 울게 할 것이며
17 모든 포도원에서도 울리니 이는 내
가 너희 가운데로 지나갈 것임이라
여호와의 말씀이니라
18 ●화 있을진저 여호와의 날을 사모
하는 자여 너희가 어찌하여 여호와
의 날을 사모하느냐 그날은 어둠이
요 빛이 아니라 욜 1:15
19 마치 사람이 사자를 피하다가 곰
을 만나거나 혹은 집에 들어가서 손
을 벽에 대었다가 뱀에게 물림 같도
다 렘 48:44
20 여호와의 날은 빛없는 어둠이 아니
며 빛남 없는 캄캄함이 아니냐 습 1:15
21 ●내가 너희 절기들을 미워하여 멸

and pours them out over the face of the land—
the LORD is his name.
9 ●With a blinding flash he destroys the stronghold
and brings the fortified city to ruin.
10 ●There are those who hate the one who upholds
justice in court
and detest the one who tells the truth.
11 ●You levy a straw tax on the poor
and impose a tax on their grain.
Therefore, though you have built stone mansions,
you will not live in them;
though you have planted lush vineyards,
you will not drink their wine.
12 ●For I know how many are your offenses
and how great your sins.
There are those who oppress the innocent and
take bribes
and deprive the poor of justice in the courts.
13 ●Therefore the prudent keep quiet in such times,
for the times are evil.
14 ●Seek good, not evil,
that you may live.
Then the LORD God Almighty will be with you,
just as you say he is.
15 ●Hate evil, love good;
maintain justice in the courts.
Perhaps the LORD God Almighty will have mercy
on the remnant of Joseph.
16 ●Therefore this is what the Lord, the LORD God
Almighty, says:
"There will be wailing in all the streets
and cries of anguish in every public square.
The farmers will be summoned to weep
and the mourners to wail.
17 ●There will be wailing in all the vineyards,
for I will pass through your midst,"
says the LORD.

The Day of the LORD

18 ●Woe to you who long
for the day of the LORD!
Why do you long for the day of the LORD?
That day will be darkness, not light.
19 ●It will be as though a man fled from a lion
only to meet a bear,
as though he entered his house
and rested his hand on the wall
only to have a snake bite him.
20 ●Will not the day of the LORD be darkness, not light—
pitch-dark, without a ray of brightness?
21 ●"I hate, I despise your religious festivals;
your assemblies are a stench to me.

anguish [æŋgwiʃ] *n.* 고통
bribe [braib] *n.* 뇌물
despise [dispáiz] *vt.* 멸시하다
lush [lʌʃ] *a.* 풍부한
midst [midst] *n.* 중앙
mourner [mɔ́:rnər] *n.* 슬퍼하는 사람
offense [əféns] *n.* (가벼운) 범죄
oppress [əprés] *vt.* 억압하다
prudent [prú:dnt] *a.* 신중한
quiet [kwáiət] *a.* 잠잠한
ray [rei] *n.* 광선
remnant [rémnənt] *n.* 나머지
square [skwɛər] *n.* 광장
summon [sʌ́mən] *vt.* 소환하다
vineyard [vínjərd] *n.* 포도원

5:8 pour out: 쏟아붓다
5:9 bring... to ruin: …를 몰락시키다
5:11 impose a tax on: …에 세금을 부과하다
5:12 deprive A of B: A에게 B를 빼앗다
5:18 long for...: …를 간절히 바라다

시하며 너희 성회들을 기뻐하지 아니
하나니
22 너희가 내게 번제나 소제를 드릴지라
도 내가 받지 아니할 것이요 너희의 살
진 희생의 화목제도 내가 돌아보지 아
니하리라
23 네 노랫소리를 내 앞에서 그칠지어다
네 비파 소리도 내가 듣지 아니하리라
24 오직 정의를 물같이, 공의를 마르지 않
는 강같이 흐르게 할지어다 렘 22:3
25 이스라엘 족속아 너희가 사십 년 동안
광야에서 희생과 소제물을 내게 드렸
느냐
26 너희가 너희 왕 식굿과 기윤과 너희 우
상들과 너희가 너희를 위하여 만든 신
들의 별 형상을 지고 가리라
27 내가 너희를 다메섹 밖으로 사로잡혀
가게 하리라 그의 이름이 만군의 하나
님이라 불리우는 여호와께서 말씀하셨
느니라

이스라엘의 멸망 (♪337장) — B.C. 760년경

6 화 있을진저 시온에서 교만한 자와
사마리아 산에서 마음이 든든한 자
곧 백성들의 머리인 지도자들이여 이
스라엘 집이 그들을 따르는도다
2 너희는 갈레로 건너가 보고 거기에서
큰 하맛으로 가고 또 블레셋 사람의 가
드로 내려가라 너희가 이 나라들보다
나으냐 그 영토가 너희 영토보다 넓으
냐
3 너희는 흉한 날이 멀다 하여 포악한 자
리로 가까워지게 하고
4 상아 상에 누우며 침상에서 기지개 켜
며 양 떼에서 어린 양과 우리에서 송아
지를 잡아서 먹고
5 비파 소리에 맞추어 노래를 지절거리
며 다윗처럼 자기를 위하여 악기를 제
조하며
6 대접으로 포도주를 마시며 귀한 기름
을 몸에 바르면서 요셉의 환난에 대하
여는 근심하지 아니하는 자로다
7 그러므로 그들이 이제는 사로잡히는
자 중에 앞서 사로잡히리니 기지개 켜
는 자의 떠드는 소리가 그치리라 7:11
8 만군의 하나님 여호와의 말씀이니라
주 여호와가 당신을 두고 맹세하셨노
라 내가 야곱의 영광을 싫어하며 그 궁

22 •Even though you bring me burnt offerings and
grain offerings,
I will not accept them.
Though you bring choice fellowship offerings,
I will have no regard for them.
23 •Away with the noise of your songs!
I will not listen to the music of your harps.
24 •But let justice roll on like a river,
righteousness like a never-failing stream!
25 •"Did you bring me sacrifices and offerings
forty years in the wilderness, people of Israel?
26 •You have lifted up the shrine of your king,
the pedestal of your idols,
the star of your god[a]—
which you made for yourselves.
27 •Therefore I will send you into exile beyond
Damascus,"
says the LORD, whose name is God Almighty.

Woe to the Complacent

6 Woe to you who are complacent in Zion,
and to you who feel secure on Mount Samaria,
you notable men of the foremost nation,
to whom the people of Israel come!
2 •Go to Kalneh and look at it;
go from there to great Hamath,
and then go down to Gath in Philistia.
Are they better off than your two kingdoms?
Is their land larger than yours?
3 •You put off the day of disaster
and bring near a reign of terror.
4 •You lie on beds adorned with ivory
and lounge on your couches.
You dine on choice lambs
and fattened calves.
5 •You strum away on your harps like David
and improvise on musical instruments.
6 •You drink wine by the bowlful
and use the finest lotions,
but you do not grieve over the ruin of Joseph.
7 •Therefore you will be among the first to go into
exile;
your feasting and lounging will end.

The LORD Abhors the Pride of Israel

8 •The Sovereign LORD has sworn by himself—
the LORD God Almighty declares:
"I abhor the pride of Jacob
and detest his fortresses;
I will deliver up the city

[a]26 *Or lifted up Sakkuth your king / and Kaiwan your idols, / your star-gods;* Septuagint *lifted up the shrine of Molek / and the star of your god Rephan, / their idols*

abhor [æbhɔ́:r] *vt.* 몹시 싫어하다
bowlful [bóulfùl] *n.* 한 사발
complacent [kəmpléisnt] *a.* 자기 만족의
detest [ditést] *vt.* 혐오하다
dine [dain] *vi.* 정찬을 먹다
foremost [fɔ́:rmòust] *a.* 으뜸가는
improvise [ímprəvàiz] *vt.* 임시대용으로 만들다
instrument [ínstrəmənt] *n.* 악기
ivory [áivəri] *n.* 상아
lounge [laundʒ] *vi.* 빈둥거리며 지내다
notable [nóutəbl] *a.* 중요한, 뛰어난
pedestal [pédəstl] *n.* 주춧대
reign [rein] *n.* 통치
secure [sikjúər] *a.* 안전한
shrine [ʃrain] *n.* 사당

5:22 regard for...: …에 대한 관심
5:24 roll on: 흐르다
6:3 put off: 미루다, 연기하다
6:6 grieve over...: …때문에 한탄하다
6:7 go into exile: 추방당하다
6:8 swear by...: …를 두고 맹세하다

궐들을 미워하므로 이 성읍과 거기에 가득
한 것을 원수에게 넘기리라 하셨느니라
9 한 집에 열 사람이 남는다 하여도 다 죽을
것이라
10 죽은 사람의 친척 곧 그 시체를 불사를 자
가 그 뼈를 집 밖으로 가져갈 때에 그 집
깊숙한 곳에 있는 자에게 묻기를 아직 더
있느냐 하면 대답하기를 없다 하리니 그가
또 말하기를 잠잠하라 우리가 여호와의 이
름을 부르지 못할 것이라 하리라
11 보라 여호와께서 명령하시므로 타격을 받
아 큰 집은 갈라지고 작은 집은 터지리라
12 ●말들이 어찌 바위 위에서 달리겠으며 소
가 어찌 거기서 밭 갈겠느냐 그런데 너희
는 정의를 쓸개로 바꾸며 공의의 열매를
쓴 쑥으로 바꾸며 호 10:4
13 허무한 것을 기뻐하며 이르기를 우리는 우
리의 힘으로 뿔들을 취하지 아니하였느냐
하는도다
14 만군의 하나님 여호와의 말씀이니라 이스
라엘 족속아 내가 한 나라를 일으켜 너희
를 치리니 그들이 하맛 어귀에서부터 아라
바 시내까지 너희를 학대하리라 하셨느니
라

첫째, 메뚜기 재앙 — B.C. 760년경

7 주 여호와께서 내게 보이신 것이 이러하
니라 왕이 풀을 벤 후 풀이 다시 움돋기
시작할 때에 주께서 메뚜기를 지으시매
2 메뚜기가 땅의 풀을 다 먹은지라 내가 이
르되 주 여호와여 청하건대 사하소서 야곱
이 미약하오니 어떻게 서리이까 하매
3 여호와께서 이에 대하여 뜻을 돌이키셨으
므로 이것이 이루어지지 아니하리라 여호
와께서 말씀하셨느니라 욘 3:10

둘째, 불

4 ●주 여호와께서 또 내게 보이신 것이 이
러하니라 주 여호와께서 명령하여 불로 징
벌하게 하시니 불이 큰 바다를 삼키고 육
지까지 먹으려 하는지라
5 이에 내가 이르되 주 여호와여 청하건대
그치소서 야곱이 미약하오니 어떻게 서리
이까 하매
6 주 여호와께서 이에 대하여 뜻을 돌이켜
주 여호와께서 이르시되 이것도 이루지 아
니하리라 하시니라

셋째, 다림줄

7 ●또 내게 보이신 것이 이러하니라 다림줄

and everything in it."
9 ●If ten people are left in one house, they too
10 will die. ●And if the relative who comes to
carry the bodies out of the house to burn them[a]
asks anyone who might be hiding there, "Is
anyone else with you?" and he says, "No," then
he will go on to say, "Hush! We must not men-
tion the name of the LORD."

11 ●For the LORD has given the command,
and he will smash the great house into
pieces
and the small house into bits.

12 ●Do horses run on the rocky crags?
Does one plow the sea[b] with oxen?
But you have turned justice into poison
and the fruit of righteousness into
bitterness—
13 ●you who rejoice in the conquest of Lo Debar[c]
and say, "Did we not take Karnaim[d] by our
own strength?"
14 ●For the LORD God Almighty declares,
"I will stir up a nation against you, Israel,
that will oppress you all the way
from Lebo Hamath to the valley of the
Arabah."

Locusts, Fire and a Plumb Line

7 This is what the Sovereign LORD showed
me: He was preparing swarms of locusts
after the king's share had been harvested and
2 just as the late crops were coming up. ●When
they had stripped the land clean, I cried out,
"Sovereign LORD, forgive! How can Jacob sur-
vive? He is so small!"
3 ●So the LORD relented.
"This will not happen," the LORD said.
4 ●This is what the Sovereign LORD showed
me: The Sovereign LORD was calling for judg-
ment by fire; it dried up the great deep and
5 devoured the land. ●Then I cried out, "Sover-
eign LORD, I beg you, stop! How can Jacob sur-
vive? He is so small!"
6 ●So the LORD relented.
"This will not happen either," the Sovereign
LORD said.
7 ●This is what he showed me: The Lord was
standing by a wall that had been built true to

[a]10 Or *to make a funeral fire in honor of the dead* [b]12 With a different word division of the Hebrew; Masoretic Text *plow there* [c]13 Lo Debar means *nothing.* [d]13 Karnaim means *horns; horn* here symbolizes strength.

bitterness [bítərnis] *n.* 비통, 쓴맛
conquest [kάŋkwest] *n.* 정복
crag [kræg] *n.* 울퉁불퉁한 바위
crop [krap] *n.* 농작물
devour [diváuər] *vt.* 삼키다
else [els] *a.* 그 밖의
hush [hʌʃ] *vt.* 입다물게 하다
locust [lóukəst] *n.* 메뚜기
oppress [əprés] *vt.* 학대하다
plow [plau] *vi.* (밭)갈다
prepare [pripέər] *vt.* 준비하다
relent [rilént] *vi.* 마음이 누그러지다
sovereign [sάvərin] *a.* 주권을 가진
survive [sərváiv] *vi.* 살아남다
swarm [swɔːrm] *n.* (곤충의) 떼

6:11 smash into pieces: 박살내다
6:12 turn A into B: A를 B로 바꾸다
6:13 rejoice in...: …를 기뻐하다
6:14 stir up: 일으키다, 분발케 하다
7:2 cry out: 외치다, 울부짖다
7:7 stand by...: …곁에 서있다

을 가지고 쌓은 담 곁에 주께서 손에 다
림줄을 잡고 서셨더니
8 여호와께서 내게 이르시되 아모스야 네
가 무엇을 보느냐 내가 대답하되 다림줄
이니이다 주께서 이르시되 내가 다림줄
을 내 백성 이스라엘 가운데 두고 다시는
용서하지 아니하리니
9 이삭의 산당들이 황폐되며 이스라엘의
성소들이 파괴될 것이라 내가 일어나 칼
로 여로보암의 집을 치리라 하시니라

아모스와 아마샤의 대결 (♪ 214, 279장)

10 ●때에 벧엘의 제사장 아마샤가 이스라
엘의 왕 여로보암에게 보내어 이르되 이
스라엘 족속 중에 아모스가 왕을 모반하
나니 그 모든 말을 이 땅이 견딜 수 없나
이다
11 아모스가 말하기를 여로보암은 칼에 죽
겠고 이스라엘은 반드시 사로잡혀 그 땅
에서 떠나겠다 하나이다 7:9, 17
12 아마샤가 또 아모스에게 이르되 선견자
야 너는 유다 땅으로 도망하여 가서 거기
에서나 떡을 먹으며 거기에서나 예언하
고
13 다시는 벧엘에서 예언하지 말라 이는 왕
의 성소요 나라의 궁궐임이니라 2:12
14 아모스가 아마샤에게 대답하여 이르되
나는 선지자가 아니며 선지자의 아들도
아니라 나는 목자요 뽕나무를 재배하는
자로서
15 양 떼를 따를 때에 여호와께서 나를 데려
다가 여호와께서 내게 이르시기를 가서
내 백성 이스라엘에게 예언하라 하셨나니
16 이제 너는 여호와의 말씀을 들을지니라
네가 이르기를 이스라엘에 대하여 예언
하지 말며 이삭의 집을 향하여 경고하지
말라 하므로
17 여호와께서 이와 같이 말씀하시기를 네
아내는 성읍 가운데서 창녀가 될 것이요
네 자녀들은 칼에 엎드러지며 네 땅은 측
량하여 나누어질 것이며 너는 더러운 땅
에서 죽을 것이요 이스라엘은 반드시 사
로잡혀 그의 땅에서 떠나리라 하셨느니
라

넷째, 여름 과일 한 광주리 (♪ 284장)

— B.C. 760년경

8 주 여호와께서 내게 이와 같이 보이셨
느니라 보라 [1)]여름 과일 한 광주리이

8 plumb,[a] with a plumb line[b] in his hand. •And
the LORD asked me, "What do you see, Amos?"
"A plumb line," I replied.
Then the Lord said, "Look, I am setting a
plumb line among my people Israel; I will spare
them no longer.

9 •"The high places of Isaac will be destroyed
and the sanctuaries of Israel will be ruined;
with my sword I will rise against the house
of Jeroboam."

Amos and Amaziah

10 •Then Amaziah the priest of Bethel sent a
message to Jeroboam king of Israel: "Amos is rais-
ing a conspiracy against you in the very heart of
11 Israel. The land cannot bear all his words. •For
this is what Amos is saying:

" 'Jeroboam will die by the sword,
and Israel will surely go into exile,
away from their native land.' "

12 •Then Amaziah said to Amos, "Get out, you
seer! Go back to the land of Judah. Earn your
bread there and do your prophesying there.
13 •Don't prophesy anymore at Bethel, because
this is the king's sanctuary and the temple of the
kingdom."
14 •Amos answered Amaziah, "I was neither a
prophet nor the son of a prophet, but I was a
shepherd, and I also took care of sycamore-fig
15 trees. •But the LORD took me from tending the
flock and said to me, 'Go, prophesy to my peo-
16 ple Israel.' •Now then, hear the word of the
LORD. You say,

" 'Do not prophesy against Israel,
and stop preaching against the descendants
of Isaac.'

17 •"Therefore this is what the LORD says:

" 'Your wife will become a prostitute in the
city,
and your sons and daughters will fall by the
sword.
Your land will be measured and divided up,
and you yourself will die in a pagan[c] country.
And Israel will surely go into exile,
away from their native land.' "

A Basket of Ripe Fruit

8 This is what the Sovereign LORD showed
2 me: a basket of ripe fruit. •"What do you

[a]7 The meaning of the Hebrew for this phrase is uncertain.
[b]7 The meaning of the Hebrew for this phrase is uncertain; *also in verse 8.* [c]17 Hebrew *an unclean*

1) 히, 여름 과일이란 말과 끝이란 말의 음이 같음

conspiracy [kənspírəsi] *n.* 음모
descendant [diséndənt] *n.* 자손
earn [ə:rn] *vt.* 벌다
flock [flak] *n.* (양) 떼
measure [méʒər] *vt.* 측량하다
pagan [péigən] *a.* 이교도의
plumb [plʌm] *n.* 다림추
priest [pri:st] *n.* 제사장
prophesy [práfəsài] *vi.* 예언하다
prostitute [prástətjù:t] *n.* 창녀
rise [raiz] *vi.* 일어나다
sanctuary [sǽŋktʃuèri] *n.* 성소
spare [spɛər] *vt.* 아끼다
sycamore-fig [síkəmɔ:rfig] *n.* 무화과나무
tend [tend] *vt.*(가축을) 치다

7:8 no longer: 더 이상 …아닌
7:14 neither A nor B: A도 B도 아니다
7:14 take care of...: …를 돌보다
7:16 preach against...: …을 타이르다
7:17 divide up: 분배하다
7:17 away from...: …에서 떠나서

니라
2 그가 말씀하시되 아모스야 네가 무엇
을 보느냐 내가 이르되 여름 과일 한
광주리니이다 하매 여호와께서 내게
이르시되 내 백성 이스라엘의 끝이 이
르렀은즉 내가 다시는 그를 용서하지
아니하리니
3 그날에 궁전의 노래가 애곡으로 변할
것이며 곳곳에 시체가 많아서 사람이
잠잠히 그 시체들을 내어버리리라 주
여호와의 말씀이니라
4 ●가난한 자를 삼키며 땅의 힘없는 자
를 망하게 하려는 자들아 이 말을 들으
라
5 너희가 이르기를 월삭이 언제 지나서
우리가 곡식을 팔며 안식일이 언제 지
나서 우리가 밀을 내게 할꼬 에바를 작
게 하고 세겔을 크게 하여 거짓 저울로
속이며
6 은으로 힘없는 자를 사며 신 한 켤레로
가난한 자를 사며 찌꺼기 밀을 팔자 하
는도다
7 여호와께서 야곱의 영광을 두고 맹세
하시되 내가 그들의 모든 행위를 절대
로 잊지 아니하리라 하셨나니
8 이로 말미암아 땅이 떨지 않겠으며 그
가운데 모든 주민이 애통하지 않겠느
냐 온 땅이 강의 넘침같이 솟아오르며
애굽 강같이 뛰놀다가 낮아지리라
9 주 여호와의 말씀이니라 그날에 내가
해를 대낮에 지게 하여 백주에 땅을 캄
캄하게 하며
10 너희 절기를 애통으로, 너희 모든 노래
를 애곡으로 변하게 하며 모든 사람에
게 굵은 베로 허리를 동이게 하며 모든
머리를 대머리가 되게 하며 독자의 죽
음으로 말미암아 애통하듯 하게 하며
결국은 곤고한 날과 같게 하리라
11 ●주 여호와의 말씀이니라 보라 날이
이를지라 내가 기근을 땅에 보내리니
양식이 없어 주림이 아니며 물이 없어
갈함이 아니요 여호와의 말씀을 듣지
못한 기갈이라
12 사람이 이 바다에서 저 바다까지, 북쪽
에서 동쪽까지 비틀거리며 여호와의
말씀을 구하려고 돌아다녀도 얻지 못
하리니

see, Amos?" he asked.
"A basket of ripe fruit," I answered.
Then the LORD said to me, "The time is ripe for
my people Israel; I will spare them no longer.
3 •"In that day," declares the Sovereign LORD, "the
songs in the temple will turn to wailing.[a] Many,
many bodies—flung everywhere! Silence!"
4 •Hear this, you who trample the needy
and do away with the poor of the land,
5 •saying,
"When will the New Moon be over
that we may sell grain,
and the Sabbath be ended
that we may market wheat?"—
skimping on the measure,
boosting the price
and cheating with dishonest scales,
6 •buying the poor with silver
and the needy for a pair of sandals,
selling even the sweepings with the wheat.
7 •The LORD has sworn by himself, the Pride of
Jacob: "I will never forget anything they have
done.
8 •"Will not the land tremble for this,
and all who live in it mourn?
The whole land will rise like the Nile;
it will be stirred up and then sink
like the river of Egypt.
9 •"In that day," declares the Sovereign LORD,
"I will make the sun go down at noon
and darken the earth in broad daylight.
10 •I will turn your religious festivals into mourning
and all your singing into weeping.
I will make all of you wear sackcloth
and shave your heads.
I will make that time like mourning for an only
son
and the end of it like a bitter day.
11 •"The days are coming," declares the Sovereign
LORD,
"when I will send a famine through the land—
not a famine of food or a thirst for water,
but a famine of hearing the words of the
LORD.
12 •People will stagger from sea to sea
and wander from north to east,
searching for the word of the LORD,
but they will not find it.

[a]3 Or "*the temple singers will wail*

boost [bu:st] *vt.* 늘리다
cheat [tʃi:t] *vt.* 속이다
dishonest [disánist] *a.* 부정직한
famine [fǽmin] *n.* 기근
fling [fliŋ] *vi.* 던지다
mourn [mɔ:rn] *vi.* 슬퍼하다
ripe [raip] *a.* 익은
scale [skeil] *n.* 저울
shave [ʃeiv] *vt.* 깎다
sink [siŋk] *vi.* 가라앉다
skimp [skimp] *vt.* 인색하게 굴다
sweeping [swí:piŋ] *n.* 쓸어모은 것
thirst [θə:rst] *n.* 갈증
trample [trǽmpl] *vt.* 짓밟다
tremble [trémbl] *vi.* 진동하다

8:4 do away with...: …를 없애다, 죽이다
8:9 go down: (해,달이) 지다
8:9 in broad daylight: 대낮에, 백주에
8:11 not A but B: A가 아니라 B이다
8:12 stagger from...: …으로 비틀거리다
8:12 search for...: …을 찾다

13 그날에 아름다운 처녀와 젊은 남자
가 다 갈하여 쓰러지리라
14 사마리아의 죄 된 우상을 두고 맹
세하여 이르기를 단아 네 신들이
살아 있음을 두고 맹세하노라 하거
나 브엘세바가 위하는 것이 살아
있음을 두고 맹세하노라 하는 사람
은 엎드러지고 다시 일어나지 못하
리라 왕하 10:29

다섯째, 범죄한 나라를 멸하리라

9 내가 보니 주께서 제단 곁에 서서
이르시되 기둥 머리를 쳐서 문지
방이 움직이게 하며 그것으로 부서
져서 무리의 머리에 떨어지게 하라
내가 그 남은 자를 칼로 죽이리니 그
중에서 한 사람도 도망하지 못하며
그 중에서 한 사람도 피하지 못하리
라
2 그들이 파고 스올로 들어갈지라도
내 손이 거기에서 붙잡아 낼 것이요
하늘로 올라갈지라도 내가 거기에서
붙잡아 내릴 것이며
3 갈멜 산 꼭대기에 숨을지라도 내가
거기에서 찾아낼 것이요 내 눈을 피
하여 바다 밑에 숨을지라도 내가 거
기에서 뱀을 명령하여 물게 할 것이
요
4 그 원수 앞에 사로잡혀 갈지라도 내
가 거기에서 칼을 명령하여 죽이게
할 것이라 내가 그들에게 주목하여
화를 내리고 복을 내리지 아니하리
라 하시니라
5 ●주 만군의 여호와는 땅을 만져 녹
게 하사 거기 거주하는 자가 애통하
게 하시며 그 온 땅이 강의 넘침같이
솟아 오르며 애굽 강같이 낮아지게
하시는 이요
6 그의 궁전을 하늘에 세우시며 그 궁
창의 기초를 땅에 두시며 바닷물을
불러 지면에 쏟으시는 이니 그 이름
은 여호와시니라 5:8
7 ●여호와의 말씀이니라 이스라엘 자
손들아 너희는 내게 구스 족속 같지
아니하냐 내가 이스라엘을 애굽 땅
에서, 블레셋 사람을 갑돌에서, 아람
사람을 기르에서 올라오게 하지 아
니하였느냐

13 ●"In that day

"the lovely young women and strong young men
will faint because of thirst.
14 ●Those who swear by the sin of Samaria —
who say, 'As surely as your god lives, Dan,'
or, 'As surely as the god[a] of Beersheba lives'—
they will fall, never to rise again."

Israel to Be Destroyed

9 I saw the Lord standing by the altar, and he said:

"Strike the tops of the pillars
so that the thresholds shake.
Bring them down on the heads of all the people;
those who are left I will kill with the sword.
Not one will get away,
none will escape.
2 ●Though they dig down to the depths below,
from there my hand will take them.
Though they climb up to the heavens above,
from there I will bring them down.
3 ●Though they hide themselves on the top of
Carmel,
there I will hunt them down and seize them.
Though they hide from my eyes at the bottom of
the sea,
there I will command the serpent to bite them.
4 ●Though they are driven into exile by their enemies,
there I will command the sword to slay them.

"I will keep my eye on them
for harm and not for good."
5 ●The Lord, the LORD Almighty —
he touches the earth and it melts,
and all who live in it mourn;
the whole land rises like the Nile,
then sinks like the river of Egypt;
6 ●he builds his lofty palace[b] in the heavens
and sets its foundation[c] on the earth;
he calls for the waters of the sea
and pours them out over the face of the land—
the LORD is his name.

7 ●"Are not you Israelites
the same to me as the Cushites[d]?"
declares the LORD.
"Did I not bring Israel up from Egypt,
the Philistines from Caphtor[e]
and the Arameans from Kir?

[a]14 Hebrew *the way* [b]6 The meaning of the Hebrew for this phrase is uncertain. [c]6 The meaning of the Hebrew for this word is uncertain. [d]7 That is, people from the upper Nile region [e]7 That is, Crete

altar [ɔ́:ltər] *n.* 제단
bottom [bátəm] *n.* 밑바닥
climb [klaim] *vi.* 오르다
depth [depθ] *n.* 깊은 곳
escape [iskéip] *vt.* 피하다
faint [feint] *vi.* 기절하다
foundation [faundéiʃən] *n.* 기초
harm [ha:rm] *n.* 해, 손해
melt [melt] *vi.* 녹다
pillar [pílər] *n.* 기둥
seize [si:z] *vt.* 붙잡다
serpent [sə́:rpənt] *n.* 뱀
slay [slei] *vt.* 살해하다
sword [sɔ:rd] *n.* 칼
threshold [θréʃhould] *n.* 문지방

8:14 as surely as: …와 마찬가지로
9:1 stand by…: …곁에 서있다
9:2 dig down to…: …로 파고 내려가다
9:3 hunt down: 추적하다
9:6 call for…: …를 불러내다
9:6 pour out: 쏟아붓다

8 보라 주 여호와의 눈이 범죄한 나라
를 주목하노니 내가 그것을 지면에
서 멸하리라 그러나 야곱의 집은 온
전히 멸하지는 아니하리라 여호와
의 말씀이니라
9 보라 내가 명령하여 이스라엘 족속
을 만국 중에서 체질하기를 체로 체
질함같이 하려니와 그 한 알갱이도
땅에 떨어지지 아니하리라
10 내 백성 중에서 말하기를 화가 우리
에게 미치지 아니하며 이르지 아니
하리라 하는 모든 죄인은 칼에 죽으
리라

이스라엘의 회복 (♪ 370, 382장)

11 ●그날에 내가 다윗의 무너진 장막
을 일으키고 그것들의 틈을 막으며
그 허물어진 것을 일으켜서 옛적과
같이 세우고
12 그들이 에돔의 남은 자와 내 이름으
로 일컫는 만국을 기업으로 얻게 하
리라 이 일을 행하시는 여호와의 말
씀이니라
13 여호와의 말씀이니라 보라 날이 이
를지라 그때에 파종하는 자가 곡식
추수하는 자의 뒤를 이으며 포도를
밟는 자가 씨 뿌리는 자의 뒤를 이으
며 산들은 단 포도주를 흘리며 작은
산들은 녹으리라
14 내가 내 백성 이스라엘이 사로잡힌
것을 돌이키리니 그들이 황폐한 성
읍을 건축하여 거주하며 포도원들
을 가꾸고 그 포도주를 마시며 과원
들을 만들고 그 열매를 먹으리라
15 내가 그들을 그들의 땅에 심으리니
그들이 내가 준 땅에서 다시 뽑히지
아니하리라 네 하나님 여호와의 말
씀이니라

8 ●"Surely the eyes of the Sovereign LORD
are on the sinful kingdom.
I will destroy it
from the face of the earth.
Yet I will not totally destroy
the descendants of Jacob,"
declares the LORD.
9 ●"For I will give the command,
and I will shake the people of Israel
among all the nations
as grain is shaken in a sieve,
and not a pebble will reach the ground.
10 ●All the sinners among my people
will die by the sword,
all those who say,
'Disaster will not overtake or meet us.'

Israel's Restoration

11 ●"In that day
"I will restore David's fallen shelter —
I will repair its broken walls
and restore its ruins —
and will rebuild it as it used to be,
12 ●so that they may possess the remnant of Edom
and all the nations that bear my name,[a]"
declares the LORD, who will do these things.
13 ●"The days are coming," declares the LORD,
"when the reaper will be overtaken by the plowman
and the planter by the one treading grapes.
New wine will drip from the mountains
and flow from all the hills,
14 ● and I will bring my people Israel back from exile.[b]
"They will rebuild the ruined cities and live in them.
They will plant vineyards and drink their wine;
they will make gardens and eat their fruit.
15 ●I will plant Israel in their own land,
never again to be uprooted
from the land I have given them,"

says the LORD your God.

[a]12 Hebrew; Septuagint *so that the remnant of people / and all the nations that bear my name may seek me* [b]14 Or *will restore the fortunes of my people Israel*

declare [dikléər] *vt.* 선언하다
disaster [dizǽstər] *n.* 재앙
overtake [òuvərtéik] *vt.* 따라잡다
pebble [pébl] *n.* 조약돌, 자갈
planter [plǽntər] *n.* 심는 자
plowman [pláumən] *n.* 농부
reaper [rí:pər] *n.* 수확자
rebuild [rì:bíld] *vt.* 재건축하다
remnant [rémnənt] *n.* 나머지
repair [ripéər] *vt.* 회복하다
restore [ristɔ́:r] *vt.* 재건하다
ruin [rú:in] *vt.* 파멸시키다
sieve [siv] *n.* 체
tread [tred] *vt.* 밟다
uproot [ʌprút] *vt.* 뿌리째 뽑다

9:8 the face of the earth: 지표, 지면
9:12 bear one's name: …의 이름을 갖다
9:13 drip from...: …에서 떨어지다
9:13 flow from...: …에서 흐르다
9:14 bring back: 되돌리다, 돌아오게 하다
9:14 live in: 거주하다, 살다

오바댜 | Obadiah

● 저자 _ 오바댜 ● 저작 연대 _ B.C. 848-841년 사이 ● 기록 장소 _ 유다 ● 기록 대상 _ 에돔 족속
● 저작 목적 _ 에돔의 파멸과 유다의 회복을 선포하고, 하나님의 공의와 위엄을 선포하기 위해
● 핵심어 및 내용 _ 핵심어는 '교만'과 '형제'이다.

에돔 족속의 교만과 반역적 · 도전적인 행위에 대한 심판을 그리고 있다.

1 오바댜의 묵시라
여호와께서 에돔을 심판하시다(♪ 501, 507장)
●주 여호와께서 에돔에 대하여 이와 같
이 말씀하시니라 우리가 여호와께로 말
미암아 소식을 들었나니 곧 사자가 나라
들 가운데에 보내심을 받고 이르기를 너
희는 일어날지어다 우리가 일어나서 그
와 싸우자 하는 것이니라
2 보라 내가 너를 나라들 가운데에 매우 작
게 하였으므로 네가 크게 멸시를 받느니
라
3 너의 마음의 교만이 너를 속였도다 바위
틈에 거주하며 높은 곳에 사는 자여 네가
마음에 이르기를 누가 능히 나를 땅에 끌
어내리겠느냐 하니
4 네가 독수리처럼 높이 오르며 별 사이에
깃들일지라도 내가 거기에서 너를 끌어
내리리라 여호와의 말씀이니라
5 혹시 도둑이 네게 이르렀으며 강도가 밤
중에 네게 이르렀을지라도 만족할 만큼
훔치면 그치지 아니하였겠느냐 혹시 포
도를 따는 자가 네게 이르렀을지라도 그
것을 얼마쯤 남기지 아니하였겠느냐 네
가 어찌 그리 망하였는고
6 에서가 어찌 그리 수탈되었으며 그 감춘
보물이 어찌 그리 빼앗겼는고
7 너와 약조한 모든 자들이 다 너를 쫓아
변경에 이르게 하며 너와 화목하던 자들
이 너를 속여 이기며 네 먹을 것을 먹는
자들이 네 아래에 함정을 파니 네 마음에
지각이 없음이로다
8 여호와의 말씀이니라 그날에 내가 에돔
에서 지혜 있는 자를 멸하며 에서의 산에
서 지각 있는 자를 멸하지 아니하겠느냐
9 드만아 네 용사들이 놀랄 것이라 이로 말
미암아 에서의 산에 있는 사람은 다 죽임
을 당하여 멸절되리라
에돔의 죄 (♪ 348, 357장)
10 ●네가 네 형제 야곱에게 행한 포학으로
말미암아 부끄러움을 당하고 영원히 멸
절되리라
11 네가 멀리 섰던 날 곧 이방인이 그의 재

Obadiah's Vision

1 ●The vision of Obadiah.
This is what the Sovereign LORD says about Edom—
We have heard a message from the LORD:
An envoy was sent to the nations to say,
"Rise, let us go against her for battle"—
2 ●"See, I will make you small among the nations;
you will be utterly despised.
3 ●The pride of your heart has deceived you,
you who live in the clefts of the rocks[a]
and make your home on the heights,
you who say to yourself,
'Who can bring me down to the ground?'
4 ●Though you soar like the eagle
and make your nest among the stars,
from there I will bring you down,"
declares the LORD.
5 ●"If thieves came to you,
if robbers in the night—
oh, what a disaster awaits you!—
would they not steal only as much as they wanted?
If grape pickers came to you,
would they not leave a few grapes?
6 ●But how Esau will be ransacked,
his hidden treasures pillaged!
7 ●All your allies will force you to the border;
your friends will deceive and overpower you;
those who eat your bread will set a trap for you,[b]
but you will not detect it.
8 ●"In that day," declares the LORD,
"will I not destroy the wise men of Edom,
those of understanding in the mountains of Esau?
9 ●Your warriors, Teman, will be terrified,
and everyone in Esau's mountains
will be cut down in the slaughter.
10 ●Because of the violence against your brother Jacob,
you will be covered with shame;
you will be destroyed forever.
11 ●On the day you stood aloof
while strangers carried off his wealth
and foreigners entered his gates

[a]3 Or *of Sela* [b]7 The meaning of the Hebrew for this clause is uncertain.

물을 빼앗아 가며 외국인이 그의 성문
에 들어가서 예루살렘을 얻기 위하여
제비뽑던 날에 너도 그들 중 한 사람
같았느니라
12 네가 형제의 날 곧 그 재앙의 날에 방관
할 것이 아니며 유다 자손이 패망하는
날에 기뻐할 것이 아니며 그 고난의 날
에 네가 입을 크게 벌릴 것이 아니며
13 내 백성이 환난을 당하는 날에 네가 그
성문에 들어가지 않을 것이며 환난을
당하는 날에 네가 그 고난을 방관하지
않을 것이며 환난을 당하는 날에 네가
그 재물에 손을 대지 않을 것이며
14 네거리에 서서 그 도망하는 자를 막지
않을 것이며 고난의 날에 그 남은 자를
원수에게 넘기지 않을 것이니라

여호와께서 만국을 벌하실 날

15 ●여호와께서 만국을 벌할 날이 가까웠
나니 네가 행한 대로 너도 받을 것인즉
네가 행한 것이 네 머리로 돌아갈 것이
라 렘 50:29
16 너희가 내 성산에서 마신 것같이 만국
인이 항상 마시리니 곧 마시고 삼켜서
본래 없던 것같이 되리라 렘 49:12

여호와께 속할 나라 (♪ 310, 393장)

17 ●오직 시온 산에서 피할 자가 있으리
니 그 산이 거룩할 것이요 야곱 족속은
자기 기업을 누릴 것이며 사 4:2, 3
18 야곱 족속은 불이 될 것이며 요셉 족속
은 불꽃이 될 것이요 에서 족속은 지푸
라기가 될 것이라 그들이 그들 위에 붙
어서 그들을 불사를 것인즉 에서 족속
에 남은 자가 없으리니 여호와께서 말
씀하셨음이라
19 그들이 네겝과 에서의 산과 평지와 블
레셋을 얻을 것이요 또 그들이 에브라
임의 들과 사마리아의 들을 얻을 것이
며 베냐민은 길르앗을 얻을 것이며
20 사로잡혔던 이스라엘의 많은 자손은
가나안 사람에게 속한 이 땅을 사르밧
까지 얻을 것이며 예루살렘에서 사로
잡혔던 자들 곧 스바랏에 있는 자들은
네겝의 성읍들을 얻을 것이니라
21 구원받은 자들이 시온 산에 올라와서
에서의 산을 심판하리니 나라가 여호
와께 속하리라

and cast lots for Jerusalem,
you were like one of them.
12 ●You should not gloat over your brother
in the day of his misfortune,
nor rejoice over the people of Judah
in the day of their destruction,
nor boast so much
in the day of their trouble.
13 ●You should not march through the gates of my
people
in the day of their disaster,
nor gloat over them in their calamity
in the day of their disaster,
nor seize their wealth
in the day of their disaster.
14 ●You should not wait at the crossroads
to cut down their fugitives,
nor hand over their survivors
in the day of their trouble.
15 ●"The day of the LORD is near
for all nations.
As you have done, it will be done to you;
your deeds will return upon your own head.
16 ●Just as you drank on my holy hill,
so all the nations will drink continually;
they will drink and drink
and be as if they had never been.
17 ●But on Mount Zion will be deliverance;
it will be holy,
and Jacob will possess his inheritance.
18 ●Jacob will be a fire
and Joseph a flame;
Esau will be stubble,
and they will set him on fire and destroy him.
There will be no survivors
from Esau."
The LORD has spoken.
19 ●People from the Negev will occupy
the mountains of Esau,
and people from the foothills will possess
the land of the Philistines.
They will occupy the fields of Ephraim and
Samaria,
and Benjamin will possess Gilead.
20 ●This company of Israelite exiles who are in Canaan
will possess the land as far as Zarephath;
the exiles from Jerusalem who are in Sepharad
will possess the towns of the Negev.
21 ●Deliverers will go up on[a] Mount Zion
to govern the mountains of Esau.
And the kingdom will be the LORD's.

[a]21 Or *from*

company [kʌ́mpəni] *n.* 일행
crossroad [krɔ́:sròud] *n.* 네거리
deed [di:d] *n.* 행위
deliverance [dilívərəns] *n.* 구출
exile [égzail] *n.* 유배자, 추방인
flame [fleim] *n.* 불꽃
foothill [fúthìl] *n.* 구릉 지대
fugitive [fjú:dʒətiv] *n.* 도망자
govern [gʌ́vərn] *vt.* 다스리다
inheritance [inhérətəns] *n.* 유산, 기업
misfortune [misfɔ́:rtʃən] *n.* 재난
occupy [ákjupài] *vt.* 차지하다
possess [pəzés] *vt.* 소유하다
rejoice [ridʒɔ́is] *vi.* 기뻐하다
stubble [stʌ́bl] *n.* 그루터기

1:11 cast lots: 제비뽑다
1:12 gloat over...: …을 흡족한 듯 바라보다
1:14 cut down: 넘어뜨리다
1:14 hand over: 넘겨주다
1:16 just as..., so~: …과 마찬가지로 ~하다

요나 | Jonah

● 저자 _ 요나 ● 저작 연대 _ B.C. 760년경 ● 기록 장소 _ 예루살렘 근처
● 기록 대상 _ 이스라엘 백성 ● 핵심어 및 내용 _ 핵심어는 '물고기'와 '순종'이다.

큰 물고기가 요나를 삼킨 사건은 선지자를 구원하시기 위한 하나님의 손길을 의미한다. 요나는 물고기 뱃속에 있는 동안 회개하였고, 다시 그에게 구원을 선포할 기회가 주어졌다.

요나가 여호와를 피하여 달아나다 (♪371, 400장)

1 여호와의 말씀이 아밋대의 아들 요나에게 임
하니라 이르시되
2 너는 일어나 저 큰 성읍 니느웨로 가서 그것을
향하여 외치라 그 악독이 내 앞에 상달되었음
이니라 하시니라
3 그러나 요나가 여호와의 얼굴을 피하려고 일
어나 다시스로 도망하려 하여 욥바로 내려갔
더니 마침 다시스로 가는 배를 만난지라 여호
와의 얼굴을 피하여 그들과 함께 다시스로 가
려고 배삯을 주고 배에 올랐더라
4 ●여호와께서 큰 바람을 바다 위에 내리시매
바다 가운데에 큰 폭풍이 일어나 배가 거의 깨
지게 된지라
5 사공들이 두려워하여 각각 자기의 신을 부르
고 또 배를 가볍게 하려고 그 가운데 물건들을
바다에 던지니라 그러나 요나는 배 밑층에 내
려가서 누워 깊이 잠이 든지라 행 27:18
6 선장이 그에게 가서 이르되 자는 자여 어찌함
이냐 일어나서 네 하나님께 구하라 혹시 하나
님이 우리를 생각하사 망하지 아니하게 하시
리라 하니라
7 그들이 서로 이르되, 자 우리가 제비를 뽑아
이 재앙이 누구로 말미암아 우리에게 임하였
나 알아 보자 하고 곧 제비를 뽑으니 제비가
요나에게 뽑힌지라
8 무리가 그에게 이르되 청하건대 이 재앙이 누
구 때문에 우리에게 임하였는가 말하라 네 생
업이 무엇이며 네가 어디서 왔으며 네 나라가
어디며 어느 민족에 속하였느냐 하니
9 그가 대답하되 나는 히브리 사람이요 바다와
육지를 지으신 하늘의 하나님 여호와를 경외
하는 자로라 하고
10 자기가 여호와의 얼굴을 피함인 줄을 그들에
게 말하였으므로 무리가 알고 심히 두려워하
여 이르되 네가 어찌하여 그렇게 행하였느냐
하니라
11 ●바다가 점점 흉용한지라 무리가 그에게 이
르되 우리가 너를 어떻게 하여야 바다가 우리
를 위하여 잔잔하겠느냐 하니
12 그가 대답하되 나를 들어 바다에 던지라 그리
하면 바다가 너희를 위하여 잔잔하리라 너희

Jonah Flees From the LORD

1 The word of the LORD came to Jonah
2 son of Amittai: ●"Go to the great city of
Nineveh and preach against it, because its
wickedness has come up before me."
3 ●But Jonah ran away from the LORD and
headed for Tarshish. He went down to
Joppa, where he found a ship bound for
that port. After paying the fare, he went
aboard and sailed for Tarshish to flee from
the LORD.
4 ●Then the LORD sent a great wind on the
sea, and such a violent storm arose that the
5 ship threatened to break up. ●All the sailors
were afraid and each cried out to his own
god. And they threw the cargo into the sea
to lighten the ship.
But Jonah had gone below deck, where
he lay down and fell into a deep sleep.
6 ●The captain went to him and said, "How
can you sleep? Get up and call on your god!
Maybe he will take notice of us so that we
will not perish."
7 ●Then the sailors said to each other,
"Come, let us cast lots to find out who is
responsible for this calamity." They cast lots
8 and the lot fell on Jonah. ●So they asked
him, "Tell us, who is responsible for mak-
ing all this trouble for us? What kind of
work do you do? Where do you come from?
What is your country? From what people
are you?"
9 ●He answered, "I am a Hebrew and I wor-
ship the LORD, the God of heaven, who
made the sea and the dry land."
10 ●This terrified them and they asked,
"What have you done?" (They knew he was
running away from the LORD, because he
had already told them so.)
11 ●The sea was getting rougher and
rougher. So they asked him, "What should
we do to you to make the sea calm down
for us?"
12 ●"Pick me up and throw me into the
sea," he replied, "and it will become calm. I

가 이 큰 폭풍을 만난 것이 나 때문인 줄을
내가 아노라 하니라
13 그러나 그 사람들이 힘써 노를 저어 배를
육지로 돌리고자 하다가 바다가 그들을 향
하여 점점 더 흉용하므로 능히 못한지라
14 무리가 여호와께 부르짖어 이르되 여호와
여 구하고 구하오니 이 사람의 생명 때문
에 우리를 멸망시키지 마옵소서 무죄한
피를 우리에게 돌리지 마옵소서 주 여호
와께서는 주의 뜻대로 행하심이니이다 하
고
15 요나를 들어 바다에 던지매 바다가 뛰노는
것이 곧 그친지라
16 그 사람들이 여호와를 크게 두려워하여 여호
와께 제물을 드리고 서원을 하였더라 막 4:41

요나의 기도 (♪281, 282, 295장)

17 ●여호와께서 이미 큰 물고기를 예비하사
요나를 삼키게 하셨으므로 요나가 밤낮 삼
일을 물고기 뱃속에 있으니라

2 요나가 물고기 뱃속에서 그의 하나님 여
호와께 기도하여
2 이르되
내가 받는 고난으로 말미암아 여호와께
불러 아뢰었더니 주께서 내게 대답하셨
고 내가 1)스올의 뱃속에서 부르짖었더니
주께서 내 음성을 들으셨나이다
3 주께서 나를 깊음 속 바다 가운데에 던지
셨으므로 큰물이 나를 둘렀고 주의 파도
와 큰 물결이 다 내 위에 넘쳤나이다
4 내가 말하기를 내가 주의 목전에서 쫓겨
났을지라도 다시 주의 성전을 바라보겠
다 하였나이다
5 물이 나를 영혼까지 둘렀사오며 깊음이
나를 에워싸고 바다 풀이 내 머리를 감쌌
나이다
6 내가 산의 뿌리까지 내려갔사오며 땅이
그 빗장으로 나를 오래도록 막았사오나
나의 하나님 여호와여 주께서 내 생명을
구덩이에서 건지셨나이다
7 내 영혼이 내 속에서 피곤할 때에 내가
여호와를 생각하였더니 내 기도가 주께
이르렀사오며 주의 성전에 미쳤나이다
8 거짓되고 헛된 것을 숭상하는 모든 자는
자기에게 베푸신 은혜를 버렸사오나
9 나는 감사하는 목소리로 주께 제사를 드
리며 나의 서원을 주께 갚겠나이다 구원
은 여호와께 속하였나이다

know that it is my fault that this great storm
has come upon you."
13 •Instead, the men did their best to row back
to land. But they could not, for the sea grew
14 even wilder than before. •Then they cried out
to the LORD, "Please, LORD, do not let us die for
taking this man's life. Do not hold us account-
able for killing an innocent man, for you, LORD,
15 have done as you pleased." •Then they took
Jonah and threw him overboard, and the rag-
16 ing sea grew calm. •At this the men greatly
feared the LORD, and they offered a sacrifice to
the LORD and made vows to him.

Jonah's Prayer

17 •Now the LORD provided a huge fish to swal-
low Jonah, and Jonah was in the belly of the
fish three days and three nights.

1 **2** [a]•From inside the fish Jonah prayed to
2 the LORD his God. •He said:

"In my distress I called to the LORD,
and he answered me.
From deep in the realm of the dead I called
for help,
and you listened to my cry.
3 •You hurled me into the depths,
into the very heart of the seas,
and the currents swirled about me;
all your waves and breakers
swept over me.
4 •I said, 'I have been banished
from your sight;
yet I will look again
toward your holy temple.'
5 •The engulfing waters threatened me,[b]
the deep surrounded me;
seaweed was wrapped around my head.
6 •To the roots of the mountains I sank down;
the earth beneath barred me in forever.
But you, LORD my God,
brought my life up from the pit.
7 •"When my life was ebbing away,
I remembered you, LORD,
and my prayer rose to you,
to your holy temple.
8 •"Those who cling to worthless idols
turn away from God's love for them.
9 •But I, with shouts of grateful praise,
will sacrifice to you.
What I have vowed I will make good.

[a]In Hebrew texts 2:1 is numbered 1:17, and 2:1-10 is numbered 2:2-11. [b]5 Or *waters were at my throat*

1) 음부

욘

accountable [əkáuntəbl] *a.* 책임이 있는
banish [bǽniʃ] *vt.* 내쫓다
barred [ba:rd] *a.* 빗장이 채워진
beneath [biní:θ] *ad.* …밑에
current [kə́:rənt] *n.* 해류
distress [distrés] *n.* 고난
engulf [ingʌ́lf] *vt.* 삼키다
hurl [hə:rl] *vt.* 세게 던지다
overboard [óuvərbɔ̀:rd] *ad.* 배 밖에
pit [pit] *n.* 구덩이
raging [réidʒiŋ] *a.* 미친 듯이 날뛰는
seaweed [sí:wì:d] *n.* 해초
swallow [swálou] *vt.* 삼키다
swirl [swə:rl] *vi.* 소용돌이치다
wrap [ræp] *vt.* 감싸다

1:16 make a vow: 서원하다
2:2 call for...: …을 청하다
2:3 sweep over: 엄습하다
2:4 look toward...: …를 향하다
2:6 to the root: 근본적으로
2:7 ebb away: 점점 쇠하다, 약해지다

하니라
10 ●여호와께서 그 물고기에게 말씀하시매 요나를 육지에 토하니라

니느웨 백성의 회개 (♪ 273, 278장)

3 여호와의 말씀이 두 번째로 요나에게 임하니라 이르시되
2 일어나 저 큰 성읍 니느웨로 가서 내가 네게 명한 바를 그들에게 선포하라 하신지라
3 요나가 여호와의 말씀대로 일어나서 니느웨로 가니라 니느웨는 사흘 동안 걸을 만큼 하나님 앞에 큰 성읍이더라
4 요나가 그 성읍에 들어가서 하루 동안 다니며 외쳐 이르되 사십 일이 지나면 니느웨가 무너지리라 하였더니
5 니느웨 사람들이 하나님을 믿고 금식을 선포하고 높고 낮은 자를 막론하고 굵은 베옷을 입은지라 눅 11:32
6 그 일이 니느웨 왕에게 들리매 왕이 보좌에서 일어나 왕복을 벗고 굵은 베옷을 입고 재 위에 앉으니라 단 9:3
7 왕과 그의 대신들이 조서를 내려 니느웨에 선포하여 이르되 사람이나 짐승이나 소 떼나 양 떼나 아무것도 입에 대지 말지니 곧 먹지도 말 것이요 물도 마시지 말 것이며
8 사람이든지 짐승이든지 다 굵은 베옷을 입을 것이요 힘써 하나님께 부르짖을 것이며 각기 악한 길과 손으로 행한 강포에서 떠날 것이라
9 하나님이 뜻을 돌이키시고 그 진노를 그치사 우리가 멸망하지 않게 하시리라 그렇지 않을 줄을 누가 알겠느냐 한지라
10 하나님이 그들이 행한 것 곧 그 악한 길에서 돌이켜 떠난 것을 보시고 하나님이 뜻을 돌이키사 그들에게 내리리라고 말씀하신 재앙을 내리지 아니하시니라

요나의 분노와 하나님의 자비 (♪ 301장)

4 요나가 매우 싫어하고 성내며
2 여호와께 기도하여 이르되 여호와여 내가 고국에 있을 때에 이러하겠다고 말씀하지 아니하였나이까 그러므로 내가 빨리 다시스로 도망하였사오니 주께서는 은혜로우시며 자비로우시며 노하기를 더디하시며 인애가 크시사 뜻을 돌이켜 재앙을 내리지 아니하시는 하나님이신 줄을 내가 알았음이니이다
3 여호와여 원하건대 이제 내 생명을 거두어 가소서 사는 것보다 죽는 것이 내게 나음이니이다 하니

I will say, 'Salvation comes from the
LORD.' "
10 •And the LORD commanded the fish, and
it vomited Jonah onto dry land.

Jonah Goes to Nineveh

3 Then the word of the LORD came to
2 Jonah a second time: •"Go to the great
city of Nineveh and proclaim to it the message I give you."
3 •Jonah obeyed the word of the LORD and
went to Nineveh. Now Nineveh was a very
large city; it took three days to go through
4 it. •Jonah began by going a day's journey
into the city, proclaiming, "Forty more days
5 and Nineveh will be overthrown." •The
Ninevites believed God. A fast was proclaimed, and all of them, from the greatest
to the least, put on sackcloth.
6 •When Jonah's warning reached the king
of Nineveh, he rose from his throne, took off
his royal robes, covered himself with sack-
7 cloth and sat down in the dust. •This is the
proclamation he issued in Nineveh:

"By the decree of the king and his nobles:

Do not let people or animals, herds
or flocks, taste anything; do not let
8 them eat or drink. •But let people and
animals be covered with sackcloth. Let
everyone call urgently on God. Let
them give up their evil ways and their
9 violence. •Who knows? God may yet
relent and with compassion turn from
his fierce anger so that we will not perish."

10 •When God saw what they did and how
they turned from their evil ways, he relented and did not bring on them the destruction he had threatened.

Jonah's Anger at the LORD's Compassion

4 But to Jonah this seemed very wrong,
2 and he became angry. •He prayed to
the LORD, "Isn't this what I said, LORD, when
I was still at home? That is what I tried to
forestall by fleeing to Tarshish. I knew that
you are a gracious and compassionate God,
slow to anger and abounding in love, a God
3 who relents from sending calamity. •Now,
LORD, take away my life, for it is better for
me to die than to live."

calamity [kəlǽməti] *n.* 재난
compassion [kəmpǽʃən] *n.* 측은히 여김
decree [dikríː] *n.* 법령
fierce [fiərs] *a.* 맹렬한
gracious [gréiʃəs] *a.* 자비로우신
obey [oubéi] *vt.* 순종하다
perish [périʃ] *vi.* 멸망하다
proclaim [proukléim] *vt.* 선언하다
relent [rilént] *vi.* 마음이 누그러지다
sackcloth [sǽkklɔ̀ːθ] *n.* 삼베옷
threaten [θrétn] *vt.* 위협하다
throne [θroun] *n.* 왕좌
urgently [ə́ːrdʒəntli] *ad.* 긴급하게
violence [váiələns] *n.* 폭력
vomit [vámit] *vt.* 토하다

3:6 take off: 벗다
3:8 call on: 요구하다, 부탁하다
3:8 give up: 포기하다
4:2 flee to...: …로 도망가다
4:2 abound in...: …이 풍부하다
4:3 take away: 가져가다

4 여호와께서 이르시되 네가 성내는 것이 옳으
냐 하시니라
5 요나가 성읍에서 나가서 그 성읍 동쪽에 앉아
거기서 자기를 위하여 초막을 짓고 그 성읍에
무슨 일이 일어나는가를 보려고 그 그늘 아래
에 앉았더라
6 하나님 여호와께서 박넝쿨을 예비하사 요나
를 가리게 하셨으니 이는 그의 머리를 위하여
그늘이 지게 하며 그의 괴로움을 면하게 하려
하심이었더라 요나가 박넝쿨로 말미암아 크
게 기뻐하였더니
7 하나님이 벌레를 예비하사 이튿날 새벽에 그
박넝쿨을 갉아먹게 하시매 시드니라 욜 1:12
8 해가 뜰 때에 하나님이 뜨거운 동풍을 예비하
셨고 해는 요나의 머리에 쪼이매 요나가 혼미
하여 스스로 죽기를 구하여 이르되 사는 것보
다 죽는 것이 내게 나으니이다 하니라
9 하나님이 요나에게 이르시되 네가 이 박넝쿨
로 말미암아 성내는 것이 어찌 옳으냐 하시니
그가 대답하되 내가 성내어 죽기까지 할지라
도 옳으니이다 하니라
10 여호와께서 이르시되 네가 수고도 아니하였
고 재배도 아니하였고 하룻밤에 났다가 하룻
밤에 말라 버린 이 박넝쿨을 아꼈거든
11 하물며 이 큰 성읍 니느웨에는 좌우를 분변하
지 못하는 자가 십이만여 명이요 가축도 많이
있나니 내가 어찌 아끼지 아니하겠느냐 하시
니라

4 •But the LORD replied, "Is it right for you
to be angry?"
5 •Jonah had gone out and sat down at a
place east of the city. There he made himself
a shelter, sat in its shade and waited to see
6 what would happen to the city. •Then the
LORD God provided a leafy plant[a] and made
it grow up over Jonah to give shade for his
head to ease his discomfort, and Jonah was
7 very happy about the plant. •But at dawn
the next day God provided a worm, which
chewed the plant so that it withered.
8 •When the sun rose, God provided a scorch-
ing east wind, and the sun blazed on Jo-
nah's head so that he grew faint. He wanted
to die, and said, "It would be better for me
to die than to live."
9 •But God said to Jonah, "Is it right for you
to be angry about the plant?"
"It is," he said. "And I'm so angry I wish I
were dead."
10 •But the LORD said, "You have been con-
cerned about this plant, though you did
not tend it or make it grow. It sprang up
11 overnight and died overnight. •And should
I not have concern for the great city of Nin-
eveh, in which there are more than a hun-
dred and twenty thousand people who
cannot tell their right hand from their left
—and also many animals?"

[a]6 The precise identification of this plant is uncertain; also in verses 7, 9 and 10.

blaze [bleiz] *vi.* 내리쬐다
chew [tʃu:] *vt.* 씹다
concern [kənsə́:rn] *vt.* 관여하다
dawn [dɔ:n] *n.* 새벽
discomfort [diskʌ́mfərt] *n.* 불편
ease [i:z] *vt.* 완화하다
faint [féint] *a.* 어질어질한
leafy [lí:fi] *a.* 잎이 무성한
plant [plænt] *n.* 식물
provide [prəváid] *vt.* 공급하다
reply [ripláí] *vi.* 대답하다
scorching [skɔ́:rtʃiŋ] *a.* 몹시 뜨거운
shelter [ʃéltər] *n.* 피난처
tend [tend] *vt.* 재배하다
wither [wíðər] *vi.* 시들다

4:5 at a place...: …의 장소에서
4:5 happen to...: …에 일어나다
4:6 grow up: 생기다, 자라다
4:10 spring up: 나다, 싹이 트다
4:11 more than...: …이상으로
4:11 tell...from~: …과 ~를 구분하다

미가 | Micah

● 저자 _ 미가 ● 저작 연대 _ B.C. 740-687년 ● 기록 장소 _ 유다
● 기록 대상 _ 북이스라엘과 남유다 ● 핵심어 및 내용 _ 핵심어는 '정의', '자비', '겸손'이다.

미가는 하나님의 백성들이 삶의 모든 영역에서 정의를 드러내고, 모든 사람들에게 자비를 베풀며, 하나님 앞에서 겸손하라고 외친다.

1 유다의 왕들 요담과 아하스와 히
스기야 시대에 모레셋 사람 미가
에게 임한 여호와의 말씀 곧 사마리
아와 예루살렘에 관한 묵시라

야곱의 허물 이스라엘의 죄
— B.C. 700년경

2 ●백성들아 너희는 다 들을지어다
땅과 거기에 있는 모든 것들아 자세
히 들을지어다 주 여호와께서 너희
에게 대하여 증언하시되 곧 주께서
성전에서 그리하실 것이니라 시 50:7
3 여호와께서 그의 처소에서 나오시
고 강림하사 땅의 높은 곳을 밟으실
것이라
4 그 아래에서 산들이 녹고 골짜기들
이 갈라지기를 불 앞의 밀초 같고
비탈로 쏟아지는 물 같을 것이니
5 이는 다 야곱의 허물로 말미암음이
요 이스라엘 족속의 죄로 말미암음
이라 야곱의 허물이 무엇이냐 사마
리아가 아니냐 유다의 [1]산당이 무
엇이냐 예루살렘이 아니냐
6 이러므로 내가 사마리아를 들의 무
더기 같게 하고 포도 심을 동산 같
게 하며 또 그 돌들을 골짜기에 쏟
아내리고 그 기초를 드러내며
7 그 새긴 우상들은 다 부서지고 그
음행의 값은 다 불살라지며 내가 그
목상들을 다 깨뜨리리니 그가 기생
의 값으로 모았은즉 그것이 기생의
값으로 돌아가리라

상처가 유다와 예루살렘에도 미치다

8 ●이러므로 내가 애통하며 애곡하
고 벌거벗은 몸으로 행하며 들개같
이 애곡하고 타조같이 애통하리니
9 이는 그 상처는 고칠 수 없고 그것
이 유다까지도 이르고 내 백성의 성
문 곧 예루살렘에도 미쳤음이니라
10 가드에 알리지 말며 도무지 울지 말
지어다 내가 베들레아브라에서 티
끌에 굴렀도다

1 The word of the LORD that came to Micah of
Moresheth during the reigns of Jotham, Ahaz
and Hezekiah, kings of Judah—the vision he saw
concerning Samaria and Jerusalem.

2 ●Hear, you peoples, all of you,
listen, earth and all who live in it,
that the Sovereign LORD may bear witness against you,
the Lord from his holy temple.

Judgment Against Samaria and Jerusalem

3 ●Look! The LORD is coming from his dwelling place;
he comes down and treads on the heights of
the earth.
4 ●The mountains melt beneath him
and the valleys split apart,
like wax before the fire,
like water rushing down a slope.
5 ●All this is because of Jacob's transgression,
because of the sins of the people of Israel.
What is Jacob's transgression?
Is it not Samaria?
What is Judah's high place?
Is it not Jerusalem?

6 ●"Therefore I will make Samaria a heap of rubble,
a place for planting vineyards.
I will pour her stones into the valley
and lay bare her foundations.
7 ●All her idols will be broken to pieces;
all her temple gifts will be burned with fire;
I will destroy all her images.
Since she gathered her gifts from the wages of
prostitutes,
as the wages of prostitutes they will again be used."

Weeping and Mourning

8 ●Because of this I will weep and wail;
I will go about barefoot and naked.
I will howl like a jackal
and moan like an owl.
9 ●For Samaria's plague is incurable;
it has spread to Judah.
It has reached the very gate of my people,
even to Jerusalem itself.
10 ●Tell it not in Gath[a];
weep not at all.
In Beth Ophrah[b]

[a] 10 *Gath* sounds like the Hebrew for *tell*. [b] 10 *Beth Ophrah* means *house of dust*.

1) 다른 역본에는, 죄

11 사빌 주민아 너는 벗은 몸에 수치를
무릅쓰고 나갈지어다 사아난 주민
은 나오지 못하고 벧에셀이 애곡하
여 너희에게 의지할 곳이 없게 하리
라
12 마롯 주민이 근심 중에 복을 바라니
이는 재앙이 여호와께로 말미암아
예루살렘 성문에 임함이니라
13 라기스 주민아 너는 준마에 병거를
메울지어다 라기스는 딸 시온의 죄
의 근본이니 이는 이스라엘의 허물
이 네게서 보였음이니라
14 이러므로 너는 가드모레셋에 작별
하는 예물을 줄지어다 악십의 집들
이 이스라엘 왕들을 속이리라
15 마레사 주민아 내가 장차 너를 소유
할 자로 네게 이르게 하리니 이스라
엘의 영광이 아둘람까지 이를 것이
라
5:2
16 너는 네 기뻐하는 자식으로 인하여
네 머리털을 깎아 대머리 같게 할지
어다 네 머리가 크게 벗어지게 하기
를 독수리 같게 할지어다 이는 그들
이 사로잡혀 너를 떠났음이라

멸망할 자들 — B.C. 700년경

2 그들이 침상에서 죄를 꾀하며 악
을 꾸미고 날이 밝으면 그 손에 힘
이 있으므로 그것을 행하는 자는 화
있을진저
2 밭들을 탐하여 빼앗고 집들을 탐하
여 차지하니 그들이 남자와 그의 집
과 사람과 그의 산업을 강탈하도다
3 그러므로 여호와의 말씀에 내가 이
족속에게 재앙을 계획하나니 너희
의 목이 이에서 벗어나지 못할 것이
요 또한 교만하게 다니지 못할 것이
라 이는 재앙의 때임이라 하셨느니
라
4 그때에 너희를 조롱하는 시를 지으
며 슬픈 노래를 불러 이르기를 우리
가 온전히 망하게 되었도다 그가 내
백성의 1)산업을 옮겨 내게서 떠나게
하시며 우리 밭을 나누어 패역자에
게 주시는도다 하리니
5 그러므로 여호와의 회중에서 분깃
에 줄을 댈 자가 너희 중에 하나도

roll in the dust.
11 •Pass by naked and in shame,
you who live in Shaphir.[a]
Those who live in Zaanan[b]
will not come out.
Beth Ezel is in mourning;
it no longer protects you.
12 •Those who live in Maroth[c] writhe in pain,
waiting for relief,
because disaster has come from the LORD,
even to the gate of Jerusalem.
13 •You who live in Lachish,
harness fast horses to the chariot.
You are where the sin of Daughter Zion began,
for the transgressions of Israel were found in you.
14 •Therefore you will give parting gifts
to Moresheth Gath.
The town of Akzib[d] will prove deceptive
to the kings of Israel.
15 •I will bring a conqueror against you
who live in Mareshah.[e]
The nobles of Israel
will flee to Adullam.
16 •Shave your head in mourning
for the children in whom you delight;
make yourself as bald as the vulture,
for they will go from you into exile.

Human Plans and God's Plans

2 Woe to those who plan iniquity,
to those who plot evil on their beds!
At morning's light they carry it out
because it is in their power to do it.
2 •They covet fields and seize them,
and houses, and take them.
They defraud people of their homes,
they rob them of their inheritance.
3 •Therefore, the LORD says:
"I am planning disaster against this people,
from which you cannot save yourselves.
You will no longer walk proudly,
for it will be a time of calamity.
4 •In that day people will ridicule you;
they will taunt you with this mournful song:
'We are utterly ruined;
my people's possession is divided up.
He takes it from me!
He assigns our fields to traitors.' "
5 •Therefore you will have no one in the assembly

[a]11 *Shaphir* means *pleasant.* [b]11 *Zaanan* sounds like the Hebrew for *come out.* [c]12 *Maroth* sounds like the Hebrew for *bitter.* [d]14 *Akzib* means *deception.* [e]15 *Mareshah* sounds like the Hebrew for *conqueror.* 1) 히, 분깃

미

assembly [əsémbli] *n.* 회중
calamity [kəlǽməti] *n.* 재앙
conqueror [káŋkərər] *n.* 정복자
covet [kʌ́vit] *vt.* (남의 물건 등) 몹시 탐내다
deceptive [diséptiv] *a.* 거짓의
defraud [difrɔ́:d] *vt.* 속여서 빼앗다
disaster [dizǽstər] *n.* 재해
harness [há:rnis] *vt.* 마구를 달다
iniquity [iníkwəti] *n.* 죄악, 부정
naked [néikid] *a.* 벌거벗은
ridicule [rídikjù:l] *vt.* 조롱하다
taunt [tɔ:nt] *vt.* 비웃다
traitor [tréitər] *n.* 반역자
utterly [ʌ́tərli] *ad.* 완전히
vulture [vʌ́ltʃər] *n.* 독수리

1:16 go into exile: 추방당하다
2:1 woe to: 화 있을진저
2:1 plot evil: 악한 음모를 꾸미다
2:1 carry out: 수행하다
2:3 no longer...: 더 이상 …하지 않다
2:4 assign to...: …에 할당하다

없으리라
6 ●그들이 말하기를 너희는 예언하
지 말라 이것은 예언할 것이 아니거
늘 욕하는 말을 그치지 아니한다 하
는도다
7 너희 야곱의 족속아 어찌 이르기를
여호와의 영이 성급하시다 하겠느
냐 그의 행위가 이러하시다 하겠느
냐 나의 말이 정직하게 행하는 자에
게 유익하지 아니하냐
8 근래에 내 백성이 원수같이 일어나
서 전쟁을 피하여 평안히 지나가는
자들의 의복에서 겉옷을 벗기며
9 내 백성의 부녀들을 그들의 즐거운
집에서 쫓아내고 그들의 어린 자녀
에게서 나의 영광을 영원히 빼앗는
도다
10 이것은 너희가 쉴 곳이 아니니 일어
나 떠날지어다 이는 그것이 이미 더
러워졌음이니라 그런즉 반드시 멸
하리니 그 멸망이 크리라
11 사람이 만일 허망하게 행하며 거짓
말로 이르기를 내가 포도주와 독주
에 대하여 네게 예언하리라 할 것 같
으면 그 사람이 이 백성의 선지자가
되리로다
12 ●야곱아 내가 반드시 너희 무리를
다 모으며 내가 반드시 이스라엘의
남은 자를 모으고 그들을 한 처소에
두기를 보스라의 양 떼같이 하며 초
장의 양 떼같이 하리니 사람들이 크
게 떠들 것이며
13 길을 여는 자가 그들 앞에 올라가고
그들은 길을 열어 성문에 이르러서
는 그리로 나갈 것이며 그들의 왕이
앞서 가며 여호와께서는 선두로 가
시리라

미가가 이스라엘 통치자들을 고발하다

3 내가 또 이르노니 야곱의 우두머
리들과 이스라엘 족속의 통치자들
아 들으라 정의를 아는 것이 너희의
본분이 아니냐
2 너희가 선을 미워하고 악을 기뻐하
여 내 백성의 가죽을 벗기고 그 뼈에
서 살을 뜯어
3 그들의 살을 먹으며 그 가죽을 벗기
며 그 뼈를 꺾어 다지기를 냄비와

of the LORD
to divide the land by lot.

False Prophets

6 •"Do not prophesy," their prophets say.
"Do not prophesy about these things;
disgrace will not overtake us."
7 •You descendants of Jacob, should it be said,
"Does the LORD become[a] impatient?
Does he do such things?"
"Do not my words do good
to the one whose ways are upright?
8 •Lately my people have risen up
like an enemy.
You strip off the rich robe
from those who pass by without a care,
like men returning from battle.
9 •You drive the women of my people
from their pleasant homes.
You take away my blessing
from their children forever.
10 •Get up, go away!
For this is not your resting place,
because it is defiled,
it is ruined, beyond all remedy.
11 •If a liar and deceiver comes and says,
'I will prophesy for you plenty of wine and beer,'
that would be just the prophet for this people!

Deliverance Promised

12 •"I will surely gather all of you, Jacob;
I will surely bring together the remnant of Israel.
I will bring them together like sheep in a pen,
like a flock in its pasture;
the place will throng with people.
13 •The one who breaks open the way will go up
before them;
they will break through the gate and go out.
Their King will pass through before them,
the LORD at their head."

Leaders and Prophets Rebuked

3 Then I said,
"Listen, you leaders of Jacob,
you rulers of Israel.
Should you not embrace justice,
2 • you who hate good and love evil;
who tear the skin from my people
and the flesh from their bones;
3 •who eat my people's flesh,
strip off their skin
and break their bones in pieces;

[a]7 Or *Is the Spirit of the LORD*

deceiver [disíːvər] *n.* 사기꾼
defile [difáil] *vt.* 더럽히다
descendant [diséndənt] *n.* 자손
disgrace [disgréis] *n.* 수치
embrace [imbréis] *vt.* 받아들이다
impatient [impéiʃənt] *a.* 참을성 없는
overtake [òuvərtéik] *vt.* 닥쳐오다
pasture [pǽstʃər] *n.* 초장
pleasant [plézənt] *a.* 즐거운
remedy [rémədi] *n.* 치료
remnant [rémnənt] *n.* 나머지
robe [roub] *n.* 옷, 의복
ruin [rúːin] *vt.* 파멸시키다
throng [θrɔːŋ] *n.* 군중
upright [ʌ́pràit] *a.* 정직한

2:7 do good to...: …에게 도움이 되다
2:8 pass by: 지나가다
2:12 bring together: 모으다
2:13 break open: 강제로 열다
3:3 strip off: 벗다, 벗기다
3:3 break in pieces: 산산조각내다

솥 가운데에 담을 고기처럼 하는도
다 시 14:4
4 그때에 그들이 여호와께 부르짖을
지라도 응답하지 아니하시고 그들
의 행위가 악했던 만큼 그들 앞에 얼
굴을 가리시리라
5 ●내 백성을 유혹하는 선지자들은
이에 물 것이 있으면 평강을 외치나
그 입에 무엇을 채워 주지 아니하는
자에게는 전쟁을 준비하는도다 이
런 선지자에 대하여 여호와께서 이
르시되
6 그러므로 너희가 밤을 만나리니 이
상을 보지 못할 것이요 어둠을 만나
리니 점치지 못하리라 하셨나니 이
선지자 위에는 해가 져서 낮이 캄캄
할 것이라
7 선견자가 부끄러워하며 술객이 수
치를 당하여 다 입술을 가릴 것은 하
나님이 응답하지 아니하심이거니와
8 오직 나는 여호와의 영으로 말미암
아 능력과 정의와 용기로 충만해져
서 야곱의 허물과 이스라엘의 죄를
그들에게 보이리라
9 ●야곱 족속의 우두머리들과 이스
라엘 족속의 통치자들 곧 정의를 미
워하고 정직한 것을 굽게 하는 자들
아 원하노니 이 말을 들을지어다
10 시온을 피로, 예루살렘을 죄악으로
건축하는도다
11 그들의 우두머리들은 뇌물을 위하
여 재판하며 그들의 제사장은 삯을
위하여 교훈하며 그들의 선지자는
돈을 위하여 점을 치면서도 여호와
를 의뢰하여 이르기를 여호와께서
우리 중에 계시지 아니하냐 재앙이
우리에게 임하지 아니하리라 하는
도다
12 이러므로 너희로 말미암아 시온은
갈아엎은 밭이 되고 예루살렘은 무
더기가 되고 성전의 산은 수풀의 높
은 곳이 되리라

여호와께서 이루실 평화 — B.C. 700년경

4 끝날에 이르러는 여호와의 전의
산이 산들의 꼭대기에 굳게 서며
작은 산들 위에 뛰어나고 민족들이

who chop them up like meat for the pan,
like flesh for the pot?"
4 • Then they will cry out to the LORD,
but he will not answer them.
At that time he will hide his face from them
because of the evil they have done.
5 • This is what the LORD says:
"As for the prophets
who lead my people astray,
they proclaim 'peace'
if they have something to eat,
but prepare to wage war against anyone
who refuses to feed them.
6 • Therefore night will come over you, without
visions,
and darkness, without divination.
The sun will set for the prophets,
and the day will go dark for them.
7 • The seers will be ashamed
and the diviners disgraced.
They will all cover their faces
because there is no answer from God."
8 • But as for me, I am filled with power,
with the Spirit of the LORD,
and with justice and might,
to declare to Jacob his transgression,
to Israel his sin.
9 • Hear this, you leaders of Jacob,
you rulers of Israel,
who despise justice
and distort all that is right;
10 • who build Zion with bloodshed,
and Jerusalem with wickedness.
11 • Her leaders judge for a bribe,
her priests teach for a price,
and her prophets tell fortunes for money.
Yet they look for the LORD's support and say,
"Is not the LORD among us?
No disaster will come upon us."
12 • Therefore because of you,
Zion will be plowed like a field,
Jerusalem will become a heap of rubble,
the temple hill a mound overgrown with
thickets.

The Mountain of the LORD

4 In the last days
the mountain of the LORD's temple will be
established
as the highest of the mountains;
it will be exalted above the hills,

미

bloodshed [blʌ́dʃèd] *n.* 유혈
bribe [braib] *n.* 뇌물
despise [dispáiz] *vt.* 경멸하다
distort [distɔ́ːrt] *vt.* 왜곡하다
divination [dìvənéiʃən] *n.* 점(占)
establish [istǽbliʃ] *vt.* 세우다
feed [fiːd] *n.* 먹이
heap [hiːp] *n.* 무더기
mound [maund] *n.* 흙무더기
overgrow [òuvərgróu] *vt.* 위로 자라다
plow [plau] *vt.* (밭)갈다
rubble [rʌ́bl] *n.* 잡석
seer [síːər] *n.* 선견자
thicket [θíkit] *n.* 덤불
transgression [trænsgréʃən] *n.* 범죄

3:3 **chop up**: 잘게 썰다
3:5 **as for...**: …은 어떤가 하면
3:5 **lead astray**: 나쁜 길로 이끌다
3:6 **come over**: 덮치다
3:8 **be filled with...**: …으로 가득차다
3:11 **tell fortune**: 점치다

그리로 몰려갈 것이라
2 곧 많은 이방 사람들이 가며 이르기
를 오라 우리가 여호와의 산에 올라
가서 야곱의 하나님의 전에 이르자
그가 그의 도를 가지고 우리에게 가
르치실 것이니라 우리가 그의 길로
행하리라 하리니 이는 율법이 시온
에서부터 나올 것이요 여호와의 말
씀이 예루살렘에서부터 나올 것임
이라
3 그가 많은 민족들 사이의 일을 심판
하시며 먼 곳 강한 이방 사람을 판결
하시리니 무리가 그 칼을 쳐서 보습
을 만들고 창을 쳐서 낫을 만들 것이
며 이 나라와 저 나라가 다시는 칼을
들고 서로 치지 아니하며 다시는 전
쟁을 연습하지 아니하고
4 각 사람이 자기 포도나무 아래와 자
기 무화과나무 아래에 앉을 것이라
그들을 두렵게 할 자가 없으리니 이
는 만군의 여호와의 입이 이같이 말
씀하셨음이라
5 만민이 각각 자기의 신의 이름을 의
지하여 행하되 오직 우리는 우리 하
나님 여호와의 이름을 의지하여 영
원히 행하리로다

미

이스라엘이 포로에서 돌아오리라

6 ●여호와께서 말씀하시되 그날에는
내가 저는 자를 모으며 쫓겨난 자와
내가 환난 받게 한 자를 모아
7 발을 저는 자는 남은 백성이 되게 하
며 멀리 쫓겨났던 자들이 강한 나라
가 되게 하고 나 여호와가 시온 산에
서 이제부터 영원까지 그들을 다스
리리라 하셨나니
8 너 양 떼의 망대요 딸 시온의 산이여
이전 권능 곧 딸 예루살렘의 나라가
네게로 돌아오리라
9 ●이제 네가 어찌하여 부르짖느냐
너희 중에 왕이 없어졌고 네 모사가
죽었으므로 네가 해산하는 여인처
럼 고통함이냐
10 딸 시온이여 해산하는 여인처럼 힘
들여 낳을지어다 이제 네가 성읍에
서 나가서 들에 거주하며 또 바벨론
까지 이르러 거기서 구원을 얻으리
니 여호와께서 거기서 너를 네 원수

and peoples will stream to it.
2 •Many nations will come and say,
"Come, let us go up to the mountain of the LORD,
to the temple of the God of Jacob.
He will teach us his ways,
so that we may walk in his paths."
The law will go out from Zion,
the word of the LORD from Jerusalem.
3 •He will judge between many peoples
and will settle disputes for strong nations far
and wide.
They will beat their swords into plowshares
and their spears into pruning hooks.
Nation will not take up sword against nation,
nor will they train for war anymore.
4 •Everyone will sit under their own vine
and under their own fig tree,
and no one will make them afraid,
for the LORD Almighty has spoken.
5 •All the nations may walk
in the name of their gods,
but we will walk in the name of the LORD
our God for ever and ever.

The LORD's Plan

6 •"In that day," declares the LORD,
"I will gather the lame;
I will assemble the exiles
and those I have brought to grief.
7 •I will make the lame my remnant,
those driven away a strong nation.
The LORD will rule over them in Mount Zion
from that day and forever.
8 •As for you, watchtower of the flock,
stronghold[a] of Daughter Zion,
the former dominion will be restored to you;
kingship will come to Daughter
Jerusalem."
9 •Why do you now cry aloud—
have you no king[b]?
Has your ruler[c] perished,
that pain seizes you like that of a woman in
labor?
10 •Writhe in agony, Daughter Zion,
like a woman in labor,
for now you must leave the city
to camp in the open field.
You will go to Babylon;
there you will be rescued.
There the LORD will redeem you
out of the hand of your enemies.

[a]8 Or *hill* [b]9 Or *King* [c]9 Or *Ruler*

agony [ǽgəni] *n.* 심한 고통
assemble [əsémbl] *vt.* 모으다
dispute [dispjú:t] *n.* 논쟁, 싸움
dominion [dəmínjən] *n.* 지배
exile [égzail] *n.* 추방자
hook [huk] *n.* 갈고리, 낫
lame [leim] *a.* 절름발이의
perish [périʃ] *vi.* 죽다
plowshare [pláuʃὲər] *n.* 보습
prune [pru:n] *vt.* 가지치다
redeem [ridí:m] *vt.* 구해내다
settle [sétl] *vt.* 해결하다
spear [spiər] *n.* 창
stronghold [strɔ́:ŋhòuld] *n.* 요새, 성채
watchtower [wátʃtàuər] *n.* 망대

4:3 take up: 집어 올리다
4:6 bring to grief: 파멸시키다
4:7 drive away: 떠나다
4:7 rule over...: …을 지배하다
4:8 as for...: …에 관하여 말하자면
4:10 writhe in agony: 괴로워 몸부림치다

들의 손에서 속량하여 내시리라
11 이제 많은 이방 사람들이 모여서 너
를 치며 이르기를 시온이 더럽게 되
며 그것을 우리 눈으로 바라보기를
원하노라 하거니와 옵 1:12
12 그들이 여호와의 뜻을 알지 못하며
그의 계획을 깨닫지 못한 것이라 여
호와께서 곡식 단을 타작마당에 모
음같이 그들을 모으셨나니
13 딸 시온이여 일어나서 칠지어다 내
가 네 뿔을 무쇠 같게 하며 네 굽을
놋 같게 하리니 네가 여러 백성을 쳐
서 깨뜨릴 것이라 네가 그들의 탈취
물을 구별하여 여호와께 드리며 그
들의 재물을 온 땅의 주께 돌리리라

5 딸 군대여 너는 떼를 모을지어다
그들이 우리를 에워쌌으니 막대
기로 이스라엘 재판자의 뺨을 치리
로다

베들레헴에서 다스릴 자가 나오리라
(♪ 67, 69장)

2 ●베들레헴 에브라다야 너는 유다
[1]족속 중에 작을지라도 이스라엘을
다스릴 자가 네게서 내게로 나올 것
이라 그의 근본은 상고에, 영원에
있느니라
3 그러므로 여인이 해산하기까지 그
들을 붙여 두시겠고 그 후에는 그의
형제 가운데에 남은 자가 이스라엘
자손에게로 돌아오리니
4 그가 여호와의 능력과 그의 하나님
여호와의 이름의 위엄을 의지하고
서서 목축하니 그들이 거주할 것이
라 이제 그가 창대하여 땅끝까지 미
치리라
5 이 사람은 평강이 될 것이라 앗수르
사람이 우리 땅에 들어와서 우리 궁
들을 밟을 때에는 우리가 일곱 목자
와 여덟 군왕을 일으켜 그를 치리니
6 그들이 칼로 앗수르 땅을 황폐하게
하며 니므롯 땅 어귀를 황폐하게 하
리라 앗수르 사람이 우리 땅에 들어
와서 우리 지경을 밟을 때에는 그가
우리를 그에게서 건져내리라
7 야곱의 남은 자는 많은 백성 가운데
있으리니 그들은 여호와께로부터
내리는 이슬 같고 풀 위에 내리는 단

1) 히, 천천

11 ●But now many nations
are gathered against you.
They say, "Let her be defiled,
let our eyes gloat over Zion!"
12 ●But they do not know
the thoughts of the LORD;
they do not understand his plan,
that he has gathered them like sheaves to the
threshing floor.
13 ●"Rise and thresh, Daughter Zion,
for I will give you horns of iron;
I will give you hooves of bronze,
and you will break to pieces many nations."
You will devote their ill-gotten gains to the LORD,
their wealth to the Lord of all the earth.

A Promised Ruler From Bethlehem

5 [a]Marshal your troops now, city of troops,
for a siege is laid against us.
They will strike Israel's ruler
on the cheek with a rod.

2 ●"But you, Bethlehem Ephrathah,
though you are small among the clans [b]
of Judah,
out of you will come for me
one who will be ruler over Israel,
whose origins are from of old,
from ancient times."
3 ●Therefore Israel will be abandoned
until the time when she who is in labor
bears a son,
and the rest of his brothers return
to join the Israelites.
4 ●He will stand and shepherd his flock
in the strength of the LORD,
in the majesty of the name of the LORD his God.
And they will live securely, for then his greatness
will reach to the ends of the earth.
5 ●And he will be our peace
when the Assyrians invade our land
and march through our fortresses.
We will raise against them seven shepherds,
even eight commanders,
6 ●who will rule [c] the land of Assyria with the sword,
the land of Nimrod with drawn sword. [d]
He will deliver us from the Assyrians
when they invade our land
and march across our borders.
7 ●The remnant of Jacob will be

[a]In Hebrew texts 5:1 is numbered 4:14, and 5:2-15 is numbered 5:1-14. [b]2 Or *rulers* [c]6 Or *crush* [d]6 Or *Nimrod in its gates*

미

abandon [əbǽndən] *vt.* 내주다
clan [klæn] *n.* 족속
defile [difáil] *vt.* 더럽히다
devote [divóut] *vt.* 바치다
gloat [glout] *vi.* 고소한 듯 바라보다
ill-gotten [ílgátn] *a.* 부정하게 얻은
invade [invéid] *vt.* 침략하다
march [ma:rtʃ] *vi.* 행군하다, 진격하다
remnant [rémnənt] *n.* 남은 자
securely [sikjúərli] *ad.* 안전하게
sheaf [ʃi:f] *n.* (곡물의) 단
shepherd [ʃépərd] *vt.* 인도하다
siege [si:dʒ] *n.* 포위 공격
thresh [θreʃ] *vt.* 타작하다
troop [trú:p] *n.* 군대

4:13 break to pieces: 산산조각내다
5:3 be in labor: 분만 중이다
5:3 return to...: …에게로 돌아오다
5:4 to the end: 끝까지
5:6 with a drawn sword: 칼을 빼들고
5:6 deliver from...: …에서 구하다

비 같아서 사람을 기다리지 아니하
며 인생을 기다리지 아니할 것이며
8 야곱의 남은 자는 여러 나라 가운데
와 많은 백성 가운데에 있으리니 그
들은 수풀의 짐승들 중의 사자 같고
양 떼 중의 젊은 사자 같아서 만일
그가 지나간즉 밟고 찢으리니 능히
구원할 자가 없을 것이라
9 네 손이 네 대적들 위에 들려서 네
모든 원수를 진멸하기를 바라노라

심판 (♪ 235, 249장)

10 ●여호와께서 이르시되 그날에 이
르러는 내가 네 군마를 네 가운데에
서 멸절하며 네 병거를 부수며
11 네 땅의 성읍들을 멸하며 네 모든 견
고한 성을 무너뜨릴 것이며 암 5:9
12 내가 또 복술을 네 손에서 끊으리니
네게 다시는 점쟁이가 없게 될 것이며
13 내가 네가 새긴 우상과 주상을 너희
가운데에서 멸절하리니 네가 네 손
으로 만든 것을 다시는 섬기지 아니
하리라
14 내가 또 네 아세라 목상을 너희 가운
데에서 빼버리고 네 성읍들을 멸할
것이며
15 내가 또 진노와 분노로 순종하지 아
니한 나라에 갚으리라 하셨느니라

여호와께서 이스라엘과 변론하시다

6 너희는 여호와의 말씀을 들을지어
다 너는 일어나서 산을 향하여 변
론하여 작은 산들이 네 목소리를 듣
게 하라 하셨나니
2 너희 산들과 땅의 견고한 지대들아
너희는 여호와의 변론을 들으라 여
호와께서 자기 백성과 변론하시며
이스라엘과 변론하실 것이라
3 이르시기를 내 백성아 내가 무엇을 네
게 행하였으며 무슨 일로 너를 괴롭게
하였느냐 너는 내게 증언하라 렘 2:5
4 내가 너를 애굽 땅에서 인도해 내어
종노릇하는 집에서 속량하였고 모
세와 아론과 미리암을 네 앞에 보냈
느니라
5 내 백성아 너는 모압 왕 발락이 꾀한
것과 브올의 아들 발람이 그에게 대
답한 것을 기억하며 싯딤에서부터
길갈까지의 일을 기억하라 그리하

in the midst of many peoples
like dew from the LORD,
like showers on the grass,
which do not wait for anyone
or depend on man.
8 ●The remnant of Jacob will be among the nations,
in the midst of many peoples,
like a lion among the beasts of the forest,
like a young lion among flocks of sheep,
which mauls and mangles as it goes,
and no one can rescue.
9 ●Your hand will be lifted up in triumph over
your enemies,
and all your foes will be destroyed.
10 ●"In that day," declares the LORD,
"I will destroy your horses from among you
and demolish your chariots.
11 ●I will destroy the cities of your land
and tear down all your strongholds.
12 ●I will destroy your witchcraft
and you will no longer cast spells.
13 ●I will destroy your idols
and your sacred stones from among you;
you will no longer bow down
to the work of your hands.
14 ●I will uproot from among you your Asherah
poles[a]
when I demolish your cities.
15 ●I will take vengeance in anger and wrath
on the nations that have not obeyed me."

The LORD's Case Against Israel

6 Listen to what the LORD says:

"Stand up, plead my case before the mountains;
let the hills hear what you have to say.
2 ●"Hear, you mountains, the LORD's accusation;
listen, you everlasting foundations of the earth.
For the LORD has a case against his people;
he is lodging a charge against Israel.
3 ●"My people, what have I done to you?
How have I burdened you? Answer me.
4 ●I brought you up out of Egypt
and redeemed you from the land of slavery.
I sent Moses to lead you,
also Aaron and Miriam.
5 ●My people, remember
what Balak king of Moab plotted
and what Balaam son of Beor answered.
Remember your journey from Shittim to

[a]14 That is, wooden symbols of the goddess Asherah

accusation [ækjuzéiʃən] *n.* 고소
burden [bə́:rdn] *vt.* 짐을 지우다
demolish [dimáliʃ] *vt.* 쳐부수다
dew [dju:] *n.* 이슬
everlasting [èvərlǽstiŋ] *a.* 영속하는
foe [fou] *n.* 적
mangle [mǽŋgl] *vt.* 난도질하다
maul [mɔ:l] *vt.* (상처가 나도록)치다
plead [pli:d] *vi.* 변론하다
plot [plat] *vi.* 음모를 꾸미다
redeem [ridí:m] *vt.* 구제하다
slavery [sléivəri] *n.* 노예 상태
triumph [tráiəmf] *n.* 승리
witchcraft [wítʃkræ̀ft] *n.* 마술
wrath [ræθ] *n.* 분노

5:7 in the midst of...: …의 가운데에
5:11 tear down: 헐다, 부수다
5:14 uproot from...: …로부터 몰아내다
5:15 take vengeance: 복수하다
6:2 lodge a charge against...: …를 상대로 소송을 제기하다

면 나 여호와가 공의롭게 행한 일을
알리라 하실 것이니라

여호와께서 구하시는 것

6 ●내가 무엇을 가지고 여호와 앞에 나
아가며 높으신 하나님께 경배할까 내
가 번제물로 일 년 된 송아지를 가지
고 그 앞에 나아갈까
7 여호와께서 천천의 숫양이나 만만의
강물 같은 기름을 기뻐하실까 내 허물
을 위하여 내 맏아들을, 내 영혼의 죄
로 말미암아 내 몸의 열매를 드릴까
8 사람아 주께서 선한 것이 무엇임을 네
게 보이셨나니 여호와께서 네게 구하
시는 것은 오직 정의를 행하며 인자를
사랑하며 겸손하게 네 하나님과 함께
행하는 것이 아니냐
9 ●여호와께서 성읍을 향하여 외쳐 부르
시나니 지혜는 주의 이름을 경외함이니
라 너희는 매가 예비되었나니 그것을
정하신 이가 누구인지 들을지니라
10 악인의 집에 아직도 불의한 재물이 있
느냐 축소시킨 가증한 에바가 있느냐
11 내가 만일 부정한 저울을 썼거나 주머
니에 거짓 저울추를 두었으면 깨끗하
겠느냐 호 12:7
12 그 부자들은 강포가 가득하였고 그 주
민들은 거짓을 말하니 그 혀가 입에서
거짓되도다
13 그러므로 나도 너를 쳐서 병들게 하였
으며 네 죄로 말미암아 너를 황폐하게
하였나니
14 네가 먹어도 배부르지 못하고 항상 속
이 빌 것이며 네가 감추어도 보존되지
못하겠고 보존된 것은 내가 칼에 붙일
것이며
15 네가 씨를 뿌려도 추수하지 못할 것이
며 감람 열매를 밟아도 기름을 네 몸
에 바르지 못할 것이며 포도를 밟아도
술을 마시지 못하리라
16 너희가 오므리의 율례와 아합 집의 모
든 예법을 지키고 그들의 전통을 따르
니 내가 너희를 황폐하게 하며 그의
주민을 사람의 조소거리로 만들리라
너희가 내 백성의 수욕을 담당하리라

이스라엘의 부패 — B.C. 700년경

7 재앙이로다 나여 나는 여름 과일을
딴 후와 포도를 거둔 후 같아서 먹을

Gilgal,
that you may know the righteous acts of the
LORD."

6 ●With what shall I come before the LORD
and bow down before the exalted God?
Shall I come before him with burnt offerings,
with calves a year old?
7 ●Will the LORD be pleased with thousands of rams,
with ten thousand rivers of olive oil?
Shall I offer my firstborn for my transgression,
the fruit of my body for the sin of my soul?
8 ●He has shown you, O mortal, what is good.
And what does the LORD require of you?
To act justly and to love mercy
and to walk humbly[a] with your God.

Israel's Guilt and Punishment

9 ●Listen! The LORD is calling to the city—
and to fear your name is wisdom—
"Heed the rod and the One who appointed it.[b]
10 ●Am I still to forget your ill-gotten treasures,
you wicked house,
and the short ephah,[c] which is accursed?
11 ●Shall I acquit someone with dishonest scales,
with a bag of false weights?
12 ●Your rich people are violent;
your inhabitants are liars
and their tongues speak deceitfully.
13 ●Therefore, I have begun to destroy you,
to ruin[d] you because of your sins.
14 ●You will eat but not be satisfied;
your stomach will still be empty.[e]
You will store up but save nothing,
because what you save[f] I will give to the sword.
15 ●You will plant but not harvest;
you will press olives but not use the oil,
you will crush grapes but not drink the wine.
16 ●You have observed the statutes of Omri
and all the practices of Ahab's house;
you have followed their traditions.
Therefore I will give you over to ruin
and your people to derision;
you will bear the scorn of the nations.[g]"

Israel's Misery

7 What misery is mine!
I am like one who gathers summer fruit
at the gleaning of the vineyard;

[a]8 Or *prudently* [b]9 The meaning of the Hebrew for this line is uncertain. [c]10 An ephah was a dry measure. [d]13 Or *Therefore, I will make you ill and destroy you; / I will ruin* [e]14 The meaning of the Hebrew for this word is uncertain. [f]14 Or *You will press toward birth but not give birth, / and what you bring to birth* [g]16 Septuagint; Hebrew *scorn due my people*

accursed [əkə́:rsid] *a.* 저주받은
acquit [əkwít] *vt.* 무죄로 하다
deceitfully [disí:tfəli] *ad.* 사기로
derision [diríʒən] *n.* 웃음거리
exalt [igzɔ́:lt] *vt.* 높이다
firstborn [fə́:rstbɔ̀:rn] *n.* 맏아들
gleaning [glí:niŋ] *n.* 주워 모은 것
harvest [há:rvist] *vt.* 수확하다
inhabitant [inhǽbətənt] *n.* 거주민
observe [əbzə́:rv] *vt.* 준수하다
require [rikwáiər] *vt.* 요구하다
ruin [rú:in] *n.* 황폐
scorn [skɔ:rn] *n.* 멸시
statute [stǽtʃu:t] *n.* 법률, 율례
transgression [trænsgréʃən] *n.* (종교적) 죄

6:5 that you may...: …하기 위하여
6:7 be pleased with...: …를 기뻐하다
6:14 store up: 저장하다
6:16 follow one's tradition: …의 전통을 따르다
6:16 give over to...: …에 넘기다

포도송이가 없으며 내 마음에 사모
하는 처음 익은 무화과가 없도다
2 경건한 자가 세상에서 끊어졌고 정
직한 자가 사람들 가운데 없도다 무
리가 다 피를 흘리려고 매복하며 각
기 그물로 형제를 잡으려 하고
3 두 손으로 악을 부지런히 행하는도
다 그 지도자와 재판관은 뇌물을 구
하며 권세자는 자기 마음의 욕심을
말하며 그들이 서로 결합하니
4 그들의 가장 선한 자라도 가시 같고
가장 정직한 자라도 찔레 울타리보
다 더하도다 [1]그들의 파수꾼들의 날
곧 [1]그들 가운데에 형벌의 날이 임하
였으니 이제는 그들이 요란하리로다
5 너희는 이웃을 믿지 말며 친구를 의
지하지 말며 네 품에 누운 여인에게
라도 네 입의 문을 지킬지어다
6 아들이 아버지를 멸시하며 딸이 어
머니를 대적하며 며느리가 시어머
니를 대적하리니 사람의 원수가 곧
자기의 집안 사람이리로다

구원하시는 하나님

7 ● 오직 나는 여호와를 우러러보며
나를 구원하시는 하나님을 바라보
나니 나의 하나님이 나에게 귀를 기
울이시리로다
8 나의 대적이여 나로 말미암아 기뻐
하지 말지어다 나는 엎드러질지라
도 일어날 것이요 어두운 데에 앉을
지라도 여호와께서 나의 빛이 되실
것임이로다
9 내가 여호와께 범죄하였으니 그의
진노를 당하려니와 마침내 주께서
나를 위하여 논쟁하시고 심판하시
며 주께서 나를 인도하사 광명에 이
르게 하시리니 내가 그의 공의를 보
리로다
10 나의 대적이 이것을 보고 부끄러워
하리니 그는 전에 내게 말하기를 네
하나님 여호와가 어디 있느냐 하던
[2]자라 그가 거리의 진흙같이 밟히리
니 그것을 내가 보리로다 슥 10:5
11 네 성벽을 건축하는 날 곧 그날에는
지경이 넓혀질 것이라
12 그날에는 앗수르에서 애굽 성읍들
에까지, 애굽에서 강까지, 이 바다에

there is no cluster of grapes to eat,
none of the early figs that I crave.
2 ●The faithful have been swept from the land;
not one upright person remains.
Everyone lies in wait to shed blood;
they hunt each other with nets.
3 ●Both hands are skilled in doing evil;
the ruler demands gifts,
the judge accepts bribes,
the powerful dictate what they desire—
they all conspire together.
4 ●The best of them is like a brier,
the most upright worse than a thorn hedge.
The day God visits you has come,
the day your watchmen sound the alarm.
Now is the time of your confusion.
5 ●Do not trust a neighbor;
put no confidence in a friend.
Even with the woman who lies in your embrace
guard the words of your lips.
6 ●For a son dishonors his father,
a daughter rises up against her mother,
a daughter-in-law against her mother-in-law—
a man's enemies are the members of his
own household.
7 ●But as for me, I watch in hope for the LORD,
I wait for God my Savior;
my God will hear me.

Israel Will Rise

8 ●Do not gloat over me, my enemy!
Though I have fallen, I will rise.
Though I sit in darkness,
the LORD will be my light.
9 ●Because I have sinned against him,
I will bear the LORD's wrath,
until he pleads my case
and upholds my cause.
He will bring me out into the light;
I will see his righteousness.
10 ●Then my enemy will see it
and will be covered with shame,
she who said to me,
"Where is the LORD your God?"
My eyes will see her downfall;
even now she will be trampled underfoot
like mire in the streets.
11 ●The day for building your walls will come,
the day for extending your boundaries.
12 ●In that day people will come to you
from Assyria and the cities of Egypt,

1) 히, 너 2) 히, 여자

boundary [báundəri] *n.* 경계
bribe [braib] *n.* 뇌물
cluster [klʌ́stər] *n.* (포도)송이
confidence [kánfədəns] *n.* 신뢰
conspire [kənspáiər] *vi.* 공모하다
dictate [díkteit] *vt.* 지령하다, 명령하다
dishonor [disánər] *vt.* 명예를 손상시키다
downfall [dáunfɔ̀:l] *n.* 몰락
embrace [imbréis] *n.* 포옹
extend [iksténd] *vi.* 넓어지다
hedge [hedʒ] *n.* 울타리
mire [maiər] *n.* 수렁
thorn [θɔ:rn] *n.* 가시
trample [trǽmpl] *vt.* 짓밟다
upright [ʌ́prài̇t] *a.* 정직한

7:2 lie in wait: 숨어서 기다리다
7:3 be skilled in...: …하는 것에 능숙하다
7:8 gloat over: (남의 불행 등을) 고소한 듯이 바라보다
7:9 plead one's case: …의 소송 사건을 변론하다

서 저 바다까지, 이 산에서 저 산까
지의 사람들이 네게로 돌아올 것이
나
13 그 땅은 그 주민의 행위의 열매로 말
미암아 황폐하리로다

기도와 찬양 (♪214, 279장)

14 ● 원하건대 주는 주의 지팡이로 주
의 백성 곧 갈멜 속 삼림에 홀로 거
주하는 주의 기업의 양 떼를 먹이시
되 그들을 옛날같이 바산과 길르앗
에서 먹이시옵소서
15 이르시되 네가 애굽 땅에서 나오던
날과 같이 내가 그들에게 이적을 보
이리라 하셨느니라
16 이르되 여러 나라가 보고 자기의 세
력을 부끄러워하여 손으로 그 입을
막을 것이요 귀는 막힐 것이며
17 그들이 뱀처럼 티끌을 핥으며 땅에
기는 벌레처럼 떨며 그 좁은 구멍에
서 나와서 두려워하며 우리 하나님
여호와께로 돌아와서 주로 말미암
아 두려워하리이다
18 ● 주와 같은 신이 어디 있으리이까
주께서는 죄악과 그 기업에 남은 자
의 허물을 사유하시며 인애를 기뻐
하시므로 진노를 오래 품지 아니하
시나이다
19 다시 우리를 불쌍히 여기셔서 우리
의 죄악을 발로 밟으시고 우리의
모든 죄를 깊은 바다에 던지시리이
다

렘 50:20

20 주께서 옛적에 우리 조상들에게 맹
세하신 대로 야곱에게 성실을 베푸
시며 아브라함에게 인애를 더하시
리이다

even from Egypt to the Euphrates
and from sea to sea
and from mountain to mountain.
13 ● The earth will become desolate because of its
inhabitants,
as the result of their deeds.

Prayer and Praise

14 ● Shepherd your people with your staff,
the flock of your inheritance,
which lives by itself in a forest,
in fertile pasturelands.[a]
Let them feed in Bashan and Gilead
as in days long ago.
15 ● "As in the days when you came out of Egypt,
I will show them my wonders."
16 ● Nations will see and be ashamed,
deprived of all their power.
They will put their hands over their mouths
and their ears will become deaf.
17 ● They will lick dust like a snake,
like creatures that crawl on the ground.
They will come trembling out of their dens;
they will turn in fear to the LORD our God
and will be afraid of you.
18 ● Who is a God like you,
who pardons sin and forgives the transgression
of the remnant of his inheritance?
You do not stay angry forever
but delight to show mercy.
19 ● You will again have compassion on us;
you will tread our sins underfoot
and hurl all our iniquities into the depths of
the sea.
20 ● You will be faithful to Jacob,
and show love to Abraham,
as you pledged on oath to our ancestors
in days long ago.

[a]14 Or *in the middle of Carmel*

ashamed [əʃéimd] *a.* 부끄러워
deaf [def] *a.* 들으려고 하지 않는
deed [diːd] *n.* 행위
den [den] *n.* 소굴, 동굴
desolate [désələt] *a.* 황폐한
fertile [fəːrtl] *a.* 비옥한
inhabitant [inhǽbətənt] *n.* 거주자
inheritance [inhérətəns] *n.* 유업
iniquity [iníkwəti] *n.* 죄악
lick [lik] *vt.* 핥다
pastureland [pǽstʃərlæ̀nd] *n.* 목초지
remnant [rémnənt] *n.* 남은 자
result [rizʌ́lt] *n.* 결과
transgression [trænsgréʃən] *n.* (종교적) 죄
tremble [trémbl] *vi.* 떨다

7:14 by oneself: 홀로
7:16 deprive of...: …을 빼앗다
7:17 crawl on...: …을 기어가다
7:17 be afraid of...: …을 두려워하다
7:20 pledge to...: …에게 맹세하다
7:20 in days long ago: 오래 전 시대에

나훔 | Nahum

● 저자 _ 나훔 ● 저작 연대 _ B.C. 663–612년 사이 ● 기록 장소 _ 유다 ● 기록 대상 _ 앗수르 민족과 니느웨 성 백성,유다 백성 ● 핵심어 및 내용 _ 핵심어는 '막강한 힘'과 '위로'이다.

인간의 눈으로 볼 때 니느웨는 막강한 성이었지만 나훔은 계속해서 그의 백성들에게 위로의 말을 선포했다.

1 니느웨에 대한 경고 곧 엘고스 사람
나훔의 묵시의 글이라

니느웨에 대한 여호와의 진노

2 ●여호와는 질투하시며 보복하시는
하나님이시니라 여호와는 보복하시
며 진노하시되 자기를 거스르는 자
에게 여호와는 보복하시며 자기를
대적하는 자에게 진노를 품으시며
3 여호와는 노하기를 더디하시며 권능
이 크시며 벌 받을 자를 결코 내버려
두지 아니하시느니라 여호와의 길은
회오리바람과 광풍에 있고 구름은
그의 발의 티끌이로다
4 그는 바다를 꾸짖어 그것을 말리시며
모든 강을 말리시나니 바산과 갈멜이
쇠하며 레바논의 꽃이 시드는도다
5 그로 말미암아 산들이 진동하며 작
은 산들이 녹고 그 앞에서는 땅 곧 세
계와 그 가운데에 있는 모든 것들이
솟아오르는도다
6 누가 능히 그의 분노 앞에 서며 누가
능히 그의 진노를 감당하랴 그의 진
노가 불처럼 쏟아지니 그로 말미암
아 바위들이 깨지는도다
7 여호와는 선하시며 환난 날에 산성
이시라 그는 자기에게 피하는 자들
을 아시느니라
8 그가 범람하는 물로 그곳을 진멸하
시고 자기 대적들을 흑암으로 쫓아
내시리라
9 ●너희는 여호와께 대하여 무엇을
꾀하느냐 그가 온전히 멸하시리니
재난이 다시 일어나지 아니하리라
10 가시덤불같이 엉크러졌고 술을 마신
것같이 취한 그들은 마른 지푸라기
같이 모두 탈 것이거늘
11 여호와께 악을 꾀하는 한 사람이 너
희 중에서 나와서 사악한 것을 권하
는도다 겔 11:2
12 여호와께서 이같이 말씀하시기를 그
들이 비록 강하고 많을지라도 반드
시 멸절을 당하리니 그가 없어지리

1 A prophecy concerning Nineveh. The book of
the vision of Nahum the Elkoshite.

The LORD's Anger Against Nineveh

2 ●The LORD is a jealous and avenging God;
the LORD takes vengeance and is filled with
wrath.
The LORD takes vengeance on his foes
and vents his wrath against his enemies.
3 ●The LORD is slow to anger but great in power;
the LORD will not leave the guilty unpunished.
His way is in the whirlwind and the storm,
and clouds are the dust of his feet.
4 ●He rebukes the sea and dries it up;
he makes all the rivers run dry.
Bashan and Carmel wither
and the blossoms of Lebanon fade.
5 ●The mountains quake before him
and the hills melt away.
The earth trembles at his presence,
the world and all who live in it.
6 ●Who can withstand his indignation?
Who can endure his fierce anger?
His wrath is poured out like fire;
the rocks are shattered before him.
7 ●The LORD is good,
a refuge in times of trouble.
He cares for those who trust in him,
8 ● but with an overwhelming flood
he will make an end of Nineveh;
he will pursue his foes into the realm of darkness.
9 ●Whatever they plot against the LORD
he will bring[a] to an end;
trouble will not come a second time.
10 ●They will be entangled among thorns
and drunk from their wine;
they will be consumed like dry stubble.[b]
11 ●From you, Nineveh, has one come forth
who plots evil against the LORD
and devises wicked plans.
12 ●This is what the LORD says:
"Although they have allies and are numerous,
they will be destroyed and pass away.
Although I have afflicted you, Judah,
I will afflict you no more.

[a]9 Or *What do you foes plot against the LORD? / He will bring it*
[b]10 The meaning of the Hebrew for this verse is uncertain.

라 내가 전에는 너를 괴롭혔으나 다
시는 너를 괴롭히지 아니할 것이라
13 이제 네게 지운 그의 멍에를 내가 깨
뜨리고 네 결박을 끊으리라
14 ●나 여호와가 네게 대하여 명령하
였나니 네 이름이 다시는 전파되지
않을 것이라 내가 네 신들의 집에서
새긴 우상과 부은 우상을 멸절하며
네 무덤을 준비하리니 이는 네가 쓸
모없게 되었음이라
15 ●볼지어다 아름다운 소식을 알리
고 화평을 전하는 자의 발이 산 위에
있도다 유다야 네 절기를 지키고 네
서원을 갚을지어다 악인이 진멸되
었으니 그가 다시는 네 가운데로 통
행하지 아니하리로다 하시니라

니느웨의 멸망

2 파괴하는 자가 너를 치러 올라왔
나니 너는 산성을 지키며 길을 파
수하며 네 허리를 견고히 묶고 네 힘
을 크게 굳게 할지어다
2 여호와께서 야곱의 영광을 회복하
시되 이스라엘의 영광 같게 하시나
니 이는 약탈자들이 약탈하였고 또
그들의 포도나무 가지를 없이 하였
음이라
3 그의 용사들의 방패는 붉고 그의 무
사들의 옷도 붉으며 그 항오를 벌이
는 날에 병거의 쇠가 번쩍이고 노송
나무 창이 요동하는도다
4 그 병거는 미친 듯이 거리를 달리며
대로에서 이리저리 빨리 달리니 그
모양이 횃불 같고 빠르기가 번개 같
도다
5 그가 그의 존귀한 자들을 생각해내
니 그들이 엎드러질 듯이 달려서 급
히 성에 이르러 막을 것을 준비하도
다
6 강들의 수문이 열리고 왕궁이 소멸
되며
7 정한 대로 왕후가 벌거벗은 몸으
로 끌려가니 그 모든 시녀들이 가
슴을 치며 비둘기같이 슬피 우는
도다 사 59:11
8 ●니느웨는 예로부터 물이 모인 못
같더니 이제 모두 도망하니 서라 서
라 하나 돌아보는 자가 없도다

13 ●Now I will break their yoke from your neck
and tear your shackles away."
14 ●The LORD has given a command concerning
you, Nineveh:
"You will have no descendants to bear your name.
I will destroy the images and idols
that are in the temple of your gods.
I will prepare your grave,
for you are vile."
15 ●Look, there on the mountains,
the feet of one who brings good news,
who proclaims peace!
Celebrate your festivals, Judah,
and fulfill your vows.
No more will the wicked invade you;
they will be completely destroyed.[a]

Nineveh to Fall

2 [b] An attacker advances against you, Nineveh.
Guard the fortress,
watch the road,
brace yourselves,
marshal all your strength!
2 ●The LORD will restore the splendor of Jacob
like the splendor of Israel,
though destroyers have laid them waste
and have ruined their vines.
3 ●The shields of the soldiers are red;
the warriors are clad in scarlet.
The metal on the chariots flashes
on the day they are made ready;
the spears of juniper are brandished.[c]
4 ●The chariots storm through the streets,
rushing back and forth through the squares.
They look like flaming torches;
they dart about like lightning.
5 ●Nineveh summons her picked troops,
yet they stumble on their way.
They dash to the city wall;
the protective shield is put in place.
6 ●The river gates are thrown open
and the palace collapses.
7 ●It is decreed[d] that Nineveh
be exiled and carried away.
Her female slaves moan like doves
and beat on their breasts.
8 ●Nineveh is like a pool
whose water is draining away.
"Stop! Stop!" they cry,
but no one turns back.

[a]15 In Hebrew texts this verse (1:15) is numbered 2:1. [b]In Hebrew texts 2:1-13 is numbered 2:2-14. [c]3 Hebrew; Septuagint and Syriac *ready; / the horsemen rush to and fro.* [d]7 The meaning of the Hebrew for this word is uncertain.

brace [breis] *vt.* 버팀대로 받치다
brandish [brǽndiʃ] *vt.* 휘두르다
chariot [tʃǽriət] *n.* 이륜 전차
dart [daːrt] *vi.* 날쌔게 움직이다
fortress [fɔ́ːrtris] *n.* 산성, 요새
marshal [máːrʃəl] *vt.* 정렬시키다
proclaim [proukléim] *vt.* 전파하다
protective [prətéktiv] *a.* 방어하는
scarlet [skáːrlit] *n.* 진홍색
shackle [ʃǽkl] *n.* 쇠고랑
shield [ʃiːld] *n.* 방패, 보호물
splendor [spléndər] *n.* 광채
stumble [stʌmbl] *vi.* 넘어지다
torch [tɔːrtʃ] *n.* 횃불
vile [vail] *a.* 천한

1:15 no more: 다시는 …않다
2:2 lay waste: 황폐시키다
2:5 put in: 수행하다
2:7 carry away: 가져가 버리다
2:8 drain away: 유출시키다
2:8 turn back: 되돌아가다

9 은을 노략하라 금을 노략하라 그 저축
한 것이 무한하고 아름다운 기구가 풍
부함이니라
10 니느웨가 공허하였고 황폐하였도다
주민이 낙담하여 그 무릎이 서로 부딪
히며 모든 허리가 아프게 되며 모든 낯
이 빛을 잃도다
11 이제 사자의 굴이 어디냐 젊은 사자가
먹을 곳이 어디냐 전에는 수사자 암사
자가 그 새끼 사자와 함께 거기서 다니
되 그것들을 두렵게 할 자가 없었으며
12 수사자가 그 새끼를 위하여 먹이를 충
분히 찢고 그의 암사자들을 위하여 움
켜 사냥한 것으로 그 굴을 채웠고 찢은
것으로 그 구멍을 채웠었도다
13 만군의 여호와의 말씀에 내가 네 대적
이 되어 네 병거들을 불살라 연기가 되
게 하고 네 젊은 사자들을 칼로 멸할
것이며 내가 또 네 노략한 것을 땅에서
끊으리니 네 파견자의 목소리가 다시
는 들리지 아니하리라 하셨느니라

3 화 있을진저 피의 성이여 그 안에는
거짓이 가득하고 포악이 가득하며
탈취가 떠나지 아니하는도다 겔 24:6,9
2 휘휙 하는 채찍 소리, 윙윙 하는 병거
바퀴 소리, 뛰는 말, 달리는 병거,
3 충돌하는 기병, 번쩍이는 칼, 번개 같
은 창, 죽임당한 자의 떼, 주검의 큰 무
더기, 무수한 시체여 사람이 그 시체에
걸려 넘어지니
4 이는 마술에 능숙한 미모의 음녀가 많
은 음행을 함이라 그가 그의 음행으로
여러 나라를 미혹하고 그의 마술로 여
러 족속을 미혹하느니라
5 보라 내가 네게 말하노니 만군의 여호
와의 말씀에 네 치마를 걷어 올려 네
얼굴에 이르게 하고 네 벌거벗은 것을
나라들에게 보이며 네 부끄러운 곳을
뭇 민족에게 보일 것이요
6 내가 또 가증하고 더러운 것들을 네 위
에 던져 능욕하여 너를 구경거리가 되
게 하리니
7 그때에 너를 보는 자가 다 네게서 도망
하며 이르기를 니느웨가 황폐하였도다
누가 그것을 위하여 애곡하며 내가 어디
서 너를 위로할 자를 구하리요 하리라
8 ●네가 어찌 노아몬보다 낫겠느냐 그

9 ●Plunder the silver!
Plunder the gold!
The supply is endless,
the wealth from all its treasures!
10 ●She is pillaged, plundered, stripped!
Hearts melt, knees give way,
bodies tremble, every face grows pale.
11 ●Where now is the lions' den,
the place where they fed their young,
where the lion and lioness went,
and the cubs, with nothing to fear?
12 ●The lion killed enough for his cubs
and strangled the prey for his mate,
filling his lairs with the kill
and his dens with the prey.
13 ●"I am against you,"
declares the LORD Almighty.
"I will burn up your chariots in smoke,
and the sword will devour your young lions.
I will leave you no prey on the earth.
The voices of your messengers
will no longer be heard."

Woe to Nineveh

3 Woe to the city of blood,
full of lies,
full of plunder,
never without victims!
2 ●The crack of whips,
the clatter of wheels,
galloping horses
and jolting chariots!
3 ●Charging cavalry,
flashing swords
and glittering spears!
Many casualties,
piles of dead,
bodies without number,
people stumbling over the corpses—
4 ●all because of the wanton lust of a prostitute,
alluring, the mistress of sorceries,
who enslaved nations by her prostitution
and peoples by her witchcraft.
5 ●"I am against you," declares the LORD Almighty.
"I will lift your skirts over your face.
I will show the nations your nakedness
and the kingdoms your shame.
6 ●I will pelt you with filth,
I will treat you with contempt
and make you a spectacle.
7 ●All who see you will flee from you and say,
'Nineveh is in ruins—who will mourn for her?'
Where can I find anyone to comfort you?"
8 ●Are you better than Thebes,

allure [əlúər] *vt.* 꾀다
cavalry [kǽvəlri] *n.* 기병
corpse [kɔːrps] *n.* 시체
den [den] *n.* 굴
devour [diváuər] *vt.* 게걸스럽게 먹다
filth [filθ] *n.* 오물
gallop [gǽləp] *vi.* 빨리 달리다
glitter [glítər] *vi.* 빛나다
jolt [dʒoult] *vt.* 덜커덩 흔들리다
pillage [pílidʒ] *vi.* 약탈하다
plunder [plʌndər] *vt.* 노략질하다
prostitution [prɑ̀stətjúːʃən] *n.* 매춘
sorcery [sɔ́ːrsəri] *n.* 마법
strangle [strǽŋgl] *vt.* 목졸라 죽이다
wanton [wɑ́ntən] *a.* 음란한

2:12 enough for...: …에 있어서 충분한
2:13 burn up: 다 태워버리다
3:1 woe to...: …에게 화 있을진저
3:4 enslave by...: …에 의해 사로잡히다
3:7 be in ruins: 황폐해지다
3:7 mourn for...: …을 슬퍼하다

는 강들 사이에 있으므로 물이 둘렸으
니 바다가 성루가 되었고 바다가 방어
벽이 되었으며
9 구스와 애굽은 그의 힘이 강하여 끝이
없었고 붓과 루빔이 그를 돕는 자가 되
었으나
10 그가 포로가 되어 사로잡혀 갔고 그
의 어린아이들은 길모퉁이 모퉁이에
메어침을 당하여 부서졌으며 그의 존
귀한 자들은 제비 뽑혀 나뉘었고 그
의 모든 권세자들은 사슬에 결박되었
나니
11 너도 술에 취하여 숨으리라 너도 원수
들 때문에 피난처를 찾으리라
12 네 모든 산성은 무화과나무의 처음 익
은 열매가 흔들기만 하면 먹는 자의 입
에 떨어짐과 같으리라
13 네 가운데 [1)]장정들은 여인 같고 네 땅
의 성문들은 네 원수 앞에 넓게 열리고
빗장들은 불에 타도다
14 너는 물을 길어 에워싸일 것을 대비하
며 너의 산성들을 견고하게 하며 진흙
에 들어가서 흙을 밟아 벽돌 가마를 수
리하라 2:1
15 거기서 불이 너를 삼키며 칼이 너를
베기를 느치가 먹는 것같이 하리라
네가 느치같이 스스로 많게 할지어다
네가 메뚜기같이 스스로 많게 할지어
다
16 네가 네 상인을 하늘의 별보다 많게 하
였으나 느치가 날개를 펴서 날아감과
같고
17 네 방백은 메뚜기 같고 너의 장수들은
큰 메뚜기 떼가 추운 날에는 울타리에
깃들였다가 해가 뜨면 날아감과 같으
니 그 있는 곳을 알 수 없도다
18 앗수르 왕이여 네 목자가 자고 네 귀족
은 누워 쉬며 네 백성은 산들에 흩어
지나 그들을 모을 사람이 없도다
19 네 상처는 고칠 수 없고 네 부상은 중
하도다 네 소식을 듣는 자가 다 너를
보고 손뼉을 치나니 이는 그들이 항상
네게 행패를 당하였음이 아니더냐 하
시니라 애 2:15

situated on the Nile,
with water around her?
The river was her defense,
the waters her wall.
9 •Cush[a] and Egypt were her boundless strength;
Put and Libya were among her allies.
10 •Yet she was taken captive
and went into exile.
Her infants were dashed to pieces
at every street corner.
Lots were cast for her nobles,
and all her great men were put in chains.
11 •You too will become drunk;
you will go into hiding
and seek refuge from the enemy.
12 •All your fortresses are like fig trees
with their first ripe fruit;
when they are shaken,
the figs fall into the mouth of the eater.
13 •Look at your troops—
they are all weaklings.
The gates of your land
are wide open to your enemies;
fire has consumed the bars of your gates.
14 •Draw water for the siege,
strengthen your defenses!
Work the clay,
tread the mortar,
repair the brickwork!
15 •There the fire will consume you;
the sword will cut you down—
they will devour you like a swarm of locusts.
Multiply like grasshoppers,
multiply like locusts!
16 •You have increased the number of your merchants
till they are more numerous than the stars
in the sky,
but like locusts they strip the land
and then fly away.
17 •Your guards are like locusts,
your officials like swarms of locusts
that settle in the walls on a cold day—
but when the sun appears they fly away,
and no one knows where.
18 •King of Assyria, your shepherds[b] slumber;
your nobles lie down to rest.
Your people are scattered on the mountains
with no one to gather them.
19 •Nothing can heal you;
your wound is fatal.
All who hear the news about you
clap their hands at your fall,
for who has not felt
your endless cruelty?

[a]9 That is, the upper Nile region [b]18 That is, rulers 1) 히, 백성

나

ally [əlái] *n.* 동맹국
brickwork [bríkwə̀:rk] *n.* 벽돌쌓기(공사)
consume [kənsú:m] *vt.* 태워버리다
cruelty [krú:əlti] *n.* 잔인한 행위
fatal [féitl] *a.* 치명적인
fortress [fɔ́:rtris] *n.* 요새
mortar [mɔ́:rtər] *n.* 모르타르, 회반죽
numerous [njú:mərəs] *a.* 수많은
refuge [réfju:dʒ] *n.* 피난, 피난처
ripe [raip] *a.* 익은
siege [si:dʒ] *n.* 포위 공격
slumber [slʌmbər] *vi.* 선잠이 들다
swarm [swɔ:rm] *n.* 무리, 떼
tread [tred] *vt.* 밟다
troop [tru:p] *n.* 군대

3:10 be taken captive: 포로가 되다
3:10 go into exile: 사로잡히다
3:12 fall into...: …에 빠지다
3:15 cut down: 베어 쓰러뜨리다
3:17 settle in...: …에 정착하다
3:18 scatter on...: …에 흩뿌리다

하박국 | Habakkuk

● 저자 _ 하박국 ● 저작 연대 _ B.C. 609-589년 사이 ● 기록 장소 _ 유다
● 기록 대상 _ 유다 백성 ● 핵심어 및 내용 _ 핵심어는 '믿음'과 '정의'이다.

하나님이 행하시는 모든 일들을 다 이해할 수는 없지만, 우리가 하나님을 믿는 믿음을 삶의 지표로 삼을 때 악인은 결국 망하고 의인은 '믿음으로 말미암아 살리라'는 하나님의 정의가 실현됨을 말씀하신다.

1 선지자 하박국이 묵시로 받은 경고라

하박국의 호소

2 ●여호와여 내가 부르짖어도 주께서 듣지 아니하시니 어느 때까지리이까 내가 강포로 말미암아 외쳐도 주께서 구원하지 아니하시나이다

3 어찌하여 내게 죄악을 보게 하시며 패역을 눈으로 보게 하시나이까 겁탈과 강포가 내 앞에 있고 변론과 분쟁이 일어났나이다

4 이러므로 율법이 해이하고 정의가 전혀 시행되지 못하오니 이는 악인이 의인을 에워쌌으므로 정의가 굽게 행하여짐이니이다 사 5:20

여호와의 응답

5 ●여호와께서 이르시되 너희는 여러 나라를 보고 또 보고 놀라고 또 놀랄지어다 너희의 생전에 내가 한 가지 일을 행할 것이라 누가 너희에게 말할지라도 너희가 믿지 아니하리라 행 13:41

6 보라 내가 사납고 성급한 백성 곧 땅이 넓은 곳으로 다니며 자기의 소유가 아닌 거처들을 점령하는 갈대아 사람을 일으켰나니

7 그들은 두렵고 무서우며 당당함과 위엄이 자기들에게서 나오며

8 그들의 군마는 표범보다 빠르고 저녁 이리보다 사나우며 그들의 마병은 먼 곳에서부터 빨리 달려오는 마병이라 마치 먹이를 움키려 하는 독수리의 날음과 같으니라 호 8:1

9 그들은 다 강포를 행하러 오는데 앞을 향하여 나아가며 사람을 사로잡아 모으기를 모래같이 많이 할 것이요 2:5

10 왕들을 멸시하며 방백을 조소하며 모든 견고한 성들을 비웃고 흉벽을 쌓아 그것을 점령할 것이라

11 그들은 자기들의 힘을 자기들의 신으로 삼는 자들이라 이에 바람같이 급히 몰아 지나치게 행하여 범죄하리라

1 The prophecy that Habakkuk the prophet received.

Habakkuk's Complaint

2 ●How long, Lord, must I call for help,
but you do not listen?
Or cry out to you, "Violence!"
but you do not save?
3 ●Why do you make me look at injustice?
Why do you tolerate wrongdoing?
Destruction and violence are before me;
there is strife, and conflict abounds.
4 ●Therefore the law is paralyzed,
and justice never prevails.
The wicked hem in the righteous,
so that justice is perverted.

The Lord's Answer

5 ●"Look at the nations and watch—
and be utterly amazed.
For I am going to do something in your days
that you would not believe,
even if you were told.
6 ●I am raising up the Babylonians,[a]
that ruthless and impetuous people,
who sweep across the whole earth
to seize dwellings not their own.
7 ●They are a feared and dreaded people;
they are a law to themselves
and promote their own honor.
8 ●Their horses are swifter than leopards,
fiercer than wolves at dusk.
Their cavalry gallops headlong;
their horsemen come from afar.
They fly like an eagle swooping to devour;
9 ● they all come intent on violence.
Their hordes[b] advance like a desert wind
and gather prisoners like sand.
10 ●They mock kings
and scoff at rulers.
They laugh at all fortified cities;
by building earthen ramps they capture them.
11 ●Then they sweep past like the wind and go on—
guilty people, whose own strength is their god."

[a]6 Or *Chaldeans* [b]9 The meaning of the Hebrew for this word is uncertain.

하박국이 다시 호소하다

12 ●선지자가 이르되 여호와 나의 하나
님, 나의 거룩한 이시여 주께서는 만세
전부터 계시지 아니하시니이까 우리
가 사망에 이르지 아니하리이다 여호
와여 주께서 심판하기 위하여 그들을
두셨나이다 반석이시여 주께서 경계
하기 위하여 그들을 세우셨나이다
13 주께서는 눈이 정결하시므로 악을 차
마 보지 못하시며 패역을 차마 보지 못
하시거늘 어찌하여 거짓된 자들을 방
관하시며 악인이 자기보다 의로운 사
람을 삼키는데도 잠잠하시나이까
14 주께서 어찌하여 사람을 바다의 고기
같게 하시며 다스리는 자 없는 벌레 같
게 하시나이까
15 그가 낚시로 모두 낚으며 그물로 잡으
며 투망으로 모으고 그리고는 기뻐하
고 즐거워하여
16 그물에 제사하며 투망 앞에 분향하오
니 이는 그것을 힘입어 소득이 풍부하
고 먹을 것이 풍성하게 됨이니이다
17 그가 그물을 떨고는 계속하여 여러 나
라를 무자비하게 멸망시키는 것이 옳
으니이까

여호와의 응답 (♪ 545, 546장)

2 내가 내 파수하는 곳에 서며 성루에
서리라 그가 내게 무엇이라 말씀하
실는지 기다리고 바라보며 나의 질문
에 대하여 1)어떻게 대답하실는지 보
리라 하였더니
2 여호와께서 내게 대답하여 이르시되
너는 이 묵시를 기록하여 판에 명백히
새기되 달려가면서도 읽을 수 있게 하
라

신 27:8

3 이 묵시는 정한 때가 있나니 그 종말이
속히 이르겠고 결코 거짓되지 아니하
리라 비록 더딜지라도 기다리라 지체
되지 않고 반드시 응하리라
4 ●보라 그의 마음은 교만하며 그 속에
서 정직하지 못하나 의인은 그의 믿음
으로 말미암아 살리라
5 그는 술을 즐기며 거짓되고 교만하여
가만히 있지 아니하고 스올처럼 자기
의 욕심을 넓히며 또 그는 사망 같아서
족한 줄을 모르고 자기에게로 여러 나

Habakkuk's Second Complaint

12 •LORD, are you not from everlasting?
My God, my Holy One, you[a] will never die.
You, LORD, have appointed them to execute
judgment;
you, my Rock, have ordained them to punish.
13 •Your eyes are too pure to look on evil;
you cannot tolerate wrongdoing.
Why then do you tolerate the treacherous?
Why are you silent while the wicked
swallow up those more righteous than
themselves?
14 •You have made people like the fish in the sea,
like the sea creatures that have no ruler.
15 •The wicked foe pulls all of them up with hooks,
he catches them in his net,
he gathers them up in his dragnet;
and so he rejoices and is glad.
16 •Therefore he sacrifices to his net
and burns incense to his dragnet,
for by his net he lives in luxury
and enjoys the choicest food.
17 •Is he to keep on emptying his net,
destroying nations without mercy?

2 I will stand at my watch
and station myself on the ramparts;
I will look to see what he will say to me,
and what answer I am to give to this
complaint.[b]

The LORD's Answer

2 •Then the LORD replied:
"Write down the revelation
and make it plain on tablets
so that a herald[c] may run with it.
3 •For the revelation awaits an appointed time;
it speaks of the end
and will not prove false.
Though it linger, wait for it;
it[d] will certainly come
and will not delay.
4 •"See, the enemy is puffed up;
his desires are not upright—
but the righteous person will live by his
faithfulness[e]—
5 •indeed, wine betrays him;
he is arrogant and never at rest.
Because he is as greedy as the grave
and like death is never satisfied,

[a]12 An ancient Hebrew scribal tradition; Masoretic Text *we*
[b]1 Or *and what to answer when I am rebuked* [c]2 Or *so that whoever reads it* [d]3 Or *Though he linger, wait for him; / he*
[e]4 Or *faith*

1) 나로 어떻게 대답하게 하실는지

arrogant [ǽrəgənt] *a.* 거만한
betray [bitréi] *vt.* 배신하다
desire [dizáiər] *n.* 욕구, 의도
dragnet [drǽgnèt] *n.* 후릿그물, 저인망
everlasting [èvərlǽstiŋ] *n.* 영원
execute [éksikjù:t] *vt.* 집행하다
greedy [grí:di] *a.* 욕심 많은
herald [hérəld] *n.* 전달자
linger [líŋgər] *vt.* 시간이 걸리다
ordain [ɔ:rdéin] *vt.* (신이) 정하다
plain [plein] *a.* 명백한
rampart [rǽmpa:rt] *n.* 성벽
revelation [rèvəléiʃən] *n.* 묵시, 계시
tablet [tǽblit] *n.* 판
treacherous [trétʃərəs] *a.* 배반하는

1:13 **too... to~**: 너무 …해서 ~할 수 없다
1:15 **pull up**: 끌어 올리다
1:17 **keep on -ing**: 계속 …하다
2:3 **wait for it**: (내가 하라고 할 때까지) 기다려
2:4 **puff up**: 우쭐대다

라를 모으며 여러 백성을 모으나니
6 그 무리가 다 속담으로 그를 평론하며
조롱하는 시로 그를 풍자하지 않겠느
냐 곧 이르기를 화 있을진저 자기 소유
아닌 것을 모으는 자여 언제까지 이르
겠느냐 볼모 잡은 것으로 무겁게 짐진
자여
7 너를 억누를 자들이 갑자기 일어나지
않겠느냐 너를 괴롭힐 자들이 깨어나
지 않겠느냐 네가 그들에게 노략을 당
하지 않겠느냐
8 네가 여러 나라를 노략하였으므로 그
모든 민족의 남은 자가 너를 노략하리
니 이는 네가 사람의 피를 흘렸음이요
또 땅과 성읍과 그 안의 모든 주민에게
강포를 행하였음이니라
9 ● 재앙을 피하기 위하여 높은 데 깃들
이려 하며 자기 집을 위하여 부당한 이
익을 취하는 자에게 화 있을진저
10 네가 많은 민족을 멸한 것이 네 집에
욕을 부르며 네 영혼에게 죄를 범하게
하는 것이 되었도다
11 담에서 돌이 부르짖고 집에서 들보가
응답하리라
12 ● 피로 성읍을 건설하며 불의로 성을
건축하는 자에게 화 있을진저
13 민족들이 불탈 것으로 수고하는 것과
나라들이 헛된 일로 피곤하게 되는 것
이 만군의 여호와께로 말미암음이 아
니냐
14 이는 물이 바다를 덮음같이 여호와의
영광을 인정하는 것이 세상에 가득함
이니라

사 14:8,9

15 ● 이웃에게 술을 마시게 하되 자기의
분노를 더하여 그에게 취하게 하고 그
하체를 드러내려 하는 자에게 화 있을
진저
16 네게 영광이 아니요 수치가 가득한즉
너도 마시고 너의 할례받지 아니한 것
을 드러내라 여호와의 오른손의 잔이
네게로 돌아올 것이라 더러운 욕이 네
영광을 가리리라
17 이는 네가 레바논에 강포를 행한 것과
짐승을 죽인 것 곧 사람의 피를 흘리며
땅과 성읍과 그 안의 모든 주민에게 강
포를 행한 것이 네게로 돌아오리라

he gathers to himself all the nations
and takes captive all the peoples.

6 ●"Will not all of them taunt him with ridicule
and scorn, saying,

" 'Woe to him who piles up stolen goods
and makes himself wealthy by extortion!
How long must this go on?'
7 ●Will not your creditors suddenly arise?
Will they not wake up and make you tremble?
Then you will become their prey.
8 ●Because you have plundered many nations,
the peoples who are left will plunder you.
For you have shed human blood;
you have destroyed lands and cities and
everyone in them.

9 ●"Woe to him who builds his house by unjust
gain,
setting his nest on high
to escape the clutches of ruin!
10 ●You have plotted the ruin of many peoples,
shaming your own house and forfeiting
your life.
11 ●The stones of the wall will cry out,
and the beams of the woodwork will echo it.

12 ●"Woe to him who builds a city with bloodshed
and establishes a town by injustice!
13 ●Has not the LORD Almighty determined
that the people's labor is only fuel for the fire,
that the nations exhaust themselves for
nothing?
14 ●For the earth will be filled with the knowledge
of the glory of the LORD
as the waters cover the sea.

15 ●"Woe to him who gives drink to his neighbors,
pouring it from the wineskin till they are drunk,
so that he can gaze on their naked bodies!
16 ●You will be filled with shame instead of glory.
Now it is your turn! Drink and let your nake-
dness be exposed[a]!
The cup from the LORD's right hand is coming
around to you,
and disgrace will cover your glory.
17 ●The violence you have done to Lebanon will
overwhelm you,
and your destruction of animals will terrify
you.
For you have shed human blood;
you have destroyed lands and cities and every-
one in them.

[a]16 Masoretic Text; Dead Sea Scrolls, Aquila, Vulgate and Syriac (see also Septuagint) *and stagger*

beam [bi:m] *n.* 들보
bloodshed [blʌ́dʃèd] *n.* 유혈
clutch [klʌtʃ] *n.* 움켜쥠, 수중(手中)
establish [istǽbliʃ] *vt.* 세우다
expose [ikspóuz] *vt.* 드러내다
forfeit [fɔ́:rfit] *vt.* 상실하다
fuel [fjú:əl] *n.* 연료
injustice [indʒʌ́stis] *n.* 불법
plot [plat] *vt.* 음모하다
ridicule [rídikjù:l] *n.* 조롱
scorn [skɔ:rn] *n.* 경멸
taunt [tɔ:nt] *vt.* 조롱하다
terrify [térəfài] *vt.* 무섭게 하다
tremble [trémbl] *vi.* 떨다
woodwork [wúdwə̀:rk] *n.* (가옥 등의) 목조부분

2:5 take captive: 포로로 잡다
2:6 pile up: 쌓아두다
2:11 cry out: 소리치다, 울부짖다
2:12 woe to...: …에게 화가 미칠진저!
2:13 for nothing: 헛되이, 이유 없이
2:15 gaze on...: …를 뚫어지게 보다

18 ●새긴 우상은 그 새겨 만든 자에게 무
엇이 유익하겠느냐 부어 만든 우상은
거짓 스승이라 만든 자가 이 말하지 못
하는 우상을 의지하니 무엇이 유익하
겠느냐
19 나무에게 깨라 하며 말하지 못하는 돌
에게 일어나라 하는 자에게 화 있을진
저 그것이 교훈을 베풀겠느냐 보라 이
는 금과 은으로 입힌 것인즉 그 속에
는 생기가 도무지 없느니라
20 오직 여호와는 그 성전에 계시니 온 땅
은 그 앞에서 잠잠할지니라 하시니라

하박국의 기도 — B.C. 620년경

3 시기오놋에 맞춘 선지자 하박국의
기도라
2 여호와여 내가 주께 대한 소문을 듣
고 놀랐나이다 여호와여 주는 주의
일을 이 수년 내에 부흥하게 하옵소
서 이 수년 내에 나타내시옵소서 진
노 중에라도 긍휼을 잊지 마옵소서
3 하나님이 데만에서부터 오시며 거룩
한 자가 바란 산에서부터 오시는도
다 (셀라) 그의 영광이 하늘을 덮었
고 그의 찬송이 세계에 가득하도다
4 그의 광명이 햇빛 같고 광선이 그의
손에서 나오니 그의 권능이 그 속에
감추어졌도다
5 역병이 그 앞에서 행하며 불덩이가
그의 발밑에서 나오는도다
6 그가 서신즉 땅이 진동하며 그가 보
신즉 여러 나라가 [1]전율하며 영원한
산이 무너지며 무궁한 작은 산이 엎
드러지나니 그의 행하심이 예로부
터 그러하시도다
7 내가 본즉 구산의 장막이 환난을 당
하고 미디안 땅의 휘장이 흔들리는
도다
8 여호와여 주께서 말을 타시며 구원의
병거를 모시오니 강들을 분히 여기심
이니이까 강들을 노여워하심이니이
까 바다를 향하여 성내심이니이까
9 주께서 활을 꺼내시고 [2]화살을 바로
쏘셨나이다 (셀라) 주께서 강들로 땅
을 쪼개셨나이다
10 산들이 주를 보고 흔들리며 창수가
넘치고 바다가 소리를 지르며 손을

18 ●"Of what value is an idol carved by a craftsman?
Or an image that teaches lies?
For the one who makes it trusts in his own
creation;
he makes idols that cannot speak.
19 ●Woe to him who says to wood, 'Come to life!'
Or to lifeless stone, 'Wake up!'
Can it give guidance?
It is covered with gold and silver;
there is no breath in it."
20 ●The LORD is in his holy temple;
let all the earth be silent before him.

Habakkuk's Prayer

3 A prayer of Habakkuk the prophet. On *shi-
gionoth.*[a]
2 ●LORD, I have heard of your fame;
I stand in awe of your deeds, LORD.
Repeat them in our day,
in our time make them known;
in wrath remember mercy.
3 ●God came from Teman,
the Holy One from Mount Paran.[b]
His glory covered the heavens
and his praise filled the earth.
4 ●His splendor was like the sunrise;
rays flashed from his hand,
where his power was hidden.
5 ●Plague went before him;
pestilence followed his steps.
6 ●He stood, and shook the earth;
he looked, and made the nations tremble.
The ancient mountains crumbled
and the age-old hills collapsed—
but he marches on forever.
7 ●I saw the tents of Cushan in distress,
the dwellings of Midian in anguish.
8 ●Were you angry with the rivers, LORD?
Was your wrath against the streams?
Did you rage against the sea
when you rode your horses
and your chariots to victory?
9 ●You uncovered your bow,
you called for many arrows.
You split the earth with rivers;
10 ● the mountains saw you and writhed.
Torrents of water swept by;
the deep roared
and lifted its waves on high.

a1 Probably a literary or musical term *b3* The Hebrew has *Selah* (a word of uncertain meaning) here and at the middle of verse 9 and at the end of verse 13.

1) 흘어지며 2) 지파에게 맹세하셨나이다

합

anguish [æŋgwiʃ] *n.* 고통
arrow [ǽrou] *n.* 화살
carve [ka:rv] *vt.* 새기다
chariot [tʃǽriət] *n.* 이륜 전차
collapse [kəlǽps] *vi.* 무너지다
crumble [krʌmbl] *vi.* 무너지다
flash [flæʃ] *vi.* 번쩍거리다
guidance [gáidns] *n.* 지침
pestilence [péstələns] *n.* 페스트, 흑사병
plague [pleig] *n.* 역병, 전염병
splendor [spléndər] *n.* 광채
split [split] *vt.* 쪼개다
stream [stri:m] *n.* 시내
wrath [ræθ] *n.* 격노
writhe [raið] *vi.* 몸부림치다

2:19 come to life: 소생하다
3:2 stand in awe of...: …를 두려워하다
3:2 make known: 알리다, 선언하다
3:7 in distress: 고통 중에 있는
3:8 be angry with...: …에게 화를 내다
3:8 rage against...: …에게 몹시 노하다

높이 들었나이다
11 날아가는 주의 화살의 빛과 번쩍이는
주의 창의 광채로 말미암아 해와 달이
그 처소에 멈추었나이다
12 주께서 노를 발하사 땅을 두르셨으며
분을 내사 여러 나라를 밟으셨나이다
13 주께서 주의 백성을 구원하시려고, 기
름부음 받은 자를 구원하시려고 나오
사 악인의 집의 머리를 치시며 그 기
초를 바닥까지 드러내셨나이다 (셀라)
14 그들이 회오리바람처럼 이르러 나를
흩으려 하며 가만히 가난한 자 삼키기
를 즐거워하나 오직 주께서 그들의 전
사의 머리를 그들의 창으로 찌르셨나
이다 삿 7:22
15 주께서 말을 타시고 바다 곧 큰물의
파도를 밟으셨나이다
16 ●내가 들었으므로 내 창자가 흔들렸
고 그 목소리로 말미암아 내 입술이
떨렸도다 무리가 우리를 치러 올라오
는 환난 날을 내가 기다리므로 썩이는
것이 내 뼈에 들어왔으며 내 몸은 내
처소에서 떨리는도다
17 비록 무화과나무가 무성하지 못하며
포도나무에 열매가 없으며 감람나무에
소출이 없으며 밭에 먹을 것이 없으며
우리에 양이 없으며 외양간에 소가 없
을지라도
18 나는 여호와로 말미암아 즐거워하며
나의 구원의 하나님으로 말미암아 기
뻐하리로다
19 주 여호와는 나의 힘이시라 나의 발을
사슴과 같게 하사 나를 나의 높은 곳
으로 다니게 하시리로다
이 노래는 지휘하는 사람을 위하여 내
수금에 맞춘 것이니라

합

11 ●Sun and moon stood still in the heavens
at the glint of your flying arrows,
at the lightning of your flashing spear.
12 ●In wrath you strode through the earth
and in anger you threshed the nations.
13 ●You came out to deliver your people,
to save your anointed one.
You crushed the leader of the land of
wickedness,
you stripped him from head to foot.
14 ●With his own spear you pierced his head
when his warriors stormed out to scatter us,
gloating as though about to devour
the wretched who were in hiding.
15 ●You trampled the sea with your horses,
churning the great waters.
16 ●I heard and my heart pounded,
my lips quivered at the sound;
decay crept into my bones,
and my legs trembled.
Yet I will wait patiently for the day of calamity
to come on the nation invading us.
17 ●Though the fig tree does not bud
and there are no grapes on the vines,
though the olive crop fails
and the fields produce no food,
though there are no sheep in the pen
and no cattle in the stalls,
18 ●yet I will rejoice in the LORD,
I will be joyful in God my Savior.
19 ●The Sovereign LORD is my strength;
he makes my feet like the feet of a deer,
he enables me to tread on the heights.

For the director of music. On my stringed
instruments.

anoint [ənɔ́int] *vt.* 기름을 바르다
calamity [kəlǽməti] *n.* 재난
churn [tʃəːrn] *vt.* 거세게 휘젓다
crush [krʌʃ] *vt.* 전멸시키다
decay [dikéi] *n.* 부식
glint [glint] *vt.* 반짝이다
gloat [glout] *vi.* 흡족한 듯이 바라보다
instrument [ínstrəmənt] *n.* 악기
invade [invéid] *vt.* 침공하다
pierce [piərs] *vt.* 찌르다
quiver [kwívər] *vi.* 떨리다
stride [straid] *vi.* 큰 걸음으로 걷다
thresh [θreʃ] *vt.* 타작하다
trample [trǽmpl] *vt.* 짓밟다
wretched [rétʃid] *a.* 비참한

3:11 stand still: 멈춰 서다
3:12 in wrath: 분노 중에
3:14 as though: 마치 …인 것처럼
3:16 creep into: …에 영향을 미치기 시작하다
3:18 rejoice in...: …로 인하여 기뻐하다

Zephaniah | 스바냐

● 저자 _ 스바냐 ● 저작 연대 _ B.C. 640-630년 ● 기록 장소 _ 유다
● 기록 대상 _ 유다 백성 ● 핵심어 및 내용 _ 핵심어는 '보복', '주의 날', '남은 자들' 이다.

하나님은 죄를 미워하시는 거룩한 분이시기 때문에 모든 나라는 다가올 '주의 날' 에 심판을 받게 될 것이다. 그러나 하나님은 주의 백성들을 남겨 두시고, 그들 가운데 함께하실 것을 약속하신다.

1 아몬의 아들 유다 왕 요시야의 시
대에 스바냐에게 임한 여호와의 말
씀이라 스바냐는 히스기야의 현손
이요 아마랴의 증손이요 그다랴의
손자요 구시의 아들이었더라

여호와의 날 (♪ 19, 131장)

2 ●여호와께서 이르시되 내가 땅 위
에서 모든 것을 진멸하리라
3 내가 사람과 짐승을 진멸하고 공중
의 새와 바다의 고기와 거치게 하는
것과 악인들을 아울러 진멸할 것이
라 내가 사람을 땅 위에서 멸절하리
라 나 여호와의 말이니라 겔 7:27
4 내가 유다와 예루살렘의 모든 주민
들 위에 손을 펴서 남아 있는 바알을
그곳에서 멸절하며 그마림이란 이
름과 및 그 제사장들을 아울러 멸절
하며
5 또 지붕에서 하늘의 뭇 별에게 경배
하는 자들과 경배하며 여호와께 맹
세하면서 말감을 가리켜 맹세하는
자들과
6 여호와를 배반하고 따르지 아니한 자
들과 여호와를 찾지도 아니하며 구하
지도 아니한 자들을 멸절하리라 호 7:7
7 ●주 여호와 앞에서 잠잠할지어다
이는 여호와의 날이 가까웠으므로
여호와께서 희생을 준비하고 그가
청할 자들을 구별하셨음이니라
8 여호와의 희생의 날에 내가 방백들
과 왕자들과 이방인의 옷을 입은 자
들을 벌할 것이며
9 그날에 문턱을 뛰어넘어서 포악과
거짓을 자기 주인의 집에 채운 자들
을 내가 벌하리라
10 나 여호와가 말하노라 그날에 어문
에서는 부르짖는 소리가, 제이 구역
에서는 울음소리가, 작은 산들에서
는 무너지는 소리가 일어나리라
11 막데스 주민들아 너희는 슬피 울라
1)가나안 백성이 다 패망하고 은을 거
래하는 자들이 끊어졌음이라 약 5:1

1 The word of the LORD that came to Zephaniah
son of Cushi, the son of Gedaliah, the son of
Amariah, the son of Hezekiah, during the reign of
Josiah son of Amon king of Judah:

Judgment on the Whole Earth in the Day of the LORD

2 •"I will sweep away everything
from the face of the earth,"
declares the LORD.
3 •"I will sweep away both man and beast;
I will sweep away the birds in the sky
and the fish in the sea —
and the idols that cause the wicked to stumble."[a]
"When I destroy all mankind
on the face of the earth,"
declares the LORD,
4 •"I will stretch out my hand against Judah
and against all who live in Jerusalem.
I will destroy every remnant of Baal worship
in this place,
the very names of the idolatrous priests —
5 •those who bow down on the roofs
to worship the starry host,
those who bow down and swear by the LORD
and who also swear by Molek,[b]
6 •those who turn back from following the LORD
and neither seek the LORD nor inquire of him."
7 •Be silent before the Sovereign LORD,
for the day of the LORD is near.
The LORD has prepared a sacrifice;
he has consecrated those he has invited.
8 •"On the day of the LORD's sacrifice
I will punish the officials
and the king's sons
and all those clad
in foreign clothes.
9 •On that day I will punish
all who avoid stepping on the threshold,[c]
who fill the temple of their gods
with violence and deceit.
10 •"On that day,"
declares the LORD,
"a cry will go up from the Fish Gate,
wailing from the New Quarter,
and a loud crash from the hills.
11 •Wail, you who live in the market district[d];

[a]3 The meaning of the Hebrew for this line is uncertain. [b]5 Hebrew *Malkam* [c]9 See 1 Samuel 5:5. [d]11 Or *the Mortar*

1) 장사하는

12 그때에 내가 예루살렘에서 찌꺼기
같이 가라앉아서 마음속에 스스로
이르기를 여호와께서는 복도 내리
지 아니하시며 화도 내리지 아니하
시리라 하는 자를 등불로 두루 찾아
벌하리니
13 그들의 재물이 노략되며 그들의 집
이 황폐할 것이라 그들이 집을 건축
하나 거기에 살지 못하며 포도원을
가꾸나 그 포도주를 마시지 못하리
라
14 ●여호와의 큰 날이 가깝도다 가깝
고도 빠르도다 여호와의 날의 소리
로다 용사가 거기서 심히 슬피 우는
도다
15 그날은 분노의 날이요 환난과 고통
의 날이요 황폐와 패망의 날이요
캄캄하고 어두운 날이요 구름과 흑
암의 날이요
16 나팔을 불어 경고하며 견고한 성읍들
을 치며 높은 망대를 치는 날이로다
17 내가 사람들에게 고난을 내려 맹인
같이 행하게 하리니 이는 그들이 나
여호와께 범죄하였음이라 또 그들
의 피는 쏟아져서 티끌같이 되며 그
들의 살은 분토같이 될지라
18 그들의 은과 금이 여호와의 분노의
날에 능히 그들을 건지지 못할 것이
며 이 온 땅이 여호와의 질투의 불에
삼켜지리니 이는 여호와가 이 땅 모
든 주민을 멸절하되 놀랍게 멸절할
것임이라

공의와 겸손을 구하라

2 수치를 모르는 백성아 모일지어다
모일지어다 욜 1:14
2 명령이 시행되어 날이 겨같이 지나
가기 전, 여호와의 진노가 너희에게
내리기 전, 여호와의 분노의 날이 너
희에게 이르기 전에 그리할지어다
3 여호와의 규례를 지키는 세상의 모
든 겸손한 자들아 너희는 여호와를
찾으며 공의와 겸손을 구하라 너희
가 혹시 여호와의 분노의 날에 숨
김을 얻으리라

이스라엘 이웃 나라들이 받을 벌

4 ●가사는 버림을 당하며 아스글론
은 폐허가 되며 아스돗은 대낮에 쫓

all your merchants will be wiped out,
all who trade with[a] silver will be destroyed.
12 ●At that time I will search Jerusalem with lamps
and punish those who are complacent,
who are like wine left on its dregs,
who think, 'The LORD will do nothing,
either good or bad.'
13 ●Their wealth will be plundered,
their houses demolished.
Though they build houses,
they will not live in them;
though they plant vineyards,
they will not drink the wine."
14 ●The great day of the LORD is near —
near and coming quickly.
The cry on the day of the LORD is bitter;
the Mighty Warrior shouts his battle cry.
15 ●That day will be a day of wrath —
a day of distress and anguish,
a day of trouble and ruin,
a day of darkness and gloom,
a day of clouds and blackness —
16 ● a day of trumpet and battle cry
against the fortified cities
and against the corner towers.
17 ●"I will bring such distress on all people
that they will grope about like those who are blind,
because they have sinned against the LORD.
Their blood will be poured out like dust
and their entrails like dung.
18 ●Neither their silver nor their gold
will be able to save them
on the day of the LORD's wrath."
In the fire of his jealousy
the whole earth will be consumed,
for he will make a sudden end
of all who live on the earth.

Judah and Jerusalem Judged Along With the Nations Judah Summoned to Repent

2 Gather together, gather yourselves together,
you shameful nation,
2 ●before the decree takes effect
and that day passes like windblown chaff,
before the LORD's fierce anger
comes upon you,
before the day of the LORD's wrath
comes upon you.
3 ●Seek the LORD, all you humble of the land,
you who do what he commands.
Seek righteousness, seek humility;
perhaps you will be sheltered
on the day of the LORD's anger.

Philistia

4 ●Gaza will be abandoned

[a]11 Or *in*

abandon [əbǽndən] *vt.* 버리다
anguish [ǽŋgwiʃ] *n.* 격통
chaff [tʃæf] *n.* 왕겨
complacent [kəmpléisnt] *a.* 자기 만족의
consume [kənsúːm] *vt.* 태워버리다
demolish [dimáliʃ] *vt.* 파괴하다
distress [distrés] *n.* 고뇌, 빈곤
dreg [dreg] *n.* 잔재, 찌꺼기
entrails [éntreilz] *n.* [*pl.*] 내장
fortify [fɔ́ːrtəfài] *vt.* 요새화하다
gloom [gluːm] *n.* 어둠
grope [group] *vi.* 더듬다
humility [hjuːmíləti] *n.* 겸손
merchant [mə́ːrtʃənt] *n.* 상인
shelter [ʃéltər] *vt.* 숨기다

1:11 wipe out: 일소하다
1:12 either A or B: A이든 B이든
1:17 sin against...: …에 대해서 죄를 짓다
1:17 pour out: 쏟다
1:18 neither A nor B: A도 B도 아니다
2:2 come upon...: …에게 다가오다, 엄습하다

겨나며 에그론은 뽑히리라
5 해변 주민 그렛 족속에게 화 있을진
저 블레셋 사람의 땅 가나안아 여호
와의 말씀이 너희를 치나니 내가 너
를 멸하여 주민이 없게 하리라
6 해변은 풀밭이 되어 목자의 움막과
양 떼의 우리가 거기에 있을 것이며
7 그 지경은 유다 족속의 남은 자에게
로 돌아갈지라 그들이 거기에서 양
떼를 먹이고 저녁에는 아스글론 집
들에 누우리니 이는 그들의 하나님
여호와가 그들을 보살피사 그들이
사로잡힘을 돌이킬 것임이라
8 ●내가 모압의 비방과 암몬 자손이
조롱하는 말을 들었나니 그들이 내
백성을 비방하고 자기들의 경계에
대하여 교만하였느니라
9 그러므로 만군의 여호와 이스라엘
의 하나님이 말하노라 내가 나의 삶
을 두고 맹세하노니 장차 모압은 소
돔 같으며 암몬 자손은 고모라 같을
것이라 찔레가 나며 소금 구덩이가
되어 영원히 황폐하리니 내 백성의
남은 자들이 그들을 노략하며 나의
남은 백성이 그것을 기업으로 얻을
것이라
10 그들이 이런 일을 당할 것은 그들이
만군의 여호와의 백성을 훼방하고
교만하여졌음이라
11 여호와가 그들에게 두렵게 되어서 세
상의 모든 신을 쇠약하게 하리니 이
방의 모든 해변 사람들이 각각 자기
처소에서 여호와께 경배하리라 욜 2:11
12 ●구스 사람들아 너희도 내 칼에 죽
임을 당하리라
13 여호와가 북쪽을 향하여 손을 펴서
앗수르를 멸하며 니느웨를 황폐하게
하여 사막같이 메마르게 하리니 나 3:7
14 각종 짐승이 그 가운데에 떼로 누
울 것이며 당아와 고슴도치가 그
기둥 꼭대기에 깃들이고 그것들이
창에서 울 것이며 문턱이 적막하리
니 백향목으로 지은 것이 벗겨졌음
이라
15 이는 기쁜 성이라 염려 없이 거주하
며 마음속에 이르기를 오직 나만 있
고 나 외에는 다른 이가 없다 하더니

and Ashkelon left in ruins.
At midday Ashdod will be emptied
and Ekron uprooted.
5 ●Woe to you who live by the sea,
you Kerethite people;
the word of the LORD is against you,
Canaan, land of the Philistines.
He says, "I will destroy you,
and none will be left."
6 ●The land by the sea will become pastures
having wells for shepherds
and pens for flocks.
7 ●That land will belong
to the remnant of the people of Judah;
there they will find pasture.
In the evening they will lie down
in the houses of Ashkelon.
The LORD their God will care for them;
he will restore their fortunes.[a]

Moab and Ammon

8 ●"I have heard the insults of Moab
and the taunts of the Ammonites,
who insulted my people
and made threats against their land.
9 ●Therefore, as surely as I live,"
declares the LORD Almighty,
the God of Israel,
"surely Moab will become like Sodom,
the Ammonites like Gomorrah —
a place of weeds and salt pits,
a wasteland forever.
The remnant of my people will plunder them;
the survivors of my nation will inherit their land."
10 ●This is what they will get in return for their pride,
for insulting and mocking
the people of the LORD Almighty.
11 ●The LORD will be awesome to them
when he destroys all the gods of the earth.
Distant nations will bow down to him,
all of them in their own lands.

Cush

12 ●"You Cushites,[b] too,
will be slain by my sword."

Assyria

13 ●He will stretch out his hand against the north
and destroy Assyria,
leaving Nineveh utterly desolate
and dry as the desert.
14 ●Flocks and herds will lie down there,
creatures of every kind.
The desert owl and the screech owl
will roost on her columns.
Their hooting will echo through the windows,
rubble will fill the doorways,

[a]7 Or *will bring back their captives* [b]12 That is, people from the upper Nile region

awesome [ɔ́:səm] *a.* 무서운
column [kɑ́ləm] *n.* 기둥
desolate [désələt] *a.* 황폐한
fortune [fɔ́:rtʃən] *n.* [pl.] (운의) 성쇠
inherit [inhérit] *vt.* 상속하다
insult [insʌlt] *n.* 모욕
pasture [pǽstʃər] *n.* 초장
remnant [rémnənt] *n.* 나머지
roost [ru:st] *vi.* 보금자리에 앉다
screech [skri:tʃ] *n.* 날카로운 외침
taunt [tɔ:nt] *n.* 조롱
threat [θret] *n.* 위협
uproot [ʌprú:t] *vt.* 뿌리뽑다
utterly [ʌtərli] *ad.* 철저히
weed [wi:d] *n.* 잡초

2:7 **belong to...**: …에 속하다
2:7 **lie down**: 눕다
2:7 **care for...**: …을 돌보다
2:9 **as surely as**: …와 마찬가지로 틀림없이
2:10 **in return for...**: …에 대한 답례로
2:13 **stretch out**: 펴다

어찌 이와 같이 황폐하여 들짐승이
엎드릴 곳이 되었는고 지나가는 자
마다 비웃으며 손을 흔들리로다

예루살렘이 받을 형벌과 보호

3 패역하고 더러운 곳, 포학한 그 성
읍이 화 있을진저
2 그가 명령을 듣지 아니하며 교훈을
받지 아니하며 여호와를 의뢰하지
아니하며 자기 하나님에게 가까이
나아가지 아니하였도다
3 그 가운데 방백들은 부르짖는 사자요
그의 재판장들은 이튿날까지 남겨 두
는 것이 없는 저녁 이리요 잠 28:15
4 그의 선지자들은 경솔하고 간사한
사람들이요 그의 제사장들은 성소
를 더럽히고 율법을 범하였도다
5 그 가운데에 계시는 여호와는 의로
우사 불의를 행하지 아니하시고 아
침마다 빠짐없이 자기의 공의를 비
추시거늘 불의한 자는 수치를 알지
못하는도다
6 내가 여러 나라를 끊어 버렸으므로
그들의 망대가 파괴되었고 내가 그
들의 거리를 비게 하여 지나는 자가
없게 하였으므로 그들의 모든 성읍
이 황폐하며 사람이 없으며 거주할
자가 없게 되었느니라
7 내가 이르기를 너는 오직 나를 경
외하고 교훈을 받으라 그리하면 내
가 형벌을 내리기로 정하기는 하였
지만 너의 거처가 끊어지지 아니하
리라 하였으나 그들이 1)부지런히
그들의 모든 행위를 더럽게 하였느
니라 호 9:9
8 ●나 여호와가 말하노라 그러므로
내가 일어나 2)벌할 날까지 너희는
나를 기다리라 내가 뜻을 정하고 나
의 분노와 모든 진노를 쏟으려고 여
러 나라를 소집하며 왕국들을 모으
리라 온 땅이 나의 질투의 불에 소멸
되리라
9 ●그때에 내가 여러 백성의 입술을
깨끗하게 하여 그들이 다 여호와의
이름을 부르며 한 가지로 나를 섬기
게 하리니
10 내게 구하는 백성들 곧 내가 흩은 자

1) 일찍이 일어나서 2) 겁탈

the beams of cedar will be exposed.
15 ●This is the city of revelry
that lived in safety.
She said to herself,
"I am the one! And there is none besides me."
What a ruin she has become, a lair for wild beasts!
All who pass by her scoff and shake their fists.

Jerusalem

3 Woe to the city of oppressors,
rebellious and defiled!
2 ●She obeys no one,
she accepts no correction.
She does not trust in the LORD,
she does not draw near to her God.
3 ●Her officials within her
are roaring lions;
her rulers are evening wolves,
who leave nothing for the morning.
4 ●Her prophets are unprincipled;
they are treacherous people.
Her priests profane the sanctuary
and do violence to the law.
5 ●The LORD within her is righteous;
he does no wrong.
Morning by morning he dispenses his justice,
and every new day he does not fail,
yet the unrighteous know no shame.

Jerusalem Remains Unrepentant

6 ●"I have destroyed nations;
their strongholds are demolished.
I have left their streets deserted,
with no one passing through.
Their cities are laid waste;
they are deserted and empty.
7 ●Of Jerusalem I thought,
'Surely you will fear me
and accept correction!'
Then her place of refuge[a] would not be destroyed,
nor all my punishments come upon[b] her.
But they were still eager
to act corruptly in all they did.
8 ●Therefore wait for me,"
declares the LORD,
"for the day I will stand up to testify.[c]
I have decided to assemble the nations,
to gather the kingdoms
and to pour out my wrath on them—
all my fierce anger.
The whole world will be consumed
by the fire of my jealous anger.

Restoration of Israel's Remnant

9 ●"Then I will purify the lips of the peoples,
that all of them may call on the name of the LORD

[a]7 Or *her sanctuary* [b]7 Or *all those I appointed over* [c]8 Septuagint and Syriac; Hebrew *will rise up to plunder*

beam [biːm] *n.* 들보
correction [kərékʃən] *n.* 징벌
corruptly [kərʌ́ptli] *ad.* 부패하여
defiled [difáild] *a.* 더러운
demolish [dimáliʃ] *vt.* 파괴하다
dispense [dispéns] *vt.* 베풀다
lair [lɛər] *n.* 야수의 잠자리
oppressor [əprésər] *n.* 압제자
profane [prəféin] *vt.* 모독하다
purify [pjúərəfài] *vt.* 깨끗하게 하다
revelry [révəlri] *n.* 환락
sanctuary [sǽŋktʃuèri] *n.* 지성소
scoff [skɔːf] *n.* 비웃음
treacherous [trétʃərəs] *a.* 배반하는
unprincipled [ʌnprínsəpld] *a.* 절개없는

2:15 **pass by**: 지나가다
3:2 **trust in...**: …를 신뢰하다
3:2 **draw near to...**: …에게 가까이 가다
3:4 **do violence to...**: …을 위반하다
3:6 **be laid waste**: 황폐해 있다
3:7 **be eager to...**: 간절히 …하고 싶어하다

의 딸이 구스 강 건너편에서부터 예
물을 가지고 와서 내게 바칠지라
11 그날에 네가 내게 범죄한 모든 행위
로 말미암아 수치를 당하지 아니할
것은 그때에 내가 네 가운데서 교만
하여 자랑하는 자들을 제거하여 네
가 나의 성산에서 다시는 교만하지
않게 할 것임이라
12 내가 곤고하고 가난한 백성을 네 가운
데에 남겨 두리니 그들이 여호와의 이
름을 의탁하여 보호를 받을지라 나 1:7
13 이스라엘의 남은 자는 악을 행하지 아
니하며 거짓을 말하지 아니하며 입에
거짓된 혀가 없으며 먹고 누울지라도
그들을 두렵게 할 자가 없으리라

기뻐하며 부를 노래

14 ● 시온의 딸아 노래할지어다 이스
라엘아 기쁘게 부를지어다 예루살
렘 딸아 전심으로 기뻐하며 즐거워
할지어다
15 여호와가 네 형벌을 제거하였고 네 원
수를 쫓아냈으며 이스라엘 왕 여호와
가 네 가운데 계시니 네가 다시는 화
를 당할까 두려워하지 아니할 것이라
16 그날에 사람이 예루살렘에 이르기
를 두려워하지 말라 시온아 네 손을
늘어뜨리지 말라
17 너의 하나님 여호와가 너의 가운데에
계시니 그는 구원을 베푸실 전능자이
시라 그가 너로 말미암아 기쁨을 이
기지 못하시며 너를 잠잠히 사랑하시
며 너로 말미암아 즐거이 부르며 기
뻐하시리라 하리라
18 내가 절기로 말미암아 근심하는 자
들을 모으리니 그들은 네게 속한 자
라 그들에게 지워진 짐이 치욕이 되
었느니라
19 그때에 내가 너를 괴롭게 하는 자를
다 벌하고 저는 자를 구원하며 쫓겨난
자를 모으며 온 세상에서 수욕 받는
자에게 칭찬과 명성을 얻게 하리라
20 내가 그때에 너희를 이끌고 그때에
너희를 모을지라 내가 [1]너희 목전에
서 너희의 사로잡힘을 돌이킬 때에
너희에게 천하 만민 가운데서 명성
과 칭찬을 얻게 하리라 여호와의 말
이니라 2:7

1) 그들의

and serve him shoulder to shoulder.
10 ● From beyond the rivers of Cush[a]
my worshipers, my scattered people,
will bring me offerings.
11 ● On that day you, Jerusalem, will not be put to shame
for all the wrongs you have done to me,
because I will remove from you
your arrogant boasters.
Never again will you be haughty
on my holy hill.
12 ● But I will leave within you
the meek and humble.
The remnant of Israel
will trust in the name of the LORD.
13 ● They will do no wrong;
they will tell no lies.
A deceitful tongue
will not be found in their mouths.
They will eat and lie down
and no one will make them afraid."
14 ● Sing, Daughter Zion;
shout aloud, Israel!
Be glad and rejoice with all your heart,
Daughter Jerusalem!
15 ● The LORD has taken away your punishment,
he has turned back your enemy.
The LORD, the King of Israel, is with you;
never again will you fear any harm.
16 ● On that day
they will say to Jerusalem,
"Do not fear, Zion;
do not let your hands hang limp.
17 ● The LORD your God is with you,
the Mighty Warrior who saves.
He will take great delight in you;
in his love he will no longer rebuke you,
but will rejoice over you with singing."
18 ● "I will remove from you
all who mourn over the loss of your appointed festivals,
which is a burden and reproach for you.
19 ● At that time I will deal
with all who oppressed you.
I will rescue the lame;
I will gather the exiles.
I will give them praise and honor
in every land where they have suffered shame.
20 ● At that time I will gather you;
at that time I will bring you home.
I will give you honor and praise
among all the peoples of the earth
when I restore your fortunes[b]
before your very eyes,"
says the LORD.

[a]*10* That is, the upper Nile region [b]*20* Or *I bring back your captives*

습

appoint [əpɔ́int] *vt.* 정하다
burden [bə́:rdn] *n.* 무거운 짐
deceitful [disí:tfəl] *a.* 거짓된
fortune [fɔ́:rtʃən] *pl.* (운의) 성쇠
harm [ha:rm] *n.* 해
haughty [hɔ́:ti] *a.* 오만한
humble [hʌmbl] *a.* 겸손한
limp [limp] *a.* 축 늘어진
meek [mi:k] *a.* 기백없는
offering [ɔ́:fəriŋ] *n.* 봉헌물
rebuke [ribjú:k] *n.* 책망
remnant [rémnənt] *n.* 나머지
reproach [ripróutʃ] *n.* 치욕
rescue [réskju:] *vt.* 구출하다
scattered [skǽtərd] *a.* 흩어져 있는

3:11 put to shame: 창피주다
3:11 remove from...: …로부터 제거하다
3:14 with all one's heart: 진심으로
3:15 take away: 가져가다
3:15 turn back: 되돌아가게 하다
3:19 deal with...: …를 처리하다

학개 | Haggai

● 저자 _ 학개 ● 저작 연대 _ B.C. 520년경으로 추정 ● 기록 장소 _ 예루살렘
● 기록 대상 _ 포로 생활에서 귀환한 모든 유다인들 ● 핵심어 및 내용 _ 핵심어는 '재건'과 '우선권'이다.

성전 재건이 완성되기 전에 먼저 백성들의 마음이 하나님 앞에 바로 서야 했다. 학개는 백성들로 하여금 자신들의 마음을 세우는 일을 먼저 하도록 권면했다.

성전을 건축하라는 여호와의 말씀

1 다리오 왕 제이 년 여섯째 달 곧 그달 초하루에 여호와의 말씀이 선지자 학개로 말미암아 스알디엘의 아들 유다 총독 스룹바벨과 여호사닥의 아들 대제사장 여호수아에게 임하니라 이르시되
2 만군의 여호와가 이같이 말하여 이르노라 이 백성이 말하기를 여호와의 전을 건축할 시기가 이르지 아니하였다 하느니라
3 여호와의 말씀이 선지자 학개에게 임하여 이르시되
4 이 성전이 황폐하였거늘 너희가 이때에 판벽한 집에 거주하는 것이 옳으냐
5 그러므로 이제 만군의 여호와가 이같이 말하노니 너희는 너희의 행위를 살필지니라
6 너희가 많이 뿌릴지라도 수확이 적으며 먹을지라도 배부르지 못하며 마실지라도 흡족하지 못하며 입어도 따뜻하지 못하며 일꾼이 삯을 받아도 그것을 구멍 뚫어진 전대에 넣음이 되느니라
7 ●만군의 여호와가 말하노니 너희는 자기의 행위를 살필지니라
8 너희는 산에 올라가서 나무를 가져다가 성전을 건축하라 그리하면 내가 그것으로 말미암아 기뻐하고 또 영광을 얻으리라 여호와가 말하였느니라
9 너희가 많은 것을 바랐으나 도리어 적었고 너희가 그것을 집으로 가져갔으나 내가 불어 버렸느니라 나 만군의 여호와가 말하노라 이것이 무슨 까닭이냐 내 집은 황폐하였으되 너희는 각각 자기의 집을 짓기 위하여 빨랐음이라
10 그러므로 너희로 말미암아 하늘은 이슬을 그쳤고 땅은 산물을 그쳤으며
11 내가 이 땅과 산과 곡물과 새 포도주와 기름*과 땅의* 모든 소산과 사람과 가축과 손으로 수고하는 모든 일에 한재를 들게 하였느니라

성전 건축을 격려하다

12 ●스알디엘의 아들 스룹바벨과 여호사닥의 아들 대제사장 여호수아와 남은 모든 백성이 그들의 하나님 여호와의 목소리와 선지자 학개의 말을 들었으니 이는 그들의 하나

A Call to Build the House of the LORD

1 In the second year of King Darius, on
the first day of the sixth month, the
word of the LORD came through the prophet
Haggai to Zerubbabel son of Shealtiel, gover-
nor of Judah, and to Joshua son of Jozadak,[a]
the high priest:
2 ●This is what the LORD Almighty says:
"These people say, 'The time has not yet
come to rebuild the LORD's house.' "
3 ●Then the word of the LORD came
4 through the prophet Haggai: ●"Is it a time
for you yourselves to be living in your pan-
eled houses, while this house remains a
ruin?"
5 ●Now this is what the LORD Almighty
says: "Give careful thought to your ways.
6 ●You have planted much, but harvested lit-
tle. You eat, but never have enough. You
drink, but never have your fill. You put on
clothes, but are not warm. You earn wages,
only to put them in a purse with holes in it."
7 ●This is what the LORD Almighty says:
8 "Give careful thought to your ways. ●Go
up into the mountains and bring down
timber and build my house, so that I may
take pleasure in it and be honored," says
9 the LORD. ●"You expected much, but see, it
turned out to be little. What you brought
home, I blew away. Why?" declares the LORD
Almighty. "Because of my house, which
remains a ruin, while each of you is busy
10 with your own house. ●Therefore, because
of you the heavens have withheld their
11 dew and the earth its crops. ●I called for a
drought on the fields and the mountains,
on the grain, the new wine, the olive oil and
everything else the ground produces, on
people and livestock, and on all the labor of
your hands."
12 ●Then Zerubbabel son of Shealtiel, Joshua
son of Jozadak, the high priest, and the
whole remnant of the people obeyed the
voice of the LORD their God and the message

[a]1 Hebrew *Jehozadak*, a variant of *Jozadak*; also in verses 12 and 14

님 여호와께서 그를 보내셨음이라 백성이
다 여호와를 경외하매
13 그때에 여호와의 사자 학개가 여호와의 위임
을 받아 백성에게 말하여 이르되 여호와가
말하노니 내가 너희와 함께하노라 하니라
14 여호와께서 스알디엘의 아들 유다 총독 스룹
바벨의 마음과 여호사닥의 아들 대제사장 여
호수아의 마음과 남은 모든 백성의 마음을
감동시키시매 그들이 와서 만군의 여호와 그
들의 하나님의 전 공사를 하였으니 대하 36:23
15 그때는 다리오 왕 제이 년 여섯째 달 이십사
일이었더라

2 일곱째 달 곧 그달 이십일 일에 여호와의
말씀이 선지자 학개에게 임하니라 이르시
되
2 너는 스알디엘의 아들 유다 총독 스룹바벨
과 여호사닥의 아들 대제사장 여호수아와
남은 백성에게 말하여 이르라
3 너희 가운데에 남아 있는 자 중에서 이 성전
의 이전 영광을 본 자가 누구냐 이제 이것이
너희에게 어떻게 보이느냐 이것이 너희 눈
에 보잘것없지 아니하냐
4 그러나 여호와가 이르노라 스룹바벨아 스스
로 굳세게 할지어다 여호사닥의 아들 대제
사장 여호수아야 스스로 굳세게 할지어다
여호와의 말이니라 이 땅 모든 백성아 스스
로 굳세게 하여 일할지어다 내가 너희와 함
께하노라 만군의 여호와의 말이니라
5 너희가 애굽에서 나올 때에 내가 너희와 언
약한 말과 나의 영이 계속하여 너희 가운데
에 머물러 있나니 너희는 두려워하지 말지
어다
6 만군의 여호와가 이같이 말하노라 조금 있
으면 내가 하늘과 땅과 바다와 육지를 진동
시킬 것이요
7 또한 모든 나라를 진동시킬 것이며 모든 나
라의 [1)]보배가 이르리니 내가 이 성전에 영광
이 충만하게 하리라 만군의 여호와의 말이
니라
8 은도 내 것이요 금도 내 것이니라 만군의 여
호와의 말이니라
9 이 성전의 나중 영광이 이전 영광보다 크리
라 만군의 여호와의 말이니라 내가 이곳에
평강을 주리라 만군의 여호와의 말이니라
10 ●다리오 왕 제이 년 아홉째 달 이십사 일에
여호와의 말씀이 선지자 학개에게 임하니라
이르시되

of the prophet Haggai, because the LORD
their God had sent him. And the people
feared the LORD.
13 ●Then Haggai, the LORD's messenger, gave
this message of the LORD to the people: "I am
14 with you," declares the LORD. ●So the LORD
stirred up the spirit of Zerubbabel son of
Shealtiel, governor of Judah, and the spirit
of Joshua son of Jozadak, the high priest,
and the spirit of the whole remnant of the
people. They came and began to work on
the house of the LORD Almighty, their God,
15 ●on the twenty-fourth day of the sixth
month.

The Promised Glory of the New House

2 In the second year of King Darius,
1 ●on the twenty-first day of the seventh
month, the word of the LORD came through
2 the prophet Haggai: ●"Speak to Zerubbabel
son of Shealtiel, governor of Judah, to
Joshua son of Jozadak,[a] the high priest, and
to the remnant of the people. Ask them,
3 ●'Who of you is left who saw this house in
its former glory? How does it look to you
now? Does it not seem to you like nothing?
4 ●But now be strong, Zerubbabel,' declares
the LORD. 'Be strong, Joshua son of Jozadak,
the high priest. Be strong, all you people of
the land,' declares the LORD, 'and work. For I
am with you,' declares the LORD Almighty.
5 ●'This is what I covenanted with you when
you came out of Egypt. And my Spirit re-
mains among you. Do not fear.'
6 ●'This is what the LORD Almighty says: 'In
a little while I will once more shake the
heavens and the earth, the sea and the dry
7 land. ●I will shake all nations, and what is
desired by all nations will come, and I will
fill this house with glory,' says the LORD
8 Almighty. ●'The silver is mine and the gold
9 is mine,' declares the LORD Almighty. ●'The
glory of this present house will be greater
than the glory of the former house,' says
the LORD Almighty. 'And in this place I will
grant peace,' declares the LORD Almighty."

Blessings for a Defiled People

10 ●On the twenty-fourth day of the ninth
month, in the second year of Darius, the
word of the LORD came to the prophet Hag-

[a]2 Hebrew *Jehozadak*, a variant of *Jozadak*; also in verse 4

1) 사모하는 것이

almighty [ɔːlmáiti] *a.* 전능한
declare [dikléər] *vt.* 선언하다
desire [dizáiər] *vt.* 바라다
fear [fiər] *vt.* 두려워하다
former [fɔ́ːrmər] *a.* 앞서의, 과거의
glory [glɔ́ːri] *n.* 영광
grant [grænt] *vt.* 주다
messenger [mésəndʒər] *n.* 사자
peace [piːs] *n.* 평화
present [préznt] *a.* 현재의
priest [priːst] *n.* 성직자
prophet [prɑ́fit] *n.* 예언자
remain [riméin] *vi.* 머무르다
shake [ʃeik] *vt.* 진동시키다
spirit [spírit] *n.* 마음, 영혼

1:14 stir up: 선동하다
1:14 begin to work: 작동하기 시작하다
2:5 covenant with...: …와 계약하다
2:6 in a little while: 곧, 얼마 안 있어
2:6 once more: 다시 한 번
2:7 fill A with B: A를 B로 채우다

11 만군의 여호와가 말하노니 너는 제사장에게
율법에 대하여 물어 이르기를
12 사람이 옷자락에 거룩한 고기를 쌌는데 그
옷자락이 만일 떡에나 국에나 포도주에나
기름에나 다른 음식물에 닿았으면 그것이
성물이 되겠느냐 하라 학개가 물으매 제사
장들이 대답하여 이르되 아니니라 하는지라
13 학개가 이르되 시체를 만져서 부정하여진
자가 만일 그것들 가운데 하나를 만지면 그
것이 부정하겠느냐 하니 제사장들이 대답하
여 이르되 부정하리라 하더라
14 이에 학개가 대답하여 이르되 여호와의 말
씀에 내 앞에서 이 백성이 그러하고 이 나라
가 그러하고 그들의 손의 모든 일도 그러하
고 그들이 거기에서 드리는 것도 부정하니
라
15 이제 원하건대 너희는 오늘부터 이전 곧 여
호와의 전에 돌이 돌 위에 놓이지 아니하였
던 때를 기억하라
16 그때에는 이십 고르 곡식 더미에 이른즉 십
고르뿐이었고 포도즙 틀에 오십 고르를 길
으러 이른즉 이십 고르뿐이었었느니라
17 만군의 여호와가 말하노라 내가 너희 손으
로 지은 모든 일에 곡식을 마르게 하는 재앙
과 깜부기 재앙과 우박으로 쳤으나 너희가
내게로 돌이키지 아니하였느니라 암 4:9
18 너희는 오늘 이전을 기억하라 아홉째 달 이
십사 일 곧 여호와의 성전 지대를 쌓던 날부
터 기억하여 보라 2:10
19 곡식 종자가 아직도 창고에 있느냐 포도나
무, 무화과나무, 석류나무, 감람나무에 열매
가 맺지 못하였느니라 그러나 오늘부터는
내가 너희에게 복을 주리라
20 ● 그달 이십사 일에 여호와의 말씀이 다시
학개에게 임하니라 이르시되
21 너는 유다 총독 스룹바벨에게 말하여 이르
라 내가 하늘과 땅을 진동시킬 것이요
22 여러 왕국들의 보좌를 엎을 것이요 여러 나
라의 세력을 멸할 것이요 그 병거들과 그 탄
자를 엎드러뜨리리니 말과 그 탄 자가 각각
그의 동료의 칼에 엎드러지리라
23 만군의 여호와가 말하노라 스알디엘의 아들
내 종 스룹바벨아 여호와가 말하노라 그날
에 내가 너를 세우고 너를 인장으로 삼으리
니 이는 내가 너를 택하였음이니라 만군의
여호와의 말이니라 하시니라

11 gai: ●"This is what the LORD Almighty says:
12 'Ask the priests what the law says: ●If some-
one carries consecrated meat in the fold of
their garment, and that fold touches some
bread or stew, some wine, olive oil or other
food, does it become consecrated?' "
The priests answered, "No."
13 ●Then Haggai said, "If a person defiled by
contact with a dead body touches one of
these things, does it become defiled?"
"Yes," the priests replied, "it becomes
defiled."
14 ●Then Haggai said, " 'So it is with this
people and this nation in my sight,' declares
the LORD. 'Whatever they do and whatever
they offer there is defiled.
15 ●" 'Now give careful thought to this from
this day on[a] — consider how things were
before one stone was laid on another in
16 the LORD's temple. ●When anyone came to
a heap of twenty measures, there were only
ten. When anyone went to a wine vat to
draw fifty measures, there were only twenty.
17 ●I struck all the work of your hands with
blight, mildew and hail, yet you did not
18 return to me,' declares the LORD. ●'From this
day on, from this twenty-fourth day of the
ninth month, give careful thought to the
day when the foundation of the LORD's
19 temple was laid. Give careful thought: ●Is
there yet any seed left in the barn? Until
now, the vine and the fig tree, the pome-
granate and the olive tree have not borne
fruit.
" 'From this day on I will bless you.' "

Zerubbabel the LORD's Signet Ring

20 ●The word of the LORD came to Haggai a
second time on the twenty-fourth day of the
21 month: ●"Tell Zerubbabel governor of
Judah that I am going to shake the heavens
22 and the earth. ●I will overturn royal thrones
and shatter the power of the foreign king-
doms. I will overthrow chariots and their
drivers; horses and their riders will fall, each
by the sword of his brother.
23 ●" 'On that day,' declares the LORD Al-
mighty, 'I will take you, my servant Zeru-
bbabel son of Shealtiel,' declares the LORD,
'and I will make you like my signet ring, for
I have chosen you,' declares the LORD Al-
mighty."

[a]15 Or to the days past

barn [ba:rn] *n.* 헛간
blight [blait] *n.* 마름병
consecrated [kánsəkrèitid] *a.* 신성한
declare [diklɛ́ər] *vt.* 선언하다
defile [difáil] *vt.* 더럽히다
fig [fig] *n.* 무화과
foundation [faundéiʃən] *n.* 토대, 기초
garment [gá:rmənt] *n.* 옷, 의복
hail [heil] *n.* 우박
mildew [míldjù:] *n.* 곰팡이
overthrow [òuvərθróu] *vt.* 무너뜨리다
overturn [òuvərtə́:rn] *vt.* 뒤집다
pomegranate [páməgrænət] *n.* 석류나무
rider [ráidər] *n.* 기수
shatter [ʃǽtər] *vt.* 산산이 부수다

2:12 in the fold...: 함께 뭉친[모인]
2:13 contact with...: …과의 접촉
2:14 in one's sight: …의 면전에서
2:15 give careful thought to...: …를 신중히 생각해 보다
2:19 bear fruit: 열매를 맺다

Zechariah | 스가랴

● 저자 _ 스가랴 ● 저작 연대 _ B.C. 520-518년 사이(1-8장)와 B.C. 480-470년 사이(9-14장)
● 기록 장소 _ 예루살렘 ● 기록 대상 _ 귀환한 이스라엘 백성 ● 핵심어 및 내용 _ 핵심어는 '순종'과 '메시아'이다.

스가랴는 이스라엘의 축복 여부는 하나님께 대한 백성의 순종에 달렸음을 알려 준다. 또한 '다가올 메시아'는 바로 이 책의 중심 내용이다.

악한 길에서 돌아오라고 명령하시다 (♪ 531장)

1 **다리오 왕 제이 년 여덟째 달에 여호와의**
말씀이 잇도의 손자 베레갸의 아들 선지자
스가랴에게 임하니라 이르시되
2 **여호와가 너희의 조상들에게 심히 진노하였**
느니라
3 **그러므로 너는 그들에게 말하기를 만군의 여**
호와께서 이처럼 이르시되 너희는 내게로 돌
아오라 만군의 여호와의 말이니라 그리하면
내가 너희에게로 돌아가리라 만군의 여호와
의 말이니라
4 **너희 조상들을 본받지 말라 옛적 선지자들이**
그들에게 외쳐 이르되 만군의 여호와께서 이
같이 말씀하시기를 너희가 악한 길, 악한 행
위를 떠나서 돌아오라 하셨다 하나 그들이
듣지 아니하고 내게 귀를 기울이지 아니하였
느니라 여호와의 말이니라
5 **너희 조상들이 어디 있느냐 또 선지자들이**
영원히 살겠느냐
6 **내가 나의 종 선지자들에게 명령한 내 말과**
내 법도들이 어찌 너희 조상들에게 임하지
아니하였느냐 그러므로 그들이 돌이켜 이르
기를 만군의 여호와께서 우리 길대로, 우리
행위대로 우리에게 행하시려고 뜻하신 것을
우리에게 행하셨도다 하였느니라

화석류나무 사이에 선 자 (♪ 370, 434장)

7 **●다리오 왕 제이 년 열한째 달 곧 스밧 월**
이십사 일에 잇도의 손자 베레갸의 아들 선
지자 스가랴에게 여호와의 말씀이 임하니라
8 **내가 밤에 보니 한 사람이 붉은 말을 타고 골**
짜기 속 화석류나무 사이에 섰고 그 뒤에는
붉은 말과 자줏빛 말과 백마가 있기로
9 **내가 말하되 내 주여 이들이 무엇이니이까**
하니 내게 말하는 천사가 내게 이르되 이들
이 무엇인지 내가 네게 보이리라 하니
10 **화석류나무 사이에 선 자가 대답하여 이르되**
이는 여호와께서 땅에 두루 다니라고 보내신
자들이니라
11 **그들이 화석류나무 사이에 선 여호와의 천사**
에게 말하되 우리가 땅에 두루 다녀 보니 온
땅이 평안하고 조용하더이다 하더라
12 **여호와의 천사가 대답하여 이르되 만군의 여**

A Call to Return to the LORD

1 In the eighth month of the second year
of Darius, the word of the LORD came to
the prophet Zechariah son of Berekiah, the
son of Iddo:
2 ●"The LORD was very angry with your
3 ancestors. ●Therefore tell the people: This is
what the LORD Almighty says: 'Return to me,'
declares the LORD Almighty, 'and I will return
4 to you,' says the LORD Almighty. ●Do not be
like your ancestors, to whom the earlier
prophets proclaimed: This is what the LORD
Almighty says: 'Turn from your evil ways and
your evil practices.' But they would not listen
or pay attention to me, declares the LORD.
5 ●Where are your ancestors now? And the
6 prophets, do they live forever? ●But did not
my words and my decrees, which I com-
manded my servants the prophets, overtake
your ancestors?
"Then they repented and said, 'The LORD
Almighty has done to us what our ways and
practices deserve, just as he determined to do.' "

The Man Among the Myrtle Trees

7 ●On the twenty-fourth day of the eleventh
month, the month of Shebat, in the second
year of Darius, the word of the LORD came to
the prophet Zechariah son of Berekiah, the
son of Iddo.
8 ●During the night I had a vision, and there
before me was a man mounted on a red horse.
He was standing among the myrtle trees in a
ravine. Behind him were red, brown and
white horses.
9 ●I asked, "What are these, my lord?"
The angel who was talking with me an-
swered, "I will show you what they are."
10 ●Then the man standing among the myrtle
trees explained, "They are the ones the LORD
has sent to go throughout the earth."
11 ●And they reported to the angel of the LORD
who was standing among the myrtle trees,
"We have gone throughout the earth and
found the whole world at rest and in peace."
12 ●Then the angel of the LORD said, "LORD
Almighty, how long will you withhold mercy

호와여 여호와께서 언제까지 예루살렘과 유
다 성읍들을 불쌍히 여기지 아니하시려 하나
이까 이를 노하신 지 칠십 년이 되었나이다
하매
13 여호와께서 내게 말하는 천사에게 선한 말
씀, 위로하는 말씀으로 대답하시더라 사 40:1-2
14 내게 말하는 천사가 내게 이르되 너는 외쳐
이르기를 만군의 여호와의 말씀에 내가 예루
살렘을 위하며 시온을 위하여 크게 질투하며
15 안일한 여러 나라들 때문에 심히 진노하나니
나는 조금 노하였거늘 그들은 힘을 내어 고
난을 더하였음이라
16 그러므로 여호와가 이처럼 말하노라 내가 불
쌍히 여기므로 예루살렘에 돌아왔은즉 내 집
이 그 가운데에 건축되리니 예루살렘 위에
먹줄이 쳐지리라 만군의 여호와의 말이니라
17 그가 다시 외쳐 이르기를 만군의 여호와의
말씀에 나의 성읍들이 넘치도록 다시 풍부할
것이라 여호와가 다시 시온을 위로하며 다시
예루살렘을 택하리라 하라 하니라 사 44:26

네 뿔과 대장장이 네 명

18 ● 내가 눈을 들어 본즉 네 개의 뿔이 보이기로
19 이에 내게 말하는 천사에게 묻되 이들이 무
엇이니이까 하니 내게 대답하되 이들은 유다
와 이스라엘과 예루살렘을 흩뜨린 뿔이니라
20 그때에 여호와께서 대장장이 네 명을 내게
보이시기로 사 44:12
21 내가 말하되 그들이 무엇하러 왔나이까 하니
대답하여 이르시되 그 뿔들이 유다를 흩뜨려
서 사람들이 능히 머리를 들지 못하게 하니 이
대장장이들이 와서 그것들을 두렵게 하고 이
전의 뿔들을 들어 유다 땅을 흩뜨린 여러 나라
의 뿔들을 떨어뜨리려 하느니라 하시더라

측량줄을 잡은 사람 — B.C. 520년경

2 내가 또 눈을 들어 본즉 한 사람이 측량줄
을 그의 손에 잡았기로
2 네가 어디로 가느냐 물은즉 그가 내게 대답
하되 예루살렘을 측량하여 그 너비와 길이를
보고자 하노라 하고 말할 때에
3 내게 말하는 천사가 나가고 다른 천사가 나
와서 그를 맞으며
4 이르되 너는 달려가서 그 소년에게 말하여 이
르기를 예루살렘은 그 가운데 사람과 가축이
많으므로 성곽 없는 성읍이 될 것이라 하라
5 여호와의 말씀에 내가 불로 둘러싼 성곽이
되며 그 가운데에서 영광이 되리라
6 ● 오호라 너희는 북방 땅에서 도피할지어다

from Jerusalem and from the towns of Ju-
dah, which you have been angry with these
13 seventy years?" ● So the LORD spoke kind and
comforting words to the angel who talked
with me.
14 ● Then the angel who was speaking to me
said, "Proclaim this word: This is what the
LORD Almighty says: 'I am very jealous for
15 Jerusalem and Zion, ● and I am very angry
with the nations that feel secure. I was only a
little angry, but they went too far with the
punishment.'
16 ● "Therefore this is what the LORD says: 'I
will return to Jerusalem with mercy, and there
my house will be rebuilt. And the measuring
line will be stretched out over Jerusalem,'
declares the LORD Almighty.
17 ● "Proclaim further: This is what the LORD
Almighty says: 'My towns will again overflow
with prosperity, and the LORD will again com-
fort Zion and choose Jerusalem.' "

Four Horns and Four Craftsmen

18 ● Then I looked up, and there before me
19 were four horns. ● I asked the angel who was
speaking to me, "What are these?"
He answered me, "These are the horns that
scattered Judah, Israel and Jerusalem."
20 ● Then the LORD showed me four craftsmen.
21 ● I asked, "What are these coming to do?"
He answered, "These are the horns that scat-
tered Judah so that no one could raise their
head, but the craftsmen have come to terrify
them and throw down these horns of the
nations who lifted up their horns against the
land of Judah to scatter its people."[a]

A Man With a Measuring Line

2[b] Then I looked up, and there before me
was a man with a measuring line in his
2 hand. ● I asked, "Where are you going?"
He answered me, "To measure Jerusalem, to
find out how wide and how long it is."
3 ● While the angel who was speaking to me
was leaving, another angel came to meet him
4 ● and said to him: "Run, tell that young man,
'Jerusalem will be a city without walls because
of the great number of people and animals in
5 it. ● And I myself will be a wall of fire around
it,' declares the LORD, 'and I will be its glory
within.'
6 ● "Come! Come! Flee from the land of the

[a]21 In Hebrew texts 1:18-21 is numbered 2:1-4. [b]In Hebrew texts 2:1-13 is numbered 2:5-17.

almighty [ɔːlmáiti] *a.* 전능한
comfort [kʌmfərt] *vt.* 위로하다
craftsman [krǽftsmən] *n.* 장인
declare [dikléər] *vt.* 선언하다
horn [hɔːrn] *n.* 뿔
jealous [dʒéləs] *a.* 질투하는
measuring line [méʒəriŋ lain] *n.* 측선(測線)
mercy [mə́ːrsi] *n.* 자비
overflow [òuvərflóu] *vi.* 넘치다
proclaim [proukléim] *vt.* 공포하다
prosperity [praspérəti] *n.* 번영
punishment [pʌniʃmənt] *n.* 징벌
rebuild [riːbíld] *vt.* 재건하다
scatter [skǽtər] *vt.* 흩다
terrify [térəfài] *vt.* 무섭게 하다

1:16 stretch out: 치다, 펴다
1:21 so that...: …하도록
1:21 throw down: 내던지다
2:2 find out: 찾아내다
2:4 the great number of...: 무수한 …
2:6 flee from...: …에서 도망치다

여호와의 말씀이니라 이는 내가 너희를 하늘
사방에 바람같이 흩어지게 하였음이니라 여
호와의 말씀이니라
7 바벨론 1)성에 거주하는 시온아 이제 너는 피
할지니라
8 만군의 여호와께서 이같이 말씀하시되 영광
을 위하여 나를 너희를 노략한 여러 나라로
보내셨나니 너희를 범하는 자는 그의 눈동자
를 범하는 것이라
9 내가 손을 그들 위에 움직인즉 그들이 자기
를 섬기던 자들에게 노략거리가 되리라 하셨
나니 너희가 만군의 여호와께서 나를 보내신
줄 알리라
10 여호와의 말씀에 시온의 딸아 노래하고 기뻐
하라 이는 내가 와서 네 가운데에 머물 것임
이라
11 그날에 많은 나라가 여호와께 속하여 내 백
성이 될 것이요 나는 네 가운데에 머물리라
네가 만군의 여호와께서 나를 네게 보내신
줄 알리라
12 여호와께서 장차 유다를 거룩한 땅에서 자기
소유를 삼으시고 다시 예루살렘을 택하시리니
13 모든 육체가 여호와 앞에서 잠잠할 것은 여
호와께서 그의 거룩한 처소에서 일어나심이
니라 하라 하더라

여호와의 천사 앞에 선 여호수아

3 대제사장 여호수아는 여호와의 천사 앞에
섰고 사탄은 그의 오른쪽에 서서 그를 대
적하는 것을 여호와께서 내게 보이시니라
2 여호와께서 사탄에게 이르시되 사탄아 여호
와께서 너를 책망하노라 예루살렘을 택한 여
호와께서 너를 책망하노라 이는 불에서 꺼
낸 그슬린 나무가 아니냐 하실 때에
3 여호수아가 더러운 옷을 입고 천사 앞에 서
있는지라
4 여호와께서 자기 앞에 선 자들에게 명령하사
그 더러운 옷을 벗기라 하시고 또 여호수아에
게 이르시되 내가 네 죄악을 제거하여 버렸으
니 네게 아름다운 옷을 입히리라 하시기로
5 내가 말하되 정결한 관을 그의 머리에 씌우
소서 하매 곧 정결한 관을 그 머리에 씌우며
옷을 입히고 여호와의 천사는 곁에 섰더라
6 ●여호와의 천사가 여호수아에게 증언하여
이르되
7 만군의 여호와의 말씀에 네가 만일 내 도를
행하며 내 규례를 지키면 네가 내 집을 다스
릴 것이요 내 뜰을 지킬 것이며 내가 또 너로

north," declares the LORD, "for I have scattered
you to the four winds of heaven," declares the
LORD.
7 •"Come, Zion! Escape, you who live in
8 Daughter Babylon!" •For this is what the
LORD Almighty says: "After the Glorious One
has sent me against the nations that have
plundered you—for whoever touches you
9 touches the apple of his eye — •I will surely
raise my hand against them so that their
slaves will plunder them.[a] Then you will
know that the LORD Almighty has sent me.
10 •"Shout and be glad, Daughter Zion. For
I am coming, and I will live among you,"
11 declares the LORD. •"Many nations will be
joined with the LORD in that day and will
become my people. I will live among you and
you will know that the LORD Almighty has
12 sent me to you. •The LORD will inherit Judah
as his portion in the holy land and will again
13 choose Jerusalem. •Be still before the LORD,
all mankind, because he has roused himself
from his holy dwelling."

Clean Garments for the High Priest

3 Then he showed me Joshua the high
priest standing before the angel of the
LORD, and Satan[b] standing at his right side to
2 accuse him. •The LORD said to Satan, "The
LORD rebuke you, Satan! The LORD, who has
chosen Jerusalem, rebuke you! Is not this man
a burning stick snatched from the fire?"
3 •Now Joshua was dressed in filthy clothes
4 as he stood before the angel. •The angel said
to those who were standing before him, "Take
off his filthy clothes."
Then he said to Joshua, "See, I have taken
away your sin, and I will put fine garments on
you."
5 •Then I said, "Put a clean turban on his
head." So they put a clean turban on his head
and clothed him, while the angel of the LORD
stood by.
6 •The angel of the LORD gave this charge to
7 Joshua: •"This is what the LORD Almighty
says: 'If you will walk in obedience to me and
keep my requirements, then you will govern
my house and have charge of my courts, and
I will give you a place among these standing
here.

[a] 8, 9 Or *says after . . . eye: [9]"I . . . plunder them."* [b] 1 Hebrew *satan* means *adversary*. 1) 딸과 함께

accuse [əkjúːz] *vt.* 고발하다
burning [bə́ːrniŋ] *a.* 불타는 (듯한)
court [kɔːrt] *n.* 궁정
dwelling [dwéliŋ] *n.* 거처
filthy [fílθi] *a.* 불결한
garment [gáːrmənt] *n.* 의복
govern [gʌvərn] *vt.* 다스리다
inherit [inhérit] *vt.* 상속하다
plunder [plʌndər] *vt.* 약탈하다
portion [pɔ́ːrʃən] *n.* 몫
priest [priːst] *n.* 성직자
rebuke [ribjúːk] *vt.* 꾸짖다
requirement [rikwáiərmənt] *n.* 요구
snatch [snætʃ] *vt.* 간신히 구해내다
turban [tə́ːrbən] *n.* (머리에 두르는) 터번

2:8 the apple of one's eye: 눈동자, 매우 소중한 것
3:4 take off: 벗다
3:5 put A on B: A를 B에 씌우다
3:7 in obedience to: …에 복종하여
3:7 have charge of...: …를 맡다, 돌보다

수

여기 섰는 자들 가운데에 왕래하게 하리라
8 대제사장 여호수아야 너와 네 앞에 앉은 네 동
료들은 내 말을 들을 것이니라 이들은 예표의
사람들이라 내가 내 종 싹을 나게 하리라
9 만군의 여호와가 말하노라 내가 너 여호수아
앞에 세운 돌을 보라 한 돌에 일곱 눈이 있느
니라 내가 거기에 새길 것을 새기며 이 땅의
죄악을 하루에 제거하리라
10 만군의 여호와가 말하노라 그날에 너희가 각
각 포도나무와 무화과나무 아래로 서로 초대
하리라 하셨느니라

순금 등잔대와 두 감람나무 — B.C. 520년경

4 내게 말하던 천사가 다시 와서 나를 깨우니
마치 자는 사람이 잠에서 깨어난 것 같더라
2 그가 내게 묻되 네가 무엇을 보느냐 내가 대답
하되 내가 보니 순금 등잔대가 있는데 그 위에
는 기름 그릇이 있고 또 그 기름 그릇 위에 일
곱 등잔이 있으며 그 기름 그릇 위에 있는 등
잔을 위해서 일곱 관이 있고
3 그 등잔대 곁에 두 감람나무가 있는데 하나는
그 기름 그릇 오른쪽에 있고 하나는 그 왼쪽에
있나이다 하고
4 내게 말하는 천사에게 물어 이르되 내 주여 이
것들이 무엇이니이까 하니
5 내게 말하는 천사가 대답하여 이르되 네가 이
것들이 무엇인지 알지 못하느냐 하므로 내가
대답하되 내 주여 내가 알지 못하나이다 하니
6 그가 내게 대답하여 이르되 여호와께서 스룹
바벨에게 하신 말씀이 이러하니라 만군의 여
호와께서 말씀하시되 이는 힘으로 되지 아니
하며 능력으로 되지 아니하고 오직 나의 영으
로 되느니라
7 큰 산아 네가 무엇이냐 네가 스룹바벨 앞에서
평지가 되리라 그가 머릿돌을 내놓을 때에 무
리가 외치기를 은총, 은총이 그에게 있을지어
다 하리라 하셨고
8 여호와의 말씀이 또 내게 임하여 이르시되
9 스룹바벨의 손이 이 성전의 기초를 놓았은즉
그의 손이 또한 그 일을 마치리라 하셨나니 만
군의 여호와께서 나를 너희에게 보내신 줄을
네가 알리라 하셨느니라
10 작은 일의 날이라고 멸시하는 자가 누구냐 사
람들이 스룹바벨의 손에 다림줄이 있음을 보
고 기뻐하리라 이 일곱은 온 세상에 두루 다니
는 여호와의 눈이라 하니라
11 ●내가 그에게 물어 이르되 등잔대 좌우의 두
감람나무는 무슨 뜻이니이까 하고

4:3

8 ●" 'Listen, High Priest Joshua, you and
your associates seated before you, who are
men symbolic of things to come: I am going
9 to bring my servant, the Branch. ●See, the
stone I have set in front of Joshua! There are
seven eyes[a] on that one stone, and I will
engrave an inscription on it,' says the LORD
Almighty, 'and I will remove the sin of this
land in a single day.
10 ●" 'In that day each of you will invite your
neighbor to sit under your vine and fig tree,'
declares the LORD Almighty."

The Gold Lampstand and the Two Olive Trees

4 Then the angel who talked with me
returned and woke me up, like some-
2 one awakened from sleep. ●He asked me,
"What do you see?"
I answered, "I see a solid gold lampstand
with a bowl at the top and seven lamps on
3 it, with seven channels to the lamps. ●Also
there are two olive trees by it, one on the
right of the bowl and the other on its left."
4 ●I asked the angel who talked with me,
"What are these, my lord?"
5 ●He answered, "Do you not know what
these are?"
"No, my lord," I replied.
6 ●So he said to me, "This is the word of the
LORD to Zerubbabel: 'Not by might nor by
power, but by my Spirit,' says the LORD Al-
mighty.
7 ●"What are you, mighty mountain? Be-
fore Zerubbabel you will become level
ground. Then he will bring out the cap-
stone to shouts of 'God bless it! God bless
it!' "
8 ●Then the word of the LORD came to me:
9 ●"The hands of Zerubbabel have laid the
foundation of this temple; his hands will
also complete it. Then you will know that
the LORD Almighty has sent me to you.
10 ●"Who dares despise the day of small
things, since the seven eyes of the LORD that
range throughout the earth will rejoice
when they see the chosen capstone[b] in the
hand of Zerubbabel?"
11 ●Then I asked the angel, "What are these
two olive trees on the right and the left of
the lampstand?"

[a]9 Or *facets* [b]10 Or *the plumb line*

associate [əsóuʃièit] *n.* 동료
capstone [kǽpstòun] *n.* 갓돌
channel [tʃǽnl] *n.* 수로, 수관
dare [dɛər] *vt.* 감히…하다
despise [dispáiz] *vt.* 멸시하다
engrave [ingréiv] *vt.* 새기다
fig [fig] *n.* 무화과
inscription [inskrípʃən] *n.* 비문
level [lévəl] *a.* 평평한
might [mait] *n.* 힘
range [reindʒ] *vi.* 돌아다니다
remove [rimúːv] *vt.* 제거하다
spirit [spírit] *n.* 영
symbolic [simbálik] *a.* 상징적인
vine [vain] *n.* 포도나무

3:9 in front of...: … 앞에
3:9 in a single day: 단 하루 만에
4:1 wake...up: …이 정신들게 하다
4:6 not by A, nor by B, but by C: A도 B도 아닌 C에 의해서
4:7 bring out: 갖고 나오다

12 다시 그에게 물어 이르되 금 기름을 흘리는
두 금관 옆에 있는 이 감람나무 두 가지는 무
슨 뜻이니이까 하니
13 그가 내게 대답하여 이르되 네가 이것이 무
엇인지 알지 못하느냐 하는지라 내가 대답하
되 내 주여 알지 못하나이다 하니
14 이르되 이는 기름부음 받은 자 둘이니 온 세
상의 주 앞에 서 있는 자니라 하더라

날아가는 두루마리 — B.C. 520년경

5 내가 다시 눈을 들어 본즉 날아가는 두루
마리가 있더라
2 그가 내게 묻되 네가 무엇을 보느냐 하기로
내가 대답하되 날아가는 두루마리를 보나이
다 그 길이가 이십 [1)]규빗이요 너비가 십 규빗
이니이다
3 그가 내게 이르되 이는 온 땅 위에 내리는 저
주라 도둑질하는 자는 그 이쪽 글대로 끊어
지고 맹세하는 자는 그 저쪽 글대로 끊어지
리라 하니
4 만군의 여호와께서 이르시되 내가 이것을
보냈나니 도둑의 집에도 들어가며 내 이름
을 가리켜 망령되이 맹세하는 자의 집에도
들어가서 그의 집에 머무르며 그 집을 나무
와 돌과 아울러 사르리라 하셨느니라 하니
라

말 3:5

에바 속의 여인

5 ●내게 말하던 천사가 나아와서 내게 이르되
너는 눈을 들어 나오는 이것이 무엇인가 보
라 하기로
6 내가 묻되 이것이 무엇이니이까 하니 그가
이르되 나오는 이것이 에바이니라 하시고
또 이르되 온 땅에서 그들의 모양이 이러하
니라
7 이 에바 가운데에는 한 여인이 앉았느니라
하니 그때에 둥근 납 한 조각이 들리더라
8 그가 이르되 이는 악이라 하고 그 여인을 에
바 속으로 던져 넣고 납 조각을 에바 아귀 위
에 던져 덮더라
9 내가 또 눈을 들어 본즉 두 여인이 나오는데
학의 날개 같은 날개가 있고 그 날개에 바람
이 있더라 그들이 그 에바를 천지 사이에 들
었기로
10 내가 내게 말하는 천사에게 묻되 그들이 에
바를 어디로 옮겨 가나이까 하니
11 그가 내게 이르되 그들이 시날 땅으로 가서
그것을 위하여 집을 지으려 함이니라 준공되
면 그것이 제 처소에 머물게 되리라 하더라

12 ●Again I asked him, "What are these two
olive branches beside the two gold pipes
that pour out golden oil?"
13 ●He replied, "Do you not know what these
are?"
"No, my lord," I said.
14 ●So he said, "These are the two who are
anointed to[a] serve the Lord of all the earth."

The Flying Scroll

5 I looked again, and there before me was
a flying scroll.
2 ●He asked me, "What do you see?"
I answered, "I see a flying scroll, twenty
cubits long and ten cubits wide.[b]"
3 ●And he said to me, "This is the curse that is
going out over the whole land; for according
to what it says on one side, every thief will be
banished, and according to what it says on the
other, everyone who swears falsely will be
4 banished. ●The LORD Almighty declares, 'I
will send it out, and it will enter the house
of the thief and the house of anyone who
swears falsely by my name. It will remain in
that house and destroy it completely, both
its timbers and its stones.'"

The Woman in a Basket

5 ●Then the angel who was speaking to me
came forward and said to me, "Look up and
see what is appearing."
6 ●I asked, "What is it?"
He replied, "It is a basket." And he added,
"This is the iniquity[c] of the people throughout
the land."
7 ●Then the cover of lead was raised, and
8 there in the basket sat a woman! ●He said,
"This is wickedness," and he pushed her back
into the basket and pushed its lead cover
down on it.
9 ●Then I looked up—and there before me
were two women, with the wind in their
wings! They had wings like those of a stork,
and they lifted up the basket between heav-
en and earth.
10 ●"Where are they taking the basket?" I
asked the angel who was speaking to me.
11 ●He replied, "To the country of Babylonia[d]
to build a house for it. When the house is
ready, the basket will be set there in its place."

[a]14 Or *two who bring oil and* [b]2 That is, about 30 feet long and 15 feet wide or about 9 meters long and 4.5 meters wide [c]6 Or *appearance* [d]11 Hebrew *Shinar*

1) 히, 암마

anoint [ənɔ́int] *vt.* 기름을 바르다
appear [əpíər] *vi.* 나타나다
banish [bǽniʃ] *vt.* 내쫓다
branch [bræntʃ] *n.* 가지
curse [kəːrs] *n.* 저주
destroy [distrɔ́i] *vt.* 파괴하다
falsely [fɔ́ːlsli] *ad.* 거짓으로
flying [fláiiŋ] *a.* 나는, 비행하는
iniquity [iníkwəti] *n.* 부정
lead [liːd] *n.* 납
scroll [skroul] *n.* 두루마리
stork [stɔːrk] *n.* 황새
thief [θiːf] *n.* 도둑
timber [tímbər] *n.* 재목
wickedness [wíkidnis] *n.* 악

4:12 **pour out**: 쏟다
5:3 **according to...**: …에 따르면
5:4 **send out**: 내보내다
5:4 **swear by one's name**: …의 이름으로 맹세하다
5:4 **both A and B**: A, B 둘 다

네 병거 — B.C. 520년경

6 내가 또 눈을 들어 본즉 네 병거가 두 산 사이에서 나오는데 그 산은 구리 산이더라
2 첫째 병거는 붉은 말들이, 둘째 병거는 검은 말들이,
3 셋째 병거는 흰 말들이, 넷째 병거는 어룽지고 건장한 말들이 메었는지라
4 내가 내게 말하는 천사에게 물어 이르되 내 주여 이것들이 무엇이니이까 하니
5 천사가 대답하여 이르되 이는 하늘의 네 바람인데 온 세상의 주 앞에 서 있다가 나가는 것이라 하더라
6 검은 말은 북쪽 땅으로 나가고 흰 말은 그 뒤를 따르고 어룽진 말은 남쪽 땅으로 나가고
7 건장한 말은 나가서 땅에 두루 다니고자 하니 그가 이르되 너희는 여기서 나가서 땅에 두루 다니라 하매 곧 땅에 두루 다니더라
8 그가 내게 외쳐 말하여 이르되 북쪽으로 나간 자들이 북쪽에서 내 영을 쉬게 하였느니라 하더라

면류관을 여호수아의 머리에 씌우다
(♪ 502, 504장)

9 ●여호와의 말씀이 내게 임하여 이르시되
10 사로잡힌 자 가운데 바벨론에서부터 돌아온 헬대와 도비야와 여다야가 스바냐의 아들 요시아의 집에 들어갔나니 너는 이날에 그 집에 들어가서 그들에게서 받되
11 은과 금을 받아 면류관을 만들어 여호사닥의 아들 대제사장 여호수아의 머리에 씌우고
12 말하여 이르기를 만군의 여호와께서 이같이 말씀하시되 보라 싹이라 이름하는 사람이 자기 곳에서 돋아나서 여호와의 전을 건축하리라
13 그가 여호와의 전을 건축하고 영광도 얻고 그 자리에 앉아서 다스릴 것이요 또 제사장이 자기 자리에 있으리니 이 둘 사이에 평화의 의논이 있으리라 하셨다 하고
14 그 면류관은 헬렘과 도비야와 여다야와 스바냐의 아들 헨을 기념하기 위하여 여호와의 전 안에 두라 하시니라
15 먼 데 사람들이 와서 여호와의 전을 건축하리니 만군의 여호와께서 나를 너희에게 보내신 줄을 너희가 알리라 너희가 만일 너희의 하나님 여호와의 말씀을 들을진대 이같이 되리라

여호와께서는 금식보다 청종을 원하신다

7 다리오 왕 제사 년 아홉째 달 곧 기슬래 월 사 일에 여호와의 말씀이 스가랴에게 임하

Four Chariots

6 I looked up again, and there before me
were four chariots coming out from be-
tween two mountains—mountains of bronze.
2 •The first chariot had red horses, the second
3 black, •the third white, and the fourth dap-
4 pled—all of them powerful. •I asked the an-
gel who was speaking to me, "What are these,
my lord?"
5 •The angel answered me, "These are the
four spirits[a] of heaven, going out from stand-
ing in the presence of the Lord of the whole
6 world. •The one with the black horses is go-
ing toward the north country, the one with
the white horses toward the west,[b] and the one
with the dappled horses toward the south."
7 •When the powerful horses went out, they
were straining to go throughout the earth. And
he said, "Go throughout the earth!" So they
went throughout the earth.
8 •Then he called to me, "Look, those going
toward the north country have given my Spir-
it[c] rest in the land of the north."

A Crown for Joshua

9-10 •The word of the LORD came to me: •"Take
silver and gold from the exiles Heldai, Tobijah
and Jedaiah, who have arrived from Babylon.
Go the same day to the house of Josiah son of
11 Zephaniah. •Take the silver and gold and
make a crown, and set it on the head of the
12 high priest, Joshua son of Jozadak.[d] •Tell him
this is what the LORD Almighty says: 'Here is the
man whose name is the Branch, and he will
branch out from his place and build the tem-
13 ple of the LORD. •It is he who will build the
temple of the LORD, and he will be clothed with
majesty and will sit and rule on his throne. And
he[e] will be a priest on his throne. And there will
14 be harmony between the two.' •The crown
will be given to Heldai,[f] Tobijah, Jedaiah and
Hen[g] son of Zephaniah as a memorial in the
15 temple of the LORD. •Those who are far away
will come and help to build the temple of
the LORD, and you will know that the LORD
Almighty has sent me to you. This will hap-
pen if you diligently obey the LORD your God."

Justice and Mercy, Not Fasting

7 In the fourth year of King Darius, the word
of the LORD came to Zechariah on the

[a]5 Or *winds* [b]6 Or *horses after them* [c]8 Or *spirit* [d]11 Hebrew *Jehozadak*, a variant of *Jozadak* [e]13 Or *there* [f]14 Syriac; Hebrew *Helem* [g]14 Or *and the gracious one, the*

arrive [əráiv] *vi.* 도착하다
bronze [branz] *n.* 청동
chariot [tʃǽriət] *n.* 병거
dappled [dǽpld] *a.* 얼룩진
diligently [dílidʒəntli] *ad.* 열심히
exile [égzail] *n.* 망명자
harmony [há:rməni] *n.* 조화, 일치
majesty [mǽdʒəsti] *n.* 위엄
memorial [məmɔ́:riəl] *n.* 기념물
obey [oubéi] *vt.* 복종하다
powerful [páuərfəl] *a.* 강렬한, 힘 있는
priest [pri:st] *n.* 성직자
rule [ru:l] *vi.* 다스리다
temple [témpl] *n.* 성전
throne [θroun] *n.* 왕좌, 왕위

6:5 in the presense of...: … 앞에
6:7 strain to...: …하려고 애쓰다
6:8 give rest: 안식을 주다
6:12 branch out: 가지를 내다
6:13 be clothed with...: …으로 옷입다
6:15 far away: 아득히 저쪽에

니라
2 그때에 벧엘 사람이 사레셀과 레겜멜렉과 그
의 부하들을 보내어 여호와께 은혜를 구하고
3 만군의 여호와의 전에 있는 제사장들과 선지
자들에게 물어 이르되 내가 여러 해 동안 행
한 대로 오월 중에 울며 근신하리이까 하매
4 만군의 여호와의 말씀이 내게 임하여 이르시
되
5 온 땅의 백성과 제사장들에게 이르라 너희가
칠십 년 동안 다섯째 달과 일곱째 달에 금식
하고 애통하였거니와 그 금식이 나를 위하
여, 나를 위하여 한 것이냐
6 너희가 먹고 마실 때에 그것은 너희를 위하
여 먹고 너희를 위하여 마시는 것이 아니냐
7 예루살렘과 사면 성읍에 백성이 평온히 거주
하며 남방과 평원에 사람이 거주할 때에 여
호와가 옛 선지자들을 통하여 외친 말씀이
있지 않으냐 하시니라

사로잡혀 가는 까닭

8 •여호와의 말씀이 스가랴에게 임하여 이르
시되
9 만군의 여호와가 이같이 말하여 이르시기를
너희는 진실한 재판을 행하며 서로 인애와
긍휼을 베풀며 미 6:8
10 과부와 고아와 나그네와 궁핍한 자를 압제하
지 말며 서로 해하려고 마음에 도모하지 말
라 하였으나
11 그들이 듣기를 싫어하여 1)등을 돌리며 듣지
아니하려고 귀를 막으며
12 그 마음을 금강석 같게 하여 율법과 만군의
여호와가 그의 영으로 옛 선지자들을 통하여
전한 말을 듣지 아니하므로 큰 진노가 만군
의 여호와께로부터 나왔도다
13 내가 불러도 그들이 듣지 아니한 것처럼 그
들이 불러도 내가 듣지 아니하리라 만군의
여호와가 말하였느니라
14 내가 그들을 바람으로 불어 알지 못하던 여러
나라에 흩었느니라 그 후에 이 땅이 황폐하여
오고 가는 사람이 없었나니 이는 그들이 아름
다운 땅을 황폐하게 하였음이니라 하시니라

예루살렘 회복에 대한 약속 — B.C. 518년경

8 만군의 여호와의 말씀이 임하여 이르시되
2 만군의 여호와가 이같이 말하노라 내가
시온을 위하여 크게 질투하며 그를 위하여
크게 분노함으로 질투하노라
3 여호와가 이같이 말하노라 내가 시온에 돌아
와 예루살렘 가운데에 거하리니 예루살렘은

1) 굳은 어깨로 향하며

fourth day of the ninth month, the month
2 of Kislev. •The people of Bethel had sent
Sharezer and Regem-Melek, together with
3 their men, to entreat the LORD •by asking the
priests of the house of the LORD Almighty
and the prophets, "Should I mourn and fast
in the fifth month, as I have done for so many
years?"
4 •Then the word of the LORD Almighty
5 came to me: •"Ask all the people of the land
and the priests, 'When you fasted and
mourned in the fifth and seventh months for
the past seventy years, was it really for me that
6 you fasted? •And when you were eating and
drinking, were you not just feasting for your-
7 selves? •Are these not the words the LORD pro-
claimed through the earlier prophets when
Jerusalem and its surrounding towns were at
rest and prosperous, and the Negev and the
western foothills were settled?' "
8 •And the word of the LORD came again to
9 Zechariah: •"This is what the LORD Almighty
said: 'Administer true justice; show mercy and
10 compassion to one another. •Do not oppress
the widow or the fatherless, the foreigner or
the poor. Do not plot evil against each other.'
11 •"But they refused to pay attention; stub-
bornly they turned their backs and covered
12 their ears. •They made their hearts as hard as
flint and would not listen to the law or to the
words that the LORD Almighty had sent by his
Spirit through the earlier prophets. So the
LORD Almighty was very angry.
13 •" 'When I called, they did not listen; so
when they called, I would not listen,' says the
14 LORD Almighty. •'I scattered them with a
whirlwind among all the nations, where they
were strangers. The land they left behind
them was so desolate that no one traveled
through it. This is how they made the pleas-
ant land desolate.' "

The LORD Promises to Bless Jerusalem

8 The word of the LORD Almighty came to
2 me. •This is what the LORD Almighty
says: "I am very jealous for Zion; I am burning
with jealousy for her."
3 •This is what the LORD says: "I will return to
Zion and dwell in Jerusalem. Then Jerusalem
will be called the Faithful City, and the moun-
tain of the LORD Almighty will be called the
Holy Mountain."

administer [ədmínistər] *vt.* 집행하다
desolate [désələt] *a.* 황폐한
entreat [intríːt] *vt.* 간청하다
feast [fiːst] *vi.* 진수성찬을 먹다
flint [flint] *n.* 부싯돌
mourn [mɔːrn] *vi.* 슬퍼하다
oppress [əprés] *vt.* 학대하다
proclaim [proukléim] *vt.* 공포하다
prophet [práfit] *n.* 선지자
prosperous [práspərəs] *a.* 번영하는
scatter [skǽtər] *vt.* 흩어지게 하다
stubbornly [stʌ́bərnli] *ad.* 완고하게
surrounding [səráundiŋ] *a.* 주변의
whirlwind [hwə́ːrlwìnd] *n.* 회오리바람
widow [wídou] *n.* 과부

7:7 at rest: 평온히
7:10 plot against...: …에 대해 음모를 꾸미다
7:11 pay attention: 주의하다
7:14 so... that~: 너무 …해서 ~하다
8:2 burn with...: …으로 달아오르다
8:3 dwell in...: …에 거주하다

진리의 성읍이라 일컫겠고 만군의 여호와의
산은 성산이라 일컫게 되리라
4 만군의 여호와가 이같이 말하노라 예루살렘
길거리에 늙은 남자들과 늙은 여자들이 다시
앉을 것이라 다 나이가 많으므로 저마다 손
에 지팡이를 잡을 것이요
5 그 성읍 거리에 소년과 소녀들이 가득하여
거기에서 뛰놀리라
6 만군의 여호와가 이같이 말하노라 이 일이
그날에 남은 백성의 눈에는 기이하려니와 내
눈에야 어찌 기이하겠느냐 만군의 여호와의
말이니라
7 만군의 여호와가 이같이 말하노라 보라, 내
가 내 백성을 해가 뜨는 땅과 해가 지는 땅에
서부터 구원하여 내고
8 인도하여다가 예루살렘 가운데에 거주하게
하리니 그들은 내 백성이 되고 나는 진리와
공의로 그들의 하나님이 되리라
9 ●만군의 여호와가 이같이 말하노라 만군의
여호와의 집 곧 성전을 건축하려고 그 지대
를 쌓던 날에 있었던 선지자들의 입의 말을
이날에 듣는 너희는 손을 견고히 할지어다
10 이날 전에는 사람도 삯을 얻지 못하였고 짐
승도 삯을 받지 못하였으며 사람이 원수로
말미암아 평안히 출입하지 못하였으니 내가
모든 사람을 풀어 서로 치게 하였느니라
11 만군의 여호와의 말씀이니라 이제는 내가 이
남은 백성을 대하기를 옛날과 같이 아니할
것인즉
12 곧 평강의 씨앗을 얻을 것이라 포도나무가
열매를 맺으며 땅이 산물을 내며 하늘은 이
슬을 내리리니 내가 이 남은 백성으로 이 모
든 것을 누리게 하리라
13 유다 족속아, 이스라엘 족속아, 너희가 이방
인 가운데에서 저주가 되었었으나 이제는 내
가 너희를 구원하여 너희가 복이 되게 하리니
두려워하지 말지니라 손을 견고히 할지니라
14 ●만군의 여호와가 이같이 말하노라 너희 조
상들이 나를 격노하게 하였을 때에 내가 그
들에게 재앙을 내리기로 뜻하고 뉘우치지 아
니하였으나
15 이제 내가 다시 예루살렘과 유다 족속에게
은혜를 베풀기로 뜻하였나니 너희는 두려워
하지 말지니라
16 너희가 행할 일은 이러하니라 너희는 이웃과
더불어 진리를 말하며 너희 성문에서 진실하
고 화평한 재판을 베풀고

엡 4:25

4 ●This is what the LORD Almighty says:
"Once again men and women of ripe old age
will sit in the streets of Jerusalem, each of
them with cane in hand because of their age.
5 ●The city streets will be filled with boys and
girls playing there."
6 ●This is what the LORD Almighty says: "It
may seem marvelous to the remnant of this
people at that time, but will it seem mar-
velous to me?" declares the LORD Almighty.
7 ●This is what the LORD Almighty says: "I
will save my people from the countries of
8 the east and the west. ●I will bring them
back to live in Jerusalem; they will be my
people, and I will be faithful and righteous
to them as their God."
9 ●This is what the LORD Almighty says:
"Now hear these words, 'Let your hands be
strong so that the temple may be built.' This
is also what the prophets said who were pre-
sent when the foundation was laid for the
10 house of the LORD Almighty. ●Before that
time there were no wages for people or hire
for animals. No one could go about their
business safely because of their enemies, since
I had turned everyone against their neigh-
11 bor. ●But now I will not deal with the rem-
nant of this people as I did in the past," de-
clares the LORD Almighty.
12 ●"The seed will grow well, the vine will
yield its fruit, the ground will produce its
crops, and the heavens will drop their dew. I
will give all these things as an inheritance to
13 the remnant of this people. ●Just as you,
Judah and Israel, have been a curse[a] among
the nations, so I will save you, and you will be
a blessing.[b] Do not be afraid, but let your
hands be strong."
14 ●This is what the LORD Almighty says: "Just
as I had determined to bring disaster on you
and showed no pity when your ancestors
15 angered me," says the LORD Almighty, ●"so
now I have determined to do good again
to Jerusalem and Judah. Do not be afraid.
16 ●These are the things you are to do: Speak
the truth to each other, and render true and
17 sound judgment in your courts; ●do not plot
evil against each other, and do not love to
swear falsely. I hate all this," declares the LORD.

[a]13 That is, your name has been used in cursing (see Jer. 29:22); or, you have been regarded as under a curse.
[b]13 Or *and your name will be used in blessings* (see Gen. 48:20); or *and you will be seen as blessed*

cane [kein] *n.* 지팡이
court [kɔːrt] *n.* 재판소, 법정
curse [kəːrs] *n.* 저주
declare [dikléər] *vt.* 선언하다
dew [djuː] *n.* 이슬
falsely [fɔ́ːlsli] *ad.* 거짓으로
inheritance [inhérətəns] *n.* 유산, 기업
marvelous [mάːrvələs] *a.* 놀라운, 기묘한
remnant [rémnənt] *n.* 나머지
render [réndər] *vt.* 언도하다
ripe [raip] *a.* 원숙한
sound [saund] *a.* 타당한
swear [swɛər] *vi.* 맹세하다
wage [weidʒ] *n.* 품삯
yield [jiːld] *vt.* 산출하다

8:5 be filled with...: …로 꽉 차다
8:10 go about...: …에 착수하다
8:11 deal with...: …를 대하다
8:14 determine to...: …하기를 결정하다
8:14 show pity: 동정심을 느끼다
8:17 plot against...: …에 대해 음모를 꾸미다

17 마음에 서로 해하기를 도모하지 말며 거짓
맹세를 좋아하지 말라 이 모든 일은 내가 미
워하는 것이니라 여호와의 말이니라

금식에 관하여 말씀하시다

18 ●만군의 여호와의 말씀이 내게 임하여 이르
시되
19 만군의 여호와가 이같이 말하노라 넷째 달의
금식과 다섯째 달의 금식과 일곱째 달의 금
식과 열째 달의 금식이 변하여 유다 족속에
게 기쁨과 즐거움과 희락의 절기들이 되리니
오직 너희는 진리와 화평을 사랑할지니라
20 만군의 여호와가 이와 같이 말하노라 다시
여러 백성과 많은 성읍의 주민이 올 것이라
21 이 성읍 주민이 저 성읍에 가서 이르기를 우
리가 속히 가서 만군의 여호와를 찾고 여호
와께 은혜를 구하자 하면 나도 가겠노라 하
겠으며
22 많은 백성과 강대한 나라들이 예루살렘으로
와서 만군의 여호와를 찾고 여호와께 은혜를
구하리라
23 만군의 여호와가 이와 같이 말하노라 그날에
는 말이 다른 이방 백성 열 명이 유다 사람
하나의 옷자락을 잡을 것이라 곧 잡고 말하
기를 하나님이 너희와 함께하심을 들었나니
우리가 너희와 함께 가려 하노라 하리라 하
시니라

이스라엘 이웃 나라들에 대한 하나님의 말씀

9 여호와의 말씀이 하드락 땅에 내리며 다메
섹에 머물리니 사람들과 이스라엘 모든 지
파의 눈이 여호와를 우러러봄이니라
2 그 접경한 하맛에도 임하겠고 두로와 시돈에
도 임하리니 그들이 매우 지혜로움이니라
3 두로는 자기를 위하여 요새를 건축하며 은을
티끌같이, 금을 거리의 진흙같이 쌓았도다
4 주께서 그를 정복하시며 그의 권세를 바다에
쳐넣으시리니 그가 불에 삼켜질지라
5 아스글론이 보고 무서워하며 가사도 심히 아
파할 것이며 에그론은 그 소망이 수치가 되
므로 역시 그러하리라 가사에는 임금이 끊어
질 것이며 아스글론에는 주민이 없을 것이
며
6 아스돗에는 잡족이 거주하리라 내가 블레셋
사람의 교만을 끊고
7 그의 입에서 그의 피를, 그의 잇사이에서 그
가증한 것을 제거하리니 그들도 남아서 우리
하나님께로 돌아와서 유다의 한 지도자같이
되겠고 에그론은 여부스 사람같이 되리라

18 ●The word of the LORD Almighty came to
me.
19 ●This is what the LORD Almighty says: "The
fasts of the fourth, fifth, seventh and tenth
months will become joyful and glad occa-
sions and happy festivals for Judah. There-
fore love truth and peace."
20 ●This is what the LORD Almighty says:
"Many peoples and the inhabitants of many
21 cities will yet come, ●and the inhabitants of
one city will go to another and say, 'Let us go
at once to entreat the LORD and seek the LORD
22 Almighty. I myself am going.' ●And many
peoples and powerful nations will come to
Jerusalem to seek the LORD Almighty and to
entreat him."
23 ●This is what the LORD Almighty says: "In
those days ten people from all languages and
nations will take firm hold of one Jew by the
hem of his robe and say, 'Let us go with you,
because we have heard that God is with you.' "

Judgment on Israel's Enemies

9 A prophecy:
The word of the LORD is against the land
of Hadrak
and will come to rest on Damascus—
for the eyes of all people and all the tribes
of Israel
are on the LORD—[a]
2 ●and on Hamath too, which borders on it,
and on Tyre and Sidon, though they
are very skillful.
3 ●Tyre has built herself a stronghold;
she has heaped up silver like dust,
and gold like the dirt of the streets.
4 ●But the Lord will take away her possessions
and destroy her power on the sea,
and she will be consumed by fire.
5 ●Ashkelon will see it and fear;
Gaza will writhe in agony,
and Ekron too, for her hope will wither.
Gaza will lose her king
and Ashkelon will be deserted.
6 ●A mongrel people will occupy Ashdod,
and I will put an end to the pride of the
Philistines.
7 ●I will take the blood from their mouths,
the forbidden food from between their
teeth.
Those who are left will belong to our God
and become a clan in Judah,

[a]1 Or *Damascus. / For the eye of the* LORD *is on all people, / as well as on the tribes of Israel,*

agony [ǽgəni] *n.* 심한 고통
consume [kənsúːm] *vt.* 태워 버리다
destroy [distrɔ́i] *vt.* 진멸하다
entreat [intríːt] *vt.* 간청하다
fast [fæst] *n.* 금식
forbidden [fərbídn] *a.* 금지된
hem [hem] *n.* 옷의 가장자리
inhabitant [inhǽbitənt] *n.* 거주민
occasion [əkéiʒən] *n.* 행사
occupy [ákjupài] *vt.* 점령하다
possession [pəzéʃən] *n.* 재산
prophecy [práfəsi] *n.* 예언
skillful [skílfəl] *a.* 숙련된
stronghold [strɔ́ːŋhòuld] *n.* 요새
wither [wíðər] *vi.* 약해지다

8:21 at once: 즉시
8:23 take hold of...: …를 잡다, 쥐다
9:1 rest on...: …에 머물다
9:2 border on...: …과 접경을 이루다
9:3 heap up...: …을 쌓아올리다
9:7 belong to...: …에 속하다

8 ●내가 내 집을 둘러 진을 쳐서 적군을
막아 거기 왕래하지 못하게 할 것이라 포
학한 자가 다시는 그 지경으로 지나가지
못하리니 이는 내가 눈으로 친히 봄이니
라

구원을 베풀 왕 (♪ 179, 180장)

9 ●시온의 딸아 크게 기뻐할지어다 예루
살렘의 딸아 즐거이 부를지어다 보라 네
왕이 네게 임하시나니 그는 공의로우시
며 구원을 베푸시며 겸손하여서 나귀를
타시나니 나귀의 작은 것 곧 나귀 새끼니
라 사 9:6-7
10 내가 에브라임의 병거와 예루살렘의 말
을 끊겠고 전쟁하는 활도 끊으리니 그가
이방 사람에게 화평을 전할 것이요 그의
통치는 바다에서 바다까지 이르고 유브
라데 강에서 땅끝까지 이르리라
11 ●또 너로 말할진대 네 언약의 피로 말미
암아 내가 네 갇힌 자들을 물 없는 구덩
이에서 놓았나니
12 갇혀 있으나 소망을 품은 자들아 너희는
요새로 돌아올지니라 내가 오늘도 이르
노라 내가 네게 갑절이나 갚을 것이라
13 내가 유다를 당긴 활로 삼고 에브라임을
끼운 화살로 삼았으니 시온아 내가 네 자
식들을 일으켜 헬라 자식들을 치게 하며
너를 용사의 칼과 같게 하리라
14 여호와께서 그들 위에 나타나서 그들의
화살을 번개같이 쏘아내실 것이며 주 여
호와께서 나팔을 불게 하시며 남방 회오
리바람을 타고 가실 것이라
15 만군의 여호와께서 그들을 호위하시리
니 그들이 원수를 삼키며 물맷돌을 밟을
것이며 그들이 피를 마시고 즐거이 부르
기를 술취한 것같이 할 것인즉 피가 가
득한 동이와도 같고 피묻은 제단 모퉁이
와도 같을 것이라
16 이날에 그들의 하나님 여호와께서 그들
을 자기 백성의 양 떼같이 구원하시리니
그들이 왕관의 보석같이 여호와의 땅에
[1)]빛나리로다
17 [2)]그의 형통함과 [2)]그의 아름다움이 어찌
그리 큰지 곡식은 청년을, 새 포도주는
처녀를 강건하게 하리라

여호와께서 구원을 약속하시다

10 봄비가 올 때에 여호와 곧 구름을
일게 하시는 여호와께 비를 구하라

and Ekron will be like the Jebusites.
8 ●But I will encamp at my temple
to guard it against marauding forces.
Never again will an oppressor overrun my people,
for now I am keeping watch.

The Coming of Zion's King

9 ●Rejoice greatly, Daughter Zion!
Shout, Daughter Jerusalem!
See, your king comes to you,
righteous and victorious,
lowly and riding on a donkey,
on a colt, the foal of a donkey.
10 ●I will take away the chariots from Ephraim
and the warhorses from Jerusalem,
and the battle bow will be broken.
He will proclaim peace to the nations.
His rule will extend from sea to sea
and from the River[a] to the ends of the earth.
11 ●As for you, because of the blood of my
covenant with you,
I will free your prisoners from the waterless pit.
12 ●Return to your fortress, you prisoners of hope;
even now I announce that I will restore
twice as much to you.
13 ●I will bend Judah as I bend my bow
and fill it with Ephraim.
I will rouse your sons, Zion,
against your sons, Greece,
and make you like a warrior's sword.

The LORD Will Appear

14 ●Then the LORD will appear over them;
his arrow will flash like lightning.
The Sovereign LORD will sound the trumpet;
he will march in the storms of the south,
15 ● and the LORD Almighty will shield them.
They will destroy
and overcome with slingstones.
They will drink and roar as with wine;
they will be full like a bowl
used for sprinkling[b] the corners of the altar.
16 ●The LORD their God will save his people on
that day
as a shepherd saves his flock.
They will sparkle in his land
like jewels in a crown.
17 ●How attractive and beautiful they will be!
Grain will make the young men thrive,
and new wine the young women.

The LORD Will Care for Judah

10 Ask the LORD for rain in the springtime;
it is the LORD who sends the thunderstorms.

[a] *10* That is, the Euphrates [b] *15* Or *bowl, / like*

1) 또는 높이 들리리로다 2) 또는 그들이

altar [ɔ́:ltər] *n.* 제단
chariot [tʃǽriət] *n.* 병거
covenant [kʌ́vənənt] *n.* 언약
encamp [inkǽmp] *vi.* 야영하다
flock [flak] *n.*(양, 소) 떼
fortress [fɔ́:rtris] *n.* 요새
lowly [lóuli] *a.* 겸손한
marauding [mərɔ́:diŋ] *a.* 약탈을 일삼는
overrun [òuvərʌ́n] *vt.* 침략하다
pit [pit] *n.* 구덩이
restore [ristɔ́:r] *vt.* 되돌려주다
shepherd [ʃépərd] *n.* 양치기
shield [ʃi:ld] *vt.* 보호하다
sprinkling [spríŋkliŋ] *n.* 뿌리기
thrive [θraiv] *vi.* 번영하다

9:8 guard against...: …에 대해 조심하다
9:8 keep watch: 감시하다, 주시하다
9:9 ride on...: …을 타다
9:11 as for...: …에 관해 말하면
9:13 bend a bow: 활을 당기다
9:13 fill A with B: A를 B로 채우다

무리에게 소낙비를 내려서 밭의 채소
를 각 사람에게 주시리라
2 드라빔들은 허탄한 것을 말하며 복술
자는 진실하지 않은 것을 보고 거짓
꿈을 말한즉 그 위로가 헛되므로 백성
들이 양같이 유리하며 목자가 없으므
로 곤고를 당하나니 호 3:4
3 내가 목자들에게 노를 발하며 내가 숫
염소들을 벌하리라 만군의 여호와가
그 무리 곧 유다 족속을 돌보아 그들
을 전쟁의 준마와 같게 하리니
4 모퉁잇돌이 그에게서, 말뚝이 그에게
서, 싸우는 활이 그에게서, 권세 잡은
자가 다 일제히 그에게서 나와서
5 싸울 때에 용사같이 거리의 진흙 중에
원수를 밟을 것이라 여호와가 그들과
함께한즉 그들이 싸워 말 탄 자들을
부끄럽게 하리라
6 내가 유다 족속을 견고하게 하며 요셉
족속을 구원할지라 내가 그들을 긍휼
히 여김으로 그들이 돌아오게 하리니
그들은 내가 내버린 일이 없었음같이
되리라 나는 그들의 하나님 여호와라
내가 그들에게 들으리라 9:16
7 에브라임이 용사 같아서 포도주를 마
심같이 마음이 즐거울 것이요 그들의
자손은 보고 기뻐하며 여호와로 말미
암아 마음에 즐거워하리라
8 ●내가 그들을 향하여 휘파람을 불어
그들을 모을 것은 내가 그들을 구속하
였음이라 그들이 전에 번성하던 것같
이 번성하리라
9 내가 그들을 여러 백성들 가운데 흩으
려니와 그들이 먼 곳에서 나를 기억하
고 그들이 살아서 그들의 자녀들과 함
께 돌아올지라
10 내가 그들을 애굽 땅에서 돌아오게
하며 그들을 앗수르에서부터 모으며
길르앗 땅과 레바논으로 그들을 이끌
어 가리니 그들이 거할 곳이 부족하
리라
11 내가 그들이 고난의 바다를 지나갈
때에 바다 물결을 치리니 나일의 깊
은 곳이 다 마르겠고 앗수르의 교만
이 낮아지겠고 애굽의 규가 없어지리
라

He gives showers of rain to all people,
and plants of the field to everyone.
2 ●The idols speak deceitfully,
diviners see visions that lie;
they tell dreams that are false,
they give comfort in vain.
Therefore the people wander like sheep
oppressed for lack of a shepherd.

3 ●"My anger burns against the shepherds,
and I will punish the leaders;
for the LORD Almighty will care
for his flock, the people of Judah,
and make them like a proud horse in battle.
4 ●From Judah will come the cornerstone,
from him the tent peg,
from him the battle bow,
from him every ruler.
5 ●Together they [a] will be like warriors in battle
trampling their enemy into the mud of the
streets.
They will fight because the LORD is with them,
and they will put the enemy horsemen to shame.

6 ●"I will strengthen Judah
and save the tribes of Joseph.
I will restore them
because I have compassion on them.
They will be as though
I had not rejected them,
for I am the LORD their God
and I will answer them.
7 ●The Ephraimites will become like warriors,
and their hearts will be glad as with wine.
Their children will see it and be joyful;
their hearts will rejoice in the LORD.
8 ●I will signal for them
and gather them in.
Surely I will redeem them;
they will be as numerous as before.
9 ●Though I scatter them among the peoples,
yet in distant lands they will remember me.
They and their children will survive,
and they will return.
10 ●I will bring them back from Egypt
and gather them from Assyria.
I will bring them to Gilead and Lebanon,
and there will not be room enough for them.
11 ●They will pass through the sea of trouble;
the surging sea will be subdued
and all the depths of the Nile will dry up.
Assyria's pride will be brought down

[a] 4, 5 Or *ruler, all of them together.* / [5] They

cornerstone [kɔ́:rnərstòun] *n.* 모퉁잇돌	**oppress** [əprés] *vt.* 억압하다	**subdue** [səbdjú:] *vt.* 누그러지게 하다
deceitfully [disí:tfəli] *ad.* 속여서	**peg** [peg] *n.* 말뚝	**surge** [sə:rdʒ] *vi.* 물결치다
depth [depθ] *n.* 깊은 곳	**redeem** [ridí:m] *vt.* 구속하다	**trample** [trǽmpl] *vt.* 짓밟다
diviner [diváinər] *n.* 점쟁이	**reject** [ridʒékt] *vt.* 버리다	**vision** [víʒən] *n.* 환상
numerous [njú:mərəs] *a.* 다수의	**scatter** [skǽtər] *vt.* 흩어지게 하다	**warrior** [wɔ́:riər] *n.* 용사
10:2 **in vain**: 헛되이	10:5 **put... to shame**: …을 부끄럽게 하다	10:10 **enough for...**: …하기에 충분한
10:2 **for lack of...**: …가 부족하기 때문에	10:6 **have compassion on...**: …를 측은히 여기다	10:11 **bring down**: 떨어뜨리다, 낮추다

12 내가 그들로 나 여호와를 의지하여 견고하게 하리니 그들이 내 이름으로 행하리라 나 여호와의 말이니라

요단의 자랑이 쓰러지다

11 레바논아 네 문을 열고 불이 네 백향목을 사르게 하라 겔 31:3

2 너 잣나무여 곡할지어다 백향목이 넘어졌고 아름다운 나무들이 쓰러졌음이로다 바산의 상수리나무들아 곡할지어다 무성한 숲이 엎드러졌도다

3 목자들의 곡하는 소리가 남이여 그들의 영화로운 것이 쓰러졌음이로다 어린 사자의 부르짖는 소리가 남이여 이는 요단의 자랑이 쓰러졌음이로다

두 목자

4 ●여호와 나의 하나님이 이르시되 너는 잡혀 죽을 양 떼를 먹이라

5 사들인 자들은 그들을 잡아도 죄가 없다 하고 판 자들은 말하기를 내가 부요하게 되었은즉 여호와께 찬송하리라 하고 그들의 목자들은 그들을 불쌍히 여기지 아니하는도다 렘 50:7

6 여호와가 말하노라 내가 다시는 이 땅 주민을 불쌍히 여기지 아니하고 그 사람들을 각각 그 이웃의 손과 임금의 손에 넘기리니 그들이 이 땅을 칠지라도 내가 그들의 손에서 건져내지 아니하리라 하시기로

7 내가 잡혀 죽을 양 떼를 먹이니 참으로 가련한 양들이라 내가 막대기 둘을 취하여 하나는 은총이라 하며 하나는 연합이라 하고 양 떼를 먹일새

8 한 달 동안에 내가 그 세 목자를 제거하였으니 이는 내 마음에 그들을 싫어하였고 그들의 마음에도 나를 미워하였음이라

9 내가 이르되 내가 너희를 먹이지 아니하리라 죽는 자는 죽는 대로, 망하는 자는 망하는 대로, 나머지는 서로 살을 먹는 대로 두리라 하고

10 이에 은총이라 하는 막대기를 취하여 꺾었으니 이는 모든 백성들과 세운 언약을 폐하려 하였음이라

11 당일에 곧 폐하매 내 말을 지키던 가련한 양들은 이것이 여호와의 말씀이었던 줄 안지라

12 내가 그들에게 이르되 너희가 좋게 여기거든 내 품삯을 내게 주고 그렇지 아니하거든 그만두라 그들이 곧 은 삼십 개를 달아서 내 품삯을 삼은지라

13 여호와께서 내게 이르시되 그들이 나를 헤아

and Egypt's scepter will pass away.
12 •I will strengthen them in the LORD
and in his name they will live securely,"
declares the LORD.

11 Open your doors, Lebanon,
so that fire may devour your cedars!
2 •Wail, you juniper, for the cedar has fallen;
the stately trees are ruined!
Wail, oaks of Bashan;
the dense forest has been cut down!
3 •Listen to the wail of the shepherds;
their rich pastures are destroyed!
Listen to the roar of the lions;
the lush thicket of the Jordan is ruined!

Two Shepherds

4 •This is what the LORD my God says: "Shep-
5 herd the flock marked for slaughter. •Their
buyers slaughter them and go unpunished.
Those who sell them say, 'Praise the LORD, I
am rich!' Their own shepherds do not spare
6 them. •For I will no longer have pity on the
people of the land," declares the LORD. "I will
give everyone into the hands of their neigh-
bors and their king. They will devastate the
land, and I will not rescue anyone from their
hands."
7 •So I shepherded the flock marked for
slaughter, particularly the oppressed of the
flock. Then I took two staffs and called one
Favor and the other Union, and I shepherded
8 the flock. •In one month I got rid of the three
shepherds.
The flock detested me, and I grew weary of
9 them •and said, "I will not be your shep-
herd. Let the dying die, and the perishing
perish. Let those who are left eat one anoth-
er's flesh."
10 •Then I took my staff called Favor and
broke it, revoking the covenant I had made
11 with all the nations. •It was revoked on that
day, and so the oppressed of the flock who
were watching me knew it was the word of
the LORD.
12 •I told them, "If you think it best, give me
my pay; but if not, keep it." So they paid me
thirty pieces of silver.
13 •And the LORD said to me, "Throw it to
the potter"—the handsome price at which
they valued me! So I took the thirty pieces
of silver and threw them to the potter at the
house of the LORD.

cedar [sí:dər] *n.* 백향목
covenant [kʌ́vənənt] *n.* 언약
detest [ditést] *vt.* 혐오하다
devour [diváuər] *vt.* 삼키다
flesh [fleʃ] *n.* 살, 몸
lush [lʌʃ] *a.* 무성한
pasture [pǽstʃər] *n.* 목초지
perish [périʃ] *vi.* 멸망하다, 죽다
revoke [rivóuk] *vt.* 폐지하다
scepter [séptər] *n.* 왕권
slaughter [slɔ́:tər] *vt.* 도살하다
staff [stæf] *n.* 막대기
stately [stéitli] *a.* 위풍당당한
thicket [θíkit] *n.* 덤불
wail [weil] *n.* 울부짖음, 통곡

10:11 pass away: 없어지다
11:2 cut down: 쓰러뜨리다
11:6 have pity on...: …를 불쌍히 여기다
11:7 mark for...: …로 정하다
11:8 get rid of...: …를 삭제하다, 없애다
11:8 grow weary of...: …에 염증이 나다

린 바 그 삯을 토기장이에게 던지라 하시기
로 내가 곧 그 은 삼십 개를 여호와의 전에서
토기장이에게 던지고
14 내가 또 연합이라 하는 둘째 막대기를 꺾었
으니 이는 유다와 이스라엘 형제의 의리를
끊으려 함이었느니라
15 ●여호와께서 내게 이르시되 너는 또 어리석
은 목자의 기구들을 빼앗을지니라
16 보라 내가 한 목자를 이 땅에 일으키리니 그
가 없어진 자를 마음에 두지 아니하며 흩어진
자를 찾지 아니하며 상한 자를 고치지 아니하
며 강건한 자를 먹이지 아니하고 오히려 살진
자의 고기를 먹으며 또 그 굽을 찢으리라
17 화 있을진저 양 떼를 버린 못된 목자여 칼이
그의 팔과 오른쪽 눈에 내리리니 그의 팔이
아주 마르고 그의 오른쪽 눈이 아주 멀어 버
릴 것이라 하시니라

예루살렘의 구원

12 이스라엘에 관한 여호와의 경고의 말씀
이라 ●여호와 곧 하늘을 펴시며 땅의
터를 세우시며 사람 안에 심령을 지으신 이
가 이르시되
2 보라 내가 예루살렘으로 그 사면 모든 민족
에게 취하게 하는 잔이 되게 할 것이라 예루
살렘이 에워싸일 때에 유다에까지 이르리라
3 그날에는 내가 예루살렘을 모든 민족에게 무
거운 돌이 되게 하리니 그것을 드는 모든 자
는 크게 상할 것이라 천하 만국이 그것을 치
려고 모이리라
4 여호와가 말하노라 그날에 내가 모든 말을
쳐서 놀라게 하며 그 탄 자를 쳐서 미치게 하
되 유다 족속은 내가 돌보고 모든 민족의 말
을 쳐서 눈이 멀게 하리니
5 유다의 우두머리들이 마음속에 이르기를 예
루살렘 주민이 그들의 하나님 만군의 여호와
로 말미암아 힘을 얻었다 할지라
6 그날에 내가 유다 지도자들을 나무 가운데에
화로 같게 하며 곡식단 사이에 횃불 같게 하
리니 그들이 그 좌우에 에워싼 모든 민족들
을 불사를 것이요 예루살렘 사람들은 다시
그 본 곳 예루살렘에 살게 되리라
7 여호와가 먼저 유다 장막을 구원하리니 이는
다윗의 집의 영광과 예루살렘 주민의 영광이
유다보다 더하지 못하게 하려 함이니라
8 그날에 여호와가 예루살렘 주민을 보호하리
니 그 중에 약한 자가 그날에는 다윗 같겠고
다윗의 족속은 하나님 같고 무리 앞에 있는

14 •Then I broke my second staff called Uni-
on, breaking the family bond between Ju-
dah and Israel.
15 •Then the LORD said to me, "Take again
16 the equipment of a foolish shepherd. •For
I am going to raise up a shepherd over the
land who will not care for the lost, or seek
the young, or heal the injured, or feed the
healthy, but will eat the meat of the choice
sheep, tearing off their hooves.

17 •"Woe to the worthless shepherd,
who deserts the flock!
May the sword strike his arm and his right
eye!
May his arm be completely withered,
his right eye totally blinded!"

Jerusalem's Enemies to Be Destroyed

12 A prophecy: The word of the LORD
concerning Israel.
The LORD, who stretches out the heavens,
who lays the foundation of the earth, and
who forms the human spirit within a person,
2 declares: •"I am going to make Jerusalem a
cup that sends all the surrounding peoples
reeling. Judah will be besieged as well as
3 Jerusalem. •On that day, when all the nations
of the earth are gathered against her, I will
make Jerusalem an immovable rock for all
the nations. All who try to move it will injure
4 themselves. •On that day I will strike every
horse with panic and its rider with madness,"
declares the LORD. "I will keep a watchful eye
over Judah, but I will blind all the horses of
5 the nations. •Then the clans of Judah will say
in their hearts, 'The people of Jerusalem are
strong, because the LORD Almighty is their
God.'
6 •"On that day I will make the clans of Ju-
dah like a firepot in a woodpile, like a flam-
ing torch among sheaves. They will con-
sume all the surrounding peoples right and
left, but Jerusalem will remain intact in her
place.
7 •"The LORD will save the dwellings of Judah
first, so that the honor of the house of David
and of Jerusalem's inhabitants may not be
8 greater than that of Judah. •On that day the
LORD will shield those who live in Jerusalem,
so that the feeblest among them will be like
David, and the house of David will be like
God, like the angel of the LORD going before

besiege [bisíːdʒ] *vt.* 포위하다
choice [tʃɔis] *a.* 상등품의
consume [kənsúːm] *vt.* 태워버리다
dwelling [dwéliŋ] *n.* 거처
equipment [ikwípmənt] *n.* 장비
feeble [fíːbl] *a.* 약한
firepot [fáiərpɑ̀t] *n.* 아궁이
hoof [huf] *n.* 발굽
inhabitant [inhǽbətənt] *n.* 거주민
intact [intǽkt] *a.* 손상되지 않은
prophecy [prɑ́fəsi] *n.* 예언
reel [riːl] *vi.* 비틀거리다
sheave [ʃiːv] *n.* 곡식단
torch [tɔːrtʃ] *n.* 횃불
wither [wíðər] *vi.* 시들다

11:16 raise up: 일으키다
11:16 tear off: 찢다
11:17 woe to...: …에게 화가 미칠진저
12:2 as well as...: …뿐만 아니라
12:4 keep a watchful eye over...: …에 대해 잘 지켜보다

여호와의 사자 같을 것이라
9 예루살렘을 치러 오는 이방 나라들을 그날에
내가 멸하기를 힘쓰리라
10 ● 내가 다윗의 집과 예루살렘 주민에게 은총
과 간구하는 심령을 부어 주리니 그들이 그
찌른 바[1] 그를 바라보고 그를 위하여 애통하
기를 독자를 위하여 애통하듯 하며 그를 위
하여 통곡하기를 장자를 위하여 통곡하듯
하리로다
11 그날에 예루살렘에 큰 애통이 있으리니 므깃
도 골짜기 하다드림몬에 있던 애통과 같을
것이라
12 온 땅 각 족속이 따로 애통하되 다윗의 족속
이 따로 하고 그들의 아내들이 따로 하며 나
단의 족속이 따로 하고 그들의 아내들이 따
로 하며
13 레위의 족속이 따로 하고 그들의 아내들이
따로 하며 시므이의 족속이 따로 하고 그들
의 아내들이 따로 하며
14 모든 남은 족속도 각기 따로 하고 그들의 아
내들이 따로 하리라

13 그날에 죄와 더러움을 씻는 샘이 다윗
의 족속과 예루살렘 주민을 위하여 열
리리라
2 만군의 여호와가 말하노라 그날에 내가 우상
의 이름을 이 땅에서 끊어서 기억도 되지 못
하게 할 것이며 거짓 선지자와 더러운 귀신
을 이 땅에서 떠나게 할 것이라
3 사람이 아직도 예언할 것 같으면 그 낳은 부
모가 그에게 이르기를 네가 여호와의 이름을
빙자하여 거짓말을 하니 살지 못하리라 하고
낳은 부모가 그가 예언할 때에 칼로 그를 찌
르리라
4 그날에 선지자들이 예언할 때에 그 환상을
각기 부끄러워할 것이며 사람을 속이려고 털
옷도 입지 아니할 것이며
5 말하기를 나는 선지자가 아니요 나는 농부라
내가 어려서부터 사람의 종이 되었노라 할
것이요
6 어떤 사람이 그에게 묻기를 네 두 팔 사이에
있는 상처는 어찌 됨이냐 하면 대답하기를
이는 나의 친구의 집에서 받은 상처라 하리
라

목자를 치라는 명령 (♪260, 268장)

7 ● 만군의 여호와가 말하노라 칼아 깨어서 내
목자, 내 짝 된 자를 치라 목자를 치면 양이

9 them. ● On that day I will set out to destroy
all the nations that attack Jerusalem.

Mourning for the One They Pierced

10 ● "And I will pour out on the house of Da-
vid and the inhabitants of Jerusalem a spirit[a]
of grace and supplication. They will look on[b]
me, the one they have pierced, and they will
mourn for him as one mourns for an only
child, and grieve bitterly for him as one grie-
11 ves for a firstborn son. ● On that day the weep-
ing in Jerusalem will be as great as the weep-
ing of Hadad Rimmon in the plain of Megid-
12 do. ● The land will mourn, each clan by itself,
with their wives by themselves: the clan of
the house of David and their wives, the clan
13 of the house of Nathan and their wives, ● the
clan of the house of Levi and their wives, the
14 clan of Shimei and their wives, ● and all the
rest of the clans and their wives.

Cleansing From Sin

13 "On that day a fountain will be opened
to the house of David and the inhabi-
tants of Jerusalem, to cleanse them from sin
and impurity.
2 ● "On that day, I will banish the names of
the idols from the land, and they will be re-
membered no more," declares the LORD Al-
mighty. "I will remove both the prophets and
3 the spirit of impurity from the land. ● And
if anyone still prophesies, their father and
mother, to whom they were born, will say to
them, 'You must die, because you have told
lies in the LORD's name.' Then their own par-
ents will stab the one who prophesies.
4 ● "On that day every prophet will be as-
hamed of their prophetic vision. They will
not put on a prophet's garment of hair in
5 order to deceive. ● Each will say, 'I am not a
prophet. I am a farmer; the land has been
6 my livelihood since my youth.[c]' ● If someone
asks, 'What are these wounds on your body[d]?'
they will answer, 'The wounds I was given
at the house of my friends.'

The Shepherd Struck, the Sheep Scattered

7 ● "Awake, sword, against my shepherd,
against the man who is close to me!"
declares the LORD Almighty.
"Strike the shepherd,
and the sheep will be scattered,

[a]10 Or *the Spirit* [b]10 Or *to* [c]5 Or *farmer; a man sold me in my youth* [d]6 Or *wounds between your hands*

1) 히, '나를' 어떤 역본에는, '그를'

banish [bǽniʃ] *vt.* 추방하다
deceive [disí:v] *vt.* 속이다
fountain [fáuntən] *n.* 샘
garment [gá:rmənt] *n.* 옷, 의복
impurity [impjúərəti] *n.* 불순
inhabitant [inhǽbətənt] *n.* 거주민
livelihood [láivlihùd] *n.* 생계
mourn [mɔ:rn] *vt.* 애통해 하다
pierce [piərs] *vt.* 찌르다, 꿰뚫다
prophesy [práfəsài] *vt.* 예언하다
scatter [skǽtər] *vt.* 흩뜨리다
stab [stæb] *vt.* 찌르다
supplication [sʌ̀pləkéiʃən] *n.* 탄원
vision [víʒən] *n.* 환상
weep [wi:p] *vi.* 울다

12:9 set out: 착수하다
12:10 pour out: 쏟아 붓다
12:12 by oneself: 혼자서
12:14 the rest of...: …의 나머지
13:4 be ashamed of...: …를 부끄러워하다
13:4 in order to...: …하기 위하여

흩어지려니와 작은 자들 위에는 내가 내 손을 드리우리라

8 여호와가 말하노라 이 온 땅에서 삼분의 이는 멸망하고 삼분의 일은 거기 남으리니

9 내가 그 삼분의 일을 불 가운데에 던져 은같이 연단하며 금같이 시험할 것이라 그들이 내 이름을 부르리니 내가 들을 것이며 나는 말하기를 이는 내 백성이라 할 것이요 그들은 말하기를 여호와는 내 하나님이시라 하리라

예루살렘과 이방 나라들 (♪ 23장)

14 여호와의 날이 이르리라 그날에 네 재물이 약탈되어 네 가운데에서 나누이리라

2 내가 이방 나라들을 모아 예루살렘과 싸우게 하리니 성읍이 함락되며 가옥이 약탈되며 부녀가 욕을 당하며 성읍 백성이 절반이나 사로잡혀 가려니와 남은 백성은 성읍에서 끊어지지 아니하리라

3 그때에 여호와께서 나가사 그 이방 나라들을 치시되 이왕의 전쟁 날에 싸운 것같이 하시리라

4 그날에 그의 발이 예루살렘 앞 곧 동쪽 감람 산에 서실 것이요 감람 산은 그 한 가운데가 동서로 갈라져 매우 큰 골짜기가 되어서 산 절반은 북으로, 절반은 남으로 옮기고

5 그 산 골짜기는 아셀까지 이를지라 너희가 그 산 골짜기로 도망하되 유다 왕 웃시야 때에 지진을 피하여 도망하던 것같이 하리라 나의 하나님 여호와께서 임하실 것이요 모든 거룩한 자들이 주와 함께하리라

6 그날에는 빛이 없겠고 광명한 것들이 떠날 것이라

7 여호와께서 아시는 한 날이 있으리니 낮도 아니요 밤도 아니라 어두워 갈 때에 빛이 있으리로다

8 그날에 생수가 예루살렘에서 솟아나서 절반은 동해로, 절반은 서해로 흐를 것이라 여름에도 겨울에도 그러하리라

9 • 여호와께서 천하의 왕이 되시리니 그날에는 여호와께서 홀로 한 분이실 것이요 그의 이름이 홀로 하나이실 것이라

10 온 땅이 아라바같이 되되 게바에서 예루살렘 남쪽 림몬까지 이를 것이며 예루살렘이 높이 들려 그 본처에 있으리니 베냐민 문에서부터 첫 문 자리와 성 모퉁이 문까지 또 하

and I will turn my hand against the little
ones.
8 •In the whole land," declares the LORD,
"two-thirds will be struck down and
perish;
yet one-third will be left in it.
9 •This third I will put into the fire;
I will refine them like silver
and test them like gold.
They will call on my name
and I will answer them;
I will say, 'They are my people,'
and they will say, 'The LORD is our God.' "

The LORD Comes and Reigns

14 A day of the LORD is coming, Jerusalem,
when your possessions will be plun-
dered and divided up within your very walls.
2 •I will gather all the nations to Jerusalem
to fight against it; the city will be captured,
the houses ransacked, and the women raped.
Half of the city will go into exile, but the rest
of the people will not be taken from the city.
3 •Then the LORD will go out and fight against
those nations, as he fights on a day of bat-
4 tle. •On that day his feet will stand on the
Mount of Olives, east of Jerusalem, and the
Mount of Olives will be split in two from east
to west, forming a great valley, with half of
the mountain moving north and half mov-
5 ing south. •You will flee by my mountain
valley, for it will extend to Azel. You will flee
as you fled from the earthquake[a] in the
days of Uzziah king of Judah. Then the LORD
my God will come, and all the holy ones
with him.
6 •On that day there will be neither sunlight
7 nor cold, frosty darkness. •It will be a unique
day—a day known only to the LORD—with
no distinction between day and night. When
evening comes, there will be light.
8 •On that day living water will flow out
from Jerusalem, half of it east to the Dead
Sea and half of it west to the Mediterranean
Sea, in summer and in winter.
9 •The LORD will be king over the whole
earth. On that day there will be one LORD,
and his name the only name.
10 •The whole land, from Geba to Rimmon,
south of Jerusalem, will become like the

[a]5 Or [5]*My mountain valley will be blocked and will extend to Azel. It will be blocked as it was blocked because of the earthquake*

capture [kǽptʃər] *vt.* 점령하다
distinction [distíŋkʃən] *n.* 구별, 차이
divide [diváid] *vt.* 나누다
earthquake [ə́:rθkwèik] *n.* 지진
extend [iksténd] *vi.*(범위가) 미치다
flee [fli:] *vi.* 도망하다
frosty [frɔ́:sti] *a.* 싸늘한
perish [périʃ] *vi.* 멸망하다
plunder [plʌ́ndər] *vt.* 약탈하다
possession [pəzéʃən] *n.* 재산
ransack [rǽnsæk] *vt.* 샅샅이 뒤지다
rape [reip] *vt.* 강간하다
refine [rifáin] *vt.* 순화하다
reign [rein] *vi.* 다스리다
valley [vǽli] *n.* 골짜기

13:8 **strike down**: 쓰러뜨리다, 죽이다
14:2 **fight against...**: …과 대항해 싸우다
14:2 **go into exile**: 추방당하다
14:4 **be split in...**: …로 쪼개지다
14:7 **known to...**: …에게 알려진
14:8 **flow out from...**: …부터 흘러나오다

나넬 망대에서부터 왕의 포도주 짜는 곳까
지라
11 사람이 그 가운데에 살며 다시는 저주가 있
지 아니하리니 예루살렘이 평안히 서리로다
12 ●예루살렘을 친 모든 백성에게 여호와께서
내리실 재앙은 이러하니 곧 섰을 때에 그들
의 살이 썩으며 그들의 눈동자가 눈구멍 속
에서 썩으며 그들의 혀가 입속에서 썩을 것
이요
13 그날에 여호와께서 그들을 크게 요란하게 하
시리니 피차 손으로 붙잡으며 피차 손을 들
어 칠 것이며
14 유다도 예루살렘에서 싸우리니 이때에 사방
에 있는 이방 나라들의 보화 곧 금 은과 의복
이 심히 많이 모여질 것이요
15 또 말과 노새와 낙타와 나귀와 그 진에 있는
모든 가축에게 미칠 재앙도 그 재앙과 같으
리라
16 ●예루살렘을 치러 왔던 이방 나라들 중에
남은 자가 해마다 올라와서 그 왕 만군의 여
호와께 경배하며 초막절을 지킬 것이라
17 땅에 있는 족속들 중에 그 왕 만군의 여호
와께 경배하러 예루살렘에 올라오지 아니
하는 자들에게는 비를 내리지 아니하실 것
인즉
18 만일 애굽 족속이 올라오지 아니할 때에는
비 내림이 있지 아니하리니 여호와께서 초막
절을 지키러 올라오지 아니하는 이방 나라들
의 사람을 치시는 재앙을 그에게 내리실 것
이라
19 애굽 사람이나 이방 나라 사람이나 초막절을
지키러 올라오지 아니하는 자가 받을 벌이
그러하니라
20 그날에는 말 방울에까지 여호와께 성결이라
기록될 것이라 여호와의 전에 있는 모든 솥
이 제단 앞 주발과 다름이 없을 것이니
21 예루살렘과 유다의 모든 솥이 만군의 여호와
의 성물이 될 것인즉 제사 드리는 자가 와서
이 솥을 가져다가 그것으로 고기를 삶으리
라 그날에는 만군의 여호와의 전에 가나안
사람이 다시 있지 아니하리라

Arabah. But Jerusalem will be raised up high
from the Benjamin Gate to the site of the
First Gate, to the Corner Gate, and from the
Tower of Hananel to the royal winepresses,
11 and will remain in its place. •It will be in-
habited; never again will it be destroyed.
Jerusalem will be secure.
12 •This is the plague with which the LORD
will strike all the nations that fought against
Jerusalem: Their flesh will rot while they are
still standing on their feet, their eyes will rot
in their sockets, and their tongues will rot in
13 their mouths. •On that day people will be
stricken by the LORD with great panic. They
will seize each other by the hand and attack
14 one another. •Judah too will fight at Jeru-
salem. The wealth of all the surrounding
nations will be collected—great quantities
15 of gold and silver and clothing. •A similar
plague will strike the horses and mules, the
camels and donkeys, and all the animals in
those camps.
16 •Then the survivors from all the nations
that have attacked Jerusalem will go up year
after year to worship the King, the LORD Al-
mighty, and to celebrate the Festival of Taber-
17 nacles. •If any of the peoples of the earth do
not go up to Jerusalem to worship the King,
the LORD Almighty, they will have no rain.
18 •If the Egyptian people do not go up and
take part, they will have no rain. The LORD[a]
will bring on them the plague he inflicts on
the nations that do not go up to celebrate the
19 Festival of Tabernacles. •This will be the
punishment of Egypt and the punishment of
all the nations that do not go up to celebrate
the Festival of Tabernacles.
20 •On that day HOLY TO THE LORD will be in-
scribed on the bells of the horses, and the
cooking pots in the LORD's house will be like
21 the sacred bowls in front of the altar. •Every
pot in Jerusalem and Judah will be holy to
the LORD Almighty, and all who come to sac-
rifice will take some of the pots and cook in
them. And on that day there will no longer
be a Canaanite[b] in the house of the LORD
Almighty.

[a]18 *Or part, then the* LORD [b]21 *Or merchant*

destroy [distrɔ́i] *vt.* 진멸하다
flesh [fleʃ] *n.* 살, 육체
inflict [inflíkt] *vt.* 가하다
inhabit [inhǽbit] *vt.* 거주하다
inscribe [inskráib] *vt.* 새기다
mule [mjuːl] *n.* 노새
plague [pleig] *n.* 재앙
rot [rat] *vi.* 썩다
sacred [séikrid] *a.* 신성한
sacrifice [sǽkrəfàis] *vi.* 산 제물을 바치다
seize [siːz] *vt.* 붙잡다
socket [sákit] *n.* 꽂는 구멍
tabernacle [tǽbəːrnæ̀kl] *n.* 장막
wealth [welθ] *n.* 부, 재산
winepress [wáinprès] *n.* 포도 짜는 기구

14:10 **raise up**: 높이 들어올리다
14:12 **fight against...**: …과 대항해 싸우다
14:12 **on one's feet**: 일어서서, 독립하여
14:14 **a great quantity of**: 다량의
14:18 **take part**: 참여하다
14:21 **no longer**: 더 이상 …않다

Malachi | 말라기

● 저자 _ 말라기 ● 저작 연대 _ B.C. 516년경 이후로 추정 ● 기록 장소 _ 예루살렘
● 기록 대상 _ 바벨론 포로 생활에서 귀환한 남은 자들 ● 핵심어 및 내용 _ 핵심어는 '십일조'와 '준비'이다.

십일조를 하지 않는 것은 하나님께 드려야 할 것을 도둑질 하는 것이다. 또한 말라기의 중요한 사역의 한 부분은 메시아의 길을 준비하는 세례 요한을 예비하는 일이다.

1 **여호와께서 [1]말라기를 통하여 이스라엘에게 말씀하신 경고라**

여호와께서 이스라엘을 사랑하시다 (♪ 300장)

2 ● **여호와께서 이르시되 내가 너희를 사랑하였노라 하나 너희는 이르기를 주께서 어떻게 우리를 사랑하셨나이까 하는도다 나 여호와가 말하노라 에서는 야곱의 형이 아니냐 그러나 내가 야곱을 사랑하였고** 롬 9:13

3 **에서는 미워하였으며 그의 산들을 황폐하게 하였고 그의 산업을 광야의 이리들에게 넘겼느니라**

4 **에돔은 말하기를 우리가 [2]무너뜨림을 당하였으나 황폐된 곳을 다시 쌓으리라 하거니와 나 만군의 여호와는 이르노라 그들은 쌓을지라도 나는 헐리라 사람들이 그들을 일컬어 악한 지역이라 할 것이요 여호와의 영원한 진노를 받은 백성이라 할 것이며**

5 **너희는 눈으로 보고 이르기를 여호와께서는 이스라엘 지역 밖에서도 크시다 하리라**

제사장과 백성들의 죄 (♪ 266, 423장)

6 ● **내 이름을 멸시하는 제사장들아 나 만군의 여호와가 너희에게 이르기를 아들은 그 아버지를, 종은 그 주인을 공경하나니 내가 아버지일진대 나를 공경함이 어디 있느냐 내가 주인일진대 나를 두려워함이 어디 있느냐 하나 너희는 이르기를 우리가 어떻게 주의 이름을 멸시하였나이까 하는도다**

7 **너희가 더러운 떡을 나의 제단에 드리고도 말하기를 우리가 어떻게 주를 더럽게 하였나이까 하는도다 이는 너희가 여호와의 식탁은 경멸히 여길 것이라 말하기 때문이라**

8 **만군의 여호와가 이르노라 너희가 눈먼 희생제물을 바치는 것이 어찌 악하지 아니하며 저는 것, 병든 것을 드리는 것이 어찌 악하지 아니하냐 이제 그것을 너희 총독에게 드려 보라 그가 너를 기뻐하겠으며 너를 받아 주겠느냐**

9 **만군의 여호와가 이르노라 너희는 나 하나님께 은혜를 구하면서 우리를 불쌍히 여기소서 하여 보라 너희가 이같이 행하였으니 내가 너희 중 하나인들 받겠느냐**

10 **만군의 여호와가 이르노라 너희가 내 제단 위에 헛되이 불사르지 못하게 하기 위하여 너희**

1 A prophecy: The word of the LORD to Israel through Malachi.[a]

Israel Doubts God's Love

2 ●"I have loved you," says the LORD.
"But you ask, 'How have you loved us?'
"Was not Esau Jacob's brother?" declares
3 the LORD. "Yet I have loved Jacob, ●but
Esau I have hated, and I have turned his
hill country into a wasteland and left his
inheritance to the desert jackals."
4 ●Edom may say, "Though we have been
crushed, we will rebuild the ruins."
But this is what the LORD Almighty says:
"They may build, but I will demolish. They
will be called the Wicked Land, a people
5 always under the wrath of the LORD. ●You
will see it with your own eyes and say, 'Great
is the LORD—even beyond the borders of
Israel!'

Breaking Covenant Through Blemished Sacrifices

6 ●"A son honors his father, and a slave
his master. If I am a father, where is the
honor due me? If I am a master, where is the
respect due me?" says the LORD Almighty.
"It is you priests who show contempt for
my name.
"But you ask, 'How have we shown con-
tempt for your name?'
7 ●"By offering defiled food on my altar.
"But you ask, 'How have we defiled you?'
"By saying that the LORD's table is con-
8 temptible. ●When you offer blind animals
for sacrifice, is that not wrong? When you
sacrifice lame or diseased animals, is that
not wrong? Try offering them to your gov-
ernor! Would he be pleased with you? Would
he accept you?" says the LORD Almighty.
9 ●"Now plead with God to be gracious to
us. With such offerings from your hands,
will he accept you?"—says the LORD Al-
mighty.
10 ●"Oh, that one of you would shut the

[a]1 *Malachi* means *my messenger*.

1) 나의 사자 2) 가난하나

중에 성전 문을 닫을 자가 있었으면 좋겠도다
내가 너희를 기뻐하지 아니하며 너희가 손으
로 드리는 것을 받지도 아니하리라 사 1:13
11 만군의 여호와가 이르노라 해 뜨는 곳에서부
터 해 지는 곳까지의 이방 민족 중에서 내 이름
이 크게 될 것이라 각처에서 내 이름을 위하여
분향하며 깨끗한 제물을 드리리니 이는 내 이
름이 이방 민족 중에서 크게 될 것임이니라
12 그러나 너희는 말하기를 여호와의 식탁은 더
러워졌고 그 위에 있는 과일 곧 먹을 것은 경멸
히 여길 것이라 하여 내 이름을 더럽히는도다
13 만군의 여호와가 이르노라 너희가 또 말하기
를 이 일이 얼마나 번거로운고 하며 코웃음치
고 훔친 물건과 저는 것, 병든 것을 가져왔느
니라 너희가 이같이 봉헌물을 가져오니 내가
그것을 너희 손에서 받겠느냐 이는 여호와의
말이니라
14 짐승 떼 가운데에 수컷이 있거늘 그 서원하는
일에 흠 있는 것으로 속여 내게 드리는 자는
저주를 받으리니 나는 큰 임금이요 내 이름은
이방 민족 중에서 두려워하는 것이 됨이니라
만군의 여호와의 말이니라

제사장들에 대한 명령 (♪311장) — B.C. 430년경

2 너희 제사장들아 이제 너희에게 이같이 명
령하노라
2 만군의 여호와가 이르노라 너희가 만일 듣지
아니하며 마음에 두지 아니하여 내 이름을 영
화롭게 하지 아니하면 내가 너희에게 저주를
내려 너희의 복을 저주하리라 내가 이미 저주
하였나니 이는 너희가 그것을 마음에 두지 아
니하였음이라
3 보라 내가 너희의 자손을 꾸짖을 것이요 똥
곧 너희 절기의 희생의 똥을 너희 얼굴에 바
를 것이라 너희가 그것과 함께 제하여 버림을
당하리라
4 만군의 여호와가 이르노라 내가 이 명령을 너
희에게 내린 것은 레위와 세운 나의 언약이
항상 있게 하려 함인 줄을 너희가 알리라
5 레위와 세운 나의 언약은 생명과 평강의 언약
이라 내가 이것을 그에게 준 것은 그로 경외
하게 하려 함이라 그가 나를 경외하고 내 이
름을 두려워하였으며
6 그의 입에는 진리의 법이 있었고 그의 입술에
는 불의함이 없었으며 그가 화평함과 정직함
으로 나와 동행하며 많은 사람을 돌이켜 죄악
에서 떠나게 하였느니라
7 제사장의 입술은 지식을 지켜야 하겠고 사람

말

temple doors, so that you would not light
useless fires on my altar! I am not pleased
with you," says the LORD Almighty, "and I
will accept no offering from your hands.
11 •My name will be great among the nations,
from where the sun rises to where it sets. In
every place incense and pure offerings will
be brought to me, because my name will be
great among the nations," says the LORD
Almighty.
12 •"But you profane it by saying, 'The
Lord's table is defiled,' and, 'Its food is con-
13 temptible.' •And you say, 'What a bur-
den!' and you sniff at it contemptuously,"
says the LORD Almighty.
"When you bring injured, lame or dis-
eased animals and offer them as sacrifices,
should I accept them from your hands?"
14 says the LORD. •"Cursed is the cheat who has
an acceptable male in his flock and vows to
give it, but then sacrifices a blemished ani-
mal to the Lord. For I am a great king," says
the LORD Almighty, "and my name is to be
feared among the nations.

Additional Warning to the Priests

2 "And now, you priests, this warning is
2 for you. •If you do not listen, and if you
do not resolve to honor my name," says the
LORD Almighty, "I will send a curse on you,
and I will curse your blessings. Yes, I have
already cursed them, because you have not
resolved to honor me.
3 •"Because of you I will rebuke your des-
cendants[a]; I will smear on your faces the
dung from your festival sacrifices, and you
4 will be carried off with it. •And you will
know that I have sent you this warning so
that my covenant with Levi may contin-
5 ue," says the LORD Almighty. •"My coven-
ant was with him, a covenant of life and
peace, and I gave them to him; this called
for reverence and he revered me and stood
6 in awe of my name. •True instruction was
in his mouth and nothing false was found
on his lips. He walked with me in peace
and uprightness, and turned many from
sin.
7 •"For the lips of a priest ought to pre-
serve knowledge, because he is the messen-
ger of the LORD Almighty and people seek

[a]3 Or *will blight your grain*

altar [ɔ́:ltər] *n.* 제단
blemish [blémiʃ] *vt.* 흠내다
cheat [tʃi:t] *n.* 사기꾼
contemptible [kəntémptəbl] *a.* 경멸할 만한
covenant [kʌ́vənənt] *n.* 언약
cursed [kə́:rsid] *a.* 저주받은
defile [difáil] *vt.* 더럽히다
descendant [diséndənt] *n.* 자손
diseased [dizí:zd] *a.* 병에 걸린
incense [ínsens] *n.* 향
offering [ɔ́:fəriŋ] *n.* 제물
priest [pri:st] *n.* 제사장
profane [prəféin] *vt.* 신성을 더럽히다
reverence [révərəns] *n.* 경외, 존경
smear [smiər] *vt.* 바르다, 더럽히다

1:10 **so that...**: …하도록 …하다
1:13 **sniff at...**: …에 콧방귀를 뀌다
2:3 **carry off**: 빼앗아가다
2:5 **call for...**: …를 청하다, 요구하다
2:5 **stand in awe of...**: …를 경외하다
2:7 **ought to...**: …해야 한다

들은 그의 입에서 율법을 구하게 되어야 할
것이니 제사장은 만군의 여호와의 사자가 됨
이거늘
8 너희는 옳은 길에서 떠나 많은 사람을 율법에
거스르게 하는도다 나 만군의 여호와가 이르
노니 너희가 레위의 언약을 깨뜨렸느니라
9 너희가 내 길을 지키지 아니하고 율법을 행할
때에 사람에게 치우치게 하였으므로 나도 너
희로 하여금 모든 백성 앞에서 멸시와 천대를
당하게 하였느니라 하시니라 미 3:11

거짓을 행하는 유다

10 ●우리는 한 아버지를 가지지 아니하였느냐
한 하나님께서 지으신 바가 아니냐 어찌하여
우리 각 사람이 자기 형제에게 거짓을 행하여
우리 조상들의 언약을 욕되게 하느냐
11 유다는 거짓을 행하였고 이스라엘과 예루살
렘 중에서는 가증한 일을 행하였으며 유다는
여호와께서 사랑하시는 그 [1]성결을 욕되게
하여 이방 신의 딸과 결혼하였으니 스 9:1
12 이 일을 행하는 사람에게 속한 자는 깨는 자
나 응답하는 자는 물론이요 만군의 여호와께
제사를 드리는 자도 여호와께서 야곱의 장막
가운데에서 끊어 버리시리라
13 너희가 이런 일도 행하나니 곧 눈물과 울음과
탄식으로 여호와의 제단을 가리게 하는도다
그러므로 여호와께서 다시는 너희의 봉헌물
을 돌아보지도 아니하시며 그것을 너희 손에
서 기꺼이 받지도 아니하시거늘
14 너희는 이르기를 어찌 됨이니이까 하는도다
이는 너와 네가 어려서 맞이한 아내 사이에
여호와께서 증인이 되시기 때문이라 그는 네
짝이요 너와 서약한 아내로되 네가 그에게 거
짓을 행하였도다
15 그에게는 영이 충만하였으나 오직 하나를 만
들지 아니하셨느냐 어찌하여 하나만 만드셨
느냐 이는 경건한 자손을 얻고자 하심이라 그
러므로 네 심령을 삼가 지켜 어려서 맞이한
아내에게 거짓을 행하지 말지니라 출 20:14
16 이스라엘의 하나님 여호와가 이르노니 나는
이혼하는 것과 옷으로 학대를 가리는 자를 미
워하노라 만군의 여호와의 말이니라 그러므
로 너희 심령을 삼가 지켜 거짓을 행하지 말지
니라

주께서 임하시는 날 (♪ 537장) — B.C. 430년경

17 ●너희가 말로 여호와를 괴롭게 하고도 이르
기를 우리가 어떻게 여호와를 괴롭혀 드렸나
이까 하는도다 이는 너희가 말하기를 모든 악

1) 성소를

8 instruction from his mouth. ●But you have
turned from the way and by your teaching
have caused many to stumble; you have vio-
lated the covenant with Levi," says the LORD
9 Almighty. ●"So I have caused you to be de-
spised and humiliated before all the people,
because you have not followed my ways but
have shown partiality in matters of the law."

Breaking Covenant Through Divorce

10 ●Do we not all have one Father[a]? Did not
one God create us? Why do we profane the
covenant of our ancestors by being unfaith-
ful to one another?
11 ●Judah has been unfaithful. A detestable
thing has been committed in Israel and in
Jerusalem: Judah has desecrated the sanctu-
ary the LORD loves by marrying women who
12 worship a foreign god. ●As for the man who
does this, whoever he may be, may the LORD
remove him from the tents of Jacob[b] —
even though he brings an offering to the
LORD Almighty.
13 ●Another thing you do: You flood the
LORD's altar with tears. You weep and wail
because he no longer looks with favor on
your offerings or accepts them with pleasure
14 from your hands. ●You ask, "Why?" It is
because the LORD is the witness between you
and the wife of your youth. You have been
unfaithful to her, though she is your part-
ner, the wife of your marriage covenant.
15 ●Has not the one God made you? You
belong to him in body and spirit. And what
does the one God seek? Godly offspring.[c] So
be on your guard, and do not be unfaithful
to the wife of your youth.
16 ●"The man who hates and divorces his
wife," says the LORD, the God of Israel, "does
violence to the one he should protect,"[d] says
the LORD Almighty.

So be on your guard, and do not be unfaith-
ful.

Breaking Covenant Through Injustice

17 ●You have wearied the LORD with your
words.

"How have we wearied him?" you ask.

[a]10 Or *father* [b]12 Or [12]*May the LORD remove from the tents of Jacob anyone who gives testimony in behalf of the man who does this* [c]15 The meaning of the Hebrew for the first part of this verse is uncertain. [d]16 Or *"I hate divorce," says the LORD, the God of Israel, "because the man who divorces his wife covers his garment with violence,"*

말

commit [kəmít] *vt.* 저지르다, 범하다
desecrate [désikrèit] *vt.* 신성을 더럽히다
despise [dispáiz] *vt.* 경멸하다
detestable [ditéstəbl] *a.* 혐오할 만한
divorce [divɔ́:rs] *n.* 이혼
godly [gádli] *a.* 경건한
humiliate [hju:mílièit] *vt.* 모욕하다
instruction [instrʌ́kʃən] *n.* 교훈, 훈령
partiality [pɑ:rʃiǽləti] *n.* 편파적임
sanctuary [sǽŋktʃuèri] *n.* 성소
seek [si:k] *vt.* 찾다, 구하다
stumble [stʌ́mbl] *vi.* 죄를 짓다
violate [váiəlèit] *vt.* 위반하다
wail [weil] *vi.* 울부짖다
weary [wíəri] *vt.* 지치게 하다

2:9 cause A to B: A가 B하게 하다
2:9 not A but B: A가 아니라 B이다
2:9 in matters of...: …에 관해서는
2:12 as for...: …에 관해 말하면
2:12 even though: 비록 …일지라도
2:13 look with favor on...: …을 좋게 보다

을 행하는 자는 여호와의 눈에 좋게 보이며 그
에게 기쁨이 된다 하며 또 말하기를 정의의 하
나님이 어디 계시냐 함이니라

3 만군의 여호와가 이르노라 보라 내가 내 사자
를 보내리니 그가 내 앞에서 길을 준비할 것
이요 또 너희가 구하는 바 주가 갑자기 그의 성
전에 임하시리니 곧 너희가 사모하는 바 언약의
사자가 임하실 것이라 막 1:2
2 그가 임하시는 날을 누가 능히 당하며 그가 나타
나는 때에 누가 능히 서리요 그는 금을 연단하는
자의 불과 표백하는 자의 잿물과 같을 것이라
3 그가 은을 연단하여 깨끗하게 하는 자같이 앉아
서 레위 자손을 깨끗하게 하되 금, 은같이 그들
을 연단하리니 그들이 공의로운 제물을 나 여호
와께 바칠 것이라
4 그때에 유다와 예루살렘의 봉헌물이 옛날과 고
대와 같이 나 여호와께 기쁨이 되려니와
5 내가 심판하러 너희에게 임할 것이라 점치는 자
에게와 간음하는 자에게와 거짓 맹세하는 자에
게와 품꾼의 삯에 대하여 억울하게 하며 과부와
고아를 압제하며 나그네를 억울하게 하며 나를
경외하지 아니하는 자들에게 속히 증언하리라
만군의 여호와가 말하였느니라
6 나 여호와는 변하지 아니하나니 그러므로 야곱
의 자손들아 너희가 소멸되지 아니하느니라

십일조 (♪ 49, 215장)

7 ● 만군의 여호와가 이르노라 너희 조상들의 날로
부터 너희가 나의 규례를 떠나 지키지 아니하였
도다 그런즉 내게로 돌아오라 그리하면 나도 너
희에게로 돌아가리라 하였더니 너희가 이르기를
우리가 어떻게 하여야 돌아가리이까 하는도다
8 사람이 어찌 하나님의 것을 도둑질하겠느냐 그
러나 너희는 나의 것을 도둑질하고도 말하기를
우리가 어떻게 주의 것을 도둑질하였나이까 하
는도다 이는 곧 십일조와 봉헌물이라
9 너희 곧 온 나라가 나의 것을 도둑질하였으므로
너희가 저주를 받았느니라
10 만군의 여호와가 이르노라 너희의 온전한 십일
조를 창고에 들여 나의 집에 양식이 있게 하고
그것으로 나를 시험하여 내가 하늘 문을 열고
너희에게 복을 쌓을 곳이 없도록 붓지 아니하나
보라
11 만군의 여호와가 이르노라 내가 너희를 위하여
[1]메뚜기를 금하여 너희 토지 소산을 먹어 없애
지 못하게 하며 너희 밭의 포도나무 열매가 기
한 전에 떨어지지 않게 하리니
12 너희 땅이 아름다워지므로 모든 이방인들이 너

By saying, "All who do evil are good in
the eyes of the LORD, and he is pleased with
them" or "Where is the God of justice?"

3 "I will send my messenger, who will
prepare the way before me. Then
suddenly the Lord you are seeking will
come to his temple; the messenger of the
covenant, whom you desire, will come,"
says the LORD Almighty.
2 ● But who can endure the day of his
coming? Who can stand when he appears?
For he will be like a refiner's fire or a laun-
3 derer's soap. ● He will sit as a refiner and
purifier of silver; he will purify the Levites
and refine them like gold and silver. Then
the LORD will have men who will bring
4 offerings in righteousness, ● and the offer-
ings of Judah and Jerusalem will be accep-
table to the LORD, as in days gone by, as in
former years.
5 ● "So I will come to put you on trial. I will
be quick to testify against sorcerers, adul-
terers and perjurers, against those who
defraud laborers of their wages, who
oppress the widows and the fatherless,
and deprive the foreigners among you of
justice, but do not fear me," says the LORD
Almighty.

Breaking Covenant by Withholding Tithes

6 ● "I the LORD do not change. So you, the
descendants of Jacob, are not destroyed.
7 ● Ever since the time of your ancestors
you have turned away from my decrees
and have not kept them. Return to me,
and I will return to you," says the LORD
Almighty.
"But you ask, 'How are we to return?'
8 ● "Will a mere mortal rob God? Yet you
rob me.
"But you ask, 'How are we robbing you?'
9 "In tithes and offerings. ● You are under
a curse—your whole nation—because
10 you are robbing me. ● Bring the whole
tithe into the storehouse, that there may
be food in my house. Test me in this," says
the LORD Almighty, "and see if I will not
throw open the floodgates of heaven and
pour out so much blessing that there will
11 not be room enough to store it. ● I will
prevent pests from devouring your crops,
and the vines in your fields will not drop
their fruit before it is ripe," says the LORD

1) 먹는 자를

말

adulterer [adʌ́ltərər] *n.* 간음하는 자
defraud [difrɔ́:d] *vt.* 속여서 빼앗다
descendant [diséndənt] *n.* 자손
devour [diváuər] *vt.* 삼키다
launderer [lɔ́:ndərər] *n.* 세탁자
mortal [mɔ́:rtl] *n.* 인간
perjurer [pə́:rdʒərər] *n.* 위증자
pest [pest] *n.* 해충
prevent [privént] *vt.* 막다
purifier [pjúərəfaiər] *n.* 정제하는 사람
refiner [rifáinər] *n.* 제련하는 사람
rob [rab] *vt.* 강탈하다
sorcerer [sɔ́:rsərər] *n.* 마법사
tithe [taið] *n.* 십일조
widow [wídou] *n.* 과부

2:17 **do evil:** 나쁜 짓을 하다
2:17 **in the eyes of...:** …이 보는 바로는
3:5 **put somebody on trial:** 재판을 걸다
3:5 **deprive A of B:** A에게 B를 허용치 않다
3:10 **throw open:** 활짝 열다
3:10 **pour out:** 쏟아 놓다

희를 복되다 하리라 만군의 여호와의 말이
니라

여호와를 경외하는 자들

13 ●여호와가 이르노라 너희가 완악한 말로 나
를 대적하고도 이르기를 우리가 무슨 말로
주를 대적하였나이까 하는도다
14 이는 너희가 말하기를 하나님을 섬기는 것이
헛되니 만군의 여호와 앞에서 그 명령을 지
키며 슬프게 행하는 것이 무엇이 유익하리요
15 지금 우리는 교만한 자가 복되다 하며 악을
행하는 자가 번성하며 하나님을 시험하는 자
가 화를 면한다 하노라 함이라
16 ●그때에 여호와를 경외하는 자들이 피차에
말하매 여호와께서 그것을 분명히 들으시고
여호와를 경외하는 자와 그 이름을 존중히
여기는 자를 위하여 여호와 앞에 있는 기념
책에 기록하셨느니라 단 12:1
17 만군의 여호와가 이르노라 나는 내가 정한
날에 그들을 나의 특별한 소유로 삼을 것이
요 또 사람이 자기를 섬기는 아들을 아낌같
이 내가 그들을 아끼리니
18 그때에 너희가 돌아와서 의인과 악인을 분별
하고 하나님을 섬기는 자와 섬기지 아니하는
자를 분별하리라 암 5:15

여호와께서 정하신 날 (♪ 474장) — B.C. 430년경

4 만군의 여호와가 이르노라 보라 용광로
불 같은 날이 이르리니 교만한 자와 악을
행하는 자는 다 지푸라기 같을 것이라 그 이
르는 날에 그들을 살라 그 뿌리와 가지를 남
기지 아니할 것이로되
2 내 이름을 경외하는 너희에게는 공의로운 해
가 떠올라서 치료하는 [1]광선을 비추리니 너
희가 나가서 외양간에서 나온 송아지같이 뛰
리라
3 또 너희가 악인을 밟을 것이니 그들이 내가
정한 날에 너희 발바닥 밑에 재와 같으리라
만군의 여호와의 말이니라
4 ●너희는 내가 호렙에서 온 이스라엘을 위하
여 내 종 모세에게 명령한 법 곧 율례와 법도
를 기억하라
5 보라 여호와의 크고 두려운 날이 이르기 전
에 내가 선지자 엘리야를 너희에게 보내리니
6 그가 아버지의 마음을 자녀에게로 돌이키게
하고 자녀들의 마음을 그들의 아버지에게로
돌이키게 하리라 돌이키지 아니하면 두렵건
대 내가 와서 저주로 그 땅을 칠까 하노라 하
시니라

12 Almighty. ●"Then all the nations will call
you blessed, for yours will be a delightful
land," says the LORD Almighty.

Israel Speaks Arrogantly Against God

13 ●"You have spoken arrogantly against me,"
says the LORD.
"Yet you ask, 'What have we said against
you?'
14 ●"You have said, 'It is futile to serve God.
What do we gain by carrying out his require-
ments and going about like mourners before
15 the LORD Almighty? ●But now we call the
arrogant blessed. Certainly evildoers prosper,
and even when they put God to the test,
they get away with it.' "

The Faithful Remnant

16 ●Then those who feared the LORD talked
with each other, and the LORD listened and
heard. A scroll of remembrance was written
in his presence concerning those who feared
the LORD and honored his name.
17 ●"On the day when I act," says the LORD
Almighty, "they will be my treasured pos-
session. I will spare them, just as a father has
compassion and spares his son who serves
18 him. ●And you will again see the distinc-
tion between the righteous and the wicked,
between those who serve God and those
who do not.

Judgment and Covenant Renewal

4 [a] "Surely the day is coming; it will burn
like a furnace. All the arrogant and
every evildoer will be stubble, and the day
that is coming will set them on fire," says the
LORD Almighty. "Not a root or a branch will
2 be left to them. ●But for you who revere my
name, the sun of righteousness will rise with
healing in its rays. And you will go out and
3 frolic like well-fed calves. ●Then you will
trample on the wicked; they will be ashes
under the soles of your feet on the day when
I act," says the LORD Almighty.
4 ●"Remember the law of my servant Mo-
ses, the decrees and laws I gave him at Horeb
for all Israel.
5 ●"See, I will send the prophet Elijah to you
before that great and dreadful day of the LORD
6 comes. ●He will turn the hearts of the parents
to their children, and the hearts of the chil-
dren to their parents; or else I will come and
strike the land with total destruction."

[a]In Hebrew texts 4:1-6 is numbered 3:19-24. 1) 날개

arrogant [ǽrəgənt] *a.* 거만한
ash [æʃ] *n.* 재
compassion [kəmpǽʃən] *n.* 측은히 여김
decree [dikríː] *n.* 계율, 율례
distinction [distíŋkʃən] *n.* 구별
dreadful [drédfəl] *a.* 두려운, 무서운
frolic [frálik] *vi.* 들떠서 떠들다
furnace [fə́ːrnis] *n.* 용광로
futile [fjúːtl] *a.* 쓸데없는
revere [rivíər] *vt.* 숭배하다
scroll [skroul] *n.* 두루마리(책)
sole [soul] *n.* 발바닥
spare [spɛər] *vt.* 아끼다
stubble [stʌ́bl] *n.* 그루터기
treasure [tréʒər] *vt.* 소중히 하다

3:14 **carry out**: 실행하다
3:15 **put... to the test**: …을 시험해보다
3:15 **get away with**: 처벌을 모면하다
3:16 **in one's presence**: 면전에서
4:3 **trample on**: 짓밟다
4:6 **turn A to B**: A를 B에게로 돌리다

신약전서

THE NEW TESTAMENT

신약 전서 목록

Matthew | 마태복음

● 저자 _ 마태 ● 저작 연대 _ A.D. 50년대 후반–70년 이전 ● 기록 장소 _ 안디옥 ● 기록 대상 _ 유대인과 기독교인이 된 이방인 ● 저작 목적 _ 예수님이 메시아이심을 입증하기 위해 ● 핵심어 및 내용 _ 핵심어는 '성취'와 '천국'이다.

마태는 예수님이 오심으로써 메시아의 시대가 도래했으며 하나님께서 그리스도 안에서 현존하시고 다스리신다는 복음을 소개한다.

예수 그리스도의 계보
(눅 3:23-38 ♪ 101, 550장)

1 아브라함과 다윗의 자손 예수 그리
스도의 계보라
2 아브라함이 이삭을 낳고 이삭은 야
곱을 낳고 야곱은 유다와 그의 형제
들을 낳고
3 유다는 다말에게서 베레스와 세라
를 낳고 베레스는 헤스론을 낳고 헤
스론은 람을 낳고
4 람은 아미나답을 낳고 아미나답은
나손을 낳고 나손은 살몬을 낳고
5 살몬은 라합에게서 보아스를 낳고
보아스는 룻에게서 오벳을 낳고 오
벳은 이새를 낳고
6 이새는 다윗 왕을 낳으니라 ● 다윗
은 우리야의 아내에게서 솔로몬을
낳고
7 솔로몬은 르호보암을 낳고 르호보
암은 아비야를 낳고 아비야는 아사
를 낳고
8 아사는 여호사밧을 낳고 여호사밧
은 요람을 낳고 요람은 웃시야를 낳
고
9 웃시야는 요담을 낳고 요담은 아하
스를 낳고 아하스는 히스기야를 낳
고
10 히스기야는 므낫세를 낳고 므낫세
는 아몬을 낳고 아몬은 요시야를 낳
고
11 바벨론으로 사로잡혀 갈 때에 요시
야는 여고냐와 그의 형제들을 낳으
니라
12 ● 바벨론으로 사로잡혀 간 후에 여
고냐는 스알디엘을 낳고 스알디엘
은 스룹바벨을 낳고
13 스룹바벨은 아비훗을 낳고 아비훗
은 엘리아김을 낳고 엘리아김은 아
소르를 낳고
14 아소르는 사독을 낳고 사독은 아킴
을 낳고 아킴은 엘리웃을 낳고

The Genealogy of Jesus the Messiah

1 This is the genealogy[a] of Jesus the Messiah[b] the
son of David, the son of Abraham:
2 ● Abraham was the father of Isaac,
Isaac the father of Jacob,
Jacob the father of Judah and his brothers,
3 ● Judah the father of Perez and Zerah, whose
mother was Tamar,
Perez the father of Hezron,
Hezron the father of Ram,
4 ● Ram the father of Amminadab,
Amminadab the father of Nahshon,
Nahshon the father of Salmon,
5 ● Salmon the father of Boaz, whose mother was
Rahab,
Boaz the father of Obed, whose mother was
Ruth,
Obed the father of Jesse,
6 ● and Jesse the father of King David.
David was the father of Solomon, whose mother
had been Uriah's wife,
7 ● Solomon the father of Rehoboam,
Rehoboam the father of Abijah,
Abijah the father of Asa,
8 ● Asa the father of Jehoshaphat,
Jehoshaphat the father of Jehoram,
Jehoram the father of Uzziah,
9 ● Uzziah the father of Jotham,
Jotham the father of Ahaz,
Ahaz the father of Hezekiah,
10 ● Hezekiah the father of Manasseh,
Manasseh the father of Amon,
Amon the father of Josiah,
11 ● and Josiah the father of Jeconiah[c] and his
brothers at the time of the exile to Babylon.
12 ● After the exile to Babylon:
Jeconiah was the father of Shealtiel,
Shealtiel the father of Zerubbabel,
13 ● Zerubbabel the father of Abihud,
Abihud the father of Eliakim,
Eliakim the father of Azor,
14 ● Azor the father of Zadok,
Zadok the father of Akim,
Akim the father of Elihud,

[a]1 Or *is an account of the origin* [b]1 Or *Jesus Christ. Messiah* (Hebrew) and *Christ*(Greek) both mean *Anointed One*; also in verse 18. [c]11 That is, Jehoiachin; also in verse 12

15 엘리웃은 엘르아살을 낳고 엘르아살은
맛단을 낳고 맛단은 야곱을 낳고
16 야곱은 마리아의 남편 요셉을 낳았으니
마리아에게서 그리스도라 칭하는 예수가
나시니라
17 ●그런즉 모든 대 수가 아브라함부터 다
윗까지 열네 대요 다윗부터 바벨론으로
사로잡혀 갈 때까지 열네 대요 바벨론으
로 사로잡혀 간 후부터 그리스도까지 열
네 대더라

예수 그리스도의 나심 (눅 2:1-7 ♪ 107, 619장)

B.C. 4년경

18 ●예수 그리스도의 나심은 이러하니라 그
의 어머니 마리아가 요셉과 약혼하고 동
거하기 전에 성령으로 잉태된 것이 나타
났더니
19 그의 남편 요셉은 의로운 사람이라 그를
드러내지 아니하고 가만히 끊고자 하여
20 이 일을 생각할 때에 주의 사자가 현몽하
여 이르되 다윗의 자손 요셉아 네 아내 마
리아 데려오기를 무서워하지 말라 그에
게 잉태된 자는 성령으로 된 것이라
21 아들을 낳으리니 이름을 예수라 하라 이
는 그가 자기 백성을 그들의 죄에서 구원
할 자이심이라 하니라
22 이 모든 일이 된 것은 주께서 선지자로 하
신 말씀을 이루려 하심이니 이르시되
23 ㄱ보라 처녀가 잉태하여 아들을 낳을 것
이요 그의 이름은 임마누엘이라 하리라
하셨으니 이를 번역한즉 하나님이 우리
와 함께 계시다 함이라
24 요셉이 잠에서 깨어 일어나 주의 사자의
분부대로 행하여 그의 아내를 데려왔으나
25 아들을 낳기까지 동침하지 아니하더니
낳으매 이름을 예수라 하니라 눅 2:21

동방으로부터 박사들이 경배하러 오다

2 헤롯 왕 때에 예수께서 유대 베들레헴
에서 나시매 동방으로부터 1)박사들이
예루살렘에 이르러 말하되
2 유대인의 왕으로 나신 이가 어디 계시냐
우리가 동방에서 그의 별을 보고 그에게
경배하러 왔노라 하니
3 헤롯 왕과 온 예루살렘이 듣고 소동한지라
4 왕이 모든 대제사장과 백성의 서기관들
을 모아 그리스도가 어디서 나겠느냐 물
으니

15 •Elihud the father of Eleazar,
Eleazar the father of Matthan,
Matthan the father of Jacob,
16 •and Jacob the father of Joseph, the hus-
band of Mary, and Mary was the mo-
ther of Jesus who is called the Messiah.
17 •Thus there were fourteen generations in all
from Abraham to David, fourteen from David
to the exile to Babylon, and fourteen from the
exile to the Messiah.

Joseph Accepts Jesus as His Son

18 •This is how the birth of Jesus the Messiah
came about[a]. His mother Mary was pledged to
be married to Joseph, but before they came
together, she was found to be pregnant through
19 the Holy Spirit. •Because Joseph her husband
was faithful to the law, and yet[b] did not want to
expose her to public disgrace, he had in mind
to divorce her quietly.
20 •But after he had considered this, an angel of
the Lord appeared to him in a dream and said,
“Joseph son of David, do not be afraid to take
Mary home as your wife, because what is con-
21 ceived in her is from the Holy Spirit. •She will
give birth to a son, and you are to give him the
name Jesus,[c] because he will save his people
from their sins.”
22 •All this took place to fulfill what the Lord
23 had said through the prophet: •“The virgin will
conceive and give birth to a son, and they will
call him Immanuel”[d] (which means “God with
us”).
24 •When Joseph woke up, he did what the
angel of the Lord had commanded him and
25 took Mary home as his wife. •But he did not
consummate their marriage until she gave
birth to a son. And he gave him the name Jesus.

The Magi Visit the Messiah

2 After Jesus was born in Bethlehem in
Judea, during the time of King Herod,
2 Magi[e] from the east came to Jerusalem •and
asked, “Where is the one who has been born
king of the Jews? We saw his star when it rose
and have come to worship him.”
3 •When King Herod heard this he was dis-
4 turbed, and all Jerusalem with him. •When
he had called together all the people’s chief
priests and teachers of the law, he asked them

[a]18 Or *The origin of Jesus the Messiah was like this* [b]19 Or *was a righteous man and* [c]21 *Jesus* is the Greek form of *Joshua,* which means *the* LORD *saves.* [d]23 Isaiah 7:14 [e]1 Traditionally *wise men* 1) 점성가들이 ㄱ. 사 7:14

appear [əpíər] *vi.* 나타나다
command [kəmǽnd] *vt.* 명령하다
conceive [kənsíːv] *vt.* 임신하다
consider [kənsídər] *vt.* 숙고하다
consummate [kɑ́nsəmèit] *vt.* 동침하다
disgrace [disgréis] *n.* 망신
disturb [distə́ːrb] *vt.* (마음 · 일 등을) 어지럽히다
divorce [divɔ́ːrs] *vt.* 파혼하다
expose [ikspóuz] *vt.* 드러내다
fulfill [fulfíl] *vt.* 성취시키다
generation [dʒènəréiʃən] *n.* 세대
pledge [pledʒ] *vt.* 서약하다
pregnant [prégnənt] *a.* 잉태한
quietly [kwáiətli] *ad.* 조용히
virgin [və́ːrdʒin] *n.* 처녀

1:17 **in all**: 전부, 합계
1:18 **come about**: 발생하다
1:18 **find to be...**: …라는 것을 깨닫다
1:21 **give birth to...**: …을 낳다
1:24 **wake up**: 깨어 일어나다
2:4 **call together**: 소집하다

5 이르되 유대 베들레헴이오니 이는 선지자
로 이렇게 기록된 바
6 [ㄱ]또 유대 땅 베들레헴아 너는 유대 [1]고
을 중에서 가장 작지 아니하도다 네게서
한 다스리는 자가 나와서 내 백성 이스
라엘의 목자가 되리라
하였음이니이다
7 이에 헤롯이 가만히 박사들을 불러 별이
나타난 때를 자세히 묻고
8 베들레헴으로 보내며 이르되 가서 아기에
대하여 자세히 알아보고 찾거든 내게 고하
여 나도 가서 그에게 경배하게 하라
9 박사들이 왕의 말을 듣고 갈새 동방에서
보던 그 별이 문득 앞서 인도하여 가다가
아기 있는 곳 위에 머물러 서 있는지라
10 그들이 별을 보고 매우 크게 기뻐하고 기
뻐하더라
11 집에 들어가 아기와 그의 어머니 마리아가
함께 있는 것을 보고 엎드려 아기께 경배
하고 보배합을 열어 황금과 유향과 몰약을
예물로 드리니라
12 그들은 꿈에 헤롯에게로 돌아가지 말라 지시
하심을 받아 다른 길로 고국에 돌아가니라

애굽으로 피하다

13 •그들이 떠난 후에 주의 사자가 요셉에게
현몽하여 이르되 헤롯이 아기를 찾아 죽이
려 하니 일어나 아기와 그의 어머니를 데
리고 애굽으로 피하여 내가 네게 이르기까
지 거기 있으라 하시니
14 요셉이 일어나서 밤에 아기와 그의 어머니
를 데리고 애굽으로 떠나가
15 헤롯이 죽기까지 거기 있었으니 이는 주께
서 선지자를 통하여 말씀하신 바
[ㄴ]애굽으로부터 내 아들을 불렀다
함을 이루려 하심이라
16 이에 헤롯이 박사들에게 속은 줄 알고 심
히 노하여 사람을 보내어 베들레헴과 그
모든 지경 안에 있는 사내아이를 박사들에
게 자세히 알아본 그때를 기준하여 두 살
부터 그 아래로 다 죽이니
17 이에 선지자 예레미야를 통하여 말씀하신
바
18 [ㄷ]라마에서 슬퍼하며 크게 통곡하는 소
리가 들리니 라헬이 그 자식을 위하여
애곡하는 것이라 그가 자식이 없으므로
위로받기를 거절하였도다
함이 이루어졌느니라

5 where the Messiah was to be born. •"In Beth-
lehem in Judea," they replied, "for this is what
the prophet has written:
6 •" 'But you, Bethlehem, in the land of Judah,
are by no means least among the rulers of
Judah;
for out of you will come a ruler
who will shepherd my people Israel.'[a]"
7 •Then Herod called the Magi secretly and
found out from them the exact time the star
8 had appeared. •He sent them to Bethlehem
and said, "Go and search carefully for the
child. As soon as you find him, report to me, so
that I too may go and worship him."
9 •After they had heard the king, they went
on their way, and the star they had seen when
it rose went ahead of them until it stopped over
10 the place where the child was. •When they
11 saw the star, they were overjoyed. •On com-
ing to the house, they saw the child with his
mother Mary, and they bowed down and wor-
shiped him. Then they opened their treasures
and presented him with gifts of gold, frankin-
12 cense and myrrh. •And having been warned
in a dream not to go back to Herod, they
returned to their country by another route.

The Escape to Egypt

13 •When they had gone, an angel of the Lord
appeared to Joseph in a dream. "Get up," he
said, "take the child and his mother and escape
to Egypt. Stay there until I tell you, for Herod is
going to search for the child to kill him."
14 •So he got up, took the child and his moth-
15 er during the night and left for Egypt, •where
he stayed until the death of Herod. And so was
fulfilled what the Lord had said through the
prophet: "Out of Egypt I called my son."[b]
16 •When Herod realized that he had been
outwitted by the Magi, he was furious, and he
gave orders to kill all the boys in Bethlehem
and its vicinity who were two years old and
under, in accordance with the time he had
17 learned from the Magi. •Then what was said
through the prophet Jeremiah was fulfilled:
18 •"A voice is heard in Ramah,
weeping and great mourning,
Rachel weeping for her children
and refusing to be comforted,
because they are no more."[c]

[a] 6 Micah 5:2,4 [b] 15 Hosea 11:1 [c] 18 Jer. 31:15

1) 헬, 두령 중에 ㄱ. 미 5:2 ㄴ. 호 11:1 ㄷ. 렘 31:15

comfort [kʌ́mfərt] *vt.* 위로하다
exact [igzǽkt] *a.* 정확한
frankincense [frǽŋkinsèns] *n.* 유향
furious [fjúəriəs] *a.* 격노한
Magi [méidʒai] *n.* 동방박사
mourn [mɔːrn] *vi.* (불행 등을) 슬퍼하다
myrrh [məːr] *n.* 몰약(沒藥)
outwit [àutwít] *vt.* …보다 약다
overjoy [òuvərdʒɔ́i] *vt.* 기쁨에 넘치게 하다
present [prizént] *vt.* 바치다
refuse [rifjúːz] *vt.* 거절하다
route [ruːt] *n.* 길
treasure [tréʒər] *n.* 보물
vicinity [visínəti] *n.* 근처
weep [wiːp] *vi.* 울다

2:6 **by no means...**: 결코 …가 아닌
2:8 **search carefully**: 철저하게 수색하다
2:8 **as soon as...**: …하자마자
2:8 **so that... may~**: …가 ~하도록
2:16 **in accordance with...**: …과 일치하여
2:18 **be no more**: 벌써 죽었다, 이미 없다

마

애굽에서 이스라엘 땅으로

19 **헤롯이 죽은 후에 주의 사자가 애굽에서**
요셉에게 현몽하여 이르되 2:13
20 **일어나 아기와 그의 어머니를 데리고 이스라**
엘 땅으로 가라 아기의 목숨을 찾던 자들이
죽었느니라 하시니
21 **요셉이 일어나 아기와 그의 어머니를 데리고**
이스라엘 땅으로 들어가니라
22 **그러나 아켈라오가 그의 아버지 헤롯을 이어**
유대의 임금 됨을 듣고 거기로 가기를 무서워
하더니 꿈에 지시하심을 받아 갈릴리 지방으
로 떠나가
23 **나사렛이란 동네에 가서 사니 이는 선지자로**
하신 말씀에 [ㄱ]나사렛 사람이라 칭하리라 하
심을 이루려 함이러라

세례 요한이 천국을 전파하다 (막 1:1-8; 눅 3:1-18; 요 1:19-28 ♪187장) — A.D. 26년경

3 **그때에 [1]세례 요한이 이르러 유대 광야에**
서 전파하여 말하되
2 **회개하라 천국이 가까이 왔느니라 하였으니**
3 **그는 선지자 이사야를 통하여 말씀하신 자라**
일렀으되
[ㄴ]광야에 외치는 자의 소리가 있어 이르되
너희는 주의 길을 준비하라 그가 오실 길을
곧게 하라
하였느니라
4 **이 요한은 낙타털 옷을 입고 허리에 가죽 띠**
를 띠고 음식은 메뚜기와 석청이었더라
5 **이때에 예루살렘과 온 유대와 요단 강 사방**
에서 다 그에게 나아와
6 **자기들의 죄를 자복하고 요단 강에서 그에게**
[1]세례를 받더니
7 **요한이 많은 바리새인들과 사두개인들이 [1]세**
례 베푸는 데로 오는 것을 보고 이르되 독사
의 자식들아 누가 너희를 가르쳐 임박한 진
노를 피하라 하더냐
8 **그러므로 회개에 합당한 열매를 맺고**
9 **속으로 아브라함이 우리 조상이라고 생각하**
지 말라 내가 너희에게 이르노니 하나님이
능히 이 돌들로도 아브라함의 자손이 되게
하시리라
10 **이미 도끼가 나무뿌리에 놓였으니 좋은 열매**
를 맺지 아니하는 나무마다 찍혀 불에 던져
지리라
11 **나는 너희로 회개하게 하기 위하여 물로 [1]세**
례를 베풀거니와 내 뒤에 오시는 이는 나보
다 능력이 많으시니 나는 그의 신을 들기도

The Return to Nazareth

19 After Herod died, an angel of the Lord
appeared in a dream to Joseph in Egypt
20 and said, "Get up, take the child and his
mother and go to the land of Israel, for those
who were trying to take the child's life are
dead."
21 So he got up, took the child and his
22 mother and went to the land of Israel. But
when he heard that Archelaus was reigning
in Judea in place of his father Herod, he was
afraid to go there. Having been warned in a
dream, he withdrew to the district of Galilee,
23 and he went and lived in a town called
Nazareth. So was fulfilled what was said
through the prophets, that he would be
called a Nazarene.

John the Baptist Prepares the Way

3 In those days John the Baptist came,
preaching in the wilderness of Judea
2 and saying, "Repent, for the kingdom of
3 heaven has come near." This is he who was
spoken of through the prophet Isaiah:

"A voice of one calling in the wilderness,
'Prepare the way for the Lord,
make straight paths for him.' "[a]

4 John's clothes were made of camel's
hair, and he had a leather belt around his
waist. His food was locusts and wild honey.
5 People went out to him from Jerusalem
and all Judea and the whole region of the
6 Jordan. Confessing their sins, they were
baptized by him in the Jordan River.
7 But when he saw many of the Pharisees
and Sadducees coming to where he was bap-
tizing, he said to them: "You brood of vipers!
Who warned you to flee from the coming
8 wrath? Produce fruit in keeping with
9 repentance. And do not think you can say
to yourselves, 'We have Abraham as our
father.' I tell you that out of these stones God
10 can raise up children for Abraham. The ax
is already at the root of the trees, and every
tree that does not produce good fruit will be
cut down and thrown into the fire.
11 "I baptize you with[b] water for repen-
tance. But after me comes one who is more
powerful than I, whose sandals I am not
worthy to carry. He will baptize you with[b]

[a]3 Isaiah 40:3 [b]11 Or *in*

1) 헬, 또는 침례 ㄱ. 사 11:1 ㄴ. 사 40:3

baptize [bæptáiz] *vt.* 세례를 주다
brood [bru:d] *n.* 무리, 종족
confess [kənfés] *vt.* 자백하다
district [dístrikt] *n.* 지방
fulfill [fulfíl] *vt.* 성취시키다
leather [léðər] *n.* 가죽
locust [lóukəst] *n.* 메뚜기
preach [pri:tʃ] *vt.* 설교하다
produce [prədjú:s] *vt.* (열매를) 맺다
reign [rein] *vi.* 주권을 잡다
repent [ripént] *vi.* 회개하다
repentance [ripéntəns] *n.* 회개
viper [váipər] *n.* 독사
wilderness [wíldərnis] *n.* 광야
withdraw [wiðdrɔ́:] *vi.* 물러나다

2:22 **in place of...**: …의 대신에
2:23 **live in**: 들어가서 살다
3:8 **in keeping with...**: …과 일치하여
3:9 **raise up**: 올리다, 일으키다
3:10 **cut down**: 베어 쓰러뜨리다
3:11 **be worthy**: 가치 있다

감당하지 못하겠노라 그는 성령과 불로 너희
에게 [1]세례를 베푸실 것이요
12 손에 키를 들고 자기의 타작마당을 정하게 하
사 알곡은 모아 곳간에 들이고 쭉정이는 꺼지
지 않는 불에 태우시리라

세례를 받으시다 (막 1:9-11; 눅 3:21-22)

13 •이때에 예수께서 갈릴리로부터 요단 강에
이르러 요한에게 [1]세례를 받으려 하시니
14 요한이 말려 이르되 내가 당신에게서 [1]세례를
받아야 할 터인데 당신이 내게로 오시나이까
15 예수께서 대답하여 이르시되 이제 허락하라
우리가 이와 같이 하여 모든 의를 이루는 것이
합당하니라 하시니 이에 요한이 허락하는지라
16 예수께서 [1]세례를 받으시고 곧 물에서 올라오
실새 하늘이 [2]열리고 하나님의 성령이 비둘기
같이 내려 자기 위에 임하심을 보시더니
17 하늘로부터 소리가 있어 말씀하시되 이는 내
사랑하는 아들이요 내 기뻐하는 자라 하시니
라

시험을 받으시다 (막 1:12-13; 눅 4:1-13 ♪342장)

4 그때에 예수께서 성령에게 이끌리어 마귀에
게 시험을 받으러 광야로 가사
2 사십 일을 밤낮으로 금식하신 후에 주리신지라
3 시험하는 자가 예수께 나아와서 이르되 네가
만일 하나님의 아들이어든 명하여 이 돌들로
떡덩이가 되게 하라
4 예수께서 대답하여 이르시되 기록되었으되
[ㄱ]사람이 떡으로만 살 것이 아니요 하나님의
입으로부터 나오는 모든 말씀으로 살 것이라
하였느니라 하시니
5 이에 마귀가 예수를 거룩한 성으로 데려다가
성전 꼭대기에 세우고
6 이르되 네가 만일 하나님의 아들이어든 뛰어
내리라 기록되었으되
[ㄴ]그가 너를 위하여 그의 사자들을 명하시리
니 그들이 손으로 너를 받들어 발이 돌에 부
딪치지 않게 하리로다
하였느니라
7 예수께서 이르시되 또 기록되었으되 [ㄷ]주 너의
하나님을 시험하지 말라 하였느니라 하시니
8 마귀가 또 그를 데리고 지극히 높은 산으로 가
서 천하 만국과 그 영광을 보여
9 이르되 만일 내게 엎드려 경배하면 이 모든 것
을 네게 주리라
10 이에 예수께서 말씀하시되 사탄아 물러가라
기록되었으되 [ㄹ]주 너의 하나님께 경배하고 다
만 그를 섬기라 하였느니라

12 the Holy Spirit and fire. •His winnowing
fork is in his hand, and he will clear his
threshing floor, gathering his wheat into
the barn and burning up the chaff with
unquenchable fire."

The Baptism of Jesus

13 •Then Jesus came from Galilee to the
14 Jordan to be baptized by John. •But John
tried to deter him, saying, "I need to be
baptized by you, and do you come to me?"
15 •Jesus replied, "Let it be so now; it is
proper for us to do this to fulfill all right-
eousness." Then John consented.
16 •As soon as Jesus was baptized, he went
up out of the water. At that moment heav-
en was opened, and he saw the Spirit of
God descending like a dove and alighting
17 on him. •And a voice from heaven said,
"This is my Son, whom I love; with him I
am well pleased."

Jesus Is Tested in the Wilderness

4 Then Jesus was led by the Spirit into
the wilderness to be tempted[a] by the
2 devil. •After fasting forty days and forty
3 nights, he was hungry. •The tempter
came to him and said, "If you are the Son
of God, tell these stones to become bread."
4 •Jesus answered, "It is written: 'Man shall
not live on bread alone, but on every word
that comes from the mouth of God.'[b]"
5 •Then the devil took him to the holy
city and had him stand on the highest
6 point of the temple. •"If you are the Son of
God," he said, "throw yourself down. For it
is written:

" 'He will command his angels
concerning you,
and they will lift you up in their hands,
so that you will not strike your foot
against a stone.'[c]"

7 •Jesus answered him, "It is also written:
'Do not put the Lord your God to the test.'[d]"
8 •Again, the devil took him to a very
high mountain and showed him all the
kingdoms of the world and their splendor.
9 •"All this I will give you," he said, "if you
will bow down and worship me."
10 •Jesus said to him, "Away from me,
Satan! For it is written: 'Worship the Lord

[a]1 The Greek for *tempted* can also mean *tested*.
[b]4 Deut. 8:3 [c]6 Psalm 91:11,12 [d]7 Deut. 6:16

1) 헬, 또는 침례 2) 어떤 사본에, 자기에게 열리고 ㄱ. 신 8:3 ㄴ. 시 91:11,12
ㄷ. 신 6:16 ㄹ. 신 6:13

barn [ba:rn] *n.* 창고
chaff [tʃæf] *n.* 왕겨
concerning [kənsə́:rniŋ] *prep.* …에 관해
consent [kənsént] *vi.* 동의하다
descend [disénd] *vi.* 내려오다
deter [ditə́:r] *vt.* (못하게) 막다
devil [dévl] *n.* 악마, 마귀
fast [fæst] *n.* 금식
fork [fɔ:rk] *n.* 갈퀴
splendor [spléndər] *n.* 빛남, 광채
tempt [tempt] *vt.* 시험하다
thresh [θreʃ] *vi.* 타작하다
unquenchable [ʌ̀nkwéntʃəbl] *a.* 끌 수 없는
wheat [hwi:t] *n.* 밀
winnow [wínou] *vi.* 키질하다

3:15 **let it be so now**: 그것이 이제 그렇게 되게 하여라
4:6 **throw oneself down**: 아래로 몸을 내던지다
4:6 **strike against...**: …에 부딪치다
4:7 **put... to the test...**: …를 시험하다

11 이에 마귀는 예수를 떠나고 천사들이 나아
와서 수종드니라

비로소 천국을 전파하시다
(막 1:14-15; 눅 4:14-15)

12 ● 예수께서 요한이 잡혔음을 들으시고 갈
릴리로 물러가셨다가
13 나사렛을 떠나 스불론과 납달리 지경 해변
에 있는 가버나움에 가서 사시니
14 이는 선지자 이사야를 통하여 하신 말씀을
이루려 하심이라 일렀으되
15 「스불론 땅과 납달리 땅과 요단 강 저편
해변 길과 이방의 갈릴리여
16 흑암에 앉은 백성이 큰 빛을 보았고 사망
의 땅과 그늘에 앉은 자들에게 빛이 비치
었도다
하였느니라 눅 2:32
17 ● 이때부터 예수께서 비로소 전파하여 이
르시되 회개하라 천국이 가까이 왔느니라
하시더라

어부들을 부르시다 (막 1:16-20; 눅 5:1-11)

18 ● 갈릴리 해변에 다니시다가 두 형제 곧 베드
로라 하는 시몬과 그의 형제 안드레가 바다
에 그물 던지는 것을 보시니 그들은 어부라
19 말씀하시되 나를 따라오라 내가 너희를 사
람을 낚는 어부가 되게 하리라 하시니
20 그들이 곧 그물을 버려두고 예수를 따르니라
21 거기서 더 가시다가 다른 두 형제 곧 세베
대의 아들 야고보와 그의 형제 요한이 그의
아버지 세베대와 함께 배에서 그물 깁는 것
을 보시고 부르시니
22 그들이 곧 배와 아버지를 버려두고 예수를
따르니라

가르치시며 전파하시며 고치시다 (눅 6:17-19)

23 ● 예수께서 온 갈릴리에 두루 다니사 그들
의 회당에서 가르치시며 [1]천국 복음을 전
파하시며 백성 중의 모든 병과 모든 약한
것을 고치시니
24 그의 소문이 온 수리아에 퍼진지라 사람들
이 모든 앓는 자 곧 각종 병에 걸려서 고통
당하는 자, 귀신 들린 자, 간질하는 자, 중
풍병자들을 데려오니 그들을 고치시더라
25 갈릴리와 데가볼리와 예루살렘과 유대와 요
단 강 건너편에서 수많은 무리가 따르니라

복이 있는 사람 (눅 6:20-23 ♪ 427장)
— A.D. 28년경

5 예수께서 무리를 보시고 산에 올라가 앉
으시니 제자들이 나아온지라

your God, and serve him only.'[a]"
11 ● Then the devil left him, and angels came
and attended him.

Jesus Begins to Preach

12 ● When Jesus heard that John had been put
13 in prison, he withdrew to Galilee. ● Leaving
Nazareth, he went and lived in Capernaum,
which was by the lake in the area of Zebulun
14 and Naphtali — ● to fulfill what was said
through the prophet Isaiah:
15 ● "Land of Zebulun and land of Naphtali,
the Way of the Sea, beyond the Jordan,
Galilee of the Gentiles —
16 ● the people living in darkness
have seen a great light;
on those living in the land of the shadow of
death
a light has dawned."[b]
17 ● From that time on Jesus began to preach,
"Repent, for the kingdom of heaven has come
near."

Jesus Calls His First Disciples

18 ● As Jesus was walking beside the Sea of
Galilee, he saw two brothers, Simon called
Peter and his brother Andrew. They were cast-
ing a net into the lake, for they were fisher-
19 men. ● "Come, follow me," Jesus said, "and I
20 will send you out to fish for people." ● At once
they left their nets and followed him.
21 ● Going on from there, he saw two other
brothers, James son of Zebedee and his
brother John. They were in a boat with their
father Zebedee, preparing their nets. Jesus
22 called them, ● and immediately they left the
boat and their father and followed him.

Jesus Heals the Sick

23 ● Jesus went throughout Galilee, teaching in
their synagogues, proclaiming the good news
of the kingdom, and healing every disease and
24 sickness among the people. ● News about him
spread all over Syria, and people brought to
him all who were ill with various diseases,
those suffering severe pain, the demon-pos-
sessed, those having seizures, and the para-
25 lyzed; and he healed them. ● Large crowds
from Galilee, the Decapolis,[c] Jerusalem, Judea
and the region across the Jordan followed him.

Introduction to the Sermon on the Mount

5 Now when Jesus saw the crowds, he went
up on a mountainside and sat down. His

[a]10 Deut. 6:13 [b]16 Isaiah 9:1,2 [c]25 That is, the Ten Cities 1) 헬, 그 나라의 복음을 ㄱ. 사 9:1,2

attend [əténd] *vt.* 시중들다
crowd [kraud] *n.* 무리
darkness [dá:rknis] *n.* 암흑
dawn [dɔ:n] *vi.* 밝아오다
Decapolis [dikǽpəlis] *n.* 데가볼리
demon-possessed [di:mən-pəzést] *a.* 악령에 홀린
disease [dizí:z] *n.* 병
immediately [imí:diətli] *ad.* 즉시
lake [leik] *n.* 호수
proclaim [proukléim] *vt.* 전파하다
region [rí:dʒən] *n.* 지방, 지역
seizure [sí:ʒər] *n.* 발작
serve [sə:rv] *vt.* 섬기다
severe [sivíər] *a.* (병이) 심한
synagogue [sínəgàg] *n.* 회당

4:12 **put in prison**: 투옥하다
4:18 **cast a net**: 그물을 치다, 던지다
4:20 **At once**: 곧, 즉시
4:24 **all over**: 도처에
4:24 **bring to...**: …로 이끌다
4:24 **the paralyzed**: 중풍환자들

2 입을 열어 가르쳐 이르시되
3 심령이 가난한 자는 복이 있나니 천국이 그들의 것임이요
4 애통하는 자는 복이 있나니 그들이 위로를 받을 것임이요
5 온유한 자는 복이 있나니 그들이 땅을 기업으로 받을 것임이요
6 의에 주리고 목마른 자는 복이 있나니 그들이 배부를 것임이요
7 긍휼히 여기는 자는 복이 있나니 그들이 긍휼히 여김을 받을 것임이요
8 마음이 청결한 자는 복이 있나니 그들이 하나님을 볼 것임이요
9 화평하게 하는 자는 복이 있나니 그들이 하나님의 아들이라 일컬음을 받을 것임이요
10 의를 위하여 박해를 받은 자는 복이 있나니 천국이 그들의 것임이라
11 나로 말미암아 너희를 욕하고 박해하고 거짓으로 너희를 거슬러 모든 악한 말을 할 때에는 너희에게 복이 있나니
12 기뻐하고 즐거워하라 하늘에서 너희의 상이 큼이라 너희 전에 있던 선지자들도 이같이 박해하였느니라 행 7:52

소금이요 빛이라

(막 9:50; 눅 14:34-35 ♪ 510, 552장)

13 ● 너희는 세상의 소금이니 소금이 만일 그 맛을 잃으면 무엇으로 짜게 하리요 후에는 아무 쓸데없어 다만 밖에 버려져 사람에게 밟힐 뿐이니라
14 너희는 세상의 빛이라 산 위에 있는 동네가 숨겨지지 못할 것이요
15 사람이 등불을 켜서 말 아래에 두지 아니하고 등경 위에 두나니 이러므로 집 안 모든 사람에게 비치느니라
16 이같이 너희 빛이 사람 앞에 비치게 하여 그들로 너희 착한 행실을 보고 하늘에 계신 너희 아버지께 영광을 돌리게 하라

예수와 율법

17 ● 내가 율법이나 선지자를 폐하러 온 줄로 생각하지 말라 폐하러 온 것이 아니요 완전하게 하려 함이라 갈 3:24
18 진실로 너희에게 이르노니 천지가 없어지기 전에는 율법의 일점 일획도 결코 없어지지 아니하고 다 이루리라
19 그러므로 누구든지 이 계명 중의 지극히 작은 것 하나라도 버리고 또 그같이 사람을 가르치는 자는 천국에서 지극히 작다 일컬음

2 disciples came to him, ●and he began to teach them.

The Beatitudes

He said:

3 ●"Blessed are the poor in spirit,
for theirs is the kingdom of heaven.
4 ●Blessed are those who mourn,
for they will be comforted.
5 ●Blessed are the meek,
for they will inherit the earth.
6 ●Blessed are those who hunger and thirst for righteousness,
for they will be filled.
7 ●Blessed are the merciful,
for they will be shown mercy.
8 ●Blessed are the pure in heart,
for they will see God.
9 ●Blessed are the peacemakers,
for they will be called children of God.
10 ●Blessed are those who are persecuted because of righteousness,
for theirs is the kingdom of heaven.

11 ●"Blessed are you when people insult you,
persecute you and falsely say all kinds of evil
12 against you because of me. ●Rejoice and be
glad, because great is your reward in heaven,
for in the same way they persecuted the
prophets who were before you.

Salt and Light

13 ●"You are the salt of the earth. But if the salt loses its saltiness, how can it be made salty again? It is no longer good for anything, except to be thrown out and trampled underfoot.

14 ●"You are the light of the world. A town
15 built on a hill cannot be hidden. ●Neither do
people light a lamp and put it under a bowl.
Instead they put it on its stand, and it gives
16 light to everyone in the house. ●In the same
way, let your light shine before others, that
they may see your good deeds and glorify
your Father in heaven.

The Fulfillment of the Law

17 ●"Do not think that I have come to abol-
ish the Law or the Prophets; I have not come
18 to abolish them but to fulfill them. ●For truly
I tell you, until heaven and earth disappear,
not the smallest letter, not the least stroke of
a pen, will by any means disappear from the
Law until everything is accomplished.
19 ●Therefore anyone who sets aside one of the

abolish [əbáliʃ] *vt.* 폐지하다
accomplish [əkámpliʃ] *vt.* 성취(완성)하다
disappear [dìsəpíər] *vi.* 사라지다
disciple [disáipl] *n.* 제자
falsely [fɔ́:lsli] *ad.* 거짓으로
inherit [inhérit] *vt.* 상속하다, 물려받다
insult [insʌ́lt] *vt.* 모욕하다
least [li:st] *a.* 가장 작은
merciful [mə́:rsifəl] *a.* 자비로운
mourn [mɔ:rn] *vi.* 슬퍼하다
peacemaker [pí:smèikər] *n.* 중재인
persecute [pə́:rsikjù:t] *vt.* 박해하다
stroke [strouk] *n.* 한 획
thirst [θə:rst] *vi.* 목마르다
trample [trǽmpl] *vt.* 짓밟다

5:4 **those who...**: …하는 사람들
5:5 **the meek**: 온유한 사람들
5:11 **all kinds of**: 모든 종류의
5:13 **be thrown out**: 버려지다
5:14 **built on...**: …에 의거한
5:18 **by any means**: 어떻게 해서든

을 받을 것이요 누구든지 이를 행하며 가
르치는 자는 천국에서 크다 일컬음을 받
으리라
약 2:10
20 내가 너희에게 이르노니 너희 의가 서기
관과 바리새인보다 더 낫지 못하면 결코
천국에 들어가지 못하리라

노하지 말라

21 ● [ㄱ]옛 사람에게 말한 바 살인하지 말라
누구든지 살인하면 심판을 받게 되리라
하였다는 것을 너희가 들었으나
22 나는 너희에게 이르노니 형제에게 노하
는 자마다 심판을 받게 되고 형제를 대하
여 [1]라가라 하는 자는 공회에 잡혀가게 되
고 미련한 놈이라 하는 자는 지옥 불에 들
어가게 되리라
23 그러므로 예물을 제단에 드리려다가 거
기서 네 형제에게 원망들을 만한 일이 있
는 것이 생각나거든
24 예물을 제단 앞에 두고 먼저 가서 형제와
화목하고 그 후에 와서 예물을 드리라
25 너를 고발하는 자와 함께 길에 있을 때에
급히 사화하라 그 고발하는 자가 너를 재
판관에게 내어 주고 재판관이 옥리에게
내어 주어 옥에 가둘까 염려하라
26 진실로 네게 이르노니 네가 한 푼이라도
남김이 없이 다 갚기 전에는 결코 거기서
나오지 못하리라

간음하지 말라 (마 19:9; 막 10:11-12; 눅 16:18)

27 ● [ㄴ]또 간음하지 말라 하였다는 것을 너희
가 들었으나
28 나는 너희에게 이르노니 음욕을 품고 여
자를 보는 자마다 마음에 이미 간음하였
느니라
29 만일 네 오른 눈이 너로 실족하게 하거든
빼어 내버리라 네 백체 중 하나가 없어지
고 온몸이 지옥에 던져지지 않는 것이 유
익하며
30 또한 만일 네 오른손이 너로 실족하게 하
거든 찍어 내버리라 네 백체 중 하나가 없
어지고 온몸이 지옥에 던져지지 않는 것
이 유익하니라
31 또 일렀으되 [ㄷ]누구든지 아내를 버리려거
든 이혼 증서를 줄 것이라 하였으나
32 나는 너희에게 이르노니 누구든지 음행
한 이유 없이 아내를 버리면 이는 그로 간
음하게 함이요 또 누구든지 버림받은 여
자에게 장가드는 자도 간음함이니라

least of these commands and teaches others
accordingly will be called least in the kingdom
of heaven, but whoever practices and teaches
these commands will be called great in the
20 kingdom of heaven. ●For I tell you that unless
your righteousness surpasses that of the Phar-
isees and the teachers of the law, you will cer-
tainly not enter the kingdom of heaven.

Murder

21 ●"You have heard that it was said to the peo-
ple long ago, 'You shall not murder,[a] and any-
one who murders will be subject to judgment.'
22 ●But I tell you that anyone who is angry with a
brother or sister[b,c] will be subject to judgment.
Again, anyone who says to a brother or sister,
'Raca,'[d] is answerable to the court. And anyone
who says, 'You fool!' will be in danger of the
fire of hell.
23 ●"Therefore, if you are offering your gift at
the altar and there remember that your brother
24 or sister has something against you, ●leave your
gift there in front of the altar. First go and be
reconciled to them; then come and offer your
gift.
25 ●"Settle matters quickly with your adversary
who is taking you to court. Do it while you are
still together on the way, or your adversary may
hand you over to the judge, and the judge may
hand you over to the officer, and you may be
26 thrown into prison. ●Truly I tell you, you will
not get out until you have paid the last penny.

Adultery

27 ●"You have heard that it was said, 'You shall
28 not commit adultery.'[e] ●But I tell you that any-
one who looks at a woman lustfully has already
29 committed adultery with her in his heart. ●If
your right eye causes you to stumble, gouge it
out and throw it away. It is better for you to lose
one part of your body than for your whole body
30 to be thrown into hell. ●And if your right hand
causes you to stumble, cut it off and throw it
away. It is better for you to lose one part of your
body than for your whole body to go into hell.

Divorce

31 ●"It has been said, 'Anyone who divorces his
wife must give her a certificate of divorce.'[f]
32 ●But I tell you that anyone who divorces his

---

[a]*21* Exodus 20:13 [b]*22* The Greek word for *brother or sister (adelphos)* refers here to a fellow disciple, whether man or woman; also in verse 23. [c]*22* Some manuscripts *brother or sister without cause* [d]*22* An Aramaic term of contempt [e]*27* Exodus 20:14 [f]*31* Deut. 24:1

1) 라가는 히브리인의 욕설 ㄱ. 출 20:13; 신 5:17 ㄴ. 출 20:14; 신 5:18 ㄷ. 신 24:1,3

adultery [ədʌ́ltəri] *n.* 간음	**commit** [kəmít] *vt.* 범하다	**murder** [mə́:rdər] *vt.* 살인하다
adversary [ǽdvərsèri] *n.* 적	**divorce** [divɔ́:rs] *n.* 이혼	**practice** [prǽktis] *vt.* 실행하다
altar [ɔ́:ltər] *n.* 제단	**gouge** [gaudʒ] *vt.* (눈알을) 후벼내다	**reconcile** [rékənsàil] *vt.* 화해시키다
answerable [ǽnsərəbl] *a.* 적합한	**judgment** [dʒʌ́dʒmənt] *n.* 심판	**stumble** [stʌ́mbl] *vi.* 죄를 짓다
certificate [sərtífikeit] *n.* 증명서	**lustfully** [lʌ́stfəli] *ad.* 음탕하게	**surpass** [sərpǽs] *vt.* …보다 낫다
5:21 **be subject to...**: …의 대상이다	5:25 **take A to court**: A를 고발하다	5:25 **hand over**: 넘겨주다
5:24 **in front of...**: …의 앞에	5:25 **on the way**: 도중에	5:29 **throw into...**: …에 빠뜨리다

맹세하지 말라

33 ● ㄱ 또 옛사람에게 말한 바 헛 맹세를 하지 말고 네 맹세한 것을 주께 지키라 하였다는 것을 너희가 들었으나

34 나는 너희에게 이르노니 도무지 맹세하지 말지니 하늘로도 하지 말라 이는 하나님의 보좌임이요

35 땅으로도 하지 말라 이는 하나님의 발등상임이요 예루살렘으로도 하지 말라 이는 큰 임금의 성임이요

36 네 머리로도 하지 말라 이는 네가 한 터럭도 희고 검게 할 수 없음이라

37 오직 너희 말은 옳다 옳다, 아니라 아니라 하라 이에서 지나는 것은 1)악으로부터 나느니라

악한 자를 대적하지 말라 (눅 6:29-30)

38 ● ㄴ 또 눈은 눈으로, 이는 이로 갚으라 하였다는 것을 너희가 들었으나

39 나는 너희에게 이르노니 2)악한 자를 대적하지 말라 누구든지 네 오른편 뺨을 치거든 왼편도 돌려대며

40 또 너를 고발하여 속옷을 가지고자 하는 자에게 겉옷까지도 가지게 하며

41 또 누구든지 너로 억지로 오 리를 가게 하거든 그 사람과 십 리를 동행하고

42 네게 구하는 자에게 주며 네게 꾸고자 하는 자에게 거절하지 말라

원수를 사랑하라 (눅 6:27-28, 32-36)

43 ● ㄷ 또 네 이웃을 사랑하고 네 원수를 미워하라 하였다는 것을 너희가 들었으나

44 나는 너희에게 이르노니 너희 원수를 사랑하며 너희를 박해하는 자를 위하여 기도하라

45 이같이 한즉 하늘에 계신 너희 아버지의 아들이 되리니 이는 하나님이 그 해를 악인과 선인에게 비추시며 비를 의로운 자와 불의한 자에게 내려주심이라

46 너희가 너희를 사랑하는 자를 사랑하면 무슨 상이 있으리요 세리도 이같이 아니하느냐

47 또 너희가 너희 형제에게만 문안하면 남보다 더하는 것이 무엇이냐 이방인들도 이같이 아니하느냐

48 그러므로 하늘에 계신 너희 아버지의 온전하심과 같이 너희도 온전하라

구제함을 은밀하게 하라 (♪ 215, 503, 635장)

6 사람에게 보이려고 그들 앞에서 너희 의를 행하지 않도록 주의하라 그리하지 아니하면 하늘에 계신 너희 아버지께 상을 받지 못하느니라

wife, except for sexual immorality, makes
her the victim of adultery, and anyone who
marries a divorced woman commits adul-
tery.

Oaths

33 •"Again, you have heard that it was said
to the people long ago, 'Do not break your
oath, but fulfill to the Lord the vows you
34 have made.' •But I tell you, do not swear an
oath at all: either by heaven, for it is God's
35 throne; •or by the earth, for it is his foot-
stool; or by Jerusalem, for it is the city of
36 the Great King. •And do not swear by your
head, for you cannot make even one hair
37 white or black. •All you need to say is sim-
ply 'Yes' or 'No'; anything beyond this
comes from the evil one.[a]

Eye for Eye

38 •"You have heard that it was said, 'Eye for
39 eye, and tooth for tooth.'[b] •But I tell you, do
not resist an evil person. If anyone slaps you
on the right cheek, turn to them the other
40 cheek also. •And if anyone wants to sue you
and take your shirt, hand over your coat as
41 well. •If anyone forces you to go one mile,
42 go with them two miles. •Give to the one
who asks you, and do not turn away from
the one who wants to borrow from you.

Love for Enemies

43 •"You have heard that it was said, 'Love
44 your neighbor[c] and hate your enemy.' •But
I tell you, love your enemies and pray for
45 those who persecute you, •that you may be
children of your Father in heaven. He causes
his sun to rise on the evil and the good, and
sends rain on the righteous and the unright-
46 eous. •If you love those who love you, what
reward will you get? Are not even the tax
47 collectors doing that? •And if you greet only
your own people, what are you doing more
than others? Do not even pagans do that?
48 •Be perfect, therefore, as your heavenly
Father is perfect.

Giving to the Needy

6 "Be careful not to practice your right-
eousness in front of others to be seen by
them. If you do, you will have no reward
from your Father in heaven.

[a]*37* Or *from evil* [b]*38* Exodus 21:24; Lev. 24:20; Deut. 19:21 [c]*43* Lev. 19:18 1) 또는 악한 자로 2) 또는 악을 ㄱ. 레 19:12; 민 30:2; 신 23:21 ㄴ. 출 21:24; 레 24:20; 신 19:21 ㄷ. 레 19:18

beyond [bijánd] *prep.* …를 지나서
cheek [tʃiːk] *n.* 뺨
collector [kəléktər] *n.* 세리, 징세관
except [iksépt] *prep.* …를 제외하고
footstool [fútstùːl] *n.* 발판
force [fɔːrs] *vt.* 강요하다
immorality [ìmərǽləti] *n.* 음란, 악덕
pagan [péigən] *n.* 이교도
resist [rizíst] *vt.* 저항하다, 적대하다
reward [riwɔ́ːrd] *n.* 보상
righteousness [ráitʃəsnis] *n.* 정의
slap [slæp] *vt.* 때리다
sue [suː] *vt.* …를 고소하다
victim [víktim] *n.* 피해자
vow [vau] *n.* 맹세

5:33 **break one's oath**: 맹세를 어기다
5:36 **swear by...**: …를 두고 맹세하다
5:38 **eye for eye**: 눈에는 눈
5:42 **turn away**: 쫓아버리다, 외면하다
5:42 **borrow from...**: …에게 (돈을) 꾸다
5:45 **send on...**: …에게 보내다

2 ●그러므로 구제할 때에 외식하는 자가 사람
에게서 영광을 받으려고 회당과 거리에서 하
는 것같이 너희 앞에 나팔을 불지 말라 진실
로 너희에게 이르노니 그들은 자기 상을 이
미 받았느니라
3 너는 구제할 때에 오른손이 하는 것을 왼손
이 모르게 하여
4 네 구제함을 은밀하게 하라 은밀한 중에 보
시는 너의 아버지께서 갚으시리라

너희는 이렇게 기도하라 (눅 11:2-4)

5 ●또 너희는 기도할 때에 외식하는 자와 같
이 하지 말라 그들은 사람에게 보이려고 회
당과 큰 거리 어귀에 서서 기도하기를 좋아
하느니라 내가 진실로 너희에게 이르노니 그
들은 자기 상을 이미 받았느니라
6 너는 기도할 때에 네 골방에 들어가 문을 닫고
은밀한 중에 계신 네 아버지께 기도하라 은밀
한 중에 보시는 네 아버지께서 갚으시리라
7 또 기도할 때에 이방인과 같이 중언부언하지
말라 그들은 말을 많이 하여야 들으실 줄 생
각하느니라
8 그러므로 그들을 본받지 말라 구하기 전에
너희에게 있어야 할 것을 하나님 너희 아버
지께서 아시느니라
9 그러므로 너희는 이렇게 기도하라 하늘에 계
신 우리 아버지여 이름이 거룩히 여김을 받
으시오며
10 나라가 임하시오며 뜻이 하늘에서 이루어진
것같이 땅에서도 이루어지이다
11 오늘 우리에게 1)일용할 양식을 주시옵고
12 우리가 우리에게 2)죄지은 자를 사하여 준 것
같이 우리 죄를 사하여 주시옵고
13 우리를 시험에 들게 하지 마시옵고 다만 3)악
에서 구하시옵소서 4)(나라와 권세와 영광이
아버지께 영원히 있사옵나이다 아멘)
14 너희가 사람의 잘못을 용서하면 너희 하늘
아버지께서도 너희 잘못을 용서하시려니와
15 너희가 사람의 잘못을 용서하지 아니하면 너
희 아버지께서도 너희 잘못을 용서하지 아니
하시리라

외식으로 금식하지 말라

16 ●금식할 때에 너희는 외식하는 자들과 같이
슬픈 기색을 보이지 말라 그들은 금식하는
것을 사람에게 보이려고 얼굴을 흉하게 하느
니라 내가 진실로 너희에게 이르노니 그들은
자기 상을 이미 받았느니라 사 58:5
17 너는 금식할 때에 머리에 기름을 바르고 얼

2 ●"So when you give to the needy, do not
announce it with trumpets, as the hyp-
ocrites do in the synagogues and on the
streets, to be honored by others. Truly I tell
you, they have received their reward in full.
3 ●But when you give to the needy, do not let
your left hand know what your right hand
4 is doing, ●so that your giving may be in
secret. Then your Father, who sees what is
done in secret, will reward you.

Prayer

5 ●"And when you pray, do not be like the
hypocrites, for they love to pray standing in
the synagogues and on the street corners to
be seen by others. Truly I tell you, they have
6 received their reward in full. ●But when you
pray, go into your room, close the door and
pray to your Father, who is unseen. Then
your Father, who sees what is done in secret,
7 will reward you. ●And when you pray, do
not keep on babbling like pagans, for they
think they will be heard because of their
8 many words. ●Do not be like them, for your
Father knows what you need before you ask
him.
9 ●"This, then, is how you should pray:
" 'Our Father in heaven,
hallowed be your name,
10 ●your kingdom come,
your will be done,
on earth as it is in heaven.
11 ●Give us today our daily bread.
12 ●And forgive us our debts,
as we also have forgiven our debtors.
13 ●And lead us not into temptation,[a]
but deliver us from the evil one.[b] '
14 ●For if you forgive other people when they
sin against you, your heavenly Father will
15 also forgive you. ●But if you do not forgive
others their sins, your Father will not forgive
your sins.

Fasting

16 ●"When you fast, do not look somber as
the hypocrites do, for they disfigure their
faces to show others they are fasting. Truly I
tell you, they have received their reward in
17 full. ●But when you fast, put oil on your

[a]13 The Greek for *temptation* can also mean *testing.*
[b]13 Or *from evil*; some late manuscripts *one, / for yours is the kingdom and the power and the glory forever. Amen.*

1) 또는 내일 양식을 2) 헬, 빚진 자를 탕감하여 준 것같이 우리의 빚도 탕감하여 주시옵고 3) 또는 악한 자에게서도 4) 고대 사본에, 이 괄호 내 구절이 없음

announce [ənáuns] *vt.* 알리다
babble [bǽbl] *vi.* 실없이 지껄이다
debtor [détər] *n.* 채무자, 빚진 사람
disfigure [disfígjər] *vt.* 추하게 하다
fast [fæst] *vi.* 금식하다
forgive [fərgív] *vt.* 용서하다
hallow [hǽlou] *vt.* 신성한 것으로 숭배하다
honor [ánər] *n.* 영광
hypocrite [hípəkrit] *n.* 위선자
needy [ní:di] *a.* 빈곤한
receive [risí:v] *vt.* 받다
somber [sámbər] *a.* 침울한
synagogue [sínəgàg] *n.* 회당
temptation [temptéiʃən] *n.* 유혹
unseen [ʌnsí:n] *a.* 눈에 보이지 않는

6:2 **in full**: 전부, 완전히
6:4 **in secret**: 비밀히, 남몰래
6:6 **go into...**: …에 들어가다
6:7 **keep on ~ing**: 계속 ~하다
6:13 **deliver A from B**: A를 B에서 구해내다

굴을 씻으라
18 이는 금식하는 자로 사람에게 보이지 않고 오
직 은밀한 중에 계신 네 아버지께 보이게 하
려 함이라 은밀한 중에 보시는 네 아버지께서
갚으시리라

보물을 하늘에 쌓아 두라
(눅 11:34-36; 12:22-34; 16:13 ♪416, 581, 588장)

19 ●너희를 위하여 보물을 땅에 쌓아 두지 말
라 거기는 좀과 동록이 해하며 도둑이 구멍
을 뚫고 도둑질하느니라
20 오직 너희를 위하여 보물을 하늘에 쌓아 두
라 거기는 좀이나 동록이 해하지 못하며 도
둑이 구멍을 뚫지도 못하고 도둑질도 못하느
니라
21 네 보물 있는 그곳에는 네 마음도 있느니라
22 눈은 몸의 등불이니 그러므로 네 눈이 1)성하
면 온몸이 밝을 것이요
23 눈이 나쁘면 온몸이 어두울 것이니 그러므로
네게 있는 빛이 어두우면 그 어둠이 얼마나
더하겠느냐
24 한 사람이 두 주인을 섬기지 못할 것이니 혹
이를 미워하고 저를 사랑하거나 혹 이를 중
히 여기고 저를 경히 여김이라 너희가 하나
님과 재물을 겸하여 섬기지 못하느니라
25 그러므로 내가 너희에게 이르노니 목숨을 위
하여 무엇을 먹을까 무엇을 마실까 몸을 위
하여 무엇을 입을까 염려하지 말라 목숨이
음식보다 중하지 아니하며 몸이 의복보다
중하지 아니하냐
26 공중의 새를 보라 심지도 않고 거두지도 않
고 창고에 모아들이지도 아니하되 너희 하늘
아버지께서 기르시나니 너희는 이것들보다
귀하지 아니하냐
27 너희 중에 누가 염려함으로 그 2)키를 한 자라
도 더할 수 있겠느냐
28 또 너희가 어찌 의복을 위하여 염려하느냐
들의 백합화가 어떻게 자라는가 생각하여 보
라 수고도 아니하고 길쌈도 아니하느니라
29 그러나 내가 너희에게 말하노니 솔로몬의 모
든 영광으로도 입은 것이 이 꽃 하나만 같지
못하였느니라
30 오늘 있다가 내일 아궁이에 던져지는 들풀도
하나님이 이렇게 입히시거든 하물며 너희일
까보냐 믿음이 작은 자들아
31 그러므로 염려하여 이르기를 무엇을 먹을까
무엇을 마실까 무엇을 입을까 하지 말라
32 이는 다 이방인들이 구하는 것이라 너희 하

18 head and wash your face, ● so that it will not
be obvious to others that you are fasting, but
only to your Father, who is unseen; and your
Father, who sees what is done in secret, will
reward you.

Treasures in Heaven

19 ●"Do not store up for yourselves treasures
on earth, where moths and vermin destroy,
20 and where thieves break in and steal. ●But
store up for yourselves treasures in heaven,
where moths and vermin do not destroy,
and where thieves do not break in and steal.
21 ●For where your treasure is, there your heart
will be also.
22 ●"The eye is the lamp of the body. If
your eyes are healthy,[a] your whole body
23 will be full of light. ●But if your eyes are
unhealthy,[b] your whole body will be full of
darkness. If then the light within you is
darkness, how great is that darkness!
24 ●"No one can serve two masters. Either
you will hate the one and love the other, or
you will be devoted to the one and despise
the other. You cannot serve both God and
money.

Do Not Worry

25 ●"Therefore I tell you, do not worry
about your life, what you will eat or drink;
or about your body, what you will wear. Is
not life more than food, and the body more
26 than clothes? ●Look at the birds of the air;
they do not sow or reap or store away in
barns, and yet your heavenly Father feeds
them. Are you not much more valuable
27 than they? ●Can any one of you by wor-
rying add a single hour to your life[c] ?
28 ●"And why do you worry about clothes?
See how the flowers of the field grow. They
29 do not labor or spin. ●Yet I tell you that
not even Solomon in all his splendor was
30 dressed like one of these. ●If that is how
God clothes the grass of the field, which
is here today and tomorrow is thrown
into the fire, will he not much more clothe
31 you—you of little faith? ●So do not worry,
saying, 'What shall we eat?' or 'What shall
32 we drink?' or 'What shall we wear?' ●For
the pagans run after all these things, and
your heavenly Father knows that you need

[a]22 The Greek for *healthy* here implies *generous*. [b]23 The Greek for *unhealthy* here implies *stingy*. [c]27 Or *single cubit to your height* 1) 헬, 순전하면 2) 또는 목숨을

barn [ba:rn] *n.* 헛간
clothe [klouð] *vt.* 입히다
despise [dispáiz] *vt.* 경멸하다, 멸시하다
devote [divóut] *vt.* 헌신하다
feed [fi:d] *vt.* 먹이다
moth [mɔ́:θ] *n.* 나방
obvious [ábviəs] *a.* 대번에 알 수 있는
pagan [péigən] *n.* 이교도
reap [ri:p] *vt.* 거둬들이다
sow [sou] *vi.* 씨를 뿌리다
spin [spin] *vt.* 실을 잣다
splendor [spléndər] *n.* 광채, 영광
thief [θi:f] *n.* 도둑
valuable [vǽljuəbl] *a.* 귀중한
vermin [və́:rmin] *n.* 해충

6:19 **break in**: 침입하다
6:24 **either A or B**: A거나 B거나
6:26 **store away**: 저장하다
6:27 **add A to B**: B에 A를 더하다
6:30 **throw into...**: …에 던져넣다
6:32 **run after...**: …의 뒤를 쫓아가다

늘 아버지께서 이 모든 것이 너희에게 있어야
할 줄을 아시느니라 6:8
33 그런즉 너희는 먼저 그의 나라와 그의 의를 구
하라 그리하면 이 모든 것을 너희에게 더하시
리라
34 그러므로 내일 일을 위하여 염려하지 말라 내
일 일은 내일이 염려할 것이요 한 날의 괴로움
은 그날로 족하니라

비판하지 말라 (눅 6:37-38, 41-42 ♪ 204, 274장)

7 비판을 받지 아니하려거든 비판하지 말라
2 너희가 비판하는 그 비판으로 너희가 비판
을 받을 것이요 너희가 헤아리는 그 헤아림으
로 너희가 헤아림을 받을 것이니라
3 어찌하여 형제의 눈 속에 있는 티는 보고 네
눈 속에 있는 들보는 깨닫지 못하느냐
4 보라 네 눈 속에 들보가 있는데 어찌하여 형제
에게 말하기를 나로 네 눈 속에 있는 티를 빼
게 하라 하겠느냐
5 외식하는 자여 먼저 네 눈 속에서 들보를 빼
어라 그 후에야 밝히 보고 형제의 눈 속에서
티를 빼리라
6 ● 거룩한 것을 개에게 주지 말며 너희 진주를
돼지 앞에 던지지 말라 그들이 그것을 발로 밟
고 돌이켜 너희를 찢어 상하게 할까 염려하라

구하라 찾으라 문을 두드리라 (눅 11:9-13)

7 ● 구하라 그리하면 너희에게 주실 것이요 찾
으라 그리하면 찾아낼 것이요 문을 두드리라
그리하면 너희에게 열릴 것이니
8 구하는 이마다 받을 것이요 찾는 이는 찾아낼
것이요 두드리는 이에게는 열릴 것이니라
9 너희 중에 누가 아들이 떡을 달라 하는데 돌을
주며
10 생선을 달라 하는데 뱀을 줄 사람이 있겠느냐
11 너희가 악한 자라도 좋은 것으로 자식에게 줄
줄 알거든 하물며 하늘에 계신 너희 아버지께서
구하는 자에게 좋은 것으로 주시지 않겠느냐
12 그러므로 무엇이든지 남에게 대접을 받고자
하는 대로 너희도 남을 대접하라 이것이 율법
이요 선지자니라 갈 5:14

좁은 문 (눅 13:24 ♪ 448장)

13 ● 좁은 문으로 들어가라 멸망으로 인도하는
문은 크고 그 길이 넓어 그리로 들어가는 자가
많고
14 생명으로 인도하는 문은 좁고 길이 협착하여
찾는 자가 적음이라

열매로 그들을 알리라 (눅 6:43-44, 47-49; 13:25-27)

15 ● 거짓 선지자들을 삼가라 양의 옷을 입고 너

33 them. •But seek first his kingdom and his
righteousness, and all these things will be
34 given to you as well. •Therefore do not
worry about tomorrow, for tomorrow will
worry about itself. Each day has enough
trouble of its own.

Judging Others

7 "Do not judge, or you too will be
2 judged. •For in the same way you
judge others, you will be judged, and with
the measure you use, it will be measured to
you.
3 •"Why do you look at the speck of saw-
dust in your brother's eye and pay no atten-
4 tion to the plank in your own eye? •How
can you say to your brother, 'Let me take
the speck out of your eye,' when all the time
5 there is a plank in your own eye? •You
hypocrite, first take the plank out of your
own eye, and then you will see clearly to
remove the speck from your brother's eye.
6 •"Do not give dogs what is sacred; do
not throw your pearls to pigs. If you do,
they may trample them under their feet,
and turn and tear you to pieces.

Ask, Seek, Knock

7 •"Ask and it will be given to you; seek
and you will find; knock and the door
8 will be opened to you. •For everyone
who asks receives; the one who seeks
finds; and to the one who knocks, the
door will be opened.
9 •"Which of you, if your son asks for
10 bread, will give him a stone? •Or if he asks
11 for a fish, will give him a snake? •If you,
then, though you are evil, know how to
give good gifts to your children, how
much more will your Father in heaven
12 give good gifts to those who ask him! •So
in everything, do to others what you
would have them do to you, for this sums
up the Law and the Prophets.

The Narrow and Wide Gates

13 •"Enter through the narrow gate. For
wide is the gate and broad is the road that
leads to destruction, and many enter
14 through it. •But small is the gate and nar-
row the road that leads to life, and only a
few find it.

True and False Prophets

15 •"Watch out for false prophets. They

destruction [distrʌ́kʃən] *n.* 멸망
false [fɔːls] *a.* 거짓의
gift [gift] *n.* 선물
hypocrite [hípəkrit] *n.* 위선자
judge [dʒʌdʒ] *vt.* 심판하다
measure [méʒər] *vt.* (인물 등을) 판단하다
narrow [nǽrou] *a.* 폭이 좁은
pearl [pəːrl] *n.* 진주
plank [plæŋk] *n.* 널빤지
prophet [prάfit] *n.* 예언자
sacred [séikrid] *a.* 신성한
sawdust [sɔ́ːdʌ̀st] *n.* 톱밥
seek [siːk] *vt.* 찾다
speck [spek] *n.* 작은 알갱이
trample [trǽmpl] *vt.* 짓밟다

7:2 in the same way: 같은 방법으로
7:3 pay attention to...: …에 유의하다
7:4 take A out of B: B에서 A를 꺼내다
7:6 tear... to pieces: …을 갈가리 찢다
7:12 sum up: 요약하다
7:15 watch out for...: …를 경계하다

희에게 나아오나 속에는 노략질하는 이리라
16 그들의 열매로 그들을 알지니 가시나무에서
포도를, 또는 엉겅퀴에서 무화과를 따겠느냐
17 이와 같이 좋은 나무마다 아름다운 열매를
맺고 못된 나무가 나쁜 열매를 맺나니
18 좋은 나무가 나쁜 열매를 맺을 수 없고 못된
나무가 아름다운 열매를 맺을 수 없느니라
19 아름다운 열매를 맺지 아니하는 나무마다 찍
혀 불에 던져지느니라 요 15:2,6
20 이러므로 그들의 열매로 그들을 알리라
21 나더러 주여 주여 하는 자마다 다 천국에 들
어갈 것이 아니요 다만 하늘에 계신 내 아버
지의 뜻대로 행하는 자라야 들어가리라
22 그날에 많은 사람이 나더러 이르되 주여 주
여 우리가 주의 이름으로 선지자 노릇 하며
주의 이름으로 귀신을 쫓아내며 주의 이름으
로 많은 권능을 행하지 아니하였나이까 하리
니
23 그때에 내가 그들에게 밝히 말하되 내가 너
희를 도무지 알지 못하니 불법을 행하는 자
들아 내게서 떠나가라 하리라
24 그러므로 누구든지 나의 이 말을 듣고 행하
는 자는 그 집을 반석 위에 지은 지혜로운 사
람 같으리니
25 비가 내리고 창수가 나고 바람이 불어 그 집
에 부딪치되 무너지지 아니하나니 이는 주
추를 반석 위에 놓은 까닭이요
26 나의 이 말을 듣고 행하지 아니하는 자는 그
집을 모래 위에 지은 어리석은 사람 같으리
니
27 비가 내리고 창수가 나고 바람이 불어 그 집
에 부딪치매 무너져 그 무너짐이 심하니라

무리들이 가르치심에 놀라다

28 ●예수께서 이 말씀을 마치시매 무리들이 그
의 가르치심에 놀라니
29 이는 그 가르치시는 것이 권위 있는 자와 같
고 그들의 서기관들과 같지 아니함일러라

나병 환자를 깨끗하게 하시다 (막 1:40-45; 눅 5:12-16 ♪ 471, 472장) — A.D. 27년경

8 예수께서 산에서 내려오시니 수많은 무리
가 따르니라
2 한 나병 환자가 나아와 절하며 이르되 주여
원하시면 저를 깨끗하게 하실 수 있나이다
하거늘
3 예수께서 손을 내밀어 그에게 대시며 이르시
되 내가 원하노니 깨끗함을 받으라 하시니
즉시 그의 나병이 깨끗하여진지라

come to you in sheep's clothing, but inward-
16 ly they are ferocious wolves. ●By their fruit
you will recognize them. Do people pick
grapes from thornbushes, or figs from this-
17 tles? ●Likewise, every good tree bears good
18 fruit, but a bad tree bears bad fruit. ●A good
tree cannot bear bad fruit, and a bad tree
19 cannot bear good fruit. ●Every tree that does
not bear good fruit is cut down and thrown
20 into the fire. ●Thus, by their fruit you will
recognize them.

True and False Disciples

21 ●"Not everyone who says to me, 'Lord,
Lord,' will enter the kingdom of heaven, but
only the one who does the will of my Father
22 who is in heaven. ●Many will say to me on
that day, 'Lord, Lord, did we not prophesy in
your name and in your name drive out
demons and in your name perform many
23 miracles?' ●Then I will tell them plainly, 'I
never knew you. Away from me, you evil-
doers!'

The Wise and Foolish Builders

24 ●"Therefore everyone who hears these
words of mine and puts them into practice
is like a wise man who built his house on the
25 rock. ●The rain came down, the streams
rose, and the winds blew and beat against
that house; yet it did not fall, because it had
26 its foundation on the rock. ●But everyone
who hears these words of mine and does not
put them into practice is like a foolish man
27 who built his house on sand. ●The rain
came down, the streams rose, and the winds
blew and beat against that house, and it fell
with a great crash."

28 ●**When Jesus had finished saying these
things, the crowds were amazed at his
29 teaching, ●because he taught as one who
had authority, and not as their teachers of
the law.**

Jesus Heals a Man With Leprosy

**8 When Jesus came down from the
mountainside, large crowds followed
2 him. ●A man with leprosy[a] came and knelt
before him and said, "Lord, if you are will-
ing, you can make me clean."
3 ●Jesus reached out his hand and touched
the man. "I am willing," he said. "Be clean!"
Immediately he was cleansed of his leprosy.**

[a]2 The Greek word traditionally translated *leprosy* was used for various diseases affecting the skin.

amazed [əméizd] *a.* 깜짝 놀란
authority [əθɔ́:rəti] *n.* 권위
demon [dí:mən] *n.* 악마, 귀신
ferocious [fəróuʃəs] *a.* 사나운, 잔인한
immediately [imí:diətli] *ad.* 즉시
inwardly [ínwərdli] *ad.* 마음속에
kneel [ni:l] *vi.* 무릎 꿇다
leprosy [léprəsi] *n.* 나병
miracle [mírəkl] *n.* 기적
perform [pərfɔ́:rm] *vt.* 실행하다
plainly [pléinli] *ad.* 명백하게
prophesy [práfəsài] *vi.* 예언하다
recognize [rékəgnàiz] *vt.* 알다
thistle [θísl] *n.* 엉겅퀴
thornbush [θɔ́:rnbùʃ] *n.* 가시나무 덤불

7:17 **bear fruit**: 열매를 맺다
7:19 **throw into...**: …에 던져넣다
7:22 **drive out**: 쫓아내다
7:24 **put into practice**: 실행에 옮기다
7:25 **beat against...**: …에 부딪치다
8:3 **reach out one's hand**: 손을 뻗다

4 예수께서 이르시되 삼가 아무에게도 이르지 말고 다만 가서 [ㄱ]제사장에게 네 몸을 보이고 모세가 명한 예물을 드려 그들에게 입증하라 하시니라

백부장의 하인을 고치시다 (눅 7:1-10; 요 4:43-54)

5 ● 예수께서 가버나움에 들어가시니 한 백부장이 나아와 간구하여
6 이르되 주여 내 하인이 중풍병으로 집에 누워 몹시 괴로워하나이다
7 이르시되 내가 가서 고쳐 주리라
8 백부장이 대답하여 이르되 주여 내 집에 들어오심을 나는 감당하지 못하겠사오니 다만 말씀으로만 하옵소서 그러면 내 하인이 낫겠사옵나이다
9 나도 남의 수하에 있는 사람이요 내 아래에도 군사가 있으니 이더러 가라 하면 가고 저더러 오라 하면 오고 내 종더러 이것을 하라 하면 하나이다
10 예수께서 들으시고 놀랍게 여겨 따르는 자들에게 이르시되 내가 진실로 너희에게 이르노니 [1)]이스라엘 중 아무에게서도 이만한 믿음을 보지 못하였노라
11 또 너희에게 이르노니 동서로부터 많은 사람이 이르러 아브라함과 이삭과 야곱과 함께 천국에 [2)]앉으려니와 말 1:11
12 그 나라의 본 자손들은 바깥 어두운 데 쫓겨나 거기서 울며 이를 갈게 되리라
13 예수께서 백부장에게 이르시되 가라 네 믿은 대로 될지어다 하시니 그 즉시 하인이 나으니라

많은 사람들을 다 고치시다 (막 1:29-34; 눅 4:38-41)

14 ● 예수께서 베드로의 집에 들어가사 그의 장모가 열병으로 앓아누운 것을 보시고
15 그의 손을 만지시니 열병이 떠나가고 여인이 일어나서 예수께 수종들더라
16 저물매 사람들이 귀신 들린 자를 많이 데리고 예수께 오거늘 예수께서 말씀으로 귀신들을 쫓아내시고 병든 자들을 다 고치시니
17 이는 선지자 이사야를 통하여 하신 말씀에
[ㄴ]우리의 연약한 것을 친히 담당하시고 병을 짊어지셨도다
함을 이루려 하심이더라

나를 따르라 (눅 9:57-62)

18 ● 예수께서 무리가 자기를 에워싸는 것을 보시고 건너편으로 가기를 명하시니라 눅 8:22
19 한 서기관이 나아와 예수께 아뢰되 선생님이

4 ● Then Jesus said to him, "See that you don't
tell anyone. But go, show yourself to the
priest and offer the gift Moses commanded,
as a testimony to them."

The Faith of the Centurion

5 ● When Jesus had entered Capernaum, a
centurion came to him, asking for help.
6 ● "Lord," he said, "my servant lies at home
paralyzed, suffering terribly."
7 ● Jesus said to him, "Shall I come and heal
him?"
8 ● The centurion replied, "Lord, I do not
deserve to have you come under my roof.
But just say the word, and my servant will
9 be healed. ● For I myself am a man under
authority, with soldiers under me. I tell
this one, 'Go,' and he goes; and that one,
'Come,' and he comes. I say to my servant,
'Do this,' and he does it."
10 ● When Jesus heard this, he was amazed
and said to those following him, "Truly I tell
you, I have not found anyone in Israel with
11 such great faith. ● I say to you that many will
come from the east and the west, and will
take their places at the feast with Abraham,
Isaac and Jacob in the kingdom of heaven.
12 ● But the subjects of the kingdom will be
thrown outside, into the darkness, where
there will be weeping and gnashing of teeth."
13 ● Then Jesus said to the centurion, "Go!
Let it be done just as you believed it would."
And his servant was healed at that moment.

Jesus Heals Many

14 ● When Jesus came into Peter's house, he
saw Peter's mother-in-law lying in bed with
15 a fever. ● He touched her hand and the fever
left her, and she got up and began to wait on
him.
16 ● When evening came, many who were
demon-possessed were brought to him, and
he drove out the spirits with a word and
17 healed all the sick. ● This was to fulfill what
was spoken through the prophet Isaiah:

> "He took up our infirmities
> and bore our diseases."[a]

The Cost of Following Jesus

18 ● When Jesus saw the crowd around him,
he gave orders to cross to the other side of
19 the lake. ● Then a teacher of the law came to

[a]*17* Isaiah 53:4(see Septuagint)

1) 어떤 사본에, 이스라엘 중에서라도 2) 헬, 기대어 누우려니와(유대인이 음식 먹을 때에 가지는 자세) ㄱ. 레 14:2 이하 ㄴ. 사 53:4

bear [bɛər] *vt.* (짐을) 지다, 부담하다
centurion [sentjúəriən] *n.* 백부장
command [kəmǽnd] *vt.* 명하다
demon-possessed [di:mən-pəzést] *a.* 악령에 홀린
deserve [dizə́:rv] *vt.* …할 만하다
feast [fi:st] *n.* 축연
fever [fí:vər] *n.* 열
fulfill [fulfíl] *vt.* 완성(이행)하다
gnash [næʃ] *vt.* 이를 갈다
heal [hi:l] *vt.* 고치다, 치료하다
infirmity [infə́:rməti] *n.* 연약함, 병
paralyzed [pǽrəlàizd] *a.* 마비된
suffering [sʌ́fəriŋ] *n.* 고통
testimony [téstəmòuni] *n.* 입증
weep [wi:p] *vi.* 울다

8:5 **ask for help**: 도움을 청하다
8:11 **take one's place**: 제자리에 가다
8:13 **at that moment**: 바로 그때에
8:15 **wait on...**: …의 시중을 들다, …를 받들다
8:17 **take up**: 처리하다

여 어디로 가시든지 저는 따르리이다
20 예수께서 이르시되 여우도 굴이 있고 공중의
새도 거처가 있으되 인자는 머리 둘 곳이 없다
하시더라
21 제자 중에 또 한 사람이 이르되 주여 내가 먼
저 가서 내 아버지를 장사하게 허락하옵소서
22 예수께서 이르시되 죽은 자들이 그들의 죽은
자들을 장사하게 하고 너는 나를 따르라 하
시니라

바람과 바다를 잔잔하게 하시다
(막 4:35-41; 눅 8:22-25
♪ 134, 371, 373, 400, 432장)

23 •배에 오르시매 제자들이 따랐더니
24 바다에 큰 놀이 일어나 배가 물결에 덮이게
되었으되 예수께서는 주무시는지라
25 그 제자들이 나아와 깨우며 이르되 주여 구
원하소서 우리가 죽겠나이다
26 예수께서 이르시되 어찌하여 무서워하느냐
믿음이 작은 자들아 하시고 곧 일어나사 바람
과 바다를 꾸짖으시니 아주 잔잔하게 되거늘
27 그 사람들이 놀랍게 여겨 이르되 이이가 어
떠한 사람이기에 바람과 바다도 순종하는가
하더라

귀신 들린 두 사람을 고치시다
(막 5:1-20; 눅 8:26-39)

28 •또 예수께서 건너편 가다라 지방에 가시매
귀신들린 자 둘이 무덤 사이에서 나와 예수
를 만나니 그들은 몹시 사나워 아무도 그 길
로 지나갈 수 없을 지경이더라
29 이에 그들이 소리 질러 이르되 하나님의 아
들이여 우리가 당신과 무슨 상관이 있나이
까 때가 이르기 전에 우리를 괴롭게 하려고
여기 오셨나이까 하더니
30 마침 멀리서 많은 돼지 떼가 먹고 있는지라
31 귀신들이 예수께 간구하여 이르되 만일 우
리를 쫓아내시려면 돼지 떼에 들여보내 주
소서 하니
32 그들에게 가라 하시니 귀신들이 나와서 돼지
에게로 들어가는지라 온 떼가 비탈로 내리달
아 바다에 들어가서 물에서 몰사하거늘
33 치던 자들이 달아나 시내에 들어가 이 모든
일과 귀신들린 자의 일을 고하니
34 온 시내가 예수를 만나려고 나가서 보고 그
지방에서 떠나시기를 간구하더라

중풍병자를 고치시다 (막 2:1-12; 눅 5:17-26)

9 예수께서 배에 오르사 건너가 본 동네에
이르시니

him and said, "Teacher, I will follow you
wherever you go."
20 •Jesus replied, "Foxes have dens and birds
have nests, but the Son of Man has no place
to lay his head."
21 •Another disciple said to him, "Lord, first
let me go and bury my father."
22 •But Jesus told him, "Follow me, and let
the dead bury their own dead."

Jesus Calms the Storm

23 •Then he got into the boat and his disci-
24 ples followed him. •Suddenly a furious
storm came up on the lake, so that the
waves swept over the boat. But Jesus was
25 sleeping. •The disciples went and woke
him, saying, "Lord, save us! We're going to
drown!"
26 •He replied, "You of little faith, why are
you so afraid?" Then he got up and rebuked
the winds and the waves, and it was com-
pletely calm.
27 •The men were amazed and asked,
"What kind of man is this? Even the winds
and the waves obey him!"

Jesus Restores Two Demon-Possessed Men

28 •When he arrived at the other side in the
region of the Gadarenes,[a] two demon-posse-
ssed men coming from the tombs met him.
They were so violent that no one could pass
29 that way. •"What do you want with us, Son
of God?" they shouted. "Have you come here
to torture us before the appointed time?"
30 •Some distance from them a large herd of
31 pigs was feeding. •The demons begged
Jesus, "If you drive us out, send us into the
herd of pigs."
32 •He said to them, "Go!" So they came out
and went into the pigs, and the whole herd
rushed down the steep bank into the lake
33 and died in the water. •Those tending the
pigs ran off, went into the town and report-
ed all this, including what had happened
34 to the demon-possessed men. •Then the
whole town went out to meet Jesus. And
when they saw him, they pleaded with him
to leave their region.

Jesus Forgives and Heals a Paralyzed Man

9 Jesus stepped into a boat, crossed over
2 and came to his own town. •Some

[a]28 Some manuscripts *Gergesenes*; other manuscripts *Gerasenes*

amaze [əméiz] *vt.* 몹시 놀라게 하다
bank [bæŋk] *n.* 강 언덕, 비탈
beg [beg] *vt.* 간청하다
bury [béri] *vt.* 매장하다
completely [kəmplí:tli] *ad.* 완전히
den [den] *n.* 굴
drown [draun] *vi.* 익사하다
furious [fjúəriəs] *a.* 사나운
including [inklú:diŋ] *prep.* …를 포함하여
plead [pli:d] *vi.* 간청하다
rebuke [ribjú:k] *vt.* 꾸짖다
steep [sti:p] *a.* 가파른
tend [tend] *vt.* (가축 등을) 지키다
torture [tɔ́:rtʃər] *vt.* 괴롭히다
violent [váiələnt] *a.* 격렬한

8:24 **come up**: (폭풍 등이) 일다
8:24 **sweep over**: 엄습하다
8:29 **before the appointed time**: 약정 시간 전에
8:32 **rush down**: 급하게 내려가다
8:33 **run off**: (사람 · 동물이) 달아나다

2 침상에 누운 중풍병자를 사람들이 데리고
오거늘 예수께서 그들의 믿음을 보시고 중풍
병자에게 이르시되 작은 자야 안심하라 네
죄 사함을 받았느니라
3 어떤 서기관들이 속으로 이르되 이 사람이
신성을 모독하도다
4 예수께서 그 생각을 아시고 이르시되 너희가
어찌하여 마음에 악한 생각을 하느냐 눅 6:8
5 네 죄 사함을 받았느니라 하는 말과 일어나
걸어가라 하는 말 중에 어느 것이 쉽겠느냐
6 그러나 인자가 세상에서 죄를 사하는 권능이
있는 줄을 너희로 알게 하려 하노라 하시고
중풍병자에게 말씀하시되 일어나 네 침상을
가지고 집으로 가라 하시니
7 그가 일어나 집으로 돌아가거늘
8 무리가 보고 두려워하며 이런 권능을 사람에
게 주신 하나님께 영광을 돌리니라 요 15:8

마태를 부르시다 (막 2:13-17; 눅 5:27-32, ♪512장)

9 ●예수께서 그곳을 떠나 지나가시다가 마태
라 하는 사람이 세관에 앉아 있는 것을 보시
고 이르시되 나를 따르라 하시니 일어나 따
르니라
10 예수께서 마태의 집에서 [1]앉아 음식을 잡수
실 때에 많은 세리와 죄인들이 와서 예수와
그의 제자들과 함께 [1]앉았더니
11 바리새인들이 보고 그의 제자들에게 이르되
어찌하여 너희 선생은 세리와 죄인들과 함께
잡수시느냐 11:19
12 예수께서 들으시고 이르시되 건강한 자에게
는 의사가 쓸데없고 병든 자에게라야 쓸데
있느니라
13 너희는 가서 [ㄱ]내가 긍휼을 원하고 제사를 원
하지 아니하노라 하신 뜻이 무엇인지 배우라
나는 의인을 부르러 온 것이 아니요 죄인을
부르러 왔노라 하시니라

금식 논쟁 (막 2:18-22; 눅 5:33-39)

14 ●그때에 요한의 제자들이 예수께 나아와 이
르되 우리와 바리새인들은 금식하는데 어찌
하여 당신의 제자들은 금식하지 아니하나이
까 눅 18:12
15 예수께서 그들에게 이르시되 혼인집 손님들
이 신랑과 함께 있을 동안에 슬퍼할 수 있느
냐 그러나 신랑을 빼앗길 날이 이르리니 그
때에는 금식할 것이니라
16 생베 조각을 낡은 옷에 붙이는 자가 없나니 이
는 기운 것이 그 옷을 당기어 해어짐이 더하게
됨이요

men brought to him a paralyzed man, lying
on a mat. When Jesus saw their faith, he said
to the man, "Take heart, son; your sins are
forgiven."
3 ●At this, some of the teachers of the law
said to themselves, "This fellow is blasphe-
ming!"
4 ●Knowing their thoughts, Jesus said,
"Why do you entertain evil thoughts in
5 your hearts? ●Which is easier: to say, 'Your
sins are forgiven,' or to say, 'Get up and
6 walk'? ●But I want you to know that the
Son of Man has authority on earth to for-
give sins." So he said to the paralyzed man,
"Get up, take your mat and go home."
7 ●Then the man got up and went home.
8 ●When the crowd saw this, they were filled
with awe; and they praised God, who had
given such authority to man.

The Calling of Matthew

9 ●As Jesus went on from there, he saw a
man named Matthew sitting at the tax col-
lector's booth. "Follow me," he told him,
and Matthew got up and followed him.
10 ●While Jesus was having dinner at Mat-
thew's house, many tax collectors and sin-
ners came and ate with him and his disci-
11 ples. ●When the Pharisees saw this, they
asked his disciples, "Why does your teacher
eat with tax collectors and sinners?"
12 ●On hearing this, Jesus said, "It is not the
healthy who need a doctor, but the sick.
13 ●But go and learn what this means: 'I desire
mercy, not sacrifice.'[a] For I have not come to
call the righteous, but sinners."

Jesus Questioned About Fasting

14 ●Then John's disciples came and asked
him, "How is it that we and the Pharisees
fast often, but your disciples do not fast?"
15 ●Jesus answered, "How can the guests of
the bridegroom mourn while he is with
them? The time will come when the bride-
groom will be taken from them; then they
will fast.
16 ●"No one sews a patch of unshrunk cloth
on an old garment, for the patch will pull
away from the garment, making the tear
17 worse. ●Neither do people pour new wine
into old wineskins. If they do, the skins will

[a]13 Hosea 6:6

1) 8:11 난하주를 보라 ㄱ. 호 6:6

authority [əθɔ́:rəti] *n.* 권세
blaspheme [blæsfí:m] *vi.* 신성모독하다
bridegroom [bráidgrù:m] *n.* 신랑
crowd [kraud] *n.* 무리
desire [dizáiər] *vt.* 바라다
entertain [èntərtéin] *vt.* 간직하다
fast [fæst] *vi.* 금식하다
garment [gɑ́:rmənt] *n.* 옷, 의복
paralyzed [pǽrəlàizd] *a.* 마비된
patch [pætʃ] *n.* 헝겊조각
pour [pɔ:r] *vt.* 붓다
sacrifice [sǽkrəfàis] *n.* 제물
sew [sou] *vt.* 꿰매어 달다
unshrunk [ʌnʃrʌŋk] *a.* 줄지 않은, 새것의
wineskin [wáinskìn] *n.* (포도주 담는) 가죽부대

9:2 **bring to...**: …로 이끌다
9:2 **take heart**: 마음을 다잡다
9:3 **at this**: 이에
9:8 **be filled with...**: …로 가득차다
9:12 **on -ing**: …하자마자
9:15 **take from...**: …로부터 빼앗다

17 새 포도주를 낡은 가죽 부대에 넣지 아니하
나니 그렇게 하면 부대가 터져 포도주도 쏟
아지고 부대도 버리게 됨이라 새 포도주는
새 부대에 넣어야 둘이 다 보전되느니라

한 관리의 딸과 예수의 옷을 만진 여자
(막 5:21-43; 눅 8:40-56)

18 ●예수께서 이 말씀을 하실 때에 한 관리가
와서 절하며 이르되 내 딸이 방금 죽었사오
나 오셔서 그 몸에 손을 얹어 주소서 그러면
살아나겠나이다 하니
19 예수께서 일어나 따라가시매 제자들도 가더
니
20 열두 해 동안이나 혈루증으로 앓는 여자가
예수의 뒤로 와서 그 겉옷 가를 만지니
21 이는 제 마음에 그 겉옷만 만져도 구원을 받
겠다 함이라
22 예수께서 돌이켜 그를 보시며 이르시되 딸아
안심하라 네 믿음이 너를 구원하였다 하시니
여자가 그 즉시 구원을 받으니라 막 10:52
23 예수께서 그 관리의 집에 가사 피리 부는 자
들과 떠드는 무리를 보시고
24 이르시되 물러가라 이 소녀가 죽은 것이 아
니라 잔다 하시니 그들이 비웃더라
25 무리를 내보낸 후에 예수께서 들어가사 소
녀의 손을 잡으시매 일어나는지라
26 그 소문이 그 온 땅에 퍼지더라

맹인들의 눈을 뜨게 하시다

27 ●예수께서 거기에서 떠나가실새 두 맹인이
따라오며 소리 질러 이르되 다윗의 자손이여
우리를 불쌍히 여기소서 하더니
28 예수께서 집에 들어가시매 맹인들이 그에게
나아오거늘 예수께서 이르시되 내가 능히 이
일 할 줄을 믿느냐 대답하되 주여 그러하오
이다 하니
29 이에 예수께서 그들의 눈을 만지시며 이르시
되 너희 믿음대로 되라 하시니
30 그 눈들이 밝아진지라 예수께서 엄히 경고하
시되 삼가 아무에게도 알리지 말라 하셨으나
31 그들이 나가서 예수의 소문을 그 온 땅에 퍼
뜨리니라 막 7:36

말 못하는 사람을 고치시다

32 ●그들이 나갈 때에 귀신 들려 말 못하는 사
람을 예수께 데려오니
33 귀신이 쫓겨나고 말 못하는 사람이 말하거늘
무리가 놀랍게 여겨 이르되 이스라엘 가운데
서 이런 일을 본 적이 없다 하되
34 바리새인들은 이르되 그가 귀신의 왕을 의지

burst; the wine will run out and the wine-
skins will be ruined. No, they pour new
wine into new wineskins, and both are pre-
served."

Jesus Raises a Dead Girl and Heals a Sick Woman

18 •While he was saying this, a synagogue
leader came and knelt before him and said,
"My daughter has just died. But come and
put your hand on her, and she will live."
19 •Jesus got up and went with him, and so
did his disciples.
20 •Just then a woman who had been sub-
ject to bleeding for twelve years came up
behind him and touched the edge of his
21 cloak. •She said to herself, "If I only touch
his cloak, I will be healed."
22 •Jesus turned and saw her. "Take heart,
daughter," he said, "your faith has healed
you." And the woman was healed at that
moment.
23 •When Jesus entered the synagogue
leader's house and saw the noisy crowd and
24 people playing pipes, •he said, "Go away.
The girl is not dead but asleep." But they
25 laughed at him. •After the crowd had been
put outside, he went in and took the girl by
26 the hand, and she got up. •News of this
spread through all that region.

Jesus Heals the Blind and the Mute

27 •As Jesus went on from there, two blind
men followed him, calling out, "Have mercy
on us, Son of David!"
28 •When he had gone indoors, the blind
men came to him, and he asked them, "Do
you believe that I am able to do this?"
"Yes, Lord," they replied.
29 •Then he touched their eyes and said,
"According to your faith let it be done to
30 you"; •and their sight was restored. Jesus
warned them sternly, "See that no one
31 knows about this." •But they went out and
spread the news about him all over that
region.
32 •While they were going out, a man who
was demon-possessed and could not talk
33 was brought to Jesus. •And when the de-
mon was driven out, the man who had
been mute spoke. The crowd was amazed
and said, "Nothing like this has ever been
seen in Israel."
34 •But the Pharisees said, "It is by the prince

bleed [bli:d] *vi.* 출혈하다
blind [blaind] *a.* 눈 먼
burst [bə:rst] *vi.* 터지다
cloak [klouk] *n.* 겉옷
demon [dí:mən] *n.* 악마, 귀신
edge [edʒ] *n.* 언저리
indoors [indɔ́:rz] *ad.* 실내에
kneel [ni:l] *vi.* 무릎 꿇다
mercy [mə́:rsi] *n.* 자비
mute [mju:t] *a.* 벙어리의
pipe [paip] *n.* 피리
preserve [prizə́:rv] *vt.* 보존하다
restore [ristɔ́:r] *vt.* (보통 수동형으로) 회복시키다
ruin [rú:in] *vt.* 못쓰게 만들다
sternly [stə́:rnli] *ad.* 엄하게

9:17 **run out**: 흘러나오다
9:20 **be subject to...**: …(피해 등을) 입다
9:20 **come up**: 다가오다, 나오다
9:21 **say to oneself**: 혼잣말을 하다
9:29 **according to...**: …에 따라
9:33 **drive... out**: …를 몰아내다

하여 귀신을 쫓아낸다 하더라

무리를 불쌍히 여기시다 (♪ 580, 589장)

35 ● **예수께서 모든 도시와 마을에 두루 다니사 그**
들의 회당에서 가르치시며 [1]천국 복음을 전파
하시며 모든 병과 모든 약한 것을 고치시니라
36 **무리를 보시고 불쌍히 여기시니 이는 그들이**
목자 없는 양과 같이 고생하며 기진함이라
37 **이에 제자들에게 이르시되 추수할 것은 많되**
일꾼이 적으니
38 **그러므로 추수하는 주인에게 청하여 추수할**
일꾼들을 보내 주소서 하라 하시니라

열두 제자를 부르시다 (막 3:13-19; 눅 6:12-16)

10 **예수께서 그의 열두 제자를 부르사 더러**
운 귀신을 쫓아내며 모든 병과 모든 약한
것을 고치는 권능을 주시니라

열두 제자에게 명하여 이르시다
(막 6:7-13; 눅 9:1-6) — A.D. 28년경

2 ● **열두 사도의 이름은 이러하니 베드로라 하**
는 시몬을 비롯하여 그의 형제 안드레와 세베
대의 아들 야고보와 그의 형제 요한,
3 **빌립과 바돌로매, 도마와 세리 마태, 알패오의**
아들 야고보와 다대오,
4 [2]**가나나인 시몬 및 가룟 유다 곧 예수를 판 자**
라
5 **예수께서 이 열둘을 내보내시며 명하여 이르**
시되 이방인의 길로도 가지 말고 사마리아인
의 고을에도 들어가지 말고
6 **오히려 이스라엘 집의 잃어버린 양에게로 가라**
7 **가면서 전파하여 말하되 천국이 가까이 왔다**
하고
8 **병든 자를 고치며 죽은 자를 살리며 나병환자**
를 깨끗하게 하며 귀신을 쫓아내되 너희가 거
저 받았으니 거저 주라
9 **너희 전대에 금이나 은이나 동을 가지지 말고**
10 **여행을 위하여 배낭이나 두 벌 옷이나 신이나**
지팡이를 가지지 말라 이는 일꾼이 자기의 먹
을 것 받는 것이 마땅함이라 고전 9:7
11 **어떤 성이나 마을에 들어가든지 그 중에 합당**
한 자를 찾아내어 너희가 떠나기까지 거기서
머물라
12 **또 그 집에 들어가면서 평안하기를 빌라**
13 **그 집이 이에 합당하면 너희 빈 평안이 거기**
임할 것이요 만일 합당하지 아니하면 그 평안
이 너희에게 돌아올 것이니라
14 **누구든지 너희를 영접하지도 아니하고 너희**
말을 듣지도 아니하거든 그 집이나 성에서 나
가 너희 발의 먼지를 떨어 버리라

of demons that he drives out demons."

The Workers Are Few

35 ● Jesus went through all the towns and
villages, teaching in their synagogues, pro-
claiming the good news of the kingdom
and healing every disease and sickness.
36 ● When he saw the crowds, he had com-
passion on them, because they were
harassed and helpless, like sheep without
37 a shepherd. ● Then he said to his disciples,
"The harvest is plentiful but the workers
38 are few. ● Ask the Lord of the harvest,
therefore, to send out workers into his
harvest field."

Jesus Sends Out the Twelve

10 Jesus called his twelve disciples to
him and gave them authority to
drive out impure spirits and to heal every
disease and sickness.
2 ● These are the names of the twelve apos-
tles: first, Simon (who is called Peter) and
his brother Andrew; James son of Zebe-
3 dee, and his brother John; ● Philip and
Bartholomew; Thomas and Matthew the
tax collector; James son of Alphaeus, and
4 Thaddaeus; ● Simon the Zealot and Judas
Iscariot, who betrayed him.
5 ● These twelve Jesus sent out with the
following instructions: "Do not go among
the Gentiles or enter any town of the
6 Samaritans. ● Go rather to the lost sheep
7 of Israel. ● As you go, proclaim this mes-
sage: 'The kingdom of heaven has come
8 near.' ● Heal the sick, raise the dead,
cleanse those who have leprosy,[a] drive out
demons. Freely you have received; freely
give.
9 ● "Do not get any gold or silver or copper
10 to take with you in your belts— ● no bag
for the journey or extra shirt or sandals or
a staff, for the worker is worth his keep.
11 ● Whatever town or village you enter,
search there for some worthy person and
12 stay at their house until you leave. ● As you
13 enter the home, give it your greeting. ● If
the home is deserving, let your peace rest
on it; if it is not, let your peace return to
14 you. ● If anyone will not welcome you or

[a]8 The Greek word traditionally translated *leprosy* was used for various diseases affecting the skin.

1) 헬, 그 나라의 복음을 2) 아람어에서 온 말로 열심당원이란 뜻이다.

apostle [əpásl] *n.* 사도
authority [əθɔ́ːrəti] *n.* 권세
betray [bitréi] *vt.* 배반하다
compassion [kəmpǽʃən] *n.* 측은히 여김
copper [kápər] *n.* 구리
deserving [dizə́ːrviŋ] *a.* 마땅히 받을 만한
Gentile [dʒéntail] *n.* 이방인
greeting [gríːtiŋ] *n.* 인사
harassed [hǽrəst] *a.* 매우 지친
impure [impjúər] *a.* 불결한
instruction [instrʌkʃən] *n.* 명령
leprosy [léprəsi] *n.* 나병
plentiful [pléntifəl] *a.* 많은
shepherd [ʃépərd] *n.* 목자
synagogue [sínəgàg] *n.* 회당

9:36 **have compassion on...**: …을 측은히 여기다
9:38 **send out**: 보내다, 파송하다
10:1 **drive out**: 쫓아내다
10:8 **heal the sick**: 병자를 고치다
10:13 **rest on**: 위치하다, 존재하다

15 내가 진실로 너희에게 이르노니 심판 날에 소
돔과 고모라 땅이 그 성보다 견디기 쉬우리라

미움을 받을 것이다 (막 13:9-13; 눅 21:12-17)

16 ●보라 내가 너희를 보냄이 양을 이리 가운데
로 보냄과 같도다 그러므로 너희는 뱀같이 지
혜롭고 비둘기같이 순결하라
17 사람들을 삼가라 그들이 너희를 공회에 넘겨
주겠고 그들의 회당에서 채찍질하리라
18 또 너희가 나로 말미암아 총독들과 임금들 앞
에 끌려가리니 이는 그들과 이방인들에게 증
거가 되게 하려 하심이라
19 너희를 넘겨 줄 때에 어떻게 또는 무엇을 말할
까 염려하지 말라 그때에 너희에게 할 말을 주
시리니
20 말하는 이는 너희가 아니라 너희 속에서 말씀
하시는 이 곧 너희 아버지의 성령이시니라
21 장차 형제가 형제를, 아버지가 자식을 죽는 데에
내주며 자식들이 부모를 대적하여 죽게 하리라
22 또 너희가 내 이름으로 말미암아 모든 사람에
게 미움을 받을 것이나 끝까지 견디는 자는 구
원을 얻으리라 단 12:12
23 이 동네에서 너희를 박해하거든 저 동네로 피
하라 내가 진실로 너희에게 이르노니 이스라
엘의 모든 동네를 다 다니지 못하여서 인자가
오리라

두려워할 분을 두려워하라 (눅 12:2-9)

24 ●제자가 그 선생보다, 또는 종이 그 상전보다
높지 못하나니
25 제자가 그 선생 같고 종이 그 상전 같으면 족
하도다 집주인을 바알세불이라 하였거든 하물
며 그 집 사람들이랴
26 그런즉 그들을 두려워하지 말라 감추인 것이
드러나지 않을 것이 없고 숨은 것이 알려지지
않을 것이 없느니라
27 내가 너희에게 어두운 데서 이르는 것을 광명
한 데서 말하며 너희가 귓속말로 듣는 것을 집
위에서 전파하라
28 몸은 죽여도 영혼은 능히 죽이지 못하는 자들
을 두려워하지 말고 오직 몸과 영혼을 능히 지
옥에 멸하실 수 있는 이를 두려워하라
29 참새 두 마리가 한 [1]앗사리온에 팔리지 않느냐
그러나 너희 아버지께서 허락하지 아니하시면
그 하나도 땅에 떨어지지 아니하리라
30 너희에게는 머리털까지 다 세신 바 되었나니
31 두려워하지 말라 너희는 많은 참새보다 귀하
니라
32 누구든지 사람 앞에서 나를 시인하면 나도 하

listen to your words, leave that home or
town and shake the dust off your feet.
15 •Truly I tell you, it will be more bearable
for Sodom and Gomorrah on the day of
judgment than for that town.
16 •"I am sending you out like sheep
among wolves. Therefore be as shrewd as
17 snakes and as innocent as doves. •Be on
your guard; you will be handed over to
the local councils and be flogged in the
18 synagogues. •On my account you will be
brought before governors and kings as wit-
19 nesses to them and to the Gentiles. •But
when they arrest you, do not worry about
what to say or how to say it. At that time
20 you will be given what to say, •for it will
not be you speaking, but the Spirit of your
Father speaking through you.
21 •"Brother will betray brother to death,
and a father his child; children will rebel
against their parents and have them put
22 to death. •You will be hated by everyone
because of me, but the one who stands
23 firm to the end will be saved. •When you
are persecuted in one place, flee to another.
Truly I tell you, you will not finish going
through the towns of Israel before the Son
of Man comes.
24 •"The student is not above the teacher,
25 nor a servant above his master. •It is
enough for students to be like their teach-
ers, and servants like their masters. If the
head of the house has been called Beelze-
bul, how much more the members of his
household!
26 •"So do not be afraid of them, for there
is nothing concealed that will not be dis-
closed, or hidden that will not be made
27 known. •What I tell you in the dark,
speak in the daylight; what is whispered in
28 your ear, proclaim from the roofs. •Do not
be afraid of those who kill the body but
cannot kill the soul. Rather, be afraid of the
One who can destroy both soul and body
29 in hell. •Are not two sparrows sold for a
penny? Yet not one of them will fall to the
30 ground outside your Father's care.[a] •And
even the very hairs of your head are all
31 numbered. •So don't be afraid; you are
worth more than many sparrows.
32 •"Whoever acknowledges me before

[a]29 Or *will*; or *knowledge*   1) 동전의 명칭

acknowledge [æknálidʒ] *vt.* 인정하다
arrest [ərést] *vt.* 체포하다
bearable [bέərəbl] *a.* 견딜 만한
conceal [kənsí:l] *vt.* 숨기다
council [káunsəl] *n.* 평의회
disclose [disklóuz] *vt.* 드러내다
flog [flag] *vt.* 채찍질하다
hell [hel] *n.* 지옥
innocent [ínəsənt] *a.* 때묻지 않은
persecute [pə́:rsikjù:t] *vt.* 박해하다
proclaim [proukléim] *vt.* 선언하다
rebel [rebə́l] *vi.* 반항하다
shrewd [ʃru:d] *a.* 영리한
sparrow [spǽrou] *n.* 참새
whisper [hwíspər] *vi.* 속삭이다

10:14 shake the dust off: 먼지를 떨다
10:17 be on one's guard: 경계를 늦추지 않다
10:22 stand firm: 꿋꿋이[굳건히] 서다
10:29 not one of them...: 그들 중의 단 하나도 …않다

늘에 계신 내 아버지 앞에서 그를 시인할 것
이요
33 누구든지 사람 앞에서 나를 부인하면 나도
하늘에 계신 내 아버지 앞에서 그를 부인하
리라

검을 주러 왔다 (눅 12:51-53; 14:26-27)

34 ●내가 세상에 화평을 주러 온 줄로 생각하
지 말라 화평이 아니요 검을 [1]주러 왔노라
35 내가 온 것은 사람이 그 아버지와, 딸이 어머
니와, 며느리가 시어머니와 불화하게 하려
함이니
36 사람의 원수가 자기 집안 식구리라
37 아버지나 어머니를 나보다 더 사랑하는 자는
내게 합당하지 아니하고 아들이나 딸을 나보
다 더 사랑하는 자도 내게 합당하지 아니하며
38 또 자기 십자가를 지고 나를 따르지 않는 자
도 내게 합당하지 아니하니라
39 자기 목숨을 얻는 자는 잃을 것이요 나를 위
하여 자기 목숨을 잃는 자는 얻으리라

상을 받을 사람 (막 9:41)

40 ●너희를 영접하는 자는 나를 영접하는 것이
요 나를 영접하는 자는 나를 보내신 이를 영
접하는 것이니라 갈 4:14
41 선지자의 이름으로 선지자를 영접하는 자는
선지자의 상을 받을 것이요 의인의 이름으로
의인을 영접하는 자는 의인의 상을 받을 것
이요
42 또 누구든지 제자의 이름으로 이 작은 자 중
하나에게 냉수 한 그릇이라도 주는 자는 내
가 진실로 너희에게 이르노니 그 사람이 결
단코 상을 잃지 아니하리라 하시니라

11 예수께서 열두 제자에게 명하기를 마치
시고 이에 그들의 여러 동네에서 가르치
시며 전도하시려고 거기를 떠나 가시니라

세례 요한 (눅 7:18-35 ♪ 31, 34장) — A.D. 28년경

2 ●요한이 옥에서 그리스도께서 하신 일을 듣
고 제자들을 보내어
3 예수께 여짜오되 오실 그이가 당신이오니이
까 우리가 다른 이를 기다리오리이까 요 11:27
4 예수께서 대답하여 이르시되 너희가 가서 듣
고 보는 것을 요한에게 알리되
5 맹인이 보며 못 걷는 사람이 걸으며 나병환
자가 깨끗함을 받으며 못 듣는 자가 들으며
죽은 자가 살아나며 가난한 자에게 복음이
전파된다 하라
6 누구든지 나로 말미암아 실족하지 아니하는
자는 복이 있도다 하시니라

others, I will also acknowledge before my
33 Father in heaven. ● But whoever disowns
me before others, I will disown before my
Father in heaven.
34 ● "Do not suppose that I have come to
bring peace to the earth. I did not come to
35 bring peace, but a sword. ● For I have come
to turn

" 'a man against his father,
a daughter against her mother,
a daughter-in-law against her mother-in-law —
36 ● a man's enemies will be the members
of his own household.'[a]

37 ● "Anyone who loves their father or moth-
er more than me is not worthy of me; any-
one who loves their son or daughter more
38 than me is not worthy of me. ● Whoever
does not take up their cross and follow me is
39 not worthy of me. ● Whoever finds their life
will lose it, and whoever loses their life for
my sake will find it.
40 ● "Anyone who welcomes you welcomes
me, and anyone who welcomes me wel-
41 comes the one who sent me. ● Whoever
welcomes a prophet as a prophet will receive
a prophet's reward, and whoever welcomes
a righteous person as a righteous person will
42 receive a righteous person's reward. ● And if
anyone gives even a cup of cold water to one
of these little ones who is my disciple, truly I
tell you, that person will certainly not lose
their reward."

Jesus and John the Baptist

11 After Jesus had finished instructing
his twelve disciples, he went on from
there to teach and preach in the towns of
Galilee.[b]
2 ●When John, who was in prison, heard
about the deeds of the Messiah, he sent his
3 disciples ●to ask him, "Are you the one who
is to come, or should we expect someone
else?"
4 ●Jesus replied, "Go back and report to
5 John what you hear and see: ● The blind
receive sight, the lame walk, those who have
leprosy[c] are cleansed, the deaf hear, the dead
are raised, and the good news is proclaimed
6 to the poor. ● Blessed is anyone who does
not stumble on account of me."

[a]36 Micah 7:6 [b]1 Greek *in their towns* [c]5 The Greek word traditionally translated *leprosy* was used for various diseases affecting the skin. 1) 헬, 던지러

acknowledge [æknɑ́lidʒ] *vt.* 인정하다
deaf [def] *a.* 귀머거리의
disciple [disáipl] *n.* 제자
disown [disóun] *vt.* 부인하다
expect [ikspékt] *vt.* 기대하다
lame [leim] *a.* 절름거리는
leprosy [léprəsi] *n.* 나병
preach [priːtʃ] *vi.* 전도하다
proclaim [proukléim] *vt.* 선언하다
prophet [prɑ́fit] *n.* 예언자, 선지자
receive [risíːv] *vt.* 받다
reward [riwɔ́ːrd] *n.* 보상
righteous [ráitʃəs] *a.* 의로운
suppose [səpóuz] *vt.* 추측하다, 생각하다
truly [trúːli] *ad.* 진실로

10:35 **turn A against B**: A가 B에게 악의를 갖게 하다
10:37 **worthy of**: 족한, 알맞은
10:39 **for one's sake**: …를 위하여
11:2 **be in prison**: 수감 중이다
11:6 **on account of...**: …때문에

7 그들이 떠나매 예수께서 무리에게 요한에 대
하여 말씀하시되 너희가 무엇을 보려고 광야
에 나갔더냐 바람에 흔들리는 갈대냐
8 그러면 너희가 무엇을 보려고 나갔더냐 부
드러운 옷 입은 사람이냐 부드러운 옷을 입
은 사람들은 왕궁에 있느니라
9 그러면 너희가 어찌하여 나갔더냐 선지자를
보기 위함이었더냐 옳다 내가 너희에게 이르
노니 선지자보다 더 나은 자니라
10 기록된 바
ㄱ보라 내가 내 사자를 네 앞에 보내노니 그
가 네 길을 네 앞에 준비하리라
하신 것이 이 사람에 대한 말씀이니라
11 내가 진실로 너희에게 말하노니 여자가 낳은
자 중에 1)세례 요한보다 큰 이가 일어남이 없
도다 그러나 천국에서는 극히 작은 자라도
그보다 크니라
12 1)세례 요한의 때부터 지금까지 천국은 침노
를 당하나니 침노하는 자는 빼앗느니라
13 모든 선지자와 율법이 예언한 것은 요한까지
니
14 만일 너희가 즐겨 받을진대 오리라 한 엘리
야가 곧 이 사람이니라
15 귀 있는 자는 들을지어다
16 이 세대를 무엇으로 비유할까 비유하건대 아
이들이 장터에 앉아 제 동무를 불러
17 이르되 우리가 너희를 향하여 피리를 불어도
너희가 춤추지 않고 우리가 슬피 울어도 너
희가 가슴을 치지 아니하였다 함과 같도다
18 요한이 와서 먹지도 않고 마시지도 아니하매
그들이 말하기를 귀신이 들렸다 하더니
19 인자는 와서 먹고 마시매 말하기를 보라 먹
기를 탐하고 포도주를 즐기는 사람이요 세리
와 죄인의 친구로다 하니 지혜는 그 2)행한 일
로 인하여 옳다 함을 얻느니라

회개하지 아니하는 도시들 (눅 10:13-15)

20 ● 예수께서 권능을 가장 많이 행하신 고을들
이 회개하지 아니하므로 그때에 책망하시되
21 화 있을진저 고라신아 화 있을진저 벳새다야
너희에게 행한 모든 권능을 두로와 시돈에서
행하였더라면 그들이 벌써 베옷을 입고 재에
앉아 회개하였으리라
22 내가 너희에게 이르노니 심판 날에 두로와
시돈이 너희보다 견디기 쉬우리라
23 가버나움아 네가 하늘에까지 높아지겠느냐
음부에까지 낮아지리라 네게 행한 모든 권능
을 소돔에서 행하였더라면 그 성이 오늘까지

7 ● **As John's disciples were leaving, Jesus
began to speak to the crowd about John:**
"What did you go out into the wilderness to
8 see? A reed swayed by the wind? •If not,
what did you go out to see? A man dressed
in fine clothes? No, those who wear fine
9 clothes are in kings' palaces. •Then what
did you go out to see? A prophet? Yes, I tell
10 you, and more than a prophet. •This is the
one about whom it is written:

"'I will send my messenger ahead of you,
who will prepare your way before you.'[a]

11 •Truly I tell you, among those born of wo-
men there has not risen anyone greater
than John the Baptist; yet whoever is least in
the kingdom of heaven is greater than he.
12 •From the days of John the Baptist until
now, the kingdom of heaven has been sub-
jected to violence,[b] and violent people have
13 been raiding it. •For all the Prophets and the
14 Law prophesied until John. •And if you are
willing to accept it, he is the Elijah who was
15 to come. •Whoever has ears, let them hear.
16 •"To what can I compare this generation?
They are like children sitting in the market-
places and calling out to others:
17 •"'We played the pipe for you,
and you did not dance;
we sang a dirge,
and you did not mourn.'
18 •For John came neither eating nor drinking,
19 and they say, 'He has a demon.' •The Son
of Man came eating and drinking, and
they say, 'Here is a glutton and a drunkard,
a friend of tax collectors and sinners.' But
wisdom is proved right by her deeds."

Woe on Unrepentant Towns

20 ● **Then Jesus began to denounce the towns
in which most of his miracles had been per-
21 formed, because they did not repent.** •"Woe
to you, Chorazin! Woe to you, Bethsaida! For
if the miracles that were performed in you
had been performed in Tyre and Sidon, they
would have repented long ago in sackcloth
22 and ashes. •But I tell you, it will be more
bearable for Tyre and Sidon on the day of
23 judgment than for you. •And you, Caper-
naum, will you be lifted to the heavens? No,
you will go down to Hades.[c] For if the mira-

[a]10 Mal. 3:1 [b]12 Or *been forcefully advancing* [c]23 That is, the realm of the dead

1) 헬, 또는 침례 2) 어떤 사본에, 자녀들로 ㄱ. 말 3:1

ash [æʃ] *n.* 재
Baptist [bǽptist] *n.* 세례를 베푸는 사람
bearable [bέərəbl] *a.* 견딜 수 있는
collector [kəléktər] *n.* 세리
demon [díːmən] *n.* 악마
denounce [dináuns] *vt.* 비난하다
dirge [dəːrdʒ] *n.* 장송가, 애도가
drunkard [drʌŋkərd] *n.* 술고래
mourn [mɔːrn] *vi.* 슬퍼하다
perform [pərfɔ́ːrm] *vt.* 행하다
prove [pruːv] *vt.* 증명하다
reed [riːd] *n.* 갈대
repent [ripént] *vi.* 회개하다
sackcloth [sǽklɔ̀ːθ] *n.* 굵은 베
sway [swei] *vt.* 흔들다

11:14 **be willing to...**: 기꺼이 …하다
11:16 **compare A to B**: A를 B에 비유하다
11:16 **call out**: 부르다, 외치다
11:21 **woe to...**: …에게 화 있을진저
11:23 **go down**: 쓰러지다

있었으리라
24 내가 너희에게 이르노니 심판 날에 소돔 땅
이 너보다 견디기 쉬우리라 하시니라 10:15

짐 진 자들아 내게로 오라
(눅 10:21-22 ♪287, 337장)

25 ●그때에 예수께서 대답하여 이르시되 천지
의 주재이신 아버지여 이것을 지혜롭고 슬기
있는 자들에게는 숨기시고 어린아이들에게
는 나타내심을 감사하나이다
26 옳소이다 이렇게 된 것이 아버지의 뜻이니이
다
27 내 아버지께서 모든 것을 내게 주셨으니 아
버지 외에는 아들을 아는 자가 없고 아들과
또 아들의 소원대로 계시를 받는 자 외에는
아버지를 아는 자가 없느니라
28 수고하고 무거운 짐 진 자들아 다 내게로 오
라 내가 너희를 쉬게 하리라
29 나는 마음이 온유하고 겸손하니 나의 멍에를
메고 내게 배우라 그리하면 너희 마음이 쉼
을 얻으리니
30 이는 내 멍에는 쉽고 내 짐은 가벼움이라 하시
니라

안식일에 밀 이삭을 자르다 (막 2:23-28; 눅 6:1-5)

12 그때에 예수께서 안식일에 밀밭 사이로
가실새 제자들이 시장하여 이삭을 잘라
먹으니
2 바리새인들이 보고 예수께 말하되 보시오 당
신의 제자들이 안식일에 하지 못할 일을 하
나이다
3 예수께서 이르시되 ㄱ다윗이 자기와 그 함께
한 자들이 시장할 때에 한 일을 읽지 못하였
느냐
4 그가 하나님의 전에 들어가서 제사장 외에는
자기나 그 함께한 자들이 먹어서는 안 되는
진설병을 먹지 아니하였느냐
5 ㄴ또 안식일에 제사장들이 성전 안에서 안식
을 범하여도 죄가 없음을 너희가 율법에서
읽지 못하였느냐
6 내가 너희에게 이르노니 성전보다 더 큰 이
가 여기 있느니라
7 ㄷ나는 자비를 원하고 제사를 원하지 아니하
노라 하신 뜻을 너희가 알았더라면 무죄한
자를 정죄하지 아니하였으리라
8 인자는 안식일의 주인이니라 하시니라

안식일에 손 마른 사람을 고치시다
(막 3:1-6; 눅 6:6-11)

9 ●거기에서 떠나 그들의 회당에 들어가시니

cles that were performed in you had been
performed in Sodom, it would have
24 remained to this day. ●But I tell you that it
will be more bearable for Sodom on the
day of judgment than for you."

The Father Revealed in the Son

25 ●At that time Jesus said, "I praise you,
Father, Lord of heaven and earth, because
you have hidden these things from the wise
and learned, and revealed them to little chil-
26 dren. ●Yes, Father, for this is what you were
pleased to do.
27 ●"All things have been committed to me
by my Father. No one knows the Son except
the Father, and no one knows the Father
except the Son and those to whom the Son
chooses to reveal him.
28 ●"Come to me, all you who are weary and
29 burdened, and I will give you rest. ●Take my
yoke upon you and learn from me, for I am
gentle and humble in heart, and you will
30 find rest for your souls. ●For my yoke is easy
and my burden is light."

Jesus is Lord of the Sabbath

12 At that time Jesus went through the
grainfields on the Sabbath. His disci-
ples were hungry and began to pick some
2 heads of grain and eat them. ●When the
Pharisees saw this, they said to him, "Look!
Your disciples are doing what is unlawful on
the Sabbath."
3 ●He answered, "Haven't you read what
David did when he and his companions
4 were hungry? ●He entered the house of
God, and he and his companions ate the
consecrated bread—which was not lawful
5 for them to do, but only for the priests. ●Or
haven't you read in the Law that the priests
on Sabbath duty in the temple desecrate the
6 Sabbath and yet are innocent? ●I tell you
that something greater than the temple is
7 here. ●If you had known what these words
mean, 'I desire mercy, not sacrifice,'[a] you
would not have condemned the innocent.
8 ●For the Son of Man is Lord of the Sabbath."
9 ●Going on from that place, he went into
10 their synagogue, ●and a man with a shriv-
eled hand was there. Looking for a reason to
bring charges against Jesus, they asked him,
"Is it lawful to heal on the Sabbath?"

[a]7 Hosea 6:6
ㄱ. 삼상 21:6 ㄴ. 민 28:9,10 ㄷ. 호 6:6

burden [bə́ːrdn] *n, vt.* 짐(을 지다)
commit [kəmít] *vt.* 위탁하다, 맡기다
companion [kəmpǽnjən] *n.* 동료
condemn [kəndém] *vt.* 정죄하다
consecrate [kánsəkrèit] *vt.* 성화하다
desecrate [désikrèit] *vt.* 신성을 더럽히다
humble [hʌmbl] *a.* 겸손한
innocent [ínəsənt] *a.* 무죄의
lawful [lɔ́ːfəl] *a.* 정당한
remain [riméin] *vi.* 남아있다
reveal [rivíːl] *vt.* 드러내다
Sabbath [sǽbəθ] *n.* 안식일
shrivel [ʃrívəl] *vi.* 오그라들다
weary [wíəri] *a.* 피곤한
yoke [jouk] *n.* 멍에

11:25 **at that time**: 그때(에)
11:29 **take A upon B**: A를 B가 떠맡다
11:29 **learn from...**: …에서 배우다
12:1 **go through**: 지나가다, 통과하다
12:9 **go into...**: …에 들어가다
12:10 **look for**: 찾다

10 한쪽 손 마른 사람이 있는지라 사람들이 예
수를 고발하려 하여 물어 이르되 안식일에
병 고치는 것이 옳으니이까
11 예수께서 이르시되 너희 중에 어떤 사람이
양 한 마리가 있어 안식일에 구덩이에 빠졌
으면 끌어내지 않겠느냐
12 사람이 양보다 얼마나 더 귀하냐 그러므로
안식일에 선을 행하는 것이 옳으니라 하시고
13 이에 그 사람에게 이르시되 손을 내밀라 하
시니 그가 내밀매 다른 손과 같이 회복되어
성하더라
14 바리새인들이 나가서 어떻게 하여 예수를 죽
일까 의논하거늘
15 예수께서 아시고 거기를 떠나가시니 많은
사람이 따르는지라 예수께서 그들의 병을
다 고치시고
16 자기를 나타내지 말라 경고하셨으니
17 이는 선지자 이사야를 통하여 말씀하신 바
18 ㄱ보라 내가 택한 종 곧 내 마음에 기뻐하는
바 내가 사랑하는 자로다 내가 내 영을 그
에게 줄 터이니 그가 심판을 이방에 알게
하리라
19 그는 다투지도 아니하며 들레지도 아니하
리니 아무도 길에서 그 소리를 듣지 못하
리라
20 상한 갈대를 꺾지 아니하며 [1] 꺼져가는 심지
를 끄지 아니하기를 심판하여 이길 때까지
하리니
21 또한 이방들이 그의 이름을 바라리라
함을 이루려 하심이니라

예수와 바알세불
(막 3:20-30; 눅 6:43-45; 11:14-23; 12:10)

22 그때에 귀신 들려 눈 멀고 말 못하는 사람
을 데리고 왔거늘 예수께서 고쳐 주시매 그
말 못하는 사람이 말하며 보게 된지라
23 무리가 다 놀라 이르되 이는 다윗의 자손이
아니냐 하니
24 바리새인들은 듣고 이르되 이가 귀신의 왕
바알세불을 힘입지 않고는 귀신을 쫓아내지
못하느니라 하거늘 요 7:20
25 예수께서 그들의 생각을 아시고 이르시되 스스
로 분쟁하는 나라마다 황폐하여질 것이요 스스
로 분쟁하는 동네나 집마다 서지 못하리라
26 만일 사탄이 사탄을 쫓아내면 스스로 분쟁
하는 것이니 그리하고야 어떻게 그의 나라
가 서겠느냐
27 또 내가 바알세불을 힘입어 귀신을 쫓아내

11 He said to them, "If any of you has a
sheep and it falls into a pit on the Sabbath,
will you not take hold of it and lift it out?
12 How much more valuable is a person than
a sheep! Therefore it is lawful to do good on
the Sabbath."
13 Then he said to the man, "Stretch out
your hand." So he stretched it out and it was
completely restored, just as sound as the
14 other. But the Pharisees went out and plot-
ted how they might kill Jesus.

God's Chosen Servant

15 Aware of this, Jesus withdrew from that
place. A large crowd followed him, and he
16 healed all who were ill. He warned them
17 not to tell others about him. This was to
fulfill what was spoken through the prophet
Isaiah:

18 "Here is my servant whom I have chosen,
the one I love, in whom I delight;
I will put my Spirit on him,
and he will proclaim justice to the nations.
19 He will not quarrel or cry out;
no one will hear his voice in the streets.
20 A bruised reed he will not break,
and a smoldering wick he will not snuff out,
till he has brought justice through to victory.
21 In his name the nations will put their hope."[a]

Jesus and Beelzebul

22 Then they brought him a demon-pos-
sessed man who was blind and mute, and
Jesus healed him, so that he could both talk
23 and see. All the people were astonished
and said, "Could this be the Son of David?"
24 But when the Pharisees heard this, they
said, "It is only by Beelzebul, the prince of
demons, that this fellow drives out demons."
25 Jesus knew their thoughts and said to
them, "Every kingdom divided against itself
will be ruined, and every city or household
26 divided against itself will not stand. If
Satan drives out Satan, he is divided against
himself. How then can his kingdom stand?
27 And if I drive out demons by Beelzebul, by
whom do your people drive them out? So

[a]21 Isaiah 42:1-4 1) 또는 연기나는 삼대를 ㄱ. 사 42:1 이하

astonish [əstániʃ] *vt.* 깜짝 놀라게하다
aware [əwέər] *a.* 알아차리고
bruised [bru:zd] *a.* 상처를 입은
demon [dí:mən] *n.* 마귀
fulfill [fulfíl] *vt.* 성취하다
household [háushòuld] *n.* 집안
mute [mju:t] *n.* 벙어리
plot [plat] *vt.* 음모하다
proclaim [proukléim] *vt.* 선포하다
quarrel [kwɔ́:rəl] *vi.* 싸우다
restore [ristɔ́:r] *vt.* 회복하다
ruin [rú:in] *vt.* 파멸시키다
smolder [smóuldər] *vi.* 타버리다
valuable [vǽljuəbl] *a.* 귀중한
withdraw [wiðdrɔ́:] *vi.* 떠나다

12:11 fall into...: …에 빠지다
12:11 take hold of...: …을 잡다, 붙잡다
12:13 stretch out: 뻗다
12:13 just as...: 꼭…처럼
12:20 snuff out: (초 따위를) 끄다
12:25 divided against itself: 내분이 일어난

면 너희의 아들들은 누구를 힘입어 쫓아내느
냐 그러므로 그들이 너희의 재판관이 되리라
28 그러나 내가 하나님의 성령을 힘입어 귀신을
쫓아내는 것이면 하나님의 나라가 이미 너희
에게 임하였느니라
29 사람이 먼저 강한 자를 결박하지 않고서야 어
떻게 그 강한 자의 집에 들어가 그 세간을 강탈
하겠느냐 결박한 후에야 그 집을 강탈하리라
30 나와 함께 아니하는 자는 나를 반대하는 자요
나와 함께 모으지 아니하는 자는 헤치는 자니라
31 그러므로 내가 너희에게 이르노니 사람에 대
한 모든 죄와 모독은 사하심을 얻되 성령을 모
독하는 것은 사하심을 얻지 못하겠고
32 또 누구든지 말로 인자를 거역하면 사하심을
얻되 누구든지 말로 성령을 거역하면 이 세상
과 오는 세상에서도 사하심을 얻지 못하리라
33 나무도 좋고 열매도 좋다 하든지 나무도 좋지
않고 열매도 좋지 않다 하든지 하라 그 열매로
나무를 아느니라
34 독사의 자식들아 너희는 악하니 어떻게 선한
말을 할 수 있느냐 이는 마음에 가득한 것을
입으로 말함이라
35 선한 사람은 그 쌓은 선에서 선한 것을 내고 악
한 사람은 그 쌓은 악에서 악한 것을 내느니라
36 내가 너희에게 이르노니 사람이 무슨 무익한
말을 하든지 심판 날에 이에 대하여 심문을 받
으리니
37 네 말로 의롭다 함을 받고 네 말로 정죄함을
받으리라

악한 세대가 표적을 구하나
(막 8:11-12; 눅 11:24-26, 29-32)

38 ●그때에 서기관과 바리새인 중 몇 사람이 말
하되 선생님이여 우리에게 표적 보여주시기를
원하나이다
39 예수께서 대답하여 이르시되 악하고 음란한
세대가 표적을 구하나 선지자 요나의 표적 밖
에는 보일 표적이 없느니라
40 요나가 밤낮 사흘 동안 큰 물고기 뱃속에 있었
던 것같이 인자도 밤낮 사흘 동안 땅속에 있으
리라
41 심판 때에 니느웨 사람들이 일어나 이 세대 사
람을 정죄하리니 이는 그들이 요나의 전도를
듣고 회개하였음이거니와 요나보다 더 큰 이
가 여기 있으며
42 심판 때에 남방 여왕이 일어나 이 세대 사람을
정죄하리니 이는 그가 솔로몬의 지혜로운 말
을 들으려고 땅끝에서 왔음이거니와 솔로몬보

28 then, they will be your judges. •But if it
is by the Spirit of God that I drive out
demons, then the kingdom of God has
come upon you.
29 •"Or again, how can anyone enter a
strong man's house and carry off his pos-
sessions unless he first ties up the strong
man? Then he can plunder his house.
30 •"Whoever is not with me is against me,
and whoever does not gather with me scat-
31 ters. •And so I tell you, every kind of sin
and slander can be forgiven, but blasphe-
my against the Spirit will not be forgiven.
32 •Anyone who speaks a word against the
Son of Man will be forgiven, but anyone
who speaks against the Holy Spirit will not
be forgiven, either in this age or in the age
to come.
33 •"Make a tree good and its fruit will be
good, or make a tree bad and its fruit will
be bad, for a tree is recognized by its fruit.
34 •You brood of vipers, how can you who
are evil say anything good? For the mouth
35 speaks what the heart is full of. •A good
man brings good things out of the good
stored up in him, and an evil man brings
evil things out of the evil stored up in him.
36 •But I tell you that everyone will have to
give account on the day of judgment for
37 every empty word they have spoken. •For
by your words you will be acquitted, and
by your words you will be condemned."

The Sign of Jonah

38 •Then some of the Pharisees and teach-
ers of the law said to him, "Teacher, we
want to see a sign from you."
39 •He answered, "A wicked and adulter-
ous generation asks for a sign! But none
will be given it except the sign of the
40 prophet Jonah. •For as Jonah was three
days and three nights in the belly of a huge
fish, so the Son of Man will be three days
and three nights in the heart of the earth.
41 •The men of Nineveh will stand up at the
judgment with this generation and con-
demn it; for they repented at the preach-
ing of Jonah, and now something greater
42 than Jonah is here. •The Queen of the
South will rise at the judgment with this
generation and condemn it; for she came
from the ends of the earth to listen to
Solomon's wisdom, and now something

acquit [əkwít] *vt.* 무죄로 하다
adulterous [ədʌltərəs] *a.* 간통의
belly [béli] *n.* 배, 위
blasphemy [blǽsfəmi] *n.* 모독
condemn [kəndém] *vt.* 유죄 판결을 하다
empty [émpti] *a.* 공허한, 비어있는
except [iksépt] *prep.* …외에는
plunder [plʌndər] *vt.* 약탈하다
possession [pəzéʃən] *n.* 재산
recognize [rékəgnàiz] *vt.* 알아보다
repent [ripént] *vi.* 회개하다
scatter [skǽtər] *vt.* 흩어버리다
slander [slǽndər] *n.* 중상
unless [ənlés] *conj.* …가 아닌 한
viper [váipər] *n.* 독사

12:28 **come upon**: 다가오다, 임하다
12:29 **carry off**: 빼앗다
12:29 **tie up**: 단단히 묶다
12:32 **speak against...**: …에 반대하다
12:35 **store up**: 쌓다, 축적하다
12:35 **out of...**: …중에

다 더 큰 이가 여기 있느니라
43 더러운 귀신이 사람에게서 나갔을 때에 물 없는 곳으로 다니며 쉬기를 구하되 쉴 곳을 얻지 못하고
44 이에 이르되 내가 나온 내 집으로 돌아가리라 하고 와 보니 그 집이 비고 청소되고 수리되었거늘
45 이에 가서 저보다 더 악한 귀신 일곱을 데리고 들어가서 거하니 그 사람의 나중 형편이 전보다 더욱 심하게 되느니라 이 악한 세대가 또한 이렇게 되리라

예수의 어머니와 형제 자매
(막 3:31-35; 눅 8:19-21)

46 ●예수께서 무리에게 말씀하실 때에 그의 어머니와 [1]동생들이 예수께 말하려고 밖에 섰더니
47 한 사람이 예수께 여짜오되 보소서 당신의 어머니와 [1]동생들이 당신께 말하려고 밖에 서 있나이다 하니
48 말하던 사람에게 대답하여 이르시되 누가 내 어머니이며 내 [1]동생들이냐 하시고
49 손을 내밀어 제자들을 가리켜 이르시되 나의 어머니와 나의 [1]동생들을 보라
50 누구든지 하늘에 계신 내 아버지의 뜻대로 하는 자가 내 형제요 자매요 어머니이니라 하시더라

네 가지 땅에 떨어진 씨 비유 (막 4:1-9; 눅 8:4-8)

13 그날 예수께서 집에서 나가사 바닷가에 앉으시매
2 큰 무리가 그에게로 모여들거늘 예수께서 배에 올라가 앉으시고 온 무리는 해변에 서 있더니
3 예수께서 비유로 여러 가지를 그들에게 말씀하여 이르시되 씨를 뿌리는 자가 뿌리러 나가서
4 뿌릴새 더러는 길가에 떨어지매 새들이 와서 먹어버렸고
5 더러는 흙이 얕은 돌밭에 떨어지매 흙이 깊지 아니하므로 곧 싹이 나오나
6 해가 돋은 후에 타서 뿌리가 없으므로 말랐고
7 더러는 가시떨기 위에 떨어지매 가시가 자라서 기운을 막았고
8 더러는 좋은 땅에 떨어지매 어떤 것은 백 배, 어떤 것은 육십 배, 어떤 것은 삼십 배의 결실을 하였느니라
9 귀 있는 자는 들으라 하시니라

비유를 설명하시다 (막 4:10-20; 눅 8:9-15)

10 ●제자들이 예수께 나아와 이르되 어찌하여 그들에게 비유로 말씀하시나이까

greater than Solomon is here.
43 ●"When an impure spirit comes out of
a person, it goes through arid places seek-
44 ing rest and does not find it. ●Then it
says, 'I will return to the house I left.'
When it arrives, it finds the house unoc-
cupied, swept clean and put in order.
45 ●Then it goes and takes with it seven
other spirits more wicked than itself, and
they go in and live there. And the final
condition of that person is worse than
the first. That is how it will be with this
wicked generation."

Jesus' Mother and Brothers

46 ●While Jesus was still talking to the
crowd, his mother and brothers stood out-
47 side, wanting to speak to him. ●Someone
told him, "Your mother and brothers are
standing outside, wanting to speak to
you."
48 ●He replied to him, "Who is my mother,
49 and who are my brothers?" ●Pointing to
his disciples, he said, "Here are my mother
50 and my brothers. ●For whoever does the
will of my Father in heaven is my brother
and sister and mother."

The Parable of the Sower

13 That same day Jesus went out of the
2 house and sat by the lake. ●Such
large crowds gathered around him that he
got into a boat and sat in it, while all the
3 people stood on the shore. ●Then he told
them many things in parables, saying: "A
4 farmer went out to sow his seed. ●As he
was scattering the seed, some fell along the
path, and the birds came and ate it up.
5 ●Some fell on rocky places, where it did
not have much soil. It sprang up quickly,
6 because the soil was shallow. ●But when
the sun came up, the plants were scor-
ched, and they withered because they had
7 no root. ●Other seed fell among thorns,
which grew up and choked the plants.
8 ●Still other seed fell on good soil, where
it produced a crop—a hundred, sixty or
9 thirty times what was sown. ●Whoever
has ears, let them hear."
10 ●The disciples came to him and asked,
"Why do you speak to the people in para-
bles?"

1) 또는 형제들

choke [tʃouk] *vt.* 막다, 억누르다
condition [kəndíʃən] *n.* 형편
crop [krap] *n.* 수확
impure [impjúər] *a.* 불결한
lake [leik] *n.* 호수
parable [pǽrəbl] *n.* 비유
scatter [skǽtər] *vt.* 흩뿌리다
scorch [skɔːrtʃ] *vi.* 시들다
seed [siːd] *n.* 씨
shallow [ʃǽlou] *a.* 얕은
soil [sɔil] *n.* 흙
sweep [swiːp] *vi.* 청소하다
thorn [θɔːrn] *n.* 가시
wicked [wíkid] *a.* 사악한
wither [wíðər] *vi.* 시들다

12:44 put in order: 정돈하다
12:48 reply to...: …에게 답하다
12:49 point to...: …을 가리키다
13:4 eat up: 다 먹어버리다
13:5 spring up: 싹트다
13:8 fall on...: …에 떨어지다

11 대답하여 이르시되 천국의 비밀을 아는
것이 너희에게는 허락되었으나 그들에게
는 아니되었나니
12 무릇 있는 자는 받아 넉넉하게 되되 없는
자는 그 있는 것도 빼앗기리라
13 그러므로 내가 그들에게 비유로 말하는
것은 그들이 보아도 보지 못하며 들어도
듣지 못하며 깨닫지 못함이니라
14 이사야의 예언이 그들에게 이루어졌으니
일렀으되
ㄱ너희가 듣기는 들어도 깨닫지 못할 것
이요 보기는 보아도 알지 못하리라
15 이 백성들의 마음이 완악하여져서 그
귀는 듣기에 둔하고 눈은 감았으니 이
는 눈으로 보고 귀로 듣고 마음으로 깨
달아 돌이켜 내게 고침을 받을까 두려
워함이라
하였느니라 히 5:11
16 그러나 너희 눈은 봄으로, 너희 귀는 들음
으로 복이 있도다
17 내가 진실로 너희에게 이르노니 많은 선
지자와 의인이 너희가 보는 것들을 보고
자 하여도 보지 못하였고 너희가 듣는
것들을 듣고자 하여도 듣지 못하였느니
라 히 11:13
18 그런즉 씨 뿌리는 비유를 들으라
19 아무나 1)천국 말씀을 듣고 깨닫지 못할 때
는 악한 자가 와서 그 마음에 뿌려진 것을
빼앗나니 이는 곧 길가에 뿌려진 자요
20 돌밭에 뿌려졌다는 것은 말씀을 듣고 즉
시 기쁨으로 받되
21 그 속에 뿌리가 없어 잠시 견디다가 말씀
으로 말미암아 환난이나 박해가 일어날
때에는 곧 넘어지는 자요 11:6
22 가시떨기에 뿌려졌다는 것은 말씀을 들
으나 세상의 염려와 재물의 유혹에 말씀
이 막혀 결실하지 못하는 자요
23 좋은 땅에 뿌려졌다는 것은 말씀을 듣고
깨닫는 자니 결실하여 어떤 것은 백 배,
어떤 것은 육십 배, 어떤 것은 삼십 배가
되느니라 하시더라
24 ●예수께서 그들 앞에 또 비유를 들어 이
르시되 천국은 좋은 씨를 제 밭에 뿌린 사
람과 같으니
25 *사람들이 잘 때에 그 원수가 와서 곡식 가*
운데 가라지를 덧뿌리고 갔더니

11 ●He replied, "Because the knowledge of the
secrets of the kingdom of heaven has been
12 given to you, but not to them. ●Whoever has
will be given more, and they will have an abun-
dance. Whoever does not have, even what they
13 have will be taken from them. ●This is why I
speak to them in parables:

"Though seeing, they do not see;
though hearing, they do not hear or
understand.

14 ●In them is fulfilled the prophecy of Isaiah:

" 'You will be ever hearing but never
understanding;
you will be ever seeing but never
perceiving.
15 ●For this people's heart has become calloused;
they hardly hear with their ears,
and they have closed their eyes.
Otherwise they might see with their eyes,
hear with their ears,
understand with their hearts
and turn, and I would heal them.'[a]

16 ●But blessed are your eyes because they see, and
17 your ears because they hear. ●For truly I tell
you, many prophets and righteous people
longed to see what you see but did not see it,
and to hear what you hear but did not hear it.
18 ●"Listen then to what the parable of the
19 sower means: ●When anyone hears the mes-
sage about the kingdom and does not under-
stand it, the evil one comes and snatches away
what was sown in their heart. This is the seed
20 sown along the path. ●The seed falling on
rocky ground refers to someone who hears the
21 word and at once receives it with joy. ●But
since they have no root, they last only a short
time. When trouble or persecution comes
because of the word, they quickly fall away.
22 ●The seed falling among the thorns refers to
someone who hears the word, but the worries
of this life and the deceitfulness of wealth
23 choke the word, making it unfruitful. ●But the
seed falling on good soil refers to someone who
hears the word and understands it. This is the
one who produces a crop, yielding a hundred,
sixty or thirty times what was sown."

The Parable of the Weeds

24 ●**Jesus told them another parable:** "The
kingdom of heaven is like a man who sowed
25 good seed in his field. ●But while everyone

[a]15 Isaiah 6:9,10 (see Septuagint)

1) 헬, 그 나라의 말씀을 ㄱ. 사 6:9,10

abundance [əbʌndəns] *n.* 풍부
callous [kǽləs] *vi.* 굳어지다
choke [tʃouk] *vt.* 질식시키다
deceitfulness [disíːtfəlnis] *n.* 속임
hardly [háːrdli] *ad.* 거의 …않다
otherwise [ʌðərwàiz] *ad.* 그렇지 않으면
path [pæθ] *n.* 길
perceive [pərsíːv] *vt.* 지각하다, 감지하다
persecution [pəːrsikjúːʃən] *n.* 박해
prophet [práfit] *n.* 예언자
receive [risíːv] *vt.* 받다
righteous [ráitʃəs] *a.* 의로운
sow [sou] *vt.* 씨를 뿌리다
truly [trúːli] *ad.* 진실로
yield [jiːld] *vt.* 산출하다

13:12 be taken from...: …로부터 빼앗기다
13:17 long to...: …을 애타게 바라다, 열망하다
13:19 snatch away: 잡아채다, 낚아채다
13:20 refer to...: …에 적용되다
13:20 at once: 즉시
13:21 fall away: 넘어지다, 배반하다

26 싹이 나고 결실할 때에 가라지도 보이거늘
27 집 주인의 종들이 와서 말하되 주여 밭에
좋은 씨를 뿌리지 아니하였나이까 그런데
가라지가 어디서 생겼나이까
28 주인이 이르되 원수가 이렇게 하였구나 종
들이 말하되 그러면 우리가 가서 이것을
뽑기를 원하시나이까
29 주인이 이르되 가만두라 가라지를 뽑다가
곡식까지 뽑을까 염려하노라
30 둘 다 추수 때까지 함께 자라게 두라 추수
때에 내가 추수꾼들에게 말하기를 가라지
는 먼저 거두어 불사르게 단으로 묶고 곡
식은 모아 내 곳간에 넣으라 하리라

겨자씨와 누룩 비유 (막 4:30-32; 눅 13:18-21)

31 ●또 비유를 들어 이르시되 천국은 마치
사람이 자기 밭에 갖다 심은 겨자씨 한 알
같으니
32 이는 모든 씨보다 작은 것이로되 자란 후
에는 풀보다 커서 나무가 되매 공중의 새
들이 와서 그 가지에 깃들이느니라
33 ●또 비유로 말씀하시되 천국은 마치 여자
가 가루 서 말 속에 갖다 넣어 전부 부풀게
한 누룩과 같으니라 갈 5:9

비유로 말씀하신 까닭 (막 4:33-34)

34 ●예수께서 이 모든 것을 무리에게 비유로
말씀하시고 비유가 아니면 아무것도 말씀
하지 아니하셨으니
35 이는 선지자를 통하여 말씀하신 바
ㄱ내가 입을 열어 비유로 말하고 창세부
터 감추인 것들을 드러내리라
함을 이루려 하심이라

가라지 비유를 설명하시다 (♪ 587장)

36 ●이에 예수께서 무리를 떠나사 집에 들어
가시니 제자들이 나아와 이르되 밭의 가라
지의 비유를 우리에게 설명하여 주소서
37 대답하여 이르시되 좋은 씨를 뿌리는 이는
인자요
38 밭은 세상이요 좋은 씨는 [1]천국의 아들들
이요 가라지는 악한 자의 아들들이요
39 가라지를 뿌린 원수는 마귀요 추수 때는
세상 끝이요 추수꾼은 천사들이니
40 그런즉 가라지를 거두어 불에 사르는 것같
이 세상 끝에도 그러하리라
41 인자가 그 천사들을 보내리니 그들이 그
나라에서 모든 넘어지게 하는 것과 또 불
법을 행하는 자들을 거두어 내어

was sleeping, his enemy came and sowed
weeds among the wheat, and went away.
26 ●When the wheat sprouted and formed
heads, then the weeds also appeared.
27 ●"The owner's servants came to him and
said, 'Sir, didn't you sow good seed in your field?
Where then did the weeds come from?'
28 ●" 'An enemy did this,' he replied.
"The servants asked him, 'Do you want us to
go and pull them up?'
29 ●" 'No,' he answered, 'because while you are
pulling the weeds, you may uproot the wheat
30 with them. ●Let both grow together until the
harvest. At that time I will tell the harvesters:
First collect the weeds and tie them in bundles
to be burned; then gather the wheat and bring
it into my barn.' "

The Parables of the Mustard Seed and the Yeast

31 ●He told them another parable: "The king-
dom of heaven is like a mustard seed, which a
32 man took and planted in his field. ●Though it
is the smallest of all seeds, yet when it grows, it
is the largest of garden plants and becomes a
tree, so that the birds come and perch in its
branches."
33 ●He told them still another parable: "The
kingdom of heaven is like yeast that a woman
took and mixed into about sixty pounds[a] of
flour until it worked all through the dough."
34 ●Jesus spoke all these things to the crowd in
parables; he did not say anything to them
35 without using a parable. ●So was fulfilled
what was spoken through the prophet:

"I will open my mouth in parables,
I will utter things hidden since the creation
of the world."[b]

The Parable of the Weeds Explained

36 ●Then he left the crowd and went into the
house. His disciples came to him and said,
"Explain to us the parable of the weeds in the
field."
37 ●He answered, "The one who sowed the
38 good seed is the Son of Man. ●The field is the
world, and the good seed stands for the peo-
ple of the kingdom. The weeds are the people
39 of the evil one, ●and the enemy who sows
them is the devil. The harvest is the end of the
age, and the harvesters are angels.
40 ●"As the weeds are pulled up and burned in
41 the fire, so it will be at the end of the age. ●The

[a]33 Or about 27 kilograms [b]35 Psalm 78:2

1) 헬, 그 나라의 ㄱ. 시 78:2

appear [əpíər] *vi.* 나타나다
barn [baːrn] *n.* 곳간
branch [bræntʃ] *n.* 가지
bundle [bʌndl] *n.* 묶음
collect [kəlékt] *vt.* 모으다
dough [dou] *n.* 가루 반죽
explain [ikspléin] *vt.* 설명하다
fulfill [fulfíl] *vt.* (보통 수동형으로) 성취시키다
harvest [háːrvist] *n.* 수확
parable [pǽrəbl] *n.* 비유
perch [pəːrtʃ] *vi.* …에 깃들다
sprout [spraut] *vi.* 싹트다
utter [ʌtər] *vt.* 발언하다, 공포하다
weed [wiːd] *n.* 잡초, 가라지
yeast [jiːst] *n.* 효모(균), 누룩

13:27 come from...: …에서 나오다
13:28 pull... up: …을 철저히 뽑다
13:30 tie in: 묶다
13:30 bring into...: …로 이동시키다
13:33 mix into...: …을 섞어서
13:38 stand for...: …를 나타내다, 상징하다

42 풀무 불에 던져 넣으리니 거기서 울며 이
를 갈게 되리라
43 그때에 의인들은 자기 아버지 나라에서
해와 같이 빛나리라 귀 있는 자는 들으
라 단 12:3

세 가지 비유

44 ●천국은 마치 밭에 감추인 보화와 같으
니 사람이 이를 발견한 후 숨겨 두고 기
뻐하며 돌아가서 자기의 소유를 다 팔아
그 밭을 사느니라
45 ●또 천국은 마치 좋은 진주를 구하는 장
사와 같으니
46 극히 값진 진주 하나를 발견하매 가서 자
기의 소유를 다 팔아 그 진주를 사느니라
47 ●또 천국은 마치 바다에 치고 각종 물고
기를 모는 그물과 같으니
48 그물에 가득하매 물가로 끌어내고 앉아
서 좋은 것은 그릇에 담고 못된 것은 내
버리느니라
49 세상 끝에도 이러하리라 천사들이 와서
의인 중에서 악인을 갈라 내어 25:32
50 풀무 불에 던져 넣으리니 거기서 울며 이
를 갈리라

새것과 옛것

51 ●이 모든 것을 깨달았느냐 하시니 대답
하되 그러하오이다
52 예수께서 이르시되 그러므로 천국의 제
자된 서기관마다 마치 새것과 옛것을 그
곳간에서 내오는 집주인과 같으니라

고향에서 배척을 받으시다
(막 6:1-6; 눅 4:16-30)

53 ●예수께서 이 모든 비유를 마치신 후에
그곳을 떠나서
54 고향으로 돌아가사 그들의 회당에서 가
르치시니 그들이 놀라 이르되 이 사람의
이 지혜와 이런 능력이 어디서 났느냐
55 이는 그 목수의 아들이 아니냐 그 어머니
는 마리아, 그 형제들은 야고보, 요셉, 시
몬, 유다라 하지 않느냐 요 6:42
56 그 누이들은 다 우리와 함께 있지 아니하
냐 그런즉 이 사람의 이 모든 것이 어디
서 났느냐 하고
57 [1]예수를 배척한지라 예수께서 그들에게
말씀하시되 선지자가 자기 고향과 자기
집 외에서는 존경을 받지 않음이 없느니
라 하시고

Son of Man will send out his angels, and they
will weed out of his kingdom everything that
42 causes sin and all who do evil. •They will throw
them into the blazing furnace, where there will
43 be weeping and gnashing of teeth. •Then the
righteous will shine like the sun in the kingdom
of their Father. Whoever has ears, let them hear.

The Parables of the Hidden Treasure and the Pearl

44 •"The kingdom of heaven is like treasure hid-
den in a field. When a man found it, he hid it
again, and then in his joy went and sold all he
had and bought that field.
45 •"Again, the kingdom of heaven is like a mer-
46 chant looking for fine pearls. •When he found
one of great value, he went away and sold every-
thing he had and bought it.

The Parable of the Net

47 •"Once again, the kingdom of heaven is like a
net that was let down into the lake and caught
48 all kinds of fish. •When it was full, the fisher-
men pulled it up on the shore. Then they sat
down and collected the good fish in baskets, but
49 threw the bad away. •This is how it will be at
the end of the age. The angels will come and
50 separate the wicked from the righteous •and
throw them into the blazing furnace, where
there will be weeping and gnashing of teeth.
51 •"Have you understood all these things?"
Jesus asked.
"Yes," they replied.
52 •He said to them, "Therefore every teacher of
the law who has become a disciple in the king-
dom of heaven is like the owner of a house who
brings out of his storeroom new treasures as well
as old."

A Prophet Without Honor

53 •When Jesus had finished these parables, he
54 moved on from there. •Coming to his home-
town, he began teaching the people in their syn-
agogue, and they were amazed. "Where did this
man get this wisdom and these miraculous
55 powers?" they asked. •"Isn't this the carpenter's
son? Isn't his mother's name Mary, and aren't
his brothers James, Joseph, Simon and Judas?
56 •Aren't all his sisters with us? Where then did
57 this man get all these things?" •And they took
offense at him.
But Jesus said to them, "A prophet is not with-
out honor except in his own town and in his
own home."

1) 또는 예수로 말미암아 넘어진지라

blazing [bléiziŋ] *a.* 불타는
carpenter [kɑ́ːrpəntər] *n.* 목수
except [iksépt] *prep.* …외에는
furnace [fə́ːrnis] *n.* 불타는 아궁이
gnash [næʃ] *vt.* 이를 갈다
merchant [mə́ːrtʃənt] *n.* 상인
offense [əféns] *n.* 무례함
separate [sépərèit] *vt.* 가르다
storeroom [stɔ́ːrrùːm] *n.* 저장실, 광
synagogue [sínəgɑ̀g] *n.* 회당
throw [θrou] *vt.* 던지다
treasure [tréʒər] *n.* 보물
value [vǽljuː] *n.* 가치
weep [wiːp] *vi.* 울다
wisdom [wízdəm] *n.* 지혜

13:41 weed out of...: …에서 제거하다
13:45 look for...: …을 찾다, 구하다
13:46 go away: 가다, 떠나다
13:47 let down: 내리다
13:52 bring out: 가지고 나오다
13:52 A as well as B: B뿐 아니라 A도

58 그들이 믿지 않음으로 말미암아 거기서 많은
능력을 행하지 아니하시니라

세례 요한의 죽음 (막 6:14-29; 눅 9:7-9)

14 그때에 분봉 왕 헤롯이 예수의 소문을
듣고
2 그 신하들에게 이르되 이는 [1]세례 요한이라
그가 죽은 자 가운데서 살아났으니 그러므로
이런 능력이 그 속에서 역사하는도다 하더라
3 전에 헤롯이 그 동생 빌립의 아내 헤로디아
의 일로 요한을 잡아 결박하여 옥에 가두었
으니
4 이는 요한이 헤롯에게 말하되 당신이 그 여자
를 차지한 것이 옳지 않다 하였음이라 레 18:16
5 헤롯이 요한을 죽이려 하되 무리가 그를 선
지자로 여기므로 그들을 두려워하더니 눅 20:6
6 마침 헤롯의 생일이 되어 헤로디아의 딸이 연
석 가운데서 춤을 추어 헤롯을 기쁘게 하니
7 헤롯이 맹세로 그에게 무엇이든지 달라는 대
로 주겠다고 약속하거늘
8 그가 제 어머니의 시킴을 듣고 이르되 [1]세례
요한의 머리를 소반에 얹어 여기서 내게 주
소서 하니
9 왕이 근심하나 자기가 맹세한 것과 그 함께
[2]앉은 사람들 때문에 주라 명하고
10 사람을 보내어 옥에서 요한의 목을 베어
11 그 머리를 소반에 얹어서 그 소녀에게 주니
그가 자기 어머니에게로 가져가니라
12 요한의 제자들이 와서 시체를 가져다가 장사
하고 가서 예수께 아뢰니라

오천 명을 먹이시다 (막 6:30-44;
눅 9:10-17; 요 6:1-14 ♪ 545, 546장)

13 ●예수께서 들으시고 배를 타고 떠나사 따로
빈 들에 가시니 무리가 듣고 여러 고을로부
터 걸어서 따라간지라
14 예수께서 나오사 큰 무리를 보시고 불쌍히 여
기사 그 중에 있는 병자를 고쳐 주시니라 9:36
15 저녁이 되매 제자들이 나아와 이르되 이곳은
빈 들이요 때도 이미 저물었으니 무리를 보
내어 마을에 들어가 먹을 것을 사 먹게 하소
서
16 예수께서 이르시되 갈 것 없다 너희가 먹을
것을 주라
17 제자들이 이르되 여기 우리에게 있는 것은
떡 다섯 개와 물고기 두 마리뿐이니이다 16:9
18 이르시되 그것을 내게 가져오라 하시고
19 무리를 명하여 잔디 위에 [2]앉히시고 떡 다섯
개와 물고기 두 마리를 가지사 하늘을 우러

58 ●And he did not do many miracles there
because of their lack of faith.

John the Baptist Beheaded

14 At that time Herod the tetrarch heard
2 the reports about Jesus, ●and he said
to his attendants, "This is John the Baptist;
he has risen from the dead! That is why
miraculous powers are at work in him."
3 ●Now Herod had arrested John and
bound him and put him in prison because
4 of Herodias, his brother Philip's wife, ●for
John had been saying to him: "It is not law-
5 ful for you to have her." ●Herod wanted to
kill John, but he was afraid of the people,
because they considered John a prophet.
6 ●On Herod's birthday the daughter of
Herodias danced for the guests and pleased
7 Herod so much ●that he promised with an
8 oath to give her whatever she asked. ●Pro-
mpted by her mother, she said, "Give me
here on a platter the head of John the Bap-
9 tist." ●The king was distressed, but because
of his oaths and his dinner guests, he ordered
10 that her request be granted ●and had John
11 beheaded in the prison. ●His head was
brought in on a platter and given to the girl,
12 who carried it to her mother. ●John's disci-
ples came and took his body and buried it.
Then they went and told Jesus.

Jesus Feeds the Five Thousand

13 ●When Jesus heard what had happened,
he withdrew by boat privately to a solitary
place. Hearing of this, the crowds followed
14 him on foot from the towns. ●When Jesus
landed and saw a large crowd, he had com-
passion on them and healed their sick.
15 ●As evening approached, the disciples
came to him and said, "This is a remote
place, and it's already getting late. Send the
crowds away, so they can go to the villages
and buy themselves some food."
16 ●Jesus replied, "They do not need to go
away. You give them something to eat."
17 ●"We have here only five loaves of bread
and two fish," they answered.
18-19 ●"Bring them here to me," he said. ●And
he directed the people to sit down on the
grass. Taking the five loaves and the two fish
and looking up to heaven, he gave thanks
and broke the loaves. Then he gave them to
the disciples, and the disciples gave them to

1) 헬, 또는 침례 2) 8:11 난하주를 보라

approach [əpróutʃ] *vi.* 다가오다
arrest [ərést] *vt.* 붙잡다
attendant [əténdənt] *n.* 시종
bury [béri] *vt.* 묻다, 매장하다
consider [kənsídər] *vt.* …이라고 생각하다
crowd [kraud] *n.* 군중
distressed [distrést] *a.* 고민하는
grant [grænt] *vt.* 들어주다
lack [læk] *n.* 부족
oath [ouθ] *n.* 맹세
platter [plǽtər] *n.* 큰 접시
privately [práivitli] *ad.* 남몰래
prompt [prampt] *vt.* 선동하다
remote [rimóut] *a.* 외딴
tetrarch [tétraːrk] *n.* 영주

14:2 **rise from**: 일어나다
14:3 **put A in prison**: A를 옥에 가두다
14:14 **have compassion on**: 불쌍히 여기다
14:15 **get late**: (시간이) 늦어지다
14:19 **break the loaves**: 떡을 떼다

러 축사하시고 떡을 떼어 제자들에게 주시매
제자들이 무리에게 주니
20 다 배불리 먹고 남은 조각을 열두 바구니에
차게 거두었으며
21 먹은 사람은 여자와 어린이 외에 오천 명이
나 되었더라

물 위로 걸으시다 (막 6:45-52; 요 6:15-21)

22 ●예수께서 즉시 제자들을 재촉하사 자기가
무리를 보내는 동안에 배를 타고 앞서 건너
편으로 가게 하시고
23 무리를 보내신 후에 기도하러 따로 산에 올
라가시니라 저물매 거기 혼자 계시더니 눅 6:12
24 배가 이미 1)육지에서 수 리나 떠나서 바람이
거스르므로 물결로 말미암아 고난을 당하더
라
25 밤 사경에 예수께서 바다 위로 걸어서 제자
들에게 오시니
26 제자들이 그가 바다 위로 걸어오심을 보고
놀라 유령이라 하며 무서워하여 소리 지르거
늘
27 예수께서 즉시 이르시되 안심하라 나니 두려
워하지 말라
28 베드로가 대답하여 이르되 주여 만일 주님이
시거든 나를 명하사 물 위로 오라 하소서 하니
29 오라 하시니 베드로가 배에서 내려 2)물 위로
걸어서 예수께로 가되
30 바람을 보고 무서워 빠져 가는지라 소리 질
러 이르되 주여 나를 구원하소서 하니
31 예수께서 즉시 손을 내밀어 그를 붙잡으시며
이르시되 믿음이 작은 자여 왜 의심하였느냐
하시고
32 배에 함께 오르매 바람이 그치는지라
33 배에 있는 사람들이 예수께 절하며 이르되
진실로 하나님의 아들이로소이다 하더라

게네사렛에서 병자들을 고치시다 (막 6:53-56)

34 ●그들이 건너가 게네사렛 땅에 이르니
35 그곳 사람들이 예수이신 줄을 알고 그 근방
에 두루 통지하여 모든 병든 자를 예수께 데
리고 와서
36 다만 예수의 옷자락에라도 손을 대게 하시기
를 간구하니 손을 대는 자는 다 나음을 얻으
니라

장로들의 전통 (막 7:1-23 ♪305장) — A.D. 29년경

15 그때에 바리새인과 서기관들이 예루살
렘으로부터 예수께 나아와 이르되
2 당신의 제자들이 어찌하여 장로들의 전통을
범하나이까 떡 먹을 때에 손을 씻지 아니하나

20 the people. ●They all ate and were satisfied,
and the disciples picked up twelve basket-
fuls of broken pieces that were left over.
21 ●The number of those who ate was about
five thousand men, besides women and
children.

Jesus Walks on the Water

22 ●Immediately Jesus made the disciples get
into the boat and go on ahead of him to the
other side, while he dismissed the crowd.
23 ●After he had dismissed them, he went up
on a mountainside by himself to pray. Later
24 that night, he was there alone, ●and the
boat was already a considerable distance
from land, buffeted by the waves because
the wind was against it.
25 ●Shortly before dawn Jesus went out to
26 them, walking on the lake. ●When the dis-
ciples saw him walking on the lake, they
were terrified. "It's a ghost," they said, and
cried out in fear.
27 ●But Jesus immediately said to them:
"Take courage! It is I. Don't be afraid."
28 ●"Lord, if it's you," Peter replied, "tell me
to come to you on the water."
29 ●"Come," he said.
Then Peter got down out of the boat,
walked on the water and came toward Jesus.
30 ●But when he saw the wind, he was afraid
and, beginning to sink, cried out, "Lord, save
me!"
31 ●Immediately Jesus reached out his hand
and caught him. "You of little faith," he
said, "why did you doubt?"
32 ●And when they climbed into the boat,
33 the wind died down. ●Then those who were
in the boat worshiped him, saying, "Truly
you are the Son of God."
34 ●When they had crossed over, they land-
35 ed at Gennesaret. ●And when the men of
that place recognized Jesus, they sent word
to all the surrounding country. People
36 brought all their sick to him ●and begged
him to let the sick just touch the edge of his
cloak, and all who touched it were healed.

That Which Defiles

15 Then some Pharisees and teachers of
the law came to Jesus from Jerusalem
2 and asked, ●"Why do your disciples break
the tradition of the elders? They don't wash

1) 어떤 사본에, 바다 가운데 있어 2) 어떤 사본에, 예수께 가려고 물 위로 걸어가다가

basketful [bǽskitfùl] *n.* 한 바구니 가득
beg [beg] *vt.* 간청하다
buffet [bʌfit] *vt.* (바람 · 파도 등이) 괴롭히다
climb [klaim] *vi.* 기어오르다
cloak [klouk] *n.* 외투, 겉옷
considerable [kənsídərəbl] *a.* 상당한
courage [kə́:ridʒ] *n.* 용기
dismiss [dismís] *vt.* 해산시키다
doubt [daut] *vt.* 의심하다
immediately [imí:diətli] *ad.* 즉시
recognize [rékəgnàiz] *vt.* 알아보다
satisfy [sǽtisfài] *vt.* 만족시키다
sink [siŋk] *vi.* 가라앉다
terrified [térəfàid] *a.* 무서워하는
tradition [trədíʃən] *n.* 전통

14:20 **leave over**: (음식 등을) 남기다
14:22 **get into...**: …에 타다
14:31 **reach out**: (손 등을) 뻗다
14:32 **die down**: 사라져버리다
14:35 **send word**: 말을 전하다
14:35 **bring A to B**: A를 B에게 데리고 오다

이다
3 대답하여 이르시되 너희는 어찌하여 너희의
전통으로 하나님의 계명을 범하느냐
4 하나님이 이르셨으되 [ㄱ]네 부모를 공경하라
하시고 또 [ㄴ]아버지나 어머니를 비방하는 자
는 반드시 죽임을 당하리라 하셨거늘
5 너희는 이르되 누구든지 아버지에게나 어머
니에게 말하기를 내가 드려 유익하게 할 것
이 하나님께 드림이 되었다고 하기만 하면
6 그 부모를 공경할 것이 없다 하여 너희의 전
통으로 하나님의 말씀을 폐하는도다
7 외식하는 자들아 이사야가 너희에 관하여 잘
예언하였도다 일렀으되
8 [ㄷ]이 백성이 입술로는 나를 공경하되 마음
은 내게서 멀도다
9 사람의 계명으로 교훈을 삼아 가르치니 나
를 헛되이 경배하는도다
하였느니라 하시고
10 무리를 불러 이르시되 듣고 깨달으라
11 입으로 들어가는 것이 사람을 더럽게 하는
것이 아니라 입에서 나오는 그것이 사람을
더럽게 하는 것이니라
12 이에 제자들이 나아와 이르되 바리새인들이
이 말씀을 듣고 [1]걸림이 된 줄 아시나이까
13 예수께서 대답하여 이르시되 심은 것마다 내
하늘 아버지께서 심으시지 않은 것은 뽑힐
것이니
14 그냥 두라 그들은 맹인이 되어 맹인을 인도
하는 자로다 만일 맹인이 맹인을 인도하면
둘이 다 구덩이에 빠지리라 하시니 롬 2:19
15 베드로가 대답하여 이르되 이 비유를 우리에
게 설명하여 주옵소서 13:36
16 예수께서 이르시되 너희도 아직까지 깨달음
이 없느냐 16:9
17 입으로 들어가는 모든 것은 배로 들어가서
뒤로 내버려지는 줄 알지 못하느냐
18 입에서 나오는 것들은 마음에서 나오나니 이
것이야말로 사람을 더럽게 하느니라 약 3:6
19 마음에서 나오는 것은 악한 생각과 살인과 간
음과 음란과 도둑질과 거짓 증언과 비방이니
20 이런 것들이 사람을 더럽게 하는 것이요 씻
지 않은 손으로 먹는 것은 사람을 더럽게 하
지 못하느니라

가나안 여자의 믿음 (막 7:24-30)

21 ●예수께서 거기서 나가사 두로와 시돈 지방
으로 들어가시니
22 가나안 여자 하나가 그 지경에서 나와서 소

their hands before they eat!"
3 •Jesus replied, "And why do you break
the command of God for the sake of your
4 tradition? •For God said, 'Honor your father
and mother'[a] and 'Anyone who curses their
5 father or mother is to be put to death.'[b] •But
you say that if anyone declares that what
might have been used to help their father or
6 mother is 'devoted to God,' •they are not to
'honor their father or mother' with it. Thus
you nullify the word of God for the sake of
7 your tradition. •You hypocrites! Isaiah was
right when he prophesied about you:
8 •" 'These people honor me with their lips,
but their hearts are far from me.
9 •They worship me in vain;
their teachings are merely human rules.'[c]"
10 •Jesus called the crowd to him and said,
11 "Listen and understand. •What goes into
someone's mouth does not defile them, but
what comes out of their mouth, that is what
defiles them."
12 •Then the disciples came to him and
asked, "Do you know that the Pharisees
were offended when they heard this?"
13 •He replied, "Every plant that my heav-
enly Father has not planted will be pulled
14 up by the roots. •Leave them; they are blind
guides.[d] If the blind lead the blind, both
will fall into a pit."
15 •Peter said, "Explain the parable to us."
16 •"Are you still so dull?" Jesus asked them.
17 •"Don't you see that whatever enters the
mouth goes into the stomach and then out
18 of the body? •But the things that come out
of a person's mouth come from the heart,
19 and these defile them. •For out of the heart
come evil thoughts — murder, adultery,
sexual immorality, theft, false testimony,
20 slander. •These are what defile a person;
but eating with unwashed hands does not
defile them."

The Faith of a Canaanite Woman

21 •Leaving that place, Jesus withdrew to
22 the region of Tyre and Sidon. •A Canaanite
woman from that vicinity came to him,
crying out, "Lord, Son of David, have mercy

[a]*4* Exodus 20:12; Deut. 5:16 [b]*4* Exodus 21:17; Lev. 20:9 [c]*9* Isaiah 29:13 [d]*14* Some manuscripts *blind guides of the blind*

1) 또는 실족 ㄱ. 출 20:12; 신 5:16 ㄴ. 출 21:17; 레 20:9 ㄷ. 사 29:13

adultery [ədʌltəri] *n.* 간음
curse [kəːrs] *vt.* 욕지거리하다
devoted [divóutid] *a.* 헌납된
hypocrite [hípəkrit] *n.* 위선자
immorality [ìmərǽləti] *n.* 음란
merely [míərli] *ad.* 단지(…에 불과한)
murder [məːrdər] *n.* 살인
nullify [nʌləfài] *vt.* 파기하다
offend [əfénd] *vt.* 성나게하다
sake [seik] *n.* 목적, 위함
slander [slǽndər] *n.* 중상, 욕설
stomach [stʌmək] *n.* 위, 배
testimony [téstəmòuni] *n.* 증언
vicinity [visínəti] *n.* 부근
withdraw [wiðdrɔ́ː] *vi.* 떠나다

15:4 be put to death: 사형에 처해지다
15:8 far from...: …에서 멀리
15:9 in vain: 헛되이
15:13 pull up by the roots: 뿌리뽑다
15:22 have mercy on...: …에게 자비를 베풀다

리질러 이르되 주 다윗의 자손이여 나를 불
쌍히 여기소서 내 딸이 흉악하게 귀신 들렸
나이다 하되
23 예수는 한 말씀도 대답하지 아니하시니 제자
들이 와서 청하여 말하되 그 여자가 우리 뒤
에서 소리를 지르오니 그를 보내소서
24 예수께서 대답하여 이르시되 나는 이스라엘
집의 잃어버린 양 외에는 다른 데로 보내심
을 받지 아니하였노라 하시니
25 여자가 와서 예수께 절하며 이르되 주여 저
를 도우소서
26 대답하여 이르시되 자녀의 떡을 취하여 개들
에게 던짐이 마땅하지 아니하니라
27 여자가 이르되 주여 옳소이다마는 개들도 제
주인의 상에서 떨어지는 부스러기를 먹나이
다 하니
28 이에 예수께서 대답하여 이르시되 여자여 네
믿음이 크도다 네 소원대로 되리라 하시니
그때로부터 그의 딸이 나으니라

많은 사람들을 고치시다

29 ● 예수께서 거기서 떠나사 갈릴리 호숫가에
이르러 산에 올라가 거기 앉으시니
30 큰 무리가 다리 저는 사람과 장애인과 맹인
과 말 못하는 사람과 기타 여럿을 데리고 와
서 예수의 발 앞에 앉히매 고쳐 주시니 눅 7:22
31 말 못하는 사람이 말하고 장애인이 온전하게
되고 다리 저는 사람이 걸으며 맹인이 보는
것을 무리가 보고 놀랍게 여겨 이스라엘의
하나님께 영광을 돌리니라

사천 명을 먹이시다 (막 8:1-10)

32 ● 예수께서 제자들을 불러 이르시되 내가 무
리를 불쌍히 여기노라 그들이 나와 함께 있
은 지 이미 사흘이매 먹을 것이 없도다 길에
서 기진할까 하여 굶겨 보내지 못하겠노라
33 제자들이 이르되 광야에 있어 우리가 어디서
이런 무리가 배부를 만큼 떡을 얻으리이까
34 예수께서 이르시되 너희에게 떡이 몇 개나
있느냐 이르되 일곱 개와 작은 생선 두어 마
리가 있나이다 하거늘
35 예수께서 무리에게 명하사 땅에 [1]앉게 하시
고
36 떡 일곱 개와 그 생선을 가지사 축사하시고
떼어 제자들에게 주시니 제자들이 무리에
게 주매
37 다 배불리 먹고 남은 조각을 일곱 광주리에
차게 거두었으며
38 *먹은 자는 여자와 어린이 외에 사천 명이었더라*

on me! My daughter is demon-possessed
and suffering terribly."
23 •Jesus did not answer a word. So his
disciples came to him and urged him,
"Send her away, for she keeps crying out
after us."
24 •He answered, "I was sent only to the lost
sheep of Israel."
25 •The woman came and knelt before him.
"Lord, help me!" she said.
26 •He replied, "It is not right to take the
children's bread and toss it to the dogs."
27 •"Yes it is, Lord," she said. "Even the dogs
eat the crumbs that fall from their master's
table."
28 •Then Jesus said to her, "Woman, you
have great faith! Your request is granted."
And her daughter was healed at that mo-
ment.

Jesus Feeds the Four Thousand

29 •Jesus left there and went along the Sea of
Galilee. Then he went up on a mountainside
30 and sat down. •Great crowds came to him,
bringing the lame, the blind, the crippled,
the mute and many others, and laid them at
31 his feet; and he healed them. •The people
were amazed when they saw the mute
speaking, the crippled made well, the lame
walking and the blind seeing. And they
praised the God of Israel.
32 •Jesus called his disciples to him and said,
"I have compassion for these people; they
have already been with me three days and
have nothing to eat. I do not want to send
them away hungry, or they may collapse on
the way."
33 •His disciples answered, "Where could we
get enough bread in this remote place to
feed such a crowd?"
34 •"How many loaves do you have?" Jesus
asked.
"Seven," they replied, "and a few small
fish."
35 •He told the crowd to sit down on the
36 ground. •Then he took the seven loaves and
the fish, and when he had given thanks, he
broke them and gave them to the disciples,
37 and they in turn to the people. •They all ate
and were satisfied. Afterward the disciples
picked up seven basketfuls of broken pieces
38 that were left over. •The number of those

1) 8:11 난하주를 보라

afterward [ǽftərwərd] *ad.* 그후에
basketful [bǽskitfùl] *n.* 한 바구니 가득
collapse [kəlǽps] *vi.* 실신하다
compassion [kəmpǽʃən] *n.* 불쌍히 여김
crippled [krípld] *a.* 불구의
crumb [krʌm] *n.* 부스러기, 작은 조각
kneel [niːl] *vi.* 무릎 꿇다
lame [leim] *a.* 절뚝거리는
loaf [louf] *n.* (빵) 덩어리
mute [mjuːt] *n.* 벙어리
remote [rimóut] *a.* 외진
suffer [sʌfər] *vt.* (고통을) 당하다
terribly [térəbli] *ad.* 무섭게
toss [tɔːs] *vt.* 던지다
urge [əːrdʒ] *vt.* 재촉하다

15:23 send away: 내쫓다, 멀리 보내다
15:23 keep -ing: 계속 …하다
15:27 fall from: 떨어지다
15:36 in turn: 차례로
15:37 pick up: 줍다
15:37 leave over: (음식 등을) 남기다

39 예수께서 무리를 흩어 보내시고 배에 오
르사 마가단 지경으로 가시니라

악한 세대가 표적을 구하나
(막 8:11-13; 눅 12:54-56)

16 바리새인과 사두개인들이 와서 예수
를 시험하여 하늘로부터 오는 [1]표적
보이기를 청하니 12:38
2 예수께서 대답하여 이르시되 너희가 저
녁에 하늘이 붉으면 날이 좋겠다 하고
3 아침에 하늘이 붉고 흐리면 오늘은 날이
궂겠다 하나니 너희가 날씨는 분별할 줄
알면서 시대의 [1]표적은 분별할 수 없느냐
4 악하고 음란한 세대가 [1]표적을 구하나 요
나의 [1]표적밖에는 보여 줄 [1]표적이 없느
니라 하시고 그들을 떠나가시니라

바리새인과 사두개인들의 누룩 (막 8:14-21)

5 ●제자들이 건너편으로 갈새 떡 가져가기
를 잊었더니
6 예수께서 이르시되 삼가 바리새인과 사
두개인들의 누룩을 주의하라 하시니
7 제자들이 서로 논의하여 이르되 [2]우리가
떡을 가져오지 아니하였도다 하거늘
8 예수께서 아시고 이르시되 믿음이 작은 자
들아 어찌 떡이 없으므로 서로 논의하느냐
9 너희가 아직도 깨닫지 못하느냐 떡 다섯
개로 오천 명을 먹이고 주운 것이 몇 바구
니며
10 떡 일곱 개로 사천 명을 먹이고 주운 것이
몇 광주리였는지를 기억하지 못하느냐
11 어찌 내 말한 것이 떡에 관함이 아닌 줄을
깨닫지 못하느냐 오직 바리새인과 사두
개인들의 누룩을 주의하라 하시니
12 그제서야 제자들이 떡의 누룩이 아니요
바리새인과 사두개인들의 교훈을 삼가라
고 말씀하신 줄을 깨달으니라

베드로가 예수를 그리스도로 고백하다
(막 8:27-30; 눅 9:18-21)

13 ●예수께서 빌립보 가이사랴 지방에 이르
러 제자들에게 물어 이르시되 사람들이
인자를 누구라 하느냐
14 이르되 더러는 [3]세례 요한, 더러는 엘리
야, 어떤 이는 예레미야나 선지자 중의 하
나라 하나이다
15 이르시되 너희는 나를 누구라 하느냐
16 시몬 베드로가 대답하여 이르되 [4]주는 그
리스도시요 살아 계신 하나님의 아들이
시니이다

who ate was four thousand men, besides
39 women and children. •After Jesus had sent the
crowd away, he got into the boat and went to
the vicinity of Magadan.

The Demand for a Sign

16 The Pharisees and Sadducees came to
Jesus and tested him by asking him to
show them a sign from heaven.
2 •He replied, "When evening comes, you say,
3 'It will be fair weather, for the sky is red,' •and
in the morning, 'Today it will be stormy, for the
sky is red and overcast.' You know how to
interpret the appearance of the sky, but you
4 cannot interpret the signs of the times.[a] •A
wicked and adulterous generation looks for a
sign, but none will be given it except the sign of
Jonah." Jesus then left them and went away.

The Yeast of the Pharisees and Sadducees

5 •When they went across the lake, the disci-
6 ples forgot to take bread. •"Be careful," Jesus
said to them. "Be on your guard against the
yeast of the Pharisees and Sadducees."
7 •They discussed this among themselves and
said, "It is because we didn't bring any bread."
8 •Aware of their discussion, Jesus asked, "You
of little faith, why are you talking among your-
9 selves about having no bread? •Do you still not
understand? Don't you remember the five
loaves for the five thousand, and how many
10 basketfuls you gathered? •Or the seven loaves
for the four thousand, and how many basket-
11 fuls you gathered? •How is it you don't under-
stand that I was not talking to you about bread?
But be on your guard against the yeast of the
12 Pharisees and Sadducees." •Then they under-
stood that he was not telling them to guard
against the yeast used in bread, but against the
teaching of the Pharisees and Sadducees.

Peter Declares That Jesus Is the Messiah

13 •When Jesus came to the region of Cae-
sarea Philippi, he asked his disciples, "Who
do people say the Son of Man is?"
14 •They replied, "Some say John the Baptist;
others say Elijah; and still others, Jeremiah or
one of the prophets."
15 •"But what about you?" he asked. "Who do
you say I am?"
16 •Simon Peter answered, "You are the Messi-
ah, the Son of the living God."

[a]2,3 Some early manuscripts do not have *When evening comes... of the times.* 1) 또는 이적 2) 또는 이는 우리가 떡을 가져오지 아니하였음이로다 3) 헬, 또는 침례 4) 헬, 당신은

adulterous [ədʌltərəs] *a.* 간음하는
appearance [əpíərəns] *n.* 생김새
Baptist [bǽptist] *n.* 세례 주는 사람
besides [bisáidz] *ad.* …외에
discussion [diskʌʃən] *n.* 토론
gather [gǽðər] *vt.* 거두다
generation [dʒenərèiʃən] *n.* 세대
interpret [intə́:rprit] *vt.* 해석하다
overcast [óuvərkæst] *a.* 흐린
prophet [prɑ́fit] *n.* 선지자
region [rí:dʒən] *n.* 지방
sign [sain] *n.* 표적
stormy [stɔ́:rmi] *a.* 폭풍의
vicinity [visínəti] *n.* 부근
yeast [ji:st] *n.* 효모(균), 누룩

15:39 **get into...**: …에 타다
16:4 **go away**: 떠나가다
16:5 **go across...**: …을 건너다
16:6 **be on one's guard against...**: …를 경계하다
16:8 **aware of...**: …를 알아차리고

17 예수께서 대답하여 이르시되 바요나 시몬아
네가 복이 있도다 이를 네게 알게 한 이는 혈
육이 아니요 하늘에 계신 내 아버지시니라
18 또 내가 네게 이르노니 너는 [1]베드로라 내가
이 반석 위에 내 교회를 세우리니 음부의 [2]권
세가 이기지 못하리라
19 내가 천국 열쇠를 네게 주리니 네가 땅에서
무엇이든지 매면 하늘에서도 매일 것이요
네가 땅에서 무엇이든지 풀면 하늘에서도
풀리리라 하시고
20 이에 제자들에게 경고하사 자기가 그리스도
인 것을 아무에게도 이르지 말라 하시니라

죽음과 부활을 처음으로 이르시다
(막 8:31-9:1; 눅 9:22-27)

21 ●이때로부터 예수 그리스도께서 자기가 예
루살렘에 올라가 장로들과 대제사장들과 서
기관들에게 많은 고난을 받고 죽임을 당하고
제삼 일에 살아나야 할 것을 제자들에게 비
로소 나타내시니
22 베드로가 예수를 붙들고 항변하여 이르되 주
여 그리 마옵소서 이 일이 결코 [3]주께 미치지
아니하리이다
23 예수께서 돌이키시며 베드로에게 이르시되
사탄아 내 뒤로 물러가라 너는 나를 넘어지
게 하는 자로다 네가 하나님의 일을 생각하
지 아니하고 도리어 사람의 일을 생각하는도
다 하시고
24 이에 예수께서 제자들에게 이르시되 누구든
지 나를 따라오려거든 자기를 부인하고 자기
십자가를 지고 나를 따를 것이니라
25 누구든지 제 목숨을 구원하고자 하면 잃을
것이요 누구든지 나를 위하여 제 목숨을 잃
으면 찾으리라
26 사람이 만일 온 천하를 얻고도 제 목숨을 잃
으면 무엇이 유익하리요 사람이 무엇을 주고
제 목숨과 바꾸겠느냐
27 인자가 아버지의 영광으로 그 천사들과 함께
오리니 그때에 각 사람이 행한 대로 갚으리라
28 진실로 너희에게 이르노니 여기 서 있는 사
람 중에 죽기 전에 인자가 그 왕권을 가지고
오는 것을 볼 자들도 있느니라

영광스러운 모습으로 변형되시다
(막 9:2-13; 눅 9:28-36)

17 엿새 후에 예수께서 베드로와 야고보와
그 형제 요한을 데리시고 따로 높은 산
에 올라가셨더니
2 그들 앞에서 변형되사 그 얼굴이 해같이 빛

17 •Jesus replied, "Blessed are you, Simon
son of Jonah, for this was not revealed to
you by flesh and blood, but by my Father in
18 heaven. •And I tell you that you are Peter,[a]
and on this rock I will build my church, and
19 the gates of Hades[b] will not overcome it. •I
will give you the keys of the kingdom of
heaven; whatever you bind on earth will be[c]
bound in heaven, and whatever you loose
20 on earth will be[c] loosed in heaven." •Then
he ordered his disciples not to tell anyone
that he was the Messiah.

Jesus Predicts His Death

21 •From that time on Jesus began to
explain to his disciples that he must go to
Jerusalem and suffer many things at the
hands of the elders, the chief priests and the
teachers of the law, and that he must be
killed and on the third day be raised to life.
22 •Peter took him aside and began to
rebuke him. "Never, Lord!" he said. "This
shall never happen to you!"
23 •Jesus turned and said to Peter, "Get
behind me, Satan! You are a stumbling
block to me; you do not have in mind the
concerns of God, but merely human con-
cerns."
24 •Then Jesus said to his disciples, "Whoev-
er wants to be my disciple must deny them-
selves and take up their cross and follow me.
25 •For whoever wants to save their life[d] will
lose it, but whoever loses their life for me
26 will find it. •What good will it be for some-
one to gain the whole world, yet forfeit their
soul? Or what can anyone give in exchange
27 for their soul? •For the Son of Man is going
to come in his Father's glory with his angels,
and then he will reward each person accord-
ing to what they have done.
28 •"Truly I tell you, some who are standing
here will not taste death before they see the
Son of Man coming in his kingdom."

The Transfiguration

17 After six days Jesus took with him
Peter, James and John the brother of
James, and led them up a high mountain
2 by themselves. •There he was transfigured

[a]*18* The Greek word for *Peter* means *rock*. [b]*18* That is, the realm of the dead [c]*19* Or *will have been* [d]*25* The Greek word means either *life* or *soul*; also in verse 26.

1) 베드로는 곧 반석이란 뜻 2) 헬, 대문이 3) 헬, 당신께

block [blak] *n.* 덩어리, 장애물
bound [baund] *a.* 묶인
elder [éldər] *n.* 장로
flesh [fleʃ] *n.* 육신
forfeit [fɔ́:rfit] *vt.* (벌로서) 상실하다
loose [lu:s] *vt.* 풀다
order [ɔ́:rdər] *vt.* 명하다
overcome [òuvərkʌ́m] *vt.* 이기다
predict [pridíkt] *vt.* 예견하다
priest [pri:st] *n.* 제사장
rebuke [ribjú:k] *vt.* 꾸짖다
reveal [riví:l] *vt.* (비밀 등을) 알리다
reward [riwɔ́:rd] *vt.* 보상하다
suffer [sʌ́fər] *vt.* (고난을) 당하다
transfigure [trænsfígjər] *vt.* 거룩하게 하다

16:21 from that time on: 그때 이래로
16:22 take... aside: …를 옆으로 데리고 가다
16:23 get behind...: …의 뒤로 돌다
16:24 take up: 지다, 들어 올리다
16:26 in exchange for...: …와 교환으로

나며 옷이 빛과 같이 희어졌더라
3 그때에 모세와 엘리야가 예수와 더불어 말하
는 것이 그들에게 보이거늘
4 베드로가 예수께 여쭈어 이르되 주여 우리가
여기 있는 것이 좋사오니 만일 주께서 원하
시면 내가 여기서 초막 셋을 짓되 하나는 주
님을 위하여, 하나는 모세를 위하여, 하나는
엘리야를 위하여 하리이다
5 말할 때에 홀연히 빛난 구름이 그들을 덮으
며 구름 속에서 소리가 나서 이르시되 이는
내 사랑하는 아들이요 내 기뻐하는 자니 너
희는 그의 말을 들으라 하시는지라
6 제자들이 듣고 엎드려 심히 두려워하니
7 예수께서 나아와 그들에게 손을 대시며 이르
시되 일어나라 두려워하지 말라 하시니 14:27
8 제자들이 눈을 들고 보매 오직 예수 외에는
아무도 보이지 아니하더라
9 ●그들이 산에서 내려올 때에 예수께서 명하
여 이르시되 인자가 죽은 자 가운데서 살아
나기 전에는 본 것을 아무에게도 이르지 말
라 하시니 8:4
10 제자들이 물어 이르되 그러면 어찌하여 서기
관들이 엘리야가 먼저 와야 하리라 하나이까
11 예수께서 대답하여 이르시되 엘리야가 과연
먼저 와서 모든 일을 회복하리라
12 내가 너희에게 말하노니 엘리야가 이미 왔으
되 사람들이 알지 못하고 임의로 대우하였도
다 인자도 이와 같이 그들에게 고난을 받으
리라 하시니
13 그제서야 제자들이 예수께서 말씀하신 것이
1)세례 요한인 줄을 깨달으니라

귀신 들린 아이를 고치시다
(막 9:14-29; 눅 9:37-43 상)

14 ●그들이 무리에게 이르매 한 사람이 예수께
와서 꿇어 엎드려 이르되
15 주여 내 아들을 불쌍히 여기소서 그가 간질
로 심히 고생하여 자주 불에도 넘어지며 물
에도 넘어지는지라 4:24
16 내가 주의 제자들에게 데리고 왔으나 능히
고치지 못하더이다
17 예수께서 대답하여 이르시되 믿음이 없고 패
역한 세대여 내가 얼마나 너희와 함께 있으
며 얼마나 너희에게 참으리요 그를 이리로
데려오라 하시니라
18 이에 예수께서 꾸짖으시니 귀신이 나가고 아
이가 그때부터 나으니라
19 이때에 제자들이 조용히 예수께 나아와 이르

before them. His face shone like the sun, and
his clothes became as white as the light.
3 ●Just then there appeared before them
Moses and Elijah, talking with Jesus.
4 ●Peter said to Jesus, "Lord, it is good for
us to be here. If you wish, I will put up three
shelters — one for you, one for Moses and
one for Elijah."
5 ●While he was still speaking, a bright
cloud covered them, and a voice from the
cloud said, "This is my Son, whom I love;
with him I am well pleased. Listen to
him!"
6 ●When the disciples heard this, they fell
7 facedown to the ground, terrified. ●But
Jesus came and touched them. "Get up," he
8 said. "Don't be afraid." ●When they looked
up, they saw no one except Jesus.
9 ●As they were coming down the moun-
tain, Jesus instructed them, "Don't tell any-
one what you have seen, until the Son of
Man has been raised from the dead."
10 ●The disciples asked him, "Why then do
the teachers of the law say that Elijah must
come first?"
11 ●Jesus replied, "To be sure, Elijah comes
12 and will restore all things. ●But I tell you,
Elijah has already come, and they did not
recognize him, but have done to him every-
thing they wished. In the same way the Son
of Man is going to suffer at their hands."
13 ●Then the disciples understood that he
was talking to them about John the Bap-
tist.

Jesus Heals a Demon-Possessed Boy

14 ●When they came to the crowd, a man
approached Jesus and knelt before him.
15 ●"Lord, have mercy on my son," he said.
"He has seizures and is suffering greatly.
He often falls into the fire or into the water.
16 ●I brought him to your disciples, but they
could not heal him."
17 ●"You unbelieving and perverse genera-
tion," Jesus replied, "how long shall I stay
with you? How long shall I put up with
18 you? Bring the boy here to me." ●Jesus
rebuked the demon, and it came out of the
boy, and he was healed at that moment.
19 ●Then the disciples came to Jesus in pri-
vate and asked, "Why couldn't we drive it
out?"

1) 헬, 또는 침례

appear [əpíər] *vi.* 나타나다
approach [əpróutʃ] *vt.* …에 다가가다
demon [dí:mən] *n.* 악마
except [iksépt] *prep.* …외에는
facedown [feisdaun] *ad.* 얼굴을 숙이고
instruct [instrʌkt] *vt.* 지시하다
perverse [pərvə́:rs] *a.* 사악한
private [práivət] *a.* 사적인
rebuke [ribjú:k] *vt.* 꾸짖다
recognize [rékəgnàiz] *vt.* 알아보다
restore [ristɔ́:r] *vt.* 회복시키다
seizure [sí:ʒər] *n.* 발작
shelter [ʃéltər] *n.* 오두막
suffer [sʌfər] *vt.* (고난을) 당하다
terrify [térəfài] *vt.* 무섭게 하다, 놀래다

17:11 to be sure: 확실히, 정말
17:12 at one's hands: …의 손에서
17:15 have mercy on...: …에게 자비를 베풀다
17:17 put up with...: …을 참다
17:18 come out of...: …로부터 나오다

되 우리는 어찌하여 쫓아내지 못하였나이까
20 이르시되 너희 믿음이 작은 까닭이니라 진
실로 너희에게 이르노니 만일 너희에게 믿
음이 겨자씨 한 알 만큼만 있어도 이 산을
명하여 여기서 저기로 옮겨지라 하면 옮겨
질 것이요 또 너희가 못할 것이 없으리라
21 [1](없음)

죽음과 부활을 다시 이르시다
(막 9:30-32; 눅 9:43 하-45)

22 ●갈릴리에 모일 때에 예수께서 제자들에
게 이르시되 인자가 장차 사람들의 손에 넘
겨져 16:21
23 죽임을 당하고 제삼 일에 살아나리라 하시
니 제자들이 매우 근심하더라

성전세를 내시다

24 ●가버나움에 이르니 [2]반 세겔 받는 자들이
베드로에게 나아와 이르되 너의 선생은 반
세겔을 내지 아니하느냐
25 이르되 내신다 하고 집에 들어가니 예수께
서 먼저 이르시되 시몬아 네 생각은 어떠하
냐 세상 임금들이 누구에게 관세와 국세를
받느냐 자기 아들에게냐 타인에게냐
26 베드로가 이르되 타인에게니이다 예수께
서 이르시되 그렇다면 아들들은 세를 면하
리라
27 그러나 우리가 그들이 실족하지 않게 하기
위하여 네가 바다에 가서 낚시를 던져 먼저
오르는 고기를 가져 입을 열면 돈 한 세겔
을 얻을 것이니 가져다가 나와 너를 위하여
주라 하시니라

천국에서 큰 사람 (막 9:33-37,42-48; 눅 9:46-48; 15:3-7; 17:1-2 ♪35, 212, 564장)

18 그때에 제자들이 예수께 나아와 이르
되 천국에서는 누가 크니이까
2 예수께서 한 어린아이를 불러 그들 가운데
세우시고
3 이르시되 진실로 너희에게 이르노니 너희
가 돌이켜 어린아이들과 같이 되지 아니하
면 결단코 천국에 들어가지 못하리라 벧전 2:2
4 그러므로 누구든지 이 어린아이와 같이 자기
를 낮추는 사람이 천국에서 큰 자니라 20:27
5 또 누구든지 내 이름으로 이런 어린아이 하
나를 영접하면 곧 나를 영접함이니
6 누구든지 나를 믿는 이 작은 자 중 하나를
실족하게 하면 차라리 연자 맷돌이 그 목에
달려서 깊은 바다에 빠뜨려지는 것이 나으
니라 눅 17:1

20 ●He replied, "Because you have so little
faith. Truly I tell you, if you have faith as
small as a mustard seed, you can say to this
mountain, 'Move from here to there,' and it
will move. Nothing will be impossible for
you." [21][a]

Jesus Predicts His Death a Second Time

22 ●When they came together in Galilee, he said
to them, "The Son of Man is going to be deliv-
23 ered into the hands of men. ●They will kill
him, and on the third day he will be raised to
life." And the disciples were filled with grief.

The Temple Tax

24 ●After Jesus and his disciples arrived in
Capernaum, the collectors of the two-drach-
ma temple tax came to Peter and asked,
"Doesn't your teacher pay the temple tax?"
25 ●"Yes, he does," he replied.
When Peter came into the house, Jesus
was the first to speak. "What do you think,
Simon?" he asked. "From whom do the kings
of the earth collect duty and taxes—from
their own children or from others?"
26 ●"From others," Peter answered.
"Then the children are exempt," Jesus said to
27 him. ●"But so that we may not cause offense,
go to the lake and throw out your line. Take
the first fish you catch; open its mouth and
you will find a four-drachma coin. Take it and
give it to them for my tax and yours."

The Greatest in the Kingdom of Heaven

18 At that time the disciples came to Jesus
and asked, "Who, then, is the greatest
in the kingdom of heaven?"
2 ●He called a little child to him, and placed
3 the child among them. ●And he said: "Truly I
tell you, unless you change and become like
little children, you will never enter the king-
4 dom of heaven. ●Therefore, whoever takes
the lowly position of this child is the greatest
5 in the kingdom of heaven. ●And whoever
welcomes one such child in my name wel-
comes me.

Causing to Stumble

6 ●"If anyone causes one of these little ones
—those who believe in me—to stumble, it
would be better for them to have a large mill-
stone hung around their neck and to be

---

[a] *21* Some manuscripts include here words similar to Mark 9:29. 1) 어떤 사본에, 21절 '기도와 금식이 아니면 이런 유가 나가지 아니하느니라' 가 있음 2) 반 세겔은 성전세로 바치는 금액

collector [kəléktər] *n.* 세리
duty [djú:ti] *n.* 세금, 관세
exempt [igzémpt] *a.* 면제된
grief [gri:f] *n.* 슬픔
impossible [impɑ́səbl] *a.* 불가능한
kingdom [kíŋdəm] *n.* 왕국
lowly [lóuli] *a.* (지위가) 낮은
millstone [mílstòun] *n.* 맷돌
mustard [mʌstərd] *n.* 겨자
offense [əféns] *n.* 범죄, 위반
predict [pridíkt] *vt.* 예언하다
seed [si:d] *n.* 씨앗
stumble [stʌmbl] *vi.* 넘어지다
temple [témpl] *n.* 성전
truly [trú:li] *ad.* 진실로

17:22 deliver into...: …에게 넘겨주다
17:23 be filled with...: …로 가득차다
17:24 arrive in: 도착하다
17:27 so that...: …하기 위하여
17:27 throw out: 내던지다
18:6 better for...: …에게 더 나은

7 실족하게 하는 일들이 있음으로 말미암아
세상에 화가 있도다 실족하게 하는 일이
없을 수는 없으나 실족하게 하는 그 사람
에게는 화가 있도다
8 만일 네 손이나 네 발이 너를 [1]범죄하게 하
거든 찍어 내버리라 장애인이나 다리 저는
자로 [2]영생에 들어가는 것이 두 손과 두 발
을 가지고 영원한 불에 던져지는 것보다 나
으니라 막 9:43
9 만일 네 눈이 너를 [1]범죄하게 하거든 빼
어 내버리라 한 눈으로 영생에 들어가는
것이 두 눈을 가지고 지옥 불에 던져지는
것보다 나으니라 막 9:47
10 삼가 이 작은 자 중의 하나도 업신여기지
말라 너희에게 말하노니 그들의 천사들이
하늘에서 하늘에 계신 내 아버지의 얼굴을
항상 뵈옵느니라
11 [3](없음)
12 너희 생각에는 어떠하냐 만일 어떤 사람이
양 백 마리가 있는데 그 중의 하나가 길을
잃었으면 그 아흔아홉 마리를 산에 두고 가
서 길 잃은 양을 찾지 않겠느냐
13 진실로 너희에게 이르노니 만일 찾으면 길
을 잃지 아니한 아흔아홉 마리보다 이것을
더 기뻐하리라
14 이와 같이 이 작은 자 중의 하나라도 잃는
것은 하늘에 계신 너희 아버지의 뜻이 아니
니라

형제가 죄를 범하거든 (눅 17:3)

15 ●네 형제가 [4]죄를 범하거든 가서 너와 그
사람과만 상대하여 권고하라 만일 들으면
네가 네 형제를 얻은 것이요
16 만일 듣지 않거든 한두 사람을 데리고 가서
두세 증인의 입으로 말마다 확증하게 하라
17 만일 그들의 말도 듣지 않거든 교회에 말하
고 교회의 말도 듣지 않거든 이방인과 세리
와 같이 여기라
18 진실로 너희에게 이르노니 무엇이든지 너
희가 땅에서 매면 하늘에서도 매일 것이요
무엇이든지 땅에서 풀면 하늘에서도 풀리
리라
19 진실로 다시 너희에게 이르노니 너희 중의
두 사람이 땅에서 합심하여 무엇이든지 구
하면 하늘에 계신 내 아버지께서 그들을 위
하여 이루게 하시리라
20 두세 사람이 내 이름으로 모인 곳에는 나도
그들 중에 있느니라

7 drowned in the depths of the sea. ●Woe to
the world because of the things that cause
people to stumble! Such things must come,
but woe to the person through whom they
8 come! ●If your hand or your foot causes you
to stumble, cut it off and throw it away. It is
better for you to enter life maimed or crippled
than to have two hands or two feet and be
9 thrown into eternal fire. ●And if your eye
causes you to stumble, gouge it out and throw
it away. It is better for you to enter life with
one eye than to have two eyes and be thrown
into the fire of hell.

The Parable of the Wandering Sheep

10 ●"See that you do not despise one of these
little ones. For I tell you that their angels in
heaven always see the face of my Father in
heaven.[11][a]
12 ●"What do you think? If a man owns a
hundred sheep, and one of them wanders
away, will he not leave the ninety-nine on the
hills and go to look for the one that wandered
13 off? ●And if he finds it, truly I tell you, he is
happier about that one sheep than about the
14 ninety-nine that did not wander off. ●In the
same way your Father in heaven is not willing
that any of these little ones should perish.

Dealing With Sin in the Church

15 ●"If your brother or sister[b] sins,[c] go and
point out their fault, just between the two
of you. If they listen to you, you have won
16 them over. ●But if they will not listen, take
one or two others along, so that 'every matter
may be established by the testimony of two
17 or three witnesses.'[d] ●If they still refuse to lis-
ten, tell it to the church; and if they refuse to
listen even to the church, treat them as you
would a pagan or a tax collector.
18 ●"Truly I tell you, whatever you bind on
earth will be[e] bound in heaven, and what-
ever you loose on earth will be[e] loosed in
heaven.
19 ●"Again, truly I tell you that if two of you
on earth agree about anything they ask for,
it will be done for them by my Father in
20 heaven. ●For where two or three gather in
my name, there am I with them."

[a]*11* Some manuscripts include here the words of Luke 19:10. [b]*15* The Greek word for *brother or sister (adelphos)* refers here to a fellow disciple, whether man or woman; also in verses 21 and 35. [c]*15* Some manuscripts *sins against you* [d]*16* Deut. 19:15 [e]*18* Or *will have been*

1) 또는 실족 2) 헬, 생명에 3) 어떤 사본에, 11절 '인자가 온 것은 잃은 자를 구원하려 함이니라' 가 있음 4) 어떤 사본에, 네게 죄를

cripple [krípl] *vt.* 절름거리게 하다
depth [depθ] *n.* 깊은 곳
drown [draun] *vt.* 익사시키다
establish [istǽbliʃ] *vt.* 확증하다
eternal [itə́ːrnəl] *a.* 영원한
fault [fɔːlt] *n.* 허물
gouge [gaudʒ] *vt.* 후벼내다
maim [meim] *vt.* 불구로 만들다
pagan [péigən] *n.* 이교도
parable [pǽrəbl] *n.* 비유
refuse [rifjúːz] *vt.* 거절하다
sheep [ʃiːp] *n.* 양
testimony [téstəmòuni] *n.* 증언
treat [triːt] *vt.* 대우하다
witness [wítnis] *n.* 증인

18:7 woe to...: …에게 화 있을진저
18:8 throw into: 빠뜨리다
18:12 wander away: 길을 잃다
18:12 look for: 찾다, 구하다
18:15 win over: (자기편 · 자기주장에) 끌어들이다

용서할 줄 모르는 종 비유

21 ●그때에 베드로가 나아와 이르되 주여
형제가 내게 죄를 범하면 몇 번이나 용서
하여 주리이까 일곱 번까지 하오리이까
22 예수께서 이르시되 네게 이르노니 일곱
번뿐 아니라 일곱 번을 일흔 번까지라도
할지니라
23 그러므로 천국은 그 종들과 결산하려 하
던 어떤 임금과 같으니
24 결산할 때에 만 [1]달란트 빚진 자 하나를
데려오매
25 갚을 것이 없는지라 주인이 명하여 그 몸
과 아내와 자식들과 모든 소유를 다 팔아
갚게 하라 하니
26 그 종이 엎드려 절하며 이르되 내게 참으
소서 다 갚으리이다 하거늘
27 그 종의 주인이 불쌍히 여겨 놓아 보내며
그 빚을 탕감하여 주었더니
28 그 종이 나가서 자기에게 백 [2]데나리온
빚진 동료 한 사람을 만나 붙들어 목을
잡고 이르되 빚을 갚으라 하매
29 그 동료가 엎드려 간구하여 이르되 나에
게 참아 주소서 갚으리이다 하되
30 허락하지 아니하고 이에 가서 그가 빚을
갚도록 옥에 가두거늘
31 그 동료들이 그것을 보고 몹시 딱하게 여
겨 주인에게 가서 그 일을 다 알리니
32 이에 주인이 그를 불러다가 말하되 악한
종아 네가 빌기에 내가 네 빚을 전부 탕
감하여 주었거늘
33 내가 너를 불쌍히 여김과 같이 너도 네
동료를 불쌍히 여김이 마땅하지 아니하
냐 하고
34 주인이 노하여 그 빚을 다 갚도록 그를
옥졸들에게 넘기니라
35 너희가 각각 마음으로부터 형제를 용서
하지 아니하면 나의 하늘 아버지께서도
너희에게 이와 같이 하시리라

이혼에 대하여 가르치시다

(막 10:1-12 ♪602, 604, 605장)

19 예수께서 이 말씀을 마치시고 갈릴
리를 떠나 요단 강 건너 유대 지경
에 이르시니
2 큰 무리가 따르거늘 예수께서 거기서 그
들의 병을 고치시더라
3 ●바리새인들이 예수께 나아와 그를 시
험하여 이르되 사람이 어떤 이유가 있으

The Parable of the Unmerciful Servant

21 •Then Peter came to Jesus and asked, "Lord,
how many times shall I forgive my brother or
sister who sins against me? Up to seven times?"
22 •Jesus answered, "I tell you, not seven times,
but seventy-seven times.[a]
23 •"Therefore, the kingdom of heaven is like a
king who wanted to settle accounts with his
24 servants. •As he began the settlement, a man
who owed him ten thousand bags of gold[b] was
25 brought to him. •Since he was not able to pay,
the master ordered that he and his wife and his
children and all that he had be sold to repay
the debt.
26 •"At this the servant fell on his knees before
him. 'Be patient with me,' he begged, 'and I will
27 pay back everything.' •The servant's master took
pity on him, canceled the debt and let him go.
28 •"But when that servant went out, he found
one of his fellow servants who owed him a hun-
dred silver coins.[c] He grabbed him and began to
choke him. 'Pay back what you owe me!' he
demanded.
29 •"His fellow servant fell to his knees and
begged him, 'Be patient with me, and I will pay
it back.'
30 •"But he refused. Instead, he went off and had
the man thrown into prison until he could pay
31 the debt. •When the other servants saw what
had happened, they were outraged and went
and told their master everything that had hap-
pened.
32 •"Then the master called the servant in. 'You
wicked servant,' he said, 'I canceled all that debt
33 of yours because you begged me to. •Shouldn't
you have had mercy on your fellow servant just
34 as I had on you?' •In anger his master handed
him over to the jailers to be tortured, until he
should pay back all he owed.
35 •"This is how my heavenly Father will treat
each of you unless you forgive your brother or
sister from your heart."

Divorce

19 When Jesus had finished saying these
things, he left Galilee and went into the
region of Judea to the other side of the Jordan.
2 •Large crowds followed him, and he healed
them there.

[a]22 Or *seventy times seven* [b]24 Greek *ten thousand talents*; a talent was worth about 20 years of a day laborer's wages. [c]28 Greek *a hundred denarii*; a denarius was the usual daily wage of a day laborer (see 20:2).

1) 금은의 중량 2) 은전의 명칭

beg [beg] *vt.* 간청하다
choke [tʃouk] *vt.* 목이 메이게 하다
debt [det] *n.* 빚
demand [dimǽnd] *vt.* 요구하다
grab [græb] *vt.* 붙들다
jailer [dʒéilər] *n.* 간수
knee [ni:] *n.* 무릎
outrage [áutreidʒ] *n.* 불법
owe [ou] *vt.* 빚지고 있다
patient [péiʃənt] *a.* 참을성 있는
refuse [rifjú:z] *vt.* 거절하다
repay [ri:péi] *vt.* 갚다
servant [sə́:rvənt] *n.* 종, 하인
settlement [sétlmənt] *n.* 거처
torture [tɔ́:rtʃər] *vt.* 괴롭히다

18:23 settle accounts with...: …과의 거래를 청산하다
18:27 take pity on...: …을 불쌍히 여기다
18:27 let... go: …을 풀어주다
18:34 hand over: 이양하다
19:1 other side: 다른쪽

면 그 아내를 버리는 것이 옳으니이까
4 예수께서 대답하여 이르시되 사람을 지
으신 이가 본래 그들을 남자와 여자로 지
으시고
5 말씀하시기를 [ㄱ]그러므로 사람이 그 부모
를 떠나서 아내에게 합하여 그 둘이 한 몸
이 될지니라 하신 것을 읽지 못하였느냐
6 그런즉 이제 둘이 아니요 한 몸이니 그러
므로 하나님이 짝지어 주신 것을 사람이
나누지 못할지니라 하시니
7 여짜오되 그러면 어찌하여 [ㄴ]모세는 이혼
증서를 주어서 버리라 명하였나이까
8 예수께서 이르시되 모세가 너희 마음의
완악함 때문에 아내 버림을 허락하였거
니와 본래는 그렇지 아니하니라
9 내가 너희에게 말하노니 누구든지 음행
한 이유 외에 아내를 버리고 다른 데 장가
드는 자는 간음함이니라
10 제자들이 이르되 만일 사람이 아내에게
이같이 할진대 장가들지 않는 것이 좋겠
나이다
11 예수께서 이르시되 사람마다 이 말을 받
지 못하고 오직 타고난 자라야 할지니라
12 어머니의 태로부터 된 고자도 있고 사람
이 만든 고자도 있고 천국을 위하여 스스
로 된 고자도 있도다 이 말을 받을 만한
자는 받을지어다

어린아이들에게 안수하시다
(막 10:13-16; 눅 18:15-17)

13 •그때에 사람들이 예수께서 안수하고 기
도해 주심을 바라고 어린아이들을 데리
고 오매 제자들이 꾸짖거늘
14 예수께서 이르시되 어린아이들을 용납하
고 내게 오는 것을 금하지 말라 천국이 이
런 사람의 것이니라 하시고
15 그들에게 안수하시고 거기를 떠나시니라

재물이 많은 청년 (막 10:17-31; 눅 18:18-30)

16 •어떤 사람이 주께 와서 이르되 선생님이
여 내가 무슨 선한 일을 하여야 영생을 얻
으리이까
17 예수께서 이르시되 어찌하여 선한 일을
내게 묻느냐 선한 이는 오직 한 분이시니
라 네가 생명에 들어가려면 계명들을 지
키라
18 이르되 어느 계명이오니이까 예수께서 이
르시되 [ㄷ]살인하지 말라, 간음하지 말라,
도둑질하지 말라, 거짓 증언하지 말라,

3 •Some Pharisees came to him to test him.
They asked, "Is it lawful for a man to divorce
his wife for any and every reason?"
4 •"Haven't you read," he replied, "that at the
beginning the Creator 'made them male and
5 female,'[a] •and said, 'For this reason a man will
leave his father and mother and be united to
his wife, and the two will become one flesh'[b]?
6 •So they are no longer two, but one flesh.
Therefore what God has joined together, let no
one separate."
7 •"Why then," they asked, "did Moses com-
mand that a man give his wife a certificate of
divorce and send her away?"
8 •Jesus replied, "Moses permitted you to
divorce your wives because your hearts were
hard. But it was not this way from the begin-
9 ning. •I tell you that anyone who divorces his
wife, except for sexual immorality, and marries
another woman commits adultery."
10 •The disciples said to him, "If this is the situ-
ation between a husband and wife, it is better
not to marry."
11 •Jesus replied, "Not everyone can accept this
word, but only those to whom it has been
12 given. •For there are eunuchs who were born
that way, and there are eunuchs who have
been made eunuchs by others—and there are
those who choose to live like eunuchs for the
sake of the kingdom of heaven. The one who
can accept this should accept it."

The Little Children and Jesus

13 •Then people brought little children to Jesus
for him to place his hands on them and pray
for them. But the disciples rebuked them.
14 •Jesus said, "Let the little children come to
me, and do not hinder them, for the kingdom
15 of heaven belongs to such as these." •When
he had placed his hands on them, he went on
from there.

The Rich and the Kingdom of God

16 •Just then a man came up to Jesus and asked,
"Teacher, what good thing must I do to get eter-
nal life?"
17 •"Why do you ask me about what is good?"
Jesus replied. "There is only One who is good. If
you want to enter life, keep the command-
ments."
18 •"Which ones?" he inquired.
Jesus replied, " 'You shall not murder, you

[a]4 Gen. 1:27 [b]5 Gen. 2:24
ㄱ. 창 2:24 ㄴ. 신 24:1-4 ㄷ. 출 20:12-16; 신 5:16-20

accept [æksépt] *vt.* 받다
adultery [ədʌltəri] *n.* 간음
certificate [sərtífikeit] *n.* 증명서
commandment [kəmǽndmənt] *n.* 계명
eternal [itə́:rnəl] *a.* 영원한
eunuch [jú:nək] *n.* 거세된 남자
flesh [fleʃ] *n.* 육체
immorality [ìmərǽləti] *n.* 음란
inquire [inkwáiər] *vt.* 묻다
lawful [lɔ́:fəl] *a.* 정당한
murder [mə́:rdər] *vt.* 살인하다
permit [pərmít] *vt.* 허가하다
rebuke [ribjú:k] *vt.* 꾸짖다
separate [sépərèit] *vt.* 갈라놓다
unite [ju:náit] *vt.* 결합하다

19:6 **no longer...**: 더이상 …않다
19:9 **except for...**: …를 제외하고
19:12 **that way**: 그런 식으로
19:12 **for the sake of...**: …을 위해
19:14 **belong to...**: …에 속하다
19:14 **such as A**: A와 같은 것

19 네 부모를 공경하라, [ㄱ]네 이웃을 네 자신
과 같이 사랑하라 하신 것이니라
20 그 청년이 이르되 이 모든 것을 내가 지키
었사온대 아직도 무엇이 부족하니이까
21 예수께서 이르시되 네가 온전하고자 할
진대 가서 네 소유를 팔아 가난한 자들에
게 주라 그리하면 하늘에서 보화가 네게
있으리라 그리고 와서 나를 따르라 하시
니
22 그 청년이 재물이 많으므로 이 말씀을 듣
고 근심하며 가니라
23 •예수께서 제자들에게 이르시되 내가 진
실로 너희에게 이르노니 부자는 천국에
들어가기가 어려우니라 13:22
24 다시 너희에게 말하노니 낙타가 바늘귀
로 들어가는 것이 부자가 하나님의 나라
에 들어가는 것보다 쉬우니라 하시니
25 제자들이 듣고 몹시 놀라 이르되 그렇다
면 누가 구원을 얻을 수 있으리이까
26 예수께서 그들을 보시며 이르시되 사람
으로는 할 수 없으나 하나님으로서는 다
하실 수 있느니라
27 이에 베드로가 대답하여 이르되 보소서
우리가 모든 것을 버리고 주를 따랐사온
대 그런즉 우리가 무엇을 얻으리이까
28 예수께서 이르시되 내가 진실로 너희에게
이르노니 세상이 새롭게 되어 인자가 자기
영광의 보좌에 앉을 때에 나를 따르는 너
희도 열두 보좌에 앉아 이스라엘 열두 지
파를 심판하리라
29 또 내 이름을 위하여 집이나 형제나 자매
나 [1]부모나 자식이나 전토를 버린 자마다
여러 배를 받고 또 영생을 상속하리라
30 그러나 먼저 된 자로서 나중 되고 나중 된
자로서 먼저 될 자가 많으니라

포도원의 품꾼들

20 천국은 마치 품꾼을 얻어 포도원에
들여보내려고 이른 아침에 나간 집
주인과 같으니
2 그가 하루 한 [2]데나리온씩 품꾼들과 약속
하여 포도원에 들여보내고
3 또 [3]제삼 시에 나가 보니 장터에 놀고 서
있는 사람들이 또 있는지라
4 그들에게 이르되 너희도 포도원에 들어
가라 내가 너희에게 상당하게 주리라 하
니 그들이 가고
5 [4]제육 시와 [5]제구 시에 또 나가 그와 같이

shall not commit adultery, you shall not steal,
19 you shall not give false testimony, •honor
your father and mother,'[a] and 'love your neigh-
bor as yourself.'[b]"
20 •"All these I have kept," the young man said.
"What do I still lack?"
21 •Jesus answered, "If you want to be perfect,
go, sell your possessions and give to the poor,
and you will have treasure in heaven. Then
come, follow me."
22 •When the young man heard this, he went
away sad, because he had great wealth.
23 •Then Jesus said to his disciples, "Truly I tell
you, it is hard for someone who is rich to enter
24 the kingdom of heaven. •Again I tell you, it is
easier for a camel to go through the eye of a
needle than for someone who is rich to enter
the kingdom of God."
25 •When the disciples heard this, they were
greatly astonished and asked, "Who then can
be saved?"
26 •Jesus looked at them and said, "With man
this is impossible, but with God all things are
possible."
27 •Peter answered him, "We have left every-
thing to follow you! What then will there be
for us?"
28 •Jesus said to them, "Truly I tell you, at the
renewal of all things, when the Son of Man sits
on his glorious throne, you who have followed
me will also sit on twelve thrones, judging the
29 twelve tribes of Israel. •And everyone who has
left houses or brothers or sisters or father or
mother or wife[c] or children or fields for my
sake will receive a hundred times as much and
30 will inherit eternal life. •But many who are first
will be last, and many who are last will be first.

The Parable of the Workers in the Vineyard

20 "For the kingdom of heaven is like a
landowner who went out early in the
2 morning to hire workers for his vineyard. •He
agreed to pay them a denarius[d] for the day and
sent them into his vineyard.
3 •"About nine in the morning he went out
and saw others standing in the marketplace
4 doing nothing. •He told them, 'You also go
and work in my vineyard, and I will pay you
5 whatever is right.' •So they went.

[a]*19* Exodus 20:12-16; Deut. 5:16-20 [b]*19* Lev. 19:18
[c]*29* Some manuscripts do not have *or wife.* [d]*2* A denarius
was the usual daily wage of a day laborer.

1) 어떤 사본에는, '부모나' 아래에 '아내나'가 있음 2) 은전의 명칭 3) 오전 아홉 시
4) 정오 열두 시 5) 오후 세 시 ㄱ. 레 19:18

astonish [əstániʃ] *vt.* (깜짝) 놀라게하다
camel [kǽməl] *n.* 낙타
denarius [dinɛ́əriəs] *n.* 옛 로마의 은화
eternal [itə́:rnəl] *a.* 영원(영구)한
impossible [impásəbl] *a.* 불가능한
inherit [inhérit] *vt.* 상속하다
landowner [lǽndòunər] *n.* 토지 소유자
marketplace [má:rkitplèis] *n.* 시장
parable [pǽrəbl] *n.* 비유
possession [pəzéʃən] *n.* 소유물
renewal [rinjú:əl] *n.* 새롭게 하기
throne [θroun] *n.* 왕좌
treasure [tréʒər] *n.* 보화
tribe [traib] *n.* 지파
vineyard [vínjərd] *n.* 포도원

19:21 **be perfect**: 완전하게 되다
19:22 **go away**: 떠나다
19:24 **it is easier... than~**: …하는 편이 ~보다 더 쉽다
19:29 **for one's sake**: …을 위하여
20:2 **agree to...**: …에 동의하다

하고
6 [1]제십일 시에도 나가 보니 서 있는 사람들이
또 있는지라 이르되 너희는 어찌하여 종일
토록 놀고 여기 서 있느냐
7 이르되 우리를 품꾼으로 쓰는 이가 없음이
니이다 이르되 너희도 포도원에 들어가라
하니라
8 저물매 포도원 주인이 청지기에게 이르되
품꾼들을 불러 나중 온 자로부터 시작하여
먼저 온 자까지 삯을 주라 하니 레 19:13
9 제십일 시에 온 자들이 와서 한 [2]데나리온
씩을 받거늘
10 먼저 온 자들이 와서 더 받을 줄 알았더니
그들도 한 [2]데나리온씩 받은지라
11 받은 후 집주인을 원망하여 이르되
12 나중 온 이 사람들은 한 시간밖에 일하지
아니하였거늘 그들을 종일 수고하며 더위
를 견딘 우리와 같게 하였나이다
13 주인이 그 중의 한 사람에게 대답하여 이르
되 친구여 내가 네게 잘못한 것이 없노라
네가 나와 한 [2]데나리온의 약속을 하지 아
니하였느냐
14 네 것이나 가지고 가라 나중 온 이 사람에
게 너와 같이 주는 것이 내 뜻이니라
15 내 것을 가지고 내 뜻대로 할 것이 아니냐
내가 선하므로 네가 악하게 보느냐
16 이와 같이 나중 된 자로서 먼저 되고 먼저
된 자로서 나중 되리라

죽음과 부활을 세 번째로 이르시다
(막 10:32-34; 눅 18:31-34)

17 ●예수께서 예루살렘으로 올라가려 하실
때에 열두 제자를 따로 데리시고 길에서 이
르시되
18 보라 우리가 예루살렘으로 올라가노니 인
자가 대제사장들과 서기관들에게 넘겨지
매 그들이 죽이기로 결의하고
19 이방인들에게 넘겨 주어 그를 조롱하며 채
찍질하며 십자가에 못 박게 할 것이나 제삼
일에 살아나리라
27:2

한 어머니의 요구 (막 10:35-45)

20 ●그때에 세베대의 아들의 어머니가 그 아
들들을 데리고 예수께 와서 절하며 무엇을
구하니
21 예수께서 이르시되 무엇을 원하느냐 이르
되 나의 이 두 아들을 주의 나라에서 하나
는 주의 우편에, 하나는 주의 좌편에 앉게
명하소서
19:28

"He went out again about noon and about
three in the afternoon and did the same
6 thing. ●About five in the afternoon he went
out and found still others standing around.
He asked them, 'Why have you been standing
here all day long doing nothing?'
7 ●" 'Because no one has hired us,' they
answered.
"He said to them, 'You also go and work in
my vineyard.'
8 ●"When evening came, the owner of the
vineyard said to his foreman, 'Call the work-
ers and pay them their wages, beginning with
the last ones hired and going on to the first.'
9 ●"The workers who were hired about five
in the afternoon came and each received a
10 denarius. ●So when those came who were
hired first, they expected to receive more. But
each one of them also received a denarius.
11 ●When they received it, they began to grum-
12 ble against the landowner. ●'These who were
hired last worked only one hour,' they said,
'and you have made them equal to us who
have borne the burden of the work and the
heat of the day.'
13 ●"But he answered one of them, 'I am not
being unfair to you, friend. Didn't you agree
14 to work for a denarius? ●Take your pay and
go. I want to give the one who was hired last
15 the same as I gave you. ●Don't I have the
right to do what I want with my own money?
Or are you envious because I am generous?'
16 ●"So the last will be first, and the first will
be last."

Jesus Predicts His Death a Third Time

17 ●Now Jesus was going up to Jerusalem. On
the way, he took the Twelve aside and said to
18 them, ●"We are going up to Jerusalem, and
the Son of Man will be delivered over to the
chief priests and the teachers of the law. They
19 will condemn him to death ●and will hand
him over to the Gentiles to be mocked and
flogged and crucified. On the third day he will
be raised to life!"

A Mother's Request

20 ●Then the mother of Zebedee's sons came
to Jesus with her sons and, kneeling down,
asked a favor of him.
21 ●"What is it you want?" he asked.
She said, "Grant that one of these two sons
of mine may sit at your right and the other at

1) 오후 다섯 시 2) 은전의 명칭

aside [əsáid] *ad.* 옆에
bear [bɛər] *vt.* 견디다, 부담하다
burden [bə́:rdn] *n.* 무거운 짐, 괴로움
condemn [kəndém] *vt.* 선고하다
crucify [krú:səfài] *vt.* 십자가에 못박다
envious [énviəs] *a.* 시기하는
flog [flag] *vt.* 채찍질하다
foreman [fɔ́:rmən] *n.* 현장 주임
generous [dʒénərəs] *a.* 관대한
gentile [dʒéntail] *a.* 이교의
grant [græ̀nt] *vt.* 주다
mock [mak] *vt.* 조롱하다
predict [pridíkt] *vt.* 예언하다
unfair [ʌ̀nfɛ́ər] *a.* 불공평한
wage [weidʒ] *n.* 임금, 품삯

20:6 stand around: 우두커니 서있다
20:8 beginning with...: …로부터 시작하여
20:11 grumble against...: …를 원망하다
20:12 equal to...: …와 같게
20:20 knee down: 무릎 꿇다
20:20 ask a favor of...: …에게 부탁하다

22 예수께서 대답하여 이르시되 너희는 너희가
구하는 것을 알지 못하는도다 내가 마시려는
잔을 너희가 마실 수 있느냐 그들이 말하되
할 수 있나이다
23 이르시되 너희가 과연 내 잔을 마시려니와 내
좌우편에 앉는 것은 내가 주는 것이 아니라
내 아버지께서 누구를 위하여 예비하셨든지
그들이 얻을 것이니라
24 열 제자가 듣고 그 두 형제에 대하여 분히 여
기거늘 눅 22:24
25 예수께서 제자들을 불러다가 이르시되 이방
인의 집권자들이 그들을 임의로 주관하고 그
고관들이 그들에게 권세를 부리는 줄을 너희
가 알거니와
26 너희 중에는 그렇지 않아야 하나니 너희 중에
누구든지 크고자 하는 자는 너희를 섬기는 자
가 되고
27 너희 중에 누구든지 으뜸이 되고자 하는 자는
너희의 종이 되어야 하리라
28 인자가 온 것은 섬김을 받으려 함이 아니라
도리어 섬기려 하고 자기 목숨을 많은 사람의
대속물로 주려 함이니라

맹인 두 사람을 고치시다 (막 10:46-52; 눅 18:35-43)

29 ● 그들이 여리고에서 떠나갈 때에 큰 무리가
예수를 따르더라
30 맹인 두 사람이 길가에 앉았다가 예수께서 지
나가신다 함을 듣고 소리 질러 이르되 주여 우
리를 불쌍히 여기소서 다윗의 자손이여 하니
31 무리가 꾸짖어 잠잠하라 하되 더욱 소리 질러
이르되 주여 우리를 불쌍히 여기소서 다윗의
자손이여 하는지라
32 예수께서 머물러 서서 그들을 불러 이르시되
너희에게 무엇을 하여 주기를 원하느냐
33 이르되 주여 우리의 눈 뜨기를 원하나이다
34 예수께서 불쌍히 여기사 그들의 눈을 만지시
니 곧 보게 되어 그들이 예수를 따르니라

예루살렘에 들어가시다 (막 11:1-11; 눅 19:28-38;
요 12:12-19 ♪ 141, 365, 539장)

21 그들이 예루살렘에 가까이 가서 감람산
벳바게에 이르렀을 때에 예수께서 두 제
자를 보내시며
2 이르시되 너희는 맞은편 마을로 가라 그리하
면 곧 매인 나귀와 나귀 새끼가 함께 있는 것
을 보리니 풀어 내게로 끌고 오라
3 만일 누가 무슨 말을 하거든 주가 쓰시겠다
하라 1) 그리하면 즉시 보내리라 하시니
4 *이는 선지자를 통하여 하신 말씀을 이루려 하*

your left in your kingdom."
22 ●"You don't know what you are asking,"
Jesus said to them. "Can you drink the cup
I am going to drink?"
"We can," they answered.
23 ●Jesus said to them, "You will indeed
drink from my cup, but to sit at my right
or left is not for me to grant. These places
belong to those for whom they have been
prepared by my Father."
24 ●When the ten heard about this, they
were indignant with the two brothers.
25 ●Jesus called them together and said, "You
know that the rulers of the Gentiles lord it
over them, and their high officials exercise
26 authority over them. ●Not so with you.
Instead, whoever wants to become great
27 among you must be your servant, ●and
whoever wants to be first must be your
28 slave— ●just as the Son of Man did not
come to be served, but to serve, and to
give his life as a ransom for many."

Two Blind Men Receive Sight

29 ●As Jesus and his disciples were leaving
30 Jericho, a large crowd followed him. ●Two
blind men were sitting by the roadside, and
when they heard that Jesus was going by,
they shouted, "Lord, Son of David, have
mercy on us!"
31 ●The crowd rebuked them and told them
to be quiet, but they shouted all the louder,
"Lord, Son of David, have mercy on us!"
32 ●Jesus stopped and called them. "What
do you want me to do for you?" he asked.
33 ●"Lord," they answered, "we want our
sight."
34 ●Jesus had compassion on them and
touched their eyes. Immediately they
received their sight and followed him.

Jesus Comes to Jerusalem as King

21 As they approached Jerusalem and
came to Bethphage on the Mount
2 of Olives, Jesus sent two disciples, ●saying
to them, "Go to the village ahead of you,
and at once you will find a donkey tied
there, with her colt by her. Untie them and
3 bring them to me. ●If anyone says any-
thing to you, say that the Lord needs them,
and he will send them right away."
4 ●This took place to fulfill what was spo-

1) 또는 즉시 돌려보내리라 하라 하시니

approach [əpróutʃ] *vt.* …에 다가가다
authority [əθɔ́:rəti] *n.* 권위, 권력
compassion [kəmpǽʃən] *n.* 동정
disciple [disáipl] *n.* 제자
exercise [éksərsàiz] *vt.* 행사하다
fulfill [fulfíl] *vt.* 완성하다
gentile [dʒéntail] *a.* 분개한
immediately [imí:diətli] *ad.* 즉시
indeed [indí:d] *ad.* 참으로
prepare [pripέər] *vt.* 예비하다
ransom [rǽnsəm] *n.* 대속
rebuke [ribjú:k] *vt.* 꾸짖다
receive [risí:v] *vt.* 맞아들이다
roadside [róudsàid] *n.* 길가
slave [sleiv] *n.* 노예, 종

20:24 be indignant with...: …에(게) 화내다
20:30 have mercy on...: …에게 자비를 베풀다
20:31 all the louder: 오히려 더 크게
21:2 ahead of...: …앞에

심이라 일렀으되
5 ㄱ시온 딸에게 이르기를 네 왕이 네게 임
하나니 그는 겸손하여 나귀, 곧 멍에 메
는 짐승의 새끼를 탔도다 하라
하였느니라
6 제자들이 가서 예수께서 명하신 대로 하여
7 나귀와 나귀 새끼를 끌고 와서 자기들의 겉
옷을 그 위에 얹으매 예수께서 그 위에 타
시니
8 무리의 대다수는 그들의 겉옷을 길에 펴고
다른 이들은 나뭇가지를 베어 길에 펴고
9 앞에서 가고 뒤에서 따르는 무리가 소리 높
여 이르되 호산나 다윗의 자손이여 찬송하
리로다 주의 이름으로 오시는 이여 가장 높
은 곳에서 호산나 하더라
10 예수께서 예루살렘에 들어가시니 온 성이
소동하여 이르되 이는 누구냐 하거늘
11 무리가 이르되 갈릴리 나사렛에서 나온 선
지자 예수라 하니라

성전을 깨끗하게 하시다 (막 11:15-19; 눅 19:45-48; 요 2:13-22 ♪ 562장)

12 ●예수께서 성전에 들어가사 성전 안에서
매매하는 모든 사람들을 내쫓으시며 돈 바
꾸는 사람들의 상과 비둘기 파는 사람들의
의자를 둘러 엎으시고
13 그들에게 이르시되 기록된 바 ㄴ내 집은 기
도하는 집이라 일컬음을 받으리라 하였거
늘 너희는 ㄷ강도의 소굴을 만드는도다 하
시니라
14 맹인과 저는 자들이 성전에서 예수께 나아
오매 고쳐주시니
15 대제사장들과 서기관들이 예수께서 하시
는 이상한 일과 또 성전에서 소리 질러 호
산나 다윗의 자손이여 하는 어린이들을
보고 노하여
16 예수께 말하되 그들이 하는 말을 듣느냐
예수께서 이르시되 ㄹ그렇다 어린 아기와
젖먹이들의 입에서 나오는 찬미를 온전하
게 하셨나이다 함을 너희가 읽어 본 일이
없느냐 하시고
17 그들을 떠나 성 밖으로 베다니에 가서 거기
서 유하시니라

무화과나무가 마르다 (막 11:12-14, 20-24)

18 ●이른 아침에 성으로 들어오실 때에 시장
하신지라
19 길가에서 한 무화과나무를 보시고 그리로
가사 잎사귀 밖에 아무것도 찾지 못하시

ken through the prophet:
5 ●"Say to Daughter Zion,
'See, your king comes to you,
gentle and riding on a donkey,
and on a colt, the foal of a donkey.' "[a]
6 ●The disciples went and did as Jesus had
7 instructed them. ●They brought the donkey
and the colt and placed their cloaks on them
8 for Jesus to sit on. ●A very large crowd spread
their cloaks on the road, while others cut
branches from the trees and spread them on
9 the road. ●The crowds that went ahead of
him and those that followed shouted,
"Hosanna[b] to the Son of David!"
"Blessed is he who comes in the name of the Lord!"[c]
"Hosanna[b] in the highest heaven!"
10 ●When Jesus entered Jerusalem, the whole
city was stirred and asked, "Who is this?"
11 ●The crowds answered, "This is Jesus, the
prophet from Nazareth in Galilee."

Jesus at the Temple

12 ●Jesus entered the temple courts and drove
out all who were buying and selling there. He
overturned the tables of the money changers
13 and the benches of those selling doves. ●"It is
written," he said to them, " 'My house will be
called a house of prayer,'[d] but you are making
it 'a den of robbers.'[e]"
14 ●The blind and the lame came to him at
15 the temple, and he healed them. ●But when
the chief priests and the teachers of the law
saw the wonderful things he did and the chil-
dren shouting in the temple courts, "Hosanna
to the Son of David," they were indignant.
16 ●"Do you hear what these children are say-
ing?" they asked him.
"Yes," replied Jesus, "have you never read,
" 'From the lips of children and infants
you, Lord, have called forth your praise'[f]?"
17 ●And he left them and went out of the city
to Bethany, where he spent the night.

Jesus Curses a Fig Tree

18 ●Early in the morning, as Jesus was on his
19 way back to the city, he was hungry. ●Seeing
a fig tree by the road, he went up to it but

[a]*5* Zech. 9:9 [b]*9* A Hebrew expression meaning "Save!" which became an exclamation of praise; also in verse 15 [c]*9* Psalm 118:25,26 [d]*13* Isaiah 56:7 [e]*13* Jer. 7:11 [f]*16* Psalm 8:2 (see Septuagint)

ㄱ. 사 62:11; 슥 9:9 ㄴ. 사 56:7 ㄷ. 렘 7:11 ㄹ. 시 8:2

branch [bræntʃ] *n.* 나뭇가지
colt [koult] *n.* 나귀 새끼
den [den] *n.* 소굴
dove [dʌv] *n.* 비둘기
fig [fig] *n.* 무화과
foal [foul] *n.* 새끼
heal [hiːl] *vt.* 고치다
infant [ínfənt] *n.* 유아
instruct [instrʌ́kt] *vt.* 지시하다
lame [leim] *a.* 절름발이의
overturn [òuvərtə́ːrn] *vt.* 뒤집다
prophet [prάfit] *n.* 예언자
robber [rάbər] *n.* 강도
spread [spred] *vt.* 펼치다
stir [stəːr] *vi.* 동요하다

21:5 ride on...: …을 타다
21:9 ahead of...: …앞에
21:9 in the name of...: …의 이름으로
21:12 drive out: 내쫓다
21:18 on one's way: 도중에
21:19 go up to...: …으로(가까이)가다

고 나무에게 이르시되 이제부터 영원토록 네가 열매를 맺지 못하리라 하시니 무화과 나무가 곧 마른지라

20 제자들이 보고 이상히 여겨 이르되 무화과나무가 어찌하여 곧 말랐나이까

21 예수께서 대답하여 이르시되 내가 진실로 너희에게 이르노니 만일 너희가 믿음이 있고 의심하지 아니하면 이 무화과나무에게 된 이런 일만 할 뿐 아니라 이 산더러 들려 바다에 던져지라 하여도 될 것이요

22 너희가 기도할 때에 무엇이든지 믿고 구하는 것은 다 받으리라 하시니라

7:7

예수의 권위를 두고 말하다 (막 11:27-33; 눅 20:1-8)

23 ●예수께서 성전에 들어가 가르치실새 대제사장들과 백성의 장로들이 나아와 이르되 네가 무슨 권위로 이런 일을 하느냐 또 누가 이 권위를 주었느냐

24 예수께서 대답하시되 나도 한 말을 너희에게 물으리니 너희가 대답하면 나도 무슨 권위로 이런 일을 하는지 이르리라

25 요한의 1)세례가 어디로부터 왔느냐 하늘로부터냐 사람으로부터냐 그들이 서로 의논하여 이르되 만일 하늘로부터라 하면 어찌하여 그를 믿지 아니하였느냐 할 것이요

26 만일 사람으로부터라 하면 모든 사람이 요한을 선지자로 여기니 백성이 무섭다 하여

27 예수께 대답하여 이르되 우리가 알지 못하노라 하니 예수께서 이르시되 나도 무슨 권위로 이런 일을 하는지 너희에게 이르지 아니하리라

28 그러나 너희 생각에는 어떠하냐 어떤 사람에게 두 아들이 있는데 맏아들에게 가서 이르되 얘 오늘 포도원에 가서 일하라 하니

29 대답하여 이르되 아버지 가겠나이다 하더니 가지 아니하고

30 둘째 아들에게 가서 또 그와 같이 말하니 대답하여 이르되 싫소이다 하였다가 그 후에 뉘우치고 갔으니

31 그 둘 중의 누가 아버지의 뜻대로 하였느냐 이르되 둘째 아들이니이다 예수께서 그들에게 이르시되 내가 진실로 너희에게 이르노니 세리들과 창녀들이 너희보다 먼저 하나님의 나라에 들어가리라

32 요한이 의의 도로 너희에게 왔거늘 너희는 그를 믿지 아니하였으되 세리와 창녀는 믿었으며 너희는 이것을 보고도 끝내 뉘우쳐 믿지 아니하였도다

found nothing on it except leaves. Then he
said to it, "May you never bear fruit again!"
Immediately the tree withered.
20 ●When the disciples saw this, they were
amazed. "How did the fig tree wither so
quickly?" they asked.
21 ●Jesus replied, "Truly I tell you, if you
have faith and do not doubt, not only can
you do what was done to the fig tree, but
also you can say to this mountain, 'Go,
throw yourself into the sea,' and it will be
22 done. ●If you believe, you will receive whatever you ask for in prayer."

The Authority of Jesus Questioned

23 ●Jesus entered the temple courts, and,
while he was teaching, the chief priests
and the elders of the people came to him.
"By what authority are you doing these
things?" they asked. "And who gave you
this authority?"
24 ●Jesus replied, "I will also ask you one
question. If you answer me, I will tell you by
what authority I am doing these things.
25 ●John's baptism—where did it come from?
Was it from heaven, or of human origin?"
They discussed it among themselves and
said, "If we say, 'From heaven,' he will ask,
26 'Then why didn't you believe him?' ●But if
we say, 'Of human origin'—we are afraid of
the people, for they all hold that John was
a prophet."
27 ●So they answered Jesus, "We don't know."
Then he said, "Neither will I tell you by
what authority I am doing these things.

The Parable of the Two Sons

28 ●"What do you think? There was a man
who had two sons. He went to the first and
said, 'Son, go and work today in the vineyard.'
29 ●" 'I will not,' he answered, but later he
changed his mind and went.
30 ●"Then the father went to the other son
and said the same thing. He answered, 'I
will, sir,' but he did not go.
31 ●"Which of the two did what his father
wanted?"
"The first," they answered.
Jesus said to them, "Truly I tell you, the tax
collectors and the prostitutes are entering
32 the kingdom of God ahead of you. ●For
John came to you to show you the way of

1) 헬, 또는 침례

amaze [əméiz] *vt.* 놀라게 하다
authority [əθɔ́:rəti] *n.* 권위
baptism [bǽptizm] *n.* 세례
collector [kəléktər] *n.* 세리
discuss [diskʌs] *vt.* 의논하다
doubt [daut] *vt.* 의심하다
elder [éldər] *n.* 장로
except [iksépt] *prep.* …외에는
immediately [imí:diətli] *ad.* 즉시
leaf [li:f] *n.* 나뭇잎
parable [pǽrəbl] *n.* 비유
priest [pri:st] *n.* 제사장
prophet [práfit] *n.* 예언자
prostitute [prástətjù:t] *n.* 창녀
wither [wíðər] *vi.* 시들다

21:21 **not only A, but also B**: A뿐만 아니라 B도
21:25 **come from...**: …에서 오다
21:26 **be afraid of...**: …을 두려워하다
21:29 **change one's mind**: 마음을 바꾸다, 생각을 고쳐먹다

포도원 농부 비유 (막 12:1-12; 눅 20:9-19)

33 ●다른 한 비유를 들으라 한 집주인이 포
도원을 만들어 산울타리로 두르고 거기
에 즙 짜는 틀을 만들고 망대를 짓고 농
부들에게 세로 주고 타국에 갔더니
34 열매 거둘 때가 가까우매 그 열매를 받으
려고 자기 종들을 농부들에게 보내니
35 농부들이 종들을 잡아 하나는 심히 때리
고 하나는 죽이고 하나는 돌로 쳤거늘
36 다시 다른 종들을 처음보다 많이 보내니
그들에게도 그렇게 하였는지라
37 후에 자기 아들을 보내며 이르되 그들이
내 아들은 존대하리라 하였더니
38 농부들이 그 아들을 보고 서로 말하되 이
는 상속자니 자 죽이고 그의 유산을 차지
하자 하고 요 11:53
39 이에 잡아 포도원 밖에 내쫓아 죽였느니
라
40 그러면 포도원 주인이 올 때에 그 농부들
을 어떻게 하겠느냐
41 그들이 말하되 그 악한 자들을 진멸하고
포도원은 제 때에 열매를 바칠 만한 다른
농부들에게 세로 줄지니이다
42 예수께서 이르시되 너희가 성경에
ㄱ건축자들이 버린 돌이 모퉁이의 머릿
돌이 되었나니 이것은 주로 말미암아
된 것이요 우리 눈에 기이하도다
함을 읽어 본 일이 없느냐
43 그러므로 내가 너희에게 이르노니 하나
님의 나라를 너희는 빼앗기고 그 나라의
열매 맺는 백성이 받으리라
44 이 돌 위에 떨어지는 자는 깨지겠고 이
돌이 사람 위에 떨어지면 그를 가루로 만
들어 흩으리라 하시니
45 대제사장들과 바리새인들이 예수의 비
유를 듣고 자기들을 가리켜 말씀하심인
줄 알고
46 잡고자 하나 무리를 무서워하니 이는 그
들이 예수를 선지자로 앎이었더라

혼인 잔치 비유 (눅 14:15-24)

22 예수께서 다시 비유로 대답하여 이
르시되
2 천국은 마치 자기 아들을 위하여 혼인 잔
치를 베푼 어떤 임금과 같으니 13:24
3 그 종들을 보내어 그 청한 사람들을 혼인
잔치에 오라 하였더니 오기를 싫어하거
늘

righteousness, and you did not believe him,
but the tax collectors and the prostitutes did.
And even after you saw this, you did not repent
and believe him.

The Parable of the Tenants

33 ●"Listen to another parable: There was a
landowner who planted a vineyard. He put a
wall around it, dug a winepress in it and built a
watchtower. Then he rented the vineyard to
some farmers and moved to another place.
34 ●When the harvest time approached, he sent
his servants to the tenants to collect his fruit.
35 ●"The tenants seized his servants; they beat
36 one, killed another, and stoned a third. ●Then
he sent other servants to them, more than the
first time, and the tenants treated them the same
37 way. ●Last of all, he sent his son to them. 'They
will respect my son,' he said.
38 ●"But when the tenants saw the son, they
said to each other, 'This is the heir. Come, let's
39 kill him and take his inheritance.' ●So they
took him and threw him out of the vineyard
and killed him.
40 ●"Therefore, when the owner of the vineyard
comes, what will he do to those tenants?"
41 ●"He will bring those wretches to a wretched
end," they replied, "and he will rent the vine-
yard to other tenants, who will give him his
share of the crop at harvest time."
42 ●Jesus said to them, "Have you never read in
the Scriptures:

" 'The stone the builders rejected
has become the cornerstone;
the Lord has done this,
and it is marvelous in our eyes'[a]?

43 ●"Therefore I tell you that the kingdom of
God will be taken away from you and given to
44 a people who will produce its fruit. ●Anyone
who falls on this stone will be broken to pieces;
anyone on whom it falls will be crushed."[b]
45 ●When the chief priests and the Pharisees
heard Jesus' parables, they knew he was talking
46 about them. ●They looked for a way to arrest
him, but they were afraid of the crowd because
the people held that he was a prophet.

The Parable of the Wedding Banquet

22 Jesus spoke to them again in parables,
2 saying: ●"The kingdom of heaven is
like a king who prepared a wedding banquet
3 for his son. ●He sent his servants to those who

[a]42 Psalm 118:22,23 [b]44 Some manuscripts do not have verse 44. ㄱ. 시 118:22 이하

approach [əpróutʃ] *vi.* (사람, 때 등이) 가까워지다
arrest [ərést] *vt.* 체포하다
banquet [bǽŋkwit] *n.* 연회
beat [biːt] *vt.* 치다
heir [ɛər] *n.* 상속인
inheritance [inhérətəns] *n.* 유산, 상속
marvelous [máːrvələs] *a.* 놀라운, 기묘한
reject [ridʒékt] *vt.* 버리다
repent [ripént] *vi.* 회개하다
respect [rispékt] *vt.* 존중하다
seize [siːz] *vt.* (붙)잡다
tenant [ténənt] *n.* 차용자, 소작인
treat [triːt] *vt.* 대우하다, 취급하다
watchtower [wátʃtàuər] *n.* 망대
winepress [wáinprès] *n.* 포도즙 짜는 기구

21:33 another place: 다른 곳
21:36 more than...: …보다 많이
21:37 last of all: 최후로
21:43 take away: 제거하다
21:44 break to pieces: 산산조각내다
21:46 look for: 찾다

4 다시 다른 종들을 보내며 이르되 청한 사람들에게 이르기를 내가 오찬을 준비하되 나의 소와 살진 짐승을 잡고 모든 것을 갖추었으니 혼인 잔치에 오소서 하라 하였더니
5 그들이 돌아보지도 않고 한 사람은 자기 밭으로, 한 사람은 자기 사업하러 가고
6 그 남은 자들은 종들을 잡아 모욕하고 죽이니
7 임금이 노하여 군대를 보내어 그 살인한 자들을 진멸하고 그 동네를 불사르고 눅 19:27
8 이에 종들에게 이르되 혼인 잔치는 준비되었으나 청한 사람들은 합당하지 아니하니
9 네거리 길에 가서 사람을 만나는 대로 혼인 잔치에 청하여 오라 한대
10 종들이 길에 나가 악한 자나 선한 자나 만나는 대로 모두 데려오니 혼인 잔치에 손님들이 가득한지라
11 임금이 손님들을 보러 들어올새 거기서 예복을 입지 않은 한 사람을 보고
12 이르되 친구여 어찌하여 예복을 입지 않고 여기 들어왔느냐 하니 그가 아무 말도 못하거늘
13 임금이 사환들에게 말하되 그 손발을 묶어 바깥 어두운 데에 내던지라 거기서 슬피 울며 이를 갈게 되리라 하니라
14 청함을 받은 자는 많되 택함을 입은 자는 적으니라

가이사에게 세금을 바치는 것
(막 12:13-17; 눅 20:20-26)

15 ●이에 바리새인들이 가서 어떻게 하면 예수를 말의 올무에 걸리게 할까 상의하고
16 자기 제자들을 헤롯 당원들과 함께 예수께 보내어 말하되 선생님이여 우리가 아노니 당신은 참되시고 진리로 하나님의 도를 가르치시며 아무도 꺼리는 일이 없으시니 이는 사람을 외모로 보지 아니하심이니이다 막 3:6
17 그러면 당신의 생각에는 어떠한지 우리에게 이르소서 가이사에게 세금을 바치는 것이 옳으니이까 옳지 아니하니이까 하니
18 예수께서 그들의 악함을 아시고 이르시되 외식하는 자들아 어찌하여 나를 시험하느냐
19 세금 낼 돈을 내게 보이라 하시니 [1]데나리온 하나를 가져왔거늘
20 예수께서 말씀하시되 이 형상과 이 글이 누구의 것이냐
21 이르되 가이사의 것이니이다 이에 이르시되 그런즉 가이사의 것은 가이사에게, 하나

had been invited to the banquet to tell them
to come, but they refused to come.
4 ●"Then he sent some more servants and
said, 'Tell those who have been invited that I
have prepared my dinner: My oxen and fat-
tened cattle have been butchered, and every-
thing is ready. Come to the wedding ban-
quet.'
5 ●"But they paid no attention and went off
—one to his field, another to his business.
6 ●The rest seized his servants, mistreated them
7 and killed them. ●The king was enraged. He
sent his army and destroyed those murderers
and burned their city.
8 ●"Then he said to his servants, 'The wed-
ding banquet is ready, but those I invited did
9 not deserve to come. ●So go to the street cor-
ners and invite to the banquet anyone you
10 find.' ●So the servants went out into the
streets and gathered all the people they could
find, the bad as well as the good, and the wed-
ding hall was filled with guests.
11 ●"But when the king came in to see the
guests, he noticed a man there who was not
12 wearing wedding clothes. ●He asked, 'How
did you get in here without wedding clothes,
friend?' The man was speechless.
13 ●"Then the king told the attendants, 'Tie
him hand and foot, and throw him outside,
into the darkness, where there will be weep-
ing and gnashing of teeth.'
14 ●"For many are invited, but few are chosen."

Paying the Imperial Tax to Caesar

15 ●Then the Pharisees went out and laid
16 plans to trap him in his words. ●They sent
their disciples to him along with the Herodi-
ans. "Teacher," they said, "we know that you
are a man of integrity and that you teach the
way of God in accordance with the truth. You
aren't swayed by others, because you pay no
17 attention to who they are. ●Tell us then, what
is your opinion? Is it right to pay the imperial
tax[a] to Caesar or not?"
18 ●But Jesus, knowing their evil intent, said,
"You hypocrites, why are you trying to trap
19 me? ●Show me the coin used for paying the
20 tax." They brought him a denarius, ●and he
asked them, "Whose image is this? And whose
inscription?"
21 ●"Caesar's," they replied.

[a]17 A special tax levied on subject peoples, not on Roman citizens 1) 은전의 명칭

attendant [əténdənt] *n.* 수행원
butcher [bútʃər] *vt.* 도살하다
cattle [kǽtl] *n.* 소, 가축
denarius [dinέəriəs] *n.* 은화
enrage [inréidʒ] *vt.* 격노시키다
fatten [fǽtn] *vt.* 살찌우다
gnash [næʃ] *vt.* 이를 갈다
hypocrite [hípəkrit] *n.* 위선자
imperial [impíəriəl] *a.* 황제의
inscription [inskrípʃən] *n.* 명각(銘刻)
integrity [intégrəti] *n.* 완전한 상태
intent [intént] *n.* 의도
mistreat [mìstríːt] *vt.* 학대하다
opinion [əpínjən] *n.* 의견
sway [swei] *vi.* 흔들리다, 기울다

22:5 pay attention (to): 주목하다
22:8 deserve to...: …할 만하다
22:10 as well as...: …와 마찬가지로
22:12 get in: 들어가다, 참가하다
22:15 lay plans: 계획을 세우다
22:16 in accordance with...: …에 따라서

님의 것은 하나님께 바치라 하시니
22 그들이 이 말씀을 듣고 놀랍게 여겨 예수를 떠나가니라

부활 논쟁 (막 12:18-27; 눅 20:27-40)

23 ●부활이 없다 하는 사두개인들이 그날 예수께 와서 물어 이르되 행 23:8
24 선생님이여 모세가 일렀으되 ㄱ사람이 만일 자식이 없이 죽으면 그 동생이 그 아내에게 장가들어 형을 위하여 상속자를 세울지니라 하였나이다
25 우리 중에 칠 형제가 있었는데 맏이가 장가 들었다가 죽어 상속자가 없으므로 그 아내를 그 동생에게 물려 주고
26 그 둘째와 셋째로 일곱째까지 그렇게 하다가
27 최후에 그 여자도 죽었나이다
28 그런즉 그들이 다 그를 취하였으니 부활 때에 일곱 중의 누구의 아내가 되리이까
29 예수께서 대답하여 이르시되 너희가 성경도, 하나님의 능력도 알지 못하는 고로 오해하였도다
30 부활 때에는 장가도 아니 가고 시집도 아니 가고 하늘에 있는 천사들과 같으니라
31 죽은 자의 부활을 논할진대 하나님이 너희에게 말씀하신 바
32 ㄴ나는 아브라함의 하나님이요 이삭의 하나님이요 야곱의 하나님이로라 하신 것을 읽어 보지 못하였느냐 하나님은 죽은 자의 하나님이 아니요 살아 있는 자의 하나님이시니라 하시니
33 무리가 듣고 그의 가르치심에 놀라더라

가장 큰 계명
(막 12:28-34; 눅 10:25-28 ♪ 218, 314장)

34 ●예수께서 사두개인들로 대답할 수 없게 하셨다 함을 바리새인들이 듣고 모였는데
35 그 중의 한 율법사가 예수를 시험하여 묻되
36 선생님 율법 중에서 어느 계명이 크니이까
37 예수께서 이르시되 ㄷ네 마음을 다하고 목숨을 다하고 뜻을 다하여 주 너의 하나님을 사랑하라 하셨으니
38 이것이 크고 첫째 되는 계명이요
39 둘째도 그와 같으니 ㄹ네 이웃을 네 자신같이 사랑하라 하셨으니
40 이 두 계명이 온 율법과 선지자의 강령이니라

그리스도와 다윗의 자손 (막 12:35-37; 눅 20:41-44)

41 ●바리새인들이 모였을 때에 예수께서 그들에게 물으시되
42 너희는 그리스도에 대하여 어떻게 생각하

Then he said to them, “So give back to
Caesar what is Caesar’s, and to God what
is God’s.”
22 ●When they heard this, they were
amazed. So they left him and went away.

Marriage at the Resurrection

23 ●That same day the Sadducees, who say
there is no resurrection, came to him with a
24 question. ●“Teacher,” they said, “Moses told
us that if a man dies without having chil-
dren, his brother must marry the widow
25 and raise up offspring for him. ●Now there
were seven brothers among us. The first one
married and died, and since he had no chil-
26 dren, he left his wife to his brother. ●The
same thing happened to the second and
third brother, right on down to the seventh.
27-28 ●Finally, the woman died. ●Now then, at
the resurrection, whose wife will she be of
the seven, since all of them were married to
her?”
29 ●Jesus replied, “You are in error because
you do not know the Scriptures or the
30 power of God. ●At the resurrection people
will neither marry nor be given in marriage;
31 they will be like the angels in heaven. ●But
about the resurrection of the dead—have
32 you not read what God said to you, ●‘I am
the God of Abraham, the God of Isaac, and
the God of Jacob’[a]? He is not the God of the
dead but of the living.”
33 ●When the crowds heard this, they were
astonished at his teaching.

The Greatest Commandment

34 ●Hearing that Jesus had silenced the Sad-
35 ducees, the Pharisees got together. ●One of
them, an expert in the law, tested him with
36 this question: ●“Teacher, which is the great-
est commandment in the Law?”
37 ●Jesus replied: “ ‘Love the Lord your God
with all your heart and with all your soul
38 and with all your mind.’[b] ●This is the first
39 and greatest commandment. ●And the sec-
ond is like it: ‘Love your neighbor as your-
40 self.’[c] ●All the Law and the Prophets hang
on these two commandments.”

Whose Son Is the Messiah?

41 ●While the Pharisees were gathered
42 together, Jesus asked them, ●“What do you

[a] *32* Exodus 3:6 [b] *37* Deut. 6:5 [c] *39* Lev. 19:18
ㄱ. 신 25:5 ㄴ. 출 3:6 ㄷ. 신 6:5 ㄹ. 레 19:18

amazed [əméizd] *a.* 깜짝 놀란
astonish [əstániʃ] *vt.* 놀라게 하다
commandment [kəmǽndmənt] *n.* 계명
crowd [kraud] *n.* 군중
error [érər] *n.* 잘못, 오류
expert [ékspəːrt] *n.* 숙련가
gather [gǽðər] *vt.* 모으다
marriage [mǽridʒ] *n.* 결혼
neighbor [néibər] *n.* 이웃
offspring [ɔ́ːfsprìŋ] *n.* 후손, 자식
prophet [práfit] *n.* 선지자
resurrection [rèzərékʃən] *n.* 소생, 부활
Scripture [skríptʃər] *n.* 성경
silence [sáiləns] *vt.* 침묵시키다
widow [wídou] *n.* 과부

22:22 go away: 떠나다
22:26 happen to...: …에게 일어나다
22:30 neither A nor B: A도 아니고 B도 또한 아니다
22:34 get together: 모이다, 의논하다
22:37 with all one's heart: 전심으로

느냐 누구의 자손이냐 대답하되 다윗의
자손이니이다
43 이르시되 그러면 다윗이 성령에 감동되어
어찌 그리스도를 주라 칭하여 말하되
44 '주께서 내 주께 이르시되 내가 네 원수
를 네 발아래에 둘 때까지 내 우편에 앉
아 있으라 하셨도다
하였느냐
45 다윗이 그리스도를 주라 칭하였은즉 어찌
그의 자손이 되겠느냐 하시니
46 한 마디도 능히 대답하는 자가 없고 그날부
터 감히 그에게 묻는 자도 없더라

서기관들과 바리새인들을 꾸짖으시다
(막 12:38-40; 눅 11:37-52; 20:45-47
♪ 500, 515장)

23 이에 예수께서 무리와 제자들에게 말
씀하여 이르시되
2 서기관들과 바리새인들이 모세의 자리에
앉았으니
3 그러므로 무엇이든지 그들이 말하는 바는
행하고 지키되 그들이 하는 행위는 본받지
말라 그들은 말만 하고 행하지 아니하며
4 또 무거운 짐을 묶어 사람의 어깨에 지우되
자기는 이것을 한 손가락으로도 움직이려
하지 아니하며
5 그들의 모든 행위를 사람에게 보이고자 하
나니 곧 그 경문 띠를 넓게 하며 옷술을 길
게 하고
6 잔치의 윗자리와 회당의 높은 자리와
7 시장에서 문안받는 것과 사람에게 랍비라
칭함을 받는 것을 좋아하느니라
8 그러나 너희는 랍비라 칭함을 받지 말라 너
희 선생은 하나요 너희는 다 형제니라 약 3:1
9 땅에 있는 자를 아버지라 하지 말라 너희의
아버지는 한 분이시니 곧 하늘에 계신 이시
니라
10 또한 지도자라 칭함을 받지 말라 너희의 지
도자는 한 분이시니 곧 그리스도시니라
11 너희 중에 큰 자는 너희를 섬기는 자가 되
어야 하리라
12 누구든지 자기를 높이는 자는 낮아지고 누구
든지 자기를 낮추는 자는 높아지리라 벧전 5:5
13 ●화 있을진저 외식하는 서기관들과 바리
새인들이여 너희는 천국 문을 사람들 앞에
서 닫고 너희도 들어가지 않고 들어가려 하
는 자도 들어가지 못하게 하는도다
14 [1](없음)

think about the Messiah? Whose son is he?"
"The son of David," they replied.
43 ●He said to them, "How is it then that
David, speaking by the Spirit, calls him
'Lord'? For he says,
44 ●" 'The Lord said to my Lord:
"Sit at my right hand
until I put your enemies
under your feet." '[a]
45 ●If then David calls him 'Lord,' how can he
46 be his son?" ●No one could say a word in
reply, and from that day on no one dared to
ask him any more questions.

A Warning Against Hypocrisy

23 Then Jesus said to the crowds and to
2 his disciples: ●"The teachers of the
3 law and the Pharisees sit in Moses' seat. ●So
you must be careful to do everything they tell
you. But do not do what they do, for they do
4 not practice what they preach. ●They tie up
heavy, cumbersome loads and put them on
other people's shoulders, but they themselves
are not willing to lift a finger to move them.
5 ●"Everything they do is done for people to
see: They make their phylacteries[b] wide and
6 the tassels on their garments long; ●they love
the place of honor at banquets and the most
7 important seats in the synagogues; ●they love
to be greeted with respect in the marketplaces
and to be called 'Rabbi' by others.
8 ●"But you are not to be called 'Rabbi,' for
you have one Teacher, and you are all broth-
9 ers. ●And do not call anyone on earth 'father,'
for you have one Father, and he is in heaven.
10 ●Nor are you to be called instructors, for you
11 have one Instructor, the Messiah. ●The great-
12 est among you will be your servant. ●For
those who exalt themselves will be humbled,
and those who humble themselves will be
exalted.

Seven Woes on the Teachers of the Law and the Pharisees

13 ●"Woe to you, teachers of the law and Phar-
isees, you hypocrites! You shut the door of the
kingdom of heaven in people's faces. You
yourselves do not enter, nor will you let those
enter who are trying to.[14][c]

[a]44 Psalm 110:1 [b]5 That is, boxes containing Scripture verses, worn on forehead and arm [c]14 Some manuscripts include here words similar to Mark 12:40 and Luke 20:47.

1) 어떤 사본에, 14절에 막 12:40과 눅 20:47과 유사한 구절이 있음 ㄱ. 시 110:1

banquet [bǽŋkwit] *n.* 연회
dare [dɛər] *vt.* 감히 …하다
exalt [igzɔ́:lt] *vt.* 높이다
garment [gɑ́:rmənt] *n.* 의복
greet [gri:t] *vt.* 인사하다
humble [hʌ́mbl] *vt.* 낮추다
hypocrite [hípəkrit] *n.* 위선자
instructor [instrʌ́ktər] *n.* 가르치는 사람
load [loud] *n.* 무거운 짐
phylactery [filǽktəri] *n.* 성구함(聖句函)
practice [prǽktis] *vt.* 행하다
preach [pri:tʃ] *vt.* 설교하다
synagogue [sínəgɑ̀g] *n.* 회당
tassel [tǽsəl] *n.* (장식)술
woe [wou] *n.* 비애, 화

22:44 **under one's feet**: …의 발 밑에 굴복하여
22:46 **in reply**: 대답으로
23:4 **be willing to...**: 기꺼이 …하다
23:13 **in one's faces**: 사람들의 면전에서

15 ●화 있을진저 외식하는 서기관들과 바리새
인들이여 너희는 교인 한 사람을 얻기 위하
여 바다와 육지를 두루 다니다가 생기면 너
희보다 배나 더 지옥 자식이 되게 하는도다
16 ●화 있을진저 눈먼 인도자여 너희가 말하되
누구든지 성전으로 맹세하면 아무 일 없거니
와 성전의 금으로 맹세하면 지킬지라 하는도
다
17 어리석은 맹인들이여 어느 것이 크냐 그 금
이냐 그 금을 거룩하게 하는 성전이냐 출 30:29
18 너희가 또 이르되 누구든지 제단으로 맹세하
면 아무 일 없거니와 그 위에 있는 예물로 맹
세하면 지킬지라 하는도다
19 맹인들이여 어느 것이 크냐 그 예물이냐 그
예물을 거룩하게 하는 제단이냐
20 그러므로 제단으로 맹세하는 자는 제단과 그
위에 있는 모든 것으로 맹세함이요
21 또 성전으로 맹세하는 자는 성전과 그 안에
계신 이로 맹세함이요
22 또 하늘로 맹세하는 자는 하나님의 보좌와
그 위에 앉으신 이로 맹세함이니라
23 ●화 있을진저 외식하는 서기관들과 바리새
인들이여 너희가 박하와 회향과 근채의 십일
조는 드리되 율법의 더 중한 바 정의와 긍휼
과 믿음은 버렸도다 그러나 이것도 행하고
저것도 버리지 말아야 할지니라
24 맹인 된 인도자여 하루살이는 걸러 내고 낙
타는 삼키는도다
25 ●화 있을진저 외식하는 서기관들과 바리새
인들이여 잔과 대접의 겉은 깨끗이 하되 그
안에는 탐욕과 방탕으로 가득하게 하는도다
26 눈먼 바리새인이여 너는 먼저 안을 깨끗이
하라 그리하면 겉도 깨끗하리라
27 ●화 있을진저 외식하는 서기관들과 바리새
인들이여 회칠한 무덤 같으니 겉으로는 아름
답게 보이나 그 안에는 죽은 사람의 뼈와 모
든 더러운 것이 가득하도다 행 23:3
28 이와 같이 너희도 겉으로는 사람에게 옳게
보이되 안으로는 외식과 불법이 가득하도다
29 ●화 있을진저 외식하는 서기관들과 바리새
인들이여 너희는 선지자들의 무덤을 만들고
의인들의 비석을 꾸미며 이르되
30 만일 우리가 조상 때에 있었더라면 우리는
그들이 선지자의 피를 흘리는 데 참여하지
아니하였으리라 하니
31 그러면 너희가 선지자를 죽인 자의 자손임을
스스로 증명함이로다 행 7:51, 52

15 ●"Woe to you, teachers of the law and
Pharisees, you hypocrites! You travel over
land and sea to win a single convert, and
when you have succeeded, you make them
twice as much a child of hell as you are.
16 ●"Woe to you, blind guides! You say, 'If
anyone swears by the temple, it means noth-
ing; but anyone who swears by the gold of
17 the temple is bound by that oath.' ●You
blind fools! Which is greater: the gold, or the
18 temple that makes the gold sacred? ●You
also say, 'If anyone swears by the altar, it
means nothing; but anyone who swears by
the gift on the altar is bound by that oath.'
19 ●You blind men! Which is greater: the gift,
or the altar that makes the gift sacred?
20 ●Therefore, anyone who swears by the altar
21 swears by it and by everything on it. ●And
anyone who swears by the temple swears by
22 it and by the one who dwells in it. ●And
anyone who swears by heaven swears by
God's throne and by the one who sits on it.
23 ●"Woe to you, teachers of the law and
Pharisees, you hypocrites! You give a tenth
of your spices—mint, dill and cumin. But
you have neglected the more important
matters of the law—justice, mercy and
faithfulness. You should have practiced the
24 latter, without neglecting the former. ●You
blind guides! You strain out a gnat but swal-
low a camel.
25 ●"Woe to you, teachers of the law and
Pharisees, you hypocrites! You clean the out-
side of the cup and dish, but inside they are
26 full of greed and self-indulgence. ●Blind
Pharisee! First clean the inside of the cup and
dish, and then the outside also will be clean.
27 ●"Woe to you, teachers of the law and
Pharisees, you hypocrites! You are like white-
washed tombs, which look beautiful on the
outside but on the inside are full of the bones
28 of the dead and everything unclean. ●In the
same way, on the outside you appear to peo-
ple as righteous but on the inside you are full
of hypocrisy and wickedness.
29 ●"Woe to you, teachers of the law and
Pharisees, you hypocrites! You build tombs
for the prophets and decorate the graves
30 of the righteous. ●And you say, 'If we had
lived in the days of our ancestors, we would
not have taken part with them in shedding
31 the blood of the prophets.' ●So you testify
against yourselves that you are the descen-

convert [kənvə́:rt] *n.* 개종자, 회심자
cumin [kʌ́mən] *n.* 쿠민(미나리과 식물)
decorate [dékərèit] *vt.* 장식하다
dill [dil] *n.* 딜(미나리과 식물)
gnat [næt] *n.* 각다귀, 모기
grave [greiv] *n.* 무덤
greed [gri:d] *n.* 탐욕
indulgence [indʌ́ldʒəns] *n.* 방종
latter [lǽtər] *a.* 후반의
neglect [niglékt] *vt.* 경시(무시)하다
oath [ouθ] *n.* 맹세
sacred [séikrid] *a.* 신성한, 성스러운
shed [ʃed] *vt.* 흘리다
spice [spais] *n.* 향신료
throne [θroun] *n.* 왕좌

23:16 swear by...: …을 두고 맹세하다
23:21 dwell in...: …에 머무르다, 살다
23:23 a tenth of...: …의 십분의 일
23:24 strain out: 걸러내다
23:28 in the same way: 이와 같이
23:28 appear as...: …라고 여겨지다

32 너희가 너희 조상의 분량을 채우라
33 뱀들아 독사의 새끼들아 너희가 어떻게 지옥
의 판결을 피하겠느냐 3:7
34 그러므로 내가 너희에게 선지자들과 지혜 있
는 자들과 서기관들을 보내매 너희가 그 중에
서 더러는 죽이거나 십자가에 못 박고 그 중에
서 더러는 너희 회당에서 채찍질하고 이 동네
에서 저 동네로 따라다니며 박해하리라
35 그러므로 의인 아벨의 피로부터 성전과 제단 사
이에서 너희가 죽인 바라갸의 아들 사가랴의 피
까지 땅 위에서 흘린 의로운 피가 다 너희에게
돌아가리라
36 내가 진실로 너희에게 이르노니 이것이 다 이
세대에 돌아가리라 10:23

예루살렘을 두고 이르시다 (눅 13:34-35)

37 •예루살렘아 예루살렘아 선지자들을 죽이고
네게 파송된 자들을 돌로 치는 자여 암탉이 그
새끼를 날개 아래에 모음같이 내가 네 자녀를
모으려 한 일이 몇 번이더냐 그러나 너희가 원
하지 아니하였도다
38 보라 너희 집이 황폐하여 버려진 바 되리라
39 내가 너희에게 이르노니 이제부터 너희는 찬
송하리로다 주의 이름으로 오시는 이여 할 때
까지 나를 보지 못하리라 하시니라

성전이 무너뜨려질 것을 예언하시다
(막 13:1-2; 눅 21:5-6 ♪ 179장)

24 예수께서 성전에서 나와서 가실 때에 제
자들이 성전 건물들을 가리켜 보이려고
나아오니
2 대답하여 이르시되 너희가 이 모든 것을 보지
못하느냐 내가 진실로 너희에게 이르노니 돌
하나도 돌 위에 남지 않고 다 무너뜨려지리라

재난의 징조 (막 13:3-13; 눅 21:7-19)

3 •예수께서 감람산 위에 앉으셨을 때에 제자
들이 조용히 와서 이르되 우리에게 이르소서
어느 때에 이런 일이 있겠사오며 또 주의 임하
심과 세상 끝에는 무슨 징조가 있사오리이까
4 예수께서 대답하여 이르시되 너희가 사람의
미혹을 받지 않도록 주의하라
5 많은 사람이 내 이름으로 와서 이르되 나는 그
리스도라 하여 많은 사람을 미혹하리라
6 난리와 난리 소문을 듣겠으나 너희는 삼가 두
려워하지 말라 이런 일이 있어야 하되 아직 끝
은 아니니라
7 민족이 민족을, 나라가 나라를 대적하여 일어
나겠고 곳곳에 기근과 지진이 있으리니
8 이 모든 것은 재난의 시작이니라

dants of those who murdered the pro-
32 phets. •Go ahead, then, and complete
what your ancestors started!
33 •“You snakes! You brood of vipers! How
will you escape being condemned to hell?
34 •Therefore I am sending you prophets and
sages and teachers. Some of them you will
kill and crucify; others you will flog in
your synagogues and pursue from town to
35 town. •And so upon you will come all the
righteous blood that has been shed on
earth, from the blood of righteous Abel to
the blood of Zechariah son of Berekiah,
whom you murdered between the temple
36 and the altar. •Truly I tell you, all this will
come on this generation.
37 •“Jerusalem, Jerusalem, you who kill the
prophets and stone those sent to you, how
often I have longed to gather your chil-
dren together, as a hen gathers her chicks
under her wings, and you were not will-
38 ing. •Look, your house is left to you deso-
39 late. •For I tell you, you will not see me
again until you say, ‘Blessed is he who
comes in the name of the Lord.’[a]”

The Destruction of the Temple and Signs of the End Times

24 Jesus left the temple and was walk-
ing away when his disciples came
up to him to call his attention to its build-
2 ings. •“Do you see all these things?” he
asked. “Truly I tell you, not one stone here
will be left on another; every one will be
thrown down.”
3 •As Jesus was sitting on the Mount of
Olives, the disciples came to him privately.
“Tell us,” they said, “when will this hap-
pen, and what will be the sign of your
coming and of the end of the age?”
4 •Jesus answered: “Watch out that no one
5 deceives you. •For many will come in my
name, claiming, ‘I am the Messiah,’ and
6 will deceive many. •You will hear of wars
and rumors of wars, but see to it that you
are not alarmed. Such things must happen,
7 but the end is still to come. •Nation will rise
against nation, and kingdom against king-
dom. There will be famines and earth-
8 quakes in various places. •All these are the
beginning of birth pains.

[a]39 Psalm 118:26

claim [kleim] *vt.* 주장하다
condemn [kəndém] *vt.* 선고하다
crucify [krú:səfài] *vt.* 십자가에 못 박다
deceive [disí:v] *vt.* 속이다
desolate [désələt] *a.* 황폐한
earthquake [ə́:rθkwèik] *n.* 지진
famine [fǽmin] *n.* 기근
flog [flag] *vt.* 채찍질하다
gather [gǽðər] *vt.* 한데 모으다
murder [mə́:rdər] *vt.* 살해하다
privately [práivitli] *ad.* 개인적으로
pursue [pərsú:] *vt.* 뒤쫓다
synagogue [sínəgàg] *n.* 회당, 유대교회
various [vέəriəs] *a.* 가지각색의, 많은
viper [váipər] *n.* 독사

23:39 in the name of...: …의 이름으로
24:1 come up to...: …에 도달하다
24:1 call a person's attention to...: …에 대하여 남의 주의를 환기시키다
24:2 throw down: 파괴하다, 넘어뜨리다
24:6 see to... : …을 주의하다, 준비하다

9 그때에 사람들이 너희를 환난에 넘겨 주겠으
며 너희를 죽이리니 너희가 내 이름 때문에 모
든 민족에게 미움을 받으리라
10 그때에 많은 사람이 실족하게 되어 서로 잡아
주고 서로 미워하겠으며 11:6
11 거짓 선지자가 많이 일어나 많은 사람을 미혹
하겠으며
12 불법이 성하므로 많은 사람의 사랑이 식어지
리라
13 그러나 끝까지 견디는 자는 구원을 얻으리라
14 이 천국 복음이 모든 민족에게 증언되기 위하
여 온 세상에 전파되리니 그제야 끝이 오리라

가장 큰 환난 (막 13:14-23; 눅 21:20-24)

15 ●그러므로 너희가 선지자 다니엘이 말한 바
[ㄱ]멸망의 가증한 것이 거룩한 곳에 선 것을 보
거든 (읽는 자는 깨달을진저) 단 9:27
16 그때에 유대에 있는 자들은 산으로 도망할지
어다
17 지붕 위에 있는 자는 집 안에 있는 물건을 가
지러 내려가지 말며
18 밭에 있는 자는 겉옷을 가지러 뒤로 돌이키지
말지어다
19 그날에는 아이 밴 자들과 젖 먹이는 자들에게
화가 있으리로다
20 너희가 도망하는 일이 겨울에나 안식일에 되
지 않도록 기도하라
21 이는 그때에 큰 환난이 있겠음이라 창세로부터
지금까지 이런 환난이 없었고 후에도 없으리라
22 그날들을 감하지 아니하면 모든 육체가 구원
을 얻지 못할 것이나 그러나 택하신 자들을 위
하여 그날들을 감하시리라
23 그때에 사람이 너희에게 말하되 보라 그리스
도가 여기 있다 혹은 저기 있다 하여도 믿지
말라
24 거짓 그리스도들과 거짓 선지자들이 일어나 큰
[1]표적과 기사를 보여 할 수만 있으면 택하신
자들도 미혹하리라
25 보라 내가 너희에게 미리 말하였노라
26 그러면 사람들이 너희에게 말하되 보라 그리
스도가 광야에 있다 하여도 나가지 말고 보라
골방에 있다 하여도 믿지 말라
27 번개가 동편에서 나서 서편까지 번쩍임같이
인자의 임함도 그러하리라
28 주검이 있는 곳에는 독수리들이 모일 것이니라

인자가 오는 것을 보리라
(막 13:24-27; 눅 21:25-28)

29 ●그날 환난 후에 즉시 해가 어두워지며 달이

9 ●"Then you will be handed over to be
persecuted and put to death, and you will
10 be hated by all nations because of me. ● At
that time many will turn away from the
faith and will betray and hate each other,
11 ● and many false prophets will appear and
12 deceive many people. ● Because of the
increase of wickedness, the love of most
13 will grow cold, ● but the one who stands
14 firm to the end will be saved. ● And this
gospel of the kingdom will be preached in
the whole world as a testimony to all
nations, and then the end will come.

15 ●"So when you see standing in the holy
place 'the abomination that causes deso-
lation,'[a] spoken of through the prophet
Daniel—let the reader understand—
16 ● then let those who are in Judea flee to
17 the mountains. ● Let no one on the house-
top go down to take anything out of the
18 house. ● Let no one in the field go back to
19 get their cloak. ● How dreadful it will be
in those days for pregnant women and
20 nursing mothers! ● Pray that your flight
will not take place in winter or on the
21 Sabbath. ● For then there will be great dis-
tress, unequaled from the beginning of
the world until now—and never to be
equaled again.

22 ●"If those days had not been cut short,
no one would survive, but for the sake of
23 the elect those days will be shortened. ● At
that time if anyone says to you, 'Look, here
is the Messiah!' or, 'There he is!' do not
24 believe it. ● For false messiahs and false
prophets will appear and perform great
signs and wonders to deceive, if possible,
25 even the elect. ● See, I have told you ahead
of time.

26 ●"So if anyone tells you, 'There he is, out
in the wilderness,' do not go out; or, 'Here
he is, in the inner rooms,' do not believe
27 it. ● For as lightning that comes from the
east is visible even in the west, so will be
28 the coming of the Son of Man. ● Wherever
there is a carcass, there the vultures will
gather.

29 ●"Immediately after the distress of those
days

" 'the sun will be darkened,

---

[a]*15* Daniel 9:27; 11:31; 12:11

1) 또는 이적 ㄱ. 단 9:27; 11:31; 12:11

abomination [əbɑ̀mənéiʃən] *n.* 가증한 것
betray [bitréi] *vt.* 배신하다
carcass [ká:rkəs] *n.* 시체
distress [distrés] *n.* 고난, 고통
dreadful [drédfəl] *a.* 무서운, 끔찍한
elect [ilékt] *a.* 선택된
false [fɔ:ls] *a.* 거짓의
immediately [imí:diətli] *ad.* 즉시
increase [inkrí:s] *vi.* 늘어나다
persecute [pə́:rsikjù:t] *vt.* 박해하다
preach [pri:tʃ] *vi.* 전도하다
pregnant [prégnənt] *a.* 임신한
testimony [téstəmòuni] *n.* 증언
visible [vízəbl] *a.* 볼 수 있는
vulture [vʌ́ltʃər] *n.* 독수리

24:9 put to death: 죽다
24:12 grow cold: 점차 식어지다
24:13 stand firm: 견디다, 굳건히 서다
24:20 take place: 일어나다
24:22 for the sake of...: …을 위하여
24:25 ahead of time: 미리

빛을 내지 아니하며 별들이 하늘에서 떨어
지며 하늘의 권능들이 흔들리리라
30 그때에 인자의 징조가 하늘에서 보이겠고
그때에 땅의 모든 족속들이 통곡하며 그들
이 인자가 구름을 타고 능력과 큰 영광으로
오는 것을 보리라
31 그가 큰 나팔소리와 함께 천사들을 보내리
니 그들이 그의 택하신 자들을 하늘 이 끝
에서 저 끝까지 사방에서 모으리라

무화과나무에서 배울 교훈
(막 13:28-37; 눅 21:29-33; 17:26-30, 34-36; 12:35-48 ♪ 176, 278, 546장)

32 ●무화과나무의 비유를 배우라 그 가지가
연하여지고 잎사귀를 내면 여름이 가까운
줄을 아나니
33 이와 같이 너희도 이 모든 일을 보거든 [1]인
자가 가까이 곧 문 앞에 이른 줄 알라
34 내가 진실로 너희에게 말하노니 이 세대가
지나가기 전에 이 일이 다 일어나리라 16:28
35 천지는 없어질지언정 내 말은 없어지지 아
니하리라 5:18
36 그러나 그날과 그때는 아무도 모르나니 하
늘의 천사들도, 아들도 모르고 오직 아버지
만 아시느니라
37 노아의 때와 같이 인자의 임함도 그러하리
라
38 홍수 전에 노아가 방주에 들어가던 날까지
사람들이 먹고 마시고 장가들고 시집가고
있으면서
39 홍수가 나서 그들을 다 멸하기까지 깨닫
지 못하였으니 인자의 임함도 이와 같으
리라
40 그때에 두 사람이 밭에 있으매 한 사람은
데려가고 한 사람은 버려둠을 당할 것이요
41 두 여자가 맷돌질을 하고 있으매 한 사람은
데려가고 한 사람은 버려둠을 당할 것이니
라
42 그러므로 깨어 있으라 어느 날에 너희 주가
임할는지 너희가 알지 못함이니라
43 너희도 아는 바니 만일 집주인이 도둑이 어
느 시각에 올 줄을 알았더라면 깨어 있어
그 집을 뚫지 못하게 하였으리라
44 이러므로 너희도 준비하고 있으라 생각하
지 않은 때에 인자가 오리라
45 충성되고 지혜 있는 종이 되어 주인에게
그 집 사람들을 맡아 때를 따라 양식을 나

and the moon will not give its light;
the stars will fall from the sky,
and the heavenly bodies will be shaken.'[a]

30 ●"Then will appear the sign of the Son of
Man in heaven. And then all the peoples of
the earth[b] will mourn when they see the Son
of Man coming on the clouds of heaven, with
31 power and great glory.[c] ●And he will send his
angels with a loud trumpet call, and they will
gather his elect from the four winds, from one
end of the heavens to the other.
32 ●"Now learn this lesson from the fig tree: As
soon as its twigs get tender and its leaves come
33 out, you know that summer is near. ●Even so,
when you see all these things, you know that
34 it[d] is near, right at the door. ●Truly I tell you,
this generation will certainly not pass away
35 until all these things have happened. ●Hea-
ven and earth will pass away, but my words
will never pass away.

The Day and Hour Unknown

36 ●"But about that day or hour no one
knows, not even the angels in heaven, nor the
37 Son,[e] but only the Father. ●As it was in the
days of Noah, so it will be at the coming of the
38 Son of Man. ●For in the days before the flood,
people were eating and drinking, marrying
and giving in marriage, up to the day Noah
39 entered the ark; ●and they knew nothing
about what would happen until the flood
came and took them all away. That is how it
will be at the coming of the Son of Man.
40 ●Two men will be in the field; one will be
41 taken and the other left. ●Two women will be
grinding with a hand mill; one will be taken
and the other left.
42 ●"Therefore keep watch, because you do
not know on what day your Lord will come.
43 ●But understand this: If the owner of the
house had known at what time of night the
thief was coming, he would have kept watch
and would not have let his house be broken
44 into. ●So you also must be ready, because the
Son of Man will come at an hour when you
do not expect him.
45 ●"Who then is the faithful and wise ser-
vant, whom the master has put in charge of
the servants in his household to give them

[a] 29 Isaiah 13:10; 34:4 [b] 30 Or *the tribes of the land* [c] 30 See Daniel 7:13-14. [d] 33 Or *he* [e] 36 Some manuscripts do not have *nor the Son.* 1) 또는 때가

ark [aːrk] *n.* 방주
certainly [sə́ːrtnli] *ad.* 확실히
charge [tʃaːrdʒ] *n.* 책임
elect [ilékt] *a.* 선택된
expect [ikspékt] *vt.* 기대하다
faithful [féiθfəl] *a.* 성실한
fig [fig] *n.* 무화과
flood [flʌd] *n.* 홍수
generation [dʒènəréiʃən] *n.* 세대
grind [graind] *vt.* 갈다
mourn [mɔːrn] *vi.* 슬퍼하다
servant [sə́ːrvənt] *n.* 종
shake [ʃeik] *vi.* 흔들리다
tender [téndər] *a.* 연한, 부드러운
twig [twig] *n.* (작은) 가지

24:33 **even so**: 그렇기는 하지만
24:35 **pass away**: 없어지다
24:38 **give... in marriage**: …을 며느리(사위)로 삼다
24:42 **keep watch**: 망을 보다, 경계하다
24:43 **break into**: 침입하다

눠 줄 자가 누구냐
46 주인이 올 때에 그 종이 이렇게 하는 것을 보
면 그 종이 복이 있으리로다
47 내가 진실로 너희에게 이르노니 주인이 그의
모든 소유를 그에게 맡기리라
48 만일 그 악한 종이 마음에 생각하기를 주인
이 더디 오리라 하여
49 동료들을 때리며 술친구들과 더불어 먹고 마
시게 되면
50 생각하지 않은 날 알지 못하는 시각에 그 종
의 주인이 이르러
51 [1]엄히 때리고 외식하는 자가 받는 벌에 처하
리니 거기서 슬피 울며 이를 갈리라

열 처녀 비유 (♪ 175, 178, 606장) — A.D. 30년경

25 그때에 천국은 마치 등을 들고 신랑을
맞으러 나간 열 처녀와 같다 하리니
2 그 중의 다섯은 미련하고 다섯은 슬기 있는
자라
3 미련한 자들은 등을 가지되 기름을 가지지
아니하고
4 슬기 있는 자들은 그릇에 기름을 담아 등과
함께 가져갔더니
5 신랑이 더디 오므로 다 졸며 잘새
6 밤중에 소리가 나되 보라 신랑이로다 맞으러
나오라 하매
7 이에 그 처녀들이 다 일어나 등을 준비할새
8 미련한 자들이 슬기 있는 자들에게 이르되
우리 등불이 꺼져가니 너희 기름을 좀 나눠
달라 하거늘
9 슬기 있는 자들이 대답하여 이르되 우리와
너희가 쓰기에 다 부족할까 하노니 차라리
파는 자들에게 가서 너희 쓸 것을 사라 하니
10 그들이 사러 간 사이에 신랑이 오므로 준비
하였던 자들은 함께 혼인 잔치에 들어가고
문은 닫힌지라
11 그 후에 남은 처녀들이 와서 이르되 주여 주
여 우리에게 열어 주소서
12 대답하여 이르되 진실로 너희에게 이르노니
내가 너희를 알지 못하노라 하였느니라
13 그런즉 깨어 있으라 너희는 그날과 그때를
알지 못하느니라

달란트 비유 (눅 19:11-27)

14 ●또 어떤 사람이 타국에 갈 때 그 종들을 불
러 자기 소유를 맡김과 같으니
15 각각 그 재능대로 한 사람에게는 금 다섯 [2]달
란트를, 한 사람에게는 두 [2]달란트를, 한 사

46 their food at the proper time? •It will be
good for that servant whose master finds
47 him doing so when he returns. •Truly I tell
you, he will put him in charge of all his
48 possessions. •But suppose that servant is
wicked and says to himself, 'My master is
49 staying away a long time,' •and he then
begins to beat his fellow servants and to eat
50 and drink with drunkards. •The master of
that servant will come on a day when he
does not expect him and at an hour he is
51 not aware of. •He will cut him to pieces and
assign him a place with the hypocrites,
where there will be weeping and gnashing
of teeth.

The Parable of the Ten Virgins

25 "At that time the kingdom of hea-
ven will be like ten virgins who took
their lamps and went out to meet the bride-
2 groom. •Five of them were foolish and five
3 were wise. •The foolish ones took their
lamps but did not take any oil with them.
4 •The wise ones, however, took oil in jars
5 along with their lamps. •The bridegroom
was a long time in coming, and they all
became drowsy and fell asleep.
6 •"At midnight the cry rang out: 'Here's
the bridegroom! Come out to meet him!'
7 •"Then all the virgins woke up and trim-
8 med their lamps. •The foolish ones said to
the wise, 'Give us some of your oil; our lamps
are going out.'
9 •" 'No,' they replied, 'there may not be
enough for both us and you. Instead, go to
those who sell oil and buy some for your-
selves.'
10 •"But while they were on their way to
buy the oil, the bridegroom arrived. The vir-
gins who were ready went in with him to
the wedding banquet. And the door was
shut.
11 •"Later the others also came. 'Lord, Lord,'
they said, 'open the door for us!'
12 •"But he replied, 'Truly I tell you, I don't
know you.'
13 •"Therefore keep watch, because you do
not know the day or the hour.

The Parable of the Bags of Gold

14 •"Again, it will be like a man going on a
journey, who called his servants and entrust-
15 ed his wealth to them. •To one he gave five

1) 헬, 쪼개어 내고 2) 금은의 중량

assign [əsáin] *vt.* 배정하다
bridegroom [bráidgrù:m] *n.* 신랑
drowsy [dráuzi] *a.* 졸리는
drunkard [drʌ́ŋkərd] *n.* 술고래
entrust [intrʌ́st] *vt.* 맡기다
gnash [næʃ] *vt.* 이를 갈다
hypocrite [hípəkrit] *n.* 위선자
jar [dʒa:r] *n.* 단지, 병
possession [pəzéʃən] *n.* 재산
proper [prápər] *a.* 적절한
suppose [səpóuz] *vt.* 추측하다
trim [trim] *vt.* 정돈하다, 손질하다
virgin [və́:rdʒin] *n.* 처녀
weep [wi:p] *vi.* 눈물을 흘리다
wicked [wíkid] *a.* 사악한

24:50 **come on**: 오다
24:51 **cut to pieces**: 잘게 자르다
25:6 **ring out**: 크게 울리다
25:8 **go out**: (불이) 꺼지다
25:9 **enough for...**: …에 있어서 충분한
25:11 **open the door**: 문을 열다

람에게는 한 1) 달란트를 주고 떠났더니
16 다섯 1) 달란트 받은 자는 바로 가서 그것으
로 장사하여 또 다섯 1) 달란트를 남기고
17 두 1) 달란트 받은 자도 그같이 하여 또 두
1) 달란트를 남겼으되
18 한 1) 달란트 받은 자는 가서 땅을 파고 그 주
인의 돈을 감추어 두었더니
19 오랜 후에 그 종들의 주인이 돌아와 그들과
결산할새
20 다섯 1) 달란트 받았던 자는 다섯 1) 달란트를
더 가지고 와서 이르되 주인이여 내게 다섯
1) 달란트를 주셨는데 보소서 내가 또 다섯
1) 달란트를 남겼나이다
21 그 주인이 이르되 잘하였도다 착하고 충성
된 종아 네가 적은 일에 충성하였으매 내가
많은 것을 네게 맡기리니 네 주인의 즐거움
에 참여할지어다 하고
22 두 1) 달란트 받았던 자도 와서 이르되 주인이
여 내게 두 1) 달란트를 주셨는데 보소서 내가
또 두 1) 달란트를 남겼나이다
23 그 주인이 이르되 잘하였도다 착하고 충성
된 종아 네가 적은 일에 충성하였으매 내가
많은 것을 네게 맡기리니 네 주인의 즐거움
에 참여할지어다 하고
24 한 1) 달란트 받았던 자는 와서 이르되 주인
이여 당신은 굳은 사람이라 심지 않은 데서
거두고 헤치지 않은 데서 모으는 줄을 내가
알았으므로
25 두려워하여 나가서 당신의 1) 달란트를 땅에
감추어 두었었나이다 보소서 당신의 것을
가지셨나이다
26 그 주인이 대답하여 이르되 악하고 게으른
종아 나는 심지 않은 데서 거두고 헤치지
않은 데서 모으는 줄로 네가 알았느냐
27 그러면 네가 마땅히 내 돈을 취리하는 자들
에게나 맡겼다가 내가 돌아와서 내 원금과
이자를 받게 하였을 것이니라 하고
28 그에게서 그 한 1) 달란트를 빼앗아 열 1) 달란
트 가진 자에게 주라
29 무릇 있는 자는 받아 풍족하게 되고 없는
자는 그 있는 것까지 빼앗기리라
30 이 무익한 종을 바깥 어두운 데로 내쫓으라
거기서 슬피 울며 이를 갈리라 하니라

인자가 모든 천사와 함께 올 때

31 ● 인자가 자기 영광으로 모든 천사와 함께
올 때에 자기 영광의 보좌에 앉으리니 16:27
32 모든 민족을 그 앞에 모으고 각각 구분하기

bags of gold, to another two bags, and to
another one bag,[a] each according to his abili-
16 ty. Then he went on his journey. •The man
who had received five bags of gold went at
once and put his money to work and gained
17 five bags more. •So also, the one with two
18 bags of gold gained two more. •But the man
who had received one bag went off, dug a hole
in the ground and hid his master's money.
19 •"After a long time the master of those ser-
vants returned and settled accounts with
20 them. •The man who had received five bags
of gold brought the other five. 'Master,' he
said, 'you entrusted me with five bags of gold.
See, I have gained five more.'
21 •"His master replied, 'Well done, good and
faithful servant! You have been faithful with a
few things; I will put you in charge of many
things. Come and share your master's happi-
ness!'
22 •"The man with two bags of gold also came.
'Master,' he said, 'you entrusted me with two
bags of gold; see, I have gained two more.'
23 •"His master replied, 'Well done, good and
faithful servant! You have been faithful with a
few things; I will put you in charge of many
things. Come and share your master's happi-
ness!'
24 •"Then the man who had received one bag
of gold came. 'Master,' he said, 'I knew that
you are a hard man, harvesting where you
have not sown and gathering where you have
25 not scattered seed. •So I was afraid and went
out and hid your gold in the ground. See, here
is what belongs to you.'
26 •"His master replied, 'You wicked, lazy
servant! So you knew that I harvest where I
have not sown and gather where I have not
27 scattered seed? •Well then, you should have
put my money on deposit with the bankers,
so that when I returned I would have received
it back with interest.
28 •" 'So take the bag of gold from him and
29 give it to the one who has ten bags. •For who-
ever has will be given more, and they will
have an abundance. Whoever does not have,
even what they have will be taken from
30 them. •And throw that worthless servant
outside, into the darkness, where there will be
weeping and gnashing of teeth.'

[a]15 Greek *five talents... two talents... one talent*; also throughout this parable; a talent was worth about 20 years of a day laborer's wage. 1) 금은의 중량

ability [əbíləti] *n.* 능력
abundance [əbʌ́ndəns] *n.* 풍부
deposit [dipázit] *n.* 예금, 맡김
dig [dig] *vt.* 파다
entrust [intrʌ́st] *vt.* 맡기다
faithful [féiθfəl] *a.* 성실한
gain [gein] *vt.* 얻다
gnash [næʃ] *vt.* 이를 갈다
hide [haid] *vt.* 감추다
interest [íntərəst] *n.* 이자
lazy [léizi] *a.* 게으른
scatter [skǽtər] *vt.* 흩뿌리다
seed [si:d] *n.* 씨
sow [sou] *vt.* 씨를 뿌리다
worthless [wə́:rθlis] *a.* 가치 없는

25:15 according to...: …에 따라서
25:16 at once: 즉각
25:16 put... to work: …를 일에 착수시키다
25:19 settle accounts with...: …와 계산을 결제하다
25:21 in charge of...: …을 맡고 있는

를 목자가 양과 염소를 구분하는 것같이 하여
33 양은 그 오른편에 염소는 왼편에 두리라
34 그때에 임금이 그 오른편에 있는 자들에게
이르시되 내 아버지께 복 받을 자들이여 나
아와 창세로부터 너희를 위하여 예비된 나
라를 상속받으라
35 내가 주릴 때에 너희가 먹을 것을 주었고 목
마를 때에 마시게 하였고 나그네 되었을 때
에 영접하였고 겔 18:7
36 헐벗었을 때에 옷을 입혔고 병들었을 때에
돌보았고 옥에 갇혔을 때에 와서 보았느니라
37 이에 의인들이 대답하여 이르되 주여 우리가
어느 때에 주께서 주리신 것을 보고 음식을
대접하였으며 목마르신 것을 보고 마시게 하
였나이까
38 어느 때에 나그네 되신 것을 보고 영접하였
으며 헐벗으신 것을 보고 옷 입혔나이까
39 어느 때에 병드신 것이나 옥에 갇히신 것을
보고 가서 뵈었나이까 하리니
40 임금이 대답하여 이르시되 내가 진실로 너희
에게 이르노니 너희가 여기 내 형제 중에 지
극히 작은 자 하나에게 한 것이 곧 내게 한
것이니라 하시고
41 또 왼편에 있는 자들에게 이르시되 저주를
받은 자들아 나를 떠나 마귀와 그 사자들을
위하여 예비된 영원한 불에 들어가라
42 내가 주릴 때에 너희가 먹을 것을 주지 아니
하였고 목마를 때에 마시게 하지 아니하였고
43 나그네 되었을 때에 영접하지 아니하였고
헐벗었을 때에 옷 입히지 아니하였고 병들
었을 때와 옥에 갇혔을 때에 돌보지 아니하
였느니라 하시니
44 그들도 대답하여 이르되 주여 우리가 어느
때에 주께서 주리신 것이나 목마르신 것이나
나그네 되신 것이나 헐벗으신 것이나 병드신
것이나 옥에 갇히신 것을 보고 공양하지 아
니하더이까
45 이에 임금이 대답하여 이르시되 내가 진실로
너희에게 이르노니 이 지극히 작은 자 하나
에게 하지 아니한 것이 곧 내게 하지 아니한
것이니라 하시리니
46 그들은 영벌에, 의인들은 영생에 들어가리라
하시니라

예수를 죽이려고 의논하다

(막 14:1-2; 눅 22:1-2; 요 11:45-53 ♪ 211, 254장)

26 예수께서 이 말씀을 다 마치시고 제자
들에게 이르시되

The Sheep and the Goats

31 •"When the Son of Man comes in his
glory, and all the angels with him, he will sit
32 on his glorious throne. •All the nations will
be gathered before him, and he will separate
the people one from another as a shepherd
33 separates the sheep from the goats. •He will
put the sheep on his right and the goats on
his left.
34 •"Then the King will say to those on his
right, 'Come, you who are blessed by my
Father; take your inheritance, the kingdom
prepared for you since the creation of the
35 world. •For I was hungry and you gave me
something to eat, I was thirsty and you gave
me something to drink, I was a stranger and
36 you invited me in, •I needed clothes and
you clothed me, I was sick and you looked
after me, I was in prison and you came to
visit me.'
37 •"Then the righteous will answer him,
'Lord, when did we see you hungry and feed
you, or thirsty and give you something to
38 drink? •When did we see you a stranger
and invite you in, or needing clothes and
39 clothe you? •When did we see you sick or in
prison and go to visit you?'
40 •"The King will reply, 'Truly I tell you,
whatever you did for one of the least of these
brothers and sisters of mine, you did for me.'
41 •"Then he will say to those on his left,
'Depart from me, you who are cursed, into
the eternal fire prepared for the devil and his
42 angels. •For I was hungry and you gave me
nothing to eat, I was thirsty and you gave
43 me nothing to drink, •I was a stranger and
you did not invite me in, I needed clothes
and you did not clothe me, I was sick and in
prison and you did not look after me.'
44 •"They also will answer, 'Lord, when did
we see you hungry or thirsty or a stranger or
needing clothes or sick or in prison, and did
not help you?'
45 •"He will reply, 'Truly I tell you, whatev-
er you did not do for one of the least of
these, you did not do for me.'
46 •"Then they will go away to eternal pun-
ishment, but the righteous to eternal life."

The Plot Against Jesus

26 When Jesus had finished saying all
these things, he said to his disciples,

cursed [kə́:rsid] *a.* 저주받은
disciple [disáipl] *n.* 제자
eternal [itə́:rnəl] *a.* 영원한
glorious [glɔ́:riəs] *a.* 영광스러운
goat [gout] *n.* 염소
inheritance [inhérətəns] *n.* 기업, 상속
invite [inváit] *vt.* 초청하다
least [li:st] *n.* 가장 작은 자
prepare [pripέər] *vt.* 준비하다
punishment [pʌ́niʃmənt] *n.* 형벌
righteous [ráitʃəs] *a.* 의로운
shepherd [ʃépərd] *n.* 목자
stranger [stréindʒər] *n.* 나그네, 낯선 사람
thirsty [θə́:rsti] *a.* 목마른
throne [θroun] *n.* 왕좌

25:32 separate A from B: A와 B를 가르다, 구별하다
25:34 prepare for...: …을 준비하다
25:36 look after: 보살피다[돌보다]
25:39 in prison: 수감중, 투옥중
25:41 depart from...: …에서 벗어나다

2 너희가 아는 바와 같이 이틀이 지나면 유월
절이라 인자가 십자가에 못 박히기 위하여
팔리리라 하시더라 요 13:1
3 그때에 대제사장들과 백성의 장로들이 가야
바라 하는 대제사장의 관정에 모여
4 예수를 흉계로 잡아 죽이려고 의논하되
5 말하기를 민란이 날까 하노니 명절에는 하지
말자 하더라 27:24

예수의 머리에 향유를 붓다 (막 14:3-9; 요 12:1-8)

6 ●예수께서 베다니 나병환자 시몬의 집에 계
실 때에 21:17
7 한 여자가 매우 귀한 향유 한 옥합을 가지고
나아와서 [1)]식사하시는 예수의 머리에 부으
니
8 제자들이 보고 분개하여 이르되 무슨 의도로
이것을 허비하느냐
9 이것을 비싼 값에 팔아 가난한 자들에게 줄
수 있었겠도다 하거늘
10 예수께서 아시고 그들에게 이르시되 너희가
어찌하여 이 여자를 괴롭게 하느냐 그가 내
게 좋은 일을 하였느니라
11 가난한 자들은 항상 너희와 함께 있거니와
나는 항상 함께 있지 아니하리라
12 이 여자가 내 몸에 이 향유를 부은 것은 내
장례를 위하여 함이니라 요 19:40
13 내가 진실로 너희에게 이르노니 온 천하에
어디서든지 이 복음이 전파되는 곳에서는 이
여자가 행한 일도 말하여 그를 기억하리라
하시니라

유다가 배반하다 (막 14:10-11; 눅 22:3-6)

14 ●그때에 열둘 중의 하나인 가룟 유다라 하
는 자가 대제사장들에게 가서 말하되
15 내가 예수를 너희에게 넘겨 주리니 얼마나
주려느냐 하니 그들이 은 삼십을 달아 주거
늘
16 그가 그때부터 예수를 넘겨 줄 기회를 찾더
라

마지막 만찬 (막 14:12-26; 눅 22:7-23; 요 13:21-30; 고전 11:23-25 ♪227, 232장)

17 ●무교절의 첫날에 제자들이 예수께 나아와
서 이르되 유월절 음식 잡수실 것을 우리가
어디서 준비하기를 원하시나이까
18 이르시되 성안 아무에게 가서 이르되 선생님
말씀이 내 때가 가까이 왔으니 내 제자들과
함께 유월절을 네 집에서 지키겠다 하시더라
하라 하시니
19 제자들이 예수께서 시키신 대로 하여 유월절

2 •"As you know, the Passover is two days
away — and the Son of Man will be handed
over to be crucified."
3 •Then the chief priests and the elders of
the people assembled in the palace of the
high priest, whose name was Caiaphas,
4 •and they schemed to arrest Jesus secretly
5 and kill him. •"But not during the festival,"
they said, "or there may be a riot among the
people."

Jesus Anointed at Bethany

6 •While Jesus was in Bethany in the home
7 of Simon the Leper, •a woman came to him
with an alabaster jar of very expensive per-
fume, which she poured on his head as he
was reclining at the table.
8 •When the disciples saw this, they were
indignant. "Why this waste?" they asked.
9 •"This perfume could have been sold at a
high price and the money given to the
poor."
10 •Aware of this, Jesus said to them, "Why
are you bothering this woman? She has
11 done a beautiful thing to me. •The poor you
will always have with you,[a] but you will not
12 always have me. •When she poured this
perfume on my body, she did it to prepare
13 me for burial. •Truly I tell you, wherever
this gospel is preached throughout the
world, what she has done will also be told,
in memory of her."

Judas Agrees to Betray Jesus

14 •Then one of the Twelve — the one called
Judas Iscariot — went to the chief priests
15 •and asked, "What are you willing to give
me if I deliver him over to you?" So they
counted out for him thirty pieces of silver.
16 •From then on Judas watched for an oppor-
tunity to hand him over.

The Last Supper

17 •On the first day of the Festival of Unleav-
ened Bread, the disciples came to Jesus and
asked, "Where do you want us to make
preparations for you to eat the Passover?"
18 •He replied, "Go into the city to a certain
man and tell him, 'The Teacher says: My
appointed time is near. I am going to cele-
brate the Passover with my disciples at your
19 house.' " •So the disciples did as Jesus had

[a]11 See Deut. 15:11.

1) 8:11 난하주를 보라

alabaster [ǽləbæstər] *n.* 설화 석고
appointed [əpɔ́intid] *a.* 정해진
assemble [əsémbl] *vt.* 모으다
bother [báðər] *vt.* …를 괴롭히다
burial [bériəl] *n.* 매장, 매장식
crucify [krú:səfài] *vt.* 십자가에 못 박다
expensive [ikspénsiv] *a.* 값비싼
indignant [indígnənt] *a.* 분개한
Passover [pǽsòuvər] *n.* 유월절
pour [pɔ:r] *vt.* 붓다
preach [pri:tʃ] *vi.* 설교하다, 전도하다
riot [ráiət] *n.* 폭동
scheme [ski:m] *vi.* 음모를 꾸미다
throughout [θru:áut] *ad.* 도처에
unleavened [ʌnlévənd] *a.* 누룩을 넣지 않은

26:2 hand over: 넘기다
26:12 prepare for...: …의 준비를 하다
26:13 in memory of...: …를 기념하여
26:15 be willing to...: 기꺼이 …하다
26:15 count out: 세어서 내놓다
26:16 watch for: 찾다, 기다리다

을 준비하였더라
20 저물 때에 예수께서 열두 제자와 함께 [1]앉
으셨더니
21 그들이 먹을 때에 이르시되 내가 진실로 너
희에게 이르노니 너희 중의 한 사람이 나를
팔리라 하시니
22 그들이 몹시 근심하여 각각 여짜오되 주여
나는 아니지요
23 대답하여 이르시되 나와 함께 그릇에 손을
넣는 그가 나를 팔리라
24 인자는 자기에 대하여 기록된 대로 가거니와
인자를 파는 그 사람에게는 화가 있으리로다
그 사람은 차라리 태어나지 아니하였더라면
제게 좋을 뻔하였느니라
25 예수를 파는 유다가 대답하여 이르되 랍비여
나는 아니지요 대답하시되 네가 말하였도다
하시니라
26 그들이 먹을 때에 예수께서 떡을 가지사 축
복하시고 떼어 제자들에게 주시며 이르시되
받아서 먹으라 이것은 내 몸이니라 하시고
27 또 잔을 가지사 감사 기도하시고 그들에게
주시며 이르시되 너희가 다 이것을 마시라
28 이것은 죄 사함을 얻게 하려고 많은 사람을
위하여 흘리는 바 나의 피 곧 언약의 피니라
29 그러나 너희에게 이르노니 내가 포도나무에
서 난 것을 이제부터 내 아버지의 나라에서
새것으로 너희와 함께 마시는 날까지 마시지
아니하리라 하시니라
30 ●이에 그들이 찬미하고 감람산으로 나아가
니라

베드로가 부인할 것을 예언하시다
(막 14:27-31; 눅 22:31-34; 요 13:36-38)

31 ●그때에 예수께서 제자들에게 이르시되 오
늘 밤에 너희가 다 나를 [2]버리리라 기록된 바
[ㄱ]내가 목자를 치리니 양의 떼가 흩어지리라
하였느니라
32 그러나 내가 살아난 후에 너희보다 먼저 갈
릴리로 가리라
33 베드로가 대답하여 이르되 모두 주를 [3]버릴
지라도 나는 결코 [4]버리지 않겠나이다
34 예수께서 이르시되 내가 진실로 네게 이르노
니 오늘 밤 닭 울기 전에 네가 세 번 나를 부
인하리라
35 베드로가 이르되 내가 주와 함께 죽을지언정
주를 부인하지 않겠나이다 하고 모든 제자도
그와 같이 말하니라

directed them and prepared the Passover.
20 ●When evening came, Jesus was reclining
21 at the table with the Twelve. ●And while
they were eating, he said, "Truly I tell you,
one of you will betray me."
22 ●They were very sad and began to say to
him one after the other, "Surely you don't
mean me, Lord?"
23 ●Jesus replied, "The one who has dipped
his hand into the bowl with me will betray
24 me. ●The Son of Man will go just as it is
written about him. But woe to that man
who betrays the Son of Man! It would be
better for him if he had not been born."
25 ●Then Judas, the one who would betray
him, said, "Surely you don't mean me,
Rabbi?"
Jesus answered, "You have said so."
26 ●While they were eating, Jesus took
bread, and when he had given thanks, he
broke it and gave it to his disciples, saying,
"Take and eat; this is my body."
27 ●Then he took a cup, and when he had
given thanks, he gave it to them, saying,
28 "Drink from it, all of you. ●This is my blood
of the[a] covenant, which is poured out for
29 many for the forgiveness of sins. ●I tell you,
I will not drink from this fruit of the vine
from now on until that day when I drink it
new with you in my Father's kingdom."
30 ●When they had sung a hymn, they went
out to the Mount of Olives.

Jesus Predicts Peter's Denial

31 ●Then Jesus told them, "This very night
you will all fall away on account of me, for
it is written:
" 'I will strike the shepherd,
and the sheep of the flock will be
scattered.'[b]
32 ●But after I have risen, I will go ahead of
you into Galilee."
33 ●Peter replied, "Even if all fall away on
account of you, I never will."
34 ●"Truly I tell you," Jesus answered, "this
very night, before the rooster crows, you will
disown me three times."
35 ●But Peter declared, "Even if I have to die
with you, I will never disown you." And all
the other disciples said the same.

[a]*28* Some manuscripts *the new* [b]*31* Zech. 13:7

1) 8:11 난하주를 보라 2) 또는 나를 인하여 실족하리라 3) 헬, 주를 인하여 실족할지라도 4) 헬, 실족하지 않겠나이다 ㄱ. 슥 13:7

betray [bitréi] *vt.* 배신하다
covenant [kʌ́vənənt] *n.* 계약, 서약
crow [krou] *vi.* (수탉이) 울다
declare [diklέər] *vt.* 단언하다
dip [dip] *vt.* 담그다
disown [disóun] *vt.* 부인하다
flock [flak] *n.* 떼, 무리
forgiveness [fərgívnis] *n.* 용서
hymn [him] *n.* 찬송가
recline [rikláin] *vi.* 기대다
reply [riplái] *vi.* 대답하다
rooster [rú:stər] *n.* 수탉
scatter [skǽtər] *vt.* 흩어버리다
shepherd [ʃépərd] *n.* 목자
sin [sin] *n.* 죄

26:22 **one after the other**: 차례로, 교대로
26:24 **just as...**: …와 꼭 마찬가지로
26:24 **woe to...**: …에게 화 있을진저
26:28 **pour out**: 쏟아 놓다
26:29 **from now on**: 지금부터는
26:33 **even if...**: 비록 …한다고 할지라도

겟세마네에서 기도하시다
(막 14:32-42; 눅 22:39-46)

36 ●이에 예수께서 제자들과 함께 겟세마네라
하는 곳에 이르러 제자들에게 이르시되 내가
저기 가서 기도할 동안에 너희는 여기 앉아
있으라 하시고
37 베드로와 세베대의 두 아들을 데리고 가실새
고민하고 슬퍼하사
38 이에 말씀하시되 내 마음이 매우 고민하여
죽게 되었으니 너희는 여기 머물러 나와 함
께 깨어 있으라 하시고
39 조금 나아가사 얼굴을 땅에 대시고 엎드려
기도하여 이르시되 내 아버지여 만일 할 만
하시거든 이 잔을 내게서 지나가게 하옵소서
그러나 나의 원대로 마시옵고 아버지의 원대
로 하옵소서 하시고
40 제자들에게 오사 그 자는 것을 보시고 베드
로에게 말씀하시되 너희가 나와 함께 한 시
간도 이렇게 깨어 있을 수 없더냐
41 시험에 들지 않게 깨어 기도하라 마음에는
원이로되 육신이 약하도다 하시고
42 다시 두 번째 나아가 기도하여 이르시되 내
아버지여 만일 내가 마시지 않고는 이 잔이
내게서 지나갈 수 없거든 아버지의 원대로
되기를 원하나이다 하시고
43 다시 오사 보신즉 그들이 자니 이는 그들의
눈이 피곤함일러라
44 또 그들을 두시고 나아가 세 번째 같은 말씀
으로 기도하신 후
45 이에 제자들에게 오사 이르시되 이제는 자고
쉬라 보라 때가 가까이 왔으니 인자가 죄인
의 손에 팔리느니라
46 일어나라 함께 가자 보라 나를 파는 자가 가
까이 왔느니라

잡히시다 (막 14:43-50; 눅 22:47-53; 요 18:3-12)

47 ●말씀하실 때에 열둘 중의 하나인 유다가 왔
는데 대제사장들과 백성의 장로들에게서 파
송된 큰 무리가 칼과 몽치를 가지고 그와 함
께하였더라
48 예수를 파는 자가 그들에게 군호를 짜 이르
되 내가 입 맞추는 자가 그이니 그를 잡으라
한지라
49 곧 예수께 나아와 랍비여 안녕하시옵니까 하
고 입을 맞추니
50 예수께서 이르시되 친구여 네가 무엇을 하려
고 왔는지 행하라 하신대 이에 그들이 나아
와 예수께 손을 대어 잡는지라 시 41:9

Gethsemane

36 ●Then Jesus went with his disciples to a
place called Gethsemane, and he said to
them, "Sit here while I go over there and
37 pray." ●He took Peter and the two sons of
Zebedee along with him, and he began to
38 be sorrowful and troubled. ●Then he said
to them, "My soul is overwhelmed with
sorrow to the point of death. Stay here and
keep watch with me."
39 ●Going a little farther, he fell with his
face to the ground and prayed, "My Father,
if it is possible, may this cup be taken from
me. Yet not as I will, but as you will."
40 ●Then he returned to his disciples and
found them sleeping. "Couldn't you men
keep watch with me for one hour?" he asked
41 Peter. ●"Watch and pray so that you will
not fall into temptation. The spirit is will-
ing, but the flesh is weak."
42 ●He went away a second time and prayed,
"My Father, if it is not possible for this cup
to be taken away unless I drink it, may your
will be done."
43 ●When he came back, he again found
them sleeping, because their eyes were
44 heavy. ●So he left them and went away
once more and prayed the third time, say-
ing the same thing.
45 ●Then he returned to the disciples and
said to them, "Are you still sleeping and
resting? Look, the hour has come, and the
Son of Man is delivered into the hands of
46 sinners. ●Rise! Let us go! Here comes my
betrayer!"

Jesus Arrested

47 ●While he was still speaking, Judas, one
of the Twelve, arrived. With him was a
large crowd armed with swords and clubs,
sent from the chief priests and the elders of
48 the people. ●Now the betrayer had arranged
a signal with them: "The one I kiss is the
49 man; arrest him." ●Going at once to Jesus,
Judas said, "Greetings, Rabbi!" and kissed
him.
50 ●Jesus replied, "Do what you came for,
friend."[a]
Then the men stepped forward, seized
51 Jesus and arrested him. ●With that, one of
Jesus' companions reached for his sword,

[a]50 Or "*Why have you come, friend?*"

arm [a:rm] *vi.* 무장하다
arrange [əréindʒ] *vt.* 배열하다, 정리하다
arrest [ərést] *vt.* 체포하다
betrayer [bitréiər] *n.* 배신자
club [klʌb] *n.* 곤봉
companion [kəmpǽnjən] *n.* 동료
forward [fɔ́:rwərd] *ad.* 앞으로
overwhelm [òuvərhwélm] *vt.* 압도하다
priest [pri:st] *n.* 제사장
reach [ri:tʃ] *vi.* 손을 뻗다
seize [si:z] *vt.* 붙잡다
sorrowful [sárəfəl] *a.* 슬퍼하는
temptation [temptéiʃən] *n.* 시험, 유혹
weak [wi:k] *a.* 약한
willing [wíliŋ] *a.* 기꺼이 하는

26:36 over there: 저쪽에
26:37 along with...: …와 함께
26:40 keep watch: 깨어 있다, 철야하다
26:42 take away: 지나가다, 가버리다
26:44 once more: 다시 한 번
26:50 come for...: …의 목적으로 오다

51 예수와 함께 있던 자 중의 하나가 손을 펴 칼
을 빼어 대제사장의 종을 쳐 그 귀를 떨어뜨
리니
52 이에 예수께서 이르시되 네 칼을 도로 칼집
에 꽂으라 칼을 가지는 자는 다 칼로 망하느
니라
53 너는 내가 내 아버지께 구하여 지금 열두 군
단 더 되는 천사를 보내시게 할 수 없는 줄로
아느냐
54 내가 만일 그렇게 하면 이런 일이 있으리라
한 성경이 어떻게 이루어지겠느냐 하시더라
55 그때에 예수께서 무리에게 말씀하시되 너희
가 강도를 잡는 것같이 칼과 몽치를 가지고
나를 잡으러 나왔느냐 내가 날마다 성전에
앉아 가르쳤으되 너희가 나를 잡지 아니하였
도다
56 그러나 이렇게 된 것은 다 선지자들의 글을
이루려 함이니라 하시더라 이에 제자들이 다
예수를 버리고 도망하니라

공회 앞에 서시다 (막 14:53-65;
눅 22:54-55,63-71; 요 18:13-14,19-24)

57 •예수를 잡은 자들이 그를 끌고 대제사장
가야바에게로 가니 거기 서기관과 장로들이
모여 있더라
58 베드로가 멀찍이 예수를 따라 대제사장의 집
뜰에까지 가서 그 결말을 보려고 안에 들어
가 하인들과 함께 앉아 있더라
59 대제사장들과 온 공회가 예수를 죽이려고 그
를 칠 거짓 증거를 찾으매
60 거짓 증인이 많이 왔으나 얻지 못하더니 후
에 두 사람이 와서
61 이르되 이 사람의 말이 내가 하나님의 성전
을 헐고 사흘 동안에 지을 수 있다 하더라 하
니
62 대제사장이 일어서서 예수께 묻되 아무 대답
도 없느냐 이 사람들이 너를 치는 증거가 어
떠하냐 하되
63 예수께서 침묵하시거늘 대제사장이 이르되
내가 너로 살아 계신 하나님께 맹세하게 하
노니 네가 하나님의 아들 그리스도인지 우
리에게 말하라
64 예수께서 이르시되 네가 말하였느니라 그러
나 내가 너희에게 이르노니 이후에 인자가
권능의 우편에 앉아 있는 것과 하늘 구름을
타고 오는 것을 너희가 보리라 하시니
65 이에 대제사장이 자기 옷을 찢으며 이르되
그가 신성모독 하는 말을 하였으니 어찌 더

drew it out and struck the servant of the
high priest, cutting off his ear.
52 •"Put your sword back in its place," Jesus
said to him, "for all who draw the sword
53 will die by the sword. •Do you think I can-
not call on my Father, and he will at once
put at my disposal more than twelve legions
54 of angels? •But how then would the Scrip-
tures be fulfilled that say it must happen in
this way?"
55 •In that hour Jesus said to the crowd,
"Am I leading a rebellion, that you have
come out with swords and clubs to capture
me? Every day I sat in the temple courts
56 teaching, and you did not arrest me. •But
this has all taken place that the writings of
the prophets might be fulfilled." Then all
the disciples deserted him and fled.

Jesus Before the Sanhedrin

57 •Those who had arrested Jesus took him
to Caiaphas the high priest, where the teach-
ers of the law and the elders had assembled.
58 •But Peter followed him at a distance, right
up to the courtyard of the high priest. He
entered and sat down with the guards to see
the outcome.
59 •The chief priests and the whole San-
hedrin were looking for false evidence
against Jesus so that they could put him to
60 death. •But they did not find any, though
many false witnesses came forward.
61 Finally two came forward •and declar-
ed, "This fellow said, 'I am able to destroy
the temple of God and rebuild it in three
days.'"
62 •Then the high priest stood up and said
to Jesus, "Are you not going to answer?
What is this testimony that these men are
63 bringing against you?" •But Jesus remain-
ed silent.
The high priest said to him, "I charge you
under oath by the living God: Tell us if you
are the Messiah, the Son of God."
64 •"You have said so," Jesus replied. "But I
say to all of you: From now on you will see
the Son of Man sitting at the right hand of
the Mighty One and coming on the clouds
of heaven."[a]
65 •Then the high priest tore his clothes and
said, "He has spoken blasphemy! Why do

[a]64 See Psalm 110:1; Daniel 7:13.

assemble [əsémbl] *vi.* 모이다
blasphemy [blǽsfəmi] *n.* 신성모독
capture [kǽptʃər] *vt.* 사로잡다
declare [dikléər] *vt.* 단언하다
desert [dizə́ːrt] *vt.* 저버리다
disposal [dispóuzəl] *n.* 처분, 처리
evidence [évədəns] *n.* 증거
flee [fliː] *vi.* 달아나다, 도망하다
legion [líːdʒən] *n.* 군단
outcome [áutkʌ̀m] *n.* 결과
rebellion [ribéljən] *n.* 반란
rebuild [rìːbíld] *vt.* 재건하다
Scripture [skríptʃər] *n.* 성경
testimony [téstəmòuni] *n.* 증거, 증언
witness [wítnis] *n.* 증인

26:53 call on...: …에게 청하다
26:56 take place: (사건 등이) 일어나다
26:58 at a distance: 좀 떨어져서
26:58 up to...: …까지
26:59 put... to death: …를 죽이다
26:63 under oath by...: …에게 맹세하여

증인을 요구하리요 보라 너희가 지금 이 신
성모독 하는 말을 들었도다 레 24:16
66 너희 생각은 어떠하냐 대답하여 이르되 그는
사형에 해당하니라 하고
67 이에 예수의 얼굴에 침 뱉으며 주먹으로 치
고 어떤 사람은 손바닥으로 때리며
68 이르되 그리스도야 우리에게 선지자 노릇을
하라 너를 친 자가 누구냐 하더라

베드로가 예수를 알지 못한다고 하다
(막 14:66-72; 눅 22:56-62; 요 18:15-18, 25-27)

69 ●베드로가 바깥 뜰에 앉았더니 한 여종이
나아와 이르되 너도 갈릴리 사람 예수와 함
께 있었도다 하거늘
70 베드로가 모든 사람 앞에서 부인하여 이르되
나는 네가 무슨 말을 하는지 알지 못하겠노
라 하며
71 앞문까지 나아가니 다른 여종이 그를 보고
거기 있는 사람들에게 말하되 이 사람은 나
사렛 예수와 함께 있었도다 하매
72 베드로가 맹세하고 또 부인하여 이르되 나는
그 사람을 알지 못하노라 하더라
73 조금 후에 곁에 섰던 사람들이 나아와 베드
로에게 이르되 너도 진실로 그 도당이라 네
말소리가 너를 표명한다 하거늘
74 그가 저주하며 맹세하여 이르되 나는 그 사
람을 알지 못하노라 하니 곧 닭이 울더라
75 이에 베드로가 예수의 말씀에 닭 울기 전에
네가 세 번 나를 부인하리라 하심이 생각나
서 밖에 나가서 심히 통곡하니라

예수를 빌라도에게 넘기다
(막 15:1; 눅 23:1-2; 요 18:28-32 ♪145, 150장)

27 새벽에 모든 대제사장과 백성의 장로들
이 예수를 죽이려고 함께 의논하고
2 결박하여 끌고 가서 총독 빌라도에게 넘겨
주니라 20:19

유다가 목매어 죽다 (행 1:18-19)

3 ●그때에 예수를 판 유다가 그의 정죄됨을
보고 스스로 뉘우쳐 그 은 삼십을 대제사장
들과 장로들에게 도로 갖다 주며
4 이르되 내가 무죄한 피를 팔고 죄를 범하였
도다 하니 그들이 이르되 그것이 우리에게
무슨 상관이냐 네가 당하라 하거늘
5 유다가 은을 성소에 던져 넣고 물러가서 스
스로 목매어 죽은지라
6 대제사장들이 그 은을 거두며 이르되 이것
은 핏값이라 성전고에 넣어 둠이 옳지 않다

we need any more witnesses? Look, now
66 you have heard the blasphemy. ●What do
you think?"
"He is worthy of death," they answered.
67 ●Then they spit in his face and struck
him with their fists. Others slapped him
68 ●and said, "Prophesy to us, Messiah. Who
hit you?"

Peter Disowns Jesus

69 ●Now Peter was sitting out in the court-
yard, and a servant girl came to him. "You
also were with Jesus of Galilee," she said.
70 ●But he denied it before them all. "I
don't know what you're talking about," he
said.
71 ●Then he went out to the gateway, where
another servant girl saw him and said to the
people there, "This fellow was with Jesus of
Nazareth."
72 ●He denied it again, with an oath: "I
don't know the man!"
73 ●After a little while, those standing there
went up to Peter and said, "Surely you are
one of them; your accent gives you away."
74 ●Then he began to call down curses,
and he swore to them, "I don't know the
man!"
75 Immediately a rooster crowed. ●Then
Peter remembered the word Jesus had spo-
ken: "Before the rooster crows, you will dis-
own me three times." And he went outside
and wept bitterly.

Judas Hangs Himself

27 Early in the morning, all the chief
priests and the elders of the people
made their plans how to have Jesus execut-
2 ed.●So they bound him, led him away and
handed him over to Pilate the governor.
3 ●When Judas, who had betrayed him,
saw that Jesus was condemned, he was
seized with remorse and returned the thirty
pieces of silver to the chief priests and the
4 elders. ●"I have sinned," he said, "for I have
betrayed innocent blood."
"What is that to us?" they replied. "That's
your responsibility."
5 ●So Judas threw the money into the tem-
ple and left. Then he went away and hanged
himself.
6 ●The chief priests picked up the coins and

accent [ǽksent] *n.* 말투, 사투리
bitterly [bítərli] *ad.* 심하게
blasphemy [blǽsfəmi] *n.* 신성모독
condemn [kəndém] *vt.* 정죄하다
curse [kəːrs] *vt.* 저주하다
deny [dinái] *vt.* 부인하다
disown [disóun] *vt.* 부인하다
elder [éldər] *n.* 장로
execute [éksikjùːt] *vt.* 처형하다
fist [fist] *n.* 주먹
hang [hæŋ] *vt.* 목 매달아 죽다
remorse [rimɔ́ːrs] *n.* 후회, 자책
responsibility [rispɑ̀nsəbíləti] *n.* 책임
slap [slæp] *vt.* 찰싹 때리다
swear [swɛər] *vi.* 맹세하다

26:66 be worthy of...: …할 만하다
26:73 give away: (비밀을) 드러내다
26:74 call down...: …을 내려달라고 빌다
27:2 lead away: 데려가다
27:2 hand over: 넘겨주다
27:6 pick up: 거두다, 집어들다

하고
7 의논한 후 이것으로 토기장이의 밭을 사서
나그네의 묘지를 삼았으니
8 그러므로 오늘날까지 그 밭을 피밭이라 일컫
느니라
행 1:19
9 이에 선지자 예레미야를 통하여 하신 말씀이
이루어졌나니 일렀으되 [ㄱ]그들이 그 가격 매
겨진 자 곧 이스라엘 자손 중에서 가격 매긴
자의 가격 곧 은 삼십을 가지고
10 토기장이의 밭 값으로 주었으니 이는 주께서
내게 명하신 바와 같으니라 하였더라

십자가에 못 박히게 예수를 넘기다
(막 15:2-15; 눅 23:3-5, 13-25; 요 18:33-19:16)

11 ●예수께서 총독 앞에 섰으매 총독이 물어
이르되 네가 유대인의 왕이냐 예수께서 대답
하시되 네 말이 옳도다 하시고
딤전 6:13
12 대제사장들과 장로들에게 고발을 당하되 아
무 대답도 아니하시는지라
13 이에 빌라도가 이르되 그들이 너를 쳐서 얼
마나 많은 것으로 증언하는지 듣지 못하느냐
하되
14 한 마디도 대답하지 아니하시니 총독이 크게
놀라워하더라
15 명절이 되면 총독이 무리의 청원대로 죄수
한 사람을 놓아 주는 전례가 있더니
16 그때에 바라바라 하는 유명한 죄수가 있는데
17 그들이 모였을 때에 빌라도가 물어 이르되
너희는 내가 누구를 너희에게 놓아 주기를
원하느냐 [1)]바라바냐 그리스도라 하는 예수
냐 하니
18 이는 그가 그들의 시기로 예수를 넘겨 준 줄
앎이더라
19 총독이 재판석에 앉았을 때에 그의 아내가
사람을 보내어 이르되 저 옳은 사람에게 아
무 상관도 하지 마옵소서 오늘 꿈에 내가 그
사람으로 인하여 애를 많이 태웠나이다 하더
라
20 대제사장들과 장로들이 무리를 권하여 바
라바를 달라 하게 하고 예수를 죽이자 하게
하였더니
21 총독이 대답하여 이르되 둘 중의 누구를 너
희에게 놓아 주기를 원하느냐 이르되 바라
바로소이다
22 빌라도가 이르되 그러면 그리스도라 하는 예
수를 내가 어떻게 하랴 그들이 다 이르되 십
자가에 못 박혀야 하겠나이다
23 빌라도가 이르되 어찜이냐 무슨 악한 일을

said, "It is against the law to put this into the
7 treasury, since it is blood money." ●So they
decided to use the money to buy the potter's
8 field as a burial place for foreigners. ●That is
why it has been called the Field of Blood to
9 this day. ●Then what was spoken by Jere-
miah the prophet was fulfilled: "They took
the thirty pieces of silver, the price set on
10 him by the people of Israel, ●and they used
them to buy the potter's field, as the Lord
commanded me."[a]

Jesus Before Pilate

11 ●Meanwhile Jesus stood before the gov-
ernor, and the governor asked him, "Are you
the king of the Jews?"
"You have said so," Jesus replied.
12 ●When he was accused by the chief priests
13 and the elders, he gave no answer. ●Then
Pilate asked him, "Don't you hear the testi-
14 mony they are bringing against you?" ●But
Jesus made no reply, not even to a single
charge—to the great amazement of the
governor.
15 ●Now it was the governor's custom at
the festival to release a prisoner chosen by
16 the crowd. ●At that time they had a well-
known prisoner whose name was Jesus[b]
17 Barabbas. ●So when the crowd had gath-
ered, Pilate asked them, "Which one do you
want me to release to you: Jesus Barabbas,
18 or Jesus who is called the Messiah?" ●For he
knew it was out of self-interest that they
had handed Jesus over to him.
19 ●While Pilate was sitting on the judge's
seat, his wife sent him this message: "Don't
have anything to do with that innocent
man, for I have suffered a great deal today in
a dream because of him."
20 ●But the chief priests and the elders per-
suaded the crowd to ask for Barabbas and to
have Jesus executed.
21 ●"Which of the two do you want me to
release to you?" asked the governor.
"Barabbas," they answered.
22 ●"What shall I do, then, with Jesus who is
called the Messiah?" Pilate asked.
They all answered, "Crucify him!"
23 ●"Why? What crime has he committed?"

[a]10 See Zech. 11:12,13; Jer. 19:1-13; 32:6-9. [b]16 Many manuscripts do not have *Jesus;* also in verse 17.

1) 어떤 사본에, 바라바라 하는 예수냐 ㄱ. 슥 11:12,13

accuse [əkjúːz] *vt.* 고발하다
amazement [əméizmənt] *n.* 놀라움
burial [bériəl] *n.* 매장
charge [tʃaːrdʒ] *n.* 혐의, 고발
commit [kəmít] *vt.* 범하다
crowd [kraud] *n.* 군중
crucify [krúːsəfài] *vt.* 십자가에 못 박다
decide [disáid] *vt.* 결정하다
governor [gʌ́vərnər] *n.* 총독
persuade [pərswéid] *vt.* 설득하다
potter [pátər] *n.* 도공, 옹기장이
release [rilíːs] *vt.* 석방하다
suffer [sʌ́fər] *vi.* 고생하다
testimony [téstəmòuni] *n.* 증언
treasury [tréʒəri] *n.* 보고, 금고

27:13 bring against somebody: …를 기소하다
27:19 have anything to do with...: …과 어떤 관계가 있다.
27:19 a great deal: 상당히, 많이
27:20 ask for...: …을 청하다

하였느냐 그들이 더욱 소리 질러 이르되 십
자가에 못 박혀야 하겠나이다 하는지라
24 빌라도가 아무 성과도 없이 도리어 민란이
나려는 것을 보고 물을 가져다가 무리 앞에
서 손을 씻으며 이르되 1)이 사람의 피에 대하
여 나는 무죄하니 너희가 당하라
25 백성이 다 대답하여 이르되 그 피를 우리와
우리 자손에게 돌릴지어다 하거늘
26 이에 바라바는 그들에게 놓아 주고 예수는
채찍질하고 십자가에 못 박히게 넘겨 주니라

군병들이 예수를 희롱하다 (막 15:16-20; 요 19:2-3)

27 ●이에 총독의 군병들이 예수를 데리고 관정
안으로 들어가서 온 군대를 그에게로 모으고
28 그의 옷을 벗기고 홍포를 입히며
29 가시관을 엮어 그 머리에 씌우고 갈대를 그
오른손에 들리고 그 앞에서 무릎을 꿇고 희
롱하여 이르되 유대인의 왕이여 평안할지어
다 하며
30 그에게 침 뱉고 갈대를 빼앗아 그의 머리를
치더라
31 희롱을 다한 후 홍포를 벗기고 도로 그의 옷
을 입혀 십자가에 못 박으려고 끌고 나가니
라

십자가에 못 박히시다 (막 15:21-32; 눅 23:26-43; 요 19:17-27 ♪ 147, 157장) — A.D. 30년경

32 ●나가다가 시몬이란 구레네 사람을 만나매
그에게 예수의 십자가를 억지로 지워 가게
하였더라
33 골고다 즉 해골의 곳이라는 곳에 이르러
34 쓸개 탄 포도주를 예수께 주어 마시게 하려
하였더니 예수께서 맛보시고 마시고자 하지
아니하시더라
35 그들이 예수를 십자가에 못 박은 후에 그 옷
을 제비 뽑아 나누고
36 거기 앉아 지키더라
37 그 머리 위에 이는 유대인의 왕 예수라 쓴 죄
패를 붙였더라
38 이때에 예수와 함께 강도 둘이 십자가에 못
박히니 하나는 우편에, 하나는 좌편에 있더
라
39 지나가는 자들은 자기 머리를 흔들며 예수를
모욕하여 시 22:7
40 이르되 성전을 헐고 사흘에 짓는 자여 네가
만일 하나님의 아들이어든 자기를 구원하고
십자가에서 내려오라 하며
41 그와 같이 대제사장들도 서기관들과 장로들
과 함께 희롱하여 이르되

asked Pilate.
But they shouted all the louder, "Crucify
him!"
24 ●When Pilate saw that he was getting
nowhere, but that instead an uproar was
starting, he took water and washed his
hands in front of the crowd. "I am innocent
of this man's blood," he said. "It is your
responsibility!"
25 ●All the people answered, "His blood is
on us and on our children!"
26 ●Then he released Barabbas to them. But
he had Jesus flogged, and handed him over
to be crucified.

The Soldiers Mock Jesus

27 ●Then the governor's soldiers took Jesus
into the Praetorium and gathered the whole
28 company of soldiers around him. ●They
stripped him and put a scarlet robe on him,
29 ●and then twisted together a crown of
thorns and set it on his head. They put a
staff in his right hand. Then they knelt in
front of him and mocked him. "Hail, king of
30 the Jews!" they said. ●They spit on him, and
took the staff and struck him on the head
31 again and again. ●After they had mocked
him, they took off the robe and put his own
clothes on him. Then they led him away to
crucify him.

The Crucifixion of Jesus

32 ●As they were going out, they met a man
from Cyrene, named Simon, and they
33 forced him to carry the cross. ●They came to
a place called Golgotha (which means "the
34 place of the skull"). ●There they offered Jesus
wine to drink, mixed with gall; but after
35 tasting it, he refused to drink it. ●When they
had crucified him, they divided up his
36 clothes by casting lots. ●And sitting down,
37 they kept watch over him there. ●Above his
head they placed the written charge against
him: THIS IS JESUS, THE KING OF THE JEWS.
38 ●Two rebels were crucified with him, one
39 on his right and one on his left. ●Those who
passed by hurled insults at him, shaking
40 their heads ●and saying, "You who are
going to destroy the temple and build it in
three days, save yourself! Come down from
41 the cross, if you are the Son of God!" ●In the
same way the chief priests, the teachers of

1) 어떤 사본에, 이 옳은 사람의

destroy [distrɔ́i] *vt.* 파괴하다
flog [flag] *vt.* 채찍질하다
force [fɔːrs] *vt.* 억지로 …시키다
gall [gɔːl] *n.* 담즙
hurl [həːrl] *vt.* (욕설을) 퍼붓다
lot [lat] *n.* 제비뽑기
mock [mak] *vt.* 조롱하다
offer [ɔ́ːfər] *vt.* 제공하다, 권하다
robe [roub] *n.* 옷, 의복
scarlet [skάːrlit] *n.* 진홍색
skull [skʌl] *n.* 해골
staff [stæf] *n.* 막대기, 깃대
strip [strip] *vt.* 벌거벗기다
thorn [θɔːrn] *n.* 가시
uproar [ʌ́prɔːr] *n.* 소란

27:23 all the louder: 오히려 더 크게
27:24 get nowhere: 효과가 없다
27:24 in front of...: …의 앞에
27:30 spit on...: …에 침 뱉다
27:31 take off: 벗기다
27:35 divide up: 나누다

42 그가 남은 구원하였으되 자기는 구원할 수
없도다 그가 이스라엘의 왕이로다 지금 십자
가에서 내려올지어다 그리하면 우리가 믿겠
노라
43 그가 하나님을 신뢰하니 하나님이 원하시면
이제 그를 구원하실지라 그의 말이 나는 하
나님의 아들이라 하였도다 하며 시 22:8
44 함께 십자가에 못 박힌 강도들도 이와 같이
욕하더라

영혼이 떠나시다
(막 15:33-41; 눅 23:44-49; 요 19:28-30)

45 ●제육 시로부터 온 땅에 어둠이 임하여 제
구 시까지 계속되더니 암 8:9
46 제구 시쯤에 예수께서 크게 소리 질러 이르
시되 ㄱ엘리 엘리 라마 사박다니 하시니 이는
곧 나의 하나님, 나의 하나님, 어찌하여 나를
버리셨나이까 하는 뜻이라
47 거기 섰던 자 중 어떤 이들이 듣고 이르되 이
사람이 엘리야를 부른다 하고
48 그 중의 한 사람이 곧 달려가서 해면을 가져
다가 신 포도주에 적시어 갈대에 꿰어 마시
게 하거늘
49 그 남은 사람들이 이르되 가만두라 엘리야가
와서 그를 구원하나 보자 하더라[1)]
50 예수께서 다시 크게 소리 지르시고 영혼이
떠나시니라
51 이에 성소 휘장이 위로부터 아래까지 찢어져
둘이 되고 땅이 진동하며 바위가 터지고
52 무덤들이 열리며 자던 성도의 몸이 많이 일
어나되
53 예수의 부활 후에 그들이 무덤에서 나와서
거룩한 성에 들어가 많은 사람에게 보이니
라
54 백부장과 및 함께 예수를 지키던 자들이 지
진과 그 일어난 일들을 보고 심히 두려워하
여 이르되 이는 진실로 하나님의 아들이었도
다 하더라
55 예수를 섬기며 갈릴리에서부터 따라온 많은
여자가 거기 있어 멀리서 바라보고 있으니
56 그 중에는 막달라 마리아와 또 야고보와 요
셉의 어머니 마리아와 또 세베대의 아들들의
어머니도 있더라 막 15:40

요셉이 예수의 시체를 무덤에 넣어 두다
(막 15:42-47; 눅 23:50-56; 요 19:38-42)

57 ●저물었을 때에 아리마대의 부자 요셉이라
하는 사람이 왔으니 그도 예수의 제자라

42 the law and the elders mocked him. •"He
saved others," they said, "but he can't save
himself! He's the king of Israel! Let him
come down now from the cross, and we will
43 believe in him. •He trusts in God. Let God
rescue him now if he wants him, for he said,
44 'I am the Son of God.' " •In the same way
the rebels who were crucified with him also
heaped insults on him.

The Death of Jesus

45 •From noon until three in the afternoon
46 darkness came over all the land. •About
three in the afternoon Jesus cried out in a
loud voice, "*Eli, Eli,*[a] *lema sabachthani?*"
(which means "My God, my God, why have
you forsaken me?").[b]
47 •When some of those standing there
heard this, they said, "He's calling Elijah."
48 •Immediately one of them ran and got a
sponge. He filled it with wine vinegar, put it
on a staff, and offered it to Jesus to drink.
49 •The rest said, "Now leave him alone. Let's
see if Elijah comes to save him."
50 •And when Jesus had cried out again in a
loud voice, he gave up his spirit.
51 •At that moment the curtain of the tem-
ple was torn in two from top to bottom. The
52 earth shook, the rocks split •and the tombs
broke open. The bodies of many holy peo-
53 ple who had died were raised to life. •They
came out of the tombs after Jesus' resur-
rection and[c] went into the holy city and
appeared to many people.
54 •When the centurion and those with him
who were guarding Jesus saw the earth-
quake and all that had happened, they were
terrified, and exclaimed, "Surely he was the
Son of God!"
55 •Many women were there, watching
from a distance. They had followed Jesus
56 from Galilee to care for his needs. •Among
them were Mary Magdalene, Mary the
mother of James and Joseph,[d] and the moth-
er of Zebedee's sons.

The Burial of Jesus

57 •As evening approached, there came a
rich man from Arimathea, named Joseph,
who had himself become a disciple of Jesus.

[a]46 Some manuscripts *Eloi, Eloi* [b]46 Psalm 22:1
[c]53 Or *tombs, and after Jesus' resurrection they*
[d]56 Greek *Joses*, a variant of *Joseph*
1) 어떤 사본에, 49절 끝에 요 19:34와 같은 말이 있음 ㄱ. 시 22:1

appear [əpíər] *vi.* 나타나다
approach [əpróutʃ] *vi.* 다가오다
bottom [bátəm] *n.* 아랫부분, 최저부
centurion [sentjúəriən] *n.* 백부장
crucify [krú:səfài] *vt.* 십자가에 못 박다
curtain [kə́:rtn] *n.* 휘장
exclaim [ikskléim] *vt.* 외치다
follow [fálou] *vt.* 따라가다
forsake [fərséik] *vt.* 저버리다
rescue [réskju:] *vt.* 구원하다
resurrection [rezərékʃən] *n.* 부활
shake [ʃeik] *vi.* 진동하다
split [split] *vi.* 쪼개지다
tomb [tu:m] *n.* 무덤
vinegar [vínəgər] *n.* 식초

27:44 heap insults on...: …에게 숱한 모욕을 주다
27:45 come over: 덮치다
27:50 give up: 단념하다, 끊다
27:52 be raised to life: 소생하다
27:55 from a distance: 멀리서

58 빌라도에게 가서 예수의 시체를 달라 하니
이에 빌라도가 내주라 명령하거늘
59 요셉이 시체를 가져다가 깨끗한 세마포로 싸
서
60 바위 속에 판 자기 새 무덤에 넣어 두고 큰
돌을 굴려 무덤 문에 놓고 가니
61 거기 막달라 마리아와 다른 마리아가 무덤을
향하여 앉았더라

경비병이 무덤을 지키다

62 •그 이튿날은 준비일 다음 날이라 대제사장
들과 바리새인들이 함께 빌라도에게 모여 이
르되
63 주여 저 속이던 자가 살아 있을 때에 말하되
내가 사흘 후에 다시 살아나리라 한 것을 우
리가 기억하노니 막 8:31
64 그러므로 명령하여 그 무덤을 사흘까지 굳게
지키게 하소서 그의 제자들이 와서 시체를
도둑질하여 가고 백성에게 말하되 그가 죽은
자 가운데서 살아났다 하면 후의 속임이 전
보다 더 클까 하나이다 하니
65 빌라도가 이르되 너희에게 경비병이 있으니
가서 힘대로 굳게 지키라 하거늘
66 그들이 경비병과 함께 가서 돌을 인봉하고
무덤을 굳게 지키니라

살아나시다 (막 16:1-8; 눅 24:1-12; 요 20:1-10 ♪ 160, 162, 163, 167, 173장)

28 안식일이 다 지나고 [1]안식 후 첫날이
되려는 새벽에 막달라 마리아와 다른
마리아가 무덤을 보려고 갔더니
2 큰 지진이 나며 주의 천사가 하늘로부터 내
려와 돌을 굴려 내고 그 위에 앉았는데 27:51
3 그 형상이 번개 같고 그 옷은 눈같이 희거늘
4 지키던 자들이 그를 무서워하여 떨며 죽은
사람과 같이 되었더라
5 천사가 여자들에게 말하여 이르되 너희는 무
서워하지 말라 십자가에 못 박히신 예수를
너희가 찾는 줄을 내가 아노라
6 그가 여기 계시지 않고 그가 말씀하시던 대
로 살아나셨느니라 와서 그가 누우셨던 곳을
보라
7 또 빨리 가서 그의 제자들에게 이르되 그가
죽은 자 가운데서 살아나셨고 너희보다 먼저
갈릴리로 가시나니 거기서 너희가 뵈오리라
하라 보라 내가 너희에게 일렀느니라 하거늘
8 그 여자들이 무서움과 큰 기쁨으로 빨리 무
덤을 떠나 제자들에게 알리려고 달음질할새
9 예수께서 그들을 만나 이르시되 평안하냐 하

58 •Going to Pilate, he asked for Jesus' body,
and Pilate ordered that it be given to him.
59 •Joseph took the body, wrapped it in a
60 clean linen cloth, •and placed it in his own
new tomb that he had cut out of the rock.
He rolled a big stone in front of the entrance
61 to the tomb and went away. •Mary Magda-
lene and the other Mary were sitting there
opposite the tomb.

The Guard at the Tomb

62 •The next day, the one after Preparation
Day, the chief priests and the Pharisees went
63 to Pilate. •"Sir," they said, "we remember
that while he was still alive that deceiver
64 said, 'After three days I will rise again.' •So
give the order for the tomb to be made
secure until the third day. Otherwise, his dis-
ciples may come and steal the body and tell
the people that he has been raised from the
dead. This last deception will be worse than
the first."
65 •"Take a guard," Pilate answered. "Go,
make the tomb as secure as you know how."
66 •So they went and made the tomb secure
by putting a seal on the stone and posting
the guard.

Jesus Has Risen

28 After the Sabbath, at dawn on the
first day of the week, Mary Magda-
lene and the other Mary went to look at the
tomb.
2 •There was a violent earthquake, for an
angel of the Lord came down from heaven
and, going to the tomb, rolled back the
3 stone and sat on it. •His appearance was like
lightning, and his clothes were white as
4 snow. •The guards were so afraid of him
that they shook and became like dead men.
5 •The angel said to the women, "Do not be
afraid, for I know that you are looking for
6 Jesus, who was crucified. •He is not here; he
has risen, just as he said. Come and see the
7 place where he lay. •Then go quickly and
tell his disciples: 'He has risen from the dead
and is going ahead of you into Galilee. There
you will see him.' Now I have told you."
8 •So the women hurried away from the
tomb, afraid yet filled with joy, and ran to
9 tell his disciples. •Suddenly Jesus met them.
"Greetings," he said. They came to him,

1) 헬, 그 주간의

appearance [əpíərəns] *n.* 외양, 외관
crucify [krú:səfài] *vt.* 십자가에 못 박다
deceiver [disí:vər] *n.* 사기꾼
deception [disépʃən] *n.* 속임
entrance [éntrəns] *n.* 입구
lightning [láitniŋ] *n.* 번개
linen [línən] *n.* 세마포
order [ɔ́:rdər] *vi.* 명령하다
opposite [ápəzit] *a.* 마주보고 있는
roll [roul] *vt.* 굴리다
seal [si:l] *n.* 봉인(封印)
secure [sikjúər] *a.* 엄중히 감시하는
tomb [tu:m] *n.* 무덤
violent [váiələnt] *a.* 격렬한, 심한
wrap [ræp] *vt.* 싸다

27:58 **ask for...**: …을 청하다
27:60 **in front of...**: …앞에
27:66 **post the guard**: 경비를 세우다
28:1 **at dawn**: 새벽녘에
28:6 **just as...**: 꼭 …와 마찬가지로
28:8 **hurry away**: 급히 가버리다

시거늘 여자들이 나아가 그 발을 붙잡고 경배하니
10 이에 예수께서 이르시되 무서워하지 말라 가서 내 형제들에게 갈릴리로 가라 하라 거기서 나를 보리라 하시니라

경비병의 보고

11 ●여자들이 갈 때 경비병 중 몇이 성에 들어가 모든 된 일을 대제사장들에게 알리니
12 그들이 장로들과 함께 모여 의논하고 군인들에게 돈을 많이 주며
13 이르되 너희는 말하기를 그의 제자들이 밤에 와서 우리가 잘 때에 그를 도둑질하여 갔다 하라
14 만일 이 말이 총독에게 들리면 우리가 권하여 너희로 근심하지 않게 하리라 하니 27:2
15 군인들이 돈을 받고 가르친 대로 하였으니 이 말이 오늘날까지 유대인 가운데 두루 퍼지니라

제자들에게 할 일을 분부하시다 (막 16:14-18; 눅 24:36-49; 요 20:19-23; 행 1:6-8 ♪ 508장)

16 ●열한 제자가 갈릴리에 가서 예수께서 지시하신 산에 이르러
17 예수를 뵈옵고 경배하나 아직도 의심하는 사람들이 있더라
18 예수께서 나아와 말씀하여 이르시되 하늘과 땅의 모든 권세를 내게 주셨으니 단 7:13, 14
19 그러므로 너희는 가서 모든 민족을 제자로 삼아 아버지와 아들과 성령의 이름으로 [1]세례를 베풀고
20 내가 너희에게 분부한 모든 것을 가르쳐 지키게 하라 볼지어다 내가 세상 끝날까지 너희와 항상 함께 있으리라 하시니라

10 clasped his feet and worshiped him. •Then
Jesus said to them, "Do not be afraid. Go and
tell my brothers to go to Galilee; there they
will see me."

The Guards' Report

11 •While the women were on their way,
some of the guards went into the city and
reported to the chief priests everything that
12 had happened. •When the chief priests
had met with the elders and devised a
plan, they gave the soldiers a large sum of
13 money, •telling them, "You are to say, 'His
disciples came during the night and stole
14 him away while we were asleep.' •If this
report gets to the governor, we will satisfy
15 him and keep you out of trouble." •So the
soldiers took the money and did as they
were instructed. And this story has been
widely circulated among the Jews to this
very day.

The Great Commission

16 •Then the eleven disciples went to Gali-
lee, to the mountain where Jesus had told
17 them to go. •When they saw him, they
18 worshiped him; but some doubted. •Then
Jesus came to them and said, "All authority
in heaven and on earth has been given to
19 me. •Therefore go and make disciples of
all nations, baptizing them in the name of
the Father and of the Son and of the Holy
20 Spirit, •and teaching them to obey every-
thing I have commanded you. And surely I
am with you always, to the very end of the
age."

1) 헬, 또는 침례

afraid [əfréid] *a.* 두려워하는
asleep [əslí:p] *a.* 잠든
authority [əθɔ́:rəti] *n.* 권세
baptize [bæptáiz] *vt.* 세례를 베풀다
circulate [sə́:rkjulèit] *vi.* 유포되다
clasp [klæsp] *vt.* 꼭 쥐다
devise [diváiz] *vt.* 궁리하다, 강구하다
doubt [daut] *vt.* 의심하다
elder [éldər] *n.* 장로
instruct [instrʌ́kt] *vt.* 지시하다
obey [oubéi] *vt.* 따르다, 복종하다
report [ripɔ́:rt] *vt.* 보고하다
satisfy [sǽtisfài] *vt.* 납득시키다
sum [sʌm] *n.* 액수, 합계
worship [wə́:rʃip] *vi.* 경배하다

28:11 on one's way: 가는 중에
28:13 steal away: 몰래 훔쳐가다
28:14 get to...: …에 도착하다, …에 닿다
28:14 keep... out of trouble: …를 곤란에서 벗어나게 하다
28:19 in the name of...: …의 이름으로

마가복음 | Mark

● 저자 _ 마가 ● 저작 연대 _ A.D. 65-70년경으로 추정 ● 기록 장소 _ 로마
● 기록 대상 _ 로마에 있는 기독교인들 ● 핵심어 및 내용 _ 핵심어는 '종'과 '즉시로'이다.

본서는 모든 사람을 위해 속죄물로 오신 그리스도의 사역이 중심을 이루며, 하나님의 아들을 믿는 것이 얼마나 중요하고 급한지를 강조하기 위해 '곧바로', '즉시로'란 단어를 많이 사용한다.

복음을 전파하다 (마 3:1-12; 눅 3:1-9, 15-17; 요 1:19-23 ♪ 340, 396, 505장) — A.D. 27년경

1 [1)]하나님의 아들 예수 그리스도의 복음의 시
작이라
마 1:1
2 선지자 이사야의 글에
[ㄱ]보라 내가 내 사자를 네 앞에 보내노니 그
가 네 길을 준비하리라
3 [ㄴ]광야에 외치는 자의 소리가 있어 이르되
너희는 주의 길을 준비하라 그의 오실 길을
곧게 하라
기록된 것과 같이
4 [2)]세례 요한이 광야에 이르러 죄 사함을 받게
하는 회개의 [2)]세례를 전파하니
5 온 유대 지방과 예루살렘 사람이 다 나아가
자기 죄를 자복하고 요단 강에서 그에게 [2)]세
례를 받더라
6 요한은 낙타털 옷을 입고 허리에 가죽 띠를
띠고 메뚜기와 석청을 먹더라
7 그가 전파하여 이르되 나보다 능력 많으신 이
가 내 뒤에 오시나니 나는 굽혀 그의 신발끈
을 풀기도 감당하지 못하겠노라
8 나는 너희에게 물로 [2)]세례를 베풀었거니와
그는 너희에게 성령으로 [2)]세례를 베푸시리라

세례를 받으시다 (마 3:13-17; 눅 3:21-22)

9 ●그때에 예수께서 갈릴리 나사렛으로부터
와서 요단 강에서 요한에게 [2)]세례를 받으시
고
10 곧 물에서 올라오실새 하늘이 갈라짐과 성령
이 비둘기같이 자기에게 내려오심을 보시더
니
11 하늘로부터 소리가 나기를 너는 내 사랑하는
아들이라 내가 너를 기뻐하노라 하시니라

시험을 받으시다 (마 4:1-11; 눅 4:1-13)

12 ●성령이 곧 예수를 광야로 몰아내신지라
13 광야에서 사십 일을 계시면서 사탄에게 시험
을 받으시며 들짐승과 함께 계시니 천사들이
수종들더라

갈릴리에서 복음을 전파하시다 (마 4:12-17; 눅 4:14-15)

14 ●요한이 잡힌 후 예수께서 갈릴리에 오셔서
하나님의 복음을 전파하여
15 이르시되 때가 찼고 하나님의 나라가 가까이

John the Baptist Prepares the Way

1 The beginning of the good news about
2 Jesus the Messiah,[a] the Son of God,[b] •as
it is written in Isaiah the prophet:
"I will send my messenger ahead of you,
who will prepare your way"[c]—
3 •"a voice of one calling in the wilderness,
'Prepare the way for the Lord,
make straight paths for him.' "[d]
4 •And so John the Baptist appeared in the
wilderness, preaching a baptism of repen-
5 tance for the forgiveness of sins. •The whole
Judean countryside and all the people of Je-
rusalem went out to him. Confessing their
sins, they were baptized by him in the Jordan
6 River. •John wore clothing made of camel's
hair, with a leather belt around his waist, and
7 he ate locusts and wild honey. •And this was
his message: "After me comes the one more
powerful than I, the straps of whose sandals
I am not worthy to stoop down and untie.
8 •I baptize you with[e] water, but he will bap-
tize you with[e] the Holy Spirit."

The Baptism and Testing of Jesus

9 •At that time Jesus came from Nazareth
in Galilee and was baptized by John in the
10 Jordan. •Just as Jesus was coming up out of
the water, he saw heaven being torn open
and the Spirit descending on him like a
11 dove. •And a voice came from heaven:
"You are my Son, whom I love; with you I
am well pleased."
12 •At once the Spirit sent him out into the
13 wilderness, •and he was in the wilderness
forty days, being tempted[f] by Satan. He was
with the wild animals, and angels attended
him.

Jesus Announces the Good News

14 •After John was put in prison, Jesus went
into Galilee, proclaiming the good news of
15 God. •"The time has come," he said. "The

[a]*1* Or *Jesus Christ*. *Messiah* (Hebrew) and *Christ* (Greek) both mean *Anointed One*. [b]*1* Some manuscripts do not have *the Son of God*. [c]*2* Mal. 3:1 [d]*3* Isaiah 40:3 [e]*8* Or *in* [f]*13* The Greek for *tempted* can also mean *tested*.

1) 어떤 사본에는, '하나님의 아들'이 없음 2) 헬, 또는 침례 ㄱ. 말 3:1 ㄴ. 사 40:3

왔으니 회개하고 복음을 믿으라 하시더라

어부들을 부르시다 (마 4:18-22; 눅 5:1-11)

16 ●갈릴리 해변으로 지나가시다가 시몬과 그
형제 안드레가 바다에 그물 던지는 것을 보시
니 그들은 어부라
17 예수께서 이르시되 나를 따라오라 내가 너희
로 사람을 낚는 어부가 되게 하리라 하시니
18 곧 그물을 버려두고 따르니라
19 조금 더 가시다가 세베대의 아들 야고보와 그
형제 요한을 보시니 그들도 배에 있어 그물을
깁는데
20 곧 부르시니 그 아버지 세베대를 품꾼들과 함
께 배에 버려두고 예수를 따라가니라

더러운 귀신 들린 사람을 고치시다 (눅 4:31-37)

21 ●그들이 가버나움에 들어가니라 예수께서
곧 안식일에 회당에 들어가 가르치시매
22 뭇 사람이 그의 교훈에 놀라니 이는 그가 가
르치시는 것이 권위 있는 자와 같고 서기관들
과 같지 아니함일러라
23 마침 그들의 회당에 더러운 귀신 들린 사람이
있어 소리 질러 이르되
24 나사렛 예수여 우리가 당신과 무슨 상관이
있나이까 우리를 멸하러 왔나이까 나는 당신
이 누구인 줄 아노니 하나님의 거룩한 자니
이다
25 예수께서 꾸짖어 이르시되 잠잠하고 그 사람
에게서 나오라 하시니
26 더러운 귀신이 그 사람에게 경련을 일으키고
큰소리를 지르며 나오는지라
27 다 놀라 서로 물어 이르되 이는 어찜이냐 권
위 있는 새 교훈이로다 더러운 귀신들에게 명
한즉 순종하는도다 하더라
28 예수의 소문이 곧 온 갈릴리 사방에 퍼지더라

많은 사람을 고치시다 (마 8:14-17; 눅 4:38-41)

29 ●회당에서 나와 곧 야고보와 요한과 함께 시
몬과 안드레의 집에 들어가시니
30 시몬의 장모가 열병으로 누워 있는지라 사람
들이 곧 그 여자에 대하여 예수께 여짜온대
31 나아가사 그 손을 잡아 일으키시니 열병이 떠
나고 여자가 그들에게 수종 드니라
32 ●저물어 해 질 때에 모든 병자와 귀신 들린
자를 예수께 데려오니 마 8:16,17
33 온 동네가 그 문 앞에 모였더라
34 예수께서 각종 병이 든 많은 사람을 고치시
며 많은 귀신을 내쫓으시되 귀신이 자기를
알므로 그 말하는 것을 허락하지 아니하시
니라 3:12

kingdom of God has come near. Repent
and believe the good news!"

Jesus Calls His First Disciples

16 ●As Jesus walked beside the Sea of Galilee,
he saw Simon and his brother Andrew cast-
ing a net into the lake, for they were fisher-
17 men. ●"Come, follow me," Jesus said, "and I
18 will send you out to fish for people." ●At
once they left their nets and followed him.
19 ●When he had gone a little farther, he
saw James son of Zebedee and his brother
20 John in a boat, preparing their nets. ●With-
out delay he called them, and they left their
father Zebedee in the boat with the hired
men and followed him.

Jesus Drives Out an Impure Spirit

21 ●They went to Capernaum, and when
the Sabbath came, Jesus went into the syna-
22 gogue and began to teach. ●The people
were amazed at his teaching, because he
taught them as one who had authority, not
23 as the teachers of the law. ●Just then a man
in their synagogue who was possessed by an
24 impure spirit cried out, ●"What do you
want with us, Jesus of Nazareth? Have you
come to destroy us? I know who you are —
the Holy One of God!"
25 ● "Be quiet!" said Jesus sternly. "Come out
26 of him!" ●The impure spirit shook the man
violently and came out of him with a shriek.
27 ●The people were all so amazed that they
asked each other, "What is this? A new tea-
ching — and with authority! He even gives
orders to impure spirits and they obey him."
28 ●News about him spread quickly over the
whole region of Galilee.

Jesus Heals Many

29 ●As soon as they left the synagogue, they
went with James and John to the home of
30 Simon and Andrew. ●Simon's mother-in-
law was in bed with a fever, and they imme-
31 diately told Jesus about her. ●So he went to
her, took her hand and helped her up. The
fever left her and she began to wait on them.
32 ●That evening after sunset the people
brought to Jesus all the sick and demon-pos-
33 sessed. ●The whole town gathered at the
34 door, ●and Jesus healed many who had
various diseases. He also drove out many
demons, but he would not let the demons
speak because they knew who he was.

마가

authority [əθɔ́:rəti] *n.* 권세
demon [dí:mən] *n.* 귀신
destroy [distrɔ́i] *vt.* 멸망시키다
disciple [disáipl] *n.* 제자
disease [dizí:z] *n.* 질병
fever [fí:vər] *n.* 열병
immediately [imí:diətli] *ad.* 곧, 즉시
mother-in-law [mʌ́ðərinlɔ̀:] *n.* 장모
obey [oubéi] *vt.* 순종하다
Sabbath [sǽbəθ] *n.* 안식일
shriek [ʃri:k] *n.* 비명
spread [spred] *vi.* 퍼지다
sternly [stə́:rnli] *ad.* 엄하게
synagogue [sínəgɑ̀g] *n.* 유대교 회당
violently [váiələntli] *ad.* 격렬하게

1:16 cast a net: 그물을 던지다
1:22 be amazed at...: …에 놀라다
1:23 be possessed by...: …에 사로잡히다
1:29 as soon as...: …하자마자
1:31 wait on...: …을 시중들다
1:34 drive out: 쫓아내다

전도 여행을 떠나시다 (눅 4:42-44)

35 ●새벽 아직도 밝기 전에 예수께서 일어나 나
가 한적한 곳으로 가사 거기서 기도하시더니
36 시몬과 및 그와 함께 있는 자들이 예수의 뒤
를 따라가
37 만나서 이르되 모든 사람이 주를 찾나이다
38 이르시되 우리가 다른 가까운 마을들로 가자
거기서도 전도하리니 내가 이를 위하여 왔노
라 하시고
39 이에 온 갈릴리에 다니시며 그들의 여러 회당
에서 전도하시고 또 귀신들을 내쫓으시더라

나병환자를 깨끗하게 하시다 (마 8:1-4; 눅 5:12-16)

40 ●한 나병환자가 예수께 와서 꿇어 엎드려 간
구하여 이르되 원하시면 저를 깨끗하게 하실
수 있나이다
41 예수께서 불쌍히 여기사 손을 내밀어 그에게
대시며 이르시되 내가 원하노니 깨끗함을 받
으라 하시니
42 곧 나병이 그 사람에게서 떠나가고 깨끗하여
진지라
43 곧 보내시며 엄히 경고하사
44 이르시되 삼가 아무에게 아무 말도 하지 말고
가서 네 몸을 제사장에게 보이고 네가 깨끗하
게 되었으니 ㄱ모세가 명한 것을 드려 그들에
게 입증하라 하셨더라
45 그러나 그 사람이 나가서 이 일을 많이 전파
하여 널리 퍼지게 하니 그러므로 예수께서 다
시는 드러나게 동네에 들어가지 못하시고 오
직 바깥 한적한 곳에 계셨으나 사방에서 사람
들이 그에게로 나아오더라 3:7

중풍병자를 고치시다 (마 9:1-8; 눅 5:17-26)

2 수일 후에 예수께서 다시 가버나움에 들어
가시니 집에 계시다는 소문이 들린지라
2 많은 사람이 모여서 문 앞까지도 들어설 자리
가 없게 되었는데 예수께서 그들에게 도를 말
씀하시더니
3 사람들이 한 중풍병자를 네 사람에게 메워 가
지고 예수께로 올새
4 무리들 때문에 예수께 데려갈 수 없으므로 그
계신 곳의 지붕을 뜯어 구멍을 내고 중풍병자
가 누운 상을 달아 내리니
5 예수께서 그들의 믿음을 보시고 중풍병자에
게 이르시되 작은 자야 네 죄 사함을 받았느
니라 하시니
6 어떤 서기관들이 거기 앉아서 마음에 생각하
기를

Jesus Prays in a Solitary Place

35 ●Very early in the morning, while it was
still dark, Jesus got up, left the house and
went off to a solitary place, where he prayed.
36 ●Simon and his companions went to look
37 for him, ●and when they found him, they
exclaimed: "Everyone is looking for you!"
38 ●Jesus replied, "Let us go somewhere else
—to the nearby villages—so I can preach
39 there also. That is why I have come." ●So he
traveled throughout Galilee, preaching in
their synagogues and driving out demons.

Jesus Heals a Man With Leprosy

40 ●A man with leprosy[a] came to him and
begged him on his knees, "If you are willing,
you can make me clean."
41 ●Jesus was indignant.[b] He reached out his
hand and touched the man. "I am willing,"
42 he said. "Be clean!" ●Immediately the lep-
rosy left him and he was cleansed.
43 ●Jesus sent him away at once with a
44 strong warning: ●"See that you don't tell
this to anyone. But go, show yourself to the
priest and offer the sacrifices that Moses
commanded for your cleansing, as a testi-
45 mony to them." ●Instead he went out and
began to talk freely, spreading the news. As
a result, Jesus could no longer enter a town
openly but stayed outside in lonely places.
Yet the people still came to him from every-
where.

Jesus Forgives and Heals a Paralyzed Man

2 A few days later, when Jesus again en-
tered Capernaum, the people heard
2 that he had come home. ●They gathered
in such large numbers that there was no
room left, not even outside the door, and
3 he preached the word to them. ●Some
men came, bringing to him a paralyzed
4 man, carried by four of them. ●Since they
could not get him to Jesus because of the
crowd, they made an opening in the roof
above Jesus by digging through it and
then lowered the mat the man was lying
5 on. ●When Jesus saw their faith, he said
to the paralyzed man, "Son, your sins are
forgiven."
6 ●Now some teachers of the law were sit-

[a]*40* The Greek word traditionally translated *leprosy* was used for various diseases affecting the skin. [b]*41* Many manuscripts *Jesus was filled with compassion* ㄱ. 레 14:2 이하

command [kəmǽnd] *vt.* 명령하다
companion [kəmpǽnjən] *n.* 동료
dig [dig] *vi.* (구멍을) 파다
exclaim [ikskléim] *vt.* 외치다
indignant [indígnənt] *a.* 분개한
leprosy [léprəsi] *n.* 나병
paralyzed [pǽrəlàizd] *a.* 마비된
preach [priːtʃ] *vt.* 설교하다
priest [priːst] *n.* 제사장
roof [ruːf] *n.* 지붕
sacrifice [sǽkrəfàis] *n.* 제물
solitary [sálətèri] *a.* 적막한, 한적한
synagogue [sínəgɑ̀g] *n.* 유대교 회당
testimony [téstəmòuni] *n.* 증거
willing [wíliŋ] *a.* 기꺼이 …하는

1:39 drive out: 내쫓다
1:40 beg on one's knees: 빌다시피 부탁하다
1:41 reach out: 손을 뻗다
1:43 at once: 즉시
1:45 as a result: 결과적으로

7 이 사람이 어찌 이렇게 말하는가 신성모독이
로다 오직 하나님 한 분 외에는 누가 능히 죄
를 사하겠느냐
시 130:4
8 그들이 속으로 이렇게 생각하는 줄을 예수께
서 곧 [1]중심에 아시고 이르시되 어찌하여 이
것을 마음에 생각하느냐
9 중풍병자에게 네 죄 사함을 받았느니라 하는
말과 일어나 네 상을 가지고 걸어가라 하는
말 중에서 어느 것이 쉽겠느냐
10 그러나 인자가 땅에서 죄를 사하는 권세가 있
는 줄을 너희로 알게 하려 하노라 하시고 중
풍병자에게 말씀하시되
11 내가 네게 이르노니 일어나 네 상을 가지고
집으로 가라 하시니
12 그가 일어나 곧 상을 가지고 모든 사람 앞에
서 나가거늘 그들이 다 놀라 하나님께 영광을
돌리며 이르되 우리가 이런 일을 도무지 보지
못하였다 하더라

레위를 부르시다 (마 9:9-13; 눅 5:27-32)

13 ● 예수께서 다시 바닷가에 나가시매 큰 무리
가 나왔거늘 예수께서 그들을 가르치시니라
14 또 지나가시다가 알패오의 아들 레위가 세관
에 앉아 있는 것을 보시고 그에게 이르시되
나를 따르라 하시니 일어나 따르니라
15 그의 집에 [2]앉아 잡수실 때에 많은 세리와 죄
인들이 예수와 그의 제자들과 함께 [3]앉았으
니 이는 그러한 사람들이 많이 있어서 예수를
따름이러라
16 바리새인의 서기관들이 예수께서 죄인 및 세
리들과 함께 잡수시는 것을 보고 그의 제자들
에게 이르되 어찌하여 세리 및 죄인들과 함께
먹는가
17 예수께서 들으시고 그들에게 이르시되 건강
한 자에게는 의사가 쓸데없고 병든 자에게라
야 쓸 데 있느니라 나는 의인을 부르러 온 것
이 아니요 죄인을 부르러 왔노라 하시니라

금식 논쟁 (마 9:14-17; 눅 5:33-39)

18 ● 요한의 제자들과 바리새인들이 금식하고
있는지라 사람들이 예수께 와서 말하되 요한
의 제자들과 바리새인의 제자들은 금식하는
데 어찌하여 당신의 제자들은 금식하지 아니
하나이까
19 예수께서 그들에게 이르시되 혼인 집 손님들
이 신랑과 함께 있을 때에 금식할 수 있느냐 신
랑과 함께 있을 동안에는 금식할 수 없느니라
20 그러나 신랑을 빼앗길 날이 이르리니 그날에
는 금식할 것이니라

7 ting there, thinking to themselves, ●"Why
does this fellow talk like that? He's blas-
pheming! Who can forgive sins but God
alone?"
8 ●Immediately Jesus knew in his spirit
that this was what they were thinking in
their hearts, and he said to them, "Why are
9 you thinking these things? ●Which is easier:
to say to this paralyzed man, 'Your sins are
forgiven,' or to say, 'Get up, take your mat
10 and walk'? ●But I want you to know that
the Son of Man has authority on earth to
11 forgive sins." So he said to the man, ●"I tell
you, get up, take your mat and go home."
12 ●He got up, took his mat and walked out in
full view of them all. This amazed everyone
and they praised God, saying, "We have
never seen anything like this!"

Jesus Calls Levi and Eats With Sinners

13 ●Once again Jesus went out beside the
lake. A large crowd came to him, and he
14 began to teach them. ●As he walked along,
he saw Levi son of Alphaeus sitting at the
tax collector's booth. "Follow me," Jesus told
him, and Levi got up and followed him.
15 ●While Jesus was having dinner at Levi's
house, many tax collectors and sinners were
eating with him and his disciples, for there
16 were many who followed him. ●When the
teachers of the law who were Pharisees saw
him eating with the sinners and tax collec-
tors, they asked his disciples: "Why does he
eat with tax collectors and sinners?"
17 ●On hearing this, Jesus said to them, "It is
not the healthy who need a doctor, but the
sick. I have not come to call the righteous,
but sinners."

Jesus Questioned About Fasting

18 ●Now John's disciples and the Pharisees
were fasting. Some people came and asked
Jesus, "How is it that John's disciples and the
disciples of the Pharisees are fasting, but
yours are not?"
19 ●Jesus answered, "How can the guests of
the bridegroom fast while he is with them?
They cannot, so long as they have him with
20 them. ●But the time will come when the
bridegroom will be taken from them, and
on that day they will fast.

1) 또는 심령으로 2) 헬, 기대어 누워(유대인이 음식 먹을 때에 가지는 자세)
3) 헬, 기대어 누웠으니

amaze [əméiz] *vt.* 놀라게 하다
authority [əθɔ́:rəti] *n.* 권세
blaspheme [blæsfí:m] *vt.* 모독하다
booth [bu:θ] *n.* 초막, 움막
bridegroom [bráidgrù:m] *n.* 신랑
crowd [kraud] *n.* 무리, 군중
disciple [disáipl] *n.* 제자
fast [fæst] *vi.* 단식하다
fellow [félou] *n.* 사람
forgive [fərgív] *vt.* 용서하다
immediately [imí:diətli] *ad.* 곧
praise [preiz] *vt.* 찬양하다
righteous [ráitʃəs] *n.* 정직한 사람
sinner [sínər] *n.* 죄인
tax collector [tǽkskəlèktər] *n.* 세금 징수원

2:6 think to oneself: 속으로 생각하다
2:8 think in one's heart: 마음에 …라 느끼다
2:12 walk out: 나가다
2:17 on ~ing: ~하자마자
2:19 so long as...: …하는 동안

21 생베 조각을 낡은 옷에 붙이는 자가 없나니
만일 그렇게 하면 기운 새것이 낡은 그것을
당기어 해어짐이 더하게 되느니라
22 새 포도주를 낡은 가죽 부대에 넣는 자가 없
나니 만일 그렇게 하면 새 포도주가 부대를
터뜨려 포도주와 부대를 버리게 되리라 오직
새 포도주는 새 부대에 넣느니라 하시니라

안식일에 밀 이삭을 자르다 (마 12:1-8; 눅 6:1-5)

23 ●안식일에 예수께서 밀밭 사이로 지나가실
새 그의 제자들이 길을 [1]열며 이삭을 자르니
24 바리새인들이 예수께 말하되 보시오 저들이
어찌하여 안식일에 하지 못할 일을 하나이까
25 예수께서 이르시되 [ㄱ]다윗이 자기와 및 함께
한 자들이 먹을 것이 없어 시장할 때에 한 일
을 읽지 못하였느냐
26 그가 아비아달 대제사장 때에 하나님의 전에
들어가서 제사장 외에는 먹어서는 안 되는 진
설병을 먹고 함께한 자들에게도 주지 아니하
였느냐
27 또 이르시되 안식일이 사람을 위하여 있는 것
이요 사람이 안식일을 위하여 있는 것이 아니
니
28 이러므로 인자는 안식일에도 주인이니라

안식일에 손 마른 사람을 고치시다
(마 12:9-14; 눅 6:6-11)

3 예수께서 다시 회당에 들어가시니 한쪽 손
마른 사람이 거기 있는지라
2 사람들이 예수를 고발하려 하여 안식일에 그
사람을 고치시는가 주시하고 있거늘
3 예수께서 손 마른 사람에게 이르시되 한가운
데에 일어서라 하시고
4 그들에게 이르시되 안식일에 선을 행하는 것
과 악을 행하는 것, 생명을 구하는 것과 죽이
는 것, 어느 것이 옳으냐 하시니 그들이 잠잠
하거늘
5 그들의 마음이 완악함을 탄식하사 노하심으
로 그들을 둘러보시고 그 사람에게 이르시되
네 손을 내밀라 하시니 내밀매 그 손이 회복
되었더라
6 바리새인들이 나가서 곧 헤롯당과 함께 어떻
게 하여 예수를 죽일까 의논하니라

많은 무리가 나아오다

7 ●예수께서 제자들과 함께 바다로 물러가시
니 갈릴리에서 큰 무리가 따르며
8 유대와 예루살렘과 이두매와 요단 강 건너편
과 또 두로와 시돈 근처에서 많은 무리가 그
가 하신 큰일을 듣고 나아오는지라

21 ●"No one sews a patch of unshrunk cloth
on an old garment. Otherwise, the new
piece will pull away from the old, making
22 the tear worse. ●And no one pours new
wine into old wineskins. Otherwise, the
wine will burst the skins, and both the wine
and the wineskins will be ruined. No, they
pour new wine into new wineskins."

Jesus Is Lord of the Sabbath

23 ●One Sabbath Jesus was going through
the grainfields, and as his disciples walked
along, they began to pick some heads of
24 grain. ●The Pharisees said to him, "Look,
why are they doing what is unlawful on the
Sabbath?"
25 ●He answered, "Have you never read
what David did when he and his compan-
26 ions were hungry and in need? ●In the days
of Abiathar the high priest, he entered the
house of God and ate the consecrated bread,
which is lawful only for priests to eat. And
he also gave some to his companions."
27 ●Then he said to them, "The Sabbath
was made for man, not man for the Sab-
28 bath. ●So the Son of Man is Lord even of
the Sabbath."

Jesus Heals on the Sabbath

3 Another time Jesus went into the syn-
agogue, and a man with a shriveled
2 hand was there. ●Some of them were look-
ing for a reason to accuse Jesus, so they
watched him closely to see if he would
3 heal him on the Sabbath. ●Jesus said to
the man with the shriveled hand, "Stand
up in front of everyone."
4 ●Then Jesus asked them, "Which is lawful
on the Sabbath: to do good or to do evil, to
save life or to kill?" But they remained silent.
5 ●He looked around at them in anger
and, deeply distressed at their stubborn
hearts, said to the man, "Stretch out your
hand." He stretched it out, and his hand
6 was completely restored. ●Then the Phar-
isees went out and began to plot with the
Herodians how they might kill Jesus.

Crowds Follow Jesus

7 ●Jesus withdrew with his disciples to
the lake, and a large crowd from Galilee
8 followed. ●When they heard about all he
was doing, many people came to him from
Judea, Jerusalem, Idumea, and the regions

1) 또는 가며 ㄱ. 삼상 21:6

accuse [əkjú:z] *vt.* 고소하다
burst [bə:rst] *vi.* 터지다
consecrate [kánsəkrèit] *vt.* 신성하게 하다
garment [gá:rmənt] *n.* 옷
plot [plat] *vt.* 도모하다, 꾀하다
restore [ristɔ́:r] *vt.* 회복하다
ruin [rú:in] *vt.* 못쓰게 만들다
Sabbath [sǽbəθ] *n.* 안식일
sew [sou] *vt.* 꿰매어 붙이다
shriveled [ʃrívld] *a.* 주름이 진
stubborn [stʌ́bərn] *a.* 완고한
synagogue [sínəgàg] *n.* 유대교 회당
tear [tɛər] *n.* 찢어진 곳
wineskin [wáinskìn] *n.* 포도주 부대
withdraw [wiðdrɔ́:] *vi.* 물러나다

2:21 pull away from...: …에서 떼어놓다
2:25 in need: 곤경에 처한, 궁핍한
3:1 another time: 언제 다시 한번
3:3 in front of...: …의 앞에
3:4 remain silent: 침묵으로 일관하다
3:5 stretch out: 뻗다

9 예수께서 무리가 에워싸 미는 것을 피하기 위하여 작은 배를 대기하도록 제자들에게 명하셨으니
10 이는 많은 사람을 고치셨으므로 병으로 고생하는 자들이 예수를 만지고자 하여 몰려왔음이더라
11 더러운 귀신들도 어느 때든지 예수를 보면 그 앞에 엎드려 부르짖어 이르되 당신은 하나님의 아들이니이다 하니
12 예수께서 자기를 나타내지 말라고 많이 경고하시니라

열두 제자를 세우시다 (마 10:1-4; 눅 6:12-16)

13 ●또 산에 오르사 자기가 원하는 자들을 부르시니 나아온지라
14 이에 열둘을 세우셨으니 이는 자기와 함께 있게 하시고 또 보내사 전도도 하며
15 귀신을 내쫓는 권능도 가지게 하려 하심이러라
16 이 열둘을 세우셨으니 시몬에게는 베드로란 이름을 더하셨고
17 또 세베대의 아들 야고보와 야고보의 형제 요한이니 이 둘에게는 보아너게 곧 우레의 아들이란 이름을 더하셨으며
18 또 안드레와 빌립과 바돌로매와 마태와 도마와 알패오의 아들 야고보와 및 다대오와 [1]가나나인 시몬이며
19 또 가룟 유다니 이는 예수를 판 자더라

예수와 바알세불 (마 12:22-32; 눅 11:14-23; 12:10)

20 ●집에 들어가시니 무리가 다시 모이므로 식사할 겨를도 없는지라
21 예수의 친족들이 듣고 그를 붙들러 나오니 이는 그가 미쳤다 함일러라
22 예루살렘에서 내려온 서기관들은 그가 바알세불이 지폈다 하며 또 귀신의 왕을 힘입어 귀신을 쫓아낸다 하니
23 예수께서 그들을 불러다가 비유로 말씀하시되 사탄이 어찌 사탄을 쫓아낼 수 있느냐 4:2
24 또 만일 나라가 스스로 분쟁하면 그 나라가 설 수 없고
25 만일 집이 스스로 분쟁하면 그 집이 설 수 없고
26 만일 사탄이 자기를 거슬러 일어나 분쟁하면 설 수 없고 망하느니라
27 사람이 먼저 강한 자를 결박하지 않고는 그 강한 자의 집에 들어가 세간을 강탈하지 못하리니 결박한 후에야 그 집을 강탈하리라
28 내가 진실로 너희에게 이르노니 [2]사람의 모

across the Jordan and around Tyre and
9 Sidon. •Because of the crowd he told his disciples to have a small boat ready for him, to
10 keep the people from crowding him. •For he had healed many, so that those with diseases were pushing forward to touch
11 him. •Whenever the impure spirits saw him, they fell down before him and cried
12 out, "You are the Son of God." •But he gave them strict orders not to tell others about him.

Jesus Appoints the Twelve

13 •Jesus went up on a mountainside and called to him those he wanted, and they
14 came to him. •He appointed twelve[a] that they might be with him and that he might
15 send them out to preach •and to have
16 authority to drive out demons. •These are the twelve he appointed: Simon (to whom
17 he gave the name Peter), •James son of Zebedee and his brother John (to them he gave the name Boanerges, which means
18 "sons of thunder"), •Andrew, Philip, Bartholomew, Matthew, Thomas, James son of Alphaeus, Thaddaeus, Simon the Zealot
19 •and Judas Iscariot, who betrayed him.

Jesus Accused by His Family and by Teachers of the Law

20 •Then Jesus entered a house, and again a crowd gathered, so that he and his disciples
21 were not even able to eat. •When his family[b] heard about this, they went to take charge of him, for they said, "He is out of his mind."
22 •And the teachers of the law who came down from Jerusalem said, "He is possessed by Beelzebul! By the prince of demons he is driving out demons."
23 •So Jesus called them over to him and began to speak to them in parables: "How
24 can Satan drive out Satan? •If a kingdom is divided against itself, that kingdom cannot
25 stand. •If a house is divided against itself,
26 that house cannot stand. •And if Satan opposes himself and is divided, he cannot
27 stand; his end has come. •In fact, no one can enter a strong man's house without first tying him up. Then he can plunder the
28 strong man's house. •Truly I tell you, peo-

[a]14 Some manuscripts *twelve—designating them apostles—* [b]21 Or *his associates*

1) 아람어에서 온 말로 열심당원이란 뜻이다 2) 헬, 인자들의

appoint [əpɔ́int] *vt.* 임명하다
authority [əθɔ́:rəti] *n.* 권력
betray [bitréi] *vt.* 배반하다
demon [dí:mən] *n.* 악마, 귀신
disciple [disáipl] *n.* 제자
disease [dizí:z] *n.* 병
impure [impjúər] *a.* 불결한
mountainside [máuntənsàid] *n.* 산허리
oppose [əpóuz] *vt.* …에 대항하다
order [ɔ́:rdər] *n.* 명령
parable [pǽrəbl] *n.* 비유
plunder [plʌ́ndər] *vt.* 강탈하다
preach [pri:tʃ] *vi.* 설교하다
strict [strikt] *a.* 엄한
thunder [θʌndər] *n.* 우레, 천둥

3:9 keep A from B: A가 B하기를 금하다
3:21 take charge of...: …를 맡다
3:21 be out of one's mind: 미치다
3:24 divide against itself: 내분이 일어나다
3:27 tie up: 단단히 묶다

막

든 죄와 모든 모독하는 일은 사하심을 얻되
29 누구든지 성령을 모독하는 자는 영원히 사하
심을 얻지 못하고 영원한 죄가 되느니라 하시
니
30 이는 그들이 말하기를 더러운 귀신이 들렸다
함이러라

예수의 어머니와 형제 자매
(마 12:46-50; 눅 8:19-21)

31 ● 그때에 예수의 어머니와 [1]동생들이 와서 밖
에 서서 사람을 보내어 예수를 부르니 마 12:46
32 무리가 예수를 둘러앉았다가 여짜오되 보소
서 당신의 어머니와 [1]동생들과 누이들이 밖에
서 찾나이다
33 대답하시되 누가 내 어머니이며 [1]동생들이냐
하시고
34 둘러앉은 자들을 보시며 이르시되 내 어머니
와 내 [1]동생들을 보라
35 누구든지 하나님의 뜻대로 행하는 자가 내 형
제요 자매요 어머니이니라

네 가지 땅에 떨어진 씨 비유 (마 13:1-9; 눅 8:4-8)

4 예수께서 다시 바닷가에서 가르치시니 큰
무리가 모여들거늘 예수께서 바다에 떠 있
는 배에 올라 앉으시고 온 무리는 바닷가 육
지에 있더라
2 이에 예수께서 여러 가지를 비유로 가르치시
니 그 가르치시는 중에 그들에게 이르시되
3 들으라 씨를 뿌리는 자가 뿌리러 나가서
4 뿌릴새 더러는 길가에 떨어지매 새들이 와서
먹어 버렸고
5 더러는 흙이 얕은 돌밭에 떨어지매 흙이 깊지
아니하므로 곧 싹이 나오나
6 해가 돋은 후에 타서 뿌리가 없으므로 말랐고
7 더러는 가시떨기에 떨어지매 가시가 자라 기
운을 막으므로 결실하지 못하였고
8 더러는 좋은 땅에 떨어지매 자라 무성하여 결
실하였으니 삼십 배나 육십 배나 백 배가 되
었느니라 하시고 요 15:5
9 또 이르시되 들을 귀 있는 자는 들으라 하시
니라

비유를 설명하시다 (마 13:10-23; 눅 8:9-15)

10 ● 예수께서 홀로 계실 때에 함께한 사람들이
열두 제자와 더불어 그 비유들에 대하여 물으
니
11 이르시되 하나님 나라의 비밀을 너희에게는
주었으나 외인에게는 모든 것을 비유로 하나
니
12 이는 ㄱ그들로 보기는 보아도 알지 못하며 듣

ple can be forgiven all their sins and every
29 slander they utter, ●but whoever blas-
phemes against the Holy Spirit will never be
forgiven; they are guilty of an eternal sin."
30 ●He said this because they were saying,
"He has an impure spirit."
31 ●Then Jesus' mother and brothers arrived.
Standing outside, they sent someone in to
32 call him. ●A crowd was sitting around him,
and they told him, "Your mother and broth-
ers are outside looking for you."
33 ●"Who are my mother and my brothers?"
he asked.
34 ●Then he looked at those seated in a circle
around him and said, "Here are my mother
35 and my brothers! ●Whoever does God's
will is my brother and sister and mother."

The Parable of the Sower

4 Again Jesus began to teach by the lake.
The crowd that gathered around him
was so large that he got into a boat and sat
in it out on the lake, while all the people
were along the shore at the water's edge.
2 ●He taught them many things by parables,
3 and in his teaching said: ●"Listen! A farmer
4 went out to sow his seed. ●As he was scat-
tering the seed, some fell along the path, and
5 the birds came and ate it up. ●Some fell on
rocky places, where it did not have much
soil. It sprang up quickly, because the soil
6 was shallow. ●But when the sun came up,
the plants were scorched, and they withered
7 because they had no root. ●Other seed fell
among thorns, which grew up and choked
the plants, so that they did not bear grain.
8 ●Still other seed fell on good soil. It came up,
grew and produced a crop, some multi-
plying thirty, some sixty, some a hundred
times."
9 ●Then Jesus said, "Whoever has ears to
hear, let them hear."
10 ●When he was alone, the Twelve and
the others around him asked him about
11 the parables. ●He told them, "The secret of
the kingdom of God has been given to
you. But to those on the outside everything
12 is said in parables ●so that,

" 'they may be ever seeing but never
perceiving,
and ever hearing but never under-
standing;

1) 또는 형제들 ㄱ. 사 6:9,10

blasphemy [blǽsfəmi] *n.* 모독
choke [tʃouk] *vt.* 저지하다
eternal [itə́ːrnəl] *a.* 영원한
multiply [mʌ́ltəplài] *vi.* 늘다
parable [pǽrəbl] *n.* 비유
perceive [pərsíːv] *vi.* 깨닫다
root [ruːt] *n.* 뿌리
scatter [skǽtər] *vt.* 흩뿌리다
scorch [skɔːrtʃ] *vi.* 시들다
seed [siːd] *n.* 씨앗
shallow [ʃǽlou] *a.* 얕은
soil [sɔil] *n.* 흙
sow [sou] *vt.* 씨뿌리다
thorn [θɔːrn] *n.* 가시(나무)
wither [wíðər] *vi.* 말라죽다

3:29 **be guilty of...**: …의 죄를 범하다
3:32 **sit around...**: …에 둘러앉다
3:34 **in a circle**: 원형을 이루어
4:1 **get into...**: …에 올라타다
4:4 **eat up**: 완전하게 먹어치우다
4:5 **spring up**: 싹이 트다

기는 들어도 깨닫지 못하게 하여 돌이켜 죄
사함을 얻지 못하게 하려 함이라 하시고
13 또 이르시되 너희가 이 비유를 알지 못할진대
어떻게 모든 비유를 알겠느냐
14 뿌리는 자는 말씀을 뿌리는 것이라
15 말씀이 길가에 뿌려졌다는 것은 이들을 가
리킴이니 곧 말씀을 들었을 때에 사탄이 즉
시 와서 그들에게 뿌려진 말씀을 빼앗는 것
이요 벧전 5:8
16 또 이와 같이 돌밭에 뿌려졌다는 것은 이들을
가리킴이니 곧 말씀을 들을 때에 즉시 기쁨으
로 받으나
17 그 속에 뿌리가 없어 잠깐 견디다가 말씀으로
인하여 환난이나 박해가 일어나는 때에는 곧
넘어지는 자요
18 또 어떤 이는 가시떨기에 뿌려진 자니 이들은
말씀을 듣기는 하되
19 세상의 염려와 재물의 유혹과 기타 욕심이 들
어와 말씀을 막아 결실하지 못하게 되는 자요
20 좋은 땅에 뿌려졌다는 것은 곧 말씀을 듣고
받아 삼십 배나 육십 배나 백 배의 결실을 하
는 자니라

등불은 등경 위에 (눅 8:16-18)

21 ●또 그들에게 이르시되 사람이 등불을 가져
오는 것은 말 아래에나 평상 아래에 두려 함
이냐 등경 위에 두려 함이 아니냐
22 드러내려 하지 않고는 숨긴 것이 없고 나타내
려 하지 않고는 감추인 것이 없느니라
23 들을 귀 있는 자는 들으라
24 또 이르시되 너희가 무엇을 듣는가 스스로 삼
가라 너희의 헤아리는 그 헤아림으로 너희가
헤아림을 받을 것이며 더 받으리니
25 있는 자는 받을 것이요 없는 자는 그 있는 것
까지도 빼앗기리라

자라나는 씨 비유 (마 13:31-32; 눅 13:18-19)

26 ●또 이르시되 하나님의 나라는 사람이 씨를
땅에 뿌림과 같으니
27 그가 밤낮 자고 깨고 하는 중에 씨가 나서 자
라되 어떻게 그리 되는지를 알지 못하느니라
28 땅이 스스로 열매를 맺되 처음에는 싹이요 다
음에는 이삭이요 그 다음에는 이삭에 충실한
곡식이라
29 열매가 익으면 곧 낫을 대나니 이는 추수 때
가 이르렀음이라

겨자씨 비유 (마 13:31-32; 눅 13:18-19)

30 ●또 이르시되 우리가 하나님의 나라를 어떻
게 비교하며 또 무슨 비유로 나타낼까 마 13:31-32

otherwise they might turn and be
forgiven!'[a]"

13 ●Then Jesus said to them, "Don't you
understand this parable? How then will you
14 understand any parable? ●The farmer sows
15 the word. ●Some people are like seed along
the path, where the word is sown. As soon as
they hear it, Satan comes and takes away the
16 word that was sown in them. ●Others, like
seed sown on rocky places, hear the word
17 and at once receive it with joy. ●But since
they have no root, they last only a short time.
When trouble or persecution comes because
18 of the word, they quickly fall away. ●Still
others, like seed sown among thorns, hear
19 the word; ●but the worries of this life, the
deceitfulness of wealth and the desires for
other things come in and choke the word,
20 making it unfruitful. ●Others, like seed sown
on good soil, hear the word, accept it, and
produce a crop—some thirty, some sixty,
some a hundred times what was sown."

A Lamp on a Stand

21 ●He said to them, "Do you bring in a
lamp to put it under a bowl or a bed? In-
22 stead, don't you put it on its stand? ●For
whatever is hidden is meant to be dis-
closed, and whatever is concealed is meant
23 to be brought out into the open. ●If any-
one has ears to hear, let them hear."
24 ●"Consider carefully what you hear," he
continued. "With the measure you use, it
will be measured to you—and even more.
25 ●Whoever has will be given more; who-
ever does not have, even what they have
will be taken from them."

The Parable of the Growing Seed

26 ●He also said, "This is what the kingdom
of God is like. A man scatters seed on the
27 ground. ●Night and day, whether he sleeps
or gets up, the seed sprouts and grows,
28 though he does not know how. ●All by itself
the soil produces grain—first the stalk, then
the head, then the full kernel in the head.
29 ●As soon as the grain is ripe, he puts the
sickle to it, because the harvest has come."

The Parable of the Mustard Seed

30 ●Again he said, "What shall we say the
kingdom of God is like, or what parable

[a]12 Isaiah 6:9,10

accept [æksépt] *vt.* 받아들이다
conceal [kənsíːl] *vt.* 숨기다
consider [kənsídər] *vt.* 깊이 생각하다
crop [krap] *n.* 수확물
deceitfulness [disíːtfəlnis] *n.* 기만적임
disclose [disklóuz] *vt.* 드러내다
grain [grein] *n.* 곡식
kernel [kə́ːrnl] *n.* 낟알
last [læst] *vi.* 견디다, 존속하다
measure [méʒər] *n.* 척도, 표준
persecution [pə̀ːrsikjúːʃən] *n.* 박해
sickle [síkl] *n.* 낫
sprout [spraut] *vi.* 싹이 트다
stalk [stɔːk] *n.* 줄기
wealth [welθ] *n.* 부

4:15 as soon as...: …하자마자
4:15 take away: 가져가다, 빼앗다
4:17 fall away: 줄어들다, 사라지다
4:22 be meant to...: …하기로 되어 있다
4:22 bring out: 명백히 하다
4:28 by itself: 스스로

31 겨자씨 한 알과 같으니 땅에 심길 때에는 땅
위의 모든 씨보다 작은 것이로되
32 심긴 후에는 자라서 모든 풀보다 커지며 큰
가지를 내나니 공중의 새들이 그 그늘에 깃들
일 만큼 되느니라

비유로 가르치시다 (마 13:34-35)

33 ● 예수께서 이러한 많은 비유로 그들이 알아
들을 수 있는 대로 말씀을 가르치시되
34 비유가 아니면 말씀하지 아니하시고 다만 혼
자 계실 때에 그 제자들에게 모든 것을 해석
하시더라

바람과 바다를 잔잔하게 하시다
(마 8:23-27; 눅 8:22-25)

35 ● 그날 저물 때에 제자들에게 이르시되 우리
가 저편으로 건너가자 하시니
36 그들이 무리를 떠나 예수를 배에 계신 그대로
모시고 가매 다른 배들도 함께하더니
37 큰 광풍이 일어나며 물결이 배에 부딪쳐 들어
와 배에 가득하게 되었더라
38 예수께서는 고물에서 베개를 베고 주무시더
니 제자들이 깨우며 이르되 선생님이여 우리
가 죽게 된 것을 돌보지 아니하시나이까 하니
39 예수께서 깨어 바람을 꾸짖으시며 바다더러
이르시되 잠잠하라 고요하라 하시니 바람이
그치고 아주 잔잔하여지더라
40 이에 제자들에게 이르시되 어찌하여 이렇게
무서워하느냐 너희가[1] 어찌 믿음이 없느냐 하
시니
41 그들이 심히 두려워하여 서로 말하되 그가 누
구이기에 바람과 바다도 순종하는가 하였더라

귀신들린 사람을 고치시다
(마 8:28-34; 눅 8:26-39)

5 예수께서 바다 건너편 거라사인의 지방에
이르러
2 배에서 나오시매 곧 더러운 귀신들린 사람이
무덤 사이에서 나와 예수를 만나니라
3 그 사람은 무덤 사이에 거처하는데 이제는 아
무도 그를 쇠사슬로도 맬 수 없게 되었으니
4 이는 여러 번 고랑과 쇠사슬에 매였어도 쇠사
슬을 끊고 고랑을 깨뜨렸음이러라 그리하여
아무도 그를 제어할 힘이 없는지라
5 밤낮 무덤 사이에서나 산에서나 늘 소리 지르
며 돌로 자기의 몸을 해치고 있었더라
6 그가 멀리서 예수를 보고 달려와 절하며
7 큰 소리로 부르짖어 이르되 지극히 높으신 하
나님의 아들 예수여 나와 당신이 무슨 상관이
있나이까 원하건대 하나님 앞에 맹세하고 나

31 shall we use to describe it? ●It is like a mus-
tard seed, which is the smallest of all seeds
32 on earth. ●Yet when planted, it grows and
becomes the largest of all garden plants,
with such big branches that the birds can
perch in its shade."
33 ●With many similar parables Jesus spoke
the word to them, as much as they could
34 understand. ●He did not say anything to
them without using a parable. But when
he was alone with his own disciples, he
explained everything.

Jesus Calms the Storm

35 ●That day when evening came, he said to
his disciples, "Let us go over to the other
36 side." ●Leaving the crowd behind, they took
him along, just as he was, in the boat. There
37 were also other boats with him. ●A furious
squall came up, and the waves broke over
the boat, so that it was nearly swamped.
38 ●Jesus was in the stern, sleeping on a cush-
ion. The disciples woke him and said to
him, "Teacher, don't you care if we drown?"
39 ●He got up, rebuked the wind and said to
the waves, "Quiet! Be still!" Then the wind
died down and it was completely calm.
40 ●He said to his disciples, "Why are you so
afraid? Do you still have no faith?"
41 ●They were terrified and asked each
other, "Who is this? Even the wind and the
waves obey him!"

Jesus Restores a Demon-Possessed Man

5 They went across the lake to the region
2 of the Gerasenes.[a] ●When Jesus got out
of the boat, a man with an impure spirit
3 came from the tombs to meet him. ●This
man lived in the tombs, and no one could
bind him anymore, not even with a chain.
4 ●For he had often been chained hand and
foot, but he tore the chains apart and broke
the irons on his feet. No one was strong
5 enough to subdue him. ●Night and day
among the tombs and in the hills he would
cry out and cut himself with stones.
6 ●When he saw Jesus from a distance, he
ran and fell on his knees in front of him.
7 ●He shouted at the top of his voice, "What
do you want with me, Jesus, Son of the
Most High God? In God's name don't tor-

[a]1 Some manuscripts *Gadarenes*; other manuscripts *Gergesenes* 1) 어떤 사본에, 어찌 아직도 믿음이

branch [bræntʃ] *n.* 가지
describe [diskráib] *vt.* 묘사하다
disciple [disáipl] *n.* 제자
furious [fjúəriəs] *a.* 사나운
obey [oubéi] *vt.* 순종하다
parable [pǽrəbl] *n.* 비유
perch [pəːrtʃ] *vi.* 자리잡다
rebuke [ribjúːk] *vt.* 꾸짖다
squall [skwɔːl] *n.* 질풍
stern [stəːrn] *n.* 고물(배의 뒤쪽)
subdue [səbdjúː] *vt.* 억제하다
swamp [swamp] *vt.* 침수시키다
tear [tɛər] *vt.* 찢다, 뜯다
terrified [térəfàid] *a.* 겁먹은
tomb [tuːm] *n.* 무덤

4:33 as much as...: …만큼, …정도로
4:37 come up: (폭풍 따위가) 일어나다
4:37 break over...: 부딪혀 … 위를 넘다
4:39 die down: 차츰 잦아들다
5:4 enough to...: …하기 족할만큼
5:6 from a distance: 멀리서

를 괴롭히지 마옵소서 하니
8 이는 예수께서 이미 그에게 이르시기를 더러
운 귀신아 그 사람에게서 나오라 하셨음이라
9 이에 물으시되 네 이름이 무엇이냐 이르되 내
이름은 [1]군대니 우리가 많음이니이다 하고
10 자기를 그 지방에서 내보내지 마시기를 간구
하더니
11 마침 거기 돼지의 큰 떼가 산 곁에서 먹고 있
는지라
12 이에 간구하여 이르되 우리를 돼지에게로 보
내어 들어가게 하소서 하니
13 허락하신대 더러운 귀신들이 나와서 돼지에
게로 들어가매 거의 이천 마리 되는 떼가 바
다를 향하여 비탈로 내리달아 바다에서 몰사
하거늘
14 치던 자들이 도망하여 읍내와 여러 마을에 말
하니 사람들이 어떻게 되었는지를 보러 와서
15 예수께 이르러 그 귀신들렸던 자 곧 군대 귀
신 지폈던 자가 옷을 입고 정신이 온전하여
앉은 것을 보고 두려워하더라
16 이에 귀신들렸던 자가 당한 것과 돼지의 일을
본 자들이 그들에게 알리매
17 그들이 예수께 그 지방에서 떠나시기를 간구
하더라
18 예수께서 배에 오르실 때에 귀신들렸던 사람
이 함께 있기를 간구하였으나
19 허락하지 아니하시고 그에게 이르시되 집으
로 돌아가 주께서 네게 어떻게 큰일을 행하사
너를 불쌍히 여기신 것을 네 가족에게 알리라
하시니
20 그가 가서 예수께서 자기에게 어떻게 큰일 행
하셨는지를 데가볼리에 전파하니 모든 사람
이 놀랍게 여기더라 7:31

야이로의 딸과 예수의 옷에 손을 댄 여자
(마 9:18-26; 눅 8:40-56)

21 ●예수께서 배를 타시고 다시 맞은편으로 건
너가시니 큰 무리가 그에게로 모이거늘 이에
바닷가에 계시더니 마 9:1
22 회당장 중의 하나인 야이로라 하는 이가 와서
예수를 보고 발아래 엎드리어
23 간곡히 구하여 이르되 내 어린 딸이 죽게 되
었사오니 오셔서 그 위에 손을 얹으사 그로
구원을 받아 살게 하소서 하거늘
24 이에 그와 함께 가실새 큰 무리가 따라가며
에워싸 밀더라
25 ●열두 해를 혈루증으로 앓아 온 한 여자가
있어

8 ture me!" •For Jesus had said to him, "Come
out of this man, you impure spirit!"
9 •Then Jesus asked him, "What is your
name?"
"My name is Legion," he replied, "for we
10 are many." •And he begged Jesus again and
again not to send them out of the area.
11 •A large herd of pigs was feeding on the
12 nearby hillside. •The demons begged Jesus,
"Send us among the pigs; allow us to go into
13 them." •He gave them permission, and the
impure spirits came out and went into the
pigs. The herd, about two thousand in number, rushed down the steep bank into the
lake and were drowned.
14 •Those tending the pigs ran off and
reported this in the town and countryside,
and the people went out to see what had
15 happened. •When they came to Jesus, they
saw the man who had been possessed by
the legion of demons, sitting there, dressed
and in his right mind; and they were afraid.
16 •Those who had seen it told the people
what had happened to the demon-possessed man—and told about the pigs as
17 well. •Then the people began to plead with
Jesus to leave their region.
18 •As Jesus was getting into the boat, the
man who had been demon-possessed
19 begged to go with him. •Jesus did not let
him, but said, "Go home to your own people and tell them how much the Lord has
done for you, and how he has had mercy
20 on you." •So the man went away and
began to tell in the Decapolis[a] how much
Jesus had done for him. And all the people
were amazed.

Jesus Raises a Dead Girl and Heals a Sick Woman

21 •When Jesus had again crossed over by
boat to the other side of the lake, a large
crowd gathered around him while he was
22 by the lake. •Then one of the synagogue
leaders, named Jairus, came, and when he
23 saw Jesus, he fell at his feet. •He pleaded
earnestly with him, "My little daughter is
dying. Please come and put your hands on
24 her so that she will be healed and live." •So
Jesus went with him.
A large crowd followed and pressed
25 around him. •And a woman was there

[a]20 That is, the Ten Cities
1) 헬, 레기온. 로마 군대의 여단 규모

beg [beg] *vt.* 간청하다
demon [díːmən] *n.* 귀신
drown [draun] *vi.* 물에 빠지다
earnestly [ə́ːrnistli] *ad.* 진정으로
feed [fiːd] *vi.* 먹이를 먹다
heal [hiːl] *vt.* 치료하다
herd [həːrd] *n.* 무리
hillside [hílsàid] *n.* 산허리
legion [líːdʒən] *n.* 군대
permission [pərmíʃən] *n.* 허가
region [ríːdʒən] *n.* 지방, 지역
steep [stiːp] *a.* 가파른
synagogue [sínəgàg] *n.* (유대교)회당
tend [tend] *vt.* 돌보다
torture [tɔ́ːrtʃər] *vt.* 괴롭히다

5:14 run off: 달아나다
5:15 be possessed by: (귀신이) 들리다
5:15 in one's right mind: 제 정신으로
5:17 plead with: 간곡히 부탁하다
5:19 have mercy on...: …를 동정하다
5:21 cross over: 건너가다

26 많은 의사에게 많은 괴로움을 받았고 가진 것
도 다 허비하였으되 아무 효험이 없고 도리어
더 중하여졌던 차에
27 예수의 소문을 듣고 무리 가운데 끼어 뒤로
와서 그의 옷에 손을 대니 3:10
28 이는 내가 그의 옷에만 손을 대어도 구원을
받으리라 생각함일러라
29 이에 그의 혈루 근원이 곧 마르매 병이 나은
줄을 몸에 깨달으니라
30 예수께서 그 능력이 자기에게서 나간 줄을 곧
스스로 아시고 무리 가운데서 돌이켜 말씀하
시되 누가 내 옷에 손을 대었느냐 하시니
31 제자들이 여짜오되 무리가 에워싸 미는 것을
보시며 누가 내게 손을 대었느냐 물으시나이
까 하되
32 예수께서 이 일 행한 여자를 보려고 둘러보시
니
33 여자가 자기에게 이루어진 일을 알고 두려워
하여 떨며 와서 그 앞에 엎드려 모든 사실을
여쭈니
34 예수께서 이르시되 딸아 네 믿음이 너를 구원
하였으니 평안히 가라 네 병에서 놓여 건강할
지어다
35 ●아직 예수께서 말씀하실 때에 회당장의 집
에서 사람들이 와서 회당장에게 이르되 당신
의 딸이 죽었나이다 어찌하여 선생을 더 괴롭
게 하나이까
36 예수께서 그 하는 말을 곁에서 들으시고 회당
장에게 이르시되 두려워하지 말고 믿기만 하
라 하시고
37 베드로와 야고보와 야고보의 형제 요한 외에
아무도 따라옴을 허락하지 아니하시고 마 17:1
38 회당장의 집에 함께 가사 떠드는 것과 사람들
이 울며 심히 통곡함을 보시고
39 들어가서 그들에게 이르시되 너희가 어찌하
여 떠들며 우느냐 이 아이가 죽은 것이 아니
라 잔다 하시니
40 그들이 비웃더라 예수께서 그들을 다 내보내
신 후에 아이의 부모와 또 자기와 함께한 자
들을 데리시고 아이 있는 곳에 들어가사
41 그 아이의 손을 잡고 이르시되 달리다굼 하시
니 번역하면 곧 내가 네게 말하노니 소녀야
일어나라 하심이라
42 소녀가 곧 일어나서 걸으니 나이가 열두 살이
라 사람들이 곧 크게 놀라고 놀라거늘 시 33:9
43 예수께서 이 일을 아무도 알지 못하게 하라고
그들을 많이 경계하시고 이에 소녀에게 먹을

who had been subject to bleeding for twelve
26 years. •She had suffered a great deal under
the care of many doctors and had spent all
she had, yet instead of getting better she
27 grew worse. •When she heard about Jesus,
she came up behind him in the crowd and
28 touched his cloak, •because she thought, "If
I just touch his clothes, I will be healed."
29 •Immediately her bleeding stopped and
she felt in her body that she was freed from
her suffering.
30 •At once Jesus realized that power had
gone out from him. He turned around in
the crowd and asked, "Who touched my
clothes?"
31 •"You see the people crowding against
you," his disciples answered, "and yet you
can ask, 'Who touched me?' "
32 •But Jesus kept looking around to see
33 who had done it. •Then the woman, know-
ing what had happened to her, came and
fell at his feet and, trembling with fear, told
34 him the whole truth. •He said to her,
"Daughter, your faith has healed you. Go
in peace and be freed from your suffering."
35 •While Jesus was still speaking, some
people came from the house of Jairus, the
synagogue leader. "Your daughter is dead,"
they said. "Why bother the teacher any-
more?"
36 •Overhearing[a] what they said, Jesus told
him, "Don't be afraid; just believe."
37 •He did not let anyone follow him ex-
cept Peter, James and John the brother of
38 James. •When they came to the home of
the synagogue leader, Jesus saw a commo-
tion, with people crying and wailing lou-
39 dly. •He went in and said to them, "Why
all this commotion and wailing? The child
40 is not dead but asleep." •But they laughed
at him.
After he put them all out, he took the
child's father and mother and the disciples
who were with him, and went in where the
41 child was. •He took her by the hand and
said to her, "*Talitha koum!*" (which means "Li-
42 ttle girl, I say to you, get up!"). •Immediately
the girl stood up and began to walk around
(she was twelve years old). At this they were
43 completely astonished. •He gave strict
orders not to let anyone know about this,
and told them to give her something to eat.

[a]36 Or *Ignoring*

astonish [əstániʃ] *vt.* 놀라게 하다
bleed [bliːd] *vi.* 피를 흘리다
bother [báðər] *vt.* …를 괴롭히다
cloak [klouk] *n.* 외투
commotion [kəmóuʃən] *n.* 소동
disciple [disáipl] *n.* 제자
except [iksépt] *prep.* …를 제외하고
immediately [imíːdiətli] *ad.* 즉시
overhear [òuvərhíər] *vt.* 우연히 듣다
realize [ríːəlaiz] *vt.* 깨닫다
strict [strikt] *a.* 엄한
suffer [sʌfər] *vt.* 괴로워하다
synagogue [sínəgàg] *n.* 회당
tremble [trémbl] *vi.* 떨다
wail [weil] *vi.* 슬퍼하여 울다

5:25 be subject to...: …의 대상이다
5:26 instead of...: …대신에
5:29 be freed from...: …에서 벗어나다
5:32 keep ~ing: 계속 ~하다
5:40 laugh at: 비웃다
5:40 put out: 내보내다

것을 주라 하시니라

고향에서 배척을 받으시다 (마 13:53-58;
눅 4:16-30 ♪ 341장) — A.D. 28년경

6 예수께서 거기를 떠나사 고향으로 가시니
제자들도 따르니라
2 안식일이 되어 회당에서 가르치시니 많은 사
람이 듣고 놀라 이르되 이 사람이 어디서 이
런 것을 얻었느냐 이 사람이 받은 지혜와 그
손으로 이루어지는 이런 권능이 어찌 됨이냐
3 이 사람이 마리아의 아들 목수가 아니냐 야고
보와 요셉과 유다와 시몬의 형제가 아니냐 그
누이들이 우리와 함께 여기 있지 아니하냐 하
고 [1]예수를 배척한지라
4 예수께서 그들에게 이르시되 선지자가 자기
고향과 자기 친척과 자기 집 외에서는 존경을
받지 못함이 없느니라 하시며 요 4:44
5 거기서는 아무 권능도 행하실 수 없어 다만
소수의 병자에게 안수하여 고치실 뿐이었고
6 그들이 믿지 않음을 이상히 여기셨더라

열두 제자를 부르사 둘씩 보내시다
(마 10:1, 5-15; 눅 9:1-6)

●이에 모든 촌에 두루 다니시며 가르치시더라
7 ●열두 제자를 부르사 둘씩 둘씩 보내시며 더
러운 귀신을 제어하는 권능을 주시고 눅 10:1
8 명하시되 여행을 위하여 지팡이 외에는 양식
이나 배낭이나 전대의 [2]돈이나 아무것도 가
지지 말며
9 신만 신고 두 벌 옷도 입지 말라 하시고
10 또 이르시되 어디서든지 누구의 집에 들어가
거든 그곳을 떠나기까지 거기 유하라
11 어느 곳에서든지 너희를 영접하지 아니하고
너희 말을 듣지도 아니하거든 거기서 나갈 때
에 발 아래 먼지를 떨어버려 그들에게 증거를
삼으라 하시니
12 제자들이 나가서 회개하라 전파하고
13 많은 귀신을 쫓아내며 많은 병자에게 기름을
발라 고치더라

세례 요한의 죽음
(마 14:1-12; 눅 9:7-9 ♪ 480, 610장)

14 ●이에 예수의 이름이 드러난지라 헤롯 왕이
듣고 이르되 이는 [3]세례 요한이 죽은 자 가운
데서 살아났도다 그러므로 이런 능력이 그 속
에서 일어나느니라 하고
15 어떤 이는 그가 엘리야라 하고 또 어떤 이는
그가 선지자니 옛 선지자 중의 하나와 같다
하되
16 헤롯은 듣고 이르되 내가 목 벤 요한 그가 살

A Prophet Without Honor

6 Jesus left there and went to his home-
town, accompanied by his disciples.
2 ●When the Sabbath came, he began to
teach in the synagogue, and many who
heard him were amazed.
"Where did this man get these things?"
they asked. "What's this wisdom that has
been given him? What are these remarkable
3 miracles he is performing? ●Isn't this the
carpenter? Isn't this Mary's son and the
brother of James, Joseph,[a] Judas and Simon?
Aren't his sisters here with us?" And they
took offense at him.
4 ●Jesus said to them, "A prophet is not
without honor except in his own town,
among his relatives and in his own home."
5 ●He could not do any miracles there, except
lay his hands on a few sick people and heal
6 them. ●He was amazed at their lack of faith.

Jesus Sends Out the Twelve

Then Jesus went around teaching from
7 village to village. ●Calling the Twelve to
him, he began to send them out two by two
and gave them authority over impure spir-
its.
8 ●These were his instructions: "Take noth-
ing for the journey except a staff—no bread,
9 no bag, no money in your belts. ●Wear san-
10 dals but not an extra shirt. ●Whenever you
enter a house, stay there until you leave that
11 town. ●And if any place will not welcome
you or listen to you, leave that place and
shake the dust off your feet as a testimony
against them."
12 ●They went out and preached that peo-
13 ple should repent. ●They drove out many
demons and anointed many sick people
with oil and healed them.

John the Baptist Beheaded

14 ●King Herod heard about this, for Jesus'
name had become well known. Some were
saying,[b] "John the Baptist has been raised
from the dead, and that is why miraculous
powers are at work in him."
15 ●Others said, "He is Elijah."
And still others claimed, "He is a prophet,
like one of the prophets of long ago."
16 ●But when Herod heard this, he said,

[a]3 Greek *Joses,* a variant of *Joseph* [b]14 Some early manuscripts *He was saying*

1) 또는 예수로 말미암아 실족한지라 2) 헬, 동 3) 헬, 또는 침례

accompany [əkʌmpəni] *vt.* 동반하다
anoint [ənɔ́int] *vt.* 기름을 바르다
authority [əθɔ́:rəti] *n.* 권세
baptist [bǽptist] *n.* 세례자
carpenter [ká:rpəntər] *n.* 목수
claim [kleim] *vt.* 주장하다
hometown [houmtáun] *n.* 고향, 우리 동네
instruction [instrʌkʃən] *n.* 가르침
preach [pri:tʃ] *vi.* 전도하다
prophet [práfit] *n.* 선지자
relative [rélətiv] *n.* 친척
repent [ripént] *vi.* 회개하다
Sabbath [sǽbəθ] *n.* 안식일
staff [stæf] *n.* 지팡이
testimony [téstəmòuni] *n.* 증거

6:3 **take offense at...**: …에게 화를 내다
6:5 **lay one's hands on**: 안수하다
6:6 **be amazed at...**: …에 깜짝 놀라다
6:11 **dust off**: 먼지털다
6:13 **drive out**: 내쫓다
6:14 **at work**: 작용하여

아났다 하더라
17 전에 헤롯이 자기가 동생 빌립의 아내 헤로디아에게 장가든 고로 이 여자를 위하여 사람을 보내어 요한을 잡아 옥에 가두었으니
18 이는 요한이 헤롯에게 말하되 동생의 아내를 취한 것이 옳지 않다 하였음이라
19 헤로디아가 요한을 원수로 여겨 죽이고자 하였으되 하지 못한 것은
20 헤롯이 요한을 의롭고 거룩한 사람으로 알고 두려워하여 보호하며 또 그의 말을 들을 때에 크게 번민을 하면서도 달갑게 들음이러라
21 마침 기회가 좋은 날이 왔으니 곧 헤롯이 자기 생일에 대신들과 천부장들과 갈릴리의 귀인들로 더불어 잔치할새
22 헤로디아의 [1]딸이 친히 들어와 춤을 추어 헤롯과 그와 함께 [2]앉은 자들을 기쁘게 한지라 왕이 그 소녀에게 이르되 무엇이든지 네가 원하는 것을 내게 구하라 내가 주리라 하고
23 또 맹세하기를 무엇이든지 네가 내게 구하면 내 나라의 절반까지라도 주리라 하거늘
24 그가 나가서 그 어머니에게 말하되 내가 무엇을 구하리이까 그 어머니가 이르되 [3]세례 요한의 머리를 구하라 하니
25 그가 곧 왕에게 급히 들어가 구하여 이르되 [3]세례 요한의 머리를 소반에 얹어 곧 내게 주기를 원하옵나이다 하니
26 왕이 심히 근심하나 자기가 맹세한 것과 그 [2]앉은 자들로 인하여 그를 거절할 수 없는지라
27 왕이 곧 시위병 하나를 보내어 요한의 머리를 가져오라 명하니 그 사람이 나가 옥에서 요한을 목 베어
28 그 머리를 소반에 얹어다가 소녀에게 주니 소녀가 이것을 그 어머니에게 주니라
29 요한의 제자들이 듣고 와서 시체를 가져다가 장사하니라

오천 명을 먹이시다
(마 14:13-21; 눅 9:10-17; 요 6:1-14 ♪471장)

30 ●사도들이 예수께 모여 자기들이 행한 것과 가르친 것을 낱낱이 고하니
31 이르시되 너희는 따로 한적한 곳에 가서 잠깐 쉬어라 하시니 이는 오고 가는 사람이 많아 음식 먹을 겨를도 없음이라 3:20
32 이에 배를 타고 따로 한적한 곳에 갈새

"John, whom I beheaded, has been raised from
the dead!"
17 •For Herod himself had given orders to have
John arrested, and he had him bound and put
in prison. He did this because of Herodias, his
brother Philip's wife, whom he had married.
18 •For John had been saying to Herod, "It is not
19 lawful for you to have your brother's wife." •So
Herodias nursed a grudge against John and
wanted to kill him. But she was not able to,
20 •because Herod feared John and protected
him, knowing him to be a righteous and holy
man. When Herod heard John, he was greatly
puzzled[a]; yet he liked to listen to him.
21 •Finally the opportune time came. On his
birthday Herod gave a banquet for his high
officials and military commanders and the
22 leading men of Galilee. •When the daughter
of[b] Herodias came in and danced, she pleased
Herod and his dinner guests.
The king said to the girl, "Ask me for any-
23 thing you want, and I'll give it to you." •And
he promised her with an oath, "Whatever you
ask I will give you, up to half my kingdom."
24 •She went out and said to her mother,
"What shall I ask for?"
"The head of John the Baptist," she an-
swered.
25 •At once the girl hurried in to the king with
the request: "I want you to give me right now
the head of John the Baptist on a platter."
26 •The king was greatly distressed, but be-
cause of his oaths and his dinner guests, he
27 did not want to refuse her. •So he immedi-
ately sent an executioner with orders to bring
John's head. The man went, beheaded John
28 in the prison, •and brought back his head on
a platter. He presented it to the girl, and she
29 gave it to her mother. •On hearing of this,
John's disciples came and took his body and
laid it in a tomb.

Jesus Feeds the Five Thousand

30 •The apostles gathered around Jesus and
reported to him all they had done and taught.
31 •Then, because so many people were coming
and going that they did not even have a
chance to eat, he said to them, "Come with
me by yourselves to a quiet place and get some
rest."
32 •So they went away by themselves in a boat

[a]20 Some early manuscripts *he did many things* [b]22 Some early manuscripts *When his daughter*

1) 또는 친딸이 들어와 2) 2:15 난하주를 보라 3) 헬, 또는 침례

apostle [əpásl] *n.* 사도
arrest [ərést] *vt.* …를 체포하다
banquet [bǽŋkwit] *n.* 연회
baptist [bǽptist] *n.* 세례자
behead [bihéd] *vt.* 목을 베다
disciple [disáipl] *n.* 제자
distress [distrés] *vt.* 괴롭히다
executioner [èksikjúːʃənər] *n.* 사형 집행인
lawful [lɔ́ːfəl] *a.* 정당한
military commander [mílitəri kəmǽndər] *n.* 군사령관
oath [ouθ] *n.* 맹세
opportune [àpərtjúːn] *a.* 적절한
platter [plǽtər] *n.* 큰 접시
puzzle [pʌzl] *vt.* 당황하게 하다
tomb [tuːm] *n.* 무덤

6:19 **nurse a grudge against...**: …에게 원한을 품다
6:23 **up to...**: …에 달하여, …까지
6:29 **on ~ing**: ~하자마자 곧
6:30 **gather around**: 주위에 모이다
6:31 **by oneself**: 다른 사람없이, 혼자

33 그들이 가는 것을 보고 많은 사람이 그들인 줄 안지라 모든 고을로부터 도보로 그곳에 달려와 그들보다 먼저 갔더라
34 예수께서 나오사 큰 무리를 보시고 그 목자 없는 양 같음으로 인하여 불쌍히 여기사 이에 여러 가지로 가르치시더라
35 때가 저물어가매 제자들이 예수께 나아와 여짜오되 이곳은 빈 들이요 날도 저물어가니
36 무리를 보내어 두루 촌과 마을로 가서 무엇을 사 먹게 하옵소서
37 대답하여 이르시되 너희가 먹을 것을 주라 하시니 여짜오되 우리가 가서 이백 1)데나리온의 떡을 사다 먹이리이까
38 이르시되 너희에게 떡 몇 개나 있는지 가서 보라 하시니 알아보고 이르되 떡 다섯 개와 물고기 두 마리가 있더이다 하거늘
39 제자들에게 명하사 그 모든 사람으로 떼를 지어 푸른 잔디 위에 앉게 하시니
40 떼로 백 명씩 또는 오십 명씩 앉은지라
41 예수께서 떡 다섯 개와 물고기 두 마리를 가지사 하늘을 우러러 축사하시고 떡을 떼어 제자들에게 주어 사람들에게 나누어 주게 하시고 또 물고기 두 마리도 모든 사람에게 나누시매 마 26:26
42 다 배불리 먹고
43 남은 떡 조각과 물고기를 열두 바구니에 차게 거두었으며
44 떡을 먹은 남자는 오천 명이었더라

바다 위로 걸으시다 (마 14:22-33; 요 6:15-21)

45 ●예수께서 즉시 제자들을 재촉하사 자기가 무리를 보내는 동안에 배 타고 앞서 건너편 벳새다로 가게 하시고
46 무리를 작별하신 후에 기도하러 산으로 가시니라
47 저물매 배는 바다 가운데 있고 예수께서는 홀로 뭍에 계시다가
48 바람이 거스르므로 제자들이 힘겹게 노 젓는 것을 보시고 밤 사경쯤에 바다 위로 걸어서 그들에게 오사 지나가려고 하시매
49 제자들이 그가 바다 위로 걸어오심을 보고 유령인가 하여 소리 지르니
50 그들이 다 예수를 보고 놀람이라 이에 예수께서 곧 그들에게 말씀하여 이르시되 안심하라 내니 두려워하지 말라 하시고
51 배에 올라 그들에게 가시니 바람이 그치는지라 제자들이 마음에 심히 놀라니

33 to a solitary place. •But many who saw them
leaving recognized them and ran on foot from
all the towns and got there ahead of them.
34 •When Jesus landed and saw a large crowd, he
had compassion on them, because they were
like sheep without a shepherd. So he began
teaching them many things.
35 •By this time it was late in the day, so his dis-
ciples came to him. "This is a remote place,"
36 they said, "and it's already very late. •Send the
people away so that they can go to the sur-
rounding countryside and villages and buy
themselves something to eat."
37 •But he answered, "You give them some-
thing to eat."
They said to him, "That would take more
than half a year's wages[a]! Are we to go and
spend that much on bread and give it to them
to eat?"
38 •"How many loaves do you have?" he asked.
"Go and see."
When they found out, they said, "Five — and
two fish."
39 •Then Jesus directed them to have all the
people sit down in groups on the green grass.
40 •So they sat down in groups of hundreds and
41 fifties. •Taking the five loaves and the two fish
and looking up to heaven, he gave thanks and
broke the loaves. Then he gave them to his dis-
ciples to distribute to the people. He also divid-
42 ed the two fish among them all. •They all ate
43 and were satisfied, •and the disciples picked
up twelve basketfuls of broken pieces of bread
44 and fish. •The number of the men who had
eaten was five thousand.

Jesus Walks on the Water

45 •Immediately Jesus made his disciples get
into the boat and go on ahead of him to Beth-
46 saida, while he dismissed the crowd. •After
leaving them, he went up on a mountainside
to pray.
47 •Later that night, the boat was in the middle
48 of the lake, and he was alone on land. •He saw
the disciples straining at the oars, because the
wind was against them. Shortly before dawn
he went out to them, walking on the lake. He
49 was about to pass by them, •but when they
saw him walking on the lake, they thought he
50 was a ghost. They cried out, •because they all
saw him and were terrified.
Immediately he spoke to them and said,
51 "Take courage! It is I. Don't be afraid." •Then

[a] 37 Greek *take two hundred denarii* 1) 은전의 명칭

basketful [bǽskitfùl] *n.* 한 바구니 가득
courage [kə́:ridʒ] *n.* 용기
dismiss [dismís] *vt.* 해산시키다
distribute [distríbju:t] *vt.* 분배하다
immediately [imí:diətli] *ad.* 즉시
loaf [louf] *n.* 덩어리
oar [ɔ:r] *n.* 노
recognize [rékəgnàiz] *vt.* 알아보다
satisfy [sǽtisfài] *vt.* 충족시키다
shepherd [ʃépərd] *n.* 양치기, 목자
solitary [sɑ́lətèri] *a.* 한적한
strain [strein] *vi.* 잡아당기다
surrounding [səráundiŋ] *a.* 주위의
terrify [térəfài] *vt.* 겁먹게 하다
wage [weidʒ] *n.* 임금, 품삯

6:33 ahead of...: …보다 먼저
6:34 have compassion on...: …을 불쌍히 여기다
6:37 spend~ on...: …에 ~를 쓰다
6:38 find out: (해답을) 얻어내다
6:48 be about to: 막 …하려하다

52 이는 그들이 그 떡 떼시던 일을 깨닫지 못하
고 도리어 그 마음이 둔하여졌음이러라

게네사렛에서 병자들을 고치시다 (마 14:34-36)

53 ●건너가 게네사렛 땅에 이르러 대고
54 배에서 내리니 사람들이 곧 예수신 줄을 알
고
55 그 온 지방으로 달려 돌아다니며 예수께서
어디 계시다는 말을 듣는 대로 병든 자를 침
상째로 메고 나아오니
56 아무 데나 예수께서 들어가시는 지방이나
도시나 마을에서 병자를 시장에 두고 예수
께 그의 옷가에라도 손을 대게 하시기를
간구하니 손을 대는 자는 다 성함을 얻으
니라

장로들의 전통 (마 15:1-20 ♪ 446장)

—A.D. 29년경

7 바리새인들과 또 서기관 중 몇이 예루살
렘에서 와서 예수께 모여들었다가
2 그의 제자 중 몇 사람이 부정한 손 곧 씻지
아니한 손으로 떡 먹는 것을 보았더라
3 (바리새인들과 모든 유대인들은 장로들의
전통을 지키어 [1)]손을 잘 씻지 않고서는 음식
을 먹지 아니하며 행 10:14, 28
4 또 시장에서 돌아와서도 [2)]물을 뿌리지 않고
서는 먹지 아니하며 그 외에도 여러 가지를
지키어 오는 것이 있으니 잔과 주발과 놋그
릇을 씻음이러라)
5 이에 바리새인들과 서기관들이 예수께 묻
되 어찌하여 당신의 제자들은 장로들의 전
통을 준행하지 아니하고 부정한 손으로 떡
을 먹나이까 갈 1:14
6 이르시되 이사야가 너희 외식하는 자에 대
하여 잘 예언하였도다 기록하였으되
[ㄱ]이 백성이 입술로는 나를 공경하되 마음
은 내게서 멀도다
7 사람의 계명으로 교훈을 삼아 가르치니
나를 헛되이 경배하는도다
하였느니라
8 너희가 하나님의 계명은 버리고 사람의 전
통을 지키느니라
9 또 이르시되 너희가 너희 전통을 지키려고
하나님의 계명을 잘 저버리는도다
10 모세는 [ㄴ]네 부모를 공경하라 하고 또 [ㄷ]아버
지나 어머니를 모욕하는 자는 죽임을 당하
리라 하였거늘
11 너희는 이르되 사람이 아버지에게나 어머
니에게나 말하기를 내가 드려 유익하게 할

he climbed into the boat with them, and the
wind died down. They were completely
52 amazed, ●for they had not understood about
the loaves; their hearts were hardened.
53 ●When they had crossed over, they landed
54 at Gennesaret and anchored there. ●As soon
as they got out of the boat, people recognized
55 Jesus. ●They ran throughout that whole
region and carried the sick on mats to wher-
56 ever they heard he was. ●And wherever he
went—into villages, towns or countryside—
they placed the sick in the marketplaces.
They begged him to let them touch even the
edge of his cloak, and all who touched it were
healed.

That Which Defiles

7 The Pharisees and some of the teachers of
the law who had come from Jerusalem
2 gathered around Jesus ●and saw some of his
disciples eating food with hands that were
3 defiled, that is, unwashed. ●(The Pharisees
and all the Jews do not eat unless they give
their hands a ceremonial washing, holding
4 to the tradition of the elders. ●When they
come from the marketplace they do not eat
unless they wash. And they observe many
other traditions, such as the washing of cups,
pitchers and kettles.[a])
5 ●So the Pharisees and teachers of the law
asked Jesus, "Why don't your disciples live
according to the tradition of the elders instead
of eating their food with defiled hands?"
6 ●He replied, "Isaiah was right when he
prophesied about you hypocrites; as it is
written:

" 'These people honor me with their lips,
but their hearts are far from me.
7 ●They worship me in vain;
their teachings are merely human
rules.'[b]

8 ●You have let go of the commands of God
and are holding on to human traditions."
9 ●And he continued, "You have a fine way
of setting aside the commands of God in
10 order to observe[c] your own traditions! ●For
Moses said, 'Honor your father and mother,'[d]
and, 'Anyone who curses their father or
11 mother is to be put to death.'[e] ●But you say

[a]4 Some early manuscripts *pitchers, kettles and dining couches* [b]6,7 Isaiah 29:13 [c]9 Some manuscripts *set up* [d]10 Exodus 20:12; Deut. 5:16 [e]10 Exodus 21:17; Lev. 20:9

1) 또는 팔뚝까지 2) 또는 목욕하지 않으면 ㄱ. 사 29:13 ㄴ. 출 20:12; 신 5:16 ㄷ. 출 21:17; 레 20:9

anchor [ǽŋkər] *vi.* 닻을 내리다
beg [beg] *vt.* 빌다, 간청하다
ceremonial [sèrəmóuniəl] *a.* 의례적인
cloak [klouk] *n.* 옷
command [kəmǽnd] *n.* 계명
curse [kəːrs] *vt.* 저주하다
defile [difáil] *vt.* 더럽히다
edge [edʒ] *n.* 가장자리
elder [éldər] *n.* 장로
hypocrite [hípəkrit] *n.* 위선자
kettle [kétl] *n.* 솥
loaf [louf] *n.* 덩어리
observe [əbzə́ːrv] *vt.* 지키다
prophesy [práfəsài] *vt.* 예언하다
unless [ənlés] *conj.* …가 아닌 한

7:3 hold to: 고수하다
7:4 such as...: …와 같은
7:5 according to...: …에 따라
7:7 in vain: 헛되이
7:9 set aside: 따로 떼어놓다, 제쳐놓다
7:9 in order to...: …하기 위해

것이 고르반 곧 하나님께 드림이 되었다고 하
기만 하면 그만이라 하고
12 자기 아버지나 어머니에게 다시 아무것도 하
여 드리기를 허락하지 아니하여
13 너희가 전한 전통으로 하나님의 말씀을 폐하
며 또 이같은 일을 많이 행하느니라 하시고
14 무리를 다시 불러 이르시되 너희는 다 내 말
을 듣고 깨달으라
15 무엇이든지 밖에서 사람에게로 들어가는 것
은 능히 사람을 더럽게 하지 못하되
16 사람 안에서 나오는 것이 사람을 더럽게 하는
것이니라 하시고
17 무리를 떠나 집으로 들어가시니 제자들이 그
비유를 묻자온대
18 예수께서 이르시되 너희도 이렇게 깨달음이
없느냐 무엇이든지 밖에서 들어가는 것이 능
히 사람을 더럽게 하지 못함을 알지 못하느냐
19 이는 마음으로 들어가지 아니하고 배로 들어
가 뒤로 나감이라 이러므로 모든 음식물을 깨
끗하다 하시니라
20 또 이르시되 사람에게서 나오는 그것이 사람
을 더럽게 하느니라
21 속에서 곧 사람의 마음에서 나오는 것은 악한
생각 곧 음란과 도둑질과 살인과
22 간음과 탐욕과 악독과 속임과 음탕과 질투와
비방과 교만과 우매함이니
23 이 모든 악한 것이 다 속에서 나와서 사람을
더럽게 하느니라

수로보니게 여자의 믿음 (마 15:21-28)

24 ● 예수께서 일어나사 거기를 떠나 두로 지방
으로 가서 한 집에 들어가 아무도 모르게 하
시려 하나 숨길 수 없더라
25 이에 더러운 귀신 들린 어린 딸을 둔 한 여자
가 예수의 소문을 듣고 곧 와서 그 발 아래에
엎드리니
26 그 여자는 헬라인이요 수로보니게 족속이라
자기 딸에게서 귀신 쫓아내 주시기를 간구하
거늘
27 예수께서 이르시되 자녀로 먼저 배불리 먹게
할지니 자녀의 떡을 취하여 개들에게 던짐이
마땅치 아니하니라
28 여자가 대답하여 이르되 주여 옳소이다마는
상 아래 개들도 아이들이 먹던 부스러기를 먹
나이다
29 예수께서 이르시되 이 말을 하였으니 돌아가
라 귀신이 네 딸에게서 나갔느니라 하시매
30 여자가 집에 돌아가 본즉 아이가 침상에 누웠

that if anyone declares that what might
have been used to help their father or moth-
er is Corban (that is, devoted to God)—
12 •then you no longer let them do anything
13 for their father or mother. •Thus you nulli-
fy the word of God by your tradition that
you have handed down. And you do many
things like that."
14 •Again Jesus called the crowd to him and
said, "Listen to me, everyone, and under-
15 stand this. •Nothing outside a person can
defile them by going into them. Rather, it is
what comes out of a person that defiles
them."[16][a]
17 •After he had left the crowd and entered
the house, his disciples asked him about this
18 parable. •"Are you so dull?" he asked. "Don't
you see that nothing that enters a person
19 from the outside can defile them? •For it
doesn't go into their heart but into their
stomach, and then out of the body." (In say-
ing this, Jesus declared all foods clean.)
20 •He went on: "What comes out of a per-
21 son is what defiles them. •For it is from
within, out of a person's heart, that evil
thoughts come—sexual immorality, theft,
22 murder, •adultery, greed, malice, deceit,
lewdness, envy, slander, arrogance and
23 folly. •All these evils come from inside and
defile a person."

Jesus Honors a Syrophoenician Woman's Faith

24 •Jesus left that place and went to the
vicinity of Tyre.[b] He entered a house and did
not want anyone to know it; yet he could
25 not keep his presence secret. •In fact, as
soon as she heard about him, a woman
whose little daughter was possessed by an
26 impure spirit came and fell at his feet. •The
woman was a Greek, born in Syrian Phoeni-
cia. She begged Jesus to drive the demon out
of her daughter.
27 •"First let the children eat all they want,"
he told her, "for it is not right to take the
children's bread and toss it to the dogs."
28 •"Lord," she replied, "even the dogs
under the table eat the children's crumbs."
29 •Then he told her, "For such a reply, you
may go; the demon has left your daughter."
30 •She went home and found her child

[a]16 Some manuscripts include here the words of 4:23.
[b]24 Many early manuscripts *Tyre and Sidon*

adultery [ədʌltəri] *n.* 간음
arrogance [ǽrəgəns] *n.* 거만
crumb [krʌm] *n.* 부스러기
deceit [disíːt] *n.* 속임
devote [divóut] *vt.* 바치다
dull [dʌl] *a.* 둔한
folly [fáli] *n.* 어리석음
greed [griːd] *n.* 탐욕
immorality [ìmərǽləti] *n.* 음란
lewdness [lúːdnis] *n.* 외설
malice [mǽlis] *n.* 악독
nullify [nʌ́ləfài] *vt.* 무효로 하다
slander [slǽndər] *n.* 비방
stomach [stʌ́mək] *n.* 배, 위
vicinity [visínəti] *n.* 부근

7:13 hand down: (후세에) 전하다
7:24 keep secret: 비밀에 부치다
7:25 be possessed by...: …에 사로잡히다
7:25 fall at one's feet: 발 밑에 엎드리다
7:26 drive... out of~: ~에서…를 몰아내다

고 귀신이 나갔더라

귀먹고 말 더듬는 사람을 고치시다

31 ●예수께서 다시 두로 지방에서 나와 시돈
을 지나고 데가볼리 지방을 통과하여 갈릴
리 호수에 이르시매
32 사람들이 귀먹고 말 더듬는 자를 데리고 예
수께 나아와 안수하여 주시기를 간구하거
늘
33 예수께서 그 사람을 따로 데리고 무리를 떠
나사 손가락을 그의 양 귀에 넣고 침을 뱉어
그의 혀에 손을 대시며 8:23
34 하늘을 우러러 탄식하시며 그에게 이르시
되 에바다 하시니 이는 열리라는 뜻이라 6:41
35 그의 귀가 열리고 혀가 맺힌 것이 곧 풀려
말이 분명하여졌더라
36 예수께서 그들에게 경고하사 아무에게도
이르지 말라 하시되 경고하실수록 그들이
더욱 널리 전파하니 5:43
37 사람들이 심히 놀라 이르되 그가 모든 것을
잘하였도다 못 듣는 사람도 듣게 하고 말 못
하는 사람도 말하게 한다 하니라

사천 명을 먹이시다 (마 15:32-39 ♪ 395장)

8 그 무렵에 또 큰 무리가 있어 먹을 것이
없는지라 예수께서 제자들을 불러 이르시
되
2 내가 무리를 불쌍히 여기노라 그들이 나와
함께 있은 지 이미 사흘이 지났으나 먹을 것
이 없도다
3 만일 내가 그들을 굶겨 집으로 보내면 길에
서 기진하리라 그 중에는 멀리서 온 사람들
도 있느니라
4 제자들이 대답하되 이 광야 어디서 떡을 얻
어 이 사람들로 배부르게 할 수 있으리이까
5 예수께서 물으시되 너희에게 떡 몇 개나 있
느냐 이르되 일곱이로소이다 하거늘
6 예수께서 무리를 명하여 땅에 [1]앉게 하시고
떡 일곱 개를 가지사 축사하시고 떼어 제자
들에게 주어 나누어 주게 하시니 제자들이
무리에게 나누어 주더라
7 또 작은 생선 두어 마리가 있는지라 이에 축
복하시고 명하사 이것도 나누어 주게 하시
니
8 배불리 먹고 남은 조각 일곱 광주리를 거두
었으며
9 사람은 약 사천 명이었더라 예수께서 그들
을 흩어 보내시고
10 곧 제자들과 함께 배에 오르사 달마누다 지

lying on the bed, and the demon gone.

Jesus Heals a Deaf and Mute Man

31 •Then Jesus left the vicinity of Tyre and
went through Sidon, down to the Sea of
Galilee and into the region of the Decapolis.[a]
32 •There some people brought to him a man
who was deaf and could hardly talk, and they
begged Jesus to place his hand on him.
33 •After he took him aside, away from the
crowd, Jesus put his fingers into the man's
ears. Then he spit and touched the man's
34 tongue. •He looked up to heaven and with a
deep sigh said to him, *"Ephphatha!"* (which
35 means "Be opened!"). •At this, the man's ears
were opened, his tongue was loosened and
he began to speak plainly.
36 •Jesus commanded them not to tell any-
one. But the more he did so, the more they
37 kept talking about it. •People were over-
whelmed with amazement. "He has done
everything well," they said. "He even makes
the deaf hear and the mute speak."

Jesus Feeds the Four Thousand

8 During those days another large crowd
gathered. Since they had nothing to eat,
2 Jesus called his disciples to him and said, •"I
have compassion for these people; they have
already been with me three days and have
3 nothing to eat. •If I send them home hun-
gry, they will collapse on the way, because
some of them have come a long distance."
4 •His disciples answered, "But where in this
remote place can anyone get enough bread
to feed them?"
5 •"How many loaves do you have?" Jesus
asked.
"Seven," they replied.
6 •He told the crowd to sit down on the
ground. When he had taken the seven loaves
and given thanks, he broke them and gave
them to his disciples to distribute to the peo-
7 ple, and they did so. •They had a few small
fish as well; he gave thanks for them also and
8 told the disciples to distribute them. •The
people ate and were satisfied. Afterward the
disciples picked up seven basketfuls of broken
9 pieces that were left over. •About four thou-
sand were present. After he had sent them
10 away, •he got into the boat with his disciples

[a]31 That is, the Ten Cities

1) 2:15 난하주를 보라

amazement [əméizmənt] *n.* 놀람
basketful [bǽskitfùl] *n.* 한 바구니 가득
beg [beg] *vt.* 간청하다
collapse [kəlǽps] *vi.* 넘어지다
command [kəmǽnd] *vt.* 명령하다
deaf [def] *a.* 귀머거리의
distribute [distríbju:t] *vt.* 분배하다
feed [fi:d] *vt.* 먹이다
mute [mju:t] *a.* 말 못하는
overwhelm [òuvərhwélm] *vt.* 압도하다
plainly [pléinli] *ad.* 명백히
remote [rimóut] *a.* 외딴
satisfy [sǽtisfài] *vt.* 만족하다
spit [spit] *vi.* 침뱉다
vicinity [visínəti] *n.* 근처

7:33 put into...: …에 넣다
7:36 the more..., the more ~: …하면 할수록 더욱 ~하다
7:36 keep ...ing: 계속 …하다
8:2 have compassion for...: …를 측은히 여기다

방으로 가시니라
이 세대가 표적을 구하나 (마 16:1-4)
11 ●바리새인들이 나와서 예수를 힐난하며 그
를 시험하여 하늘로부터 오는 [1]표적을 구하
거늘
12 예수께서 마음속으로 깊이 탄식하시며 이
르시되 어찌하여 이 세대가 [1]표적을 구하느
냐 내가 진실로 너희에게 이르노니 이 세대
에 [1]표적을 주지 아니하리라 하시고
13 그들을 떠나 다시 배에 올라 건너편으로 가
시니라
바리새인들과 헤롯의 누룩 (마 16:5-12)
14 ●제자들이 떡 가져오기를 잊었으매 배에 떡
한 개밖에 그들에게 없더라
15 예수께서 경고하여 이르시되 삼가 바리새인
들의 누룩과 헤롯의 누룩을 주의하라 하시니
16 제자들이 서로 수군거리기를 [2]이는 우리에
게 떡이 없음이로다 하거늘
17 예수께서 아시고 이르시되 너희가 어찌 떡이
없음으로 수군거리느냐 아직도 알지 못하며
깨닫지 못하느냐 너희 마음이 둔하냐
18 너희가 눈이 있어도 보지 못하며 귀가 있어
도 듣지 못하느냐 또 기억하지 못하느냐
19 내가 떡 다섯 개를 오천 명에게 떼어 줄 때에
조각 몇 바구니를 거두었더냐 이르되 열둘이
니이다
20 또 일곱 개를 사천 명에게 떼어 줄 때에 조각
몇 광주리를 거두었더냐 이르되 일곱이니이
다
21 이르시되 아직도 깨닫지 못하느냐 하시니라
벳새다에서 맹인을 고치시다
22 ●벳새다에 이르매 사람들이 맹인 한 사람을
데리고 예수께 나아와 손 대시기를 구하거늘
23 예수께서 맹인의 손을 붙잡으시고 마을 밖으
로 데리고 나가사 눈에 침을 뱉으시며 그에
게 안수하시고 무엇이 보이느냐 물으시니
24 쳐다보며 이르되 사람들이 보이나이다 나무
같은 것들이 걸어가는 것을 보나이다 하거
늘
25 이에 그 눈에 다시 안수하시매 그가 주목하
여 보더니 나아서 모든 것을 밝히 보는지라
26 예수께서 그 사람을 집으로 보내시며 이르시
되 마을에는 들어가지 말라 하시니라
베드로의 고백, 죽음과 부활을 말씀하심
(마 16:13-28; 눅 9:18-27)
27 ●예수와 제자들이 빌립보 가이사랴 여러 마
을로 나가실새 길에서 제자들에게 물어 이르

and went to the region of Dalmanutha.
11 •The Pharisees came and began to ques-
tion Jesus. To test him, they asked him for a
12 sign from heaven. •He sighed deeply and
said, "Why does this generation ask for a
sign? Truly I tell you, no sign will be given to
13 it." •Then he left them, got back into the
boat and crossed to the other side.

The Yeast of the Pharisees and Herod

14 •The disciples had forgotten to bring
bread, except for one loaf they had with
15 them in the boat. •"Be careful," Jesus warned
them. "Watch out for the yeast of the Phar-
isees and that of Herod."
16 •They discussed this with one another
and said, "It is because we have no bread."
17 •Aware of their discussion, Jesus asked
them: "Why are you talking about having
no bread? Do you still not see or understand?
18 Are your hearts hardened? •Do you have
eyes but fail to see, and ears but fail to hear?
19 And don't you remember? •When I broke
the five loaves for the five thousand, how
many basketfuls of pieces did you pick up?"
"Twelve," they replied.
20 •"And when I broke the seven loaves for
the four thousand, how many basketfuls of
pieces did you pick up?"
They answered, "Seven."
21 •He said to them, "Do you still not under-
stand?"

Jesus Heals a Blind Man at Bethsaida

22 •They came to Bethsaida, and some peo-
ple brought a blind man and begged Jesus to
23 touch him. •He took the blind man by the
hand and led him outside the village. When
he had spit on the man's eyes and put his
hands on him, Jesus asked, "Do you see any-
thing?"
24 •He looked up and said, "I see people; they
look like trees walking around."
25 •Once more Jesus put his hands on the
man's eyes. Then his eyes were opened, his
sight was restored, and he saw everything
26 clearly. •Jesus sent him home, saying, "Don't
even go into[a] the village."

Peter Declares That Jesus Is the Messiah

27 •Jesus and his disciples went on to the vil-
lages around Caesarea Philippi. On the way

[a]26 Some manuscripts *go and tell anyone in*
1) 또는 이적 2) 또는 우리에게 떡이 없도다

blind [blaind] *a.* 눈먼
deeply [dí:pli] *ad.* 깊이
disciple [disáipl] *n.* 제자
discuss [diskʌs] *vt.* 의논하다
generation [dʒènəréiʃən] *n.* 세대
harden [há:rdn] *vt.*(사람 마음을) 무감각하게 하다
loaf [louf] *n.* 덩어리
region [rí:dʒən] *n.* 지역, 지방
restore [ristɔ́:r] *vt.* 회복하다
sigh [sai] *vi.* 탄식하다
sight [sait] *n.* 시력
sign [sain] *n.* 표적
truly [trú:li] *ad.* 실로, 정확히
warn [wɔ:rn] *vt.* 경고하다
yeast [ji:st] *n.* 누룩, 효모

8:14 except for...: …를 제외하고는
8:15 watch out for...: …를 조심하다
8:17 aware of...: …를 알아차리고
8:18 fail to...: …하지 않다
8:24 look like...: …인 것 같다
8:27 go on to...: …로 계속 진행하다

시되 사람들이 나를 누구라고 하느냐
28 제자들이 여짜와 이르되 1)세례 요한이라 하
고 더러는 엘리야, 더러는 선지자 중의 하나
라 하나이다
29 또 물으시되 너희는 나를 누구라 하느냐 베
드로가 대답하여 이르되 주는 그리스도시
니이다 하매
30 이에 자기의 일을 아무에게도 말하지 말라
경고하시고 9:9
31 인자가 많은 고난을 받고 장로들과 대제사
장들과 서기관들에게 버린 바 되어 죽임을
당하고 사흘 만에 살아나야 할 것을 비로소
그들에게 가르치시되
32 드러내 놓고 이 말씀을 하시니 베드로가 예
수를 붙들고 항변하매
33 예수께서 돌이키사 제자들을 보시며 베드로
를 꾸짖어 이르시되 사탄아 내 뒤로 물러가
라 네가 하나님의 일을 생각하지 아니하고
도리어 사람의 일을 생각하는도다 하시고
34 무리와 제자들을 불러 이르시되 누구든지
나를 따라오려거든 자기를 부인하고 자기
십자가를 지고 나를 따를 것이니라
35 누구든지 자기 목숨을 구원하고자 하면 잃
을 것이요 누구든지 나와 복음을 위하여 자
기 목숨을 잃으면 구원하리라
36 사람이 만일 온 천하를 얻고도 자기 목숨을
잃으면 무엇이 유익하리요
37 사람이 무엇을 주고 자기 목숨과 바꾸겠느
냐
38 누구든지 이 음란하고 죄 많은 세대에서 나
와 내 말을 부끄러워하면 인자도 아버지의
영광으로 거룩한 천사들과 함께 올 때에 그
사람을 부끄러워하리라
9 또 그들에게 이르시되 내가 진실로 너희에
게 이르노니 여기 서 있는 사람 중에는 죽
기 전에 하나님의 나라가 권능으로 임하는
것을 볼 자들도 있느니라 하시니라 마 16:28

영광스러운 모습으로 변형되시다

(마 17:1-13; 눅 9:28-36 ♪ 287, 519장)

— A.D. 29년경

2 ● 엿새 후에 예수께서 베드로와 야고보와
요한을 데리시고 따로 높은 산에 올라가셨
더니 그들 앞에서 변형되사
3 그 옷이 광채가 나며 세상에서 빨래하는 자
가 그렇게 희게 할 수 없을 만큼 매우 희어
졌더라
4 이에 엘리야가 모세와 함께 그들에게 나타

he asked them, "Who do people say I am?"
28 •They replied, "Some say John the Bap-
tist; others say Elijah; and still others, one of
the prophets."
29 •"But what about you?" he asked. "Who
do you say I am?"
Peter answered, "You are the Messiah."
30 •Jesus warned them not to tell anyone
about him.

Jesus Predicts His Death

31 •He then began to teach them that the Son
of Man must suffer many things and be
rejected by the elders, the chief priests and the
teachers of the law, and that he must be killed
32 and after three days rise again. •He spoke
plainly about this, and Peter took him aside
and began to rebuke him.
33 •But when Jesus turned and looked at his
disciples, he rebuked Peter. "Get behind me,
Satan!" he said. "You do not have in mind
the concerns of God, but merely human
concerns."

The Way of the Cross

34 •Then he called the crowd to him along
with his disciples and said: "Whoever wants
to be my disciple must deny themselves and
35 take up their cross and follow me. •For who-
ever wants to save their life[a] will lose it, but
whoever loses their life for me and for the
36 gospel will save it. •What good is it for some-
one to gain the whole world, yet forfeit their
37 soul? •Or what can anyone give in exchange
38 for their soul? •If anyone is ashamed of me
and my words in this adulterous and sinful
generation, the Son of Man will be ashamed
of them when he comes in his Father's glory
with the holy angels."
9 And he said to them, "Truly I tell you,
some who are standing here will not
taste death before they see that the kingdom
of God has come with power."

The Transfiguration

2 •After six days Jesus took Peter, James and
John with him and led them up a high
mountain, where they were all alone. There
3 he was transfigured before them. •His clothes
became dazzling white, whiter than anyone
4 in the world could bleach them. •And there
appeared before them Elijah and Moses, who

[a]35 The Greek word means either *life* or *soul*; also in verses 36 and 37. 1) 헬, 또는 침례

adulterous [ədʌltərəs] *a.* 간통의
ashamed [əʃéimd] *a.* …을 창피하게 여겨
bleach [bli:tʃ] *vt.* 희게 하다
chief [tʃi:f] *n.* 대장
concern [kənsə́:rn] *n.* 관심사, 염려
dazzling [dǽzliŋ] *a.* 눈부신
elder [éldər] *n.* 장로
forfeit [fɔ́:rfit] *vt.* 잃다
gospel [gɑ́spəl] *n.* 복음
plainly [pléinli] *ad.* 노골적으로
priest [pri:st] *n.* 제사장
prophet [prɑ́fit] *n.* 예언자
rebuke [ribjú:k] *vt.* 비난하다
reject [ridʒékt] *vt.* 거절하다
transfigure [trænsfígjər] *vt.* 변형하다

8:32 **take...aside**: …를 옆으로 데려가다
8:33 **have in mind...**: …을 생각하다
8:34 **along with...**: …과 함께
8:34 **deny oneself**: 자기를 버리다
8:37 **in exchange for...**: …과 교환하여
9:2 **all alone**: 혼자서, 따로

나 예수와 더불어 말하거늘
5 베드로가 예수께 고하되 랍비여 우리가 여기
있는 것이 좋사오니 우리가 초막 셋을 짓되
하나는 주를 위하여, 하나는 모세를 위하여,
하나는 엘리야를 위하여 하사이다 하니
6 이는 그들이 몹시 무서워하므로 그가 무슨 말
을 할지 알지 못함이더라
7 마침 구름이 와서 그들을 덮으며 구름 속에서
소리가 나되 이는 내 사랑하는 아들이니 너희
는 그의 말을 들으라 하는지라
8 문득 둘러보니 아무도 보이지 아니하고 오직
예수와 자기들뿐이었더라
9 ●그들이 산에서 내려올 때에 예수께서 경고
하시되 인자가 죽은 자 가운데서 살아날 때까
지는 본 것을 아무에게도 이르지 말라 하시니
10 그들이 이 말씀을 마음에 두며 서로 문의하되
죽은 자 가운데서 살아나는 것이 무엇일까 하
고
11 이에 예수께 묻자와 이르되 어찌하여 서기관
들이 엘리야가 먼저 와야 하리라 하나이까
12 이르시되 엘리야가 과연 먼저 와서 모든 것을
회복하거니와 어찌 인자에 대하여 기록하기
를 많은 고난을 받고 멸시를 당하리라 하였느
냐 시 22:6
13 그러나 내가 너희에게 이르노니 엘리야가 왔
으되 기록된 바와 같이 사람들이 함부로 대우
하였느니라 하시니라

귀신 들린 아이를 고치시다

(마 17:14-20; 눅 9:37-43 상 ♪ 361, 365장)

14 ●이에 그들이 제자들에게 와서 보니 큰 무리
가 그들을 둘러싸고 서기관들이 그들과 더불
어 변론하고 있더라
15 온 무리가 곧 예수를 보고 매우 놀라며 달려
와 문안하거늘
16 예수께서 물으시되 너희가 무엇을 그들과 변
론하느냐
17 무리 중의 하나가 대답하되 선생님 말 못하게
귀신 들린 내 아들을 선생님께 데려왔나이다
18 귀신이 어디서든지 그를 잡으면 거꾸러져 거
품을 흘리며 이를 갈며 그리고 파리해지는지
라 내가 선생님의 제자들에게 내쫓아 달라 하
였으나 그들이 능히 하지 못하더이다
19 대답하여 이르시되 믿음이 없는 세대여 내가
얼마나 너희와 함께 있으며 얼마나 너희에게
참으리요 그를 내게로 데려오라 하시매
20 이에 데리고 오니 귀신이 예수를 보고 곧 그
아이로 심히 경련을 일으키게 하는지라 그가

were talking with Jesus.
5 •Peter said to Jesus, "Rabbi, it is good for
us to be here. Let us put up three shelters—
one for you, one for Moses and one for Eli-
6 jah." •(He did not know what to say, they
were so frightened.)
7 •Then a cloud appeared and covered
them, and a voice came from the cloud:
"This is my Son, whom I love. Listen to him!"
8 •Suddenly, when they looked around,
they no longer saw anyone with them
except Jesus.
9 •As they were coming down the moun-
tain, Jesus gave them orders not to tell any-
one what they had seen until the Son of
10 Man had risen from the dead. •They kept
the matter to themselves, discussing what
"rising from the dead" meant.
11 •And they asked him, "Why do the
teachers of the law say that Elijah must
come first?"
12 •Jesus replied, "To be sure, Elijah does
come first, and restores all things. Why
then is it written that the Son of Man must
13 suffer much and be rejected? •But I tell
you, Elijah has come, and they have done
to him everything they wished, just as it is
written about him."

Jesus Heals a Boy Possessed by an Impure Spirit

14 •When they came to the other disciples,
they saw a large crowd around them and
the teachers of the law arguing with them.
15 •As soon as all the people saw Jesus, they
were overwhelmed with wonder and ran to
greet him.
16 •"What are you arguing with them
about?" he asked.
17 •A man in the crowd answered, "Teach-
er, I brought you my son, who is possessed
by a spirit that has robbed him of speech.
18 •Whenever it seizes him, it throws him to
the ground. He foams at the mouth, gnash-
es his teeth and becomes rigid. I asked your
disciples to drive out the spirit, but they
could not."
19 •"You unbelieving generation," Jesus
replied, "how long shall I stay with you?
How long shall I put up with you? Bring
the boy to me."
20 •So they brought him. When the spirit
saw Jesus, it immediately threw the boy into

appear [əpíər] *vi.* 나타나다
argue [ɑ́:rgju:] *vi.* 논의하다
disciple [disáipl] *n.* 제자
discuss [diskʌs] *vt.* 의논하다
foam [foum] *vi.* 거품이 일다
frighten [fráitn] *vt.* 놀라게 하다
gnash [næʃ] *vt.* 이를 갈다
greet [gri:t] *vt.* 인사하다
restore [ristɔ́:r] *vt.* 회복하다
rigid [rídʒid] *a.* 굳은
seize [si:z] *vt.* 사로잡다
shelter [ʃéltər] *n.* 오두막
suffer [sʌfər] *vi.* 괴로워하다
unbelieving [ʌnbilí:viŋ] *a.* 믿지 않는
wonder [wʌndər] *n.* 경이

9:10 keep to oneself: 마음에 간직하다
9:15 be overwhelmed with: 압도되다
9:17 be possessed by...: …에 사로잡히다
9:17 rob A of B: A에게서 B를 빼앗다
9:18 throw A to B: A를 B에 내던지다
9:19 put up with: 참다, 견디다

땅에 엎드러져 구르며 거품을 흘리더라
21 예수께서 그 아버지에게 물으시되 언제부터 이
렇게 되었느냐 하시니 이르되 어릴 때부터니이
다
22 귀신이 그를 죽이려고 불과 물에 자주 던졌나
이다 그러나 무엇을 하실 수 있거든 우리를 불
쌍히 여기사 도와주옵소서
23 예수께서 이르시되 할 수 있거든이 무슨 말이
냐 믿는 자에게는 능히 하지 못할 일이 없느니
라 하시니
24 곧 그 아이의 아버지가 소리를 질러 이르되 내
가 믿나이다 나의 믿음 없는 것을 도와주소서
하더라
25 예수께서 무리가 달려와 모이는 것을 보시고
그 더러운 귀신을 꾸짖어 이르시되 말 못하고
못 듣는 귀신아 내가 네게 명하노니 그 아이에
게서 나오고 다시 들어가지 말라 하시매
26 귀신이 소리 지르며 아이로 심히 경련을 일으
키게 하고 나가니 그 아이가 죽은 것같이 되어
많은 사람이 말하기를 죽었다 하나
27 예수께서 그 손을 잡아 일으키시니 이에 일어
서니라
28 집에 들어가시매 제자들이 조용히 묻자오되 우
리는 어찌하여 능히 그 귀신을 쫓아내지 못하
였나이까
29 이르시되 기도 외에 다른 것으로는 이런 종류
가 나갈 수 없느니라 하시니라

죽음과 부활을 두 번째로 말씀하시다
(마 17:22-23; 눅 9:43 하-45 ♪425, 549장)

30 ● 그곳을 떠나 갈릴리 가운데로 지날새 예수께
서 아무에게도 알리고자 아니하시니
31 이는 제자들을 가르치시며 또 인자가 사람들의
손에 넘겨져 죽임을 당하고 죽은 지 삼 일만에
살아나리라는 것을 말씀하셨기 때문이더라
32 그러나 제자들은 이 말씀을 깨닫지 못하고 묻
기도 두려워하더라

누가 크냐 (마 18:1-5; 눅 9:46-48)

33 ● 가버나움에 이르러 집에 계실새 제자들에게
물으시되 너희가 길에서 서로 토론한 것이 무
엇이냐 하시되
34 그들이 잠잠하니 이는 길에서 서로 누가 크냐
하고 쟁론하였음이라
35 예수께서 앉으사 열두 제자를 불러서 이르시되
누구든지 첫째가 되고자 하면 뭇 사람의 끝이 되
며 뭇 사람을 섬기는 자가 되어야 하리라 하시고
36 어린아이 하나를 데려다가 그들 가운데 세우시
고 안으시며 제자들에게 이르시되

10:16

a convulsion. He fell to the ground and
rolled around, foaming at the mouth.
21 • Jesus asked the boy's father, "How
long has he been like this?"
22 "From childhood," he answered. • "It
has often thrown him into fire or water to
kill him. But if you can do anything, take
pity on us and help us."
23 • " 'If you can'?" said Jesus. "Everything
is possible for one who believes."
24 • Immediately the boy's father excla-
imed, "I do believe; help me overcome my
unbelief!"
25 • When Jesus saw that a crowd was run-
ning to the scene, he rebuked the impure
spirit. "You deaf and mute spirit," he said,
"I command you, come out of him and
never enter him again."
26 • The spirit shrieked, convulsed him vio-
lently and came out. The boy looked so
much like a corpse that many said, "He's
27 dead." • But Jesus took him by the hand
and lifted him to his feet, and he stood up.
28 • After Jesus had gone indoors, his disci-
ples asked him privately, "Why couldn't
we drive it out?"
29 • He replied, "This kind can come out
only by prayer.[a]"

Jesus Predicts His Death a Second Time

30 • They left that place and passed
through Galilee. Jesus did not want any-
31 one to know where they were, • because
he was teaching his disciples. He said to
them, "The Son of Man is going to be
delivered into the hands of men. They
will kill him, and after three days he will
32 rise." • But they did not understand what
he meant and were afraid to ask him
about it.
33 • They came to Capernaum. When he
was in the house, he asked them, "What
were you arguing about on the road?"
34 • But they kept quiet because on the way
they had argued about who was the great-
est.
35 • Sitting down, Jesus called the Twelve
and said, "Anyone who wants to be first
must be the very last, and the servant of
all."
36 • He took a little child whom he placed
among them. Taking the child in his arms,

[a] 29 Some manuscripts *prayer and fasting*

convulsion [kənvʌ́lʃən] *n.* 경련
corpse [kɔːrps] *n.* 시체
deaf [def] *a.* 귀가 먹은
exclaim [ikskléim] *vi.* 외치다
immediately [imíːdiətli] *ad.* 곧
impure [impjúər] *a.* 불결한
indoors [indɔ́ːrz] *ad.* 집안으로
mute [mjuːt] *a.* 벙어리의
overcome [òuvərkʌ́m] *vt.* 이겨내다
privately [práivitli] *ad.* 비밀히
rebuke [ribjúːk] *vt.* 꾸짖다
scene [siːn] *n.* 장소, 현장
servant [sə́ːrvənt] *n.* 종
shriek [ʃriːk] *vi.* 비명을 지르다
unbelief [ʌ̀nbilíːf] *n.* 불신앙

9:22 take pity on: 불쌍하게 여기다
9:27 take by the hand: 손을 잡다
9:27 to one's feet: 일어서도록
9:28 drive out: 쫓아내다
9:31 deliver into...: …에 넘겨주다
9:34 argue about...: …에 대해 언쟁을 벌이다

37 누구든지 내 이름으로 이런 어린아이 하나를
영접하면 곧 나를 영접함이요 누구든지 나를
영접하면 나를 영접함이 아니요 나를 보내신
이를 영접함이니라 요 12:44

우리를 위하는 사람
(마 18:6-9; 눅 9:49-50; 17:1-2)

38● 요한이 예수께 여짜오되 선생님 우리를 따
르지 않는 어떤 자가 주의 이름으로 귀신을
내쫓는 것을 우리가 보고 우리를 따르지 아니
하므로 금하였나이다
39 예수께서 이르시되 금하지 말라 내 이름을 의
탁하여 능한 일을 행하고 즉시로 나를 비방할
자가 없느니라
40 우리를 반대하지 않는 자는 우리를 위하는 자
니라
41 누구든지 너희가 그리스도에게 속한 자라 하
여 물 한 그릇이라도 주면 내가 진실로 너희
에게 이르노니 그가 결코 상을 잃지 않으리라
42 또 누구든지 나를 믿는 이 작은 자들 중 하나
라도 실족하게 하면 차라리 연자맷돌이 그 목
에 매여 바다에 던져지는 것이 나으리라
43 만일 네 손이 너를 [1]범죄하게 하거든 찍어버
리라 장애인으로 [2]영생에 들어가는 것이 두
손을 가지고 지옥 곧 꺼지지 않는 불에 들어
가는 것보다 나으니라
44[3] (없음)
45 만일 네 발이 너를 [1]범죄하게 하거든 찍어버
리라 다리 저는 자로 [2]영생에 들어가는 것이
두 발을 가지고 지옥에 던져지는 것보다 나으
니라
46[3] (없음)
47 만일 네 눈이 너를 [1]범죄하게 하거든 빼버리
라 한 눈으로 하나님의 나라에 들어가는 것이
두 눈을 가지고 지옥에 던져지는 것보다 나으
니라 마 5:29
48 거기에서는 구더기도 죽지 않고 불도 꺼지지
아니하느니라
49 사람마다 불로써 소금 치듯 함을 받으리라
50 소금은 좋은 것이로되 만일 소금이 그 맛을
잃으면 무엇으로 이를 짜게 하리요 너희 속에
소금을 두고 서로 화목하라 하시니라

이혼에 대하여 가르치시다
(마 19:1-12 ♪ 341, 537장)

10 예수께서 거기서 떠나 유대 지경과 요단
강 건너편으로 가시니 무리가 다시 모여
들거늘 예수께서 다시 전례대로 가르치시더
니

37 he said to them, •"Whoever welcomes one
of these little children in my name wel-
comes me; and whoever welcomes me does
not welcome me but the one who sent me."

Whoever Is Not Against Us Is for Us

38 •"Teacher," said John, "we saw someone
driving out demons in your name and we
told him to stop, because he was not one of
us."
39 •"Do not stop him," Jesus said. "For no
one who does a miracle in my name can in
the next moment say anything bad about
40 me, •for whoever is not against us is for us.
41 •Truly I tell you, anyone who gives you a
cup of water in my name because you
belong to the Messiah will certainly not lose
their reward.

Causing to Stumble

42 •"If anyone causes one of these little
ones—those who believe in me—to stum-
ble, it would be better for them if a large
millstone were hung around their neck and
43 they were thrown into the sea. •If your
hand causes you to stumble, cut it off. It is
better for you to enter life maimed than
with two hands to go into hell, where the
45 fire never goes out. [44][a] •And if your foot
causes you to stumble, cut it off. It is better
for you to enter life crippled than to have
47 two feet and be thrown into hell. [46][a] •And
if your eye causes you to stumble, pluck it
out. It is better for you to enter the kingdom
of God with one eye than to have two eyes
48 and be thrown into hell, •where

"'the worms that eat them do not die,
and the fire is not quenched.'[b]

49 •Everyone will be salted with fire.
50 •"Salt is good, but if it loses its saltiness,
how can you make it salty again? Have salt
among yourselves, and be at peace with
each other."

Divorce

10 Jesus then left that place and went
into the region of Judea and across
the Jordan. Again crowds of people came to
him, and as was his custom, he taught
them.

[a]44,46 Some manuscripts include here the words of verse 48. [b]48 Isaiah 66:24 1) 또는 실족하게 2) 헬, 생에 3) 어떤 사본에, 44, 46 양 절에, 48절과 같은 문구가 있음

belong [bilɔ́:ŋ] *vi.* 속하다
certainly [sə́:rtnli] *ad.* 틀림없이
crippled [krípld] *a.* 절름발이의
custom [kʌstəm] *n.* 관습
demon [dí:mən] *n.* 귀신
hell [hel] *n.* 지옥
maimed [meimd] *a.* 불구의
millstone [mílstòun] *n.* 맷돌
miracle [mírəkl] *n.* 기적
pluck [plʌk] *vt.* 잡아 뽑다
quench [kwentʃ] *vt.* 불을 끄다
region [rí:dʒən] *n.* 지역
reward [riwɔ́:rd] *n.* 보상
stumble [stʌmbl] *vi.* 죄를 짓다
worm [wə:rm] *n.* 벌레

9:39 in the next moment: 그 다음 순간
9:42 cause... to~: …를 ~하게 하다
9:43 cut off: 잘라버리다
9:43 go out: (불이) 꺼지다
9:47 throw into: 내어 던지다
9:50 at peace (with): (~와) 사이좋게

2 바리새인들이 예수께 나아와 그를 시험하여 묻되 사람이 아내를 버리는 것이 옳으니이까
3 대답하여 이르시되 모세가 어떻게 너희에게 명하였느냐
4 이르되 [ㄱ]모세는 이혼 증서를 써주어 버리기를 허락하였나이다
5 예수께서 그들에게 이르시되 너희 마음이 완악함으로 말미암아 이 명령을 기록하였거니와
6 창조 때로부터 사람을 남자와 여자로 지으셨으니
7 이러므로 사람이 그 부모를 떠나서
8 그 둘이 한 몸이 될지니라 이러한즉 이제 둘이 아니요 한 몸이니
9 그러므로 하나님이 짝지어 주신 것을 사람이 나누지 못할지니라 하시더라
10 집에서 제자들이 다시 이 일을 물으니
11 이르시되 누구든지 그 아내를 버리고 다른 데에 장가드는 자는 본처에게 간음을 행함이요
12 또 아내가 남편을 버리고 다른 데로 시집가면 간음을 행함이니라

어린아이들을 축복하시다
(마 19:13-15; 눅 18:15-17)

13 •사람들이 예수께서 만져 주심을 바라고 어린아이들을 데리고 오매 제자들이 꾸짖거늘
14 예수께서 보시고 노하시어 이르시되 어린아이들이 내게 오는 것을 용납하고 금하지 말라 하나님의 나라가 이런 자의 것이니라
15 내가 진실로 너희에게 이르노니 누구든지 하나님의 나라를 어린아이와 같이 받들지 않는 자는 결단코 그곳에 들어가지 못하리라 하시고
16 그 어린아이들을 안고 그들 위에 안수하시고 축복하시니라

재물이 많은 사람 (마 19:16-30; 눅 18:18-30)

17 •예수께서 길에 나가실새 한 사람이 달려와서 꿇어앉아 묻자오되 선한 선생님이여 내가 무엇을 하여야 영생을 얻으리이까
18 예수께서 이르시되 네가 어찌하여 나를 선하다 일컫느냐 하나님 한 분 외에는 선한 이가 없느니라
19 네가 계명을 아나니 [ㄴ]살인하지 말라, 간음하지 말라, 도둑질하지 말라, 거짓 증언 하지 말라, 속여 빼앗지 말라, 네 부모를 공경하라 하였느니라

2 •Some Pharisees came and tested him
by asking, "Is it lawful for a man to divorce
his wife?"
3 •"What did Moses command you?" he
replied.
4 •They said, "Moses permitted a man to
write a certificate of divorce and send her
away."
5 •"It was because your hearts were hard
that Moses wrote you this law," Jesus re-
6 plied. •"But at the beginning of creation
7 God 'made them male and female.'[a] •'For
this reason a man will leave his father and
8 mother and be united to his wife,[b] •and
the two will become one flesh.'[c] So they are
9 no longer two, but one flesh. •Therefore
what God has joined together, let no one
separate."
10 •When they were in the house again, the
11 disciples asked Jesus about this. •He
answered, "Anyone who divorces his wife
and marries another woman commits adul-
12 tery against her. •And if she divorces her
husband and marries another man, she
commits adultery."

The Little Children and Jesus

13 •People were bringing little children to
Jesus for him to place his hands on them,
14 but the disciples rebuked them. •When
Jesus saw this, he was indignant. He said to
them, "Let the little children come to me,
and do not hinder them, for the kingdom of
15 God belongs to such as these. •Truly I tell
you, anyone who will not receive the king-
dom of God like a little child will never enter
16 it." •And he took the children in his arms,
placed his hands on them and blessed them.

The Rich and the Kingdom of God

17 •As Jesus started on his way, a man ran
up to him and fell on his knees before him.
"Good teacher," he asked, "what must I do
to inherit eternal life?"
18 •"Why do you call me good?" Jesus an-
swered. "No one is good—except God
19 alone. •You know the commandments:
'You shall not murder, you shall not com-
mit adultery, you shall not steal, you shall
not give false testimony, you shall not
defraud, honor your father and mother.'[d]"

[a]*6* Gen. 1:27 [b]*7* Some early manuscripts do not have *and be united to his wife.* [c]*8* Gen. 2:24 [d]*19* Exodus 20:12-16; Deut. 5:16-20 ㄱ. 신 24:1, 3 ㄴ. 출 20:12-16; 신 5:16-20

certificate [sərtífikert] *n.* 증명서
commandment [kəmǽndmənt] *n.* 계명
defraud [difrɔ́:d] *vt.* 속여서 빼앗다
divorce [divɔ́:rs] *vt.* 이혼하다
eternal [itə́:rnəl] *a.* 영원한
false [fɔ:ls] *a.* 거짓된
honor [ánər] *vt.* 공경하다
indignant [indígnənt] *a.* 성난
inherit [inhérit] *vt.* 몫으로 받다
lawful [lɔ́:fəl] *a.* 정당한
murder [mə́:rdər] *vt.* 살인하다
permit [pərmít] *vt.* 허락하다
rebuke [ribjú:k] *vt.* 책망하다
steal [sti:l] *vi.* 도둑질하다
testimony [téstəmòuni] *n.* 증거

10:4 **send away**: 보내다
10:9 **join together**: 모아서 맞추다
10:11 **commit adultery**: 간음하다
10:14 **such as...**: …와 같은
10:17 **on one's way**: 가는 길에
10:17 **fall on one's knees**: 무릎 꿇다

20 그가 여짜오되 선생님이여 이것은 내가 어려
서부터 다 지켰나이다
21 예수께서 그를 보시고 사랑하사 이르시되 네
게 아직도 한 가지 부족한 것이 있으니 가서
네게 있는 것을 다 팔아 가난한 자들에게 주
라 그리하면 하늘에서 보화가 네게 있으리라
그리고 와서 나를 따르라 하시니 마 6:20
22 그 사람은 재물이 많은 고로 이 말씀으로 인
하여 슬픈 기색을 띠고 근심하며 가니라
23 ●예수께서 둘러보시고 제자들에게 이르시
되 재물이 있는 자는 하나님의 나라에 들어가
기가 심히 어렵도다 하시니
24 제자들이 그 말씀에 놀라는지라 예수께서 다
시 대답하여 이르시되 얘들아 [1]하나님의 나라
에 들어가기가 얼마나 어려운지
25 낙타가 바늘귀로 나가는 것이 부자가 하나님
의 나라에 들어가는 것보다 쉬우니라 하시니
26 제자들이 매우 놀라 서로 말하되 그런즉 누가
구원을 얻을 수 있는가 하니
27 예수께서 그들을 보시며 이르시되 사람으로
는 할 수 없으되 하나님으로는 그렇지 아니하
니 하나님으로서는 다 하실 수 있느니라
28 베드로가 여짜와 이르되 보소서 우리가 모든
것을 버리고 주를 따랐나이다
29 예수께서 이르시되 내가 진실로 너희에게 이
르노니 나와 복음을 위하여 집이나 형제나 자
매나 어머니나 [2]아버지나 자식이나 전토를
버린 자는
30 현세에 있어 집과 형제와 자매와 어머니와
자식과 전토를 백 배나 받되 박해를 겸하여
받고 내세에 영생을 받지 못할 자가 없느니
라
31 그러나 먼저 된 자로서 나중 되고 나중 된 자
로서 먼저 될 자가 많으니라

죽음과 부활을 세 번째로 이르시다
(마 20:17-19; 눅 18:31-34)

32 ●예루살렘으로 올라가는 길에 예수께서 그
들 앞에 서서 가시는데 그들이 놀라고 따르는
자들은 두려워하더라 이에 다시 열두 제자를
데리시고 자기가 당할 일을 말씀하여 이르시
되
33 보라 우리가 예루살렘에 올라가노니 인자가
대제사장들과 서기관들에게 넘겨지매 그들
이 죽이기로 결의하고 이방인들에게 넘겨 주
겠고
34 그들은 능욕하며 침 뱉으며 채찍질하고 죽일
것이나 그는 삼 일 만에 살아나리라 하시니라

20 ●"Teacher," he declared, "all these I have
kept since I was a boy."
21 ●Jesus looked at him and loved him.
"One thing you lack," he said. "Go, sell
everything you have and give to the poor,
and you will have treasure in heaven. Then
come, follow me."
22 ●At this the man's face fell. He went away
sad, because he had great wealth.
23 ●Jesus looked around and said to his
disciples, "How hard it is for the rich to
enter the kingdom of God!"
24 ●The disciples were amazed at his words.
But Jesus said again, "Children, how hard
25 it is[a] to enter the kingdom of God! ●It is
easier for a camel to go through the eye of a
needle than for someone who is rich to
enter the kingdom of God."
26 ●The disciples were even more amazed,
and said to each other, "Who then can be
saved?"
27 ●Jesus looked at them and said, "With
man this is impossible, but not with God;
all things are possible with God."
28 ●Then Peter spoke up, "We have left
everything to follow you!"
29 ●"Truly I tell you," Jesus replied, "no one
who has left home or brothers or sisters or
mother or father or children or fields for
30 me and the gospel ●will fail to receive a
hundred times as much in this present age:
homes, brothers, sisters, mothers, children
and fields—along with persecutions—and
31 in the age to come eternal life. ●But many
who are first will be last, and the last first."

Jesus Predicts His Death a Third Time

32 ●They were on their way up to Jerusalem,
with Jesus leading the way, and the disciples
were astonished, while those who followed
were afraid. Again he took the Twelve aside
and told them what was going to happen to
33 him. ●"We are going up to Jerusalem," he
said, "and the Son of Man will be delivered
over to the chief priests and the teachers of
the law. They will condemn him to death
and will hand him over to the Gentiles,
34 ●who will mock him and spit on him, flog
him and kill him. Three days later he will
rise."

[a]24 Some manuscripts *is for those who trust in riches*

1) 어떤 사본에, 재물을 의지하는 자는 하나님의 나라에 2) 어떤 사본에는, '아버지나' 아래에 '아내나'가 있음

astonish [əstániʃ] *vt.* 놀라게 하다	**disciple** [disáipl] *n.* 제자	**needle** [ní:dl] *n.* 바늘
camel [kǽməl] *n.* 낙타	**follow** [fálou] *vt.* 따르다	**persecution** [pə̀:rsikjú:ʃən] *n.* 박해
chief [tʃi:f] *n.* 우두머리	**Gentile** [dʒéntail] *n.* 이방인	**priest** [pri:st] *n.* 제사장
condemn [kəndém] *vt.* 형을 선고하다	**impossible** [impásəbl] *a.* 불가능한	**receive** [risí:v] *vt.* 받다
declare [dikléər] *vt.* 단언하다	**mock** [mak] *vt.* 조롱하다	**treasure** [tréʒər] *n.* 보화
10:24 be amazed at...: …에 놀라다	**10:30 along with**: …에 덧붙여	**10:33 hand over**: 넘겨주다
10:30 in this present age: 금세에는	**10:30 in the age to come**: 내세에는	**10:34 spit on...**: …에 침을 뱉다

야고보와 요한이 구하는 것 (마 20:20-28)

35 ●세베대의 아들 야고보와 요한이 주께 나아와
여짜오되 선생님이여 무엇이든지 우리가 구하
는 바를 우리에게 하여 주시기를 원하옵나이다
36 이르시되 너희에게 무엇을 하여 주기를 원하느
냐
37 여짜오되 주의 영광 중에서 우리를 하나는 주
의 우편에, 하나는 좌편에 앉게 하여 주옵소서
38 예수께서 이르시되 너희는 너희가 구하는 것을
알지 못하는도다 내가 마시는 잔을 너희가 마
실 수 있으며 내가 받는 [1]세례를 너희가 받을
수 있느냐
39 그들이 말하되 할 수 있나이다 예수께서 이르
시되 너희는 내가 마시는 잔을 마시며 내가 받
는 [1]세례를 받으려니와
40 내 좌우편에 앉는 것은 내가 줄 것이 아니라 누
구를 위하여 준비되었든지 그들이 얻을 것이니
라
41 열 제자가 듣고 야고보와 요한에 대하여 화를
내거늘
42 예수께서 불러다가 이르시되 이방인의 집권자
들이 그들을 임의로 주관하고 그 고관들이 그
들에게 권세를 부리는 줄을 너희가 알거니와
43 너희 중에는 그렇지 않을지니 너희 중에 누구든
지 크고자 하는 자는 너희를 섬기는 자가 되고
44 너희 중에 누구든지 으뜸이 되고자 하는 자는
모든 사람의 종이 되어야 하리라
45 인자가 온 것은 섬김을 받으려 함이 아니라 도
리어 섬기려 하고 자기 목숨을 많은 사람의 대
속물로 주려 함이니라

맹인 바디매오가 고침을 받다
(마 20:29-34; 눅 18:35-43)

46 ●그들이 여리고에 이르렀더니 예수께서 제자
들과 허다한 무리와 함께 여리고에서 나가실
때에 디매오의 아들인 맹인 거지 바디매오가
길가에 앉았다가
47 나사렛 예수시란 말을 듣고 소리 질러 이르되
다윗의 자손 예수여 나를 불쌍히 여기소서 하
거늘
48 많은 사람이 꾸짖어 잠잠하라 하되 그가 더욱
크게 소리 질러 이르되 다윗의 자손이여 나를
불쌍히 여기소서 하는지라
49 예수께서 머물러 서서 그를 부르라 하시니 그
들이 그 맹인을 부르며 이르되 안심하고 일어
나라 그가 너를 부르신다 하매
50 맹인이 겉옷을 내버리고 뛰어 일어나 예수께
나아오거늘

The Request of James and John

35 •Then James and John, the sons of
Zebedee, came to him. "Teacher," they
said, "we want you to do for us whatever
we ask."
36 •"What do you want me to do for you?"
he asked.
37 •They replied, "Let one of us sit at your
right and the other at your left in your
glory."
38 •"You don't know what you are ask-
ing," Jesus said. "Can you drink the cup I
drink or be baptized with the baptism I
am baptized with?"
39 •"We can," they answered.
Jesus said to them, "You will drink the
cup I drink and be baptized with the bap-
40 tism I am baptized with, • but to sit at my
right or left is not for me to grant. These
places belong to those for whom they
have been prepared."
41 •When the ten heard about this, they
became indignant with James and John.
42 •Jesus called them together and said,
"You know that those who are regarded as
rulers of the Gentiles lord it over them, and
their high officials exercise authority over
43 them. • Not so with you. Instead, whoever
wants to become great among you must
44 be your servant, • and whoever wants to
45 be first must be slave of all. • For even the
Son of Man did not come to be served, but
to serve, and to give his life as a ransom
for many."

Blind Bartimaeus Receives His Sight

46 •Then they came to Jericho. As Jesus
and his disciples, together with a large
crowd, were leaving the city, a blind
man, Bartimaeus (which means "son of
Timaeus"), was sitting by the roadside beg-
47 ging. •When he heard that it was Jesus of
Nazareth, he began to shout, "Jesus, Son of
David, have mercy on me!"
48 •Many rebuked him and told him to be
quiet, but he shouted all the more, "Son of
David, have mercy on me!"
49 •Jesus stopped and said, "Call him."
So they called to the blind man, "Cheer
up! On your feet! He's calling you."
50 •Throwing his cloak aside, he jumped to
his feet and came to Jesus.

1) 헬, 또는 침례

aside [əsáid] *ad.* 따로
authority [əθɑ́rəti] *n.* 권력
baptize [bæptáiz] *vt.* 세례를 베풀다
begging [bégiŋ] *n.* 구걸
blind [blaind] *a.* 눈먼
cloak [klouk] *n.* 외투
exercise [éksərsàiz] *vt.* 행사하다
grant [grænt] *vt.* 주다
instead [instéd] *ad.* 대신에
prepare [pripɛ́ər] *vt.* 준비하다
ransom [rǽnsəm] *n.* 대속물
regard [rigɑ́:rd] *vt.*~로 여기다
roadside [róudsàid] *n.* 길가
serve [sə:rv] *vt.* 섬기다
whatever [hwatévər] *pron.* 무엇이든지

10:41 indignant with...: …에게 분개하다
10:42 lord over: 군림하다
10:44 be slave of...: …의 종이 되다
10:46 together with...: …와 함께
10:47 have mercy on: 자비를 베풀다
10:49 on your feet: 일어나다

51 예수께서 말씀하여 이르시되 네게 무엇을 하
여 주기를 원하느냐 맹인이 이르되 선생님이
여 보기를 원하나이다
52 예수께서 이르시되 가라 네 믿음이 너를 구원
하였느니라 하시니 그가 곧 보게 되어 예수를
길에서 따르니라

예루살렘에 들어가시다 (마 21:1-11; 눅 19:28-40; 요 12:12-19 ♪ 140장) — A.D. 30년경

11 그들이 예루살렘에 가까이 와서 감람산
벳바게와 베다니에 이르렀을 때에 예수
께서 제자 중 둘을 보내시며 마 21:17
2 이르시되 너희는 맞은편 마을로 가라 그리로
들어가면 곧 아직 아무도 타 보지 않은 나귀
새끼가 매여 있는 것을 보리니 풀어 끌고 오
라
3 만일 누가 너희에게 왜 이렇게 하느냐 묻거든
주가 쓰시겠다 [1)]하라 그리하면 즉시 이리로
보내리라 하시니
4 제자들이 가서 본즉 나귀 새끼가 문 앞 거리
에 매여 있는지라 그것을 푸니
5 거기 서 있는 사람 중 어떤 이들이 이르되 나
귀 새끼를 풀어 무엇 하려느냐 하매
6 제자들이 예수께서 이르신 대로 말한대 이에
허락하는지라
7 나귀 새끼를 예수께로 끌고 와서 자기들의 겉
옷을 그 위에 얹어 놓으매 예수께서 타시니
8 많은 사람들은 자기들의 겉옷을, 또 다른 이
들은 들에서 벤 나뭇가지를 길에 펴며
9 앞에서 가고 뒤에서 따르는 자들이 소리 지르
되 호산나 찬송하리로다 주의 이름으로 오시
는 이여
10 찬송하리로다 오는 우리 조상 다윗의 나라여
가장 높은 곳에서 호산나 하더라
11 ●예수께서 예루살렘에 이르러 성전에 들어
가사 모든 것을 둘러 보시고 때가 이미 저물
매 열두 제자를 데리시고 베다니에 나가시니
라

무화과나무에게 이르시다 (마 21:18-19 ♪ 351, 545장)

12 ●이튿날 그들이 베다니에서 나왔을 때에 예
수께서 시장하신지라
13 멀리서 잎사귀 있는 한 무화과나무를 보시고
혹 그 나무에 무엇이 있을까 하여 가셨더니
가서 보신즉 잎사귀 외에 아무것도 없더라 이
는 무화과의 때가 아님이라
14 예수께서 나무에게 말씀하여 이르시되 이제
부터 영원토록 사람이 네게서 열매를 따 먹지

51 ●"What do you want me to do for you?"
Jesus asked him.
The blind man said, "Rabbi, I want to
see."
52 ●"Go," said Jesus, "your faith has healed
you." Immediately he received his sight
and followed Jesus along the road.

Jesus Comes to Jerusalem as King

11 As they approached Jerusalem and
came to Bethphage and Bethany at
the Mount of Olives, Jesus sent two of his
2 disciples, ●saying to them, "Go to the vil-
lage ahead of you, and just as you enter it,
you will find a colt tied there, which no one
has ever ridden. Untie it and bring it here.
3 ●If anyone asks you, 'Why are you doing
this?' say, 'The Lord needs it and will send
it back here shortly.' "
4 ●They went and found a colt outside in
the street, tied at a doorway. As they untied
5 it, ●some people standing there asked,
"What are you doing, untying that colt?"
6 ●They answered as Jesus had told them to,
7 and the people let them go. ●When they
brought the colt to Jesus and threw their
8 cloaks over it, he sat on it. ●Many people
spread their cloaks on the road, while others
spread branches they had cut in the fields.
9 ●Those who went ahead and those who
followed shouted,

"Hosanna![a]"
"Blessed is he who comes in the name of
the Lord!"[b]
10 ●"Blessed is the coming kingdom of our
father David!"
"Hosanna in the highest heaven!"

11 ●Jesus entered Jerusalem and went into
the temple courts. He looked around at
everything, but since it was already late,
he went out to Bethany with the Twelve.

Jesus Curses a Fig Tree and Clears the Temple Courts

12 ●The next day as they were leaving Be-
13 thany, Jesus was hungry. ●Seeing in the dis-
tance a fig tree in leaf, he went to find out if
it had any fruit. When he reached it, he
found nothing but leaves, because it was not
14 the season for figs. ●Then he said to the tree,

[a]9 A Hebrew expression meaning "Save!" which became an exclamation of praise; also in verse 10 [b]9 Psalm 118:25,26 1) 또는 즉시 돌려보내리라 하라 하시니

approach [əpróutʃ] *vt.* 가까이 하다
bless [bles] *vt.* 축복하다
branch [bræntʃ] *n.* 가지
colt [koult] *n.* 망아지
court [kɔːrt] *n.* 뜰
doorway [dɔ́ːrwèi] *n.* 문간
faith [feiθ] *n.* 믿음
fig [fig] *n.* 무화과
immediately [imíːdiətli] *ad.* 즉시
reach [riːtʃ] *vt.* 도착하다
ride [raid] *vt.* 타다
spread [spred] *vt.* 펼치다
temple [témpl] *n.* 성전
tie [tai] *vt.* 매다
untie [ʌntái] *vt.* 풀다

11:2 just as...: 마침 …할 때
11:7 sit on...: …을 깔고 앉아 있다
11:9 go ahead: 앞서가다
11:13 in the distance: 멀리서
11:13 find out: 발견하다
11:13 nothing but...: …밖에 없는

못하리라 하시니 제자들이 이를 듣더라

성전을 깨끗하게 하시다
(마 21:12-17; 눅 19:45-48; 요 2:13-22)

15 ●그들이 예루살렘에 들어가니라 예수께서
성전에 들어가사 성전 안에서 매매하는 자들
을 내쫓으시며 돈 바꾸는 자들의 상과 비둘기
파는 자들의 의자를 둘러 엎으시며
16 아무나 물건을 가지고 성전 안으로 지나다님
을 허락하지 아니하시고
17 이에 가르쳐 이르시되 기록된 바 ㄱ내 집은 만
민이 기도하는 집이라 칭함을 받으리라고 하
지 아니하였느냐 너희는 ㄴ강도의 소굴을 만
들었도다 하시매
18 대제사장들과 서기관들이 듣고 예수를 어떻
게 죽일까 하고 꾀하니 이는 무리가 다 그의
교훈을 놀랍게 여기므로 그를 두려워함일러
라
19 ●그리고 날이 저물매 그들이 성 밖으로 나가
더라

무화과나무가 마르다 (마 21:20-22)

20 ●그들이 아침에 지나갈 때에 무화과나무가
뿌리째 마른 것을 보고
21 베드로가 생각이 나서 여짜오되 랍비여 보소
서 저주하신 무화과나무가 말랐나이다
22 예수께서 그들에게 대답하여 이르시되 하나
님을 믿으라
23 내가 진실로 너희에게 이르노니 누구든지 이
산더러 들리어 바다에 던져지라 하며 그 말하
는 것이 이루어질 줄 믿고 마음에 의심하지
아니하면 그대로 되리라
24 그러므로 내가 너희에게 말하노니 무엇이든
지 기도하고 구하는 것은 받은 줄로 믿으라
그리하면 너희에게 그대로 되리라 마 7:7
25 서서 기도할 때에 아무에게나 혐의가 있거든
용서하라 그리하여야 하늘에 계신 너희 아버
지께서도 너희 허물을 사하여 주시리라 하시
니라
26 [1](없음)

예수의 권위를 두고 말하다
(마 21:23-27; 눅 20:1-8)

27 ●그들이 다시 예루살렘에 들어가니라 예수
께서 성전에서 거니실 때에 대제사장들과 서
기관들과 장로들이 나아와
28 이르되 무슨 권위로 이런 일을 하느냐 누가
이런 일 할 권위를 주었느냐
29 *예수께서 이르시되 나도 한 말을 너희에게 물*
으리니 대답하라 그리하면 나도 무슨 권위로

"May no one ever eat fruit from you again."
And his disciples heard him say it.
15 ●On reaching Jerusalem, Jesus entered the
temple courts and began driving out those
who were buying and selling there. He
overturned the tables of the money chang-
ers and the benches of those selling doves,
16 ●and would not allow anyone to carry mer-
17 chandise through the temple courts. ●And
as he taught them, he said, "Is it not written:
'My house will be called a house of prayer
for all nations'[a]? But you have made it 'a
den of robbers.'[b]"
18 ●The chief priests and the teachers of
the law heard this and began looking for a
way to kill him, for they feared him, be-
cause the whole crowd was amazed at his
teaching.
19 ●When evening came, Jesus and his disci-
ples[c] went out of the city.
20 ●In the morning, as they went along,
they saw the fig tree withered from the
21 roots. ●Peter remembered and said to Jesus,
"Rabbi, look! The fig tree you cursed has
withered!"
22 ●"Have faith in God," Jesus answered.
23 ●"Truly[d] I tell you, if anyone says to this
mountain, 'Go, throw yourself into the sea,'
and does not doubt in their heart but
believes that what they say will happen, it
24 will be done for them. ●Therefore I tell you,
whatever you ask for in prayer, believe that
you have received it, and it will be yours.
25 ●And when you stand praying, if you hold
anything against anyone, forgive them, so
that your Father in heaven may forgive you
your sins." [26][e]

The Authority of Jesus Questioned

27 ●They arrived again in Jerusalem, and
while Jesus was walking in the temple
courts, the chief priests, the teachers of the
28 law and the elders came to him. ●"By what
authority are you doing these things?" they
asked. "And who gave you authority to do
this?"
29 ●Jesus replied, "I will ask you one ques-
tion. Answer me, and I will tell you by what

[a] *17* Isaiah 56:7 [b] *17* Jer. 7:11 [c] *19* Some early manuscripts *came, Jesus* [d] *22,23* Some early manuscripts *"If you have faith in God," Jesus answered, [23] "truly* [e] *26* Some manuscripts include here words similar to Matt. 6:15.

1) 어떤 사본에, 26 '만일 너희가 용서하지 아니하면 하늘에 계신 너희 아버지도 너희 허물을 사하지 아니하시리라' 가 있음 ㄱ. 사 56:7 ㄴ. 렘 7:11

allow [əláu] *vt.* 허락하다
amazed [əméizd] *a.* 깜짝 놀란
authority [əθárəti] *n.* 권력
crowd [kraud] *n.* 무리
curse [kə:rs] *n.* 저주
den [den] *n.* 소굴
doubt [daut] *n.* 의심
dove [dʌv] *n.* 비둘기
elder [éldər] *n.* 장로
fear [fiər] *vt.* 두려워하다
merchandise [mə́:rtʃəndàiz] *n.* 상품
overturn [òuvərtə́:rn] *vt.* 둘러엎다
priest [pri:st] *n.* 제사장
robber [rábər] *n.* 강도
wither [wíðər] *vi.* 말라죽다

11:15 on ~ing: ~하자마자
11:18 look for a way to...: …하기 위한 방법을 찾다
11:20 in the morning: 아침에
11:23 throw into: 던지다
11:27 arrive in...: …에 도착하다

이런 일을 하는지 이르리라
30 요한의 [1)]세례가 하늘로부터냐 사람으로부터
냐 내게 대답하라
31 그들이 서로 의논하여 이르되 만일 하늘로부
터라 하면 어찌하여 그를 믿지 아니하였느냐
할 것이니
32 그러면 사람으로부터라 할까 하였으나 모든
사람이 요한을 참 선지자로 여기므로 그들이
백성을 두려워하는지라
33 이에 예수께 대답하여 이르되 우리가 알지 못
하노라 하니 예수께서 이르시되 나도 무슨 권
위로 이런 일을 하는지 너희에게 이르지 아니
하리라 하시니라

포도원 농부 비유 (마 21:33-46; 눅 20:9-19)

12 예수께서 비유로 그들에게 말씀하시되
한 사람이 포도원을 만들어 산울타리로
두르고 즙 짜는 틀을 만들고 망대를 지어서
농부들에게 세로 주고 타국에 갔더니
2 때가 이르매 농부들에게 포도원 소출 얼마를
받으려고 한 종을 보내니
3 그들이 종을 잡아 심히 때리고 거저 보내었거
늘
4 다시 다른 종을 보내니 그의 머리에 상처를
내고 능욕하였거늘
5 또 다른 종을 보내니 그들이 그를 죽이고 또
그 외 많은 종들도 더러는 때리고 더러는 죽
인지라
6 이제 한 사람이 남았으니 곧 그가 사랑하는
아들이라 최후로 이를 보내며 이르되 내 아들
은 존대하리라 하였더니
7 그 농부들이 서로 말하되 이는 상속자니 자
죽이자 그러면 그 유산이 우리 것이 되리라
하고
8 이에 잡아 죽여 포도원 밖에 내던졌느니라
9 포도원 주인이 어떻게 하겠느냐 와서 그 농부
들을 진멸하고 포도원을 다른 사람들에게 주
리라
10 너희가 성경에
[ㄱ]건축자들이 버린 돌이 모퉁이의 머릿돌이
되었나니
11 이것은 주로 말미암아 된 것이요 우리 눈에
놀랍도다
함을 읽어 보지도 못하였느냐 하시니라
12 그들이 예수의 이 비유가 자기들을 가리켜 말
씀하심인 줄 알고 잡고자 하되 무리를 두려워
하여 예수를 두고 가니라

30 authority I am doing these things. •John's
baptism — was it from heaven, or of human
origin? Tell me!"
31 •They discussed it among themselves
and said, "If we say, 'From heaven,' he will
ask, 'Then why didn't you believe him?'
32 •But if we say, 'Of human origin'…" (They
feared the people, for everyone held that
John really was a prophet.)
33 •So they answered Jesus, "We don't
know."
Jesus said, "Neither will I tell you by
what authority I am doing these things."

The Parable of the Tenants

12 Jesus then began to speak to them in
parables: "A man planted a vineyard.
He put a wall around it, dug a pit for the
winepress and built a watchtower. Then he
rented the vineyard to some farmers and
2 moved to another place. •At harvest time
he sent a servant to the tenants to collect
from them some of the fruit of the vineyard.
3 •But they seized him, beat him and sent
4 him away empty-handed. •Then he sent
another servant to them; they struck this
man on the head and treated him shame-
5 fully. •He sent still another, and that one
they killed. He sent many others; some of
them they beat, others they killed.
6 •"He had one left to send, a son, whom
he loved. He sent him last of all, saying,
'They will respect my son.'
7 •"But the tenants said to one another,
'This is the heir. Come, let's kill him, and
8 the inheritance will be ours.' •So they took
him and killed him, and threw him out of
the vineyard.
9 •"What then will the owner of the vine-
yard do? He will come and kill those ten-
ants and give the vineyard to others.
10 •Haven't you read this passage of Scripture:
" 'The stone the builders rejected
has become the cornerstone;
11 •the Lord has done this,
and it is marvelous in our eyes'[a]?"
12 •Then the chief priests, the teachers of
the law and the elders looked for a way to
arrest him because they knew he had spo-
ken the parable against them. But they
were afraid of the crowd; so they left him
and went away.

[a]11 Psalm 118:22,23 1) 헬, 또는 침례 ㄱ. 시 118:22 이하

arrest [ərést] *vt.* …를 체포하다
baptism [bǽptizm] *n.* 세례
dig [dig] *vt.* 파다
discuss [diskʌs] *vt.* 논의하다
heir [ɛər] *n.* 상속인
inheritance [inhérətəns] *n.* 재산
parable [pǽrəbl] *n.* 비유
prophet [práfit] *n.* 선지자
respect [rispékt] *vt.* 존경하다
Scripture [skríptʃər] *n.* 성경
seize [si:z] *vt.* 잡다
shamefully [ʃéimfəli] *ad.* 수치스럽게
tenant [ténənt] *n.* 소작인
vineyard [vínjərd] *n.* 포도원
watchtower [wátʃtàuər] *n.* 망대

12:1 begin to…: …하기 시작하다
12:1 put a wall around…: … 주위에 벽을 세우다
12:2 collect from…: …로부터 모으다
12:6 last of all: 최후로, 마지막으로
12:12 be afraid of…: …를 두려워하다

가이사에게 세금을 바치는 것
(마 22:15-22; 눅 20:20-26)

13 ●그들이 예수의 말씀을 책잡으려 하여 바리
새인과 헤롯당 중에서 사람을 보내매 3:6
14 와서 이르되 선생님이여 우리가 아노니 당신
은 참되시고 아무도 꺼리는 일이 없으시니 이
는 사람을 외모로 보지 않고 오직 진리로써
하나님의 도를 가르치심이니이다 가이사에
게 세금을 바치는 것이 옳으니이까 옳지 아니
하니이까
15 우리가 바치리이까 말리이까 한대 예수께서
그 외식함을 아시고 이르시되 어찌하여 나를
시험하느냐 [1]데나리온 하나를 가져다가 내게
보이라 하시니
16 가져왔거늘 예수께서 이르시되 이 형상과 이
글이 누구의 것이냐 이르되 가이사의 것이니
이다
17 이에 예수께서 이르시되 가이사의 것은 가이사
에게, 하나님의 것은 하나님께 바치라 하시니
그들이 예수께 대하여 매우 놀랍게 여기더라

부활 논쟁 (마 22:23-33; 눅 20:27-40)

18 ●부활이 없다 하는 사두개인들이 예수께 와
서 물어 이르되
19 선생님이여 [ㄱ]모세가 우리에게 써 주기를 어
떤 사람의 형이 자식이 없이 아내를 두고 죽
으면 그 동생이 그 아내를 취하여 형을 위하
여 상속자를 세울지니라 하였나이다
20 칠 형제가 있었는데 맏이가 아내를 취하였다
가 상속자가 없이 죽고
21 둘째도 그 여자를 취하였다가 상속자가 없이
죽고 셋째도 그렇게 하여
22 일곱이 다 상속자가 없었고 최후에 여자도 죽
었나이다
23 일곱 사람이 다 그를 아내로 취하였으니 부활
때 곧 그들이 살아날 때에 그 중의 누구의 아
내가 되리이까
24 예수께서 이르시되 너희가 성경도 하나님의
능력도 알지 못하므로 오해함이 아니냐
25 사람이 죽은 자 가운데서 살아날 때에는 장가
도 아니 가고 시집도 아니 가고 하늘에 있는
천사들과 같으니라
26 죽은 자가 살아난다는 것을 말할진대 너희가
모세의 책 중 가시나무 떨기에 관한 글에 하나
님께서 모세에게 이르시되 [ㄴ]나는 아브라함의
하나님이요 이삭의 하나님이요 야곱의 하나님
이로라 하신 말씀을 읽어보지 못하였느냐
27 하나님은 죽은 자의 하나님이 아니요 산 자의

Paying the Imperial Tax to Caesar

13 ●Later they sent some of the Pharisees
and Herodians to Jesus to catch him in
14 his words. ●They came to him and said,
"Teacher, we know that you are a man of
integrity. You aren't swayed by others,
because you pay no attention to who they
are; but you teach the way of God in accor-
dance with the truth. Is it right to pay the
15 imperial tax[a] to Caesar or not? ●Should we
pay or shouldn't we?"
But Jesus knew their hypocrisy. "Why are
you trying to trap me?" he asked. "Bring me
16 a denarius and let me look at it." ●They
brought the coin, and he asked them,
"Whose image is this? And whose inscrip-
tion?"
"Caesar's," they replied.
17 ●Then Jesus said to them, "Give back to
Caesar what is Caesar's and to God what is
God's."
And they were amazed at him.

Marriage at the Resurrection

18 ●Then the Sadducees, who say there is no
resurrection, came to him with a question.
19 ●"Teacher," they said, "Moses wrote for us
that if a man's brother dies and leaves a
wife but no children, the man must marry
the widow and raise up offspring for his
20 brother. ●Now there were seven brothers.
The first one married and died without
21 leaving any children. ●The second one
married the widow, but he also died, leav-
ing no child. It was the same with the third.
22 ●In fact, none of the seven left any chil-
23 dren. Last of all, the woman died too. ●At
the resurrection[b] whose wife will she be,
since the seven were married to her?"
24 ●Jesus replied, "Are you not in error be-
cause you do not know the Scriptures or the
25 power of God? ●When the dead rise, they
will neither marry nor be given in mar-
riage; they will be like the angels in heaven.
26 ●Now about the dead rising—have you not
read in the Book of Moses, in the account of
the burning bush, how God said to him, 'I
am the God of Abraham, the God of Isaac,
27 and the God of Jacob'[c]? ●He is not the God
of the dead, but of the living. You are badly

[a]14 A special tax levied on subject peoples, not on Roman citizens [b]23 Some manuscripts *resurrection, when people rise from the dead,* [c]26 Exodus 3:6

1) 은전의 명칭 ㄱ. 신 25:5 ㄴ. 출 3:6

badly [bǽdli] *ad.* 나쁘게
bush [buʃ] *n.* 덤불
error [érər] *n.* 잘못
hypocrisy [hipákrəsi] *n.* 위선
imperial [impíəriəl] *a.* 왕의
inscription [inskrípʃən] *n.* 명각(새긴 글씨)
integrity [intégrəti] *n.* 성실
offspring [ɔ́:fspriŋ] *n.* 자손
resurrection [rèzərékʃən] *n.* 부활
Sadducee [sǽdjusì:] *n.* 사두개인
Scripture [skríptʃər] *n.* 성경
since [sins] *conj.* …이므로
sway [swei] *vt.* 동요시키다
trap [træp] *vt.* 함정에 빠뜨리다
widow [wídou] *n.* 과부

12:14 pay no attention: 전혀 유의하지 않다
12:14 in accordance with...: …에 따라
12:17 be amazed at...: …에 깜짝 놀라다
12:25 neither A nor B: A도 B도 아니다
12:26 in the account of...: …에 관한 글에

하나님이시라 너희가 크게 오해하였도다 하
시니라

가장 큰 계명 (마 22:34-40; 눅 10:25-28)

28 ●서기관 중 한 사람이 그들이 변론하는 것을
듣고 예수께서 잘 대답하신 줄을 알고 나아와
묻되 모든 계명 중에 첫째가 무엇이니이까
29 예수께서 대답하시되 첫째는 이것이니 [ㄱ]이스
라엘아 들으라 주 곧 우리 하나님은 유일한
주시라
30 네 마음을 다하고 목숨을 다하고 뜻을 다하고
힘을 다하여 주 너의 하나님을 사랑하라 하신
것이요
31 둘째는 이것이니 [ㄴ]네 이웃을 네 자신과 같이
사랑하라 하신 것이라 이보다 더 큰 계명이
없느니라
32 서기관이 이르되 선생님이여 옳소이다 하나
님은 한 분이시요 그 외에 다른 이가 없다 하
신 말씀이 참이니이다
33 또 마음을 다하고 지혜를 다하고 힘을 다하여
하나님을 사랑하는 것과 또 이웃을 자기 자신
과 같이 사랑하는 것이 전체로 드리는 모든
번제물과 기타 제물보다 나으니이다
34 예수께서 그가 지혜 있게 대답함을 보시고 이
르시되 네가 하나님의 나라에서 멀지 않도다
하시니 그 후에 감히 묻는 자가 없더라

그리스도와 다윗의 자손
(마 22:41-46; 눅 20:41-44)

35 ●예수께서 성전에서 가르치실새 대답하여
이르시되 어찌하여 서기관들이 그리스도를
다윗의 자손이라 하느냐
36 다윗이 성령에 감동되어 친히 말하되
[ㄷ]주께서 내 주께 이르시되 내가 네 원수를
네 발 아래에 둘 때까지 내 우편에 앉았으
라 하셨도다
하였느니라 시 110:1
37 다윗이 그리스도를 주라 하였은즉 어찌 그의
자손이 되겠느냐 하시니 많은 사람들이 즐겁
게 듣더라

서기관들을 삼가라 (마 23:1-36; 눅 20:45-47)

38 ●예수께서 가르치실 때에 이르시되 긴 옷을
입고 다니는 것과 시장에서 문안받는 것과
39 회당의 높은 자리와 잔치의 윗자리를 원하는
서기관들을 삼가라
40 그들은 과부의 가산을 삼키며 외식으로 길게
기도하는 자니 그 받는 판결이 더욱 중하리라
하시니라

mistaken!"

The Greatest Commandment

28 ●One of the teachers of the law came and
heard them debating. Noticing that Jesus
had given them a good answer, he asked
him, "Of all the commandments, which is
the most important?"
29 ●"The most important one," answered
Jesus, "is this: 'Hear, O Israel: The Lord our
30 God, the Lord is one.[a] ●Love the Lord your
God with all your heart and with all your
soul and with all your mind and with all
31 your strength.'[b] ●The second is this: 'Love
your neighbor as yourself.'[c] There is no com-
mandment greater than these."
32 ●"Well said, teacher," the man replied.
"You are right in saying that God is one and
33 there is no other but him. ●To love him
with all your heart, with all your under-
standing and with all your strength, and to
love your neighbor as yourself is more
important than all burnt offerings and sac-
rifices."
34 ●When Jesus saw that he had answered
wisely, he said to him, "You are not far from
the kingdom of God." And from then on no
one dared ask him any more questions.

Whose Son Is the Messiah?

35 ●While Jesus was teaching in the temple
courts, he asked, "Why do the teachers of
the law say that the Messiah is the son of
36 David? ●David himself, speaking by the
Holy Spirit, declared:

" 'The Lord said to my Lord:
"Sit at my right hand
until I put your enemies
under your feet." '[d]

37 ●David himself calls him 'Lord.' How then
can he be his son?"
The large crowd listened to him with
delight.

Warning Against the Teachers of the Law

38 ●As he taught, Jesus said, "Watch out for
the teachers of the law. They like to walk
around in flowing robes and be greeted
39 with respect in the marketplaces, ●and
have the most important seats in the syna-
gogues and the places of honor at banquets.
40 ●They devour widows' houses and for a

[a] *29* Or *The Lord our God is one Lord* [b] *30* Deut. 6:4,5
[c] *31* Lev. 19:18 [d] *36* Psalm 110:1
ㄱ. 신 6:4 이하 ㄴ. 레 19:18 ㄷ. 시 110:1

banquet [bǽŋkwit] *n.* 연회
burnt [bəːrnt] *a.* 태워진
commandment [kəmǽndmənt] *n.* 계명
dare [dɛər] *vt.* 감히 …하다
debate [dibéit] *vi.* 논쟁하다
declare [diklɛ́ər] *vt.* 단언하다
devour [diváuər] *vt.* 삼키다
neighbor [néibər] *n.* 이웃
notice [nóutis] *vt.* 알아채다
offering [ɔ́ːfəriŋ] *n.* 봉헌물
robe [roub] *n.* 길고 헐거운 겉옷
sacrifice [sǽkrəfàis] *n.* 제물
strength [streŋkθ] *n.* 힘
temple [témpl] *n.* 성전
wisely [wáizli] *ad.* 현명하게

12:30 with all your heart: 진심으로
12:34 not far from: 멀지 않은
12:34 from then on: 그때부터
12:37 with delight: 기뻐하며, 기꺼이
12:38 watch out for...: …를 경계하다
12:38 greet with...: …로 맞아들이다

가난한 과부의 헌금 (눅 21:1-4)

41 ●예수께서 헌금함을 대하여 앉으사 무리가
어떻게 헌금함에 돈 넣는가를 보실새 여러 부
자는 많이 넣는데
42 한 가난한 과부는 와서 두 [1)]렙돈 곧 한 [2)]고드
란트를 넣는지라
43 예수께서 제자들을 불러다가 이르시되 내가
진실로 너희에게 이르노니 이 가난한 과부는
헌금함에 넣는 모든 사람보다 많이 넣었도다
44 그들은 다 그 풍족한 중에서 넣었거니와 이
과부는 그 가난한 중에서 자기의 모든 소유
곧 생활비 전부를 넣었느니라 하시니라

성전이 무너뜨려질 것을 이르시다
(마 24:1-2; 눅 21:5-6) — A.D. 30년경

13 예수께서 성전에서 나가실 때에 제자 중
하나가 이르되 선생님이여 보소서 이 돌
들이 어떠하며 이 건물들이 어떠하니이까
2 예수께서 이르시되 네가 이 큰 건물들을 보느
냐 돌 하나도 돌 위에 남지 않고 다 무너뜨려
지리라 하시니라

재난의 징조 (마 24:3-14; 눅 21:7-19)

3 ●예수께서 감람산에서 성전을 마주 대하여
앉으셨을 때에 베드로와 야고보와 요한과 안
드레가 조용히 묻되
4 우리에게 이르소서 어느 때에 이런 일이 있겠
사오며 이 모든 일이 이루어지려 할 때에 무
슨 징조가 있사오리이까
5 예수께서 이르시되 너희가 사람의 미혹을 받
지 않도록 주의하라
6 많은 사람이 내 이름으로 와서 이르되 내가
그라 하여 많은 사람을 미혹하리라
7 난리와 난리의 소문을 들을 때에 두려워하지
말라 이런 일이 있어야 하되 아직 끝은 아니
니라
8 민족이 민족을, 나라가 나라를 대적하여 일어
나겠고 곳곳에 지진이 있으며 기근이 있으리
니 이는 재난의 시작이니라
9 ●너희는 스스로 조심하라 사람들이 너희를
공회에 넘겨 주겠고 너희를 회당에서 매질하
겠으며 나로 말미암아 너희가 권력자들과 임
금들 앞에 서리니 이는 그들에게 증거가 되려
함이라
10 또 복음이 먼저 만국에 전파되어야 할 것이니
라
11 사람들이 너희를 끌어다가 넘겨 줄 때에 무슨
말을 할까 미리 염려하지 말고 무엇이든지 그
때에 너희에게 주시는 그 말을 하라 말하는

show make lengthy prayers. These men
will be punished most severely."

The Widow's Offering

41 ●Jesus sat down opposite the place where
the offerings were put and watched the
crowd putting their money into the temple
treasury. Many rich people threw in large
42 amounts. ●But a poor widow came and put
in two very small copper coins, worth only
a few cents.
43 ●Calling his disciples to him, Jesus said,
"Truly I tell you, this poor widow has put
more into the treasury than all the others.
44 ●They all gave out of their wealth; but she,
out of her poverty, put in everything—all
she had to live on."

The Destruction of the Temple and Signs of the End Times

13 As Jesus was leaving the temple, one
of his disciples said to him, "Look,
Teacher! What massive stones! What mag-
nificent buildings!"
2 ●"Do you see all these great buildings?"
replied Jesus. "Not one stone here will be
left on another; every one will be thrown
down."
3 ●As Jesus was sitting on the Mount of
Olives opposite the temple, Peter, James,
John and Andrew asked him privately,
4 ●"Tell us, when will these things happen?
And what will be the sign that they are all
about to be fulfilled?"
5 ●Jesus said to them: "Watch out that no
6 one deceives you. ●Many will come in my
name, claiming, 'I am he,' and will deceive
7 many. ●When you hear of wars and rumors
of wars, do not be alarmed. Such things
must happen, but the end is still to come.
8 ●Nation will rise against nation, and king-
dom against kingdom. There will be earth-
quakes in various places, and famines. These
are the beginning of birth pains.
9 ●"You must be on your guard. You will
be handed over to the local councils and
flogged in the synagogues. On account of
me you will stand before governors and
10 kings as witnesses to them. ●And the gos-
pel must first be preached to all nations.
11 ●Whenever you are arrested and brought
to trial, do not worry beforehand about
what to say. Just say whatever is given you

1) 헬라 동전의 명칭 2) 로마 동전의 명칭

beforehand [bifɔ́ːrhæ̀nd] *ad.* 미리
copper [kápər] *n.* 동
council [káunsəl] *n.* 회의
deceive [disíːv] *vt.* 속이다
flog [flag] *vt.* 채찍질하다
fulfill [fulfíl] *vt.* 실현시키다
magnificent [mægnífəsnt] *a.* 훌륭한
opposite [ápəzit] *ad.* 맞은편에
poverty [pávərti] *n.* 가난
privately [práivitli] *ad.* 은밀히
punish [pʌ́niʃ] *vt.* 벌하다
severely [sivíərli] *ad.* 엄하게
synagogue [sínəgàg] *n.* 유대 교회
treasury [tréʒəri] *n.* 연보
trial [tráiəl] *n.* 시련

12:44 live on: 먹고 살다
13:2 throw down: 파괴하다
13:4 be about to...: 곧 …하려 하다
13:9 be on one's guard: 조심하다
13:9 hand over: 넘겨주다
13:9 on account of...: … 때문에

이는 너희가 아니요 성령이시니라
12 형제가 형제를, 아버지가 자식을 죽는 데에 내
주며 자식들이 부모를 대적하여 죽게 하리라
13 또 너희가 내 이름으로 말미암아 모든 사람에
게 미움을 받을 것이나 끝까지 견디는 자는
구원을 받으리라 요 15:21

가장 큰 환난 (마 24:15-28; 눅 21:20-24)

14 ●멸망의 가증한 것이 서지 못할 곳에 선 것
을 보거든 (읽는 자는 깨달을진저) 그때에 유
대에 있는 자들은 산으로 도망할지어다
15 지붕 위에 있는 자는 내려가지도 말고 집에
있는 무엇을 가지러 들어가지도 말며
16 밭에 있는 자는 겉옷을 가지러 뒤로 돌이키지
말지어다
17 그날에는 아이 밴 자들과 젖 먹이는 자들에게
화가 있으리로다
18 이 일이 겨울에 일어나지 않도록 기도하라
19 이는 그날들이 환난의 날이 되겠음이라 하나
님께서 창조하신 시초부터 지금까지 이런 환
난이 없었고 후에도 없으리라 렘 30:7
20 만일 주께서 그날들을 감하지 아니하셨더라
면 모든 육체가 구원을 얻지 못할 것이거늘
자기가 택하신 자들을 위하여 그날들을 감하
셨느니라
21 그때에 어떤 사람이 너희에게 말하되 보라 그
리스도가 여기 있다 보라 저기 있다 하여도
믿지 말라
22 거짓 그리스도들과 거짓 선지자들이 일어나
서 [1]이적과 기사를 행하여 할 수만 있으면 택
하신 자들을 미혹하려 하리라
23 너희는 삼가라 내가 모든 일을 너희에게 미리
말하였노라

인자가 오는 것을 보리라
(마 24:29-31; 눅 21:25-28)

24 ●그때에 그 환난 후 해가 어두워지며 달이
빛을 내지 아니하며
25 별들이 하늘에서 떨어지며 하늘에 있는 권능
들이 흔들리리라
26 그때에 인자가 구름을 타고 큰 권능과 영광으
로 오는 것을 사람들이 보리라
27 또 그때에 그가 천사들을 보내어 자기가 택하
신 자들을 땅끝으로부터 하늘 끝까지 사방에
서 모으리라

무화과나무 비유에서 배울 교훈
(마 24:32-44; 눅 21:29-33)

28 ●무화과나무의 비유를 배우라 그 가지가 연
하여지고 잎사귀를 내면 여름이 가까운 줄 아

at the time, for it is not you speaking, but
the Holy Spirit.
12 ●"Brother will betray brother to death,
and a father his child. Children will rebel
against their parents and have them put to
13 death. ●Everyone will hate you because of
me, but the one who stands firm to the
end will be saved.
14 ●"When you see 'the abomination that
causes desolation'[a] standing where it[b] does
not belong—let the reader understand—
then let those who are in Judea flee to the
15 mountains. ●Let no one on the housetop go
down or enter the house to take anything
16 out. ●Let no one in the field go back to get
17 their cloak. ●How dreadful it will be in
those days for pregnant women and nurs-
18 ing mothers! ●Pray that this will not take
19 place in winter, ●because those will be days
of distress unequaled from the beginning,
when God created the world, until now—
and never to be equaled again.
20 ●"If the Lord had not cut short those
days, no one would survive. But for the sake
of the elect, whom he has chosen, he has
21 shortened them. ●At that time if anyone
says to you, 'Look, here is the Messiah!' or,
22 'Look, there he is!' do not believe it. ●For
false messiahs and false prophets will
appear and perform signs and wonders
23 to deceive, if possible, even the elect. ●So be
on your guard; I have told you everything
ahead of time.
24 ●"But in those days, following that dis-
tress,

" 'the sun will be darkened,
and the moon will not give its light;
25 ●the stars will fall from the sky,
and the heavenly bodies will be
shaken.'[c]

26 ●"At that time people will see the Son of
Man coming in clouds with great power
27 and glory. ●And he will send his angels
and gather his elect from the four winds,
from the ends of the earth to the ends of
the heavens.
28 ●"Now learn this lesson from the fig
tree: As soon as its twigs get tender and its
leaves come out, you know that summer is

[a] *14* Daniel 9:27; 11:31; 12:11 [b] *14* Or *he* [c] *25* Isaiah 13:10; 34:4 1) 또는 표적

abomination [əbɑ̀mənéiʃən] *n.* 혐오
betray [bitréi] *vt.* 배반하다
desolation [dèsəléiʃən] *n.* 황폐
distress [distrés] *n.* 재난
dreadful [drédfəl] *a.* 두려운
elect [ilékt] *a.* 선택된
equal [í:kwəl] *a.* 같은
flee [fli:] *vi.* 도망치다
housetop [háustɑ̀p] *n.* 지붕
nursing [nə́:rsiŋ] *a.* 젖 먹이는
perform [pərfɔ́:rm] *vt.* 행하다
pregnant [prégnənt] *a.* 임신한
tender [téndər] *a.* 연한
twig [twig] *n.* 가지
wonder [wʌndər] *n.* 이적

13:13 stand firm: 꿋꿋이 서다
13:18 take place: 일어나다
13:20 for the sake of...: …을 위하여
13:25 fall from...: …에서 떨어지다
13:26 at that time: 그때에
13:28 as soon as...: …하자마자

나니
29 이와 같이 너희가 이런 일이 일어나는 것을
보거든 1)인자가 가까이 곧 문 앞에 이른 줄 알
라
30 내가 진실로 너희에게 말하노니 이 세대가 지
나가기 전에 이 일이 다 일어나리라 9:1
31 천지는 없어지겠으나 내 말은 없어지지 아니
하리라
32 그러나 그날과 그때는 아무도 모르나니 하늘
에 있는 천사들도, 아들도 모르고 아버지만
아시느니라
33 주의하라 깨어 2)있으라 그때가 언제인지 알
지 못함이라
34 가령 사람이 집을 떠나 타국으로 갈 때에 그
종들에게 권한을 주어 각각 사무를 맡기며 문
지기에게 깨어 있으라 명함과 같으니
35 그러므로 깨어 있으라 집주인이 언제 올는지
혹 저물 때일는지, 밤중일는지, 닭 울 때일는
지, 새벽일는지 너희가 알지 못함이라
36 그가 홀연히 와서 너희가 자는 것을 보지 않
도록 하라
37 깨어 있으라 내가 너희에게 하는 이 말은 모
든 사람에게 하는 말이니라 하시니라

예수를 죽일 방도를 찾다 (마 26:1-5; 눅 22:1-2; 요 11:45-53) — A.D. 30년경

14 이틀이 지나면 유월절과 무교절이라 대
제사장들과 서기관들이 예수를 흉계로
잡아 죽일 방도를 구하며 요 11:55
2 이르되 민란이 날까 하노니 명절에는 하지 말
자 하더라

예수의 머리에 향유를 붓다 (마 26:6-13; 요 12:1-8)

3 ●예수께서 베다니 나병환자 시몬의 집에서
3)식사하실 때에 한 여자가 매우 값진 향유 곧
순전한 나드 한 옥합을 가지고 와서 그 옥합
을 깨뜨려 예수의 머리에 부으니
4 어떤 사람들이 화를 내어 서로 말하되 어찌하
여 이 향유를 허비하는가
5 이 향유를 삼백 4)데나리온 이상에 팔아 가난
한 자들에게 줄 수 있었겠도다 하며 그 여자
를 책망하는지라
6 예수께서 이르시되 가만두라 너희가 어찌하
여 그를 괴롭게 하느냐 그가 내게 좋은 일을
하였느니라
7 가난한 자들은 항상 너희와 함께 있으니 아무
때라도 원하는 대로 도울 수 있거니와 나는
너희와 항상 함께 있지 아니하리라

29 near. •Even so, when you see these things
happening, you know that it[a] is near, right
30 at the door. •Truly I tell you, this genera-
tion will certainly not pass away until all
31 these things have happened. •Heaven and
earth will pass away, but my words will
never pass away.

The Day and Hour Unknown

32 •"But about that day or hour no one
knows, not even the angels in heaven, nor
33 the Son, but only the Father. •Be on guard!
Be alert[b]! You do not know when that
34 time will come. •It's like a man going
away: He leaves his house and puts his ser-
vants in charge, each with their assigned
task, and tells the one at the door to keep
watch.
35 •"Therefore keep watch because you do
not know when the owner of the house
will come back—whether in the evening,
or at midnight, or when the rooster crows,
36 or at dawn. •If he comes suddenly, do not
37 let him find you sleeping. •What I say to
you, I say to everyone: 'Watch!' "

Jesus Anointed at Bethany

14 Now the Passover and the Festival of
Unleavened Bread were only two
days away, and the chief priests and the
teachers of the law were scheming to arrest
2 Jesus secretly and kill him. •"But not during
the festival," they said, "or the people may
riot."
3 •While he was in Bethany, reclining at
the table in the home of Simon the Leper,
a woman came with an alabaster jar of
very expensive perfume, made of pure
nard. She broke the jar and poured the
perfume on his head.
4 •Some of those present were saying
indignantly to one another, "Why this wa-
5 ste of perfume? •It could have been sold
for more than a year's wages[c] and the
money given to the poor." And they re-
buked her harshly.
6 •"Leave her alone," said Jesus. "Why are
you bothering her? She has done a beauti-
7 ful thing to me. •The poor you will always
have with you,[d] and you can help them any

[a]29 Or *he* [b]33 Some manuscripts *alert and pray* [c]5 Greek *than three hundred denarii* [d]7 See Deut. 15:11.

1) 또는 때가 2) 어떤 사본에, 있어 기도하라 3) 2:15 난하주를 보라 4) 은전의 명칭

alabaster [ǽləbæstər] *a.* 설화 석고로 만든
alert [əlɔ́:rt] *a.* 빈틈없는
arrest [ərést] *vt.* …를 체포하다
assign [əsáin] *vt.* 할당하다
bother [báðər] *vt.*~를 괴롭히다
crow [krou] *vi.*(수탉이) 울다
dawn [dɔ:n] *n.* 새벽
harshly [há:rʃli] *ad.* 거칠게
indignantly [indígnəntli] *ad.* 분개하여
midnight [mídnàit] *n.* 한밤중
perfume [pə́:rfju:m] *n.* 향유
recline [rikláin] *vi.* 기대다
rooster [rú:stər] *n.* 수탉
scheme [ski:m] *n.* 음모
unleavened [ʌnlévənd] *a.* 누룩을 넣지 않은

13:30 not until...: …이 되어 비로소
13:31 pass away: 사라지다
13:32 not even A but only B: A조차 아니고 오직 B다
13:33 on guard: 경계하다
13:34 keep watch: 깨어 있다

8 그는 힘을 다하여 내 몸에 향유를 부어 내 장
례를 미리 준비하였느니라 16:1
9 내가 진실로 너희에게 이르노니 온 천하에 어
디서든지 복음이 전파되는 곳에는 이 여자가
행한 일도 말하여 그를 기억하리라 하시니라

유다가 배반하다 (마 26:14-16; 눅 22:3-6)

10 ●열둘 중의 하나인 가룟 유다가 예수를 넘겨
주려고 대제사장들에게 가매
11 그들이 듣고 기뻐하여 돈을 주기로 약속하니
유다가 예수를 어떻게 넘겨 줄까 하고 그 기
회를 찾더라

제자들과 함께 유월절을 지키시다
(마 26:17-25; 눅 22:7-14, 21-23; 요 13:21-30)

12 ●무교절의 첫날 곧 유월절 양 잡는 날에 제
자들이 예수께 여짜오되 우리가 어디로 가서
선생님께서 유월절 음식을 잡수시게 준비하
기를 원하시나이까 하매
13 예수께서 제자 중의 둘을 보내시며 이르시되
성내로 들어가라 그리하면 물 한 동이를 가지
고 가는 사람을 만나리니 그를 따라가서
14 어디든지 그가 들어가는 그 집주인에게 이르
되 선생님의 말씀이 내가 내 제자들과 함께
유월절 음식을 먹을 나의 객실이 어디 있느냐
하시더라 하라
15 그리하면 자리를 펴고 준비한 큰 다락방을 보
이리니 거기서 우리를 위하여 준비하라 하시
니
16 제자들이 나가 성내로 들어가서 예수께서 하
시던 말씀대로 만나 유월절 음식을 준비하니
라
17 ●저물매 그 열둘을 데리시고 가서
18 다 [1]앉아 먹을 때에 예수께서 이르시되 내가
진실로 너희에게 이르노니 너희 중의 한 사
람 곧 나와 함께 먹는 자가 나를 팔리라 하
신대
19 그들이 근심하며 하나씩 하나씩 나는 아니지
요 하고 말하기 시작하니
20 그들에게 이르시되 열둘 중의 하나 곧 나와
함께 그릇에 손을 넣는 자니라
21 인자는 자기에 대하여 기록된 대로 가거니와
인자를 파는 그 사람에게는 화가 있으리로다
그 사람은 차라리 나지 아니하였더라면 자기
에게 좋을 뻔하였느니라 하시니라

마지막 만찬
(마 26:26-30; 눅 22:15-20; 고전 11:23-25)

22 ●그들이 먹을 때에 예수께서 떡을 가지사 축
복하시고 떼어 제자들에게 주시며 이르시되

time you want. But you will not always
8 have me. •She did what she could. She
poured perfume on my body beforehand to
9 prepare for my burial. •Truly I tell you,
wherever the gospel is preached through-
out the world, what she has done will also
be told, in memory of her."
10 •Then Judas Iscariot, one of the Twelve,
went to the chief priests to betray Jesus to
11 them. •They were delighted to hear this
and promised to give him money. So he
watched for an opportunity to hand him
over.

The Last Supper

12 •On the first day of the Festival of Un-
leavened Bread, when it was customary to
sacrifice the Passover lamb, Jesus' disciples
asked him, "Where do you want us to go
and make preparations for you to eat the
Passover?"
13 •So he sent two of his disciples, telling
them, "Go into the city, and a man carrying
a jar of water will meet you. Follow him.
14 •Say to the owner of the house he enters,
'The Teacher asks: Where is my guest room,
where I may eat the Passover with my dis-
15 ciples?' •He will show you a large room
upstairs, furnished and ready. Make prepa-
rations for us there."
16 •The disciples left, went into the city
and found things just as Jesus had told
them. So they prepared the Passover.
17 •When evening came, Jesus arrived with
18 the Twelve. •While they were reclining at
the table eating, he said, "Truly I tell you,
one of you will betray me—one who is eat-
ing with me."
19 •They were saddened, and one by one
they said to him, "Surely you don't mean
me?"
20 •"It is one of the Twelve," he replied, "one
who dips bread into the bowl with me.
21 •The Son of Man will go just as it is writ-
ten about him. But woe to that man who
betrays the Son of Man! It would be better
for him if he had not been born."
22 •While they were eating, Jesus took
bread, and when he had given thanks, he
broke it and gave it to his disciples, saying,
"Take it; this is my body."

1) 2:15 난하주를 보라

beforehand [bifɔ́:rhæ̀nd] *ad.* 미리
betray [bitréi] *vt.* 배반하다
burial [bériəl] *n.* 장례
customary [kʌ́stəmèri] *a.* 관습적인
delighted [diláitid] *a.* 아주 기뻐하는
dip [dip] *vt.* 담그다
furnish [fə́:rniʃ] *vt.* 갖추다
opportunity [àpərtjú:nəti] *n.* 기회
Passover [pǽsòuvər] *n.* 유월절
pour [pɔ:r] *vt.* 쏟다
preach [pri:tʃ] *vi.* 전파하다
prepare [pripέər] *vt.* 준비하다
sacrifice [sǽkrəfàis] *vt.* 희생으로 바치다
sadden [sǽdn] *vt.* 슬프게 하다
throughout [θru:áut] *ad.* 도중에

14:9 in memory of...: …을 기념하여
14:11 watch for...: …를 기다리다
14:12 make preparation for: 준비하다
14:19 one by one: 하나씩 차례로
14:21 just as...: …한 그대로
14:21 woe to...: …에게 화 있을진저

받으라 이것은 내 몸이니라 하시고 6:41
23 또 잔을 가지사 감사 기도 하시고 그들에게
주시니 다 이를 마시매
24 이르시되 이것은 많은 사람을 위하여 흘리는
나의 피 곧 언약의 피니라
25 진실로 너희에게 이르노니 내가 포도나무에
서 난 것을 하나님 나라에서 새것으로 마시
는 날까지 다시 마시지 아니하리라 하시니
라
26 ●이에 그들이 찬미하고 감람산으로 가니라

베드로가 부인할 것을 예언하시다
(마 26:31-35; 눅 22:31-34; 요 13:36-38)

27 ●예수께서 제자들에게 이르시되 너희가 다
1)나를 버리리라 이는 기록된 바 ㄱ내가 목자를
치리니 양들이 흩어지리라 하였음이니라
28 그러나 내가 살아난 후에 너희보다 먼저 갈릴
리로 가리라
29 베드로가 여짜오되 다 2)버릴지라도 나는 그
리하지 않겠나이다
30 예수께서 이르시되 내가 진실로 네게 이르노
니 오늘 이 밤 닭이 두 번 울기 전에 네가 세
번 나를 부인하리라
31 베드로가 힘있게 말하되 내가 주와 함께 죽을
지언정 주를 부인하지 않겠나이다 하고 모든
제자도 이와 같이 말하니라

겟세마네에서 기도하시다
(마 26:36-46; 눅 22:39-46)

32 ●그들이 겟세마네라 하는 곳에 이르매 예수
께서 제자들에게 이르시되 내가 기도할 동안
에 너희는 여기 앉아 있으라 하시고
33 베드로와 야고보와 요한을 데리고 가실새 심
히 놀라시며 슬퍼하사
34 말씀하시되 내 마음이 심히 고민하여 죽게 되
었으니 너희는 여기 머물러 깨어 있으라 하시
고
35 조금 나아가사 땅에 엎드리어 될 수 있는 대
로 이때가 자기에게서 지나가기를 구하여
36 이르시되 아빠 아버지여 아버지께는 모든 것
이 가능하오니 이 잔을 내게서 옮기시옵소서
그러나 나의 원대로 마시옵고 아버지의 원대
로 하옵소서 하시고
37 돌아오사 제자들이 자는 것을 보시고 베드로
에게 말씀하시되 시몬아 자느냐 네가 한 시간
도 깨어 있을 수 없더냐
38 시험에 들지 않게 깨어 있어 기도하라 마음에
는 원이로되 육신이 약하도다 하시고 마 6:13

23 ●Then he took a cup, and when he had
given thanks, he gave it to them, and they
all drank from it.
24 ●"This is my blood of the[a] covenant,
which is poured out for many," he said to
25 them. ●"Truly I tell you, I will not drink
again from the fruit of the vine until that
day when I drink it new in the kingdom
of God."
26 ●When they had sung a hymn, they
went out to the Mount of Olives.

Jesus Predicts Peter's Denial

27 ●"You will all fall away," Jesus told
them, "for it is written:

"'I will strike the shepherd,
and the sheep will be scattered.'[b]

28 ●But after I have risen, I will go ahead of
you into Galilee."
29 ●Peter declared, "Even if all fall away, I
will not."
30 ●"Truly I tell you," Jesus answered, "today
—yes, tonight—before the rooster crows
twice[c] you yourself will disown me three
times."
31 ●But Peter insisted emphatically, "Even if
I have to die with you, I will never disown
you." And all the others said the same.

Gethsemane

32 ●They went to a place called Gethse-
mane, and Jesus said to his disciples, "Sit
33 here while I pray." ●He took Peter, James
and John along with him, and he began to
34 be deeply distressed and troubled. ●"My
soul is overwhelmed with sorrow to the
point of death," he said to them. "Stay here
and keep watch."
35 ●Going a little farther, he fell to the
ground and prayed that if possible the hour
36 might pass from him. ●"*Abba,*[d] Father," he
said, "everything is possible for you. Take
this cup from me. Yet not what I will, but
what you will."
37 ●Then he returned to his disciples and
found them sleeping. "Simon," he said to
Peter, "are you asleep? Couldn't you keep
38 watch for one hour? ●Watch and pray so
that you will not fall into temptation. The
spirit is willing, but the flesh is weak."

[a] 24 Some manuscripts *the new* [b] 27 Zech. 13:7 [c] 30 Some early manuscripts do not have *twice.* [d] 36 Aramaic for *father*

1) 또는 나로 말미암아 실족하리라 2) 헬, 실족할지라도 ㄱ. 슥 13:7

covenant [kʌvənənt] *n.* 언약
declare [diklɛ́ər] *vt.* 선언하다
disown [disóun] *vt.* 부인하다
distress [distrés] *vt.* 괴롭히다
emphatically [imfǽtikəli] *ad.* 강하게
hymn [him] *n.* 찬송가
insist [insíst] *vi.* 주장하다
overwhelm [òuvərhwélm] *vt.* 압도하다
rooster [rú:stər] *n.* 수탉
scatter [skǽtər] *vt.* 흩어지게 하다
shepherd [ʃépərd] *n.* 목자
sorrow [sárou] *n.* 슬픔
temptation [temptéiʃən] *n.* 시험
weak [wi:k] *a.* 약한
willing [wíliŋ] *a.* 기꺼이~하는

14:24 pour out: 흘리다
14:27 fall away: 돌보지 않다, 배반하다
14:28 ahead of...: …보다 먼저
14:29 even if...: 비록 …라 하더라도
14:34 to the point of...: …할 정도까지
14:35 if possible: 가능하다면

39 다시 나아가 동일한 말씀으로 기도하시고
40 다시 오사 보신즉 그들이 자니 이는 그들의
눈이 심히 피곤함이라 그들이 예수께 무엇으
로 대답할 줄을 알지 못하더라
41 세 번째 오사 그들에게 이르시되 이제는 자고
쉬라 그만 되었다 때가 왔도다 보라 인자가
죄인의 손에 팔리느니라
42 일어나라 함께 가자 보라 나를 파는 자가 가
까이 왔느니라

잡히시다 (마 26:47-56; 눅 22:47-53; 요 18:2-12)

43 ●예수께서 말씀하실 때에 곧 열둘 중의 하나
인 유다가 왔는데 대제사장들과 서기관들과
장로들에게서 파송된 무리가 검과 몽치를 가
지고 그와 함께 하였더라
44 예수를 파는 자가 이미 그들과 군호를 짜 이
르되 내가 입맞추는 자가 그이니 그를 잡아
단단히 끌어 가라 하였는지라
45 이에 와서 곧 예수께 나아와 랍비여 하고 입
을 맞추니
46 그들이 예수께 손을 대어 잡거늘
47 곁에 서 있는 자 중의 한 사람이 칼을 빼어 대
제사장의 종을 쳐 그 귀를 떨어뜨리니라
48 예수께서 무리에게 말씀하여 이르시되 너희
가 강도를 잡는 것같이 검과 몽치를 가지고
나를 잡으러 나왔느냐
49 내가 날마다 너희와 함께 성전에 있으면서
가르쳤으되 너희가 나를 잡지 아니하였도다
그러나 이는 성경을 이루려 함이니라 하시더
라
50 제자들이 다 예수를 버리고 도망하니라

한 청년이 벗은 몸으로 도망하다

51 ●한 청년이 벗은 몸에 베 홑이불을 두르고
예수를 따라가다가 무리에게 잡히매
52 베 홑이불을 버리고 벗은 몸으로 도망하니라

공회 앞에 서시다 (마 26:57-68; 눅 22:54-55, 63-71; 요 18:13-14, 19-24)

53 ●그들이 예수를 끌고 대제사장에게로 가니
대제사장들과 장로들과 서기관들이 다 모이
더라
54 베드로가 예수를 멀찍이 따라 대제사장의 집
뜰 안까지 들어가서 아랫사람들과 함께 앉아
[1]불을 쬐더라
55 대제사장들과 온 공회가 예수를 죽이려고 그
를 칠 증거를 찾되 얻지 못하니
56 이는 예수를 쳐서 거짓 증언 하는 자가 많으
나 그 증언이 서로 일치하지 못함이라

39 ●Once more he went away and prayed
40 the same thing. ●When he came back, he
again found them sleeping, because their
eyes were heavy. They did not know what
to say to him.
41 ●Returning the third time, he said to
them, "Are you still sleeping and resting?
Enough! The hour has come. Look, the Son
of Man is delivered into the hands of
42 sinners. ●Rise! Let us go! Here comes my
betrayer!"

Jesus Arrested

43 ●Just as he was speaking, Judas, one of
the Twelve, appeared. With him was a
crowd armed with swords and clubs, sent
from the chief priests, the teachers of the
law, and the elders.
44 ●Now the betrayer had arranged a sig-
nal with them: "The one I kiss is the man;
arrest him and lead him away under
45 guard." ●Going at once to Jesus, Judas
46 said, "Rabbi!" and kissed him. ●The men
47 seized Jesus and arrested him. ●Then one
of those standing near drew his sword and
struck the servant of the high priest, cut-
ting off his ear.
48 ●"Am I leading a rebellion," said Jesus,
"that you have come out with swords and
49 clubs to capture me? ●Every day I was with
you, teaching in the temple courts, and you
did not arrest me. But the Scriptures must be
50 fulfilled." ●Then everyone deserted him
and fled.
51 ●A young man, wearing nothing but a
linen garment, was following Jesus. When
52 they seized him, ●he fled naked, leaving his
garment behind.

Jesus Before the Sanhedrin

53 ●They took Jesus to the high priest, and
all the chief priests, the elders and the
54 teachers of the law came together. ●Peter
followed him at a distance, right into the
courtyard of the high priest. There he sat
with the guards and warmed himself at
the fire.
55 ●The chief priests and the whole San-
hedrin were looking for evidence against
Jesus so that they could put him to death,
56 but they did not find any. ●Many testified
falsely against him, but their statements did
not agree.

1) 헬, 빛을 쬐더라

arrange [əréindʒ] *vt.* …하도록 정하다
arrest [ərést] *vt.* 체포하다
capture [kǽptʃər] *vt.* 붙잡다
desert [dézərt] *vt.* 버리다
evidence [évədəns] *n.* 증거
falsely [fɔ́:lsli] *ad.* 거짓되게
fulfill [fulfíl] *vt.* 실현시키다
garment [gɑ́:rmənt] *n.* 옷
linen [línən] *n.* 삼베
rebellion [ribéljən] *n.* 반란
seize [si:z] *vt.* 붙잡다
signal [sígnəl] *n.* 신호
statement [stéitmənt] *n.* 진술
sword [sɔ:rd] *n.* 검
testify [téstəfài] *vi.* 증언하다

14:41 deliver into: …에 넘겨주다
14:43 be armed with...: …로 무장된
14:47 cut off: 잘라내다
14:48 come out: 나오다
14:51 nothing but: 단지
14:54 at a distance: 멀리서

57 어떤 사람들이 일어나 예수를 쳐서 거짓 증언하여 이르되

58 우리가 그의 말을 들으니 손으로 지은 이 성전을 내가 헐고 손으로 짓지 아니한 다른 성전을 사흘 동안에 지으리라 하더라 하되

59 그 증언도 서로 일치하지 않더라

60 대제사장이 가운데 일어서서 예수에게 물어 이르되 너는 아무 대답도 없느냐 이 사람들이 너를 치는 증거가 어떠하냐 하되

61 침묵하고 아무 대답도 아니하시거늘 대제사장이 다시 물어 이르되 네가 찬송 받을 이의 아들 그리스도냐 사 53:7

62 예수께서 이르시되 내가 그니라 인자가 권능자의 우편에 앉은 것과 하늘 구름을 타고 오는 것을 너희가 보리라 하시니

63 대제사장이 자기 옷을 찢으며 이르되 우리가 어찌 더 증인을 요구하리요

64 그 신성모독 하는 말을 너희가 들었도다 너희는 어떻게 생각하느냐 하니 그들이 다 예수를 사형에 해당한 자로 정죄하고

65 어떤 사람은 그에게 침을 뱉으며 그의 얼굴을 가리고 주먹으로 치며 이르되 선지자 노릇을 하라 하고 하인들은 손바닥으로 치더라

베드로가 예수를 알지 못한다고 하다
(마 26:69-75; 눅 22:56-62;
요 18:15-18, 25-27)

66 ●베드로는 아랫뜰에 있더니 대제사장의 여종 하나가 와서

67 베드로가 불 쬐고 있는 것을 보고 주목하여 이르되 너도 나사렛 예수와 함께 있었도다 하거늘

68 베드로가 부인하여 이르되 나는 네가 말하는 것이 무엇인지 알지도 못하고 깨닫지도 못하겠노라 하며 앞뜰로 나갈새[1)]

69 여종이 그를 보고 곁에 서 있는 자들에게 다시 이르되 이 사람은 그 도당이라 하되

70 또 부인하더라 조금 후에 곁에 서 있는 사람들이 다시 베드로에게 말하되 너도 갈릴리 사람이니 참으로 그 도당이니라

71 그러나 베드로가 저주하며 맹세하되 나는 너희가 말하는 이 사람을 알지 못하노라 하니

72 닭이 곧 두 번째 울더라 이에 베드로가 예수께서 자기에게 하신 말씀 곧 닭이 두 번 울기 전에 네가 세 번 나를 부인하리라 하심이 기억되어 그 일을 생각하고 울었더라

57 •Then some stood up and gave this false
58 testimony against him: •"We heard him
say, 'I will destroy this temple made with
human hands and in three days will build
59 another, not made with hands.' " •Yet even
then their testimony did not agree.
60 •Then the high priest stood up before
them and asked Jesus, "Are you not going to
answer? What is this testimony that these
61 men are bringing against you?" •But Jesus
remained silent and gave no answer.
Again the high priest asked him, "Are you
the Messiah, the Son of the Blessed One?"
62 •"I am," said Jesus. "And you will see the
Son of Man sitting at the right hand of the
Mighty One and coming on the clouds of
heaven."
63 •The high priest tore his clothes. "Why
do we need any more witnesses?" he asked.
64 •"You have heard the blasphemy. What do
you think?"
They all condemned him as worthy of
65 death. •Then some began to spit at him;
they blindfolded him, struck him with
their fists, and said, "Prophesy!" And the
guards took him and beat him.

Peter Disowns Jesus

66 •While Peter was below in the courtyard,
one of the servant girls of the high priest
67 came by. •When she saw Peter warming
himself, she looked closely at him.
"You also were with that Nazarene, Jesus,"
she said.
68 •But he denied it. "I don't know or
understand what you're talking about,"
he said, and went out into the entryway.[a]
69 •When the servant girl saw him there,
she said again to those standing around,
70 "This fellow is one of them." •Again he
denied it.
After a little while, those standing near
said to Peter, "Surely you are one of them,
for you are a Galilean."
71 •He began to call down curses, and he
swore to them, "I don't know this man
you're talking about."
72 •Immediately the rooster crowed the second time.[b] Then Peter remembered the
word Jesus had spoken to him: "Before the

[a]68 Some early manuscripts *entryway and the rooster crowed* [b]72 Some early manuscripts do not have *the second time.* 1) 어떤 사본에는, 68절 끝에 '마침 닭이 울더라'가 있음

agree [əgríː] *vi.* 동의하다
beat [biːt] *vt.* 치다
blasphemy [blǽsfəmi] *n.* 모욕
blindfold [bláindfòuld] *vt.* 눈 가리다
courtyard [kɔ́ːrtjὰːrd] *n.* 안마당
curse [kəːrs] *n.* 저주
deny [dinái] *vt.* 부인하다
entryway [éntriwèi] *n.* 입구
fist [fist] *n.* 주먹
immediately [imíːdiətli] *ad.* 곧
remain [riméin] *vi.* …인 채로 있다
rooster [rúːstər] *n.* 수탉
spit [spit] *vi.* 침을 뱉다
testimony [téstəmòuni] *n.* 증언
witness [wítnis] *n.* 목격자

14:64 condemn... as~: …에게 ~라 선고하다
14:64 worthy of...: …에 알맞은
14:67 look closely at: 자세히 보다
14:71 call down: 내려 달라고 빌다
14:71 swear to...: …에게 맹세하다

빌라도가 예수께 묻다 (마 27:1-2, 11-14; 눅 23:1-5; 요 18:28-38 ♪ 144, 614장)
— A.D. 30년경

15 새벽에 대제사장들이 즉시 장로들과 서기관들 곧 온 공회와 더불어 의논하고 예수를 결박하여 끌고 가서 빌라도에게 넘겨 주니
2 빌라도가 묻되 네가 유대인의 왕이냐 예수께서 대답하여 이르시되 네 말이 옳도다 하시매
3 대제사장들이 여러 가지로 고발하는지라
4 빌라도가 또 물어 이르되 아무 대답도 없느냐 그들이 얼마나 많은 것으로 너를 고발하는가 보라 하되
5 예수께서 다시 아무 말씀으로도 대답하지 아니하시니 빌라도가 놀랍게 여기더라 사 53:7

십자가에 못 박히게 예수를 넘기다 (마 27:15-26; 눅 23:13-25; 요 18:39-19:16)

6 ●명절이 되면 백성들이 요구하는 대로 죄수 한 사람을 놓아 주는 전례가 있더니
7 민란을 꾸미고 그 민란 중에 살인하고 체포된 자 중에 바라바라 하는 자가 있는지라
8 무리가 나아가서 전례대로 하여 주기를 요구한대
9 빌라도가 대답하여 이르되 너희는 내가 유대인의 왕을 너희에게 놓아주기를 원하느냐 하니
10 이는 그가 대제사장들이 시기로 예수를 넘겨 준 줄 앎이러라
11 그러나 대제사장들이 무리를 충동하여 도리어 바라바를 놓아 달라 하게 하니
12 빌라도가 또 대답하여 이르되 그러면 너희가 유대인의 왕이라 하는 이를 내가 어떻게 하랴
13 그들이 다시 소리 지르되 그를 십자가에 못 박게 하소서
14 빌라도가 이르되 어찜이냐 무슨 악한 일을 하였느냐 하니 더욱 소리 지르되 십자가에 못 박게 하소서 하는지라
15 빌라도가 무리에게 만족을 주고자 하여 바라바는 놓아주고 예수는 채찍질하고 십자가에 못 박히게 넘겨 주니라

군인들이 예수를 희롱하다 (마 27:27-31; 요 19:2-3)

16 ●군인들이 예수를 끌고 브라이도리온이라는 뜰 안으로 들어가서 온 군대를 모으고
17 예수에게 자색 옷을 입히고 가시관을 엮어 씌우고
18 경례하여 이르되 유대인의 왕이여 평안할지어다 하고
19 갈대로 그의 머리를 치며 침을 뱉으며 꿇어

rooster crows twice[a] you will disown me
three times." And he broke down and
wept.

Jesus Before Pilate

15 Very early in the morning, the chief
priests, with the elders, the teachers
of the law and the whole Sanhedrin, made
their plans. So they bound Jesus, led him
away and handed him over to Pilate.
2 ●"Are you the king of the Jews?" asked
Pilate.
"You have said so," Jesus replied.
3 ●The chief priests accused him of many
4 things. ●So again Pilate asked him, "Aren't
you going to answer? See how many things
they are accusing you of."
5 ●But Jesus still made no reply, and Pilate
was amazed.
6 ●Now it was the custom at the festival to
release a prisoner whom the people request-
7 ed. ●A man called Barabbas was in prison
with the insurrectionists who had commit-
8 ted murder in the uprising. ●The crowd
came up and asked Pilate to do for them
what he usually did.
9 ●"Do you want me to release to you the
10 king of the Jews?" asked Pilate, ●knowing it
was out of self-interest that the chief priests
11 had handed Jesus over to him. ●But the
chief priests stirred up the crowd to have
Pilate release Barabbas instead.
12 ●"What shall I do, then, with the one
you call the king of the Jews?" Pilate asked
them.
13 ●"Crucify him!" they shouted.
14 ●"Why? What crime has he commit-
ted?" asked Pilate.
But they shouted all the louder, "Crucify
him!"
15 ●Wanting to satisfy the crowd, Pilate
released Barabbas to them. He had Jesus
flogged, and handed him over to be cruci-
fied.

The Soldiers Mock Jesus

16 ●The soldiers led Jesus away into the
palace (that is, the Praetorium) and called
together the whole company of soldiers.
17 ●They put a purple robe on him, then twist-
ed together a crown of thorns and set it on
18 him. ●And they began to call out to him,
19 "Hail, king of the Jews!" ●Again and again

[a] 72 Some early manuscripts do not have *twice*.

accuse [əkjúːz] *vt.* 고소하다
commit [kəmít] *vt.* 위원회에 회부하다
company [kʌmpəni] *n.* 무리
crucify [krúːsəfài] *vt.* 십자가에 못박다
elder [éldər] *n.* 장로
flog [flɑg] *vt.* 채찍질하다
hail [heil] *int.* 만세
insurrectionist [ìnsərékʃənist] *n.* 반란자
purple [pə́ːrpl] *n.* 자주색
release [rilíːs] *vt.* 석방하다
request [rikwést] *n.* 요구하다
satisfy [sǽtisfài] *vt.* 만족시키다
self-interest [sélf íntərəst] *n.* 이기심
thorn [θɔːrn] *n.* 가시
uprising [ʌpràiziŋ] *n.* 반란

15:7 be in prison: 투옥중이다
15:8 come up: 다가가다
15:10 hand... over to~: …를 ~에 넘기다
15:11 stir up: 선동하다
15:12 do with...: …를 처리하다
15:16 call together: 소집하다

절하더라
20 희롱을 다 한 후 자색 옷을 벗기고 도로 그의
옷을 입히고 십자가에 못 박으려고 끌고 나가
니라

십자가에 못 박히시다
(마 27:32-44; 눅 23:26-43; 요 19:17-27
♪ 146, 150장)

21 ●마침 알렉산더와 루포의 아버지인 구레네
사람 시몬이 시골로부터 와서 지나가는데 그
들이 그를 억지로 같이 가게 하여 예수의 십
자가를 지우고
22 예수를 끌고 골고다라 하는 곳 (번역하면 해
골의 곳)에 이르러
23 몰약을 탄 포도주를 주었으나 예수께서 받지
아니하시니라
24 십자가에 못 박고 그 옷을 나눌새 누가 어느
것을 가질까 하여 제비를 뽑더라
25 때가 제삼 시가 되어 십자가에 못 박으니라
26 그 위에 있는 죄패에 유대인의 왕이라 썼고
27 강도 둘을 예수와 함께 십자가에 못 박으니
하나는 그의 우편에, 하나는 좌편에 있더라
28 [1](없음)
29 지나가는 자들은 자기 머리를 흔들며 예수를
모욕하여 이르되 아하 성전을 헐고 사흘에 짓
는다는 자여
30 네가 너를 구원하여 십자가에서 내려오라 하
고
31 그와 같이 대제사장들도 서기관들과 함께 희
롱하며 서로 말하되 그가 남은 구원하였으되
자기는 구원할 수 없도다
32 이스라엘의 왕 그리스도가 지금 십자가에서
내려와 우리가 보고 믿게 할지어다 하며 함께
십자가에 못 박힌 자들도 예수를 욕하더라

숨지시다 (마 27:45-61; 눅 23:44-56;
요 19:28-30, 38-42)

33 ●제육 시가 되매 온 땅에 어둠이 임하여 제
구 시까지 계속하더니
34 제구 시에 예수께서 크게 소리 지르시되 엘리
엘리 라마 사박다니 하시니 이를 번역하면 나
의 하나님, 나의 하나님 어찌하여 나를 버리
셨나이까 하는 뜻이라
35 곁에 섰던 자 중 어떤 이들이 듣고 이르되 보
라 엘리야를 부른다 하고
36 한 사람이 달려가서 해면에 신 포도주를 적
시어 갈대에 꿰어 마시게 하고 이르되 가만
두라 엘리야가 와서 그를 내려 주나 보자 하
더라

they struck him on the head with a staff
and spit on him. Falling on their knees, they
20 paid homage to him. •And when they had
mocked him, they took off the purple robe
and put his own clothes on him. Then they
led him out to crucify him.

The Crucifixion of Jesus

21 •A certain man from Cyrene, Simon, the
father of Alexander and Rufus, was passing
by on his way in from the country, and they
22 forced him to carry the cross. •They bro-
ught Jesus to the place called Golgotha (wh-
23 ich means "the place of the skull"). •Then
they offered him wine mixed with myrrh,
24 but he did not take it. •And they crucified
him. Dividing up his clothes, they cast lots
to see what each would get.
25 •It was nine in the morning when they
26 crucified him. •The written notice of the
charge against him read: THE KING OF THE JEWS.
27 •They crucified two rebels with him, one
29 on his right and one on his left.[28][a] •Those
who passed by hurled insults at him, shak-
ing their heads and saying, "So! You who
are going to destroy the temple and build it
30 in three days, •come down from the cross
31 and save yourself!" •In the same way the
chief priests and the teachers of the law
mocked him among themselves. "He saved
others," they said, "but he can't save him-
32 self! •Let this Messiah, this king of Israel,
come down now from the cross, that we
may see and believe." Those crucified with
him also heaped insults on him.

The Death of Jesus

33 •At noon, darkness came over the whole
34 land until three in the afternoon. •And at
three in the afternoon Jesus cried out in a
loud voice, "*Eloi, Eloi, lema sabachtha-
ni?*" (which means "My God, my God, why
have you forsaken me?").[b]
35 •When some of those standing near
heard this, they said, "Listen, he's calling
Elijah."
36 •Someone ran, filled a sponge with wine
vinegar, put it on a staff, and offered it to
Jesus to drink. "Now leave him alone. Let's
see if Elijah comes to take him down," he
said.

[a] 28 Some manuscripts include here words similar to Luke 22:37. [b] 34 Psalm 22:1 1) 어떤 사본에는, 28 '불법자와 함께 인정함을 받았다 한 성경이 응하였느니라' 가 있음

certain [sə́:rtn] *a.* 어떤
charge [tʃa:rdʒ] *n.* 고소
crucify [krú:səfài] *vt.* 십자가에 못박다
force [fɔ:rs] *vt.* 억지로 … 시키다
forsake [fərséik] *vt.* 버리다
heap [hi:p] *vi.* 쌓다
hurl [hə:rl] *vt.* 덤벼들다
insult [insʌlt] *n.* 모욕
mock [mak] *vt.* 희롱하다
myrrh [mə:r] *n.* 몰약
rebel [rebə́l] *n.* 반역자
robe [roub] *n.* 옷
skull [skʌl] *n.* 두개골
spit [spit] *vi.* 침을 뱉다
vinegar [vínəgər] *n.* 식초

15:19 **pay homage to**: 경의를 표하다
15:23 **mix with...**: 와 섞다
15:24 **cast lots**: 제비를 뽑다
15:29 **pass by**: 지나가다
15:33 **come over**: (어둠 등이) 엄습하다
15:36 **fill A with B**: A를 B로 채우다

37 예수께서 큰 소리를 지르시고 숨지시니라
38 이에 성소 휘장이 위로부터 아래까지 찢어져 둘이 되니라 출 26:31-33
39 예수를 향하여 섰던 백부장이 그렇게 숨지심을 보고 이르되 이 사람은 진실로 하나님의 아들이었도다 하더라
40 멀리서 바라보는 여자들도 있었는데 그 중에 막달라 마리아와 또 작은 야고보와 요세의 어머니 마리아와 또 살로메가 있었으니
41 이들은 예수께서 갈릴리에 계실 때에 따르며 섬기던 자들이요 또 이외에 예수와 함께 예루살렘에 올라온 여자들도 많이 있었더라

요셉이 예수의 시체를 무덤에 넣어 두다
(마 27:57-61; 눅 23:50-56; 요 19:38-42)

42 ●이날은 준비일 곧 안식일 전날이므로 저물었을 때에
43 아리마대 사람 요셉이 와서 당돌히 빌라도에게 들어가 예수의 시체를 달라 하니 이 사람은 존경받는 공회원이요 하나님의 나라를 기다리는 자라
44 빌라도는 예수께서 벌써 죽었을까 하고 이상히 여겨 백부장을 불러 죽은 지가 오래냐 묻고
45 백부장에게 알아본 후에 요셉에게 시체를 내주는지라
46 요셉이 세마포를 사서 예수를 내려다가 그것으로 싸서 바위 속에 판 무덤에 넣어 두고 돌을 굴려 무덤 문에 놓으매
47 막달라 마리아와 요세의 어머니 마리아가 예수 둔 곳을 보더라

살아나시다 (마 28:1-10; 눅 24:1-12; 요 20:1-18 ♪ 162장) — A.D. 30년경

16 안식일이 지나매 막달라 마리아와 야고보의 어머니 마리아와 또 살로메가 가서 예수께 바르기 위하여 향품을 사다 두었다가
2 [1]안식 후 첫날 매우 일찍이 해 돋을 때에 그 무덤으로 가며
3 서로 말하되 누가 우리를 위하여 무덤 문에서 돌을 굴려 주리요 하더니
4 눈을 들어본즉 벌써 돌이 굴려져 있는데 그 돌이 심히 크더라
5 무덤에 들어가서 흰 옷을 입은 한 청년이 우편에 앉은 것을 보고 놀라매
6 청년이 이르되 놀라지 말라 너희가 십자가에 못 박히신 나사렛 예수를 찾는구나 그가 살아나셨고 여기 계시지 아니하니라 보라 그를 두었던 곳이니라

37 ●With a loud cry, Jesus breathed his last.
38 ●The curtain of the temple was torn in
39 two from top to bottom. ●And when the
centurion, who stood there in front of
Jesus, saw how he died,[a] he said, "Surely
this man was the Son of God!"
40 ●Some women were watching from a
distance. Among them were Mary Magdalene, Mary the mother of James the
41 younger and of Joseph,[b] and Salome. ●In
Galilee these women had followed him
and cared for his needs. Many other
women who had come up with him to
Jerusalem were also there.

The Burial of Jesus

42 ●It was Preparation Day (that is, the day
before the Sabbath). So as evening approa-
43 ched, ●Joseph of Arimathea, a prominent
member of the Council, who was himself
waiting for the kingdom of God, went
boldly to Pilate and asked for Jesus' body.
44 ●Pilate was surprised to hear that he was
already dead. Summoning the centurion,
he asked him if Jesus had already died.
45 ●When he learned from the centurion that
46 it was so, he gave the body to Joseph. ●So
Joseph bought some linen cloth, took down
the body, wrapped it in the linen, and
placed it in a tomb cut out of rock. Then he
rolled a stone against the entrance of the
47 tomb. ●Mary Magdalene and Mary the
mother of Joseph saw where he was laid.

Jesus Has Risen

16 When the Sabbath was over, Mary
Magdalene, Mary the mother of
James, and Salome bought spices so that
2 they might go to anoint Jesus' body. ●Very
early on the first day of the week, just after
sunrise, they were on their way to the tomb
3 ●and they asked each other, "Who will roll
the stone away from the entrance of the
tomb?"
4 ●But when they looked up, they saw that
the stone, which was very large, had been
5 rolled away. ●As they entered the tomb,
they saw a young man dressed in a white
robe sitting on the right side, and they were
alarmed.
6 ●"Don't be alarmed," he said. "You are

[a]39 Some manuscripts *saw that he died with such a cry*
[b]40 Greek *Joses*, a variant of *Joseph*; also in verse 47
1) 헬, 그 주간의

alarm [əlá:rm] *n.* 놀람
anoint [ənɔ́int] *vt.* 기름붓다
approach [əpróutʃ] *vt.* …에 접근하다
boldly [bóuldli] *ad.* 당돌하게
bottom [bátəm] *n.* 끝
centurion [sentjúəriən] *n.* 백부장
curtain [kə́:rtn] *n.* 휘장
entrance [éntrəns] *n.* 문간
linen [línən] *n.* 세마포
preparation [prèpəréiʃən] *n.* 준비
prominent [prámənənt] *a.* 저명한
Sabbath [sǽbəθ] *n.* 안식일
summon [sʌmən] *vt.* 소환하다
tomb [tu:m] *n.* 무덤
wrap [ræp] *vt.* 싸다

15:38 tear in two: 둘로 찢다
15:40 from a distance: 멀리서
15:46 cut out of...: …로부터 자르다
16:1 so that...: …하기 위해
16:5 dress in...: …을 입다
16:5 sit on...: …에 앉다

7 가서 그의 제자들과 베드로에게 이르기를
예수께서 너희보다 먼저 갈릴리로 가시나
니 전에 너희에게 말씀하신 대로 너희가 거
기서 뵈오리라 하라 하는지라
8 여자들이 몹시 놀라 떨며 나와 무덤에서 도
망하고 무서워하여 아무에게 아무 말도 하
지 못하더라

막달라 마리아에게 보이시다
(마 28:9-10; 요 20:11-18)

9 1) [예수께서 안식 후 첫날 이른 아침에 살아
나신 후 전에 일곱 귀신을 쫓아내어 주신 막
달라 마리아에게 먼저 보이시니
10 마리아가 가서 예수와 함께하던 사람들이
슬퍼하며 울고 있는 중에 이 일을 알리매
11 그들은 예수께서 살아나셨다는 것과 마리
아에게 보이셨다는 것을 듣고도 믿지 아니
하니라

두 제자에게 나타나시다 (눅 24:13-35)

12 ● 그 후에 그들 중 두 사람이 걸어서 시골로
갈 때에 예수께서 다른 모양으로 그들에게
나타나시니
13 두 사람이 가서 남은 제자들에게 알리었으
되 역시 믿지 아니하니라

만민에게 복음을 전파하라
(마 28:16-20; 눅 24:36-49;
요 20:19-23; 행 1:6-8)

14 ● 그 후에 열한 제자가 2) 음식 먹을 때에 예
수께서 그들에게 나타나사 그들의 믿음 없
는 것과 마음이 완악한 것을 꾸짖으시니 이
는 자기가 살아난 것을 본 자들의 말을 믿지
아니함일러라
15 또 이르시되 너희는 온 천하에 다니며 3) 만
민에게 복음을 전파하라
16 믿고 4) 세례를 받는 사람은 구원을 얻을 것
이요 믿지 않는 사람은 정죄를 받으리라
17 믿는 자들에게는 이런 5) 표적이 따르리니 곧
그들이 내 이름으로 귀신을 쫓아내며 새 방
언을 말하며 행 2:4
18 뱀을 집어올리며 무슨 독을 마실지라도 해
를 받지 아니하며 병든 사람에게 손을 얹은
즉 나으리라 하시더라

하늘로 올려지시다 (눅 24:50-53; 행 1:9-11)

19 ● 주 예수께서 말씀을 마치신 후에 하늘로 올
려지사 하나님 우편에 앉으시니라 눅 24:50, 51
20 제자들이 나가 두루 전파할새 주께서 함께
역사하사 그 따르는 5) 표적으로 말씀을 확실
히 증언하시니라] 행 5:12

looking for Jesus the Nazarene, who was cru-
cified. He has risen! He is not here. See the
7 place where they laid him. ● But go, tell his
disciples and Peter, 'He is going ahead of you
into Galilee. There you will see him, just as
he told you.' "
8 ● Trembling and bewildered, the women
went out and fled from the tomb. They said
nothing to anyone, because they were
afraid.[a]

[The earliest manuscripts and some other ancient witnesses do not have verses 9-20.]

9 ● *When Jesus rose early on the first day of the*
week, he appeared first to Mary Magdalene, out
10 *of whom he had driven seven demons.* ● *She*
went and told those who had been with him
11 *and who were mourning and weeping.* ● *When*
they heard that Jesus was alive and that she
had seen him, they did not believe it.
12 ● *Afterward Jesus appeared in a different*
form to two of them while they were walking in
13 *the country.* ● *These returned and reported it to*
the rest; but they did not believe them either.
14 ● *Later Jesus appeared to the Eleven as*
they were eating; he rebuked them for their lack
of faith and their stubborn refusal to believe
those who had seen him after he had risen.
15 ● *He said to them, "Go into all the world and*
16 *preach the gospel to all creation.* ● *Whoever*
believes and is baptized will be saved, but who-
17 *ever does not believe will be condemned.* ● *And*
these signs will accompany those who believe:
In my name they will drive out demons; they
18 *will speak in new tongues;* ● *they will pick up*
snakes with their hands; and when they drink
deadly poison, it will not hurt them at all; they
will place their hands on sick people, and they
will get well."
19 ● *After the Lord Jesus had spoken to them, he*
was taken up into heaven and he sat at the
20 *right hand of God.* ● *Then the disciples went*
out and preached everywhere, and the Lord
worked with them and confirmed his word by
the signs that accompanied it.

[a] 8 Some manuscripts have the following ending between verses 8 and 9, and one manuscript has it after verse 8 (omitting verses 9-20): *Then they quickly reported all these instructions to those around Peter. After this, Jesus himself also sent out through them from east to west the sacred and imperishable proclamation of eternal salvation. Amen.*

1) 어떤 사본에는, 9–20절까지 없음 2) 2:15 난하주를 보라 3) 헬, 온 창조세계에 4) 헬, 또는 침례 5) 또는 이적

accompany [əkʌmpəni] *vt.* 동반하다
afterward [ǽftərwərd] *ad.* 나중에
appear [əpíər] *vi.* 나타나다
baptize [bæptáiz] *vt.* 세례를 베풀다
bewilder [biwíldər] *vt.* 당황하게 하다
condemn [kəndém] *vt.* 정죄하다
confirm [kənfə́:rm] *vt.* 확실하게 하다
demon [dí:mən] *n.* 귀신
mourn [mɔ:rn] *vi.* 슬퍼하다
rebuke [ribjú:k] *vt.* 꾸짖다
refusal [rifjú:zəl] *n.* 거부
report [ripɔ́:rt] *vt.* 보고하다
stubborn [stʌbərn] *a.* 말을 듣지 않는
tremble [trémbl] *vi.* 떨다
weep [wi:p] *vi.* 울다

16:6 look for...: …을 찾다
16:8 nothing to: …에게 아무것도 아님
16:8 flee from...: …로부터 도망치다
16:9 rise on: 살아나다
16:12 different from...: …와 다른
16:17 speak in...: …으로 말하다

Luke | 누가복음

● 저자 _ 누가 ● 저작 연대 _ A.D. 61–63년 사이 ● 기록 장소 _ 가이사랴 또는 로마
● 기록 대상 _ 모든 이방 기독교인들, 특별히 데오빌로 ● 핵심어 및 내용 _ 핵심어는 '예수님'과 '인자'이다.

성육신하신 예수님은 종종 인자로 묘사된다. 예수님의 이런 인성은 마리아를 통한 그리스도의 족보와 그분의 성격 및 삶의 구체적인 모습들을 통하여 잘 드러난다.

데오빌로 각하에게

1 우리 중에 이루어진 사실에 대하여
2 처음부터 목격자와 말씀의 일꾼 된 자들이
전하여 준 그대로 내력을 저술하려고 붓을
든 사람이 많은지라
3 그 모든 일을 근원부터 자세히 미루어 살핀
나도 데오빌로 각하에게 차례대로 써 보내는
것이 좋은 줄 알았노니
4 이는 각하가 알고 있는 바를 더 확실하게 하
려 함이로라

세례 요한의 출생을 예고하다

5 ●유대 왕 헤롯 때에 아비야 반열에 제사장
한 사람이 있었으니 이름은 사가랴요 그의
아내는 아론의 자손이니 이름은 엘리사벳이
라
6 이 두 사람이 하나님 앞에 의인이니 주의 모
든 계명과 규례대로 흠이 없이 행하더라
7 엘리사벳이 잉태를 못하므로 그들에게 자식
이 없고 두 사람의 나이가 많더라
8 ●마침 사가랴가 그 반열의 차례대로 하나님
앞에서 제사장의 직무를 행할새
9 제사장의 전례를 따라 제비를 뽑아 주의 성
전에 들어가 분향하고
10 모든 백성은 그 분향하는 시간에 밖에서 기
도하더니
11 주의 사자가 그에게 나타나 향단 우편에 선
지라
12 사가랴가 보고 놀라며 무서워하니
13 천사가 그에게 이르되 사가랴여 무서워하지
말라 너의 간구함이 들린지라 네 아내 엘리
사벳이 네게 아들을 낳아 주리니 그 이름을
요한이라 하라
14 너도 기뻐하고 즐거워할 것이요 많은 사람도
그의 태어남을 기뻐하리니
15 이는 그가 주 앞에 큰 자가 되며 포도주나 독
한 술을 마시지 아니하며 모태로부터 성령의
충만함을 받아
16 이스라엘 자손을 주 곧 그들의 하나님께로
많이 돌아오게 하겠음이라
17 그가 또 엘리야의 심령과 능력으로 주 앞에
먼저 와서 아버지의 마음을 자식에게, 거스
르는 자를 의인의 슬기에 돌아오게 하고 주

Introduction

1 Many have undertaken to draw up an
account of the things that have been ful-
2 filled[a] among us, •just as they were hand-
ed down to us by those who from the first
were eyewitnesses and servants of the word.
3 •With this in mind, since I myself have care-
fully investigated everything from the
beginning, I too decided to write an orderly
account for you, most excellent Theophilus,
4 •so that you may know the certainty of the
things you have been taught.

The Birth of John the Baptist Foretold

5 •In the time of Herod king of Judea there
was a priest named Zechariah, who belong-
ed to the priestly division of Abijah; his wife
Elizabeth was also a descendant of Aaron.
6 •Both of them were righteous in the sight of
God, observing all the Lord's commands and
7 decrees blamelessly. •But they were childless
because Elizabeth was not able to conceive,
and they were both very old.
8 •Once when Zechariah's division was on
duty and he was serving as priest before God,
9 •he was chosen by lot, according to the cus-
tom of the priesthood, to go into the temple
10 of the Lord and burn incense. •And when
the time for the burning of incense came, all
the assembled worshipers were praying out-
side.
11 •Then an angel of the Lord appeared to
him, standing at the right side of the altar of
12 incense. •When Zechariah saw him, he was
13 startled and was gripped with fear. •But the
angel said to him: "Do not be afraid, Zechari-
ah; your prayer has been heard. Your wife
Elizabeth will bear you a son, and you are to
14 call him John. •He will be a joy and delight
to you, and many will rejoice because of his
15 birth, •for he will be great in the sight of the
Lord. He is never to take wine or other fer-
mented drink, and he will be filled with the
16 Holy Spirit even before he is born. •He will
bring back many of the people of Israel to
17 the Lord their God. •And he will go on

[a] 1 Or *been surely believed*

를 위하여 세운 백성을 준비하리라
18 사가랴가 천사에게 이르되 내가 이것을 어
떻게 알리요 내가 늙고 아내도 나이가 많으
니이다
19 천사가 대답하여 이르되 나는 하나님 앞에
서 있는 가브리엘이라 이 좋은 소식을 전하
여 네게 말하라고 보내심을 받았노라
20 보라 이 일이 되는 날까지 네가 말 못하는
자가 되어 능히 말을 못하리니 이는 네가
내 말을 믿지 아니함이거니와 때가 이르면
내 말이 이루어지리라 하더라
21 백성들이 사가랴를 기다리며 그가 성전 안
에서 지체함을 이상히 여기더라
22 그가 나와서 그들에게 말을 못하니 백성들
이 그가 성전 안에서 환상을 본 줄 알았더
라 그가 몸짓으로 뜻을 표시하며 그냥 말
못하는 대로 있더니
23 그 직무의 날이 다 되매 집으로 돌아가니라
24 ●이후에 그의 아내 엘리사벳이 잉태하고
다섯 달 동안 숨어 있으며 이르되
25 주께서 나를 돌보시는 날에 사람들 앞에서
내 부끄러움을 없게 하시려고 이렇게 행하
심이라 하더라

예수의 나심을 예고하다 (♪ 97, 203, 622장)

26 ●여섯째 달에 천사 가브리엘이 하나님의
보내심을 받아 갈릴리 나사렛이란 동네에
가서
27 다윗의 자손 요셉이라 하는 사람과 약혼한
처녀에게 이르니 그 처녀의 이름은 마리아라
28 그에게 들어가 이르되 은혜를 받은 자여 평
안할지어다 주께서 너와 함께 하시도다 하니
29 처녀가 그 말을 듣고 놀라 이런 인사가 어
찌함인가 생각하매
30 천사가 이르되 마리아여 무서워하지 말라
네가 하나님께 은혜를 입었느니라
31 보라 네가 잉태하여 아들을 낳으리니 그 이
름을 예수라 하라
32 그가 큰 자가 되고 지극히 높으신 이의 아
들이라 일컬어질 것이요 주 하나님께서 그
조상 다윗의 왕위를 그에게 주시리니 막 5:7
33 영원히 야곱의 집을 왕으로 다스리실 것이
며 그 나라가 무궁하리라
34 마리아가 천사에게 말하되 나는 남자를 알
지 못하니 어찌 이 일이 있으리이까
35 천사가 대답하여 이르되 성령이 네게 임하
시고 지극히 높으신 이의 능력이 너를 덮으
시리니 이러므로 나실 바 거룩한 이는 하나

before the Lord, in the spirit and power of Eli-
jah, to turn the hearts of the parents to their
children and the disobedient to the wisdom of
the righteous — to make ready a people pre-
pared for the Lord."
18 ●Zechariah asked the angel, "How can I be
sure of this? I am an old man and my wife is
well along in years."
19 ●The angel said to him, "I am Gabriel. I
stand in the presence of God, and I have been
sent to speak to you and to tell you this good
20 news. ●And now you will be silent and not
able to speak until the day this happens, be-
cause you did not believe my words, which
will come true at their appointed time."
21 ●Meanwhile, the people were waiting for
Zechariah and wondering why he stayed so
22 long in the temple. ●When he came out, he
could not speak to them. They realized he
had seen a vision in the temple, for he kept
making signs to them but remained unable
to speak.
23 ●When his time of service was completed,
24 he returned home. ●After this his wife Eliza-
beth became pregnant and for five months
25 remained in seclusion. ●"The Lord has done
this for me," she said. "In these days he has
shown his favor and taken away my disgrace
among the people."

The Birth of Jesus Foretold

26 ●In the sixth month of Elizabeth's pregnan-
cy, God sent the angel Gabriel to Nazareth, a
27 town in Galilee, ●to a virgin pledged to be
married to a man named Joseph, a descendant
28 of David. The virgin's name was Mary. ●The
angel went to her and said, "Greetings, you
who are highly favored! The Lord is with you."
29 ●Mary was greatly troubled at his words
and wondered what kind of greeting this
30 might be. ●But the angel said to her, "Do not
be afraid, Mary; you have found favor with
31 God. ●You will conceive and give birth to a
32 son, and you are to call him Jesus. ●He will be
great and will be called the Son of the Most
High. The Lord God will give him the throne
33 of his father David, ●and he will reign over
Jacob's descendants forever; his kingdom will
never end."
34 ●"How will this be," Mary asked the angel,
"since I am a virgin?"
35 ●The angel answered, "The Holy Spirit will
come on you, and the power of the Most High
will overshadow you. So the holy one to be

appoint [əpɔ́int] *vt.* 지정하다
descendant [diséndənt] *n.* 자손
disgrace [disgréis] *n.* 치욕
disobedient [dìsəbí:diənt] *a.* 순종하지 않는
greeting [grí:tiŋ] *n.* 인사
overshadow [òuvərʃǽdou] *vt.* 드리우다
pledge [pledʒ] *vt.* 맹세하다
pregnant [prégnənt] *a.* 임신한
realize [rí:əlàiz] *vt.* 깨닫다
reign [rein] *vi.* 통치하다
remain [riméin] *vi.* 여전히 있다
righteous [ráitʃəs] *a.* 의로운
seclusion [siklú:ʒən] *n.* 은둔
virgin [və́:rdʒin] *n.* 처녀
wisdom [wízdəm] *n.* 슬기

1:18 be well along in years: 상당히 나이가 들어 있다
1:19 in the presence of...: …앞에
1:20 come true: 실현되다
1:22 make signs: 신호하다
1:30 find favor with...: …의 총애를 받다

님의 아들이라 일컬어지리라
36 보라 네 친족 엘리사벳도 늙어서 아들을 배
었느니라 본래 임신하지 못한다고 알려진 이
가 이미 여섯 달이 되었나니
37 대저 하나님의 모든 말씀은 능하지 못하심이
없느니라
38 마리아가 이르되 주의 여종이오니 말씀대로
내게 이루어지이다 하매 천사가 떠나가니라

마리아가 엘리사벳을 방문하다

39 ●이때에 마리아가 일어나 빨리 산골로 가서
유대 한 동네에 이르러
40 사가랴의 집에 들어가 엘리사벳에게 문안하니
41 엘리사벳이 마리아가 문안함을 들으매 아이
가 복중에서 뛰노는지라 엘리사벳이 성령의
충만함을 받아
42 큰 소리로 불러 이르되 여자 중에 네가 복이
있으며 네 태중의 아이도 복이 있도다
43 내 주의 어머니가 내게 나아오니 이 어찌 된
일인가
44 보라 네 문안하는 소리가 내 귀에 들릴 때에
아이가 내 복중에서 기쁨으로 뛰놀았도다
45 주께서 하신 말씀이 반드시 이루어지리라고
믿은 그 여자에게 복이 있도다

마리아의 찬가 (♪ 100, 615장)

46 마리아가 이르되
내 영혼이 주를 찬양하며
47 내 마음이 하나님 내 구주를 기뻐하였음은
48 그의 여종의 비천함을 돌보셨음이라 보라
이제 후로는 만세에 나를 복이 있다 일컬으
리로다
49 능하신 이가 큰일을 내게 행하셨으니 그 이
름이 거룩하시며
50 긍휼하심이 두려워하는 자에게 대대로 이
르는도다
51 그의 팔로 힘을 보이사 마음의 생각이 교만
한 자들을 흩으셨고
52 권세 있는 자를 그 위에서 내리치셨으며 비
천한 자를 높이셨고 욥 5:11
53 주리는 자를 좋은 것으로 배불리셨으며 부
자는 빈 손으로 보내셨도다
54 그 종 이스라엘을 도우사 긍휼히 여기시고
기억하시되
55 우리 조상에게 말씀하신 것과 같이 아브라
함과 그 자손에게 영원히 하시리로다
하니라
56 마리아가 석 달쯤 함께 있다가 집으로 돌아
가니라

36 born will be called[a] the Son of God. •Even
Elizabeth your relative is going to have a
child in her old age, and she who was said to
be unable to conceive is in her sixth month.
37 •For no word from God will ever fail."
38 •"I am the Lord's servant," Mary an-
swered. "May your word to me be fulfilled."
Then the angel left her.

Mary Visits Elizabeth

39 •At that time Mary got ready and hur-
ried to a town in the hill country of Judea,
40 •where she entered Zechariah's home and
41 greeted Elizabeth. •When Elizabeth heard
Mary's greeting, the baby leaped in her
womb, and Elizabeth was filled with the
42 Holy Spirit. •In a loud voice she exclaimed:
"Blessed are you among women, and blessed
43 is the child you will bear! •But why am I so
favored, that the mother of my Lord should
44 come to me? •As soon as the sound of your
greeting reached my ears, the baby in my
45 womb leaped for joy. •Blessed is she who
has believed that the Lord would fulfill his
promises to her!"

Mary's Song

46 •And Mary said:

"My soul glorifies the Lord
47 • and my spirit rejoices in God my Savior,
48 •for he has been mindful
of the humble state of his servant.
From now on all generations will call me
blessed,
49 • for the Mighty One has done great
things for me—
holy is his name.
50 •His mercy extends to those who fear him,
from generation to generation.
51 •He has performed mighty deeds with his arm;
he has scattered those who are proud in
their inmost thoughts.
52 •He has brought down rulers from their
thrones
but has lifted up the humble.
53 •He has filled the hungry with good things
but has sent the rich away empty.
54 •He has helped his servant Israel,
remembering to be merciful
55 •to Abraham and his descendants forever,
just as he promised our ancestors."
56 •Mary stayed with Elizabeth for about

[a]35 *Or So the child to be born will be called holy,*

conceive [kənsíːv] *vt.* 임신하다
deed [diːd] *n.* 행위
exclaim [ikskléim] *vt.* 외치다
extend [iksténd] *vt.* 미치다
glorify [glɔ́ːrəfài] *vt.* 찬미하다
humble [hʌ́mbl] *a.* 겸손한, 비천한
inmost [ínmòust] *a.* 마음속 깊은 곳의
leap [liːp] *vi.* (껑충) 뛰다
merciful [mə́ːrsifəl] *a.* 자비로운
mighty [máiti] *a.* 강력한, 힘센
rejoice [ridʒɔ́is] *vi.* 기뻐하다
relative [rélətiv] *n.* 친척
scatter [skǽtər] *vt.* 흩뿌리다
throne [θroun] *n.* 보좌, 왕좌
womb [wuːm] *n.* 자궁

1:39 **hurry to...**: 서둘러 …로 가다
1:44 **as soon as...**: …하자마자
1:48 **be mindful of...**: …를 염두에 두다
1:48 **from now on**: 지금부터는
1:51 **be proud in**: 자랑하다, 교만하다
1:52 **bring down**: 내리다, 낮추다

세례 요한의 출생

57 ●엘리사벳이 해산할 기한이 차서 아들을 낳으니
58 이웃과 친족이 주께서 그를 크게 긍휼히 여기심을 듣고 함께 즐거워하더라
59 팔 일이 되매 아이를 할례하러 와서 그 아버지의 이름을 따라 사가랴라 하고자 하더니
60 그 어머니가 대답하여 이르되 아니라 요한이라 할 것이라 하매
61 그들이 이르되 네 친족 중에 이 이름으로 이름 한 이가 없다 하고
62 그의 아버지께 몸짓하여 무엇으로 이름을 지으려 하는가 물으니
63 그가 서판을 달라 하여 그 이름을 요한이라 쓰매 다 놀랍게 여기더라 1:13
64 이에 그 입이 곧 열리고 혀가 풀리며 말을 하여 하나님을 찬송하니 1:20
65 그 근처에 사는 자가 다 두려워하고 이 모든 말이 온 유대 산골에 두루 퍼지매
66 듣는 사람이 다 이 말을 마음에 두며 이르되 이 아이가 장차 어찌 될까 하니 이는 주의 손이 그와 함께 하심이러라

사가랴의 예언 (♪ 98, 105장)

67 ●그 부친 사가랴가 성령의 충만함을 받아 예언하여 이르되
68 찬송하리로다 주 이스라엘의 하나님이여 그 백성을 돌보사 속량하시며
69 우리를 위하여 구원의 뿔을 그 종 다윗의 집에 일으키셨으니
70 이것은 주께서 예로부터 거룩한 선지자의 입으로 말씀하신 바와 같이
71 우리 원수에게서와 우리를 미워하는 모든 자의 손에서 구원하시는 일이라
72 우리 조상을 긍휼히 여기시며 그 거룩한 언약을 기억하셨으니
73 곧 우리 조상 아브라함에게 하신 맹세라
74 우리가 원수의 손에서 건지심을 받고
75 종신토록 주의 앞에서 성결과 의로 두려움이 없이 섬기게 하리라 하셨도다
76 이 아이여 네가 지극히 높으신 이의 선지자라 일컬음을 받고 주 앞에 앞서 가서 그 길을 준비하여
77 주의 백성에게 그 죄 사함으로 말미암는 구원을 알게 하리니
78 이는 우리 하나님의 긍휼로 인함이라 이로써 돋는 해가 위로부터 우리에게 임하여

three months and then returned home.

The Birth of John the Baptist

57 •When it was time for Elizabeth to have her
58 baby, she gave birth to a son. •Her neighbors
and relatives heard that the Lord had shown
her great mercy, and they shared her joy.
59 •On the eighth day they came to circumcise
the child, and they were going to name him
60 after his father Zechariah, •but his mother
spoke up and said, "No! He is to be called John."
61 •They said to her, "There is no one among
your relatives who has that name."
62 •Then they made signs to his father, to find
63 out what he would like to name the child. •He
asked for a writing tablet, and to everyone's
astonishment he wrote, "His name is John."
64 •Immediately his mouth was opened and his
tongue set free, and he began to speak, praising
65 God. •All the neighbors were filled with awe,
and throughout the hill country of Judea peo-
66 ple were talking about all these things. •Every-
one who heard this wondered about it, asking,
"What then is this child going to be?" For the
Lord's hand was with him.

Zechariah's Song

67 •His father Zechariah was filled with the
Holy Spirit and prophesied:

68 •"Praise be to the Lord, the God of Israel,
because he has come to his people and
redeemed them.
69 •He has raised up a horn[a] of salvation for us
in the house of his servant David
70 •(as he said through his holy prophets of long
ago),
71 •salvation from our enemies
and from the hand of all who hate us—
72 •to show mercy to our ancestors
and to remember his holy covenant,
73 • the oath he swore to our father Abraham:
74 •to rescue us from the hand of our enemies,
and to enable us to serve him without fear
75 • in holiness and righteousness before him
all our days.
76 •And you, my child, will be called a prophet of
the Most High;
for you will go on before the Lord to
prepare the way for him,
77 •to give his people the knowledge of salvation
through the forgiveness of their sins,
78 •because of the tender mercy of our God,
by which the rising sun will come to us

[a]69 *Horn* here symbolizes a strong king.

ancestor [ǽnsestər] *n.* 조상
astonishment [əstániʃmənt] *n.* 놀람
awe [ɔː] *n.* 두려움
circumcise [sə́ːrkəmsàiz] *vt.* 할례를 베풀다
covenant [kʌ́vənənt] *n.* 계약, 언약
knowledge [nálidʒ] *n.* 아는 것, 지식
neighbor [néibər] *n.* 이웃
oath [ouθ] *n.* 맹세
prophesy [práfəsài] *vt.* 예언하다
redeem [ridíːm] *vt.* 구해내다
relative [rélətiv] *n.* 친척
salvation [sælvéiʃən] *n.* 구원
swear [swɛər] *vt.* 맹세하다
tablet [tǽblit] *n.* 서판
tender [téndər] *a.* 연한

1:60 speak up: 더 크게 말하다
1:67 be filled with...: …으로 충만하다
1:74 rescue A from B: B에서 A를 구원하다
1:74 enable A to B: A가 B할 수 있게 하다
1:75 all one's days: 일생 동안

79 어둠과 죽음의 그늘에 앉은 자에게 비치
고 우리 발을 평강의 길로 인도하시리로
다
하니라
행 26:18
80 아이가 자라며 심령이 강하여지며 이스라엘
에게 나타나는 날까지 빈 들에 있으니라 2:40

예수의 나심 (마 1:18-25 ♪ 108, 114, 128장)

2 그때에 가이사 아구스도가 영을 내려 천
하로 다 호적하라 하였으니
2 이 호적은 구레뇨가 수리아 총독이 되었을
때에 처음 한 것이라
3 모든 사람이 호적하러 각각 고향으로 돌아
가매
4 요셉도 다윗의 집 족속이므로 갈릴리 나사
렛 동네에서 유대를 향하여 베들레헴이라
하는 다윗의 동네로
1:27
5 그 약혼한 마리아와 함께 호적하러 올라가
니 마리아가 이미 잉태하였더라
6 거기 있을 그때에 해산할 날이 차서
7 첫아들을 낳아 강보로 싸서 구유에 뉘었으
니 이는 여관에 있을 곳이 없음이러라

목자들이 예수 탄생 소식을 듣다
(♪ 118, 123, 124장)

8 ●그 지역에 목자들이 밤에 밖에서 자기 양
떼를 지키더니
9 주의 사자가 곁에 서고 주의 영광이 그들을
두루 비추매 크게 무서워하는지라
10 천사가 이르되 무서워하지 말라 보라 내가
온 백성에게 미칠 큰 기쁨의 좋은 소식을
너희에게 전하노라
11 오늘 다윗의 동네에 너희를 위하여 구주가
나셨으니 곧 그리스도 주시니라
12 너희가 가서 강보에 싸여 구유에 뉘어 있는
아기를 보리니 이것이 너희에게 표적이니
라 하더니
13 홀연히 수많은 천군이 그 천사와 함께 하나
님을 찬송하여 이르되
14 지극히 높은 곳에서는 하나님께 영광이
요 땅에서는 하나님이 기뻐하신 사람들
중에 평화로다
하니라
빌 2:10, 11
15 ●천사들이 떠나 하늘로 올라가니 목자가
서로 말하되 이제 베들레헴으로 가서 주께
서 우리에게 알리신 바 이 이루어진 일을
보자 하고
16 빨리 가서 마리아와 요셉과 구유에 누인 아
기를 찾아서

from heaven
79 ●to shine on those living in darkness
and in the shadow of death,
to guide our feet into the path of peace."
80 ●And the child grew and became strong in
spirit[a]; and he lived in the wilderness until he
appeared publicly to Israel.

The Birth of Jesus

2 In those days Caesar Augustus issued a
decree that a census should be taken of
2 the entire Roman world. ●(This was the first
census that took place while[b] Quirinius was
3 governor of Syria.) ●And everyone went to
their own town to register.
4 ●So Joseph also went up from the town of
Nazareth in Galilee to Judea, to Bethlehem the
town of David, because he belonged to the
5 house and line of David. ●He went there to
register with Mary, who was pledged to be
married to him and was expecting a child.
6 ●While they were there, the time came for the
7 baby to be born, ●and she gave birth to her
firstborn, a son. She wrapped him in cloths
and placed him in a manger, because there
was no guest room available for them.
8 ●And there were shepherds living out in the
fields nearby, keeping watch over their flocks at
9 night. ●An angel of the Lord appeared to them,
and the glory of the Lord shone around them,
10 and they were terrified. ●But the angel said to
them, "Do not be afraid. I bring you good
news that will cause great joy for all the people.
11 ●Today in the town of David a Savior has been
12 born to you; he is the Messiah, the Lord. ●This
will be a sign to you: You will find a baby
wrapped in cloths and lying in a manger."
13 ●Suddenly a great company of the heav-
enly host appeared with the angel, praising
God and saying,
14 ●"Glory to God in the highest heaven,
and on earth peace to those on whom his
favor rests."
15 ●When the angels had left them and gone
into heaven, the shepherds said to one anoth-
er, "Let's go to Bethlehem and see this thing
that has happened, which the Lord has told us
about."
16 ●So they hurried off and found Mary and
Joseph, and the baby, who was lying in the

[a]80 Or *in the Spirit* [b]2 Or *This census took place before*

appear [əpíər] *vi.* 나타나다
available [əvéiləbl] *a.* 이용 가능한
census [sénsəs] *n.* 인구 조사
company [kʌ́mpəni] *n.* 무리
decree [dikríː] *n.* 법령
entire [intáiər] *a.* 전체의
firstborn [fə́ːrstbɔ́ːrn] *n.* 장자
flock [flak] *n.* 떼, 무리
governor [gʌ́vərnər] *n.* 총독
manger [méindʒər] *n.* 구유
publicly [pʌ́blikli] *ad.* 공개적으로
register [rédʒistər] *vi.* 기명하다
shepherd [ʃépərd] *n.* 목자
terrified [térəfàid] *a.* 무서워하는
wrap [ræp] *vt.* 감싸다

2:2 take place: 일어나다, 개최하다
2:5 be pledged to...: …을 서약하다
2:8 keep watch over: 지키다
2:15 say to one another: 서로에게 말하다
2:16 hurry off: 급히 가다

17 보고 천사가 자기들에게 이 아기에 대하여
말한 것을 전하니
18 듣는 자가 다 목자들이 그들에게 말한 것들
을 놀랍게 여기되
19 마리아는 이 모든 말을 마음에 새기어 생각
하니라
20 목자들은 자기들에게 이르던 바와 같이 듣고
본 그 모든 것으로 인하여 하나님께 영광을
돌리고 찬송하며 돌아가니라
마 9:8
21 ●할례할 팔 일이 되매 그 이름을 예수라 하
니 곧 잉태하기 전에 천사가 일컬은 바러라

아기 예수의 정결예식 (♪ 80, 94장)

22 ●[ㄱ]모세의 법대로 정결예식의 날이 차매 아
기를 데리고 예루살렘에 올라가니
23 이는 주의 율법에 쓴 바 [ㄴ]첫 태에 처음 난 남
자마다 주의 거룩한 자라 하리라 한 대로 아
기를 주께 드리고
24 또 주의 율법에 말씀하신 대로 [ㄷ]산비둘기 한
쌍이나 혹은 어린 집비둘기 둘로 제사하려
함이더라
25 예루살렘에 시므온이라 하는 사람이 있으니
이 사람은 의롭고 경건하여 이스라엘의 위로
를 기다리는 자라 성령이 그 위에 계시더라
26 그가 주의 그리스도를 보기 전에는 죽지 아
니하리라 하는 성령의 지시를 받았더니
27 성령의 감동으로 성전에 들어가매 마침 부모
가 율법의 관례대로 행하고자 하여 그 아기
예수를 데리고 오는지라
28 시므온이 아기를 안고 하나님을 찬송하여 이
르되
29 주재여 이제는 말씀하신 대로 종을 평안히
놓아 주시는도다
30 내 눈이 주의 구원을 보았사오니
31 이는 만민 앞에 예비하신 것이요
32 이방을 비추는 빛이요 주의 백성 이스라엘
의 영광이니이다
하니
33 그의 부모가 그에 대한 말들을 놀랍게 여기
더라
34 시므온이 그들에게 축복하고 그의 어머니
마리아에게 말하여 이르되 보라 이는 이스
라엘 중 많은 사람을 패하거나 흥하게 하며
비방을 받는 표적이 되기 위하여 세움을 받
았고
고후 2:16
35 또 칼이 네 마음을 찌르듯 하리니 이는 여러
사람의 마음의 생각을 드러내려 함이니라 하
더라

17 manger. •When they had seen him, they
spread the word concerning what had been
18 told them about this child, •and all who
heard it were amazed at what the shepherds
19 said to them. •But Mary treasured up all
these things and pondered them in her
20 heart. •The shepherds returned, glorifying
and praising God for all the things they had
heard and seen, which were just as they had
been told.
21 •On the eighth day, when it was time to
circumcise the child, he was named Jesus,
the name the angel had given him before he
was conceived.

Jesus Presented in the Temple

22 •When the time came for the purification
rites required by the Law of Moses, Joseph
and Mary took him to Jerusalem to present
23 him to the Lord •(as it is written in the Law
of the Lord, "Every firstborn male is to be
24 consecrated to the Lord"[a]), •and to offer a
sacrifice in keeping with what is said in the
Law of the Lord: "a pair of doves or two
young pigeons."[b]
25 •Now there was a man in Jerusalem called
Simeon, who was righteous and devout. He
was waiting for the consolation of Israel, and
26 the Holy Spirit was on him. •It had been
revealed to him by the Holy Spirit that he
would not die before he had seen the Lord's
27 Messiah. •Moved by the Spirit, he went into
the temple courts. When the parents brought
in the child Jesus to do for him what the cus-
28 tom of the Law required, •Simeon took him
in his arms and praised God, saying:
29 •"Sovereign Lord, as you have promised,
you may now dismiss[c] your servant in
peace.
30 •For my eyes have seen your salvation,
31 • which you have prepared in the sight of
all nations:
32 •a light for revelation to the Gentiles,
and the glory of your people Israel."
33 •The child's father and mother marveled
34 at what was said about him. •Then Simeon
blessed them and said to Mary, his mother:
"This child is destined to cause the falling
and rising of many in Israel, and to be a sign
35 that will be spoken against, •so that the
thoughts of many hearts will be revealed.

[a]23 Exodus 13:2,12 [b]24 Lev. 12:8 [c]29 Or *promised, / now dismiss* ㄱ. 레 12:2-6 ㄴ. 출 13:2,12 ㄷ. 레 12:8; 5:11

누

circumcise [sə́ːrkəmsàiz] *vt.* 할례하다
conceive [kənsíːv] *vt.* 임신하다
concerning [kənsə́ːrniŋ] *prep.* …에 관하여
consecrate [kánsəkrèit] *vt.* 바치다
consolation [kànsəléiʃən] *n.* 위로
devout [diváut] *a.* 믿음이 깊은
dismiss [dismís] *vt.* 퇴거시키다
Gentile [dʒéntail] *n.* 이방인
pigeon [pídʒən] *n.* 비둘기
ponder [pándər] *vt.* 숙고하다
purification [pjùərəfikéiʃən] *n.* 정화
revelation [rèvəléiʃən] *n.* 계시
sacrifice [sǽkrəfàis] *n.* 산 제물
sovereign [sávərin] *a.* 주권을 가진
spread [spred] *vt.* 퍼뜨리다

2:19 **treasure up**: 간직하다
2:20 **just as...**: …과 꼭 마찬가지로
2:22 **present A to B**: B에게 A를 드리다
2:24 **in keeping with...**: …과 일치하여
2:33 **marvel at...**: …에 경탄하다
2:34 **be destined to...**: …할 운명이다

36 또 아셀 지파 바누엘의 딸 안나라 하는 선
지자가 있어 나이가 매우 많았더라 그가 결
혼한 후 일곱 해 동안 남편과 함께 살다가
37 과부가 되고 팔십사 세가 되었더라 이 사람
이 성전을 떠나지 아니하고 주야로 금식하
며 기도함으로 섬기더니
38 마침 이때에 나아와서 하나님께 감사하고
예루살렘의 속량을 바라는 모든 사람에게
그에 대하여 말하니라
39 주의 율법을 따라 모든 일을 마치고 갈릴리
로 돌아가 본 동네 나사렛에 이르니라 2:51
40 ●아기가 자라며 강하여지고 지혜가 충만하
며 하나님의 은혜가 그의 위에 있더라 1:80

열두 살 시절의 예수

41 ●그의 부모가 해마다 유월절이 되면 예루
살렘으로 가더니
42 예수께서 열두 살 되었을 때에 그들이 이
절기의 관례를 따라 올라갔다가
43 그날들을 마치고 돌아갈 때에 아이 예수는
예루살렘에 머무셨더라 그 부모는 이를 알
지 못하고
44 동행 중에 있는 줄로 생각하고 하룻길을 간
후 친족과 아는 자 중에서 찾되
45 만나지 못하매 찾으면서 예루살렘에 돌아
갔더니
46 사흘 후에 성전에서 만난즉 그가 선생들 중
에 앉으사 그들에게 듣기도 하시며 묻기도
하시니
47 듣는 자가 다 그 지혜와 대답을 놀랍게 여기
더라
48 그의 부모가 보고 놀라며 그의 어머니는 이
르되 아이야 어찌하여 우리에게 이렇게 하
였느냐 보라 네 아버지와 내가 근심하여 너
를 찾았노라
49 예수께서 이르시되 어찌하여 나를 찾으셨
나이까 내가 1)내 아버지 집에 있어야 될 줄
을 알지 못하셨나이까 하시니
50 그 부모가 그가 하신 말씀을 깨닫지 못하더
라
51 예수께서 함께 내려가사 나사렛에 이르러
순종하여 받드시더라 그 어머니는 이 모든
2)말을 마음에 두니라
52 ●예수는 지혜와 키가 자라가며 하나님과
사람에게 더욱 사랑스러워 가시더라

세례 요한의 전파 (마 3:1-12; 막 1:1-8; 요 1:19-28)

3 디베료 황제가 통치한 지 열다섯 해 곧 본
디오 빌라도가 유대의 총독으로, 헤롯이

And a sword will pierce your own soul too."
36 ●There was also a prophet, Anna, the daugh-
ter of Penuel, of the tribe of Asher. She was very
old; she had lived with her husband seven
37 years after her marriage, ●and then was a
widow until she was eighty-four.[a] She never left
the temple but worshiped night and day, fast-
38 ing and praying. ●Coming up to them at that
very moment, she gave thanks to God and
spoke about the child to all who were looking
forward to the redemption of Jerusalem.
39 ●When Joseph and Mary had done every-
thing required by the Law of the Lord, they
returned to Galilee to their own town of
40 Nazareth. ●And the child grew and became
strong; he was filled with wisdom, and the
grace of God was on him.

The Boy Jesus at the Temple

41 ●Every year Jesus' parents went to Jerusalem
42 for the Festival of the Passover. ●When he was
twelve years old, they went up to the festival,
43 according to the custom. ●After the festival
was over, while his parents were returning
home, the boy Jesus stayed behind in Jeru-
44 salem, but they were unaware of it. ●Thinking
he was in their company, they traveled on
for a day. Then they began looking for him
45 among their relatives and friends. ●When
they did not find him, they went back to
46 Jerusalem to look for him. ●After three days
they found him in the temple courts, sitting
among the teachers, listening to them and ask-
47 ing them questions. ●Everyone who heard
him was amazed at his understanding and his
48 answers. ●When his parents saw him, they
were astonished. His mother said to him, "Son,
why have you treated us like this? Your father
and I have been anxiously searching for you."
49 ●"Why were you searching for me?" he
asked. "Didn't you know I had to be in my
50 Father's house?"[b] ●But they did not under-
stand what he was saying to them.
51 ●Then he went down to Nazareth with
them and was obedient to them. But his mo-
ther treasured all these things in her heart.
52 ●And Jesus grew in wisdom and stature, and
in favor with God and man.

John the Baptist Prepares the Way

3 In the fifteenth year of the reign of Tibe-
rius Caesar—when Pontius Pilate was

[a]37 *Or then had been a widow for eighty-four years.* [b]49 *Or be about my Father's business*

1) 또는 내 아버지의 일에 관계하여야 2) 또는 일을

amazed [əméizd] *a.* 놀란
anxiously [ǽŋkʃəsli] *ad.* 근심하여
astonish [əstániʃ] *vt.* 깜짝 놀라게 하다
company [kʌ́mpəni] *n.* 일행
fast [fæst] *vi.* 금식하다
Passover [pǽsòuvər] *n.* 유월절
pierce [piərs] *vt.* 꿰뚫다
redemption [ridémpʃən] *n.* 구속
reign [rein] *vi.* 통치하다
relative [rélətiv] *n.* 친척
require [rikwáiər] *vt.* 요구하다
stature [stǽtʃər] *n.* 키
temple [témpl] *n.* 성전
treat [triːt] *vt.* 대우하다
widow [wídou] *n.* 과부

2:38 **at that very moment**: 바로 그 순간에
2:38 **give thanks to...**: …에 감사하다
2:38 **look forward to...**: …를 기대하다
2:40 **be filled with...**: …로 가득하다
2:43 **be unaware of...**: …를 알지 못하다
2:51 **be obedient to...**: …에 순종하다

갈릴리의 분봉 왕으로, 그 동생 빌립이 이두
래와 드라고닛 지방의 분봉 왕으로, 루사니
아가 아빌레네의 분봉 왕으로, 마 27:2
2 안나스와 가야바가 대제사장으로 있을 때에
하나님의 말씀이 빈 들에서 사가랴의 아들
요한에게 임한지라
3 요한이 요단 강 부근 각처에 와서 죄 사함을
받게 하는 회개의 [1]세례를 전파하니
4 선지자 이사야의 책에 쓴 바
ㄱ광야에서 외치는 자의 소리가 있어 이르
되 너희는 주의 길을 준비하라 그의 오실
길을 곧게 하라
5 모든 골짜기가 메워지고 모든 산과 작은 산
이 낮아지고 굽은 것이 곧아지고 험한 길이
평탄하여질 것이요
6 모든 육체가 하나님의 구원하심을 보리라
함과 같으니라 시 98:2
7 ●요한이 [1]세례 받으러 나아오는 무리에게
이르되 독사의 자식들아 누가 너희에게 일러
장차 올 진노를 피하라 하더냐
8 그러므로 회개에 합당한 열매를 맺고 속으로
아브라함이 우리 조상이라 말하지 말라 내가
너희에게 이르노니 하나님이 능히 이 돌들로
도 아브라함의 자손이 되게 하시리라
9 이미 도끼가 나무 뿌리에 놓였으니 좋은 열
매 맺지 아니하는 나무마다 찍혀 불에 던져
지리라
10 무리가 물어 이르되 그러면 우리가 무엇을
하리이까
11 대답하여 이르되 옷 두 벌 있는 자는 옷 없는
자에게 나눠 줄 것이요 먹을 것이 있는 자도
그렇게 할 것이니라 하고
12 세리들도 [1]세례를 받고자 하여 와서 이르되
선생이여 우리는 무엇을 하리이까 하매 7:29
13 이르되 부과된 것 외에는 거두지 말라 하고
14 군인들도 물어 이르되 우리는 무엇을 하리이
까 하매 이르되 사람에게서 강탈하지 말며 거
짓으로 고발하지 말고 받는 급료를 족한 줄로
알라 하니라
15 ●백성들이 바라고 기다리므로 모든 사람들
이 요한을 혹 그리스도신가 심중에 생각하니
16 요한이 모든 사람에게 대답하여 이르되 나
는 물로 너희에게 [1]세례를 베풀거니와 나보
다 능력이 많으신 이가 오시나니 나는 그의
신발끈을 풀기도 감당하지 못하겠노라 그
는 성령과 불로 너희에게 [1]세례를 베푸실
것이요

governor of Judea, Herod tetrarch of Galilee,
his brother Philip tetrarch of Iturea and Tra-
conitis, and Lysanias tetrarch of Abilene—
2 •during the high-priesthood of Annas and
Caiaphas, the word of God came to John
3 son of Zechariah in the wilderness. •He
went into all the country around the Jordan,
preaching a baptism of repentance for the
4 forgiveness of sins. •As it is written in the
book of the words of Isaiah the prophet:

"A voice of one calling in the wilderness,
'Prepare the way for the Lord,
make straight paths for him.
5 •Every valley shall be filled in,
every mountain and hill made low.
The crooked roads shall become straight,
the rough ways smooth.
6 •And all people will see God's salvation.' "[a]

7 •John said to the crowds coming out to be
baptized by him, "You brood of vipers! Who
warned you to flee from the coming wrath?
8 •Produce fruit in keeping with repentance.
And do not begin to say to yourselves, 'We
have Abraham as our father.' For I tell you
that out of these stones God can raise up chil-
9 dren for Abraham. •The ax is already at the
root of the trees, and every tree that does not
produce good fruit will be cut down and
thrown into the fire."
10 •"What should we do then?" the crowd
asked.
11 •John answered, "Anyone who has two
shirts should share with the one who has
none, and anyone who has food should do
the same."
12 •Even tax collectors came to be baptized.
"Teacher," they asked, "what should we do?"
13 •"Don't collect any more than you are
required to," he told them.
14 •Then some soldiers asked him, "And
what should we do?"
He replied, "Don't extort money and don't
accuse people falsely—be content with your
pay."
15 •The people were waiting expectantly
and were all wondering in their hearts if
16 John might possibly be the Messiah. •John
answered them all, "I baptize you with[b] water.
But one who is more powerful than I will
come, the straps of whose sandals I am not
worthy to untie. He will baptize you with[b]

[a]6 Isaiah 40:3-5 [b]16 Or *in*

1) 헬, 또는 침례 ㄱ. 사 40:3 이하

accuse [əkjúːz] *vt.* 고소하다
ax [æks] *n.* 도끼
brood [brúːd] *n.* 한 배의 새끼
crooked [krúkid] *a.* 구부러진
expectantly [ikspéktəntli] *ad.* 기대하여
extort [ikstɔ́ːrt] *vt.* 강제로 탈취하다
repentance [ripéntəns] *n.* 회개
rough [rʌf] *a.* 거친, 험한
salvation [sælvéiʃən] *n.* 구원
strap [stræp] *n.* 가죽끈
untie [ʌntái] *vt.* 풀다
viper [váipər] *n.* 독사
warn [wɔːrn] *vt.* 경고하다
wilderness [wíldərnis] *n.* 황야, 광야
wrath [ræθ] *n.* 진노

3:8 in keeping with...: …과 일치하여
3:8 out of...: …중에
3:9 cut down: 베어 넘어 뜨리다
3:11 A share with B: A가 B와 나누어 갖다
3:14 be content with...: …에 만족하다

17 손에 키를 들고 자기의 타작 마당을 정하게
하사 알곡은 모아 곳간에 들이고 쭉정이는
꺼지지 않는 불에 태우시리라
18 ●또 그 밖에 여러 가지로 권하여 백성에게
좋은 소식을 전하였으나
19 분봉 왕 헤롯은 그의 동생의 아내 헤로디아
의 일과 또 자기가 행한 모든 악한 일로 말미
암아 요한에게 책망을 받고
20 그 위에 한 가지 악을 더하여 요한을 옥에 가
두니라

세례를 받으시다 (마 3:13-17; 막 1:9-11)

21 ●백성이 다 [1]세례를 받을새 예수도 [1]세례를
받으시고 기도하실 때에 하늘이 열리며
22 성령이 비둘기 같은 형체로 그의 위에 강림
하시더니 하늘로부터 소리가 나기를 너는 내
사랑하는 아들이라 내가 너를 기뻐하노라 하
시니라

예수의 족보 (마 1:1-17)

23 ●예수께서 가르치심을 시작하실 때에 삼십
세쯤 되시니라 사람들이 아는 대로는 요셉의
아들이니 요셉의 위는 헬리요 마 4:17
24 그 위는 맛닷이요 그 위는 레위요 그 위는 멜
기요 그 위는 안나요 그 위는 요셉이요
25 그 위는 맛다디아요 그 위는 아모스요 그 위는
나훔이요 그 위는 에슬리요 그 위는 낙개요
26 그 위는 마앗이요 그 위는 맛다디아요 그 위
는 서머인이요 그 위는 요섹이요 그 위는 요
다요
27 그 위는 요아난이요 그 위는 레사요 그 위는
스룹바벨이요 그 위는 스알디엘이요 그 위
는 네리요
28 그 위는 멜기요 그 위는 앗디요 그 위는 고삼
이요 그 위는 엘마담이요 그 위는 에르요
29 그 위는 예수요 그 위는 엘리에서요 그 위는
요림이요 그 위는 맛닷이요 그 위는 레위요
30 그 위는 시므온이요 그 위는 유다요 그 위는
요셉이요 그 위는 요남이요 그 위는 엘리아
김이요
31 그 위는 멜레아요 그 위는 멘나요 그 위는 맛
다다요 그 위는 나단이요 그 위는 다윗이요
32 그 위는 이새요 그 위는 오벳이요 그 위는 보
아스요 그 위는 살몬이요 그 위는 나손이요
33 그 위는 아미나답이요 그 위는 아니요 그 위
는 헤스론이요 그 위는 베레스요 그 위는 유
다요
34 그 위는 야곱이요 그 위는 이삭이요 그 위는
아브라함이요 그 위는 데라요 그 위는 나홀

17 the Holy Spirit and fire. ●His winnowing
fork is in his hand to clear his threshing floor
and to gather the wheat into his barn, but he
will burn up the chaff with unquenchable
18 fire." ●And with many other words John
exhorted the people and proclaimed the
good news to them.
19 ●But when John rebuked Herod the tetrar-
ch because of his marriage to Herodias, his
brother's wife, and all the other evil things he
20 had done, ●Herod added this to them all: He
locked John up in prison.

The Baptism and Genealogy of Jesus

21 ●When all the people were being bap-
tized, Jesus was baptized too. And as he was
22 praying, heaven was opened ●and the Holy
Spirit descended on him in bodily form like
a dove. And a voice came from heaven: "You
are my Son, whom I love; with you I am well
pleased."
23 ●Now Jesus himself was about thirty years
old when he began his ministry. He was the
son, so it was thought, of Joseph,
24 the son of Heli, ●the son of Matthat,
the son of Levi, the son of Melki,
the son of Jannai, the son of Joseph,
25 ●the son of Mattathias, the son of Amos,
the son of Nahum, the son of Esli,
26 the son of Naggai, ●the son of Maath,
the son of Mattathias, the son of Semein,
the son of Josek, the son of Joda,
27 ●the son of Joanan, the son of Rhesa,
the son of Zerubbabel, the son of Shealtiel,
28 the son of Neri, ●the son of Melki,
the son of Addi, the son of Cosam,
the son of Elmadam, the son of Er,
29 ●the son of Joshua, the son of Eliezer,
the son of Jorim, the son of Matthat,
30 the son of Levi, ●the son of Simeon,
the son of Judah, the son of Joseph,
the son of Jonam, the son of Eliakim,
31 ●the son of Melea, the son of Menna,
the son of Mattatha, the son of Nathan,
32 the son of David, ●the son of Jesse,
the son of Obed, the son of Boaz,
the son of Salmon, [a] the son of Nahshon,
33 ●the son of Amminadab, the son of Ram, [b]
the son of Hezron, the son of Perez,
34 the son of Judah, ●the son of Jacob,
the son of Isaac, the son of Abraham,

[a]32 Some early manuscripts *Sala* [b]33 Some manuscripts *Amminadab, the son of Admin, the son of Arni*; other manuscripts vary widely. 1) 헬, 또는 침례

baptize [bæptáiz] *vt.* 세례를 베풀다
bodily [bádəli] *a.* 몸의
chaff [tʃæf] *n.* 왕겨
dove [dʌv] *n.* 비둘기
evil [íːvəl] *a.* 악한
exhort [igzɔ́ːrt] *vt.* 강력히 권고하다
ministry [mínəstri] *n.* 사역
pleased [plíːzd] *a.* 기뻐하는
proclaim [proukléim] *vt.* 선포하다
rebuke [ribjúːk] *vt.* 비난하다
tetrarch [tíːtraːrk] *n.* 영주
thresh [θreʃ] *vt.* 타작하다
unquenchable [ʌ̀nkwéntʃəbl] *a.* 끌 수 없는
wheat [hwiːt] *n.* 밀
winnow [winou] *vt.* 키질하다

3:19 because of...: …때문에
3:20 add to...: …에 더하다
3:20 lock... up: …을 가두다
3:22 descend on: 몰려오다
3:23 so it was thought: 사람들이 그렇게 생각하는 것과 같이

이요
35 그 위는 스룩이요 그 위는 르우요 그 위는 벨
렉이요 그 위는 헤버요 그 위는 살라요
36 그 위는 가이난이요 그 위는 아박삿이요 그 위
는 셈이요 그 위는 노아요 그 위는 레멕이요
37 그 위는 므두셀라요 그 위는 에녹이요 그 위
는 야렛이요 그 위는 마할랄렐이요 그 위는
가이난이요
38 그 위는 에노스요 그 위는 셋이요 그 위는 아
담이요 그 위는 하나님이시니라

시험을 받으시다
(마 4:1-11; 막 1:12-13 ♪ 357, 358장)

4 예수께서 성령의 충만함을 입어 요단 강에
서 돌아오사 광야에서 사십 일 동안 성령에
게 이끌리시며 4:14
2 마귀에게 시험을 받으시더라 이 모든 날에
아무 것도 잡수시지 아니하시니 날 수가 다
하매 주리신지라
3 마귀가 이르되 네가 만일 하나님의 아들이어
든 이 돌들에게 명하여 떡이 되게 하라
4 예수께서 대답하시되 기록된 바 ᄀ사람이 떡
으로만 살 것이 아니라 하였느니라
5 마귀가 또 예수를 이끌고 올라가서 순식간에
천하 만국을 보이며
6 이르되 이 모든 권위와 그 영광을 내가 네게
주리라 이것은 내게 넘겨 준 것이므로 내가
원하는 자에게 주노라
7 그러므로 네가 만일 내게 절하면 다 네 것이
되리라
8 예수께서 대답하여 이르시되 기록된 바 ᄂ주
너의 하나님께 경배하고 다만 그를 섬기라
하였느니라
9 또 이끌고 예루살렘으로 가서 성전 꼭대기에
세우고 이르되 네가 만일 하나님의 아들이어
든 여기서 뛰어내리라
10 기록되었으되
ᄃ하나님이 너를 위하여 그 사자들을 명하
사 너를 지키게 하시리라
하였고
11 또한
그들이 손으로 너를 받들어 네 발이 돌에
부딪치지 않게 하시리라
하였느니라
12 예수께서 대답하여 이르시되 ᄅ주 너의 하나
님을 시험하지 말라 하였느니라
13 마귀가 모든 시험을 다 한 후에 얼마 동안 떠
나니라

the son of Terah, the son of Nahor,
35 • the son of Serug, the son of Reu,
the son of Peleg, the son of Eber,
36 the son of Shelah, • the son of Cainan,
the son of Arphaxad, the son of Shem,
the son of Noah, the son of Lamech,
37 • the son of Methuselah, the son of Enoch,
the son of Jared, the son of Mahalalel,
38 the son of Kenan, • the son of Enosh,
the son of Seth, the son of Adam,
the son of God.

Jesus Is Tested in the Wilderness

4 Jesus, full of the Holy Spirit, left the Jor-
dan and was led by the Spirit into the
2 wilderness, • where for forty days he was
tempted[a] by the devil. He ate nothing dur-
ing those days, and at the end of them he
was hungry.
3 • The devil said to him, "If you are the Son
of God, tell this stone to become bread."
4 • Jesus answered, "It is written: 'Man shall
not live on bread alone.'[b]"
5 • The devil led him up to a high place and
showed him in an instant all the kingdoms
6 of the world. • And he said to him, "I will
give you all their authority and splendor; it
has been given to me, and I can give it to
7 anyone I want to. • If you worship me, it will
all be yours."
8 • Jesus answered, "It is written: 'Worship
the Lord your God and serve him only.'[c]"
9 • The devil led him to Jerusalem and had
him stand on the highest point of the tem-
ple. "If you are the Son of God," he said,
10 "throw yourself down from here. • For it is
written:

"'He will command his angels concerning
you
to guard you carefully;
11 • they will lift you up in their hands,
so that you will not strike your foot
against a stone.'[d]"

12 • Jesus answered, "It is said: 'Do not put the
Lord your God to the test.'[e]"
13 • When the devil had finished all this
tempting, he left him until an opportune
time.

[a]2 The Greek for *tempted* can also mean *tested.* [b]4 Deut. 8:3 [c]8 Deut. 6:13 [d]11 Psalm 91:11,12 [e]12 Deut. 6:16 ᄀ. 신 8:3 ᄂ. 신 6:13 ᄃ. 시 91:11,12 ᄅ. 신 6:16

authority [əθɔ́:rəti] *n.* 권위
carefully [kέərfəli] *ad.* 주의 깊게
command [kəmǽnd] *vt.* 명령하다
concerning [kənsə́:rniŋ] *prep.* …에 관해
devil [dévl] *n.* 마귀
Enoch [í:nək] *n.* 에녹
guard [ga:rd] *vi.* 보호하다
Holy spirit [hóuli spírit] *n.* 성령
opportune [àpərtjú:n] *a.* 적절한
serve [sə:rv] *vt.* 섬기다
splendor [spléndər] *n.* 빛남
temple [templ] *n.* 성전
tempt [tempt] *vt.* 시험하다
wilderness [wíldərnis] *n.* 광야
worship [wə́:rʃip] *vt.* 숭배하다

4:1 be led by...: …의 인도를 받다
4:4 live on...: …으로 살다
4:5 in an instant: 순식간에
4:9 throw oneself down: 몸을 내던지다
4:11 strike A against B: A를 B에 부딪치다

갈릴리 여러 회당에서 가르치시다
(마 4:12-17; 막 1:14-15 ♪57, 84, 287장)

14 ●예수께서 성령의 능력으로 갈릴리에 돌아가시니 그 소문이 사방에 퍼졌고
15 친히 그 여러 회당에서 가르치시매 뭇 사람에게 칭송을 받으시더라 마 9:35

나사렛에서 배척을 받으시다 (마 13:53-58; 막 6:1-6)

16 ●예수께서 그 자라나신 곳 나사렛에 이르사 안식일에 늘 하시던 대로 회당에 들어가사 성경을 읽으려고 서시매
17 선지자 이사야의 글을 드리거늘 책을 펴서 이렇게 기록된 데를 찾으시니 곧
18 ㄱ주의 성령이 내게 임하셨으니 이는 가난한 자에게 복음을 전하게 하시려고 내게 기름을 부으시고 나를 보내사 포로된 자에게 자유를, 눈 먼 자에게 다시 보게 함을 전파하며 눌린 자를 자유롭게 하고 사 61:1
19 주의 은혜의 해를 전파하게 하려 하심이라 하였더라
20 책을 덮어 그 1)맡은 자에게 주시고 앉으시니 회당에 있는 자들이 다 주목하여 보더라
21 이에 예수께서 그들에게 말씀하시되 이 글이 오늘 너희 귀에 응하였느니라 하시니
22 그들이 다 그를 증언하고 그 입으로 나오는 바 은혜로운 말을 놀랍게 여겨 이르되 이 사람이 요셉의 아들이 아니냐
23 예수께서 그들에게 이르시되 너희가 반드시 의사야 너 자신을 고치라 하는 속담을 인용하여 내게 말하기를 우리가 들은 바 가버나움에서 행한 일을 네 고향 여기서도 행하라 하리라
24 또 이르시되 내가 진실로 너희에게 이르노니 선지자가 고향에서는 환영을 받는 자가 없느니라
25 내가 참으로 너희에게 이르노니 엘리야 시대에 하늘이 삼 년 육 개월간 닫히어 온 땅에 큰 흉년이 들었을 때에 이스라엘에 많은 과부가 있었으되
26 엘리야가 그 중 한 사람에게도 보내심을 받지 않고 오직 시돈 땅에 있는 사렙다의 한 과부에게 뿐이었으며
27 또 선지자 엘리사 때에 이스라엘에 많은 나병환자가 있었으되 그 중의 한 사람도 깨끗함을 얻지 못하고 오직 수리아 사람 나아만 뿐이었느니라
28 회당에 있는 자들이 이것을 듣고 다 크게 화가 나서
29 일어나 동네 밖으로 쫓아내어 그 동네가 건

Jesus Rejected at Nazareth

14 •Jesus returned to Galilee in the power of
the Spirit, and news about him spread
15 through the whole countryside. •He was
teaching in their synagogues, and everyone
praised him.
16 •He went to Nazareth, where he had
been brought up, and on the Sabbath day
he went into the synagogue, as was his cus-
17 tom. He stood up to read, •and the scroll of
the prophet Isaiah was handed to him.
Unrolling it, he found the place where it is
written:
18 •"The Spirit of the Lord is on me,
because he has anointed me
to proclaim good news to the poor.
He has sent me to proclaim freedom for
the prisoners
and recovery of sight for the blind,
to set the oppressed free,
19 • to proclaim the year of the Lord's favor."[a]
20 •Then he rolled up the scroll, gave it back
to the attendant and sat down. The eyes of
everyone in the synagogue were fastened on
21 him. •He began by saying to them, "Today
this scripture is fulfilled in your hearing."
22 •All spoke well of him and were amazed
at the gracious words that came from his
lips. "Isn't this Joseph's son?" they asked.
23 •Jesus said to them, "Surely you will quote
this proverb to me: 'Physician, heal yourself!'
And you will tell me, 'Do here in your home-
town what we have heard that you did in
Capernaum.'"
24 •"Truly I tell you," he continued, "no pro-
25 phet is accepted in his hometown. •I assure
you that there were many widows in Israel
in Elijah's time, when the sky was shut for
three and a half years and there was a severe
26 famine throughout the land. •Yet Elijah
was not sent to any of them, but to a widow
27 in Zarephath in the region of Sidon. •And
there were many in Israel with leprosy[b] in
the time of Elisha the prophet, yet not one
of them was cleansed—only Naaman the
Syrian."
28 •All the people in the synagogue were
29 furious when they heard this. •They got up,

[a]*19* Isaiah 61:1,2 (see Septuagint); Isaiah 58:6 [b]*27* The Greek word traditionally translated *leprosy* was used for various diseases affecting the skin.

1) 헬, 시환에게 ㄱ. 사 61:1 이하

anoint [ənɔ́int] *vt.* 기름을 붓다
attendant [əténdənt] *n.* 시중드는 자
countryside [kʌ́ntrisàid] *n.* 시골
famine [fǽmin] *n.* 기근
furious [fjúəriəs] *a.* 격노한
gracious [gréiʃəs] *a.* 은혜로운
leprosy [léprəsi] *n.* 문둥병
oppress [əprés] *vt.* 억누르다
quote [kwout] *vt.* 인용하다
recovery [rikʌ́vəri] *n.* 회복
Sabbath [sǽbəθ] *n.* 안식일
scripture [skríptʃər] *n.* 성서
scroll [skroul] *n.* 두루마리
synagogue [sínəgɑ̀g] *n.* (유대교) 회당
unroll [ʌnróul] *vt.* 펼치다

4:16 bring up: 자라다
4:20 roll up: 말아올리다
4:20 fasten on...: …에만 매달리다
4:22 speak well of...: …를 좋게 말하다
4:22 be amazed at...: …에 놀라다
4:26 not A but B: A가 아니고 B

설된 산 낭떠러지까지 끌고 가서 밀쳐 떨어
뜨리고자 하되
30 예수께서 그들 가운데로 지나서 가시니라

더러운 귀신 들린 사람을 고치시다 (막 1:21-28)

31 ● 갈릴리의 가버나움 동네에 내려오사 안식
일에 가르치시매
32 그들이 그 가르치심에 놀라니 이는 그 말씀
이 권위가 있음이러라
33 회당에 더러운 귀신 들린 사람이 있어 크게
소리 질러 이르되
34 아 나사렛 예수여 우리가 당신과 무슨 상관
이 있나이까 우리를 멸하러 왔나이까 나는
당신이 누구인 줄 아노니 하나님의 거룩한
자니이다
35 예수께서 꾸짖어 이르시되 잠잠하고 그 사
람에게서 나오라 하시니 귀신이 그 사람을
무리 중에 넘어뜨리고 나오되 그 사람은 상
하지 아니한지라
36 다 놀라 서로 말하여 이르되 이 어떠한 말씀
인고 권위와 능력으로 더러운 귀신을 명하매
나가는도다 하더라
37 이에 예수의 소문이 그 근처 사방에 퍼지니
라

온갖 병자들을 고치시다
(마 8:14-17; 막 1:29-34)

38 ● 예수께서 일어나 회당에서 나가사 시몬의
집에 들어가시니 시몬의 장모가 중한 열병을
앓고 있는지라 사람들이 그를 위하여 예수께
구하니
39 예수께서 가까이 서서 열병을 꾸짖으신대 병
이 떠나고 여자가 곧 일어나 그들에게 수종
드니라
40 ● 해 질 무렵에 사람들이 온갖 병자들을 데리
고 나아오매 예수께서 일일이 그 위에 손을
얹으사 고치시니
41 여러 사람에게서 귀신들이 나가며 소리 질러
이르되 당신은 하나님의 아들이니이다 예수
께서 꾸짖으사 그들이 말함을 허락하지 아니
하시니 이는 자기를 그리스도인 줄 앎이러라

복음을 전하러 떠나시다 (막 1:35-39)

42 ● 날이 밝으매 예수께서 나오사 한적한 곳에
가시니 무리가 찾다가 만나서 자기들에게서
떠나시지 못하게 만류하려 하매
43 예수께서 이르시되 내가 다른 동네들에서도
하나님의 나라 복음을 전하여야 하리니 나는
이 일을 위해 보내심을 받았노라 하시고
44[1] 갈릴리 여러 회당에서 전도하시더라

drove him out of the town, and took him to
the brow of the hill on which the town was
built, in order to throw him off the cliff.
30 ● But he walked right through the crowd
and went on his way.

Jesus Drives Out an Impure Spirit

31 ● Then he went down to Capernaum, a
town in Galilee, and on the Sabbath he
32 taught the people. ● They were amazed at his
teaching, because his words had authority.
33 ● In the synagogue there was a man pos-
sessed by a demon, an impure spirit. He cried
34 out at the top of his voice, ● "Go away! What
do you want with us, Jesus of Nazareth?
Have you come to destroy us? I know who
you are — the Holy One of God!"
35 ● "Be quiet!" Jesus said sternly. "Come out
of him!" Then the demon threw the man
down before them all and came out without
injuring him.
36 ● All the people were amazed and said to
each other, "What words these are! With
authority and power he gives orders to
37 impure spirits and they come out!" ● And the
news about him spread throughout the
surrounding area.

Jesus Heals Many

38 ● Jesus left the synagogue and went to the
home of Simon. Now Simon's mother-in-
law was suffering from a high fever, and
39 they asked Jesus to help her. ● So he bent
over her and rebuked the fever, and it left
her. She got up at once and began to wait
on them.
40 ● At sunset, the people brought to Jesus all
who had various kinds of sickness, and lay-
ing his hands on each one, he healed them.
41 ● Moreover, demons came out of many peo-
ple, shouting, "You are the Son of God!" But
he rebuked them and would not allow them
to speak, because they knew he was the Mes-
siah.
42 ● At daybreak, Jesus went out to a solitary
place. The people were looking for him and
when they came to where he was, they
43 tried to keep him from leaving them. ● But
he said, "I must proclaim the good news of
the kingdom of God to the other towns
44 also, because that is why I was sent." ● And
he kept on preaching in the synagogues of
Judea.

1) 어떤 사본에는, 유대

brow [brau] *n.* 벼랑, 끝
cliff [klif] *n.* 낭떠러지, 벼랑
crowd [kraud] *n.* 군중
demon [dí:mən] *n.* 귀신
fever [fí:vər] *n.* 열
injure [índʒər] *vt.* 상처 입히다
possess [pəzés] *vt.* 홀리다, 지배하다
preach [pri:tʃ] *vi.* 설교하다
rebuke [ribjú:k] *vt.* 꾸짖다
solitary [sálətèri] *a.* 인적이 없는
sternly [stə́:rnli] *ad.* 엄하게
surrounding [səráundiŋ] *a.* 주변의
synagogue [sínəgàg] *n.* (유대교) 회당
throughout [θru:áut] *ad.* 도처에
various [vέəriəs] *a.* 가지각색의

4:29 in order to...: …하기 위해
4:30 go on one's way: 자신의 길을 계속해서 가다
4:39 wait on...: …의 시중을 들다
4:42 keep A from B: A가 B하는 것을 막다
4:44 keep on -ing: 계속 …하다

어부들이 예수를 따르다
(마 4:18-22; 막 1:16-20)

5 무리가 몰려와서 하나님의 말씀을 들을새
예수는 게네사렛 호숫가에 서서
2 호숫가에 배 두 척이 있는 것을 보시니 어부
들은 배에서 나와서 그물을 씻는지라
3 예수께서 한 배에 오르시니 그 배는 시몬의
배라 육지에서 조금 떼기를 청하시고 앉으사
배에서 무리를 가르치시더니
4 말씀을 마치시고 시몬에게 이르시되 깊은 데
로 가서 그물을 내려 고기를 잡으라
5 시몬이 대답하여 이르되 선생님 우리들이 밤
이 새도록 수고하였으되 잡은 것이 없지마는
말씀에 의지하여 내가 그물을 내리리이다 하
고
6 그렇게 하니 고기를 잡은 것이 심히 많아 그
물이 찢어지는지라
7 이에 다른 배에 있는 동무들에게 손짓하여
와서 도와 달라 하니 그들이 와서 두 배에 채
우매 잠기게 되었더라
8 시몬 베드로가 이를 보고 예수의 무릎 아래
에 엎드려 이르되 주여 나를 떠나소서 나는
죄인이로소이다 하니
9 이는 자기 및 자기와 함께 있는 모든 사람이
고기 잡힌 것으로 말미암아 놀라고
10 세베대의 아들로서 시몬의 동업자인 야고보
와 요한도 놀랐음이라 예수께서 시몬에게 이
르시되 무서워하지 말라 이제 후로는 네가
사람을[1] 취하리라 하시니
11 그들이 배들을 육지에 대고 모든 것을 버려
두고 예수를 따르니라

나병 들린 사람을 깨끗하게 하시다
(마 8:1-4; 막 1:40-45)

12 ● 예수께서 한 동네에 계실 때에 온 몸에 나
병 들린 사람이 있어 예수를 보고 엎드려 구
하여 이르되 주여 원하시면 나를 깨끗하게
하실 수 있나이다 하니
13 예수께서 손을 내밀어 그에게 대시며 이르시
되 내가 원하노니 깨끗함을 받으라 하신대
나병이 곧 떠나니라
14 예수께서 그를 경고하시되 아무에게도 이르
지 말고 가서[ㄱ] 제사장에게 네 몸을 보이고 또
네가 깨끗하게 됨으로 인하여 모세가 명한
대로 예물을 드려 그들에게 입증하라 하셨더
니
15 예수의 소문이 더욱 퍼지매 수많은 무리가
말씀도 듣고 자기 병도 고침을 받고자 하여

Jesus Calls His First Disciples

5 One day as Jesus was standing by the
Lake of Gennesaret,[a] the people were
crowding around him and listening to the
2 word of God. ● He saw at the water's edge
two boats, left there by the fishermen, who
3 were washing their nets. ● He got into one of
the boats, the one belonging to Simon, and
asked him to put out a little from shore.
Then he sat down and taught the people
from the boat.
4 ● When he had finished speaking, he said
to Simon, "Put out into deep water, and let
down the nets for a catch."
5 ● Simon answered, "Master, we've worked
hard all night and haven't caught anything.
But because you say so, I will let down the
nets."
6 ● When they had done so, they caught
such a large number of fish that their nets
7 began to break. ● So they signaled their part-
ners in the other boat to come and help
them, and they came and filled both boats so
full that they began to sink.
8 ● When Simon Peter saw this, he fell at
Jesus' knees and said, "Go away from me,
9 Lord; I am a sinful man!" ● For he and all his
companions were astonished at the catch of
10 fish they had taken, ● and so were James and
John, the sons of Zebedee, Simon's partners.
Then Jesus said to Simon, "Don't be afraid;
11 from now on you will fish for people." ● So
they pulled their boats up on shore, left
everything and followed him.

Jesus Heals a Man With Leprosy

12 ● While Jesus was in one of the towns, a
man came along who was covered with lep-
rosy.[b] When he saw Jesus, he fell with his
face to the ground and begged him, "Lord, if
you are willing, you can make me clean."
13 ● Jesus reached out his hand and touched
the man. "I am willing," he said. "Be clean!"
And immediately the leprosy left him.
14 ● Then Jesus ordered him, "Don't tell any-
one, but go, show yourself to the priest and
offer the sacrifices that Moses commanded
for your cleansing, as a testimony to them."
15 ● Yet the news about him spread all the
more, so that crowds of people came to hear

[a] *1* That is, the Sea of Galilee [b] *12* The Greek word traditionally translated *leprosy* was used for various diseases affecting the skin.

1) 헬, 사로잡으리라 ㄱ. 레 14:2 이하

beg [beg] *vt.* 간청하다	**leprosy** [léprəsi] *n.* 문둥병	**signal** [sígnəl] *vt.* 신호를 보내다
command [kəmǽnd] *vt.* 명령하다	**offer** [ɔ́:fər] *vt.* 바치다	**sinful** [sínfəl] *a.* 죄 많은
companion [kəmpǽnjən] *n.* 동료	**pull** [pul] *vt.* 끌다, 당기다	**sink** [siŋk] *vi.* 가라앉다
edge [edʒ] *n.* 가장자리	**sacrifice** [sǽkrəfàis] *n.* 제물	**testimony** [téstəmòuni] *n.* 증언
immediately [imí:diətli] *ad.* 곧	**shore** [ʃɔ:r] *n.* 물가	**willing** [wíliŋ] *a.* 기꺼이 …하는
5:4 **put out**: (배를) 띄우다	5:9 **be astonished at...**: …에 놀라다	5:13 **reach out**: (손을) 뻗다, 내밀다
5:4 **let down**: 내리다	5:12 **be covered with...**: …로 덮여 있다	5:15 **all the more**: 더욱더, 한결 더

모여 오되
16 예수는 물러가사 한적한 곳에서 기도하시니
라

중풍병자를 고치시다 (마 9:1-8; 막 2:1-12)

17 •하루는 가르치실 때에 갈릴리의 각 마을
과 유대와 예루살렘에서 온 바리새인과 율
법교사들이 앉았는데 병을 고치는 주의 능
력이 예수와 함께 하더라
18 한 중풍병자를 사람들이 침상에 메고 와서
예수 앞에 들여놓고자 하였으나
19 무리 때문에 메고 들어갈 길을 얻지 못한지
라 지붕에 올라가 기와를 벗기고 병자를 침
상째 무리 가운데로 예수 앞에 달아 내리니
20 예수께서 그들의 믿음을 보시고 이르시되
이 사람아 네 죄 사함을 받았느니라 하시니
21 서기관과 바리새인들이 생각하여 이르되 이
신성모독 하는 자가 누구냐 오직 하나님 외
에 누가 능히 죄를 사하겠느냐
22 예수께서 그 생각을 아시고 대답하여 이르
시되 너희 마음에 무슨 생각을 하느냐
23 네 죄 사함을 받았느니라 하는 말과 일어나
걸어가라 하는 말이 어느 것이 쉽겠느냐
24 그러나 인자가 땅에서 죄를 사하는 권세가
있는 줄을 너희로 알게 하리라 하시고 중풍
병자에게 말씀하시되 내가 네게 이르노니 일
어나 네 침상을 가지고 집으로 가라 하시매
25 그 사람이 그들 앞에서 곧 일어나 그 누웠던
것을 가지고 하나님께 영광을 돌리며 자기
집으로 돌아가니
26 모든 사람이 놀라 하나님께 영광을 돌리며
심히 두려워하여 이르되 오늘 우리가 놀라
운 일을 보았다 하니라 7:16

레위가 예수를 따르다 (마 9:9-17; 막 2:13-22)

27 •그 후에 예수께서 나가사 레위라 하는 세
리가 세관에 앉아 있는 것을 보시고 나를
따르라 하시니
28 그가 모든 것을 버리고 일어나 따르니라
29 레위가 예수를 위하여 자기 집에서 큰 잔치
를 하니 세리와 다른 사람이 많이 함께 [1]앉
아 있는지라
30 바리새인과 그들의 서기관들이 그 제자들을
비방하여 이르되 너희가 어찌하여 세리와
죄인과 함께 먹고 마시느냐
31 예수께서 대답하여 이르시되 건강한 자에게
는 의사가 쓸 데 없고 병든 자에게라야 쓸 데
있나니
32 내가 의인을 부르러 온 것이 아니요 죄인을

16 him and to be healed of their sicknesses. •But
Jesus often withdrew to lonely places and
prayed.

Jesus Forgives and Heals a Paralyzed Man

17 •One day Jesus was teaching, and Pharisees
and teachers of the law were sitting there.
They had come from every village of Galilee
and from Judea and Jerusalem. And the
power of the Lord was with Jesus to heal the
18 sick. •Some men came carrying a paralyzed
man on a mat and tried to take him into the
19 house to lay him before Jesus. •When they
could not find a way to do this because of the
crowd, they went up on the roof and lowered
him on his mat through the tiles into the
middle of the crowd, right in front of Jesus.
20 •When Jesus saw their faith, he said,
"Friend, your sins are forgiven."
21 •The Pharisees and the teachers of the law
began thinking to themselves, "Who is this
fellow who speaks blasphemy? Who can for-
give sins but God alone?"
22 •Jesus knew what they were thinking and
asked, "Why are you thinking these things
23 in your hearts? •Which is easier: to say, 'Your
sins are forgiven,' or to say, 'Get up and
24 walk'? •But I want you to know that the Son
of Man has authority on earth to forgive sins."
So he said to the paralyzed man, "I tell you,
25 get up, take your mat and go home." •Imme-
diately he stood up in front of them, took
what he had been lying on and went home
26 praising God. •Everyone was amazed and
gave praise to God. They were filled with awe
and said, "We have seen remarkable things
today."

Jesus Calls Levi and Eats With Sinners

27 •After this, Jesus went out and saw a tax
collector by the name of Levi sitting at his tax
28 booth. "Follow me," Jesus said to him, •and
Levi got up, left everything and followed him.
29 •Then Levi held a great banquet for Jesus
at his house, and a large crowd of tax collec-
30 tors and others were eating with them. •But
the Pharisees and the teachers of the law
who belonged to their sect complained to
his disciples, "Why do you eat and drink
with tax collectors and sinners?"
31 •Jesus answered them, "It is not the
32 healthy who need a doctor, but the sick. •I
have not come to call the righteous, but sin-

1) 헬, 기대어 누워 있는지라(유대인이 음식 먹을 때에 가지는 자세)

authority [əθɔ́:rəti] *n.* 권위
awe [ɔ:] *n.* 두려움
banquet [bǽŋkwit] *n.* 연회
blasphemy [blǽsfəmi] *n.* 신에 대한 모독
follow [fálou] *vt.* 따르다
forgive [fərgív] *vt.* 용서하다
heal [hi:l] *vt.* 치유하다
lower [lóuər] *vt.* 낮추다, 내리다
paralyzed [pǽrəlàizd] *a.* 마비된
remarkable [rimá:rkəbl] *a.* 놀랄 만한
sect [sekt] *n.* 분파
sickness [síknis] *n.* 병
tile [tail] *n.* 기와
village [vílidʒ] *n.* 마을
withdraw [wiðdrɔ́:] *vi.* 물러나다

5:19 into the middle of...: …의 가운데로
5:21 think to oneself: 조용히 생각하다
5:26 give praise to...: …를 찬양하다
5:30 complain to...: …에게 불평하다
5:31 It is not A who B, but C: B한 사람은 A가 아니라 B이다

불러 회개시키러 왔노라
33 그들이 예수께 말하되 요한의 제자는 자주 금
식하며 기도하고 바리새인의 제자들도 또한
그리하되 당신의 제자들은 먹고 마시나이다
34 예수께서 그들에게 이르시되 혼인 집 손님들
이 신랑과 함께 있을 때에 너희가 그 손님으
로 금식하게 할 수 있느냐
35 그러나 그날에 이르러 그들이 신랑을 빼앗기
리니 그날에는 금식할 것이니라 9:22
36 또 비유하여 이르시되 새 옷에서 한 조각을
찢어 낡은 옷에 붙이는 자가 없나니 만일 그
렇게 하면 새 옷을 찢을 뿐이요 또 새 옷에서
찢은 조각이 낡은 것에 어울리지 아니하리라
37 새 포도주를 낡은 가죽 부대에 넣는 자가 없나
니 만일 그렇게 하면 새 포도주가 부대를 터뜨
려 포도주가 쏟아지고 부대도 못쓰게 되리라
38 새 포도주는 새 부대에 넣어야 할 것이니라
39 묵은 포도주를 마시고 새것을 원하는 자가
없나니 이는 묵은 것이 좋다 함이니라

안식일에 밀 이삭을 자르다 (마 12:1-8; 막 2:23-28)

6 안식일에 예수께서 밀밭 사이로 지나가실
새 제자들이 이삭을 잘라 손으로 비비어 먹
으니
2 어떤 바리새인들이 말하되 어찌하여 안식일
에 하지 못할 일을 하느냐
3 예수께서 대답하여 이르시되 ㄱ다윗이 자기
및 자기와 함께 한 자들이 시장할 때에 한 일
을 읽지 못하였느냐 삼상 21:6
4 그가 하나님의 전에 들어가서 다만 제사장
외에는 먹어서는 안 되는 진설병을 먹고 함
께한 자들에게도 주지 아니하였느냐
5 또 이르시되 인자는 안식일의 주인이니라
하시더라

안식일에 손 마른 사람을 고치시다
(마 12:9-14; 막 3:1-6)

6 ●또 다른 안식일에 예수께서 회당에 들어가
사 가르치실새 거기 오른손 마른 사람이 있
는지라
7 서기관과 바리새인들이 예수를 고발할 증거
를 찾으려 하여 안식일에 병을 고치시는가
엿보니
8 예수께서 그들의 생각을 아시고 손 마른 사
람에게 이르시되 일어나 한가운데 서라 하시
니 그가 일어나 서거늘
9 예수께서 그들에게 이르시되 내가 너희에게
묻노니 안식일에 선을 행하는 것과 악을 행
하는 것, 생명을 구하는 것과 죽이는 것, 어느

ners to repentance."

Jesus Questioned About Fasting

33 •They said to him, "John's disciples often
fast and pray, and so do the disciples of the
Pharisees, but yours go on eating and drink-
ing."
34 •Jesus answered, "Can you make the
friends of the bridegroom fast while he is
35 with them? •But the time will come when
the bridegroom will be taken from them; in
those days they will fast."
36 •He told them this parable: "No one tears
a piece out of a new garment to patch an old
one. Otherwise, they will have torn the new
garment, and the patch from the new will
37 not match the old. •And no one pours new
wine into old wineskins. Otherwise, the new
wine will burst the skins; the wine will run
38 out and the wineskins will be ruined. •No,
new wine must be poured into new wine-
39 skins. •And no one after drinking old wine
wants the new, for they say, 'The old is bet-
ter.'"

Jesus Is Lord of the Sabbath

6 One Sabbath Jesus was going through
the grainfields, and his disciples began
to pick some heads of grain, rub them in
2 their hands and eat the kernels. •Some of
the Pharisees asked, "Why are you doing
what is unlawful on the Sabbath?"
3 •Jesus answered them, "Have you never
read what David did when he and his com-
4 panions were hungry? •He entered the
house of God, and taking the consecrated
bread, he ate what is lawful only for priests to
eat. And he also gave some to his compan-
5 ions." •Then Jesus said to them, "The Son of
Man is Lord of the Sabbath."
6 •On another Sabbath he went into the
synagogue and was teaching, and a man was
7 there whose right hand was shriveled. •The
Pharisees and the teachers of the law were
looking for a reason to accuse Jesus, so they
watched him closely to see if he would heal
8 on the Sabbath. •But Jesus knew what they
were thinking and said to the man with the
shriveled hand, "Get up and stand in front of
everyone." So he got up and stood there.
9 •Then Jesus said to them, "I ask you,
which is lawful on the Sabbath: to do good
or to do evil, to save life or to destroy it?"

ㄱ. 삼상 21:6

accuse [əkjúːz] *vt.* 고발하다
bridegroom [bráidgrùːm] *n.* 신랑
burst [bəːrst] *vi.* 터지다
consecrate [kánsəkrèit] *vt.* 성별하다
fast [fæst] *vi.* 금식하다
garment [gáːrmənt] *n.* 의복
kernel [kə́ːrnl] *n.* 낟알
lawful [lɔ́ːfəl] *a.* 정당한
parable [pǽrəbl] *n.* 비유
patch [pætʃ] *n.* 헝겊 조각
repentance [repéntəns] *n.* 회개
ruin [rúːin] *vt.* 황폐케하다
shrivel [ʃrívəl] *vi.* 오그라들다
unlawful [ʌnlɔ́ːfəl] *a.* 불법적인
wineskin [wáinskìn] *n.* 포도주 포대

5:33 so do...: …도 그렇다
5:37 run out: 쏟아지다, 다 떨어지다
5:38 pour into: 쏟아붓다
6:6 go into...: …에 들어가다
6:7 look for: 찾다
6:8 in front of...: …앞에

것이 옳으냐 하시며
10 무리를 둘러보시고 그 사람에게 이르시되 네
손을 내밀라 하시니 그가 그리하매 그 손이
회복된지라
11 그들은 노기가 가득하여 예수를 어떻게 할까
하고 서로 의논하니라

열두 제자를 사도로 택하시다
(마 10:1-4; 4:23-25; 막 3:13-19)

12 ●이때에 예수께서 기도하시러 산으로 가사
밤이 새도록 하나님께 기도하시고
13 밝으매 그 제자들을 부르사 그 중에서 열둘
을 택하여 사도라 칭하셨으니
14 곧 베드로라고도 이름을 주신 시몬과 그의
동생 안드레와 야고보와 요한과 빌립과 바돌
로매와
15 마태와 도마와 알패오의 아들 야고보와 [1]셀
롯이라는 시몬과
16 야고보의 아들 유다와 예수를 파는 자 될 가
룟 유다라
17 예수께서 그들과 함께 내려오사 평지에 서시
니 그 제자의 많은 무리와 [2]예수의 말씀도 듣
고 병 고침을 받으려고 유대 사방과 예루살
렘과 두로와 시돈의 해안으로부터 온 많은
백성도 있더라
18 더러운 귀신에게 고난받는 자들도 고침을
받은지라
19 온 무리가 예수를 만지려고 힘쓰니 이는 능
력이 예수께로부터 나와서 모든 사람을 낫게
함이러라

복과 화를 선포하시다 (마 5:1-12 ♪515, 520장)

20 ●예수께서 눈을 들어 제자들을 보시고 이르
시되 너희 가난한 자는 복이 있나니 하나님
의 나라가 너희 것임이요
21 지금 주린 자는 복이 있나니 너희가 배부름
을 얻을 것임이요 지금 우는 자는 복이 있나
니 너희가 웃을 것임이요
22 인자로 말미암아 사람들이 너희를 미워하며
멀리하고 욕하고 너희 이름을 악하다 하여
버릴 때에는 너희에게 복이 있도다
23 그날에 기뻐하고 뛰놀라 하늘에서 너희 상이
큼이라 그들의 조상들이 선지자들에게 이와
같이 하였느니라
24 그러나 화 있을진저 너희 부요한 자여 너희
는 너희의 위로를 이미 받았도다
25 화 있을진저 너희 지금 배부른 자여 너희는
주리리로다 화 있을진저 너희 지금 웃는 자
여 너희가 애통하며 울리로다

10 ●He looked around at them all, and then
said to the man, "Stretch out your hand." He
did so, and his hand was completely restored.
11 ●But the Pharisees and the teachers of the
law were furious and began to discuss with
one another what they might do to Jesus.

The Twelve Apostles

12 ●One of those days Jesus went out to a
mountainside to pray, and spent the night
13 praying to God. ●When morning came,
he called his disciples to him and chose
twelve of them, whom he also designated
14 apostles: ●Simon (whom he named Peter),
his brother Andrew, James, John, Philip, Bar-
15 tholomew, ●Matthew, Thomas, James son
of Alphaeus, Simon who was called the
16 Zealot, ●Judas son of James, and Judas Iscar-
iot, who became a traitor.

Blessings and Woes

17 ●He went down with them and stood on
a level place. A large crowd of his disciples
was there and a great number of people from
all over Judea, from Jerusalem, and from the
18 coastal region around Tyre and Sidon, ●who
had come to hear him and to be healed of
their diseases. Those troubled by impure spir-
19 its were cured, ●and the people all tried to
touch him, because power was coming from
him and healing them all.
20 ●Looking at his disciples, he said:

"Blessed are you who are poor,
for yours is the kingdom of God.
21 ● Blessed are you who hunger now,
for you will be satisfied.
Blessed are you who weep now,
for you will laugh.
22 ● Blessed are you when people hate you,
when they exclude you and insult you
and reject your name as evil,
because of the Son of Man.

23 ●"Rejoice in that day and leap for joy,
because great is your reward in heaven. For
that is how their ancestors treated the pro-
phets.

24 ●"But woe to you who are rich,
for you have already received your
comfort.
25 ● Woe to you who are well fed now,
for you will go hungry.
Woe to you who laugh now,
for you will mourn and weep.

1) 열심당원 2) 사본에 따라 이 구절은 18절 상반절에 나타날 수도 있음.

apostle [əpásl] *n.* 사도
comfort [kʌ́mfərt] *n.* 위로
cure [kjuər] *vt.* 치료하다
designate [dézignèit] *vt.* 지명하다
exclude [iksklúːd] *vt.* 배척하다
furious [fjúəriəs] *a.* 격노한
insult [insʌ́lt] *vt.* 모욕하다
leap [liːp] *vi.* 껑충 뛰다
level [lévəl] *a.* 평평한
mourn [mɔːrn] *vi.* 슬퍼하다
prophet [práfit] *n.* 선지자
restore [ristɔ́ːr] *vt.* 회복하다
reward [riwɔ́ːrd] *n.* 보상
traitor [tréitər] *n.* 반역자
weep [wiːp] *vi.* 울다

6:10 **stretch out**: 내밀다, 뻗다
6:11 **discuss with...**: …와 논의하다
6:17 **go down**: 내려가다
6:19 **try to...**: …하려고 노력하다
6:22 **because of...**: … 때문에
6:24 **woe to...**: …에 화 있을진저

26 모든 사람이 너희를 칭찬하면 화가 있도다 그
들의 조상들이 거짓 선지자들에게 이와 같이
하였느니라

원수를 사랑하라
(마 5:38-48; 7:1-5,12 상,17-20; 12:34 하-35)

27 ●그러나 너희 듣는 자에게 내가 이르노니 너희
원수를 사랑하며 너희를 미워하는 자를 선대하
며
28 너희를 저주하는 자를 위하여 축복하며 너희를
모욕하는 자를 위하여 기도하라
29 너의 이 뺨을 치는 자에게 저 뺨도 돌려대며 네
겉옷을 빼앗는 자에게 속옷도 거절하지 말라
30 네게 구하는 자에게 주며 네 것을 가져가는 자
에게 다시 달라 하지 말며
31 남에게 대접을 받고자 하는 대로 너희도 남을
대접하라
32 너희가 만일 너희를 사랑하는 자만을 사랑하면
칭찬 받을 것이 무엇이냐 죄인들도 사랑하는
자는 사랑하느니라
33 너희가 만일 선대하는 자만을 선대하면 칭찬
받을 것이 무엇이냐 죄인들도 이렇게 하느니라
34 너희가 받기를 바라고 사람들에게 꾸어 주면
칭찬 받을 것이 무엇이냐 죄인들도 그만큼 받
고자 하여 죄인에게 꾸어 주느니라
35 오직 너희는 원수를 사랑하고 선대하며 [1]아무
것도 바라지 말고 꾸어 주라 그리하면 너희 상
이 클 것이요 또 지극히 높으신 이의 아들이 되
리니 그는 은혜를 모르는 자와 악한 자에게도
인자하시니라
36 너희 아버지의 자비로우심같이 너희도 자비로
운 자가 되라

엡 5:1, 2

37 비판하지 말라 그리하면 너희가 비판을 받지
않을 것이요 정죄하지 말라 그리하면 너희가
정죄를 받지 않을 것이요 용서하라 그리하면
너희가 용서를 받을 것이요
38 주라 그리하면 너희에게 줄 것이니 곧 후히 되
어 누르고 흔들어 넘치도록 하여 너희에게 안
겨 주리라 너희가 헤아리는 그 헤아림으로 너
희도 헤아림을 도로 받을 것이니라

네 눈 속에 있는 들보

39 ●또 비유로 말씀하시되 맹인이 맹인을 인도(引
導)할 수 있느냐 둘이 다 구덩이에 빠지지 아니
하겠느냐
40 제자가 그 선생보다 높지 못하나 무릇 온전하
게 된 자는 그 선생과 같으리라
41 어찌하여 형제의 눈 속에 있는 티는 보고 네 눈
속에 있는 들보는 깨닫지 못하느냐

26 ●Woe to you when everyone speaks well
of you,
for that is how their ancestors treated
the false prophets.

Love for Enemies

27 ●"But to you who are listening I say:
Love your enemies, do good to those who
28 hate you, ●bless those who curse you,
29 pray for those who mistreat you. ●If some-
one slaps you on one cheek, turn to them
the other also. If someone takes your coat,
do not withhold your shirt from them.
30 ●Give to everyone who asks you, and if
anyone takes what belongs to you, do not
31 demand it back. ●Do to others as you
would have them do to you.
32 ●"If you love those who love you, what
credit is that to you? Even sinners love
33 those who love them. ●And if you do
good to those who are good to you, what
credit is that to you? Even sinners do that.
34 ●And if you lend to those from whom
you expect repayment, what credit is that
to you? Even sinners lend to sinners, ex-
35 pecting to be repaid in full. ●But love your
enemies, do good to them, and lend to
them without expecting to get anything
back. Then your reward will be great, and
you will be children of the Most High,
because he is kind to the ungrateful and
36 wicked. ●Be merciful, just as your Father
is merciful.

Judging Others

37 ●"Do not judge, and you will not be
judged. Do not condemn, and you will
not be condemned. Forgive, and you will
38 be forgiven. ●Give, and it will be given to
you. A good measure, pressed down,
shaken together and running over, will
be poured into your lap. For with the
measure you use, it will be measured to
you."
39 ●**He also told them this parable:** "Can
the blind lead the blind? Will they not
40 both fall into a pit? ●The student is not
above the teacher, but everyone who is
fully trained will be like their teacher.
41 ●"Why do you look at the speck of saw-
dust in your brother's eye and pay no
attention to the plank in your own eye?

1) 어떤 사본에, 아무에게도 실망하지 말고

cheek [tʃiːk] *n.* 볼, 빰
condemn [kəndém] *vt.* 비난하다
credit [krédit] *n.* 칭찬, 명예
curse [kəːrs] *vt.* 저주하다
false [fɔːls] *a.* 거짓의
lap [læp] *n.* 무릎, 책임
measure [méʒər] *vt.* 평가하다
merciful [məːrsifəl] *a.* 자비로운
mistreat [mìstríːt] *vt.* 학대하다
plank [plæŋk] *n.* 넓은 판자
repayment [ripéimənt] *n.* 보상
sawdust [sɔːdʌst] *n.* 톱밥
slap [slæp] *vt.* 때리다
treat [triːt] *vt.* 다루다, 대하다
ungrateful [ʌngréitfəl] *a.* 은혜를 모르는

6:30 belong to...: …에 속하다
6:34 in full: 전부
6:38 press down: 누르다
6:38 run over: 넘치다, 초과하다
6:38 pour into: 퍼붓다
6:41 pay no attention : 주의하지 않다

42 너는 네 눈 속에 있는 들보를 보지 못하면서
어찌하여 형제에게 말하기를 형제여 나로 네
눈 속에 있는 티를 빼게 하라 할 수 있느냐 외
식하는 자여 먼저 네 눈 속에서 들보를 빼라
그 후에야 네가 밝히 보고 형제의 눈 속에 있
는 티를 빼리라
43 못된 열매 맺는 좋은 나무가 없고 또 좋은 열
매 맺는 못된 나무가 없느니라
44 나무는 각각 그 열매로 아나니 가시나무에서
무화과를, 또는 찔레에서 포도를 따지 못하
느니라
45 선한 사람은 마음에 쌓은 선에서 선을 내고
악한 자는 그 쌓은 악에서 악을 내나니 이는
마음에 가득한 것을 입으로 말함이니라

듣고 행하는 자와 행하지 아니하는 자 (마 7:24-27)

46 ● 너희는 나를 불러 주여 주여 하면서도 어찌
하여 내가 말하는 것을 행하지 아니하느냐
47 내게 나아와 내 말을 듣고 행하는 자마다 누
구와 같은 것을 너희에게 보이리라
48 집을 짓되 깊이 파고 주추를 반석 위에 놓은
사람과 같으니 큰 물이 나서 탁류가 그 집에
부딪치되 잘 지었기 때문에 능히 요동하지
못하게 하였거니와
49 듣고 행하지 아니하는 자는 주추 없이 흙 위
에 집 지은 사람과 같으니 탁류가 부딪치매
집이 곧 무너져 파괴됨이 심하니라 하시니라

백부장의 종을 고치시다 (마 8:5-13; 요 4:43-54)

7 예수께서 모든 말씀을 백성에게 들려 주시
기를 마치신 후에 가버나움으로 들어가시
니라
2 ● 어떤 백부장의 사랑하는 종이 병들어 죽게
되었더니
3 예수의 소문을 듣고 유대인의 장로 몇 사람
을 예수께 보내어 오셔서 그 종을 구해 주시
기를 청한지라
4 이에 그들이 예수께 나아와 간절히 구하여
이르되 이 일을 하시는 것이 이 사람에게는
합당하니이다
5 그가 우리 민족을 사랑하고 또한 우리를 위
하여 회당을 지었나이다 하니
6 예수께서 함께 가실새 이에 그 집이 멀지 아
니하여 백부장이 벗들을 보내어 이르되 주여
수고하시지 마옵소서 내 집에 들어오심을 나
는 감당하지 못하겠나이다
7 그러므로 내가 주께 나아가기도 감당하지 못
할 줄을 알았나이다 말씀만 [1]*하사 내 하인을*
낫게 하소서

42 •How can you say to your brother, 'Brother,
let me take the speck out of your eye,' when
you yourself fail to see the plank in your own
eye? You hypocrite, first take the plank out
of your eye, and then you will see clearly to
remove the speck from your brother's eye.

A Tree and Its Fruit

43 •"No good tree bears bad fruit, nor does a
44 bad tree bear good fruit. •Each tree is recog-
nized by its own fruit. People do not pick figs
45 from thornbushes, or grapes from briers. •A
good man brings good things out of the
good stored up in his heart, and an evil man
brings evil things out of the evil stored up in
his heart. For the mouth speaks what the
heart is full of.

The Wise and Foolish Builders

46 •"Why do you call me, 'Lord, Lord,' and
47 do not do what I say? •As for everyone who
comes to me and hears my words and puts
them into practice, I will show you what
48 they are like. •They are like a man building
a house, who dug down deep and laid the
foundation on rock. When a flood came, the
torrent struck that house but could not shake
49 it, because it was well built. •But the one
who hears my words and does not put them
into practice is like a man who built a house
on the ground without a foundation. The
moment the torrent struck that house, it col-
lapsed and its destruction was complete."

The Faith of the Centurion

7 When Jesus had finished saying all this
to the people who were listening, he
2 entered Capernaum. •There a centurion's
servant, whom his master valued highly, was
3 sick and about to die. •The centurion heard
of Jesus and sent some elders of the Jews to
him, asking him to come and heal his ser-
4 vant. •When they came to Jesus, they plead-
ed earnestly with him, "This man deserves
5 to have you do this, •because he loves our
6 nation and has built our synagogue." •So
Jesus went with them.
He was not far from the house when the
centurion sent friends to say to him: "Lord,
don't trouble yourself, for I do not deserve to
7 have you come under my roof. •That is why
I did not even consider myself worthy to
come to you. But say the word, and my ser-

1) 어떤 사본에, 하소서 그리하면 내 하인이 낫겠나이다

brier [bráiər] *n.* 찔레
centurion [sentjúəriən] *n.* 백부장
collapse [kəlǽps] *vi.* 무너지다
deserve [dizə́ːrv] *vt.* …할 만하다
destruction [distrʌ́kʃən] *n.* 파괴
dig [dig] *vt.* 파다
earnestly [ə́ːrnistli] *ad.* 진정으로
flood [flʌd] *n.* 홍수
foundation [faundéiʃən] *n.* 기초
hypocrite [hípəkrit] *n.* 위선자
plank [plæŋk] *n.* 널빤지
speck [spek] *n.* 작은 흠
synagogue [sínəgɑ̀g] *n.* (유대교) 회당
thornbush [θɔ́ːrnbʊ̀ʃ] *n.* 가시 덤불
torrent [tɔ́ːrənt] *n.* 급류

6:42 remove A from B: B에서 A를 빼다
6:45 store up: 저장하다, 쌓아두다
6:49 the moment...: …하자마자
7:2 be about to...: 막 …하려고 하다
7:4 plead with...: …에게 간청하다
7:6 far from...: …에서 멀리

8 나도 남의 수하에 든 사람이요 내 아래에도
병사가 있으니 이더러 가라 하면 가고 저더
러 오라 하면 오고 내 종더러 이것을 하라 하
면 하나이다
9 예수께서 들으시고 그를 놀랍게 여겨 돌이키
사 따르는 무리에게 이르시되 내가 너희에게
이르노니 이스라엘 중에서도 이만한 믿음은
만나보지 못하였노라 하시더라 7:50
10 보내었던 사람들이 집으로 돌아가 보매 종이
이미 나아 있었더라

과부의 아들을 살리시다

11 •그 후에 예수께서 나인이란 성으로 가실새
제자와 많은 무리가 동행하더니
12 성문에 가까이 이르실 때에 사람들이 한 죽은
자를 메고 나오니 이는 한 어머니의 독자요 그
의 어머니는 과부라 그 성의 많은 사람도 그와
함께 나오거늘
13 주께서 과부를 보시고 불쌍히 여기사 울지
말라 하시고
14 가까이 가서 그 관에 손을 대시니 멘 자들이
서는지라 예수께서 이르시되 청년아 내가 네
게 말하노니 일어나라 하시매
15 죽었던 자가 일어나 앉고 말도 하거늘 예수
께서 그를 어머니에게 주시니
16 모든 사람이 두려워하며 하나님께 영광을 돌
려 이르되 큰 선지자가 우리 가운데 일어나
셨다 하고 또 하나님께서 자기 백성을 돌보
셨다 하더라
17 예수께 대한 이 소문이 온 유대와 사방에 두
루 퍼지니라

세례 요한의 제자들에게 대답하시다 (마 11:2-19)

18 •요한의 제자들이 이 모든 일을 그에게 알리
니
19 요한이 그 제자 중 둘을 불러 주께 보내어 이
르되 오실 그이가 당신이오니이까 우리가 다
른 이를 기다리오리이까 하라 하매
20 그들이 예수께 나아가 이르되 [1]세례 요한이
우리를 보내어 당신께 여쭈어 보라고 하기를
오실 그이가 당신이오니이까 우리가 다른 이
를 기다리오리이까 하더이다 하니
21 마침 그때에 예수께서 질병과 고통과 및 악
귀 들린 자를 많이 고치시며 또 많은 맹인을
보게 하신지라
22 예수께서 대답하여 이르시되 너희가 가서 보
고 들은 것을 요한에게 알리되 맹인이 보며
못 걷는 사람이 걸으며 나병환자가 깨끗함을
받으며 귀먹은 사람이 들으며 죽은 자가 살

8 vant will be healed. •For I myself am a man
under authority, with soldiers under me. I
tell this one, 'Go,' and he goes; and that one,
'Come,' and he comes. I say to my servant,
'Do this,' and he does it."
9 •When Jesus heard this, he was amazed at
him, and turning to the crowd following
him, he said, "I tell you, I have not found
10 such great faith even in Israel." •Then the
men who had been sent returned to the
house and found the servant well.

Jesus Raises a Widow's Son

11 •Soon afterward, Jesus went to a town
called Nain, and his disciples and a large
12 crowd went along with him. •As he approa-
ched the town gate, a dead person was being
carried out—the only son of his mother,
and she was a widow. And a large crowd
13 from the town was with her. •When the
Lord saw her, his heart went out to her and
he said, "Don't cry."
14 •Then he went up and touched the bier
they were carrying him on, and the bearers
stood still. He said, "Young man, I say to you,
15 get up!" •The dead man sat up and began to
talk, and Jesus gave him back to his mother.
16 •They were all filled with awe and
praised God. "A great prophet has appeared
among us," they said. "God has come to
17 help his people." •This news about Jesus
spread throughout Judea and the sur-
rounding country.

Jesus and John the Baptist

18 •John's disciples told him about all these
19 things. Calling two of them, •he sent them
to the Lord to ask, "Are you the one who is to
come, or should we expect someone else?"
20 •When the men came to Jesus, they said,
"John the Baptist sent us to you to ask, 'Are
you the one who is to come, or should we
expect someone else?'"
21 •At that very time Jesus cured many who
had diseases, sicknesses and evil spirits,
and gave sight to many who were blind.
22 •So he replied to the messengers, "Go back
and report to John what you have seen and
heard: The blind receive sight, the lame
walk, those who have leprosy[a] are cleansed,
the deaf hear, the dead are raised, and the

[a]22 The Greek word traditionally translated *leprosy* was used for various diseases affecting the skin.

1) 헬, 또는 침례

afterward [ǽftərwərd] *ad.* 그후에
approach [əpróutʃ] *vt.* 가까이 가다
authority [əθɔ́:rəti] *n.* 권위
Baptist [bǽptist] *n.* 세례 주는 사람
bier [biər] *n.* 묘
deaf [def] *a.* 귀머거리의
lame [leim] *a.* 절름발이의
leprosy [léprəsi] *n.* 문둥병
messenger [mésəndʒər] *n.* 사자
prophet [prάfit] *n.* 선지자
report [ripɔ́:rt] *vt.* 알리다
sight [sait] *n.* 시력
spread [spred] *vi.* 퍼지다
throughout [θru:áut] *ad.* 도처에
widow [wídou] *n.* 과부

7:9 be amazed at...: …에 깜짝놀라다
7:11 go along with...: …과 동행하다
7:12 carry out: 실행하다
7:13 go out to...: …에게 마음이 쓰이다
7:15 sit up: 자세를 바로 하다
7:16 be filled with...: …로 가득차다

아나며 가난한 자에게 복음이 전파된다 하라
23 누구든지 나로 말미암아 실족하지 아니하는
자는 복이 있도다 하시니라
24 ● 요한이 보낸 자가 떠난 후에 예수께서 무리
에게 요한에 대하여 말씀하시되 너희가 무엇
을 보려고 광야에 나갔더냐 바람에 흔들리는
갈대냐
25 그러면 너희가 무엇을 보려고 나갔더냐 부드
러운 옷 입은 사람이냐 보라 화려한 옷을 입
고 사치하게 지내는 자는 왕궁에 있느니라
26 그러면 너희가 무엇을 보려고 나갔더냐 선지
자냐 옳다 내가 너희에게 이르노니 선지자보
다도 훌륭한 자니라
27 기록된 바

ㄱ보라 내가 내 사자를 네 앞에 보내노니 그
가 네 앞에서 네 길을 준비하리라

한 것이 이 사람에 대한 말씀이라
28 내가 너희에게 말하노니 여자가 낳은 자 중
에 요한보다 큰 자가 없도다 그러나 하나님
의 나라에서는 극히 작은 자라도 그보다 크
니라 하시니
29 모든 백성과 세리들은 이미 요한의 1)세례를
받은지라 이 말씀을 듣고 하나님을 의롭다
하되
30 바리새인과 율법교사들은 그의 1)세례를 받지
아니함으로 그들 자신을 위한 하나님의 뜻을
저버리니라
31 또 이르시되 이 세대의 사람을 무엇으로 비
유할까 무엇과 같은가
32 비유하건대 아이들이 장터에 앉아 서로 불러
이르되 우리가 너희를 향하여 피리를 불어도
너희가 춤추지 않고 우리가 곡하여도 너희가
울지 아니하였다 함과 같도다
33 1)세례 요한이 와서 떡도 먹지 아니하며 포도
주도 마시지 아니하매 너희 말이 귀신이 들
렸다 하더니
34 인자는 와서 먹고 마시매 너희 말이 보라 먹
기를 탐하고 포도주를 즐기는 사람이요 세리
와 죄인의 친구로다 하니
35 지혜는 자기의 모든 자녀로 인하여 옳다 함
을 얻느니라

한 여자가 예수께 향유를 붓다

36 ● 한 바리새인이 예수께 자기와 함께 잡수
시기를 청하니 이에 바리새인의 집에 들어가
2)앉으셨을 때에
37 그 동네에 죄를 지은 한 여자가 있어 예수께
서 바리새인의 집에 2)앉아 계심을 알고 향유

good news is proclaimed to the poor.
23 ●Blessed is anyone who does not stumble
on account of me."
24 ●After John's messengers left, Jesus began
to speak to the crowd about John: "What did
you go out into the wilderness to see? A reed
25 swayed by the wind? ●If not, what did you
go out to see? A man dressed in fine clothes?
No, those who wear expensive clothes and
26 indulge in luxury are in palaces. ●But what
did you go out to see? A prophet? Yes, I tell
27 you, and more than a prophet. ●This is the
one about whom it is written:

" 'I will send my messenger ahead of you,
who will prepare your way before you.'[a]

28 ●I tell you, among those born of women
there is no one greater than John; yet the one
who is least in the kingdom of God is greater
than he."
29 ●(All the people, even the tax collectors,
when they heard Jesus' words, acknowl-
edged that God's way was right, because
30 they had been baptized by John. ●But the
Pharisees and the experts in the law rejected
God's purpose for themselves, because they
had not been baptized by John.)
31 ●Jesus went on to say, "To what, then, can
I compare the people of this generation?
32 What are they like? ●They are like children
sitting in the marketplace and calling out to
each other:

" 'We played the pipe for you,
and you did not dance;
we sang a dirge,
and you did not cry.'

33 ●For John the Baptist came neither eating
bread nor drinking wine, and you say, 'He
34 has a demon.' ●The Son of Man came eat-
ing and drinking, and you say, 'Here is a
glutton and a drunkard, a friend of tax col-
35 lectors and sinners.' ●But wisdom is proved
right by all her children."

Jesus Anointed by a Sinful Woman

36 ●When one of the Pharisees invited Jesus
to have dinner with him, he went to the
37 Pharisee's house and reclined at the table. ●A
woman in that town who lived a sinful life
learned that Jesus was eating at the Pharisee's
house, so she came there with an alabaster

[a]27 Mal. 3:1

1) 헬, 또는 침례 2) 5:29 난하주를 보라 ㄱ. 말 3:1

acknowledge [æknɑ́lidʒ] *vt.* 인정하다
alabaster [ǽləbæstər] *a.* 설화 석고로 만든
anoint [ənɔ́int] *vt.* 기름을 바르다
compare [kəmpέər] *vt.* 비교하다
dirge [dəːrdʒ] *n.* 장송가, 애도가
drunkard [drʌ́ŋkərd] *n.* 술고래
expert [ékspəːrt] *n.* 전문가
glutton [glʌ́tn] *n.* 대식가
invite [inváit] *vt.* 초청하다
prove [pruːv] *vt.* 입증[증명]하다
purpose [pə́ːrpəs] *n.* 목표
recline [rikláin] *vi.* 기대다
reed [riːd] *n.* 갈대
sinful [sínfəl] *a.* 죄 많은
sway [swei] *vt.* 흔들다

7:23 on account of...: …때문에
7:25 dress in: 옷 입다
7:25 indulge in...: …에 탐닉하다
7:27 ahead of...: …앞에
7:32 call out: 부르다
7:33 neither A nor B: A도 B도 아니다

담은 옥합을 가지고 와서
38 예수의 뒤로 그 발 곁에 서서 울며 눈물로 그
발을 적시고 자기 머리털로 닦고 그 발에 입
맞추고 향유를 부으니 요 12:1–8
39 예수를 청한 바리새인이 그것을 보고 마음에
이르되 이 사람이 만일 선지자라면 자기를
만지는 이 여자가 누구며 어떠한 자 곧 죄인
인 줄을 알았으리라 하거늘
40 예수께서 대답하여 이르시되 시몬아 내가 네
게 이를 말이 있다 하시니 그가 이르되 선생
님 말씀하소서
41 이르시되 빚 주는 사람에게 빚진 자가 둘이
있어 하나는 오백 [1]데나리온을 졌고 하나는
오십 [1]데나리온을 졌는데
42 갚을 것이 없으므로 둘 다 탕감하여 주었으
니 둘 중에 누가 그를 더 사랑하겠느냐
43 시몬이 대답하여 이르되 내 생각에는 많이
탕감함을 받은 자니이다 이르시되 네 판단
이 옳다 하시고
44 그 여자를 돌아보시며 시몬에게 이르시되 이
여자를 보느냐 내가 네 집에 들어올 때 너는
내게 발 씻을 물도 주지 아니하였으되 이 여
자는 눈물로 내 발을 적시고 그 머리털로 닦
았으며
45 너는 내게 입맞추지 아니하였으되 그는 내가
들어올 때로부터 내 발에 입맞추기를 그치지
아니하였으며
46 너는 내 머리에 감람유도 붓지 아니하였으되
그는 향유를 내 발에 부었느니라
47 이러므로 내가 네게 말하노니 그의 많은 죄
가 사하여졌도다 이는 그의 사랑함이 많음이
라 사함을 받은 일이 적은 자는 적게 사랑하
느니라
48 이에 여자에게 이르시되 네 죄 사함을 받았
느니라 하시니
49 함께 [2]앉아 있는 자들이 속으로 말하되 이가
누구이기에 죄도 사하는가 하더라
50 예수께서 여자에게 이르시되 네 믿음이 너를
구원하였으니 평안히 가라 하시니라 막 5:34

여자들이 예수의 활동을 돕다

8 그 후에 예수께서 각 성과 마을에 두루 다
니시며 하나님의 나라를 선포하시며 그 복
음을 전하실새 열두 제자가 함께 하였고
2 또한 악귀를 쫓아내심과 병 고침을 받은 어
떤 여자들 곧 일곱 귀신이 나간 자 막달라인
이라 하는 마리아와
3 헤롯의 청지기 구사의 아내 요안나와 수산나

38 jar of perfume. •As she stood behind him at
his feet weeping, she began to wet his feet
with her tears. Then she wiped them with
her hair, kissed them and poured perfume
on them.
39 •When the Pharisee who had invited him
saw this, he said to himself, "If this man were
a prophet, he would know who is touching
him and what kind of woman she is—that
she is a sinner."
40 •Jesus answered him, "Simon, I have
something to tell you."
"Tell me, teacher," he said.
41 •"Two people owed money to a certain
moneylender. One owed him five hundred
42 denarii,[a] and the other fifty. •Neither of
them had the money to pay him back, so he
forgave the debts of both. Now which of
them will love him more?"
43 •Simon replied, "I suppose the one who
had the bigger debt forgiven."
"You have judged correctly," Jesus said.
44 •Then he turned toward the woman and
said to Simon, "Do you see this woman? I
came into your house. You did not give me
any water for my feet, but she wet my feet
with her tears and wiped them with her
45 hair. •You did not give me a kiss, but this
woman, from the time I entered, has not
46 stopped kissing my feet. •You did not put
oil on my head, but she has poured per-
47 fume on my feet. •Therefore, I tell you, her
many sins have been forgiven—as her great
love has shown. But whoever has been for-
given little loves little."
48 •Then Jesus said to her, "Your sins are for-
given."
49 •The other guests began to say among
themselves, "Who is this who even forgives
sins?"
50 •Jesus said to the woman, "Your faith has
saved you; go in peace."

The Parable of the Sower

8 After this, Jesus traveled about from
one town and village to another, pro-
claiming the good news of the kingdom of
2 God. The Twelve were with him, •and also
some women who had been cured of evil
spirits and diseases: Mary (called Magda-
lene) from whom seven demons had come
3 out; •Joanna the wife of Chuza, the manag-

[a]41 A denarius was the usual daily wage of a day laborer (see Matt. 20:2).
1) 은전의 명칭 2) 5:29 난하주를 보라

certain [sə́:rtn] *a.* 어떤
correctly [kəréktli] *ad.* 바르게
debt [det] *n.* 빚
demon [dí:mən] *n.* 악마, 귀신
disease [dizí:z] *n.* 질병
forgive [fərgív] *vt.* 용서하다
jar [dʒɑ:r] *n.* 항아리
moneylender [mʌ́nilèndər] *n.* 빚주는 사람
parable [pǽrəbl] *n.* 비유
perfume [pə́:rfju:m] *n.* 향유
pharisee [fǽrisì:] *n.* 바리새인
proclaim [proukléim] *vt.* 선포하다
weep [wi:p] *vi.* 울다
wet [wet] *vt.* 적시다
wipe [waip] *vt.* 닦다

7:39 **say to oneself**: 속으로 혼잣말하다
7:41 **owe A to B**: B에게 A를 빚지다
7:42 **pay back**: 갚다
7:46 **not A but B**: A아니고 B이다
8:1 **travel about**: 두루 다니다
8:2 **be cured of**: 병이 낫다

와 다른 여러 여자가 함께 하여 자기들의 소
유로 그들을 섬기더라 마 14:1
네 가지 땅에 떨어진 씨 비유 (마 13:1-9; 막 4:1-9)
4 ●각 동네 사람들이 예수께로 나아와 큰 무리
를 이루니 예수께서 비유로 말씀하시되
5 씨를 뿌리는 자가 그 씨를 뿌리러 나가서 뿌
릴새 더러는 길가에 떨어지매 밟히며 공중의
새들이 먹어버렸고
6 더러는 바위 위에 떨어지매 싹이 났다가 습
기가 없으므로 말랐고
7 더러는 가시떨기 속에 떨어지매 가시가 함께
자라서 기운을 막았고
8 더러는 좋은 땅에 떨어지매 나서 백 배의 결
실을 하였느니라 이 말씀을 하시고 외치시되
들을 귀 있는 자는 들을지어다
비유를 설명하시다
(마 13:10-23; 막 4:13-20 ♪84, 496장)
9 ●제자들이 이 비유의 뜻을 물으니
10 이르시되 하나님 나라의 비밀을 아는 것이
너희에게는 허락되었으나 다른 사람에게는
비유로 하나니 이는 그들로 보아도 보지 못
하고 들어도 깨닫지 못하게 하려 함이라
11 이 비유는 이러하니라 씨는 하나님의 말씀이
요
12 길가에 있다는 것은 말씀을 들은 자니 이에
마귀가 가서 그들이 믿어 구원을 얻지 못하
게 하려고 말씀을 그 마음에서 빼앗는 것이
요
13 바위 위에 있다는 것은 말씀을 들을 때에 기
쁨으로 받으나 뿌리가 없어 잠깐 믿다가 시
련을 당할 때에 배반하는 자요
14 가시떨기에 떨어졌다는 것은 말씀을 들은 자
이나 지내는 중 이생의 염려와 재물과 향락에
기운이 막혀 온전히 결실하지 못하는 자요
15 좋은 땅에 있다는 것은 착하고 좋은 마음으
로 말씀을 듣고 지키어 인내로 결실하는 자
니라
등불은 등경 위에 (막 4:21-25)
16 ●누구든지 등불을 켜서 그릇으로 덮거나 평
상 아래에 두지 아니하고 등경 위에 두나니
이는 들어가는 자들로 그 빛을 보게 하려 함
이라
17 숨은 것이 장차 드러나지 아니할 것이 없고
감추인 것이 장차 알려지고 나타나지 않을
것이 없느니라
18 그러므로 너희가 어떻게 들을까 스스로 삼가
라 누구든지 있는 자는 받겠고 없는 자는 그 있

er of Herod's household; Susanna; and many
others. These women were helping to sup-
port them out of their own means.
4 ●While a large crowd was gathering and
people were coming to Jesus from town after
5 town, he told this parable: ●"A farmer went
out to sow his seed. As he was scattering the
seed, some fell along the path; it was tram-
6 pled on, and the birds ate it up. ●Some fell
on rocky ground, and when it came up, the
plants withered because they had no mois-
7 ture. ●Other seed fell among thorns, which
8 grew up with it and choked the plants. ●Still
other seed fell on good soil. It came up and
yielded a crop, a hundred times more than
was sown."
When he said this, he called out, "Whoev-
er has ears to hear, let them hear."
9 ●His disciples asked him what this para-
10 ble meant. ●He said, "The knowledge of
the secrets of the kingdom of God has been
given to you, but to others I speak in para-
bles, so that,

" 'though seeing, they may not see;
though hearing, they may not under-
stand.'[a]

11 ●"This is the meaning of the parable: The
12 seed is the word of God. ●Those along the
path are the ones who hear, and then the
devil comes and takes away the word from
their hearts, so that they may not believe and
13 be saved. ●Those on the rocky ground are
the ones who receive the word with joy
when they hear it, but they have no root.
They believe for a while, but in the time of
14 testing they fall away. ●The seed that fell
among thorns stands for those who hear, but
as they go on their way they are choked by
life's worries, riches and pleasures, and they
15 do not mature. ●But the seed on good soil
stands for those with a noble and good heart,
who hear the word, retain it, and by perse-
vering produce a crop.

A Lamp on a Stand

16 ●"No one lights a lamp and hides it in a
clay jar or puts it under a bed. Instead, they
put it on a stand, so that those who come in
17 can see the light. ●For there is nothing hid-
den that will not be disclosed, and nothing
concealed that will not be known or brought
18 out into the open. ●Therefore consider care-

[a] *10* Isaiah 6:9

choke [tʃouk] *vt.* 질식시키다
conceal [kənsíːl] *vt.* 숨기다
mature [mətjúər] *vi.* 성숙하다
noble [nóubl] *a.* 훌륭한, 고결한
persevere [pəːrsəvíər] *vi.* 인내하다
pleasure [pléʒər] *n.* 즐거움
retain [ritéin] *vt.* 간직하다
scatter [skǽtər] *vt.* 뿌리다
seed [siːd] *n.* 씨
soil [sɔil] *n.* 흙
sow [sou] *vt.* 씨를 뿌리다
thorn [θɔːrn] *n.* 가시
trample [trǽmpl] *vt.* 짓밟다
wither [wiðər] *vi.* 시들다
yield [jiːld] *vt.* 산출하다

8:5 **eat up**: 다 먹어 버리다
8:8 **call out**: 외치다
8:13 **for a while**: 잠시 동안
8:13 **fall away**: 사라지다, 배반하다
8:15 **stand for...**: …를 나타내다
8:17 **bring out**: 나타내다, 발표하다

는 줄로 아는 것까지도 빼앗기리라 하시니라

예수의 어머니와 동생들 (마 12:46-50; 막 3:31-35)

19 ●예수의 어머니와 그 [1]동생들이 왔으나 무
리로 인하여 가까이 하지 못하니
20 어떤 이가 알리되 당신의 어머니와 [1]동생들
이 당신을 보려고 밖에 서 있나이다
21 예수께서 대답하여 이르시되 내 어머니와 내
[1]동생들은 곧 하나님의 말씀을 듣고 행하는
이 사람들이라 하시니라

바람과 물결을 잔잔하게 하시다
(마 8:23-27; 막 4:35-41)

22 ●하루는 제자들과 함께 배에 오르사 그들에
게 이르시되 호수 저편으로 건너가자 하시매
이에 떠나
23 행선할 때에 예수께서 잠이 드셨더니 마침
광풍이 호수로 내리치매 배에 물이 가득하게
되어 위태한지라
24 제자들이 나아와 깨워 이르되 주여 주여 우
리가 죽겠나이다 한대 예수께서 잠을 깨사
바람과 물결을 꾸짖으시니 이에 그쳐 잔잔하
여지더라
25 제자들에게 이르시되 너희 믿음이 어디 있느
냐 하시니 그들이 두려워하고 놀랍게 여겨
서로 말하되 그가 누구이기에 바람과 물을
명하매 순종하는가 하더라

귀신 들린 사람을 고치시다
(마 8:28-34; 막 5:1-20)

26 ●그들이 갈릴리 맞은편 거라사인의 땅에
이르러
27 예수께서 육지에 내리시매 그 도시 사람으로
서 귀신 들린 자 하나가 예수를 만나니 그 사
람은 오래 옷을 입지 아니하며 집에 거하지
도 아니하고 무덤 사이에 거하는 자라
28 예수를 보고 부르짖으며 그 앞에 엎드려 큰
소리로 불러 이르되 지극히 높으신 하나님의
아들 예수여 당신이 나와 무슨 상관이 있나
이까 당신께 구하노니 나를 괴롭게 하지 마
옵소서 하니
29 이는 예수께서 이미 더러운 귀신을 명하사
그 사람에게서 나오라 하셨음이라 (귀신이
가끔 그 사람을 붙잡으므로 그를 쇠사슬과
고랑에 매어 지켰으되 그 맨 것을 끊고 귀신
에게 몰려 광야로 나갔더라)
30 예수께서 네 이름이 무엇이냐 물으신즉 이르
되 [2]군대라 하니 이는 많은 귀신이 들렸음이
라
31 무저갱으로 들어가라 하지 마시기를 간구하

fully how you listen. Whoever has will be
given more; whoever does not have, even
what they think they have will be taken
from them."

Jesus' Mother and Brothers

19 ●Now Jesus' mother and brothers came to
see him, but they were not able to get near
20 him because of the crowd. ●Someone told
him, "Your mother and brothers are stand-
ing outside, wanting to see you."
21 ●He replied, "My mother and brothers are
those who hear God's word and put it into
practice."

Jesus Calms the Storm

22 ●One day Jesus said to his disciples, "Let us
go over to the other side of the lake." So they
23 got into a boat and set out. ●As they sailed,
he fell asleep. A squall came down on the
lake, so that the boat was being swamped,
and they were in great danger.
24 ●The disciples went and woke him, say-
ing, "Master, Master, we're going to drown!"
He got up and rebuked the wind and the
raging waters; the storm subsided, and all
25 was calm. ●"Where is your faith?" he asked
his disciples.
In fear and amazement they asked one an-
other, "Who is this? He commands even the
winds and the water, and they obey him."

Jesus Restores a Demon-Possessed Man

26 ●They sailed to the region of the Gera-
senes,[a] which is across the lake from Galilee.
27 ●When Jesus stepped ashore, he was met by
a demon-possessed man from the town. For
a long time this man had not worn clothes
or lived in a house, but had lived in the
28 tombs. ●When he saw Jesus, he cried out and
fell at his feet, shouting at the top of his voice,
"What do you want with me, Jesus, Son of
the Most High God? I beg you, don't torture
29 me!" ●For Jesus had commanded the impure
spirit to come out of the man. Many times it
had seized him, and though he was chained
hand and foot and kept under guard, he had
broken his chains and had been driven by
the demon into solitary places.
30 ●Jesus asked him, "What is your name?"
"Legion," he replied, because many de-
31 mons had gone into him. ●And they begged

[a] *26* Some manuscripts *Gadarenes;* other manuscripts *Gergesenes;* also in verse 37

1) 또는 형제들 2) 헬, 레기온. 로마 군대의 여단 규모

amazement [əméizmənt] *n.* 놀람
ashore [əʃɔ́:r] *ad.* 물가에
beg [beg] *vt.* 구걸하다
calm [ka:m] *vt.* 가라앉히다
demon-possessed [dí:mənpəzést] *a.* 귀신들린
impure [impjúər] *a.* 불결한
raging [réidʒiŋ] *a.* 격렬한
sail [seil] *vi.* 출항하다
seize [si:z] *vt.* 붙잡다
solitary [sálətèri] *a.* 인적이 없는
squall [skwɔ:l] *n.* 돌풍
subside [səbsáid] *vi.* 가라앉다
swamp [swamp] *vt.* 침수시키다
tomb [tu:m] *n.* 무덤
torture [tɔ́:rtʃər] *vt.* 괴롭히다

8:18 take from...: …를 줄이다
8:19 be able to...: …할 수 있다
8:21 put... into practice: …을 실행하다
8:23 fall asleep: 잠이 들다, 잠에 빠지다
8:23 come down: 내리다
8:29 drive into: 몰아넣다

더니
32 마침 그곳에 많은 돼지 떼가 산에서 먹고 있
는지라 귀신들이 그 돼지에게로 들어가게 허
락하심을 간구하니 이에 허락하시니
33 귀신들이 그 사람에게서 나와 돼지에게로 들
어가니 그 떼가 비탈로 내리달아 호수에 들
어가 몰사하거늘
34 치던 자들이 그 이루어진 일을 보고 도망하
여 성내와 마을에 알리니
35 사람들이 그 이루어진 일을 보러 나와서 예
수께 이르러 귀신 나간 사람이 옷을 입고 정
신이 온전하여 예수의 발치에 앉아 있는 것
을 보고 두려워하거늘
36 귀신 들렸던 자가 어떻게 구원받았는지를 본
자들이 그들에게 이르매
37 거라사인의 땅 근방 모든 백성이 크게 두려
워하여 예수께 떠나가시기를 구하더라 예수
께서 배에 올라 돌아가실새
38 귀신 나간 사람이 함께 있기를 구하였으나
예수께서 그를 보내시며 이르시되
39 집으로 돌아가 하나님이 네게 어떻게 큰 일
을 행하셨는지를 말하라 하시니 그가 가서
예수께서 자기에게 어떻게 큰 일을 행하셨는
지를 온 성내에 전파하니라

야이로의 딸과 예수의 옷에 손 댄 여자
(마 9:18-26; 막 5:21-43)

40 ●예수께서 돌아오시매 무리가 환영하니 이
는 다 기다렸음이러라
41 이에 회당장인 야이로라 하는 사람이 와서 예
수의 발 아래에 엎드려 자기 집에 오시기를
간구하니
42 이는 자기에게 열두 살 된 외딸이 있어 죽어
감이러라 ●예수께서 가실 때에 무리가 밀려
들더라
43 이에 열두 해를 혈루증으로 앓는 중에 [1]아무
에게도 고침을 받지 못하던 여자가
44 예수의 뒤로 와서 그의 옷가에 손을 대니 혈
루증이 즉시 그쳤더라
45 예수께서 이르시되 내게 손을 댄 자가 누구
냐 하시니 다 아니라 할 때에 [2]베드로가 이르
되 주여 무리가 밀려들어 미나이다
46 예수께서 이르시되 내게 손을 댄 자가 있도
다 이는 내게서 능력이 나간 줄 앎이로다 하
신대
47 여자가 스스로 숨기지 못할 줄 알고 떨며 나
아와 엎드리어 그 손댄 이유와 곧 나은 것을
모든 사람 앞에서 말하니

Jesus repeatedly not to order them to go into
the Abyss.
32 ●A large herd of pigs was feeding there on
the hillside. The demons begged Jesus to let
them go into the pigs, and he gave them per-
33 mission. ●When the demons came out of
the man, they went into the pigs, and the
herd rushed down the steep bank into the
lake and was drowned.
34 ●When those tending the pigs saw what
had happened, they ran off and reported this
35 in the town and countryside, ●and the people
went out to see what had happened. When
they came to Jesus, they found the man from
whom the demons had gone out, sitting at
Jesus' feet, dressed and in his right mind; and
36 they were afraid. ●Those who had seen it told
the people how the demon-possessed man
37 had been cured. ●Then all the people of the
region of the Gerasenes asked Jesus to leave
them, because they were overcome with fear.
So he got into the boat and left.
38 ●The man from whom the demons had
gone out begged to go with him, but Jesus
39 sent him away, saying, ●"Return home and
tell how much God has done for you." So the
man went away and told all over town how
much Jesus had done for him.

Jesus Raises a Dead Girl and Heals a Sick Woman

40 ●Now when Jesus returned, a crowd wel-
comed him, for they were all expecting him.
41 ●Then a man named Jairus, a synagogue
leader, came and fell at Jesus' feet, pleading
42 with him to come to his house ●because his
only daughter, a girl of about twelve, was
dying.
As Jesus was on his way, the crowds almost
43 crushed him. ●And a woman was there who
had been subject to bleeding for twelve years,[a]
44 but no one could heal her. ●She came up be-
hind him and touched the edge of his cloak,
and immediately her bleeding stopped.
45 ●"Who touched me?" Jesus asked.
When they all denied it, Peter said, "Ma-
ster, the people are crowding and pressing
against you."
46 ●But Jesus said, "Someone touched me; I
know that power has gone out from me."
47 ●Then the woman, seeing that she could

[a]43 Many manuscripts *years, and she had spent all she had on doctors* 1) 어떤 사본에는, 의사들에게 그 가산을 다 허비하였으되 아무에게도 2) 어떤 사본에는, 베드로와 및 함께 있는 자들이

almost [ɔ́:lmoust] *ad.* 거의
bleed [bli:d] *vi.* 피를 흘리다
cloak [klouk] *n.* 소매없는 외투
crush [krʌʃ] *vi.* 밀치며 지나가다
cure [kjuər] *vt.* 고치다
deny [dinái] *vt.* 부인하다
drowned [draund] *a.* 물에 빠져 죽은
edge [edʒ] *n.* 가장자리
hillside [hílsàid] *n.* 언덕의 비탈
overcome [òuvərkʌ́m] *vt.* 압도하다
permission [pərmíʃən] *n.* 허락
press [pres] *vt.* 누르다
repeatedly [ripí:tidli] *ad.* 되풀이하여
steep [sti:p] *a.* 가파른
synagogue [sínəgɑ̀g] *n.* (유대교) 회당

8:33 rush down: 급하게 내려가다
8:34 run off: 도망치다
8:37 get into...: …을 타다
8:39 all over...: …의 곳곳에
8:41 plead with...: …에게 간청하다
8:43 be subject to...: …의 대상이다

48 예수께서 이르시되 딸아 네 믿음이 너를 구
원하였으니 평안히 가라 하시더라
49 ● 아직 말씀하실 때에 회당장의 집에서 사람
이 와서 말하되 당신의 딸이 죽었나이다 선
생님을 더 괴롭게 하지 마소서 하거늘
50 예수께서 들으시고 이르시되 두려워하지 말
고 믿기만 하라 그리하면 딸이 구원을 얻으
리라 하시고
51 그 집에 이르러 베드로와 요한과 야고보와
아이의 부모 외에는 함께 들어가기를 허락하
지 아니하시니라
52 모든 사람이 아이를 위하여 울며 통곡하매
예수께서 이르시되 울지 말라 죽은 것이 아
니라 잔다 하시니 요 11:11, 13
53 그들이 그 죽은 것을 아는 고로 비웃더라
54 예수께서 아이의 손을 잡고 불러 이르시되
아이야 일어나라 하시니
55 그 영이 돌아와 아이가 곧 일어나거늘 예수
께서 먹을 것을 주라 명하시니
56 그 부모가 놀라는지라 예수께서 경고하사 이
일을 아무에게도 말하지 말라 하시니라

열두 제자를 내보내시다 (마 10:5-15; 막 6:7-13)

9 예수께서 열두 제자를 불러 모으사 모든
귀신을 제어하며 병을 고치는 능력과 권위
를 주시고
2 하나님의 나라를 전파하며 앓는 자를 고치게
하려고 내보내시며 10:1, 9
3 이르시되 여행을 위하여 아무것도 가지지 말
라 지팡이나 배낭이나 양식이나 돈이나 두
벌 옷을 가지지 말며 10:4
4 어느 집에 들어가든지 거기서 머물다가 거기
서 떠나라
5 누구든지 너희를 영접하지 아니하거든 그 성
에서 떠날 때에 너희 발에서 먼지를 떨어 버
려 그들에게 증거를 삼으라 하시니
6 제자들이 나가 각 마을에 두루 다니며 곳곳
에 복음을 전하며 병을 고치더라

헤롯이 듣고 심히 당황하다 (마 14:1-12; 막 6:14-29)

7 ● 분봉 왕 헤롯이 이 모든 일을 듣고 심히 당
황하니 이는 어떤 사람은 요한이 죽은 자 가
운데서 살아났다고도 하며
8 어떤 사람은 엘리야가 나타났다고도 하며 어
떤 사람은 옛 선지자 한 사람이 다시 살아났다
고도 함이라
9 헤롯이 이르되 요한은 내가 목을 베었거늘
이제 이런 일이 들리니 이 사람이 누군가 하
며 그를 보고자 하더라

not go unnoticed, came trembling and fell at
his feet. In the presence of all the people, she
told why she had touched him and how she
48 had been instantly healed. ● Then he said to
her, "Daughter, your faith has healed you.
Go in peace."
49 ● While Jesus was still speaking, someone
came from the house of Jairus, the syna-
gogue leader. "Your daughter is dead," he
said. "Don't bother the teacher anymore."
50 ● Hearing this, Jesus said to Jairus, "Don't
be afraid; just believe, and she will be
healed."
51 ● When he arrived at the house of Jairus,
he did not let anyone go in with him except
Peter, John and James, and the child's father
52 and mother. ● Meanwhile, all the people
were wailing and mourning for her. "Stop
wailing," Jesus said. "She is not dead but
asleep."
53 ● They laughed at him, knowing that she
54 was dead. ● But he took her by the hand and
55 said, "My child, get up!" ● Her spirit returned,
and at once she stood up. Then Jesus told
56 them to give her something to eat. ● Her par-
ents were astonished, but he ordered them
not to tell anyone what had happened.

Jesus Sends Out the Twelve

9 When Jesus had called the Twelve
together, he gave them power and
authority to drive out all demons and to
2 cure diseases, ● and he sent them out to
proclaim the kingdom of God and to heal
3 the sick. ● He told them: "Take nothing for
the journey — no staff, no bag, no bread, no
4 money, no extra shirt. ● Whatever house
you enter, stay there until you leave that
5 town. ● If people do not welcome you, leave
their town and shake the dust off your feet
6 as a testimony against them." ● So they set
out and went from village to village, pro-
claiming the good news and healing peo-
ple everywhere.
7 ● Now Herod the tetrarch heard about all
that was going on. And he was perplexed
because some were saying that John had
8 been raised from the dead, ● others that Eli-
jah had appeared, and still others that one of
the prophets of long ago had come back to
9 life. ● But Herod said, "I beheaded John.
Who, then, is this I hear such things about?"
And he tried to see him.

astonish [əstániʃ] *vt.* 놀라게 하다
authority [əθɔ́:rəti] *n.* 권세
bother [báðər] *vt.* 괴롭히다
except [iksépt] *prep.* …외에는
extra [ékstrə] *a.* 여분의
meanwhile [mí:nhwàil] *ad.* …동안
mourn [mɔ:rn] *vi.* 슬퍼하다
perplexed [pərplékst] *a.* 당황한
prophet [práfit] *n.* 선지자
staff [stæf] *n.* 막대기
testimony [téstəmòuni] *n.* 증거
tetrarch [tí:trɑ:rk] *n.* 영주
tremble [trémbl] *vi.* 떨다
unnoticed [ʌ̀nnóutist] *a.* 눈에 안 띄는
wail [weil] *vt.* 통곡하다

8:47 **in the presence of...**: …의 면전에서
8:53 **laugh at...**: …를 비웃다
8:55 **at once**: 즉시
9:1 **drive out**: 몰아내다
9:5 **shake off**: (먼지 등을) 떨어 버리다
9:8 **come back to life**: 다시 살아나다

오천 명을 먹이시다
(마 14:13-21; 막 6:30-44; 요 6:1-14)

10 ●사도들이 돌아와 자기들이 행한 모든 것을
예수께 여쭈니 데리시고 따로 벳새다라는 고
을로 떠나 가셨으나
11 무리가 알고 따라왔거늘 예수께서 그들을 영
접하사 하나님 나라의 일을 이야기하시며 병
고칠 자들은 고치시더라
12 날이 저물어 가매 열두 사도가 나아와 여짜
오되 무리를 보내어 두루 마을과 촌으로 가
서 유하며 먹을 것을 얻게 하소서 우리가 있
는 여기는 빈 들이니이다
13 예수께서 이르시되 너희가 먹을 것을 주라
하시니 여짜오되 우리에게 떡 다섯 개와 물
고기 두 마리밖에 없으니 이 모든 사람을 위
하여 먹을 것을 사지 아니하고서는 할 수 없
사옵나이다 하니
14 이는 남자가 한 오천 명 됨이러라 제자들에
게 이르시되 떼를 지어 한 오십 명씩 앉히라
하시니
15 제자들이 이렇게 하여 다 앉힌 후
16 예수께서 떡 다섯 개와 물고기 두 마리를 가
지사 하늘을 우러러 축사하시고 떼어 제자들
에게 주어 무리에게 나누어 주게 하시니
17 먹고 다 배불렀더라 그 남은 조각을 열두 바
구니에 거두니라

베드로의 고백, 죽음과 부활 예고
(마 16:13-28; 막 8:27-9:1)

18 ●예수께서 따로 기도하실 때에 제자들이 주
와 함께 있더니 물어 이르시되 무리가 나를
누구라고 하느냐
19 대답하여 이르되 [1]세례 요한이라 하고 더러
는 엘리야라, 더러는 옛 선지자 중의 한 사람
이 살아났다 하나이다
20 예수께서 이르시되 너희는 나를 누구라 하느
냐 베드로가 대답하여 이르되 하나님의 그리
스도시니이다 하니 요 1:49
21 경고하사 이 말을 아무에게도 이르지 말라 명
하시고
22 이르시되 인자가 많은 고난을 받고 장로들과
대제사장들과 서기관들에게 버린 바 되어 죽
임을 당하고 제삼 일에 살아나야 하리라 하
시고
23 또 무리에게 이르시되 아무든지 나를 따라오
려거든 자기를 부인하고 날마다 제 십자가를
지고 나를 따를 것이니라

Jesus Feeds the Five Thousand

10 ●When the apostles returned, they report-
ed to Jesus what they had done. Then he
took them with him and they withdrew by
11 themselves to a town called Bethsaida, ●but
the crowds learned about it and followed
him. He welcomed them and spoke to them
about the kingdom of God, and healed those
who needed healing.
12 ●Late in the afternoon the Twelve came to
him and said, "Send the crowd away so they
can go to the surrounding villages and coun-
tryside and find food and lodging, because
we are in a remote place here."
13 ●He replied, "You give them something to
eat."
They answered, "We have only five loaves
of bread and two fish—unless we go and
14 buy food for all this crowd." ●(About five
thousand men were there.)
But he said to his disciples, "Have them
sit down in groups of about fifty each."
15 ●The disciples did so, and everyone sat
16 down. ●Taking the five loaves and the two
fish and looking up to heaven, he gave
thanks and broke them. Then he gave them
to the disciples to distribute to the people.
17 ●They all ate and were satisfied, and the
disciples picked up twelve basketfuls of
broken pieces that were left over.

Peter Declares That Jesus Is the Messiah

18 ●Once when Jesus was praying in private
and his disciples were with him, he asked
them, "Who do the crowds say I am?"
19 ●They replied, "Some say John the Baptist;
others say Elijah; and still others, that one of
the prophets of long ago has come back to
life."
20 ●"But what about you?" he asked. "Who
do you say I am?"
Peter answered, "God's Messiah."

Jesus Predicts His Death

21 ●Jesus strictly warned them not to tell this
22 to anyone. ●And he said, "The Son of Man
must suffer many things and be rejected by
the elders, the chief priests and the teachers
of the law, and he must be killed and on the
third day be raised to life."
23 ●Then he said to them all: "Whoever
wants to be my disciple must deny them-
selves and take up their cross daily and fol-

1) 헬, 또는 침례

apostle [əpásl] *n.* 사도
countryside [kʌ́ntrisàid] *n.* 시골
distribute [distríbjuːt] *vt.* 나눠주다
elder [éldər] *n.* 원로, 장로
feed [fiːd] *vt.* 먹이다
loaf [louf] *n.* 한 덩어리의 빵
lodging [ládʒiŋ] *n.* 숙소
predict [pridíkt] *vt.* 예언하다
reject [ridʒékt] *vt.* 거절하다
remote [rimóut] *a.* 멀리 떨어진
satisfy [sǽtisfài] *vt.* 충족시키다
strictly [stríktli] *ad.* 엄격히
suffer [sʌ́fər] *vt.* (고통을) 당하다
surrounding [səráundiŋ] *a.* 주변의
withdraw [wiðdrɔ́ː] *vi.* 물러나다

9:16 look up to...: …를 우러러보다
9:17 pick up: 줍다, 집다
9:17 leave over: 남겨두다
9:18 in private: 개인적으로
9:19 come back to life: 다시 살아나다
9:23 take up: 들어올리다, 집어들다

24 누구든지 제 목숨을 구원하고자 하면 잃을 것이
요 누구든지 나를 위하여 제 목숨을 잃으면 구원
하리라
25 사람이 만일 온 천하를 얻고도 자기를 잃든지 빼
앗기든지 하면 무엇이 유익하리요
26 누구든지 나와 내 말을 부끄러워하면 인자도 자
기와 아버지와 거룩한 천사들의 영광으로 올 때
에 그 사람을 부끄러워하리라
27 내가 참으로 너희에게 이르노니 여기 서 있는
사람 중에 죽기 전에 하나님의 나라를 볼 자들
도 있느니라

영광스러운 모습으로 변화되시다
(마 17:1-8; 막 9:2-8)

28 • 이 말씀을 하신 후 팔 일쯤 되어 예수께서 베
드로와 요한과 야고보를 데리고 기도하시러 산
에 올라가사
29 기도하실 때에 용모가 변화되고 그 옷이 희어져
광채가 나더라
30 문득 두 사람이 예수와 함께 말하니 이는 모세와
엘리야라
31 영광중에 나타나서 장차 예수께서 예루살렘에
서 별세하실 것을 말할새 롬 3:21
32 베드로와 및 함께 있는 자들이 깊이 졸다가 온전
히 깨어나 예수의 영광과 및 함께 선 두 사람을
보더니
33 두 사람이 떠날 때에 베드로가 예수께 여짜오되
주여 우리가 여기 있는 것이 좋사오니 우리가 초
막 셋을 짓되 하나는 주를 위하여, 하나는 모세
를 위하여, 하나는 엘리야를 위하여 하사이다
하되 자기가 하는 말을 자기도 알지 못하더라
34 이 말 할 즈음에 구름이 와서 그들을 덮는지라
구름 속으로 들어갈 때에 그들이 무서워하더니
35 구름 속에서 소리가 나서 이르되 이는 나의 아들
곧 택함을 받은 자니 너희는 그의 말을 들으라
하고
36 소리가 그치매 오직 예수만 보이더라 제자들이
잠잠하여 그 본 것을 무엇이든지 그때에는 아무
에게도 이르지 아니하니라 마 17:9

귀신 들린 아이를 낫게 하시다
(마 17:14-18; 막 9:14-27)

37 • 이튿날 산에서 내려오시니 큰 무리가 맞을새
38 무리 중의 한 사람이 소리 질러 이르되 선생님
청컨대 내 아들을 돌보아 주옵소서 이는 내 외아
들이니이다
39 귀신이 그를 잡아 갑자기 부르짖게 하고 경련을
일으켜 거품을 흘리게 하며 몹시 상하게 하고야
겨우 떠나 가나이다

24 low me. •For whoever wants to save their
life will lose it, but whoever loses their life
25 for me will save it. •What good is it for
someone to gain the whole world, and
26 yet lose or forfeit their very self? •Whoev-
er is ashamed of me and my words, the
Son of Man will be ashamed of them
when he comes in his glory and in the
glory of the Father and of the holy angels.
27 •"Truly I tell you, some who are stand-
ing here will not taste death before they
see the kingdom of God."

The Transfiguration

28 •About eight days after Jesus said this,
he took Peter, John and James with him
and went up onto a mountain to pray.
29 •As he was praying, the appearance of
his face changed, and his clothes became
30 as bright as a flash of lightning. •Two
men, Moses and Elijah, appeared in glori-
31 ous splendor, talking with Jesus. •They
spoke about his departure,[a] which he
was about to bring to fulfillment at
32 Jerusalem. •Peter and his companions
were very sleepy, but when they became
fully awake, they saw his glory and the
33 two men standing with him. •As the
men were leaving Jesus, Peter said to him,
"Master, it is good for us to be here. Let us
put up three shelters—one for you, one
for Moses and one for Elijah." (He did not
know what he was saying.)
34 •While he was speaking, a cloud
appeared and covered them, and they
35 were afraid as they entered the cloud. •A
voice came from the cloud, saying, "This
is my Son, whom I have chosen; listen to
36 him." •When the voice had spoken, they
found that Jesus was alone. The disciples
kept this to themselves and did not tell
anyone at that time what they had seen.

Jesus Heals a Demon-Possessed Boy

37 •The next day, when they came down
from the mountain, a large crowd met
38 him. •A man in the crowd called out,
"Teacher, I beg you to look at my son, for
39 he is my only child. •A spirit seizes him
and he suddenly screams; it throws him
into convulsions so that he foams at the
mouth. It scarcely ever leaves him and is

[a]*31* Greek *exodos*

appearance [əpíərəns] *n.* 외양
beg [beg] *vt.* 간청하다
companion [kəmpǽnjən] *n.* 동료, 친구
convulsion [kənvʌ́lʃən] *n.* 경련
departure [dipɑ́:rtʃər] *n.* 사망
foam [foum] *vi.* 거품이 일다
forfeit [fɔ́:rfit] *vt.* 박탈당하다
fulfillment [fulfílmənt] *n.* 성취
heal [hi:l] *vt.* 치료하다
lightning [láitniŋ] *n.* 조명, 전광
scarcely [skέərsli] *ad.* 간신히, 겨우
scream [skri:m] *vi.* 비명을 지르다
seize [si:z] *vt.* 잡다
shelter [ʃéltər] *n.* 오두막
splendor [spléndər] *n.* 광채

9:26 **be ashamed of**: 볼 낯이 없다
9:31 **be about to...**: 막 …하려고 하다
9:33 **put up**: (건축물을) 짓다
9:35 **come from...**: …에서 나오다
9:35 **listen to...**: …을 듣다
9:36 **keep... to oneself**: …를 알리지 않다

40 당신의 제자들에게 내쫓아 주기를 구하였으나
그들이 능히 못하더이다
41 예수께서 대답하여 이르시되 믿음이 없고 패역
한 세대여 내가 얼마나 너희와 함께 있으며 너희
에게 참으리요 네 아들을 이리로 데리고 오라 하
시니
42 올 때에 귀신이 그를 거꾸러뜨리고 심한 경련
을 일으키게 하는지라 예수께서 더러운 귀신을
꾸짖으시고 아이를 낫게 하사 그 아버지에게
도로 주시니
43 사람들이 다 하나님의 위엄에 놀라니라

인자가 사람들의 손에 넘겨지리라
(마 17:22-23; 막 9:30-32)

●그들이 다 그 행하시는 모든 일을 놀랍게 여길
새 예수께서 제자들에게 이르시되
44 이 말을 너희 귀에 담아 두라 인자가 장차 사람
들의 손에 넘겨지리라 하시되
45 그들이 이 말씀을 알지 못하니 이는 그들로 깨닫
지 못하게 숨긴 바 되었음이라 또 그들은 이 말
씀을 묻기도 두려워하더라

누가 크냐 (마 18:1-5; 막 9:33-37)

46 ●제자 중에서 누가 크냐 하는 변론이 일어나니
47 예수께서 그 마음에 변론하는 것을 아시고 어린
아이 하나를 데려다가 자기 곁에 세우시고
48 그들에게 이르시되 누구든지 내 이름으로 이런
어린아이를 영접하면 곧 나를 영접함이요 또 누
구든지 나를 영접하면 곧 나를 보내신 이를 영접
함이라 너희 모든 사람 중에 가장 작은 그가 큰
자니라

너희를 위하는 사람 (막 9:38-40)

49 ●요한이 여짜오되 주여 어떤 사람이 주의 이름
으로 귀신을 내쫓는 것을 우리가 보고 우리와 함
께 따르지 아니하므로 금하였나이다
50 예수께서 이르시되 금하지 말라 너희를 반대하
지 않는 자는 너희를 위하는 자니라 하시니라

사마리아의 마을에서 예수를 받아들이지 않다
(♪390장)

51 ●예수께서 승천하실 기약이 차가매 예루살렘
을 향하여 올라가기로 굳게 결심하시고
52 사자들을 앞서 보내시매 그들이 가서 예수를 위
하여 준비하려고 사마리아인의 한 마을에 들어
갔더니
53 예수께서 예루살렘을 향하여 가시기 때문에 그
들이 받아들이지 아니하는지라
54 제자 야고보와 요한이 이를 보고 이르되 주여 우
리가 불을 명하여 하늘로부터 내려 저들을 멸하
라 하기를 원하시나이까

40 destroying him. •I begged your disciples
to drive it out, but they could not."
41 •"You unbelieving and perverse gener-
ation," Jesus replied, "how long shall I
stay with you and put up with you? Bring
your son here."
42 •Even while the boy was coming, the
demon threw him to the ground in a con-
vulsion. But Jesus rebuked the impure
spirit, healed the boy and gave him back
43 to his father. •And they were all amazed
at the greatness of God.

Jesus Predicts His Death a Second Time

While everyone was marveling at all
that Jesus did, he said to his disciples,
44 •"Listen carefully to what I am about to
tell you: The Son of Man is going to be
45 delivered into the hands of men." •But
they did not understand what this meant.
It was hidden from them, so that they did
not grasp it, and they were afraid to ask
2:50 him about it.
46 •An argument started among the disci-
ples as to which of them would be the
47 greatest. •Jesus, knowing their thoughts,
took a little child and had him stand
48 beside him. •Then he said to them,
"Whoever welcomes this little child in
my name welcomes me; and whoever
welcomes me welcomes the one who sent
me. For it is the one who is least among
you all who is the greatest."
49 •"Master," said John, "we saw some-
one driving out demons in your name
and we tried to stop him, because he is
not one of us."
50 •"Do not stop him," Jesus said, "for
whoever is not against you is for you."

Samaritan Opposition

51 •As the time approached for him to be
taken up to heaven, Jesus resolutely set
52 out for Jerusalem. •And he sent messen-
gers on ahead, who went into a Samari-
tan village to get things ready for him;
53 •but the people there did not welcome
him, because he was heading for Jeru-
54 salem. •When the disciples James and
John saw this, they asked, "Lord, do you
want us to call fire down from heaven to
55 destroy them[a]?" •But Jesus turned and

[a]54 Some manuscripts *them, just as Elijah did*

argument [ɑ́:rgjumənt] *n.* 논쟁
beside [bisáid] *prep.* …의 곁에
carefully [kέərfəli] *ad.* 주의 깊게
destroy [distrɔ́i] *vt.* 멸망시키다
generation [dʒènəréiʃən] *n.* 세대
grasp [græsp] *vt.* 이해하다
hidden [hídn] *a.* 숨겨진
impure [impjúər] *a.* 불결한
least [li:st] *a.* 가장 작은
marvel [mɑ́:rvəl] *vi.* 놀라다
opposition [ɑpəzíʃən] *n.* 반대, 저항
perverse [pərvə́:rs] *a.* 심술궂은
rebuke [ribjú:k] *vt.* 꾸짖다
resolutely [rézəlù:tli] *ad.* 결연히
stay [stei] *vi.* 머무르다

9:40 **drive out**: 몰아내다
9:41 **put up with...**: …을 참다
9:44 **be about to...**: 막 …하려고 하다
9:46 **as to...**: …에 관하여
9:51 **set out**: 출발하다
9:53 **head for...**: …를 향해 나아가다

55 예수께서 돌아보시며 꾸짖으시고 [1)]
56 함께 다른 마을로 가시니라

나를 따르라 (마 8:19-22)

57 •길 가실 때에 어떤 사람이 여짜오되 어디로
가시든지 나는 따르리이다
58 예수께서 이르시되 여우도 굴이 있고 공중의
새도 집이 있으되 인자는 머리 둘 곳이 없도다
하시고
59 또 다른 사람에게 나를 따르라 하시니 그가
이르되 나로 먼저 가서 내 아버지를 장사하
게 허락하옵소서
60 이르시되 죽은 자들로 자기의 죽은 자들을
장사하게 하고 너는 가서 하나님의 나라를
전파하라 하시고
61 또 다른 사람이 이르되 주여 내가 주를 따르
겠나이다마는 나로 먼저 내 가족을 작별하게
허락하소서
62 예수께서 이르시되 손에 쟁기를 잡고 뒤를
돌아보는 자는 하나님의 나라에 합당하지 아
니하니라 하시니라
빌 3:13

칠십 인을 세워서 보내시다 (마 11:20-24)

10 그 후에 주께서 따로 칠십 인을 세우사
친히 가시려는 각 동네와 각 지역으로
둘씩 앞서 보내시며
2 이르시되 추수할 것은 많되 일꾼이 적으니
그러므로 추수하는 주인에게 청하여 추수할
일꾼들을 보내 주소서 하라
3 갈지어다 내가 너희를 보냄이 어린 양을 이
리 가운데로 보냄과 같도다
4 전대나 배낭이나 신발을 가지지 말며 길에서
아무에게도 문안하지 말며
9:3
5 어느 집에 들어가든지 먼저 말하되 이 집이
평안할지어다 하라
6 만일 [2)]평안을 받을 사람이 거기 있으면 너희
의 평안이 그에게 머물 것이요 그렇지 않으
면 너희에게로 돌아오리라
7 그 집에 유하며 주는 것을 먹고 마시라 일꾼
이 그 삯을 받는 것이 마땅하니라 이 집에서
저 집으로 옮기지 말라
8 어느 동네에 들어가든지 너희를 영접하거든
너희 앞에 차려놓는 것을 먹고
9 거기 있는 병자들을 고치고 또 말하기를 하
나님의 나라가 너희에게 가까이 왔다 하라
10 어느 동네에 들어가든지 너희를 영접하지 아
니하거든 그 거리로 나와서 말하되
11 너희 동네에서 우리 발에 묻은 먼지도 너희
에게 떨어버리노라 그러나 하나님의 나라가

56 rebuked them. •Then he and his disciples
went to another village.

The Cost of Following Jesus

57 •As they were walking along the road, a
man said to him, "I will follow you wherev-
er you go."
58 •Jesus replied, "Foxes have dens and birds
have nests, but the Son of Man has no place
to lay his head."
59 •He said to another man, "Follow me."
But he replied, "Lord, first let me go and
bury my father."
60 •Jesus said to him, "Let the dead bury
their own dead, but you go and proclaim
the kingdom of God."
61 •Still another said, "I will follow you,
Lord; but first let me go back and say good-
bye to my family."
62 •Jesus replied, "No one who puts a hand
to the plow and looks back is fit for service
in the kingdom of God."

Jesus Sends Out the Seventy-Two

10 After this the Lord appointed seventy-
two [a] others and sent them two by
two ahead of him to every town and place
2 where he was about to go. •He told them,
"The harvest is plentiful, but the workers are
few. Ask the Lord of the harvest, therefore, to
3 send out workers into his harvest field. • Go!
I am sending you out like lambs among
4 wolves. • Do not take a purse or bag or san-
dals; and do not greet anyone on the road.
5 •"When you enter a house, first say, 'Peace
6 to this house.' • If someone who promotes
peace is there, your peace will rest on them;
7 if not, it will return to you. • Stay there, eat-
ing and drinking whatever they give you, for
the worker deserves his wages. Do not move
around from house to house.
8 •"When you enter a town and are wel-
9 comed, eat what is offered to you. • Heal
the sick who are there and tell them, 'The
kingdom of God has come near to you.'
10 • But when you enter a town and are not
welcomed, go into its streets and say,
11 • 'Even the dust of your town we wipe
from our feet as a warning to you. Yet be
sure of this: The kingdom of God has come

[a] *1* Some manuscripts *seventy*; also in verse 17

1) 어떤 고대 사본에는, 55절 끝에 다음 말이 있음. '이르시되 너희는 무슨 정신으로 말하는지 모르는구나 인자는 사람의 생명을 멸망시키러 온 것이 아니요 구원하러 왔노라 하시고' 2) 헬, 평안의 아들이

appoint [əpɔ́int] *vt.* 임명하다
bury [béri] *vt.* 묻다
cost [kɔːst] *n.* 희생, 대가
den [den] *n.* 굴
deserve [dizə́ːrv] *vt.* …할 만하다
dust [dʌst] *n.* 티끌
greet [griːt] *vt.* 인사하다
harvest [háːrvist] *n.* 추수
nest [nest] *n.* 둥지
plentiful [pléntifəl] *a.* 많은
plow [plau] *n.* 쟁기
proclaim [proukléim] *vt.* 선포하다
promote [prəmóut] *vt.* 증진하다
purse [pəːrs] *n.* 돈주머니
wage [weidʒ] *n.* 임금

9:62 fit for...: …에 합당한
10:1 ahead of...: …에 앞서
10:2 send out: 보내다, 파송하다
10:6 rest on...: …에 머물다
10:9 come near to...: …에 가깝다
10:10 go into...: …에 들어가다

가까이 온 줄을 알라 하라
12 내가 너희에게 말하노니 그날에 소돔이 그 동네
보다 견디기 쉬우리라
13 화 있을진저 고라신아, 화 있을진저 벳새다야,
너희에게 행한 모든 권능을 두로와 시돈에서 행
하였더라면 그들이 벌써 베옷을 입고 재에 앉아
회개하였으리라
14 심판 때에 두로와 시돈이 너희보다 견디기 쉬우
리라
15 가버나움아 네가 하늘에까지 높아지겠느냐 음
부에까지 낮아지리라 창 11:4
16 너희 말을 듣는 자는 곧 내 말을 듣는 것이요 너
희를 저버리는 자는 곧 나를 저버리는 것이요 나
를 저버리는 자는 나 보내신 이를 저버리는 것이
라 하시니라

칠십 인이 돌아오다

17 ● 칠십 인이 기뻐하며 돌아와 이르되 주여 주의
이름이면 귀신들도 우리에게 항복하더이다
18 예수께서 이르시되 사탄이 하늘로부터 번개같
이 떨어지는 것을 내가 보았노라
19 내가 너희에게 뱀과 전갈을 밟으며 원수의 모든
능력을 제어할 권능을 주었으니 너희를 해칠 자
가 결코 없으리라
20 그러나 귀신들이 너희에게 항복하는 것으로 기
뻐하지 말고 너희 이름이 하늘에 기록된 것으로
기뻐하라 하시니라

예수의 감사 기도 (마 11:25-27; 13:16-17)

21 ● 그때에 예수께서 성령으로 기뻐하시며 이르
시되 천지의 주재이신 아버지여 이것을 지혜롭
고 슬기 있는 자들에게는 숨기시고 어린아이들
에게는 나타내심을 감사하나이다 옳소이다 이
렇게 된 것이 아버지의 뜻이니이다
22 내 아버지께서 모든 것을 내게 주셨으니 아버지
외에는 아들이 누구인지 아는 자가 없고 아들과
또 아들의 소원대로 계시를 받는 자 외에는 아버
지가 누구인지 아는 자가 없나이다 하시고
23 제자들을 돌아 보시며 조용히 이르시되 너희가
보는 것을 보는 눈은 복이 있도다 마 13:16
24 내가 너희에게 말하노니 많은 선지자와 임금이
너희가 보는 바를 보고자 하였으되 보지 못하였
으며 너희가 듣는 바를 듣고자 하였으되 듣지 못
하였느니라

자비를 베푼 사마리아 사람

25 ● 어떤 율법교사가 일어나 예수를 시험하여 이
르되 선생님 내가 무엇을 하여야 영생을 얻으리
이까
26 예수께서 이르시되 율법에 무엇이라 기록되었

12 near.' ●I tell you, it will be more bear-
able on that day for Sodom than for that
town.
13 ●"Woe to you, Chorazin! Woe to you,
Bethsaida! For if the miracles that were
performed in you had been performed in
Tyre and Sidon, they would have repent-
ed long ago, sitting in sackcloth and
14 ashes. ●But it will be more bearable for
Tyre and Sidon at the judgment than for
15 you. ●And you, Capernaum, will you be
lifted to the heavens? No, you will go
down to Hades.[a]
16 ●"Whoever listens to you listens to me;
whoever rejects you rejects me; but who-
ever rejects me rejects him who sent me."
17 ●The seventy-two returned with joy
and said, "Lord, even the demons submit
to us in your name."
18 ●He replied, "I saw Satan fall like light-
19 ning from heaven. ●I have given you au-
thority to trample on snakes and scorpi-
ons and to overcome all the power of the
20 enemy; nothing will harm you. ●How-
ever, do not rejoice that the spirits sub-
mit to you, but rejoice that your names
are written in heaven."
21 ●At that time Jesus, full of joy through
the Holy Spirit, said, "I praise you, Father,
Lord of heaven and earth, because you
have hidden these things from the wise
and learned, and revealed them to little
children. Yes, Father, for this is what you
were pleased to do.
22 ●"All things have been committed to
me by my Father. No one knows who the
Son is except the Father, and no one
knows who the Father is except the Son
and those to whom the Son chooses to
reveal him."
23 ●Then he turned to his disciples and
said privately, "Blessed are the eyes that
24 see what you see. ●For I tell you that
many prophets and kings wanted to see
what you see but did not see it, and to
hear what you hear but did not hear it."

The Parable of the Good Samaritan

25 ●On one occasion an expert in the law
stood up to test Jesus. "Teacher," he asked,
"what must I do to inherit eternal life?"
26 ●"What is written in the Law?" he

[a]15 That is, the realm of the dead

ash [æʃ] n. 재
bearable [bέərəbl] a. 견딜 수 있는
eternal [itə́:rnəl] a. 영원한
expert [ékspə:rt] n. 전문가
inherit [inhérit] vt. 상속하다
occasion [əkéiʒən] n. 경우
overcome [òuvərkʌ́m] vt. 이기다
perform [pərfɔ́:rm] vt. 실행하다
privately [práivitli] ad. 은밀히
rejoice [ridʒɔ́is] vi. 기뻐하다
repent [ripént] vt. 회개하다
reveal [riví:l] vt. 계시하다
sackcloth [sǽkklɔ̀:θ] n. 굵은 베
scorpion [skɔ́:rpiən] n. 전갈
submit [səbmít] vi. 복종하다

10:13 woe to...: …에 화 있을진저
10:15 go down: 넘어지다
10:17 submit to: 항복하다
10:19 trample on: 짓밟다
10:21 full of...: …로 가득한
10:22 be committed to...: …에게 위임하다

으며 네가 어떻게 읽느냐
27 대답하여 이르되 ㄱ네 마음을 다하며 목숨
을 다하며 힘을 다하며 뜻을 다하여 주 너
의 하나님을 사랑하고 또한 ㄴ네 이웃을 네
자신같이 사랑하라 하였나이다
28 예수께서 이르시되 네 대답이 옳도다 이를
행하라 그러면 살리라 하시니
29 그 사람이 자기를 옳게 보이려고 예수께 여
짜오되 그러면 내 이웃이 누구니이까 16:15
30 예수께서 대답하여 이르시되 어떤 사람이
예루살렘에서 여리고로 내려가다가 강도
를 만나매 강도들이 그 옷을 벗기고 때려
거의 죽은 것을 버리고 갔더라
31 마침 한 제사장이 그 길로 내려가다가 그
를 보고 피하여 지나가고
32 또 이와 같이 한 레위인도 그곳에 이르러
그를 보고 피하여 지나가되
33 어떤 사마리아 사람은 여행하는 중 거기
이르러 그를 보고 불쌍히 여겨 요 4:9
34 가까이 가서 기름과 포도주를 그 상처에
붓고 싸매고 자기 짐승에 태워 주막으로
데리고 가서 돌보아 주니라
35 그 이튿날 그가 주막 주인에게 1)데나리온
둘을 내어 주며 이르되 이 사람을 돌보아
주라 비용이 더 들면 내가 돌아올 때에 갚
으리라 하였으니
36 네 생각에는 이 세 사람 중에 누가 강도 만
난 자의 이웃이 되겠느냐
37 이르되 자비를 베푼 자니이다 예수께서 이
르시되 가서 너도 이와 같이 하라 하시니
라

마르다와 마리아

38 ●그들이 길 갈 때에 예수께서 한 마을에
들어가시매 마르다라 이름하는 한 여자가
자기 집으로 영접하더라 요 11:1
39 그에게 마리아라 하는 동생이 있어 주의
발치에 앉아 그의 말씀을 듣더니
40 마르다는 2)준비하는 일이 많아 마음이 분
주한지라 예수께 나아가 이르되 주여 내
동생이 나 혼자 일하게 두는 것을 생각하
지 아니하시나이까 그를 명하사 나를 도와
주라 하소서
41 주께서 대답하여 이르시되 마르다야 마르
다야 네가 많은 일로 염려하고 근심하나
42 3)몇 가지만 하든지 혹은 한 가지만이라도
족하니라 마리아는 이 좋은 편을 택하였으
니 빼앗기지 아니하리라 하시니라

replied. "How do you read it?"
27 ●He answered, " 'Love the Lord your God
with all your heart and with all your soul and
with all your strength and with all your mind'[a];
and, 'Love your neighbor as yourself.'[b]"
28 ●"You have answered correctly," Jesus
replied. "Do this and you will live."
29 ●But he wanted to justify himself, so he
asked Jesus, "And who is my neighbor?"
30 ●In reply Jesus said: "A man was going down
from Jerusalem to Jericho, when he was
attacked by robbers. They stripped him of his
clothes, beat him and went away, leaving him
31 half dead. ●A priest happened to be going
down the same road, and when he saw the
32 man, he passed by on the other side. ●So too, a
Levite, when he came to the place and saw
33 him, passed by on the other side. ●But a Samar-
itan, as he traveled, came where the man was;
and when he saw him, he took pity on him.
34 ●He went to him and bandaged his wounds,
pouring on oil and wine. Then he put the man
on his own donkey, brought him to an inn
35 and took care of him. ●The next day he took
out two denarii[c] and gave them to the
innkeeper. 'Look after him,' he said, 'and
when I return, I will reimburse you for any
extra expense you may have.'
36 ●"Which of these three do you think was a
neighbor to the man who fell into the hands of
robbers?"
37 ●The expert in the law replied, "The one
who had mercy on him."
Jesus told him, "Go and do likewise."

At the Home of Martha and Mary

38 ●As Jesus and his disciples were on their way,
he came to a village where a woman named
39 Martha opened her home to him. ●She had a
sister called Mary, who sat at the Lord's feet
40 listening to what he said. ●But Martha was
distracted by all the preparations that had to
be made. She came to him and asked, "Lord,
don't you care that my sister has left me to do
the work by myself? Tell her to help me!"
41 ●"Martha, Martha," the Lord answered, "you
are worried and upset about many things,
42 ●but few things are needed—or indeed only
one.[d] Mary has chosen what is better, and it
will not be taken away from her."

[a]*27* Deut. 6:5 [b]*27* Lev. 19:18 [c]*35* A denarius was the usual daily wage of a day laborer (see Matt. 20:2). [d]*42* Some manuscripts *but only one thing is needed*

1) 은전의 명칭 2) 헬, 봉사하는 3) 최근의 본문(GNT 4판)에는 '한 가지만으로도 족하니라' 로 되었음 ㄱ. 신 6:5 ㄴ. 레 19:18

attack [ətǽk] *vt.* 공격하다
bandage [bǽndidʒ] *vt.* 붕대를 감다
correctly [kəréktli] *ad.* 바르게
distract [distrǽkt] *vt.* 주의를 흩뜨리다
expense [ikspéns] *n.* 비용
innkeeper [ínkìːpər] *n.* 여관 주인
justify [dʒʌstəfâi] *vt.* 옳다고 하다
likewise [láikwaiz] *ad.* 마찬가지로
pour [pɔːr] *vt.* 붓다
preparation [prèpəréiʃən] *n.* 준비
reimburse [rìːimbə́ːrs] *vt.* 갚다
robber [rábər] *n.* 강도
strength [streŋkθ] *n.* 힘
upset [ʌpset] *a.* 근심되는
wound [wuːnd] *n.* 상처

10:30 **strip A of B**: A에게서 B를 벗기다
10:33 **take pity on**: 불쌍히 여기다
10:34 **take care of...**: …를 돌보다
10:35 **look after**: 돌보다
10:38 **on one's way**: 도중에
10:42 **take away**: 가져가다

기도를 가르치시다

(마 6:9-15; 7:7-11 ♪ 196, 365, 539장)

11 예수께서 한 곳에서 기도하시고 마치시
매 제자 중 하나가 여짜오되 주여 요한
이 자기 제자들에게 기도를 가르친 것과 같
이 우리에게도 가르쳐 주옵소서
2 예수께서 이르시되 너희는 기도할 때에 이
렇게 하라 아버지여 이름이 거룩히 여김을
받으시오며 나라가 임하시오며 단 7:14
3 우리에게 날마다 일용할 양식을 주시옵고
4 우리가 우리에게 [1]죄 지은 모든 사람을 용
서하오니 우리 죄도 사하여 주시옵고 우리
를 시험에 들게 하지 마시옵소서 하라 엡 4:32
5 ● 또 이르시되 너희 중에 누가 벗이 있는데
밤중에 그에게 가서 말하기를 벗이여 떡 세
덩이를 내게 꾸어 달라
6 내 벗이 여행중에 내게 왔으나 내가 먹일
것이 없노라 하면
7 그가 안에서 대답하여 이르되 나를 괴롭게
하지 말라 문이 이미 닫혔고 아이들이 나와
함께 침실에 누웠으니 일어나 네게 줄 수가
없노라 하겠느냐
8 내가 너희에게 말하노니 비록 벗됨으로 인하
여서는 일어나서 주지 아니할지라도 그 간청
함을 인하여 일어나 그 요구대로 주리라
9 내가 또 너희에게 이르노니 구하라 그러면
너희에게 주실 것이요 찾으라 그러면 찾아
낼 것이요 문을 두드리라 그러면 너희에게
열릴 것이니
10 구하는 이마다 받을 것이요 찾는 이는 찾아
낼 것이요 두드리는 이에게는 열릴 것이니
라
11 너희 중에 아버지 된 자로서 누가 아들이[2] 생
선을 달라 하는데 생선 대신에 뱀을 주며
12 알을 달라 하는데 전갈을 주겠느냐
13 너희가 악할지라도 좋은 것을 자식에게 줄
줄 알거든 하물며 너희 하늘 아버지께서 구
하는 자에게 성령을 주시지 않겠느냐 하시
니라

예수와 바알세불 (마 12:22-30,43-45; 막 3:20-27)

14 ● 예수께서 한 말 못하게 하는 귀신을 쫓아
내시니 귀신이 나가매 말 못하는 사람이 말
하는지라 무리들이 놀랍게 여겼으나 마 9:32
15 그 중에 더러는 말하기를 그가 귀신의 왕
바알세불을 힘입어 귀신을 쫓아낸다 하고
16 또 더러는 예수를 시험하여 하늘로부터 오
는[3] 표적을 구하니

Jesus' Teaching on Prayer

11 One day Jesus was praying in a certain
place. When he finished, one of his
disciples said to him, "Lord, teach us to pray,
just as John taught his disciples."
2 ● He said to them, "When you pray, say:

" 'Father,[a]
hallowed be your name,
your kingdom come.[b]
3 ●Give us each day our daily bread.
4 ●Forgive us our sins,
for we also forgive everyone who sins
against us.[c]
And lead us not into temptation.[d] "

5 ● Then Jesus said to them, "Suppose you
have a friend, and you go to him at midnight
and say, 'Friend, lend me three loaves of bread;
6 ●a friend of mine on a journey has come to
7 me, and I have no food to offer him.' ●And
suppose the one inside answers, 'Don't bother
me. The door is already locked, and my chil-
dren and I are in bed. I can't get up and give
8 you anything.' ●I tell you, even though he
will not get up and give you the bread because
of friendship, yet because of your shameless
audacity[e] he will surely get up and give you as
much as you need.
9 ●"So I say to you: Ask and it will be given to
you; seek and you will find; knock and the
10 door will be opened to you. ●For everyone who
asks receives; the one who seeks finds; and to
the one who knocks, the door will be opened.
11 ●"Which of you fathers, if your son asks
12 for[f] a fish, will give him a snake instead? ●Or
if he asks for an egg, will give him a scorpion?
13 ●If you then, though you are evil, know how
to give good gifts to your children, how much
more will your Father in heaven give the Holy
Spirit to those who ask him!"

Jesus and Beelzebul

14 ● Jesus was driving out a demon that was
mute. When the demon left, the man who
had been mute spoke, and the crowd was
15 amazed. ● But some of them said, "By Beelze-
bul, the prince of demons, he is driving out
16 demons." ● Others tested him by asking for a

[a]2 Some manuscripts *Our Father in heaven* [b]2 Some manuscripts *come. May your will be done on earth as it is in heaven.* [c]4 Greek *everyone who is indebted to us* [d]4 Some manuscripts *temptation, but deliver us from the evil one* [e]8 Or *yet to preserve his good name* [f]11 Some manuscripts *for bread, will give him a stone? Or if he asks for*

1) 헬, 빚진 모든 2) 어떤 사본에, 떡을 달라 하면 돌을 주며 생선을 3) 또는 이적

amazed [əméizd] *a.* 깜짝 놀란
bother [báðər] *vt.* 귀찮게 하다
certain [sə́:rtn] *a.* 일정한
demon [dí:mən] *n.* 악마, 귀신
hallow [hǽlou] *vt.* 신성한 것으로 숭배하다
inside [ìnsáid] *ad.* 안쪽에
instead [instéd] *ad.* 대신에
journey [dʒə́:rni] *n.* 여행
lock [lak] *vt.* 잠그다
mute [mju:t] *a.* 벙어리의
scorpion [skɔ́:rpiən] *n.* 전갈
seek [si:k] *vt.* 찾다
suppose [səpóuz] *vt.* 가정하다
temptation [temptéiʃən] *n.* 시험
though [ðou] *conj.* 비록 …하지만

11:4 **lead A into B**: A를 B로 이끌다
11:8 **even though**: 비록 …일지라도
11:8 **because of...**: …때문에
11:8 **as much as...**: …만큼
11:11 **ask for**: 요청하다
11:14 **drive out**: 쫓아내다

17 예수께서 그들의 생각을 아시고 이르시되 스스로 분쟁하는 나라마다 황폐하여지며 스스로 분쟁하는 집은 무너지느니라

18 너희 말이 내가 바알세불을 힘입어 귀신을 쫓아낸다 하니 만일 사탄이 스스로 분쟁하면 그의 나라가 어떻게 서겠느냐

19 내가 바알세불을 힘입어 귀신을 쫓아내면 너희 아들들은 누구를 힘입어 쫓아내느냐 그러므로 그들이 너희 재판관이 되리라

20 그러나 내가 만일 하나님의 [1]손을 힘입어 귀신을 쫓아낸다면 하나님의 나라가 이미 너희에게 임하였느니라

출 8:19

21 강한 자가 무장을 하고 자기 집을 지킬 때에는 그 소유가 안전하되

22 더 강한 자가 와서 그를 굴복시킬 때에는 그가 믿던 무장을 빼앗고 그의 [2]재물을 나누느니라

23 나와 함께 하지 아니하는 자는 나를 반대하는 자요 나와 함께 모으지 아니하는 자는 헤치는 자니라

24 더러운 귀신이 사람에게서 나갔을 때에 물 없는 곳으로 다니며 쉬기를 구하되 얻지 못하고 이에 이르되 내가 나온 내 집으로 돌아가리라 하고

25 가서 보니 그 집이 청소되고 수리되었거늘

26 이에 가서 저보다 더 악한 귀신 일곱을 데리고 들어가서 거하니 그 사람의 나중 형편이 전보다 더 심하게 되느니라

복이 있는 자

27 ●이 말씀을 하실 때에 무리 중에서 한 여자가 음성을 높여 이르되 당신을 밴 태와 당신을 먹인 젖이 복이 있나이다 하니

28 예수께서 이르시되 오히려 하나님의 말씀을 듣고 지키는 자가 복이 있느니라 하시니라

악한 세대가 표적을 구하나 (마 12:38-42; 막 8:12)

29 ●무리가 모였을 때에 예수께서 말씀하시되 이 세대는 악한 세대라 [3]표적을 구하되 요나의 [3]표적밖에는 보일 [3]표적이 없나니

30 요나가 니느웨 사람들에게 [3]표적이 됨과 같이 인자도 이 세대에 그러하리라

31 심판 때에 남방 여왕이 일어나 이 세대 사람을 정죄하리니 이는 그가 솔로몬의 지혜로운 말을 들으려고 땅 끝에서 왔음이거니와 솔로몬보다 더 큰 이가 여기 있으며

32 심판 때에 니느웨 사람들이 일어나 이 세대 사람을 정죄하리니 이는 그들이 요나의 전도를 듣고 회개하였음이거니와 요나보다 더 큰

sign from heaven.
17 ●Jesus knew their thoughts and said to
them: "Any kingdom divided against itself
will be ruined, and a house divided against
18 itself will fall. ●If Satan is divided against
himself, how can his kingdom stand? I say
this because you claim that I drive out
19 demons by Beelzebul. ●Now if I drive out
demons by Beelzebul, by whom do your fol-
lowers drive them out? So then, they will be
20 your judges. ●But if I drive out demons by
the finger of God, then the kingdom of God
has come upon you.
21 ●"When a strong man, fully armed,
guards his own house, his possessions are
22 safe. ●But when someone stronger attacks
and overpowers him, he takes away the
armor in which the man trusted and divides
up his plunder.
23 ●"Whoever is not with me is against me,
and whoever does not gather with me scat-
ters.
24 ●"When an impure spirit comes out of a
person, it goes through arid places seeking
rest and does not find it. Then it says, 'I will
25 return to the house I left.' ●When it arrives,
it finds the house swept clean and put in
26 order. ●Then it goes and takes seven other
spirits more wicked than itself, and they go
in and live there. And the final condition of
that person is worse than the first."
27 ●As Jesus was saying these things, a
woman in the crowd called out, "Blessed is
the mother who gave you birth and nursed
you."
28 ●He replied, "Blessed rather are those who
hear the word of God and obey it."

The Sign of Jonah

29 ●As the crowds increased, Jesus said, "This
is a wicked generation. It asks for a sign,
but none will be given it except the sign of
30 Jonah. ●For as Jonah was a sign to the
Ninevites, so also will the Son of Man be to
31 this generation. ●The Queen of the South
will rise at the judgment with the people of
this generation and condemn them, for she
came from the ends of the earth to listen to
Solomon's wisdom; and now something
32 greater than Solomon is here. ●The men of
Nineveh will stand up at the judgment with
this generation and condemn it, for they
repented at the preaching of Jonah; and

1) 헬, 손가락을 2) 헬, 노략물을 3) 또는 이적

armor [á:rmər] *n.* 갑옷
claim [kleim] *vt.* 주장하다
condemn [kəndém] *vt.* 비난하다
divide [diváid] *vt.* 나누다
nurse [nə:rs] *vt.* 젖을 먹이다
obey [oubéi] *vt.* 순종하다
overpower [òuvərpáuər] *vt.* 이기다
possession [pəzéʃən] *n.* 소유물
preach [pri:tʃ] *vi.* 설교하다
rather [rǽðər] *ad.* 오히려
repent [ripént] *vi.* 회개하다
ruin [rú:in] *vt.* 파멸시키다
scatter [skǽtər] *vi.* 뿔뿔이 흩어지다
sweep [swi:p] *vt.* 청소하다
wicked [wíkid] *a.* 사악한

11:21 fully armed: 완전 무장한
11:22 take away: 빼앗다
11:22 divide up: 분할하다
11:25 put in order: 정리하다
11:27 call out: 외치다
11:29 ask for: …을 찾아오다

이가 여기 있느니라

눈은 몸의 등불 (마 5:15; 6:22-23)

33 ●누구든지 등불을 켜서 움 속에나 말 아래
에 두지 아니하고 등경 위에 두나니 이는
들어가는 자로 그 빛을 보게 하려 함이라
34 네 몸의 등불은 눈이라 네 눈이 [1]성하면 온
몸이 밝을 것이요 만일 나쁘면 네 몸도 어
두우리라
35 그러므로 네 속에 있는 빛이 어둡지 아니한
가 보라
36 네 온 몸이 밝아 조금도 어두운 데가 없으
면 등불의 빛이 너를 비출 때와 같이 온전
히 밝으리라 하시니라

바리새인과 율법교사
(마 23:1-36; 막 12:38-40; 눅 20:45-47)

37 ●예수께서 말씀하실 때에 한 바리새인이
자기와 함께 점심 잡수시기를 청하므로 들
어가 [2]앉으셨더니
38 잡수시기 전에 손 씻지 아니하심을 그 바리
새인이 보고 이상히 여기는지라
39 주께서 이르시되 너희 바리새인은 지금 잔
과 대접의 겉은 깨끗이 하나 너희 속에는
탐욕과 악독이 가득하도다
40 어리석은 자들아 겉을 만드신 이가 속도 만
들지 아니하셨느냐
41 그러나 그 안에 있는 것으로 구제하라 그리
하면 모든 것이 너희에게 깨끗하리라
42 ●화 있을진저 너희 바리새인이여 너희가
박하와 운향과 모든 채소의 십일조는 드리
되 공의와 하나님께 대한 사랑은 버리는도
다 그러나 이것도 행하고 저것도 버리지 말
아야 할지니라
43 화 있을진저 너희 바리새인이여 너희가 회
당의 높은 자리와 시장에서 문안 받는 것을
기뻐하는도다
44 화 있을진저 너희여 너희는 [3]평토장한 무덤
같아서 그 위를 밟는 사람이 알지 못하느니
라
45 ●한 율법교사가 예수께 대답하여 이르되
선생님 이렇게 말씀하시니 우리까지 모욕
하심이니이다
46 이르시되 화 있을진저 또 너희 율법교사여
지기 어려운 짐을 사람에게 지우고 너희는
한 손가락도 이 짐에 대지 않는도다
47 화 있을진저 너희는 선지자들의 무덤을 만
드는도다 그들을 죽인 자도 너희 조상들이
로다

now something greater than Jonah is here.

The Lamp of the Body

33 ●"No one lights a lamp and puts it in a place
where it will be hidden, or under a bowl.
Instead they put it on its stand, so that those
34 who come in may see the light. ●Your eye is
the lamp of your body. When your eyes are
healthy,[a] your whole body also is full of light.
But when they are unhealthy,[b] your body also
35 is full of darkness. ●See to it, then, that the
36 light within you is not darkness. ●Therefore, if
your whole body is full of light, and no part of
it dark, it will be just as full of light as when a
lamp shines its light on you."

Woes on the Pharisees and the Experts in the Law

37 ●When Jesus had finished speaking, a
Pharisee invited him to eat with him; so he
38 went in and reclined at the table. ●But the
Pharisee was surprised when he noticed that
Jesus did not first wash before the meal.
39 ●Then the Lord said to him, "Now then,
you Pharisees clean the outside of the cup and
dish, but inside you are full of greed and
40 wickedness. ●You foolish people! Did not the
one who made the outside make the inside
41 also? ●But now as for what is inside you—be
generous to the poor, and everything will be
clean for you.
42 ●"Woe to you Pharisees, because you give
God a tenth of your mint, rue and all other
kinds of garden herbs, but you neglect justice
and the love of God. You should have prac-
ticed the latter without leaving the former
undone.
43 ●"Woe to you Pharisees, because you love
the most important seats in the synagogues
and respectful greetings in the marketplaces.
44 ●"Woe to you, because you are like un-
marked graves, which people walk over with-
out knowing it."
45 ●One of the experts in the law answered
him, "Teacher, when you say these things, you
insult us also."
46 ●Jesus replied, "And you experts in the law,
woe to you, because you load people down
with burdens they can hardly carry, and you
yourselves will not lift one finger to help them.
47 ●"Woe to you, because you build tombs for
the prophets, and it was your ancestors who

[a]*34* The Greek for *healthy* here implies generous. [b]*34* The Greek for *unhealthy* here implies stingy.

1) 헬, 순전하면 2) 5:29 난하주를 보라 3) 헬, 보이지 않는

ancestor [ǽnsestər] *n.* 조상
burden [bə́:rdn] *n.* 짐
foolish [fú:liʃ] *a.* 어리석은
generous [dʒénərəs] *a.* 아량있는
greed [gri:d] *n.* 탐욕
hardly [há:rdli] *ad.* 거의…않다
important [impɔ́:rtənt] *a.* 중요한
instead [instéd] *ad.* 그 대신에
insult [insʌ́lt] *vt.* 모욕하다
latter [lǽtər] *a.* 나중쪽의, 뒤쪽의
neglect [niglékt] *vt.* 무시하다
recline [rikláin] *vi.* 기대다
rue [ru:] *n.* 운향
undone [ʌndʌ́n] *a.* 하지 않은
woe [wou] *n.* 재난

11:34 be full of: ~로 가득하다
11:36 just as: 꼭 …처럼
11:36 as when...: …할 때와 같이
11:37 invite to: 초대하다
11:42 woe to...: …에 화 있을진저
11:46 load with: 짐을 지우다

48 이와 같이 그들은 죽이고 너희는 무덤을 만
드니 너희가 너희 조상의 행한 일에 증인이
되어 옳게 여기는도다
49 그러므로 하나님의 지혜가 일렀으되 내가 선
지자와 사도들을 그들에게 보내리니 그 중에
서 더러는 죽이며 또 박해하리라 하였느니라
50 창세 이후로 흘린 모든 선지자의 피를 이 세
대가 담당하되
51 곧 아벨의 피로부터 제단과 성전 사이에서
죽임을 당한 사가랴의 피까지 하리라 내가
너희에게 이르노니 과연 이 세대가 담당하리
라
52 화 있을진저 너희 율법교사여 너희가 지식의
열쇠를 가져가서 너희도 들어가지 않고 또
들어가고자 하는 자도 막았느니라 하시니라
53 ●거기서 나오실 때에 서기관과 바리새인들이
거세게 달려들어 여러 가지 일을 따져 묻고
54 그 입에서 나오는 말을 책잡고자 하여 노리
고 있더라 막 12:13

바리새인들의 외식을 주의하라
(마 10:26-33; 12:32; 10:19-20 ♪336장)

12 그동안에 무리 수만 명이 모여 서로 밟
힐 만큼 되었더니 예수께서 먼저 제자들
에게 말씀하여 이르시되 바리새인들의 누룩
곧 외식을 주의하라 고전 5:6
2 감추인 것이 드러나지 않을 것이 없고 숨긴
것이 알려지지 않을 것이 없나니
3 이러므로 너희가 어두운 데서 말한 모든 것
이 광명한 데서 들리고 너희가 골방에서 귀
에 대고 말한 것이 지붕 위에서 전파되리라
4 내가 내 친구 너희에게 말하노니 몸을 죽이
고 그 후에는 능히 더 못하는 자들을 두려워
하지 말라
5 마땅히 두려워할 자를 내가 너희에게 보이리
니 곧 죽인 후에 또한 지옥에 던져 넣는 권세
있는 그를 두려워하라 내가 참으로 너희에게
이르노니 그를 두려워하라
6 참새 다섯 마리가 두 [1]앗사리온에 팔리는 것
이 아니냐 그러나 하나님 앞에는 그 하나도
잊어버리시는 바 되지 아니하는도다
7 너희에게는 심지어 머리털까지도 다 세신 바
되었나니 두려워하지 말라 너희는 많은 참새
보다 더 귀하니라
8 내가 또한 너희에게 말하노니 누구든지 사람
앞에서 나를 시인하면 인자도 하나님의 사자
들 앞에서 그를 시인할 것이요
9 사람 앞에서 나를 부인하는 자는 하나님의

48 killed them. ●So you testify that you approve
of what your ancestors did; they killed
the prophets, and you build their tombs.
49 ●Because of this, God in his wisdom said, 'I
will send them prophets and apostles, some
of whom they will kill and others they will
50 persecute.' ●Therefore this generation will
be held responsible for the blood of all the
prophets that has been shed since the begin-
51 ning of the world, ●from the blood of Abel
to the blood of Zechariah, who was killed
between the altar and the sanctuary. Yes, I
tell you, this generation will be held respon-
sible for it all.
52 ●"Woe to you experts in the law, because
you have taken away the key to knowledge.
You yourselves have not entered, and you
have hindered those who were entering."
53 ●When Jesus went outside, the Pharisees
and the teachers of the law began to oppose
him fiercely and to besiege him with ques-
54 tions, ●waiting to catch him in something
he might say.

Warnings and Encouragements

12 Meanwhile, when a crowd of many
thousands had gathered, so that they
were trampling on one another, Jesus began
to speak first to his disciples, saying: "Be[a] on
your guard against the yeast of the Phar-
2 isees, which is hypocrisy. ●There is nothing
concealed that will not be disclosed, or hid-
3 den that will not be made known. ●What
you have said in the dark will be heard in
the daylight, and what you have whispered
in the ear in the inner rooms will be pro-
claimed from the roofs.
4 ●"I tell you, my friends, do not be afraid of
those who kill the body and after that can do
5 no more. ●But I will show you whom you
should fear: Fear him who, after your body
has been killed, has authority to throw you
6 into hell. Yes, I tell you, fear him. ●Are not
five sparrows sold for two pennies? Yet not
7 one of them is forgotten by God. ●Indeed,
the very hairs of your head are all numbered.
Don't be afraid; you are worth more than
many sparrows.
8 ●"I tell you, whoever publicly acknowl-
edges me before others, the Son of Man will
also acknowledge before the angels of God.
9 ●But whoever disowns me before others will

[a]1 Or *speak to his disciples, saying: "First of all, be*

1) 동전의 명칭

acknowledge [əknálidʒ] *vt.* 인정하다
altar [ɔ́:ltər] *n.* 제단
apostle [əpásl] *n.* 사도
besiege [bisí:dʒ] *vt.* 공격하다
conceal [kənsí:l] *vt.* 숨기다
disclose [disklóuz] *vt.* 드러내다
disown [disóun] *vt.* 부인하다
fiercely [fíərsli] *ad.* 맹렬하게
hinder [híndər] *vt.* 방해하다
hypocrisy [hipákrəsi] *n.* 위선
persecute [pə́:rsikjù:t] *vt.* 박해하다
proclaim [proukléim] *vt.* 선언하다
sanctuary [sǽŋktʃuèri] *n.* 지성소
shed [ʃed] *vt.* 흘리다
testify [téstəfài] *vi.* 증명하다

11:48 **approve of**: 승인하다
11:50 **hold responsible for...**: …의 책임을 지우다, 담당시키다
12:1 **trample on...**: …을 밟다
12:1 **on one's guard against**: 주의하여
12:2 **make known**: 공표하다, 알리다

사자들 앞에서 부인을 당하리라
10 누구든지 말로 인자를 거역하면 사하심을 받
으려니와 성령을 모독하는 자는 사하심을 받
지 못하리라
11 사람이 너희를 회당이나 위정자나 권세 있는
자 앞에 끌고 가거든 어떻게 무엇으로 대답
하며 무엇으로 말할까 염려하지 말라
12 마땅히 할 말을 성령이 곧 그때에 너희에게
가르치시리라 하시니라

한 부자 비유

13 ●무리 중에 한 사람이 이르되 선생님 내 [1)]형
을 명하여 유산을 나와 나누게 하소서 하니
14 이르시되 이 사람아 누가 나를 너희의 재판
장이나 물건 나누는 자로 세웠느냐 하시고
15 그들에게 이르시되 삼가 모든 탐심을 물리치
라 사람의 생명이 그 소유의 넉넉한 데 있지
아니하니라 하시고
16 또 비유로 그들에게 말하여 이르시되 한 부
자가 그 밭에 소출이 풍성하매
17 심중에 생각하여 이르되 내가 곡식 쌓아 둘
곳이 없으니 어찌할까 하고
18 또 이르되 내가 이렇게 하리라 내 곳간을
헐고 더 크게 짓고 내 모든 곡식과 물건을
거기 쌓아 두리라
19 또 내가 내 영혼에게 이르되 영혼아 여러 해
쓸 물건을 많이 쌓아 두었으니 평안히 쉬고
먹고 마시고 즐거워하자 하리라 하되
20 하나님은 이르시되 어리석은 자여 오늘 밤에
네 영혼을 도로 찾으리니 그러면 네 준비한
것이 누구의 것이 되겠느냐 하셨으니
21 자기를 위하여 재물을 쌓아 두고 하나님께
대하여 부요하지 못한 자가 이와 같으니라

목숨과 몸을 위하여 염려하지 말라 (마 6:25-34)

22 ●또 제자들에게 이르시되 그러므로 내가 너
희에게 이르노니 너희 목숨을 위하여 무엇을
먹을까 몸을 위하여 무엇을 입을까 염려하지
말라
23 목숨이 음식보다 중하고 몸이 의복보다 중하
니라
24 까마귀를 생각하라 심지도 아니하고 거두지
도 아니하며 골방도 없고 창고도 없으되 하
나님이 기르시나니 너희는 새보다 얼마나 더
귀하냐
25 또 너희 중에 누가 염려함으로 그 [2)]키를 한
자라도 더할 수 있느냐
26 그런즉 가장 작은 일도 하지 못하면서 어찌
다른 일들을 염려하느냐

10 be disowned before the angels of God. ●And
everyone who speaks a word against the Son
of Man will be forgiven, but anyone who
blasphemes against the Holy Spirit will not
be forgiven.
11 ●"When you are brought before synago-
gues, rulers and authorities, do not worry
about how you will defend yourselves or
12 what you will say, ●for the Holy Spirit will
teach you at that time what you should say."

The Parable of the Rich Fool

13 ●Someone in the crowd said to him, "Tea-
cher, tell my brother to divide the inheri-
tance with me."
14 ●Jesus replied, "Man, who appointed me a
15 judge or an arbiter between you?" ●Then he
said to them, "Watch out! Be on your guard
against all kinds of greed; life does not con-
sist in an abundance of possessions."
16 ●And he told them this parable: "The
ground of a certain rich man yielded an
17 abundant harvest. ●He thought to himself,
'What shall I do? I have no place to store
my crops.'
18 ●"Then he said, 'This is what I'll do. I will
tear down my barns and build bigger ones,
19 and there I will store my surplus grain. ●And
I'll say to myself, "You have plenty of grain
laid up for many years. Take life easy; eat,
drink and be merry." '
20 ●"But God said to him, 'You fool! This
very night your life will be demanded from
you. Then who will get what you have pre-
pared for yourself?'
21 ●"This is how it will be with whoever
stores up things for themselves but is not rich
toward God."

Do Not Worry

22 ●Then Jesus said to his disciples: "There-
fore I tell you, do not worry about your life,
what you will eat; or about your body, what
23 you will wear. ●For life is more than food,
24 and the body more than clothes. ●Consider
the ravens: They do not sow or reap, they
have no storeroom or barn; yet God feeds
them. And how much more valuable you
25 are than birds! ●Who of you by worrying
26 can add a single hour to your life[a]? ●Since
you cannot do this very little thing, why do
you worry about the rest?

[a]25 Or *single cubit to your height*

1) 또는 동생 2) 혹 목숨을 한 시간이라도 연장할 수 있느냐

abundance [əbʌndəns] *n.* 풍부
arbiter [ɑ́:rbətər] *n.* 중재인
barn [ba:rn] *n.* 헛간
blaspheme [blæsfí:m] *vi.* 신성모독하다
defend [difénd] *vt.* 답변하다
demand [dimǽnd] *vt.* 요구하다
feed [fi:d] *vt.* 먹이다
grain [grein] *n.* 곡식
inheritance [inhérətəns] *n.* 유산, 상속
parable [pǽrəbl] *n.* 비유
possession [pəzéjən] *n.* 소유
raven [réivn] *n.* 갈까마귀
reap [ri:p] *vi.* 수확하다
storeroom [stɔ́:rrù:m] *n.* 저장실
valuable [vǽljuəbl] *a.* 귀중한

12:11 worry about...: …에 대해 걱정하다
12:15 watch out: 조심하다
12:15 consist in...: …에 존재하다
12:18 tear down: (건물 등을) 헐다
12:20 prepare for...: …를 준비하다
12:21 store up: 쌓아두다

27 백합화를 생각하여 보라 실도 만들지 않고 짜지도 아니하느니라 그러나 내가 너희에게 말하노니 솔로몬의 모든 영광으로도 입은 것이 이 꽃 하나만큼 훌륭하지 못하였느니라
28 오늘 있다가 내일 아궁이에 던져지는 들풀도 하나님이 이렇게 입히시거든 하물며 너희일까보냐 믿음이 작은 자들아
29 너희는 무엇을 먹을까 무엇을 마실까 하여 구하지 말며 근심하지도 말라
30 이 모든 것은 세상 백성들이 구하는 것이라 너희 아버지께서는 이런 것이 너희에게 있어야 할 것을 아시느니라
31 다만 너희는 그의 나라를 구하라 그리하면 이런 것들을 너희에게 더하시리라
32 적은 무리여 무서워 말라 너희 아버지께서 그 나라를 너희에게 주시기를 기뻐하시느니라
33 너희 소유를 팔아 구제하여 낡아지지 아니하는 배낭을 만들라 곧 하늘에 둔 바 다함이 없는 보물이니 거기는 도둑도 가까이 하는 일이 없고 좀도 먹는 일이 없느니라
34 너희 보물 있는 곳에는 너희 마음도 있으리라

깨어 준비하고 있으라 (마 24:45-51)

35 ● 허리에 띠를 띠고 등불을 켜고 서 있으라
36 너희는 마치 그 주인이 혼인 집에서 돌아와 문을 두드리면 곧 열어 주려고 기다리는 사람과 같이 되라
37 주인이 와서 깨어 있는 것을 보면 그 종들은 복이 있으리로다 내가 진실로 너희에게 이르노니 주인이 띠를 띠고 그 종들을 자리에 [1]앉히고 나아와 수종들리라
38 주인이 혹 이경에나 혹 삼경에 이르러서도 종들이 그같이 하고 있는 것을 보면 그 종들은 복이 있으리로다
39 너희도 아는 바니 집 주인이 만일 도둑이 어느 때에 이를 줄 알았더라면 그 집을 뚫지 못하게 하였으리라
40 그러므로 너희도 준비하고 있으라 생각하지 않은 때에 인자가 오리라 하시니라
41 ● 베드로가 여짜오되 주께서 이 비유를 우리에게 하심이니이까 모든 사람에게 하심이니이까
42 주께서 이르시되 지혜 있고 진실한 청지기가 되어 주인에게 그 집 종들을 맡아 때를 따라 양식을 나누어 줄 자가 누구냐
43 주인이 이를 때에 그 종이 그렇게 하는 것을 보면 그 종은 복이 있으리로다
44 내가 참으로 너희에게 이르노니 주인이 그 모든 소유를 그에게 맡기리라

27 •"Consider how the wild flowers grow.
They do not labor or spin. Yet I tell you,
not even Solomon in all his splendor was
28 dressed like one of these. •If that is how
God clothes the grass of the field, which is
here today, and tomorrow is thrown into
the fire, how much more will he clothe
29 you—you of little faith! •And do not set
your heart on what you will eat or drink;
30 do not worry about it. •For the pagan
world runs after all such things, and your
31 Father knows that you need them. •But
seek his kingdom, and these things will be
given to you as well.
32 •"Do not be afraid, little flock, for your
Father has been pleased to give you the
33 kingdom. •Sell your possessions and give
to the poor. Provide purses for yourselves
that will not wear out, a treasure in heaven
that will never fail, where no thief comes
34 near and no moth destroys. •For where
your treasure is, there your heart will be also.

Watchfulness

35 •"Be dressed ready for service and keep
36 your lamps burning, •like servants waiting
for their master to return from a wedding
banquet, so that when he comes and knocks
they can immediately open the door for
37 him. •It will be good for those servants
whose master finds them watching when
he comes. Truly I tell you, he will dress him-
self to serve, will have them recline at the
38 table and will come and wait on them. •It
will be good for those servants whose mas-
ter finds them ready, even if he comes in the
middle of the night or toward daybreak.
39 •But understand this: If the owner of the
house had known at what hour the thief
was coming, he would not have let his
40 house be broken into. •You also must be
ready, because the Son of Man will come at
an hour when you do not expect him."
41 •Peter asked, "Lord, are you telling this
parable to us, or to everyone?"
42 •The Lord answered, "Who then is the
faithful and wise manager, whom the mas-
ter puts in charge of his servants to give
them their food allowance at the proper
43 time? •It will be good for that servant
whom the master finds doing so when he
44 returns. •Truly I tell you, he will put him in

1) 5:29 난하주를 보라

allowance [əláuəns] *n.* 급여
banquet [bǽŋkwit] *n.* 연회
charge [tʃa:rdʒ] *n.* 명령, 지시
daybreak [déibrèik] *n.* 새벽
flock [flak] *n.* 무리
pagan [péigən] *n.* 이교도, 비기독교도
possession [pəzéʃən] *n.* 소유
proper [prápər] *a.* 적당한
purse [pə:rs] *n.* 돈주머니
recline [rikláin] *vi.* 기대다
spin [spin] *vi.* 실을 잣다
splendor [spléndər] *n.* 훌륭함
thief [θi:f] *n.* 도둑
treasure [tréʒər] *n.* 보물
watchfulness [wátʃfəlnis] *n.* 방심하지 않음

12:29 **set one's heart** : 열중하다
12:30 **run after...**: …를 뒤쫓다
12:31 **as well**: 게다가
12:33 **wear out**: 닳아 떨어지다, 해지다
12:37 **be good for...**: …에 유익하다
12:39 **break into**: 침입하다

45 만일 그 종이 마음에 생각하기를 주인이 더
디 오리라 하여 남녀 종들을 때리며 먹고
마시고 취하게 되면
46 생각하지 않은 날 알지 못하는 시각에 그
종의 주인이 이르러 [1]엄히 때리고 신실하지
아니한 자의 받는 벌에 처하리니
47 주인의 뜻을 알고도 준비하지 아니하고 그
뜻대로 행하지 아니한 종은 많이 맞을 것이
요
48 알지 못하고 맞을 일을 행한 종은 적게 맞
으리라 무릇 많이 받은 자에게는 많이 요구
할 것이요 많이 맡은 자에게는 많이 달라
할 것이니라

불을 던지러, 분쟁을 일으키러 왔다 (마 10:34-36)

49 ●내가 불을 땅에 던지러 왔노니 이 불이 이
미 붙었으면 내가 무엇을 원하리요
50 나는 받을 [2]세례가 있으니 그것이 이루어지
기까지 나의 답답함이 어떠하겠느냐
51 내가 세상에 화평을 주려고 온 줄로 아느냐
내가 너희에게 이르노니 아니라 도리어 분
쟁하게 하려 함이로라
52 이 후부터 한 집에 다섯 사람이 있어 분쟁
하되 셋이 둘과, 둘이 셋과 하리니
53 아버지가 아들과, 아들이 아버지와, 어머니
가 딸과, 딸이 어머니와, 시어머니가 며느
리와, 며느리가 시어머니와 분쟁하리라 하
시니라

시대를 분간하고, 화해하기를 힘쓰라
(마 5:25-26; 16:2-3)

54 ●또 무리에게 이르시되 너희가 구름이 서
쪽에서 이는 것을 보면 곧 말하기를 소나기
가 오리라 하나니 과연 그러하고
55 남풍이 부는 것을 보면 말하기를 심히 더우
리라 하나니 과연 그러하니라
56 외식하는 자여 너희가 천지의 기상은 분간
할 줄 알면서 어찌 이 시대는 분간하지 못
하느냐
57 또 어찌하여 옳은 것을 스스로 판단하지
아니하느냐
58 네가 너를 고발하는 자와 함께 법관에게 갈
때에 길에서 화해하기를 힘쓰라 그가 너를
재판장에게 끌어 가고 재판장이 너를 옥졸
에게 넘겨 주어 옥졸이 옥에 가둘까 염려하
라
59 네게 이르노니 한 푼이라도 남김이 없이
갚지 아니하고서는 결코 거기서 나오지 못
하리라 하시니라

45 charge of all his possessions. •But suppose
the servant says to himself, 'My master is
taking a long time in coming,' and he then
begins to beat the other servants, both men
and women, and to eat and drink and get
46 drunk. •The master of that servant will come
on a day when he does not expect him and
at an hour he is not aware of. He will cut him
to pieces and assign him a place with the
unbelievers.
47 •"The servant who knows the master's will
and does not get ready or does not do what
the master wants will be beaten with many
48 blows. •But the one who does not know and
does things deserving punishment will be
beaten with few blows. From everyone who
has been given much, much will be demand-
ed; and from the one who has been entrusted
with much, much more will be asked.

Not Peace but Division

49 •"I have come to bring fire on the earth,
50 and how I wish it were already kindled! •But
I have a baptism to undergo, and what con-
51 straint I am under until it is completed! •Do
you think I came to bring peace on earth? No,
52 I tell you, but division. •From now on there
will be five in one family divided against each
other, three against two and two against three.
53 •They will be divided, father against son and
son against father, mother against daughter
and daughter against mother, mother-in-law
against daughter-in-law and daughter-in-law
against mother-in-law."

Interpreting the Times

54 •He said to the crowd: "When you see a
cloud rising in the west, immediately you say,
55 'It's going to rain,' and it does. •And when the
south wind blows, you say, 'It's going to be
56 hot,' and it is. •Hypocrites! You know how to
interpret the appearance of the earth and the
sky. How is it that you don't know how to
interpret this present time?
57 •"Why don't you judge for yourselves what
58 is right? •As you are going with your adver-
sary to the magistrate, try hard to be recon-
ciled on the way, or your adversary may drag
you off to the judge, and the judge turn you
over to the officer, and the officer throw you
59 into prison. •I tell you, you will not get out
until you have paid the last penny."

1) 헬, 쪼개어 내고 2) 헬, 또는 침례

adversary [ǽdvərsèri] *n.* 적
assign [əsáin] *vt.* 할당하다
baptism [bǽptizm] *n.* 세례
blow [blou] *n.* 강타
deserve [dizə́ːrv] *vt.* …할 만하다
division [divíʒən] *n.* 분쟁
entrust [intrʌ́st] *vt.* 맡기다
hypocrite [hípəkrit] *n.* 위선자
interpret [intə́ːrprit] *vt.* 해석하다
kindle [kíndl] *vt.* 불붙이다
magistrate [mǽdʒəstrèit] *n.* 판사
present [préznt] *a.* 현재의
punishment [pʌ́niʃmənt] *n.* 형벌
reconcile [rékənsàil] *vt.* 화해시키다
undergo [ʌ̀ndərgóu] *vt.* 받다

12:46 **cut... to pieces**: …를 난도질하다
12:46 **be aware of...**: …을 알다
12:48 **much more**: 더구나, 하물며
12:52 **from now on**: 지금부터는
12:58 **drag off**: 억지로 데리고 가다
12:58 **turn over**: 신고하다

회개하지 아니하면 망하리라

13 그때 마침 두어 사람이 와서 빌라도가 어떤 갈릴리 사람들의 피를 그들의 제물에 섞은 일로 예수께 아뢰니
2 대답하여 이르시되 너희는 이 갈릴리 사람들이 이같이 해 받으므로 다른 모든 갈릴리 사람보다 죄가 더 있는 줄 아느냐
3 너희에게 이르노니 아니라 너희도 만일 회개하지 아니하면 다 이와 같이 망하리라 겔 18:30
4 또 실로암에서 망대가 무너져 치어 죽은 열여덟 사람이 예루살렘에 거한 다른 모든 사람보다 [1]죄가 더 있는 줄 아느냐
5 너희에게 이르노니 아니라 너희도 만일 회개하지 아니하면 다 이와 같이 망하리라

열매 맺지 못하는 무화과나무 비유

6 ●이에 비유로 말씀하시되 한 사람이 포도원에 무화과나무를 심은 것이 있더니 와서 그 열매를 구하였으나 얻지 못한지라
7 포도원지기에게 이르되 내가 삼 년을 와서 이 무화과나무에서 열매를 구하되 얻지 못하니 찍어버리라 어찌 땅만 버리게 하겠느냐
8 대답하여 이르되 주인이여 금년에도 그대로 두소서 내가 두루 파고 거름을 주리니
9 이 후에 만일 열매가 열면 좋거니와 그렇지 않으면 찍어버리소서 하였다 하시니라

안식일에 꼬부라진 여자를 고치시다

10 ●예수께서 안식일에 한 회당에서 가르치실 때에
11 열여덟 해 동안이나 귀신 들려 앓으며 꼬부라져 조금도 펴지 못하는 한 여자가 있더라
12 예수께서 보시고 불러 이르시되 여자여 네가 네 병에서 놓였다 하시고
13 안수하시니 여자가 곧 펴고 하나님께 영광을 돌리는지라
14 회당장이 예수께서 안식일에 병 고치시는 것을 분 내어 무리에게 이르되 일할 날이 엿새가 있으니 그 동안에 와서 고침을 받을 것이요 안식일에는 하지 말 것이니라 하거늘 출 20:9, 10
15 주께서 대답하여 이르시되 외식하는 자들아 너희가 각각 안식일에 자기의 소나 나귀를 외양간에서 풀어내어 이끌고 가서 물을 먹이지 아니하느냐
16 그러면 열여덟 해 동안 사탄에게 매인 바 된 이 아브라함의 딸을 안식일에 이 매임에서 푸는 것이 합당하지 아니하냐
17 예수께서 이 말씀을 하시매 모든 반대하는 자들은 부끄러워하고 온 무리는 그가 하시는

Repent or Perish

13 Now there were some present at that
time who told Jesus about the Gali-
leans whose blood Pilate had mixed with
2 their sacrifices. ●Jesus answered, "Do you
think that these Galileans were worse sinners
than all the other Galileans because they suf-
3 fered this way? ●I tell you, no! But unless you
4 repent, you too will all perish. ●Or those
eighteen who died when the tower in Siloam
fell on them—do you think they were more
guilty than all the others living in Jerusalem?
5 ●I tell you, no! But unless you repent, you
too will all perish."
6 ●Then he told this parable: "A man had a
fig tree growing in his vineyard, and he
went to look for fruit on it but did not find
7 any. ●So he said to the man who took care
of the vineyard, 'For three years now I've
been coming to look for fruit on this fig tree
and haven't found any. Cut it down! Why
should it use up the soil?'
8 ●" 'Sir,' the man replied, 'leave it alone for
one more year, and I'll dig around it and fer-
9 tilize it. ●If it bears fruit next year, fine! If
not, then cut it down.' "

Jesus Heals a Crippled Woman on the Sabbath

10 ●On a Sabbath Jesus was teaching in one
11 of the synagogues, ●and a woman was there
who had been crippled by a spirit for eigh-
teen years. She was bent over and could not
12 straighten up at all. ●When Jesus saw her, he
called her forward and said to her, "Woman,
13 you are set free from your infirmity." ●Then
he put his hands on her, and immediately
she straightened up and praised God.
14 ●Indignant because Jesus had healed on
the Sabbath, the synagogue leader said to the
people, "There are six days for work. So come
and be healed on those days, not on the Sab-
bath."
15 ●The Lord answered him, "You hyp-
ocrites! Doesn't each of you on the Sabbath
untie your ox or donkey from the stall and
16 lead it out to give it water? ●Then should not
this woman, a daughter of Abraham, whom
Satan has kept bound for eighteen long
years, be set free on the Sabbath day from
what bound her?"
17 ●When he said this, all his opponents were
humiliated, but the people were delighted

1) 헬, 빚진 것이

cripple [krípl] *vt.* 불구로 만들다
delight [diláit] *vi.* 기뻐하다
fertilize [fə́:rtəlàiz] *vt.* 비옥하게 하다
humiliate [hju:mílièit] *vt.* 창피를 주다
immediately [imí:diətli] *ad.* 곧
indignant [indígnənt] *a.* 성난
infirmity [infə́:rməti] *n.* 질병
opponent [əpóunənt] *n.* 반대자
perish [périʃ] *vi.* 멸망하다
repent [ripént] *vi.* 회개하다
sacrifice [sǽkrəfàis] *n.* 제물
soil [sɔil] *n.* 흙
synagogue [sínəgɑ̀g] *n.* 회당
unless [ənlés] *conj.* …가 아닌 한
vineyard [vínjərd] *n.* 포도원

13:1 **mix with**: 섞다
13:7 **cut down**: 베어 넘어뜨리다
13:11 **be bent over**: 굽어지다, 뒤틀리다
13:12 **straighten up**: 똑바로 서다
13:12 **set free**: 해방하다
13:17 **be delighted with...**: …을 기뻐하다

모든 영광스러운 일을 기뻐하니라

겨자씨와 누룩 비유 (마 13:31-33; 막 4:30-32)

18 ●**그러므로 예수께서 이르시되 하나님의 나라가 무엇과 같을까 내가 무엇으로 비교할까**
19 **마치 사람이 자기 채소밭에 갖다 심은 겨자씨 한 알 같으니 자라 나무가 되어 공중의 새들이 그 가지에 깃들였느니라**
20 **또 이르시되 내가 하나님의 나라를 무엇으로 비교할까**
21 **마치 여자가 가루 서 말 속에 갖다 넣어 전부 부풀게 한 누룩과 같으니라 하셨더라**

좁은 문으로 들어가기를 힘쓰라

(마 7:13-14,21-23)

22 ●**예수께서 각 성 각 마을로 다니사 가르치시며 예루살렘으로 여행하시더니**
23 **어떤 사람이 여짜오되 주여 구원을 받는 자가 적으니이까 그들에게 이르시되**
24 **좁은 문으로 들어가기를 힘쓰라 내가 너희에게 이르노니 들어가기를 구하여도 못하는 자가 많으리라**
25 **집 주인이 일어나 문을 한 번 닫은 후에 너희가 밖에 서서 문을 두드리며 주여 열어 주소서 하면 그가 대답하여 이르되 나는 너희가 어디에서 온 자인지 알지 못하노라 하리니**
26 **그때에 너희가 말하되 우리는 주 앞에서 먹고 마셨으며 주는 또한 우리의 길거리에서 가르치셨나이다 하나**
27 **그가 너희에게 말하여 이르되 나는 너희가 어디에서 왔는지 알지 못하노라 행악하는 모든 자들아 나를 떠나 가라 하리라**
28 **너희가 아브라함과 이삭과 야곱과 모든 선지자는 하나님 나라에 있고 오직 너희는 밖에 쫓겨난 것을 볼 때에 거기서 슬피 울며 이를 갈리라**
29 **사람들이 동서남북으로부터 와서 하나님의 나라 잔치에 [1]참여하리니**
30 **보라 나중 된 자로서 먼저 될 자도 있고 먼저 된 자로서 나중 될 자도 있느니라 하시더라**

선지자들을 죽이는 예루살렘아

(마 23:37-39 ♪417장)

31 ●**곧 그때에 어떤 바리새인들이 나아와서 이르되 나가서 여기를 떠나소서 헤롯이 당신을 죽이고자 하나이다**
32 **이르시되 너희는 가서 저 여우에게 이르되 오늘과 내일은 내가 귀신을 쫓아내며 병을 고치다가 제삼일에는 [2]완전하여지리라 하라**
33 **그러나 오늘과 내일과 모레는 내가 갈 길을**

with all the wonderful things he was doing.

The Parables of the Mustard Seed and the Yeast

18 ●**Then Jesus asked,** "What is the kingdom
19 of God like? What shall I compare it to? ●It
is like a mustard seed, which a man took and
planted in his garden. It grew and became a
tree, and the birds perched in its branches."
20 ●**Again he asked,** "What shall I compare
21 the kingdom of God to? ●It is like yeast that
a woman took and mixed into about sixty
pounds[a] of flour until it worked all through
the dough."

The Narrow Door

22 ●**Then Jesus went through the towns and**
villages, teaching as he made his way to
23 **Jerusalem. ●Someone asked him, "Lord, are**
only a few people going to be saved?"
24 He said to them, ●"Make every effort to
enter through the narrow door, because
many, I tell you, will try to enter and will not
25 be able to. ●Once the owner of the house
gets up and closes the door, you will stand
outside knocking and pleading, 'Sir, open
the door for us.'
"But he will answer, 'I don't know you or
where you come from.'
26 ●"Then you will say, 'We ate and drank
with you, and you taught in our streets.'
27 ●"But he will reply, 'I don't know you or
where you come from. Away from me, all
you evildoers!'
28 ●"There will be weeping there, and gnash-
ing of teeth, when you see Abraham, Isaac
and Jacob and all the prophets in the king-
dom of God, but you yourselves thrown out.
29 ●People will come from east and west and
north and south, and will take their places at
30 the feast in the kingdom of God. ●Indeed
there are those who are last who will be first,
and first who will be last."

Jesus' Sorrow for Jerusalem

31 ●**At that time some Pharisees came to Jesus**
and said to him, "Leave this place and go
somewhere else. Herod wants to kill you."
32 ●**He replied,** "Go tell that fox, 'I will keep
on driving out demons and healing people
today and tomorrow, and on the third day I
33 will reach my goal.' ●In any case, I must
press on today and tomorrow and the next

[a]*21* **Or about 27 kilograms**

1) 5:29 난하주를 보라 2) 또는 완전히 이루리라

branch [bræntʃ] *n.* 가지
compare [kəmpέər] *vt.* 비교하다
dough [dou] *n.* 가루 반죽
evildoer [íːvəldùːər] *n.* 악인
feast [fiːst] *n.* 잔치
flour [fláuər] *n.* 가루
gnash [næʃ] *vt.* 이를 갈다
indeed [indíːd] *ad.* 진실로
mustard [mʌstərd] *n.* 겨자
narrow [nǽrou] *a.* 폭이 좁은
parable [pǽrəbl] *n.* 비유
perch [pəːrtʃ] *vi.* …에 앉다
plead [pliːd] *vt.* 간청하다
sorrow [sárou] *n.* 슬픔
weep [wiːp] *vi.* 울다

13:18 compare A to B: A를 B에 비유하다
13:24 make every effort to: 온갖 노력을 다하다, 몹시 애쓰다
13:27 away from...: …에서 떠난
13:32 drive out: 쫓아내다
13:33 in any case: 하여튼, 어쨌든

가야 하리니 선지자가 예루살렘 밖에서는 죽
는 법이 없느니라 마 16:21
34 예루살렘아 예루살렘아 선지자들을 죽이고
네게 파송된 자들을 돌로 치는 자여 암탉이
제 새끼를 날개 아래에 모음같이 내가 너희의
자녀를 모으려 한 일이 몇 번이냐 그러나 너
희가 원하지 아니하였도다
35 보라 너희 집이 황폐하여 버린 바 되리라 내
가 너희에게 이르노니 너희가 주의 이름으로
오시는 이를 찬송하리로다 할 때까지는 나를
보지 못하리라 하시니라

수종병 든 사람을 고치시다

14 안식일에 예수께서 한 바리새인 지도자
의 집에 떡 잡수시러 들어가시니 그들이
엿보고 있더라
2 주의 앞에 수종병 든 한 사람이 있는지라
3 예수께서 대답하여 율법교사들과 바리새인
들에게 이르시되 안식일에 병 고쳐 주는 것
이 합당하냐 아니하냐
4 그들이 잠잠하거늘 예수께서 그 사람을 데려
다가 고쳐 보내시고
5 또 그들에게 이르시되 너희 중에 누가 그 [1]아
들이나 소가 우물에 빠졌으면 안식일에라도
곧 끌어내지 않겠느냐 하시니
6 그들이 이에 대하여 대답하지 못하니라

끝자리에 앉으라

7 ●청함을 받은 사람들이 높은 자리 택함을 보
시고 그들에게 비유로 말씀하여 이르시되
8 네가 누구에게나 혼인 잔치에 청함을 받았을
때에 높은 자리에 [2]앉지 말라 그렇지 않으면
너보다 더 높은 사람이 청함을 받은 경우에
9 너와 그를 청한 자가 와서 너더러 이 사람에
게 자리를 내주라 하리니 그때에 네가 부끄
러워 끝자리로 가게 되리라
10 청함을 받았을 때에 차라리 가서 끝자리에 [2]앉
으라 그러면 너를 청한 자가 와서 너더러 벗이
여 올라 [2]앉으라 하리니 그때에야 함께 [2]앉은
모든 사람 앞에서 영광이 있으리라 잠 25:6, 7
11 무릇 자기를 높이는 자는 낮아지고 자기를
낮추는 자는 높아지리라 약 4:6
12 ●또 자기를 청한 자에게 이르시되 네가 점심
이나 저녁이나 베풀거든 벗이나 형제나 친척
이나 부한 이웃을 청하지 말라 두렵건대 그
사람들이 너를 도로 청하여 네게 갚음이 될
까 하노라
13 잔치를 베풀거든 차라리 가난한 자들과 몸
불편한 자들과 저는 자들과 맹인들을 청하라

day—for surely no prophet can die outside
Jerusalem!
34 ●"Jerusalem, Jerusalem, you who kill the
prophets and stone those sent to you, how
often I have longed to gather your children
together, as a hen gathers her chicks under
35 her wings, and you were not willing. ● Look,
your house is left to you desolate. I tell you,
you will not see me again until you say,
'Blessed is he who comes in the name of the
Lord.[a]'"

Jesus at a Pharisee's House

14 One Sabbath, when Jesus went to eat
in the house of a prominent Pharisee,
2 he was being carefully watched. ●There in
front of him was a man suffering from
3 abnormal swelling of his body. ●Jesus asked
the Pharisees and experts in the law, "Is it
4 lawful to heal on the Sabbath or not?" ●But
they remained silent. So taking hold of the
man, he healed him and sent him on his
way.
5 ●Then he asked them, "If one of you has a
child[b] or an ox that falls into a well on the
Sabbath day, will you not immediately pull
6 it out?" ●And they had nothing to say.
7 ●When he noticed how the guests picked
the places of honor at the table, he told them
8 this parable: ● "When someone invites you
to a wedding feast, do not take the place of
honor, for a person more distinguished than
9 you may have been invited. ● If so, the host
who invited both of you will come and say
to you, 'Give this person your seat.' Then,
humiliated, you will have to take the least
10 important place. ● But when you are invited,
take the lowest place, so that when your host
comes, he will say to you, 'Friend, move up
to a better place.' Then you will be honored
11 in the presence of all the other guests. ● For
all those who exalt themselves will be hum-
bled, and those who humble themselves will
be exalted."
12 ●Then Jesus said to his host, "When you
give a luncheon or dinner, do not invite your
friends, your brothers or sisters, your rela-
tives, or your rich neighbors; if you do, they
may invite you back and so you will be
13 repaid. ● But when you give a banquet,
invite the poor, the crippled, the lame, the

[a]35 Psalm 118:26 [b]5 Some manuscripts *donkey*

1) 어떤 사본에, 나귀나 2) 5:29 난하주를 보라

banquet [bǽŋkwit] *n.* 연회	**humble** [hʌmbl] *vt.* 낮추다	**ox** [aks] *n.* 황소
desolate [désələt] *a.* 황폐한	**humiliate** [hjuːmílièit] *vt.* 창피를 주다	**prominent** [prámənənt] *a.* 유명한
distinguished [distíŋgwiʃt] *a.* 저명한	**immediately** [imíːdiətli] *ad.* 곧	**relative** [rélətiv] *n.* 친척
exalt [igzɔ́ːlt] *vt.* 높이다	**lame** [leim] *a.* 절뚝거리는	**remain** [riméin] *vi.* …채로 있다
gather [gǽðər] *vt.* 모으다	**lawful** [lɔ́ːfəl] *a.* 정당한	**repay** [ripéi] *vt.* 갚다
14:2 suffer from...: …로 고통받다	**14:4 take hold of...**: …를 잡다	**14:10 in the presence of**: 남의 앞에서
14:3 expert in...: …의 전문가	**14:5 fall into...**: …에 떨어지다	**14:12 and so**: 그 때문에, 따라서

14 그리하면 그들이 갚을 것이 없으므로 네게
복이 되리니 이는 의인들의 부활시에 네가
갚음을 받겠음이라 하시더라

큰 잔치 비유 (마 22:1-10)

15 ●함께 [1]먹는 사람 중의 하나가 이 말을 듣고
이르되 무릇 하나님의 나라에서 떡을 먹는
자는 복되도다 하니
16 이르시되 어떤 사람이 큰 잔치를 베풀고 많
은 사람을 청하였더니
17 잔치할 시각에 그 청하였던 자들에게 종을
보내어 이르되 오소서 모든 것이 준비되었나
이다 하매
18 다 일치하게 사양하여 한 사람은 이르되 나
는 밭을 샀으매 아무래도 나가 보아야 하겠
으니 청컨대 나를 양해하도록 하라 하고
19 또 한 사람은 이르되 나는 소 다섯 겨리를 샀
으매 시험하러 가니 청컨대 나를 양해하도록
하라 하고
20 또 한 사람은 이르되 나는 장가 들었으니 그
러므로 가지 못하겠노라 하는지라
21 종이 돌아와 주인에게 그대로 고하니 이에
집주인이 노하여 그 종에게 이르되 빨리 시
내의 거리와 골목으로 나가서 가난한 자들과
몸 불편한 자들과 맹인들과 저는 자들을 데
려오라 하니라
22 종이 이르되 주인이여 명하신 대로 하였으되
아직도 자리가 있나이다
23 주인이 종에게 이르되 길과 산울타리 가로
나가서 사람을 강권하여 데려다가 내 집을
채우라
24 내가 너희에게 말하노니 전에 청하였던 그
사람들은 하나도 내 잔치를 맛보지 못하리라
하였다 하시니라

제자가 되는 길 (마 5:13; 막 9:50)

25 ●수많은 무리가 함께 갈새 예수께서 돌이키
사 이르시되
26 무릇 내게 오는 자가 자기 부모와 처자와 형
제와 자매와 더욱이 자기 목숨까지 미워하지
아니하면 능히 내 제자가 되지 못하고
27 누구든지 자기 십자가를 지고 나를 따르지
않는 자도 능히 내 제자가 되지 못하리라
28 너희 중의 누가 망대를 세우고자 할진대 자
기의 가진 것이 준공하기까지에 족할는지 먼
저 앉아 그 비용을 계산하지 아니하겠느냐
29 그렇게 아니하여 그 기초만 쌓고 능히 이루
지 못하면 보는 자가 다 비웃어
30 이르되 이 사람이 공사를 시작하고 능히 이

14 blind, •and you will be blessed. Although
they cannot repay you, you will be repaid at
the resurrection of the righteous."

The Parable of the Great Banquet

15 •**When one of those at the table with him
heard this, he said to Jesus, "Blessed is the one
who will eat at the feast in the kingdom of
God."**
16 •**Jesus replied:** "A certain man was prepar-
ing a great banquet and invited many guests.
17 •At the time of the banquet he sent his ser-
vant to tell those who had been invited,
'Come, for everything is now ready.'
18 •"But they all alike began to make excus-
es. The first said, 'I have just bought a field,
and I must go and see it. Please excuse me.'
19 •"Another said, 'I have just bought five
yoke of oxen, and I'm on my way to try
them out. Please excuse me.'
20 •"Still another said, 'I just got married, so
I can't come.'
21 •"The servant came back and reported
this to his master. Then the owner of the
house became angry and ordered his servant,
'Go out quickly into the streets and alleys of
the town and bring in the poor, the crippled,
the blind and the lame.'
22 •" 'Sir,' the servant said, 'what you or-
dered has been done, but there is still room.'
23 •"Then the master told his servant, 'Go
out to the roads and country lanes and com-
pel them to come in, so that my house will
24 be full. •I tell you, not one of those who were
invited will get a taste of my banquet.' "

The Cost of Being a Disciple

25 •**Large crowds were traveling with Jesus,
26 and turning to them he said:** •"If anyone
comes to me and does not hate father and
mother, wife and children, brothers and sis-
ters—yes, even their own life—such a per-
27 son cannot be my disciple. •And whoever
does not carry their cross and follow me can-
not be my disciple.
28 •"Suppose one of you wants to build a
tower. Won't you first sit down and estimate
the cost to see if you have enough money to
29 complete it? •For if you lay the foundation
and are not able to finish it, everyone who
30 sees it will ridicule you, •saying, 'This person
began to build and wasn't able to finish.'

1) 5:29 난하주를 보라

alley [ǽli] *n.* 골목
banquet [bǽŋkwit] *n.* 연회
compel [kəmpél] *vt.* 강요하다
complete [kəmplí:t] *vt.* 완성하다
cripple [krípl] *n.* 불구자
estimate [éstəmèit] *vt.* 견적하다
humble [hʌmbl] *vt.* 낮추다
invite [inváit] *vt.* 초청하다
lane [lein] *n.* 골목길
order [ɔ́:rdər] *vt.* 명령하다
ox [aks] *n.* 황소
repay [ripéi] *vt.* 갚다
resurrection [rèzərékʃən] *n.* 부활
ridicule [rídikjù:l] *vt.* 비웃다
yoke [jouk] *n.* 멍에

14:17 at the time of: 그 때에
14:18 make excuses: 변명하다
14:19 on one's way: 도중에
14:21 bring in: (사람을) 데려오다
14:25 turn to...: …쪽으로 향하다
14:28 to see if...: …인지 알아보기 위해

루지 못하였다 하리라
31 또 어떤 임금이 다른 임금과 싸우러 갈 때에
먼저 앉아 일만 명으로써 저 이만 명을 거느
리고 오는 자를 대적할 수 있을까 헤아리지
아니하겠느냐
32 만일 못할 터이면 그가 아직 멀리 있을 때에
사신을 보내어 화친을 청할지니라
33 이와 같이 너희 중의 누구든지 자기의 모든
소유를 버리지 아니하면 능히 내 제자가 되
지 못하리라
34 소금이 좋은 것이나 소금도 만일 그 맛을 잃
으면 무엇으로 짜게 하리요 마 5:13
35 땅에도, 거름에도 쓸 데 없어 내버리느니라
들을 귀가 있는 자는 들을지어다 하시니라

잃은 양을 찾은 목자 비유
(마 18:12-14 ♪273, 297장)

15 모든 세리와 죄인들이 말씀을 들으러 가
까이 나아오니
2 바리새인과 서기관들이 수군거려 이르되 이
사람이 죄인을 영접하고 음식을 같이 먹는다
하더라
3 ●예수께서 그들에게 이 비유로 이르시되
4 너희 중에 어떤 사람이 양 백 마리가 있는데
그 중의 하나를 잃으면 아흔아홉 마리를 들
에 두고 그 잃은 것을 찾아내기까지 찾아다
니지 아니하겠느냐
5 또 찾아낸즉 즐거워 어깨에 메고
6 집에 와서 그 벗과 이웃을 불러 모으고 말하
되 나와 함께 즐기자 나의 잃은 양을 찾아내
었노라 하리라
7 내가 너희에게 이르노니 이와 같이 죄인 한
사람이 회개하면 하늘에서는 회개할 것 없는
의인 아흔아홉으로 말미암아 기뻐하는 것보
다 더하리라

잃은 드라크마를 찾은 여인 비유

8 ●어떤 여자가 열 [1]드라크마가 있는데 하나
를 잃으면 등불을 켜고 집을 쓸며 찾아내기
까지 부지런히 찾지 아니하겠느냐
9 또 찾아낸즉 벗과 이웃을 불러 모으고 말하
되 나와 함께 즐기자 잃은 [1]드라크마를 찾아
내었노라 하리라
10 내가 너희에게 이르노니 이와 같이 죄인 한
사람이 회개하면 하나님의 사자들 앞에 기쁨
이 되느니라

잃은 아들을 되찾은 아버지 비유 (♪280, 509장)

11 ●또 이르시되 어떤 사람에게 두 아들이 있
는데

31 ●"Or suppose a king is about to go to
war against another king. Won't he first
sit down and consider whether he is able
with ten thousand men to oppose the one
coming against him with twenty thou-
32 sand? ●If he is not able, he will send a del-
egation while the other is still a long way
33 off and will ask for terms of peace. ●In the
same way, those of you who do not give
up everything you have cannot be my dis-
ciples.
34 ●"Salt is good, but if it loses its saltiness,
35 how can it be made salty again? ●It is fit
neither for the soil nor for the manure pile;
it is thrown out.
"Whoever has ears to hear, let them hear."

The Parable of the Lost Sheep

15 Now the tax collectors and sinners
were all gathering around to hear
2 Jesus. ●But the Pharisees and the teachers of
the law muttered, "This man welcomes sin-
ners and eats with them."
3 ●Then Jesus told them this parable:
4 ●"Suppose one of you has a hundred sheep
and loses one of them. Doesn't he leave the
ninety-nine in the open country and go
5 after the lost sheep until he finds it? ●And
when he finds it, he joyfully puts it on his
6 shoulders ●and goes home. Then he calls
his friends and neighbors together and
says, 'Rejoice with me; I have found my lost
7 sheep.' ●I tell you that in the same way
there will be more rejoicing in heaven over
one sinner who repents than over ninety-
nine righteous persons who do not need to
repent.

The Parable of the Lost Coin

8 ●"Or suppose a woman has ten silver coin-
s[a] and loses one. Doesn't she light a lamp,
sweep the house and search carefully until
9 she finds it? ●And when she finds it, she calls
her friends and neighbors together and says,
'Rejoice with me; I have found my lost coin.'
10 ●In the same way, I tell you, there is rejoic-
ing in the presence of the angels of God
over one sinner who repents."

The Parable of the Lost Son

11 ●Jesus continued: "There was a man who
12 had two sons. ●The younger one said to his

[a]8 Greek *ten drachmas,* each worth about a day's wages
1) 은전의 명칭

consider [kənsídər] *vt.* 숙고하다
delegation [dèligéiʃən] *n.* 파견단
disciple [disáipl] *n.* 제자
manure [mənjúər] *n.* 거름
mutter [mʌtər] *vt.* 중얼거리다
oppose [əpóuz] *vt.* 대항하다
parable [pǽrəbl] *n.* 비유
pile [pail] *n.* 쌓아 올린 더미
presence [prézns] *n.* 앞
repent [ripént] *vi.* 회개하다
search [səːrtʃ] *vt.* 찾다
suppose [səpóuz] *vt.* 만약 …이면
sweep [swiːp] *vi.* 쓸어버리다
terms [tə́ːrmz] *n.* 협약
whether [hwéðər] *conj.* …하는 동안

14:31 **be about to...**: 막 …하려고 하다
14:32 **ask for**: 청하다
14:35 **be fit for...**: …에 적합하다
14:35 **thrown out**: 버리다
15:1 **gather around**: 모여들다
15:7 **in the same way**: 마찬가지로

12 그 둘째가 아버지에게 말하되 아버지여 재산
중에서 내게 돌아올 분깃을 내게 주소서 하
는지라 아버지가 그 살림을 각각 나눠 주었
더니
13 그 후 며칠이 안 되어 둘째 아들이 재물을 다
모아 가지고 먼 나라에 가 거기서 허랑방탕
하여 그 재산을 낭비하더니
14 다 없앤 후 그 나라에 크게 흉년이 들어 그가
비로소 궁핍한지라
15 가서 그 나라 백성 중 한 사람에게 붙여 사니
그가 그를 들로 보내어 돼지를 치게 하였는데
16 그가 돼지 먹는 쥐엄 열매로 배를 채우고자
하되 주는 자가 없는지라
17 이에 스스로 돌이켜 이르되 내 아버지에게는
양식이 풍족한 품꾼이 얼마나 많은가 나는
여기서 주려 죽는구나
18 내가 일어나 아버지께 가서 이르기를 아버지
내가 하늘과 아버지께 죄를 지었사오니
19 지금부터는 아버지의 아들이라 일컬음을 감
당하지 못하겠나이다 나를 품꾼의 하나로 보
소서 하리라 하고
20 이에 일어나서 아버지께로 돌아가니라 아직
도 거리가 먼데 아버지가 그를 보고 측은히
여겨 달려가 목을 안고 입을 맞추니
21 아들이 이르되 아버지 내가 하늘과 아버지께
죄를 지었사오니 지금부터는 아버지의 아들
이라 일컬음을 감당하지 못하겠나이다[1] 하나
22 아버지는 종들에게 이르되 제일 좋은 옷을
내어다가 입히고 손에 가락지를 끼우고 발에
신을 신기라
23 그리고 살진 송아지를 끌어다가 잡으라 우리
가 먹고 즐기자
24 이 내 아들은 죽었다가 다시 살아났으며 내
가 잃었다가 다시 얻었노라 하니 그들이 즐
거워하더라
25 맏아들은 밭에 있다가 돌아와 집에 가까이
왔을 때에 풍악과 춤추는 소리를 듣고
26 한 종을 불러 이 무슨 일인가 물은대
27 대답하되 당신의 동생이 돌아왔으매 당신의
아버지가 건강한 그를 다시 맞아들이게 됨으
로 인하여 살진 송아지를 잡았나이다 하니
28 그가 노하여 들어가고자 하지 아니하거늘 아
버지가 나와서 권한대
29 아버지께 대답하여 이르되 내가 여러 해 아
버지를 섬겨 명을 어김이 없거늘 내게는 염
소 새끼라도 주어 나와 내 벗으로 즐기게
하신 일이 없더니

father, 'Father, give me my share of the
estate.' So he divided his property between
them.
13 "Not long after that, the younger son got
together all he had, set off for a distant coun-
try and there squandered his wealth in wild
14 living. After he had spent everything, there
was a severe famine in that whole country,
15 and he began to be in need. So he went and
hired himself out to a citizen of that country,
16 who sent him to his fields to feed pigs. He
longed to fill his stomach with the pods that
the pigs were eating, but no one gave him
anything.
17 "When he came to his senses, he said,
'How many of my father's hired servants
have food to spare, and here I am starving to
18 death! I will set out and go back to my
father and say to him: Father, I have sinned
19 against heaven and against you. I am no
longer worthy to be called your son; make
20 me like one of your hired servants.' So he
got up and went to his father.
"But while he was still a long way off, his
father saw him and was filled with compas-
sion for him; he ran to his son, threw his
arms around him and kissed him.
21 "The son said to him, 'Father, I have
sinned against heaven and against you. I
am no longer worthy to be called your son.'
22 "But the father said to his servants,
'Quick! Bring the best robe and put it on
him. Put a ring on his finger and sandals on
23 his feet. Bring the fattened calf and kill it.
24 Let's have a feast and celebrate. For this son
of mine was dead and is alive again; he was
lost and is found.' So they began to celebrate.
25 "Meanwhile, the older son was in the
field. When he came near the house, he
26 heard music and dancing. So he called one
of the servants and asked him what was
27 going on. 'Your brother has come,' he
replied, 'and your father has killed the fat-
tened calf because he has him back safe and
sound.'
28 "The older brother became angry and
refused to go in. So his father went out and
29 pleaded with him. But he answered his
father, 'Look! All these years I've been slav-
ing for you and never disobeyed your orders.
Yet you never gave me even a young goat so

1) 어떤 사본에, '나를 품꾼의 하나로 보소서' 가 있음

calf [kæf] *n.* 송아지
compassion [kəmpǽʃən] *n.* 측은히 여김
divide [diváid] *vt.* 나누다
estate [istéit] *n.* 재산
famine [fǽmin] *n.* 기근
fatten [fǽtn] *vt.* 살찌우다
hired [haiərd] *a.* 고용된
plead [pli:d] *vt.* 답변하다, 간청하다
pod [pad] *n.* (완두콩 등의) 꼬투리
property [prápərti] *n.* 재산
robe [roub] *n.* 의복
slave [sleiv] *vi.* 노예처럼 일하다
spare [spɛər] *vt.* 나누어 주다
squander [skwándər] *vt.* 낭비하다
stomach [stʌmək] *n.* 배

15:17 come to one's senses: 정신을 차리다
15:17 starve to death: 굶어 죽다
15:18 set out: 출발하다
15:19 no longer...: 더이상 …않다
15:26 go on: (일이) 일어나다, 발생하다

30 아버지의 살림을 창녀들과 함께 삼켜 버린 이 아들이 돌아오매 이를 위하여 살진 송아지를 잡으셨나이다
15:12-14
31 아버지가 이르되 얘 너는 항상 나와 함께 있으니 내 것이 다 네 것이로되
32 이 네 동생은 죽었다가 살아났으며 내가 잃었다가 얻었기로 우리가 즐거워하고 기뻐하는 것이 마땅하다 하니라

옳지 않은 청지기 비유 — A.D. 29년경

16 또한 제자들에게 이르시되 어떤 부자에게 청지기가 있는데 그가 주인의 소유를 낭비한다는 말이 그 주인에게 들린지라
2 주인이 그를 불러 이르되 내가 네게 대하여 들은 이 말이 어찌 됨이냐 네가 보던 일을 셈하라 청지기 직무를 계속하지 못하리라 하니
3 청지기가 속으로 이르되 주인이 내 직분을 빼앗으니 내가 무엇을 할까 땅을 파자니 힘이 없고 빌어 먹자니 부끄럽구나
4 내가 할 일을 알았도다 이렇게 하면 직분을 빼앗긴 후에 사람들이 나를 자기 집으로 영접하리라 하고
5 주인에게 빚진 자를 일일이 불러다가 먼저 온 자에게 이르되 네가 내 주인에게 얼마나 빚졌느냐
6 말하되 기름 백 말이니이다 이르되 여기 네 증서를 가지고 빨리 앉아 오십이라 쓰라 하고
7 또 다른 이에게 이르되 너는 얼마나 빚졌느냐 이르되 밀 백 석이니이다 이르되 여기 네 증서를 가지고 팔십이라 쓰라 하였는지라
8 주인이 이 옳지 않은 청지기가 일을 지혜 있게 하였으므로 칭찬하였으니 이 세대의 아들들이 자기 시대에 있어서는 빛의 아들들보다 더 지혜로움이니라
9 내가 너희에게 말하노니 불의의 재물로 친구를 사귀라 그리하면 그 재물이 없어질 때에 그들이 너희를 영주할 처소로 영접하리라
10 지극히 작은 것에 충성된 자는 큰 것에도 충성되고 지극히 작은 것에 불의한 자는 큰 것에도 불의하니라
마 25:21
11 너희가 만일 불의한 재물에도 충성하지 아니하면 누가 참된 것으로 너희에게 맡기겠느냐
12 너희가 만일 남의 것에 충성하지 아니하면 누가 너희의 것을 너희에게 주겠느냐

30 I could celebrate with my friends. But when
this son of yours who has squandered your
property with prostitutes comes home, you
kill the fattened calf for him!'
31 " 'My son,' the father said, 'you are always
32 with me, and everything I have is yours. But
we had to celebrate and be glad, because this
brother of yours was dead and is alive again;
he was lost and is found.' "

The Parable of the Shrewd Manager

16 Jesus told his disciples: "There was a
rich man whose manager was accused
2 of wasting his possessions. So he called him
in and asked him, 'What is this I hear about
you? Give an account of your management,
because you cannot be manager any longer.'
3 "The manager said to himself, 'What
shall I do now? My master is taking away my
job. I'm not strong enough to dig, and I'm
4 ashamed to beg— I know what I'll do so
that, when I lose my job here, people will welcome me into their houses.'
5 "So he called in each one of his master's
debtors. He asked the first, 'How much do you
owe my master?'
6 " 'Nine hundred gallons[a] of olive oil,' he
replied.
"The manager told him, 'Take your bill, sit
down quickly, and make it four hundred and
fifty.'
7 "Then he asked the second, 'And how
much do you owe?'
" 'A thousand bushels[b] of wheat,' he replied.
"He told him, 'Take your bill and make it
eight hundred.'
8 "The master commended the dishonest
manager because he had acted shrewdly. For
the people of this world are more shrewd in
dealing with their own kind than are the
9 people of the light. I tell you, use worldly
wealth to gain friends for yourselves, so that
when it is gone, you will be welcomed into
eternal dwellings.
10 "Whoever can be trusted with very little
can also be trusted with much, and whoever is
dishonest with very little will also be dishonest
11 with much. So if you have not been trustworthy in handling worldly wealth, who will
12 trust you with true riches? And if you have
not been trustworthy with someone else's
property, who will give you property of your
own?

[a]6 Or about 3,000 liters [b]7 Or about 30 tons

accuse [əkjúːz] *vt.* 고발하다
ashamed [əʃéimd] *a.* 부끄러워
beg [beg] *vt.* 구걸하다
bill [bil] *n.* 증서, 증권
commend [kəménd] *vt.* 칭찬하다
debtor [détər] *n.* 채무자
dig [dig] *vi.* 땅을 파다
dwelling [dwéliŋ] *n.* 사는 집, 거처
gallon [gǽlən] *n.* 용량단위, 사발
handle [hǽndl] *vt.* 다루다
owe [ou] *vt.* 빚지고 있다
possession [pəzéʃən] *n.* 소유, 재산
prostitute [prástətjùːt] *n.* 창녀
shrewd [ʃruːd] *a.* 약삭빠른, 빈틈없이
trustworthy [trʌ́stwəːrði] *a.* 믿을 만한

16:2 give an account of: 이야기하다
16:3 say to oneself: 혼잣말하다
16:3 take away: 제거하다
16:4 so that...: ~하기 위하여
16:8 deal with: 다루다, 처리하다
16:11 trust A with B: A에게 B를 맡기다

13 집 하인이 두 주인을 섬길 수 없나니 혹 이를
미워하고 저를 사랑하거나 혹 이를 중히 여
기고 저를 경히 여길 것임이니라 너희는 하
나님과 재물을 겸하여 섬길 수 없느니라

율법과 하나님 나라의 복음

14 ●바리새인들은 돈을 좋아하는 자들이라 이
모든 것을 듣고 비웃거늘
15 예수께서 이르시되 너희는 사람 앞에서 스스
로 옳다 하는 자들이나 너희 마음을 하나님
께서 아시나니 사람 중에 높임을 받는 그것
은 하나님 앞에 미움을 받는 것이니라
16 율법과 선지자는 요한의 때까지요 그 후부터
는 하나님 나라의 복음이 전파되어 사람마다
그리로 침입하느니라
17 그러나 율법의 한 획이 떨어짐보다 천지가
없어짐이 쉬우리라
18 무릇 자기 아내를 버리고 다른 데 장가 드는
자도 간음함이요 무릇 버림당한 여자에게 장
가드는 자도 간음함이니라

부자와 거지

19 ●한 부자가 있어 자색 옷과 고운 베옷을 입
고 날마다 호화롭게 즐기더라
20 그런데 나사로라 이름하는 한 거지가 헌데
투성이로 그의 대문 앞에 버려진 채
21 그 부자의 상에서 떨어지는 것으로 배불리려
하매 심지어 개들이 와서 그 헌데를 핥더라
22 이에 그 거지가 죽어 천사들에게 받들려 아
브라함의 품에 들어가고 부자도 죽어 장사되
매
23 그가 음부에서 고통 중에 눈을 들어 멀리 아
브라함과 그의 품에 있는 나사로를 보고
24 불러 이르되 아버지 아브라함이여 나를 긍휼
히 여기사 나사로를 보내어 그 손가락 끝에
물을 찍어 내 혀를 서늘하게 하소서 내가 이
불꽃 가운데서 괴로워하나이다
25 아브라함이 이르되 얘 너는 살았을 때에 좋
은 것을 받았고 나사로는 고난을 받았으니
이것을 기억하라 이제 그는 여기서 위로를
받고 너는 괴로움을 받느니라
26 그뿐 아니라 너희와 우리 사이에 큰 구렁텅
이가 놓여 있어 여기서 너희에게 건너가고자
하되 갈 수 없고 거기서 우리에게 건너올 수
도 없게 하였느니라
27 이르되 그러면 아버지여 구하노니 나사로를
내 아버지의 집에 보내소서
28 내 형제 다섯이 있으니 그들에게 증언하게
하여 그들로 이 고통 받는 곳에 오지 않게 하

13 ●"No one can serve two masters. Either
you will hate the one and love the other, or
you will be devoted to the one and despise
the other. You cannot serve both God and
money."
14 ●The Pharisees, who loved money, heard
15 all this and were sneering at Jesus. ●He said
to them, "You are the ones who justify your-
selves in the eyes of others, but God knows
your hearts. What people value highly is
detestable in God's sight.

Additional Teachings

16 ●"The Law and the Prophets were pro-
claimed until John. Since that time, the
good news of the kingdom of God is being
preached, and everyone is forcing their way
17 into it. ●It is easier for heaven and earth to
disappear than for the least stroke of a pen
to drop out of the Law.
18 ●"Anyone who divorces his wife and ma-
rries another woman commits adultery,
and the man who marries a divorced wo-
man commits adultery.

The Rich Man and Lazarus

19 ●"There was a rich man who was dressed
in purple and fine linen and lived in luxury
20 every day. ●At his gate was laid a beggar
21 named Lazarus, covered with sores ●and
longing to eat what fell from the rich man's
table. Even the dogs came and licked his
sores.
22 ●"The time came when the beggar died
and the angels carried him to Abraham's
side. The rich man also died and was buried.
23 ●In Hades, where he was in torment, he
looked up and saw Abraham far away, with
24 Lazarus by his side. ●So he called to him,
'Father Abraham, have pity on me and send
Lazarus to dip the tip of his finger in water
and cool my tongue, because I am in agony
in this fire.'
25 ●"But Abraham replied, 'Son, remember
that in your lifetime you received your good
things, while Lazarus received bad things,
but now he is comforted here and you are
26 in agony. ●And besides all this, between us
and you a great chasm has been set in place,
so that those who want to go from here to
you cannot, nor can anyone cross over from
there to us.'
27 ●"He answered, 'Then I beg you, father,
28 send Lazarus to my family, ●for I have five

agony [ǽgəni] *n.* 심한 고통
chasm [kǽzm] *n.* 깊은 구렁
comfort [kʌmfərt] *vt.* 위로하다
despise [dispáiz] *vt.* 경멸하다
detestable [ditéstəbl] *a.* 혐오할 만한
devote [divóut] *vt.* 헌신하다
dip [dip] *vt.* 담그다
divorce [divɔ́:rs] *vt.* 이혼하다
lick [lik] *vt.* 핥다
preach [pri:tʃ] *vi.* 전도하다
proclaim [proukléim] *vt.* 선언하다
serve [sə:rv] *vt.* 섬기다
sneer [sniər] *vi.* 비웃다
sore [sɔ:r] *n.* 묵은 상처
stroke [strouk] *n.* 한 획

16:16 force into: 침입하다
16:17 drop out: 빠지다, 떨어지다
16:18 commit adultery: 간음하다
16:20 be covered with...: …로 뒤덮이다
16:23 far away: 멀리
16:24 have pity on: 가엾게 여기다

소서
29 아브라함이 이르되 그들에게 모세와 선지
자들이 있으니 그들에게 들을지니라
30 이르되 그렇지 아니하니이다 아버지 아브
라함이여 만일 죽은 자에게서 그들에게 가
는 자가 있으면 회개하리이다
31 이르되 모세와 선지자들에게 듣지 아니하
면 비록 죽은 자 가운데서 살아나는 자가
있을지라도 권함을 받지 아니하리라 하였
다 하시니라

용서, 믿음, 종이 할 일 (마 18:6-7; 21:22; 막 9:42)

17 예수께서 제자들에게 이르시되 실족하
게 하는 것이 없을 수는 없으나 그렇게
하게 하는 자에게는 화로다 마 18:6,7
2 그가 이 작은 자 중의 하나를 실족하게 할
진대 차라리 연자맷돌이 그 목에 매여 바다
에 던져지는 것이 나으리라
3 너희는 스스로 조심하라 만일 네 형제가 죄
를 범하거든 경고하고 회개하거든 용서하
라
4 만일 하루에 일곱 번이라도 네게 죄를 짓고
일곱 번 네게 돌아와 내가 회개하노라 하거
든 너는 용서하라 하시더라
5 ●사도들이 주께 여짜오되 우리에게 믿음
을 더하소서 하니
6 주께서 이르시되 너희에게 겨자씨 한 알만
한 믿음이 있었더라면 이 뽕나무더러 뿌리
가 뽑혀 바다에 심기어라 하였을 것이요 그
것이 너희에게 순종하였으리라
7 너희 중 누구에게 밭을 갈거나 양을 치거나
하는 종이 있어 밭에서 돌아오면 그더러 곧
와 [1]앉아서 먹으라 말할 자가 있느냐
8 도리어 그더러 내 먹을 것을 준비하고 띠를
띠고 내가 먹고 마시는 동안에 수종들고 너
는 그 후에 먹고 마시라 하지 않겠느냐
9 명한 대로 하였다고 종에게 감사하겠느냐
10 이와 같이 너희도 명령 받은 것을 다 행한
후에 이르기를 우리는 무익한 종이라 우리
가 하여야 할 일을 한 것뿐이라 할지니라

나병환자 열 명이 깨끗함을 받다

11 ●예수께서 예루살렘으로 가실 때에 사마
리아와 갈릴리 사이로 지나가시다가
12 한 마을에 들어가시니 나병환자 열 명이 예
수를 만나 멀리 서서
13 소리를 높여 이르되 예수 선생님이여 우리
를 불쌍히 여기소서 하거늘

brothers. Let him warn them, so that they will
not also come to this place of torment.'
29 ●"Abraham replied, 'They have Moses and
the Prophets; let them listen to them.'
30 ●" 'No, father Abraham,' he said, 'but if
someone from the dead goes to them, they
will repent.'
31 ●"He said to him, 'If they do not listen to
Moses and the Prophets, they will not be con-
vinced even if someone rises from the dead.' "

Sin, Faith, Duty

17 Jesus said to his disciples: "Things that
cause people to stumble are bound to
come, but woe to anyone through whom
2 they come. ●It would be better for them to be
thrown into the sea with a millstone tied
around their neck than to cause one of these
3 little ones to stumble. ●So watch yourselves.
"If your brother or sister[a] sins against you,
rebuke them; and if they repent, forgive them.
4 ●Even if they sin against you seven times in a
day and seven times come back to you saying
'I repent,' you must forgive them."
5 ●The apostles said to the Lord, "Increase our
faith!"
6 ●He replied, "If you have faith as small as a
mustard seed, you can say to this mulberry
tree, 'Be uprooted and planted in the sea,' and
it will obey you.
7 ●"Suppose one of you has a servant plow-
ing or looking after the sheep. Will he say
to the servant when he comes in from the
field, 'Come along now and sit down to eat'?
8 ●Won't he rather say, 'Prepare my supper,
get yourself ready and wait on me while I eat
and drink; after that you may eat and drink'?
9 ●Will he thank the servant because he did
10 what he was told to do? ●So you also, when
you have done everything you were told to
do, should say, 'We are unworthy servants;
we have only done our duty.' "

Jesus Heals Ten Men With Leprosy

11 ●Now on his way to Jerusalem, Jesus trav-
eled along the border between Samaria and
12 Galilee. ●As he was going into a village, ten
men who had leprosy[b] met him. They stood
13 at a distance ●and called out in a loud voice,
"Jesus, Master, have pity on us!"

[a]3 The Greek word for *brother or sister (adelphos)* refers here to a fellow disciple, whether man or woman. [b]12 The Greek word traditionally translated *leprosy* was used for various diseases affecting the skin.

1) 5:29 난하주를 보라

apostle [əpásl] *n.* 사도
border [bɔ́:rdər] *n.* 경계, 접경
cause [kɔ:z] *vt.* 일으키다
convince [kənvíns] *vt.* 확신시키다
leprosy [léprəsi] *n.* 문둥병
millstone [mílstòun] *n.* 맷돌
mulberry [mʌlbèri] *n.* 뽕나무
plow [plau] *vi.* 경작하다
rather [rǽðər] *ad.* 오히려
rebuke [ribjú:k] *vt.* 꾸짖다
repent [ripént] *vi.* 회개하다
suppose [səpóuz] *vt.* 생각하다
torment [tɔ:rmént] *n.* 고통
unworthy [ʌnwə́:rði] *a.* 가치없는
uproot [ʌprú:t] *vt.* 뿌리뽑다

17:1 woe to...: …에게 화있을진저
17:2 throw into...: …에 빠뜨리다
17:3 watch oneself: 스스로 조심하다
17:6 as A as B: B처럼 매우 A한
17:8 wait on: 시중 들다
17:11 travel along: 걷다

14 보시고 이르시되 가서 제사장들에게 너희 몸을 보이라 하셨더니 그들이 가다가 깨끗함을 받은지라
15 그 중의 한 사람이 자기가 나은 것을 보고 큰 소리로 하나님께 영광을 돌리며 돌아와
16 예수의 발 아래에 엎드리어 감사하니 그는 사마리아 사람이라
17 예수께서 대답하여 이르시되 열 사람이 다 깨끗함을 받지 아니하였느냐 그 아홉은 어디 있느냐
18 이 이방인 외에는 하나님께 영광을 돌리러 돌아온 자가 없느냐 하시고
19 그에게 이르시되 일어나 가라 네 믿음이 너를 구원하였느니라 하시더라

하나님의 나라는 너희 안에 있다 (마 24:23-28,37-41)

20 ●바리새인들이 하나님의 나라가 어느 때에 임하나이까 묻거늘 예수께서 대답하여 이르시되 하나님의 나라는 볼 수 있게 임하는 것이 아니요
21 또 여기 있다 저기 있다고도 못하리니 하나님의 나라는 너희 안에 있느니라
22 ●또 제자들에게 이르시되 때가 이르리니 너희가 인자의 날 하루를 보고자 하되 보지 못하리라
23 사람이 너희에게 말하되 보라 저기 있다 보라 여기 있다 하리라 그러나 너희는 가지도 말고 따르지도 말라 마 24:23
24 번개가 하늘 아래 이쪽에서 번쩍이어 하늘 아래 저쪽까지 비침같이 인자도 자기 날에 그러하리라
25 그러나 그가 먼저 많은 고난을 받으며 이 세대에게 버린 바 되어야 할지니라
26 노아의 때에 된 것과 같이 인자의 때에도 그러하리라
27 노아가 방주에 들어가던 날까지 사람들이 먹고 마시고 장가 들고 시집 가더니 홍수가 나서 그들을 다 멸망시켰으며
28 또 롯의 때와 같으리니 사람들이 먹고 마시고 사고 팔고 심고 집을 짓더니
29 롯이 소돔에서 나가던 날에 하늘로부터 불과 유황이 비오듯 하여 그들을 멸망시켰느니라
30 인자가 나타나는 날에도 이러하리라
31 그날에 만일 사람이 지붕 위에 있고 그의 세간이 그 집 안에 있으면 그것을 가지러 내려가지 말 것이요 밭에 있는 자도 그와 같이 뒤로 돌이키지 말 것이니라
32 롯의 처를 기억하라 창 19:26

14 •When he saw them, he said, "Go, show
yourselves to the priests." And as they went,
they were cleansed.
15 •One of them, when he saw he was
healed, came back, praising God in a loud
16 voice. •He threw himself at Jesus' feet
and thanked him—and he was a Samar-
itan.
17 •Jesus asked, "Were not all ten cleansed?
18 Where are the other nine? • Has no one
returned to give praise to God except this
19 foreigner?" •Then he said to him, "Rise and
go; your faith has made you well."

The Coming of the Kingdom of God

20 •Once, on being asked by the Pharisees
when the kingdom of God would come,
Jesus replied, "The coming of the kingdom
of God is not something that can be
21 observed, • nor will people say, 'Here it is,'
or 'There it is,' because the kingdom of
God is in your midst."[a]
22 •Then he said to his disciples, "The time
is coming when you will long to see one of
the days of the Son of Man, but you will
23 not see it. • People will tell you, 'There he
is!' or 'Here he is!' Do not go running off
24 after them. • For the Son of Man in his
day[b] will be like the lightning, which
flashes and lights up the sky from one end
25 to the other. • But first he must suffer
many things and be rejected by this gen-
eration.
26 • "Just as it was in the days of Noah, so
also will it be in the days of the Son of Man.
27 • People were eating, drinking, marrying
and being given in marriage up to the day
Noah entered the ark. Then the flood came
and destroyed them all.
28 • "It was the same in the days of Lot.
People were eating and drinking, buying
29 and selling, planting and building. • But
the day Lot left Sodom, fire and sulfur
rained down from heaven and destroyed
them all.
30 • "It will be just like this on the day the
31 Son of Man is revealed. • On that day no
one who is on the housetop, with posses-
sions inside, should go down to get them.
Likewise, no one in the field should go
32 back for anything. • Remember Lot's wife!

[a]21 Or *is within you* [b]24 Some manuscripts do not have *in his day*.

ark [a:rk] *n.* 방주
destroy [distrɔ́i] *vt.* 멸하다
except [iksépt] *prep.* …외에
flash [flæʃ] *n.* 번쩍임
generation [dʒènəréiʃən] *n.* 세대
heal [hi:l] *vt.* 고치다
likewise [láikwàiz] *ad.* 마찬가지로
midst [midst] *n.* 한가운데
observe [əbzɔ́:rv] *vt.* 보다
possession [pəzéʃən] *n.* 소유, 재산
priest [pri:st] *n.* 제사장
reject [ridʒékt] *vt.* 버리다
reveal [rivi:l] *vt.* 나타내다
suffer [sʌfər] *vi.* (고통을) 당하다
sulfur [sʌlfər] *n.* 유황

17:16 at one's feet: …의 발밑에
17:22 long to : 바라다
17:23 run off : 도망치다
17:26 just as...: 꼭 …처럼
17:27 up to...: …까지
17:31 on that day: 그날에는

33 무릇 자기 목숨을 보전하고자 하는 자는 잃
을 것이요 잃는 자는 살리리라
34 내가 너희에게 이르노니 그 밤에 둘이 한 자
리에 누워 있으매 하나는 데려감을 얻고 하
나는 버려둠을 당할 것이요
35 두 여자가 함께 맷돌을 갈고 있으매 하나는 데
려감을 얻고 하나는 버려둠을 당할 것이니라
36 [1](없음)
37 그들이 대답하여 이르되 주여 어디오니이까
이르시되 주검 있는 곳에는 독수리가 모이느
니라 하시니라 마 24:28

과부와 재판장 비유 (♪ 226, 565장) — A.D. 30년경

18 예수께서 그들에게 항상 기도하고 낙심
하지 말아야 할 것을 비유로 말씀하여
2 이르시되 어떤 도시에 하나님을 두려워하지
않고 사람을 무시하는 한 재판장이 있는데
3 그 도시에 한 과부가 있어 자주 그에게 가서
내 원수에 대한 나의 원한을 풀어 주소서 하되
4 그가 얼마 동안 듣지 아니하다가 후에 속으
로 생각하되 내가 하나님을 두려워하지 않고
사람을 무시하나
5 이 과부가 나를 번거롭게 하니 내가 그 원한
을 풀어 주리라 그렇지 않으면 늘 와서 나를
괴롭게 하리라 하였느니라
6 주께서 또 이르시되 불의한 재판장이 말한
것을 들으라
7 하물며 하나님께서 그 밤낮 부르짖는 택하신
자들의 원한을 풀어 주지 아니하시겠느냐 그
들에게 오래 참으시겠느냐
8 내가 너희에게 이르노니 속히 그 원한을 풀
어 주시리라 그러나 인자가 올 때에 세상에
서 믿음을 보겠느냐 하시니라

바리새인과 세리 비유

9 ●또 자기를 의롭다고 믿고 다른 사람을 멸시
하는 자들에게 이 비유로 말씀하시되
10 두 사람이 기도하러 성전에 올라가니 하나는
바리새인이요 하나는 세리라
11 바리새인은 서서 따로 기도하여 이르되 하나
님이여 나는 다른 사람들 곧 토색, 불의, 간음
을 하는 자들과 같지 아니하고 이 세리와도
같지 아니함을 감사하나이다
12 나는 이레에 두 번씩 금식하고 또 소득의 십
일조를 드리나이다 하고
13 세리는 멀리 서서 감히 눈을 들어 하늘을 쳐
다보지도 못하고 다만 가슴을 치며 이르되
하나님이여 불쌍히 여기소서 나는 죄인이로
소이다 하였느니라

33 •Whoever tries to keep their life will lose it,
and whoever loses their life will preserve it.
34 •I tell you, on that night two people will be
in one bed; one will be taken and the other
35 left. •Two women will be grinding grain
together; one will be taken and the other
left."[36][a]
37 •"Where, Lord?" they asked.
He replied, "Where there is a dead body,
there the vultures will gather."

The Parable of the Persistent Widow

18 Then Jesus told his disciples a para-
ble to show them that they should
2 always pray and not give up. •He said: "In a
certain town there was a judge who neither
feared God nor cared what people thought.
3 •And there was a widow in that town who
kept coming to him with the plea, 'Grant
me justice against my adversary.'
4 •"For some time he refused. But finally he
said to himself, 'Even though I don't fear
5 God or care what people think, •yet because
this widow keeps bothering me, I will see
that she gets justice, so that she won't even-
tually come and attack me!' "
6 •And the Lord said, "Listen to what the
7 unjust judge says. •And will not God bring
about justice for his chosen ones, who cry
out to him day and night? Will he keep
8 putting them off? •I tell you, he will see that
they get justice, and quickly. However, when
the Son of Man comes, will he find faith on
the earth?"

The Parable of the Pharisee and the Tax Collector

9 •To some who were confident of their
own righteousness and looked down on
10 everyone else, Jesus told this parable: •"Two
men went up to the temple to pray, one a
11 Pharisee and the other a tax collector. •The
Pharisee stood by himself and prayed: 'God,
I thank you that I am not like other people
—robbers, evildoers, adulterers—or even
12 like this tax collector. •I fast twice a week
and give a tenth of all I get.'
13 •"But the tax collector stood at a distance.
He would not even look up to heaven, but
beat his breast and said, 'God, have mercy
on me, a sinner.'

[a]36 **Some manuscripts include here words similar to Matt. 24:40.** 1) 어떤 고대 사본에, 36절 '두 사람이 밭에 있으매 하나는 데려감을 당하고 하나는 버려둠을 당할 것이요' 가 있음

adulterer [ədʌltərər] *n.* 간부(姦夫)
adversary [ǽdvərsèri] *n.* 적
bother [báðər] *vt.* …를 괴롭히다
breast [brest] *n.* 가슴
certain [sə́ːrtn] *a.* 어떤
eventually [ivéntʃuəli] *ad.* 결국
evildoer [íːvəldùːər] *n.* 악인
fear [fiər] *vt.* 두려워하다
grant [grænt] *vt.* 들어주다
grind [graind] *vt.* (맷돌로) 빻다, 갈다
mercy [mə́ːrsi] *n.* 자비
parable [pǽrəbl] *n.* 비유
plea [pliː] *n.* 탄원
preserve [prizə́ːrv] *vt.* 보존하다
vulture [vʌltʃər] *n.* 독수리

18:4 **say to oneself**: 혼잣말하다
18:7 **bring about...**: …를 가져오다
18:7 **put off**: 연기하다
18:9 **be confident of...**: …를 확신하다
18:9 **look down on...**: …를 경멸하다
18:13 **at a distance**: 좀 떨어져

14 내가 너희에게 이르노니 이에 저 바리새인이 아니고 이 사람이 의롭다 하심을 받고 그의 집으로 내려갔느니라 무릇 자기를 높이는 자는 낮아지고 자기를 낮추는 자는 높아지리라 하시니라 16:15

어린아이들을 금하지 말라 (마 19:13-15; 막 10:13-16)

15 ●사람들이 예수께서 만져 주심을 바라고 자기 어린 아기를 데리고 오매 제자들이 보고 꾸짖거늘

16 예수께서 그 어린아이들을 불러 가까이 하시고 이르시되 어린아이들이 내게 오는 것을 용납하고 금하지 말라 하나님의 나라가 이런 자의 것이니라

17 내가 진실로 너희에게 이르노니 누구든지 하나님의 나라를 어린아이와 같이 받아들이지 않는 자는 결단코 거기 들어가지 못하리라 하시니라

부자 관리 (마 19:16-30; 막 10:17-31)

18 ●어떤 관리가 물어 이르되 선한 선생님이여 내가 무엇을 하여야 영생을 얻으리이까

19 예수께서 이르시되 네가 어찌하여 나를 선하다 일컫느냐 하나님 한 분 외에는 선한 이가 없느니라

20 네가 계명을 아나니 [ㄱ]간음하지 말라, 살인하지 말라, 도둑질하지 말라, 거짓 증언 하지 말라, 네 부모를 공경하라 하였느니라

21 여짜오되 이것은 내가 어려서부터 다 지키었나이다

22 예수께서 이 말을 들으시고 이르시되 네게 아직도 한 가지 부족한 것이 있으니 네게 있는 것을 다 팔아 가난한 자들에게 나눠 주라 그리하면 하늘에서 네게 보화가 있으리라 그리고 와서 나를 따르라 하시니

23 그 사람이 큰 부자이므로 이 말씀을 듣고 심히 근심하더라

24 예수께서 그를 보시고 이르시되 재물이 있는 자는 하나님의 나라에 들어가기가 얼마나 어려운지

25 낙타가 바늘귀로 들어가는 것이 부자가 하나님의 나라에 들어가는 것보다 쉬우니라 하시니

26 듣는 자들이 이르되 그런즉 누가 구원을 얻을 수 있나이까

27 이르시되 무릇 사람이 할 수 없는 것을 하나님은 하실 수 있느니라 막 10:27

28 베드로가 여짜오되 보옵소서 우리가 우리의 것을 다 버리고 주를 따랐나이다

29 이르시되 내가 진실로 너희에게 이르노니 하나님의 나라를 위하여 집이나 아내나 형제나 부모나 자녀를 버린 자는

14 ●"I tell you that this man, rather than
the other, went home justified before God.
For all those who exalt themselves will be
humbled, and those who humble them-
selves will be exalted."

The Little Children and Jesus

15 ●People were also bringing babies to
Jesus for him to place his hands on them.
When the disciples saw this, they rebuked
16 them. ●But Jesus called the children to
him and said, "Let the little children come
to me, and do not hinder them, for the
kingdom of God belongs to such as these.
17 ●Truly I tell you, anyone who will not
receive the kingdom of God like a little
child will never enter it."

The Rich and the Kingdom of God

18 ●A certain ruler asked him, "Good
teacher, what must I do to inherit eternal
life?"
19 ●"Why do you call me good?" Jesus
answered. "No one is good—except God
20 alone. ●You know the commandments:
'You shall not commit adultery, you shall
not murder, you shall not steal, you shall
not give false testimony, honor your father
and mother.'[a]"
21 ●"All these I have kept since I was a
boy," he said.
22 ●When Jesus heard this, he said to him,
"You still lack one thing. Sell everything
you have and give to the poor, and you
will have treasure in heaven. Then come,
follow me."
23 ●When he heard this, he became very
24 sad, because he was very wealthy. ●Jesus
looked at him and said, "How hard it is
for the rich to enter the kingdom of God!
25 ●Indeed, it is easier for a camel to go through
the eye of a needle than for someone who
is rich to enter the kingdom of God."
26 ●Those who heard this asked, "Who
then can be saved?"
27 ●Jesus replied, "What is impossible with
man is possible with God."
28 ●Peter said to him, "We have left all we
had to follow you!"
29 ●"Truly I tell you," Jesus said to them,
"no one who has left home or wife or
brothers or sisters or parents or children

[a]20 Exodus 20:12-16; Deut. 5:16-20
ㄱ. 출 20:12-16; 신 5:16-20

adultery [ədʌltəri] *n.* 간통
camel [kǽməl] *n.* 낙타
commandment [kəmǽndmənt] *n.* 계명
exalt [igzɔ́:lt] *vt.* 높이다
except [iksépt] *prep.* ~외에는
hinder [híndər] *vt.* 저지하다
humble [hʌmbl] *vt.* 낮추다
indeed [indí:d] *ad.* 실로, 참으로
inherit [inhérit] *vt.* 상속하다
lack [læk] *vi.* 모자라다
needle [ni:dl] *n.* 바늘
rebuke [ribjú:k] *vt.* 꾸짖다
steal [sti:l] *vi.* 도둑질하다
testimony [téstəmòuni] *n.* 증언
wealth [welθ] *n.* 부

18:14 rather than: ~보다는
18:15 bring to: ~로 가지고 오다
18:15 place A on B: A를 B에 두다
18:16 belong to~: ~에 속하다
18:16 such as: ~와 같은
18:24 look at~: ~을 보다

30 현세에 여러 배를 받고 내세에 영생을 받지
못할 자가 없느니라 하시니라

죽음과 부활을 다시 이르시다
(마 20:17-19; 막 10:32-34) — A.D. 30년경

31 ●예수께서 열두 제자를 데리시고 이르시되
보라 우리가 예루살렘으로 올라가노니 선지
자들을 통하여 기록된 모든 것이 인자에게
응하리라
32 인자가 이방인들에게 넘겨져 희롱을 당하고
능욕을 당하고 침 뱉음을 당하겠으며
33 그들은 채찍질하고 그를 죽일 것이나 그는
삼 일 만에 살아나리라 하시되
34 제자들이 이것을 하나도 깨닫지 못하였으니
그 말씀이 감취었으므로 그들이 그 이르신
바를 알지 못하였더라

맹인을 고치시다 (마 20:29-34; 막 10:46-52)

35 ●여리고에 가까이 가셨을 때에 한 맹인이 길
가에 앉아 구걸하다가
36 무리가 지나감을 듣고 이 무슨 일이냐고 물
은대
37 그들이 나사렛 예수께서 지나가신다 하니
38 맹인이 외쳐 이르되 다윗의 자손 예수여 나
를 불쌍히 여기소서 하거늘
39 앞서 가는 자들이 그를 꾸짖어 잠잠하라 하
되 그가 더욱 크게 소리 질러 다윗의 자손이
여 나를 불쌍히 여기소서 하는지라
40 예수께서 머물러 서서 명하여 데려오라 하셨
더니 그가 가까이 오매 물어 이르시되
41 네게 무엇을 하여 주기를 원하느냐 이르되
주여 보기를 원하나이다
42 예수께서 그에게 이르시되 보라 네 믿음이
너를 구원하였느니라 하시매
43 곧 보게 되어 하나님께 영광을 돌리며 예수
를 따르니 백성이 다 이를 보고 하나님을 찬
양하니라

예수와 삭개오

19 예수께서 여리고로 들어가 지나가시더라
2 삭개오라 이름하는 자가 있으니 세리
장이요 또한 부자라
3 그가 예수께서 어떠한 사람인가 하여 보고자
하되 키가 작고 사람이 많아 할 수 없어
4 앞으로 달려가서 보기 위하여 돌무화과나무
에 올라가니 이는 예수께서 그리로 지나가
시게 됨이러라
5 예수께서 그곳에 이르사 쳐다보시고 이르시
되 삭개오야 속히 내려오라 내가 오늘 네 집
에 유하여야 하겠다 하시니

30 for the sake of the kingdom of God ●will
fail to receive many times as much in this
age, and in the age to come eternal life."

Jesus Predicts His Death a Third Time

31 ●Jesus took the Twelve aside and told
them, "We are going up to Jerusalem, and
everything that is written by the prophets
32 about the Son of Man will be fulfilled. ●He
will be delivered over to the Gentiles. They
will mock him, insult him and spit on him;
33 ●they will flog him and kill him. On the
third day he will rise again."
34 ●The disciples did not understand any of
this. Its meaning was hidden from them,
and they did not know what he was talking
about.

A Blind Beggar Receives His Sight

35 ●As Jesus approached Jericho, a blind man
36 was sitting by the roadside begging. ●When
he heard the crowd going by, he asked what
37 was happening. ●They told him, "Jesus of
Nazareth is passing by."
38 ●He called out, "Jesus, Son of David, have
mercy on me!"
39 ●Those who led the way rebuked him
and told him to be quiet, but he shouted all
the more, "Son of David, have mercy on
me!"
40 ●Jesus stopped and ordered the man to be
brought to him. When he came near, Jesus
41 asked him, ●"What do you want me to do
for you?"
"Lord, I want to see," he replied.
42 ●Jesus said to him, "Receive your sight;
43 your faith has healed you." ●Immediately he
received his sight and followed Jesus, prais-
ing God. When all the people saw it, they
also praised God.

Zacchaeus the Tax Collector

19 Jesus entered Jericho and was pass-
2 ing through. ●A man was there by
the name of Zacchaeus; he was a chief tax
3 collector and was wealthy. ●He wanted
to see who Jesus was, but because he was
4 short he could not see over the crowd. ●So
he ran ahead and climbed a sycamore-fig
tree to see him, since Jesus was coming that
way.
5 ●When Jesus reached the spot, he looked
up and said to him, "Zacchaeus, come down
immediately. I must stay at your house

approach [əpróutʃ] *vt.* …에 다가가다
beg [beg] *vi.* 간청하다
blind [blaind] *a.* 눈먼
climb [klaim] *vi.* 오르다
crowd [kraud] *n.* 무리
flog [flag] *vt.* 채찍질하다
fulfill [fulfíl] *vt.* 성취시키다
immediately [imí:diətli] *ad.* 곧
insult [insʌ́lt] *vt.* 모욕하다
mock [mak] *vt.* 조롱하다
quiet [kwáiət] *vt.* 잠잠케 하다
roadside [róudsàid] *n.* 길가
spit [spit] *vt.* (침을)뱉다
spot [spat] *n.* 장소
sycamore-fig [síkəmɔ̀:r-fig] *n.* 무화과 나무

18:32 **deliver over**: 인도하다
18:36 **go by**: 옆을 지나가다
18:38 **call out**: 고함치다
18:39 **all the more**: 더욱더
19:1 **pass through**: 지나가다, 횡단하다
19:2 **by the name of...**: …이라고 부르는

6 급히 내려와 즐거워하며 영접하거늘
7 뭇 사람이 보고 수군거려 이르되 저가 죄인
의 집에 유하러 들어갔도다 하더라
8 삭개오가 서서 주께 여짜오되 주여 보시옵소
서 내 소유의 절반을 가난한 자들에게 주겠
사오며 만일 누구의 것을 속여 빼앗은 일이
있으면 네 갑절이나 갚겠나이다
9 예수께서 이르시되 오늘 구원이 이 집에 이
르렀으니 이 사람도 아브라함의 자손임이로
다
10 인자가 온 것은 잃어버린 자를 찾아 구원하
려 함이니라

은 열 므나 비유 (마 25:14-30)

11 ●그들이 이 말씀을 듣고 있을 때에 비유를
더하여 말씀하시니 이는 자기가 예루살렘에
가까이 오셨고 그들은 하나님의 나라가 당장
에 나타날 줄로 생각함이더라
12 이르시되 어떤 귀인이 왕위를 받아가지고 오
려고 먼 나라로 갈 때에
13 그 종 열을 불러 은화 열 [1]므나를 주며 이르되
내가 돌아올 때까지 장사하라 하니라 벧전 4:10
14 그런데 그 백성이 그를 미워하여 사자를 뒤
로 보내어 이르되 우리는 이 사람이 우리의
왕 됨을 원하지 아니하나이다 하였더라
15 귀인이 왕위를 받아가지고 돌아와서 은화를
준 종들이 각각 어떻게 장사하였는지를 알고
자 하여 그들을 부르니
16 그 첫째가 나아와 이르되 주인이여 당신의
한 [1]므나로 열 [1]므나를 남겼나이다
17 주인이 이르되 잘하였다 착한 종이여 네가
지극히 작은 것에 충성하였으니 열 고을 권
세를 차지하라 하고 16:10
18 그 둘째가 와서 이르되 주인이여 당신의 한
[1]므나로 다섯 [1]므나를 만들었나이다
19 주인이 그에게도 이르되 너도 다섯 고을을
차지하라 하고
20 또 한 사람이 와서 이르되 주인이여 보소서
당신의 한 [1]므나가 여기 있나이다 내가 수건
으로 싸 두었었나이다
21 이는 당신이 엄한 사람인 것을 내가 무서워함
이라 당신은 두지 않은 것을 취하고 심지 않
은 것을 거두나이다
22 주인이 이르되 악한 종아 내가 네 말로 너를
심판하노니 너는 내가 두지 않은 것을 취하
고 심지 않은 것을 거두는 엄한 사람인 줄로
알았느냐

6 today." ●So he came down at once and wel-
comed him gladly.
7 ●All the people saw this and began to mut-
ter, "He has gone to be the guest of a sinner."
8 ●But Zacchaeus stood up and said to the
Lord, "Look, Lord! Here and now I give half
of my possessions to the poor, and if I have
cheated anybody out of anything, I will pay
back four times the amount."
9 ●Jesus said to him, "Today salvation has
come to this house, because this man, too,
10 is a son of Abraham. ●For the Son of Man
came to seek and to save the lost."

The Parable of the Ten Minas

11 ●While they were listening to this, he
went on to tell them a parable, because he
was near Jerusalem and the people thought
that the kingdom of God was going to
12 appear at once. ●He said: "A man of noble
birth went to a distant country to have him-
13 self appointed king and then to return. ●So
he called ten of his servants and gave them
ten minas.[a] 'Put this money to work,' he
said, 'until I come back.'
14 ●"But his subjects hated him and sent a
delegation after him to say, 'We don't want
this man to be our king.'
15 ●"He was made king, however, and re-
turned home. Then he sent for the servants
to whom he had given the money, in order
to find out what they had gained with it.
16 ●"The first one came and said, 'Sir, your
mina has earned ten more.'
17 ●" 'Well done, my good servant!' his mas-
ter replied. 'Because you have been trustwor-
thy in a very small matter, take charge of ten
cities.'
18 ●"The second came and said, 'Sir, your
mina has earned five more.'
19 ●"His master answered, 'You take charge
of five cities.'
20 ●"Then another servant came and said,
'Sir, here is your mina; I have kept it laid
21 away in a piece of cloth. ●I was afraid of you,
because you are a hard man. You take out
what you did not put in and reap what you
did not sow.'
22 ●"His master replied, 'I will judge you by
your own words, you wicked servant! You
knew, did you, that I am a hard man, taking
out what I did not put in, and reaping what

[a]13 A mina was about three months' wages.
1) 금은의 중량

appoint [əpɔ́int] *vt.* 임명하다
cheat [tʃiːt] *vt.* 속여 빼앗다
delegation [dèligéiʃən] *n.* 파견단
earn [əːrn] *vt.* 벌다
gain [gein] *vt.* 얻다
gladly [glǽdli] *ad.* 즐거이
mutter [mʌ́tər] *vt.* 중얼거리다
noble [nóubl] *a.* 고귀한
parable [pǽrəbl] *n.* 비유
possession [pəzéʃən] *n.* 소유물
reap [riːp] *vt.* 수확하다
reply [riplái] *vi.* 대답하다
salvation [sælvéiʃən] *n.* 구원
subject [sʌ́bdʒikt] *n.* 백성
trustworthy [trʌ́stwə̀ːrði] *a.* 믿을 수 있는

19:8 here and now: 지금 당장에, 즉시
19:8 pay back: 돈을 갚다
19:15 in order to...: …하기 위하여
19:17 take charge of...: …를 맡다
19:20 lay away: 간직해 두다
19:21 take out: 획득하다

23 그러면 어찌하여 내 돈을 은행에 맡기지 아
니하였느냐 그리하였으면 내가 와서 그 이자
와 함께 그 돈을 찾았으리라 하고
24 곁에 섰는 자들에게 이르되 그 한 [1]므나를 빼
앗아 열 [1]므나 있는 자에게 주라 하니
25 그들이 이르되 주여 그에게 이미 열 [1]므나가
있나이다
26 주인이 이르되 내가 너희에게 말하노니 무릇
있는 자는 받겠고 없는 자는 그 있는 것도 빼
앗기리라
27 그리고 내가 왕 됨을 원하지 아니하던 저 원
수들을 이리로 끌어다가 내 앞에서 죽이라
하였느니라

예루살렘을 향하여 가시다

(마 21:1-11; 막 11:1-11; 요 12:12-19 ♪141, 335장)

28 ●예수께서 이 말씀을 하시고 예루살렘을 향
하여 앞서서 가시더라
29 감람원이라 불리는 산쪽에 있는 벳바게와 베
다니에 가까이 가셨을 때에 제자 중 둘을 보
내시며
30 이르시되 너희는 맞은편 마을로 가라 그리로
들어가면 아직 아무도 타 보지 않은 나귀 새
끼가 매여 있는 것을 보리니 풀어 끌고 오라
31 만일 누가 너희에게 어찌하여 푸느냐 묻거든
말하기를 주가 쓰시겠다 하라 하시매
32 보내심을 받은 자들이 가서 그 말씀하신 대
로 만난지라
33 나귀 새끼를 풀 때에 그 임자들이 이르되 어
찌하여 나귀 새끼를 푸느냐
34 대답하되 주께서 쓰시겠다 하고
35 그것을 예수께로 끌고 와서 자기들의 겉옷을
나귀 새끼 위에 걸쳐 놓고 예수를 태우니
36 가실 때에 그들이 자기의 겉옷을 길에 펴더라
37 이미 감람산 내리막길에 가까이 오시매 제
자의 온 무리가 자기들이 본 바 모든 능한 일
로 인하여 기뻐하며 큰 소리로 하나님을 찬
양하여
38 이르되 찬송하리로다 주의 이름으로 오시는
왕이여 하늘에는 평화요 가장 높은 곳에는
영광이로다 하니
39 무리 중 어떤 바리새인들이 말하되 선생이여
당신의 제자들을 책망하소서 하거늘
40 대답하여 이르시되 내가 너희에게 말하노니
만일 이 사람들이 침묵하면 돌들이 소리 지
르리라 하시니라
합 2:11
41 ●가까이 오사 성을 보시고 우시며
42 이르시되 너도 오늘 평화에 관한 일을 알았

23 I did not sow? ●Why then didn't you put
my money on deposit, so that when I came
back, I could have collected it with interest?'
24 ●"Then he said to those standing by, 'Take
his mina away from him and give it to the
one who has ten minas.'
25 ●" 'Sir,' they said, 'he already has ten!'
26 ●"He replied, 'I tell you that to everyone
who has, more will be given, but as for the
one who has nothing, even what they have
27 will be taken away. ●But those enemies of
mine who did not want me to be king over
them — bring them here and kill them in
front of me.' "

Jesus Comes to Jerusalem as King

28 ●After Jesus had said this, he went on
29 ahead, going up to Jerusalem. ●As he
approached Bethphage and Bethany at the
hill called the Mount of Olives, he sent two
30 of his disciples, saying to them, ●"Go to the
village ahead of you, and as you enter it, you
will find a colt tied there, which no one has
31 ever ridden. Untie it and bring it here. ●If
anyone asks you, 'Why are you untying it?'
say, 'The Lord needs it.' "
32 ●Those who were sent ahead went and
33 found it just as he had told them. ●As they
were untying the colt, its owners asked
them, "Why are you untying the colt?"
34 ●They replied, "The Lord needs it."
35 ●They brought it to Jesus, threw their
36 cloaks on the colt and put Jesus on it. ●As he
went along, people spread their cloaks on
the road.
37 ●When he came near the place where the
road goes down the Mount of Olives, the
whole crowd of disciples began joyfully to
praise God in loud voices for all the miracles
they had seen:
38 ●"Blessed is the king who comes in the
name of the Lord!"[a]
"Peace in heaven and glory in the highest!"
39 ●Some of the Pharisees in the crowd said
to Jesus, "Teacher, rebuke your disciples!"
40 ●"I tell you," he replied, "if they keep
quiet, the stones will cry out."
41 ●As he approached Jerusalem and saw
42 the city, he wept over it ●and said, "If you,
even you, had only known on this day what

[a] 38 Psalm 118:26

1) 금은의 중량

approach [əpróutʃ] *vt.* …에 다가가다
cloak [klouk] *n.* 망토
collect [kəlékt] *vt.* 모으다
colt [koult] *n.* 망아지
deposit [dipázit] *n.* 예금
disciple [disáipl] *n.* 제자
enemy [énəmi] *n.* 원수
highest [háiist] *a.* 가장 높은
interest [íntərəst] *n.* 이자
miracle [mírəkl] *n.* 기적
owner [óunər] *n.* 주인
ride [raid] *vt.* 말을 타다
spread [spred] *vi.* 펴지다
untie [ʌntái] *vt.* 풀다
whole [houl] *a.* 전체의

19:24 take A away from B: B로부터 A를 가져가다
19:30 ahead of...: …의 앞쪽에
19:35 throw on: (옷 등을) 걸치다
19:40 keep quiet: 잠잠하다
19:41 weep over...: …때문에 울다

더라면 좋을 뻔하였거니와 지금 네 눈에 숨겨
겼도다
43 날이 이를지라 네 원수들이 토둔을 쌓고 너를
둘러 사면으로 가두고 겔 4:2
44 또 너와 및 그 가운데 있는 네 자식들을 땅에
메어치며 돌 하나도 돌 위에 남기지 아니하리
니 이는 네가 [1]보살핌 받는 날을 알지 못함을
인함이니라 하시니라

성전에 들어가신 예수
(마 21:12-17; 막 11:15-19; 요 2:13-22)

45 ●성전에 들어가사 장사하는 자들을 내쫓으시
며
46 그들에게 이르시되 기록된 바 ㄱ내 집은 기도하
는 집이 되리라 하였거늘 ㄴ너희는 강도의 소굴
을 만들었도다 하시니라
47 ●예수께서 날마다 성전에서 가르치시니 대제
사장들과 서기관들과 백성의 지도자들이 그를
죽이려고 꾀하되
48 백성이 다 그에게 귀를 기울여 들으므로 어찌
할 방도를 찾지 못하였더라

예수의 권위를 두고 말하다
(마 21:23-27; 막 11:27-33)

20 하루는 예수께서 성전에서 백성을 가르
치시며 복음을 전하실새 대제사장들과
서기관들이 장로들과 함께 가까이 와서
2 말하여 이르되 당신이 무슨 권위로 이런 일을
하는지 이 권위를 준 이가 누구인지 우리에게
말하라
3 대답하여 이르시되 나도 한 말을 너희에게 물
으리니 내게 말하라
4 요한의 [2]세례가 하늘로부터냐 사람으로부터냐
5 그들이 서로 의논하여 이르되 만일 하늘로부
터라 하면 어찌하여 그를 믿지 아니하였느냐
할 것이요
6 만일 사람으로부터라 하면 백성이 요한을 선
지자로 인정하니 그들이 다 우리를 돌로 칠 것
이라 하고
7 대답하되 어디로부터인지 알지 못하노라 하니
8 예수께서 이르시되 나도 무슨 권위로 이런 일
을 하는지 너희에게 이르지 아니하리라 하시
니라

포도원 농부 비유 (마 21:33-46; 막 12:1-12)

9 ●그가 또 이 비유로 백성에게 말씀하시기 시
작하시니라 한 사람이 포도원을 만들어 농부
들에게 세로 주고 타국에 가서 오래 있다가
10 때가 이르매 포도원 소출 얼마를 바치게 하려
고 한 종을 농부들에게 보내니 농부들이 종을

would bring you peace—but now it is hid-
43 den from your eyes. ●The days will come
upon you when your enemies will build an
embankment against you and encircle you
44 and hem you in on every side. ●They will
dash you to the ground, you and the chil-
dren within your walls. They will not leave
one stone on another, because you did not
recognize the time of God's coming to
you."

Jesus at the Temple

45 ●When Jesus entered the temple courts,
he began to drive out those who were sell-
46 ing. ●"It is written," he said to them, " 'My
house will be a house of prayer'[a]; but you
have made it 'a den of robbers.'[b]"
47 ●Every day he was teaching at the tem-
ple. But the chief priests, the teachers of the
law and the leaders among the people were
48 trying to kill him. ●Yet they could not find
any way to do it, because all the people
hung on his words.

The Authority of Jesus Questioned

20 One day as Jesus was teaching the
people in the temple courts and pro-
claiming the good news, the chief priests
and the teachers of the law, together with
2 the elders, came up to him. ●"Tell us by
what authority you are doing these things,"
they said. "Who gave you this authority?"
3 ●He replied, "I will also ask you a ques-
4 tion. Tell me: ●John's baptism—was it
from heaven, or of human origin?"
5 ●They discussed it among themselves
and said, "If we say, 'From heaven,' he will
6 ask, 'Why didn't you believe him?' ●But if
we say, 'Of human origin,' all the people
will stone us, because they are persuaded
that John was a prophet."
7 ●So they answered, "We don't know
where it was from."
8 ●Jesus said, "Neither will I tell you by
what authority I am doing these things."

The Parable of the Tenants

9 ●He went on to tell the people this para-
ble: "A man planted a vineyard, rented it to
some farmers and went away for a long
10 time. ●At harvest time he sent a servant to
the tenants so they would give him some of
the fruit of the vineyard. But the tenants

[a]46 Isaiah 56:7 [b]46 Jer. 7:11

1) 심판, 벧전 2:12 참조 2) 헬, 또는 침례 ㄱ. 사 56:7 ㄴ. 렘 7:11

authority [əθάrəti] *n.* 권위
baptism [bǽptizm] *n.* 세례
dash [dæʃ] *vt.* 내던지다
den [den] *n.* 소굴
discuss [diskʌs] *vt.* 논의하다
elder [éldər] *n.* 장로
embankment [imbǽŋkmənt] *n.* 제방, 둑
encircle [insə́:rkl] *vt.* 에워싸다
hem [hem] *vt.* 둘러싸다
origin [ɔ́:rədʒin] *n.* 근원
parable [pǽrəbl] *n.* 비유
persuade [pərswéid] *vt.* 설득하다
recognize [rékəgnàiz] *vt.* 알다
robber [rάbər] *n.* 강도
tenant [ténənt] *n.* 소작인

19:42 **hide from**: 숨기다
19:43 **come upon**: 다가오다, 임하다
19:45 **drive out**: 내쫓다, 추방하다
19:48 **hang on...**: …에 귀를 기울이다
20:9 **go away**: 떠나가다
20:9 **for a long time**: 오랫동안

몹시 때리고 거저 보내었거늘
11 다시 다른 종을 보내니 그도 몹시 때리고 능
욕하고 거저 보내었거늘
12 다시 세 번째 종을 보내니 이 종도 상하게 하
고 내쫓은지라
13 포도원 주인이 이르되 어찌할까 내 사랑하는
아들을 보내리니 그들이 혹 그는 존대하리라
하였더니
14 농부들이 그를 보고 서로 의논하여 이르되
이는 상속자니 죽이고 그 유산을 우리의 것
으로 만들자 하고
15 포도원 밖에 내쫓아 죽였느니라 그런즉 포도
원 주인이 이 사람들을 어떻게 하겠느냐
16 와서 그 농부들을 진멸하고 포도원을 다른
사람들에게 주리라 하시니 사람들이 듣고 이
르되 그렇게 되지 말아지이다 하거늘
17 그들을 보시며 이르시되 그러면 기록된 바
ㄱ건축자들의 버린 돌이 모퉁이의 머릿돌이
되었느니라
함이 어찜이냐 시 118:22
18 무릇 이 돌 위에 떨어지는 자는 깨어지겠고
이 돌이 사람 위에 떨어지면 그를 가루로 만
들어 흩으리라 하시니라

가이사에게 세를 바치는 것
(마 22:15-22; 막 12:13-17)

19 ●서기관들과 대제사장들이 예수의 이 비유
는 자기들을 가리켜 말씀하심인 줄 알고 즉
시 잡고자 하되 백성을 두려워하더라
20 이에 그들이 엿보다가 예수를 총독의 다스
림과 권세 아래에 넘기려 하여 정탐들을 보
내어 그들로 스스로 의인인 체하며 예수의
말을 책잡게 하니
21 그들이 물어 이르되 선생님이여 우리가 아노
니 당신은 바로 말씀하시고 가르치시며 사람
을 외모로 취하지 아니하시고 오직 진리로써
하나님의 도를 가르치시나이다
22 우리가 가이사에게 세를 바치는 것이 옳으니
이까 옳지 않으니이까 하니
23 예수께서 그 간계를 아시고 이르시되
24 [1]데나리온 하나를 내게 보이라 누구의 형상
과 글이 여기 있느냐 대답하되 가이사의 것
이니이다
25 이르시되 그런즉 가이사의 것은 가이사에게,
하나님의 것은 하나님께 바치라 하시니
26 그들이 백성 앞에서 그의 말을 능히 책잡지
못하고 그의 대답을 놀랍게 여겨 침묵하니
라

beat him and sent him away empty-handed.
11 •He sent another servant, but that one also
they beat and treated shamefully and sent
12 away empty-handed. •He sent still a third,
and they wounded him and threw him out.
13 •"Then the owner of the vineyard said,
'What shall I do? I will send my son, whom
I love; perhaps they will respect him.'
14 •"But when the tenants saw him, they
talked the matter over. 'This is the heir,' they
said. 'Let's kill him, and the inheritance will
15 be ours.' •So they threw him out of the vine-
yard and killed him.
"What then will the owner of the vineyard
16 do to them? •He will come and kill those
tenants and give the vineyard to others."
When the people heard this, they said,
"God forbid!"
17 •Jesus looked directly at them and asked,
"Then what is the meaning of that which is
written:
" 'The stone the builders rejected
has become the cornerstone'[a]?
18 •Everyone who falls on that stone will be
broken to pieces; anyone on whom it falls
will be crushed."
19 •The teachers of the law and the chief
priests looked for a way to arrest him imme-
diately, because they knew he had spoken
this parable against them. But they were
afraid of the people.

Paying Taxes to Caesar

20 •Keeping a close watch on him, they sent
spies, who pretended to be sincere. They
hoped to catch Jesus in something he said, so
that they might hand him over to the power
21 and authority of the governor. •So the spies
questioned him: "Teacher, we know that
you speak and teach what is right, and that
you do not show partiality but teach the way
22 of God in accordance with the truth. •Is it
right for us to pay taxes to Caesar or not?"
23 •He saw through their duplicity and said
24 to them, •"Show me a denarius. Whose
image and inscription are on it?"
"Caesar's," they replied.
25 •He said to them, "Then give back to Cae-
sar what is Caesar's, and to God what is
God's."
26 •They were unable to trap him in what he
had said there in public. And astonished by

[a]17 Psalm 118:22 1) 은전의 명칭 ㄱ. 시 118:22

arrest [ərést] *vt.* 체포하다
astonished [əstániʃt] *a.* 놀란
cornerstone [kɔ́:rnərstòun] *n.* 모퉁잇돌
crush [krʌʃ] *vt.* 눌러 부수다
duplicity [dju:plísəti] *n.* 표리 부동, 사기
empty-handed [émptihǽndid] *a.* 빈손의
forbid [fərbíd] *vt.* 반대하다
heir [ɛər] *n.* 상속인
inheritance [inhérətəns] *n.* 상속
inscription [inskrípʃən] *n.* 명각(銘刻)
partiality [pɑ̀:rʃiǽləti] *n.* 편견
pretend [priténd] *vt.* …인 체하다
respect [rispékt] *vt.* 존중하다
trap [træp] *vt.* 골탕먹이다
wound [wu:nd] *vt.* 상하게 하다

20:12 throw out: 내던지다
20:14 talk over: 의논하다
20:20 keep (a) watch on...: …를 지키다
20:21 in accordance with...: …에 따라서
20:23 see through...: …를 간파하다
20:26 in public: 사람들 앞에서

부활 논쟁 (마 22:23-33; 막 12:18-27)

27 ●부활이 없다고 주장하는 사두개인 중 어떤
이들이 와서
28 물어 이르되 선생님이여 [ㄱ]모세가 우리에게 써
주기를 만일 어떤 사람의 형이 아내를 두고
자식이 없이 죽으면 그 동생이 그 아내를 취
하여 형을 위하여 상속자를 세울지니라 하였
나이다
29 그런데 칠 형제가 있었는데 맏이가 아내를 취
하였다가 자식이 없이 죽고
30 그 둘째와 셋째가 그를 취하고
31 일곱이 다 그와 같이 자식이 없이 죽고
32 그 후에 여자도 죽었나이다
33 일곱이 다 그를 아내로 취하였으니 부활 때에
그 중에 누구의 아내가 되리이까
34 예수께서 이르시되 이 세상의 자녀들은 장가
도 가고 시집도 가되
35 저 세상과 및 죽은 자 가운데서 부활함을 얻기
에 합당히 여김을 받은 자들은 장가 가고 시집
가는 일이 없으며
36 그들은 다시 죽을 수도 없나니 이는 천사와 동
등이요 부활의 자녀로서 하나님의 자녀임이라
37 죽은 자가 살아난다는 것은 [ㄴ]모세도 가시나
무 떨기에 관한 글에서 주를 아브라함의 하나
님이요 이삭의 하나님이요 야곱의 하나님이
시라 칭하였나니
38 하나님은 죽은 자의 하나님이 아니요 살아 있
는 자의 하나님이시라 하나님에게는 모든 사
람이 살았느니라 하시니
39 서기관 중 어떤 이들이 말하되 선생님 잘 말씀
하셨나이다 하니
40 그들은 아무 것도 감히 더 물을 수 없음이더라

그리스도와 다윗의 자손 (마 22:41-46; 막 12:35-37)

41 ●예수께서 그들에게 이르시되 사람들이 어
찌하여 그리스도를 다윗의 자손이라 하느냐
42 시편에 다윗이 친히 말하였으되
[ㄷ]주께서 내 주께 이르시되
43 내가 네 원수를 네 발등상으로 삼을 때까지
내 우편에 앉았으라 하셨도다
하였느니라 시 110:1
44 그런즉 다윗이 그리스도를 주라 칭하였으니
어찌 그의 자손이 되겠느냐 하시니라

서기관들을 삼가라 (마 23:1-36; 막 12:38-40; 눅 11:37-54)

45 ●모든 백성이 들을 때에 예수께서 그 제자들
에게 이르시되
46 긴 옷을 입고 다니는 것을 원하며 시장에서 문

his answer, they became silent.

The Resurrection and Marriage

27 ●Some of the Sadducees, who say there is
no resurrection, came to Jesus with a ques-
28 tion. ●"Teacher," they said, "Moses wrote
for us that if a man's brother dies and leaves
a wife but no children, the man must marry
the widow and raise up offspring for his
29 brother. ●Now there were seven brothers.
The first one married a woman and died
30-31 childless. ●The second ●and then the third
married her, and in the same way the seven
32 died, leaving no children. ●Finally, the
33 woman died too. ●Now then, at the resur-
rection whose wife will she be, since the
seven were married to her?"
34 ●Jesus replied, "The people of this age
35 marry and are given in marriage. ●But
those who are considered worthy of taking
part in the age to come and in the resurrec-
tion from the dead will neither marry nor
36 be given in marriage, ●and they can no
longer die; for they are like the angels. They
are God's children, since they are children
37 of the resurrection. ●But in the account of
the burning bush, even Moses showed that
the dead rise, for he calls the Lord 'the God
of Abraham, and the God of Isaac, and the
38 God of Jacob.'[a] ●He is not the God of the
dead, but of the living, for to him all are
alive."
39 ●Some of the teachers of the law res-
40 ponded, "Well said, teacher!" ●And no one
dared to ask him any more questions.

Whose Son Is the Messiah?

41 ●Then Jesus said to them, "Why is it said
42 that the Messiah is the son of David? ●Da-
vid himself declares in the Book of Psalms:
" 'The Lord said to my Lord:
"Sit at my right hand
43 ●until I make your enemies
a footstool for your feet." '[b]
44 ●David calls him 'Lord.' How then can he
be his son?"

Warning Against the Teachers of the Law

45 ●While all the people were listening,
46 Jesus said to his disciples, ●"Beware of the
teachers of the law. They like to walk
around in flowing robes and love to be

[a]37 Exodus 3:6 [b]43 Psalm 110:1

ㄱ. 신 25:5 ㄴ. 출 3:6 ㄷ. 시 110:1

alive [əláiv] *a.* 살아 있는
bush [buʃ] *n.* 덤불
consider [kənsídər] *vt.* 간주하다
declare [diklɛ́ər] *vt.* 선포하다
flow [flou] *vi.* 흐르다
footstool [fútstùːl] *n.* 발판
marry [mǽri] *vt.* 결혼하다
offspring [ɔ́ːfspriŋ] *n.* 자손
question [kwéstʃən] *n.* 물음
raise [reiz] *vt.* 세우다
respond [rispɑ́nd] *vi.* 대답하다
resurrection [rèzərékʃən] *n.* 부활
robe [roub] *n.* 옷
silent [sáilənt] *a.* 조용한
widow [wídou] *n.* 미망인

20:35 take part in...: …에 참여하다
20:35 give ... in marriage: …를 시집(장가) 보내다
20:36 no longer...: 더이상 …않다
20:37 account of~: ~ 때문에
20:40 dare to...: 감히 …하다
20:46 beware of: 조심하다

안 받는 것과 회당의 높은 자리와 잔치의 윗
자리를 좋아하는 서기관들을 삼가라
47 그들은 과부의 가산을 삼키며 외식으로 길게
기도하니 그들이 더 엄중한 심판을 받으리라
하시니라

가난한 과부의 헌금 (막 12:41-44 ♪50, 213장)

21 예수께서 눈을 들어 부자들이 헌금함에
헌금 넣는 것을 보시고
2 또 어떤 가난한 과부가 두 [1]렙돈 넣는 것을 보
시고
3 이르시되 내가 참으로 너희에게 말하노니 이
가난한 과부가 다른 모든 사람보다 많이 넣
었도다
4 저들은 그 풍족한 중에서 헌금을 넣었거니와
이 과부는 그 가난한 중에서 자기가 가지고
있는 생활비 전부를 넣었느니라 하시니라

성전이 무너뜨려질 것을 이르시다
(마 24:1-2; 막 13:1-2)

5 ● 어떤 사람들이 성전을 가리켜 그 아름다운
돌과 헌물로 꾸민 것을 말하매 예수께서 이
르시되
6 너희 보는 이것들이 날이 이르면 돌 하나도
돌 위에 남지 않고 다 무너뜨려지리라
7 그들이 물어 이르되 선생님이여 그러면 어느
때에 이런 일이 있겠사오며 이런 일이 일어
나려 할 때에 무슨 징조가 있사오리이까
8 이르시되 미혹을 받지 않도록 주의하라 많은
사람이 내 이름으로 와서 이르되 내가 그라
하며 때가 가까이 왔다 하겠으나 그들을 따
르지 말라
9 난리와 소요의 소문을 들을 때에 두려워하지
말라 이 일이 먼저 있어야 하되 끝은 곧 되지
아니하리라

환난의 징조 (마 24:3-14; 막 13:3-13)

10 ● 또 이르시되 민족이 민족을, 나라가 나라
를 대적하여 일어나겠고
11 곳곳에 큰 지진과 기근과 전염병이 있겠고
또 무서운 일과 하늘로부터 큰 징조들이 있
으리라
12 이 모든 일 전에 내 이름으로 말미암아 너희
에게 손을 대어 박해하며 회당과 옥에 넘겨
주며 임금들과 집권자들 앞에 끌어 가려니와
13 이 일이 도리어 너희에게 [2]증거가 되리라
14 그러므로 너희는 변명할 것을 미리 궁리하지
않도록 명심하라
15 내가 너희의 모든 대적이 능히 대항하거나 변
박할 수 없는 구변과 지혜를 너희에게 주리라

greeted with respect in the marketplaces
and have the most important seats in the
synagogues and the places of honor at ban-
47 quets. ●They devour widows' houses and
for a show make lengthy prayers. These
men will be punished most severely."

The Widow's Offering

21 As Jesus looked up, he saw the rich
putting their gifts into the temple
2 treasury. ●He also saw a poor widow put in
3 two very small copper coins. ●"Truly I tell
you," he said, "this poor widow has put in
4 more than all the others. ●All these people
gave their gifts out of their wealth; but she
out of her poverty put in all she had to live
on."

The Destruction of the Temple and Signs of the End Times

5 ●Some of his disciples were remarking
about how the temple was adorned with
beautiful stones and with gifts dedicated to
6 God. But Jesus said, ●"As for what you see
here, the time will come when not one stone
will be left on another; every one of them
will be thrown down."
7 ●"Teacher," they asked, "when will these
things happen? And what will be the sign
that they are about to take place?"
8 ●He replied: "Watch out that you are not
deceived. For many will come in my name,
claiming, 'I am he,' and, 'The time is near.'
9 Do not follow them. ●When you hear of
wars and uprisings, do not be frightened.
These things must happen first, but the end
will not come right away."
10 ●Then he said to them: "Nation will rise
against nation, and kingdom against king-
11 dom. ●There will be great earthquakes, fa-
mines and pestilences in various places, and
fearful events and great signs from heaven.
12 ●"But before all this, they will seize you
and persecute you. They will hand you over
to synagogues and put you in prison, and
you will be brought before kings and gov-
ernors, and all on account of my name.
13 ●And so you will bear testimony to me.
14 ●But make up your mind not to worry
beforehand how you will defend your-
15 selves. ●For I will give you words and wis-
dom that none of your adversaries will be

1) 동전의 명칭 2) 또는 증거의 기회가

adorn [ədɔ́ːrn] *vt.* 꾸미다
adversary [ǽdvərsèri] *n.* 적
banquet [bǽŋkwit] *n.* 연회
beforehand [bifɔ́ːrhænd] *ad.* 미리
copper [kápər] *n.* 구리
deceive [disíːv] *vt.* 속이다
devour [diváuər] *vt.* 삼키다
frighten [fráitn] *vt.* 놀라게 하다
greet [griːt] *vt.* 인사하다
marketplace [máːrkitplèis] *n.* 시장
persecute [pə́ːrsikjùːt] *vt.* 박해하다
pestilence [péstələns] *n.* 역병, 페스트
poverty [pávərti] *n.* 가난
severely [sivíərli] *ad.* 엄하게
synagogue [sínəgàg] *n.* 회당

21:4 live on...: …으로 생계를 잇다
21:5 remark about...: …에 대해 말하다
21:5 dedicated to: 헌신하는
21:6 as for...: …에 대하여는
21:8 watch out: 조심하다
21:14 make up one's mind: 결심하다

16 심지어 부모와 형제와 친척과 벗이 너희를 넘겨 주어 너희 중의 몇을 죽이게 하겠고
17 또 너희가 내 이름으로 말미암아 모든 사람에게 미움을 받을 것이나
18 너희 머리털 하나도 상하지 아니하리라
19 너희의 인내로 너희 [1]영혼을 얻으리라

예루살렘의 환난과 인자의 오심
(마 24:15-21,29-31; 막 13:14-19,24-27)

20 ●너희가 예루살렘이 군대들에게 에워싸이는 것을 보거든 그 멸망이 가까운 줄을 알라
21 그때에 유대에 있는 자들은 산으로 도망갈 것이며 [2]성내에 있는 자들은 나갈 것이며 촌에 있는 자들은 그리로 들어가지 말지어다
22 이날들은 기록된 모든 것을 이루는 징벌의 날이니라
23 그날에는 아이 밴 자들과 젖먹이는 자들에게 화가 있으리니 이는 땅에 큰 환난과 이 백성에게 진노가 있겠음이로다
24 그들이 칼날에 죽임을 당하며 모든 이방에 사로잡혀 가겠고 예루살렘은 이방인의 때가 차기까지 이방인들에게 밟히리라
25 일월 성신에는 징조가 있겠고 땅에서는 민족들이 바다와 파도의 성난 소리로 인하여 혼란한 중에 곤고하리라
26 사람들이 세상에 임할 일을 생각하고 무서워하므로 기절하리니 이는 하늘의 권능들이 흔들리겠음이라
27 그때에 사람들이 인자가 구름을 타고 능력과 큰 영광으로 오는 것을 보리라
28 이런 일이 되기를 시작하거든 일어나 머리를 들라 너희 속량이 가까웠느니라 하시더라

무화과나무에서 배울 교훈 (마 24:32-35; 막 13:28-31)

29 ●이에 비유로 이르시되 무화과나무와 모든 나무를 보라
30 싹이 나면 너희가 보고 여름이 가까운 줄을 자연히 아나니
31 이와 같이 너희가 이런 일이 일어나는 것을 보거든 하나님의 나라가 가까이 온 줄을 알라
32 내가 진실로 너희에게 말하노니 이 세대가 지나가기 전에 모든 일이 다 이루어지리라
33 천지는 없어지겠으나 내 말은 없어지지 아니하리라

항상 기도하며 깨어 있으라

34 ●너희는 스스로 조심하라 그렇지 않으면 방탕함과 술취함과 생활의 염려로 마음이 둔하여지고 뜻밖에 그날이 덫과 같이 너희에게 임하리라
35 *이날은 온 지구상에 거하는* 모든 사람에게 임하

16 able to resist or contradict. •You will be
betrayed even by parents, brothers and
sisters, relatives and friends, and they
17 will put some of you to death. •Every-
18 one will hate you because of me. •But
19 not a hair of your head will perish. •Stand
firm, and you will win life.
20 •"When you see Jerusalem being sur-
rounded by armies, you will know that
21 its desolation is near. •Then let those
who are in Judea flee to the mountains,
let those in the city get out, and let those
22 in the country not enter the city. •For
this is the time of punishment in fulfill-
23 ment of all that has been written. •How
dreadful it will be in those days for preg-
nant women and nursing mothers! There
will be great distress in the land and
24 wrath against this people. •They will fall
by the sword and will be taken as prison-
ers to all the nations. Jerusalem will be
trampled on by the Gentiles until the
times of the Gentiles are fulfilled.
25 •"There will be signs in the sun, moon
and stars. On the earth, nations will be in
anguish and perplexity at the roaring and
26 tossing of the sea. •People will faint from
terror, apprehensive of what is coming on
the world, for the heavenly bodies will be
27 shaken. •At that time they will see the
Son of Man coming in a cloud with power
28 and great glory. •When these things begin
to take place, stand up and lift up your
heads, because your redemption is draw-
ing near."
29 •He told them this parable: "Look at
30 the fig tree and all the trees. •When they
sprout leaves, you can see for yourselves
31 and know that summer is near. •Even so,
when you see these things happening, you
know that the kingdom of God is near.
32 •"Truly I tell you, this generation will
certainly not pass away until all these
33 things have happened. •Heaven and
earth will pass away, but my words will
never pass away.
34 •"Be careful, or your hearts will be
weighed down with carousing, drunken-
ness and the anxieties of life, and that day
will close on you suddenly like a trap.
35 •For it will come on all those who live on

1) 또는 목숨을 2) 헬, 그 안에

anguish [ǽŋgwiʃ] *n.* 심신의 고통
anxiety [æŋzáiəti] *n.* 걱정
apprehensive [æprihénsiv] *a.* 두려워하는
betray [bitréi] *vt.* 팔다, 배반하다
contradict [kɑ̀ntrədíkt] *vt.* 반박하다
desolation [dèsəléiʃən] *n.* 폐허
distress [distrés] *vt.* 괴롭히다
faint [feint] *vi.* 기절하다
perish [périʃ] *vi.* 멸망하다
perplexity [pərpléksəti] *n.* 혼란
redemption [ridémpʃən] *n.* 구속
sprout [spraut] *vi.* 싹이 트다
toss [tɔːs] *vi.* 동요하다
trample [trǽmpl] *vt.* 짓밟다
wrath [ræθ] *n.* 진노

21:21 flee to: ~로 달아나다
21:28 take place: 일어나다
21:28 draw near: 가까이 오다
21:31 even so: 바로[정확히] 그대로
21:32 pass away: 지나다
21:34 weigh down: 내리누르다

리라
36 이러므로 너희는 장차 올 이 모든 일을 능히
피하고 인자 앞에 서도록 항상 기도하며 깨
어 있으라 하시니라 17:28–30
37 ● 예수께서 낮에는 성전에서 가르치시고 밤
에는 나가 감람원이라 하는 산에서 쉬시니
38 모든 백성이 그 말씀을 들으려고 이른 아침
에 성전에 나아가더라

유다가 배반하다 (마 26:1-5,14-16; 막 14:1-2, 10-11; 요 11:45-53) — A.D.30년경

22 유월절이라 하는 무교절이 다가오매
2 대제사장들과 서기관들이 예수를 무
슨 방도로 죽일까 궁리하니 이는 그들이 백
성을 두려워함이더라
3 ● 열둘 중의 하나인 가룟인이라 부르는 유다
에게 사탄이 들어가니
4 이에 유다가 대제사장들과 성전 경비대장들
에게 가서 예수를 넘겨 줄 방도를 의논하매
5 그들이 기뻐하여 돈을 주기로 언약하는지라
6 유다가 허락하고 예수를 무리가 없을 때에
넘겨 줄 기회를 찾더라

유월절을 준비하다
(마 26:17-25; 막 14:12-21; 요 13:21-30)

7 ● 유월절 양을 잡을 무교절날이 이른지라
8 예수께서 베드로와 요한을 보내시며 이르시
되 가서 우리를 위하여 유월절을 준비하여
우리로 먹게 하라
9 여짜오되 어디서 준비하기를 원하시나이까
10 이르시되 보라 너희가 성내로 들어가면 물
한 동이를 가지고 가는 사람을 만나리니 그
가 들어가는 집으로 따라 들어가서
11 그 집 주인에게 이르되 선생님이 네게 하는
말씀이 내가 내 제자들과 함께 유월절을 먹
을 객실이 어디 있느냐 하시더라 하라
12 그리하면 그가 자리를 마련한 큰 다락방을
보이리니 거기서 준비하라 하시니
13 그들이 나가 그 하신 말씀대로 만나 유월절
을 준비하니라

마지막 만찬
(마 26:26-30; 막 14:22-26; 고전 11:23-25 ♪ 198장)

14 ● 때가 이르매 예수께서 사도들과 함께 [1]앉으
사
15 이르시되 내가 고난을 받기 전에 너희와 함께
이 유월절 먹기를 원하고 원하였노라
16 내가 너희에게 이르노니 이 유월절이 하나님
의 나라에서 이루기까지 다시 먹지 아니하리
라 하시고

36 the face of the whole earth. ●Be always on
the watch, and pray that you may be able to
escape all that is about to happen, and that
you may be able to stand before the Son of
Man."
37 ●Each day Jesus was teaching at the tem-
ple, and each evening he went out to spend
the night on the hill called the Mount of
38 Olives, ●and all the people came early in the
morning to hear him at the temple.

Judas Agrees to Betray Jesus

22 Now the Festival of Unleavened
Bread, called the Passover, was
2 approaching, ●and the chief priests and the
teachers of the law were looking for some
way to get rid of Jesus, for they were afraid
3 of the people. ●Then Satan entered Judas,
4 called Iscariot, one of the Twelve. ●And
Judas went to the chief priests and the offi-
cers of the temple guard and discussed with
5 them how he might betray Jesus. ●They
were delighted and agreed to give him
6 money. ●He consented, and watched for an
opportunity to hand Jesus over to them
when no crowd was present.

The Last Supper

7 ●Then came the day of Unleavened Bread
on which the Passover lamb had to be sacri-
8 ficed. ●Jesus sent Peter and John, saying,
"Go and make preparations for us to eat the
Passover."
9 ●"Where do you want us to prepare for
it?" they asked.
10 ●He replied, "As you enter the city, a man
carrying a jar of water will meet you. Follow
11 him to the house that he enters, ●and say to
the owner of the house, 'The Teacher asks:
Where is the guest room, where I may eat the
12 Passover with my disciples?' ●He will show
you a large room upstairs, all furnished.
Make preparations there."
13 ●They left and found things just as Jesus
had told them. So they prepared the Pass-
over.
14 ●When the hour came, Jesus and his apos-
15 tles reclined at the table. ●And he said to
them, "I have eagerly desired to eat this
16 Passover with you before I suffer. ●For I tell
you, I will not eat it again until it finds ful-
fillment in the kingdom of God."

1) 5:29 난하주를 보라

apostle [əpásl] *n.* 사도
consent [kənsént] *vi.* 승낙하다
delighted [diláitid] *a.* 아주 기뻐하는
desire [dizáiər] *vt.* 몹시 바라다
eagerly [í:gərli] *ad.* 간절히
fulfillment [fulfílmənt] *n.* 성취
furnish [fə́:rniʃ] *vt.* 공급하다
opportunity [àpərtjú:nəti] *n.* 기회
Passover [pǽsòuvər] *n.* 유월절
prepare [pripέər] *vt.* 준비하다
present [préznt] *vt.* 참석하다
recline [rikláin] *vi.* 기대다
sacrifice [sǽkrəfàis] *n.* 희생물
suffer [sʌfər] *vt.* 겪다
unleavened [ànlévənd] *a.* 누룩을 넣지 않은

21:36 **be on the watch**: 경계하다
22:2 **get rid of...**: …을 제거하다
22:4 **discuss with...**: …에 대해 논의하다
22:5 **agree to**: ~에 대해 합의하다
22:16 **not A until B**: B하고 나서야 비로소 A하다

17 이에 잔을 받으사 감사 기도 하시고 이르시되
이것을 갖다가 너희끼리 나누라
18 내가 너희에게 이르노니 내가 이제부터 하나
님의 나라가 임할 때까지 포도나무에서 난 것
을 다시 마시지 아니하리라 하시고
19 또 떡을 가져 감사 기도 하시고 떼어 그들에게
주시며 이르시되 이것은 너희를 위하여 주는
내 몸이라 너희가 이를 행하여 나를 기념하라
하시고
20 저녁 먹은 후에 잔도 그와 같이 하여 이르시되
이 잔은 내 피로 세우는 새 언약이니 곧 너희를
위하여 붓는 것이라
21 그러나 보라 나를 파는 자의 손이 나와 함께 상
위에 있도다
22 인자는 이미 작정된 대로 가거니와 그를 파는
그 사람에게는 화가 있으리로다 하시니
23 그들이 서로 묻되 우리 중에서 이 일을 행할 자
가 누구일까 하더라

베드로가 부인할 것을 이르시다
(마 26:31-35; 막 14:27-31;
요 13:36-38 ♪ 290, 343장)

24 ●또 그들 사이에 그 중 누가 크냐 하는 다툼
이 난지라
25 예수께서 이르시되 이방인의 임금들은 그들을
주관하며 그 집권자들은 은인이라 칭함을 받
으나
26 너희는 그렇지 않을지니 너희 중에 큰 자는 젊
은 자와 같고 다스리는 자는 섬기는 자와 같을
지니라
27 [1]앉아서 먹는 자가 크냐 섬기는 자가 크냐 [1]앉
아서 먹는 자가 아니냐 그러나 나는 섬기는 자
로 너희 중에 있노라
28 너희는 나의 모든 시험 중에 항상 나와 함께한
자들인즉
29 내 아버지께서 나라를 내게 맡기신 것같이 나
도 너희에게 맡겨
30 너희로 내 나라에 있어 내 상에서 먹고 마시며
또는 보좌에 앉아 이스라엘 열두 지파를 다스
리게 하려 하노라
31 시몬아, 시몬아, 보라 사탄이 너희를 밀 까부르
듯 하려고 요구하였으나 암 9:9
32 그러나 내가 너를 위하여 네 믿음이 떨어지지
않기를 기도하였노니 너는 돌이킨 후에 네 형
제를 굳게 하라
33 그가 말하되 주여 내가 주와 함께 옥에도, 죽는
데에도 *가기를 각오하였나이다*
34 이르시되 베드로야 내가 네게 말하노니 오늘

17 •After taking the cup, he gave thanks
and said, "Take this and divide it among
18 you. • For I tell you I will not drink again
from the fruit of the vine until the king-
dom of God comes."
19 •And he took bread, gave thanks and
broke it, and gave it to them, saying, "This
is my body given for you; do this in
remembrance of me."
20 •In the same way, after the supper he
took the cup, saying, "This cup is the new
covenant in my blood, which is poured out
21 for you.[a] • But the hand of him who is
going to betray me is with mine on the
22 table. • The Son of Man will go as it has
been decreed. But woe to that man who
23 betrays him!" •They began to question
among themselves which of them it might
be who would do this.
24 •A dispute also arose among them as to
which of them was considered to be great-
25 est. •Jesus said to them, "The kings of the
Gentiles lord it over them; and those who
exercise authority over them call them-
26 selves Benefactors. • But you are not to be
like that. Instead, the greatest among you
should be like the youngest, and the one
27 who rules like the one who serves. • For
who is greater, the one who is at the table
or the one who serves? Is it not the one
who is at the table? But I am among you
28 as one who serves. • You are those who
29 have stood by me in my trials. • And I con-
fer on you a kingdom, just as my Father
30 conferred one on me, • so that you may
eat and drink at my table in my kingdom
and sit on thrones, judging the twelve
tribes of Israel.
31 • "Simon, Simon, Satan has asked to sift
32 all of you as wheat. • But I have prayed
for you, Simon, that your faith may not
fail. And when you have turned back,
strengthen your brothers."
33 •But he replied, "Lord, I am ready to go
with you to prison and to death."
34 •Jesus answered, "I tell you, Peter, before
the rooster crows today, you will deny
three times that you know me."
35 •Then Jesus asked them, "When I sent
you without purse, bag or sandals, did you

[a] 19,20 Some manuscripts do not have *given for you . . . poured out for you.* 1) 5:29 난하주를 보라

arise [əráiz] *vi.* 일어나다
authority [əθɔ́:rəti] *n.* 권위
benefactor [bénəfæ̀ktər] *n.* 은인
betray [bitréi] *vt.* 팔다, 배반하다
confer [kənfə́:r] *vt.* 주다
covenant [kʌ́vənənt] *n.* 계약, 언약
crow [krou] *vi.* (수탉이) 울다
decree [dikrí:] *vt.* 정하다
deny [dinái] *vt.* 부인하다
dispute [dispjú:t] *n.* 논쟁
divide [diváid] *vt.* 나누다
exercise [éksərsàiz] *vt.* 행사하다
supper [sʌ́pər] *n.* 저녁(식사)
throne [θroun] *n.* 보좌
trial [tráiəl] *n.* 고난

22:19 in remembrance of...: …를 기념하여
22:22 woe to...: …에게 화가 미칠진저!
22:24 as to...: …에 관하여
22:25 lord it over: 군림하다
22:33 be ready to...: …할 각오가 되다

닭 울기 전에 네가 세 번 나를 모른다고 부인하
리라 하시니라

전대와 배낭과 검

35 ●그들에게 이르시되 내가 너희를 전대와 배낭
과 신발도 없이 보내었을 때에 부족한 것이 있
더냐 이르되 없었나이다
36 이르시되 이제는 전대 있는 자는 가질 것이요
배낭도 그리하고 검 없는 자는 겉옷을 팔아 살
지어다
37 내가 너희에게 말하노니 기록된 바 [ㄱ]그는 불법자
의 동류로 여김을 받았다 한 말이 내게 이루어져
야 하리니 내게 관한 일이 [1]이루어져 감이니라
38 그들이 여짜오되 주여 보소서 여기 검 둘이 있
나이다 대답하시되 족하다 하시니라

감람산에서 기도하시다 (마 26:36-46; 막 14:32-42)

39 ●예수께서 나가사 습관을 따라 감람산에 가시
매 제자들도 따라갔더니
40 그곳에 이르러 그들에게 이르시되 유혹에 빠지
지 않게 기도하라 하시고
41 그들을 떠나 돌 던질 만큼 가서 무릎을 꿇고 기
도하여
42 이르시되 아버지여 만일 아버지의 뜻이거든 이
잔을 내게서 옮기시옵소서 그러나 내 원대로
마시옵고 아버지의 원대로 되기를 원하나이다
하시니
43 천사가 하늘로부터 예수께 나타나 힘을 더하더
라
44 예수께서 힘쓰고 애써 더욱 간절히 기도하시니
땀이 땅에 떨어지는 핏방울같이 되더라
45 기도 후에 일어나 제자들에게 가서 슬픔으로
인하여 잠든 것을 보시고
46 이르시되 어찌하여 자느냐 시험에 들지 않게
일어나 기도하라 하시니라

잡히시다
(마 26:47-56; 막 14:43-50; 요 18:3-11)

47 ●말씀하실 때에 한 무리가 오는데 열둘 중의
하나인 유다라 하는 자가 그들을 앞장서 와서
48 예수께 입을 맞추려고 가까이 하는지라 예수께
서 이르시되 유다야 네가 입맞춤으로 인자를
파느냐 하시니
49 그의 주위 사람들이 그 된 일을 보고 여짜오되
주여 우리가 칼로 치리이까 하고
50 그 중의 한 사람이 대제사장의 종을 쳐 그 오른
쪽 귀를 떨어뜨린지라
51 예수께서 일러 이르시되 이것까지 참으라 하시
고 그 귀를 만져 낫게 하시더라
52 예수께서 그 잡으러 온 대제사장들과 성전의

lack anything?"
"Nothing," they answered.
36 ●He said to them, "But now if you have
a purse, take it, and also a bag; and if you
don't have a sword, sell your cloak and
37 buy one. ● It is written: 'And he was num-
bered with the transgressors'[a]; and I tell
you that this must be fulfilled in me. Yes,
what is written about me is reaching its
fulfillment."
38 ●The disciples said, "See, Lord, here are
two swords."
"That's enough!" he replied.

Jesus Prays on the Mount of Olives

39 ●Jesus went out as usual to the Mount
of Olives, and his disciples followed him.
40 ●On reaching the place, he said to them,
"Pray that you will not fall into tempta-
41 tion." ●He withdrew about a stone's
throw beyond them, knelt down and
42 prayed, ● "Father, if you are willing, take
this cup from me; yet not my will, but
43 yours be done." ●An angel from heaven
appeared to him and strengthened him.
44 ●And being in anguish, he prayed more
earnestly, and his sweat was like drops of
blood falling to the ground.[b]
45 ●When he rose from prayer and went
back to the disciples, he found them
46 asleep, exhausted from sorrow. ● "Why are
you sleeping?" he asked them. "Get up
and pray so that you will not fall into
temptation."

Jesus Arrested

47 ●While he was still speaking a crowd
came up, and the man who was called
Judas, one of the Twelve, was leading
them. He approached Jesus to kiss him,
48 ●but Jesus asked him, "Judas, are you
betraying the Son of Man with a kiss?"
49 ●When Jesus' followers saw what was
going to happen, they said, "Lord, should
50 we strike with our swords?" ●And one of
them struck the servant of the high priest,
cutting off his right ear.
51 ●But Jesus answered, "No more of this!"
And he touched the man's ear and healed
him.
52 ●Then Jesus said to the chief priests, the

[a]37 Isaiah 53:12 [b]43,44 Many early manuscripts do not have verses 43 and 44.

1) 또는 끝남이니라 ㄱ. 사 53:12

anguish [æŋgwiʃ] *n.* (심신의) 고통
approach [əpróutʃ] *vt.* 가까이 가다
cloak [klouk] *n.* 망토
drop [drap] *n.* 방울, 한 방울
earnestly [ə́:rnistli] *ad.* 진지하게
exhausted [igzɔ́:stid] *a.* 지친
lack [læk] *vt.* 부족하다
number [nʌ́mbər] *vt.* (…의 축에) 들다
purse [pə:rs] *n.* 돈주머니
sorrow [sárou] *n.* 슬픔
sweat [swet] *n.* 땀
temptation [temptéiʃən] *n.* 유혹
transgressor [trænsgrésər] *n.* 죄인
willing [wíliŋ] *a.* 기꺼이 하는
withdraw [wiðdrɔ́:] *vt.* 물러나게 하다

22:39as usual: 평소와 다름없이
22:40on -ing: ~하자마자 곧
22:40fall into...: …에 빠지다
22:49be going to...: …할 것이다
22:50cut off: 베어내다
22:51no more of this: 이제 그만

경비대장들과 장로들에게 이르시되 너희가
강도를 잡는 것같이 검과 몽치를 가지고 나
왔느냐
53 내가 날마다 너희와 함께 성전에 있을 때에
내게 손을 대지 아니하였도다 그러나 이제는
너희 때요 어둠의 권세로다 하시더라

베드로가 예수를 모른다고 하다 (마 26:57-58; 막 14:53-54, 66-72; 요 18:12-18, 25-27)

54 ● 예수를 잡아 끌고 대제사장의 집으로 들어
갈새 베드로가 멀찍이 따라가니라
55 사람들이 뜰 가운데 불을 피우고 함께 앉았
는지라 베드로도 그 가운데 앉았더니
56 한 여종이 베드로의 불빛을 향하여 앉은 것
을 보고 주목하여 이르되 이 사람도 그와 함
께 있었느니라 하니
57 베드로가 부인하여 이르되 이 여자여 내가
그를 알지 못하노라 하더라
58 조금 후에 다른 사람이 보고 이르되 너도 그
도당이라 하거늘 베드로가 이르되 이 사람아
나는 아니로라 하더라
59 한 시간쯤 있다가 또 한 사람이 장담하여 이르
되 이는 갈릴리 사람이니 참으로 그와 함께 있
었느니라
60 베드로가 이르되 이 사람아 나는 네가 하는
말을 알지 못하노라고 아직 말하고 있을 때
에 닭이 곧 울더라
61 주께서 돌이켜 베드로를 보시니 베드로가 주
의 말씀 곧 오늘 닭 울기 전에 네가 세 번 나
를 부인하리라 하심이 생각나서
62 밖에 나가서 심히 통곡하니라

예수를 희롱하고 때리다 (마 26:67-68; 막 14:65)

63 ● 지키는 사람들이 예수를 희롱하고 때리며
64 그의 눈을 가리고 물어 이르되 선지자 노릇
하라 너를 친 자가 누구냐 하고
65 이외에도 많은 말로 욕하더라

공회 앞에 서시다
(마 26:59-66; 막 14:55-64; 요 18:19-24)

66 ● 날이 새매 백성의 장로들 곧 대제사장들과
서기관들이 모여서 예수를 그 공회로 끌어들
여
67 이르되 네가 그리스도이거든 우리에게 말하
라 대답하시되 내가 말할지라도 너희가 믿지
아니할 것이요
68 내가 물어도 너희가 대답하지 아니할 것이니라
69 그러나 이제부터는 인자가 하나님의 권능의
우편에 앉아 있으리라 하시니
70 다 이르되 그러면 네가 하나님의 아들이냐

officers of the temple guard, and the elders,
who had come for him, "Am I leading a
rebellion, that you have come with swords
53 and clubs? ●Every day I was with you in the
temple courts, and you did not lay a hand on
me. But this is your hour—when darkness
reigns."

Peter Disowns Jesus

54 ●Then seizing him, they led him away
and took him into the house of the high
55 priest. Peter followed at a distance. ●And
when some there had kindled a fire in the
middle of the courtyard and had sat down
56 together, Peter sat down with them. ●A ser-
vant girl saw him seated there in the fire-
light. She looked closely at him and said,
"This man was with him."
57 ●But he denied it. "Woman, I don't know
him," he said.
58 ●A little later someone else saw him and
said, "You also are one of them."
"Man, I am not!" Peter replied.
59 ●About an hour later another asserted,
"Certainly this fellow was with him, for he is
a Galilean."
60 ●Peter replied, "Man, I don't know what
you're talking about!" Just as he was speak-
61 ing, the rooster crowed. ●The Lord turned
and looked straight at Peter. Then Peter
remembered the word the Lord had spoken
to him: "Before the rooster crows today, you
62 will disown me three times." ●And he went
outside and wept bitterly.

The Guards Mock Jesus

63 ●The men who were guarding Jesus began
64 mocking and beating him. ●They blindfold-
ed him and demanded, "Prophesy! Who hit
65 you?" ●And they said many other insulting
things to him.

Jesus Before Pilate and Herod

66 ●At daybreak the council of the elders of
the people, both the chief priests and the
teachers of the law, met together, and Jesus
67 was led before them. ●"If you are the Mes-
siah," they said, "tell us."
Jesus answered, "If I tell you, you will not
68 believe me, ●and if I asked you, you would
69 not answer. ●But from now on, the Son of
Man will be seated at the right hand of the
mighty God."
70 ●They all asked, "Are you then the Son of
God?"

assert [əsə́ːrt] *vt.* 강력히 주장하다
bitterly [bítərli] *ad.* 몹시
blindfold [bláindfould] *vt.* 눈을 가리다
club [klʌb] *n.* 몽둥이
council [káunsəl] *n.* 의회
courtyard [kɔ́ːrtjɑ̀ːrd] *n.* 안마당
demand [dimǽnd] *vt.* 요청하다
deny [dinái] *vt.* 부인하다
disown [disóun] *vt.* 부인하다
fellow [félou] *n.* 사람
insulting [insʌ́ltiŋ] *a.* 모욕적인
mock [mak] *vt.* 조롱하다
rebellion [ribéljən] *n.* 폭동
rooster [rúːstər] *n.* 수탉
seize [siːz] *vt.* 잡다

22:54 lead away: 데려가다
22:55 kindle a fire: 불을 피우다
22:55 in the middle of...: …의 가운데
22:58 a little later: 얼마 있다가
22:66 at daybreak: 새벽에
22:69 from now on: 이제부터

대답하시되 너희들이 내가 그라고 말하고 있느
니라
71 그들이 이르되 어찌 더 증거를 요구하리요 우
리가 친히 그 입에서 들었노라 하더라

빌라도가 예수께 묻다 (마 27:1-2, 11-14; 막 15:1-5; 요 18:28-38) — A.D. 30년경

23 무리가 다 일어나 예수를 빌라도에게 끌
고 가서
2 고발하여 이르되 우리가 이 사람을 보매 우리
백성을 미혹하고 가이사에게 세금 바치는 것을
금하며 자칭 왕 그리스도라 하더이다 하니
3 빌라도가 예수께 물어 이르되 네가 유대인의
왕이냐 대답하여 이르시되 네 말이 옳도다
4 빌라도가 대제사장들과 무리에게 이르되 내가
보니 이 사람에게 죄가 없도다 하니
5 무리가 더욱 강하게 말하되 그가 온 유대에서
가르치고 갈릴리에서부터 시작하여 여기까지
와서 백성을 소동하게 하나이다
6 빌라도가 듣고 그가 갈릴리 사람이냐 물어
7 헤롯의 관할에 속한 줄을 알고 헤롯에게 보내
니 그때에 헤롯이 예루살렘에 있더라 3:1

헤롯 앞에 서시다

8 ●헤롯이 예수를 보고 매우 기뻐하니 이는 그의
소문을 들었으므로 보고자 한 지 오래였고 또한
무엇이나 [1]이적 행하심을 볼까 바랐던 연고러라
9 여러 말로 물으나 아무 말도 대답하지 아니하
시니
10 대제사장들과 서기관들이 서서 힘써 고발하더
라
11 헤롯이 그 군인들과 함께 예수를 업신여기며
희롱하고 빛난 옷을 입혀 빌라도에게 도로 보
내니
12 헤롯과 빌라도가 전에는 원수였으나 당일에 서
로 친구가 되니라 행 4:27

십자가에 못 박히게 예수를 넘기다 (마 27:15-26; 막 15:6-15; 요 18:39-19:16)

13 ●빌라도가 대제사장들과 관리들과 백성을 불
러 모으고
14 이르되 너희가 이 사람이 백성을 미혹하는 자
라 하여 내게 끌고 왔도다 보라 내가 너희 앞에
서 심문하였으되 너희가 고발하는 일에 대하여
이 사람에게서 죄를 찾지 못하였고
15 헤롯이 또한 그렇게 하여 그를 우리에게 도로
보내었도다 보라 그가 행한 일에는 죽일 일이
없느니라
16 그러므로 때려서 놓겠노라
17 [2](없음)

He replied, "You say that I am."
71 •Then they said, "Why do we need any
more testimony? We have heard it from
his own lips."

23 Then the whole assembly rose and
2 led him off to Pilate. •And they
began to accuse him, saying, "We have
found this man subverting our nation. He
opposes payment of taxes to Caesar and
claims to be Messiah, a king."
3 •So Pilate asked Jesus, "Are you the king
of the Jews?"
"You have said so," Jesus replied.
4 •Then Pilate announced to the chief
priests and the crowd, "I find no basis for a
charge against this man."
5 •But they insisted, "He stirs up the
people all over Judea by his teaching. He
started in Galilee and has come all the
way here."
6 •On hearing this, Pilate asked if the
7 man was a Galilean. •When he learned
that Jesus was under Herod's jurisdiction,
he sent him to Herod, who was also in
Jerusalem at that time.
8 •When Herod saw Jesus, he was greatly
pleased, because for a long time he had
been wanting to see him. From what he
had heard about him, he hoped to see him
9 perform a sign of some sort. •He plied
him with many questions, but Jesus gave
10 him no answer. •The chief priests and the
teachers of the law were standing there,
11 vehemently accusing him. •Then Herod
and his soldiers ridiculed and mocked
him. Dressing him in an elegant robe, they
12 sent him back to Pilate. •That day Herod
and Pilate became friends—before this
they had been enemies.
13 •Pilate called together the chief priests,
14 the rulers and the people, •and said to
them, "You brought me this man as one
who was inciting the people to rebellion.
I have examined him in your presence
and have found no basis for your charges
15 against him. •Neither has Herod, for he
sent him back to us; as you can see, he has
16 done nothing to deserve death. •There-
fore, I will punish him and then release
him."[17][a]

[a]17 Some manuscripts include here words similar to Matt. 27:15 and Mark 15:6. 1) 또는 표적 2) 어떤 사본에는, 17 '명절을 당하면 반드시 한 사람을 놓아 주더라' 가 있음

accuse [əkjúːz] *vt.* 고소하다
announce [ənáuns] *vt.* 공고하다
assembly [əsémbli] *n.* (집합적) 집회자
deserve [dizə́ːrv] *vt.* …할 만하다
elegant [éligənt] *a.* 우아한
examine [igzǽmin] *vt.* 조사하다
incite [insáit] *vt.* 자극하다, 선동하다
insist [insíst] *vt.* 주장하다
jurisdiction [dʒùərisdíkʃən] *n.* 관할권
oppose [əpóuz] *vt.* 저지하다
payment [péimənt] *n.* 지불
ridicule [rídikjùːl] *vt.* 비웃다
subvert [səbvə́ːrt] *vt.* 타락시키다
testimony [téstəmòuni] *n.* 증거
vehemently [víːəməntli] *ad.* 격렬히

23:2 claim to...: …라 주장하다
23:4 a charge against...: …에 대한 고소
23:5 stir up: 선동하다, 일으키다
23:6 on -ing: …하자마자
23:9 pile with: 산더미같이 쌓다
23:13 call together: 불러 모으다

18 무리가 일제히 소리 질러 이르되 이 사람을 없
이하고 바라바를 우리에게 놓아 주소서 하니
19 이 바라바는 성중에서 일어난 민란과 살인으
로 말미암아 옥에 갇힌 자러라
20 빌라도는 예수를 놓고자 하여 다시 그들에게
말하되
21 그들은 소리 질러 이르되 그를 십자가에 못
박게 하소서 십자가에 못 박게 하소서 하는
지라
22 빌라도가 세 번째 말하되 이 사람이 무슨 악
한 일을 하였느냐 나는 그에게서 죽일 죄를
찾지 못하였나니 때려서 놓으리라 하니
23 그들이 큰 소리로 재촉하여 십자가에 못 박
기를 구하니 그들의 소리가 이긴지라
24 이에 빌라도가 그들이 구하는 대로 하기를 언
도하고
25 그들이 요구하는 자 곧 민란과 살인으로 말
미암아 옥에 갇힌 자를 놓아 주고 예수는 넘
겨 주어 그들의 뜻대로 하게 하니라

십자가에 못 박히시다
(마 27:32-44; 막 15:21-32; 요 19:17-27
♪ 148, 158장)

26 ● 그들이 예수를 끌고갈 때에 시몬이라는 구
레네 사람이 시골에서 오는 것을 붙들어 그
에게 십자가를 지워 예수를 따르게 하더라
27 또 백성과 및 그를 위하여 가슴을 치며 슬피
우는 여자의 큰 무리가 따라오는지라
28 예수께서 돌이켜 그들을 향하여 이르시되 예
루살렘의 딸들아 나를 위하여 울지 말고 너
희와 너희 자녀를 위하여 울라
29 보라 날이 이르면 사람이 말하기를 잉태하지
못하는 이와 해산하지 못한 배와 먹이지 못
한 젖이 복이 있다 하리라
30 그때에 사람이 산들을 대하여 우리 위에 무너
지라 하며 작은 산들을 대하여 우리를 덮으라
하리라
31 푸른 나무에도 이같이 하거든 마른 나무에는
어떻게 되리요 하시니라
32 또 다른 두 행악자도 사형을 받게 되어 예수
와 함께 끌려가니라
33 해골이라 하는 곳에 이르러 거기서 예수를
십자가에 못 박고 두 행악자도 그렇게 하니
하나는 우편에, 하나는 좌편에 있더라
34 이에[1] 예수께서 이르시되 아버지 저들을 사하
여 주옵소서 자기들이 하는 것을 알지 못함이
니이다 하시더라 그들이 그의 옷을 나눠 제비
뽑을새

18 ● But the whole crowd shouted, "Away
with this man! Release Barabbas to us!"
19 ● (Barabbas had been thrown into prison
for an insurrection in the city, and for mur-
der.)
20 ● Wanting to release Jesus, Pilate appealed
21 to them again. ● But they kept shouting,
"Crucify him! Crucify him!"
22 ● For the third time he spoke to them:
"Why? What crime has this man commit-
ted? I have found in him no grounds for the
death penalty. Therefore I will have him
punished and then release him."
23 ● But with loud shouts they insistently
demanded that he be crucified, and their
24 shouts prevailed. ● So Pilate decided to grant
25 their demand. ● He released the man who
had been thrown into prison for insurrection
and murder, the one they asked for, and sur-
rendered Jesus to their will.

The Crucifixion of Jesus

26 ● As the soldiers led him away, they seiz-
ed Simon from Cyrene, who was on his way
in from the country, and put the cross on
him and made him carry it behind Jesus.
27 ● A large number of people followed him,
including women who mourned and wail-
28 ed for him. ● Jesus turned and said to them,
"Daughters of Jerusalem, do not weep for
me; weep for yourselves and for your chil-
29 dren. ● For the time will come when you will
say, 'Blessed are the childless women, the
wombs that never bore and the breasts that
30 never nursed!' ● Then

" 'they will say to the mountains, "Fall on
us!"
and to the hills, "Cover us!" ' [a]

31 ● For if people do these things when the
tree is green, what will happen when it is
dry?"
32 ● Two other men, both criminals, were
33 also led out with him to be executed. ● When
they came to the place called the Skull, they
crucified him there, along with the crimi-
nals—one on his right, the other on his left.
34 ● Jesus said, "Father, forgive them, for they
do not know what they are doing."[b] And
they divided up his clothes by casting lots.

[a] *30* Hosea 10:8 [b] *34* Some early manuscripts do not have this sentence.

1) 어떤 사본에, '예수께서' 부터 '하시더라' 까지 없음

bear [bɛər] *vt.* 출산하다
criminal [krímənl] *n.* 범죄자
crucify [krúːsəfài] *vt.* 십자가에 못 박다
execute [éksikjùːt] *vt.* 처형하다
grant [grænt] *vt.* 승인하다
insistently [insístəntli] *ad.* 끈덕지게
insurrection [insərékʃən] *n.* 반란
mourn [mɔːrn] *vi.* 슬퍼하다
nurse [nəːrs] *vt.* 젖을 먹이다
penalty [pénəlti] *n.* 형벌
prevail [privéil] *vi.* 이기다
release [rilíːs] *vt.* 풀어 주다
skull [skʌl] *n.* 두개골
surrender [səréndər] *vt.* 넘겨 주다
wail [weil] *vi.* 울부짖다

23:18 away with...: …이 없어졌으면(좋겠다)
23:19 throw into prison: 투옥하다
23:25 ask for...: …을 청하다
23:26 on one's way: 도중에
23:26 Put... on: …을 쓰다, 걸치다
23:34 cast lots: 제비뽑다

35 백성은 서서 구경하는데 관리들은 비웃어 이르되 저가 남을 구원하였으니 만일 하나님이 택하신 자 그리스도이면 자신도 구원할지어다 하고
36 군인들도 희롱하면서 나아와 신 포도주를 주며
37 이르되 네가 만일 유대인의 왕이면 네가 너를 구원하라 하더라
38 그의 위에 이는 유대인의 왕이라 쓴 패가 있더라
39 ●달린 행악자 중 하나는 비방하여 이르되 네가 그리스도가 아니냐 너와 우리를 구원하라 하되
40 하나는 그 사람을 꾸짖어 이르되 네가 동일한 정죄를 받고서도 하나님을 두려워하지 아니하느냐
41 우리는 우리가 행한 일에 상당한 보응을 받는 것이니 이에 당연하거니와 이 사람이 행한 것은 옳지 않은 것이 없느니라 하고
42 이르되 예수여 당신의 나라에 임하실 때에 나를 기억하소서 하니
43 예수께서 이르시되 내가 진실로 네게 이르노니 오늘 네가 나와 함께 낙원에 있으리라 하시니라

숨지시다
(마 27:45-56; 막 15:33-41; 요 19:28-30)

44 ●때가 제육 시쯤 되어 해가 빛을 잃고 온 땅에 어둠이 임하여 제구 시까지 계속하며
45 성소의 휘장이 한가운데가 찢어지더라
46 예수께서 큰 소리로 불러 이르시되 아버지 내 영혼을 아버지 손에 부탁하나이다 하고 이 말씀을 하신 후 숨지시니라
47 백부장이 그 된 일을 보고 하나님께 영광을 돌려 이르되 이 사람은 정녕 의인이었도다 하고
48 이를 구경하러 모인 무리도 그 된 일을 보고 다 가슴을 치며 돌아가고
49 예수를 아는 자들과 갈릴리로부터 따라온 여자들도 다 멀리 서서 이 일을 보니라

요셉이 예수의 시체를 무덤에 넣어두다
(마 27:57-61; 막 15:42-47; 요 19:38-42)

50 ●공회 의원으로 선하고 의로운 요셉이라 하는 사람이 있으니
51 (그들의 결의와 행사에 찬성하지 아니한 자라) 그는 유대인의 동네 아리마대 사람이요 하나님의 나라를 기다리는 자라
52 그가 빌라도에게 가서 예수의 시체를 달라 하여

35 ●The people stood watching, and the
rulers even sneered at him. They said, "He
saved others; let him save himself if he is
God's Messiah, the Chosen One."
36 ●The soldiers also came up and mocked
37 him. They offered him wine vinegar ●and
said, "If you are the king of the Jews, save
yourself."
38 ●There was a written notice above him,
which read: THIS IS THE KING OF THE JEWS.
39 ●One of the criminals who hung there
hurled insults at him: "Aren't you the Messiah? Save yourself and us!"
40 ●But the other criminal rebuked him.
"Don't you fear God," he said, "since you are
41 under the same sentence? ●We are punished
justly, for we are getting what our deeds
deserve. But this man has done nothing
wrong."
42 ●Then he said, "Jesus, remember me when
you come into your kingdom.[a]"
43 ●Jesus answered him, "Truly I tell you,
today you will be with me in paradise."

The Death of Jesus

44 ●It was now about noon, and darkness
came over the whole land until three in the
45 afternoon, ●for the sun stopped shining.
And the curtain of the temple was torn in
46 two. ●Jesus called out with a loud voice,
"Father, into your hands I commit my spirit."[b] When he had said this, he breathed his
last.
47 ●The centurion, seeing what had happened, praised God and said, "Surely this was
48 a righteous man." ●When all the people
who had gathered to witness this sight saw
what took place, they beat their breasts and
49 went away. ●But all those who knew him,
including the women who had followed
him from Galilee, stood at a distance, watching these things.

The Burial of Jesus

50 ●Now there was a man named Joseph, a
member of the Council, a good and upright
51 man, ●who had not consented to their decision and action. He came from the Judean
town of Arimathea, and he himself was waiting for the kingdom of God. ●Going to Pilate,
52

[a]42 Some manuscripts *come with your kingly power*
[b]46 Psalm 31:5

breath [breθ] *n.* 숨
centurion [sentjúəriən] *n.* 백부장
commit [kəmít] *vt.* 맡기다
consent [kənsént] *vi.* 동의하다
council [káunsəl] *n.* 종교 회의
decision [disíʒən] *n.* 결정
deed [di:d] *n.* 행위
justly [dʒʌ́stli] *ad.* 바르게
mock [mak] *vt.* 조롱하다
notice [nóutis] *n.* 고시, 게시
punish [pʌ́niʃ] *vt.* 벌하다
rebuke [ribjú:k] *vt.* 꾸짖다
sentence [séntəns] *n.* 판결
sneer [sníər] *vi.* 비웃다
vinegar [vínəgər] *n.* 식초

23:39 hurl insults at...: …에게 모욕을 퍼붓다
23:44 come over: 엄습하다
23:45 tear... in two: …을 둘로 찢다
23:46 call out: 부르다
23:48 take place: 발생하다, 일어나다
23:49 at a distance: 멀리서

53 이를 내려 세마포로 싸고 아직 사람을 장사
한 일이 없는 바위에 판 무덤에 넣어 두니
54 이날은 준비일이요 안식일이 거의 되었더라
55 갈릴리에서 예수와 함께 온 여자들이 뒤를
따라 그 무덤과 그의 시체를 어떻게 두었는
지를 보고
56 돌아가 향품과 향유를 준비하더라

살아나시다 (마 28:1-10; 막 16:1-8;
요 20:1-10 ♪162, 164, 481장) — A.D. 30년경

●계명을 따라 안식일에 쉬더라

24 1)안식 후 첫날 새벽에 이 여자들이 그
준비한 향품을 가지고 무덤에 가서
2 돌이 무덤에서 굴려 옮겨진 것을 보고
3 들어가니 주 예수의 시체가 보이지 아니하더
라
4 이로 인하여 근심할 때에 문득 찬란한 옷을
입은 두 사람이 곁에 섰는지라
5 여자들이 두려워 얼굴을 땅에 대니 두 사람
이 이르되 어찌하여 살아 있는 자를 죽은 자
가운데서 찾느냐
6 여기 계시지 않고 살아나셨느니라 갈릴리에
계실 때에 너희에게 어떻게 말씀하셨는지를
기억하라
7 이르시기를 인자가 죄인의 손에 넘겨져 십자
가에 못 박히고 제삼 일에 다시 살아나야 하
리라 하셨느니라 한대
8 그들이 예수의 말씀을 기억하고
9 무덤에서 돌아가 이 모든 것을 열한 사도와
다른 모든 이에게 알리니
10 (이 여자들은 막달라 마리아와 요안나와 야
고보의 모친 마리아라 또 그들과 함께한 다
른 여자들도 이것을 사도들에게 알리니라)
11 사도들은 그들의 말이 허탄한 듯이 들려 믿
지 아니하나
12 베드로는 일어나 무덤에 달려가서 구부려 들
여다 보니 세마포만 보이는지라 그 된 일을
놀랍게 여기며 집으로 돌아가니라

엠마오 길에서 제자들에게 나타나시다 (막 16:12-13)

13 ●그날에 그들 중 둘이 예루살렘에서 이십오
리 되는 엠마오라 하는 마을로 가면서
14 이 모든 된 일을 서로 이야기하더라
15 그들이 서로 이야기하며 문의할 때에 예수께
서 가까이 이르러 그들과 동행하시니 24:36
16 그들의 눈이 가리어져서 그인 줄 알아보지
못하거늘 요 21:4
17 예수께서 이르시되 너희가 길 가면서 서로
주고받고 하는 이야기가 무엇이냐 하시니 두

53 he asked for Jesus' body. ●Then he took it
down, wrapped it in linen cloth and placed it
in a tomb cut in the rock, one in which no
54 one had yet been laid. ●It was Preparation
Day, and the Sabbath was about to begin.
55 ●The women who had come with Jesus
from Galilee followed Joseph and saw the
tomb and how his body was laid in it.
56 ●Then they went home and prepared spices
and perfumes. But they rested on the Sab-
bath in obedience to the commandment.

Jesus Has Risen

24 On the first day of the week, very early
in the morning, the women took
the spices they had prepared and went to
2 the tomb. ●They found the stone rolled away
3 from the tomb, ●but when they entered,
they did not find the body of the Lord Jesus.
4 ●While they were wondering about this, sud-
denly two men in clothes that gleamed like
5 lightning stood beside them. ●In their fright
the women bowed down with their faces to
the ground, but the men said to them, "Why
do you look for the living among the dead?
6 ●He is not here; he has risen! Remember how
he told you, while he was still with you in
7 Galilee: ●'The Son of Man must be delivered
over to the hands of sinners, be crucified and
8 on the third day be raised again.' " ●Then
they remembered his words.
9 ●When they came back from the tomb,
they told all these things to the Eleven and to
10 all the others. ●It was Mary Magdalene, Joan-
na, Mary the mother of James, and the oth-
ers with them who told this to the apostles.
11 ●But they did not believe the women, be-
cause their words seemed to them like non-
12 sense. ●Peter, however, got up and ran to the
tomb. Bending over, he saw the strips of linen
lying by themselves, and he went away,
wondering to himself what had happened.

On the Road to Emmaus

13 ●Now that same day two of them were
going to a village called Emmaus, about seven
14 miles[a] from Jerusalem. ●They were talking
with each other about everything that had
15 happened. ●As they talked and discussed
these things with each other, Jesus himself
16 came up and walked along with them; ●but
they were kept from recognizing him.
17 ●He asked them, "What are you discussing

[a]13 Or about 11 kilometers　1) 헬, 그 주간의

apostle [əpásl] *n.* 사도
commandment [kəmǽndmənt] *n.* 계명
crucify [krú:səfài] *vt.* 십자가에 못 박다
discuss [diskʌ́s] *vt.* 논의하다
fright [frait] *n.* 공포
gleam [gli:m] *vi.* 번쩍이다
lightning [láitniŋ] *n.* 번개
nonsense [nánsens] *n.* 허튼소리
perfume [pə́:rfju:m] *n.* 향유
preparation [prèpəréiʃən] *n.* 준비
recognize [rékəgnàiz] *vt.* 알아보다
spice [spais] *n.* 향신료
strip [strip] *n.* 천 조각
tomb [tu:m] *n.* 무덤
wonder [wʌndər] *vi.* 놀라다

23:53 wrap in...: …으로 감싸다
23:56 in obedience to...: …에 따라
24:7 raise again: 다시 살아나다
24:12 by oneself: 홀로
24:15 come up: 가까이 오다, 다가가다
24:16 keep from ~ing: ~하지 않다

사람이 슬픈 빛을 띠고 머물러 서더라
18 그 한 사람인 글로바라 하는 자가 대답하여
이르되 당신이 예루살렘에 체류하면서도 요
즘 거기서 된 일을 혼자만 알지 못하느냐
19 이르시되 무슨 일이냐 이르되 나사렛 예수의
일이니 그는 하나님과 모든 백성 앞에서 말
과 일에 능하신 선지자이거늘
20 우리 대제사장들과 관리들이 사형 판결에 넘
겨 주어 십자가에 못 박았느니라 23:23
21 우리는 이 사람이 이스라엘을 속량할 자라고
바랐노라 이뿐 아니라 이 일이 일어난 지가 사
흘째요
22 또한 우리 중에 어떤 여자들이 우리로 놀라
게 하였으니 이는 그들이 새벽에 무덤에 갔
다가
23 그의 시체는 보지 못하고 와서 그가 살아나
셨다 하는 천사들의 나타남을 보았다 함이라
24 또 우리와 함께한 자 중에 두어 사람이 무덤
에 가 과연 여자들이 말한 바와 같음을 보았
으나 예수는 보지 못하였느니라 하거늘
25 이르시되 미련하고 선지자들이 말한 모든 것
을 마음에 더디 믿는 자들이여
26 그리스도가 이런 고난을 받고 자기의 영광에
들어가야 할 것이 아니냐 하시고 히 2:10
27 이에 모세와 모든 선지자의 글로 시작하여
모든 성경에 쓴 바 자기에 관한 것을 자세히
설명하시니라
28 그들이 가는 마을에 가까이 가매 예수는 더
가려 하는 것같이 하시니
29 그들이 강권하여 이르되 우리와 함께 유하사
이다 때가 저물어가고 날이 이미 기울었나이
다 하니 이에 그들과 함께 유하러 들어가시
니라
30 그들과 함께 [1]음식 잡수실 때에 떡을 가지사
축사하시고 떼어 그들에게 주시니
31 그들의 눈이 밝아져 그인 줄 알아 보더니 예
수는 그들에게 보이지 아니하시는지라
32 그들이 서로 말하되 길에서 우리에게 말씀하
시고 우리에게 성경을 풀어 주실 때에 우리
속에서 마음이 [2]뜨겁지 아니하더냐 하고
33 곧 그때로 일어나 예루살렘에 돌아가 보니
열한 제자 및 그들과 함께한 자들이 모여 있
어
34 말하기를 주께서 과연 살아나시고 시몬에게
보이셨다 하는지라 고전 15:4,5
35 두 사람도 길에서 된 일과 예수께서 떡을 떼
심으로 자기들에게 알려지신 것을 말하더라

together as you walk along?"
They stood still, their faces downcast.
18 •One of them, named Cleopas, asked him,
"Are you the only one visiting Jerusalem
who does not know the things that have
happened there in these days?"
19 •"What things?" he asked.
"About Jesus of Nazareth," they replied.
"He was a prophet, powerful in word and
20 deed before God and all the people. •The
chief priests and our rulers handed him
over to be sentenced to death, and they cru-
21 cified him; •but we had hoped that he was
the one who was going to redeem Israel.
And what is more, it is the third day since all
22 this took place. •In addition, some of our
women amazed us. They went to the tomb
23 early this morning •but didn't find his
body. They came and told us that they had
seen a vision of angels, who said he was
24 alive. •Then some of our companions went
to the tomb and found it just as the women
had said, but they did not see Jesus."
25 •He said to them, "How foolish you are,
and how slow to believe all that the prophets
26 have spoken! •Did not the Messiah have to
suffer these things and then enter his glory?"
27 •And beginning with Moses and all the
Prophets, he explained to them what was
said in all the Scriptures concerning himself.
28 •As they approached the village to which
they were going, Jesus continued on as if he
29 were going farther. •But they urged him
strongly, "Stay with us, for it is nearly eve-
ning; the day is almost over." So he went in
to stay with them.
30 •When he was at the table with them, he
took bread, gave thanks, broke it and began
31 to give it to them. •Then their eyes were
opened and they recognized him, and he dis-
32 appeared from their sight. •They asked each
other, "Were not our hearts burning within
us while he talked with us on the road and
opened the Scriptures to us?"
33 •They got up and returned at once to
Jerusalem. There they found the Eleven and
34 those with them, assembled together •and
saying, "It is true! The Lord has risen and
35 has appeared to Simon." •Then the two told
what had happened on the way, and how
Jesus was recognized by them when he broke
the bread.

1) 5:29 난하주를 보라 2) 헬, 불타지

addition [ədíʃən] *n.* 추가
amaze [əméiz] *vt.* 놀라게 하다
approach [əpróutʃ] *vi.* 다가오다
assemble [əsémbl] *vi.* 회합하다
companion [kəmpǽnjən] *n.* 동료
concerning [kənsə́ːrniŋ] *prep.* …에 관하여
deed [diːd] *n.* 행위
downcast [dáunkæst] *a.* 풀이 죽은
explain [ikspléin] *vt.* 설명하다
farther [fáːrðər] *ad.* 더 멀리
redeem [ridíːm] *vt.* 구속하다
Scripture [skríptʃər] *n.* 성서
sentence [séntəns] *n.* 판결
urge [əːrdʒ] *vt.* 강력히 권하다
vision [víʒən] *n.* 환상

24:20 hand over: 넘겨주다
24:21 what is more: 게다가
24:21 take place: 일어나다
24:24 just as ...: …과 꼭 마찬가지로
24:31 from one's sight: …의 시야에서
24:35 on the way: 도중에

열한 제자에게 나타나시다 (마 28:16-20;
막 16:14-18; 요 20:19-23; 행 1:6-8)
36 ●이 말을 할 때에 예수께서 친히 그들 가운
데 서서 이르시되 너희에게 평강이 있을지어
다 하시니
37 그들이 놀라고 무서워하여 그 보는 것을 영
으로 생각하는지라
38 예수께서 이르시되 어찌하여 두려워하며 어
찌하여 마음에 의심이 일어나느냐
39 내 손과 발을 보고 나인 줄 알라 또 나를 만
져 보라 영은 살과 뼈가 없으되 너희 보는 바
와 같이 나는 있느니라
40 이 말씀을 하시고 손과 발을 보이시나
41 그들이 너무 기쁘므로 아직도 믿지 못하고
놀랍게 여길 때에 이르시되 여기 무슨 먹을
것이 있느냐 하시니
42 이에 구운 생선 한 토막을 드리니
43 받으사 그 앞에서 잡수시더라
44 ●또 이르시되 내가 너희와 함께 있을 때에 너
희에게 말한 바 곧 모세의 율법과 선지자의 글
과 시편에 나를 가리켜 기록된 모든 것이 이루
어져야 하리라 한 말이 이것이라 하시고
45 이에 그들의 마음을 열어 성경을 깨닫게 하
시고
46 또 이르시되 이같이 그리스도가 고난을 받고
제삼 일에 죽은 자 가운데서 살아날 것과
47 또 그의 이름으로 죄 사함을 받게 하는 회개
가 예루살렘에서 시작하여 모든 족속에게 전
파될 것이 기록되었으니
48 너희는 이 모든 일의 증인이라
49 볼지어다 내가 내 아버지께서 약속하신 것을
너희에게 보내리니 너희는 위로부터 능력으
로 입혀질 때까지 이 성에 머물라 하시니라

하늘로 올려지시다 (막 16:19-20; 행 1:9-11)
50 ●예수께서 그들을 데리고 베다니 앞까지 나
가사 손을 들어 그들에게 축복하시더니
51 축복하실 때에 그들을 떠나 [1][하늘로 올려지
시니]
52 그들이 [1][그에게 경배하고] 큰 기쁨으로 예루
살렘에 돌아가
53 늘 성전에서 하나님을 찬송하니라

Jesus Appears to the Disciples

36 •While they were still talking about this,
Jesus himself stood among them and said to
them, "Peace be with you."
37 •They were startled and frightened, think-
38 ing they saw a ghost. •He said to them,
"Why are you troubled, and why do doubts
39 rise in your minds? •Look at my hands and
my feet. It is I myself! Touch me and see; a
ghost does not have flesh and bones, as you
see I have."
40 •When he had said this, he showed them
41 his hands and feet. •And while they still did
not believe it because of joy and amaze-
ment, he asked them, "Do you have any-
42 thing here to eat?" •They gave him a piece
43 of broiled fish, •and he took it and ate it in
their presence.
44 •He said to them, "This is what I told
you while I was still with you: Everything
must be fulfilled that is written about me
in the Law of Moses, the Prophets and the
Psalms."
45 •Then he opened their minds so they
46 could understand the Scriptures. •He told
them, "This is what is written: The Messiah
will suffer and rise from the dead on the
47 third day, •and repentance for the forgive-
ness of sins will be preached in his name to
48 all nations, beginning at Jerusalem. •You are
49 witnesses of these things. •I am going to
send you what my Father has promised; but
stay in the city until you have been clothed
with power from on high."

The Ascension of Jesus

50 •When he had led them out to the vicin-
ity of Bethany, he lifted up his hands and
51 blessed them. •While he was blessing
them, he left them and was taken up into
52 heaven. •Then they worshiped him and
53 returned to Jerusalem with great joy. •And
they stayed continually at the temple, prais-
ing God.

1) 어떤 사본에는, 이 괄호 내 구절이 없음

amazement [əméizmənt] *n.* 놀람
broil [brɔil] *vt.* 굽다
continually [kəntínjuəli] *ad.* 계속해서
doubt [daut] *n.* 의심
flesh [fleʃ] *n.* 살
frighten [fráitn] *vt.* 섬뜩하게 하다
fulfill [fulfíl] *vt.* 이행하다
preach [priːtʃ] *vt.* 전도하다
repentance [ripéntəns] *n.* 회개
Scripture [skríptʃər] *n.* 성경
startle [stáːrtl] *vt.* 깜짝 놀라게 하다
suffer [sʌ́fər] *vi.* 고통 당하다
temple [témpl] *n.* 성전
vicinity [visínəti] *n.* 근처
witness [wítnis] *n.* 목격자

24:41 because of...: …때문에
24:43 in one's presence: …의 앞에서
24:47 in one's name: …의 이름으로
24:49 be clothed with: 부여받다
24:50 lift up one's hands: 손을 들다
24:51 take up: 들어 올리다

John | 요한복음

● 저자 _ 요한 ● 저작 연대 _ A.D. 80-90년경 ● 기록 장소 _ 에베소 ● 기록 대상 _ 이방 기독교인들과 모든 기독교인들
● 저작 목적 _ 예수님이 하나님의 아들임을 증거하기 위해 ● 핵심어 및 내용 _ 핵심어는 '말씀', '생명', '믿음'이다.

예수님은 창세 전부터 계셨다가 인간으로 오신 말씀이시며, 영원한 생명을 얻기 위해서는 참 하나님이신 예수님을 믿어야 한다.

말씀이 육신이 되시다 (♪84, 130, 137장)
— A.D. 27년경

1 태초에 1)말씀이 계시니라 이 1)말씀이 하나님과 함께 계셨으니 이 말씀은 곧 하나님이시니라
2 그가 태초에 하나님과 함께 계셨고
3 만물이 그로 말미암아 지은 바 되었으니 지은 것이 하나도 그가 없이는 된 것이 없느니라
4 그 안에 생명이 있었으니 이 생명은 사람들의 빛이라 5:26
5 빛이 어둠에 비치되 어둠이 2)깨닫지 못하더라
6 하나님께로부터 보내심을 받은 사람이 있으니 그의 이름은 요한이라
7 그가 증언하러 왔으니 곧 빛에 대하여 증언하고 모든 사람이 자기로 말미암아 믿게 하려 함이라
8 그는 이 빛이 아니요 이 빛에 대하여 증언하러 온 자라 1:20
9 참 빛 곧 세상에 와서 각 사람에게 비추는 빛이 있었나니
10 그가 세상에 계셨으며 세상은 그로 말미암아 지은 바 되었으되 세상이 그를 알지 못하였고
11 3)자기 땅에 오매 자기 백성이 영접하지 아니하였으나
12 영접하는 자 곧 그 이름을 믿는 자들에게는 하나님의 자녀가 되는 권세를 주셨으니
13 이는 혈통으로나 육정으로나 사람의 뜻으로 나지 아니하고 오직 하나님께로부터 난 자들이니라
14 말씀이 육신이 되어 우리 가운데 거하시매 우리가 그의 영광을 보니 아버지의 독생자의 영광이요 은혜와 4)진리가 충만하더라
15 요한이 그에 대하여 증언하여 외쳐 이르되 내가 전에 말하기를 내 뒤에 오시는 이가 나보다 앞선 것은 나보다 먼저 계심이라 한 것이 이 사람을 가리킴이라 하니라
16 우리가 다 그의 충만한 데서 받으니 은혜 위에 은혜러라
17 율법은 모세로 말미암아 주어진 것이요 은혜와 4)진리는 예수 그리스도로 말미암아 온 것이라
18 본래 하나님을 본 사람이 없으되 아버지 품 속에 있는 5)독생하신 하나님이 나타내셨느니라

The Word Became Flesh

1 In the beginning was the Word, and
the Word was with God, and the Word
2 was God. •He was with God in the begin-
ning.
3 •Through him all things were made;
without him nothing was made that has
4 been made. •In him was life, and that life
5 was the light of all mankind. •The light
shines in the darkness, and the darkness has
not overcome[a] it.
6 •There was a man sent from God whose
7 name was John. •He came as a witness to
testify concerning that light, so that through
8 him all might believe. •He himself was not
the light; he came only as a witness to the
light.
9 •The true light that gives light to every-
10 one was coming into the world. •He was in
the world, and though the world was made
through him, the world did not recognize
11 him. •He came to that which was his own,
12 but his own did not receive him. •Yet to all
who did receive him, to those who believed
in his name, he gave the right to become
13 children of God— •children born not of
natural descent, nor of human decision or a
husband's will, but born of God.
14 •The Word became flesh and made his
dwelling among us. We have seen his glory,
the glory of the one and only Son, who came
from the Father, full of grace and truth.
15 •(John testified concerning him. He cried
out, saying, "This is the one I spoke about
when I said, 'He who comes after me has
surpassed me because he was before me.' ")
16 •Out of his fullness we have all received
17 grace in place of grace already given. •For
the law was given through Moses; grace and
18 truth came through Jesus Christ. •No one
has ever seen God, but the one and only
Son, who is himself God and[b] is in closest
relationship with the Father, has made him
known.

[a]5 Or *understood* [b]18 Some manuscripts *but the only Son, who*

1) 헬, 로고스 2) 또는 이기지 못하더라 3) 또는 자기 소유에 4) 헬, 참이 5) 어떤 사본에, 독생자가

세례 요한의 증언 (마 3:1-12; 막 1:7-8; 눅 3:15-17)

19 ●유대인들이 예루살렘에서 제사장들과 레
위인들을 요한에게 보내어 네가 누구냐 물을
때에 요한의 증언이 이러하니라
20 요한이 드러내어 말하고 숨기지 아니하니 드
러내어 하는 말이 나는 그리스도가 아니라
한대
21 또 묻되 그러면 누구냐 네가 엘리야냐 이르
되 나는 아니라 또 묻되 네가 그 선지자냐 대
답하되 아니라
22 또 말하되 누구냐 우리를 보낸 이들에게 대
답하게 하라 너는 네게 대하여 무엇이라 하
느냐
23 이르되 나는 선지자 이사야의 말과 같이 ㄱ주
의 길을 곧게 하라고 광야에서 외치는 자의
소리로라 하니라 막 1:3
24 그들은 바리새인들이 보낸 자라
25 또 물어 이르되 네가 만일 그리스도도 아니
요 엘리야도 아니요 그 선지자도 아닐진대
어찌하여 [1]세례를 베푸느냐
26 요한이 대답하되 나는 물로 [1]세례를 베풀거
니와 너희 가운데 너희가 알지 못하는 한 사
람이 섰으니
27 곧 내 뒤에 오시는 그이라 나는 그의 신발끈
을 풀기도 감당하지 못하겠노라 하더라
28 이 일은 요한이 [1]세례 베풀던 곳 요단 강 건너
편 베다니에서 일어난 일이니라

하나님의 어린 양을 보라

29 ●이튿날 요한이 예수께서 자기에게 나아오
심을 보고 이르되 보라 세상 죄를 지고 가는
하나님의 어린 양이로다
30 내가 전에 말하기를 내 뒤에 오는 사람이 있
는데 나보다 앞선 것은 그가 나보다 먼저 계
심이라 한 것이 이 사람을 가리킴이라
31 나도 그를 알지 못하였으나 내가 와서 물로
[1]세례를 베푸는 것은 그를 이스라엘에 나타
내려 함이라 하니라
32 요한이 또 증언하여 이르되 내가 보매 성령
이 비둘기같이 하늘로부터 내려와서 그의 위
에 머물렀더라
33 나도 그를 알지 못하였으나 나를 보내어 물
로 [1]세례를 베풀라 하신 그이가 나에게 말씀
하시되 성령이 내려서 누구 위에든지 머무는
것을 보거든 그가 곧 성령으로 [1]세례를 베푸
는 이인 줄 알라 하셨기에
34 내가 보고 그가 하나님의 아들이심을 증언하
였노라 하니라

John the Baptist Denies Being the Messiah

19 ●Now this was John's testimony when the
Jewish leaders[a] in Jerusalem sent priests and
20 Levites to ask him who he was. ●He did not
fail to confess, but confessed freely, "I am not
the Messiah."
21 ●They asked him, "Then who are you? Are
you Elijah?"
He said, "I am not."
"Are you the Prophet?"
He answered, "No."
22 ●Finally they said, "Who are you? Give us
an answer to take back to those who sent us.
What do you say about yourself?"
23 ●John replied in the words of Isaiah the
prophet, "I am the voice of one calling in the
wilderness, 'Make straight the way for the
Lord.' "[b]
24 ●Now the Pharisees who had been sent
25 ●questioned him, "Why then do you baptize
if you are not the Messiah, nor Elijah, nor the
Prophet?"
26 ●"I baptize with[c] water," John replied, "but
27 among you stands one you do not know. ●He
is the one who comes after me, the straps of
whose sandals I am not worthy to untie."
28 ●This all happened at Bethany on the other
side of the Jordan, where John was baptizing.

John Testifies About Jesus

29 ●The next day John saw Jesus coming
toward him and said, "Look, the Lamb of
God, who takes away the sin of the world!
30 ●This is the one I meant when I said, 'A man
who comes after me has surpassed me be-
31 cause he was before me.' ●I myself did not
know him, but the reason I came baptizing
with water was that he might be revealed to
Israel."
32 ●Then John gave this testimony: "I saw the
Spirit come down from heaven as a dove and
33 remain on him. ●And I myself did not know
him, but the one who sent me to baptize with
water told me, 'The man on whom you see
the Spirit come down and remain is the one
34 who will baptize with the Holy Spirit.' ●I
have seen and I testify that this is God's Cho-
sen One."[d]

---

[a]*19* The Greek term traditionally translated *the Jews* (*hoi Ioudaioi*) refers here and elsewhere in John's Gospel to those Jewish leaders who opposed Jesus; also in 5:10, 15, 16; 7:1, 11, 13; 9:22; 18:14, 28, 36; 19:7, 12, 31, 38; 20:19. [b]*23* Isaiah 40:3 [c]*26* Or *in*; also in verses 31 and 33 (twice) [d]*34* See Isaiah 42:1; many manuscripts is *the Son of God.* 1) 헬, 또는 침례 ㄱ. 사 40:3

요

baptist [bǽptist] *n.* 세례 주는 사람
confess [kənfés] *vt.* 고백하다
dove [dʌv] *n.* 비둘기
freely [fríːli] *ad.* 거리낌없이
lamb [læm] *n.* 어린 양
priest [priːst] *n.* 제사장
remain [riméin] *vi.* 머물다
reply [riplái] *vt.* 대답하다
straight [streit] *a.* 곧은
strap [stræp] *n.* 가죽 끈
surpass [sərpǽs] *vt.* …보다 낫다
testify [téstəfài] *vi.* 증언하다
testimony [téstəmòuni] *n.* 증언
untie [ʌntái] *vt.* 풀다
wilderness [wíldərnis] *n.* 광야

1:20 **not fail to...**: 반드시 …하다
1:27 **be worthy to...**: …할 만한 가치가 있다
1:31 **reveal to...**: …을 드러내다
1:32 **come down from...**: …에서부터 내려오다

요한의 두 제자

35 ●또 이튿날 요한이 자기 제자 중 두 사람과 함께 섰다가
36 예수께서 거니심을 보고 말하되 보라 하나님의 어린 양이로다
37 두 제자가 그의 말을 듣고 예수를 따르거늘
38 예수께서 돌이켜 그 따르는 것을 보시고 물어 이르시되 무엇을 구하느냐 이르되 랍비여 어디 계시오니이까 하니 (랍비는 번역하면 선생이라)
39 예수께서 이르시되 와서 보라 그러므로 그들이 가서 계신 데를 보고 그날 함께 거하니 때가 열 시쯤 되었더라
40 요한의 말을 듣고 예수를 따르는 두 사람 중의 하나는 시몬 베드로의 형제 안드레라
41 그가 먼저 자기의 형제 시몬을 찾아 말하되 우리가 메시야를 만났다 하고 (메시야는 번역하면 그리스도라)
42 데리고 예수께로 오니 예수께서 보시고 이르시되 네가 요한의 아들 시몬이니 장차 게바라 하리라 하시니라 (게바는 번역하면 베드로라)

빌립과 나다나엘을 부르시다

43 ●이튿날 예수께서 갈릴리로 나가려 하시다가 빌립을 만나 이르시되 나를 따르라 하시니
44 빌립은 안드레와 베드로와 한 동네 벳새다 사람이라 12:21
45 빌립이 나다나엘을 찾아 이르되 모세가 율법에 기록하였고 여러 선지자가 기록한 그이를 우리가 만났으니 요셉의 아들 나사렛 예수니라
46 나다나엘이 이르되 나사렛에서 무슨 선한 것이 날 수 있느냐 빌립이 이르되 와서 보라 하니라
47 예수께서 나다나엘이 자기에게 오는 것을 보시고 그를 가리켜 이르시되 보라 이는 참으로 이스라엘 사람이라 그 속에 간사한 것이 없도다
48 나다나엘이 이르되 어떻게 나를 아시나이까 예수께서 대답하여 이르시되 빌립이 너를 부르기 전에 네가 무화과나무 아래에 있을 때에 보았노라
49 나다나엘이 대답하되 랍비여 당신은 하나님의 아들이시요 당신은 이스라엘의 임금이로소이다
50 예수께서 대답하여 이르시되 내가 너를 무화과나무 아래에서 보았다 하므로 믿느냐 이보다 더 큰일을 보리라
51 또 이르시되 진실로 진실로 너희에게 이르노

John's Disciples Follow Jesus

35 ●The next day John was there again with
36 two of his disciples. ●When he saw Jesus
passing by, he said, "Look, the Lamb of
God!"
37 ●When the two disciples heard him say
38 this, they followed Jesus. ●Turning around,
Jesus saw them following and asked, "What
do you want?"
They said, "Rabbi" (which means "Teacher"), "where are you staying?"
39 ●"Come," he replied, "and you will see."
So they went and saw where he was staying, and they spent that day with him. It
was about four in the afternoon.
40 ●Andrew, Simon Peter's brother, was one
of the two who heard what John had said
41 and who had followed Jesus. ●The first
thing Andrew did was to find his brother
Simon and tell him, "We have found the
42 Messiah" (that is, the Christ). ●And he
brought him to Jesus.
Jesus looked at him and said, "You are
Simon son of John. You will be called
Cephas" (which, when translated, is Peter[a]).

Jesus Calls Philip and Nathanael

43 ●The next day Jesus decided to leave for
Galilee. Finding Philip, he said to him,
"Follow me."
44 ●Philip, like Andrew and Peter, was from
45 the town of Bethsaida. ●Philip found
Nathanael and told him, "We have found
the one Moses wrote about in the Law, and
about whom the prophets also wrote—
Jesus of Nazareth, the son of Joseph."
46 ●"Nazareth! Can anything good come
from there?" Nathanael asked.
"Come and see," said Philip.
47 ●When Jesus saw Nathanael approaching, he said of him, "Here truly is an Israelite
in whom there is no deceit."
48 ●"How do you know me?" Nathanael
asked.
Jesus answered, "I saw you while you were
still under the fig tree before Philip called
you."
49 ●Then Nathanael declared, "Rabbi, you are
the Son of God; you are the king of Israel."
50 ●Jesus said, "You believe[b] because I told
you I saw you under the fig tree. You will see
51 greater things than that." ●He then added,

[a]42 *Cephas* (Aramaic) and *Peter* (Greek) both mean *rock.* [b]50 Or *Do you believe. . . ?*

approach [əpróutʃ] *vt.* 다가가다
believe [bilíːv] *vt.* 믿다
deceit [disíːt] *n.* 속임, 허위
decide [disáid] *vt.* 결정하다
declare [dikléər] *vt.* 선언하다
disciple [disáipl] *n.* 제자
fig [fig] *n.* 무화과
follow [fálou] *vt.* 따르다
law [lɔː] *n.* 법
prophet [práfit] *n.* 선지자
spend [spend] *vt.* 보내다
stay [stei] *vi.* 머물다
translate [trænsléit] *vt.* 번역하다
truly [trúːli] *ad.* 진실로
write [rait] *vt.* (글씨를) 쓰다, 기록하다

1:36 pass by: 지나가다
1:38 turn around: 돌아보다
1:40 one of the...: …중의 하나(한 사람)
1:42 look at...: …을 보다
1:43 leave for...: …를 향해서 떠나가다
1:46 come from...: …에서 나오다

니 하늘이 열리고 하나님의 사자들이 인자 위에 오르락 내리락 하는 것을 보리라 하시니라

가나의 혼례 (♪ 136, 604, 605장) — A.D. 27년경

2 사흘째 되던 날 갈릴리 가나에 혼례가 있어 예수의 어머니도 거기 계시고
2 예수와 그 제자들도 혼례에 청함을 받았더니
3 포도주가 떨어진지라 예수의 어머니가 예수에게 이르되 저들에게 포도주가 없다 하니
4 예수께서 이르시되 여자여 나와 무슨 상관이 있나이까 내 때가 아직 이르지 아니하였나이다
5 그의 어머니가 하인들에게 이르되 너희에게 무슨 말씀을 하시든지 그대로 하라 하니라
6 거기에 유대인의 정결 예식을 따라 두세 통 드는 돌항아리 여섯이 놓였는지라
7 예수께서 그들에게 이르시되 항아리에 물을 채우라 하신즉 아귀까지 채우니
8 이제는 떠서 연회장에게 갖다 주라 하시매 갖다 주었더니
9 연회장은 물로 된 포도주를 맛보고도 어디서 났는지 알지 못하되 물 떠온 하인들은 알더라 연회장이 신랑을 불러
10 말하되 사람마다 먼저 좋은 포도주를 내고 취한 후에 낮은 것을 내거늘 그대는 지금까지 좋은 포도주를 두었도다 하니라
11 예수께서 이 첫 [1)]표적을 갈릴리 가나에서 행하여 그의 영광을 나타내시매 제자들이 그를 믿으니라
12 •그 후에 예수께서 그 어머니와 형제들과 제자들과 함께 가버나움으로 내려가셨으나 거기에 여러 날 계시지는 아니하시니라

성전을 깨끗하게 하시다
(마 21:12-13; 막 11:15-17; 눅 19:45-46)

13 •유대인의 유월절이 가까운지라 예수께서 예루살렘으로 올라가셨더니
14 성전 안에서 소와 양과 비둘기 파는 사람들과 돈 바꾸는 사람들이 앉아 있는 것을 보시고
15 노끈으로 채찍을 만드사 양이나 소를 다 성전에서 내쫓으시고 돈 바꾸는 사람들의 돈을 쏟으시며 상을 엎으시고
16 비둘기 파는 사람들에게 이르시되 이것을 여기서 가져가라 내 아버지의 집으로 장사하는 집을 만들지 말라 하시니
17 제자들이 성경 말씀에 [ㄱ]주의 전을 사모하는 열심이 나를 삼키리라 한 것을 기억하더라

"Very truly I tell you,[a] you[a] will see 'heaven
open, and the angels of God ascending and
descending on'[b] the Son of Man."

Jesus Changes Water Into Wine

2 On the third day a wedding took place at
Cana in Galilee. Jesus' mother was there,
2 •and Jesus and his disciples had also been
3 invited to the wedding. •When the wine was
gone, Jesus' mother said to him, "They have
no more wine."
4 •"Woman,[c] why do you involve me?" Jesus
replied. "My hour has not yet come."
5 •His mother said to the servants, "Do whatever he tells you."
6 •Nearby stood six stone water jars, the kind
used by the Jews for ceremonial washing, each
holding from twenty to thirty gallons.[d]
7 •Jesus said to the servants, "Fill the jars with
water"; so they filled them to the brim.
8 •Then he told them, "Now draw some out
and take it to the master of the banquet."
9 They did so, •and the master of the banquet
tasted the water that had been turned into
wine. He did not realize where it had come
from, though the servants who had drawn the
water knew. Then he called the bridegroom
10 aside •and said, "Everyone brings out the
choice wine first and then the cheaper wine
after the guests have had too much to drink;
but you have saved the best till now."
11 •What Jesus did here in Cana of Galilee was
the first of the signs through which he revealed
his glory; and his disciples believed in him.
12 •After this he went down to Capernaum
with his mother and brothers and his disciples. There they stayed for a few days.

Jesus Clears the Temple Courts

13 •When it was almost time for the Jewish
14 Passover, Jesus went up to Jerusalem. •In the
temple courts he found people selling cattle,
sheep and doves, and others sitting at tables
15 exchanging money. •So he made a whip out
of cords, and drove all from the temple courts,
both sheep and cattle; he scattered the coins of
the money changers and overturned their
16 tables. •To those who sold doves he said, "Get
these out of here! Stop turning my Father's
17 house into a market!" •His disciples remembered that it is written: "Zeal for your house
will consume me."[e]

[a]51 The Greek is plural. [b]51 Gen. 28:12 [c]4 The Greek for *Woman* does not denote any disrespect. [d]6 Or from about 75 to about 115 liters [e]17 Psalm 69:9

1) 또는 이적 ㄱ. 시 69:9

요

ascend [əsénd] *vi.* 오르다
banquet [bǽŋkwit] *n.* 연회
brim [brim] *n.* 언저리, 아귀
ceremonial [sèrəmóuniəl] *a.* 의식의
consume [kənsú:m] *vt.* 사로잡히다
descend [disénd] *vi.* 내려가다
involve [inválv] *vt.* 연루시키다
jar [dʒa:r] *n.* 항아리
overturn [òuvərtə́:rn] *vt.* 뒤엎다
Passover [pǽsòuvər] *n.* 유월절
reveal [riví:l] *vt.* 나타내다
scatter [skǽtər] *vt.* 흩뿌리다
servant [sə́:rvənt] *n.* 신하, 종
whip [hwip] *n.* 채찍
zeal [zi:l] *n.* 열성, 열의

2:1 take place: 개최되다
2:3 no more...: 더이상 …않다
2:6 from A to B: A부터 B까지
2:7 fill A with B: B로 A를 채우다
2:8 draw out: 끌어내다, 꺼내다
2:9 turn into...: …으로 변하다

18 이에 유대인들이 대답하여 예수께 말하기를 네가 이런 일을 행하니 무슨 [1]표적을 우리에게 보이겠느냐 마 12:38
19 예수께서 대답하여 이르시되 너희가 이 성전을 헐라 내가 사흘 동안에 일으키리라 막 14:58
20 유대인들이 이르되 이 성전은 사십육 년 동안에 지었거늘 네가 삼 일 동안에 일으키겠느냐 하더라
21 그러나 예수는 성전된 자기 육체를 가리켜 말씀하신 것이라
22 죽은 자 가운데서 살아나신 후에야 제자들이 이 말씀하신 것을 기억하고 성경과 예수께서 하신 말씀을 믿었더라

예수는 사람의 마음속을 아신다

23 ●유월절에 예수께서 예루살렘에 계시니 많은 사람이 그의 행하시는 [1]표적을 보고 그의 이름을 믿었으나
24 예수는 그의 몸을 그들에게 의탁하지 아니하셨으니 이는 친히 모든 사람을 아심이요
25 또 사람에 대하여 누구의 증언도 받으실 필요가 없었으니 이는 그가 친히 사람의 속에 있는 것을 아셨음이니라

예수와 니고데모 (♪16, 171, 294장) — A.D. 27년경

3 그런데 바리새인 중에 니고데모라 하는 사람이 있으니 유대인의 [2]지도자라
2 그가 밤에 예수께 와서 이르되 랍비여 우리가 당신은 하나님께로부터 오신 선생인 줄 아나이다 하나님이 함께하시지 아니하시면 당신이 행하시는 이 [1]표적을 아무도 할 수 없음이니이다
3 예수께서 대답하여 이르시되 진실로 진실로 네게 이르노니 사람이 [3]거듭나지 아니하면 하나님의 나라를 볼 수 없느니라
4 니고데모가 이르되 사람이 늙으면 어떻게 날 수 있사옵나이까 두 번째 모태에 들어갔다가 날 수 있사옵나이까
5 예수께서 대답하시되 진실로 진실로 네게 이르노니 사람이 물과 성령으로 나지 아니하면 하나님의 나라에 들어갈 수 없느니라
6 육으로 난 것은 육이요 영으로 난 것은 영이니
7 내가 네게 거듭나야 하겠다 하는 말을 놀랍게 여기지 말라
8 바람이 임의로 불매 네가 그 소리는 들어도 어디서 와서 어디로 가는지 알지 못하나니 성령으로 난 사람도 다 그러하니라
9 니고데모가 대답하여 이르되 어찌 그러한 일이 있을 수 있나이까
10 예수께서 그에게 대답하여 이르시되 너는 이

18 •The Jews then responded to him, "What
sign can you show us to prove your author-
ity to do all this?"
19 •Jesus answered them, "Destroy this tem-
ple, and I will raise it again in three days."
20 •They replied, "It has taken forty-six years
to build this temple, and you are going to
21 raise it in three days?" •But the temple he
22 had spoken of was his body. •After he was
raised from the dead, his disciples recalled
what he had said. Then they believed the
scripture and the words that Jesus had spo-
ken.
23 •Now while he was in Jerusalem at the
Passover Festival, many people saw the
signs he was performing and believed in his
24 name.[a] •But Jesus would not entrust him-
25 self to them, for he knew all people. •He did
not need any testimony about mankind,
for he knew what was in each person.

Jesus Teaches Nicodemus

3 Now there was a Pharisee, a man
named Nicodemus who was a mem-
2 ber of the Jewish ruling council. •He
came to Jesus at night and said, "Rabbi, we
know that you are a teacher who has come
from God. For no one could perform the
signs you are doing if God were not with
him."
3 •Jesus replied, "Very truly I tell you, no
one can see the kingdom of God unless
they are born again.[b]"
4 •"How can someone be born when they
are old?" Nicodemus asked. "Surely they
cannot enter a second time into their moth-
er's womb to be born!"
5 •Jesus answered, "Very truly I tell you, no
one can enter the kingdom of God unless
6 they are born of water and the Spirit. • Flesh
gives birth to flesh, but the Spirit[c] gives birth
7 to spirit. • You should not be surprised at my
8 saying, 'You[d] must be born again.' • The
wind blows wherever it pleases. You hear its
sound, but you cannot tell where it comes
from or where it is going. So it is with every-
one born of the Spirit."[e]
9 •"How can this be?" Nicodemus asked.
10 • "You are Israel's teacher," said Jesus,
"and do you not understand these things?

[a]23 Or *in him* [b]3 The Greek for *again* also means *from above*; also in verse 7. [c]6 Or *but spirit* [d]7 The Greek is plural. [e]8 The Greek for *Spirit* is the same as that for *wind*. 1) 또는 이적 2) 또는 산헤드린 공회원 3) 또는 위에서

authority [əθɔ́:rəti] *n.* 권위
blow [blou] *vi.* 불다
council [káunsəl] *n.* 회의
destroy [distrɔ́i] *vt.* 허물다
flesh [fleʃ] *n.* 육신
mankind [mænkaind] *n.* 인류
perform [pərfɔ́:rm] *vt.* 실행하다
prove [prú:v] *vt.* 증명하다
respond [rispánd] *vt.* 대답하다
ruling [rú:liŋ] *a.* 지배하는
Scripture [skríptʃər] *n.* 성경
sign [sain] *n.* (신의) 표시, 기적
testimony [téstəmòuni] *n.* 증거
unless [ənlés] *conj.* …가 아닌 한
womb [wu:m] *n.* 자궁

2:23 **believe in...**: …을 믿다
2:24 **entrust... to~**: …를 ~에게 맡기다
3:2 **come to...**: …로 오다
3:4 **enter into...**: …에 들어가다
3:6 **give birth to...**: …을 낳다
3:8 **come from...**: …에서 나오다

스라엘의 선생으로서 이러한 것들을 알지 못
하느냐
11 진실로 진실로 네게 이르노니 우리는 아는 것
을 말하고 본 것을 증언하노라 그러나 너희가
우리의 증언을 받지 아니하는도다
12 내가 땅의 일을 말하여도 너희가 믿지 아니하거
든 하물며 하늘의 일을 말하면 어떻게 믿겠느냐
13 하늘에서 내려온 자 1)곧 인자 외에는 하늘에
올라간 자가 없느니라
14 모세가 광야에서 뱀을 든 것같이 인자도 들려
야 하리니
15 이는 그를 믿는 자마다 영생을 얻게 하려 하심
이니라
16 ● 하나님이 세상을 이처럼 사랑하사 독생자를
주셨으니 이는 그를 믿는 자마다 멸망하지 않
고 영생을 얻게 하려 하심이라 롬 5:8
17 하나님이 그 아들을 세상에 보내신 것은 세상
을 2)심판하려 하심이 아니요 그로 말미암아 세
상이 구원을 받게 하려 하심이라 요일 4:14
18 그를 믿는 자는 2)심판을 받지 아니하는 것이요
믿지 아니하는 자는 하나님의 독생자의 이름을
믿지 아니하므로 벌써 2)심판을 받은 것이니라
19 그 정죄는 이것이니 곧 빛이 세상에 왔으되 사
람들이 자기 행위가 악하므로 빛보다 어둠을
더 사랑한 것이니라 1:4
20 악을 행하는 자마다 빛을 미워하여 빛으로 오지
아니하나니 이는 그 행위가 드러날까 함이요
21 3)진리를 따르는 자는 빛으로 오나니 이는 그
행위가 하나님 안에서 행한 것임을 나타내려
함이라 하시니라 요일 1:6

그는 흥하고 나는 쇠하여야 하리라

22 ● 그 후에 예수께서 제자들과 유대 땅으로 가
서 거기 함께 유하시며 4)세례를 베푸시더라
23 요한도 살렘 가까운 애논에서 4)세례를 베푸니
거기 물이 많음이라 그러므로 사람들이 와서
4)세례를 받더라
24 요한이 아직 옥에 갇히지 아니하였더라
25 이에 요한의 제자 중에서 한 유대인과 더불어
정결 예식에 대하여 변론이 되었더니
26 그들이 요한에게 가서 이르되 랍비여 선생님
과 함께 요단 강 저편에 있던 이 곧 선생님이
증언하시던 이가 4)세례를 베풀매 사람이 다 그
에게로 가더이다
27 요한이 대답하여 이르되 만일 하늘에서 주신
바 아니면 사람이 아무것도 받을 수 없느니라
28 내가 말한 바 나는 그리스도가 아니요 그의 앞
에 보내심을 받은 자라고 한 것을 증언할 자는

11 ● Very truly I tell you, we speak of what we
know, and we testify to what we have seen,
but still you people do not accept our testi-
12 mony. ● I have spoken to you of earthly
things and you do not believe; how then
will you believe if I speak of heavenly
13 things? ● No one has ever gone into heaven
except the one who came from heaven—
14 the Son of Man.[a] ● Just as Moses lifted up the
snake in the wilderness, so the Son of Man
15 must be lifted up,[b] ● that everyone who
believes may have eternal life in him."[c]
16 ● For God so loved the world that he gave
his one and only Son, that whoever believes
in him shall not perish but have eternal
17 life. ● For God did not send his Son into the
world to condemn the world, but to save
18 the world through him. ● Whoever believes
in him is not condemned, but whoever does
not believe stands condemned already
because they have not believed in the name
19 of God's one and only Son. ● This is the ver-
dict: Light has come into the world, but peo-
ple loved darkness instead of light because
20 their deeds were evil. ● Everyone who does
evil hates the light, and will not come into
the light for fear that their deeds will be
21 exposed. ● But whoever lives by the truth
comes into the light, so that it may be seen
plainly that what they have done has been
done in the sight of God.

John Testifies Again About Jesus

22 ● After this, Jesus and his disciples went
out into the Judean countryside, where he
spent some time with them, and baptized.
23 ● Now John also was baptizing at Aenon
near Salim, because there was plenty of
water, and people were coming and being
24 baptized. ● (This was before John was put in
25 prison.) ● An argument developed between
some of John's disciples and a certain Jew
over the matter of ceremonial washing.
26 ● They came to John and said to him, "Rab-
bi, that man who was with you on the
other side of the Jordan—the one you tes-
tified about—look, he is baptizing, and
everyone is going to him."
27 ● To this John replied, "A person can
receive only what is given them from heav-
28 en. ● You yourselves can testify that I said,

[a]13 Some manuscripts *Man, who is in heaven* [b]14 The Greek for *lifted up* also means *exalted.* [c]15 Some interpreters end the quotation with verse 21.

1) 어떤 사본에, 곧 하늘에 있는 인자 2) 또는 정죄 3) 헬, 참 4) 헬, 또는 침례

요

accept [æksépt] *vt.* 받다
argument [á:rgjumənt] *n.* 논쟁
baptize [bæptáiz] *vt.* 세례를 주다
ceremonial [sèrəmóuniəl] *a.* 의례적인
condemn [kəndém] *vt.* 유죄 판결을 하다
deed [di:d] *n.* 행위
eternal [itə́:rnəl] *a.* 영원한
except [iksépt] *prep.* …를 제외하고
expose [ikspóuz] *vt.* 드러내다
perish [périʃ] *vi.* 죽다
plainly [pléinli] *ad.* 명백히
snake [sneik] *n.* 뱀
testify [téstəfai] *vi.* 증명하다
testimony [téstəmòuni] *n.* 증언
verdict [və́:rdikt] *n.* 평결

3:14 lift up: 들어올리다
3:16 shall not A but B: A하지 않고 B 할 것이다
3:19 instead of...: …대신에
3:23 be plenty of...: …으로 풍부하다
3:24 put in prison: 옥에 가두다

너희니라
29 신부를 취하는 자는 신랑이나 서서 신랑의 음
성을 듣는 친구가 크게 기뻐하나니 나는 이러
한 기쁨으로 충만하였노라
30 그는 흥하여야 하겠고 나는 쇠하여야 하리라
하니라

하늘로부터 오시는 이

31 ●위로부터 오시는 이는 만물 위에 계시고 땅
에서 난 이는 땅에 속하여 땅에 속한 것을 말하
느니라 하늘로부터 오시는 이는 만물 위에 계
시나니
8:23
32 그가 친히 보고 들은 것을 증언하되 그의 증언
을 받는 자가 없도다
33 그의 증언을 받는 자는 하나님이 참되시다는
것을 인쳤느니라
34 하나님이 보내신 이는 하나님의 말씀을 하나니
이는 하나님이 성령을 한량없이 주심이니라
35 아버지께서 아들을 사랑하사 만물을 다 그의
손에 주셨으니
36 아들을 믿는 자에게는 영생이 있고 아들에게 순
종하지 아니하는 자는 영생을 보지 못하고 도리
어 하나님의 진노가 그 위에 머물러 있느니라

사마리아 여자와 말씀하시다 (♪ 9, 511장)

— A.D. 27년경

4 예수께서 제자를 삼고 [1]세례를 베푸시는 것
이 요한보다 많다 하는 말을 바리새인들이
들은 줄을 주께서 아신지라
2 (예수께서 친히 [1]세례를 베푸신 것이 아니요 제
자들이 베푼 것이라)
3 유대를 떠나사 다시 갈릴리로 가실새
4 사마리아를 통과하여야 하겠는지라
5 사마리아에 있는 수가라 하는 동네에 이르시
니 야곱이 그 아들 요셉에게 준 땅이 가깝고
6 거기 또 야곱의 우물이 있더라 예수께서 길 가
시다가 피곤하여 우물 곁에 그대로 앉으시니
때가 여섯 시쯤 되었더라
7 사마리아 여자 한 사람이 물을 길으러 왔으매
예수께서 물을 좀 달라 하시니
8 이는 제자들이 먹을 것을 사러 그 동네에 들어
갔음이러라
9 사마리아 여자가 이르되 당신은 유대인으로서
어찌하여 사마리아 여자인 나에게 물을 달라
하나이까 하니 이는 유대인이 사마리아인과
상종하지 아니함이러라
10 예수께서 대답하여 이르시되 네가 만일 하나
님의 선물과 또 네게 물 좀 달라 하는 이가 누
구인 줄 알았더라면 네가 그에게 구하였을 것

'I am not the Messiah but am sent ahead
29 of him.' •The bride belongs to the bride-
groom. The friend who attends the bride-
groom waits and listens for him, and is full
of joy when he hears the bridegroom's
voice. That joy is mine, and it is now com-
30 plete. •He must become greater; I must
become less."[a]
31 •The one who comes from above is
above all; the one who is from the earth be-
longs to the earth, and speaks as one from
the earth. The one who comes from heaven
32 is above all. •He testifies to what he has seen
and heard, but no one accepts his testimo-
33 ny. •Whoever has accepted it has certified
34 that God is truthful. •For the one whom
God has sent speaks the words of God, for
35 God[b] gives the Spirit without limit. •The
Father loves the Son and has placed every-
36 thing in his hands. •Whoever believes in
the Son has eternal life, but whoever rejects
the Son will not see life, for God's wrath
remains on them.

Jesus Talks With a Samaritan Woman

4 Now Jesus learned that the Pharisees
had heard that he was gaining and
2 baptizing more disciples than John— •al-
though in fact it was not Jesus who bap-
3 tized, but his disciples. •So he left Judea
and went back once more to Galilee.
4 •Now he had to go through Samaria.
5 •So he came to a town in Samaria called
Sychar, near the plot of ground Jacob had
6 given to his son Joseph. •Jacob's well was
there, and Jesus, tired as he was from the
journey, sat down by the well. It was about
noon.
7 •When a Samaritan woman came to
draw water, Jesus said to her, "Will you give
8 me a drink?" •(His disciples had gone into
the town to buy food.)
9 •The Samaritan woman said to him,
"You are a Jew and I am a Samaritan wo-
man. How can you ask me for a drink?" (For
Jews do not associate with Samaritans.[c])
10 •Jesus answered her, "If you knew the gift
of God and who it is that asks you for a
drink, you would have asked him and he
would have given you living water."

[a]30 Some interpreters end the quotation with verse 36. [b]34 Greek *he* [c]9 Or *do not use dishes Samaritans have used*

1) 헬, 또는 침례

associate [əsóuʃièit] *vt.* 교제하다
attend [əténd] *vt.* 시중들다
bridegroom [bráidgrùːm] *n.* 신랑
certify [sɔ́ːrtəfài] *vt.* 증명하다
complete [kəmplíːt] *a.* 완성된
disciple [disáipl] *n.* 제자
draw [drɔː] *vt.* (물을) 긷다
eternal [itɔ́ːrnəl] *a.* 영원(영구)한
gain [gein] *vt.* 얻다
journey [dʒɔ́ːrni] *n.* 여행
limit [límit] *n.* 한계
plot [plat] *n.* 작은 땅
reject [ridʒékt] *vt.* 거절하다
testify [téstəfài] *vi.* 증언하다
wrath [ræθ] *n.* 격노

3:28 ahead of...: …의 앞에
3:29 belong to...: …에 속하다
3:29 be full of...: …로 충만하다
3:36 remain on...: …에 남다
4:3 go back to...: …로 되돌아가다
4:9 ask A for B: A에게 B를 요구하다

이요 그가 생수를 네게 주었으리라 사 44:3
11 여자가 이르되 주여 물 길을 그릇도 없고 이 우
물은 깊은데 어디서 당신이 그 생수를 얻겠사
옵나이까
12 우리 조상 야곱이 이 우물을 우리에게 주셨고
또 여기서 자기와 자기 아들들과 짐승이 다 마
셨는데 당신이 야곱보다 더 크니이까
13 예수께서 대답하여 이르시되 이 물을 마시는
자마다 다시 목마르려니와
14 내가 주는 물을 마시는 자는 영원히 목마르지
아니하리니 내가 주는 물은 그 속에서 영생하
도록 솟아나는 샘물이 되리라
15 여자가 이르되 주여 그런 물을 내게 주사 목마
르지도 않고 또 여기 물 길으러 오지도 않게 하
옵소서
16 이르시되 가서 네 남편을 불러 오라
17 여자가 대답하여 이르되 나는 남편이 없나이
다 예수께서 이르시되 네가 남편이 없다 하는
말이 옳도다
18 너에게 남편 다섯이 있었고 지금 있는 자도 네
남편이 아니니 네 말이 참되도다
19 여자가 이르되 주여 내가 보니 선지자로소이다
20 우리 조상들은 이 산에서 예배하였는데 당신들
의 말은 예배할 곳이 예루살렘에 있다 하더이다
21 예수께서 이르시되 여자여 내 말을 믿으라 이
산에서도 말고 예루살렘에서도 말고 너희가
아버지께 예배할 때가 이르리라
22 너희는 알지 못하는 것을 예배하고 우리는 아
는 것을 예배하노니 이는 구원이 유대인에게
서 남이라
23 아버지께 참되게 예배하는 자들은 영과 진리
로 예배할 때가 오나니 곧 이때라 아버지께서
는 자기에게 이렇게 예배하는 자들을 찾으시
느니라
24 하나님은 영이시니 예배하는 자가 영과 진리
로 예배할지니라
25 여자가 이르되 메시야 곧 그리스도라 하는 이
가 오실 줄을 내가 아노니 그가 오시면 모든 것
을 우리에게 알려 주시리이다
26 예수께서 이르시되 네게 말하는 내가 그라 하
시니라
27 ● 이때에 제자들이 돌아와서 예수께서 여자와
말씀하시는 것을 이상히 여겼으나 무엇을 구
하시나이까 어찌하여 그와 말씀하시나이까 묻
는 자가 없더라
28 여자가 물동이를 버려두고 동네로 들어가서
사람들에게 이르되

11 • "Sir," the woman said, "you have noth-
ing to draw with and the well is deep.
12 Where can you get this living water? • Are
you greater than our father Jacob, who gave
us the well and drank from it himself, as did
also his sons and his livestock?"
13 • Jesus answered, "Everyone who drinks
14 this water will be thirsty again, • but whoev-
er drinks the water I give them will never
thirst. Indeed, the water I give them will
become in them a spring of water welling
up to eternal life."
15 • The woman said to him, "Sir, give me
this water so that I won't get thirsty and
have to keep coming here to draw water."
16 • He told her, "Go, call your husband and
come back."
17 • "I have no husband," she replied.
Jesus said to her, "You are right when you
18 say you have no husband. • The fact is, you
have had five husbands, and the man you
now have is not your husband. What you
have just said is quite true."
19 • "Sir," the woman said, "I can see that
20 you are a prophet. • Our ancestors wor-
shiped on this mountain, but you Jews
claim that the place where we must worship
is in Jerusalem."
21 • "Woman," Jesus replied, "believe me, a
time is coming when you will worship the
Father neither on this mountain nor in
22 Jerusalem. • You Samaritans worship what
you do not know; we worship what we do
23 know, for salvation is from the Jews. • Yet a
time is coming and has now come when
the true worshipers will worship the Father
in the Spirit and in truth, for they are the
24 kind of worshipers the Father seeks. • God is
spirit, and his worshipers must worship in
the Spirit and in truth."
25 • The woman said, "I know that Messiah"
(called Christ) "is coming. When he comes,
he will explain everything to us."
26 • Then Jesus declared, "I, the one speaking
to you — I am he."

The Disciples Rejoin Jesus

27 • Just then his disciples returned and were
surprised to find him talking with a
woman. But no one asked, "What do you
want?" or "Why are you talking with her?"
28 • Then, leaving her water jar, the woman
went back to the town and said to the peo-

ancestor [ǽnsestər] *n.* 조상
claim [kleim] *vt.* 주장하다
declare [diklέər] *vt.* 단언하다
disciple [disáipl] *n.* 제자
eternal [itə́:rnəl] *a.* 영원한
explain [ikspléin] *vt.* 설명하다
indeed [indí:d] *ad.* 진실로
jar [dʒaːr] *n.* 단지, 항아리
leave [li:v] *vt.*두고 가다
livestock [láivstàk] *n.* 가축
prophet [prάfit] *n.* 선지자
quite [kwait] *ad.* 완전히
salvation [sælvéiʃən] *n.* 구원
surprise [sərpráiz] *vt.* 놀라게 하다
thirsty [θə́:rsti] *a.* 목마른

4:12 greater than...: …보다 크다
4:14 well up: 솟아나다
4:15 have to...: …해야 한다
4:21 neither A nor B: A도 B도 아니다
4:26 speak to...: …에게 말하다
4:28 go back: 되돌아가다, 돌아가다

29 내가 행한 모든 일을 내게 말한 사람을 와서 보
라 이는 그리스도가 아니냐 하니
30 그들이 동네에서 나와 예수께로 오더라
31 그 사이에 제자들이 청하여 이르되 랍비여 잡
수소서
32 이르시되 내게는 너희가 알지 못하는 먹을 양
식이 있느니라
33 제자들이 서로 말하되 누가 잡수실 것을 갖다
드렸는가 하니
34 예수께서 이르시되 나의 양식은 나를 보내신
이의 뜻을 행하며 그의 일을 온전히 이루는 이
것이니라
35 너희는 넉 달이 지나야 추수할 때가 이르겠다
하지 아니하느냐 그러나 나는 너희에게 이르
노니 너희 눈을 들어 밭을 보라 희어져 추수하
게 되었도다
36 거두는 자가 이미 삯도 받고 영생에 이르는 열
매를 모으나니 이는 뿌리는 자와 거두는 자가
함께 즐거워하게 하려 함이라
37 그런즉 한 사람이 심고 다른 사람이 거둔다 하
는 말이 옳도다
38 내가 너희로 노력하지 아니한 것을 거두러 보
내었노니 다른 사람들은 노력하였고 너희는
그들이 노력한 것에 참여하였느니라
39 ● 여자의 말이 내가 행한 모든 것을 그가 내게
말하였다 증언하므로 그 동네 중에 많은 사마
리아인이 예수를 믿는지라 4:29
40 사마리아인들이 예수께 와서 자기들과 함께
유하시기를 청하니 거기서 이틀을 유하시매
41 예수의 말씀으로 말미암아 믿는 자가 더욱 많아
42 그 여자에게 말하되 이제 우리가 믿는 것은 네
말로 인함이 아니니 이는 우리가 친히 듣고 그
가 참으로 세상의 구주신 줄 앎이라 하였더라

왕의 신하의 아들을 고치시다 (마 8:5-13; 눅 7:1-10)

43 ● 이틀이 지나매 예수께서 거기를 떠나 갈릴
리로 가시며
44 친히 증언하시기를 선지자가 고향에서는 높임
을 받지 못한다 하시고
45 갈릴리에 이르시매 갈릴리인들이 그를 영접하
니 이는 자기들도 명절에 갔다가 예수께서 명절
중 예루살렘에서 하신 모든 일을 보았음이더라
46 ● 예수께서 다시 갈릴리 가나에 이르시니 전
에 물로 포도주를 만드신 곳이라 왕의 신하가
있어 그의 아들이 가버나움에서 병들었더니
47 그가 예수께서 유대로부터 갈릴리로 오셨다는
것을 듣고 가서 청하되 내려오셔서 내 아들의
병을 고쳐 주소서 하니 그가 거의 죽게 되었음

29 ple, ● "Come, see a man who told me every-
thing I ever did. Could this be the Messiah?"
30 ● They came out of the town and made
their way toward him.
31 ● Meanwhile his disciples urged him,
"Rabbi, eat something."
32 ● But he said to them, "I have food to eat
that you know nothing about."
33 ● Then his disciples said to each other,
"Could someone have brought him food?"
34 ● "My food," said Jesus, "is to do the will of
him who sent me and to finish his work.
35 ● Don't you have a saying, 'It's still four
months until harvest'? I tell you, open your
eyes and look at the fields! They are ripe for
36 harvest. ● Even now the one who reaps
draws a wage and harvests a crop for eternal
life, so that the sower and the reaper may be
37 glad together. ● Thus the saying 'One sows
38 and another reaps' is true. ● I sent you to
reap what you have not worked for. Others
have done the hard work, and you have
reaped the benefits of their labor."

Many Samaritans Believe

39 ● Many of the Samaritans from that town
believed in him because of the woman's
testimony, "He told me everything I ever
40 did." ● So when the Samaritans came to
him, they urged him to stay with them, and
41 he stayed two days. ● And because of his
words many more became believers.
42 ● They said to the woman, "We no longer
believe just because of what you said; now
we have heard for ourselves, and we know
that this man really is the Savior of the
world."

Jesus Heals an Official's Son

43 ● After the two days he left for Galilee.
44 ● (Now Jesus himself had pointed out that a
prophet has no honor in his own country.)
45 ● When he arrived in Galilee, the Galileans
welcomed him. They had seen all that he
had done in Jerusalem at the Passover Festi-
val, for they also had been there.
46 ● Once more he visited Cana in Galilee,
where he had turned the water into wine.
And there was a certain royal official whose
47 son lay sick at Capernaum. ● When this
man heard that Jesus had arrived in Galilee
from Judea, he went to him and begged
him to come and heal his son, who was
close to death.

beg [beg] *vt.* 간청하다
benefit [bénəfit] *n.* 이익
crop [krap] *n.* 수확물
harvest [há:rvist] *vt.* 추수하다
honor [ánər] *n.* 영예
meanwhile [mí:nwàil] *ad.* …동안
official [əfíʃəl] *n.* 신하, 관리
Passover [pǽsòuvər] *n.* 유월절
prophet [práfit] *n.* 선지자
reaper [rí:pər] *n.* 수확자
royal [rɔ́iəl] *a.* 왕의
sower [sóuər] *n.* 파종자
testimony [téstəmòuni] *n.* 증언
thus [ðʌs] *ad.* 그러므로
urge [ə:rdʒ] *vt.* 열심히 권하다

4:35 be ripe for...: …의 기회가 무르익다
4:36 even now: 벌써, 바로
4:36 so that... may~: …가 ~하기 위하여
4:40 urge A to B: A에게 B하기를 청하다
4:41 many more: 더욱더 많은 (사람들)

이라 4:3,54
48 예수께서 이르시되 너희는 1)표적과 기사를
보지 못하면 도무지 믿지 아니하리라
49 신하가 이르되 주여 내 아이가 죽기 전에 내
려오소서
50 예수께서 이르시되 가라 네 아들이 살아 있
다 하시니 그 사람이 예수께서 하신 말씀을
믿고 가더니
51 내려가는 길에서 그 종들이 오다가 만나서
아이가 살아 있다 하거늘
52 그 낫기 시작한 때를 물은즉 어제 일곱 시에
열기가 떨어졌나이다 하는지라
53 그의 아버지가 예수께서 네 아들이 살아 있
다 말씀하신 그때인 줄 알고 자기와 그 온 집
안이 다 믿으니라
54 이것은 예수께서 유대에서 갈릴리로 오신 후
에 행하신 두 번째 1)표적이니라

오래된 병을 고치시다

5 그 후에 유대인의 명절이 되어 예수께서 예
루살렘에 올라가시니라
2 ●예루살렘에 있는 양문 곁에 히브리 말로 베
데스다라 하는 못이 있는데 거기 행각 다섯
이 있고
3 그 안에 많은 병자, 맹인, 다리 저는 사람, 혈기
마른 사람들이 누워 2)[물의 움직임을 기다리니
4 이는 천사가 가끔 못에 내려와 물을 움직이
게 하는데 움직인 후에 먼저 들어가는 자는
어떤 병에 걸렸든지 낫게 됨이러라]
5 거기 서른여덟 해 된 병자가 있더라
6 예수께서 그 누운 것을 보시고 병이 벌써 오래
된 줄 아시고 이르시되 네가 낫고자 하느냐
7 병자가 대답하되 주여 물이 움직일 때에 나
를 못에 넣어 주는 사람이 없어 내가 가는 동
안에 다른 사람이 먼저 내려가나이다
8 예수께서 이르시되 일어나 네 자리를 들고
걸어가라 하시니
9 그 사람이 곧 나아서 자리를 들고 걸어가니
라 ●이날은 안식일이니 9:14
10 유대인들이 병 나은 사람에게 이르되 안식일
인데 네가 자리를 들고 가는 것이 옳지 아니
하니라
11 대답하되 나를 낫게 한 그가 자리를 들고 걸
어가라 하더라 하니
12 그들이 묻되 너에게 자리를 들고 걸어가라
한 사람이 누구냐 하되
13 고침을 받은 사람은 그가 누구인지 알지 못
하니 이는 거기 사람이 많으므로 예수께서

48 ●"Unless you people see signs and wonders,"
Jesus told him, "you will never believe."
49 ●The royal official said, "Sir, come down
before my child dies."
50 ●"Go," Jesus replied, "your son will live."
The man took Jesus at his word and depart-
51 ed. ●While he was still on the way, his servants
met him with the news that his boy was liv-
52 ing. ●When he inquired as to the time when
his son got better, they said to him, "Yesterday,
at one in the afternoon, the fever left him."
53 ●Then the father realized that this was the
exact time at which Jesus had said to him,
"Your son will live." So he and his whole
household believed.
54 ●This was the second sign Jesus performed
after coming from Judea to Galilee.

The Healing at the Pool

5 Some time later, Jesus went up to Jeru-
salem for one of the Jewish festivals.
2 ●Now there is in Jerusalem near the Sheep
Gate a pool, which in Aramaic is called Be-
thesda[a] and which is surrounded by five cov-
3 ered colonnades. ●Here a great number of dis-
abled people used to lie—the blind, the lame,
5 the paralyzed.[4][b] ●One who was there had
6 been an invalid for thirty-eight years. ●When
Jesus saw him lying there and learned that he
had been in this condition for a long time,
he asked him, "Do you want to get well?"
7 ●"Sir," the invalid replied, "I have no one
to help me into the pool when the water is
stirred. While I am trying to get in, someone
else goes down ahead of me."
8 ●Then Jesus said to him, "Get up! Pick up
9 your mat and walk." ●At once the man was
cured; he picked up his mat and walked.
The day on which this took place was a
10 Sabbath, ●and so the Jewish leaders said to
the man who had been healed, "It is the Sab-
bath; the law forbids you to carry your mat."
11 ●But he replied, "The man who made me
well said to me, 'Pick up your mat and walk.'"
12 ●So they asked him, "Who is this fellow
who told you to pick it up and walk?"
13 ●The man who was healed had no idea

[a]2 Some manuscripts *Bethzatha*; other manuscripts *Bethsaida* [b]3,4 Some manuscripts include here, wholly or in part, *paralyzed—and they waited for the moving of the waters. [4]From time to time an angel of the Lord would come down and stir up the waters. The first one into the pool after each such disturbance would be cured of whatever disease they had.*

1) 또는 이적 2) 어떤 사본에는, 이 괄호 내 구절이 없고 3절의 '누워'는 '누웠으니'로 되어 있음

colonnade [kɑ̀lənéid] *n.* 주랑(柱廊)
condition [kəndíʃən] *n.* 상태
cure [kjuər] *vt.* 고치다
depart [dipɑ́:rt] *vi.* 떠나다
disabled [diséibld] *a.* 장애의
fever [fí:vər] *n.* 열
forbid [fərbíd] *vt.* 금하다
inquire [inkwáiər] *vi.* 질문하다
invalid [ínvəlid] *n.* 병자
lame [leim] *a.* 절름발이의
paralyzed [pǽrəlàizd] *a.* 마비된
perform [pərfɔ́:rm] *vt.* 행하다
realize [rí:əlàiz] *vt.* 깨닫다
stir [stə:r] *vi.* 움직이다
surround [səráund] *vt.* 둘러싸다

4:50 take... at one's word: …의 말을 곧이곧대로 믿다
5:3 used to...: …하곤 했었다
5:6 get well: 병이 나아지다
5:9 at once: 즉시로
5:13 have no idea: 전혀 모르다

이미 피하셨음이라
14 그 후에 예수께서 성전에서 그 사람을 만나 이
르시되 보라 네가 나았으니 더 심한 것이 생기
지 않게 다시는 죄를 범하지 말라 하시니
15 그 사람이 유대인들에게 가서 자기를 고친 이
는 예수라 하니라
16 그러므로 안식일에 이러한 일을 행하신다 하
여 유대인들이 예수를 박해하게 된지라
17 예수께서 그들에게 이르시되 내 아버지께서 이
제까지 일하시니 나도 일한다 하시매
18 유대인들이 이로 말미암아 더욱 예수를 죽이
고자 하니 이는 안식일을 범할 뿐만 아니라 하
나님을 자기의 친아버지라 하여 자기를 하나
님과 동등으로 삼으심이러라

아들의 권한

19 ●그러므로 예수께서 그들에게 이르시되 내가
진실로 진실로 너희에게 이르노니 아들이 아
버지께서 하시는 일을 보지 않고는 아무것도
스스로 할 수 없나니 아버지께서 행하시는 그
것을 아들도 그와 같이 행하느니라 8:28
20 아버지께서 아들을 사랑하사 자기가 행하시
는 것을 다 아들에게 보이시고 또 그보다 더
큰 일을 보이사 너희로 놀랍게 여기게 하시리
라
21 아버지께서 죽은 자들을 일으켜 살리심같이
아들도 자기가 원하는 자들을 살리느니라
22 아버지께서 아무도 심판하지 아니하시고 심판
을 다 아들에게 맡기셨으니
23 이는 모든 사람으로 아버지를 공경하는 것같
이 아들을 공경하게 하려 하심이라 아들을 공
경하지 아니하는 자는 그를 보내신 아버지도
공경하지 아니하느니라
24 내가 진실로 진실로 너희에게 이르노니 내 말
을 듣고 또 나 보내신 이를 믿는 자는 영생을
얻었고 [1]심판에 이르지 아니하나니 사망에서
생명으로 옮겼느니라
25 진실로 진실로 너희에게 이르노니 죽은 자들
이 하나님의 아들의 음성을 들을 때가 오나니
곧 이때라 듣는 자는 살아나리라
26 아버지께서 자기 속에 생명이 있음같이 아들
에게도 생명을 주어 그 속에 있게 하셨고 6:57
27 또 인자됨으로 말미암아 심판하는 권한을 주
셨느니라 행 10:42
28 이를 놀랍게 여기지 말라 무덤 속에 있는 자가
다 그의 음성을 들을 때가 오나니
29 선한 일을 행한 자는 생명의 부활로, 악한 일을
행한 자는 심판의 부활로 나오리라 단 12:2

who it was, for Jesus had slipped away into
the crowd that was there.
14 ●Later Jesus found him at the temple and
said to him, "See, you are well again. Stop
sinning or something worse may happen to
15 you." ●The man went away and told the
Jewish leaders that it was Jesus who had
made him well.

The Authority of the Son

16 ●So, because Jesus was doing these things
on the Sabbath, the Jewish leaders began to
17 persecute him. ●In his defense Jesus said to
them, "My Father is always at his work to
18 this very day, and I too am working." ●For
this reason they tried all the more to kill
him; not only was he breaking the Sabbath,
but he was even calling God his own Father,
making himself equal with God.
19 ●Jesus gave them this answer: "Very truly
I tell you, the Son can do nothing by him-
self; he can do only what he sees his Father
doing, because whatever the Father does the
20 Son also does. ●For the Father loves the Son
and shows him all he does. Yes, and he will
show him even greater works than these, so
21 that you will be amazed. ●For just as the
Father raises the dead and gives them life,
even so the Son gives life to whom he is
22 pleased to give it. ●Moreover, the Father
judges no one, but has entrusted all judg-
23 ment to the Son, ●that all may honor the
Son just as they honor the Father. Whoever
does not honor the Son does not honor the
Father, who sent him.
24 ●"Very truly I tell you, whoever hears my
word and believes him who sent me has
eternal life and will not be judged but has
25 crossed over from death to life. ●Very truly I
tell you, a time is coming and has now
come when the dead will hear the voice of
the Son of God and those who hear will live.
26 ●For as the Father has life in himself, so he
has granted the Son also to have life in him-
27 self. ●And he has given him authority to
judge because he is the Son of Man.
28 ●"Do not be amazed at this, for a time is
coming when all who are in their graves
29 will hear his voice ●and come out—those
who have done what is good will rise to live,
and those who have done what is evil will

1) 또는 정죄

amazed [əméizd] *a.* 깜짝 놀란
authority [əθɔ́:rəti] *n.* 권위
crowd [kraud] *n.* 다수, 군중
defense [diféns] *n.* 방어, 변호
entrust [intrʌ́st] *vt.* 맡기다
equal [í:kwəl] *a.* 같은
eternal [itə́:rnl] *a.* 영원(영구)한
grant [grænt] *vt.* 주다
grave [greiv] *n.* 무덤
judge [dʒʌdʒ] *vt.* 심판하다
moreover [mɔ:róuvər] *ad.* 게다가
persecute [pə́:rsikjù:t] *vt.* 핍박하다
Sabbath [sǽbəθ] *n.* 안식일
temple [témpl] *n.* 성전
truly [trú:li] *ad.* 진실로

5:15 **go away**: 떠나가다
5:21 **just as... even so~**: 마치…인 것처럼 꼭 ~하다
5:24 **cross over from A to B**: A에서 B로 바뀌다
5:29 **come out**: 나오다

예수를 믿게 하는 증언

30 ●내가 아무것도 스스로 할 수 없노라 듣는 대로 심판하노니 나는 나의 뜻대로 하려 하지 않고 나를 보내신 이의 뜻대로 하려 하므로 내 심판은 의로우니라
31 내가 만일 나를 위하여 증언하면 내 증언은 참되지 아니하되
32 나를 위하여 증언하시는 이가 따로 있으니 나를 위하여 증언하시는 그 증언이 참인 줄 아노라
33 너희가 요한에게 사람을 보내매 요한이 진리에 대하여 증언하였느니라
34 그러나 나는 사람에게서 증언을 취하지 아니하노라 다만 이 말을 하는 것은 너희로 구원을 받게 하려 함이니라
35 요한은 켜서 비추이는 등불이라 너희가 한때 그 빛에 즐거이 있기를 원하였거니와
36 내게는 요한의 증거보다 더 큰 증거가 있으니 아버지께서 내게 주사 이루게 하시는 역사 곧 내가 하는 그 역사가 아버지께서 나를 보내신 것을 나를 위하여 증언하는 것이요
37 또한 나를 보내신 아버지께서 친히 나를 위하여 증언하셨느니라 너희는 아무 때에도 그 음성을 듣지 못하였고 그 형상을 보지 못하였으며
38 그 말씀이 너희 속에 거하지 아니하니 이는 그가 보내신 이를 믿지 아니함이라
39 너희가 성경에서 영생을 얻는 줄 생각하고 성경을 연구하거니와 이 성경이 곧 내게 대하여 증언하는 것이니라
40 그러나 너희가 영생을 얻기 위하여 내게 오기를 원하지 아니하는도다 5:44
41 나는 사람에게서 영광을 취하지 아니하노라
42 다만 하나님을 사랑하는 것이 너희 속에 없음을 알았노라
43 나는 내 아버지의 이름으로 왔으매 너희가 영접하지 아니하나 만일 다른 사람이 자기 이름으로 오면 영접하리라
44 너희가 서로 영광을 취하고 유일하신 하나님께로부터 오는 영광은 구하지 아니하니 어찌 나를 믿을 수 있느냐
45 내가 너희를 아버지께 고발할까 생각하지 말라 너희를 고발하는 이가 있으니 곧 너희가 바라는 자 모세니라
46 모세를 믿었더라면 또 나를 믿었으리니 이는 그가 내게 대하여 기록하였음이라
47 그러나 그의 글도 믿지 아니하거든 어찌 내 말을 믿겠느냐 하시니라 눅 16:31

오천 명을 먹이시다 (마 14:13-21; 막 6:30-44; 눅 9:10-17 ♪ 198, 205, 228, 233장) — A.D. 29년경

6 그 후에 예수께서 디베랴의 갈릴리 바다 건너편으로 가시매

30 rise to be condemned. ●By myself I can
do nothing; I judge only as I hear, and
my judgment is just, for I seek not to
please myself but him who sent me.

Testimonies About Jesus

31 ●"If I testify about myself, my testi-
32 mony is not true. ●There is another
who testifies in my favor, and I know
that his testimony about me is true.
33 ●"You have sent to John and he has
34 testified to the truth. ●Not that I accept
human testimony; but I mention it that
35 you may be saved. ●John was a lamp
that burned and gave light, and you
chose for a time to enjoy his light.
36 ●"I have testimony weightier than
that of John. For the works that the
Father has given me to finish — the very
works that I am doing — testify that the
37 Father has sent me. ●And the Father
who sent me has himself testified con-
cerning me. You have never heard his
38 voice nor seen his form, ●nor does his
word dwell in you, for you do not be-
39 lieve the one he sent. ●You study[a] the
Scriptures diligently because you think
that in them you have eternal life. These
are the very Scriptures that testify about
40 me, ●yet you refuse to come to me to
have life.
41 ●"I do not accept glory from human
42 beings, ●but I know you. I know that
you do not have the love of God in your
43 hearts. ●I have come in my Father's
name, and you do not accept me; but if
someone else comes in his own name,
44 you will accept him. ●How can you
believe since you accept glory from one
another but do not seek the glory that
comes from the only God[b]?
45 ●"But do not think I will accuse you
before the Father. Your accuser is Moses,
46 on whom your hopes are set. ●If you
believed Moses, you would believe me,
47 for he wrote about me. ●But since you
do not believe what he wrote, how are
you going to believe what I say?"

Jesus Feeds the Five Thousand

6 Some time after this, Jesus crossed
to the far shore of the Sea of Galilee

[a]39 Or [39]Study [b]44 Some early manuscripts *the Only One*

accept [æksépt] *vt.* 받다
accuse [əkjúːz] *vt.* 고발하다
concerning [kənsə́ːrmiŋ] *prep.* …에 관하여
condemn [kəndém] *vt.* 비난하다
diligently [dílədʒəntli] *ad.* 부지런히
dwell [dwel] *vi.* 거주하다
feed [fiːd] *vt.* 음식을 주다
mention [ménʃən] *vt.* 언급하다
refuse [rifjúːz] *vt.* 거절하다
Scripture [skríptʃər] *n.* 성경
seek [siːk] *vt.* 찾다
shore [ʃɔːr] *n.* 해변
testify [téstəfài] *vi.* 증언하다
testimony [téstəmòuni] *n.* 증언
weighty [wéiti] *a.* 중요한

5:30 please oneself: 자신이 원하는 대로 하다
5:32 in one's favor: …를 위하여
5:35 for a time: 한동안은, 잠시
5:43 come in: 들어오다
6:1 some time after: 잠시 후에

2 큰 무리가 따르니 이는 병자들에게 행하시는
[1]표적을 보았음이러라
3 예수께서 산에 오르사 제자들과 함께 거기
앉으시니
4 마침 유대인의 명절인 유월절이 가까운지라
5 예수께서 눈을 들어 큰 무리가 자기에게로
오는 것을 보시고 빌립에게 이르시되 우리가
어디서 떡을 사서 이 사람들을 먹이겠느냐
하시니
6 이렇게 말씀하심은 친히 어떻게 하실지를 아
시고 빌립을 시험하고자 하심이라 고후 13:5
7 빌립이 대답하되 각 사람으로 조금씩 받게 할
지라도 이백 [2]데나리온의 떡이 부족하리이다
8 제자 중 하나 곧 시몬 베드로의 형제 안드레
가 예수께 여짜오되
9 여기 한 아이가 있어 보리떡 다섯 개와 물고
기 두 마리를 가지고 있나이다 그러나 그것
이 이 많은 사람에게 얼마나 되겠사옵나이까
10 예수께서 이르시되 이 사람들로 [3]앉게 하라
하시니 그곳에 잔디가 많은지라 사람들이 [3]앉
으니 수가 오천 명쯤 되더라
11 예수께서 떡을 가져 축사하신 후에 [3]앉아 있
는 자들에게 나눠 주시고 물고기도 그렇게
그들의 원대로 주시니라
12 그들이 배부른 후에 예수께서 제자들에게 이
르시되 남은 조각을 거두고 버리는 것이 없
게 하라 하시므로
13 이에 거두니 보리떡 다섯 개로 먹고 남은 조
각이 열두 바구니에 찼더라
14 그 사람들이 예수께서 행하신 이 [1]표적을 보
고 말하되 이는 참으로 세상에 오실 그 선지
자라 하더라
15 그러므로 예수께서 그들이 와서 자기를 억지
로 붙들어 임금으로 삼으려는 줄 아시고 다
시 혼자 산으로 떠나가시니라

바다 위로 걸어오시다 (마 14:22-27; 막 6:45-52)

16 ●저물매 제자들이 바다에 내려가서
17 배를 타고 바다를 건너 가버나움으로 가는데
이미 어두웠고 예수는 아직 그들에게 오시지
아니하셨더니
18 큰 바람이 불어 파도가 일어나더라
19 제자들이 노를 저어 십여 리쯤 가다가 예수
께서 바다 위로 걸어 배에 가까이 오심을 보
고 두려워하거늘
20 이르시되 내니 두려워하지 말라 하신대
21 이에 기뻐서 배로 영접하니 배는 곧 그들이
가려던 땅에 이르렀더라

2 (that is, the Sea of Tiberias), •and a great
crowd of people followed him because they
saw the signs he had performed by healing
3 the sick. •Then Jesus went up on a moun-
4 tainside and sat down with his disciples. •The
Jewish Passover Festival was near.
5 •When Jesus looked up and saw a great
crowd coming toward him, he said to Philip,
"Where shall we buy bread for these people to
6 eat?" •He asked this only to test him, for he
already had in mind what he was going to do.
7 •Philip answered him, "It would take more
than half a year's wages[a] to buy enough bread
for each one to have a bite!"
8 •Another of his disciples, Andrew, Simon
9 Peter's brother, spoke up, •"Here is a boy with
five small barley loaves and two small fish,
but how far will they go among so many?"
10 •Jesus said, "Have the people sit down."
There was plenty of grass in that place, and
they sat down (about five thousand men
11 were there). •Jesus then took the loaves, gave
thanks, and distributed to those who were
seated as much as they wanted. He did the
same with the fish.
12 •When they had all had enough to eat, he
said to his disciples, "Gather the pieces that
13 are left over. Let nothing be wasted." •So
they gathered them and filled twelve baskets
with the pieces of the five barley loaves left
over by those who had eaten.
14 •After the people saw the sign Jesus per-
formed, they began to say, "Surely this is the
Prophet who is to come into the world."
15 •Jesus, knowing that they intended to come
and make him king by force, withdrew again
to a mountain by himself.

Jesus Walks on the Water

16 •When evening came, his disciples went
17 down to the lake, •where they got into a boat
and set off across the lake for Capernaum. By
now it was dark, and Jesus had not yet joined
18 them. •A strong wind was blowing and the
19 waters grew rough. •When they had rowed
about three or four miles,[b] they saw Jesus
approaching the boat, walking on the water;
20 and they were frightened. •But he said to
21 them, "It is I; don't be afraid." •Then they
were willing to take him into the boat, and
immediately the boat reached the shore

[a]7 Greek *take two hundred denarii* [b]19 Or about 5 or 6 kilometers 1) 또는 이적 2) 은전의 명칭 3) 헬, 기대어 눕게(유대인이 음식 먹을 때에 가지는 자세)

afraid [əfréid] *a.* 두려워하는
approach [əpróutʃ] *vt.* 다가가다
barley [bá:rli] *n.* 보리
blow [blou] *vi.* (바람이) 불다
distribute [distríbju:t] *vt.* 나눠 주다
frightened [fráitnd] *a.* 겁먹은
immediately [imí:diətli] *ad.* 즉시
intend [inténd] *vt.*…하려 하다
loaf [louf] *n.* 한 덩어리
mountainside [máuntənsàid] *n.* 산허리
Passover [pǽsòuvər] *n.* 유월절
rough [rʌf] *a.* 거친
row [rou] *vi.* 배를 젓다
wage [weidʒ] *n.* 임금
withdraw [wiðdrɔ́:] *vi.* 물러나다

6:6 **have in mind**: 염두에 두다
6:7 **have a bite**: 한 입 먹다
6:10 **be plenty of...**: …로 풍부하다
6:11 **as much as...**: …만큼
6:17 **get into...**: …에 타다
6:21 **be willing to...**: 기꺼이 …하다

생명의 떡

22 ●이튿날 바다 건너편에 서 있던 무리가 배 한
척 외에 다른 배가 거기 없는 것과 또 어제 예
수께서 제자들과 함께 그 배에 오르지 아니하
시고 제자들만 가는 것을 보았더니
23 (그러나 디베랴에서 배들이 주께서 축사하신
후 여럿이 떡 먹던 그곳에 가까이 왔더라)
24 무리가 거기에 예수도 안 계시고 제자들도 없
음을 보고 곧 배들을 타고 예수를 찾으러 가버
나움으로 가서
25 바다 건너편에서 만나 랍비여 언제 여기 오셨
나이까 하니
26 예수께서 대답하여 이르시되 내가 진실로 진
실로 너희에게 이르노니 너희가 나를 찾는 것
은 [1]표적을 본 까닭이 아니요 떡을 먹고 배부
른 까닭이로다
27 썩을 양식을 위하여 일하지 말고 영생하도록
있는 양식을 위하여 하라 이 양식은 인자가 너
희에게 주리니 인자는 아버지 하나님께서 인
치신 자니라
28 그들이 묻되 우리가 어떻게 하여야 하나님의
일을 하오리이까
29 예수께서 대답하여 이르시되 하나님께서 보내
신 이를 믿는 것이 하나님의 일이니라 하시니
30 그들이 묻되 그러면 우리가 보고 당신을 믿도
록 행하시는 [1]표적이 무엇이니이까, 하시는 일
이 무엇이니이까 마 12:38
31 기록된 바 [ㄱ]하늘에서 그들에게 떡을 주어 먹게
하였다 함과 같이 우리 조상들은 광야에서 만
나를 먹었나이다
32 예수께서 이르시되 내가 진실로 진실로 너희
에게 이르노니 모세가 너희에게 하늘로부터
떡을 준 것이 아니라 내 아버지께서 너희에게
하늘로부터 참 떡을 주시나니
33 하나님의 떡은 하늘에서 내려 세상에 생명을
주는 것이니라
34 그들이 이르되 주여 이 떡을 항상 우리에게 주
소서
35 예수께서 이르시되 나는 생명의 떡이니 내게
오는 자는 결코 주리지 아니할 터이요 나를 믿
는 자는 영원히 목마르지 아니하리라 4:14
36 그러나 내가 너희에게 이르기를 너희는 나를
보고도 믿지 아니하는도다 하였느니라 6:26
37 아버지께서 내게 주시는 자는 다 내게로 올 것이
요 내게 오는 자는 내가 결코 내쫓지 아니하리라
38 내가 하늘에서 내려온 것은 내 뜻을 행하려 함이
아니요 나를 보내신 이의 뜻을 행하려 함이니라

where they were heading.
22 ●The next day the crowd that had stayed
on the opposite shore of the lake realized
that only one boat had been there, and that
Jesus had not entered it with his disciples,
23 but that they had gone away alone. ●Then
some boats from Tiberias landed near the
place where the people had eaten the bread
24 after the Lord had given thanks. ●Once the
crowd realized that neither Jesus nor his dis-
ciples were there, they got into the boats and
went to Capernaum in search of Jesus.

Jesus the Bread of Life

25 ●When they found him on the other side
of the lake, they asked him, "Rabbi, when
did you get here?"
26 ●Jesus answered, "Very truly I tell you,
you are looking for me, not because you saw
the signs I performed but because you ate
27 the loaves and had your fill. ●Do not work
for food that spoils, but for food that
endures to eternal life, which the Son of
Man will give you. For on him God the
Father has placed his seal of approval."
28 ●Then they asked him, "What must we
do to do the works God requires?"
29 ●Jesus answered, "The work of God is
this: to believe in the one he has sent."
30 ●So they asked him, "What sign then will
you give that we may see it and believe you?
31 What will you do? ●Our ancestors ate the
manna in the wilderness; as it is written:
'He gave them bread from heaven to eat.'[a]"
32 ●Jesus said to them, "Very truly I tell you,
it is not Moses who has given you the bread
from heaven, but it is my Father who gives
33 you the true bread from heaven. ●For the
bread of God is the bread that comes down
from heaven and gives life to the world."
34 ●"Sir," they said, "always give us this
bread."
35 ●Then Jesus declared, "I am the bread of
life. Whoever comes to me will never go
hungry, and whoever believes in me will
36 never be thirsty. ●But as I told you, you have
37 seen me and still you do not believe. ●All
those the Father gives me will come to me,
and whoever comes to me I will never drive
38 away. ●For I have come down from heaven
not to do my will but to do the will of him

[a]*31* Exodus 16:4; Neh. 9:15; Psalm 78:24,25
1) 또는 이적 ㄱ. 출 16:4,15; 시 78:24; 105:40; 느 9:15

approval [əprúːvəl] *n.* 승인
believe [bilíːv] *vt.* 믿다
declare [diklέər] *vt.* 선포하다
disciple [disáipl] *n.* 제자
endure [indjúər] *vi.* 지속하다
enter [éntər] *vt.* 들어가다
eternal [itə́ːrnəl] *a.* 영원한
head [hed] *vi.* …로 향하다
opposite [ápəzit] *a.* 반대편의
perform [pərfɔ́ːrm] *vt.* 행하다
realize [ríːəlàiz] *vt.* 깨닫다
require [rikwáiər] *vt.* 요구하다
seal [siːl] *n.* 도장
spoil [spɔil] *vi.* 썩다
thirsty [θə́ːrsti] *a.* 목마른

6:24 **neither A nor B**: A도 B도 아니다
6:26 **have one's fill**: 배불리 먹다, 실컷 맛보다
6:27 **not A but B**: A가 아니라 B이다
6:37 **drive away**: 몰아내다, 내쫓다
6:38 **come down from...**: …에서 내려오다

39 나를 보내신 이의 뜻은 내게 주신 자 중에 내가
하나도 잃어버리지 아니하고 마지막 날에 다시
살리는 이것이니라
40 내 아버지의 뜻은 아들을 보고 믿는 자마다 영생
을 얻는 이것이니 마지막 날에 내가 이를 다시
살리리라 하시니라
41 ●자기가 하늘에서 내려온 떡이라 하시므로 유
대인들이 예수에 대하여 수군거려
42 이르되 이는 요셉의 아들 예수가 아니냐 그 부모
를 우리가 아는데 자기가 지금 어찌하여 하늘에
서 내려왔다 하느냐
43 예수께서 대답하여 이르시되 너희는 서로 수군
거리지 말라
44 나를 보내신 아버지께서 이끌지 아니하시면 아
무도 내게 올 수 없으니 오는 그를 내가 마지막
날에 다시 살리리라
45 선지자의 글에 ㄱ그들이 다 하나님의 가르치심을
받으리라 기록되었은즉 아버지께 듣고 배운 사
람마다 내게로 오느니라
46 이는 아버지를 본 자가 있다는 것이 아니니라 오
직 하나님에게서 온 자만 아버지를 보았느니라
47 진실로 진실로 너희에게 이르노니 믿는 자는 영
생을 가졌나니
48 내가 곧 생명의 떡이니라
49 너희 조상들은 광야에서 만나를 먹었어도 죽었
거니와
50 이는 하늘에서 내려오는 떡이니 사람으로 하여
금 먹고 죽지 아니하게 하는 것이니라
51 나는 하늘에서 내려온 살아 있는 떡이니 사람이
이 떡을 먹으면 영생하리라 내가 줄 떡은 곧 세
상의 생명을 위한 내 살이니라 하시니라
52 ●그러므로 유대인들이 서로 다투어 이르되 이
사람이 어찌 능히 자기 살을 우리에게 주어 먹게
하겠느냐
53 예수께서 이르시되 내가 진실로 진실로 너희에게
이르노니 인자의 살을 먹지 아니하고 인자의 피
를 마시지 아니하면 너희 속에 생명이 없느니라
54 내 살을 먹고 내 피를 마시는 자는 영생을 가졌
고 마지막 날에 내가 그를 다시 살리리니
55 내 살은 참된 양식이요 내 피는 참된 음료로다
56 내 살을 먹고 내 피를 마시는 자는 내 안에 거하
고 나도 그의 안에 거하나니
57 살아 계신 아버지께서 나를 보내시매 내가 아버
지로 말미암아 사는 것같이 나를 먹는 그 사람도
나로 말미암아 살리라
58 이것은 하늘에서 내려온 떡이니 조상들이 먹고
도 죽은 그것과 같지 아니하여 이 떡을 먹는 자

39 who sent me. ●And this is the will of him
who sent me, that I shall lose none of all
those he has given me, but raise them up
40 at the last day. ●For my Father's will is
that everyone who looks to the Son and
believes in him shall have eternal life, and
I will raise them up at the last day."
41 ●At this the Jews there began to grum-
ble about him because he said, "I am the
bread that came down from heaven."
42 ●They said, "Is this not Jesus, the son of
Joseph, whose father and mother we
know? How can he now say, 'I came
down from heaven'?"
43 ●"Stop grumbling among yourselves,"
44 Jesus answered. ●"No one can come to me
unless the Father who sent me draws
them, and I will raise them up at the last
45 day. ●It is written in the Prophets: 'They
will all be taught by God.'[a] Everyone who
has heard the Father and learned from
46 him comes to me. ●No one has seen the
Father except the one who is from God;
47 only he has seen the Father. ●Very truly I
tell you, the one who believes has eternal
48-49 life. ●I am the bread of life. ●Your ances-
tors ate the manna in the wilderness, yet
50 they died. ●But here is the bread that
comes down from heaven, which anyone
51 may eat and not die. ●I am the living
bread that came down from heaven.
Whoever eats this bread will live forever.
This bread is my flesh, which I will give for
the life of the world."
52 ●Then the Jews began to argue sharply
among themselves, "How can this man
give us his flesh to eat?"
53 ●Jesus said to them, "Very truly I tell
you, unless you eat the flesh of the Son
of Man and drink his blood, you have
54 no life in you. ●Whoever eats my flesh
and drinks my blood has eternal life, and
55 I will raise them up at the last day. ●For
my flesh is real food and my blood is real
56 drink. ●Whoever eats my flesh and drinks
my blood remains in me, and I in them.
57 ●Just as the living Father sent me and I live
because of the Father, so the one who feeds
58 on me will live because of me. ●This is the
bread that came down from heaven. Your
ancestors ate manna and died, but whoev-

[a]45 Isaiah 54:13 ㄱ. 사 54:13

among [əmʌ́ŋ] *prep.* …중에
ancestor [ǽnsestər] *n.* 조상
argue [á:rgju:] *vi.* 논쟁하다
blood [blʌd] *n.* 피
draw [drɔ:] *vt.* 끌다
except [iksépt] *prep.* …외에는
flesh [fleʃ] *n.* 살
grumble [grʌ́mbl] *vi.* 불평하다
prophet [prɑ́fit] *n.* 선지자
raise [reiz] *vt.* 일으키다
remain [riméin] *vi.* 남다
sharply [ʃɑ́:rpli] *ad.* 날카롭게
unless [ənlés] *conj.* …가 아닌 한
wilderness [wíldərnis] *n.* 광야
yet [jet] *conj.* 하지만

6:40 look to...: …을 보다
6:41 begin to...: …하기 시작하다
6:45 learn from...: …에서 배우다
6:57 just as A so B: 마치 A인 것처럼 B이다
6:57 feed on...: …를 먹고 살다

는 영원히 살리라
59 이 말씀은 예수께서 가버나움 회당에서 가르치
실 때에 하셨느니라

영생의 말씀

60 ●제자 중 여럿이 듣고 말하되 이 말씀은 어렵도
다 누가 들을 수 있느냐 한대
61 예수께서 스스로 제자들이 이 말씀에 대하여 수
군거리는 줄 아시고 이르시되 이 말이 [1]너희에
게 걸림이 되느냐
62 그러면 너희는 인자가 이전에 있던 곳으로 올라
가는 것을 본다면 어떻게 하겠느냐
63 살리는 것은 영이니 육은 무익하니라 내가 너희
에게 이른 말은 영이요 생명이라
64 그러나 너희 중에 믿지 아니하는 자들이 있느니라
하시니 이는 예수께서 믿지 아니하는 자들이 누구
며 자기를 팔 자가 누구인지 처음부터 아심이러라
65 또 이르시되 그러므로 전에 너희에게 말하기를
내 아버지께서 오게 하여 주지 아니하시면 누구
든지 내게 올 수 없다 하였노라 하시니라
66 ●그때부터 그의 제자 중에서 많은 사람이 떠나
가고 다시 그와 함께 다니지 아니하더라
67 예수께서 열두 제자에게 이르시되 너희도 가려
느냐
68 시몬 베드로가 대답하되 주여 영생의 말씀이 주
께 있사오니 우리가 누구에게로 가오리이까
69 우리가 주는 하나님의 거룩하신 자이신 줄 믿고
알았사옵나이다
70 예수께서 대답하시되 내가 너희 열둘을 택하지
아니하였느냐 그러나 너희 중의 한 사람은 마귀
니라 하시니 15:16
71 이 말씀은 가룟 시몬의 아들 유다를 가리키심이
라 그는 열둘 중의 하나로 예수를 팔 자러라

형제들까지도 예수를 믿지 아니하다

7 그 후에 예수께서 갈릴리에서 다니시고 유대
에서 다니려 아니하심은 유대인들이 죽이려
함이러라
2 유대인의 명절인 초막절이 가까운지라
3 그 형제들이 예수께 이르되 당신이 행하는 일을
제자들도 보게 여기를 떠나 유대로 가소서
4 스스로 나타나기를 구하면서 묻혀서 일하는 사
람이 없나니 이 일을 행하려 하거든 자신을 세상
에 나타내소서 하니
5 이는 그 형제들까지도 예수를 믿지 아니함이러라
6 예수께서 이르시되 내 때는 아직 이르지 아니하
였거니와 너희 때는 늘 준비되어 있느니라
7 세상이 너희를 미워하지 아니하되 나를 미워하
나니 이는 내가 세상의 일들을 악하다고 증언함

er feeds on this bread will live forever."
59 ●He said this while teaching in the syna-
gogue in Capernaum.

Many Disciples Desert Jesus

60 ●On hearing it, many of his disciples
said, "This is a hard teaching. Who can
accept it?"
61 ●Aware that his disciples were grum-
bling about this, Jesus said to them, "Does
62 this offend you? ●Then what if you see the
Son of Man ascend to where he was before!
63 ●The Spirit gives life; the flesh counts for
nothing. The words I have spoken to
you — they are full of the Spirit[a] and life.
64 ●Yet there are some of you who do not
believe." For Jesus had known from the
beginning which of them did not believe
65 and who would betray him. ●He went on
to say, "This is why I told you that no one
can come to me unless the Father has
enabled them."
66 ●From this time many of his disciples
turned back and no longer followed him.
67 ●"You do not want to leave too, do
you?" Jesus asked the Twelve.
68 ●Simon Peter answered him, "Lord, to
whom shall we go? You have the words of
69 eternal life. ●We have come to believe and
to know that you are the Holy One of God."
70 ●Then Jesus replied, "Have I not chosen
you, the Twelve? Yet one of you is a devil!"
71 ●(He meant Judas, the son of Simon Iscar-
iot, who, though one of the Twelve, was
later to betray him.)

Jesus Goes to the Festival of Tabernacles

7 After this, Jesus went around in Galilee.
He did not want[b] to go about in Judea
because the Jewish leaders there were look-
2 ing for a way to kill him. ●But when the
Jewish Festival of Tabernacles was near,
3 ●Jesus' brothers said to him, "Leave Galilee
and go to Judea, so that your disciples there
4 may see the works you do. ●No one who
wants to become a public figure acts in
secret. Since you are doing these things,
5 show yourself to the world." ●For even his
own brothers did not believe in him.
6 ●Therefore Jesus told them, "My time is
not yet here; for you any time will do.
7 ●The world cannot hate you, but it hates

[a]63 Or *are Spirit*; or *are spirit* [b]1 Some manuscripts *not have authority* 1) 또는 너희로 실족하게 하느냐

ascend [əsénd] *vi.* 올라가다
betray [bitréi] *vt.* 배신하다
devil [dévl] *n.* 악마, 마귀
disciple [disáipl] *n.* 제자
enable [inéibl] *vt.* 가능케 하다
figure [fígjər] *n.* 인물
flesh [fleʃ] *n.* 살
grumble [grʌ́mbl] *vi.* 불평하다
hate [heit] *vt.* 미워하다
offend [əfénd] *vt.* 성나게 하다
public [pʌ́blik] *a.* 공적인
spirit [spírit] *n.* 영(靈)
synagogue [sínəgɑ̀g] *n.* (유대교) 회당
tabernacle [tǽbəːrnæ̀kl] *n.* 장막
unless [ənlés] *conj.* …가 아닌 한

6:60 on ~ing: ~하자마자 곧
6:62 what if...: …면 어떻게 될까
6:63 count for nothing: 하잘 것 없다
6:65 go on to...: 계속해서 …하다
6:66 no longer...: 더 이상 …않다
7:4 in secret: 비밀히, 남몰래

이라
8 너희는 명절에 올라가라 내 때가 아직 차지 못
하였으니 나는 이 명절에 아직 올라가지 아니
하노라
9 이 말씀을 하시고 갈릴리에 머물러 계시니라

명절을 지키러 올라가시다

10 ●그 형제들이 명절에 올라간 후에 자기도 올
라가시되 나타내지 않고 은밀히 가시니라
11 명절 중에 유대인들이 예수를 찾으면서 그가
어디 있느냐 하고
12 예수에 대하여 무리 중에서 수군거림이 많아
어떤 사람은 좋은 사람이라 하며 어떤 사람은
아니라 무리를 미혹한다 하나
13 그러나 유대인들을 두려워하므로 드러나게 그
에 대하여 말하는 자가 없더라
14 ●이미 명절의 중간이 되어 예수께서 성전에
올라가사 가르치시니 7:28
15 유대인들이 놀랍게 여겨 이르되 이 사람은 배
우지 아니하였거늘 어떻게 글을 아느냐 하니
16 예수께서 대답하여 이르시되 내 교훈은 내 것
이 아니요 나를 보내신 이의 것이니라 8:28
17 사람이 하나님의 뜻을 행하려 하면 이 교훈이
하나님께로부터 왔는지 내가 스스로 말함인지
알리라
18 스스로 말하는 자는 자기 영광만 구하되 보내
신 이의 영광을 구하는 자는 참되니 그 속에 불
의가 없느니라 8:50
19 모세가 너희에게 율법을 주지 아니하였느냐
너희 중에 율법을 지키는 자가 없도다 너희가
어찌하여 나를 죽이려 하느냐 마 12:14
20 무리가 대답하되 당신은 귀신이 들렸도다 누
가 당신을 죽이려 하나이까
21 예수께서 대답하여 이르시되 내가 한 가지 일
을 행하매 너희가 다 이로 말미암아 이상히 여
기는도다
22 모세가 너희에게 할례를 행했으니 (그러나 할
례는 모세에게서 난 것이 아니요 조상들에게
서 난 것이라) 그러므로 너희가 안식일에도 사
람에게 할례를 행하느니라 창 17:10
23 모세의 율법을 범하지 아니하려고 사람이 안
식일에도 할례를 받는 일이 있거든 내가 안식
일에 사람의 전신을 건전하게 한 것으로 너희
가 내게 노여워하느냐 막 3:5
24 외모로 판단하지 말고 공의롭게 판단하라 하
시니라

예수를 잡고자 하나

25 ●예루살렘 사람 중에서 어떤 사람이 말하되

me because I testify that its works are evil.
8 •You go to the festival. I am not[a] going up
to this festival, because my time has not yet
9 fully come." •After he had said this, he
stayed in Galilee.
10 •However, after his brothers had left for
the festival, he went also, not publicly, but
11 in secret. •Now at the festival the Jewish
leaders were watching for Jesus and asking,
"Where is he?"
12 •Among the crowds there was wide-
spread whispering about him. Some said,
"He is a good man."
Others replied, "No, he deceives the peo-
13 ple." •But no one would say anything pub-
licly about him for fear of the leaders.

Jesus Teaches at the Festival

14 •Not until halfway through the festival
did Jesus go up to the temple courts and
15 begin to teach. •The Jews there were amazed
and asked, "How did this man get such
learning without having been taught?"
16 •Jesus answered, "My teaching is not my
own. It comes from the one who sent me.
17 •Anyone who chooses to do the will of God
will find out whether my teaching comes
from God or whether I speak on my own.
18 •Whoever speaks on their own does so to
gain personal glory, but he who seeks the
glory of the one who sent him is a man of
truth; there is nothing false about him.
19 •Has not Moses given you the law? Yet not
one of you keeps the law. Why are you try-
ing to kill me?"
20 •"You are demon-possessed," the crowd
answered. "Who is trying to kill you?"
21 •Jesus said to them, "I did one miracle,
22 and you are all amazed. •Yet, because
Moses gave you circumcision (though actu-
ally it did not come from Moses, but from
the patriarchs), you circumcise a boy on the
23 Sabbath. •Now if a boy can be circumcised
on the Sabbath so that the law of Moses
may not be broken, why are you angry with
me for healing a man's whole body on the
24 Sabbath? •Stop judging by mere appear-
ances, but instead judge correctly."

Division Over Who Jesus Is

25 •At that point some of the people of
Jerusalem began to ask, "Isn't this the man

[a]8 Some manuscripts *not yet*

appearance [əpíərəns] *n.* 외양
circumcision [sə̀:rkəmsíʒən] *n.* 할례
correctly [kəréktli] *ad.* 바르게
court [kɔ:rt] *n.* 안뜰
crowd [kraud] *n.* 군중
deceive [disí:v] *vt.* 속이다
demon-possessed [dí:mən-pəzést] *a.* 악령에 홀린
false [fɔ:ls] *a.* 그릇된
halfway [hǽfwèi] *ad.* 중도에서
miracle [mírəkl] *n.* 기적
patriarch [péitriɑ̀:rk] *n.* 족장, 조상
temple [témpl] *n.* 성전
testify [téstəfài] *vi.* 증언하다
whisper [hwíspər] *vi.* 속삭이다
widespread [wáidspréd] *a.* 널리 퍼진

7:10 not A but B: A가 아니고 B이다
7:11 watch for...: …을 경계하다, 기다리다
7:13 for fear of...: …가 두렵기 때문에
7:20 try to...: …하려고 힘쓰다
7:23 be angry with...: …에게 화를 내다
7:25 begin to...: …하기 시작하다

이는 그들이 죽이고자 하는 그 사람이 아니냐
26 보라 드러나게 말하되 그들이 아무 말도 아니
하는도다 당국자들은 이 사람을 참으로 그리
스도인 줄 알았는가
27 그러나 우리는 이 사람이 어디서 왔는지 아노
라 그리스도께서 오실 때에는 어디서 오시는
지 아는 자가 없으리라 하는지라 막 6:3
28 예수께서 성전에서 가르치시며 외쳐 이르시되
너희가 나를 알고 내가 어디서 온 것도 알거니
와 내가 스스로 온 것이 아니니라 나를 보내신
이는 참되시니 너희는 그를 알지 못하나
29 나는 아노니 이는 내가 그에게서 났고 그가 나
를 보내셨음이라 하시니 마 11:27
30 그들이 예수를 잡고자 하나 손을 대는 자가 없
으니 이는 그의 때가 아직 이르지 아니하였음
이러라
31 무리 중의 많은 사람이 예수를 믿고 말하되 그
리스도께서 오실지라도 그 행하실 [1)]표적이 이
사람이 행한 것보다 더 많으랴 하니
32 예수에 대하여 무리가 수군거리는 것이 바리
새인들에게 들린지라 대제사장들과 바리새인
들이 그를 잡으려고 아랫사람들을 보내니
33 예수께서 이르시되 내가 너희와 함께 조금 더
있다가 나를 보내신 이에게로 돌아가겠노라
34 너희가 나를 찾아도 만나지 못할 터이요 나 있
는 곳에 오지도 못하리라 하시니
35 이에 유대인들이 서로 묻되 이 사람이 어디로
가기에 우리가 그를 만나지 못하리요 헬라인
중에 흩어져 사는 자들에게로 가서 헬라인을
가르칠 터인가
36 나를 찾아도 만나지 못할 터이요 나 있는 곳에
오지도 못하리라 한 이 말이 무슨 말이냐 하니라

배에서 생수의 강이 흘러나오리라

37 ●명절 끝날 곧 큰 날에 예수께서 서서 외쳐 이
르시되 누구든지 목마르거든 내게로 와서 마
시라
38 나를 믿는 자는 성경에 이름과 같이 그 배에서
생수의 강이 흘러나오리라 하시니 사 12:3
39 이는 그를 믿는 자들이 받을 성령을 가리켜 말
씀하신 것이라 (예수께서 아직 영광을 받지 않
으셨으므로 성령이 아직 그들에게 계시지 아
니하시더라)
40 이 말씀을 들은 무리 중에서 어떤 사람은 이 사
람이 참으로 그 선지자라 하며
41 어떤 사람은 그리스도라 하며 어떤 이들은 그
리스도가 어찌 갈릴리에서 나오겠느냐 1:46
42 [ㄱ]성경에 이르기를 그리스도는 다윗의 씨로 또

26 they are trying to kill? •Here he is, speaking
publicly, and they are not saying a word to
him. Have the authorities really concluded
27 that he is the Messiah? •But we know
where this man is from; when the Messiah
comes, no one will know where he is from."
28 •Then Jesus, still teaching in the temple
courts, cried out, "Yes, you know me, and
you know where I am from. I am not here
on my own authority, but he who sent me
29 is true. You do not know him, •but I know
him because I am from him and he sent
me."
30 •At this they tried to seize him, but no
one laid a hand on him, because his hour
31 had not yet come. •Still, many in the crowd
believed in him. They said, "When the Mes-
siah comes, will he perform more signs than
this man?"
32 •The Pharisees heard the crowd whisper-
ing such things about him. Then the chief
priests and the Pharisees sent temple guards
to arrest him.
33 •Jesus said, "I am with you for only a
short time, and then I am going to the one
34 who sent me. •You will look for me, but
you will not find me; and where I am, you
cannot come."
35 •The Jews said to one another, "Where
does this man intend to go that we cannot
find him? Will he go where our people live
scattered among the Greeks, and teach the
36 Greeks? •What did he mean when he said,
'You will look for me, but you will not find
me,' and 'Where I am, you cannot come'?"
37 •On the last and greatest day of the fes-
tival, Jesus stood and said in a loud voice,
"Let anyone who is thirsty come to me
38 and drink. •Whoever believes in me, as
Scripture has said, rivers of living water
39 will flow from within them."[a] •By this he
meant the Spirit, whom those who believ-
ed in him were later to receive. Up to that
time the Spirit had not been given, since
Jesus had not yet been glorified.
40 •On hearing his words, some of the peo-
ple said, "Surely this man is the Prophet."
41 •Others said, "He is the Messiah."
Still others asked, "How can the Messiah
42 come from Galilee? •Does not Scripture say

[a]37,38 Or *me. And let anyone drink* [38]*who believes in me." As Scripture has said, "Out of him* (or *them*) *will flow rivers of living water."*

1) 또는 이적 ㄱ. 삼하 7:12 이하; 미 5:2

arrest [əré́st] *vt.* 체포하다
authority [əθɔ́:rəti] *n.* 권위
chief [tʃi:f] *n.* 장, 상관
conclude [kənklú:d] *vt.* 결론짓다
glorify [glɔ́:rəfài] *vt.* 영화롭게 하다
guard [ga:rd] *n.* 호위병
perform [pərfɔ́:rm] *vt.* 행하다
priest [pri:st] *n.* 제사장, 성직자
publicly [pʌ́blikli] *ad.* 공개적으로
receive [risí:v] *vt.* 받다
scatter [skǽtər] *vi.* 흩어지다
Scripture [skríptʃər] *n.* 성경
seize [si:z] *vt.* 붙잡다
thirsty [θɔ́:rsti] *a.* 목마른
whisper [hwíspər] *vi.* 속삭이다

7:30 lay a hand on...: …에 손을 대다
7:31 more than...: …이상으로
7:34 look for...: …을 찾다
7:35 intend to...: …할 작정이다
7:39 believe in...: …의 존재를 믿다
7:39 up to...: …의 때까지

다윗이 살던 마을 베들레헴에서 나오리라 하
지 아니하였느냐 하며
43 예수로 말미암아 무리 중에서 쟁론이 되니
44 그 중에는 그를 잡고자 하는 자들도 있으나
손을 대는 자가 없었더라 7:30

대제사장들과 바리새인들은 믿지 않다

45 ●아랫사람들이 대제사장들과 바리새인들에
게로 오니 그들이 묻되 어찌하여 잡아오지
아니하였느냐
46 아랫사람들이 대답하되 그 사람이 말하는 것
처럼 말한 사람은 이때까지 없었나이다 하니
47 바리새인들이 대답하되 너희도 미혹되었느
냐
48 당국자들이나 바리새인 중에 그를 믿는 자가
있느냐
49 율법을 알지 못하는 이 무리는 저주를 받은
자로다
50 그 중의 한 사람 곧 전에 예수께 왔던 니고데
모가 그들에게 말하되
51 우리 율법은 사람의 말을 듣고 그 행한 것을
알기 전에 심판하느냐
52 그들이 대답하여 이르되 너도 갈릴리에서 왔
느냐 찾아보라 갈릴리에서는 선지자가 나지
못하느니라 하였더라

음행 중에 잡혀온 여자가 용서받다

53 [1][다 각각 집으로 돌아가고
8 예수는 감람산으로 가시니라
2 아침에 다시 성전으로 들어오시니 백성
이 다 나아오는지라 앉으사 그들을 가르치시
더니
3 서기관들과 바리새인들이 음행 중에 잡힌 여
자를 끌고 와서 가운데 세우고
4 예수께 말하되 선생이여 이 여자가 간음하다
가 현장에서 잡혔나이다
5 ㄱ모세는 율법에 이러한 여자를 돌로 치라 명
하였거니와 선생은 어떻게 말하겠나이까
6 그들이 이렇게 말함은 고발할 조건을 얻고자
하여 예수를 시험함이러라 예수께서 몸을 굽
히사 손가락으로 땅에 쓰시니
7 그들이 묻기를 마지 아니하는지라 이에 일어
나 이르시되 너희 중에 죄 없는 자가 먼저 돌
로 치라 하시고 롬 2:1
8 다시 몸을 굽혀 손가락으로 땅에 쓰시니
9 그들이 이 말씀을 듣고 양심에 가책을 느껴
어른으로 시작하여 젊은이까지 하나씩 하나
씩 나가고 오직 예수와 그 가운데 섰는 여자
만 남았더라

that the Messiah will come from David's
descendants and from Bethlehem, the town
43 where David lived?" ●Thus the people were
44 divided because of Jesus. ●Some wanted to
seize him, but no one laid a hand on him.

Unbelief of the Jewish Leaders

45 ●Finally the temple guards went back to
the chief priests and the Pharisees, who asked
them, "Why didn't you bring him in?"
46 ●"No one ever spoke the way this man
does," the guards replied.
47 ●"You mean he has deceived you also?" the
48 Pharisees retorted. ●"Have any of the rulers or
49 of the Pharisees believed in him? ●No! But
this mob that knows nothing of the law—
there is a curse on them."
50 ●Nicodemus, who had gone to Jesus earlier
and who was one of their own number,
51 asked, ●"Does our law condemn a man with-
out first hearing him to find out what he has
been doing?"
52 ●They replied, "Are you from Galilee, too?
Look into it, and you will find that a prophet
does not come out of Galilee."

[The earliest manuscripts and many other
ancient witnesses do not have John 7:53—
8:11. A few manuscripts include these verses,
wholly or in part, after John 7:36, John 21:25,
Luke 21:38 or Luke 24:53.]

53-1 8 ●*Then they all went home, ●but Jesus*
went to the Mount of Olives.
2 ●*At dawn he appeared again in the temple*
courts, where all the people gathered around
3 *him, and he sat down to teach them. ●The*
teachers of the law and the Pharisees brought
in a woman caught in adultery. They made her
4 *stand before the group ●and said to Jesus,*
"Teacher, this woman was caught in the act of
5 *adultery. ●In the Law Moses commanded us to*
stone such women. Now what do you say?"
6 ●*They were using this question as a trap, in*
order to have a basis for accusing him.
But Jesus bent down and started to write on
7 *the ground with his finger. ●When they kept on*
questioning him, he straightened up and said to
them, "Let any one of you who is without sin be
8 *the first to throw a stone at her." ●Again he*
stooped down and wrote on the ground.
9 ●*At this, those who heard began to go away*
one at a time, the older ones first, until only
Jesus was left, with the woman still standing

1) 어떤 사본에, 7:53부터 8:11까지 없음 ㄱ. 레 20:10; 신 22:22 이하

accuse [əkjúːz] *vt.* 고소하다
adultery [ədʌ́ltəri] *n.* 간음
ancient [éinʃənt] *a.* 고대의
appear [əpíər] *vi.* 나타나다
command [kəmǽnd] *vt.* 명령하다
condemn [kəndém] *vt.* 비난하다
curse [kəːrs] *n.* 저주
divide [diváid] *vt.* 나누다
manuscript [mǽnjuskrìpt] *n.* 사본
mob [mab] *n.* 군중
retort [ritɔ́ːrt] *vt.* 말대꾸하다
ruler [rúːlər] *n.* 통치자
stoop [stuːp] *vi.* 몸을 구부리다
straighten [stréitn] *vi.* 곧게 펴다
witness [wítnis] *n.* 증인

7:51 find out...: …임을 알아내다
7:52 look into...: …을 조사하다, 살펴보다
8:2 gather around...: …의 주변에 모이다
8:6 in order to...: …하기 위하여
8:6 bend down: 구부리다
8:7 keep on ~ing: 계속해서 ~하다

10 예수께서 일어나사 여자 외에 아무도 없는 것
을 보시고 이르시되 여자여 너를 고발하던 그
들이 어디 있느냐 너를 정죄한 자가 없느냐
11 대답하되 주여 없나이다 예수께서 이르시되
나도 너를 정죄하지 아니하노니 가서 다시는
죄를 범하지 말라 하시니라]

나는 세상의 빛

12 ●예수께서 또 말씀하여 이르시되 나는 세상
의 빛이니 나를 따르는 자는 어둠에 다니지 아
니하고 생명의 빛을 얻으리라 1:4
13 바리새인들이 이르되 네가 너를 위하여 증언
하니 네 증언은 참되지 아니하도다 5:31
14 예수께서 대답하여 이르시되 내가 나를 위하여
증언하여도 내 증언이 참되니 나는 내가 어디서
오며 어디로 가는 것을 알거니와 너희는 내가
어디서 오며 어디로 가는 것을 알지 못하느니라
15 너희는 육체를 따라 판단하나 나는 아무도 판
단하지 아니하노라
16 만일 내가 판단하여도 내 판단이 참되니 이는
내가 혼자 있는 것이 아니요 나를 보내신 이가
나와 함께 계심이라
17 너희 ㄱ율법에도 두 사람의 증언이 참되다 기록
되었으니
18 내가 나를 위하여 증언하는 자가 되고 나를 보
내신 아버지도 나를 위하여 증언하시느니라
19 이에 그들이 묻되 네 아버지가 어디 있느냐 예
수께서 대답하시되 너희는 나를 알지 못하고
내 아버지도 알지 못하는도다 나를 알았더라
면 내 아버지도 알았으리라 14:7, 9
20 이 말씀은 성전에서 가르치실 때에 헌금함 앞
에서 하셨으나 잡는 사람이 없으니 이는 그의
때가 아직 이르지 아니하였음이러라

내가 가는 곳

21 ●다시 이르시되 내가 가리니 너희가 나를 찾
다가 너희 죄 가운데서 죽겠고 내가 가는 곳에
는 너희가 오지 못하리라
22 유대인들이 이르되 그가 말하기를 내가 가는
곳에는 너희가 오지 못하리라 하니 그가 자결
하려는가
23 예수께서 이르시되 너희는 아래에서 났고 나
는 위에서 났으며 너희는 이 세상에 속하였고
나는 이 세상에 속하지 아니하였느니라
24 그러므로 내가 너희에게 말하기를 너희가 너
희 죄 가운데서 죽으리라 하였노라 너희가 만
일 내가 그인 줄 믿지 아니하면 너희 죄 가운데
서 죽으리라
25 그들이 말하되 네가 누구냐 예수께서 이르시

10 *there.* ●*Jesus straightened up and asked her,*
"Woman, where are they? Has no one con-
demned you?"
11 ●*"No one, sir," she said.*
"Then neither do I condemn you," Jesus
declared. "Go now and leave your life of sin."

Dispute Over Jesus' Testimony

12 ●When Jesus spoke again to the people,
he said, "I am the light of the world. Who-
ever follows me will never walk in darkness,
but will have the light of life."
13 ●The Pharisees challenged him, "Here
you are, appearing as your own witness;
your testimony is not valid."
14 ●Jesus answered, "Even if I testify on my
own behalf, my testimony is valid, for I
know where I came from and where I am
going. But you have no idea where I come
15 from or where I am going. ●You judge by
human standards; I pass judgment on no
16 one. ●But if I do judge, my decisions are
true, because I am not alone. I stand with
17 the Father, who sent me. ●In your own Law
it is written that the testimony of two wit-
18 nesses is true. ●I am one who testifies for
myself; my other witness is the Father, who
sent me."
19 ●Then they asked him, "Where is your
father?"
"You do not know me or my Father,"
Jesus replied. "If you knew me, you would
20 know my Father also." ●He spoke these
words while teaching in the temple courts
near the place where the offerings were put.
Yet no one seized him, because his hour had
not yet come.

Dispute Over Who Jesus Is

21 ●Once more Jesus said to them, "I am
going away, and you will look for me, and
you will die in your sin. Where I go, you
cannot come."
22 ●This made the Jews ask, "Will he kill
himself? Is that why he says, 'Where I go,
you cannot come'?"
23 ●But he continued, "You are from below;
I am from above. You are of this world; I am
24 not of this world. ●I told you that you would
die in your sins; if you do not believe that
I am he, you will indeed die in your sins."
25 ●"Who are you?" they asked.

ㄱ. 신 19:15; 17:6

behalf [bihǽf] *n.* 이익
below [bilóu] *ad.* 아래에
challenge [tʃǽlindʒ] *vt.* 도전하다
condemn [kəndém] *vt.* 비난하다
continue [kəntínjuː] *vt.* 계속하다
decision [disíʒən] *n.* 결정
declare [dikléər] *vi.* 선포하다
indeed [indíːd] *ad.* 정말로
offering [ɔ́ːfəriŋ] *n.* 제물
reply [ripláì] *vt.* 대답하다
seize [siːz] *vt.* (…을) 붙잡다
standard [stǽndərd] *n.* 기준
testimony [téstəmòuni] *n.* 증거
valid [vǽlid] *a.* 확실한
witness [wítnis] *vi.* 증언하다

8:15 pass judgment on...: …를 판단하다
8:16 stand with...: …를 지지하다
8:18 for oneself: 자기를 위해서
8:21 go away: 떠나다
8:21 look for...: …을 찾다

되 나는 처음부터 너희에게 말하여 온 자니라
26 내가 너희에게 대하여 말하고 판단할 것이 많
으나 나를 보내신 이가 참되시매 내가 그에게
들은 그것을 세상에 말하노라 하시되 15:15
27 그들은 아버지를 가리켜 말씀하신 줄을 깨닫
지 못하더라
28 이에 예수께서 이르시되 너희가 인자를 든 후
에 내가 그인 줄을 알고 또 내가 스스로 아무것
도 하지 아니하고 오직 아버지께서 가르치신
대로 이런 것을 말하는 줄도 알리라
29 나를 보내신 이가 나와 함께하시도다 나는 항
상 그가 기뻐하시는 일을 행하므로 나를 혼자
두지 아니하셨느니라
30 이 말씀을 하시매 많은 사람이 믿더라

진리가 너희를 자유롭게 하리라 (♪ 57, 259, 268장)

31 ●그러므로 예수께서 자기를 믿은 유대인들에
게 이르시되 너희가 내 말에 거하면 참으로 내
제자가 되고
32 진리를 알지니 진리가 너희를 자유롭게 하리
라
33 그들이 대답하되 우리가 아브라함의 자손이라
남의 종이 된 적이 없거늘 어찌하여 우리가 자
유롭게 되리라 하느냐
34 예수께서 대답하시되 진실로 진실로 너희에게
이르노니 죄를 범하는 자마다 죄의 종이라
35 종은 영원히 집에 거하지 못하되 아들은 영원
히 거하나니
36 그러므로 아들이 너희를 자유롭게 하면 너희
가 참으로 자유로우리라
37 나도 너희가 아브라함의 자손인 줄 아노라 그
러나 내 말이 너희 안에 있을 곳이 없으므로 나
를 죽이려 하는도다
38 나는 내 아버지에게서 본 것을 말하고 너희는
너희 아비에게서 들은 것을 행하느니라
39 대답하여 이르되 우리 아버지는 아브라함이라
하니 예수께서 이르시되 너희가 아브라함의 자
손이면 아브라함이 행한 일들을 할 것이거늘
40 지금 하나님께 들은 진리를 너희에게 말한 사
람인 나를 죽이려 하는도다 아브라함은 이렇
게 하지 아니하였느니라
41 너희는 너희 아비가 행한 일들을 하는도다 대
답하되 우리가 음란한 데서 나지 아니하였고
아버지는 한 분뿐이시니 곧 하나님이시로다
42 예수께서 이르시되 하나님이 너희 아버지였으
면 너희가 나를 사랑하였으리니 이는 내가 하
나님께로부터 나와서 왔음이라 나는 스스로 온
것이 아니요 아버지께서 나를 보내신 것이니라

"Just what I have been telling you from
26 the beginning," Jesus replied. ●"I have
much to say in judgment of you. But he
who sent me is trustworthy, and what I
have heard from him I tell the world."
27 ●They did not understand that he was
28 telling them about his Father. ●So Jesus said,
"When you have lifted up[a] the Son of Man,
then you will know that I am he and that I
do nothing on my own but speak just what
29 the Father has taught me. ●The one who
sent me is with me; he has not left me alone,
30 for I always do what pleases him." ●Even
as he spoke, many believed in him.

Dispute Over Whose Children Jesus' Opponents Are

31 ●To the Jews who had believed him, Jesus
said, "If you hold to my teaching, you are
32 really my disciples. ●Then you will know
the truth, and the truth will set you free."
33 ●They answered him, "We are Abraham's
descendants and have never been slaves of
anyone. How can you say that we shall be
set free?"
34 ●Jesus replied, "Very truly I tell you, every-
35 one who sins is a slave to sin. ●Now a slave
has no permanent place in the family, but a
36 son belongs to it forever. ●So if the Son sets
37 you free, you will be free indeed. ●I know
that you are Abraham's descendants. Yet
you are looking for a way to kill me, because
38 you have no room for my word. ●I am tell-
ing you what I have seen in the Father's pres-
ence, and you are doing what you have
heard from your father.[b]"
39 ●"Abraham is our father," they answered.
"If you were Abraham's children," said
Jesus, "then you would[c] do what Abraham
40 did. ●As it is, you are looking for a way to
kill me, a man who has told you the truth
that I heard from God. Abraham did not do
41 such things. ●You are doing the works of
your own father."
"We are not illegitimate children," they
protested. "The only Father we have is God
himself."
42 ●Jesus said to them, "If God were your
Father, you would love me, for I have come
here from God. I have not come on my

[a]28 The Greek for *lifted up* also means *exalted*.
[b]38 Or *presence. Therefore do what you have heard from the Father.* [c]39 Some early manuscripts *"If you are Abraham's children," said Jesus, "then*

answer [ǽnsər] *vt.* 대답하다
believe [bilíːv] *vt.* 믿다
descendant [diséndənt] *n.* 후손
disciple [disáipl] *n.* 제자
forever [fərévər] *ad.* 영원히
illegitimate [ìlidʒítəmət] *a.* 불법의
permanent [pə́ːrmənənt] *a.* 영구적인
please [pliːz] *vt.* 기쁘게 하다
presence [prézns] *n.* 임재
protest [próutest] *vt.* 항의하다
room [ruːm] *n.* 공간, 여지
slave [sleiv] *n.* 종
trustworthy [trʌ́stwəːrði] *a.* 신뢰할 수 있는
truth [truːθ] *n.* 진리
understand [ʌndərstǽnd] *vt.* 이해하다

8:28 lift up: 들어 올리다
8:28 on one's own: 스스로, 혼자 힘으로, 독립하여
8:32 set free: 자유케하다
8:35 belong to...: …에 속하다
8:40 as it is: 그러나 실정은

43 어찌하여 내 말을 깨닫지 못하느냐 이는 내 말을
들을 줄 알지 못함이로다
44 너희는 너희 아비 마귀에게서 났으니 너희 아비의
욕심대로 너희도 행하고자 하느니라 그는 처음
부터 살인한 자요 [1]진리가 그 속에 없으므로 [1]진
리에 서지 못하고 거짓을 말할 때마다 제 것으로
말하나니 이는 그가 거짓말쟁이요 거짓의 아비
가 되었음이라
45 내가 [1]진리를 말하므로 너희가 나를 믿지 아니하
는도다 18:37
46 너희 중에 누가 나를 죄로 책잡겠느냐 내가 [1]진리
를 말하는데도 어찌하여 나를 믿지 아니하느냐
47 하나님께 속한 자는 하나님의 말씀을 듣나니 너
희가 듣지 아니함은 하나님께 속하지 아니하였
음이로다
48 유대인들이 대답하여 이르되 우리가 너를 사마
리아 사람이라 또는 귀신이 들렸다 하는 말이 옳
지 아니하냐 10:20
49 예수께서 대답하시되 나는 귀신 들린 것이 아니
라 오직 내 아버지를 공경함이거늘 너희가 나를
무시하는도다
50 나는 내 영광을 구하지 아니하나 구하고 판단하
시는 이가 계시니라
51 진실로 진실로 너희에게 이르노니 사람이 내 말
을 지키면 영원히 죽음을 보지 아니하리라
52 유대인들이 이르되 지금 네가 귀신 들린 줄을 아
노라 아브라함과 선지자들도 죽었거늘 네 말은
사람이 내 말을 지키면 영원히 죽음을 맛보지 아
니하리라 하니
53 너는 이미 죽은 우리 조상 아브라함보다 크냐 또
선지자들도 죽었거늘 너는 너를 누구라 하느냐
54 예수께서 대답하시되 내가 내게 영광을 돌리면
내 영광이 아무것도 아니거니와 내게 영광을 돌
리시는 이는 내 아버지시니 곧 너희가 너희 하나
님이라 칭하는 그이시라 16:14
55 너희는 그를 알지 못하되 나는 아노니 만일 내가
알지 못한다 하면 나도 너희같이 거짓말쟁이가
되리라 나는 그를 알고 또 그의 말씀을 지키노라
56 너희 조상 아브라함은 나의 때 볼 것을 즐거워하
다가 보고 기뻐하였느니라
57 유대인들이 이르되 네가 아직 오십 세도 못되었
는데 아브라함을 보았느냐
58 예수께서 이르시되 진실로 진실로 너희에게 이
르노니 아브라함이 나기 전부터 내가 있느니라
하시니
59 그들이 돌을 들어 치려 하거늘 예수께서 숨어 성
전에서 나가시니라 10:31

43 own; God sent me. •Why is my language
not clear to you? Because you are unable
44 to hear what I say. •You belong to your
father, the devil, and you want to carry
out your father's desires. He was a mur-
derer from the beginning, not holding to
the truth, for there is no truth in him.
When he lies, he speaks his native lan-
guage, for he is a liar and the father of lies.
45 •Yet because I tell the truth, you do not
46 believe me! •Can any of you prove me
guilty of sin? If I am telling the truth, why
47 don't you believe me? •Whoever belongs
to God hears what God says. The reason
you do not hear is that you do not belong
to God."

Jesus' Claims About Himself

48 •The Jews answered him, "Aren't we
right in saying that you are a Samaritan
and demon-possessed?"
49 •"I am not possessed by a demon," said
Jesus, "but I honor my Father and you dis-
50 honor me. •I am not seeking glory for
myself; but there is one who seeks it, and
51 he is the judge. •Very truly I tell you, who-
ever obeys my word will never see death."
52 •At this they exclaimed, "Now we
know that you are demon-possessed!
Abraham died and so did the prophets,
yet you say that whoever obeys your
53 word will never taste death. •Are you
greater than our father Abraham? He
died, and so did the prophets. Who do
you think you are?"
54 •Jesus replied, "If I glorify myself, my
glory means nothing. My Father, whom
you claim as your God, is the one who
55 glorifies me. •Though you do not know
him, I know him. If I said I did not, I
would be a liar like you, but I do know
56 him and obey his word. •Your father
Abraham rejoiced at the thought of seeing
my day; he saw it and was glad."
57 •"You are not yet fifty years old," they
said to him, "and you have seen Abra-
ham!"
58 •"Very truly I tell you," Jesus answered,
59 "before Abraham was born, I am!" •At
this, they picked up stones to stone him,
but Jesus hid himself, slipping away from
the temple grounds.

1) 또는 참된 것

believe [bilíːv] *vi.* 믿다
demon-possessed [díːmən-pəzést] *a.* 악령에 홀린
desire [dizáiər] *n.* 갈망
devil [dévl] *n.* 악마, 마귀
dishonor [disánər] *vt.* 명예를 손상시키다
exclaim [ikskléim] *vt.* 외치다
glorify [glɔ́ːrəfài] *vt.* 영화롭게 하다
hold [hould] *vt.* 소유하다
liar [láiər] *n.* 거짓말쟁이
murderer [mə́ːrdərər] *n.* 살인자
obey [oubéi] *vt.* 지키다
rejoice [ridʒɔ́is] *vi.* 기뻐하다
taste [teist] *vt.* 맛보다
temple [témpl] *n.* 성전
unable [ʌnéibl] *a.* 불능의

8:44 belong to...: …에게 속하다
8:46 prove...guilty of sin: …가 유죄임을 입증하다
8:49 be possessed by...: …에 사로잡히다, 소유되다
8:59 slip away: 살짝 가버리다

날 때부터 맹인 된 사람을 고치시다 (♪330, 447장)

9 예수께서 길을 가실 때에 날 때부터 맹인 된
사람을 보신지라
2 제자들이 물어 이르되 랍비여 이 사람이 맹인
으로 난 것이 누구의 죄로 인함이니이까 자기
니이까 그의 부모니이까
3 예수께서 대답하시되 이 사람이나 그 부모의
죄로 인한 것이 아니라 그에게서 하나님이 하
시는 일을 나타내고자 하심이라
4 때가 아직 낮이매 나를 보내신 이의 일을 우리
가 하여야 하리라 밤이 오리니 그때는 아무도
일할 수 없느니라
5 내가 세상에 있는 동안에는 세상의 빛이로라
6 이 말씀을 하시고 땅에 침을 뱉어 진흙을 이겨
그의 눈에 바르시고
7 이르시되 실로암 못에 가서 씻으라 하시니 (실
로암은 번역하면 보냄을 받았다는 뜻이라) 이
에 가서 씻고 밝은 눈으로 왔더라
8 이웃 사람들과 전에 그가 걸인인 것을 보았던
사람들이 이르되 이는 앉아서 구걸하던 자가
아니냐
9 어떤 사람은 그 사람이라 하며 어떤 사람은 아
니라 그와 비슷하다 하거늘 자기 말은 내가 그
라 하니
10 그들이 묻되 그러면 네 눈이 어떻게 떠졌느냐
11 대답하되 예수라 하는 그 사람이 진흙을 이겨
내 눈에 바르고 나더러 실로암에 가서 씻으라
하기에 가서 씻었더니 보게 되었노라
12 그들이 이르되 그가 어디 있느냐 이르되 알지
못하노라 하니라

보게 된 맹인과 바리새인들

13 ●그들이 전에 맹인이었던 사람을 데리고 바
리새인들에게 갔더라
14 예수께서 진흙을 이겨 눈을 뜨게 하신 날은 안
식일이라 5:9
15 그러므로 바리새인들도 그가 어떻게 보게 되
었는지를 물으니 이르되 그 사람이 진흙을 내
눈에 바르매 내가 씻고 보나이다 하니
16 바리새인 중에 어떤 사람은 말하되 이 사람이
안식일을 지키지 아니하니 하나님께로부터 온
자가 아니라 하며 어떤 사람은 말하되 죄인으
로서 어떻게 이러한 [1]표적을 행하겠느냐 하여
그들 중에 분쟁이 있었더니 7:43
17 이에 맹인되었던 자에게 다시 묻되 그 사람이
네 눈을 뜨게 하였으니 너는 그를 어떠한 사람
이라 하느냐 대답하되 선지자니이다 하니
18 유대인들이 그가 맹인으로 있다가 보게 된 것

Jesus Heals a Man Born Blind

9 As he went along, he saw a man blind
2 from birth. ●His disciples asked him,
"Rabbi, who sinned, this man or his parents,
that he was born blind?"
3 ●"Neither this man nor his parents sin-
ned," said Jesus, "but this happened so that
the works of God might be displayed in
4 him. ●As long as it is day, we must do the
works of him who sent me. Night is coming,
5 when no one can work. ●While I am in
the world, I am the light of the world."
6 ●After saying this, he spit on the ground,
made some mud with the saliva, and put
7 it on the man's eyes. ●"Go," he told him,
"wash in the Pool of Siloam" (this word
means "Sent"). So the man went and wash-
ed, and came home seeing.
8 ●His neighbors and those who had for-
merly seen him begging asked, "Isn't this
the same man who used to sit and beg?"
9 ●Some claimed that he was.
Others said, "No, he only looks like him."
But he himself insisted, "I am the man."
10 ●"How then were your eyes opened?"
they asked.
11 ●He replied, "The man they call Jesus
made some mud and put it on my eyes. He
told me to go to Siloam and wash. So I went
and washed, and then I could see."
12 ●"Where is this man?" they asked him.
"I don't know," he said.

The Pharisees Investigate the Healing

13 ●They brought to the Pharisees the man
14 who had been blind. ●Now the day on
which Jesus had made the mud and opened
15 the man's eyes was a Sabbath. ●Therefore
the Pharisees also asked him how he had
received his sight. "He put mud on my eyes,"
the man replied, "and I washed, and now I
see."
16 ●Some of the Pharisees said, "This man is
not from God, for he does not keep the Sab-
bath."
But others asked, "How can a sinner per-
form such signs?" So they were divided.
17 ●Then they turned again to the blind
man, "What have you to say about him? It
was your eyes he opened."
The man replied, "He is a prophet."
18 ●They still did not believe that he had

1) 또는 이적

beg [beg] *vi.* 구걸하다
blind [blaind] *a.* 눈 먼
claim [kleim] *vt.* 주장하다
disciple [disáipl] *n.* 제자
display [displéi] *vt.* 보여주다
divide [diváid] *vt.* 나누다
formerly [fɔ́:rmərli] *ad.* 전에
insist [insíst] *vt.* 주장하다
mud [mʌd] *n.* 진흙
prophet [prɑ́fit] *n.* 선지자
receive [risí:v] *vt.* 받다
reply [riplái] *vi.* 대답하다
saliva [səlaivə] *n.* 침
sign [sain] *n.* 표적
sinner [sínər] *n.* 죄인

9:1 go along: 나아가다
9:3 neither A nor B: A도 B도 아니다
9:4 as long as...: …일 때
9:6 spit on...: …에 침을 뱉다
9:8 used to...: 언제나 …하곤 했었다
9:15 put ... on~: …을 ~에 바르다

을 믿지 아니하고 그 부모를 불러 묻되 9:22
19 이는 너희 말에 맹인으로 났다 하는 너희 아들
이냐 그러면 지금은 어떻게 해서 보느냐
20 그 부모가 대답하여 이르되 이 사람이 우리 아
들인 것과 맹인으로 난 것을 아나이다
21 그러나 지금 어떻게 해서 보는지 또는 누가 그
눈을 뜨게 하였는지 우리는 알지 못하나이다
그에게 물어보소서 그가 장성하였으니 자기
일을 말하리이다
22 그 부모가 이렇게 말한 것은 이미 유대인들이 누
구든지 예수를 그리스도로 시인하는 자는 출교
하기로 결의하였으므로 그들을 무서워함이러라
23 이러므로 그 부모가 말하기를 그가 장성하였
으니 그에게 물어보소서 하였더라 9:21
24 이에 그들이 맹인이었던 사람을 두 번째 불러
이르되 너는 하나님께 영광을 돌리라 우리는
이 사람이 죄인인 줄 아노라
25 대답하되 그가 죄인인지 내가 알지 못하나 한
가지 아는 것은 내가 맹인으로 있다가 지금 보
는 그것이니이다
26 그들이 이르되 그 사람이 네게 무엇을 하였느
냐 어떻게 네 눈을 뜨게 하였느냐
27 대답하되 내가 이미 일렀어도 듣지 아니하고
어찌하여 다시 듣고자 하나이까 당신들도 그
의 제자가 되려 하나이까
28 그들이 욕하여 이르되 너는 그의 제자이나 우
리는 모세의 제자라
29 하나님이 모세에게는 말씀하신 줄을 우리가 알
거니와 이 사람은 어디서 왔는지 알지 못하노라
30 그 사람이 대답하여 이르되 이상하다 이 사람
이 내 눈을 뜨게 하였으되 당신들은 그가 어디
서 왔는지 알지 못하는도다
31 하나님이 죄인의 말을 듣지 아니하시고 경건
하여 그의 뜻대로 행하는 자의 말은 들으시는
줄을 우리가 아나이다
32 창세 이후로 맹인으로 난 자의 눈을 뜨게 하였
다 함을 듣지 못하였으니
33 이 사람이 하나님께로부터 오지 아니하였으면
아무 일도 할 수 없으리이다
34 그들이 대답하여 이르되 네가 온전히 죄 가운
데서 나서 우리를 가르치느냐 하고 이에 쫓아
내어 보내니라
35 ●예수께서 그들이 그 사람을 쫓아냈다 하는
말을 들으셨더니 그를 만나사 이르시되 네가
1)인자를 믿느냐 마 16:16
36 대답하여 이르되 주여 그가 누구시오니이까

been blind and had received his sight until
19 they sent for the man's parents. •"Is this
your son?" they asked. "Is this the one you
say was born blind? How is it that now he
can see?"
20 •"We know he is our son," the parents
answered, "and we know he was born blind.
21 •But how he can see now, or who opened
his eyes, we don't know. Ask him. He is of
22 age; he will speak for himself." •His parents
said this because they were afraid of the Jewish leaders, who already had decided that
anyone who acknowledged that Jesus was
the Messiah would be put out of the synagogue.
23 •That was why his parents said, "He
is of age; ask him."
24 •A second time they summoned the man
who had been blind. "Give glory to God by
telling the truth," they said. "We know this
man is a sinner."
25 •He replied, "Whether he is a sinner or
not, I don't know. One thing I do know. I
was blind but now I see!"
26 •Then they asked him, "What did he do
to you? How did he open your eyes?"
27 •He answered, "I have told you already
and you did not listen. Why do you want to
hear it again? Do you want to become his
disciples too?"
28 •Then they hurled insults at him and
said, "You are this fellow's disciple! We are
29 disciples of Moses! •We know that God
spoke to Moses, but as for this fellow, we
don't even know where he comes from."
30 •The man answered, "Now that is
remarkable! You don't know where he
31 comes from, yet he opened my eyes. •We
know that God does not listen to sinners. He
listens to the godly person who does his will.
32 •Nobody has ever heard of opening the
33 eyes of a man born blind. •If this man were
not from God, he could do nothing."
34 •To this they replied, "You were steeped
in sin at birth; how dare you lecture us!"
And they threw him out.

Spiritual Blindness

35 •Jesus heard that they had thrown him
out, and when he found him, he said, "Do
you believe in the Son of Man?"
36 •"Who is he, sir?" the man asked. "Tell
me so that I may believe in him."

1) 어떤 사본에, 하나님의 아들을

acknowledge [æknálidʒ] *vt.* 인정하다
afraid [əfréid] *a.* 두려워하는
dare [dεər] *vt.* 감히 …하다
decide [disáid] *vt.* 결정하다
fellow [félou] *n.* 사람
godly [gádli] *a.* 신적인
hurl [həːrl] *vt.* 퍼붓다
insult [insʌlt] *n.* 모욕
Jewish [dʒúːiʃ] *a.* 유대인의
lecture [léktʃər] *vt.* 설교하다
remarkable [rimáːrkəbl] *a.* 주목할 만한
sight [sait] *n.* 보임
steep [stiːp] *vt.* 둘러싸다
summon [sʌmən] *vt.* 소환하다
synagogue [sínəgàg] *n.* 회당

9:21 be of age: 성년이다
9:21 for oneself: 스스로, 자기 힘으로
9:22 be put out of...: …에서 내쫓기다
9:29 as for...: …에 대해서
9:31 listen to: 듣다
9:35 throw out: 쫓아내다

내가 믿고자 하나이다 롬 10:14
37 예수께서 이르시되 네가 그를 보았거니와 지
금 너와 말하는 자가 그이니라
38 이르되 주여 내가 믿나이다 하고 절하는지라
39 예수께서 이르시되 내가 심판하러 이 세상에
왔으니 보지 못하는 자들은 보게 하고 보는 자
들은 맹인이 되게 하려 함이라 하시니
40 바리새인 중에 예수와 함께 있던 자들이 이 말
씀을 듣고 이르되 우리도 맹인인가 롬 2:19
41 예수께서 이르시되 너희가 맹인이 되었더라면
죄가 없으려니와 본다고 하니 너희 죄가 그대
로 있느니라

양의 우리 비유 (♪ 567, 569장) — A.D. 29년경

10 내가 진실로 진실로 너희에게 이르노니
문을 통하여 양의 우리에 들어가지 아니
하고 다른 데로 넘어가는 자는 절도며 강도요
2 문으로 들어가는 이는 양의 목자라
3 문지기는 그를 위하여 문을 열고 양은 그의 음
성을 듣나니 그가 자기 양의 이름을 각각 불러
인도하여 내느니라
4 자기 양을 다 내놓은 후에 앞서 가면 양들이 그
의 음성을 아는 고로 따라오되
5 타인의 음성은 알지 못하는 고로 타인을 따르
지 아니하고 도리어 도망하느니라
6 예수께서 이 비유로 그들에게 말씀하셨으나 그
들은 그가 하신 말씀이 무엇인지 알지 못하니라

선한 목자

7 •그러므로 예수께서 다시 이르시되 내가 진
실로 진실로 너희에게 말하노니 나는 양의 문
이라
8 나보다 먼저 온 자는 다 절도요 강도니 양들이
듣지 아니하였느니라
9 내가 문이니 누구든지 나로 말미암아 들어가
면 구원을 받고 또는 들어가며 나오며 꼴을 얻
으리라
10 도둑이 오는 것은 도둑질하고 죽이고 멸망시
키려는 것뿐이요 내가 온 것은 양으로 생명을
얻게 하고 더 풍성히 얻게 하려는 것이라 5:40
11 나는 선한 목자라 선한 목자는 양들을 위하여
목숨을 버리거니와
12 삯꾼은 목자가 아니요 양도 제 양이 아니라 이
리가 오는 것을 보면 양을 버리고 달아나나니
이리가 양을 물어 가고 또 헤치느니라
13 달아나는 것은 그가 삯꾼인 까닭에 양을 돌보
지 아니함이나
14 나는 선한 목자라 나는 내 양을 알고 양도 나를
아는 것이

37 •Jesus said, "You have now seen him; in
fact, he is the one speaking with you."
38 •Then the man said, "Lord, I believe,"
and he worshiped him.
39 •Jesus said,[a] "For judgment I have come
into this world, so that the blind will see and
those who see will become blind."
40 •Some Pharisees who were with him
heard him say this and asked, "What? Are
we blind too?"
41 •Jesus said, "If you were blind, you would
not be guilty of sin; but now that you claim
you can see, your guilt remains.

The Good Shepherd and His Sheep

10 "Very truly I tell you Pharisees, any-
one who does not enter the sheep pen
by the gate, but climbs in by some other way,
2 is a thief and a robber. •The one who enters
by the gate is the shepherd of the sheep.
3 •The gatekeeper opens the gate for him, and
the sheep listen to his voice. He calls his own
4 sheep by name and leads them out. •When
he has brought out all his own, he goes on
ahead of them, and his sheep follow him
5 because they know his voice. •But they will
never follow a stranger; in fact, they will run
away from him because they do not recog-
6 nize a stranger's voice." •Jesus used this fig-
ure of speech, but the Pharisees did not
understand what he was telling them.
7 •Therefore Jesus said again, "Very truly I
8 tell you, I am the gate for the sheep. •All
who have come before me are thieves and
robbers, but the sheep have not listened to
9 them. •I am the gate; whoever enters
through me will be saved.[b] They will come
10 in and go out, and find pasture. •The thief
comes only to steal and kill and destroy; I
have come that they may have life, and
have it to the full.
11 •"I am the good shepherd. The good
shepherd lays down his life for the sheep.
12 •The hired hand is not the shepherd and
does not own the sheep. So when he sees the
wolf coming, he abandons the sheep and
runs away. Then the wolf attacks the flock
13 and scatters it. •The man runs away
because he is a hired hand and cares noth-
ing for the sheep.
14 •"I am the good shepherd; I know my

[a]38,39 Some early manuscripts do not have *Then the man said...* [39]*Jesus said.* [b]9 Or *kept safe*

abandon [əbǽndən] *vt.* 버리다
attack [ətǽk] *vt.* 공격하다
destroy [distrɔ́i] *vt.* 파괴하다
figure [fígjər] *n.* 비유
flock [flak] *n.* (양) 떼
hired [haiərd] *a.* 고용된
judgment [dʒʌ́dʒmənt] *n.* 심판
pasture [pǽstʃər] *n.* 목장
pen [pen] *n.* 우리
recognize [rékəgnàiz] *vt.* 알아듣다
remain [riméin] *vi.* 남아 있다
robber [rábər] *n.* 강도
scatter [skǽtər] *vt.* 흩뿌리다
shepherd [ʃépərd] *n.* 목자
stranger [stréindʒər] *n.* 낯선 사람

9:41 now that...: …이니까, …인 이상
10:1 climb in: 넘어가다
10:10 have A to the full: A를 충분히 가지다
10:13 care nothing for...: …를 전혀 돌보지 않다

15 아버지께서 나를 아시고 내가 아버지를 아는
것 같으니 나는 양을 위하여 목숨을 버리노라
16 또 이 우리에 들지 아니한 다른 양들이 내게 있
어 내가 인도하여야 할 터이니 그들도 내 음성
을 듣고 한 무리가 되어 한 목자에게 있으리라
17 내가 내 목숨을 버리는 것은 그것을 내가 다시
얻기 위함이니 이로 말미암아 아버지께서 나
를 사랑하시느니라
18 이를 내게서 빼앗는 자가 있는 것이 아니라 내
가 스스로 버리노라 나는 버릴 권세도 있고 다
시 얻을 권세도 있으니 이 계명은 내 아버지에
게서 받았노라 하시니라
19 ● 이 말씀으로 말미암아 유대인 중에 다시 분
쟁이 일어나니
20 그 중에 많은 사람이 말하되 그가 귀신 들려 미
쳤거늘 어찌하여 그 말을 듣느냐 하며
21 어떤 사람은 말하되 이 말은 귀신 들린 자의 말
이 아니라 귀신이 맹인의 눈을 뜨게 할 수 있느
냐 하더라

유대인들이 예수를 돌로 치려 하다

22 ● 예루살렘에 수전절이 이르니 때는 겨울이라
23 예수께서 성전 안 솔로몬 행각에서 거니시니
24 유대인들이 에워싸고 이르되 당신이 언제까지
나 우리 마음을 의혹하게 하려 하나이까 그리
스도이면 밝히 말씀하소서 하니
25 예수께서 대답하시되 내가 너희에게 말하였으
되 믿지 아니하는도다 내가 내 아버지의 이름
으로 행하는 일들이 나를 증거하는 것이거늘
26 너희가 내 양이 아니므로 믿지 아니하는도다
27 내 양은 내 음성을 들으며 나는 그들을 알며 그
들은 나를 따르느니라 10:4,14
28 내가 그들에게 영생을 주노니 영원히 멸망하
지 아니할 것이요 또 그들을 내 손에서 빼앗을
자가 없느니라 요일 2:25
29 [1]그들을 주신 내 아버지는 만물보다 크시매 아
무도 아버지 손에서 빼앗을 수 없느니라
30 나와 아버지는 하나이니라 하신대
31 유대인들이 다시 돌을 들어 치려 하거늘
32 예수께서 대답하시되 내가 아버지로 말미암아
여러 가지 선한 일로 너희에게 보였거늘 그 중
에 어떤 일로 나를 돌로 치려 하느냐
33 유대인들이 대답하되 선한 일로 말미암아 우
리가 너를 돌로 치려는 것이 아니라 신성모독
으로 인함이니 네가 사람이 되어 자칭 하나님
이라 함이로라
34 예수께서 이르시되 너희 [ㄱ]율법에 기록된 바 내
가 너희를 신이라 하였노라 하지 아니하였느냐

15 sheep and my sheep know me— ●just as
the Father knows me and I know the Father
—and I lay down my life for the sheep.
16 ●I have other sheep that are not of this
sheep pen. I must bring them also. They too
will listen to my voice, and there shall be
17 one flock and one shepherd. ●The reason
my Father loves me is that I lay down my
18 life—only to take it up again. ●No one takes
it from me, but I lay it down of my own
accord. I have authority to lay it down and
authority to take it up again. This com-
mand I received from my Father."
19 ●The Jews who heard these words were
20 again divided. ●Many of them said, "He is
demon-possessed and raving mad. Why
listen to him?"
21 ●But others said, "These are not the say-
ings of a man possessed by a demon. Can a
demon open the eyes of the blind?"

Further Conflict Over Jesus' Claims

22 ●Then came the Festival of Dedication[a] at
23 Jerusalem. It was winter, ●and Jesus was in
the temple courts walking in Solomon's
24 Colonnade. ●The Jews who were there gath-
ered around him, saying, "How long will
you keep us in suspense? If you are the Mes-
siah, tell us plainly."
25 ●Jesus answered, "I did tell you, but you
do not believe. The works I do in my
26 Father's name testify about me, ●but you do
not believe because you are not my sheep.
27 ●My sheep listen to my voice; I know them,
28 and they follow me. ●I give them eternal
life, and they shall never perish; no one will
29 snatch them out of my hand. ●My Father,
who has given them to me, is greater than
all[b]; no one can snatch them out of my
30 Father's hand. ●I and the Father are one."
31 ●Again his Jewish opponents picked up
32 stones to stone him, ●but Jesus said to them,
"I have shown you many good works from
the Father. For which of these do you stone
me?"
33 ●"We are not stoning you for any good
work," they replied, "but for blasphemy,
because you, a mere man, claim to be God."
34 ●Jesus answered them, "Is it not written
in your Law, 'I have said you are "gods"'[c]?

[a] 22 That is, Hanukkah [b] 29 Many early manuscripts *What my Father has given me is greater than all* [c] 34 Psalm 82:6

1) 어떤 사본에, 내 아버지께서 내게 주신 것이 만물보다 크매 ㄱ. 시 82:6

authority [əθɔ́:rəti] *n.* 권위
blasphemy [blǽsfəmi] *n.* 신성모독
claim [kleim] *vt.* 주장하다
command [kəmǽnd] *n.* 계명
dedication [dèdikéiʃən] *n.* 봉헌
demon-possessed [dí:mən-pəzést] *a.* 악령에 홀린
divide [diváid] *vt.* 나누다
eternal [itə́:rnəl] *a.* 영원한
flock [flak] *n.* 무리
mad [mæd] *a.* 미친
opponent [əpóunənt] *n.* 적
perish [périʃ] *vi.* 죽다
plainly [pléinli] *ad.* 명백히
suspense [səspéns] *n.* 초조함
testify [téstəfài] *vt.* 증거하다

10:15 just as...: …와 마찬가지로
10:15 lay down one's life: 생명을 던지다
10:18 one's own accord: 자발적으로
10:21 possess by: 사로잡히다
10:28 snatch A out of B: B에서 A를 낚아채다

35 성경은 폐하지 못하나니 하나님의 말씀을 받
은 사람들을 신이라 하셨거든
36 하물며 아버지께서 거룩하게 하사 세상에 보
내신 자가 나는 하나님의 아들이라 하는 것으
로 너희가 어찌 신성모독이라 하느냐
37 만일 내가 내 아버지의 일을 행하지 아니하거
든 나를 믿지 말려니와
38 내가 행하거든 나를 믿지 아니할지라도 그 일
은 믿으라 그러면 너희가 아버지께서 내 안에
계시고 내가 아버지 안에 있음을 깨달아 알리
라 하시니
39 그들이 다시 예수를 잡고자 하였으나 그 손에
서 벗어나 나가시니라 7:30
40 ●다시 요단 강 저편 요한이 처음으로 [1]세례 베
풀던 곳에 가사 거기 거하시니
41 많은 사람이 왔다가 말하되 요한은 아무 [2]표적
도 행하지 아니하였으나 요한이 이 사람을 가
리켜 말한 것은 다 참이라 하더라
42 그리하여 거기서 많은 사람이 예수를 믿으니라

죽은 나사로를 살리시다 (♪ 267, 489장) — A.D. 29년경

11 어떤 병자가 있으니 이는 마리아와 그 자
매 마르다의 마을 베다니에 사는 나사로라
2 이 마리아는 향유를 주께 붓고 머리털로 주의 발
을 닦던 자요 병든 나사로는 그의 오라버니더라
3 이에 그 누이들이 예수께 사람을 보내어 이르
되 주여 보시옵소서 사랑하시는 자가 병들었
나이다 하니
4 예수께서 들으시고 이르시되 이 병은 죽을 병
이 아니라 하나님의 영광을 위함이요 하나님
의 아들이 이로 말미암아 영광을 받게 하려 함
이라 하시더라
5 예수께서 본래 마르다와 그 [3]동생과 나사로를
사랑하시더니
6 나사로가 병들었다 함을 들으시고 그 계시던
곳에 이틀을 더 유하시고
7 그 후에 제자들에게 이르시되 유대로 다시 가
자 하시니 10:40
8 제자들이 말하되 랍비여 방금도 유대인들이 돌
로 치려 하였는데 또 그리로 가시려 하나이까
9 예수께서 대답하시되 낮이 열두 시간이 아니
냐 사람이 낮에 다니면 이 세상의 빛을 보므로
실족하지 아니하고
10 밤에 다니면 빛이 그 사람 안에 없는 고로 실족
하느니라
11 이 말씀을 하신 후에 또 이르시되 우리 친구 나
사로가 잠들었도다 그러나 내가 깨우러 가노라
12 제자들이 이르되 주여 잠들었으면 낫겠나이다

35 ●If he called them 'gods,' to whom the
word of God came—and Scripture cannot
36 be set aside— ●what about the one whom
the Father set apart as his very own and sent
into the world? Why then do you accuse me
of blasphemy because I said, 'I am God's
37 Son'? ●Do not believe me unless I do the
38 works of my Father. ●But if I do them, even
though you do not believe me, believe the
works, that you may know and under-
stand that the Father is in me, and I in the
39 Father." ●Again they tried to seize him, but
he escaped their grasp.
40 ●Then Jesus went back across the Jordan
to the place where John had been baptizing
41 in the early days. There he stayed, ●and
many people came to him. They said,
"Though John never performed a sign, all
that John said about this man was true."
42 ●And in that place many believed in Jesus.

The Death of Lazarus

11 Now a man named Lazarus was sick.
He was from Bethany, the village of
2 Mary and her sister Martha. ●(This Mary,
whose brother Lazarus now lay sick, was the
same one who poured perfume on the Lord
3 and wiped his feet with her hair.) ●So the
sisters sent word to Jesus, "Lord, the one you
love is sick."
4 ●When he heard this, Jesus said, "This
sickness will not end in death. No, it is for
God's glory so that God's Son may be glori-
5 fied through it." ●Now Jesus loved Martha
6 and her sister and Lazarus. ●So when he
heard that Lazarus was sick, he stayed where
7 he was two more days, ●and then he said to
his disciples, "Let us go back to Judea."
8 ●"But Rabbi," they said, "a short while
ago the Jews there tried to stone you, and yet
you are going back?"
9 ●Jesus answered, "Are there not twelve
hours of daylight? Anyone who walks in the
daytime will not stumble, for they see by
10 this world's light. ●It is when a person
walks at night that they stumble, for they
have no light."
11 ●After he had said this, he went on to tell
them, "Our friend Lazarus has fallen asleep;
but I am going there to wake him up."
12 ●His disciples replied, "Lord, if he sleeps,

1) 헬, 또는 침례 2) 또는 이적 3) 형제

accuse [əkjúːz] *vt.* 죄를 추궁하다	**glorify** [glɔ́ːrəfài] *vt.* 영광스럽게 하다	**reply** [riplái] *vt.* 대답하다
baptize [bæptáiz] *vt.* 세례 주다	**grasp** [græsp] *n.* 움켜잡기	**Scripture** [skríptʃər] *n.* 성경
daylight [déilàit] *n.* 일광	**perform** [pərfɔ́ːrm] *vt.* 행하다	**seize** [siːz] *vt.* 붙잡다
disciple [disáipl] *n.* 제자	**perfume** [pə́ːrfjuːm] *n.* 향유	**stumble** [stʌmbl] *vi.* 비틀거리다
escape [iskéip] *vt.* 피하다	**pour** [pɔːr] *vt.* 붓다	**village** [vílidʒ] *n.* 마을
10:36 set apart: 따로 떼어두다	**10:38 even though...**: 비록 …이지만	**11:2 wipe A with B**: B로 A를 씻기다
10:36 send into: 몰아넣다	**11:2 lay sick**: 병들다	**11:4 end in...**: 결국 …으로 되다

하더라
13 예수는 그의 죽음을 가리켜 말씀하신 것이나 그들은 잠들어 쉬는 것을 가리켜 말씀하심인 줄 생각하는지라 마 9:24
14 이에 예수께서 밝히 이르시되 나사로가 죽었느니라
15 내가 거기 있지 아니한 것을 너희를 위하여 기뻐하노니 이는 너희로 믿게 하려 함이라 그러나 그에게로 가자 하시니
16 디두모라고도 하는 도마가 다른 제자들에게 말하되 우리도 주와 함께 죽으러 가자 하니라

나는 부활이요 생명이니

17 ● 예수께서 와서 보시니 나사로가 무덤에 있은 지 이미 나흘이라
18 베다니는 예루살렘에서 가깝기가 한 오 리쯤 되매
19 많은 유대인이 마르다와 마리아에게 그 오라비의 일로 위문하러 왔더니
20 마르다는 예수께서 오신다는 말을 듣고 곧 나가 맞이하되 마리아는 집에 앉았더라
21 마르다가 예수께 여짜오되 주께서 여기 계셨더라면 내 오라버니가 죽지 아니하였겠나이다
22 그러나 나는 이제라도 주께서 무엇이든지 하나님께 구하시는 것을 하나님이 주실 줄을 아나이다
23 예수께서 이르시되 네 오라비가 다시 살아나리라
24 마르다가 이르되 마지막 날 부활 때에는 다시 살아날 줄을 내가 아나이다
25 예수께서 이르시되 나는 부활이요 생명이니 나를 믿는 자는 죽어도 살겠고
26 무릇 살아서 나를 믿는 자는 영원히 죽지 아니하리니 이것을 네가 믿느냐
27 이르되 주여 그러하외다 주는 그리스도시요 세상에 오시는 하나님의 아들이신 줄 내가 믿나이다
28 이 말을 하고 돌아가서 가만히 그 자매 마리아를 불러 말하되 선생님이 오셔서 너를 부르신다 하니
29 마리아가 이 말을 듣고 급히 일어나 예수께 나아가매
30 예수는 아직 마을로 들어오지 아니하시고 마르다가 맞이했던 곳에 그대로 계시더라 11:20
31 마리아와 함께 집에 있어 위로하던 유대인들은 그가 급히 일어나 나가는 것을 보고 곡하러 무덤에 가는 줄로 생각하고 따라가더니
32 마리아가 예수 계신 곳에 가서 뵈옵고 그 발 앞에 엎드리어 이르되 주께서 여기 계셨더라면 내 오라버니가 죽지 아니하였겠나이다 하더라

13 he will get better." ●Jesus had been speak-
ing of his death, but his disciples thought
he meant natural sleep.
14 ●So then he told them plainly, "Lazarus
15 is dead, ●and for your sake I am glad I was
not there, so that you may believe. But let
us go to him."
16 ●Then Thomas (also known as Didy-
mus[a]) said to the rest of the disciples, "Let
us also go, that we may die with him."

Jesus Comforts the Sisters of Lazarus

17 ●On his arrival, Jesus found that Lazarus
had already been in the tomb for four days.
18 ●Now Bethany was less than two miles[b]
19 from Jerusalem, ●and many Jews had
come to Martha and Mary to comfort them
20 in the loss of their brother. ●When Martha
heard that Jesus was coming, she went out
to meet him, but Mary stayed at home.
21 ●"Lord," Martha said to Jesus, "if you
had been here, my brother would not
22 have died. ●But I know that even now
God will give you whatever you ask."
23 ●Jesus said to her, "Your brother will rise
again."
24 ●Martha answered, "I know he will rise
again in the resurrection at the last day."
25 ●Jesus said to her, "I am the resurrection
and the life. The one who believes in me
26 will live, even though they die; ●and who-
ever lives by believing in me will never
die. Do you believe this?"
27 ●"Yes, Lord," she replied, "I believe that
you are the Messiah, the Son of God, who
is to come into the world."
28 ●After she had said this, she went back
and called her sister Mary aside. "The
Teacher is here," she said, "and is asking for
29 you." ●When Mary heard this, she got up
30 quickly and went to him. ●Now Jesus had
not yet entered the village, but was still at
the place where Martha had met him.
31 ●When the Jews who had been with Mary
in the house, comforting her, noticed how
quickly she got up and went out, they fol-
lowed her, supposing she was going to the
tomb to mourn there.
32 ●When Mary reached the place where
Jesus was and saw him, she fell at his feet
and said, "Lord, if you had been here, my
brother would not have died."

[a]16 *Thomas* (Aramaic) and *Didymus* (Greek) both mean *twin.* [b]18 Or about 3 kilometers

comfort [kʌmfərt] *vt.* 위로하다
death [deθ] *n.* 죽음
enter [éntər] *vt.* 들어가다
follow [fálou] *vi.* 뒤따르다
Lazarus [lǽzərəs] *n.* 나사로
Martha [mɑ́:rθə] *n.* 마르다
mourn [mɔ:rn] *vi.* 애도하다
notice [nóutis] *vt.* 알아차리다
plainly [pléinli] *ad.* 명백히
quickly [kwíkli] *ad.* 빨리
reach [ri:tʃ] *vt.* 도착하다
resurrection [rèzərékʃən] *n.* 부활
rise [raiz] *vi.* 일어나다
suppose [səpóuz] *vt.* 생각하다
tomb [tu:m] *n.* 무덤

11:15 for one's sake: …를 위하여
11:17 on one's arrival: …가 도착하자 곧
11:18 less than...: …보다 적은
11:28 call... aside: …를 따로 부르다
11:30 not A but B: A가 아니라 B이다
11:32 fall at one's feet: 발치에 엎드리다

33 예수께서 그가 우는 것과 또 함께 온 유대인들
이 우는 것을 보시고 심령에 비통히 여기시고
불쌍히 여기사 11:38
34 이르시되 그를 어디 두었느냐 이르되 주여 와
서 보옵소서 하니
35 예수께서 눈물을 흘리시더라
36 이에 유대인들이 말하되 보라 그를 얼마나 사
랑하셨는가 하며
37 그 중 어떤 이는 말하되 맹인의 눈을 뜨게 한
이 사람이 그 사람은 죽지 않게 할 수 없었더냐
하더라
38 이에 예수께서 다시 속으로 비통히 여기시며
무덤에 가시니 무덤이 굴이라 돌로 막았거늘
39 예수께서 이르시되 돌을 옮겨 놓으라 하시니
그 죽은 자의 누이 마르다가 이르되 주여 죽은
지가 나흘이 되었으매 벌써 냄새가 나나이다
40 예수께서 이르시되 내 말이 네가 믿으면 하나
님의 영광을 보리라 하지 아니하였느냐 하시
니
41 돌을 옮겨 놓으니 예수께서 눈을 들어 우러러
보시고 이르시되 아버지여 내 말을 들으신 것
을 감사하나이다 17:1
42 항상 내 말을 들으시는 줄을 내가 알았나이다
그러나 이 말씀 하옵는 것은 둘러선 무리를 위
함이니 곧 아버지께서 나를 보내신 것을 그들
로 믿게 하려 함이니이다
43 이 말씀을 하시고 큰 소리로 나사로야 나오라
부르시니
44 죽은 자가 수족을 베로 동인 채로 나오는데 그
얼굴은 수건에 싸였더라 예수께서 이르시되
풀어놓아 다니게 하라 하시니라

예수를 죽이려고 모의하다
(마 26:1-5; 막 14:1-2; 눅 22:1-2)

45 ●마리아에게 와서 예수께서 하신 일을 본 많
은 유대인이 그를 믿었으나 11:19
46 그 중에 어떤 자는 바리새인들에게 가서 예수
께서 하신 일을 알리니라
47 ●이에 대제사장들과 바리새인들이 공회를 모
으고 이르되 이 사람이 많은 1)표적을 행하니
우리가 어떻게 하겠느냐
48 만일 그를 이대로 두면 모든 사람이 그를 믿을
것이요 그리고 로마인들이 와서 우리 땅과 민
족을 빼앗아 가리라 하니
49 그 중의 한 사람 그 해의 대제사장인 가야바가
그들에게 말하되 너희가 아무것도 알지 못하
는도다
50 한 사람이 백성을 위하여 죽어서 온 민족이 망

33 •When Jesus saw her weeping, and the
Jews who had come along with her also
weeping, he was deeply moved in spirit and
34 troubled. •"Where have you laid him?" he
asked.
"Come and see, Lord," they replied.
35 •Jesus wept.
36 •Then the Jews said, "See how he loved
him!"
37 •But some of them said, "Could not he
who opened the eyes of the blind man have
kept this man from dying?"

Jesus Raises Lazarus From the Dead

38 •Jesus, once more deeply moved, came to
the tomb. It was a cave with a stone laid
39 across the entrance. •"Take away the stone,"
he said.
"But, Lord," said Martha, the sister of the
dead man, "by this time there is a bad odor,
for he has been there four days."
40 •Then Jesus said, "Did I not tell you that if
you believe, you will see the glory of God?"
41 •So they took away the stone. Then Jesus
looked up and said, "Father, I thank you
42 that you have heard me. •I knew that you
always hear me, but I said this for the bene-
fit of the people standing here, that they
may believe that you sent me."
43 •When he had said this, Jesus called in a
44 loud voice, "Lazarus, come out!" •The dead
man came out, his hands and feet wrapped
with strips of linen, and a cloth around his
face.
Jesus said to them, "Take off the grave
clothes and let him go."

The Plot to Kill Jesus

45 •Therefore many of the Jews who had
come to visit Mary, and had seen what Jesus
46 did, believed in him. •But some of them
went to the Pharisees and told them what
47 Jesus had done. •Then the chief priests and
the Pharisees called a meeting of the San-
hedrin.
"What are we accomplishing?" they
asked. "Here is this man performing many
48 signs. •If we let him go on like this, every-
one will believe in him, and then the
Romans will come and take away both our
temple and our nation."
49 •Then one of them, named Caiaphas,
who was high priest that year, spoke up,
50 "You know nothing at all! •You do not real-

1) 또는 이적

accomplish [əkámpliʃ] *vt.* 성취하다
chief [tʃiːf] *n.* 장, 상관
cloth [klɔːθ] *n.* 천
deeply [díːpli] *ad.* 깊이
entrance [éntrəns] *n.* 입구
linen [línən] *n.* 아마포, 세마포
loud [laud] *a.* 소리가 큰
odor [óudər] *n.* 냄새
perform [pərfɔ́ːrm] *vt.* 행하다
priest [priːst] *n.* 제사장
sign [sain] *n.* 표적
strip [strip] *n.* 조각
tomb [tuːm] *n.* 무덤
weep [wiːp] *vi.* 울다
wrap [ræp] *vt.* 싸다

11:37 keep from ~ing: ~을 억제하다
11:39 take away...: …를 치우다
11:42 for the benefit of...: …의 이익을 위하여
11:44 take off: 벗다, 제거하다
11:49 speak up: 큰 소리로 말하다

하지 않게 되는 것이 너희에게 유익한 줄을 생
각하지 아니하는도다 하였으니
51 이 말은 스스로 함이 아니요 그 해의 대제사장
이므로 예수께서 그 민족을 위하시고
52 또 그 민족만 위할 뿐 아니라 흩어진 하나님
의 자녀를 모아 하나가 되게 하기 위하여 죽으
실 것을 미리 말함이러라
53 이날부터는 그들이 예수를 죽이려고 모의하
니라
54 ●그러므로 예수께서 다시 유대인 가운데 드
러나게 다니지 아니하시고 거기를 떠나 빈 들
가까운 곳인 에브라임이라는 동네에 가서 제
자들과 함께 거기 머무르시니라 7:1
55 유대인의 유월절이 가까우매 많은 사람이 자
기를 성결하게 하기 위하여 유월절 전에 시골
에서 예루살렘으로 올라갔더니 민 9:10
56 그들이 예수를 찾으며 성전에 서서 서로 말하
되 너희 생각에는 어떠하냐 그가 명절에 오지
아니하겠느냐 하니 7:11
57 이는 대제사장들과 바리새인들이 누구든지
예수 있는 곳을 알거든 신고하여 잡게 하라 명
령하였음이러라

예수의 발에 향유를 붓다 (마 26:6-13; 막 14:3-9)

12 유월절 엿새 전에 예수께서 베다니에 이
르시니 이곳은 예수께서 죽은 자 가운데
서 살리신 나사로가 있는 곳이라
2 거기서 예수를 위하여 잔치할새 마르다는 일
을 하고 나사로는 예수와 함께 [1]앉은 자 중에
있더라
3 마리아는 지극히 비싼 향유 곧 순전한 나드 한
근을 가져다가 예수의 발에 붓고 자기 머리털
로 그의 발을 닦으니 향유 냄새가 집에 가득하
더라
4 제자 중 하나로서 예수를 잡아 줄 가룟 유다
가 말하되 6:71
5 이 향유를 어찌하여 삼백 [2]데나리온에 팔아
가난한 자들에게 주지 아니하였느냐 하니
6 이렇게 말함은 가난한 자들을 생각함이 아니
요 그는 도둑이라 돈궤를 맡고 거기 넣는 것을
훔쳐 감이러라 13:29
7 예수께서 이르시되 그를 가만두어 나의 장례
할 날을 위하여 그것을 간직하게 하라 19:40
8 가난한 자들은 항상 너희와 함께 있거니와 나
는 항상 있지 아니하리라 하시니라

나사로까지 죽이려고 모의하다

9 ●유대인의 큰 무리가 예수께서 여기 계신 줄
을 알고 오니 이는 예수만 보기 위함이 아니요

ize that it is better for you that one man die
for the people than that the whole nation
perish."
51 ●He did not say this on his own, but as
high priest that year he prophesied that Jesus
52 would die for the Jewish nation, ●and not
only for that nation but also for the scattered
children of God, to bring them together and
53 make them one. ●So from that day on they
plotted to take his life.
54 ●Therefore Jesus no longer moved about
publicly among the people of Judea. Instead
he withdrew to a region near the wilderness,
to a village called Ephraim, where he stayed
with his disciples.
55 ●When it was almost time for the Jewish
Passover, many went up from the country
to Jerusalem for their ceremonial cleansing
56 before the Passover. ●They kept looking for
Jesus, and as they stood in the temple courts
they asked one another, "What do you
think? Isn't he coming to the festival at all?"
57 ●But the chief priests and the Pharisees had
given orders that anyone who found out
where Jesus was should report it so that they
might arrest him.

Jesus Anointed at Bethany

12 Six days before the Passover, Jesus
came to Bethany, where Lazarus lived,
2 whom Jesus had raised from the dead. ●Here
a dinner was given in Jesus' honor. Martha
served, while Lazarus was among those
3 reclining at the table with him. ●Then Mary
took about a pint[a] of pure nard, an expensive
perfume; she poured it on Jesus' feet and
wiped his feet with her hair. And the house
was filled with the fragrance of the perfume.
4 ●But one of his disciples, Judas Iscariot,
5 who was later to betray him, objected, ●"Why
wasn't this perfume sold and the money
given to the poor? It was worth a year's
6 wages.[b]" ●He did not say this because he
cared about the poor but because he was a
thief; as keeper of the money bag, he used to
help himself to what was put into it.
7 ●"Leave her alone," Jesus replied. "It was
intended that she should save this perfume
8 for the day of my burial. ●You will always
have the poor among you,[c] but you will not
always have me."
9 ●Meanwhile a large crowd of Jews found
out that Jesus was there and came, not only

[a] 3 Or about 0.5 liter [b] 5 Greek *three hundred denarii*
[c] 8 See Deut. 15:11. 1) 6:10 난하주를 보라 2) 은전의 명칭

arrest [ərést] *vt.* 체포하다
burial [bériəl] *n.* 매장
ceremonial [sèrəmóuniəl] *a.* 의식의
fragrance [fréigrəns] *n.* 향기
intend [inténd] *vt.* 의도하다
object [ábdʒikt] *vt.* 반발하다
perish [périʃ] *vi.* 멸망하다
plot [plat] *vt.* 은밀히 계획하다
prophesy [práfəsài] *vt.* 예언하다
publicly [pʌblikli] *ad.* 공개적으로
recline [rikláin] *vi.* 기대다
region [ríːdʒən] *n.* 지역
scatter [skǽtər] *vt.* 흩뿌리다
wipe [waip] *vt.* 쓸어버리다
withdraw [wiðdrɔ́ː] *vi.* 물러나다

11:52 not only A but also B: A뿐만 아니라 B 또한
11:53 from that day on: 그날부터
11:54 no longer...: 더이상 …않다
11:54 move about: 돌아다니다
12:6 help oneself to...: …을 횡령하다

죽은 자 가운데서 살리신 나사로도 보려 함
이러라
10 대제사장들이 나사로까지 죽이려고 모의하
니
11 나사로 때문에 많은 유대인이 가서 예수를
믿음이러라 11:45

예루살렘으로 가시다
(마 21:1-11; 막 11:1-11; 눅 19:28-40)

12 ●그 이튿날에는 명절에 온 큰 무리가 예수께
서 예루살렘으로 오신다는 것을 듣고
13 종려나무 가지를 가지고 맞으러 나가 외치되
호산나 찬송하리로다 주의 이름으로 오시는
이 곧 이스라엘의 왕이시여 하더라
14 예수는 한 어린 나귀를 보고 타시니
15 이는 기록된 바 [ㄱ]시온 딸아 두려워하지 말라
보라 너의 왕이 나귀 새끼를 타고 오신다 함
과 같더라
16 제자들은 처음에 이 일을 깨닫지 못하였다가
예수께서 영광을 얻으신 후에야 이것이 예수
께 대하여 기록된 것임과 사람들이 예수께
이같이 한 것임이 생각났더라
17 나사로를 무덤에서 불러내어 죽은 자 가운데
서 살리실 때에 함께 있던 무리가 증언한지
라
18 이에 무리가 예수를 맞음은 이 [1]표적 행하심
을 들었음이러라
19 바리새인들이 서로 말하되 볼지어다 너희 하
는 일이 쓸데없다 보라 온 세상이 그를 따르
는도다 하니라

인자가 들려야 하리라

20 ●명절에 예배하러 올라온 사람 중에 헬라인
몇이 있는데
21 그들이 갈릴리 벳새다 사람 빌립에게 가서 청
하여 이르되 선생이여 우리가 예수를 뵈옵고
자 하나이다 하니 1:44
22 빌립이 안드레에게 가서 말하고 안드레와 빌
립이 예수께 가서 여쭈니
23 예수께서 대답하여 이르시되 인자가 영광을
얻을 때가 왔도다
24 내가 진실로 진실로 너희에게 이르노니 한
알의 밀이 땅에 떨어져 죽지 아니하면 한 알
그대로 있고 죽으면 많은 열매를 맺느니라
25 자기의 [2]생명을 사랑하는 자는 잃어버릴 것
이요 이 세상에서 자기의 [2]생명을 미워하는
자는 영생하도록 보전하리라
26 사람이 나를 섬기려면 나를 따르라 나 있는
곳에 나를 섬기는 자도 거기 있으리니 사람

because of him but also to see Lazarus, whom
10 he had raised from the dead. •So the chief
11 priests made plans to kill Lazarus as well, •for
on account of him many of the Jews were
going over to Jesus and believing in him.

Jesus Comes to Jerusalem as King

12 •The next day the great crowd that had
come for the festival heard that Jesus was
13 on his way to Jerusalem. •They took palm
branches and went out to meet him, shout-
ing,

"Hosanna![a]"

"Blessed is he who comes in the name of
the Lord!"[b]

"Blessed is the King of Israel!"

14 •Jesus found a young donkey and sat on it, as
it is written:

15 •"Do not be afraid, Daughter Zion;
see, your king is coming,
seated on a donkey's colt."[c]

16 •At first his disciples did not understand all
this. Only after Jesus was glorified did they
realize that these things had been written
about him and that these things had been
done to him.
17 •Now the crowd that was with him when
he called Lazarus from the tomb and raised
him from the dead continued to spread the
18 word. •Many people, because they had heard
that he had performed this sign, went out to
19 meet him. •So the Pharisees said to one an-
other, "See, this is getting us nowhere. Look
how the whole world has gone after him!"

Jesus Predicts His Death

20 •Now there were some Greeks among
those who went up to worship at the festival.
21 •They came to Philip, who was from Bethsai-
da in Galilee, with a request. "Sir," they said,
22 "we would like to see Jesus." •Philip went to
tell Andrew; Andrew and Philip in turn told
Jesus.
23 •Jesus replied, "The hour has come for the
24 Son of Man to be glorified. •Very truly I tell
you, unless a kernel of wheat falls to the
ground and dies, it remains only a single
seed. But if it dies, it produces many seeds.
25 •Anyone who loves their life will lose it,
while anyone who hates their life in this
26 world will keep it for eternal life. •Whoever

[a]*13* A Hebrew expression meaning "Save!" which became an exclamation of praise [b]*13* Psalm 118:25, 26 [c]*15* Zech. 9:9 1) 또는 이적 2) 또는 영혼 ㄱ. 슥 9:9

branch [bræntʃ] *n.* 가지
colt [koult] *n.* 망아지
eternal [itə́ːrnəl] *a.* 영원한
glorify [glɔ́ːrəfai] *vt.* 찬미하다
kernel [kə́ːrnl] *n.* (쌀, 보리 등의) 낟알
palm [paːm] *n.* 종려나무
priest [priːst] *n.* 제사장
produce [prədjúːs] *vt.* (열매를) 맺다
realize [ríːəlàiz] *vt.* 깨닫다
remain [riméin] *vi.* 남아 있다
request [rikwést] *n.* 요구
seed [siːd] *n.* 씨앗
spread [spred] *vt.* 퍼뜨리다
unless [ənlés] *conj.* …가 아닌 한
wheat [hwiːt] *n.* 밀

12:10 as well: 게다가
12:16 only after...: …한 후에야
12:19 get nowhere: 성공하지 못하다
12:19 go after: 쫓아다니다
12:21 would like to ...: …하고 싶다
12:22 in turn: 차례로, 순서대로

이 나를 섬기면 내 아버지께서 그를 귀히 여기
시리라
27 지금 내 [1]마음이 괴로우니 무슨 말을 하리요
아버지여 나를 구원하여 이때를 면하게 하여
주옵소서 그러나 내가 이를 위하여 이때에 왔
나이다
28 아버지여, 아버지의 이름을 영광스럽게 하옵
소서 하시니 이에 하늘에서 소리가 나서 이르
되 내가 이미 영광스럽게 하였고 또다시 영광
스럽게 하리라 하시니
29 곁에 서서 들은 무리는 천둥이 울었다고도 하
며 또 어떤 이들은 천사가 그에게 말하였다고
도 하니
30 예수께서 대답하여 이르시되 이 소리가 난 것은
나를 위한 것이 아니요 너희를 위한 것이니라
31 이제 이 세상에 대한 심판이 이르렀으니 이 세
상의 임금이 쫓겨나리라
32 내가 땅에서 들리면 모든 사람을 내게로 이끌
겠노라 하시니
33 이렇게 말씀하심은 자기가 어떠한 죽음으로
죽을 것을 보이심이러라 18:32
34 이에 무리가 대답하되 우리는 율법에서 그리
스도가 영원히 계신다 함을 들었거늘 너는 어
찌하여 인자가 들려야 하리라 하느냐 이 인자
는 누구냐
35 예수께서 이르시되 아직 잠시 동안 빛이 너희
중에 있으니 빛이 있을 동안에 다녀 어둠에 붙
잡히지 않게 하라 어둠에 다니는 자는 그 가는
곳을 알지 못하느니라
36 너희에게 아직 빛이 있을 동안에 빛을 믿으라
그리하면 빛의 아들이 되리라

그들이 예수를 믿지 아니하다

● 예수께서 이 말씀을 하시고 그들을 떠나가
서 숨으시니라
37 이렇게 많은 [2]표적을 그들 앞에서 행하셨으나
그를 믿지 아니하니
38 이는 선지자 이사야의 말씀을 이루려 하심이
라 이르되
ㄱ주여 우리에게서 들은 바를 누가 믿었으며
주의 팔이 누구에게 나타났나이까
하였더라 사 53:1
39 그들이 능히 믿지 못한 것은 이 때문이니 곧 이
사야가 다시 일렀으되
40 ㄴ그들의 눈을 멀게 하시고 그들의 마음을 완
고하게 하셨으니 이는 그들로 하여금 눈으로
보고 마음으로 깨닫고 돌이켜 내게 고침을
받지 못하게 하려 함이라

serves me must follow me; and where I am,
my servant also will be. My Father will
honor the one who serves me.
27 ●"Now my soul is troubled, and what
shall I say? 'Father, save me from this hour'?
No, it was for this very reason I came to this
28 hour. ●Father, glorify your name!"
Then a voice came from heaven, "I have
29 glorified it, and will glorify it again." ●The
crowd that was there and heard it said it had
thundered; others said an angel had spoken
to him.
30 ●Jesus said, "This voice was for your ben-
31 efit, not mine. ●Now is the time for judg-
ment on this world; now the prince of this
32 world will be driven out. ●And I, when I am
lifted up[a] from the earth, will draw all peo-
33 ple to myself." ●He said this to show the
kind of death he was going to die.
34 ●The crowd spoke up, "We have heard
from the Law that the Messiah will remain
forever, so how can you say, 'The Son of
Man must be lifted up'? Who is this 'Son of
Man'?"
35 ●Then Jesus told them, "You are going to
have the light just a little while longer.
Walk while you have the light, before dark-
ness overtakes you. Whoever walks in the
dark does not know where they are going.
36 ●Believe in the light while you have the
light, so that you may become children of
light." When he had finished speaking,
Jesus left and hid himself from them.

Belief and Unbelief Among the Jews

37 ●Even after Jesus had performed so many
signs in their presence, they still would not
38 believe in him. ●This was to fulfill the word
of Isaiah the prophet:

"Lord, who has believed our message
and to whom has the arm of the Lord
been revealed?"[b]

39 ●For this reason they could not believe,
because, as Isaiah says elsewhere:
40 ●"He has blinded their eyes
and hardened their hearts,
so they can neither see with their eyes,
nor understand with their hearts,
nor turn—and I would heal them."[c]

[a]32 The Greek for *lifted up* also means *exalted.* [b]38 Isaiah 53:1 [c]40 Isaiah 6:10

1) 또는 영혼 2) 또는 이적 ㄱ. 사 53:1 ㄴ. 사 6:10

benefit [bénəfit] *n.* 유익
blind [blaind] *vt.* 눈멀게 하다
darkness [dá:rknis] *n.* 어둠
elsewhere [élshwεər] *ad.* 다른 곳에서
fulfill [fulfíl] *vt.* 성취시키다
glorify [glɔ́:rəfài] *vt.* 찬양하다
honor [ánər] *vt.* 존중하다
judgment [dʒʌ́dʒmənt] *n.* 심판
overtake [òuvərtéik] *vt.* 덮치다
presence [prézns] *n.* 면전
prophet [práfit] *n.* 선지자
reveal [rivíːl] *vt.* 드러내다
servant [sə́:rvənt] *n.* 신하
thunder [θʌ́ndər] *vi.* 천둥치다
trouble [trʌbl] *vt.* 고통을 주다

12:27 for this very reason: 바로 이러한 이유로 인해서
12:31 drive out: 쫓아내다
12:32 lift up: 들어 올리다
12:40 can neither A nor B nor C: A도 B도 C도 할 수 없도록

하였음이더라 마 13:14
41 이사야가 이렇게 말한 것은 주의 영광을 보고
주를 가리켜 말한 것이라
42 그러나 관리 중에도 그를 믿는 자가 많되 바리
새인들 때문에 드러나게 말하지 못하니 이는
출교를 당할까 두려워함이라
43 그들은 사람의 영광을 하나님의 영광보다 더
사랑하였더라

마지막 날과 심판

44 ●예수께서 외쳐 이르시되 나를 믿는 자는 나
를 믿는 것이 아니요 나를 보내신 이를 믿는 것
이며
45 나를 보는 자는 나를 보내신 이를 보는 것이니라
46 나는 빛으로 세상에 왔나니 무릇 나를 믿는 자
로 어둠에 거하지 않게 하려 함이로라 1:4
47 사람이 내 말을 듣고 지키지 아니할지라도 내
가 그를 심판하지 아니하노라 내가 온 것은 세
상을 심판하려 함이 아니요 세상을 구원하려
함이로라
48 나를 저버리고 내 말을 받지 아니하는 자를 심
판할 이가 있으니 곧 내가 한 그 말이 마지막
날에 그를 심판하리라
49 내가 내 자의로 말한 것이 아니요 나를 보내신
아버지께서 내가 말할 것과 이를 것을 친히 명
령하여 주셨으니
50 나는 그의 명령이 영생인 줄 아노라 그러므로
내가 이르는 것은 내 아버지께서 내게 말씀하
신 그대로니라 하시니라

제자들의 발을 씻으시다 (♪ 273, 437장)

—A.D. 30년경

13 유월절 전에 예수께서 자기가 세상을 떠
나 아버지께로 돌아가실 때가 이른 줄 아
시고 세상에 있는 자기 사람들을 사랑하시되
끝까지 사랑하시니라 16:28
2 마귀가 벌써 시몬의 아들 가룟 유다의 마음에
예수를 팔려는 생각을 넣었더라
3 저녁 먹는 중 예수는 아버지께서 모든 것을 자
기 손에 맡기신 것과 또 자기가 하나님께로부터
오셨다가 하나님께로 돌아가실 것을 아시고
4 저녁 잡수시던 자리에서 일어나 겉옷을 벗고
수건을 가져다가 허리에 두르시고
5 이에 대야에 물을 떠서 제자들의 발을 씻으시
고 그 두르신 수건으로 닦기를 시작하여
6 시몬 베드로에게 이르시니 베드로가 이르되
주여 주께서 내 발을 씻으시나이까
7 예수께서 대답하여 이르시되 내가 하는 것을
네가 지금은 알지 못하나 이후에는 알리라

41 ●Isaiah said this because he saw Jesus' glory
and spoke about him.
42 ●Yet at the same time many even among
the leaders believed in him. But because
of the Pharisees they would not openly
acknowledge their faith for fear they would
43 be put out of the synagogue; ●for they
loved human praise more than praise from
God.
44 ●Then Jesus cried out, "Whoever believes
in me does not believe in me only, but in the
45 one who sent me. ●The one who looks at
46 me is seeing the one who sent me. ●I have
come into the world as a light, so that no
one who believes in me should stay in dark-
ness.
47 ●"If anyone hears my words but does not
keep them, I do not judge that person. For I
did not come to judge the world, but to save
48 the world. ●There is a judge for the one who
rejects me and does not accept my words;
the very words I have spoken will condemn
49 them at the last day. ●For I did not speak on
my own, but the Father who sent me com-
50 manded me to say all that I have spoken. ●I
know that his command leads to eternal
life. So whatever I say is just what the Father
has told me to say."

Jesus Washes His Disciples' Feet

13 It was just before the Passover Festi-
val. Jesus knew that the hour had
come for him to leave this world and go to
the Father. Having loved his own who
were in the world, he loved them to the
end.
2 ●The evening meal was in progress, and
the devil had already prompted Judas, the
3 son of Simon Iscariot, to betray Jesus. ●Jesus
knew that the Father had put all things
under his power, and that he had come
4 from God and was returning to God; ●so
he got up from the meal, took off his outer
clothing, and wrapped a towel around
5 his waist. ●After that, he poured water
into a basin and began to wash his disciples'
feet, drying them with the towel that was
wrapped around him.
6 ●He came to Simon Peter, who said to
him, "Lord, are you going to wash my feet?"
7 ●Jesus replied, "You do not realize now
what I am doing, but later you will under-
stand."

accept [æksépt] *vt.* 받다
acknowledge [æknálidʒ] *vt.* 알리다
basin [béisn] *n.* 대야
betray [bitréi] *vt.* 배반하다
command [kəmǽnd] *vt.* 명하다
condemn [kəndém] *vt.* 정죄하다
judge [dʒʌdʒ] *vt.* 재판하다
lead [liːd] *vi.* 이르다
meal [miːl] *n.* 식사
Passover [pǽsòuvər] *n.* 유월절
progress [prágres] *n.* 진전, 진행
prompt [prampt] *vt.* 자극하다
realize [ríːəlàiz] *vt.* 깨닫다
reject [ridʒékt] *vt.* 거절하다
synagogue [sínəgàg] *n.* 회당

12:42 put out: 내쫓다
12:44 cry out: 고함지르다, 절규하다
13:4 get up: 일어나다
13:4 take off: 벗다
13:5 pour into: 쏟아붓다
13:5 wrap around: 두르다

8 베드로가 이르되 내 발을 [1]절대로 씻지 못하시리이다 예수께서 대답하시되 내가 너를 씻어 주지 아니하면 네가 나와 상관이 없느니라
9 시몬 베드로가 이르되 주여 내 발뿐 아니라 손과 머리도 씻어 주옵소서
10 예수께서 이르시되 이미 목욕한 자는 발밖에 씻을 필요가 없느니라 온몸이 깨끗하니라 너희가 깨끗하나 다는 아니니라 하시니
11 이는 자기를 팔 자가 누구인지 아심이라 그러므로 다는 깨끗하지 아니하다 하시니라 6:64
12 ●그들의 발을 씻으신 후에 옷을 입으시고 다시 앉아 그들에게 이르시되 내가 너희에게 행한 것을 너희가 아느냐
13 너희가 나를 선생이라 또는 주라 하니 너희 말이 옳도다 내가 그러하다
14 내가 주와 또는 선생이 되어 너희 발을 씻었으니 너희도 서로 발을 씻어 주는 것이 옳으니라
15 내가 너희에게 행한 것같이 너희도 행하게 하려 하여 본을 보였노라 벧전 2:21
16 내가 진실로 진실로 너희에게 이르노니 종이 주인보다 크지 못하고 보냄을 받은 자가 보낸 자보다 크지 못하나니
17 너희가 이것을 알고 행하면 복이 있으리라
18 내가 너희 모두를 가리켜 말하는 것이 아니니라 나는 내가 택한 자들이 누구인지 앎이라 그러나 [ㄱ]내 떡을 먹는 자가 내게 발꿈치를 들었다 한 성경을 응하게 하려는 것이니라 시 41:9
19 지금부터 일이 일어나기 전에 미리 너희에게 일러둠은 일이 일어날 때에 내가 그인 줄 너희가 믿게 하려 함이로라
20 내가 진실로 진실로 너희에게 이르노니 내가 보낸 자를 영접하는 자는 나를 영접하는 것이요 나를 영접하는 자는 나를 보내신 이를 영접하는 것이니라

너희 중 하나가 나를 팔리라
(마 26:20-25; 막 14:17-21; 눅 22:21-23)

21 ●예수께서 이 말씀을 하시고 심령이 괴로워 증언하여 이르시되 내가 진실로 진실로 너희에게 이르노니 너희 중 하나가 나를 팔리라 하시니
22 제자들이 서로 보며 누구에게 대하여 말씀하시는지 의심하더라
23 예수의 제자 중 하나 곧 그가 사랑하시는 자가 예수의 품에 의지하여 누웠는지라 19:26
24 시몬 베드로가 머릿짓을 하여 말하되 말씀하신 자가 누구인지 말하라 하니
25 그가 예수의 가슴에 그대로 의지하여 말하되 주여 누구니이까

8 •"No," said Peter, "you shall never wash
my feet."
Jesus answered, "Unless I wash you, you
have no part with me."
9 •"Then, Lord," Simon Peter replied, "not
just my feet but my hands and my head as
well!"
10 •Jesus answered, "Those who have had a
bath need only to wash their feet; their
whole body is clean. And you are clean,
11 though not every one of you." •For he
knew who was going to betray him, and
that was why he said not every one was
clean.
12 •When he had finished washing their
feet, he put on his clothes and returned to
his place. "Do you understand what I have
13 done for you?" he asked them. •"You call
me 'Teacher' and 'Lord,' and rightly so, for
14 that is what I am. •Now that I, your Lord
and Teacher, have washed your feet, you
15 also should wash one another's feet. •I have
set you an example that you should do as I
16 have done for you. •Very truly I tell you, no
servant is greater than his master, nor is a
messenger greater than the one who sent
17 him. •Now that you know these things,
you will be blessed if you do them."

Jesus Predicts His Betrayal

18 •"I am not referring to all of you; I know
those I have chosen. But this is to fulfill this
passage of Scripture: 'He who shared my
bread has turned[a] against me.'[b]
19 •"I am telling you now before it happens,
so that when it does happen you will believe
20 that I am who I am. •Very truly I tell you,
whoever accepts anyone I send accepts me;
and whoever accepts me accepts the one
who sent me."
21 •After he had said this, Jesus was troubled
in spirit and testified, "Very truly I tell you,
one of you is going to betray me."
22 •His disciples stared at one another, at
a loss to know which of them he meant.
23 •One of them, the disciple whom Jesus
24 loved, was reclining next to him. •Simon
Peter motioned to this disciple and said,
"Ask him which one he means."
25 •Leaning back against Jesus, he asked
him, "Lord, who is it?"

[a]18 Greek *has lifted up his heel* [b]18 Psalm 41:9

1) 또는 영원히 ㄱ. 시 41:9

accept [æksépt] *vt.* 받아들이다
betray [bitréi] *vt.* 배신하다
bless [bles] *vt.* 축복하다
disciple [disáipl] *n.* 제자
fulfill [fulfíl] *vt.* 성취시키다
lean [liːn] *vi.* 기대다
messenger [mésəndʒər] *n.* 사자
passage [pǽsidʒ] *n.* 구절
predict [pridíkt] *vi.* 예언하다
recline [rikláin] *vi.* 기대다
refer [rifə́ːr] *vi.* 가리키다
Scripture [skríptʃər] *n.* 성경
share [ʃɛər] *vt.* 나누다
testify [téstəfài] *vt.* 증명하다
truly [trúːli] *ad.* 진실로

13:8 have no part with...: …와 관계가 없다
13:13 rightly so: 정말로 그러하다
13:15 set an example: 모범을 보이다
13:22 stare at...: …를 응시하다
13:24 motion to...: …에게 몸짓으로 신호하다

26 예수께서 대답하시되 내가 떡 한 조각을 적셔
다 주는 자가 그니라 하시고 곧 한 조각을 적셔
서 가룟 시몬의 아들 유다에게 주시니
27 조각을 받은 후 곧 사탄이 그 속에 들어간지라
이에 예수께서 유다에게 이르시되 네가 하는
일을 속히 하라 하시니
28 이 말씀을 무슨 뜻으로 하셨는지 그 [1]앉은 자
중에 아는 자가 없고
29 어떤 이들은 유다가 돈궤를 맡았으므로 명절
에 우리가 쓸 물건을 사라 하시는지 혹은 가난
한 자들에게 무엇을 주라 하시는 줄로 생각하
더라
30 유다가 그 조각을 받고 곧 나가니 밤이러라

새 계명

31 ●그가 나간 후에 예수께서 이르시되 지금 인
자가 영광을 받았고 하나님도 인자로 말미암
아 영광을 받으셨도다
32 만일 하나님이 그로 말미암아 영광을 받으셨
으면 하나님도 자기로 말미암아 그에게 영광
을 주시리니 곧 주시리라
33 작은 자들아 내가 아직 잠시 너희와 함께 있겠
노라 너희가 나를 찾을 것이나 일찍이 내가 유
대인들에게 너희는 내가 가는 곳에 올 수 없다
고 말한 것과 같이 지금 너희에게도 이르노라
34 새 계명을 너희에게 주노니 서로 사랑하라 내가
너희를 사랑한 것같이 너희도 서로 사랑하라
35 너희가 서로 사랑하면 이로써 모든 사람이 너
희가 내 제자인 줄 알리라

베드로가 부인할 것을 이르시다
(마 26:31-35; 막 14:27-31; 눅 22:31-34)

36 ●시몬 베드로가 이르되 주여 어디로 가시나이
까 예수께서 대답하시되 내가 가는 곳에 네가
지금은 따라올 수 없으나 후에는 따라오리라
37 베드로가 이르되 주여 내가 지금은 어찌하여
따라갈 수 없나이까 주를 위하여 내 목숨을 버
리겠나이다
38 예수께서 대답하시되 네가 나를 위하여 네 목숨
을 버리겠느냐 내가 진실로 진실로 네게 이르노
니 닭 울기 전에 네가 세 번 나를 부인하리라

내가 곧 길이요 진리요 생명이니 — A.D. 30년경

14 너희는 마음에 근심하지 말라 하나님을
[2]믿으니 또 나를 믿으라
2 내 아버지 집에 거할 곳이 많도다 그렇지 않으
면 너희에게 일렀으리라 내가 너희를 위하여
거처를 예비하러 가노니
3 가서 너희를 위하여 거처를 예비하면 내가 다
시 와서 너희를 내게로 영접하여 나 있는 곳에

26 ●Jesus answered, "It is the one to whom I
will give this piece of bread when I have
dipped it in the dish." Then, dipping the
piece of bread, he gave it to Judas, the son of
27 Simon Iscariot. ●As soon as Judas took the
bread, Satan entered into him.
So Jesus told him, "What you are about to
28 do, do quickly." ●But no one at the meal
understood why Jesus said this to him.
29 ●Since Judas had charge of the money,
some thought Jesus was telling him to buy
what was needed for the festival, or to give
30 something to the poor. ●As soon as Judas
had taken the bread, he went out. And it
was night.

Jesus Predicts Peter's Denial

31 ●When he was gone, Jesus said, "Now the
Son of Man is glorified and God is glorified
32 in him. ●If God is glorified in him,[a] God
will glorify the Son in himself, and will glo-
rify him at once.
33 ●"My children, I will be with you only a
little longer. You will look for me, and just as
I told the Jews, so I tell you now: Where I am
going, you cannot come.
34 ●"A new command I give you: Love one
another. As I have loved you, so you must
35 love one another. ●By this everyone will
know that you are my disciples, if you love
one another."
36 ●Simon Peter asked him, "Lord, where
are you going?"
Jesus replied, "Where I am going, you can-
not follow now, but you will follow later."
37 ●Peter asked, "Lord, why can't I follow
you now? I will lay down my life for you."
38 ●Then Jesus answered, "Will you really
lay down your life for me? Very truly I tell
you, before the rooster crows, you will dis-
own me three times!

Jesus Comforts His Disciples

14 "Do not let your hearts be troubled.
You believe in God[b]; believe also in
2 me. ●My Father's house has many rooms;
if that were not so, would I have told you
that I am going there to prepare a place for
3 you? ●And if I go and prepare a place for
you, I will come back and take you to be

[a]32 Many early manuscripts do not have *If God is glorified in him.* [b]1 Or *Believe in God*

1) 6:10 난하주를 보라 2) 또는 믿고

charge [tʃɑːrdʒ] *n.* 책임
comfort [kʌmfərt] *vt.* 위로하다
command [kəmǽnd] *n.* 명령
crow [krou] *vi.* (수탉이) 울다
dip [dip] *vt.* 적시다
dish [diʃ] *n.* 큰 접시
disown [disóun] *vt.* 부인하다
enter [éntər] *vt.* 들어가다
follow [fálou] *vi.* 따르다
Iscariot [iskǽriət] *n.* 가룟
meal [miːl] *n.* 식사
prepare [pripέər] *vt.* 준비하다
quickly [kwíkli] *ad.* 빨리
rooster [rúːstər] *n.* 수탉
trouble [trʌbl] *vt.* 걱정시키다

13:27 be about to...: 막 …하려고 하다
13:30 as soon as...: …하자마자
13:31 be glorified in...: …로 영광 얻다
13:32 at once: 즉시
13:37 lay down one's life for...: …를 위해서 생명을 걸다

너희도 있게 하리라
4 내가 어디로 가는지 그 길을 너희가 아느니라
5 도마가 이르되 주여 주께서 어디로 가시는지
우리가 알지 못하거늘 그 길을 어찌 알겠사옵
나이까
6 예수께서 이르시되 내가 곧 길이요 진리요 생
명이니 나로 말미암지 않고는 아버지께로 올
자가 없느니라 10:9
7 너희가 나를 알았더라면 내 아버지도 알았으
리로다 이제부터는 너희가 그를 알았고 또 보
았느니라
8 빌립이 이르되 주여 아버지를 우리에게 보여
주옵소서 그리하면 족하겠나이다
9 예수께서 이르시되 빌립아 내가 이렇게 오래
너희와 함께 있으되 네가 나를 알지 못하느냐
나를 본 자는 아버지를 보았거늘 어찌하여 아
버지를 보이라 하느냐
10 내가 아버지 안에 거하고 아버지는 내 안에 계
신 것을 네가 믿지 아니하느냐 내가 너희에게
이르는 말은 스스로 하는 것이 아니라 아버지
께서 내 안에 계셔서 그의 일을 하시는 것이라
11 내가 아버지 안에 거하고 아버지께서 내 안에
계심을 믿으라 그렇지 못하겠거든 행하는 그
일로 말미암아 나를 믿으라
12 내가 진실로 진실로 너희에게 이르노니 나를
믿는 자는 내가 하는 일을 그도 할 것이요 또한
그보다 큰 일도 하리니 이는 내가 아버지께로
감이라
13 너희가 내 이름으로 무엇을 구하든지 내가 행
하리니 이는 아버지로 하여금 아들로 말미암
아 영광을 받으시게 하려 함이라 요일 5:14
14 내 이름으로 무엇이든지 내게 구하면 내가 행
하리라
15 너희가 나를 사랑하면 나의 계명을 지키리라
16 내가 아버지께 구하겠으니 그가 또 다른 보혜
사를 너희에게 주사 영원토록 너희와 함께 있
게 하리니
17 그는 진리의 영이라 세상은 능히 그를 받지 못
하나니 이는 그를 보지도 못하고 알지도 못함
이라 그러나 너희는 그를 아나니 그는 너희와
함께 거하심이요 또 너희 속에 계시겠음이라
18 내가 너희를 고아와 같이 버려두지 아니하고
너희에게로 오리라
19 조금 있으면 세상은 다시 나를 보지 못할 것이
로되 너희는 나를 보리니 이는 내가 살아 있고
너희도 살아 있겠음이라
20 그날에는 내가 아버지 안에, 너희가 내 안에,

with me that you also may be where I am.
4 •You know the way to the place where I
am going."

Jesus the Way to the Father

5 •Thomas said to him, "Lord, we don't
know where you are going, so how can we
know the way?"
6 •Jesus answered, "I am the way and the
truth and the life. No one comes to the
7 Father except through me. •If you really
know me, you will know[a] my Father as
well. From now on, you do know him and
have seen him."
8 •Philip said, "Lord, show us the Father
and that will be enough for us."
9 •Jesus answered: "Don't you know me,
Philip, even after I have been among you
such a long time? Anyone who has seen me
has seen the Father. How can you say, 'Show
10 us the Father'? •Don't you believe that I am
in the Father, and that the Father is in me?
The words I say to you I do not speak on my
own authority. Rather, it is the Father, liv-
11 ing in me, who is doing his work. •Believe
me when I say that I am in the Father and
the Father is in me; or at least believe on the
12 evidence of the works themselves. •Very
truly I tell you, whoever believes in me will
do the works I have been doing, and they
will do even greater things than these, be-
13 cause I am going to the Father. •And I will
do whatever you ask in my name, so that
14 the Father may be glorified in the Son. •You
may ask me for anything in my name, and
I will do it.

Jesus Promises the Holy Spirit

15 •"If you love me, keep my commands.
16 •And I will ask the Father, and he will give
you another advocate to help you and be
17 with you forever— •the Spirit of truth. The
world cannot accept him, because it neither
sees him nor knows him. But you know
him, for he lives with you and will be[b] in
18 you. •I will not leave you as orphans; I will
19 come to you. •Before long, the world will
not see me anymore, but you will see me.
20 Because I live, you also will live. •On that
day you will realize that I am in my Fa-
ther, and you are in me, and I am in you.

[a]7 Some manuscripts *If you really knew me, you would know* [b]17 Some early manuscripts *and is*

accept [æksépt] *vt.* 받다
advocate [ǽdvəkèit] *vt.* 주장하다
anymore [ènimɔ́:r] *ad.* 더 이상
authority [əθɔ́:rəti] *n.* 권세
believe [bəlí:v] *vt.* 믿다
enough [inʌf] *a.* 충분한
evidence [évədəns] *n.* 증거
except [iksépt] *prep.* …를 제외하고는
glorify [glɔ́:rəfài] *vt.* 영광스럽게 하다
great [greit] *a.* 큰
orphan [ɔ́:rfən] *n.* 고아
promise [prámis] *vt.* 약속하다
rather [rǽðər] *ad.* 오히려
realize [rí:əlàiz] *vt.* 깨닫다
Spirit [spírit] *n.* 성령

14:7 from now on: 이제부터 계속하여
14:11 at least: 적어도
14:14 ask for: 요청하다
14:17 neither A nor B: A도 B도 아니다
14:19 before long: 오래지 않아

내가 너희 안에 있는 것을 너희가 알리라
21 나의 계명을 지키는 자라야 나를 사랑하는 자
니 나를 사랑하는 자는 내 아버지께 사랑을 받
을 것이요 나도 그를 사랑하여 그에게 나를 나
타내리라
22 가룟인 아닌 유다가 이르되 주여 어찌하여 자
기를 우리에게는 나타내시고 세상에는 아니하
려 하시나이까
23 예수께서 대답하여 이르시되 사람이 나를 사
랑하면 내 말을 지키리니 내 아버지께서 그를
사랑하실 것이요 우리가 그에게 가서 거처를
그와 함께 하리라
24 나를 사랑하지 아니하는 자는 내 말을 지키지
아니하나니 너희가 듣는 말은 내 말이 아니요
나를 보내신 아버지의 말씀이니라

보혜사

25 ●내가 아직 너희와 함께 있어서 이 말을 너희
에게 하였거니와
26 보혜사 곧 아버지께서 내 이름으로 보내실 성
령 그가 너희에게 모든 것을 가르치고 내가 너
희에게 말한 모든 것을 생각나게 하리라
27 평안을 너희에게 끼치노니 곧 나의 평안을 너
희에게 주노라 내가 너희에게 주는 것은 세상
이 주는 것과 같지 아니하니라 너희는 마음에
근심하지도 말고 두려워하지도 말라 골 3:15
28 내가 갔다가 너희에게로 온다 하는 말을 너희
가 들었나니 나를 사랑하였더라면 내가 아버
지께로 감을 기뻐하였으리라 아버지는 나보다
크심이라
29 이제 일이 일어나기 전에 너희에게 말한 것은
일이 일어날 때에 너희로 믿게 하려 함이라
30 이후에는 내가 너희와 말을 많이 하지 아니하
리니 이 세상의 임금이 오겠음이라 그러나 그
는 내게 관계할 것이 없으니 12:31
31 오직 내가 아버지를 사랑하는 것과 아버지께
서 명하신 대로 행하는 것을 세상이 알게 하려
함이로라 일어나라 여기를 떠나자 하시니라

나는 포도나무요 너희는 가지라 (♪86, 93장)

— A.D. 30년경

15 나는 참포도나무요 내 아버지는 농부라
2 무릇 내게 붙어 있어 열매를 맺지 아니하
는 가지는 아버지께서 그것을 제거해 버리시
고 무릇 열매를 맺는 가지는 더 열매를 맺게 하
려 하여 그것을 깨끗하게 하시느니라
3 너희는 내가 일러준 말로 이미 깨끗하여졌으니
4 내 안에 거하라 나도 너희 안에 거하리라 가지
가 포도나무에 붙어 있지 아니하면 스스로 열

21 • Whoever has my commands and keeps
them is the one who loves me. The one who
loves me will be loved by my Father, and I
too will love them and show myself to
them."
22 • Then Judas (not Judas Iscariot) said,
"But, Lord, why do you intend to show
yourself to us and not to the world?"
23 • Jesus replied, "Anyone who loves me
will obey my teaching. My Father will love
them, and we will come to them and
24 make our home with them. • Anyone
who does not love me will not obey my
teaching. These words you hear are not
my own; they belong to the Father who
sent me.
25 • "All this I have spoken while still with
26 you. • But the Advocate, the Holy Spirit,
whom the Father will send in my name,
will teach you all things and will remind
you of everything I have said to you.
27 • Peace I leave with you; my peace I give
you. I do not give to you as the world gives.
Do not let your hearts be troubled and do
not be afraid.
28 • "You heard me say, 'I am going away
and I am coming back to you.' If you loved
me, you would be glad that I am going to
the Father, for the Father is greater than I.
29 • I have told you now before it happens, so
that when it does happen you will believe.
30 • I will not say much more to you, for the
prince of this world is coming. He has no
31 hold over me, • but he comes so that the
world may learn that I love the Father and
do exactly what my Father has command-
ed me.
"Come now; let us leave.

The Vine and the Branches

15 "I am the true vine, and my Father
2 is the gardener. • He cuts off every
branch in me that bears no fruit, while
every branch that does bear fruit he prun-
es[a] so that it will be even more fruitful.
3 • You are already clean because of the
4 word I have spoken to you. • Remain in
me, as I also remain in you. No branch can
bear fruit by itself; it must remain in the
vine. Neither can you bear fruit unless you
remain in me.

[a]2 The Greek for *he prunes* also means *he cleans*.

afraid [əfréid] *a.* 두려워하는
bear [bɛər] *vt.* 열매맺다
branch [bræntʃ] *n.* 가지
exactly [igzǽktli] *ad.* 정확히
fruitful [frúːtfəl] *a.* 열매가 풍성한
gardener [gáːrdnər] *n.* 정원사
learn [ləːrn] *vt.* 배우다
obey [oubéi] *vt.* 지키다
peace [piːs] *n.* 평화
prune [pruːn] *vt.* 가지치다
remain [riméin] *vi.* 남다
remind [rimáind] *vt.* 기억나게 하다
trouble [trʌbl] *vt.* 걱정시키다
unless [ənlés] *conj.* …가 아닌 한
vine [vain] *n.* 포도나무

14:22 **intend to...**: …하려 하다
14:24 **belong to...**: …에 속하다
14:27 **leave with...**: …에게 맡기다
14:28 **go away**: 떠나다
14:30 **much more**: 더구나
15:2 **cut off**: 자르다

매를 맺을 수 없음같이 너희도 내 안에 있지 아
니하면 그러하리라
5 나는 포도나무요 너희는 가지라 그가 내 안에,
내가 그 안에 거하면 사람이 열매를 많이 맺나니
나를 떠나서는 너희가 아무것도 할 수 없음이라
6 사람이 내 안에 거하지 아니하면 가지처럼 밖에
버려져 마르나니 사람들이 그것을 모아다가 불
에 던져 사르느니라
7 너희가 내 안에 거하고 내 말이 너희 안에 거하
면 무엇이든지 원하는 대로 구하라 그리하면 이
루리라
8 너희가 열매를 많이 맺으면 내 아버지께서 영광
을 받으실 것이요 너희는 내 제자가 되리라
9 아버지께서 나를 사랑하신 것같이 나도 너희를
사랑하였으니 나의 사랑 안에 거하라
10 내가 아버지의 계명을 지켜 그의 사랑 안에 거하
는 것같이 너희도 내 계명을 지키면 내 사랑 안
에 거하리라 14:15
11 내가 이것을 너희에게 이름은 내 기쁨이 너희 안
에 있어 너희 기쁨을 충만하게 하려 함이라
12 내 계명은 곧 내가 너희를 사랑한 것같이 너희도
서로 사랑하라 하는 이것이니라
13 사람이 친구를 위하여 자기 목숨을 버리면 이보
다 더 큰 사랑이 없나니 10:11
14 너희는 내가 명하는 대로 행하면 곧 나의 친구라
15 이제부터는 너희를 종이라 하지 아니하리니 종
은 주인이 하는 것을 알지 못함이라 너희를 친구
라 하였노니 내가 내 아버지께 들은 것을 다 너
희에게 알게 하였음이라
16 너희가 나를 택한 것이 아니요 내가 너희를 택하
여 세웠나니 이는 너희로 가서 열매를 맺게 하고
또 너희 열매가 항상 있게 하여 내 이름으로 아
버지께 무엇을 구하든지 다 받게 하려 함이라
17 내가 이것을 너희에게 명함은 너희로 서로 사랑
하게 하려 함이라 15:12
18 세상이 너희를 미워하면 너희보다 먼저 나를 미
워한 줄을 알라
19 너희가 세상에 속하였으면 세상이 자기의 것을
사랑할 것이나 너희는 세상에 속한 자가 아니요
도리어 내가 너희를 세상에서 택하였기 때문에
세상이 너희를 미워하느니라
20 내가 너희에게 종이 주인보다 더 크지 못하다 한
말을 기억하라 사람들이 나를 박해하였은즉 너
희도 박해할 것이요 내 말을 지켰은즉 너희 말도
지킬 것이라
21 그러나 사람들이 내 이름으로 말미암아 이 모든
일을 너희에게 하리니 이는 나를 보내신 이를 알

5 •"I am the vine; you are the branches.
If you remain in me and I in you, you
will bear much fruit; apart from me you
6 can do nothing. •If you do not remain in
me, you are like a branch that is thrown
away and withers; such branches are
picked up, thrown into the fire and
7 burned. •If you remain in me and my
words remain in you, ask whatever you
8 wish, and it will be done for you. •This is
to my Father's glory, that you bear much
fruit, showing yourselves to be my disci-
ples.
9 •"As the Father has loved me, so have I
10 loved you. Now remain in my love. •If
you keep my commands, you will remain
in my love, just as I have kept my Father's
11 commands and remain in his love. •I
have told you this so that my joy may be
in you and that your joy may be com-
12 plete. •My command is this: Love each
13 other as I have loved you. •Greater love
has no one than this: to lay down one's
14 life for one's friends. •You are my friends
15 if you do what I command. •I no longer
call you servants, because a servant does
not know his master's business. Instead, I
have called you friends, for everything
that I learned from my Father I have
16 made known to you. •You did not choose
me, but I chose you and appointed you
so that you might go and bear fruit—
fruit that will last—and so that what-
ever you ask in my name the Father will
17 give you. •This is my command: Love
each other.

The World Hates the Disciples

18 •"If the world hates you, keep in mind
19 that it hated me first. •If you belonged to
the world, it would love you as its own. As
it is, you do not belong to the world, but I
have chosen you out of the world. That is
20 why the world hates you. •Remember
what I told you: 'A servant is not greater
than his master.'[a] If they persecuted me,
they will persecute you also. If they
obeyed my teaching, they will obey yours
21 also. •They will treat you this way
because of my name, for they do not

[a] *20* John 13:16

appoint [əpɔ́int] *vt.* 임명하다
burn [bəːrn] *vt.* 불사르다
business [bíznis] *n.* 일
choose [tʃuːz] *vt.* 선택하다
command [kəmǽnd] *n.* 명령
complete [kəmplíːt] *a.* 완전한
disciple [disáipl] *n.* 제자
glory [glɔ́ːri] *n.* 영광
hate [heit] *vt.* 싫어하다
instead [instéd] *ad.* 그 대신에
master [mǽstər] *n.* 주인
obey [oubéi] *vt.* 순종하다
persecute [pə́ːrsikjùːt] *vt.* 박해하다
servant [sə́ːrvənt] *n.* 종
treat [triːt] *vt.* 대우하다

15:5 apart from...: …를 떠나
15:6 throw away: 던지다
15:10 just as...: …과 꼭 마찬가지로
15:12 each other: 서로
15:15 no longer...: 더이상 …않다
15:18 keep in mind that...: …을 잊지 않다

지 못함이라
22 내가 와서 그들에게 말하지 아니하였더라면 죄가 없었으려니와 지금은 그 죄를 핑계할 수 없느니라
23 나를 미워하는 자는 또 내 아버지를 미워하느니라
24 내가 아무도 못한 일을 그들 중에서 하지 아니하였더라면 그들에게 죄가 없었으려니와 지금은 그들이 나와 내 아버지를 보았고 또 미워하였도다
25 그러나 이는 그들의 율법에 ㄱ기록된 바 그들이 이유 없이 나를 미워하였다 한 말을 응하게 하려 함이라 시 35:19
26 내가 아버지께로부터 너희에게 보낼 보혜사 곧 아버지께로부터 나오시는 진리의 성령이 오실 때에 그가 나를 증언하실 것이요
27 너희도 처음부터 나와 함께 있었으므로 증언하느니라

성령의 일 (♪ 189, 195, 369, 414장) — A.D. 30년경

16 내가 이것을 너희에게 이름은 너희로 실족하지 않게 하려 함이니
2 사람들이 너희를 출교할 뿐 아니라 때가 이르면 무릇 너희를 죽이는 자가 생각하기를 이것이 하나님을 섬기는 일이라 하리라
3 그들이 이런 일을 할 것은 아버지와 나를 알지 못함이라
4 오직 너희에게 이 말을 한 것은 너희로 그때를 당하면 내가 너희에게 말한 이것을 기억나게 하려 함이요 처음부터 이 말을 하지 아니한 것은 내가 너희와 함께 있었음이라
5 지금 내가 나를 보내신 이에게로 가는데 너희 중에서 나더러 어디로 가는지 묻는 자가 없고
6 도리어 내가 이 말을 하므로 너희 마음에 근심이 가득하였도다
7 그러나 내가 너희에게 실상을 말하노니 내가 떠나가는 것이 너희에게 유익이라 내가 떠나가지 아니하면 보혜사가 너희에게로 오시지 아니할 것이요 가면 내가 그를 너희에게로 보내리니 7:39
8 그가 와서 죄에 대하여, 의에 대하여, 심판에 대하여 세상을 책망하시리라
9 죄에 대하여라 함은 그들이 나를 믿지 아니함이요
10 의에 대하여라 함은 내가 아버지께로 가니 너희가 다시 나를 보지 못함이요
11 심판에 대하여라 함은 이 세상 임금이 심판을 받았음이라
12 내가 아직도 너희에게 이를 것이 많으나 지금은 너희가 감당하지 못하리라
13 그러나 진리의 성령이 오시면 그가 너희를 모든

22 know the one who sent me. • If I had not
come and spoken to them, they would
not be guilty of sin; but now they have
23 no excuse for their sin. • Whoever hates
24 me hates my Father as well. • If I had not
done among them the works no one else
did, they would not be guilty of sin. As it
is, they have seen, and yet they have
25 hated both me and my Father. • But this
is to fulfill what is written in their Law:
'They hated me without reason.'[a]

The Work of the Holy Spirit

26 • "When the Advocate comes, whom I
will send to you from the Father—the
Spirit of truth who goes out from the
27 Father—he will testify about me. • And
you also must testify, for you have been
with me from the beginning.

16 "All this I have told you so that
2 you will not fall away. • They will
put you out of the synagogue; in fact, the
time is coming when anyone who kills
you will think they are offering a service
3 to God. • They will do such things be-
cause they have not known the Father or
4 me. • I have told you this, so that when
their time comes you will remember that
I warned you about them. I did not tell
you this from the beginning because I
5 was with you, • but now I am going to
him who sent me. None of you asks me,
6 'Where are you going?' • Rather, you are
filled with grief because I have said these
7 things. • But very truly I tell you, it is for
your good that I am going away. Unless I
go away, the Advocate will not come
to you; but if I go, I will send him to you.
8 • When he comes, he will prove the
world to be in the wrong about sin and
9 righteousness and judgment: • about
sin, because people do not believe in me;
10 • about righteousness, because I am going
to the Father, where you can see me no
11 longer; • and about judgment, because
the prince of this world now stands con-
demned.
12 • "I have much more to say to you,
13 more than you can now bear. • But
when he, the Spirit of truth, comes, he

[a]25 Psalms 35:19; 69:4
ㄱ. 시 35:19; 69:4

bear [bɛər] *vt.* 견디다
condemn [kəndém] *vt.* 비난하다
else [els] *a.* 그 밖의
fulfill [fulfíl] *vt.* 성취시키다
grief [griːf] *n.* 비탄
guilty [gílti] *a.* 유죄의
judgment [dʒʌdʒmənt] *n.* 판단
offering [ɔ́ːfəriŋ] *n.* 제물
prove [pruːv] *vt.* 증명하다
righteousness [ráitʃəsnis] *n.* 정의
service [sə́ːrvis] *n.* 신을 섬김
synagogue [sínəgɑ̀g] *n.* 회당
testify [téstəfài] *vt.* 증거하다
truly [trúːli] *ad.* 진실로
warn [wɔːrn] *vt.* 경고하다

15:22 be guilty: 죄가 있다
16:1 so that A will B: A가 B하도록
16:1 fall away: 사라지다
16:2 put A out of...: …에서 A를 내쫓다
16:2 in fact: 사실
16:6 be filled with...: …로 가득하다

진리 가운데로 인도하시리니 그가 스스로 말하지 않고 오직 들은 것을 말하며 장래 일을 너희에게 알리시리라
14 그가 내 영광을 나타내리니 내 것을 가지고 너희에게 알리시겠음이라
15 무릇 아버지께 있는 것은 다 내 것이라 그러므로 내가 말하기를 그가 내 것을 가지고 너희에게 알리시리라 하였노라
16 조금 있으면 너희가 나를 보지 못하겠고 또 조금 있으면 나를 보리라 하시니
17 제자 중에서 서로 말하되 우리에게 말씀하신 바 조금 있으면 나를 보지 못하겠고 또 조금 있으면 나를 보리라 하시며 또 내가 아버지께로 감이라 하신 것이 무슨 말씀이냐 하고
18 또 말하되 조금 있으면이라 하신 말씀이 무슨 말씀이냐 무엇을 말씀하시는지 알지 못하노라 하거늘
19 예수께서 그 묻고자 함을 아시고 이르시되 내 말이 조금 있으면 나를 보지 못하겠고 또 조금 있으면 나를 보리라 하므로 서로 문의하느냐
20 내가 진실로 진실로 너희에게 이르노니 너희는 곡하고 애통하겠으나 세상은 기뻐하리라 너희는 근심하겠으나 너희 근심이 도리어 기쁨이 되리라
21 여자가 해산하게 되면 그때가 이르렀으므로 근심하나 아기를 낳으면 세상에 사람 난 기쁨으로 말미암아 그 고통을 다시 기억하지 아니하느니라
22 지금은 너희가 근심하나 내가 다시 너희를 보리니 너희 마음이 기쁠 것이요 너희 기쁨을 빼앗을 자가 없으리라
23 그날에는 너희가 아무것도 내게[1] 묻지 아니하리라 내가 진실로 진실로 너희에게 이르노니 너희가 무엇이든지 아버지께 구하는 것을 내 이름으로 주시리라 마 7:7
24 지금까지는 너희가 내 이름으로 아무것도 구하지 아니하였으나 구하라 그리하면 받으리니 너희 기쁨이 충만하리라

내가 세상을 이기었다

25 ● 이것을 비유로 너희에게 일렀거니와 때가 이르면 다시는 비유로 너희에게 이르지 않고 아버지에 대한 것을 밝히 이르리라
26 그날에 너희가 내 이름으로 구할 것이요 내가 너희를 위하여 아버지께 구하겠다 하는 말이 아니니
27 이는 너희가 나를 사랑하고 또 내가 하나님께*로부터* 온 줄 믿었으므로 아버지께서 친히 너

will guide you into all the truth. He will not
speak on his own; he will speak only what
he hears, and he will tell you what is yet to
14 come. •He will glorify me because it is from
me that he will receive what he will make
15 known to you. •All that belongs to the
Father is mine. That is why I said the Spirit
will receive from me what he will make
known to you."

The Disciples' Grief Will Turn to Joy

16 •Jesus went on to say, "In a little while
you will see me no more, and then after a
little while you will see me."
17 •At this, some of his disciples said to one
another, "What does he mean by saying, 'In
a little while you will see me no more, and
then after a little while you will see me,' and
18 'Because I am going to the Father'?" •They
kept asking, "What does he mean by 'a little
while'? We don't understand what he is
saying."
19 •Jesus saw that they wanted to ask him
about this, so he said to them, "Are you asking
one another what I meant when I said,
'In a little while you will see me no more,
and then after a little while you will see
20 me'? •Very truly I tell you, you will weep
and mourn while the world rejoices. You
will grieve, but your grief will turn to joy.
21 •A woman giving birth to a child has pain
because her time has come; but when her
baby is born she forgets the anguish
because of her joy that a child is born into
22 the world. •So with you: Now is your time
of grief, but I will see you again and you
will rejoice, and no one will take away your
23 joy. •In that day you will no longer ask me
anything. Very truly I tell you, my Father
will give you whatever you ask in my
24 name. •Until now you have not asked for
anything in my name. Ask and you will
receive, and your joy will be complete.
25 •"Though I have been speaking figuratively,
a time is coming when I will no
longer use this kind of language but will tell
26 you plainly about my Father. •In that day
you will ask in my name. I am not saying
that I will ask the Father on your behalf.
27 •No, the Father himself loves you because
you have loved me and have believed that I

1) 또는 구하지 아니하리라

anguish [ǽŋgwiʃ] *n.* 고뇌
behalf [bihǽf] *n.* 이익
complete [kəmplíːt] *a.* 완전한
figuratively [fígjurətivli] *ad.* 비유적으로
forget [fərgét] *vt.* 잊다
grieve [griːv] *vi.* 몹시 슬퍼하다
guide [gaid] *vt.* 인도하다
mean [miːn] *vt.* 의미하다
mourn [mɔːrn] *vi.* 애도하다
pain [pein] *n.* 고통
plainly [pléinli] *ad.* 명백하게
receive [risíːv] *vt.* 맞아들이다
rejoice [ridʒɔ́is] *vi.* 즐거워하다
weep [wiːp] *vi.* 울다
whatever [hwʌtévər] *pron.* 무엇이든지

16:16 in a little while: 잠시 후에
16:18 keep ~ing: 계속 ~하다
16:20 turn to...: …으로 변하다
16:21 give birth to...: …를 낳다
16:25 a time is coming when...: …할 때가 올 것이다

희를 사랑하심이라
28 내가 아버지에게서 나와 세상에 왔고 다시 세상
을 떠나 아버지께로 가노라 하시니 13:3
29 제자들이 말하되 지금은 밝히 말씀하시고 아무
비유로도 하지 아니하시니
30 우리가 지금에야 주께서 모든 것을 아시고 또 사
람의 물음을 기다리시지 않는 줄 아나이다 이로
써 하나님께로부터 나오심을 우리가 믿사옵나
이다
31 예수께서 대답하시되 이제는 너희가 믿느냐
32 보라 너희가 다 각각 제 곳으로 흩어지고 나를
혼자 둘 때가 오나니 벌써 왔도다 그러나 내가
혼자 있는 것이 아니라 아버지께서 나와 함께 계
시느니라
33 이것을 너희에게 이르는 것은 너희로 내 안에서
평안을 누리게 하려 함이라 세상에서는 너희가
환난을 당하나 담대하라 내가 세상을 이기었노
라

기도하시다 (♪ 539장) — A.D. 30년경

17 예수께서 이 말씀을 하시고 눈을 들어 하늘
을 우러러 이르시되 아버지여 때가 이르렀
사오니 아들을 영화롭게 하사 아들로 아버지를
영화롭게 하게 하옵소서 12:23
2 아버지께서 아들에게 주신 모든 사람에게 영생
을 주게 하시려고 만민을 다스리는 권세를 아들
에게 주셨음이로소이다 단 7:14
3 영생은 곧 유일하신 참 하나님과 그가 보내신 자
예수 그리스도를 아는 것이니이다
4 아버지께서 내게 하라고 주신 일을 내가 이루어
아버지를 이 세상에서 영화롭게 하였사오니
5 아버지여 창세 전에 내가 아버지와 함께 가졌던
영화로써 지금도 아버지와 함께 나를 영화롭게
하옵소서
6 세상 중에서 내게 주신 사람들에게 내가 아버지
의 이름을 나타내었나이다 그들은 아버지의 것
이었는데 내게 주셨으며 그들은 아버지의 말씀
을 지키었나이다
7 지금 그들은 아버지께서 내게 주신 것이 다 아버
지로부터 온 것인 줄 알았나이다
8 나는 아버지께서 내게 주신 말씀들을 그들에게
주었사오며 그들은 이것을 받고 내가 아버지께
로부터 나온 줄을 참으로 아오며 아버지께서 나
를 보내신 줄도 믿었사옵나이다
9 내가 그들을 위하여 비옵나니 내가 비옵는 것은
세상을 위함이 아니요 내게 주신 자들을 위함이
니이다 그들은 아버지의 것이로소이다
10 내 것은 다 아버지의 것이요 아버지의 것은 내

28 came from God. •I came from the Father
and entered the world; now I am leaving
the world and going back to the Father."
29 •Then Jesus' disciples said, "Now you
are speaking clearly and without figures
30 of speech. •Now we can see that you
know all things and that you do not even
need to have anyone ask you questions.
This makes us believe that you came from
God."
31 •"Do you now believe?" Jesus replied.
32 •"A time is coming and in fact has come
when you will be scattered, each to your
own home. You will leave me all alone.
Yet I am not alone, for my Father is with
me.
33 •"I have told you these things, so that
in me you may have peace. In this world
you will have trouble. But take heart! I
have overcome the world."

Jesus Prays to Be Glorified

17 After Jesus said this, he looked
toward heaven and prayed:

"Father, the hour has come. Glorify
your Son, that your Son may glorify
2 you. •For you granted him authority
over all people that he might give
eternal life to all those you have given
3 him. •Now this is eternal life: that
they know you, the only true God,
and Jesus Christ, whom you have
4 sent. •I have brought you glory on
earth by finishing the work you gave
5 me to do. •And now, Father, glorify
me in your presence with the glory I
had with you before the world began.

Jesus Prays for His Disciples

6 •"I have revealed you[a] to those
whom you gave me out of the world.
They were yours; you gave them to
me and they have obeyed your word.
7 •Now they know that everything
you have given me comes from you.
8 •For I gave them the words you gave
me and they accepted them. They
knew with certainty that I came from
you, and they believed that you sent
9 me. •I pray for them. I am not pray-
ing for the world, but for those you
have given me, for they are yours.
10 •All I have is yours, and all you have

[a]6 Greek *your name*

accept [æksépt] *vt.* 받다
alone [əlóun] *ad.* 혼자
authority [əθɔ́:rəti] *n.* 권세
clearly [klíərli] *ad.* 분명하게
eternal [itə́:rnəl] *a.* 영원한
finish [fíniʃ] *vt.* 끝마치다
glorify [glɔ́:rəfài] *vt.* 영광스럽게 하다
grant [grænt] *vt.* 주다
obey [oubéi] *vt.* 순종하다
overcome [òuvərkʌ́m] *vt.* 극복하다
peace [pi:s] *n.* 평안
reveal [rivíːl] *vt.* 드러내다
scatter [skǽtər] *vi.* 뿔뿔이 흩어지다
toward [tɔ:rd] *prep.* …을 향하여
trouble [trʌbl] *n.* 괴로움, 재난

16:28 come from...: …에서 나오다
16:32 in fact: 사실은
16:33 take heart: 담대하다
17:5 in one's presence: …의 목전에서
17:8 with certainty: 확실히(=certainly)
17:9 pray for...: …를 위해서 기도하다

것이온데 내가 그들로 말미암아 영광을 받았나이다

11 나는 세상에 더 있지 아니하오나 그들은 세상에 있사옵고 나는 아버지께로 가옵나니 거룩하신 아버지여 내게 주신 아버지의 이름으로 그들을 보전하사 우리와 같이 그들도 하나가 되게 하옵소서

12 내가 그들과 함께 있을 때에 내게 주신 아버지의 이름으로 그들을 보전하고 지키었나이다 그 중의 하나도 멸망하지 않고 다만 멸망의 자식뿐이오니 이는 성경을 응하게 함이니이다

13 지금 내가 아버지께로 가오니 내가 세상에서 이 말을 하옵는 것은 그들로 내 기쁨을 그들 안에 충만히 가지게 하려 함이니이다

14 내가 아버지의 말씀을 그들에게 주었사오매 세상이 그들을 미워하였사오니 이는 내가 세상에 속하지 아니함같이 그들도 세상에 속하지 아니함으로 인함이니이다

15 내가 비옵는 것은 그들을 세상에서 데려가시기를 위함이 아니요 다만 악에 빠지지 않게 보전하시기를 위함이니이다 마 6:13

16 내가 세상에 속하지 아니함같이 그들도 세상에 속하지 아니하였사옵나이다

17 그들을 진리로 거룩하게 하옵소서 아버지의 말씀은 진리니이다

18 아버지께서 나를 세상에 보내신 것같이 나도 그들을 세상에 보내었고 20:21

19 또 그들을 위하여 내가 나를 거룩하게 하오니 이는 그들도 진리로 거룩함을 얻게 하려 함이니이다

20 내가 비옵는 것은 이 사람들만 위함이 아니요 또 그들의 말로 말미암아 나를 믿는 사람들도 위함이니

21 아버지여, 아버지께서 내 안에, 내가 아버지 안에 있는 것같이 그들도 다 하나가 되어 우리 안에 있게 하사 세상으로 아버지께서 나를 보내신 것을 믿게 하옵소서 10:38

22 내게 주신 영광을 내가 그들에게 주었사오니 이는 우리가 하나가 된 것같이 그들도 하나가 되게 하려 함이니이다

23 곧 내가 그들 안에 있고 아버지께서 내 안에 계시어 그들로 온전함을 이루어 하나가 되게 하려 함은 아버지께서 나를 보내신 것과 또 나를 사랑하심같이 그들도 사랑하신 것을 세상으로 알게 하려 함이로소이다

24 아버지여 내게 주신 자도 나 있는 곳에 나와 함께 있어 아버지께서 창세 전부터 나를 사랑하

is mine. And glory has come to me
11 through them. •I will remain in the
world no longer, but they are still in
the world, and I am coming to you.
Holy Father, protect them by the power of[a] your name, the name you gave
me, so that they may be one as we are
12 one. •While I was with them, I protected them and kept them safe by[b]
that name you gave me. None has been
lost except the one doomed to destruction so that Scripture would be fulfilled.

13 •"I am coming to you now, but I
say these things while I am still in the
world, so that they may have the full
14 measure of my joy within them. •I
have given them your word and the
world has hated them, for they are not
of the world any more than I am of
15 the world. •My prayer is not that you
take them out of the world but that
you protect them from the evil one.
16 •They are not of the world, even as I
17 am not of it. •Sanctify them by[c] the
18 truth; your word is truth. •As you sent
me into the world, I have sent them
19 into the world. •For them I sanctify
myself, that they too may be truly
sanctified.

Jesus Prays for All Believers

20 •"My prayer is not for them alone. I
pray also for those who will believe in
21 me through their message, •that all of
them may be one, Father, just as you
are in me and I am in you. May they
also be in us so that the world may
22 believe that you have sent me. •I have
given them the glory that you gave
me, that they may be one as we are
23 one— •I in them and you in me—so
that they may be brought to complete
unity. Then the world will know that
you sent me and have loved them even
as you have loved me.

24 •"Father, I want those you have
given me to be with me where I am,
and to see my glory, the glory you have
given me because you loved me before
the creation of the world.

[a]11 Or Father, keep them faithful to *[b]12 Or kept them faithful to* *[c]17 Or them to live in accordance with*

believe [bəlíːv] *vt.* 믿다
complete [kəmplíːt] *vt.* 완성하다
creation [kriéiʃən] *n.* 창조
destruction [distrʌ́kʃən] *n.* 멸망
except [iksépt] *prep.* …를 제외하고는
fulfill [fulfíl] *vt.* 성취시키다
glory [glɔ́ːri] *n.* 영광
message [mésidʒ] *n.* 메시지, 전언
protect [prətékt] *vt.* 보호하다
remain [riméin] *vi.* 남아 있다
Scripture [skríptʃər] *n.* 성경
through [θruː] *prep.* …를 통하여
truly [trúːli] *ad.* 진실로
unity [júːnəti] *n.* 연합
within [wiðín] *prep.* …의 속에

17:12 be doomed to...: …하기로 운명지어진
17:12 so that...: …하기 위해서
17:13 full measure of...: …가 가득찬
17:14 not A any more than B: B가 아닌 것만큼 A가 아니다
17:15 take out of...: …에서 데려가다

시므로 내게 주신 나의 영광을 그들로 보게 하
시기를 원하옵나이다
25 의로우신 아버지여 세상이 아버지를 알지 못
하여도 나는 아버지를 알았사옵고 그들도 아
버지께서 나를 보내신 줄 알았사옵나이다
26 내가 아버지의 이름을 그들에게 알게 하였고
또 알게 하리니 이는 나를 사랑하신 사랑이 그
들 안에 있고 나도 그들 안에 있게 하려 함이니
이다

잡히시다 (마 26:47-56; 막 14:43-50;
눅 22:47-53 ♪204, 546장) — A.D. 30년경

18 예수께서 이 말씀을 하시고 제자들과 함
께 기드론 시내 건너편으로 나가시니 그
곳에 동산이 있는데 제자들과 함께 들어가시
니라
2 그곳은 가끔 예수께서 제자들과 모이시는 곳
이므로 예수를 파는 유다도 그곳을 알더라
3 유다가 군대와 대제사장들과 바리새인들에게
서 얻은 아랫사람들을 데리고 등과 횃불과 무
기를 가지고 그리로 오는지라
4 예수께서 그 당할 일을 다 아시고 나아가 이르
시되 너희가 누구를 찾느냐
5 대답하되 나사렛 예수라 하거늘 이르시되 내
가 그니라 하시니라 그를 파는 유다도 그들과
함께 섰더라
6 예수께서 그들에게 내가 그니라 하실 때에 그
들이 물러가서 땅에 엎드러지는지라
7 이에 다시 누구를 찾느냐고 물으신대 그들이
말하되 나사렛 예수라 하거늘
8 예수께서 대답하시되 너희에게 내가 그니라
하였으니 나를 찾거든 이 사람들이 가는 것은
용납하라 하시니
9 이는 아버지께서 내게 주신 자 중에서 하나도
잃지 아니하였사옵나이다 하신 말씀을 응하게
하려 함이러라 17:12
10 이에 시몬 베드로가 칼을 가졌는데 그것을 빼
어 대제사장의 종을 쳐서 오른편 귀를 베어버
리니 그 종의 이름은 말고라
11 예수께서 베드로더러 이르시되 칼을 칼집에
꽂으라 아버지께서 주신 잔을 내가 마시지 아
니하겠느냐 하시니라

안나스에게로 끌고 가다
(마 26:57-58; 막 14:53-54; 눅 22:54)

12 ●이에 군대와 천부장과 유대인의 아랫사람들
이 예수를 잡아 결박하여
13 먼저 안나스에게로 끌고 가니 안나스는 그 해
의 대제사장인 가야바의 장인이라 막 14:53

25 ●"Righteous Father, though the
world does not know you, I know you,
and they know that you have sent me.
26 ●I have made you[a] known to them,
and will continue to make you known
in order that the love you have for me
may be in them and that I myself may
be in them."

Jesus Arrested

18 When he had finished praying,
Jesus left with his disciples and
crossed the Kidron Valley. On the other
side there was a garden, and he and his
disciples went into it.
2 ●Now Judas, who betrayed him, knew
the place, because Jesus had often met
3 there with his disciples. ●So Judas came to
the garden, guiding a detachment of sol-
diers and some officials from the chief
priests and the Pharisees. They were carry-
ing torches, lanterns and weapons.
4 ●Jesus, knowing all that was going to
happen to him, went out and asked them,
"Who is it you want?"
5 ●"Jesus of Nazareth," they replied.
"I am he," Jesus said. (And Judas the trai-
6 tor was standing there with them.) ●When
Jesus said, "I am he," they drew back and
fell to the ground.
7 ●Again he asked them, "Who is it you
want?"
"Jesus of Nazareth," they said.
8 ●Jesus answered, "I told you that I am he.
If you are looking for me, then let these
9 men go." ●This happened so that the words
he had spoken would be fulfilled: "I have
not lost one of those you gave me."[b]
10 ●Then Simon Peter, who had a sword,
drew it and struck the high priest's servant,
cutting off his right ear. (The servant's
name was Malchus.)
11 ●Jesus commanded Peter, "Put your
sword away! Shall I not drink the cup the
Father has given me?"
12 ●Then the detachment of soldiers with
its commander and the Jewish officials
13 arrested Jesus. They bound him ●and
brought him first to Annas, who was the
father-in-law of Caiaphas, the high priest

[a]26 Greek *your name* [b]9 John 6:39

arrest [ərést] *vt.* …를 체포하다
betray [bitréi] *vt.* 배신하다
command [kəmǽnd] *vt.* 명하다
detachment [ditǽtʃmənt] *n.* 파견대
disciple [disáipl] *n.* 제자
father-in-law [fáːðərinlɔ̀ː] *n.* 장인
finish [fíniʃ] *vt.* 끝내다
lantern [lǽntərn] *n.* 등불
order [ɔ́ːrdər] *vt.* 명령하다
priest [priːst] *n.* 제사장
righteous [ráitʃəs] *a.* 의로운
sword [sɔːrd] *n.* 칼
torch [tɔːrtʃ] *n.* 횃불
traitor [tréitər] *n.* 배반자
weapon [wépən] *n.* 무기

18:1 on the other side: 다른 한편에서는
18:6 draw back: 뒤로 물러가다
18:6 fall to the ground: 땅에 엎드리다
18:8 look for...: …을 찾다
18:10 cut off: 잘라내다
18:11 put... away: …를 치우다

14 가야바는 유대인들에게 한 사람이 백성을 위
하여 죽는 것이 유익하다고 권고하던 자러라

베드로가 제자가 아니라고 하다
(마 26:69-70; 막 14:66-68; 눅 22:55-57)

15 ●시몬 베드로와 또 다른 제자 한 사람이 예수
를 따르니 이 제자는 대제사장과 아는 사람이
라 예수와 함께 대제사장의 집 뜰에 들어가고
16 베드로는 문밖에 서 있는지라 대제사장을 아
는 그 다른 제자가 나가서 문 지키는 여자에게
말하여 베드로를 데리고 들어오니
17 문 지키는 여종이 베드로에게 말하되 너도 이
사람의 제자 중 하나가 아니냐 하니 그가 말하
되 나는 아니라 하고 18:25
18 그때가 추운 고로 종과 아랫사람들이 불을 피
우고 서서 쬐니 베드로도 함께 서서 쬐더라

대제사장이 예수에게 묻다
(마 26:59-66; 막 14:55-64; 눅 22:66-71)

19 ●대제사장이 예수에게 그의 제자들과 그의
교훈에 대하여 물으니 눅 22:63-71
20 예수께서 대답하시되 내가 드러내 놓고 세상
에 말하였노라 모든 유대인들이 모이는 회당
과 성전에서 항상 가르쳤고 은밀하게는 아무
것도 말하지 아니하였거늘
21 어찌하여 내게 묻느냐 내가 무슨 말을 하였는
지 들은 자들에게 물어 보라 그들이 내가 하던
말을 아느니라
22 이 말씀을 하시매 곁에 섰던 아랫사람 하나가
손으로 예수를 쳐 이르되 네가 대제사장에게
이같이 대답하느냐 하니
23 예수께서 대답하시되 내가 말을 잘못하였으면
그 잘못한 것을 증언하라 바른 말을 하였으면
네가 어찌하여 나를 치느냐 하시더라
24 안나스가 예수를 결박한 그대로 대제사장 가
야바에게 보내니라

베드로가 다시 제자가 아니라고 하다
(마 26:71-75; 막 14:69-72; 눅 22:58-62)

25 ●시몬 베드로가 서서 불을 쬐더니 사람들이
묻되 너도 그 제자 중 하나가 아니냐 베드로가
부인하여 이르되 나는 아니라 하니
26 대제사장의 종 하나는 베드로에게 귀를 잘린
사람의 친척이라 이르되 네가 그 사람과 함께
동산에 있는 것을 내가 보지 아니하였느냐
27 이에 베드로가 또 부인하니 곧 닭이 울더라

빌라도 앞에 서시다
(마 27:1-2, 11-14; 막 15:1-5; 눅 23:1-5)

28 ●그들이 예수를 가야바에게서 관정으로 끌고
가니 새벽이라 그들은 더럽힘을 받지 아니하

14 that year. •Caiaphas was the one who had
advised the Jewish leaders that it would be
good if one man died for the people.

Peter's First Denial

15 •Simon Peter and another disciple were
following Jesus. Because this disciple was
known to the high priest, he went with
16 Jesus into the high priest's courtyard, •but
Peter had to wait outside at the door. The
other disciple, who was known to the high
priest, came back, spoke to the servant girl
on duty there and brought Peter in.
17 •"You aren't one of this man's disciples
too, are you?" she asked Peter.
He replied, "I am not."
18 •It was cold, and the servants and offi-
cials stood around a fire they had made to
keep warm. Peter also was standing with
them, warming himself.

The High Priest Questions Jesus

19 •Meanwhile, the high priest questioned
Jesus about his disciples and his teaching.
20 •"I have spoken openly to the world,"
Jesus replied. "I always taught in syna-
gogues or at the temple, where all the Jews
come together. I said nothing in secret.
21 •Why question me? Ask those who heard
me. Surely they know what I said."
22 •When Jesus said this, one of the offi-
cials nearby slapped him in the face. "Is
this the way you answer the high priest?"
he demanded.
23 •"If I said something wrong," Jesus
replied, "testify as to what is wrong. But if
I spoke the truth, why did you strike me?"
24 •Then Annas sent him bound to Caiaphas
the high priest.

Peter's Second and Third Denials

25 •Meanwhile, Simon Peter was still stand-
ing there warming himself. So they asked
him, "You aren't one of his disciples too,
are you?"
He denied it, saying, "I am not."
26 •One of the high priest's servants, a rel-
ative of the man whose ear Peter had cut
off, challenged him, "Didn't I see you with
27 him in the garden?" •Again Peter denied
it, and at that moment a rooster began to
crow.

Jesus Before Pilate

28 •Then the Jewish leaders took Jesus

advise [ædváiz] *vt.* 충고하다
bound [baund] *a.* 속박된
challenge [tʃǽlindʒ] *vt.* 대답을 요구하다
courtyard [kɔ́:rtjɑ̀:rd] *n.* 안마당
crow [krou] *vi.*(수탉이) 울다
demand [dimǽnd] *vt.* 요구하다
denial [dináiəl] *n.* 부인, 부정
duty [djú:ti] *n.* 임무
moment [móumənt] *n.* 때
nearby [nìərbái] *ad.* 가까이에
openly [óupənli] *ad.* 공개적으로
relative [rélətiv] *n.* 친척
rooster [rú:stər] *n.* 수탉
surely [ʃúərli] *ad.* 분명히
synagogue [sínəgɑ̀g] *n.* 회당

18:15 be known to...: …에게 알려지다
18:18 make to...: …하기 시작하다
18:19 question... about~: …에게 ~에 관해서 질문하다
18:20 come together: (하나로) 합치다
18:23 as to...: …에 관하여

고 유월절 잔치를 먹고자 하여 관정에 들어가
지 아니하더라
29 그러므로 빌라도가 밖으로 나가서 그들에게 말
하되 너희가 무슨 일로 이 사람을 고발하느냐
30 대답하여 이르되 이 사람이 행악자가 아니었
더라면 우리가 당신에게 넘기지 아니하였겠나
이다
31 빌라도가 이르되 너희가 그를 데려다가 너희
법대로 재판하라 유대인들이 이르되 우리에게
는 사람을 죽이는 권한이 없나이다 하니
32 이는 예수께서 자기가 어떠한 죽음으로 죽을
것을 가리켜 하신 말씀을 응하게 하려 함이러
라
33 ●이에 빌라도가 다시 관정에 들어가 예수를
불러 이르되 네가 유대인의 왕이냐 눅 23:3
34 예수께서 대답하시되 이는 네가 스스로 하는
말이냐 다른 사람들이 나에 대하여 네게 한 말
이냐
35 빌라도가 대답하되 내가 유대인이냐 네 나라
사람과 대제사장들이 너를 내게 넘겼으니 네
가 무엇을 하였느냐
36 예수께서 대답하시되 내 나라는 이 세상에 속
한 것이 아니니라 만일 내 나라가 이 세상에 속
한 것이었더라면 내 종들이 싸워 나로 유대인
들에게 넘겨지지 않게 하였으리라 이제 내 나
라는 여기에 속한 것이 아니니라
37 빌라도가 이르되 그러면 네가 왕이 아니냐 예
수께서 대답하시되 네 말과 같이 내가 왕이니
라 내가 이를 위하여 태어났으며 이를 위하여
세상에 왔나니 곧 진리에 대하여 증언하려 함
이로라 무릇 진리에 속한 자는 내 음성을 듣느
니라 하신대 요일 3:19
38 빌라도가 이르되 진리가 무엇이냐 하더라

십자가에 못 박도록 예수를 넘겨 주다
(마 27:15-31; 막 15:6-20; 눅 23:13-25)

●이 말을 하고 다시 유대인들에게 나가서 이
르되 나는 그에게서 아무 죄도 찾지 못하였노
라
39 유월절이면 내가 너희에게 한 사람을 놓아 주
는 전례가 있으니 그러면 너희는 내가 유대인
의 왕을 너희에게 놓아 주기를 원하느냐 하니
40 그들이 또 소리 질러 이르되 이 사람이 아니라
바라바라 하니 바라바는 강도였더라 행 3:14
19 이에 빌라도가 예수를 데려다가 채찍질하
더라
2 군인들이 가시나무로 관을 엮어 그의 머리에
씌우고 자색 옷을 입히고

from Caiaphas to the palace of the Roman
governor. By now it was early morning,
and to avoid ceremonial uncleanness they
did not enter the palace, because they
29 wanted to be able to eat the Passover. •So
Pilate came out to them and asked, "What
charges are you bringing against this
man?"
30 •"If he were not a criminal," they replied,
"we would not have handed him over to
you."
31 •Pilate said, "Take him yourselves and
judge him by your own law."
"But we have no right to execute any-
32 one," they objected. •This took place to ful-
fill what Jesus had said about the kind of
death he was going to die.
33 •Pilate then went back inside the palace,
summoned Jesus and asked him, "Are you
the king of the Jews?"
34 •"Is that your own idea," Jesus asked, "or
did others talk to you about me?"
35 •"Am I a Jew?" Pilate replied. "Your own
people and chief priests handed you over to
me. What is it you have done?"
36 •Jesus said, "My kingdom is not of this
world. If it were, my servants would fight
to prevent my arrest by the Jewish leaders.
But now my kingdom is from another
place."
37 •"You are a king, then!" said Pilate.
Jesus answered, "You say that I am a
king. In fact, the reason I was born and
came into the world is to testify to the
truth. Everyone on the side of truth listens
to me."
38 •"What is truth?" retorted Pilate. With
this he went out again to the Jews gath-
ered there and said, "I find no basis for a
39 charge against him. •But it is your custom
for me to release to you one prisoner at the
time of the Passover. Do you want me to
release 'the king of the Jews'?"
40 •They shouted back, "No, not him! Give
us Barabbas!" Now Barabbas had taken
part in an uprising.

Jesus Sentenced to Be Crucified

19 Then Pilate took Jesus and had
2 him flogged. •The soldiers twisted
together a crown of thorns and put it on
his head. They clothed him in a purple

arrest [ərést] *n.* 체포
avoid [əvɔ́id] *vt.* 피하다
ceremonial [sèrəmóuniəl] *a.* 의식의
charge [tʃaːrdʒ] *vt.* 고소하다
criminal [krímənl] *n.* 죄인
custom [kʌstəm] *n.* 관습
execute [éksikjùːt] *vt.* 처형하다
flog [flag] *vt.* 채찍질하다
governor [gʌvənər] *n.* 통치자
prevent [privént] *vt.* 막다
prisoner [prízənər] *n.* 죄수
release [rilíːs] *vt.* 풀어 놓다
summon [sʌmən] *vt.* 부르다
testify [téstəfài] *vt.* 증언하다
thorn [θɔːrn] *n.* 가시

18:28 by now: 지금쯤은 벌써
18:30 hand over: 넘겨 주다
18:37 on the side of...: …의 편에 있는
18:40 take part in...: …에 참가하다
19:2 twist together: 비틀어 모양을 만들다

3 앞에 가서 이르되 유대인의 왕이여 평안할지
어다 하며 손으로 때리더라
4 빌라도가 다시 밖에 나가 말하되 보라 이 사람
을 데리고 너희에게 나오나니 이는 내가 그에
게서 아무 죄도 찾지 못한 것을 너희로 알게 하
려 함이로라 하더라
5 이에 예수께서 가시관을 쓰고 자색 옷을 입고
나오시니 빌라도가 그들에게 말하되 보라 이
사람이로다 하매
6 대제사장들과 아랫사람들이 예수를 보고 소리
질러 이르되 십자가에 못 박으소서 십자가에
못 박으소서 하는지라 빌라도가 이르되 너희
가 친히 데려다가 십자가에 못 박으라 나는 그
에게서 죄를 찾지 못하였노라
7 유대인들이 대답하되 우리에게 법이 있으니
그 법대로 하면 그가 당연히 죽을 것은 그가 자
기를 하나님의 아들이라 함이니이다
8 빌라도가 이 말을 듣고 더욱 두려워하여
9 다시 관정에 들어가서 예수께 말하되 너는 어
디로부터냐 하되 예수께서 대답하여 주지 아
니하시는지라
10 빌라도가 이르되 내게 말하지 아니하느냐 내
가 너를 놓을 권한도 있고 십자가에 못 박을 권
한도 있는 줄 알지 못하느냐
11 예수께서 대답하시되 위에서 주지 아니하셨더
라면 나를 해할 권한이 없었으리니 그러므로
나를 네게 넘겨 준 자의 죄는 더 크다 하시니라
12 이러하므로 빌라도가 예수를 놓으려고 힘썼으
나 유대인들이 소리 질러 이르되 이 사람을 놓으
면 가이사의 충신이 아니니이다 무릇 자기를 왕
이라 하는 자는 가이사를 반역하는 것이니이다
13 빌라도가 이 말을 듣고 예수를 끌고 나가서 돌
을 깐 뜰 (히브리 말로 가바다)에 있는 재판석
에 앉아 있더라 마 27:19
14 이날은 유월절의 준비일이요 때는 [1]제육 시라
빌라도가 유대인들에게 이르되 보라 너희 왕
이로다
15 그들이 소리 지르되 없이 하소서 없이 하소서
그를 십자가에 못 박게 하소서 빌라도가 이르
되 내가 너희 왕을 십자가에 못 박으랴 대제사
장들이 대답하되 가이사 외에는 우리에게 왕
이 없나이다 하니
16 이에 예수를 십자가에 못 박도록 그들에게 넘
겨 주니라

십자가에 못 박히시다 (마 27:32-44; 막 15:21-32; 눅 23:26-43 ♪ 146장) — A.D. 30년경

17 •그들이 예수를 맡으매 예수께서 자기의 십

3 robe •and went up to him again and again,
saying, "Hail, king of the Jews!" And they
slapped him in the face.
4 •Once more Pilate came out and said to
the Jews gathered there, "Look, I am bring-
ing him out to you to let you know that I
find no basis for a charge against him."
5 •When Jesus came out wearing the crown
of thorns and the purple robe, Pilate said to
them, "Here is the man!"
6 •As soon as the chief priests and their
officials saw him, they shouted, "Crucify!
Crucify!"
But Pilate answered, "You take him and
crucify him. As for me, I find no basis for a
charge against him."
7 •The Jewish leaders insisted, "We have a
law, and according to that law he must die,
because he claimed to be the Son of God."
8 •When Pilate heard this, he was even
9 more afraid, •and he went back inside
the palace. "Where do you come from?" he
asked Jesus, but Jesus gave him no answer.
10 •"Do you refuse to speak to me?" Pilate
said. "Don't you realize I have power either
to free you or to crucify you?"
11 •Jesus answered, "You would have no
power over me if it were not given to you
from above. Therefore the one who handed
me over to you is guilty of a greater sin."
12 •From then on, Pilate tried to set Jesus
free, but the Jewish leaders kept shouting,
"If you let this man go, you are no friend of
Caesar. Anyone who claims to be a king
opposes Caesar."
13 •When Pilate heard this, he brought
Jesus out and sat down on the judge's seat
at a place known as the Stone Pavement
14 (which in Aramaic is Gabbatha). •It was
the day of Preparation of the Passover; it
was about noon.
"Here is your king," Pilate said to the Jews.
15 •But they shouted, "Take him away!
Take him away! Crucify him!"
"Shall I crucify your king?" Pilate asked.
"We have no king but Caesar," the chief
priests answered.
16 •Finally Pilate handed him over to them
to be crucified.

The Crucifixion of Jesus

17 So the soldiers took charge of Jesus. •Car-

1) 낮 열두 시

basis [béisis] *n.* 근거
charge [tʃa:rdʒ] *n.* 책임
chief [tʃi:f] *n.* 장, 우두머리
claim [kleim] *vt.* 주장하다
crucifixion [krù:səfíkʃən] *n.* 십자가에 못박음
either [í:ðər] *conj.* …거나…거나
insist [insíst] *vi.* 고집하다
judge [dʒʌdʒ] *n.* 재판관
oppose [əpóuz] *vt.* 거역하다
Passover [pǽsòuvər] *n.* 유월절
pavement [péivmənt] *n.* 포장 도로
preparation [prèpəréiʃən] *n.* 준비
refuse [rifjú:z] *vt.* 거부하다
robe [roub] *n.* 옷
slap [slæp] *vt.* 때리다

19:3 again and again: 몇 번이고
19:4 bring A out B: A를 B에서 데리고
19:6 as for me: 나로서는
19:11 hand over: 넘겨 주다
19:12 set A free: A를 풀어주다
19:15 take away: 없애다

자가를 지시고 해골 (히브리 말로 골고다)이라
하는 곳에 나가시니
18 그들이 거기서 예수를 십자가에 못 박을새 다
른 두 사람도 그와 함께 좌우편에 못 박으니 예
수는 가운데 있더라
19 빌라도가 패를 써서 십자가 위에 붙이니 나사
렛 예수 유대인의 왕이라 기록되었더라
20 예수께서 못 박히신 곳이 성에서 가까운 고로
많은 유대인이 이 패를 읽는데 히브리와 로마
와 헬라 말로 기록되었더라
21 유대인의 대제사장들이 빌라도에게 이르되 유
대인의 왕이라 쓰지 말고 자칭 유대인의 왕이
라 쓰라 하니
22 빌라도가 대답하되 내가 쓸 것을 썼다 하니라
23 ●군인들이 예수를 십자가에 못 박고 그의 옷
을 취하여 네 깃에 나눠 각각 한 깃씩 얻고 속
옷도 취하니 이 속옷은 호지 아니하고 위에서
부터 통으로 짠 것이라
24 군인들이 서로 말하되 이것을 찢지 말고 누가
얻나 제비 뽑자 하니 이는 성경에
ㄱ그들이 내 옷을 나누고 내 옷을 제비 뽑나
이다
한 것을 응하게 하려 함이러라 군인들은 이런
일을 하고
25 예수의 십자가 곁에는 그 어머니와 이모와 글
로바의 아내 마리아와 막달라 마리아가 섰는
지라
26 예수께서 자기의 어머니와 사랑하시는 제자
가 곁에 서 있는 것을 보시고 자기 어머니께
말씀하시되 여자여 보소서 아들이니이다 하
시고
27 또 그 제자에게 이르시되 보라 네 어머니라 하
신대 그때부터 그 제자가 자기 집에 모시니라

영혼이 떠나가시다
(마 27:45-56; 막 15:33-41; 눅 23:44-49)

28 ●그 후에 예수께서 모든 일이 이미 이루어진
줄 아시고 성경을 응하게 하려 하사 이르시되
ㄴ내가 목마르다 하시니
29 거기 신 포도주가 가득히 담긴 그릇이 있는지
라 사람들이 신 포도주를 적신 해면을 우슬초
에 매어 예수의 입에 대니
30 예수께서 신 포도주를 받으신 후에 이르시되
다 이루었다 하시고 머리를 숙이니 영혼이 떠
나가시니라

창으로 옆구리를 찌르다

31 ●이날은 준비일이라 유대인들은 그 안식일이

rying his own cross, he went out to the
place of the Skull (which in Aramaic is
18 called Golgotha). ●There they crucified
him, and with him two others—one on
each side and Jesus in the middle.
19 ●Pilate had a notice prepared and fas-
tened to the cross. It read: JESUS OF NAZARETH,
20 THE KING OF THE JEWS. ●Many of the Jews read
this sign, for the place where Jesus was cru-
cified was near the city, and the sign was
21 written in Aramaic, Latin and Greek. ●The
chief priests of the Jews protested to Pilate,
"Do not write 'The King of the Jews,' but
that this man claimed to be king of the
Jews."
22 ●Pilate answered, "What I have written, I
have written."
23 ●When the soldiers crucified Jesus, they
took his clothes, dividing them into four
shares, one for each of them, with the un-
dergarment remaining. This garment was
seamless, woven in one piece from top to
bottom.
24 ●"Let's not tear it," they said to one an-
other. "Let's decide by lot who will get it."
This happened that the scripture might
be fulfilled that said,

"They divided my clothes among them
and cast lots for my garment."[a]

So this is what the soldiers did.
25 ●Near the cross of Jesus stood his moth-
er, his mother's sister, Mary the wife of
26 Clopas, and Mary Magdalene. ●When
Jesus saw his mother there, and the disciple
whom he loved standing nearby, he said to
27 her, "Woman,[b] here is your son," ●and to
the disciple, "Here is your mother." From
that time on, this disciple took her into his
home.

The Death of Jesus

28 ●Later, knowing that everything had
now been finished, and so that Scripture
would be fulfilled, Jesus said, "I am thirsty."
29 ●A jar of wine vinegar was there, so they
soaked a sponge in it, put the sponge on a
stalk of the hyssop plant, and lifted it to
30 Jesus' lips. ●When he had received the
drink, Jesus said, "It is finished." With that,
he bowed his head and gave up his spirit.
31 ●Now it was the day of Preparation, and

[a]24 Psalm 22:18 [b]26 The Greek for *Woman* does not denote any disrespect. ㄱ. 시 22:18 ㄴ. 시 69:21

bottom [bátəm] *n.* 밑바닥
bow [bau] *vi.* 절하다
fasten [fǽsn] *vt.* 붙이다
garment [gáːrmənt] *n.* 옷
hyssop [hísəp] *n.* 우슬초
notice [nóutis] *n.* 게시
protest [próutest] *vt.* 항의하다
scripture [skríptʃər] *n.* 성경
seamless [síːmlis] *a.* 솔기 없는
skull [skʌl] *n.* 해골
soak [souk] *vt.* 적시다
sponge [spʌndʒ] *n.* 해면
thirsty [θə́ːrsti] *a.* 목타는
vinegar [vínəgər] *n.* 식초
weave [wiːv] *vt.* (천, 피륙을) 짜다

19:23 divide into...: …으로 나누다
19:24 cast lots for...: …를 위해서 주사위를 던져 (제비를 뽑아)서 정하다
19:27 from that time on: 그때부터
19:27 take into...: …로 데려가다
19:30 give up one's spirit: 죽다

큰 날이므로 그 안식일에 시체들을 십자가
에 두지 아니하려 하여 빌라도에게 그들의
다리를 꺾어 시체를 치워 달라 하니
32 군인들이 가서 예수와 함께 못박힌 첫째 사
람과 또 그 다른 사람의 다리를 꺾고 19:18
33 예수께 이르러서는 이미 죽으신 것을 보고
다리를 꺾지 아니하고
34 그 중 한 군인이 창으로 옆구리를 찌르니
곧 피와 물이 나오더라
35 이를 본 자가 증언하였으니 그 증언이 참이
라 그가 자기의 말하는 것이 참인 줄 알고
너희로 믿게 하려 함이니라
36 이 일이 일어난 것은 [ㄱ]그 뼈가 하나도 꺾이
지 아니하리라 한 성경을 응하게 하려 함이
라
37 또 다른 성경에 [ㄴ]그들이 그 찌른 자를 보리
라 하였느니라

새 무덤에 예수를 두다
(마 27:57-61; 막 15:42-47; 눅 23:50-56)

38 ● 아리마대 사람 요셉은 예수의 제자이나
유대인이 두려워 그것을 숨기더니 이 일 후
에 빌라도에게 예수의 시체를 가져가기를
구하매 빌라도가 허락하는지라 이에 가서
예수의 시체를 가져가니라
39 일찍이 예수께 밤에 찾아왔던 니고데모도
몰약과 침향 섞은 것을 백 [1)]리트라쯤 가지
고 온지라
40 이에 예수의 시체를 가져다가 유대인의 장
례법대로 그 향품과 함께 세마포로 쌌더라
41 예수께서 십자가에 못박히신 곳에 동산이
있고 동산 안에 아직 사람을 장사한 일이
없는 새 무덤이 있는지라
42 이날은 유대인의 준비일이요 또 무덤이 가
까운 고로 예수를 거기 두니라

살아나시다
(마 28:1-10; 막 16:1-8; 눅 24:1-12 ♪164장)

20 [2)]안식 후 첫날 일찍이 아직 어두울 때
에 막달라 마리아가 무덤에 와서 돌
이 무덤에서 옮겨진 것을 보고
2 시몬 베드로와 예수께서 사랑하시던 그 다
른 제자에게 달려가서 말하되 사람들이 주
님을 무덤에서 가져다가 어디 두었는지 우
리가 알지 못하겠다 하니
3 베드로와 그 다른 제자가 나가서 무덤으로
갈새
4 둘이 같이 달음질하더니 그 다른 제자가 베

the next day was to be a special Sabbath.
Because the Jewish leaders did not want the
bodies left on the crosses during the Sabbath,
they asked Pilate to have the legs broken and
32 the bodies taken down. ●The soldiers therefore
came and broke the legs of the first man who
had been crucified with Jesus, and then those
33 of the other. ●But when they came to Jesus
and found that he was already dead, they did
34 not break his legs. ●Instead, one of the soldiers
pierced Jesus' side with a spear, bringing a sud-
35 den flow of blood and water. ●The man who
saw it has given testimony, and his testimony
is true. He knows that he tells the truth, and he
36 testifies so that you also may believe. ●These
things happened so that the scripture would be
fulfilled: "Not one of his bones will be bro-
37 ken,"[a] ●and, as another scripture says, "They
will look on the one they have pierced."[b]

The Burial of Jesus

38 ●Later, Joseph of Arimathea asked Pilate for
the body of Jesus. Now Joseph was a disciple of
Jesus, but secretly because he feared the Jewish
leaders. With Pilate's permission, he came and
39 took the body away. ●He was accompanied
by Nicodemus, the man who earlier had visit-
ed Jesus at night. Nicodemus brought a mix-
ture of myrrh and aloes, about seventy-five
40 pounds.[c] ●Taking Jesus' body, the two of them
wrapped it, with the spices, in strips of linen.
This was in accordance with Jewish burial cus-
41 toms. ●At the place where Jesus was crucified,
there was a garden, and in the garden a new
tomb, in which no one had ever been laid.
42 ●Because it was the Jewish day of Preparation
and since the tomb was nearby, they laid Jesus
there.

The Empty Tomb

20 Early on the first day of the week,
while it was still dark, Mary Magda-
lene went to the tomb and saw that the stone
2 had been removed from the entrance. ●So she
came running to Simon Peter and the other
disciple, the one Jesus loved, and said, "They
have taken the Lord out of the tomb, and we
don't know where they have put him!"
3 ●So Peter and the other disciple started for
4 the tomb. ●Both were running, but the other

[a] *36* Exodus 12:46; Num. 9:12; Psalm 34:20 [b] *37* Zech. 12:10 [c] *39* Or about 34 kilograms

1) 1리트라는 약 327그램임 2) 헬, 그 주간의 ㄱ. 출 12:46; 민 9:12; 시 34:20 ㄴ. 슥 12:10

accompany [əkʌ́mpəni] *vt.* 동반하다
blood [blʌd] *n.* 피
burial [bériəl] *n.* 매장
custom [kʌ́stəm] *n.* 관습
disciple [disáipl] *n.* 제자
mixture [míkstʃər] *n.* 혼합
myrrh [məːr] *n.* 몰약
permission [pərmíʃən] *n.* 허가
pierce [piərs] *vt.* 꿰뚫다
remove [rimúːv] *vt.* 옮기다
spear [spiər] *n.* 창
spice [spais] *n.* 향신료
strip [strip] *n.* 천 조각
tomb [tuːm] *n.* 무덤
wrap [ræp] *vt.* 싸다

19:31 take down: 치우다
19:37 look on: 바라보다, 지켜보다
19:40 in accordance with...: …에 따라서
20:1 early on: 초기에
20:2 take out of...: …에서 꺼내가다
20:3 start for...: …을 향해 출발하다

드로보다 더 빨리 달려가서 먼저 무덤에 이르러
5 구부려 세마포 놓인 것을 보았으나 들어가지는 아니하였더니
6 시몬 베드로는 따라와서 무덤에 들어가 보니 세마포가 놓였고
7 또 머리를 쌌던 수건은 세마포와 함께 놓이지 않고 딴 곳에 쌌던 대로 놓여 있더라
8 그때에야 무덤에 먼저 갔던 그 다른 제자도 들어가 보고 믿더라
9 (그들은 성경에 그가 죽은 자 가운데서 다시 살아나야 하리라 하신 말씀을 아직 알지 못하더라)
10 이에 두 제자가 자기들의 집으로 돌아가니라

막달라 마리아에게 나타나시다 (막 16:9-11)

11 ●마리아는 무덤 밖에 서서 울고 있더니 울면서 구부려 무덤 안을 들여다보니
12 흰옷 입은 두 천사가 예수의 시체 뉘었던 곳에 하나는 머리 편에, 하나는 발 편에 앉았더라
13 천사들이 이르되 여자여 어찌하여 우느냐 이르되 사람들이 내 주님을 옮겨다가 어디 두었는지 내가 알지 못함이니이다
14 이 말을 하고 뒤로 돌이켜 예수께서 서 계신 것을 보았으나 예수이신 줄은 알지 못하더라
15 예수께서 이르시되 여자여 어찌하여 울며 누구를 찾느냐 하시니 마리아는 그가 동산지기인 줄 알고 이르되 주여 당신이 옮겼거든 어디 두었는지 내게 이르소서 그리하면 내가 가져가리이다
16 예수께서 마리아야 하시거늘 마리아가 돌이켜 히브리 말로 랍오니 하니 (이는 선생님이라는 말이라)
17 예수께서 이르시되 나를 붙들지 말라 내가 아직 아버지께로 올라가지 아니하였노라 너는 내 형제들에게 가서 이르되 내가 내 아버지 곧 너희 아버지, 내 하나님 곧 너희 하나님께로 올라간다 하라 하시니
18 막달라 마리아가 가서 제자들에게 내가 주를 보았다 하고 또 주께서 자기에게 이렇게 말씀하셨다 이르니라

제자들에게 나타나시다
(마 28:16-20; 막 16:14-18; 눅 24:36-49)

19 ●이날 곧 안식 후 첫날 저녁 때에 제자들이 유대인들을 두려워하여 모인 곳의 문들을 닫았더니 예수께서 오사 가운데 서서 이르시되 너희에게 평강이 있을지어다 눅 24:36-39

disciple outran Peter and reached the tomb
5 first. •He bent over and looked in at the
strips of linen lying there but did not go in.
6 •Then Simon Peter came along behind
him and went straight into the tomb. He
7 saw the strips of linen lying there, •as well
as the cloth that had been wrapped around
Jesus' head. The cloth was still lying in its
8 place, separate from the linen. •Finally the
other disciple, who had reached the tomb
first, also went inside. He saw and believed.
9 •(They still did not understand from Scripture
that Jesus had to rise from the dead.)
10 •Then the disciples went back to where
they were staying.

Jesus Appears to Mary Magdalene

11 •Now Mary stood outside the tomb crying.
As she wept, she bent over to look into
12 the tomb •and saw two angels in white,
seated where Jesus' body had been, one at
the head and the other at the foot.
13 •They asked her, "Woman, why are you
crying?"
"They have taken my Lord away," she
said, "and I don't know where they have
14 put him." •At this, she turned around and
saw Jesus standing there, but she did not
realize that it was Jesus.
15 •He asked her, "Woman, why are you
crying? Who is it you are looking for?"
Thinking he was the gardener, she said,
"Sir, if you have carried him away, tell me
where you have put him, and I will get
him."
16 •Jesus said to her, "Mary."
She turned toward him and cried out
in Aramaic, "Rabboni!" (which means
"Teacher").
17 •Jesus said, "Do not hold on to me, for I
have not yet ascended to the Father. Go
instead to my brothers and tell them, 'I am
ascending to my Father and your Father,
to my God and your God.' "
18 •Mary Magdalene went to the disciples
with the news: "I have seen the Lord!"
And she told them that he had said these
things to her.

Jesus Appears to His Disciples

19 •On the evening of that first day of the
week, when the disciples were together,
with the doors locked for fear of the Jewish
leaders, Jesus came and stood among them

ascend [əsénd] *vi.* 올라가다
behind [biháind] *ad.* 뒤에
gardener [gá:rdnər] *n.* 정원사
inside [ìnsáid] *ad.* 안쪽에
instead [instéd] *ad.* 대신에
linen [línən] *n.* 리넨, 아마포
lock [lak] *vt.* 잠그다
outrun [àutrʌ́n] *vt.* …보다 빨리 달리다
reach [ri:tʃ] *vt.* 도착하다
realize [rí:əlàiz] *vt.* 깨닫다
Scripture [skríptʃər] *n.* 성서, 성경
separate [sépərèit] *a.* 분리된
straight [streit] *ad.* 곧바로
strip [strip] *n.* 천 조각
wrap [ræp] *vt.* 싸다

20:7 as well as...: …에 더하여, 게다가
20:9 rise from the dead: 소생하다
20:11 bend over: (상반신을) 구부리다
20:11 look into...: …을 들여다보다
20:15 carry... away: …를 가져가 버리다
20:16 turn toward: 방향을 바꾸다

20 이 말씀을 하시고 손과 옆구리를 보이시니
제자들이 주를 보고 기뻐하더라
21 예수께서 또 이르시되 너희에게 평강이 있을
지어다 아버지께서 나를 보내신 것같이 나도
너희를 보내노라 사 61:1
22 이 말씀을 하시고 그들을 향하사 숨을 내쉬
며 이르시되 성령을 받으라
23 너희가 누구의 죄든지 사하면 사하여질 것이
요 누구의 죄든지 그대로 두면 그대로 있으
리라 하시니라

도마가 의심하다

24 ●열두 제자 중의 하나로서 디두모라 불리는
도마는 예수께서 오셨을 때에 함께 있지 아
니한지라
25 다른 제자들이 그에게 이르되 우리가 주를
보았노라 하니 도마가 이르되 내가 그의 손
의 못 자국을 보며 내 손가락을 그 못 자국에
넣으며 내 손을 그 옆구리에 넣어 보지 않고
는 믿지 아니하겠노라 하니라
26 ●여드레를 지나서 제자들이 다시 집안에 있
을 때에 도마도 함께 있고 문들이 닫혔는데
예수께서 오사 가운데 서서 이르시되 너희에
게 평강이 있을지어다 하시고
27 도마에게 이르시되 네 손가락을 이리 내밀어
내 손을 보고 네 손을 내밀어 내 옆구리에 넣
어 보라 그리하여 믿음 없는 자가 되지 말고
믿는 자가 되라
28 도마가 대답하여 이르되 나의 주님이시요 나
의 하나님이시니이다
29 예수께서 이르시되 너는 나를 본 고로 믿느
냐 보지 못하고 믿는 자들은 복되도다 하시
니라

이 책을 기록한 목적

30 ●예수께서 제자들 앞에서 이 책에 기록되지
아니한 다른 [1)]표적도 많이 행하셨으나 21:25
31 오직 이것을 기록함은 너희로 예수께서 하나
님의 아들 그리스도이심을 믿게 하려 함이요
또 너희로 믿고 그 이름을 힘입어 생명을 얻
게 하려 함이니라

일곱 제자에게 나타나시다 (♪ 315장) — A.D. 30년경

21 그 후에 예수께서 디베랴 호수에서 또
제자들에게 자기를 나타내셨으니 나타
내신 일은 이러하니라
2 시몬 베드로와 디두모라 하는 도마와 갈릴리
가나 사람 나다나엘과 세베대의 아들들과 또
다른 제자 둘이 함께 있더니
3 시몬 베드로가 나는 물고기 잡으러 가노라

20 and said, "Peace be with you!" ●After he said
this, he showed them his hands and side. The
disciples were overjoyed when they saw the
Lord.
21 ●Again Jesus said, "Peace be with you! As
the Father has sent me, I am sending you."
22 ●And with that he breathed on them and
23 said, "Receive the Holy Spirit. ●If you forgive
anyone's sins, their sins are forgiven; if you
do not forgive them, they are not forgiven."

Jesus Appears to Thomas

24 ●Now Thomas (also known as Didymus[a]),
one of the Twelve, was not with the disciples
25 when Jesus came. ●So the other disciples told
him, "We have seen the Lord!"
But he said to them, "Unless I see the nail
marks in his hands and put my finger where
the nails were, and put my hand into his side,
I will not believe."
26 ●A week later his disciples were in the
house again, and Thomas was with them.
Though the doors were locked, Jesus came
and stood among them and said, "Peace be
27 with you!" ●Then he said to Thomas, "Put
your finger here; see my hands. Reach out
your hand and put it into my side. Stop
doubting and believe."
28 ●Thomas said to him, "My Lord and my
God!"
29 ●Then Jesus told him, "Because you have
seen me, you have believed; blessed are those
who have not seen and yet have believed."

The Purpose of John's Gospel

30 ●Jesus performed many other signs in the
presence of his disciples, which are not
31 recorded in this book. ●But these are written
that you may believe[b] that Jesus is the Messi-
ah, the Son of God, and that by believing
you may have life in his name.

Jesus and the Miraculous Catch of Fish

21 Afterward Jesus appeared again to his
disciples, by the Sea of Galilee.[c] It
2 happened this way: ●Simon Peter, Thomas
(also known as Didymus[a]), Nathanael from
Cana in Galilee, the sons of Zebedee, and two
3 other disciples were together. ●"I'm going
out to fish," Simon Peter told them, and they
said, "We'll go with you." So they went out

[a] 24,2 *Thomas* (Aramaic) and *Didymus* (Greek) both mean *twin.* [b] 31 Or *may continue to believe* [c] 1 Greek *Tiberias* 1) 또는 이적

among [əmʌŋ] *prep.* …의 사이에
believe [bilíːv] *vt.* 믿다
breathe [briːð] *vi.* 숨쉬다
disciple [disáipl] *n.* 제자
doubt [daut] *vi.* 의심하다
forgive [fərgív] *vt.* 용서하다
lock [lak] *vt.* 잠그다
mark [maːrk] *n.* 자국
Messiah [misáiə] *n.* 구세주
nail [neil] *n.* 못
overjoy [òuvərdʒɔ́i] *vt.* 기쁨에 넘치게 하다
perform [pərfɔ́ːrm] *vt.* 실행하다
receive [risíːv] *vt.* 받다
side [said] *n.* 측면, 옆구리
unless [ənlés] *conj.* …하지 않는다면

20:27 reach out: (손 등을) 뻗다
20:30 in the presence of...: …가 있는데서
20:30 be recorded: 기록에 오르다
21:1 appear to...: …에게 나타나다
21:3 go out: 나가다
21:3 go with: (함께) 어울리다

하니 그들이 우리도 함께 가겠다 하고 나가서
배에 올랐으나 그날 밤에 아무것도 잡지 못하
였더니
4 날이 새어갈 때에 예수께서 바닷가에 서셨으
나 제자들이 예수이신 줄 알지 못하는지라
5 예수께서 이르시되 얘들아 너희에게 고기가
있느냐 대답하되 없나이다
6 이르시되 그물을 배 오른편에 던지라 그리하
면 잡으리라 하시니 이에 던졌더니 물고기가
많아 그물을 들 수 없더라
7 예수께서 사랑하시는 그 제자가 베드로에게
이르되 주님이시라 하니 시몬 베드로가 벗고
있다가 주님이라 하는 말을 듣고 겉옷을 두른
후에 바다로 뛰어내리더라
8 다른 제자들은 육지에서 거리가 불과 한 [1]오십
칸쯤 되므로 작은 배를 타고 물고기 든 그물을
끌고 와서
9 육지에 올라보니 숯불이 있는데 그 위에 생선
이 놓였고 떡도 있더라
10 예수께서 이르시되 지금 잡은 생선을 좀 가져
오라 하시니
11 시몬 베드로가 올라가서 그물을 육지에 끌어
올리니 가득히 찬 큰 물고기가 백쉰세 마리라
이같이 많으나 그물이 찢어지지 아니하였더라
12 예수께서 이르시되 와서 조반을 먹으라 하시
니 제자들이 주님이신 줄 아는 고로 당신이 누
구냐 감히 묻는 자가 없더라
13 예수께서 가셔서 떡을 가져다가 그들에게 주
시고 생선도 그와 같이 하시니라 21:9
14 이것은 예수께서 죽은 자 가운데서 살아나신
후에 세 번째로 제자들에게 나타나신 것이라

내 양을 먹이라

15 ●그들이 조반 먹은 후에 예수께서 시몬 베드
로에게 이르시되 요한의 아들 시몬아 네가 이
[2]사람들보다 나를 더 사랑하느냐 하시니 이르
되 주님 그러하나이다 내가 주님을 사랑하는
줄 주님께서 아시나이다 이르시되 내 어린 양
을 먹이라 하시고
16 또 두 번째 이르시되 요한의 아들 시몬아 네가
나를 사랑하느냐 하시니 이르되 주님 그러하
나이다 내가 주님을 사랑하는 줄 주님께서 아
시나이다 이르시되 내 양을 치라 하시고
17 세 번째 이르시되 요한의 아들 시몬아 네가 나
를 사랑하느냐 하시니 주께서 세 번째 네가 나
를 사랑하느냐 하시므로 베드로가 근심하여
이르되 주님 모든 것을 아시오매 내가 주님을

and got into the boat, but that night they
caught nothing.
4 •Early in the morning, Jesus stood on the
shore, but the disciples did not realize that it
was Jesus.
5 •He called out to them, "Friends, haven't
you any fish?"
"No," they answered.
6 •He said, "Throw your net on the right
side of the boat and you will find some."
When they did, they were unable to haul
the net in because of the large number of
fish.
7 •Then the disciple whom Jesus loved
said to Peter, "It is the Lord!" As soon as
Simon Peter heard him say, "It is the Lord,"
he wrapped his outer garment around him
(for he had taken it off) and jumped into
8 the water. •The other disciples followed in
the boat, towing the net full of fish, for they
were not far from shore, about a hundred
9 yards.[a] •When they landed, they saw a fire
of burning coals there with fish on it, and
some bread.
10 •Jesus said to them, "Bring some of the
11 fish you have just caught." •So Simon Pe-
ter climbed back into the boat and dragged
the net ashore. It was full of large fish, 153,
but even with so many the net was not
12 torn. •Jesus said to them, "Come and have
breakfast." None of the disciples dared ask
him, "Who are you?" They knew it was the
13 Lord. •Jesus came, took the bread and gave
it to them, and did the same with the fish.
14 •This was now the third time Jesus appear-
ed to his disciples after he was raised from
the dead.

Jesus Reinstates Peter

15 •When they had finished eating, Jesus
said to Simon Peter, "Simon son of John,
do you love me more than these?"
"Yes, Lord," he said, "you know that I
love you."
Jesus said, "Feed my lambs."
16 •Again Jesus said, "Simon son of John,
do you love me?"
He answered, "Yes, Lord, you know that
I love you."
Jesus said, "Take care of my sheep."
17 •The third time he said to him, "Simon
son of John, do you love me?"

[a]8 Or about 90 meters 1) 200규빗 2) 또는 것들보다

appear [əpíər] *vi.* 나타나다
ashore [əʃɔ́ːr] *ad.* 물가에
burning [bə́ːrniŋ] *a.* 타고있는
climb [klaim] *vi.* 오르다
coal [koul] *n.* 숯
dare [dɛər] *vt.* 감히 …하다
drag [dræg] *vt.* 끌어내다
feed [fiːd] *vt.* 먹이다
garment [gɑ́ːrmənt] *n.* 옷
land [lænd] *vi.* 착륙하다
outer [áutər] *a.* 겉의
realize [ríːəlàiz] *vt.* 깨닫다
shore [ʃɔːr] *n.* 해안, 육지
tow [tou] *vt.* 끌어 당기는
wrap [ræp] *vt.* 감싸다

21:4 early in the morning: 이른 아침에
21:6 be unable to...: …할 수 없다
21:6 haul in: 끌어당기다
21:7 as soon as...: …하자마자
21:7 take off: 벗다
21:7 jump into...: …로 뛰어들다

사랑하는 줄을 주님께서 아시나이다 예수께서
이르시되 내 양을 먹이라 21:16
18 내가 진실로 진실로 네게 이르노니 네가 젊어
서는 스스로 띠 띠고 원하는 곳으로 다녔거니
와 늙어서는 네 팔을 벌리리니 남이 네게 띠 띠
우고 원하지 아니하는 곳으로 데려가리라
19 이 말씀을 하심은 베드로가 어떠한 죽음으로
하나님께 영광을 돌릴 것을 가리키심이러라
이 말씀을 하시고 베드로에게 이르시되 나를
따르라 하시니
20 베드로가 돌이켜 예수께서 사랑하시는 그 제
자가 따르는 것을 보니 그는 만찬석에서 예수
의 품에 의지하여 주님 주님을 파는 자가 누구
오니이까 묻던 자더라 13:25
21 이에 베드로가 그를 보고 예수께 여짜오되 주
님 이 사람은 어떻게 되겠사옵나이까
22 예수께서 이르시되 내가 올 때까지 그를 머물
게 하고자 할지라도 네게 무슨 상관이냐 너는
나를 따르라 하시더라
23 이 말씀이 형제들에게 나가서 그 제자는 죽지
아니하겠다 하였으나 예수의 말씀은 그가 죽
지 않겠다 하신 것이 아니라 내가 올 때까지 그
를 머물게 하고자 할지라도 네게 무슨 상관이
냐 하신 것이러라
24 ●이 일들을 증언하고 이 일들을 기록한 제자
가 이 사람이라 우리는 그의 증언이 참된 줄 아
노라
25 ●예수께서 행하신 일이 이외에도 많으니 만
일 낱낱이 기록된다면 이 세상이라도 이 기록
된 책을 두기에 부족할 줄 아노라

Peter was hurt because Jesus asked him
the third time, "Do you love me?" He said,
"Lord, you know all things; you know that
I love you."
18 Jesus said, "Feed my sheep. ●Very truly I
tell you, when you were younger you
dressed yourself and went where you want-
ed; but when you are old you will stretch
out your hands, and someone else will dress
you and lead you where you do not want
19 to go." ●Jesus said this to indicate the kind
of death by which Peter would glorify God.
Then he said to him, "Follow me!"
20 ●Peter turned and saw that the disciple
whom Jesus loved was following them. (This
was the one who had leaned back against
Jesus at the supper and had said, "Lord, who
21 is going to betray you?") ●When Peter saw
him, he asked, "Lord, what about him?"
22 ●Jesus answered, "If I want him to
remain alive until I return, what is that to
23 you? You must follow me." ●Because of
this, the rumor spread among the believers
that this disciple would not die. But Jesus
did not say that he would not die; he only
said, "If I want him to remain alive until I
return, what is that to you?"
24 ●This is the disciple who testifies to these
things and who wrote them down. We
know that his testimony is true.
25 ●Jesus did many other things as well. If
every one of them were written down, I
suppose that even the whole world would
not have room for the books that would
be written.

betray [bitréi] *vt.* 배신하다
glorify [glɔ́:rəfài] *vt.* 영광을 찬송하다
hurt [hə:rt] *vt.* 다치게 하다
indicate [índikèit] *vt.* 암시하다
lean [li:n] *vi.* 기대다
rumor [rú:mər] *n.* (헛)소문
sheep [ʃi:p] *n.* 양
spread [spred] *vi.* 퍼지다
suppose [səpóuz] *vt.* 생각하다
testimony [téstəmòuni] *n.* 증거

21:18 stretch out: 뻗다
21:25 as well: 또한
21:25 write down: 기록하다
21:25 have room for...: …에 대한 여지가 있다

Acts | 사도행전

● 저자 _ 누가 ● 저작 연대 _ A.D. 61-63년 ● 기록 장소 _ 가이사랴 또는 로마
● 기록 대상 _ 모든 그리스도인들. 특별히 데오빌로 ● 저작 목적 _ 교회의 발전과 헬라의 신비적 다신교에 대하여 기독교를 변증하기 위해 ● 핵심어 및 내용 _ 핵심어는 '성경'과 '성장'이다.

본서는 성령님과 교회의 성장에 대해 설명하고 있다.

성령으로 세례를 받으리라 — A.D. 30년경

1 데오빌로여 내가 먼저 쓴 글에는 무릇 예
수께서 행하시며 가르치시기를 시작하심
부터
2 그가 택하신 사도들에게 성령으로 명하시
고 승천하신 날까지의 일을 기록하였노라
3 그가 고난받으신 후에 또한 그들에게 확실
한 많은 증거로 친히 살아 계심을 나타내사
사십 일 동안 그들에게 보이시며 하나님 나
라의 일을 말씀하시니라
4 사도와 함께 모이사 그들에게 분부하여 이
르시되 예루살렘을 떠나지 말고 내게서 들
은 바 아버지께서 약속하신 것을 기다리라
5 요한은 물로 [1]세례를 베풀었으나 너희는 몇
날이 못되어 성령으로 [1]세례를 받으리라 하
셨느니라

예수께서 하늘로 올려지시다

6 ●그들이 모였을 때에 예수께 여쭈어 이르
되 주께서 이스라엘 나라를 회복하심이 이
때니이까 하니
7 이르시되 때와 시기는 아버지께서 자기의
권한에 두셨으니 너희가 알 바 아니요
8 오직 성령이 너희에게 임하시면 너희가 권
능을 받고 예루살렘과 온 유대와 사마리아
와 땅끝까지 이르러 내 증인이 되리라 하시
니라
9 이 말씀을 마치시고 그들이 보는데 올려져
가시니 구름이 그를 가리어 보이지 않게 하
더라
10 올라가실 때에 제자들이 자세히 하늘을 쳐
다보고 있는데 흰옷 입은 두 사람이 그들
곁에 서서
11 이르되 갈릴리 사람들아 어찌하여 서서 하
늘을 쳐다보느냐 너희 가운데서 하늘로 올
려지신 이 예수는 하늘로 가심을 본 그대로
오시리라 하였느니라

유다 대신에 맛디아를 세우다

12 ●제자들이 감람원이라 하는 산으로부터
예루살렘에 돌아오니 이 산은 예루살렘에
서 가까워 안식일에 가기 알맞은 길이라
13 들어가 그들이 유하는 다락방으로 올라가
니 베드로, 요한, 야고보, 안드레와 빌립, 도

Jesus Taken Up Into Heaven

1 In my former book, Theophilus, I wrote
about all that Jesus began to do and to
2 teach ●until the day he was taken up to heav-
en, after giving instructions through the Holy
3 Spirit to the apostles he had chosen. ●After
his suffering, he presented himself to them
and gave many convincing proofs that he
was alive. He appeared to them over a period
of forty days and spoke about the kingdom of
4 God. ●On one occasion, while he was eating
with them, he gave them this command: "Do
not leave Jerusalem, but wait for the gift my
Father promised, which you have heard me
5 speak about. ●For John baptized with[a] water,
but in a few days you will be baptized with[a]
the Holy Spirit."
6 ●Then they gathered around him and
asked him, "Lord, are you at this time going
to restore the kingdom to Israel?"
7 ●He said to them: "It is not for you to know
the times or dates the Father has set by his
8 own authority. ●But you will receive power
when the Holy Spirit comes on you; and you
will be my witnesses in Jerusalem, and in all
Judea and Samaria, and to the ends of the
earth."
9 ●After he said this, he was taken up before
their very eyes, and a cloud hid him from
their sight.
10 ●They were looking intently up into the
sky as he was going, when suddenly two men
11 dressed in white stood beside them. ●"Men of
Galilee," they said, "why do you stand here
looking into the sky? This same Jesus, who
has been taken from you into heaven, will
come back in the same way you have seen
him go into heaven."

Matthias Chosen to Replace Judas

12 ●Then the apostles returned to Jerusalem
from the hill called the Mount of Olives, a
13 Sabbath day's walk[b] from the city. ●When
they arrived, they went upstairs to the room
where they were staying. Those present were

---

[a]5 Or *in* [b]12 That is, about 5/8 mile or about 1 kilometer 1) 헬, 또는 침례

마와 바돌로매, 마태와 및 알패오의 아들
야고보, [1]셀롯인 시몬, 야고보의 [2]아들 유
다가 다 거기 있어
14 여자들과 예수의 어머니 마리아와 예수의
아우들과 더불어 마음을 같이하여 오로지
기도에 힘쓰더라
15 ●모인 무리의 수가 약 백이십 명이나 되더
라 그때에 베드로가 그 형제들 가운데 일어
서서 이르되
16 형제들아 성령이 다윗의 입을 통하여 예수
잡는 자들의 길잡이가 된 유다를 가리켜 미
리 말씀하신 성경이 응하였으니 마땅하도다
17 이 사람은 본래 우리 수 가운데 참여하여 이
[3]직무의 한 부분을 맡았던 자라
18 (이 사람이 불의의 삯으로 밭을 사고 후에
몸이 곤두박질하여 배가 터져 창자가 다 흘
러나온지라
19 이 일이 예루살렘에 사는 모든 사람에게 알
리어져 그들의 말로는 그 밭을 아겔다마라
하니 이는 피밭이라는 뜻이라)
20 시편에 기록하였으되
ㄱ그의 거처를 황폐하게 하시며 거기 거하
는 자가 없게 하소서
하였고 또 일렀으되
ㄴ그의 [4]직분을 타인이 취하게 하소서
하였도다
21 이러하므로 요한의 [5]세례로부터 우리 가운
데서 올려져 가신 날까지 주 예수께서 우리
가운데 출입하실 때에 눅 24:3
22 항상 우리와 함께 다니던 사람 중에 하나를
세워 우리와 더불어 예수께서 부활하심을
증언할 사람이 되게 하여야 하리라 하거늘
23 그들이 두 사람을 내세우니 하나는 바사바
라고도 하고 별명은 유스도라고 하는 요셉
이요 하나는 맛디아라
24 그들이 기도하여 이르되 뭇 사람의 마음을
아시는 주여 이 두 사람 중에 누가 주님께
택하신 바 되어
25 봉사와 및 사도의 직무를 대신할 자인지를
보이시옵소서 유다는 이 직무를 버리고 제
곳으로 갔나이다 하고
26 제비 뽑아 맛디아를 얻으니 그가 열한 사도
의 수에 들어가니라

성령이 임하시다 (♪76, 190, 192장) — A.D. 30년경

2 오순절 날이 이미 이르매 그들이 다같이
한 곳에 모였더니
2 홀연히 하늘로부터 급하고 강한 바람 같은

Peter, John, James and Andrew; Philip and
Thomas, Bartholomew and Matthew; James
son of Alphaeus and Simon the Zealot, and
14 Judas son of James. ●They all joined together
constantly in prayer, along with the women
and Mary the mother of Jesus, and with his
brothers.
15 ●In those days Peter stood up among the
believers (a group numbering about a hun-
16 dred and twenty) ●and said, "Brothers and
sisters,[a] the Scripture had to be fulfilled in
which the Holy Spirit spoke long ago through
David concerning Judas, who served as guide
17 for those who arrested Jesus. ●He was one of
our number and shared in our ministry."
18 ●(With the payment he received for his
wickedness, Judas bought a field; there he fell
headlong, his body burst open and all his
19 intestines spilled out. ●Everyone in Jerusalem
heard about this, so they called that field in
their language Akeldama, that is, Field of
Blood.)
20 ●"For," said Peter, "it is written in the Book
of Psalms:

" 'May his place be deserted;
let there be no one to dwell in it,'[b]

and,

" 'May another take his place of leadership.'[c]

21 ●Therefore it is necessary to choose one of the
men who have been with us the whole time
22 the Lord Jesus was living among us, ●beg-
inning from John's baptism to the time when
Jesus was taken up from us. For one of these
must become a witness with us of his resur-
rection."
23 ●So they nominated two men: Joseph
called Barsabbas (also known as Justus) and
24 Matthias. ●Then they prayed, "Lord, you
know everyone's heart. Show us which of
25 these two you have chosen ●to take over this
apostolic ministry, which Judas left to go
26 where he belongs." ●Then they cast lots, and
the lot fell to Matthias; so he was added to the
eleven apostles.

The Holy Spirit Comes at Pentecost

2 When the day of Pentecost came, they
2 were all together in one place. ●Sudden-

[a]*16* The Greek word for *brothers and sisters* (*adelphoi*) refers here to believers, both men and women, as part of God's family; also in 6:3; 11:29; 12:17; 16:40; 18:18, 27; 21:7, 17; 28:14, 15. [b]*20* Psalm 69:25 [c]*20* Psalm 109:8

1) 열심당 2) 또는 형제 3) 헬, 봉사의 4) 헬, 감독의 직분 5) 헬, 또는 침례
ㄱ. 시 69:25 ㄴ. 시 109:8

apostolic [æpəstálik] *a.* 사도의
arrest [ərést] *vt.* 체포하다
baptism [bǽptizm] *n.* 세례
concerning [kənsə́ːrniŋ] *prep.* …에 관하여
constantly [kánstəntli] *ad.* 끊임없이
deserted [dizə́ːrtid] *a.* 인적이 끊긴
dwell [dwel] *vi.* 거주하다
fulfill [fulfíl] *vt.* 성취하다
intestine [intéstin] *n.* 창자
ministry [mínəstri] *n.* 직무
nominate [námənèit] *vt.* 지명하다
Pentecost [péntikɔ̀ːst] *n.* 오순절
resurrection [rèzərékʃən] *n.* 부활
Scripture [skríptʃər] *n.* 성경
wickedness [wíkidnis] *n.* 악함

1:17 **share in**: 분담하다, 관여하다
1:18 **fall headlong:** 곤두박질치다
1:18 **burst open**: 벌컥 열리다
1:18 **spill out**: 쏟아져 나오다
1:25 **take over**: 인계받다, 이어받다
1:26 **cast lots:** 제비뽑아 정하다

소리가 있어 그들이 앉은 온 집에 가득하며
3 마치 불의 혀처럼 갈라지는 것들이 그들에
게 보여 각 사람 위에 하나씩 임하여 있더니
4 그들이 다 성령의 충만함을 받고 성령이 말
하게 하심을 따라 다른 언어들로 말하기를
시작하니라
5 ●그때에 경건한 유대인들이 천하 각국으
로부터 와서 예루살렘에 머물러 있더니 8:2
6 이 소리가 나매 큰 무리가 모여 각각 자기
의 방언으로 제자들이 말하는 것을 듣고 소
동하여
7 다 놀라 신기하게 여겨 이르되 보라 이 말
하는 사람들이 다 갈릴리 사람이 아니냐 1:11
8 우리가 우리 각 사람이 난 곳 방언으로 듣
게 되는 것이 어찌 됨이냐
9 우리는 바대인과 메대인과 엘람인과 또 메
소보다미아, 유대와 갑바도기아, 본도와 아
시아,
10 브루기아와 밤빌리아, 애굽과 및 구레네에
가까운 리비아 여러 지방에 사는 사람들과
로마로부터 온 나그네 곧 유대인과 유대교
에 들어온 사람들과
11 그레데인과 아라비아인들이라 우리가 다
우리의 각 언어로 하나님의 큰일을 말함을
듣는도다 하고
12 다 놀라며 당황하여 서로 이르되 이 어찌
된 일이냐 하며 2:7
13 또 어떤 이들은 조롱하여 이르되 그들이 새
술에 취하였다 하더라

베드로의 오순절 설교

14 ●베드로가 열한 사도와 함께 서서 소리를
높여 이르되 유대인들과 예루살렘에 사는
모든 사람들아 이 일을 너희로 알게 할 것
이니 내 말에 귀를 기울이라
15 때가 1)제삼 시니 너희 생각과 같이 이 사람
들이 취한 것이 아니라
16 이는 곧 선지자 요엘을 통하여 말씀하신 것
이니 일렀으되
17 ㄱ하나님이 말씀하시기를 말세에 내가 내
영을 모든 육체에 부어 주리니 너희의 자
녀들은 예언할 것이요 너희의 젊은이들
은 환상을 보고 너희의 늙은이들은 꿈을
꾸리라
18 그때에 내가 내 영을 내 남종과 여종들에
게 부어 주리니 그들이 예언할 것이요
19 또 내가 위로 하늘에서는 기사를 아래로
땅에서는 징조를 베풀리니 곧 피와 불과

ly a sound like the blowing of a violent wind
came from heaven and filled the whole
3 house where they were sitting. ●They saw
what seemed to be tongues of fire that sepa-
4 rated and came to rest on each of them. ●All
of them were filled with the Holy Spirit and
began to speak in other tongues[a] as the Spirit
enabled them.
5 ●Now there were staying in Jerusalem
God-fearing Jews from every nation under
6 heaven. ●When they heard this sound, a
crowd came together in bewilderment,
because each one heard their own language
7 being spoken. ●Utterly amazed, they asked:
"Aren't all these who are speaking Galileans?
8 ●Then how is it that each of us hears them in
9 our native language? ●Parthians, Medes and
Elamites; residents of Mesopotamia, Judea
10 and Cappadocia, Pontus and Asia,[b] ●Phrygia
and Pamphylia, Egypt and the parts of Libya
11 near Cyrene; visitors from Rome ●(both Jews
and converts to Judaism); Cretans and Arabs
—we hear them declaring the wonders of
12 God in our own tongues!" ●Amazed and per-
plexed, they asked one another, "What does
this mean?"
13 ●Some, however, made fun of them and
said, "They have had too much wine."

Peter Addresses the Crowd

14 ●Then Peter stood up with the Eleven,
raised his voice and addressed the crowd:
"Fellow Jews and all of you who live in Jeru-
salem, let me explain this to you; listen care-
15 fully to what I say. ●These people are not
drunk, as you suppose. It's only nine in the
16 morning! ●No, this is what was spoken by
the prophet Joel:
17 ●" 'In the last days, God says,
I will pour out my Spirit on all people.
Your sons and daughters will prophesy,
your young men will see visions,
your old men will dream dreams.
18 ●Even on my servants, both men and wo-
men,
I will pour out my Spirit in those days,
and they will prophesy.
19 ●I will show wonders in the heavens above
and signs on the earth below,
blood and fire and billows of smoke.

[a]4 Or *languages;* also in verse 11 [b]9 That is, the Roman province by that name 1) 오전 아홉 시 ㄱ. 욜 2:28 이하

address [ədrés] *vt.* 설교하다	**declare** [diklɛ́ər] *vt.* 선포하다	**tongue** [tʌŋ] *n.* 혀, 언어
amazed [əméizd] *a.* 깜짝 놀란	**perplexed** [pərplékst] *a.* 당혹한, 심한	**utterly** [ʌ́tərli] *ad.* 완전히
bewilderment [biwíldərmənt] *n.* 당황	**prophesy** [práfəsài] *vi.* 예언하다	**violent** [váiələnt] *a.* 격렬한, 심한
billow [bílou] *n.* 큰 소용돌이	**prophet** [práfit] *n.* 예언자	**vision** [víʒən] *n.* 환상, 이상
convert [kənvə́ːrt] *n.* 개종자	**suppose** [səpóuz] *vt.* 가정하다, 추측하다	**wonder** [wʌ́ndər] *n.* 기적, 기사
2:3 rest on...: …에 얹혀 있다, 머물다	**2:11 both A and B:** A, B 둘 다	**2:14 raise voice:** 목소리를 높이다
2:4 be filled with...: …로 가득차다	**2:13 make fun of...:** …를 놀리다	**2:17 pour out:** 붓다, 쏟다

연기로다
20 주의 크고 영화로운 날이 이르기 전에 해
가 변하여 어두워지고 달이 변하여 피가
되리라
21 누구든지 주의 이름을 부르는 자는 구원
을 받으리라
하였느니라
롬 10:13
22 이스라엘 사람들아 이 말을 들으라 너희도
아는 바와 같이 하나님께서 나사렛 예수로
큰 권능과 기사와 [1]표적을 너희 가운데서
베푸사 너희 앞에서 그를 증언하셨느니라
23 그가 하나님께서 정하신 뜻과 미리 아신 대
로 내준 바 되었거늘 너희가 법 없는 자들
의 손을 빌려 못 박아 죽였으나
24 하나님께서 그를 사망의 고통에서 풀어 살
리셨으니 이는 그가 사망에 매여 있을 수 없
었음이라
25 다윗이 그를 가리켜 이르되
[ㄱ]내가 항상 내 앞에 계신 주를 뵈었음이
여 나로 요동하지 않게 하기 위하여 그가
내 우편에 계시도다
26 그러므로 내 마음이 기뻐하였고 내 혀도
즐거워하였으며 육체도 희망에 거하리니
27 이는 내 영혼을 음부에 버리지 아니하시
며 주의 거룩한 자로 썩음을 당하지 않게
하실 것임이로다
28 주께서 생명의 길을 내게 보이셨으니 주
앞에서 내게 기쁨이 충만하게 하시리로
다
하였으므로
29 형제들아 내가 조상 다윗에 대하여 담대히
말할 수 있노니 다윗이 죽어 장사되어 그
묘가 오늘까지 우리 중에 있도다
30 그는 선지자라 하나님이 이미 맹세하사 그
자손 중에서 한 사람을 그 위에 앉게 하리
라 하심을 알고
31 미리 본 고로 그리스도의 부활을 말하되 그
가 음부에 버림이 되지 않고 그의 육신이
썩음을 당하지 아니하시리라 하더니
32 이 예수를 하나님이 살리신지라 우리가 다
[2]이 일에 증인이로다
33 하나님이 오른손으로 예수를 높이시매 그
가 약속하신 성령을 아버지께 받아서 너희
가 보고 듣는 이것을 부어 주셨느니라
34 다윗은 하늘에 올라가지 못하였으나 친히
말하여 이르되
[ㄴ]주께서 내 주에게 말씀하시기를

20 •The sun will be turned to darkness
and the moon to blood
before the coming of the great and glori-
ous day of the Lord.
21 •And everyone who calls
on the name of the Lord will be saved.'[a]

22 •"Fellow Israelites, listen to this: Jesus of
Nazareth was a man accredited by God to
you by miracles, wonders and signs, which
God did among you through him, as you
23 yourselves know. •This man was handed
over to you by God's deliberate plan and fore-
knowledge; and you, with the help of wicked
men,[b] put him to death by nailing him to the
24 cross. •But God raised him from the dead,
freeing him from the agony of death, because
it was impossible for death to keep its hold on
25 him. •David said about him:

" 'I saw the Lord always before me.
Because he is at my right hand,
I will not be shaken.
26 •Therefore my heart is glad and my tongue
rejoices;
my body also will rest in hope,
27 •because you will not abandon me to the
realm of the dead,
you will not let your holy one see decay.
28 •You have made known to me the paths of
life;
you will fill me with joy in your presence.'[c]

29 •"Fellow Israelites, I can tell you confident-
ly that the patriarch David died and was
30 buried, and his tomb is here to this day. •But
he was a prophet and knew that God had
promised him on oath that he would place
31 one of his descendants on his throne. •Seeing
what was to come, he spoke of the resurrec-
tion of the Messiah, that he was not aban-
doned to the realm of the dead, nor did his
32 body see decay. •God has raised this Jesus to
33 life, and we are all witnesses of it. •Exalted to
the right hand of God, he has received from
the Father the promised Holy Spirit and has
34 poured out what you now see and hear. •For
David did not ascend to heaven, and yet he
said,

" 'The Lord said to my Lord:
"Sit at my right hand

[a]21 Joel 2:28-32 [b]23 Or *of those not having the law* (that is, Gentiles) [c]28 Psalm 16:8-11 (see Septuagint)

1) 또는 이적 2) 또는 그의 ㄱ. 시 16:8 이하 ㄴ. 시 110:1

abandon [əbǽndən] *vt.* 버리다
accredit [əkrédit] *vt.* …으로 돌리다
agony [ǽgəni] *n.* 심한 고통
ascend [əsénd] *vi.* 올라가다
bury [béri] *vt.* 매장하다
decay [dikéi] *n.* 부식, 부패
deliberate [dilíbərət] *a.* 신중한
descendant [diséndənt] *n.* 자손
exalt [igzɔ́:lt] *vt.* 높이다
foreknowledge [fɔ́:rnálidʒ] *n.* 예지
oath [ouθ] *n.* 맹세
patriarch [péitriὰ:rk] *n.* 유대 민족의 조상
resurrection [rèzərékʃən] *n.* 부활
throne [θroun] *n.* 왕좌
witness [wítnis] *n.* 증인

2:20 **be turned to...**: …로 바뀌다
2:23 **hand over**: 넘겨주다
2:23 **put... to death**: …를 죽이다
2:24 **free from...**: …을 면한
2:28 **fill A with B**: B로 A를 채우다
2:28 **in one's presence**: …의 면전에서

35 **내가 네 원수로 네 발등상이 되게 하기까**
지 너는 내 우편에 앉아 있으라 하셨도다
하였으니
36 **그런즉 이스라엘 온 집은 확실히 알지니 너**
희가 십자가에 못 박은 이 예수를 하나님이
주와 그리스도가 되게 하셨느니라 하니라
37 **●그들이 이 말을 듣고 마음에 찔려 베드로**
와 다른 사도들에게 물어 이르되 형제들아
우리가 어찌할꼬 하거늘
38 **베드로가 이르되 너희가 회개하여 각각 예**
수 그리스도의 이름으로 [1]세례를 받고 죄
사함을 받으라 그리하면 [2]성령의 선물을 받
으리니
39 **이 약속은 너희와 너희 자녀와 모든 먼 데**
사람 곧 주 우리 하나님이 얼마든지 부르시
는 자들에게 하신 것이라 하고
40 **또 여러 말로 확증하며 권하여 이르되 너희**
가 이 패역한 세대에서 구원을 받으라 하니
41 **그 말을 받은 사람들은 [1]세례를 받으매 이**
날에 신도의 수가 삼천이나 더하더라
42 **그들이 사도의 가르침을 받아 서로 교제하**
고 떡을 떼며 오로지 기도하기를 힘쓰니라

믿는 사람이 모든 물건을 통용하다

43 **●사람마다 두려워하는데 사도들로 말미암**
아 기사와 [3]표적이 많이 나타나니
44 **믿는 사람이 다 함께 있어 모든 물건을 서**
로 통용하고
45 **또 재산과 소유를 팔아 각 사람의 필요를**
따라 나눠 주며
46 **날마다 마음을 같이하여 성전에 모이기를**
힘쓰고 집에서 떡을 떼며 기쁨과 순전한 마
음으로 음식을 먹고
47 **하나님을 찬미하며 또 온 백성에게 칭송을**
받으니 주께서 구원받는 사람을 날마다 더
하게 하시니라

베드로와 요한이 못 걷게 된 이를 고치다

3 **[4]제구 시 기도 시간에 베드로와 요한이**
성전에 올라갈새
2 **나면서 못 걷게 된 이를 사람들이 메고 오**
니 이는 성전에 들어가는 사람들에게 구걸
하기 위하여 날마다 미문이라는 성전 문에
두는 자라
3 **그가 베드로와 요한이 성전에 들어가려 함**
을 보고 구걸하거늘
4 **베드로가 요한과 더불어 주목하여 이르되**
우리를 보라 하니
5 **그가 그들에게서 무엇을 얻을까 하여 바라**

35 •until I make your enemies
a footstool for your feet." '[a]

36 •"Therefore let all Israel be assured of this:
God has made this Jesus, whom you cruci-
fied, both Lord and Messiah."
37 •When the people heard this, they were
cut to the heart and said to Peter and the
other apostles, "Brothers, what shall we do?"
38 •Peter replied, "Repent and be baptized,
every one of you, in the name of Jesus Christ
for the forgiveness of your sins. And you will
39 receive the gift of the Holy Spirit. •The pro-
mise is for you and your children and for all
who are far off — for all whom the Lord our
God will call."
40 •With many other words he warned them;
and he pleaded with them, "Save yourselves
41 from this corrupt generation." •Those who
accepted his message were baptized, and
about three thousand were added to their
number that day.

The Fellowship of the Believers

42 •They devoted themselves to the apostles'
teaching and to fellowship, to the breaking of
43 bread and to prayer. •Everyone was filled
with awe at the many wonders and signs per-
44 formed by the apostles. •All the believers
were together and had everything in com-
45 mon. •They sold property and possessions to
46 give to anyone who had need. •Every day
they continued to meet together in the tem-
ple courts. They broke bread in their homes
and ate together with glad and sincere hearts,
47 •praising God and enjoying the favor of all
the people. And the Lord added to their num-
ber daily those who were being saved.

Peter Heals a Lame Beggar

3 One day Peter and John were going up to
the temple at the time of prayer—at
2 three in the afternoon. •Now a man who
was lame from birth was being carried to the
temple gate called Beautiful, where he was
put every day to beg from those going into
3 the temple courts. •When he saw Peter and
John about to enter, he asked them for
4 money. •Peter looked straight at him, as did
5 John. Then Peter said, "Look at us!" •So the
man gave them his attention, expecting to
get something from them.

*a*35 Psalm 110:1

1) 헬, 또는 침례 2) 또는 성령을 선물로 3) 또는 이적 4) 오후 세 시

accept [æksépt] *vt.* 받아들이다
apostle [əpásl] *n.* 사도
awe [ɔː] *n.* 경외, 두려움
baptize [bæptáiz] *vt.* 세례를 베풀다
corrupt [kərʌ́pt] *a.* 타락한
crucify [krúːsəfài] *vt.* 십자가에 못 박다
footstool [fútstùːl] *n.* 발판
lame [leim] *a.* 절름발이의
plead [pliːd] *vt.* 간청하다
possession [pəzéʃən] *n.* 소유
property [prápərti] *n.* 재산, 소유지
repent [ripént] *vi.* 회개하다
sincere [sinsíər] *a.* 성실한
temple [témpl] *n.* 신전
wonder [wʌ́ndər] *n.* 기적, 기사

2:36 **assure of...**: …를 확신하다
2:42 **devote oneself to...**: …에 전념하다
2:44 **have...in common**: …을 공통적으로 지니다
3:2 **beg from**: 구걸하다, 청하다
3:3 **about to...**: 지금 막 …하려고 하여

보거늘
6 베드로가 이르되 은과 금은 내게 없거니와 내
게 있는 이것을 네게 주노니 나사렛 예수 그리
스도의 이름으로 일어나 걸으라 하고
7 오른손을 잡아 일으키니 발과 발목이 곧 힘을 얻
고
8 뛰어 서서 걸으며 그들과 함께 성전으로 들어
가면서 걷기도 하고 뛰기도 하며 하나님을 찬
송하니
9 모든 백성이 그 걷는 것과 하나님을 찬송함을 보
고
10 그가 본래 성전 미문에 앉아 구걸하던 사람인
줄 알고 그에게 일어난 일로 인하여 심히 놀랍
게 여기며 놀라니라

베드로가 솔로몬의 행각에서 설교하다

11 • 나은 사람이 베드로와 요한을 붙잡으니 모
든 백성이 크게 놀라며 달려 나아가 솔로몬의
행각이라 불리우는 행각에 모이거늘
12 베드로가 이것을 보고 백성에게 말하되 이스
라엘 사람들아 이 일을 왜 놀랍게 여기느냐 우
리 개인의 권능과 경건으로 이 사람을 걷게 한
것처럼 왜 우리를 주목하느냐
13 아브라함과 이삭과 야곱의 하나님 곧 우리 조
상의 하나님이 그의 [1]종 예수를 영화롭게 하셨
느니라 너희가 그를 넘겨 주고 빌라도가 놓아
주기로 결의한 것을 너희가 그 앞에서 거부하
였으니
14 너희가 거룩하고 의로운 이를 거부하고 도리
어 살인한 사람을 놓아주기를 구하여 막 15:11
15 생명의 주를 죽였도다 그러나 하나님이 죽은
자 가운데서 그를 살리셨으니 우리가 [2]이 일에
증인이라
16 그 이름을 믿으므로 그 이름이 너희가 보고 아
는 이 사람을 성하게 하였나니 예수로 말미암
아 난 믿음이 너희 모든 사람 앞에서 이같이 완
전히 낫게 하였느니라
17 형제들아 너희가 알지 못하여서 그리하였으며
너희 관리들도 그리한 줄 아노라
18 그러나 하나님이 모든 선지자의 입을 통하여
자기의 그리스도께서 고난받으실 일을 미리
알게 하신 것을 이와 같이 이루셨느니라
19 그러므로 너희가 회개하고 돌이켜 너희 죄 없
이 함을 받으라 이같이 하면 새롭게 되는 날이
주 앞으로부터 이를 것이요
20 또 주께서 너희를 위하여 예정하신 그리스도
곧 예수를 보내시리니
21 하나님이 영원 전부터 거룩한 선지자들의 입

6 • Then Peter said, "Silver or gold I do not
have, but what I do have I give you. In the
name of Jesus Christ of Nazareth, walk."
7 • Taking him by the right hand, he helped
him up, and instantly the man's feet and
8 ankles became strong. • He jumped to his
feet and began to walk. Then he went with
them into the temple courts, walking and
9 jumping, and praising God. • When all the
people saw him walking and praising
10 God, • they recognized him as the same
man who used to sit begging at the temple
gate called Beautiful, and they were filled
with wonder and amazement at what had
happened to him.

Peter Speaks to the Onlookers

11 • While the man held on to Peter and
John, all the people were astonished and
came running to them in the place called
12 Solomon's Colonnade. • When Peter saw
this, he said to them: "Fellow Israelites,
why does this surprise you? Why do you
stare at us as if by our own power or god-
13 liness we had made this man walk? • The
God of Abraham, Isaac and Jacob, the
God of our fathers, has glorified his ser-
vant Jesus. You handed him over to be
killed, and you disowned him before
Pilate, though he had decided to let him
14 go. • You disowned the Holy and Right-
eous One and asked that a murderer be
15 released to you. • You killed the author of
life, but God raised him from the dead.
16 We are witnesses of this. • By faith in the
name of Jesus, this man whom you see
and know was made strong. It is Jesus'
name and the faith that comes through
him that has completely healed him, as
you can all see.
17 • "Now, fellow Israelites, I know that
you acted in ignorance, as did your leaders.
18 • But this is how God fulfilled what he had
foretold through all the prophets, saying
19 that his Messiah would suffer. • Repent,
then, and turn to God, so that your sins
may be wiped out, that times of refreshing
20 may come from the Lord, • and that he
may send the Messiah, who has been
21 appointed for you—even Jesus. • Heaven
must receive him until the time comes for
God to restore everything, as he promised

1) 또는 소자 2) 또는 그의

ankle [ǽŋkl] *n.* 발목
appoint [əpɔ́int] *vt.* 지명(임명)하다
astonish [əstániʃ] *vt.* 깜짝 놀라게 하다
author [ɔ́:θər] *n.* 창조자
disown [disóun] *vt.* 부인하다
foretell [fɔ:rtél] *vt.* 예고하다
godliness [gádlinis] *n.* 경건
ignorance [ígnərəns] *n.* 무지
murderer [mə́:rdərər] *n.* 살인자
recognize [rékəgnàiz] *vt.* 알아보다
release [rilí:s] *vt.* 석방하다
repent [ripént] *vi.* 회개하다
restore [ristɔ́:r] *vt.* 회복하다
witness [wítnis] *n.* 증인
wonder [wʌ́ndər] *n.* 놀라움

3:10 used to...: …하곤 했다
3:11 hold on to...: …를 꼭 잡다
3:12 stare at...: …를 응시하다
3:12 as if...: 마치 …처럼
3:13 hand over: 넘겨주다
3:19 wipe out: 쓸어버리다

을 통하여 말씀하신 바 만물을 회복하실 때
까지는 하늘이 마땅히 그를 받아 두리라
22 ㄱ모세가 말하되 주 하나님이 너희를 위하
여 너희 형제 가운데서 나 같은 선지자 하
나를 세울 것이니 너희가 무엇이든지 그의
모든 말을 들을 것이라
23 ㄴ누구든지 그 선지자의 말을 듣지 아니하
는 자는 백성 중에서 멸망 받으리라 하였고
24 또한 사무엘 때부터 이어 말한 모든 선지자
도 이때를 가리켜 말하였느니라
25 너희는 선지자들의 자손이요 또 하나님이
너희 조상과 더불어 세우신 언약의 자손이
라 아브라함에게 이르시기를 ㄷ땅 위의 모
든 족속이 너의 씨로 말미암아 복을 받으
리라 하셨으니
26 하나님이 그 1)종을 세워 복 주시려고 너희
에게 먼저 보내사 너희로 하여금 돌이켜 각
각 그 악함을 버리게 하셨느니라

베드로와 요한이 공회 앞에 서다 — A.D. 31년경

4 사도들이 백성에게 말할 때에 제사장들
과 성전 2)맡은 자와 사두개인들이 이르러
2 예수 안에 죽은 자의 부활이 있다고 백성을
가르치고 전함을 싫어하여 17:18
3 그들을 잡으매 날이 이미 저물었으므로 이
튿날까지 가두었으나
4 말씀을 들은 사람 중에 믿는 자가 많으니
남자의 수가 약 오천이나 되었더라
5 ●이튿날 관리들과 장로들과 서기관들이
예루살렘에 모였는데
6 대제사장 안나스와 가야바와 요한과 알렉
산더와 및 대제사장의 문중이 다 참여하여
7 사도들을 가운데 세우고 묻되 너희가 무슨
권세와 누구의 이름으로 이 일을 행하였느
냐
8 이에 베드로가 성령이 충만하여 이르되 백
성의 관리들과 장로들아
9 만일 병자에게 행한 착한 일에 대하여 이
사람이 어떻게 구원을 받았느냐고 오늘 우
리에게 질문한다면
10 너희와 모든 이스라엘 백성들은 알라 너희
가 십자가에 못 박고 하나님이 죽은 자 가
운데서 살리신 나사렛 예수 그리스도의 이
름으로 이 사람이 건강하게 되어 너희 앞에
섰느니라
11 이 예수는 ㄹ너희 건축자들의 버린 돌로서
집 모퉁이의 머릿돌이 되었느니라
12 다른 이로써는 구원을 받을 수 없나니 천하

22 long ago through his holy prophets. •For
Moses said, 'The Lord your God will raise up
for you a prophet like me from among your
own people; you must listen to everything he
23 tells you. •Anyone who does not listen to
him will be completely cut off from their peo-
ple.'[a]
24 •"Indeed, beginning with Samuel, all the
prophets who have spoken have foretold
25 these days. •And you are heirs of the prophets
and of the covenant God made with your
fathers. He said to Abraham, 'Through your
offspring all peoples on earth will be blessed.'[b]
26 •When God raised up his servant, he sent
him first to you to bless you by turning each
of you from your wicked ways."

Peter and John Before the Sanhedrin

4 The priests and the captain of the temple
guard and the Sadducees came up to
Peter and John while they were speaking to
2 the people. •They were greatly disturbed
because the apostles were teaching the peo-
ple, proclaiming in Jesus the resurrection of
3 the dead. •They seized Peter and John and,
because it was evening, they put them in jail
4 until the next day. •But many who heard the
message believed; so the number of men who
believed grew to about five thousand.
5 •The next day the rulers, the elders and the
6 teachers of the law met in Jerusalem. •Annas
the high priest was there, and so were Cai-
aphas, John, Alexander and others of the high
7 priest's family. •They had Peter and John
brought before them and began to question
them: "By what power or what name did you
do this?"
8 •Then Peter, filled with the Holy Spirit,
said to them: "Rulers and elders of the people!
9 •If we are being called to account today for
an act of kindness shown to a man who was
lame and are being asked how he was healed,
10 •then know this, you and all the people of
Israel: It is by the name of Jesus Christ of
Nazareth, whom you crucified but whom
God raised from the dead, that this man
11 stands before you healed. •Jesus is

" 'the stone you builders rejected,
which has become the cornerstone.'[c]

12 •Salvation is found in no one else, for there

[a]*23* Deut. 18:15,18,19 [b]*25* Gen. 22:18; 26:4 [c]*11* Psalm 118:22 1) 또는 소자 2) 또는 경비대장 ㄱ. 신 18:15 ㄴ. 신 18:19 ㄷ. 창 12:3; 22:18; 26:4; 28:14 ㄹ. 시 118:22

apostle [əpásl] *n.* 사도
cornerstone [kɔ́:rnərstòun] *n.* 모퉁잇돌
covenant [kʌ́vənənt] *n.* 언약
crucify [krú:səfài] *vt.* 십자가에 못 박다
disturb [distə́:rb] *vt.* 어지럽히다
elder [éldər] *n.* 장로
heir [εər] *n.* 상속인
lame [leim] *a.* 절름발이의
offspring [ɔ́:fsprìŋ] *n.* 자손
priest [pri:st] *n.* 사제, 성직자
prophet [prɑ́fit] *n.* 선지자
reject [ridʒékt] *vt.* 거절하다
salvation [sælvéiʃən] *n.* 구원
seize [si:z] *vt.* 붙잡다
wicked [wíkid] *a.* 사악한, 부정한

3:23 **cut off from...**: …에서 고립시키다
3:26 **turn from...**: …을 그만두다
4:1 **come up to...**: …에게 도달하다
4:3 **put in jail**: 감옥에 가두다
4:8 **fill with...**: …으로 가득 차다
4:9 **account for...**: …을 설명하다

사람 중에 구원을 받을 만한 다른 이름을
우리에게 주신 일이 없음이라 하였더라
13 ● 그들이 베드로와 요한이 담대하게 말함
을 보고 그들을 본래 학문 없는 범인으로
알았다가 이상히 여기며 또 전에 예수와 함
께 있던 줄도 알고
14 또 병 나은 사람이 그들과 함께 서 있는 것
을 보고 비난할 말이 없는지라
15 명하여 공회에서 나가라 하고 서로 의논하
여 이르되
16 이 사람들을 어떻게 할까 그들로 말미암아
유명한[1] 표적 나타난 것이 예루살렘에 사는
모든 사람에게 알려졌으니 우리도 부인할
수 없는지라
17 이것이 민간에 더 퍼지지 못하게 그들을 위
협하여 이후에는 이 이름으로 아무에게도
말하지 말게 하자 하고
18 그들을 불러 경고하여 도무지 예수의 이름으
로 말하지도 말고 가르치지도 말라 하니 5:40
19 베드로와 요한이 대답하여 이르되 하나님
앞에서 너희의 말을 듣는 것이 하나님의 말
씀을 듣는 것보다 옳은가 판단하라
20 우리는 보고 들은 것을 말하지 아니할 수
없다 하니
21 관리들이 백성들 때문에 그들을 어떻게 처
벌할지 방법을 찾지 못하고 다시 위협하여
놓아주었으니 이는 모든 사람이 그 된 일을
보고 하나님께 영광을 돌림이라
22 이[1] 표적으로 병 나은 사람은 사십여 세나
되었더라

한마음으로 하나님께 기도하다

23 ● 사도들이 놓이매 그 동료에게 가서 제사
장들과 장로들의 말을 다 알리니
24 그들이 듣고 한마음으로 하나님께 소리를
높여 이르되 대주재여 천지와 바다와 그 가
운데 만물을 지은 이시요
25 또 주의 종 우리 조상 다윗의 입을 통하여
성령으로 말씀하시기를
ㄱ어찌하여 열방이 분노하며 족속들이 허
사를 경영하였는고
26 세상의 군왕들이 나서며 관리들이 함께
모여 주와 그의 그리스도를 대적하도다
하신 이로소이다
27 과연 헤롯과 본디오 빌라도는 이방인과 이
스라엘 백성과 합세하여 하나님께서 기름
부으신 거룩한[2] 종 예수를 거슬러
28 하나님의[3] 권능과 뜻대로 이루려고 예정하

is no other name under heaven given to
mankind by which we must be saved."
13 ● When they saw the courage of Peter and
John and realized that they were unschooled,
ordinary men, they were astonished and they
took note that these men had been with
14 Jesus. ● But since they could see the man who
had been healed standing there with them,
15 there was nothing they could say. ● So they
ordered them to withdraw from the San-
16 hedrin and then conferred together. ● "What
are we going to do with these men?" they
asked. "Everyone living in Jerusalem knows
they have performed a notable sign, and we
17 cannot deny it. ● But to stop this thing from
spreading any further among the people, we
must warn them to speak no longer to any-
one in this name."
18 ● Then they called them in again and com-
manded them not to speak or teach at all in
19 the name of Jesus. ● But Peter and John
replied, "Which is right in God's eyes: to listen
20 to you, or to him? You be the judges! ● As for
us, we cannot help speaking about what we
have seen and heard."
21 ● After further threats they let them go.
They could not decide how to punish them,
because all the people were praising God for
22 what had happened. ● For the man who was
miraculously healed was over forty years old.

The Believers Pray

23 ● On their release, Peter and John went
back to their own people and reported all
that the chief priests and the elders had said
24 to them. ● When they heard this, they raised
their voices together in prayer to God. "Sover-
eign Lord," they said, "you made the heavens
and the earth and the sea, and everything in
25 them. ● You spoke by the Holy Spirit through
the mouth of your servant, our father David:

" 'Why do the nations rage
and the peoples plot in vain?
26 ● The kings of the earth rise up
and the rulers band together
against the Lord
and against his anointed one.'[a][b]

27 ● Indeed Herod and Pontius Pilate met to-
gether with the Gentiles and the people of
Israel in this city to conspire against your holy
28 servant Jesus, whom you anointed. ● They

[a]26 That is, Messiah or Christ [b]26 Psalm 2:1,2

1) 또는 이적 2) 또는 소자 3) 헬, 손과 ㄱ. 시 2:1,2

anoint [ənɔ́int] *vt.* 기름을 붓다	**deny** [dinái] *vt.* 부인하다	**release** [rilíːs] *n.* 석방
astonish [əstániʃ] *vt.* 놀라게 하다	**miraculous** [mirǽkjuləs] *a.* 기적적인	**sovereign** [sávərin] *a.* 주권을 가진
command [kəmǽnd] *vt.* 명령하다	**plot** [plat] *vi.* 음모를 꾸미다	**spread** [spred] *vi.* 퍼지다
confer [kənfə́ːr] *vi.* 협의하다	**punish** [pʌ́niʃ] *vt.* 벌하다	**unschooled** [ʌnskúːld] *a.* 교육을 받지 않은
conspire [kənspáiər] *vi.* 음모를 꾸미다	**rage** [reidʒ] *vi.* 격노하다	**withdraw** [wiðdrɔ́ː] *vi.* 물러가다

4:13 **take note**: 주의(주목)하다 4:17 **no longer...**: 더 이상…하지 않는 4:24 **raise voice**: 목소리를 높이다
4:16 **do with...**: …을 처리하다 4:20 **cannot help -ing**: …하지 않을 수 없다 4:25 **in vain**: 헛되이

신 그것을 행하려고 이 성에 모였나이다 2:23
29 주여 이제도 그들의 위협함을 굽어보시옵
고 또 종들로 하여금 담대히 하나님의 말씀
을 전하게 하여 주시오며
30 손을 내밀어 병을 낫게 하시옵고 [1]표적과
기사가 거룩한 종 예수의 이름으로 이루어
지게 하옵소서 하더라 2:43
31 빌기를 다하매 모인 곳이 진동하더니 무리
가 다 성령이 충만하여 담대히 하나님의 말
씀을 전하니라

물건을 서로 통용하다

32 ●믿는 무리가 한마음과 한 [2]뜻이 되어 모
든 물건을 서로 통용하고 자기 재물을 조금
이라도 자기 것이라 하는 이가 하나도 없더
라
33 사도들이 큰 권능으로 주 예수의 부활을 증
언하니 무리가 큰 은혜를 받아
34 그 중에 가난한 사람이 없으니 이는 밭과
집 있는 자는 팔아 그 판 것의 값을 가져다
가
35 사도들의 발 앞에 두매 그들이 각 사람의
필요를 따라 나누어 줌이라 4:37
36 ●구브로에서 난 레위족 사람이 있으니 이
름은 요셉이라 사도들이 일컬어 바나바라
(번역하면 위로의 아들이라) 하니
37 그가 밭이 있으매 팔아 그 값을 가지고 사
도들의 발 앞에 두니라

아나니아와 삽비라 — A.D. 32년경

5 아나니아라 하는 사람이 그의 아내 삽비
라와 더불어 소유를 팔아
2 그 값에서 얼마를 감추매 그 아내도 알더라
얼마만 가져다가 사도들의 발 앞에 두니 4:37
3 베드로가 이르되 아나니아야 어찌하여 사
탄이 네 마음에 가득하여 네가 성령을 속이
고 땅값 얼마를 감추었느냐
4 땅이 그대로 있을 때에는 네 땅이 아니며
판 후에도 네 마음대로 할 수가 없더냐 어
찌하여 이 일을 네 마음에 두었느냐 사람에
게 거짓말한 것이 아니요 하나님께로다
5 아나니아가 이 말을 듣고 엎드러져 혼이 떠
나니 이 일을 듣는 사람이 다 크게 두려워
하더라
6 젊은 사람들이 일어나 시신을 싸서 메고 나
가 장사하니라
7 ●세 시간쯤 지나 그의 아내가 그 일어난
일을 알지 못하고 들어오니

did what your power and will had decided
29 beforehand should happen. ●Now, Lord,
consider their threats and enable your ser-
vants to speak your word with great boldness.
30 ●Stretch out your hand to heal and perform
signs and wonders through the name of your
holy servant Jesus."
31 ●After they prayed, the place where they
were meeting was shaken. And they were all
filled with the Holy Spirit and spoke the word
of God boldly.

The Believers Share Their Possessions

32 ●All the believers were one in heart and
mind. No one claimed that any of their pos-
sessions was their own, but they shared every-
33 thing they had. ●With great power the apos-
tles continued to testify to the resurrection of
the Lord Jesus. And God's grace was so pow-
34 erfully at work in them all ●that there were
no needy persons among them. For from
time to time those who owned land or hous-
es sold them, brought the money from the
35 sales ●and put it at the apostles' feet, and it
was distributed to anyone who had need.
36 ●Joseph, a Levite from Cyprus, whom the
apostles called Barnabas (which means "son
37 of encouragement"), ●sold a field he owned
and brought the money and put it at the
apostles' feet.

Ananias and Sapphira

5 Now a man named Ananias, together
with his wife Sapphira, also sold a piece
2 of property. ●With his wife's full knowledge
he kept back part of the money for himself,
but brought the rest and put it at the apostles'
feet.
3 ●Then Peter said, "Ananias, how is it that
Satan has so filled your heart that you have
lied to the Holy Spirit and have kept for your-
self some of the money you received for the
4 land? ●Didn't it belong to you before it was
sold? And after it was sold, wasn't the money
at your disposal? What made you think of
doing such a thing? You have not lied just to
human beings but to God."
5 ●When Ananias heard this, he fell down
and died. And great fear seized all who heard
6 what had happened. ●Then some young
men came forward, wrapped up his body,
and carried him out and buried him.
7 ●About three hours later his wife came in,

1) 또는 이적 2) 또는 영혼

apostle [əpásl] *n.* 사도
boldness [bóuldnis] *n.* 대담함
bury [béri] *vt.* 매장하다
consider [kənsídər] *vt.* 숙고하다
distribute [distríbjut] *vt.* 분배하다
encouragement [inkə́:ridʒmənt] *n.* 격려
perform [pərfɔ́:rm] *vt.* 실행하다
possession [pəzéʃən] *n.* 소유물
property [prápərti] *n.* 재산
resurrection [rèzərékʃən] *n.* 부활
seize [si:z] *vt.* 붙잡다
sign [sain] *n.* 표적
testify [téstəfài] *vi.* 증명하다
threat [θret] *n.* 위협
wrap [ræp] *vt.* 싸다, 포장하다

4:30 **stretch out**: (손발을) 뻗다
4:34 **from time to time**: 때때로
5:2 **keep back**: 감추다, 숨기다
5:4 **be at one's disposal**: …의 마음대로 처분할 수 있다
5:5 **fall down**: 넘어지다, 떨어지다

8 베드로가 이르되 그 땅 판 값이 이것뿐이냐 내게 말하라 하니 이르되 예 이것뿐이라 하더라

9 베드로가 이르되 너희가 어찌 함께 꾀하여 주의 영을 시험하려 하느냐 보라 네 남편을 장사하고 오는 사람들의 발이 문 앞에 이르렀으니 또 너를 메어 내가리라 하니

10 곧 그가 베드로의 발 앞에 엎드러져 혼이 떠나는지라 젊은 사람들이 들어와 죽은 것을 보고 메어다가 그의 남편 곁에 장사하니 5:5

11 온 교회와 이 일을 듣는 사람들이 다 크게 두려워하니라

사도들이 표적을 일으키다

12 ●사도들의 손을 통하여 민간에 1)표적과 기사가 많이 일어나매 믿는 사람이 다 마음을 같이하여 솔로몬 행각에 모이고

13 그 나머지는 감히 그들과 상종하는 사람이 없으나 백성이 칭송하더라 2:47

14 믿고 주께로 나아오는 자가 더 많으니 남녀의 큰 무리더라

15 심지어 병든 사람을 메고 거리에 나가 침대와 요 위에 누이고 베드로가 지날 때에 혹 그의 그림자라도 누구에게 덮일까 바라고

16 예루살렘 부근의 수많은 사람들도 모여 병든 사람과 더러운 귀신에게 괴로움 받는 사람을 데리고 와서 다 나음을 얻으니라

사도들이 능욕을 받다 (♪ 333, 336, 497장)

17 ●대제사장과 그와 함께 있는 사람 즉 사두개인의 당파가 다 마음에 시기가 가득하여 일어나서

18 사도들을 잡아다가 옥에 가두었더니

19 주의 사자가 밤에 옥문을 열고 끌어내어 이르되

20 가서 성전에 서서 이 생명의 말씀을 다 백성에게 말하라 하매

21 그들이 듣고 새벽에 성전에 들어가서 가르치더니 대제사장과 그와 함께 있는 사람들이 와서 2)공회와 이스라엘 족속의 원로들을 다 모으고 사람을 옥에 보내어 사도들을 잡아오라 하니

22 부하들이 가서 옥에서 사도들을 보지 못하고 돌아와

23 이르되 우리가 보니 옥은 든든하게 잠기고 지키는 사람들이 문에 서 있으되 문을 열고 *본즉 그 안에는 한 사람도* 없더이다 하니

8 not knowing what had happened. •Peter
asked her, "Tell me, is this the price you and
Ananias got for the land?"
"Yes," she said, "that is the price."
9 •Peter said to her, "How could you con-
spire to test the Spirit of the Lord? Listen! The
feet of the men who buried your husband are
at the door, and they will carry you out also."
10 •At that moment she fell down at his feet
and died. Then the young men came in and,
finding her dead, carried her out and buried
11 her beside her husband. •Great fear seized
the whole church and all who heard about
these events.

The Apostles Heal Many

12 •The apostles performed many signs and
wonders among the people. And all the be-
lievers used to meet together in Solomon's
13 Colonnade. •No one else dared join them,
even though they were highly regarded by
14 the people. •Nevertheless, more and more
men and women believed in the Lord and
15 were added to their number. •As a result,
people brought the sick into the streets and
laid them on beds and mats so that at least
Peter's shadow might fall on some of them
16 as he passed by. •Crowds gathered also from
the towns around Jerusalem, bringing their
sick and those tormented by impure spirits,
and all of them were healed.

The Apostles Persecuted

17 •Then the high priest and all his associates,
who were members of the party of the Sad-
18 ducees, were filled with jealousy. •They
arrested the apostles and put them in the pu-
19 blic jail. •But during the night an angel of
the Lord opened the doors of the jail and
20 brought them out. •"Go, stand in the tem-
ple courts," he said, "and tell the people all
about this new life."
21 •At daybreak they entered the temple
courts, as they had been told, and began to
teach the people.
When the high priest and his associates
arrived, they called together the Sanhedrin—
the full assembly of the elders of Israel — and
22 sent to the jail for the apostles. •But on arriv-
ing at the jail, the officers did not find them
23 there. So they went back and reported, •"We
found the jail securely locked, with the guards

1) 또는 이적 2) 또는 공회 즉 이스라엘

apostle [əpásl] *n.* 사도
arrest [ərést] *vt.* 체포하다
assembly [əsémbli] *n.* 집회
associate [əsóuʃièit] *n.* (일 등에서) 동료
bury [béri] *vt.* 매장하다
colonnade [kὰlənéid] *n.* 열주(列柱)
conspire [kənspáiər] *vi.* 음모를 꾸미다
dare [dɛər] *vt.* 감히 …하다
elder [éldər] *n.* 장로
jail [dʒeil] *n.* 감옥
jealousy [dʒéləsi] *n.* 질투
nevertheless [nèvərðəlés] *ad.* 그럼에도 불구하고
regard [rigá:rd] *vt.* …로 여기다
seize [si:z] *vt.* 붙잡다
torment [tɔ:rmént] *vt.* 괴롭히다

5:13 **even though...**: 비록 …일지라도
5:15 **as a result**: 그 결과로서
5:15 **so that...**: …하기 위하여
5:15 **pass by**: 지나가다
5:19 **bring out**: 끌어내다
5:22 **on -ing**: …하자마자

24 성전 [1]맡은 자와 제사장들이 이 말을 듣고 의혹하여 이 일이 어찌 될까 하더니
25 사람이 와서 알리되 보소서 옥에 가두었던 사람들이 성전에 서서 백성을 가르치더이다 하니
26 성전 [1]맡은 자가 부하들과 같이 가서 그들을 잡아왔으나 강제로 못함은 백성들이 돌로 칠까 두려워함이더라
27 그들을 끌어다가 공회 앞에 세우니 대제사장이 물어 마 5:22
28 이르되 우리가 이 이름으로 사람을 가르치지 말라고 엄금하였으되 너희가 너희 가르침을 예루살렘에 가득하게 하니 이 사람의 피를 우리에게로 돌리고자 함이로다
29 베드로와 사도들이 대답하여 이르되 사람보다 하나님께 순종하는 것이 마땅하니라 4:19
30 너희가 나무에 달아 죽인 예수를 우리 조상의 하나님이 살리시고
31 이스라엘에게 회개함과 죄 사함을 주시려고 그를 [2]오른손으로 높이사 임금과 구주로 삼으셨느니라
32 우리는 이 [3]일에 증인이요 하나님이 자기에게 순종하는 사람들에게 주신 성령도 그러하니라 하더라
33 ●그들이 듣고 크게 노하여 사도들을 없이하고자 할새
34 바리새인 가말리엘은 율법교사로 모든 백성에게 존경을 받는 자라 공회 중에 일어나 명하여 사도들을 잠깐 밖에 나가게 하고
35 말하되 이스라엘 사람들아 너희가 이 사람들에게 대하여 어떻게 하려는지 조심하라
36 이전에 드다가 일어나 스스로 선전하매 사람이 약 사백 명이나 따르더니 그가 죽임을 당하매 따르던 모든 사람들이 흩어져 없어졌고
37 그 후 호적할 때에 갈릴리의 유다가 일어나 백성을 꾀어 따르게 하다가 그도 망한즉 따르던 모든 사람들이 흩어졌느니라
38 이제 내가 너희에게 말하노니 이 사람들을 상관하지 말고 버려두라 이 사상과 이 소행이 사람으로부터 났으면 무너질 것이요
39 만일 하나님께로부터 났으면 너희가 그들을 무너뜨릴 수 없겠고 도리어 하나님을 대적하는 자가 될까 하노라 하니
40 그들이 옳게 여겨 사도들을 불러들여 채찍질하며 예수의 이름으로 말하는 것을 금하

standing at the doors; but when we opened
24 them, we found no one inside." ●On hearing
this report, the captain of the temple guard
and the chief priests were at a loss, wondering
what this might lead to.
25 ●Then someone came and said, "Look! The
men you put in jail are standing in the temple
26 courts teaching the people." ●At that, the cap-
tain went with his officers and brought the
apostles. They did not use force, because they
feared that the people would stone them.
27 ●The apostles were brought in and made
to appear before the Sanhedrin to be ques-
28 tioned by the high priest. ●"We gave you
strict orders not to teach in this name," he
said. "Yet you have filled Jerusalem with your
teaching and are determined to make us
guilty of this man's blood."
29 ●Peter and the other apostles replied: "We
must obey God rather than human beings!
30 ●The God of our ancestors raised Jesus from
the dead—whom you killed by hanging him
31 on a cross. ●God exalted him to his own right
hand as Prince and Savior that he might
bring Israel to repentance and forgive their
32 sins. ●We are witnesses of these things, and so
is the Holy Spirit, whom God has given to
those who obey him."
33 ●When they heard this, they were furious
34 and wanted to put them to death. ●But a Phar-
isee named Gamaliel, a teacher of the law, who
was honored by all the people, stood up in the
Sanhedrin and ordered that the men be put
35 outside for a little while. ●Then he addressed
the Sanhedrin: "Men of Israel, consider careful-
36 ly what you intend to do to these men. ●Some
time ago Theudas appeared, claiming to be
somebody, and about four hundred men ral-
lied to him. He was killed, all his followers were
37 dispersed, and it all came to nothing. ●After
him, Judas the Galilean appeared in the days of
the census and led a band of people in revolt.
He too was killed, and all his followers were
38 scattered. ●Therefore, in the present case I
advise you: Leave these men alone! Let them
go! For if their purpose or activity is of human
39 origin, it will fail. ●But if it is from God, you
will not be able to stop these men; you will
only find yourselves fighting against God."
40 ●His speech persuaded them. They called
the apostles in and had them flogged. Then

1) 또는 경비대장 2) 또는 오른편에 3) 또는 말씀의

address [ədrés] *vt.* 설교하다
ancestor [ǽnsestər] *n.* 조상
census [sénsəs] *n.* 인구 조사
claim [kleim] *vt.* 주장하다
disperse [dispə́:rs] *vt.* 흩어지게 하다
exalt [igzɔ́:lt] *vt.* 높이다
flog [flag] *vt.* 채찍질하다
furious [fjúəriəs] *a.* 격노한
obey [oubéi] *vt.* 순종하다
rally [rǽli] *vi.* 다시 모이다
repentance [repéntəns] *n.* 회개
revolt [rivóult] *n.* 반란
scatter [skǽtər] *vt.* 흩어지게 하다
strict [strikt] *a.* 엄한
witness [wítnis] *n.* 증인

5:24 **be at a loss:** 어쩔 줄을 모르다
5:28 **be determined to...:** …하기로 결심하다
5:29 **rather than...:** …보다는
5:33 **put... to death:** …를 죽이다
5:35 **intend to...:** …할 작정이다

고 놓으니
41 사도들은 그 이름을 위하여 능욕 받는 일
에 합당한 자로 여기심을 기뻐하면서 공
회 앞을 떠나니라
42 그들이 날마다 성전에 있든지 집에 있든
지 예수는 그리스도라고 가르치기와 전
도하기를 그치지 아니하니라

일곱 일꾼을 택하다 (♪ 323, 505장)

— A.D. 33년경

6 그때에 제자가 더 많아졌는데 헬라파
유대인들이 자기의 과부들이 매일의
[1]구제에 빠지므로 히브리파 사람을 원망
하니
2 열두 사도가 모든 제자를 불러 이르되 우
리가 하나님의 말씀을 제쳐 놓고 [2]접대
를 일삼는 것이 마땅하지 아니하니
3 형제들아 너희 가운데서 성령과 지혜가
충만하여 칭찬받는 사람 일곱을 택하라
우리가 이 일을 그들에게 맡기고
4 우리는 오로지 기도하는 일과 [3]말씀 사
역에 힘쓰리라 하니
5 온 무리가 이 말을 기뻐하여 믿음과 성령
이 충만한 사람 스데반과 또 빌립과 브로
고로와 니가노르와 디몬과 바메나와 유
대교에 입교했던 안디옥 사람 니골라를
택하여 11:19
6 사도들 앞에 세우니 사도들이 기도하고
그들에게 안수하니라
7 ●하나님의 말씀이 점점 왕성하여 예루
살렘에 있는 제자의 수가 더 심히 많아지
고 허다한 제사장의 무리도 이 [4]도에 복
종하니라

스데반이 잡히다

8 ●스데반이 은혜와 권능이 충만하여 큰
기사와 [5]표적을 민간에 행하니
9 이른 바 자유민들 즉 구레네인, 알렉산드
리아인, 길리기아와 아시아에서 온 사람
들의 회당에서 어떤 자들이 일어나 스데
반과 더불어 논쟁할새
10 스데반이 지혜와 성령으로 말함을 그들
이 능히 당하지 못하여
11 사람들을 매수하여 말하게 하되 이 사람
이 모세와 하나님을 모독하는 말을 하는
것을 우리가 들었노라 하게 하고
12 백성과 장로와 서기관들을 충동시켜 와
서 잡아가지고 공회에 이르러
13 거짓 증인들을 세우니 이르되 이 사람이

they ordered them not to speak in the name of
Jesus, and let them go.
41 ●The apostles left the Sanhedrin, rejoicing
because they had been counted worthy of suf-
42 fering disgrace for the Name. ●Day after day, in
the temple courts and from house to house, they
never stopped teaching and proclaiming the
good news that Jesus is the Messiah.

The Choosing of the Seven

6 In those days when the number of disciples
was increasing, the Hellenistic Jews[a] among
them complained against the Hebraic Jews
because their widows were being overlooked in
2 the daily distribution of food. ●So the Twelve
gathered all the disciples together and said, "It
would not be right for us to neglect the ministry
of the word of God in order to wait on tables.
3 ●Brothers and sisters, choose seven men from
among you who are known to be full of the
Spirit and wisdom. We will turn this responsi-
4 bility over to them ●and will give our attention
to prayer and the ministry of the word."
5 ●This proposal pleased the whole group.
They chose Stephen, a man full of faith and of
the Holy Spirit; also Philip, Procorus, Nicanor,
Timon, Parmenas, and Nicolas from Antioch, a
6 convert to Judaism. ●They presented these men
to the apostles, who prayed and laid their hands
on them.
7 ●So the word of God spread. The number of
disciples in Jerusalem increased rapidly, and a
large number of priests became obedient to the
faith.

Stephen Seized

8 ●Now Stephen, a man full of God's grace and
power, performed great wonders and signs
9 among the people. ●Opposition arose, however,
from members of the Synagogue of the Freed-
men (as it was called)—Jews of Cyrene and
Alexandria as well as the provinces of Cilicia
and Asia—who began to argue with Stephen.
10 ●But they could not stand up against the wis-
dom the Spirit gave him as he spoke.
11 ●Then they secretly persuaded some men to
say, "We have heard Stephen speak blasphe-
mous words against Moses and against God."
12 ●So they stirred up the people and the elders
and the teachers of the law. They seized Stephen
13 and brought him before the Sanhedrin. ●They

a1 That is, Jews who had adopted the Greek language and culture

1) 헬, 봉사 2) 또는 재정 출납을 3) 헬, 말씀의 봉사에 4) 헬, 믿음 5) 또는 이적

apostle [əpɑ́sl] *n.* 사도
blasphemous [blǽsfəməs] *a.* 불경한
convert [kənvə́:rt] *n.* 개종자
disciple [disáipl] *n.* 제자
disgrace [disgréis] *n.* 치욕
ministry [mínəstri] *n.* 직무, 사역
neglect [niglékt] *vt.* 소홀히 하다
obedient [oubí:diənt] *a.* 순종하는
persuade [pərswéid] *vt.* 설득하다
province [prɑ́vins] *n.* 지방
rapidly [rǽpidli] *ad.* 급속히
synagogue [sínəgɑ̀g] *n.* 회당
temple [témpl] *n.* 성전
widow [wídou] *n.* 과부
worthy [wə́:rði] *a.* 가치 있는

6:2 in order to...: …하기 위하여
6:3 turn over: 인계하다
6:4 give attention to...: …에 마음을 쓰다
6:9 as well as...: …에 더하여
6:9 argue with...: …와 함께 논쟁하다
6:12 stir up: 일으키다, 고무하다

이 거룩한 곳과 율법을 거슬러 말하기를 마
지 아니하는도다
14 그의 말에 이 나사렛 예수가 이곳을 헐고
또 모세가 우리에게 전하여 준 규례를 고치
겠다 함을 우리가 들었노라 하거늘
15 공회 중에 앉은 사람들이 다 스데반을 주목
하여 보니 그 얼굴이 천사의 얼굴과 같더라

스데반이 설교하다

7 대제사장이 이르되 이것이 사실이냐
2 스데반이 이르되 ●여러분 부형들이여
들으소서 우리 조상 아브라함이 하란에 있
기 전 메소보다미아에 있을 때에 영광의 하
나님이 그에게 보여
3 이르시되 네 고향과 친척을 떠나 내가 네게
보일 땅으로 가라 하시니 창 12:1
4 아브라함이 갈대아 사람의 땅을 떠나 하란
에 거하다가 그의 아버지가 죽으매 하나님
이 그를 거기서 너희 지금 사는 이 땅으로
옮기셨느니라 창 12:5
5 그러나 여기서 발 붙일 만한 땅도 유업으로
주지 아니하시고 다만 이 땅을 아직 자식도
없는 그와 그의 후손에게 소유로 주신다고
약속하셨으며
6 하나님이 또 이같이 말씀하시되 그 후손이
다른 땅에서 나그네가 되리니 그 땅 사람들
이 종으로 삼아 사백 년 동안을 괴롭게 하
리라 하시고
7 또 이르시되 종 삼는 나라를 내가 심판하리
니 그 후에 그들이 나와서 이곳에서 나를
섬기리라 하시고 출 3:12
8 할례의 언약을 아브라함에게 주셨더니 그
가 이삭을 낳아 여드레 만에 할례를 행하고
이삭이 야곱을, 야곱이 우리 열두 조상을
낳으니라
9 여러 조상이 요셉을 시기하여 애굽에 팔았
더니 하나님이 그와 함께 계셔
10 그 모든 환난에서 건져내사 애굽 왕 바로
앞에서 은총과 지혜를 주시매 바로가 그를
애굽과 자기 온 집의 통치자로 세웠느니라
11 그때에 애굽과 가나안 온 땅에 흉년이 들어
큰 환난이 있을새 우리 조상들이 양식이 없
는지라
12 야곱이 애굽에 곡식 있다는 말을 듣고 먼저
우리 조상들을 보내고
13 또 재차 보내매 요셉이 자기 형제들에게 알
려지게 되고 또 요셉의 친족이 바로에게 드
러나게 되니라

produced false witnesses, who testified, "This
fellow never stops speaking against this holy
14 place and against the law. ●For we have
heard him say that this Jesus of Nazareth will
destroy this place and change the customs
Moses handed down to us."
15 ●All who were sitting in the Sanhedrin
looked intently at Stephen, and they saw that
his face was like the face of an angel.

Stephen's Speech to the Sanhedrin

7 Then the high priest asked Stephen, "Are
these charges true?"
2 ●To this he replied: "Brothers and fathers,
listen to me! The God of glory appeared to
our father Abraham while he was still in
Mesopotamia, before he lived in Harran.
3 ●'Leave your country and your people,' God
said, 'and go to the land I will show you.'[a]
4 ●"So he left the land of the Chaldeans and
settled in Harran. After the death of his father,
God sent him to this land where you are now
5 living. ●He gave him no inheritance here, not
even enough ground to set his foot on. But
God promised him that he and his descen-
dants after him would possess the land, even
though at that time Abraham had no child.
6 ●God spoke to him in this way: 'For four hun-
dred years your descendants will be strangers
in a country not their own, and they will be
7 enslaved and mistreated. ●But I will punish
the nation they serve as slaves,' God said, 'and
afterward they will come out of that country
8 and worship me in this place.'[b] ●Then he gave
Abraham the covenant of circumcision. And
Abraham became the father of Isaac and cir-
cumcised him eight days after his birth. Later
Isaac became the father of Jacob, and Jacob
became the father of the twelve patriarchs.
9 ●"Because the patriarchs were jealous of
Joseph, they sold him as a slave into Egypt.
10 But God was with him ●and rescued him
from all his troubles. He gave Joseph wisdom
and enabled him to gain the goodwill of
Pharaoh king of Egypt. So Pharaoh made
him ruler over Egypt and all his palace.
11 ●"Then a famine struck all Egypt and
Canaan, bringing great suffering, and our
12 ancestors could not find food. ●When Jacob
heard that there was grain in Egypt, he sent
13 our forefathers on their first visit. ●On their
second visit, Joseph told his brothers who he

[a]3 Gen. 12:1 [b]7 Gen. 15:13,14

charge [tʃaːrdʒ] *n.* 비난, 혐의
circumcision [səːrkəmsíʒən] *n.* 할례
covenant [kʌ́vənənt] *n.* 계약, 서약
custom [kʌ́stəm] *n.* 관습
descendant [diséndənt] *n.* 자손
destroy [distrɔ́i] *vt.* 멸하다
enslave [insléiv] *vt.* 노예로 만들다
famine [fǽmin] *n.* 기근
forefather [fɔ́ːrfàːðər] *n.* 조상
goodwill [gúdwíl] *n.* 호의
inheritance [inhérətəns] *n.* 상속
intently [inténtli] *ad.* 골똘하게
mistreat [mìstríːt] *vt.* 학대하다
possess [pəzés] *vt.* 소유하다
testify [téstəfài] *vt.* 증언하다

6:14 hand down to...: …로 전하다
7:2 appear to...: …에게 나타나다
7:4 settle in...: …에 정착하다
7:5 even though...: 비록 …일지라도
7:7 serve as...: …의 역할을 하다
7:9 jealous of...: …을 시기하는

14 요셉이 사람을 보내어 그의 아버지 야곱과
온 친족 일흔다섯 사람을 청하였더니
15 야곱이 애굽으로 내려가 자기와 우리 조상
들이 거기서 죽고
16 세겜으로 옮겨져 아브라함이 세겜 하몰의
자손에게서 은으로 값 주고 산 무덤에 장사
되니라
17 하나님이 아브라함에게 약속하신 때가 가
까우매 이스라엘 백성이 애굽에서 번성하
여 많아졌더니
18 요셉을 알지 못하는 새 임금이 애굽 왕위
에 오르매
19 그가 우리 족속에게 교활한 방법을 써서 조
상들을 괴롭게 하여 그 어린아이들을 내버
려 살지 못하게 하려 할새
20 그때에 모세가 났는데 하나님 보시기에 아
름다운지라 그의 아버지의 집에서 석 달 동
안 길리더니
21 버려진 후에 바로의 딸이 그를 데려다가 자
기 아들로 기르매
22 모세가 애굽 사람의 모든 지혜를 배워 그의
말과 하는 일들이 능하더라
23 나이가 사십이 되매 그 형제 이스라엘 자손
을 돌볼 생각이 나더니
24 한 사람이 원통한 일 당함을 보고 보호하여
압제 받는 자를 위하여 원수를 갚아 애굽
사람을 쳐 죽이니라
25 그는 그의 형제들이 하나님께서 자기의 손
을 통하여 구원해 주시는 것을 깨달으리라
고 생각하였으나 그들이 깨닫지 못하였더라
26 이튿날 이스라엘 사람끼리 싸울 때에 모세
가 와서 화해시키려 하여 이르되 너희는 형
제인데 어찌 서로 해치느냐 하니
27 그 동무를 해치는 사람이 모세를 밀어뜨려
이르되 누가 너를 관리와 재판장으로 우리
위에 세웠느냐
28 네가 어제는 애굽 사람을 죽임과 같이 또
나를 죽이려느냐 하니
29 모세가 이 말 때문에 도주하여 미디안 땅에
서 나그네 되어 거기서 아들 둘을 낳으니라
30 사십 년이 차매 천사가 시내 산 광야 가시
나무 떨기 불꽃 가운데서 그에게 보이거늘
31 모세가 그 광경을 보고 놀랍게 여겨 알아보
려고 가까이 가니 주의 소리가 있어
32 나는 네 조상의 하나님 즉 아브라함과 이삭
과 야곱의 하나님이라 하신대 모세가 무서
워 감히 바라보지 못하더라

was, and Pharaoh learned about Joseph's
14 family. •After this, Joseph sent for his father
Jacob and his whole family, seventy-five in
15 all. •Then Jacob went down to Egypt, where
16 he and our ancestors died. •Their bodies were
brought back to Shechem and placed in the
tomb that Abraham had bought from the
sons of Hamor at Shechem for a certain sum
of money.
17 •"As the time drew near for God to fulfill
his promise to Abraham, the number of our
18 people in Egypt had greatly increased. •Then
'a new king, to whom Joseph meant nothing,
19 came to power in Egypt.'[a] •He dealt treach-
erously with our people and oppressed our
ancestors by forcing them to throw out their
newborn babies so that they would die.
20 •"At that time Moses was born, and he was
no ordinary child.[b] For three months he was
21 cared for by his family. •When he was placed
outside, Pharaoh's daughter took him and
22 brought him up as her own son. •Moses was
educated in all the wisdom of the Egyptians
and was powerful in speech and action.
23 •"When Moses was forty years old, he
decided to visit his own people, the Israelites.
24 •He saw one of them being mistreated by
an Egyptian, so he went to his defense and
25 avenged him by killing the Egyptian. •Moses
thought that his own people would realize
that God was using him to rescue them, but
26 they did not. •The next day Moses came
upon two Israelites who were fighting. He
tried to reconcile them by saying, 'Men, you
are brothers; why do you want to hurt each
other?'
27 •"But the man who was mistreating the
other pushed Moses aside and said, 'Who
28 made you ruler and judge over us? •Are you
thinking of killing me as you killed the
29 Egyptian yesterday?'[c] •When Moses heard
this, he fled to Midian, where he settled as a
foreigner and had two sons.
30 •"After forty years had passed, an angel
appeared to Moses in the flames of a burning
31 bush in the desert near Mount Sinai. •When
he saw this, he was amazed at the sight. As he
went over to get a closer look, he heard the
32 Lord say: •'I am the God of your fathers, the
God of Abraham, Isaac and Jacob.'[d] Moses
trembled with fear and did not dare to look.

[a] 18 Exodus 1:8 [b] 20 Or was fair in the sight of God
[c] 28 Exodus 2:14 [d] 32 Exodus 3:6

ancestor [ǽnsestər] *n.* 선조
avenge [əvéndʒ] *vt.* 복수하다
bush [buʃ] *n.* 수풀
defense [diféns] *n.* 변호
educate [édʒukèit] *vt.* 교육하다
flee [fliː] *vi.* 도망치다
fulfill [fulfíl] *vt.* 성취시키다
mistreat [mìstríːt] *vt.* 학대하다
oppress [əprés] *vt.* 억압하다
reconcile [rékənsàil] *vt.* 화해시키다
rescue [réskjuː] *vt.* 구출하다
sum [sʌm] *n.* 액수, 합계
tomb [tuːm] *n.* 무덤
treacherously [trétʃərəsli] *ad.* 배반하여
tremble [trémbl] *vi.* 떨다

7:18 **come to power**: 집권하다
7:19 **deal with...**: …을 다루다, 대하다
7:21 **bring... up**: …를 기르다
7:26 **come upon**: 우연히 만나다
7:31 **be amazed at...**: …에 깜짝 놀라다
7:32 **dare to...**: 감히 …하다

33 주께서 이르시되 네 발의 신을 벗으라 네가
서 있는 곳은 거룩한 땅이니라
34 내 백성이 애굽에서 괴로움 받음을 내가 확
실히 보고 그 탄식하는 소리를 듣고 그들을
구원하려고 내려왔노니 이제 내가 너를 애
굽으로 보내리라 하시니라
35 그들의 말이 누가 너를 관리와 재판장으로
세웠느냐 하며 거절하던 그 모세를 하나님
은 가시나무 떨기 가운데서 보이던 천사의
손으로 관리와 속량하는 자로서 보내셨으
니 출 14:19
36 이 사람이 백성을 인도하여 나오게 하고
애굽과 홍해와 광야에서 사십 년간 기사와
[1]표적을 행하였느니라
37 이스라엘 자손에 대하여 [ㄱ]하나님이 너희
형제 가운데서 나와 같은 선지자를 세우리
라 하던 자가 곧 이 모세라 3:22
38 시내 산에서 말하던 그 천사와 우리 조상들
과 함께 광야 교회에 있었고 또 살아 있는 말
씀을 받아 우리에게 주던 자가 이 사람이라
39 우리 조상들이 모세에게 복종하지 아니하
고자 하여 거절하며 그 마음이 도리어 애굽
으로 향하여
40 아론더러 이르되 우리를 인도할 신들을 우
리를 위하여 만들라 애굽 땅에서 우리를 인
도하던 이 모세는 어떻게 되었는지 알지 못
하노라 하고
41 그때에 그들이 송아지를 만들어 그 우상 앞
에 제사하며 자기 손으로 만든 것을 기뻐하
더니
42 하나님이 외면하사 그들을 [2]그 하늘의 군대
섬기는 일에 버려두셨으니 이는 선지자의
책에 기록된 바
[ㄴ]이스라엘의 집이여 너희가 광야에서 사
십 년간 희생과 제물을 내게 드린 일이 있
었느냐
43 몰록의 장막과 신 레판의 별을 받들었음
이여 이것은 너희가 절하고자 하여 만든
형상이로다 내가 너희를 바벨론 밖으로
옮기리라
함과 같으니라
44 광야에서 우리 조상들에게 증거의 장막이
있었으니 이것은 모세에게 말씀하신 이가
명하사 그가 본 그 양식대로 만들게 하신
것이라
45 우리 조상들이 그것을 받아 하나님이 그들
앞에서 쫓아내신 이방인의 땅을 점령할 때

33 •"Then the Lord said to him, 'Take off
your sandals, for the place where you are
34 standing is holy ground. •I have indeed seen
the oppression of my people in Egypt. I have
heard their groaning and have come down to
set them free. Now come, I will send you back
to Egypt.'[a]
35 •"This is the same Moses they had rejected
with the words, 'Who made you ruler and
judge?' He was sent to be their ruler and deliv-
erer by God himself, through the angel who
36 appeared to him in the bush. •He led them
out of Egypt and performed wonders and
signs in Egypt, at the Red Sea and for forty
years in the wilderness.
37 •"This is the Moses who told the Israelites,
'God will raise up for you a prophet like me
38 from your own people.'[b] •He was in the
assembly in the wilderness, with the angel
who spoke to him on Mount Sinai, and with
our ancestors; and he received living words to
pass on to us.
39 •"But our ancestors refused to obey him.
Instead, they rejected him and in their hearts
40 turned back to Egypt. •They told Aaron,
'Make us gods who will go before us. As for
this fellow Moses who led us out of Egypt —
we don't know what has happened to him!'[c]
41 •That was the time they made an idol in the
form of a calf. They brought sacrifices to it
and reveled in what their own hands had
42 made. •But God turned away from them
and gave them over to the worship of the
sun, moon and stars. This agrees with what is
written in the book of the prophets:

" 'Did you bring me sacrifices and offerings
forty years in the wilderness, people of
Israel?
43 •You have taken up the tabernacle of Molek
and the star of your god Rephan,
the idols you made to worship.
Therefore I will send you into exile'[d]
beyond Babylon.

44 •"Our ancestors had the tabernacle of the
covenant law with them in the wilderness.
It had been made as God directed Moses,
45 according to the pattern he had seen. •After
receiving the tabernacle, our ancestors under
Joshua brought it with them when they took

[a]34 Exodus 3:5,7,8,10 [b]37 Deut. 18:15 [c]40 Exodus 32:1 [d]43 Amos 5:25-27 (see Septuagint)

1) 또는 이적 2) 그 하늘의 별들 ㄱ. 신 18:15 ㄴ. 암 5:25 이하

calf [kæf] *n.* 송아지
covenant [kʌ́vənənt] *n.* 언약
deliverer [dilívərər] *n.* 구조자
exile [égzail] *n.* 추방
groan [gróun] *vi.* 신음하다
obey [oubéi] *vt.* 순종하다
oppression [əpréʃən] *n.* 압제
prophet [práfit] *n.* 선지자
reject [ridʒékt] *vt.* 거절하다
revel [révəl] *vi.* 매우 기뻐하다
ruler [rú:lər] *n.* 통치자
sacrifice [sǽkrəfàis] *n.* 희생 제사
sign [sain] *n.* 표적
tabernacle [tǽbə:rnækl] *n.* 장막
wilderness [wíldərnis] *n.* 광야

7:33 take off: 벗다
7:34 set... free: …을 해방하다
7:38 pass on to...: …에게 전달하다
7:40 go before: 앞서 가다
7:42 turn away: 외면하다
7:44 according to...: …에 따라서

에 여호수아와 함께 가지고 들어가서 다윗
때까지 이르니라
46 다윗이 하나님 앞에서 은혜를 받아 1)야곱의
집을 위하여 하나님의 처소를 준비하게 하
여 달라고 하더니
47 솔로몬이 그를 위하여 집을 지었느니라
48 그러나 지극히 높으신 이는 손으로 지은 곳
에 계시지 아니하시나니 선지자가 말한 바
49 ㄱ주께서 이르시되 하늘은 나의 보좌요 땅
은 나의 발등상이니 너희가 나를 위하여
무슨 집을 짓겠으며 나의 안식할 처소가
어디냐
50 이 모든 것이 다 내 손으로 지은 것이 아
니냐
함과 같으니라
51 목이 곧고 마음과 귀에 할례를 받지 못한
사람들아 너희도 너희 조상과 같이 항상 성
령을 거스르는도다
52 너희 조상들이 선지자들 중의 누구를 박해
하지 아니하였느냐 의인이 오시리라 예고
한 자들을 그들이 죽였고 이제 너희는 그
의인을 잡아 준 자요 살인한 자가 되나니
53 너희는 천사가 전한 율법을 받고도 지키지
아니하였도다 하니라

스데반이 순교하다

54 ●그들이 이 말을 듣고 마음에 찔려 그를
향하여 이를 갈거늘
55 스데반이 성령 충만하여 하늘을 우러러 주
목하여 하나님의 영광과 및 예수께서 하나
님 우편에 서신 것을 보고 6:5
56 말하되 보라 하늘이 열리고 인자가 하나님
우편에 서신 것을 보노라 한대
57 그들이 큰 소리를 지르며 귀를 막고 일제히
그에게 달려들어
58 성 밖으로 내치고 돌로 칠새 증인들이 옷을
벗어 사울이라 하는 청년의 발 앞에 두니라
59 그들이 돌로 스데반을 치니 스데반이 부르
짖어 이르되 주 예수여 내 영혼을 받으시옵
소서 하고
60 무릎을 꿇고 크게 불러 이르되 주여 이 죄
를 그들에게 돌리지 마옵소서 이 말을 하고
자니라

8 사울은 그가 죽임당함을 마땅히 여기더
라

사울이 교회를 박해하다

●그날에 예루살렘에 있는 교회에 큰 박해
가 있어 사도 외에는 다 유대와 사마리아

the land from the nations God drove out
before them. It remained in the land until
46 the time of David, •who enjoyed God's favor
and asked that he might provide a dwelling
47 place for the God of Jacob.[a] •But it was Solo-
mon who built a house for him.
48 •"However, the Most High does not live
in houses made by human hands. As the
prophet says:

49 • " 'Heaven is my throne,
and the earth is my footstool.
What kind of house will you build for me?
says the Lord.
Or where will my resting place be?
50 • Has not my hand made all these things?'[b]

51 •"You stiff-necked people! Your hearts and
ears are still uncircumcised. You are just like
your ancestors: You always resist the Holy
52 Spirit! •Was there ever a prophet your ances-
tors did not persecute? They even killed those
who predicted the coming of the Righteous
One. And now you have betrayed and mur-
53 dered him— •you who have received the
law that was given through angels but have
not obeyed it."

The Stoning of Stephen

54 •When the members of the Sanhedrin
heard this, they were furious and gnashed
55 their teeth at him. •But Stephen, full of the
Holy Spirit, looked up to heaven and saw the
glory of God, and Jesus standing at the right
56 hand of God. •"Look," he said, "I see heaven
open and the Son of Man standing at the
right hand of God."
57 •At this they covered their ears and, yelling
at the top of their voices, they all rushed at
58 him, •dragged him out of the city and began
to stone him. Meanwhile, the witnesses laid
their coats at the feet of a young man named
Saul.
59 •While they were stoning him, Stephen
60 prayed, "Lord Jesus, receive my spirit." •Then
he fell on his knees and cried out, "Lord, do
not hold this sin against them." When he had
said this, he fell asleep.

8 And Saul approved of their killing him.

The Church Persecuted and Scattered

On that day a great persecution broke out
against the church in Jerusalem, and all

[a]46 Some early manuscripts *the house of Jacob* [b]50 Isaiah 66:1,2

1) 다른 사본에, 하나님을 위하여 처소를 ㄱ. 사 66:1 이하

approve [əprúːv] *vi.* 찬성하다
betray [bitréi] *vt.* 배반하다
dwelling [dwéliŋ] *n.* 거주
footstool [fútstùːl] *n.* 발등상, 발판
furious [fjúəriəs] *a.* 격노한
gnash [næʃ] *vt.* 이를 갈다
persecute [pə́ːrsikjùːt] *vt.* 박해하다
predict [pridíkt] *vt.* 예언하다
prophet [práfit] *n.* 선지자
resist [rizíst] *vt.* 저항하다
stiff-necked [stífnékt] *a.* 목이 곧은
stone [stoun] *vt.* 돌을 던지다
throne [θroun] *n.* 왕좌
uncircumcised [ʌ̀nsə́ːrkəmsaizd] *a.* 할례받지 않은
yell [jel] *vi.* 큰 소리를 지르다

7:45 **drive out**: 쫓아내다, 몰아내다
7:57 **rush at...**: …에 돌진하다
7:60 **fall on one's knees**: 무릎 꿇다
7:60 **hold...against~**: …때문에 ~를 원망하다, 나쁘게 생각하다
8:1 **break out**: 발생하다

모든 땅으로 흩어지니라
2 경건한 사람들이 스데반을 장사하고 위하
여 크게 울더라
3 사울이 교회를 잔멸할새 각 집에 들어가 남
녀를 끌어다가 옥에 넘기니라

사마리아에 복음을 전하다 — A.D. 34년경

4 ●그 흩어진 사람들이 두루 다니며 복음의
말씀을 전할새
5 빌립이 사마리아 성에 내려가 그리스도를
백성에게 전파하니
6 무리가 빌립의 말도 듣고 행하는 [1]표적도
보고 한마음으로 그가 하는 말을 따르더라
7 많은 사람에게 붙었던 더러운 귀신들이 크
게 소리를 지르며 나가고 또 많은 중풍병자
와 못 걷는 사람이 나으니
8 그 성에 큰 기쁨이 있더라
9 ●그 성에 시몬이라 하는 사람이 전부터 있
어 마술을 행하여 사마리아 백성을 놀라게
하며 자칭 큰 자라 하니
10 낮은 사람부터 높은 사람까지 다 따르며 이
르되 이 사람은 크다 일컫는 하나님의 능력
이라 하더라
11 오랫동안 그 마술에 놀랐으므로 그들이 따
르더니
12 빌립이 하나님 나라와 및 예수 그리스도의
이름에 관하여 전도함을 그들이 믿고 남녀
가 다 [2]세례를 받으니 2:38
13 시몬도 믿고 [2]세례를 받은 후에 전심으로
빌립을 따라다니며 그 나타나는 [1]표적과 큰
능력을 보고 놀라니라
14 ●예루살렘에 있는 사도들이 사마리아도
하나님의 말씀을 받았다 함을 듣고 베드로
와 요한을 보내매
15 그들이 내려가서 그들을 위하여 성령 받기
를 기도하니 2:38
16 이는 아직 한 사람에게도 성령 내리신 일이
없고 오직 주 예수의 이름으로 [2]세례만 받
을 뿐이더라
17 이에 두 사도가 그들에게 안수하매 성령을
받는지라 6:6
18 시몬이 사도들의 안수로 성령 받는 것을 보
고 돈을 드려
19 이르되 이 권능을 내게도 주어 누구든지 내
가 안수하는 사람은 성령을 받게 하여 주소
서 하니
20 베드로가 이르되 네가 하나님의 선물을 돈
주고 살 줄로 생각하였으니 네 은과 네가

except the apostles were scattered throughout
2 Judea and Samaria. •Godly men buried
3 Stephen and mourned deeply for him. •But
Saul began to destroy the church. Going
from house to house, he dragged off both
men and women and put them in prison.

Philip in Samaria

4 •Those who had been scattered preached
5 the word wherever they went. •Philip went
down to a city in Samaria and proclaimed
6 the Messiah there. •When the crowds heard
Philip and saw the signs he performed, they
7 all paid close attention to what he said. •For
with shrieks, impure spirits came out of
many, and many who were paralyzed or
8 lame were healed. •So there was great joy in
that city.

Simon the Sorcerer

9 •Now for some time a man named Simon
had practiced sorcery in the city and amazed
all the people of Samaria. He boasted that he
10 was someone great, •and all the people, both
high and low, gave him their attention and
exclaimed, "This man is rightly called the
11 Great Power of God." •They followed him
because he had amazed them for a long time
12 with his sorcery. •But when they believed
Philip as he proclaimed the good news of
the kingdom of God and the name of Jesus
Christ, they were baptized, both men and
13 women. •Simon himself believed and was
baptized. And he followed Philip everywhere,
astonished by the great signs and miracles he
saw.
14 •When the apostles in Jerusalem heard
that Samaria had accepted the word of God,
15 they sent Peter and John to Samaria. •When
they arrived, they prayed for the new believ-
ers there that they might receive the Holy
16 Spirit, •because the Holy Spirit had not yet
come on any of them; they had simply been
baptized in the name of the Lord Jesus.
17 •Then Peter and John placed their hands
on them, and they received the Holy Spirit.
18 •When Simon saw that the Spirit was
given at the laying on of the apostles' hands,
19 he offered them money •and said, "Give me
also this ability so that everyone on whom I
lay my hands may receive the Holy Spirit."
20 •Peter answered: "May your money perish
with you, because you thought you could

1) 또는 이적 2) 헬, 또는 침례

apostle [əpásl] *n.* 사도
astonish [əstániʃ] *vt.* 놀라게 하다
baptize [bæptáiz] *vt.* 세례를 베풀다
boast [boust] *vt.* 자랑하다
bury [béri] *vt.* 매장하다
lame [leim] *a.* 절름발이의
mourn [mɔːrn] *vi.* 슬퍼하다
paralyzed [pǽrəlàizd] *a.* 마비된
perish [périʃ] *vi.* 죽다
practice [prǽktis] *n.* 관습
preach [priːtʃ] *vt.* 설교하다
proclaim [proukléim] *vt.* 선언하다
scatter [skǽtər] *vt.* 흩어지다
shriek [ʃriːk] *n.* 비명
sorcery [sɔ́ːrsəri] *n.* 마법, 마술

8:3 **from house to house:** 집집이
8:3 **drag off:** 억지로 데리고 가다
8:3 **put...in prison:** …를 옥에 가두다
8:6 **pay close attention to...:** …에 세심한 주의를 기울이다
8:17 **place one's hands on:** 안수하다

함께 망할지어다
21 하나님 앞에서 네 마음이 바르지 못하니 이
[1]도에는 네가 관계도 없고 분깃 될 것도 없
느니라
22 그러므로 너의 이 악함을 회개하고 주께 기도
하라 혹 마음에 품은 것을 사하여 주시리라
23 내가 보니 너는 [2]악독이 가득하며 불의에
[3]매인 바 되었도다
24 시몬이 대답하여 이르되 나를 위하여 주께
기도하여 말한 것이 하나도 내게 임하지 않
게 하소서 하니라
25 ●두 사도가 주의 말씀을 증언하여 말한 후
예루살렘으로 돌아갈새 사마리아인의 여러
마을에서 복음을 전하니라

빌립과 에디오피아 내시

26 ●주의 사자가 빌립에게 말하여 이르되 일
어나서 남쪽으로 향하여 예루살렘에서 가
사로 내려가는 길까지 가라 하니 그 길은
광야라
27 일어나 가서 보니 에디오피아 사람 곧 에디
오피아 여왕 간다게의 모든 국고를 맡은 관
리인 내시가 예배하러 예루살렘에 왔다가
28 돌아가는데 수레를 타고 선지자 이사야의
글을 읽더라
29 성령이 빌립더러 이르시되 이 수레로 가까
이 나아가라 하시거늘
30 빌립이 달려가서 선지자 이사야의 글 읽는
것을 듣고 말하되 읽는 것을 깨닫느냐
31 대답하되 지도해 주는 사람이 없으니 어찌
깨달을 수 있느냐 하고 빌립을 청하여 수레
에 올라 같이 앉으라 하니라
32 읽는 성경 구절은 이것이니 일렀으되
[ㄱ]그가 도살자에게로 가는 양과 같이 끌려
갔고 털 깎는 자 앞에 있는 어린 양이 조용
함과 같이 그의 입을 열지 아니하였도다
33 그가 굴욕을 당했을 때 공정한 재판도 받
지 못하였으니 누가 그의 세대를 말하리
요 그의 생명이 땅에서 빼앗김이로다
하였거늘
34 그 내시가 빌립에게 말하되 청컨대 내가 묻
노니 선지자가 이 말한 것이 누구를 가리킴
이냐 자기를 가리킴이냐 타인을 가리킴이냐
35 빌립이 입을 열어 이 글에서 시작하여 예수
를 가르쳐 복음을 전하니 마 5:2
36 길 가다가 물 있는 곳에 이르러 그 내시가
말하되 보라 물이 있으니 내가 [4]세례를 받
음에 무슨 거리낌이 있느냐

21 buy the gift of God with money! ●You have
no part or share in this ministry, because your
22 heart is not right before God. ●Repent of this
wickedness and pray to the Lord in the hope
that he may forgive you for having such a
23 thought in your heart. ●For I see that you are
full of bitterness and captive to sin."
24 ●Then Simon answered, "Pray to the Lord
for me so that nothing you have said may
happen to me."
25 ●After they had further proclaimed the
word of the Lord and testified about Jesus,
Peter and John returned to Jerusalem, preach-
ing the gospel in many Samaritan villages.

Philip and the Ethiopian

26 ●Now an angel of the Lord said to Philip,
"Go south to the road — the desert road — that
27 goes down from Jerusalem to Gaza." ●So he
started out, and on his way he met an Ethiopi-
an[a] eunuch, an important official in charge of
all the treasury of the Kandake (which means
"queen of the Ethiopians"). This man had
28 gone to Jerusalem to worship, ●and on his
way home was sitting in his chariot reading
29 the Book of Isaiah the prophet. ●The Spirit
told Philip, "Go to that chariot and stay near
it."
30 ●Then Philip ran up to the chariot and
heard the man reading Isaiah the prophet.
"Do you understand what you are reading?"
Philip asked.
31 ●"How can I," he said, "unless someone ex-
plains it to me?" So he invited Philip to come
up and sit with him.
32 ●This is the passage of Scripture the eunuch
was reading:

"He was led like a sheep to the slaughter,
and as a lamb before its shearer is silent,
so he did not open his mouth.
33 ●In his humiliation he was deprived of justice.
Who can speak of his descendants?
For his life was taken from the earth."[b]

34 ●The eunuch asked Philip, "Tell me, please,
who is the prophet talking about, himself or
35 someone else?" ●Then Philip began with that
very passage of Scripture and told him the
good news about Jesus.
36 ●As they traveled along the road, they
came to some water and the eunuch said,

[a]27 That is, from the southern Nile region [b]33 Isaiah 53:7,8 (see Septuagint) 1) 또는 일에는 2) 헬, 쓴 담즙이 3) 또는 매는 자가 되었도다 4) 헬, 또는 침례 ㄱ. 사 53:7 이하

bitterness [bítərnis] *n.* 쓴맛, 괴로움
captive [kǽptiv] *a.* 포로의
chariot [tʃǽriət] *n.* 병거
eunuch [jú:nək] *n.* 환관
humiliation [hju:mìliéiʃən] *n.* 굴욕
ministry [mínəstri] *n.* 직무, 사역
passage [pǽsidʒ] *n.* 구절
proclaim [proukléim] *vt.* 선언하다
repent [ripént] *vi.* 회개하다
Scripture [skríptʃər] *n.* 성경
shearer [ʃíərər] *n.* 양털 깎는 사람
slaughter [slɔ́:tər] *n.* 도살
testify [téstəfài] *vt.* 증명하다
treasury [tréʒəri] *n.* 국고, 금고
wickedness [wíkidnis] *n.* 사악

8:27 start out: 여행을 떠나다, 시작하다
8:27 on one's way: 도중에
8:27 in charge of...: …를 맡고 있는
8:30 run up to...: …로 뛰어가다
8:31 come up: 올라가다
8:33 be deprived of...: …을 빼앗기다

37 [1)](없음)
38 이에 명하여 수레를 멈추고 빌립과 내시가
둘 다 물에 내려가 빌립이 [2)]세례를 베풀고
39 둘이 물에서 올라올새 주의 영이 빌립을
[3)]이끌어간지라 내시는 기뻐게 길을 가므로
그를 다시 보지 못하니라
40 빌립은 아소도에 나타나 여러 성을 지나다
니며 복음을 전하고 가이사랴에 이르니라

사울이 회개하다

(행 22:6-16; 26:12-18 ♪ 286장)

9 사울이 주의 제자들에 대하여 여전히 위협
과 살기가 등등하여 대제사장에게 가서
2 다메섹 여러 회당에 가져갈 공문을 청하니
이는 만일 그 도를 따르는 사람을 만나면 남
녀를 막론하고 결박하여 예루살렘으로 잡
아오려 함이라
3 사울이 길을 가다가 다메섹에 가까이 이르
더니 홀연히 하늘로부터 빛이 그를 둘러 비
추는지라
4 땅에 엎드러져 들으매 소리가 있어 이르시
되 사울아 사울아 네가 어찌하여 나를 박해
하느냐 하시거늘 26:14
5 대답하되 주여 누구시니이까 이르시되 나
는 네가 박해하는 예수라
6 너는 일어나 시내로 들어가라 네가 행할 것
을 네게 이를 자가 있느니라 하시니
7 같이 가던 사람들은 소리만 듣고 아무도 보
지 못하여 말을 못하고 서 있더라
8 사울이 땅에서 일어나 눈은 떴으나 아무것
도 보지 못하고 사람의 손에 끌려 다메섹으
로 들어가서
9 사흘 동안 보지 못하고 먹지도 마시지도 아
니하니라
10 ●그때에 다메섹에 아나니아라 하는 제자
가 있더니 주께서 환상 중에 불러 이르시되
아나니아야 하시거늘 대답하되 주여 내가
여기 있나이다 하니
11 주께서 이르시되 일어나 직가라 하는 거리로
가서 유다의 집에서 다소 사람 사울이라 하
는 사람을 찾으라 그가 기도하는 중이니라
12 그가 아나니아라 하는 사람이 들어와서 자
기에게 안수하여 다시 보게 하는 것을 [4)]보
았느니라 하시거늘
13 아나니아가 대답하되 주여 이 사람에 대하
여 내가 여러 사람에게 듣사온즉 그가 예루
살렘에서 주의 성도에게 적지 않은 해를 끼
쳤다 하더니

"Look, here is water. What can stand in the
38 way of my being baptized?"[37]a ●And he gave
orders to stop the chariot. Then both Philip
and the eunuch went down into the water
39 and Philip baptized him. ●When they came
up out of the water, the Spirit of the Lord sud-
denly took Philip away, and the eunuch did
not see him again, but went on his way
40 rejoicing. ●Philip, however, appeared at Azo-
tus and traveled about, preaching the gospel
in all the towns until he reached Caesarea.

Saul's Conversion

9 Meanwhile, Saul was still breathing out
murderous threats against the Lord's dis-
2 ciples. He went to the high priest ●and asked
him for letters to the synagogues in Damas-
cus, so that if he found any there who be-
longed to the Way, whether men or women,
he might take them as prisoners to Jerusalem.
3 ●As he neared Damascus on his journey, sud-
denly a light from heaven flashed around
4 him. ●He fell to the ground and heard a voice
say to him, "Saul, Saul, why do you persecute
me?"
5 ●"Who are you, Lord?" Saul asked.
"I am Jesus, whom you are persecuting," he
6 replied. ●"Now get up and go into the city,
and you will be told what you must do."
7 ●The men traveling with Saul stood there
speechless; they heard the sound but did not
8 see anyone. ●Saul got up from the ground,
but when he opened his eyes he could see
nothing. So they led him by the hand into
9 Damascus. ●For three days he was blind, and
did not eat or drink anything.
10 ●In Damascus there was a disciple named
Ananias. The Lord called to him in a vision,
"Ananias!"
"Yes, Lord," he answered.
11 ●The Lord told him, "Go to the house of
Judas on Straight Street and ask for a man
from Tarsus named Saul, for he is praying.
12 ●In a vision he has seen a man named Ana-
nias come and place his hands on him to
restore his sight."
13 ●"Lord," Ananias answered, "I have heard
many reports about this man and all the

[a]37 Some manuscripts include here *Philip said, "If you believe with all your heart, you may." The eunuch answered, "I believe that Jesus Christ is the Son of God."*

1) 어떤 사본에, 37 '빌립이 이르되 네가 마음을 온전히 하여 믿으면 가하니라 대답하여 이르되 내가 예수 그리스도께서 하나님의 아들인 줄 믿노라' 가 있음 2) 헬, 또는 침례 3) 헬, 빼앗아간지라 4) 어떤 사본에, 환상 중에 보았느니라

baptize [bæptáiz] *vt.* 세례를 베풀다
blind [blaind] *a.* 눈먼
disciple [disáipl] *n.* 제자
flash [flæʃ] *vi.* 번쩍 빛나다
murderous [mə́:rdərəs] *a.* 살인의
persecute [pə́:sikjù:t] *vt.* 박해하다
priest [pri:st] *n.* 사제
prisoner [prízənər] *n.* 죄수
rejoicing [ridʒɔ́isiŋ] *n.* 기쁨, 환희
restore [ristɔ́:r] *vt.* 회복시키다
speechless [spí:tʃlis] *a.* 말문이 막힌
suddenly [sʌ́dnli] *ad.* 갑자기
synagogue [sínəgàg] *n.* 회당
threat [θret] *n.* 위협
vision [víʒən] *n.* 환상

8:38 **give order:** 분부를 주다
8:38 **both A and B**: A, B 둘 다
8:39 **take... away**: …을 가져가다
9:1 **breathe out**: 내뿜다
9:2 **belong to...**: …에 속하다
9:8 **lead by the hand**: 손을 잡아 이끌다

14 여기서도 주의 이름을 부르는 모든 사람을 결
박할 권한을 대제사장들에게서 받았나이다
하거늘
15 주께서 이르시되 가라 이 사람은 내 이름을
이방인과 임금들과 이스라엘 자손들에게 전
하기 위하여 택한 나의 그릇이라
16 그가 내 이름을 위하여 얼마나 고난을 받아
야 할 것을 내가 그에게 보이리라 하시니
17 아나니아가 떠나 그 집에 들어가서 그에게
안수하여 이르되 형제 사울아 주 곧 네가 오
는 길에서 나타나셨던 예수께서 나를 보내어
너로 다시 보게 하시고 성령으로 충만하게
하신다 하니
18 즉시 사울의 눈에서 비늘 같은 것이 벗어져
다시 보게 된지라 일어나 [1]세례를 받고
19 음식을 먹으매 강건하여지니라

사울이 다메섹에서 전도하다 — A.D. 35년경

● 사울이 다메섹에 있는 제자들과 함께 며칠
있을새
20 즉시로 각 회당에서 예수가 하나님의 아들이
심을 전파하니
21 듣는 사람이 다 놀라 말하되 이 사람이 예루살
렘에서 이 이름을 부르는 사람을 멸하려던 자
가 아니냐 여기 온 것도 그들을 결박하여 대제
사장들에게 끌어가고자 함이 아니냐 하더라
22 사울은 힘을 더 얻어 예수를 그리스도라 증
언하여 다메섹에 사는 유대인들을 당혹하게
하니라

사울이 피신하다

23 ● 여러 날이 지나매 유대인들이 사울 죽이기
를 공모하더니
24 그 계교가 사울에게 알려지니라 그들이 그를
죽이려고 밤낮으로 성문까지 지키거늘
25 그의 제자들이 밤에 사울을 광주리에 담아
성벽에서 달아 내리니라

사울이 예루살렘에 가다

26 ● 사울이 예루살렘에 가서 제자들을 사귀고
자 하나 다 두려워하여 그가 제자 됨을 믿지
아니하니
27 바나바가 데리고 사도들에게 가서 그가 길에
서 어떻게 주를 보았는지와 주께서 그에게 말
씀하신 일과 다메섹에서 그가 어떻게 예수의
이름으로 담대히 말하였는지를 전하니라 4:36
28 사울이 제자들과 함께 있어 예루살렘에 출
입하며
29 또 주 예수의 이름으로 담대히 말하고 헬라
파 유대인들과 함께 말하며 변론하니 그 사

harm he has done to your holy people in
14 Jerusalem. ● And he has come here with
authority from the chief priests to arrest all
who call on your name."
15 ● But the Lord said to Ananias, "Go! This
man is my chosen instrument to proclaim
my name to the Gentiles and their kings
16 and to the people of Israel. ●I will show him
how much he must suffer for my name."
17 ● Then Ananias went to the house and
entered it. Placing his hands on Saul, he
said, "Brother Saul, the Lord—Jesus, who
appeared to you on the road as you were
coming here—has sent me so that you may
see again and be filled with the Holy Spir-
18 it." ● Immediately, something like scales
fell from Saul's eyes, and he could see again.
19 He got up and was baptized, ● and after tak-
ing some food, he regained his strength.

Saul in Damascus and Jerusalem

Saul spent several days with the disciples in
20 Damascus. ● At once he began to preach in
the synagogues that Jesus is the Son of God.
21 ● All those who heard him were astonished
and asked, "Isn't he the man who raised
havoc in Jerusalem among those who call on
this name? And hasn't he come here to take
22 them as prisoners to the chief priests?" ● Yet
Saul grew more and more powerful and baf-
fled the Jews living in Damascus by proving
that Jesus is the Messiah.
23 ● After many days had gone by, there was
a conspiracy among the Jews to kill him,
24 ● but Saul learned of their plan. Day and
night they kept close watch on the city
25 gates in order to kill him. ● But his followers
took him by night and lowered him in a
basket through an opening in the wall.
26 ● When he came to Jerusalem, he tried to
join the disciples, but they were all afraid of
him, not believing that he really was a disci-
27 ple. ● But Barnabas took him and brought
him to the apostles. He told them how Saul
on his journey had seen the Lord and that the
Lord had spoken to him, and how in Dam-
ascus he had preached fearlessly in the name
28 of Jesus. ● So Saul stayed with them and
moved about freely in Jerusalem, speaking
29 boldly in the name of the Lord. ● He talked
and debated with the Hellenistic Jews,[a] but

[a]29 That is, Jews who had adopted the Greek language and culture

1) 헬, 또는 침례

apostle [əpásl] *n.* 사도
arrest [ərést] *vt.* 체포하다
astonish [əstániʃ] *vt.* 놀라게 하다
authority [əθɔ́:rəti] *n.* 권한, 권위
baffle [bǽfl] *vt.* 방해하다
baptize [bæptáiz] *vt.* 세례를 베풀다
boldly [bóuldli] *ad.* 대담하게
conspiracy [kənspírəsi] *n.* 음모
debate [dibéit] *vi.* 논쟁하다
gentile [dʒéntail] *n.* 이방인
instrument [ínstrəmənt] *n.* 기구, 도구
preach [pri:tʃ] *vi.* 설교하다
prove [pru:v] *vt.* 증명하다
scale [skéil] *n.* 비늘
synagogue [sínəgɑ̀g] *n.* 회당

9:17 place one's hands on: 안수하다
9:20 at once: 즉시
9:21 call on...: …에게 청하다
9:24 keep a close watch on: 엄중히 지키다
9:24 in order to...: …하기 위하여

람들이 죽이려고 힘쓰거늘
30 형제들이 알고 가이사랴로 데리고 내려가
서 다소로 보내니라
31 ● 그리하여 온 유대와 갈릴리와 사마리아
교회가 평안하여 든든히 서 가고 주를 경외
함과 성령의 1) 위로로 진행하여 수가 더 많
아지니라

베드로가 중풍병자를 고치다

32 ● 그때에 베드로가 사방으로 두루 다니다
가 룻다에 사는 성도들에게도 내려갔더니
33 거기서 애니아라 하는 사람을 만나매 그는
중풍병으로 침상 위에 누운 지 여덟 해라
34 베드로가 이르되 애니아야 예수 그리스도
께서 너를 낫게 하시니 일어나 네 자리를
정돈하라 한대 곧 일어나니
35 룻다와 사론에 사는 사람들이 다 그를 보고
주께로 돌아오니라

베드로가 도르가를 살리다

36 ● 욥바에 다비다라 하는 여제자가 있으니
그 이름을 번역하면 도르가라 선행과 구제
하는 일이 심히 많더니 딛 3:8
37 그때에 병들어 죽으매 시체를 씻어 다락에
누이니라
38 룻다가 욥바에서 가까운지라 제자들이 베
드로가 거기 있음을 듣고 두 사람을 보내어
지체 말고 와 달라고 간청하여
39 베드로가 일어나 그들과 함께 가서 이르
매 그들이 데리고 다락방에 올라가니 모
든 과부가 베드로 곁에 서서 울며 도르가
가 그들과 함께 있을 때에 지은 속옷과 겉
옷을 다 내보이거늘
40 베드로가 사람을 다 내보내고 무릎을 꿇고
기도하고 돌이켜 시체를 향하여 이르되 다
비다야 일어나라 하니 그가 눈을 떠 베드로
를 보고 일어나 앉는지라
41 베드로가 손을 내밀어 일으키고 성도들과 과
부들을 불러들여 그가 살아난 것을 보이니
42 온 욥바 사람이 알고 많은 사람이 주를 믿
더라
43 베드로가 욥바에 여러 날 있어 시몬이라 하
는 무두장이의 집에서 머무니라

고넬료가 베드로를 청하다 (♪ 87, 134장)

— A.D. 36년경

10 가이사랴에 고넬료라 하는 사람이 있
으니 이달리야 부대라 하는 군대의 백
부장이라
2 그가 경건하여 온 집안과 더불어 하나님을

30 they tried to kill him. ● When the believers
learned of this, they took him down to Cae-
sarea and sent him off to Tarsus.
31 ● Then the church throughout Judea,
Galilee and Samaria enjoyed a time of peace
and was strengthened. Living in the fear of
the Lord and encouraged by the Holy Spirit,
it increased in numbers.

Aeneas and Dorcas

32 ● As Peter traveled about the country, he
went to visit the Lord's people who lived
33 in Lydda. ● There he found a man named
Aeneas, who was paralyzed and had been
34 bedridden for eight years. ● "Aeneas," Peter
said to him, "Jesus Christ heals you. Get up
and roll up your mat." Immediately Aeneas
35 got up. ● All those who lived in Lydda and
Sharon saw him and turned to the Lord.
36 ● In Joppa there was a disciple named
Tabitha (in Greek her name is Dorcas); she
was always doing good and helping the poor.
37 ● About that time she became sick and died,
and her body was washed and placed in an
38 upstairs room. ● Lydda was near Joppa; so
when the disciples heard that Peter was in
Lydda, they sent two men to him and urged
him, "Please come at once!"
39 ● Peter went with them, and when he
arrived he was taken upstairs to the room. All
the widows stood around him, crying and
showing him the robes and other clothing
that Dorcas had made while she was still
with them.
40 ● Peter sent them all out of the room; then
he got down on his knees and prayed. Turn-
ing toward the dead woman, he said, "Tab-
itha, get up." She opened her eyes, and seeing
41 Peter she sat up. ● He took her by the hand
and helped her to her feet. Then he called
for the believers, especially the widows, and
42 presented her to them alive. ● This became
known all over Joppa, and many people
43 believed in the Lord. ● Peter stayed in Joppa
for some time with a tanner named Simon.

Cornelius Calls for Peter

10 At Caesarea there was a man named
Cornelius, a centurion in what was
2 known as the Italian Regiment. ● He and all
his family were devout and God-fearing; he

1) 또는 후원으로

bedridden [bédrìdn] *a.* 누워만 있는
centurion [sentjúəriən] *n.* 백부장
devout [diváut] *a.* 믿음이 깊은
disciple [disáipl] *n.* 제자
encourage [inkə́:ridʒ] *vt.* 용기를 북돋우다
fear [fiər] *n.* 경외, 두려움
immediately [imí:diətli] *ad.* 곧
paralyzed [pǽrəlàizd] *a.* 마비된
present [prizént] *vt.* 보이다
robe [roub] *n.* 옷, 의복
strengthen [stréŋkθən] *vt.* 강하게 하다
tanner [tǽnər] *n.* 가죽을 무두질하는 사람
upstairs [ʌ̀pstέərz] *a.* 위층의
urge [ə:rdʒ] *vt.* 강권하다
widow [wídou] *n.* 과부

9:30 **send off**: 전송하다, 보내다
9:34 **roll up**: (자리를) 걷다
9:41 **take one's by the hand**: …의 손을 잡다
9:41 **to one's feet**: 일어선 상태로
10:1 **be known as...**: …로 알려져 있다

경외하며 백성을 많이 구제하고 하나님께
항상 기도하더니 10:22, 35
3 하루는 제구 시쯤 되어 환상 중에 밝히 보
매 하나님의 사자가 들어와 이르되 고넬료
야 하니
4 고넬료가 주목하여 보고 두려워 이르되 주
여 무슨 일이니이까 천사가 이르되 네 기도
와 구제가 하나님 앞에 상달되어 기억하신
바가 되었으니
5 네가 지금 사람들을 욥바에 보내어 베드로
라 하는 시몬을 청하라
6 그는 무두장이 시몬의 집에 유숙하니 그 집
은 해변에 있다 하더라
7 마침 말하던 천사가 떠나매 고넬료가 집안
하인 둘과 부하 가운데 경건한 사람 하나를
불러
8 이 일을 다 이르고 욥바로 보내니라
9 ●이튿날 그들이 길을 가다가 그 성에 가까
이 갔을 그때에 베드로가 기도하려고 지붕
에 올라가니 그 시각은 제육 시더라
10 그가 시장하여 먹고자 하매 사람들이 준비
할 때에 황홀한 중에
11 하늘이 열리며 한 그릇이 내려오는 것을
보니 큰 보자기 같고 네 귀를 매어 땅에
드리웠더라
12 그 안에는 땅에 있는 각종 네 발 가진 짐승
과 기는 것과 공중에 나는 것들이 있더라
13 또 소리가 있으되 베드로야 일어나 잡아먹
어라 하거늘
14 베드로가 이르되 주여 그럴 수 없나이다 속
되고 깨끗하지 아니한 것을 내가 결코 먹지
아니하였나이다 한대
15 또 두 번째 소리가 있으되 하나님께서 깨끗하
게 하신 것을 네가 속되다 하지 말라 하더라
16 이런 일이 세 번 있은 후 그 그릇이 곧 하늘
로 올려져 가니라
17 ●베드로가 본 바 환상이 무슨 뜻인지 속으
로 의아해 하더니 마침 고넬료가 보낸 사람
들이 시몬의 집을 찾아 문밖에 서서
18 불러 묻되 베드로라 하는 시몬이 여기 유숙
하느냐 하거늘
19 베드로가 그 환상에 대하여 생각할 때에
성령께서 그에게 말씀하시되 1)두 사람이
너를 찾으니
20 일어나 내려가 의심하지 말고 함께 가라 내
가 그들을 보내었느니라 하시니
21 베드로가 내려가 그 사람들을 보고 이르되

gave generously to those in need and prayed
3 to God regularly. •One day at about three in
the afternoon he had a vision. He distinctly
saw an angel of God, who came to him and
said, "Cornelius!"
4 •Cornelius stared at him in fear. "What is
it, Lord?" he asked.
The angel answered, "Your prayers and
gifts to the poor have come up as a memorial
5 offering before God. •Now send men to
Joppa to bring back a man named Simon
6 who is called Peter. •He is staying with Si-
mon the tanner, whose house is by the sea."
7 •When the angel who spoke to him had
gone, Cornelius called two of his servants and
a devout soldier who was one of his atten-
8 dants. •He told them everything that had
happened and sent them to Joppa.

Peter's Vision

9 •About noon the following day as they
were on their journey and approaching the
10 city, Peter went up on the roof to pray. •He
became hungry and wanted something to
eat, and while the meal was being prepared,
11 he fell into a trance. •He saw heaven opened
and something like a large sheet being let
12 down to earth by its four corners. •It con-
tained all kinds of four-footed animals, as
13 well as reptiles and birds. •Then a voice told
him, "Get up, Peter. Kill and eat."
14 •"Surely not, Lord!" Peter replied. "I have
never eaten anything impure or unclean."
15 •The voice spoke to him a second time,
"Do not call anything impure that God has
made clean."
16 •This happened three times, and imme-
diately the sheet was taken back to heaven.
17 •While Peter was wondering about the
meaning of the vision, the men sent by Cor-
nelius found out where Simon's house was
18 and stopped at the gate. •They called out,
asking if Simon who was known as Peter was
staying there.
19 •While Peter was still thinking about the
vision, the Spirit said to him, "Simon, three[a]
20 men are looking for you. •So get up and go
downstairs. Do not hesitate to go with them,
for I have sent them."
21 •Peter went down and said to the men,
"I'm the one you're looking for. Why have

[a] 19 One early manuscript *two*; other manuscripts do not have the number.
1) 어떤 사본에, 세 사람이

approach [əpróutʃ] *vt.* 가까이 가다
attendant [əténdənt] *n.* 시종
contain [kəntéin] *vt.* 담고 있다
devout [diváut] *a.* 믿음이 깊은
distinctly [distíŋktli] *ad.* 뚜렷하게
downstairs [daunstɛ́ərz] *ad.* 아래층으로
generously [dʒénərəsli] *ad.* 관대하게
hesitate [hézətèit] *vi.* 주저하다
impure [impjúər] *a.* 더러운
memorial [məmɔ́:riəl] *a.* 기념의
offering [ɔ́:fəriŋ] *n.* 헌납
regularly [régjulərli] *ad.* 규칙적으로
reptile [réptil] *n.* 파충류 동물
tanner [tǽnər] *n.* 가죽을 무두질하는 사람
vision [víʒən] *n.* 환상

10:4 stare at...: …을 응시하다
10:5 bring back: 데리고 돌아오다
10:10 fall into a trance: 황홀해지다
10:11 let down: (아래로) 내리다
10:17 find out: 발견하다, 알아내다
10:19 look for...: …를 찾다

내가 곧 너희가 찾는 사람인데 너희가 무슨
일로 왔느냐
22 그들이 대답하되 백부장 고넬료는 의인이
요 하나님을 경외하는 사람이라 유대 온 족
속이 칭찬하더니 그가 거룩한 천사의 지시
를 받아 당신을 그 집으로 청하여 말을 들
으려 하느니라 한대
23 베드로가 불러들여 유숙하게 하니라

베드로가 고넬료의 집에서 설교하다

●이튿날 일어나 그들과 함께 갈새 욥바에
서 온 어떤 형제들도 함께 가니라
24 이튿날 가이사랴에 들어가니 고넬료가 그의
친척과 가까운 친구들을 모아 기다리더니
25 마침 베드로가 들어올 때에 고넬료가 맞아
발 앞에 엎드리어 절하니
26 베드로가 일으켜 이르되 일어서라 나도 사
람이라 하고
27 더불어 말하며 들어가 여러 사람이 모인 것
을 보고
28 이르되 유대인으로서 이방인과 교제하며
가까이하는 것이 위법인 줄은 너희도 알거
니와 하나님께서 내게 지시하사 아무도 속
되다 하거나 깨끗하지 않다 하지 말라 하시
기로
29 부름을 사양하지 아니하고 왔노라 묻노니
무슨 일로 나를 불렀느냐
30 고넬료가 이르되 내가 나흘 전 이맘때까지
내 집에서 제구 시 기도를 하는데 갑자기
한 사람이 빛난 옷을 입고 내 앞에 서서
31 말하되 고넬료야 하나님이 네 기도를 들으
시고 네 구제를 기억하셨으니
32 사람을 욥바에 보내어 베드로라 하는 시몬
을 청하라 그가 바닷가 무두장이 시몬의 집
에 유숙하느니라 하시기로
33 내가 곧 당신에게 사람을 보내었는데 오셨
으니 잘하였나이다 이제 우리는 주께서 당
신에게 명하신 모든 것을 듣고자 하여 다 하
나님 앞에 있나이다
34 베드로가 입을 열어 말하되 내가 참으로 하
나님은 사람의 외모를 보지 아니하시고
35 각 나라 중 하나님을 경외하며 의를 행하는
사람은 다 받으시는 줄 깨달았도다
36 만유의 주 되신 예수 그리스도로 말미암아
화평의 복음을 전하사 이스라엘 자손들에
게 보내신 말씀
37 곧 요한이 그 [1]세례를 반포한 후에 갈릴리
에서 시작하여 온 유대에 두루 전파된 그것

you come?"
22 ●The men replied, "We have come from
Cornelius the centurion. He is a righteous
and God-fearing man, who is respected by
all the Jewish people. A holy angel told him
to ask you to come to his house so that he
23 could hear what you have to say." ●Then
Peter invited the men into the house to be
his guests.

Peter at Cornelius's House

The next day Peter started out with them,
and some of the believers from Joppa went
24 along. ●The following day he arrived in Cae-
sarea. Cornelius was expecting them and had
called together his relatives and close friends.
25 ●As Peter entered the house, Cornelius met
26 him and fell at his feet in reverence. ●But
Peter made him get up. "Stand up," he said,
"I am only a man myself."
27 ●While talking with him, Peter went
inside and found a large gathering of people.
28 ●He said to them: "You are well aware that it
is against our law for a Jew to associate with
or visit a Gentile. But God has shown me that
I should not call anyone impure or unclean.
29 ●So when I was sent for, I came without rais-
ing any objection. May I ask why you sent
for me?"
30 ●Cornelius answered: "Three days ago I
was in my house praying at this hour, at three
in the afternoon. Suddenly a man in shining
31 clothes stood before me ●and said, 'Cornelius,
God has heard your prayer and remembered
32 your gifts to the poor. ●Send to Joppa for
Simon who is called Peter. He is a guest in the
home of Simon the tanner, who lives by the
33 sea.' ●So I sent for you immediately, and it
was good of you to come. Now we are all here
in the presence of God to listen to everything
the Lord has commanded you to tell us."
34 ●Then Peter began to speak: "I now realize
how true it is that God does not show favori-
35 tism ●but accepts from every nation the one
36 who fears him and does what is right. ●You
know the message God sent to the people of
Israel, announcing the good news of peace
37 through Jesus Christ, who is Lord of all. ●You
know what has happened throughout the
province of Judea, beginning in Galilee after

1) 헬, 또는 침례

accept [æksépt] *vt.* 받다
aware [əwέər] *a.* 알고 있는
centurion [sentjúəriən] *n.* 백부장
command [kəmǽnd] *vt.* 명령하다
favoritism [féivəritìzm] *n.* 편애
fear [fiər] *vt.* 경외하다, 두려워하다
gathering [gǽðəriŋ] *n.* 모임
Gentile [dʒéntail] *n.* 이방인
immediately [imíːdiətli] *ad.* 즉시, 곧
objection [əbdʒékʃən] *n.* 거부
province [prάvins] *n.* 지방
relative [rélətiv] *n.* 친척
respect [rispékt] *vt.* 존경하다
reverence [révərəns] *n.* 존경
unclean [ʌnklíːn] *a.* 불결한

10:23 start out: 여행을 떠나다
10:23 go along: 동행하다
10:24 call together: 소집하다
10:25 fall at one's feet: 발 밑에 엎드리다
10:28 associate with...: …와 어울리다
10:33 in the presence of...: …의 면전에서

을 너희도 알거니와
38 하나님이 나사렛 예수에게 성령과 능력을 기
름 붓듯 하셨으매 그가 두루 다니시며 선한
일을 행하시고 마귀에게 눌린 모든 사람을
고치셨으니 이는 하나님이 함께하셨음이라
39 우리는 유대인의 땅과 예루살렘에서 그가 행
하신 모든 일에 증인이라 그를 그들이 나무
에 달아 죽였으나
40 하나님이 사흘 만에 다시 살리사 나타내시되
41 모든 백성에게 하신 것이 아니요 오직 미리
택하신 증인 곧 죽은 자 가운데서 부활하신
후 그를 모시고 음식을 먹은 우리에게 하신
것이라
42 우리에게 명하사 백성에게 전도하되 하나님
이 살아 있는 자와 죽은 자의 재판장으로 정
하신 자가 곧 이 사람인 것을 증언하게 하셨
고
43 그에 대하여 모든 선지자도 증언하되 그를
믿는 사람들이 다 그의 이름을 힘입어 죄 사
함을 받는다 하였느니라

이방인들도 성령을 받다

44 ●베드로가 이 말을 할 때에 성령이 말씀 듣
는 모든 사람에게 내려오시니
45 베드로와 함께 온 할례받은 신자들이 이방인
들에게도 [1]성령 부어주심으로 말미암아 놀라
니
46 이는 방언을 말하며 하나님 높임을 들음이러
라
47 이에 베드로가 이르되 이 사람들이 우리와
같이 성령을 받았으니 누가 능히 물로 [2]세례
베풂을 금하리요 하고
48 명하여 예수 그리스도의 이름으로 [2]세례를
베풀라 하니라 그들이 베드로에게 며칠 더
머물기를 청하니라 고전 1:17

베드로가 예루살렘 교회에 보고하다

11 유대에 있는 사도들과 형제들이 이방인
들도 하나님의 말씀을 받았다 함을 들었
더니
2 베드로가 예루살렘에 올라갔을 때에 할례자
들이 비난하여
3 이르되 네가 무할례자의 집에 들어가 함께
먹었다 하니 갈 2:12
4 베드로가 그들에게 이 일을 차례로 설명하여
5 이르되 내가 욥바 시에서 기도할 때에 황홀
한 중에 환상을 보니 큰 보자기 같은 그릇이
네 귀에 매어 하늘로부터 내리어 내 앞에까
지 드리워지거늘

38 the baptism that John preached— •how
God anointed Jesus of Nazareth with the
Holy Spirit and power, and how he went
around doing good and healing all who
were under the power of the devil, because
God was with him.
39 •"We are witnesses of everything he did
in the country of the Jews and in Jerusalem.
They killed him by hanging him on a cross,
40 •but God raised him from the dead on the
41 third day and caused him to be seen. •He
was not seen by all the people, but by wit-
nesses whom God had already chosen—by
us who ate and drank with him after he rose
42 from the dead. •He commanded us to
preach to the people and to testify that he
is the one whom God appointed as judge
43 of the living and the dead. •All the pro-
phets testify about him that everyone who
believes in him receives forgiveness of sins
through his name."
44 •While Peter was still speaking these
words, the Holy Spirit came on all who
45 heard the message. •The circumcised be-
lievers who had come with Peter were
astonished that the gift of the Holy Spirit
had been poured out even on Gentiles.
46 •For they heard them speaking in tongues [a]
and praising God.
47 Then Peter said, •"Surely no one can
stand in the way of their being baptized
with water. They have received the Holy
48 Spirit just as we have." •So he ordered that
they be baptized in the name of Jesus
Christ. Then they asked Peter to stay with
them for a few days.

Peter Explains His Actions

11 The apostles and the believers
throughout Judea heard that the
Gentiles also had received the word of God.
2 •So when Peter went up to Jerusalem, the
3 circumcised believers criticized him •and
said, "You went into the house of uncir-
cumcised men and ate with them."
4 •Starting from the beginning, Peter told
5 them the whole story: •"I was in the city of
Joppa praying, and in a trance I saw a
vision. I saw something like a large sheet
being let down from heaven by its four
corners, and it came down to where I was.

[a] *46 Or other languages*

1) 헬, 성령의 선물 부어 주심으로 2) 헬, 또는 침례

anoint [ənɔ́int] *vt.* 기름을 붓다	**command** [kəmǽnd] *vt.* 명령하다	**prophet** [prɑ́fit] *n.* 선지자
apostle [əpɑ́sl] *n.* 사도	**criticize** [krítəsàiz] *vt.* 비난하다	**testify** [téstəfài] *vi.* 증언하다
appoint [əpɔ́int] *vt.* 정하다	**devil** [dévl] *n.* 악마	**trance** [træns] *n.* 황홀
baptism [bǽptizm] *n.* 세례	**gentile** [dʒéntail] *n.* 이방인	**vision** [víʒən] *n.* 환상
circumcised [sə́ːrkəmsàizd] *a.* 할례 받은	**preach** [priːtʃ] *vt.* 설교하다	**witness** [wítnis] *n.* 증인
10:38 **go around**: 돌아다니다	10:39 **hang on...**: …에 달려있다	10:43 **believe in...**: …를 믿다
10:38 **do good**: 선한 일을 하다	10:40 **cause...to~**: …가 ~하게 하다	10:45 **pour out**: 따르다, 붓다

6 이것을 주목하여 보니 땅에 네 발 가진 것과 들짐승과 기는 것과 공중에 나는 것들이 보이더라
7 또 들으니 소리 있어 내게 이르되 베드로야 일어나 잡아먹으라 하거늘
8 내가 이르되 주님 그럴 수 없나이다 속되거나 깨끗하지 아니한 것은 결코 내 입에 들어간 일이 없나이다 하니
9 또 하늘로부터 두 번째 소리 있어 내게 이르되 하나님이 깨끗하게 하신 것을 네가 속되다고 하지 말라 하더라 10:15
10 이런 일이 세 번 있은 후에 모든 것이 다시 하늘로 끌려 올라가더라
11 마침 세 사람이 내가 유숙한 집 앞에 서 있으니 가이사랴에서 내게로 보낸 사람이라
12 성령이 내게 명하사 아무 의심 말고 함께 가라 하시매 이 여섯 형제도 나와 함께 가서 그 사람의 집에 들어가니 8:29
13 그가 우리에게 말하기를 천사가 내 집에 서서 말하되 네가 사람을 욥바에 보내어 베드로라 하는 시몬을 청하라
14 그가 너와 네 온 집이 구원 받을 말씀을 네게 이르리라 함을 보았다 하거늘
15 내가 말을 시작할 때에 성령이 그들에게 임하시기를 처음 우리에게 하신 것과 같이 하는지라
16 내가 주의 말씀에 요한은 물로 1)세례를 베풀었으나 너희는 성령으로 1)세례를 받으리라 하신 것이 생각났노라
17 그런즉 하나님이 우리가 주 예수 그리스도를 믿을 때에 주신 것과 같은 선물을 그들에게도 주셨으니 내가 누구이기에 하나님을 능히 막겠느냐 하더라
18 그들이 이 말을 듣고 잠잠하여 하나님께 영광을 돌려 이르되 그러면 하나님께서 이방인에게도 생명 얻는 회개를 주셨도다 하니라

안디옥 교회 (♪ 210, 600장)

19 ●그때에 스데반의 일로 일어난 환난으로 말미암아 흩어진 자들이 베니게와 구브로와 안디옥까지 이르러 유대인에게만 말씀을 전하는데 8:1,4
20 그중에 구브로와 구레네 몇 사람이 안디옥에 이르러 2)헬라인에게도 말하여 주 예수를 3)전파하니
21 주의 손이 그들과 함께하시매 수많은 사람들이 믿고 주께 돌아오더라 눅 1:66
22 예루살렘 교회가 이 사람들의 소문을 듣고 바나바를 안디옥까지 보내니

6 •I looked into it and saw four-footed animals of the earth, wild beasts, reptiles and
7 birds. •Then I heard a voice telling me, 'Get up, Peter. Kill and eat.'
8 •"I replied, 'Surely not, Lord! Nothing impure or unclean has ever entered my mouth.'
9 •"The voice spoke from heaven a second time, 'Do not call anything impure that
10 God has made clean.' •This happened three times, and then it was all pulled up to heaven again.
11 •"Right then three men who had been sent to me from Caesarea stopped at the
12 house where I was staying. •The Spirit told me to have no hesitation about going with them. These six brothers also went with me,
13 and we entered the man's house. •He told us how he had seen an angel appear in his house and say, 'Send to Joppa for Simon
14 who is called Peter. •He will bring you a message through which you and all your household will be saved.'
15 •"As I began to speak, the Holy Spirit came on them as he had come on us at the
16 beginning. •Then I remembered what the Lord had said: 'John baptized with[a] water, but you will be baptized with[a] the Holy
17 Spirit.' •So if God gave them the same gift he gave us who believed in the Lord Jesus Christ, who was I to think that I could stand in God's way?"
18 •When they heard this, they had no further objections and praised God, saying, "So then, even to Gentiles God has granted repentance that leads to life."

The Church in Antioch

19 •Now those who had been scattered by the persecution that broke out when Stephen was killed traveled as far as Phoenicia, Cyprus and Antioch, spreading the word
20 only among Jews. •Some of them, however, men from Cyprus and Cyrene, went to Antioch and began to speak to Greeks also, telling them the good news about the Lord
21 Jesus. •The Lord's hand was with them, and a great number of people believed and turned to the Lord.
22 •News of this reached the church in Jerusalem, and they sent Barnabas to Anti-

[a]16 Or *in*

1) 헬, 또는 침례 2) 어떤 사본에, 헬라파 유대인에게도 3) 헬, 복음으로 전하니

appear [əpíər] *vi.* 나타나다
bring [briŋ] *vt.* 가져다주다
church [tʃəːrtʃ] *n.* 교회
further [fəːrðər] *a.* 한층 더한
grant [grænt] *vt.* 허락하다
hesitation [hèzətéiʃən] *n.* 주저, 망설임
household [háushòuld] *n.* 집안
impure [impjúər] *a.* 더러운
objection [əbdʒékʃən] *n.* 거부
persecution [pəːrsikjúːʃən] *n.* 박해
praise [preiz] *vt.* 찬양하다
reach [riːtʃ] *vt.* 도착하다
repentance [ripéntəns] *n.* 회개
reptile [réptil] *n.* 파충류
scatter [skǽtər] *vt.* 흩뿌리다

11:6 look into...: …를 들여다보다
11:10 pull up: 끌어올리다
11:19 break out: 발생하다
11:19 as far as...: …까지
11:19 spread the word: 말을 퍼뜨리다
11:21 turn to...: …로 돌아오다

23 그가 이르러 하나님의 은혜를 보고 기뻐하
여 모든 사람에게 굳건한 마음으로 주와 함
께 머물러 있으라 권하니
24 바나바는 착한 사람이요 성령과 믿음이 충
만한 사람이라 이에 큰 무리가 주께 더하여
지더라
25 바나바가 사울을 찾으러 다소에 가서
26 만나매 안디옥에 데리고 와서 둘이 교회에
일 년간 모여 있어 큰 무리를 가르쳤고 제
자들이 안디옥에서 비로소 그리스도인이라
일컬음을 받게 되었더라
27 ●그때에 선지자들이 예루살렘에서 안디옥
에 이르니 18:22
28 그중에 아가보라 하는 한 사람이 일어나 성
령으로 말하되 천하에 큰 흉년이 들리라 하
더니 글라우디오 때에 그렇게 되니라
29 제자들이 각각 그 힘대로 유대에 사는 형제
들에게 1)부조를 보내기로 작정하고
30 이를 실행하여 바나바와 사울의 손으로 장
로들에게 보내니라

야고보의 순교와 베드로의 투옥 (♪ 433장)

— A.D. 44년경

12 그때에 헤롯 왕이 손을 들어 교회 중에
서 몇 사람을 해하려 하여
2 요한의 형제 야고보를 칼로 죽이니
3 유대인들이 이 일을 기뻐하는 것을 보고 베
드로도 잡으려 할새 때는 무교절 기간이라
4 잡으매 옥에 가두어 군인 넷씩인 네 패에게
맡겨 지키고 유월절 후에 백성 앞에 끌어내
고자 하더라
5 이에 베드로는 옥에 갇혔고 교회는 그를 위
하여 간절히 하나님께 기도하더라
6 헤롯이 잡아내려고 하는 그 전날 밤에 베
드로가 두 군인 틈에서 두 쇠사슬에 매여
누워 자는데 파수꾼들이 문밖에서 옥을
지키더니
7 홀연히 주의 사자가 나타나매 옥중에 광채
가 빛나며 또 베드로의 옆구리를 쳐 깨워
이르되 급히 일어나라 하니 쇠사슬이 그 손
에서 벗어지더라
8 천사가 이르되 띠를 띠고 신을 신으라 하거
늘 베드로가 그대로 하니 천사가 또 이르되
겉옷을 입고 따라오라 한대
9 베드로가 나와서 따라갈새 천사가 하는 것
이 생시인 줄 알지 못하고 환상을 보는가
하니라
10 *이에 첫째와 둘째 파수를 지나 시내로 통*

23 och. ●When he arrived and saw what the
grace of God had done, he was glad and en-
couraged them all to remain true to the Lord
24 with all their hearts. ●He was a good man,
full of the Holy Spirit and faith, and a great
number of people were brought to the Lord.
25 ●Then Barnabas went to Tarsus to look for
26 Saul, ●and when he found him, he brought
him to Antioch. So for a whole year Barnabas
and Saul met with the church and taught
great numbers of people. The disciples were
called Christians first at Antioch.
27 ●During this time some prophets came
28 down from Jerusalem to Antioch. ●One of
them, named Agabus, stood up and through
the Spirit predicted that a severe famine
would spread over the entire Roman world.
(This happened during the reign of Claudius.)
29 ●The disciples, as each one was able, decided
to provide help for the brothers and sisters liv-
30 ing in Judea. ●This they did, sending their
gift to the elders by Barnabas and Saul.

Peter's Miraculous Escape From Prison

12 It was about this time that King Herod
arrested some who belonged to the
2 church, intending to persecute them. ●He
had James, the brother of John, put to death
3 with the sword. ●When he saw that this met
with approval among the Jews, he proceeded
to seize Peter also. This happened during the
4 Festival of Unleavened Bread. ●After arresting
him, he put him in prison, handing him over
to be guarded by four squads of four soldiers
each. Herod intended to bring him out for
public trial after the Passover.
5 ●So Peter was kept in prison, but the church
was earnestly praying to God for him.
6 ●The night before Herod was to bring him
to trial, Peter was sleeping between two sol-
diers, bound with two chains, and sentries
7 stood guard at the entrance. ●Suddenly an
angel of the Lord appeared and a light shone
in the cell. He struck Peter on the side and
woke him up. "Quick, get up!" he said, and
the chains fell off Peter's wrists.
8 ●Then the angel said to him, "Put on your
clothes and sandals." And Peter did so. "Wrap
your cloak around you and follow me," the
9 angel told him. ●Peter followed him out of
the prison, but he had no idea that what the
angel was doing was really happening; he
10 thought he was seeing a vision. ●They passed

1) 헬, 봉사

cell [sel] *n.* (교도소) 독방
cloak [klouk] *n.* 망토, 외투
famine [fǽmin] *n.* 기근
Passover [pǽsòuvər] *n.* 유월절
persecute [pə́ːrsikjùːt] *vt.* 박해하다
predict [pridíkt] *vt.* 예언하다
proceed [prəsíːd] *vi.* 나아가다
reign [rein] *n.* 통치
seize [siːz] *vt.* 붙잡다
sentry [séntri] *n.* 보초
severe [sivíər] *a.* 가혹한
squad [skwad] *n.* (군, 경찰) 분대
trial [tráiəl] *n.* 공판, 재판
unleavened [ʌnlévənd] *a.* 누룩을 넣지 않은
vision [víʒən] *n.* 환상

11:23 with all one's heart: 진심으로
12:2 put...to death: …을 죽이다
12:4 hand... over: …를 넘기다
12:4 intend to...: …할 작정이다
12:7 fall off: 떨어지다
12:8 put on: 입다, 신다

한 쇠문에 이르니 문이 저절로 열리는지
라 나와서 한 거리를 지나매 천사가 곧
떠나더라 16:26
11 이에 베드로가 정신이 들어 이르되 내가
이제야 참으로 주께서 그의 천사를 보내
어 나를 헤롯의 손과 유대 백성의 모든
기대에서 벗어나게 하신 줄 알겠노라 하
여
12 깨닫고 마가라 하는 요한의 어머니 마리
아의 집에 가니 여러 사람이 거기에 모여
기도하고 있더라
13 베드로가 대문을 두드린대 로데라 하는
여자아이가 영접하러 나왔다가
14 베드로의 음성인 줄 알고 기뻐하여 문을
미처 열지 못하고 달려 들어가 말하되 베
드로가 대문 밖에 섰더라 하니
15 그들이 말하되 네가 미쳤다 하나 여자아
이는 힘써 말하되 참말이라 하니 그들이
말하되 그러면 그의 천사라 하더라
16 베드로가 문 두드리기를 그치지 아니하
니 그들이 문을 열어 베드로를 보고 놀라
는지라
17 베드로가 그들에게 손짓하여 조용하게 하
고 주께서 자기를 이끌어 옥에서 나오게
하던 일을 말하고 또 야고보와 형제들에
게 이 말을 전하라 하고 떠나 다른 곳으로
가니라
18 날이 새매 군인들은 베드로가 어떻게 되
었는지 알지 못하여 적지 않게 소동하니
19 헤롯이 그를 찾아도 보지 못하매 파수꾼
들을 심문하고 죽이라 명하니라 헤롯이
유대를 떠나 가이사랴로 내려가서 머무니
라 16:27

헤롯이 죽다

20 ●헤롯이 두로와 시돈 사람들을 대단히
노여워하니 그들의 지방이 왕국에서 나는
양식을 먹는 까닭에 한마음으로 그에게
나아와 왕의 침소 맡은 신하 블라스도를
설득하여 화목하기를 청한지라
21 헤롯이 날을 택하여 왕복을 입고 단상에
앉아 백성에게 연설하니
22 백성들이 크게 부르되 이것은 신의 소리
요 사람의 소리가 아니라 하거늘
23 헤롯이 영광을 하나님께로 돌리지 아니하
므로 주의 사자가 곧 치니 벌레에게 먹혀
죽으니라

the first and second guards and came to the
iron gate leading to the city. It opened for them
by itself, and they went through it. When they
had walked the length of one street, suddenly
the angel left him.
11 •Then Peter came to himself and said, "Now
I know without a doubt that the Lord has sent
his angel and rescued me from Herod's clutch-
es and from everything the Jewish people were
hoping would happen."
12 •When this had dawned on him, he went to
the house of Mary the mother of John, also
called Mark, where many people had gathered
13 and were praying. •Peter knocked at the outer
entrance, and a servant named Rhoda came
14 to answer the door. •When she recognized
Peter's voice, she was so overjoyed she ran back
without opening it and exclaimed, "Peter is at
the door!"
15 •"You're out of your mind," they told her.
When she kept insisting that it was so, they
said, "It must be his angel."
16 •But Peter kept on knocking, and when
they opened the door and saw him, they were
17 astonished. •Peter motioned with his hand for
them to be quiet and described how the Lord
had brought him out of prison. "Tell James and
the other brothers and sisters about this," he
said, and then he left for another place.
18 •In the morning, there was no small com-
motion among the soldiers as to what had be-
19 come of Peter. •After Herod had a thorough
search made for him and did not find him, he
cross-examined the guards and ordered that
they be executed.

Herod's Death

Then Herod went from Judea to Caesarea
20 and stayed there. •He had been quarreling
with the people of Tyre and Sidon; they now
joined together and sought an audience with
him. After securing the support of Blastus, a
trusted personal servant of the king, they asked
for peace, because they depended on the king's
country for their food supply.
21 •On the appointed day Herod, wearing his
royal robes, sat on his throne and delivered a
22 public address to the people. •They shouted,
"This is the voice of a god, not of a man."
23 •Immediately, because Herod did not give
praise to God, an angel of the Lord struck him
down, and he was eaten by worms and died.

address [ədrés] *n.* 연설
appointed [əpɔ́intid] *a.* 정해진
clutch [klʌtʃ] *n.* 손아귀
commotion [kəmóuʃən] *n.* 소동, 소란
cross-examine [krɔ̀:sigzǽmin] *vt.* 심문하다
deliver [dilívər] *vt.* 전하다
describe [diskráib] *vt.* 묘사하다
execute [éksikjù:t] *vt.* 사형을 집행하다
insist [insíst] *vt.* 강력히 주장하다
motion [móuʃən] *vt.* 몸짓으로 신호하다
overjoy [òuvərdʒɔ́i] *vt.* 크게 기뻐하다
quarrel [kwɔ́:rəl] *vi.* 다투다
recognize [rékəgnàiz] *vt.* 알아채다
robe [roub] *n.* 옷, 예복
through [θru:] *prep.* 지나서

12:12 dawn on: 깨닫게 되다
12:15 be out of one's mind: 미치다
12:15 keep -ing: 계속 …하다
12:18 as to...: …에 관하여
12:20 seek an audience with...: …와 의 접견을 요구하다

24 ● 하나님의 말씀은 흥왕하여 더하더라
25 ● 바나바와 사울이 [1)]부조하는 일을 마치고 마가라 하는 요한을 데리고 예루살렘에서 돌아오니라

바나바와 사울을 보내다 — A.D. 45년경

13 안디옥 교회에 선지자들과 교사들이 있으니 곧 바나바와 니게르라 하는 시므온과 구레네 사람 루기오와 분봉 왕 헤롯의 젖동생 마나엔과 및 사울이라
2 주를 섬겨 금식할 때에 성령이 이르시되 내가 불러 시키는 일을 위하여 바나바와 사울을 따로 세우라 하시니
3 이에 금식하며 기도하고 두 사람에게 안수하여 보내니라

바나바와 사울이 구브로에서 전도하다

4 ● 두 사람이 성령의 보내심을 받아 실루기아에 내려가 거기서 배 타고 구브로에 가서
5 살라미에 이르러 하나님의 말씀을 유대인의 여러 회당에서 전할새 요한을 수행원으로 두었더라 9:20
6 온 섬 가운데로 지나서 바보에 이르러 바예수라 하는 유대인 거짓 선지자인 마술사를 만나니
7 그가 총독 서기오 바울과 함께 있으니 서기오 바울은 지혜 있는 사람이라 바나바와 사울을 불러 하나님의 말씀을 듣고자 하더라
8 이 마술사 엘루마는 (이 이름을 번역하면 마술사라) 그들을 대적하여 총독으로 믿지 못하게 힘쓰니
9 바울이라고 하는 사울이 성령이 충만하여 그를 주목하고
10 이르되 모든 거짓과 악행이 가득한 자요 마귀의 자식이요 모든 의의 원수여 주의 바른길을 굽게 하기를 그치지 아니하겠느냐
11 보라 이제 주의 손이 네 위에 있으니 네가 맹인이 되어 얼마 동안 해를 보지 못하리라 하니 즉시 안개와 어둠이 그를 덮어 인도할 사람을 두루 구하는지라
12 이에 총독이 그렇게 된 것을 보고 믿으며 주의 가르치심을 놀랍게 여기니라

바울과 바나바가 비시디아 안디옥에서 전도하다

13 ● 바울과 및 동행하는 사람들이 바보에서 배 타고 밤빌리아에 있는 버가에 이르니 요한은 그들에게서 떠나 예루살렘으로 돌

24 ● But the word of God continued to spread
and flourish.

Barnabas and Saul Sent Off

25 ● When Barnabas and Saul had finished
their mission, they returned from[a] Jerusalem,
taking with them John, also called Mark.

1 **13** ● Now in the church at Antioch there
were prophets and teachers: Barnabas,
Simeon called Niger, Lucius of Cyrene, Manaen
(who had been brought up with Herod the
2 tetrarch) and Saul. ● While they were worship-
ing the Lord and fasting, the Holy Spirit said,
"Set apart for me Barnabas and Saul for the
3 work to which I have called them." ● So after
they had fasted and prayed, they placed their
hands on them and sent them off.

On Cyprus

4 ● The two of them, sent on their way by the
Holy Spirit, went down to Seleucia and sailed
5 from there to Cyprus. ● When they arrived at
Salamis, they proclaimed the word of God in
the Jewish synagogues. John was with them as
their helper.
6 ● They traveled through the whole island
until they came to Paphos. There they met a
Jewish sorcerer and false prophet named Bar-
7 Jesus, ● who was an attendant of the proconsul,
Sergius Paulus. The proconsul, an intelligent
man, sent for Barnabas and Saul because he
8 wanted to hear the word of God. ● But Elymas
the sorcerer (for that is what his name means)
opposed them and tried to turn the proconsul
9 from the faith. ● Then Saul, who was also called
Paul, filled with the Holy Spirit, looked straight
10 at Elymas and said, ● "You are a child of the
devil and an enemy of everything that is right!
You are full of all kinds of deceit and trickery.
Will you never stop perverting the right ways of
11 the Lord? ● Now the hand of the Lord is against
you. You are going to be blind for a time, not
even able to see the light of the sun."
Immediately mist and darkness came over
him, and he groped about, seeking someone to
12 lead him by the hand. ● When the proconsul
saw what had happened, he believed, for he
was amazed at the teaching about the Lord.

In Pisidian Antioch

13 ● From Paphos, Paul and his companions
sailed to Perga in Pamphylia, where John left

[a]25 Some manuscripts *to*
1) 헬, 봉사를

attendant [əténdənt] *n.* 수행원
companion [kəmpǽnjən] *n.* 동료
deceit [disíːt] *n.* 사기
fast [fæst] *vi.* 금식하다
flourish [flə́ːriʃ] *vi.* 번성하다
grope [group] *vi.* 손으로 더듬다
mist [mist] *n.* 안개
pervert [pərvə́ːrt] *vt.* 그르치다
proclaim [proukléim] *vt.* 선언하다
proconsul [proukɑ́nsəl] *n.* 지방 총독
sail [seil] *vi.* 항해하다
sorcerer [sɔ́ːrsərər] *n.* 마술사
synagogue [sínəgɑ̀g] *n.* 회당
tetrarch [tíːtraːrk] *n.* 영주
trickery [tríkəri] *n.* 속임수

13:2 set apart for...: …을 위해 따로 뭉을 두다
13:3 place one's hands on: 안수하다
13:3 send... off: …을 보내다
13:9 look straight at...: …를 직시하다
13:11 come over...: …를 덮치다

아가고
14 그들은 버가에서 더 나아가 비시디아 안디
옥에 이르러 안식일에 회당에 들어가 앉으
니라
15 율법과 선지자의 글을 읽은 후에 회당장들
이 사람을 보내어 물어 이르되 형제들아 만
일 백성을 권할 말이 있거든 말하라 하니
16 바울이 일어나 손짓하며 말하되 이스라엘
사람들과 및 하나님을 경외하는 사람들아
들으라
17 이 이스라엘 백성의 하나님이 우리 조상들
을 택하시고 애굽 땅에서 나그네 된 그 백
성을 높여 [1]큰 권능으로 인도하여 내사
18 광야에서 약 사십 년간 [2]그들의 소행을 참
으시고
19 가나안 땅 일곱 족속을 멸하사 그 땅을 기업
으로 주시기까지 약 사백오십 년간이라 신 7:1
20 그 후에 선지자 사무엘 때까지 사사를 주셨
더니
21 그 후에 그들이 왕을 구하거늘 하나님이
베냐민 지파 사람 기스의 아들 사울을 사
십 년간 주셨다가
22 폐하시고 다윗을 왕으로 세우시고 증언하
여 이르시되 ㄱ내가 이새의 아들 다윗을 만
나니 내 마음에 맞는 사람이라 내 뜻을 다
이루리라 하시더니
23 하나님이 약속하신 대로 이 사람의 후손에
서 이스라엘을 위하여 구주를 세우셨으니
곧 예수라
24 그가 오시기에 앞서 요한이 먼저 회개의 [3]세
례를 이스라엘 모든 백성에게 전파하니라
25 요한이 그 달려갈 길을 마칠 때에 말하되
너희가 나를 누구로 생각하느냐 나는 그리
스도가 아니라 내 뒤에 오시는 이가 있으니
나는 그 발의 신발끈을 풀기도 감당하지 못
하리라 하였으니
26 형제들아 아브라함의 후손과 너희 중 하나
님을 경외하는 사람들아 이 구원의 말씀을
우리에게 보내셨거늘 4:12
27 예루살렘에 사는 자들과 그들 관리들이 예
수와 및 안식일마다 외우는 바 선지자들의
말을 알지 못하므로 예수를 정죄하여 선지
자들의 말을 응하게 하였도다
28 죽일 죄를 하나도 찾지 못하였으나 빌라도
에게 죽여 달라 하였으니 마 27:22
29 성경에 그를 가리켜 기록한 말씀을 다 응
하게 한 것이라 후에 나무에서 내려다가

14 them to return to Jerusalem. •From Perga
they went on to Pisidian Antioch. On the Sab-
bath they entered the synagogue and sat
15 down. •After the reading from the Law and
the Prophets, the leaders of the synagogue
sent word to them, saying, "Brothers, if you
have a word of exhortation for the people,
please speak."
16 •Standing up, Paul motioned with his
hand and said: "Fellow Israelites and you
Gentiles who worship God, listen to me!
17 •The God of the people of Israel chose our
ancestors; he made the people prosper during
their stay in Egypt; with mighty power he
18 led them out of that country; •for about
forty years he endured their conduct[a] in the
19 wilderness; •and he overthrew seven nations
in Canaan, giving their land to his people as
20 their inheritance. •All this took about 450
years.
"After this, God gave them judges until the
21 time of Samuel the prophet. •Then the peo-
ple asked for a king, and he gave them Saul
son of Kish, of the tribe of Benjamin, who
22 ruled forty years. •After removing Saul, he
made David their king. God testified con-
cerning him: 'I have found David son of Jesse,
a man after my own heart; he will do every-
thing I want him to do.'
23 •"From this man's descendants God has
brought to Israel the Savior Jesus, as he pro-
24 mised. •Before the coming of Jesus, John
preached repentance and baptism to all the
25 people of Israel. •As John was completing his
work, he said: 'Who do you suppose I am? I
am not the one you are looking for. But there
is one coming after me whose sandals I am
not worthy to untie.'
26 •"Fellow children of Abraham and you
God-fearing Gentiles, it is to us that this mes-
27 sage of salvation has been sent. •The people
of Jerusalem and their rulers did not recog-
nize Jesus, yet in condemning him they ful-
filled the words of the prophets that are read
28 every Sabbath. •Though they found no prop-
er ground for a death sentence, they asked
29 Pilate to have him executed. •When they
had carried out all that was written about
him, they took him down from the cross and

[a]18 Some manuscripts *he cared for them*

1) 헬, 높이 드신 팔로 2) 어떤 사본에, 기르시고 3) 헬, 또는 침례 ㄱ. 삼상 13:14; 시 89:20

complete [kəmplíːt] *vt.* 마치다
condemn [kəndém] *vt.* 유죄 판결을 하다
conduct [kándʌkt] *n.* 행동, 행위
endure [indjúər] *vi.* 참다
execute [éksikjuːt] *vt.* 사형을 집행하다
exhortation [ègzɔːrtéiʃən] *n.* 권면
inheritance [inhérətəns] *n.* 상속
overthrow [òuvərθróu] *vt.* 전복시키다
proper [prápər] *a.* 타당한
prosper [práspər] *vi.* 번영하다
remove [rimúːv] *vt.* 제거하다
repentance [ripéntəns] *n.* 회개
salvation [sælvéiʃən] *n.* 구원
sentence [séntəns] *n.* 판결, 선고
testify [téstəfài] *vi.* 증언하다

13:17 **lead out of...**: …에서 끌어내다
13:21 **ask for...**: …을 필요로 하다
13:25 **come after...**: …의 뒤를 좇다
13:25 **be worthy to...**: …할 만하다
13:29 **carry out**: 수행하다, 실행하다
13:29 **take... down...**: …을 끌어내리다

무덤에 두었으나
30 하나님이 죽은 자 가운데서 그를 살리신지
라
31 갈릴리로부터 예루살렘에 함께 올라간 사
람들에게 여러 날 보이셨으니 그들이 이제
백성 앞에서 그의 증인이라
32 우리도 조상들에게 주신 약속을 너희에게
전파하노니
33 곧 하나님이 예수를 일으키사 우리 자녀들
에게 이 약속을 이루게 하셨다 함이라 시편
둘째 편에 기록한 바와 같이 [ㄱ]너는 내 아들
이라 오늘 너를 낳았다 하셨고
34 또 하나님께서 죽은 자 가운데서 그를 일으
키사 다시 썩음을 당하지 않게 하실 것을
가르쳐 이르시되 [ㄴ]내가 다윗의 거룩하고
미쁜 은사를 너희에게 주리라 하셨으며
35 또 다른 시편에 일렀으되 [ㄷ]주의 거룩한 자
로 썩음을 당하지 않게 하시리라 하셨느니
라
36 다윗은 당시에 하나님의 뜻을 따라 섬기다
가 잠들어 그 조상들과 함께 묻혀 썩음을
당하였으되
37 하나님께서 살리신 이는 썩음을 당하지 아
니하였나니
38 그러므로 형제들아 너희가 알 것은 이 사람
을 힘입어 죄 사함을 너희에게 전하는 이것
이며
39 또 모세의 율법으로 너희가 의롭다 하심을
얻지 못하던 모든 일에도 이 사람을 힘입어
믿는 자마다 의롭다 하심을 얻는 이것이라
40 그런즉 너희는 선지자들을 통하여 말씀하
신 것이 너희에게 미칠까 삼가라
41 일렀으되
[ㄹ]보라 멸시하는 사람들아 너희는 놀라고
멸망하라 내가 너희 때를 당하여 한 일을
행할 것이니 사람이 너희에게 일러줄지
라도 도무지 믿지 못할 일이라
하였느니라 하니라
42 ●그들이 나갈새 사람들이 청하되 다음 안
식일에도 이 말씀을 하라 하더라
43 회당의 모임이 끝난 후에 유대인과 유대교
에 입교한 경건한 사람들이 많이 바울과
바나바를 따르니 두 사도가 더불어 말하고
항상 하나님의 은혜 가운데 있으라 권하니
라
14:22
44 ●그 다음 안식일에는 온 시민이 거의 다
하나님의 말씀을 듣고자 하여 모이니

30 laid him in a tomb. •But God raised him
31 from the dead, •and for many days he was
seen by those who had traveled with him
from Galilee to Jerusalem. They are now his
witnesses to our people.
32 •"We tell you the good news: What God
33 promised our ancestors •he has fulfilled for
us, their children, by raising up Jesus. As it is
written in the second Psalm:

"'You are my son;
today I have become your father.'[a]

34 •God raised him from the dead so that he
will never be subject to decay. As God has
said,

"'I will give you the holy and sure blessings
promised to David.'[b]

35 •So it is also stated elsewhere:

"'You will not let your holy one see decay.'[c]

36 •"Now when David had served God's pur-
pose in his own generation, he fell asleep; he
was buried with his ancestors and his body
37 decayed. •But the one whom God raised
from the dead did not see decay.
38 •"Therefore, my friends, I want you to
know that through Jesus the forgiveness of
39 sins is proclaimed to you. •Through him
everyone who believes is set free from every
sin, a justification you were not able to obtain
40 under the law of Moses. •Take care that what
the prophets have said does not happen to
you:

41 •"'Look, you scoffers,
wonder and perish,
for I am going to do something in your
days
that you would never believe,
even if someone told you.'[d]"

42 •As Paul and Barnabas were leaving the
synagogue, the people invited them to speak
further about these things on the next Sab-
43 bath. •When the congregation was dis-
missed, many of the Jews and devout con-
verts to Judaism followed Paul and Barnabas,
who talked with them and urged them to
continue in the grace of God.
44 •On the next Sabbath almost the whole
city gathered to hear the word of the Lord.

[a] *33* Psalm 2:7 (see Septuagint) [b] *34* Isaiah 55:3 [c] *35* Psalm 16:10 [d] *41* Hab. 1:5

ㄱ. 시 2:7 ㄴ. 사 55:3 ㄷ. 시 16:10 ㄹ. 합 1:5

congregation [kɑŋgrigéiʃən] *n.* 집회
convert [kɑnvə́:rt] *n.* 개종자
decay [dikéi] *vi.* 부패하다
devout [diváut] *a.* 독실한
dismiss [dismís] *vt.* 해산시키다
elsewhere [élshwɛər] *ad.* 다른 곳에서
further [fə́:rðər] *a.* 한층 더한
justification [dʒʌ̀stəfikéiʃən] *n.* 정당화
obtain [əbtéin] *vt.* 얻다
perish [périʃ] *vi.* 죽다
proclaim [proukléim] *vt.* 선언하다
purpose [pə́:rpəs] *n.* 목적
Sabbath [sǽbəθ] *n.* 안식일
scoffer [skɑ́fər] *n.* 비웃는 사람
subject [sʌ́bdʒikt] *a.* 영향을 받는

13:36 **fall asleep**: 잠들다
13:39 **be able to...**: …할 수 있다
13:40 **take care that**: 조심하다
13:43 **talk with...**: …와의 이야기
13:43 **urge A to B**: A에게 B를 강력히 권하다(독려하다)

45 유대인들이 그 무리를 보고 시기가 가득
하여 바울이 말한 것을 반박하고 비방하
거늘
46 바울과 바나바가 담대히 말하여 이르되
하나님의 말씀을 마땅히 먼저 너희에게
전할 것이로되 너희가 그것을 버리고 영
생을 얻기에 합당하지 않은 자로 자처하
기로 우리가 이방인에게로 향하노라
47 주께서 이같이 우리에게 명하시되
ㄱ내가 너를 이방의 빛으로 삼아 너로 땅
끝까지 구원하게 하리라
하셨느니라 하니
48 이방인들이 듣고 기뻐하여 하나님의 말씀
을 찬송하며 영생을 주시기로 작정된 자
는 다 믿더라
49 주의 말씀이 그 지방에 두루 퍼지니라
50 이에 유대인들이 경건한 귀부인들과 그
시내 유력자들을 선동하여 바울과 바나바
를 박해하게 하여 그 지역에서 쫓아내니
51 두 사람이 그들을 향하여 발의 티끌을 떨
어 버리고 이고니온으로 가거늘
52 제자들은 기쁨과 성령이 충만하니라

바울과 바나바가 이고니온에서 전도하다

14 이에 이고니온에서 두 사도가 함께
유대인의 회당에 들어가 말하니 유대
와 헬라의 허다한 무리가 믿더라
2 그러나 순종하지 아니하는 유대인들이 이
방인들의 마음을 선동하여 형제들에게 악
감을 품게 하거늘
3 두 사도가 오래 있어 주를 힘입어 담대히
말하니 주께서 그들의 손으로 [1)]표적과 기
사를 행하게 하여 주사 자기 은혜의 말씀
을 증언하시니
4 그 시내의 무리가 나뉘어 유대인을 따르
는 자도 있고 두 사도를 따르는 자도 있는
지라
5 이방인과 유대인과 그 관리들이 두 사도
를 모욕하며 돌로 치려고 달려드니
6 그들이 알고 도망하여 루가오니아의 두
성 루스드라와 더베와 그 근방으로 가서
7 거기서 복음을 전하니라 13:32

바울과 바나바가 루스드라에서 전도하다

8 •루스드라에 발을 쓰지 못하는 한 사람
이 앉아 있는데 나면서 걷지 못하게 되어
걸어 본 적이 없는 자라 3:2
9 바울이 말하는 것을 듣거늘 바울이 주목
하여 구원받을 만한 믿음이 그에게 있는

45 •When the Jews saw the crowds, they were
filled with jealousy. They began to contradict
what Paul was saying and heaped abuse on
him.
46 •Then Paul and Barnabas answered them
boldly: "We had to speak the word of God to
you first. Since you reject it and do not consid-
er yourselves worthy of eternal life, we now
47 turn to the Gentiles. •For this is what the Lord
has commanded us:

" 'I have made you[a] a light for the Gentiles,
that you[a] may bring salvation to the ends
of the earth.'[b]"

48 •When the Gentiles heard this, they were
glad and honored the word of the Lord; and all
who were appointed for eternal life believed.
49 •The word of the Lord spread through the
50 whole region. •But the Jewish leaders incited
the God-fearing women of high standing and
the leading men of the city. They stirred up
persecution against Paul and Barnabas, and
51 expelled them from their region. •So they
shook the dust off their feet as a warning to
52 them and went to Iconium. •And the disciples
were filled with joy and with the Holy Spirit.

In Iconium

14 At Iconium Paul and Barnabas went as
usual into the Jewish synagogue. There
they spoke so effectively that a great number of
2 Jews and Greeks believed. •But the Jews who
refused to believe stirred up the other Gentiles
and poisoned their minds against the brothers.
3 •So Paul and Barnabas spent considerable
time there, speaking boldly for the Lord, who
confirmed the message of his grace by enabling
4 them to perform signs and wonders. •The peo-
ple of the city were divided; some sided with
5 the Jews, others with the apostles. •There was
a plot afoot among both Gentiles and Jews,
together with their leaders, to mistreat them
6 and stone them. •But they found out about it
and fled to the Lycaonian cities of Lystra and
7 Derbe and to the surrounding country, •where
they continued to preach the gospel.

In Lystra and Derbe

8 •In Lystra there sat a man who was lame. He
had been that way from birth and had never
9 walked. •He listened to Paul as he was speak-
ing. Paul looked directly at him, saw that he

[a]47 The Greek is singular. [b]47 Isaiah 49:6

1) 또는 이적 ㄱ. 사 49:6

abuse [əbjú:z] *n.* 욕설
afoot [əfút] *a.* 진행 중에
boldly [bóuldli] *ad.* 대담하게
considerable [kənsídərəbl] *a.* 상당한
contradict [kɑ̀ntrədíkt] *vt.* 반박하다
effectively [iféktivli] *ad.* 효과적으로
enable [inéibl] *vt.* 할 수 있게 하다
expel [ikspél] *vt.* 내쫓다
heap [hi:p] *vt.* 쌓다
incite [insáit] *vt.* 선동하다
lame [leim] *a.* 절름발이의
mistreat [mìstrí:t] *vt.* 학대하다
persecution [pə̀:rsikjú:ʃən] *n.* 박해
poison [pɔ́izn] *vt.* 나쁜 영향을 주다
surrounding [səráundiŋ] *a.* 부근의

13:45 be filled with...: …로 가득차다
13:46 turn to...: …로 향하다
13:50 stir up: 일으키다, 선동하다
14:4 side with...: …의 편을 들다
14:6 flee to...: …로 도망치다
14:9 look at...: …을 보다

것을 보고
10 큰 소리로 이르되 네 발로 바로 일어서라
하니 그 사람이 일어나 걷는지라
11 무리가 바울이 한 일을 보고 루가오니아 방
언으로 소리 질러 이르되 신들이 사람의 형
상으로 우리 가운데 내려오셨다 하여
12 바나바는 제우스라 하고 바울은 그 중에 말
하는 자이므로 헤르메스라 하더라
13 시외 제우스 신당의 제사장이 소와 화환들
을 가지고 대문 앞에 와서 무리와 함께 제
사하고자 하니
14 두 사도 바나바와 바울이 듣고 옷을 찢고
무리 가운데 뛰어 들어가서 소리 질러
15 이르되 여러분이여 어찌하여 이러한 일을
하느냐 우리도 여러분과 같은 성정을 가진
사람이라 여러분에게 복음을 전하는 것은
이런 헛된 일을 버리고 천지와 바다와 그
가운데 만물을 지으시고 살아 계신 하나님
께로 돌아오게 함이라 시 146:6
16 하나님이 지나간 세대에는 모든 민족으로
자기들의 길들을 가게 방임하셨으나
17 그러나 자기를 증언하지 아니하신 것이 아
니니 곧 여러분에게 하늘로부터 비를 내리
시며 결실기를 주시는 선한 일을 하사 음식
과 기쁨으로 여러분의 마음에 만족하게 하
셨느니라 하고
18 이렇게 말하여 겨우 무리를 말려 자기들에
게 제사를 못하게 하니라
19 •유대인들이 안디옥과 이고니온에서 와서
무리를 충동하니 그들이 돌로 바울을 쳐서
죽은 줄로 알고 시외로 끌어 내치니라
20 제자들이 둘러섰을 때에 바울이 일어나 그
성에 들어갔다가 이튿날 바나바와 함께 더
베로 가서
21 복음을 그 성에서 전하여 많은 사람을 제자
로 삼고 루스드라와 이고니온과 안디옥으
로 돌아가서
22 제자들의 마음을 굳게 하여 이 믿음에 머
물러 있으라 권하고 또 우리가 하나님의
나라에 들어가려면 많은 환난을 겪어야
할 것이라 하고
23 각 교회에서 장로들을 택하여 금식 기도 하
며 그들이 믿는 주께 그들을 위탁하고
24 비시디아 가운데로 지나서 밤빌리아에 이
르러
25 말씀을 버가에서 전하고 앗달리아로 내려
가서

10 had faith to be healed •and called out, "Stand
up on your feet!" At that, the man jumped
up and began to walk.
11 •When the crowd saw what Paul had
done, they shouted in the Lycaonian lan-
guage, "The gods have come down to us in
12 human form!" •Barnabas they called Zeus,
and Paul they called Hermes because he was
13 the chief speaker. •The priest of Zeus, whose
temple was just outside the city, brought bulls
and wreaths to the city gates because he and
the crowd wanted to offer sacrifices to them.
14 •But when the apostles Barnabas and Paul
heard of this, they tore their clothes and rush-
15 ed out into the crowd, shouting: •"Friends,
why are you doing this? We too are only hu-
man, like you. We are bringing you good
news, telling you to turn from these worthless
things to the living God, who made the heav-
ens and the earth and the sea and everything
16 in them. •In the past, he let all nations go
17 their own way. •Yet he has not left himself
without testimony: He has shown kindness
by giving you rain from heaven and crops in
their seasons; he provides you with plenty of
18 food and fills your hearts with joy." •Even
with these words, they had difficulty keeping
the crowd from sacrificing to them.
19 •Then some Jews came from Antioch and
Iconium and won the crowd over. They ston-
ed Paul and dragged him outside the city,
20 thinking he was dead. •But after the disciples
had gathered around him, he got up and
went back into the city. The next day he and
Barnabas left for Derbe.

The Return to Antioch in Syria

21 •They preached the gospel in that city and
won a large number of disciples. Then they
returned to Lystra, Iconium and Antioch,
22 •strengthening the disciples and encourag-
ing them to remain true to the faith. "We
must go through many hardships to enter the
23 kingdom of God," they said. •Paul and Barn-
abas appointed elders[a] for them in each
church and, with prayer and fasting, com-
mitted them to the Lord, in whom they had
24 put their trust. •After going through Pisidia,
25 they came into Pamphylia, •and when they
had preached the word in Perga, they went
down to Attalia.

[a]23 Or *Barnabas ordained elders;* or *Barnabas had elders elected*

commit [kəmít] *vt.* 위탁하다, 맡기다
crop [krap] *n.* 수확
crowd [kraud] *n.* 무리, 군중
drag [dræg] *vt.* 끌어내다
elder [éldər] *n.* 장로
hardship [há:rdʃip] *n.* 고난
past [pæst] *a.* 지나간
plenty [plénti] *n.* 많음, 풍요
preach [pri:tʃ] *vt.* 설교하다
provide [prəváid] *vt.* 공급하다
remain [riméin] *vi.* 머무르다
sacrifice [sǽkrəfàis] *vi.* 제물을 바치다
strengthen [stréŋkθən] *vt.* 강하게 하다
testimony [téstəmòuni] *n.* 증언
wreath [ri:θ] *n.* 화관, 화환

14:10 call out: 큰소리로 말하다
14:14 rush out: 돌진하다
14:16 go one's own way: 자기 생각대로 하다, 자신의 길을 가다
14:18 have difficultly -ing: …하는 데 어려움을 겪다, 고생하다

26 거기서 배 타고 안디옥에 이르니 이곳은 두 사도가 이룬 그 일을 위하여 전에 하나님의 은혜에 부탁하던 곳이라

27 그들이 이르러 교회를 모아 하나님이 함께 행하신 모든 일과 이방인들에게 믿음의 문을 여신 것을 보고하고

28 제자들과 함께 오래 있으니라

예루살렘 회의 (♪ 251, 423장) — A.D. 49년경

15 어떤 사람들이 유대로부터 내려와서 형제들을 가르치되 너희가 모세의 법대로 할례를 받지 아니하면 능히 구원을 받지 못하리라 하니

2 바울 및 바나바와 그들 사이에 적지 아니한 다툼과 변론이 일어난지라 형제들이 이 문제에 대하여 바울과 바나바와 및 그중의 몇 사람을 예루살렘에 있는 사도와 장로들에게 보내기로 작정하니라

3 그들이 교회의 전송을 받고 베니게와 사마리아로 다니며 이방인들이 주께 돌아온 일을 말하여 형제들을 다 크게 기쁘게 하더라

4 예루살렘에 이르러 교회와 사도와 장로들에게 영접을 받고 하나님이 자기들과 함께 계셔 행하신 모든 일을 말하매

5 바리새파 중에 어떤 믿는 사람들이 일어나 말하되 이방인에게 할례를 행하고 모세의 율법을 지키라 명하는 것이 마땅하다 하니라

6 ●사도와 장로들이 이 일을 의논하러 모여

7 많은 변론이 있은 후에 베드로가 일어나 말하되 형제들아 너희도 알거니와 하나님이 이방인들로 내 입에서 복음의 말씀을 들어 믿게 하시려고 오래 전부터 너희 가운데서 나를 택하시고

8 또 마음을 아시는 하나님이 우리에게와 같이 그들에게도 성령을 주어 증언하시고 1:24

9 믿음으로 그들의 마음을 깨끗이 하사 그들이나 우리나 차별하지 아니하셨느니라

10 그런데 지금 너희가 어찌하여 하나님을 시험하여 우리 조상과 우리도 능히 메지 못하던 멍에를 제자들의 목에 두려느냐

11 그러나 우리는 그들이 우리와 동일하게 주 예수의 은혜로 구원 받는 줄을 믿노라 하니라

12 ●온 무리가 가만히 있어 바나바와 바울이 하나님께서 자기들로 말미암아 이방인 중에서 행하신 [1]표적과 기사에 관하여 말하는 것을 듣더니

26 •From Attalia they sailed back to Antioch,
where they had been committed to the grace
of God for the work they had now complet-
27 ed. •On arriving there, they gathered the
church together and reported all that God
had done through them and how he had
28 opened a door of faith to the Gentiles. •And
they stayed there a long time with the disci-
ples.

The Council at Jerusalem

15 Certain people came down from
Judea to Antioch and were teaching
the believers: "Unless you are circumcised,
according to the custom taught by Moses,
2 you cannot be saved." •This brought Paul
and Barnabas into sharp dispute and de-
bate with them. So Paul and Barnabas were
appointed, along with some other believers,
to go up to Jerusalem to see the apostles and
3 elders about this question. •The church sent
them on their way, and as they traveled
through Phoenicia and Samaria, they told
how the Gentiles had been converted. This
4 news made all the believers very glad. •When
they came to Jerusalem, they were welcomed
by the church and the apostles and elders, to
whom they reported everything God had
done through them.
5 •Then some of the believers who belonged
to the party of the Pharisees stood up and
said, "The Gentiles must be circumcised and
required to keep the law of Moses."
6 •The apostles and elders met to consider
7 this question. •After much discussion, Peter
got up and addressed them: "Brothers, you
know that some time ago God made a choice
among you that the Gentiles might hear
from my lips the message of the gospel and
8 believe. •God, who knows the heart, showed
that he accepted them by giving the Holy
9 Spirit to them, just as he did to us. •He did
not discriminate between us and them, for he
10 purified their hearts by faith. •Now then,
why do you try to test God by putting on the
necks of Gentiles a yoke that neither we nor
11 our ancestors have been able to bear? •No!
We believe it is through the grace of our Lord
Jesus that we are saved, just as they are."
12 •The whole assembly became silent as
they listened to Barnabas and Paul telling
about the signs and wonders God had done

1) 또는 이적

accept [æksépt] *vt.* 인정하다	**convert** [kənvə́:rt] *vi.* 개종하다	**gentile** [dʒéntail] *n.* 이방인
address [ədrés] *vt.* 설교하다	**debate** [dibéit] *n.* 토론	**purify** [pjúərəfài] *vt.* 깨끗이 하다
assembly [əsémbli] *n.* 집회	**discriminate** [diskrímənèit] *vt.* 차별하다	**require** [rikwáiər] *vt.* 요구하다
circumcise [sə́:rkəmsàiz] *vt.* 할례를 베풀다	**discussion** [diskʌ́ʃən] *n.* 토론	**sail** [seil] *vi.* 항해하다
complete [kəmplí:t] *vt.* 완성하다	**dispute** [dispjú:t] *n.* 논쟁	**sharp** [ʃa:rp] *a.* 대립된, 격렬한

14:27 on -ing: …하자마자	**15:5 belong to...**: …에 속하다	**15:9 discriminate between A and B**: A와 B를 구별 (식별) 하다
15:1 according to...: …대로	**15:8 just as...**: 꼭 …처럼	

13 말을 마치매 야고보가 대답하여 이르되
형제들아 내 말을 들으라
14 하나님이 처음으로 이방인 중에서 자기
이름을 위할 백성을 취하시려고 그들을
돌보신 것을 시므온이 말하였으니
15 선지자들의 말씀이 이와 일치하도다 기록
된 바
16 ㄱ이후에 내가 돌아와서 다윗의 무너진
장막을 다시 지으며 또 그 허물어진 것
을 다시 지어 일으키리니
17 이는 그 남은 사람들과 내 이름으로 일
컬음을 받는 모든 이방인들로 주를 찾
게 하려 함이라 하셨으니
18 즉 예로부터 이것을 알게 하시는 주의
말씀이라
함과 같으니라
19 그러므로 내 의견에는 이방인 중에서 하
나님께로 돌아오는 자들을 괴롭게 하지
말고
20 다만 우상의 더러운 것과 음행과 목매어
죽인 것과 피를 멀리하라고 편지하는 것
이 옳으니
21 이는 예로부터 각 성에서 모세를 전하는
자가 있어 안식일마다 회당에서 그 글을
읽음이라 하더라

이방인 신자들에게 보내는 편지

22 ●이에 사도와 장로와 온 교회가 그 중
에서 사람들을 택하여 바울과 바나바와
함께 안디옥으로 보내기를 결정하니 곧
형제 중에 인도자인 바사바라 하는 유다
와 실라더라
23 그 편에 편지를 부쳐 이르되 사도와 장로
된 형제들은 안디옥과 수리아와 길리기아
에 있는 이방인 형제들에게 문안하노라
24 들은즉 우리 가운데서 어떤 사람들이 우
리의 지시도 없이 나가서 말로 너희를 괴
롭게 하고 마음을 혼란하게 한다 하기로
25-26 사람을 택하여 우리 주 예수 그리스도
의 이름을 위하여 생명을 아끼지 아니하
는 자인 우리가 사랑하는 바나바와 바울
과 함께 너희에게 보내기를 만장일치로
결정하였노라
27 그리하여 유다와 실라를 보내니 그들도
이 일을 말로 전하리라
28 성령과 우리는 이 요긴한 것들 외에는 아
무 짐도 너희에게 지우지 아니하는 것이
옳은 줄 알았노니

ㄱ. 암 9:11,12

13 among the Gentiles through them. ●When
they finished, James spoke up. "Brothers," he
14 said, "listen to me. ●Simon[a] has described to us
how God first intervened to choose a people for
15 his name from the Gentiles. ●The words of the
prophets are in agreement with this, as it is
written:

16 ●" 'After this I will return
and rebuild David's fallen tent.
Its ruins I will rebuild,
and I will restore it,
17 ●that the rest of mankind may seek the Lord,
even all the Gentiles who bear my name,
says the Lord, who does these things'[b]—
18 ● things known from long ago.[c]

19 ●"It is my judgment, therefore, that we
should not make it difficult for the Gentiles who
20 are turning to God. ●Instead we should write to
them, telling them to abstain from food pollut-
ed by idols, from sexual immorality, from the
21 meat of strangled animals and from blood. ●For
the law of Moses has been preached in every city
from the earliest times and is read in the syna-
gogues on every Sabbath."

The Council's Letter to Gentile Believers

22 ●Then the apostles and elders, with the
whole church, decided to choose some of their
own men and send them to Antioch with Paul
and Barnabas. They chose Judas (called Barsab-
bas) and Silas, men who were leaders among
23 the believers. ●With them they sent the fol-
lowing letter:

The apostles and elders, your brothers,
To the Gentile believers in Antioch,
Syria and Cilicia:
Greetings.

24 ●We have heard that some went out
from us without our authorization and dis-
turbed you, troubling your minds by what
25 they said. ●So we all agreed to choose some
men and send them to you with our dear
26 friends Barnabas and Paul— ●men who
have risked their lives for the name of our
27 Lord Jesus Christ. ●Therefore we are send-
ing Judas and Silas to confirm by word of
28 mouth what we are writing. ●It seemed
good to the Holy Spirit and to us not to

[a] *14* Greek *Simeon,* a variant of *Simon;* that is, Peter [b] *17* Amos 9:11,12 (see Septuagint) [c] *17,18* Some manuscripts *things'* — / [18] *the Lord's work is known to him from long ago*

authorization [ɔ̀:θərizéiʃən] *n.* 허가
bear [bɛər] *vt.* (칭호를) 갖다, 맺다
confirm [kənfə́:rm] *vt.* 확실하게 하다
decide [disáid] *vt.* 결정하다
describe [diskráib] *vt.* (말로) 설명하다
disturb [distə́:rb] *vt.* 방해하다
immorality [imərǽləti] *n.* 난잡함
intervene [ìntərví:n] *vi.* 개입하다
mankind [mænkaind] *n.* 인류, 사람
pollute [pəlú:t] *vt.* 더럽히다
restore [ristɔ́:r] *vt.* 재건하다
risk [risk] *vt.* 위태롭게 하다
ruin [rú:in] *n.* 황폐
Sabbath [sǽbəθ] *n.* 안식일
strangle [strǽŋgl] *vt.* 목졸라 죽이다

15:13 speak up: 거리낌 없이 말하다
15:15 in agreement with...: …에 일치하여
15:20 abstain from...: …를 삼가다
15:25 agree to...: …에 대해 합의하다
15:26 live for somebody: …을 위해 살다

29 우상의 제물과 피와 목매어 죽인 것과 음
행을 멀리할지니라 이에 스스로 삼가면 잘
되리라 평안함을 원하노라 하였더라 21:25
30 ●그들이 작별하고 안디옥에 내려가 무리
를 모은 후에 편지를 전하니
31 읽고 그 [1]위로한 말을 기뻐하더라
32 유다와 실라도 선지자라 여러 말로 형제
를 [2]권면하여 굳게 하고
33 얼마 있다가 평안히 가라는 전송을 형제
들에게 받고 자기를 보내던 사람들에게로
돌아가되
34 [3](없음)
35 바울과 바나바는 안디옥에서 유하며 수다
한 다른 사람들과 함께 주의 말씀을 가르
치며 전파하니라

바울과 바나바가 갈라서다 (♪ 507, 518장)

36 ●며칠 후에 바울이 바나바더러 말하되
우리가 주의 말씀을 전한 각 성으로 다시
가서 형제들이 어떠한가 방문하자 하고
37 바나바는 마가라 하는 요한도 데리고 가
고자 하나
38 바울은 밤빌리아에서 자기들을 떠나 함께
일하러 가지 아니한 자를 데리고 가는 것
이 옳지 않다 하여
39 서로 심히 다투어 피차 갈라서니 바나바
는 마가를 데리고 배 타고 구브로로 가고
40 바울은 실라를 택한 후에 형제들에게 주
의 은혜에 부탁함을 받고 떠나
41 수리아와 길리기아로 다니며 교회들을 견
고하게 하니라 눅 2:2

바울이 디모데를 데리고 가다

16 바울이 더베와 루스드라에도 이르매
거기 디모데라 하는 제자가 있으니
그 어머니는 믿는 유대 여자요 아버지는
헬라인이라
2 디모데는 루스드라와 이고니온에 있는 형
제들에게 칭찬받는 자니
3 바울이 그를 데리고 떠나고자 할새 그 지
역에 있는 유대인으로 말미암아 그를 데
려다가 할례를 행하니 이는 그 사람들이
그의 아버지는 헬라인인 줄 다 앎이러라
4 여러 성으로 다녀갈 때에 예루살렘에 있
는 사도와 장로들이 작정한 규례를 그들
에게 주어 지키게 하니 15:28
5 이에 여러 교회가 믿음이 더 굳건해지고
수가 날마다 늘어가니라

burden you with anything beyond the fol-
29 lowing requirements: •You are to abstain
from food sacrificed to idols, from blood,
from the meat of strangled animals and
from sexual immorality. You will do well
to avoid these things.
Farewell.
30 •So the men were sent off and went down
to Antioch, where they gathered the church
31 together and delivered the letter. •The peo-
ple read it and were glad for its encouraging
32 message. •Judas and Silas, who themselves
were prophets, said much to encourage and
33 strengthen the believers. •After spending some
time there, they were sent off by the believers
with the blessing of peace to return to those
35 who had sent them.[34][a] •But Paul and Barn-
abas remained in Antioch, where they and
many others taught and preached the word of
the Lord.

Disagreement Between Paul and Barnabas

36 •Some time later Paul said to Barnabas, "Let
us go back and visit the believers in all the
towns where we preached the word of the
37 Lord and see how they are doing." •Barnabas
wanted to take John, also called Mark, with
38 them, •but Paul did not think it wise to take
him, because he had deserted them in Pam-
phylia and had not continued with them in
39 the work. •They had such a sharp disagree-
ment that they parted company. Barnabas
40 took Mark and sailed for Cyprus, •but Paul
chose Silas and left, commended by the believ-
41 ers to the grace of the Lord. •He went through
Syria and Cilicia, strengthening the churches.

Timothy Joins Paul and Silas

16 Paul came to Derbe and then to Lystra,
where a disciple named Timothy lived,
whose mother was Jewish and a believer but
2 whose father was a Greek. •The believers at
3 Lystra and Iconium spoke well of him. •Paul
wanted to take him along on the journey, so he
circumcised him because of the Jews who lived
in that area, for they all knew that his father
4 was a Greek. •As they traveled from town to
town, they delivered the decisions reached by
the apostles and elders in Jerusalem for the peo-
5 ple to obey. •So the churches were strength-
ened in the faith and grew daily in numbers.

[a]34 Some manuscripts include here *But Silas decided to remain there.* 1) 또는 권면 2) 또는 위로 3) 어떤 사본에, 34 '실라는 그들과 함께 유하기를 작정하고'가 있고 또 35 '바울과 바나바도'라 하였음

apostle [əpásl] *n.* 사도
avoid [əvɔ́id] *vt.* 피하다
believer [bilíːvər] *n.* 믿는 사람
circumcise [sə́ːrkəmsàiz] *vt.* 할례를 베풀다
decision [disíʒən] *n.* 결정
deliver [dilívər] *vt.* 전달하다
desert [dézərt] *vt.* 버리다
encourage [inkə́ːridʒ] *vt.* 용기를 돋우어주다
farewell [fɛərwél] *n.* 안녕(마지막 인사)
idol [áidl] *n.* 우상
journey [dʒə́ːrni] *n.* 여행
obey [oubéi] *vt.* 준수하다
remain [riméin] *vi.* 머무르다
requirement [rikwáiərmənt] *n.* 필요한 것
sacrifice [sǽkrəfàis] *vt.* 산제물을 바치다

15:30 send off: 보내다
15:30 go down: 내려가다
15:39 such... that ~: 너무 …해서 ~하다
15:39 part company: 절교하다, 결별하다
16:2 speak well of...: …을 칭찬하다
16:3 take... along: …를 데리고 가다

바울이 환상을 보다

6 ●성령이 아시아에서 말씀을 전하지 못하
게 하시거늘 그들이 브루기아와 갈라디아
땅으로 다녀가
7 무시아 앞에 이르러 비두니아로 가고자
애쓰되 예수의 영이 허락하지 아니하시는
지라
8 무시아를 지나 드로아로 내려갔는데
9 밤에 환상이 바울에게 보이니 마게도냐
사람 하나가 서서 그에게 청하여 이르되
마게도냐로 건너와서 우리를 도우라 하거
늘 9:10
10 바울이 그 환상을 보았을 때 우리가 곧 마
게도냐로 떠나기를 힘쓰니 이는 하나님이
저 사람들에게 복음을 전하라고 우리를
부르신 줄로 인정함이러라

루디아가 믿다

11 ●우리가 드로아에서 배로 떠나 사모드라
게로 직행하여 이튿날 네압볼리로 가고
12 거기서 빌립보에 이르니 이는 마게도냐
지방의 1)첫 성이요 또 로마의 식민지라 이
성에서 수일을 유하다가 빌 1:1
13 안식일에 우리가 기도할 곳이 있을까 하
여 문밖 강가에 나가 거기 앉아서 모인 여
자들에게 말하는데
14 두아디라 시에 있는 자색 옷감 장사로서
하나님을 섬기는 루디아라 하는 한 여자
가 말을 듣고 있을 때 주께서 그 마음을
열어 바울의 말을 따르게 하신지라
15 그와 그 집이 다 2)세례를 받고 우리에게
청하여 이르되 만일 나를 주 믿는 자로 알
거든 내 집에 들어와 유하라 하고 강권하
여 머물게 하니라 눅 24:29

바울과 실라가 갇히다

16 ●우리가 기도하는 곳에 가다가 점치는
귀신들린 여종 하나를 만나니 점으로 그
주인들에게 큰 이익을 주는 자라
17 그가 바울과 우리를 따라와 소리 질러 이
르되 이 사람들은 지극히 높은 하나님의
종으로서 구원의 길을 너희에게 전하는 자
라 하며
18 이같이 여러 날을 하는지라 바울이 심히
괴로워하여 돌이켜 그 귀신에게 이르되
예수 그리스도의 이름으로 내가 네게 명
하노니 그에게서 나오라 하니 귀신이 즉
시 나오니라
19 ●여종의 주인들은 자기 수익의 소망이

1) 또는 첫째가는 성이요 2) 헬, 또는 침례

Paul's Vision of the Man of Macedonia

6 •Paul and his companions traveled through-
out the region of Phrygia and Galatia, having
been kept by the Holy Spirit from preaching
7 the word in the province of Asia. •When
they came to the border of Mysia, they tried
to enter Bithynia, but the Spirit of Jesus would
8 not allow them to. •So they passed by Mysia
9 and went down to Troas. •During the night
Paul had a vision of a man of Macedonia stand-
ing and begging him, "Come over to Macedo-
10 nia and help us." •After Paul had seen the
vision, we got ready at once to leave for Mace-
donia, concluding that God had called us to
preach the gospel to them.

Lydia's Conversion in Philippi

11 •From Troas we put out to sea and sailed
straight for Samothrace, and the next day we
12 went on to Neapolis. •From there we traveled
to Philippi, a Roman colony and the leading
city of that district[a] of Macedonia. And we
stayed there several days.
13 •On the Sabbath we went outside the city
gate to the river, where we expected to find a
place of prayer. We sat down and began to
speak to the women who had gathered there.
14 •One of those listening was a woman from the
city of Thyatira named Lydia, a dealer in pur-
ple cloth. She was a worshiper of God. The Lord
opened her heart to respond to Paul's message.
15 •When she and the members of her household
were baptized, she invited us to her home. "If
you consider me a believer in the Lord," she
said, "come and stay at my house." And she per-
suaded us.

Paul and Silas in Prison

16 •Once when we were going to the place of
prayer, we were met by a female slave who had
a spirit by which she predicted the future. She
earned a great deal of money for her owners by
17 fortune-telling. •She followed Paul and the rest
of us, shouting, "These men are servants of the
Most High God, who are telling you the way to
18 be saved." •She kept this up for many days.
Finally Paul became so annoyed that he turned
around and said to the spirit, "In the name of
Jesus Christ I command you to come out of
her!" At that moment the spirit left her.
19 •When her owners realized that their hope

[a]12 The text and meaning of the Greek for *the leading city of that district* are uncertain.

allow [əláu] *vt.* 허락하다
border [bɔ́ːrdər] *n.* 경계
colony [káləni] *n.* 식민지
command [kəmǽnd] *vt.* 명령하다
companion [kəmpǽnjən] *n.* 동료
conclude [kənklúːd] *vt.* 결론을 내리다
district [dístrikt] *n.* 지역
expect [ikspékt] *vt.* 기대하다
fortune-telling [fɔ́ːrtʃəntèliŋ] *n.* 점
household [háushòuld] *n.* 집안
persuade [pərswéid] *vt.* 설득하다
preach [priːtʃ] *vt.* 설교하다
predict [pridíkt] *vt.* 예언하다
province [právins] *n.* 지방
throughout [θruːáut] *ad.* 도처에

16:9 **come over**: 건너오다
16:10 **at once**: 즉시
16:11 **put out to sea**: 출항하다
16:14 **respond to...**: …에 대응하다
16:16 **a great deal of**: 다량의
16:18 **keep... up**: …을 계속하다

끊어진 것을 보고 바울과 실라를 붙잡아 장
터로 관리들에게 끌어갔다가
20 상관들 앞에 데리고 가서 말하되 이 사람들
이 유대인인데 우리 성을 심히 요란하게 하
여
21 로마 사람인 우리가 받지도 못하고 행하지
도 못할 풍속을 전한다 하거늘
22 무리가 일제히 일어나 고발하니 상관들이
옷을 찢어 벗기고 매로 치라 하여
23 많이 친 후에 옥에 가두고 간수에게 명하여
든든히 지키라 하니
24 그가 이러한 명령을 받아 그들을 깊은 옥에
가두고 그 발을 차꼬에 든든히 채웠더니
25 한밤중에 바울과 실라가 기도하고 하나님
을 찬송하매 죄수들이 듣더라
26 이에 갑자기 큰 지진이 나서 옥터가 움직이
고 문이 곧 다 열리며 모든 사람의 매인 것
이 다 벗어진지라
27 간수가 자다가 깨어 옥문들이 열린 것을 보
고 죄수들이 도망한 줄 생각하고 칼을 빼어
자결하려 하거늘 12:19
28 바울이 크게 소리 질러 이르되 네 몸을 상
하지 말라 우리가 다 여기 있노라 하니
29 간수가 등불을 달라고 하며 뛰어들어가 무
서워 떨며 바울과 실라 앞에 엎드리고
30 그들을 데리고 나가 이르되 선생들이여 내
가 어떻게 하여야 구원을 받으리이까 하거
늘
31 이르되 주 예수를 믿으라 그리하면 너와 네
집이 구원을 받으리라 하고
32 주의 말씀을 그 사람과 그 집에 있는 모든
사람에게 전하더라
33 그 밤 그 시각에 간수가 그들을 데려다가
그 맞은 자리를 씻어 주고 자기와 그 온 가
족이 다 1)세례를 받은 후 16:25
34 그들을 데리고 자기 집에 올라가서 음식을
차려 주고 그와 온 집안이 하나님을 믿으므
로 크게 기뻐하니라 11:14
35 ●날이 새매 상관들이 부하를 보내어 이 사
람들을 놓으라 하니
36 간수가 그 말대로 바울에게 말하되 상관들
이 사람을 보내어 너희를 놓으라 하였으니
이제는 나가서 평안히 가라 하거늘
37 바울이 이르되 로마 사람인 우리를 죄도 정
하지 아니하고 공중 앞에서 때리고 옥에 가
두었다가 이제는 가만히 내보내고자 하느
냐 아니라 그들이 친히 와서 우리를 데리고

of making money was gone, they seized Paul
and Silas and dragged them into the market-
20 place to face the authorities. •They brought
them before the magistrates and said, "These
men are Jews, and are throwing our city into
21 an uproar •by advocating customs unlawful
for us Romans to accept or practice."
22 •The crowd joined in the attack against
Paul and Silas, and the magistrates ordered
them to be stripped and beaten with rods.
23 •After they had been severely flogged, they
were thrown into prison, and the jailer was
24 commanded to guard them carefully. •When
he received these orders, he put them in the
inner cell and fastened their feet in the stocks.
25 •About midnight Paul and Silas were
praying and singing hymns to God, and the
26 other prisoners were listening to them. •Sud-
denly there was such a violent earthquake
that the foundations of the prison were shak-
en. At once all the prison doors flew open,
27 and everyone's chains came loose. •The
jailer woke up, and when he saw the prison
doors open, he drew his sword and was about
to kill himself because he thought the prison-
28 ers had escaped. •But Paul shouted, "Don't
harm yourself! We are all here!"
29 •The jailer called for lights, rushed in and
30 fell trembling before Paul and Silas. •He then
brought them out and asked, "Sirs, what must
I do to be saved?"
31 •They replied, "Believe in the Lord Jesus,
and you will be saved—you and your house-
32 hold." •Then they spoke the word of the
Lord to him and to all the others in his house.
33 •At that hour of the night the jailer took
them and washed their wounds; then imme-
diately he and all his household were bap-
34 tized. •The jailer brought them into his
house and set a meal before them; he was
filled with joy because he had come to believe
in God—he and his whole household.
35 •When it was daylight, the magistrates
sent their officers to the jailer with the order:
36 "Release those men." •The jailer told Paul,
"The magistrates have ordered that you and
Silas be released. Now you can leave. Go in
peace."
37 •But Paul said to the officers: "They beat us
publicly without a trial, even though we are
Roman citizens, and threw us into prison.
And now do they want to get rid of us quietly?

1) 헬, 또는 침례

advocate [ǽdvəkèit] *vt.* 주장하다
authority [əθɔ́:rəti] *n.* 권위자
cell [sel] *n.* (교도소) 독방
drag [dræg] *vt.* 끌어내다
flog [flag] *vt.* 채찍질하다
inner [ínər] *a.* 안쪽의
jailer [dʒéilər] *n.* 간수
magistrate [mǽdʒəstrèit] *n.* 판사
release [rilí:s] *vt.* 석방하다
seize [si:z] *vt.* 붙잡다
stock [stak] *n.* 차꼬
tremble [trémbl] *vi.* 떨다
trial [tráiəl] *n.* 재판
unlawful [ʌ̀nlɔ́:fəl] *a.* 불법의
uproar [ʌ́prɔ̀:r] *n.* 소란

16:23 throw into prison: 옥에 가두다
16:26 fly open: (문 등이) 갑자기 확 열리다
16:29 call for...: …를 요구하다, 청하다
16:29 rush in: 뛰어들다
16:37 even though...: 비록 …일지라도
16:37 get rid of: 제거하다, 없애다

나가야 하리라 한대
38 부하들이 이 말을 상관들에게 보고하니
그들이 로마 사람이라 하는 말을 듣고 두
려워하여
39 와서 권하여 데리고 나가 그 성에서 떠나
기를 청하니 마 8:34
40 두 사람이 옥에서 나와 루디아의 집에 들
어가서 형제들을 만나 보고 1)위로하고 가
니라

바울이 데살로니가에서 전도하다

17 그들이 암비볼리와 아볼로니아로 다
녀가 데살로니가에 이르니 거기 유대
인의 회당이 있는지라
2 바울이 자기의 관례대로 그들에게로 들어
가서 세 안식일에 성경을 가지고 강론하며
3 뜻을 풀어 그리스도가 해를 받고 죽은 자
가운데서 다시 살아나야 할 것을 증언하
고 이르되 내가 너희에게 전하는 이 예수
가 곧 그리스도라 하니 갈 3:1
4 그중의 어떤 사람 곧 경건한 헬라인의 큰
무리와 적지 않은 귀부인도 권함을 받고
바울과 실라를 따르나 15:22
5 그러나 유대인들은 시기하여 저자의 어떤
불량한 사람들을 데리고 떼를 지어 성을
소동하게 하여 야손의 집에 침입하여 그
들을 백성에게 끌어내려고 찾았으나
6 발견하지 못하매 야손과 몇 형제들을 끌
고 읍장들 앞에 가서 소리 질러 이르되 천
하를 어지럽게 하던 이 사람들이 여기도
이르매 16:19
7 야손이 그들을 맞아들였도다 이 사람들이
다 가이사의 명을 거역하여 말하되 다른
임금 곧 예수라 하는 이가 있다 하더이다
하니 눅 23:2
8 무리와 읍장들이 이 말을 듣고 소동하여
9 야손과 그 나머지 사람들에게 보석금을
받고 놓아주니라 17:5

베뢰아 사람들이 말씀을 받다

10 ●밤에 형제들이 곧 바울과 실라를 베뢰
아로 보내니 그들이 이르러 유대인의 회
당에 들어가니라
11 베뢰아에 있는 사람들은 데살로니가에 있
는 사람들보다 더 너그러워서 간절한 마
음으로 말씀을 받고 이것이 그러한가 하
여 날마다 성경을 상고하므로
12 그중에 믿는 사람이 많고 또 헬라의 귀부
인과 남자가 적지 아니하나

No! Let them come themselves and escort us
out."
38 •The officers reported this to the magistrates,
and when they heard that Paul and Silas were
39 Roman citizens, they were alarmed. •They
came to appease them and escorted them from
the prison, requesting them to leave the city.
40 •After Paul and Silas came out of the prison,
they went to Lydia's house, where they met
with the brothers and sisters and encouraged
them. Then they left.

In Thessalonica

17 When Paul and his companions had
passed through Amphipolis and Apollo-
nia, they came to Thessalonica, where there
2 was a Jewish synagogue. •As was his custom,
Paul went into the synagogue, and on three
Sabbath days he reasoned with them from the
3 Scriptures, •explaining and proving that the
Messiah had to suffer and rise from the dead.
"This Jesus I am proclaiming to you is the Mes-
4 siah," he said. •Some of the Jews were per-
suaded and joined Paul and Silas, as did a large
number of God-fearing Greeks and quite a few
prominent women.
5 •But other Jews were jealous; so they round-
ed up some bad characters from the market-
place, formed a mob and started a riot in the
city. They rushed to Jason's house in search of
Paul and Silas in order to bring them out to the
6 crowd.[a] •But when they did not find them,
they dragged Jason and some other believers
before the city officials, shouting: "These men
who have caused trouble all over the world
7 have now come here, •and Jason has welcom-
ed them into his house. They are all defying
Caesar's decrees, saying that there is another
8 king, one called Jesus." •When they heard this,
the crowd and the city officials were thrown
9 into turmoil. •Then they made Jason and the
others post bond and let them go.

In Berea

10 •As soon as it was night, the believers sent
Paul and Silas away to Berea. On arriving there,
11 they went to the Jewish synagogue. •Now the
Berean Jews were of more noble character than
those in Thessalonica, for they received the
message with great eagerness and examined
the Scriptures every day to see if what Paul said
12 was true. •As a result, many of them believed,
as did also a number of prominent Greek

[a]5 Or *the assembly of the people* 1) 권면하고

appease [əpíːz] *vt.* 진정시키다
decree [dikríː] *n.* 법령
defy [difái] *vt.* 거역하다
eagerness [íːgərnis] *n.* 열망
escort [éskɔːrt] *vt.* 호위하다
mob [mab] *n.* 폭도
persuade [pərswéid] *vt.* 설득하다
proclaim [proukléim] *vt.* 전파하다
prominent [prámənənt] *a.* 유명한
reason [ríːzn] *vt.* 이치를 따지다
riot [ráiət] *n.* 폭동, 소동
rush [rʌʃ] *vi.* 급습하다
Scripture [skríptʃər] *n.* 성서, 성경
synagogue [sínəgàg] *n.* 회당
turmoil [tə́ːrmɔil] *n.* 소란

17:4 quite a few: 상당수
17:5 round up: 모으다, 검거하다
17:5 in search of...: …를 찾아서
17:5 in order to...: …하기 위하여
17:10 as soon as...: …하자마자
17:12 a number of: 얼마간의

13 데살로니가에 있는 유대인들은 바울이 하
나님의 말씀을 베뢰아에서도 전하는 줄을
알고 거기도 가서 무리를 움직여 소동하
게 하거늘
14 형제들이 곧 바울을 내보내어 바다까지 가게
하되 실라와 디모데는 아직 거기 머물더라
15 바울을 인도하는 사람들이 그를 데리고 아
덴까지 이르러 그에게서 실라와 디모데를
자기에게로 속히 오게 하라는 명령을 받고
떠나니라

바울이 아덴에서 전도하다

16 •바울이 아덴에서 그들을 기다리다가 그
성에 우상이 가득한 것을 보고 마음에 격분
하여
17 회당에서는 유대인과 경건한 사람들과 또
장터에서는 날마다 만나는 사람들과 변론
하니
18 어떤 에피쿠로스와 스토아 철학자들도 바
울과 쟁론할새 어떤 사람은 이르되 이 말
쟁이가 무슨 말을 하고자 하느냐 하고 어
떤 사람은 이르되 이방 신들을 전하는 사
람인가보다 하니 이는 바울이 예수와 부활
을 전하기 때문이러라
19 그를 붙들어 아레오바고로 가며 말하기를
네가 말하는 이 새로운 가르침이 무엇인지
우리가 알 수 있겠느냐 17:22
20 네가 어떤 이상한 것을 우리 귀에 들려 주
니 그 무슨 뜻인지 알고자 하노라 하니
21 모든 아덴 사람과 거기서 나그네 된 외국인
들이 가장 새로운 것을 말하고 듣는 것 이
외에는 달리 시간을 쓰지 않음이더라
22 바울이 아레오바고 가운데 서서 말하되 아
덴 사람들아 너희를 보니 범사에 종교심이
많도다
23 내가 두루 다니며 너희가 위하는 것들을 보
다가 알지 못하는 신에게라고 새긴 단도 보
았으니 그런즉 너희가 알지 못하고 위하는
그것을 내가 너희에게 알게 하리라
24 우주와 그 가운데 있는 만물을 지으신 하나
님께서는 천지의 주재시니 손으로 지은 전
에 계시지 아니하시고
25 또 무엇이 부족한 것처럼 사람의 손으로 섬
김을 받으시는 것이 아니니 이는 만민에게
생명과 호흡과 만물을 친히 주시는 이심이
라
26 인류의 모든 족속을 한 혈통으로 만드사 온
땅에 살게 하시고 그들의 연대를 정하시며

women and many Greek men.
13 •But when the Jews in Thessalonica
learned that Paul was preaching the word of
God at Berea, some of them went there too,
agitating the crowds and stirring them up.
14 •The believers immediately sent Paul to the
coast, but Silas and Timothy stayed at Berea.
15 •Those who escorted Paul brought him to
Athens and then left with instructions for
Silas and Timothy to join him as soon as pos-
sible.

In Athens

16 •While Paul was waiting for them in
Athens, he was greatly distressed to see that
17 the city was full of idols. •So he reasoned in
the synagogue with both Jews and God-fear-
ing Greeks, as well as in the marketplace day
by day with those who happened to be there.
18 •A group of Epicurean and Stoic philoso-
phers began to debate with him. Some of
them asked, "What is this babbler trying to
say?" Others remarked, "He seems to be advo-
cating foreign gods." They said this because
Paul was preaching the good news about
19 Jesus and the resurrection. •Then they took
him and brought him to a meeting of the
Areopagus, where they said to him, "May we
know what this new teaching is that you are
20 presenting? •You are bringing some strange
ideas to our ears, and we would like to know
21 what they mean." •(All the Athenians and
the foreigners who lived there spent their
time doing nothing but talking about and lis-
tening to the latest ideas.)
22 •Paul then stood up in the meeting of the
Areopagus and said: "People of Athens! I see
23 that in every way you are very religious. •For
as I walked around and looked carefully at
your objects of worship, I even found an altar
with this inscription: TO AN UNKNOWN GOD. So
you are ignorant of the very thing you wor-
ship—and this is what I am going to proclaim
to you.
24 •"The God who made the world and every-
thing in it is the Lord of heaven and earth and
does not live in temples built by human hands.
25 •And he is not served by human hands, as if
he needed anything. Rather, he himself gives
everyone life and breath and everything else.
26 •From one man he made all the nations, that
they should inhabit the whole earth; and he
marked out their appointed times in history

advocate [ǽdvəkèit] *vt.* 주장하다
agitate [ǽdʒitèit] *vt.* 선동하다
babbler [bǽblər] *n.* 지껄이는 사람
distressed [distrést] *a.* 괴로운
ignorant [ígnərənt] *a.* 모르는
inhabit [inhǽbit] *vt.* …에 살다
inscription [inskrípʃən] *n.* 명각(銘刻)
instruction [instrʌ́kʃən] *n.* 지시
late [leit] *a.* 최신의
marketplace [mɑ́:rkitplèis] *n.* 시장
philosopher [filɑ́səfər] *n.* 철학자
possible [pɑ́səbl] *a.* 가능한
present [préznt] *vt.* 소개하다
remark [rimɑ́:rk] *vi.* 말하다
resurrection [rèzərékʃən] *n.* 부활

17:13 stir up: 선동하다
17:17 as well as...: …뿐만 아니라
17:18 debate with...: …와 토론하다
17:21 spend time nothing but...: …하는 것 외엔 시간을 보내지 않다
17:25 as if...: 마치 …인 것처럼

거주의 경계를 한정하셨으니
27 이는 사람으로 혹 [1]하나님을 더듬어 찾아
발견하게 하려 하심이로되 그는 우리 각 사
람에게서 멀리 계시지 아니하도다
28 우리가 그를 힘입어 살며 기동하며 존재하
느니라 너희 시인 중 어떤 사람들의 말과
같이 우리가 그의 소생이라 하니
29 이와 같이 하나님의 소생이 되었은즉 하나님
을 금이나 은이나 돌에다 사람의 기술과 고안
으로 새긴 것들과 같이 여길 것이 아니니라
30 알지 못하던 시대에는 하나님이 간과하셨
거니와 이제는 어디든지 사람에게 다 명하
사 회개하라 하셨으니
31 이는 정하신 사람으로 하여금 천하를 공의로
심판할 날을 작정하시고 이에 그를 죽은 자
가운데서 다시 살리신 것으로 모든 사람에게
믿을 만한 증거를 주셨음이니라 하니라 10:42
32 ●그들이 죽은 자의 부활을 듣고 어떤 사람
은 조롱도 하고 어떤 사람은 이 일에 대하
여 네 말을 다시 듣겠다 하니
33 이에 바울이 그들 가운데서 떠나매
34 몇 사람이 그를 가까이하여 믿으니 그중에
는 아레오바고 관리 디오누시오와 다마리
라 하는 여자와 또 다른 사람들도 있었더라

바울이 고린도에서 전도하다

18 그 후에 바울이 아덴을 떠나 고린도에
이르러
2 아굴라라 하는 본도에서 난 유대인 한 사람
을 만나니 글라우디오가 모든 유대인을 명
하여 로마에서 떠나라 한 고로 그가 그 아
내 브리스길라와 함께 이달리야로부터 새
로 온지라 바울이 그들에게 가매 롬 16:3
3 생업이 같으므로 함께 살며 일을 하니 그
생업은 천막을 만드는 것이더라
4 안식일마다 바울이 회당에서 강론하고 유
대인과 헬라인을 권면하니라
5 ●실라와 디모데가 마게도냐로부터 내려오
매 바울이 하나님의 말씀에 붙잡혀 유대인
들에게 예수는 그리스도라 밝히 증언하니
6 그들이 대적하여 비방하거늘 바울이 옷을
털면서 이르되 너희 피가 너희 머리로 돌아
갈 것이요 나는 깨끗하니라 이후에는 이방
인에게로 가리라 하고
7 거기서 옮겨 하나님을 경외하는 디도 유스
도라 하는 사람의 집에 들어가니 그 집은
회당 옆이라
8 또 회당장 그리스보가 온 집안과 더불어 주

27 and the boundaries of their lands. ●God did
this so that they would seek him and perhaps
reach out for him and find him, though he is
28 not far from any one of us. ●'For in him we
live and move and have our being.'[a] As some
of your own poets have said, 'We are his off-
spring.'[b]
29 ●"Therefore since we are God's offspring,
we should not think that the divine being is
like gold or silver or stone—an image made
30 by human design and skill. ●In the past God
overlooked such ignorance, but now he com-
31 mands all people everywhere to repent. ●For
he has set a day when he will judge the world
with justice by the man he has appointed. He
has given proof of this to everyone by raising
him from the dead."
32 ●When they heard about the resurrection
of the dead, some of them sneered, but others
said, "We want to hear you again on this sub-
33-34 ject." ●At that, Paul left the Council. ●Some
of the people became followers of Paul and
believed. Among them was Dionysius, a
member of the Areopagus, also a woman
named Damaris, and a number of others.

In Corinth

18 After this, Paul left Athens and went to
2 Corinth. ●There he met a Jew named
Aquila, a native of Pontus, who had recently
come from Italy with his wife Priscilla, be-
cause Claudius had ordered all Jews to leave
3 Rome. Paul went to see them, ●and because
he was a tentmaker as they were, he stayed
4 and worked with them. ●Every Sabbath he
reasoned in the synagogue, trying to persuade
Jews and Greeks.
5 ●When Silas and Timothy came from
Macedonia, Paul devoted himself exclusively
to preaching, testifying to the Jews that Jesus
6 was the Messiah. ●But when they opposed
Paul and became abusive, he shook out his
clothes in protest and said to them, "Your
blood be on your own heads! I am innocent
of it. From now on I will go to the Gentiles."
7 ●Then Paul left the synagogue and went
next door to the house of Titius Justus, a
8 worshiper of God. ●Crispus, the synagogue
leader, and his entire household believed in

[a]28 From the Cretan philosopher Epimenides [b]28 From the Cilician Stoic philosopher Aratus

1) 헬, 신

abusive [əbjúːsiv] *a.* 욕설을 퍼붓는
council [káunsəl] *n.* 회의
devote [divóut] *vt.* 전념하다
divine [diváin] *a.* 하나님의
entire [intáiər] *a.* 온, 전체의
exclusively [iksklúːsivli] *ad.* 오로지
oppose [əpóuz] *vt.* 반대하다
overlook [òuvərlúk] *vt.* 너그럽게 봐주다
persuade [pərswéid] *vt.* 설득하다
proof [pruːf] *n.* 증거
protest [próutest] *n.* 항의
repent [ripént] *vi.* 회개하다
seek [siːk] *vt.* 찾다
sneer [sniər] *vi.* 비웃다
testify [téstəfài] *vi.* 증언하다

17:27 reach out: 연락을 취하다, 접근하다
17:31 raise from the dead: 부활하다
17:34 a number of: 얼마간의
18:4 try to...: …하려고 노력하다
18:6 shake out: (옷 등을) 털다
18:6 from now on: 지금부터는, 앞으로는

를 믿으며 수많은 고린도 사람도 듣고 믿어
[1]세례를 받더라 고전 1:14
9 밤에 주께서 환상 가운데 바울에게 말씀하시
되 두려워하지 말며 침묵하지 말고 말하라
10 내가 너와 함께 있으매 어떤 사람도 너를
대적하여 해롭게 할 자가 없을 것이니 이는
이 성중에 내 백성이 많음이라 하시더라
11 일 년 육 개월을 머물며 그들 가운데서 하
나님의 말씀을 가르치니라
12 ●갈리오가 아가야 총독 되었을 때에 유대
인이 일제히 일어나 바울을 대적하여 법정
으로 데리고 가서 롬 15:26
13 말하되 이 사람이 율법을 어기면서 하나님
을 경외하라고 사람들을 권한다 하거늘
14 바울이 입을 열고자 할 때에 갈리오가 유대
인들에게 이르되 너희 유대인들아 만일 이
것이 무슨 부정한 일이나 불량한 행동이었
으면 내가 너희 말을 들어 주는 것이 옳거
니와
15 만일 문제가 언어와 명칭과 너희 법에 관한
것이면 너희가 스스로 처리하라 나는 이러
한 일에 재판장 되기를 원하지 아니하노라
하고
16 그들을 법정에서 쫓아내니
17 모든 사람이 회당장 소스데네를 잡아 법정
앞에서 때리되 갈리오가 이 일을 상관하지
아니하니라

바울이 안디옥으로 내려가다

18 ●바울은 더 여러 날 머물다가 형제들과 작
별하고 배 타고 수리아로 떠나갈새 브리스
길라와 아굴라도 함께 하더라 바울이 일찍
이 서원이 있었으므로 겐그레아에서 머리
를 깎았더라
19 에베소에 와서 그들을 거기 머물게 하고 자
기는 회당에 들어가서 유대인들과 변론하니
20 여러 사람이 더 오래 있기를 청하되 허락하
지 아니하고
21 작별하여 이르되 만일 하나님의 뜻이면 너
희에게 돌아오리라 하고 배를 타고 에베소
를 떠나
22 가이사랴에 상륙하여 올라가 교회의 안부
를 물은 후에 안디옥으로 내려가서
23 얼마 있다가 떠나 갈라디아와 브루기아 땅
을 차례로 다니며 모든 제자를 굳건하게 하
니라

아볼로가 담대히 전도하다 — A.D. 53년경

24 ●알렉산드리아에서 난 아볼로라 하는 유

the Lord; and many of the Corinthians who
heard Paul believed and were baptized.
9 ●One night the Lord spoke to Paul in a
vision: "Do not be afraid; keep on speaking,
10 do not be silent. ●For I am with you, and no
one is going to attack and harm you, because
11 I have many people in this city." ●So Paul
stayed in Corinth for a year and a half, teach-
ing them the word of God.
12 ●While Gallio was proconsul of Achaia, the
Jews of Corinth made a united attack on Paul
and brought him to the place of judgment.
13 ●"This man," they charged, "is persuading
the people to worship God in ways contrary
to the law."
14 ●Just as Paul was about to speak, Gallio
said to them, "If you Jews were making a
complaint about some misdemeanor or seri-
ous crime, it would be reasonable for me to
15 listen to you. ●But since it involves questions
about words and names and your own law
—settle the matter yourselves. I will not be a
16 judge of such things." ●So he drove them off.
17 ●Then the crowd there turned on Sosthenes
the synagogue leader and beat him in front
of the proconsul; and Gallio showed no con-
cern whatever.

Priscilla, Aquila and Apollos

18 ●Paul stayed on in Corinth for some time.
Then he left the brothers and sisters and sailed
for Syria, accompanied by Priscilla and Aquila.
Before he sailed, he had his hair cut off at
Cenchreae because of a vow he had taken.
19 ●They arrived at Ephesus, where Paul left
Priscilla and Aquila. He himself went into
the synagogue and reasoned with the Jews.
20 ●When they asked him to spend more time
21 with them, he declined. ●But as he left, he
promised, "I will come back if it is God's will."
22 Then he set sail from Ephesus. ●When he
landed at Caesarea, he went up to Jerusalem
and greeted the church and then went down
to Antioch.
23 ●After spending some time in Antioch,
Paul set out from there and traveled from
place to place throughout the region of Gala-
tia and Phrygia, strengthening all the disci-
ples.
24 ●Meanwhile a Jew named Apollos, a native
of Alexandria, came to Ephesus. He was a
learned man, with a thorough knowledge of

1) 헬, 또는 침례

accompany [əkʌ́mpəni] *vt.* 동행하다
attack [ətǽk] *vt.* 공격하다
baptize [bæptáiz] *vt.* 세례를 베풀다
charge [tʃaːrdʒ] *vt.* 비난하다
complaint [kəmpléint] *n.* 불평
concern [kənsə́ːrn] *n.* 관심
decline [dikláin] *vi.* 거절하다
greet [griːt] *vt.* 인사하다
involve [inválv] *vt.* 포함하다
misdemeanor [mìsdimíːnər] *n.* 경범죄
proconsul [proukánsəl] *n.* 지방 총독
reasonable [ríːzənəbl] *a.* 합당한
serious [síəriəs] *a.* 심각한
thorough [θə́ːrou] *a.* 완전한
whatever [hwʌtévər] *pron.* 무엇이든

18:9 keep on -ing: 계속 …하다
18:13 contrary to...: …에 반대하여
18:17 turn on...: …을 공격하다
18:17 in front of...: …앞에
18:23 set out: 출발하다
18:24 a native of...: … 출신의 사람

대인이 에베소에 이르니 이 사람은 언변이
좋고 성경에 능통한 자라
25 그가 일찍이 주의 도를 배워 열심으로 예수
에 관한 것을 자세히 말하며 가르치나 요한
의 1)세례만 알 따름이라
26 그가 회당에서 담대히 말하기 시작하거늘
브리스길라와 아굴라가 듣고 데려다가 하
나님의 도를 더 정확하게 풀어 이르더라
27 아볼로가 아가야로 건너가고자 함으로 형제
들이 그를 격려하며 제자들에게 편지를 써
영접하라 하였더니 그가 가매 은혜로 말미
암아 믿은 자들에게 많은 유익을 주니 고전 3:6
28 이는 성경으로써 예수는 그리스도라고 증
언하여 공중 앞에서 힘있게 유대인의 말을
이김이러라 9:22

바울이 에베소에서 전도하다

19 아볼로가 고린도에 있을 때에 바울이
윗지방으로 다녀 에베소에 와서 어떤
제자들을 만나
2 이르되 너희가 믿을 때에 성령을 받았느냐
이르되 아니라 우리는 성령이 계심도 듣지
못하였노라
3 바울이 이르되 그러면 너희가 무슨 1)세례를
받았느냐 대답하되 요한의 1)세례니라 18:25
4 바울이 이르되 요한이 회개의 1)세례를 베풀
며 백성에게 말하되 내 뒤에 오시는 이를 믿
으라 하였으니 이는 곧 예수라 하거늘 마 3:11
5 그들이 듣고 주 예수의 이름으로 1)세례를
받으니
6 바울이 그들에게 안수하매 성령이 그들에
게 임하시므로 방언도 하고 예언도 하니 6:6
7 모두 열두 2)사람쯤 되니라
8 ●바울이 회당에 들어가 석 달 동안 담대히
하나님 나라에 관하여 강론하며 권면하되
9 어떤 사람들은 마음이 굳어 순종하지 않고
무리 앞에서 이 도를 비방하거늘 바울이 그
들을 떠나 제자들을 따로 세우고 두란노 서
원에서 날마다 강론하니라
10 두 해 동안 이같이 하니 아시아에 사는 자
는 유대인이나 헬라인이나 다 주의 말씀을
듣더라
11 하나님이 바울의 손으로 놀라운 능력을 행
하게 하시니
12 심지어 사람들이 바울의 몸에서 손수건이
나 앞치마를 가져다가 병든 사람에게 얹으
면 그 병이 떠나고 3)악귀도 나가더라

25 the Scriptures. ●He had been instructed in
the way of the Lord, and he spoke with great
fervor[a] and taught about Jesus accurately,
though he knew only the baptism of John.
26 ●He began to speak boldly in the synagogue.
When Priscilla and Aquila heard him, they
invited him to their home and explained to
him the way of God more adequately.
27 ●When Apollos wanted to go to Achaia,
the brothers and sisters encouraged him and
wrote to the disciples there to welcome him.
When he arrived, he was a great help to those
28 who by grace had believed. ●For he vigorous-
ly refuted his Jewish opponents in public
debate, proving from the Scriptures that Jesus
was the Messiah.

Paul in Ephesus

19 While Apollos was at Corinth, Paul
took the road through the interior and
arrived at Ephesus. There he found some dis-
2 ciples ●and asked them, "Did you receive the
Holy Spirit when[b] you believed?"
They answered, "No, we have not even
heard that there is a Holy Spirit."
3 ●So Paul asked, "Then what baptism did
you receive?"
"John's baptism," they replied.
4 ●Paul said, "John's baptism was a baptism
of repentance. He told the people to believe in
the one coming after him, that is, in Jesus."
5 ●On hearing this, they were baptized in the
6 name of the Lord Jesus. ●When Paul placed
his hands on them, the Holy Spirit came on
them, and they spoke in tongues[c] and proph-
7 esied. ●There were about twelve men in all.
8 ●Paul entered the synagogue and spoke
boldly there for three months, arguing per-
9 suasively about the kingdom of God. ●But
some of them became obstinate; they refused
to believe and publicly maligned the Way. So
Paul left them. He took the disciples with him
and had discussions daily in the lecture hall
10 of Tyrannus. ●This went on for two years, so
that all the Jews and Greeks who lived in the
province of Asia heard the word of the Lord.
11 ●God did extraordinary miracles through
12 Paul, ●so that even handkerchiefs and aprons
that had touched him were taken to the sick,
and their illnesses were cured and the evil
spirits left them.

[a]25 Or *with fervor in the Spirit* [b]2 Or *after* [c]6 Or *other languages* 1) 헬, 또는 침례 2) 헬, 남자 3) 헬, 악령

accurately [ǽkjurətli] *ad.* 정확히
adequately [ǽdikwitli] *ad.* 충분히
argue [ɑ́ːrgjuː] *vi.* 논하다
boldly [bóuldli] *ad.* 대담하게
debate [dibéit] *n.* 논쟁
extraordinary [ikstrɔ́ːrdənèri] *a.* 비범한
handkerchief [hǽŋkərtʃif] *n.* 손수건
instruct [instrʌ́kt] *vt.* 가르치다
interior [intíəriər] *n.* 내륙부
malign [məláin] *vt.* 헐뜯다
obstinate [ɑ́bstənət] *a.* 완고한
opponent [əpóunənt] *a.* 반대의
persuasively [pərswéisivli] *ad.* 설득력 있게
refute [rifjúːt] *vt.* 논박하다
vigorously [vígərəsli] *ad.* 격렬히

18:25 **speak with great fervor:** 열변하다
18:25 **teach about...:** …에 대해 가르치다
19:5 **on -ing:** …하자마자
19:6 **place one's hands on:** 안수하다
19:6 **come on:** 임하다, 오다
19:10 **go on:** 계속하다

13 이에 돌아다니며 마술하는 어떤 유대인들
이 [1]시험삼아 [2]악귀 들린 자들에게 주 예수
의 이름을 불러 말하되 내가 바울이 전파하
는 예수를 의지하여 너희에게 명하노라 하
더라
14 유대의 한 제사장 스게와의 일곱 아들도 이
일을 행하더니
15 악귀가 대답하여 이르되 내가 예수도 알고
바울도 알거니와 너희는 누구냐 하며
16 악귀 들린 사람이 그들에게 뛰어올라 눌러
이기니 그들이 상하여 벗은 몸으로 그 집에
서 도망하는지라
17 에베소에 사는 유대인과 헬라인들이 다 이
일을 알고 두려워하며 주 예수의 이름을 높
이고
18 믿은 사람들이 많이 와서 자복하여 행한 일
을 알리며
19 또 마술을 행하던 많은 사람이 그 책을 모
아 가지고 와서 모든 사람 앞에서 불사르니
그 책 값을 계산한즉 은 오만이나 되더라
20 이와 같이 주의 말씀이 힘이 있어 흥왕하여
세력을 얻으니라

에베소에서 일어난 소동

21 ●이 일이 있은 후에 바울이 마게도냐와 아
가야를 거쳐 예루살렘에 가기로 작정하여
이르되 내가 거기 갔다가 후에 로마도 보아
야 하리라 하고
22 자기를 돕는 사람 중에서 디모데와 에라스
도 두 사람을 마게도냐로 보내고 자기는 아
시아에 얼마 동안 더 있으니라
23 ●그때쯤 되어 이 도로 말미암아 적지 않은
소동이 있었으니 19:9
24 즉 데메드리오라 하는 어떤 은장색이 은으
로 아데미의 신상 모형을 만들어 직공들에
게 적지 않은 벌이를 하게 하더니
25 그가 그 직공들과 그러한 영업하는 자들을
모아 이르되 여러분도 알거니와 우리의 풍
족한 생활이 이 생업에 있는데
26 이 바울이 에베소뿐 아니라 거의 전 아시아
를 통하여 수많은 사람을 권유하여 말하되
사람의 손으로 만든 것들은 신이 아니라 하
니 이는 그대들도 보고 들은 것이라
27 우리의 이 영업이 천하여질 위험이 있을 뿐
아니라 큰 여신 아데미의 신전도 무시 당하
게 되고 온 아시아와 천하가 위하는 그의
위엄도 떨어질까 하노라 하더라

13 •Some Jews who went around driving out
evil spirits tried to invoke the name of the
Lord Jesus over those who were demon-pos-
sessed. They would say, "In the name of the
Jesus whom Paul preaches, I command you
14 to come out." •Seven sons of Sceva, a Jewish
15 chief priest, were doing this. •One day the
evil spirit answered them, "Jesus I know, and
16 Paul I know about, but who are you?" •Then
the man who had the evil spirit jumped on
them and overpowered them all. He gave
them such a beating that they ran out of the
house naked and bleeding.
17 •When this became known to the Jews
and Greeks living in Ephesus, they were all
seized with fear, and the name of the Lord
18 Jesus was held in high honor. •Many of those
who believed now came and openly con-
19 fessed what they had done. •A number who
had practiced sorcery brought their scrolls
together and burned them publicly. When
they calculated the value of the scrolls, the
20 total came to fifty thousand drachmas.[a] •In
this way the word of the Lord spread widely
and grew in power.
21 •After all this had happened, Paul decided[b]
to go to Jerusalem, passing through Macedo-
nia and Achaia. "After I have been there," he
22 said, "I must visit Rome also." •He sent two of
his helpers, Timothy and Erastus, to Macedo-
nia, while he stayed in the province of Asia a
little longer.

The Riot in Ephesus

23 •About that time there arose a great distur-
24 bance about the Way. •A silversmith named
Demetrius, who made silver shrines of Arte-
mis, brought in a lot of business for the crafts-
25 men there. •He called them together, along
with the workers in related trades, and said:
"You know, my friends, that we receive a
26 good income from this business. •And you
see and hear how this fellow Paul has con-
vinced and led astray large numbers of people
here in Ephesus and in practically the whole
province of Asia. He says that gods made by
27 human hands are no gods at all. •There is
danger not only that our trade will lose its
good name, but also that the temple of the
great goddess Artemis will be discredited;

[a]*19* A drachma was a silver coin worth about a day's wages. [b]*21* Or *decided in the Spirit*

1) 또는 망령되이 2) 헬, 악령

astray [əstréi] *a.* 길을 잃은
bleeding [blí:diŋ] *a.* 출혈하는
calculate [kǽlkjulèit] *vt.* 계산하다
confess [kənfés] *vt.* 자백하다
convince [kənvíns] *vt.* 납득시키다
craftsman [krǽftsmən] *n.* 기술자
discredit [diskrédit] *vt.* 믿지않다, 의심하다
disturbance [distə́:rbəns] *n.* 소란
income [ínkʌm] *n.* 수입, 소득
naked [néikid] *a.* 벌거벗은
overpower [òuvərpáuər] *vt.* 이기다
scroll [skroul] *n.* 두루마리(책)
seize [si:z] *vt.* 붙잡다
shrine [ʃrain] *n.* 사당, 신전
sorcery [sɔ́:rsəri] *n.* 마술

19:13 drive out: 내쫓다
19:16 run out of...: …에서 도망치다
19:25 along with...: …과 함께
19:26 no... at all: 조금도 …아니다
19:27 not only... but also~: …뿐만 아니라 ~도 또한

28 그들이 이 말을 듣고 분노가 가득하여 외쳐
이르되 크다 에베소 사람의 아데미여 하니
29 온 시내가 요란하여 바울과 같이 다니는 마
게도냐 사람 가이오와 아리스다고를 붙들
어 일제히 연극장으로 달려 들어가는지라
30 바울이 백성 가운데로 들어가고자 하나 제
자들이 말리고
31 또 아시아 관리 중에 바울의 친구된 어떤
이들이 그에게 통지하여 연극장에 들어가
지 말라 권하더라
32 사람들이 외쳐 어떤 이는 이런 말을, 어떤
이는 저런 말을 하니 모인 무리가 분란하여
태반이나 어찌하여 모였는지 알지 못하더
라
33 유대인들이 무리 가운데서 알렉산더를 권
하여 앞으로 밀어내니 알렉산더가 손짓하
며 백성에게 변명하려 하나
34 그들은 그가 유대인인 줄 알고 다 한 소리
로 외쳐 이르되 크다 에베소 사람의 아데미
여 하기를 두 시간이나 하더니
35 서기장이 무리를 진정시키고 이르되 에베
소 사람들아 에베소 시가 큰 아데미와 [1]제
우스에게서 내려온 우상의 신전지기가 된
줄을 누가 알지 못하겠느냐
36 이 일이 그렇지 않다 할 수 없으니 너희가
가만히 있어서 무엇이든지 경솔히 아니하
여야 하리라
37 신전의 물건을 도둑질하지도 아니하였고
우리 여신을 비방하지도 아니한 이 사람들
을 너희가 붙잡아 왔으니
38 만일 데메드리오와 그와 함께 있는 직공들
이 누구에게 고발할 것이 있으면 재판 날
도 있고 총독들도 있으니 피차 고소할 것
이요 13:7
39 만일 그 외에 무엇을 원하면 정식으로 민회
에서 결정할지라
40 오늘 아무 까닭도 없는 이 일에 우리가 소
요 사건으로 책망 받을 위험이 있고 우리는
이 불법 집회에 관하여 보고할 자료가 없다
하고
41 이에 그 모임을 흩어지게 하니라

바울이 마게도냐와 헬라를 다니다

20 소요가 그치매 바울은 제자들을 불러
권한 후에 작별하고 떠나 마게도냐로
가니라
2 그 지방으로 다녀가며 여러 말로 제자들에
게 권하고 헬라에 이르러

and the goddess herself, who is worshiped
throughout the province of Asia and the
world, will be robbed of her divine majesty."
28 •When they heard this, they were furious
and began shouting: "Great is Artemis of the
29 Ephesians!" •Soon the whole city was in an
uproar. The people seized Gaius and Aristar-
chus, Paul's traveling companions from
Macedonia, and all of them rushed into the
30 theater together. •Paul wanted to appear
before the crowd, but the disciples would not
31 let him. •Even some of the officials of the
province, friends of Paul, sent him a message
begging him not to venture into the theater.
32 •The assembly was in confusion: Some
were shouting one thing, some another. Most
of the people did not even know why they
33 were there. •The Jews in the crowd pushed
Alexander to the front, and they shouted
instructions to him. He motioned for silence
in order to make a defense before the people.
34 •But when they realized he was a Jew, they
all shouted in unison for about two hours:
"Great is Artemis of the Ephesians!"
35 •The city clerk quieted the crowd and said:
"Fellow Ephesians, doesn't all the world know
that the city of Ephesus is the guardian of the
temple of the great Artemis and of her image,
36 which fell from heaven? •Therefore, since
these facts are undeniable, you ought to calm
37 down and not do anything rash. •You have
brought these men here, though they have
neither robbed temples nor blasphemed our
38 goddess. •If, then, Demetrius and his fellow
craftsmen have a grievance against anybody,
the courts are open and there are proconsuls.
39 They can press charges. •If there is anything
further you want to bring up, it must be set-
40 tled in a legal assembly. •As it is, we are in
danger of being charged with rioting because
of what happened today. In that case we
would not be able to account for this commo-
41 tion, since there is no reason for it." •After he
had said this, he dismissed the assembly.

Through Macedonia and Greece

20 When the uproar had ended, Paul
sent for the disciples and, after en-
couraging them, said goodbye and set out
2 for Macedonia. •He traveled through that
area, speaking many words of encourage-
ment to the people, and finally arrived in

1) 또는 하늘로서

assembly [əsémbli] *n.* 모임, 집회
blaspheme [blæsfí:m] *vt.* 모독하다
charge [tʃa:rdʒ] *vt.* 비난하다
commotion [kəmóuʃən] *n.* 동요
dismiss [dismís] *vt.* 해산시키다
divine [diváin] *a.* 신성한
furious [fjúəriəs] *a.* 격노한
grievance [grí:vəns] *n.* 불평
legal [lí:gəl] *a.* 합법적인
proconsul [proukánsəl] *n.* 지방 총독
riot [ráiət] *n.* 폭동, 소동
rob [rab] *vt.* 강탈하다
undeniable [ʌ̀ndináiəbl] *a.* 부인하기 어려운
uproar [ʌ́prɔ̀:r] *n.* 소동
venture [véntʃər] *vt.* 위험에 내맡기다

19:32 **be in confusion**: 당황하다
19:33 **in order to...**: …하기 위하여
19:37 **neither... nor ~**: …도 ~도 아니다
19:39 **bring up**: (문제 등을) 꺼내다
19:40 **account for...**: …을 설명하다
20:1 **set out**: 출발하다

3 거기 석 달 동안 있다가 배 타고 수리아로
가고자 할 그때에 유대인들이 자기를 해하
려고 공모하므로 마게도냐를 거쳐 돌아가
기로 작정하니 23:12
4 [1]아시아까지 함께 가는 자는 베뢰아 사람
부로의 아들 소바더와 데살로니가 사람 아
리스다고와 세군도와 더베 사람 가이오와
및 디모데와 아시아 사람 두기고와 드로비
모라
5 그들은 먼저 가서 드로아에서 우리를 기다
리더라
6 우리는 무교절 후에 빌립보에서 배로 떠나
닷새 만에 드로아에 있는 그들에게 가서 이
레를 머무니라

유두고를 살리다

7 ●그 주간의 첫날에 우리가 떡을 떼려 하여
모였더니 바울이 이튿날 떠나고자 하여 그
들에게 강론할새 말을 밤중까지 계속하매
8 우리가 모인 윗다락에 등불을 많이 켰는데
9 유두고라 하는 청년이 창에 걸터 앉아 있다
가 깊이 졸더니 바울이 강론하기를 더 오래
하매 졸음을 이기지 못하여 삼 층에서 떨어
지거늘 일으켜보니 죽었는지라
10 바울이 내려가서 그 위에 엎드려 그 몸을
안고 말하되 떠들지 말라 생명이 그에게 있
다 하고
11 올라가 떡을 떼어 먹고 오랫동안 곧 날이
새기까지 이야기하고 떠나니라
12 사람들이 살아난 청년을 데리고 가서 적지
않게 위로를 받았더라

드로아에서 밀레도까지 항해하다

13 ●우리는 앞서 배를 타고 앗소에서 바울을
태우려고 그리로 가니 이는 바울이 [2]걸어서
가고자 하여 그렇게 정하여 준 것이라
14 바울이 앗소에서 우리를 만나니 우리가 배
에 태우고 미둘레네로 가서
15 거기서 떠나 이튿날 기오 앞에 오고 그 이
튿날 사모에 들르고 또 그 다음 날 밀레도
에 이르니라
16 바울이 아시아에서 지체하지 않기 위하여
에베소를 지나 배 타고 가기로 작정하였으
니 이는 될 수 있는 대로 오순절 안에 예루
살렘에 이르려고 급히 감이러라 21:4,12

에베소 장로들에게 고별 설교를 하다

17 ●바울이 밀레도에서 사람을 에베소로 보
내어 교회 장로들을 청하니 11:30
18 오매 그들에게 말하되 아시아에 들어온 첫날

3 Greece, •where he stayed three months.
Because some Jews had plotted against him
just as he was about to sail for Syria, he
4 decided to go back through Macedonia. •He
was accompanied by Sopater son of Pyrrhus
from Berea, Aristarchus and Secundus from
Thessalonica, Gaius from Derbe, Timothy
also, and Tychicus and Trophimus from
5 the province of Asia. •These men went on
6 ahead and waited for us at Troas. •But we
sailed from Philippi after the Festival of
Unleavened Bread, and five days later joined
the others at Troas, where we stayed seven
days.

Eutychus Raised From the Dead at Troas

7 •On the first day of the week we came
together to break bread. Paul spoke to the
people and, because he intended to leave the
next day, kept on talking until midnight.
8 •There were many lamps in the upstairs
9 room where we were meeting. •Seated in a
window was a young man named Eutychus,
who was sinking into a deep sleep as Paul
talked on and on. When he was sound asleep,
he fell to the ground from the third story and
10 was picked up dead. •Paul went down,
threw himself on the young man and put his
arms around him. "Don't be alarmed," he
11 said. "He's alive!" •Then he went upstairs
again and broke bread and ate. After talking
12 until daylight, he left. •The people took the
young man home alive and were greatly
comforted.

Paul's Farewell to the Ephesian Elders

13 •We went on ahead to the ship and sailed
for Assos, where we were going to take Paul
aboard. He had made this arrangement
14 because he was going there on foot. •When
he met us at Assos, we took him aboard and
15 went on to Mitylene. •The next day we set
sail from there and arrived off Chios. The day
after that we crossed over to Samos, and on
16 the following day arrived at Miletus. •Paul
had decided to sail past Ephesus to avoid
spending time in the province of Asia, for he
was in a hurry to reach Jerusalem, if possible,
by the day of Pentecost.
17 •From Miletus, Paul sent to Ephesus for
18 the elders of the church. •When they arrived,
he said to them: "You know how I lived the

1) 어떤 사본에는, '아시아까지' 가 없음 2) 또는 육로로

aboard [əbɔ́:rd] *ad.* 배로
accompany [əkʌ́mpəni] *vt.* 동반하다
alarm [əlɑ́:rm] *vt.* 놀라게 하다
arrangement [əréindʒmənt] *n.* 합의
avoid [əvɔ́id] *vt.* 피하다
comfort [kʌ́mfərt] *vt.* 위안하다
daylight [déilàit] *n.* 낮
decide [disáid] *vt.* 결심하다
intend [inténd] *vt.* …하려 하다
Pentecost [péntikɔ̀:st] *n.* 오순절
plot [plat] *n.* 음모
province [prɑ́vins] *n.* 지방
reach [ri:tʃ] *vt.* 도착하다
sail [seil] *vi.* 항해하다
unleavened [ʌ̀nlévənd] *a.* 누룩을 넣지 않은

20:3 just as...: 꼭 …처럼
20:3 be about to...: 막 …하려고 하다
20:7 keep on -ing: 계속 …하다
20:9 sink into: 빠지다
20:9 on and on: 계속, 쉬지 않고
20:13 on foot: 도보로, 걸어서

부터 지금까지 내가 항상 여러분 가운데서
어떻게 행하였는지를 여러분도 아는 바니
19 곧 모든 겸손과 눈물이며 유대인의 간계로
말미암아 당한 시험을 참고 주를 섬긴 것과
20 유익한 것은 무엇이든지 공중 앞에서나 각
집에서나 거리낌이 없이 여러분에게 전하여
가르치고
21 유대인과 헬라인들에게 하나님께 대한 회
개와 우리 주 예수 그리스도께 대한 믿음을
증언한 것이라
22 보라 이제 나는 성령에 매여 예루살렘으로
가는데 거기서 무슨 일을 당할는지 알지 못
하노라
23 오직 성령이 각 성에서 내게 증언하여 결박
과 환난이 나를 기다린다 하시나
24 내가 달려갈 길과 주 예수께 받은 사명 곧
하나님의 은혜의 복음을 증언하는 일을 마
치려 함에는 나의 생명조차 조금도 귀한 것
으로 여기지 아니하노라
25 보라 내가 여러분 중에 왕래하며 하나님의
나라를 전파하였으나 이제는 여러분이 다
내 얼굴을 다시 보지 못할 줄 아노라
26 그러므로 오늘 여러분에게 증언하거니와 모
든 사람의 피에 대하여 내가 깨끗하니 고후 7:2
27 이는 내가 꺼리지 않고 하나님의 뜻을 다
여러분에게 전하였음이라
28 여러분은 자기를 위하여 또는 온 양 떼를
위하여 삼가라 성령이 그들 가운데 여러분
을 감독자로 삼고 [1]하나님이 자기 피로 사
신 교회를 보살피게 하셨느니라
29 내가 떠난 후에 사나운 이리가 여러분에게
들어와서 그 양 떼를 아끼지 아니하며
30 또한 여러분 중에서도 제자들을 끌어 자기
를 따르게 하려고 어그러진 말을 하는 사람
들이 일어날 줄을 내가 아노라
31 그러므로 여러분이 일깨어 내가 삼 년이나
밤낮 쉬지 않고 눈물로 각 사람을 훈계하던
것을 기억하라
32 지금 내가 여러분을 주와 및 그 은혜의 말
씀에 부탁하노니 그 말씀이 여러분을 능히
든든히 세우사 거룩하게 하심을 입은 모든
자 가운데 기업이 있게 하시리라
33 내가 아무의 은이나 금이나 의복을 탐하지
아니하였고
34 여러분이 아는 바와 같이 이 손으로 나와
내 동행들이 쓰는 것을 충당하여
35 범사에 여러분에게 모본을 보여준 바와 같

whole time I was with you, from the first day
19 I came into the province of Asia. •I served the
Lord with great humility and with tears and
in the midst of severe testing by the plots of
20 my Jewish opponents. •You know that I
have not hesitated to preach anything that
would be helpful to you but have taught you
21 publicly and from house to house. •I have
declared to both Jews and Greeks that they
must turn to God in repentance and have
faith in our Lord Jesus.
22 •“And now, compelled by the Spirit, I am
going to Jerusalem, not knowing what will
23 happen to me there. •I only know that in
every city the Holy Spirit warns me that pri-
24 son and hardships are facing me. •However,
I consider my life worth nothing to me; my
only aim is to finish the race and complete
the task the Lord Jesus has given me—the
task of testifying to the good news of God’s
grace.
25 •“Now I know that none of you among
whom I have gone about preaching the king-
26 dom will ever see me again. •Therefore, I
declare to you today that I am innocent of
27 the blood of any of you. •For I have not hes-
itated to proclaim to you the whole will of
28 God. •Keep watch over yourselves and all the
flock of which the Holy Spirit has made you
overseers. Be shepherds of the church of
God,[a] which he bought with his own blood.[b]
29 •I know that after I leave, savage wolves will
come in among you and will not spare the
30 flock. •Even from your own number men
will arise and distort the truth in order to
31 draw away disciples after them. •So be on
your guard! Remember that for three years I
never stopped warning each of you night and
day with tears.
32 •“Now I commit you to God and to the
word of his grace, which can build you up
and give you an inheritance among all those
33 who are sanctified. •I have not coveted any-
34 one’s silver or gold or clothing. •You your-
selves know that these hands of mine have
supplied my own needs and the needs of my
35 companions. •In everything I did, I showed
you that by this kind of hard work we must
help the weak, remembering the words the
Lord Jesus himself said: ‘It is more blessed to

[a]28 Many manuscripts *of the Lord* [b]28 Or *with the blood of his own Son.* 1) 어떤 사본에, 주께서

aim [eim] *n.* 목적, 목표
commit [kəmít] *vt.* 부탁하다, 맡기다
compel [kəmpél] *vt.* 억지로 …시키다
covet [kʌ́vit] *vt.* 탐내다
declare [dikléər] *vt.* 선언하다
distort [distɔ́:rt] *vt.* 왜곡하다
hesitate [hézətèit] *vi.* 주저하다
inheritance [inhérətəns] *n.* 기업, 상속
overseer [óuvərsì:ər] *n.* 감독
repentance [ripéntəns] *n.* 회개
sanctify [sǽŋktəfài] *vt.* 신성하게 하다
savage [sǽvidʒ] *a.* 잔인한
spare [spɛər] *vt.* 아끼다
task [tæsk] *n.* 직무
worth [wə:rθ] *a.* 가치있는

20:20 **be helpful to...**: …의 힘이 되다
20:21 **have faith in...**: …를 믿다
20:28 **watch over...**: …을 지키다
20:30 **in order to...**: …하기 위하여
20:30 **draw away**: 끌다
20:31 **be on your guard**: 경계하라

이 수고하여 약한 사람들을 돕고 또 주 예수
께서 친히 말씀하신 바 주는 것이 받는 것보
다 복이 있다 하심을 기억하여야 할지니라
36 ●이 말을 한 후 무릎을 꿇고 그 모든 사람들
과 함께 기도하니
37 다 크게 울며 바울의 목을 안고 입을 맞추고
38 다시 그 얼굴을 보지 못하리라 한 말로 말미암
아 더욱 근심하고 배에까지 그를 전송하니라

바울이 예루살렘으로 가다

21 우리가 그들을 작별하고 배를 타고 바로
고스로 가서 이튿날 로도에 이르러 거기
서부터 바다라로 가서
2 베니게로 건너가는 배를 만나서 타고 가다가
3 구브로를 바라보고 이를 왼편에 두고 수리아
로 항해하여 두로에서 상륙하니 거기서 배의
짐을 풀려 함이러라
4 제자들을 찾아 거기서 이레를 머물더니 그
제자들이 성령의 감동으로 바울더러 예루살
렘에 들어가지 말라 하더라
5 이 여러 날을 지낸 후 우리가 떠나갈새 그들이
다 그 처자와 함께 성문 밖까지 전송하거늘 우
리가 바닷가에서 무릎을 꿇어 기도하고 20:36
6 서로 작별한 후 우리는 배에 오르고 그들은
집으로 돌아가니라
7 ●두로를 떠나 항해를 다 마치고 돌레마이에
이르러 형제들에게 안부를 묻고 그들과 함께
하루를 있다가 12:20
8 이튿날 떠나 가이사랴에 이르러 일곱 집사
중 하나인 전도자 빌립의 집에 들어가서 머
무르니라
9 그에게 딸 넷이 있으니 처녀로 예언하는 자라
10 여러 날 머물러 있더니 아가보라 하는 한 선
지자가 유대로부터 내려와
11 우리에게 와서 바울의 띠를 가져다가 자기
수족을 잡아매고 말하기를 성령이 말씀하시
되 예루살렘에서 유대인들이 이같이 이 띠
임자를 결박하여 이방인의 손에 넘겨 주리라
하거늘
12 우리가 그 말을 듣고 그곳 사람들과 더불어
바울에게 예루살렘으로 올라가지 말라 권하
니
13 바울이 대답하되 여러분이 어찌하여 울어 내
마음을 상하게 하느냐 나는 주 예수의 이름
을 위하여 결박 당할 뿐 아니라 예루살렘에
서 죽을 것도 각오하였노라 하니
14 그가 권함을 받지 아니하므로 우리가 주의
뜻대로 이루어지이다 하고 그쳤노라 마 26:42

give than to receive.' "
36 ●When Paul had finished speaking, he
knelt down with all of them and prayed.
37 ●They all wept as they embraced him and
38 kissed him. ●What grieved them most was
his statement that they would never see his
face again. Then they accompanied him to
the ship.

On to Jerusalem

21 After we had torn ourselves away
from them, we put out to sea and
sailed straight to Kos. The next day we went
2 to Rhodes and from there to Patara. ●We
found a ship crossing over to Phoenicia,
3 went on board and set sail. ●After sighting
Cyprus and passing to the south of it, we
sailed on to Syria. We landed at Tyre, where
4 our ship was to unload its cargo. ●We
sought out the disciples there and stayed
with them seven days. Through the Spirit
they urged Paul not to go on to Jerusalem.
5 ●When it was time to leave, we left and
continued on our way. All of them, includ-
ing wives and children, accompanied us
out of the city, and there on the beach we
6 knelt to pray. ●After saying goodbye to
each other, we went aboard the ship, and
they returned home.
7 ●We continued our voyage from Tyre
and landed at Ptolemais, where we greeted
the brothers and sisters and stayed with
8 them for a day. ●Leaving the next day, we
reached Caesarea and stayed at the house of
9 Philip the evangelist, one of the Seven. ●He
had four unmarried daughters who prophe-
sied.
10 ●After we had been there a number of
days, a prophet named Agabus came down
11 from Judea. ●Coming over to us, he took
Paul's belt, tied his own hands and feet
with it and said, "The Holy Spirit says, 'In
this way the Jewish leaders in Jerusalem will
bind the owner of this belt and will hand
him over to the Gentiles.' "
12 ●When we heard this, we and the people
there pleaded with Paul not to go up to
13 Jerusalem. ●Then Paul answered, "Why are
you weeping and breaking my heart? I am
ready not only to be bound, but also to die
in Jerusalem for the name of the Lord Jesus."
14 ●When he would not be dissuaded, we
gave up and said, "The Lord's will be done."

aboard [əbɔ́:rd] *ad.* …를 타고
accompany [əkʌ́mpəni] *vt.* 동반하다
bind [baind] *vt.* 묶다
cargo [ká:rgou] *n.* 짐
dissuade [diswéid] *vt.* 그만두게 하다
embrace [imbréis] *vt.* 껴안다
evangelist [ivǽndʒəlist] *n.* 복음 전도자
grieve [gri:v] *vi.* 슬퍼하다
plead [plí:d] *vi.* 간청하다
prophesy [práfəsài] *vi.* 예언하다
sail [seil] *vt.* 항해하다
statement [stéitmənt] *n.* 진술
unload [ʌnlóud] *vt.* (짐을) 내리다
urge [ə:rdʒ] *vt.* 강력히 권하다
voyage [vɔ́iidʒ] *n.* 항해

21:1 tear oneself away from...: …와 갈라서다, 작별하다
21:2 go on board: 승선하다
21:11 hand over to: 넘겨주다
21:13 not only..., but also ~: …뿐만 아니라 ~도 또한

15 ●이 여러 날 후에 여장을 꾸려 예루살렘으
로 올라갈새
16 가이사랴의 몇 제자가 함께 가며 한 오랜
제자 구브로 사람 나손을 데리고 가니 이는
우리가 그의 집에 머물려 함이라 21:3,4

바울이 야고보를 방문하다

17 ●예루살렘에 이르니 형제들이 우리를 기
꺼이 영접하거늘
18 그 이튿날 바울이 우리와 함께 야고보에게
로 들어가니 장로들도 다 있더라
19 바울이 문안하고 하나님이 자기의 사역으
로 말미암아 이방 가운데서 하신 일을 낱낱
이 말하니
20 그들이 듣고 하나님께 영광을 돌리고 바울
더러 이르되 형제여 그대도 보는 바에 유
대인 중에 믿는 자 수만 명이 있으니 다 율
법에 열성을 가진 자라
21 네가 이방에 있는 모든 유대인을 가르치되
모세를 배반하고 아들들에게 할례를 행하
지 말고 또 관습을 지키지 말라 한다 함을
그들이 들었도다
22 그러면 어찌할꼬 그들이 필연 그대가 온 것
을 들으리니
23 우리가 말하는 이대로 하라 서원한 네 사람
이 우리에게 있으니
24 그들을 데리고 함께 결례를 행하고 그들을
위하여 비용을 내어 머리를 깎게 하라 그러
면 모든 사람이 그대에 대하여 들은 것이
사실이 아니고 그대도 율법을 지켜 행하는
줄로 알 것이라
25 주를 믿는 이방인에게는 우리가 우상의 제
물과 피와 목매어 죽인 것과 음행을 피할
것을 결의하고 편지하였느니라 하니
26 바울이 이 사람들을 데리고 이튿날 그들과
함께 결례를 행하고 성전에 들어가서 각 사
람을 위하여 제사 드릴 때까지의 결례 기간
이 만기된 것을 신고하니라

바울이 잡히다

27 ●그 이레가 거의 차매 아시아로부터 온 유
대인들이 성전에서 바울을 보고 모든 무리
를 충동하여 그를 붙들고
28 외치되 이스라엘 사람들아 도우라 이 사람
은 각처에서 우리 백성과 율법과 이곳을 비
방하여 모든 사람을 가르치는 그 자인데 또
헬라인을 데리고 성전에 들어가서 이 거룩
한 곳을 더럽혔다 하니
29 이는 그들이 전에 에베소 사람 드로비모가

15 ●After this, we started on our way up to
16 Jerusalem. ●Some of the disciples from Cae-
sarea accompanied us and brought us to the
home of Mnason, where we were to stay. He
was a man from Cyprus and one of the early
disciples.

Paul's Arrival at Jerusalem

17 ●When we arrived at Jerusalem, the bro-
18 thers and sisters received us warmly. ●The
next day Paul and the rest of us went to see
19 James, and all the elders were present. ●Paul
greeted them and reported in detail what God
had done among the Gentiles through his
ministry.
20 ●When they heard this, they praised God.
Then they said to Paul: "You see, brother,
how many thousands of Jews have believed,
21 and all of them are zealous for the law. ●They
have been informed that you teach all the
Jews who live among the Gentiles to turn
away from Moses, telling them not to cir-
cumcise their children or live according to
22 our customs. ●What shall we do? They will
23 certainly hear that you have come, ●so do
what we tell you. There are four men with us
24 who have made a vow. ●Take these men,
join in their purification rites and pay their
expenses, so that they can have their heads
shaved. Then everyone will know there is no
truth in these reports about you, but that you
yourself are living in obedience to the law.
25 ●As for the Gentile believers, we have written
to them our decision that they should abstain
from food sacrificed to idols, from blood,
from the meat of strangled animals and from
sexual immorality."
26 ●The next day Paul took the men and puri-
fied himself along with them. Then he went
to the temple to give notice of the date when
the days of purification would end and the
offering would be made for each of them.

Paul Arrested

27 ●When the seven days were nearly over,
some Jews from the province of Asia saw Paul
at the temple. They stirred up the whole
28 crowd and seized him, ●shouting, "Fellow
Israelites, help us! This is the man who teach-
es everyone everywhere against our people
and our law and this place. And besides, he
has brought Greeks into the temple and
29 defiled this holy place." ●(They had previ-

abstain [əbstéin] *vi.* 그만두다, 삼가다
circumcise [sə́:rkəmsàiz] *vt.* 할례를 베풀다
defile [difáil] *vt.* 더럽히다
immorality [ìmərǽləti] *n.* 부도덕
ministry [mínəstri] *n.* 사역, 직무
previously [prí:viəsli] *ad.* 이전에
province [prάvins] *n.* 지방
purification [pjùərəfikéiʃən] *n.* 정화
rite [rait] *n.* 의식
sacrifice [sǽkrəfàis] *vt.* 산 제물을 바치다
seize [si:z] *vt.* 잡다
shave [ʃeiv] *vt.* 깎다
stir [stə:r] *vt.* 흥분시키다
strangle [strǽŋgl] *vt.* 목 졸라 죽이다
warmly [wɔ́:rmli] *ad.* 따뜻이

21:19 **in detail**: 상세히, 낱낱이
21:20 **be zealous for...**: …에 열심이다
21:21 **turn away from...**: …을 외면하다
21:23 **make a vow**: 맹세하다
21:24 **in obedience to...**: …에 복종하여
21:26 **give notice of...**: …의 통지를 하다

바울과 함께 시내에 있음을 보고 바울이 그
를 성전에 데리고 들어간 줄로 생각함이러라
30 온 성이 소동하여 백성이 달려와 모여 바울
을 잡아 성전 밖으로 끌고 나가니 문들이 곧
닫히더라
31 그들이 그를 죽이려 할 때에 온 예루살렘이
요란하다는 소문이 군대의 천부장에게 들리
매
32 그가 급히 군인들과 백부장들을 거느리고 달
려 내려가니 그들이 천부장과 군인들을 보고
바울 치기를 그치는지라
33 이에 천부장이 가까이 가서 바울을 잡아 두
쇠사슬로 결박하라 명하고 그가 누구이며 그
가 무슨 일을 하였느냐 물으니
34 무리 가운데서 어떤 이는 이런 말로, 어떤 이
는 저런 말로 소리 치거늘 천부장이 소동으
로 말미암아 진상을 알 수 없어 그를 영내로
데려가라 명하니라
35 바울이 층대에 이를 때에 무리의 폭행으로
말미암아 군사들에게 들려가니
36 이는 백성의 무리가 그를 없이하자고 외치며
따라 감이러라

바울이 백성에게 말하다

37 •바울을 데리고 영내로 들어가려 할 그때에
바울이 천부장에게 이르되 내가 당신에게 말
할 수 있느냐 이르되 네가 헬라 말을 아느냐
38 그러면 네가 이전에 소요를 일으켜 자객 사
천 명을 거느리고 광야로 가던 애굽인이 아
니냐
39 바울이 이르되 나는 유대인이라 소읍이 아닌
길리기아 다소 시의 시민이니 청컨대 백성에
게 말하기를 허락하라 하니 9:11
40 천부장이 허락하거늘 바울이 층대 위에 서서
백성에게 손짓하여 매우 조용히 한 후에 히
브리 말로 말하니라

22 부형들아 내가 지금 여러분 앞에서 변
명하는 말을 들으라

바울이 변명하다 (행 9:1-19; 26:12-18)

2 •그들이 그가 히브리 말로 말함을 듣고 더
욱 조용한지라 이어 이르되
3 나는 유대인으로 길리기아 다소에서 났고 이
성에서 자라 가말리엘의 문하에서 우리 조상
들의 율법의 엄한 교훈을 받았고 오늘 너희
모든 사람처럼 하나님께 대하여 열심이 있는
자라
4 내가 이 도를 박해하여 사람을 죽이기까지
하고 남녀를 결박하여 옥에 넘겼노니 26:9-11

ously seen Trophimus the Ephesian in the
city with Paul and assumed that Paul had
brought him into the temple.)
30 •The whole city was aroused, and the
people came running from all directions.
Seizing Paul, they dragged him from the
temple, and immediately the gates were
31 shut. •While they were trying to kill him,
news reached the commander of the Roman
troops that the whole city of Jerusalem was
32 in an uproar. •He at once took some officers
and soldiers and ran down to the crowd.
When the rioters saw the commander and
his soldiers, they stopped beating Paul.
33 •The commander came up and arrested
him and ordered him to be bound with two
chains. Then he asked who he was and
34 what he had done. •Some in the crowd
shouted one thing and some another, and
since the commander could not get at the
truth because of the uproar, he ordered that
35 Paul be taken into the barracks. •When
Paul reached the steps, the violence of the
mob was so great he had to be carried by the
36 soldiers. •The crowd that followed kept
shouting, "Get rid of him!"

Paul Speaks to the Crowd

37 •As the soldiers were about to take Paul
into the barracks, he asked the commander,
"May I say something to you?"
"Do you speak Greek?" he replied.
38 •"Aren't you the Egyptian who started a
revolt and led four thousand terrorists out
into the wilderness some time ago?"
39 •Paul answered, "I am a Jew, from Tarsus
in Cilicia, a citizen of no ordinary city. Please
let me speak to the people."
40 •After receiving the commander's permis-
sion, Paul stood on the steps and motioned
to the crowd. When they were all silent, he
said to them in Aramaic[a]:
1 **22** •"Brothers and fathers, listen now
to my defense."
2 •When they heard him speak to them in
Aramaic, they became very quiet.
3 Then Paul said: •"I am a Jew, born in Tar-
sus of Cilicia, but brought up in this city. I
studied under Gamaliel and was thorough-
ly trained in the law of our ancestors. I was
just as zealous for God as any of you are
4 today. •I persecuted the followers of this
Way to their death, arresting both men and

[a]40 Or possibly *Hebrew*; also in 22:2

arouse [əráuz] *vt.* 불러일으키다
arrest [ərést] *vt.* 체포하다
assume [əsú:m] *vt.* 생각하다
barrack [bǽrək] *n.* 막사
commander [kəmǽndər] *n.* 사령관
defense [diféns] *n.* 변호, 방어
mob [mab] *n.* (집합적) 폭도
motion [móuʃən] *vt.* 몸짓으로 신호하다
permission [pərmíʃən] *n.* 허가
persecute [pə́:sikjù:t] *vt.* 박해하다
revolt [rivóult] *n.* 반란
thoroughly [θə́:rouli] *ad.* 철저히
troop [tru:p] *n.* 군대
uproar [ʌ́prɔ̀:r] *n.* 소동
violence [váiələns] *n.* 폭력

21:34 get at the truth: 진실을 파악하다
21:37 be about to...: 지금 막 …하려고 하다
22:3 bring up: 기르다, 양육하다
22:3 as... as any: 누구(어느 것) 못지 않게 …하다
22:4 to one's death: 죽다

5 이에 대제사장과 모든 장로들이 내 증인이
라 또 내가 그들에게서 다메섹 형제들에게
가는 공문을 받아 가지고 거기 있는 자들
도 결박하여 예루살렘으로 끌어다가 형벌
받게 하려고 가더니
6 가는 중 다메섹에 가까이 갔을 때에 오정쯤
되어 홀연히 하늘로부터 큰 빛이 나를 둘러
비치매
7 내가 땅에 엎드러져 들으니 소리 있어 이르
되 사울아 사울아 네가 왜 나를 박해하느냐
하시거늘
8 내가 대답하되 주님 누구시니이까 하니 이
르시되 나는 네가 박해하는 나사렛 예수라
하시더라
9 나와 함께 있는 사람들이 빛은 보면서도 나
에게 말씀하시는 이의 소리는 듣지 못하더라
10 내가 이르되 주님 무엇을 하리이까 주께서
이르시되 일어나 다메섹으로 들어가라 네
가 해야 할 모든 것을 거기서 누가 이르리
라 하시거늘
11 나는 그 빛의 광채로 말미암아 볼 수 없게
되었으므로 나와 함께 있는 사람들의 손에
끌려 다메섹에 들어갔노라 9:8
12 율법에 따라 경건한 사람으로 거기 사는 모
든 유대인들에게 칭찬을 듣는 아나니아라
하는 이가
13 내게 와 곁에 서서 말하되 형제 사울아 [1]다
시 보라 하거늘 즉시 그를 쳐다보았노라
14 그가 또 이르되 우리 조상들의 하나님이 너
를 택하여 너로 하여금 자기 뜻을 알게 하
시며 그 의인을 보게 하시고 그 입에서 나
오는 음성을 듣게 하셨으니
15 네가 그를 위하여 모든 사람 앞에서 네가
보고 들은 것에 증인이 되리라
16 이제는 왜 주저하느냐 일어나 주의 이름을
불러 [2]세례를 받고 너의 죄를 씻으라 하더라
17 후에 내가 예루살렘으로 돌아와서 성전에
서 기도할 때에 황홀한 중에
18 보매 주께서 내게 말씀하시되 속히 예루살
렘에서 나가라 그들은 네가 내게 대하여 증
언하는 말을 듣지 아니하리라 하시거늘
19 내가 말하기를 주님 내가 주를 믿는 사람들
을 가두고 또 각 회당에서 때리고
20 또 주의 증인 스데반이 피를 흘릴 때에 내
가 곁에 서서 찬성하고 그 죽이는 사람들의
옷을 지킨 줄 그들도 아나이다
21 나더러 또 이르시되 떠나가라 내가 너를 멀

5 women and throwing them into prison, •as
the high priest and all the Council can them-
selves testify. I even obtained letters from
them to their associates in Damascus, and
went there to bring these people as prisoners
to Jerusalem to be punished.
6 •"About noon as I came near Damascus,
suddenly a bright light from heaven flashed
7 around me. •I fell to the ground and heard a
voice say to me, 'Saul! Saul! Why do you per-
secute me?'
8 •" 'Who are you, Lord?' I asked.
" 'I am Jesus of Nazareth, whom you are
9 persecuting,' he replied. •My companions
saw the light, but they did not understand
the voice of him who was speaking to me.
10 •" 'What shall I do, Lord?' I asked.
" 'Get up,' the Lord said, 'and go into Da-
mascus. There you will be told all that you
11 have been assigned to do.' •My companions
led me by the hand into Damascus, because
the brilliance of the light had blinded me.
12 •"A man named Ananias came to see me.
He was a devout observer of the law and
highly respected by all the Jews living there.
13 •He stood beside me and said, 'Brother Saul,
receive your sight!' And at that very moment
I was able to see him.
14 •"Then he said: 'The God of our ancestors
has chosen you to know his will and to see
the Righteous One and to hear words from
15 his mouth. •You will be his witness to all
people of what you have seen and heard.
16 •And now what are you waiting for? Get up,
be baptized and wash your sins away, calling
on his name.'
17 •"When I returned to Jerusalem and was
18 praying at the temple, I fell into a trance •and
saw the Lord speaking to me. 'Quick!' he
said. 'Leave Jerusalem immediately, because
the people here will not accept your testimo-
ny about me.'
19 •" 'Lord,' I replied, 'these people know
that I went from one synagogue to another
to imprison and beat those who believe in
20 you. •And when the blood of your martyr[a]
Stephen was shed, I stood there giving my
approval and guarding the clothes of those
who were killing him.'
21 •"Then the Lord said to me, 'Go; I will
send you far away to the Gentiles.' "

[a]20 Or *witness* 1) 또는 쳐다보라 2) 헬, 또는 침례

accept [æksépt] *vt.* 받아들이다
approval [əprúːvəl] *n.* 찬성
assign [əsáin] *vt.* 부여하다
associate [əsóuʃièit] *n.* 동료
brilliance [bríljəns] *n.* 광채
devout [diváut] *a.* 믿음이 깊은
imprison [imprízn] *vt.* 감옥에 넣다
martyr [máːrtər] *n.* 순교자
observer [əbzə́ːrvər] *n.* 준수자
obtain [əbtéin] *vt.* 손에 넣다
persecute [pə́ːrsikjùːt] *vt.* 박해하다
punish [pʌ́niʃ] *vt.* 벌하다
respect [rispékt] *vt.* 존경하다
synagogue [sínəgàg] *n.* 회당
testimony [téstəmòuni] *n.* 증언

22:11 lead... by the hand: 손을 잡고 …를 이끌다
22:13 at that very moment: 그 찰나에
22:16 wait for...: …를 기다리다
22:17 fall into a trance: 황홀해지다
22:21 far away: 멀리

리 이방인에게로 보내리라 하셨느니라 9:15
22 이 말하는 것까지 그들이 듣다가 소리 질러
이르되 이러한 자는 세상에서 없애 버리자
살려 둘 자가 아니라 하여
23 떠들며 옷을 벗어 던지고 티끌을 공중에 날
리니
24 천부장이 바울을 영내로 데려가라 명하고
그들이 무슨 일로 그에 대하여 떠드는지 알
고자 하여 채찍질하며 심문하라 한대 21:34
25 가죽 줄로 바울을 매니 바울이 곁에 서 있
는 백부장더러 이르되 너희가 로마 시민 된
자를 죄도 정하지 아니하고 채찍질할 수 있
느냐 하니
26 백부장이 듣고 가서 천부장에게 전하여 이
르되 어찌하려 하느냐 이는 로마 시민이라
하니
27 천부장이 와서 바울에게 말하되 네가 로마
시민이냐 내게 말하라 이르되 그러하다
28 천부장이 대답하되 나는 돈을 많이 들여 이
시민권을 얻었노라 바울이 이르되 나는 나
면서부터라 하니
29 심문하려던 사람들이 곧 그에게서 물러가
고 천부장도 그가 로마 시민인 줄 알고 또
그 결박한 것 때문에 두려워하니라

바울이 공회 앞에서 증언하다 — A.D. 59년경

30 ●이튿날 천부장은 유대인들이 무슨 일로
그를 고발하는지 진상을 알고자 하여 그 결
박을 풀고 명하여 제사장들과 온 공회를 모
으고 바울을 데리고 내려가서 그들 앞에 세
우니라

23 바울이 공회를 주목하여 이르되 여러
분 형제들아 오늘까지 나는 범사에 양
심을 따라 [1]하나님을 섬겼노라 하거늘
2 대제사장 아나니아가 바울 곁에 서 있는 사
람들에게 그 입을 치라 명하니
3 바울이 이르되 회칠한 담이여 하나님이 너
를 치시리로다 네가 나를 율법대로 심판한
다고 앉아서 율법을 어기고 나를 치라 하느
냐 하니
4 곁에 선 사람들이 말하되 하나님의 대제사
장을 네가 욕하느냐
5 바울이 이르되 형제들아 나는 그가 대제
사장인 줄 알지 못하였노라 기록하였으되
ㄱ너의 백성의 관리를 비방하지 말라 하였
느니라 하더라
6 바울이 그 중 일부는 사두개인이요 다른 일

Paul the Roman Citizen

22 •The crowd listened to Paul until he said
this. Then they raised their voices and shout-
ed, "Rid the earth of him! He's not fit to live!"
23 •As they were shouting and throwing off
their cloaks and flinging dust into the air,
24 •the commander ordered that Paul be taken
into the barracks. He directed that he be
flogged and interrogated in order to find out
why the people were shouting at him like
25 this. •As they stretched him out to flog him,
Paul said to the centurion standing there, "Is
it legal for you to flog a Roman citizen who
hasn't even been found guilty?"
26 •When the centurion heard this, he went
to the commander and reported it. "What are
you going to do?" he asked. "This man is a
Roman citizen."
27 •The commander went to Paul and asked,
"Tell me, are you a Roman citizen?"
"Yes, I am," he answered.
28 •Then the commander said, "I had to pay
a lot of money for my citizenship."
"But I was born a citizen," Paul replied.
29 •Those who were about to interrogate him
withdrew immediately. The commander
himself was alarmed when he realized that
he had put Paul, a Roman citizen, in chains.

Paul Before the Sanhedrin

30 •The commander wanted to find out exact-
ly why Paul was being accused by the Jews. So
the next day he released him and ordered the
chief priests and all the members of the San-
hedrin to assemble. Then he brought Paul and
had him stand before them.

23 Paul looked straight at the Sanhedrin
and said, "My brothers, I have ful-
filled my duty to God in all good conscience
2 to this day." •At this the high priest Ananias
ordered those standing near Paul to strike
3 him on the mouth. •Then Paul said to him,
"God will strike you, you whitewashed wall!
You sit there to judge me according to the
law, yet you yourself violate the law by com-
manding that I be struck!"
4 •Those who were standing near Paul said,
"How dare you insult God's high priest!"
5 •Paul replied, "Brothers, I did not realize
that he was the high priest; for it is written:
'Do not speak evil about the ruler of your peo-
ple.'[a]"
6 •Then Paul, knowing that some of them

[a]5 Exodus 22:28 1) 헬, 하나님께 백성 노릇 하였노라 ㄱ. 출 22:28

barrack [bǽrək] *n.* 막사
centurion [sentjúəriən] *n.* 백부장
citizenship [sítəzənʃìp] *n.* 시민권
cloak [klouk] *n.* 망토, 외투
conscience [kánʃəns] *n.* 양심
dust [dʌst] *n.* 티끌
fling [fliŋ] *vi.* 내던지다
flog [flag] *vt.* 채찍질하다
fulfill [fulfíl] *vt.* 완수하다
insult [insʌ́lt] *vt.* 모욕하다
release [rilíːs] *vt.* 풀어주다
Sanhedrin [sænhédrin] *n.* 의회
violate [váiəlèit] *vt.* 위반하다
whitewash [hwáitwɔ̀ːʃ] *vt.* 희게 회칠하다
withdraw [wiðdrɔ́ː] *vi.* 물러가다

22:22 rid A of B: A에서 B를 제거하다
22:23 throw off: 벗어 던지다
22:24 in order to...: …하기 위하여
22:25 stretch out: 손발을 뻗다
22:30 be accused by...: …에 고소당하다
23:3 according to...: …에 따라서

부는 바리새인인 줄 알고 공회에서 외쳐 이
르되 여러분 형제들아 나는 바리새인이요
또 바리새인의 아들이라 죽은 자의 소망 곧
부활로 말미암아 내가 심문을 받노라 빌 3:5
7 그 말을 한즉 바리새인과 사두개인 사이에
다툼이 생겨 무리가 나누어지니
8 이는 사두개인은 부활도 없고 천사도 없고
영도 없다 하고 바리새인은 다 있다 함이라
9 크게 떠들새 바리새인 편에서 몇 서기관이
일어나 다투어 이르되 우리가 이 사람을 보
니 악한 것이 없도다 혹 영이나 혹 천사가
그에게 말하였으면 어찌 하겠느냐 하여
10 큰 분쟁이 생기니 천부장은 바울이 그들
에게 찢겨질까 하여 군인을 명하여 내려
가 무리 가운데서 빼앗아 가지고 영내로
들어가라 하니라
11 ● 그날 밤에 주께서 바울 곁에 서서 이르시
되 담대하라 네가 예루살렘에서 나의 일을
증언한 것같이 로마에서도 증언하여야 하
리라 하시니라

바울을 죽이려는 간계

12 ● 날이 새매 유대인들이 당을 지어 맹세하
되 바울을 죽이기 전에는 먹지도 아니하고
마시지도 아니하겠다 하고
13 이같이 동맹한 자가 사십여 명이더라
14 대제사장들과 장로들에게 가서 말하되 우
리가 바울을 죽이기 전에는 아무것도 먹지
않기로 굳게 맹세하였으니
15 이제 너희는 그의 사실을 더 자세히 물어보
려는 척하면서 공회와 함께 천부장에게 청
하여 바울을 너희에게로 데리고 내려오게
하라 우리는 그가 가까이 오기 전에 죽이기
로 준비하였노라 하더니
16 바울의 생질이 그들이 매복하여 있다 함
을 듣고 와서 영내에 들어가 바울에게 알
린지라
17 바울이 한 백부장을 청하여 이르되 이 청년
을 천부장에게로 인도하라 그에게 무슨 할
말이 있다 하니
18 천부장에게로 데리고 가서 이르되 죄수 바
울이 나를 불러 이 청년이 당신께 할 말이
있다 하여 데리고 가기를 청하더이다 하매
19 천부장이 그의 손을 잡고 물러가서 조용히
묻되 내게 할 말이 무엇이냐
20 대답하되 유대인들이 공모하기를 그들이
바울에 대하여 더 자세한 것을 묻기 위함이

were Sadducees and the others Pharisees,
called out in the Sanhedrin, "My brothers, I
am a Pharisee, descended from Pharisees. I
stand on trial because of the hope of the res-
7 urrection of the dead." ● When he said this, a
dispute broke out between the Pharisees and
the Sadducees, and the assembly was divided.
8 ● (The Sadducees say that there is no resurrec-
tion, and that there are neither angels nor
spirits, but the Pharisees believe all these
things.)
9 ● There was a great uproar, and some of the
teachers of the law who were Pharisees stood
up and argued vigorously. "We find nothing
wrong with this man," they said. "What if a
10 spirit or an angel has spoken to him?" ● The
dispute became so violent that the comman-
der was afraid Paul would be torn to pieces by
them. He ordered the troops to go down and
take him away from them by force and bring
him into the barracks.
11 ● The following night the Lord stood near
Paul and said, "Take courage! As you have
testified about me in Jerusalem, so you must
also testify in Rome."

The Plot to Kill Paul

12 ● The next morning some Jews formed a
conspiracy and bound themselves with an
oath not to eat or drink until they had killed
13 Paul. ● More than forty men were involved in
14 this plot. ● They went to the chief priests and
the elders and said, "We have taken a solemn
oath not to eat anything until we have killed
15 Paul. ● Now then, you and the Sanhedrin
petition the commander to bring him before
you on the pretext of wanting more accurate
information about his case. We are ready to
kill him before he gets here."
16 ● But when the son of Paul's sister heard of
this plot, he went into the barracks and told
Paul.
17 ● Then Paul called one of the centurions
and said, "Take this young man to the com-
18 mander; he has something to tell him." ● So
he took him to the commander.
The centurion said, "Paul, the prisoner, sent
for me and asked me to bring this young man
to you because he has something to tell you."
19 ● The commander took the young man by
the hand, drew him aside and asked, "What
is it you want to tell me?"
20 ● He said: "Some Jews have agreed to ask

accurate [ǽkjurət] *a.* 정확한
argue [á:rgju:] *vi.* 논쟁하다
assembly [əsémbli] *n.* 집회
barrack [bǽrək] *n.* 막사
centurion [sentjúəriən] *n.* 백부장
conspiracy [kənspírəsi] *n.* 음모
descend [disénd] *vi.* 계통을 잇다
dispute [dispjú:t] *n.* 논쟁
petition [pətíʃən] *n.* 청원
pretext [prí:tekst] *n.* 구실
resurrection [rèzərékʃən] *n.* 부활
Sadducee [sǽdʒəsi:] *n.* 사두개인
solemn [sáləm] *a.* 엄숙한
uproar [ʌprɔ̀:r] *n.* 소란
vigorously [vígərəsli] *ad.* 격렬히

23:6 **stand on trial**: 재판 중이다
23:7 **break out**: 돌발하다
23:8 **neither... nor~**: …도 ~도 아닌
23:10 **so... that~**: 너무 …해서 ~하다
23:12 **bind with**: 속박하다
23:13 **be involved in...**: …에 관련되다

라 하고 내일 그를 데리고 공회로 내려오
기를 당신께 청하자 하였으니
21 당신은 그들의 청함을 따르지 마옵소서
그들 중에서 바울을 죽이기 전에는 먹지
도 않고 마시지도 않기로 맹세한 자 사십
여 명이 그를 죽이려고 숨어서 지금 다
준비하고 당신의 허락만 기다리나이다
하니 시 10:9
22 이에 천부장이 청년을 보내며 경계하되
이 일을 내게 알렸다고 아무에게도 이르
지 말라 하고
23 백부장 둘을 불러 이르되 밤 제삼시에 가
이사랴까지 갈 보병 이백 명과 기병 칠십
명과 창병 이백 명을 준비하라 하고
24 또 바울을 태워 총독 벨릭스에게로 무사
히 보내기 위하여 짐승을 준비하라 명하
며
25 또 이 아래와 같이 편지하니 일렀으되
26 글라우디오 루시아는 총독 벨릭스 각하께
문안하나이다
27 이 사람이 유대인들에게 잡혀 죽게 된 것
을 내가 로마 사람인 줄 들어 알고 군대를
거느리고 가서 구원하여다가
28 유대인들이 무슨 일로 그를 고발하는지
알고자 하여 그들의 공회로 데리고 내려
갔더니
29 고발하는 것이 그들의 율법 문제에 관한
것뿐이요 한 가지도 죽이거나 결박할 사
유가 없음을 발견하였나이다
30 그러나 이 사람을 해하려는 간계가 있다
고 누가 내게 알려 주기로 곧 당신께로
보내며 또 고발하는 사람들도 당신 앞에
서 그에 대하여 말하라 하였나이다 하였
더라

바울을 벨릭스 총독 앞에 세우다

31 ● 보병이 명을 받은 대로 밤에 바울을 데
리고 안디바드리에 이르러
32 이튿날 기병으로 바울을 호송하게 하고
영내로 돌아가니라
33 그들이 가이사랴에 들어가서 편지를 총독
에게 드리고 바울을 그 앞에 세우니 23:23,24
34 총독이 읽고 바울더러 어느 영지 사람이
냐 물어 길리기아 사람인 줄 알고
35 이르되 너를 고발하는 사람들이 오거든
네 말을 들으리라 하고 헤롯 궁에 그를 지
키라 명하니라

you to bring Paul before the Sanhedrin tomor-
row on the pretext of wanting more accurate
21 information about him. ●Don't give in to
them, because more than forty of them are
waiting in ambush for him. They have taken
an oath not to eat or drink until they have
killed him. They are ready now, waiting for
your consent to their request."
22 ●The commander dismissed the young man
with this warning: "Don't tell anyone that you
have reported this to me."

Paul Transferred to Caesarea

23 ●Then he called two of his centurions and
ordered them, "Get ready a detachment of two
hundred soldiers, seventy horsemen and two
hundred spearmen[a] to go to Caesarea at nine
24 tonight. ●Provide horses for Paul so that he
may be taken safely to Governor Felix."
25 ●He wrote a letter as follows:
26 ●Claudius Lysias,

To His Excellency, Governor Felix:

Greetings.

27 ●This man was seized by the Jews and
they were about to kill him, but I came
with my troops and rescued him, for I had
28 learned that he is a Roman citizen. ●I
wanted to know why they were accusing
him, so I brought him to their Sanhedrin.
29 ●I found that the accusation had to do
with questions about their law, but there
was no charge against him that deserved
30 death or imprisonment. ●When I was
informed of a plot to be carried out against
the man, I sent him to you at once. I also
ordered his accusers to present to you their
case against him.

31 ●So the soldiers, carrying out their orders,
took Paul with them during the night and
32 brought him as far as Antipatris. ●The next
day they let the cavalry go on with him, while
33 they returned to the barracks. ●When the
cavalry arrived in Caesarea, they delivered the
letter to the governor and handed Paul over to
34 him. ●The governor read the letter and asked
what province he was from. Learning that he
35 was from Cilicia, ●he said, "I will hear your
case when your accusers get here." Then he
ordered that Paul be kept under guard in He-
rod's palace.

[a]23 The meaning of the Greek for this word is uncertain.

accusation [ækjuzéiʃən] *n.* 고소
accuse [əkjú:z] *vt.* 고소하다
cavalry [kǽvəlri] *n.* 기병대
charge [tʃɑ:rdʒ] *n.* 책임
consent [kənsént] *n.* 동의
deserve [dizə́:rv] *vt.* …할 만하다
detachment [ditǽtʃmənt] *n.* 파견
dismiss [dismís] *vt.* 퇴거시키다
governor [gʌvərnər] *n.* 총독
imprisonment [imprízn̩mənt] *n.* 투옥
province [prɑ́vins] *n.* 지역
request [rikwést] *n.* 부탁
rescue [réskju:] *vt.* 구출하다
spearman [spíərmən] *n.* 창 쓰는 사람
troop [tru:p] *n.* 군대

23:21 **give in**: 항복하다, 양보하다
23:21 **in ambush**: 숨어서
23:21 **take an oath**: 맹세하다
23:27 **be about to...**: 막 …하려고 하다
23:29 **have to do with...**: …과 관계가 있다
23:30 **carry out**: 수행하다

바울을 고발하다 (♪295장) — A.D. 59년경

24 닷새 후에 대제사장 아나니아가 어떤
장로들과 한 변호사 더둘로와 함께 내
려와서 총독 앞에서 바울을 고발하니라
2 바울을 부르매 더둘로가 고발하여 이르되
3 벨릭스 각하여 우리가 당신을 힘입어 태평
을 누리고 또 이 민족이 당신의 선견으로
말미암아 여러 가지로 개선된 것을 우리가
어느 모양으로나 어느 곳에서나 크게 감사
하나이다
4 당신을 더 괴롭게 아니하려 하여 우리가 대
강 여짜옵나니 관용하여 들으시기를 원하
나이다
5 우리가 보니 이 사람은 전염병 같은 자라
천하에 흩어진 유대인을 다 소요하게 하는
자요 나사렛 이단의 우두머리라
6 그가 또 성전을 더럽게 하려 하므로 우리가
잡았사오니 1)(6하반-8상반 없음)
8 당신이 친히 그를 심문하시면 우리가 고발
하는 이 모든 일을 아실 수 있나이다 하니
9 유대인들도 이에 참가하여 이 말이 옳다 주
장하니라

바울이 변명하다

10 •총독이 바울에게 머리로 표시하여 말하
라 하니 그가 대답하되 당신이 여러 해 전부
터 이 민족의 재판장 된 것을 내가 알고 내
사건에 대하여 기꺼이 변명하나이다 23:24
11 당신이 아실 수 있는 바와 같이 내가 예루살
렘에 예배하러 올라간 지 열이틀밖에 안 되
었고
12 그들은 내가 성전에서 누구와 변론하는 것
이나 회당 또는 시중에서 무리를 소동하게
하는 것을 보지 못하였으니 25:8
13 이제 나를 고발하는 모든 일에 대하여 그들
이 능히 당신 앞에 내세울 것이 없나이다
14 그러나 이것을 당신께 고백하리이다 나는
그들이 이단이라 하는 도를 따라 조상의 하
나님을 섬기고 율법과 선지자들의 글에 기
록된 것을 다 믿으며
15 그들이 기다리는 바 하나님께 향한 소망을
나도 가졌으니 곧 의인과 악인의 부활이 있
으리라 함이니이다 단 12:2
16 이것으로 말미암아 나도 하나님과 사람에
대하여 항상 양심에 거리낌이 없기를 힘쓰
나이다
17 여러 해 만에 내가 내 민족을 구제할 것과
제물을 가지고 와서

Paul's Trial Before Felix

24 Five days later the high priest Ananias
went down to Caesarea with some of
the elders and a lawyer named Tertullus, and
they brought their charges against Paul before
2 the governor. •When Paul was called in, Ter-
tullus presented his case before Felix: "We have
enjoyed a long period of peace under you, and
your foresight has brought about reforms in
3 this nation. •Everywhere and in every way,
most excellent Felix, we acknowledge this
4 with profound gratitude. •But in order not to
weary you further, I would request that you be
kind enough to hear us briefly.
5 •"We have found this man to be a trou-
blemaker, stirring up riots among the Jews
all over the world. He is a ringleader of the
6 Nazarene sect •and even tried to desecrate the
8 temple; so we seized him.[7][a] •By examining
him yourself you will be able to learn the
truth about all these charges we are bringing
against him."
9 •The other Jews joined in the accusation,
asserting that these things were true.
10 •When the governor motioned for him to
speak, Paul replied: "I know that for a num-
ber of years you have been a judge over this
11 nation; so I gladly make my defense. •You
can easily verify that no more than twelve
days ago I went up to Jerusalem to worship.
12 •My accusers did not find me arguing with
anyone at the temple, or stirring up a crowd
in the synagogues or anywhere else in the
13 city. •And they cannot prove to you the
charges they are now making against me.
14 •However, I admit that I worship the God of
our ancestors as a follower of the Way, which
they call a sect. I believe everything that is in
accordance with the Law and that is written
15 in the Prophets, •and I have the same hope
in God as these men themselves have, that
there will be a resurrection of both the right-
16 eous and the wicked. •So I strive always to
keep my conscience clear before God and
man.
17 •"After an absence of several years, I came
to Jerusalem to bring my people gifts for the

[a]6-8 Some manuscripts include here *him, and we would have judged him in accordance with our law. [7]But the commander Lysias came and took him from us with much violence, [8]ordering his accusers to come before you.*

1) 어떤 사본에는 24:6하반절-8상반절에 다음 내용이 더 있다. '그래서 우리의 율법대로 재판하려고 했으나 7 천부장 루시아가 와서 그를 우리 손에서 강제로 빼앗아 갔나이다 8 그리고는 그를 고발하는 사람들에게 각하께 가라고 명하였나이다'

assert [əsə́:rt] *vt.* 강력히 주장하다
briefly [brí:fli] *ad.* 간단히
conscience [kánʃəns] *n.* 양심
defense [diféns] *n.* 변호
desecrate [désikrèit] *vt.* 더럽히다
foresight [fɔ́:rsàit] *n.* 배려
gratitude [grǽtətjù:d] *n.* 감사
profound [prəfáund] *a.* 깊이
resurrection [rèzərékʃən] *n.* 부활
ringleader [ríŋlì:dər] *n.* 두목
riot [ráiət] *n.* 폭동
sect [sekt] *n.* 분파
strive [straiv] *vi.* 노력하다
verify [vérəfài] *vt.* 증명하다
weary [wíəri] *vt.* 지치게 하다

24:2 **bring about**: 야기하다
24:11 **no more than**: 다만, 겨우
24:12 **argue with...**: …와 언쟁을 벌이다
24:12 **stir up**: 선동하다
24:12 **anywhere else**: 다른 어느 곳에도
24:14 **accordance with...**: …에 따라서

18 드리는 중에 내가 결례를 행하였고 모임도
없고 소동도 없이 성전에 있는 것을 그들이
보았나이다 그러나 아시아로부터 온 어떤
유대인들이 있었으니
19 그들이 만일 나를 반대할 사건이 있으면 마
땅히 당신 앞에 와서 고발하였을 것이요
20 그렇지 않으면 이 사람들이 내가 공회 앞
에 섰을 때에 무슨 옳지 않은 것을 보았는
가 말하라 하소서
21 오직 내가 그들 가운데 서서 외치기를 내가
죽은 자의 부활에 대하여 오늘 너희 앞에
심문을 받는다고 한 이 한 소리만 있을 따
름이니이다 하니
22 벨릭스가 이 도에 관한 것을 더 자세히 아
는 고로 연기하여 이르되 천부장 루시아가
내려오거든 너희 일을 처결하리라 하고
23 백부장에게 명하여 바울을 지키되 자유를
주고 그의 친구들이 그를 돌보아 주는 것을
금하지 말라 하니라 23:35

바울이 감옥에 갇혀 지내다

24 ●수일 후에 벨릭스가 그 아내 유대 여자
드루실라와 함께 와서 바울을 불러 그리스
도 예수 믿는 도를 듣거늘
25 바울이 의와 절제와 장차 오는 심판을 강론
하니 벨릭스가 두려워하여 대답하되 지금
은 가라 내가 틈이 있으면 너를 부르리라
하고
26 동시에 또 바울에게서 돈을 받을까 바라는
고로 더 자주 불러 같이 이야기하더라
27 이태가 지난 후 보르기오 베스도가 벨릭스
의 소임을 이어받으니 벨릭스가 유대인의
마음을 얻고자 하여 바울을 구류하여 두니
라

바울이 가이사에게 상소하다 (♪341장)

A.D. 59년경

25 베스도가 부임한 지 삼 일 후에 가이
사랴에서 예루살렘으로 올라가니
2 대제사장들과 유대인 중 높은 사람들이 바
울을 고소할새
3 베스도의 호의로 바울을 예루살렘으로 옮
기기를 청하니 이는 길에 매복하였다가 그
를 죽이고자 함이더라
4 베스도가 대답하여 바울이 가이사랴에 구
류된 것과 자기도 멀지 않아 떠나갈 것을
말하고
5 또 이르되 너희 중 유력한 자들은 나와 함
께 내려가서 그 사람에게 만일 옳지 아니한

18 poor and to present offerings. •I was cere-
monially clean when they found me in the
temple courts doing this. There was no crowd
with me, nor was I involved in any distur-
19 bance. •But there are some Jews from the
province of Asia, who ought to be here before
you and bring charges if they have anything
20 against me. •Or these who are here should
state what crime they found in me when I
21 stood before the Sanhedrin— •unless it was
this one thing I shouted as I stood in their
presence: 'It is concerning the resurrection
of the dead that I am on trial before you
today.' "
22 •Then Felix, who was well acquainted
with the Way, adjourned the proceedings.
"When Lysias the commander comes," he
23 said, "I will decide your case." •He ordered
the centurion to keep Paul under guard but
to give him some freedom and permit his
friends to take care of his needs.
24 •Several days later Felix came with his wife
Drusilla, who was Jewish. He sent for Paul
and listened to him as he spoke about faith in
25 Christ Jesus. •As Paul talked about righteous-
ness, self-control and the judgment to come,
Felix was afraid and said, "That's enough for
now! You may leave. When I find it conve-
26 nient, I will send for you." •At the same time
he was hoping that Paul would offer him a
bribe, so he sent for him frequently and
talked with him.
27 •When two years had passed, Felix was
succeeded by Porcius Festus, but because Felix
wanted to grant a favor to the Jews, he left
Paul in prison.

Paul's Trial Before Festus

25 Three days after arriving in the pro-
vince, Festus went up from Caesarea
2 to Jerusalem, •where the chief priests and
the Jewish leaders appeared before him and
3 presented the charges against Paul. •They
requested Festus, as a favor to them, to have
Paul transferred to Jerusalem, for they were
preparing an ambush to kill him along the
4 way. •Festus answered, "Paul is being held
at Caesarea, and I myself am going there
5 soon. •Let some of your leaders come with
me, and if the man has done anything
wrong, they can press charges against him
there."

adjourn [ədʒə́ːrn] *vt.* 연기하다
ambush [ǽmbuʃ] *n.* 매복
bribe [braib] *n.* 뇌물
centurion [sentjúəriən] *n.* 백부장
ceremonially [sèrəmóuniəli] *ad.* 의식적으로
charge [tʃaːrdʒ] *n.* 고소
concerning [kənsə́ːrniŋ] *prep.* …에 관하여
disturbance [distə́ːrbəns] *n.* 소란
frequently [fríːkwəntli] *ad.* 자주
involve [inválv] *vt.* 연루시키다
permit [pərmít] *vt.* 허락하다
prepare [pripɛ́ər] *vt.* 준비하다
presence [prézns] *n.* 앞
proceeding [prəsíːdiŋ] *n.* 소송 행위
transfer [trænsfə́ːr] *vt.* 옮기다

24:19 ought to...: …해야 한다
24:21 be on trial: 심문받다
24:22 be acquainted with...: …을 자세히 알다, 정통하다
24:27 be succeeded by...: …에 의해 계승되다

일이 있거든 고발하라 하니라
6 ●베스도가 그들 가운데서 팔 일 혹은 십
일을 지낸 후 가이사랴로 내려가서 이튿날
재판 자리에 앉고 바울을 데려오라 명하니
7 그가 나오매 예루살렘에서 내려온 유대인
들이 둘러서서 여러 가지 중대한 사건으로
고발하되 능히 증거를 대지 못한지라
8 바울이 변명하여 이르되 유대인의 율법이
나 성전이나 가이사에게나 내가 도무지 죄
를 범하지 아니하였노라 하니
9 베스도가 유대인의 마음을 얻고자 하여 바울
더러 묻되 네가 예루살렘에 올라가서 이 사
건에 대하여 내 앞에서 심문을 받으려느냐
10 바울이 이르되 내가 가이사의 재판 자리 앞
에 섰으니 마땅히 거기서 심문을 받을 것이
라 당신도 잘 아시는 바와 같이 내가 유대
인들에게 불의를 행한 일이 없나이다
11 만일 내가 불의를 행하여 무슨 죽을 죄를
지었으면 죽기를 사양하지 아니할 것이나
만일 이 사람들이 나를 고발하는 것이 다 사
실이 아니면 아무도 나를 그들에게 내줄 수
없나이다 내가 가이사께 상소하노라 한대
12 베스도가 배석자들과 상의하고 이르되 네
가 가이사에게 상소하였으니 가이사에게
갈 것이라 하니라

바울이 아그립바 왕과 버니게 앞에 서다

13 ●수일 후에 아그립바 왕과 버니게가 베스
도에게 문안하러 가이사랴에 와서
14 여러 날을 있더니 베스도가 바울의 일로 왕
에게 고하여 이르되 벨릭스가 한 사람을 구
류하여 두었는데 24:27
15 내가 예루살렘에 있을 때에 유대인의 대제
사장들과 장로들이 그를 고소하여 정죄하
기를 청하기에
16 내가 대답하되 무릇 피고가 원고들 앞에서
고소 사건에 대하여 변명할 기회가 있기 전
에 내주는 것은 로마 사람의 법이 아니라
하였노라
17 그러므로 그들이 나와 함께 여기 오매 내가
지체하지 아니하고 이튿날 재판 자리에 앉
아 명하여 그 사람을 데려왔으나
18 원고들이 서서 내가 짐작하던 것 같은 악행
의 혐의는 하나도 제시하지 아니하고
19 오직 자기들의 종교와 또는 예수라 하는 이
가 죽은 것을 살아 있다고 바울이 주장하는
그 일에 관한 문제로 고발하는 것뿐이라
20 내가 이 일에 대하여 어떻게 심리할는지 몰

6 ●After spending eight or ten days with
them, Festus went down to Caesarea. The
next day he convened the court and ordered
7 that Paul be brought before him. ●When
Paul came in, the Jews who had come down
from Jerusalem stood around him. They
brought many serious charges against him,
but they could not prove them.
8 ●Then Paul made his defense: "I have done
nothing wrong against the Jewish law or
against the temple or against Caesar."
9 ●Festus, wishing to do the Jews a favor,
said to Paul, "Are you willing to go up to
Jerusalem and stand trial before me there on
these charges?"
10 ●Paul answered: "I am now standing be-
fore Caesar's court, where I ought to be tried.
I have not done any wrong to the Jews, as you
11 yourself know very well. ●If, however, I am
guilty of doing anything deserving death, I do
not refuse to die. But if the charges brought
against me by these Jews are not true, no
one has the right to hand me over to them.
I appeal to Caesar!"
12 ●After Festus had conferred with his coun-
cil, he declared: "You have appealed to Cae-
sar. To Caesar you will go!"

Festus Consults King Agrippa

13 ●A few days later King Agrippa and Bernice
arrived at Caesarea to pay their respects to Fes-
14 tus. ●Since they were spending many days
there, Festus discussed Paul's case with the
king. He said: "There is a man here whom
15 Felix left as a prisoner. ●When I went to
Jerusalem, the chief priests and the elders of
the Jews brought charges against him and
asked that he be condemned.
16 ●"I told them that it is not the Roman cus-
tom to hand over anyone before they have
faced their accusers and have had an oppor-
tunity to defend themselves against the
17 charges. ●When they came here with me, I
did not delay the case, but convened the court
the next day and ordered the man to be
18 brought in. ●When his accusers got up to
speak, they did not charge him with any of
19 the crimes I had expected. ●Instead, they had
some points of dispute with him about their
own religion and about a dead man named
20 Jesus who Paul claimed was alive. ●I was at a
loss how to investigate such matters; so I

appeal [əpíːl] *n.* 호소
condemn [kəndém] *vt.* 유죄 판결을 하다
consult [kənsʌlt] *vt.* 상담하다
convene [kənvíːn] *vt.* 소집하다
council [káunsəl] *n.* 자문회
declare [dikléər] *vt.* 선언하다
delay [diléi] *vt.* 늦추다
deserve [dizə́ːrv] *vt.* …할 만하다
dispute [dispjúːt] *n.* 논쟁
investigate [invéstəgèit] *vt.* 조사하다
opportunity [àpərtjúːnəti] *n.* 기회
prove [pruːv] *vt.* 증명하다
refuse [rifjúːz] *vt.* 거절하다
religion [rilídʒən] *n.* 종교
serious [síəriəs] *a.* 심한

25:9 be willing to...: 기꺼이 …하다
25:11 be guilty of...: …의 죄를 범하다
25:12 confer with...: …과 협의하다
25:13 pay one's respect to...: …에게 문안드리다, 경의를 표하다
25:20 at a loss: 어찌할 바를 몰라

라서 바울에게 묻되 예루살렘에 올라가서
이 일에 심문을 받으려느냐 한즉
21 바울은 황제의 판결을 받도록 자기를 지켜
주기를 호소하므로 내가 그를 가이사에게
보내기까지 지켜 두라 명하였노라 하니
22 아그립바가 베스도에게 이르되 나도 이 사
람의 말을 듣고자 하노라 베스도가 이르되
내일 들으시리이다 하더라
23 ●이튿날 아그립바와 버니게가 크게 위엄
을 갖추고 와서 천부장들과 시중의 높은 사
람들과 함께 접견 장소에 들어오고 베스도
의 명으로 바울을 데려오니
24 베스도가 말하되 아그립바 왕과 여기 같이
있는 여러분이여 당신들이 보는 이 사람은
유대의 모든 무리가 크게 외치되 살려 두지
못할 사람이라고 하여 예루살렘에서와 여
기서도 내게 청원하였으나
25 내가 살피건대 죽일 죄를 범한 일이 없더이
다 그러나 그가 [1]황제에게 상소한 고로 보
내기로 결정하였나이다
26 그에 대하여 황제께 확실한 사실을 아뢸 것
이 없으므로 심문한 후 상소할 자료가 있을
까 하여 당신들 앞 특히 아그립바 왕 당신
앞에 그를 내세웠나이다
27 그 죄목도 밝히지 아니하고 죄수를 보내는
것이 무리한 일인 줄 아나이다 하였더라

바울이 변명하다 (행 9:1-19; 22:6-16)

26 아그립바가 바울에게 이르되 너를 위
하여 말하기를 네게 허락하노라 하니
이에 바울이 손을 들어 변명하되
2 아그립바 왕이여 유대인이 고발하는 모든
일을 오늘 당신 앞에서 변명하게 된 것을
다행히 여기나이다
3 특히 당신이 유대인의 모든 풍속과 문제를
아심이니이다 그러므로 내 말을 너그러이
들으시기를 바라나이다
4 내가 처음부터 내 민족과 더불어 예루살렘
에서 젊었을 때 생활한 상황을 유대인이 다
아는 바라
5 일찍부터 나를 알았으니 그들이 증언하려
하면 내가 우리 종교의 가장 엄한 파를 따
라 바리새인의 생활을 하였다고 할 것이라
6 이제도 여기 서서 심문 받는 것은 하나님이
우리 조상에게 약속하신 것을 바라는 까닭
이니
7 이 약속은 우리 열두 지파가 밤낮으로 간절
히 하나님을 받들어 섬김으로 얻기를 바라

asked if he would be willing to go to Jeru-
salem and stand trial there on these charges.
21 •But when Paul made his appeal to be held
over for the Emperor's decision, I ordered him
held until I could send him to Caesar."
22 •Then Agrippa said to Festus, "I would like
to hear this man myself."
He replied, "Tomorrow you will hear him."

Paul Before Agrippa

23 •The next day Agrippa and Bernice came
with great pomp and entered the audience
room with the high-ranking military officers
and the prominent men of the city. At the
command of Festus, Paul was brought in.
24 •Festus said: "King Agrippa, and all who are
present with us, you see this man! The whole
Jewish community has petitioned me about
him in Jerusalem and here in Caesarea,
shouting that he ought not to live any longer.
25 •I found he had done nothing deserving of
death, but because he made his appeal to the
Emperor I decided to send him to Rome.
26 •But I have nothing definite to write to His
Majesty about him. Therefore I have brought
him before all of you, and especially before
you, King Agrippa, so that as a result of this
investigation I may have something to write.
27 •For I think it is unreasonable to send a pris-
oner on to Rome without specifying the char-
ges against him."

26 Then Agrippa said to Paul, "You have
permission to speak for yourself."
So Paul motioned with his hand and be-
2 gan his defense: •"King Agrippa, I consider
myself fortunate to stand before you today as
I make my defense against all the accusations
3 of the Jews, •and especially so because you
are well acquainted with all the Jewish cus-
toms and controversies. Therefore, I beg you
to listen to me patiently.
4 •"The Jewish people all know the way I
have lived ever since I was a child, from the
beginning of my life in my own country, and
5 also in Jerusalem. •They have known me for
a long time and can testify, if they are willing,
that I conformed to the strictest sect of our
6 religion, living as a Pharisee. •And now it is
because of my hope in what God has pro-
mised our ancestors that I am on trial today.
7 •This is the promise our twelve tribes are hop-
ing to see fulfilled as they earnestly serve God

1) 헬, 아구스도에게

accusation [ækjuzéiʃən] *n.* 고소
audience [ɔ́:diəns] *n.* 접견
controversy [kántrəvə̀:rsi] *n.* 논쟁
decision [disíʒən] *n.* 판결
defense [diféns] *n.* 변호
definite [défənit] *a.* 명확한
earnestly [ə́:rnistli] *ad.* 간절하게
patiently [péiʃəntli] *ad.* 인내하여
permission [pərmíʃən] *n.* 허가
petition [pətíʃən] *vt.* 청원하다
pomp [pamp] *n.* 화려
prominent [prámənənt] *a.* 저명한, 탁월한
sect [sekt] *n.* 분파
specify [spésəfài] *vt.* 일일이 열거하다
strict [strikt] *a.* 엄한, 엄격한

25:20 **be willing to...**: 기꺼이 …하다
25:20 **stand trial**: 재판받다
25:21 **hold over**: (기한을) 연기하다
25:24 **not... any longer**: 더이상 …않다
26:3 **be acquainted with...**: …을 알다
26:4 **ever since**: 이제까지

는 바인데 아그립바 왕이여 이 소망으로 말
미암아 내가 유대인들에게 고소를 당하는
것이니이다
8 당신들은 하나님이 죽은 사람을 살리심을
어찌하여 못 믿을 것으로 여기나이까
9 나도 나사렛 예수의 이름을 대적하여 많은
일을 행하여야 될 줄 스스로 생각하고
10 예루살렘에서 이런 일을 행하여 대제사장
들에게서 권한을 받아 가지고 많은 성도를
옥에 가두며 또 죽일 때에 내가 찬성 투표
를 하였고
11 또 모든 회당에서 여러 번 형벌하여 강제로
모독하는 말을 하게 하고 그들에 대하여 심
히 격분하여 외국 성에까지 가서 박해하였
고
12 그 일로 대제사장들의 권한과 위임을 받고
다메섹으로 갔나이다
13 왕이여 정오가 되어 길에서 보니 하늘로부
터 해보다 더 밝은 빛이 나와 내 동행들을
둘러 비추는지라
14 우리가 다 땅에 엎드러지매 내가 소리를 들
으니 히브리 말로 이르되 사울아 사울아 네
가 어찌하여 나를 박해하느냐 [1]가시채를 뒷
발질하기가 네게 고생이니라
15 내가 대답하되 주님 누구시니이까 주께서
이르시되 나는 네가 박해하는 예수라
16 일어나 너의 발로 서라 내가 네게 나타난 것
은 곧 네가 나를 본 일과 장차 내가 네게 나
타날 일에 너로 종과 증인을 삼으려 함이니
17 이스라엘과 이방인들에게서 내가 너를 구
원하여 그들에게 보내어
18 그 눈을 뜨게 하여 어둠에서 빛으로, 사탄
의 권세에서 하나님께로 돌아오게 하고 죄
사함과 나를 믿어 거룩하게 된 무리 가운데
서 기업을 얻게 하리라 하더이다
19 아그립바 왕이여 그러므로 하늘에서 보이
신 것을 내가 거스르지 아니하고
20 먼저 다메섹과 예루살렘에 있는 사람과
유대 온 땅과 이방인에게까지 회개하고
하나님께로 돌아와서 회개에 합당한 일을
하라 전하므로
21 유대인들이 성전에서 나를 잡아 죽이고자
하였으나 21:30,31
22 하나님의 도우심을 받아 내가 오늘까지 서
서 높고 낮은 사람 앞에서 증언하는 것은
선지자들과 모세가 반드시 되리라고 말한
것밖에 없으니

day and night. King Agrippa, it is because
of this hope that these Jews are accusing me.
8 •Why should any of you consider it incred-
ible that God raises the dead?
9 •"I too was convinced that I ought to do
all that was possible to oppose the name of
10 Jesus of Nazareth. •And that is just what I did
in Jerusalem. On the authority of the chief
priests I put many of the Lord's people in
prison, and when they were put to death, I
11 cast my vote against them. •Many a time I
went from one synagogue to another to have
them punished, and I tried to force them to
blaspheme. I was so obsessed with persecut-
ing them that I even hunted them down in
foreign cities.
12 •"On one of these journeys I was going to
Damascus with the authority and commis-
13 sion of the chief priests. •About noon, King
Agrippa, as I was on the road, I saw a light
from heaven, brighter than the sun, blazing
14 around me and my companions. •We all fell
to the ground, and I heard a voice saying to
me in Aramaic,[a] 'Saul, Saul, why do you per-
secute me? It is hard for you to kick against
the goads.'
15 •"Then I asked, 'Who are you, Lord?'
" 'I am Jesus, whom you are persecuting,'
16 the Lord replied. •'Now get up and stand on
your feet. I have appeared to you to appoint
you as a servant and as a witness of what you
17 have seen and will see of me. •I will rescue
you from your own people and from the
18 Gentiles. I am sending you to them •to open
their eyes and turn them from darkness to
light, and from the power of Satan to God, so
that they may receive forgiveness of sins and
a place among those who are sanctified by
faith in me.'
19 •"So then, King Agrippa, I was not disobe-
20 dient to the vision from heaven. •First to
those in Damascus, then to those in Jerusalem
and in all Judea, and then to the Gentiles, I
preached that they should repent and turn to
God and demonstrate their repentance by
21 their deeds. •That is why some Jews seized
me in the temple courts and tried to kill me.
22 •But God has helped me to this very day; so
I stand here and testify to small and great ali-
ke. I am saying nothing beyond what the
prophets and Moses said would happen—

[a]14 Or *Hebrew*

1) 가축을 앞으로 몰기 위한 끝이 뾰족한 막대기

blaspheme [blæsfíːm] *vt.* 모독하다
blaze [bleiz] *vi.* 타오르다
commission [kəmíʃən] *n.* 위임
companion [kəmpǽnjən] *n.* 동료
convinced [kənvínst] *a.* 확신을 가진
demonstrate [démənstrèit] *vt.* 나타내다
disobedient [dìsəbíːdiənt] *a.* 반항적인
oppose [əpóuz] *vt.* 대항하다
persecute [pə́ːrsikjùːt] *vt.* 박해하다
punish [pʌniʃ] *vt.* 벌하다
repent [ripént] *vi.* 회개하다
repentance [ripéntəns] *n.* 회개
sanctify [sǽŋktəfài] *vt.* 죄를 씻다
seize [siːz] *vt.* 잡다
testify [téstəfài] *vi.* 증언하다

26:10 put to death: 죽이다
26:10 cast one's vote: 표를 던지다
26:14 hard for...: …에게 어려운
26:16 appear to...: …에게 나타나다
26:17 rescue from: 구원하다
26:18 turn from...: …를 그만두다

23 곧 그리스도가 고난을 받으실 것과 죽은
자 가운데서 먼저 다시 살아나사 이스라
엘과 이방인들에게 빛을 전하시리라 함이
니이다 하니라

바울이 아그립바 왕에게 전도하다

24 ●바울이 이같이 변명하매 베스도가 크게
소리 내어 이르되 바울아 네가 미쳤도다 네
많은 학문이 너를 미치게 한다 하니
25 바울이 이르되 베스도 각하여 내가 미친 것
이 아니요 참되고 온전한 말을 하나이다
26 왕께서는 이 일을 아시기로 내가 왕께 담대
히 말하노니 이 일에 하나라도 아시지 못함
이 없는 줄 믿나이다 이 일은 한쪽 구석에
서 행한 것이 아니니이다
27 아그립바 왕이여 선지자를 믿으시나이까
믿으시는 줄 아나이다
28 아그립바가 바울에게 이르되 네가 [1]적은
말로 나를 권하여 그리스도인이 되게 하려
하는도다
29 바울이 이르되 [2]말이 적으나 많으나 당신뿐
만 아니라 오늘 내 말을 듣는 모든 사람도
다 이렇게 결박된 것 외에는 나와 같이 되
기를 하나님께 원하나이다 하니라
30 ●왕과 총독과 버니게와 그 함께 앉은 사람
들이 다 일어나서
31 물러가 서로 말하되 이 사람은 사형이나 결
박을 당할 만한 행위가 없다 하더라
32 이에 아그립바가 베스도에게 이르되 이 사
람이 만일 가이사에게 상소하지 아니하였
더라면 석방될 수 있을 뻔하였다 하니라

바울이 로마로 압송되다 (♪404장) — A.D. 60년경

27 우리가 배를 타고 이달리아에 가기로
작정되매 바울과 다른 죄수 몇 사람을
아구스도대의 백부장 율리오란 사람에게
맡기니
2 아시아 해변 각처로 가려 하는 아드라뭇데
노 배에 우리가 올라 항해할새 마게도냐의
데살로니가 사람 아리스다고도 함께 하니
라
3 이튿날 시돈에 대니 율리오가 바울을 친절
히 대하여 친구들에게 가서 대접 받기를 허
락하더니 24:23
4 또 거기서 우리가 떠나가다가 맞바람을 피
하여 구브로 해안을 의지하고 항해하여
5 길리기아와 밤빌리아 바다를 건너 루기아
의 무라 시에 이르러
6 거기서 백부장이 이달리아로 가려 하는 알

23 •that the Messiah would suffer and, as the
first to rise from the dead, would bring the
message of light to his own people and to the
Gentiles."
24 •At this point Festus interrupted Paul's
defense. "You are out of your mind, Paul!" he
shouted. "Your great learning is driving you
insane."
25 •"I am not insane, most excellent Festus,"
Paul replied. "What I am saying is true and
26 reasonable. •The king is familiar with these
things, and I can speak freely to him. I am
convinced that none of this has escaped his
notice, because it was not done in a corner.
27 •King Agrippa, do you believe the prophets?
I know you do."
28 •Then Agrippa said to Paul, "Do you think
that in such a short time you can persuade
me to be a Christian?"
29 •Paul replied, "Short time or long — I pray
to God that not only you but all who are lis-
tening to me today may become what I am,
except for these chains."
30 •The king rose, and with him the governor
and Bernice and those sitting with them.
31 •After they left the room, they began saying
to one another, "This man is not doing any-
thing that deserves death or imprisonment."
32 •Agrippa said to Festus, "This man could
have been set free if he had not appealed to
Caesar."

Paul Sails for Rome

27 When it was decided that we would
sail for Italy, Paul and some other pris-
oners were handed over to a centurion
named Julius, who belonged to the Imperial
2 Regiment. •We boarded a ship from Adramy-
ttium about to sail for ports along the coast of
the province of Asia, and we put out to sea.
Aristarchus, a Macedonian from Thessaloni-
ca, was with us.
3 •The next day we landed at Sidon; and
Julius, in kindness to Paul, allowed him to go
to his friends so they might provide for his
4 needs. •From there we put out to sea again
and passed to the lee of Cyprus because the
5 winds were against us. •When we had sailed
across the open sea off the coast of Cilicia
and Pamphylia, we landed at Myra in Lycia.
6 •There the centurion found an Alexandri-
an ship sailing for Italy and put us on board.

1) 또는 짧은 시간에 2) 또는 시간이 짧으나 기나

appeal [əpíːl] *vi.* 항소하다
board [bɔːrd] *vt.* 탑승하다
centurion [sentjúəriən] *n.* 백부장
deserve [dizə́ːrv] *vt.* 할 만하다
escape [iskéip] *vt.* 벗어나다
governor [gʌvərnər] *n.* 총독
imprisonment [impríznmənt] *n.* 투옥
insane [inséin] *a.* 제정신이 아닌
interrupt [ìntərʌpt] *vt.* 가로막다
kindness [káindnis] *n.* 친절
persuade [pərswéid] *vt.* 믿게 하다
port [pɔːrt] *n.* 항구
province [prάvins] *n.* 지역
reasonable [ríːzənəbl] *a.* 온당한
regiment [rédʒəmənt] *n.* (軍)연대

26:23 rise from the dead: 소생하다
26:24 be out of one's mind: 미치다
26:26 be familiar with...: …와 친숙하다
26:29 not only A but all who...: A뿐만 아니라 …한 모든 사람들도
26:32 set free: 석방하다

렉산드리아 배를 만나 우리를 오르게 하니
7 배가 더디 가 여러 날 만에 간신히 니도 맞
은편에 이르러 풍세가 더 허락하지 아니하
므로 살모네 앞을 지나 그레데 해안을 바람
막이로 항해하여
8 간신히 그 연안을 지나 미항이라는 곳에 이
르니 라새아 시에서 가깝더라
9 ●여러 날이 걸려 금식하는 절기가 이미 지
났으므로 항해하기가 위태한지라 바울이
그들을 권하여
10 말하되 여러분이여 내가 보니 이번 항해가
하물과 배만 아니라 우리 생명에도 타격과
많은 손해를 끼치리라 하되
11 백부장이 선장과 선주의 말을 바울의 말보
다 더 믿더라
12 그 항구가 겨울을 지내기에 불편하므로 거
기서 떠나 아무쪼록 뵈닉스에 가서 겨울을
지내자 하는 자가 더 많으니 뵈닉스는 그레
데 항구라 한쪽은 서남을, 한쪽은 서북을 향
하였더라
13 남풍이 순하게 불매 그들이 뜻을 이룬 줄
알고 닻을 감아 그레데 해변을 끼고 항해
하더니
14 얼마 안 되어 섬 가운데로부터 유라굴로라
는 광풍이 크게 일어나니
15 배가 밀려 바람을 맞추어 갈 수 없어 가는
대로 두고 쫓겨가다가
16 가우다라는 작은 섬 아래로 지나 간신히 거
루를 잡아
17 끌어 올리고 줄을 가지고 선체를 둘러 감고
1)스르디스에 걸릴까 두려워하여 연장을 내
리고 그냥 쫓겨가더니
18 우리가 풍랑으로 심히 애쓰다가 이튿날 사
공들이 짐을 바다에 풀어 버리고
19 사흘째 되는 날에 배의 기구를 그들의 손으
로 내버리니라
20 여러 날 동안 해도 별도 보이지 아니하고
큰 풍랑이 그대로 있으매 구원의 여망마저
없어졌더라
21 여러 사람이 오래 먹지 못하였으매 바울이
가운데 서서 말하되 여러분이여 내 말을 듣
고 그레데에서 떠나지 아니하여 이 타격과
손상을 면하였더라면 좋을 뻔하였느니라
22 내가 너희를 권하노니 이제는 안심하라 너
희 중 아무도 생명에는 아무런 손상이 없겠
고 오직 배뿐이리라

7 •We made slow headway for many days and
had difficulty arriving off Cnidus. When the
wind did not allow us to hold our course, we
sailed to the lee of Crete, opposite Salmone.
8 •We moved along the coast with difficulty
and came to a place called Fair Havens, near
the town of Lasea.
9 •Much time had been lost, and sailing had
already become dangerous because by now
it was after the Day of Atonement.[a] So Paul
10 warned them, •"Men, I can see that our voy-
age is going to be disastrous and bring great
loss to ship and cargo, and to our own lives
11 also." •But the centurion, instead of listening
to what Paul said, followed the advice of
12 the pilot and of the owner of the ship. •Since
the harbor was unsuitable to winter in, the
majority decided that we should sail on, hop-
ing to reach Phoenix and winter there. This
was a harbor in Crete, facing both southwest
and northwest.

The Storm

13 •When a gentle south wind began to blow,
they saw their opportunity; so they weighed
anchor and sailed along the shore of Crete.
14 •Before very long, a wind of hurricane force,
called the Northeaster, swept down from the
15 island. •The ship was caught by the storm
and could not head into the wind; so we gave
16 way to it and were driven along. •As we
passed to the lee of a small island called Cau-
da, we were hardly able to make the lifeboat
17 secure, •so the men hoisted it aboard. Then
they passed ropes under the ship itself to hold
it together. Because they were afraid they
would run aground on the sandbars of Syrtis,
they lowered the sea anchor[b] and let the ship
18 be driven along. •We took such a violent bat-
tering from the storm that the next day they
19 began to throw the cargo overboard. •On the
third day, they threw the ship's tackle over-
20 board with their own hands. •When neither
sun nor stars appeared for many days and the
storm continued raging, we finally gave up all
hope of being saved.
21 •After they had gone a long time without
food, Paul stood up before them and said:
"Men, you should have taken my advice not
to sail from Crete; then you would have
22 spared yourselves this damage and loss. •But
now I urge you to keep up your courage,

[a]9 That is, Yom Kippur [b]17 Or *the sails*

1) 모래톱

anchor [ǽŋkər] *n.* 닻
batter [bǽtər] *vi.* 세게 두드리다
cargo [kɑ́:rgou] *n.* 뱃짐
damage [dǽmidʒ] *n.* 손상
disastrous [dizǽstrəs] *a.* 비참한
harbor [hɑ́:rbər] *n.* 항구
hoist [hɔist] *vt.* 끌어올리다
opposite [ɑ́pəzit] *a.* 마주보고 있는
rage [reidʒ] *n.* 분노
sandbar [sǽndbɑ̀:r] *n.* 모래톱
tackle [tǽkl] *n.* (돛을 다루기 위한) 도르래 장치
unsuitable [ʌnsú:təbl] *a.* 부적당한
urge [ə:rdʒ] *vt.* 강권하다
violent [váiələnt] *a.* 맹렬한
voyage [vɔ́iidʒ] *n.* 항해

27:7 **have difficulty (in) -ing**: …하는데 어려움을 겪다
27:12 **sail on**: 항해하다
27:14 **before very long**: 이윽고
27:17 **run aground on**: …에 좌초하다
27:20 **neither... nor~**: …도 ~도 아니다

23 내가 속한 바 곧 내가 섬기는 하나님의 사자가 어제 밤에 내 곁에 서서 말하되
24 바울아 두려워하지 말라 네가 가이사 앞에 서야 하겠고 또 하나님께서 너와 함께 항해하는 자를 다 네게 주셨다 하였으니 23:11
25 그러므로 여러분이여 안심하라 나는 내게 말씀하신 그대로 되리라고 하나님을 믿노라
26 그런즉 우리가 반드시 한 섬에 걸리리라 하더라

풍랑으로 배가 깨어지다

27 ●열나흘째 되는 날 밤에 우리가 아드리아 바다에서 이리 저리 쫓겨가다가 자정쯤 되어 사공들이 어느 육지에 가까워지는 줄을 짐작하고
28 물을 재어 보니 스무 길이 되고 조금 가다가 다시 재니 열다섯 길이라
29 암초에 걸릴까 하여 고물로 닻 넷을 내리고 날이 새기를 고대하니라
30 사공들이 도망하고자 하여 이물에서 닻을 내리는 체하고 거룻배를 바다에 내려 놓거늘
31 바울이 백부장과 군인들에게 이르되 이 사람들이 배에 있지 아니하면 너희가 구원을 얻지 못하리라 하니
32 이에 군인들이 거룻줄을 끊어 떼어 버리니라
33 날이 새어 가매 바울이 여러 사람에게 음식 먹기를 권하여 이르되 너희가 기다리고 기다리며 먹지 못하고 주린 지가 오늘까지 열나흘인즉
34 음식 먹기를 권하노니 이것이 너희의 구원을 위하는 것이요 너희 중 머리카락 하나도 잃을 자가 없으리라 하고
35 떡을 가져다가 모든 사람 앞에서 하나님께 축사하고 떼어 먹기를 시작하매
36 그들도 다 안심하고 받아 먹으니
37 배에 있는 우리의 수는 전부 이백칠십육 명이더라
38 배부르게 먹고 밀을 바다에 버려 배를 가볍게 하였더니
39 날이 새매 어느 땅인지 알지 못하나 경사진 해안으로 된 항만이 눈에 띄거늘 배를 거기에 들여다 댈 수 있는가 의논한 후
40 닻을 끊어 바다에 버리는 동시에 키를 풀어 늦추고 돛을 달고 바람에 맞추어 해안을 향하여 들어가다가

because not one of you will be lost; only the
23 ship will be destroyed. ●Last night an angel of
the God to whom I belong and whom I serve
24 stood beside me ●and said, 'Do not be afraid,
Paul. You must stand trial before Caesar; and
God has graciously given you the lives of all
25 who sail with you.' ●So keep up your courage,
men, for I have faith in God that it will hap-
26 pen just as he told me. ●Nevertheless, we
must run aground on some island."

The Shipwreck

27 ●On the fourteenth night we were still
being driven across the Adriatic[a] Sea, when
about midnight the sailors sensed they were
28 approaching land. ●They took soundings
and found that the water was a hundred and
twenty feet[b] deep. A short time later they
took soundings again and found it was nine-
29 ty feet[c] deep. ●Fearing that we would be
dashed against the rocks, they dropped four
anchors from the stern and prayed for day-
30 light. ●In an attempt to escape from the ship,
the sailors let the lifeboat down into the sea,
pretending they were going to lower some
31 anchors from the bow. ●Then Paul said to
the centurion and the soldiers, "Unless these
men stay with the ship, you cannot be saved."
32 ●So the soldiers cut the ropes that held the
lifeboat and let it drift away.
33 ●Just before dawn Paul urged them all to
eat. "For the last fourteen days," he said, "you
have been in constant suspense and have
gone without food—you haven't eaten any-
34 thing. ●Now I urge you to take some food.
You need it to survive. Not one of you will
35 lose a single hair from his head." ●After he
said this, he took some bread and gave thanks
to God in front of them all. Then he broke it
36 and began to eat. ●They were all encouraged
37 and ate some food themselves. ●Altogether
38 there were 276 of us on board. ●When they
had eaten as much as they wanted, they light-
ened the ship by throwing the grain into the
sea.
39 ●When daylight came, they did not recog-
nize the land, but they saw a bay with a sandy
beach, where they decided to run the ship
40 aground if they could. ●Cutting loose the
anchors, they left them in the sea and at the
same time untied the ropes that held the rud-

[a] *27* In ancient times the name referred to an area extending well south of Italy. [b] *28* Or about 37 meters [c] *28* Or about 27 meters

altogether [ɔ̀:ltəgéðər] *ad.* 모두 함께
beside [bisáid] *prep.* …의 곁에
constant [kánstənt] *a.* 끊임없는
dash [dæʃ] *vt.* 내던지다
encourage [inkə́:ridʒ] *vt.* 기운을 북돋우다
escape [iskéip] *vi.* 달아나다
graciously [gréiʃəsli] *ad.* 자비롭게
nevertheless [nèvərðəlés] *ad.* 그런데도
recognize [rékəgnàiz] *vt.* 알아채다
rudder [rʌdər] *n.* (배의) 키
stern [stə:rn] *n.* 고물
suspense [səspéns] *n.* 긴장
throw [θrou] *vt.* 던지다
trial [tráiəl] *n.* 재판
unless [ənlés] *conj.* …가 아닌 한

27:24 stand trial: 재판받다
27:25 keep up: 지속하다
27:28 take soundings: 사태를 살피다
27:30 in an attempt to...: …을 시도하려고
27:32 drift away: 가버리다
27:38 as much as...: …만큼

41 두 물이 합하여 흐르는 곳을 만나 배를 걸
매 이물은 부딪쳐 움직일 수 없이 붙고 고
물은 큰 물결에 깨어져 가니
42 군인들은 죄수가 헤엄쳐서 도망할까 하여
그들을 죽이는 것이 좋다 하였으나
43 백부장이 바울을 구원하려 하여 그들의 뜻
을 막고 헤엄칠 줄 아는 사람들을 명하여
물에 뛰어내려 먼저 육지에 나가게 하고
44 그 남은 사람들은 널조각 혹은 배 물건에
의지하여 나가게 하니 마침내 사람들이 다
상륙하여 구조되니라

멜리데 섬에 오르다 (♪213, 321장) — A.D. 60년경

28 우리가 구조된 후에 안즉 그 섬은 멜
리데라 하더라 27:26
2 비가 오고 날이 차매 원주민들이 우리에게
특별한 동정을 하여 불을 피워 우리를 다 영
접하더라
3 바울이 나무 한 묶음을 거두어 불에 넣으니
뜨거움으로 말미암아 독사가 나와 그 손을
물고 있는지라
4 원주민들이 이 짐승이 그 손에 매달려 있음
을 보고 서로 말하되 진실로 이 사람은 살
인한 자로다 바다에서는 구조를 받았으나
공의가 그를 살지 못하게 함이로다 하더니
5 바울이 그 짐승을 불에 떨어 버리매 조금도
상함이 없더라
6 그들은 그가 붓든지 혹은 갑자기 쓰러져 죽
을 줄로 기다렸다가 오래 기다려도 그에게
아무 이상이 없음을 보고 돌이켜 생각하여
말하되 그를 신이라 하더라
7 ●이 섬에서 가장 높은 사람 보블리오라 하
는 이가 그 근처에 토지가 있는지라 그가
우리를 영접하여 사흘이나 친절히 머물게
하더니
8 보블리오의 부친이 열병과 이질에 걸려 누
워 있거늘 바울이 들어가서 기도하고 그에
게 안수하여 낫게 하매
9 이러므로 섬 가운데 다른 병든 사람들이 와
서 고침을 받고
10 후한 예로 우리를 대접하고 떠날 때에 우리
쓸 것을 배에 실었더라

바울이 로마로 가다

11 ●석 달 후에 우리가 그 섬에서 겨울을 난
알렉산드리아 배를 타고 떠나니 그 배의 머
리 장식은 [1]디오스구로라 27:6
12 수라구사에 대고 사흘을 있다가

ders. Then they hoisted the foresail to the
41 wind and made for the beach. ●But the ship
struck a sandbar and ran aground. The bow
stuck fast and would not move, and the stern
was broken to pieces by the pounding of the
surf.
42 ●The soldiers planned to kill the prisoners
to prevent any of them from swimming
43 away and escaping. ●But the centurion want-
ed to spare Paul's life and kept them from car-
rying out their plan. He ordered those who
could swim to jump overboard first and get to
44 land. ●The rest were to get there on planks or
on other pieces of the ship. In this way every-
one reached land safely.

Paul Ashore on Malta

28 Once safely on shore, we found out
2 that the island was called Malta. ●The
islanders showed us unusual kindness. They
built a fire and welcomed us all because it was
3 raining and cold. ●Paul gathered a pile of
brushwood and, as he put it on the fire, a
viper, driven out by the heat, fastened itself
4 on his hand. ●When the islanders saw the
snake hanging from his hand, they said to
each other, "This man must be a murderer;
for though he escaped from the sea, the god-
5 dess Justice has not allowed him to live." ●But
Paul shook the snake off into the fire and suf-
6 fered no ill effects. ●The people expected him
to swell up or suddenly fall dead; but after
waiting a long time and seeing nothing un-
usual happen to him, they changed their
minds and said he was a god.
7 ●There was an estate nearby that belonged
to Publius, the chief official of the island. He
welcomed us to his home and showed us
8 generous hospitality for three days. ●His
father was sick in bed, suffering from fever
and dysentery. Paul went in to see him and,
after prayer, placed his hands on him and
9 healed him. ●When this had happened, the
rest of the sick on the island came and were
10 cured. ●They honored us in many ways; and
when we were ready to sail, they furnished us
with the supplies we needed.

Paul's Arrival at Rome

11 ●After three months we put out to sea in a
ship that had wintered in the island — it was
an Alexandrian ship with the figurehead of
12 the twin gods Castor and Pollux. ●We put in

1) 제우스의 쌍동 아들

ashore [əʃɔ́:r] *ad.* 해변에
brushwood [brʌ́ʃwùd] *n.* 잘라 낸 가지
dysentery [dísəntèri] *n.* 이질
estate [istéit] *n.* 토지
figurehead [fígjərhed] *n.* 이물에 장식한 조상
foresail [fɔ́:rsəl] *n.* 앞돛
furnish [fə́:rniʃ] *vt.* 공급하다
hoist [hɔist] *vt.* 끌어올리다
hospitality [hàspətǽləti] *n.* 환대
murderer [mə́:rdərər] *n.* 살인자
plank [plæŋk] *n.* 판자
pound [paund] *vi.* (배가)물결에 쓸려 흔들리다
stern [stə:rn] *n.* 고물
surf [sə:rf] *n.* 해안에 밀려오는 파도
viper [váipər] *n.* 독사

27:42 **prevent from...**: …을 막다
27:43 **keep from...**: …을 금하다
28:3 **a pile of**: 한 더미의
28:3 **drive out**: 내몰다
28:3 **fasten on...**: …에 매달리다
28:6 **swell up**: 부어 오르다

13 거기서 둘러가서 레기온에 이르러 하루를 지낸 후 남풍이 일어나므로 이튿날 보디올에 이르러

14 거기서 형제들을 만나 그들의 청함을 받아 이레를 함께 머무니라 그래서 우리는 이와 같이 로마로 가니라

15 그곳 형제들이 우리 소식을 듣고 압비오 광장과 [1]트레이스 타베르네까지 맞으러 오니 바울이 그들을 보고 하나님께 감사하고 담대한 마음을 얻으니라

바울이 로마에서 전도하다 (♪ 351, 358장)

16 ●우리가 로마에 들어가니 바울에게는 자기를 지키는 한 군인과 함께 따로 있게 허락하더라

17 사흘 후에 바울이 유대인 중 높은 사람들을 청하여 그들이 모인 후에 이르되 여러분 형제들아 내가 이스라엘 백성이나 우리 조상의 관습을 배척한 일이 없는데 예루살렘에서 로마인의 손에 죄수로 내준 바 되었으니

18 로마인은 나를 심문하여 죽일 죄목이 없으므로 석방하려 하였으나 23:29

19 유대인들이 반대하기로 내가 마지 못하여 가이사에게 상소함이요 내 민족을 고발하려는 것이 아니니라 25:11

20 이러므로 너희를 보고 함께 이야기하려고 청하였으니 이스라엘의 소망으로 말미암아 내가 이 쇠사슬에 매인 바 되었노라

21 그들이 이르되 우리가 유대에서 네게 대한 편지도 받은 일이 없고 또 형제 중 누가 와서 네게 대하여 좋지 못한 것을 전하든지 이야기한 일도 없느니라 22:5

22 이에 우리가 너의 사상이 어떠한가 듣고자 하니 이 파에 대하여는 어디서든지 반대를 받는 줄 알기 때문이라 하더라

23 ●그들이 날짜를 정하고 그가 유숙하는 집에 많이 오니 바울이 아침부터 저녁까지 강론하여 하나님의 나라를 증언하고 모세의 율법과 선지자의 말을 가지고 예수에 대하여 권하더라

24 그 말을 믿는 사람도 있고 믿지 아니하는 사람도 있어 14:4

25 서로 맞지 아니하여 흩어질 때에 바울이 한 말로 이르되 성령이 선지자 이사야를 통하여 너희 조상들에게 말씀하신 것이 옳도다

at Syracuse and stayed there three days.
13 ●From there we set sail and arrived at Rhe-
gium. The next day the south wind came up,
and on the following day we reached Puteoli.
14 ●There we found some brothers and sisters
who invited us to spend a week with them.
15 And so we came to Rome. ●The brothers and
sisters there had heard that we were coming,
and they traveled as far as the Forum of
Appius and the Three Taverns to meet us. At
the sight of these people Paul thanked God
16 and was encouraged. ●When we got to
Rome, Paul was allowed to live by himself,
with a soldier to guard him.

Paul Preaches at Rome Under Guard

17 ●Three days later he called together the
local Jewish leaders. When they had assem-
bled, Paul said to them: "My brothers,
although I have done nothing against our
people or against the customs of our ances-
tors, I was arrested in Jerusalem and handed
18 over to the Romans. ●They examined me
and wanted to release me, because I was not
19 guilty of any crime deserving death. ●The
Jews objected, so I was compelled to make an
appeal to Caesar. I certainly did not intend to
bring any charge against my own people.
20 ●For this reason I have asked to see you and
talk with you. It is because of the hope of
Israel that I am bound with this chain."
21 ●They replied, "We have not received any
letters from Judea concerning you, and none
of our people who have come from there has
reported or said anything bad about you.
22 ●But we want to hear what your views are,
for we know that people everywhere are talk-
ing against this sect."
23 ●They arranged to meet Paul on a certain
day, and came in even larger numbers to the
place where he was staying. He witnessed to
them from morning till evening, explaining
about the kingdom of God, and from the
Law of Moses and from the Prophets he tried
24 to persuade them about Jesus. ●Some were
convinced by what he said, but others would
25 not believe. ●They disagreed among them-
selves and began to leave after Paul had made
this final statement: "The Holy Spirit spoke
the truth to your ancestors when he said
through Isaiah the prophet:

1) 헬, 세 여관이라는 뜻임

although [ɔːlðóu] *conj.* 비록 …일지라도
ancestor [ǽnsestər] *n.* 선조
arrange [əréindʒ] *vt.* 정하다
arrest [ərést] *vt.* 체포하다
assemble [əsémbl] *vi.* 회합하다
bound [baund] *a.* 묶인
concerning [kənsə́ːrniŋ] *prep.* …에 관하여
deserve [dizə́ːrv] *vt.* …할 만하다
disagree [dìsəgríː] *vi.* 의견이 다르다
intend [inténd] *vt.* …하려 하다
object [ábdʒikt] *vi.* 반대하다
preach [priːtʃ] *vi.* 설교하다
release [rilíːs] *vt.* 석방하다
sect [sekt] *n.* 종파
statement [stéitmənt] *n.* 진술

28:15 as far as...: …까지
28:15 at the sight of...: …를 보고
28:18 be guilty of...: …의 죄를 범하다
28:19 be compelled to...: 할 수 없이 …하다
28:19 appeal to...: …에게 항소하다

26 일렀으되
「이 백성에게 가서 말하기를 너희가 듣기는 들어도 도무지 깨닫지 못하며 보기는 보아도 도무지 알지 못하는도다
27 이 백성들의 마음이 우둔하여져서 그 귀로는 둔하게 듣고 그 눈은 감았으니 이는 눈으로 보고 귀로 듣고 마음으로 깨달아 돌아오면 내가 고쳐 줄까 함이라
하였으니 눅 2:30
28 그런즉 하나님의 이 구원이 이방인에게로 보내어진 줄 알라 그들은 그것을 들으리라 하더라
29 [1](없음)
30 ●바울이 온 이태를 자기 셋집에 머물면서 자기에게 오는 사람을 다 영접하고
31 하나님의 나라를 전파하며 주 예수 그리스도에 관한 모든 것을 담대하게 거침없이 가르치더라

26 ●" 'Go to this people and say,
"You will be ever hearing but never understanding;
you will be ever seeing but never perceiving."
27 ●For this people's heart has become calloused;
they hardly hear with their ears,
and they have closed their eyes.
Otherwise they might see with their eyes,
hear with their ears,
understand with their hearts
and turn, and I would heal them.'[a]

28 ●"Therefore I want you to know that God's salvation has been sent to the Gentiles, and they will listen!"[29][b]
30 ●For two whole years Paul stayed there in
his own rented house and welcomed all who
31 came to see him. ●He proclaimed the king-
dom of God and taught about the Lord Jesus
Christ—with all boldness and without hindrance!

[a]27 Isaiah 6:9,10 (see Septuagint) [b]29 Some manuscripts include here *After he said this, the Jews left, arguing vigorously among themselves.*

1) 어떤 사본에, 29 '그가 이 말을 마칠 때에 유대인들이 서로 큰 쟁론을 하며 물러가더라' 가 있음 ㄱ. 사 6:9,10

boldness [bóuldnis] *n.* 대담
callous [kǽləs] *vt.* 굳어지게 하다
hardly [há:rdli] *ad.* 거의 …않다
hindrance [híndrəns] *n.* 방해
otherwise [ʌ́ðərwàiz] *ad.* 그렇지 않으면
perceive [pərsí:v] *vi.* 이해하다
proclaim [proukléim] *vt.* 전파하다
salvation [sælvéiʃən] *n.* 구원

28:30 **in one's own**: 자기 자신의
28:31 **teach about**: …에 대해 가르치다

Romans | 로마서

● 저자 _ 사도 바울 ● 저작 연대 _ A.D. 57년경 ● 기록 장소 _ 고린도
● 기록 대상 _ 로마에 있는 그리스도인 ● 저작 목적 _ 구원의 기본 구조를 설명하며, 율법주의적 사고에 빠져 있던 유대계 그리스도인을 권면하기 위해 ● 핵심어 및 내용 _ 핵심어는 '죄'와 '구원'과 '믿음'이다.

죄인인 우리는 예수 그리스도를 믿어야만 구원받을 수 있다.

인사 (♪ 344, 435장)

1 예수 그리스도의 종 바울은 사도로 부르심을 받아 하나님의 복음을 위하여 택정함을 입었으니
2 이 복음은 하나님이 선지자들을 통하여 그의 아들에 관하여 성경에 미리 약속하신 것이라
3 그의 아들에 관하여 말하면 육신으로는 다윗의 [1]혈통에서 나셨고 요 1:14
4 성결의 영으로는 [2]죽은 자들 가운데서 부활하사 능력으로 하나님의 아들로 선포되셨으니 곧 우리 주 예수 그리스도시니라
5 그로 말미암아 우리가 은혜와 사도의 직분을 받아 그의 이름을 위하여 모든 이방인 중에서 믿어 순종하게 하나니
6 너희도 그들 중에서 예수 그리스도의 것으로 부르심을 받은 자니라
7 로마에서 하나님의 사랑하심을 받고 성도로 부르심을 받은 모든 자에게 하나님 우리 아버지와 주 예수 그리스도로부터 은혜와 평강이 있기를 원하노라

바울의 로마 방문 계획

8 ● 먼저 내가 예수 그리스도로 말미암아 너희 모든 사람에 관하여 내 하나님께 감사함은 너희 믿음이 온 세상에 전파됨이로다
9 내가 그의 아들의 복음 안에서 내 심령으로 섬기는 하나님이 나의 증인이 되시거니와 항상 내 기도에 쉬지 않고 너희를 말하며
10 어떻게 하든지 이제 하나님의 뜻 안에서 너희에게로 나아갈 좋은 길 얻기를 구하노라
11 내가 너희 보기를 간절히 원하는 것은 어떤 신령한 은사를 너희에게 나누어 주어 너희를 견고하게 하려 함이니 15:23
12 이는 곧 내가 너희 가운데서 너희와 나의 믿음으로 말미암아 피차 안위함을 얻으려 함이라
13 형제들아 내가 여러 번 너희에게 가고자 한 것을 너희가 모르기를 원하지 아니하노니 이는 너희 중에서도 다른 이방인 중에서와 같이 열매를 맺게 하려 함이로되 지금까지 길이 막혔도다
14 헬라인이나 [3]야만인이나 지혜 있는 자나 어리석은 자에게 다 내가 빚진 자라

1 Paul, a servant of Christ Jesus, called to be
an apostle and set apart for the gospel of
2 God — ●the gospel he promised beforehand
through his prophets in the Holy Scriptures
3 ●regarding his Son, who as to his earthly life[a]
4 was a descendant of David, ●and who
through the Spirit of holiness was appoint-
ed the Son of God in power[b] by his resurrec-
tion from the dead: Jesus Christ our Lord.
5 ●Through him we received grace and apos-
tleship to call all the Gentiles to the obedi-
ence that comes from[c] faith for his name's
6 sake. ●And you also are among those Gen-
tiles who are called to belong to Jesus Christ.
7 ●To all in Rome who are loved by God and
called to be his holy people:

Grace and peace to you from God our Father and from the Lord Jesus Christ.

Paul's Longing to Visit Rome

8 ●First, I thank my God through Jesus
Christ for all of you, because your faith is
9 being reported all over the world. ●God,
whom I serve in my spirit in preaching the
gospel of his Son, is my witness how con-
10 stantly I remember you ●in my prayers at all
times; and I pray that now at last by God's
will the way may be opened for me to come
to you.
11 ●I long to see you so that I may impart to
you some spiritual gift to make you strong—
12 ●that is, that you and I may be mutually
13 encouraged by each other's faith. ●I do not
want you to be unaware, brothers and sis-
ters,[d] that I planned many times to come to
you (but have been prevented from doing so
until now) in order that I might have a har-
vest among you, just as I have had among
the other Gentiles.
14 ●I am obligated both to Greeks and non-
Greeks, both to the wise and the foolish.

[a]3 Or *who according to the flesh* [b]4 Or *was declared with power to be the Son of God* [c]5 Or *that is* [d]13 The Greek word for *brothers and sisters* (*adelphoi*) refers here to believers, both men and women, as part of God's family; also in 7:1, 4; 8:12, 29; 10:1; 11:25; 12:1; 15:14, 30; 16:14, 17.

1) 헬, 씨 2) 헬, 죽은 자의 부활로 3) 헬라어를 사용하지 않는 사람

롬

15 그러므로 나는 할 수 있는 대로 로마에 있는
너희에게도 복음 전하기를 원하노라
16 내가 복음을 부끄러워하지 아니하노니 이 복
음은 모든 믿는 자에게 구원을 주시는 하나
님의 능력이 됨이라 먼저는 유대인에게요 그
리고 헬라인에게로다
17 복음에는 하나님의 의가 나타나서 믿음으로
믿음에 이르게 하나니 기록된 바 ᄀ오직 의인
은 믿음으로 말미암아 살리라 함과 같으니라

모든 경건하지 않음과 불의 (♪ 274, 426장)

18 ●하나님의 진노가 불의로 진리를 막는 사람
들의 모든 경건하지 않음과 불의에 대하여
하늘로부터 나타나나니
19 이는 하나님을 알 만한 것이 그들 속에 보임이
라 하나님께서 이를 그들에게 보이셨느니라
20 창세로부터 그의 보이지 아니하는 것들 곧
그의 영원하신 능력과 신성이 그가 만드신
만물에 분명히 보여 알려졌나니 [1]그러므로
그들이 핑계하지 못할지니라
21 하나님을 알되 하나님을 영화롭게도 아니하
며 감사하지도 아니하고 오히려 그 생각이
허망하여지며 미련한 마음이 어두워졌나니
22 스스로 지혜 있다 하나 어리석게 되어
23 썩어지지 아니하는 하나님의 영광을 썩어질
사람과 새와 짐승과 기어다니는 동물 모양의
우상으로 바꾸었느니라
24 ●그러므로 하나님께서 그들을 마음의 정욕
대로 더러움에 내버려 두사 그들의 몸을 서
로 욕되게 하게 하셨으니
25 이는 그들이 하나님의 진리를 거짓 것으로 바
꾸어 피조물을 조물주보다 더 경배하고 섬김
이라 주는 곧 영원히 찬송할 이시로다 아멘
26 ●이 때문에 하나님께서 그들을 부끄러운 욕
심에 내버려 두셨으니 곧 그들의 여자들도
순리대로 쓸 것을 바꾸어 역리로 쓰며
27 그와 같이 남자들도 순리대로 여자 쓰기를
버리고 서로 향하여 음욕이 불 일듯 하매 남
자가 남자와 더불어 부끄러운 일을 행하여
그들의 그릇됨에 상당한 보응을 그들 자신이
받았느니라
28 ●또한 그들이 [2]마음에 하나님 두기를 싫어
하매 하나님께서 그들을 그 상실한 마음대로
내버려 두사 합당하지 못한 일을 하게 하셨
으니
29 곧 모든 불의, 추악, 탐욕, 악의가 가득한 자
요 시기, 살인, 분쟁, 사기, 악독이 가득한 자
요 수군수군하는 자요

15 ●That is why I am so eager to preach the
gospel also to you who are in Rome.
16 ●For I am not ashamed of the gospel, be-
cause it is the power of God that brings salva-
tion to everyone who believes: first to the Jew,
17 then to the Gentile. ●For in the gospel the right-
eousness of God is revealed — a righteousness
that is by faith from first to last,[a] just as it is
written: "The righteous will live by faith."[b]

God's Wrath Against Sinful Humanity

18 ●The wrath of God is being revealed from
heaven against all the godlessness and
wickedness of people, who suppress the truth
19 by their wickedness, ●since what may be
known about God is plain to them, because
20 God has made it plain to them. ●For since the
creation of the world God's invisible quali-
ties—his eternal power and divine nature—
have been clearly seen, being understood
from what has been made, so that people are
without excuse.
21 ●For although they knew God, they neither
glorified him as God nor gave thanks to him,
but their thinking became futile and their
22 foolish hearts were darkened. ●Although they
23 claimed to be wise, they became fools ●and
exchanged the glory of the immortal God for
images made to look like a mortal human
being and birds and animals and reptiles.
24 ●Therefore God gave them over in the sin-
ful desires of their hearts to sexual impurity
for the degrading of their bodies with one
25 another. ●They exchanged the truth about
God for a lie, and worshiped and served cre-
ated things rather than the Creator—who is
forever praised. Amen.
26 ●Because of this, God gave them over to
shameful lusts. Even their women exchanged
natural sexual relations for unnatural ones.
27 ●In the same way the men also abandoned
natural relations with women and were
inflamed with lust for one another. Men
committed shameful acts with other men,
and received in themselves the due penalty
for their error.
28 ●Furthermore, just as they did not think it
worthwhile to retain the knowledge of God,
so God gave them over to a depraved mind,
so that they do what ought not to be done.
29 ●They have become filled with every kind of

[a]17 *Or is from faith to faith* [b]17 Hab. 2:4

1) 또는 이는 그들로 핑계하지 못하게 하심이니라 2) 헬, 지식에 ㄱ. 합 2:4

abandon [əbǽndən] *vt.* 그만두다, 버리다
claim [kleim] *vt.* 요구하다
degrade [digréid] *vt.* 타락시키다
depraved [dipréivd] *a.* 타락한
divine [diváin] *a.* 신성한
futile [fjúːtl] *a.* 헛된
immortal [imɔ́ːrtl] *a.* 불사의
invisible [invízəbl] *a.* 보이지 않는
reptile [réptil] *n.* 파충류
righteousness [ráitʃəsnis] *n.* 의, 정의
salvation [sælvéiʃən] *n.* 구원
suppress [səprés] *vt.* 막다
wickedness [wíkidnis] *n.* 사악
worthwhile [wə́ːrθhwáil] *a.*…할 보람이 있는
wrath [ræθ] *n.* 격노

1:15 be eager to...: 몹시 …하고 싶어하다
1:16 be ashamed of...: …를 부끄러워하다
1:18 reveal from...: …로부터 나타나다
1:23 exchange A for B: A를 B로 바꾸다
1:26 give over to...: …에 넘겨 주다
1:27 be inflamed with...: …로 불타오르다

30 비방하는 자요 [1]하나님께서 미워하시는 자요
능욕하는 자요 교만한 자요 자랑하는 자요
악을 도모하는 자요 부모를 거역하는 자요
31 우매한 자요 배약하는 자요 무정한 자요 무
자비한 자라
32 그들이 이같은 일을 행하는 자는 사형에 해
당한다고 하나님께서 정하심을 알고도 자기
들만 행할 뿐 아니라 또한 그런 일을 행하는
자들을 옳다 하느니라

하나님의 심판

2 그러므로 남을 판단하는 사람아, 누구를
막론하고 네가 핑계하지 못할 것은 남을
판단하는 것으로 네가 너를 정죄함이니 판단
하는 네가 같은 일을 행함이니라
2 이런 일을 행하는 자에게 하나님의 심판이
진리대로 되는 줄 우리가 아노라
3 이런 일을 행하는 자를 판단하고도 같은 일
을 행하는 사람아, 네가 하나님의 심판을 피
할 줄로 생각하느냐 살후 1:6
4 혹 네가 하나님의 인자하심이 너를 인도하여
회개하게 하심을 알지 못하여 그의 인자하심
과 용납하심과 길이 참으심이 풍성함을 멸시
하느냐
5 다만 네 고집과 회개하지 아니한 마음을 따
라 진노의 날 곧 하나님의 의로우신 심판이
나타나는 그날에 임할 진노를 네게 쌓는도다
6 하나님께서 각 사람에게 그 행한 대로 보응
하시되
7 참고 선을 행하여 영광과 존귀와 썩지 아니
함을 구하는 자에게는 영생으로 하시고
8 오직 당을 지어 진리를 따르지 아니하고 불의
를 따르는 자에게는 진노와 분노로 하시리라
9 악을 행하는 각 사람의 영에는 환난과 곤고
가 있으리니 먼저는 유대인에게요 그리고 헬
라인에게며
10 선을 행하는 각 사람에게는 영광과 존귀와
평강이 있으리니 먼저는 유대인에게요 그리
고 헬라인에게라
11 이는 하나님께서 외모로 사람을 취하지 아니
하심이라
12 •무릇 율법 없이 범죄한 자는 또한 율법 없
이 망하고 무릇 율법이 있고 범죄한 자는 율
법으로 말미암아 심판을 받으리라
13 하나님 앞에서는 율법을 듣는 자가 의인이
아니요 오직 율법을 행하는 자라야 의롭다
하심을 얻으리니 약 1:22, 23
14 (율법 없는 이방인이 본성으로 율법의 일을

wickedness, evil, greed and depravity. They
are full of envy, murder, strife, deceit and
30 malice. They are gossips, •slanderers, God-
haters, insolent, arrogant and boastful; they
invent ways of doing evil; they disobey their
31 parents; •they have no understanding, no
32 fidelity, no love, no mercy. •Although they
know God's righteous decree that those who
do such things deserve death, they not only
continue to do these very things but also
approve of those who practice them.

God's Righteous Judgment

2 You, therefore, have no excuse, you who
pass judgment on someone else, for at
whatever point you judge another, you are
condemning yourself, because you who pass
2 judgment do the same things. •Now we
know that God's judgment against those
3 who do such things is based on truth. •So
when you, a mere human being, pass judg-
ment on them and yet do the same things,
do you think you will escape God's judg-
4 ment? •Or do you show contempt for the
riches of his kindness, forbearance and
patience, not realizing that God's kindness is
intended to lead you to repentance?
5 •But because of your stubbornness and
your unrepentant heart, you are storing up
wrath against yourself for the day of God's
wrath, when his righteous judgment will
6 be revealed. •God "will repay each person
7 according to what they have done."[a] •To
those who by persistence in doing good seek
glory, honor and immortality, he will give
8 eternal life. •But for those who are self-seek-
ing and who reject the truth and follow evil,
9 there will be wrath and anger. •There will be
trouble and distress for every human being
who does evil: first for the Jew, then for the
10 Gentile; •but glory, honor and peace for
everyone who does good: first for the Jew,
11 then for the Gentile. •For God does not show
favoritism.
12 •All who sin apart from the law will also
perish apart from the law, and all who sin
13 under the law will be judged by the law. •For
it is not those who hear the law who are
righteous in God's sight, but it is those who
obey the law who will be declared righteous.
14 •(Indeed, when Gentiles, who do not have
the law, do by nature things required by the

[a] 6 Psalm 62:12; Prov. 24:12

1) 또는 하나님을 미워하는 자요

arrogant [ǽrəgant] *a.* 거만한
contempt [kəntémpt] *n. v.* 멸시(하다)
depravity [diprǽvəti] *n.* 악행
distress [distrés] *n.* 고통
favoritism [féivəritìzm] *n.* 편애
forbearance [fɔːrbέərəns] *n.* 인내
immortality [ìmɔːrtǽləti] *n.* 영생
insolent [ínsələnt] *a.* 오만한, 무례한
malice [mǽlis] *n.* 악의, 앙심
persistence [pərsístəns] *n.* 인내
repentance [ripéntəns] *n.* 회개
self-seeking [sèlfsíːkiŋ] *a.* 자기 본위의
slanderer [slǽndərər] *n.* 중상 비방꾼
strife [straif] *n.* 투쟁
stubbornness [stʌbərnnis] *n.* 완고

1:32 approve of: 승인하다, 인정하다
2:1 pass judgment: 판결을 내리다
2:2 be based on...: …에 근거하다
2:5 store up: 쌓다
2:6 according to...: …에 따라서
2:12 apart from...: …없이

행할 때에는 이 사람은 율법이 없어도 자기가 자기에게 율법이 되나니

15 이런 이들은 그 양심이 증거가 되어 그 생각들이 서로 혹은 고발하며 혹은 변명하여 그 마음에 새긴 율법의 행위를 나타내느니라)

16 곧 나의 복음에 이른 바와 같이 하나님이 예수 그리스도로 말미암아 사람들의 은밀한 것을 심판하시는 그날이라

유대인과 율법 (♪ 250, 252장)

17 ●유대인이라 불리는 네가 율법을 의지하며 하나님을 자랑하며

18 율법의 교훈을 받아 하나님의 뜻을 알고 [1]지극히 선한 것을 분간하며

19 맹인의 길을 인도하는 자요 어둠에 있는 자의 빛이요

20 율법에 있는 지식과 진리의 모본을 가진 자로서 어리석은 자의 교사요 어린 아이의 선생이라고 스스로 믿으니

21 그러면 다른 사람을 가르치는 네가 네 자신은 가르치지 아니하느냐 도둑질하지 말라 선포하는 네가 도둑질하느냐

22 간음하지 말라 말하는 네가 간음하느냐 우상을 가증히 여기는 네가 신전 물건을 도둑질하느냐

23 율법을 자랑하는 네가 율법을 범함으로 하나님을 욕되게 하느냐

24 기록된 바와 같이 [ㄱ]하나님의 이름이 너희 때문에 이방인 중에서 모독을 받는도다 사 52:5

25 네가 율법을 행하면 할례가 유익하나 만일 율법을 범하면 네 할례는 무할례가 되느니라

26 그런즉 무할례자가 율법의 규례를 지키면 그 무할례를 할례와 같이 여길 것이 아니냐

27 또한 본래 무할례자가 율법을 온전히 지키면 율법 조문과 할례를 가지고 율법을 범하는 너를 정죄하지 아니하겠느냐

28 무릇 표면적 유대인이 유대인이 아니요 표면적 육신의 할례가 할례가 아니니라 요 8:39

29 오직 이면적 유대인이 유대인이며 할례는 마음에 할지니 영에 있고 율법 조문에 있지 아니한 것이라 그 칭찬이 사람에게서가 아니요 다만 하나님에게서니라 고후 10:18

3 그런즉 유대인의 나음이 무엇이며 할례의 유익이 무엇이냐

2 범사에 많으니 우선은 그들이 하나님의 말씀을 맡았음이니라

law, they are a law for themselves, even
15 though they do not have the law. •They
show that the requirements of the law are
written on their hearts, their consciences also
bearing witness, and their thoughts some-
times accusing them and at other times even
16 defending them.) •This will take place on
the day when God judges people's secrets
through Jesus Christ, as my gospel declares.

The Jews and the Law

17 •Now you, if you call yourself a Jew; if you
18 rely on the law and boast in God; •if you
know his will and approve of what is superi-
19 or because you are instructed by the law; •if
you are convinced that you are a guide for the
blind, a light for those who are in the dark,
20 •an instructor of the foolish, a teacher of
little children, because you have in the law
the embodiment of knowledge and truth—
21 •you, then, who teach others, do you not
teach yourself? You who preach against steal-
22 ing, do you steal? •You who say that people
should not commit adultery, do you commit
adultery? You who abhor idols, do you rob
23 temples? •You who boast in the law, do you
24 dishonor God by breaking the law? •As it is
written: "God's name is blasphemed among
the Gentiles because of you."[a]
25 •Circumcision has value if you observe
the law, but if you break the law, you have
become as though you had not been circum-
26 cised. •So then, if those who are not circum-
cised keep the law's requirements, will they
not be regarded as though they were circum-
27 cised? •The one who is not circumcised phys-
ically and yet obeys the law will condemn
you who, even though you have the [b]written
code and circumcision, are a lawbreaker.
28 •A person is not a Jew who is one only
outwardly, nor is circumcision merely out-
29 ward and physical. •No, a person is a Jew
who is one inwardly; and circumcision is
circumcision of the heart, by the Spirit, not
by the written code. Such a person's praise is
not from other people, but from God.

God's Faithfulness

3 What advantage, then, is there in being
a Jew, or what value is there in circum-
2 cision? •Much in every way! First of all,
the Jews have been entrusted with the very

[a]24 Isaiah 52:5 (see Septuagint); Ezek. 36:20,22 [b]27 Or *who, by means of a*

1) 또는 능히 같지 아니한 점을 분별하라 ㄱ. 사 52:5

abhor [æbhɔ́:r] *vt.* 혐오하다
accuse [əkjú:z] *vt.* 고소하다
adultery [ədʌltəri] *n.* 간음
blaspheme [blæsfí:m] *vt.* 모욕하다
circumcision [sə̀:rkəmsíʒən] *n.* 할례
condemn [kəndém] *vt.* 비난하다
convinced [kənvínst] *a.* 확신을 가진
embodiment [imbádimənt] *n.* 구체화
instruct [instrʌkt] *vt.* 가르치다, 훈계하다
inwardly [ínwərdli] *ad.* 내부에
merely [míərli] *ad.* 단지
observe [əbzə́:rv] *vt.* 준수하다
requirement [rikwáiərmənt] *n.* 자격
stealing [stí:liŋ] *n.* 절도
superior [səpíəriər] *a.* 우위의

2:16 **take place**: (사건 등이) 일어나다
2:17 **rely on...**: …를 의지하다
2:22 **commit adultery**: 간음하다
2:26 **be regarded as...**: …로 여기다
3:2 **first of all**: 무엇보다도
3:2 **be entrusted with...**: …을 맡다

3 어떤 자들이 믿지 아니하였으면 어찌하리요
그 믿지 아니함이 하나님의 미쁘심을 폐하겠
느냐
4 그럴 수 없느니라 사람은 다 거짓되되 오직
하나님은 참되시다 할지어다 기록된 바
[ㄱ]주께서 주의 말씀에 의롭다 함을 얻으시
고 판단 받으실 때에 이기려 하심이라
함과 같으니라
시 116:11
5 그러나 우리 불의가 하나님의 의를 드러나게
하면 무슨 말 하리요 [내가 사람의 말하는 대
로 말하노니] 진노를 내리시는 하나님이 불
의하시냐
6 결코 그렇지 아니하니라 만일 그러하면 하나
님께서 어찌 세상을 심판하시리요
7 그러나 나의 거짓말로 하나님의 참되심이
더 풍성하여 그의 영광이 되었다면 어찌 내
가 죄인처럼 심판을 받으리요
8 또는 그러면 선을 이루기 위하여 악을 행하
자 하지 않겠느냐 어떤 이들이 이렇게 비방
하여 우리가 이런 말을 한다고 하니 그들은
정죄 받는 것이 마땅하니라

다 죄 아래에 있다

9 •그러면 어떠하냐 우리는 [1)]나으냐 결코 아
니라 유대인이나 헬라인이나 다 죄 아래에
있다고 우리가 이미 선언하였느니라
10 기록된 바
[ㄴ]의인은 없나니 하나도 없으며
11 깨닫는 자도 없고 하나님을 찾는 자도 없고
12 다 치우쳐 함께 무익하게 되고 선을 행하
는 자는 없나니 하나도 없도다
13 [ㄷ]그들의 목구멍은 열린 무덤이요 [ㄹ]그 혀로
는 속임을 일삼으며 그 입술에는 독사의
독이 있고
14 [ㅁ]그 입에는 저주와 악독이 가득하고
15 [ㅂ]그 발은 피 흘리는 데 빠른지라
16 파멸과 고생이 그 길에 있어
17 평강의 길을 알지 못하였고
18 [ㅅ]그들의 눈 앞에 하나님을 두려워함이 없
느니라
함과 같으니라

하나님의 의

19 •우리가 알거니와 무릇 율법이 말하는 바
는 율법 아래에 있는 자들에게 말하는 것이
니 이는 모든 입을 막고 온 세상으로 하나님
의 [2)]심판 아래에 있게 하려 함이라
20 그러므로 율법의 행위로 그의 앞에 의롭다
하심을 얻을 육체가 없나니 율법으로는 죄를

words of God.
3 •What if some were unfaithful? Will
their unfaithfulness nullify God's faithful-
4 ness? •Not at all! Let God be true, and every
human being a liar. As it is written:

"So that you may be proved right when
you speak
and prevail when you judge."[a]

5 •But if our unrighteousness brings out
God's righteousness more clearly, what shall
we say? That God is unjust in bringing his
wrath on us? (I am using a human argu-
6 ment.) •Certainly not! If that were so, how
7 could God judge the world? •Someone
might argue, "If my falsehood enhances
God's truthfulness and so increases his glory,
8 why am I still condemned as a sinner?" •Why
not say—as some slanderously claim that we
say—"Let us do evil that good may result"?
Their condemnation is just!

No One Is Righteous

9 •What shall we conclude then? Do we
have any advantage? Not at all! For we have
already made the charge that Jews and Gen-
10 tiles alike are all under the power of sin. •As
it is written:

"There is no one righteous, not even one;
11 • there is no one who understands;
there is no one who seeks God.
12 •All have turned away,
they have together become worthless;
there is no one who does good,
not even one."[b]
13 •"Their throats are open graves;
their tongues practice deceit."[c]
"The poison of vipers is on their lips."[d]
14 • "Their mouths are full of cursing and
bitterness."[e]
15 •"Their feet are swift to shed blood;
16 • ruin and misery mark their ways,
17 •and the way of peace they do not know."[f]
18 • "There is no fear of God before their eyes."[g]

19 •Now we know that whatever the law
says, it says to those who are under the law,
so that every mouth may be silenced and the
whole world held accountable to God.
20 •Therefore no one will be declared righteous

---

[a]*4* Psalm 51:4 [b]*12* Psalms 14:1-3; 53:1-3; Eccles. 7:20 [c]*13* Psalm 5:9 [d]*13* Psalm 140:3 [e]*14* Psalm 10:7(see Septuagint) [f]*17* Isaiah 59:7,8 [g]*18* Psalm 36:1

1) 또는 그들만 못하뇨 2) 또는 정죄 ㄱ. 시 51:4 ㄴ. 시 14:1 이하; 53:1 이하 ㄷ. 시 5:9 ㄹ. 시 140:3 ㅁ. 시 10:7 ㅂ. 사 59:7 이하 ㅅ. 시 36:1

accountable [əkáuntəbl] *a.* 책임이 있는
argument [á:rgjumənt] *n.* 논의, 주장
bitterness [bítərnis] *n.* 신랄함
charge [tʃa:rdʒ] *n.* 고소
conclude [kənklú:d] *vt.* 결론짓다
cursing [kə́:rsiŋ] *n.* 저주
enhance [inhǽns] *vt.* 높이다
falsehood [fɔ́:lshùd] *n.* 거짓말
nullify [nʌləfài] *vt.* 무효로 하다
prevail [privéil] *vi.* 능가하다
righteous [ráitʃəs] *a.* 바른, 정의의
slanderously [slǽndərəsli] *ad.* 비방적으로
swift [swift] *a.* 빠른
viper [váipər] *n.* 독사
wrath [ræθ] *n.* 격노

3:3 **what if...**: …한다면 어떻게 될까
3:4 **not at all:** 전혀 …이 아닌
3:5 **bring out**: 드러나게 하다
3:12 **turn away**: 외면하다
3:14 **be full of...**: …로 가득하다
3:19 **so that... may:** …하기 위해서

깨달음이니라 행 13:39
21 이제는 율법 외에 하나님의 한 의가 나타났으
니 율법과 선지자들에게 증거를 받은 것이라
22 곧 예수 그리스도를 믿음으로 말미암아 모든
믿는 자에게 미치는 하나님의 의니 차별이
없느니라
23 모든 사람이 죄를 범하였으매 하나님의 영광
에 이르지 못하더니
24 그리스도 예수 안에 있는 속량으로 말미암아
하나님의 은혜로 값없이 의롭다 하심을 얻은
자 되었느니라 엡 1:7
25 이 예수를 하나님이 [1]그의 피로써 믿음으로
말미암는 화목제물로 세우셨으니 이는 하나
님께서 길이 참으시는 중에 전에 지은 죄를
간과하심으로 자기의 의로우심을 나타내려
하심이니
26 곧 이때에 자기의 의로우심을 나타내사 자기
도 의로우시며 또한 예수 믿는 자를 의롭다
하려 하심이라
27 그런즉 자랑할 데가 어디냐 있을 수가 없느
니라 무슨 법으로냐 행위로냐 아니라 오직
믿음의 법으로니라 엡 2:9
28 그러므로 사람이 의롭다 하심을 얻는 것은
율법의 행위에 있지 않고 믿음으로 되는 줄
우리가 인정하노라 엡 2:9
29 하나님은 다만 유대인의 하나님이시냐 또한
이방인의 하나님은 아니시냐 진실로 이방인
의 하나님도 되시느니라
30 할례자도 믿음으로 말미암아 또한 무할례자
도 믿음으로 말미암아 의롭다 하실 하나님은
한 분이시니라 갈 3:8
31 그런즉 우리가 믿음으로 말미암아 율법을 파
기하느냐 그럴 수 없느니라 도리어 율법을
굳게 세우느니라

아브라함의 믿음과 그로 말미암은 언약 (♪ 546장)

4 그런즉 [2]육신으로 우리 조상인 아브라함
이 무엇을 얻었다 하리요
2 만일 아브라함이 행위로써 의롭다 하심을 받
았으면 자랑할 것이 있으려니와 하나님 앞에
서는 없느니라 고전 1:31
3 성경이 무엇을 말하느냐 [ㄱ]아브라함이 하나
님을 믿으매 그것이 그에게 의로 여겨진 바
되었느니라
4 일하는 자에게는 그 삯이 은혜로 여겨지지
아니하고 보수로 여겨지거니와
5 일을 아니할지라도 경건하지 아니한 자를 의
롭다 하시는 이를 믿는 자에게는 그의 믿음

in God's sight by the works of the law;
rather, through the law we become con-
scious of our sin.

Righteousness Through Faith

21 •But now apart from the law the right-
eousness of God has been made known, to
which the Law and the Prophets testify.
22 •This righteousness is given through faith in[a]
Jesus Christ to all who believe. There is no
23 difference between Jew and Gentile, •for all
have sinned and fall short of the glory of
24 God, •and all are justified freely by his grace
through the redemption that came by Christ
25 Jesus. •God presented Christ as a sacrifice of
atonement,[b] through the shedding of his
blood—to be received by faith. He did this to
demonstrate his righteousness, because in
his forbearance he had left the sins commit-
26 ted beforehand unpunished— •he did it to
demonstrate his righteousness at the present
time, so as to be just and the one who justifies
those who have faith in Jesus.
27 •Where, then, is boasting? It is excluded.
Because of what law? The law that requires
works? No, because of the law that requires
28 faith. •For we maintain that a person is justi-
fied by faith apart from the works of the law.
29 •Or is God the God of Jews only? Is he not
the God of Gentiles too? Yes, of Gentiles too,
30 •since there is only one God, who will justify
the circumcised by faith and the uncircum-
31 cised through that same faith. •Do we, then,
nullify the law by this faith? Not at all!
Rather, we uphold the law.

Abraham Justified by Faith

4 What then shall we say that Abraham,
our forefather according to the flesh, dis-
2 covered in this matter? •If, in fact, Abraham
was justified by works, he had something to
3 boast about—but not before God. •What
does Scripture say? "Abraham believed God,
and it was credited to him as righteousness."[c]
4 •Now to the one who works, wages are
not credited as a gift but as an obligation.
5 •However, to the one who does not work
but trusts God who justifies the ungodly,
their faith is credited as righteousness.

[a]22 Or *through the faithfulness of* [b]25 The Greek for *sacrifice of atonement* refers to the atonement cover on the ark of the covenant (see Lev. 16:15,16). [c]3 Gen. 15:6; also in verse 22

1) 또는 그의 피를 믿음으로 말미암는 화목제물로 세우셨으니
2) 또는 우리 조상 아브라함이 육으로 ㄱ. 창 15:6

atonement [ətóunmənt] *n.* 속죄
beforehand [bifɔ́:rhænd] *ad.* 미리
boasting [bóustiŋ] *n.* 자랑
circumcise [sə́:rkəmsàiz] *vt.* 할례를 베풀다
credit [krédit] *vt.* 믿다
demonstrate [démənstrèit] *vt.* 나타내다
exclude [iksklú:d] *vt.* 배제하다
forbearance [fɔ:rbέərəns] *n.* 인내
forefather [fɔ́:rfà:ðər] *n.* 조상
justify [dʒʌstəfài] *vt.* 의롭게 하다
maintain [meintéin] *vt.* 단언하다
nullify [nʌləfài] *vt.* 폐기(취소)하다
obligation [àbləgéiʃən] *n.* 의무
redemption [ridémpʃən] *n.* 속죄
uphold [ʌphóuld] *vt.* 지지하다

3:20 **be conscious of...**: …을 깨닫다
3:21 **apart from...**: …에서 분리되다
3:23 **fall short of**: 부족하다
3:26 **so as to...**: … 하도록
3:31 **not at all**: 결코 그럴 수 없다
4:4 **not A but B**: A가 아니라 B

을 의로 여기시나니
6 일한 것이 없이 하나님께 의로 여기심을 받는 사람의 복에 대하여 다윗이 말한 바
7 ㄱ불법이 사함을 받고 죄가 가리어짐을 받는 사람들은 복이 있고
8 주께서 그 죄를 인정하지 아니하실 사람은 복이 있도다
함과 같으니라 고후 5:19
9 그런즉 이 복이 할례자에게냐 혹은 무할례자에게도냐 무릇 우리가 말하기를 아브라함에게는 그 믿음이 의로 여겨졌다 하노라
10 그런즉 그것이 어떻게 여겨졌느냐 할례시냐 무할례시냐 할례시가 아니요 무할례시니라
11 그가 할례의 표를 받은 것은 무할례시에 믿음으로 된 의를 인친 것이니 이는 무할례자로서 믿는 모든 자의 조상이 되어 그들도 의로 여기심을 얻게 하려 하심이라 창 17:10
12 또한 할례자의 조상이 되었나니 곧 할례받을 자에게뿐 아니라 우리 조상 아브라함이 무할례시에 가졌던 믿음의 자취를 따르는 자들에게도 그러하니라
13 아브라함이나 그 1)후손에게 세상의 상속자가 되리라고 하신 언약은 율법으로 말미암은 것이 아니요 오직 믿음의 의로 말미암은 것이니라
14 만일 율법에 속한 자들이 상속자이면 믿음은 헛것이 되고 약속은 파기되었느니라 갈 3:18
15 율법은 진노를 이루게 하나니 율법이 없는 곳에는 범법도 없느니라 갈 3:10
16 그러므로 상속자가 되는 그것이 은혜에 속하기 위하여 믿음으로 되나니 이는 그 약속을 그 모든 1)후손에게 굳게 하려 하심이라 율법에 속한 자에게뿐만 아니라 아브라함의 믿음에 속한 자에게도 그러하니 아브라함은 우리 모든 사람의 조상이라
17 기록된 바 ㄴ내가 너를 많은 민족의 조상으로 세웠다 하심과 같으니 그가 믿은 바 하나님은 죽은 자를 살리시며 없는 것을 있는 것으로 부르시는 이시니라
18 아브라함이 바랄 수 없는 중에 바라고 믿었으니 이는 ㄷ네 1)후손이 이 같으리라 하신 말씀대로 많은 민족의 조상이 되게 하려 하심이라
19 그가 백 세나 되어 자기 몸이 죽은 것 같고 사라의 태가 죽은 것 같음을 알고도 믿음이 약하여지지 아니하고

6 •David says the same thing when he speaks
of the blessedness of the one to whom God
credits righteousness apart from works:

7 •"Blessed are those
whose transgressions are forgiven,
whose sins are covered.
8 •Blessed is the one
whose sin the Lord will never count
against them."[a]

9 •Is this blessedness only for the circum-
cised, or also for the uncircumcised? We have
been saying that Abraham's faith was credit-
10 ed to him as righteousness. •Under what cir-
cumstances was it credited? Was it after he
was circumcised, or before? It was not after,
11 but before! •And he received circumcision
as a sign, a seal of the righteousness that he
had by faith while he was still uncircum-
cised. So then, he is the father of all who
believe but have not been circumcised, in
order that righteousness might be credited to
12 them. •And he is then also the father of the
circumcised who not only are circumcised
but who also follow in the footsteps of the
faith that our father Abraham had before he
was circumcised.
13 •It was not through the law that Abraham
and his offspring received the promise that
he would be heir of the world, but through
14 the righteousness that comes by faith. •For if
those who depend on the law are heirs, faith
means nothing and the promise is worthless,
15 •because the law brings wrath. And where
there is no law there is no transgression.
16 •Therefore, the promise comes by faith, so
that it may be by grace and may be guaran-
teed to all Abraham's offspring—not only to
those who are of the law but also to those who
have the faith of Abraham. He is the father of
17 us all. •As it is written: "I have made you a
father of many nations."[b] He is our father in
the sight of God, in whom he believed—the
God who gives life to the dead and calls into
being things that were not.
18 •Against all hope, Abraham in hope be-
lieved and so became the father of many
nations, just as it had been said to him, "So
19 shall your offspring be."[c] •Without weaken-
ing in his faith, he faced the fact that his
body was as good as dead—since he was
about a hundred years old—and that Sarah's

[a] 8 Psalm 32:1,2 [b] 17 Gen. 17:5 [c] 18 Gen. 15:5
1) 헬, 씨 ㄱ. 시 32:1 이하 ㄴ. 창 17:5 ㄷ. 창 15:5

blessedness [blésidnis] *n.* 행복, 행운
circumcision [sə:rkəmsíʒən] *n.* 할례
circumstance [sə́:rkəmstæns] *n.* 환경
follow [fálou] *vt.* 따르다
footstep [fútstèp] *n.* 발자국
guarantee [gærəntí:] *vt.* 보증하다
heir [ɛər] *n.* 상속인
offspring [ɔ́:fspriŋ] *n.* 후손
receive [risí:v] *vt.* 받다
righteousness [ráitʃəsnis] *n.* 의
seal [si:l] *vt.* 인치다
transgression [trænsgréʃən] *n.* 종교적 죄
weaken [wí:kən] *vi.* 약해지다
worthless [wə́:rθlis] *a.* 가치없는
wrath [ræθ] *n.* 진노

4:6 apart from...: … 없이
4:8 count against ...: …를 불리하게 하다
4:13 It is not A that... but B: … 한 것은 A가 아니라 B다
4:14 depend on...: …에 따라
4:19 as good as...: …이나 다름없이

20 믿음이 없어 하나님의 약속을 의심하지 않고 믿음으로 견고하여져서 하나님께 영광을 돌리며
21 약속하신 그것을 또한 능히 이루실 줄을 확신하였으니
22 그러므로 그것이 그에게 의로 여겨졌느니라
23 그에게 의로 여겨졌다 기록된 것은 아브라함만 위한 것이 아니요
24 의로 여기심을 받을 우리도 위함이니 곧 예수 우리 주를 죽은 자 가운데서 살리신 이를 믿는 자니라 행 2:24
25 예수는 우리가 범죄한 것 때문에 내줌이 되고 또한 우리를 의롭다 하시기 위하여 살아나셨느니라

의롭다 하심을 받은 사람의 삶 (♪ 458장)

5 그러므로 우리가 믿음으로 의롭다 하심을 받았으니 [1]우리 주 예수 그리스도로 말미암아 하나님과 [2]화평을 누리자 3:28
2 또한 그로 말미암아 우리가 믿음으로 서 있는 이 은혜에 들어감을 얻었으며 하나님의 영광을 바라고 즐거워하느니라
3 다만 이뿐 아니라 우리가 환난 중에도 즐거워하나니 이는 환난은 인내를,
4 인내는 연단을, 연단은 소망을 이루는 줄 앎이로다
5 소망이 우리를 부끄럽게 하지 아니함은 우리에게 주신 성령으로 말미암아 하나님의 사랑이 우리 마음에 부은 바 됨이니
6 우리가 아직 연약할 때에 기약대로 그리스도께서 경건하지 않은 자를 위하여 죽으셨도다
7 의인을 위하여 죽는 자가 쉽지 않고 선인을 위하여 용감히 죽는 자가 혹 있거니와
8 우리가 아직 죄인 되었을 때에 그리스도께서 우리를 위하여 죽으심으로 하나님께서 우리에 대한 자기의 사랑을 확증하셨느니라
9 그러면 이제 우리가 그의 피로 말미암아 의롭다 하심을 받았으니 더욱 그로 말미암아 진노하심에서 구원을 받을 것이니
10 곧 우리가 원수 되었을 때에 그의 아들의 죽으심으로 말미암아 하나님과 화목하게 되었은즉 화목하게 된 자로서는 더욱 그의 살아나심으로 말미암아 구원을 받을 것이니라
11 그뿐 아니라 이제 우리로 화목하게 하신 우리 주 예수 그리스도로 말미암아 하나님 안에서 또한 즐거워하느니라

아담과 그리스도

12 ● 그러므로 한 사람으로 말미암아 죄가 세상

20 womb was also dead. ● Yet he did not waver
through unbelief regarding the promise of
God, but was strengthened in his faith and
21 gave glory to God, ● being fully persuaded
that God had power to do what he had pro-
22 mised. ● This is why "it was credited to him as
23 righteousness." ● The words "it was credited
24 to him" were written not for him alone, ● but
also for us, to whom God will credit right-
eousness—for us who believe in him who
25 raised Jesus our Lord from the dead. ● He was
delivered over to death for our sins and was
raised to life for our justification.

Peace and Hope

5 Therefore, since we have been justified
through faith, we[a] have peace with God
2 through our Lord Jesus Christ, ● through
whom we have gained access by faith into
this grace in which we now stand. And we[b]
3 boast in the hope of the glory of God. ● Not
only so, but we[b] also glory in our sufferings,
because we know that suffering produces
4 perseverance; ● perseverance, character; and
5 character, hope. ● And hope does not put us
to shame, because God's love has been pour-
ed out into our hearts through the Holy Spir-
it, who has been given to us.
6 ● You see, at just the right time, when we
were still powerless, Christ died for the un-
7 godly. ● Very rarely will anyone die for a
righteous person, though for a good person
8 someone might possibly dare to die. ● But
God demonstrates his own love for us in this:
While we were still sinners, Christ died for us.
9 ● Since we have now been justified by his
blood, how much more shall we be saved
10 from God's wrath through him! ● For if,
while we were God's enemies, we were rec-
onciled to him through the death of his Son,
how much more, having been reconciled,
11 shall we be saved through his life! ● Not only
is this so, but we also boast in God through
our Lord Jesus Christ, through whom we
have now received reconciliation.

Death Through Adam, Life Through Christ

12 ● Therefore, just as sin entered the world
through one man, and death through sin,
and in this way death came to all people,

[a]1 Many manuscripts *let us* [b]2, 3 Or *let us*

1) 또는 믿음으로 서 있는 이 은혜에 들어감을 우리로 얻게 하신 우리 주 예수 그리스도로 말미암아 하나님으로 더불어 화평을 누리며 또한 하나님의 영광을 바라고 즐거워하자 2) 또는 화평이 있고

character [kǽriktər] *n.* 성품
demonstrate [démənstrèit] *vt.* 확증하다
justification [dʒʌstəfikéiʃən] *n.* 칭의
justify [dʒʌstəfài] *vt.* 옳다고 하다
perseverance [pə̀:rsəvíərəns] *n.* 인내
persuade [pərswéid] *vt.* 믿게 하다
rarely [rέərli] *ad.* 드물게
reconcile [rékənsàil] *vt.* 화해시키다
regarding [rigá:rdiŋ] *prep.* …에 관해서
strengthen [stréŋkθən] *vt.* 강하게 하다
suffering [sʌfəriŋ] *n.* 고생
unbelief [ʌ̀nbilí:f] *n.* 불신
ungodly [ʌ̀ngádli] *a.* 신앙심이 없는
waver [wéivər] *vi.* 흔들리다
womb [wu:m] *n.* 자궁

4:25 **deliver over**: 구하다
5:2 **gain access into...**: …에 접근하다
5:3 **not only A but also B:** A뿐만 아니라 B도
5:5 **pour out**: 쏟아붓다
5:6 **at just**: 바로 그 때

에 들어오고 죄로 말미암아 사망이 들어왔나
니 이와 같이 모든 사람이 죄를 지었으므로
사망이 모든 사람에게 이르렀느니라 창 2:17
13 죄가 율법 있기 전에도 세상에 있었으나 율
법이 없었을 때에는 죄를 죄로 여기지 아니
하였느니라
14 그러나 아담으로부터 모세까지 아담의 범죄
와 같은 죄를 짓지 아니한 자들까지도 사망이
왕 노릇 하였나니 아담은 오실 자의 [1]모형이라
15 그러나 이 은사는 그 범죄와 같지 아니하니
곧 한 사람의 범죄를 인하여 많은 사람이 죽
었은즉 더욱 하나님의 은혜와 또한 한 사람
예수 그리스도의 은혜로 말미암은 선물은 많
은 사람에게 넘쳤느니라
16 또 이 선물은 범죄한 한 사람으로 말미암은
것과 같지 아니하니 심판은 한 사람으로 말
미암아 정죄에 이르렀으나 은사는 많은 범죄
로 말미암아 의롭다 하심에 이름이니라
17 한 사람의 범죄로 말미암아 사망이 그 한 사람
을 통하여 왕 노릇 하였은즉 더욱 은혜와 의의
선물을 넘치게 받는 자들은 한 분 예수 그리스
도를 통하여 생명 안에서 왕 노릇 하리로다
18 그런즉 한 범죄로 많은 사람이 정죄에 이른
것같이 한 의로운 행위로 말미암아 많은 사람
이 의롭다 하심을 받아 생명에 이르렀느니라
19 한 사람이 순종하지 아니함으로 많은 사람이
죄인 된 것같이 한 사람이 순종하심으로 많
은 사람이 의인이 되리라
20 율법이 들어온 것은 범죄를 더하게 하려 함
이라 그러나 죄가 더한 곳에 은혜가 더욱 넘
쳤나니
21 이는 죄가 사망 안에서 왕 노릇 한 것같이 은
혜도 또한 의로 말미암아 왕 노릇 하여 우리
주 예수 그리스도로 말미암아 영생에 이르게
하려 함이라

그리스도와 함께 죽고 함께 산다 (♪213, 407장)

6 그런즉 우리가 무슨 말을 하리요 은혜를
더하게 하려고 죄에 거하겠느냐
2 그럴 수 없느니라 죄에 대하여 죽은 우리가
어찌 그 가운데 더 살리요 7:4
3 무릇 그리스도 예수와 합하여 [2]세례를 받은
우리는 그의 죽으심과 합하여 [2]세례를 받은
줄을 알지 못하느냐 행 2:38
4 그러므로 우리가 그의 죽으심과 합하여 [2]세
례를 받음으로 그와 함께 장사되었나니 이는
아버지의 영광으로 말미암아 그리스도를 죽
은 자 가운데서 살리심과 같이 우리로 또한

because all sinned—
13 •To be sure, sin was in the world before
the law was given, but sin is not charged
against anyone's account where there is no
14 law. •Nevertheless, death reigned from the
time of Adam to the time of Moses, even over
those who did not sin by breaking a com-
mand, as did Adam, who is a pattern of the
one to come.
15 •But the gift is not like the trespass. For if
the many died by the trespass of the one
man, how much more did God's grace and
the gift that came by the grace of the one
man, Jesus Christ, overflow to the many!
16 •Nor can the gift of God be compared with
the result of one man's sin: The judgment
followed one sin and brought condemna-
tion, but the gift followed many trespasses
17 and brought justification. •For if, by the
trespass of the one man, death reigned
through that one man, how much more
will those who receive God's abundant pro-
vision of grace and of the gift of righteous-
ness reign in life through the one man, Jesus
Christ!
18 •Consequently, just as one trespass result-
ed in condemnation for all people, so also
one righteous act resulted in justification
19 and life for all people. •For just as through
the disobedience of the one man the many
were made sinners, so also through the obe-
dience of the one man the many will be
made righteous.
20 •The law was brought in so that the tres-
pass might increase. But where sin increased,
21 grace increased all the more, •so that, just as
sin reigned in death, so also grace might
reign through righteousness to bring eternal
life through Jesus Christ our Lord.

Dead to Sin, Alive in Christ

6 What shall we say, then? Shall we go on
2 sinning so that grace may increase? •By
no means! We are those who have died to
3 sin; how can we live in it any longer? •Or
don't you know that all of us who were bap-
tized into Christ Jesus were baptized into his
4 death? •We were therefore buried with him
through baptism into death in order that,
just as Christ was raised from the dead
through the glory of the Father, we too may
live a new life.

1) 또는 예표 2) 헬, 또는 침례

abundant [əbʌndənt] *a.* 풍부한
baptize [bæptáiz] *vt.* 세례를 베풀다
bury [béri] *vt.* 장사하다
condemnation [kɑ̀ndemnéiʃən] *n.* 정죄
consequently [kɑ́nsəkwèntli] *ad.* 따라서
disobedience [dìsəbíːdiəns] *n.* 불순종
increase [inkríːs] *vi.* 증가하다
obedience [oubíːdiəns] *n.* 복종, 순종
overflow [òuvərflóu] *vi.* 흘러넘치다
pattern [pǽtərn] *n.* 원형
provision [prəvíʒən] *n.* 공급
receive [risíːv] *vt.* 받다
reign [rein] *vi.* 다스리다
righteous [ráitʃəs] *a.* 바른, 공정한
trespass [tréspəs] *n.* 죄

5:16 the result of...: …의 결과로
5:18 just as...: …과 똑같이
5:20 all the more: 더욱더
5:21 so that...: …하기 위하여
6:2 by no means: 결코 아니다
6:4 in order that...: … 하기 위하여

새 생명 가운데서 행하게 하려 함이라 골 2:12
5 만일 우리가 그의 죽으심과 같은 모양으로 연
합한 자가 되었으면 또한 그의 부활과 같은 모
양으로 연합한 자도 되리라
6 우리가 알거니와 우리의 옛 사람이 예수와 함께
십자가에 못 박힌 것은 죄의 몸이 죽어 다시는
우리가 죄에게 종 노릇 하지 아니하려 함이니
7 이는 죽은 자가 죄에서 벗어나 의롭다 하심을
얻었음이라
8 만일 우리가 그리스도와 함께 죽었으면 또한
그와 함께 살 줄을 믿노니
9 이는 그리스도께서 죽은 자 가운데서 살아나
셨으매 다시 죽지 아니하시고 사망이 다시 그
를 주장하지 못할 줄을 앎이로라
10 그가 죽으심은 죄에 대하여 단번에 죽으심이
요 그가 살아 계심은 하나님께 대하여 살아 계
심이니
11 이와 같이 너희도 너희 자신을 죄에 대하여는
죽은 자요 그리스도 예수 안에서 하나님께 대
하여는 살아 있는 자로 여길지어다
12 ●그러므로 너희는 죄가 너희 죽을 몸을 지배
하지 못하게 하여 몸의 사욕에 순종하지 말고
13 또한 너희 지체를 불의의 무기로 죄에게 내주
지 말고 오직 너희 자신을 죽은 자 가운데서
다시 살아난 자같이 하나님께 드리며 너희 지
체를 의의 무기로 하나님께 드리라 골 3:5
14 죄가 너희를 주장하지 못하리니 이는 너희가 법
아래에 있지 아니하고 은혜 아래에 있음이라

의의 종

15 ●그런즉 어찌하리요 우리가 법 아래에 있지
아니하고 은혜 아래에 있으니 죄를 지으리요
그럴 수 없느니라
16 너희 자신을 종으로 내주어 누구에게 순종하든
지 그 순종함을 받는 자의 종이 되는 줄을 너희
가 알지 못하느냐 혹은 죄의 종으로 사망에 이
르고 혹은 순종의 종으로 의에 이르느니라
17 하나님께 감사하리로다 너희가 본래 죄의 종
이더니 [1]너희에게 전하여 준 바 교훈의 본을
마음으로 순종하여 1:8
18 죄로부터 해방되어 의에게 종이 되었느니라
19 너희 육신이 연약하므로 내가 사람의 예대로 말
하노니 전에 너희가 너희 지체를 부정과 불법에
내주어 불법에 이른 것같이 이제는 너희 지체를
의에게 종으로 내주어 거룩함에 이르라
20 너희가 죄의 종이 되었을 때에는 의에 대하여
자유로웠느니라
21 *너희가 그때에 무슨 열매를 얻었느냐 이제는*

5 ●For if we have been united with him in
a death like his, we will certainly also be
united with him in a resurrection like his.
6 ●For we know that our old self was cruci-
fied with him so that the body ruled by sin
might be done away with,[a] that we should
7 no longer be slaves to sin— ●because any-
one who has died has been set free from sin.
8 ●Now if we died with Christ, we believe
9 that we will also live with him. ●For we
know that since Christ was raised from the
dead, he cannot die again; death no longer
10 has mastery over him. ●The death he died,
he died to sin once for all; but the life he
lives, he lives to God.
11 ●In the same way, count yourselves
dead to sin but alive to God in Christ Jesus.
12 ●Therefore do not let sin reign in your
mortal body so that you obey its evil desires.
13 ●Do not offer any part of yourself to sin as
an instrument of wickedness, but rather
offer yourselves to God as those who have
been brought from death to life; and offer
every part of yourself to him as an instru-
14 ment of righteousness. ●For sin shall no
longer be your master, because you are not
under the law, but under grace.

Slaves to Righteousness

15 ●What then? Shall we sin because we are
not under the law but under grace? By no
16 means! ●Don't you know that when you
offer yourselves to someone as obedient sla-
ves, you are slaves of the one you obey—
whether you are slaves to sin, which leads to
death, or to obedience, which leads to right-
17 eousness? ●But thanks be to God that, tho-
ugh you used to be slaves to sin, you have
come to obey from your heart the pattern of
teaching that has now claimed your alle-
18 giance. ●You have been set free from sin
and have become slaves to righteousness.
19 ●I am using an example from everyday
life because of your human limitations. Just
as you used to offer yourselves as slaves to
impurity and to ever-increasing wicked-
ness, so now offer yourselves as slaves to
20 righteousness leading to holiness. ●When
you were slaves to sin, you were free from
21 the control of righteousness. ●What benefit
did you reap at that time from the things
you are now ashamed of? Those things

[a]6 *Or be rendered powerless*

1) 헬, 너희를 맡은 바 교훈의

allegiance [əlí:dʒəns] *n.* 충성
certainly [sə́:rtnli] *ad.* 확실히
count [kaunt] *vt.* 간주하다
crucify [krú:səfài] *vt.* 십자가에 못박다
desire [dizáiər] *n.* 욕구
impurity [impjúərəti] *n.* 부도덕
instrument [ínstrəmənt] *n.* 도구
limitation [lìmətéiʃən] *n.* 한계
mastery [mǽstəri] *n.* 지배
mortal [mɔ́:rtl] *a.* 필멸의
reap [ri:p] *vi.* 수확하다
reign [rein] *vi.* 다스리다
resurrection [rèzərékʃən] *n.* 부활
slave [sleiv] *n.* 노예
wickedness [wíkidnis] *n.* 사악, 부정

6:5 **unite with...**: …와 연합하다
6:6 **do away with...**: …을 없애다
6:6 **no longer...**: 더이상 …아니다
6:10 **once for all**: 한번만
6:17 **used to be...**: 과거에 …했었다
6:21 **be ashamed of**: 부끄러워하다

너희가 그 일을 부끄러워하나니 이는 그 마지막이 사망임이라

22 그러나 이제는 너희가 죄로부터 해방되고 하나님께 종이 되어 거룩함에 이르는 열매를 맺었으니 그 마지막은 영생이라

23 죄의 삯은 사망이요 하나님의 1)은사는 그리스도 예수 우리 주 안에 있는 영생이니라

혼인 관계로 비유한 율법과 죄 (♪260, 261장)

7 형제들아 내가 법 아는 자들에게 말하노니 너희는 그 법이 사람이 살 동안만 그를 주관하는 줄 알지 못하느냐

2 남편 있는 여인이 그 남편 생전에는 법으로 그에게 매인 바 되나 만일 그 남편이 죽으면 남편의 법에서 벗어나느니라

3 그러므로 만일 그 남편 생전에 다른 남자에게 가면 음녀라 그러나 만일 남편이 죽으면 그 법에서 자유롭게 되나니 다른 남자에게 갈지라도 음녀가 되지 아니하느니라

4 그러므로 내 형제들아 너희도 그리스도의 몸으로 말미암아 율법에 대하여 죽임을 당하였으니 이는 다른 이 곧 죽은 자 가운데서 살아나신 이에게 가서 우리가 하나님을 위하여 열매를 맺게 하려 함이라

5 우리가 육신에 있을 때에는 율법으로 말미암는 죄의 정욕이 우리 지체 중에 역사하여 우리로 사망을 위하여 열매를 맺게 하였더니

6 이제는 우리가 얽매였던 것에 대하여 죽었으므로 율법에서 벗어났으니 이러므로 우리가 영의 새로운 것으로 섬길 것이요 율법 조문의 묵은 것으로 아니할지니라

7 그런즉 우리가 무슨 말을 하리요 율법이 죄냐 그럴 수 없느니라 율법으로 말미암지 않고는 내가 죄를 알지 못하였으니 곧 율법이 ㄱ탐내지 말라 하지 아니하였더라면 내가 탐심을 알지 못하였으리라

8 그러나 죄가 기회를 타서 계명으로 말미암아 내 속에서 온갖 탐심을 이루었나니 이는 율법이 없으면 죄가 죽은 것임이라

9 전에 2)율법을 깨닫지 못했을 때에는 내가 살았더니 계명이 이르매 죄는 살아나고 나는 죽었도다

10 생명에 이르게 할 그 계명이 내게 대하여 도리어 사망에 이르게 하는 것이 되었도다

11 죄가 기회를 타서 계명으로 말미암아 나를 속이고 그것으로 나를 죽였는지라

22 result in death! • But now that you have been
set free from sin and have become slaves of
God, the benefit you reap leads to holiness,
23 and the result is eternal life. • For the wages of
sin is death, but the gift of God is eternal life
in[a] Christ Jesus our Lord.

Released From the Law, Bound to Christ

7 Do you not know, brothers and sisters —
for I am speaking to those who know
the law — that the law has authority over
someone only as long as that person lives?
2 • For example, by law a married woman is
bound to her husband as long as he is alive,
but if her husband dies, she is released from
3 the law that binds her to him. • So then, if
she has sexual relations with another man
while her husband is still alive, she is called
an adulteress. But if her husband dies, she is
released from that law and is not an adulter-
ess if she marries another man.
4 • So, my brothers and sisters, you also died
to the law through the body of Christ, that
you might belong to another, to him who
was raised from the dead, in order that we
5 might bear fruit for God. • For when we were
in the realm of the flesh,[b] the sinful passions
aroused by the law were at work in us, so
6 that we bore fruit for death. • But now, by
dying to what once bound us, we have been
released from the law so that we serve in the
new way of the Spirit, and not in the old way
of the written code.

The Law and Sin

7 • What shall we say, then? Is the law sinful?
Certainly not! Nevertheless, I would not have
known what sin was had it not been for the
law. For I would not have known what cov-
eting really was if the law had not said, "You
8 shall not covet."[c] • But sin, seizing the oppor-
tunity afforded by the commandment, pro-
duced in me every kind of coveting. For apart
9 from the law, sin was dead. • Once I was alive
apart from the law; but when the command-
10 ment came, sin sprang to life and I died. • I
found that the very commandment that was
intended to bring life actually brought death.
11 • For sin, seizing the opportunity afforded by
the commandment, deceived me, and thr-
ough the commandment put me to death.

[a]23 Or *through* [b]5 In contexts like this, the Greek word for *flesh* (*sarx*) refers to the sinful state of human beings, often presented as a power in opposition to the Spirit. [c]7 Exodus 20:17; Deut. 5:21

1) 선물 2) 헬, 법 없이 내가 ㄱ. 출 20:17; 신 5:21

adulteress [ədʌltəris] *n.* 간통한 여인
afford [əfɔ́:rd] *vt.* 제공하다
arouse [əráuz] *vt.* 야기하다
authority [əθárəti] *n.* 권위
bear [bɛər] *vt.* 열매맺다
code [koud] *n.* 율법
commandment [kəmǽndmənt] *n.* 계명
covet [kʌvit] *vt.* 탐내다
deceive [disí:v] *vt.* 속이다
eternal [itə́:rnəl] *a.* 영원한
intend [inténd] *vt.* 의도하다
opportunity [àpərtjú:nəti] *n.* 기회
release [rilí:s] *vt.* 해방하다
sinful [sínfəl] *a.* 죄많은
wage [weidʒ] *n.* 품삯

6:21 **result in**: 결과로
7:1 **as long as...**: …하는 동안
7:2 **be bound to...**: …에 매이다
7:9 **apart from...**: …없이
7:9 **spring to life**: 살아나다
7:11 **put to death**: 죽이다

12 이로 보건대 율법은 거룩하고 계명도 거룩하
고 의로우며 선하도다 딤전 1:8
13 그런즉 선한 것이 내게 사망이 되었느냐 그
럴 수 없느니라 오직 죄가 죄로 드러나기 위
하여 선한 그것으로 말미암아 나를 죽게 만
들었으니 이는 계명으로 말미암아 죄로 심히
죄 되게 하려 함이라
14 우리가 율법은 신령한 줄 알거니와 나는 육
신에 속하여 죄 아래에 팔렸도다
15 내가 행하는 것을 내가 알지 못하노니 곧 내
가 원하는 것은 행하지 아니하고 도리어 미
워하는 것을 행함이라 갈 5:17
16 만일 내가 원하지 아니하는 그것을 행하면 내
가 이로써 율법이 선한 것을 시인하노니 7:12
17 이제는 그것을 행하는 자가 내가 아니요 내
속에 거하는 죄니라
18 내 속 곧 내 육신에 선한 것이 거하지 아니하
는 줄을 아노니 원함은 내게 있으나 선을 [1]행
하는 것은 없노라 7:25
19 내가 원하는 바 선은 행하지 아니하고 도리
어 원하지 아니하는 바 악을 행하는도다 7:15
20 만일 내가 원하지 아니하는 그것을 하면 이
를 행하는 자는 내가 아니요 내 속에 거하는
죄니라
21 그러므로 내가 한 법을 깨달았노니 곧 선을
행하기 원하는 나에게 악이 함께 있는 것이
로다
22 내 속사람으로는 하나님의 법을 즐거워하되
23 내 지체 속에서 한 다른 법이 내 마음의 법과
싸워 내 지체 속에 있는 죄의 법으로 나를 사
로잡는 것을 보는도다
24 오호라 나는 곤고한 사람이로다 이 사망의
몸에서 누가 나를 건져내랴 6:6
25 우리 주 예수 그리스도로 말미암아 하나님께
감사하리로다 그런즉 내 자신이 마음으로는 하
나님의 법을 육신으로는 죄의 법을 섬기노라

생명의 성령의 법 (♪ 196, 452장)

8 그러므로 이제 그리스도 예수 안에 있는
자에게는 결코 정죄함이 없나니
2 이는 그리스도 예수 안에 있는 생명의 성령
의 법이 죄와 사망의 법에서 [2]너를 해방하였
음이라
3 율법이 육신으로 말미암아 연약하여 할 수
없는 그것을 하나님은 하시나니 곧 죄로 말
미암아 자기 아들을 죄 있는 육신의 모양으
로 보내어 육신에 죄를 정하사
4 육신을 따르지 않고 그 영을 따라 행하는 우

12 •So then, the law is holy, and the com-
mandment is holy, righteous and good.
13 •Did that which is good, then, become
death to me? By no means! Nevertheless, in
order that sin might be recognized as sin, it
used what is good to bring about my death,
so that through the commandment sin
might become utterly sinful.
14 •We know that the law is spiritual; but I
15 am unspiritual, sold as a slave to sin. •I do
not understand what I do. For what I want to
16 do I do not do, but what I hate I do. •And if
I do what I do not want to do, I agree that the
17 law is good. •As it is, it is no longer I myself
18 who do it, but it is sin living in me. •For I
know that good itself does not dwell in me,
that is, in my sinful nature.[a] For I have the
desire to do what is good, but I cannot carry
19 it out. •For I do not do the good I want to do,
but the evil I do not want to do—this I keep
20 on doing. •Now if I do what I do not want to
do, it is no longer I who do it, but it is sin liv-
ing in me that does it.
21 •So I find this law at work: Although I
want to do good, evil is right there with me.
22 •For in my inner being I delight in God's
23 law; •but I see another law at work in me,
waging war against the law of my mind and
making me a prisoner of the law of sin at
24 work within me. •What a wretched man I
am! Who will rescue me from this body that
25 is subject to death? •Thanks be to God, who
delivers me through Jesus Christ our Lord!
So then, I myself in my mind am a slave to
God's law, but in my sinful nature[b] a slave to
the law of sin.

Life Through the Spirit

8 Therefore, there is now no condemna-
tion for those who are in Christ Jesus,
2 •because through Christ Jesus the law of the
Spirit who gives life has set you[c] free from the
3 law of sin and death. •For what the law was
powerless to do because it was weakened by
the flesh,[d] God did by sending his own Son in
the likeness of sinful flesh to be a sin offering.[e]
4 And so he condemned sin in the flesh, •in
order that the righteous requirement of the
law might be fully met in us, who do not live

[a]18 Or *my flesh* [b]25 Or *in the flesh* [c]2 The Greek is singular; some manuscripts *me* [d]3 In contexts like this, the Greek word for *flesh* (*sarx*) refers to the sinful state of human beings, often presented as a power in opposition to the Spirit; also in verses 4-13. [e]3 Or *flesh, for sin* 1) 또는 행할 능은 2) 어떤 사본에, 나를

condemn [kəndém] *vt.* 비난하다
inner [ínər] *a.* 내부의
nature [néitʃər] *n.* 본성
nevertheless [nèvərðəlés] *ad.* 그럼에도 불구하고
offering [ɔ́:fəriŋ] *n.* 제물
powerless [páuərlis] *a.* 힘없는
recognize [rékəgnàiz] *vt.* 인정하다
requirement [rikwáiərmənt] *n.* 요구사항
rescue [réskju:] *vt.* 구조하다
sinful [sínfəl] *a.* 죄많은
spiritual [spíritʃuəl] *a.* 영적인
utterly [ʌtərli] *ad.* 완전히
wage [weidʒ] *vt.* 수행하다
weaken [wí:kən] *vt.* 약화시키다
wretched [rétʃid] *a.* 비참한

7:13 by no means: 결코 아니다
7:13 so that...: …하기 위하여
7:18 carry out: 수행하다
7:22 delight in...: …을 기뻐하다
8:2 set free: 자유를 주다
8:3 in the likeness of...: …를 가장하여

리에게 율법의 요구가 이루어지게 하려 하심 이니라

5 육신을 따르는 자는 육신의 일을, 영을 따르는 자는 영의 일을 생각하나니

6 육신의 생각은 사망이요 영의 생각은 생명과 평안이니라

7 육신의 생각은 하나님과 원수가 되나니 이는 하나님의 법에 굴복하지 아니할 뿐 아니라 할 수도 없음이라 약 4:4

8 육신에 있는 자들은 하나님을 기쁘시게 할 수 없느니라 7:5

9 만일 너희 속에 하나님의 영이 거하시면 너희가 육신에 있지 아니하고 영에 있나니 누구든지 그리스도의 영이 없으면 그리스도의 사람이 아니라

10 또 그리스도께서 너희 안에 계시면 몸은 죄로 말미암아 죽은 것이나 영은 의로 말미암아 [1]살아 있는 것이니라

11 예수를 죽은 자 가운데서 살리신 이의 영이 너희 안에 거하시면 그리스도 예수를 죽은 자 가운데서 살리신 이가 너희 안에 거하시는 그의 영으로 말미암아 너희 죽을 몸도 살리시리라

12 ●그러므로 형제들아 우리가 빚진 자로되 육신에게 져서 육신대로 살 것이 아니니라

13 너희가 육신대로 살면 반드시 죽을 것이로되 영으로써 몸의 행실을 죽이면 살리니 골 3:5

14 무릇 하나님의 영으로 인도함을 받는 사람은 곧 하나님의 아들이라 갈 5:18

15 너희는 다시 무서워하는 종의 영을 받지 아니하고 양자의 영을 받았으므로 우리가 아빠 아버지라고 부르짖느니라

16 성령이 친히 우리의 영과 더불어 우리가 하나님의 자녀인 것을 증언하시나니 엡 1:13

17 자녀이면 또한 상속자 곧 하나님의 상속자요 그리스도와 함께 한 상속자니 우리가 그와 함께 영광을 받기 위하여 고난도 함께 받아야 할 것이니라

모든 피조물이 구원을 고대하다

18 ●생각하건대 현재의 고난은 장차 우리에게 나타날 영광과 비교할 수 없도다

19 피조물이 고대하는 바는 하나님의 아들들이 나타나는 것이니

20 피조물이 허무한 데 굴복하는 것은 자기 뜻이 아니요 오직 굴복하게 하시는 이로 말미암음이라

according to the flesh but according to the
Spirit.
5 •Those who live according to the flesh have
their minds set on what the flesh desires; but
those who live in accordance with the Spirit
have their minds set on what the Spirit desires.
6 •The mind governed by the flesh is death, but
the mind governed by the Spirit is life and
7 peace. •The mind governed by the flesh is
hostile to God; it does not submit to God's
8 law, nor can it do so. •Those who are in the
realm of the flesh cannot please God.
9 •You, however, are not in the realm of the
flesh but are in the realm of the Spirit, if in-
deed the Spirit of God lives in you. And if any-
one does not have the Spirit of Christ, they
10 do not belong to Christ. •But if Christ is in
you, then even though your body is subject
to death because of sin, the Spirit gives life[a]
11 because of righteousness. •And if the Spirit
of him who raised Jesus from the dead is liv-
ing in you, he who raised Christ from the
dead will also give life to your mortal bodies
because of[b] his Spirit who lives in you.
12 •Therefore, brothers and sisters, we have
an obligation—but it is not to the flesh, to
13 live according to it. •For if you live according
to the flesh, you will die; but if by the Spirit
you put to death the misdeeds of the body,
you will live.
14 •For those who are led by the Spirit of
15 God are the children of God. •The Spirit you
received does not make you slaves, so that
you live in fear again; rather, the Spirit you
received brought about your adoption to son-
ship.[c] And by him we cry, "*Abba*,[d] Father."
16 •The Spirit himself testifies with our spirit
17 that we are God's children. •Now if we are
children, then we are heirs—heirs of God
and co-heirs with Christ, if indeed we share
in his sufferings in order that we may also
share in his glory.

Present Suffering and Future Glory

18 •I consider that our present sufferings are
not worth comparing with the glory that will
19 be revealed in us. •For the creation waits in
eager expectation for the children of God to
20 be revealed. •For the creation was subjected

[a]*10* Or *you, your body is dead because of sin, yet your spirit is alive* [b]*11* Some manuscripts *bodies through* [c]*15* The Greek word for *adoption to sonship* is a term referring to the full legal standing of an adopted male heir in Roman culture; also in verse 23. [d]*15* Aramaic for *father* 1) 헬, 생명

adoption [ədápʃən] *n.* 입양
co-heir [kouέər] *n.* 공동 상속인
consider [kənsídər] *vt.* 숙고하다
expectation [èkspektéiʃən] *n.* 기대
govern [gʌvərn] *vt.* 다스리다
hostile [hástl] *a.* 적대적인
indeed [indí:d] *ad.* 참으로
misdeed [mìsdí:d] *n.* 나쁜 짓
mortal [mɔ́:rtl] *a.* 죽어야 할 운명의
obligation [àbləgéiʃən] *n.* 의무
realm [relm] *n.* 영역
receive [risí:v] *vt.* 받다
sonship [sʌnʃip] *n.* 아들의 신분
suffering [sʌfəriŋ] *n.* 고통
testify [téstəfài] *vi.* 증언하다

8:5 **according to...**: …에 따라서
8:7 **submit to...**: …에 굴복하다
8:17 **share in...**: …을 분배받다
8:18 **be worth ~ing**: ~할 가치가 있다
8:18 **compare with...**: …를 비교하다
8:20 **be subjected to...**: …에게 복종하다

21 그 바라는 것은 피조물도 썩어짐의 종 노릇한 데서 해방되어 하나님의 자녀들의 영광의 자유에 이르는 것이니라
22 피조물이 다 이제까지 함께 탄식하며 함께 고통을 겪고 있는 것을 우리가 아느니라
23 그뿐 아니라 또한 우리 곧 성령의 처음 익은 열매를 받은 우리까지도 속으로 탄식하여 양자 될 것 곧 우리 몸의 속량을 기다리느니라
24 우리가 소망으로 구원을 얻었으매 보이는 소망이 소망이 아니니 보는 것을 누가 바라리요
25 만일 우리가 보지 못하는 것을 바라면 참음으로 기다릴지니라
26 ●이와 같이 성령도 우리의 연약함을 도우시나니 우리는 마땅히 기도할 바를 알지 못하나 오직 성령이 말할 수 없는 탄식으로 우리를 위하여 친히 간구하시느니라
27 마음을 살피시는 이가 성령의 생각을 아시나니 이는 성령이 하나님의 뜻대로 성도를 위하여 간구하심이니라
28 우리가 알거니와 하나님을 사랑하는 자 곧 그의 뜻대로 부르심을 입은 자들에게는 [1]모든 것이 합력하여 선을 이루느니라
29 하나님이 미리 아신 자들을 또한 그 아들의 형상을 본받게 하기 위하여 미리 정하셨으니 이는 그로 많은 형제 중에서 맏아들이 되게 하려 하심이니라
30 또 미리 정하신 그들을 또한 부르시고 부르신 그들을 또한 의롭다 하시고 의롭다 하신 그들을 또한 영화롭게 하셨느니라

그리스도의 사랑 하나님의 사랑

31 ●그런즉 이 일에 대하여 우리가 무슨 말 하리요 만일 하나님이 우리를 위하시면 누가 우리를 대적하리요

시 118:6

32 자기 아들을 아끼지 아니하시고 우리 모든 사람을 위하여 내주신 이가 어찌 그 아들과 함께 모든 것을 우리에게 주시지 아니하겠느냐
33 누가 능히 하나님께서 택하신 자들을 고발하리요 의롭다 하신 이는 하나님이시니
34 누가 정죄하리요 죽으실 뿐 아니라 다시 살아나신 이는 그리스도 예수시니 그는 하나님 우편에 계신 자요 우리를 위하여 간구하시는 자시니라
35 누가 우리를 그리스도의 사랑에서 끊으리요 환난이나 곤고나 박해나 기근이나 적신이나 위험이나 칼이랴

to frustration, not by its own choice, but by
the will of the one who subjected it, in hope
21 ●that[a] the creation itself will be liberated
from its bondage to decay and brought into
the freedom and glory of the children of God.
22 ●We know that the whole creation has
been groaning as in the pains of childbirth
23 right up to the present time. ●Not only so,
but we ourselves, who have the firstfruits of
the Spirit, groan inwardly as we wait eagerly
for our adoption to sonship, the redemption
24 of our bodies. ●For in this hope we were
saved. But hope that is seen is no hope at all.
25 Who hopes for what they already have? ●But
if we hope for what we do not yet have, we
wait for it patiently.
26 ●In the same way, the Spirit helps us in our
weakness. We do not know what we ought
to pray for, but the Spirit himself intercedes
27 for us through wordless groans. ●And he
who searches our hearts knows the mind of
the Spirit, because the Spirit intercedes for
God's people in accordance with the will of
God.
28 ●And we know that in all things God
works for the good of those who love him,
who[b] have been called according to his pur-
29 pose. ●For those God foreknew he also pre-
destined to be conformed to the image of his
Son, that he might be the firstborn among
30 many brothers and sisters. ●And those he
predestined, he also called; those he called, he
also justified; those he justified, he also glori-
fied.

More Than Conquerors

31 ●What, then, shall we say in response to
these things? If God is for us, who can be
32 against us? ●He who did not spare his own
Son, but gave him up for us all — how will he
not also, along with him, graciously give us
33 all things? ●Who will bring any charge
against those whom God has chosen? It is
34 God who justifies. ●Who then is the one who
condemns? No one. Christ Jesus who died
— more than that, who was raised to life — is
at the right hand of God and is also interced-
35 ing for us. ●Who shall separate us from the
love of Christ? Shall trouble or hardship or

[a]*20,21 Or subjected it in hope.* [21]*For* [b]*28 Or that all things work together for good to those who love God, who; or that in all things God works together with those who love him to bring about what is good — with those who*

1) 어떤 사본에, 하나님이 모든 것을 합하여 선을 이루시느니라

adoption [ədάpʃən] *n.* 입양
bondage [bάndidʒ] *n.* 속박
conform [kənfɔ́:rm] *vt.* 따르다
foreknow [fɔ:rnóu] *vt.* 미리 알다
frustration [frʌstréiʃən] *n.* 좌절
glorify [glɔ́:rəfài] *vt.* 영화롭게 하다
graciously [gréiʃəsli] *ad.* 은혜로
groan [groun] *vi.* 신음하다
intercede [ìntərsí:d] *vi.* 중재하다
inwardly [ínwərdli] *ad.* 내면적으로
justify [dʒʌ́stəfài] *vt.* 옳다고 하다
liberate [líbərèit] *vt.* 해방하다
patiently [péiʃəntli] *ad.* 인내심있게
predestine [pri:déstin] *vt.* 운명짓다
redemption [ridémpʃən] *n.* 구원

8:22 right up to...: 바로 …까지
8:26 intercede for...: …를 위해 잘 말해주다
8:27 in accordance with...: …대로
8:32 along with...: …와 함께
8:35 separate A from B: A를 B에게서 분리시키다

36 기록된 바
[ㄱ]우리가 종일 주를 위하여 죽임을 당하게
되며 도살 당할 양같이 여김을 받았나이다
함과 같으니라
37 그러나 이 모든 일에 우리를 사랑하시는 이
로 말미암아 우리가 넉넉히 이기느니라 계 1:5
38 내가 확신하노니 사망이나 생명이나 천사들
이나 권세자들이나 현재 일이나 장래 일이나
능력이나
39 높음이나 깊음이나 다른 어떤 피조물이라도
우리를 우리 주 그리스도 예수 안에 있는 하
나님의 사랑에서 끊을 수 없으리라

약속의 자녀 약속의 말씀

9 1-2 내가 그리스도 안에서 참말을 하고 거
짓말을 아니하노라 나에게 큰 근심이 있
는 것과 마음에 그치지 않는 고통이 있는 것
을 내 양심이 성령 안에서 나와 더불어 증언
하노니
3 나의 형제 곧 골육의 친척을 위하여 내 자신
이 저주를 받아 그리스도에게서 끊어질지라
도 원하는 바로라
4 그들은 이스라엘 사람이라 그들에게는 양자
됨과 영광과 언약들과 율법을 세우신 것과
예배와 약속들이 있고
5 조상들도 그들의 것이요 육신으로 하면 그리
스도가 그들에게서 나셨으니 [1]그는 만물 위
에 계셔서 세세에 찬양을 받으실 하나님이시
니라 아멘 요 1:1
6 그러나 하나님의 말씀이 폐하여진 것 같지
않도다 이스라엘에게서 난 그들이 다 이스라
엘이 아니요
7 또한 아브라함의 씨가 다 그의 자녀가 아니
라 [ㄴ]오직 이삭으로부터 난 자라야 네 씨라
불리리라 하셨으니 히 11:18
8 곧 육신의 자녀가 하나님의 자녀가 아니요
오직 약속의 자녀가 씨로 여기심을 받느니라
9 약속의 말씀은 이것이니 [ㄷ]명년 이때에 내가
이르리니 사라에게 아들이 있으리라 하심이
라
10 그뿐 아니라 또한 리브가가 우리 조상 이삭
한 사람으로 말미암아 임신하였는데 창 25:21
11 그 자식들이 아직 나지도 아니하고 무슨 선
이나 악을 행하지 아니한 때에 택하심을 따
라 되는 하나님의 뜻이 행위로 말미암지 않
고 오직 부르시는 이로 말미암아 서게 하려
하사
12 [ㄹ]리브가에게 이르시되 큰 자가 어린 자를 섬

persecution or famine or nakedness or dan-
36 ger or sword? •As it is written:

> "For your sake we face death all day long;
> we are considered as sheep to be
> slaughtered."[a]

37 •No, in all these things we are more than
38 conquerors through him who loved us. •For
I am convinced that neither death nor life,
neither angels nor demons,[b] neither the pre-
39 sent nor the future, nor any powers, •neither
height nor depth, nor anything else in all cre-
ation, will be able to separate us from the
love of God that is in Christ Jesus our Lord.

Paul's Anguish Over Israel

9 I speak the truth in Christ—I am not
lying, my conscience confirms it through
2 the Holy Spirit—•I have great sorrow and
3 unceasing anguish in my heart. •For I could
wish that I myself were cursed and cut off
from Christ for the sake of my people, those
4 of my own race, •the people of Israel. Theirs
is the adoption to sonship; theirs the divine
glory, the covenants, the receiving of the law,
5 the temple worship and the promises. •Theirs
are the patriarchs, and from them is traced the
human ancestry of the Messiah, who is God
over all, forever praised![c] Amen.

God's Sovereign Choice

6 •It is not as though God's word had failed.
For not all who are descended from Israel are
7 Israel. •Nor because they are his descendants
are they all Abraham's children. On the con-
trary, "It is through Isaac that your offspring
8 will be reckoned."[d] •In other words, it is not
the children by physical descent who are
God's children, but it is the children of the
promise who are regarded as Abraham's off-
9 spring. •For this was how the promise was
stated: "At the appointed time I will return,
and Sarah will have a son."[e]
10 •Not only that, but Rebekah's children
were conceived at the same time by our father
11 Isaac. •Yet, before the twins were born or
had done anything good or bad—in order
that God's purpose in election might stand:
12 •not by works but by him who calls—she
was told, "The older will serve the younger."[f]

[a]36 Psalm 44:22 [b]38 Or *nor heavenly rulers* [c]5 Or *Messiah, who is over all. God be forever praised!* Or *Messiah. God who is over all be forever praised!* [d]7 Gen. 21:12 [e]9 Gen. 18:10,14 [f]12 Gen. 25:23

1) 또는 만물 위에 계신 하나님께 세세에 찬양이 있으리로다 ㄱ. 시 44:22 ㄴ. 창 21:12 ㄷ. 창 18:10 ㄹ. 창 25:23

ancestry [ǽnsèstri] *n.* 조상
anguish [ǽŋgwiʃ] *n.* 고통
confirm [kənfə́:rm] *vt.* 확증하다
conscience [kánʃəns] *n.* 양심
contrary [kántreri] *a.* 반대의
convinced [kənvínst] *a.* 확신하는
covenant [kʌvənənt] *n.* 언약
descendant [diséndənt] *n.* 자손
divine [diváin] *a.* 신성한
nakedness [néikidnis] *n.* 벌거벗음
patriarch [péitriὰ:rk] *n.* 조상
persecution [pə̀:rsikjú:ʃən] *n.* 박해
reckon [rékən] *vt.* 간주하다
slaughter [slɔ́:tər] *vt.* 도살하다
unceasing [ʌ̀nsí:siŋ] *a.* 끊임없는

9:3 **be cursed**: 저주 받다
9:3 **cut off**: 베어내다, 잘라내다, 차단하다
9:3 **for the sake of...**: …을 위하여
9:5 **over all**: 전체적으로, 끝에서 끝까지
9:8 **be regarded as...**: …으로 여기다
9:11 **in order that...**: …하기 위하여

기리라 하셨나니
13 기록된 바 ㄱ내가 야곱은 사랑하고 에서는 미
워하였다 하심과 같으니라
14 ●그런즉 우리가 무슨 말을 하리요 하나님께
불의가 있느냐 그럴 수 없느니라
15 모세에게 이르시되 ㄴ내가 긍휼히 여길 자를
긍휼히 여기고 불쌍히 여길 자를 불쌍히 여
기리라 하셨으니
16 그런즉 원하는 자로 말미암음도 아니요 달음
박질하는 자로 말미암음도 아니요 오직 긍휼
히 여기시는 하나님으로 말미암음이니라
17 성경이 바로에게 이르시되 ㄷ내가 이 일을 위
하여 너를 세웠으니 곧 너로 말미암아 내 능
력을 보이고 내 이름이 온 땅에 전파되게 하
려 함이라 하셨으니
18 그런즉 하나님께서 하고자 하시는 자를 긍휼
히 여기시고 하고자 하시는 자를 완악하게
하시느니라

하나님의 진노와 긍휼

19 ●혹 네가 내게 말하기를 그러면 하나님이
어찌하여 허물하시느냐 누가 그 뜻을 대적하
느냐 하리니
20 이 사람아 네가 누구이기에 감히 하나님께
반문하느냐 지음을 받은 물건이 지은 자에게
어찌 나를 이같이 만들었느냐 말하겠느냐
21 토기장이가 진흙 한 덩이로 하나는 귀히 쓸
그릇을, 하나는 천히 쓸 그릇을 만들 권한이
없느냐
22 만일 하나님이 그의 진노를 보이시고 그의 능
력을 알게 하고자 하사 멸하기로 준비된 진노
의 그릇을 오래 참으심으로 관용하시고 2:4
23 또한 영광 받기로 예비하신 바 긍휼의 그릇
에 대하여 그 영광의 풍성함을 알게 하고자
하셨을지라도 무슨 말을 하리요
24 이 그릇은 우리니 곧 유대인 중에서뿐 아니
라 이방인 중에서도 부르신 자니라
25 호세아의 글에도 이르기를
ㄹ내가 내 백성 아닌 자를 내 백성이라, 사
랑하지 아니한 자를 사랑한 자라 부르리라
26 ㅁ너희는 내 백성이 아니라 한 그곳에서 그
들이 살아 계신 하나님의 아들이라 일컬음
을 받으리라
함과 같으니라
27 또 이사야가 이스라엘에 관하여 외치되 ㅂ이
스라엘 자손들의 수가 비록 바다의 모래 같
을지라도 남은 자만 구원을 받으리니
28 주께서 땅 위에서 그 말씀을 이루고 속히 시

13 ●Just as it is written: "Jacob I loved, but Esau
I hated."[a]
14 ●What then shall we say? Is God unjust?
15 Not at all! ●For he says to Moses,

"I will have mercy on whom I have mercy,
and I will have compassion on whom I
have compassion."[b]

16 ●It does not, therefore, depend on human
17 desire or effort, but on God's mercy. ●For
Scripture says to Pharaoh: "I raised you up for
this very purpose, that I might display my
power in you and that my name might be
18 proclaimed in all the earth."[c] ●Therefore
God has mercy on whom he wants to have
mercy, and he hardens whom he wants to
harden.
19 ●One of you will say to me: "Then why
does God still blame us? For who is able to
20 resist his will?" ●But who are you, a human
being, to talk back to God? "Shall what is
formed say to the one who formed it, 'Why
21 did you make me like this?' "[d] ●Does not the
potter have the right to make out of the same
lump of clay some pottery for special purpos-
es and some for common use?
22 ●What if God, although choosing to show
his wrath and make his power known, bore
with great patience the objects of his wrath
23 —prepared for destruction? ●What if he did
this to make the riches of his glory known to
the objects of his mercy, whom he prepared
24 in advance for glory— ●even us, whom he
also called, not only from the Jews but also
25 from the Gentiles? ●As he says in Hosea:

"I will call them 'my people' who are not
my people;
and I will call her 'my loved one' who is
not my loved one,"[e]

26 ●and,

"In the very place where it was said to them,
'You are not my people,'
there they will be called 'children of the
living God.' "[f]

27 ●Isaiah cries out concerning Israel:

"Though the number of the Israelites be like
the sand by the sea,
only the remnant will be saved.

28 ●For the Lord will carry out

[a]13 Mal. 1:2,3 [b]15 Exodus 33:19 [c]17 Exodus 9:16
[d]20 Isaiah 29:16; 45:9 [e]25 Hosea 2:23 [f]26 Hosea 1:10
ㄱ. 말 1:2 이하 ㄴ. 출 33:19 ㄷ. 출 9:16 ㄹ. 호 2:23 ㅁ. 호 1:10 ㅂ. 사 10:22 이하

bear [bɛər] *vt.* 참다
blame [bleim] *vt.* 비난하다
clay [klei] *n.* 진흙
compassion [kəmpǽʃən] *n.* 동정
concerning [kənsə́:rniŋ] *prep.* …에 관하여
desire [dizáiər] *n.* 욕구
Gentile [dʒéntail] *n.* 이방인
harden [há:rdn] *vt.* 무정하게 하다
lump [lʌmp] *n.* 덩어리
patience [péiʃəns] *n.* 인내심
potter [pátər] *n.* 도공
remnant [rémnənt] *n.* 나머지
resist [rizíst] *vt.* 거절하다
Scripture [skríptʃər] *n.* 성서
wrath [ræθ] *n.* 격노, 분노

9:14 not at all: 결코 그럴 수 없다
9:15 have mercy on...: …을 긍휼히 여기다
9:16 depend on...: …에 달려 있다
9:23 in advance: 미리, 사전에
9:27 cry out: 외치다
9:28 carry out: 수행하다

행하시리라 하셨느니라
29 또한 이사야가 미리 말한 바
ㄱ만일 만군의 주께서 우리에게 씨를 남겨
두지 아니하셨더라면 우리가 소돔과 같이
되고 고모라와 같았으리로다
함과 같으니라
렘 50:40

믿음에서 난 의

30 그런즉 우리가 무슨 말을 하리요 의를 따
르지 아니한 이방인들이 의를 얻었으니 곧
믿음에서 난 의요
31 의의 법을 따라간 이스라엘은 율법에 이르지
못하였으니
갈 5:4
32 어찌 그러하냐 이는 그들이 믿음을 의지하지
않고 행위를 의지함이라 부딪칠 돌에 부딪쳤
느니라
33 기록된 바
ㄴ보라 내가 걸림돌과 거치는 바위를 시온
에 두노니 그를 믿는 자는 부끄러움을 당
하지 아니하리라
함과 같으니라

10 형제들아 내 마음에 원하는 바와 하나
님께 구하는 바는 이스라엘을 위함이니
곧 그들로 구원을 받게 함이라
2 내가 증언하노니 그들이 하나님께 열심이 있
으나 올바른 지식을 따른 것이 아니니라
3 하나님의 의를 모르고 자기 의를 세우려고
힘써 하나님의 의에 복종하지 아니하였느니
라
4 그리스도는 모든 믿는 자에게 의를 이루기
위하여 율법의 마침이 되시니라
5 모세가 기록하되 ㄷ율법으로 말미암는 의를
행하는 사람은 그 의로 살리라 하였거니와
6 믿음으로 말미암는 의는 이같이 말하되 ㄹ네
마음에 누가 하늘에 올라가겠느냐 하지 말라
하니 올라가겠느냐 함은 그리스도를 모셔 내
리려는 것이요
7 혹은 누가 무저갱에 내려가겠느냐 하지 말라
하니 내려가겠느냐 함은 그리스도를 죽은 자
가운데서 모셔 올리려는 것이라
8 그러면 무엇을 말하느냐 ㅁ말씀이 네게 가까
워 네 입에 있으며 네 마음에 있다 하였으니
곧 우리가 전파하는 믿음의 말씀이라
9 네가 만일 네 입으로 예수를 주로 시인하며
또 하나님께서 그를 죽은 자 가운데서 살리
신 것을 네 마음에 믿으면 구원을 받으리라
10 사람이 마음으로 믿어 의에 이르고 입으로
시인하여 구원에 이르느니라

his sentence on earth with speed and
finality."[a]
29 •It is just as Isaiah said previously:
"Unless the Lord Almighty
had left us descendants,
we would have become like Sodom,
we would have been like Gomorrah."[b]

Israel's Unbelief

30 •What then shall we say? That the Gen-
tiles, who did not pursue righteousness,
have obtained it, a righteousness that is by
31 faith; •but the people of Israel, who pursued
the law as the way of righteousness, have not
32 attained their goal. •Why not? Because they
pursued it not by faith but as if it were by
works. They stumbled over the stumbling
33 stone. •As it is written:
"See, I lay in Zion a stone that causes people
to stumble
and a rock that makes them fall,
and the one who believes in him will
never be put to shame."[c]

10 Brothers and sisters, my heart's desire
and prayer to God for the Israelites is
2 that they may be saved. •For I can testify
about them that they are zealous for God, but
3 their zeal is not based on knowledge. •Since
they did not know the righteousness of God
and sought to establish their own, they did
4 not submit to God's righteousness. •Christ is
the culmination of the law so that there may
be righteousness for everyone who believes.
5 •Moses writes this about the righteous-
ness that is by the law: "The person who
6 does these things will live by them."[d] •But
the righteousness that is by faith says: "Do
not say in your heart, 'Who will ascend into
heaven?' "[e] (that is, to bring Christ down)
7 •"or 'Who will descend into the deep?' "[f]
(that is, to bring Christ up from the dead).
8 •But what does it say? "The word is near
you; it is in your mouth and in your heart,"[g]
that is, the message concerning faith that we
9 proclaim: •If you declare with your mouth,
"Jesus is Lord," and believe in your heart that
God raised him from the dead, you will be
10 saved. •For it is with your heart that you
believe and are justified, and it is with your
mouth that you profess your faith and are

[a]28 Isaiah 10:22,23 (see Septuagint) [b]29 Isaiah 1:9
[c]33 Isaiah 8:14; 28:16 [d]5 Lev. 18:5 [e]6 Deut. 30:12
[f]7 Deut. 30:13 [g]8 Deut. 30:14

ㄱ. 사 1:9 ㄴ. 사 28:16 ㄷ. 레 18:5 ㄹ. 신 30:12 이하 ㅁ. 신 30:14

attain [ətéin] *vt.* 성취하다
cause [kɔ́:z] *vt.* 일으키다, 초래하다
culmination [kʌlmənéiʃən] *n.* 완성
descend [disénd] *vi.* 내려오다
establish [istǽbliʃ] *vt.* 세우다
finality [fainǽləti] *n.* 최종적임
obtain [əbtéin] *vt.* 획득하다
previously [prí:viəsli] *ad.* 이전에
proclaim [proukléim] *vt.* 선언하다
profess [prəfés] *vt.* 고백하다
pursue [pərsú:] *vt.* 추구하다
sentence [séntəns] *n.* 판결, 선고
submit [səbmít] *vi.* 복종하다
testify [téstəfài] *vt.* 증거하다
zeal [zi:l] *n.* 열성

9:32 **stumble over**: 넘어지다
9:33 **as it is**: 현 상황에서는
9:33 **lay in**: 모아두다
9:33 **put to shame**: 부끄럽게 하다
10:4 **so that...**: …하기 위하여
10:6 **ascend into...**: …에 오르다

11 성경에 이르되 [ㄱ]누구든지 그를 믿는 자는 부
끄러움을 당하지 아니하리라 하니
12 유대인이나 헬라인이나 차별이 없음이라 한
분이신 주께서 모든 사람의 주가 되사 그를
부르는 모든 사람에게 부요하시도다
13 [ㄴ]누구든지 주의 이름을 부르는 자는 구원을
받으리라 욜 2:32
14 그런즉 그들이 믿지 아니하는 이를 어찌 부
르리요 듣지도 못한 이를 어찌 믿으리요 전
파하는 자가 없이 어찌 들으리요
15 보내심을 받지 아니하였으면 어찌 전파하리
요 기록된 바 [ㄷ]아름답도다 [1)]좋은 소식을 전
하는 자들의 발이여 함과 같으니라

믿음과 들음과 그리스도의 말씀

16 ●그러나 그들이 다 복음을 순종하지 아니하
였도다 이사야가 이르되 [ㄹ]주여 우리가 전한
것을 누가 믿었나이까 하였으니
17 그러므로 믿음은 들음에서 나며 들음은 그리
스도의 말씀으로 말미암았느니라
18 그러나 내가 말하노니 그들이 듣지 아니하였
느냐 그렇지 아니하니
[ㅁ]그 소리가 온 땅에 퍼졌고 그 말씀이 땅
끝까지 이르렀도다
하였느니라 살전 1:8
19 그러나 내가 말하노니 이스라엘이 알지 못하
였느냐 먼저 모세가 이르되
[ㅂ]내가 백성 아닌 자로써 너희를 시기하게
하며 미련한 백성으로써 너희를 노엽게 하
리라
하였고
20 이사야는 매우 담대하여
[ㅅ]내가 나를 찾지 아니한 자들에게 찾은 바
되고 내게 묻지 아니한 자들에게 나타났노
라
말하였고
21 이스라엘에 대하여 이르되 [ㅇ]순종하지 아니
하고 거슬러 말하는 백성에게 내가 종일 내
손을 벌렸노라 하였느니라

이스라엘의 남은 자

11 그러므로 내가 말하노니 하나님이 자기
백성을 버리셨느냐 그럴 수 없느니라 나
도 이스라엘인이요 아브라함의 씨에서 난 자
요 베냐민 지파라
2 하나님이 그 미리 아신 자기 백성을 버리지
아니하셨나니 너희가 성경이 엘리야를 가리
켜 말한 것을 알지 못하느냐 그가 이스라엘
을 하나님께 고발하되

11 saved. ●As Scripture says, "Anyone who
believes in him will never be put to shame."[a]
12 ●For there is no difference between Jew and
Gentile—the same Lord is Lord of all and
13 richly blesses all who call on him, ●for,
"Everyone who calls on the name of the Lord
will be saved."[b]
14 ●How, then, can they call on the one they
have not believed in? And how can they
believe in the one of whom they have not
heard? And how can they hear without
15 someone preaching to them? ●And how can
anyone preach unless they are sent? As it is
written: "How beautiful are the feet of those
who bring good news!"[c]
16 ●But not all the Israelites accepted the
good news. For Isaiah says, "Lord, who has
17 believed our message?"[d] ●Consequently,
faith comes from hearing the message, and
the message is heard through the word about
18 Christ. ●But I ask: Did they not hear? Of
course they did:

"Their voice has gone out into all the earth,
their words to the ends of the world."[e]

19 ●Again I ask: Did Israel not understand?
First, Moses says,

"I will make you envious by those who are
not a nation;
I will make you angry by a nation that
has no understanding."[f]

20 ●And Isaiah boldly says,

"I was found by those who did not seek me;
I revealed myself to those who did not
ask for me."[g]

21 ●But concerning Israel he says,

"All day long I have held out my hands
to a disobedient and obstinate people."[h]

The Remnant of Israel

11 I ask then: Did God reject his people?
By no means! I am an Israelite my-
self, a descendant of Abraham, from the
2 tribe of Benjamin. ●God did not reject his
people, whom he foreknew. Don't you know
what Scripture says in the passage about
Elijah—how he appealed to God against

[a] 11 Isaiah 28:16 (see Septuagint) [b] 13 Joel 2:32
[c] 15 Isaiah 52:7 [d] 16 Isaiah 53:1 [e] 18 Psalm 19:4
[f] 19 Deut. 32:21 [g] 20 Isaiah 65:1 [h] 21 Isaiah 65:2

1) 또는 복음을 ㄱ. 사 28:16 ㄴ. 욜 2:32 ㄷ. 사 52:7 ㄹ. 사 53:1 ㅁ. 시 19:4 ㅂ. 신 32:21 ㅅ. 사 65:1 ㅇ. 사 65:2

accept [æksépt] *vt.* 받아들이다
boldly [bóuldli] *ad.* 대담하게
concerning [kənsə́:rniŋ] *prep.* …에 관하여
consequently [kánsəkwèntli] *ad.* 따라서
descendant [diséndənt] *n.* 후손
disobedient [dìsəbí:diənt] *a.* 순종치 않는
envious [énviəs] *a.* 시기하는
foreknow [fɔ:rnóu] *vt.* 미리 알다
obstinate [ábstənət] *a.* 완고한
passage [pǽsidʒ] *n.* 구절
preach [pri:tʃ] *vi.* 전도하다, 설교하다
reject [ridʒékt] *vt.* 버리다
Scripture [skríptʃər] *n.* 성경
tribe [traib] *n.* 지파
unless [ənlés] *conj.* …가 아닌 한

10:12 between A and B: A와 B사이
10:13 call on: 부르다, 기원하다
10:20 reveal to...: …에게 보이다
10:21 hold out: 내밀다
11:1 by no means: 결코 아니다
11:2 appeal to...: …에 호소하다

3 주여 그들이 주의 선지자들을 죽였으며 주
의 제단들을 헐어 버렸고 나만 남았는데 내
목숨도 찾나이다 하니
4 그에게 하신 대답이 무엇이냐 [ㄴ]내가 나를 위
하여 바알에게 무릎을 꿇지 아니한 사람 칠
천 명을 남겨 두었다 하셨으니
5 그런즉 이와 같이 지금도 은혜로 택하심을
따라 남은 자가 있느니라
6 만일 은혜로 된 것이면 행위로 말미암지 않
음이니 그렇지 않으면 은혜가 은혜 되지 못
하느니라
7 그런즉 어떠하냐 이스라엘이 구하는 그것을
얻지 못하고 오직 택하심을 입은 자가 얻었
고 그 남은 자들은 우둔하여졌느니라
8 기록된 바 [ㄷ]하나님이 오늘까지 그들에게 혼
미한 [1)]심령과 보지 못할 눈과 듣지 못할 귀를
주셨다 함과 같으니라
9 또 다윗이 이르되
[ㄹ]그들의 밥상이 올무와 덫과 거치는 것과
보응이 되게 하시옵고
10 그들의 눈은 흐려 보지 못하고 그들의 등
은 항상 굽게 하옵소서
하였느니라
11 그러므로 내가 말하노니 그들이 넘어지기까
지 실족하였느냐 그럴 수 없느니라 그들이
넘어짐으로 구원이 이방인에게 이르러 이스
라엘로 시기나게 함이니라

행 13:46

12 그들의 넘어짐이 세상의 풍성함이 되며 그들
의 실패가 이방인의 풍성함이 되거든 하물며
그들의 충만함이리요

이방인의 구원

13 ●내가 이방인인 너희에게 말하노라 내가 이
방인의 사도인 만큼 내 직분을 영광스럽게
여기노니
14 이는 혹 내 골육을 아무쪼록 시기하게 하여
그들 중에서 얼마를 구원하려 함이라
15 그들을 버리는 것이 세상의 화목이 되거든
그 받아들이는 것이 죽은 자 가운데서 살아
나는 것이 아니면 무엇이리요
16 제사하는 처음 익은 곡식 가루가 거룩한즉
떡덩이도 그러하고 뿌리가 거룩한즉 가지도
그러하니라
17 또한 가지 얼마가 꺾이었는데 돌감람나무인
네가 그들 중에 접붙임이 되어 참감람나무
뿌리의 진액을 함께 받는 자가 되었은즉
18 그 가지들을 향하여 자랑하지 말라 자랑할지
라도 네가 뿌리를 보전하는 것이 아니요 뿌

3 Israel: ●"Lord, they have killed your prophets
and torn down your altars; I am the only one
4 left, and they are trying to kill me"[a]? ●And
what was God's answer to him? "I have
reserved for myself seven thousand who
5 have not bowed the knee to Baal."[b] ●So too,
at the present time there is a remnant chosen
6 by grace. ●And if by grace, then it cannot be
based on works; if it were, grace would no
longer be grace.
7 ●What then? What the people of Israel
sought so earnestly they did not obtain. The
elect among them did, but the others were
8 hardened, ●as it is written:

"God gave them a spirit of stupor,
eyes that could not see
and ears that could not hear,
to this very day."[c]

9 ●And David says:

"May their table become a snare and a trap,
a stumbling block and a retribution for
them.
10 ●May their eyes be darkened so they cannot
see,
and their backs be bent forever."[d]

Ingrafted Branches

11 ●Again I ask: Did they stumble so as to fall
beyond recovery? Not at all! Rather, because
of their transgression, salvation has come
12 to the Gentiles to make Israel envious. ●But
if their transgression means riches for the
world, and their loss means riches for the
Gentiles, how much greater riches will their
full inclusion bring!
13 ●I am talking to you Gentiles. Inasmuch as
I am the apostle to the Gentiles, I take pride
14 in my ministry ●in the hope that I may
somehow arouse my own people to envy
15 and save some of them. ●For if their rejection
brought reconciliation to the world, what
will their acceptance be but life from the
16 dead? ●If the part of the dough offered as
firstfruits is holy, then the whole batch is
holy; if the root is holy, so are the branches.
17 ●If some of the branches have been bro-
ken off, and you, though a wild olive shoot,
have been grafted in among the others and
now share in the nourishing sap from the
18 olive root, ●do not consider yourself to be

[a]*3* 1 Kings 19:10,14 [b]*4* 1 Kings 19:18 [c]*8* Deut. 29:4; Isaiah 29:10 [d]*10* Psalm 69:22,23

1) 헬, 영 ㄱ. 왕상 19:10 ㄴ. 왕상 19:18 ㄷ. 사 29:10; 신 29:4 ㄹ. 시 69:22 이하

altar [ɔ́:ltər] *n.* 제단
arouse [əráuz] *vt.* 자극하다
batch [bætʃ] *n.* 한 번에 구워낸 것
dough [dou] *n.* 밀가루 반죽
earnestly [ə́:rnistli] *ad.* 진심으로
elect [ilékt] *a.* 선택의
inclusion [inklú:ʒən] *n.* 포함
ministry [mínəstri] *n.* 직무
nourishing [nə́:riʃiŋ] *a.* 영양분이 많은
reconciliation [rèkənsìliéiʃən] *n.* 화해
retribution [rètrəbjú:ʃən] *n.* 징벌
sap [sæp] *n.* 수액
snare [snεər] *n.* 올무, 덫
stupor [stjú:pər] *n.* 혼미, 혼수
transgression [trænsgréʃən] *n.* 범죄

11:3 **tear down**: 헐다, 무너뜨리다
11:4 **reserve for**: 남겨두다
11:6 **no longer:** 더 이상 ~아닌
11:10 **be bent;** 구부러지다, 휘다
11:13 **inasmuch as...**: …이므로
11:17 **graft in**: 접붙임하다

리가 너를 보전하는 것이니라
19 그러면 네 말이 가지들이 꺾인 것은 나로 접
붙임을 받게 하려 함이라 하리니
20 옳도다 그들은 믿지 아니하므로 꺾이고 너는
믿으므로 섰느니라 높은 마음을 품지 말고
도리어 두려워하라
21 하나님이 원가지들도 아끼지 아니하셨은즉
너도 아끼지 아니하시리라
22 그러므로 하나님의 인자하심과 준엄하심을
보라 넘어지는 자들에게는 준엄하심이 있으
니 너희가 만일 하나님의 인자하심에 머물러
있으면 그 인자가 너희에게 있으리라 그렇지
않으면 너도 찍히는 바 되리라
23 그들도 믿지 아니하는 데 머무르지 아니하면
접붙임을 받으리니 이는 그들을 접붙이실 능
력이 하나님께 있음이라
24 네가 원 돌감람나무에서 찍힘을 받고 본성을
거슬러 좋은 감람나무에 접붙임을 받았으니
원가지인 이 사람들이야 얼마나 더 자기 감
람나무에 접붙이심을 받으랴

이스라엘의 구원

25 ● 형제들아 너희가 스스로 지혜 있다 하면서
이 신비를 너희가 모르기를 내가 원하지 아
니하노니 이 신비는 이방인의 [1]충만한 수가
들어오기까지 이스라엘의 더러는 우둔하게
된 것이라
26 그리하여 온 이스라엘이 구원을 받으리라 기
록된 바
ㄱ구원자가 시온에서 오사 야곱에게서 경
건하지 않은 것을 돌이키시겠고
27 ㄴ내가 그들의 죄를 없이 할 때에 그들에게
이루어질 내 언약이 이것이라
함과 같으니라
28 복음으로 하면 그들이 너희로 말미암아 원수
된 자요 택하심으로 하면 조상들로 말미암아
사랑을 입은 자라
5:10
29 하나님의 은사와 부르심에는 후회하심이 없
느니라
민 23:19
30 너희가 전에는 하나님께 순종하지 아니하더
니 이스라엘이 순종하지 아니함으로 이제 긍
휼을 입었는지라
엡 2:2
31 이와 같이 이 사람들이 순종하지 아니하니
이는 너희에게 베푸시는 긍휼로 이제 그들도
긍휼을 얻게 하려 하심이라
32 하나님이 모든 사람을 순종하지 아니하는 가
운데 가두어 두심은 모든 사람에게 긍휼을
베풀려 하심이로다

superior to those other branches. If you do,
consider this: You do not support the root,
19 but the root supports you. ● You will say
then, "Branches were broken off so that I
20 could be grafted in." ● Granted. But they were
broken off because of unbelief, and you stand
by faith. Do not be arrogant, but tremble.
21 ● For if God did not spare the natural branch-
es, he will not spare you either.
22 ● Consider therefore the kindness and
sternness of God: sternness to those who fell,
but kindness to you, provided that you con-
tinue in his kindness. Otherwise, you also
23 will be cut off. ● And if they do not persist in
unbelief, they will be grafted in, for God is
24 able to graft them in again. ● After all, if you
were cut out of an olive tree that is wild by
nature, and contrary to nature were grafted
into a cultivated olive tree, how much more
readily will these, the natural branches, be
grafted into their own olive tree!

All Israel Will Be Saved

25 ● I do not want you to be ignorant of this
mystery, brothers and sisters, so that you may
not be conceited: Israel has experienced a
hardening in part until the full number of
26 the Gentiles has come in, ● and in this way[a]
all Israel will be saved. As it is written:

"The deliverer will come from Zion;
he will turn godlessness away from Jacob.
27 ● And this is[b] my covenant with them
when I take away their sins."[c]

28 ● As far as the gospel is concerned, they are
enemies for your sake; but as far as election is
concerned, they are loved on account of the
29 patriarchs, ● for God's gifts and his call are
30 irrevocable. ● Just as you who were at one
time disobedient to God have now received
31 mercy as a result of their disobedience, ● so
they too have now become disobedient in
order that they too may now[d] receive mercy
32 as a result of God's mercy to you. ● For God
has bound everyone over to disobedience so
that he may have mercy on them all.

Doxology

33 ● Oh, the depth of the riches of the wisdom
and[e] knowledge of God!

[a] 26 Or *and so* [b] 27 Or *will be* [c] 27 Isaiah 59:20,21; 27:9 (see Septuagint); Jer. 31:33,34 [d] 31 Some manuscripts do not have *now.* [e] 33 Or *riches and the wisdom and the*

1) 헬, 충만히 ㄱ. 사 59:20 이하 ㄴ. 사 27:9 이하

arrogant [ǽrəgənt] *a.* 거만한
conceited [kənsíːtid] *a.* 자만하는
covenant [kʌvənənt] *n.* 언약
cultivated [kʌltəvèitid] *a.* 경작된
deliverer [dilívərər] *n.* 구원자
election [ilékʃən] *n.* 선택
experienced [ikspíəriənst] *a.* 노련한
graft [græft] *vt.* 접붙이다
ignorant [ígnərənt] *a.* 무지한
irrevocable [irévəkəbl] *a.* 돌이킬 수 없는
patriarch [péitriὰːrk] *n.* 조상
readily [rédəli] *ad.* 쉽사리, 손쉽게
spare [spεər] *vt.* 아끼다
sternness [stə́ːrnnis] *n.* 엄격함
unbelief [ʌ̀nbilíːf] *n.* 불신앙

11:23 **persist in**: 주장하다
11:24 **contrary to...**: …과 반대로
11:24 **graft into**: 접목하다
11:27 **take away**: 치우다, 가져가다
11:28 **on account of...**: …때문에
11:31 **in order that...**: …하기 위하여

33 ● 깊도다 하나님의 [1]지혜와 지식의 풍성함
이여, 그의 판단은 헤아리지 못할 것이며 그
의 길은 찾지 못할 것이로다
34 ● 누가 주의 마음을 알았느냐 누가 그의 모
사가 되었느냐
35 ● 누가 주께 먼저 드려서 갚으심을 받겠느냐
36 ● 이는 만물이 주에게서 나오고 주로 말미암
고 주에게로 돌아감이라 그에게 영광이 세세
에 있을지어다 아멘

하나님의 뜻을 분별하는 새 생활 (♪ 317, 630장)

12 그러므로 형제들아 내가 하나님의 모든
자비하심으로 너희를 권하노니 너희 몸
을 하나님이 기뻐하시는 거룩한 산 제물로
드리라 이는 너희가 드릴 [2]영적 예배니라
2 너희는 이 세대를 본받지 말고 오직 마음을
새롭게 함으로 변화를 받아 하나님의 선하시
고 기뻐하시고 온전하신 뜻이 무엇인지 분별
하도록 하라
3 ● 내게 주신 은혜로 말미암아 너희 각 사람
에게 말하노니 마땅히 생각할 그 이상의 생
각을 품지 말고 오직 하나님께서 각 사람에
게 나누어 주신 믿음의 분량대로 지혜롭게
생각하라
4 우리가 한 몸에 많은 지체를 가졌으나 모든
지체가 같은 기능을 가진 것이 아니니
5 이와 같이 우리 많은 사람이 그리스도 안에
서 한 몸이 되어 서로 지체가 되었느니라
6 우리에게 주신 은혜대로 받은 은사가 각각
다르니 혹 예언이면 믿음의 분수대로, 벧전 4:10
7 혹 섬기는 일이면 섬기는 일로, 혹 가르치는
자면 가르치는 일로,
8 혹 위로하는 자면 위로하는 일로, 구제하는
자는 성실함으로, 다스리는 자는 부지런함으
로, 긍휼을 베푸는 자는 즐거움으로 할 것이
니라
9 사랑에는 거짓이 없나니 악을 미워하고 선에
속하라 암 5:15
10 형제를 사랑하여 서로 우애하고 존경하기를
서로 먼저 하며
11 부지런하여 게으르지 말고 열심을 품고 주를
섬기라
12 소망 중에 즐거워하며 환난 중에 참으며 기
도에 항상 힘쓰며
13 성도들의 쓸 것을 공급하며 손 대접하기를
힘쓰라

그리스도인의 생활

14 ● 너희를 박해하는 자를 축복하라 축복하고

How unsearchable his judgments,
and his paths beyond tracing out!
34 ● "Who has known the mind of the Lord?
Or who has been his counselor?"[a]
35 ● "Who has ever given to God,
that God should repay them?"[b]
36 ● For from him and through him and for
him are all things.
To him be the glory forever! Amen.

A Living Sacrifice

12 Therefore, I urge you, brothers and sis-
ters, in view of God's mercy, to offer
your bodies as a living sacrifice, holy and
pleasing to God—this is your true and prop-
2 er worship. ● Do not conform to the pattern
of this world, but be transformed by the
renewing of your mind. Then you will be
able to test and approve what God's will
is—his good, pleasing and perfect will.

Humble Service in the Body of Christ

3 ● For by the grace given me I say to every
one of you: Do not think of yourself more
highly than you ought, but rather think of
yourself with sober judgment, in accordance
with the faith God has distributed to each
4 of you. ● For just as each of us has one body
with many members, and these members do
5 not all have the same function, ● so in Christ
we, though many, form one body, and each
6 member belongs to all the others. ● We have
different gifts, according to the grace given to
each of us. If your gift is prophesying, then
7 prophesy in accordance with your[c] faith; ● if
it is serving, then serve; if it is teaching, then
8 teach; ● if it is to encourage, then give encour-
agement; if it is giving, then give generously;
if it is to lead,[d] do it diligently; if it is to show
mercy, do it cheerfully.

Love in Action

9 ● Love must be sincere. Hate what is evil;
10 cling to what is good. ● Be devoted to one
another in love. Honor one another above
11 yourselves. ● Never be lacking in zeal, but
keep your spiritual fervor, serving the Lord.
12 ● Be joyful in hope, patient in affliction, faith-
13 ful in prayer. ● Share with the Lord's people
who are in need. Practice hospitality.
14 ● Bless those who persecute you; bless and

[a]34 Isaiah 40:13 [b]35 Job 41:11 [c]6 Or *the* [d]8 Or *to provide for others*

1) 또는 부요와 지혜와 지식이여 2) 합당한

affliction [əflíkʃən] *n.* 고난
approve [əprúːv] *vi.* 승인하다
cheerfully [tʃíərfəli] *ad.* 기꺼이
devote [divóut] *vt.* 헌신하다
diligently [dílədʒəntli] *ad.* 부지런히
distribute [distríbjuːt] *vt.* 나누다
fervor [fə́ːrvər] *n.* 열정
hospitality [hàspətǽləti] *n.* 환대
persecute [pə́ːrsikjùːt] *vt.* 박해하다
sacrifice [sǽkrəfàis] *n.* 희생제물
sincere [sinsíər] *a.* 진실한
sober [sóubər] *a.* 침착한
spiritual [spíritʃuəl] *a.* 정신의
transform [trænsfɔ́ːrm] *vt.* 변형시키다
unsearchable [ʌnsə́ːrtʃəbl] *a.* 헤아릴 수 없는

11:33 trace out: [윤곽]을 그리다; 베끼다, [흔적]을 찾아내다
12:3 in accordance with...: …에 따라
12:9 cling to: 고수하다
12:11 be lacking in: 부족하다, 모자라다
12:13 in need: 부족한

저주하지 말라
15 즐거워하는 자들과 함께 즐거워하고 우는 자
들과 함께 울라
16 서로 마음을 같이하며 높은 데 마음을 두지
말고 도리어 낮은 데 처하며 스스로 지혜 있
는 체하지 말라
17 아무에게도 악을 악으로 갚지 말고 모든 사
람 앞에서 선한 일을 도모하라
18 할 수 있거든 너희로서는 모든 사람과 더불
어 화목하라
19 내 사랑하는 자들아 너희가 친히 원수를 갚
지 말고 하나님의 진노하심에 맡기라 기록되
었으되 [ㄱ]원수 갚는 것이 내게 있으니 내가
갚으리라고 주께서 말씀하시니라
20 [ㄴ]네 원수가 주리거든 먹이고 목마르거든 마
시게 하라 그리함으로 네가 숯불을 그 머리
에 쌓아 놓으리라
21 악에게 지지 말고 선으로 악을 이기라

그리스도인과 세상 권세 (♪ 401, 435장)

13 각 사람은 위에 있는 권세들에게 복종
하라 권세는 하나님으로부터 나지 않음
이 없나니 모든 권세는 다 하나님께서 정하
신 바라
2 그러므로 권세를 거스르는 자는 하나님의 명
을 거스름이니 거스르는 자들은 심판을 자취
하리라
딛 3:1
3 다스리는 자들은 선한 일에 대하여 두려움이
되지 않고 악한 일에 대하여 되나니 네가 권
세를 두려워하지 아니하려느냐 선을 행하라
그리하면 그에게 칭찬을 받으리라
4 그는 하나님의 사역자가 되어 네게 선을 베
푸는 자니라 그러나 네가 악을 행하거든 두
려워하라 그가 공연히 칼을 가지지 아니하였
으니 곧 하나님의 사역자가 되어 악을 행하
는 자에게 진노하심을 따라 보응하는 자니라
5 그러므로 복종하지 아니할 수 없으니 진노
때문에 할 것이 아니라 양심을 따라 할 것이
라
6 너희가 조세를 바치는 것도 이로 말미암음이
라 그들이 하나님의 일꾼이 되어 바로 이 일
에 항상 힘쓰느니라
7 모든 자에게 줄 것을 주되 조세를 받을 자에
게 조세를 바치고 관세를 받을 자에게 관세
를 바치고 두려워할 자를 두려워하며 존경할
자를 존경하라

사랑은 율법의 완성

8 ●피차 사랑의 빚 외에는 아무에게든지 아무

15 do not curse. •Rejoice with those who
16 rejoice; mourn with those who mourn. •Live
in harmony with one another. Do not be
proud, but be willing to associate with people
of low position.[a] Do not be conceited.
17 •Do not repay anyone evil for evil. Be care-
ful to do what is right in the eyes of everyone.
18 •If it is possible, as far as it depends on you,
19 live at peace with everyone. •Do not take
revenge, my dear friends, but leave room for
God's wrath, for it is written: "It is mine to
20 avenge; I will repay,"[b] says the Lord. •On the
contrary:

"If your enemy is hungry, feed him;
if he is thirsty, give him something to
drink.
In doing this, you will heap burning coals
on his head."[c]

21 •Do not be overcome by evil, but overcome
evil with good.

Submission to Governing Authorities

13 Let everyone be subject to the govern-
ing authorities, for there is no authority
except that which God has established. The
authorities that exist have been established by
2 God. •Consequently, whoever rebels against
the authority is rebelling against what God
has instituted, and those who do so will bring
3 judgment on themselves. •For rulers hold no
terror for those who do right, but for those
who do wrong. Do you want to be free from
fear of the one in authority? Then do what is
4 right and you will be commended. •For the
one in authority is God's servant for your
good. But if you do wrong, be afraid, for rulers
do not bear the sword for no reason. They are
God's servants, agents of wrath to bring pun-
5 ishment on the wrongdoer. •Therefore, it is
necessary to submit to the authorities, not
only because of possible punishment but also
as a matter of conscience.
6 •This is also why you pay taxes, for the
authorities are God's servants, who give their
7 full time to governing. •Give to everyone
what you owe them: If you owe taxes, pay
taxes; if revenue, then revenue; if respect,
then respect; if honor, then honor.

Love Fulfills the Law

8 •Let no debt remain outstanding, except
the continuing debt to love one another, for

[a]16 *Or willing to do menial work* [b]19 Deut. 32:35
[c]20 Prov. 25:21,22 ㄱ. 신 32:35 ㄴ. 잠 25:21 이하

agent [éidʒənt] *n.* 대행자
authority [əθɔ́:rəti] *n.* 권세
avenge [əvéndʒ] *vt.* 원수를 갚다
coal [koul] *n.* 숯
commend [kəmǽnd] *vt.* 칭찬하다
conscience [kánʃəns] *n.* 양심
consequently [kánsikwèntli] *ad.* 따라서
feed [fi:d] *vt.* 먹이다
institute [ínstətjù:t] *vt.* 세우다
outstanding [àutstǽndiŋ] *a.* 미불의
overcome [òuvərkʌ́m] *vt.* 이기다
punishment [pʌniʃmənt] *n.* 형벌, 처벌
revenge [rivéndʒ] *n.* 복수
revenue [révənjù:] *n.* 세입
wrongdoer [rɔ́:ŋdù:ər] *n.* 범죄자

12:16 **be willing to...**: 기꺼이 …하다
12:16 **associate with...**: …와 연합하다
12:20 **on the contrary**: 반대로
13:2 **rebel against...**: …에게 대항하다
13:3 **be free from...**: …에서 자유해지다
13:5 **submit to...**: …에게 복종하다

빚도 지지 말라 남을 사랑하는 자는 율법을
다 이루었느니라
9 [ㄱ]간음하지 말라, 살인하지 말라, 도둑질하지
말라, 탐내지 말라 한 것과 그 외에 다른 계
명이 있을지라도 네 이웃을 네 자신과 같이
사랑하라 하신 그 말씀 가운데 다 들었느니
라
10 사랑은 이웃에게 악을 행하지 아니하나니 그
러므로 사랑은 율법의 완성이니라

구원의 때가 가까워졌다

11 • 또한 너희가 이 시기를 알거니와 자다가
깰 때가 벌써 되었으니 이는 이제 우리의 구
원이 처음 믿을 때보다 가까웠음이라
12 밤이 깊고 낮이 가까웠으니 그러므로 우리가
어둠의 일을 벗고 빛의 갑옷을 입자
13 낮에와 같이 단정히 행하고 방탕하거나 술
취하지 말며 음란하거나 호색하지 말며 다투
거나 시기하지 말고
14 오직 주 예수 그리스도로 옷 입고 정욕을 위
하여 육신의 일을 도모하지 말라

형제를 비판하지 말라 (♪ 216, 218, 325장)

14 믿음이 연약한 자를 너희가 받되 그의
의견을 비판하지 말라
2 어떤 사람은 모든 것을 먹을 만한 믿음이 있
고 믿음이 연약한 자는 채소만 먹느니라
3 먹는 자는 먹지 않는 자를 업신여기지 말고
먹지 않는 자는 먹는 자를 비판하지 말라 이
는 하나님이 그를 받으셨음이라
4 남의 하인을 비판하는 너는 누구냐 그가 서
있는 것이나 넘어지는 것이 자기 주인에게
있으매 그가 세움을 받으리니 이는 그를 세
우시는 권능이 주께 있음이라
5 어떤 사람은 이날을 저날보다 낫게 여기고
어떤 사람은 모든 날을 같게 여기나니 각각
자기 마음으로 확정할지니라
6 날을 중히 여기는 자도 주를 위하여 중히
여기고 먹는 자도 주를 위하여 먹으니 이는
하나님께 감사함이요 먹지 않는 자도 주를
위하여 먹지 아니하며 하나님께 감사하느
니라
7 우리 중에 누구든지 자기를 위하여 사는 자
가 없고 자기를 위하여 죽는 자도 없도다
8 우리가 살아도 주를 위하여 살고 죽어도 주
를 위하여 죽나니 그러므로 사나 죽으나 우
리가 주의 것이로다
9 이를 위하여 그리스도께서 죽었다가 다시 살

whoever loves others has fulfilled the law.
9 • The commandments, "You shall not com-
mit adultery," "You shall not murder," "You
shall not steal," "You shall not covet,"[a] and
whatever other command there may be, are
summed up in this one command: "Love
10 your neighbor as yourself."[b] • Love does no
harm to a neighbor. Therefore love is the ful-
fillment of the law.

The Day is Near

11 • And do this, understanding the present
time: The hour has already come for you to
wake up from your slumber, because our sal-
vation is nearer now than when we first
12 believed. • The night is nearly over; the day is
almost here. So let us put aside the deeds of
13 darkness and put on the armor of light. • Let
us behave decently, as in the daytime, not in
carousing and drunkenness, not in sexual
immorality and debauchery, not in dissen-
14 sion and jealousy. • Rather, clothe yourselves
with the Lord Jesus Christ, and do not think
about how to gratify the desires of the flesh.[c]

The Weak and the Strong

14 Accept the one whose faith is weak,
without quarreling over disputable
2 matters. • One person's faith allows them to
eat anything, but another, whose faith is
3 weak, eats only vegetables. • The one who
eats everything must not treat with contempt
the one who does not, and the one who does
not eat everything must not judge the one
4 who does, for God has accepted them. • Who
are you to judge someone else's servant? To
their own master, servants stand or fall. And
they will stand, for the Lord is able to make
them stand.
5 • One person considers one day more
sacred than another; another considers every
day alike. Each of them should be fully con-
6 vinced in their own mind. • Whoever regards
one day as special does so to the Lord. Who-
ever eats meat does so to the Lord, for they
give thanks to God; and whoever abstains
does so to the Lord and gives thanks to God.
7 • For none of us lives for ourselves alone, and
8 none of us dies for ourselves alone. • If we live,
we live for the Lord; and if we die, we die for

[a]*9* Exodus 20:13-15,17; Deut. 5:17-19,21 [b]*9* Lev. 19:18
[c]*14* In contexts like this, the Greek word for *flesh* (*sarx*) refers to the sinful state of human beings, often presented as a power in opposition to the Spirit.
ㄱ. 출 20:13 이하; 신 5:17 이하

abstain [əbstéin] *vi.* 삼가다
armor [ɑ́:rmər] *n.* 갑옷
carouse [kəráuz] *n.* 흥겹게 마시고 놀기
contempt [kəntémpt] *n.* 업신여김
convince [kənvíns] *vt.* 확신시키다
covet [kʌvit] *vt.* 탐내다
debauchery [dibɔ́:tʃəri] *n.* 방탕
decently [dí:sntli] *ad.* 점잖게
disputable [dispjú:təbl] *a.* 논쟁의 여지가 있는
dissension [disénʃən] *n.* 불화
gratify [grǽtəfài] *vt.* 만족시키다
immorality [immərǽləti] *n.* 음란
jealousy [dʒéləsi] *n.* 질투, 시기
sacred [séikrid] *a.* 신성한
slumber [slʌmbər] *n.* 잠

13:9 **sum up**: 요약하다
13:12 **put aside**: 제쳐놓다
14:1 **quarrel over...**: …에 대해 언쟁하다
14:5 **each of...**: …의 각각
14:6 **regard as...**: …로 여기다
14:6 **give thanks**: 축사하다

아나셨으니 곧 죽은 자와 산 자의 주가 되려
하심이라
10 네가 어찌하여 네 형제를 비판하느냐 어찌하
여 네 형제를 업신여기느냐 우리가 다 하나
님의 심판대 앞에 서리라
11 기록되었으되
ㄱ주께서 이르시되 내가 살았노니 모든 무
릎이 내게 꿇을 것이요 모든 혀가 1)하나님
께 자백하리라
하였느니라
12 이러므로 우리 각 사람이 자기 일을 하나님
께 직고하리라 마 12:36

형제로 거리끼게 하지 말라

13 ●그런즉 우리가 다시는 서로 비판하지 말고
도리어 부딪칠 것이나 거칠 것을 형제 앞에
두지 아니하도록 2)주의하라
14 내가 주 예수 안에서 알고 확신하노니 무엇
이든지 스스로 속된 것이 없으되 다만 속되
게 여기는 그 사람에게는 속되니라
15 만일 음식으로 말미암아 네 형제가 근심하게
되면 이는 네가 사랑으로 행하지 아니함이라
그리스도께서 대신하여 죽으신 형제를 네 음
식으로 망하게 하지 말라
16 그러므로 너희의 선한 것이 비방을 받지 않
게 하라
17 하나님의 나라는 먹는 것과 마시는 것이 아
니요 오직 성령 안에 있는 의와 평강과 희락
이라
18 이로써 그리스도를 섬기는 자는 하나님을 기
쁘시게 하며 사람에게도 칭찬을 받느니라
19 그러므로 우리가 화평의 일과 서로 덕을 세
우는 일을 힘쓰나니
20 음식으로 말미암아 하나님의 사업을 무너지
게 하지 말라 만물이 다 깨끗하되 거리낌으
로 먹는 사람에게는 악한 것이라 고전 8:9
21 고기도 먹지 아니하고 포도주도 마시지 아니
하고 무엇이든지 네 형제로 거리끼게 하는
일을 아니함이 아름다우니라
22 네게 있는 믿음을 하나님 앞에서 스스로 가
지고 있으라 자기가 옳다 하는 바로 자기를
정죄하지 아니하는 자는 복이 있도다
23 의심하고 먹는 자는 정죄되었나니 이는 믿음
을 따라 하지 아니하였기 때문이라 믿음을
따라 하지 아니하는 것은 다 죄니라

선을 이루고 덕을 세우라 (♪ 212, 279장)

15 믿음이 강한 우리는 마땅히 믿음이 약한
자의 약점을 담당하고 자기를 기쁘게 하

the Lord. So, whether we live or die, we belong
9 to the Lord. •For this very reason, Christ died
and returned to life so that he might be the
Lord of both the dead and the living.
10 •You, then, why do you judge your broth-
er or sister[a]? Or why do you treat them with
contempt? For we will all stand before God's
11 judgment seat. •It is written:

" 'As surely as I live,' says the Lord,
'every knee will bow before me;
every tongue will acknowledge God.' "[b]

12 •So then, each of us will give an account of
ourselves to God.
13 •Therefore let us stop passing judgment on
one another. Instead, make up your mind
not to put any stumbling block or obstacle in
14 the way of a brother or sister. •I am con-
vinced, being fully persuaded in the Lord
Jesus, that nothing is unclean in itself. But if
anyone regards something as unclean, then
15 for that person it is unclean. •If your brother
or sister is distressed because of what you
eat, you are no longer acting in love. Do not
by your eating destroy someone for whom
16 Christ died. •Therefore do not let what you
17 know is good be spoken of as evil. •For the
kingdom of God is not a matter of eating and
drinking, but of righteousness, peace and joy
18 in the Holy Spirit, •because anyone who
serves Christ in this way is pleasing to God
and receives human approval.
19 •Let us therefore make every effort to do
what leads to peace and to mutual edifica-
20 tion. •Do not destroy the work of God for the
sake of food. All food is clean, but it is wrong
for a person to eat anything that causes some-
21 one else to stumble. •It is better not to eat
meat or drink wine or to do anything else
that will cause your brother or sister to fall.
22 •So whatever you believe about these
things keep between yourself and God.
Blessed is the one who does not condemn
23 himself by what he approves. •But whoever
has doubts is condemned if they eat, because
their eating is not from faith; and everything
that does not come from faith is sin.[c]

15 We who are strong ought to bear with
the failings of the weak and not to

[a]*10* The Greek word for *brother or sister (adelphos)* refers here to a believer, whether man or woman, as part of God's family; also in verses 13, 15 and 21. [b]*11* Isaiah 45:23 [c]*23* Some manuscripts place 16:25-27 here; others after 15:33.

1) 또는 하나님을 찬미하리라 2) 또는 판단하라 ㄱ. 사 45:23

acknowledge [æknálidʒ] *vt.* 자인하다
approve [əprúːv] *vt.* 인정하다
cause [kɔːz] *vt.*~를 야기하다
condemn [kəndém] *vt.* 비난하다
convince [kənvíns] *vt.* 확신시키다
distressed [distrést] *a.* 고민하고 있는
doubt [daut] *n.* 의심
edification [èdəfikéiʃən] *n.* (덕성 · 정신을) 고양
mutual [mjúːtʃuəl] *a.* 상호간의
obstacle [ábstəkl] *n.* 장애물
ought [ɔːt] *aucil.v.* ~해야 한다
persuade [pərswéid] *vt.* 확신시키다
reason [ríːzn] *n.* 이유
stumble [stʌmbl] *vi.* 넘어지다
treat [triːt] *vt.* 대하다

14:11 **as surely as**: 틀림없이
14:12 **give an account of...**: …의 이야기를 하다
14:13 **make up one's mind**: 결심하다
14:19 **lead to...**: …에 이르다
14:20 **for the sake of...**: …를 위하여
14:23 **come from...**: …으로 말미암아

지 아니할 것이라
2 우리 각 사람이 이웃을 기쁘게 하되 선을 이
루고 덕을 세우도록 할지니라
3 그리스도께서도 자기를 기쁘게 하지 아니하
셨나니 기록된 바 ㄱ주를 비방하는 자들의 비
방이 내게 미쳤나이다 함과 같으니라
4 무엇이든지 전에 기록된 바는 우리의 교훈을
위하여 기록된 것이니 우리로 하여금 인내로
또는 성경의 위로로 소망을 가지게 함이니라
5 이제 인내와 위로의 하나님이 너희로 그리스
도 예수를 본받아 서로 뜻이 같게 하여 주사
6 한마음과 한 입으로 하나님 곧 우리 주 예수
그리스도의 아버지께 영광을 돌리게 하려 하
노라
7 그러므로 그리스도께서 우리를 받아 하나님
께 영광을 돌리심과 같이 너희도 서로 받으
라
8 내가 말하노니 그리스도께서 하나님의 진실
하심을 위하여 할례의 추종자가 되셨으니 이
는 조상들에게 주신 약속들을 견고하게 하시
고
9 이방인들도 그 긍휼하심으로 말미암아 하나
님께 영광을 돌리게 하려 하심이라 기록된
바

ㄴ그러므로 내가 열방 중에서 주께 감사하
고 주의 이름을 찬송하리로다

함과 같으니라
10 또 이르되

ㄷ열방들아 주의 백성과 함께 즐거워하라

하였으며
11 또

ㄹ모든 열방들아 주를 찬양하며 모든 백성
들아 그를 찬송하라

하였으며
12 또 이사야가 이르되

ㅁ이새의 뿌리 곧 열방을 다스리기 위하여
일어나시는 이가 있으리니 열방이 그에게
소망을 두리라

하였느니라
13 소망의 하나님이 모든 기쁨과 평강을 믿음
안에서 너희에게 충만하게 하사 성령의 능력
으로 소망이 넘치게 하시기를 원하노라

하나님의 복음의 제사장 직분

14 ●내 형제들아 너희가 스스로 선함이 가득하
고 모든 지식이 차서 능히 서로 권하는 자임
을 나도 확신하노라
15 그러나 내가 너희로 다시 생각나게 하려고

2 please ourselves. •Each of us should please
our neighbors for their good, to build them
3 up. •For even Christ did not please himself
but, as it is written: "The insults of those
4 who insult you have fallen on me."[a] •For
everything that was written in the past was
written to teach us, so that through the
endurance taught in the Scriptures and the
encouragement they provide we might have
hope.
5 •May the God who gives endurance and
encouragement give you the same attitude of
mind toward each other that Christ Jesus
6 had, •so that with one mind and one voice
you may glorify the God and Father of our
Lord Jesus Christ.
7 •Accept one another, then, just as Christ
accepted you, in order to bring praise to God.
8 •For I tell you that Christ has become a ser-
vant of the Jews[b] on behalf of God's truth, so
that the promises made to the patriarchs
9 might be confirmed •and, moreover, that
the Gentiles might glorify God for his mercy.
As it is written:

"Therefore I will praise you among the
Gentiles;
I will sing the praises of your name."[c]

10 •Again, it says,

"Rejoice, you Gentiles, with his people."[d]

11 •And again,

"Praise the Lord, all you Gentiles;
let all the peoples extol him."[e]

12 •And again, Isaiah says,

"The Root of Jesse will spring up,
one who will arise to rule over the
nations;
in him the Gentiles will hope."[f]

13 •May the God of hope fill you with all joy
and peace as you trust in him, so that you
may overflow with hope by the power of the
Holy Spirit.

Paul the Minister to the Gentiles

14 •I myself am convinced, my brothers and
sisters, that you yourselves are full of good-
ness, filled with knowledge and competent
15 to instruct one another. •Yet I have written

[a]3 Psalm 69:9 [b]8 Greek *circumcision* [c]9 2 Samuel 22:50; Psalm 18:49 [d]10 Deut. 32:43 [e]11 Psalm 117:1 [f]12 Isaiah 11:10 (see Septuagint)

ㄱ. 시 69:9 ㄴ. 시 18:49 ㄷ. 신 32:43 ㄹ. 시 117:1 ㅁ. 사 11:10

attitude [ǽtitjùːd] *n.* 자세
competent [kɑ́mpətənt] *a.* 유능한
confirm [kənfə́ːrm] *vt.* 확증하다
encouragement [inkə́ːridʒmənt] *n.* 격려
endurance [indjúərəns] *n.* 참을성
extol [ikstóul] *vt.* 찬양하다
gentile [dʒéntail] *n.* 이방인
glorify [glɔ́ːrəfài] *vt.* 영화롭게 하다
instruct [instrʌ́kt] *vt.* 가르치다
insult [insʌlt] *n. vt.* 비방(하다)
mercy [mə́ːrsi] *n.* 자비
overflow [òuvərflóu] *vi.* 흘러 넘치다
patriarch [péitriɑ̀ːrk] *n.* 조상
please [pliːz] *vt.* 기쁘게 하다
Scripture [skríptʃər] *n.* 성경

15:3 fall on...: …에 미치다, 닥치다
15:7 in order to...: …하기 위하여
15:8 on behalf of...: …를 위하여
15:12 spring up: 싹이 트다
15:12 rule over...: …를 다스리다
15:14 full of...: …로 가득찬

하나님께서 내게 주신 은혜로 말미암아 더욱 담대히 대략 너희에게 썼노니

16 이 은혜는 곧 나로 이방인을 위하여 그리스도 예수의 일꾼이 되어 하나님의 복음의 제사장 직분을 하게 하사 이방인을 제물로 드리는 것이 성령 안에서 거룩하게 되어 받으실 만하게 하려 하심이라

17 그러므로 내가 그리스도 예수 안에서 하나님의 일에 대하여 자랑하는 것이 있거니와

18 그리스도께서 이방인들을 순종하게 하기 위하여 나를 통하여 역사하신 것 외에는 내가 감히 말하지 아니하노라 그 일은 말과 행위로

19 표적과 기사의 능력으로 성령의 능력으로 이루어졌으며 그리하여 내가 예루살렘으로부터 두루 행하여 일루리곤까지 그리스도의 복음을 [1]편만하게 전하였노라

20 또 내가 그리스도의 이름을 부르는 곳에는 복음을 전하지 않기를 힘썼노니 이는 남의 터 위에 건축하지 아니하려 함이라

21 기록된 바

ㄱ주의 소식을 받지 못한 자들이 볼 것이요
듣지 못한 자들이 깨달으리라

함과 같으니라

바울의 로마 방문 계획

22 ●그러므로 또한 내가 너희에게 가려 하던 것이 여러 번 막혔더니

23 이제는 이 지방에 일할 곳이 없고 또 여러 해 전부터 언제든지 서바나로 갈 때에 너희에게 가기를 바라고 있었으니

24 이는 지나가는 길에 너희를 보고 먼저 너희와 사귐으로 얼마간 기쁨을 가진 후에 너희가 그리로 보내주기를 바람이라

25 그러나 이제는 내가 성도를 섬기는 일로 예루살렘에 가노니

26 이는 마게도냐와 아가야 사람들이 예루살렘 성도 중 가난한 자들을 위하여 기쁘게 얼마를 연보하였음이라 고후 8:1

27 저희가 기뻐서 하였거니와 또한 저희는 그들에게 빚진 자니 만일 이방인들이 그들의 영적인 [2]것을 나눠 가졌으면 육적인 것으로 그들을 섬기는 것이 마땅하니라

28 그러므로 내가 이 일을 마치고 이 열매를 그들에게 [3]확증한 후에 너희에게 들렀다가 서바나로 가리라

29 내가 너희에게 나아갈 때에 그리스도의 충만한 복을 가지고 갈 줄을 아노라

you quite boldly on some points to remind
you of them again, because of the grace God
16 gave me •to be a minister of Christ Jesus to
the Gentiles. He gave me the priestly duty of
proclaiming the gospel of God, so that the
Gentiles might become an offering accept-
able to God, sanctified by the Holy Spirit.
17 •Therefore I glory in Christ Jesus in my ser-
18 vice to God. •I will not venture to speak of
anything except what Christ has accom-
plished through me in leading the Gentiles to
obey God by what I have said and done —
19 •by the power of signs and wonders, thr-
ough the power of the Spirit of God. So from
Jerusalem all the way around to Illyricum, I
have fully proclaimed the gospel of Christ.
20 •It has always been my ambition to preach
the gospel where Christ was not known, so
that I would not be building on someone
21 else's foundation. •Rather, as it is written:

"Those who were not told about him will
see,
and those who have not heard will
understand."[a]

22 •This is why I have often been hindered
from coming to you.

Paul's Plan to Visit Rome

23 •But now that there is no more place for
me to work in these regions, and since I have
24 been longing for many years to visit you, •I
plan to do so when I go to Spain. I hope to see
you while passing through and to have you
assist me on my journey there, after I have
25 enjoyed your company for a while. •Now,
however, I am on my way to Jerusalem in the
26 service of the Lord's people there. •For Mace-
donia and Achaia were pleased to make a
contribution for the poor among the Lord's
27 people in Jerusalem. •They were pleased to
do it, and indeed they owe it to them. For if
the Gentiles have shared in the Jews' spiritual
blessings, they owe it to the Jews to share
28 with them their material blessings. •So after
I have completed this task and have made
sure that they have received this contribu-
tion, I will go to Spain and visit you on the
29 way. •I know that when I come to you, I will
come in the full measure of the blessing of
Christ.

a21 Isaiah 52:15 (see Septuagint) 1) 또는 채웠노라 2) 또는 것으로 동정을 받았으면 3) 헬, 인친 후에 ㄱ. 사 52:15

acceptable [æksέptəbl] *a.* 받아들일 만한
accomplish [əkámpliʃ] *vt.* 이루다
ambition [æmbíʃən] *n.* 야망
assist [əsíst] *vt.* 돕다
boldly [bóuldli] *ad.* 대담하게
company [kʌmpəni] *n.* 교제
contribution [kàntrəbjúːʃən] *n.* 기부
hinder [híndər] *vt.* 방해하다
journey [dʒə́ːrni] *n.* 행로
material [mətíəriəl] *a.* 물질적인
measure [méʒər] *n.* 양
minister [mínəstər] *n.* 사역자
priestly [príːstli] *a.* 제사장의
proclaim [proukléim] *vt.* 선언하다
sanctify [sǽŋktəfài] *vt.* 깨끗하게 하다

15:15 **remind of**: 기억나게 하다
15:18 **venture to...**: 과감히 … 하다
15:23 **now that**: …인 바에는, …이므로
15:25 **on one's way**: 가는 도중에
15:27 **owe A to B**: A를 B에게 빚지다
15:27 **share with...**: …와 나누다

30 ●형제들아 내가 우리 주 예수 그리스도와
성령의 사랑으로 말미암아 너희를 권하노니
너희 기도에 나와 힘을 같이하여 나를 위하
여 하나님께 빌어
31 나로 유대에서 순종하지 아니하는 자들로부
터 건짐을 받게 하고 또 예루살렘에 대하여
내가 섬기는 일을 성도들이 받을 만하게 하
고
32 나로 하나님의 뜻을 따라 기쁨으로 너희에게
나아가 너희와 함께 편히 쉬게 하라 행 18:21
33 평강의 하나님께서 너희 모든 사람과 함께
계실지어다 아멘

인사 (♪222, 301, 382장)

16 내가 겐그레아 교회의 1)일꾼으로 있는
우리 자매 뵈뵈를 너희에게 추천하노니
2 너희는 주 안에서 성도들의 합당한 예절로
그를 영접하고 무엇이든지 그에게 소용되는
바를 도와줄지니 이는 그가 여러 사람과 나
의 보호자가 되었음이라
3 ●너희는 그리스도 예수 안에서 나의 동역자
들인 브리스가와 아굴라에게 문안하라
4 그들은 내 목숨을 위하여 자기들의 목까지도
내놓았나니 나뿐 아니라 이방인의 모든 교회
도 그들에게 감사하느니라
5 또 저의 집에 있는 교회에도 문안하라 내가
사랑하는 에배네도에게 문안하라 그는 아시
아에서 그리스도께 처음 맺은 열매니라
6 너희를 위하여 많이 수고한 마리아에게 문안
하라
7 내 친척이요 나와 함께 갇혔던 안드로니고와
유니아에게 문안하라 그들은 사도들에게 존
중히 여겨지고 또한 나보다 먼저 그리스도
안에 있는 자라
8 또 주 안에서 내 사랑하는 암블리아에게 문
안하라
9 그리스도 안에서 우리의 동역자인 우르바노
와 나의 사랑하는 스다구에게 문안하라
10 그리스도 안에서 인정함을 받은 아벨레에게
문안하라 아리스도불로의 권속에게 문안하
라
11 내 친척 헤로디온에게 문안하라 나깃수의 가
족 중 주 안에 있는 자들에게 문안하라
12 주 안에서 수고한 드루배나와 드루보사에게
문안하라 주 안에서 많이 수고하고 사랑하는
버시에게 문안하라
13 주 안에서 택하심을 입은 루포와 그의 어머
니에게 문안하라 그의 어머니는 곧 내 어머

30 ●I urge you, brothers and sisters, by our
Lord Jesus Christ and by the love of the Spirit,
to join me in my struggle by praying to God
31 for me. ●Pray that I may be kept safe from the
unbelievers in Judea and that the contribution
I take to Jerusalem may be favorably received
32 by the Lord's people there, ●so that I may
come to you with joy, by God's will, and in
33 your company be refreshed. ●The God of
peace be with you all. Amen.

Personal Greetings

16 I commend to you our sister Phoebe, a
deacon[a,b] of the church in Cenchreae.
2 ●I ask you to receive her in the Lord in a way
worthy of his people and to give her any help
she may need from you, for she has been the
benefactor of many people, including me.
3 ●Greet Priscilla[c] and Aquila, my co-workers
4 in Christ Jesus. ●They risked their lives
for me. Not only I but all the churches of
the Gentiles are grateful to them.
5 ●Greet also the church that meets at their
house.
Greet my dear friend Epenetus, who was
the first convert to Christ in the province
of Asia.
6 ●Greet Mary, who worked very hard for you.
7 ●Greet Andronicus and Junia, my fellow
Jews who have been in prison with me.
They are outstanding among[d] the apos-
tles, and they were in Christ before I was.
8 ●Greet Ampliatus, my dear friend in the
Lord.
9 ●Greet Urbanus, our co-worker in Christ, and
my dear friend Stachys.
10 ●Greet Apelles, whose fidelity to Christ has
stood the test.
Greet those who belong to the household
of Aristobulus.
11 ●Greet Herodion, my fellow Jew.
Greet those in the household of Narcissus
who are in the Lord.
12 ●Greet Tryphena and Tryphosa, those
women who work hard in the Lord.
Greet my dear friend Persis, another
woman who has worked very hard in
the Lord.
13 ●Greet Rufus, chosen in the Lord, and his

a1 Or *servant* b1 The word *deacon* refers here to a Christian designated to serve with the overseers/elders of the church in a variety of ways; similarly in Phil. 1:1 and 1 Tim. 3:8,12. c3 Greek *Prisca*, a variant of *Priscilla* d7 Or *are esteemed by* 1) 또는 집사

apostle [əpásl] *n.* 사도
benefactor [bénəfæktər] *n.* 보호자
commend [kəmænd] *vt.* 추천하다
convert [kənvə́:rt] *n.* 개종자
deacon [dí:kən] *n.* 집사
favorably [féivərəbli] *ad.* 호의적으로
fidelity [fidéləti] *n.* 충실, 성실
grateful [gréitfəl] *a.* 고마워하는
household [háushòuld] *n.* 가족
including [inklú:diŋ] *prep.* …을 포함한
outstanding [àutstǽndiŋ] *a.* 현저한
province [právins] *n.* 지방
refresh [rifréʃ] *vt.* 원기를 회복시키다
struggle [strʌgl] *n.* 투쟁
urge [ə:rdʒ] *vt.* 강권하다

15:30 **join in...**: 함께 …을 하다
15:32 **so that...**: …하기 위하여
16:2 **worthy of...**: …에 족한, 합당한
16:4 **risk one's life**: …의 목숨을 걸다
16:7 **be in prison**: 옥살이하다
16:10 **belong to...**: …에 속한

니니라
14 아순그리도와 블레곤과 허메와 바드로바와 허마와 및 그들과 함께 있는 형제들에게 문안하라
15 빌롤로고와 율리아와 또 네레오와 그의 자매와 올름바와 그들과 함께 있는 모든 성도에게 문안하라
16 너희가 거룩하게 입맞춤으로 서로 문안하라 그리스도의 모든 교회가 다 너희에게 문안하느니라
17 ●형제들아 내가 너희를 권하노니 너희가 배운 교훈을 거슬러 분쟁을 일으키거나 거치게 하는 자들을 살피고 그들에게서 떠나라
18 이같은 자들은 우리 주 그리스도를 섬기지 아니하고 다만 자기들의 배만 섬기나니 교활한 말과 아첨하는 말로 순진한 자들의 마음을 미혹하느니라
19 너희의 순종함이 모든 사람에게 들리는지라 그러므로 내가 너희로 말미암아 기뻐하노니 너희가 선한 데 지혜롭고 악한 데 미련하기를 원하노라
20 평강의 하나님께서 속히 사탄을 너희 발 아래에서 상하게 하시리라 ●우리 주 예수의 은혜가 너희에게 있을지어다

문안과 찬양

21 ●나의 동역자 디모데와 나의 친척 누기오와 야손과 소시바더가 너희에게 문안하느니라
22 이 편지를 기록하는 나 더디오도 주 안에서 너희에게 문안하노라
23 나와 온 교회를 돌보아 주는 가이오도 너희에게 문안하고 이 성의 [1]재무관 에라스도와 형제 구아도도 너희에게 문안하느니라
24[2] (없음)
25 나의 복음과 예수 그리스도를 전파함은 영세 전부터 감추어졌다가
26 이제는 나타내신 바 되었으며 영원하신 하나님의 명을 따라 선지자들의 글로 말미암아 모든 민족이 믿어 순종하게 하시려고 알게 하신 바 그 신비의 계시를 따라 된 것이니 이 복음으로 너희를 능히 견고하게 하실
27 지혜로우신 하나님께 예수 그리스도로 말미암아 영광이 세세무궁하도록 있을지어다 아멘

mother, who has been a mother to me, too.

14 ●Greet Asyncritus, Phlegon, Hermes, Patrobas, Hermas and the other brothers and sisters with them.

15 ●Greet Philologus, Julia, Nereus and his sister, and Olympas and all the Lord's people who are with them.

16 ●Greet one another with a holy kiss.

All the churches of Christ send greetings.

17 ●I urge you, brothers and sisters, to watch
out for those who cause divisions and put
obstacles in your way that are contrary to the
teaching you have learned. Keep away from
18 them. ●For such people are not serving our
Lord Christ, but their own appetites. By
smooth talk and flattery they deceive the
19 minds of naive people. ●Everyone has heard
about your obedience, so I rejoice because of
you; but I want you to be wise about what is
good, and innocent about what is evil.

20 ●The God of peace will soon crush Satan under your feet.

The grace of our Lord Jesus be with you.

21 ●Timothy, my co-worker, sends his greetings to you, as do Lucius, Jason and Sosipater, my fellow Jews.

22 ●I, Tertius, who wrote down this letter, greet you in the Lord.

23 ●Gaius, whose hospitality I and the whole church here enjoy, sends you his greetings.

Erastus, who is the city's director of public works, and our brother Quartus send you their greetings.[24][a]

25 ●Now to him who is able to establish you
in accordance with my gospel, the message I
proclaim about Jesus Christ, in keeping with
the revelation of the mystery hidden for
26 long ages past, ●but now revealed and made
known through the prophetic writings by
the command of the eternal God, so that all
the Gentiles might come to the obedience
27 that comes from[b] faith — ●to the only wise
God be glory forever through Jesus Christ!
Amen.

[a]24 Some manuscripts include here *May the grace of our Lord Jesus Christ be with all of you. Amen.* [b]26 Or *that is* 1) 헬, 청지기 2) 어떤 사본에, 24절 '우리 주 예수 그리스도의 은혜가 너희 모든 이에게 있을지어다 아멘' 이 있음

appetite [ǽpətàit] *n.* 식욕	**establish** [istǽbliʃ] *vt.* 확립하다, 굳히다	**naive** [na:í:v] *a.* 순진한
crush [krʌʃ] *vt.* 압도하다	**eternal** [itə́:rnəl] *a.* 영원한	**obedience** [oubí:diəns] *n.* 순종, 복종
deceive [disí:v] *vt.* 현혹하다	**flattery** [flǽtəri] *n.* 아첨	**obstacle** [ábstəkl] *n.* 장애
director [diréktər] *n.* 감독자	**hospitality** [hàspətǽləti] *n.* 환대	**prophetic** [prəfétik] *a.* 예언자의
division [divíʒən] *n.* 분리	**innocent** [ínəsənt] *a.* 무죄한	**revelation** [rèvəléiʃən] *n.* 계시
16:17 **watch out for**: 조심하다, 살피다	16:17 **keep away from**: 멀리하다	16:25 **be able to...**: …할 수 있다
16:17 **contrary to...**: …과 반대로	16:22 **write down**: 쓰다	16:25 **in accordance with**: …에 따라서

1 Corinthians | 고린도전서

● 저자 _ 사도 바울 ● 저작 연대 _ A.D. 55년경
● 기록 장소 _ 에베소 ● 기록 대상 _ 고린도 교회 성도들

고린도 교회가 당면하고 있는 여러 문제점들과 고린도 교회 성도들이 안고 있는 우상의 제물을 먹는 문제, 결혼, 성찬, 은사, 부활 등의 의문점들에 대해 신앙적인 답변과 교훈을 주기 위해 기록되었다.

인사와 감사 (♪ 528, 529장) — A.D. 55년경

1 **하나님의 뜻을 따라 그리스도 예수의 사도로 부르심을 받은 바울과 형제 소스데네는**
2 **고린도에 있는 하나님의 교회 곧 그리스도 예수 안에서 거룩하여지고 성도라 부르심을 받은 자들과 또 각처에서 우리의 주 곧 그들과 우리의 주 되신 예수 그리스도의 이름을 부르는 모든 자들에게** 행 18:1
3 **하나님 우리 아버지와 주 예수 그리스도로부터 은혜와 평강이 있기를 원하노라**
4 **●그리스도 예수 안에서 너희에게 주신 하나님의 은혜로 말미암아 내가 너희를 위하여 항상 하나님께 감사하노니**
5 **이는 너희가 그 안에서 모든 일 곧 모든 언변과 모든 지식에 풍족하므로**
6 **그리스도의 증거가 너희 중에 견고하게 되어**
7 **너희가 모든 은사에 부족함이 없이 우리 주 예수 그리스도의 나타나심을 기다림이라**
8 **주께서 너희를 우리 주 예수 그리스도의 날에 책망할 것이 없는 자로 끝까지 견고하게 하시리라**
9 **너희를 불러 그의 아들 예수 그리스도 우리 주와 더불어 교제하게 하시는 하나님은 미쁘시도다**

고린도 교회의 분쟁 (♪ 439장)

10 **●형제들아 내가 우리 주 예수 그리스도의 이름으로 너희를 권하노니 모두가 같은 말을 하고 너희 가운데 분쟁이 없이 같은 마음과 같은 뜻으로 온전히 합하라**
11 **내 형제들아 글로에의 집 편으로 너희에 대한 말이 내게 들리니 곧 너희 가운데 분쟁이 있다는 것이라**
12 **내가 이것을 말하거니와 너희가 각각 이르되 나는 바울에게, 나는 아볼로에게, 나는 게바에게, 나는 그리스도에게 속한 자라 한다는 것이니**
13 **그리스도께서 어찌 나뉘었느냐 바울이 너희를 위하여 십자가에 못 박혔으며 바울의 이름으로 너희가 [1]세례를 받았느냐**
14 **나는 그리스보와 가이오 외에는 너희 중 아무에게도 내가 [1]세례를 베풀지 아니한 것을 감사하노니**

1 **Paul, called to be an apostle of Christ**
Jesus by the will of God, and our broth-
er Sosthenes,
2 **●To the church of God in Corinth, to**
those sanctified in Christ Jesus and called to
be his holy people, together with all those
everywhere who call on the name of our
Lord Jesus Christ—their Lord and ours:
3 **●Grace and peace to you from God our**
Father and the Lord Jesus Christ.

Thanksgiving

4 **●I always thank my God for you because**
5 **of his grace given you in Christ Jesus. ●For**
in him you have been enriched in every
way—with all kinds of speech and with
6 **all knowledge— ●God thus confirming**
our testimony about Christ among you.
7 **●Therefore you do not lack any spiritual**
gift as you eagerly wait for our Lord Jesus
8 **Christ to be revealed. ●He will also keep**
you firm to the end, so that you will be
blameless on the day of our Lord Jesus
9 **Christ. ●God is faithful, who has called you**
into fellowship with his Son, Jesus Christ
our Lord.

A Church Divided Over Leaders

10 **●I appeal to you, brothers and sisters,[a] in**
the name of our Lord Jesus Christ, that all of
you agree with one another in what you
say and that there be no divisions among
you, but that you be perfectly united in
11 **mind and thought. ●My brothers and sis-**
ters, some from Chloe's household have
informed me that there are quarrels among
12 **you. ●What I mean is this: One of you says,**
"I follow Paul"; another, "I follow Apollos";
another, "I follow Cephas[b]"; still another, "I
follow Christ."
13 **●Is Christ divided? Was Paul crucified**
for you? Were you baptized in the name of
14 **Paul? ●I thank God that I did not baptize**

a10 The Greek word for *brothers and sisters (adelphoi)* refers here to believers, both men and women, as part of God's family; also in verses 11 and 26; and in 2:1; 3:1; 4:6; 6:8; 7:24, 29; 10:1; 11:33; 12:1; 14:6, 20, 26, 39; 15:1, 6, 50, 58; 16:15, 20. *b12* That is, Peter 1) 헬, 또는 침례

고전

15 이는 아무도 나의 이름으로 [1]세례를 받았다
말하지 못하게 하려 함이라
16 내가 또한 스데바나 집 사람에게 [1]세례를 베
풀었고 그 외에는 다른 누구에게 [1]세례를 베
풀었는지 알지 못하노라
17 그리스도께서 나를 보내심은 [1]세례를 베풀게
하려 하심이 아니요 오직 복음을 전하게 하려
하심이로되 말의 지혜로 하지 아니함은 그리
스도의 십자가가 헛되지 않게 하려 함이라

하나님의 능력과 지혜이신 그리스도

18 ●십자가의 도가 멸망하는 자들에게는 미련
한 것이요 구원을 받는 우리에게는 하나님의
능력이라
19 기록된 바
「내가 지혜 있는 자들의 지혜를 멸하고 총
명한 자들의 총명을 폐하리라
하였으니
20 지혜 있는 자가 어디 있느냐 선비가 어디 있느
냐 이 세대에 변론가가 어디 있느냐 하나님께서
이 세상의 지혜를 미련하게 하신 것이 아니냐
21 하나님의 지혜에 있어서는 이 세상이 자기 지
혜로 하나님을 알지 못하므로 하나님께서 전
도의 미련한 것으로 믿는 자들을 구원하시기
를 기뻐하셨도다
22 유대인은 [2]표적을 구하고 헬라인은 지혜를 찾
으나
23 우리는 십자가에 못 박힌 그리스도를 전하니
유대인에게는 거리끼는 것이요 이방인에게는
미련한 것이로되 2:14
24 오직 부르심을 받은 자들에게는 유대인이나
헬라인이나 그리스도는 하나님의 능력이요
하나님의 지혜니라
25 하나님의 어리석음이 사람보다 지혜롭고 하
나님의 약하심이 사람보다 강하니라
26 ●형제들아 너희를 부르심을 보라 육체를 따
라 지혜로운 자가 많지 아니하며 능한 자가 많
지 아니하며 문벌 좋은 자가 많지 아니하도다
27 그러나 하나님께서 세상의 미련한 것들을 택하
사 지혜 있는 자들을 부끄럽게 하려 하시고 세
상의 약한 것들을 택하사 강한 것들을 부끄럽
게 하려 하시며
28 하나님께서 세상의 천한 것들과 멸시받는 것
들과 없는 것들을 택하사 있는 것들을 폐하려
하시나니
29 이는 아무 육체도 하나님 앞에서 자랑하지 못
하게 하려 하심이라 엡 2:9
30 너희는 하나님으로부터 나서 그리스도 예수

15 any of you except Crispus and Gaius, ●so
no one can say that you were baptized in
16 my name. ●(Yes, I also baptized the house-
hold of Stephanas; beyond that, I don't
17 remember if I baptized anyone else.) ●For
Christ did not send me to baptize, but to
preach the gospel—not with wisdom and
eloquence, lest the cross of Christ be emp-
tied of its power.

Christ Crucified Is God's Power and Wisdom

18 ●For the message of the cross is foolish-
ness to those who are perishing, but to us
who are being saved it is the power of God.
19 ●For it is written:

"I will destroy the wisdom of the wise;
the intelligence of the intelligent I will
frustrate."[a]

20 ●Where is the wise person? Where is the
teacher of the law? Where is the philoso-
pher of this age? Has not God made fool-
21 ish the wisdom of the world? ●For since in
the wisdom of God the world through its
wisdom did not know him, God was
pleased through the foolishness of what
was preached to save those who believe.
22 ●Jews demand signs and Greeks look for
23 wisdom, ●but we preach Christ crucified:
a stumbling block to Jews and foolishness
24 to Gentiles, ●but to those whom God has
called, both Jews and Greeks, Christ the
power of God and the wisdom of God.
25 ●For the foolishness of God is wiser than
human wisdom, and the weakness of God
is stronger than human strength.
26 ●Brothers and sisters, think of what you
were when you were called. Not many of
you were wise by human standards; not
many were influential; not many were of
27 noble birth. ●But God chose the foolish
things of the world to shame the wise; God
chose the weak things of the world to
28 shame the strong. ●God chose the lowly
things of this world and the despised things
—and the things that are not—to nullify
29 the things that are, ●so that no one may
30 boast before him. ●It is because of him
that you are in Christ Jesus, who has be-

[a]19 Isaiah 29:14

1) 헬, 또는 침례 2) 또는 이적 ㄱ. 사 29:14

boast [boust] *vi.* 자랑하다
crucify [krú:səfài] *vt.* 십자가에 못박다
demand [dimǽnd] *vt.* 요구하다
despise [dispáiz] *vt.* 멸시하다
eloquence [éləkwəns] *n.* 웅변
foolish [fú:liʃ] *a.* 어리석은
frustrate [frʌstreit] *vt.* 좌절시키다
influential [ìnfluénʃəl] *a.* 영향력있는
intelligence [intélədʒəns] *n.* 지능, 지성
nullify [nʌləfài] *vt.* 무효로 하다
perish [périʃ] *vi.* 죽다
philosopher [filásəfər] *n.* 철학자
standard [stǽndərd] *n.* 표준
stumble [stʌmbl] *vt.* 걸리적거리게 하다
wisdom [wízdəm] *n.* 지혜

1:17 **not... but ~**: …가 아니고 ~이다
1:17 **be emptied of...**: …이 헛되다
1:21 **preach to**: 설교하다
1:24 **both A and B**: A뿐만 아니라 B도
1:26 **be of noble birth**: 이름 있는 가문의 태생이다

안에 있고 예수는 하나님으로부터 나와서 우
리에게 지혜와 의로움과 거룩함과 구원함이
되셨으니
31 기록된 바 [ㄱ]자랑하는 자는 주 안에서 자랑하
라 함과 같게 하려 함이라

십자가에 못 박히신 그리스도

2 형제들아 내가 너희에게 나아가 하나님의
[1]증거를 전할 때에 말과 지혜의 아름다운 것
으로 아니하였나니
2 내가 너희 중에서 예수 그리스도와 그가 십자
가에 못 박히신 것 외에는 아무것도 알지 아니
하기로 작정하였음이라
3 내가 너희 가운데 거할 때에 약하고 두려워하
고 심히 떨었노라
4 내 말과 내 전도함이 설득력 있는 지혜의 말로
하지 아니하고 다만 성령의 나타나심과 능력
으로 하여
5 너희 믿음이 사람의 지혜에 있지 아니하고 다
만 하나님의 능력에 있게 하려 하였노라

성령으로 보이셨다

6 ●그러나 우리가 [2]온전한 자들 중에서는 지혜
를 말하노니 이는 이 세상의 지혜가 아니요 또
이 세상에서 없어질 통치자들의 지혜도 아니요
7 오직 [3]은밀한 가운데 있는 하나님의 지혜를 말
하는 것으로서 곧 감추어졌던 것인데 하나님
이 우리의 영광을 위하여 만세 전에 미리 정하
신 것이라
8 이 지혜는 이 세대의 통치자들이 한 사람도 알
지 못하였나니 만일 알았더라면 영광의 주를
십자가에 못 박지 아니하였으리라
9 기록된 바
[ㄴ]하나님이 자기를 사랑하는 자들을 위하여
예비하신 모든 것은 눈으로 보지 못하고 귀
로 듣지 못하고 사람의 마음으로 생각하지도
못하였다
함과 같으니라 사 64:4
10 오직 하나님이 성령으로 이것을 우리에게 보
이셨으니 성령은 모든 것 곧 하나님의 깊은 것
까지도 통달하시느니라
11 사람의 일을 사람의 속에 있는 영 외에 누가
알리요 이와 같이 하나님의 일도 하나님의 영
외에는 아무도 알지 못하느니라
12 우리가 세상의 영을 받지 아니하고 오직 하나
님으로부터 온 영을 받았으니 이는 우리로 하
여금 하나님께서 우리에게 은혜로 주신 것들
을 알게 하려 하심이라
13 우리가 이것을 말하거니와 사람의 지혜가 가

come for us wisdom from God—that is,
our righteousness, holiness and redemp-
31 tion. •Therefore, as it is written: "Let the
one who boasts boast in the Lord."[a]
2 And so it was with me, brothers and
sisters. When I came to you, I did not
come with eloquence or human wisdom
as I proclaimed to you the testimony about
2 God.[b] •For I resolved to know nothing
while I was with you except Jesus Christ
3 and him crucified. •I came to you in weak-
4 ness with great fear and trembling. •My
message and my preaching were not with
wise and persuasive words, but with a
5 demonstration of the Spirit's power, •so
that your faith might not rest on human
wisdom, but on God's power.

God's Wisdom Revealed by the Spirit

6 •We do, however, speak a message of
wisdom among the mature, but not the
wisdom of this age or of the rulers of this
7 age, who are coming to nothing. •No, we
declare God's wisdom, a mystery that has
been hidden and that God destined for our
8 glory before time began. •None of the
rulers of this age understood it, for if they
had, they would not have crucified the
9 Lord of glory. •However, as it is written:
"What no eye has seen,
what no ear has heard,
and what no human mind has
conceived"[c]—
the things God has prepared for those
who love him—
10 •these are the things God has revealed to us
by his Spirit.
The Spirit searches all things, even the
11 deep things of God. •For who knows a
person's thoughts except their own spirit
within them? In the same way no one
knows the thoughts of God except the Spir-
12 it of God. •What we have received is not
the spirit of the world, but the Spirit who
is from God, so that we may understand
13 what God has freely given us. •This is
what we speak, not in words taught us by
human wisdom but in words taught by the

[a]31 Jer. 9:24 [b]1 Some manuscripts *proclaimed to you God's mystery* [c]9 Isaiah 64:4

1) 어떤 사본에, 비밀을 2) 또는 장성한 3) 하나님의 지혜를 비밀한 것으로
ㄱ. 렘 9:23 이하 ㄴ. 사 64:4; 65:17

conceive [kənsíːv] *vt.* 이해하다
declare [diklέər] *vt.* 알리다
demonstration [dèmənstréiʃən] *n.* 증명
destine [déstin] *vt.* 예정해두다
except [iksépt] *prep.* …외에는
faith [feiθ] *n.* 믿음
hidden [hídn] *a.* 숨겨진
mature [mətjúər] *a.* 원숙한
persuasive [pərswéisiv] *a.* 설득력있는
proclaim [proukléim] *vt.* 선포하다
receive [risíːv] *vt.* 받다
redemption [ridémpʃən] *n.* 구속
reveal [rivíːl] *vt.* 나타내다
righteousness [ráitʃəsnis] *n.* 의로움
trembling [trémbliŋ] *n.* 떨림

2:2 **resolve to...**: …하기로 결심하다
2:5 **rest on...**: …에 달려 있다
2:6 **come to nothing**: 아무것도 아니게 되다, 수포로 돌아가다
2:9 **prepare for...**: …를 준비하다
2:11 **in the same way**: 다름없이

르친 말로 아니하고 오직 성령께서 가르치신
것으로 하니 영적인 일은 영적인 것으로 분별
하느니라
14 육에 속한 사람은 하나님의 성령의 일들을 받
지 아니하나니 이는 그것들이 그에게는 어리
석게 보임이요, 또 그는 그것들을 알 수도 없나
니 그러한 일은 영적으로 분별되기 때문이라
15 신령한 자는 모든 것을 판단하나 자기는 아무
에게도 판단을 받지 아니하느니라
16 누가 주의 마음을 알아서 주를 가르치겠느냐
그러나 우리가 그리스도의 마음을 가졌느니
라

하나님의 동역자들 (♪420, 539장)

3 형제들아 내가 신령한 자들을 대함과 같이
너희에게 말할 수 없어서 육신에 속한 자 곧
그리스도 안에서 어린아이들을 대함과 같이
하노라
2 내가 너희를 젖으로 먹이고 밥으로 아니하였
노니 이는 너희가 감당하지 못하였음이거니
와 지금도 못하리라
3 너희는 아직도 육신에 속한 자로다 너희 가운
데 시기와 분쟁이 있으니 어찌 육신에 속하여
사람을 따라 행함이 아니리요
4 어떤 이는 말하되 나는 바울에게라 하고 다른
이는 나는 아볼로에게라 하니 너희가 육의 사
람이 아니리요
5 그런즉 아볼로는 무엇이며 바울은 무엇이냐
그들은 주께서 각각 주신 대로 너희로 하여금
믿게 한 [1)]사역자들이니라
6 나는 심었고 아볼로는 물을 주었으되 오직 하
나님께서 자라나게 하셨나니
7 그런즉 심는 이나 물 주는 이는 아무것도 아
니로되 오직 자라게 하시는 이는 하나님뿐이
니라
8 심는 이와 물 주는 이는 한가지이나 각각 자
기가 일한 대로 자기의 상을 받으리라
9 우리는 하나님의 동역자들이요 너희는 하나
님의 밭이요 하나님의 집이니라
10 •내게 주신 하나님의 은혜를 따라 내가 지혜
로운 건축자와 같이 터를 닦아 두매 다른 이가
그 위에 세우나 그러나 각각 어떻게 그 위에 세
울까를 조심할지니라
11 이 닦아 둔 것 외에 능히 다른 터를 닦아 둘 자
가 없으니 이 터는 곧 예수 그리스도라
12 만일 누구든지 금이나 은이나 보석이나 나무
나 풀이나 짚으로 이 터 위에 세우면
13 각 사람의 공적이 나타날 터인데 그날이 공적

Spirit, explaining spiritual realities with
14 Spirit-taught words.[a] •The person without
the Spirit does not accept the things that
come from the Spirit of God but considers
them foolishness, and cannot understand
them because they are discerned only
15 through the Spirit. •The person with the
Spirit makes judgments about all things,
but such a person is not subject to merely
16 human judgments, •for,

"Who has known the mind of the Lord
so as to instruct him?"[b]

But we have the mind of Christ.

The Church and Its Leaders

3 Brothers and sisters, I could not address
you as people who live by the Spirit
but as people who are still worldly—mere
2 infants in Christ. •I gave you milk, not
solid food, for you were not yet ready for
3 it. Indeed, you are still not ready. •You are
still worldly. For since there is jealousy and
quarreling among you, are you not world-
ly? Are you not acting like mere humans?
4 •For when one says, "I follow Paul," and
another, "I follow Apollos," are you not
mere human beings?
5 •What, after all, is Apollos? And what is
Paul? Only servants, through whom you
came to believe — as the Lord has assigned
6 to each his task. •I planted the seed, Apol-
los watered it, but God has been making it
7 grow. •So neither the one who plants nor
the one who waters is anything, but only
8 God, who makes things grow. •The one
who plants and the one who waters have
one purpose, and they will each be reward-
9 ed according to their own labor. •For we
are co-workers in God's service; you are
God's field, God's building.
10 •By the grace God has given me, I laid a
foundation as a wise builder, and someone
else is building on it. But each one should
11 build with care. •For no one can lay any
foundation other than the one already laid,
12 which is Jesus Christ. •If anyone builds on
this foundation using gold, silver, costly
13 stones, wood, hay or straw, •their work will

[a]*13 Or Spirit, interpreting spiritual truths to those who are spiritual* [b]*16* Isaiah 40:13 1) 또는 집사들

accept [æksépt] *vt.* 받아들이다
address [ədrés] *vt.* …에게 말을 걸다
costly [kɔ́:stli] *a.* 비싼
discern [disə́:rn] *vt.* 식별하다
infant [ínfənt] *n.* 유아
instruct [instrʌ́kt] *vt.* 가르치다
jealousy [dʒéləsi] *n.* 질투
labor [léibər] *vi.* 일하다
purpose [pə́:rpəs] *n.* 목적
quarrel [kwɔ́:rəl] *vi.* 싸우다
reward [riwɔ́:rd] *vt.* 보상해 주다
solid [sálid] *a.* 단단한
spiritual [spíritʃuəl] *a.* 영적인
straw [strɔ:] *n.* 짚
worldly [wə́:rldli] *a.* 세속의

2:15 make judgment: 판단하다
2:15 be subject to...: …에 얽매이다
3:2 be ready for...: …를 각오하다
3:5 after all: 아무튼, 하지만
3:5 assign to...: …에 배속[배정]하다
3:7 neither A nor B: A, B 둘다 아니다

을 밝히리니 이는 불로 나타내고 그 불이 각
사람의 공적이 어떠한 것을 시험할 것임이라
14 만일 누구든지 그 위에 세운 공적이 그대로 있
으면 상을 받고
15 누구든지 그 공적이 불타면 해를 받으리니 그
러나 자신은 구원을 받되 불 가운데서 받은 것
같으리라
16 ●너희는 너희가 하나님의 성전인 것과 하나
님의 성령이 너희 안에 계시는 것을 알지 못하
느냐
17 누구든지 하나님의 성전을 [1]더럽히면 하나님
이 그 사람을 멸하시리라 하나님의 성전은 거
룩하니 너희도 그러하니라
18 ●아무도 자신을 속이지 말라 너희 중에 누구
든지 이 세상에서 지혜 있는 줄로 생각하거든
어리석은 자가 되라 그리하여야 지혜로운 자
가 되리라
19 이 세상 지혜는 하나님께 어리석은 것이니 기
록된 바 하나님은 [ㄱ]지혜 있는 자들로 하여금
자기 꾀에 빠지게 하시는 이라 하였고 욥 5:13
20 또 [ㄴ]주께서 지혜 있는 자들의 생각을 헛것으
로 아신다 하셨느니라
21 그런즉 누구든지 사람을 자랑하지 말라 만물
이 다 너희 것임이라
22 바울이나 아볼로나 게바나 세계나 생명이나
사망이나 지금 것이나 장래 것이나 다 너희의
것이요
23 너희는 그리스도의 것이요 그리스도는 하나
님의 것이니라

그리스도의 일꾼

4 사람이 마땅히 우리를 그리스도의 일꾼이
요 하나님의 비밀을 맡은 자로 여길지어다
2 그리고 맡은 자들에게 구할 것은 충성이니라
3 너희에게나 [2]다른 사람에게나 판단 받는 것이
내게는 매우 작은 일이라 나도 나를 판단하지
아니하노니
4 내가 자책할 아무것도 깨닫지 못하나 이로 말
미암아 의롭다 함을 얻지 못하노라 다만 나를
심판하실 이는 주시니라
5 그러므로 때가 이르기 전 곧 주께서 오시기
까지 아무것도 판단하지 말라 그가 어둠에
감추인 것들을 드러내고 마음의 뜻을 나타
내시리니 그때에 각 사람에게 하나님으로부
터 칭찬이 있으리라
6 ●형제들아 내가 너희를 위하여 이 일에 나와
아볼로를 들어서 본을 보였으니 이는 너희로
하여금 기록된 말씀 밖으로 넘어가지 말라 한

be shown for what it is, because the Day
will bring it to light. It will be revealed with
fire, and the fire will test the quality of each
14 person's work. ●If what has been built sur-
15 vives, the builder will receive a reward. ●If
it is burned up, the builder will suffer loss
but yet will be saved—even though only as
one escaping through the flames.
16 ●Don't you know that you yourselves are
God's temple and that God's Spirit dwells
17 in your midst? ●If anyone destroys God's
temple, God will destroy that person; for
God's temple is sacred, and you together
are that temple.
18 ●Do not deceive yourselves. If any of you
think you are wise by the standards of this
age, you should become "fools" so that you
19 may become wise. ●For the wisdom of this
world is foolishness in God's sight. As it is
written: "He catches the wise in their crafti-
20 ness"[a]; ●and again, "The Lord knows that
21 the thoughts of the wise are futile."[b] ●So
then, no more boasting about human lead-
22 ers! All things are yours, ●whether Paul or
Apollos or Cephas[c] or the world or life or
death or the present or the future—all are
23 yours, ●and you are of Christ, and Christ is
of God.

The Nature of True Apostleship

4 This, then, is how you ought to regard
us: as servants of Christ and as those
entrusted with the mysteries God has
2 revealed. ●Now it is required that those
who have been given a trust must prove
3 faithful. ●I care very little if I am judged
by you or by any human court; indeed, I
4 do not even judge myself. ●My conscience
is clear, but that does not make me inno-
5 cent. It is the Lord who judges me. ●There-
fore judge nothing before the appointed
time; wait until the Lord comes. He will
bring to light what is hidden in darkness
and will expose the motives of the heart.
At that time each will receive their praise
from God.
6 ●Now, brothers and sisters, I have appli-
ed these things to myself and Apollos for
your benefit, so that you may learn from
us the meaning of the saying, "Do not go
beyond what is written." Then you will

a19 Job 5:13 *b20* Psalm 94:11 *c22* That is, Peter

1) 또는 멸하면 2) 헬, 사람의 날에게나 ㄱ. 욥 5:13 ㄴ. 시 94:11

appointed [əpɔ́intid] *a.* 정해진
boast [boust] *vi.* 자랑하다
conscience [kánʃəns] *n.* 양심
craftiness [krǽftinis] *n.* 교활
deceive [disíːv] *vt.* 속이다
dwell [dwel] *vi.* 거하다
escape [iskéip] *vt.* 피하다
flame [fleim] *n.* 불꽃
futile [fjúːtl] *a.* 쓸모없는
midst [midst] *n.* 한가운데
quality [kwáləti] *n.* 자질
require [rikwáiər] *vt.* 요구하다
sacred [séikrid] *a.* 신성한
standard [stǽndərd] *n.* 기준
suffer [sʌfər] *vt.* (손실을) 입다

3:13 **reveal with...**: …로 나타나다
3:15 **even though:** 비록 …일지라도
4:1 **ought to...**: …해야 하다
4:1 **entrust with...**: …를 맡기다
4:3 **be judged by...**: …에 의해 판단받다
4:6 **go beyond...**: …을 넘어가다

것을 우리에게서 배워 서로 대적하여 교만한
마음을 가지지 말게 하려 함이라
7 누가 너를 남달리 구별하였느냐 네게 있는 것
중에 받지 아니한 것이 무엇이냐 네가 받았은
즉 어찌하여 받지 아니한 것같이 자랑하느냐
8 너희가 이미 배부르며 이미 풍성하며 우리 없
이도 왕이 되었도다 우리가 너희와 함께 왕 노
릇 하기 위하여 참으로 너희가 왕이 되기를 원
하노라
9 내가 생각하건대 하나님이 사도인 우리를 죽
이기로 작정된 자같이 끄트머리에 두셨으매
우리는 세계 곧 천사와 사람에게 구경거리가
되었노라
10 우리는 그리스도 때문에 어리석으나 너희는
그리스도 안에서 지혜롭고 우리는 약하나 너
희는 강하고 너희는 존귀하나 우리는 비천하
여
11 바로 이 시각까지 우리가 주리고 목마르며 헐
벗고 매맞으며 정처가 없고
12 또 수고하여 친히 손으로 일을 하며 모욕을 당
한즉 축복하고 박해를 받은즉 참고
13 비방을 받은즉 권면하니 우리가 지금까지 세
상의 더러운 것과 만물의 찌꺼기같이 되었도
다
14 ●내가 너희를 부끄럽게 하려고 이것을 쓰는
것이 아니라 오직 너희를 내 사랑하는 자녀같
이 권하려 하는 것이라
15 그리스도 안에서 일만 스승이 있으되 아버지
는 많지 아니하니 그리스도 예수 안에서 내가
복음으로써 너희를 낳았음이라
16 그러므로 내가 너희에게 권하노니 너희는 나
를 본받는 자가 되라
17 이로 말미암아 내가 주 안에서 내 사랑하고 신
실한 아들 디모데를 너희에게 보내었으니 그
가 너희로 하여금 그리스도 예수 안에서 나의
행사 곧 내가 각처 각 교회에서 가르치는 것
을 생각나게 하리라
18 어떤 이들은 내가 너희에게 나아가지 아니할
것같이 스스로 교만하여졌으나
19 주께서 [1]허락하시면 내가 너희에게 속히 나아
가서 교만한 자들의 말이 아니라 오직 그 능력
을 알아보겠으니
20 하나님의 나라는 말에 있지 아니하고 오직 능
력에 있음이라
21 너희가 무엇을 원하느냐 내가 매를 가지고 너
희에게 나아가랴 사랑과 온유한 [2]마음으로 나
아가랴

not be puffed up in being a follower of
7 one of us over against the other. •For who
makes you different from anyone else?
What do you have that you did not rece-
ive? And if you did receive it, why do you
boast as though you did not?
8 •Already you have all you want! Al-
ready you have become rich! You have
begun to reign—and that without us!
How I wish that you really had begun to
reign so that we also might reign with you!
9 •For it seems to me that God has put us
apostles on display at the end of the pro-
cession, like those condemned to die in
the arena. We have been made a spectacle
to the whole universe, to angels as well as
10 to human beings. •We are fools for Christ,
but you are so wise in Christ! We are weak,
but you are strong! You are honored, we
11 are dishonored! •To this very hour we go
hungry and thirsty, we are in rags, we are
12 brutally treated, we are homeless. •We
work hard with our own hands. When we
are cursed, we bless; when we are persecut-
13 ed, we endure it; •when we are slandered,
we answer kindly. We have become the
scum of the earth, the garbage of the world
—right up to this moment.

Paul's Appeal and Warning

14 •I am writing this not to shame you but
15 to warn you as my dear children. •Even if
you had ten thousand guardians in Christ,
you do not have many fathers, for in
Christ Jesus I became your father through
16 the gospel. •Therefore I urge you to imi-
17 tate me. •For this reason I have sent to you
Timothy, my son whom I love, who is
faithful in the Lord. He will remind you
of my way of life in Christ Jesus, which
agrees with what I teach everywhere in
every church.
18 •Some of you have become arrogant, as
19 if I were not coming to you. •But I will
come to you very soon, if the Lord is will-
ing, and then I will find out not only how
these arrogant people are talking, but what
20 power they have. •For the kingdom of God
21 is not a matter of talk but of power. •What
do you prefer? Shall I come to you with a
rod of discipline, or shall I come in love and
with a gentle spirit?

1) 또는 원하시면 2) 헬, 영

arena [əríːnə] *n.* 투기장
arrogant [ǽrəgənt] *a.* 거만한
brutally [brúːtəli] *ad.* 혹독하게
condemn [kəndém] *vt.* 정죄하다
endure [indjúər] *vi.* 참다
guardian [gáːrdiən] *n.* 보호자, 후견인
imitate [ímːtèit] *vt.* 본받다
kindly [káindli] *ad.* 친절하게
persecute [pə́ːrsikjùːt] *vt.* 박해하다
procession [prəséʃən] *n.* 행렬
reign [rein] *n.* 왕대
scum [skʌm] *n.* 찌꺼기
slander [slǽndər] *vt.* 중상하다
spectacle [spéktəkl] *n.* 볼거리
urge [əːrdʒ] *vt.* 강권하다

4:6 puffed up: 의기양양한
4:9 put...on display: …를 나타나게 하다
4:11 in rags: 누더기를 걸치고
4:13 up to this moment: 지금까지
4:19 find out...: …를 알아내다
4:20 a matter of: 대개

음행한 자를 판단하다 (♪374, 426장)

5 너희 중에 심지어 음행이 있다 함을 들으
니 그런 음행은 이방인 중에서도 없는 것
이라 누가 그 아버지의 아내를 취하였다 하
는도다
2 그리하고도 너희가 오히려 교만하여져서 어
찌하여 통한히 여기지 아니하고 그 일 행한
자를 너희 중에서 쫓아내지 아니하였느냐
3 내가 실로 몸으로는 떠나 있으나 영으로는
함께 있어서 거기 있는 것같이 이런 일 행한
자를 이미 판단하였노라
4 주 예수의 이름으로 너희가 내 영과 함께 모
여서 우리 주 예수의 능력으로
5 이런 자를 사탄에게 내주었으니 이는 육신
은 멸하고 영은 [1]주 예수의 날에 구원을 받
게 하려 함이라 딤전 1:20
6 너희가 자랑하는 것이 옳지 아니하도다 적
은 누룩이 온 덩어리에 퍼지는 것을 알지 못
하느냐
7 너희는 누룩 없는 자인데 새 덩어리가 되기
위하여 묵은 누룩을 내버리라 우리의 유월
절 양 곧 그리스도께서 희생되셨느니라
8 이러므로 우리가 명절을 지키되 묵은 누룩
으로도 말고 악하고 악의에 찬 누룩으로도
말고 누룩이 없이 오직 순전함과 진실함의
떡으로 하자
9 ●내가 너희에게 쓴 편지에 음행하는 자들
을 사귀지 말라 하였거니와 엡 5:11
10 이 말은 이 세상의 음행하는 자들이나 탐하
는 자들이나 속여 빼앗는 자들이나 우상 숭
배하는 자들을 도무지 사귀지 말라 하는 것
이 아니니 만일 그리하려면 너희가 세상 밖
으로 나가야 할 것이라
11 이제 내가 너희에게 쓴 것은 만일 어떤 형제
라 일컫는 자가 음행하거나 탐욕을 부리거나
우상 숭배를 하거나 모욕하거나 술 취하거나
속여 빼앗거든 사귀지도 말고 그런 자와는
함께 먹지도 말라 함이라
12 밖에 있는 사람들을 판단하는 것이야 내게
무슨 상관이 있으리요마는 교회 안에 있는
사람들이야 너희가 판단하지 아니하랴
13 밖에 있는 사람들은 하나님이 심판하시려니
와 이 악한 사람은 너희 중에서 내쫓으라

세상 법정에 송사하지 말라

6 너희 중에 누가 다른 이와 더불어 다툼이
있는데 구태여 불의한 자들 앞에서 고발
하고 성도 앞에서 하지 아니하느냐

Dealing With a Case of Incest

5 It is actually reported that there is sexual
immorality among you, and of a kind
that even pagans do not tolerate: A man is
2 sleeping with his father's wife. ●And you are
proud! Shouldn't you rather have gone into
mourning and have put out of your fellow-
3 ship the man who has been doing this? ●For
my part, even though I am not physically
present, I am with you in spirit. As one who
is present with you in this way, I have already
passed judgment in the name of our Lord
Jesus on the one who has been doing this.
4 ●So when you are assembled and I am with
you in spirit, and the power of our Lord Jesus
5 is present, ●hand this man over to Satan for
the destruction of the flesh,[a,b] so that his spir-
it may be saved on the day of the Lord.
6 ●Your boasting is not good. Don't you
know that a little yeast leavens the whole
7 batch of dough? ●Get rid of the old yeast, so
that you may be a new unleavened batch
—as you really are. For Christ, our Passover
8 lamb, has been sacrificed. ●Therefore let us
keep the Festival, not with the old bread leav-
ened with malice and wickedness, but with
the unleavened bread of sincerity and truth.
9 ●I wrote to you in my letter not to associ-
10 ate with sexually immoral people— ●not
at all meaning the people of this world who
are immoral, or the greedy and swindlers,
or idolaters. In that case you would have to
11 leave this world. ●But now I am writing to
you that you must not associate with any-
one who claims to be a brother or sister[c] but
is sexually immoral or greedy, an idolater or
slanderer, a drunkard or swindler. Do not
even eat with such people.
12 ●What business is it of mine to judge those
outside the church? Are you not to judge
13 those inside? ●God will judge those outside.
"Expel the wicked person from among you."[d]

Lawsuits Among Believers

6 If any of you has a dispute with another,
do you dare to take it before the ungo-
dly for judgment instead of before the Lord's

[a]*5* In contexts like this, the Greek word for *flesh (sarx)* refers to the sinful state of human beings, often presented as a power in opposition to the Spirit. [b]*5* Or *of his body* [c]*11* The Greek word for *brother or sister (adelphos)* refers here to a believer, whether man or woman, as part of God's family; also in 8:11, 13. [d]*13* Deut. 13:5; 17:7; 19:19; 21:21; 22:21,24; 24:7

1) 어떤 사본에는 주의 날에

assembled [əsémbld] *a.* 집합된
dispute [dispjúːt] *n.* 논쟁
dough [dou] *n.* 가루반죽
drunkard [drʌŋkərd] *n.* 술주정뱅이
expel [ikspél] *vt.* 내쫓다
flesh [fleʃ] *n.* 육신
greedy [gríːdi] *a.* 욕심많은
idolater [aidálətər] *n.* 우상 숭배자
immoral [imɔ́ːrəl] *a.* 부도덕한
mourning [mɔ́ːrniŋ] *n.* 비탄
pagan [péigən] *n.* 이교도
sincerity [sinsérəti] *n.* 성실
slanderer [slǽndərər] *n.* 중상자
swindler [swíndlər] *n.* 사기꾼
tolerate [tálərèit] *vt.* 참다

5:2 put out of...: …로부터 제외시키다
5:3 even though...: 비록 …일지라도
5:7 get rid of: 버리다
5:9 associate with...: …와 교제하다
6:1 take... for judgment: …를 재판에 넘기다
6:1 instead of...: … 대신에

2 성도가 세상을 판단할 것을 너희가 알지 못
하느냐 세상도 너희에게 판단을 받겠거든 지
극히 작은 일 판단하기를 감당하지 못하겠느
냐
3 우리가 천사를 판단할 것을 너희가 알지 못하
느냐 그러하거든 하물며 세상일이랴
4 그런즉 너희가 세상 사건이 있을 때에 교회에
서 경히 여김을 받는 자들을 세우느냐
5 내가 너희를 부끄럽게 하려 하여 이 말을 하노
니 너희 가운데 그 형제간의 일을 판단할 만
한 지혜 있는 자가 이같이 하나도 없느냐
6 형제가 형제와 더불어 고발할 뿐더러 믿지 아
니하는 자들 앞에서 하느냐
7 너희가 피차 고발함으로 너희 가운데 이미 뚜
렷한 허물이 있나니 차라리 불의를 당하는 것
이 낫지 아니하며 차라리 속는 것이 낫지 아니
하냐
8 너희는 불의를 행하고 속이는구나 그는 너희
형제로다
9 불의한 자가 하나님의 나라를 유업으로 받지
못할 줄을 알지 못하느냐 미혹을 받지 말라 음
행하는 자나 우상 숭배하는 자나 간음하는 자
나 탐색하는 자나 남색하는 자나
10 도적이나 탐욕을 부리는 자나 술 취하는 자나
모욕하는 자나 속여 빼앗는 자들은 하나님의
나라를 유업으로 받지 못하리라
11 너희 중에 이와 같은 자들이 있더니 주 예수
그리스도의 이름과 우리 하나님의 성령 안에
서 씻음과 거룩함과 의롭다 하심을 받았느니
라

몸으로 하나님께 영광을 돌리라

12 •모든 것이 내게 가하나 다 유익한 것이 아니
요 모든 것이 내게 가하나 내가 무엇에든지 얽
매이지 아니하리라 10:23
13 음식은 배를 위하여 있고 배는 음식을 위하여
있으나 하나님은 이것저것을 다 폐하시리라
몸은 음란을 위하여 있지 않고 오직 주를 위하
여 있으며 주는 몸을 위하여 계시느니라
14 하나님이 주를 다시 살리셨고 또한 그의 권능
으로 우리를 다시 살리시리라
15 너희 몸이 그리스도의 지체인 줄을 알지 못하
느냐 내가 그리스도의 지체를 가지고 창녀의
지체를 만들겠느냐 결코 그럴 수 없느니라
16 창녀와 합하는 자는 그와 한 몸인 줄을 알지
못하느냐 일렀으되 ㄱ둘이 한 육체가 된다 하
셨나니

2 people? •Or do you not know that the
Lord's people will judge the world? And if
you are to judge the world, are you not com-
3 petent to judge trivial cases? •Do you not
know that we will judge angels? How much
4 more the things of this life! •Therefore, if
you have disputes about such matters, do
you ask for a ruling from those whose way
5 of life is scorned in the church? •I say this
to shame you. Is it possible that there is
nobody among you wise enough to judge a
6 dispute between believers? •But instead,
one brother takes another to court—and
this in front of unbelievers!
7 •The very fact that you have lawsuits
among you means you have been com-
pletely defeated already. Why not rather
be wronged? Why not rather be cheated?
8 •Instead, you yourselves cheat and do
wrong, and you do this to your brothers and
9 sisters. •Or do you not know that wrong-
doers will not inherit the kingdom of God?
Do not be deceived: Neither the sexually
immoral nor idolaters nor adulterers nor
10 men who have sex with men[a] •nor thieves
nor the greedy nor drunkards nor slanderers
nor swindlers will inherit the kingdom of
11 God. •And that is what some of you were.
But you were washed, you were sanctified,
you were justified in the name of the Lord
Jesus Christ and by the Spirit of our God.

Sexual Immorality

12 •"I have the right to do anything," you
say—but not everything is beneficial. "I
have the right to do anything"—but I will
13 not be mastered by anything. •You say,
"Food for the stomach and the stomach for
food, and God will destroy them both." The
body, however, is not meant for sexual
immorality but for the Lord, and the Lord
14 for the body. •By his power God raised the
Lord from the dead, and he will raise us
15 also. •Do you not know that your bodies
are members of Christ himself? Shall I then
take the members of Christ and unite them
16 with a prostitute? Never! •Do you not
know that he who unites himself with a
prostitute is one with her in body? For it is
said, "The two will become one flesh."[b]

[a]9 The words *men who have sex with men* translate two Greek words that refer to the passive and active participants in homosexual acts. [b]16 Gen. 2:24

ㄱ. 창 2:24

adulterer [ədʌltərər] *n.* 간음을 행하는 자
beneficial [bènəfíʃəl] *a.* 유익한
cheat [tʃiːt] *vt.* 속이다
competent [kámpətənt] *a.* 충분한, 적당한
defeat [difíːt] *vt.* 헛되게 하다
idolater [aidálətər] *n.* 우상 숭배자
inherit [inhérit] *vt.* 상속하다
justify [dʒʌstəfài] *vt.* 옳다고 하다
lawsuit [lɔ́ːsùːt] *n.* 소송(사건)
prostitute [prástətjùːt] *n.* 매춘부
sanctify [sǽŋktəfài] *vt.* 신성하게 하다
sexual [sékʃuəl] *a.* 성적인
slanderer [slǽndərər] *n.* 중상 비방꾼
trivial [tríviəl] *a.* 하찮은
wrongdoer [rɔ́ːŋdùːər] *n.* 범죄자

6:4 ask for...: …를 찾다
6:4 be scorned: 괄시를 받다
6:6 in front of...: …의 앞에
6:9 neither A nor B: A도 B도 아니다
6:11 in the name of...: …의 이름으로
6:13 be meant for...: …을 위해 예정되다

17 주와 합하는 자는 한 영이니라
18 음행을 피하라 사람이 범하는 죄마다 몸 밖에 있거니와 음행하는 자는 자기 몸에 죄를 범하느니라
19 너희 몸은 너희가 하나님께로부터 받은 바 너희 가운데 계신 성령의 전인 줄을 알지 못하느냐 너희는 너희 자신의 것이 아니라
20 값으로 산 것이 되었으니 그런즉 너희 몸으로 하나님께 영광을 돌리라 7:23

결혼에 대하여 이르다

7 너희가 쓴 문제에 대하여 말하면 남자가 여자를 가까이 아니함이 좋으나
2 음행을 피하기 위하여 남자마다 자기 아내를 두고 여자마다 자기 남편을 두라
3 남편은 그 아내에 대한 의무를 [1]다하고 아내도 그 남편에게 그렇게 할지라
4 아내는 자기 몸을 주장하지 못하고 오직 그 남편이 하며 남편도 그와 같이 자기 몸을 주장하지 못하고 오직 그 아내가 하나니
5 서로 분방하지 말라 다만 기도할 틈을 얻기 위하여 합의상 얼마 동안은 하되 다시 합하라 이는 너희가 절제 못함으로 말미암아 사탄이 너희를 시험하지 못하게 하려 함이라
6 그러나 내가 이 말을 함은 허락이요 명령은 아니니라 고후 8:8
7 나는 모든 사람이 나와 같기를 원하노라 그러나 각각 하나님께 받은 자기의 은사가 있으니 이 사람은 이러하고 저 사람은 저러하니라
8 내가 결혼하지 아니한 자들과 과부들에게 이르노니 나와 같이 그냥 지내는 것이 좋으니라
9 만일 절제할 수 없거든 결혼하라 정욕이 불같이 타는 것보다 결혼하는 것이 나으니라
10 결혼한 자들에게 내가 명하노니 (명하는 자는 내가 아니요 주시라) 여자는 남편에게서 갈라서지 말고 눅 16:18
11 (만일 갈라섰으면 그대로 지내든지 다시 그 남편과 화합하든지 하라) 남편도 아내를 버리지 말라
12 그 나머지 사람들에게 내가 말하노니 (이는 주의 명령이 아니라) 만일 어떤 형제에게 믿지 아니하는 아내가 있어 남편과 함께 살기를 좋아하거든 그를 버리지 말며
13 어떤 여자에게 믿지 아니하는 남편이 있어 아내와 함께 살기를 좋아하거든 그 남편을 버리지 말라

17 But whoever is united with the Lord is
one with him in spirit.[a]
18 Flee from sexual immorality. All other
sins a person commits are outside the body,
but whoever sins sexually, sins against their
19 own body. Do you not know that your
bodies are temples of the Holy Spirit, who
is in you, whom you have received from
20 God? You are not your own; you were
bought at a price. Therefore honor God
with your bodies.

Concerning Married Life

7 Now for the matters you wrote about:
"It is good for a man not to have sexu-
2 al relations with a woman." But since sex-
ual immorality is occurring, each man
should have sexual relations with his own
wife, and each woman with her own hus-
3 band. The husband should fulfill his mar-
ital duty to his wife, and likewise the wife to
4 her husband. The wife does not have
authority over her own body but yields it to
her husband. In the same way, the husband
does not have authority over his own body
5 but yields it to his wife. Do not deprive
each other except perhaps by mutual con-
sent and for a time, so that you may devote
yourselves to prayer. Then come together
again so that Satan will not tempt you
6 because of your lack of self-control. I say
7 this as a concession, not as a command. I
wish that all of you were as I am. But each
of you has your own gift from God; one has
this gift, another has that.
8 Now to the unmarried[b] and the widows
I say: It is good for them to stay unmarried,
9 as I do. But if they cannot control them-
selves, they should marry, for it is better to
marry than to burn with passion.
10 To the married I give this command
(not I, but the Lord): A wife must not sepa-
11 rate from her husband. But if she does, she
must remain unmarried or else be recon-
ciled to her husband. And a husband must
not divorce his wife.
12 To the rest I say this (I, not the Lord): If
any brother has a wife who is not a believer
and she is willing to live with him, he must
13 not divorce her. And if a woman has a
husband who is not a believer and he is
willing to live with her, she must not

[a]17 Or *in the Spirit* [b]8 Or *widowers* 1) 헬, 갚고

authority [əθɔ́:rəti] *n.* 권한
command [kəmǽnd] *n.* 명령
commit [kəmít] *vt.* (죄를) 범하다
concession [kənséʃən] *n.* 양보, 허가
consent [kənsént] *n.* 동의
deprive [dipráiv] *vt.* 삼가다
devote [divóut] *vt.* 헌신하다
fulfill [fulfíl] *vt.* 성취하다
immorality [ìmərǽləti] *n.* 부도덕
lack [læk] *n.* 부족, 결핍
likewise [láikwàiz] *ad.* 마찬가지로
mutual [mjú:tʃuəl] *a.* 서로의
passion [pǽʃən] *n.* 정열
tempt [tempt] *vt.* 시험하다
widow [wídou] *n.* 과부

6:18 flee from...: …로부터 피하다
6:18 sin against...: …에 대해 죄를 짓다
6:19 receive from...: …로부터 받다
7:10 separate from...: …와 나누다
7:11 reconcile to...: …와 화해하다
7:12 be willing to...: 기꺼이 …하다

14 믿지 아니하는 남편이 아내로 말미암아 거룩
하게 되고 믿지 아니하는 아내가 [1]남편으로
말미암아 거룩하게 되나니 그렇지 아니하면
너희 자녀도 깨끗하지 못하니라 그러나 이제
거룩하니라
15 혹 믿지 아니하는 자가 갈리거든 갈리게 하라
형제나 자매나 이런 일에 구애될 것이 없느니
라 그러나 하나님은 화평 중에서 [2]너희를 부르
셨느니라
16 아내 된 자여 네가 남편을 구원할는지 어찌 알
수 있으며 남편 된 자여 네가 네 아내를 구원
할는지 어찌 알 수 있으리요
17 오직 주께서 각 사람에게 나눠 주신 대로 하나
님이 각 사람을 부르신 그대로 행하라 내가 모
든 교회에서 이와 같이 명하노라
18 할례자로서 부르심을 받은 자가 있느냐 무할
례자가 되지 말며 무할례자로 부르심을 받은
자가 있느냐 할례를 받지 말라
19 할례받는 것도 아무것도 아니요 할례받지 아
니하는 것도 아무것도 아니로되 오직 하나님
의 계명을 지킬 따름이니라
20 각 사람은 부르심을 받은 그 부르심 그대로 지
내라
21 네가 종으로 있을 때에 부르심을 받았느냐 염
려하지 말라 [3]그러나 네가 자유롭게 될 수 있
거든 그것을 이용하라
22 주 안에서 부르심을 받은 자는 종이라도 주
께 속한 자유인이요 또 그와 같이 자유인으
로 있을 때에 부르심을 받은 자는 그리스도
의 종이니라
23 너희는 값으로 사신 것이니 사람들의 종이 되
지 말라 6:20
24 형제들아 너희는 각각 부르심을 받은 그대로
하나님과 함께 거하라

처녀와 과부에게 주는 권면

25 ● 처녀에 대하여는 내가 주께 받은 계명이 없
으되 주의 자비하심을 받아서 충성스러운 자
가 된 내가 의견을 말하노니
26 내 생각에는 이것이 좋으니 곧 임박한 환난으
로 말미암아 사람이 그냥 지내는 것이 좋으니
라 7:1
27 네가 아내에게 매였느냐 놓이기를 구하지 말
며 아내에게서 놓였느냐 아내를 구하지 말라
28 그러나 장가가도 죄 짓는 것이 아니요 처녀
가 시집가도 죄 짓는 것이 아니로되 이런 이
들은 육신에 고난이 있으리니 나는 너희를
아끼노라

14 divorce him. • For the unbelieving husband
has been sanctified through his wife, and
the unbelieving wife has been sanctified
through her believing husband. Otherwise
your children would be unclean, but as it is,
they are holy.
15 • But if the unbeliever leaves, let it be so.
The brother or the sister is not bound in
such circumstances; God has called us to
16 live in peace. • How do you know, wife,
whether you will save your husband? Or,
how do you know, husband, whether you
will save your wife?

Concerning Change of Status

17 • Nevertheless, each person should live as
a believer in whatever situation the Lord
has assigned to them, just as God has called
them. This is the rule I lay down in all the
18 churches. • Was a man already circumcised
when he was called? He should not become
uncircumcised. Was a man uncircumcised
when he was called? He should not be cir-
19 cumcised. • Circumcision is nothing and
uncircumcision is nothing. Keeping God's
20 commands is what counts. • Each person
should remain in the situation they were in
when God called them.
21 • Were you a slave when you were called?
Don't let it trouble you—although if you
22 can gain your freedom, do so. • For the one
who was a slave when called to faith in the
Lord is the Lord's freed person; similarly,
the one who was free when called is Christ's
23 slave. • You were bought at a price; do not
24 become slaves of human beings. • Brothers
and sisters, each person, as responsible to
God, should remain in the situation they
were in when God called them.

Concerning the Unmarried

25 • Now about virgins: I have no command
from the Lord, but I give a judgment as one
who by the Lord's mercy is trustworthy.
26 • Because of the present crisis, I think that it
27 is good for a man to remain as he is. • Are
you pledged to a woman? Do not seek to be
released. Are you free from such a comm-
28 itment? Do not look for a wife. • But if you
do marry, you have not sinned; and if a vir-
gin marries, she has not sinned. But those
who marry will face many troubles in this
life, and I want to spare you this.

1) 헬, 형제로 2) 어떤 사본에, 우리를 3) 또는 자유할 수 있어도 그대로 지내라

circumcise [sə́ːrkəmsàiz] *vt.* 할례하다
circumstance [sə́ːrkəmstæ̀ns] *n.* 환경
command [kəmǽnd] *n.* 명령
commitment [kəmítmənt] *n.* 위탁
divorce [divɔ́ːrs] *vt.* 이혼하다
mercy [mə́ːrsi] *n.* 자비
nevertheless [nèvərðəlés] *ad.* 그러나
remain [riméin] *vi.* …체로 있다
responsible [rispánsəbl] *a.* 책임있는
sanctify [sǽŋktəfài] *vt.* 거룩하게 하다
similarly [símilərli] *ad.* 비슷하게
slave [sleiv] *n.* 노예, 종
trustworthy [trʌ́stwə̀ːrði] *a.* 믿을 수 있는
unclean [ʌnklíːn] *a.* 더러운, 부정한
virgin [və́ːrdʒin] *n.* 처녀

7:14 but as it is: 그러나 실상은
7:17 assign to...: …에게 할당하다
7:17 lay down: 세워놓다
7:19 what counts: 중요한 바
7:26 because of...: … 때문에
7:26 be good for...: …에 좋다

29 형제들아 내가 이 말을 하노니 그때가 단축하여진 고로 이후부터 아내 있는 자들은 없는 자같이 하며
30 우는 자들은 울지 않는 자같이 하며 기쁜 자들은 기쁘지 않은 자같이 하며 매매하는 자들은 없는 자같이 하며
31 세상 물건을 쓰는 자들은 다 쓰지 못하는 자같이 하라 이 세상의 외형은 지나감이니라
32 너희가 염려 없기를 원하노라 장가가지 않은 자는 주의 일을 염려하여 어찌하여야 주를 기쁘시게 할까 하되
33 장가간 자는 세상 일을 염려하여 어찌하여야 아내를 기쁘게 할까 하여
34 마음이 갈라지며 시집가지 않은 자와 처녀는 주의 일을 염려하여 몸과 영을 다 거룩하게 하려 하되 시집간 자는 세상 일을 염려하여 어찌하여야 남편을 기쁘게 할까 하느니라
35 내가 이것을 말함은 너희의 유익을 위함이요 너희에게 올무를 놓으려 함이 아니니 오직 너희로 하여금 이치에 합당하게 하여 흐트러짐이 없이 주를 섬기게 하려 함이라
36 그러므로 만일 누가 자기의 [1]약혼녀에 대한 행동이 합당하지 못한 줄로 생각할 때에 그 [1]약혼녀의 혼기도 지나고 그같이 할 필요가 있거든 원하는 대로 하라 그것은 죄 짓는 것이 아니니 그들로 결혼하게 하라
37 그러나 그가 마음을 정하고 또 부득이한 일도 없고 자기 뜻대로 할 권리가 있어서 그 [1]약혼녀를 그대로 두기로 하여도 잘하는 것이니라
38 그러므로 결혼하는 자도 잘하거니와 결혼하지 아니하는 자는 더 잘하는 것이니라
39 아내는 그 남편이 살아 있는 동안에 매여 있다가 남편이 [2]죽으면 자유로워 자기 뜻대로 시집갈 것이나 주 안에서만 할 것이니라
40 그러나 내 뜻에는 그냥 지내는 것이 더욱 복이 있으리로다 나도 또한 하나님의 영을 받은 줄로 생각하노라 7:26

우상에게 바친 제물

8 우상의 제물에 대하여는 우리가 다 지식이 있는 줄을 아나 지식은 교만하게

29 •What I mean, brothers and sisters, is that the
time is short. From now on those who have
30 wives should live as if they do not; •those who
mourn, as if they did not; those who are happy,
as if they were not; those who buy something, as
31 if it were not theirs to keep; •those who use the
things of the world, as if not engrossed in them.
For this world in its present form is passing
away.
32 •I would like you to be free from concern. An
unmarried man is concerned about the Lord's
33 affairs—how he can please the Lord. •But a mar-
ried man is concerned about the affairs of this
34 world—how he can please his wife— •and his
interests are divided. An unmarried woman or
virgin is concerned about the Lord's affairs: Her
aim is to be devoted to the Lord in both body and
spirit. But a married woman is concerned about
the affairs of this world—how she can please her
35 husband. •I am saying this for your own good,
not to restrict you, but that you may live in a right
way in undivided devotion to the Lord.
36 •If anyone is worried that he might not be
acting honorably toward the virgin he is en-
gaged to, and if his passions are too strong[a] and
he feels he ought to marry, he should do as he
wants. He is not sinning. They should get mar-
37 ried. •But the man who has settled the matter
in his own mind, who is under no compulsion
but has control over his own will, and who has
made up his mind not to marry the virgin —
38 this man also does the right thing. •So then, he
who marries the virgin does right, but he who
does not marry her does better.[b]
39 •A woman is bound to her husband as long
as he lives. But if her husband dies, she is free to
marry anyone she wishes, but he must belong
40 to the Lord. •In my judgment, she is happier if
she stays as she is—and I think that I too have
the Spirit of God.

Concerning Food Sacrificed to Idols

8 Now about food sacrificed to idols: We
know that "We all possess knowledge." But

[a]36 Or *if she is getting beyond the usual age for marriage*
[b]36-38 Or [36]*If anyone thinks he is not treating his daughter properly, and if she is getting along in years (or if her passions are too strong), and he feels she ought to marry, he should do as he wants. He is not sinning. He should let her get married.* [37]*But the man who has settled the matter in his own mind, who is under no compulsion but has control over his own will, and who has made up his mind to keep the virgin unmarried—this man also does the right thing.* [38]*So then, he who gives his virgin in marriage does right, but he who does not give her in marriage does better.*

1) 헬, 처녀 또는 처녀 딸 2) 헬, 잠들면

affair [əfέər] *n.* 일
bound [baund] *a.* 묶인
compulsion [kəmpʌlʃən] *n.* 강요
concern [kənsə́:rn] *n. vt.* 근심(시키다)
devote [divóut] *vt.* 헌신하다
engross [ingróus] *vt.* 몰두하다
interest [íntərəst] *n.* 관심
judgment [dʒʌdʒmənt] *n.* 판단
mourn [mɔ:rn] *vi.* 슬퍼하다
ought [ɔ:t] *aux.v.* …해야 한다
possess [pəzés] *vt.* 가지다
restrict [ristríkt] *vt.* 제한하다
settle [sétl] *vt.* 자리잡게 하다
undivided [ʌ̀ndiváidid] *a.* 나뉘지 않은
virgin [və́:rdʒin] *n.* 처녀

7:29 **from now on**: 이제부터, 향후
7:31 **pass away**: 없어지다[사라지다]
7:34 **both A and B**: A, B 둘다
7:36 **be engaged to...**: …와 약혼하다
7:37 **have control over...**: …를 제거하다
7:39 **as long as...**: … 하는 동안

하며 사랑은 덕을 세우나니
2 만일 누구든지 무엇을 아는 줄로 생각하면 아
직도 마땅히 알 것을 알지 못하는 것이요
3 또 누구든지 하나님을 사랑하면 그 사람은 하
나님도 알아주시느니라
4 그러므로 우상의 제물을 먹는 일에 대하여는
우리가 우상은 세상에 아무것도 아니며 또한
하나님은 한 분밖에 없는 줄 아노라 신 6:4
5 비록 하늘에나 땅에나 신이라 불리는 자가 있
어 많은 신과 많은 주가 있으나
6 그러나 우리에게는 한 하나님 곧 아버지가 계
시니 만물이 그에게서 났고 우리도 그를 위하
여 있고 또한 한 주 예수 그리스도께서 계시
니 만물이 그로 말미암고 우리도 그로 말미암
아 있느니라
7 그러나 이 지식은 모든 사람에게 있는 것은 아
니므로 어떤 이들은 지금까지 우상에 대한 습
관이 있어 우상의 제물로 알고 먹는 고로 그들
의 양심이 약하여지고 더러워지느니라
8 음식은 우리를 하나님 앞에 내세우지 못하나니
우리가 먹지 않는다고 해서 더 못사는 것도 아
니고 먹는다고 해서 더 잘사는 것도 아니니라
9 그런즉 너희의 [1]자유가 믿음이 약한 자들에
게 걸려 넘어지게 하는 것이 되지 않도록 조
심하라
10 지식 있는 네가 우상의 집에 앉아 먹는 것을 누
구든지 보면 그 믿음이 약한 자들의 양심이 담
력을 얻어 우상의 제물을 먹게 되지 않겠느냐
11 그러면 네 지식으로 그 믿음이 약한 자가 멸
망하나니 그는 그리스도께서 위하여 죽으신
형제라
12 이같이 너희가 형제에게 죄를 지어 그 약한 양
심을 상하게 하는 것이 곧 그리스도에게 죄를
짓는 것이니라
13 그러므로 만일 음식이 내 형제를 실족하게 한
다면 나는 영원히 고기를 먹지 아니하여 내 형
제를 실족하지 않게 하리라

사도의 권리 (♪449, 524장) — A.D. 55년경

9 내가 자유인이 아니냐 사도가 아니냐 예수
우리 주를 보지 못하였느냐 주 안에서 행한
나의 일이 너희가 아니냐 고후 12:12
2 다른 사람들에게는 내가 사도가 아닐지라도
너희에게는 사도이니 나의 사도 됨을 [2]주 안
에서 인친 것이 너희라
3 나를 비판하는 자들에게 변명할 것이 이것이니
4 우리가 먹고 마실 권리가 없겠느냐
5 우리가 다른 사도들과 주의 형제들과 게바와

knowledge puffs up while love builds up.
2 • Those who think they know something
do not yet know as they ought to know.
3 • But whoever loves God is known by God.[a]
4 • So then, about eating food sacrificed to
idols: We know that "An idol is nothing at
all in the world" and that "There is no God
5 but one." • For even if there are so-called
gods, whether in heaven or on earth (as
indeed there are many "gods" and many
6 "lords"), • yet for us there is but one God,
the Father, from whom all things came and
for whom we live; and there is but one
Lord, Jesus Christ, through whom all things
came and through whom we live.
7 • But not everyone possesses this knowl-
edge. Some people are still so accustomed to
idols that when they eat sacrificial food
they think of it as having been sacrificed to
a god, and since their conscience is weak, it
8 is defiled. • But food does not bring us near
to God; we are no worse if we do not eat,
and no better if we do.
9 • Be careful, however, that the exercise of
your rights does not become a stumbling
10 block to the weak. • For if someone with a
weak conscience sees you, with all your
knowledge, eating in an idol's temple,
won't that person be emboldened to eat
11 what is sacrificed to idols? • So this weak
brother or sister, for whom Christ died, is
12 destroyed by your knowledge. • When you
sin against them in this way and wound
their weak conscience, you sin against
13 Christ. • Therefore, if what I eat causes my
brother or sister to fall into sin, I will never
eat meat again, so that I will not cause
them to fall.

Paul's Rights as an Apostle

9 Am I not free? Am I not an apostle?
Have I not seen Jesus our Lord? Are you
not the result of my work in the Lord?
2 • Even though I may not be an apostle to
others, surely I am to you! For you are the
seal of my apostleship in the Lord.
3 • This is my defense to those who sit in
4 judgment on me. • Don't we have the right
5 to food and drink? • Don't we have the

[a]2,3 An early manuscript and another ancient witness *think they have knowledge do not yet know as they ought to know.* [3]But whoever loves truly knows.

1) 헬, 권리가 2) 또는 인친 것이 주 안에 있는 너희라

accustomed [əkʌstəmd] *a.* 익숙한
apostleship [əpásl∫ip] *n.* 사도의 직분
block [blak] *n.* 차단, 봉쇄
conscience [kán∫əns] *n.* 양심
defense [diféns] *n.* 변호
defile [difáil] *vt.* 더럽히다
embolden [imbóuldən] *vt.* 대담하게 하다
exercise [éksərsàiz] *n.* 사용
indeed [indí:d] *ad.* 정말로
possess [pəzés] *vt.* 소유하다
result [rizʌlt] *n.* 결과
sacrifice [sǽkrəfàis] *vt.* 희생제사드리다
so-called [sóukɔ́:ld] *a.* 이른바
stumble [stʌmbl] *vt.* 발에 채이게 하다
temple [témpl] *n.* 성전

8:1 **puff up**: 우쭐대다
8:1 **build up**: 세우다
8:2 **ought to...**: … 해야만 한다
8:7 **think of... as ~**: …를 ~로 여기다
8:11 **be destroyed by...**: …로 멸망하다
8:13 **fall into...**: …에 빠지다

같이 믿음의 자매 된 아내를 데리고 다닐 권리
가 없겠느냐
6 어찌 나와 바나바만 일하지 아니할 권리가 없
겠느냐 행 4:36
7 누가 자기 비용으로 군 복무를 하겠느냐 누가
포도를 심고 그 열매를 먹지 않겠느냐 누가 양
떼를 기르고 그 양 떼의 젖을 먹지 않겠느냐
8 내가 사람의 예대로 이것을 말하느냐 율법도
이것을 말하지 아니하느냐
9 모세의 율법에 [ㄱ]곡식을 밟아 떠는 소에게 망
을 씌우지 말라 기록하였으니 하나님께서 어
찌 소들을 위하여 염려하심이냐
10 오로지 우리를 위하여 말씀하심이 아니냐 과
연 우리를 위하여 기록된 것이니 밭 가는 자는
소망을 가지고 갈며 곡식 떠는 자는 함께 얻을
소망을 가지고 떠는 것이라
11 우리가 너희에게 신령한 것을 뿌렸은즉 너희
의 육적인 것을 거두기로 과하다 하겠느냐
12 다른 이들도 너희에게 이런 권리를 가졌거든
하물며 우리일까보냐 그러나 우리가 이 권리
를 쓰지 아니하고 범사에 참는 것은 그리스도
의 복음에 아무 장애가 없게 하려 함이로다
13 성전의 일을 하는 이들은 성전에서 나는 것을
먹으며 제단에서 섬기는 이들은 제단과 함께
나누는 것을 너희가 알지 못하느냐 레 6:16
14 이와 같이 주께서도 복음 전하는 자들이 복음
으로 말미암아 살리라 명하셨느니라
15 그러나 내가 이것을 하나도 쓰지 아니하였고
또 이 말을 쓰는 것은 내게 이같이 하여 달라
는 것이 아니라 내가 차라리 죽을지언정 누구
든지 내 자랑하는 것을 헛된 데로 돌리지 못하
게 하리라
16 내가 복음을 전할지라도 자랑할 것이 없음은
내가 부득불 할 일임이라 만일 복음을 전하지
아니하면 내게 화가 있을 것이로다
17 내가 내 자의로 이것을 행하면 상을 얻으려니
와 내가 자의로 아니한다 할지라도 나는 사명
을 받았노라
18 그런즉 내 상이 무엇이냐 내가 복음을 전할 때
에 값없이 전하고 복음으로 말미암아 내게 있
는 권리를 다 쓰지 아니하는 이것이로다
19 내가 모든 사람에게서 자유로우나 스스로 모
든 사람에게 종이 된 것은 더 많은 사람을 얻
고자 함이라
20 유대인들에게 내가 유대인과 같이 된 것은 유
대인들을 얻고자 함이요 율법 아래에 있는 자
들에게는 내가 율법 아래에 있지 아니하나 율

right to take a believing wife along with us,
as do the other apostles and the Lord's
6 brothers and Cephas[a]? •Or is it only I and
Barnabas who lack the right to not work for
a living?
7 •Who serves as a soldier at his own
expense? Who plants a vineyard and does
not eat its grapes? Who tends a flock and
8 does not drink the milk? •Do I say this
merely on human authority? Doesn't the
9 Law say the same thing? •For it is written
in the Law of Moses: "Do not muzzle an ox
while it is treading out the grain."[b] Is it
10 about oxen that God is concerned? •Surely
he says this for us, doesn't he? Yes, this was
written for us, because whoever plows and
threshes should be able to do so in the hope
11 of sharing in the harvest. •If we have sown
spiritual seed among you, is it too much if
12 we reap a material harvest from you? •If
others have this right of support from you,
shouldn't we have it all the more?
But we did not use this right. On the con-
trary, we put up with anything rather than
hinder the gospel of Christ.
13 •Don't you know that those who serve
in the temple get their food from the tem-
ple, and that those who serve at the altar
14 share in what is offered on the altar? •In
the same way, the Lord has commanded
that those who preach the gospel should
receive their living from the gospel.
15 •But I have not used any of these rights.
And I am not writing this in the hope that
you will do such things for me, for I would
rather die than allow anyone to deprive
16 me of this boast. •For when I preach the
gospel, I cannot boast, since I am compelled
to preach. Woe to me if I do not preach the
17 gospel! •If I preach voluntarily, I have a
reward; if not voluntarily, I am simply
discharging the trust committed to me.
18 •What then is my reward? Just this: that in
preaching the gospel I may offer it free of
charge, and so not make full use of my
rights as a preacher of the gospel.

Paul's Use of His Freedom

19 •Though I am free and belong to no one,
I have made myself a slave to everyone, to
20 win as many as possible. •To the Jews I

[a]5 That is, Peter [b]9 Deut. 25:4

ㄱ. 신 25:4

altar [ɔ́:ltər] *n.* 제단
boast [boust] *n.* 자랑
command [kəmǽnd] *vt.* 명령하다
commit [kəmít] *vt.* 맡기다
discharge [distʃá:rdʒ] *vt.* 책임을 다하다
material [mətíəriəl] *a.* 물질의, 육체적인
merely [míərli] *ad.* 단지(…에 불과한)
muzzle [mʌzl] *vt.* 재갈물리다
plow [plau] *vi.* (밭을) 갈다
preach [pri:tʃ] *vi.* 전도하다
reap [ri:p] *vt.* 수확하다
spiritual [spíritʃuəl] *a.* 영적인
thresh [θreʃ] *vi.* 타작하다
tread [tred] *vt.* 밟다
voluntarily [vɑ̀ləntérəli] *ad.* 자발적으로

9:5 **along with...**: …와 함께
9:12 **on the contrary**: 반대로
9:12 **put up with**: 참다
9:13 **share in...**: …을 서로 나누다
9:15 **deprive... of ~**: …에게서 ~를 빼앗다
9:16 **be compelled to...**: 할 수 없이 …하다

법 아래에 있는 자같이 된 것은 율법 아래에
있는 자들을 얻고자 함이요 갈 2:19
21 율법 없는 자에게는 내가 하나님께는 율법 없
는 자가 아니요 도리어 그리스도의 율법 아래
에 있는 자이나 율법 없는 자와 같이 된 것은
율법 없는 자들을 얻고자 함이라
22 약한 자들에게 내가 약한 자와 같이 된 것은 약
한 자들을 얻고자 함이요 내가 여러 사람에게
여러 모습이 된 것은 아무쪼록 몇 사람이라도
구원하고자 함이니
23 내가 복음을 위하여 모든 것을 행함은 복음에
참여하고자 함이라
24 운동장에서 달음질하는 자들이 다 달릴지라
도 오직 상을 받는 사람은 한 사람인 줄을 너
희가 알지 못하느냐 너희도 상을 받도록 이와
같이 달음질하라
25 이기기를 다투는 자마다 모든 일에 절제하나
니 그들은 썩을 승리자의 관을 얻고자 하되 우
리는 썩지 아니할 것을 얻고자 하노라
26 그러므로 나는 달음질하기를 향방 없는 것같
이 아니하고 싸우기를 허공을 치는 것같이 아
니하며
27 내가 내 몸을 쳐 복종하게 함은 내가 남에게
전파한 후에 자신이 도리어 버림을 당할까
두려워함이로다 골 3:5, 6

우상 숭배하는 일을 피하라 (♪488장) — A.D. 55년경

10 형제들아 나는 너희가 알지 못하기를 원
하지 아니하노니 우리 조상들이 다 구름
아래에 있고 바다 가운데로 지나며
2 모세에게 속하여 다 구름과 바다에서 1)세례를
받고
3 다 같은 신령한 음식을 먹으며
4 다 같은 신령한 음료를 마셨으니 이는 그들을
따르는 신령한 반석으로부터 마셨으매 그 반
석은 곧 그리스도시라
5 그러나 그들의 다수를 하나님이 기뻐하지 아
니하셨으므로 그들이 광야에서 멸망을 받았
느니라
6 이러한 일은 우리의 본보기가 되어 우리로 하
여금 그들이 악을 즐겨 한 것같이 즐겨 하는
자가 되지 않게 하려 함이니
7 그들 가운데 어떤 사람들과 같이 너희는 우상
숭배하는 자가 되지 말라 기록된 바 ㄱ백성이
앉아서 먹고 마시며 일어나서 뛰논다 함과 같
으니라
8 그들 중의 어떤 사람들이 음행하다가 하루에
이만 삼천 명이 죽었나니 우리는 그들과 같이

became like a Jew, to win the Jews. To
those under the law I became like one
under the law (though I myself am not
under the law), so as to win those under
21 the law. •To those not having the law I
became like one not having the law
(though I am not free from God's law but
am under Christ's law), so as to win those
22 not having the law. •To the weak I be-
came weak, to win the weak. I have be-
come all things to all people so that by all
23 possible means I might save some. •I do
all this for the sake of the gospel, that I
may share in its blessings.

The Need for Self-Discipline

24 •Do you not know that in a race all the
runners run, but only one gets the prize?
Run in such a way as to get the prize.
25 •Everyone who competes in the games
goes into strict training. They do it to get a
crown that will not last, but we do it to get
26 a crown that will last forever. •Therefore I
do not run like someone running aimlessly;
I do not fight like a boxer beating the air.
27 •No, I strike a blow to my body and make
it my slave so that after I have preached to
others, I myself will not be disqualified for
the prize.

Warnings From Israel's History

10 For I do not want you to be igno-
rant of the fact, brothers and sisters,
that our ancestors were all under the cloud
and that they all passed through the sea.
2 •They were all baptized into Moses in the
3 cloud and in the sea. •They all ate the
4 same spiritual food •and drank the same
spiritual drink; for they drank from the
spiritual rock that accompanied them,
5 and that rock was Christ. •Nevertheless,
God was not pleased with most of them;
their bodies were scattered in the wilder-
ness.
6 •Now these things occurred as examples
to keep us from setting our hearts on evil
7 things as they did. •Do not be idolaters, as
some of them were; as it is written: "The
people sat down to eat and drink and got
8 up to indulge in revelry."[a] •We should not
commit sexual immorality, as some of
them did—and in one day twenty-three

[a]7 Exodus 32:6

1) 헬, 또는 침례 ㄱ. 출 32:6

accompany [əkʌmpəni] *vt.* 동반하다
aimlessly [éimlisli] *ad.* 목적없이
baptize [bæptáiz] *vt.* 세례주다
blow [blou] *n.* 타격
compete [kəmpí:t] *vi.* 경쟁하다
disqualify [diskwɑ́ləfài] *vt.* 실격시키다
idolater [aidɑ́lətər] *n.* 우상 숭배자
ignorant [ígnərənt] *a.* 무지한
immorality [ìməræ̀ləti] *n.* 부도덕
indulge [indʌldʒ] *vt.* 빠지다
preach [pri:tʃ] *vi.* 전도하다, 설교하다
revelry [révəlri] *n.* 환락
spiritual [spíritʃuəl] *a.* 영적인
strict [strikt] *a.* 엄격한
wilderness [wíldərnis] *n.* 광야

9:20 so as to...: …하기 위하여
9:21 free from...: …없는
9:23 for the sake of...: …을 위하여
10:1 pass through: 지나다
10:5 be pleased with...: …를 기뻐하다
10:5 be scattered: 뿔뿔이 흩어지다

음행하지 말자 민 25:1
9 그들 가운데 어떤 사람들이 주를 시험하다가
뱀에게 멸망하였나니 우리는 그들과 같이 시험
하지 말자
10 그들 가운데 어떤 사람들이 원망하다가 멸망
시키는 자에게 멸망하였나니 너희는 그들과
같이 원망하지 말라
11 그들에게 일어난 이런 일은 본보기가 되고 또
한 말세를 만난 우리를 깨우치기 위하여 기록
되었느니라
12 그런즉 선 줄로 생각하는 자는 넘어질까 조심
하라
13 사람이 감당할 시험밖에는 너희가 당한 것이
없나니 오직 하나님은 미쁘사 너희가 감당하지
못할 시험 당함을 허락하지 아니하시고 시험
당할 즈음에 또한 피할 길을 내사 너희로 능히
감당하게 하시느니라
14 ●그런즉 내 사랑하는 자들아 우상 숭배하는
일을 피하라
15 나는 지혜 있는 자들에게 말함과 같이 하노니
너희는 내가 이르는 말을 스스로 판단하라
16 우리가 축복하는 바 축복의 잔은 그리스도의
피에 참여함이 아니며 우리가 떼는 떡은 그리
스도의 몸에 참여함이 아니냐
17 떡이 하나요 많은 우리가 한 몸이니 이는 우
리가 다 한 떡에 참여함이라
18 육신을 따라 난 이스라엘을 보라 제물을 먹는
자들이 제단에 참여하는 자들이 아니냐
19 그런즉 내가 무엇을 말하느냐 우상의 제물은
무엇이며 우상은 무엇이냐
20 무릇 이방인이 제사하는 것은 귀신에게 하는
것이요 하나님께 제사하는 것이 아니니 나는
너희가 귀신과 교제하는 자가 되기를 원하지
아니하노라
21 너희가 주의 잔과 귀신의 잔을 겸하여 마시지
못하고 주의 식탁과 귀신의 식탁에 겸하여 참
여하지 못하리라
22 그러면 우리가 주를 노여워하시게 하겠느냐
우리가 주보다 강한 자냐

다 하나님의 영광을 위하여 하라

23 ●모든 것이 가하나 모든 것이 유익한 것은
아니요 모든 것이 가하나 모든 것이 덕을 세
우는 것은 아니니
24 누구든지 자기의 유익을 구하지 말고 남의 유
익을 구하라
25 무릇 시장에서 파는 것은 양심을 위하여 묻지
말고 먹으라

9 thousand of them died. •We should not
test Christ,[a] as some of them did—and
10 were killed by snakes. •And do not grum-
ble, as some of them did—and were killed
by the destroying angel.
11 •These things happened to them as
examples and were written down as warn-
ings for us, on whom the culmination of
12 the ages has come. •So, if you think you
are standing firm, be careful that you don't
13 fall! •No temptation[b] has overtaken you
except what is common to mankind. And
God is faithful; he will not let you be tem-
pted[b] beyond what you can bear. But when
you are tempted,[b] he will also provide a
way out so that you can endure it.

Idol Feasts and the Lord's Supper

14 •Therefore, my dear friends, flee from
15 idolatry. •I speak to sensible people; judge
16 for yourselves what I say. •Is not the cup of
thanksgiving for which we give thanks a
participation in the blood of Christ? And is
not the bread that we break a participation
17 in the body of Christ? •Because there is one
loaf, we, who are many, are one body, for
we all share the one loaf.
18 •Consider the people of Israel: Do not
those who eat the sacrifices participate in
19 the altar? •Do I mean then that food sacri-
ficed to an idol is anything, or that an idol
20 is anything? •No, but the sacrifices of
pagans are offered to demons, not to God,
and I do not want you to be participants
21 with demons. •You cannot drink the cup
of the Lord and the cup of demons too; you
cannot have a part in both the Lord's table
22 and the table of demons. •Are we trying to
arouse the Lord's jealousy? Are we stronger
than he?

The Believer's Freedom

23 •"I have the right to do anything," you
say—but not everything is beneficial.
"I have the right to do anything"—but
24 not everything is constructive. •No one
should seek their own good, but the good
of others.
25 •Eat anything sold in the meat market
without raising questions of conscience,

[a]*9* Some manuscripts *test the Lord* [b]*13* The Greek for *temptation* and *tempted* can also mean *testing* and *tested*.

arouse [əráuz] *vt.* 자극하다
beneficial [bènəfíʃəl] *a.* 유익한
conscience [kánʃəns] *n.* 양심
constructive [kənstrʌktiv] *a.* 건설적인
demon [dí:mən] *n.* 귀신
grumble [grʌmbl] *vi.* 불평하다
idolatry [aidálətri] *n.* 우상숭배
jealousy [dʒéləsi] *n.* 질투
mankind [mænkaind] *n.* 인류
overtake [òuvərtéik] *vt.* 추월하다, 압도하다
pagan [péigən] *n.* 이교도
participation [pa:rtìsəpéiʃən] *n.* 참여
provide [prəváid] *vt.* 공급하다, 주다
sacrifice [sǽkrəfàis] *n.* 희생, 제물
tempt [tempt] *vt.* 유혹하다

10:11 write down: 쓰다
10:12 stand firm: 굳건히 하다
10:14 flee from: 도망치다
10:18 participate in...: …참여하다
10:20 offer to: 말하다, 제공하다
10:24 one's own good: 자기 자신의 유익

26 이는 땅과 거기 충만한 것이 주의 것임이라
27 불신자 중 누가 너희를 청할 때에 너희가 가고자 하거든 너희 앞에 차려 놓은 것은 무엇이든지 양심을 위하여 묻지 말고 먹으라
28 누가 너희에게 이것이 제물이라 말하거든 알게 한 자와 그 양심을 위하여 먹지 말라
29 내가 말한 양심은 너희의 것이 아니요 남의 것이니 어찌하여 내 자유가 남의 양심으로 말미암아 판단을 받으리요
30 만일 내가 감사함으로 참여하면 어찌하여 내가 감사하는 것에 대하여 비방을 받으리요
31 그런즉 너희가 먹든지 마시든지 무엇을 하든지 다 하나님의 영광을 위하여 하라
32 유대인에게나 헬라인에게나 하나님의 교회에나 거치는 자가 되지 말고
33 나와 같이 모든 일에 모든 사람을 기쁘게 하여 자신의 유익을 구하지 아니하고 많은 사람의 유익을 구하여 그들로 구원을 받게 하라

11 내가 그리스도를 본받는 자가 된 것같이 너희는 나를 본받는 자가 되라 4:16

여자가 머리를 가리는 것 — A.D. 55년경

2 ●너희가 모든 일에 나를 기억하고 또 내가 너희에게 전하여 준 대로 그 전통을 너희가 지키므로 너희를 칭찬하노라
3 그러나 나는 너희가 알기를 원하노니 각 남자의 머리는 그리스도요 여자의 머리는 남자요 그리스도의 머리는 하나님이시라 엡 1:22
4 무릇 남자로서 머리에 무엇을 쓰고 기도나 예언을 하는 자는 그 머리를 욕되게 하는 것이요
5 무릇 여자로서 머리에 쓴 것을 벗고 기도나 예언을 하는 자는 그 머리를 욕되게 하는 것이니 이는 머리를 민 것과 다름이 없음이라
6 만일 여자가 머리를 가리지 않거든 깎을 것이요 만일 깎거나 미는 것이 여자에게 부끄러움이 되거든 가릴지니라
7 남자는 하나님의 형상과 영광이니 그 머리를 마땅히 가리지 않거니와 여자는 남자의 영광이니라
8 남자가 여자에게서 난 것이 아니요 여자가 남자에게서 났으며
9 또 남자가 여자를 위하여 지음을 받지 아니하고 여자가 남자를 위하여 지음을 받은 것

26 •for, "The earth is the Lord's, and everything
in it."[a]
27 •If an unbeliever invites you to a meal and
you want to go, eat whatever is put before you
28 without raising questions of conscience. •But
if someone says to you, "This has been offered
in sacrifice," then do not eat it, both for the
sake of the one who told you and for the sake
29 of conscience. •I am referring to the other per-
son's conscience, not yours. For why is my
freedom being judged by another's con-
30 science? •If I take part in the meal with
thankfulness, why am I denounced because
of something I thank God for?
31 •So whether you eat or drink or whatever
32 you do, do it all for the glory of God. •Do not
cause anyone to stumble, whether Jews,
33 Greeks or the church of God— •even as I try
to please everyone in every way. For I am not
seeking my own good but the good of many,
so that they may be saved.

1 **11** •Follow my example, as I follow the example of Christ.

On Covering the Head in Worship

2 •I praise you for remembering me in
everything and for holding to the traditions
3 just as I passed them on to you. •But I want
you to realize that the head of every man is
Christ, and the head of the woman is man,[b]
4 and the head of Christ is God. •Every man
who prays or prophesies with his head cov-
5 ered dishonors his head. •But every woman
who prays or prophesies with her head
uncovered dishonors her head — it is the
6 same as having her head shaved. •For if a
woman does not cover her head, she might
as well have her hair cut off; but if it is a dis-
grace for a woman to have her hair cut off or
her head shaved, then she should cover her
head.
7 •A man ought not to cover his head,[c] since
he is the image and glory of God; but wo-
8 man is the glory of man. •For man did not
come from woman, but woman from man;
9 •neither was man created for woman, but

[a]26 Psalm 24:1 [b]3 Or *of the wife is her husband* [c]4-7 Or *[4]Every man who prays or prophesies with long hair dishonors his head. [5]But every woman who prays or prophesies with no covering of hair dishonors her head — she is just like one of the "shorn women." [6]If a woman has no covering, let her be for now with short hair; but since it is a disgrace for a woman to have her hair shorn or shaved, she should grow it again. [7]A man ought not to have long hair*

conscience [kánʃəns] *n.* 양심
create [kriéit] *vt.* 창조하다
denounce [dináuns] *vt.* 비난하다
disgrace [disgréis] *n.* 수치, 치욕
dishonor [disánər] *vt.* 명예를 손상시키다
image [ímidʒ] *n.* 형상
judge [dʒʌdʒ] *vt.* 판단하다
meal [mi:l] *n.* 식사
offer [ɔ́:fər] *vt.* 제공하다
prophesy [práfəsài] *vt.* 예언하다
sacrifice [sǽkrəfàis] *n.* 제물
seek [si:k] *vt.* 찾다
stumble [stʌ́mbl] *vi.* 발부리가 걸리다
thankfulness [θǽŋkfəlnis] *n.* 감사
uncover [ʌnkʌ́vər] *vt.* 벗기다

10:28 for the sake of...: …를 위해
10:29 refer to...: (…에 대해) 언급하다
10:30 take part in...: …에 참가하다
10:33 so that...: …하기 위하여
11:2 pass on: 전달하다
11:6 cut off: 깎다, 자르다

이니
10 그러므로 여자는 천사들로 말미암아 권세 아
래에 있는 표를 그 머리 위에 둘지니라
11 그러나 주 안에는 남자 없이 여자만 있지 않고
여자 없이 남자만 있지 아니하니라
12 이는 여자가 남자에게서 난 것같이 남자도 여
자로 말미암아 났음이라 그리고 모든 것은 하
나님에게서 났느니라
13 너희는 스스로 판단하라 여자가 머리를 가리
지 않고 하나님께 기도하는 것이 마땅하냐
14 만일 남자에게 긴 머리가 있으면 자기에게 부
끄러움이 되는 것을 본성이 너희에게 가르치
지 아니하느냐
15 만일 여자가 긴 머리가 있으면 자기에게 영광
이 되나니 긴 머리는 가리는 것을 대신하여 주
셨기 때문이니라
16 논쟁하려는 생각을 가진 자가 있을지라도 우
리에게나 하나님의 모든 교회에는 이런 관례
가 없느니라

성만찬의 제정 (마 26:26-29; 막 14:22-25; 눅 22:14-20 ♪ 198, 227장)

17 ●내가 명하는 이 일에 너희를 칭찬하지 아니
하나니 이는 너희의 모임이 유익이 못되고 도
리어 해로움이라 11:2
18 먼저 너희가 교회에 모일 때에 너희 중에 분쟁
이 있다 함을 듣고 어느 정도 믿거니와
19 너희 중에 파당이 있어야 너희 중에 옳다 인정
함을 받은 자들이 나타나게 되리라
20 그런즉 너희가 함께 모여서 주의 만찬을 먹을
수 없으니
21 이는 먹을 때에 각각 자기의 만찬을 먼저 갖다
먹으므로 어떤 사람은 시장하고 어떤 사람은
취함이라
22 너희가 먹고 마실 집이 없느냐 너희가 하나님
의 교회를 업신여기고 빈궁한 자들을 부끄럽
게 하느냐 내가 너희에게 무슨 말을 하랴 너희
를 칭찬하랴 이것으로 칭찬하지 않노라
23 내가 너희에게 전한 것은 주께 받은 것이니 곧
주 예수께서 잡히시던 밤에 떡을 가지사
24 축사하시고 떼어 이르시되 이것은 너희를 위
하는 내 몸이니 이것을 행하여 나를 기념하라
하시고
25 식후에 또한 그와 같이 잔을 가지시고 이르시
되 이 잔은 내 피로 세운 새 언약이니 이것을
행하여 마실 때마다 나를 기념하라 하셨으니
26 너희가 이 [1]떡을 먹으며 이 잔을 마실 때마다
주의 죽으심을 그가 오실 때까지 전하는 것이

10 woman for man. •It is for this reason that a
woman ought to have authority over her
11 own[a] head, because of the angels. •Never-
theless, in the Lord woman is not indepen-
dent of man, nor is man independent of
12 woman. •For as woman came from man,
so also man is born of woman. But every-
thing comes from God.
13 •Judge for yourselves: Is it proper for a
woman to pray to God with her head
14 uncovered? •Does not the very nature of
things teach you that if a man has long
15 hair, it is a disgrace to him, •but that if a
woman has long hair, it is her glory? For
16 long hair is given to her as a covering. •If
anyone wants to be contentious about this,
we have no other practice — nor do the
churches of God.

Correcting an Abuse of the Lord's Supper

17 •In the following directives I have no
praise for you, for your meetings do more
18 harm than good. •In the first place, I hear
that when you come together as a church,
there are divisions among you, and to some
19 extent I believe it. •No doubt there have to
be differences among you to show which of
20 you have God's approval. •So then, when
you come together, it is not the Lord's Sup-
21 per you eat, •for when you are eating, some
of you go ahead with your own private sup-
pers. As a result, one person remains hungry
22 and another gets drunk. •Don't you have
homes to eat and drink in? Or do you
despise the church of God by humiliating
those who have nothing? What shall I say
to you? Shall I praise you? Certainly not in
this matter!
23 •For I received from the Lord what I
also passed on to you: The Lord Jesus, on
the night he was betrayed, took bread,
24 •and when he had given thanks, he broke
it and said, "This is my body, which is for
25 you; do this in remembrance of me." •In
the same way, after supper he took the
cup, saying, "This cup is the new covenant
in my blood; do this, whenever you drink
26 it, in remembrance of me." •For whenev-
er you eat this bread and drink this cup,
you proclaim the Lord's death until he
comes.

[a]10 Or *have a sign of authority on her*

1) 헬, 떡덩이

approval [əprúːvəl] *n.* 인정, 승인
authority [əθɔ́ːrəti] *n.* 권력, 권위
betray [bitréi] *vt.* 배반하다
contentious [kənténʃəs] *a.* 논쟁하는
covenant [kʌvənənt] *n.* 언약
covering [kʌ́vəriŋ] *n.* 덮개
despise [dispáiz] *vt.* 경멸하다
directive [diréktiv] *n.* 지령
division [divíʒən] *n.* 분쟁, 분열
humiliate [hjuːmílièit] *vt.* 창피를 주다
independent [indipéndənt] *a.* 독립한
nature [néitʃər] *n.* 본성
practice [prǽktis] *n.* 관습
proclaim [proukléim] *vt.* 선포하다
supper [sʌ́pər] *n.* 저녁식사, 만찬

11:10 **ought to...**: …해야 하다
11:12 **as... so also ~**: 마치 …인 것처럼 ~도 그렇다
11:12 **come from...**: …로부터 오다
11:18 **to some extent**: 어느 정도까지
11:24 **in remembrance of...**: …를 기념하여

니라
27 그러므로 누구든지 주의 [1]떡이나 잔을 합당하
지 않게 먹고 마시는 자는 주의 몸과 피에 대
하여 죄를 짓는 것이니라
28 사람이 자기를 살피고 그 후에야 이 [1]떡을 먹
고 이 잔을 마실지니
29 주의 몸을 분별하지 못하고 먹고 마시는 자는
자기의 [2]죄를 먹고 마시는 것이니라
30 그러므로 너희 중에 약한 자와 병든 자가 많고
잠자는 자도 적지 아니하니
31 우리가 우리를 살폈으면 판단을 받지 아니하려
니와
32 우리가 판단을 받는 것은 주께 징계를 받는 것
이니 이는 우리로 세상과 함께 정죄함을 받지
않게 하려 하심이라
33 그런즉 내 형제들아 먹으러 모일 때에 서로 기
다리라
34 만일 누구든지 시장하거든 집에서 먹을지니
이는 너희의 모임이 판단 받는 모임이 되지 않
게 하려 함이라 그밖의 일들은 내가 언제든지
갈 때에 바로잡으리라

성령의 은사 (♪ 475장) — A.D. 55년경

12 형제들아 신령한 것에 대하여 나는 너희
가 알지 못하기를 원하지 아니하노니
2 너희도 알거니와 너희가 이방인으로 있을 때에
말 못하는 우상에게로 끄는 그대로 끌려갔느니
라
3 그러므로 내가 너희에게 알리노니 하나님의
영으로 말하는 자는 누구든지 예수를 저주할
자라 하지 아니하고 또 성령으로 아니하고는
누구든지 예수를 주시라 할 수 없느니라
4 •은사는 여러 가지나 성령은 같고
5 직분은 여러 가지나 주는 같으며
6 또 사역은 여러 가지나 모든 것을 모든 사람
가운데서 이루시는 하나님은 같으니
7 각 사람에게 성령을 나타내심은 유익하게 하
려 하심이라
8 어떤 사람에게는 성령으로 말미암아 지혜의
말씀을, 어떤 사람에게는 같은 성령을 따라 지
식의 말씀을,
9 다른 사람에게는 같은 성령으로 믿음을, 어떤
사람에게는 한 성령으로 병 고치는 은사를,
10 어떤 사람에게는 능력 행함을, 어떤 사람에게
는 예언함을, 어떤 사람에게는 영들 분별함을,
다른 사람에게는 각종 방언 말함을, 어떤 사람
에게는 방언들 통역함을 주시나니
11 이 모든 일은 같은 한 성령이 행하사 그의 뜻

27 •So then, whoever eats the bread or
drinks the cup of the Lord in an unworthy
manner will be guilty of sinning against
28 the body and blood of the Lord. •Everyone
ought to examine themselves before they
eat of the bread and drink from the cup.
29 •For those who eat and drink without dis-
cerning the body of Christ eat and drink
30 judgment on themselves. •That is why
many among you are weak and sick, and a
31 number of you have fallen asleep. •But if
we were more discerning with regard to
ourselves, we would not come under such
32 judgment. •Nevertheless, when we are
judged in this way by the Lord, we are be-
ing disciplined so that we will not be final-
ly condemned with the world.
33 •So then, my brothers and sisters, when
you gather to eat, you should all eat togeth-
34 er. •Anyone who is hungry should eat
something at home, so that when you meet
together it may not result in judgment.
And when I come I will give further
directions.

Concerning Spiritual Gifts

12 Now about the gifts of the Spirit,
brothers and sisters, I do not want
2 you to be uninformed. •You know that
when you were pagans, somehow or other
you were influenced and led astray to mute
3 idols. •Therefore I want you to know that
no one who is speaking by the Spirit of God
says, "Jesus be cursed," and no one can say,
"Jesus is Lord," except by the Holy Spirit.
4 •There are different kinds of gifts, but the
5 same Spirit distributes them. •There are dif-
ferent kinds of service, but the same Lord.
6 •There are different kinds of working, but
in all of them and in everyone it is the same
God at work.
7 •Now to each one the manifestation of
the Spirit is given for the common good.
8 •To one there is given through the Spirit a
message of wisdom, to another a message of
9 knowledge by means of the same Spirit, •to
another faith by the same Spirit, to another
10 gifts of healing by that one Spirit, •to
another miraculous powers, to another
prophecy, to another distinguishing bet-
ween spirits, to another speaking in differ-
ent kinds of tongues,[a] and to still another
11 the interpretation of tongues.[a] •All these are

[a]10 *Or languages; also in verse 28*

1) 헬, 떡덩이 2) 헬, 심판

curse [kəːrs] *vt.* 저주하다
direction [dirékʃən] *n.* 명령, 지시
discipline [dísəplin] *vt.* 징계하다
distinguish [distíŋgwiʃ] *vt.* 구별하다
examine [igzǽmin] *vt.* 살펴보다
further [fə́ːrðər] *a.* 그 이상의
influence [ínfluəns] *vt.* 영향을 끼치다
interpretation [intəːrprətéiʃən] *n.* 통역
manifestation [mænəfistéiʃən] *n.* 나타남
miraculous [mirǽkjuləs] *a.* 기적적인
mute [mjuːt] *a.* 말 못하는
pagan [péigən] *n.* 이교도
prophecy [práfəsi] *n.* 예언
tongue [tʌŋ] *n.* 방언
uninformed [ʌninfɔ́ːrmd] *a.* 알지 못하는

11:30 **a number of**: 다수의
11:32 **be judged by...**: …으로 판단받다
11:34 **result in...**: (결과적으로) …를 낳다
12:2 **somehow or other**: 어떻게 해서든
12:2 **lead astray**: 미혹시키다
12:8 **by means of...**: …에 의하여

대로 각 사람에게 나누어 주시는 것이니라

하나의 몸과 많은 지체

12 ●몸은 하나인데 많은 지체가 있고 몸의 지체가 많으나 한 몸임과 같이 그리스도도 그러하니라

13 우리가 유대인이나 헬라인이나 종이나 자유인이나 다 한 성령으로 [1]세례를 받아 한 몸이 되었고 또 다 한 성령을 마시게 하셨느니라

14 몸은 한 지체뿐만 아니요 여럿이니

15 만일 발이 이르되 나는 손이 아니니 몸에 붙지 아니하였다 할지라도 이로써 몸에 붙지 아니한 것이 아니요

16 또 귀가 이르되 나는 눈이 아니니 몸에 붙지 아니하였다 할지라도 이로써 몸에 붙지 아니한 것이 아니니

17 만일 온몸이 눈이면 듣는 곳은 어디며 온몸이 듣는 곳이면 냄새 맡는 곳은 어디냐

18 그러나 이제 하나님이 그 원하시는 대로 지체를 각각 몸에 두셨으니 12:28

19 만일 다 한 지체뿐이면 몸은 어디냐

20 이제 지체는 많으나 몸은 하나라

21 눈이 손더러 내가 너를 쓸 데가 없다 하거나 또한 머리가 발더러 내가 너를 쓸 데가 없다 하지 못하리라

22 그뿐 아니라 더 약하게 보이는 몸의 지체가 도리어 요긴하고

23 우리가 몸의 덜 귀히 여기는 그것들을 더욱 귀한 것들로 입혀 주며 우리의 아름답지 못한 지체는 더욱 아름다운 것을 얻느니라 그런즉

24 우리의 아름다운 지체는 그럴 필요가 없느니라 오직 하나님이 몸을 고르게 하여 부족한 지체에게 귀중함을 더하사

25 몸 가운데서 분쟁이 없고 오직 여러 지체가 서로 같이 돌보게 하셨느니라

26 만일 한 지체가 고통을 받으면 모든 지체가 함께 고통을 받고 한 지체가 영광을 얻으면 모든 지체가 함께 즐거워하느니라

27 너희는 그리스도의 몸이요 지체의 각 부분이라

28 하나님이 교회 중에 몇을 세우셨으니 첫째는 사도요 둘째는 선지자요 셋째는 교사요 그 다음은 능력을 행하는 자요 그 다음은 병 고치는 은사와 서로 돕는 것과 다스리는 것과 각종 방언을 말하는 것이라

29 다 사도이겠느냐 다 선지자이겠느냐 다 교사이겠느냐 다 능력을 행하는 자이겠느냐

the work of one and the same Spirit, and he distributes them to each one, just as he determines.

Unity and Diversity in the Body

12 ●Just as a body, though one, has many
parts, but all its many parts form one body,
13 so it is with Christ. ●For we were all bap-
tized by[a] one Spirit so as to form one body
—whether Jews or Gentiles, slave or free
—and we were all given the one Spirit to
14 drink. ●Even so the body is not made up of
one part but of many.
15 ●Now if the foot should say, "Because I
am not a hand, I do not belong to the
body," it would not for that reason stop
16 being part of the body. ●And if the ear
should say, "Because I am not an eye, I do
not belong to the body," it would not for
17 that reason stop being part of the body. ●If
the whole body were an eye, where would
the sense of hearing be? If the whole body
were an ear, where would the sense of smell
18 be? ●But in fact God has placed the parts in
the body, every one of them, just as he
19 wanted them to be. ●If they were all one
20 part, where would the body be? ●As it is,
there are many parts, but one body.
21 ●The eye cannot say to the hand, "I don't
need you!" And the head cannot say to the
22 feet, "I don't need you!" ●On the contrary,
those parts of the body that seem to be
23 weaker are indispensable, ●and the parts
that we think are less honorable we treat
with special honor. And the parts that are
unpresentable are treated with special mod-
24 esty, ●while our presentable parts need no
special treatment. But God has put the
body together, giving greater honor to the
25 parts that lacked it, ●so that there should be
no division in the body, but that its parts
should have equal concern for each other.
26 ●If one part suffers, every part suffers with
it; if one part is honored, every part rejoices
with it.
27 ●Now you are the body of Christ, and
28 each one of you is a part of it. ●And God
has placed in the church first of all apostles,
second prophets, third teachers, then mira-
cles, then gifts of healing, of helping, of
guidance, and of different kinds of tongues.
29 ●Are all apostles? Are all prophets? Are all

[a]*13* Or *with*; or *in* 1) 헬, 또는 침례

apostle [əpásl] *n.* 사도
baptize [bæptáiz] *vt.* 세례를 주다
concern [kənsə́ːrn] *n.* 근심, 걱정
determine [ditə́ːrmin] *vt.* 정하다
distribute [distríbjuːt] *vt.* 나눠주다
division [divíʒən] *n.* 분쟁, 분열
gentile [dʒéntail] *n.* 이방인
guidance [gáidns] *n.* 인도
honorable [ánərəbl] *a.* 훌륭한
indispensable [ìndispénsəbl] *a.* 필수 불가결한
modesty [mádəsti] *n.* 겸손
presentable [prizéntəbl] *a.* 볼품이 있는
prophet [práfit] *n.* 선지자
suffer [sʌ́fər] *vt.* (고통 등을) 받다
treatment [tríːtmənt] *n.* 대우

12:14 **be made up of...**: …로 구성되어 있다
12:15 **belong to...**: …에 속하다
12:22 **on the contrary**: 그와는 반대로
12:23 **treat with...**: …로 대하다
12:26 **suffer with...**: …로 고통받다

30 다 병 고치는 은사를 가진 자이겠느냐 다 방언
을 말하는 자이겠느냐 다 통역하는 자이겠느
냐
31 너희는 더욱 큰 은사를 사모하라 내가 또한 가
장 좋은 길을 너희에게 보이리라

사랑 (♪304, 563, 601장) — A.D. 55년경

13 내가 사람의 방언과 천사의 말을 할지라
도 사랑이 없으면 소리 나는 구리와 울리
는 꽹과리가 되고
2 내가 예언하는 능력이 있어 모든 비밀과 모든
지식을 알고 또 산을 옮길 만한 모든 믿음이
있을지라도 사랑이 없으면 내가 아무것도 아
니요 마 17:20
3 내가 내게 있는 모든 것으로 구제하고 또 내
몸을 불사르게 내줄지라도 사랑이 없으면 내
게 아무 유익이 없느니라
4 사랑은 오래 참고 사랑은 온유하며 시기하지
아니하며 사랑은 자랑하지 아니하며 교만하
지 아니하며
5 무례히 행하지 아니하며 자기의 [1)]유익을 구하
지 아니하며 성내지 아니하며 악한 것을 생각
하지 아니하며
6 불의를 기뻐하지 아니하며 진리와 함께 기뻐
하고
7 모든 것을 참으며 모든 것을 믿으며 모든 것을
바라며 모든 것을 견디느니라
8 사랑은 언제까지나 떨어지지 아니하되 예언
도 폐하고 방언도 그치고 지식도 폐하리라
9 우리는 부분적으로 알고 부분적으로 예언하
니 8:2
10 온전한 것이 올 때에는 부분적으로 하던 것이
폐하리라
11 내가 어렸을 때에는 말하는 것이 어린아이와
같고 깨닫는 것이 어린아이와 같고 생각하는
것이 어린아이와 같다가 장성한 사람이 되어
서는 어린아이의 일을 버렸노라
12 우리가 지금은 거울로 보는 것같이 희미하나
그때에는 얼굴과 얼굴을 대하여 볼 것이요 지
금은 내가 부분적으로 아나 그때에는 주께서
나를 아신 것같이 내가 온전히 알리라
13 그런즉 믿음, 소망, 사랑, 이 세 가지는 항상
있을 것인데 그 중의 [2)]제일은 사랑이라

방언과 예언 (♪286, 424장)

14 사랑을 추구하며 신령한 것들을 사모하
되 특별히 예언을 하려고 하라 12:31
2 방언을 말하는 자는 사람에게 하지 아니하고
하나님께 하나니 이는 알아 듣는 자가 없고 영

30 teachers? Do all work miracles? •Do all
have gifts of healing? Do all speak in
31 tongues[a]? Do all interpret? •Now eagerly
desire the greater gifts.

Love Is Indispensable

And yet I will show you the most excel-
lent way.
13 If I speak in the tongues[b] of men or
of angels, but do not have love, I am
only a resounding gong or a clanging cym-
2 bal. •If I have the gift of prophecy and can
fathom all mysteries and all knowledge,
and if I have a faith that can move moun-
tains, but do not have love, I am nothing.
3 •If I give all I possess to the poor and give
over my body to hardship that I may boast,[c]
but do not have love, I gain nothing.
4 •Love is patient, love is kind. It does not
5 envy, it does not boast, it is not proud. •It
does not dishonor others, it is not self-seek-
ing, it is not easily angered, it keeps no
6 record of wrongs. •Love does not delight in
7 evil but rejoices with the truth. •It always
protects, always trusts, always hopes, always
perseveres.
8 •Love never fails. But where there are
prophecies, they will cease; where there
are tongues, they will be stilled; where there
9 is knowledge, it will pass away. •For we
know in part and we prophesy in part,
10 •but when completeness comes, what is in
11 part disappears. •When I was a child, I
talked like a child, I thought like a child, I
reasoned like a child. When I became a
man, I put the ways of childhood behind
12 me. •For now we see only a reflection as in
a mirror; then we shall see face to face. Now
I know in part; then I shall know fully, even
as I am fully known.
13 •And now these three remain: faith,
hope and love. But the greatest of these is
love.

Intelligibility in Worship

14 Follow the way of love and eagerly
desire gifts of the Spirit, especially
2 prophecy. •For anyone who speaks in a
tongue[d] does not speak to people but to
God. Indeed, no one understands them;

[a]30 Or *other languages* [b]1 Or *languages* [c]3 Some manuscripts *body to the flames* [d]2 Or *in another language*; also in verses 4, 13, 14, 19, 26 and 27

1) 헬, 것을 2) 헬, 더 큰 것은

boast [boust] *vt.* 자랑하다
cease [siːs] *vi.* 중지하다
clang [klæŋ] *vi.* (땡하고) 울리다
eagerly [íːgərli] *ad.* 열심히
easily [íːzili] *ad.* 용이하게
fathom [fǽðəm] *vt.* 간파하다
hardship [hάːrdʃip] *n.* 고난
indispensable [indispénsəbl] *a.* 필수적인
intelligibility [intèlədʒəbíləti] *n.* 이해할 수 있음
interpret [intə́ːrprit] *vt.* 해석하다
patient [péiʃənt] *a.* 인내하는
persevere [pə̀ːrsəvíər] *vi.* 인내하다
reflection [riflékʃən] *n.* 반사, 그림자
resound [rizáund] *vi.* 울리다
trust [trʌst] *vi.* 믿다

13:5 self-seeking: 이기주의
13:6 delight in...: …을 기뻐하다
13:8 pass away: 사라지다
13:11 put... behind: …를 잊게 하다
13:12 in part: 부분적으로는
14:2 in a tongue: 방언으로

으로 비밀을 말함이라

3 그러나 예언하는 자는 사람에게 말하여 덕을 세우며 권면하며 위로하는 것이요

4 방언을 말하는 자는 자기의 덕을 세우고 예언하는 자는 교회의 덕을 세우나니

5 나는 너희가 다 방언 말하기를 원하나 특별히 예언하기를 원하노라 만일 방언을 말하는 자가 통역하여 교회의 덕을 세우지 아니하면 예언하는 자만 못하니라 민 11:29

6 그런즉 형제들아 내가 너희에게 나아가서 방언으로 말하고 계시나 지식이나 예언이나 가르치는 것으로 말하지 아니하면 너희에게 무엇이 유익하리요

7 혹 피리나 거문고와 같이 생명 없는 것이 소리를 낼 때에 그 음의 분별을 나타내지 아니하면 피리 부는 것인지 거문고 타는 것인지 어찌 알게 되리요

8 만일 나팔이 분명하지 못한 소리를 내면 누가 전투를 준비하리요

9 이와 같이 너희도 혀로써 알아듣기 쉬운 말을 하지 아니하면 그 말하는 것을 어찌 알리요 이는 허공에다 말하는 것이라 9:26

10 이같이 세상에 소리의 종류가 많으나 뜻 없는 소리는 없나니

11 그러므로 내가 그 소리의 뜻을 알지 못하면 내가 말하는 자에게 [1]외국인이 되고 말하는 자도 내게 [1]외국인이 되리니

12 그러므로 너희도 영적인 것을 사모하는 자인즉 교회의 덕을 세우기 위하여 그것이 풍성하기를 구하라 14:4,5

13 그러므로 방언을 말하는 자는 통역하기를 기도할지니

14 내가 만일 방언으로 기도하면 나의 영이 기도하거니와 나의 마음은 열매를 맺지 못하리라

15 그러면 어떻게 할까 내가 영으로 기도하고 또 마음으로 기도하며 내가 영으로 찬송하고 또 마음으로 찬송하리라

16 그렇지 아니하면 네가 영으로 축복할 때에 [2]알지 못하는 처지에 있는 자가 네가 무슨 말을 하는지 알지 못하고 네 감사에 어찌 아멘 하리요

17 너는 감사를 잘하였으나 그러나 다른 사람은 덕 세움을 받지 못하리라

18 내가 너희 모든 사람보다 방언을 더 말하므로 하나님께 감사하노라

19 그러나 교회에서 내가 남을 가르치기 위하여

3 they utter mysteries by the Spirit. •But the
one who prophesies speaks to people for
their strengthening, encouraging and com-
4 fort. •Anyone who speaks in a tongue edi-
fies themselves, but the one who prophesies
5 edifies the church. •I would like every one
of you to speak in tongues, [a] but I would
rather have you prophesy. The one who
prophesies is greater than the one who
speaks in tongues, [a]unless someone inter-
prets, so that the church may be edified.
6 •Now, brothers and sisters, if I come to
you and speak in tongues, what good will I
be to you, unless I bring you some revela-
tion or knowledge or prophecy or word of
7 instruction? •Even in the case of lifeless
things that make sounds, such as the pipe or
harp, how will anyone know what tune is
being played unless there is a distinction in
8 the notes? •Again, if the trumpet does not
sound a clear call, who will get ready for
9 battle? •So it is with you. Unless you speak
intelligible words with your tongue, how
will anyone know what you are saying? You
10 will just be speaking into the air. •Undoubt-
edly there are all sorts of languages in the
world, yet none of them is without mean-
11 ing. •If then I do not grasp the meaning of
what someone is saying, I am a foreigner to
the speaker, and the speaker is a foreigner to
12 me. •So it is with you. Since you are eager
for gifts of the Spirit, try to excel in those
that build up the church.
13 •For this reason the one who speaks in a
tongue should pray that they may interpret
14 what they say. •For if I pray in a tongue, my
15 spirit prays, but my mind is unfruitful. •So
what shall I do? I will pray with my spirit,
but I will also pray with my understanding;
I will sing with my spirit, but I will also sing
16 with my understanding. •Otherwise when
you are praising God in the Spirit, how can
someone else, who is now put in the posi-
tion of an inquirer, [b]say "Amen" to your
thanksgiving, since they do not know what
17 you are saying? •You are giving thanks well
enough, but no one else is edified.
18 •I thank God that I speak in tongues
19 more than all of you. •But in the church I

[a] *5* Or *in other languages*; also in verses 6, 18, 22, 23 and 39 [b] *16* The Greek word for *inquirer* is a technical term for someone not fully initiated into a religion; also in verses 23 and 24.

1) 또는 야만인 2) 또는 은사를 받지 못한 자가

distinction [distíŋkʃən] *n.* 구별
edify [édəfài] *vt.* 품성을 높이다
encourage [inkə́:ridʒ] *vt.* 격려하다
grasp [græsp] *vt.* 붙잡다
inquirer [inkwáiərər] *n.* 질문자
instruction [instrʌ́kʃən] *n.* 지시
intelligible [intélədʒəbl] *a.* 이해할 수 있는
interpret [intə́:rprit] *vt.* 해석하다
otherwise [ʌ́ðərwàiz] *ad.* 그렇지 않으면
prophecy [prɑ́fəsi] *n.* 예언
revelation [rèvəléiʃən] *n.* 계시
tongue [tʌŋ] *n.* 방언
undoubtedly [ʌndáutidli] *ad.* 확실히
unfruitful [ʌnfrú:tfəl] *a.* 열매 맺지 않는
utter [ʌ́tər] *vt.* 말하다

14:5 would rather...: 오히려 …하는 게 더 낫다
14:7 make a sound: 소리를 내다
14:8 get ready for...: …를 준비하다
14:12 excel in...: …에서 뛰어나다
14:12 build up: 세우다
14:16 someone else: 어떤 다른 사람

깨달은 마음으로 다섯 마디 말을 하는 것이 일
만 마디 방언으로 말하는 것보다 나으니라
20 ● 형제들아 지혜에는 아이가 되지 말고 악에
는 어린아이가 되라 지혜에는 장성한 사람이
되라
21 율법에 기록된 바 ㄱ주께서 이르시되 내가 다
른 방언을 말하는 자와 다른 입술로 이 백성에
게 말할지라도 그들이 여전히 듣지 아니하리
라 하였으니
22 그러므로 방언은 믿는 자들을 위하지 아니하
고 믿지 아니하는 자들을 위하는 표적이나 예
언은 믿지 아니하는 자들을 위하지 않고 믿는
자들을 위함이니라
23 그러므로 온 교회가 함께 모여 다 방언으로 말
하면 1)알지 못하는 자들이나 믿지 아니하는 자
들이 들어와서 너희를 미쳤다 하지 아니하겠
느냐 행 2:13
24 그러나 다 예언을 하면 믿지 아니하는 자들이
나 알지 못하는 자들이 들어와서 모든 사람에
게 책망을 들으며 모든 사람에게 판단을 받고
25 그 마음의 숨은 일들이 드러나게 되므로 엎드
리어 하나님께 경배하며 하나님이 참으로 너
희 가운데 계신다 전파하리라

차례를 따라 하라

26 ● 그런즉 형제들아 어찌할까 너희가 모일 때
에 각각 찬송시도 있으며 가르치는 말씀도
있으며 계시도 있으며 방언도 있으며 통역함
도 있나니 모든 것을 덕을 세우기 위하여 하
라
27 만일 누가 방언으로 말하거든 두 사람이나 많
아야 세 사람이 차례를 따라 하고 한 사람이
통역할 것이요
28 만일 통역하는 자가 없으면 교회에서는 잠잠
하고 자기와 하나님께 말할 것이요
29 예언하는 자는 둘이나 셋이나 말하고 다른 이
들은 분별할 것이요
30 만일 곁에 앉아 있는 다른 이에게 계시가 있으
면 먼저 하던 자는 잠잠할지니라
31 너희는 다 모든 사람으로 배우게 하고 모든 사
람으로 권면을 받게 하기 위하여 하나씩 하나
씩 예언할 수 있느니라
32 예언하는 자들의 영은 예언하는 자들에게 제
재를 받나니
33 하나님은 무질서의 하나님이 아니시요 오직
화평의 2)하나님이시니라 ● 모든 성도가 교회
에서 함과 같이
34 여자는 교회에서 잠잠하라 그들에게는 말하

would rather speak five intelligible words to
instruct others than ten thousand words in
a tongue.
20 • Brothers and sisters, stop thinking like
children. In regard to evil be infants, but in
21 your thinking be adults. • In the Law it is
written:

"With other tongues
and through the lips of foreigners
I will speak to this people,
but even then they will not listen to me,
says the Lord."[a]

22 • Tongues, then, are a sign, not for believ-
ers but for unbelievers; prophecy, however,
23 is not for unbelievers but for believers. • So if
the whole church comes together and every-
one speaks in tongues, and inquirers or
unbelievers come in, will they not say that
24 you are out of your mind? • But if an unbe-
liever or an inquirer comes in while every-
one is prophesying, they are convicted of sin
25 and are brought under judgment by all, • as
the secrets of their hearts are laid bare. So
they will fall down and worship God,
exclaiming, "God is really among you!"

Good Order in Worship

26 • What then shall we say, brothers and
sisters? When you come together, each of
you has a hymn, or a word of instruction, a
revelation, a tongue or an interpretation.
Everything must be done so that the
27 church may be built up. • If anyone speaks
in a tongue, two—or at the most three—
should speak, one at a time, and someone
28 must interpret. • If there is no interpreter,
the speaker should keep quiet in the church
and speak to himself and to God.
29 • Two or three prophets should speak, and
the others should weigh carefully what is
30 said. • And if a revelation comes to some-
one who is sitting down, the first speaker
31 should stop. • For you can all prophesy in
turn so that everyone may be instructed and
32 encouraged. • The spirits of prophets are sub-
33 ject to the control of prophets. • For God is
not a God of disorder but of peace—as in all
the congregations of the Lord's people.
34 • Women[b] should remain silent in the

[a]*21* Isaiah 28:11,12 [b]*33,34* Or *peace. As in all the congregations of the Lord's people,* [34]*women*

1) 또는 은사를 받지 못한 자들 2) 또는 하나님이시니 모든 성도의 교회에서 그러하니라 ㄱ. 사 28:11 이하

bare [bɛər] *a.* 노출된
congregation [kàŋgrigéiʃən] *n.* 회중
convict [kənvíkt] *vt.* 유죄를 선고하다
disorder [disɔ́:rdər] *n.* 무질서
exclaim [ikskléim] *vt.* 외치다
hymn [him] *n.* 찬송가
infant [ínfənt] *n.* 유아
instruction [instrʌ́kʃən] *n.* 명령, 지시
interpretation [intə̀:rprətéiʃən] *n.* 해석
interpreter [intə́:rpritər] *n.* 통역자
judgment [dʒʌ́dʒmənt] *n.* 판단
order [ɔ́:rdər] *n.* 명령, 순서
remain [riméin] *vi.* 남다
revelation [rèvəléiʃən] *n.* 계시
silent [sáilənt] *a.* 조용한

14:20 in regard to...: …에 대하여
14:23 in a tongue: 방언으로
14:25 fall down: 자빠지다, 푹 쓰러지다
14:27 at the most: 기껏해야, 많아야
14:31 in turn: 차례차례
14:32 be subject to...: …의 대상이다

는 것을 허락함이 없나니 율법에 이른 것같이
[ㄱ]오직 복종할 것이요
35 만일 무엇을 배우려거든 집에서 자기 남편에
게 물을지니 여자가 교회에서 말하는 것은 부
끄러운 것이라
36 하나님의 말씀이 너희로부터 난 것이냐 또는
너희에게만 임한 것이냐
37 ●만일 누구든지 자기를 선지자나 혹은 신령
한 자로 생각하거든 내가 너희에게 편지하는
이 글이 주의 명령인 줄 알라
38 만일 누구든지 알지 못하면 [1]그는 알지 못한 자
니라
39 ●그런즉 내 형제들아 예언하기를 사모하며
방언 말하기를 금하지 말라
40 모든 것을 품위 있게 하고 질서 있게 하라

그리스도의 부활 (♪166, 612장) — A.D. 55년경

15 형제들아 내가 너희에게 전한 복음을 너
희에게 알게 하노니 이는 너희가 받은 것
이요 또 그 가운데 선 것이라
2 너희가 만일 내가 전한 그 말을 굳게 지키고
헛되이 믿지 아니하였으면 그로 말미암아 구
원을 받으리라
3 내가 받은 것을 먼저 너희에게 전하였노니 이는
성경대로 그리스도께서 우리 죄를 위하여 죽으
시고
4 장사 지낸 바 되셨다가 성경대로 사흘 만에 다
시 살아나사
5 게바에게 보이시고 후에 열두 제자에게와
6 그 후에 오백여 형제에게 일시에 보이셨나니
그 중에 지금까지 대다수는 살아 있고 어떤 사
람은 잠들었으며
7 그 후에 야고보에게 보이셨으며 그 후에 모든
사도에게와
8 맨 나중에 만삭되지 못하여 난 자 같은 내게도
보이셨느니라
갈 1:16
9 나는 사도 중에 가장 작은 자라 나는 하나님의
교회를 박해하였으므로 사도라 칭함 받기를
감당하지 못할 자니라
10 그러나 내가 나 된 것은 하나님의 은혜로 된 것
이니 내게 주신 그의 은혜가 헛되지 아니하여
내가 모든 사도보다 더 많이 수고하였으나 내가
한 것이 아니요 오직 나와 함께 하신 하나님의
은혜로라
11 그러므로 나나 그들이나 이같이 전파하매 너
희도 이같이 믿었느니라

churches. They are not allowed to speak,
but must be in submission, as the law says.
35 •If they want to inquire about something,
they should ask their own husbands at
home; for it is disgraceful for a woman to
speak in the church.[a]
36 •Or did the word of God originate with
you? Or are you the only people it has
37 reached? •If anyone thinks they are a
prophet or otherwise gifted by the Spirit, let
them acknowledge that what I am writing
38 to you is the Lord's command. •But if any-
one ignores this, they will themselves be
ignored.[b]
39 •Therefore, my brothers and sisters, be
eager to prophesy, and do not forbid speak-
40 ing in tongues. •But everything should be
done in a fitting and orderly way.

The Resurrection of Christ

15 Now, brothers and sisters, I want to
remind you of the gospel I preached
to you, which you received and on which
2 you have taken your stand. •By this gospel
you are saved, if you hold firmly to the
word I preached to you. Otherwise, you
have believed in vain.
3 •For what I received I passed on to you as
of first importance[c]: that Christ died for our
4 sins according to the Scriptures, •that he
was buried, that he was raised on the third
5 day according to the Scriptures, •and that
he appeared to Cephas,[d] and then to the
6 Twelve. •After that, he appeared to more
than five hundred of the brothers and sis-
ters at the same time, most of whom are
still living, though some have fallen asleep.
7 •Then he appeared to James, then to all the
8 apostles, •and last of all he appeared to me
also, as to one abnormally born.
9 •For I am the least of the apostles and do
not even deserve to be called an apostle,
because I persecuted the church of God.
10 •But by the grace of God I am what I am,
and his grace to me was not without effect.
No, I worked harder than all of them— yet
not I, but the grace of God that was with me.
11 •Whether, then, it is I or they, this is what
we preach, and this is what you believed.

[a]*34,35* In a few manuscripts these verses come after verse 40. [b]*38* Some manuscripts *But anyone who is ignorant of this will be ignorant* [c]*3* Or *you at the first* [d]*5* That is, Peter

1) 어떤 사본에, 알지 못하는 대로 두라 ㄱ. 창 3:16

abnormally [æbnɔ́ːrməli] *ad.* 비정상적으로
apostle [əpásl] *n.* 사도
bury [béri] *vt.* 매장하다
command [kəmǽnd] *n.* 명령
disgraceful [disgréisfəl] *a.* 수치스러운
deserve [dizə́ːrv] *vt.* …할 만하다
fitting [fítiŋ] *a.* 적당한
forbid [fərbíd] *vt.* 금지하다
ignore [ignɔ́ːr] *vt.* 무시하다
orderly [ɔ́ːrdərli] *a.* 질서있는
persecute [pə́ːrsikjùːt] *vt.* 박해하다
preach [priːtʃ] *vi.* 전도하다
resurrection [rèzərékʃən] *n.* 부활
Scripture [skríptʃər] *n.* 성경
submission [səbmíʃən] *n.* 복종

14:35 **inquire... about~**: …에게 ~에 대하여 묻다
14:39 **be eager to...**: …하길 열망하다
15:1 **remind A of B**: A에게 B를 연상시키다
15:2 **hold firm**: 단단히 지키다
15:2 **in vain**: 헛되이

죽은 사람의 부활

12 ● 그리스도께서 죽은 자 가운데서 다시 살아나
셨다 전파되었거늘 너희 중에서 어떤 사람들은
어찌하여 죽은 자 가운데서 부활이 없다 하느냐
13 만일 죽은 자의 부활이 없으면 그리스도도 다
시 살아나지 못하셨으리라
14 그리스도께서 만일 다시 살아나지 못하셨으면
우리가 전파하는 것도 헛것이요 또 너희 믿음도
헛것이며
15 또 우리가 하나님의 거짓 증인으로 발견되리니
우리가 하나님이 그리스도를 다시 살리셨다고
증언하였음이라 만일 죽은 자가 다시 살아나는
일이 없으면 하나님이 그리스도를 다시 살리지
아니하셨으리라
16 만일 죽은 자가 다시 살아나는 일이 없으면 그
리스도도 다시 살아나신 일이 없었을 터이요
17 그리스도께서 다시 살아나신 일이 없으면 너희
의 믿음도 헛되고 너희가 여전히 죄 가운데 있
을 것이요
18 또한 그리스도 안에서 잠자는 자도 망하였으리니
19 만일 그리스도 안에서 우리가 바라는 것이 다
만 이 세상의 삶뿐이면 모든 사람 가운데 우리
가 더욱 불쌍한 자이리라
20 ● 그러나 이제 그리스도께서 죽은 자 가운데서
다시 살아나사 잠자는 자들의 첫 열매가 되셨
도다
21 사망이 한 사람으로 말미암았으니 죽은 자의
부활도 한 사람으로 말미암는도다
22 아담 안에서 모든 사람이 죽은 것같이 그리스
도 안에서 모든 사람이 삶을 얻으리라
23 그러나 각각 자기 차례대로 되리니 먼저는 첫
열매인 그리스도요 다음에는 그가 강림하실 때
에 그리스도에게 속한 자요
24 그 후에는 마지막이니 그가 모든 통치와 모든
권세와 능력을 멸하시고 나라를 아버지 하나님
께 바칠 때라 단 7:14
25 그가 모든 원수를 그 발 아래에 둘 때까지 반드
시 왕 노릇 하시리니
26 맨 나중에 멸망 받을 원수는 사망이니라
27[ㄱ] 만물을 그의 발 아래에 두셨다 하셨으니 만물
을 아래에 둔다 말씀하실 때에 만물을 그의 아
래에 두신 이가 그 중에 들지 아니한 것이 분명
하도다
28 만물을 그에게 복종하게 하실 때에는[1] 아들 자
신도 그때에 만물을 자기에게 복종하게 하신
이에게 복종하게 되리니 이는 하나님이 만유의
주로서 만유 안에 계시려 하심이라 빌 3:21

The Resurrection of the Dead

12 ● But if it is preached that Christ has
been raised from the dead, how can some
of you say that there is no resurrection of
13 the dead? ● If there is no resurrection of
the dead, then not even Christ has been
14 raised. ● And if Christ has not been rais-
ed, our preaching is useless and so is
15 your faith. ● More than that, we are then
found to be false witnesses about God,
for we have testified about God that he
raised Christ from the dead. But he did
not raise him if in fact the dead are not
16 raised. ● For if the dead are not raised,
then Christ has not been raised either.
17 ● And if Christ has not been raised, your
faith is futile; you are still in your sins.
18 ● Then those also who have fallen asleep
19 in Christ are lost. ● If only for this life we
have hope in Christ, we are of all people
most to be pitied.
20 ● But Christ has indeed been raised
from the dead, the firstfruits of those
21 who have fallen asleep. ● For since death
came through a man, the resurrection
of the dead comes also through a man.
22 ● For as in Adam all die, so in Christ all
23 will be made alive. ● But each in turn:
Christ, the firstfruits; then, when he
24 comes, those who belong to him. ● Then
the end will come, when he hands over
the kingdom to God the Father after he
has destroyed all dominion, authority
25 and power. ● For he must reign until he
has put all his enemies under his feet.
26 ● The last enemy to be destroyed is death.
27 ● For he "has put everything under his
feet."[a] Now when it says that "every-
thing" has been put under him, it is
clear that this does not include God him-
self, who put everything under Christ.
28 ● When he has done this, then the Son
himself will be made subject to him
who put everything under him, so that
God may be all in all.
29 ● Now if there is no resurrection,
what will those do who are baptized for
the dead? If the dead are not raised at
all, why are people baptized for them?

a27 Psalm 8:6 1) 또는 아들도 그때에 스스로 만물을 자기에게 복종하게 하신 이에게 복종하리라 ㄱ. 시 8:6

authority [əθɔ́:rəti] *n.* 권위
baptize [bæptáiz] *vt.* 세례 주다
destroy [distrɔ́i] *vt.* 멸망시키다
dominion [dəmínjən] *n.* 권세, 주권
firstfruits [fə́:rstfrú:ts] *n.* 첫수확
futile [fjú:tl] *a.* 쓸데없는
include [inklú:d] *vt.* 포함하다
indeed [indí:d] *ad.* 정말로
kingdom [kíŋdəm] *n.* 왕국
pity [píti] *vt.* 불쌍히 여기다
reign [rein] *vi.* 군림하다
resurrection [rèzərékʃən] *n.* 부활
testify [téstəfài] *vt.* 증언하다
useless [jú:slis] *a.* 쓸모없는
witness [wítnis] *n.* 증인

15:12 **raise from...**: …로부터 살아나다
15:18 **fall asleep**: 잠들다
15:23 **belong to...**: …에 속하다
15:24 **hand over**: 넘겨주다
15:28 **be subject to...**: …에 지배를 받다
15:29 **not... at all**: 전혀 …하지 않다

29 ● 만일 죽은 자들이 도무지 다시 살아나지 못
하면 죽은 자들을 위하여 [1]세례를 받는 자들
이 무엇을 하겠느냐 어찌하여 그들을 위하여
[1]세례를 받느냐
30 또 어찌하여 우리가 언제나 위험을 무릅쓰리요
31 형제들아 내가 그리스도 예수 우리 주 안에서
가진 바 너희에 대한 나의 자랑을 두고 단언하
노니 나는 날마다 죽노라
32 내가 사람의 방법으로 에베소에서 맹수와 더
불어 싸웠다면 내게 무슨 유익이 있으리요 죽
은 자가 다시 살아나지 못한다면 내일 죽을 터
이니 먹고 마시자 하리라
33 속지 말라 악한 동무들은 선한 행실을 더럽히
나니
34 깨어 의를 행하고 죄를 짓지 말라 하나님을 알
지 못하는 자가 있기로 내가 너희를 부끄럽게
하기 위하여 말하노라

몸의 부활

35 ● 누가 묻기를 죽은 자들이 어떻게 다시 살아
나며 어떠한 몸으로 오느냐 하리니 겔 37:3
36 어리석은 자여 네가 뿌리는 씨가 죽지 않으면
살아나지 못하겠고
37 또 네가 뿌리는 것은 장래의 형체를 뿌리는 것
이 아니요 다만 밀이나 다른 것의 알맹이 뿐이
로되
38 하나님이 그 뜻대로 그에게 형체를 주시되 각
종자에게 그 형체를 주시느니라 창 1:11
39 육체는 다 같은 육체가 아니니 하나는 사람의
육체요 하나는 짐승의 육체요 하나는 새의 육
체요 하나는 물고기의 육체라
40 하늘에 속한 형체도 있고 땅에 속한 형체도 있
으나 하늘에 속한 것의 영광이 따로 있고 땅에
속한 것의 영광이 따로 있으니
41 해의 영광이 다르고 달의 영광이 다르며 별의
영광도 다른데 별과 별의 영광이 다르도다
42 죽은 자의 부활도 그와 같으니 썩을 것으로 심
고 썩지 아니할 것으로 다시 살아나며
43 욕된 것으로 심고 영광스러운 것으로 다시
살아나며 약한 것으로 심고 강한 것으로 다
시 살아나며
44 육의 몸으로 심고 신령한 몸으로 다시 살아나
나니 육의 몸이 있은즉 또 영의 몸도 있느니라
45 기록된 바 [ㄱ]첫 사람 아담은 생령이 되었다 함과
같이 마지막 아담은 살려 주는 영이 되었나니
46 그러나 먼저는 신령한 사람이 아니요 육의 사
람이요 그 다음에 신령한 사람이니라
47 첫 사람은 땅에서 났으니 흙에 속한 자이거니

30 ● And as for us, why do we endanger our-
31 selves every hour? ● I face death every day
—yes, just as surely as I boast about you in
32 Christ Jesus our Lord. ● If I fought wild
beasts in Ephesus with no more than
human hopes, what have I gained? If the
dead are not raised,

"Let us eat and drink,
for tomorrow we die."[a]

33 ● Do not be misled: "Bad company corrupts
34 good character."[b] ● Come back to your sens-
es as you ought, and stop sinning; for there
are some who are ignorant of God—I say
this to your shame.

The Resurrection Body

35 ● But someone will ask, "How are the
dead raised? With what kind of body will
36 they come?" ● How foolish! What you sow
37 does not come to life unless it dies. ● When
you sow, you do not plant the body that
will be, but just a seed, perhaps of wheat or
38 of something else. ● But God gives it a body
as he has determined, and to each kind of
39 seed he gives its own body. ● Not all flesh is
the same: People have one kind of flesh,
animals have another, birds another and
40 fish another. ● There are also heavenly bod-
ies and there are earthly bodies; but the
splendor of the heavenly bodies is one kind,
and the splendor of the earthly bodies is
41 another. ● The sun has one kind of splen-
dor, the moon another and the stars anoth-
er; and star differs from star in splendor.
42 ● So will it be with the resurrection of
the dead. The body that is sown is perish-
43 able, it is raised imperishable; ● it is sown
in dishonor, it is raised in glory; it is sown
44 in weakness, it is raised in power; ● it is
sown a natural body, it is raised a spiritual
body.
If there is a natural body, there is also a
45 spiritual body. ● So it is written: "The first
man Adam became a living being"[c]; the last
46 Adam, a life-giving spirit. ● The spiritual did
not come first, but the natural, and after
47 that the spiritual. ● The first man was of the
dust of the earth; the second man is of heav-
48 en. ● As was the earthly man, so are those
who are of the earth; and as is the heavenly

[a] 32 Isaiah 22:13 [b] 33 From the Greek poet Menander [c] 45 Gen. 2:7 1) 헬, 또는 침례 ㄱ. 창 2:7

beast [bi:st] *n.* 맹수, 짐승
company [kʌ́mpəni] *n.* 친구
corrupt [kərʌ́pt] *vt.* 타락시키다
determine [ditə́:rmin] *vt.* 결정하다
differ [dífər] *vi.* 다르다
dishonor [disɑ́nər] *n.* 불명예
endanger [indéindʒər] *vt.* 위태롭게 하다
flesh [fleʃ] *n.* 육체
foolish [fú:liʃ] *a.* 어리석은
life-giving [láifgìviŋ] *a.* 생기를 주는
mislead [mìslí:d] *vt.* 잘못 인도하다
perishable [périʃəbl] *a.* 썩기 쉬운
sow [sou] *vt.* 씨를 뿌리다
spiritual [spíritʃuəl] *a.* 영적인
splendor [spléndər] *n.* 광채

15:34 come back to one's sense: 정신을 되찾다, 제정신을 차리다
15:34 be ignorant of...: …에 대해 알지 못하다
15:34 to one's shame: …의 체면이 깎이도록, …가 부끄럽도록

와 둘째 사람은 하늘에서 나셨느니라
48 무릇 흙에 속한 자들은 저 흙에 속한 자와 같
고 무릇 하늘에 속한 자들은 저 하늘에 속한
이와 같으니
49 우리가 흙에 속한 자의 형상을 입은 것같이 또
한 하늘에 속한 이의 형상을 입으리라
50 ●형제들아 내가 이것을 말하노니 혈과 육은
하나님 나라를 이어받을 수 없고 또한 썩는
것은 썩지 아니하는 것을 유업으로 받지 못하
느니라
51 보라 내가 너희에게 비밀을 말하노니 우리가
다 잠잘 것이 아니요 마지막 나팔에 순식간에
홀연히 다 변화되리니
52 나팔 소리가 나매 죽은 자들이 썩지 아니할 것
으로 다시 살아나고 우리도 변화되리라
53 이 썩을 것이 반드시 썩지 아니할 것을 입겠고
이 죽을 것이 죽지 아니함을 입으리로다
54 이 썩을 것이 썩지 아니함을 입고 이 죽을
것이 죽지 아니함을 입을 때에는 ㄱ사망을
삼키고 이기리라고 기록된 말씀이 이루어지
리라
55 ㄴ사망아 너의 승리가 어디 있느냐 사망아 네
가 쏘는 것이 어디 있느냐
56 사망이 쏘는 것은 죄요 죄의 권능은 율법이라
57 우리 주 예수 그리스도로 말미암아 우리에게
승리를 주시는 하나님께 감사하노니
58 그러므로 내 사랑하는 형제들아 견실하며 흔
들리지 말고 항상 주의 일에 더욱 힘쓰는 자들
이 되라 이는 너희 수고가 주 안에서 헛되지
않은 줄 앎이라

성도를 위하는 연보 (♪ 182, 216, 328장)

16 성도를 위하는 연보에 관하여는 내가 갈
라디아 교회들에게 명한 것같이 너희도
그렇게 하라
2 매주 첫날에 너희 각 사람이 수입에 따라 모
아 두어서 내가 갈 때에 연보를 하지 않게
하라
3 내가 이를 때에 너희가 인정한 사람에게 편지
를 주어 너희의 은혜를 예루살렘으로 가지고
가게 하리니 고후 8:18
4 만일 나도 가는 것이 합당하면 그들이 나와 함
께 가리라
5 내가 마게도냐를 지날 터이니 마게도냐를 지
난 후에 너희에게 가서
6 혹 너희와 함께 머물며 겨울을 지낼 듯도 하니
이는 너희가 나를 내가 갈 곳으로 보내어 주게

man, so also are those who are of heaven.
49 •And just as we have borne the image of
the earthly man, so shall we[a] bear the
image of the heavenly man.
50 •I declare to you, brothers and sisters,
that flesh and blood cannot inherit the
kingdom of God, nor does the perishable
51 inherit the imperishable. •Listen, I tell you
a mystery: We will not all sleep, but we will
52 all be changed— •in a flash, in the twin-
kling of an eye, at the last trumpet. For the
trumpet will sound, the dead will be raised
53 imperishable, and we will be changed. •For
the perishable must clothe itself with the
imperishable, and the mortal with im-
54 mortality. •When the perishable has been
clothed with the imperishable, and the
mortal with immortality, then the saying
that is written will come true: "Death has
been swallowed up in victory."[b]

55 •"Where, O death, is your victory?
Where, O death, is your sting?"[c]

56 •The sting of death is sin, and the power of
57 sin is the law. •But thanks be to God! He
gives us the victory through our Lord Jesus
Christ.
58 •Therefore, my dear brothers and sisters,
stand firm. Let nothing move you. Always
give yourselves fully to the work of the
Lord, because you know that your labor
in the Lord is not in vain.

The Collection for the Lord's People

16 Now about the collection for the
Lord's people: Do what I told the
2 Galatian churches to do. •On the first day
of every week, each one of you should set
aside a sum of money in keeping with your
income, saving it up, so that when I come
3 no collections will have to be made. •Then,
when I arrive, I will give letters of introduc-
tion to the men you approve and send
4 them with your gift to Jerusalem. •If it
seems advisable for me to go also, they will
accompany me.

Personal Requests

5 •After I go through Macedonia, I will
come to you—for I will be going through
6 Macedonia. •Perhaps I will stay with you
for a while, or even spend the winter, so

[a]49 Some early manuscripts *so let us* [b]54 Isaiah 25:8 [c]55 Hosea 13:14 ㄱ. 사 25:8 ㄴ. 호 13:14

accompany [əkʌ́mpəni] *vt.* 동행하다
advisable [ædváizəbl] *a.* 타당한
approve [əprúːv] *vt.* 인정하다
collection [kəlékʃən] *n.* 연보, 수금
declare [diklέər] *vt.* 선언하다
flash [flæʃ] *vi.* 번쩍이다
immortality [ìmɔːrtǽləti] *n.* 불사, 불멸
imperishable [impériʃəbl] *a.* 불멸의
income [ínkʌm] *n.* 수입
inherit [inhérit] *vt.* 상속하다
mortal [mɔ́ːrtl] *a.* 죽음을 면할 수 없는
request [rikwést] *n.* 부탁
sting [stiŋ] *n.* 가시, 쏘기
twinkling [twíŋkliŋ] *n.* 순식간, 반짝임
vain [vein] *a.* 헛된

15:54 **swallow up**: 삼키다
16:2 **set aside**: 챙겨 놓다
16:2 **a sum of...**: …의 합
16:2 **in keeping with...**: …에 일치하여
16:2 **save up**: (돈을) 모으다
16:6 **stay with...**: …의 집에 묵다

하려 함이라
7 이제는 지나는 길에 너희 보기를 원하지 아니
하노니 이는 만일 주께서 허락하시면 얼마 동
안 너희와 함께 머물기를 바람이라 행 18:21
8 내가 오순절까지 에베소에 머물려 함은
9 내게 광대하고 유효한 문이 열렸으나 대적하
는 자가 많음이라
10 ● 디모데가 이르거든 너희는 조심하여 그로
두려움이 없이 너희 가운데 있게 하라 이는 그
도 나와 같이 주의 일을 힘쓰는 자임이라
11 그러므로 누구든지 그를 멸시하지 말고 평안
히 보내어 내게로 오게 하라 나는 그가 형제들
과 함께 오기를 기다리노라
12 형제 아볼로에 대하여는 그에게 형제들과 함
께 너희에게 가라고 내가 많이 권하였으되 지
금은 갈 뜻이 전혀 없으나 기회가 있으면 가리
라

권면과 끝 인사

13 ● 깨어 믿음에 굳게 서서 남자답게 강건하라
14 너희 모든 일을 사랑으로 행하라
15 ● 형제들아 스데바나의 집은 곧 아가야의 첫
열매요 또 성도 섬기기로 작정한 줄을 너희가
아는지라 내가 너희를 권하노니
16 이같은 사람들과 또 함께 일하며 수고하는 모
든 사람에게 순종하라
17 내가 스데바나와 브드나도와 아가이고가 온
것을 기뻐하노니 그들이 너희의 부족한 것을
채웠음이라
18 그들이 나와 너희 마음을 시원하게 하였으니
그러므로 너희는 이런 사람들을 알아주라
19 ● 아시아의 교회들이 너희에게 문안하고 아
굴라와 브리스가와 그 집에 있는 교회가 주 안
에서 너희에게 간절히 문안하고
20 모든 형제도 너희에게 문안하니 너희는 거룩
하게 입맞춤으로 서로 문안하라
21 ● 나 바울은 친필로 너희에게 문안하노니
22 만일 누구든지 주를 사랑하지 아니하면 저주
를 받을지어다 1)우리 주여 오시옵소서 롬 9:3
23 주 예수 그리스도의 은혜가 너희와 함께하고
24 나의 사랑이 그리스도 예수 안에서 너희 무리
와 함께 2)할지어다

that you can help me on my journey, wher-
7 ever I go. ● For I do not want to see you now
and make only a passing visit; I hope to
spend some time with you, if the Lord per-
8 mits. ● But I will stay on at Ephesus until
9 Pentecost, ● because a great door for effec-
tive work has opened to me, and there are
many who oppose me.
10 ● When Timothy comes, see to it that he
has nothing to fear while he is with you, for
he is carrying on the work of the Lord, just
11 as I am. ● No one, then, should treat him
with contempt. Send him on his way in
peace so that he may return to me. I am
expecting him along with the brothers.
12 ● Now about our brother Apollos: I strong-
ly urged him to go to you with the brothers.
He was quite unwilling to go now, but he
will go when he has the opportunity.
13 ● Be on your guard; stand firm in the
14 faith; be courageous; be strong. ● Do every-
thing in love.
15 ● You know that the household of Ste-
phanas were the first converts in Achaia,
and they have devoted themselves to the
service of the Lord's people. I urge you,
16 brothers and sisters, ● to submit to such peo-
ple and to everyone who joins in the work
17 and labors at it. ● I was glad when Stepha-
nas, Fortunatus and Achaicus arrived, be-
cause they have supplied what was lacking
18 from you. ● For they refreshed my spirit and
yours also. Such men deserve recognition.

Final Greetings

19 ● The churches in the province of Asia
send you greetings. Aquila and Priscilla[a]
greet you warmly in the Lord, and so does
20 the church that meets at their house. ● All
the brothers and sisters here send you greet-
ings. Greet one another with a holy kiss.
21 ● I, Paul, write this greeting in my own
hand.
22 ● If anyone does not love the Lord, let
that person be cursed! Come, Lord[b]!
23 ● The grace of the Lord Jesus be with you.
24 ● My love to all of you in Christ Jesus.
Amen.[c]

[a]*19* Greek *Prisca*, a variant of *Priscilla* [b]*22* The Greek for *Come, Lord* reproduces an Aramaic expression *(Marana tha)* used by early Christians. [c]*24* Some manuscripts do not have *Amen.* 1) 또는 우리 주께서 임하셨도다 아람어, 마라나타 2) 어떤 사본에, 할지어다 아멘

convert [kənvə́ːrt] *n.* 개종자
courageous [kəréidʒəs] *a.* 용감한
curse [kəːrs] *vt.* 저주하다
deserve [dizə́ːrv] *vt.* …할 만하다
devote [divóut] *vt.* 바치다
16:10 see to...: …에 주의하다
16:10 carry on: 수행하다
effective [iféktiv] *a.* 효과적인
household [háushòuld] *n.* 가족
opportunity [àpərtjúːnəti] *n.* 기회
oppose [əpóuz] *vt.* 대적하다
pentecost [péntikɔ̀ːst] *n.* 오순절
16:11 treat with...: …로 대하다
16:13 be on one's guard: 경계를 늦추지 않다
permit [pərmít] *vt.* 허락하다
province [právins] *n.* 지방
recognition [rèkəgníʃən] *n.* 인식
refresh [rifréʃ] *vt.* 새롭게 하다
urge [əːrdʒ] *vt.* 강권하다
16:16 submit to...: …에게 복종하다

고린도후서 | 2 Corinthians

● 저자 _ 사도 바울 ● 저작 연대 _ A.D. 55년 가을 또는 56년 봄
● 기록 장소 _ 마게도냐 ● 기록 대상 _ 고린도 교회 성도들

사도 바울이 자신의 사도권을 변증함으로써 거짓 교사들의 악한 선동을 물리치고 자신에 대한 고린도 교회 성도들의 오해를 풀어 주고, 기근을 당한 예루살렘 교회를 위한 헌금을 모으기 위해 썼다.

고난과 위로와 구원과 감사

1 하나님의 뜻으로 말미암아 그리스도 예수의 사도 된 바울과 형제 디모데는 고린도에 있는 하나님의 교회와 또 온 아가야에 있는 모든 성도에게

2 하나님 우리 아버지와 주 예수 그리스도로부터 은혜와 평강이 있기를 원하노라

3 찬송하리로다 그는 우리 주 예수 그리스도의 하나님이시요 자비의 아버지시요 모든 위로의 하나님이시며 엡 1:3

4 우리의 모든 환난 중에서 우리를 위로하사 우리로 하여금 하나님께 받는 위로로써 모든 환난 중에 있는 자들을 능히 위로하게 하시는 이시로다

5 그리스도의 고난이 우리에게 넘친 것같이 우리가 받는 위로도 그리스도로 말미암아 넘치는도다

6 우리가 환난 당하는 것도 너희가 위로와 구원을 받게 하려는 것이요 우리가 위로를 받는 것도 너희가 위로를 받게 하려는 것이니 이 위로가 너희 속에 역사하여 우리가 받는 것 같은 고난을 너희도 견디게 하느니라 4:15

7 너희를 위한 우리의 소망이 견고함은 너희가 고난에 참여하는 자가 된 것같이 위로에도 그러할 줄을 앎이라

8 형제들아 우리가 아시아에서 당한 환난을 너희가 모르기를 원하지 아니하노니 힘에 겹도록 심한 고난을 당하여 살 소망까지 끊어지고

9 우리는 우리 자신이 사형 선고를 받은 줄 알았으니 이는 우리로 자기를 의지하지 말고 오직 죽은 자를 다시 살리시는 하나님만 의지하게 하심이라

10 그가 이같이 큰 사망에서 우리를 건지셨고 또 건지실 것이며 이후에도 건지시기를 그에게 바라노라

11 너희도 우리를 위하여 간구함으로 도우라 이는 우리가 많은 사람의 기도로 얻은 은사로 말미암아 많은 사람이 우리를 위하여 감사하게 하려 함이라

고린도 교회 방문을 연기하다 (♪85, 95장)

12 ●우리가 세상에서 특별히 너희에 대하여 하나님의 거룩함과 진실함으로 행하되 육체의 지혜

1 Paul, an apostle of Christ Jesus by the will of God, and Timothy our brother,
To the church of God in Corinth, together with all his holy people throughout Achaia:
2 •Grace and peace to you from God our Father and the Lord Jesus Christ.

Praise to the God of All Comfort

3 •Praise be to the God and Father of our
Lord Jesus Christ, the Father of compassion
4 and the God of all comfort, •who comforts
us in all our troubles, so that we can comfort
those in any trouble with the comfort we our-
5 selves receive from God. • For just as we share
abundantly in the sufferings of Christ, so also
6 our comfort abounds through Christ. •If we
are distressed, it is for your comfort and sal-
vation; if we are comforted, it is for your com-
fort, which produces in you patient endu-
7 rance of the same sufferings we suffer. •And
our hope for you is firm, because we know
that just as you share in our sufferings, so also
you share in our comfort.
8 •We do not want you to be uninformed,
brothers and sisters,[a] about the troubles we
experienced in the province of Asia. We
were under great pressure, far beyond our
ability to endure, so that we despaired of life
9 itself. •Indeed, we felt we had received the
sentence of death. But this happened that
we might not rely on ourselves but on God,
10 who raises the dead. •He has delivered us
from such a deadly peril, and he will deliver
us again. On him we have set our hope that
11 he will continue to deliver us, •as you help
us by your prayers. Then many will give
thanks on our behalf for the gracious favor
granted us in answer to the prayers of many.

Paul's Change of Plans

12 •Now this is our boast: Our conscience
testifies that we have conducted ourselves in
the world, and especially in our relations
with you, with integrity[b] and godly sincerity.

[a]8 The Greek word for *brothers and sisters (adelphoi)* refers here to believers, both men and women, as part of God's family; also in 8:1; 13:11. [b]12 Many manuscripts *holiness*

로 하지 아니하고 하나님의 은혜로 행함은 우리
양심이 증언하는 바니 이것이 우리의 자랑이라
13 오직 너희가 읽고 아는 것 외에 우리가 다른 것
을 쓰지 아니하노니 너희가 완전히 알기를 내
가 바라는 것은
14 너희가 우리를 부분적으로 알았으나 우리 주
예수의 날에는 너희가 우리의 자랑이 되고 우
리가 너희의 자랑이 되는 그것이라 고전 1:8
15 ●내가 이 확신을 가지고 너희로 두 번 은혜를
얻게 하기 위하여 먼저 너희에게 이르렀다가
16 너희를 지나 마게도냐로 갔다가 다시 마게도냐
에서 너희에게 가서 너희의 도움으로 유대로
가기를 계획하였으니
17 이렇게 계획할 때에 어찌 경솔히 하였으리요
혹 계획하기를 육체를 따라 계획하여 예 예 하
면서 아니라 아니라 하는 일이 내게 있겠느냐
18 하나님은 미쁘시니라 우리가 너희에게 한 말은
예 하고 아니라 함이 없노라
19 우리 곧 나와 실루아노와 디모데로 말미암아
너희 가운데 전파된 하나님의 아들 예수 그리
스도는 예 하고 아니라 함이 되지 아니하셨으
니 그에게는 예만 되었느니라 마 16:16
20 하나님의 약속은 얼마든지 그리스도 안에서 예
가 되니 그런즉 그로 말미암아 우리가 아멘 하
여 하나님께 영광을 돌리게 되느니라
21 우리를 너희와 함께 그리스도 안에서 굳건하게
하시고 우리에게 기름을 부으신 이는 하나님이
시니
22 그가 또한 우리에게 인치시고 보증으로 우리
마음에 성령을 주셨느니라 엡 1:13
23 ●내가 내 목숨을 걸고 하나님을 불러 증언하시
게 하노니 내가 다시 고린도에 가지 아니한 것
은 너희를 아끼려 함이라
24 우리가 너희 믿음을 주관하려는 것이 아니요
오직 너희 기쁨을 돕는 자가 되려 함이니 이는
너희가 믿음에 섰음이라

2

내가 다시는 너희에게 근심 중에 나아가지 아
니하기로 스스로 결심하였노니
2 내가 너희를 근심하게 한다면 내가 근심하게
한 자 밖에 나를 기쁘게 할 자가 누구냐
3 내가 이같이 쓴 것은 내가 갈 때에 마땅히 나를
기쁘게 할 자로부터 도리어 근심을 얻을까 염
려함이요 또 너희 모두에 대한 나의 기쁨이 너
희 모두의 기쁨인 줄 확신함이로라 12:21
4 내가 마음에 큰 눌림과 걱정이 있어 많은 눈물
로 너희에게 썼노니 이는 너희로 근심하게 하
려 한 것이 아니요 오직 내가 너희를 향하여 넘

We have done so, relying not on worldly
13 wisdom but on God's grace. •For we do
not write you anything you cannot read or
14 understand. And I hope that, •as you have
understood us in part, you will come to
understand fully that you can boast of us
just as we will boast of you in the day of
the Lord Jesus.
15 •Because I was confident of this, I want-
ed to visit you first so that you might ben-
16 efit twice. •I wanted to visit you on my
way to Macedonia and to come back to
you from Macedonia, and then to have
17 you send me on my way to Judea. •Was I
fickle when I intended to do this? Or do I
make my plans in a worldly manner so
that in the same breath I say both "Yes,
yes" and "No, no"?
18 •But as surely as God is faithful, our
message to you is not "Yes" and "No."
19 •For the Son of God, Jesus Christ, who was
preached among you by us — by me and
Silas[a] and Timothy — was not "Yes" and
"No," but in him it has always been "Yes."
20 •For no matter how many promises God
has made, they are "Yes" in Christ. And so
through him the "Amen" is spoken by us
21 to the glory of God. •Now it is God who
makes both us and you stand firm in
22 Christ. He anointed us, •set his seal of
ownership on us, and put his Spirit in our
hearts as a deposit, guaranteeing what is to
come.
23 •I call God as my witness — and I stake
my life on it — that it was in order to spare
24 you that I did not return to Corinth. •Not
that we lord it over your faith, but we work
with you for your joy, because it is by faith
you stand firm.

2

1 •So I made up my mind that I would
not make another painful visit to
2 you. •For if I grieve you, who is left to
make me glad but you whom I have gri-
3 eved? •I wrote as I did, so that when I
came I would not be distressed by those
who should have made me rejoice. I had
confidence in all of you, that you would all
4 share my joy. •For I wrote you out of great
distress and anguish of heart and with
many tears, not to grieve you but to let you
know the depth of my love for you.

[a]19 Greek *Silvanus*, a variant of *Silas*

anguish [æŋgwiʃ] *n.* 고민
anoint [ənɔ́int] *vt.* 기름을 붓다
benefit [bénəfit] *vi.* 이익을 얻다
deposit [dipázit] *n.* 보증금
distress [distrés] *vt.* 고민하게 하다
fickle [fíkl] *a.* 변덕스러운, 변하기 쉬운
grieve [griːv] *vt.* 슬프게 하다
guarantee [gærəntíː] *vt.* 보증하다
intend [inténd] *vt.* …할 작정이다
ownership [óunərʃip] *n.* 소유권
preach [priːtʃ] *vi.* 전파하다
seal [siːl] *n.* 도장
spare [spɛər] *vt.* 아끼다
stake [steik] *vt.* …에 걸다
witness [wítnis] *n.* 증인, 증거

1:14 just as...: 마치 …인 것처럼
1:15 be confident of...: …을 확신하다
1:17 in the same breath: 동시에
1:20 no matter how: 어떻게 하든
1:24 lord it over...: …을 군림하다
2:1 make up one's mind: 결심하다

치는 사랑이 있음을 너희로 알게 하려 함이라

근심하게 한 사람을 용서하라

5 ● 근심하게 한 자가 있었을지라도 나를 근심하
게 한 것이 아니요 어느 정도 너희 모두를 근심
하게 한 것이니 어느 정도라 함은 내가 너무 지
나치게 말하지 아니하려 함이라
6 이러한 사람은 많은 사람에게서 벌 받는 것이
마땅하도다
7 그런즉 너희는 차라리 그를 용서하고 위로할
것이니 그가 너무 많은 근심에 [1]잠길까 두려워
하노라
8 그러므로 너희를 권하노니 사랑을 그들에게 나
타내라
9 너희가 범사에 순종하는지 그 증거를 알고자
하여 내가 이것을 너희에게 썼노라
10 너희가 무슨 일에든지 누구를 용서하면 나도
그리하고 내가 만일 용서한 일이 있으면 용서
한 그것은 너희를 위하여 그리스도 앞에서 한
것이니
11 이는 우리로 사탄에게 속지 않게 하려 함이라
우리는 그 계책을 알지 못하는 바가 아니로라

그리스도의 향기

12 ● 내가 그리스도의 복음을 위하여 드로아에 이
르매 주 안에서 문이 내게 열렸으되 행 16:8
13 내가 내 형제 디도를 만나지 못하므로 내 심령
이 편하지 못하여 그들을 작별하고 마게도냐로
갔노라
14 항상 우리를 그리스도 안에서 이기게 하시고
우리로 말미암아 각처에서 그리스도를 아는 냄
새를 나타내시는 하나님께 감사하노라
15 우리는 구원받는 자들에게나 망하는 자들에게
나 하나님 앞에서 그리스도의 향기니
16 이 사람에게는 사망으로부터 사망에 이르는 냄
새요 저 사람에게는 생명으로부터 생명에 이르
는 냄새라 누가 이 일을 감당하리요
17 우리는 수많은 사람들처럼 하나님의 말씀을 혼
잡하게 하지 아니하고 곧 순전함으로 하나님께
받은 것같이 하나님 앞에서와 그리스도 안에서
말하노라

새 언약의 일꾼들

3 우리가 다시 자천하기를 시작하겠느냐 우리
가 어찌 어떤 사람처럼 추천서를 너희에게 부
치거나 혹은 너희에게 받거나 할 필요가 있느냐
2 너희는 우리의 편지라 우리 마음에 썼고 뭇 사
람이 알고 읽는 바라
3 *너희는 우리로 말미암아 나타난* 그리스도의 편
지니 이는 먹으로 쓴 것이 아니요 오직 살아 계

Forgiveness for the Offender

5 ● If anyone has caused grief, he has not
so much grieved me as he has grieved all
of you to some extent—not to put it too
6 severely. ● The punishment inflicted on
7 him by the majority is sufficient. ● Now
instead, you ought to forgive and comfort
him, so that he will not be overwhelmed
8 by excessive sorrow. ● I urge you, therefo-
9 re, to reaffirm your love for him. ● Another
reason I wrote you was to see if you would
stand the test and be obedient in every-
10 thing. ● Anyone you forgive, I also forgive.
And what I have forgiven—if there was
anything to forgive—I have forgiven in
11 the sight of Christ for your sake, ● in order
that Satan might not outwit us. For we are
not unaware of his schemes.

Ministers of the New Covenant

12 ● Now when I went to Troas to preach
the gospel of Christ and found that the
13 Lord had opened a door for me, ● I still had
no peace of mind, because I did not find
my brother Titus there. So I said goodbye
to them and went on to Macedonia.
14 ● But thanks be to God, who always
leads us as captives in Christ's triumphal
procession and uses us to spread the aroma
15 of the knowledge of him everywhere. ● For
we are to God the pleasing aroma of Christ
among those who are being saved and
16 those who are perishing. ● To the one we
are an aroma that brings death; to the
other, an aroma that brings life. And who
17 is equal to such a task? ● Unlike so many,
we do not peddle the word of God for
profit. On the contrary, in Christ we speak
before God with sincerity, as those sent
from God.

3 Are we beginning to commend our-
selves again? Or do we need, like
some people, letters of recommendation
2 to you or from you? ● You yourselves are
our letter, written on our hearts, known
3 and read by everyone. ● You show that
you are a letter from Christ, the result of
our ministry, written not with ink but
with the Spirit of the living God, not on
tablets of stone but on tablets of human
hearts.

1) 헬, 삼키울까

commend [kəménd] *vt.* 추천하다
excessive [iksésiv] *a.* 과도한
outwit [àutwít] *vt.* 속이다
overwhelm [òuvərhwélm] *vt.* 압도하다
peddle [pédl] *vt.* 퍼뜨리다
perish [périʃ] *vi.* 죽다
pleasing [plí:ziŋ] *a.* 기분 좋은
procession [prəséʃən] *n.* (성령의) 발현
reaffirm [rì:əfə́:rm] *vt.* 다시 확인하다
recommendation [rèkəmendéiʃən] *n.* 추천
scheme [ski:m] *n.* 계획
sincerity [sinsérəti] *n.* 성실
sufficient [səfíʃənt] *a.* …하기에 족한
tablet [tǽblit] *n.* 명판, 판
triumphal [traiʌ́mfəl] *a.* 승리를 축하하는

2:6 inflict on...: …를 벌하다
2:10 for one's sake: …를 위하여
2:11 be unaware of...: …를 모르다
2:16 to the one..., to the other~: 한쪽은 …이고, 다른 한쪽은 ~이다
2:16 be equal to...: …와 동일하다

신 하나님의 영으로 쓴 것이며 또 돌판에 쓴 것
이 아니요 오직 육의 마음판에 쓴 것이라
4 우리가 그리스도로 말미암아 하나님을 향하여
이 같은 확신이 있으니
5 우리가 무슨 일이든지 우리에게서 난 것같이
스스로 만족할 것이 아니니 우리의 만족은 오
직 하나님으로부터 나느니라
6 그가 또한 우리를 새 언약의 일꾼 되기에 만족
하게 하셨으니 율법 조문으로 하지 아니하고
오직 영으로 함이니 율법 조문은 죽이는 것이
요 영은 살리는 것이니라
7 돌에 써서 새긴 죽게 하는 율법 조문의 직분도
영광이 있어 이스라엘 자손들은 모세의 얼굴의
없어질 영광 때문에도 그 얼굴을 주목하지 못
하였거든
8 하물며 영의 직분은 더욱 영광이 있지 아니하
겠느냐 갈 3:5
9 정죄의 직분도 영광이 있은즉 의의 직분은 영
광이 더욱 넘치리라
10 영광되었던 것이 더 큰 영광으로 말미암아 이
에 영광될 것이 없으나
11 없어질 것도 영광으로 말미암았은즉 길이 있을
것은 더욱 영광 가운데 있느니라
12 ●우리가 이 같은 소망이 있으므로 담대히 말하
노니 엡 6:19
13 우리는 모세가 이스라엘 자손들에게 장차 없어
질 것의 결국을 주목하지 못하게 하려고 수건
을 그 얼굴에 쓴 것같이 아니하노라
14 그러나 그들의 마음이 완고하여 오늘까지도 구
약을 읽을 때에 그 수건이 벗겨지지 아니하고 있
으니 그 수건은 그리스도 안에서 없어질 것이라
15 오늘까지 모세의 글을 읽을 때에 수건이 그 마
음을 덮었도다
16 그러나 언제든지 주께로 돌아가면 그 수건이
벗겨지리라
17 주는 영이시니 주의 영이 계신 곳에는 자유가
있느니라
18 우리가 다 수건을 벗은 얼굴로 거울을 보는 것
같이 주의 영광을 보매 그와 같은 형상으로 변
화하여 영광에서 영광에 이르니 곧 주의 영으
로 말미암음이니라

질그릇에 담긴 보배 (♪ 428, 447장)

4 그러므로 우리가 이 직분을 받아 긍휼하심을
입은 대로 낙심하지 아니하고
2 이에 숨은 부끄러움의 일을 버리고 속임으로
행하지 아니하며 하나님의 말씀을 혼잡하게 하
지 아니하고 오직 [1]진리를 나타냄으로 하나님

4 ●Such confidence we have through
5 Christ before God. ●Not that we are com-
petent in ourselves to claim anything for
ourselves, but our competence comes
6 from God. ●He has made us competent as
ministers of a new covenant — not of the
letter but of the Spirit; for the letter kills,
but the Spirit gives life.

The Greater Glory of the New Covenant

7 ●Now if the ministry that brought
death, which was engraved in letters on
stone, came with glory, so that the Isra-
elites could not look steadily at the face
of Moses because of its glory, transitory
8 though it was, ●will not the ministry of
9 the Spirit be even more glorious? ●If the
ministry that brought condemnation was
glorious, how much more glorious is the
10 ministry that brings righteousness! ●For
what was glorious has no glory now in
comparison with the surpassing glory.
11 ●And if what was transitory came with
glory, how much greater is the glory of
that which lasts!
12 ●Therefore, since we have such a hope,
13 we are very bold. ●We are not like Moses,
who would put a veil over his face to pre-
vent the Israelites from seeing the end of
14 what was passing away. ●But their minds
were made dull, for to this day the same
veil remains when the old covenant is
read. It has not been removed, because
15 only in Christ is it taken away. ●Even to
this day when Moses is read, a veil covers
16 their hearts. ●But whenever anyone turns
17 to the Lord, the veil is taken away. ●Now
the Lord is the Spirit, and where the Spirit
18 of the Lord is, there is freedom. ●And we
all, who with unveiled faces contemplate[a]
the Lord's glory, are being transformed
into his image with ever-increasing glory,
which comes from the Lord, who is the
Spirit.

Present Weakness and Resurrection Life

4 Therefore, since through God's mercy
we have this ministry, we do not lose
2 heart. ●Rather, we have renounced secret
and shameful ways; we do not use decep-
tion, nor do we distort the word of God.
On the contrary, by setting forth the truth

[a] 18 Or *reflect* 1) 헬, 참

competent [kámpətənt] *a.* 만족스러운
condemnation [kàndemnéiʃən] *n.* 정죄
contemplate [kántəmplèit] *vt.* 바라보다
covenant [kʌ́vənənt] *n.* 언약
deception [disépʃən] *n.* 속임
distort [distɔ́ːrt] *vt.* 왜곡하다
engrave [ingréiv] *vt.* 새기다
increasing [inkríːsiŋ] *a.* 증가하는
ministry [mínəstri] *n.* 사역
remain [riméin] *vi.* 남다
renounce [rináuns] *vt.* 그만두다
steadily [stédili] *ad.* 꾸준히
surpassing [sərpǽsiŋ] *a.* 빼어난
transitory [trǽnsətɔ̀ːri] *a.* 일시적인
unveil [ʌnvéil] *vi.* 베일을 벗다

3:10 **in comparison with...**: …과 비교하여
3:14 **take away**: 가져가다
3:18 **be transformed into...**: …으로 변형되다
4:1 **lose heart**: 용기를 잃다, 풀이 죽다
4:2 **on the contrary**: 대조적으로

앞에서 각 사람의 양심에 대하여 스스로 추천하
노라
3 만일 우리의 복음이 가리었으면 망하는 자들에
게 가리어진 것이라
4 그 중에 이 세상의 신이 믿지 아니하는 자들의 마
음을 혼미하게 하여 그리스도의 영광의 복음의
광채가 비치지 못하게 함이니 그리스도는 하나
님의 형상이니라
5 우리는 우리를 전파하는 것이 아니라 오직 그리
스도 예수의 주 되신 것과 또 예수를 위하여 우리
가 너희의 종 된 것을 전파함이라
6 ㄱ어두운 데에 빛이 비치라 말씀하셨던 그 하나님
께서 예수 그리스도의 얼굴에 있는 하나님의 영
광을 아는 빛을 우리 마음에 비추셨느니라
7 ● 우리가 이 보배를 질그릇에 가졌으니 이는 심
히 큰 능력은 하나님께 있고 우리에게 있지 아니
함을 알게 하려 함이라
8 우리가 사방으로 욱여쌈을 당하여도 싸이지 아니
하며 답답한 일을 당하여도 낙심하지 아니하며
9 박해를 받아도 버린 바 되지 아니하며 거꾸러뜨
림을 당하여도 망하지 아니하고
10 우리가 항상 예수의 죽음을 몸에 짊어짐은 예수
의 생명이 또한 우리 몸에 나타나게 하려 함이라
11 우리 살아 있는 자가 항상 예수를 위하여 죽음에
넘겨짐은 예수의 생명이 또한 우리 죽을 육체에
나타나게 하려 함이라
12 그런즉 사망은 우리 안에서 역사하고 생명은 너
희 안에서 역사하느니라
13 기록된 바 ㄴ내가 믿었으므로 말하였다 한 것같이
우리가 같은 믿음의 마음을 가졌으니 우리도 믿
었으므로 또한 말하노라
14 주 예수를 다시 살리신 이가 예수와 함께 우리도
다시 살리사 너희와 함께 그 앞에 서게 하실 줄을
아노라 살전 4:14
15 이는 모든 것이 너희를 위함이니 많은 사람의 감
사로 말미암아 은혜가 더하여 넘쳐서 하나님께
영광을 돌리게 하려 함이라

겉사람과 속사람

16 ● 그러므로 우리가 낙심하지 아니하노니 우리의
겉사람은 낡아지나 우리의 속사람은 날로 새로
워지도다
17 우리가 잠시 받는 환난의 경한 것이 지극히 크고
영원한 영광의 중한 것을 우리에게 이루게 함이
니
18 우리가 주목하는 것은 보이는 것이 아니요 보이
지 않는 것이니 보이는 것은 잠깐이요 보이지 않
는 것은 영원함이라

plainly we commend ourselves to every-
one's conscience in the sight of God.
3 ● And even if our gospel is veiled, it is
4 veiled to those who are perishing. ● The
god of this age has blinded the minds of
unbelievers, so that they cannot see the
light of the gospel that displays the glory
5 of Christ, who is the image of God. ● For
what we preach is not ourselves, but Jesus
Christ as Lord, and ourselves as your ser-
6 vants for Jesus' sake. ● For God, who said,
"Let light shine out of darkness,"[a] made
his light shine in our hearts to give us the
light of the knowledge of God's glory dis-
played in the face of Christ.
7 ● But we have this treasure in jars of
clay to show that this all-surpassing
8 power is from God and not from us. ● We
are hard pressed on every side, but not
crushed; perplexed, but not in despair;
9 ● persecuted, but not abandoned; struck
10 down, but not destroyed. ● We always
carry around in our body the death of
Jesus, so that the life of Jesus may also be
11 revealed in our body. ● For we who are
alive are always being given over to death
for Jesus' sake, so that his life may also be
12 revealed in our mortal body. ● So then,
death is at work in us, but life is at work
in you.
13 ● It is written: "I believed; therefore I
have spoken."[b] Since we have that same
spirit of[c] faith, we also believe and there-
14 fore speak, ● because we know that the
one who raised the Lord Jesus from the
dead will also raise us with Jesus and pre-
15 sent us with you to himself. ● All this is
for your benefit, so that the grace that is
reaching more and more people may
cause thanksgiving to overflow to the
glory of God.
16 ● Therefore we do not lose heart.
Though outwardly we are wasting away,
yet inwardly we are being renewed day
17 by day. ● For our light and momentary
troubles are achieving for us an eternal
18 glory that far outweighs them all. ● So we
fix our eyes not on what is seen, but on
what is unseen, since what is seen is tem-
porary, but what is unseen is eternal.

[a]6 Gen. 1:3 [b]13 Psalm 116:10 (see Septuagint)
[c]13 Or *Spirit-given* ㄱ. 창 1:3 ㄴ. 시 116:10

abandon [əbǽndən] *vt.* 버리다
achieve [ətʃíːv] *vt.* 성취하다
conscience [kánʃəns] *n.* 양심
crush [krʌʃ] *vt.* 뭉개다, 진압하다
despair [dispéər] *n.* 낙심, 절망
momentary [móuməntèri] *a.* 순간의
outwardly [áutwərdli] *ad.* 외견상으로
outweigh [àutwéi] *vt.* 중대하다
overflow [òuvərflóu] *vi.* 흘러 넘치다
perish [périʃ] *vi.* 멸망하다
perplex [pərpléks] *vt.* 당황케 하다
persecute [pə́ːrsikjùːt] *vt.* 박해하다
preach [priːtʃ] *vi.* 전파하다
surpassing [sərpǽsiŋ] *a.* 빼어난
temporary [témpərèri] *a.* 일시의

4:11 **for one's sake**: …를 위하여
4:12 **be at work**: 일하고 있다
4:15 **so that...:** …하기 위하여
4:16 **waste away**: 쇠약해지다, 소멸하다
4:18 **fix one's eyes on...:** …을 주목하다, 눈여겨 보다

5 만일 땅에 있는 우리의 장막 집이 무너지면 하나님께서 지으신 집 곧 손으로 지은 것이 아니요 하늘에 있는 영원한 집이 우리에게 있는 줄 아느니라
2 참으로 우리가 여기 있어 탄식하며 하늘로부터 오는 우리 처소로 덧입기를 간절히 사모하노라
3 이렇게 입음은 우리가 벗은 자들로 발견되지 않으려 함이라 계 3:18
4 참으로 이 장막에 있는 우리가 짐진 것같이 탄식하는 것은 벗고자 함이 아니요 오히려 덧입고자 함이니 죽을 것이 생명에 삼킨 바 되게 하려 함이라
5 곧 이것을 우리에게 이루게 하시고 보증으로 성령을 우리에게 주신 이는 하나님이시니라
6 그러므로 우리가 항상 담대하여 몸으로 있을 때에는 주와 따로 있는 줄을 아노니
7 이는 우리가 믿음으로 행하고 보는 것으로 행하지 아니함이로라
8 •우리가 담대하여 원하는 바는 차라리 몸을 떠나 주와 함께 있는 그것이라
9 그런즉 우리는 몸으로 있든지 떠나든지 주를 기쁘시게 하는 자가 되기를 힘쓰노라
10 이는 우리가 다 반드시 그리스도의 심판대 앞에 나타나게 되어 각각 선악간에 그 몸으로 행한 것을 따라 받으려 함이라

화목하게 하는 직분 (♪421, 431, 436, 551, 554장)

11 •우리는 주의 두려우심을 알므로 사람들을 권면하거니와 우리가 하나님 앞에 알리어졌으니 또 너희의 양심에도 알리어지기를 바라노라
12 우리가 다시 너희에게 자천하는 것이 아니요 오직 우리로 말미암아 자랑할 기회를 너희에게 주어 마음으로 하지 않고 외모로 자랑하는 자들에게 대답하게 하려 하는 것이라 3:1
13 우리가 만일 미쳤어도 하나님을 위한 것이요 정신이 온전하여도 너희를 위한 것이니
14 그리스도의 사랑이 우리를 [1]강권하시는도다 우리가 생각하건대 한 사람이 모든 사람을 대신하여 죽었은즉 모든 사람이 죽은 것이라
15 그가 모든 사람을 대신하여 죽으심은 살아 있는 자들로 하여금 다시는 그들 자신을 위하여 살지 않고 오직 그들을 대신하여 죽었다가 다시 살아나신 이를 위하여 살게 하려 함이라 롬 14:7-9
16 그러므로 우리가 이제부터는 어떤 사람도 육신을 따라 알지 아니하노라 비록 우리가 그리스도도 육신을 따라 알았으나 이제부터는 그같이 알지 아니하노라
17 그런즉 누구든지 그리스도 안에 있으면 새로운

Awaiting the New Body

5 For we know that if the earthly tent we
live in is destroyed, we have a building
from God, an eternal house in heaven, not
2 built by human hands. •Meanwhile we
groan, longing to be clothed instead with
3 our heavenly dwelling, •because when we
are clothed, we will not be found naked.
4 •For while we are in this tent, we groan
and are burdened, because we do not wish
to be unclothed but to be clothed instead
with our heavenly dwelling, so that what is
5 mortal may be swallowed up by life. •Now
the one who has fashioned us for this very
purpose is God, who has given us the Spir-
it as a deposit, guaranteeing what is to come.
6 •Therefore we are always confident and
know that as long as we are at home in
7 the body we are away from the Lord. •For
8 we live by faith, not by sight. •We are
confident, I say, and would prefer to be
away from the body and at home with
9 the Lord. •So we make it our goal to please
him, whether we are at home in the body
10 or away from it. •For we must all appear
before the judgment seat of Christ, so that
each of us may receive what is due us for
the things done while in the body, whe-
ther good or bad.

The Ministry of Reconciliation

11 •Since, then, we know what it is to fear
the Lord, we try to persuade others. What
we are is plain to God, and I hope it is also
12 plain to your conscience. •We are not try-
ing to commend ourselves to you again,
but are giving you an opportunity to take
pride in us, so that you can answer those
who take pride in what is seen rather than
13 in what is in the heart. •If we are "out of
our mind," as some say, it is for God; if we
14 are in our right mind, it is for you. •For
Christ's love compels us, because we are
convinced that one died for all, and there-
15 fore all died. •And he died for all, that
those who live should no longer live for
themselves but for him who died for them
and was raised again.
16 •So from now on we regard no one
from a worldly point of view. Though we
once regarded Christ in this way, we do
17 so no longer. •Therefore, if anyone is in

1) 또는 끄는도다

burden [bə́ːrdn] *vt.* 짐을 지우다
commend [kəménd] *vt.* 맡기다
compel [kəmpél] *vt.* 강요하다
conscience [kánʃəns] *n.* 양심
convince [kənvíns] *vt.* 확신시키다
deposit [dipázit] *n.* 보증금
destroy [distrɔ́i] *vt.* 파괴하다
dwelling [dwéliŋ] *n.* 거주
eternal [itə́ːrnəl] *a.* 영원한
groan [groun] *vi.* 신음하다
guarantee [gæ̀rəntíː] *vt.* 보증하다
mortal [mɔ́ːrtl] *a.* 죽을 운명의
naked [néikid] *a.* 벗은
opportunity [àpərtjúːnəti] *n.* 기회
persuade [pərswéid] *vt.* 설득하다

5:4 swallow up: 삼키다
5:6 as long as...: …하는 한
5:12 take pride in...: …를 자랑하다
5:13 out of one's mind: 미친
5:15 no longer...: 더이상 …아니니다
5:16 from now on: 지금부터 계속

피조물이라 이전 것은 지나갔으니 보라 새것
이 되었도다
18 모든 것이 하나님께로서 났으며 그가 그리스
도로 말미암아 우리를 자기와 화목하게 하시
고 또 우리에게 화목하게 하는 직분을 주셨으
니 골 1:20
19 곧 하나님께서 그리스도 안에 계시사 세상을
자기와 화목하게 하시며 그들의 죄를 그들에
게 돌리지 아니하시고 화목하게 하는 말씀을
우리에게 부탁하셨느니라
20 ● 그러므로 우리가 그리스도를 대신하여 사
신이 되어 하나님이 우리를 통하여 너희를 권
면하시는 것같이 그리스도를 대신하여 간청
하노니 너희는 하나님과 화목하라
21 하나님이 죄를 알지도 못하신 이를 우리를 대
신하여 죄로 삼으신 것은 우리로 하여금 그 안
에서 하나님의 의가 되게 하려 하심이라

6 우리가 하나님과 함께 일하는 자로서 너희
를 권하노니 하나님의 은혜를 헛되이 받지
말라
2 이르시되
「내가 은혜 [1]베풀 때에 너에게 듣고 구원의
날에 너를 도왔다
하셨으니 보라 지금은 은혜 받을 만한 때요 보
라 지금은 구원의 날이로다
3 우리가 이 직분이 비방을 받지 않게 하려고 무
엇에든지 아무에게도 거리끼지 않게 하고
4 오직 모든 일에 하나님의 일꾼으로 자천하여
많이 견디는 것과 환난과 궁핍과 고난과
5 매 맞음과 갇힘과 난동과 수고로움과 자지 못
함과 먹지 못함 가운데서도
6 깨끗함과 지식과 오래 참음과 자비함과 성령
의 감화와 거짓이 없는 사랑과
7 [2]진리의 말씀과 하나님의 능력으로 의의 무기
를 좌우에 가지고 4:2
8 영광과 욕됨으로 그러했으며 악한 이름과 아
름다운 이름으로 그러했느니라 우리는 속이
는 자 같으나 참되고
9 무명한 자 같으나 유명한 자요 죽은 자 같으나
보라 우리가 살아 있고 징계를 받는 자 같으나
죽임을 당하지 아니하고
10 근심하는 자 같으나 항상 기뻐하고 가난한 자
같으나 많은 사람을 부요하게 하고 아무것도
없는 자 같으나 모든 것을 가진 자로다
11 ● 고린도인들이여 너희를 향하여 우리의 입
이 열리고 우리의 마음이 넓어졌으니 겔 33:22
12 너희가 우리 안에서 좁아진 것이 아니라 오직

Christ, the new creation has come:[a] The old
18 has gone, the new is here! ● All this is from
God, who reconciled us to himself through
Christ and gave us the ministry of reconcili-
19 ation: ● that God was reconciling the world
to himself in Christ, not counting people's
sins against them. And he has committed to
20 us the message of reconciliation. ● We are
therefore Christ's ambassadors, as though
God were making his appeal through us. We
implore you on Christ's behalf: Be recon-
21 ciled to God. ● God made him who had no
sin to be sin[b] for us, so that in him we might
become the righteousness of God.

6 As God's co-workers we urge you not
2 to receive God's grace in vain. ● For he
says,

"In the time of my favor I heard you,
and in the day of salvation I helped
you."[c]

I tell you, now is the time of God's favor,
now is the day of salvation.

Paul's Hardships

3 ● We put no stumbling block in anyone's
path, so that our ministry will not be dis-
4 credited. ● Rather, as servants of God we
commend ourselves in every way: in great
endurance; in troubles, hardships and dis-
5 tresses; ● in beatings, imprisonments and
riots; in hard work, sleepless nights and
6 hunger; ● in purity, understanding, pati-
ence and kindness; in the Holy Spirit and
7 in sincere love; ● in truthful speech and in
the power of God; with weapons of right-
eousness in the right hand and in the left;
8 ● through glory and dishonor, bad report
and good report; genuine, yet regarded as
9 impostors; ● known, yet regarded as un-
known; dying, and yet we live on; beaten,
10 and yet not killed; ● sorrowful, yet always
rejoicing; poor, yet making many rich;
having nothing, and yet possessing every-
thing.
11 ● We have spoken freely to you, Corinthi-
ans, and opened wide our hearts to you.
12 ● We are not withholding our affection from
you, but you are withholding yours from

[a]17 Or *Christ, that person is a new creation.* [b]21 Or *be a sin offering* [c]2 Isaiah 49:8

1) 또는 받을 만한 때 2) 헬, 참 ㄱ. 사 49:8

ambassador [æmbǽsədər] *n.* 대사
appeal [əpíːl] *n.* 호소
discredit [diskrédit] *vt.* 의심하다
dishonor [disánər] *n.* 불명예
distress [distrés] *n.* 고통
genuine [dʒénjuin] *a.* 진짜의
impostor [impástər] *n.* 사기꾼
imprisonment [impríznmənt] *n.* 투옥
reconciliation [rèkənsiliéiʃən] *n.* 화해
riot [ráiət] *n.* 소요(騷擾)
salvation [sælvéiʃən] *n.* 구원
sorrowful [sárəfəl] *a.* 슬퍼하는
stumbling block [stʌ́mbliŋblàk] *n.* 방해물
urge [əːrdʒ] *vt.* 촉구하다, 재촉하다
withhold [wiðhóuld] *vt.* 억제하다

5:18 reconcile A to B: A와 B를 화해시키다
5:19 commit to...: …에게 위탁하다
5:20 on one's behalf: …를 대신하여
6:4 in great endurance: 큰 인내로
6:12 not A but B: A가 아니라 B이다

너희 심정에서 좁아진 것이니라
13 내가 자녀에게 말하듯 하노니 보답하는 것으
로 너희도 마음을 넓히라

우리는 살아 계신 하나님의 성전

(♪ 525, 527장)

14 ●너희는 믿지 않는 자와 멍에를 함께 메지 말
라 의와 불법이 어찌 함께하며 빛과 어둠이
어찌 사귀며
15 그리스도와 벨리알이 어찌 조화되며 믿는 자
와 믿지 않는 자가 어찌 상관하며
16 하나님의 성전과 우상이 어찌 일치가 되리요
우리는 살아 계신 하나님의 성전이라 이와 같
이 하나님께서 이르시되
ㄱ내가 그들 가운데 거하며 두루 행하여 ㄴ나
는 그들의 하나님이 되고 그들은 나의 백성
이 되리라
17 그러므로 ㄷ너희는 그들 중에서 나와서 따로
있고 부정한 것을 만지지 말라 내가 너희를
영접하여
18 ㄹ너희에게 아버지가 되고 너희는 내게 자녀
가 되리라 전능하신 주의 말씀이니라
하셨느니라

7 그런즉 사랑하는 자들아 이 약속을 가진 우
리는 하나님을 두려워하는 가운데서 거룩함
을 온전히 이루어 육과 영의 온갖 더러운 것에
서 자신을 깨끗하게 하자

고린도 교회의 회개를 기뻐하다

2 ●마음으로 우리를 영접하라 우리는 아무에
게도 불의를 행하지 않고 아무에게도 해롭게
하지 않고 아무에게서도 속여 빼앗은 일이 없
노라
3 내가 이 말을 하는 것은 너희를 정죄하려고 하
는 것이 아니라 내가 이전에 말하였거니와 너
희가 우리 마음에 있어 함께 죽고 함께 살게
하고자 함이라
4 나는 너희를 향하여 담대한 것도 많고 너희를
위하여 자랑하는 것도 많으니 내가 우리의 모
든 환난 가운데서도 위로가 가득하고 기쁨이
넘치는도다
5 ●우리가 마게도냐에 이르렀을 때에도 우리
육체가 편하지 못하였고 사방으로 환난을 당
하여 밖으로는 다툼이요 안으로는 두려움이
었노라 2:13
6 그러나 낙심한 자들을 위로하시는 하나님이
디도가 옴으로 우리를 위로하셨으니 2:13
7 그가 온 것뿐 아니요 오직 그가 너희에게서
받은 그 위로로 위로하고 너희의 사모함과 애

13 us. ●As a fair exchange—I speak as to my
children—open wide your hearts also.

Warning Against Idolatry

14 ●Do not be yoked together with unbeliev-
ers. For what do righteousness and wicked-
ness have in common? Or what fellowship
15 can light have with darkness? ●What har-
mony is there between Christ and Belial[a]?
Or what does a believer have in common
16 with an unbeliever? ●What agreement is
there between the temple of God and idols?
For we are the temple of the living God. As
God has said:

"I will live with them
 and walk among them,
and I will be their God,
 and they will be my people."[b]

17 ●Therefore,

"Come out from them
 and be separate,
  says the Lord.
Touch no unclean thing,
 and I will receive you."[c]

18 ●And,

"I will be a Father to you,
 and you will be my sons and daughters,
  says the Lord Almighty."[d]

7 Therefore, since we have these promis-
es, dear friends, let us purify ourselves
from everything that contaminates body
and spirit, perfecting holiness out of rever-
ence for God.

Paul's Joy Over the Church's Repentance

2 ●Make room for us in your hearts. We
have wronged no one, we have corrupted no
3 one, we have exploited no one. ●I do not say
this to condemn you; I have said before that
you have such a place in our hearts that we
4 would live or die with you. ●I have spoken
to you with great frankness; I take great pride
in you. I am greatly encouraged; in all our
troubles my joy knows no bounds.
5 ●For when we came into Macedonia, we
had no rest, but we were harassed at every
turn—conflicts on the outside, fears within.
6 ●But God, who comforts the downcast,
7 comforted us by the coming of Titus, ●and

[a]*15* Greek *Beliar*, a variant of *Belial* [b]*16* Lev. 26:12; Jer. 32:38; Ezek. 37:27 [c]*17* Isaiah 52:11; Ezek. 20:34, 41 [d]*18* 2 Samuel 7:14; 7:8 ㄱ. 레 26:12; 출 29:45; 겔 37:27 ㄴ. 렘 31:1 ㄷ. 사 52:11 ㄹ. 호 1:10; 사 43:6

agreement [əgríːmənt] *n.* 협정, 일치
almighty [ɔːlmáiti] *a.* 전능한
bound [baund] *n.* 경계, 한도
condemn [kəndém] *vt.* 비난하다
conflict [kɑ́nflikt] *n.* 다툼
contaminate [kəntǽmənèit] *vt.* 오염시키다
corrupt [kərʌ́pt] *vt.* 타락시키다
downcast [dáunkæ̀st] *a.* 풀이 죽은
exploit [iksplɔ́it] *vt.* 착취하다
fellowship [félouʃìp] *n.* 교제, 친교
harass [hərǽs] *vt.* 괴롭히다
idol [áidl] *n.* 우상
purify [pjúərəfài] *vt.* 깨끗이 하다
reverence [révərəns] *n.* 존중, 존경
yoke [jouk] *vt.* 멍에를 메우다

6:14 have in common: 공통적으로 가지고 있다
7:2 make room for...: …를 위해서 공간(자리)를 마련하다
7:4 take pride in...: …를 자랑하다
7:5 at every turn: 어디에서나

통함과 나를 위하여 열심 있는 것을 우리에게
보고함으로 나를 더욱 기쁘게 하였느니라
8 그러므로 내가 편지로 너희를 근심하게 한 것
을 후회하였으나 지금은 후회하지 아니함은
그 편지가 너희로 잠시만 근심하게 한 줄을 앎
이라 2:2,4
9 내가 지금 기뻐함은 너희로 근심하게 한 까닭
이 아니요 도리어 너희가 근심함으로 회개함
에 이른 까닭이라 너희가 하나님의 뜻대로 근
심하게 된 것은 우리에게서 아무 해도 받지 않
게 하려 함이라
10 하나님의 뜻대로 하는 근심은 후회할 것이 없
는 구원에 이르게 하는 회개를 이루는 것이요
세상 근심은 사망을 이루는 것이니라
11 보라 하나님의 뜻대로 하게 된 이 근심이 너희
로 얼마나 간절하게 하며 얼마나 변증하게 하
며 얼마나 분하게 하며 얼마나 두렵게 하며 얼
마나 사모하게 하며 얼마나 열심 있게 하며 얼
마나 벌하게 하였는가 너희가 그 일에 대하여
일체 너희 자신의 깨끗함을 나타내었느니라
12 그런즉 내가 너희에게 쓴 것은 그 불의를 행한
자를 위한 것도 아니요 그 불의를 당한 자를
위한 것도 아니요 오직 우리를 위한 너희의 간
절함이 하나님 앞에서 너희에게 나타나게 하
려 함이로라
13 이로 말미암아 우리가 위로를 받았고 우리가
받은 위로 위에 디도의 기쁨으로 우리가 더욱
많이 기뻐함은 그의 [1]마음이 너희 무리로 말
미암아 안심함을 얻었음이라
14 내가 그에게 너희를 위하여 자랑한 것이 있더
라도 부끄럽지 아니하니 우리가 너희에게 이
른 말이 다 참된 것같이 디도 앞에서 우리가
자랑한 것도 참되게 되었도다
15 그가 너희 모든 사람들이 두려움과 떪으로 자
기를 영접하여 순종한 것을 생각하고 너희를
향하여 그의 심정이 더욱 깊었으니
16 내가 범사에 너희를 신뢰하게 된 것을 기뻐하
노라

풍성한 연보 (♪317장)

8 형제들아 하나님께서 마게도냐 교회들에게
주신 은혜를 우리가 너희에게 알리노니
2 환난의 많은 시련 가운데서 그들의 넘치는 기
쁨과 극심한 가난이 그들의 풍성한 연보를 넘
치도록 하게 하였느니라
3 내가 증언하노니 그들이 힘대로 할 뿐 아니라
힘에 지나도록 자원하여
4 이 은혜와 성도 섬기는 일에 참여함에 대하여

not only by his coming but also by the com-
fort you had given him. He told us about
your longing for me, your deep sorrow, your
ardent concern for me, so that my joy was
greater than ever.
8 •Even if I caused you sorrow by my letter,
I do not regret it. Though I did regret it — I
see that my letter hurt you, but only for a
9 little while — •yet now I am happy, not
because you were made sorry, but because
your sorrow led you to repentance. For you
became sorrowful as God intended and so
10 were not harmed in any way by us. •Godly
sorrow brings repentance that leads to sal-
vation and leaves no regret, but worldly sor-
11 row brings death. •See what this godly sor-
row has produced in you: what earnestness,
what eagerness to clear yourselves, what
indignation, what alarm, what longing,
what concern, what readiness to see justice
done. At every point you have proved your-
12 selves to be innocent in this matter. •So
even though I wrote to you, it was neither
on account of the one who did the wrong
nor on account of the injured party, but
rather that before God you could see for
13 yourselves how devoted to us you are. •By
all this we are encouraged.
In addition to our own encouragement,
we were especially delighted to see how
happy Titus was, because his spirit has been
14 refreshed by all of you. •I had boasted to
him about you, and you have not embar-
rassed me. But just as everything we said to
you was true, so our boasting about you to
15 Titus has proved to be true as well. •And his
affection for you is all the greater when he
remembers that you were all obedient, re-
16 ceiving him with fear and trembling. •I
am glad I can have complete confidence in
you.

The Collection for the Lord's People

8 And now, brothers and sisters, we want
you to know about the grace that God
2 has given the Macedonian churches. •In the
midst of a very severe trial, their overflowing
joy and their extreme poverty welled up in
3 rich generosity. •For I testify that they gave
as much as they were able, and even beyond
4 their ability. Entirely on their own, •they
urgently pleaded with us for the privilege of

1) 헬, 영

affection [əfékʃən] *n.* 애정
ardent [ɑ́:rdnt] *a.* 불타는
boast [boust] *vt.* 자랑하다
devote [divóut] *vt.* 바치다
eagerness [í:gərnis] *n.* 열심, 열의
earnestness [ə́:rnistnəs] *n.* 진지함
embarrass [imbǽrəs] *vt.* 부끄럽게 하다
encourage [inkə́:ridʒ] *vt.* 용기를 북돋우다
generosity [dʒènərɑ́səti] *n.* 자선, 관대함
indignation [indignéiʃən] *n.* 분개
overflow [òuvərflóu] *vi.* 넘쳐 흐르다
plead [pli:d] *vi.* 탄원하다
privilege [prívəlidʒ] *n.* 혜택, 특권
repentance [ripéntəns] *n.* 회개
urgently [ə́:rdʒəntli] *ad.* 절박하게

7:7 not only... but also~: …뿐만 아니라 ~도
7:7 long for...: …를 갈망하다
7:9 lead... to~: …가 ~에 이르게 하다
7:11 prove oneself to...: …한 인물임이 드러나다

우리에게 간절히 구하니
5 우리가 바라던 것뿐 아니라 그들이 먼저 자신
을 주께 드리고 또 하나님의 뜻을 따라 우리에
게 주었도다
6 그러므로 우리가 디도를 권하여 그가 이미 너
희 가운데서 시작하였은즉 이 은혜를 그대로
성취하게 하라 하였노라
7 오직 너희는 믿음과 말과 지식과 모든 간절함
과 우리를 사랑하는 이 모든 일에 풍성한 것같
이 이 은혜에도 풍성하게 할지니라
8 내가 명령으로 하는 말이 아니요 오직 다른 이
들의 간절함을 가지고 너희의 사랑의 진실함
을 증명하고자 함이로라
9 우리 주 예수 그리스도의 은혜를 너희가 알거
니와 부요하신 이로서 너희를 위하여 가난하
게 되심은 그의 가난함으로 말미암아 너희를
부요하게 하려 하심이라
10 이 일에 관하여 나의 뜻을 알리노니 이 일은 너
희에게 유익함이라 너희가 일 년 전에 행하기
를 먼저 시작할 뿐 아니라 원하기도 하였은즉
11 이제는 하던 일을 성취할지니 마음에 원하던
것과 같이 완성하되 있는 대로 하라 9:2
12 할 마음만 있으면 있는 대로 받으실 터이요 없
는 것은 받지 아니하시리라
13 이는 다른 사람들은 평안하게 하고 너희는 곤
고하게 하려는 것이 아니요 균등하게 하려 함
이니
14 이제 너희의 넉넉한 것으로 그들의 부족한 것
을 보충함은 후에 그들의 넉넉한 것으로 너희
의 부족한 것을 보충하여 균등하게 하려 함이
라 9:12
15 기록된 것같이 ㄱ많이 거둔 자도 남지 아니하였
고 적게 거둔 자도 모자라지 아니하였느니라

디도와 그의 동역자

16 ● 너희를 위하여 같은 간절함을 디도의 마음
에도 주시는 하나님께 감사하노니
17 그가 권함을 받고 더욱 간절함으로 자원하여
너희에게 나아갔고
18 또 그와 함께 그 형제를 보내었으니 이 사람은
복음으로써 모든 교회에서 칭찬을 받는 자요
19 이뿐 아니라 그는 동일한 주의 영광과 우리의
원을 나타내기 위하여 여러 교회의 택함을 받
아 우리가 맡은 은혜의 일로 우리와 동행하는
자라
20 이것을 조심함은 우리가 맡은 이 거액의 연보
에 대하여 아무도 우리를 비방하지 못하게 하
려 함이니

sharing in this service to the Lord's people.
5 • And they exceeded our expectations: They
gave themselves first of all to the Lord, and
6 then by the will of God also to us. • So we
urged Titus, just as he had earlier made a
beginning, to bring also to completion this
7 act of grace on your part. • But since you
excel in everything — in faith, in speech, in
knowledge, in complete earnestness and in
the love we have kindled in you[a] — see that
you also excel in this grace of giving.
8 • I am not commanding you, but I want
to test the sincerity of your love by compar-
9 ing it with the earnestness of others. • For
you know the grace of our Lord Jesus Christ,
that though he was rich, yet for your sake he
became poor, so that you through his pover-
ty might become rich.
10 • And here is my judgment about what
is best for you in this matter. Last year you
were the first not only to give but also to
11 have the desire to do so. • Now finish the
work, so that your eager willingness to do it
may be matched by your completion of it,
12 according to your means. • For if the will-
ingness is there, the gift is acceptable accord-
ing to what one has, not according to what
one does not have.
13 • Our desire is not that others might be
relieved while you are hard pressed, but
14 that there might be equality. • At the present
time your plenty will supply what they
need, so that in turn their plenty will supply
15 what you need. The goal is equality, • as it is
written: "The one who gathered much did
not have too much, and the one who gath-
ered little did not have too little."[b]

Titus Sent to Receive the Collection

16 • Thanks be to God, who put into the
heart of Titus the same concern I have for
17 you. • For Titus not only welcomed our
appeal, but he is coming to you with much
18 enthusiasm and on his own initiative. • And
we are sending along with him the brother
who is praised by all the churches for his ser-
19 vice to the gospel. • What is more, he was
chosen by the churches to accompany us as
we carry the offering, which we administer
in order to honor the Lord himself and to
20 show our eagerness to help. • We want to

[a]7 Some manuscripts *and in your love for us* [b]15 Exodus 16:18 ㄱ. 출 16:18

acceptable [əkséptəbl] *a.* 받아들일 만한
accompany [əkʌ́mpəni] *vt.* 동행하다
administer [ədmínistər] *vt.* 집행하다
appeal [əpí:l] *n.* 간청
completion [kəmplí:ʃən] *n.* 완성
concern [kənsə́:rn] *n.* 관심, 염려
enthusiasm [inθú:ziæzm] *n.* 열정
exceed [iksí:d] *vt.* 초과하다
expectation [èkspektéiʃən] *n.* 기대
kindle [kíndl] *vt.* 불타게 하다
poverty [pávərti] *n.* 가난
relieve [rilí:v] *vt.* 안도하다
sincerity [sinsérəti] *n.* 성실
urge [ə:rdʒ] *vt.* 강권하다
willingness [wíliŋnis] *n.* 기꺼이 하는 마음

8:7 excel in...: …에 뛰어나다
8:8 compare with...: …과 비교하다
8:9 for one's sake: …를 위하여
8:14 in turn: 교대로, 돌아가며
8:16 put into...: …에 주입하다
8:17 on one's own initiative: 자진하여

21 이는 우리가 주 앞에서뿐 아니라 사람 앞에서도 선한 일에 조심하려 함이라
22 또 그들과 함께 우리의 한 형제를 보내었노니 우리는 그가 여러 가지 일에 간절한 것을 여러 번 확인하였거니와 이제 그가 너희를 크게 믿으므로 더욱 간절하니라
23 디도로 말하면 나의 동료요 너희를 위한 나의 동역자요 우리 형제들로 말하면 여러 교회의 [1]사자들이요 그리스도의 영광이니라
24 그러므로 너희는 여러 교회 앞에서 너희의 사랑과 너희에 대한 우리 자랑의 증거를 그들에게 보이라

가난한 성도를 섬기는 연보

9 성도를 섬기는 일에 대하여는 내가 너희에게 쓸 필요가 없나니
2 이는 내가 너희의 원함을 앎이라 내가 너희를 위하여 마게도냐인들에게 아가야에서는 일 년 전부터 준비하였다는 것을 자랑하였는데 과연 너희의 열심이 퍽 많은 사람들을 분발하게 하였느니라
3 그런데 이 형제들을 보낸 것은 이 일에 너희를 위한 우리의 자랑이 헛되지 않고 내가 말한 것 같이 준비하게 하려 함이라 고전 16:2
4 혹 마게도냐인들이 나와 함께 가서 너희가 준비하지 아니한 것을 보면 너희는 고사하고 우리가 이 믿던 것에 부끄러움을 당할까 두려워하노라
5 그러므로 내가 이 형제들로 먼저 너희에게 가서 너희가 전에 약속한 [2]연보를 미리 준비하게 하도록 권면하는 것이 필요한 줄 생각하였노니 이렇게 준비하여야 참 [2]연보답고 [3]억지가 아니니라
6 ●이것이 곧 적게 심는 자는 적게 거두고 [4]많이 심는 자는 [4]많이 거둔다 하는 말이로다
7 각각 그 마음에 정한 대로 할 것이요 인색함으로나 억지로 하지 말지니 하나님은 즐겨 내는 자를 사랑하시느니라
8 하나님이 능히 모든 은혜를 너희에게 넘치게 하시나니 이는 너희로 모든 일에 항상 모든 것이 넉넉하여 모든 착한 일을 넘치게 하게 하려 하심이라
9 기록된 바

> [ㄱ]그가 흩어 가난한 자들에게 주었으니 그의 의가 영원토록 있느니라

함과 같으니라
10 심는 자에게 씨와 먹을 양식을 [5]주시는 이가 너희 심을 것을 [6]주사 풍성하게 하시고 너희

avoid any criticism of the way we adminis-
21 ter this liberal gift. •For we are taking pains
to do what is right, not only in the eyes of
the Lord but also in the eyes of man.
22 •In addition, we are sending with them
our brother who has often proved to us in
many ways that he is zealous, and now even
more so because of his great confidence in
23 you. •As for Titus, he is my partner and
co-worker among you; as for our brothers,
they are representatives of the churches and
24 an honor to Christ. •Therefore show these
men the proof of your love and the reason
for our pride in you, so that the churches can
see it.

9 There is no need for me to write to you
about this service to the Lord's people.
2 •For I know your eagerness to help, and I
have been boasting about it to the Macedo-
nians, telling them that since last year you in
Achaia were ready to give; and your enthusi-
3 asm has stirred most of them to action. •But
I am sending the brothers in order that our
boasting about you in this matter should not
prove hollow, but that you may be ready, as
4 I said you would be. •For if any Macedo-
nians come with me and find you unpre-
pared, we—not to say anything about you
—would be ashamed of having been so
5 confident. •So I thought it necessary to urge
the brothers to visit you in advance and fin-
ish the arrangements for the generous gift
you had promised. Then it will be ready as a
generous gift, not as one grudgingly given.

Generosity Encouraged

6 •Remember this: Whoever sows sparingly
will also reap sparingly, and whoever sows
7 generously will also reap generously. •Each
of you should give what you have decided
in your heart to give, not reluctantly or un-
der compulsion, for God loves a cheerful
8 giver. •And God is able to bless you abun-
dantly, so that in all things at all times, hav-
ing all that you need, you will abound in
9 every good work. •As it is written:

> "They have freely scattered their gifts to
> the poor;
> their righteousness endures forever."[a]

10 •Now he who supplies seed to the sower
and bread for food will also supply and

[a]9 Psalm 112:9 1) 헬, 사도들 2) 헬, 복 3) 또는 탐심이 4) 헬, 복으로 5) 헬, 공급하시는 6) 헬, 공급하사 ㄱ. 시 112:9

abound [əbáund] *vi.* 풍부하다
arrangement [əréindʒmənt] *n.* 준비
boast [boust] *vt.* 자랑하다
compulsion [kəmpʌ́lʃən] *n.* 강제
criticism [krítəsìzm] *n.* 비평
grudgingly [grʌ́dʒiŋli] *ad.* 마지못해
hollow [hálou] *a.* 공허한
liberal [líbərəl] *a.* 후한, 관대한
reap [riːp] *vt.* 수확하다
reluctantly [rilʌ́ktəntli] *ad.* 마지못해
representative [rèprizéntətiv] *n.* 대표
scatter [skǽtər] *vt.* 흩어버리다
sparingly [spέəriŋli] *ad.* 결핍 되어
stir [stəːr] *vt.* 일으키다, 분발시키다
zealous [zéləs] *a.* 열심인

8:21 **take pains to(do)...**: 일부러 … 하다
8:23 **as for...**: …에 관하여 말하자면
9:3 **in order that...**: …하기 위해
9:5 **urge (on) to...**: …하라고 독려하다
9:5 **in advance**: 앞서서

의의 열매를 더하게 하시리니 호 10:12
11 너희가 모든 일에 넉넉하여 너그럽게 연보를
함은 그들이 우리로 말미암아 하나님께 감사
하게 하는 것이라
12 이 봉사의 직무가 성도들의 부족한 것을 보충
할 뿐 아니라 사람들이 하나님께 드리는 많은
감사로 말미암아 넘쳤느니라
13 이 직무로 증거를 삼아 너희가 그리스도의 복
음을 진실히 믿고 복종하는 것과 그들과 모든
사람을 섬기는 너희의 후한 연보로 말미암아
하나님께 영광을 돌리고
14 또 그들이 너희를 위하여 간구하며 하나님이
너희에게 주신 지극한 은혜로 말미암아 너희
를 사모하느니라
15 말할 수 없는 그의 은사로 말미암아 하나님께
감사하노라

바울이 자기의 사도직을 변호하다

10 너희를 대면하면 유순하고 떠나 있으면
너희에 대하여 담대한 나 바울은 이제 그
리스도의 온유와 관용으로 친히 너희를 권하고
2 또한 우리를 육신에 따라 행하는 자로 여기는
자들에 대하여 내가 담대히 대하는 것같이 너
희와 함께 있을 때에 나로 하여금 이 담대한
태도로 대하지 않게 하기를 구하노라
3 우리가 육신으로 행하나 육신에 따라 싸우지
아니하노니
4 우리의 싸우는 무기는 육신에 속한 것이 아니
요 오직 어떤 견고한 진도 무너뜨리는 하나님
의 능력이라 모든 이론을 무너뜨리며 딤전 1:18
5 하나님 아는 것을 대적하여 높아진 것을 다 무
너뜨리고 모든 생각을 사로잡아 그리스도에
게 복종하게 하니
6 너희의 복종이 온전하게 될 때에 모든 복종하
지 않는 것을 벌하려고 준비하는 중에 있노라
7 너희는 외모만 보는도다 만일 사람이 자기가
그리스도에게 속한 줄을 믿을진대 자기가 그
리스도에게 속한 것같이 우리도 그러한 줄을
자기 속으로 다시 생각할 것이라 요 7:24
8 주께서 주신 권세는 너희를 무너뜨리려고 하
신 것이 아니요 세우려고 하신 것이니 내가 이
에 대하여 지나치게 자랑하여도 부끄럽지 아
니하리라
9 이는 내가 편지들로 너희를 놀라게 하려는 것
같이 생각하지 않게 함이라
10 그들의 말이 그의 편지들은 무게가 있고 힘이
있으나 그가 몸으로 대할 때는 약하고 그 말도
시원하지 않다 하니

increase your store of seed and will enlarge
11 the harvest of your righteousness. •You will
be enriched in every way so that you can be
generous on every occasion, and through us
your generosity will result in thanksgiving
to God.
12 •This service that you perform is not
only supplying the needs of the Lord's peo-
ple but is also overflowing in many expres-
13 sions of thanks to God. •Because of the ser-
vice by which you have proved yourselves,
others will praise God for the obedience that
accompanies your confession of the gospel
of Christ, and for your generosity in sharing
14 with them and with everyone else. •And in
their prayers for you their hearts will go out
to you, because of the surpassing grace God
15 has given you. •Thanks be to God for his
indescribable gift!

Paul's Defense of His Ministry

10 By the humility and gentleness of
Christ, I appeal to you — I, Paul, who
am "timid" when face to face with you, but
2 "bold" toward you when away! •I beg you
that when I come I may not have to be as
bold as I expect to be toward some people
who think that we live by the standards
3 of this world. •For though we live in the
world, we do not wage war as the world
4 does. •The weapons we fight with are not
the weapons of the world. On the contrary,
they have divine power to demolish strong-
5 holds. •We demolish arguments and every
pretension that sets itself up against the
knowledge of God, and we take captive
every thought to make it obedient to Christ.
6 •And we will be ready to punish every act
of disobedience, once your obedience is
complete.
7 •You are judging by appearances.[a] If any-
one is confident that they belong to Christ,
they should consider again that we belong
8 to Christ just as much as they do. •So even
if I boast somewhat freely about the author-
ity the Lord gave us for building you up
rather than tearing you down, I will not be
9 ashamed of it. •I do not want to seem to be
10 trying to frighten you with my letters. •For
some say, "His letters are weighty and force-
ful, but in person he is unimpressive and his

[a]7 Or *Look at the obvious facts*

argument [á:rgjumənt] *n.* 논거
confession [kənféʃən] *n.* 고백
demolish [dimáliʃ] *vt.* 파괴하다
divine [diváin] *a.* 하나님의, 신의
enlarge [inlá:rdʒ] *vt.* 크게 하다
generosity [dʒènərásəti] *n.* 관대함
indescribable [indiskráibəbl] *a.* 말로 표현할 수 없는
occasion [əkéiʒən] *n.* 경우
overflow [òuvərflóu] *vi.* 넘치다, 범람하다
pretension [priténʃən] *n.* 요구, 자만
stronghold [strɔ́:ŋhòuld] *n.* 요새
timid [tímid] *a.* 소심한, 겁 많은
unimpressive [ʌnimprésiv] *a.* 인상적이 아닌
wage [weidʒ] *vt.* 행해지다
weighty [wéiti] *a.* 중요한

9:11 result in...: (결과적으로) …를 야기하다
10:4 on the contrary: 그와는 반대로
10:5 set up against...: …에 대항하다
10:5 take captive: 포로로 잡다
10:8 boast about...: …에 대해 자랑하다

11 이런 사람은 우리가 떠나 있을 때에 편지들로
말하는 것과 함께 있을 때에 행하는 일이 같은
것임을 알지라
12 우리는 자기를 칭찬하는 어떤 자와 더불어 감
히 짝하며 비교할 수 없노라 그러나 그들이 자
기로써 자기를 헤아리고 자기로써 자기를 비
교하니 지혜가 없도다
13 그러나 우리는 분수 이상의 자랑을 하지 않고
오직 하나님이 우리에게 나누어 주신 그 범위
의 한계를 따라 하노니 곧 너희에게까지 이른
것이라
14 우리가 너희에게 미치지 못할 자로서 스스로
지나쳐 나아간 것이 아니요 그리스도의 복음
으로 너희에게까지 이른 것이라
15 우리는 남의 수고를 가지고 분수 이상의 자랑
을 하는 것이 아니라 오직 너희 믿음이 자랄수
록 우리의 규범을 따라 너희 가운데서 더욱 풍
성하여지기를 바라노라 살후 1:3
16 이는 남의 규범으로 이루어 놓은 것으로 자랑
하지 아니하고 너희 지역을 넘어 복음을 전하
려 함이라
17 ㄱ자랑하는 자는 주 안에서 자랑할지니라
18 옳다 인정함을 받는 자는 자기를 칭찬하는 자
가 아니요 오직 주께서 칭찬하시는 자니라

바울과 거짓 사도들

11 원하건대 너희는 나의 좀 어리석은 것을
용납하라 1)청하건대 나를 용납하라 5:13
2 내가 하나님의 열심으로 너희를 위하여 열심
을 내노니 내가 너희를 정결한 처녀로 한 남편
인 그리스도께 드리려고 중매함이로다 그러
나 나는
3 뱀이 그 간계로 하와를 미혹한 것같이 너희 마
음이 그리스도를 향하는 진실함과 깨끗함에
서 떠나 부패할까 두려워하노라
4 만일 누가 가서 우리가 전파하지 아니한 다른
예수를 전파하거나 혹은 너희가 받지 아니한
다른 영을 받게 하거나 혹은 너희가 받지 아니
한 다른 복음을 받게 할 때에는 너희가 잘 용
납하는구나
5 나는 지극히 크다는 사도들보다 부족한 것이
조금도 없는 줄로 생각하노라
6 내가 비록 말에는 부족하나 지식에는 그렇지
아니하니 이것을 우리가 모든 사람 가운데서
모든 일로 너희에게 나타내었노라
7 내가 너희를 높이려고 나를 낮추어 하나님의
복음을 값없이 너희에게 전함으로 죄를 지었
느냐

11 speaking amounts to nothing." •Such peo-
ple should realize that what we are in our
letters when we are absent, we will be in our
actions when we are present.
12 •We do not dare to classify or compare
ourselves with some who commend them-
selves. When they measure themselves by
themselves and compare themselves with
13 themselves, they are not wise. •We, howev-
er, will not boast beyond proper limits, but
will confine our boasting to the sphere of ser-
vice God himself has assigned to us, a sphere
14 that also includes you. •We are not going
too far in our boasting, as would be the case
if we had not come to you, for we did get as
15 far as you with the gospel of Christ. •Neither
do we go beyond our limits by boasting of
work done by others. Our hope is that, as
your faith continues to grow, our sphere of
16 activity among you will greatly expand, •so
that we can preach the gospel in the regions
beyond you. For we do not want to boast
about work already done in someone else's
17 territory. •But, "Let the one who boasts
18 boast in the Lord."[a] •For it is not the one
who commends himself who is approved,
but the one whom the Lord commends.

Paul and the False Apostles

11 I hope you will put up with me in a
little foolishness. Yes, please put up
2 with me! •I am jealous for you with a godly
jealousy. I promised you to one husband, to
Christ, so that I might present you as a pure
3 virgin to him. •But I am afraid that just as
Eve was deceived by the serpent's cunning,
your minds may somehow be led astray
from your sincere and pure devotion to
4 Christ. •For if someone comes to you and
preaches a Jesus other than the Jesus we
preached, or if you receive a different spirit
from the Spirit you received, or a different
gospel from the one you accepted, you put
up with it easily enough.
5 •I do not think I am in the least inferior to
6 those "super-apostles."[b] •I may indeed be
untrained as a speaker, but I do have knowl-
edge. We have made this perfectly clear to
7 you in every way. •Was it a sin for me to
lower myself in order to elevate you by
preaching the gospel of God to you free of

[a]17 Jer. 9:24 [b]5 Or *to the most eminent apostles*

1) 또는 너희가 과연 나를 용납하느니라 ㄱ. 렘 9:24

apostle [əpásl] *n.* 사도	**devotion** [divóuʃən] *n.* 헌신	**preach** [priːtʃ] *vt.* 전도하다
classify [klǽsəfài] *vt.* 분류(구분)하다	**elevate** [éləvèit] *vt.* 올리다, 높이다	**proper** [prápər] *a.* 적당한, 타당한
commend [kəménd] *vt.* 칭찬하다	**expand** [ikspǽnd] *vt.* 넓히다	**serpent** [sə́ːrpənt] *n.* 뱀
confine [kənfáin] *vt.* 한정하다	**inferior** [infíəriər] *a.* 열등한	**territory** [térətɔ̀ːri] *n.* 영토
cunning [kʌ́niŋ] *n.* 잔꾀	**measure** [méʒər] *vt.* 평가(판단)하다	**virgin** [vəː́rdʒin] *n.* 처녀
10:12 **dare to...**: 감히 …하다	10:13 **assign to...**: …에게 할당하다	11:3 **lead astray** : 나쁜 길로 이끌다
10:12 **compare A with B**: A와 B를 비교하다	11:1 **put up with...**: …를 참다	11:7 **lower oneself**: 굽히다, 굴복하다

8 내가 너희를 섬기기 위하여 다른 여러 교회에서
비용을 받은 것은 탈취한 것이라
9 또 내가 너희와 함께 있을 때 비용이 부족하였으
되 아무에게도 누를 끼치지 아니하였음은 마게
도냐에서 온 형제들이 나의 부족한 것을 보충하
였음이라 내가 모든 일에 너희에게 폐를 끼치지
않기 위하여 스스로 조심하였고 또 조심하리라
10 그리스도의 [1]진리가 내 속에 있으니 아가야 지
방에서 나의 이 자랑이 막히지 아니하리라
11 어떠한 까닭이냐 내가 너희를 사랑하지 아니함
이냐 하나님이 아시느니라 12:15
12 나는 내가 해 온 그대로 앞으로도 하리니 기회를
찾는 자들이 그 자랑하는 일로 우리와 같이 인
정 받으려는 그 기회를 끊으려 함이라
13 그런 사람들은 거짓 사도요 속이는 일꾼이니 자
기를 그리스도의 사도로 가장하는 자들이니라
14 이것은 이상한 일이 아니니라 사탄도 자기를 광
명의 천사로 가장하나니
15 그러므로 사탄의 일꾼들도 자기를 의의 일꾼으
로 가장하는 것이 또한 대단한 일이 아니니라 그
들의 마지막은 그 행위대로 되리라

바울의 참된 자랑

16 •내가 다시 말하노니 누구든지 나를 어리석은
자로 여기지 말라 만일 그러하더라도 내가 조금
자랑할 수 있도록 어리석은 자로 받으라
17 내가 말하는 것은 주를 따라 하는 말이 아니요
오직 어리석은 자와 같이 기탄없이 자랑하노라
18 여러 사람이 육신을 따라 자랑하니 나도 자랑하
겠노라
19 너희는 지혜로운 자로서 어리석은 자들을 기쁘
게 용납하는구나
20 누가 너희를 종으로 삼거나 잡아먹거나 빼앗거
나 스스로 높이거나 뺨을 칠지라도 너희가 용납
하는도다
21 나는 우리가 약한 것같이 욕되게 말하노라 그러
나 누가 무슨 일에 담대하면 어리석은 말이나마
나도 담대하리라
22 그들이 히브리인이냐 나도 그러하며 그들이 이
스라엘인이냐 나도 그러하며 그들이 아브라함
의 후손이냐 나도 그러하며
23 그들이 그리스도의 일꾼이냐 정신 없는 말을 하
거니와 나는 더욱 그러하도다 내가 수고를 넘치
도록 하고 옥에 갇히기도 더 많이 하고 매도 수
없이 맞고 여러 번 죽을 뻔하였으니
24 유대인들에게 사십에서 하나 감한 매를 다섯 번
맞았으며
25 세 번 태장으로 맞고 한 번 돌로 맞고 세 번 파선

8 charge? •I robbed other churches by
receiving support from them so as to serve
9 you. •And when I was with you and
needed something, I was not a burden to
anyone, for the brothers who came from
Macedonia supplied what I needed. I have
kept myself from being a burden to you in
10 any way, and will continue to do so. •As
surely as the truth of Christ is in me, no-
body in the regions of Achaia will stop
11 this boasting of mine. •Why? Because I
do not love you? God knows I do!
12 •And I will keep on doing what I am
doing in order to cut the ground from
under those who want an opportunity to
be considered equal with us in the things
13 they boast about. •For such people are
false apostles, deceitful workers, mas-
14 querading as apostles of Christ. •And no
wonder, for Satan himself masquerades
15 as an angel of light. •It is not surprising,
then, if his servants also masquerade as
servants of righteousness. Their end will
be what their actions deserve.

Paul Boasts About His Sufferings

16 •I repeat: Let no one take me for a fool.
But if you do, then tolerate me just as you
would a fool, so that I may do a little
17 boasting. •In this self-confident boasting I
am not talking as the Lord would, but as
18 a fool. •Since many are boasting in the
19 way the world does, I too will boast. •You
gladly put up with fools since you are so
20 wise! •In fact, you even put up with any-
one who enslaves you or exploits you or
takes advantage of you or puts on airs
21 or slaps you in the face. •To my shame I
admit that we were too weak for that!
Whatever anyone else dares to boast
about—I am speaking as a fool—I also
22 dare to boast about. •Are they Hebrews?
So am I. Are they Israelites? So am I. Are
they Abraham's descendants? So am I.
23 •Are they servants of Christ? (I am out of
my mind to talk like this.) I am more. I
have worked much harder, been in prison
more frequently, been flogged more
severely, and been exposed to death again
24 and again. •Five times I received from the
25 Jews the forty lashes minus one. •Three
times I was beaten with rods, once I was

1) 헬, 참

boast [boust] *vt.* 자랑하다
burden [bə́:rdn] *n.* 짐
charge [tʃa:rdʒ] *n.* 대가, 비용
deceitful [disí:tfəl] *a.* 기만적인
deserve [dizə́:rv] *vt.* …할 만하다
enslave [insléiv] *vt.* 노예로 만들다
exploit [iksplɔ́it] *vt.* 착취하다
expose [ikspóuz] *vt.* (위협 등에) 드러내다
flog [flag] *vt.* 매질하다
lash [læʃ] *n.* 채찍질
masquerade [mæskəréid] *vi.* 변장하다
opportunity [àpərtjú:nəti] *n.* 기회
rod [rad] *n.* 회초리, 매
severely [sivíərli] *ad.* 호되게, 엄격하게
slap [slæp] *vt.* 때리다

11:8 **so as to…**: …하기 위하여
11:10 **as surely as…**: …와 마찬가지로 틀림없이
11:16 **take… for ~**: …를 ~로 간주하다
11:20 **take advantage of…**: …를 이용하다
11:21 **boast about…**: …에 대해 자랑하다
11:23 **be out of one's mind**: 미쳤다

하고 일 주야를 깊은 바다에서 지냈으며
26 여러 번 여행하면서 강의 위험과 강도의 위험
과 동족의 위험과 이방인의 위험과 시내의 위
험과 광야의 위험과 바다의 위험과 거짓 형제
중의 위험을 당하고
27 또 수고하며 애쓰고 여러 번 자지 못하고 주리
며 목마르고 여러 번 굶고 춥고 헐벗었노라
28 이외의 일은 고사하고 아직도 날마다 내 속에
눌리는 일이 있으니 곧 모든 교회를 위하여 염
려하는 것이라
29 누가 약하면 내가 약하지 아니하며 누가 실족
하게 되면 내가 1)애타지 아니하더냐
30 내가 부득불 자랑할진대 내가 약한 것을 자랑
하리라 고전 2:3
31 주 예수의 아버지 영원히 찬송할 하나님이 내
가 거짓말 아니하는 것을 아시느니라
32 다메섹에서 아레다 왕의 고관이 나를 잡으려
고 다메섹 성을 지켰으나
33 나는 광주리를 타고 들창문으로 성벽을 내려
가 그 손에서 벗어났노라

주께서 보여주신 환상과 계시

12 무익하나마 내가 부득불 자랑하노니 주
의 환상과 계시를 말하리라 11:30
2 내가 그리스도 안에 있는 한 사람을 아노니 그
는 십사 년 전에 셋째 하늘에 이끌려 간 자라
(그가 몸 안에 있었는지 몸 밖에 있었는지 나
는 모르거니와 하나님은 아시느니라) 엡 4:10
3 내가 이런 사람을 아노니 (그가 몸 안에 있었
는지 몸 밖에 있었는지 나는 모르거니와 하나
님은 아시느니라)
4 그가 낙원으로 이끌려 가서 말로 표현할 수 없
는 말을 들었으니 사람이 가히 이르지 못할 말
이로다
5 내가 이런 사람을 위하여 자랑하겠으나 나를
위하여는 약한 것들 외에 자랑하지 아니하리라
6 내가 만일 자랑하고자 하여도 어리석은 자가
되지 아니할 것은 내가 참말을 함이라 그러나
누가 나를 보는 바와 내게 듣는 바에 지나치게
생각할까 두려워하여 그만두노라
7 여러 계시를 받은 것이 지극히 크므로 너무 자
만하지 않게 하시려고 내 육체에 가시 곧 사탄
의 사자를 주셨으니 이는 나를 쳐서 너무 자만
하지 않게 하려 하심이라
8 이것이 내게서 떠나가게 하기 위하여 내가 세
번 주께 간구하였더니
9 나에게 이르시기를 내 은혜가 네게 족하도다
이는 내 능력이 약한 데서 온전하여짐이라 하

pelted with stones, three times I was ship-
wrecked, I spent a night and a day in the
26 open sea, • I have been constantly on the
move. I have been in danger from rivers, in
danger from bandits, in danger from my fel-
low Jews, in danger from Gentiles; in danger
in the city, in danger in the country, in dan-
ger at sea; and in danger from false believers.
27 • I have labored and toiled and have often
gone without sleep; I have known hunger
and thirst and have often gone without
28 food; I have been cold and naked. • Besides
everything else, I face daily the pressure of
29 my concern for all the churches. • Who is
weak, and I do not feel weak? Who is led
into sin, and I do not inwardly burn?
30 • If I must boast, I will boast of the things
31 that show my weakness. • The God and
Father of the Lord Jesus, who is to be praised
32 forever, knows that I am not lying. • In
Damascus the governor under King Aretas
had the city of the Damascenes guarded in
33 order to arrest me. • But I was lowered in a
basket from a window in the wall and
slipped through his hands.

Paul's Vision and His Thorn

12 I must go on boasting. Although
there is nothing to be gained, I will go
on to visions and revelations from the Lord.
2 • I know a man in Christ who fourteen years
ago was caught up to the third heaven.
Whether it was in the body or out of the
3 body I do not know — God knows. • And I
know that this man — whether in the body
or apart from the body I do not know, but
4 God knows — • was caught up to paradise
and heard inexpressible things, things that
5 no one is permitted to tell. • I will boast
about a man like that, but I will not boast
about myself, except about my weaknesses.
6 • Even if I should choose to boast, I would
not be a fool, because I would be speaking
the truth. But I refrain, so no one will think
more of me than is warranted by what I do
7 or say, • or because of these surpassingly
great revelations. Therefore, in order to keep
me from becoming conceited, I was given a
thorn in my flesh, a messenger of Satan, to
8 torment me. • Three times I pleaded with
9 the Lord to take it away from me. • But he
said to me, "My grace is sufficient for you,

1) 헬, 타지 않더냐

bandit [bǽndit] *n.* 산적, 강도
conceited [kənsí:tid] *a.* 우쭐한
concern [kənsə́:rn] *n.* 관심, 걱정
gentile [dʒéntail] *n.* 이방인
inexpressible [inikspésəbl] *a.* 형언할 수 없는
inwardly [ínwərdli] *ad.* 내면적으로
plead [pli:d] *vt.* 간청하다
refrain [rifréin] *vi.* 그만두다, 자제하다
revelation [rèvəléiʃən] *n.* 계시
shipwreck [ʃíprèk] *vt.* 난파시키다
slip [slip] *vi.* 빠지다
surpassingly [sərpǽsiŋli] *ad.* 뛰어나게
toil [tɔil] *vi.* 수고하다
torment [tɔ:rmént] *vt.* 괴롭히다
warrant [wɔ́:rənt] *vt.* 보증하다

11:26 **on the move**: 여행 중에
11:26 **in danger**: 위험에 직면해서
12:3 **apart from...**: …에서 떨어져 하다
12:7 **keep...from~**: …가 ~하지 못하게
12:9 **be sufficient for...**: …에 충분하다

신지라 그러므로 도리어 크게 기뻐함으로 나의
여러 약한 것들에 대하여 자랑하리니 이는 그
리스도의 능력이 내게 [1]머물게 하려 함이라
10 그러므로 내가 그리스도를 위하여 약한 것들과
능욕과 궁핍과 박해와 곤고를 기뻐하노니 이는
내가 약한 그때에 강함이라

고린도 교회의 일을 염려하다

11 ●내가 어리석은 자가 되었으나 너희가 억지로
시킨 것이니 나는 너희에게 칭찬을 받아야 마
땅하도다 내가 아무것도 아니나 지극히 크다는
사도들보다 조금도 부족하지 아니하니라 11:5
12 사도의 표가 된 것은 내가 너희 가운데서 모든
참음과 [2]표적과 기사와 능력을 행한 것이라
13 내 자신이 너희에게 폐를 끼치지 아니한 일 밖
에 다른 교회보다 부족하게 한 것이 무엇이 있
느냐 너희는 나의 이 공평하지 못한 것을 용서
하라
14 ●보라 내가 이제 세 번째 너희에게 가기를 준
비하였으나 너희에게 폐를 끼치지 아니하리라
내가 구하는 것은 너희의 재물이 아니요 오직
너희니라 어린아이가 부모를 위하여 재물을 저
축하는 것이 아니요 부모가 어린아이를 위하여
하느니라
15 내가 너희 영혼을 위하여 크게 기뻐하므로 재
물을 사용하고 또 내 자신까지도 내어주리니
너희를 더욱 사랑할수록 나는 사랑을 덜 받겠
느냐
16 하여간 어떤 이의 말이 내가 너희에게 짐을 지
우지는 아니하였을지라도 교활한 자가 되어 너
희를 속임수로 취하였다 하니
17 내가 너희에게 보낸 자 중에 누구로 너희의 이
득을 취하더냐
18 내가 디도를 권하고 함께 한 형제를 보내었으
니 디도가 너희의 이득을 취하더냐 우리가 동
일한 성령으로 행하지 아니하더냐 동일한 보조
로 하지 아니하더냐
19 너희는 이때까지 우리가 자기 변명을 하는 줄
로 생각하는구나 우리는 그리스도 안에서 하나
님 앞에 말하노라 사랑하는 자들아 이 모든 것
은 너희의 덕을 세우기 위함이니라
20 내가 갈 때에 너희를 내가 원하는 것과 같이 보
지 못하고 또 내가 너희에게 너희가 원하지 않
는 것과 같이 보일까 두려워하며 또 다툼과 시
기와 분냄과 당 짓는 것과 비방과 수군거림과
거만함과 혼란이 있을까 두려워하고
21 또 내가 다시 갈 때에 내 하나님이 나를 너희 앞
에서 낮추실까 두려워하고 또 내가 전에 죄를

for my power is made perfect in weak-
ness." Therefore I will boast all the more
gladly about my weaknesses, so that
10 Christ's power may rest on me. ●That is
why, for Christ's sake, I delight in weak-
nesses, in insults, in hardships, in persecu-
tions, in difficulties. For when I am weak,
then I am strong.

Paul's Concern for the Corinthians

11 ●I have made a fool of myself, but you
drove me to it. I ought to have been com-
mended by you, for I am not in the least
inferior to the "super-apostles,"[a] even
12 though I am nothing. ●I persevered in
demonstrating among you the marks of a
true apostle, including signs, wonders and
13 miracles. ●How were you inferior to the
other churches, except that I was never a
burden to you? Forgive me this wrong!
14 ●Now I am ready to visit you for the
third time, and I will not be a burden to
you, because what I want is not your pos-
sessions but you. After all, children should
not have to save up for their parents, but
15 parents for their children. ●So I will very
gladly spend for you everything I have and
expend myself as well. If I love you more,
16 will you love me less? ●Be that as it may, I
have not been a burden to you. Yet, crafty
fellow that I am, I caught you by trickery!
17 ●Did I exploit you through any of the men
18 I sent to you? ●I urged Titus to go to you
and I sent our brother with him. Titus did
not exploit you, did he? Did we not walk
in the same footsteps by the same Spirit?
19 ●Have you been thinking all along that
we have been defending ourselves to you?
We have been speaking in the sight of God
as those in Christ; and everything we do,
dear friends, is for your strengthening.
20 ●For I am afraid that when I come I may
not find you as I want you to be, and you
may not find me as you want me to be. I
fear that there may be discord, jealousy,
fits of rage, selfish ambition, slander, gos-
21 sip, arrogance and disorder. ●I am afraid
that when I come again my God will
humble me before you, and I will be griev-
ed over many who have sinned earlier and
have not repented of the impurity, sexual

[a]11 Or *the most eminent apostles*

1) 헬, 장막으로 덮게 2) 또는 이적

arrogance [ǽrəgəns] *n.* 거만
commend [kəménd] *vt.* 칭찬하다
crafty [krǽfti] *a.* 교활한
exploit [iksplɔ́it] *vt.* 착취하다
impurity [impjúərəti] *n.* 불결
inferior [infíəriər] *a.* 열등한
insult [insʌ́lt] *n.* 모욕
persecution [pə̀ːrsikjúːʃən] *n.* 박해
persevere [pə̀ːrsəvíər] *vi.* 인내하다
possession [pəzéʃən] *n.* 재산, 소유
repent [ripént] *vi.* 회개하다
slander [slǽndər] *n.* 중상, 비방
strengthen [stréŋkθən] *vt.* 강하게 하다
trickery [tríkəri] *n.* 속임수
urge [əːrdʒ] *vt.* 재촉하다, 권하다

12:10 delight in...: …를 기뻐하다
12:11 not in the least...: 조금도 …하지 않다
12:11 inferior to...: …보다 열등한
12:14 save up for...: …를 위해 저축하다
12:19 in the sight of...: …가 보기에는
12:21 grieve over...: …때문에 한탄하다

지은 여러 사람의 그 행한 바 더러움과 음란함
과 호색함을 회개하지 아니함 때문에 슬퍼할
까 두려워하노라

권면과 끝 인사

13 내가 이제 세 번째 너희에게 가리니 두세
증인의 입으로 말마다 확정하리라
2 내가 이미 말하였거니와 지금 떠나 있으나 두
번째 대면하였을 때와 같이 전에 죄지은 자들
과 그 남은 모든 사람에게 미리 말하노니 내가
다시 가면 용서하지 아니하리라
3 이는 그리스도께서 내 안에서 말씀하시는 증
거를 너희가 구함이니 그는 너희에게 대하여
약하지 않고 도리어 너희 안에서 강하시니라
4 그리스도께서 약하심으로 십자가에 못 박히
셨으나 하나님의 능력으로 살아 계시니 우리
도 [1]그 안에서 약하나 너희에게 대하여 하나
님의 능력으로 그와 함께 살리라
5 너희는 믿음 안에 있는가 너희 자신을 시험하
고 너희 자신을 확증하라 예수 그리스도께서
너희 안에 계신 줄을 너희가 스스로 알지 못하
느냐 그렇지 않으면 너희는 버림받은 자니라
6 우리가 버림받은 자 되지 아니한 것을 너희가
알기를 내가 바라고
7 우리가 하나님께서 너희로 악을 조금도 행하
지 않게 하시기를 구하노니 이는 우리가 옳은
자임을 나타내고자 함이 아니라 오직 우리는
버림받은 자 같을지라도 너희는 선을 행하게
하고자 함이라
8 우리는 진리를 거슬러 아무것도 할 수 없고 오
직 진리를 위할 뿐이니
9 우리가 약할 때에 너희가 강한 것을 기뻐하고
또 이것을 위하여 구하니 곧 너희가 온전하게
되는 것이라 11:30
10 그러므로 내가 떠나 있을 때에 이렇게 쓰는 것
은 대면할 때에 주께서 너희를 넘어뜨리려 하
지 않고 세우려 하여 내게 주신 그 권한을 따
라 엄하지 않게 하려 함이라
11 ● 마지막으로 말하노니 형제들아 기뻐하라
온전하게 되며 위로를 받으며 마음을 같이하
며 평안할지어다 또 사랑과 평강의 하나님이
너희와 함께 계시리라 거룩하게 입맞춤으로
서로 문안하라
12 모든 성도가 너희에게 문안하느니라
13 ● 주 예수 그리스도의 은혜와 하나님의 사랑
과 성령의 교통하심이 너희 무리와 함께 있을
지어다

sin and debauchery in which they have
indulged.

Final Warnings

13 This will be my third visit to you.
"Every matter must be established by
the testimony of two or three witnesses."[a]
2 ● I already gave you a warning when I was
with you the second time. I now repeat it
while absent: On my return I will not spare
those who sinned earlier or any of the oth-
3 ers, ● since you are demanding proof that
Christ is speaking through me. He is not
weak in dealing with you, but is powerful
4 among you. ● For to be sure, he was crucified
in weakness, yet he lives by God's power.
Likewise, we are weak in him, yet by God's
power we will live with him in our dealing
with you.
5 ● Examine yourselves to see whether you
are in the faith; test yourselves. Do you not
realize that Christ Jesus is in you — unless, of
6 course, you fail the test? ● And I trust that
you will discover that we have not failed the
7 test. ● Now we pray to God that you will not
do anything wrong — not so that people
will see that we have stood the test but so
that you will do what is right even though
8 we may seem to have failed. ● For we cannot
do anything against the truth, but only for
9 the truth. ● We are glad whenever we are
weak but you are strong; and our prayer is
10 that you may be fully restored. ● This is why
I write these things when I am absent, that
when I come I may not have to be harsh in
my use of authority — the authority the
Lord gave me for building you up, not for
tearing you down.

Final Greetings

11 ● Finally, brothers and sisters, rejoice!
Strive for full restoration, encourage one
another, be of one mind, live in peace. And
the God of love and peace will be with you.
12 ● Greet one another with a holy kiss.
13 ● All God's people here send their greetings.
14 ● May the grace of the Lord Jesus Christ,
and the love of God, and the fellowship of
the Holy Spirit be with you all.

---

[a] *1* Deut. 19:15

1) 어떤 사본에, 그와 함께 약하나

absent [ǽbsənt] *a.* 부재의
authority [əθɔ́:rəti] *n.* 권한, 권위
crucify [krú:səfài] *vt.* 십자가에 못 박다
debauchery [dibɔ́:tʃəri] *n.* 방탕
discover [diskʌ́vər] *vt.* 발견하다
establish [istǽbliʃ] *vt.* 확정시키다
fail [feil] *vt.* 실패하다
fellowship [félouʃip] *n.* 친교, 교제
harsh [ha:rʃ] *a.* 거친
indulge [indʌ́ldʒ] *vt.* 탐닉하다
realize [rí:əlàiz] *vt.* 깨닫다
restoration [rèstəréiʃən] *n.* 회복
spare [spɛər] *a.* 남은
testimony [téstəmòuni] *n.* 증거, 증언
weakness [wí:knis] *n.* 약함

13:3 deal with...: …를 대하다
13:7 even though...: 비록 …일지라도
13:10 have to...: …해야 한다
13:10 tear down: 무너뜨리다, 헐다
13:11 strive for...: …을 얻으려고 노력하다

Galatians | 갈라디아서

● 저자 _ 사도 바울 ● 저작 연대 _ A.D. 48-49년 사이 또는 A.D. 55-56년경 ● 기록 장소 _ 안디옥 또는 에베소 ● 기록 대상 _ 갈라디아에 있는 기독교인들 ● 핵심어 및 내용 _ 핵심어는 '은혜'와 '자유'이다.

우리는 하나님의 값없는 은혜로 말미암아 의롭게 되며 그리스도께서 우리를 대신해서 죄값을 치러 주셨기 때문에 자유를 누릴 수 있게 된 것이다.

인사

1 사람들에게서 난 것도 아니요 사람으로 말
미암은 것도 아니요 오직 예수 그리스도와
그를 죽은 자 가운데서 살리신 하나님 아버
지로 말미암아 사도 된 바울은
2 함께 있는 모든 형제와 더불어 갈라디아 여
러 교회들에게
3 우리 하나님 아버지와 주 예수 그리스도로부
터 은혜와 평강이 있기를 원하노라
4 그리스도께서 하나님 곧 우리 아버지의 뜻을
따라 이 악한 세대에서 우리를 건지시려고 우
리 죄를 대속하기 위하여 자기 몸을 주셨으니
5 영광이 그에게 세세토록 있을지어다 아멘

다른 복음은 없다

6 ●그리스도의 은혜로 너희를 부르신 이를 이
같이 속히 떠나 다른 복음을 따르는 것을 내
가 이상하게 여기노라
7 다른 복음은 없나니 다만 어떤 사람들이 너
희를 교란하여 그리스도의 복음을 변하게 하
려 함이라
8 그러나 우리나 혹은 하늘로부터 온 천사라도
우리가 너희에게 전한 복음 외에 다른 복음
을 전하면 저주를 받을지어다
9 우리가 전에 말하였거니와 내가 지금 다시
말하노니 만일 누구든지 너희가 받은 것 외
에 다른 복음을 전하면 저주를 받을지어다
10 이제 내가 사람들에게 좋게 하랴 하나님께
좋게 하랴 사람들에게 기쁨을 구하랴 내가
지금까지 사람들의 기쁨을 구하였다면 그리
스도의 종이 아니니라

바울이 사도가 된 내력

11 ●형제들아 내가 너희에게 알게 하노니 내가
전한 복음은 사람의 뜻을 따라 된 것이 아니
니라
12 이는 내가 사람에게서 받은 것도 아니요 배
운 것도 아니요 오직 예수 그리스도의 계시
로 말미암은 것이라

엡 3:3

13 내가 이전에 유대교에 있을 때에 행한 일을
너희가 들었거니와 하나님의 교회를 심히 박
해하여 멸하고
14 내가 내 동족 중 여러 연갑자보다 유대교를
지나치게 믿어 내 조상의 전통에 대하여 더

1 Paul, an apostle—sent not from men
nor by a man, but by Jesus Christ and
God the Father, who raised him from the
2 dead— ●and all the brothers and sisters[a]
with me,

To the churches in Galatia:

3 ●Grace and peace to you from God our
4 Father and the Lord Jesus Christ, ●who gave
himself for our sins to rescue us from the pre-
sent evil age, according to the will of our God
5 and Father, ●to whom be glory for ever and
ever. Amen.

No Other Gospel

6 ●I am astonished that you are so quickly
deserting the one who called you to live in
the grace of Christ and are turning to a dif-
7 ferent gospel— ●which is really no gospel at
all. Evidently some people are throwing you
into confusion and are trying to pervert the
8 gospel of Christ. ●But even if we or an angel
from heaven should preach a gospel other
than the one we preached to you, let them
9 be under God's curse! ●As we have already
said, so now I say again: If anybody is pre-
aching to you a gospel other than what you
accepted, let them be under God's curse!
10 ●Am I now trying to win the approval of
human beings, or of God? Or am I trying to
please people? If I were still trying to please
people, I would not be a servant of Christ.

Paul Called by God

11 ●I want you to know, brothers and sisters,
that the gospel I preached is not of human
12 origin. ●I did not receive it from any man,
nor was I taught it; rather, I received it by
revelation from Jesus Christ.
13 ●For you have heard of my previous way
of life in Judaism, how intensely I persecuted
14 the church of God and tried to destroy it. ●I
was advancing in Judaism beyond many of
my own age among my people and was
extremely zealous for the traditions of my

[a]2 The Greek word for *brothers and sisters (adelphoi)* refers here to believers, both men and women, as part of God's family; also in verse 11; and in 3:15; 4:12, 28, 31; 5:11, 13; 6:1, 18.

욱 열심이 있었으나 골 2:8
15 그러나 내 어머니의 태로부터 나를 택정하시
고 그의 은혜로 나를 부르신 이가
16 그의 아들을 이방에 전하기 위하여 그를 내
속에 나타내시기를 기뻐하셨을 때에 내가 곧
혈육과 의논하지 아니하고
17 또 나보다 먼저 사도 된 자들을 만나려고 예
루살렘으로 가지 아니하고 아라비아로 갔다
가 다시 다메섹으로 돌아갔노라
18 ●그 후 삼 년 만에 내가 게바를 방문하려고
예루살렘에 올라가서 그와 함께 십오 일을
머무는 동안
19 주의 형제 야고보 외에 다른 사도들을 보지
못하였노라
20 보라 내가 너희에게 쓰는 것은 하나님 앞에
서 거짓말이 아니로다
21 그 후에 내가 수리아와 길리기아 지방에 이
르렀으나 행 9:30
22 그리스도 안에 있는 유대의 교회들이 나를
얼굴로는 알지 못하고
23 다만 우리를 박해하던 자가 전에 멸하려던
그 믿음을 지금 전한다 함을 듣고
24 나로 말미암아 하나님께 영광을 돌리니라

할례자의 사도와 이방인의 사도

2 십사 년 후에 내가 바나바와 함께 디도를
데리고 다시 예루살렘에 올라갔나니
2 계시를 따라 올라가 내가 이방 가운데서 전파
하는 복음을 그들에게 제시하되 유력한 자들
에게 사사로이 한 것은 내가 달음질하는 것이
나 달음질한 것이 헛되지 않게 하려 함이라
3 그러나 나와 함께 있는 헬라인 디도까지도
억지로 할례를 받게 하지 아니하였으니
4 이는 가만히 들어온 거짓 형제들 때문이라
그들이 가만히 들어온 것은 그리스도 예수
안에서 우리가 가진 자유를 엿보고 우리를
종으로 삼고자 함이로되
5 그들에게 우리가 한시도 복종하지 아니하였
으니 이는 복음의 진리가 항상 너희 가운데
있게 하려 함이라
6 유력하다는 이들 중에 (본래 어떤 이들이든
지 내게 상관이 없으며 하나님은 사람을 외
모로 취하지 아니하시나니) 저 유력한 이들
은 내게 의무를 더하여 준 것이 없고
7 도리어 그들은 내가 무할례자에게 복음 전함
을 맡은 것이 베드로가 할례자에게 맡음과
같은 것을 보았고
8 베드로에게 역사하사 그를 할례자의 사도로

15 fathers. •But when God, who set me apart
from my mother's womb and called me by
16 his grace, was pleased •to reveal his Son in
me so that I might preach him among the
Gentiles, my immediate response was not to
17 consult any human being. •I did not go up
to Jerusalem to see those who were apostles
before I was, but I went into Arabia. Later I
returned to Damascus.
18 •Then after three years, I went up to
Jerusalem to get acquainted with Cephas[a]
19 and stayed with him fifteen days. •I saw
none of the other apostles—only James,
20 the Lord's brother. •I assure you before
God that what I am writing you is no lie.
21-22 •Then I went to Syria and Cilicia. •I was
personally unknown to the churches of
23 Judea that are in Christ. •They only heard
the report: "The man who formerly perse-
cuted us is now preaching the faith he once
24 tried to destroy." •And they praised God
because of me.

Paul Accepted by the Apostles

2 Then after fourteen years, I went up
again to Jerusalem, this time with Barn-
2 abas. I took Titus along also. •I went in
response to a revelation and, meeting pri-
vately with those esteemed as leaders, I pre-
sented to them the gospel that I preach
among the Gentiles. I wanted to be sure I
was not running and had not been running
3 my race in vain. •Yet not even Titus, who
was with me, was compelled to be circum-
4 cised, even though he was a Greek. •This
matter arose because some false believers had
infiltrated our ranks to spy on the freedom
we have in Christ Jesus and to make us
5 slaves. •We did not give in to them for a
moment, so that the truth of the gospel
might be preserved for you.
6 •As for those who were held in high
esteem—whatever they were makes no dif-
ference to me; God does not show favoriti-
sm—they added nothing to my message.
7 •On the contrary, they recognized that I had
been entrusted with the task of preaching the
gospel to the uncircumcised,[b] just as Peter
8 had been to the circumcised.[c] •For God, who
was at work in Peter as an apostle to the cir-
cumcised, was also at work in me as an apos-

[a] *18* That is, Peter [b] *7* That is, Gentiles [c] *7* That is, Jews; also in verses 8 and 9

apostle [əpásl] *n.* 사도
assure [əʃúər] *vt.* 보증하다
circumcise [sə́ːrkəmsàiz] *vt.* 할례를 베풀다
consult [kənsʌ́lt] *vi.* 상의하다
entrust [intrʌ́st] *vt.* 맡기다
esteem [istíːm] *vt.* 존중하다
formerly [fɔ́ːrmərli] *ad.* 이전에
gentile [dʒéntail] *n.* 이방인
infiltrate [infíltrèit] *vt.* 침투시키다
persecute [pə́ːrsikjùːt] *vt.* 박해하다
preserve [prizə́ːrv] *vt.* 보존하다
privately [práivitli] *ad.* 사적으로
rank [ræŋk] *n.* 대열
revelation [rèvəléiʃən] *n.* 계시
vain [vein] *a.* 헛된

1:15 **set apart from...**: …에서 구별하다
1:18 **get acquainted**: 교제를 맺다
2:2 **in response to...**: …에 응하여
2:3 **be compelled to...**: 억지로 …하다
2:5 **give in to...**: …에게 굴복하다
2:6 **as for...**: …에 대하여 말하자면

삼으신 이가 또한 내게 역사하사 나를 이방
인의 사도로 삼으셨느니라
9 또 기둥같이 여기는 야고보와 게바와 요한도
내게 주신 은혜를 알므로 나와 바나바에게
친교의 악수를 하였으니 우리는 이방인에게
로, 그들은 할례자에게로 가게 하려 함이라
10 다만 우리에게 가난한 자들을 기억하도록 부
탁하였으니 이것은 나도 본래부터 힘써 행하
여 왔노라

믿음으로 의롭게 되다

11 ●게바가 안디옥에 이르렀을 때에 책망 받을
일이 있기로 내가 그를 대면하여 책망하였노
라
12 야고보에게서 온 어떤 이들이 이르기 전에
게바가 이방인과 함께 먹다가 그들이 오매
그가 할례자들을 두려워하여 떠나 물러가매
13 남은 유대인들도 그와 같이 외식하므로 바나
바도 그들의 외식에 유혹되었느니라
14 그러므로 나는 그들이 복음의 진리를 따라
바르게 행하지 아니함을 보고 모든 자 앞에
서 게바에게 이르되 네가 유대인으로서 이방
인을 따르고 유대인답게 살지 아니하면서 어
찌하여 억지로 이방인을 유대인답게 살게 하
려느냐 하였노라
15 우리는 본래 유대인이요 이방 죄인이 아니
로되
16 사람이 의롭게 되는 것은 율법의 행위로 말
미암음이 아니요 오직 예수 그리스도를 믿음
으로 말미암는 줄 알므로 우리도 그리스도
예수를 믿나니 이는 우리가 율법의 행위로써
가 아니고 그리스도를 믿음으로써 의롭다 함
을 얻으려 함이라 율법의 행위로써는 의롭다
함을 얻을 육체가 없느니라
17 만일 우리가 그리스도 안에서 의롭게 되려
하다가 죄인으로 드러나면 그리스도께서 죄
를 짓게 하는 자냐 결코 그럴 수 없느니라
18 만일 내가 헐었던 것을 다시 세우면 내가 나
를 범법한 자로 만드는 것이라
19 내가 율법으로 말미암아 율법에 대하여 죽었
나니 이는 하나님에 대하여 살려 함이라
20 내가 그리스도와 함께 십자가에 못 박혔나니
그런즉 이제는 내가 사는 것이 아니요 오직
내 안에 그리스도께서 사시는 것이라 이제
내가 육체 가운데 사는 것은 나를 사랑하사
나를 위하여 자기 자신을 버리신 하나님의
아들을 믿는 믿음 안에서 사는 것이라
21 내가 하나님의 은혜를 폐하지 아니하노니 만

9 tle to the Gentiles. ●James, Cephas[a] and
John, those esteemed as pillars, gave me and
Barnabas the right hand of fellowship when
they recognized the grace given to me. They
agreed that we should go to the Gentiles, and
10 they to the circumcised. ●All they asked was
that we should continue to remember the
poor, the very thing I had been eager to do
all along.

Paul Opposes Cephas

11 ●When Cephas came to Antioch, I opp-
osed him to his face, because he stood con-
12 demned. ●For before certain men came
from James, he used to eat with the Gen-
tiles. But when they arrived, he began to
draw back and separate himself from the
Gentiles because he was afraid of those who
13 belonged to the circumcision group. ●The
other Jews joined him in his hypocrisy, so
that by their hypocrisy even Barnabas was
led astray.
14 ●When I saw that they were not acting in
line with the truth of the gospel, I said to
Cephas in front of them all, "You are a Jew,
yet you live like a Gentile and not like a Jew.
How is it, then, that you force Gentiles to fol-
low Jewish customs?
15 ●"We who are Jews by birth and not sinful
16 Gentiles ●know that a person is not justified
by the works of the law, but by faith in Jesus
Christ. So we, too, have put our faith in
Christ Jesus that we may be justified by faith
in[b] Christ and not by the works of the law,
because by the works of the law no one will
be justified.
17 ●"But if, in seeking to be justified in Christ,
we Jews find ourselves also among the sin-
ners, doesn't that mean that Christ promotes
18 sin? Absolutely not! ●If I rebuild what I
destroyed, then I really would be a law-
breaker.
19 ●"For through the law I died to the law so
20 that I might live for God. ●I have been cru-
cified with Christ and I no longer live, but
Christ lives in me. The life I now live in the
body, I live by faith in the Son of God, who
21 loved me and gave himself for me. ●I do not
set aside the grace of God, for if righteous-
ness could be gained through the law, Christ

[a]9 That is, Peter; also in verses 11 and 14 [b]16 Or *but through the faithfulness of . . . justified on the basis of the faithfulness of*

absolutely [æbsəlúːtli] *ad.* 절대적으로
agree [əgríː] *vi.* 동의하다
astray [əstréi] *ad.* 타락하여
certain [sə́ːrtn] *a.* 어떤
condemn [kəndém] *vt.* 책망하다
custom [kʌ́stəm] *n.* 풍습
force [fɔːrs] *vt.* 강요하다
gain [gein] *vt.* 얻다
hypocrisy [hipɑ́krəsi] *n.* 위선
justify [dʒʌ́stəfài] *vt.* 정당화하다
oppose [əpóuz] *vt.* 이의를 제기하다
pillar [pílər] *n.* 기둥
promote [prəmóut] *vt.* 촉진하다
recognize [rékəgnàiz] *vt.* 인지하다
separate [sépərèit] *vt.* 분리하다

2:10 be eager to...: …을 하고 싶어하다
2:13 join in...: 함께 …을 하다
2:14 in line with...: …에 따라서
2:14 in front of...: …의 앞에
2:20 no longer...: 더 이상 …하지 않다
2:21 set aside: 치워 놓다, 무시하다

일 의롭게 되는 것이 율법으로 말미암으면
그리스도께서 헛되이 죽으셨느니라

갈라디아 사람들에게 호소하다

3 어리석도다 갈라디아 사람들아 예수 그리
스도께서 십자가에 못 박히신 것이 너희 눈
앞에 밝히 보이거늘 누가 너희를 꾀더냐
2 내가 너희에게서 다만 이것을 알려 하노니
너희가 성령을 받은 것이 율법의 행위로냐
혹은 1)듣고 믿음으로냐
3 너희가 이같이 어리석으냐 성령으로 시작하
였다가 이제는 육체로 마치겠느냐
4 너희가 이같이 많은 괴로움을 헛되이 받았느
냐 과연 헛되냐
5 너희에게 성령을 2)주시고 너희 가운데서 능
력을 행하시는 이의 일이 율법의 행위에서냐
혹은 듣고 믿음에서냐
6 ㄱ아브라함이 하나님을 믿으매 그것을 그에
게 의로 정하셨다 함과 같으니라
7 그런즉 믿음으로 말미암은 자들은 아브라함
의 자손인 줄 알지어다 3:9
8 또 하나님이 3)이방을 믿음으로 말미암아 의
로 정하실 것을 성경이 미리 알고 먼저 아브
라함에게 복음을 전하되 ㄴ모든 3)이방인이 너
로 말미암아 복을 받으리라 하였느니라
9 그러므로 믿음으로 말미암은 자는 믿음이 있
는 아브라함과 함께 복을 받느니라 롬 4:16
10 무릇 율법 행위에 속한 자들은 저주 아래에
있나니 기록된 바 ㄷ누구든지 율법 책에 기록
된 대로 모든 일을 항상 행하지 아니하는 자
는 저주 아래에 있는 자라 하였음이라
11 또 하나님 앞에서 아무도 율법으로 말미암아
의롭게 되지 못할 것이 분명하니 이는 ㄹ의인
은 믿음으로 살리라 하였음이라
12 율법은 믿음에서 난 것이 아니니 ㅁ율법을 행
하는 자는 그 가운데서 살리라 하였느니라
13 그리스도께서 우리를 위하여 저주를 받은 바
되사 율법의 저주에서 우리를 속량하셨으니
기록된 바 ㅂ나무에 달린 자마다 저주 아래에
있는 자라 하였음이라
14 이는 그리스도 예수 안에서 아브라함의 복이
이방인에게 미치게 하고 또 우리로 하여금
믿음으로 말미암아 성령의 약속을 받게 하려
함이라

율법과 약속

15 ●형제들아 내가 사람의 예대로 말하노니 사
람의 언약이라도 정한 후에는 아무도 폐하거
나 더하거나 하지 못하느니라

died for nothing!"[a]

Faith or Works of the Law

3 You foolish Galatians! Who has be-
witched you? Before your very eyes Jesus
2 Christ was clearly portrayed as crucified. •I
would like to learn just one thing from you:
Did you receive the Spirit by the works of the
3 law, or by believing what you heard? •Are
you so foolish? After beginning by means of
the Spirit, are you now trying to finish by
4 means of the flesh?[b] •Have you experienced[c]
so much in vain—if it really was in vain?
5 •So again I ask, does God give you his Spirit
and work miracles among you by the works
of the law, or by your believing what you
6 heard? •So also Abraham "believed God, and
it was credited to him as righteousness."[d]
7 •Understand, then, that those who have
8 faith are children of Abraham. •Scripture
foresaw that God would justify the Gen-
tiles by faith, and announced the gospel in
advance to Abraham: "All nations will be
9 blessed through you."[e] •So those who rely
on faith are blessed along with Abraham,
the man of faith.
10 •For all who rely on the works of the law
are under a curse, as it is written: "Cursed is
everyone who does not continue to do every-
thing written in the Book of the Law."[f]
11 •Clearly no one who relies on the law is jus-
tified before God, because "the righteous will
12 live by faith."[g] •The law is not based on faith;
on the contrary, it says, "The person who
13 does these things will live by them."[h] •Christ
redeemed us from the curse of the law by
becoming a curse for us, for it is written:
"Cursed is everyone who is hung on a pole."[i]
14 •He redeemed us in order that the blessing
given to Abraham might come to the Gen-
tiles through Christ Jesus, so that by faith we
might receive the promise of the Spirit.

The Law and the Promise

15 •Brothers and sisters, let me take an exam-
ple from everyday life. Just as no one can set
aside or add to a human covenant that has
been duly established, so it is in this case.

[a] *21* Some interpreters end the quotation after verse 14. [b] *3* In contexts like this, the Greek word for *flesh (sarx)* refers to the sinful state of human beings, often presented as a power in opposition to the Spirit. [c] *4* Or *suffered* [d] *6* Gen. 15:6 [e] *8* Gen. 12:3; 18:18; 22:18 [f] *10* Deut. 27:26 [g] *11* Hab. 2:4 [h] *12* Lev. 18:5 [i] *13* Deut. 21:23

1) 또는, 믿음으로 들음에서냐 2) 헬, 수응하고 3) 또는 족속 ㄱ. 창 15:6 ㄴ. 창 12:3 ㄷ. 신 27:26 ㄹ. 합 2:4 ㅁ. 레 18:5 ㅂ. 신 21:23

announce [ənáuns] *vt.* 알리다
bewitch [biwítʃ] *vt.* 유혹하다
contrary [kántreri] *n.* 반대의 것
covenant [kʌ́vənənt] *n.* 언약
crucify [krú:səfài] *vt.* 십가가에 못 박다
curse [kə:rs] *n.* 저주
duly [djú:li] *ad.* 정당하게
establish [istǽbliʃ] *vt.* 확정하다
example [igzǽmpl] *n.* 예
foresee [fɔ:rsí] *vt.* 예견하다
hang [hæŋ] *vt.* 매달다
justify [dʒʌ́stəfài] *vt.* 옳다고 하다
portray [pɔ:rtréi] *vt.* 묘사하다
redeem [ridí:m] *vt.* 구속(救贖)하다
Scripture [skríptʃər] *n.* 성경

3:6 be credited to A as...: A가 …라고 인정받다
3:8 in advance: 미리(앞서)
3:10 rely on...: …를 의지하다
3:14 in order that...: …하기 위해, …할 수 있도록

16 이 약속들은 [ㄱ]아브라함과 그 [1)]자손에게 말
씀하신 것인데 여럿을 가리켜 그 [1)]자손들이
라 하지 아니하시고 오직 한 사람을 가리켜
네 [1)]자손이라 하셨으니 곧 그리스도라
17 내가 이것을 말하노니 하나님께서 미리 정하
신 언약을 사백삼십 년 후에 생긴 율법이 폐기
하지 못하고 그 약속을 헛되게 하지 못하리라
18 만일 그 유업이 율법에서 난 것이면 약속에
서 난 것이 아니리라 그러나 하나님이 약속
으로 말미암아 아브라함에게 주신 것이라
19 그런즉 율법은 무엇이냐 범법하므로 더하여
진 것이라 천사들을 통하여 한 중보자의 손
으로 베푸신 것인데 약속하신 [1)]자손이 오시
기까지 있을 것이라
20 그 중보자는 한 편만 위한 자가 아니나 하나
님은 한 분이시니라
21 그러면 율법이 하나님의 약속들과 반대되는
것이냐 결코 그럴 수 없느니라 만일 능히 살
게 하는 율법을 주셨더라면 의가 반드시 율
법으로 말미암았으리라
22 그러나 성경이 모든 것을 죄 아래에 가두었
으니 이는 예수 그리스도를 믿음으로 말미암
는 약속을 믿는 자들에게 주려 함이라

하나님의 아들

23 ●믿음이 오기 전에 우리는 율법 아래에 매
인 바 되고 계시될 믿음의 때까지 갇혔느니
라
24 이같이 율법이 우리를 그리스도께로 인도하
는 초등교사가 되어 우리로 하여금 믿음으로
말미암아 의롭다 함을 얻게 하려 함이라
25 믿음이 온 후로는 우리가 초등교사 아래에
있지 아니하도다
26 너희가 다 믿음으로 말미암아 그리스도 예수
안에서 하나님의 아들이 되었으니
27 누구든지 그리스도와 합하기 위하여 [2)]세례를
받은 자는 그리스도로 옷 입었느니라
28 너희는 유대인이나 헬라인이나 종이나 자유
인이나 남자나 여자나 다 그리스도 예수 안
에서 하나이니라 골 3:11
29 너희가 그리스도의 것이면 곧 아브라함의
[1)]자손이요 약속대로 유업을 이을 자니라 4:28

4 내가 또 말하노니 유업을 이을 자가 모든
것의 주인이나 어렸을 동안에는 종과 다
름이 없어서
2 그 아버지가 정한 때까지 후견인과 청지기
아래에 있나니
3 이와 같이 우리도 어렸을 때에 이 세상의 [3)]초

16 •The promises were spoken to Abraham and
to his seed. Scripture does not say "and to
seeds," meaning many people, but "and to
your seed,"[a] meaning one person, who is
17 Christ. •What I mean is this: The law, intro-
duced 430 years later, does not set aside the
covenant previously established by God and
18 thus do away with the promise. •For if the
inheritance depends on the law, then it no
longer depends on the promise; but God
in his grace gave it to Abraham through a
promise.
19 •Why, then, was the law given at all? It
was added because of transgressions until
the Seed to whom the promise referred had
come. The law was given through angels
20 and entrusted to a mediator. •A mediator,
however, implies more than one party; but
God is one.
21 •Is the law, therefore, opposed to the pro-
mises of God? Absolutely not! For if a law had
been given that could impart life, then right-
eousness would certainly have come by the
22 law. •But Scripture has locked up everything
under the control of sin, so that what was
promised, being given through faith in Jesus
Christ, might be given to those who believe.

Children of God

23 •Before the coming of this faith,[b] we were
held in custody under the law, locked up
until the faith that was to come would be
24 revealed. •So the law was our guardian until
Christ came that we might be justified by
25 faith. •Now that this faith has come, we are
no longer under a guardian.
26 •So in Christ Jesus you are all children of
27 God through faith, •for all of you who were
baptized into Christ have clothed yourselves
28 with Christ. •There is neither Jew nor Gen-
tile, neither slave nor free, nor is there male
and female, for you are all one in Christ
29 Jesus. •If you belong to Christ, then you are
Abraham's seed, and heirs according to the
promise.

4 What I am saying is that as long as an
heir is underage, he is no different from
a slave, although he owns the whole estate.
2 •The heir is subject to guardians and trustees
3 until the time set by his father. •So also,

[a]*16* Gen. 12:7; 13:15; 24:7 [b]*22,23* Or *through the faithfulness of Jesus...* [23]*Before faith came*

1) 헬, 씨 2) 헬, 또는 침례 3) 헬, 스토이헤이아. 고대의 우주관과 운명론 등
ㄱ. 창 13:15; 17:8

baptize [bæptáiz] *vt.* 세례를 베풀다
custody [kʌ́stədi] *n.* 구류, 감금
estate [istéit] *n.* 토지, 재산
heir [ɛər] *n.* 상속인
impart [impɑ́:rt] *vt.* 나누어 주다
imply [implái] *vt.* 포함하다
introduce [ìntrədjú:s] *vt.* 소개하다
mediator [mí:dièitər] *n.* 중재자
previously [prí:viəsli] *ad.* 이전에
refer [rifə́:r] *vt.* 알아보도록 하다
reveal [riví:l] *vt.* 계시하다
seed [si:d] *n.* 자손
transgression [trænsgréʃən] *n.* 위반
trustee [trʌstí:] *n.* 수탁자
underage [ʌ̀ndəréidʒ] *a.* 미성년의

3:17 do away with...: …를 폐지하다
3:21 be opposed to...: …에 반대하다
3:22 lock up: 가두다
4:1 as long as...: …하는 동안
4:1 be different from...: …과 다르다
4:2 be subject to...: …의 대상이다

등학문 아래에 있어서 종 노릇 하였더니
4 때가 차매 하나님이 그 아들을 보내사 여자에
게서 나게 하시고 율법 아래에 나게 하신 것은
5 율법 아래에 있는 자들을 속량하시고 우리로
아들의 명분을 얻게 하려 하심이라 엡 1:7
6 너희가 아들이므로 하나님이 그 아들의 영을
우리 마음 가운데 보내사 아빠 아버지라 부
르게 하셨느니라 롬 5:5
7 그러므로 네가 이후로는 종이 아니요 아들이
니 아들이면 하나님으로 말미암아 유업을 받
을 자니라

바울이 갈라디아 교회를 염려하다

8 ●그러나 너희가 그때에는 하나님을 알지 못
하여 본질상 하나님이 아닌 자들에게 종노릇
하였더니
9 이제는 너희가 하나님을 알 뿐 아니라 더욱
이 하나님이 아신 바 되었거늘 어찌하여 다
시 약하고 천박한 초등학문으로 돌아가서 다
시 그들에게 종노릇하려 하느냐
10 너희가 날과 달과 절기와 해를 삼가 지키니
11 내가 너희를 위하여 수고한 것이 헛될까 두
려워하노라
12 ●형제들아 내가 너희와 같이 되었은즉 너희
도 나와 같이 되기를 구하노라 너희가 내게
해롭게 하지 아니하였느니라
13 내가 처음에 육체의 약함으로 말미암아 너희
에게 복음을 전한 것을 너희가 아는 바라
14 너희를 시험하는 것이 내 육체에 있으되 이것
을 너희가 업신여기지도 아니하며 버리지도
아니하고 오직 나를 하나님의 천사와 같이 또
는 그리스도 예수와 같이 영접하였도다 눅 10:16
15 너희의 복이 지금 어디 있느냐 내가 너희에
게 증언하노니 너희가 할 수만 있었더라면
너희의 눈이라도 빼어 나에게 주었으리라
16 그런즉 [1)]내가 너희에게 참된 말을 하므로 원
수가 되었느냐
17 그들이 너희에게 대하여 열심 내는 것은 좋은
뜻이 아니요 오직 너희를 이간시켜 너희로 그
들에게 대하여 열심을 내게 하려 함이라
18 좋은 일에 대하여 열심으로 사모함을 받음은
내가 너희를 대하였을 때뿐 아니라 언제든지
좋으니라
19 나의 자녀들아 너희 속에 그리스도의 형상을
이루기까지 다시 너희를 위하여 해산하는 수
고를 하노니
20 내가 이제라도 너희와 함께 있어 내 언성을
높이려 함은 너희에 대하여 의혹이 있음이라

when we were underage, we were in slavery
under the elemental spiritual forces[a] of the
4 world. •But when the set time had fully
come, God sent his Son, born of a woman,
5 born under the law, •to redeem those under
the law, that we might receive adoption to
6 sonship.[b] •Because you are his sons, God
sent the Spirit of his Son into our hearts, the
7 Spirit who calls out, "*Abba*,[c] Father." •So you
are no longer a slave, but God's child; and
since you are his child, God has made you
also an heir.

Paul's Concern for the Galatians

8 •Formerly, when you did not know God,
you were slaves to those who by nature are
9 not gods. •But now that you know God—
or rather are known by God—how is it that
you are turning back to those weak and mis-
erable forces[d]? Do you wish to be enslaved
10 by them all over again? •You are observing
special days and months and seasons and
11 years! •I fear for you, that somehow I have
wasted my efforts on you.
12 •I plead with you, brothers and sisters,
become like me, for I became like you. You
13 did me no wrong. •As you know, it was
because of an illness that I first preached the
14 gospel to you, •and even though my illness
was a trial to you, you did not treat me with
contempt or scorn. Instead, you welcomed
me as if I were an angel of God, as if I were
15 Christ Jesus himself. •Where, then, is your
blessing of me now? I can testify that, if you
could have done so, you would have torn
16 out your eyes and given them to me. •Have
I now become your enemy by telling you the
truth?
17 •Those people are zealous to win you
over, but for no good. What they want is to
alienate you from us, so that you may have
18 zeal for them. •It is fine to be zealous, pro-
vided the purpose is good, and to be so
19 always, not just when I am with you. •My
dear children, for whom I am again in the
pains of childbirth until Christ is formed
20 in you, •how I wish I could be with you
now and change my tone, because I am per-
plexed about you!

[a]3 Or *under the basic principles* [b]5 The Greek word for *adoption to sonship* is a legal term referring to the full legal standing of an adopted male heir in Roman culture. [c]6 Aramaic for *Father* [d]9 Or *principles*

1) 또는 내가 정당히 너희를 대접하므로

adoption [ədápʃən] *n.* 양자 입양
contempt [kəntémpt] *n.* 경멸
enslave [insléiv] *vt.* 노예 삼다
formerly [fɔ́:rmərli] *ad.* 이전에
miserable [mízərəbl] *a.* 비참한
observe [əbzɔ́:rv] *vt.* 준수하다
perplex [pərpléks] *vt.* 당황케 하다
plead [pli:d] *vi.* 간청하다
provided [prəváidid] *conj.* …의 조건으로
scorn [skɔ:rn] *n.* 멸시
slavery [sléivəri] *n.* 노예 신세
somehow [sʌ́mhàu] *ad.* 어쩐지
testify [téstəfài] *vi.* 증명하다
trial [tráiəl] *n.* 시련, 시험
zealous [zéləs] *a.* 열심 있는

4:7 no longer...: 더 이상 …하지 않다
4:14 treat with...: …로 대하다
4:15 tear out...: …을 잡아 뜯다
4:17 win over: 자기편으로 끌어들이다
4:17 alienate... from~: …를 ~로부터 이간시키다

하갈과 사라

21 ●내게 말하라 율법 아래에 있고자 하는 자
들아 율법을 듣지 못하였느냐
22 기록된 바 [ㄱ]아브라함에게 두 아들이 있으니
하나는 여종에게서, 하나는 자유 있는 여자
에게서 났다 하였으며
23 [ㄴ]여종에게서는 육체를 따라 났고 자유 있는
여자에게서는 약속으로 말미암았느니라
24 이것은 비유니 이 여자들은 두 언약이라 하
나는 시내 산으로부터 종을 낳은 자니 곧 하
갈이라
25 이 하갈은 아라비아에 있는 시내 산으로서
지금 있는 예루살렘과 같은 곳이니 그가 그
자녀들과 더불어 종노릇하고
26 오직 위에 있는 예루살렘은 자유자니 곧 우
리 어머니라
27 기록된 바

[ㄷ]잉태하지 못한 자여 즐거워하라 산고를
모르는 자여 소리 질러 외치라 이는 [1]홀로
사는 자의 자녀가 남편 있는 자의 자녀보다
많음이라

하였으니
28 형제들아 너희는 이삭과 같이 약속의 자녀라
29 그러나 그때에 육체를 따라 난 자가 성령을 따
라 난 자를 박해한 것같이 이제도 그러하도다
30 그러나 성경이 무엇을 말하느냐 [ㄹ]여종과 그
아들을 내쫓으라 여종의 아들이 자유 있는
여자의 아들과 더불어 유업을 얻지 못하리라
하였느니라
31 그런즉 형제들아 우리는 여종의 자녀가 아니
요 자유 있는 여자의 자녀니라

5 그리스도께서 우리를 자유롭게 하려고 자
유를 주셨으니 그러므로 굳건하게 서서 다
시는 종의 멍에를 메지 말라

그리스도인의 자유와 사랑

2 ●보라 나 바울은 너희에게 말하노니 너희가
만일 할례를 받으면 그리스도께서 너희에게
아무 유익이 없으리라
3 내가 할례를 받는 각 사람에게 다시 증언하노
니 그는 율법 전체를 행할 의무를 가진 자라
4 율법 안에서 의롭다 함을 얻으려 하는 너희
는 그리스도에게서 끊어지고 은혜에서 떨어
진 자로다
5 우리가 성령으로 믿음을 따라 의의 소망을
기다리노니
6 그리스도 예수 안에서는 할례나 무할례나 효
력이 없으되 사랑으로써 역사하는 믿음뿐이

Hagar and Sarah

21 ●Tell me, you who want to be under the
law, are you not aware of what the law says?
22 ●For it is written that Abraham had two
sons, one by the slave woman and the other
23 by the free woman. ●His son by the slave
woman was born according to the flesh, but
his son by the free woman was born as the
result of a divine promise.
24 ●These things are being taken figuratively:
The women represent two covenants. One
covenant is from Mount Sinai and bears
children who are to be slaves: This is Hagar.
25 ●Now Hagar stands for Mount Sinai in Ara-
bia and corresponds to the present city of
Jerusalem, because she is in slavery with her
26 children. ●But the Jerusalem that is above is
27 free, and she is our mother. ●For it is written:

"Be glad, barren woman,
you who never bore a child;
shout for joy and cry aloud,
you who were never in labor;
because more are the children of the
desolate woman
than of her who has a husband."[a]

28 ●Now you, brothers and sisters, like Isaac,
29 are children of promise. ●At that time the
son born according to the flesh persecuted
the son born by the power of the Spirit. It is
30 the same now. ●But what does Scripture say?
"Get rid of the slave woman and her son, for
the slave woman's son will never share in
the inheritance with the free woman's son."[b]
31 ●Therefore, brothers and sisters, we are not
children of the slave woman, but of the free
woman.

Freedom in Christ

5 It is for freedom that Christ has set us
free. Stand firm, then, and do not let
yourselves be burdened again by a yoke of
slavery.
2 ●Mark my words! I, Paul, tell you that if
you let yourselves be circumcised, Christ will
3 be of no value to you at all. ●Again I declare
to every man who lets himself be circum-
cised that he is obligated to obey the whole
4 law. ●You who are trying to be justified by
the law have been alienated from Christ; you
5 have fallen away from grace. ●For through
the Spirit we eagerly await by faith the right-
6 eousness for which we hope. ●For in Christ

*a*27 Isaiah 54:1 *b*30 Gen. 21:10

1) 헬, 광야의 자녀가 ㄱ. 창 16:15 ㄴ. 창 21:2 ㄷ. 사 54:1 ㄹ. 창 21:10, 12

await [əwéit] *vt.* 기다리다
barren [bǽrən] *a.* 수태치 못하는
born [bɔ:rn] *a.* 태어난
burden [bə́:rdn] *vt.* 짐을 지우다
correspond [kɔ̀:rəspάnd] *vi.* 일치하다
covenant [kʌ́vənənt] *n.* 언약
declare [dikléər] *vt.* 선언하다
desolate [désələt] *a.* 쓸쓸한
eagerly [í:gərli] *ad.* 간절하게
figuratively [fígjurətivli] *ad.* 비유적으로
firm [fə:rm] *a.* 굳건한
inheritance [inhérətəns] *n.* 유업
persecute [pə́:rsikjù:t] *vt.* 박해하다
represent [rèprizént] *vt.* 나타내다
result [rizʌ́lt] *n.* 결과

4:21 be aware of...: …를 알다
4:23 according to...: …에 따라
4:25 stand for...: …를 나타내다
4:30 get rid of...: …를 제거하다
5:3 be obligated to...: …할 의무가 있다
5:4 fall away from...: …을 버리다

니라
7 너희가 달음질을 잘 하더니 누가 너희를 막
아 진리를 순종하지 못하게 하더냐
8 그 권면은 너희를 부르신 이에게서 난 것이
아니니라 1:6
9 적은 누룩이 온 덩이에 퍼지느니라
10 나는 너희가 아무 다른 마음을 품지 아니할 줄
을 주 안에서 확신하노라 그러나 너희를 요동
하게 하는 자는 누구든지 심판을 받으리라
11 형제들아 내가 지금까지 할례를 전한다면 어
찌하여 지금까지 박해를 받으리요 그리하였
으면 십자가의 걸림돌이 제거되었으리니
12 너희를 어지럽게 하는 자들은 스스로 베어
버리기를 원하노라
13 ●형제들아 너희가 자유를 위하여 부르심을
입었으나 그러나 그 자유로 육체의 기회를
삼지 말고 오직 사랑으로 서로 종노릇하라
14 온 율법은 ㄱ네 이웃 사랑하기를 네 자신같이
하라 하신 한 말씀에서 이루어졌나니
15 만일 서로 물고 먹으면 피차 멸망할까 조심
하라

육체의 일과 성령의 열매

16 ●내가 이르노니 너희는 성령을 따라 행하라
그리하면 육체의 욕심을 이루지 아니하리라
17 육체의 소욕은 성령을 거스르고 성령은 육체
를 거스르나니 이 둘이 서로 대적함으로 너희
가 원하는 것을 하지 못하게 하려 함이니라
18 너희가 만일 성령의 인도하시는 바가 되면
율법 아래에 있지 아니하리라
19 육체의 일은 분명하니 곧 음행과 더러운 것
과 호색과 엡 5:3
20 우상 숭배와 주술과 원수 맺는 것과 분쟁과
시기와 분냄과 당 짓는 것과 분열함과 이단과
21 투기와 술 취함과 방탕함과 또 그와 같은 것
들이라 전에 너희에게 경계한 것같이 경계하
노니 이런 일을 하는 자들은 하나님의 나라
를 유업으로 받지 못할 것이요
22 오직 성령의 열매는 사랑과 희락과 화평과
오래 참음과 자비와 양선과 충성과
23 온유와 절제니 이같은 것을 금지할 법이 없
느니라
24 그리스도 예수의 사람들은 육체와 함께 그
정욕과 탐심을 십자가에 못 박았느니라 롬 6:6
25 ●만일 우리가 성령으로 살면 또한 성령으로
행할지니
26 헛된 영광을 구하여 서로 노엽게 하거나 서
로 투기하지 말지니라

Jesus neither circumcision nor uncircumci-
sion has any value. The only thing that
counts is faith expressing itself through love.
7 ●You were running a good race. Who cut in
on you to keep you from obeying the truth?
8 ●That kind of persuasion does not come
9 from the one who calls you. ●"A little yeast
works through the whole batch of dough."
10 ●I am confident in the Lord that you will
take no other view. The one who is throwing
you into confusion, whoever that may be,
11 will have to pay the penalty. ●Brothers and
sisters, if I am still preaching circumcision,
why am I still being persecuted? In that case
the offense of the cross has been abolished.
12 ●As for those agitators, I wish they would go
the whole way and emasculate themselves!

Life by the Spirit

13 ●You, my brothers and sisters, were called
to be free. But do not use your freedom to
indulge the flesh[a]; rather, serve one another
14 humbly in love. ●For the entire law is ful-
filled in keeping this one command: "Love
15 your neighbor as yourself."[b] ●If you bite and
devour each other, watch out or you will be
destroyed by each other.
16 ●So I say, walk by the Spirit, and you will
17 not gratify the desires of the flesh. ●For the
flesh desires what is contrary to the Spirit, and
the Spirit what is contrary to the flesh. They
are in conflict with each other, so that you are
18 not to do whatever[c] you want. ●But if you are
led by the Spirit, you are not under the law.
19 ●The acts of the flesh are obvious: sexu-
al immorality, impurity and debauchery;
20 ●idolatry and witchcraft; hatred, discord,
jealousy, fits of rage, selfish ambition, dis-
21 sensions, factions ●and envy; drunkenness,
orgies, and the like. I warn you, as I did be-
fore, that those who live like this will not
inherit the kingdom of God.
22 ●But the fruit of the Spirit is love, joy,
peace, forbearance, kindness, goodness,
23 faithfulness, ●gentleness and self-control.
24 Against such things there is no law. ●Those
who belong to Christ Jesus have crucified the
25 flesh with its passions and desires. ●Since we
live by the Spirit, let us keep in step with the
26 Spirit. ●Let us not become conceited, pro-

[a]13 In contexts like this, the Greek word for *flesh* *(sarx)* refers to the sinful state of human beings, often presented as a power in opposition to the Spirit; also in verses 16, 17, 19 and 24; and in 6:8. [b]14 Lev. 19:18
[c]17 Or *you do not do what*

ㄱ. 레 19:18

abolish [əbάliʃ] *vt.* 폐지하다
agitator [ǽdʒitèitər] *n.* 선동가
batch [bætʃ] *n.* 한 묶음
conceit [kənsíːt] *vt.* 우쭐대다
confusion [kənfjúːʒən] *n.* 혼란
debauchery [dibɔ́ːtʃəri] *n.* 방탕
devour [diváuər] *vt.* 먹다
dissension [disénʃən] *n.* 불화
dough [dou] *n.* 가루 반죽
gratify [grǽtəfài] *vt.* 만족시키다
immorality [imərǽləti] *n.* 음란
impurity [impjúərəti] *n.* 불결, 불순
indulge [indʌ́ldʒ] *vt.* 탐닉하다
persuasion [pərswéiʒən] *n.* 설득
witchcraft [wítʃkræ̀ft] *n.* 마술

5:7 cut in on...: …에 끼어들다
5:7 keep... from~: …가 ~하는 것을 막다
5:17 be in conflict with...: …와 싸우다, 충돌하다
5:25 keep in step with...: …과 보조를 맞추다

짐을 서로 지라

6 형제들아 사람이 만일 무슨 범죄한 일이
드러나거든 신령한 너희는 온유한 심령으
로 그러한 자를 바로잡고 너 자신을 살펴보
아 너도 시험을 받을까 두려워하라
2 너희가 [1]짐을 서로 지라 그리하여 그리스도
의 법을 성취하라
3 만일 누가 아무것도 되지 못하고 된 줄로 생
각하면 스스로 속임이라
4 각각 자기의 일을 살피라 그리하면 자랑할
것이 자기에게는 있어도 남에게는 있지 아니
하리니
5 각각 자기의 짐을 질 것이라
6 ●가르침을 받는 자는 말씀을 가르치는 자와
모든 좋은 것을 함께 하라
7 스스로 속이지 말라 하나님은 업신여김을 받
지 아니하시나니 사람이 무엇으로 심든지 그
대로 거두리라 욥 13:9
8 자기의 육체를 위하여 심는 자는 육체로부터
썩어질 것을 거두고 성령을 위하여 심는 자
는 성령으로부터 영생을 거두리라
9 우리가 선을 행하되 낙심하지 말지니 포기하
지 아니하면 때가 이르매 거두리라
10 그러므로 우리는 기회 있는 대로 모든 이에
게 착한 일을 하되 더욱 믿음의 가정들에게
할지니라

할례와 그리스도의 십자가

11 ●내 손으로 너희에게 이렇게 큰 글자로 쓴
것을 보라
12 무릇 육체의 모양을 내려 하는 자들이 억지로
너희에게 할례를 받게 함은 그들이 그리스도의
십자가로 말미암아 박해를 면하려 함뿐이라
13 할례를 받은 그들이라도 스스로 율법은 지키
지 아니하고 너희에게 할례를 받게 하려 하는
것은 그들이 너희의 육체로 자랑하려 함이라
14 그러나 내게는 우리 주 예수 그리스도의 십자
가 외에 결코 자랑할 것이 없으니 그리스도로
말미암아 세상이 나를 대하여 십자가에 못 박
히고 내가 또한 세상을 대하여 그러하니라
15 할례나 무할례가 아무것도 아니로되 오직 새
로 지으심을 받는 것만이 중요하니라
16 무릇 이 규례를 행하는 자에게와 하나님의
이스라엘에게 평강과 긍휼이 있을지어다
17 ●이후로는 누구든지 나를 괴롭게 하지 말라
내가 내 몸에 예수의 흔적을 지니고 있노라
18 ●형제들아 우리 주 예수 그리스도의 은혜가
너희 심령에 있을지어다 아멘

voking and envying each other.

Doing Good to All

6 Brothers and sisters, if someone is
caught in a sin, you who live by the Spir-
it should restore that person gently. But
watch yourselves, or you also may be tempt-
2 ed. ●Carry each other's burdens, and in this
3 way you will fulfill the law of Christ. ●If any-
one thinks they are something when they
4 are not, they deceive themselves. ●Each one
should test their own actions. Then they can
take pride in themselves alone, without
comparing themselves to someone else,
5 ●for each one should carry their own load.
6 ●Nevertheless, the one who receives instruc-
tion in the word should share all good things
with their instructor.
7 ●Do not be deceived: God cannot be moc-
8 ked. A man reaps what he sows. ●Whoever
sows to please their flesh, from the flesh will
reap destruction; whoever sows to please
the Spirit, from the Spirit will reap eternal
9 life. ●Let us not become weary in doing
good, for at the proper time we will reap a
10 harvest if we do not give up. ●Therefore, as
we have opportunity, let us do good to all
people, especially to those who belong to the
family of believers.

Not Circumcision but the New Creation

11 ●See what large letters I use as I write to
you with my own hand!
12 ●Those who want to impress people by
means of the flesh are trying to compel you
to be circumcised. The only reason they do
this is to avoid being persecuted for the cross
13 of Christ. ●Not even those who are circum-
cised keep the law, yet they want you to be
circumcised that they may boast about your
14 circumcision in the flesh. ●May I never boast
except in the cross of our Lord Jesus Christ,
through which [a]the world has been crucified
15 to me, and I to the world. ●Neither circum-
cision nor uncircumcision means anything;
16 what counts is the new creation. ●Peace and
mercy to all who follow this rule — to[b] the
Israel of God.
17 ●From now on, let no one cause me trou-
ble, for I bear on my body the marks of Jesus.
18 ●The grace of our Lord Jesus Christ be
with your spirit, brothers and sisters. Amen.

[a]14 Or *whom* [b]16 Or *rule and to*

1) 또는 무거운 짐을

avoid [əvɔ́id] *vt.* 피하다
circumcision [sə:rkəmsíʒən] *n.* 할례
compare [kəmpɛ́ər] *vt.* 비교하다
compel [kəmpél] *vt.* 강요하다
crucify [krú:səfài] *vt.* 십자가형에 처하다
deceive [disí:v] *vt.* 속이다
envy [énvi] *n.* 질투
flesh [fleʃ] *n.* 육체
mercy [mə́:rsi] *n.* 자비
persecute [pə́:rsikjù:t] *vt.* 박해하다
proper [prápər] *a.* 적당한
provoke [prəvóuk] *vt.* 화나게 하다
reap [ri:p] *vt.* 수확하다
sow [sou] *vt.* (씨를) 뿌리다
weary [wíəri] *a.* 지친

6:4 **take pride in...**: …을 자랑하다
6:6 **share A with B**: B와 A를 함께하다
6:10 **belong to...**: …에 속하다
6:12 **try to...**: …하려고 노력하다
6:13 **boast about...**: …에 대해 자랑하다
6:15 **neither A nor B**: A, B 둘 다 아니다

에베소서 | Ephesians

● 저자 _ 사도 바울 ● 저작 연대 _ A.D. 61년 봄–63년 사이 ● 기록 장소 _ 로마 감옥
● 기록 대상 _ 에베소에 있는 그리스도인들 ● 핵심어 및 내용 _ 핵심어는 '부요함' 과 '하나 됨' 이다.

모든 신자들은 그리스도의 부요함을 상속받을 자들이다. 본서는 주님도 한 분이요, 믿음, 세례도 하나라는 사실을 강조함으로써 연합의 중요성을 잘 드러내고 있다.

인사

1 하나님의 뜻으로 말미암아 그리스도 예수의 사도 된 바울은 에베소에 있는 성도들과 그리스도 예수 안에 있는 신실한 자들에게 편지하노니 빌 1:1

2 하나님 우리 아버지와 주 예수 그리스도로부터 은혜와 평강이 너희에게 있을지어다

하늘에 속한 신령한 복 (♪ 54, 93장) — A.D. 60년경

3 ● 찬송하리로다 하나님 곧 우리 주 예수 그리스도의 아버지께서 그리스도 안에서 하늘에 속한 모든 신령한 복을 우리에게 주시되

4 곧 창세 전에 그리스도 안에서 우리를 택하사 우리로 1)사랑 안에서 그 앞에 거룩하고 흠이 없게 하시려고

5 그 기쁘신 뜻대로 우리를 예정하사 예수 그리스도로 말미암아 자기의 아들들이 되게 하셨으니

6 이는 그가 사랑하시는 자 안에서 우리에게 거저 주시는 바 그의 은혜의 영광을 찬송하게 하려는 것이라

7 우리는 그리스도 안에서 그의 은혜의 풍성함을 따라 그의 피로 말미암아 속량 곧 죄 사함을 받았느니라 골 1:14

8 이는 그가 모든 지혜와 총명을 우리에게 넘치게 하사

9 그 뜻의 비밀을 우리에게 알리신 것이요 그의 기뻐하심을 따라 그리스도 안에서 때가 찬 경륜을 위하여 예정하신 것이니 갈 4:4

10 하늘에 있는 것이나 땅에 있는 것이 다 그리스도 안에서 통일되게 하려 하심이라

11 모든 일을 그의 뜻의 결정대로 일하시는 이의 계획을 따라 우리가 예정을 입어 그 안에서 기업이 되었으니 롬 9:11

12 이는 우리가 그리스도 안에서 전부터 바라던 그의 영광의 찬송이 되게 하려 하심이라

13 그 안에서 너희도 2)진리의 말씀 곧 너희의 구원의 복음을 듣고 그 안에서 또한 믿어 3)약속의 성령으로 인치심을 받았으니 골 1:5

14 이는 우리 기업의 4)보증이 되사 그 얻으신 것을 속량하시고 그의 영광을 찬송하게 하려 하심이라

1 Paul, an apostle of Christ Jesus by the
will of God,
To God's holy people in Ephesus,[a] the
faithful in Christ Jesus:
2 ● Grace and peace to you from God our
Father and the Lord Jesus Christ.

Praise for Spiritual Blessings in Christ

3 ● Praise be to the God and Father of our
Lord Jesus Christ, who has blessed us in the
heavenly realms with every spiritual bless-
4 ing in Christ. ● For he chose us in him before
the creation of the world to be holy and
5 blameless in his sight. In love ● he[b] predes-
tined us for adoption to sonship[c] through
Jesus Christ, in accordance with his pleasure
6 and will— ● to the praise of his glorious
grace, which he has freely given us in the
7 One he loves. ● In him we have redemption
through his blood, the forgiveness of sins, in
accordance with the riches of God's grace
8 ● that he lavished on us. With all wisdom
9 and understanding, ● he[d] made known to
us the mystery of his will according to his
good pleasure, which he purposed in Christ,
10 ● to be put into effect when the times reach
their fulfillment—to bring unity to all
things in heaven and on earth under Christ.
11 ● In him we were also chosen,[e] having
been predestined according to the plan of
him who works out everything in confor-
12 mity with the purpose of his will, ● in order
that we, who were the first to put our hope
in Christ, might be for the praise of his glory.
13 ● And you also were included in Christ
when you heard the message of truth, the
gospel of your salvation. When you be-
lieved, you were marked in him with a seal,
14 the promised Holy Spirit, ● who is a deposit
guaranteeing our inheritance until the
redemption of those who are God's posses-

[a]1 Some early manuscripts do not have *in Ephesus.* [b]4,5 Or *sight in love.* [5]*He* [c]5 The Greek word for *adoption to sonship* is a legal term referring to the full legal standing of an adopted male heir in Roman culture. [d]8,9 Or *us with all wisdom and understanding.* [9]*And he* [e]11 Or *were made heirs*

1) 4절에 '사랑 안에서' 를 빼고 5절에 '사랑으로 예정하사' 로 할 수 있음 2) 헬, 참 3) 또는 약속의 성령에 4) 헬, 보증금

바울의 기도

15 •이로 말미암아 주 예수 안에서 너희 믿음과 모든 성도를 향한 사랑을 나도 듣고 골 1:4
16 내가 기도할 때에 기억하며 너희로 말미암아 감사하기를 그치지 아니하고
17 우리 주 예수 그리스도의 하나님, 영광의 아버지께서 지혜와 계시의 영을 너희에게 주사 하나님을 알게 하시고
18 너희 마음의 눈을 밝히사 그의 부르심의 소망이 무엇이며 성도 안에서 그 기업의 영광의 풍성함이 무엇이며
19 그의 힘의 위력으로 역사하심을 따라 믿는 우리에게 베푸신 능력의 지극히 크심이 어떠한 것을 너희로 알게 하시기를 구하노라
20 그의 능력이 그리스도 안에서 역사하사 죽은 자들 가운데서 다시 살리시고 하늘에서 자기의 오른편에 앉히사 히 1:3
21 모든 통치와 권세와 능력과 주권과 이 세상뿐 아니라 오는 세상에 일컫는 모든 이름 위에 뛰어나게 하시고
22 또 만물을 그의 발 아래에 복종하게 하시고 그를 만물 위에 교회의 머리로 삼으셨느니라
23 교회는 그의 몸이니 만물 안에서 만물을 충만하게 하시는 이의 충만함이니라

허물과 죄로 죽었던 너희를 살리셨다 (♪ 144, 293장)

2 그는 허물과 죄로 죽었던 너희를 살리셨도다
2 그때에 너희는 그 가운데서 행하여 이 [1]세상 풍조를 따르고 공중의 권세 잡은 자를 따랐으니 곧 지금 불순종의 아들들 가운데서 역사하는 영이라
3 전에는 우리도 다 그 가운데서 우리 육체의 욕심을 따라 지내며 육체와 마음의 원하는 것을 하여 다른 이들과 같이 본질상 진노의 자녀이었더니
4 긍휼이 풍성하신 하나님이 우리를 사랑하신 그 큰 사랑을 인하여
5 허물로 죽은 우리를 그리스도와 함께 살리셨고 (너희는 은혜로 구원을 받은 것이라)
6 또 함께 일으키사 그리스도 예수 안에서 함께 하늘에 앉히시니
7 이는 그리스도 예수 안에서 우리에게 자비하심으로써 그 은혜의 지극히 풍성함을 오는 여러 세대에 나타내려 하심이라
8 너희는 그 은혜에 의하여 믿음으로 말미암아 구원을 받았으니 이것은 너희에게서 난 것이 아니요 하나님의 선물이라

sion —to the praise of his glory.

Thanksgiving and Prayer

15 •For this reason, ever since I heard about
your faith in the Lord Jesus and your love
16 for all God's people, •I have not stopped
giving thanks for you, remembering you in
17 my prayers. •I keep asking that the God of
our Lord Jesus Christ, the glorious Father,
may give you the Spirit[a] of wisdom and rev-
elation, so that you may know him better.
18 •I pray that the eyes of your heart may be
enlightened in order that you may know
the hope to which he has called you, the
riches of his glorious inheritance in his
19 holy people, •and his incomparably great
power for us who believe. That power is the
20 same as the mighty strength •he exerted
when he raised Christ from the dead and
seated him at his right hand in the heaven-
21 ly realms, •far above all rule and authority,
power and dominion, and every name that
is invoked, not only in the present age but
22 also in the one to come. •And God placed
all things under his feet and appointed him
to be head over everything for the church,
23 •which is his body, the fullness of him who
fills everything in every way.

Made Alive in Christ

2 As for you, you were dead in your trans-
2 gressions and sins, •in which you used
to live when you followed the ways of this
world and of the ruler of the kingdom of the
air, the spirit who is now at work in those
3 who are disobedient. •All of us also lived
among them at one time, gratifying the
cravings of our flesh[b] and following its
desires and thoughts. Like the rest, we were
4 by nature deserving of wrath. •But because
of his great love for us, God, who is rich in
5 mercy, •made us alive with Christ even
when we were dead in transgressions—it is
6 by grace you have been saved. •And God
raised us up with Christ and seated us with
him in the heavenly realms in Christ Jesus,
7 •in order that in the coming ages he might
show the incomparable riches of his grace,
expressed in his kindness to us in Christ
8 Jesus. •For it is by grace you have been saved,
through faith—and this is not from your-

[a]17 Or *a spirit* [b]3 In contexts like this, the Greek word for *flesh (sarx)* refers to the sinful state of human beings, often presented as a power in opposition to the Spirit.

1) 헬, 세대

엡

appoint [əpɔ́int] *vt.* 임명(지명)하다
authority [əθɔ́:rəti] *n.* 권세, 권위
craving [kréiviŋ] *n.* 갈망
disobedient [dìsəbí:diənt] *a.* 불순종하는
dominion [dəmínjən] *n.* 지배
enlighten [inláitn] *vt.* 밝히다
exert [igzə́:rt] *vt.* 발휘하다
flesh [fleʃ] *n.* 육체
gratify [grǽtəfài] *vt.* 만족시키다
incomparably [inkámpərəbli] *ad.* 비교할 수 없이
invoke [invóuk] *vt.* 연상시키다
mercy [mə́:rsi] *n.* 자비
revelation [rèvəléiʃən] *n.* 계시
transgression [trænsgréʃən] *n.* 범죄
wrath [ræθ] *n.* 분노

1:18 **in order that...**: …하기 위해서
2:1 **as for...**: …에 관해서 말하자면
2:2 **used to...**: …하곤 했다
2:2 **at work**: 작용하여
2:3 **deserving of...**: …을 받을 만한
2:6 **raise up**: 일으키다

9 행위에서 난 것이 아니니 이는 누구든지 자랑
하지 못하게 함이라
10 우리는 그가 만드신 바라 그리스도 예수 안에
서 선한 일을 위하여 지으심을 받은 자니 이
일은 하나님이 전에 예비하사 우리로 그 가운
데서 행하게 하려 하심이니라

십자가로 화목하게 하시다

11 • 그러므로 생각하라 너희는 그때에 육체로
는 이방인이요 손으로 육체에 행한 할례를 받
은 무리라 칭하는 자들로부터 할례를 받지 않
은 무리라 칭함을 받는 자들이라
12 그때에 너희는 그리스도 밖에 있었고 이스라
엘 나라 밖의 사람이라 약속의 언약들에 대하
여는 외인이요 세상에서 소망이 없고 하나님
도 없는 자이더니
13 이제는 전에 멀리 있던 너희가 그리스도 예수
안에서 그리스도의 피로 가까워졌느니라
14 그는 우리의 화평이신지라 둘로 하나를 만드
사 원수 된 것 곧 중간에 막힌 담을 자기 육체
로 허시고
15 법조문으로 된 계명의 율법을 폐하셨으니 이
는 이 둘로 자기 안에서 한 새 사람을 지어 화
평하게 하시고
16 또 십자가로 이 둘을 한 몸으로 하나님과 화목
하게 하려 하심이라 원수 된 것을 십자가로 소
멸하시고
17 또 오셔서 먼 데 있는 너희에게 평안을 전하시
고 가까운 데 있는 자들에게 평안을 전하셨으니
18 이는 그로 말미암아 우리 둘이 한 성령 안에서
아버지께 나아감을 얻게 하려 하심이라
19 그러므로 이제부터 너희는 외인도 아니요 나
그네도 아니요 오직 성도들과 동일한 시민이
요 하나님의 권속이라
20 너희는 사도들과 선지자들의 터 위에 세우심
을 입은 자라 그리스도 예수께서 친히 모퉁잇
돌이 되셨느니라
21 그의 안에서 건물마다 서로 연결하여 주 안에
서 성전이 되어 가고
22 너희도 성령 안에서 하나님이 거하실 처소가
되기 위하여 그리스도 예수 안에서 함께 지어
져 가느니라

하나님의 구원의 경륜의 비밀

3 이러므로 그리스도 예수의 일로 너희 이방인
을 위하여 갇힌 자 된 나 바울이 말하거니와
2 너희를 위하여 내게 주신 하나님의 그 은혜의
경륜을 너희가 들었을 터이라
3 *곧 계시로 내게* 비밀을 알게 하신 것은 내가

9 selves, it is the gift of God— • not by
10 works, so that no one can boast. • For we
are God's handiwork, created in Christ
Jesus to do good works, which God pre-
pared in advance for us to do.

Jew and Gentile Reconciled Through Christ

11 • Therefore, remember that formerly
you who are Gentiles by birth and called
"uncircumcised" by those who call them-
selves "the circumcision" (which is done in
12 the body by human hands)— • remember
that at that time you were separate from
Christ, excluded from citizenship in Israel
and foreigners to the covenants of the
promise, without hope and without God
13 in the world. • But now in Christ Jesus
you who once were far away have been
brought near by the blood of Christ.
14 • For he himself is our peace, who has
made the two groups one and has destroy-
ed the barrier, the dividing wall of hostil-
15 ity, • by setting aside in his flesh the law
with its commands and regulations. His
purpose was to create in himself one new
humanity out of the two, thus making
16 peace, • and in one body to reconcile both
of them to God through the cross, by
17 which he put to death their hostility. • He
came and preached peace to you who were
far away and peace to those who were
18 near. • For through him we both have
access to the Father by one Spirit.
19 • Consequently, you are no longer for-
eigners and strangers, but fellow citizens
with God's people and also members of his
20 household, • built on the foundation of
the apostles and prophets, with Christ
21 Jesus himself as the chief cornerstone. • In
him the whole building is joined together
and rises to become a holy temple in the
22 Lord. • And in him you too are being built
together to become a dwelling in which
God lives by his Spirit.

God's Marvelous Plan for the Gentiles

3 For this reason I, Paul, the prisoner of
Christ Jesus for the sake of you Gen-
tiles—
2 • Surely you have heard about the
administration of God's grace that was
3 given to me for you, • that is, the mystery
made known to me by revelation, as I

apostle [əpásl] *n.* 사도
barrier [bǽriər] *n.* 장벽
circumcision [sə̀:rkəmsíʒən] *n.* 할례
consequently [kánsəkwèntli] *ad.* 따라서
cornerstone [kɔ́:rnərstòun] *n.* 모퉁잇돌
covenant [kʌ́vənənt] *n.* 언약
exclude [iksklú:d] *vt.* 제외하다
flesh [fleʃ] *n.* 육체
formerly [fɔ́:rmərli] *ad.* 이전에
gentile [dʒéntail] *n.* 이방인
hostility [hastíləti] *n.* 적의
preach [pri:tʃ] *vt.* 전도하다
reconcile [rékənsàil] *vt.* 화해시키다
regulation [règjuléiʃən] *n.* 규정, 법규
revelation [rèvəléiʃən] *n.* 계시

2:10 **in advance**: 먼저, 미리
2:12 **separate from...**: …에서 분리하다
2:18 **have access to...**: …에게 접근할 수 있다
2:19 **no longer...**: 더이상 …않다
3:1 **for the sake of...**: …을 위하여

먼저 간단히 기록함과 같으니
4 그것을 읽으면 내가 그리스도의 비밀을 깨
달은 것을 너희가 알 수 있으리라
5 이제 그의 거룩한 사도들과 선지자들에게
성령으로 나타내신 것같이 다른 세대에서는
사람의 아들들에게 알리지 아니하셨으니
6 이는 이방인들이 복음으로 말미암아 그리스
도 예수 안에서 함께 상속자가 되고 함께 지
체가 되고 함께 약속에 참여하는 자가 됨이라
7 이 복음을 위하여 그의 능력이 역사하시는
대로 내게 주신 하나님의 은혜의 선물을 따
라 내가 일꾼이 되었노라
8 모든 성도 중에 지극히 작은 자보다 더 작은
나에게 이 은혜를 주신 것은 측량할 수 없는
그리스도의 풍성함을 이방인에게 전하게 하
시고
9 [1]영원부터 만물을 창조하신 하나님 속에 감
추어졌던 비밀의 경륜이 어떠한 것을 드러
내게 하려 하심이라 골 1:26, 27
10 이는 이제 교회로 말미암아 하늘에 있는 통
치자들과 권세들에게 하나님의 각종 지혜를
알게 하려 하심이니 벧전 1:12
11 곧 영원부터 우리 주 그리스도 예수 안에서
예정하신 뜻대로 하신 것이라
12 우리가 그 안에서 그를 믿음으로 말미암아
담대함과 확신을 가지고 하나님께 나아감을
얻느니라
13 그러므로 너희에게 구하노니 너희를 위한
나의 여러 환난에 대하여 낙심하지 말라 이
는 너희의 영광이니라 고후 4:1

그리스도의 사랑을 알게 하시기를

14 ● 이러므로 내가 하늘과 땅에 있는 각 족속
에게
15 이름을 주신 아버지 앞에 무릎을 꿇고 비노니
16 그의 영광의 풍성함을 따라 그의 성령으로
말미암아 너희 속사람을 능력으로 강건하게
하시오며
17 믿음으로 말미암아 그리스도께서 너희 마음
에 계시게 하시옵고 너희가 사랑 가운데서
뿌리가 박히고 터가 굳어져서
18 능히 모든 성도와 함께 지식에 넘치는 그리
스도의 사랑을 알고
19 그 너비와 길이와 높이와 깊이가 어떠함을
깨달아 하나님의 모든 충만하신 것으로 너
희에게 충만하게 하시기를 구하노라 1:23
20 ● 우리 가운데서 역사하시는 능력대로 우리
가 구하거나 생각하는 모든 것에 더 넘치도

4 have already written briefly. ● In reading
this, then, you will be able to understand
my insight into the mystery of Christ,
5 ● which was not made known to people
in other generations as it has now been
revealed by the Spirit to God's holy apostles
6 and prophets. ● This mystery is that through
the gospel the Gentiles are heirs together
with Israel, members together of one body,
and sharers together in the promise in Christ
Jesus.
7 ● I became a servant of this gospel by the
gift of God's grace given me through the
8 working of his power. ● Although I am less
than the least of all the Lord's people, this
grace was given me: to preach to the Gen-
9 tiles the boundless riches of Christ, ● and to
make plain to everyone the administration
of this mystery, which for ages past was kept
10 hidden in God, who created all things. ● His
intent was that now, through the church,
the manifold wisdom of God should be
made known to the rulers and authorities
11 in the heavenly realms, ● according to
his eternal purpose that he accomplished
12 in Christ Jesus our Lord. ● In him and
through faith in him we may approach
13 God with freedom and confidence. ● I ask
you, therefore, not to be discouraged because
of my sufferings for you, which are your
glory.

A Prayer for the Ephesians

14 ● For this reason I kneel before the Father,
15 ● from whom every family[a] in heaven and
16 on earth derives its name. ● I pray that out of
his glorious riches he may strengthen you
with power through his Spirit in your inner
17 being, ● so that Christ may dwell in your
hearts through faith. And I pray that you,
18 being rooted and established in love, ● may
have power, together with all the Lord's
holy people, to grasp how wide and long
and high and deep is the love of Christ,
19 ● and to know this love that surpasses
knowledge—that you may be filled to the
measure of all the fullness of God.
20 ● Now to him who is able to do immea-
surably more than all we ask or imagine,
according to his power that is at work with-

[a]15 The Greek for *family (patria)* is derived from the Greek for *father (pater)*.

1) 어떤 사본에, 9절 처음에 '모든 사람에게' 가 있음

accomplish [əkámpliʃ] *vt.* 성취하다
administration [ədmìnistréiʃən] *n.* 통치
approach [əpróutʃ] *vt.* 접근하다
authority [ɔːθɔ́ːrəti] *n.* 권능, 권위
derive [diráiv] *vt.* 얻다
discourage [diskə́ːridʒ] *vt.* 낙심시키다
eternal [itə́ːrnəl] *a.* 영원한
grasp [græsp] *vt.* 붙잡다
heir [ɛər] *n.* 상속자
immeasurably [iméʒərəbli] *ad.* 광대하게
insight [ínsàit] *n.* 통찰력
intent [intént] *n.* 의도
manifold [mǽnəfòuld] *a.* 여러 가지의
realm [relm] *n.* 왕국
surpass [sərpǽs] *vt.* 능가하다

3:8 less than...: …보다 적은
3:9 make plain... to~: ~에게 …를 밝히다, 명백하게 하다
3:11 according to...: …에 따라
3:17 dwell in...: …에 살다
3:20 at work: 작용하여

록 능히 하실 이에게
21 교회 안에서와 그리스도 예수 안에서 영광이
대대로 영원무궁하기를 원하노라 아멘

성령이 하나되게 하신 것 (♪ 289장)

4 그러므로 주 안에서 갇힌 내가 너희를 권
하노니 너희가 부르심을 받은 일에 합당하
게 행하여
2 모든 겸손과 온유로 하고 오래 참음으로 사랑
가운데서 서로 용납하고
3 평안의 매는 줄로 성령이 하나 되게 하신 것을
힘써 지키라
4 몸이 하나요 성령도 한 분이시니 이와 같이 너
희가 부르심의 한 소망 안에서 부르심을 받았
느니라
5 주도 한 분이시요 믿음도 하나요 1)세례도 하
나요
6 하나님도 한 분이시니 곧 만유의 아버지시라
만유 위에 계시고 만유를 통일하시고 만유 가
운데 계시도다
7 우리 각 사람에게 그리스도의 선물의 분량대
로 은혜를 주셨나니
8 그러므로 이르기를
ㄱ그가 위로 올라가실 때에 사로잡혔던 자들
을 사로잡으시고 사람들에게 선물을 주셨다
하였도다
9 올라가셨다 하였은즉 땅 아래 낮은 곳으로 내
리셨던 것이 아니면 무엇이냐
10 내리셨던 그가 곧 모든 하늘 위에 오르신 자
니 이는 만물을 충만하게 하려 하심이라
11 그가 어떤 사람은 사도로, 어떤 사람은 선지자
로, 어떤 사람은 복음 전하는 자로, 어떤 사람
은 목사와 교사로 삼으셨으니
12 이는 성도를 온전하게 하여 봉사의 일을 하게
하며 그리스도의 몸을 세우려 하심이라
13 우리가 다 하나님의 아들을 믿는 것과 아는 일
에 하나가 되어 온전한 사람을 이루어 그리스
도의 2)장성한 분량이 충만한 데까지 이르리니
14 이는 우리가 이제부터 어린아이가 되지 아니
하여 사람의 속임수와 간사한 유혹에 빠져 온
갖 교훈의 풍조에 밀려 요동하지 않게 하려 함
이라
15 오직 3)사랑 안에서 4)참된 것을 하여 범사에 그
에게까지 자랄지라 그는 머리니 곧 그리스도라
16 그에게서 온몸이 각 마디를 통하여 도움을 받
음으로 연결되고 결합되어 각 지체의 분량대
로 역사하여 그 몸을 자라게 하며 사랑 안에서
스스로 세우느니라

21 in us, •to him be glory in the church and
in Christ Jesus throughout all generations,
for ever and ever! Amen.

Unity and Maturity in the Body of Christ

4 As a prisoner for the Lord, then, I urge
you to live a life worthy of the calling
2 you have received. •Be completely hum-
ble and gentle; be patient, bearing with
3 one another in love. •Make every effort to
keep the unity of the Spirit through the
4 bond of peace. •There is one body and
one Spirit, just as you were called to one
5 hope when you were called; •one Lord,
6 one faith, one baptism; •one God and
Father of all, who is over all and through
all and in all.
7 •But to each one of us grace has been
8 given as Christ apportioned it. •This is
why it[a] says:

"When he ascended on high,
he took many captives
and gave gifts to his people."[b]

9 •(What does "he ascended" mean except
that he also descended to the lower, earth-
10 ly regions[c]? •He who descended is the very
one who ascended higher than all the
heavens, in order to fill the whole uni-
11 verse.) •So Christ himself gave the apos-
tles, the prophets, the evangelists, the pas-
12 tors and teachers, •to equip his people for
works of service, so that the body of Christ
13 may be built up •until we all reach unity
in the faith and in the knowledge of the
Son of God and become mature, attaining
to the whole measure of the fullness of
Christ.
14 •Then we will no longer be infants,
tossed back and forth by the waves, and
blown here and there by every wind of
teaching and by the cunning and crafti-
ness of people in their deceitful scheming.
15 •Instead, speaking the truth in love, we
will grow to become in every respect the
mature body of him who is the head, that
16 is, Christ. •From him the whole body,
joined and held together by every support-
ing ligament, grows and builds itself up in
love, as each part does its work.

[a]8 Or *God* [b]8 Psalm 68:18 [c]9 *Or the depths of the earth* 1) 헬, 또는 침례 2) 헬, 충만의 신장의 분량이 3) 사랑 안에서 자라자 4) 또는 참된 생활을 하여 ㄱ. 시 68:18

apostle [əpásl] *n.* 사도
apportion [əpɔ́:rʃən] *vt.* 할당하다
ascend [əsénd] *vi.* 오르다
attain [ətéin] *vi.* 도달하다
baptism [bǽptizm] *n.* 세례
captive [kǽptiv] *n.* 포로
craftiness [krǽftinis] *n.* 교활함
deceitful [disí:tfəl] *a.* 기만적인
descend [disénd] *vi.* 내려가다
equip [ikwíp] *vt.* 갖추다
evangelist [ivǽndʒəlist] *n.* 복음 전도자
infant [ínfənt] *n.* 유아
ligament [lígəmənt] *n.* 인대
mature [mətjúər] *a.* 성숙한
scheme [ski:m] *n.* 계획

4:1 urge A to B: A에게 B하도록 권하다
4:1 worthy of...: …할 만한
4:2 bear with...: …을 참다
4:3 make every effort to...: …하려고 온갖 노력을 다하다
4:10 in order to...: …하기 위해

옛 사람과 새 사람

17 ●그러므로 내가 이것을 말하며 주 안에서 증언하노니 이제부터 너희는 이방인이 그 마음의 허망한 것으로 행함같이 행하지 말라 골 3:7

18 그들의 총명이 어두워지고 그들 가운데 있는 무지함과 그들의 마음이 굳어짐으로 말미암아 하나님의 생명에서 떠나 있도다

19 그들이 감각 없는 자가 되어 자신을 방탕에 방임하여 모든 더러운 것을 욕심으로 행하되

20 오직 너희는 그리스도를 그같이 배우지 아니하였느니라

21 [1]진리가 예수 안에 있는 것같이 너희가 참으로 그에게서 듣고 또한 그 안에서 가르침을 받았을진대

22 너희는 유혹의 욕심을 따라 썩어져 가는 구습을 따르는 옛 사람을 벗어 버리고 벧전 2:1

23 오직 너희의 심령이 새롭게 되어

24 하나님을 따라 의와 진리의 거룩함으로 지으심을 받은 새 사람을 입으라

하나님을 본받는 생활

25 ●그런즉 거짓을 버리고 [ㄱ]각각 그 이웃과 더불어 참된 것을 말하라 이는 우리가 서로 지체가 됨이라 슥 8:16

26 [ㄴ]분을 내어도 죄를 짓지 말며 해가 지도록 분을 품지 말고

27 마귀에게 틈을 주지 말라

28 도둑질하는 자는 다시 도둑질하지 말고 돌이켜 가난한 자에게 구제할 수 있도록 자기 손으로 수고하여 선한 일을 하라

29 무릇 더러운 말은 너희 입 밖에도 내지 말고 오직 덕을 세우는 데 소용되는 대로 선한 말을 하여 듣는 자들에게 은혜를 끼치게 하라

30 하나님의 성령을 근심하게 하지 말라 그 안에서 너희가 구원의 날까지 인치심을 받았느니라

31 너희는 모든 악독과 노함과 분냄과 떠드는 것과 비방하는 것을 모든 악의와 함께 버리고

32 서로 친절하게 하며 불쌍히 여기며 서로 용서하기를 하나님이 그리스도 안에서 너희를 용서하심과 같이 하라

5 그러므로 사랑을 받는 자녀같이 너희는 하나님을 본받는 자가 되고

2 그리스도께서 너희를 사랑하신 것같이 너희도 사랑 가운데서 행하라 그는 우리를 위하여 자신을 버리사 향기로운 제물과 희생제물로 하나님께 드리셨느니라

3 음행과 온갖 더러운 것과 탐욕은 너희 중에

Instructions for Christian Living

17 ●So I tell you this, and insist on it in the
Lord, that you must no longer live as the
Gentiles do, in the futility of their thinking.
18 ●They are darkened in their understanding
and separated from the life of God because
of the ignorance that is in them due to the
19 hardening of their hearts. ●Having lost all
sensitivity, they have given themselves over
to sensuality so as to indulge in every kind
of impurity, and they are full of greed.
20 ●That, however, is not the way of life you
21 learned ●when you heard about Christ and
were taught in him in accordance with
22 the truth that is in Jesus. ●You were taught,
with regard to your former way of life, to
put off your old self, which is being cor-
23 rupted by its deceitful desires; ●to be made
24 new in the attitude of your minds; ●and
to put on the new self, created to be like
God in true righteousness and holiness.
25 ●Therefore each of you must put off false-
hood and speak truthfully to your neigh-
bor, for we are all members of one body.
26 ●"In your anger do not sin"[a]: Do not let
the sun go down while you are still angry,
27 ●and do not give the devil a foothold.
28 ●Anyone who has been stealing must steal
no longer, but must work, doing something
useful with their own hands, that they may
have something to share with those in
need.
29 ●Do not let any unwholesome talk come
out of your mouths, but only what is help-
ful for building others up according to
their needs, that it may benefit those who
30 listen. ●And do not grieve the Holy Spirit
of God, with whom you were sealed for
31 the day of redemption. ●Get rid of all bit-
terness, rage and anger, brawling and slan-
32 der, along with every form of malice. ●Be
kind and compassionate to one another,
forgiving each other, just as in Christ God
forgave you.

1 **5** ●Follow God's example, therefore, as
2 dearly loved children ●and walk in the
way of love, just as Christ loved us and gave
himself up for us as a fragrant offering and
sacrifice to God.
3 ●But among you there must not be even
a hint of sexual immorality, or of any kind

---

[a]26 Psalm 4:4 (see Septuagint)

1) 헬, 참 ㄱ. 슥 8:16 ㄴ. 시 4:4

brawl [brɔ:l] *vi.* 싸우다
corrupt [kərʌ́pt] *vt.* 타락시키다
foothold [fúthòuld] *n.* 발판
fragrant [fréigrənt] *a.* 향기로운
futility [fju:tíləti] *n.* 무익
gentile [dʒéntail] *n.* 이방인
ignorance [ígnərəns] *n.* 무지
immorality [ìmərǽləti] *n.* 음란
impurity [impjúərəti] *n.* 불결
malice [mǽlis] *n.* 악의
redemption [ridémpʃən] *n.* 구속(救贖)
sacrifice [sǽkrəfàis] *vi.* 산 제물을 바치다
sensuality [sènʃuǽləti] *n.* 육욕, 음란
slander [slǽndər] *n.* 비방
unwholesome [ʌ̀nhóulsəm] *a.* 해로운

4:17 insist on...: …을 주장하다
4:18 due to...: … 때문에, …에 기인하여
4:19 so as to...: …하기 위하여
4:19 indulge in...: …를 탐닉하다
4:22 with regard to...: …에 관해서는
4:31 get rid of...: …를 없애다

서 그 이름조차도 부르지 말라 이는 성도에
게 마땅한 바니라
4 누추함과 어리석은 말이나 희롱의 말이 마
땅치 아니하니 오히려 감사하는 말을 하라
5 너희도 정녕 이것을 알거니와 음행하는 자
나 더러운 자나 탐하는 자 곧 우상 숭배자는
다 그리스도와 하나님의 나라에서 기업을
얻지 못하리니
6 누구든지 헛된 말로 너희를 속이지 못하게
하라 이로 말미암아 하나님의 진노가 불순
종의 아들들에게 임하나니
7 그러므로 그들과 함께하는 자가 되지 말라
8 너희가 전에는 어둠이더니 이제는 주 안에
서 빛이라 빛의 자녀들처럼 행하라 요 8:12
9 빛의 열매는 모든 착함과 의로움과 1)진실함
에 있느니라
10 주를 기쁘시게 할 것이 무엇인가 시험하여
보라
11 너희는 열매 없는 어둠의 일에 참여하지 말
고 도리어 책망하라
12 그들이 은밀히 행하는 것들은 말하기도 부
끄러운 것들이라
13 그러나 책망을 받는 모든 것은 빛으로 말미
암아 드러나나니 드러나는 것마다 빛이니라
14 그러므로 이르시기를 잠자는 자여 깨어서
죽은 자들 가운데서 일어나라 그리스도께서
너에게 비추이시리라 하셨느니라

그리스도의 이름으로 감사하라

15 ●그런즉 너희가 어떻게 행할지를 자세히
주의하여 지혜 없는 자같이 하지 말고 오직
지혜 있는 자같이 하여
16 2)세월을 아끼라 3)때가 악하니라
17 그러므로 어리석은 자가 되지 말고 오직 주
의 뜻이 무엇인가 이해하라
18 술 취하지 말라 이는 방탕한 것이니 오직 성
령으로 충만함을 받으라
19 시와 찬송과 신령한 노래들로 서로 화답하며
너희의 마음으로 주께 노래하며 찬송하며
20 범사에 우리 주 예수 그리스도의 이름으로
항상 아버지 하나님께 감사하며
21 그리스도를 경외함으로 피차 복종하라

아내와 남편

22 ●아내들이여 자기 남편에게 복종하기를 주
께 하듯 하라
23 이는 남편이 아내의 머리 됨이 그리스도께
서 교회의 머리 됨과 같음이니 그가 바로 몸
의 구주시니라 골 1:18

of impurity, or of greed, because these are
4 improper for God's holy people. •Nor
should there be obscenity, foolish talk or
coarse joking, which are out of place, but
5 rather thanksgiving. •For of this you can be
sure: No immoral, impure or greedy person
—such a person is an idolater—has any
inheritance in the kingdom of Christ and of
6 God.[a] •Let no one deceive you with empty
words, for because of such things God's
wrath comes on those who are disobedient.
7 •Therefore do not be partners with them.
8 •For you were once darkness, but now
you are light in the Lord. Live as children
9 of light •(for the fruit of the light consists in
10 all goodness, righteousness and truth) •and
11 find out what pleases the Lord. •Have
nothing to do with the fruitless deeds of
12 darkness, but rather expose them. •It is
shameful even to mention what the disobe-
13 dient do in secret. •But everything exposed
by the light becomes visible—and every-
thing that is illuminated becomes a light.
14 •This is why it is said:

"Wake up, sleeper,
rise from the dead,
and Christ will shine on you."

15 •Be very careful, then, how you live—
16 not as unwise but as wise, •making the
most of every opportunity, because the
17 days are evil. •Therefore do not be foolish,
but understand what the Lord's will is.
18 •Do not get drunk on wine, which leads to
debauchery. Instead, be filled with the Spir-
19 it, •speaking to one another with psalms,
hymns, and songs from the Spirit. Sing and
make music from your heart to the Lord,
20 •always giving thanks to God the Father
for everything, in the name of our Lord
Jesus Christ.

Instructions for Christian Households

21 •Submit to one another out of reverence
for Christ.
22 •Wives, submit yourselves to your own
23 husbands as you do to the Lord. •For the
husband is the head of the wife as Christ is
the head of the church, his body, of which

[a]5 Or *kingdom of the Messiah and God*

1) 헬, 참 2) 헬, 기회를 사라 3) 헬, 그날들이

coarse [kɔːrs] *a.* (말씨가) 천한
debauchery [dibɔ́ːtʃəri] *n.* 방탕
deceive [disíːv] *vt.* 속이다
disobedient [dìsəbíːdiənt] *a.* 불순종하는
expose [ikspóuz] *vt.* 드러내다
greedy [gríːdi] *a.* 욕심 많은
hymn [him] *n.* 찬송
illuminate [ilúːmənèit] *vt.* 조명하다, 비추다
improper [imprάpər] *a.* 부적당한
inheritance [inhérətəns] *n.* 기업, 상속
obscenity [əbsénəti] *n.* 외설
psalm [saːm] *n.* 시가
reverence [révərəns] *n.* 존경
submit [səbmít] *vi.* 복종하다
wrath [ræθ] *n.* 진노

5:4 out of place: 어울리지 않는
5:9 consist in...: …에 있다
5:11 have nothing to do with...: …과 아무런 관계가 없다
5:16 make the most of...: …을 최대한 활용하다

24 그러므로 교회가 그리스도에게 하듯 아내들
도 범사에 자기 남편에게 복종할지니라
25 남편들아 아내 사랑하기를 그리스도께서 교
회를 사랑하시고 그 교회를 위하여 자신을
주심같이 하라
26 이는 곧 물로 씻어 말씀으로 깨끗하게 하사
거룩하게 하시고
27 자기 앞에 영광스러운 교회로 세우사 티나
주름 잡힌 것이나 이런 것들이 없이 거룩하
고 흠이 없게 하려 하심이라
28 이와 같이 남편들도 자기 아내 사랑하기를
자기 자신과 같이 할지니 자기 아내를 사랑
하는 자는 자기를 사랑하는 것이라
29 누구든지 언제나 자기 육체를 미워하지 않
고 오직 양육하여 보호하기를 그리스도께서
교회에게 함과 같이 하나니
30 우리는 그 몸의 지체임이라
31 ㄱ그러므로 사람이 부모를 떠나 그의 아내와
합하여 그 둘이 한 육체가 될지니
32 이 비밀이 크도다 나는 그리스도와 교회에
대하여 말하노라
33 그러나 너희도 각각 자기의 아내 사랑하기
를 자신같이 하고 아내도 자기 남편을 존경
하라

자녀와 부모

6 자녀들아 주 안에서 너희 부모에게 순종
하라 이것이 옳으니라
2 ㄴ네 아버지와 어머니를 공경하라 이것은 약
속이 있는 첫 계명이니
3 이로써 네가 잘되고 땅에서 장수하리라
4 또 아비들아 너희 자녀를 노엽게 하지 말고
오직 주의 교훈과 훈계로 양육하라 창 18:19

종과 상전

5 ●종들아 두려워하고 떨며 성실한 마음으
로 육체의 상전에게 순종하기를 그리스도
께 하듯 하라
6 눈가림만 하여 사람을 기쁘게 하는 자처럼
하지 말고 그리스도의 종들처럼 1)마음으로
하나님의 뜻을 행하고
7 기쁜 마음으로 섬기기를 주께 하듯 하고 사
람들에게 하듯 하지 말라
8 이는 각 사람이 무슨 선을 행하든지 종이나
자유인이나 주께로부터 그대로 받을 줄을
앎이라
9 상전들아 너희도 그들에게 이와 같이 하고
위협을 그치라 이는 그들과 너희의 상전이
하늘에 계시고 그에게는 사람을 외모로 취

24 he is the Savior. •Now as the church sub-
mits to Christ, so also wives should submit
to their husbands in everything.
25 •Husbands, love your wives, just as Christ
loved the church and gave himself up for
26 her •to make her holy, cleansing[a] her by
the washing with water through the word,
27 •and to present her to himself as a radiant
church, without stain or wrinkle or any
28 other blemish, but holy and blameless. •In
this same way, husbands ought to love their
wives as their own bodies. He who loves his
29 wife loves himself. •After all, no one ever
hated their own body, but they feed and
care for their body, just as Christ does the
30 church— •for we are members of his body.
31 •"For this reason a man will leave his father
and mother and be united to his wife, and
32 the two will become one flesh."[b] •This is a
profound mystery—but I am talking about
33 Christ and the church. •However, each one
of you also must love his wife as he loves
himself, and the wife must respect her hus-
band.

6 Children, obey your parents in the
2 Lord, for this is right. •"Honor your
father and mother"—which is the first
3 commandment with a promise— •"so that
it may go well with you and that you may
enjoy long life on the earth."[c]
4 •Fathers,[d] do not exasperate your chil-
dren; instead, bring them up in the training
and instruction of the Lord.
5 •Slaves, obey your earthly masters with
respect and fear, and with sincerity of
6 heart, just as you would obey Christ. •Obey
them not only to win their favor when
their eye is on you, but as slaves of Christ,
doing the will of God from your heart.
7 •Serve whole-heartedly, as if you were
8 serving the Lord, not people, •because you
know that the Lord will reward each one
for whatever good they do, whether they
are slave or free.
9 •And masters, treat your slaves in the
same way. Do not threaten them, since you
know that he who is both their Master and
yours is in heaven, and there is no favoritism
with him.

[a]26 Or *having cleansed* [b]31 Gen. 2:24 [c]3 Deut. 5:16
[d]4 Or *Parents*

1) 헬, 목숨 ㄱ. 창 2:24 ㄴ. 출 20:12; 신 5:16

blemish [blémiʃ] *n.* 흠
commandment [kəmǽndmənt] *n.* 계명
exasperate [igzǽspərèit] *vt.* 화나게 하다
favoritism [féivəritìzm] *n.* 편애
feed [fiːd] *vt.* 먹이다, 부양하다
flesh [fleʃ] *n.* 육체
obey [oubéi] *vt.* 순종하다
profound [prəfáund] *a.* 깊은
radiant [réidiənt] *a.* 빛나는
respect [rispékt] *vt.* 존경하다
savior [séivjər] *n.* 구세주, 구원자
sincerity [sinsérəti] *n.* 성실
stain [stein] *n.* 얼룩
threaten [θrétn] *vt.* 위협하다
wholeheartedly [hóulhάːrtidli] *ad.* 진심으로

5:28 ought to...: …해야 하다
6:4 bring... up: …을 양육하다
6:6 win one's favor: 환심을 사다
6:6 from one's heart: 성심성의로
6:8 reward A for B: B로 인해서 A에게 보상(보수)을 주다

하는 일이 없는 줄 너희가 앎이라

마귀를 대적하는 싸움 (♪350, 620장)

10 ●끝으로 너희가 주 안에서와 그 힘의 능력으로 강건하여지고
11 마귀의 간계를 능히 대적하기 위하여 하나님의 전신갑주를 입으라
12 우리의 씨름은 혈과 육을 상대하는 것이 아니요 통치자들과 권세들과 이 어둠의 세상 주관자들과 하늘에 있는 악의 영들을 상대함이라
13 그러므로 하나님의 전신갑주를 취하라 이는 악한 날에 너희가 능히 대적하고 모든 일을 행한 후에 서기 위함이라
14 그런즉 서서 [1]진리로 너희 허리띠를 띠고 의의 호심경을 붙이고 사 11:5
15 평안의 복음이 준비한 것으로 신을 신고
16 모든 것 위에 믿음의 방패를 가지고 이로써 능히 악한 자의 모든 불화살을 소멸하고
17 구원의 투구와 성령의 검 곧 하나님의 말씀을 가지라 히 4:12
18 모든 기도와 간구를 하되 항상 성령 안에서 기도하고 이를 위하여 깨어 구하기를 항상 힘쓰며 여러 성도를 위하여 구하라 빌 1:4
19 또 나를 위하여 구할 것은 내게 말씀을 주사 나로 입을 열어 복음의 비밀을 담대히 알리게 하옵소서 할 것이니
20 이 일을 위하여 내가 쇠사슬에 매인 사신이 된 것은 나로 이 일에 당연히 할 말을 담대히 하게 하려 하심이라

끝 인사

21 ●나의 사정 곧 내가 무엇을 하는지 너희에게도 알리려 하노니 사랑을 받은 형제요 주 안에서 진실한 일꾼인 두기고가 모든 일을 너희에게 알리리라
22 우리 사정을 알리고 또 너희 마음을 위로하기 위하여 내가 특별히 그를 너희에게 보내었노라
23 ●아버지 하나님과 주 예수 그리스도께로부터 평안과 믿음을 겸한 사랑이 형제들에게 있을지어다 갈 5:6
24 우리 주 예수 그리스도를 변함없이 사랑하는 모든 자에게 은혜가 있을지어다

The Armor of God

10 ●Finally, be strong in the Lord and in his
11 mighty power. ●Put on the full armor of
God, so that you can take your stand against
12 the devil's schemes. ●For our struggle is
not against flesh and blood, but against
the rulers, against the authorities, against
the powers of this dark world and against
the spiritual forces of evil in the heavenly
13 realms. ●Therefore put on the full armor of
God, so that when the day of evil comes,
you may be able to stand your ground, and
after you have done everything, to stand.
14 ●Stand firm then, with the belt of truth
buckled around your waist, with the breast-
15 plate of righteousness in place, ●and with
your feet fitted with the readiness that
16 comes from the gospel of peace. ●In addi-
tion to all this, take up the shield of faith,
with which you can extinguish all the flam-
17 ing arrows of the evil one. ●Take the helmet
of salvation and the sword of the Spirit,
which is the word of God.
18 ●And pray in the Spirit on all occasions
with all kinds of prayers and requests. With
this in mind, be alert and always keep on
19 praying for all the Lord's people. ●Pray also
for me, that whenever I speak, words may
be given me so that I will fearlessly make
20 known the mystery of the gospel, ●for
which I am an ambassador in chains. Pray
that I may declare it fearlessly, as I should.

Final Greetings

21 ●Tychicus, the dear brother and faithful
servant in the Lord, will tell you everything,
so that you also may know how I am and
22 what I am doing. ●I am sending him to you
for this very purpose, that you may know
how we are, and that he may encourage
you.
23 ●Peace to the brothers and sisters,[a] and
love with faith from God the Father and
24 the Lord Jesus Christ. ●Grace to all who
love our Lord Jesus Christ with an undying
love.[b]

[a]23 The Greek word for *brothers and sisters (adelphoi)* refers here to believers, both men and women, as part of God's family. [b]24 Or *Grace and immortality to all who love our Lord Jesus Christ.* 1) 헬, 참

ambassador [æmbǽsədər] *n.* 대사
armor [ά:rmər] *n.* 갑옷
authority [əθɔ́:rəti] *n.* 권세
breastplate [bréstplèit] *n.* 흉배
extinguish [ikstíŋgwiʃ] *vt.* 끄다
flaming [fléimiŋ] *a.* 불타는
flesh [fleʃ] *n.* 육체
occasion [əkéiʒən] *n.* 경우, 때
purpose [pə́:rpəs] *n.* 목적
realm [relm] *n.* 왕국
salvation [sælvéiʃən] *n.* 구원
scheme [ski:m] *n.* 계획
shield [ʃi:ld] *n.* 방패
struggle [strʌ́gl] *n.* 투쟁
undying [ʌndáiiŋ] *a.* 불멸의

6:11 put on: 걸치다, 입다
6:11 take stand against...: …에 대항하다
6:13 stand one's ground: 고수하다
6:16 in addition to...: …에 더하여
6:16 take up: 잡다, 들다
6:18 keep on...ing: 계속 …하다

Philippians | 빌립보서

● 저자 _ 사도 바울 ● 저작 연대 _ A.D. 60–62년경 ● 기록 장소 _ 로마 감옥
● 기록 대상 _ 빌립보에 있는 그리스도인들 ● 핵심어 및 내용 _ 핵심어는 '복음'과 '기쁨'이다.

본서는 하나님과 모든 사람들과의 관계에서 복음의 중요성을 역설하고 있다. 또한 바울은 암담한 감옥 생활에서도 성도들에게 끊임없이 솟아나는 기쁨을 보여 주었다.

인사 — A.D. 61년경

1 **그리스도 예수의 종 바울과 디모데는 그리**
스도 예수 안에서 빌립보에 사는 모든 성도
와 또한 감독들과 집사들에게 편지하노니
2 **하나님 우리 아버지와 주 예수 그리스도로**
부터 은혜와 평강이 너희에게 있을지어다

빌립보 성도들을 생각하며 간구하다

3 **●내가 너희를 생각할 때마다 나의 하나님**
께 감사하며 고전 1:4
4 **간구할 때마다 너희 무리를 위하여 기쁨으**
로 항상 간구함은
5 **너희가 첫날부터 이제까지 복음을 위한 일에**
참여하고 있기 때문이라
6 **너희 안에서 착한 일을 시작하신 이가 그리**
스도 예수의 날까지 이루실 줄을 우리는 확
신하노라
7 **내가 너희 무리를 위하여 이와 같이 생각하**
는 것이 마땅하니 이는 너희가 내 마음에 있
음이며 나의 매임과 복음을 변명함과 확정
함에 너희가 다 나와 함께 은혜에 참여한 자
가 됨이라
8 **내가 예수 그리스도의 심장으로 너희 무리**
를 얼마나 사모하는지 하나님이 내 증인이
시니라
9 **내가 기도하노라 너희 사랑을 지식과 모든**
총명으로 점점 더 풍성하게 하사
10 **너희로 1)지극히 선한 것을 분별하며 또 진실**
하여 허물없이 그리스도의 날까지 이르고
11 **예수 그리스도로 말미암아 의의 열매가 가**
득하여 하나님의 영광과 찬송이 되기를 원
하노라

바울의 매임과 복음 전파 (♪ 313, 321, 331, 450장)

12 **●형제들아 내가 당한 일이 도리어 복음 전**
파에 진전이 된 줄을 너희가 알기를 원하노
라
13 **이러므로 나의 매임이 그리스도 안에서 모**
든 시위대 안과 그 밖의 모든 사람에게 나타
났으니
14 **2)형제 중 다수가 나의 매임으로 말미암아 주**
안에서 신뢰함으로 겁 없이 하나님의 말씀
을 더욱 담대히 전하게 되었느니라 1:7
15 **어떤 이들은 투기와 분쟁으로, 어떤 이들은**

1 Paul and Timothy, servants of Christ
Jesus,
To all God's holy people in Christ Jesus at
Philippi, together with the overseers and dea-
cons[a]:
2 ●Grace and peace to you from God our
Father and the Lord Jesus Christ.

Thanksgiving and Prayer

3 ●I thank my God every time I remember
4 you. ●In all my prayers for all of you, I always
5 pray with joy ●because of your partnership in
the gospel from the first day until now,
6 ●being confident of this, that he who began a
good work in you will carry it on to comple-
tion until the day of Christ Jesus.
7 ●It is right for me to feel this way about
all of you, since I have you in my heart and,
whether I am in chains or defending and con-
firming the gospel, all of you share in God's
8 grace with me. ●God can testify how I long
for all of you with the affection of Christ Jesus.
9 ●And this is my prayer: that your love may
abound more and more in knowledge and
10 depth of insight, ●so that you may be able to
discern what is best and may be pure and
11 blameless for the day of Christ, ●filled with
the fruit of righteousness that comes through
Jesus Christ—to the glory and praise of God.

Paul's Chains Advance the Gospel

12 ●Now I want you to know, brothers and
sisters,[b] that what has happened to me has
13 actually served to advance the gospel. ●As a
result, it has become clear throughout the
whole palace guard[c] and to everyone else that
14 I am in chains for Christ. ●And because of my
chains, most of the brothers and sisters have
become confident in the Lord and dare all the
more to proclaim the gospel without fear.
15 ●It is true that some preach Christ out of

[a] *1* The word *deacons* refers here to Christians designated to serve with the overseers/elders of the church in a variety of ways; similarly in Romans 16:1 and 1 Tim. 3:8,12. [b] *12* The Greek word for *brothers and sisters* (*adelphoi*) refers here to believers, both men and women, as part of God's family; also in verse 14; and in 3:1, 13, 17; 4:1, 8, 21. [c] *13* Or *whole palace*

1) 또는 같지 아니한 것을 2) 또는 주 안의 형제들

착한 뜻으로 그리스도를 전파하나니 2:3
16 이들은 내가 복음을 변증하기 위하여 세우심
을 받은 줄 알고 사랑으로 하나
17 그들은 나의 매임에 괴로움을 더하게 할 줄로
생각하여 순수하지 못하게 다툼으로 그리스
도를 전파하느니라 2:3
18 그러면 무엇이냐 겉치레로 하나 참으로 하나
무슨 방도로 하든지 전파되는 것은 그리스도
니 이로써 나는 기뻐하고 또한 기뻐하리라
19 이것이 너희의 간구와 예수 그리스도의 성령
의 도우심으로 나를 구원에 이르게 할 줄 아는
고로
20 나의 간절한 기대와 소망을 따라 아무 일에든
지 부끄러워하지 아니하고 지금도 전과 같이
온전히 담대하여 살든지 죽든지 내 몸에서 그
리스도가 존귀하게 되게 하려 하나니 롬 8:19
21 이는 내게 사는 것이 그리스도니 죽는 것도 유
익함이라
22 그러나 만일 육신으로 사는 이것이 내 일의 열
매일진대 무엇을 택해야 할는지 나는 알지 못
하노라
23 내가 그 둘 사이에 끼었으니 차라리 세상을 떠
나서 그리스도와 함께 있는 것이 훨씬 더 좋은
일이라 그렇게 하고 싶으나
24 내가 육신으로 있는 것이 너희를 위하여 더 유
익하리라
25 내가 [1]살 것과 너희 믿음의 진보와 기쁨을 위하
여 너희 무리와 함께 거할 이것을 확실히 아노니
26 내가 다시 너희와 같이 있음으로 그리스도 예
수 안에서 너희 자랑이 나로 말미암아 풍성하
게 하려 함이라 고후 1:14
27 오직 너희는 그리스도의 복음에 합당하게 [2]생
활하라 이는 내가 너희에게 가 보나 떠나 있으
나 너희가 [3]한마음으로 서서 한뜻으로 복음의
신앙을 위하여 협력하는 것과
28 무슨 일에든지 대적하는 자들 때문에 두려워
하지 아니하는 이 일을 듣고자 함이라 이것이
그들에게는 멸망의 증거요 너희에게는 구원
의 증거니 이는 하나님께로부터 난 것이라
29 그리스도를 위하여 너희에게 은혜를 주신 것
은 다만 그를 믿을 뿐 아니라 또한 그를 위하
여 고난도 받게 하려 하심이라
30 너희에게도 그와 같은 싸움이 있으니 너희가 내
안에서 본 바요 이제도 내 안에서 듣는 바니라

그리스도의 겸손

2 그러므로 그리스도 안에 무슨 권면이나 사
랑의 무슨 위로나 성령의 무슨 교제나 긍휼

envy and rivalry, but others out of goodwill.
16 The latter do so out of love, knowing that I
am put here for the defense of the gospel.
17 The former preach Christ out of selfish
ambition, not sincerely, supposing that
they can stir up trouble for me while I am
18 in chains. But what does it matter? The
important thing is that in every way, whe-
ther from false motives or true, Christ is
preached. And because of this I rejoice.
19 Yes, and I will continue to rejoice, for I
know that through your prayers and God's
provision of the Spirit of Jesus Christ what
has happened to me will turn out for my
20 deliverance.[a] I eagerly expect and hope
that I will in no way be ashamed, but will
have sufficient courage so that now as
always Christ will be exalted in my body,
21 whether by life or by death. For to me, to
22 live is Christ and to die is gain. If I am to go
on living in the body, this will mean fruitful
labor for me. Yet what shall I choose? I do
23 not know! I am torn between the two: I
desire to depart and be with Christ, which is
24 better by far; but it is more necessary for
25 you that I remain in the body. Convinced
of this, I know that I will remain, and I will
continue with all of you for your progress
26 and joy in the faith, so that through my
being with you again your boasting in
Christ Jesus will abound on account of me.

Life Worthy of the Gospel

27 Whatever happens, conduct yourselves
in a manner worthy of the gospel of Christ.
Then, whether I come and see you or only
hear about you in my absence, I will know
that you stand firm in the one Spirit,[b] striv-
ing together as one for the faith of the gospel
28 without being frightened in any way by
those who oppose you. This is a sign to them
that they will be destroyed, but that you will
29 be saved—and that by God. For it has
been granted to you on behalf of Christ not
only to believe in him, but also to suffer for
30 him, since you are going through the same
struggle you saw I had, and now hear that I
still have.

Imitating Christ's Humility

2 Therefore if you have any encourage-
ment from being united with Christ, if

[a]19 Or *vindication;* or *salvation* [b]27 Or *in one spirit*

1) 헬, 거할 것과 2) 또는 시민 노릇 3) 헬, 영 또는 정신

ashamed [əʃéimd] *a.* 부끄러워
conduct [kándʌkt] *n.* 행동
convince [kənvíns] *vt.* 확신시키다
defense [diféns] *n.* 변호
deliverance [dilívərəns] *n.* 구원
exalt [igzɔ́:lt] *vt.* 높이다
grant [grænt] *vt.* 주다
oppose [əpóuz] *vt.* 대적하다
progress [prágres] *n.* 진보, 발전
provision [prəvíʒən] *n.* 공급, 지원
rivalry [ráivəlri] *n.* 경쟁
sincerely [sinsíərli] *ad.* 진심으로
strive [straiv] *vi.* 노력하다
struggle [strʌ́gl] *n.* 투쟁
worthy [wə́:rði] *a.* 가치가 있는

1:17 **stir up**: 선동하다, 일으키다
1:19 **turn out...**: …가 되어 가다
1:20 **in no way...**: 결코 …하지 않다
1:23 **better by far**: 훨씬 더 좋은
1:26 **on account of...**: …때문에
1:29 **on behalf of...**: …를 위하여

이나 자비가 있거든
2 마음을 같이하여 같은 사랑을 가지고 뜻을 합하며 한마음을 품어
3 아무 일에든지 다툼이나 허영으로 하지 말고 오직 겸손한 마음으로 각각 자기보다 남을 낫게 여기고
4 각각 자기 일을 돌볼뿐더러 또한 각각 다른 사람들의 일을 돌보아 나의 기쁨을 충만하게 하라
5 너희 안에 이 마음을 품으라 곧 그리스도 예수의 마음이니
6 그는 근본 하나님의 [1]본체시나 하나님과 동등됨을 [2]취할 것으로 여기지 아니하시고
7 오히려 자기를 비워 종의 [3]형체를 가지사 사람들과 같이 되셨고
8 사람의 모양으로 나타나사 자기를 낮추시고 죽기까지 복종하셨으니 곧 십자가에 죽으심이라
9 이러므로 하나님이 그를 지극히 높여 모든 이름 위에 뛰어난 이름을 주사
10 하늘에 있는 자들과 땅에 있는 자들과 땅 아래에 있는 자들로 모든 무릎을 예수의 이름에 꿇게 하시고 롬 14:11
11 모든 입으로 예수 그리스도를 주라 시인하여 하나님 아버지께 영광을 돌리게 하셨느니라

하나님의 흠 없는 자녀로 살라

12 •그러므로 나의 사랑하는 자들아 너희가 나 있을 때뿐 아니라 더욱 지금 나 없을 때에도 항상 복종하여 두렵고 떨림으로 너희 구원을 이루라
13 너희 안에서 행하시는 이는 하나님이시니 자기의 기쁘신 뜻을 위하여 너희에게 소원을 두고 행하게 하시나니
14 모든 일을 원망과 시비가 없이 하라
15 이는 너희가 흠이 없고 순전하여 어그러지고 거스르는 세대 가운데서 하나님의 흠 없는 자녀로 세상에서 그들 가운데 빛들로 나타내며
16 [4]생명의 말씀을 [5]밝혀 나의 달음질이 헛되지 아니하고 수고도 헛되지 아니함으로 그리스도의 날에 내가 자랑할 것이 있게 하려 함이라
17 만일 너희 믿음의 제물과 섬김 위에 내가 나를 전제로 드릴지라도 나는 기뻐하고 너희 무리와 함께 기뻐하리니

any comfort from his love, if any common
sharing in the Spirit, if any tenderness and
2 compassion, •then make my joy complete by
being like-minded, having the same love,
3 being one in spirit and of one mind. •Do
nothing out of selfish ambition or vain con-
ceit. Rather, in humility value others above
4 yourselves, •not looking to your own interests
but each of you to the interests of the others.
5 •In your relationships with one another,
have the same mindset as Christ Jesus:
6 •Who, being in very nature[a] God,
did not consider equality with God
something to be used to his own
advantage;
7 •rather, he made himself nothing,
by taking the very nature[b] of a servant,
being made in human likeness.
8 •And being found in appearance as a man,
he humbled himself
by becoming obedient to death—
even death on a cross!
9 •Therefore God exalted him to the highest
place
and gave him the name that is above
every name,
10 •that at the name of Jesus every knee
should bow,
in heaven and on earth and under the
earth,
11 •and every tongue acknowledge that Jesus
Christ is Lord,
to the glory of God the Father.

Do Everything Without Grumbling

12 •Therefore, my dear friends, as you have
always obeyed—not only in my presence,
but now much more in my absence— con-
tinue to work out your salvation with fear
13 and trembling, •for it is God who works in
you to will and to act in order to fulfill his
good purpose.
14 •Do everything without grumbling or
15 arguing, •so that you may become blameless
and pure, "children of God without fault in a
warped and crooked generation."[c] Then you
will shine among them like stars in the sky
16 •as you hold firmly to the word of life. And
then I will be able to boast on the day of
17 Christ that I did not run or labor in vain. •But
even if I am being poured out like a drink

[a]6 Or *in the form of* [b]7 Or *the form* [c]15 Deut. 32:5

1) 또는 형체 2) 또는 보류 3) 또는 본체 4) 헬, 생 5) 또는 붙들어

absence [ǽbsəns] *n.* 부재, 없음
ambition [æmbíʃən] *n.* 야심
argue [ά:rgju:] *vi.* 논쟁하다
compassion [kəmpǽʃən] *n.* 동정
conceit [kənsí:t] *n.* 거만, 자만
crooked [krúkid] *a.* 구부러진
equality [ikwάləti] *n.* 동등
grumbling [grʌ́mbliŋ] *a.* 불평하는
like-minded [láikmáindid] *a.* 한 마음의
mindset [máindsèt] *n.* 심적 경향
selfish [sélfiʃ] *a.* 이기적인
tenderness [téndərnis] *n.* 부드러움
tongue [tʌŋ] *n.* 혀, 입
trembling [trémbliŋ] *n.* 전율
warped [wɔ:rpt] *a.* 뒤틀린

2:12 work out: 성취하다
2:13 in order to...: …을 위하여
2:15 so that...: …하기 위하여
2:16 in vain: 헛되이
2:17 even if...: …일지라도
2:17 pour out: 붓다, 따르다

18 이와 같이 너희도 기뻐하고 나와 함께 기뻐
[1)]하라

디모데와 에바브로디도

19 ● 내가 디모데를 속히 너희에게 보내기를 주
안에서 바람은 너희의 사정을 앎으로 안위를
받으려 함이니
20 이는 뜻을 같이하여 너희 사정을 진실히 생각
할 자가 이밖에 내게 없음이라
21 그들이 다 자기 일을 구하고 그리스도 예수의
일을 구하지 아니하되 고전 10:24
22 디모데의 연단을 너희가 아나니 자식이 아버
지에게 함같이 나와 함께 복음을 위하여 수고
하였느니라
23 그러므로 내가 내 일이 어떻게 될지를 보아서
곧 이 사람을 보내기를 바라고
24 나도 속히 가게 될 것을 주 안에서 확신하노라
25 그러나 에바브로디도를 너희에게 보내는 것
이 필요한 줄로 생각하노니 그는 나의 형제요
함께 수고하고 함께 군사 된 자요 너희 사자로
내가 쓸 것을 돕는 자라
26 그가 너희 무리를 간절히 사모하고 자기가 병
든 것을 너희가 들은 줄을 알고 심히 근심한지
라
27 그가 병들어 죽게 되었으나 하나님이 그를 긍
휼히 여기셨고 그뿐 아니라 또 나를 긍휼히 여
기사 내 근심 위에 근심을 면하게 하셨느니라
28 그러므로 내가 더욱 급히 그를 보낸 것은 너희
로 그를 다시 보고 기뻐하게 하며 내 근심도
덜려 함이니라
29 이러므로 너희가 주 안에서 모든 기쁨으로 그
를 영접하고 또 이와 같은 자들을 존귀히 여기
라
30 그가 그리스도의 일을 위하여 죽기에 이르러
도 자기 목숨을 돌보지 아니한 것은 나를 섬기
는 너희의 일에 부족함을 채우려 함이니라

하나님께로부터 난 의 (♪ 81, 94, 359장)

3 끝으로 나의 형제들아 주 안에서 기뻐하라
너희에게 같은 말을 쓰는 것이 내게는 수고
로움이 없고 너희에게는 안전하니라
2 개들을 삼가고 행악하는 자들을 삼가고 몸을
상해하는 일을 삼가라
3 하나님의 성령으로 봉사하며 그리스도 [2)]예수
로 자랑하고 육체를 신뢰하지 아니하는 우리
가 곧 할례파라 롬 2:28
4 그러나 나도 육체를 신뢰할 만하며 만일 누구
든지 다른 이가 육체를 신뢰할 것이 있는 줄로
생각하면 나는 더욱 그러하리니

offering on the sacrifice and service coming
from your faith, I am glad and rejoice with
18 all of you. ●So you too should be glad and
rejoice with me.

Timothy and Epaphroditus

19 ●I hope in the Lord Jesus to send Timothy
to you soon, that I also may be cheered
20 when I receive news about you. ●I have no
one else like him, who will show genuine
21 concern for your welfare. ●For everyone
looks out for their own interests, not those of
22 Jesus Christ. ●But you know that Timothy
has proved himself, because as a son with
his father he has served with me in the work
23 of the gospel. ●I hope, therefore, to send
him as soon as I see how things go with me.
24 ●And I am confident in the Lord that I
myself will come soon.
25 ●But I think it is necessary to send back
to you Epaphroditus, my brother, co-work-
er and fellow soldier, who is also your mes-
senger, whom you sent to take care of my
26 needs. ●For he longs for all of you and is
distressed because you heard he was ill.
27 ●Indeed he was ill, and almost died. But
God had mercy on him, and not on him
only but also on me, to spare me sorrow
28 upon sorrow. ●Therefore I am all the more
eager to send him, so that when you see
him again you may be glad and I may have
29 less anxiety. ●So then, welcome him in the
Lord with great joy, and honor people like
30 him, ●because he almost died for the work
of Christ. He risked his life to make up
for the help you yourselves could not give
me.

No Confidence in the Flesh

3 Further, my brothers and sisters, rejoice
in the Lord! It is no trouble for me to
write the same things to you again, and it is
2 a safeguard for you. ●Watch out for those
dogs, those evildoers, those mutilators of the
3 flesh. ●For it is we who are the circumcision,
we who serve God by his Spirit, who boast
in Christ Jesus, and who put no confidence
4 in the flesh—●though I myself have rea-
sons for such confidence.
If someone else thinks they have reasons
to put confidence in the flesh, I have more:

1) 또는 하느니라 2) 또는 예수 안에서

anxiety [æŋzáiəti] *n.* 근심
boast [boust] *vt.* 자랑하다
cheer [tʃiər] *vt.* 격려하다
confidence [kánfədəns] *n.* 신뢰
distress [distrés] *vt.* 괴롭히다
evildoer [i:vəldù:ər] *n.* 악행자
genuine [dʒénjùin] *a.* 진짜의
mutilator [mjú:təlèitər] *n.* 절단하는 도구
necessary [nésəsèri] *a.* 필요한
prove [pru:v] *vt.* 입증하다
risk [risk] *vt.* 위태롭게 하다
safeguard [séifgà:rd] *n.* 안전, 보호
sorrow [sárou] *n.* 슬픔
spare [spɛər] *vt.* 면하게 하다
welfare [wélfɛər] *n.* 복지

2:26 long for...: …를 갈망하다
2:28 be eager to...: …하고 싶어하다
2:28 all the more: 그만큼 더, 더욱더
2:30 make up for...: …를 보충해서 완전하게 하다
3:2 watch out for...: …를 경계하다

5 나는 팔일 만에 할례를 받고 이스라엘 족속이
요 베냐민 지파요 히브리인 중의 히브리인이
요 율법으로는 바리새인이요
6 열심으로는 교회를 박해하고 율법의 의로는
흠이 없는 자라
7 그러나 무엇이든지 내게 유익하던 것을 내가
그리스도를 위하여 다 해로 여길뿐더러
8 또한 모든 것을 해로 여김은 내 주 그리스도
예수를 아는 지식이 가장 고상하기 때문이라
내가 그를 위하여 모든 것을 잃어버리고 배설
물로 여김은 그리스도를 얻고
9 그 안에서 발견되려 함이니 내가 가진 의는 율
법에서 난 것이 아니요 오직 그리스도를 믿음
으로 말미암은 것이니 곧 믿음으로 하나님께
로부터 난 의라
10 내가 그리스도와 그 부활의 권능과 그 고난에
[1]참여함을 알고자 하여 그의 죽으심을 본받아
11 어떻게 해서든지 죽은 자 가운데서 부활에 이
르려 하노니
12 내가 이미 얻었다 함도 아니요 온전히 이루었
다 함도 아니라 오직 내가 그리스도 예수께 잡
힌 바 된 그것을 잡으려고 달려가노라
13 형제들아 나는 아직 내가 잡은 줄로 여기지 아
니하고 오직 한 일 즉 뒤에 있는 것은 잊어버
리고 앞에 있는 것을 잡으려고
14 푯대를 향하여 그리스도 예수 안에서 하나님
이 [2]위에서 부르신 부름의 상을 위하여 달려가
노라
15 그러므로 누구든지 우리 온전히 이룬 자들은
이렇게 생각할지니 만일 어떤 일에 너희가 달
리 생각하면 하나님이 이것도 너희에게 나타
내시리라
16 오직 우리가 어디까지 이르렀든지 그대로 행
할 것이라

우리의 시민권은 하늘에

17 ●형제들아 너희는 함께 나를 본받으라 그리
고 너희가 우리를 본받은 것처럼 그와 같이 행
하는 자들을 눈여겨 보라
18 내가 여러 번 너희에게 말하였거니와 이제도
눈물을 흘리며 말하노니 여러 사람들이 그리
스도의 십자가의 원수로 행하느니라
19 그들의 마침은 멸망이요 그들의 신은 배요 그
영광은 그들의 부끄러움에 있고 땅의 일을 생
각하는 자라 롬 16:18
20 그러나 우리의 시민권은 하늘에 있는지라 거
기로부터 구원하는 자 곧 주 예수 그리스도를
기다리노니

5 ●circumcised on the eighth day, of the peo-
ple of Israel, of the tribe of Benjamin, a
Hebrew of Hebrews; in regard to the law,
6 a Pharisee; ●as for zeal, persecuting the
church; as for righteousness based on the
law, faultless.
7 ●But whatever were gains to me I now
8 consider loss for the sake of Christ. ●What
is more, I consider everything a loss because
of the surpassing worth of knowing Christ
Jesus my Lord, for whose sake I have lost all
things. I consider them garbage, that I may
9 gain Christ ●and be found in him, not hav-
ing a righteousness of my own that comes
from the law, but that which is through
faith in[a] Christ—the righteousness that
10 comes from God on the basis of faith. ●I
want to know Christ—yes, to know the po-
wer of his resurrection and participation in
his sufferings, becoming like him in his
11 death, ●and so, somehow, attaining to the
resurrection from the dead.
12 ●Not that I have already obtained all this,
or have already arrived at my goal, but I
press on to take hold of that for which
13 Christ Jesus took hold of me. ●Brothers and
sisters, I do not consider myself yet to have
taken hold of it. But one thing I do: Forget-
ting what is behind and straining toward
14 what is ahead, ●I press on toward the goal
to win the prize for which God has called
me heavenward in Christ Jesus.

Following Paul's Example

15 ●All of us, then, who are mature should
take such a view of things. And if on some
point you think differently, that too God
16 will make clear to you. ●Only let us live up
to what we have already attained.
17 ●Join together in following my example,
brothers and sisters, and just as you have us
as a model, keep your eyes on those who
18 live as we do. ●For, as I have often told you
before and now tell you again even with
tears, many live as enemies of the cross of
19 Christ. ●Their destiny is destruction, their
god is their stomach, and their glory is in
their shame. Their mind is set on earthly
20 things. ●But our citizenship is in heaven.
And we eagerly await a Savior from there,

[a]9 Or *through the faithfulness of*

1) 또는 교제 2) 또는 위로

attain [ətéin] *vi.* 이르다
citizenship [sítəzənʃìp] *n.* 시민권
destiny [déstəni] *n.* 운명
destruction [distrʌ́kʃən] *n.* 파괴
eagerly [í:gərli] *ad.* 열심히
faultless [fɔ́:ltlis] *a.* 흠 없는
garbage [gɑ́:rbidʒ] *n.* 음식물 찌꺼기
heavenward [hévnwərd] *ad.* 하늘로
mature [mətjúər] *a.* 성숙한
obtain [əbtéin] *vt.* 얻다
participation [pa:rtìsəpéiʃən] *n.* 참여
resurrection [rèzərékʃən] *n.* 부활
strain [strein] *vi.* 잡아당기다
surpass [sərpǽs] *vt.* 능가하다
zeal [zi:l] *n.* 열심

3:5 in regard to...: …에 관하여
3:12 press on: 서둘러 나아가다
3:12 take hold of...: …을 잡다, 쥐다
3:16 live up to...: …에 부응하다, …을 이행하다
3:18 even with...: …와 털어놓고 이야기하다

21 그는 만물을 자기에게 복종하게 하실 수 있는 자의 역사로 우리의 낮은 몸을 자기 영광의 몸의 형체와 같이 변하게 하시리라

4 그러므로 나의 사랑하고 사모하는 형제들, 나의 기쁨이요 면류관인 사랑하는 자들아 이와 같이 주 안에 서라

권면

2 ●내가 유오디아를 권하고 순두게를 권하노니 주 안에서 같은 마음을 품으라
3 또 참으로 나와 멍에를 같이한 네게 구하노니 복음에 나와 함께 힘쓰던 저 여인들을 돕고 또한 글레멘드와 그 외에 나의 동역자들을 도우라 그 이름들이 생명책에 있느니라
4 ●주 안에서 항상 기뻐하라 내가 다시 말하노니 기뻐하라
5 너희 관용을 모든 사람에게 알게 하라 주께서 가까우시니라
6 아무것도 염려하지 말고 다만 모든 일에 기도와 간구로, 너희 구할 것을 감사함으로 하나님께 아뢰라
7 그리하면 모든 지각에 뛰어난 하나님의 평강이 그리스도 예수 안에서 너희 마음과 생각을 지키시리라
8 ●끝으로 형제들아 무엇에든지 참되며 무엇에든지 경건하며 무엇에든지 옳으며 무엇에든지 정결하며 무엇에든지 사랑받을 만하며 무엇에든지 칭찬받을 만하며 무슨 덕이 있든지 무슨 기림이 있든지 이것들을 생각하라
9 1)너희는 내게 배우고 받고 듣고 본 바를 행하라 그리하면 평강의 하나님이 너희와 함께 계시리라

빌립보 사람들의 선물 (♪51장)

10 ●내가 주 안에서 크게 기뻐함은 너희가 나를 생각하던 것이 이제 다시 싹이 남이니 너희가 또한 이를 위하여 생각은 하였으나 기회가 없었느니라
11 내가 궁핍하므로 말하는 것이 아니니라 어떠한 형편에든지 나는 자족하기를 배웠노니
12 나는 비천에 처할 줄도 알고 풍부에 처할 줄도 알아 모든 일 곧 배부름과 배고픔과 풍부와 궁핍에도 처할 줄 아는 일체의 비결을 배웠노라
13 내게 능력 주시는 자 안에서 내가 모든 것을 할 수 있느니라
14 그러나 너희가 내 괴로움에 함께 2)참여하였으

21 the Lord Jesus Christ, ●who, by the power
that enables him to bring everything under
his control, will transform our lowly bodies
so that they will be like his glorious body.

Closing Appeal for Steadfastness and Unity

4 Therefore, my brothers and sisters, you
whom I love and long for, my joy and
crown, stand firm in the Lord in this way,
dear friends!
2 ●I plead with Euodia and I plead with Syn-
tyche to be of the same mind in the Lord.
3 ●Yes, and I ask you, my true companion,
help these women since they have contended
at my side in the cause of the gospel, along
with Clement and the rest of my co-workers,
whose names are in the book of life.

Final Exhortations

4 ●Rejoice in the Lord always. I will say it
5 again: Rejoice! ●Let your gentleness be evi-
6 dent to all. The Lord is near. ●Do not be
anxious about anything, but in every situa-
tion, by prayer and petition, with thanks-
7 giving, present your requests to God. ●And
the peace of God, which transcends all
understanding, will guard your hearts and
your minds in Christ Jesus.
8 ●Finally, brothers and sisters, whatever is
true, whatever is noble, whatever is right,
whatever is pure, whatever is lovely, what-
ever is admirable—if anything is excellent
or praiseworthy—think about such things.
9 ●Whatever you have learned or received or
heard from me, or seen in me—put it into
practice. And the God of peace will be with
you.

Thanks for Their Gifts

10 ●I rejoiced greatly in the Lord that at last
you renewed your concern for me. Indeed,
you were concerned, but you had no oppor-
11 tunity to show it. ●I am not saying this
because I am in need, for I have learned to
12 be content whatever the circumstances. ●I
know what it is to be in need, and I know
what it is to have plenty. I have learned the
secret of being content in any and every sit-
uation, whether well fed or hungry, whether
13 living in plenty or in want. ●I can do all this
through him who gives me strength.
14 ●Yet it was good of you to share in my

1) 또는 너희는 배우고…… 내 안에서 본 바를 2) 또는 교제

admirable [ǽdmərəbl] *a.* 칭찬할 만한
anxious [ǽŋkʃəs] *a.* 염려하는
circumstance [sə́ːrkəmstæ̀ns] *n.* 환경
concern [kənsə́ːrn] *vt.* 관심 갖다
contend [kənténd] *vi.* 겨루다
content [kántént] *a.* 만족한
evident [évədənt] *a.* 분명한
opportunity [àpərtjúːnəti] *n.* 기회
petition [pətíʃən] *n.* 간구, 청원
plenty [plénti] *n.* 많음, 풍부
praiseworthy [préizwə̀ːrði] *a.* 훌륭한
renew [rinjúː] *vt.* 새롭게 하다
situation [sìtʃuéiʃən] *n.* 상황
transcend [trænsénd] *vt.* 초월하다
transform [trænsfɔ́ːrm] *vt.* 변형시키다

4:1 **long for**: 갈망하다
4:2 **plead with... to~**: …에게 ~를 간청하다
4:3 **in the cause of...**: …를 위하여
4:9 **put into practice**: 실행에 옮기다
4:11 **in need**: 궁핍한

니 잘하였도다
15 빌립보 사람들아 너희도 알거니와 복음의 시
초에 내가 마게도냐를 떠날 때에 주고 받는 내
일에 [1)]참여한 교회가 너희 외에 아무도 없었
느니라
16 데살로니가에 있을 때에도 너희가 한 번뿐 아
니라 두 번이나 나의 쓸 것을 보내었도다
17 내가 선물을 구함이 아니요 오직 너희에게 유
익하도록 풍성한 열매를 구함이라
18 내게는 모든 것이 있고 또 풍부한지라 에바브
로디도 편에 너희가 준 것을 받으므로 내가 풍
족하니 이는 받으실 만한 향기로운 제물이요
하나님을 기쁘시게 한 것이라
고후 2:14
19 나의 하나님이 그리스도 예수 안에서 영광 가
운데 그 풍성한 대로 너희 모든 쓸 것을 채우
시리라
20 하나님 곧 우리 아버지께 세세 무궁하도록 영
광을 돌릴지어다 아멘
갈 1:5

끝 인사

21 ●그리스도 예수 안에 있는 성도에게 각각
문안하라 나와 함께 있는 형제들이 너희에
게 문안하고
22 모든 성도들이 너희에게 문안하되 특히 가이
사의 집 사람들 중 몇이니라
23 ●주 예수 그리스도의 은혜가 너희 심령에 있
을지어다

15 troubles. •Moreover, as you Philippians
know, in the early days of your acquain-
tance with the gospel, when I set out from
Macedonia, not one church shared with me
in the matter of giving and receiving, except
16 you only; •for even when I was in Thessa-
lonica, you sent me aid more than once
17 when I was in need. •Not that I desire your
gifts; what I desire is that more be credited
18 to your account. •I have received full pay-
ment and have more than enough. I am
amply supplied, now that I have received
from Epaphroditus the gifts you sent. They
are a fragrant offering, an acceptable sacri-
19 fice, pleasing to God. •And my God will
meet all your needs according to the riches
of his glory in Christ Jesus.
20 •To our God and Father be glory for ever
and ever. Amen.

Final Greetings

21 •Greet all God's people in Christ Jesus.
The brothers and sisters who are with me
22 send greetings. •All God's people here send
you greetings, especially those who belong
to Caesar's household.
23 •The grace of the Lord Jesus Christ be
with your spirit. Amen.[a]

[a]23 Some manuscripts do not have *Amen*.

1) 또는 교제

acceptable [ækséptəbl] *a.* 만족스러운
according [əkɔ́:rdiŋ] *ad.* …에 따라
acquaintance [əkwéintəns] *n.* 앎
aid [eid] *n.* 원조, 지원
amply [ǽmpli] *ad.* 충분히
desire [dizáiər] *vt.* 바라다
especially [ispéʃəli] *ad.* 특히
except [iksépt] *prep.* …외에는
fragrant [fréigrənt] *a.* 향기로운
household [háushòuld] *n.* 가족, 가구
matter [mǽtər] *n.* 일, 문제
payment [péimənt] *n.* 보상
sacrifice [sǽkrəfàis] *n.* 제물
share [ʃεər] *vt.* 함께 나누다
supply [səplái] *vt.* 공급하다

4:17 be credited to one's account: …의 이익으로 간주되다
4:18 more than enough: 너무 많은
4:18 now that...: …이므로
4:20 for ever and ever: 영원히
4:22 belong to...: …에 속하다

골로새서 | Colossians

● 저자 _ 사도 바울 ● 저작 연대 _ A.D. 62년경 ● 기록 장소 _ 로마 감옥
● 기록 대상 _ 골로새에 있는 그리스도인들 ● 핵심어 및 내용 _ 핵심어는 '지존성'과 '머리 되심'이다.

그리스도는 교회의 머리이시며 삶의 모든 영역에서 최고의 위치에 있는 지존자이심이 강조되고 있다.

인사 (♪ 332, 428, 487장) — A.D. 62년경

1 하나님의 뜻으로 말미암아 그리스도 예수의
사도 된 바울과 형제 디모데는 빌 1:1
2 골로새에 있는 1)성도들 곧 그리스도 안에서 신
실한 형제들에게 편지하노니 우리 아버지 하나
님으로부터 은혜와 평강이 너희에게 있을지어
다

하나님께 감사를 드리다

3 ●우리가 너희를 위하여 기도할 때마다 하나님
곧 우리 주 예수 그리스도의 아버지께 감사하노
라
4 이는 그리스도 예수 안에 너희의 믿음과 모든
성도에 대한 사랑을 들었음이요
5 너희를 위하여 하늘에 쌓아 둔 소망으로 말미암
음이니 곧 너희가 전에 복음 2)진리의 말씀을 들
은 것이라
6 이 복음이 이미 너희에게 이르매 너희가 듣고
참으로 하나님의 은혜를 깨달은 날부터 너희 중
에서와 같이 또한 온 천하에서도 열매를 맺어
자라는도다
7 이와 같이 우리와 함께 종 된 사랑하는 에바브
라에게 너희가 배웠나니 그는 너희를 위한 그리
스도의 신실한 일꾼이요
8 성령 안에서 너희 사랑을 우리에게 알린 자니라

하나님의 형상이시요 교회의 머리시라
(♪ 96, 283장)

9 ●이로써 우리도 듣던 날부터 너희를 위하여 기
도하기를 그치지 아니하고 구하노니 너희로 하
여금 모든 신령한 지혜와 총명에 하나님의 뜻
을 아는 것으로 채우게 하시고
10 주께 합당하게 행하여 범사에 기쁘시게 하고 모
든 선한 일에 열매를 맺게 하시며 하나님을 아
는 것에 자라게 하시고
11 그의 영광의 힘을 따라 모든 능력으로 능하게
하시며 기쁨으로 모든 견딤과 오래 참음에 이르
게 하시고 엡 3:16
12 우리로 하여금 빛 가운데서 성도의 기업의 부분
을 얻기에 합당하게 하신 아버지께 감사하게 하
시기를 원하노라
13 그가 우리를 흑암의 권세에서 건져내사 그의 사
랑의 아들의 나라로 옮기셨으니
14 그 아들 안에서 우리가 속량 곧 죄 사함을 얻

1 Paul, an apostle of Christ Jesus by the
will of God, and Timothy our brother,
2 •To God's holy people in Colossae, the
faithful brothers and sisters[a] in Christ:

Grace and peace to you from God our
Father.[b]

Thanksgiving and Prayer

3 •We always thank God, the Father of our
Lord Jesus Christ, when we pray for you,
4 •because we have heard of your faith in
Christ Jesus and of the love you have for all
5 God's people — •the faith and love that
spring from the hope stored up for you in
heaven and about which you have already
heard in the true message of the gospel
6 •that has come to you. In the same way, the
gospel is bearing fruit and growing through-
out the whole world — just as it has been
doing among you since the day you heard it
7 and truly understood God's grace. •You
learned it from Epaphras, our dear fellow
servant,[c] who is a faithful minister of Christ
8 on our[d] behalf, •and who also told us of
your love in the Spirit.
9 •For this reason, since the day we heard
about you, we have not stopped praying for
you. We continually ask God to fill you with
the knowledge of his will through all the
wisdom and understanding that the Spirit
10 gives,[e] •so that you may live a life worthy of
the Lord and please him in every way: bear-
ing fruit in every good work, growing in the
11 knowledge of God, •being strengthened
with all power according to his glorious
might so that you may have great endurance
12 and patience, •and giving joyful thanks to
the Father, who has qualified you[f] to share in
the inheritance of his holy people in the
13 kingdom of light. •For he has rescued us
from the dominion of darkness and brought
14 us into the kingdom of the Son he loves, •in
whom we have redemption, the forgive-

[a]2 The Greek word for *brothers and sisters* (*adelphoi*) refers here to believers, both men and women, as part of God's family; also in 4:15. [b]2 Some manuscripts *Father and the Lord Jesus Christ* [c]7 Or *slave* [d]7 Some manuscripts *your* [e]9 Or *all spiritual wisdom and understanding* [f]12 Some manuscripts *us*

1) 또는 성도들과 2) 헬, 참

었도다
15 그는 보이지 아니하는 하나님의 형상이시요 모
든 피조물보다 먼저 나신 이시니
16 만물이 그에게서 창조되되 하늘과 땅에서 보이
는 것들과 보이지 않는 것들과 혹은 왕권들이
나 주권들이나 통치자들이나 권세들이나 만물
이 다 그로 말미암고 그를 위하여 창조되었고
17 또한 그가 만물보다 먼저 계시고 만물이 그 안
에 함께 섰느니라
18 그는 몸인 교회의 머리시라 그가 근본이시요
죽은 자들 가운데서 먼저 나신 이시니 이는 친
히 만물의 으뜸이 되려 하심이요 계 1:5
19 아버지께서는 모든 충만으로 예수 안에 거하게
하시고
20 그의 십자가의 피로 화평을 이루사 만물 곧 땅에
있는 것들이나 하늘에 있는 것들이 그로 말미암아
자기와 화목하게 되기를 기뻐하심이라 엡 2:13, 14
21 전에 악한 행실로 멀리 떠나 마음으로 원수가
되었던 너희를
22 이제는 그의 육체의 죽음으로 말미암아 화목하
게 하사 너희를 거룩하고 흠 없고 책망할 것이
없는 자로 그 앞에 세우고자 하셨으니
23 만일 너희가 믿음에 거하고 터 위에 굳게 서서
너희 들은 바 복음의 소망에서 흔들리지 아니
하면 그리하리라 이 복음은 천하 1)만민에게 전
파된 바요 나 바울은 이 복음의 일꾼이 되었노
라

교회를 위하여 바울이 하는 일

24 ●나는 이제 너희를 위하여 받는 괴로움을 기
뻐하고 그리스도의 남은 고난을 그의 몸 된 교
회를 위하여 내 육체에 채우노라
25 내가 교회의 일꾼 된 것은 하나님이 너희를 위
하여 내게 주신 직분을 따라 하나님의 말씀을
이루려 함이니라 엡 3:2
26 이 비밀은 만세와 만대로부터 감추어졌던 것인
데 이제는 그의 성도들에게 나타났고
27 하나님이 그들로 하여금 이 비밀의 영광이 이
방인 가운데 얼마나 풍성한지를 알게 하려 하
심이라 이 비밀은 너희 안에 계신 그리스도시
니 곧 영광의 소망이니라
28 우리가 그를 전파하여 2)각 사람을 권하고 모든
지혜로 각 사람을 가르침은 각 사람을 그리스
도 안에서 완전한 자로 세우려 함이니
29 이를 위하여 나도 내 속에서 능력으로 역사하시
는 이의 역사를 따라 힘을 다하여 수고하노라
2 내가 너희와 라오디게아에 있는 자들과 무
릇 내 육신의 얼굴을 보지 못한 자들을 위하

ness of sins.

The Supremacy of the Son of God

15 ●The Son is the image of the invisible God,
16 the firstborn over all creation. ●For in him all
things were created: things in heaven and on
earth, visible and invisible, whether thrones
or powers or rulers or authorities; all things
have been created through him and for him.
17 ●He is before all things, and in him all things
18 hold together. ●And he is the head of the
body, the church; he is the beginning and
the firstborn from among the dead, so that in
everything he might have the supremacy.
19 ●For God was pleased to have all his fullness
20 dwell in him, ●and through him to reconcile
to himself all things, whether things on earth
or things in heaven, by making peace
through his blood, shed on the cross.
21 ●Once you were alienated from God and
were enemies in your minds because of[a]
22 your evil behavior. ●But now he has recon-
ciled you by Christ's physical body through
death to present you holy in his sight, with-
23 out blemish and free from accusation—●if
you continue in your faith, established and
firm, and do not move from the hope held
out in the gospel. This is the gospel that you
heard and that has been proclaimed to every
creature under heaven, and of which I, Paul,
have become a servant.

Paul's Labor for the Church

24 ●Now I rejoice in what I am suffering for
you, and I fill up in my flesh what is still lack-
ing in regard to Christ's afflictions, for the
25 sake of his body, which is the church. ●I have
become its servant by the commission God
gave me to present to you the word of God in
26 its fullness—●the mystery that has been kept
hidden for ages and generations, but is now
27 disclosed to the Lord's people. ●To them God
has chosen to make known among the Gen-
tiles the glorious riches of this mystery, which
is Christ in you, the hope of glory.
28 ●He is the one we proclaim, admonishing
and teaching everyone with all wisdom, so
that we may present everyone fully mature
29 in Christ. ●To this end I strenuously contend
with all the energy Christ so powerfully
works in me.
2 I want you to know how hard I am con-
tending for you and for those at Lao-

[a]21 *Or minds, as shown by*

1) 헬, 모든 창조물에게 2) 또는 모든 지혜로 각 사람을 권하고

accusation [ækjuzéiʃən] *n.* 고소(告訴)
admonish [ædmániʃ] *vt.* 훈계하다
affliction [əflíkʃən] *n.* 고통
alienate [éiljənèit] *vt.* 멀리하다
authority [əθɔ́:rəti] *n.* 권세, 권위
blemish [blémiʃ] *n.* 흠
commission [kəmíʃən] *n.* 임무
contend [kənténd] *vi.* 싸우다, 다투다
disclose [disklóuz] *vt.* 드러내다
firstborn [fə́:rstbɔ̀:rn] *n.* 장자
flesh [fleʃ] *n.* 육체
gentile [dʒéntail] *n.* 이방인
invisible [invízəbl] *a.* 보이지 않는
mature [mətjúər] *a.* 원숙한
shed [ʃed] *vt.* 흘리다

1:18 have the supremacy: 통치권을 갖다
1:19 dwell in...: …에 살다
1:20 reconcile to...: …을 조화시키다
1:23 hold out: (최후까지) 버티다
1:24 in regard to...: …에 관해서
1:24 for the sake of...: …을 위하여

여 얼마나 힘쓰는지를 너희가 알기를 원하노니

2 이는 그들로 마음에 위안을 받고 사랑 안에서 연합하여 확실한 이해의 모든 풍성함과 하나님의 비밀인 그리스도를 깨닫게 하려 함이니

3 그 안에는 지혜와 지식의 모든 보화가 감추어져 있느니라

4 내가 이것을 말함은 아무도 교묘한 말로 너희를 속이지 못하게 하려 함이니

5 이는 내가 육신으로는 떠나 있으나 심령으로는 너희와 함께 있어 너희가 질서 있게 행함과 그리스도를 믿는 너희 믿음이 굳건한 것을 기쁘게 봄이라

그리스도 안에서 행하라

6 ●그러므로 너희가 그리스도 예수를 주로 받았으니 그 안에서 행하되

7 그 안에 뿌리를 박으며 세움을 받아 교훈을 받은 대로 믿음에 굳게 서서 감사함을 넘치게 하라

8 ●누가 철학과 헛된 속임수로 너희를 사로잡을까 주의하라 이것은 사람의 전통과 세상의 초등학문을 따름이요 그리스도를 따름이 아니니라

9 그 안에는 신성의 모든 충만이 육체로 거하시고

10 너희도 그 안에서 충만하여졌으니 그는 모든 통치자와 권세의 머리시라

11 또 그 안에서 너희가 손으로 하지 아니한 할례를 받았으니 곧 육의 몸을 벗는 것이요 그리스도의 할례니라

12 너희가 [1]세례로 그리스도와 함께 장사되고 또 죽은 자들 가운데서 그를 일으키신 하나님의 역사를 믿음으로 말미암아 그 안에서 함께 일으키심을 받았느니라 행 2:24

13 또 범죄와 육체의 무할례로 죽었던 너희를 하나님이 그와 함께 살리시고 우리의 모든 죄를 사하시고

14 우리를 거스르고 불리하게 하는 법조문으로 쓴 증서를 지우시고 제하여 버리사 십자가에 못 박으시고

15 통치자들과 권세들을 [2]무력화하여 드러내어 구경거리로 삼으시고 십자가로 그들을 이기셨느니라

16 ●그러므로 먹고 마시는 것과 절기나 초하루나 안식일을 이유로 누구든지 너희를 비판하지 못하게 하라

dicea, and for all who have not met me per-
2 sonally. •My goal is that they may be encour-
aged in heart and united in love, so that they
may have the full riches of complete under-
standing, in order that they may know the
3 mystery of God, namely, Christ, •in whom
are hidden all the treasures of wisdom and
4 knowledge. •I tell you this so that no one may
5 deceive you by fine-sounding arguments. •For
though I am absent from you in body, I am
present with you in spirit and delight to see
how disciplined you are and how firm your
faith in Christ is.

Spiritual Fullness in Christ

6 •So then, just as you received Christ Jesus as
Lord, continue to live your lives in him,
7 •rooted and built up in him, strengthened in
the faith as you were taught, and overflowing
with thankfulness.
8 •See to it that no one takes you captive
through hollow and deceptive philosophy,
which depends on human tradition and the
elemental spiritual forces[a] of this world rather
than on Christ.
9 •For in Christ all the fullness of the Deity
10 lives in bodily form, •and in Christ you have
been brought to fullness. He is the head over
11 every power and authority. •In him you were
also circumcised with a circumcision not per-
formed by human hands. Your whole self
ruled by the flesh[b] was put off when you were
12 circumcised by[c] Christ, •having been buried
with him in baptism, in which you were also
raised with him through your faith in the
working of God, who raised him from the
dead.
13 •When you were dead in your sins and in
the uncircumcision of your flesh, God made
you[d] alive with Christ. He forgave us all our
14 sins, •having canceled the charge of our legal
indebtedness, which stood against us and con-
demned us; he has taken it away, nailing it to
15 the cross. •And having disarmed the powers
and authorities, he made a public spectacle of
them, triumphing over them by the cross.[e]

Freedom From Human Rules

16 •Therefore do not let anyone judge you by
what you eat or drink, or with regard to a reli-

[a]8 Or *the basic principles;* also in verse 20 [b]11 In contexts like this, the Greek word for *flesh* (*sarx*) refers to the sinful state of human beings, often presented as a power in opposition to the Spirit; also in verse 13. [c]11 Or *put off in the circumcision of* [d]13 Some manuscripts *us* [e]15 Or *them in him* 1) 헬, 또는 침례 2) 또는 폐하여

absent [ǽbsənt] *a.* 부재의
argument [áːrgjumənt] *n.* 논쟁
baptism [bǽptizm] *n.* 세례
bury [béri] *vt.* 장사하다
circumcision [sə̀ːrkəmsíʒən] *n.* 할례
deceive [disíːv] *vt.* 속이다
deity [díːəti] *n.* 신성
disarm [disáːrm] *vt.* 무장 해제시키다
discipline [dísəplin] *vt.* 훈련하다
encourage [inkə́ːridʒ] *vt.* 격려하다
hollow [hálou] *a.* 속이 빈
indebtedness [indétidnis] *n.* 부채, 채무
nail [neil] *vt.* 못을 박다
philosophy [filásəfi] *n.* 철학
treasure [tréʒər] *n.* 보화

2:2 **in order that...**: …하기 위해
2:8 **see to...**: …를 주의하다
2:8 **take... captive**: …를 포로로 잡다
2:8 **depend on...**: …를 의지하다
2:11 **put off...**: …를 벗다
2:15 **triumph over...**: …을 이겨내다

17 이것들은 장래 일의 그림자이나 몸은 그리스도
의 것이니라
18 아무도 꾸며낸 겸손과 천사 숭배를 이유로 너희
를 정죄하지 못하게 하라 그가 그 본 것에 의지
하여 그 육신의 생각을 따라 헛되이 과장하고
19 머리를 붙들지 아니하는지라 온몸이 머리로 말
미암아 마디와 힘줄로 공급함을 받고 연합하여
하나님이 자라게 하시므로 자라느니라

그리스도와 함께하는 새 사람

20 ●너희가 세상의 초등학문에서 그리스도와 함
께 죽었거든 어찌하여 세상에 사는 것과 같이
규례에 순종하느냐
21 (곧 붙잡지도 말고 맛보지도 말고 만지지도 말
라 하는 것이니
22 이 모든 것은 한때 쓰이고는 없어지리라) 사람
의 명령과 가르침을 따르느냐
23 이런 것들은 자의적 숭배와 겸손과 몸을 괴롭
게 하는 데는 지혜 있는 모양이나 오직 육체 따
르는 것을 금하는 데는 조금도 유익이 없느니
라

3 그러므로 너희가 그리스도와 함께 다시 살리
심을 받았으면 위의 것을 찾으라 거기는 그리
스도께서 하나님 우편에 앉아 계시느니라
2 위의 것을 생각하고 땅의 것을 생각하지 말라
3 이는 너희가 죽었고 너희 생명이 그리스도와 함
께 하나님 안에 감추어졌음이라
롬 6:2
4 우리 생명이신 그리스도께서 나타나실 그때에
너희도 그와 함께 영광 중에 나타나리라
5 ●그러므로 땅에 있는 지체를 죽이라 곧 음란과
부정과 사욕과 악한 정욕과 탐심이니 탐심은 우
상 숭배니라
6 이것들로 말미암아 하나님의 [1]진노가 임하느니
라
롬 1:18
7 너희도 전에 그 가운데 살 때에는 그 가운데서
행하였으나
8 이제는 너희가 이 모든 것을 벗어 버리라 곧 분
함과 노여움과 악의와 비방과 너희 입의 부끄러
운 말이라
9 너희가 서로 거짓말을 하지 말라 옛 사람과 그
행위를 벗어 버리고
10 새 사람을 입었으니 이는 자기를 창조하신 이의
형상을 따라 지식에까지 새롭게 하심을 입은 자
니라
롬 12:2
11 거기에는 헬라인이나 유대인이나 할례파나 무
할례파나 야만인이나 스구디아인이나 종이나
자유인이 차별이 있을 수 없나니 오직 그리스도
는 만유시요 만유 안에 계시느니라

gious festival, a New Moon celebration or
17 a Sabbath day. •These are a shadow of the
things that were to come; the reality, how-
18 ever, is found in Christ. •Do not let any-
one who delights in false humility and the
worship of angels disqualify you. Such a per-
son also goes into great detail about what
they have seen; they are puffed up with idle
19 notions by their unspiritual mind. •They
have lost connection with the head, from
whom the whole body, supported and held
together by its ligaments and sinews, grows
as God causes it to grow.
20 •Since you died with Christ to the ele-
mental spiritual forces of this world, why, as
though you still belonged to the world,
21 do you submit to its rules: •"Do not handle!
22 Do not taste! Do not touch!"? •These rules,
which have to do with things that are all
destined to perish with use, are based on
merely human commands and teachings.
23 •Such regulations indeed have an appear-
ance of wisdom, with their self-imposed
worship, their false humility and their harsh
treatment of the body, but they lack any
value in restraining sensual indulgence.

Living as Those Made Alive in Christ

3 Since, then, you have been raised with
Christ, set your hearts on things above,
where Christ is, seated at the right hand of
2 God. •Set your minds on things above, not
3 on earthly things. •For you died, and your
life is now hidden with Christ in God.
4 •When Christ, who is your[a] life, appears,
then you also will appear with him in glory.
5 •Put to death, therefore, whatever be-
longs to your earthly nature: sexual im-
morality, impurity, lust, evil desires and
6 greed, which is idolatry. •Because of these,
7 the wrath of God is coming.[b] •You used to
walk in these ways, in the life you once lived.
8 •But now you must also rid yourselves of all
such things as these: anger, rage, malice, slan-
9 der, and filthy language from your lips. •Do
not lie to each other, since you have taken
10 off your old self with its practices •and have
put on the new self, which is being renewed
in knowledge in the image of its Creator.
11 •Here there is no Gentile or Jew, circum-
cised or uncircumcised, barbarian, Scythian,
slave or free, but Christ is all, and is in all.

[a]4 Some manuscripts *our* [b]6 Some early manu-
scripts *coming on those who are disobedient*

1) 어떤 사본에, '진노가' 아래 '순종하지 아니하는 자식들에게' 가 있음

barbarian [ba:rbέəriən] *n.* 야만인
destine [déstin] *vt.* 운명짓다
disqualify [diskwάləfài] *vt.* 실격시키다
filthy [fílθi] *a.* 불결한
humility [hju:míləti] *n.* 겸손
immorality [imərǽləti] *n.* 부도덕
indulgence [indΛldʒəns] *n.* 욕망의 만족
ligament [lígəmənt] *n.* 인대(靭帶)
malice [mǽlis] *n.* 악의
restrain [ristréin] *vt.* 억제하다
Sabbath [sǽbəθ] *n.* 안식일
self-imposed [sèlfimpóuzd] *a.* 자진하여 하는
sensual [sénʃuəl] *a.* 육체적 감각의
sinew [sínju:] *n.* 힘줄
slander [slǽndər] *n.* 비방

2:18 **go into detail**: 상세히 말하다
2:18 **puff up**: 부풀리다
2:20 **submit to...**: …에 순종하다
3:2 **set one' s minds on:** 마음에 두다
3:8 **rid oneself of...**: …에서 벗어나다
3:9 **take off...**: …를 벗다, 제거하다

12 ●그러므로 너희는 하나님이 택하사 거룩하고 사랑받는 자처럼 긍휼과 자비와 겸손과 온유와 오래 참음을 옷 입고
13 누가 누구에게 불만이 있거든 서로 용납하여 피차 용서하되 주께서 너희를 용서하신 것같이 너희도 그리하고
14 이 모든 것 위에 사랑을 더하라 이는 온전하게 매는 띠니라
15 그리스도의 평강이 너희 마음을 주장하게 하라 너희는 평강을 위하여 한 몸으로 부르심을 받았나니 너희는 또한 감사하는 자가 되라
16 그리스도의 말씀이 너희 속에 풍성히 거하여 모든 지혜로 피차 가르치며 권면하고 시와 찬송과 신령한 노래를 부르며 [1]감사하는 마음으로 하나님을 찬양하고
17 또 무엇을 하든지 말에나 일에나 다 주 예수의 이름으로 하고 그를 힘입어 하나님 아버지께 감사하라

주께 하듯 하라

18 ●아내들아 남편에게 복종하라 이는 주 안에서 마땅하니라
19 남편들아 아내를 사랑하며 괴롭게 하지 말라
20 자녀들아 모든 일에 부모에게 순종하라 이는 주 안에서 기쁘게 하는 것이니라
21 아비들아 너희 자녀를 노엽게 하지 말지니 낙심할까 함이라
22 종들아 모든 일에 육신의 상전들에게 순종하되 사람을 기쁘게 하는 자와 같이 눈가림만 하지 말고 오직 주를 두려워하여 성실한 마음으로 하라
23 무슨 일을 하든지 마음을 다하여 주께 하듯 하고 사람에게 하듯 하지 말라
24 이는 기업의 상을 주께 받을 줄 아나니 너희는 주 [2]그리스도를 섬기느니라
25 불의를 행하는 자는 불의의 보응을 받으리니 주는 사람을 외모로 취하심이 없느니라

4

상전들아 의와 공평을 종들에게 베풀지니 너희에게도 하늘에 상전이 계심을 알지어다

권면

2 ●기도를 계속하고 기도에 감사함으로 깨어 있으라
3 또한 우리를 위하여 기도하되 하나님이 [3]전도할 문을 우리에게 열어 주사 그리스도의 비밀을 말하게 하시기를 구하라 내가 이 일 때문에 매임을 당하였노라
4 그리하면 내가 마땅히 할 말로써 이 비밀을 나

12 ●Therefore, as God's chosen people, holy
and dearly loved, clothe yourselves with
compassion, kindness, humility, gentleness
13 and patience. ●Bear with each other and
forgive one another if any of you has a griev-
ance against someone. Forgive as the Lord
14 forgave you. ●And over all these virtues put
on love, which binds them all together in
perfect unity.
15 ●Let the peace of Christ rule in your
hearts, since as members of one body you
16 were called to peace. And be thankful. ●Let
the message of Christ dwell among you
richly as you teach and admonish one an-
other with all wisdom through psalms,
hymns, and songs from the Spirit, singing to
17 God with gratitude in your hearts. ●And
whatever you do, whether in word or deed,
do it all in the name of the Lord Jesus, giving
thanks to God the Father through him.

Instructions for Christian Households

18 ●Wives, submit yourselves to your hus-
bands, as is fitting in the Lord.
19 ●Husbands, love your wives and do not
be harsh with them.
20 ●Children, obey your parents in every-
thing, for this pleases the Lord.
21 ●Fathers,[a] do not embitter your children,
or they will become discouraged.
22 ●Slaves, obey your earthly masters in
everything; and do it, not only when their
eye is on you and to curry their favor, but
with sincerity of heart and reverence for the
23 Lord. ●Whatever you do, work at it with all
your heart, as working for the Lord, not for
24 human masters, ●since you know that you
will receive an inheritance from the Lord
as a reward. It is the Lord Christ you are
25 serving. ●Anyone who does wrong will be
repaid for their wrongs, and there is no
favoritism.

4

Masters, provide your slaves with what
is right and fair, because you know that
you also have a Master in heaven.

Further Instructions

2 ●Devote yourselves to prayer, being wat-
3 chful and thankful. ●And pray for us, too,
that God may open a door for our message,
so that we may proclaim the mystery of
4 Christ, for which I am in chains. ●Pray that

[a]21 Or *Parents*

1) 또는 은혜로 2) 헬, 그리스도께 종 노릇 하느니라 3) 또는 말씀의 문을

admonish [ædmɑ́niʃ] *vt.* 훈계하다
compassion [kəmpǽʃən] *n.* 긍휼
deed [di:d] *n.* 행위
discourage [diskə́:ridʒ] *vt.* 낙담시키다
embitter [imbítər] *vt.* 마음을 상하게 하다
favoritism [féivəritìzm] *n.* 편애
gratitude [grǽtətjù:d] *n.* 감사
grievance [grí:vəns] *n.* 불평 거리
hymn [him] *n.* 찬송
inheritance [inhérətəns] *n.* 기업
psalm [sa:m] *n.* 성시, 시가
reverence [révərəns] *n.* 존경
sincerity [sinsérəti] *n.* 성실
virtue [və́:rtʃu:] *n.* 덕목
watchful [wɑ́tʃfəl] *a.* 경계하는

3:13 bear with...: …을 참다
3:18 submit oneself to...: …에 복종하다
3:22 curry... favor: …의 비위를 맞추다
4:1 provide with...: …를 제공하다
4:2 devote oneself to...: …에 전념하다

타내리라
5 외인에게 대해서는 지혜로 행하여 1)세월을 아
끼라
엡 5:15, 16
6 너희 말을 항상 2)은혜 가운데서 소금으로 맛을
냄과 같이 하라 그리하면 각 사람에게 마땅히
대답할 것을 알리라

끝인사

7 ●두기고가 내 사정을 다 너희에게 알려 주리니
그는 사랑받는 형제요 신실한 일꾼이요 주 안에
서 함께 종이 된 자니라
8 내가 그를 특별히 너희에게 보내는 것은 너희로
우리 사정을 알게 하고 너희 마음을 위로하게
하려 함이라
9 신실하고 사랑을 받는 형제 오네시모를 함께 보
내노니 그는 너희에게서 온 사람이라 그들이 여
기 일을 다 너희에게 알려 주리라
10 ●나와 함께 갇힌 아리스다고와 바나바의 생질
마가와 (이 마가에 대하여 너희가 명을 받았으
매 그가 이르거든 영접하라)
11 유스도라 하는 예수도 너희에게 문안하느니라
그들은 할례파이나 이들만은 하나님의 나라를
위하여 함께 역사하는 자들이니 이런 사람들이
나의 위로가 되었느니라
12 그리스도 예수의 종인 너희에게서 온 에바브라
가 너희에게 문안하느니라 그가 항상 너희를 위
하여 애써 기도하여 너희로 하나님의 모든 뜻
가운데서 완전하고 확신 있게 서기를 구하나니
13 그가 너희와 라오디게아에 있는 자들과 히에라
볼리에 있는 자들을 위하여 많이 수고하는 것을
내가 증언하노라
14 사랑을 받는 의사 누가와 또 데마가 너희에게
문안하느니라
15 라오디게아에 있는 형제들과 눔바와 그 여자의
집에 있는 교회에 문안하고
16 이 편지를 너희에게서 읽은 후에 라오디게아인
의 교회에서도 읽게 하고 또 라오디게아로부터
오는 편지를 너희도 읽으라
17 아킵보에게 이르기를 주 안에서 받은 직분을 삼
가 이루라고 하라
18 ●나 바울은 친필로 문안하노니 내가 매인 것을
생각하라 은혜가 너희에게 있을지어다

5 I may proclaim it clearly, as I should. ●Be
wise in the way you act toward outsiders;
6 make the most of every opportunity. ●Let
your conversation be always full of grace,
seasoned with salt, so that you may know
how to answer everyone.

Final Greetings

7 ●Tychicus will tell you all the news about
me. He is a dear brother, a faithful minister
8 and fellow servant[a] in the Lord. ●I am send-
ing him to you for the express purpose that
you may know about our[b] circumstances
and that he may encourage your hearts.
9 ●He is coming with Onesimus, our faithful
and dear brother, who is one of you. They
will tell you everything that is happening
here.
10 ●My fellow prisoner Aristarchus sends
you his greetings, as does Mark, the cousin
of Barnabas. (You have received instruc-
tions about him; if he comes to you, wel-
11 come him.) ●Jesus, who is called Justus, also
sends greetings. These are the only Jews[c]
among my co-workers for the kingdom of
God, and they have proved a comfort to me.
12 ●Epaphras, who is one of you and a servant
of Christ Jesus, sends greetings. He is always
wrestling in prayer for you, that you may
stand firm in all the will of God, mature
13 and fully assured. ●I vouch for him that he
is working hard for you and for those at
14 Laodicea and Hierapolis. ●Our dear friend
Luke, the doctor, and Demas send greetings.
15 ●Give my greetings to the brothers and sis-
ters at Laodicea, and to Nympha and the
church in her house.
16 ●After this letter has been read to you, see
that it is also read in the church of the Lao-
diceans and that you in turn read the letter
from Laodicea.
17 ●Tell Archippus: "See to it that you com-
plete the ministry you have received in the
Lord."
18 ●I, Paul, write this greeting in my own
hand. Remember my chains. Grace be with
you.

[a] 7 Or *slave;* also in verse 12 [b] 8 Some manuscripts *that he may know about your* [c] 11 Greek *only ones of the circumcision group*

1) 헬, 기회를 사라 2) 또는 감사하는 가운데서

assured [əʃúərd] *a.* 확실한
circumstance [sə́ːrkəmstæns] *n.* 환경
comfort [kʌ́mfərt] *n.* 위로
conversation [kɑ̀nvərséiʃən] *n.* 대화
cousin [kʌ́zn] *n.* 사촌
encourage [inkə́ːridʒ] *vt.* 격려하다
faithful [féiθfəl] *a.* 신실한
greeting [gríːtiŋ] *n.* 인사
instruction [instrʌ́kʃən] *n.* 명령
mature [mətjúər] *a.* 성숙한
minister [mínəstər] *n.* 사역자
opportunity [ɑ̀pərtjúːnəti] *n.* 기회
prisoner [prízənər] *n.* 죄수
prove [pruːv] *vt.* 입증하다
wrestle [résl] *vi.* 씨름하다

4:6 season with...: …으로 조미하다
4:12 stand firm: 굳굳이 서다
4:13 vouch for...: …에 대하여 책임지다, 보증하다
4:16 see that...: …하도록 마음쓰다
4:16 in turn: 차례차례

데살로니가전서 | 1 Thessalonians

● 저자 _ 사도 바울 ● 저작 연대 _ A.D. 51-53년경 ● 기록 장소 _ 고린도
● 기록 대상 _ 데살로니가에 있는 교인들 ● 핵심어 및 내용 _ 핵심어는 '견고함'과 '재림'이다.

사도 바울은 교인들에게 헬라의 이교적인 배경에도 불구하고 신앙 안에 견고히 설 것과 재림에 대한 올바른 견해들을 가르친다.

인사

1 바울과 실루아노와 디모데는 하나님 아버지와 주 예수 그리스도 안에 있는 데살로니가인의 교회에 편지하노니 은혜와 평강이 너희에게 있을지어다

데살로니가 교인들의 믿음의 본 (♪ 464장)
— A.D. 52년경

2 ●우리가 너희 모두로 말미암아 항상 하나님께 감사하며 기도할 때에 너희를 기억함은
3 너희의 믿음의 역사와 사랑의 수고와 우리 주 예수 그리스도에 대한 소망의 인내를 우리 하나님 아버지 앞에서 끊임없이 기억함이니
4 하나님의 사랑하심을 받은 형제들아 너희를 택하심을 아노라
5 이는 우리 복음이 너희에게 말로만 이른 것이 아니라 또한 능력과 성령과 큰 확신으로 된 것임이라 우리가 너희 가운데서 너희를 위하여 어떤 사람이 된 것은 너희가 아는 바와 같으니라
6 또 너희는 많은 환난 가운데서 성령의 기쁨으로 말씀을 받아 우리와 주를 본받은 자가 되었으니
7 그러므로 너희가 마게도냐와 아가야에 있는 모든 믿는 자의 본이 되었느니라
8 주의 말씀이 너희에게로부터 마게도냐와 아가야에만 들릴 뿐 아니라 하나님을 향하는 너희 믿음의 소문이 각처에 퍼졌으므로 우리는 아무 말도 할 것이 없노라
9 그들이 우리에 대하여 스스로 말하기를 우리가 어떻게 너희 가운데에 들어갔는지와 너희가 어떻게 우상을 버리고 하나님께로 돌아와서 살아 계시고 참되신 하나님을 섬기는지와
10 또 죽은 자들 가운데서 다시 살리신 그의 아들이 하늘로부터 강림하실 것을 너희가 어떻게 기다리는지를 말하니 이는 장래의 노하심에서 우리를 건지시는 예수시니라

데살로니가에서 벌인 바울의 사역 (♪ 213, 320장)

2 형제들아 우리가 너희 가운데 들어간 것이 헛되지 않은 줄을 너희가 친히 아나니
2 너희가 아는 바와 같이 우리가 먼저 빌립보에서 고난과 능욕을 당하였으나 우리 하나님을

1 Paul, Silas[a] and Timothy,

To the church of the Thessalonians in God the Father and the Lord Jesus Christ:

Grace and peace to you.

Thanksgiving for the Thessalonians' Faith

2 ●We always thank God for all of you and
continually mention you in our prayers.
3 ●We remember before our God and Father
your work produced by faith, your labor
prompted by love, and your endurance ins-
pired by hope in our Lord Jesus Christ.
4 ●For we know, brothers and sisters[b] loved
5 by God, that he has chosen you, ●because
our gospel came to you not simply with
words but also with power, with the Holy
Spirit and deep conviction. You know how
6 we lived among you for your sake. ●You
became imitators of us and of the Lord, for
you welcomed the message in the midst of
severe suffering with the joy given by the
7 Holy Spirit. ●And so you became a model to
all the believers in Macedonia and Achaia.
8 ●The Lord's message rang out from you not
only in Macedonia and Achaia—your faith
in God has become known everywhere.
Therefore we do not need to say anything
9 about it, ●for they themselves report what
kind of reception you gave us. They tell how
you turned to God from idols to serve the liv-
10 ing and true God, ●and to wait for his Son
from heaven, whom he raised from the
dead—Jesus, who rescues us from the com-
ing wrath.

Paul's Ministry in Thessalonica

2 You know, brothers and sisters, that our
visit to you was not without results.
2 ●We had previously suffered and been treat-
ed outrageously in Philippi, as you know,
but with the help of our God we dared to tell

[a]1 Greek *Silvanus*, a variant of *Silas* [b]4 The Greek word for *brothers and sisters* (*adelphoi*) refers here to believers, both men and women, as part of God's family; also in 2:1, 9, 14, 17; 3:7; 4:1, 10, 13; 5:1, 4, 12, 14, 25, 27.

힘입어 많은 싸움 중에 하나님의 복음을 너희에
게 전하였노라
3 우리의 권면은 간사함이나 부정에서 난 것이
아니요 속임수로 하는 것도 아니라
4 오직 하나님께 옳게 여기심을 입어 복음을 위
탁 받았으니 우리가 이와 같이 말함은 사람을
기쁘게 하려 함이 아니요 오직 우리 마음을 감
찰하시는 하나님을 기쁘시게 하려 함이라
5 너희도 알거니와 우리가 아무 때에도 아첨하는
말이나 탐심의 탈을 쓰지 아니한 것을 하나님
이 증언하시느니라
6 또한 우리는 너희에게서든지 다른 이에게서든지
사람에게서는 영광을 구하지 아니하였노라 고후 4:5
7 우리는 그리스도의 사도로서 마땅히 1)권위를
주장할 수 있으나 도리어 너희 가운데서 유순
한 자가 되어 유모가 자기 자녀를 기름과 같이
하였으니
8 우리가 이같이 너희를 사모하여 하나님의 복음
뿐 아니라 우리의 목숨까지도 너희에게 주기를
기뻐함은 너희가 우리의 사랑하는 자 됨이라
9 형제들아 우리의 수고와 애쓴 것을 너희가 기억
하리니 너희 아무에게도 폐를 끼치지 아니하려
고 밤낮으로 일하면서 너희에게 하나님의 복음
을 전하였노라
10 우리가 너희 믿는 자들을 향하여 어떻게 거룩
하고 옳고 흠 없이 행하였는지에 대하여 너희
가 증인이요 하나님도 그러하시도다 고후 1:12
11 너희도 아는 바와 같이 우리가 너희 각 사람에
게 아버지가 자기 자녀에게 하듯 권면하고 위
로하고 경계하노니 2:7
12 이는 너희를 부르사 자기 나라와 영광에 이르게
하시는 하나님께 합당히 행하게 하려 함이라
13 •이러므로 우리가 하나님께 끊임없이 감사함
은 너희가 우리에게 들은 바 하나님의 말씀을
받을 때에 사람의 말로 받지 아니하고 하나님
의 말씀으로 받음이니 진실로 그러하도다 이
말씀이 또한 너희 믿는 자 가운데에서 역사하
느니라
14 형제들아 너희가 그리스도 예수 안에서 유대에
있는 하나님의 교회들을 본받은 자 되었으니
그들이 유대인들에게 고난을 받음과 같이 너희
도 너희 동족에게서 동일한 고난을 받았느니라
15 유대인은 주 예수와 선지자들을 죽이고 우리를
쫓아내고 하나님을 기쁘시게 하지 아니하고 모
든 사람에게 대적이 되어
16 우리가 이방인에게 말하여 구원받게 함을 그들
이 금하여 자기 죄를 항상 채우매 노하심이 끝

you his gospel in the face of strong oppo-
3 sition. •For the appeal we make does not
spring from error or impure motives, nor
4 are we trying to trick you. •On the con-
trary, we speak as those approved by God
to be entrusted with the gospel. We are not
trying to please people but God, who tests
5 our hearts. •You know we never used flat-
tery, nor did we put on a mask to cover up
6 greed — God is our witness. •We were not
looking for praise from people, not from
you or anyone else, even though as apos-
tles of Christ we could have asserted our
7 authority. •Instead, we were like young
children[a] among you.
Just as a nursing mother cares for her
8 children, •so we cared for you. Because
we loved you so much, we were delighted
to share with you not only the gospel of
9 God but our lives as well. •Surely you
remember, brothers and sisters, our toil
and hardship; we worked night and day
in order not to be a burden to anyone
while we preached the gospel of God to
10 you. •You are witnesses, and so is God, of
how holy, righteous and blameless we
11 were among you who believed. •For you
know that we dealt with each of you as a
12 father deals with his own children, •en-
couraging, comforting and urging you to
live lives worthy of God, who calls you
into his kingdom and glory.
13 •And we also thank God continually
because, when you received the word of
God, which you heard from us, you accept-
ed it not as a human word, but as it actu-
ally is, the word of God, which is indeed at
14 work in you who believe. •For you, broth-
ers and sisters, became imitators of God's
churches in Judea, which are in Christ
Jesus: You suffered from your own people
the same things those churches suffered
15 from the Jews •who killed the Lord Jesus
and the prophets and also drove us out.
They displease God and are hostile to
16 everyone •in their effort to keep us from
speaking to the Gentiles so that they may
be saved. In this way they always heap up
their sins to the limit. The wrath of God
has come upon them at last.[b]

[a] 7 Some manuscripts *were gentle* [b] 16 Or *them fully* 1) 또는 폐를 끼칠 터이나

approve [əprúːv] *vt.* 인정하다
assert [əsə́ːrt] *vt.* 강력히 주장하다
blameless [bléimlis] *a.* 흠 없는
burden [bə́ːrdn] *n.* 짐
displease [displíːz] *vt.* 불쾌하게 하다
encourage [inkə́ːridʒ] *vt.* 격려하다
flattery [flǽtəri] *n.* 아첨
greed [griːd] *n.* 탐욕
heap [hiːp] *n.* 더미
hostile [hástl] *a.* 적대하는
nursing [nə́ːrsiŋ] *n.* 보육
opposition [àpəzíʃən] *n.* 저항
toil [tɔil] *n.* 수고
trick [trik] *vt.* 속이다
urge [əːrdʒ] *vt.* 강요하다, 촉구하다

2:6 even though...: …에도 불구하고
2:8 as well: 또한
2:11 deal with...: …를 다루다(처리하다)
2:12 worthy of...: …할 만한, 합당한
2:15 drive out: 쫓아내다
2:16 come upon: 직면하다, 임하다

까지 그들에게 임하였느니라

바울이 데살로니가에 다시 가기를 원하다

17 ●형제들아 우리가 잠시 너희를 떠난 것은 얼
굴이요 마음은 아니니 너희 얼굴 보기를 열정
으로 더욱 힘썼노라
18 그러므로 나 바울은 한번 두번 너희에게 가고
자 하였으나 사탄이 우리를 막았도다
19 우리의 소망이나 기쁨이나 자랑의 면류관이 무
엇이냐 그가 강림하실 때 우리 주 예수 앞에 너
희가 아니냐
20 너희는 우리의 영광이요 기쁨이니라

3 이러므로 우리가 참다 못하여 우리만 아덴
에 머물기를 좋게 생각하고
2 우리 형제 곧 그리스도의 복음을 전하는 하나
님의 일꾼인 디모데를 보내노니 이는 너희를
굳건하게 하고 너희 믿음에 대하여 위로함으
로
3 아무도 이 여러 환난 중에 흔들리지 않게 하
려 함이라 우리가 이것을 위하여 세움 받은
줄을 너희가 친히 알리라
4 우리가 너희와 함께 있을 때에 장차 받을 환
난을 너희에게 미리 말하였는데 과연 그렇게
된 것을 너희가 아느니라
5 이러므로 나도 참다 못하여 너희 믿음을 알기
위하여 그를 보내었노니 이는 혹 시험하는 자
가 너희를 시험하여 우리 수고를 헛되게 할까
함이니
6 지금은 디모데가 너희에게로부터 와서 너희
믿음과 사랑의 기쁜 소식을 우리에게 전하고
또 너희가 항상 우리를 잘 생각하여 우리가
너희를 간절히 보고자 함과 같이 너희도 우
리를 간절히 보고자 한다 하니
7 이러므로 형제들아 우리가 모든 궁핍과 환난
가운데서 너희 믿음으로 말미암아 너희에게
위로를 받았노라
8 그러므로 너희가 주 안에 굳게 선즉 우리가
이제는 살리라
9 우리가 우리 하나님 앞에서 너희로 말미암아
모든 기쁨으로 기뻐하니 너희를 위하여 능히
어떠한 감사로 하나님께 보답할까
10 주야로 심히 간구함은 너희 얼굴을 보고 너희
믿음이 부족한 것을 보충하게 하려 함이라
11 ●하나님 우리 아버지와 우리 주 예수는 우리
길을 너희에게로 갈 수 있게 하시오며
12 또 주께서 우리가 너희를 사랑함과 같이 너희
도 피차간과 모든 사람에 대한 사랑이 더욱
많아 넘치게 하사

Paul's Longing to See the Thessalonians

17 ●But, brothers and sisters, when we were
orphaned by being separated from you
for a short time (in person, not in thought),
out of our intense longing we made every
18 effort to see you. ●For we wanted to come
to you — certainly I, Paul, did, again and
19 again — but Satan blocked our way. ●For
what is our hope, our joy, or the crown in
which we will glory in the presence of our
Lord Jesus when he comes? Is it not you?
20 ●Indeed, you are our glory and joy.

3 So when we could stand it no longer,
we thought it best to be left by our-
2 selves in Athens. ●We sent Timothy, who is
our brother and co-worker in God's service
in spreading the gospel of Christ, to streng-
then and encourage you in your faith,
3 ●so that no one would be unsettled by
these trials. For you know quite well that we
4 are destined for them. ●In fact, when we
were with you, we kept telling you that we
would be persecuted. And it turned out that
5 way, as you well know. ●For this reason,
when I could stand it no longer, I sent to
find out about your faith. I was afraid that
in some way the tempter had tempted you
and that our labors might have been in
vain.

Timothy's Encouraging Report

6 ●But Timothy has just now come to us
from you and has brought good news about
your faith and love. He has told us that you
always have pleasant memories of us and
that you long to see us, just as we also long
7 to see you. ●Therefore, brothers and sisters,
in all our distress and persecution we were
encouraged about you because of your faith.
8 ●For now we really live, since you are stand-
9 ing firm in the Lord. ●How can we thank
God enough for you in return for all the
joy we have in the presence of our God
10 because of you? ●Night and day we pray
most earnestly that we may see you again
and supply what is lacking in your faith.
11 ●Now may our God and Father himself
and our Lord Jesus clear the way for us to
12 come to you. ●May the Lord make your
love increase and overflow for each other
and for everyone else, just as ours does for

distress [distrés] *n.* 고통
earnestly [ə́:rnistli] *ad.* 진정으로
firm [fə:rm] *a.* 굳건한
increase [inkrí:s] *vi.* 늘다
intense [inténs] *a.* 강한
longing [lɔ́:ŋiŋ] *n.* 갈망, 열망
orphan [ɔ́:rfən] *vt.* 고아로 만들다
overflow [òuvərflóu] *vi.* 넘치다
persecute [pə́:rsikjù:t] *vt.* 박해하다
pleasant [plézənt] *a.* 즐거운
presence [prézns] *n.* 앞, 면전
strengthen [streŋkθən] *vt.* 강하게 하다
tempter [témptər] *n.* 유혹자
trial [tráiəl] *n.* 시련
unsettle [λnsétl] *vt.* 동요시키다

3:3 be destined for...: …가 될 운명이다
3:4 turn out...: …임으로 드러나다
3:6 long to...: …하기를 갈망하다
3:9 in return for...: …에 대한 답례로
3:10 lack in...: …이 부족하다
3:12 just as...: 마치 …같이

13 너희 마음을 굳건하게 하시고 우리 주 예수
께서 그의 모든 성도와 함께 강림하실 때에
하나님 우리 아버지 앞에서 거룩함에 흠이
없게 하시기를 원하노라

하나님을 기쁘시게 하는 생활 (♪ 430장)
— A.D. 52년경

4 그러므로 형제들아 우리가 끝으로 주 예수
안에서 너희에게 구하고 권면하노니 너희
가 마땅히 어떻게 행하며 하나님을 기쁘시게
할 수 있는지를 우리에게 배웠으니 곧 너희
가 행하는 바라 더욱 많이 힘쓰라
2 우리가 주 예수로 말미암아 너희에게 무슨
명령으로 준 것을 너희가 아느니라
3 하나님의 뜻은 이것이니 너희의 거룩함이
라 곧 음란을 버리고
4 각각 거룩함과 존귀함으로 [1)]자기의 아내 대
할 줄을 알고
5 하나님을 모르는 이방인과 같이 색욕을 따
르지 말고
6 이 일에 분수를 넘어서 형제를 해하지 말라
이는 우리가 너희에게 미리 말하고 증언한
것과 같이 이 모든 일에 주께서 신원하여 주
심이라
7 하나님이 우리를 부르심은 부정하게 하심
이 아니요 거룩하게 하심이니
8 그러므로 저버리는 자는 사람을 저버림이
아니요 너희에게 그의 성령을 주신 하나님
을 저버림이니라
9 ● 형제 사랑에 관하여는 너희에게 쓸 것이
없음은 너희들 자신이 하나님의 가르치심
을 받아 서로 사랑함이라
5:1
10 너희가 온 마게도냐 모든 형제에 대하여 과연
이것을 행하도다 형제들아 권하노니 더욱 그
렇게 행하고
11 또 너희에게 명한 것같이 조용히 자기 일을
하고 너희 손으로 일하기를 힘쓰라
12 이는 외인에 대하여 단정히 행하고 또한 아
무 궁핍함이 없게 하려 함이라

주의 강림과 죽은 자들의 부활 (♪ 180장)

13 ● 형제들아 자는 자들에 관하여는 너희가
알지 못함을 우리가 원하지 아니하노니 이
는 소망 없는 다른 이와 같이 슬퍼하지 않게
하려 함이라
14 우리가 예수께서 죽으셨다가 다시 살아나
심을 믿을진대 이와 같이 [2)]예수 안에서 자
는 자들도 하나님이 그와 함께 데리고 오시
리라

13 you. ● May he strengthen your hearts so that
you will be blameless and holy in the pres-
ence of our God and Father when our Lord
Jesus comes with all his holy ones.

Living to Please God

4 As for other matters, brothers and sisters,
we instructed you how to live in order to
please God, as in fact you are living. Now we
ask you and urge you in the Lord Jesus to do
2 this more and more. ● For you know what
instructions we gave you by the authority of
the Lord Jesus.
3 ● It is God's will that you should be sancti-
fied: that you should avoid sexual immorali-
4 ty; ● that each of you should learn to control
your own body[a] in a way that is holy and
5 honorable, ● not in passionate lust like the
6 pagans, who do not know God; ● and that in
this matter no one should wrong or take
advantage of a brother or sister.[b] The Lord
will punish all those who commit such sins,
7 as we told you and warned you before. ● For
God did not call us to be impure, but to live a
8 holy life. ● Therefore, anyone who rejects this
instruction does not reject a human being but
God, the very God who gives you his Holy
Spirit.
9 ● Now about your love for one another we
do not need to write to you, for you your-
selves have been taught by God to love each
10 other. ● And in fact, you do love all of God's
family throughout Macedonia. Yet we urge
you, brothers and sisters, to do so more and
11 more, ● and to make it your ambition to lead
a quiet life: You should mind your own busi-
ness and work with your hands, just as we
12 told you, ● so that your daily life may win the
respect of outsiders and so that you will not
be dependent on anybody.

Believers Who Have Died

13 ● Brothers and sisters, we do not want you
to be uninformed about those who sleep in
death, so that you do not grieve like the rest
14 of mankind, who have no hope. ● For we
believe that Jesus died and rose again, and
so we believe that God will bring with Je-
sus those who have fallen asleep in him.

[a]4 Or *learn to live with your own wife*; or *learn to acquire a wife* [b]6 The Greek word for *brother or sister* (*adelphos*) refers here to a believer, whether man or woman, as part of God's family.

1) 헬, 자기 몸을 절제할 줄 알고 2) 또는 자는 자들을 예수로 말미암아

살전

ambition [æmbíʃən] *n.* 야망
authority [əθɔ́:rəti] *n.* 권세
avoid [əvɔ́id] *vt.* 피하다
grieve [gri:v] *vi.* 슬퍼하다
honorable [ánərəbl] *a.* 존경할 만한
immorality [iməræ̀ləti] *n.* 부도덕
impure [impjúər] *a.* 더러운
instruct [instrʌ́kt] *vt.* 훈계하다
lust [lʌst] *n.* 정욕
pagan [péigən] *n.* 이방인
passionate [pǽʃənət] *a.* 열정적인
punish [pʌ́niʃ] *vt.* 형벌에 처하다
reject [ridʒékt] *vt.* 거절하다
respect [rispékt] *n.* 존경
sanctify [sǽŋktəfài] *vt.* 거룩하게 하다

4:1 more and more: 점점 더 많은
4:6 take advantage of...: …을 이용하다
4:10 urge A to B: A에게 B할 것을 강권하다
4:11 mind one's own business: 자기의 일을 하다, 남의 일에 간섭하지 않다
4:14 fall asleep: 잠들다

15 우리가 주의 말씀으로 너희에게 이것을 말하노니 주께서 강림하실 때까지 우리 살아남아 있는 자도 자는 자보다 결코 앞서지 못하리라
16 주께서 호령과 천사장의 소리와 하나님의 나팔 소리로 친히 하늘로부터 강림하시리니 그리스도 안에서 죽은 자들이 먼저 일어나고
17 그 후에 우리 살아남은 자들도 그들과 함께 구름 속으로 끌어 올려 공중에서 주를 영접하게 하시리니 그리하여 우리가 항상 주와 함께 있으리라
18 그러므로 이러한 말로 서로 위로하라

5 형제들아 때와 시기에 관하여는 너희에게 쓸 것이 없음은
2 주의 날이 밤에 도둑같이 이를 줄을 너희 자신이 자세히 알기 때문이라
3 그들이 평안하다, 안전하다 할 그때에 임신한 여자에게 해산의 고통이 이름과 같이 멸망이 갑자기 그들에게 이르리니 결코 피하지 못하리라
4 형제들아 너희는 어둠에 있지 아니하매 그날이 도둑같이 너희에게 임하지 못하리니
5 너희는 다 빛의 아들이요 낮의 아들이라 우리가 밤이나 어둠에 속하지 아니하나니
6 그러므로 우리는 다른 이들과 같이 자지 말고 오직 깨어 정신을 차릴지라
7 자는 자들은 밤에 자고 취하는 자들은 밤에 취하되
8 우리는 낮에 속하였으니 정신을 차리고 믿음과 사랑의 호심경을 붙이고 구원의 소망의 투구를 쓰자
9 하나님이 우리를 세우심은 노하심에 이르게 하심이 아니요 오직 우리 주 예수 그리스도로 말미암아 구원을 받게 하심이라
10 예수께서 우리를 위하여 죽으사 우리로 하여금 깨어 있든지 자든지 자기와 함께 살게 하려 하셨느니라
11 그러므로 피차 권면하고 서로 덕을 세우기를 너희가 하는 것같이 하라

권면과 끝인사 (♪420, 426장)

12 ●형제들아 우리가 너희에게 구하노니 너희 가운데서 수고하고 주 안에서 너희를 다스리며 권하는 자들을 너희가 알고
13 그들의 역사로 말미암아 사랑 안에서 가장 귀히 여기며 너희끼리 화목하라
14 또 형제들아 너희를 권면하노니 게으른 자들을 권계하며 마음이 약한 자들을 격려하고

살전

15 •According to the Lord's word, we tell you
that we who are still alive, who are left until
the coming of the Lord, will certainly not
16 precede those who have fallen asleep. •For
the Lord himself will come down from heaven, with a loud command, with the voice
of the archangel and with the trumpet call
of God, and the dead in Christ will rise first.
17 •After that, we who are still alive and are
left will be caught up together with them
in the clouds to meet the Lord in the air.
And so we will be with the Lord forever.
18 •Therefore encourage one another with
these words.

The Day of the Lord

5 Now, brothers and sisters, about times
and dates we do not need to write to
2 you, •for you know very well that the day
of the Lord will come like a thief in the
3 night. •While people are saying, "Peace and
safety," destruction will come on them suddenly, as labor pains on a pregnant woman, and they will not escape.
4 •But you, brothers and sisters, are not in
darkness so that this day should surprise you
5 like a thief. •You are all children of the light
and children of the day. We do not belong to
6 the night or to the darkness. •So then, let us
not be like others, who are asleep, but let us
7 be awake and sober. •For those who sleep,
sleep at night, and those who get drunk, get
8 drunk at night. •But since we belong to the
day, let us be sober, putting on faith and love
as a breastplate, and the hope of salvation as
9 a helmet. •For God did not appoint us to
suffer wrath but to receive salvation through
10 our Lord Jesus Christ. •He died for us so that,
whether we are awake or asleep, we may live
11 together with him. •Therefore encourage
one another and build each other up, just as
in fact you are doing.

Final Instructions

12 •Now we ask you, brothers and sisters, to
acknowledge those who work hard among
you, who care for you in the Lord and who
13 admonish you. •Hold them in the highest
regard in love because of their work. Live in
14 peace with each other. •And we urge you,
brothers and sisters, warn those who are
idle and disruptive, encourage the disheart-

acknowledge [æknálidʒ] *vt.* …을 인정하다
admonish [ædmániʃ] *vt.* 훈계하다
appoint [əpɔ́int] *vt.* 임명하다
archangel [á:rkèindʒəl] *n.* 천사장
breastplate [bréstplèit] *n.* 흉배(胸背)
destruction [distrʌ́kʃən] *n.* 파괴
disruptive [disrʌ́ptiv] *a.* 분열시키는
encourage [inkə́:ridʒ] *vt.* 격려하다
idle [áidl] *a.* 게으른
precede [prisí:d] *vt.* 앞서다
pregnant [prégnənt] *a.* 임신한
regard [rigá:rd] *n.* 관심
salvation [sælvéiʃən] *n.* 구원
sober [sóubər] *a.* 술 취하지 않은
thief [θi:f] *n.* 도둑

4:15 **according to...**: …에 따라서
4:17 **catch up**: 올리다, 따라잡다
5:3 **labor pains**: 출산의 고통
5:5 **belong to...**: …에 속하다
5:6 **so then**: 그렇다면
5:11 **just as...**: 꼭 …처럼

힘이 없는 자들을 붙들어 주며 모든 사람에
게 오래 참으라
15 삼가 누가 누구에게든지 악으로 악을 갚지 말
게 하고 서로 대하든지 모든 사람을 대하든지
항상 선을 따르라
16 항상 기뻐하라
17 쉬지 말고 기도하라
18 범사에 감사하라 이것이 그리스도 예수 안에
서 너희를 향하신 하나님의 뜻이니라
19 성령을 소멸하지 말며 엡 4:30
20 예언을 멸시하지 말고 고전 14:1
21 범사에 헤아려 좋은 것을 취하고
22 악은 어떤 모양이라도 버리라
23 ●평강의 하나님이 친히 너희를 온전히 거룩
하게 하시고 또 너희의 온 영과 [1]혼과 몸이 우
리 주 예수 그리스도께서 강림하실 때에 흠 없
게 보전되기를 원하노라
24 너희를 부르시는 이는 미쁘시니 그가 또한 이
루시리라
25 ●형제들아 우리를 위하여 기도하라
26 ●거룩하게 입맞춤으로 모든 형제에게 문안
하라
27 내가 주를 힘입어 너희를 명하노니 모든 형
제에게 이 편지를 읽어 주라
28 ●우리 주 예수 그리스도의 은혜가 너희에게
있을지어다

ened, help the weak, be patient with every-
15 one. •Make sure that nobody pays back
wrong for wrong, but always strive to do
what is good for each other and for every-
one else.
16-17 •Rejoice always, •pray continually,
18 •give thanks in all circumstances; for this
is God's will for you in Christ Jesus.
19-20 •Do not quench the Spirit. •Do not treat
21 prophecies with contempt •but test them
22 all; hold on to what is good, •reject every
kind of evil.
23 •May God himself, the God of peace,
sanctify you through and through. May
your whole spirit, soul and body be kept
blameless at the coming of our Lord Jesus
24 Christ. •The one who calls you is faithful,
and he will do it.

25-26 •Brothers and sisters, pray for us. •Greet
27 all God's people with a holy kiss. •I charge
you before the Lord to have this letter read to
all the brothers and sisters.
28 •The grace of our Lord Jesus Christ be
with you.

살전

1) 또는 목숨

blameless [bléimlis] *a.* 흠 없는
charge [tʃa:rdʒ] *vt.* 명령하다
circumstance [sə́:rkəmstæns] *n.* 환경
contempt [kəntémpt] *n.* 멸시
continually [kəntínjuəli] *ad.* 계속해서
else [els] *a.* 그 밖의
faithful [féiθəl] *a.* 신실한
prophecy [prɑ́fəsi] *n.* 예언
quench [kwentʃ] *vt.* 끄다
reject [ridʒékt] *vt.* 버리다
sanctify [sǽŋktəfài] *vt.* 거룩하게 하다
strive [straiv] *vi.* 노력하다
test [test] *vt.* 시험하다
treat [tri:t] *vt.* 대하다
weak [wi:k] *a.* 약한

5:14 **be patient with...**: …을 견디다 록 하다
5:15 **make sure that...**: 반드시 …하도
5:15 **each other:** 서로
5:21 **hold on**: 잡다, 취하다
5:23 **through and through**: 철저히

데살로니가후서 | 2 Thessalonians

● 저자 _ 사도 바울 ● 저작 연대 _ A.D. 51-53년 ● 기록 장소 _ 고린도 ● 저작 목적 _ 재림을 기다리는 태도를 가르치기 위해 ● 기록 대상 _ 데살로니가에 있는 교인들 ● 핵심어 및 내용 _ 핵심어는 '핍박'과 '일'이다.

유대인들이 기독교인들을 핍박하자, 사도 바울은 데살로니가 교인들에게 더욱 인내하고 열심히 일하라고 간청한다.

인사

1 바울과 실루아노와 디모데는 하나님 우리 아
버지와 주 예수 그리스도 안에 있는 데살로니
가인의 교회에 편지하노니
2 하나님 아버지와 주 예수 그리스도로부터 은혜
와 평강이 너희에게 있을지어다 롬 1:7

하나님의 공의로운 심판의 표 — A.D. 53년경

3 ●형제들아 우리가 너희를 위하여 항상 하나님께
감사할지니 이것이 당연함은 너희의 믿음이 더욱
자라고 너희가 다 각기 서로 사랑함이 풍성함이니
4 그러므로 너희가 견디고 있는 모든 박해와 환난
중에서 너희 인내와 믿음으로 말미암아 하나님
의 여러 교회에서 우리가 친히 자랑하노라
5 이는 하나님의 공의로운 심판의 표요 너희로 하
여금 하나님의 나라에 합당한 자로 여김을 받게
하려 함이니 그 나라를 위하여 너희가 또한 고난
을 받느니라
6 너희로 환난을 받게 하는 자들에게는 환난으로
갚으시고
7 환난을 받는 너희에게는 우리와 함께 안식으로
갚으시는 것이 하나님의 공의시니 주 예수께서
자기의 능력의 천사들과 함께 하늘로부터 불꽃
가운데에 나타나실 때에
8 하나님을 모르는 자들과 우리 주 예수의 복음에
복종하지 않는 자들에게 형벌을 내리시리니
9 이런 자들은 주의 얼굴과 그의 힘의 영광을 떠나
영원한 멸망의 형벌을 받으리로다
10 그날에 그가 강림하사 그의 성도들에게서 영광
을 받으시고 모든 믿는 자들에게서 놀랍게 여김
을 얻으시리니 이는 (우리의 증거가 너희에게 믿
어졌음이라)
11 이러므로 우리도 항상 너희를 위하여 기도함은
우리 하나님이 너희를 그 부르심에 합당한 자로
여기시고 모든 선을 기뻐함과 믿음의 역사를 능
력으로 이루게 하시고 1:5
12 *우리 하나님과 주 예수 그리스도의* 은혜대로 우
리 주 예수의 이름이 너희 가운데서 영광을 받으
시고 너희도 그 안에서 영광을 받게 하려 함이라

멸망하는 자들 — A.D. 53년경

2 형제들아 우리가 너희에게 구하는 것은 우리
주 예수 그리스도의 강림하심과 우리가 그 앞
에 모임에 관하여

1 Paul, Silas[a] and Timothy,

To the church of the Thessalonians in
God our Father and the Lord Jesus Christ:
2 ●Grace and peace to you from God the
Father and the Lord Jesus Christ.

Thanksgiving and Prayer

3 ●We ought always to thank God for you,
brothers and sisters,[b] and rightly so, because
your faith is growing more and more, and the
love all of you have for one another is increas-
4 ing. ●Therefore, among God's churches we
boast about your perseverance and faith in all
the persecutions and trials you are enduring.
5 ●All this is evidence that God's judgment is
right, and as a result you will be counted wor-
thy of the kingdom of God, for which you are
6 suffering. ●God is just: He will pay back trou-
7 ble to those who trouble you ●and give relief
to you who are troubled, and to us as well. This
will happen when the Lord Jesus is revealed
from heaven in blazing fire with his powerful
8 angels. ●He will punish those who do not
know God and do not obey the gospel of our
9 Lord Jesus. ●They will be punished with ever-
lasting destruction and shut out from the pres-
ence of the Lord and from the glory of his
10 might ●on the day he comes to be glorified in
his holy people and to be marveled at among
all those who have believed. This includes you,
because you believed our testimony to you.
11 ●With this in mind, we constantly pray for
you, that our God may make you worthy of
his calling, and that by his power he may
bring to fruition your every desire for good-
ness and your every deed prompted by faith.
12 ●We pray this so that the name of our Lord
Jesus may be glorified in you, and you in him,
according to the grace of our God and the
Lord Jesus Christ.[c]

The Man of Lawlessness

2 Concerning the coming of our Lord Jesus
Christ and our being gathered to him, we
2 ask you, brothers and sisters, ●not to become

[a]1 Greek *Silvanus,* a variant of *Silas* [b]3 The Greek word for *brothers and sisters (adelphoi)* refers here to believers, both men and women, as part of God's family; also in 2:1, 13, 15; 3:1, 6, 13. [c]12 Or *God and Lord, Jesus Christ*

2 영으로나 또는 말로나 또는 우리에게서 받았다 하는 편지로나 주의 날이 이르렀다고 해서 쉽게 마음이 흔들리거나 두려워하거나 하지 말아야 한다는 것이라
3 누가 어떻게 하여도 너희가 미혹되지 말라 먼저 배교하는 일이 있고 저 불법의 사람 곧 멸망의 아들이 나타나기 전에는 그날이 이르지 아니하리니
4 그는 대적하는 자라 신이라고 불리는 모든 것과 숭배함을 받는 것에 대항하여 그 위에 자기를 높이고 하나님의 성전에 앉아 자기를 하나님이라고 내세우느니라
5 내가 너희와 함께 있을 때에 이 일을 너희에게 말한 것을 기억하지 못하느냐
6 너희는 지금 그로 하여금 그의 때에 나타나게 하려 하여 막는 것이 있는 것을 아나니
7 불법의 비밀이 이미 활동하였으나 지금은 그것을 막는 자가 있어 그 중에서 옮겨질 때까지 하리라
8 그때에 불법한 자가 나타나리니 주 예수께서 그 입의 기운으로 그를 죽이시고 강림하여 나타나심으로 폐하시리라
9 악한 자의 나타남은 사탄의 활동을 따라 모든 능력과 표적과 거짓 기적과
10 불의의 모든 속임으로 멸망하는 자들에게 있으리니 이는 그들이 [1]진리의 사랑을 받지 아니하여 구원함을 받지 못함이라

고전 1:18

11 이러므로 하나님이 미혹의 역사를 그들에게 보내사 거짓 것을 믿게 하심은
12 [1]진리를 믿지 않고 불의를 좋아하는 모든 자들로 하여금 심판을 받게 하려 하심이라

가르침을 받은 전통을 지키라

13 •주께서 사랑하시는 형제들아 우리가 항상 너희에 관하여 마땅히 하나님께 감사할 것은 하나님이 처음부터 너희를 택하사 성령의 거룩하게 하심과 [1]진리를 믿음으로 구원을 받게 하심이니
14 이를 위하여 우리의 복음으로 너희를 부르사 우리 주 예수 그리스도의 영광을 얻게 하려 하심이니라
15 그러므로 형제들아 굳건하게 서서 말로나 우리의 편지로 가르침을 받은 전통을 지키라
16 •우리 주 예수 그리스도와 우리를 사랑하시고 영원한 위로와 좋은 소망을 은혜로 주신 하나님 우리 아버지께서
17 너희 마음을 위로하시고 모든 선한 일과 말에 굳건하게 하시기를 원하노라

우리를 위하여 기도하라 (♪ 384, 410장)

—A.D. 53년경

3 끝으로 형제들아 너희는 우리를 위하여 기도하기를 주의 말씀이 너희 가운데서와 같이 퍼

easily unsettled or alarmed by the teaching
allegedly from us — whether by a prophecy
or by word of mouth or by letter — asserting
that the day of the Lord has already come.
3 •Don't let anyone deceive you in any way,
for that day will not come until the rebel-
lion occurs and the man of lawlessness[a] is
revealed, the man doomed to destruction.
4 •He will oppose and will exalt himself over
everything that is called God or is worship-
ed, so that he sets himself up in God's tem-
ple, proclaiming himself to be God.
5 •Don't you remember that when I was
6 with you I used to tell you these things? •And
now you know what is holding him back, so
that he may be revealed at the proper time.
7 •For the secret power of lawlessness is already
at work; but the one who now holds it back
will continue to do so till he is taken out of
8 the way. •And then the lawless one will be
revealed, whom the Lord Jesus will overthrow
with the breath of his mouth and destroy by
9 the splendor of his coming. •The coming of
the lawless one will be in accordance with
how Satan works. He will use all sorts of dis-
plays of power through signs and wonders
10 that serve the lie, •and all the ways that
wickedness deceives those who are perishing.
They perish because they refused to love the
11 truth and so be saved. •For this reason God
sends them a powerful delusion so that they
12 will believe the lie •and so that all will be con-
demned who have not believed the truth but
have delighted in wickedness.

Stand Firm

13 •But we ought always to thank God for you,
brothers and sisters loved by the Lord, because
God chose you as firstfruits[b] to be saved
through the sanctifying work of the Spirit and
14 through belief in the truth. •He called you to
this through our gospel, that you might share
in the glory of our Lord Jesus Christ.
15 •So then, brothers and sisters, stand firm
and hold fast to the teachings[c] we passed on to
you, whether by word of mouth or by letter.
16 •May our Lord Jesus Christ himself and
God our Father, who loved us and by his grace
gave us eternal encouragement and good
17 hope, •encourage your hearts and strengthen
you in every good deed and word.

[a]3 Some manuscripts *sin* [b]13 Some manuscripts *because from the beginning God chose you* [c]15 Or *traditions* 1) 헬, 참

allegedly [əlédʒidli] *ad.* 이른바
assert [əsə́:rt] *vt.* 강력히 주장하다
condemn [kəndém] *vt.* 선고하다
deceive [disí:v] *vt.* 속이다
delusion [dilú:ʒən] *n.* 현혹
encouragement [inkə́:ridʒmənt] *n.* 격려
exalt [igzɔ́:lt] *vt.* 높이다
occur [əkə́:r] *vi.* 발생하다
oppose [əpóuz] *vt.* 대적하다
overthrow [òuvərθróu] *vt.* 전복시키다
perish [périʃ] *vi.* 멸망하다
proper [prápər] *a.* 적당한
rebellion [ribéljən] *n.* 반역
splendor [spléndər] *n.* 광채
unsettle [ʌ̀nsétl] *vi.* 흔들리다

2:7 **take out of...**: …에서 꺼내다
2:9 **in accordance with...**: …를 따라
2:9 **all sorts of**: 모든 종류의
2:14 **share in...**: …에 참여하다
2:15 **hold to...**: …를 고수하다, 지키다
2:15 **pass on to...**: …로 전달하다

져 나가 영광스럽게 되고
2 또한 우리를 부당하고 악한 사람들에게서 건지
시옵소서 하라 믿음은 모든 사람의 것이 아니니
라
3 주는 미쁘사 너희를 굳건하게 하시고 악한 자에
게서 지키시리라
4 너희에 대하여는 우리가 명한 것을 너희가 행하
고 또 행할 줄을 우리가 주 안에서 확신하노니
5 주께서 너희 마음을 인도하여 하나님의 사랑과
그리스도의 인내에 들어가게 하시기를 원하노
라

게으름을 경계하다

6 ●형제들아 우리 주 예수 그리스도의 이름으로
너희를 명하노니 게으르게 행하고 우리에게서
받은 전통대로 행하지 아니하는 모든 형제에게
서 떠나라
7 어떻게 우리를 본받아야 할지를 너희가 스스로
아나니 우리가 너희 가운데서 무질서하게 행하
지 아니하며
8 누구에게서든지 음식을 값없이 먹지 않고 오직
수고하고 애써 주야로 일함은 너희 아무에게도
폐를 끼치지 아니하려 함이니
9 우리에게 권리가 없는 것이 아니요 오직 스스로
너희에게 본을 보여 우리를 본받게 하려 함이니라
10 우리가 너희와 함께 있을 때에도 너희에게 명하
기를 누구든지 일하기 싫어하거든 먹지도 말게
하라 하였더니
11 우리가 들은즉 너희 가운데 게으르게 행하여 도
무지 일하지 아니하고 일을 만들기만 하는 자들
이 있다 하니
12 이런 자들에게 우리가 명하고 주 예수 그리스도
안에서 권하기를 조용히 일하여 자기 양식을 먹
으라 하노라
13 형제들아 너희는 선을 행하다가 낙심하지 말라
14 누가 이 편지에 한 우리 말을 순종하지 아니하거
든 그 사람을 지목하여 사귀지 말고 그로 하여금
부끄럽게 하라
15 그러나 원수와 같이 생각하지 말고 형제같이 권
면하라

축복

16 ●평강의 주께서 친히 때마다 일마다 너희에게
평강을 주시고 주께서 너희 모든 사람과 함께하
시기를 원하노라
17 ●나 바울은 친필로 문안하노니 이는 편지마다
표시로서 이렇게 쓰노라
18 우리 주 예수 그리스도의 은혜가 너희 무리에게
있을지어다

살후

Request for Prayer

3 As for other matters, brothers and sisters,
pray for us that the message of the Lord
may spread rapidly and be honored, just as
2 it was with you. ●And pray that we may
be delivered from wicked and evil people,
3 for not everyone has faith. ●But the Lord is
faithful, and he will strengthen you and pro-
4 tect you from the evil one. ●We have confi-
dence in the Lord that you are doing and
will continue to do the things we command.
5 ●May the Lord direct your hearts into God's
love and Christ's perseverance.

Warning Against Idleness

6 ●In the name of the Lord Jesus Christ, we
command you, brothers and sisters, to keep
away from every believer who is idle and dis-
ruptive and does not live according to the tea-
7 ching[a] you received from us. ●For you your-
selves know how you ought to follow our ex-
ample. We were not idle when we were with
8 you, ●nor did we eat anyone's food without
paying for it. On the contrary, we worked ni-
ght and day, laboring and toiling so that we
9 would not be a burden to any of you. ●We did
this, not because we do not have the right to
such help, but in order to offer ourselves as a
10 model for you to imitate. ●For even when we
were with you, we gave you this rule: "The one
who is unwilling to work shall not eat."
11 ●We hear that some among you are idle
and disruptive. They are not busy; they are
12 busybodies. ●Such people we command and
urge in the Lord Jesus Christ to settle down
13 and earn the food they eat. ●And as for you,
brothers and sisters, never tire of doing what is
good.
14 ●Take special note of anyone who does
not obey our instruction in this letter. Do not
associate with them, in order that they may
15 feel ashamed. ●Yet do not regard them as an
enemy, but warn them as you would a fel-
low believer.

Final Greetings

16 ●Now may the Lord of peace himself give
you peace at all times and in every way. The
Lord be with all of you.
17 ●I, Paul, write this greeting in my own
hand, which is the distinguishing mark in
all my letters. This is how I write.
18 ●The grace of our Lord Jesus Christ be with
you all.

[a]6 Or *tradition*

ashamed [əʃéimd] *a.* 부끄러운
burden [bə́ːrdn] *n.* 짐
busybody [bízibàdi] *n.* 참견하는 자
direct [dirékt] *vt.* 지도하다
disruptive [disrʌ́ptiv] *a.* 분열시키는
distinguish [distíŋgwiʃ] *vt.* 구별하다
honored [ánərd] *a.* 명예로운
idle [áidl] *a.* 게으른
imitate [ímətèit] *vt.* 본받다
perseverance [pəːrsəvíərəns] *n.* 인내
protect [prətékt] *vt.* 보호하다
rapidly [rǽpidli] *ad.* 빨리
toil [tɔil] *vi.* 수고하다
unwilling [ʌnwíliŋ] *a.* 내키지 않는
urge [əːrdʒ] *vt.* 권고하다

3:4 **have confidence in...**: …에서 확신하다
3:8 **on the contrary**: 반대로
3:12 **settle down**: 진정하다, 정착하다
3:13 **tire of...**: …에 싫증나다
3:14 **take note of...**: …를 주목하다
3:14 **associate with...**: …와 교제하다

1 Timothy | 디모데전서

● 저자 _ 사도 바울 ● 저작 연대 _ 사도 바울이 옥에서 풀려나 다시 전도 여행을 떠나던 A.D. 62년경에 기록함
● 기록 장소 _ 마게도냐의 빌립보 ● 기록 대상 _ 디모데 ● 핵심어 및 내용 _ 핵심어는 '교리'와 '자격'이다.

사도 바울은 디모데에게 하나님의 진리 안에 거하여 다른 헛된 교리들을 따르지 말라고 권면한다.

인사

1 우리 구주 하나님과 우리의 소망이신 그리
스도 예수의 명령을 따라 그리스도 예수의
사도 된 바울은
2 믿음 안에서 참 아들 된 디모데에게 편지하
노니 하나님 아버지와 그리스도 예수 우리
주께로부터 은혜와 긍휼과 평강이 네게 있
을지어다

다른 교훈을 가르치지 말라 (♪ 11장) — A.D. 65년경

3 ●내가 마게도냐로 갈 때에 너를 권하여 에
베소에 머물라 한 것은 어떤 사람들을 명하
여 다른 교훈을 가르치지 말며
4 신화와 끝없는 족보에 몰두하지 말게 하려
함이라 이런 것은 믿음 안에 있는 하나님의
경륜을 이룸보다 도리어 변론을 내는 것이라
5 이 교훈의 목적은 청결한 마음과 선한 양심
과 거짓이 없는 믿음에서 나오는 사랑이거늘
6 사람들이 이에서 벗어나 헛된 말에 빠져
7 율법의 선생이 되려 하나 자기가 말하는 것이
나 자기가 확증하는 것도 깨닫지 못하는도다
8 그러나 율법은 사람이 그것을 적법하게만
쓰면 선한 것임을 우리는 아노라
9 알 것은 이것이니 율법은 옳은 사람을 위하
여 세운 것이 아니요 오직 불법한 자와 복종
하지 아니하는 자와 경건하지 아니한 자와
죄인과 거룩하지 아니한 자와 망령된 자와
아버지를 죽이는 자와 어머니를 죽이는 자
와 살인하는 자며
10 음행하는 자와 남색하는 자와 인신매매를
하는 자와 거짓말하는 자와 거짓 맹세하는
자와 기타 [1]바른 교훈을 거스르는 자를 위함
이니
11 이 교훈은 내게 맡기신 바 복되신 하나님의
영광의 복음을 따름이니라

은혜를 감사하다

12 ●나를 능하게 하신 그리스도 예수 우리 주
께 내가 감사함은 나를 충성되이 여겨 내게
직분을 맡기심이니
13 내가 전에는 비방자요 박해자요 폭행자였으
나 도리어 긍휼을 입은 것은 내가 믿지 아니
할 때에 알지 못하고 행하였음이라
14 우리 주의 은혜가 그리스도 예수 안에 있는

1 Paul, an apostle of Christ Jesus by the
command of God our Savior and of
Christ Jesus our hope,
2 ●To Timothy my true son in the faith:
Grace, mercy and peace from God the
Father and Christ Jesus our Lord.

Timothy Charged to Oppose False Teachers

3 ●As I urged you when I went into Mace-
donia, stay there in Ephesus so that you may
command certain people not to teach false
4 doctrines any longer ●or to devote them-
selves to myths and endless genealogies.
Such things promote controversial specula-
tions rather than advancing God's work
5 —which is by faith. ●The goal of this com-
mand is love, which comes from a pure
heart and a good conscience and a sincere
6 faith. ●Some have departed from these and
7 have turned to meaningless talk. ●They
want to be teachers of the law, but they do
not know what they are talking about or
what they so confidently affirm.
8 ●We know that the law is good if one uses
9 it properly. ●We also know that the law is
made not for the righteous but for law-
breakers and rebels, the ungodly and sinful,
the unholy and irreligious, for those who
kill their fathers or mothers, for murderers,
10 ●for the sexually immoral, for those practic-
ing homosexuality, for slave traders and
liars and perjurers — and for whatever else is
11 contrary to the sound doctrine ●that con-
forms to the gospel concerning the glory of
the blessed God, which he entrusted to me.

The Lord's Grace to Paul

12 ●I thank Christ Jesus our Lord, who has
given me strength, that he considered me
trustworthy, appointing me to his service.
13 ●Even though I was once a blasphemer and
a persecutor and a violent man, I was shown
mercy because I acted in ignorance and un-
14 belief. ●The grace of our Lord was poured
out on me abundantly, along with the faith

1) 헬, 건전한

믿음과 사랑과 함께 넘치도록 풍성하였도다
15 미쁘다 모든 사람이 받을 만한 이 말이여 그리
스도 예수께서 죄인을 구원하시려고 세상에
임하셨다 하였도다 죄인 중에 내가 괴수니라
16 그러나 내가 긍휼을 입은 까닭은 예수 그리
스도께서 내게 먼저 일체 오래 참으심을 보
이사 후에 주를 믿어 영생 얻는 자들에게 본
이 되게 하려 하심이라
17 영원하신 왕 곧 썩지 아니하고 보이지 아니
하고 홀로 하나이신 하나님께 존귀와 영광이
영원무궁하도록 있을지어다 아멘
18 ●아들 디모데야 내가 네게 이 교훈으로써
명하노니 전에 너를 지도한 예언을 따라 그
것으로 선한 싸움을 싸우며
19 믿음과 착한 양심을 가지라 어떤 이들은 이
양심을 버렸고 그 믿음에 관하여는 파선하였
느니라
20 그 가운데 후메내오와 알렉산더가 있으니 내
가 사탄에게 내준 것은 그들로 훈계를 받아
신성을 모독하지 못하게 하려 함이라

기도에 대한 가르침 (♪ 320장) — A.D. 63년경

2 그러므로 내가 첫째로 권하노니 모든 사람을
위하여 간구와 기도와 도고와 감사를 하되
2 임금들과 높은 지위에 있는 모든 사람을 위
하여 하라 이는 우리가 모든 경건과 단정함
으로 고요하고 평안한 생활을 하려 함이라
3 이것이 우리 구주 하나님 앞에 선하고 받으
실 만한 것이니
4 하나님은 모든 사람이 구원을 받으며 [1)]진리
를 아는 데에 이르기를 원하시느니라
5 하나님은 한 분이시요 또 하나님과 사람 사
이에 중보자도 한 분이시니 곧 사람이신 그
리스도 예수라
6 그가 모든 사람을 위하여 자기를 대속물로
주셨으니 기약이 이르러 주신 증거니라
7 이를 위하여 내가 전파하는 자와 사도로 세움
을 입은 것은 참말이요 거짓말이 아니니 믿음
과 진리 안에서 내가 이방인의 스승이 되었
노라
8 ●그러므로 각처에서 남자들이 분노와 다툼이
없이 거룩한 손을 들어 기도하기를 원하노라
9 또 이와 같이 여자들도 단정하게 옷을 입으며
소박함과 정절로써 자기를 단장하고 땋은 머
리와 금이나 진주나 값진 옷으로 하지 말고
10 오직 선행으로 하기를 원하노라 이것이 하나님
을 경외한다 하는 자들에게 마땅한 것이니라
11 여자는 일체 순종함으로 조용히 배우라

and love that are in Christ Jesus.
15 ●Here is a trustworthy saying that deser-
ves full acceptance: Christ Jesus came into
the world to save sinners—of whom I am
16 the worst. ●But for that very reason I was
shown mercy so that in me, the worst of
sinners, Christ Jesus might display his
immense patience as an example for those
who would believe in him and receive eter-
17 nal life. ●Now to the King eternal, immor-
tal, invisible, the only God, be honor and
glory for ever and ever. Amen.

The Charge to Timothy Renewed

18 ●Timothy, my son, I am giving you this
command in keeping with the prophecies
once made about you, so that by recalling
19 them you may fight the battle well, ●hold-
ing on to faith and a good conscience,
which some have rejected and so have suf-
fered shipwreck with regard to the faith.
20 ●Among them are Hymenaeus and Ale-
xander, whom I have handed over to Sa-
tan to be taught not to blaspheme.

Instructions on Worship

2 I urge, then, first of all, that petitions,
prayers, intercession and thanksgiv-
2 ing be made for all people — ●for kings
and all those in authority, that we may live
peaceful and quiet lives in all godliness
3 and holiness. ●This is good, and pleases
4 God our Savior, ●who wants all people to
be saved and to come to a knowledge of the
5 truth. ●For there is one God and one medi-
ator between God and mankind, the man
6 Christ Jesus, ●who gave himself as a ran-
som for all people. This has now been wit-
7 nessed to at the proper time. ●And for this
purpose I was appointed a herald and an
apostle—I am telling the truth, I am not
lying—and a true and faithful teacher of
the Gentiles.
8 ●Therefore I want the men everywhere
to pray, lifting up holy hands without an-
9 ger or disputing. ●I also want the women
to dress modestly, with decency and pro-
priety, adorning themselves, not with elab-
orate hairstyles or gold or pearls or expen-
10 sive clothes, ●but with good deeds, appro-
priate for women who profess to worship
God.
11 ●A woman[a] should learn in quietness

[a]11 Or *wife;* also in verse 12

1) 헬, 참

adorn [ədɔ́:rn] *vt.* 치장하다
appropriate [əpróupriət] *a.* 적당한
decency [dí:snsi] *n.* 단정함
dispute [dispjú:t] *n.* 분쟁, 다툼
herald [hérəld] *n.* 전령(傳令)
immense [iméns] *a.* 거대한
immortal [imɔ́:rtl] *a.* 불사의
mediator [mí:dièitər] *n.* 중재자
profess [prəfés] *vt.* 고백하다
proper [prɑ́pər] *a.* 적당한
prophecy [prɑ́fəsi] *n.* 예언
propriety [prəpráiəti] *n.* 예의 바람
ransom [rǽnsəm] *n.* 속전(贖錢)
shipwreck [ʃíprèk] *vt.* 난파시키다
urge [ə:rdʒ] *vt.* 권고하다

1:15 come into...: …에 들어오다
1:16 believe in...: …을 믿다
1:18 in keeping with...: …과 일치하여
1:19 hold on to...: …를 꼭 잡다
1:20 hand over: 넘겨주다
2:8 lift up: 들어올리다

12 여자가 가르치는 것과 남자를 주관하는 것
을 허락하지 아니하노니 오직 조용할지니라
13 이는 아담이 먼저 지음을 받고 하와가 그 후며
14 아담이 속은 것이 아니고 여자가 속아 죄에
빠졌음이라
15 그러나 여자들이 만일 정숙함으로써 믿음과
사랑과 거룩함에 거하면 그의 해산함으로
구원을 얻으리라

감독과 집사의 자격 (♪ 208장) — A.D. 63년경

3 미쁘다 이 말이여, 곧 사람이 감독의 직분
을 얻으려 함은 선한 일을 사모하는 것이
라 함이로다
2 그러므로 감독은 책망할 것이 없으며 한 아
내의 남편이 되며 절제하며 신중하며 단정
하며 나그네를 대접하며 가르치기를 잘하며
3 술을 즐기지 아니하며 구타하지 아니하며
오직 관용하며 다투지 아니하며 돈을 사랑
하지 아니하며
4 자기 집을 잘 다스려 자녀들로 모든 공손함
으로 복종하게 하는 자라야 할지며
5 (사람이 자기 집을 다스릴 줄 알지 못하면
어찌 하나님의 교회를 돌보리요)
6 새로 입교한 자도 말지니 교만하여져서 마
귀를 정죄하는 그 정죄에 빠질까 함이요 6:4
7 또한 외인에게서도 선한 증거를 얻은 자라
야 할지니 비방과 마귀의 올무에 빠질까 염
려하라
8 이와 같이 집사들도 정중하고 일구이언을
하지 아니하고 술에 인 박히지 아니하고 더
러운 이를 탐하지 아니하고
9 깨끗한 양심에 믿음의 비밀을 가진 자라야
할지니
10 이에 이 사람들을 먼저 시험하여 보고 그 후
에 책망할 것이 없으면 집사의 직분을 맡게
할 것이요
11 여자들도 이와 같이 정숙하고 모함하지 아
니하며 절제하며 모든 일에 충성된 자라야
할지니라
12 집사들은 한 아내의 남편이 되어 자녀와 자
기 집을 잘 다스리는 자일지니
13 집사의 직분을 잘한 자들은 아름다운 지위
와 그리스도 예수 안에 있는 믿음에 큰 담
력을 얻느니라

경건의 비밀

14 ●내가 속히 네게 가기를 바라나 이것을 네
게 쓰는 것은
15 만일 내가 지체하면 너로 하여금 하나님의

12 and full submission. •I do not permit a
woman to teach or to assume authority over
13 a man;[a] she must be quiet. •For Adam was
14 formed first, then Eve. •And Adam was not
the one deceived; it was the woman who
15 was deceived and became a sinner. •But
women[b] will be saved through childbearing
— if they continue in faith, love and holi-
ness with propriety.

Qualifications for Overseers and Deacons

3 Here is a trustworthy saying: Whoever
aspires to be an overseer desires a noble
2 task. •Now the overseer is to be above re-
proach, faithful to his wife, temperate,
self-controlled, respectable, hospitable, able
3 to teach, •not given to drunkenness, not
violent but gentle, not quarrelsome, not a
4 lover of money. •He must manage his own
family well and see that his children obey
him, and he must do so in a manner worthy
5 of full[c] respect. •(If anyone does not know
how to manage his own family, how can he
6 take care of God's church?) •He must not be
a recent convert, or he may become conceit-
ed and fall under the same judgment as the
7 devil. •He must also have a good reputation
with outsiders, so that he will not fall into
disgrace and into the devil's trap.
8 •In the same way, deacons[d] are to be wor-
thy of respect, sincere, not indulging in much
wine, and not pursuing dishonest gain.
9 •They must keep hold of the deep truths of
10 the faith with a clear conscience. •They must
first be tested; and then if there is nothing
against them, let them serve as deacons.
11 •In the same way, the women[e] are to be
worthy of respect, not malicious talkers but
temperate and trustworthy in everything.
12 •A deacon must be faithful to his wife
and must manage his children and his
13 household well. •Those who have served
well gain an excellent standing and great
assurance in their faith in Christ Jesus.

Reasons for Paul's Instructions

14 •Although I hope to come to you soon, I
am writing you these instructions so that,
15 •if I am delayed, you will know how people

[a]12 Or *over her husband* [b]15 Greek *she* [c]4 Or *him with proper* [d]8 The word *deacons* refers here to Christians designated to serve with the overseers/elders of the church in a variety of ways; similarly in verse 12; and in Romans 16:1 and Phil. 1:1. [e]11 Possibly deacons' wives or women who are deacons

딤전

aspire [əspáiər] *vi.* 갈망하다
assurance [əʃúərəns] *n.* 보증
conceited [kənsí:tid] *a.* 자만하는
conscience [kánʃəns] *n.* 양심
convert [kənvə́:rt] *n.* 개종자
deacon [dí:kən] *n.* 집사
deceive [disí:v] *vt.* 속이다
hospitable [háspitəbl] *a.* 접대하는
instruction [instrʌ́kʃən] *n.* 가르침
malicious [məlíʃəs] *a.* 악의 있는
overseer [óuvərsì:ər] *n.* 감독
quarrelsome [kwɔ́:rəlsəm] *a.* 싸우기 좋아하는
reputation [rèpjutéiʃən] *n.* 평판
submission [səbmíʃən] *n.* 복종
temperate [témpərət] *a.* 절제하는

2:12 permit A to B: A에게 B를 허락하다
3:2 above reproach: 나무랄 데 없는
3:7 fall into...: …에 빠지다
3:8 worthy of...: …할 만한
3:8 indulge in...: …을 탐닉하다
3:9 keep hold of...: …를 꼭 붙잡다

집에서 어떻게 행하여야 할지를 알게 하려
함이니 이 집은 살아 계신 하나님의 교회요
진리의 기둥과 터니라
16 크도다 경건의 비밀이여, 그렇지 않다 하는
이 없도다 ● 그는 육신으로 나타난 바 되시
고 영으로 의롭다 하심을 받으시고 천사들
에게 보이시고 만국에서 전파되시고 세상에
서 믿은 바 되시고 영광 가운데서 올려지셨
느니라

거짓말하는 자들 (♪ 465장) — A.D. 63년경

4 그러나 성령이 밝히 말씀하시기를 후일에
어떤 사람들이 믿음에서 떠나 미혹하는
영과 귀신의 가르침을 따르리라 하셨으니
2 자기 양심이 화인을 맞아서 외식함으로 거
짓말하는 자들이라
3 혼인을 금하고 어떤 음식물은 먹지 말라고
할 터이나 음식물은 하나님이 지으신 바니
믿는 자들과 진리를 아는 자들이 감사함으
로 받을 것이니라
4 하나님께서 지으신 모든 것이 선하매 감사
함으로 받으면 버릴 것이 없나니
5 하나님의 말씀과 기도로 거룩하여짐이라

그리스도 예수의 좋은 일꾼

6 ● 네가 이것으로 형제를 깨우치면 그리스
도 예수의 좋은 일꾼이 되어 믿음의 말씀과
네가 따르는 좋은 교훈으로 양육을 받으리
라
7 망령되고 허탄한 신화를 버리고 경건에 이
르도록 네 자신을 연단하라
8 육체의 연단은 약간의 유익이 있으나 경건
은 범사에 유익하니 금생과 내생에 약속이
있느니라
9 미쁘다 이 말이여 모든 사람들이 받을 만하
도다
10 이를 위하여 우리가 수고하고 힘쓰는 것은
우리 소망을 살아 계신 하나님께 둠이니 곧
모든 사람 특히 믿는 자들의 구주시라
11 너는 이것들을 명하고 가르치라
12 누구든지 네 연소함을 업신여기지 못하게
하고 오직 말과 행실과 사랑과 믿음과 정절
에 있어서 믿는 자에게 본이 되어
13 내가 이를 때까지 읽는 것과 권하는 것과 가
르치는 것에 전념하라
14 네 속에 있는 은사 곧 장로의 회에서 안수받
을 때에 예언을 통하여 받은 것을 가볍게 여
기지 말며
15 이 모든 일에 전심전력하여 너의 성숙함을

ought to conduct themselves in God's
household, which is the church of the living
God, the pillar and foundation of the truth.
16 ● Beyond all question, the mystery from
which true godliness springs is great:

He appeared in the flesh,
was vindicated by the Spirit,[a]
was seen by angels,
was preached among the nations,
was believed on in the world,
was taken up in glory.

4 The Spirit clearly says that in later times
some will abandon the faith and follow
deceiving spirits and things taught by
2 demons. ● Such teachings come through
hypocritical liars, whose consciences have
3 been seared as with a hot iron. ● They forbid
people to marry and order them to abstain
from certain foods, which God created to be
received with thanksgiving by those who
4 believe and who know the truth. ● For
everything God created is good, and noth-
ing is to be rejected if it is received with
5 thanksgiving, ● because it is consecrated by
the word of God and prayer.
6 ● If you point these things out to the
brothers and sisters,[b] you will be a good
minister of Christ Jesus, nourished on the
truths of the faith and of the good teaching
7 that you have followed. ● Have nothing to
do with godless myths and old wives' tales;
8 rather, train yourself to be godly. ● For phys-
ical training is of some value, but godliness
has value for all things, holding promise for
both the present life and the life to come.
9 ● This is a trustworthy saying that deserves
10 full acceptance. ● That is why we labor and
strive, because we have put our hope in the
living God, who is the Savior of all people,
and especially of those who believe.
11 ● Command and teach these things.
12 ● Don't let anyone look down on you be-
cause you are young, but set an example
for the believers in speech, in conduct, in
13 love, in faith and in purity. ● Until I come,
devote yourself to the public reading of
Scripture, to preaching and to teaching.
14 ● Do not neglect your gift, which was given
you through prophecy when the body of
elders laid their hands on you.
15 ● Be diligent in these matters; give yourself

[a]16 Or *vindicated in spirit* [b]6 The Greek word for *brothers and sisters* (*adelphoi*) refers here to believers, both men and women, as part of God's family.

abandon [əbǽndən] *vt.* 버리다
acceptance [æksέptəns] *n.* 수락
consecrate [kɑ́nsəkrèit] *vt.* 성결케하다
deserve [dizə́:rv] *vt.* …할 만하다
diligent [díləd͡ʒənt] *a.* 근면한
forbid [fərbíd] *vt.* 금지하다
godliness [gɑ́dlinis] *n.* 경건
hypocritical [hipəkrítikl] *a.* 위선적인
myth [miθ] *n.* 신화
neglect [niglékt] *vt.* 소홀히 하다
nourish [nɑ́:riʃ] *vt.* 양육하다
pillar [pílər] *n.* 기둥
sear [siər] *vt.* 말리다
strive [straiv] *vi.* 노력하다
vindicate [víndəkeit] *vt.* 결백을 입증하다

3:15 conduct oneself: 처신하다
3:16 take up: 들어 올리다
4:3 abstain from...: …을 끊다, 삼가다
4:7 have nothing to do with...: …과 아무런 관계도 없다, …과 교제를 하지 않다
4:13 devote oneself to...: …에 전념하다

모든 사람에게 나타나게 하라
16 네가 네 자신과 가르침을 살펴 이 일을 계속
하라 이것을 행함으로 네 자신과 네게 듣는
자를 구원하리라

성도를 대하는 태도 — A.D. 63년경

5 늙은이를 꾸짖지 말고 권하되 아버지에게
하듯 하며 젊은이에게는 형제에게 하듯 하
고
2 늙은 여자에게는 어머니에게 하듯 하며 젊
은 여자에게는 온전히 깨끗함으로 자매에게
하듯 하라
3 참 과부인 과부를 존대하라
4 만일 어떤 과부에게 자녀나 손자들이 있거
든 그들로 먼저 자기 집에서 효를 행하여 부
모에게 보답하기를 배우게 하라 이것이 하
나님 앞에 받으실 만한 것이니라
5 참 과부로서 외로운 자는 하나님께 소망을
두어 주야로 항상 간구와 기도를 하거니와
6 향락을 좋아하는 자는 살았으나 죽었느니라
7 네가 또한 이것을 명하여 그들로 책망받을
것이 없게 하라
8 누구든지 자기 친족 특히 자기 가족을 돌보
지 아니하면 믿음을 배반한 자요 불신자보
다 더 악한 자니라
9 과부로 명부에 올릴 자는 나이가 육십이 덜
되지 아니하고 한 남편의 아내였던 자로서
10 선한 행실의 증거가 있어 혹은 자녀를 양육
하며 혹은 나그네를 대접하며 혹은 성도들
의 발을 씻으며 혹은 환난 당한 자들을 구제
하며 혹은 모든 선한 일을 행한 자라야 할
것이요
11 젊은 과부는 올리지 말지니 이는 정욕으로
그리스도를 배반할 때에 시집가고자 함이
니
12 처음 믿음을 저버렸으므로 정죄를 받느니라
13 또 그들은 게으름을 익혀 집집으로 돌아다
니고 게으를 뿐 아니라 쓸데없는 말을 하
며 일을 만들며 마땅히 아니할 말을 하나
니
14 그러므로 젊은이는 시집가서 아이를 낳고
집을 다스리고 대적에게 비방할 기회를 조
금도 주지 말기를 원하노라
15 이미 사탄에게 돌아간 자들도 있도다
16 만일 믿는 여자에게 과부 친척이 있거든 자
기가 도와주고 교회가 짐지지 않게 하라 이
는 참 과부를 도와주게 하려 함이라

wholly to them, so that everyone may see
16 your progress. • Watch your life and doctrine
closely. Persevere in them, because if you do,
you will save both yourself and your hearers.

Widows, Elders and Slaves

5 Do not rebuke an older man harshly,
but exhort him as if he were your fa-
2 ther. Treat younger men as brothers, • older
women as mothers, and younger women
as sisters, with absolute purity.
3 • Give proper recognition to those widows
4 who are really in need. • But if a widow has
children or grandchildren, these should learn
first of all to put their religion into practice by
caring for their own family and so repaying
their parents and grandparents, for this is
5 pleasing to God. • The widow who is really in
need and left all alone puts her hope in God
and continues night and day to pray and
6 to ask God for help. • But the widow who
lives for pleasure is dead even while she lives.
7 • Give the people these instructions, so that
8 no one may be open to blame. • Anyone who
does not provide for their relatives, and espe-
cially for their own household, has denied the
faith and is worse than an unbeliever.
9 • No widow may be put on the list of wid-
ows unless she is over sixty, has been faithful
10 to her husband, • and is well known for her
good deeds, such as bringing up children,
showing hospitality, washing the feet of the
Lord's people, helping those in trouble and
devoting herself to all kinds of good deeds.
11 • As for younger widows, do not put them
on such a list. For when their sensual desires
overcome their dedication to Christ, they
12 want to marry. • Thus they bring judgment
on themselves, because they have broken
13 their first pledge. • Besides, they get into the
habit of being idle and going about from
house to house. And not only do they be-
come idlers, but also busybodies who talk
nonsense, saying things they ought not
14 to. • So I counsel younger widows to marry,
to have children, to manage their homes
and to give the enemy no opportunity for
15 slander. • Some have in fact already turned
away to follow Satan.
16 • If any woman who is a believer has wid-
ows in her care, she should continue to help
them and not let the church be burdened
with them, so that the church can help
those widows who are really in need.

딤전

absolute [ǽbsəlùːt] *a.* 절대적인
busybody [bízibàdi] *n.* 참견하는 자
dedication [dèdikéiʃən] *n.* 헌납
deny [dinái] *vt.* 부인하다
doctrine [dáktrin] *n.* 교훈
exhort [igzɔ́ːrt] *vt.* 권면하다
harshly [háːrʃli] *ad.* 거칠게
idler [áidlər] *n.* 게으름뱅이
persevere [pəːrsəvíər] *vi.* 인내하다
pledge [pledʒ] *n.* 맹세
progress [prágres] *n.* 발전, 진전
rebuke [ribjúːk] *vt.* 꾸짖다
recognition [rèkəgníʃən] *n.* 인식
slander [slǽndər] *n.* 비방
widow [wídou] *n.* 과부

5:7 be open to...: …의 여지가 있다
5:8 provide for...: …을 부양하다
5:10 be known for...: …로 알려져 있다
5:13 get into the habit of...: …의 습관이 들다
5:13 go about: 돌아다니다

17 ●잘 다스리는 장로들은 배나 존경할 자로
알되 말씀과 가르침에 수고하는 이들에게는
더욱 그리할 것이니라
18 성경에 일렀으되 [ㄱ]곡식을 밟아 떠는 소의
입에 망을 씌우지 말라 하였고 또 일꾼이 그
삯을 받는 것은 마땅하다 하였느니라
19 장로에 대한 고발은 두세 증인이 없으면 받
지 말 것이요
20 범죄한 자들을 모든 사람 앞에서 꾸짖어 나
머지 사람들로 두려워하게 하라
21 하나님과 그리스도 예수와 택하심을 받은
천사들 앞에서 내가 엄히 명하노니 너는 편
견이 없이 이것들을 지켜 아무 일도 불공평
하게 하지 말며
22 아무에게나 경솔히 안수하지 말고 다른 사
람의 죄에 간섭하지 말며 네 자신을 지켜 정
결하게 하라
23 이제부터는 물만 마시지 말고 네 위장과 자
주 나는 병을 위하여는 포도주를 조금씩 쓰
라
24 어떤 사람들의 죄는 밝히 드러나 먼저 심판
에 나아가고 어떤 사람들의 죄는 그 뒤를 따
르나니
25 이와 같이 선행도 밝히 드러나고 그렇지 아
니한 것도 숨길 수 없느니라

6 무릇 멍에 아래에 있는 종들은 자기 상전
들을 범사에 마땅히 공경할 자로 알지니
이는 하나님의 이름과 교훈으로 비방을 받
지 않게 하려 함이라
2 믿는 상전이 있는 자들은 그 상전을 형제라
고 가볍게 여기지 말고 더 잘 섬기게 하라
이는 유익을 받는 자들이 믿는 자요 사랑을
받는 자임이라 너는 이것들을 가르치고 권
하라

말씀과 경건에 관한 교훈 (♪360, 438장)

3 ●누구든지 다른 교훈을 하며 [1)]바른 말 곧
우리 주 예수 그리스도의 말씀과 경건에 관
한 교훈을 따르지 아니하면
4 그는 교만하여 아무것도 알지 못하고 변론
과 언쟁을 좋아하는 자니 이로써 투기와 분
쟁과 비방과 악한 생각이 나며
5 마음이 부패하여지고 진리를 잃어버려 경건
을 이익의 방도로 생각하는 자들의 다툼이
일어나느니라
6 그러나 자족하는 마음이 있으면 경건은 큰
이익이 되느니라

빌 4:11

17 ●The elders who direct the affairs of the
church well are worthy of double honor,
especially those whose work is preaching
18 and teaching. ●For Scripture says, "Do not
muzzle an ox while it is treading out the
grain,"[a] and "The worker deserves his wa-
19 ges."[b] ●Do not entertain an accusation
against an elder unless it is brought by two
20 or three witnesses. ●But those elders who are
sinning you are to reprove before everyone,
21 so that the others may take warning. ●I
charge you, in the sight of God and Christ
Jesus and the elect angels, to keep these
instructions without partiality, and to do
nothing out of favoritism.
22 ●Do not be hasty in the laying on of
hands, and do not share in the sins of oth-
ers. Keep yourself pure.
23 ●Stop drinking only water, and use a lit-
tle wine because of your stomach and your
frequent illnesses.
24 ●The sins of some are obvious, reaching
the place of judgment ahead of them; the
25 sins of others trail behind them. ●In the
same way, good deeds are obvious, and even
those that are not obvious cannot remain
hidden forever.

6 All who are under the yoke of slavery
should consider their masters worthy
of full respect, so that God's name and our
2 teaching may not be slandered. ●Those who
have believing masters should not show
them disrespect just because they are fellow
believers. Instead, they should serve them
even better because their masters are dear to
them as fellow believers and are devoted to
the welfare[c] of their slaves.

False Teachers and the Love of Money

These are the things you are to teach and
3 insist on. ●If anyone teaches otherwise and
does not agree to the sound instruction of
our Lord Jesus Christ and to godly teaching,
4 ●they are conceited and understand noth-
ing. They have an unhealthy interest in con-
troversies and quarrels about words that
result in envy, strife, malicious talk, evil sus-
5 picions ●and constant friction between peo-
ple of corrupt mind, who have been robbed
of the truth and who think that godliness is
a means to financial gain.

[a]18 Deut. 25:4 [b]18 Luke 10:7 [c]2 Or *and benefit from the service*

1) 헬, 건전한 ㄱ. 신 25:4

accusation [ækjuzéiʃən] *n.* 고소
charge [tʃɑːrdʒ] *vt.* 명령하다
conceit [kənsíːt] *vt.* 자만하다
controversy [kɑ́ntrəvəːrsi] *n.* 논쟁
elect [ilékt] *vt.* 택하다
entertain [èntərtéin] *vt.* 받아들이다
favoritism [féivəritìzm] *n.* 편애
friction [fríkʃən] *n.* 불화, 충돌
muzzle [mʌ́zl] *vt.* 재갈 물리다
partiality [pɑ̀ːrʃiǽləti] *n.* 편견
quarrel [kwɔ́ːrəl] *n.* 싸움
strife [straif] *n.* 투쟁
suspicion [səspíʃən] *n.* 의심
trail [treil] *vt.* 추적하다
yoke [jouk] *n.* 멍에

5:18 tread out: (밟아서) 탈곡하다
6:2 dear to...: …에게 소중한
6:3 agree to...: …에 동의하다
6:4 have interest in...: …에 흥미를 갖다
6:4 result in...: 결과적으로 …이 되다
6:5 be robbed of...: …를 빼앗기다

7 우리가 세상에 아무것도 가지고 온 것이 없
으매 또한 아무것도 가지고 가지 못하리니
8 우리가 먹을 것과 입을 것이 있은즉 족한 줄
로 알 것이니라
9 부하려 하는 자들은 시험과 올무와 여러 가
지 어리석고 해로운 욕심에 떨어지나니 곧
사람으로 파멸과 멸망에 빠지게 하는 것이
라 3:7
10 돈을 사랑함이 일만 악의 뿌리가 되나니 이
것을 탐내는 자들은 미혹을 받아 믿음에서
떠나 많은 근심으로써 자기를 찔렀도다

믿음의 선한 싸움

11 ●오직 너 하나님의 사람아 이것들을 피하
고 의와 경건과 믿음과 사랑과 인내와 온유
를 따르며
12 믿음의 선한 싸움을 싸우라 영생을 취하라
이를 위하여 네가 부르심을 받았고 많은 증
인 앞에서 선한 증언을 하였도다
13 만물을 살게 하신 하나님 앞과 본디오 빌라
도를 향하여 선한 증언을 하신 그리스도 예
수 앞에서 내가 너를 명하노니
14 우리 주 예수 그리스도께서 나타나실 때까
지 흠도 없고 책망받을 것도 없이 이 명령을
지키라
15 기약이 이르면 하나님이 그의 나타나심을
보이시리니 하나님은 복되시고 유일하신
주권자이시며 만왕의 왕이시며 만주의 주
시요
16 오직 그에게만 죽지 아니함이 있고 가까이
가지 못할 빛에 거하시고 어떤 사람도 보지
못하였고 또 볼 수 없는 이시니 그에게 존귀
와 영원한 권능을 돌릴지어다 아멘 1:17
17 ●네가 이 세대에서 부한 자들을 명하여 마
음을 높이지 말고 정함이 없는 재물에 소망
을 두지 말고 오직 우리에게 모든 것을 후히
주사 누리게 하시는 하나님께 두며 눅 12:20
18 선을 행하고 선한 사업을 많이 하고 나누어
주기를 좋아하며 너그러운 자가 되게 하라
19 이것이 장래에 자기를 위하여 좋은 터를 쌓
아 참된 생명을 취하는 것이니라
20 ●디모데야 망령되고 헛된 말과 거짓된 지
식의 반론을 피함으로 네게 부탁한 것을 지
키라
21 이것을 따르는 사람들이 있어 믿음에서 벗
어났느니라 은혜가 너희와 함께 있을지어다

6 •But godliness with contentment is great
7 gain. •For we brought nothing into the
world, and we can take nothing out of it.
8 •But if we have food and clothing, we will
9 be content with that. •Those who want to
get rich fall into temptation and a trap and
into many foolish and harmful desires that
plunge people into ruin and destruction.
10 •For the love of money is a root of all kinds
of evil. Some people, eager for money, have
wandered from the faith and pierced them-
selves with many griefs.

Final Charge to Timothy

11 •But you, man of God, flee from all this,
and pursue righteousness, godliness, faith,
12 love, endurance and gentleness. •Fight the
good fight of the faith. Take hold of the eter-
nal life to which you were called when you
made your good confession in the presence
13 of many witnesses. •In the sight of God,
who gives life to everything, and of Christ
Jesus, who while testifying before Pontius
Pilate made the good confession, I charge
14 you •to keep this command without spot or
blame until the appearing of our Lord Jesus
15 Christ, •which God will bring about in his
own time—God, the blessed and only
Ruler, the King of kings and Lord of lords,
16 •who alone is immortal and who lives in
unapproachable light, whom no one has
seen or can see. To him be honor and might
forever. Amen.

17 •Command those who are rich in this
present world not to be arrogant nor to put
their hope in wealth, which is so uncertain,
but to put their hope in God, who richly
provides us with everything for our enjoy-
18 ment. •Command them to do good, to be
rich in good deeds, and to be generous and
19 willing to share. •In this way they will lay
up treasure for themselves as a firm founda-
tion for the coming age, so that they may
take hold of the life that is truly life.
20 •Timothy, guard what has been entrusted
to your care. Turn away from godless chatter
and the opposing ideas of what is falsely
21 called knowledge, •which some have pro-
fessed and in so doing have departed from
the faith.

Grace be with you all.

arrogant [ǽrəgənt] *a.* 거만한
confession [kənféʃən] *n.* 고백
contentment [kənténtmənt] *n.* 만족
deed [diːd] *n.* 행위
destruction [distrʌ́kʃən] *n.* 멸망
endurance [indjúərəns] *n.* 인내
entrust [intrʌ́st] *vt.* 위임하다
falsely [fɔ́ːlsli] *ad.* 거짓되게
godliness [gάdlinis] *n.* 경건
grief [griːf] *n.* 슬픔
immortal [imɔ́ːrtl] *a.* 불사의
pierce [piərs] *vt.* 꿰찌르다
profess [prəfés] *vt.* 고백하다
pursue [pərsúː] *vt.* 추구하다
testify [téstəfài] *vi.* 증명하다

6:8 **be content with...**: …에 만족하다
6:9 **plunge A into B**: A를 B로 던져넣다
6:10 **wander from...**: …에서 벗어나다
6:11 **flee from...**: …에서 달아나다
6:17 **provide A with B**: A에게 B를 제공하다
6:19 **lay up**: (장차 쓰려고) 비축하다

디모데후서 | 2 Timothy

● 저자 _ 사도 바울 ● 저작 연대 _ A.D. 66-67년경 ● 기록 장소 _ 로마 감옥
● 기록 대상 _ 디모데 ● 핵심어 및 내용 _ 핵심어는 '인내'와 '가르침'이다.

바울은 디모데에게 그리스도의 선한 군사로서 다가오는 모든 시련들을 잘 견디고 청년의 정욕을 피하며 믿음과 의로움 가운데 생활할 것을 권면한다.

인사 (♪ 275, 578장) — A.D. 66년경

1 하나님의 뜻으로 말미암아 그리스도 예수
안에 있는 생명의 약속대로 그리스도 예수
의 사도 된 바울은
2 사랑하는 아들 디모데에게 편지하노니 하나
님 아버지와 그리스도 예수 우리 주께로부터
은혜와 긍휼과 평강이 네게 있을지어다

복음과 함께 고난을 받으라

3 ●내가 밤낮 간구하는 가운데 쉬지 않고 너
를 생각하여 청결한 양심으로 조상 적부터
섬겨 오는 하나님께 감사하고
4 네 눈물을 생각하여 너 보기를 원함은 내 기
쁨이 가득하게 하려 함이니 4:9
5 이는 네 속에 거짓이 없는 믿음이 있음을 생
각함이라 이 믿음은 먼저 네 외조모 로이스
와 네 어머니 유니게 속에 있더니 네 속에도
있는 줄을 확신하노라
6 그러므로 내가 나의 안수함으로 네 속에 있
는 하나님의 은사를 다시 불일 듯하게 하기
위하여 너로 생각하게 하노니
7 하나님이 우리에게 주신 것은 두려워하는 [1]마
음이 아니요 오직 능력과 사랑과 절제하는 [1]마
음이니
8 그러므로 너는 내가 우리 주를 증언함과 또
는 주를 위하여 갇힌 자 된 나를 부끄러워하
지 말고 오직 하나님의 능력을 따라 복음과
함께 고난을 받으라
9 하나님이 우리를 구원하사 거룩하신 소명으
로 부르심은 우리의 행위대로 하심이 아니요
오직 자기의 뜻과 영원 전부터 그리스도 예
수 안에서 우리에게 주신 은혜대로 하심이라
10 이제는 우리 구주 그리스도 예수의 나타나심
으로 말미암아 나타났으니 그는 사망을 폐하
시고 복음으로써 생명과 썩지 아니할 것을
드러내신지라
11 내가 이 복음을 위하여 선포자와 사도와 교
사로 세우심을 입었노라 딤전 2:7
12 이로 말미암아 내가 또 이 고난을 받되 부끄
러워하지 아니함은 내가 믿는 자를 내가 알
고 또한 내가 의탁한 것을 그날까지 그가 능
히 지키실 줄을 확신함이라
13 너는 그리스도 예수 안에 있는 믿음과 사랑으

1 Paul, an apostle of Christ Jesus by the
will of God, in keeping with the pro-
mise of life that is in Christ Jesus,
2 •To Timothy, my dear son:

Grace, mercy and peace from God the
Father and Christ Jesus our Lord.

Thanksgiving

3 •I thank God, whom I serve, as my ances-
tors did, with a clear conscience, as night and
day I constantly remember you in my
4 prayers. •Recalling your tears, I long to see
5 you, so that I may be filled with joy. •I am
reminded of your sincere faith, which first
lived in your grandmother Lois and in your
mother Eunice and, I am persuaded, now
lives in you also.

Appeal for Loyalty to Paul and the Gospel

6 •For this reason I remind you to fan into
flame the gift of God, which is in you
7 through the laying on of my hands. •For
the Spirit God gave us does not make us
timid, but gives us power, love and self-dis-
8 cipline. •So do not be ashamed of the testi-
mony about our Lord or of me his prisoner.
Rather, join with me in suffering for the
9 gospel, by the power of God. •He has saved
us and called us to a holy life — not because
of anything we have done but because of
his own purpose and grace. This grace was
given us in Christ Jesus before the begin-
10 ning of time, •but it has now been reveal-
ed through the appearing of our Savior,
Christ Jesus, who has destroyed death and
has brought life and immortality to light
11 through the gospel. •And of this gospel I was
appointed a herald and an apostle and a
12 teacher. •That is why I am suffering as I am.
Yet this is no cause for shame, because I
know whom I have believed, and am con-
vinced that he is able to guard what I have
entrusted to him until that day.
13 •What you heard from me, keep as the
pattern of sound teaching, with faith and

1) 헬, 영

로써 내게 들은 바 [1]바른 말을 본받아 지키고
14 우리 안에 거하시는 성령으로 말미암아 네게
부탁한 아름다운 것을 지키라
15 ●아시아에 있는 모든 사람이 나를 버린 이
일을 네가 아나니 그 중에는 부겔로와 허모
게네도 있느니라 4:10
16 원하건대 주께서 오네시보로의 집에 긍휼을
베푸시옵소서 그가 나를 자주 격려해 주고 내
가 사슬에 매인 것을 부끄러워하지 아니하고
17 로마에 있을 때에 나를 부지런히 찾아와 만
났음이라
18 (원하건대 주께서 그로 하여금 그날에 주의
긍휼을 입게 하여 주옵소서) 또 그가 에베소
에서 많이 봉사한 것을 네가 잘 아느니라

예수 그리스도의 좋은 병사 (♪ 349장) — A.D. 66년경

2 내 아들아 그러므로 너는 그리스도 예수
안에 있는 은혜 가운데서 강하고
2 또 네가 많은 증인 앞에서 내게 들은 바를 충
성된 사람들에게 부탁하라 그들이 또 다른
사람들을 가르칠 수 있으리라
3 너는 그리스도 예수의 좋은 병사로 나와 함
께 고난을 받으라
4 병사로 복무하는 자는 자기 생활에 얽매이는
자가 하나도 없나니 이는 병사로 모집한 자
를 기쁘게 하려 함이라
5 경기하는 자가 법대로 경기하지 아니하면 승
리자의 관을 얻지 못할 것이며
6 수고하는 농부가 곡식을 먼저 받는 것이 마
땅하니라
7 내가 말하는 것을 생각해 보라 주께서 범사
에 네게 총명을 주시리라
8 내가 전한 복음대로 다윗의 씨로 죽은 자 가
운데서 다시 살아나신 예수 그리스도를 기억
하라
9 복음으로 말미암아 내가 죄인과 같이 매이는
데까지 고난을 받았으나 하나님의 말씀은 매
이지 아니하니라 행 9:16
10 그러므로 내가 택함 받은 자들을 위하여 모
든 것을 참음은 그들도 그리스도 예수 안에
있는 구원을 영원한 영광과 함께 받게 하려
함이라
11 미쁘다 이 말이여 우리가 주와 함께 죽었으
면 또한 함께 살 것이요
12 참으면 또한 함께 왕 노릇 할 것이요 우리가
주를 부인하면 주도 우리를 부인하실 것이라
13 우리는 미쁨이 없을지라도 주는 항상 미쁘시
니 자기를 부인하실 수 없으시리라

14 love in Christ Jesus. ●Guard the good de-
posit that was entrusted to you — guard it
with the help of the Holy Spirit who lives
in us.

Examples of Disloyalty and Loyalty

15 ●You know that everyone in the pro-
vince of Asia has deserted me, including
Phygelus and Hermogenes.
16 ●May the Lord show mercy to the house-
hold of Onesiphorus, because he often
refreshed me and was not ashamed of my
17 chains. ●On the contrary, when he was in
Rome, he searched hard for me until he
18 found me. ●May the Lord grant that he will
find mercy from the Lord on that day! You
know very well in how many ways he
helped me in Ephesus.

The Appeal Renewed

2 You then, my son, be strong in the grace
2 that is in Christ Jesus. ●And the things
you have heard me say in the presence of
many witnesses entrust to reliable people
who will also be qualified to teach others.
3 ●Join with me in suffering, like a good sol-
4 dier of Christ Jesus. ●No one serving as a sol-
dier gets entangled in civilian affairs, but
rather tries to please his commanding offi-
5 cer. ●Similarly, anyone who competes as an
athlete does not receive the victor's crown
except by competing according to the rules.
6 ●The hardworking farmer should be the
7 first to receive a share of the crops. ●Reflect
on what I am saying, for the Lord will give
you insight into all this.
8 ●Remember Jesus Christ, raised from the
dead, descended from David. This is my
9 gospel, ●for which I am suffering even to the
point of being chained like a criminal. But
10 God's word is not chained. ●Therefore I
endure everything for the sake of the elect,
that they too may obtain the salvation that
is in Christ Jesus, with eternal glory.
11 ●Here is a trustworthy saying:

If we died with him,
  we will also live with him;
12 ●if we endure,
  we will also reign with him.
If we disown him,
  he will also disown us;
13 ●if we are faithless,
  he remains faithful,
  for he cannot disown himself.

1) 헬, 건전한

딤후

affair [əfέər] *n.* 일
athlete [ǽθliːt] *n.* 운동선수
civilian [sivíljən] *a.* 민간의
compete [kəmpíːt] *vi.* 경쟁하다
criminal [krímənl] *n.* 범인
deposit [dipázit] *n.* 기탁물
descend [disénd] *vi.* 내려가다
disown [disóun] *vt.* 부인하다
endure [indjúər] *vt.* 견디다
grant [grænt] *vt.* 허가하다
obtain [əbtéin] *vt.* 얻다
province [právins] *n.* 지역
refresh [rifréʃ] *vt.* 충전시키다
reliable [riláiəbl] *a.* 믿을 만한
similarly [símələrli] *ad.* 비슷하게

1:14 be entrusted to...: …에 맡기다
2:2 be qualify to...: …의 자격이 되다
2:4 get entangled in...: …에 얽히게 되다, 말려들다
2:4 try to...: …하려고 노력하다
2:7 reflect on: 곰곰히 생각하다

인정받는 일꾼

14 ●너는 그들로 이 일을 기억하게 하여 말다툼
을 하지 말라고 하나님 앞에서 엄히 명하라
이는 유익이 하나도 없고 도리어 듣는 자들을
망하게 함이라
15 너는 진리의 말씀을 옳게 분별하며 부끄러울
것이 없는 일꾼으로 인정된 자로 자신을 하나
님 앞에 드리기를 힘쓰라
16 망령되고 헛된 말을 버리라 그들은 경건하지
아니함에 점점 나아가나니
17 그들의 말은 악성 종양이 퍼져나감과 같은데
그 중에 후메내오와 빌레도가 있느니라
18 진리에 관하여는 그들이 그릇되었도다 부활
이 이미 지나갔다 함으로 어떤 사람들의 믿음
을 무너뜨리느니라
19 그러나 하나님의 견고한 터는 섰으니 인침이
있어 일렀으되 [ㄱ]「주께서 자기 백성을 아신다
하며 또 [ㄴ]「주의 이름을 부르는 자마다 불의에
서 떠날지어다 하였느니라
20 큰 집에는 금 그릇과 은그릇뿐 아니라 나무
그릇과 질그릇도 있어 귀하게 쓰는 것도 있고
천하게 쓰는 것도 있나니
21 그러므로 누구든지 이런 것에서 자기를 깨끗
하게 하면 귀히 쓰는 그릇이 되어 거룩하고
주인의 쓰심에 합당하며 모든 선한 일에 준비
함이 되리라
22 또한 너는 청년의 정욕을 피하고 주를 깨끗한
마음으로 부르는 자들과 함께 의와 믿음과 사
랑과 화평을 따르라
23 어리석고 무식한 변론을 버리라 이에서 다툼
이 나는 줄 앎이라
24 주의 종은 마땅히 다투지 아니하고 모든 사람
에 대하여 온유하며 가르치기를 잘하며 참으며
25 거역하는 자를 온유함으로 훈계할지니 혹 하
나님이 그들에게 회개함을 주사 진리를 알게
하실까 하며
26 그들로 깨어 마귀의 올무에서 벗어나 하나님
께 사로잡힌 바 되어 그 뜻을 따르게 하실까
함이라

마지막 가르침 (♪ 199장) — A.D. 66년경

3 너는 이것을 알라 말세에 고통하는 때가 이
르러
2 사람들이 자기를 사랑하며 돈을 사랑하며 자
랑하며 교만하며 비방하며 부모를 거역하며
감사하지 아니하며 거룩하지 아니하며
3 무정하며 원통함을 풀지 아니하며 모함하며
절제하지 못하며 사나우며 선한 것을 좋아하

Dealing With False Teachers

14 ●Keep reminding God's people of these
things. Warn them before God against quar-
reling about words; it is of no value, and
15 only ruins those who listen. ●Do your best
to present yourself to God as one approved,
a worker who does not need to be ashamed
and who correctly handles the word of
16 truth. ●Avoid godless chatter, because those
who indulge in it will become more and
17 more ungodly. ●Their teaching will spread
like gangrene. Among them are Hymenaeus
18 and Philetus, ●who have departed from the
truth. They say that the resurrection has
already taken place, and they destroy the
19 faith of some. ●Nevertheless, God's solid
foundation stands firm, sealed with this
inscription: "The Lord knows those who are
his," and, "Everyone who confesses the
name of the Lord must turn away from
wickedness."
20 ●In a large house there are articles not
only of gold and silver, but also of wood
and clay; some are for special purposes and
21 some for common use. ●Those who cleanse
themselves from the latter will be instru-
ments for special purposes, made holy, use-
ful to the Master and prepared to do any
good work.
22 ●Flee the evil desires of youth and pursue
righteousness, faith, love and peace, along
with those who call on the Lord out of a
23 pure heart. ●Don't have anything to do
with foolish and stupid arguments, because
24 you know they produce quarrels. ●And the
Lord's servant must not be quarrelsome but
must be kind to everyone, able to teach, not
25 resentful. ●Opponents must be gently
instructed, in the hope that God will grant
them repentance leading them to a knowl-
26 edge of the truth, ●and that they will come
to their senses and escape from the trap of
the devil, who has taken them captive to do
his will.

3 But mark this: There will be terrible
2 times in the last days. ●People will be
lovers of themselves, lovers of money,
boastful, proud, abusive, disobedient to
3 their parents, ungrateful, unholy, ●without
love, unforgiving, slanderous, without
self-control, brutal, not lovers of the good,

ㄱ. 민 16:5 ㄴ. 사 26:13

abusive [əbjú:siv] *a.* 욕설을 퍼붓는
approve [əprú:v] *vt.* 승인하다
article [á:rtikl] *n.* 물건
brutal [brú:tl] *a.* 난폭한
common [kámən] *a.* 흔한
confess [kənfés] *vt.* 고백하다
gangrene [gǽŋgri:n] *n.* 괴저
inscription [inskrípʃən] *n.* 비명(碑銘)
instrument [ínstrəmənt] *n.* 도구
quarrel [kwɔ́:rəl] *vi.* 싸우다
repentance [ripéntəns] *n.* 회개
resentful [rizéntfəl] *a.* 분개한
resurrection [rèzərékʃən] *n.* 부활
slanderous [slǽndərəs] *a.* 입이 험한
ungrateful [ʌ̀ngréitfəl] *a.* 배은망덕한

2:16 indulge in...: …을 탐닉하다
2:18 take place: (사건이) 발생하다
2:19 seal with...: …로 인치다
2:19 turn away from...: …로부터 떠나다
2:20 not only A but also B: A뿐만 아니라 B도

지 아니하며 딛 1:8
4 배신하며 조급하며 자만하며 쾌락을 사랑하
기를 하나님 사랑하는 것보다 더하며
5 경건의 모양은 있으나 경건의 능력은 부인하
니 이같은 자들에게서 네가 돌아서라
6 그들 중에 남의 집에 가만히 들어가 어리석은
여자를 유인하는 자들이 있으니 그 여자는 죄
를 중히 지고 여러 가지 욕심에 끌린 바 되어
7 항상 배우나 끝내 진리의 지식에 이를 수 없
느니라
8 얀네와 얌브레가 모세를 대적한 것같이 그들
도 진리를 대적하니 이 사람들은 그 마음이
부패한 자요 믿음에 관하여는 버림받은 자들
이라
9 그러나 그들이 더 나아가지 못할 것은 저 두
사람이 된 것과 같이 그들의 어리석음이 드
러날 것임이라 출 8:18
10 나의 교훈과 행실과 의향과 믿음과 오래 참
음과 사랑과 인내와
11 박해를 받음과 고난과 또한 안디옥과 이고니
온과 루스드라에서 당한 일과 어떠한 박해를
받은 것을 네가 과연 보고 알았거니와 주께
서 이 모든 것 가운데서 나를 건지셨느니라
12 무릇 그리스도 예수 안에서 경건하게 살고자
하는 자는 박해를 받으리라
13 악한 사람들과 속이는 자들은 더욱 악하여
져서 속이기도 하고 속기도 하나니
14 그러나 너는 배우고 확신한 일에 거하라 너
는 네가 누구에게서 배운 것을 알며
15 또 어려서부터 성경을 알았나니 성경은 능히
너로 하여금 그리스도 예수 안에 있는 믿음
으로 말미암아 구원에 이르는 지혜가 있게
하느니라
16 모든 성경은 하나님의 [1]감동으로 된 것으로
교훈과 책망과 바르게 함과 의로 [2]교육하기
에 유익하니
17 이는 하나님의 사람으로 온전하게 하며 모든
선한 일을 행할 능력을 갖추게 하려 함이라

4 하나님 앞과 살아 있는 자와 죽은 자를 심
판하실 그리스도 예수 앞에서 그가 나타나
실 것과 그의 나라를 두고 엄히 명하노니
2 너는 말씀을 전파하라 때를 얻든지 못 얻든
지 항상 힘쓰라 범사에 오래 참음과 가르침
으로 경책하며 경계하며 권하라
3 때가 이르리니 사람이 [3]바른 교훈을 받지 아
니하며 귀가 가려워서 자기의 사욕을 따를
스승을 많이 두고

4 •treacherous, rash, conceited, lovers of plea-
5 sure rather than lovers of God— •having a
form of godliness but denying its power.
Have nothing to do with such people.
6 •They are the kind who worm their way
into homes and gain control over gullible
women, who are loaded down with sins
and are swayed by all kinds of evil desires,
7 •always learning but never able to come to
8 a knowledge of the truth. •Just as Jannes
and Jambres opposed Moses, so also these
teachers oppose the truth. They are men of
depraved minds, who, as far as the faith is
9 concerned, are rejected. •But they will not
get very far because, as in the case of those
men, their folly will be clear to everyone.

A Final Charge to Timothy

10 •You, however, know all about my teach-
ing, my way of life, my purpose, faith, pa-
11 tience, love, endurance, •persecutions, suf-
ferings — what kinds of things happened to
me in Antioch, Iconium and Lystra, the per-
secutions I endured. Yet the Lord rescued
12 me from all of them. •In fact, everyone who
wants to live a godly life in Christ Jesus will
13 be persecuted, •while evildoers and impos-
tors will go from bad to worse, deceiving and
14 being deceived. •But as for you, continue in
what you have learned and have become
convinced of, because you know those from
15 whom you learned it, •and how from infan-
cy you have known the Holy Scriptures,
which are able to make you wise for salva-
16 tion through faith in Christ Jesus. •All Scrip-
ture is God-breathed and is useful for teach-
ing, rebuking, correcting and training in
17 righteousness, •so that the servant of God[a]
may be thoroughly equipped for every good
work.

4 In the presence of God and of Christ
Jesus, who will judge the living and the
dead, and in view of his appearing and his
2 kingdom, I give you this charge: •Preach
the word; be prepared in season and out of
season; correct, rebuke and encourage—
with great patience and careful instruction.
3 •For the time will come when people will
not put up with sound doctrine. Instead, to
suit their own desires, they will gather around
them a great number of teachers to say what

[a]17 Or *that you, a man of God,*
1) 또는 영감 2) 또는 징계 3) 헬, 건전한

딤후

conceited [kənsí:tid] *a.* 교만한
convinced [kənvínst] *a.* 확신을 가진
depraved [dipréivd] *a.* 타락한
doctrine [dáktrin] *n.* 교훈
endurance [indjúərəns] *n.* 인내
equip [ikwíp] *vt.* 갖추다
impostor [impástər] *n.* 사기꾼
infancy [ínfənsi] *n.* 유아기
patience [péiʃəns] *n.* 인내
persecution [pə:rsikjú:ʃən] *n.* 박해
rash [ræʃ] *a.* 성급한
rebuke [ribjú:k] *vt.* 비난하다
salvation [sælvéiʃən] *n.* 구원
sway [swei] *vt.* 흔들다
treacherous [trétʃərəs] *a.* 반역하는

3:6 worm one's way into...: …로 기어들어가다, 교묘하게 환심을 사다
3:6 load down with...: …을 가득 싣다
3:13 go from bad to worse: 점점 더 악화되다
4:3 put up with...: …를 견디다, 참다

4 또 그 귀를 진리에서 돌이켜 허탄한 이야기
를 따르리라
5 그러나 너는 모든 일에 신중하여 고난을 받
으며 전도자의 일을 하며 네 직무를 다하라
6 전제와 같이 내가 벌써 부어지고 나의 떠날
시각이 가까웠도다
7 나는 선한 싸움을 싸우고 나의 달려갈 길을
마치고 믿음을 지켰으니 빌 3:12-14
8 이제 후로는 나를 위하여 의의 면류관이 예
비되었으므로 주 곧 의로우신 재판장이 그날
에 내게 주실 것이며 내게만 아니라 주의 나
타나심을 사모하는 모든 자에게도니라

사사로운 부탁 (♪ 300장)

9 ● 너는 어서 속히 내게로 오라
10 데마는 이 세상을 사랑하여 나를 버리고 데
살로니가로 갔고 그레스게는 갈라디아로, 디
도는 달마디아로 갔고
11 누가만 나와 함께 있느니라 네가 올 때에 마
가를 데리고 오라 그가 나의 일에 유익하니라
12 두기고는 에베소로 보내었노라
13 네가 올 때에 내가 드로아 가보의 집에 둔 겉
옷을 가지고 오고 또 책은 특별히 가죽 종이
에 쓴 것을 가져오라
14 구리 세공업자 알렉산더가 내게 해를 많이 입혔
으매 주께서 그 행한 대로 그에게 갚으시리니
15 너도 그를 주의하라 그가 우리 말을 심히 대
적하였느니라
16 내가 처음 변명할 때에 나와 함께한 자가 하
나도 없고 다 나를 버렸으나 그들에게 허물
을 돌리지 않기를 원하노라
17 주께서 내 곁에 서서 나에게 힘을 주심은 나
로 말미암아 선포된 말씀이 온전히 전파되어
모든 이방인이 듣게 하려 하심이니 내가 사
자의 입에서 건짐을 받았느니라
18 주께서 나를 모든 악한 일에서 건져내시고
또 그의 천국에 들어가도록 구원하시리니 그
에게 영광이 세세무궁토록 있을지어다 아멘

끝인사

19 ● 브리스가와 아굴라와 및 오네시보로의 집
에 문안하라
20 에라스도는 고린도에 머물러 있고 드로비모
는 병들어서 밀레도에 두었노니
21 너는 겨울 전에 어서 오라 으불로와 부데와
리노와 글라우디아와 모든 형제가 다 네게
문안하느니라 4:9
22 ● 나는 주께서 네 심령에 함께 계시기를 바라
노니 은혜가 너희와 함께 있을지어다 갈 6:18

4 their itching ears want to hear. ● They will
turn their ears away from the truth and turn
5 aside to myths. ● But you, keep your head in
all situations, endure hardship, do the work
of an evangelist, discharge all the duties of
your ministry.
6 ● For I am already being poured out like a
drink offering, and the time for my depar-
7 ture is near. ● I have fought the good fight, I
have finished the race, I have kept the faith.
8 ● Now there is in store for me the crown of
righteousness, which the Lord, the righteous
Judge, will award to me on that day—and
not only to me, but also to all who have
longed for his appearing.

Personal Remarks

9 ● Do your best to come to me quickly,
10 ● for Demas, because he loved this world,
has deserted me and has gone to Thessaloni-
ca. Crescens has gone to Galatia, and Titus to
11 Dalmatia. ● Only Luke is with me. Get Mark
and bring him with you, because he is help-
12 ful to me in my ministry. ● I sent Tychicus
13 to Ephesus. ● When you come, bring the
cloak that I left with Carpus at Troas, and
my scrolls, especially the parchments.
14 ● Alexander the metalworker did me a
great deal of harm. The Lord will repay him
15 for what he has done. ● You too should be on
your guard against him, because he strongly
opposed our message.
16 ● At my first defense, no one came to my
support, but everyone deserted me. May it
17 not be held against them. ● But the Lord
stood at my side and gave me strength, so
that through me the message might be
fully proclaimed and all the Gentiles might
hear it. And I was delivered from the lion's
18 mouth. ● The Lord will rescue me from
every evil attack and will bring me safely to
his heavenly kingdom. To him be glory for
ever and ever. Amen.

Final Greetings

19 ● Greet Priscilla[a] and Aquila and the house-
20 hold of Onesiphorus. ● Erastus stayed in
Corinth, and I left Trophimus sick in Mile-
21 tus. ● Do your best to get here before winter.
Eubulus greets you, and so do Pudens, Linus,
Claudia and all the brothers and sisters.[b]
22 ● The Lord be with your spirit. Grace be
with you all.

[a]19 Greek *Prisca*, a variant of *Priscilla* [b]21 The Greek word for *brothers and sisters* (*adelphoi*) refers here to believers, both men and women, as part of God's family.

attack [ətǽk] *vt.* 공격하다
cloak [klouk] *n.* 소매 없는 외투
defense [diféns] *n.* 변호
departure [dipɑ́ːrtʃər] *n.* 출발
discharge [distʃɑ́ːrdʒ] *vt.* 이행하다
evangelist [ivǽndʒəlist] *n.* 복음 전도자
household [háushòuld] *n.* 가족, 세대
itching [ítʃiŋ] *a.* 가려운
metalworker [métlwəːrkər] *n.* 금속공
oppose [əpóuz] *vt.* 대적하다
parchment [pɑ́ːrtʃmənt] *n.* 양피지
proclaim [proukléim] *vt.* 선포하다
repay [ripéi] *vt.* 보상하다
scroll [skroul] *n.* 두루마리
support [səpɔ́ːrt] *n.* 후원

4:4 turn aside to...: …로 벗어나다
4:5 keep one's head: 침착을 유지하다
4:11 be helpful to...: …의 힘이 되다
4:15 be on one's guard: 경계를 늦추지 않다
4:18 rescue A from B: A를 B로부터 구출하다

Titus | 디도서

● 저자 _ 사도 바울 ● 저작 연대 _ A.D. 63-65년 사이 ● 기록 장소 _ 그리스 또는 마게도냐
● 기록 대상 _ 디도 ● 핵심어 및 내용 _ 핵심어는 '순결함'과 '상속자'이다.

그리스도인들은 순결한 삶을 살 뿐만 아니라 그 마음의 동기도 순결해야 한다. 또한 하나님의 상속자가 되기 위해서 하나님 앞에서 의롭게 되어야 한다.

인사

1 하나님의 종이요 예수 그리스도의 사도인
나 바울이 사도 된 것은 하나님이 택하신 자
들의 믿음과 경건함에 속한 진리의 지식과
2 영생의 소망을 위함이라 이 영생은 거짓이 없
으신 하나님이 영원 전부터 약속하신 것인데
3 자기 때에 자기의 말씀을 전도로 나타내셨으
니 이 전도는 우리 구주 하나님이 명하신 대
로 내게 맡기신 것이라 살전 2:4
4 같은 믿음을 따라 나의 참 아들 된 디도에게
편지하노니 하나님 아버지와 그리스도 예수
우리 구주로부터 은혜와 평강이 네게 있을지
어다

그레데에서 해야 할 디도의 사역 (♪436장)
— A.D. 65년경

5 ●내가 너를 그레데에 남겨 둔 이유는 남은
일을 정리하고 내가 명한 대로 각 성에 장로
들을 세우게 하려 함이니
6 책망할 것이 없고 한 아내의 남편이며 방탕
하다는 비난을 받거나 불순종하는 일이 없는
믿는 자녀를 둔 자라야 할지라
7 감독은 하나님의 청지기로서 책망할 것이 없
고 제 고집대로 하지 아니하며 급히 분내지
아니하며 술을 즐기지 아니하며 구타하지 아
니하며 더러운 이득을 탐하지 아니하며
8 오직 나그네를 대접하며 선행을 좋아하며 신
중하며 의로우며 거룩하며 절제하며
9 미쁜 말씀의 가르침을 그대로 지켜야 하리니
이는 능히 [1]바른 교훈으로 권면하고 거슬러
말하는 자들을 책망하게 하려 함이라
10 ●불순종하고 헛된 말을 하며 속이는 자가
많은 중 할례파 가운데 특히 그러하니
11 그들의 입을 막을 것이라 이런 자들이 더러
운 이득을 취하려고 마땅하지 아니한 것을
가르쳐 가정들을 온통 무너뜨리는도다
12 그레데인 중의 어떤 선지자가 말하되
그레데인들은 항상 거짓말쟁이며 악한 짐
승이며 배만 위하는 게으름뱅이라
하니
13 이 증언이 참되도다 그러므로 네가 그들을
엄히 꾸짖으라 이는 그들로 하여금 믿음을
[2]온전하게 하고

1 Paul, a servant of God and an apostle of
Jesus Christ to further the faith of God's
elect and their knowledge of the truth that
2 leads to godliness— •in the hope of eternal
life, which God, who does not lie, promised
3 before the beginning of time, •and which
now at his appointed season he has brought
to light through the preaching entrusted to
me by the command of God our Savior,
4 •To Titus, my true son in our common
faith:

Grace and peace from God the Father and
Christ Jesus our Savior.

Appointing Elders Who Love What Is Good

5 •The reason I left you in Crete was that
you might put in order what was left unfin-
ished and appoint[a] elders in every town, as I
6 directed you. •An elder must be blameless,
faithful to his wife, a man whose children
believe[b] and are not open to the charge of
7 being wild and disobedient. •Since an over-
seer manages God's household, he must be
blameless—not overbearing, not quick-tem-
pered, not given to drunkenness, not violent,
8 not pursuing dishonest gain. •Rather, he
must be hospitable, one who loves what is
good, who is self-controlled, upright, holy
9 and disciplined. •He must hold firmly to the
trustworthy message as it has been taught, so
that he can encourage others by sound doc-
trine and refute those who oppose it.

Rebuking Those Who Fail to Do Good

10 •For there are many rebellious people, full
of meaningless talk and deception, especially
11 those of the circumcision group. •They must
be silenced, because they are disrupting
whole households by teaching things they
ought not to teach—and that for the sake
12 of dishonest gain. •One of Crete's own
prophets has said it: "Cretans are always liars,
13 evil brutes, lazy gluttons."[c] •This saying is
true. Therefore rebuke them sharply, so that

[a]5 Or *ordain* [b]6 Or *children are trustworthy* [c]12 From the Cretan philosopher Epimenides

1) 헬, 건전한 2) 헬, 건전하게

14 유대인의 허탄한 이야기와 진리를 배반하는
사람들의 명령을 따르지 않게 하려 함이라
15 깨끗한 자들에게는 모든 것이 깨끗하나 더럽
고 믿지 아니하는 자들에게는 아무것도 깨끗
한 것이 없고 오직 그들의 마음과 양심이 더
러운지라
16 그들이 하나님을 시인하나 행위로는 부인하
니 가증한 자요 복종하지 아니하는 자요 모
든 선한 일을 버리는 자니라

교훈에 합당한 말 — A.D. 65년경

2 오직 너는 [1]바른 교훈에 합당한 것을 말하여
2 늙은 남자로는 절제하며 경건하며 신중하
며 믿음과 사랑과 인내함에 [2]온전하게 하고
3 늙은 여자로는 이와 같이 행실이 거룩하며
모함하지 말며 많은 술의 종이 되지 아니하
며 선한 것을 가르치는 자들이 되고 딤전 3:8
4 그들로 젊은 여자들을 교훈하되 그 남편과
자녀를 사랑하며
5 신중하며 순전하며 집안일을 하며 선하며 자
기 남편에게 복종하게 하라 이는 하나님의
말씀이 비방을 받지 않게 하려 함이라
6 너는 이와 같이 젊은 남자들을 신중하도록
권면하되
7 범사에 네 자신이 선한 일의 본을 보이며 교
훈에 부패하지 아니함과 단정함과 딤전 4:12
8 책망할 것이 없는 [1]바른 말을 하게 하라 이는
대적하는 자로 하여금 부끄러워 우리를 악하
다 할 것이 없게 하려 함이라
9 종들은 자기 상전들에게 범사에 순종하여 기
쁘게 하고 거슬러 말하지 말며
10 훔치지 말고 오히려 모든 참된 신실성을 나
타내게 하라 이는 범사에 우리 구주 하나님
의 교훈을 [3]빛나게 하려 함이라
11 모든 사람에게 구원을 주시는 하나님의 은혜
가 나타나 롬 5:15
12 우리를 양육하시되 경건하지 않은 것과 이
세상 정욕을 다 버리고 신중함과 의로움과
경건함으로 이 세상에 살고
13 복스러운 소망과 우리의 크신 하나님 구주
예수 그리스도의 영광이 나타나심을 기다리
게 하셨으니
14 그가 우리를 대신하여 자신을 주심은 모든
불법에서 우리를 속량하시고 우리를 깨끗하
게 하사 선한 일을 열심히 하는 자기 백성이
되게 하려 하심이라

선한 일을 가르치라

15 ● 너는 이것을 말하고 권면하며 모든 권위로

14 they will be sound in the faith •and will pay
no attention to Jewish myths or to the mere-
ly human commands of those who reject
15 the truth. •To the pure, all things are pure,
but to those who are corrupted and do not
believe, nothing is pure. In fact, both their
16 minds and consciences are corrupted. •They
claim to know God, but by their actions they
deny him. They are detestable, disobedient
and unfit for doing anything good.

Doing Good for the Sake of the Gospel

2 You, however, must teach what is appro-
2 priate to sound doctrine. •Teach the
older men to be temperate, worthy of respect,
self-controlled, and sound in faith, in love
and in endurance.
3 •Likewise, teach the older women to be
reverent in the way they live, not to be slan-
derers or addicted to much wine, but to
4 teach what is good. •Then they can urge the
younger women to love their husbands and
5 children, •to be self-controlled and pure, to
be busy at home, to be kind, and to be sub-
ject to their husbands, so that no one will
malign the word of God.
6 •Similarly, encourage the young men to
7 be self-controlled. •In everything set them
an example by doing what is good. In your
8 teaching show integrity, seriousness •and
soundness of speech that cannot be con-
demned, so that those who oppose you may
be ashamed because they have nothing bad
to say about us.
9 •Teach slaves to be subject to their mas-
ters in everything, to try to please them, not
10 to talk back to them, •and not to steal from
them, but to show that they can be fully
trusted, so that in every way they will make
the teaching about God our Savior attractive.
11 •For the grace of God has appeared that
12 offers salvation to all people. •It teaches us
to say "No" to ungodliness and worldly pas-
sions, and to live self-controlled, upright and
13 godly lives in this present age, •while we
wait for the blessed hope—the appearing of
the glory of our great God and Savior, Jesus
14 Christ, •who gave himself for us to redeem
us from all wickedness and to purify for
himself a people that are his very own, eager
to do what is good.
15 •These, then, are the things you should

1) 헬, 건전한 2) 헬, 건전하게 3) 헬, 단장하게

appropriate [əpróupriət] *a.* 적합한
condemn [kəndém] *vt.* 저주하다
corrupt [kərʌpt] *vt.* 더럽히다
detestable [ditéstəbl] *a.* 혐오할 만한
doctrine [dáktrin] *n.* 교훈
endurance [indjúərəns] *n.* 인내심
integrity [intégrəti] *n.* 완전
malign [məláin] *vt.* 헐뜯다
merely [míərli] *ad.* 단지
passion [pǽʃən] *n.* 정욕
reverent [révərənt] *a.* 경건한
salvation [sælvéiʃən] *n.* 구원
seriousness [síəriəsnis] *n.* 진지함
slanderer [slǽndərər] *n.* 헐뜯는 사람
temperate [témpərət] *a.* 절제하는

1:14 **pay attention to...**: …에 주목하다
1:16 **unfit for...**: …에 적합하지 않은
2:3 **be addicted to...**: …에 중독되다
2:7 **set... an example**: …에게 모범을 보이다
2:9 **talk back to...**: …에게 말대꾸하다

책망하여 누구에게서든지 업신여김을 받지
말라

3 너는 그들로 하여금 통치자들과 권세 잡은
자들에게 복종하며 순종하며 모든 선한 일
행하기를 준비하게 하며
2 아무도 비방하지 말며 다투지 말며 관용하며
범사에 온유함을 모든 사람에게 나타낼 것을
기억하게 하라
3 우리도 전에는 어리석은 자요 순종하지 아니
한 자요 속은 자요 여러 가지 정욕과 행락에
종노릇 한 자요 악독과 투기를 일삼은 자요
가증스러운 자요 피차 미워한 자였으나
4 우리 구주 하나님의 자비와 사람 사랑하심이
나타날 때에 2:11
5 우리를 구원하시되 우리가 행한 바 의로운 행
위로 말미암지 아니하고 오직 그의 긍휼하심
을 따라 중생의 씻음과 성령의 새롭게 하심으
로 하셨나니
6 우리 구주 예수 그리스도로 말미암아 우리에
게 그 성령을 풍성히 부어 주사
7 우리로 그의 은혜를 힘입어 의롭다 하심을 얻
어 영생의 소망을 따라 상속자가 되게 하려
하심이라
8 이 말이 미쁘도다 원하건대 너는 이 여러 것
에 대하여 굳세게 말하라 이는 하나님을 믿는
자들로 하여금 조심하여 선한 일을 힘쓰게 하
려 함이라 이것은 아름다우며 사람들에게 유
익하니라
9 그러나 어리석은 변론과 족보 이야기와 분쟁
과 율법에 대한 다툼은 피하라 이것은 무익한
것이요 헛된 것이니라
10 이단에 속한 사람을 한두 번 훈계한 후에 멀
리하라 롬 16:17
11 이러한 사람은 네가 아는 바와 같이 부패하여
스스로 정죄한 자로서 죄를 짓느니라

부탁과 끝 인사 (♪327, 539장)

12 ●내가 아데마나 두기고를 네게 보내리니 그
때에 네가 급히 니고볼리로 내게 오라 내가
거기서 겨울을 지내기로 작정하였노라
13 율법교사 세나와 및 아볼로를 급히 먼저 보내
어 그들로 부족함이 없게 하고
14 또 우리 사람들도 열매 없는 자가 되지 않게
하기 위하여 필요한 것을 준비하는 좋은 일에
힘쓰기를 배우게 하라
15 ●나와 함께 있는 자가 다 네게 문안하니 믿음
안에서 우리를 사랑하는 자들에게 너도 문안
하라 ●은혜가 너희 무리에게 있을지어다

teach. Encourage and rebuke with all
authority. Do not let anyone despise you.

Saved in Order to Do Good

3 Remind the people to be subject to
rulers and authorities, to be obedient,
2 to be ready to do whatever is good, ●to
slander no one, to be peaceable and consi-
derate, and always to be gentle toward
everyone.
3 ●At one time we too were foolish, disobe-
dient, deceived and enslaved by all kinds of
passions and pleasures. We lived in malice
and envy, being hated and hating one
4 another. ●But when the kindness and love
5 of God our Savior appeared, ●he saved us,
not because of righteous things we had
done, but because of his mercy. He saved us
through the washing of rebirth and renew-
6 al by the Holy Spirit, ●whom he poured
out on us generously through Jesus Christ
7 our Savior, ●so that, having been justified
by his grace, we might become heirs hav-
8 ing the hope of eternal life. ●This is a trust-
worthy saying. And I want you to stress
these things, so that those who have trusted
in God may be careful to devote themselves
to doing what is good. These things are
excellent and profitable for everyone.
9 ●But avoid foolish controversies and gen-
ealogies and arguments and quarrels about
the law, because these are unprofitable and
10 useless. ●Warn a divisive person once, and
then warn them a second time. After that,
11 have nothing to do with them. ●You may
be sure that such people are warped and
sinful; they are self-condemned.

Final Remarks

12 ●As soon as I send Artemas or Tychicus
to you, do your best to come to me at Nico-
polis, because I have decided to winter
13 there. ●Do everything you can to help
Zenas the lawyer and Apollos on their way
and see that they have everything they
14 need. ●Our people must learn to devote
themselves to doing what is good, in order
to provide for urgent needs and not live
unproductive lives.
15 ●Everyone with me sends you greetings.
Greet those who love us in the faith.
Grace be with you all.

딛

argument [á:rgjumənt] *n.* 논의
considerate [kənsídərət] *a.* 신중한
controversy [kántrəvə̀:rsi] *n.* 논쟁
deceive [disí:v] *vt.* 속이다
despise [dispáiz] *vt.* 경멸하다
divisive [diváisiv] *a.* 불화를 일으키는
enslave [insléiv] *vt.* 노예로 만들다
excellent [éksələnt] *a.* 뛰어난
justify [dʒʌstəfâi] *vt.* 정당화하다
malice [mǽlis] *n.* 악(惡)
profitable [práfitəbl] *a.* 유익한
quarrel [kwɔ́:rəl] *n.* 싸움
rebirth [rì:bə́:rθ] *n.* 중생(重生)
rebuke [ribjú:k] *vt.* 꾸짖다
renewal [rinjú:əl] *n.* 갱신(更新)

3:1 **remind... to~**: …에게 ~를 상기시키다
3:8 **devote oneself to ...ing**: …하는 것에 열중하다
3:10 **have nothing to do with...**: …와 관계가 없다

빌레몬서 | Philemon

● 저자 _ 사도 바울 ● 저작 연대 _ A.D. 60-62년경 ● 기록 장소 _ 로마
● 기록 대상 _ 빌레몬, 압비아, 아킵보, 골로새의 성도들 ● 핵심어 및 내용 _ '노예'와 '유익'이다.

빌레몬에게 그리스도 안에서 형제로서, 그의 종인 오네시모를 용서하고 환영해 달라고 요청하기 위해

인사

1 **그리스도 예수를 위하여 갇힌 자 된 바울과**
및 형제 디모데는 우리의 사랑을 받는 자요
동역자인 빌레몬과
2 **자매 압비아와 우리와 함께 병사 된 아킵보**
와 네 집에 있는 교회에 편지하노니
3 **하나님 우리 아버지와 주 예수 그리스도로**
부터 은혜와 평강이 너희에게 있을지어다

빌레몬의 믿음과 사랑 (♪ 295장)

4 **●내가 항상 내 하나님께 감사하고 기도할**
때에 너를 말함은
5 **주 예수와 및 모든 성도에 대한 네 사랑과**
믿음이 있음을 들음이니 골 1:4
6 **이로써 네 믿음의 교제가 우리 가운데 있는**
선을 알게 하고 그리스도께 이르도록 역사
하느니라
7 **형제여 성도들의 마음이 너로 말미암아 평**
안함을 얻었으니 내가 너의 사랑으로 많은
기쁨과 위로를 받았노라

오네시모를 위하여 간구하다 (♪ 276, 387장)

8 **●이러므로 내가 그리스도 안에서 아주 담**
대하게 네게 마땅한 일로 명할 수도 있으나
9 **도리어 사랑으로써 간구하노라 나이가 많은**
나 바울은 지금 또 예수 그리스도를 위하여
갇힌 자 되어
10 **갇힌 중에서 낳은 아들 오네시모를 위하여**
네게 간구하노라
11 **그가 전에는 네게 무익하였으나 이제는 나**
와 네게 유익하므로
12 **네게 그를 돌려 보내노니 그는 내 [1)]심복이라**
13 **그를 내게 머물러 있게 하여 내 복음을 위하**
여 갇힌 중에서 네 대신 나를 섬기게 하고자
하나
14 **다만 네 승낙이 없이는 내가 아무것도 하기**
를 원하지 아니하노니 이는 너의 선한 일이
억지같이 되지 아니하고 자의로 되게 하려
함이라
15 **아마 그가 잠시 떠나게 된 것은 너로 하여금**
그를 영원히 두게 함이리니
16 **이후로는 종과 같이 대하지 아니하고 종 이**
상으로 곧 사랑받는 형제로 둘 자라 내게 특
별히 그러하거든 하물며 육신과 주 안에서

1 ●Paul, a prisoner of Christ Jesus, and Tim-
othy our brother,
To Philemon our dear friend and fellow
2 worker— ●also to Apphia our sister and
Archippus our fellow soldier—and to the
church that meets in your home:
3 ●Grace and peace to you[a] from God our
Father and the Lord Jesus Christ.

Thanksgiving and Prayer

4 ●I always thank my God as I remember
5 you in my prayers, ●because I hear about
your love for all his holy people and your
6 faith in the Lord Jesus. ●I pray that your
partnership with us in the faith may be
effective in deepening your understanding
of every good thing we share for the sake
7 of Christ. ●Your love has given me great joy
and encouragement, because you, brother,
have refreshed the hearts of the Lord's
people.

Paul's Plea for Onesimus

8 ●Therefore, although in Christ I could be
bold and order you to do what you ought to
9 do, ●yet I prefer to appeal to you on the
basis of love. It is as none other than Paul
—an old man and now also a prisoner of
10 Christ Jesus— ●that I appeal to you for my
son Onesimus,[b] who became my son while I
11 was in chains. ●Formerly he was useless to
you, but now he has become useful both to
you and to me.
12 ●I am sending him—who is my very
13 heart—back to you. ●I would have liked to
keep him with me so that he could take
your place in helping me while I am in
14 chains for the gospel. ●But I did not want to
do anything without your consent, so that
any favor you do would not seem forced but
15 would be voluntary. ●Perhaps the reason he
was separated from you for a little while was
that you might have him back forever—
16 ●no longer as a slave, but better than a slave,

[a]3 The Greek is plural; also in verses 22 and 25; elsewhere in this letter "you" is singular. [b]10 *Onesimus* means *useful.* 1) 헬, 심장

상관된 네게랴 마 23:8
17 그러므로 네가 나를 동역자로 알진대 그를
영접하기를 내게 하듯 하고
18 그가 만일 네게 불의를 하였거나 네게 빚진
것이 있으면 그것을 내 앞으로 계산하라
19 나 바울이 친필로 쓰노니 내가 갚으려니와
네가 이 외에 네 자신이 내게 빚진 것은 내
가 말하지 아니하노라
20 오 형제여 나로 주 안에서 너로 말미암아 기
쁨을 얻게 하고 내 마음이 그리스도 안에서
평안하게 하라
21 나는 네가 순종할 것을 확신하므로 네게 썼
노니 네가 내가 말한 것보다 더 행할 줄을
아노라
22 오직 너는 나를 위하여 숙소를 마련하라 너
희 기도로 내가 너희에게 나아갈 수 있기를
바라노라

끝 인사 (♪ 382, 638장)

23 ●그리스도 예수 안에서 나와 함께 갇힌 자
에바브라와 골 1:7
24 또한 나의 동역자 마가, 아리스다고, 데마,
누가가 문안하느니라
25 ●우리 주 예수 그리스도의 은혜가 너희 심
령과 함께 있을지어다

as a dear brother. He is very dear to me but
even dearer to you, both as a fellow man
and as a brother in the Lord.
17 •So if you consider me a partner, wel-
18 come him as you would welcome me. •If he
has done you any wrong or owes you any-
19 thing, charge it to me. •I, Paul, am writing
this with my own hand. I will pay it back—
not to mention that you owe me your very
20 self. •I do wish, brother, that I may have
some benefit from you in the Lord; refresh
21 my heart in Christ. •Confident of your obe-
dience, I write to you, knowing that you will
do even more than I ask.
22 •And one thing more: Prepare a guest
room for me, because I hope to be restored
to you in answer to your prayers.

23 •Epaphras, my fellow prisoner in Christ
24 Jesus, sends you greetings. •And so do Mark,
Aristarchus, Demas and Luke, my fellow
workers.
25 •The grace of the Lord Jesus Christ be
with your spirit.

몬

benefit [bénəfit] *n.* 이익
confident [kánfədənt] *a.* 확신하는
mention [ménʃən] *vt.* 언급하다
obedience [oubíːdiəns] *n.* 복종
owe [ou] *vt.* 빚지고 있다
prepare [pripέər] *vi.* 마련하다
restore [ristɔ́ːr] *vt.* 복귀하다

1:16 dear to...: …에게 있어 소중한 **1:18 charge A to B:** B에게 A를 지불하다 **1:21 more than...:** …보다 많이

히브리서 | Hebrews

● 저자 _ 미상 ● 저작 연대 _ A.D. 64-67년 사이 ● 기록 장소 _ 알 수 없음(로마일 가능성이 높음)
● 기록 대상 _ 유대계 그리스도인들 ● 핵심어 및 내용 _ 핵심어는 '희생'과 '우월함'이다.

그리스도 자신을 희생제물로 직접 드린 것은 그 어떤 희생제물과도 비교할 수 없을 만큼 탁월한 것이며, 그리스도는 천사, 모세나 여호수아, 율법이나 아론의 제사장직보다도 더 우월하시다.

하나님이 아들을 통하여 말씀하시다

1 옛적에 선지자들을 통하여 여러 부분과 여러 모양으로 우리 조상들에게 말씀하신 하나님이
2 이 모든 날 마지막에는 아들을 통하여 우리에게 말씀하셨으니 이 아들을 만유의 상속자로 세우시고 또 그로 말미암아 모든 세계를 지으셨느니라
3 이는 하나님의 영광의 광채시요 그 본체의 형상이시라 그의 능력의 말씀으로 만물을 붙드시며 죄를 정결하게 하는 일을 하시고 높은 곳에 계신 지극히 크신 이의 우편에 앉으셨느니라
4 그가 천사보다 훨씬 뛰어남은 그들보다 더욱 아름다운 이름을 기업으로 얻으심이니
5 하나님께서 어느 때에 천사 중 누구에게

ㄱ너는 내 아들이라 오늘 내가 너를 낳았다

하셨으며 또 다시

ㄴ나는 그에게 아버지가 되고 그는 내게 아들이 되리라

하셨느냐
6 또 그가 맏아들을 이끌어 세상에 다시 들어오게 하실 때에

ㄷ하나님의 모든 천사들은 그에게 경배할지어다

말씀하시며 10:5
7 또 천사들에 관하여는

ㄹ그는 그의 천사들을 1)바람으로, 그의 사역자들을 불꽃으로 삼으시느니라

하셨으되
8 아들에 관하여는

ㅁ하나님이여 주의 보좌는 영영하며 주의 나라의 규는 공평한 규이니이다
9 주께서 의를 사랑하시고 불법을 미워하셨으니 그러므로 하나님 곧 주의 하나님이 즐거움의 기름을 주께 부어 주를 동류들보다 뛰어나게 하셨도다

하였고
10 또

ㅂ주여 태초에 주께서 땅의 기초를 두셨으며 하늘도 주의 손으로 지으신 바라

God's Final Word: His Son

1 In the past God spoke to our ancestors
through the prophets at many times and
2 in various ways, •but in these last days he has
spoken to us by his Son, whom he appointed
heir of all things, and through whom also he
3 made the universe. •The Son is the radiance
of God's glory and the exact representation of
his being, sustaining all things by his power-
ful word. After he had provided purification
for sins, he sat down at the right hand of the
4 Majesty in heaven. •So he became as much
superior to the angels as the name he has
inherited is superior to theirs.

The Son Superior to Angels

5 •For to which of the angels did God ever say,

"You are my Son;
today I have become your Father"[a]?

Or again,

"I will be his Father,
and he will be my Son"[b]?

6 •And again, when God brings his firstborn
into the world, he says,

"Let all God's angels worship him."[c]

7 •In speaking of the angels he says,

"He makes his angels spirits,
and his servants flames of fire."[d]

8 •But about the Son he says,

"Your throne, O God, will last for ever and ever;
a scepter of justice will be the scepter of your kingdom.
9 •You have loved righteousness and hated wickedness;
therefore God, your God, has set you above your companions
by anointing you with the oil of joy."[e]

10 •He also says,

"In the beginning, Lord, you laid the foundations of the earth,
and the heavens are the work of your

[a]5 Psalm 2:7 [b]5 2 Samuel 7:14; 1 Chron. 17:13 [c]6 Deut. 32:43 (see Dead Sea Scrolls and Septuagint) [d]7 Psalm 104:4 [e]9 Psalm 45:6,7 1) 또는 영들로 ㄱ. 시 2:7 ㄴ. 삼하 7:14 ㄷ. 시 97:7; 벧전 3:22 ㄹ. 시 104:4 ㅁ. 시 45:6 이하 ㅂ. 시 102:25 이하

11 그것들은 멸망할 것이나 오직 주는 영존할
것이요 그것들은 다 옷과 같이 낡아지리니
12 의복처럼 갈아입을 것이요 그것들은 옷과
같이 변할 것이나 주는 여전하여 연대가 다
함이 없으리라
하였으나 13:8
13 어느 때에 천사 중 누구에게
ㄱ내가 네 원수로 네 발등상이 되게 하기까
지 너는 내 우편에 앉아 있으라
하셨느냐 시 110:1
14 모든 천사들은 섬기는 영으로서 구원받을
상속자들을 위하여 섬기라고 보내심이 아니
냐

큰 구원

2 그러므로 우리는 들은 것에 더욱 유념함으
로 우리가 흘러 떠내려가지 않도록 함이 마
땅하니라
2 천사들을 통하여 하신 말씀이 견고하게 되어
모든 범죄함과 순종하지 아니함이 공정한 보
응을 받았거든
3 우리가 이같이 큰 구원을 등한히 여기면 어
찌 그 보응을 피하리요 이 구원은 처음에 주
로 말씀하신 바요 들은 자들이 우리에게 확
증한 바니
4 하나님도 [1)]표적들과 기사들과 여러 가지 능
력과 및 자기의 뜻을 따라 성령이 나누어 주
신 것으로써 그들과 함께 증언하셨느니라

구원의 창시자

5 ● 하나님이 우리가 말하는 바 장차 올 세상
을 천사들에게 복종하게 하심이 아니니라
6 그러나 누구인가가 어디에서 증언하여 이르되
ㄴ사람이 무엇이기에 주께서 그를 생각하시
며 인자가 무엇이기에 주께서 그를 돌보시
나이까
7 그를 [2)]잠시 동안 천사보다 못하게 하시며
영광과 존귀로 관을 씌우시며[3)]
8 만물을 그 발 아래에 복종하게 하셨느니라
하였으니 만물로 그에게 복종하게 하셨은즉
복종하지 않은 것이 하나도 없어야 하겠으나
지금 우리가 만물이 아직 그에게 복종하고
있는 것을 보지 못하고
9 오직 우리가 천사들보다 [2)]잠시 동안 못하게
하심을 입은 자 곧 죽음의 고난 받으심으로
말미암아 영광과 존귀로 관을 쓰신 예수를
보니 이를 행하심은 하나님의 은혜로 말미암
아 모든 사람을 위하여 죽음을 맛보려 하심
이라

hands.
11 ● They will perish, but you remain;
they will all wear out like a garment.
12 ● You will roll them up like a robe;
like a garment they will be changed.
But you remain the same,
and your years will never end."[a]
13 ● To which of the angels did God ever say,
"Sit at my right hand
until I make your enemies
a footstool for your feet"[b]?
14 ● Are not all angels ministering spirits sent to
serve those who will inherit salvation?

Warning to Pay Attention

2 We must pay the most careful attention,
therefore, to what we have heard, so that
2 we do not drift away. ● For since the message
spoken through angels was binding, and
every violation and disobedience received its
3 just punishment, ● how shall we escape if we
ignore so great a salvation? This salvation,
which was first announced by the Lord, was
confirmed to us by those who heard him.
4 ● God also testified to it by signs, wonders and
various miracles, and by gifts of the Holy Spir-
it distributed according to his will.

Jesus Made Fully Human

5 ● It is not to angels that he has subjected the
world to come, about which we are speaking.
6 ● But there is a place where someone has tes-
tified:
"What is mankind that you are mindful of
them,
a son of man that you care for him?
7 ● You made them a little[c] lower than the
angels;
you crowned them with glory and honor
8 ● and put everything under their feet."[d,e]
In putting everything under them[f] God left
nothing that is not subject to them.[f] Yet at
present we do not see everything subject to
9 them.[f] ● But we do see Jesus, who was made
lower than the angels for a little while, now
crowned with glory and honor because he
suffered death, so that by the grace of God he
might taste death for everyone.

[a]*12* Psalm 102:25-27 [b]*13* Psalm 110:1 [c]*7* Or *them for a little while* [d]*6-8* Psalm 8:4-6 [e]*7,8* Or [7]*You made him a little lower than the angels;/ you crowned him with glory and honor/* [8]*and put everything under his feet."* [f]*8* Or *him*

1) 또는 이적 2) 또는 조금 3) 어떤 사본에, 7절 끝에 '또한 주의 손으로 만드신 것 위에 그를 세우시고' 가 있음 ㄱ. 시 110:1 ㄴ. 시 8:4 이하

confirm [kənfə́ːrm] *vt.* 확증하다
disobedience [dìsəbíːdiəns] *n.* 불순종
distribute [distríbjuːt] *vt.* 분배하다
footstool [fútstùːl] *n.* 발판
garment [gáːrmənt] *n.* 옷
ignore [ignɔ́ːr] *vt.* 무시하다
minister [mínəstər] *vi.* 사역하다
perish [périʃ] *vi.* 망하다
remain [riméin] *vi.* 남아 있다
salvation [sælvéiʃən] *n.* 구원
subject [sʌ́bdʒikt] *vt.* 복종시키다
suffer [sʌ́fər] *vi.* 고통을 겪다
testify [téstəfài] *vt.* 증거하다
violation [vàiəléiʃən] *n.* 위반
wonder [wʌ́ndər] *n.* 경이

1:11 wear out: 닳다
1:12 roll...up: …을 둥글게 말다
2:1 drift away: 떠내려가다
2:4 according to...: …에 따라서
2:6 be mindful of...: …에 잘 주의하다
2:9 so that... may~: …가 ~하기 위해

10 그러므로 만물이 그를 위하고 또한 그로 말미
암은 이가 많은 아들들을 이끌어 영광에 들어
가게 하시는 일에 그들의 구원의 창시자를 고
난을 통하여 온전하게 하심이 합당하도다
11 거룩하게 하시는 이와 거룩하게 함을 입은
자들이 다 한 근원에서 난지라 그러므로 형
제라 부르시기를 부끄러워하지 아니하시고
12 이르시되

[ㄱ]내가 주의 이름을 내 형제들에게 선포하
고 내가 주를 교회 중에서 찬송하리라

하셨으며
13 또다시

[ㄴ]내가 그를 의지하리라

하시고 또다시

[ㄷ]볼지어다 나와 및 하나님께서 내게 주신
자녀라

하셨으니 요 10:29
14 자녀들은 혈과 육에 속하였으매 그도 또한
같은 모양으로 혈과 육을 함께 지니심은 죽
음을 통하여 죽음의 세력을 잡은 자 곧 마귀
를 멸하시며
15 또 죽기를 무서워하므로 한평생 매여 종 노
릇 하는 모든 자들을 놓아 주려 하심이니
16 이는 확실히 천사들을 붙들어 주려 하심이
아니요 오직 아브라함의 [1]자손을 붙들어 주
려 하심이라
17 그러므로 그가 범사에 형제들과 같이 되심이
마땅하도다 이는 하나님의 일에 자비하고 신
실한 대제사장이 되어 백성의 죄를 속량하려
하심이라
18 그가 시험을 받아 고난을 당하셨은즉 시험
받는 자들을 능히 도우실 수 있느니라

히

하나님이 주시는 안식 (♪85, 314, 451장)

3 그러므로 함께 하늘의 부르심을 받은 거룩
한 형제들아 우리가 믿는 도리의 사도이시
며 대제사장이신 예수를 깊이 생각하라
2 그는 자기를 세우신 이에게 신실하시기를 모
세가 하나님의 온 집에서 한 것과 같이 하셨
으니
3 그는 모세보다 더욱 영광을 받을 만한 것이
마치 집 지은 자가 그 집보다 더욱 존귀함 같
으니라
4 집마다 지은 이가 있으니 만물을 지으신 이
는 하나님이시라
5 또한 모세는 장래에 말할 것을 증언하기 위
하여 하나님의 온 집에서 종으로서 신실하였
고

10 In bringing many sons and daughters to
glory, it was fitting that God, for whom and
through whom everything exists, should
make the pioneer of their salvation perfect
11 through what he suffered. Both the one
who makes people holy and those who are
made holy are of the same family. So Jesus is
not ashamed to call them brothers and sis-
12 ters.[a] He says,

"I will declare your name to my brothers
and sisters;
in the assembly I will sing your praises."[b]

13 And again,

"I will put my trust in him."[c]

And again he says,

"Here am I, and the children God has
given me."[d]

14 Since the children have flesh and blood,
he too shared in their humanity so that by
his death he might break the power of him
who holds the power of death—that is, the
15 devil— and free those who all their lives
were held in slavery by their fear of death.
16 For surely it is not angels he helps, but Abra-
17 ham's descendants. For this reason he had
to be made like them,[e] fully human in every
way, in order that he might become a merci-
ful and faithful high priest in service to God,
and that he might make atonement for the
18 sins of the people. Because he himself suf-
fered when he was tempted, he is able to help
those who are being tempted.

Jesus Greater Than Moses

3 Therefore, holy brothers and sisters, who
share in the heavenly calling, fix your
thoughts on Jesus, whom we acknowledge as
2 our apostle and high priest. He was faithful
to the one who appointed him, just as Moses
3 was faithful in all God's house. Jesus has
been found worthy of greater honor than
Moses, just as the builder of a house has
4 greater honor than the house itself. For
every house is built by someone, but God is
5 the builder of everything. "Moses was faith-
ful as a servant in all God's house,"[f] bearing
witness to what would be spoken by God in

[a] *11* The Greek word for *brothers and sisters* (*adelphoi*) refers here to believers, both men and women, as part of God's family; also in verse 12; and in 3:1, 12; 10:19; 13:22. [b] *12* Psalm 22:22 [c] *13* Isaiah 8:17 [d] *13* Isaiah 8:18 [e] *17* Or *like his brothers* [f] *5* Num. 12:7

1) 헬, 씨 ㄱ. 시 22:22 ㄴ. 사 8:17 ㄷ. 사 8:18

apostle [əpásl] *n.* 사도
appoint [əpɔ́int] *vt.* 임명하다
ashamed [əʃéimd] *a.* 부끄러운
assembly [əsémbli] *n.* 집회
descendant [diséndənt] *n.* 후손
exist [igzíst] *vi.* 존재하다
fix [fiks] *vt.* 고정시키다
flesh [fleʃ] *n.* 살
humanity [hjuːmǽnəti] *n.* 사람의 속성
merciful [mə́ːrsifəl] *a.* 자비로운
pioneer [pàiəníər] *n.* 선구자
salvation [sælvéiʃən] *n.* 구원
service [sə́ːrvis] *n.* 신을 섬김
slavery [sléivəri] *n.* 노예 상태
tempt [tempt] *vt.* 유혹하다, 꾀다

2:13 **put one's trust in...**: …를 의지하다
2:14 **that is**: 즉, 다시 말해
2:17 **for this reason**: 이런 이유로
2:17 **in order that...**: …위해서
2:17 **make atonement for...**: …을 갚다
3:2 **just as...**: 꼭 …처럼

6 그리스도는 하나님의 집을 맡은 아들로서
그와 같이 하셨으니 우리가 소망의 확신과
자랑을 끝까지 굳게 잡고 있으면 우리는 그
의 집이라
7 그러므로 성령이 이르신 바와 같이
ㄱ오늘 너희가 그의 음성을 듣거든
8 광야에서 시험하던 날에 거역하던 것같
이 너희 마음을 완고하게 하지 말라
9 거기서 너희 열조가 나를 시험하여 증험하
고 사십 년 동안 나의 행사를 보았느니라
10 그러므로 내가 이 세대에게 노하여 이르
기를 그들이 항상 마음이 미혹되어 내 길
을 알지 못하는도다 하였고
11 내가 노하여 맹세한 바와 같이 그들은 내
안식에 들어오지 못하리라 하였다
하였느니라 4:3, 5
12 형제들아 너희는 삼가 혹 너희 중에 누가
믿지 아니하는 악한 마음을 품고 살아 계신
하나님에게서 떨어질까 조심할 것이요
13 오직 오늘이라 일컫는 동안에 매일 피차 권
면하여 너희 중에 누구든지 죄의 유혹으로
완고하게 되지 않도록 하라
14 우리가 시작할 때에 확신한 것을 끝까지 견
고히 잡고 있으면 그리스도와 함께 참여한
자가 되리라
15 성경에 일렀으되
ㄴ오늘 너희가 그의 음성을 듣거든 격노하
시게 하던 것같이 너희 마음을 완고하게
하지 말라
하였으니
16 듣고 격노하시게 하던 자가 누구냐 모세를
따라 애굽에서 나온 모든 사람이 아니냐
17 또 하나님이 사십 년 동안 누구에게 노하셨
느냐 그들의 시체가 광야에 엎드러진 범죄
한 자들에게가 아니냐
18 또 하나님이 누구에게 맹세하사 그의 안식
에 들어오지 못하리라 하셨느냐 곧 순종하
지 아니하던 자들에게가 아니냐
19 이로 보건대 그들이 믿지 아니하므로 능히
들어가지 못한 것이라

4 그러므로 우리는 두려워할지니 그의 안식
에 들어갈 약속이 남아 있을지라도 너희
중에는 혹 이르지 못할 자가 있을까 함이라
2 그들과 같이 우리도 복음 전함을 받은 자이
나 들은 바 그 말씀이 그들에게 유익하지
못한 것은 듣는 자가 믿음과 결부시키지 아
니함이라

6 the future. •But Christ is faithful as the Son
over God's house. And we are his house, if
indeed we hold firmly to our confidence and
the hope in which we glory.

Warning Against Unbelief

7 •So, as the Holy Spirit says:
"Today, if you hear his voice,
8 • do not harden your hearts
as you did in the rebellion,
during the time of testing in the wilderness,
9 •where your ancestors tested and tried me,
though for forty years they saw what I did.
10 •That is why I was angry with that generation;
I said, 'Their hearts are always going astray,
and they have not known my ways.'
11 •So I declared on oath in my anger,
'They shall never enter my rest.'"[a]

12 •See to it, brothers and sisters, that none of
you has a sinful, unbelieving heart that turns
13 away from the living God. •But encourage one
another daily, as long as it is called "Today," so
that none of you may be hardened by sin's
14 deceitfulness. •We have come to share in
Christ, if indeed we hold our original convic-
15 tion firmly to the very end. •As has just been
said:

"Today, if you hear his voice,
do not harden your hearts
as you did in the rebellion."[b]

16 •Who were they who heard and rebelled?
Were they not all those Moses led out of Egypt?
17 •And with whom was he angry for forty
years? Was it not with those who sinned,
whose bodies perished in the wilderness?
18 •And to whom did God swear that they
would never enter his rest if not to those who
19 disobeyed? •So we see that they were not able
to enter, because of their unbelief.

A Sabbath-Rest for the People of God

4 Therefore, since the promise of entering
his rest still stands, let us be careful that
none of you be found to have fallen short of it.
2 •For we also have had the good news pro-
claimed to us, just as they did; but the message
they heard was of no value to them, because
they did not share the faith of those who
3 obeyed.[c] •Now we who have believed enter

[a]*11* Psalm 95:7-11 [b]*15* Psalm 95:7,8 [c]*2* Some manuscripts *because those who heard did not combine it with faith* ㄱ. 시 95:7 이하 ㄴ. 시 95:7

히

astray [əstréi] *ad.* 길을 잃고
conviction [kənvíkʃən] *n.* 확신
deceitfulness [disí:tfəlnis] *n.* 속임수
disobey [disəbéi] *vi.* 불순종하다
encourage [inkə́:ridʒ] *vt.* 격려하다
firmly [fə́:rmli] *ad.* 확고히
harden [há:rdn] *vt.* 강퍅하게 하다
oath [ouθ] *n.* 서약
perish [périʃ] *vi.* 죽다
rebellion [ribéljən] *n.* 반역
Sabbath [sǽbəθ] *n.* 안식일
sinful [sínfəl] *a.* 죄가 있는
swear [swɛər] *vt.* 맹세하다
unbelief [ʌ̀nbilí:f] *n.* 불신앙
wilderness [wíldərnis] *n.* 광야

3:12 see to...: …을 주의하다
3:12 turn away: 외면하다
3:13 as long as...: …하는 한
3:19 be able to...: …할 수 있다
4:1 fall short of...: …에 부족하다
4:2 of no value: 가치없는

3 이미 믿는 우리들은 저 안식에 들어가는도다 그가 말씀하신 바와 같으니

ㄱ내가 노하여 맹세한 바와 같이 그들이 내
안식에 들어오지 못하리라 하셨다

하였으나 세상을 창조할 때부터 그 일이 이루어졌느니라 3:11

4 제칠 일에 관하여는 어딘가에 이렇게 일렀으되 ㄴ하나님은 제칠 일에 그의 모든 일을 쉬셨다 하였으며

5 또 다시 거기에 ㄱ그들이 내 안식에 들어오지 못하리라 하였으니

6 그러면 거기에 들어갈 자들이 남아 있거니와 복음 전함을 먼저 받은 자들은 순종하지 아니함으로 말미암아 들어가지 못하였으므로

7 오랜 후에 다윗의 글에 다시 어느 날을 정하여 오늘이라고 미리 이같이 일렀으되

ㄷ오늘 너희가 그의 음성을 듣거든 너희 마
음을 완고하게 하지 말라

하였나니 시 95:7, 8

8 만일 [1]여호수아가 그들에게 안식을 주었더라면 그 후에 다른 날을 말씀하지 아니하셨으리라

9 그런즉 안식할 때가 하나님의 백성에게 남아 있도다

10 이미 그의 안식에 들어간 자는 하나님이 자기의 일을 쉬심과 같이 그도 자기의 일을 쉬느니라

11 그러므로 우리가 저 안식에 들어가기를 힘쓸지니 이는 누구든지 저 순종하지 아니하는 본에 빠지지 않게 하려 함이라

12 하나님의 말씀은 살아 있고 활력이 있어 좌우에 날선 어떤 검보다도 예리하여 혼과 영과 및 관절과 골수를 찔러 쪼개기까지 하며 또 마음의 생각과 뜻을 판단하나니

13 지으신 것이 하나도 그 앞에 나타나지 않음이 없고 우리의 결산을 받으실 이의 눈 앞에 만물이 벌거벗은 것같이 드러나느니라

큰 대제사장이신 예수

14 ● 그러므로 우리에게 큰 대제사장이 계시니 승천하신 이 곧 하나님의 아들 예수시라 우리가 믿는 도리를 굳게 잡을지어다

15 우리에게 있는 대제사장은 우리의 연약함을 동정하지 못하실 이가 아니요 모든 일에 우리와 똑같이 시험을 받으신 이로되 죄는 없으시니라

16 그러므로 우리는 긍휼하심을 받고 때를 따라 돕는 은혜를 얻기 위하여 은혜의 보좌 앞에 담대히 나아갈 것이니라

that rest, just as God has said,

"So I declared on oath in my anger,
'They shall never enter my rest.'"[a]

And yet his works have been finished since
4 the creation of the world. ●For somewhere he
has spoken about the seventh day in these
words: "On the seventh day God rested from
5 all his works."[b] ●And again in the passage
above he says, "They shall never enter my
rest."
6 ●Therefore since it still remains for some
to enter that rest, and since those who for-
merly had the good news proclaimed to
them did not go in because of their disobe-
7 dience, ●God again set a certain day, calling
it "Today." This he did when a long time
later he spoke through David, as in the pas-
sage already quoted:

"Today, if you hear his voice,
do not harden your hearts."[c]

8 ●For if Joshua had given them rest, God
would not have spoken later about another
9 day. ●There remains, then, a Sabbath-rest for
10 the people of God; ●for anyone who enters
God's rest also rests from their works,[d] just as
11 God did from his. ●Let us, therefore, make
every effort to enter that rest, so that no one
will perish by following their example of dis-
obedience.
12 ●For the word of God is alive and active.
Sharper than any double-edged sword, it pen-
etrates even to dividing soul and spirit, joints
and marrow; it judges the thoughts and atti-
13 tudes of the heart. ●Nothing in all creation
is hidden from God's sight. Everything is
uncovered and laid bare before the eyes of
him to whom we must give account.

Jesus the Great High Priest

14 ●Therefore, since we have a great high
priest who has ascended into heaven,[e] Jesus
the Son of God, let us hold firmly to the faith
15 we profess. ●For we do not have a high priest
who is unable to empathize with our weak-
nesses, but we have one who has been tempt-
ed in every way, just as we are—yet he did
16 not sin. ●Let us then approach God's throne
of grace with confidence, so that we may
receive mercy and find grace to help us in our
time of need.

[a] 3 Psalm 95:11; also in verse 5 [b] 4 Gen. 2:2 [c] 7 Psalm 95:7,8 [d] 10 Or *labor* [e] 14 Greek *has gone through the heavens* 1) 헬, 예수 ㄱ. 시 95:11 ㄴ. 창 2:2 ㄷ. 시 95:7

account [əkáunt] *n.* 설명, 보고
disobedience [dìsəbíːdiəns] *n.* 불순종
divide [diváid] *vt.* 분할하다
double-edged [dʌ́blédʒd] *a.* 양날이 선
empathize [émpəθàiz] *vi.* 감정 이입하다
firmly [fə́ːrmli] *ad.* 굳게
formerly [fɔ́ːrmərli] *ad.* 전에
joint [dʒɔint] *n.* 관절
marrow [mǽrou] *n.* 골수
mercy [mə́ːrsi] *n.* 자비
passage [pǽsidʒ] *n.* 구절(句節)
penetrate [pénətrèit] *vt.* 꿰뚫다
profess [prəfés] *vt.* 고백하다
quote [kwout] *vt.* 인용하다
Sabbath [sǽbəθ] *n.* 안식일

4:3 **declare on oath:** 맹세하고 언명하다
4:11 **make every effort to...:** …하려고 최선을 다하다
4:13 **lay...bare:** (비밀 등을) 발가벗기다
4:14 **hold to...:** …을 고수하다
4:15 **be unable to...:** …할 수 없다

5 대제사장마다 사람 가운데서 택한 자이므로 하나님께 속한 일에 사람을 위하여 예물과 속죄하는 제사를 드리게 하나니
2 그가 무식하고 미혹된 자를 능히 용납할 수 있는 것은 자기도 연약에 휩싸여 있음이라
3 그러므로 백성을 위하여 속죄제를 드림과 같이 또한 자신을 위하여도 드리는 것이 마땅하니라
4 이 존귀는 아무도 스스로 취하지 못하고 오직 아론과 같이 하나님의 부르심을 받은 자라야 할 것이니라 대하 26:18
5 또한 이와 같이 그리스도께서 대제사장 되심도 스스로 영광을 취하심이 아니요 오직 말씀하신 이가 그에게 이르시되
ㄱ너는 내 아들이니 내가 오늘 너를 낳았다 하셨고 시 2:7
6 또한 이와 같이 다른 데서 말씀하시되
ㄴ네가 영원히 멜기세덱의 반차를 따르는 제사장이라
하셨으니 7:17
7 그는 육체에 계실 때에 자기를 죽음에서 능히 구원하실 이에게 심한 통곡과 눈물로 간구와 소원을 올렸고 그의 경건하심으로 말미암아 들으심을 얻었느니라
8 그가 아들이시면서도 받으신 고난으로 순종함을 배워서 빌 2:8
9 온전하게 되셨은즉 자기에게 순종하는 모든 자에게 영원한 구원의 근원이 되시고 2:10
10 하나님께 멜기세덱의 반차를 따른 대제사장이라 칭하심을 받으셨느니라

변절을 경계하다

11 ●멜기세덱에 관하여는 우리가 할 말이 많으나 너희가 듣는 것이 둔하므로 설명하기 어려우니라
12 때가 오래 되었으므로 너희가 마땅히 선생이 되었을 터인데 너희가 다시 하나님의 말씀의 초보에 대하여 누구에게서 가르침을 받아야 할 처지이니 단단한 음식은 못 먹고 젖이나 먹어야 할 자가 되었도다
13 이는 젖을 먹는 자마다 어린아이니 의의 말씀을 경험하지 못한 자요 고전 3:1
14 단단한 음식은 장성한 자의 것이니 그들은 지각을 사용함으로 연단을 받아 선악을 분별하는 자들이니라

6 그러므로 우리가 그리스도의 1)도의 초보를 버리고 죽은 행실을 회개함과 하나님께 대한 신앙과
2 2)세례들과 안수와 죽은 자의 부활과 영원한

5 Every high priest is selected from among
the people and is appointed to represent
the people in matters related to God, to offer
2 gifts and sacrifices for sins. •He is able to deal
gently with those who are ignorant and are
going astray, since he himself is subject to
3 weakness. •This is why he has to offer sacri-
fices for his own sins, as well as for the sins of
4 the people. •And no one takes this honor on
himself, but he receives it when called by
God, just as Aaron was.
5 •In the same way, Christ did not take on
himself the glory of becoming a high priest.
But God said to him,

"You are my Son;
today I have become your Father."[a]

6 •And he says in another place,

"You are a priest forever,
in the order of Melchizedek."[b]

7 •During the days of Jesus' life on earth, he
offered up prayers and petitions with fervent
cries and tears to the one who could save him
from death, and he was heard because of his
8 reverent submission. •Son though he was, he
learned obedience from what he suffered
9 •and, once made perfect, he became the
source of eternal salvation for all who obey
10 him •and was designated by God to be high
priest in the order of Melchizedek.

Warning Against Falling Away

11 •We have much to say about this, but it is
hard to make it clear to you because you no
12 longer try to understand. •In fact, though by
this time you ought to be teachers, you need
someone to teach you the elementary truths
of God's word all over again. You need milk,
13 not solid food! •Anyone who lives on milk,
being still an infant, is not acquainted with
14 the teaching about righteousness. •But solid
food is for the mature, who by constant use
have trained themselves to distinguish good
from evil.

6 Therefore let us move beyond the ele-
mentary teachings about Christ and be
taken forward to maturity, not laying again
the foundation of repentance from acts that
2 lead to death,[c] and of faith in God, •instruc-
tion about cleansing rites,[d] the laying on of

[a]5 Psalm 2:7 [b]6 Psalm 110:4 [c]1 Or *from useless rituals* [d]2 Or *about baptisms*

1) 또는 말씀 2) 헬, 또는 침례 ㄱ. 시 2:7 ㄴ. 시 110:4

히

acquaint [əkwéint] *vt.* 익히 알게 하다
designate [dézignèit] *vt.* 지명하다
distinguish [distíŋgwiʃ] *vt.* 분별하다
fervent [fə́:rvənt] *a.* 강렬한
ignorant [ígnərənt] *a.* 무식한
mature [mətjúər] *a.* 성숙한
obedience [oubí:diəns] *n.* 순종
petition [pətíʃən] *n.* 간구
repentance [ripéntəns] *n.* 회개
represent [rèprizént] *vt.* 대표하다
reverent [révərənt] *a.* 경건한
rite [rait] *n.*(종교적) 의식
sacrifice [sǽkrəfàis] *n.* 희생, 제물
salvation [sælvéiʃən] *n.* 구원
submission [səbmíʃən] *n.* 복종, 순종

5:1 be related to...: …에 관계되다
5:2 deal with...: …을 대하다
5:2 go astray: 타락의 길을 걷다
5:2 be subject to...: …에 복종하다
5:11 make clear: 명료하게 하다
5:12 ought to...: …해야 하다

심판에 관한 교훈의 터를 다시 닦지 말고 완
전한 데로 나아갈지니라
3 하나님께서 허락하시면 우리가 이것을 하리라
4 한 번 빛을 받고 하늘의 은사를 맛보고 성령
에 참여한 바 되고
5 하나님의 [1)]선한 말씀과 내세의 능력을 맛보
고도
6 타락한 자들은 다시 새롭게 하여 회개하게 할
수 없나니 이는 그들이 하나님의 아들을 다시
십자가에 못 박아 드러내 놓고 욕되게 함이라
7 땅이 그 위에 자주 내리는 비를 흡수하여 밭
가는 자들이 쓰기에 합당한 채소를 내면 하
나님께 복을 받고
8 만일 가시와 엉겅퀴를 내면 버림을 당하고 저
주함에 가까워 그 마지막은 불사름이 되리라
9 ●사랑하는 자들아 우리가 이같이 말하나 너
희에게는 이보다 더 좋은 것 곧 구원에 속한
것이 있음을 확신하노라
10 하나님은 불의하지 아니하사 너희 행위와 그
의 이름을 위하여 나타낸 사랑으로 이미 성
도를 섬긴 것과 이제도 섬기고 있는 것을 잊
어버리지 아니하시느니라
11 우리가 간절히 원하는 것은 너희 각 사람이
동일한 부지런함을 나타내어 끝까지 소망의
풍성함에 이르러 골 2:2
12 게으르지 아니하고 믿음과 오래 참음으로 말
미암아 약속들을 기업으로 받는 자들을 본받
는 자 되게 하려는 것이니라

하나님의 확실한 약속

13 ●하나님이 아브라함에게 약속하실 때에 가
리켜 맹세할 자가 자기보다 더 큰 이가 없으
므로 자기를 가리켜 맹세하여
14 이르시되 [ㄱ]내가 반드시 너에게 복 주고 복 주
며 너를 번성하게 하고 번성하게 하리라 하
셨더니
15 그가 이같이 오래 참아 약속을 받았느니라
16 사람들은 자기보다 더 큰 자를 가리켜 맹세
하나니 맹세는 그들이 다투는 모든 일의 최
후 확정이니라
17 하나님은 약속을 기업으로 받는 자들에게 그
뜻이 변하지 아니함을 충분히 나타내시려고
그 일을 맹세로 보증하셨나니
18 이는 하나님이 거짓말을 하실 수 없는 이 두
가지 변하지 못할 사실로 말미암아 앞에 있
는 소망을 얻으려고 피난처를 찾은 우리에게
큰 안위를 받게 하려 하심이라
19 우리가 이 소망을 가지고 있는 것은 영혼의

hands, the resurrection of the dead, and eter-
3 nal judgment. ●And God permitting, we will
do so.
4 ●It is impossible for those who have once
been enlightened, who have tasted the heav-
enly gift, who have shared in the Holy Spirit,
5 ●who have tasted the goodness of the word
of God and the powers of the coming age
6 ●and who have fallen[a] away, to be brought
back to repentance. To their loss they are cru-
cifying the Son of God all over again and sub-
7 jecting him to public disgrace. ●Land that
drinks in the rain often falling on it and that
produces a crop useful to those for whom it
8 is farmed receives the blessing of God. ●But
land that produces thorns and thistles is
worthless and is in danger of being cursed. In
the end it will be burned.
9 ●Even though we speak like this, dear
friends, we are convinced of better things in
your case—the things that have to do with
10 salvation. ●God is not unjust; he will not for-
get your work and the love you have shown
him as you have helped his people and con-
11 tinue to help them. ●We want each of you to
show this same diligence to the very end, so
that what you hope for may be fully realized.
12 ●We do not want you to become lazy, but to
imitate those who through faith and patience
inherit what has been promised.

The Certainty of God's Promise

13 ●When God made his promise to Abra-
ham, since there was no one greater for him
14 to swear by, he swore by himself, ●saying, "I
will surely bless you and give you many des-
15 cendants."[b] ●And so after waiting patiently,
Abraham received what was promised.
16 ●People swear by someone greater than
themselves, and the oath confirms what is
17 said and puts an end to all argument. ●Be-
cause God wanted to make the unchanging
nature of his purpose very clear to the heirs
of what was promised, he confirmed it with
18 an oath. ●God did this so that, by two un-
changeable things in which it is impossible
for God to lie, we who have fled to take hold
of the hope set before us may be greatly en-
19 couraged. ●We have this hope as an anchor
for the soul, firm and secure. It enters the in-

[a]6 Or *age*, [6]*if they fall* [b]14 Gen. 22:17

1) 또는 말씀의 선하심과 ㄱ. 창 22:16

anchor [ǽŋkər] *n.* 닻
argument [ɑ́:rgjumənt] *n.* 논쟁
convinced [kənvínst] *a.* 확신하는
crop [krap] *n.* 농작물
crucify [krú:səfài] *vt.* 십자가에 못박다
curse [kə:rs] *vt.* 저주하다
enlighten [inláitn] *vt.* 밝히다
heir [ɛər] *n.* 상속인
inherit [inhérit] *vt.* 상속하다
oath [ouθ] *n.* 맹세
permit [pərmít] *vt.* 허락하다
repentance [ripéntəns] *n.* 회개
resurrection [rezərékʃən] *n.* 부활
salvation [sælvéiʃən] *n.* 구원
thorn [θɔ:rn] *n.* 가시

6:6 fall away: 변절하다, 멀어지다
6:16 put an end to...: …를 종식시키다
6:17 make... clear to~: …를 ~에게 분명히 하다(밝히다)
6:17 confirm with...: …로 보증하다
6:18 take hold of...: …를 붙잡다

닻 같아서 튼튼하고 견고하여 휘장 안에 들어가나니

20 그리로 앞서 가신 예수께서 멜기세덱의 반차를 따라 영원히 대제사장이 되어 우리를 위하여 들어가셨느니라 4:14

멜기세덱

7 이 멜기세덱은 살렘 왕이요 지극히 높으신 하나님의 제사장이라 여러 왕을 쳐서 죽이고 돌아오는 아브라함을 만나 복을 빈 자라

2 아브라함이 모든 것의 십분의 일을 그에게 나누어 주니라 그 이름을 해석하면 먼저는 의의 왕이요 그 다음은 살렘 왕이니 곧 평강의 왕이요

3 아버지도 없고 어머니도 없고 족보도 없고 시작한 날도 없고 생명의 끝도 없어 하나님의 아들과 닮아서 항상 제사장으로 있느니라

4 •이 사람이 얼마나 높은가를 생각해 보라 조상 아브라함도 노략물 중 십분의 일을 그에게 주었느니라

5 레위의 아들들 가운데 제사장의 직분을 받은 자들은 율법을 따라 아브라함의 허리에서 난 자라도 자기 형제인 백성에게서 십분의 일을 취하라는 명령을 받았으나

6 레위 족보에 들지 아니한 멜기세덱은 아브라함에게서 십분의 일을 취하고 약속을 받은 그를 위하여 복을 빌었나니

7 논란의 여지없이 낮은 자가 높은 자에게서 축복을 받느니라

8 또 여기는 죽을 자들이 십분의 일을 받으나 저기는 산다고 증거를 얻은 자가 받았느니라

9 또한 십분의 일을 받는 레위도 아브라함으로 말미암아 십분의 일을 바쳤다고 할 수 있나니

10 이는 멜기세덱이 아브라함을 만날 때에 레위는 이미 자기 조상의 허리에 있었음이라

11 •레위 계통의 제사 직분으로 말미암아 온전함을 얻을 수 있었으면 (백성이 그 아래에서 율법을 받았으니) 어찌하여 아론의 반차를 따르지 않고 멜기세덱의 반차를 따르는 다른 한 제사장을 세울 필요가 있느냐 8:7

12 제사 직분이 바꾸어졌은즉 율법도 반드시 바꾸어지리니

13 이것은 한 사람도 제단 일을 받들지 않는 다른 지파에 속한 자를 가리켜 말한 것이라

14 우리 주께서는 유다로부터 나신 것이 분명하도다 이 지파에는 모세가 제사장들에 관하여 말한 것이 하나도 없고

15 멜기세덱과 같은 별다른 한 제사장이 일어난 것을 보니 더욱 분명하도다

20 ner sanctuary behind the curtain, •where
our forerunner, Jesus, has entered on our
behalf. He has become a high priest forever,
in the order of Melchizedek.

Melchizedek the Priest

7 This Melchizedek was king of Salem
and priest of God Most High. He met
Abraham returning from the defeat of the
2 kings and blessed him, •and Abraham
gave him a tenth of everything. First, the
name Melchizedek means "king of right-
eousness"; then also, "king of Salem" means
3 "king of peace." •Without father or moth-
er, without genealogy, without beginning
of days or end of life, resembling the Son of
God, he remains a priest forever.
4 •Just think how great he was: Even the
patriarch Abraham gave him a tenth of the
5 plunder! •Now the law requires the descen-
dants of Levi who become priests to collect
a tenth from the people — that is, from their
fellow Israelites — even though they also are
6 descended from Abraham. •This man,
however, did not trace his descent from
Levi, yet he collected a tenth from Abraham
and blessed him who had the promises.
7 •And without doubt the lesser is blessed
8 by the greater. •In the one case, the tenth
is collected by people who die; but in the
other case, by him who is declared to be liv-
9 ing. •One might even say that Levi, who
collects the tenth, paid the tenth through
10 Abraham, •because when Melchizedek
met Abraham, Levi was still in the body of
his ancestor.

Jesus Like Melchizedek

11 •If perfection could have been attained
through the Levitical priesthood — and
indeed the law given to the people estab-
lished that priesthood — why was there still
need for another priest to come, one in the
order of Melchizedek, not in the order of
12 Aaron? •For when the priesthood is chang-
13 ed, the law must be changed also. •He of
whom these things are said belonged to a
different tribe, and no one from that tribe
14 has ever served at the altar. •For it is clear
that our Lord descended from Judah, and
in regard to that tribe Moses said nothing
15 about priests. •And what we have said is
even more clear if another priest like Mel-

altar [ɔ́:ltər] *n.* 제단
ancestor [ǽnsestər] *n.* 조상
attain [ətéin] *vt.* 달성하다
declare [diklέər] *vt.* 선언하다
defeat [difí:t] *n.* 타파
descend [disénd] *vi.* 내려가다, 전해지다
forerunner [fɔ́:rʌ̀nər] *n.* 선구자
genealogy [dʒì:niǽlədʒi] *n.* 족보
lesser [lésər] *a.* 더욱 작은
patriarch [péitriɑ̀:rk] *n.* 족장
plunder [plʌ́ndər] *n.* 전리품
priesthood [prí:sthùd] *n.* 제사장직
resemble [rizémbl] *vt.* …을 닮다
sanctuary [sǽŋktʃuèri] *n.* 성소
tribe [traib] *n.* 지파

6:20 on one's behalf...: …를 위하여
7:5 that is: 즉, 다시 말하면
7:5 even though...: 비록…일지라도
7:6 trace descent from...: …의 혈통이다
7:13 belong to...: …에 속하다

16 그는 육신에 속한 한 계명의 법을 따르지 아
니하고 오직 불멸의 생명의 능력을 따라 되
었으니
17 증언하기를 ㄱ네가 영원히 멜기세덱의 반차
를 따르는 제사장이라 하였도다
18 전에 있던 계명은 연약하고 무익하므로 폐하
고
19 (율법은 아무것도 온전하게 못할지라) 이에
더 좋은 소망이 생기니 이것으로 우리가 하
나님께 가까이 가느니라
20 또 예수께서 제사장이 되신 것은 맹세 없이
된 것이 아니니
21 (그들은 맹세 없이 제사장이 되었으되 오직
예수는 자기에게 말씀하신 이로 말미암아 맹
세로 되신 것이라 ㄱ주께서 맹세하시고 뉘우
치지 아니하시리니 네가 영원히 제사장이라
하셨도다)
22 이와 같이 예수는 더 좋은 언약의 보증이 되
셨느니라 8:6
23 제사장 된 그들의 수효가 많은 것은 죽음으
로 말미암아 항상 있지 못함이로되
24 예수는 영원히 계시므로 그 제사장 직분도
갈리지 아니하느니라
25 그러므로 자기를 힘입어 하나님께 나아가는
자들을 온전히 구원하실 수 있으니 이는 그
가 항상 살아 계셔서 그들을 위하여 간구하
심이라
26 ●이러한 대제사장은 우리에게 합당하니 거
룩하고 악이 없고 더러움이 없고 죄인에게서
떠나 계시고 하늘보다 높이 되신 이라
27 그는 저 대제사장들이 먼저 자기 죄를 위하
고 다음에 백성의 죄를 위하여 날마다 제사
드리는 것과 같이 할 필요가 없으니 이는 그
가 단번에 자기를 드려 이루셨음이라
28 율법은 약점을 가진 사람들을 제사장으로 세
웠거니와 율법 후에 하신 맹세의 말씀은 영
원히 온전하게 되신 아들을 세우셨느니라

새 언약의 대제사장 (♪ 9, 36장) — A.D. 64년경

8 지금 우리가 하는 말의 요점은 이러한 대
제사장이 우리에게 있다는 것이라 그는 하
늘에서 지극히 크신 이의 보좌 우편에 앉으
셨으니
2 성소와 참 장막에서 섬기는 이시라 이 장막
은 주께서 세우신 것이요 사람이 세운 것이
아니니라
3 *대제사장마다 예물과 제사* 드림을 위하여 세
운 자니 그러므로 그도 무엇인가 드릴 것이

16 chizedek appears, •one who has become a
priest not on the basis of a regulation as to
his ancestry but on the basis of the power of
17 an indestructible life. •For it is declared:

"You are a priest forever,
in the order of Melchizedek."[a]

18 •The former regulation is set aside because
19 it was weak and useless •(for the law made
nothing perfect), and a better hope is intro-
duced, by which we draw near to God.
20 •And it was not without an oath! Others
21 became priests without any oath, •but he
became a priest with an oath when God said
to him:

"The Lord has sworn
and will not change his mind:
'You are a priest forever.' "[a]

22 •Because of this oath, Jesus has become the
guarantor of a better covenant.
23 •Now there have been many of those pri-
ests, since death prevented them from con-
24 tinuing in office; •but because Jesus lives for-
25 ever, he has a permanent priesthood. •There-
fore he is able to save completely[b] those who
come to God through him, because he always
lives to intercede for them.
26 •Such a high priest truly meets our need
— one who is holy, blameless, pure, set apart
from sinners, exalted above the heavens.
27 •Unlike the other high priests, he does not
need to offer sacrifices day after day, first
for his own sins, and then for the sins of the
people. He sacrificed for their sins once for
28 all when he offered himself. •For the law
appoints as high priests men in all their weak-
ness; but the oath, which came after the law,
appointed the Son, who has been made per-
fect forever.

The High Priest of a New Covenant

8 Now the main point of what we are say-
ing is this: We do have such a high priest,
who sat down at the right hand of the throne
2 of the Majesty in heaven, •and who serves in
the sanctuary, the true tabernacle set up by
the Lord, not by a mere human being.
3 •Every high priest is appointed to offer both
gifts and sacrifices, and so it was necessary for
4 this one also to have something to offer. •If he
were on earth, he would not be a priest, for
there are already priests who offer the gifts pre-

[a] *17,21* Psalm 110:4 [b] *25* Or *forever* ㄱ. 시 110:4

ancestry [ǽnsèstri] *n.* 선조
appoint [əpɔ́int] *vt.* 지명하다
blameless [bléimlis] *a.* 흠없는
exalt [igzɔ́:lt] *vt.* 높이다
guarantor [gæ̀rəntɔ́:r] *n.* 보증인
indestructible [ìndistrʌ́ktəbl] *a.* 불멸의
intercede [ìntərsí:d] *vi.* 중재하다
majesty [mǽdʒəsti] *n.* 폐하, 왕족
oath [ouθ] *n.* 서약
permanent [pə́:rmənənt] *a.* 영원한
prevent [privént] *vt.* 막다
priest [pri:st] *n.* 제사장
regulation [règjuléiʃən] *n.* 규칙
sacrifice [sǽkrəfàis] *n.* 희생, 제물
throne [θroun] *n.* 왕좌

7:18 set aside...: …를 파기하다
7:19 draw near to...: …에 가까이 가다
7:26 meet one's need: …의 필요를 채우다
7:26 set apart from...: …에서 떠나다
8:2 set up: 세우다
8:3 both A and B: A, B 둘 다

있어야 할지니라 5:1
4 예수께서 만일 땅에 계셨더라면 제사장이
되지 아니하셨을 것이니 이는 율법을 따라
예물을 드리는 제사장이 있음이라
5 그들이 섬기는 것은 하늘에 있는 것의 모형
과 그림자라 모세가 장막을 지으려 할 때에
지시하심을 얻음과 같으니 이르시되 ㄱ삼가
모든 것을 산에서 네게 보이던 본을 따라 지
으라 하셨느니라
6 그러나 이제 그는 더 아름다운 직분을 얻으
셨으니 그는 더 좋은 약속으로 세우신 더 좋
은 언약의 중보자시라
7 저 첫 언약이 무흠하였더라면 둘째 것을 요
구할 일이 없었으려니와
8 그들의 잘못을 지적하여 말씀하시되
ㄴ주께서 이르시되 볼지어다 날이 이르리
니 내가 이스라엘 집과 유다 집과 더불어
새 언약을 맺으리라
9 또 주께서 이르시기를 이 언약은 내가 그
들의 열조의 손을 잡고 애굽 땅에서 인도
하여 내던 날에 그들과 맺은 언약과 같지
아니하도다 그들은 내 언약 안에 머물러
있지 아니하므로 내가 그들을 돌보지 아
니하였노라
10 또 주께서 이르시되 그날 후에 내가 이스
라엘 집과 맺을 언약은 이것이니 내 법을
그들의 생각에 두고 그들의 마음에 이것
을 기록하리라 나는 그들에게 하나님이
되고 그들은 내게 백성이 되리라
11 또 각각 자기 나라 사람과 각각 자기 형제
를 가르쳐 이르기를 주를 알라 하지 아니
할 것은 그들이 작은 자로부터 큰 자까지
다 나를 앎이라
12 내가 그들의 불의를 긍휼히 여기고 그들
의 죄를 다시 기억하지 아니하리라
하셨느니라 10:17
13 새 언약이라 말씀하셨으매 첫 것은 낡아지
게 하신 것이니 낡아지고 쇠하는 것은 없어
져 가는 것이니라 고후 5:17

손으로 지은 성소와 온전한 성소 (♪ 250장)

9 첫 언약에도 섬기는 예법과 세상에 속한
성소가 있더라
2 예비한 첫 장막이 있고 그 안에 등잔대와 상
과 진설병이 있으니 이는 성소라 일컫고
3 또 둘째 휘장 뒤에 있는 장막을 지성소라 일
컫나니

5 scribed by the law. ●They serve at a sanctuary
that is a copy and shadow of what is in heaven.
This is why Moses was warned when he was
about to build the tabernacle: "See to it that you
make everything according to the pattern
6 shown you on the mountain."[a] ●But in fact the
ministry Jesus has received is as superior to
theirs as the covenant of which he is mediator
is superior to the old one, since the new cove-
nant is established on better promises.
7 ●For if there had been nothing wrong with
that first covenant, no place would have been
8 sought for another. ●But God found fault
with the people and said[b]:

"The days are coming, declares the Lord,
when I will make a new covenant
with the people of Israel
and with the people of Judah.
9 ●It will not be like the covenant
I made with their ancestors
when I took them by the hand
to lead them out of Egypt,
because they did not remain faithful to my
covenant,
and I turned away from them,
declares the Lord.
10 ●This is the covenant I will establish with the
people of Israel
after that time, declares the Lord.
I will put my laws in their minds
and write them on their hearts.
I will be their God,
and they will be my people.
11 ●No longer will they teach their neighbor,
or say to one another, 'Know the Lord,'
because they will all know me,
from the least of them to the greatest.
12 ●For I will forgive their wickedness
and will remember their sins no more."[c]

13 ●By calling this covenant "new," he has
made the first one obsolete; and what is obso-
lete and outdated will soon disappear.

Worship in the Earthly Tabernacle

9 Now the first covenant had regulations
for worship and also an earthly sanctuary.
2 ●A tabernacle was set up. In its first room were
the lampstand and the table with its conse-
crated bread; this was called the Holy Place.
3 ●Behind the second curtain was a room called

[a]5 Exodus 25:40 [b]8 Some manuscripts may be translated *fault and said to the people.* [c]12 Jer. 31:31-34

ㄱ. 출 25:40 ㄴ. 렘 31:31 이하

consecrated [kánsəkrèitid] *a.* 신성한
covenant [kʌ́vənənt] *n.* 언약
declare [diklέər] *vt.* 선언하다
disappear [dìsəpíər] *vi.* 사라지다
earthly [ə́:rθli] *a.* 속세의
faithful [féiθfəl] *a.* 신실한
fault [fɔ:lt] *n.* 허물
mediator [mí:dièitər] *n.* 중재자
ministry [mínəstri] *n.* 사역
obsolete [àbsəlí:t] *a.* 폐기된
prescribed [priskráibd] *a.* 규정된
sanctuary [sǽŋktʃuèri] *n.* 성소
seek [si:k] *vt.* 모색하다, 구하다
tabernacle [tǽbə:rnækl] *n.* 성막
wickedness [wíkidnis] *n.* 악함

8:5 **be about to...**: 막 …하려는 참이다
8:5 **see to...**: …를 주의하다
8:5 **according to...**: …을 따라서
8:6 **be superior to...**: …보다 뛰어나다
8:9 **turn away from...**: …을 돌보지 않다
8:12 **no more**: 이제는 …않다

4 ㄱ금 향로와 사면을 금으로 싼 언약궤가 있
고 그 안에 만나를 담은 금 항아리와 아론
의 싹난 지팡이와 언약의 돌판들이 있고
5 그 위에 속죄소를 덮는 영광의 그룹들이
있으니 이것들에 관하여는 이제 낱낱이
말할 수 없노라
6 이 모든 것을 이같이 예비하였으니 제사
장들이 항상 첫 장막에 들어가 섬기는 예
식을 행하고
7 오직 둘째 장막은 대제사장이 홀로 일 년
에 한 번 들어가되 자기와 백성의 허물을
위하여 드리는 피 없이는 아니하나니
8 성령이 이로써 보이신 것은 첫 장막이 서
있을 동안에는 성소에 들어가는 길이 아
직 나타나지 아니한 것이라
9 이 장막은 현재까지의 비유니 이에 따라
드리는 예물과 제사는 섬기는 자를 그 양
심상 온전하게 할 수 없나니
10 이런 것은 먹고 마시는 것과 여러 가지 씻
는 것과 함께 육체의 예법일 뿐이며 개혁
할 때까지 맡겨 둔 것이니라
11 ●그리스도께서는 장래 좋은 일의 대제사
장으로 오사 손으로 짓지 아니한 것 곧 이
창조에 속하지 아니한 더 크고 온전한 장
막으로 말미암아
12 염소와 송아지의 피로 하지 아니하고 오
직 자기의 피로 영원한 속죄를 이루사 단
번에 성소에 들어가셨느니라 7:27
13 염소와 황소의 피와 및 암송아지의 재를
부정한 자에게 뿌려 그 육체를 정결하게
하여 거룩하게 하거든
14 하물며 영원하신 성령으로 말미암아 흠
없는 자기를 하나님께 드린 그리스도의
피가 어찌 너희 양심을 죽은 행실에서 깨
끗하게 하고 살아 계신 하나님을 섬기게
하지 못하겠느냐
15 이로 말미암아 그는 새 언약의 중보자시
니 이는 첫 언약 때에 범한 죄에서 속량하
려고 죽으사 부르심을 입은 자로 하여금
영원한 기업의 약속을 얻게 하려 하심이
라
16 1)유언은 1)유언한 자가 죽어야 되나니
17 1)유언은 그 사람이 죽은 후에야 유효한즉
1)유언한 자가 살아 있는 동안에는 효력이
없느니라
18 이러므로 첫 언약도 피 없이 세운 것이 아
니니

4 the Most Holy Place, ●which had the golden
altar of incense and the gold-covered ark of the
covenant. This ark contained the gold jar of
manna, Aaron's staff that had budded, and the
5 stone tablets of the covenant. ●Above the ark
were the cherubim of the Glory, overshadowing
the atonement cover. But we cannot discuss these
things in detail now.
6 ●When everything had been arranged like
this, the priests entered regularly into the outer
7 room to carry on their ministry. ●But only the
high priest entered the inner room, and that only
once a year, and never without blood, which he
offered for himself and for the sins the people had
8 committed in ignorance. ●The Holy Spirit was
showing by this that the way into the Most Holy
Place had not yet been disclosed as long as the
9 first tabernacle was still functioning. ●This is an
illustration for the present time, indicating that
the gifts and sacrifices being offered were not
able to clear the conscience of the worshiper.
10 ●They are only a matter of food and drink and
various ceremonial washings—external regula-
tions applying until the time of the new order.

The Blood of Christ

11 ●But when Christ came as high priest of the
good things that are now already here,[a] he went
through the greater and more perfect tabernacle
that is not made with human hands, that is to
12 say, is not a part of this creation. ●He did not
enter by means of the blood of goats and calves;
but he entered the Most Holy Place once for
all by his own blood, thus obtaining[b] eternal
13 redemption. ●The blood of goats and bulls and
the ashes of a heifer sprinkled on those who are
ceremonially unclean sanctify them so that they
14 are outwardly clean. ●How much more, then,
will the blood of Christ, who through the eternal
Spirit offered himself unblemished to God,
cleanse our consciences from acts that lead to
death,[c] so that we may serve the living God!
15 ●For this reason Christ is the mediator of a new
covenant, that those who are called may receive
the promised eternal inheritance—now that he
has died as a ransom to set them free from the
sins committed under the first covenant.
16 ●In the case of a will,[d] it is necessary to prove
17 the death of the one who made it, ●because a
will is in force only when somebody has died; it
never takes effect while the one who made it is
18 living. ●This is why even the first covenant was

[a]11 Some early manuscripts *are to come* [b]12 Or *blood, having obtained* [c]14 Or *from useless rituals* [d]16 Same Greek word as *covenant*; also in verse 17

1) 헬, 언약 ㄱ. 대하 26:19; 겔 8:11

altar [ɔ́:ltər] *n.* 제단
ark [a:rk] *n.* 계약의 궤
atonement [ətóunmənt] *n.* 속죄
bud [bʌd] *vi.* 싹이 나다
cherubim [tʃérəbim] *n.* 그룹
conscience [kɑ́nʃəns] *n.* 양심
heifer [héfər] *n.* 어린 암소
incense [ínsens] *n.* 향
inheritance [inhérətəns] *n.* 상속
mediator [mí:dièitər] *n.* 중재자
ransom [rǽnsəm] *n.* 속전(贖錢)
redemption [ridémpʃən] *n.* 구속
sanctify [sǽŋktəfài] *vt.* 신성하게 하다
unblemished [ʌnblémiʃt] *a.* 흠이 없는
will [wəl] *n.*유언

9:6 carry on: 계속해서 하다
9:8 as long as...: …하는 한
9:10 a matter of...: …의 문제, 입장
9:11 that is to say: 즉, 말하자면
9:15 now that...: …이니까
9:17 in force: 유효하여

19 모세가 율법대로 모든 계명을 온 백성에게
말한 후에 송아지와 염소의 피 및 물과 붉은
양털과 우슬초를 취하여 그 두루마리와 온
백성에게 뿌리며
20 이르되 ㄱ이는 하나님이 너희에게 명하신 언
약의 피라 하고
21 또한 이와 같이 피를 장막과 섬기는 일에 쓰
는 모든 그릇에 뿌렸느니라
22 율법을 따라 거의 모든 물건이 피로써 정결
하게 되나니 피흘림이 없은즉 사함이 없느니
라

그리스도의 희생으로 이루어진 속죄 (♪ 146장)

23 ●그러므로 하늘에 있는 것들의 모형은 이런
것들로써 정결하게 할 필요가 있었으나 하늘
에 있는 그것들은 이런 것들보다 더 좋은 제
물로 할지니라
24 그리스도께서는 참 것의 그림자인 손으로 만
든 성소에 들어가지 아니하시고 바로 그 하
늘에 들어가사 이제 우리를 위하여 하나님
앞에 나타나시고
25 대제사장이 해마다 다른 것의 피로써 성소에
들어가는 것같이 자주 자기를 드리려고 아니
하실지니
26 그리하면 그가 세상을 창조한 때부터 자주
고난을 받았어야 할 것이로되 이제 자기를
단번에 제물로 드려 죄를 없이 하시려고 세
상 끝에 나타나셨느니라
27 한 번 죽는 것은 사람에게 정해진 것이요 그
후에는 심판이 있으리니
28 이와 같이 그리스도도 많은 사람의 죄를 담
당하시려고 단번에 드리신 바 되셨고 구원에
이르게 하기 위하여 죄와 상관 없이 자기를
바라는 자들에게 두 번째 나타나시리라

10 율법은 장차 올 좋은 일의 그림자일 뿐
이요 참 형상이 아니므로 해마다 늘 드
리는 같은 제사로는 나아오는 자들을 언제나
온전하게 할 수 없느니라
2 그렇지 아니하면 섬기는 자들이 단번에 정결
하게 되어 다시 죄를 깨닫는 일이 없으리니 어
찌 제사 드리는 일을 그치지 아니하였으리요
3 그러나 이 제사들에는 해마다 죄를 기억하게
하는 것이 있나니
4 이는 황소와 염소의 피가 능히 죄를 없이 하
지 못함이라
5 그러므로 주께서 세상에 임하실 때에 이르시되
ㄴ하나님이 제사와 예물을 원하지 아니하시
고 오직 나를 위하여 한 몸을 예비하셨도다

19 not put into effect without blood. •When
Moses had proclaimed every command of
the law to all the people, he took the blood
of calves, together with water, scarlet wool
and branches of hyssop, and sprinkled the
20 scroll and all the people. •He said, "This is the
blood of the covenant, which God has com-
21 manded you to keep."[a] •In the same way, he
sprinkled with the blood both the tabernacle
22 and everything used in its ceremonies. •In
fact, the law requires that nearly everything
be cleansed with blood, and without the
shedding of blood there is no forgiveness.
23 •It was necessary, then, for the copies of
the heavenly things to be purified with these
sacrifices, but the heavenly things themselves
24 with better sacrifices than these. •For Christ
did not enter a sanctuary made with human
hands that was only a copy of the true one;
he entered heaven itself, now to appear for us
25 in God's presence. •Nor did he enter heaven
to offer himself again and again, the way the
high priest enters the Most Holy Place every
26 year with blood that is not his own. •Other-
wise Christ would have had to suffer many
times since the creation of the world. But he
has appeared once for all at the culmination
of the ages to do away with sin by the sacri-
27 fice of himself. •Just as people are destined to
28 die once, and after that to face judgment, •so
Christ was sacrificed once to take away the
sins of many; and he will appear a second
time, not to bear sin, but to bring salvation to
those who are waiting for him.

Christ's Sacrifice Once for All

10 The law is only a shadow of the good
things that are coming—not the reali-
ties themselves. For this reason it can never,
by the same sacrifices repeated endlessly year
after year, make perfect those who draw near
2 to worship. •Otherwise, would they not have
stopped being offered? For the worshipers
would have been cleansed once for all, and
would no longer have felt guilty for their sins.
3 •But those sacrifices are an annual reminder
4 of sins. •It is impossible for the blood of bulls
and goats to take away sins.
5 •Therefore, when Christ came into the
world, he said:

"Sacrifice and offering you did not desire,
but a body you prepared for me;

[a]20 Exodus 24:8

ㄱ. 출 24:8 ㄴ. 시 40:6 이하

annual [ǽnjuəl] *a.* 매년의
calf [kæf] *n.* 송아지
command [kəmǽnd] *vt.* 명령하다
covenant [kʌ́vənənt] *n.* 언약
culmination [kʌ̀lmənéiʃən] *n.* 정점
hyssop [hísəp] *n.* 우슬초
reminder [rimáindər] *n.* 생각나게 하는 것
sacrifice [sǽkrəfàis] *n.* 제사, 제물
salvation [sælvéiʃən] *n.* 구원
sanctuary [sǽŋktʃuèri] *n.* 성소
scarlet [skɑ́ːrlit] *a.* 진홍색의
scroll [skroul] *n.* 두루마리
shed [ʃed] *vt.* 흘리다
sprinkle [spríŋkl] *vt.* 뿌리다
tabernacle [tǽbəːrnækl] *n.* 회막, 성소

9:26 do away with...: …를 없애다
9:27 be destined to: 운명지어지다
10:1 year after year: 해마다
10:1 draw near: 가까이 오다
10:2 once for all: 최종적으로, 완전히
10:2 no longer...: 더 이상 …하지 않다

6 번제와 속죄제는 기뻐하지 아니하시나니
7 이에 내가 말하기를 하나님이여 보시옵소서 두루마리 책에 나를 가리켜 기록된 것과 같이 하나님의 뜻을 행하러 왔나이다 하셨느니라

렘 36:2

8 위에 말씀하시기를 주께서는 제사와 예물과 번제와 속죄제는 원하지도 아니하고 기뻐하지도 아니하신다 하셨고 (이는 다 율법을 따라 드리는 것이라)
9 그 후에 말씀하시기를 보시옵소서 내가 하나님의 뜻을 행하러 왔나이다 하셨으니 그 첫째 것을 폐하심은 둘째 것을 세우려 하심이라
10 이 뜻을 따라 예수 그리스도의 몸을 단번에 드리심으로 말미암아 우리가 거룩함을 얻었노라
11 제사장마다 매일 서서 섬기며 자주 같은 제사를 드리되 이 제사는 언제나 죄를 없게 하지 못하거니와
12 오직 그리스도는 죄를 위하여 [1]한 영원한 제사를 드리시고 하나님 우편에 앉으사
13 그 후에 자기 원수들을 자기 발등상이 되게 하실 때까지 기다리시나니

시 110:1

14 그가 거룩하게 된 자들을 한 번의 제사로 영원히 온전하게 하셨느니라
15 또한 성령이 우리에게 증언하시되
16 ㄱ주께서 이르시되 그날 후로는 그들과 맺을 언약이 이것이라 하시고 내 법을 그들의 마음에 두고 그들의 생각에 기록하리라 하신 후에
17 또

그들의 죄와 그들의 불법을 내가 다시 기억하지 아니하리라

하셨으니
18 이것들을 사하셨은즉 다시 죄를 위하여 제사 드릴 것이 없느니라

소망을 굳게 잡으라

19 ●그러므로 형제들아 우리가 예수의 피를 힘입어 성소에 들어갈 담력을 얻었나니
20 그 길은 우리를 위하여 휘장 가운데로 열어 놓으신 새로운 살 길이요 휘장은 곧 그의 육체니라
21 또 하나님의 집 다스리는 큰 제사장이 계시매
22 우리가 마음에 뿌림을 받아 악한 양심으로부터 벗어나고 몸은 맑은 물로 씻음을 받았으니 참 마음과 온전한 믿음으로 하나님께 나아가자
23 또 약속하신 이는 미쁘시니 우리가 믿는 도

6 •with burnt offerings and sin offerings
you were not pleased.
7 •Then I said, 'Here I am—it is written about
me in the scroll—
I have come to do your will, my God.' "[a]

8 •First he said, "Sacrifices and offerings, burnt
offerings and sin offerings you did not desire,
nor were you pleased with them"—though
they were offered in accordance with the law.
9 •Then he said, "Here I am, I have come to do
your will." He sets aside the first to establish
10 the second. •And by that will, we have been
made holy through the sacrifice of the body
of Jesus Christ once for all.
11 •Day after day every priest stands and per-
forms his religious duties; again and again he
offers the same sacrifices, which can never
12 take away sins. •But when this priest had
offered for all time one sacrifice for sins, he
13 sat down at the right hand of God, •and
since that time he waits for his enemies to be
14 made his footstool. •For by one sacrifice he
has made perfect forever those who are being
made holy.
15 •The Holy Spirit also testifies to us about
this. First he says:

16 •"This is the covenant I will make with
them
after that time, says the Lord.
I will put my laws in their hearts,
and I will write them on their minds."[b]

17 •Then he adds:

"Their sins and lawless acts
I will remember no more."[c]

18 •And where these have been forgiven, sacri-
fice for sin is no longer necessary.

A Call to Persevere in Faith

19 •Therefore, brothers and sisters, since we
have confidence to enter the Most Holy Place
20 by the blood of Jesus, •by a new and living
way opened for us through the curtain, that
21 is, his body, •and since we have a great priest
22 over the house of God, •let us draw near to
God with a sincere heart and with the full
assurance that faith brings, having our hearts
sprinkled to cleanse us from a guilty con-
science and having our bodies washed with
23 pure water. •Let us hold unswervingly to
the hope we profess, for he who promised is
24 faithful. •And let us consider how we may

[a]7 Psalm 40:6-8 (see Septuagint) [b]16 Jer. 31:33 [c]17 Jer. 31:34 1) 또는 한 제사를 드리고 영원히 ㄱ. 렘 31:33 이하

cleanse [klenz] *vt.* 정결하게 하다
covenant [kʌ́vənənt] *n.* 언약
duty [djúːti] *n.* 임무
establish [istǽbliʃ] *vt.* 세우다
footstool [fútstùːl] *n.* 발판
offering [ɔ́ːfəriŋ] *n.* 제물
perform [pərfɔ́ːrm] *vt.* 이행하다
persevere [pəːrsəvíər] *vi.* 견디다
priest [priːst] *n.* 제사장
profess [prəfés] *vt.* 고백하다
religious [rilídʒəs] *a.* 종교적인
scroll [skroul] *n.* 두루마리
sprinkle [spríŋkl] *vt.* 뿌리다
testify [téstəfài] *vt.* 증거하다
unswervingly [ʌnswə́ːrviŋli] *ad.* 확고하게

10:8 in accordance with...: …에 따라서
10:9 set aside: 파기하다, 제외하다
10:10 once for all: 최종적으로, 완전히
10:11 day after day: 매일같이
10:11 take away: 없애다
10:22 draw near: 접근하다

리의 소망을 움직이지 말며 굳게 잡고
24 서로 돌아보아 사랑과 선행을 격려하며
25 모이기를 폐하는 어떤 사람들의 습관과 같이
하지 말고 오직 권하여 그날이 가까움을 볼
수록 더욱 그리하자
26 ●우리가 진리를 아는 지식을 받은 후 짐짓
죄를 범한즉 다시 속죄하는 제사가 없고
27 오직 무서운 마음으로 심판을 기다리는 것과
대적하는 자를 태울 맹렬한 불만 있으리라
28 모세의 법을 폐한 자도 두세 증인으로 말미
암아 불쌍히 여김을 받지 못하고 죽었거든
29 하물며 하나님의 아들을 짓밟고 자기를 거룩
하게 한 언약의 피를 부정한 것으로 여기고
은혜의 성령을 욕되게 하는 자가 당연히 받
을 형벌은 얼마나 더 무겁겠느냐 너희는 생
각하라
30 ㄱ원수 갚는 것이 내게 있으니 내가 갚으리라
하시고 또다시 주께서 그의 백성을 심판하리
라 말씀하신 것을 우리가 아노니
31 살아 계신 하나님의 손에 빠져 들어가는 것
이 무서울진저
32 ●전날에 너희가 빛을 받은 후에 고난의 큰
싸움을 견디어 낸 것을 생각하라
33 혹은 비방과 환난으로써 사람에게 구경거리
가 되고 혹은 이런 형편에 있는 자들과 사귀
는 자가 되었으니
34 너희가 갇힌 자를 동정하고 너희 소유를 빼
앗기는 것도 기쁘게 당한 것은 더 낫고 영구
한 소유가 있는 줄 앎이라
35 그러므로 너희 담대함을 버리지 말라 이것이
큰 상을 얻게 하느니라
36 너희에게 인내가 필요함은 너희가 하나님의
뜻을 행한 후에 약속하신 것을 받기 위함이
라
37 ㄴ잠시 잠깐 후면 오실 이가 오시리니 지체
하지 아니하시리라
38 나의 의인은 믿음으로 말미암아 살리라 또
한 뒤로 물러가면 내 마음이 그를 기뻐하지
아니하리라
하셨느니라
39 우리는 뒤로 물러가 멸망할 자가 아니요 오
직 영혼을 구원함에 이르는 믿음을 가진 자
니라

믿음 (♪ 239, 319, 355장) — A.D. 64년경

11 믿음은 바라는 것들의 실상이요 보이지
않는 것들의 증거니
2 선진들이 이로써 증거를 얻었느니라

spur one another on toward love and good
25 deeds, ●not giving up meeting together, as
some are in the habit of doing, but encourag-
ing one another—and all the more as you see
the Day approaching.
26 ●If we deliberately keep on sinning after
we have received the knowledge of the truth,
27 no sacrifice for sins is left, ●but only a fearful
expectation of judgment and of raging fire
28 that will consume the enemies of God. ●Any-
one who rejected the law of Moses died with-
out mercy on the testimony of two or three
29 witnesses. ●How much more severely do you
think someone deserves to be punished who
has trampled the Son of God underfoot, who
has treated as an unholy thing the blood of
the covenant that sanctified them, and who
30 has insulted the Spirit of grace? ●For we
know him who said, "It is mine to avenge; I
will repay,"[a] and again, "The Lord will judge
31 his people."[b] ●It is a dreadful thing to fall into
the hands of the living God.
32 ●Remember those earlier days after you had
received the light, when you endured in a
33 great conflict full of suffering. ●Sometimes you
were publicly exposed to insult and persecu-
tion; at other times you stood side by side with
34 those who were so treated. ●You suffered
along with those in prison and joyfully accept-
ed the confiscation of your property, because
you knew that you yourselves had better and
35 lasting possessions. ●So do not throw away
your confidence; it will be richly rewarded.
36 ●You need to persevere so that when you
have done the will of God, you will receive
37 what he has promised. ●For,

"In just a little while,
he who is coming will come
and will not delay."[c]

38 ●And,

"But my righteous[d] one will live by faith.
And I take no pleasure
in the one who shrinks back."[e]

39 ●But we do not belong to those who shrink
back and are destroyed, but to those who
have faith and are saved.

Faith in Action

11 Now faith is confidence in what we
hope for and assurance about what we
2 do not see. ●This is what the ancients were

[a]30 Deut. 32:35 [b]30 Deut. 32:36; Psalm 135:14 [c]37 Isaiah 26:20; Hab. 2:3 [d]38 Some early manuscripts *But the righteous* [e]38 Hab. 2:4 (see Septuagint)

ㄱ. 신 32:35, 36 ㄴ. 합 2:3 이하

ancient [éinʃənt] *a.* 옛날의
avenge [əvéndʒ] *vi.* 복수하다
confiscation [kànfəskéiʃən] *n.* 몰수
conflict [kənflíkt] *n.* 투쟁
consume [kənsú:m] *vt.* 다 태워 버리다
deliberately [dilíbərətli] *ad.* 일부러
enemy [énəmi] *n.* 적, 원수
insult [insʌ́lt] *vt.* 모욕하다
persecution [pə̀:rsikjú:ʃən] *n.* 박해
property [prápərti] *n.* 재산
sacrifice [sǽkrəfàis] *n.* 제사, 제물
sanctify [sǽŋktəfài] *vt.* 거룩하게 하다
testimony [téstəmòuni] *n.* 증언, 증거
trample [trǽmpl] *vt.* 짓밟다
witness [wítnis] *n.* 증인

10:24 **spur... on~**: …를 ~로 격려하다
10:25 **be in the habit of...**: …의 습관을 가지다
10:26 **keep on ~ing**: ~하기를 계속하다
10:28 **without mercy**: 무자비하게
10:35 **throw away**: 버리다
10:38 **shrink back**: 뒤로 물러가다

3 믿음으로 모든 세계가 하나님의 말씀으로 지어진 줄을 우리가 아나니 보이는 것은 나타난 것으로 말미암아 된 것이 아니니라

4 믿음으로 아벨은 가인보다 더 나은 제사를 하나님께 드림으로 의로운 자라 하시는 증거를 얻었으니 하나님이 그 예물에 대하여 증언하심이라 그가 죽었으나 그 믿음으로써 지금도 말하느니라

5 믿음으로 에녹은 죽음을 보지 않고 옮겨졌으니 하나님이 그를 옮기심으로 다시 보이지 아니하였느니라 그는 옮겨지기 전에 하나님을 기쁘시게 하는 자라 하는 증거를 받았느니라

6 믿음이 없이는 하나님을 기쁘시게 하지 못하나니 하나님께 나아가는 자는 반드시 그가 계신 것과 또한 그가 자기를 찾는 자들에게 상 주시는 이심을 믿어야 할지니라

7 믿음으로 노아는 아직 보이지 않는 일에 경고하심을 받아 경외함으로 방주를 준비하여 그 집을 구원하였으니 이로 말미암아 세상을 정죄하고 믿음을 따르는 의의 상속자가 되었느니라

8 믿음으로 아브라함은 부르심을 받았을 때에 순종하여 장래의 유업으로 받을 땅에 나아갈새 갈 바를 알지 못하고 나아갔으며

9 믿음으로 그가 이방의 땅에 있는 것같이 약속의 땅에 거류하여 동일한 약속을 유업으로 함께 받은 이삭 및 야곱과 더불어 장막에 거하였으니

10 이는 그가 하나님이 계획하시고 지으실 터가 있는 성을 바랐음이라

11 믿음으로 사라 자신도 나이가 많아 단산하였으나 잉태할 수 있는 힘을 얻었으니 이는 약속하신 이를 미쁘신 줄 알았음이라

12 이러므로 죽은 자와 같은 한 사람으로 말미암아 하늘의 허다한 별과 또 해변의 무수한 모래와 같이 많은 후손이 생육하였느니라

13 ●이 사람들은 다 믿음을 따라 죽었으며 약속을 받지 못하였으되 그것들을 멀리서 보고 환영하며 또 땅에서는 외국인과 나그네임을 증언하였으니

14 그들이 이같이 말하는 것은 자기들이 본향 찾는 자임을 나타냄이라

15 그들이 나온 바 본향을 생각하였더라면 돌아갈 기회가 있었으려니와

16 그들이 이제는 더 나은 본향을 사모하니 곧 *하늘에 있는 것이라* 이러므로 하나님이 그들

commended for.
3 ●By faith we understand that the universe
was formed at God's command, so that what
is seen was not made out of what was visible.
4 ●By faith Abel brought God a better offer-
ing than Cain did. By faith he was commen-
ded as righteous, when God spoke well of his
offerings. And by faith Abel still speaks, even
though he is dead.
5 ●By faith Enoch was taken from this life, so
that he did not experience death; "He could
not be found, because God had taken him
away."[a] For before he was taken, he was com-
6 mended as one who pleased God. ●And
without faith it is impossible to please God,
because anyone who comes to him must be-
lieve that he exists and that he rewards those
who earnestly seek him.
7 ●By faith Noah, when warned about
things not yet seen, in holy fear built an ark
to save his family. By his faith he condemned
the world and became heir of the righteous-
ness that is in keeping with faith.
8 ●By faith Abraham, when called to go to a
place he would later receive as his inheri-
tance, obeyed and went, even though he did
9 not know where he was going. ●By faith he
made his home in the promised land like a
stranger in a foreign country; he lived in
tents, as did Isaac and Jacob, who were heirs
10 with him of the same promise. ●For he was
looking forward to the city with foundations,
11 whose architect and builder is God. ●And by
faith even Sarah, who was past childbearing
age, was enabled to bear children because
she[b] considered him faithful who had made
12 the promise. ●And so from this one man, and
he as good as dead, came descendants as nu-
merous as the stars in the sky and as countless
as the sand on the seashore.
13 ●All these people were still living by faith
when they died. They did not receive the
things promised; they only saw them and
welcomed them from a distance, admitting
that they were foreigners and strangers on
14 earth. ●People who say such things show
that they are looking for a country of their
15 own. ●If they had been thinking of the coun-
try they had left, they would have had oppor-
16 tunity to return. ●Instead, they were longing
for a better country—a heavenly one. There-

[a]5 Gen. 5:24 [b]11 Or *By faith Abraham, even though he was too old to have children—and Sarah herself was not able to conceive—was enabled to become a father because he.*

admit [ædmít] *vt.* 받아들이다
architect [á:rkətèkt] *n.* 건축가
ark [a:rk] *n.* 궤, 상자
command [kəmǽnd] *n.* 명령
commend [kəménd] *vt.* 권하다
condemn [kəndém] *vt.* 비난하다
countless [káuntlis] *a.* 헤아릴 수 없는
descendant [diséndənt] *n.* 자손
exist [igzíst] *vi.* 존재하다
inheritance [inhérətəns] *n.* 상속 재산
numerous [njú:mərəs] *a.* 수많은
obey [oubéi] *vt.* 순종하다
offering [ɔ́:fəriŋ] *n.* 제물
reward [riwɔ́:rd] *vt.* 보상해 주다
visible [vízəbl] *a.* 볼 수 있는

11:3 **out of...**: …중에
11:8 **even though...**: 비록 …이지만
11:10 **look forward to...**: …를 고대하다
11:12 **as good as...**: …와 마찬가지인
11:13 **from a distance**: 멀리서
11:16 **long for...**: …을 열망하다

의 하나님이라 일컬음 받으심을 부끄러워하
지 아니하시고 그들을 위하여 한 성을 예비
하셨느니라
17 ●아브라함은 시험을 받을 때에 믿음으로 이
삭을 드렸으니 그는 약속들을 받은 자로되
그 외아들을 드렸느니라
18 [1]그에게 이미 말씀하시기를 [ㄱ]네 [2]자손이라
칭할 자는 이삭으로 말미암으리라 하셨으니
19 그가 하나님이 능히 이삭을 죽은 자 가운데
서 다시 살리실 줄로 생각한지라 비유컨대
그를 죽은 자 가운데서 도로 받은 것이니라
20 믿음으로 이삭은 장차 있을 일에 대하여 야
곱과 에서에게 축복하였으며
21 믿음으로 야곱은 죽을 때에 요셉의 각 아들
에게 축복하고 그 지팡이 머리에 의지하여
경배하였으며
22 믿음으로 요셉은 임종 시에 이스라엘 자손들
이 떠날 것을 말하고 또 자기 뼈를 위하여 명
하였으며
23 믿음으로 모세가 났을 때에 그 부모가 아름
다운 아이임을 보고 석 달 동안 숨겨 왕의 명
령을 무서워하지 아니하였으며
24 믿음으로 모세는 장성하여 바로의 공주의 아
들이라 칭함 받기를 거절하고
25 도리어 하나님의 백성과 함께 고난 받기를 잠
시 죄악의 낙을 누리는 것보다 더 좋아하고
26 그리스도를 위하여 받는 수모를 애굽의 모든
보화보다 더 큰 재물로 여겼으니 이는 상 주
심을 바라봄이라 13:13
27 믿음으로 애굽을 떠나 왕의 노함을 무서워하
지 아니하고 곧 보이지 아니하는 자를 보는
것같이 하여 참았으며
28 믿음으로 유월절과 피 뿌리는 예식을 정하였
으니 이는 장자를 멸하는 자로 그들을 건드
리지 않게 하려 한 것이며
29 믿음으로 그들은 홍해를 육지같이 건넜으나
애굽 사람들은 이것을 시험하다가 빠져 죽었
으며
30 믿음으로 칠 일 동안 여리고를 도니 성이 무
너졌으며
31 믿음으로 기생 라합은 정탐꾼을 평안히 영접
하였으므로 순종하지 아니한 자와 함께 멸망
하지 아니하였도다
32 내가 무슨 말을 더 하리요 기드온, 바락, 삼
손, 입다, 다윗 및 사무엘과 선지자들의 일을
말하려면 내게 시간이 부족하리로다
33 그들은 믿음으로 나라들을 이기기도 하며 의

fore God is not ashamed to be called their
God, for he has prepared a city for them.
17 ●By faith Abraham, when God tested him,
offered Isaac as a sacrifice. He who had em-
braced the promises was about to sacrifice his
18 one and only son, ●even though God had
said to him, "It is through Isaac that your off-
19 spring will be reckoned."[a] ●Abraham rea-
soned that God could even raise the dead,
and so in a manner of speaking he did receive
Isaac back from death.
20 ●By faith Isaac blessed Jacob and Esau in
regard to their future.
21 ●By faith Jacob, when he was dying,
blessed each of Joseph's sons, and worshiped
as he leaned on the top of his staff.
22 ●By faith Joseph, when his end was near,
spoke about the exodus of the Israelites from
Egypt and gave instructions concerning the
burial of his bones.
23 ●By faith Moses' parents hid him for three
months after he was born, because they saw
he was no ordinary child, and they were not
afraid of the king's edict.
24 ●By faith Moses, when he had grown up,
refused to be known as the son of Pharaoh's
25 daughter. ●He chose to be mistreated along
with the people of God rather than to enjoy
26 the fleeting pleasures of sin. ●He regarded dis-
grace for the sake of Christ as of greater value
than the treasures of Egypt, because he was
27 looking ahead to his reward. ●By faith he left
Egypt, not fearing the king's anger; he perse-
vered because he saw him who is invisible.
28 ●By faith he kept the Passover and the appli-
cation of blood, so that the destroyer of the
firstborn would not touch the firstborn of
Israel.
29 ●By faith the people passed through the
Red Sea as on dry land; but when the Egyp-
tians tried to do so, they were drowned.
30 ●By faith the walls of Jericho fell, after the
army had marched around them for seven
days.
31 ●By faith the prostitute Rahab, because she
welcomed the spies, was not killed with those
who were disobedient.[b]
32 ●And what more shall I say? I do not have
time to tell about Gideon, Barak, Samson and
Jephthah, about David and Samuel and the
33 prophets, ●who through faith conquered

[a]18 Gen. 21:12 [b]31 Or *unbelieving*

1) 또는 그에게 대하여 2) 헬, 씨 ㄱ. 창 21:12

conquer [káŋkər] *vt.* 정복하다
disgrace [disgréis] *n.* 불명예
drowned [draund] *a.* 물에 빠져 죽은
edict [í:dikt] *n.* 칙령
embrace [imbréis] *vt.* 받아들이다
exodus [éksədəs] *n.* 집단적 (대)이주
lean [li:n] *vi.* 의지하다
mistreat [mìstrí:t] *vt.* 학대하다
offspring [ɔ́:fsprìŋ] *n.* 후손
Passover [pǽsòuvər] *n.* 유월절
persevere [pə̀:rsəvíər] *vi.* 견디다
prostitute [prástətjù:t] *n.* 창녀
reckon [rékən] *vt.* 간주하다
sacrifice [sǽkrəfàis] *n.* 제물
staff [stæf] *n.* 지팡이

11:17 be about to...: 막 …하려고 하다
11:19 in a manner of speaking: 어떤 의미에서는
11:26 regard... as~: …를 ~으로 여기다
11:26 for the sake of...: …를 위하여
11:29 pass through: 통과하다

를 행하기도 하며 약속을 받기도 하며 사자
들의 입을 막기도 하며
34 불의 세력을 멸하기도 하며 칼날을 피하기도
하며 연약한 가운데서 강하게 되기도 하며
전쟁에 용감하게 되어 이방 사람들의 진을
물리치기도 하며
35 여자들은 자기의 죽은 자들을 부활로 받아들
이기도 하며 또 어떤 이들은 더 좋은 부활을
얻고자 하여 심한 고문을 받되 구차히 풀려
나기를 원하지 아니하였으며
36 또 어떤 이들은 조롱과 채찍질뿐 아니라 결
박과 옥에 갇히는 시련도 받았으며
37 돌로 치는 것과 톱으로 켜는 것과 시험과 칼
로 죽임을 당하고 양과 염소의 가죽을 입고 유
리하여 궁핍과 환난과 학대를 받았으니 행 7:58
38 (이런 사람은 세상이 감당하지 못하느니라)
그들이 광야와 산과 동굴과 토굴에 유리하였
느니라
39 이 사람들은 다 믿음으로 말미암아 증거를
받았으나 약속된 것을 받지 못하였으니
40 이는 하나님이 우리를 위하여 더 좋은 것을
예비하셨은즉 우리가 아니면 그들로 온전함
을 이루지 못하게 하려 하심이라

주께서 주시는 징계 (♪ 212, 244장) — A.D. 64년경

12 이러므로 우리에게 구름같이 둘러싼 허
다한 증인들이 있으니 모든 [1]무거운 것
과 얽매이기 쉬운 죄를 벗어 버리고 인내로
써 우리 앞에 당한 경주를 하며
2 믿음의 주요 또 온전하게 하시는 이인 예수
를 바라보자 그는 그 앞에 있는 기쁨을 위하
여 십자가를 참으사 부끄러움을 개의치 아
니하시더니 하나님 보좌 우편에 앉으셨느니
라
3 너희가 피곤하여 낙심하지 않기 위하여 죄인
들이 이같이 자기에게 거역한 일을 참으신
이를 생각하라
4 너희가 죄와 싸우되 아직 피흘리기까지는 대
항하지 아니하고
5 또 아들들에게 권하는 것같이 너희에게 권면
하신 말씀도 잊었도다 일렀으되
ㄱ내 아들아 주의 징계하심을 경히 여기지
말며 그에게 꾸지람을 받을 때에 낙심하지
말라
6 주께서 그 사랑하시는 자를 징계하시고 그
가 받아들이시는 아들마다 채찍질하심이
라
하였으니

kingdoms, administered justice, and gained
what was promised; who shut the mouths
34 of lions, •quenched the fury of the flames,
and escaped the edge of the sword; whose
weakness was turned to strength; and who
became powerful in battle and routed for-
35 eign armies. •Women received back their
dead, raised to life again. There were others
who were tortured, refusing to be released so
that they might gain an even better resurrec-
36 tion. •Some faced jeers and flogging, and
37 even chains and imprisonment. •They were
put to death by stoning;[a] they were sawed in
two; they were killed by the sword. They
went about in sheepskins and goatskins, des-
38 titute, persecuted and mistreated— •the
world was not worthy of them. They wan-
dered in deserts and mountains, living in
caves and in holes in the ground.
39 •These were all commended for their faith,
yet none of them received what had been
40 promised, •since God had planned some-
thing better for us so that only together with
us would they be made perfect.

12 Therefore, since we are surrounded by
such a great cloud of witnesses, let us
throw off everything that hinders and the sin
that so easily entangles. And let us run with
2 perseverance the race marked out for us, •fix-
ing our eyes on Jesus, the pioneer and per-
fecter of faith. For the joy set before him he
endured the cross, scorning its shame, and sat
down at the right hand of the throne of God.
3 •Consider him who endured such opposi-
tion from sinners, so that you will not grow
weary and lose heart.

God Disciplines His Children

4 •In your struggle against sin, you have not
yet resisted to the point of shedding your
5 blood. •And have you completely forgotten
this word of encouragement that addresses
you as a father addresses his son? It says,

"My son, do not make light of the Lord's
discipline,
and do not lose heart when he rebukes
you,
6 •because the Lord disciplines the one he
loves,
and he chastens everyone he accepts
as his son."[b]

[a]37 Some early manuscripts *stoning; they were put to the test;* [b]5,6 Prov. 3:11,12 (see Septuagint)

1) 또는 거리끼는 ㄱ. 잠 3:11, 12

address [ədrés] *vt.* 설교하다
administer [ədmínistər] *vt.* 집행하다
chasten [tʃéisn] *vt.* 벌하다
entangle [intǽŋgl] *vt.* 얽히게 하다
flogging [flágiŋ] *n.* 채찍질
hinder [híndər] *vt.* 방해하다
jeer [dʒiər] *n.* 조롱
persecute [pə́:rsikjù:t] *vt.* 박해하다
pioneer [pàiəníər] *n.* 주창자, 선봉
quench [kwentʃ] *vt.* 불을 끄다
rebuke [ribjú:k] *vt.* 꾸짖다
resurrection [rèzərékʃən] *n.* 부활
scorn [skɔ́:rn] *vt.* 경멸하다
struggle [strʌgl] *n.* 싸움
torture [tɔ́:rtʃər] *vt.* 고문하다

11:38 be worthy of...: …할 가치가 있는, …를 감당할 만한
12:1 mark out: 운명을 정하다
12:4 resist to: 대항하다
12:5 make light of...: …을 가볍게 여기다
12:6 accept ... as~: …를 ~로 받아들이다

7 너희가 참음은 징계를 받기 위함이라 하나님
이 아들과 같이 너희를 대우하시나니 어찌
아버지가 징계하지 않는 아들이 있으리요
8 징계는 다 받는 것이거늘 너희에게 없으면
사생자요 친아들이 아니니라
9 또 우리 육신의 아버지가 우리를 징계하여도
공경하였거든 하물며 모든 영의 아버지께 더
욱 복종하며 살려 하지 않겠느냐
10 그들은 잠시 자기의 뜻대로 우리를 징계하였
거니와 오직 하나님은 우리의 유익을 위하여
그의 거룩하심에 참여하게 하시느니라
11 무릇 징계가 당시에는 즐거워 보이지 않고
슬퍼 보이나 후에 그로 말미암아 연단 받은
자들은 의와 평강의 열매를 맺느니라
12 그러므로 피곤한 손과 연약한 무릎을 일으켜
세우고 사 35:3
13 너희 발을 위하여 곧은 길을 만들어 저는 다
리로 하여금 어그러지지 않고 고침을 받게
하라

하나님의 은혜를 거역한 자들에게 주는 경고

14 •모든 사람과 더불어 화평함과 거룩함을 따
르라 이것이 없이는 아무도 주를 보지 못하
리라
15 너희는 하나님의 은혜에 이르지 못하는 자가
없도록 하고 또 쓴 뿌리가 나서 괴롭게 하여
많은 사람이 이로 말미암아 더럽게 되지 않
게 하며
16 음행하는 자와 혹 한 그릇 음식을 위하여 장
자의 명분을 판 에서와 같이 망령된 자가 없
도록 살피라
17 너희가 아는 바와 같이 그가 그 후에 축복을
이어받으려고 눈물을 흘리며 구하되 버린 바
가 되어 회개할 기회를 얻지 못하였느니라
18 •너희는 만질 수 있고 불이 붙는 산과 침침
함과 흑암과 폭풍과
19 나팔 소리와 말하는 소리가 있는 곳에 이른
것이 아니라 그 소리를 듣는 자들은 더 말씀
하지 아니하시기를 구하였으니
20 이는 [ㄱ]짐승이라도 그 산에 들어가면 돌로 침
을 당하리라 하신 명령을 그들이 견디지 못
함이라
21 그 보이는 바가 이렇듯 무섭기로 모세도 이
르되 [ㄴ]내가 심히 두렵고 떨린다 하였느니라
22 그러나 너희가 이른 곳은 시온 산과 살아 계
신 하나님의 도성인 하늘의 예루살렘과 천만
천사와
23 하늘에 기록된 장자들의 모임과 교회와 만민

7 •Endure hardship as discipline; God is
treating you as his children. For what chil-
8 dren are not disciplined by their father? •If
you are not disciplined—and everyone un-
dergoes discipline—then you are not legiti-
mate, not true sons and daughters at all.
9 •Moreover, we have all had human fathers
who disciplined us and we respected them
for it. How much more should we submit to
10 the Father of spirits and live! •They disci-
plined us for a little while as they thought
best; but God disciplines us for our good, in
11 order that we may share in his holiness. •No
discipline seems pleasant at the time, but
painful. Later on, however, it produces a har-
vest of righteousness and peace for those who
have been trained by it.
12 •Therefore, strengthen your feeble arms
13 and weak knees. •"Make level paths for your
feet,"[a] so that the lame may not be disabled,
but rather healed.

Warning and Encouragement

14 •Make every effort to live in peace with
everyone and to be holy; without holiness no
15 one will see the Lord. •See to it that no one
falls short of the grace of God and that no bit-
ter root grows up to cause trouble and defile
16 many. •See that no one is sexually immoral,
or is godless like Esau, who for a single meal
sold his inheritance rights as the oldest son.
17 •Afterward, as you know, when he wanted
to inherit this blessing, he was rejected. Even
though he sought the blessing with tears, he
could not change what he had done.

The Mountain of Fear and the Mountain of Joy

18 •You have not come to a mountain that
can be touched and that is burning with fire;
19 to darkness, gloom and storm; •to a trumpet
blast or to such a voice speaking words that
those who heard it begged that no further
20 word be spoken to them, •because they could
not bear what was commanded: "If even an
animal touches the mountain, it must be
21 stoned to death."[b] •The sight was so terrifying
that Moses said, "I am trembling with fear."[c]
22 •But you have come to Mount Zion, to the
city of the living God, the heavenly Jerusalem.
You have come to thousands upon thousands
23 of angels in joyful assembly, •to the church of

[a]*13* Prov. 4:26 [b]*20* Exodus 19:12,13 [c]*21* See Deut. 9:19. ㄱ. 출 19:12 ㄴ. 신 9:19

assembly [əsémbli] *n.* 총회
blast [blæst] *n.* 강하게 부는 소리
defile [difáil] *vt.* 더럽히다
discipline [dísəplin] *vt.* 징계하다
endure [indjúər] *vi.* 견디다
feeble [fi:bl] *a.* 연약한
gloom [glu:m] *n.* 어둠
immoral [imɔ́:rəl] *a.* 음란한
inheritance [inhérətəns] *n.* 상속
lame [leim] *a.* 절름발이의
legitimate [lidʒítəmət] *a.* 이치에 맞는
submit [səbmít] *vi.* 복종하다
terrifying [térəfàiŋ] *a.* 겁나게 하는
tremble [trémbl] *vi.* 떨다
undergo [ʌ̀ndərgóu] *vt.* 받다, 당하다

12:10 in order that...: …하기 위하여
12:13 make level: 평탄케 만들다
12:14 make every effort to...: …하기 위하여 최선을 다하다
12:15 see to...: …를 주의하다
12:15 fall short of...: …에 못 미치다

의 심판자이신 하나님과 및 온전하게 된 의
인의 영들과
24 새 언약의 중보자이신 예수와 및 아벨의 피
보다 더 나은 것을 말하는 뿌린 피니라
25 너희는 삼가 말씀하신 이를 거역하지 말라
땅에서 경고하신 이를 거역한 그들이 피하지
못하였거든 하물며 하늘로부터 경고하신 이
를 배반하는 우리일까보냐
26 그때에는 그 소리가 땅을 진동하였거니와 이
제는 약속하여 이르시되[ㄱ] 내가 또 한 번 땅만
아니라 하늘도 진동하리라 하셨느니라
27 이 또 한 번이라 하심은 진동하지 아니하는
것을 영존하게 하기 위하여 진동할 것들 곧
만드신 것들이 변동될 것을 나타내심이라
28 그러므로 우리가 흔들리지 않는 나라를 받았
은즉[1] 은혜를[2] 받자 이로 말미암아 경건함과
두려움으로 하나님을 기쁘시게 섬길지니
29 우리 하나님은 소멸하는 불이심이라

하나님이 기뻐하시는 제사
(♪ 26, 48, 135장) — A.D. 64년경

13 형제 사랑하기를 계속하고
2 손님 대접하기를 잊지 말라 이로써 부
지중에 천사들을 대접한 이들이 있었느니라
3 너희도 함께 갇힌 것같이 갇힌 자를 생각하
고 너희도 몸을 가졌은즉 학대 받는 자를 생
각하라
4 [3] 모든 사람은 결혼을 귀히 여기고 침소를 더
럽히지 않게 하라 음행하는 자들과 간음하는
자들을 하나님이 심판하시리라
5 돈을 사랑하지 말고 있는 바를 족한 줄로 알
라 그가 친히 말씀하시기를[ㄴ] 내가 결코 너희
를 버리지 아니하고 너희를 떠나지 아니하리
라 하셨느니라
6 그러므로 우리가 담대히 말하되
[ㄷ] 주는 나를 돕는 이시니 내가 무서워하지
아니하겠노라 사람이 내게 어찌하리요
하노라
7 하나님의 말씀을 너희에게 일러 주고 너희를
인도하던 자들을 생각하며 그들의 행실의 결
말을 주의하여 보고 그들의 믿음을 본받으라
8 예수 그리스도는 어제나 오늘이나 영원토록
동일하시니라
9 여러 가지 다른 교훈에 끌리지 말라 마음은
은혜로써 굳게 함이 아름답고 음식으로써 할
것이 아니니 음식으로 말미암아 행한 자는
유익을 얻지 못하였느니라

the firstborn, whose names are written in
heaven. You have come to God, the Judge of
all, to the spirits of the righteous made perfect,
24 • to Jesus the mediator of a new covenant,
and to the sprinkled blood that speaks a bet-
ter word than the blood of Abel.
25 • See to it that you do not refuse him who
speaks. If they did not escape when they
refused him who warned them on earth, how
much less will we, if we turn away from him
26 who warns us from heaven? • At that time
his voice shook the earth, but now he has
promised, "Once more I will shake not only
27 the earth but also the heavens."[a] • The words
"once more" indicate the removing of what
can be shaken—that is, created things—so
that what cannot be shaken may remain.
28 • Therefore, since we are receiving a king-
dom that cannot be shaken, let us be thank-
ful, and so worship God acceptably with rev-
29 erence and awe, • for our "God is a consum-
ing fire."[b]

Concluding Exhortations

13 Keep on loving one another as broth-
2 ers and sisters. • Do not forget to show
hospitality to strangers, for by so doing some
people have shown hospitality to angels
3 without knowing it. • Continue to remember
those in prison as if you were together with
them in prison, and those who are mistreat-
ed as if you yourselves were suffering.
4 • Marriage should be honored by all, and
the marriage bed kept pure, for God will
judge the adulterer and all the sexually im-
5 moral. • Keep your lives free from the love of
money and be content with what you have,
because God has said,

> "Never will I leave you;
> never will I forsake you."[c]

6 • So we say with confidence,

> "The Lord is my helper; I will not be afraid.
> What can mere mortals do to me?"[d]

7 • Remember your leaders, who spoke the
word of God to you. Consider the outcome
of their way of life and imitate their faith.
8 • Jesus Christ is the same yesterday and to-
day and forever.
9 • Do not be carried away by all kinds of

[a] 26 Haggai 2:6 [b] 29 Deut. 4:24 [c] 5 Deut. 31:6 [d] 6 Psalm 118:6,7 1) 또는 감사하자 2) 어떤 사본에, 받아 3) 또는 사람에게 혼인은 귀하니 침소가 더러운 것이 아니라 ㄱ. 학 2:6 ㄴ. 신 31:6; 수 1:5 ㄷ. 시 118:6

acceptably [ækséptəbli] *ad.* 기꺼이 받아들일 수 있게	**exhortation** [ègzɔ:rtéiʃən] *n.* 권고	**mistreat** [mìstrí:t] *vt.* 학대하다
adulterer [ədʌ́ltərər] *n.* 간부(姦夫)	**forsake** [fərséik] *vt.* 저버리다	**mortal** [mɔ́:rtl] *n.* 인간
consuming [kənsjú:miŋ] *a.* 태워 버리는	**hospitality** [hàspətǽləti] *n.* 환대	**refuse** [rifjú:z] *vt.* 거절하다
covenant [kʌ́vənənt] *n.* 계약, 서약	**immoral** [imɔ́:rəl] *a.* 부도덕한	**reverence** [révərəns] *n.* 존경
escape [iskéip] *vi.* 달아나다	**mediator** [mí:dièitər] *n.* 중재자	**sprinkle** [spríŋkl] *vt.* 뿌리다
12:25 **turn away**: 돌아서다, 외면하다	13:1 **keep on ~ing**: ~를 계속하다	13:5 **be content with**: 만족하다
12:26 **at that time**: 당시에는	13:5 **free from...**: …가 없는	13:9 **be carried away**: 넋을 잃다

10 우리에게 제단이 있는데 장막에서 섬기는 자들은 그 제단에서 먹을 권한이 없나니
11 이는 죄를 위한 짐승의 피는 대제사장이 가지고 성소에 들어가고 그 육체는 영문 밖에서 불사름이라
12 그러므로 예수도 자기 피로써 백성을 거룩하게 하려고 성문 밖에서 고난을 받으셨느니라
13 그런즉 우리도 그의 치욕을 짊어지고 영문 밖으로 그에게 나아가자 11:26
14 우리가 여기에는 영구한 도성이 없으므로 장차 올 것을 찾나니
15 그러므로 우리는 예수로 말미암아 항상 찬송의 제사를 하나님께 드리자 이는 그 이름을 증언하는 입술의 열매니라
16 오직 선을 행함과 서로 나누어 주기를 잊지 말라 하나님은 이 같은 제사를 기뻐하시느니라
17 너희를 인도하는 자들에게 순종하고 복종하라 그들은 너희 영혼을 위하여 경성하기를 자신들이 청산할 자인 것같이 하느니라 그들로 하여금 즐거움으로 이것을 하게 하고 근심으로 하게 하지 말라 그렇지 않으면 너희에게 유익이 없느니라
18 ●우리를 위하여 기도하라 우리가 모든 일에 선하게 행하려 하므로 우리에게 선한 양심이 있는 줄을 확신하노니
19 내가 더 속히 너희에게 돌아가기 위하여 너희가 기도하기를 더욱 원하노라

축복과 끝 인사

20 ●양들의 큰 목자이신 우리 주 예수를 영원한 언약의 피로 죽은 자 가운데서 이끌어내신 평강의 하나님이 롬 15:33
21 모든 선한 일에 너희를 온전하게 하사 자기 뜻을 행하게 하시고 그 앞에 즐거운 것을 예수 그리스도로 말미암아 우리 가운데서 이루시기를 원하노라 영광이 그에게 세세무궁토록 있을지어다 아멘
22 ●형제들아 내가 너희를 권하노니 권면의 말을 용납하라 내가 간단히 너희에게 썼느니라
23 우리 형제 디모데가 놓인 것을 너희가 알라 그가 속히 오면 내가 그와 함께 가서 너희를 보리라
24 ●너희를 인도하는 자들과 및 모든 성도들에게 문안하라 이달리아에서 온 자들도 너희에게 문안하느니라
25 ●은혜가 너희 모든 사람에게 있을지어다[1)]

strange teachings. It is good for our hearts to
be strengthened by grace, not by eating cere-
monial foods, which is of no benefit to those
10 who do so. ●We have an altar from which
those who minister at the tabernacle have no
right to eat.
11 ●The high priest carries the blood of ani-
mals into the Most Holy Place as a sin offer-
ing, but the bodies are burned outside the
12 camp. ●And so Jesus also suffered outside the
city gate to make the people holy through his
13 own blood. ●Let us, then, go to him outside
14 the camp, bearing the disgrace he bore. ●For
here we do not have an enduring city, but we
are looking for the city that is to come.
15 ●Through Jesus, therefore, let us continual-
ly offer to God a sacrifice of praise — the fruit
16 of lips that openly profess his name. ●And
do not forget to do good and to share with
others, for with such sacrifices God is pleased.
17 ●Have confidence in your leaders and sub-
mit to their authority, because they keep
watch over you as those who must give an
account. Do this so that their work will be a
joy, not a burden, for that would be of no
benefit to you.
18 ●Pray for us. We are sure that we have a
clear conscience and desire to live honorably
19 in every way. ●I particularly urge you to pray
so that I may be restored to you soon.

Benediction and Final Greetings

20 ●Now may the God of peace, who through
the blood of the eternal covenant brought
back from the dead our Lord Jesus, that great
21 Shepherd of the sheep, ●equip you with
everything good for doing his will, and may
he work in us what is pleasing to him,
through Jesus Christ, to whom be glory for
ever and ever. Amen.
22 ●Brothers and sisters, I urge you to bear
with my word of exhortation, for in fact I
have written to you quite briefly.
23 ●I want you to know that our brother Tim-
othy has been released. If he arrives soon, I
will come with him to see you.
24 ●Greet all your leaders and all the Lord's
people. Those from Italy send you their greet-
ings.
25 ●Grace be with you all.

1) 어떤 사본에, 25절 끝에 '아멘'이 있음

altar [ɔ́:ltər] *n.* 제단
authority [əθɔ́:rəti] *n.* 권세
benediction [bènədíkʃən] *n.* 축복
burden [bə́:rdn] *n.* 짐, 부담
ceremonial [sèrəmóuniəl] *a.* 의례상의
conscience [kɑ́nʃəns] *n.* 양심
disgrace [disgréis] *n.* 불명예
enduring [indjúəriŋ] *a.* 영구적인
minister [mínəstər] *n.* 사역자
offering [ɔ́:fəriŋ] *n.* 제물
profess [prəfés] *vt.* 고백하다
sacrifice [sǽkrəfàis] *n.* 제사
shepherd [ʃépərd] *n.* 목자
submit [səbmít] *vi.* 복종하다
tabernacle [tǽbə:rnækl] *n.* 장막

13:9 be good for...: …에 좋은
13:14 look for...: …을 찾다
13:17 keep watch over...: …을 지켜보다
13:21 equip with...: …을 갖추다
13:22 urge... to~: ~하도록 …을 격려하다

야고보서 | James

● 저자 _ 야고보(예수님의 친동생) ● 저작 연대 _ A.D. 45-49년(전기 연대설) 또는 A.D. 60년경(후기 연대설)
● 기록 장소 _ 예루살렘 ● 기록 대상 _ 유대 그리스도인들 ● 핵심어 및 내용 _ 핵심어는 '인내'와 '순수한 신앙'이다.

본서는 흠 없는 주의 자녀가 되기 위해 인내하며, 순수한 신앙으로 하나님 앞과 세상에서 모범된 삶을 살 것을 권면한다.

인사

1 하나님과 주 예수 그리스도의 종 야고보는 흩어져 있는 열두 지파에게 문안하노라

믿음과 지혜 (♪ 342, 543장)

2 ●내 형제들아 너희가 여러 가지 시험을 당하거든 온전히 기쁘게 여기라
3 이는 너희 믿음의 시련이 인내를 만들어 내는 줄 너희가 앎이라
4 인내를 온전히 이루라 이는 너희로 온전하고 구비하여 조금도 부족함이 없게 하려 함이라
5 ●너희 중에 누구든지 지혜가 부족하거든 모든 사람에게 후히 주시고 꾸짖지 아니하시는 하나님께 구하라 그리하면 주시리라
6 오직 믿음으로 구하고 조금도 의심하지 말라 의심하는 자는 마치 바람에 밀려 요동하는 바다 물결 같으니
7 이런 사람은 무엇이든지 주께 얻기를 생각하지 말라
8 두 마음을 품어 모든 일에 정함이 없는 자로다

낮은 형제, 부한 자

9 ●낮은 형제는 자기의 높음을 자랑하고
10 부한 자는 자기의 낮아짐을 자랑할지니 이는 그가 풀의 꽃과 같이 지나감이라
11 해가 돋고 뜨거운 바람이 불어 풀을 말리면 꽃이 떨어져 그 모양의 아름다움이 없어지나니 부한 자도 그 행하는 일에 이와 같이 쇠잔하리라

시험에 견디어 낸 자

12 ●시험을 참는 자는 복이 있나니 이는 시련을 견디어 낸 자가 주께서 자기를 사랑하는 자들에게 약속하신 생명의 면류관을 얻을 것이기 때문이라
13 사람이 시험을 받을 때에 내가 하나님께 시험을 받는다 하지 말지니 하나님은 악에게 시험을 받지도 아니하시고 친히 아무도 시험하지 아니하시느니라
14 오직 각 사람이 시험을 받는 것은 자기 욕심에 끌려 미혹됨이니
15 욕심이 잉태한즉 죄를 낳고 죄가 장성한즉 사망을 낳느니라

1 James, a servant of God and of the Lord Jesus Christ,

To the twelve tribes scattered among the nations:

Greetings.

Trials and Temptations

2 ●Consider it pure joy, my brothers and sis-
ters,[a] whenever you face trials of many
3 kinds, ●because you know that the testing
4 of your faith produces perseverance. ●Let
perseverance finish its work so that you
may be mature and complete, not lacking
5 anything. ●If any of you lacks wisdom, you
should ask God, who gives generously to all
without finding fault, and it will be given to
6 you. ●But when you ask, you must believe
and not doubt, because the one who doubts
is like a wave of the sea, blown and tossed by
7 the wind. ●That person should not expect
8 to receive anything from the Lord. ●such a
person is double-minded and unstable in all
they do.
9 ●Believers in humble circumstances
ought to take pride in their high position.
10 ●But the rich should take pride in their
humiliation — since they will pass away like
11 a wild flower. ●For the sun rises with scorch-
ing heat and withers the plant; its blossom
falls and its beauty is destroyed. In the same
way, the rich will fade away even while they
go about their business.
12 ●Blessed is the one who perseveres under
trial because, having stood the test, that per-
son will receive the crown of life that the
Lord has promised to those who love him.
13 ●When tempted, no one should say, "God
is tempting me." For God cannot be tempt-
14 ed by evil, nor does he tempt anyone; ●but
each person is tempted when they are
dragged away by their own evil desire and
15 enticed. ●Then, after desire has conceived, it
gives birth to sin; and sin, when it is full-

[a]2 The Greek word for *brothers and sisters* (*adelphoi*) refers here to believers, both men and women, as part of God's family; also in verses 16 and 19; and in 2:1,5, 14; 3:10,12; 4:11; 5:7,9,10,12,19.

16 내 사랑하는 형제들아 속지 말라
17 온갖 좋은 은사와 온전한 선물이 다 위로부
터 빛들의 아버지께로부터 내려오나니 그는
변함도 없으시고 회전하는 그림자도 없으시
니라
18 그가 그 피조물 중에 우리로 한 첫 열매가
되게 하시려고 자기의 뜻을 따라 진리의 말
씀으로 우리를 낳으셨느니라

말씀을 들음과 행함

19 ●내 사랑하는 형제들아 너희가 알지니 사
람마다 듣기는 속히 하고 말하기는 더디 하
며 성내기도 더디 하라
20 사람이 성내는 것이 하나님의 의를 이루지
못함이라
21 그러므로 모든 더러운 것과 넘치는 악을 내
버리고 너희 영혼을 능히 구원할 바 마음에
심어진 말씀을 온유함으로 받으라
22 너희는 말씀을 행하는 자가 되고 듣기만 하
여 자신을 속이는 자가 되지 말라
23 누구든지 말씀을 듣고 행하지 아니하면 그
는 거울로 자기의 생긴 얼굴을 보는 사람과
같아서
24 제 자신을 보고 가서 그 모습이 어떠했는지
를 곧 잊어버리거니와
25 자유롭게 하는 온전한 율법을 들여다보고
있는 자는 듣고 잊어버리는 자가 아니요 실
천하는 자니 이 사람은 그 행하는 일에 복을
받으리라
26 누구든지 스스로 경건하다 생각하며 자기
혀를 재갈 물리지 아니하고 자기 마음을 속
이면 이 사람의 경건은 헛것이라
27 하나님 아버지 앞에서 정결하고 더러움이
없는 경건은 곧 고아와 과부를 그 환난 중에
돌보고 또 자기를 지켜 세속에 물들지 아니
하는 그것이니라

차별하여 대하지 말라 (♪220, 460장)

2 내 형제들아 영광의 주 곧 우리 주 예수 그
리스도에 대한 믿음을 너희가 가졌으니
사람을 차별하여 대하지 말라
2 만일 너희 회당에 금 가락지를 끼고 아름다
운 옷을 입은 사람이 들어오고 또 남루한 옷
을 입은 가난한 사람이 들어올 때에
3 너희가 아름다운 옷을 입은 자를 눈여겨 보
고 말하되 여기 좋은 자리에 앉으소서 하고
또 가난한 자에게 말하되 너는 거기 서 있든
지 내 발등상 아래에 앉으라 하면
4 너희끼리 서로 차별하며 악한 생각으로 판

grown, gives birth to death.
16 ●Don't be deceived, my dear brothers and
17 sisters. ●Every good and perfect gift is from
above, coming down from the Father of the
heavenly lights, who does not change like
18 shifting shadows. ●He chose to give us birth
through the word of truth, that we might be
a kind of firstfruits of all he created.

Listening and Doing

19 ●My dear brothers and sisters, take note of
this: Everyone should be quick to listen,
slow to speak and slow to become angry,
20 ●because human anger does not produce
21 the righteousness that God desires. ●There-
fore, get rid of all moral filth and the evil
that is so prevalent and humbly accept the
word planted in you, which can save you.
22 ●Do not merely listen to the word, and
so deceive yourselves. Do what it says.
23 ●Anyone who listens to the word but does
not do what it says is like someone who
24 looks at his face in a mirror ●and, after
looking at himself, goes away and imme-
25 diately forgets what he looks like. ●But
whoever looks intently into the perfect
law that gives freedom, and continues in
it—not forgetting what they have heard,
but doing it—they will be blessed in what
they do.
26 ●Those who consider themselves religious
and yet do not keep a tight rein on their
tongues deceive themselves, and their reli-
27 gion is worthless. ●Religion that God our
Father accepts as pure and faultless is this: to
look after orphans and widows in their dis-
tress and to keep oneself from being pollut-
ed by the world.

Favoritism Forbidden

2 My brothers and sisters, believers in our
glorious Lord Jesus Christ must not
2 show favoritism. ●Suppose a man comes
into your meeting wearing a gold ring and
fine clothes, and a poor man in filthy old
3 clothes also comes in. ●If you show special
attention to the man wearing fine clothes
and say, "Here's a good seat for you," but say
to the poor man, "You stand there" or "Sit
4 on the floor by my feet," ●have you not dis-
criminated among yourselves and become

create [kriéit] *vt.* 창조하다
deceive [disíːv] *vt.* 속이다
discriminate [diskrímənèit] *vi.* 구별하다
favoritism [féivəritìzm] *n.* 편애
fullgrown [fúlgróun] *a.* 성숙한
immediately [imíːdiətli] *ad.* 곧
intently [inténtli] *ad.* 오로지
merely [míərli] *ad.* 단지
moral [mɔ́ːrəl] *a.* 도덕의
pollute [pəlúːt] *vt.* 더럽히다
prevalent [prévələnt] *a.* 만연한
rein [rein] *n.* 고삐
religious [rilídʒəs] *a.* 종교적인
shifting [ʃíftiŋ] *a.* 이동하는
tight [tait] *a.* 단단한

1:19 take note of...: …에 주의하다
1:21 get rid of...: …를 제거하다
1:27 look after: 돌보다
1:27 keep from -ing: …하는 것을 막다
2:3 show attention to...: …에 관심을 보이다

단하는 자가 되는 것이 아니냐
5 내 사랑하는 형제들아 들을지어다 하나님이 세상에서 가난한 자를 택하사 믿음에 부요하게 하시고 또 자기를 사랑하는 자들에게 약속하신 나라를 상속으로 받게 하지 아니하셨느냐
6 너희는 도리어 가난한 자를 업신여겼도다 부자는 너희를 억압하며 법정으로 끌고 가지 아니하느냐
7 그들은 너희에게 대하여 일컫는 바 그 아름다운 이름을 비방하지 아니하느냐
8 너희가 만일 성경에 기록된 대로 ᄀ네 이웃 사랑하기를 네 몸과 같이 하라 하신 최고의 법을 지키면 잘하는 것이거니와
9 만일 너희가 사람을 차별하여 대하면 죄를 짓는 것이니 율법이 너희를 범법자로 정죄하리라
10 누구든지 온 율법을 지키다가 그 하나를 범하면 모두 범한 자가 되나니
11 ᄂ간음하지 말라 하신 이가 또한 살인하지 말라 하셨은즉 네가 비록 간음하지 아니하여도 살인하면 율법을 범한 자가 되느니라
12 너희는 자유의 율법대로 심판받을 자처럼 말도 하고 행하기도 하라
13 긍휼을 행하지 아니하는 자에게는 긍휼 없는 심판이 있으리라 긍휼은 심판을 이기고 자랑하느니라

행함이 없는 믿음은 죽은 것

14 ●내 형제들아 만일 사람이 믿음이 있노라 하고 행함이 없으면 무슨 유익이 있으리요 그 믿음이 능히 자기를 구원하겠느냐
15 만일 형제나 자매가 헐벗고 일용할 양식이 없는데
16 너희 중에 누구든지 그에게 이르되 평안히 가라, 덥게 하라, 배부르게 하라 하며 그 몸에 쓸 것을 주지 아니하면 무슨 유익이 있으리요
17 이와 같이 행함이 없는 믿음은 그 자체가 죽은 것이라
18 어떤 사람은 말하기를 너는 믿음이 있고 나는 행함이 있으니 행함이 없는 네 믿음을 내게 보이라 나는 행함으로 내 믿음을 네게 보이리라 하리라
19 네가 하나님은 한 분이신 줄을 믿느냐 잘하는도다 귀신들도 믿고 떠느니라
20 아아 허탄한 사람아 행함이 없는 믿음이 헛것인 줄을 알고자 하느냐
21 우리 조상 아브라함이 그 아들 이삭을 제단에

judges with evil thoughts?
5 ●Listen, my dear brothers and sisters:
Has not God chosen those who are poor in
the eyes of the world to be rich in faith and
to inherit the kingdom he promised those
6 who love him? ●But you have dishonored
the poor. Is it not the rich who are exploit-
ing you? Are they not the ones who are
7 dragging you into court? ●Are they not the
ones who are blaspheming the noble
name of him to whom you belong?
8 ●If you really keep the royal law found
in Scripture, "Love your neighbor as your-
9 self,"[a] you are doing right. ●But if you
show favoritism, you sin and are convicted
10 by the law as lawbreakers. ●For whoever
keeps the whole law and yet stumbles at
just one point is guilty of breaking all of it.
11 ●For he who said, "You shall not commit
adultery,"[b] also said, "You shall not mur-
der."[c] If you do not commit adultery but
do commit murder, you have become a
lawbreaker.
12 ●Speak and act as those who are going
to be judged by the law that gives freedom,
13 ●because judgment without mercy will
be shown to anyone who has not been
merciful. Mercy triumphs over judgment.

Faith and Deeds

14 ●What good is it, my brothers and sis-
ters, if someone claims to have faith but
has no deeds? Can such faith save them?
15 ●Suppose a brother or a sister is without
16 clothes and daily food. ●If one of you says
to them, "Go, in peace; keep warm and
well fed," but does nothing about their
17 physical needs, what good is it? ●In the
same way, faith by itself, if it is not accom-
panied by action, is dead.
18 ●But someone will say, "You have faith;
I have deeds."
Show me your faith without deeds, and
I will show you my faith by my deeds.
19 ●You believe that there is one God. Good!
Even the demons believe that—and shud-
der.
20 ●You foolish person, do you want evi-
dence that faith without deeds is useless[d]?
21 ●Was not our father Abraham considered

[a] *8* Lev. 19:18 [b] *11* Exodus 20:14; Deut. 5:18 [c] *11* Exodus 20:13; Deut. 5:17 [d] *20* Some early manuscripts *dead* ㄱ. 레 19:18 ㄴ. 출 20:13,14; 신 5:17

accompany [əkʌmpəni] *vt.* 동반하다
blaspheme [blæsfíːm] *vt.* 모욕하다
claim [kleim] *vt.* 주장하다
commit [kəmít] *vt.* 저지르다
convict [kənvíkt] *vt.* 정죄하다
deed [diːd] *n.* 행위
demon [díːmən] *n.* 귀신
exploit [iksplɔ́it] *vt.* 착취하다
feed [fiːd] *n.* 식사
inherit [inhérit] *vt.* 상속하다
lawbreaker [lɔ́ːbrèikər] *n.* 범법자
scripture [skríptʃər] *n.* 성경
shudder [ʃʌdər] *vi.* 떨다
stumble [stʌmbl] *vi.* 실수하다
suppose [səpóuz] *vt.* 가정하다

2:5 in the eyes of...: …이 보는 바로는
2:6 drag into: 끌고 가다
2:10 be guilty of...: …의 죄를 범하다
2:11 commit adultery: 간음하다
2:13 triumph over: 이기다
2:17 by itself: 자체로

바칠 때에 행함으로 의롭다 하심을 받은 것
이 아니냐
22 네가 보거니와 믿음이 그의 행함과 함께 일
하고 행함으로 믿음이 온전하게 되었느니라
23 이에 성경에 이른 바 ᄀ아브라함이 하나님
을 믿으니 이것을 의로 여기셨다는 말씀이
이루어졌고 그는 하나님의 벗이라 칭함을
받았나니
24 이로 보건대 사람이 행함으로 의롭다 하심
을 받고 믿음으로만은 아니니라
25 또 이와 같이 기생 라합이 사자들을 접대하
여 다른 길로 나가게 할 때에 행함으로 의롭
다 하심을 받은 것이 아니냐
26 영혼 없는 몸이 죽은 것같이 행함이 없는 믿
음은 죽은 것이니라

말에 실수가 없도록 하라 (♪ 36, 426장)

3 내 형제들아 너희는 선생된 우리가 더 큰
심판을 받을 줄 알고 선생이 많이 되지 말
라
2 우리가 다 실수가 많으니 만일 말에 실수가
없는 자라면 곧 온전한 사람이라 능히 온 몸
도 굴레 씌우리라
3 우리가 말들의 입에 [1]재갈 물리는 것은 우리
에게 순종하게 하려고 그 온몸을 제어하는
것이라
4 또 배를 보라 그렇게 크고 광풍에 밀려가는
것들을 지극히 작은 키로써 사공의 뜻대로
운행하나니
5 이와 같이 혀도 작은 지체로되 큰 것을 자랑
하도다 보라 얼마나 작은 불이 얼마나 [2]많
은 나무를 태우는가
잠 12:18
6 혀는 곧 불이요 불의의 세계라 혀는 우리
지체 중에서 온몸을 더럽히고 삶의 수레바
퀴를 불사르나니 그 사르는 것이 지옥 불에
서 나느니라
7 여러 종류의 짐승과 새와 벌레와 바다의 생
물은 다 사람이 길들일 수 있고 길들여 왔거
니와
8 혀는 능히 길들일 사람이 없나니 쉬지 아니
하는 악이요 죽이는 독이 가득한 것이라
9 이것으로 우리가 주 아버지를 찬송하고 또
이것으로 하나님의 형상대로 지음을 받은
사람을 저주하나니
창 1:26
10 한 입에서 찬송과 저주가 나오는도다 내 형
제들아 이것이 마땅하지 아니하니라
11 샘이 한 구멍으로 어찌 단 물과 쓴 물을 내
겠느냐

righteous for what he did when he offered
22 his son Isaac on the altar? •You see that his
faith and his actions were working together,
and his faith was made complete by what
23 he did. •And the scripture was fulfilled that
says, "Abraham believed God, and it was
credited to him as righteousness,"[a] and he
24 was called God's friend. •You see that a per-
son is considered righteous by what they do
and not by faith alone.
25 •In the same way, was not even Rahab
the prostitute considered righteous for what
she did when she gave lodging to the spies
and sent them off in a different direction?
26 •As the body without the spirit is dead, so
faith without deeds is dead.

Taming the Tongue

3 Not many of you should become teach-
ers, my fellow believers, because you
know that we who teach will be judged
2 more strictly. •We all stumble in many
ways. Anyone who is never at fault in what
they say is perfect, able to keep their whole
body in check.
3 •When we put bits into the mouths of
horses to make them obey us, we can turn
4 the whole animal. •Or take ships as an
example. Although they are so large and are
driven by strong winds, they are steered by
a very small rudder wherever the pilot
5 wants to go. •Likewise, the tongue is a small
part of the body, but it makes great boasts.
Consider what a great forest is set on fire by
6 a small spark. •The tongue also is a fire, a
world of evil among the parts of the body. It
corrupts the whole body, sets the whole
course of one's life on fire, and is itself set on
fire by hell.
7 •All kinds of animals, birds, reptiles and
sea creatures are being tamed and have been
8 tamed by mankind, •but no human being
can tame the tongue. It is a restless evil, full
of deadly poison.
9 •With the tongue we praise our Lord and
Father, and with it we curse human beings,
who have been made in God's likeness.
10 •Out of the same mouth come praise and
cursing. My brothers and sisters, this should
11 not be. •Can both fresh water and salt water

a23 Gen. 15:6

1) 헬, 굴레 씌우는 것은 2) 또는 큰 수풀을 ㄱ. 사 41:8; 대하 20:7

altar [ɔ́:ltər] *n.* 제단
corrupt [kərʌ́pt] *vt.* 타락시키다
creature [krí:tʃər] *n.* 생물
curse [kə:rs] *n.* 저주
deadly [dédli] *a.* 치명적인
lodging [ládʒiŋ] *n.* 숙박
pilot [páilət] *n.* 키잡이
prostitute [prástətjù:t] *n.* 창기
reptile [réptil] *n.* 파충류
rudder [rʌ́dər] *n.* 키
spark [spa:rk] *n.* 불꽃
spy [spai] *n.* 정탐꾼
steer [stiər] *vt.* 조종하다
strictly [stríktli] *ad.* 엄격히
tame [teim] *vt.* 길들이다

2:25 in the same way: 이와 마찬가지로
2:25 send off: 보내다
3:2 keep in check: 막다, 저지하다
3:5 set on fire: 불을 지르다
3:7 all kinds of: 모든 종류의
3:8 be full of...: …로 가득차다

12 내 형제들아 어찌 무화과나무가 감람 열매를, 포도나무가 무화과를 맺겠느냐 이와 같이 짠 물이 단 물을 내지 못하느니라

위로부터 난 지혜

13 ● 너희 중에 지혜와 총명이 있는 자가 누구냐 그는 선행으로 말미암아 지혜의 온유함으로 그 행함을 보일지니라

14 그러나 너희 마음속에 독한 시기와 다툼이 있으면 자랑하지 말라 진리를 거슬러 거짓말하지 말라

15 이러한 지혜는 위로부터 내려온 것이 아니요 땅 위의 것이요 정욕의 것이요 귀신의 것이니

16 시기와 다툼이 있는 곳에는 혼란과 모든 악한 일이 있음이라

17 오직 위로부터 난 지혜는 첫째 성결하고 다음에 화평하고 관용하고 양순하며 긍휼과 선한 열매가 가득하고 편견과 거짓이 없나니

18 화평하게 하는 자들은 화평으로 심어 의의 열매를 거두느니라

세상과 벗하지 말라 (♪ 149, 348장)

4 너희 중에 싸움이 어디로부터 다툼이 어디로부터 나느냐 너희 지체 중에서 싸우는 정욕으로부터 나는 것이 아니냐

2 너희는 욕심을 내어도 얻지 못하여 살인하며 시기하여도 능히 취하지 못하므로 다투고 싸우는도다 너희가 얻지 못함은 구하지 아니하기 때문이요

3 구하여도 받지 못함은 정욕으로 쓰려고 잘못 구하기 때문이라

4 [1]간음한 여인들아 세상과 벗된 것이 하나님과 원수 됨을 알지 못하느냐 그런즉 누구든지 세상과 벗이 되고자 하는 자는 스스로 하나님과 원수 되는 것이니라 요 15:19

5 너희는 하나님이 우리 속에 거하게 하신 성령이 시기하기까지 사모한다 하신 말씀을 헛된 줄로 생각하느냐

6 그러나 더욱 큰 은혜를 주시나니 그러므로 일렀으되 ㄱ하나님이 교만한 자를 물리치시고 겸손한 자에게 은혜를 주신다 하였느니라

7 그런즉 너희는 하나님께 복종할지어다 마귀를 대적하라 그리하면 너희를 피하리라

8 하나님을 가까이하라 그리하면 너희를 가까이하시리라 죄인들아 손을 깨끗이 하라 두 마음을 품은 자들아 마음을 성결하게 하라

12 flow from the same spring? ●My brothers
and sisters, can a fig tree bear olives, or a
grapevine bear figs? Neither can a salt spring
produce fresh water.

Two Kinds of Wisdom

13 ●Who is wise and understanding among
you? Let them show it by their good life, by
deeds done in the humility that comes from
14 wisdom. ●But if you harbor bitter envy and
selfish ambition in your hearts, do not boast
15 about it or deny the truth. ●Such "wisdom"
does not come down from heaven but is
16 earthly, unspiritual, demonic. ●For where
you have envy and selfish ambition, there
you find disorder and every evil practice.
17 ●But the wisdom that comes from heaven is first of all pure; then peace-loving, considerate, submissive, full of mercy and good
18 fruit, impartial and sincere. ●Peacemakers
who sow in peace reap a harvest of righteousness.

Submit Yourselves to God

4 What causes fights and quarrels among
you? Don't they come from your de-
2 sires that battle within you? ●You desire but
do not have, so you kill. You covet but you
cannot get what you want, so you quarrel
and fight. You do not have because you do
3 not ask God. ●When you ask, you do not
receive, because you ask with wrong motives, that you may spend what you get on
your pleasures.
4 ●You adulterous people,[a] don't you know
that friendship with the world means enmity against God? Therefore, anyone who
chooses to be a friend of the world becomes
5 an enemy of God. ●Or do you think Scripture says without reason that he jealously
longs for the spirit he has caused to dwell in
6 us[b]? ●But he gives us more grace. That is
why Scripture says:

"God opposes the proud
but shows favor to the humble."[c]

7 ●Submit yourselves, then, to God. Resist
8 the devil, and he will flee from you. ●Come
near to God and he will come near to you.
Wash your hands, you sinners, and purify

[a]4 An allusion to covenant unfaithfulness; see Hosea 3:1. [b]5 Or *that the spirit he caused to dwell in us envies intensely;* or *that the Spirit he caused to dwell in us longs jealously* [c]6 Prov. 3:34

1) 또는 간음한 사람들아 ㄱ. 잠 3:34

adulterous [ədʌ́ltərəs] *a.* 간음하는
ambition [æmbíʃən] *n.* 야심, 야망
considerate [kənsídərət] *a.* 이해심(동정심)이 있는
covet [kʌ́vit] *vt.* 탐내다
demonic [dimánik] *a.* 귀신들린
deny [dinái] *vt.* 거부하다, 부인하다
enmity [énməti] *n.* 적의
fig [fig] *n.* 무화과
grapevine [gréipvàin] *n.* 포도 덩굴
harbor [há:rbər] *vt.* 품다
impartial [impá:rʃəl] *a.* 공평한
oppose [əpóuz] *vt.* 대항하다
quarrel [kwɔ́:rəl] *n.* 다툼
resist [rizíst] *vt.* 저항하다
submissive [səbmísiv] *a.* 복종하는

3:14 boast about...: …을 자랑하다
3:15 come down: 내려오다
3:18 in peace: 편안히
4:5 long for: 열망하다
4:7 flee from...: …에서 달아나다
4:8 near to...: …에 가까운

9 슬퍼하며 애통하며 울지어다 너희 웃음을
애통으로, 너희 즐거움을 근심으로 바꿀지
어다
10 주 앞에서 낮추라 그리하면 주께서 너희를
높이시리라

서로 비방하지 말라

11 ●형제들아 서로 비방하지 말라 형제를 비
방하는 자나 형제를 판단하는 자는 곧 율법
을 비방하고 율법을 판단하는 것이라 네가
만일 율법을 판단하면 율법의 준행자가 아
니요 재판관이로다
12 입법자와 재판관은 오직 한 분이시니 능히
구원하기도 하시며 멸하기도 하시느니라 너
는 누구이기에 이웃을 판단하느냐

허탄한 생각을 경고하다

13 ●들으라 너희 중에 말하기를 오늘이나 내
일이나 우리가 어떤 도시에 가서 거기서 일
년을 머물며 장사하여 이익을 보리라 하는
자들아
14 내일 일을 너희가 알지 못하는도다 너희 생
명이 무엇이냐 너희는 잠깐 보이다가 없어
지는 안개니라
15 너희가 도리어 말하기를 주의 뜻이면 우리
가 살기도 하고 이것이나 저것을 하리라 할
것이거늘
16 이제도 너희가 허탄한 자랑을 하니 그러한
자랑은 다 악한 것이라 고전 5:6
17 그러므로 사람이 선을 행할 줄 알고도 행하
지 아니하면 죄니라

부한 자에게 주는 경고 (♪ 418, 591장)

5 들으라 부한 자들아 너희에게 임할 고생
으로 말미암아 울고 통곡하라
2 너희 재물은 썩었고 너희 옷은 좀먹었으며
3 너희 금과 은은 녹이 슬었으니 이 녹이 너희
에게 증거가 되며 불같이 너희 살을 먹으리
라 너희가 말세에 재물을 쌓았도다
4 보라 너희 밭에서 추수한 품꾼에게 주지 아
니한 삯이 소리 지르며 그 추수한 자의 우는
소리가 만군의 주의 귀에 들렸느니라
5 너희가 땅에서 사치하고 방종하여 살륙의
날에 너희 마음을 살찌게 하였도다 암 6:1
6 너희는 의인을 정죄하고 죽였으나 그는 너
희에게 대항하지 아니하였느니라

인내와 기도

7 ●그러므로 형제들아 주께서 강림하시기까
지 길이 참으라 보라 농부가 땅에서 나는 귀

9 your hearts, you double-minded. •Grieve,
mourn and wail. Change your laughter to
10 mourning and your joy to gloom. •Humble
yourselves before the Lord, and he will lift
you up.
11 •Brothers and sisters, do not slander one
another. Anyone who speaks against a
brother or sister[a] or judges them speaks
against the law and judges it. When you
judge the law, you are not keeping it, but sit-
12 ting in judgment on it. •There is only one
Lawgiver and Judge, the one who is able to
save and destroy. But you—who are you to
judge your neighbor?

Boasting About Tomorrow

13 •Now listen, you who say, "Today or to-
morrow we will go to this or that city, spend
a year there, carry on business and make
14 money." •Why, you do not even know
what will happen tomorrow. What is your
life? You are a mist that appears for a little
15 while and then vanishes. •Instead, you
ought to say, "If it is the Lord's will, we will
16 live and do this or that." •As it is, you boast
in your arrogant schemes. All such boasting
17 is evil. •If anyone, then, knows the good
they ought to do and doesn't do it, it is sin
for them.

Warning to Rich Oppressors

5 Now listen, you rich people, weep and
wail because of the misery that is com-
2 ing on you. •Your wealth has rotted, and
3 moths have eaten your clothes. •Your gold
and silver are corroded. Their corrosion will
testify against you and eat your flesh like
fire. You have hoarded wealth in the last
4 days. •Look! The wages you failed to pay
the workers who mowed your fields are cry-
ing out against you. The cries of the har-
vesters have reached the ears of the Lord
5 Almighty. •You have lived on earth in lux-
ury and self-indulgence. You have fattened
6 yourselves in the day of slaughter.[b] •You
have condemned and murdered the inno-
cent one, who was not opposing you.

Patience in Suffering

7 •Be patient, then, brothers and sisters,
until the Lord's coming. See how the farmer

[a] *11* The Greek word for *brother or sister* (*adelphos*) refers here to a believer, whether man or woman, as part of God's family. [b] *5* Or *yourselves as in a day of feasting*

corrode [kəróud] *vi.* 부식하다
fatten [fǽtn] *vt.* 살찌우다
gloom [glu:m] *n.* 어둠, 침울
grieve [gri:v] *vi.* 슬퍼하다
hoard [hɔ:rd] *vt.* 저장하다
humble [hʌ́mbl] *vt.* (스스로를) 낮추다
indulgence [indʌ́ldʒəns] *n.* 방탕, 방종
lawgiver [lɔ́:gìvər] *n.* 입법자
misery [mízəri] *n.* 비참, 불행
moth [mɔ:θ] *n.* 나방
mow [mou] *vi.* 베다
rot [rat] *vi.* 썩다
slander [slǽndər] *vi.* 중상하다
slaughter [slɔ́:tər] *n.* 도살
vanish [vǽniʃ] *vi.* 사라지다

4:11 speak against...: …에 반대 발언을 하다
4:11 sit in judgment on...: …에 대하여 판단을 내리다, …을 재판하다
4:13 carry on...: …을 계속하다
4:13 make money: 돈을 벌다

한 열매를 바라고 길이 참아 이른 비와 늦은
비를 기다리나니
8 너희도 길이 참고 마음을 굳건하게 하라 주
의 강림이 가까우니라
9 형제들아 서로 원망하지 말라 그리하여야 심
판을 면하리라 보라 심판주가 문밖에 서 계
시니라
10 형제들아 주의 이름으로 말한 선지자들을
고난과 오래 참음의 본으로 삼으라 대하 36:16
11 보라 인내하는 자를 우리가 복되다 하나니
너희가 욥의 인내를 들었고 주께서 주신 결
말을 보았거니와 주는 가장 자비하시고 긍
휼히 여기시는 이시니라
12 ●내 형제들아 무엇보다도 맹세하지 말지니
하늘로나 땅으로나 아무 다른 것으로도 맹
세하지 말고 오직 너희가 그렇다고 생각하
는 것은 그렇다 하고 아니라고 생각하는 것
은 아니라 하여 정죄 받음을 면하라
13 ●너희 중에 고난 당하는 자가 있느냐 그는
기도할 것이요 즐거워하는 자가 있느냐 그
는 찬송할지니라 시 50:15
14 너희 중에 병든 자가 있느냐 그는 교회의 장
로들을 청할 것이요 그들은 주의 이름으로
기름을 바르며 그를 위하여 기도할지니라
15 믿음의 기도는 병든 자를 구원하리니 주께
서 그를 일으키시리라 혹시 죄를 범하였을
지라도 사하심을 받으리라
16 그러므로 너희 죄를 서로 고백하며 병이 낫
기를 위하여 서로 기도하라 의인의 간구는
역사하는 힘이 큼이니라
17 엘리야는 우리와 성정이 같은 사람이로되
그가 비가 오지 않기를 간절히 기도한즉
삼 년 육 개월 동안 땅에 비가 오지 아니하
고 눅 4:25
18 다시 기도하니 하늘이 비를 주고 땅이 열매
를 맺었느니라
19 ●내 형제들아 너희 중에 미혹되어 진리를
떠난 자를 누가 돌아서게 하면
20 너희가 알 것은 죄인을 미혹된 길에서 돌아
서게 하는 자가 그의 영혼을 사망에서 구원
할 것이며 허다한 죄를 덮을 것임이라

waits for the land to yield its valuable crop,
patiently waiting for the autumn and spring
8 rains. •You too, be patient and stand firm,
9 because the Lord's coming is near. •Don't
grumble against one another, brothers and
sisters, or you will be judged. The Judge is
standing at the door!
10 •Brothers and sisters, as an example of
patience in the face of suffering, take the
prophets who spoke in the name of the
11 Lord. •As you know, we count as blessed
those who have persevered. You have heard
of Job's perseverance and have seen what
the Lord finally brought about. The Lord
is full of compassion and mercy.
12 •Above all, my brothers and sisters, do
not swear — not by heaven or by earth or by
anything else. All you need to say is a sim-
ple "Yes" or "No." Otherwise you will be con-
demned.

The Prayer of Faith

13 •Is anyone among you in trouble? Let
them pray. Is anyone happy? Let them sing
14 songs of praise. •Is anyone among you sick?
Let them call the elders of the church to
pray over them and anoint them with oil
15 in the name of the Lord. •And the prayer
offered in faith will make the sick person
well; the Lord will raise them up. If they
16 have sinned, they will be forgiven. •There-
fore confess your sins to each other and pray
for each other so that you may be healed.
The prayer of a righteous person is powerful
and effective.
17 •Elijah was a human being, even as we
are. He prayed earnestly that it would not
rain, and it did not rain on the land for three
18 and a half years. •Again he prayed, and the
heavens gave rain, and the earth produced
its crops.
19 •My brothers and sisters, if one of you
should wander from the truth and someone
20 should bring that person back, •remem-
ber this: Whoever turns a sinner from the
error of their way will save them from death
and cover over a multitude of sins.

anoint [ənɔ́int] *vt.* 기름 붓다
compassion [kəmpǽʃən] *n.* 동정
condemn [kəndém] *vt.* 비난하다
confess [kənfés] *vt.* 고백하다
crop [krap] *n.* 작물
earnestly [ə́:rnistli] *ad.* 진정으로
effective [iféktiv] *a.* 효과있는
elder [éldər] *n.* 장로
example [igzǽmpl] *n.* 본보기
heal [hi:l] *vt.* 치유되다
multitude [mʌ́ltətjù:d] *n.* 다수
offer [ɔ́:fər] *vt.* (기도를) 드리다
patient [péiʃənt] *a.* 참을성 있는
persevere [pə̀:rsəvíər] *vi.* 인내하다
valuable [vǽljuəbl] *a.* 귀중한

5:8 stand firm: 굳건히 서다
5:10 in the face of...: …에도 불구하고, …에 직면하여
5:12 above all: 무엇보다도
5:19 wander from...: …에서 벗어나다
5:20 save... from~: ~에서 …를 구하다

1 Peter | 베드로전서

● 저자 _ 베드로 ● 저작 연대 _ A.D. 64–65년경 ● 기록 장소 _ 로마 또는 바벨론
● 기록 대상 _ 소아시아에 흩어져 있는 그리스도인들
● 저작 목적 _ 극심한 박해를 받고 있는 그리스도인들을 위로하고 격려하기 위해 기록했다.

신자들이 겪는 시련과 고통이 그들에게 영적인 영광을 안겨다 주는 축복의 기회라고 강조한다.

인사

1 예수 그리스도의 사도 베드로는 본도, 갈라
디아, 갑바도기아, 아시아와 비두니아에 흩
어진 나그네
행 2:5, 9
2 곧 하나님 아버지의 미리 아심을 따라 성령이
거룩하게 하심으로 순종함과 예수 그리스도
의 피 뿌림을 얻기 위하여 택하심을 받은 자들
에게 편지하노니 은혜와 평강이 너희에게 더
욱 많을지어다

산 소망 (♪ 159, 337, 538장)

3 ●우리 주 예수 그리스도의 아버지 하나님을
찬송하리로다 그의 많으신 긍휼대로 예수 그
리스도를 죽은 자 가운데서 부활하게 하심으
로 말미암아 우리를 거듭나게 하사 산 소망이
있게 하시며
4 썩지 않고 더럽지 않고 쇠하지 아니하는 유업
을 잇게 하시나니 곧 너희를 위하여 하늘에 간
직하신 것이라
5 너희는 말세에 나타내기로 예비하신 구원을
얻기 위하여 믿음으로 말미암아 하나님의 능
력으로 보호하심을 받았느니라
6 그러므로 너희가 이제 여러 가지 시험으로 말
미암아 잠깐 근심하게 되지 않을 수 없으나 오
히려 크게 기뻐하는도다
7 너희 믿음의 확실함은 불로 연단하여도 없어
질 금보다 더 귀하여 예수 그리스도께서 나타
나실 때에 칭찬과 영광과 존귀를 얻게 할 것이
니라
8 예수를 너희가 보지 못하였으나 사랑하는도
다 이제도 보지 못하나 믿고 말할 수 없는 영
광스러운 즐거움으로 기뻐하니
9 믿음의 결국 곧 영혼의 구원을 받음이라
10 이 구원에 대하여는 너희에게 임할 은혜를 예
언하던 선지자들이 연구하고 부지런히 살펴서
11 자기 속에 계신 그리스도의 영이 그 받으실 고
난과 후에 받으실 영광을 미리 증언하여 누구
를 또는 어떠한 때를 지시하시는지 상고하니라
12 이 섬긴 바가 자기를 위한 것이 아니요 너희를
위한 것임이 계시로 알게 되었으니 이것은 하
늘로부터 보내신 성령을 힘입어 복음을 전하
는 자들로 이제 너희에게 알린 것이요 천사들
도 살펴 보기를 원하는 것이니라
엡 3:10

1 Peter, an apostle of Jesus Christ,

To God's elect, exiles scattered throughout
the provinces of Pontus, Galatia, Cappado-
2 cia, Asia and Bithynia, ●who have been cho-
sen according to the foreknowledge of God
the Father, through the sanctifying work of
the Spirit, to be obedient to Jesus Christ and
sprinkled with his blood:

Grace and peace be yours in abundance.

Praise to God for a Living Hope

3 ●Praise be to the God and Father of our
Lord Jesus Christ! In his great mercy he has
given us new birth into a living hope through
the resurrection of Jesus Christ from the dead,
4 ●and into an inheritance that can never
perish, spoil or fade. This inheritance is kept
5 in heaven for you, ●who through faith are
shielded by God's power until the coming of
the salvation that is ready to be revealed in
6 the last time. ●In all this you greatly rejoice,
though now for a little while you may have
7 had to suffer grief in all kinds of trials. ●These
have come so that the proven genuineness
of your faith—of greater worth than gold,
which perishes even though refined by fire—
may result in praise, glory and honor when
8 Jesus Christ is revealed. ●Though you have
not seen him, you love him; and even though
you do not see him now, you believe in him
and are filled with an inexpressible and glori-
9 ous joy, ●for you are receiving the end result
of your faith, the salvation of your souls.
10 ●Concerning this salvation, the prophets,
who spoke of the grace that was to come to
you, searched intently and with the greatest
11 care, ●trying to find out the time and circum-
stances to which the Spirit of Christ in them
was pointing when he predicted the sufferings
of the Messiah and the glories that would fol-
12 low. ●It was revealed to them that they were
not serving themselves but you, when they
spoke of the things that have now been told
you by those who have preached the gospel to
you by the Holy Spirit sent from heaven. Even
angels long to look into these things.

모든 행실에 거룩한 자가 되라 (♪229, 257, 266장)

13 ●그러므로 너희 마음의 허리를 동이고 근신
하여 예수 그리스도께서 나타나실 때에 너희
에게 가져다 주실 은혜를 온전히 바랄지어다
14 너희가 순종하는 자식처럼 전에 알지 못할 때
에 따르던 너희 사욕을 본받지 말고
15 오직 너희를 부르신 거룩한 이처럼 너희도 모
든 행실에 거룩한 자가 되라
16 기록되었으되 ㄱ내가 거룩하니 너희도 거룩할
지어다 하셨느니라
17 외모로 보시지 않고 각 사람의 행위대로 심판
하시는 이를 너희가 아버지라 부른즉 너희가
나그네로 있을 때를 두려움으로 지내라
18 너희가 알거니와 너희 조상이 물려 준 헛된
행실에서 대속함을 받은 것은 은이나 금같이
1)없어질 것으로 된 것이 아니요
19 오직 흠 없고 점 없는 어린양 같은 그리스도의
보배로운 피로 된 것이니라
20 그는 창세 전부터 미리 알린 바 되신 이나 이
말세에 너희를 위하여 나타내신 바 되었으니
21 너희는 그를 죽은 자 가운데서 살리시고 영광
을 주신 하나님을 그리스도로 말미암아 믿는
자니 너희 믿음과 소망이 하나님께 있게 하셨
느니라
22 너희가 진리를 순종함으로 너희 영혼을 깨끗
하게 하여 거짓이 없이 형제를 사랑하기에 이
르렀으니 마음으로 뜨겁게 서로 사랑하라
23 너희가 거듭난 것은 썩어질 씨로 된 것이 아
니요 썩지 아니할 씨로 된 것이니 살아 있고
항상 있는 하나님의 말씀으로 되었느니라
24 그러므로
ㄴ모든 육체는 풀과 같고 그 모든 영광은 풀의
꽃과 같으니 풀은 마르고 꽃은 떨어지되
25 오직 주의 말씀은 세세토록 있도다
하였으니 너희에게 전한 복음이 곧 이 말씀이
니라

산 돌과 하나님의 백성 (♪8, 31장)

2 그러므로 모든 악독과 모든 기만과 외식과
시기와 모든 비방하는 말을 버리고
2 갓난 아기들같이 순전하고 신령한 젖을 사모
하라 이는 그로 말미암아 너희로 구원에 이르
도록 자라게 하려 함이라
3 너희가 주의 인자하심을 맛보았으면 그리하라
4 사람에게는 버린 바가 되었으나 하나님께는
택하심을 입은 보배로운 산 돌이신 예수께 나
아가
5 너희도 산 돌같이 신령한 집으로 세워지고 예

Be Holy

13 ●Therefore, with minds that are alert and
fully sober, set your hope on the grace to be
brought to you when Jesus Christ is revealed
14 at his coming. ●As obedient children, do not
conform to the evil desires you had when you
15 lived in ignorance. ●But just as he who called
16 you is holy, so be holy in all you do; ●for it
is written: "Be holy, because I am holy."[a]
17 ●Since you call on a Father who judges
each person's work impartially, live out your
18 time as foreigners here in reverent fear. ●For
you know that it was not with perishable
things such as silver or gold that you were
redeemed from the empty way of life hand-
19 ed down to you from your ancestors, ●but
with the precious blood of Christ, a lamb
20 without blemish or defect. ●He was chosen
before the creation of the world, but was
revealed in these last times for your sake.
21 ●Through him you believe in God, who
raised him from the dead and glorified him,
and so your faith and hope are in God.
22 ●Now that you have purified yourselves
by obeying the truth so that you have sincere
love for each other, love one another deeply,
23 from the heart.[b] ●For you have been born
again, not of perishable seed, but of imper-
ishable, through the living and enduring
24 word of God. ●For,

"All people are like grass,
and all their glory is like the flowers of
the field;
the grass withers and the flowers fall,
25 ● but the word of the Lord endures
forever."[c]

And this is the word that was preached to
you.

2 Therefore, rid yourselves of all malice
and all deceit, hypocrisy, envy, and slan-
2 der of every kind. ●Like newborn babies,
crave pure spiritual milk, so that by it you
3 may grow up in your salvation, ●now that
you have tasted that the Lord is good.

The Living Stone and a Chosen People

4 ●As you come to him, the living Stone—
rejected by humans but chosen by God and
5 precious to him—●you also, like living

[a]16 Lev. 11:44,45; 19:2 [b]22 Some early manuscripts *from a pure heart* [c]25 Isaiah 40:6-8 (see Septuagint)

1) 헬, 썩어질 것으로 ㄱ. 레 11:44; 19:2; 20:7 ㄴ. 사 40:6 이하

blemish [blémiʃ] *n.* 흠
defect [dí:fekt] *n.* 결점, 결함
ignorance [ígnərəns] *n.* 무지
impartially [impá:rʃəli] *ad.* 공평하게
imperishable [impériʃəbl] *a.* 불멸의
malice [mǽlis] *n.* 악의
perishable [périʃəbl] *a.* 소멸하기 쉬운
preach [pri:tʃ] *vi.* 설교하다
precious [préʃəs] *a.* 귀중한
redeem [ridí:m] *vt.* 구속(救贖)하다
reverent [révərənt] *a.* 경건한
salvation [sælvéiʃən] *n.* 구원
sincere [sinsíər] *a.* 진실한
sober [sóubər] *a.* 술 취하지 않은
spiritual [spíritʃuəl] *a.* 영적인

1:14 conform to...: …를 따르다
1:15 just as... so~: …하듯이 ~하다
1:20 for one's sake: …를 위하여
1:22 now that...: …이니까, …이므로
2:1 rid oneself of...: …를 제거하다
2:2 grow up: 성장하다

수 그리스도로 말미암아 하나님이 기쁘게 받
으실 신령한 제사를 드릴 거룩한 제사장이 될
지니라
6 성경에 기록되었으되
[ㄱ]보라 내가 택한 보배로운 모퉁잇돌을 시온
에 두노니 그를 믿는 자는 부끄러움을 당하
지 아니하리라
하였으니
7 그러므로 믿는 너희에게는 보배이나 믿지 아
니하는 자에게는
[ㄴ]건축자들이 버린 그 돌이 모퉁이의 머릿돌
이 되고
8 또한
[ㄷ]부딪치는 돌과 걸려 넘어지게 하는 바위가
되었다
하였느니라 그들이 말씀을 순종하지 아니하
므로 넘어지나니 이는 그들을 이렇게 정하신
것이라
9 그러나 너희는 택하신 족속이요 왕 같은 제사
장들이요 거룩한 나라요 그의 소유가 된 백성
이니 이는 너희를 어두운 데서 불러내어 그의
기이한 빛에 들어가게 하신 이의 아름다운 덕
을 선포하게 하려 하심이라
10 너희가 전에는 백성이 아니더니 이제는 하나
님의 백성이요 전에는 긍휼을 얻지 못하였더
니 이제는 긍휼을 얻은 자니라

하나님의 종과 같이 하라 (♪479, 485장)

11 ●사랑하는 자들아 거류민과 나그네 같은 너
희를 권하노니 영혼을 거슬러 싸우는 육체의
정욕을 제어하라
12 너희가 이방인 중에서 행실을 선하게 가져 너
희를 악행한다고 비방하는 자들로 하여금 너
희 선한 일을 보고 [1)]오시는 날에 하나님께 영
광을 돌리게 하려 함이라
13 ●인간의 모든 제도를 주를 위하여 순종하되
혹은 위에 있는 왕이나 롬 13:1
14 혹은 그가 악행하는 자를 징벌하고 선행하는
자를 포상하기 위하여 보낸 총독에게 하라
15 곧 선행으로 어리석은 사람들의 무식한 말을
막으시는 것이라
16 너희는 자유가 있으나 그 자유로 악을 가리는
데 쓰지 말고 오직 하나님의 종과 같이 하라
17 뭇 사람을 공경하며 형제를 사랑하며 하나님
을 두려워하며 왕을 존대하라

그리스도의 고난

18 ●사환들아 범사에 두려워함으로 주인들에게
순종하되 선하고 관용하는 자들에게만 아니

stones, are being built into a spiritual house[a]
to be a holy priesthood, offering spiritual
sacrifices acceptable to God through Jesus
6 Christ. ●For in Scripture it says:

"See, I lay a stone in Zion,
a chosen and precious cornerstone,
and the one who trusts in him
will never be put to shame."[b]

7 ●Now to you who believe, this stone is pre-
cious. But to those who do not believe,

"The stone the builders rejected
has become the cornerstone,"[c]

8 ●and,

"A stone that causes people to stumble
and a rock that makes them fall."[d]

They stumble because they disobey the mes-
sage—which is also what they were destined
for.
9 ●But you are a chosen people, a royal
priesthood, a holy nation, God's special pos-
session, that you may declare the praises of
him who called you out of darkness into
10 his wonderful light. ●Once you were not a
people, but now you are the people of God;
once you had not received mercy, but now
you have received mercy.

Living Godly Lives in a Pagan Society

11 ●Dear friends, I urge you, as foreigners and
exiles, to abstain from sinful desires, which
12 wage war against your soul. ●Live such good
lives among the pagans that, though they
accuse you of doing wrong, they may see
your good deeds and glorify God on the day
he visits us.
13 ●Submit yourselves for the Lord's sake to
every human authority: whether to the
14 emperor, as the supreme authority, ●or to
governors, who are sent by him to punish
those who do wrong and to commend those
15 who do right. ●For it is God's will that by
doing good you should silence the ignorant
16 talk of foolish people. ●Live as free people,
but do not use your freedom as a cover-up
17 for evil; live as God's slaves. ●Show proper
respect to everyone, love the family of believ-
ers, fear God, honor the emperor.
18 ●Slaves, in reverent fear of God submit
yourselves to your masters, not only to those

[a]5 Or *into a temple of the Spirit* [b]6 Isaiah 28:16
[c]7 Psalm 118:22 [d]8 Isaiah 8:14

1) 또는 심판하시는 ㄱ. 사 28:16 ㄴ. 시 118:22 ㄷ. 사 8:14

acceptable [ækséptəbl] *a.* 받을 만한
authority [əθɔ́:rəti] *n.* 권세, 권위
cornerstone [kɔ́:rnərstòun] *n.* 모퉁잇돌
cover-up [kʌ́vərʌ̀p] *n.* 은폐
disobey [dìsəbéi] *vt.* 거역하다
exile [égzail] *n.* 유배자
governor [gʌ́vərnər] *n.* 총독
mercy [mə́:rsi] *n.* 자비, 은혜
pagan [péigən] *n.* 이교도
possession [pəzéʃən] *n.* 소유, 재산
priesthood [prí:sthùd] *n.* 제사장
reverent [révərənt] *a.* 경건한
silence [sáiləns] *vt.* 침묵시키다
stumble [stʌ́mbl] *vi.* 넘어지다
supreme [səprí:m] *a.* 최상의

2:6 put to shame: 체면을 손상시키다, 부끄럽게 하다
2:8 cause to...: …하게 하다
2:8 be destined for...: …가 될 운명이다
2:11 abstain from...: …을 그만두다, 삼가다
2:12 accuse of...: …로 고소하다

라 또한 까다로운 자들에게도 그리하라
19 부당하게 고난을 받아도 하나님을 생각함으
로 슬픔을 참으면 이는 [1]아름다우나
20 죄가 있어 매를 맞고 참으면 무슨 칭찬이 있으
리요 그러나 선을 행함으로 고난을 받고 참으
면 이는 하나님 앞에 아름다우니라 행 14:22
21 이를 위하여 너희가 부르심을 받았으니 그리스
도도 너희를 위하여 고난을 받으사 너희에게 본
을 끼쳐 그 자취를 따라오게 하려 하셨느니라
22 그는 죄를 범하지 아니하시고 그 입에 거짓도
없으시며
23 욕을 당하시되 맞대어 욕하지 아니하시고 고
난을 당하시되 위협하지 아니하시고 오직 공
의로 심판하시는 이에게 부탁하시며 사 53:7
24 친히 나무에 달려 그 몸으로 우리 죄를 담당하
셨으니 이는 우리로 죄에 대하여 죽고 의에 대
하여 살게 하려 하심이라 그가 채찍에 맞음으
로 너희는 나음을 얻었나니
25 너희가 전에는 양과 같이 길을 잃었더니 이제
는 너희 영혼의 목자와 감독 되신 이에게 돌아
왔느니라 5:4

아내와 남편 (♪263장)

3 아내들아 이와 같이 자기 남편에게 순종하
라 이는 혹 말씀을 순종하지 않는 자라도 말
로 말미암지 않고 그 아내의 행실로 말미암아
구원을 받게 하려 함이니
2 너희의 두려워하며 정결한 행실을 봄이라
3 너희의 단장은 머리를 꾸미고 금을 차고 아름
다운 옷을 입는 외모로 하지 말고
4 오직 마음에 숨은 사람을 온유하고 안정한 심
령의 썩지 아니할 것으로 하라 이는 하나님 앞
에 값진 것이니라
5 전에 하나님께 소망을 두었던 거룩한 부녀들
도 이와 같이 자기 남편에게 순종함으로 자기
를 단장하였나니 딤전 5:5
6 사라가 아브라함을 주라 칭하여 순종한 것같
이 너희는 선을 행하고 아무 두려운 일에도 놀
라지 아니하면 그의 딸이 된 것이니라
7 ●남편들아 이와 같이 [2]지식을 따라 너희 아
내와 동거하고 그를 더 연약한 그릇이요 또
생명의 은혜를 함께 이어받을 자로 알아 귀히
여기라 이는 너희 기도가 막히지 아니하게 하
려 함이라

선을 위한 고난

8 ●마지막으로 말하노니 너희가 다 마음을 같
이하여 동정하며 형제를 사랑하며 불쌍히 여
기며 겸손하며 5:5

who are good and considerate, but also to
19 those who are harsh. ●For it is commendable
if someone bears up under the pain of unjust
suffering because they are conscious of God.
20 ●But how is it to your credit if you receive a
beating for doing wrong and endure it? But
if you suffer for doing good and you endure
21 it, this is commendable before God. ●To
this you were called, because Christ suffered
for you, leaving you an example, that you
should follow in his steps.

22 ●"He committed no sin,
and no deceit was found in his mouth."[a]

23 ●When they hurled their insults at him, he
did not retaliate; when he suffered, he made
no threats. Instead, he entrusted himself to
24 him who judges justly. ●"He himself bore
our sins" in his body on the cross, so that we
might die to sins and live for righteousness;
25 "by his wounds you have been healed." ●For
"you were like sheep going astray,"[b] but now
you have returned to the Shepherd and Overseer of your souls.

3 Wives, in the same way submit yourselves to your own husbands so that, if
any of them do not believe the word, they
may be won over without words by the
2 behavior of their wives, ●when they see
3 the purity and reverence of your lives. ●Your
beauty should not come from outward
adornment, such as elaborate hairstyles and
the wearing of gold jewelry or fine clothes.
4 ●Rather, it should be that of your inner self,
the unfading beauty of a gentle and quiet
spirit, which is of great worth in God's sight.
5 ●For this is the way the holy women of the
past who put their hope in God used to
adorn themselves. They submitted them-
6 selves to their own husbands, ●like Sarah,
who obeyed Abraham and called him her
lord. You are her daughters if you do what is
right and do not give way to fear.
7 ●Husbands, in the same way be consider-
ate as you live with your wives, and treat
them with respect as the weaker partner and
as heirs with you of the gracious gift of life, so
that nothing will hinder your prayers.

Suffering for Doing Good

8 ●Finally, all of you, be like-minded, be sym-
pathetic, love one another, be compassionate

[a]22 Isaiah 53:9 [b]24,25 Isaiah 53:4,5,6 (see Septuagint)
1) 헬, 은혜 2) 또는 그 아내를 더 연약한 그릇같이 여겨 지식을 따라 동거하고 또 생명의 은혜를

adornment [ədɔ́:rnmənt] *n.* 장식
astray [əstréi] *a.* 길을 잃어
commendable [kəméndəbl] *a.* 칭찬할 만한
compassionate [kəmpǽʃənət] *a.* 동정적인
considerate [kənsídərət] *a.* 이해심 있는
deceit [disí:t] *n.* 속임
harsh [ha:rʃ] *a.* 거친
hinder [híndər] *vt.* 방해하다
insult [insʌ́lt] *n.* 욕, 모욕
overseer [óuvərsi:ər] *n.* 감독
purity [pjúərəti] *n.* 정결, 순결
retaliate [ritǽlièit] *vi.* 보복하다
reverence [révərəns] *n.* 경외, 공경
sympathetic [sìmpəθétik] *a.* 동정적인
unfading [ʌnféidiŋ] *a.* 퇴색되지 않는

2:19 bear up: 버티다, 굴하지 않다
2:19 be conscious of...: …을 의식하다
3:1 in the same way: 같은 방법으로
3:1 win over: 자기편으로 끌어들이다
3:6 give way to...: …에 굽히다
3:7 treat with...: …로 대하다

9 악을 악으로, 욕을 욕으로 갚지 말고 도리어 복을 빌라 이를 위하여 너희가 부르심을 받았으니 이는 복을 이어받게 하려 하심이라
10 그러므로
ㄱ생명을 사랑하고 좋은 날 보기를 원하는 자는 혀를 금하여 악한 말을 그치며 그 입술로 거짓을 말하지 말고
11 악에서 떠나 선을 행하고 화평을 구하며 그것을 따르라
12 주의 눈은 의인을 향하시고 그의 귀는 의인의 간구에 기울이시되 주의 얼굴은 악행하는 자들을 대하시느니라
하였느니라
13 ●또 너희가 열심으로 선을 행하면 누가 너희를 해하리요
14 그러나 의를 위하여 고난을 받으면 복 있는 자니 그들이 두려워하는 것을 두려워하지 말며 근심하지 말고
15 너희 마음에 그리스도를 주로 삼아 거룩하게 하고 너희 속에 있는 소망에 관한 이유를 묻는 자에게는 대답할 것을 항상 준비하되 온유와 두려움으로 하고
16 선한 양심을 가지라 이는 그리스도 안에 있는 너희의 선행을 욕하는 자들로 그 비방하는 일에 부끄러움을 당하게 하려 함이라
17 선을 행함으로 고난 받는 것이 하나님의 뜻일진대 악을 행함으로 고난 받는 것보다 나으니라
18 그리스도께서도 단번에 죄를 위하여 [1]죽으사 의인으로서 불의한 자를 대신하셨으니 이는 우리를 하나님 앞으로 인도하려 하심이라 육체로는 죽임을 당하시고 영으로는 살리심을 받으셨으니
19 그가 또한 영으로 가서 옥에 있는 영들에게 선포하시니라
4:6
20 그들은 전에 노아의 날 방주를 준비할 동안 하나님이 오래 참고 기다리실 때에 복종하지 아니하던 자들이라 방주에서 물로 말미암아 구원을 얻은 자가 몇 명뿐이니 겨우 여덟 명이라
21 물은 예수 그리스도께서 부활하심으로 말미암아 이제 너희를 구원하는 [2]표니 곧 [3]세례라 이는 육체의 더러운 것을 제하여 버림이 아니요 하나님을 향한 선한 양심의 간구니라
22 그는 하늘에 오르사 하나님 우편에 계시니 천사들과 권세들과 능력들이 그에게 복종하느니라

하나님의 은혜를 맡은 선한 청지기 (♪ 408장)

4 그리스도께서 이미 육체의 고난을 받으셨으니 너희도 같은 마음으로 갑옷을 삼으라 이

9 and humble. ●Do not repay evil with evil or
insult with insult. On the contrary, repay evil
with blessing, because to this you were called
10 so that you may inherit a blessing. ●For,

"Whoever would love life
and see good days
must keep their tongue from evil
and their lips from deceitful speech.
11 ●They must turn from evil and do good;
they must seek peace and pursue it.
12 ●For the eyes of the Lord are on the
righteous
and his ears are attentive to their prayer,
but the face of the Lord is against those
who do evil."[a]

13 ●Who is going to harm you if you are eager
14 to do good? ●But even if you should suffer for
what is right, you are blessed. "Do not fear
15 their threats[b]; do not be frightened."[c] ●But in
your hearts revere Christ as Lord. Always be
prepared to give an answer to everyone who
asks you to give the reason for the hope that
you have. But do this with gentleness and
16 respect, ●keeping a clear conscience, so that
those who speak maliciously against your
good behavior in Christ may be ashamed of
17 their slander. ●For it is better, if it is God's will,
to suffer for doing good than for doing evil.
18 ●For Christ also suffered once for sins, the
righteous for the unrighteous, to bring you to
God. He was put to death in the body but
19 made alive in the Spirit. ●After being made
alive,[d] he went and made proclamation to
20 the imprisoned spirits— ●to those who were
disobedient long ago when God waited
patiently in the days of Noah while the ark
was being built. In it only a few people, eight
21 in all, were saved through water, ●and this
water symbolizes baptism that now saves you
also—not the removal of dirt from the body
but the pledge of a clear conscience toward
God.[e] It saves you by the resurrection of Jesus
22 Christ, ●who has gone into heaven and is at
God's right hand—with angels, authorities
and powers in submission to him.

Living for God

4 Therefore, since Christ suffered in his
body, arm yourselves also with the same

[a]12 Psalm 34:12-16 [b]14 Or *fear what they fear* [c]14 Isaiah 8:12 [d]18,19 Or *but made alive in the spirit, [19]in which also* [e]21 Or *but an appeal to God for a clear conscience*

1) 어떤 사본에, 고난을 받으사 2) 또는 실체 3) 헬, 또는 침례 ㄱ. 시 34:12 이하

벧전

attentive [əténtiv] *a.* 주의 깊은
baptism [bǽptizm] *n.* 세례
deceitful [disí:tfəl] *a.* 속이는
frightened [fráitnd] *a.* 겁먹은
gentleness [dʒéntlnis] *n.* 온화함
inherit [inhérit] *vt.* 상속하다
maliciously [məlíʃəsli] *ad.* 악의적으로
patiently [péiʃəntli] *ad.* 끈기 있게
pledge [pledʒ] *n.* 보증
prepare [pripέər] *vt.* 준비하다
proclamation [prɑ̀kləméiʃən] *n.* 선언
removal [rimú:vəl] *n.* 제거
resurrection [rèzərékʃən] *n.* 부활
revere [rivíər] *vt.* 경외하다
slander [slǽndər] *n.* 중상, 비방

3:9 on the contrary: 그와는 반대로
3:9 so that... may ~: …가 ~하기 위하여
3:14 even if...: 비록…일지라도
3:18 put to death: 살해당한
3:22 go into...: …에 들어가다
3:22 in submission to...: …에 복종하여

는 육체의 고난을 받은 자는 죄를 그쳤음이니
2 그 후로는 다시 사람의 정욕을 따르지 않고 하
나님의 뜻을 따라 육체의 남은 때를 살게 하려
함이라
3 너희가 음란과 정욕과 술취함과 방탕과 향락
과 무법한 우상 숭배를 하여 이방인의 뜻을 따
라 행한 것은 지나간 때로 족하도다
4 이러므로 너희가 그들과 함께 그런 극한 방탕
에 달음질하지 아니하는 것을 그들이 이상히
여겨 비방하나 3:16
5 그들이 산 자와 죽은 자를 심판하기로 예비하
신 이에게 사실대로 고하리라
6 이를 위하여 죽은 자들에게도 복음이 전파되었
으니 이는 육체로는 사람으로 심판을 받으나
영으로는 하나님을 따라 살게 하려 함이라
7 ●만물의 마지막이 가까이 왔으니 그러므로
너희는 정신을 차리고 근신하여 기도하라
8 무엇보다도 뜨겁게 서로 사랑할지니 사랑은
허다한 죄를 덮느니라
9 서로 대접하기를 원망 없이 하고
10 각각 은사를 받은 대로 하나님의 여러 가지 은
혜를 맡은 선한 청지기같이 서로 봉사하라
11 만일 누가 말하려면 하나님의 말씀을 하는 것
같이 하고 누가 봉사하려면 하나님이 공급하
시는 힘으로 하는 것같이 하라 이는 범사에 예
수 그리스도로 말미암아 하나님이 영광을 받
으시게 하려 함이니 그에게 영광과 권능이 세
세에 무궁하도록 있느니라 아멘

그리스도인이 받을 고난

12 ●사랑하는 자들아 너희를 연단하려고 오는
불 시험을 이상한 일 당하는 것같이 이상히 여
기지 말고
13 오히려 너희가 그리스도의 고난에 참여하는 것
으로 즐거워하라 이는 그의 영광을 나타내실
때에 너희로 즐거워하고 기뻐하게 하려 함이라
14 너희가 그리스도의 이름으로 치욕을 당하면
복 있는 자로다 영광의 영 곧 하나님의 영이
너희 위에 계심이라
15 너희 중에 누구든지 살인이나 도둑질이나 악
행이나 남의 일을 간섭하는 자로 고난을 받지
말려니와
16 만일 그리스도인으로 고난을 받으면 부끄러
워하지 말고 도리어 그 이름으로 하나님께 영
광을 돌리라
17 하나님의 집에서 심판을 시작할 때가 되었나니
만일 *우리에게* 먼저 하면 하나님의 복음을 순
종하지 아니하는 자들의 그 마지막은 어떠하며

attitude, because whoever suffers in the body
2 is done with sin. ●As a result, they do not live
the rest of their earthly lives for evil human
3 desires, but rather for the will of God. ●For
you have spent enough time in the past
doing what pagans choose to do—living
in debauchery, lust, drunkenness, orgies,
4 carousing and detestable idolatry. ●They are
surprised that you do not join them in their
reckless, wild living, and they heap abuse on
5 you. ●But they will have to give account to
him who is ready to judge the living and the
6 dead. ●For this is the reason the gospel was
preached even to those who are now dead, so
that they might be judged according to
human standards in regard to the body, but
live according to God in regard to the spirit.
7 ●The end of all things is near. Therefore
be alert and of sober mind so that you may
8 pray. ●Above all, love each other deeply,
because love covers over a multitude of sins.
9 ●Offer hospitality to one another without
10 grumbling. ●Each of you should use what-
ever gift you have received to serve others, as
faithful stewards of God's grace in its various
11 forms. ●If anyone speaks, they should do so
as one who speaks the very words of God. If
anyone serves, they should do so with the
strength God provides, so that in all things
God may be praised through Jesus Christ. To
him be the glory and the power for ever and
ever. Amen.

Suffering for Being a Christian

12 ●Dear friends, do not be surprised at the
fiery ordeal that has come on you to test you,
as though something strange were happen-
13 ing to you. ●But rejoice inasmuch as you par-
ticipate in the sufferings of Christ, so that you
may be overjoyed when his glory is revealed.
14 ●If you are insulted because of the name
of Christ, you are blessed, for the Spirit of
15 glory and of God rests on you. ●If you suffer,
it should not be as a murderer or thief or any
other kind of criminal, or even as a meddler.
16 ●However, if you suffer as a Christian, do not
be ashamed, but praise God that you bear
17 that name. ●For it is time for judgment to
begin with God's household; and if it begins
with us, what will the outcome be for those
18 who do not obey the gospel of God? ●And,

"If it is hard for the righteous to be saved,
what will become of the ungodly and

ashamed [əʃéimd] *a.* 부끄러워
carouse [kəráuz] *n.* 흥겹게 마시고 놀기
criminal [krímənl] *a.* 범죄의
debauchery [dibɔ́:tʃəri] *n.* 방탕
detestable [ditéstəbl] *a.* 혐오할 만한
grumble [grʌ́mbl] *vi.* 투덜거리다
hospitality [hɑ̀spətǽləti] *n.* 환대
idolatry [aidɑ́lətri] *n.* 우상 숭배
insult [insʌ́lt] *vt.* 모욕하다
lust [lʌst] *n.* 정욕
meddler [médlər] *n.* 참견자
multitude [mʌ́ltətjù:d] *n.* 다수
murderer [mə́:rdərər] *n.* 살인자
orgy [ɔ́:rdʒi] *n.* 주연(酒宴), 흥청거리기
outcome [áutkʌ̀m] *n.* 결과

4:2 **as a result**: 결과적으로
4:2 **not A but B**: A가 아니고 B이다
4:3 **choose to...**: …를 선택하다
4:6 **according to...**: …에 따라
4:6 **in regard to...**: …에 관하여는
4:8 **cover over**: 가리다, 뒤덮다

18 또 의인이 겨우 구원을 받으면 경건하지 아니
한 자와 죄인은 어디에 [1]서리요
19 그러므로 하나님의 뜻대로 고난을 받는 자들
은 또한 선을 행하는 가운데에 그 영혼을 미쁘
신 창조주께 의탁할지어다

하나님의 양 무리를 치라 (♪ 212, 213장)

5 너희 중 장로들에게 권하노니 나는 함께 장
로 된 자요 그리스도의 고난의 증인이요 나
타날 영광에 참여할 자니라
2 너희 중에 있는 하나님의 양 무리를 치되 억지로
하지 말고 하나님의 뜻을 따라 자원함으로 하며
더러운 이득을 위하여 하지 말고 기꺼이 하며
3 맡은 자들에게 주장하는 자세를 하지 말고 양
무리의 본이 되라
4 그리하면 목자장이 나타나실 때에 시들지 아
니하는 영광의 관을 얻으리라
5 젊은 자들아 이와 같이 장로들에게 순종하고
다 서로 겸손으로 허리를 동이라 하나님은 교
만한 자를 대적하시되 겸손한 자들에게는 은
혜를 주시느니라
6 그러므로 하나님의 능하신 손 아래에서 겸손
하라 때가 되면 너희를 높이시리라
7 너희 염려를 다 주께 맡기라 이는 그가 너희를
돌보심이라
8 근신하라 깨어라 너희 대적 [2]마귀가 우는 사
자같이 두루 다니며 삼킬 자를 찾나니
9 너희는 믿음을 굳건하게 하여 그를 대적하라
이는 세상에 있는 너희 형제들도 동일한 고난
을 당하는 줄을 앎이라
10 모든 은혜의 하나님 곧 그리스도 안에서 너희
를 부르사 자기의 영원한 영광에 들어가게 하
신 이가 잠깐 고난을 당한 너희를 친히 온전
하게 하시며 굳건하게 하시며 강하게 하시며
[3]터를 견고하게 하시리라
11 권능이 세세무궁하도록 그에게 있을지어다
아멘

끝 인사

12 ●내가 신실한 형제로 아는 실루아노로 말미
암아 너희에게 간단히 써서 권하고 이것이 하
나님의 참된 은혜임을 증언하노니 너희는 이
은혜에 굳게 서라
13 택하심을 함께 받은 바벨론에 있는 [4]교회가
너희에게 문안하고 내 아들 마가도 그리하느
니라
14 너희는 사랑의 입맞춤으로 서로 문안하라
●그리스도 안에 있는 너희 모든 이에게 평강
이 있을지어다

the sinner?"[a]
19 ●So then, those who suffer according to
God's will should commit themselves to their
faithful Creator and continue to do good.

To the Elders and the Flock

5 To the elders among you, I appeal as a
fellow elder and a witness of Christ's suf-
ferings who also will share in the glory to be
2 revealed: ●Be shepherds of God's flock that
is under your care, watching over them —
not because you must, but because you are
willing, as God wants you to be; not pursu-
3 ing dishonest gain, but eager to serve; ●not
lording it over those entrusted to you, but
4 being examples to the flock. ●And when the
Chief Shepherd appears, you will receive the
crown of glory that will never fade away.
5 ●In the same way, you who are younger,
submit yourselves to your elders. All of you,
clothe yourselves with humility toward one
another, because,

"God opposes the proud
but shows favor to the humble."[b]

6 ●Humble yourselves, therefore, under God's
mighty hand, that he may lift you up in due
7 time. ●Cast all your anxiety on him because
he cares for you.
8 ●Be alert and of sober mind. Your enemy
the devil prowls around like a roaring lion lo-
9 oking for someone to devour. ●Resist him,
standing firm in the faith, because you know
that the family of believers throughout the
world is undergoing the same kind of suffer-
ings.
10 ●And the God of all grace, who called you
to his eternal glory in Christ, after you have
suffered a little while, will himself restore you
11 and make you strong, firm and steadfast. ●To
him be the power for ever and ever. Amen.

Final Greetings

12 ●With the help of Silas,[c] whom I regard as
a faithful brother, I have written to you
briefly, encouraging you and testifying that
this is the true grace of God. Stand fast in it.
13 ●She who is in Babylon, chosen together
with you, sends you her greetings, and so
14 does my son Mark. ●Greet one another with
a kiss of love.
Peace to all of you who are in Christ.

[a] *18* Prov. 11:31 (see Septuagint) [b] *5* Prov. 3:34 [c] *12* Greek *Silvanus*, a variant of *Silas* 1) 헬, 보이리요 2) 헬, 훼방자 3) 어떤 사본에, '터를 견고하게'가 없음 4) 또는 여자가

alert [əlɔ́:rt] *a.* 경계하는
briefly [brí:fli] *ad.* 간단히
devour [diváuər] *vt.* 집어삼키다
elder [éldər] *n.* 장로
encourage [inkɔ́:ridʒ] *vt.* 격려하다
eternal [itɔ́:rnəl] *a.* 영원(영구)한
flock [flak] *n.* 무리, 떼
humility [hju:míləti] *n.* 겸손
proud [praud] *a.* 교만한
restore [ristɔ́:r] *vt.* 회복하다
reveal [riví:l] *vt.* 나타내다
steadfast [stédfæ̀st] *a.* 확고한
suffering [sʌ́fəriŋ] *n.* 고생
testify [téstəfài] *vi.* 증명하다
undergo [ʌ̀ndərgóu] *vt.* 겪다

5:1 share in...: …에 참여하다
5:2 (be) eager to...: …하고 싶어하다
5:3 lord it over...: …에 군림하다
5:4 fade away: 시들다
5:8 prowl around: 배회하다
5:12 regard as...: …로 여기다

베드로후서 | 2 Peter

● 저자 _ 베드로 ● 저작 연대 _ A.D. 64-65년경 ● 기록 장소 _ 로마
● 기록 대상 _ 소아시아에 흩어져 있는 그리스도인들

그리스도에 대한 지식을 근거로 교회 안에 들어온 거짓 교사들의 유혹에 빠지지 않도록 예수님의 재림을 바라보며 믿음을 가지고 인내할 것을 권면하기 위해 기록했다.

부르심과 택하심 (♪ 539장)

1 예수 그리스도의 종이며 사도인 시몬 베
드로는 우리 하나님과 구주 예수 그리스
도의 의를 힘입어 동일하게 보배로운 믿
음을 우리와 함께 받은 자들에게 편지하
노니
2 하나님과 우리 주 예수를 앎으로 은혜와
평강이 너희에게 더욱 많을지어다
3 그의 신기한 능력으로 생명과 경건에 속한
모든 것을 우리에게 주셨으니 이는 자기의
영광과 덕으로써 우리를 부르신 이를 앎으
로 말미암음이라
4 이로써 그 보배롭고 지극히 큰 약속을 우
리에게 주사 이 약속으로 말미암아 너희가
정욕 때문에 세상에서 썩어질 것을 피하여
신성한 성품에 참여하는 자가 되게 하려
하셨느니라
5 그러므로 너희가 더욱 힘써 너희 믿음에
덕을, 덕에 지식을,
6 지식에 절제를, 절제에 인내를, 인내에
경건을,
7 경건에 형제 우애를, 형제 우애에 사랑을
더하라
8 이런 것이 너희에게 있어 흡족한즉 너희
로 우리 주 예수 그리스도를 알기에 게으
르지 않고 열매 없는 자가 되지 않게 하려
니와
9 이런 것이 없는 자는 맹인이라 멀리 보지
못하고 그의 옛 죄가 깨끗하게 된 것을 잊
었느니라
10 그러므로 형제들아 더욱 힘써 너희 부르심
과 택하심을 굳게 하라 너희가 이것을 행
한즉 언제든지 실족하지 아니하리라
11 이같이 하면 우리 주 곧 구주 예수 그리스
도의 영원한 나라에 들어감을 넉넉히 너희
에게 [1]주시리라

계 3:21

그리스도의 영광과 성경의 예언

12 ●그러므로 너희가 이것을 알고 이미 있는
진리에 서 있으나 내가 항상 너희에게 생
각나게 하려 하노라
13 내가 이 장막에 있을 동안에 너희를 일깨
워 생각나게 함이 옳은 줄로 여기노니

1 Simon Peter, a servant and apostle of Jesus
Christ,

To those who through the righteousness
of our God and Savior Jesus Christ have
received a faith as precious as ours:

2 ●Grace and peace be yours in abundance
through the knowledge of God and of Jesus
our Lord.

Confirming One's Calling and Election

3 ●His divine power has given us everything
we need for a godly life through our knowl-
edge of him who called us by his own glory
4 and goodness. ●Through these he has given
us his very great and precious promises, so
that through them you may participate in the
divine nature, having escaped the corruption
in the world caused by evil desires.
5 ●For this very reason, make every effort to
add to your faith goodness; and to goodness,
6 knowledge; ●and to knowledge, self-control;
and to self-control, perseverance; and to per-
7 severance, godliness; ●and to godliness, mutu-
al affection; and to mutual affection, love.
8 ●For if you possess these qualities in increas-
ing measure, they will keep you from being
ineffective and unproductive in your knowl-
9 edge of our Lord Jesus Christ. ●But whoever
does not have them is nearsighted and blind,
forgetting that they have been cleansed from
their past sins.
10 ●Therefore, my brothers and sisters,[a] make
every effort to confirm your calling and elec-
tion. For if you do these things, you will never
11 stumble, ●and you will receive a rich wel-
come into the eternal kingdom of our Lord
and Savior Jesus Christ.

Prophecy of Scripture

12 ●So I will always remind you of these
things, even though you know them and are
firmly established in the truth you now have.
13 ●I think it is right to refresh your memory

[a]10 The Greek word for *brothers and sisters (adelphoi)* refers here to believers, both men and women, as part of God's family. 1) 헬, 공급하시리라

14 이는 우리 주 예수 그리스도께서 내게 지시하신 것같이 나도 나의 장막을 벗어날 것이 임박한 줄을 앎이라 딤후 4:6

15 내가 힘써 너희로 하여금 내가 떠난 후에라도 어느 때나 이런 것을 생각나게 하려 하노라

16 우리 주 예수 그리스도의 능력과 강림하심을 너희에게 알게 한 것이 교묘히 만든 이야기를 따른 것이 아니요 우리는 그의 크신 위엄을 친히 본 자라

17 지극히 큰 영광 중에서 이러한 소리가 그에게 나기를 이는 내 사랑하는 아들이요 내 기뻐하는 자라 하실 때에 그가 하나님 아버지께 존귀와 영광을 받으셨느니라

18 이 소리는 우리가 그와 함께 거룩한 산에 있을 때에 하늘로부터 난 것을 들은 것이라

19 또 우리에게는 더 확실한 예언이 있어 어두운 데를 비추는 등불과 같으니 날이 새어 샛별이 너희 마음에 떠오르기까지 너희가 이것을 주의하는 것이 옳으니라

20 먼저 알 것은 성경의 모든 예언은 사사로이 풀 것이 아니니

21 예언은 언제든지 사람의 뜻으로 낸 것이 아니요 오직 성령의 감동하심을 받은 사람들이 하나님께 받아 말한 것임이라

거짓 선지자들과 거짓 선생들 (유 4-13)

2 그러나 백성 가운데 또한 거짓 선지자들이 일어났었나니 이와 같이 너희 중에도 거짓 선생들이 있으리라 그들은 멸망하게 할 이단을 가만히 끌어들여 자기들을 사신 [1]주를 부인하고 임박한 멸망을 스스로 취하는 자들이라

2 여럿이 그들의 호색하는 것을 따르리니 이로 말미암아 진리의 도가 비방을 받을 것이요

3 그들이 탐심으로써 지어낸 말을 가지고 너희로 이득을 삼으니 그들의 심판은 옛적부터 지체하지 아니하며 그들의 멸망은 잠들지 아니하느니라

4 하나님이 범죄한 천사들을 용서하지 아니하시고 지옥에 던져 어두운 구덩이에 두어 심판 때까지 지키게 하셨으며

5 옛 세상을 용서하지 아니하시고 오직 의를 전파하는 노아와 그 일곱 식구를 보존하시고 경건하지 아니한 자들의 세상에 홍수를 내리셨으며

as long as I live in the tent of this body,
14 •because I know that I will soon put it aside,
as our Lord Jesus Christ has made clear to
15 me. •And I will make every effort to see that
after my departure you will always be able
to remember these things.
16 •For we did not follow cleverly devised
stories when we told you about the coming
of our Lord Jesus Christ in power, but we
17 were eyewitnesses of his majesty. •He
received honor and glory from God the
Father when the voice came to him from
the Majestic Glory, saying, "This is my Son,
whom I love; with him I am well pleased."[a]
18 •We ourselves heard this voice that came
from heaven when we were with him on
the sacred mountain.
19 •We also have the prophetic message as
something completely reliable, and you will
do well to pay attention to it, as to a light
shining in a dark place, until the day dawns
and the morning star rises in your hearts.
20 •Above all, you must understand that no
prophecy of Scripture came about by the
21 prophet's own interpretation of things. •For
prophecy never had its origin in the human
will, but prophets, though human, spoke
from God as they were carried along by the
Holy Spirit.

False Teachers and Their Destruction

2 But there were also false prophets
among the people, just as there will be
false teachers among you. They will secretly
introduce destructive heresies, even denying
the sovereign Lord who bought them—
bringing swift destruction on themselves.
2 •Many will follow their depraved conduct
and will bring the way of truth into disre-
3 pute. •In their greed these teachers will
exploit you with fabricated stories. Their
condemnation has long been hanging over
them, and their destruction has not been
sleeping.
4 •For if God did not spare angels when
they sinned, but sent them to hell,[b] putting
them in chains of darkness[c] to be held for
5 judgment; •if he did not spare the ancient
world when he brought the flood on its
ungodly people, but protected Noah, a

[a]17 Matt. 17:5; Mark 9:7; Luke 9:35 [b]4 Greek *Tartarus* [c]4 Some manuscripts *in gloomy dungeons*

1) 또는 상전

벧후

cleverly [klévərli] *ad.* 영리하게
condemnation [kàndemnéiʃən] *n.* 비난
conduct [kándʌkt] *n.* 행동
depraved [dipréivd] *a.* 타락한
destruction [distrʌ́kʃən] *n.* 멸망
disrepute [dìsripjú:t] *n.* 악평
effort [éfərt] *n.* 노력
exploit [iksplɔ́it] *vt.* 이용하다
greed [gri:d] *n.* 탐욕
interpretation [intə:rprətéiʃən] *n.* 해석
protect [prətékt] *vt.* 보호하다
sacred [séikrid] *a.* 거룩한, 신성한
sovereign [sávərin] *a.* 주권을 가진
spare [spɛər] *vt.* 용서하다
ungodly [ʌngádli] *a.* 신앙 없는

1:13 **as long as...**: …하는 동안은
1:14 **put... aside**: …을 따로 떼어 놓다
1:19 **do well to (do)**: …하는 것이 현명하다
1:19 **pay attention to**: …에 유의하다
1:20 **come about**: 일어나다, 발생하다

6 소돔과 고모라 성을 멸망하기로 정하여 재
가 되게 하사 후세에 경건하지 아니할 자들
에게 본을 삼으셨으며
7 무법한 자들의 음란한 행실로 말미암아 고
통 당하는 의로운 롯을 건지셨으니
8 (이는 이 의인이 그들 중에 거하여 날마다
저 불법한 행실을 보고 들음으로 그 의로운
심령이 상함이라)
9 주께서 경건한 자는 시험에서 건지실 줄 아
시고 불의한 자는 형벌 아래에 두어 심판 날
까지 지키시며
10 특별히 육체를 따라 더러운 정욕 가운데서
행하며 주관하는 이를 멸시하는 자들에게는
형벌할 줄 아시느니라 이들은 당돌하고 자
긍하며 떨지 않고 영광 있는 자들을 비방하
거니와
11 더 큰 힘과 능력을 가진 천사들도 주 앞에서
그들을 거슬러 비방하는 고발을 하지 아니
하느니라
12 그러나 이 사람들은 본래 잡혀 죽기 위하여
난 이성 없는 짐승 같아서 그 알지 못하는
것을 비방하고 그들의 멸망 가운데서 멸망
을 당하며
13 불의의 값으로 불의를 당하며 낮에 즐기고
노는 것을 기쁘게 여기는 자들이니 점과 흠
이라 너희와 함께 연회할 때에 그들의 [1]속임
수로 즐기고 놀며
14 음심이 가득한 눈을 가지고 범죄하기를 그
치지 아니하고 굳세지 못한 영혼들을 유혹
하며 탐욕에 연단된 마음을 가진 자들이니
저주의 자식이라
15 그들이 바른 길을 떠나 미혹되어 브올의 아
들 발람의 길을 따르는도다 그는 불의의 삯
을 사랑하다가
16 자기의 불법으로 말미암아 책망을 받되 말
하지 못하는 나귀가 사람의 소리로 말하여
이 선지자의 미친 행동을 저지하였느니라
17 이 사람들은 물 없는 샘이요 광풍에 밀려가
는 안개니 그들을 위하여 캄캄한 어둠이 예
비되어 있나니
18 그들이 허탄한 자랑의 말을 토하며 그릇되
게 행하는 사람들에게서 겨우 피한 자들을
음란으로써 육체의 정욕 중에서 유혹하는도
다
19 그들에게 자유를 준다 하여도 자신들은 멸
망의 종들이니 누구든지 진 자는 이긴 자의

preacher of righteousness, and seven others;
6 •if he condemned the cities of Sodom and
Gomorrah by burning them to ashes, and
made them an example of what is going to
7 happen to the ungodly; •and if he rescued
Lot, a righteous man, who was distressed by
8 the depraved conduct of the lawless •(for
that righteous man, living among them day
after day, was tormented in his righteous
soul by the lawless deeds he saw and heard)
9 — •if this is so, then the Lord knows how to
rescue the godly from trials and to hold the
unrighteous for punishment on the day of
10 judgment. •This is especially true of those
who follow the corrupt desire of the flesh[a]
and despise authority.
Bold and arrogant, they are not afraid to
11 heap abuse on celestial beings; •yet even
angels, although they are stronger and more
powerful, do not heap abuse on such beings
when bringing judgment on them from[b] the
12 Lord. •But these people blaspheme in mat-
ters they do not understand. They are like
unreasoning animals, creatures of instinct,
born only to be caught and destroyed, and
like animals they too will perish.
13 •They will be paid back with harm for
the harm they have done. Their idea of plea-
sure is to carouse in broad daylight. They are
blots and blemishes, reveling in their plea-
14 sures while they feast with you.[c] •With eyes
full of adultery, they never stop sinning;
they seduce the unstable; they are experts in
15 greed—an accursed brood! •They have left
the straight way and wandered off to follow
the way of Balaam son of Bezer,[d] who loved
16 the wages of wickedness. •But he was
rebuked for his wrongdoing by a donkey
—an animal without speech—who spoke
with a human voice and restrained the
prophet's madness.
17 •These people are springs without water
and mists driven by a storm. Blackest dark-
18 ness is reserved for them. •For they mouth
empty, boastful words and, by appealing to
the lustful desires of the flesh, they entice
people who are just escaping from those
19 who live in error. •They promise them free-

[a]10 In contexts like this, the Greek word for *flesh* (*sarx*) refers to the sinful state of human beings, often presented as a power in opposition to the Spirit; also in verse 18. [b]11 Many manuscripts *beings in the presence of* [c]13 Some manuscripts *in their love feasts* [d]15 Greek *Bosor* 1) 어떤 사본에, 애연에

abuse [əbjúːz] *n.* 욕설
arrogant [ǽrəgənt] *a.* 거만한
blaspheme [blæsfíːm] *vi.* 신성모독하다
blemish [blémiʃ] *n.* 흠
carouse [kəráuz] *vt.* 술마시며 흥청거리다
celestial [səléstʃəl] *a.* 하늘의
entice [intáis] *vt.* 유혹하다
expert [ékspəːrt] *n.* 전문가
lawless [lɔ́ːlis] *a.* 불법의, 무법의
lustful [lʌ́stfəl] *a.* 호색의
madness [mǽdnis] *n.* 미친 짓
restrain [ristréin] *vt.* 제어하다
revel [révəl] *vi.* 흥청대다
seduce [sidjúːs] *vt.* 꾀다
torment [tɔːrmént] *vt.* 괴롭히다

2:6 burn to ashes: 타서 재로 화하다
2:8 day after day: 날마다
2:13 in broad daylight: 대낮에, 백주에
2:17 reserve for...: …을 위해 따로 두다
2:18 appeal to...: …에 호소하다
2:18 escape from...: …에서 벗어나다

종이 됨이라
20 만일 그들이 우리 주 되신 구주 예수 그리스
도를 앎으로 세상의 더러움을 피한 후에 다
시 그 중에 얽매이고 지면 그 나중 형편이
처음보다 더 심하리니
21 의의 도를 안 후에 받은 거룩한 명령을 저버
리는 것보다 알지 못하는 것이 도리어 그들
에게 나으니라
22 참된 속담에 이르기를 「개가 그 토하였던
것에 돌아가고 돼지가 씻었다가 더러운 구
덩이에 도로 누웠다 하는 말이 그들에게 응
하였도다

하나님의 날 (♪ 333, 447, 453장)

3 사랑하는 자들아 내가 이제 이 둘째 편지
를 너희에게 쓰노니 이 두 편지로 너희의
진실한 마음을 일깨워 생각나게 하여
2 곧 거룩한 선지자들이 예언한 말씀과 주 되
신 구주께서 너희의 사도들로 말미암아 명
하신 것을 기억하게 하려 하노라
3 먼저 이것을 알지니 말세에 조롱하는 자들
이 와서 자기의 정욕을 따라 행하며 조롱하
여
4 이르되 주께서 강림하신다는 약속이 어디
있느냐 조상들이 잔 후로부터 만물이 처음
창조될 때와 같이 그냥 있다 하니
5 이는 하늘이 옛적부터 있는 것과 땅이 물에
서 나와 물로 성립된 것도 하나님의 말씀으
로 된 것을 그들이 일부러 잊으려 함이로다
6 이로 말미암아 그때에 세상은 물이 넘침으
로 멸망하였으되
7 이제 하늘과 땅은 그 동일한 말씀으로 불사
르기 위하여 보호하신 바 되어 경건하지 아
니한 사람들의 심판과 멸망의 날까지 보존
하여 두신 것이니라
8 ●사랑하는 자들아 주께는 하루가 천 년 같
고 천 년이 하루 같다는 이 한 가지를 잊지
말라
9 주의 약속은 어떤 이들이 더디다고 생각하
는 것같이 더딘 것이 아니라 오직 주께서는
너희를 대하여 오래 참으사 아무도 멸망하
지 아니하고 다 회개하기에 이르기를 원하
시느니라
10 그러나 주의 날이 도둑같이 오리니 그날에
는 하늘이 큰 소리로 떠나가고 물질이 뜨거
운 불에 풀어지고 땅과 그 중에 있는 모든
일이 [1]드러나리로다

dom, while they themselves are slaves of
depravity—for "people are slaves to what-
20 ever has mastered them." •If they have
escaped the corruption of the world by
knowing our Lord and Savior Jesus Christ
and are again entangled in it and are over-
come, they are worse off at the end than
21 they were at the beginning. •It would have
been better for them not to have known the
way of righteousness, than to have known it
and then to turn their backs on the sacred
22 command that was passed on to them. •Of
them the proverbs are true: "A dog returns
to its vomit,"[a] and, "A sow that is washed
returns to her wallowing in the mud."

The Day of the Lord

3 Dear friends, this is now my second let-
ter to you. I have written both of them
as reminders to stimulate you to wholesome
2 thinking. •I want you to recall the words
spoken in the past by the holy prophets and
the command given by our Lord and Savior
through your apostles.
3 •Above all, you must understand that in
the last days scoffers will come, scoffing and
4 following their own evil desires. •They will
say, "Where is this 'coming' he promised?
Ever since our ancestors died, everything
goes on as it has since the beginning of cre-
5 ation." •But they deliberately forget that
long ago by God's word the heavens came
into being and the earth was formed out of
6 water and by water. •By these waters also
the world of that time was deluged and
7 destroyed. •By the same word the present
heavens and earth are reserved for fire, being
kept for the day of judgment and destruc-
tion of the ungodly.
8 •But do not forget this one thing, dear
friends: With the Lord a day is like a thou-
sand years, and a thousand years are like a
9 day. •The Lord is not slow in keeping his
promise, as some understand slowness. In-
stead he is patient with you, not wanting
anyone to perish, but everyone to come to
repentance.
10 •But the day of the Lord will come like a
thief. The heavens will disappear with a
roar; the elements will be destroyed by fire,
and the earth and everything done in it will
be laid bare.[b]

[a]22 Prov. 26:11 [b]10 Some manuscripts *be burned up*

1) 어떤 사본에, 타지리라 ㄱ. 잠 26:11 일부

벧후

bare [bɛər] *a.* 노출된
corruption [kərʌ́pʃən] *n.* 타락
deliberately [dilíbərətli] *ad.* 일부러
deluge [délju:dʒ] *vt.* 범람시키다
destruction [distrʌ́kʃən] *n.* 멸망
element [éləmənt] *n.* 요소
escape [iskéip] *vt.* 피하다
perish [périʃ] *vi.* 멸망하다
repentance [ripéntəns] *n.* 회개
roar [rɔ:r] *n.* 굉음
scoffer [skɑ́fər] *n.* 비웃는 사람
stimulate [stímjulèit] *vt.* 자극하다
vomit [vɑ́mit] *n.* 토한 것
wallow [wɑ́lou] *vi.* 뒹굴다
wholesome [hóulsəm] *a.* 건전한

2:20 entangle in...: …에 말려들다
2:20 be worse off: 형편이 더욱 나빠지다
3:9 keep one's promise: 약속을 지키다, 언약을 지키다
3:9 be patient with...: …에 대해 오래 참다

11 이 모든 것이 이렇게 풀어지리니 너희가 어
떠한 사람이 되어야 마땅하냐 거룩한 행실
과 경건함으로
12 하나님의 날이 임하기를 바라보고 간절히
사모하라 그날에 하늘이 불에 타서 풀어지
고 물질이 뜨거운 불에 녹아지려니와 시 50:3
13 우리는 그의 약속대로 의가 있는 곳인 새 하
늘과 새 땅을 바라보도다 계 21:1
14 ●그러므로 사랑하는 자들아 너희가 이것을
바라보나니 주 앞에서 점도 없고 흠도 없이
평강 가운데서 나타나기를 힘쓰라 빌 2:15
15 또 우리 주의 오래 참으심이 구원이 될 줄로
여기라 우리가 사랑하는 형제 바울도 그 받
은 지혜대로 너희에게 이같이 썼고
16 또 그 모든 편지에도 이런 일에 관하여 말하
였으되 그 중에 알기 어려운 것이 더러 있으
니 무식한 자들과 굳세지 못한 자들이 다른
성경과 같이 그것도 [1]억지로 풀다가 스스로
멸망에 이르느니라
17 그러므로 사랑하는 자들아 너희가 이것을
미리 알았은즉 무법한 자들의 미혹에 이끌
려 너희가 굳센 데서 떨어질까 삼가라
18 오직 우리 주 곧 구주 예수 그리스도의 은혜
와 그를 아는 지식에서 자라 가라 영광이 이
제와 영원한 날까지 그에게 있을지어다[2]

11 ●Since everything will be destroyed in
this way, what kind of people ought you to
be? You ought to live holy and godly lives
12 ●as you look forward to the day of God and
speed its coming.[a] That day will bring about
the destruction of the heavens by fire, and
13 the elements will melt in the heat. ●But in
keeping with his promise we are looking
forward to a new heaven and a new earth,
where righteousness dwells.
14 ●So then, dear friends, since you are look-
ing forward to this, make every effort to be
found spotless, blameless and at peace with
15 him. ●Bear in mind that our Lord's patience
means salvation, just as our dear brother
Paul also wrote you with the wisdom that
16 God gave him. ●He writes the same way in
all his letters, speaking in them of these mat-
ters. His letters contain some things that are
hard to understand, which ignorant and
unstable people distort, as they do the other
Scriptures, to their own destruction.
17 ●Therefore, dear friends, since you have
been forewarned, be on your guard so that
you may not be carried away by the error of
the lawless and fall from your secure posi-
18 tion. ●But grow in the grace and knowledge
of our Lord and Savior Jesus Christ. To him
be glory both now and forever! Amen.

[a]12 Or *as you wait eagerly for the day of God to come*

1) 또는 교묘하게 2) 어떤 사본에, 18절 끝에 '아멘'이 있음

blameless [bléimlis] *a.* 흠이 없는
distort [distɔ́:rt] *vt.* 왜곡하다, 비틀다
ignorant [ígnərənt] *a.* 무지한
lawless [lɔ́:lis] *a.* 무법의
salvation [sælvéiʃən] *n.* 구원
Scripture [skríptʃər] *n.* 성경
secure [sikjúər] *a.* 확실한, 단단한
spotless [spátlis] *a.* 오점 없는
unstable [ʌ̀nstéibl] *a.* 불안정한

3:12 **look forward to...**: …을 기대하다
3:12 **bring about**: 초래하다
3:13 **in keeping with...**: …와 일치하여
3:15 **bear in mind**: 기억하다, 명심하다
3:17 **be on one's guard**: 경계를 늦추지 않다

1 John | 요한일서

● 저자 _ 사도 요한 ● 저작 연대 _ A.D. 85~96년 사이 ● 기록 장소 _ 에베소
● 기록 대상 _ 모든 그리스도인들 ● 핵심어 및 내용 _ 핵심어는 '교제'와 '사랑'이다.

요한일서에서 특별히 강조하고 있는 점은 우리 그리스도인들이 하나님과 아름다운 교제를 나누기 위해서는 하나님께 순종하고 진리를 추구하는 삶을 살아야 하며 다른 사람들과 사랑의 교제를 나누어야 한다는 점이다.

생명의 말씀

1 태초부터 있는 생명의 [1]말씀에 관하여는 우
리가 들은 바요 눈으로 본 바요 자세히 보고
우리의 손으로 만진 바라
2 이 생명이 나타내신 바 된지라 이 영원한 생명
을 우리가 보았고 증언하여 너희에게 전하노
니 이는 아버지와 함께 계시다가 우리에게 나
타내신 바 된 이시니라
3 우리가 보고 들은 바를 너희에게도 전함은 너
희로 우리와 사귐이 있게 하려 함이니 우리의
사귐은 아버지와 그의 아들 예수 그리스도와
더불어 누림이라
4 우리가 이것을 씀은 우리의 기쁨이 충만하게
하려 함이라

하나님은 빛이시다 (♪ 283장) — A.D. 90년경

5 ●우리가 그에게서 듣고 너희에게 전하는 소
식은 이것이니 곧 하나님은 빛이시라 그에게
는 어둠이 조금도 없으시다는 것이니라
6 만일 우리가 하나님과 사귐이 있다 하고 어둠
에 행하면 거짓말을 하고 [2]진리를 행하지 아
니함이거니와
7 그가 빛 가운데 계신 것같이 우리도 빛 가운데
행하면 우리가 서로 사귐이 있고 그 아들 예수의
피가 우리를 모든 죄에서 깨끗하게 하실 것이요
8 만일 우리가 죄가 없다고 말하면 스스로 속이
고 또 [2]진리가 우리 속에 있지 아니할 것이요
9 만일 우리가 우리 죄를 자백하면 그는 미쁘시
고 의로우사 우리 죄를 사하시며 우리를 모든
불의에서 깨끗하게 하실 것이요
10 만일 우리가 범죄하지 아니하였다 하면 하나
님을 거짓말하는 이로 만드는 것이니 또한 그
의 말씀이 우리 속에 있지 아니하니라

대언자이신 예수 그리스도

2 나의 자녀들아 내가 이것을 너희에게 씀은 너
희로 죄를 범하지 않게 하려 함이라 만일 누
가 죄를 범하여도 아버지 앞에서 우리에게 [3]대
언자가 있으니 곧 의로우신 예수 그리스도시라
2 그는 우리 죄를 위한 화목제물이니 우리만 위
할 뿐 아니요 온 세상의 죄를 위하심이라
3 우리가 그의 계명을 지키면 이로써 우리가 그
를 아는 줄로 알 것이요 3:22, 24
4 그를 아노라 하고 그의 계명을 지키지 아니하

The Incarnation of the Word of Life

1 That which was from the beginning,
which we have heard, which we have
seen with our eyes, which we have looked
at and our hands have touched — this we
proclaim concerning the Word of life.
2 •The life appeared; we have seen it and
testify to it, and we proclaim to you the
eternal life, which was with the Father and
3 has appeared to us. •We proclaim to you
what we have seen and heard, so that you
also may have fellowship with us. And our
fellowship is with the Father and with his
4 Son, Jesus Christ. •We write this to make
our[a] joy complete.

Light and Darkness, Sin and Forgiveness

5 •This is the message we have heard
from him and declare to you: God is light;
6 in him there is no darkness at all. •If we
claim to have fellowship with him and yet
walk in the darkness, we lie and do not
7 live out the truth. •But if we walk in the
light, as he is in the light, we have fellow-
ship with one another, and the blood of
Jesus, his Son, purifies us from all[b] sin.
8 •If we claim to be without sin, we de-
ceive ourselves and the truth is not in us.
9 •If we confess our sins, he is faithful and
just and will forgive us our sins and purify
10 us from all unrighteousness. •If we claim
we have not sinned, we make him out to
be a liar and his word is not in us.

2 My dear children, I write this to you so
that you will not sin. But if anybody
does sin, we have an advocate with the
Father — Jesus Christ, the Righteous One.
2 •He is the atoning sacrifice for our sins,
and not only for ours but also for the sins
of the whole world.

Love and Hatred for Fellow Believers

3 •We know that we have come to know
4 him if we keep his commands. •Whoever
says, "I know him," but does not do what

[a]4 Some manuscripts *your* [b]7 Or *every*

1) 헬, 로고스 2) 헬, 참 3) 또는 보혜사

는 자는 거짓말하는 자요 [1)]진리가 그 속에
있지 아니하되
5 누구든지 그의 말씀을 지키는 자는 하나님
의 사랑이 참으로 그 속에서 온전하게 되었
나니 이로써 우리가 그의 안에 있는 줄을
아노라
6 그의 안에 산다고 하는 자는 그가 행하시는
대로 자기도 행할지니라 벧전 2:21

옛 계명과 새 계명

7 ●사랑하는 자들아 내가 새 계명을 너희에
게 쓰는 것이 아니라 너희가 처음부터 가진
옛 계명이니 이 옛 계명은 너희가 들은 바
말씀이거니와
8 다시 내가 너희에게 새 계명을 쓰노니 그에
게와 너희에게도 참된 것이라 이는 어둠이
지나가고 참빛이 벌써 비침이니라
9 빛 가운데 있다 하면서 그 형제를 미워하는
자는 지금까지 어둠에 있는 자요
10 그의 형제를 사랑하는 자는 빛 가운데 거하
여 자기 속에 거리낌이 없으나
11 그의 형제를 미워하는 자는 어둠에 있고 또
어둠에 행하며 갈 곳을 알지 못하나니 이는
그 어둠이 그의 눈을 멀게 하였음이라
12 ●자녀들아 내가 너희에게 쓰는 것은 너희
죄가 그의 이름으로 말미암아 사함을 받았
음이요
13 아비들아 내가 너희에게 쓰는 것은 너희가
태초부터 계신 이를 알았음이요 청년들아
내가 너희에게 쓰는 것은 너희가 악한 자를
이기었음이라
14 아이들아 내가 너희에게 쓴 것은 너희가 아
버지를 알았음이요 아비들아 내가 너희에
게 쓴 것은 너희가 태초부터 계신 이를 알
았음이요 청년들아 내가 너희에게 쓴 것은
너희가 강하고 하나님의 말씀이 너희 안에
거하시며 너희가 흉악한 자를 이기었음이
라
15 이 세상이나 세상에 있는 것들을 사랑하지
말라 누구든지 세상을 사랑하면 아버지의
사랑이 그 안에 있지 아니하니
16 이는 세상에 있는 모든 것이 육신의 정욕과
안목의 정욕과 이생의 자랑이니 다 아버지
께로부터 온 것이 아니요 세상으로부터 온
것이라
17 이 세상도, 그 정욕도 지나가되 오직 하나
님의 뜻을 행하는 자는 영원히 거하느니라

he commands is a liar, and the truth is not in
5 that person. ●But if anyone obeys his word,
love for God[a] is truly made complete in them.
6 This is how we know we are in him: ●Who-
ever claims to live in him must live as Jesus did.
7 ●Dear friends, I am not writing you a new
command but an old one, which you have
had since the beginning. This old command
8 is the message you have heard. ●Yet I am
writing you a new command; its truth is seen
in him and in you, because the darkness is
passing and the true light is already shining.
9 ●Anyone who claims to be in the light but
hates a brother or sister[b] is still in the darkness.
10 ●Anyone who loves their brother and sister[c]
lives in the light, and there is nothing in them
11 to make them stumble. ●But anyone who
hates a brother or sister is in the darkness and
walks around in the darkness. They do not
know where they are going, because the dark-
ness has blinded them.

Reasons for Writing

12 ●I am writing to you, dear children,
because your sins have been forgiven on
account of his name.
13 ●I am writing to you, fathers,
because you know him who is
from the beginning.
I am writing to you, young men,
because you have overcome the evil one.
14 ●I write to you, dear children,
because you know the Father.
I write to you, fathers,
because you know him who is
from the beginning.
I write to you, young men,
because you are strong,
and the word of God lives in you,
and you have overcome the evil one.

On Not Loving the World

15 ●Do not love the world or anything in the
world. If anyone loves the world, love for the
16 Father[d] is not in them. ●For everything in the
world — the lust of the flesh, the lust of the
eyes, and the pride of life — comes not from
17 the Father but from the world. ●The world
and its desires pass away, but whoever does

[a]5 Or *word, God's love* [b]9 The Greek word for *brother or sister* (*adelphos*) refers here to a believer, whether man or woman, as part of God's family; also in verse 11; and in 3:15, 17; 4:20; 5:16. [c]10 The Greek word for *brother and sister* (*adelphos*) refers here to a believer, whether man or woman, as part of God's family; also in 3:10; 4:20, 21. [d]15 Or *world, the Father's love* 1) 헬, 참

blind [blaind] *a.* 눈먼
command [kəmǽnd] *n.* 명령
darkness [dá:rknis] *n.* 어둠
desire [dizáiər] *n.* 욕망
evil [í:vəl] *a.* 악한
flesh [fleʃ] *n.* 육신
forgive [fərgív] *vt.* 용서하다
hate [heit] *vt.* 미워하다
lust [lʌst] *n.* 정욕
message [mésidʒ] *n.* 전언(傳言)
obey [oubéi] *vt.* 준수하다
overcome [òuvərkʌ́m] *vt.* 극복하다
shining [ʃáiniŋ] *a.* 빛나는
since [sins] *conj.* …이므로
stumble [stʌ́mbl] *vi.* 발부리가 걸리다

2:6 live in: 들어가 살다
2:12 on account of...: … 때문에
2:13 from the beginning: 처음부터
2:16 pride of life: 속세의 영화
2:16 come from...: …에서 나오다
2:17 pass away: 사라지다

적그리스도와 하나님의 자녀

18 ●아이들아 지금은 마지막 때라 적그리스도
가 오리라는 말을 너희가 들은 것과 같이 지
금도 많은 적그리스도가 일어났으니 그러므
로 우리가 마지막 때인 줄 아노라
19 그들이 우리에게서 나갔으나 우리에게 속하
지 아니하였나니 만일 우리에게 속하였더라
면 우리와 함께 거하였으려니와 그들이 나
간 것은 다 우리에게 속하지 아니함을 나타
내려 함이니라
20 너희는 거룩하신 자에게서 기름부음을 받고
모든 것을 아느니라
21 내가 너희에게 쓰는 것은 너희가 [1]진리를 알
지 못하기 때문이 아니라 알기 때문이요 또
모든 거짓은 [1]진리에서 나지 않기 때문이라
22 거짓말하는 자가 누구냐 예수께서 그리스도
이심을 부인하는 자가 아니냐 아버지와 아들
을 부인하는 그가 적그리스도니
23 아들을 부인하는 자에게는 또한 아버지가 없
으되 아들을 시인하는 자에게는 아버지도 있
느니라
24 너희는 처음부터 들은 것을 너희 안에 거하
게 하라 처음부터 들은 것이 너희 안에 거하
면 너희가 아들과 아버지 안에 거하리라
25 그가 우리에게 약속하신 것은 이것이니 곧
영원한 생명이니라
26 너희를 미혹하는 자들에 관하여 내가 이것을
너희에게 썼노라
27 너희는 주께 받은 바 기름부음이 너희 안에
거하나니 아무도 너희를 가르칠 필요가 없고
오직 그의 기름부음이 모든 것을 너희에게
가르치며 또 참되고 거짓이 없으니 너희를
가르치신 그대로 주 안에 거하라 요 14:26
28 자녀들아 이제 그의 안에 거하라 이는 주께
서 나타내신 바 되면 그가 강림하실 때에 우
리로 담대함을 얻어 그 앞에서 부끄럽지 않
게 하려 함이라
29 너희가 그가 의로우신 줄을 알면 의를 행하
는 자마다 그에게서 난 줄을 알리라

3 보라 아버지께서 어떠한 사랑을 우리에게
베푸사 하나님의 자녀라 일컬음을 받게 하
셨는가, 우리가 그러하도다 그러므로 세상이
우리를 알지 못함은 그를 알지 못함이라 요 1:12
2 사랑하는 자들아 우리가 지금은 하나님의 자
녀라 장래에 어떻게 될지는 아직 나타나지
아니하였으나 그가 나타나시면 우리가 그와
같을 줄을 아는 것은 그의 참모습 그대로 볼

the will of God lives forever.

Warnings Against Denying the Son

18 •Dear children, this is the last hour; and
as you have heard that the antichrist is com-
ing, even now many antichrists have come.
This is how we know it is the last hour.
19 •They went out from us, but they did not
really belong to us. For if they had belonged
to us, they would have remained with us;
but their going showed that none of them
belonged to us.
20 •But you have an anointing from the
Holy One, and all of you know the truth.[a]
21 •I do not write to you because you do not
know the truth, but because you do know
it and because no lie comes from the truth.
22 •Who is the liar? It is whoever denies that
Jesus is the Christ. Such a person is the an-
tichrist—denying the Father and the Son.
23 •No one who denies the Son has the Father;
whoever acknowledges the Son has the Fa-
ther also.
24 •As for you, see that what you have heard
from the beginning remains in you. If it
does, you also will remain in the Son and in
25 the Father. •And this is what he promised
us—eternal life.
26 •I am writing these things to you about
27 those who are trying to lead you astray. •As
for you, the anointing you received from
him remains in you, and you do not need
anyone to teach you. But as his anointing
teaches you about all things and as that
anointing is real, not counterfeit—just as it
has taught you, remain in him.

God's Children and Sin

28 •And now, dear children, continue in
him, so that when he appears we may be
confident and unashamed before him at
his coming.
29 •If you know that he is righteous, you
know that everyone who does what is right
has been born of him.

3 See what great love the Father has lav-
ished on us, that we should be called
children of God! And that is what we are!
The reason the world does not know us is
2 that it did not know him. •Dear friends,
now we are children of God, and what we
will be has not yet been made known. But
we know that when Christ appears,[b] we

[a]20 Some manuscripts *and you know all things* [b]2 Or *when it is made known* 1) 헬, 참

acknowledge [əknálidʒ] *vt.* 인정하다
anointing [ənɔ́intiŋ] *n.* 기름부음
antichrist [ǽntikràist] *n.* 적그리스도
appear [əpíər] *vi.* 나타나다
confident [kánfədənt] *a.* 확신하는
counterfeit [káuntərfit] *a.* 가짜의
deny [dinái] *vt.* 부인하다
eternal [itə́:rnəl] *a.* 영원한
lavish [lǽviʃ] *vt.* 아낌없이 주다
promise [prámis] *vt.* 약속하다
real [rí:əl] *a.* 진짜의, 진정한
receive [risí:v] *vt.* 받다
remain [riméin] *vi.* 남다
unashamed [ʌ̀nəʃéimd] *a.* 뻔뻔스러운
will [wíl] *n.* 뜻, 의지

2:19 belong to...: …에게 속하다
2:21 not A but B: A가 아니라 B이다
2:26 lead... astray: …을 잘못된 방향으로 이끌다, 미혹시키다
2:27 as for...: …에 관해 말하면
2:27 just as...: …와 꼭 마찬가지로

것이기 때문이니
3 주를 향하여 이 소망을 가진 자마다 그의 깨끗하심과 같이 자기를 깨끗하게 하느니라
4 죄를 짓는 자마다 불법을 행하나니 죄는 불법이라
5 그가 우리 죄를 없애려고 나타나신 것을 너희가 아나니 그에게는 죄가 없느니라
6 그 안에 거하는 자마다 범죄하지 아니하나니 범죄하는 자마다 그를 보지도 못하였고 그를 알지도 못하였느니라
7 자녀들아 아무도 너희를 미혹하지 못하게 하라 의를 행하는 자는 그의 의로우심과 같이 의롭고
8 죄를 짓는 자는 마귀에게 속하나니 마귀는 처음부터 범죄함이라 하나님의 아들이 나타나신 것은 마귀의 일을 멸하려 하심이라
9 하나님께로부터 난 자마다 죄를 짓지 아니하나니 이는 하나님의 씨가 그의 속에 거함이요 그도 범죄하지 못하는 것은 하나님께로부터 났음이라
10 이러므로 하나님의 자녀들과 마귀의 자녀들이 드러나나니 무릇 의를 행하지 아니하는 자나 또는 그 형제를 사랑하지 아니하는 자는 하나님께 속하지 아니하니라 2:29
11 우리는 서로 사랑할지니 이는 너희가 처음부터 들은 소식이라
12 가인같이 하지 말라 그는 악한 자에게 속하여 그 [1]아우를 죽였으니 어떤 이유로 죽였느냐 자기의 행위는 악하고 그의 [1]아우의 행위는 의로움이라

행함과 진실함으로 사랑하자

13 ● 형제들아 세상이 너희를 미워하여도 이상히 여기지 말라
14 우리는 형제를 사랑함으로 사망에서 옮겨 생명으로 들어간 줄을 알거니와 사랑하지 아니하는 자는 사망에 머물러 있느니라
15 그 형제를 미워하는 자마다 살인하는 자니 살인하는 자마다 영생이 그 속에 거하지 아니하는 것을 너희가 아는 바라
16 그가 우리를 위하여 목숨을 버리셨으니 우리가 이로써 사랑을 알고 우리도 형제들을 위하여 목숨을 버리는 것이 마땅하니라
17 누가 이 세상의 재물을 가지고 형제의 궁핍함을 보고도 도와 줄 마음을 닫으면 하나님의 사랑이 어찌 그 속에 거하겠느냐
18 자녀들아 우리가 말과 혀로만 사랑하지 말고 행함과 진실함으로 하자

요일

shall be like him, for we shall see him as he
3 is. ●All who have this hope in him purify
themselves, just as he is pure.
4 ●Everyone who sins breaks the law; in
5 fact, sin is lawlessness. ●But you know that
he appeared so that he might take away
6 our sins. And in him is no sin. ●No one who
lives in him keeps on sinning. No one who
continues to sin has either seen him or
known him.
7 ●Dear children, do not let anyone lead
you astray. The one who does what is right
8 is righteous, just as he is righteous. ●The
one who does what is sinful is of the devil,
because the devil has been sinning from
the beginning. The reason the Son of God
appeared was to destroy the devil's work.
9 ●No one who is born of God will continue
to sin, because God's seed remains in them;
they cannot go on sinning, because they
10 have been born of God. ●This is how we
know who the children of God are and who
the children of the devil are: Anyone who
does not do what is right is not God's child,
nor is anyone who does not love their brother and sister.

More on Love and Hatred

11 ●For this is the message you heard from
the beginning: We should love one another.
12 ●Do not be like Cain, who belonged to the
evil one and murdered his brother. And why
did he murder him? Because his own actions
were evil and his brother's were righteous.
13 ●Do not be surprised, my brothers and sis-
14 ters,[a] if the world hates you. ●We know that
we have passed from death to life, because
we love each other. Anyone who does not
15 love remains in death. ●Anyone who hates
a brother or sister is a murderer, and you
know that no murderer has eternal life residing in him.
16 ●This is how we know what love is: Jesus
Christ laid down his life for us. And we
ought to lay down our lives for our brothers
17 and sisters. ●If anyone has material posses-
sions and sees a brother or sister in need but
has no pity on them, how can the love of
18 God be in that person? ●Dear children, let
us not love with words or speech but with
actions and in truth.

[a]13 The Greek word for *brothers and sisters* (*adelphoi*) refers here to believers, both men and women, as part of God's family; also in verse 16. 1) 헬, 형제

action [ǽkʃən] *n.* 행동
destroy [distrɔ́i] *vt.* 멸망시키다
devil [dévl] *n.* 마귀
hate [heit] *vt.* 미워하다
lawlessness [lɔ́:lisnis] *n.* 무법 상태
material [mətíəriəl] *a.* 물질의
murder [mə́:rdər] *vt.* 살인하다
possession [pəzéʃən] *n.* 소유
purify [pjúərəfài] *vt.* 깨끗이 하다
remain [riméin] *vi.* 남다
reside [rizáid] *vi.* 거주하다
seed [si:d] *n.* 씨, 종자
sinful [sínfəl] *a.* 죄 많은
speech [spi:tʃ] *n.* 말, 언어
surprise [sərpráiz] *vt.* 놀라게 하다

3:6 keep on ~ing: 계속 ~하다
3:9 go on: 계속하다
3:9 be born of...: …에게서 태어나다
3:12 belong to...: …에 속하다
3:16 lay down...: …를 버리다, 내려놓다
3:17 have pity on...: …를 불쌍히 여기다

19 이로써 우리가 1)진리에 속한 줄을 알고 또 우
리 마음을 주 앞에서 굳세게 하리니 2:21
20 이는 우리 마음이 혹 우리를 책망할 일이 있어
도 하나님은 우리 마음보다 크시고 모든 것을
아시기 때문이라
21 사랑하는 자들아 만일 우리 마음이 우리를 책망
할 것이 없으면 하나님 앞에서 담대함을 얻고
22 무엇이든지 구하는 바를 그에게서 받나니 이
는 우리가 그의 계명을 지키고 그 앞에서 기뻐
하시는 것을 행함이라
23 그의 계명은 이것이니 곧 그 아들 예수 그리스
도의 이름을 믿고 그가 우리에게 주신 계명대
로 서로 사랑할 것이니라
24 그의 계명을 지키는 자는 주 안에 거하고 주는
그의 안에 거하시나니 우리에게 주신 성령으
로 말미암아 그가 우리 안에 거하시는 줄을 우
리가 아느니라

하나님의 영과 적그리스도의 영 (♪ 15, 17장)

4 사랑하는 자들아 영을 다 믿지 말고 오직 영
들이 하나님께 속하였나 분별하라 많은 거
짓 선지자가 세상에 나왔음이라
2 이로써 너희가 하나님의 영을 알지니 곧 예수
그리스도께서 육체로 오신 것을 시인하는 영
마다 하나님께 속한 것이요
3 예수를 시인하지 아니하는 영마다 하나님께
속한 것이 아니니 이것이 곧 적그리스도의 영
이니라 오리라 한 말을 너희가 들었거니와 지
금 벌써 세상에 있느니라
4 자녀들아 너희는 하나님께 속하였고 또 그들
을 이기었나니 이는 너희 안에 계신 이가 세상
에 있는 자보다 크심이라
5 그들은 세상에 속한 고로 세상에 속한 말을 하
매 세상이 그들의 말을 듣느니라
6 우리는 하나님께 속하였으니 하나님을 아는
자는 우리의 말을 듣고 하나님께 속하지 아니
한 자는 우리의 말을 듣지 아니하나니 1)진리의
영과 미혹의 영을 이로써 아느니라

하나님은 사랑이시다

7 ●사랑하는 자들아 우리가 서로 사랑하자 사
랑은 하나님께 속한 것이니 사랑하는 자마다
하나님으로부터 나서 하나님을 알고
8 사랑하지 아니하는 자는 하나님을 알지 못하
나니 이는 하나님은 사랑이심이라
9 하나님의 사랑이 우리에게 이렇게 나타난 바
되었으니 하나님이 자기의 독생자를 세상에 보
내심은 그로 말미암아 우리를 살리려 하심이라
10 사랑은 여기 있으니 우리가 하나님을 사랑한 것

19 ●This is how we know that we belong to
the truth and how we set our hearts at rest
20 in his presence: ●If our hearts condemn us,
we know that God is greater than our
21 hearts, and he knows everything. ●Dear
friends, if our hearts do not condemn us,
22 we have confidence before God ●and re-
ceive from him anything we ask, because
we keep his commands and do what plea-
23 ses him. ●And this is his command: to
believe in the name of his Son, Jesus Christ,
and to love one another as he command-
24 ed us. ●The one who keeps God's com-
mands lives in him, and he in them. And
this is how we know that he lives in us: We
know it by the Spirit he gave us.

On Denying the Incarnation

4 Dear friends, do not believe every spir-
it, but test the spirits to see whether
they are from God, because many false
prophets have gone out into the world.
2 ●This is how you can recognize the Spirit
of God: Every spirit that acknowledges
that Jesus Christ has come in the flesh is
3 from God, ●but every spirit that does not
acknowledge Jesus is not from God. This is
the spirit of the antichrist, which you have
heard is coming and even now is already
in the world.
4 ●You, dear children, are from God and
have overcome them, because the one
who is in you is greater than the one who
5 is in the world. ●They are from the world
and therefore speak from the viewpoint of
the world, and the world listens to them.
6 ●We are from God, and whoever knows
God listens to us; but whoever is not from
God does not listen to us. This is how we
recognize the Spirit[a] of truth and the spirit
of falsehood.

God's Love and Ours

7 ●Dear friends, let us love one another,
for love comes from God. Everyone who
loves has been born of God and knows
8 God. ●Whoever does not love does not
9 know God, because God is love. ●This is
how God showed his love among us: He
sent his one and only Son into the world
10 that we might live through him. ●This is
love: not that we loved God, but that he

[a]6 Or *spirit* 1) 헬, 참

요일

acknowledge [əknɑ́lidʒ] *vt.* 인정하다
antichrist [ǽntikrɑ̀ist] *n.* 적그리스도
command [kəmǽnd] *n.* 명령
condemn [kəndém] *vt.* 비난하다
confidence [kɑ́nfədəns] *n.* 확신
false [fɔːls] *a.* 거짓의
falsehood [fɔːlshud] *n.* 거짓말
flesh [fleʃ] *n.* 육체
overcome [òuvərkʌ́m] *vt.* 극복하다
please [pliːz] *vt.* 기쁘게 하다
prophet [prɑ́fit] *n.* 예언자
recognize [rékəgnɑ̀iz] *vt.* 인정하다
test [test] *vt.* 분별하다, 시험하다
therefore [ðέərfɔ̀ːr] *ad.* 그러므로
viewpoint [vjúːpɔint] *n.* 관점

3:19 **in one's presence**: 면전에서
4:7 **come from...**: …에서 나오다
4:7 **be born of...**: …에서 태어나다
4:9 **send into...**: …에 보내다
4:10 **not that... but that~**: …이기 때문이 아니라 ~이기 때문이다

이 아니요 하나님이 우리를 사랑하사 우리 죄를 속
하기 위하여 화목제물로 그 아들을 보내셨음이라
11 사랑하는 자들아 하나님이 이같이 우리를 사랑하
셨은즉 우리도 서로 사랑하는 것이 마땅하도다
12 어느 때나 하나님을 본 사람이 없으되 만일 우리
가 서로 사랑하면 하나님이 우리 안에 거하시고
그의 사랑이 우리 안에 온전히 이루어지느니라
13 그의 성령을 우리에게 주시므로 우리가 그 안에
거하고 그가 우리 안에 거하시는 줄을 아느니라
14 아버지가 아들을 세상의 구주로 보내신 것을 우
리가 보았고 또 증언하노니
15 누구든지 예수를 하나님의 아들이라 시인하면
하나님이 그의 안에 거하시고 그도 하나님 안에
거하느니라
16 하나님이 우리를 사랑하시는 사랑을 우리가 알
고 믿었노니 하나님은 사랑이시라 사랑 안에 거
하는 자는 하나님 안에 거하고 하나님도 그의 안
에 거하시느니라
17 이로써 사랑이 우리에게 온전히 이루어진 것은
우리로 심판 날에 담대함을 가지게 하려 함이니
주께서 그러하심과 같이 우리도 이 세상에서 그
러하니라
18 사랑 안에 두려움이 없고 온전한 사랑이 두려움을
내쫓나니 두려움에는 형벌이 있음이라 두려워하
는 자는 사랑 안에서 온전히 이루지 못하였느니라
19 우리가 사랑함은 그가 먼저 우리를 사랑하셨음
이라
20 누구든지 하나님을 사랑하노라 하고 그 형제를
미워하면 이는 거짓말하는 자니 보는 바 그 형제
를 사랑하지 아니하는 자는 보지 못하는 바 하나
님을 사랑할 수 없느니라
21 우리가 이 계명을 주께 받았나니 하나님을 사랑
하는 자는 또한 그 형제를 사랑할지니라

세상을 이기는 믿음 (♪ 357장)

5 예수께서 그리스도이심을 믿는 자마다 하나님
께로부터 난 자니 또한 낳으신 이를 사랑하는
자마다 그에게서 난 자를 사랑하느니라
2 우리가 하나님을 사랑하고 그의 계명들을 지킬
때에 이로써 우리가 하나님의 자녀를 사랑하는
줄을 아느니라 2:5
3 하나님을 사랑하는 것은 이것이니 우리가 그의
계명들을 지키는 것이라 그의 계명들은 무거운
것이 아니로다
4 무릇 하나님께로부터 난 자마다 세상을 이기느
니라 세상을 이기는 승리는 이것이니 우리의 믿
음이니라 요 16:33
5 예수께서 하나님의 아들이심을 믿는 자가 아니

요일

loved us and sent his Son as an atoning
11 sacrifice for our sins. •Dear friends,
since God so loved us, we also ought to
12 love one another. •No one has ever seen
God; but if we love one another, God
lives in us and his love is made complete
in us.
13 •This is how we know that we live in
him and he in us: He has given us of his
14 Spirit. •And we have seen and testify
that the Father has sent his Son to be
15 the Savior of the world. •If anyone
acknowledges that Jesus is the Son of
God, God lives in them and they in God.
16 •And so we know and rely on the love
God has for us.
God is love. Whoever lives in love lives
17 in God, and God in them. •This is how
love is made complete among us so that
we will have confidence on the day of
judgment: In this world we are like Jesus.
18 •There is no fear in love. But perfect love
drives out fear, because fear has to do
with punishment. The one who fears is
not made perfect in love.
19 •We love because he first loved us.
20 •Whoever claims to love God yet hates a
brother or sister is a liar. For whoever does
not love their brother and sister, whom
they have seen, cannot love God, whom
21 they have not seen. •And he has given us
this command: Anyone who loves God
must also love their brother and sister.

Faith in the Incarnate Son of God

5 Everyone who believes that Jesus is
the Christ is born of God, and every-
one who loves the father loves his child
2 as well. •This is how we know that we
love the children of God: by loving God
3 and carrying out his commands. •In
fact, this is love for God: to keep his com-
mands. And his commands are not bur-
4 densome, •for everyone born of God
overcomes the world. This is the victory
that has overcome the world, even our
5 faith. •Who is it that overcomes the
world? Only the one who believes that
Jesus is the Son of God.
6 •This is the one who came by water
and blood—Jesus Christ. He did not
come by water only, but by water and
blood. And it is the Spirit who testifies,

atone [ətóun] *vi.* 속죄하다
believe [bilíːv] *vt.* 믿다
burdensome [bə́ːrdnsəm] *a.* 짐스러운
claim [kleim] *vt.* 주장하다
command [kəmǽnd] *n.* 계명
complete [kəmplíːt] *a.* 완전한
confidence [kɑ́nfədəns] *n.* 확신
fear [fiər] *n.* 두려움
judgment [dʒʌ́dʒmənt] *n.* 심판
liar [láiər] *n.* 거짓말쟁이
perfect [pə́ːrfikt] *a.* 완전한
punishment [pʌ́niʃmənt] *n.* 형벌
sacrifice [sǽkrəfàis] *n.* 희생, 제물
savior [séivjər] *n.* 구세주
testify [téstəfài] *vt.* 증언하다

4:11 ought to...: …해야 하다
4:16 rely on...: …을 믿다
4:18 drive out...: …을 몰아내다
4:18 have to do with...: …과 관계가 있다
5:1 as well: 또한, 역시
5:2 carry out: 수행하다, 이행하다

면 세상을 이기는 자가 누구냐
6 이는 물과 피로 임하신 이시니 곧 예수 그리스
도시라 물로만 아니요 물과 피로 임하셨고 증
언하는 이는 성령이시니 성령은 [1]진리니라
7 증언하는 이가 셋이니
8 성령과 물과 피라 또한 이 셋은 합하여 하나이
니라
9 만일 우리가 사람들의 증언을 받을진대 하나님
의 증거는 더욱 크도다 하나님의 증거는 이것
이니 그의 아들에 대하여 증언하신 것이니라
10 하나님의 아들을 믿는 자는 자기 안에 증거가 있
고 하나님을 믿지 아니하는 자는 하나님을 거짓
말하는 자로 만드나니 이는 하나님께서 그 아들
에 대하여 증언하신 증거를 믿지 아니하였음이라
11 또 증거는 이것이니 하나님이 우리에게 영생을
주신 것과 이 생명이 그의 아들 안에 있는 그것
이니라 요 1:4
12 아들이 있는 자에게는 생명이 있고 하나님의
아들이 없는 자에게는 생명이 없느니라

영생을 알게 하려 함이라

13 ●내가 하나님의 아들의 이름을 믿는 너희에게
이것을 쓰는 것은 너희로 하여금 너희에게 영
생이 있음을 알게 하려 함이라
14 그를 향하여 우리가 가진 바 담대함이 이것이
니 그의 뜻대로 무엇을 구하면 들으심이라
15 우리가 무엇이든지 구하는 바를 들으시는 줄을
안즉 우리가 그에게 구한 그것을 얻은 줄을 또
한 아느니라
16 누구든지 형제가 사망에 이르지 아니하는 죄
범하는 것을 보거든 구하라 [2]그리하면 사망에
이르지 아니하는 범죄자들을 위하여 그에게 생
명을 주시리라 사망에 이르는 죄가 있으니 이
에 관하여 나는 구하라 하지 않노라 약 5:15
17 모든 불의가 죄로되 사망에 이르지 아니하는
죄도 있도다
18 ●하나님께로부터 난 자는 다 범죄하지 아니하
는 줄을 우리가 아노라 하나님께로부터 [3]나신
자가 그를 지키시매 악한 자가 그를 만지지도
못하느니라
19 또 아는 것은 우리는 하나님께 속하고 온 세상
은 악한 자 안에 처한 것이며
20 또 아는 것은 하나님의 아들이 이르러 우리에
게 지각을 주사 우리로 참된 자를 알게 하신 것
과 또한 우리가 참된 자 곧 그의 아들 예수 그
리스도 안에 있는 것이니 그는 참 하나님이시
요 영생이시라
21 자녀들아 너희 자신을 지켜 우상에게서 멀리하라

7 because the Spirit is the truth. ●For there
8 are three that testify: ●the[a] Spirit, the
water and the blood; and the three are in
9 agreement. ●We accept human testimo-
ny, but God's testimony is greater because
it is the testimony of God, which he has
10 given about his Son. ●Whoever believes
in the Son of God accepts this testimony.
Whoever does not believe God has made
him out to be a liar, because they have not
believed the testimony God has given
11 about his Son. ●And this is the testimony:
God has given us eternal life, and this life
12 is in his Son. ●Whoever has the Son has
life; whoever does not have the Son of
God does not have life.

Concluding Affirmations

13 ●I write these things to you who believe
in the name of the Son of God so that you
14 may know that you have eternal life. ●This
is the confidence we have in approaching
God: that if we ask anything according to
15 his will, he hears us. ●And if we know that
he hears us—whatever we ask—we know
that we have what we asked of him.
16 ●If you see any brother or sister commit
a sin that does not lead to death, you
should pray and God will give them life. I
refer to those whose sin does not lead to
death. There is a sin that leads to death. I
am not saying that you should pray about
17 that. ●All wrongdoing is sin, and there is
sin that does not lead to death.
18 ●We know that anyone born of God
does not continue to sin; the One who
was born of God keeps them safe, and the
19 evil one cannot harm them. ●We know
that we are children of God, and that the
whole world is under the control of the
20 evil one. ●We know also that the Son of
God has come and has given us under-
standing, so that we may know him who
is true. And we are in him who is true by
being in his Son Jesus Christ. He is the true
God and eternal life.
21 ●Dear children, keep yourselves from
idols.

[a]*7,8* Late manuscripts of the Vulgate *testify in heaven: the Father, the Word and the Holy Spirit, and these three are one. [8]And there are three that testify on earth: the* (not found in any Greek manuscript before the fourteenth century)

1) 헬, 참 2) 또는 그러면 그에게 생명을 주시리니 곧 사망에 이르지 아니하는 범죄자에게니라 3) 어떤 사본에, 난 자가 자기를 지키매

accept [æksépt] *vt.* 받아들이다
agreement [əgríːmənt] *n.* 일치, 합의
approach [əpróutʃ] *vt.* 다가가다
continue [kəntínjuː] *vt.* 지속하다
death [deθ] *n.* 죽음
eternal [itə́ːrnəl] *a.* 영원한
evil [íːvəl] *a.* 악한
harm [haːrm] *vt.* 해를 끼치다
idol [áidl] *n.* 우상
lead [liːd] *vi.* 이르다
pray [prei] *vi.* 기도하다
testimony [téstəmouni] *n.* 증언, 증거
true [truː] *a.* 참된, 진실한
whatever [hwʌtévər] *pron.* 무엇이든지
wrongdoing [rɔ́ːŋdùːiŋ] *n.* 잘못, 범죄

5:14 according to...: …에 따라
5:16 commit a sin: 죄를 짓다
5:16 refer to...: …을 언급하다
5:19 control of...: …에 대한 통제
5:21 keep oneself from...: …로부터 자신을 지키다

요한이서 | 2 John

● 저자 _ 사도 요한 ● 저작 연대 _ A.D. 85-96년 사이 ● 기록 장소 _ 에베소
● 기록 대상 _ 모든 그리스도인들 ● 핵심어 및 내용 _ 핵심어는 '진리'와 '행함'이다.

진리를 행하는 그리스도인들에게 사랑의 계명을 쫓아 행하고, 예수 그리스도께서 육체로 임하심을 부인하는 자들에 대해서 경계하며 살 것을 권면한다.

인사

1 장로인 나는 택하심을 받은 부녀와 그의 자녀들에게 편지하노니 내가 참으로 사랑하는 자요 나뿐 아니라 진리를 아는 모든 자도 그리하는 것은

2 우리 안에 거하여 영원히 우리와 함께할 진리로 말미암음이로다

3 은혜와 긍휼과 평강이 하나님 아버지와 아버지의 아들 예수 그리스도께로부터 진리와 사랑 가운데서 우리와 함께 있으리라

진리와 사랑

4 ●너의 자녀들 중에 우리가 아버지께 받은 계명대로 진리를 행하는 자를 내가 보니 심히 기쁘도다

5 부녀여, 내가 이제 네게 구하노니 서로 사랑하자 이는 새 계명같이 네게 쓰는 것이 아니요 처음부터 우리가 가진 것이라

6 또 사랑은 이것이니 우리가 그 계명을 따라 행하는 것이요 계명은 이것이니 너희가 처음부터 들은 바와 같이 그 가운데서 행하라 하심이라

7 미혹하는 자가 세상에 많이 나왔나니 이는 예수 그리스도께서 육체로 오심을 부인하는 자라 이런 자가 미혹하는 자요 적그리스도니

8 너희는 스스로 삼가 우리가 일한 것을 잃지 말고 오직 온전한 상을 받으라

9 지나쳐 그리스도의 교훈 안에 거하지 아니하는 자는 다 하나님을 모시지 못하되 교훈 안에 거하는 그 사람은 아버지와 아들을 모시느니라

10 누구든지 이 교훈을 가지지 않고 너희에게 나아가거든 그를 집에 들이지도 말고 인사도 하지 말라

11 그에게 인사하는 자는 그 악한 일에 참여하는 자임이라

끝 인사

12 ●내가 너희에게 쓸 것이 많으나 종이와 먹으로 쓰기를 원하지 아니하고 오히려 너희에게 가서 대면하여 말하려 하니 이는 [1]너희 기쁨을 충만하게 하려 함이라

13 택하심을 받은 네 자매의 자녀들이 네게 문안하느니라

1:1

1 ●The elder,

To the lady chosen by God and to her
children, whom I love in the truth—and
not I only, but also all who know the
2 truth—●because of the truth, which lives
in us and will be with us forever:

3 ●Grace, mercy and peace from God the
Father and from Jesus Christ, the Father's
Son, will be with us in truth and love.

4 ●It has given me great joy to find some
of your children walking in the truth, just
5 as the Father commanded us. ●And now,
dear lady, I am not writing you a new
command but one we have had from the
beginning. I ask that we love one another.
6 ●And this is love: that we walk in obedience
to his commands. As you have heard
from the beginning, his command is that
you walk in love.

7 ●I say this because many deceivers, who
do not acknowledge Jesus Christ as coming
in the flesh, have gone out into the
world. Any such person is the deceiver
8 and the antichrist. ●Watch out that you
do not lose what we[a] have worked for, but
9 that you may be rewarded fully. ●Anyone
who runs ahead and does not continue
in the teaching of Christ does not
have God; whoever continues in the teaching
has both the Father and the Son.
10 ●If anyone comes to you and does not
bring this teaching, do not take them
11 into your house or welcome them. ●Anyone
who welcomes them shares in their
wicked work.

12 ●I have much to write to you, but I do
not want to use paper and ink. Instead, I
hope to visit you and talk with you face to
face, so that our joy may be complete.

13 ●The children of your sister, who is chosen
by God, send their greetings.

---

[a]8 Some manuscripts *you*

1) 어떤 사본에, 우리

3 John | 요한삼서

● 저자 _ 사도 요한 ● 저작 연대 _ A.D. 85-96년 사이 ● 기록 장소 _ 에베소
● 기록 대상 _ 가이오 ● 핵심어 및 내용 _ 핵심어는 '기쁨'이다.

요한은 진리 안에 꾸준히 신앙 생활을 잘하고 있는 가이오와 다른 신자들의 모습을 보고 기뻐하며, 그들이 순회 설교자들과 다른 믿는 형제들에게 베풀었던 친절과 대접이야말로 온 교회가 계속해서 감당해 나가야 할 귀한 사역이라고 말한다.

인사

1 장로인 나는 사랑하는 가이오 곧 내가 참으로
사랑하는 자에게 편지하노라
2 ●사랑하는 자여 네 영혼이 잘됨같이 네가 범
사에 잘되고 강건하기를 내가 간구하노라
3 형제들이 와서 네게 있는 진리를 증언하되 네가
진리 안에서 행한다 하니 내가 심히 기뻐하노라
4 내가 내 자녀들이 진리 안에서 행한다 함을
듣는 것보다 더 기쁜 일이 없도다

영접함과 내쫓음

5 ●사랑하는 자여 네가 무엇이든지 형제 곧 나
그네 된 자들에게 행하는 것은 신실한 일이니
6 그들이 교회 앞에서 너의 사랑을 증언하였느
니라 네가 하나님께 합당하게 그들을 전송하
면 좋으리로다 행 15:3
7 이는 그들이 주의 이름을 위하여 나가서 이방
인에게 아무것도 받지 아니함이라
8 그러므로 우리가 이같은 자들을 영접하는 것
이 마땅하니 이는 우리로 진리를 위하여 함께
일하는 자가 되게 하려 함이라
9 ●내가 두어 자를 교회에 썼으나 그들 중에
으뜸되기를 좋아하는 디오드레베가 우리를
맞아들이지 아니하니
10 그러므로 내가 가면 그 행한 일을 잊지 아니하
리라 그가 악한 말로 우리를 비방하고도 오히
려 부족하여 형제들을 맞아들이지도 아니하고
맞아들이고자 하는 자를 금하여 교회에서 내
쫓는도다
11 사랑하는 자여 악한 것을 본받지 말고 선한 것
을 본받으라 선을 행하는 자는 하나님께 속하
고 악을 행하는 자는 하나님을 뵈옵지 못하였
느니라
12 데메드리오는 뭇 사람에게도, 진리에게서도
증거를 받았으매 우리도 증언하노니 너는 우
리의 증언이 참된 줄을 아느니라

끝 인사

13 ●내가 네게 쓸 것이 많으나 먹과 붓으로 쓰
기를 원하지 아니하고
14 속히 보기를 바라노니 또한 우리가 대면하여
말하리라
15 평강이 네게 있을지어다 여러 친구가 네게 문안
하느니라 너는 친구들의 이름을 들어 문안하라

1 ●The elder,

To my dear friend Gaius, whom I love in
the truth.

2 ●Dear friend, I pray that you may enjoy
good health and that all may go well with
you, even as your soul is getting along well.
3 ●It gave me great joy when some believers
came and testified about your faithfulness
to the truth, telling how you continue to
4 walk in it. ●I have no greater joy than to
hear that my children are walking in the
truth.
5 ●Dear friend, you are faithful in what
you are doing for the brothers and sisters,[a]
even though they are strangers to you.
6 ●They have told the church about your
love. Please send them on their way in a
7 manner that honors God. ●It was for the
sake of the Name that they went out, receiv-
8 ing no help from the pagans. ●We ought
therefore to show hospitality to such people
so that we may work together for the truth.
9 ●I wrote to the church, but Diotrephes,
who loves to be first, will not welcome us.
10 ●So when I come, I will call attention to
what he is doing, spreading malicious
nonsense about us. Not satisfied with that,
he even refuses to welcome other believers.
He also stops those who want to do so and
puts them out of the church.
11 ●Dear friend, do not imitate what is evil
but what is good. Anyone who does what
is good is from God. Anyone who does
12 what is evil has not seen God. ●Demetrius is
well spoken of by everyone—and even by
the truth itself. We also speak well of him,
and you know that our testimony is true.
13 ●I have much to write you, but I do not
14 want to do so with pen and ink. ●I hope to
see you soon, and we will talk face to face.

15 ●Peace to you. The friends here send their
greetings. Greet the friends there by name.

[a]5 The Greek word for *brothers and sisters* (*adelphoi*) refers here to believers, both men and women, as part of God's family.

유다서 | Jude

● 저자 _ 유다(야고보의 형제) ● 저작 연대 _ A.D. 60-80년 사이
● 기록 장소 _ 알 수 없음(팔레스타인 밖에서 기록했을 가능성이 높음) ● 기록 대상 _ 모든 그리스도인들
● 핵심어 및 내용 _ 핵심어는 '싸움'과 '불경건함'이다.

이단에 대한 바른 변증을 통해 그리스도인들을 복음 안에서 세우기 위해 기록했다.

인사 (♪ 379, 390장) — A.D. 66년경

1 예수 그리스도의 종이요 야고보의 형제인
유다는 부르심을 받은 자 곧 하나님 아버
지 안에서 사랑을 얻고 예수 그리스도를 위
하여 지키심을 받은 자들에게 편지하노라
2 긍휼과 평강과 사랑이 너희에게 더욱 많을
지어다

거짓 교사들에게 내릴 심판 (벧후 2:1-17)

3 ●사랑하는 자들아 우리가 일반으로 받은
구원에 관하여 내가 너희에게 편지하려는
생각이 간절하던 차에 성도에게 단번에 주
신 믿음의 도를 위하여 힘써 싸우라는 편지
로 너희를 권하여야 할 필요를 느꼈노니
4 이는 가만히 들어온 사람 몇이 있음이라 그
들은 옛적부터 이 판결을 받기로 미리 기록
된 자니 경건하지 아니하여 우리 하나님의
은혜를 도리어 방탕한 것으로 바꾸고 홀로
하나이신 주재 곧 우리 주 예수 그리스도를
부인하는 자니라
5 ●너희가 본래 모든 사실을 알고 있으나 내
가 너희로 다시 생각나게 하고자 하노라 주
께서 백성을 애굽에서 구원하여 내시고 후
에 믿지 아니하는 자들을 멸하셨으며
6 또 자기 지위를 지키지 아니하고 자기 처소
를 떠난 천사들을 큰 날의 심판까지 영원한
결박으로 흑암에 가두셨으며
7 소돔과 고모라와 그 이웃 도시들도 그들과
같은 행동으로 음란하며 다른 육체를 따라
가다가 영원한 불의 형벌을 받음으로 거울
이 되었느니라
8 그러한데 꿈꾸는 이 사람들도 그와 같이 육
체를 더럽히며 권위를 업신여기며 영광을
비방하는도다
9 천사장 미가엘이 모세의 시체에 관하여 마
귀와 다투어 변론할 때에 감히 비방하는 판
결을 내리지 못하고 다만 말하되 주께서 너
를 꾸짖으시기를 원하노라 하였거늘
10 이 사람들은 무엇이든지 그 알지 못하는 것
을 비방하는도다 또 그들은 이성 없는 짐승
같이 본능으로 아는 그것으로 멸망하느니라
11 화 있을진저 이 사람들이여, 가인의 길에 행
하였으며 삯을 위하여 발람의 어그러진 길

1 •Jude, a servant of Jesus Christ and a bro-
ther of James,

To those who have been called, who are
loved in God the Father and kept for[a] Jesus
Christ:

2 •Mercy, peace and love be yours in abun-
dance.

The Sin and Doom of Ungodly People

3 •Dear friends, although I was very eager
to write to you about the salvation we share,
I felt compelled to write and urge you to
contend for the faith that was once for all
4 entrusted to God's holy people. •For certain
individuals whose condemnation was writ-
ten about[b] long ago have secretly slipped in
among you. They are ungodly people, who
pervert the grace of our God into a license for
immorality and deny Jesus Christ our only
Sovereign and Lord.
5 •Though you already know all this, I want
to remind you that the Lord[c] at one time
delivered his people out of Egypt, but later
6 destroyed those who did not believe. •And
the angels who did not keep their positions
of authority but abandoned their proper
dwelling—these he has kept in darkness,
bound with everlasting chains for judgment
7 on the great Day. •In a similar way, Sodom
and Gomorrah and the surrounding towns
gave themselves up to sexual immorality and
perversion. They serve as an example of those
who suffer the punishment of eternal fire.
8 •In the very same way, on the strength of
their dreams these ungodly people pollute
their own bodies, reject authority and heap
9 abuse on celestial beings. •But even the
archangel Michael, when he was disputing
with the devil about the body of Moses, did
not himself dare to condemn him for slan-
10 der but said, "The Lord rebuke you!"[d] •Yet
these people slander whatever they do not
understand, and the very things they do
understand by instinct—as irrational ani-

[a]1 Or *by*; or *in* [b]4 Or *individuals who were marked out for condemnation* [c]5 Some early manuscripts *Jesus* [d]9 Jude is alluding to the Jewish *Testament of Moses* (approximately the first century A.D.).

로 몰려갔으며 고라의 패역을 따라 멸망을
받았도다
12 그들은 기탄없이 너희와 함께 먹으니 너희
의 애찬에 암초요 자기 몸만 기르는 목자요
바람에 불려가는 물 없는 구름이요 죽고 또
죽어 뿌리까지 뽑힌 열매 없는 가을 나무요
13 자기 수치의 거품을 뿜는 바다의 거친 물결
이요 영원히 예비된 캄캄한 흑암으로 돌아
갈 유리하는 별들이라
14 아담의 칠대 손 에녹이 이 사람들에 대하여
도 예언하여 이르되 보라 주께서 그 수만의
거룩한 자와 함께 임하셨나니
15 이는 뭇 사람을 심판하사 모든 경건하지 않
은 자가 경건하지 않게 행한 모든 경건하지
않은 일과 또 경건하지 않은 죄인들이 주를
거슬러 한 모든 완악한 말로 말미암아 그들
을 정죄하려 하심이라 하였느니라
16 이 사람들은 원망하는 자며 불만을 토하는
자며 그 정욕대로 행하는 자라 그 입으로 자
랑하는 말을 하며 이익을 위하여 아첨하느
니라

훈계와 권면 (♪ 408, 414장)

17 ●사랑하는 자들아 너희는 우리 주 예수 그
리스도의 사도들이 미리 한 말을 기억하라
18 그들이 너희에게 말하기를 마지막 때에 자
기의 경건하지 않은 정욕대로 행하며 조롱
하는 자들이 있으리라 하였나니
19 이 사람들은 분열을 일으키는 자며 육에 속
한 자며 성령이 없는 자니라
20 사랑하는 자들아 너희는 너희의 지극히 거
룩한 믿음 위에 자신을 세우며 성령으로 기
도하며
21 하나님의 사랑 안에서 자신을 지키며 영생에
이르도록 우리 주 예수 그리스도의 긍휼을 기
다리라
22 어떤 의심하는 자들을 긍휼히 여기라
23 또 어떤 자를 불에서 끌어내어 구원하라 또
어떤 자를 그 육체로 더럽힌 옷까지도 미워
하되 두려움으로 긍휼히 여기라

축복

24 ●능히 너희를 보호하사 거침이 없게 하시
고 너희로 그 영광 앞에 흠이 없이 기쁨으로
서게 하실 이
골 1:22
25 곧 우리 구주 홀로 하나이신 하나님께 우리
주 예수 그리스도로 말미암아 영광과 위엄
과 권력과 권세가 영원 전부터 이제와 영원
토록 있을지어다 아멘

mals do—will destroy them.
11 •Woe to them! They have taken the way
of Cain; they have rushed for profit into Bal-
aam's error; they have been destroyed in
Korah's rebellion.
12 •These people are blemishes at your love
feasts, eating with you without the slightest
qualm—shepherds who feed only them-
selves. They are clouds without rain, blown
along by the wind; autumn trees, without
13 fruit and uprooted—twice dead. •They are
wild waves of the sea, foaming up their
shame; wandering stars, for whom blackest
darkness has been reserved forever.
14 •Enoch, the seventh from Adam, prophe-
sied about them: "See, the Lord is coming
with thousands upon thousands of his holy
15 ones •to judge everyone, and to convict all
of them of all the ungodly acts they have
committed in their ungodliness, and of all
the defiant words ungodly sinners have spo-
16 ken against him."[a] •These people are grum-
blers and faultfinders; they follow their own
evil desires; they boast about themselves and
flatter others for their own advantage.

A Call to Persevere

17 •But, dear friends, remember what the
apostles of our Lord Jesus Christ foretold.
18 •They said to you, "In the last times there
will be scoffers who will follow their own
19 ungodly desires." •These are the people who
divide you, who follow mere natural ins-
tincts and do not have the Spirit.
20 •But you, dear friends, by building your-
selves up in your most holy faith and pray-
21 ing in the Holy Spirit, •keep yourselves in
God's love as you wait for the mercy of our
Lord Jesus Christ to bring you to eternal life.
22-23 •Be merciful to those who doubt; •save
others by snatching them from the fire; to
others show mercy, mixed with fear—hating
even the clothing stained by corrupted flesh.[b]

Doxology

24 •To him who is able to keep you from
stumbling and to present you before his glo-
rious presence without fault and with great
25 joy— •to the only God our Savior be glory,
majesty, power and authority, through Jesus
Christ our Lord, before all ages, now and
forevermore! Amen.

[a] *14,15* From the Jewish *First Book of Enoch* (approximately the first century B.C.) [b] *22,23* The Greek manuscripts of these verses vary at several points.

advantage [ædvǽntidʒ] *n.* 이점, 이익
blemish [blémiʃ] *n.* 흠
convict [kənvíkt] *vt.* 정죄하다
corrupt [kərʌ́pt] *vt.* 더럽히다
defiant [difáiənt] *a.* 반항적인
faultfinder [fɔ́:ltfàindər] *n.* 흠잡는 사람
flatter [flǽtər] *vt.* 아첨하다
grumbler [grʌ́mblər] *n.* 불평가
profit [práfit] *n.* 이윤
qualm [kwa:m] *n.* 양심의 가책
rebellion [ribéljən] *n.* 반역
rush [rʌʃ] *vi.* 돌진하다
scoffer [skáfər] *n.* 비웃는 자
slight [slait] *a.* 근소한
stain [stein] *vt.* 더럽히다

1:13 foam up: (거품을) 내뿜다
1:16 boast about: 자랑하다
1:22 be merciful to...: …에게 자비롭다
1:23 snatch from: 잡아채다
1:24 be able to...: …할 수 있다
1:24 keep A from B: A를 B로부터 지키다

요한계시록 | Revelation

● 저자 _ 사도 요한 ● 저작 연대 _ A.D. 90-96년 사이 ● 기록 장소 _ 밧모 섬
● 기록 대상 _ 소아시아에 있는 일곱 교회 ● 핵심어 및 내용 _ '계시'와 '예수 그리스도'와 '일곱'이다.

로마의 박해로 배교의 위험에 처해 있는 교회에 용기를 주고, 하나님께서 보호하고 계신다는 것을 확신케 하여 그리스도의 재림을 소망하게 하기 위해서이다.

표제와 인사

1 예수 그리스도의 계시라 이는 하나님이
그에게 주사 반드시 속히 일어날 일들을
그 종들에게 보이시려고 그의 천사를 그
종 요한에게 보내어 알게 하신 것이라
2 요한은 하나님의 말씀과 예수 그리스도
의 증거 곧 자기가 본 것을 다 증언하였느
니라
3 이 예언의 말씀을 읽는 자와 듣는 자와 그
가운데에 기록한 것을 지키는 자는 복이
있나니 때가 가까움이라
4 ●요한은 아시아에 있는 일곱 교회에 편
지하노니 이제도 계시고 전에도 계셨고
장차 오실 이와 그의 보좌 앞에 있는 일곱
영과 출 3:14
5 또 충성된 증인으로 죽은 자들 가운데에
서 먼저 나시고 땅의 임금들의 머리가 되
신 예수 그리스도로 말미암아 은혜와 평
강이 너희에게 있기를 원하노라 우리를
사랑하사 그의 피로 1)우리 죄에서 우리를
해방하시고
6 그의 아버지 하나님을 위하여 우리를 나
라와 제사장으로 삼으신 그에게 영광과
능력이 세세토록 있기를 원하노라 아멘
7 볼지어다 그가 구름을 타고 오시리라 각
사람의 눈이 그를 보겠고 그를 찌른 자들
도 볼 것이요 땅에 있는 모든 족속이 그로
말미암아 애곡하리니 그러하리라 아멘
8 ●주 하나님이 이르시되 나는 알파와 오
메가라 이제도 있고 전에도 있었고 장차
올 자요 전능한 자라 하시더라

그리스도의 명령

9 ●나 요한은 너희 형제요 예수의 환난과
나라와 참음에 동참하는 자라 하나님의
말씀과 예수를 증언하였음으로 말미암아
밧모라 하는 섬에 있었더니
10 주의 날에 내가 성령에 감동되어 내 뒤에
서 나는 나팔 소리 같은 큰 음성을 들으니
11 이르되 네가 보는 것을 두루마리에 써서
에베소, 서머나, 버가모, 두아디라, 사데,
빌라델비아, 라오디게아 등 일곱 교회에
보내라 하시기로

Prologue

1 The revelation from Jesus Christ, which
God gave him to show his servants what
must soon take place. He made it known by
2 sending his angel to his servant John, ●who tes-
tifies to everything he saw—that is, the word of
3 God and the testimony of Jesus Christ. ●Blessed
is the one who reads aloud the words of this
prophecy, and blessed are those who hear it
and take to heart what is written in it, because
the time is near.

Greetings and Doxology

4 ●John,

To the seven churches in the province of Asia:

Grace and peace to you from him who is,
and who was, and who is to come, and from
5 the seven spirits[a] before his throne, ●and from
Jesus Christ, who is the faithful witness, the
firstborn from the dead, and the ruler of the
kings of the earth.

To him who loves us and has freed us from
6 our sins by his blood, ●and has made us to be a
kingdom and priests to serve his God and
Father—to him be glory and power for ever
and ever! Amen.

7 ●"Look, he is coming with the clouds,"[b]
and "every eye will see him,
even those who pierced him";
and all peoples on earth "will mourn
because of him."[c]
So shall it be! Amen.

8 ●"I am the Alpha and the Omega," says the
Lord God, "who is, and who was, and who is to
come, the Almighty."

John's Vision of Christ

9 ●I, John, your brother and companion in the
suffering and kingdom and patient endurance
that are ours in Jesus, was on the island of Pat-
mos because of the word of God and the testi-
10 mony of Jesus. ●On the Lord's Day I was in the
Spirit, and I heard behind me a loud voice like
11 a trumpet, ●which said: "Write on a scroll what
you see and send it to the seven churches: to

[a]4 That is, the sevenfold Spirit [b]7 Daniel 7:13 [c]7 Zech. 12:10

1) 어떤 사본에, 우리 죄를 씻으시고

12 몸을 돌이켜 나에게 말한 음성을 알아보
려고 돌이킬 때에 일곱 금 촛대를 보았는
데
13 촛대 사이에 인자 같은 이가 발에 끌리는
옷을 입고 가슴에 금띠를 띠고
14 그의 머리와 털의 희기가 흰 양털 같고 눈
같으며 그의 눈은 불꽃 같고 단 7:9
15 그의 발은 풀무불에 단련한 빛난 주석 같고
그의 음성은 많은 물소리와 같으며 겔 43:2
16 그의 오른손에 일곱 별이 있고 그의 입에
서 좌우에 날선 검이 나오고 그 얼굴은 해
가 힘있게 비치는 것 같더라 2:1
17 내가 볼 때에 그의 발 앞에 엎드러져 죽
은 자같이 되매 그가 오른손을 내게 얹고
이르시되 두려워하지 말라 나는 처음이
요 마지막이니
18 곧 살아 있는 자라 내가 전에 죽었었노라
볼지어다 이제 세세토록 살아 있어 사망
과 음부의 열쇠를 가졌노니
19 그러므로 네가 본 것과 지금 있는 일과 장
차 될 일을 기록하라 4:1
20 네가 본 것은 내 오른손의 일곱 별의 비
밀과 또 일곱 금 촛대라 일곱 별은 일곱
교회의 사자요 일곱 촛대는 일곱 교회니
라 슥 4:2

에베소 교회에 보내는 말씀

2 에베소 교회의 사자에게 편지하라 오른
손에 있는 일곱 별을 붙잡고 일곱 금 촛
대 사이를 거니시는 이가 이르시되
2 내가 네 행위와 수고와 네 인내를 알고
또 악한 자들을 용납하지 아니한 것과 자
칭 사도라 하되 아닌 자들을 시험하여 그
의 거짓된 것을 네가 드러낸 것과
3 또 네가 참고 내 이름을 위하여 견디고 게
으르지 아니한 것을 아노라
4 그러나 너를 책망할 것이 있나니 너의 처
음 사랑을 버렸느니라
5 그러므로 어디서 떨어졌는지를 생각하고
회개하여 처음 행위를 가지라 만일 그리
하지 아니하고 회개하지 아니하면 내가
네게 가서 네 촛대를 그 자리에서 옮기리
라
6 오직 네게 이것이 있으니 네가 니골라 당
의 행위를 미워하는도다 나도 이것을 미워
하노라
7 귀 있는 자는 성령이 교회들에게 하시는
말씀을 들을지어다 이기는 그에게는 내

Ephesus, Smyrna, Pergamum, Thyatira, Sardis,
Philadelphia and Laodicea."
12 •I turned around to see the voice that was
speaking to me. And when I turned I saw seven
13 golden lampstands, •and among the lamp-
stands was someone like a son of man,[a] dressed
in a robe reaching down to his feet and with a
14 golden sash around his chest. •The hair on his
head was white like wool, as white as snow, and
15 his eyes were like blazing fire. •His feet were like
bronze glowing in a furnace, and his voice was
16 like the sound of rushing waters. •In his right
hand he held seven stars, and coming out of his
mouth was a sharp, double-edged sword. His
face was like the sun shining in all its brilliance.
17 •When I saw him, I fell at his feet as though
dead. Then he placed his right hand on me and
said: "Do not be afraid. I am the First and the
18 Last. •I am the Living One; I was dead, and
now look, I am alive for ever and ever! And I
hold the keys of death and Hades.
19 •"Write, therefore, what you have seen, what
20 is now and what will take place later. •The
mystery of the seven stars that you saw in my
right hand and of the seven golden lampstands
is this: The seven stars are the angels[b] of the
seven churches, and the seven lampstands are
the seven churches.

To the Church in Ephesus

2 "To the angel[c] of the church in Ephesus
write:

These are the words of him who holds
the seven stars in his right hand and walks
2 among the seven golden lampstands. •I
know your deeds, your hard work and your
perseverance. I know that you cannot toler-
ate wicked people, that you have tested
those who claim to be apostles but are not,
3 and have found them false. •You have per-
severed and have endured hardships for
my name, and have not grown weary.
4 •Yet I hold this against you: You have
5 forsaken the love you had at first. •Consid-
er how far you have fallen! Repent and do
the things you did at first. If you do not
repent, I will come to you and remove your
6 lampstand from its place. •But you have
this in your favor: You hate the practices of
the Nicolaitans, which I also hate.
7 •Whoever has ears, let them hear what

[a]13 See Daniel 7:13. [b]20 Or *messengers* [c]1 Or *messenger;* also in verses 8, 12 and 18

afraid [əfréid] *a.* 두려워하는
blazing [bléiziŋ] *a.* 불타는
brilliance [bríljəns] *n.* 광채
double-edged [dʌ́blédʒd] *a.* 양날이 선
endure [indjúər] *vt.* 인내하다
forsake [fərséik] *vt.* 버리다
furnace [fə́ːrnis] *n.* 화로
glowing [glóuiŋ] *a.* 강렬한, 선명한
lampstand [lǽmpstænd] *n.* 촛대
persevere [pəːrsəvíər] *vt.* 인내하다
robe [roub] *n.* 길고 헐거운 겉옷
rushing [rʌ́ʃiŋ] *a.* 격한, 성급한, 활발한
sash [sæʃ] *n.* 장식띠
tolerate [tálərèit] *vt.* 참다
weary [wíəri] *a.* 지친

1:12 turn around: 돌다, 옆으로 비키다
1:13 reach down to...: …에까지 이르다
1:17 as though...: 마치 …인 것처럼
2:4 hold against: 책망하다
2:5 remove... from~: …를 ~에서 옮기다
2:6 in one's favor: …에게 유리하게

가 하나님의 낙원에 있는 생명나무의 열
매를 주어 먹게 하리라

서머나 교회에 보내는 말씀 (♪318, 333장)

8 ●서머나 교회의 사자에게 편지하라 처음
이며 마지막이요 죽었다가 살아나신 이
가 이르시되
9 내가 네 환난과 궁핍을 알거니와 실상은
네가 부요한 자니라 자칭 유대인이라 하
는 자들의 비방도 알거니와 실상은 유대
인이 아니요 사탄의 회당이라
10 너는 장차 받을 고난을 두려워하지 말라
볼지어다 마귀가 장차 너희 가운데에서
몇 사람을 옥에 던져 시험을 받게 하리니
너희가 십 일 동안 환난을 받으리라 네가
죽도록 충성하라 그리하면 내가 생명의
관을 네게 주리라
11 귀 있는 자는 성령이 교회들에게 하시는
말씀을 들을지어다 이기는 자는 둘째 사
망의 해를 받지 아니하리라 20:14

버가모 교회에 보내는 말씀

12 ●버가모 교회의 사자에게 편지하라 좌우
에 날선 검을 가지신 이가 이르시되
13 네가 어디에 사는지를 내가 아노니 거기
는 사탄의 권좌가 있는 데라 네가 내 이름
을 굳게 잡아서 내 충성된 증인 안디바가
너희 가운데 곧 사탄이 사는 곳에서 죽임
을 당할 때에도 나를 믿는 믿음을 저버리
지 아니하였도다
14 그러나 네게 두어 가지 책망할 것이 있나
니 거기 네게 발람의 교훈을 지키는 자들
이 있도다 발람이 발락을 가르쳐 이스라
엘 자손 앞에 걸림돌을 놓아 우상의 제물
을 먹게 하였고 또 행음하게 하였느니라
15 이와 같이 네게도 니골라 당의 교훈을 지
키는 자들이 있도다
16 그러므로 회개하라 그리하지 아니하면
내가 네게 속히 가서 내 입의 검으로 그들
과 싸우리라
17 귀 있는 자는 성령이 교회들에게 하시는
말씀을 들을지어다 이기는 그에게는 내
가 감추었던 만나를 주고 또 흰 돌을 줄
터인데 그 돌 위에 새 이름을 기록한 것
이 있나니 받는 자밖에는 그 이름을 알
사람이 없느니라

두아디라 교회에 보내는 말씀

18 ●두아디라 교회의 사자에게 편지하라 그
눈이 불꽃 같고 그 발이 빛난 주석과 같은

the Spirit says to the churches. To the one
who is victorious, I will give the right to eat
from the tree of life, which is in the par-
adise of God.

To the Church in Smyrna

8 ●"To the angel of the church in Smyrna write:
These are the words of him who is the
First and the Last, who died and came to
9 life again. ●I know your afflictions and
your poverty—yet you are rich! I know
about the slander of those who say they
are Jews and are not, but are a synagogue
10 of Satan. ●Do not be afraid of what you
are about to suffer. I tell you, the devil will
put some of you in prison to test you, and
you will suffer persecution for ten days. Be
faithful, even to the point of death, and I
will give you life as your victor's crown.
11 ●Whoever has ears, let them hear what
the Spirit says to the churches. The one
who is victorious will not be hurt at all by
the second death.

To the Church in Pergamum

12 ●"To the angel of the church in Pergamum
write:
These are the words of him who has the
13 sharp, double-edged sword. ●I know where
you live—where Satan has his throne. Yet
you remain true to my name. You did not
renounce your faith in me, not even in
the days of Antipas, my faithful witness,
who was put to death in your city—where
Satan lives.
14 ●Nevertheless, I have a few things against
you: There are some among you who hold
to the teaching of Balaam, who taught
Balak to entice the Israelites to sin so that
they ate food sacrificed to idols and com-
15 mitted sexual immorality. ●Likewise, you
also have those who hold to the teaching of
16 the Nicolaitans. ●Repent therefore! Other-
wise, I will soon come to you and will fight
against them with the sword of my mouth.
17 ●Whoever has ears, let them hear what
the Spirit says to the churches. To the one
who is victorious, I will give some of the
hidden manna. I will also give that person
a white stone with a new name written on
it, known only to the one who receives it.

To the Church in Thyatira

18 ●"To the angel of the church in Thyatira write:

affliction [əflíkʃən] *n.* 고통
commit [kəmít] *vt.* 저지르다
entice [intáis] *vt.* 꾀다
hidden [hídn] *a.* 숨겨진
immorality [ìmərǽləti] *n.* 부도덕
otherwise [ʌðərwàiz] *ad.* 그렇지 않으면
paradise [pǽrədàis] *n.* 천국
persecution [pə:rsikjú:ʃən] *n.* 박해
poverty [pávərti] *n.* 가난
renounce [rináuns] *vt.* 단념하다
repent [ripént] *vt.* 회개하다
sacrifice [sǽkrəfàis] *vt.* 제물을 바치다
slander [slǽndər] *n.* 중상 모략
suffer [sʌfər] *vt.* (고통 등을) 겪다
synagogue [sínəgàg] *n.* 회당

2:10 be about to...: 막 …하려 하다
2:10 put... in prison: …를 감옥에 넣다
2:10 to the point of...: …의 지경까지
2:13 put to death: 죽이다
2:14 hold to...: …를 붙들다, 고수하다
2:16 fight against...: …에 대항하다

하나님의 아들이 이르시되

19 내가 네 사업과 사랑과 믿음과 섬김과 인내를 아노니 네 나중 행위가 처음 것보다 많도다

20 그러나 네게 책망할 일이 있노라 자칭 선지자라 하는 여자 이세벨을 네가 용납함이니 그가 내 종들을 가르쳐 꾀어 행음하게 하고 우상의 제물을 먹게 하는도다

21 또 내가 그에게 회개할 기회를 주었으되 자기의 음행을 회개하고자 하지 아니하는도다

22 볼지어다 내가 그를 침상에 던질 터이요 또 그와 더불어 간음하는 자들도 만일 그의 행위를 회개하지 아니하면 큰 환난 가운데에 던지고

23 또 내가 사망으로 그의 자녀를 죽이리니 모든 교회가 나는 사람의 뜻과 마음을 살피는 자인 줄 알지라 내가 너희 각 사람의 행위대로 갚아 주리라

24 두아디라에 남아 있어 이 교훈을 받지 아니하고 소위 사탄의 깊은 것을 알지 못하는 너희에게 말하노니 다른 짐으로 너희에게 지울 것은 없노라

25 다만 너희에게 있는 것을 내가 올 때까지 굳게 잡으라 3:11

26 이기는 자와 끝까지 내 일을 지키는 그에게 만국을 다스리는 권세를 주리니

27 그가 철장을 가지고 그들을 다스려 질그릇 깨뜨리는 것과 같이 하리라 나도 내 아버지께 받은 것이 그러하니라

28 내가 또 그에게 새벽 별을 주리라

29 귀 있는 자는 성령이 교회들에게 하시는 말씀을 들을지어다

사데 교회에 보내는 말씀

3 사데 교회의 사자에게 편지하라 하나님의 일곱 영과 일곱 별을 가지신 이가 이르시되 내가 네 행위를 아노니 네가 살았다 하는 이름은 가졌으나 죽은 자로다

2 너는 일깨어 그 남은 바 죽게 된 것을 굳건하게 하라 내 하나님 앞에 네 행위의 온전한 것을 찾지 못하였노니

3 그러므로 네가 어떻게 받았으며 어떻게 들었는지 생각하고 지켜 회개하라 만일 일깨지 아니하면 내가 도둑같이 이르리니 어느 때에 네게 이를는지 네가 알지 못하리라

4 그러나 사데에 그 옷을 더럽히지 아니한

These are the words of the Son of God,
whose eyes are like blazing fire and whose
19 feet are like burnished bronze. •I know
your deeds, your love and faith, your service and perseverance, and that you are
now doing more than you did at first.
20 •Nevertheless, I have this against you:
You tolerate that woman Jezebel, who calls
herself a prophet. By her teaching she misleads my servants into sexual immorality
and the eating of food sacrificed to idols.
21 •I have given her time to repent of her im-
22 morality, but she is unwilling. •So I will
cast her on a bed of suffering, and I will
make those who commit adultery with her
suffer intensely, unless they repent of her
23 ways. •I will strike her children dead. Then
all the churches will know that I am he
who searches hearts and minds, and I will
repay each of you according to your deeds.
24 •Now I say to the rest of you in Thyatira, to you who do not hold to her teaching
and have not learned Satan's so-called
deep secrets, 'I will not impose any other
25 burden on you, •except to hold on to what
you have until I come.'
26 •To the one who is victorious and does
my will to the end, I will give authority
27 over the nations— •that one 'will rule
them with an iron scepter and will dash
them to pieces like pottery'[a]—just as I
28 have received authority from my Father. •I
will also give that one the morning star.
29 •Whoever has ears, let them hear what the
Spirit says to the churches.

To the Church in Sardis

3 "To the angel[b] of the church in Sardis write:

These are the words of him who holds
the seven spirits[c] of God and the seven
stars. I know your deeds; you have a reputation of being alive, but you are dead.
2 •Wake up! Strengthen what remains and
is about to die, for I have found your deeds
3 unfinished in the sight of my God. •Remember, therefore, what you have received and heard; hold it fast, and repent. But
if you do not wake up, I will come like a
thief, and you will not know at what time
I will come to you.
4 •Yet you have a few people in Sardis

[a]*27* Psalm 2:9 [b]*1* Or *messenger*; also in verses 7 and 14
[c]*1* That is, the sevenfold Spirit

authority [əθɔ́ːrəti] *n.* 권세
burden [bə́ːrdn] *n.* 짐
burnished [bə́ːrniʃt] *a.* 반질반질한
dash [dæʃ] *vt.* 부수다
deed [diːd] *n.* 행위
intensely [inténsli] *ad.* 심하게
mislead [mìslíːd] *vt.* 오도하다
perseverance [pə̀ːrsəvíərəns] *n.* 인내
pottery [pátəri] *n.* 그릇
repay [ripéi] *vt.* 갚다
reputation [rèpjutéiʃən] *n.* 평판
scepter [séptər] *n.* 홀
tolerate [tálərèit] *vt.* 참다
unwilling [ʌnwíliŋ] *a.* 내키지 않는
victorious [viktɔ́ːriəs] *a.* 승리의, 이긴

2:21 repent of...: …를 회개하다
2:22 cast on...: …에 던지다
2:22 commit adultery: 간음하다
2:23 strike dead: 쳐서 죽이다
2:24 impose A on B: A를 B에게 부과하다
3:2 in the sight of...: …의 앞에서

자 몇 명이 네게 있어 흰옷을 입고 나와 함
께 다니리니 그들은 합당한 자인 연고라
5 이기는 자는 이와 같이 흰옷을 입을 것이
요 내가 그 이름을 생명책에서 결코 지우
지 아니하고 그 이름을 내 아버지 앞과 그
의 천사들 앞에서 시인하리라
6 귀 있는 자는 성령이 교회들에게 하시는
말씀을 들을지어다

빌라델비아 교회에 보내는 말씀

7 ●빌라델비아 교회의 사자에게 편지하라
거룩하고 진실하사 다윗의 열쇠를 가지
신 이 곧 열면 닫을 사람이 없고 닫으면
열 사람이 없는 그가 이르시되
8 볼지어다 내가 네 앞에 열린 문을 두었으
되 능히 닫을 사람이 없으리라 내가 네 행
위를 아노니 네가 작은 능력을 가지고서
도 내 말을 지키며 내 이름을 배반하지 아
니하였도다
9 보라 사탄의 회당 곧 자칭 유대인이라 하
나 그렇지 아니하고 거짓말하는 자들 중
에서 몇을 네게 주어 그들로 와서 네 발
앞에 절하게 하고 내가 너를 사랑하는 줄
을 알게 하리라
10 네가 나의 인내의 말씀을 지켰은즉 내가
또한 너를 지켜 시험의 때를 면하게 하리
니 이는 장차 온 세상에 임하여 땅에 거하
는 자들을 시험할 때라
11 내가 속히 오리니 네가 가진 것을 굳게 잡
아 아무도 네 면류관을 빼앗지 못하게 하라
12 이기는 자는 내 하나님 성전에 기둥이 되
게 하리니 그가 결코 다시 나가지 아니하
리라 내가 하나님의 이름과 하나님의 성
곧 하늘에서 내 하나님께로부터 내려오
는 새 예루살렘의 이름과 나의 새 이름을
그이 위에 기록하리라
13 귀 있는 자는 성령이 교회들에게 하시는
말씀을 들을지어다

라오디게아 교회에 보내는 말씀 (♪529, 530장)

14 ●라오디게아 교회의 사자에게 편지하라
아멘이시요 충성되고 참된 증인이시요 하
나님의 창조의 근본이신 이가 이르시되
15 내가 네 행위를 아노니 네가 차지도 아니
하고 뜨겁지도 아니하도다 네가 차든지
뜨겁든지 하기를 원하노라
16 네가 이같이 미지근하여 뜨겁지도 아니하
고 차지도 아니하니 내 입에서 너를 토하
여 버리리라

who have not soiled their clothes. They
will walk with me, dressed in white, for
5 they are worthy. ●The one who is victori-
ous will, like them, be dressed in white. I
will never blot out the name of that person
from the book of life, but will acknowledge
that name before my Father and his angels.
6 ●Whoever has ears, let them hear what
the Spirit says to the churches.

To the Church in Philadelphia

7 ●"To the angel of the church in Philadelphia
write:

These are the words of him who is holy
and true, who holds the key of David.
What he opens no one can shut, and what
8 he shuts no one can open. ●I know your
deeds. See, I have placed before you an
open door that no one can shut. I know
that you have little strength, yet you have
kept my word and have not denied my
9 name. ●I will make those who are of the
synagogue of Satan, who claim to be Jews
though they are not, but are liars—I will
make them come and fall down at your
feet and acknowledge that I have loved
10 you. ●Since you have kept my command
to endure patiently, I will also keep you
from the hour of trial that is going to come
on the whole world to test the inhabitants
of the earth.
11 ●I am coming soon. Hold on to what
you have, so that no one will take your
12 crown. ●The one who is victorious I will
make a pillar in the temple of my God.
Never again will they leave it. I will write
on them the name of my God and the
name of the city of my God, the new Jeru-
salem, which is coming down out of heav-
en from my God; and I will also write on
13 them my new name. ●Whoever has ears,
let them hear what the Spirit says to the
churches.

To the Church in Laodicea

14 ●"To the angel of the church in Laodicea write:

These are the words of the Amen, the
faithful and true witness, the ruler of God's
15 creation. ●I know your deeds, that you
are neither cold nor hot. I wish you were
16 either one or the other! ●So, because you
are lukewarm—neither hot nor cold—I
am about to spit you out of my mouth.

acknowledge [əknálidʒ] *vt.* 인정하다
claim [kleim] *vt.* 주장하다
command [kəmǽnd] *n.* 명령
deny [dinái] *vt.* 부인하다
endure [indjúər] *vi.* 견디다
lukewarm [lú:kwɔ́:rm] *a.* 미적지근한
patiently [péiʃəntli] *ad.* 인내하여
pillar [pílər] *n.* 기둥
shut [ʃʌt] *vi.* 닫다
soil [sɔil] *vt.* 더럽히다
spit [spit] *vt.* 침을 뱉다
synagogue [sínəgàg] *n.* 회당
temple [témpl] *n.* 성전
trial [tráiəl] *n.* 시련
witness [wítnis] *n.* 증인

3:4 **dress in**: 입다
3:5 **blot out**: 지우다
3:9 **fall down**: 엎드리다, 절하다
3:11 **hold on to...**: …를 꽉잡고 놓지 않다
3:16 **neither A nor B:** A도 B도 아니다
3:16 **be about to...**: 막 …하려고 하다

17 네가 말하기를 나는 부자라 부요하여 부족한 것이 없다 하나 네 곤고한 것과 가련한 것과 가난한 것과 눈먼 것과 벌거벗은 것을 알지 못하는도다
18 내가 너를 권하노니 내게서 불로 연단한 금을 사서 부요하게 하고 흰옷을 사서 입어 벌거벗은 수치를 보이지 않게 하고 안약을 사서 눈에 발라 보게 하라
19 무릇 내가 사랑하는 자를 책망하여 징계하노니 그러므로 네가 열심을 내라 회개하라
20 볼지어다 내가 문밖에 서서 두드리노니 누구든지 내 음성을 듣고 문을 열면 내가 그에게로 들어가 그와 더불어 먹고 그는 나와 더불어 먹으리라
21 이기는 그에게는 내가 내 보좌에 함께 앉게 하여 주기를 내가 이기고 아버지 보좌에 함께 앉은 것과 같이 하리라
22 귀 있는 자는 성령이 교회들에게 하시는 말씀을 들을지어다

하늘의 예배 (♪ 12, 25, 132장)

4 이 일 후에 내가 보니 하늘에 열린 문이 있는데 내가 들은 바 처음에 내게 말하던 나팔 소리 같은 그 음성이 이르되 이리로 올라오라 이후에 마땅히 일어날 일들을 내가 네게 보이리라 하시더라
2 내가 곧 성령에 감동되었더니 보라 하늘에 보좌를 베풀었고 그 보좌 위에 앉으신 이가 있는데
3 앉으신 이의 모양이 벽옥과 홍보석 같고 또 무지개가 있어 보좌에 둘렸는데 그 모양이 녹보석 같더라
4 또 보좌에 둘려 이십사 보좌들이 있고 그 보좌들 위에 이십사 장로들이 흰옷을 입고 머리에 금관을 쓰고 앉았더라
5 보좌로부터 번개와 음성과 우렛소리가 나고 보좌 앞에 켠 등불 일곱이 있으니 이는 하나님의 일곱 영이라

슥 4:2

6 보좌 앞에 수정과 같은 유리 바다가 있고 보좌 가운데와 보좌 주위에 네 생물이 있는데 앞뒤에 눈들이 가득하더라
7 그 첫째 생물은 사자 같고 그 둘째 생물은 송아지 같고 그 셋째 생물은 얼굴이 사람 같고 그 넷째 생물은 날아가는 독수리 같은데
8 네 생물은 각각 여섯 날개를 가졌고 그 안과 주위에는 눈들이 가득하더라 그들이 밤낮 쉬지 않고 이르기를

17 •You say, 'I am rich; I have acquired wealth
and do not need a thing.' But you do not
realize that you are wretched, pitiful, poor,
18 blind and naked. •I counsel you to buy
from me gold refined in the fire, so you can
become rich; and white clothes to wear, so
you can cover your shameful nakedness;
and salve to put on your eyes, so you can see.
19 •Those whom I love I rebuke and disci-
20 pline. So be earnest and repent. •Here I am!
I stand at the door and knock. If anyone
hears my voice and opens the door, I will
come in and eat with that person, and they
with me.
21 •To the one who is victorious, I will give
the right to sit with me on my throne, just
as I was victorious and sat down with my
22 Father on his throne. •Whoever has ears,
let them hear what the Spirit says to the
churches."

The Throne in Heaven

4 After this I looked, and there before me was
a door standing open in heaven. And the
voice I had first heard speaking to me like a
trumpet said, "Come up here, and I will show
2 you what must take place after this." •At once I
was in the Spirit, and there before me was a
throne in heaven with someone sitting on it.
3 •And the one who sat there had the appearance
of jasper and ruby. A rainbow that shone like an
4 emerald encircled the throne. •Surrounding the
throne were twenty-four other thrones, and
seated on them were twenty-four elders. They
were dressed in white and had crowns of gold
5 on their heads. •From the throne came flashes
of lightning, rumblings and peals of thunder. In
front of the throne, seven lamps were blazing.
6 These are the seven spirits[a] of God. •Also in
front of the throne there was what looked like a
sea of glass, clear as crystal.
In the center, around the throne, were four
living creatures, and they were covered with
7 eyes, in front and in back. •The first living crea-
ture was like a lion, the second was like an ox,
the third had a face like a man, the fourth was
8 like a flying eagle. •Each of the four living crea-
tures had six wings and was covered with eyes
all around, even under its wings. Day and night
they never stop saying:

" 'Holy, holy, holy
is the Lord God Almighty,'[b]

[a]5 That is, the sevenfold Spirit [b]8 Isaiah 6:3

acquire [əkwáiər] *vt.* 얻다
appearance [əpíərəns] *n.* 외관, 생김새
blaze [bleiz] *vi.* 타오르다
counsel [káunsəl] *vi.* 권고하다
discipline [dísəplin] *vt.* 징계하다
encircle [insə́:rkl] *vt.* 둘러싸다
jasper [dʒǽspər] *n.* 벽옥(碧玉)
naked [néikid] *a.* 벌거벗은
peal [pi:l] *n.* 울림
pitiful [pítifəl] *a.* 가엾은
rebuke [ribjú:k] *vt.* 책망하다
refined [rifáind] *a.* 정제된
rumbling [rʌmbliŋ] *n.* 천둥 소리
throne [θroun] *n.* 왕좌
wretched [rétʃid] *a.* 비참한

3:18 put on: 바르다
3:21 just as...: 마치 …인 것처럼
4:1 take place: (어떤 일들이) 일어나다
4:6 look like...: …인 것 같다
4:6 be covered with...: …로 뒤덮이다
4:6 in front and in back: 앞과 뒤에

거룩하다 거룩하다 거룩하다 주 하나님
곧 전능하신 이여 전에도 계셨고 이제
도 계시고 장차 오실 이시라
하고 사 6:2, 3
9 그 생물들이 보좌에 앉으사 세세토록 살
아 계시는 이에게 영광과 존귀와 감사를
돌릴 때에
10 이십사 장로들이 보좌에 앉으신 이 앞에
엎드려 세세토록 살아 계시는 이에게 경
배하고 자기의 관을 보좌 앞에 드리며 이
르되 5:8
11 우리 주 하나님이여 영광과 존귀와 권
능을 받으시는 것이 합당하오니 주께서
만물을 지으신지라 만물이 주의 뜻대로
있었고 또 지으심을 받았나이다
하더라 창 1:1

책과 어린양

5 내가 보매 보좌에 앉으신 이의 오른손
에 두루마리가 있으니 안팎으로 썼고
일곱 인으로 봉하였더라
2 또 보매 힘있는 천사가 큰 음성으로 외치
기를 누가 그 두루마리를 펴며 그 인을 떼
기에 합당하냐 하나 10:1
3 하늘 위에나 땅 위에나 땅 아래에 능히 그
두루마리를 펴거나 보거나 할 자가 없더
라
4 그 두루마리를 펴거나 보거나 하기에 합
당한 자가 보이지 아니하기로 내가 크게
울었더니
5 장로 중의 한 사람이 내게 말하되 울지 말
라 유대 지파의 사자 다윗의 뿌리가 이겼
으니 그 두루마리와 그 일곱 인을 떼시리
라 하더라
6 내가 또 보니 보좌와 네 생물과 장로들 사
이에 한 어린양이 서 있는데 일찍이 죽임
을 당한 것 같더라 그에게 일곱 뿔과 일곱
눈이 있으니 이 눈들은 온 땅에 보내심을
받은 하나님의 일곱 영이더라
7 그 어린양이 나아와서 보좌에 앉으신 이
의 오른손에서 두루마리를 취하시니라
8 그 두루마리를 취하시매 네 생물과 이십
사 장로들이 그 어린양 앞에 엎드려 각각
거문고와 향이 가득한 금 대접을 가졌으
니 이 향은 성도의 기도들이라
9 그들이 새 노래를 불러 이르되
두루마리를 가지시고 그 인봉을 떼기에
합당하시도다 일찍이 죽임을 당하사 각

who was, and is, and is to come."
9 •Whenever the living creatures give glory,
honor and thanks to him who sits on the
10 throne and who lives for ever and ever, •the
twenty-four elders fall down before him who
sits on the throne and worship him who lives
for ever and ever. They lay their crowns before
the throne and say:

11 •"You are worthy, our Lord and God,
to receive glory and honor and power,
for you created all things,
and by your will they were created
and have their being."

The Scroll and the Lamb

5 Then I saw in the right hand of him who
sat on the throne a scroll with writing
on both sides and sealed with seven seals.
2 •And I saw a mighty angel proclaiming in a
loud voice, "Who is worthy to break the seals
3 and open the scroll?" •But no one in heaven or
on earth or under the earth could open the
4 scroll or even look inside it. •I wept and wept
because no one was found who was worthy to
5 open the scroll or look inside. •Then one of the
elders said to me, "Do not weep! See, the Lion of
the tribe of Judah, the Root of David, has tri-
umphed. He is able to open the scroll and its
seven seals."
6 •Then I saw a Lamb, looking as if it had
been slain, standing at the center of the
throne, encircled by the four living creatures
and the elders. The Lamb had seven horns
and seven eyes, which are the seven spirits[a] of
7 God sent out into all the earth. •He went and
took the scroll from the right hand of him
8 who sat on the throne. •And when he had
taken it, the four living creatures and the
twenty-four elders fell down before the Lamb.
Each one had a harp and they were holding
golden bowls full of incense, which are the
9 prayers of God's people. •And they sang a
new song, saying:

"You are worthy to take the scroll
and to open its seals,
because you were slain,
and with your blood you purchased for
God
persons from every tribe and language
and people and nation.

[a]6 That is, the sevenfold Spirit

creature [kríːtʃər] *n.* 생물
elder [éldər] *n.* 장로
encircle [insə́ːrkl] *vt.* 둘러싸다
honor [ánər] *n.* 명예, 존귀
incense [insens] *n.* 향
proclaim [proukléim] *vt.* 선언하다
purchase [pə́ːrtʃəs] *vt.* 사다
receive [risíːv] *vt.* 받다
scroll [skroul] *n.* 두루마리
seal [siːl] *n.* 봉인
slain [slein] *a.* 죽임을 당한
tribe [traib] *n.* 지파
triumph [tráiəmf] *vi.* 승리하다
weep [wiːp] *vi.* 울다
worship [wə́ːrʃip] *vt.* 경배하다

4:10 fall down: 경배하다
4:11 be worthy: 값이 있다
5:5 be able to...: …할 수 있다(=can)
5:6 at the center of...: …의 가운데에
5:6 send out into...: …으로 보내다
5:7 take A from B: A를 B에서 취하다

족속과 방언과 백성과 나라 가운데에서
사람들을 피로 사서 하나님께 드리시고
10 그들로 우리 하나님 앞에서 나라와 제
사장들을 삼으셨으니 그들이 땅에서 왕
노릇 하리로다
하더라
11 내가 또 보고 들으매 보좌와 생물들과 장
로들을 둘러선 많은 천사의 음성이 있으
니 그 수가 만만이요 천천이라
12 큰 음성으로 이르되
죽임을 당하신 어린양은 능력과 부와
지혜와 힘과 존귀와 영광과 찬송을 받
으시기에 합당하도다
하더라 4:11
13 내가 또 들으니 하늘 위에와 땅 위에와 땅
아래와 바다 위에와 또 그 가운데 모든 피
조물이 이르되
보좌에 앉으신 이와 어린양에게 찬송과
존귀와 영광과 권능을 세세토록 돌릴지
어다
하니
14 네 생물이 이르되 아멘 하고 장로들은 엎
드려 경배하더라

일곱 봉인에 담긴 심판 (♪ 358, 492장)

6 내가 보매 어린양이 일곱 인 중의 하나
를 떼시는데 그때에 내가 들으니 네 생
물 중의 하나가 우렛소리같이 말하되 오라
하기로
2 이에 내가 보니 흰 말이 있는데 그 탄 자
가 활을 가졌고 면류관을 받고 나아가서
이기고 또 이기려고 하더라 슥 6:3
3 ●둘째 인을 떼실 때에 내가 들으니 둘째
생물이 말하되 오라 하니 4:7
4 이에 다른 붉은 말이 나오더라 그 탄 자가
허락을 받아 땅에서 화평을 제하여 버리
며 서로 죽이게 하고 또 큰 칼을 받았더라
5 ●셋째 인을 떼실 때에 내가 들으니 셋째
생물이 말하되 오라 하기로 내가 보니 검
은 말이 나오는데 그 탄 자가 손에 저울
을 가졌더라
6 내가 네 생물 사이로부터 나는 듯한 음성
을 들으니 이르되 한 [1]데나리온에 밀 한
되요 한 [1]데나리온에 보리 석 되로다 또
감람유와 포도주는 해치지 말라 하더라
7 ●넷째 인을 떼실 때에 내가 넷째 생물의
음성을 들으니 말하되 오라 하기로
8 내가 보매 청황색 말이 나오는데 그 탄 자의

1) 은전의 명칭

10 ●You have made them to be a kingdom and
priests to serve our God,
and they will reign[a] on the earth."
11 ●Then I looked and heard the voice of many
angels, numbering thousands upon thousands,
and ten thousand times ten thousand. They
encircled the throne and the living creatures
12 and the elders. ●In a loud voice they were say-
ing:
"Worthy is the Lamb, who was slain,
to receive power and wealth and wisdom
and strength
and honor and glory and praise!"
13 ●Then I heard every creature in heaven and
on earth and under the earth and on the sea,
and all that is in them, saying:
"To him who sits on the throne and to the
Lamb
be praise and honor and glory and power,
for ever and ever!"
14 ●The four living creatures said, "Amen," and
the elders fell down and worshiped.

The Seals

6 I watched as the Lamb opened the first of
the seven seals. Then I heard one of the
four living creatures say in a voice like thunder,
2 "Come!" ●I looked, and there before me was a
white horse! Its rider held a bow, and he was
given a crown, and he rode out as a conqueror
bent on conquest.
3 ●When the Lamb opened the second seal, I
heard the second living creature say, "Come!"
4 ●Then another horse came out, a fiery red one.
Its rider was given power to take peace from the
earth and to make people kill each other. To
him was given a large sword.
5 ●When the Lamb opened the third seal, I
heard the third living creature say, "Come!" I
looked, and there before me was a black horse!
Its rider was holding a pair of scales in his hand.
6 ●Then I heard what sounded like a voice
among the four living creatures, saying, "Two
pounds[b] of wheat for a day's wages,[c] and six
pounds[d] of barley for a day's wages,[c] and do not
damage the oil and the wine!"
7 ●When the Lamb opened the fourth seal, I
heard the voice of the fourth living creature
8 say, "Come!" ●I looked, and there before me
was a pale horse! Its rider was named Death,

[a]10 Some manuscripts *they reign* [b]6 Or about 1 kilogram
[c]6 Greek *a denarius* [d]6 Or about 3 kilograms

barley [bɑ́:rli] *n.* 보리
conqueror [káŋkərər] *n.* 정복자
conquest [káŋkwest] *n.* 정복
damage [dǽmidʒ] *vt.* 피해를 입히다
fiery [fáiəri] *a.* 불 같은
loud [laud] *a.* 소리가 큰
priest [pri:st] *n.* 제사장
reign [rein] *vi.* 다스리다
rider [ráidər] *n.* 기수
scale [skeil] *n.* 저울
strength [streŋkθ] *n.* 힘, 능력
sword [sɔ:rd] *n.* 칼, 검
throne [θroun] *n.* 왕좌
thunder [θʌndər] *n.* 천둥
wage [weidʒ] *n.* 임금

5:13 for ever and ever: 영원히
6:2 ride out: 나아가다
6:2 bent on...: …에 마음이 쏠린, 열심인
6:4 take... from~: …를 ~에서 빼앗다
6:5 a pair of: 한쌍의
6:6 sound like...: …처럼 들리다

이름은 사망이니 음부가 그 뒤를 따르더라
그들이 땅 사분의 일의 권세를 얻어 검과
흉년과 사망과 땅의 짐승들로써 죽이더라
9 ●다섯째 인을 떼실 때에 내가 보니 하나님
의 말씀과 그들이 가진 증거로 말미암아 죽
임을 당한 영혼들이 제단 아래에 있어 20:4
10 큰 소리로 불러 이르되 거룩하고 참되신
대주재여 땅에 거하는 자들을 심판하여
우리 피를 갚아 주지 아니하시기를 어느
때까지 하시려 하나이까 하니
11 각각 그들에게 흰 두루마기를 주시며 이
르시되 아직 잠시 동안 쉬되 그들의 동무
종들과 형제들도 자기처럼 죽임을 당하
여 그 수가 차기까지 하라 하시더라
12 ●내가 보니 여섯째 인을 떼실 때에 큰 지
진이 나며 해가 검은 털로 짠 상복같이 검
어지고 달은 온통 피같이 되며
13 하늘의 별들이 무화과나무가 대풍에 흔
들려 설익은 열매가 떨어지는 것같이 땅
에 떨어지며
14 하늘은 두루마리가 말리는 것같이 떠나
가고 각 산과 섬이 제자리에서 옮겨지매
15 땅의 임금들과 왕족들과 장군들과 부자
들과 강한 자들과 모든 종과 자유인이 굴
과 산들의 바위틈에 숨어
16 산들과 바위에게 말하되 우리 위에 떨어
져 보좌에 앉으신 이의 얼굴에서와 그 어
린양의 진노에서 우리를 가리라
17 그들의 진노의 큰 날이 이르렀으니 누가
능히 서리요 하더라

인치심을 받은 십사만 사천 명

7 이 일 후에 내가 네 천사가 땅 네 모퉁이
에 선 것을 보니 땅의 사방의 바람을 붙
잡아 바람으로 하여금 땅에나 바다에나
각종 나무에 불지 못하게 하더라
9:4
2 또 보매 다른 천사가 살아 계신 하나님의
인을 가지고 해 돋는 데로부터 올라와서
땅과 바다를 해롭게 할 권세를 받은 네 천
사를 향하여 큰 소리로 외쳐
3 이르되 우리가 우리 하나님의 종들의 이
마에 인치기까지 땅이나 바다나 나무들
을 해하지 말라 하더라
겔 9:4
4 내가 인침을 받은 자의 수를 들으니 이스
라엘 자손의 각 지파 중에서 인침을 받은
자들이 십사만 사천이니

각 나라에서 온 무리

5 ●유다 지파 중에 인침을 받은 자가 일만

and Hades was following close behind him.
They were given power over a fourth of the
earth to kill by sword, famine and plague, and
by the wild beasts of the earth.
9 ●When he opened the fifth seal, I saw under
the altar the souls of those who had been slain
because of the word of God and the testimony
10 they had maintained. ●They called out in a
loud voice, "How long, Sovereign Lord, holy
and true, until you judge the inhabitants of the
11 earth and avenge our blood?" ●Then each of
them was given a white robe, and they were
told to wait a little longer, until the full number
of their fellow servants, their brothers and sis-
ters,[a] were killed just as they had been.
12 ●I watched as he opened the sixth seal. There
was a great earthquake. The sun turned black
like sackcloth made of goat hair, the whole
13 moon turned blood red, ●and the stars in the
sky fell to earth, as figs drop from a fig tree when
14 shaken by a strong wind. ●The heavens receded
like a scroll being rolled up, and every moun-
tain and island was removed from its place.
15 ●Then the kings of the earth, the princes,
the generals, the rich, the mighty, and every-
one else, both slave and free, hid in caves and
16 among the rocks of the mountains. ●They
called to the mountains and the rocks, "Fall on
us and hide us[b] from the face of him who sits
on the throne and from the wrath of the Lamb!
17 ●For the great day of their[c] wrath has come,
and who can withstand it?"

144,000 Sealed

7 After this I saw four angels standing at the
four corners of the earth, holding back the
four winds of the earth to prevent any wind
from blowing on the land or on the sea or on
2 any tree. ●Then I saw another angel coming up
from the east, having the seal of the living God.
He called out in a loud voice to the four angels
who had been given power to harm the land
3 and the sea: ●"Do not harm the land or the sea
or the trees until we put a seal on the foreheads
4 of the servants of our God." ●Then I heard the
number of those who were sealed: 144,000 from
all the tribes of Israel.

5 ●From the tribe of Judah 12,000 were sealed,
from the tribe of Reuben 12,000,
from the tribe of Gad 12,000,
6 ●from the tribe of Asher 12,000,

[a]11 The Greek word for *brothers and sisters* (*adelphoi*) refers here to believers, both men and women, as part of God's family; also in 12:10; 19:10. [b]16 See Hosea 10:8. [c]17 Some manuscripts *his*

avenge [əvéndʒ] *vt.* 복수하다
earthquake [ə́:rθkwèik] *n.* 지진
famine [fǽmin] *n.* 기근
forehead [fɔ́:rid] *n.* 이마
harm [ha:rm] *n.* 해
inhabitant [inhǽbətənt] *n.* 거주자
maintain [meintéin] *vt.* 유지하다
plague [pleig] *n.* 역병
prevent [privént] *vt.* 방지하다
recede [risí:d] *vi.* 물러가다
sackcloth [sǽkklɔ̀:θ] *n.* 굵은 베
slain [slein] *a.* 죽임을 당한
Sovereign [sávərin] *n.* 주권자
testimony [téstəmòuni] *n.* 증거
wrath [ræθ] *n.* 진노

6:10 call out: 큰 소리로 부르다
6:14 roll up: 둥글게 말리다
6:14 remove from...: …에서 옮기다
6:16 hide... from~: …를 ~에게서 숨기다
7:1 hold back: 제지시키다
7:3 put... on~: …를 ~에 붙이다

이천이요 르우벤 지파 중에 일만 이천이
요 갓 지파 중에 일만 이천이요
6 아셀 지파 중에 일만 이천이요 납달리
지파 중에 일만 이천이요 므낫세 지파
중에 일만 이천이요
7 시므온 지파 중에 일만 이천이요 레위
지파 중에 일만 이천이요 잇사갈 지파
중에 일만 이천이요
8 스불론 지파 중에 일만 이천이요 요셉
지파 중에 일만 이천이요 베냐민 지파
중에 인침을 받은 자가 일만 이천이라
9 이 일 후에 내가 보니 각 나라와 족속과
백성과 방언에서 아무도 능히 셀 수 없
는 큰 무리가 나와 흰옷을 입고 손에 종
려 가지를 들고 보좌 앞과 어린양 앞에
서서
10 큰 소리로 외쳐 이르되
구원하심이 보좌에 앉으신 우리 하나
님과 어린양에게 있도다
하니 호 13:4
11 모든 천사가 보좌와 장로들과 네 생물의
주위에 서 있다가 보좌 앞에 엎드려 얼
굴을 대고 하나님께 경배하여 4:6
12 이르되
아멘 찬송과 영광과 지혜와 감사와 존
귀와 권능과 힘이 우리 하나님께 세세
토록 있을지어다 아멘
하더라
13 장로 중 하나가 응답하여 나에게 이르되
이 흰옷 입은 자들이 누구며 또 어디서
왔느냐
14 내가 말하기를 내 주여 당신이 아시나이
다 하니 그가 나에게 이르되 이는 큰 환
난에서 나오는 자들인데 어린양의 피에
그 옷을 씻어 희게 하였느니라
15 그러므로 그들이 하나님의 보좌 앞에
있고 또 그의 성전에서 밤낮 하나님을
섬기매 보좌에 앉으신 이가 그들 위에
장막을 치시리니 사 4:5, 6
16 그들이 다시는 주리지도 아니하며 목마
르지도 아니하고 해나 아무 뜨거운 기운
에 상하지도 아니하리니 시 121:5, 6
17 이는 보좌 가운데에 계신 어린양이 그들
의 목자가 되사 생명수 샘으로 인도하시
고 하나님께서 그들의 눈에서 모든 눈물
을 씻어 주실 것임이라

from the tribe of Naphtali 12,000,
from the tribe of Manasseh 12,000,
7 •from the tribe of Simeon 12,000,
from the tribe of Levi 12,000,
from the tribe of Issachar 12,000,
8 •from the tribe of Zebulun 12,000,
from the tribe of Joseph 12,000,
from the tribe of Benjamin 12,000.

The Great Multitude in White Robes

9 •After this I looked, and there before me was a
great multitude that no one could count, from
every nation, tribe, people and language, stand-
ing before the throne and before the Lamb. They
were wearing white robes and were holding palm
10 branches in their hands. •And they cried out in a
loud voice:

"Salvation belongs to our God,
who sits on the throne,
and to the Lamb."

11 •All the angels were standing around the throne
and around the elders and the four living crea-
tures. They fell down on their faces before the
12 throne and worshiped God, •saying:

"Amen!
Praise and glory
and wisdom and thanks and honor
and power and strength
be to our God for ever and ever.
Amen!"

13 •Then one of the elders asked me, "These in
white robes — who are they, and where did they
come from?"
14 •I answered, "Sir, you know."
And he said, "These are they who have come
out of the great tribulation; they have washed
their robes and made them white in the blood of
15 the Lamb. •Therefore,

"they are before the throne of God
and serve him day and night in his temple;
and he who sits on the throne
will shelter them with his presence.
16 •'Never again will they hunger;
never again will they thirst.
The sun will not beat down on them,'[a]
nor any scorching heat.
17 •For the Lamb at the center of the throne
will be their shepherd;
'he will lead them to springs of living water.'[a]
'And God will wipe away every tear from
their eyes.'[b]"

[a] *16,17* Isaiah 49:10 [b] *17* Isaiah 25:8

branch [bræntʃ] *n.* 가지
count [kaunt] *vt.* 세다
elder [éldər] *n.* 장로
multitude [mʌltətjùːd] *n.* 무리
palm [paːm] *n.* 종려
robe [roub] *n.* 겉옷
salvation [sælvéiʃən] *n.* 구원
scorching [skɔ́ːrtʃiŋ] *a.* 몹시 뜨거운
shelter [ʃéltər] *n.* 피난처, 오두막
shepherd [ʃépərd] *n.* 목자
spring [spriŋ] *n.* 샘
temple [témpl] *n.* 성전
tribe [traib] *n.* 지파
tribulation [trìbjuléiʃən] *n.* 시련
wisdom [wízdəm] *n.* 지혜

7:10 cry out: 외치다
7:10 belong to...: …에 속하다
7:11 fall down: 엎드리다
7:16 beat down: (햇빛이) 심하게 쏟아지다
7:17 wipe away: 닦아 내다, 씻다

일곱째 봉인과 금 향로

8 일곱째 인을 떼실 때에 하늘이 반 시간 쯤 고요하더니
2 내가 보매 하나님 앞에 일곱 천사가 서 있어 일곱 나팔을 받았더라
3 ●또 다른 천사가 와서 제단 곁에 서서 금 향로를 가지고 많은 향을 받았으니 이는 모든 성도의 기도와 합하여 보좌 앞 금 제단에 드리고자 함이라
4 향연이 성도의 기도와 함께 천사의 손으로부터 하나님 앞으로 올라가는지라
5 천사가 향로를 가지고 제단의 불을 담아다가 땅에 쏟으매 우레와 음성과 번개와 지진이 나더라

나팔 소리

6 ●일곱 나팔을 가진 일곱 천사가 나팔 불기를 준비하더라
7 ●첫째 천사가 나팔을 부니 피 섞인 우박과 불이 나와서 땅에 쏟아지매 땅의 삼분의 일이 타 버리고 수목의 삼분의 일도 타 버리고 각종 푸른 풀도 타 버렸더라
8 ●둘째 천사가 나팔을 부니 불붙는 큰 산과 같은 것이 바다에 던져지매 바다의 삼분의 일이 피가 되고 렘 51:25
9 바다 가운데 생명 가진 피조물들의 삼분의 일이 죽고 배들의 삼분의 일이 깨지더라
10 ●셋째 천사가 나팔을 부니 횃불같이 타는 큰 별이 하늘에서 떨어져 강들의 삼분의 일과 여러 물샘에 떨어지니
11 이 별 이름은 쓴 쑥이라 물의 삼분의 일이 쓴 쑥이 되매 그 물이 쓴 물이 되므로 많은 사람이 죽더라 렘 9:15
12 ●넷째 천사가 나팔을 부니 해 삼분의 일과 달 삼분의 일과 별들의 삼분의 일이 타격을 받아 그 삼분의 일이 어두워지니 낮 삼분의 일은 비추임이 없고 밤도 그러하더라
13 ●내가 또 보고 들으니 공중에 날아가는 독수리가 큰 소리로 이르되 땅에 사는 자들에게 화, 화, 화가 있으리니 이는 세 천사들이 불어야 할 나팔 소리가 남아 있음이로다 하더라

9 다섯째 천사가 나팔을 불매 내가 보니 하늘에서 땅에 떨어진 별 하나가 있는데 그가 무저갱의 열쇠를 받았더라
2 그가 무저갱을 여니 그 구멍에서 큰 화덕의 연기 같은 연기가 올라오매 해와 공기

The Seventh Seal and the Golden Censer

8 When he opened the seventh seal, there was silence in heaven for about half an hour.
2 ●And I saw the seven angels who stand before God, and seven trumpets were given to them.
3 ●Another angel, who had a golden censer,
came and stood at the altar. He was given much
incense to offer, with the prayers of all God's
people, on the golden altar in front of the
4 throne. ●The smoke of the incense, together
with the prayers of God's people, went up before
5 God from the angel's hand. ●Then the angel
took the censer, filled it with fire from the altar,
and hurled it on the earth; and there came peals
of thunder, rumblings, flashes of lightning and
an earthquake.

The Trumpets

6 ●Then the seven angels who had the seven trumpets prepared to sound them.
7 ●The first angel sounded his trumpet, and there came hail and fire mixed with blood, and it was hurled down on the earth. A third of the earth was burned up, a third of the trees were burned up, and all the green grass was burned up.
8 ●The second angel sounded his trumpet, and
something like a huge mountain, all ablaze, was
thrown into the sea. A third of the sea turned
9 into blood, ●a third of the living creatures in the
sea died, and a third of the ships were destroyed.
10 ●The third angel sounded his trumpet, and a
great star, blazing like a torch, fell from the sky
on a third of the rivers and on the springs of
11 water — ●the name of the star is Wormwood.[a]
A third of the waters turned bitter, and many
people died from the waters that had become
bitter.
12 ●The fourth angel sounded his trumpet, and a third of the sun was struck, a third of the moon, and a third of the stars, so that a third of them turned dark. A third of the day was without light, and also a third of the night.
13 ●As I watched, I heard an eagle that was flying in midair call out in a loud voice: "Woe! Woe! Woe to the inhabitants of the earth, because of the trumpet blasts about to be sounded by the other three angels!"

9 The fifth angel sounded his trumpet, and I
saw a star that had fallen from the sky to
the earth. The star was given the key to the
2 shaft of the Abyss. ●When he opened the Abyss,
smoke rose from it like the smoke from a gigan-

[a]11 Wormwood is a bitter substance.

ablaze [əbléiz] *a.* 불타는
altar [ɔ́:ltər] *n.* 제단
blast [blæst] *n.* (나팔 부는) 소리
censer [sénsər] *n.* 향로
destroy [distrɔ́i] *vt.* 멸하다
hurl [hə:rl] *vt.* 내던지다
incense [ínsens] *n.* 향
inhabitant [inhǽbətənt] *n.* 거주민
midair [midέər] *n.* 공중
peal [pi:l] *n.* 울림
rumbling [rʌmbliŋ] *n.* 우르르 소리
seal [si:l] *n.* 봉인
shaft [ʃæft] *n.* 통로
torch [tɔ:rtʃ] *n.* 횃불
wormwood [wə́:rmwùd] *n.* 쓴 쑥

8:5 fill A with B: A를 B로 채우다
8:7 burn up: 태워버리다, 불살라버리다
8:8 throw into...: …로 던지다
8:8 turn into...: …로 변하다
8:13 woe to...: …에게 화 있을진저
9:2 rise from...: …로부터 피어오르다

가 그 구멍의 연기로 말미암아 어두워지며
3 또 황충이 연기 가운데로부터 땅 위에 나오
매 그들이 땅에 있는 전갈의 권세와 같은 권
세를 받았더라
4 그들에게 이르시되 땅의 풀이나 푸른 것이나
각종 수목은 해하지 말고 오직 이마에 하나
님의 인침을 받지 아니한 사람들만 해하라
하시더라
5 그러나 그들을 죽이지는 못하게 하시고 다섯
달 동안 괴롭게만 하게 하시는데 그 괴롭게
함은 전갈이 사람을 쏠 때에 괴롭게 함과 같
더라
6 그날에는 사람들이 죽기를 구하여도 죽지 못
하고 죽고 싶으나 죽음이 그들을 피하리로다
7 황충들의 모양은 전쟁을 위하여 준비한 말들
같고 그 머리에 금 같은 관 비슷한 것을 썼으
며 그 얼굴은 사람의 얼굴 같고
8 또 여자의 머리털 같은 머리털이 있고 그 이
빨은 사자의 이빨 같으며
9 또 철 호심경 같은 호심경이 있고 그 날개들
의 소리는 병거와 많은 말들이 전쟁터로 달
려 들어가는 소리 같으며
10 또 전갈과 같은 꼬리와 쏘는 살이 있어 그 꼬
리에는 다섯 달 동안 사람들을 해하는 권세
가 있더라
11 그들에게 왕이 있으니 무저갱의 사자라 히브
리어로는 그 이름이 아바돈이요 헬라어로는
그 이름이 아볼루온이더라
12 ●첫째 화는 지나갔으나 보라 아직도 이 후
에 화 둘이 이르리로다
13 ●여섯째 천사가 나팔을 불매 내가 들으니
하나님 앞 금 제단 네 뿔에서 한 음성이 나서
14 나팔 가진 여섯째 천사에게 말하기를 큰 강
유브라데에 결박한 네 천사를 놓아주라 하매
15 네 천사가 놓였으니 그들은 그 년 월 일 시에
이르러 사람 삼분의 일을 죽이기로 준비된
자들이더라 9:18
16 마병대의 수는 [1]이만 만이니 내가 그들의 수
를 들었노라
17 이같은 환상 가운데 그 말들과 그 위에 탄 자
들을 보니 불빛과 자줏빛과 유황빛 호심경이
있고 또 말들의 머리는 사자 머리 같고 그 입
에서는 불과 연기와 유황이 나오더라
18 이 세 재앙 곧 자기들의 입에서 나오는 불과
연기와 유황으로 말미암아 사람 삼분의 일이
죽임을 당하니라
19 이 말들의 힘은 입과 꼬리에 있으니 꼬리는

tic furnace. The sun and sky were darkened
3 by the smoke from the Abyss. ●And out of
the smoke locusts came down on the earth
and were given power like that of scorpions
4 of the earth. ●They were told not to harm
the grass of the earth or any plant or tree, but
only those people who did not have the seal
5 of God on their foreheads. ●They were not
allowed to kill them but only to torture them
for five months. And the agony they suffered
was like that of the sting of a scorpion when
6 it strikes. ●During those days people will
seek death but will not find it; they will long
to die, but death will elude them.
7 ●The locusts looked like horses prepared
for battle. On their heads they wore some-
thing like crowns of gold, and their faces
8 resembled human faces. ●Their hair was
like women's hair, and their teeth were like
9 lions' teeth. ●They had breastplates like
breastplates of iron, and the sound of their
wings was like the thundering of many hors-
10 es and chariots rushing into battle. ●They
had tails with stingers, like scorpions, and in
their tails they had power to torment people
11 for five months. ●They had as king over
them the angel of the Abyss, whose name in
Hebrew is Abaddon and in Greek is Apolly-
on (that is, Destroyer).
12 ●The first woe is past; two other woes are
yet to come.
13 ●The sixth angel sounded his trumpet,
and I heard a voice coming from the four
horns of the golden altar that is before God.
14 ●It said to the sixth angel who had the trum-
pet, "Release the four angels who are bound
15 at the great river Euphrates." ●And the four
angels who had been kept ready for this very
hour and day and month and year were
16 released to kill a third of mankind. ●The
number of the mounted troops was twice
ten thousand times ten thousand. I heard
their number.
17 ●The horses and riders I saw in my vision
looked like this: Their breastplates were fiery
red, dark blue, and yellow as sulfur. The
heads of the horses resembled the heads of
lions, and out of their mouths came fire,
18 smoke and sulfur. ●A third of mankind was
killed by the three plagues of fire, smoke and
19 sulfur that came out of their mouths. ●The
power of the horses was in their mouths and

1) 또는 이억이니

agony [ǽgəni] *n.* 고통
breastplate [bréstplèit] *n.* 흉패
elude [ilúːd] *vt.* 피하다
fiery [fáiəri] *a.* 불 같은
furnace [fə́ːrnis] *n.* 용광로
locust [lóukəst] *n.* 메뚜기
mankind [mænkaind] *n.* 인류
plague [pleig] *n.* 재앙
resemble [rizémbl] *vt.* …을 닮다
scorpion [skɔ́ːrpiən] *n.* 전갈
sting [stiŋ] *n.* 침, 찌름
sulfur [sʌlfər] *n.* 유황
torment [tɔːrmént] *vt.* 괴롭히다
torture [tɔ́ːrtʃər] *vt.* 괴롭히다
woe [wou] *n.* 화

9:3 come down: 내려오다
9:7 look like...: …처럼 보이다
9:7 prepare for...: …에 준비되어 있다
9:9 rush into...: …에 뛰어들다
9:12 be yet to...: 아직 …하지 않고 있다
9:18 come out of...: …에서 나오다

뱀 같고 또 꼬리에 머리가 있어 이것으로
해하더라
20 이 재앙에 죽지 않고 남은 사람들은 손으로
행한 일을 회개하지 아니하고 오히려 여러
귀신과 또는 보거나 듣거나 다니거나 하지
못하는 금, 은, 동과 목석의 우상에게 절하고
21 또 그 살인과 복술과 음행과 도둑질을 회
개하지 아니하더라

천사와 작은 책 (♪ 234, 546장)

10 내가 또 보니 힘센 다른 천사가 구름
을 입고 하늘에서 내려오는데 그 머
리 위에 무지개가 있고 그 얼굴은 해 같고
그 발은 불기둥 같으며
2 그 손에는 펴 놓인 작은 두루마리를 들고
그 오른발은 바다를 밟고 왼발은 땅을 밟고
3 사자가 부르짖는 것같이 큰 소리로 외치니
그가 외칠 때에 일곱 우레가 그 소리를 내
어 말하더라
4 일곱 우레가 말을 할 때에 내가 기록하려
고 하다가 곧 들으니 하늘에서 소리가 나
서 말하기를 일곱 우레가 말한 것을 인봉
하고 기록하지 말라 하더라
5 내가 본 바 바다와 땅을 밟고 서 있는 천사
가 하늘을 향하여 오른손을 들고
6 세세토록 살아 계신 이 곧 하늘과 그 가운
데에 있는 물건이며 땅과 그 가운데에 있
는 물건이며 바다와 그 가운데에 있는 물
건을 창조하신 이를 가리켜 맹세하여 이르
되 [1]지체하지 아니하리니
7 일곱째 천사가 소리 내는 날 그의 나팔을
불려고 할 때에 하나님이 그의 종 선지자
들에게 전하신 복음과 같이 하나님의 그
비밀이 이루어지리라 하더라
8 하늘에서 나서 내게 들리던 음성이 또 내
게 말하여 이르되 네가 가서 바다와 땅을
밟고 서 있는 천사의 손에 펴 놓인 두루마
리를 가지라 하기로 10:4
9 내가 천사에게 나아가 작은 두루마리를 달
라 한즉 천사가 이르되 갖다 먹어 버리라
네 배에는 쓰나 네 입에는 꿀같이 달리라
하거늘
10 내가 천사의 손에서 작은 두루마리를 갖다
먹어 버리니 내 입에는 꿀같이 다나 먹은
후에 내 배에서는 쓰게 되더라
11 그가 내게 말하기를 네가 많은 백성과 나
라와 방언과 임금에게 다시 예언하여야 하
리라 하더라

in their tails; for their tails were like snakes,
having heads with which they inflict injury.
20 •The rest of mankind who were not killed
by these plagues still did not repent of the work
of their hands; they did not stop worshiping
demons, and idols of gold, silver, bronze, stone
and wood — idols that cannot see or hear or
21 walk. •Nor did they repent of their murders,
their magic arts, their sexual immorality or
their thefts.

The Angel and the Little Scroll

10 Then I saw another mighty angel com-
ing down from heaven. He was robed
in a cloud, with a rainbow above his head; his
face was like the sun, and his legs were like
2 fiery pillars. •He was holding a little scroll,
which lay open in his hand. He planted his
right foot on the sea and his left foot on the
3 land, •and he gave a loud shout like the roar
of a lion. When he shouted, the voices of the
4 seven thunders spoke. •And when the seven
thunders spoke, I was about to write; but I
heard a voice from heaven say, "Seal up what
the seven thunders have said and do not write
it down."
5 •Then the angel I had seen standing on the
sea and on the land raised his right hand to
6 heaven. •And he swore by him who lives for
ever and ever, who created the heavens and
all that is in them, the earth and all that is in
it, and the sea and all that is in it, and said,
7 "There will be no more delay! •But in the days
when the seventh angel is about to sound his
trumpet, the mystery of God will be accom-
plished, just as he announced to his servants
the prophets."
8 •Then the voice that I had heard from heav-
en spoke to me once more: "Go, take the scroll
that lies open in the hand of the angel who is
standing on the sea and on the land."
9 •So I went to the angel and asked him to
give me the little scroll. He said to me, "Take it
and eat it. It will turn your stomach sour, but
'in your mouth it will be as sweet as honey.'[a]"
10 •I took the little scroll from the angel's hand
and ate it. It tasted as sweet as honey in my
mouth, but when I had eaten it, my stomach
11 turned sour. •Then I was told, "You must
prophesy again about many peoples, nations,
languages and kings."

[a]9 Ezek. 3:3 1) 또는 시간이 다시 없으리니

accomplish [əkámpliʃ] *vt.* 성취하다
announce [ənáuns] *vt.* 알리다
delay [diléi] *n.* 지체
demon [dí:mən] *n.* 귀신
immorality [ìmərǽləti] *n.* 부도덕
inflict [inflíkt] *vt.* 가하다
injury [índʒəri] *n.* 상해
murder [mə́:rdər] *vt.* 살인하다
pillar [pílər] *n.* 기둥
prophesy [práfəsài] *vi.* 예언하다
roar [rɔ:r] *n.* 포효
robe [roub] *vt.* 예복을 입히다
scroll [skroul] *n.* 두루마리
stomach [stʌmək] *n.* 배
theft [θeft] *n.* 도둑질

9:21 repent of...: …를 뉘우치다
10:2 lie open: 펼쳐 있다
10:4 seal up: 봉합하다
10:6 swear by...: …에 대고 맹세하다
10:7 be about to...: 막 …하려 하다
10:9 turn sour: 시어지다, 불쾌해지다

두 증인 (♪ 502, 505장)

11 또 내게 지팡이 같은 갈대를 주며 말하
기를 일어나서 하나님의 성전과 제단과
그 안에서 경배하는 자들을 측량하되
2 성전 바깥 마당은 측량하지 말고 그냥 두라
이것은 이방인에게 주었은즉 그들이 거룩한
성을 마흔두 달 동안 짓밟으리라
3 내가 나의 두 증인에게 권세를 주리니 그들
이 굵은 베옷을 입고 천이백육십 일을 예언
하리라
4 그들은 이 땅의 주 앞에 서 있는 두 감람나
무와 두 [1]촛대니 렘 11:16
5 만일 누구든지 그들을 해하고자 하면 그들
의 입에서 불이 나와서 그들의 원수를 삼켜
버릴 것이요 누구든지 그들을 해하고자 하
면 반드시 그와 같이 죽임을 당하리라
6 그들이 권능을 가지고 하늘을 닫아 그 예언
을 하는 날 동안 비가 오지 못하게 하고 또
권능을 가지고 물을 피로 변하게 하고 아무
때든지 원하는 대로 여러 가지 재앙으로 땅
을 치리로다
7 그들이 그 증언을 마칠 때에 무저갱으로부
터 올라오는 짐승이 그들과 더불어 전쟁을
일으켜 그들을 이기고 그들을 죽일 터인즉
8 그들의 시체가 큰 성 길에 있으리니 그 성은
영적으로 하면 소돔이라고도 하고 애굽이라
고도 하니 곧 그들의 주께서 십자가에 못 박
히신 곳이라
9 백성들과 족속과 방언과 나라 중에서 사람
들이 그 시체를 사흘 반 동안을 보며 무덤에
장사하지 못하게 하리로다
10 이 두 선지자가 땅에 사는 자들을 괴롭게 한
고로 땅에 사는 자들이 그들의 죽음을 즐거
워하고 기뻐하여 서로 예물을 보내리라 하
더라
11 삼 일 반 후에 하나님께로부터 생기가 그들
속에 들어가매 그들이 발로 일어서니 구경
하는 자들이 크게 두려워하더라
12 하늘로부터 큰 음성이 있어 이리로 올라오
라 함을 그들이 듣고 구름을 타고 하늘로 올
라가니 그들의 원수들도 구경하더라
13 그때에 큰 지진이 나서 성 십분의 일이 무너
지고 지진에 죽은 사람이 칠천이라 그 남은
자들이 두려워하여 영광을 하늘의 하나님께
돌리더라
14 ●둘째 화는 지나갔으나 보라 셋째 화가 속
히 이르는도다

The Two Witnesses

11 I was given a reed like a measuring rod
and was told, "Go and measure the
temple of God and the altar, with its wor-
2 shipers. ●But exclude the outer court; do not
measure it, because it has been given to the
Gentiles. They will trample on the holy city
3 for 42 months. ●And I will appoint my two
witnesses, and they will prophesy for 1,260
4 days, clothed in sackcloth." ●They are "the
two olive trees" and the two lampstands, and
"they stand before the Lord of the earth."[a]
5 ●If anyone tries to harm them, fire comes
from their mouths and devours their ene-
mies. This is how anyone who wants to harm
6 them must die. ●They have power to shut up
the heavens so that it will not rain during the
time they are prophesying; and they have
power to turn the waters into blood and to
strike the earth with every kind of plague as
often as they want.
7 ●Now when they have finished their testi-
mony, the beast that comes up from the
Abyss will attack them, and overpower and
8 kill them. ●Their bodies will lie in the public
square of the great city—which is figurative-
ly called Sodom and Egypt—where also their
9 Lord was crucified. ●For three and a half days
some from every people, tribe, language and
nation will gaze on their bodies and refuse
10 them burial. ●The inhabitants of the earth
will gloat over them and will celebrate by
sending each other gifts, because these two
prophets had tormented those who live on
the earth.
11 ●But after the three and a half days the
breath[b] of life from God entered them, and
they stood on their feet, and terror struck
12 those who saw them. ●Then they heard a
loud voice from heaven saying to them,
"Come up here." And they went up to heav-
en in a cloud, while their enemies looked
on.
13 ●At that very hour there was a severe earth-
quake and a tenth of the city collapsed. Seven
thousand people were killed in the earth-
quake, and the survivors were terrified and
gave glory to the God of heaven.
14 ●The second woe has passed; the third
woe is coming soon.

[a]4 See Zech. 4:3,11,14. [b]11 Or *Spirit* (see Ezek. 37:5,14)

1) 헬, 등잔대니

celebrate [séləbrèit] *vt.* 경축하다
collapse [kəlǽps] *vi.* 무너지다
crucify [krú:səfài] *vt.* 십자가에 못 박다
devour [diváuər] *vt.* 삼키다
exclude [iksklú:d] *vt.* 배제시키다
figuratively [fígjurətivli] *ad.* 상징적으로
measure [méʒər] *vt.* 재다, 평가하다
overpower [òuvərpáuər] *vt.* 이기다
plague [pleig] *n.* 재앙
prophesy [práfəsài] *vi.* 예언하다
reed [ri:d] *n.* 갈대
sackcloth [sǽkklɔ̀:θ] *n.* 삼베옷
terrify [térəfài] *vt.* 무섭게 하다
testimony [téstəmòuni] *n.* 증언
torment [tɔ:rmént] *vt.* 괴롭히다

11:2 **trample on...**: …을 짓밟다
11:6 **shut up**: 닫다
11:6 **turn A into B**: A를 B로 변하게 하다
11:9 **gaze on...**: …을 응시하다
11:10 **gloat over**: 고소한 듯 바라보다
11:12 **look on**: 구경하다, 관찰하다

일곱째 나팔 소리

15 ●일곱째 천사가 나팔을 불매 하늘에 큰 음성들이 나서 이르되
세상 나라가 우리 주와 그의 그리스도의 나라가 되어 그가 세세토록 왕 노릇 하시리로다
하니 단 2:44
16 하나님 앞에서 자기 보좌에 앉아 있던 이십사 장로가 엎드려 얼굴을 땅에 대고 하나님께 경배하여
17 이르되
감사하옵나니 옛적에도 계셨고 지금도 계신 주 하나님 곧 전능하신 이여 친히 큰 권능을 잡으시고 왕 노릇 하시도다
18 이방들이 분노하매 주의 진노가 내려 죽은 자를 심판하시며 종 선지자들과 성도들과 또 작은 자든지 큰 자든지 주의 이름을 경외하는 자들에게 상 주시며 또 땅을 망하게 하는 자들을 멸망시키실 때로소이다
하더라
19 ●이에 하늘에 있는 하나님의 성전이 열리니 성전 안에 하나님의 언약궤가 보이며 또 번개와 음성들과 우레와 지진과 큰 우박이 있더라

여자와 용 (♪ 346장)

12 하늘에 큰 [1]이적이 보이니 해를 옷 입은 한 여자가 있는데 그 발 아래에는 달이 있고 그 머리에는 열두 별의 관을 썼더라
2 이 여자가 아이를 배어 해산하게 되매 아파서 애를 쓰며 부르짖더라
3 하늘에 또 다른 [1]이적이 보이니 보라 한 큰 붉은 용이 있어 머리가 일곱이요 뿔이 열이라 그 여러 머리에 일곱 왕관이 있는데
4 그 꼬리가 하늘의 별 삼분의 일을 끌어다가 땅에 던지더라 용이 해산하려는 여자 앞에서 그가 해산하면 그 아이를 삼키고자 하더니
5 여자가 아들을 낳으니 이는 장차 철장으로 만국을 다스릴 남자라 그 아이를 하나님 앞과 그 보좌 앞으로 올려가더라
6 그 여자가 광야로 도망하매 거기서 천이백육십 일 동안 그를 양육하기 위하여 하나님께서 예비하신 곳이 있더라
7 ●하늘에 전쟁이 있으니 미가엘과 그의 사자들이 용과 더불어 싸울새 용과 그의

The Seventh Trumpet

15 ●The seventh angel sounded his trumpet, and
there were loud voices in heaven, which said:

"The kingdom of the world has become
the kingdom of our Lord and of his Messiah,
and he will reign for ever and ever."

16 ●And the twenty-four elders, who were seated
on their thrones before God, fell on their faces
17 and worshiped God, ●saying:

"We give thanks to you, Lord God Almighty,
the One who is and who was,
because you have taken your great power
and have begun to reign.
18 ●The nations were angry,
and your wrath has come.
The time has come for judging the dead,
and for rewarding your servants the prophets
and your people who revere your name,
both great and small —
and for destroying those who destroy the
earth."

19 ●Then God's temple in heaven was opened,
and within his temple was seen the ark of his
covenant. And there came flashes of lightning,
rumblings, peals of thunder, an earthquake and
a severe hailstorm.

The Woman and the Dragon

12 A great sign appeared in heaven: a
woman clothed with the sun, with the
moon under her feet and a crown of twelve
2 stars on her head. ●She was pregnant and cried
out in pain as she was about to give birth.
3 ●Then another sign appeared in heaven: an
enormous red dragon with seven heads and ten
4 horns and seven crowns on its heads. ●Its tail
swept a third of the stars out of the sky and
flung them to the earth. The dragon stood in
front of the woman who was about to give
birth, so that it might devour her child the
5 moment he was born. ●She gave birth to a son,
a male child, who "will rule all the nations with
an iron scepter."[a] And her child was snatched
6 up to God and to his throne. ●The woman fled
into the wilderness to a place prepared for her
by God, where she might be taken care of for
1,260 days.
7 ●Then war broke out in heaven. Michael and
his angels fought against the dragon, and the

[a]5 Psalm 2:9 1) 또는 표적

ark [a:rk] *n.* 궤
covenant [kʌvənənt] *n.* 언약
devour [diváuər] *vt.* 삼키다
earthquake [ə́:rθkwèik] *n.* 지진
enormous [inɔ́:rməs] *a.* 거대한
fling [fliŋ] *vt.* 내던지다
hailstorm [héilstɔ̀:rm] *n.* 폭풍
peal [pi:l] *n.* (천둥 · 포성) 울리는 소리
pregnant [prégnənt] *a.* 임신한
revere [rivíər] *vt.* 경외하다
reward [riwɔ́:rd] *n.* 상
rumbling [rʌmbliŋ] *a.* 우르르 소리
scepter [séptər] *n.* 홀(笏)
severe [sivíər] *a.* 심한
sweep [swi:p] *vt.* 쓸어버리다

12:1 clothe with...: …으로 싸다, 입히다
12:2 cry out: 울부짖다
12:2 in pain: 아픈
12:4 in front of...: …의 앞에서
12:4 be about to...: …하려고 하다
12:5 snatch up: 잡아채다

사자들도 싸우나
8 이기지 못하여 다시 하늘에서 그들이 있
을 곳을 얻지 못한지라
9 큰 용이 내쫓기니 옛 뱀 곧 마귀라고도 하
고 사탄이라고도 하며 온 천하를 꾀는 자
라 그가 땅으로 내쫓기니 그의 [1)]사자들도
그와 함께 내쫓기니라
10 내가 또 들으니 하늘에 큰 음성이 있어 이
르되

이제 우리 하나님의 구원과 능력과 나
라와 또 그의 그리스도의 권세가 나타
났으니 우리 형제들을 참소하던 자 곧
우리 하나님 앞에서 밤낮 참소하던 자
가 쫓겨났고
11 또 우리 형제들이 어린양의 피와 자기
들이 증언하는 말씀으로써 그를 이겼
으니 그들은 죽기까지 자기들의 생명
을 [2)]아끼지 아니하였도다
12 그러므로 하늘과 그 가운데에 거하는
자들은 즐거워하라 그러나 땅과 바다는
화 있을진저 이는 마귀가 자기의 때가
얼마 남지 않은 줄을 알므로 크게 분내
어 너희에게 내려갔음이라

하더라
13 ●용이 자기가 땅으로 내쫓긴 것을 보고
남자를 낳은 여자를 박해하는지라
14 그 여자가 큰 독수리의 두 날개를 받아 광
야 자기 곳으로 날아가 거기서 그 뱀의 낯
을 피하여 한 때와 두 때와 반 때를 양육
받으매
15 여자의 뒤에서 뱀이 그 입으로 물을 강같
이 토하여 여자를 물에 떠내려가게 하려
하되
16 땅이 여자를 도와 그 입을 벌려 용의 입
에서 토한 강물을 삼키니
17 용이 여자에게 분노하여 돌아가서 그 여
자의 남은 자손 곧 하나님의 계명을 지키
며 예수의 증거를 가진 자들과 더불어 싸
우려고 바다 모래 위에 서 있더라

짐승 두 마리

13 내가 보니 바다에서 한 짐승이 나오
는데 뿔이 열이요 머리가 일곱이라
그 뿔에는 열 왕관이 있고 그 머리들에는
신성모독 하는 이름들이 있더라
2 내가 본 짐승은 표범과 비슷하고 그 발은
곰의 발 같고 그 입은 사자의 입 같은데
용이 자기의 능력과 보좌와 큰 권세를 그

8 dragon and his angels fought back. •But he was
not strong enough, and they lost their place in
9 heaven. •The great dragon was hurled down
—that ancient serpent called the devil, or Sa-
tan, who leads the whole world astray. He was
hurled to the earth, and his angels with him.
10 •Then I heard a loud voice in heaven say:

"Now have come the salvation and the power
and the kingdom of our God,
and the authority of his Messiah.
For the accuser of our brothers and sisters,
who accuses them before our God day and
night,
has been hurled down.
11 •They triumphed over him
by the blood of the Lamb
and by the word of their testimony;
they did not love their lives so much
as to shrink from death.
12 •Therefore rejoice, you heavens
and you who dwell in them!
But woe to the earth and the sea,
because the devil has gone down to you!
He is filled with fury,
because he knows that his time is short."

13 •When the dragon saw that he had been
hurled to the earth, he pursued the woman who
14 had given birth to the male child. •The woman
was given the two wings of a great eagle, so that
she might fly to the place prepared for her in
the wilderness, where she would be taken care
of for a time, times and half a time, out of the
15 serpent's reach. •Then from his mouth the ser-
pent spewed water like a river, to overtake the
woman and sweep her away with the torrent.
16 •But the earth helped the woman by opening
its mouth and swallowing the river that the
17 dragon had spewed out of his mouth. •Then
the dragon was enraged at the woman and
went off to wage war against the rest of her off-
spring—those who keep God's commands
and hold fast their testimony about Jesus.

The Beast out of the Sea

13 The dragon[a] stood on the shore of the
sea. And I saw a beast coming out of the
sea. It had ten horns and seven heads, with ten
crowns on its horns, and on each head a blas-
2 phemous name. •The beast I saw resembled
a leopard, but had feet like those of a bear and
a mouth like that of a lion. The dragon gave
the beast his power and his throne and great

[a]1 Some manuscripts *And I*

1) 또는 천사들도 2) 헬, 사랑하지

accuser [əkjúːzər] *n.* 비난자
blasphemous [blǽsfəməs] *a.* 불경스러운
enrage [inréidʒ] *vt.* 성나게 하다
hurl [həːrl] *vt.* 내던지다
leopard [lépərd] *n.* 표범
offspring [ɔ́ːfspriŋ] *n.* 자손
overtake [òuvərtéik] *vt.* 따라잡다
pursue [pərsúː] *vt.* 쫓다
resemble [rizémbl] *vt.* 닮다
salvation [sælvéiʃən] *n.* 구원
serpent [sə́ːrpənt] *n.* 뱀
spew [spjuː] *vt.* 토하다
swallow [swɑ́lou] *vt.* 삼키다
testimony [téstəmòuni] *n.* 증언, 증거
torrent [tɔ́ːrənt] *n.* 급류

12:11 shrink from...: …을 겁내다, 피하다
12:12 dwell in...: …에 거하다
12:13 give birth to...: …를 낳다
12:15 sweep away with...: …에 쓸려가다
12:17 wage war against: …에 대한 전쟁을 하다

에게 주었더라
3 그의 머리 하나가 상하여 죽게 된 것 같더
니 그 죽게 되었던 상처가 나으매 온 땅이
놀랍게 여겨 짐승을 따르고
4 용이 짐승에게 권세를 주므로 용에게 경
배하며 짐승에게 경배하여 이르되 누가
이 짐승과 같으냐 누가 능히 이와 더불어
싸우리요 하더라
5 또 짐승이 과장되고 신성모독을 말하는
입을 받고 또 마흔두 달 동안 일할 권세를
받으니라
6 짐승이 입을 벌려 하나님을 향하여 비방
하되 그의 이름과 그의 장막 곧 하늘에 사
는 자들을 비방하더라 12:12
7 또 권세를 받아 성도들과 싸워 이기게 되
고 각 족속과 백성과 방언과 나라를 다스
리는 권세를 받으니 단 7:21
8 죽임을 당한 어린양의 생명책에 창세 이
후로 이름이 기록되지 못하고 이 땅에 사
는 자들은 다 그 짐승에게 경배하리라
9 누구든지 귀가 있거든 들을지어다
10 사로잡힐 자는 사로잡혀 갈 것이요 [1)]칼에
죽을 자는 마땅히 칼에 죽을 것이니 성도
들의 인내와 믿음이 여기 있느니라
11 ●내가 보매 또 다른 짐승이 땅에서 올라
오니 어린양같이 두 뿔이 있고 용처럼 말
을 하더라
12 그가 먼저 나온 짐승의 모든 권세를 그 앞
에서 행하고 땅과 땅에 사는 자들을 처음
짐승에게 경배하게 하니 곧 죽게 되었던
상처가 나은 자니라
13 큰 이적을 행하되 심지어 사람들 앞에서
불이 하늘로부터 땅에 내려오게 하고
14 짐승 앞에서 받은 바 이적을 행함으로 땅
에 거하는 자들을 미혹하며 땅에 거하는
자들에게 이르기를 칼에 상하였다가 살아
난 짐승을 위하여 우상을 만들라 하더라
15 그가 권세를 받아 그 짐승의 우상에게 생
기를 주어 그 짐승의 우상으로 말하게 하
고 또 짐승의 우상에게 경배하지 아니하
는 자는 몇이든지 다 죽이게 하더라
16 그가 모든 자 곧 작은 자나 큰 자나 부자
나 가난한 자나 자유인이나 종들에게 그
오른손에나 이마에 표를 받게 하고
17 누구든지 이 표를 가진 자 외에는 매매를
못하게 하니 이 표는 곧 짐승의 이름이나
그 이름의 수라

3 authority. ●One of the heads of the beast
seemed to have had a fatal wound, but the fatal
wound had been healed. The whole world was
filled with wonder and followed the beast.
4 ●People worshiped the dragon because he had
given authority to the beast, and they also wor-
shiped the beast and asked, "Who is like the
beast? Who can wage war against it?"
5 ●The beast was given a mouth to utter proud
words and blasphemies and to exercise its
6 authority for forty-two months. ●It opened its
mouth to blaspheme God, and to slander his
name and his dwelling place and those who live
7 in heaven. ●It was given power to wage war
against God's holy people and to conquer them.
And it was given authority over every tribe, peo-
8 ple, language and nation. ●All inhabitants of
the earth will worship the beast—all whose
names have not been written in the Lamb's
book of life, the Lamb who was slain from the
creation of the world.[a]
9 ●Whoever has ears, let them hear.
10 ●"If anyone is to go into captivity,
into captivity they will go.
If anyone is to be killed[b] with the sword,
with the sword they will be killed."[c]

This calls for patient endurance and faithful-
ness on the part of God's people.

The Beast out of the Earth

11 ●Then I saw a second beast, coming out of
the earth. It had two horns like a lamb, but it
12 spoke like a dragon. ●It exercised all the author-
ity of the first beast on its behalf, and made the
earth and its inhabitants worship the first beast,
13 whose fatal wound had been healed. ●And it
performed great signs, even causing fire to come
down from heaven to the earth in full view of
14 the people. ●Because of the signs it was given
power to perform on behalf of the first beast, it
deceived the inhabitants of the earth. It ordered
them to set up an image in honor of the beast
who was wounded by the sword and yet lived.
15 ●The second beast was given power to give
breath to the image of the first beast, so that the
image could speak and cause all who refused to
16 worship the image to be killed. ●It also forced
all people, great and small, rich and poor, free
and slave, to receive a mark on their right hands
17 or on their foreheads, ●so that they could not

[a]8 Or *written from the creation of the world in the book of life belonging to the Lamb who was slain* [b]10 Some manuscripts *anyone kills* [c]10 Jer. 15:2

1) 어떤 사본에는, '칼로 죽이는 자는 마땅히 칼에 죽으리니' 로 된 곳도 있음

authority [əθɔ́:rəti] *n.* 권한
blasphemy [blǽsfəmi] *n.* (신에 대한) 모독
conquer [káŋkər] *vt.* 정복하다
deceive [disí:v] *vt.* 속이다
dwelling [dwéliŋ] *n.* 거주
endurance [indjúərəns] *n.* 인내
fatal [féitl] *a.* 치명적인
forehead [fɔ́:rid] *n.* 이마
inhabitant [inhǽbətənt] *n.* 거주자
perform [pərfɔ́:rm] *vt.* 행하다
refuse [rifjú:z] *vt.* 거부하다
slain [slein] *a.* 죽임을 당한
slander [slǽndər] *vt.* 중상하다
utter [ʌtər] *vt.* 말하다
wonder [wʌndər] *n.* 놀라움

13:10 go into captivity: 포로가 되다
13:10 call for...: …을 요청하다, 요하다
13:13 in full: 전부
13:14 on behalf of...: …을 대신하여
13:14 in honor of...: …에 경의를 표하여
13:15 cause... to~: …가 ~하도록 하다

18 지혜가 여기 있으니 총명한 자는 그 짐승의 수를 세어 보라 그것은 사람의 수니 그의 수는 육백육십육이니라 17:9

십사만 사천 명이 부르는 노래 (♪ 610장)

14 또 내가 보니 보라 어린양이 시온 산에 섰고 그와 함께 십사만 사천이 서 있는데 그들의 이마에는 어린양의 이름과 그 아버지의 이름을 쓴 것이 있더라

2 내가 하늘에서 나는 소리를 들으니 많은 물소리와도 같고 큰 우렛소리와도 같은데 내가 들은 소리는 거문고 타는 자들이 그 거문고를 타는 것 같더라

3 그들이 보좌 앞과 네 생물과 장로들 앞에서 새 노래를 부르니 땅에서 속량함을 받은 십사만 사천 밖에는 능히 이 노래를 배울 자가 없더라

4 이 사람들은 여자와 더불어 더럽히지 아니하고 순결한 자라 어린양이 어디로 인도하든지 따라가는 자며 사람 가운데에서 속량함을 받아 처음 익은 열매로 하나님과 어린양에게 속한 자들이니

5 그 입에 거짓말이 없고 흠이 없는 자들이더라

세 천사가 전하는 말

6 ●또 보니 다른 천사가 공중에 날아가는데 땅에 거주하는 자들 곧 모든 민족과 종족과 방언과 백성에게 전할 영원한 복음을 가졌더라

7 그가 큰 음성으로 이르되 하나님을 두려워하며 그에게 영광을 돌리라 이는 그의 심판의 시간이 이르렀음이니 하늘과 땅과 바다와 물들의 근원을 만드신 이를 경배하라 하더라

8 ●또 다른 천사 곧 둘째가 그 뒤를 따라 말하되 무너졌도다 무너졌도다 큰 성 바벨론이여 모든 나라에게 그의 음행으로 말미암아 진노의 포도주를 먹이던 자로다 하더라

9 ●또 다른 천사 곧 셋째가 그 뒤를 따라 큰 음성으로 이르되 만일 누구든지 짐승과 그의 우상에게 경배하고 이마에나 손에 표를 받으면

10 그도 하나님의 진노의 포도주를 마시리니 그 진노의 잔에 섞인 것이 없이 부은 포도주라 거룩한 천사들 앞과 어린양 앞에서 불과 유황으로 고난을 받으리니

11 그 고난의 연기가 세세토록 올라가리로다 짐승과 그의 우상에게 경배하고 그의 이름

buy or sell unless they had the mark, which is
the name of the beast or the number of its
name.

18 •This calls for wisdom. Let the person who
has insight calculate the number of the beast,
for it is the number of a man.[a] That number
is 666.

The Lamb and the 144,000

14 Then I looked, and there before me was
the Lamb, standing on Mount Zion,
and with him 144,000 who had his name and
his Father's name written on their foreheads.
2 •And I heard a sound from heaven like the
roar of rushing waters and like a loud peal of
thunder. The sound I heard was like that of
3 harpists playing their harps. •And they sang a
new song before the throne and before the
four living creatures and the elders. No one
could learn the song except the 144,000 who
4 had been redeemed from the earth. •These
are those who did not defile themselves with
women, for they remained virgins. They follow
the Lamb wherever he goes. They were pur-
chased from among mankind and offered as
5 firstfruits to God and the Lamb. •No lie was
found in their mouths; they are blameless.

The Three Angels

6 •Then I saw another angel flying in midair,
and he had the eternal gospel to proclaim to
those who live on the earth—to every nation,
7 tribe, language and people. •He said in a loud
voice, "Fear God and give him glory, because
the hour of his judgment has come. Worship
him who made the heavens, the earth, the sea
and the springs of water."

8 •A second angel followed and said, " 'Fallen!
Fallen is Babylon the Great,'[b] which made all
the nations drink the maddening wine of her
adulteries."

9 •A third angel followed them and said in a
loud voice: "If anyone worships the beast and
its image and receives its mark on their fore-
10 head or on their hand, •they, too, will drink
the wine of God's fury, which has been poured
full strength into the cup of his wrath. They
will be tormented with burning sulfur in the
presence of the holy angels and of the Lamb.
11 •And the smoke of their torment will rise for
ever and ever. There will be no rest day or night
for those who worship the beast and its image,

[a] 18 Or *is humanity's number* [b] 8 Isaiah 21:9

adultery [ədʌltəri] *n.* 간음
blameless [bléimlis] *a.* 무결점의
calculate [kǽlkjulèit] *vt.* 계수하다
defile [difáil] *vt.* 더럽히다
fury [fjúəri] *n.* 격분
insight [insàit] *n.* 통찰력
madden [mǽdn] *vt.* 격노하게 하다
mankind [mænkaind] *n.* 인간
midair [midέər] *n.* 공중
peal [pi:l] *n.* 천둥소리
proclaim [proukléim] *vt.* 선포하다
purchase [pə́:rtʃəs] *vt.* (희생을 치르고)얻다
sulfur [sʌlfər] *n.* 유황
torment [tɔ:rmént] *n.* 고통
wrath [ræθ] *n.* 분노

14:3 be redeemed from...: …에서 구속되다
14:4 offer as...: …로 제공하다
14:10 pour into: 쏟아붓다
14:10 be tormented with...: …로 고통받다
14:10 in the presence of...: …의 앞에서
14:11 for ever and ever: 언제까지나

표를 받는 자는 누구든지 밤낮 쉼을 얻지
못하리라 하더라
12 성도들의 인내가 여기 있나니 그들은 하
나님의 계명과 예수에 대한 믿음을 지키
는 자니라
13 ●또 내가 들으니 하늘에서 음성이 나서
이르되 기록하라 지금 이후로 주 안에서
죽는 자들은 복이 있도다 하시매 성령이
이르시되 그러하다 그들이 수고를 그치
고 쉬리니 이는 그들의 행한 일이 따름이
라 하시더라

마지막 수확

14 ●또 내가 보니 흰 구름이 있고 구름 위에
인자와 같은 이가 앉으셨는데 그 머리에
는 금 면류관이 있고 그 손에는 예리한 낫
을 가졌더라
15 또 다른 천사가 성전으로부터 나와 구름
위에 앉은 이를 향하여 큰 음성으로 외쳐
이르되 당신의 낫을 휘둘러 거두소서 땅
의 곡식이 다 익어 거둘 때가 이르렀음이
니이다 하니
렘 51:33
16 구름 위에 앉으신 이가 낫을 땅에 휘두르
매 땅의 곡식이 거두어지니라

마지막 재난을 가지고 온 천사

17 ●또 다른 천사가 하늘에 있는 성전에서
나오는데 역시 예리한 낫을 가졌더라
18 또 불을 다스리는 다른 천사가 제단으로
부터 나와 예리한 낫 가진 자를 향하여
큰 음성으로 불러 이르되 네 예리한 낫
을 휘둘러 땅의 [1]포도송이를 거두라 그
포도가 익었느니라 하더라
19 천사가 낫을 땅에 휘둘러 땅의 포도를 거
두어 하나님의 진노의 큰 포도주 틀에 던
지매
20 성 밖에서 그 틀이 밟히니 틀에서 피가 나
서 말 굴레에까지 닿았고 천육백 [2]스다디
온에 퍼졌더라

15 또 하늘에 크고 이상한 다른 [3]이적을
보매 일곱 천사가 일곱 재앙을 가졌
으니 곧 마지막 재앙이라 하나님의 진노
가 이것으로 마치리로다
2 ●또 내가 보니 불이 섞인 유리 바다 같은
것이 있고 짐승과 그의 우상과 그의 이름
의 수를 이기고 벗어난 자들이 유리 바다
가에 서서 하나님의 거문고를 가지고
3 하나님의 종 모세의 노래, 어린양의 노래
를 불러 이르되

or for anyone who receives the mark of its
12 name." ●This calls for patient endurance on the
part of the people of God who keep his com-
mands and remain faithful to Jesus.
13 ●Then I heard a voice from heaven say,
"Write this: Blessed are the dead who die in the
Lord from now on."
"Yes," says the Spirit, "they will rest from their
labor, for their deeds will follow them."

Harvesting the Earth and Trampling the Winepress

14 ●I looked, and there before me was a white
cloud, and seated on the cloud was one like a son
of man[a] with a crown of gold on his head and a
15 sharp sickle in his hand. ●Then another angel
came out of the temple and called in a loud voice
to him who was sitting on the cloud, "Take your
sickle and reap, because the time to reap has
16 come, for the harvest of the earth is ripe." ●So he
who was seated on the cloud swung his sickle
over the earth, and the earth was harvested.
17 ●Another angel came out of the temple in
18 heaven, and he too had a sharp sickle. ●Still
another angel, who had charge of the fire, came
from the altar and called in a loud voice to him
who had the sharp sickle, "Take your sharp sick-
le and gather the clusters of grapes from the
19 earth's vine, because its grapes are ripe." ●The
angel swung his sickle on the earth, gathered its
grapes and threw them into the great winepress
20 of God's wrath. ●They were trampled in the
winepress outside the city, and blood flowed out
of the press, rising as high as the horses' bridles
for a distance of 1,600 stadia.[b]

Seven Angels With Seven Plagues

15 I saw in heaven another great and mar-
velous sign: seven angels with the seven
last plagues—last, because with them God's
2 wrath is completed. ●And I saw what looked
like a sea of glass glowing with fire and, stand-
ing beside the sea, those who had been victori-
ous over the beast and its image and over the
number of its name. They held harps given
3 them by God ●and sang the song of God's ser-
vant Moses and of the Lamb:

"Great and marvelous are your deeds,
  Lord God Almighty.
Just and true are your ways,

[a]*14* See Daniel 7:13. [b]*20* That is, about 180 miles or about 300 kilometers

1) 헬, 포도나무 2) 한 스다디온은 약 192미터임 3) 또는 표적

altar [ɔ́:ltər] *n.* 제단
bridle [bráidl] *n.* 굴레
deed [di:d] *n.* 행위
endurance [indjúərəns] *n.* 인내
harvest [há:rvist] *n.* 수확물
labor [léibər] *n.* 수고, 노동
marvelous [má:rvələs] *a.* 신기한
plague [pleig] *n.* 재앙
reap [ri:p] *vi.* 수확하다
ripe [raip] *a.* 익은
sickle [síkl] *n.* 낫
swing [swiŋ] *vt.* (막대 등을) 휘두르다
temple [témpl] *n.* 성전
trample [trǽmpl] *vt.* 짓밟다
winepress [wáinprès] *n.* 포도즙 틀

14:12 call for...: …를 요청하다, 요하다
14:13 from now on: 지금부터 계속하여
14:14 be seated on...: …에 앉아 있다
14:15 come out of...: …에서 나오다
14:18 have charge of...: …를 담당하다
14:19 throw into...: …로 던지다

주 하나님 곧 전능하신 이시여 하시는
일이 크고 놀라우시도다 [1]만국의 왕이
시여 주의 길이 의롭고 참되시도다
4 [ㄱ]주여 누가 주의 이름을 두려워하지 아
니하며 영화롭게 하지 아니하오리이까
오직 주만 거룩하시니이다 주의 의로
우신 일이 나타났으매 만국이 와서 주
께 경배하리이다
하더라
5 ●또 이 일 후에 내가 보니 하늘에 증거
장막의 성전이 열리며
6 일곱 재앙을 가진 일곱 천사가 성전으로
부터 나와 맑고 빛난 [2]세마포 옷을 입고
가슴에 금 띠를 띠고
7 네 생물 중의 하나가 영원토록 살아 계신
하나님의 진노를 가득히 담은 금 대접 일
곱을 그 일곱 천사들에게 주니
8 하나님의 영광과 능력으로 말미암아 성
전에 연기가 가득 차매 일곱 천사의 일
곱 재앙이 마치기까지는 성전에 능히 들
어갈 자가 없더라

진노의 일곱 대접 (♪ 70, 537장)

16 또 내가 들으니 성전에서 큰 음성이
나서 일곱 천사에게 말하되 너희는 가
서 하나님의 진노의 일곱 대접을 땅에 쏟
으라 하더라
2 ●첫째 천사가 가서 그 대접을 땅에 쏟으
매 짐승의 표를 받은 사람들과 그 우상에
게 경배하는 자들에게 악하고 독한 종기
가 나더라
3 ●둘째 천사가 그 대접을 바다에 쏟으매
바다가 곧 죽은 자의 피같이 되니 바다 가
운데 모든 생물이 죽더라 8:8,9
4 ●셋째 천사가 그 대접을 강과 물 근원에
쏟으매 피가 되더라
5 내가 들으니 물을 차지한 천사가 이르되
전에도 계셨고 지금도 계신 거룩하신 이
여 이렇게 심판하시니 의로우시도다
6 그들이 성도들과 선지자들의 피를 흘렸
으므로 그들에게 피를 마시게 하신 것이
합당하니이다 하더라 사 49:26
7 또 내가 들으니 제단이 말하기를 그러하
다 주 하나님 곧 전능하신 이시여 심판하
시는 것이 참되시고 의로우시도다 하더
라
8 ●넷째 천사가 그 대접을 해에 쏟으매 해
가 권세를 받아 불로 사람들을 태우니

King of the nations.[a]
4 ●Who will not fear you, Lord,
and bring glory to your name?
For you alone are holy.
All nations will come
and worship before you,
for your righteous acts have been revealed."[b]
5 ●After this I looked, and I saw in heaven the
temple — that is, the tabernacle of the covenant
6 law — and it was opened. ●Out of the temple
came the seven angels with the seven plagues.
They were dressed in clean, shining linen and
7 wore golden sashes around their chests. ●Then
one of the four living creatures gave to the seven
angels seven golden bowls filled with the wrath
8 of God, who lives for ever and ever. ●And the
temple was filled with smoke from the glory of
God and from his power, and no one could
enter the temple until the seven plagues of the
seven angels were completed.

The Seven Bowls of God's Wrath

16 Then I heard a loud voice from the tem-
ple saying to the seven angels, "Go, pour
out the seven bowls of God's wrath on the
earth."
2 ●The first angel went and poured out his
bowl on the land, and ugly, festering sores broke
out on the people who had the mark of the
beast and worshiped its image.
3 ●The second angel poured out his bowl on
the sea, and it turned into blood like that of a
dead person, and every living thing in the sea
died.
4 ●The third angel poured out his bowl on the
rivers and springs of water, and they became
5 blood. ●Then I heard the angel in charge of the
waters say:
"You are just in these judgments, O Holy One,
you who are and who were;
6 ●for they have shed the blood of your holy
people and your prophets,
and you have given them blood to drink
as they deserve."
7 ●And I heard the altar respond:
"Yes, Lord God Almighty,
true and just are your judgments."
8 ●The fourth angel poured out his bowl on the
sun, and the sun was allowed to scorch people

[a]3 Some manuscripts *ages* [b]3,4 Phrases in this song are drawn from Psalm 111:2,3; Deut. 32:4; Jer. 10:7; Psalms 86:9; 98:2. 1) 어떤 사본에, 만 대에 2) 어떤 사본에, 보석 ㄱ. 렘 10:7

allow [əláu] *vt.* 허락하다
bowl [boul] *n.* 대접
chest [tʃest] *n.* 가슴
complete [kəmplí:t] *vt.* 마치다
deserve [dizə́:rv] *vt.* …할 만하다
fester [féstər] *vi.* 곪다
linen [línən] *n.* 세마포
reveal [riví:l] *vt.* 나타내다
sash [sæʃ] *n.* 띠
scorch [skɔ:rtʃ] *n.* 태우다
shed [ʃed] *vt.* 흘리다
sore [sɔ:r] *n.* 상처
tabernacle [tǽbə:rnækl] *n.* 장막
ugly [ʌgli] *a.* 추한
wrath [ræθ] *n.* 분노

15:4 bring glory to...: …에 영광을 가져오다
15:6 be dressed in...: …를 입고 있다
15:8 be filled with...: …로 가득차다
16:1 pour out on...: …에 쏟아붓다
16:3 turn into...: …으로 변하다

9 사람들이 크게 태움에 태워진지라 이 재
앙들을 행하는 권세를 가지신 하나님의
이름을 비방하며 또 회개하지 아니하고
주께 영광을 돌리지 아니하더라
10 ●또 다섯째 천사가 그 대접을 짐승의 왕
좌에 쏟으니 그 나라가 곧 어두워지며 사
람들이 아파서 자기 혀를 깨물고
11 아픈 것과 종기로 말미암아 하늘의 하나
님을 비방하고 그들의 행위를 회개하지 아
니하더라
12 ●또 여섯째 천사가 그 대접을 큰 강 유브
라데에 쏟으매 강물이 말라서 동방에서
오는 왕들의 길이 예비되었더라
13 또 내가 보매 개구리 같은 세 더러운 영이
용의 입과 짐승의 입과 거짓 선지자의 입
에서 나오니
14 그들은 귀신의 영이라 이적을 행하여 온
천하 왕들에게 가서 하나님 곧 전능하신
이의 큰 날에 있을 전쟁을 위하여 그들을
모으더라
15 보라 내가 도둑같이 오리니 누구든지 깨
어 자기 옷을 지켜 벌거벗고 다니지 아니
하며 자기의 부끄러움을 보이지 아니하
는 자는 복이 있도다 살전 5:2
16 세 영이 히브리어로 아마겟돈이라 하는
곳으로 왕들을 모으더라 19:19
17 ●일곱째 천사가 그 대접을 공중에 쏟으
매 큰 음성이 성전에서 보좌로부터 나서
이르되 되었다 하시니 요 19:30
18 번개와 음성들과 우렛소리가 있고 또 큰 지
진이 있어 얼마나 큰지 사람이 땅에 있어
온 이래로 이같이 큰 지진이 없었더라 4:5
19 큰 성이 세 갈래로 갈라지고 만국의 성들
도 무너지니 큰 성 바벨론이 하나님 앞에
기억하신 바 되어 그의 맹렬한 진노의 포
도주 잔을 받으매
20 각 섬도 없어지고 산악도 간 데 없더라
21 또 무게가 한 [1]달란트나 되는 큰 우박이
하늘로부터 사람들에게 내리매 사람들이
그 우박의 재앙 때문에 하나님을 비방하
니 그 재앙이 심히 큼이러라

큰 음녀에게 내릴 심판

17 또 일곱 대접을 가진 일곱 천사 중 하
나가 와서 내게 말하여 이르되 이리
로 오라 많은 물 위에 앉은 큰 음녀가 받
을 심판을 네게 보이리라
2 땅의 임금들도 그와 더불어 음행하였고

9 with fire. ●They were seared by the intense heat
and they cursed the name of God, who had
control over these plagues, but they refused to
repent and glorify him.
10 ●The fifth angel poured out his bowl on the
throne of the beast, and its kingdom was
plunged into darkness. People gnawed their
11 tongues in agony ●and cursed the God of heav-
en because of their pains and their sores, but
they refused to repent of what they had done.
12 ●The sixth angel poured out his bowl on the
great river Euphrates, and its water was dried up
to prepare the way for the kings from the East.
13 ●Then I saw three impure spirits that looked
like frogs; they came out of the mouth of the
dragon, out of the mouth of the beast and out
14 of the mouth of the false prophet. ●They are
demonic spirits that perform signs, and they go
out to the kings of the whole world, to gather
them for the battle on the great day of God
Almighty.

15 ●"Look, I come like a thief! Blessed is the
one who stays awake and remains cloth-
ed, so as not to go naked and be shame-
fully exposed."

16 ●Then they gathered the kings together to the
place that in Hebrew is called Armageddon.
17 ●The seventh angel poured out his bowl into
the air, and out of the temple came a loud voice
18 from the throne, saying, "It is done!" ●Then
there came flashes of lightning, rumblings,
peals of thunder and a severe earthquake. No
earthquake like it has ever occurred since man-
kind has been on earth, so tremendous was the
19 quake. ●The great city split into three parts, and
the cities of the nations collapsed. God re-
membered Babylon the Great and gave her
the cup filled with the wine of the fury of his
20 wrath. ●Every island fled away and the moun-
21 tains could not be found. ●From the sky huge
hailstones, each weighing about a hundred
pounds,[a] fell on people. And they cursed God
on account of the plague of hail, because the
plague was so terrible.

Babylon, the Prostitute on the Beast

17 One of the seven angels who had the
seven bowls came and said to me,
"Come, I will show you the punishment of the
great prostitute, who sits by many waters.
2 ●With her the kings of the earth committed

[a]21 Or about 45 kilograms 1) 약 60킬로그램

agony [ǽgəni] *n.* 고통
collapse [kəlǽps] *vi.* 무너지다
curse [kə:rs] *vt.* 모독하다, 저주하다
fury [fjúəri] *n.* 격노
gnaw [nɔ:] *vt.* 물어뜯다
hailstone [héilstòun] *n.* 우박
impure [impjúər] *a.* 불결한
intense [inténs] *a.* 격렬한, 심한
occur [əkə́:r] *vi.* 발생하다
prostitute [prástətjù:t] *n.* 매춘부
quake [kweik] *n.* 진동
repent [ripént] *vi.* 회개하다
rumbling [rʌ́mbliŋ] *n.* 우르르 소리
sear [siər] *vt.* 태우다
tremendous [triméndəs] *a.* 거대한

16:10 plunge into...: …로 내던지다
16:12 be dried up: 바싹 말라버리다
16:15 stay awake: 자지 않고 깨어 있다
16:15 go naked: 벌거벗고 지내다
16:21 on account of...: …의 이유로
17:2 commit adultery: 간음하다

땅에 사는 자들도 그 음행의 포도주에 취
하였다 하고
3 곧 성령으로 나를 데리고 광야로 가니라 내
가 보니 여자가 붉은 빛 짐승을 탔는데 그
짐승의 몸에 하나님을 모독하는 이름들이
가득하고 일곱 머리와 열 뿔이 있으며
4 그 여자는 자주 빛과 붉은빛 옷을 입고 금
과 보석과 진주로 꾸미고 손에 금 잔을 가
졌는데 가증한 물건과 그의 음행의 더러운
것들이 가득하더라
5 그의 이마에 이름이 기록되었으니 비밀이
라, 큰 바벨론이라, 땅의 음녀들과 가증한
것들의 어미라 하였더라 14:8
6 또 내가 보매 이 여자가 성도들의 피와 예
수의 증인들의 피에 취한지라 내가 그 여
자를 보고 놀랍게 여기고 크게 놀랍게 여
기니 18:24
7 천사가 이르되 왜 놀랍게 여기느냐 내가 여
자와 그가 탄 일곱 머리와 열 뿔 가진 짐승
의 비밀을 네게 이르리라
8 네가 본 짐승은 전에 있었다가 지금은 없으
나 장차 무저갱으로부터 올라와 멸망으로
들어갈 자니 땅에 사는 자들로서 창세 이후
로 그 이름이 생명책에 기록되지 못한 자들
이 이전에 있었다가 지금은 없으나 장차 나
올 짐승을 보고 놀랍게 여기리라 11:7
9 지혜 있는 뜻이 여기 있으니 그 일곱 머리
는 여자가 앉은 일곱 산이요 13:18
10 또 일곱 왕이라 다섯은 망하였고 하나는 있
고 다른 하나는 아직 이르지 아니하였으나
이르면 반드시 잠시 동안 머무르리라
11 전에 있었다가 지금 없어진 짐승은 여덟째
왕이니 일곱 중에 속한 자라 그가 멸망으로
들어가리라
12 네가 보던 열 뿔은 열 왕이니 아직 나라를
얻지 못하였으나 다만 짐승과 더불어 임금
처럼 한동안 권세를 받으리라
13 그들이 한 뜻을 가지고 자기의 능력과 권세
를 짐승에게 주더라
14 그들이 어린양과 더불어 싸우려니와 어린
양은 만주의 주시요 만왕의 왕이시므로 그
들을 이기실 터이요 또 그와 함께 있는 자
들 곧 부르심을 받고 택하심을 받은 진실한
자들도 이기리로다
15 또 천사가 내게 말하되 네가 본바 음녀가
앉아 있는 물은 백성과 무리와 열국과 방
언들이니라

adultery, and the inhabitants of the earth
were intoxicated with the wine of her adul-
teries."
3 •Then the angel carried me away in the
Spirit into a wilderness. There I saw a woman
sitting on a scarlet beast that was covered with
blasphemous names and had seven heads and
4 ten horns. •The woman was dressed in purple
and scarlet, and was glittering with gold, pre-
cious stones and pearls. She held a golden cup
in her hand, filled with abominable things
5 and the filth of her adulteries. •The name
written on her forehead was a mystery:

BABYLON THE GREAT
THE MOTHER OF PROSTITUTES
AND OF THE ABOMINATIONS OF THE EARTH.

6 •I saw that the woman was drunk with the
blood of God's holy people, the blood of those
who bore testimony to Jesus.
When I saw her, I was greatly astonished.
7 •Then the angel said to me: "Why are you
astonished? I will explain to you the mystery
of the woman and of the beast she rides,
which has the seven heads and ten horns.
8 •The beast, which you saw, once was, now is
not, and yet will come up out of the Abyss and
go to its destruction. The inhabitants of the
earth whose names have not been written in
the book of life from the creation of the world
will be astonished when they see the beast,
because it once was, now is not, and yet will
come.
9 •"This calls for a mind with wisdom. The
seven heads are seven hills on which the
10 woman sits. •They are also seven kings. Five
have fallen, one is, the other has not yet come;
but when he does come, he must remain for
11 only a little while. •The beast who once was,
and now is not, is an eighth king. He belongs
to the seven and is going to his destruction.
12 •"The ten horns you saw are ten kings who
have not yet received a kingdom, but who for
one hour will receive authority as kings along
13 with the beast. •They have one purpose and
will give their power and authority to the
14 beast. •They will wage war against the Lamb,
but the Lamb will triumph over them because
he is Lord of lords and King of kings — and
with him will be his called, chosen and faith-
ful followers."
15 •Then the angel said to me, "The waters
you saw, where the prostitute sits, are peoples,

abominable [əbámənəbl] *a.* 가증스러운
astonish [əstániʃ] *vt.* 놀라게 하다
authority [əθɔ́:rəti] *n.* 권세
blasphemous [blǽsfəməs] *a.* 모독적인
destruction [distrʌ́kʃən] *n.* 파괴
explain [ikspléin] *vt.* 설명하다
forehead [fɔ́:rid] *n.* 이마
glitter [glítər] *vi.* 빛나다
mystery [místəri] *n.* 비밀
precious [préʃəs] *a.* 귀중한, 값비싼
remain [riméin] *vi.* 남아 있다
ride [raid] *vt.* 타다
scarlet [ská:rlit] *a.* 진홍색의
testimony [téstəmòuni] *n.* 증인
triumph [tráiəmf] *vi.* 이기다

17:2 be intoxicated with...: …에 취하다
17:3 carry away: 데려가 버리다
17:6 be drunk with...: …에 취해 있다
17:9 call for...: …를 요청하다
17:10 for a little while: 잠깐, 잠시 동안
17:12 along with...: …와 함께

16 네가 본바 이 열 뿔과 짐승은 음녀를 미
워하여 망하게 하고 벌거벗게 하고 그의
살을 먹고 불로 아주 사르리라
17 이는 하나님이 자기 뜻대로 할 마음을
그들에게 주사 한 뜻을 이루게 하시고
그들의 나라를 그 짐승에게 주게 하시
되 하나님의 말씀이 응하기까지 하심
이라
18 또 네가 본 그 여자는 땅의 왕들을 다스
리는 큰 성이라 하더라

바벨론의 패망 (♪ 348, 414장)

18 이 일 후에 다른 천사가 하늘에서
내려오는 것을 보니 큰 권세를 가
졌는데 그의 영광으로 땅이 환하여지더
라
2 힘찬 음성으로 외쳐 이르되 무너졌도다
무너졌도다 큰 성 바벨론이여 귀신의
처소와 각종 더러운 영이 모이는 [1]곳과
각종 더럽고 가증한 새들이 모이는 [1]곳
이 되었도다
3 그 음행의 진노의 포도주로 말미암아
만국이 무너졌으며 또 땅의 왕들이 그
와 더불어 음행하였으며 땅의 상인들도
그 사치의 세력으로 치부하였도다 하더
라 렘 25:15,27
4 ●또 내가 들으니 하늘로부터 다른 음성
이 나서 이르되 내 백성아, 거기서 나와
그의 죄에 참여하지 말고 그가 받을 재
앙들을 받지 말라
5 그의 죄는 하늘에 사무쳤으며 하나님은
그의 불의한 일을 기억하신지라
6 그가 준 그대로 그에게 주고 그의 행위
대로 갑절을 갚아 주고 그가 섞은 잔에
도 갑절이나 섞어 그에게 주라 14:10
7 그가 얼마나 자기를 영화롭게 하였으
며 사치하였든지 그만큼 고통과 애통
함으로 갚아 주라 그가 마음에 말하기
를 나는 여왕으로 앉은 자요 과부가 아
니라 결단코 애통함을 당하지 아니하
리라 하니
8 그러므로 하루 동안에 그 재앙들이 이르
리니 곧 사망과 애통함과 흉년이라 그가
또한 불에 살라지리니 그를 심판하시는
주 하나님은 강하신 자이심이라
9 그와 함께 음행하고 사치하던 땅의 왕
들이 *그가 불타는* 연기를 보고 위하여

1) 또는 옥

16 multitudes, nations and languages. ●The beast
and the ten horns you saw will hate the prosti-
tute. They will bring her to ruin and leave her
naked; they will eat her flesh and burn her with
17 fire. ●For God has put it into their hearts to
accomplish his purpose by agreeing to hand over
to the beast their royal authority, until God's
18 words are fulfilled. ●The woman you saw is the
great city that rules over the kings of the earth."

Lament Over Fallen Babylon

18 After this I saw another angel coming
down from heaven. He had great authori-
ty, and the earth was illuminated by his splendor.
2 ●With a mighty voice he shouted:

" 'Fallen! Fallen is Babylon the Great!'[a]
She has become a dwelling for demons
and a haunt for every impure spirit,
a haunt for every unclean bird,
a haunt for every unclean and
detestable animal.
3 ●For all the nations have drunk
the maddening wine of her adulteries.
The kings of the earth committed adultery
with her,
and the merchants of the earth grew rich
from her excessive luxuries."

Warning to Escape Babylon's Judgment

4 ●Then I heard another voice from heaven say:

" 'Come out of her, my people,'[b]
so that you will not share in her sins,
so that you will not receive any of her plagues;
5 ●for her sins are piled up to heaven,
and God has remembered her crimes.
6 ●Give back to her as she has given;
pay her back double for what she has done.
Pour her a double portion from her own cup.
7 ●Give her as much torment and grief
as the glory and luxury she gave herself.
In her heart she boasts,
'I sit enthroned as queen.
I am not a widow;[c]
I will never mourn.'
8 ●Therefore in one day her plagues will overtake
her:
death, mourning and famine.
She will be consumed by fire,
for mighty is the Lord God who judges her.

Threefold Woe Over Babylon's Fall

9 ●"When the kings of the earth who commit-
ted adultery with her and shared her luxury see

[a] 2 Isaiah 21:9 [b] 4 Jer. 51:45 [c] 7 See Isaiah 47:7,8.

accomplish [əkámpliʃ] *vt.* 성취하다
consume [kənsú:m] *vt.* 불사르다
detestable [ditéstəbl] *a.* 혐오스러운
enthroned [inθróund] *a.* 왕좌에 앉은
excessive [iksésiv] *a.* 지나친
flesh [fleʃ] *n.* (인간 · 동물의) 살
fulfill [fulfíl] *vt.* 완수하다
haunt [hɔ:nt] *n.* 소굴
illuminate [ilú:mənèit] *vt.* 비추다
madden [mǽdn] *vt.* 격노하게 하다
multitude [mʌltətjù:d] *n.* 무리
overtake [òuvərtéik] *vt.* 덮치다
portion [pɔ́:rʃən] *n.* 몫
prostitute [prástətjù:t] *n.* 창기
splendor [spléndər] *n.* 광채, 광휘

17:18 rule over: …을 지배(통치)하다
18:3 commit adultery with…: …와 간음하다
18:4 share in…: …에 참여하다
18:5 be piled up to…: …까지 쌓이다
18:6 pay somebody back: (빌린 돈을) 갚다

울고 가슴을 치며
10 그의 고통을 무서워하여 멀리 서서 이르되 화 있도다 화 있도다 큰 성, 견고한 성 바벨론이여 한 시간에 네 심판이 이르렀다 하리로다
11 땅의 상인들이 그를 위하여 울고 애통하는 것은 다시 그들의 상품을 사는 자가 없음이라
12 그 상품은 금과 은과 보석과 진주와 세마포와 자주 옷감과 비단과 붉은 옷감이요 각종 향목과 각종 상아 그릇이요 값진 나무와 구리와 철과 대리석으로 만든 각종 그릇이요
13 계피와 향료와 향과 향유와 유향과 포도주와 감람유와 고운 밀가루와 밀이요 소와 양과 말과 수레와 종들과 사람의 영혼들이라
14 바벨론아 네 영혼이 탐하던 과일이 네게서 떠났으며 맛있는 것들과 빛난 것들이 다 없어졌으니 사람들이 결코 이것들을 다시 보지 못하리로다
15 바벨론으로 말미암아 치부한 이 상품의 상인들이 그의 고통을 무서워하여 멀리 서서 울고 애통하여
16 이르되 화 있도다 화 있도다 큰 성이여 세마포 옷과 자주 옷과 붉은 옷을 입고 금과 보석과 진주로 꾸민 것인데 17:4
17 그러한 부가 한 시간에 망하였도다 모든 선장과 각처를 다니는 선객들과 선원들과 바다에서 일하는 자들이 멀리 서서
18 그가 불타는 연기를 보고 외쳐 이르되 이 큰 성과 같은 성이 어디 있느냐 하며
19 티끌을 자기 머리에 뿌리고 울며 애통하여 외쳐 이르되 화 있도다 화 있도다 이 큰 성이여 바다에서 배 부리는 모든 자들이 너의 보배로운 상품으로 치부하였더니 한 시간에 망하였도다
20 하늘과 성도들과 사도들과 선지자들아, 그로 말미암아 즐거워하라 하나님이 너희를 위하여 그에게 심판을 행하셨음이라 하더라
21 ●이에 한 힘센 천사가 큰 맷돌 같은 돌을 들어 바다에 던져 이르되 큰 성 바벨론이 이같이 비참하게 던져져 결코 다시 보이지 아니하리로다 렘 51:63

the smoke of her burning, they will weep and
10 mourn over her. ●Terrified at her torment, they
will stand far off and cry:

" 'Woe! Woe to you, great city,
you mighty city of Babylon!
In one hour your doom has come!'

11 ●"The merchants of the earth will weep and
mourn over her because no one buys their car-
12 goes anymore— ●cargoes of gold, silver, precious
stones and pearls; fine linen, purple, silk and scar-
let cloth; every sort of citron wood, and articles of
every kind made of ivory, costly wood, bronze,
13 iron and marble; ●cargoes of cinnamon and
spice, of incense, myrrh and frankincense, of
wine and olive oil, of fine flour and wheat; cattle
and sheep; horses and carriages; and human
beings sold as slaves.
14 ●"They will say, 'The fruit you longed for is
gone from you. All your luxury and splendor have
15 vanished, never to be recovered.' ●The merchants
who sold these things and gained their wealth
from her will stand far off, terrified at her torment.
16 They will weep and mourn ●and cry out:

" 'Woe! Woe to you, great city,
dressed in fine linen, purple and scarlet,
and glittering with gold, precious stones
and pearls!
17 ●In one hour such great wealth has been
brought to ruin!'

"Every sea captain, and all who travel by ship,
the sailors, and all who earn their living from the
18 sea, will stand far off. ●When they see the smoke
of her burning, they will exclaim, 'Was there ever
19 a city like this great city?' ●They will throw dust
on their heads, and with weeping and mourning
cry out:

" 'Woe! Woe to you, great city,
where all who had ships on the sea
became rich through her wealth!
In one hour she has been brought to ruin!'
20 ●"Rejoice over her, you heavens!
Rejoice, you people of God!
Rejoice, apostles and prophets!
For God has judged her
with the judgment she imposed on you."

The Finality of Babylon's Doom

21 ●Then a mighty angel picked up a boulder
the size of a large millstone and threw it into the
sea, and said:

"With such violence
the great city of Babylon will be thrown down,
never to be found again.

apostle [əpɑ́sl] *n.* 사도
boulder [bóuldər] *n.* 옥석
cargo [kɑ́:rgou] *n.* 화물
carriage [kǽridʒ] *n.* 수레
citron [sítrən] *n.* 레몬 비슷한 식물
doom [du:m] *n.* 최후의 심판
exclaim [ikskléim] *vt.* 외치다
glitter [glítər] *vi.* (복장 등이) 화려하다
merchant [mə́:rtʃənt] *n.* 상인
millstone [mílstòun] *n.* 맷돌
prophet [prɑ́fit] *n.* 선지자
torment [tɔ:rmént] *n.* 고통
vanish [vǽniʃ] *vi.* 사라지다
weep [wi:p] *vi.* 울다
woe [wou] *n.* 화

18:14 long for...: …을 갈망하다
18:17 be brought to ruin: 몰락하다
18:17 earn one's living: 생활비를 벌다
18:20 rejoice over...: …을 기뻐하다
18:21 pick up: 집어 들다
18:21 throw down: 던지다

22 또 거문고 타는 자와 풍류하는 자와 퉁
소 부는 자와 나팔 부는 자들의 소리가
결코 다시 네 안에서 들리지 아니하고
어떠한 세공업자든지 결코 다시 네 안
에서 보이지 아니하고 또 맷돌 소리가
결코 다시 네 안에서 들리지 아니하고
23 등불 빛이 결코 다시 네 안에서 비치지
아니하고 신랑과 신부의 음성이 결코
다시 네 안에서 들리지 아니하리로다
너의 상인들은 땅의 왕족들이라 네 복
술로 말미암아 만국이 미혹되었도다
24 선지자들과 성도들과 및 땅 위에서 죽
임을 당한 모든 자의 피가 그 성 중에서
발견되었느니라 하더라

어린양의 혼인 잔치 (♪ 14, 29장)

19 이 일 후에 내가 들으니 하늘에 허
다한 무리의 큰 음성 같은 것이 있
어 이르되

할렐루야 구원과 영광과 능력이 우리
하나님께 있도다
2 그의 심판은 참되고 의로운지라 음
행으로 땅을 더럽게 한 큰 음녀를 심
판하사 자기 종들의 피를 그 음녀의
손에 갚으셨도다

하고 신 32:43
3 두 번째로 할렐루야 하니 그 연기가 세
세토록 올라가더라
4 또 이십사 장로와 네 생물이 엎드려 보
좌에 앉으신 하나님께 경배하여 이르
되 아멘 할렐루야 하니
5 보좌에서 음성이 나서 이르시되

하나님의 종들 곧 그를 경외하는 너
희들아 작은 자나 큰 자나 다 우리
하나님께 찬송하라

하더라 시 134:1
6 또 내가 들으니 허다한 무리의 음성과
도 같고 많은 물소리와도 같고 큰 우렛
소리와도 같은 소리로 이르되

할렐루야 주 우리 하나님 곧 전능하
신 이가 통치하시도다
7 우리가 즐거워하고 크게 기뻐하며 그
에게 영광을 돌리세 어린양의 혼인
기약이 이르렀고 그의 아내가 자신을
준비하였으므로
8 그에게 빛나고 깨끗한 세마포 옷을
입도록 허락하셨으니 이 세마포 옷은

22 •The music of harpists and musicians, pipers and trumpeters,
will never be heard in you again.
No worker of any trade
will ever be found in you again.
The sound of a millstone
will never be heard in you again.
23 •The light of a lamp
will never shine in you again.
The voice of bridegroom and bride
will never be heard in you again.
Your merchants were the world's important people.
By your magic spell all the nations were led astray.
24 •In her was found the blood of prophets and of God's holy people,
of all who have been slaughtered on the earth."

Threefold Hallelujah Over Babylon's Fall

19 After this I heard what sounded like the roar
of a great multitude in heaven shouting:

"Hallelujah!
Salvation and glory and power belong to our God,
2 • for true and just are his judgments.
He has condemned the great prostitute
who corrupted the earth by her adulteries.
He has avenged on her the blood of his servants."

3 •And again they shouted:

"Hallelujah!
The smoke from her goes up for ever and ever."

4 •The twenty-four elders and the four living
creatures fell down and worshiped God, who was
seated on the throne. And they cried:

"Amen, Hallelujah!"

5 •Then a voice came from the throne, saying:

"Praise our God,
all you his servants,
you who fear him,
both great and small!"

6 •Then I heard what sounded like a great multi-
tude, like the roar of rushing waters and like loud
peals of thunder, shouting:

"Hallelujah!
For our Lord God Almighty reigns.
7 •Let us rejoice and be glad
and give him glory!
For the wedding of the Lamb has come,
and his bride has made herself ready.
8 •Fine linen, bright and clean,

bride [braid] *n.* 신부
bridegroom [bráidgrù:m] *n.* 신랑
condemn [kəndém] *vt.* 유죄 판결을 내리다
corrupt [kərʌ́pt] *vt.* 더럽히다
fear [fiər] *n.* 무서움, 공포
judgment [dʒʌ́dʒmənt] *n.* 판단, 재판
multitude [mʌ́ltətjù:d] *n.* 무리
reign [rein] *vi.* 통치하다
roar [rɔ:r] *n.* 굉음
rush [rʌʃ] *vi.* 돌진하다, 갑자기 나타나다
salvation [sælvéiʃən] *n.* 구원
slaughter [slɔ́:tər] *vt.* 학살하다
spell [spel] *n.* 주문, 마법
throne [θroun] *n.* 왕좌
trade [treid] *n.* 직업, 장사

18:23 lead astray: 타락시키다
19:1 belong to...: …에 속하다
19:2 avenge on...: …에 복수하다
19:3 for ever and ever: 언제까지나
19:4 fall down: 엎드리다, 쓰러지다
19:7 make oneself ready: 준비하다

성도들의 옳은 행실이로다
하더라 15:4,6
9 천사가 내게 말하기를 기록하라 어린양
의 혼인 잔치에 청함을 받은 자들은 복이
있도다 하고 또 내게 말하되 이것은 하나
님의 참되신 말씀이라 하기로
10 내가 그 발 앞에 엎드려 경배하려 하니 그
가 나에게 말하기를 나는 너와 및 예수의
증언을 받은 네 형제들과 같이 된 종이니
삼가 그리하지 말고 오직 하나님께 경배하
라 예수의 증언은 예언의 영이라 하더라

백마를 탄 자 (♪ 36, 37, 247장)

11 ●또 내가 하늘이 열린 것을 보니 보라 백
마와 그것을 탄 자가 있으니 그 이름은 충
신과 진실이라 그가 공의로 심판하며 싸
우더라
12 그 눈은 불꽃 같고 그 머리에는 많은 관들
이 있고 또 이름 쓴 것 하나가 있으니 자
기밖에 아는 자가 없고 1:14
13 또 그가 피 뿌린 옷을 입었는데 그 이름은
하나님의 1)말씀이라 칭하더라
14 하늘에 있는 군대들이 희고 깨끗한 세마
포 옷을 입고 백마를 타고 그를 따르더라
15 그의 입에서 예리한 검이 나오니 그것으로
만국을 치겠고 친히 그들을 철장으로 다스
리며 또 친히 하나님 곧 전능하신 이의 맹
렬한 진노의 포도주 틀을 밟겠고 시 2:9
16 그 옷과 그 다리에 이름을 쓴 것이 있으니
만왕의 왕이요 만주의 주라 하였더라
17 ●또 내가 보니 한 천사가 태양 안에 서서
공중에 나는 모든 새를 향하여 큰 음성으로
외쳐 이르되 와서 하나님의 큰 잔치에 모여
18 왕들의 살과 장군들의 살과 장사들의 살
과 말들과 그것을 탄 자들의 살과 자유인
들이나 종들이나 작은 자나 큰 자나 모든
자의 살을 먹으라 하더라
19 ●또 내가 보매 그 짐승과 땅의 임금들과
그들의 군대들이 모여 그 말 탄 자와 그의
군대와 더불어 전쟁을 일으키다가
20 짐승이 잡히고 그 앞에서 표적을 행하던
거짓 선지자도 함께 잡혔으니 이는 짐승
의 표를 받고 그의 우상에게 경배하던 자
들을 표적으로 미혹하던 자라 이 둘이 산
채로 유황불 붙는 못에 던져지고
21 그 나머지는 말 탄 자의 입으로부터 나오
는 검에 죽으매 모든 새가 그들의 살로 배
불리더라

was given her to wear."
(Fine linen stands for the righteous acts of
God's holy people.)
9 ●Then the angel said to me, "Write this:
Blessed are those who are invited to the wed-
ding supper of the Lamb!" And he added,
"These are the true words of God."
10 ●At this I fell at his feet to worship him. But
he said to me, "Don't do that! I am a fellow ser-
vant with you and with your brothers and sis-
ters who hold to the testimony of Jesus. Wor-
ship God! For it is the Spirit of prophecy who
bears testimony to Jesus."

The Heavenly Warrior Defeats the Beast

11 ●I saw heaven standing open and there
before me was a white horse, whose rider is
called Faithful and True. With justice he judges
12 and wages war. ●His eyes are like blazing fire,
and on his head are many crowns. He has a
name written on him that no one knows but
13 he himself. ●He is dressed in a robe dipped in
14 blood, and his name is the Word of God. ●The
armies of heaven were following him, riding on
white horses and dressed in fine linen, white
15 and clean. ●Coming out of his mouth is a sharp
sword with which to strike down the nations.
"He will rule them with an iron scepter."[a] He
treads the winepress of the fury of the wrath of
16 God Almighty. ●On his robe and on his thigh
he has this name written:

KING OF KINGS AND LORD OF LORDS.

17 ●And I saw an angel standing in the sun, who
cried in a loud voice to all the birds flying in
midair, "Come, gather together for the great
18 supper of God, ●so that you may eat the flesh of
kings, generals, and the mighty, of horses and
their riders, and the flesh of all people, free and
slave, great and small."
19 ●Then I saw the beast and the kings of the
earth and their armies gathered together to wage
war against the rider on the horse and his army.
20 ●But the beast was captured, and with it the false
prophet who had performed the signs on its
behalf. With these signs he had deluded those
who had received the mark of the beast and wor-
shiped its image. The two of them were thrown
21 alive into the fiery lake of burning sulfur. ●The
rest were killed with the sword coming out of the
mouth of the rider on the horse, and all the birds
gorged themselves on their flesh.

a15 Psalm 2:9 1) 헬, 로고스

bear [bɛər] *vt.*(의무, 책임 등을) 지다
blazing [bléiziŋ] *a.* 불타는
capture [kǽptʃər] *vt.* 사로잡다
delude [dilúːd] *vt.* 속이다
fellow [félou] *a.* 동료인
fiery [fáiəri] *a.* 불타는
fury [fjúəri] *n.* 격노
general [dʒénərəl] *n.* 장군
midair [midɛ́ər] *n.* 공중
perform [pərfɔ́ːrm] *vt.* 수행하다
robe [roub] *n.* 겉옷
scepter [séptər] *n.* 홀, 왕위
sulfur [sʌ́lfər] *n.* 유황
supper [sʌ́pər] *n.* 만찬
tread [tred] *vt.* 밟다

19:10 **hold to...**: …를 지키다, 고수하다
19:11 **wage war**: 전쟁을 수행하다
19:13 **dip in...**: …로 적시다
19:15 **strike down**: 쓰러뜨리다
19:20 **on one's behalf**: …을 대신하여
19:21 **gorge oneself on...**: …을 배부르게 먹다

천 년 왕국 (♪177, 336장)

20 또 내가 보매 천사가 무저갱의 열쇠
와 큰 쇠사슬을 그의 손에 가지고
하늘로부터 내려와서
2 용을 잡으니 곧 옛 뱀이요 마귀요 사탄이
라 잡아서 천 년 동안 결박하여
3 무저갱에 던져 넣어 잠그고 그 위에 인봉
하여 천 년이 차도록 다시는 만국을 미혹
하지 못하게 하였는데 그 후에는 반드시
잠깐 놓이리라
4 ●또 내가 보좌들을 보니 거기에 앉은 자
들이 있어 심판하는 권세를 받았더라 또
내가 보니 예수를 증언함과 하나님의 말
씀 때문에 목 베임을 당한 자들의 영혼들
과 또 짐승과 그의 우상에게 경배하지 아
니하고 그들의 이마와 손에 그의 표를 받
지 아니한 자들이 살아서 그리스도와 더
불어 천 년 동안 왕 노릇 하니
5 (그 나머지 죽은 자들은 그 천 년이 차기
까지 살지 못하더라) 이는 첫째 부활이라
6 이 첫째 부활에 참여하는 자들은 복이 있
고 거룩하도다 둘째 사망이 그들을 다스
리는 권세가 없고 도리어 그들이 하나님
과 그리스도의 제사장이 되어 천 년 동안
그리스도와 더불어 왕 노릇 하리라

사탄의 패망

7 ●천 년이 차매 사탄이 그 옥에서 놓여
8 나와서 땅의 사방 백성 곧 곡과 마곡을 미
혹하고 모아 싸움을 붙이리니 그 수가 바
다의 모래 같으리라
9 그들이 지면에 널리 퍼져 성도들의 진과
사랑하시는 성을 두르매 하늘에서 불이
내려와 그들을 태워버리고
10 또 그들을 미혹하는 마귀가 불과 유황 못
에 던져지니 거기는 그 짐승과 거짓 선지
자도 있어 세세토록 밤낮 괴로움을 받으
리라

크고 흰 보좌에서 심판을 내리시다

11 ●또 내가 크고 흰 보좌와 그 위에 앉으
신 이를 보니 땅과 하늘이 그 앞에서 피
하여 간 데 없더라
12 또 내가 보니 죽은 자들이 큰 자나 작은
자나 그 보좌 앞에 서 있는데 책들이 펴
있고 또 다른 책이 펴졌으니 곧 생명책이
라 죽은 자들이 자기 행위를 따라 책들에
기록된 대로 심판을 받으니
13 바다가 그 가운데에서 죽은 자들을 내주

The Thousand Years

20 And I saw an angel coming down out of
heaven, having the key to the Abyss and
2 holding in his hand a great chain. ●He seized
the dragon, that ancient serpent, who is the
devil, or Satan, and bound him for a thousand
3 years. ●He threw him into the Abyss, and
locked and sealed it over him, to keep him from
deceiving the nations anymore until the thou-
sand years were ended. After that, he must be set
free for a short time.
4 ●I saw thrones on which were seated those
who had been given authority to judge. And I
saw the souls of those who had been beheaded
because of their testimony about Jesus and beca-
use of the word of God. They[a] had not wor-
shiped the beast or its image and had not
received its mark on their foreheads or their
hands. They came to life and reigned with Christ
5 a thousand years. ●(The rest of the dead did not
come to life until the thousand years were
6 ended.) This is the first resurrection. ●Blessed and
holy are those who share in the first resurrection.
The second death has no power over them, but
they will be priests of God and of Christ and will
reign with him for a thousand years.

The Judgment of Satan

7 ●When the thousand years are over, Satan
8 will be released from his prison ●and will go out
to deceive the nations in the four corners of the
earth—Gog and Magog—and to gather them
for battle. In number they are like the sand on
9 the seashore. ●They marched across the breadth
of the earth and surrounded the camp of God's
people, the city he loves. But fire came down
10 from heaven and devoured them. ●And the
devil, who deceived them, was thrown into the
lake of burning sulfur, where the beast and the
false prophet had been thrown. They will be tor-
mented day and night for ever and ever.

The Judgment of the Dead

11 ●Then I saw a great white throne and him
who was seated on it. The earth and the heav-
ens fled from his presence, and there was no
12 place for them. ●And I saw the dead, great and
small, standing before the throne, and books
were opened. Another book was opened, which
is the book of life. The dead were judged accord-
ing to what they had done as recorded in the
13 books. ●The sea gave up the dead that were in

[a]4 Or *God; I also saw those who*

abyss [əbís] *n.* 심연
beast [biːst] *n.* 짐승
behead [bihéd] *vt.* 목을 베다
breadth [bredθ] *n.* 폭, 넓이
deceive [disíːv] *vt.* 속이다
devour [diváuər] *vt.* 집어삼키다
reign [rein] *vi.* 통치하다
release [rilíːs] *vt.* 놓아 주다
resurrection [rèzərékʃən] *n.* 부활
seal [siːl] *n.* 봉인, 도장
seashore [síːʃɔːr] *n.* 해변, 바닷가
seize [síːz] *vt.* 붙잡다
serpent [sə́ːrpənt] *n.* 뱀
throne [θroun] *n.* 왕좌
torment [tɔːrmént] *vt.* 괴롭히다

20:4 come to life: 살아 움직이다
20:6 have no power over...: …을 마음대로 하지 못하다
20:8 in number: 합계, 숫자상으로
20:12 according to...: …따라
20:13 give up: 내어주다

고 또 사망과 음부도 그 가운데에서 죽은
자들을 내주매 각 사람이 자기의 행위대로
심판을 받고
14 사망과 음부도 불못에 던져지니 이것은 둘
째 사망 곧 불못이라
15 누구든지 생명책에 기록되지 못한 자는 불
못에 던져지더라

새 하늘과 새 땅 (♪ 236, 243, 606장)

21 또 내가 새 하늘과 새 땅을 보니 처음
하늘과 처음 땅이 없어졌고 바다도 다
시 있지 않더라
2 또 내가 보매 거룩한 성 새 예루살렘이 하
나님께로부터 하늘에서 내려오니 그 준비
한 것이 신부가 남편을 위하여 단장한 것
같더라
3 내가 들으니 보좌에서 큰 음성이 나서 이르
되 보라 하나님의 장막이 사람들과 함께 있
으매 하나님이 그들과 함께 계시리니 그들
은 하나님의 백성이 되고 하나님은 친히 그
들과 함께 [1)]계셔서
4 모든 눈물을 그 눈에서 닦아 주시니 다시는
사망이 없고 애통하는 것이나 곡하는 것이
나 아픈 것이 다시 있지 아니하리니 처음
것들이 다 지나갔음이러라
5 보좌에 앉으신 이가 이르시되 보라 내가 만
물을 새롭게 하노라 하시고 또 이르시되 이
말은 신실하고 참되니 기록하라 하시고
6 또 내게 말씀하시되 이루었도다 나는 알파와
오메가요 처음과 마지막이라 내가 생명수
샘물을 목마른 자에게 값없이 주리니 요 4:10
7 이기는 자는 이것들을 상속으로 받으리라
나는 그의 하나님이 되고 그는 내 아들이
되리라
8 그러나 두려워하는 자들과 믿지 아니하는
자들과 흉악한 자들과 살인자들과 음행하
는 자들과 점술가들과 우상 숭배자들과 거
짓말하는 모든 자들은 불과 유황으로 타는
못에 던져지리니 이것이 둘째 사망이라

새 예루살렘

9 ●일곱 대접을 가지고 마지막 일곱 재앙을
담은 일곱 천사 중 하나가 나아와서 내게
말하여 이르되 이리 오라 내가 신부 곧 어
린양의 아내를 네게 보이리라 하고
10 성령으로 나를 데리고 크고 높은 산으로 올
라가 하나님께로부터 하늘에서 내려오는
거룩한 성 예루살렘을 보이니
11 하나님의 영광이 있어 그 성의 빛이 지극히

it, and death and Hades gave up the dead that
were in them, and each person was judged
14 according to what they had done. ●Then
death and Hades were thrown into the lake
of fire. The lake of fire is the second death.
15 ●Anyone whose name was not found written
in the book of life was thrown into the lake of
fire.

A New Heaven and a New Earth

21 Then I saw "a new heaven and a new
earth,"[a] for the first heaven and the first
earth had passed away, and there was no
2 longer any sea. ●I saw the Holy City, the new
Jerusalem, coming down out of heaven from
God, prepared as a bride beautifully dressed
3 for her husband. ●And I heard a loud voice
from the throne saying, "Look! God's dwelling
place is now among the people, and he will
dwell with them. They will be his people, and
God himself will be with them and be their
4 God. ●'He will wipe every tear from their eyes.
There will be no more death'[b] or mourning or
crying or pain, for the old order of things has
passed away."
5 ●He who was seated on the throne said, "I
am making everything new!" Then he said,
"Write this down, for these words are trust-
worthy and true."
6 ●He said to me: "It is done. I am the Alpha
and the Omega, the Beginning and the End.
To the thirsty I will give water without cost
7 from the spring of the water of life. ●Those
who are victorious will inherit all this, and I
will be their God and they will be my chil-
8 dren. ●But the cowardly, the unbelieving, the
vile, the murderers, the sexually immoral,
those who practice magic arts, the idolaters
and all liars—they will be consigned to the
fiery lake of burning sulfur. This is the second
death."

The New Jerusalem, the Bride of the Lamb

9 ●One of the seven angels who had the seven
bowls full of the seven last plagues came and
said to me, "Come, I will show you the bride,
10 the wife of the Lamb." ●And he carried me
away in the Spirit to a mountain great and
high, and showed me the Holy City, Jeru-
salem, coming down out of heaven from God.
11 ●It shone with the glory of God, and its bril-

[a]*1* Isaiah 65:17 [b]*4* Isaiah 25:8

1) 어떤 사본에, '계셔서 그들의 하나님이 되시고' 가 있음

consign [kənsáin] *vt.* 넘기다
cowardly [káuərdli] *a.* 겁 많은
dwell [dwel] *vi.* 거하다
fiery [fáiəri] *a.* 불타는
Hades [héidi:z] *n.* 황천, 저승
idolater [aidálətər] *n.* 우상 숭배자
immoral [imɔ́:rəl] *a.* 부도덕한
inherit [inhérit] *vt.* 상속하다
murderer [mə́:rdərər] *n.* 살인자
pain [pein] *n.* 고통
plague [pleig] *n.* 재앙
prepare [pripέər] *vt.* 준비하다
sulfur [sʌ́lfər] *n.* 유황
thirsty [θə́:rsti] *a.* 목마른
trustworthy [trʌ́stwə̀:rði] *a.* 신뢰할 수 있는

20:14 throw into...: …에 빠뜨리다
21:1 pass away: 사라지다
21:1 no longer: 더 이상 …않다
21:4 wipe... from~: ~에서 …를 닦아내다
21:5 write down: 기록하다
21:9 full of...: …로 가득한

귀한 보석 같고 벽옥과 수정같이 맑더라
12 크고 높은 성곽이 있고 열두 문이 있는데 문
에 열두 천사가 있고 그 문들 위에 이름을 썼
으니 이스라엘 자손 열두 지파의 이름들이라
13 동쪽에 세 문, 북쪽에 세 문, 남쪽에 세 문, 서
쪽에 세 문이니
14 그 성의 성곽에는 열두 기초석이 있고 그 위
에는 어린양의 열두 사도의 열두 이름이 있
더라
15 내게 말하는 자가 그 성과 그 문들과 성곽을
측량하려고 금 갈대 자를 가졌더라
16 그 성은 네모가 반듯하여 길이와 너비가 같
은지라 그 갈대 자로 그 성을 측량하니 만 이
천 [1]스다디온이요 길이와 너비와 높이가 같
더라
17 그 성곽을 측량하매 백사십사 [2]규빗이니 사
람의 측량 곧 천사의 측량이라
18 그 성곽은 벽옥으로 쌓였고 그 성은 정금인
데 맑은 유리 같더라
19 그 성의 성곽의 기초석은 각색 보석으로 꾸
몄는데 첫째 기초석은 벽옥이요 둘째는 남보
석이요 셋째는 옥수요 넷째는 녹보석이요
20 다섯째는 홍마노요 여섯째는 홍보석이요 일
곱째는 황옥이요 여덟째는 녹옥이요 아홉째
는 담황옥이요 열째는 비취옥이요 열한째는
청옥이요 열두째는 자수정이라
21 그 열두 문은 열두 진주니 각 문마다 한 개의
진주로 되어 있고 성의 길은 맑은 유리 같은
정금이더라
22 성 안에서 내가 성전을 보지 못하였으니 이
는 주 하나님 곧 전능하신 이와 및 어린양이
그 성전이심이라 요 4:21,23
23 그 성은 해나 달의 비침이 쓸데없으니 이는
하나님의 영광이 비치고 어린양이 그 등불이
되심이라
24 만국이 그 빛 가운데로 다니고 땅의 왕들이
자기 영광을 가지고 그리로 들어가리라
25 낮에 성문들을 도무지 닫지 아니하리니 거기
에는 밤이 없음이라
26 사람들이 만국의 영광과 존귀를 가지고 그리
로 들어가겠고
27 무엇이든지 속된 것이나 가증한 일 또는 거짓
말하는 자는 결코 그리로 들어가지 못하되 오
직 어린양의 생명책에 기록된 자들만 들어가
리라 욜 3:17

22 또 그가 수정같이 맑은 생명수의 강을
내게 보이니 하나님과 및 어린양의 보

liance was like that of a very precious jewel,
12 like a jasper, clear as crystal. •It had a great,
high wall with twelve gates, and with twelve
angels at the gates. On the gates were writ-
ten the names of the twelve tribes of Israel.
13 •There were three gates on the east, three on
the north, three on the south and three on
14 the west. •The wall of the city had twelve
foundations, and on them were the names of
the twelve apostles of the Lamb.
15 •The angel who talked with me had a
measuring rod of gold to measure the city,
16 its gates and its walls. •The city was laid out
like a square, as long as it was wide. He mea-
sured the city with the rod and found it to
be 12,000 stadia[a] in length, and as wide and
17 high as it is long. •The angel measured the
wall using human measurement, and it was
18 144 cubits[b] thick.[c] •The wall was made of
jasper, and the city of pure gold, as pure as
19 glass. •The foundations of the city walls
were decorated with every kind of precious
stone. The first foundation was jasper, the
second sapphire, the third agate, the fourth
20 emerald, •the fifth onyx, the sixth ruby,
the seventh chrysolite, the eighth beryl,
the ninth topaz, the tenth turquoise, the
eleventh jacinth, and the twelfth amethyst.[d]
21 •The twelve gates were twelve pearls, each
gate made of a single pearl. The great street of
the city was of gold, as pure as transparent
glass.
22 •I did not see a temple in the city, because
the Lord God Almighty and the Lamb are its
23 temple. •The city does not need the sun or
the moon to shine on it, for the glory of God
24 gives it light, and the Lamb is its lamp. •The
nations will walk by its light, and the kings
of the earth will bring their splendor into it.
25 •On no day will its gates ever be shut, for
26 there will be no night there. •The glory and
honor of the nations will be brought into it.
27 •Nothing impure will ever enter it, nor will
anyone who does what is shameful or deceit-
ful, but only those whose names are written
in the Lamb's book of life.

Eden Restored

22 Then the angel showed me the river
of the water of life, as clear as crystal,

[a] *16* That is, about 1,400 miles or about 2,200 kilometers
[b] *17* That is, about 200 feet or about 65 meters [c] *17* Or *high* [d] *20* The precise identification of some of these precious stones is uncertain. 1) 14:20 보라 2) 헬, 페기스

agate [ǽgət] *n.* 마노
amethyst [ǽmiθist] *n.* 자수정
beryl [bérəl] *n.* 녹주석
chrysolite [krísəlàit] *n.* 귀감람석(貴橄欖石)
deceitful [disí:tfəl] *a.* 거짓된
impure [impjúər] *a.* 순수하지 않은
jacinth [dʒéisinθ] *n.* 풍신자석(風信子石)
jasper [dʒǽspər] *n.* 벽옥
measure [méʒər] *vt.* …를 측정하다
onyx [ániks] *n.* 줄마노
precious [préʃəs] *a.* 귀한
rod [rad] *n.* 회초리, 막대
shameful [ʃéimfəl] *a.* 치욕적인
splendor [spléndər] *n.* 영광
transparent [trænspέərənt] *a.* 투명한

21:16 lay out: 펼치다
21:18 be made of...: …로 만들어지다
21:19 decorate with...: …로 장식하다
21:23 shine on...: …을 비추다
21:26 bring into...: …로 운반하다
22:1 as... as~: ~처럼 …한

좌로부터 나와서
2 길 가운데로 흐르더라 강 좌우에 생명나
무가 있어 열두 가지 열매를 맺되 달마다
그 열매를 맺고 그 나무 잎사귀들은 만국
을 치료하기 위하여 있더라
3 다시 저주가 없으며 하나님과 그 어린양
의 보좌가 그 가운데에 있으리니 그의 종
들이 그를 섬기며
4 그의 얼굴을 볼 터이요 그의 이름도 그들
의 이마에 있으리라
5 다시 밤이 없겠고 등불과 햇빛이 쓸데없
으니 이는 주 하나님이 그들에게 비치심
이라 그들이 세세토록 왕 노릇 하리로다

주 예수여 오시옵소서 (♪ 133, 181, 371장)

6 ●또 그가 내게 말하기를 이 말은 신실하
고 참된지라 주 곧 선지자들의 영의 하나
님이 그의 종들에게 반드시 속히 되어질
일을 보이시려고 그의 천사를 보내셨도다
7 보라 내가 속히 오리니 이 두루마리의 예
언의 말씀을 지키는 자는 복이 있으리라
하더라
8 ●이것들을 보고 들은 자는 나 요한이니
내가 듣고 볼 때에 이 일을 내게 보이던 천
사의 발 앞에 경배하려고 엎드렸더니 1:1
9 그가 내게 말하기를 나는 너와 네 형제
선지자들과 또 이 두루마리의 말을 지키
는 자들과 함께 된 종이니 그리하지 말고
하나님께 경배하라 하더라
10 ●또 내게 말하되 이 두루마리의 예언의 말
씀을 인봉하지 말라 때가 가까우니라 단 8:26
11 불의를 행하는 자는 그대로 불의를 행하
고 더러운 자는 그대로 더럽고 의로운 자
는 그대로 의를 행하고 거룩한 자는 그대
로 거룩하게 하라
12 보라 내가 속히 오리니 내가 줄 [1)]상이 내
게 있어 각 사람에게 그가 행한 대로 갚아
주리라
13 나는 알파와 오메가요 처음과 마지막이
요 시작과 마침이라 21:6
14 자기 두루마기를 빠는 자들은 복이 있으
니 이는 그들이 생명나무에 나아가며 문
들을 통하여 성에 들어갈 권세를 받으려
함이로다
15 개들과 점술가들과 음행하는 자들과 살
인자들과 우상 숭배자들과 및 거짓말을
좋아하며 지어내는 자는 다 성 밖에 있으
리라

flowing from the throne of God and of the
2 Lamb •down the middle of the great street of
the city. On each side of the river stood the tree
of life, bearing twelve crops of fruit, yielding its
fruit every month. And the leaves of the tree are
3 for the healing of the nations. •No longer will
there be any curse. The throne of God and of the
Lamb will be in the city, and his servants will
4 serve him. •They will see his face, and his name
5 will be on their foreheads. •There will be no
more night. They will not need the light of a
lamp or the light of the sun, for the Lord God
will give them light. And they will reign for ever
and ever.

John and the Angel

6 •The angel said to me, "These words are
trustworthy and true. The Lord, the God who
inspires the prophets, sent his angel to show his
servants the things that must soon take place."
7 •"Look, I am coming soon! Blessed is the one
who keeps the words of the prophecy written in
this scroll."
8 •I, John, am the one who heard and saw
these things. And when I had heard and seen
them, I fell down to worship at the feet of the
9 angel who had been showing them to me. •But
he said to me, "Don't do that! I am a fellow ser-
vant with you and with your fellow prophets
and with all who keep the words of this scroll.
Worship God!"
10 •Then he told me, "Do not seal up the words
of the prophecy of this scroll, because the time is
11 near. •Let the one who does wrong continue to
do wrong; let the vile person continue to be vile;
let the one who does right continue to do right;
and let the holy person continue to be holy."

Epilogue: Invitation and Warning

12 •"Look, I am coming soon! My reward is
with me, and I will give to each person accord-
13 ing to what they have done. •I am the Alpha
and the Omega, the First and the Last, the
Beginning and the End.
14 •"Blessed are those who wash their robes,
that they may have the right to the tree of life
and may go through the gates into the city.
15 •Outside are the dogs, those who practice ma-
gic arts, the sexually immoral, the murderers,
the idolaters and everyone who loves and prac-
tices falsehood.

1) 헬, 내 삯

crop [krap] *n.* 작물
curse [kəːrs] *n.* 저주
falsehood [fɔ́ːlshùd] *n.* 거짓말
idolater [aidɑ́lətər] *n.* 우상 숭배자
immoral [imɔ́ːrəl] *a.* 부도덕한
inspire [inspáiər] *vt.* 영감을 주다
murderer [mə́ːrdərər] *n.* 살인자
practice [prǽktis] *vi.* 습관적으로 행하다
prophecy [prɑ́fəsi] *n.* 예언
prophet [prɑ́fit] *n.* 예언자
reward [riwɔ́ːrd] *n.* 보상
robe [roub] *n.* 겉옷
trustworthy [trʌ́stwəːrði] *a.* 믿을 수 있는
vile [vail] *a.* 비열한
yield [jiːld] *vt.* (작물 · 제품 등을) 산출하다

22:5 no more...: 더 이상 …하지 않다
22:6 take place: 발생하다
22:8 fall down: 엎드리다
22:10 seal up: 봉하다
22:11 continue to...: …을 계속하다
22:12 according to...: …에 따라

16 ● 나 예수는 교회들을 위하여 내 사자를
보내어 이것들을 너희에게 증언하게 하
였노라 나는 다윗의 뿌리요 자손이니 곧
광명한 새벽별이라 하시더라
17 ● 성령과 신부가 말씀하시기를 오라 하시
는도다 듣는 자도 오라 할 것이요 목마른
자도 올 것이요 또 원하는 자는 값없이 생
명수를 받으라 하시더라
18 ● 내가 이 두루마리의 예언의 말씀을 듣
는 모든 사람에게 증언하노니 만일 누구
든지 이것들 외에 더하면 하나님이 이 두
루마리에 기록된 재앙들을 그에게 더하
실 것이요
19 ● 만일 누구든지 이 두루마리의 예언의
말씀에서 제하여 버리면 하나님이 이 두
루마리에 기록된 생명나무와 및 거룩한
성에 참여함을 제하여 버리시리라
20 ● 이것들을 증언하신 이가 이르시되 내가
진실로 속히 오리라 하시거늘 아멘 주 예
수여 오시옵소서
21 ● 주 예수의 은혜가 [1]모든 자들에게 있을
지어다 아멘

16 ●"I, Jesus, have sent my angel to give you[a]
this testimony for the churches. I am the Root
and the Offspring of David, and the bright
Morning Star."

17 ●The Spirit and the bride say, "Come!" And
let the one who hears say, "Come!" Let the one
who is thirsty come; and let the one who wish-
es take the free gift of the water of life.

18 ●I warn everyone who hears the words of
the prophecy of this scroll: If anyone adds any-
thing to them, God will add to that person the
19 plagues described in this scroll. ●And if anyone
takes words away from this scroll of prophecy,
God will take away from that person any share
in the tree of life and in the Holy City, which
are described in this scroll.
20 ●He who testifies to these things says, "Yes, I
am coming soon."
Amen. Come, Lord Jesus.
21 ●The grace of the Lord Jesus be with God's
people. Amen.

[a]16 The Greek is plural.

1) 어떤 사본에, 성도들에게

angel [éindʒəl] *n.* 천사
bride [braid] *n.* 신부
bright [brait] *a.* 빛나는
describe [diskráib] *vt.* 기술하다
gift [gift] *n.* 선물
grace [greis] *n.* 은혜
holy [hóuli] *a.* 거룩한, 신성한
offspring [ɔ́:fspriŋ] *n.* 자손
plague [pleig] *n.* 재난, 재앙
root [ru:t] *n.* 뿌리
scroll [skroul] *n.* 두루마리
spirit [spírit] *n.* 성령
testimony [téstəmòuni] *n.* 증언
wish [wiʃ] *vt.* 바라다
word [wə:rd] *n.* 말, 단어

22:16 send to...: …에 가게 하다(보내다)
22:18 add to...: …에 더하다
22:19 take away from...: …로부터 가져가다
22:19 one's share in...: …에의 참여
22:20 testify to...: …를 증거하다

| 편찬책임 | **이국진** 목사

총신대학교(B.A.) 및 동 신학 대학원(M. Div.) 졸업
Gordon-Conwell Theological Seminary 졸업(Th. M.)
Westminster Theological Seminary 성경해석학 Ph. D. 과정 수학
Noordwes Universiteit (Potchefstroom) 신약학 Ph. D.

개역개정 4판

개정 NIV 한영해설성경(중)

New International Version

2023년 7월 24일 1판 1쇄 인쇄
2024년 4월 29일 1판 2쇄 발행

판권 본사 소유

편 자 : NIV 한영해설성경 편찬위원회
발 행 인 : 곽 성 종
발 행 처 : ㈜아 가 페 출 판 사
등록번호/제 21-754호(1995. 4. 12)
주 소/서울시 관악구 남부순환로 2082-33 (남현동)
전 화/(02)584-4669

아가페 출판사

THE HOLY BIBLE
Old and New Testaments
New Korean Revised Version

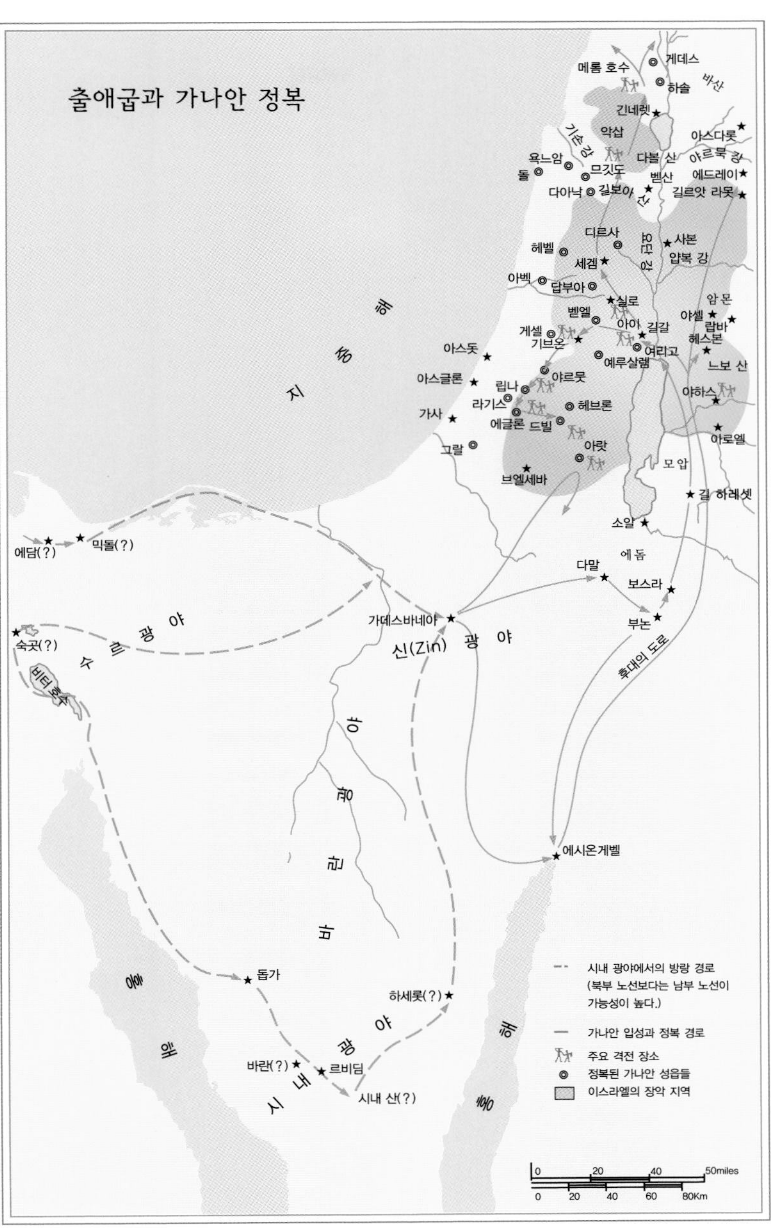

출애굽과 가나안 정복
메롬 호수
게데스
하솔
바산
긴네렛
악삽
기손 강
아스다롯
욕느암
므깃도
다볼 산
야르뭇 강
돌
벧산
에드레이
다아낙
길보아 산
길르앗 라못
디르사
요단 강
사본
헤벨
세겜
압복 강
아벡
답부아
실로
암 몬
벧엘
야셀
아이
길갈
랍바
게셀
기브온
여리고
헤스본
아스돗
예루살렘
느보 산
지 중 해
아스글론
야르뭇
립나
야하스
라기스
헤브론
가사
에글론
드빌
아로엘
그랄
아랏
모 압
브엘세바
길 하레셋
소알
에담(?)
믹돌(?)
에 돔
다말
보스라
가데스바네아
부논
숙곳(?)
수 르 광 야
신(Zin) 광 야
비터 호수
바 란 광 야
후대의 도로
에시온게벨
홍 해
돕가
하세롯(?)
시 내 광 야
바란(?)
르비딤
시내 산(?)
시내 광야에서의 방랑 경로
(북부 노선보다는 남부 노선이 가능성이 높다.)
가나안 입성과 정복 경로
주요 격전 장소
정복된 가나안 성읍들
이스라엘의 장악 지역
0 20 40 50miles
0 20 40 60 80Km

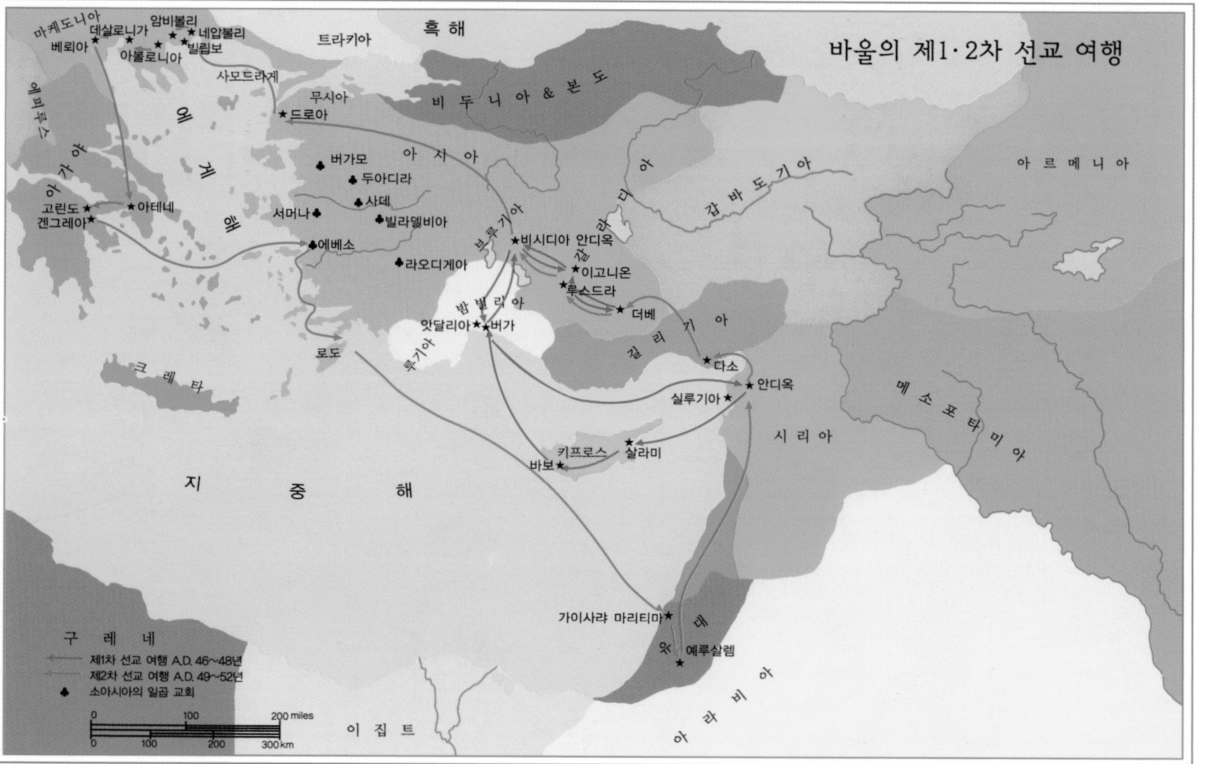
바울의 제1·2차 선교 여행
마케도니아
데살로니가
암비볼리
네압볼리
베뢰아
빌립보
아볼로니아
사모드라게
트라키아
흑 해
비 두 니 아 & 본 도
무시아
드로아
에피루스
아 가 야
에 게 해
고린도
겐그레아
아테네
아 시 아
버가모
두아디라
사데
서머나
빌라델비아
에베소
라오디게아
브루기아
비시디아 안디옥
갈 라 디 아
이고니온
루스드라
더베
갑 바 도 기 아
아 르 메 니 아
밤 빌 리 아
앗달리아
버가
루기아
로도
크 레 타
길 리 기 아
다소
안디옥
실루기아
메 소 포 타 미 아
시 리 아
키프로스
살라미
바보
지 중 해
가이사랴 마리티마
유 대
예루살렘
아 라 비 아
이 집 트
구 레 네
제1차 선교 여행 A.D. 46~48년
제2차 선교 여행 A.D. 49~52년
소아시아의 일곱 교회
0 100 200 miles
0 100 200 300 km